D1730040

Jun.-Prof. Dr. Stefanie Jung | Prof. Dr. Peter Krebs |
Dr. Sascha Stiegler [Hrsg.]

Gesellschaftsrecht in Europa

Handbuch

Dr. Nefail Berjasevic, EMBA, LL.M. (NYU), Rechtsanwalt/Junior-Partner, Köln, Lehrbeauftragter Universität Siegen | **Dr. Susanne Lilian Gössl, LL.M. (Tulane),** Akademische Rätin, Universität Bonn | **Dr. Harald Gesell,** Rechtsanwalt/Partner, Köln, Lehrbeauftragter Universität Münster | **Jun.-Prof. Dr. Stefanie Jung, M.A. (CoE),** Universität Siegen | **Prof. Dr. Peter Krebs,** Universität Siegen | **Dr. Christophe Kühl (Maîtrise en Droit Privé),** Rechtsanwalt/Partner und Avocat au Barreau de Paris, Köln/Paris | **Johannes Liefke,** Wissenschaftlicher Mitarbeiter, MPI München | **Michael Matejek, LL.M.,** Wissenschaftlicher Mitarbeiter, Universität Siegen | **Prof. avv. Dr. Paolo Flavio Mondini,** Rechtsanwalt/Partner, Mailand und Associate Professor, Università Cattolica, Piacenza | **Regine Nuckel,** Rechtsanwältin/Partner, Düsseldorf | **Prof. Ayudante Dr. Miguel Gimeno Ribes,** Assistenzprofessor Universidad de Valencia | **Dr. Joanna Schubel,** Rechtsanwältin/Senior Associate, Warschau | **Dr. Sascha Stiegler, LL.M.,** Associate, Berlin und Lehrbeauftragter Universität Siegen | **Larissa Wohlgemuth, LL.M. (UCLA) (Maîtrise en Droit des Affaires),** Rechtsanwältin und Avocat au Barreau de Paris, Köln/Paris

Die Deutsche Nationalbibliothek verzeichnet diese Publikation in der Deutschen Nationalbibliografie; detaillierte bibliografische Daten sind im Internet über http://dnb.d-nb.de abrufbar.

ISBN 978-3-8329-7539-5

1. Auflage 2019

Vorwort

Dieses Werk beschäftigt sich sowohl mit dem genuin europäischen Gesellschaftsrecht als auch mit dem Gesellschaftsrecht zentraler Mitgliedstaaten der EU – daher der Titel „Gesellschaftsrecht in Europa“. Hintergrund dieser ungewöhnlichen Kombination ist die Überlegung, dass die Interaktion zwischen dem europäischen Recht und den nationalen Jurisdiktionen ein tiefgreifendes Verständnis spürbar erleichtert. Der Schwerpunkt des Werkes liegt dabei auf dem originär europäischen Gesellschaftsrecht, dh insbesondere auf den europäischen (supranationalen) Rechtsformen sowie den gesellschaftsrechtlichen Richtlinien. Das europäische Gesellschaftsrecht ist insofern ein Recht im Wachsen und Werden, da es ständig weiterentwickelt wird. Damit rechtfertigt sich die eingehende Behandlung von Entwürfen und Projekten. Wie die Erfahrung lehrt, wird ein Großteil dieser Entwürfe in modifizierter Form später verbindliches Recht.

Aus mitgliedstaatlicher Perspektive erscheint das europäische Gesellschaftsrecht auf den ersten Blick oftmals unübersichtlich. Hervorzuheben sind daher das Kapitel über die allgemeinen Grundsätze zu den Rechtsformen und ein paralleles Kapitel zu den allgemeinen Grundsätzen bei den Richtlinien auf dem Gebiet des Gesellschaftsrechts. Um einen Überblick über die europäischen Regelungen zu erlangen, werden zudem angrenzende Rechtsfragen und Aspekte des europäischen Unternehmensrechts prägnant erörtert (zB der europäischen Corporate Governance). Abgerundet wird dieser Teil durch einen Abschnitt zur europäischen Rechtsmethodik, der darauf abzielt, die praktische Arbeit mit dem europäischen Recht zu unterstützen. Grenzüberschreitende Aspekte des Gesellschaftsrechts und deren Konsequenzen werden vertiefend in den Abschnitten zur Niederlassungsfreiheit sowie zum internationalen Privat- und Gesellschaftsrecht diskutiert. Von den nationalen Gesellschaftsrechtsordnungen werden das englische, das französische, das spanische, das italienische, das niederländische und das polnische Gesellschaftsrecht erörtert. Die ausführliche Darstellung dieser Gesellschaftsrechtsordnungen soll gerade auch den Bedürfnissen der praktischen Rechtsanwender genügen und einen detaillierten Einblick in das Gesellschaftsrecht dieser Rechtsordnungen vermitteln. Um die Informationen in den einzelnen Darstellungen noch besser auffindbar zu machen, finden sich am Ende der jeweiligen Abschnitts-Teile bzw. nach den jeweiligen Länderteilen „Teilstichwort“-Verzeichnisse. Sie ergänzen das Gesamtstichwortverzeichnis am Ende des Werks und sind insbesondere für diejenigen Nutzer, die ihre Informationen allein im jeweiligen Abschnitt bzw. Kapitel suchen, eine zusätzliche Hilfe.

Ein Handbuch dieses Umfangs bedarf der Zusammenarbeit Vieler. Die Herausgeber möchten sich an dieser Stelle daher zunächst ganz herzlich bei allen Autorinnen/Autoren für ihre Beiträge zu diesem Werk bedanken. Ohne ihr fundiertes theoretisches sowie praktisches Wissen wäre die Veröffentlichung des Handbuchs in dieser Form nicht möglich gewesen. Die überaus hohe Kooperationsbereitschaft aller Autorinnen/Autoren über einen so langen Zeitraum hat wesentlich zur Qualität des Werks beigetragen.

Die Herausgeber möchten zudem die Gelegenheit nutzen, sich bei allen zu bedanken, die sie bei der Erstellung dieses Werks unterstützt haben. Besonderer Dank gilt in diesem Zusammenhang allen ehemaligen und derzeitigen Mitarbeitern des Lehrstuhls für bürgerliches Recht und Wirtschaftsrecht von Peter Krebs und der Juniorprofessur für Zivilrecht, insb. Gesellschaftsrecht von Stefanie Jung (beide Universität Siegen), die über diesen langen Zeitraum intensiv und mit großem Engagement an diesem Projekt gearbeitet haben. Insbesondere, jedoch nicht abschließend, möchten wir uns bei Dr. Hermann Dück, Melike Bayindir, LL.M., Michael Matejek, LL.M., Steffen Mäusezahl, LL.M., Inga Symnick, LL.M., Gerrit Terhorst, LL.M., Liubov Khomutovskaya, LL.M, Jan van Uden, LL.M., Vanessa Dohrmann, LL.B., Melissa Dowse, LL.B., Madeline Rötzel, LL.B., Miriam Vitt, LL.B., Marcel Galli und Milan Lingner bedanken. Ein besonderer Dank gilt Michael Matejek, LL.M. zudem für seine Unterstützung bei der Entwicklung und Umsetzung des einheitlichen Layouts der in diesem Buch verwendeten Graphiken, die zur Veranschaulichung dienen. Herzlich bedanken möchten wir uns schließlich beim Nomos Verlag für das in uns gesetzte Vertrauen, die erwiesene Geduld und die angenehme Zusammenarbeit. Stellvertretend für das gesamte Team wollen wir insofern gerne Johannes Rux und Stefan Simonis danken.

Das Werk ist prinzipiell auf dem Stand von Oktober 2017. Um jedoch möglichst aktuell zu sein, haben wir, wo es noch möglich war, auch später erschienene Literatur, Urteile und Gesetzesentwicklungen berücksichtigt. So ist zB das zentrale Werk von Lutter/Bayer/Schmidt (Europäisches Unternehmens- und Kapitalmarktrecht, 6. Aufl. 2017) noch in vielen Teilen eingearbeitet worden. Im Rahmen der Fahnenkorrektur wurden stellenweise auch noch kurze Ausführungen zu den beiden Entwürfen der Europäischen Kommission zur Digitalisierung im Gesellschaftsrecht und zu grenzüberschreitenden Umwandlungen aufgenommen.

Über Feedback, Informationen, Anregungen und Kritik würden wir uns sehr freuen. Die Thematik wird uns auch zukünftig intensiv beschäftigen, weshalb für uns jeder Austausch über das europäische Gesellschaftsrecht willkommen ist.

Stefanie Jung — jung@recht.uni-siegen.de

Peter Krebs — krebs@recht.uni-siegen.de

Sascha Stiegler — stiegler@recht.uni-siegen.de

Inhaltsübersicht

Autorenverzeichnis

Dr. *Nefail Berjasevic*, EMBA, LL.M. (NYU)

Rechtsanwalt und Junior-Partner in der Anwaltskanzlei Oppenhoff & Partner (Köln), Attorney at Law (New York) und Lehrbeauftragter an der Universität Siegen.

Dr. *Susanne Lilian Gössl*, LL.M. (Tulane)

Akademische Rätin an der Universität Bonn am Institut für Deutsches, Europäisches und Internationales Familienrecht.

Dr. *Harald Gesell*

Rechtsanwalt und Partner der Anwaltskanzlei Oppenhoff & Partner (Köln) und Lehrbeauftragter an der Universität Münster.

Jun.-Prof. Dr. *Stefanie Jung*, M.A. (CoE)

Juniorprofessorin für Zivilrecht, insbesondere Gesellschaftsrecht an der Universität Siegen.

Prof. Dr. *Peter Krebs*

Professor an der Universität Siegen, Lehrstuhl für Bürgerliches Recht und Wirtschaftsrecht.

Dr. *Christophe Kühl* (Maîtrise en Droit Privé)

Rechtsanwalt sowie Avocat au Barreau de Paris und Partner der Anwaltskanzlei Epp & Kühl (Köln/Paris).

Johannes Liefke

Wissenschaftlicher Mitarbeiter am Max-Planck-Institut für Steuerrecht und Öffentliche Finanzen in München.

Michael Matejek, LL.M.

Wissenschaftlicher Mitarbeiter an der Universität Siegen bei Jun.-Prof. Dr. Stefanie Jung.

Prof. avv. Dr. *Paolo Flavio Mondini*

Rechtsanwalt und Partner in der Anwaltskanzlei Mondini Rusconi und Associate Professor für Handels- Bank- und Finanzrecht an der Università Cattolica von Piacenza.

Regine Nuckel

Rechtsanwältin und Partnerin in der Anwaltskanzlei Beiten Burkhardt (Düsseldorf), Leiterin des Dutch Desk.

Prof. Ayudante Dr. *Miguel Gimeno Ribes*

Assistenzprofessor an der Universidad de Valencia, Abteilung für Handelsrecht „Manuel Broseta Pont".

Dr. *Joanna Schubel*

Senior Associate in der Anwaltskanzlei DZP (Warschau).

Dr. *Sascha Stiegler*, LL.M.

Associate in der Kanzlei Schnittker Möllmann Partners (Berlin) und Lehrbeauftragter an der Universität Siegen.

Larissa Wohlgemuth, LL.M. (UCLA) (Maîtrise en Droit des Affaires)

Rechtsanwältin und Avocat au Barreau de Paris in der Anwaltskanzlei Epp & Kühl (Köln/Paris).

Abkürzungsverzeichnis

A	
A	arrête
aA	andere Ansicht
AAMN	Anales de la Academia Matritense del Notariado (Zeitschrift)
Abb.	Abbildung
ABl.	Amtsblatt
ABl. C	Amtsblatt der Europäischen Union (Mitteilungen und Bekanntmachungen)
ABl. EG	Amtsblatt der Europäischen Gemeinschaften
ABl. EU	Amtsblatt der Europäischen Union
ABl. EWG	Amtsblatt der Europäischen Wirtschaftsgemeinschaft
ABI	Associazione bancaria italiana (Bankenverband – Italien)
Abs.	Absatz
Abschlussprüfer-RL	Abschlussprüfer-Richtlinie
Abschlussprüfer-VO	Abschlussprüfer-Verordnung
A.C.	Law reports, Appeal Cases (Entscheidungssammlung)
AcP	Archiv für die civilistische Praxis (Zeitschrift)
ACSR	Australian Corporations and Securities Reports (Entscheidungssammlung)
ADC	Anuario de Derecho Civil (Zeitschrift)
ADCo	Anuario de Derecho Concursal (Zeitschrift)
ADD	addendum (lat. für: Nachtrag)
ADHGB	Allgemeines Deutsches Handelsgesetzbuch
ADI	Anuario de Derecho Internacional (Zeitschrift)
aE	am Ende
AEIE	agrupación europea de interés económico (span. für: Europäische Wirtschaftliche Interessenvereinigung – EWIV)
ÄndRL	Änderungsrichtlinie
AEUV	Vertrag über die Arbeitsweise der Europäischen Union
aF	alte Fassung
AFEP	Association française des entreprises privées (französischer Verband privater Unternehmen)
AFRAC	Austrian Financial Reporting and Auditing Committee
AG	Die Aktiengesellschaft (Zeitschrift) / Aktiengesellschaft (Gesellschaftsform) / Amtsgericht
AGE	assemblée générale extraordinaire (franz. für: außerordentliche Hauptversammlung)
AGG	Allgemeines Gleichbehandlungsgesetz
AGM	annual general meeting
AGO	assemblée générale ordinaire (franz. für: ordentliche Hauptversammlung)
AGS	Association pour la gestion du régime d'assurance des créances de salariés (franz. für: Verband zur Verwaltung der Mitarbeiterforderungssicherung)
AIF	Alternative Investment Fund
AIFM	Alternative Investment Fund Managers
AIFMD	Alternative Investment Fund Managers Directive
AIFMG	Alternative Investmentfonds Managers-Gesetz
AIFM-RL	Alternative Investment Fund Managers-Richtlinie
AIFM-StAnpG	Alternative Investment Fund Managers-Steuer-Anpassungsgesetz
AIFM-UmsG	Alternative Investment Fund Managers Umsetzungsgesetz
AIM	Alternative Investment Market
AJ Fam / AJ Famille	L'actualité juridique: Famille (Zeitschrift)
AKBR	Arbeitskreis Bilanzrecht Hochschullehrer Rechtswissenschaft
AKEIÜ	Arbeitskreis Externe und Interne Überwachung der Unternehmung
AKEU	Arbeitskreis Externe Unternehmensrechnung (Schmalenbach-Gesellschaft)
AktG	Aktiengesetz
AktG-E	Aktiengesetz-Entwurf
Aktionärsrechte-RL	Aktionärsrechte-Richtlinie
Aktionärsrechte-RL-E	Aktionärsrechte-Richtlinienentwurf
All ER	All England Law Reports (Entscheidungssammlung)
allg.	allgemein
allgM	allgemeine Meinung

ALR	American Law Reports (Entscheidungssammlung)
AMF	Autorité des marchés financiers (Finanzaufsicht – Frankreich)
Am. J. Comp. L	The American Journal of Comparative Law (Zeitschrift)
amtl. Begr.	Amtliche Begründung
Anm.	Anmerkung
AN	Assemblée Nationale (Nationalversammlung – Frankreich)
Anh.	Anhang
Anh.Int.PersGesR	Anhang internationales Personengesellschaftsrecht
ANIA	Associazione Nazionale fra le Imprese Assicuratrici (Nationaler Verband der Versicherungsgesellschaften – Italien)
AO	Abgabenordnung
APAReG	Abschlussprüferaufsichtsreformgesetz
APAS	Abschlussprüferaufsichtsstelle
App.	Appello (Corte d'appello – Appellationsgerichtshof – Italien)
App Cas	Appeal Cases
AP-RL	Abschlussprüfer-Richtlinie
ArbRAktuell	Arbeitsrecht Aktuell (Zeitschrift)
AReG	Abschlussprüferreformgesetz
arg. ex.	argumentum ex (lat. für: Argument aus)
AR-RL	Aktionärsrechte-Richtlinie
AR-RL-EP	Aktionärsrechte-Richtlinie, Vorschlag des Europaparlaments
AR-RL-IT-1	Aktionärsrechte-Richtlinie, 1. Vorschlag der italienischen Ratspräsidentschaft
AR-RL-IT-2	Aktionärsrechte-Richtlinie, 2. Vorschlag der italienischen Ratspräsidentschaft
AR-RL-KOM	Aktionärsrechte-Richtlinie, Vorschlag der EU Kommission
AR-RL-LV	Aktionärsrechte-Richtlinie, Vorschlag der lettischen Ratspräsidentschaft
AR-RL-NL	Aktionärsrechte-Richtlinie, Vorschlag der niederländischen Ratspräsidentschaft
AR-RL-SVK	Aktionärsrechte-Richtlinie, Vorschlag der slowakischen Ratspräsidentschaft
Art.	Artikel
art.	artykuł (poln. für: Artikel)
Artt.	Artikel (und folgende/folgender)
ARUG	Gesetz zur Umsetzung der Aktionärsrechte-Richtlinie
Assogestioni	Associazione del Risparmio gestito (ital. für: Verband der Vermögensverwalter)
Assonime	Associazione fra le Società Italiane per Azione (Verband italienischer Aktiengesellschaften)
AuA	Arbeit und Arbeitsrecht (Zeitschrift)
Aufl.	Auflage
AuR	Arbeit und Recht (Zeitschrift)
ausl.	ausländische
außergew.	außergewöhnliche
AVA	algemene vergadering (niederl. für: Gesellschafterversammlung)
AWG	Außenwirtschaftsgesetz
Az.	Aktenzeichen
B	
BaFin	Bundesanstalt für Finanzdienstleistungsaufsicht
BAG	Bundesarbeitsgericht
Balo	Bulletin des annonces légales obligatoires (amtliche Mitteilung)
Bankbilanz-RL	Bankbilanz-Richtlinie
BayObLG	Bayrisches Oberstes Landesgericht
BayObLGZ	Entscheidungssammlung des Bayerischen Obersten Landesgerichts in Zivilsachen
BB	Betriebs-Berater (Zeitschrift)
Bb	Nieuwsbrief Bedrijfsjuridische berichten (Zeitschrift)
BBK	Buchführung, Bilanzierung, Kostenrechnung (Zeitschrift)
BC	Zeitschrift für Bilanzierung Rechnungswesen und Controlling (Zeitschrift)
BCC	British Company Cases (Entscheidungssammlung)
BCLC	Butterworth's Company Law Cases (Entscheidungssammlung)
Bd.	Band
BDA	Bundesvereinigung der Deutschen Arbeitgeberverbände
BDI	Bundesverband der Deutschen Industrie
Beav.	Beavan's Rolls Court Reports (Entscheidungssammlung)
BeckBilKo	Beck`scher Bilanz-Kommentar

BeckEuRS	Beck-Online Rechtsprechung des EuGH, EuG und EuGöD
Beck M&A-Handbuch	Beck'sches Merger and Acquisitions Handbuch
BeckOGK-UmwG	Beck-Online Großkommentar zum Umwandlungsgesetz
BeckOK	Beck'scher Online-Kommentar
BeckOK InvStG	Beck'scher Online-Kommentar Investmentsteuergesetz
BeckOK OWiG	Beck'scher Online-Kommentar zum Ordnungswidrigkeitengesetz
BeckRS	Beck-Online Rechtsprechung (Entscheidungssammlung)
Begr.	Begründung
BegrRegE	Begründung Regierungsentwurf
BetrAV	Die Betriebliche Altersvorsorge (Zeitschrift)
Beil.	Beilage
Betriebsübergangs-RL	Betriebsübergangs-Richtlinie
BetrVG	Betriebsverfassungsgesetz
BeurkG	Beurkundungsgesetz
BFH	Bundesfinanzhof
BGB	Bürgerliches Gesetzbuch
BGB-Gesellschaft	Gesellschaft bürgerlichen Rechts (GbR)
BGBl.	Bundesgesetzblatt
BGH	Bundesgerichtshof
BGHZ	Entscheidungen des Bundesgerichtshofes in Zivilsachen (Entscheidungssammlung)
Bibl. Dr. Priv.	Bibliothèque de droit privé (Entscheidungssammlung)
BIC	bénéfices industriels et commerciaux (franz. für: Einkünfte aus Handel und Gewerbe)
Bilanz-RL	Bilanz-Richtlinie
BilMoG	Bilanzrechtsmodernisierungsgesetz
BilReG	Bilanzrechtsreformgesetz
BilRUG	Bilanzrichtlinienumsetzungsgesetz
BiRiLiG	Bilanzrichtlinien-Gesetz
BJS	Bulletin Joly Sociétés (Zeitschrift)
BKR	Zeitschrift für Bank- und Kapitalmarktrecht (Zeitschrift)
B.L.R.	Beijing Law Review (Zeitschrift)
BLR	Business Law Review (Zeitschrift)
BMF	Bundesministerium der Finanzen
BMJV	Bundesministerium der Justiz und für Verbraucherschutz
BNotO	Bundesnotarordnung
BOA	Boletín Oficial de Aragón (Amtsblatt – Aragón)
BOARD	Zeitschrift für Aufsichtsräte in Deutschland (Zeitschrift)
BODACC	Bulletin officiel des annonces commerciales et civiles (Amtsblatt)
BOE	Boletín Oficial del Estado (Amtsblatt – Spanien)
BörsG	Börsengesetz
BOFiP	Bulletin officiel des finances publiques (Mitteilungsblatt)
BOI-IS-CHAMP	Bulletin officiel des impôts – impôts sur les sociétés – champ d'application et territorialité (Mitteilungsblatt)
BOI-RFPI-CHAMP	Bulletin officiel des impôts – revenus fonciers et profits du patrimoine immobilier – champ d'application – personnes concernées – sociétés (Mitteilungsblatt)
BPAT	Bulletin du Patrimoine (Zeitschrift)
BPIR	Bankruptcy and Personal Insolvency Reports (Entscheidungssammlung)
BRAK	Bundesrechtsanwaltskammer
BRDA	Bulletin rapide de droit des affaires (Zeitschrift)
BR-Drs.	Bundesratsdrucksachen
BReg.	Bundesregierung
BRIS	Business Registers Interconnection System
Brook. J. Corp. Fin. & Com. L.	Brooklyn Journal of Corporate, Financial & Commercial Law (Zeitschrift)
BRRD	Bank Recovery and Resolution-Directive
BRRD-UmsetzungsG	Bank Recovery and Resolution-Directive-Umsetzungsgesetz
BRZ	Zeitschrift für Beihilfenrecht (Zeitschrift)
BSG	Bundessozialgericht
bspw.	beispielsweise
bt.	betéti társaság (Kommanditgesellschaft – Ungarn)
BT-Drs.	Bundestagsdrucksache

BTR	British Tax Review (Zeitschrift)
Bull. Civ.	Bulletin des arrêts de la Cour de cassation, Chambre Civil (Entscheidungssammlung)
Bull. CNCC	Bulletin du Conseil national des commissaires aux comptes (Zeitschrift)
Bull. Crim.	Bulletin des arrêts de la Cour de cassation, Chambre criminelle (Entscheidungssammlung)
Bull. EG	Bulletin der Europäischen Gemeinschaft (Zeitschrift)
Bull. Inf. C. cass.	Bulletin d'information de la Cour de cassation (Entscheidungssammlung)
BIT	Bulletin for International Taxation (Zeitschrift)
Business Ethics: A Eur. Rev.	Business Ethics: A European Review
Business & Society Rev.	Business and Society Review (Zeitschrift)
Bus. L. B.	Business Law Bulletin (Zeitschrift)
Bus. L. J.	Business Law Journal (Zeitschrift)
Butterworths JIBFL	Butterworths Journal of International Banking and Financial Law (Zeitschrift)
B.V. / BV	besloten vennootschap met beperkte aansprakelijkheid (niederl. für: Gesellschaft mit beschränkter Haftung)
BVerfG	Bundesverfassungsgericht
BVerfGE	Entscheidungen des Bundesverfassungsgerichts (Entscheidungssammlung)
BVerwG	Bundesverwaltungsgericht
B.V. i. o.	besloten vennootschap in oprichting (niederl. für: GmbH in Gründung)
BVMW	Bundesverband mittelständische Wirtschaft
BW	Burgerlijk Wetboek (Bürgerliches Gesetzbuch – Niederlande)
BWNotZ	Zeitschrift für das Notariat in Baden-Württemberg (Zeitschrift)
BYU Law Review / BYU L. Rev.	Brigham Young University Law Review (Zeitschrift)
bzgl.	bezüglich
bzw.	beziehungsweise
C	
C	Mitteilungen und Bekanntmachungen der Europäischen Union/Europäischen Gemeinschaften / comply or explain im ÖCGK
CA	Companies Act / Cour d'appel / Court of Appeal
Cal. L. Rev.	California Law Review (Zeitschrift)
Cambridge LSR Paper	Cambridge Faculty of Law Legal Studies Research Paper
Can. Supreme Court	Supreme Court of Canada (Oberstes Gericht – Kanada)
Case West. Res. L. Rev.	Case Western Reserve Law Review (Zeitschrift)
Cass.	Corte Suprema di Cassazione (Kassationsgerichtshof (Oberstes Gericht) – Italien)
C. ass.	Code des assurances (Versicherungsgesetz – Frankreich)
Cass. Ass. Plén.	Cour de Cassation Assemblée Plénière (Kassationshof (Oberstes Gericht) Plenarentscheidung – Frankreich)
Cass. ch. mixte	Cour de Cassation, Chambre mixte (Kassationshof (Oberstes Gericht) gemischte Kammer – Frankreich)
Cass. civ.	Cour de Cassation, Chambre civile (Kassationshof (Oberstes Gericht) Zivilkammer – Frankreich)
Cass. com.	Cour de Cassation, Chambre commerciale (Kassationshof (Oberstes Gericht) Kammer für Handelssachen – Frankreich)
Cass. crim.	Cour de Cassation, Chambre criminelle (Kassationshof (Oberstes Gericht) Strafkammer – Frankreich)
Cass. req.	Cour de Cassation, Chambre des requêtes (Kassationshof (Oberstes Gericht) Petitionskammer – Frankreich)
Cass. soc.	Cour de cassation, Chambre social (Kassationshof (Oberstes Gericht) Sozialkammer – Frankreich)
Cass. S.U.	Corte Suprema di Cassazione Sezioni Unite (Kassationshof (Oberstes Gericht) Vereinigter Senat – Italien)
CB	Compliance-Berater (Zeitschrift)
CBMR	Companies (Cross Border Merger) Regulations
CC	Código Civil de 1889 (Zivilgesetzbuch von 1889 – Spanien)
c.c.	Codice Civile (Zivilgesetzbuch – Italien)
C. civ.	Code Civil (Zivilgesetzbuch – Frankreich)
CCJC	Cuadernos Civitas de Jurisprudencia Civil (Zeitschrift)

C. com.	Code de commerce (Handelsgesetzbuch Frankreich)
Ccom	Código de Comercio de 1885 (Handelsgesetzbuch von 1885 – Spanien)
Ccom 1829	Código de Comercio 1829 (Handelsgesetzbuch von 1829 – Spanien)
C. cons.	Code de la consommation (Verbrauchergesetzbuch – Frankreich)
C. C. Portgues	Código Civil Portugal (Zivilgesetzbuch – Portugal)
CCZ	Corporate Compliance Zeitschrift (Zeitschrift)
CDA	Codice di autodisciplina (Corporate Governance Kodex – Italien)
CDC	Cuadernos de Derecho y Comercio (Zeitschrift)
CDDA	Company Directors Disqualification Act
CDE	Cahiers de droit de l'entreprise (Zeitschrift)
CDT	Cuadernos de Derecho Transnacional (Zeitschrift)
CE	Conseil d'État (Staatsrat und oberstes Verwaltungsgericht – Frankreich) / Constitución Española de 1978 (spanische Verfassung)
CEBS	Committee of European Banking Supervisors
CEE	Communauté économique européenne (franz. für: Europäische Wirtschaftsgemeinschaft EWIV)
CEEP	Europäischer Zentralverband der öffentlichen Wirtschaft
CelE	Contratto e Impresa: Europa (Zeitschrift)
CEIDG	Centralna Ewidencja i Informacja o Działalności Gospodarczej (pol. Für: Gewerberegister)
CEO	Chief Executive Officer
Cep	Centrum für Europäische Politik
CEPS	Center for European Policy Studies
CESL	Common European Sales Law
CF	Corporate Finance
CFA	Chartered Financial Analyst
CFE	Centre de Formalités des Entreprises
C.F.I.L.R.	Company Financial and Insolvency Law Review (Zeitschrift)
CFL	Corporate Finance Law (Zeitschrift)
CFO	Chief Financial Officer
CFO aktuell	Zeitschrift für Finance and Controlling (Zeitschrift)
C. G.	Corporate Governance (Zeitschrift)
CG AFEP-MEDEF	Code de gouvernement d'entreprise des sociétés cotées – Association française des entreprises privées – Mouvement des entreprises de France (Governance Kodex der französischen Unternehmerverbände)
CGCT	Code général des collectivités territoriales (Allgemeines Gesetzbuch der Gebietskörperschaften –Frankreich)
CGI	Code général des impôts (Steuergesetzbuch – Frankreich)
Ch.	Chapter
Ch	Law Reports, Chancery Division (Entscheidungssammlung)
Chicago Int'l L.	Chicago Journal of International Law (Zeitschrift)
c.i.c.	culpa in contrahendo
CIO	Charitable Incorporated Organisation
Circ. Minis.	Circulaire Ministère (Ministerialblatt Frankreich)
CIRIEC	Revista Jurídica de Economía Social y Cooperativa (Zeitschrift)
CISG	United Nations Convention on Contracts for the International Sale of Goods
C. J. Q.	Civil Justice Quarterly (Zeitschrift)
CJEL	Columbia Journal of European Law (Zeitschrift)
CJEU	Court of Justice of the European Union (engl. für: Gerichtshof der Europäischen Union)
CJUE	Cour de justice de l'Union européenne (franz. für: Gerichtshof der Europäischen Union)
C.L.J.	Cambridge Law Journal (Zeitschrift)
C.L.N. / Co. L.N.	Company Law Newsletter (Zeitschrift)
C.L. Pract.	Commercial Lawyer Practise (Zeitschrift)
CLR	Commonwealth Law Reports (Entscheidungssammlung)
Cm.	Commission
CMF	Code monétaire et financier (Währungs- und Finanzgesetzbuch – Frankreich)
CMLR	Common Market Law Report / Common Market Law Review (Zeitschrift)
CMS	Compliance Management System

CMS Corporate/M&A	CMS Hasche Sigle Corporate/Mergers & Acquisitions
CNCC	Compagnie Nationale des Commissaires aux Comptes (Verband der französischen Wirtschaftsprüfer)
CNS	Consultation procedure
CNV	Christelijk Nationaal Vakverbond (National Federation of Christian Trade Unions in the Netherlands)
Co. Acc.	Company Accountant (Zeitschrift)
COD	Codecision Mitentscheidungsverfahren / Ordentliches Gesetzgebungsverfahren der Europäische Union
CODEC	Codecision Procedure
Co. Lawyer	The Company Lawyer (Zeitschrift)
Colum. L. Rev.	Columbia Law Review (Zeitschrift)
Colum. J. Eur. L.	Columbia Journal of European Law (Zeitschrift)
COM	Commission
COMI	Center of main interests
Comm.	Comment
Cong.	Congress
Conneticut L. Rev.	Connecticut Law Review (Zeitschrift)
Consob/CONSOB	Commissione Nazionale per le Società e la Borsa (Börsenaufsichtsbehörde – Italien)
Coord.	Coordinador (span. für: Herausgeber eines Werkes)
Cornell L. Rev.	Cornell Law Review (Zeitschrift)
Corp. Brief.	Corporate Briefings (Zeitschrift)
Corp. Gov. (Int. Rev.)	Corporate Governance and International Review (Zeitschrift)
Cov. L.J.	Coventry Law Journal (Zeitschrift)
Cox Eq. Cas	Cox's Equity Cases (Entscheidungssammlung)
CP	Consultation Paper
c.p.c.	codice di procedura civile
CPD	Law Reports, Common Pleas Division (Entscheidungssammlung)
C. pén.	Code pénal (Strafgesetzbuch – Frankreich)
Cr. App. R.	Criminal Appeal Reports (Entscheidungssammlung)
CRD IV	Capital Requirements Directive IV
CRDS	Contribution pour le Remboursement de la Dette Sociale
CREDA	Centre de Recherche de Droit des Affaires de la Chambre du Commerce et de l'Industrie d'Île-de-France
CREST	Certificateless Registry for Electronic Shares Transfer
CRIM-MAD	Criminal sanctions for market abuse directive (Marktmissbrauchs-Richtlinie)
CRR	Capital Requirements Regulation
C. séc. soc.	Code de la sécurité sociale (Sozialgesetzbuch – Frankreich)
CSG	contribution sociale généralisée (allgemeiner Sozialbeitrag – Frankreich)
CSI	Centre for Social Investment / Centrum für soziale Investitionen und Innovationen
CSOH / CS (OH)	Court of Session, Outer House
CSR	Corporate Social Responsibility
C. S. R.	Company Secretary's Review (Zeitschrift)
CSR-Richtlinie	Corporate Social Responsibility-Richtlinie
C. trav.	Code du travail (Arbeitsgesetzbuch – Frankreichs)
CTA	Corporation Tax Act
CTO	Chief Technical Officer
C&SLJ	Company and Securities Law Journal (Zeitschrift)
CV	commanditaire vennootschap (Kommanditgesellschaft – Niederlande)
CVA	company voluntary arrangement
D	
D	décret simple
DAV	Deutscher Anwaltverein
DAX	Deutscher Aktienindex
DB	Der Betrieb (Zeitschrift)
DBW	Die Betriebswirtschaft (Zeitschrift)
DCC	Dutch Civil Code (Zivilgesetzbuch – Niederlande)
DCF-Verfahren	Discounted Cash Flow-Verfahren
DCFR	Draft Common Frame of Reference

DCGC	Dutch Corporate Governance Code
DCGK	Deutscher Corporate Governance Kodex
DE	Deutsch
DCGK-E	Deutscher Corporate Governance Kodex-Entwurf
Denning L.J.	Denning Law Journal (Zeitschrift)
DE G&J	De Gex & Jones' Chancery Reports (Sammlung)
Del. J. Corp. L.	The Delaware Journal of Corporate Law (Zeitschrift)
DePaul Bus. & Comm. L. J.	DePaul Business & Commercial Law Journal (Zeitschrift)
ders.	derselbe
DG	Direction Générale (franz. für: Generaldirektion)
D.G.I.	Derivatives & Financial Instruments
DGRV	Deutscher Genossenschafts- und Raiffeisenverband eV
dh	das heißt
dies.	dieselbe/dieselben
DIHK	Deutscher Industrie- und Handelskammertag
Dir. fall.	Il diritto fallimentare e delle società commerciali (Zeitschrift)
disp. att. trans. c.c.	Disposizioni per l'attuazione del codice civile e disposizioni transitorie (ital. für: Bestimmungen zur Durchführung des Zivilgesetzbuches und Übergangsbestimmungen)
Diss.	Dissertation
DJT	Deutscher Juristentag
DK	Der Konzern (Zeitschrift)
d.l.	decreto-legge (ital. für: delegierter Erlass)
D.lgs.	decreto legislativo (ital. für: Gesetzesverordnung)
D.L.R. / DLR	Dominion Law Reports (Entscheidungssammlung)
D.M.	Decreto Ministeriale
DNK	Deutscher Nachhaltigkeitskodex
DNotI	Deutsches Notarinstitut
DNotV	Deutscher Notarverein
DNotZ	Deutsche Notar-Zeitschrift (Zeitschrift)
DOCV	Diario Oficial de la Comunitat Valenciana (Amtsblatt Valencia)
D.O.	Documentation opérationnelle (Zeitschrift)
Dok.	Dokument
DOK	Dokument
DP	Recueil périodique et critique mensuel Dalloz avant 1941 (Zeitschrift)
D.p.r.	Decreto del Presidente della Repubblica (präsidentielle Verordnung – Italien)
DQ	The Dovenschmidt Quarterly (Zeitschrift)
DrittelbG	Drittelbeteiligungsgesetz
DRiZ	Deutsche Richterzeitung (Zeitschrift)
DRS	Document Repository Services
DS-GVO	Datenschutz-Grundverordnung
DStR	Deutsches Steuerrecht (Zeitschrift)
DStRE	Deutsches Steuerrecht – Entscheidungsdienst (Zeitschrift)
DStZ	Deutsche Steuer-Zeitung (Zeitschrift)
DTI	Department of Trade and Industry (Großbritannien)
D&O-Versicherung	Directors and Officers-Versicherung
Duquesne Bus. L. J.	Duquesne Business Law Journal (Zeitschrift)
Durchführungs-VO	Durchführungsverordnung
DVBl.	Deutsches Verwaltungsblatt (Zeitschrift)
Dz. U.	Dziennik Ustaw (elektronisches Gesetzesblatt – Polen)
DZWiR	Deutsche Zeitschrift für Wirtschafts- und Insolvenzrecht (Zeitschrift)

E

E	Entwurf
eA	eine Ansicht
EAFRD	European Agricultural Fund for Rural Development
EARL	entreprise agricole à responsabilité limitée (landwirtschaftliche GmbH – Frankreich)
EAS	Europäisches Arbeits- und Sozialrecht (Zeitschrift)
EASD	European Associations of Securities Dealers

EBA	European Banking Authority
EbAV-Richtlinie	Richtlinie über die Tätigkeiten und die Beaufsichtigung der betrieblichen Altersversorgung
EBITDA	earnings before interest, taxes, depreciation and amortization
ECGN	European Corporate Governance Network
ECMI	European Capital Markets Institute
ebd.	ebenda/ebendort
EBLR	European Business Law Review (Zeitschrift)
EBOR	European Business Organization Law Review (Zeitschrift)
EBRG-ÄndG	Gesetz zur Änderung des Europäischen Betriebsräte-Gesetz
EBR-Richtlinie	Europäische Betriebsrat-Richtlinie
EC	European Community / European Commission
ECF	European company forms
ECFR	European Company and Financial Law Review (Zeitschrift)
ECGI	European Corporate Governance Institute
ECJ	European Court of Justice
ECL	European Company Law (Zeitschrift)
E.C. Law	European Union Law (Zeitschrift)
ECLE	European Company Law Experts
ECLI	European Case Law Identifier
ECLI:EU:C	European Case Law Identifier: European Union: Commission
Ecolex	Fachzeitschrift für Wirtschaftsrecht (Zeitschrift)
Econ.Pol.Rev.	Economic Policy Review (Zeitschrift)
EC-Regulation	European Community-Regulation
EC Tax Review	European Community Tax Review (Zeitschrift)
ECU	European Currency Unit
Edin. L. R.	Edinburgh Law Review (Zeitschrift)
Ed.	Editor
Eds.	Editors
EEA	European Economic Area
EEC	European Economic Community
EEIG	The European Economic Interest Grouping
EFAJ	European Financial and Accounting Journal (Zeitschrift)
EFC	European Foundation Centre
EFP	employee financial participation
EFTA	European Free Trade Association
EFTA Ct. Rep.	EFTA Court Reports
eG	eingetragene Genossenschaft
EG	Europäische Gemeinschaft / Estates Gazette (Zeitschrift)
EGAktG	Einführungsgesetz zum Aktiengesetz
EGB	Europäischer Gewerkschaftsbund
EGBGB	Einführungsgesetz zum Bürgerlichen Gesetzbuch
EGB-UNICE-CEEP	Rahmenvereinbarung über befristete Arbeitsverträge (Europäischer Gewerkschaftsbund-Union of Industrial and Employers' Confederation of Europe-European Centre of Enterprises with Public Participation and of Enterprises of General Economic Interest)
EGHGB	Einführungsgesetz zum Handelsgesetzbuch
EGInsO	Einführungsgesetz zur Insolvenzordnung
EGM	extraordinary general meeting
EGV	Vertrag zur Gründung der Europäischen Gemeinschaft
EGVP	Elektronisches Gerichts- und Verwaltungspostfach
EHUG	Gesetz über das elektronische Handelsregister und Genossenschaftsregister sowie das Unternehmensregister
eIDAS-Verordnung	electronic IDentification, Authentication and trust Services-Verordnung
Einpersonengesellschafts-RL / EPG-RL	Einpersonengesellschafts-Richtlinie
Einf.	Einführung
Einl.	Einleitung
EIOPA	European Insurance and Occupational Pensions Authority
EIRL (Frankreich)	entrepreneur à responsabilité limitée (franz. für: Einzelunternehmer mit beschränkter Haftung)

EIRL (Portugal)	estabelecimento individual de responsabilidade limitada (portug. für: Einzelunternehmer mit beschränkter Haftung)
EJCL	Electronic Journal of Comparative Law (Zeitschrift)
EJLE	European Journal of Law and Economics (Zeitschrift)
EJLS	European Journal of Legal Studies (Zeitschrift)
E-Justiz-Portal	Europäisches Justizportal
EK	Eerste Kamer (niederl. für: erste Kammer)
EKV	Europäische Kooperationsvereinbarung
EL	Ergänzungslieferung
ELI	European Law Institute
ELJ	European Law Journal (Zeitschrift)
ELR	European Law Review (Zeitschrift)
ELTIF-VO	Verordnung über Europäische Langfristige-Investmentfonds
EMAS	Eco-Management and Audit Scheme
EMCA	European Model Companies Act
EMIR	European Market Infrastructure Regulation
EMLR	Entertainment and Media Law Reports (Zeitschrift)
Emory L. J.	Emory Law Journal (Zeitschrift)
EMPL	Ausschuss für Beschäftigung und soziale Angelegenheiten des Europäischen Parlaments
EMRK	Europäische Menschenrechtskonvention
EN	England
endg.	endgültig
engl.	englisch
EPC	European Private Company
ePerso	elektronischer Personalausweis
EPG	Europäische Privatgesellschaft / Einpersonengesellschaft
EPG-RL	Einpersonengesellschafts-Richtlinie
Eq.	Law Reports, Equity Cases (Entscheidungssammlung)
ER	English Reports (Entscheidungssammlung)
ERA Forum	Europäische Rechtsakademie Forum – Journal of the Academy of European Law (Zeitschrift)
ERCL	European Review of Contract Law (Zeitschrift)
ErfKoArbR	Erfurter Kommentar zum Arbeitsrecht
ERT	Europarättslig tidskrift (Zeitschrift)
ErwG	Erwägungsgrund
ES	Spanien
ESG	environmental, social and governance
ESJ	European Scientific Journal (Zeitschrift)
ESMA	European Securities and Markets Authority
ESOP	employee stock option program
ESUG	Gesetz zur weiteren Erleichterung der Sanierung von Unternehmen
et al.	et altera (lat. für: und weitere)
etc	et cetera (lat. für: und die übrigen [Dinge])
ETI	entreprises de taille intermédiaire (franz. für: Mittelständische Unternehmen)
ETMR	European Trade Mark Reports (Zeitschrift)
ETUI	Europäisches Gewerkschaftsinstitut
EU	Europäische Union
EU-AIF	Europäische Alternative Investmentfonds
EU-AIFM	Europäische Alternative Investment Fund Manager
EuG	Gericht der Europäischen Union
EuGH	Europäischer Gerichtshof
EuGVÜ	Europäisches Gerichtsstands- und Vollstreckungs-Übereinkommen
EuGVVO	Europäische Gerichtsstands- und Vollstreckungsverordnung
EUID	European Unique Identifier
EUInsVO	Europäische Insolvenzverordnung
EU-Kommission	Europäische Kommission
EUR	Euro (Währung der Europäischen Wirtschafts- und Währungsunion)
EuR	Europarecht (Zeitschrift)
EURL	entreprise unipersonnelle à responsabilité limitée (franz. für: Einpersonenunternehmen mit beschränkter Haftung)

Euro. Law.	European Lawyer (Zeitschrift)
Europ. Fin. Management	European Financial Management (Zeitschrift)
EuropGesR	Europäisches Gesellschaftsrecht
EuSEF	Europäische Fonds für soziales Unternehmertum
EuSEF-VO	Europäische Fonds für soziales Unternehmertum-Verordnung
EUV	Vertrag über die Europäische Union
eV	eingetragener Verein
EuVECA-VO	Europäische Risikokapitalfonds-Verordnung
EU-Verordnung	Verordnung der Europäischen Union
EU-VerschG	Europäisches-Verschmelzungsgesetz
EuZA	Europäische Zeitschrift für Arbeitsrecht (Zeitschrift)
EuZW	Europäische Zeitschrift für Wirtschaftsrecht (Zeitschrift)
EVÜ	Europäisches Schuldrechtsübereinkommen
EWCA	England and Wales Court of Appeal
EWCA Civ.	England and Wales Court of Appeal (Civil Division)
EWG	Europäische Wirtschaftsgemeinschaft
EWHC	England and Wales High Court – High Court of England and Wales
EWI	Europäische Wirtschaftliche Interessengemeinschaft
EWiR	Entscheidungen zum Wirtschaftsrecht (Zeitschrift)
EWIV	Europäische Wirtschaftliche Interessenvereinigung
EWIV-AusfG	Gesetz zur Ausführung der EWG-Verordnung über die Europäische wirtschaftliche Interessenvereinigung (EWIV-Ausführungsgesetz)
EWIV-VO	Europäischen wirtschaftlichen Interessenvereinigung-Verordnung
EWIV-VO-KOM	Europäischen wirtschaftlichen Interessenvereinigung, Verordnungsvorschlag der Kommission
EWR	Europäischer Wirtschaftsraum
EWS	Europäisches Wirtschafts- und Steuerrecht (Zeitschrift)
EWSA	Europäischer Wirtschafts- und Sozialausschuss
ex-Art.	ehemaliger Artikel
Ex. D.	Law Reports, Exchequer Division (Entscheidungssammlung)
F	
f.	folgende (Seite)
FamFG	Gesetz über das Verfahren in Familiensachen und in den Angelegenheiten der freiwilligen Gerichtsbarkeit / Familienverfahrensgesetz
FAQ	Frequently Asked Questions
Fasc.	fascicule (franz. für: Lieferung/Heft)
FAZ	Frankfurter Allgemeine Zeitung
FCA	Financial Conduct Authority
F & C.L.	Finance and Credit Law (Zeitschrift)
FCPA	Foreign Corrupt Practices Act
FCR	Federal Court Reports (Australien) (Entscheidungssammlung)
FE	Fundatio Europaea (Europäische Stiftung)
FECG	Forum Europaeum on Company Groups
Fed. Ct. Aus	Federal Court of Australia
FEE	Fédération des Experts Comptables Européens (früherer Name des Verbandes Europäischer Wirtschaftsprüfer) – jetzt Accountancy Europe
FE-VO-EP	Verordnungsvorschlag für eine (gemeinnützige) Europäische Stiftung des Europäischen Parlaments (FE-Verordnungsvorschlag-Europäisches Parlament)
FE-VO-IT	Verordnungsvorschlag für eine (gemeinnützige) Europäische Stiftung der Italienischen Ratspräsidentschaft (FE-Verordnungsvorschlag-Italienische Ratspräsidentschaft)
FE-VO-KOM	Verordnungsvorschlag für eine (gemeinnützige) Europäische Stiftung der Kommission (FE-Verordnung der Kommission)
ff.	folgende (Seiten)
FGPrax	Praxis der Freiwilligen Gerichtsbarkeit (Zeitschrift)
FHSV	Freundschafts-, Handels- und Schifffahrtsvertrag zwischen Deutschland und den USA
FiMaNoG	Gesetz zur Novellierung von Finanzmarktvorschriften auf Grund europäischer Rechtsakte
Finanzinstrumente-RL	Finanzinstrumente-Richtlinie

FK-InsO	Frankfurter Kommentar zur Insolvenzordnung
Flex-B.V.	Flex-besloten vennootschap (niederl. für: Flex-GmbH)
FLR	Federal Law Reports (Australien) (Entscheidungssammlung)
FMA	Financial Market Authority
FMStBG	Gesetz zur Beschleunigung und Vereinfachung des Erwerbs von Anteilen an sowie Risikopositionen von Unternehmen des Finanzsektors durch den Fonds „Finanzmarktstabilisierungsfonds – FMS“
Fn.	Fußnote(n)
FNV	Federatie Nederlandse (Union der niederländischen Gewerkschaften)
FolgeV	Folgeversammlung
Fordham Int. L. J.	Fordham International Law Journal
Fordham J. Corporate & Financial L.	Fordham Journal of Corporate and Financial Law (Zeitschrift)
Foro it.	Foro italiano (Zeitschrift)
FR	Finanz-Rundschau Ertragssteuerrecht (Zeitschrift) / Frankreich / Final Report
franz.	französisch
FRC	Financial Reporting Council
FS	Festschrift
FSMA	Financial Service Markets Act
FTLR	Financial Times Law Review (Zeitschrift)
FTSE	Financial Times Stock Exchange
FuS	Zeitschrift für Familienunternehmen und Strategie (Zeitschrift)
Fusionsbesteuerungs-RL	Fusionsbesteuerungs-Richtlinie
Fusionskontroll-VO/ FKVO	Fusionskontrollverordnung
Fw	Faillissementswet (niederl. für: Insolvenzrecht)

G

GA	Generalanwalt / General Approach
Ga. J. Int'l & Comp. L.	Georgia Journal of International & Comparative Law (Zeitschrift)
GAEC	Groupement agricole d'exploitation en commun (landwirtschaftliche Erzeugergemeinschaft – Frankreich)
GATS	General Agreement on Trade and Services
Gaz. Pal.	La Gazette du Palais (Zeitschrift)
GB	Great Britain
GBO	Grundbuchordnung
GbR	Gesellschaft bürgerlichen Rechts
GEDIP	Groupe européen de droit international privé (franz. für: Europäische Gruppe für Internationales Privatrecht)
GEIE	Groupement européen d'intérêt économique (franz. für: Europäische Wirtschaftliche Interessenvereinigung)
gem.	gemäß
GenG	Genossenschaftsgesetz (Deutschland)
Geo. L. J.	Georgetown Law Journal (Zeitschrift)
GeS	Zeitschrift für Gesellschaftsrecht und angrenzendes Steuerrecht (Zeitschrift)
GESAC	Groupement Européen des Sociétés d'Auteurs et Compositeurs (franz. für: Europäischer Zusammenschluss der Verbände der Autoren und Komponisten)
GesKR	Zeitschrift für Gesellschafts- und Kapitalmarktrecht (Zeitschrift)
GesR	Gesellschaftsrecht
GesRZ	Der Gesellschafter (Zeitschrift für Gesellschafts- und Unternehmensrecht) (Zeitschrift)
GFA	Groupement foncier agricole (Forstwirtschaftsgesellschaft – Frankreich)
GG	Grundgesetz
ggf.	gegebenenfalls
ggü.	gegenüber
GIE	Groupement d'intérêt économique (Wirtschaftliche Interessenvereinigung – Frankreich)
Giur.	Giurisprudenza Commerciale (Zeitschrift)
GK	Gesellschaftskapital
GLJ	German Law Journal (Zeitschrift)

GLR	Zeitschrift für geschichtliche Rechtswissenschaft (Zeitschrift)
GmbH	Gesellschaft mit beschränkter Haftung
GmbH-StB	GmbH-Steuerberater (Zeitschrift)
GmbHG	GmbH-Gesetz (Gesetz, Kommentar)
GmbHR	GmbH-Rundschau (Zeitschrift)
GmbH & Co. InvKG	Gesellschaft mit beschränkter Haftung & Co. Investment-Kommanditgesellschaft
GmbH & Co. KG	Gesellschaft mit beschränkter Haftung & Co. Kommanditgesellschaft
GMU	große und mittelständische Unternehmen
GNotKG	Gesetz über Kosten der freiwilligen Gerichtsbarkeit für Gerichte und Notare
GoB	Grundsätze ordnungsgemäßer Buchführung
GPR	Zeitschrift für das Privatrecht der Europäischen Union (Zeitschrift)
grds.	grundsätzlich
Großkomm	Großkommentar
GRUR Int.	Gewerblicher Rechtsschutz und Urheberrecht Internationaler Teil (Zeitschrift)
GS	Gedächtnisschrift
gSUP	gemeinnützige Societas Unius Personae
G.U.	Gazzetta Ufficiale (Amtsblatt – Italien)
Guir. it.	Giurisprudenza Italiana (Zeitschrift)
GuV	Gewinn- und Verlustrechnung
GVG	Gerichtsverfassungsgesetz
GWB-Novelle	Novelle des Gesetzes gegen Wettbewerbsbeschränkungen
GWD	Greens Weekly Digest (Entscheidungssammlung)
GWR	Gesellschafts- und Wirtschaftsrecht (Zeitschrift)

H

HanseLR	Hanse Law Review (Zeitschrift)
HBLR	Harvard Business Law Review (Zeitschrift)
Harvard Int. L. J.	Harvard International Law Journal (Zeitschrift)
Harvard J. Legis.	Harvard Journal on Legislation (Zeitschrift)
Harv. L. Rev.	Harvard Law Review (Zeitschrift)
Hastings Int'l & Com. L. Rev.	Hastings International and Comparative Law Review (Zeitschrift)
Hastings L.J.	Hastings Law Journal (Zeitschrift)
H&C	Hurlstone & Coltman's Exchequer Reports (Entscheidungssammlung)
HC (NI)	High Court (North Ireland)
HdB	Handbuch
HG	Handelsgericht (Österreich)
HGB	Handelsgesetzbuch (Gesetz)
HGrG	Gesetz über die Grundsätze des Haushaltsrechts des Bundes und der Länder
HKCFA	Hong Kong Court of Final Appeal
HKLRD	Hong Kong Law Reports & Digest (Zeitschrift)
HL	House of Lords (frühere Bezeichnung des heutigen britischen Supreme Courts)
HL cas.	House of Lords Case (Entscheidungssammlung)
HLJ	Hertfordshire Law Journal (Zeitschrift)
hM	herrschende Meinung
HR	Hoge Rad (Hoher Rat, Oberstes Gericht der Niederlande)
H. R.	House of Representatives
HRefG	Gesetz zur Neuregelung des Kaufmanns- und Firmenrechts und zur Änderung anderer handels- und gesellschaftsrechtlicher Vorschriften (Handelsrechtsreformgesetz)
HRegGebV	Verordnung über Gebühren in Handels-, Partnerschafts- und Genossenschaftsregistersachen (Handelsregistergebührenverordnung)
HrgW	handelsregisterwet 2007 (Handelsregisterrecht – Niederlande)
Hrsg.	Herausgeber
HRV	Handelsregisterverordnung
Hs.	Halbsatz / Hauptsatz
HV	Hauptversammlung

I

I	Italian
IA	Insolvency Act / Institutioneller Anleger
IAASB	International Auditing and Assurance Standards Board

IAS	International Accounting Standards
IASB	International Accounting Standards Board
IAS-Verordnung/IAS-VO	International Accounting Standards-Verordnung
I.B.L.J.	International Business Law Journal (Zeitschrift)
ICCLJ	International and Comparative Corporate Law Journal (Zeitschrift)
ICCLR	International Company and Commercial Law Review (Zeitschrift)
ICLEG	Informal Company Law Expert Group
ICLQ	International & Comparative Law Quarterly (Zeitschrift)
ICR	Industrial Cases Reports (Entscheidungssammlung)
idF	in der Fassung
idR	in der Regel
IDW	Institut der Wirtschaftsprüfer
i. e.	id est
i. E.	im Ergebnis
IFAC	International Federation of Accountants
I.F.L. Rev.	International Financial Law Review (Zeitschrift)
IfM	Institut für Mittelstandsforschung
IFN	Institute of Industrial Economics
IFRS	International Financial Reporting Standards
IFRS-Verordnung/IFRS-VO	International Financial Reporting Standards-Verordnung
i. H.	im Hinblick
IHK	Industrie- und Handelskammer
iHv	in Höhe von
III CZP	Entscheidung des Obersten Gerichts Polen
IILR	International Insolvency Law Review (Zeitschrift)
IIR	International Insolvency Law (Zeitschrift)
IJLM	International Journal of Logistics Management Information (Zeitschrift)
IJMBR	International Journal of Management and Business Research (Zeitschrift)
IJTEF	International Journal of Trade, Economics and Finance (Zeitschrift)
ILF	Institute for Law and Finance
IMF	International Monetary Fund
InDret	Revista para el Análisis del Derecho (Zeitschrift)
INI	Initiativverfahren des Europäischen Parlaments
inkl.	inklusive
insbes.	insbesondere
INSEE	Institut National de la statistique et des Études Économiques
InsO	Insolvenzordnung
INSOL	International Insolvency Review (Zeitschrift)
Insolv. Int.	Insolvency Intelligence (Zeitschrift)
Int. Corp. Rescue	International Corporate Rescue (Zeitschrift)
Interm.	Intermediär
IntGesR	Internationales Gesellschaftsrecht
Int. Insolv. Rev.	International Insolvency Review (Zeitschrift)
IntInsR	Internationales Insolvenzrecht
Int. Lawyer	The International Lawyer (Zeitschrift)
Int'l J. L. M.	International Journal of Law and Management (Zeitschrift)
IntVersch-RL	Internationale Verschmelzungs-Richtlinie
IntWirtschR	Internationales Wirtschaftsrecht
InvÄndG	Gesetz zur Änderung des Investmentgesetzes und zur Anpassung anderer Vorschriften
Investment-KG	Investment-Kommanditgesellschaft
InvG	Investmentgesetz
InvModG	Gesetz zur Modernisierung des Investmentwesens und zur Besteuerung von Investmentvermögen
InvSt-Rechtsreform	Reform der Investmentbesteuerung
i. o.	in oprichting (niederl. für: in Gründung)
IOSCO	International Organization of Securities Commissions
IPO	Insolvent Partnerships Order / Initial Public Offering
IPR	Internationales Privatrecht
IPRax	Praxis des Internationalen Privat- und Verfahrensrechts (Zeitschrift)

IPRG	Internationales Privatrecht Gesetz / Bundesgesetz über das Internationale Privatrecht (Schweiz)
IPR/IZVR	Internationales Privat- und Zivilverfahrensrecht
IR	impôt sur le revenu (franz. für: Einkommenssteuer)
iRd	im Rahmen des / im Rahmen der
IRLR	Irish Law Reports (Entscheidungssammlung)
IRZ	Zeitschrift für internationale Rechnungslegung (Zeitschrift)
iS	im Sinne
ISA	International Standards on Auditing
iSd	im Sinne der/des
iSe	im Sinne einer
ISS	Institutional Shareholder Services
IStR	Internationales Steuerrecht (Zeitschrift)
iSv	im Sinne von
IT	Italien
ital.	italienisch
ITC	Investment Trust Companies
ITL Rep. / ITLR	International Tax Law Reports (Entscheidungssammlung)
iVm	in Verbindung mit
IW	Institut der deutschen Wirtschaft
IWB	Internationales Steuer- und Wirtschaftsrecht (Zeitschrift)
IWRZ	Zeitschrift für Internationales Wirtschaftsrecht (Zeitschrift)
iwS	im weiteren Sinne
J	
JA	Juristische Arbeitsblätter (Zeitschrift)
J. Accounting, Ethics & Public Policy	Journal of Accounting, Ethics & Public Policy (Zeitschrift)
Jac. & W.	Jacob & Walker's Chancery Reports (Sammlung)
Jahresabschluss-RL	Jahresabschluss-Richtlinie
JbJZW	Jahrbuch Junger Zivilrechtswissenschaftler
Jbl.	Juristische Blätter (Zeitschrift)
J.B.L.	Journal of Business Law (Zeitschrift)
J. Bus. Ethics	Journal of Business Ethics (Zeitschrift)
J. Bus. & Tech. L.	Journal of Business & Technology Law (Zeitschrift)
JCLS	Journal of Civil Law Studies (Zeitschrift)
JCMS	Journal of Common Market Studies (Zeitschrift)
J. Corporate & Financial L.	Journal of Corporate and Financial Law (Zeitschrift)
JCP	Juris-Classeur périodique, La Semaine juridique (Zeitschrift)
JCP CI	Juris-Classeur périodique, La Semaine juridique, édition „Commerce et industrie" (Zeitschrift)
JCP E	Juris-Classeur périodique, La Semaine juridique, édition „Entreprise et affaires" (Zeitschrift)
JCP E Cah. Dr. Entr.	Juris-Classeur périodique, La Semaine (Juridique), Cahiers de droit de l'entreprise (Zeitschrift)
JCP G	Juris-Classeur périodique, La Semaine Juridique, édition „Générale" (Zeitschrift)
JDE	Journal de droit européen (Zeitschrift)
J. Econ. Lit.	Journal of Economic Literature (Zeitschrift)
J. Econ. Persp.	Journal of Economic Perspectives (Zeitschrift)
Jersey L.R.	Jersey Law Reports (Entscheidungssammlung)
JFE	Journal of Financial Economics (Zeitschrift)
J. Financ. Regul.	Journal of Financial Regulation (Zeitschrift)
J. Fin.	Journal of Finance (Zeitschrift)
J. Fin. Econ.	Journal of Financial Economics (Zeitschrift)
J. Gen. Mgmt.	Journal of General Management (Zeitschrift)
Jhb.	Jahrbuch
Jherings Jb	Jherings Jahrbücher für die Dogmatik des heutigen römischen und deutschen Privatrechts (1857-1892); Jherings Jahrbücher für die Dogmatik des bürgerlichen Rechts (1893-1942/43)
JIBFL	Journal of International Banking and Financial Law (Zeitschrift)

J.I.B.L.R.	Journal of International Banking Law and Regulation (Zeitschrift)
JLS	Journal of Law and Society (Zeitschrift)
J. L. & Soc.	Journal of Law and Social Change (Zeitschrift)
JM	Juris Monatszeitschrift (Zeitschrift)
J. Manag. Gov. / JMG	Journal of Management & Governance (Zeitschrift)
JO / J.O.	Journal officiel (Amtsblatt für Frankreich)
JOM	Journal of the Minerals, Metals and Materials Society (Zeitschrift)
JONDR	Journaal Ondernemingsrecht (Zeitschrift)
JOR	Jurisprudentie Onderneming en Recht(Zeitschrift)
JORF	Journal officiel de la République française (Zeitschrift)
JO Sénat CR	Comptes rendus intégraux des séances du Sénat publié dans le Journal officiel (franz. für: Vollständige Aufzeichnungen der Senatssitzungen, die im Amtsblatt veröffentlicht wurden)
J. Pol. Econ.	Journal of Political Economy (Zeitschrift)
Jr.	Junior
JRV	Journaal Ondernemingsrecht (Zeitschrift)
Jura	Juristische Ausbildung (Zeitschrift)
JURI	Rechtsausschuss des Europäischen Parlaments
jurisPR-HaGesR	juris PraxisReport Handels- und Gesellschaftsrecht
JuS	Juristische Schulung (Zeitschrift)
JZ	Juristen Zeitung (Zeitschrift)

K

KAGB	Kapitalanlagegesetzbuch
KAGB-E	Kapitalanlagegesetzbuch-Entwurf
Kap.	Kapitel
KapCo-Richtlinie	Kapitalgesellschaften & Co-Richtlinie
Kapital-RL	Kapital-Richtlinie
Kartellverfahrens-VO	Kartellverfahrens-Verordnung (VO 1/2003)
K. B. / KB	Law Reports, King's Bench Division (Entscheidungssammlung)
KC	Kodeks cywilny (Zivilgesetzbuch – Polen)
KfiHG	Gesetz zur Einführung von Kammern für internationale Handelssachen
KG	Kommanditgesellschaft /Kammergericht
KGaA	Kommanditgesellschaft auf Aktien
Kgl.	königliches
KK-AktG	Kölner Kommentar zum Aktiengesetz
KK-UmwG	Kölner Kommentar zum Umwandlungsgesetz
KK-WpÜG	Kölner Kommentar zum Wertpapiererwerbs- und Übernahmegesetz
KMG	Kapitalmarktgesetz (Österreich)
KMU	kleine und mittlere Unternehmen
Kodifizierungs-RL	Kodifizierungs-Richtlinie
Kodifizierungs-RL-KOM	Kodifizierungs-Richtlinie, Vorschlag der Kommission
Kölner HdB GesR.	Kölner Handbuch zum Gesellschaftsrecht
KOM	Kommission der Europäischen Gemeinschaften
Kom.	Kommanditist
Komm.	Kommentar
Kompl.	Komplementär
Komplementär-B.V.	Komplementär-Besloten Vennootschap
Konzernbilanz-RL	Konzernbilanz-Richtlinie
KoR	Zeitschrift für internationale und kapitalmarktorientierte Rechnungslegung (Zeitschrift)
KRS	Ustawa o Krajowym Rejestrze Sądowym (Gesetz über das nationale Gerichtsregister – Polen)
KSchG	Kündigungsschutzgesetz
KSH	Kodeks spółek handlowych (Gesetz über Handelsgesellschaften – Polen)
KSI	Krisen-, Sanierungs- und Insolvenzberatung (Zeitschrift)
KSzW	Kölner Schrift zum Wirtschaftsrecht (Zeitschrift)
KTS	Zeitschrift für Insolvenzrecht (Zeitschrift)
KVG	Kapitalverwaltungsgesellschaften
KWG	Gesetz über Kreditwesen

L	Loi / Rechtsvorschriften im Amtsblatt der Europäischen Union / Legal Requirements im ÖCGK
La Ley	Diario La Ley (Zeitschrift)
La Notaría	La Notaría (Zeitschrift)
LAIE	Ley 12/1991, de 29 de abril, de Agrupaciones de Interés Económico (Gesetz 12/1991 vom 29. April 1991 über wirtschaftliche Interessenvereinigungen – Spanien)
Lavoro giur.	Il Lavoro nella giurisprudenza (Zeitschrift)
Law & Financial Markets Rev.	Law and Financial Markets Review (Zeitschrift)
Law-Econ. Research Paper	Law and Economics Research Paper
LBO	leveraged buyout
LC	Ley 22/2003, de 9 de julio, Concursal (Gesetz 22/2003 vom 9. Juli 2003, Insolvenzordnung – Spanien)
LCCh	Ley 19/1985, de 16 de julio, Cambiaria y del Cheque (Gesetz 19/1985 vom 16. Juli 1985, Wechsel- und Scheckrecht – Spanien)
LD Raym	Lord Raymond's King's Bench and Common Pleas Reports (Entscheidungssammlung)
LDC	Ley 15/2007, de 3 de julio, de Defensa de la Competencia (Gesetz 15/2007 vom 3. Juli 2007 zur Verteidigung des Wettbewerbs – Spanien)
LE	Ley 14/2013, de 27 de septiembre, de apoyo a los emprendedores y su internacionalización (Gesetz 14/2013 vom 27. September 2013 über die Unterstützung von Unternehmern und ihrer Internationalisierung – Spanien) / Leitentscheidung
LEI	Legal Entity Idenitfier (internationale Rechtsträgerkennung für kapitalmarktorientierte Unternehmen)
LFMR / L. & F.M.R.	Law and Financial Markets Review (Zeitschrift)
LG	Landgericht
LGDJ	La librairie juridique de référence en ligne (Die Online-Referenzbibliothek für juristische Fachliteratur)
LIS	Ley 27/2014, de 27 de noviembre, del Impuesto sobre Sociedades (Gesetz 27/2014 vom 27. November 2014, Körperschaftssteuergesetz – Spanien)
lit.	littera (Buchstabe)
LITPyAJD	Real Decreto Legislativo 1/1993, de 24 de septiembre, por el que se aprueba el Texto refundido de la Ley del Impuesto sobre Transmisiones Patrimoniales y Actos Jurídicos Documentados (Königliches Gesetzesdekret 1/1993 vom 24. September 1993 zur Besteuerung der Vermögensübertragung und der dokumentierten Rechtsakte – Spanien)
LJN	Landelijk Jurisprudentie Nummer (landesweite Nummerierung für Gerichtsentscheidungen – Niederlande)
LJPC	Law Journal Reports, Privy Council New Series (Entscheidungssammlung)
LLC	Limited Liability Company
Lloyd's Rep.	Lloyd's Law Reports (Zeitschrift)
LLP	Limited Liability Partnership
LLPA	Limited Liability Partnership Act
LLPR	Limited Liability Partnership Regulations
LM	Ley 17/2001, de 7 de diciembre, de Marcas (Gesetz 17/2001, vom 7. Dezember, Markengesetz – Spanien)
LMCLQ	Lloyd's Maritime and Commercial Law Quarterly (Zeitschrift)
LME	Ley 3/2009, de 3 de abril, sobre modificaciones estructurales de las sociedades mercantiles (Gesetz 3/2009 vom 3. April 2009, Umwandlungsgesetz – Spanien) / Loi n° 2008-776 du 4 août 2008 de modernisation de l'économie (Gesetz Nr. 2008-776 vom 4. August 2008 zur Modernisierung der Wirtschaft)
LMK	Lindenmaier-Möhring Kommentierte BGH-Rechtsprechung – Fachdienst Zivilrecht
LMV	Real Decreto Legislativo 4/2015, de 23 de octubre, por el que se aprueba el texto refundido de la Ley del Mercado de Valores (Königliches Gesetzesdekret 4/2015 vom 23. Oktober 2015 zur Neufassung des Wertpapierhandelsgesetzes – Spanien)
LoI	Letter of intent

Loi NRE	Loi relative aux nouvelles régulations économiques (Gesetz über neue Wirtschaftsordnungen – Frankreich)
LOSSEC	Ley 10/2014, de 26 de junio, de ordenación, supervisión y solvencia de entidades de crédito (Gesetz 10/2014 vom 26. Juni 2014 zur Regulierung, Beaufsichtigung und Solvenz von Kreditinstituten – Spanien)
LP	Limited Partnership
LPA	Limited Partnership Act
LQR	Law Quarterly Review (Zeitschrift)
LR	Listing Rules
L. R.	Law Reports (Entscheidungssammlung)
LR Ir.	Law Reports, Ireland (4th Series) (Entscheidungssammlung)
LRO	Legislative Reform Orders
L.S.	Legal Studies (Zeitschrift)
LSA	Real Decreto Legislativo 1564/1989, de 22 de diciembre, por el que se aprueba el texto refundido de la Ley de Sociedades Anónimas (Köngliches Gesetzesdekret 1564/1989, vom 22. Dezember1989 zur Neufassung des Aktiengesetzes – Spanien)
LSA 1848	Ley disponiendo que no se podrá constituir ninguna compañía mercantil, cuyo capital, en todo o en parte, se divida en acciones, sino en virtud de una ley ó de un Real decreto; y mas que se expresa, 18 febrero 1848 (Gesetz vom 18. Februar 1848 betreffend die Aktiengesellschaften – Spanien)
LSA 1951	Ley de 17 de julio de 1951 sobre régimen jurídico de las sociedades anónimas (Gesetz vom 17. Juli 1951, Aktiengesetz – Spanien)
LSC	Real Decreto Legislativo 1/2010, de 2 de julio, por el que se aprueba el texto refundido de la Ley de Sociedades de Capital (Königliches Gesetzesdekret 1/2010, vom 2. Juli 2010 zur Neufassung des Kapitalgesellschaftsgesetzes – Spaniens) / Loi concernant les sociétés commerciales (luxemburgisches Gesetz betreffend die Handelsgesellschaften)
LSE Working Paper	London School of Economics Working Paper
LSG	Law Society's Gazette (Zeitschrift)
LSN-Research Paper	The Legal Scholarship Network Research Paper
LSP	Ley 7/2007, de 15 de marzo, de sociedades profesionales (Gesetz 7/2007, vom 15. März 2007, über Freiberuflergesellschaften – Spanien)
LSRL	Ley 2/1995, de 23 de marzo de Sociedades de Responsabilidad Limitada (Gesetz 2/1995, vom 23. März 1995 über Gesellschaften mit beschränkter Haftung – Spanien)
LSRL 1953	Ley de 17 de julio de 1953 sobre Régimen Jurídico de las Sociedades de Responsabilidad Limitada (Gesetz vom 17. Juli 1953 über Gesellschaften mit beschränkter Haftung – Spanien)
LT	Law Times Reports (Entscheidungssammlung)
Ltd.	Limited / Private Limited Company / private company limited by shares
LTL	Lawtel Transcripts (Entscheidungssammlung)
LTO	Legal Tribute Online
LV	Latvia (Lettland)
M	
Macq.	Macqueen's Scotch Appeal Cases (Entscheidungssammlung)
MAD	Market Abuse Directive (Marktmissbrauchs-Richtlinie)
Madd.	Maddock's Chancery Reports (Entscheidungssammlung)
MAH	Münchner Anwaltshandbuch
MAR	Market Abuse Regulation (Marktmissbrauchs-Verordnung)
MarkenG	Markengesetz
max.	maximal
MBCA	Model Business Corporation Act
mbH	mit beschränkter Haftung
MDAX	Mid-Cap-Deutscher Aktienindex (Mid-Cap-DAX)
MDR	Monatsschrift für Deutsches Recht (Zeitschrift)
MEDEF	Mouvement des entreprises de France (franz. für: Bewegung der Unternehmen in Frankreich – Arbeitgeberverband)
MgVG	Gesetz über die Mitbestimmung der Arbeitnehmer bei einer grenzüberschreitenden Verschmelzung

Mich. L. Rev.	Michigan Law Review (Zeitschrift)
Mich. St. L. Rev.	Michigan State Law Review (Zeitschrift)
MiFID	Finanzmarkt-Richtlinie (Markets in Financial Instruments Directive)
MiFID II	Finanzmarkt-Richtlinie II (Markets in Financial Instruments Directive II)
MinderheitsG	Minderheitsgesellschafter
Minnesota L. Rev.	Minnesota Law Review (Zeitschrift)
Mio.	Millionen
mit Anm.	mit Anmerkung
MitbestG	Mitbestimmungsgesetz
MittBayNot	Mitteilungen des Bayerischen Notarvereins, der Notarkasse und der Landesnotarkammer Bayern (Zeitschrift)
MJ	Maastricht Journal of European and Comparative Law (Zeitschrift)
MK	Mindestkapital
MLR	The Modern Law Review (Zeitschrift)
MMR	MultiMedia und Recht (Zeitschrift)
Mobilitäts-RL	Mobilitäts-Richtlinie
MoMiG	Gesetz zur Modernisierung des GmbH-Rechts und zur Bekämpfung von Missbräuchen
MP	Monitor Prawniczy (Zeitschrift)
MS	Mitgliedstaat
MTF	Multilateral Trading Facility
M&A	Mergers and Acquisitions
MüHdB GesR	Münchener Handbuch Gesellschaftsrecht
MüHdB IntGesR	Münchener Handbuch des Gesellschaftsrechts – Internationales Gesellschaftsrecht
MüKoAktG	Münchener Kommentar zum Aktiengesetz
MüKoBGB	Münchener Kommentar zum Bürgerlichen Gesetzbuch
MüKo Bilanzrecht	Münchener Kommentar zum Bilanzrecht
MüKoGmbHG	Münchener Kommentar zum GmbH-Gesetz
MüKoHGB	Münchener Kommentar zum Handelsgesetzbuch
MüKoInsO	Münchener Kommentar zur Insolvenzordnung
MüKoZPO	Münchener Kommentar zur Zivilprozessordnung
MuschG	Mutterschutzgesetz
MutterG	Muttergesellschaft
mwN	mit weiteren Nachweisen
MWP	Mitwirkungspolitik
My & Cr.	Mylne & Craig's Chancery Reports (Entscheidungssammlung)
N	
NASDAQ	National Association of Securities Dealers Automated Quotations
NBW	Nieuw Burgerlijk Wetboek (Neues bürgerliches Gesetzbuch – Niederlande)
NCD	Netherlands Centre of Executive and Supervisory Directors
N.E.	North Eastern Reporter (Sammlung)
nF	neue Fassung
niederl.	niederländisch
NILQ	The Northern Ireland Legal Quarterly (Zeitschrift)
NJW	Neue Juristische Wochenschrift (Zeitschrift)
NJW-RR	NJW-Rechtsprechungs-Report Zivilrecht (Zeitschrift)
NJW-S	NJW-Spezial (Zeitschrift)
NK-AT	NomosKommentar zum BGB, Allgemeiner Teil
NL	Niederlande
NLJ	New Law Journal (Zeitschrift)
No.	Number (englisch) / le numéro (französisch)
NomosBGB	Nomos Kommentar zum Bürgerlichen Gesetzbuch
NotBZ	Zeitschrift für die notarielle Beratungs- und Beurkundungspraxis (Zeitschrift)
NotUE	Noticias de la Unión Europea (Zeitschrift)
Nov.	November
NP	National Parliament
npoR	Zeitschrift für das Recht der Non Profit Organisationen (Zeitschrift)
Nr.	Nummer / numéro (französisch) / numer (polnisch)
NRE	Loi n° 2001-420 du 15 mai 2001 relative aux nouvelles régulations économiques (Gesetz Nr. 2001-420 vom 15. Mai 2001 über neue wirtschaftliche Regelungen)

NSWCA	New South Wales Court of Appeal
NSWSC	New South Wales Supreme Court
NtEr	Nederlands tijdschrift voor Europees recht (Zeitschrift)
núm.	número (spanisch)
N. V. / NV	naamloze vennootschap (Aktiengesellschaft – Niederlande)
N. V. i. o.	naamloze vennootschap in oprichting (Aktiengesellschaft in Gründung – Niederlande)
NWB	Steuer- und Wirtschaftsrecht (Zeitschrift)
NVwZ	Neue Zeitschrift für Verwaltungsrecht (Zeitschrift)
NVwZ-RR	Neue Zeitschrift für Verwaltungsrecht – Rechtsprechungs-Report (Zeitschrift)
NY	New York
NYSC	The New York Stock Commission
NYSE	The New York Stock Exchange
NYU J. L. & Bus. / NYU J. L&B	New York University Journal of Law and Business (Zeitschrift)
NYU L. Rev.	New York University Law Review (Zeitschrift)
NZ	Notariats Zeitung (Zeitschrift)
NZA	Neue Zeitschrift für Arbeitsrecht (Zeitschrift)
NZA-RR	Neue Zeitschrift für Arbeitsrecht-Rechtsprechungs-Report (Zeitschrift)
NZBLC	New Zealand Business Law Cases (Entscheidungssammlung)
NZCA	New Zealand Case (Entscheidungssammlung)
NZG	Neue Zeitschrift für Gesellschaftsrecht (Zeitschrift)
NZHC	New Zealand High Commission
NZI	Neue Zeitschrift für Insolvenz- und Sanierungsrecht (Zeitschrift)
NZLR	New Zealand Law Reports (Entscheidungssammlung)
NZTR	New Zealand Trust Reports (Entscheidungssammlung)

O

o. ä.	oder ähnliches
OBLB	Oxford Business Law Blog
o. dgl.	oder dergleichen
öAktG	österreichisches Aktiengesetz
öAT	Zeitschrift für das öffentliche Arbeits- und Tarifrecht (Zeitschrift)
ÖBA	BankArchiv: Zeitschrift für das gesamte Bank- und Börsenwesen (Zeitschrift)
OECD	Organisation for Economic Co-operation and Development
ÖCGK	Österreichischer Corporate Governance Kodex
OFR	Operating and Financial Review (Zeitschrift)
og	oben genannte(n)
OGA	Organismus für gemeinsame Anlagen
OGAW	Organismen für gemeinsame Anlagen in Wertpapieren
OGAW-Richtlinie	Organismen für gemeinsame Anlagen in Wertpapieren-Richtlinie
OGAW V-Richtlinie	Richtlinie zur Änderung der Richtlinie 2009/65/EG zur Koordinierung der Rechts- und Verwaltungsvorschriften betreffend bestimmte Organismen für gemeinsame Anlagen in Wertpapieren (OGAW) im Hinblick auf die Aufgaben der Verwahrstelle, die Vergütungspolitik und Sanktionen
OGH	Oberster Gerichtshof (Österreich)
OHG	Offene Handelsgesellschaft
OJAcct	Open Journal of Accounting (Zeitschrift)
OLG	Oberlandesgericht
OMT	Outright Monetary Transactions
OPA	Offre Publique d'Achat (franz. für: öffentliches Kaufangebot)
OPCI	Organisme de placement collectif immobilier (franz. Organisationsform für Immobilienfonds)
OPE	Offre Publique d'Échange (franz. für: öffentliches Umtauschangebot)
OPR	Offre Publique de Retrait (franz. für: öffentliches Angebot zur Übernahme der Anteile der Minderheitsgesellschafter)
OR	schweizerisches Obligationenrecht / Ondernemingsraad (niederl. für: Betriebsrat)
OTF	Organised Trading Facilities
o. V.	ohne Verfasser
OVG	Oberverwaltungsgericht
OwiG	Ordnungswidrigkeitengesetz

Oxford J. Legal Stud.	Oxford Journal of Legal Studies (Zeitschrift)
Oxf. Rev. Econ. Policy	Oxford Review of Economic Policy (Zeitschrift)
P	
PA	Partnership Act 1890
PAC	Partneriaeth atebolrqydd cycfyngedig (Bezeichnung der LLP in Wales)
Pace Int'l L. Rev.	Pace International Law Review (Zeitschrift)
pág.	página (span. für: Seite)
Parl. Gesch. Voortgang	Parlementaire geschiedenis Voortgang (Parlamentsdrucksache – Niederlande)
PartG	Partnerschaftsgesellschaft
Part mbB	Partnerschaft mit beschränkter Berufshaftung
PC	Partneriaeth cycfyngedig (Bezeichnung der LP in Wales)
P.C.B.	Private Client Business (Zeitschrift)
PDG	Président Directeur Général
Penn ILE Research Paper	Pennsylvania Institute for Law and Economics Research Paper
Penn Journal of Business Law	Pennsylvania Journal of Business Law (Zeitschrift)
PEPPER	Promotion of employee participation in profits and enterprise results
PersVG	Personalvertretungsgesetz
PFLR	Private Fund Limited Partnership
PiR	Praxis der internationalen Rechnungslegung (Zeitschrift)
Pkt.	Punkt
PLC	Public Limited Company / Public company limited by shares
P. L. C.	Practical Law for Companies (Zeitschrift)
PME	petites et moyennes entreprises (franz. für: kleine und mittlere Unternehmen)
PNLR	Professional Negligence and Liability Reports (Zeitschrift)
PPH	Przegląd Prawa Handlowego (Zeitschrift)
Pres. Rb. Amsterdam	President Rechtbank Amsterdam (Präsident des Bezirksgerichts Amsterdam)
Pressemitt.	Pressemitteilung
PRIIP	Packaged Retail and Insurance-based Investment Products
Prospekt-RL	Prospekt-Richtlinie
Prospekt-VO	Prospekt-Verordnung
PS	Prawo Spółek (Zeitschrift)
PSC	people with significant control
PSC-Register Regulations	Register of People with Signifcant Control Regulations
PSR	Die Privatstiftung (Zeitschrift)
Pt.	Part
Pub. L.	Public Law
Publikums-AG	Publikumsaktiengesellschaft
Publizitäts-RL	Publizitäts-Richtlinie
P & CR	Planning and Compensation Reports (Entscheidungssammlung)
Q	
QB	Law Reports: Queen's Bench (Entscheidungssammlung)
QBD	Queen's Bench Division
QCA	Queensland Supreme Court: Court of Appeal
QdR	Quadrennial Defense Review (Zeitschrift)
R	
R	décrets en Conseil d'État (franz. für: Staatsrat) / Recommendations im ÖCGK / Report
RabelsZ	Zeitschrift für ausländisches und internationales Privatrecht (Zeitschrift)
RAPID	RAPID (Datenbank der Europäischen Kommission, die alle Pressemitteilungen seit 1985 enthält)
Rass. Giuridica Umbra	Rassegna Giuridica Umbra (Zeitschrift)
RBROT	Rechtbank Rotterdam (Bezirksgericht Rotterdam)
RCDI	Revista Crítica de Derecho Inmobiliario (Zeitschrift)
RDCP	Revista de Derecho Concursal y Paraconcursal (Zeitschrift)
RCS	registre du commerce et des sociétés (Handelsregister – Frankreich)
r.d.	regio decreto
RdA	Recht der Arbeit –Zeitschrift für die Wissenschaft und Praxis des gesamten Arbeitsrechts (Zeitschrift)

RDBB	Revista de Derecho Bancario y Bursátil (Zeitschrift)
RDBF	Revue de Droit bancaire et financier (Zeitschrift)
RDCP	Revista de Derecho Concursal y Paraconcursal (Zeitschrift)
RdF	Recht der Finanzinstrumente (Zeitschrift)
RDM	Revista de Derecho Mercantil (Zeitschrift)
RDN	Revista de Derecho Notarial (Zeitschrift)
RdP	Revista de Derecho Patrimonial (Zeitschrift)
RDP	Revista de Derecho Privado (Zeitschrift)
RdS	Revista de Derecho de Sociedades (Zeitschrift)
RdW	Österreichisches Recht der Wirtschaft (Zeitschrift)
Ref. Ares	Reference Ares
REFIT Programm	Regulatory Fitness and Performance Programm (Programm zur Gewährleistung der Effizienz und Leistungsfähigkeit der Rechtsetzung)
Reg.	regulation
Reg.Begr.	Regierungsbegründung
RegE	Regierungsentwurf
REID	Register Entity Identifier
REIT	Real Estate Investment Trusts
RECMA	Revue internationale de l'économie sociale (Zeitschrift)
REVESCO	Revista de Estudios Cooperativos (Zeitschrift)
Rev. Fin. Stud.	The Review of Financial Studies (Zeitschrift)
Rev. prat. soc.	Revue pratique des sociétés civiles et commerciales (Zeitschrift)
Rev. soc. / Rev. Sociétés	Revue des sociétés (Zeitschrift)
REVESCO	Revista de Estudios Cooperativos (Zeitschrift)
Revista MTIN	Revista del Ministerio de Trabajo e Inmigración (Zeitschrift)
RF	Revue Fiduciaire (Zeitschrift)
RG	répertoire général (Generalregister – Frankreich)
RGD	Revista General de Derecho (Zeitschrift)
RGLJ	Revista General de Legislación y Jurisprudencia (Zeitschrift)
RGZ	Reichsgericht in Zivilsachen (Entscheidungssammlung)
RIMHE	La Revue Interdisciplinaire, Management, Homme & Entreprise (Zeitschrift)
Riv. Crit. DIP	Revue critique de droit international privé (Zeitschrift)
Riv. dir. int. priv. proc.	Rivista di diritto internazionale privato e processuale (Zeitschrift)
Riv. Soc.	Rivista delle società (Zeitschrift)
RIW	Recht der Internationalen Wirtschaft (Zeitschrift)
RJC	Revista Jurídica de Cataluña (Zeitschrift)
RJDA	Revue de Jurisprudence de droit des affaires (Zeitschrift)
RJEP	Revue juridique de l'économie publique (Zeitschrift)
RJN	Revista Jurídica del Notariado (Zeitschrift)
RL	Richtlinie
RLDA	Revue Lamy Droit des Affaires (Zeitschrift)
RL-E	Richtlinien-Entwurf
RLE	relevant legal entity
RL-Vorschlag	Richtlinien-Vorschlag
RMC	Revue du Marché commun (Zeitschrift)
RMS	Registry Messaging System
RMV	Revista de Derecho del Mercado de Valores (Zeitschrift)
Rn.	Randnummer
RNotZ	Rheinische Notar-Zeitschrift (Zeitschrift)
r.	rok (polnisch für: Jahr)
Rom I-VO	Rom I-Verordnung
Rom II-VO	Rom II-Verordnung
Rpfleger	Der Deutsche Rechtspfleger (Zeitschrift)
RPflG	Rechtspflegergesetz
RPT	related party transactions
RRM	Real Decreto 1784/1996, de 19 de julio, por el que se apreueba el Reglamento del Registro Mercantil (Königliches Dekret 1784/1996 vom 19. Juli 1996 Handelsregisterordnung – Spanien)
Rs.	Rechtssache
RSI	Régime social des indépendants
RTD com.	Revue trimestrielle de droit commercial et de droit économique (Zeitschrift)

RTD Eur.	Revue trimestrielle de droit européen (Zeitschrift)
RTDF	Revue trimestrielle de droit financier (Zeitschrift)
RTS	Regulatory Technical Standards
R&D	Research and Development
Russ. & M.	Russell & Mylne's Chancery Reports (Entscheidungssammlung)
RvdW	Rechtspraak van de Week (Rechtsprechung der Woche – ergänzende Veröffentlichung der niederländischen Gerichtsberichte)
RWZ	Zeitschrift für Recht und Rechnungswesen (Zeitschrift)
S	
S. / s.	Satz / Seite / siehe / section
SA / S.A.	société anonyme (Aktiengesellschaft – Frankreich) / Sociedad Anónima (Aktiengesellschaft – Spanien) / Spółka akcyjna (Aktiengesellschaft – Polen)
s.a.p.a.	società in accomandita per azioni (KGaA – Italien)
SARL	société à responsabilité limitée (GmbH – Frankreich)
S. à. r. l.	société à responsabilité limitée (GmbH – Luxemburg)
SARL+DIR	société à responsabilité limitée + Depannage informatique rapide / SARL+Depannage informatique rapide
SAS / s.a.s.	société par actions simplifiée (vereinfachte AG – Frankreich) / società in accomandita semplice (Kommanditgesellschaft – Italien)
SASU	société par actions simplifiée unipersonnelle (vereinfachte Ein-Mann Aktiengesellschaft – Frankreich)
SBEEA	Small Business, Enterprise and Employment Act
SC	société civile (GbR – Frankreich / Supreme Court)
S. C./S. R. C.	Sociedad Colectiva/Sociedad de Responsabilidad Colectiva (OHG – Spanien)
SCA	société en commandite par actions (KGaA – Frankreich)
S. Cal. L. Rev.	Southern California Law Review (Zeitschrift)
SCCV	Société civile construction-vente (Gesellschaft bürgerlichen Rechts zur Errichtung und Veräußerung von Gebäuden – Frankreich)
SCE	Societas Cooperativa Europaea
SCEA	Société civile d'exploitation agricole (landwirtschaftliche Personengesellschaft – Frankreich)
SCE-AusfG	Societas Cooperativa Europaea-Ausführungsgesetz
SCE-BG	Gesetz über die Beteiligung der Arbeitnehmer und Arbeitnehmerinnen in einer Europäischen Genossenschaft (Deutschland)
SCE mbH	Societas Cooperativa Europaea mit beschränkter Haftung
SCE-RL	Societas Cooperativa Europaea-Richtlinie
SCE-VO / SCE-Verordnung	Societas Cooperativa Europaea-Veordnung
Sch.	Schedule
SCI	société civile immobilière (Gesellschaft bürgerlichen Rechts im Immobilienbereich – Frankreich)
SCI opaque	société civile immobilière opaque (franz. für steuerlich intransparente Gesellschaft bürgerlichen Rechts im Immobilienbereich / steuerlich intransparente SCI)
SCI transparente	société civile immobilière transparente (franz. für steuerlich transparente Gesellschaft bürgerlichen Rechts im Immobilienbereich / steuerlich transparente SCI)
SCM	société civile de moyens (franz. Gesellschaft bürgerlichen Rechts (durch Zusammenlegung von Betriebsmitteln))
S. Com.	Sociedad Comanditaria Simple (Kommanditgesellschaft – Spanien)
S. Com. A.	Sociedad Comanditaria por Acciones (KgaA – Spanien)
SCPI	société civile de placements immobiliers (franz. für zivile Immobilien- Investmentgesellschaft)
SCS	société en commandite simple (Kommanditgesellschaft – Frankreich)
SE	Societas Europaea (Europäische Aktiengesellschaft)
SEAG	Societas Europaea-Ausführungsgesetz
Seattle Univ. L. Rev.	Seattle University Law Review (Zeitschrift)
SEBG	Gesetz über die Beteiligung der Arbeitnehmer in einer Europäischen Gesellschaft
SEC	Security Exchange Commission / Dokumente der Europäischen Kommission (Dokumentenart: diverse Tagesvermerke)
sec.	section
SEEG	Gesetz zur Einführung der Europäischen Gesellschaft (Deutschland)

SEG	Gesetz über das Statut der Europäischen Gesellschaft
SEK	Arbeitsdokumente der Kommissionsdienststelle (Bezeichnung vor 2012)
SEL	société d'exercice libéral (Freiberufler-Gesellschaft – Frankreich)
SELARL	société d'exercice libéral à responsabilité limitée (Freiberufler-GmbH – Frankreich)
SELAFA	société d'exercice libéral à forme anonyme (Freiberufler-AG – Frankreich)
SELAS	société d'exercice libéral par action simplifée (vereinfachte Freiberufler-Aktiengesellschaft – Frankreich)
SEP	Société en participation (Stille Gesellschaft – Frankreich)
SE-RL	Societas Europaea-Richtlinie
SE & Co. KG	Societas Europaea und Compagnie Kommanditgesellschaft
SE & Co. KGaA	Societas Europaea und Compagnie Kommanditgesellschaft auf Aktien
SE-VO	Societas Europaea-Verordnung
SGB	Sozialgesetzbuch
SI	Statutory Instruments
SICAV	société d'investissement à capital variable (Investitionsgesellschaft mit wechselndem Grundkapital)
Sitzverlegungs-RL	Sitzverlegungs-Richtlinie
S. J.	Solicitors Journal (Zeitschrift)
S. L./S. R. L.	Sociedad de Responsabilidad Limitada (GmbH – Spanien)
Slg	Sammlung der Rechtsprechung des Gerichtshofes und des Gerichts Erster Instanz / Sammlung der Entscheidungen des EuGH und des EuG
SLIM	Simpler Legislation for the Internal Market
S. L. N. E.	Sociedad Limitada Nueva Empresa (Unterform der GmbH – Spanien)
SLR	Scottish Law Reporter (Zeitschrift)
SLT	Scots Law Times (Zeitschrift)
SMC	Single Member Company
SME	small and medium-sized enterprises (engl. für: kleine und mittlere Unternehmen)
SMU Law Review	Southern Methodist University Law Review (Zeitschrift)
SNC / s.n.c.	société en nom collectif (OHG – Frankreich) / società in nome collettivo (OHG – Italien)
SOC	Section for Employment, Social Affairs and Citizenship
soc. coop.	società cooperativa (Genossenschaft – Italien)
sog	sogenannter/sogenanntes
SOX	Sarbanes-Oxley Act
s.p.a.	società per azioni (AG – Italien)
SpaltG	Spaltungsgesetz
Spaltungs-RL	Spaltungs-Richtlinie
span.	spanisch
SPE	Societas Privata Europaea
SPE-VO	Societas Privata Europaea-Verordnungsvorschlag
SPE-VO-B	Societas Privata Europaea-Verordnungsvorschlag Belgiens
SPE-VOE	Entwurf Societas Privata Europaea-Verordnungsvorschlag
SPE-VO-EP	Societas Privata Europaea-Verordnungsvorschlag des Europäischen Parlaments
SPE-VOE-U	Entwurf Societas Privata Europaea-Verordnungsvorschlag Ungarns
SPE-VO-KOM	Societas Privata Europaea-Verordnungsvorschlag der Kommission
SPE-VO-S	Societas Privata Europaea-Verordnungsvorschlag Schwedens
SPE-VO-T	Societas Privata Europaea-Verordnungsvorschlag Tschechiens
SPE-VO-U	Societas Privata Europaea-Verordnungsvorschlag Ungarns
Spezial-AIF	Spezial-Alternative Investmentfonds
sp. c.	spółka cywilna (GbR – Polen)
sp. j.	spółka jawna (OHG – Polen)
sp. k.	spółka komandytowa (Kommanditgesellschaft – Polen)
sp. z o. o.	spółka z ograniczoną odpowiedzialnością (GmbH – Polen)
SR	Status:Recht (Zeitschrift)
s.r.l.	società a responsabilità limitata (GmbH – Italien)
s.r.l.c.r.	società a responsabilità limitata a capitale ridotto (GmbH mit reduziertem Kapital – Italien)
s.r.l.s.	società a responsabilità limitata semplificata (vereinfachte GmbH – Italien)
s. s.	società semplice (GbR – Italien)
ssec.	sections
SSRN	Social Science Research Network

s.t.a.	società tra avvocati (Rechtsanwaltsgesellschaft – Italien)
Stan. J. Int'l Law.	Stanford Journal of international Law (Zeitschrift)
Stan. J.L. Bus. & Fin.	Stanford Journal of Law, Business & Finance (Zeitschrift)
Stan. L. Rev.	Stanford Law Review (Zeitschrift)
STAR	Segmento Titoli ad Alti Requisiti (Bereich der großen italienischen Standardaktien, ähnlich dem Dax-30 in Deutschland)
StB	Der Steuerberater–Zeitschrift für Beruf und Praxis (Zeitschrift)
StBW	Steuerberater Woche (Zeitschrift)
STC	Simon's Tax Cases (Entscheidungssammlung)
SteuK	Steuerrecht kurzgefasst (Zeitschrift)
StGB	Strafgesetzbuch
STJCE	Sentencia del Tribunal de Justicia (Gran Sala)
s.t.p.	societá tra professionisti (italienische Gesellschaft unter Freiberuflern)
Str.	Strange's King's Bench Reports (Entscheidungssammlung)
Struktur-B.V.	Struktur-Besloten Vennootschap (Struktur-GmbH – Niederlande)
Struktur-N.V.	Struktur-Namloze Vennootschap (Struktur AG – Niederlande)
StuB	Unternehmenssteuern und Bilanzen (Zeitschrift)
StuW	Steuer und Wirtschaft (Zeitschrift)
s.u.	siehe unten/siehe unter
SUP	Societas Unius Personae
SUP-RL	Societas Unius Personae-Richtlinienvorschlag des Europäischen Parlaments und des Rates
SUP-RL-GA	Societas Unius Personae-Richtlinienvorschlag der Irischen Ratspräsidentschaft
SUP-RL-I	Societas Unius Personae-Richtlinienvorschlag der Italienischen Ratspräsidentschaft
SUP-RL-JURI	Societas Unius Personae-Richtlinienvorschlag des Rechtsausschusses des Europäischen Parlaments
SUP-RL-KOM	Societas Unius Personae-Richtlinienvorschlag der Europäischen Kommission
SUP-s.r.l.	Societas Unius Personae-società a responsabilità limitata (ital. für: Ein-Personen-Gesellschaft mit beschränkter Haftung)
SUP-UG	Societas Unius Personae-Unternehmergesellschaft (haftungsbeschränkt)
SVK	Slowakei
SV-RL	Sachverständigen-Prüfrichtlinie
SWD	Arbeitsdokumente und gemeinsame Arbeitsdokumente der Dienststellen
syst. Darst.	systematische Darstellung
T	
TA	Angenommene Texte des Europäischen Parlaments
TC Paris	Tribunal de Commerce de Paris
Tenn. L. Rev.	Tennessee Law Review (Zeitschrift)
Tex. Int'l L. J.	Texas International Law Journal (Zeitschrift)
TGI Strasbourg	Tribunal de grande instance de Strasbourg
The CPA Journal	The Certified Public Accountant Journal (Zeitschrift)
TK	Tweede Kamer (niederl. für: zweite Kammer)
TJUE	Tribunal de Justicia de la Unión Europea (Europäischer Gerichtshof)
TLR	Times Law Reports (Entscheidungssammlung)
TMG	Telemediengesetz
TochterG	Tochtergesellschaft
TPE	très petites entreprises (franz. für: Kleinstunternehmen)
Transparenz-RL	Transparenz-Richtlinie
Trib.	Tribunale (span. für: Tribunal)
T.U.B.	Testo unico bancario (ital. für: Bankkontotext)
T&C	Tekst & Commentaar (Zeitschrift)
T.U.F.	testo unico finanziario (ital. für: Finanztext)
Tuf	Testo Unico della Finanza (ital. für: Konsolidiertes Finanzrecht)
TUI	Touristik Union International
Tul. J. Int'l. & Comp. Law	Tulane Journal of International and Comparative Law (Zeitschrift)
Turn & R	Turner & Russell's Chancery Reports (Sammlung)
Tz.	Textziffer

U	
u.	und
ua	unter anderen(m); und andere
Uabs.	Unterabsatz
Ubg.	Unternehmensbesteuerung (Zeitschrift)
UCITS	Undertakings for Collective Investments in Transferable Securities
UCLA L. Rev.	University of California, Los Angeles Law Review (Zeitschrift)
UCL J.L. & J.	UCL Journal of Law and Jurisprudence (Zeitschrift)
Übernahme-RL	Übernahme-Richtlinie
ÜbUG	Übernahmerichtlinie-Umsetzungsgesetz
UG	Unternehmergesellschaft (haftungsbeschränkt)
UGB	Unternehmensgesetzbuch (Österreich)
UK	United Kingdom
UK CGC	UK Corporate Governance Code
UKHL	House of Lords (United Kingdom)
UKPC	Judicial Committee of the Privy Council (United Kingdom)
UKSC	Judgement of the Supreme Court of the United Kingdom
ULR	Utrecht Law Review (Zeitschrift)
UmwG	Umwandlungsgesetz (Gesetz)
UN	United Nations
UNCITRAL	United Nations Commission on International Trade Law
UN Global Compact	Global Compact der Vereinten Nationen
UNICE	Union der Industrie- und Arbeitgeberverbände Europas
U. Ill. L. Rev	University of Illinois Law Review (Zeitschrift)
U. Penn. L. Rev.	University of Pennsylvania Law Review (Zeitschrift)
URN	unique reference number
Urt.	Urteil
US	United States
USA	United States of America
U.S.C.	U.S. Code
US-GAAP	United States Generally Accepted Accounting Principles
uU	unter Umständen
UWG	Gesetz gegen den unlauteren Wettbewerb
V	
v.	vom / von / versus
v.a.	vor allem
Va. L. Rev.	Virginia Law Review (Zeitschrift)
Vand. J. Transnat'l L	Vanderbilt Journal of Transnational Law (Zeitschrift)
Var.	Variante
VDMA	Verband deutscher Maschinen und Anlagenbauer
VEB	Vereniging van Effectenbezitters (niederl. für:Aktionärsvereinigung)
verb.	verbundene
VerfO EuGH	Verfahrensordnung des Europäischen Gerichtshofs
VermAnlG	Vermögensanlagengesetz
Verschmelzungs-RL	Verschmelzungs-Richtlinie
Ves.	Vesey Senior's Chancery Reports (Entscheidungssammlung)
VEUO	Vereniging Effecten Uitgevende Ondernemingen (niederl. für: Association of Securities-Issuing Companies)
vgl.	vergleiche
VGR	Gesellschaftsrechtliche Vereinigung
Virginia L&B Rev.	Virginia Law and Business Review (Zeitschrift)
VNO-NCW	Verbond van Nederlandse Ondernemingen-Nederlands Christelijk Werkgeversverbond (niederl. für: Confederation of Netherlands Industry and Employers)
VO	Verordnung
VOC	Vereenigde Oostindische Compagnie (niederl. für: Vereinigung der Ostindischen Unternehmen)
v.o.f.	vennootschap onder firma (Offene Handelsgesellschaft – Niederlande)
Vol.	Volume
Vor. / Vorb.	Vorbemerkung

VorstAG	Gesetz zur Angemessenheit der Vorstandsvergütung
VorstKoG	Gesetz zur Verbesserung der Kontrolle der Vorstandsvergütung und zur Änderung weiterer aktienrechtlicher Vorschriften
V&O	Vennootschap & Onderneming (niederl. für: Firma & Unternehmen)
vs.	versus
VwGO	Verwaltungsgerichtsordnung
W	
WASCA	Supreme Court of Western Australia, Court of Appeal
wbl.	wirtschaftsrechtliche Blätter (Zeitschrift)
WCC	Wet conflictenrecht corporaties (Gesetz über das Kollisionsrecht von Gesellschaften – Niederlande)
WED	wet op de economische delicten (Gesetz zum Wirtschaftsstrafrecht – Niederlande)
Wertpapier-RL	Wertpapier-Richtlinie
WFBV	Wet op de Formeel Buitenlandse Vennootschappen (Gesetz über formal ausländische Gesellschaften – Niederlande)
Wft	Wet op het financieel toezicht (Finanzaufsichtsgesetz – Niederlande)
Wge	Wet giraal effectenverkeer (Wertpapierregistrierungsgesetz – Niederlande)
WGM	Weil, Gotshal & Manes LLP
WiB	Wirtschaftliche Beratung (Zeitschrift)
William & Mary L. Rev.	William & Mary Law Review (Zeitschrift)
WIRO	Wirtschaft und Recht in Osteuropa (Zeitschrift)
WLR	Weekly Law Reports (Zeitschrift)
WM	Zeitschrift für Wirtschafts- und Bankrecht (Zeitschrift)
WP	Working Paper
WPg	Die Wirtschaftsprüfung (Zeitschrift)
WPg-Sh	Die Wirtschaftsprüfung Sonderheft (Zeitschrift)
WpHG	Wertpapierhandelsgesetz
WPK	Wirtschaftsprüferkammer
WPNR	Weekblad voor Privaatrecht, Notariaat en Registratie (Zeitschrift)
WPO	Wirtschaftsprüferordnung
WpPG	Wertpapierprospektgesetz
WpÜG	Wertpapiererwerbs- und Übernahmegesetz
WpÜG-AngV	Wertpapiererwerbs- und Übernahmegesetz-Angebotsverordnung
WR	Weekly Reporter (Zeitschrift)
WRP	Wettbewerb in Recht und Praxis (Zeitschrift)
WSA	Wirtschafts- und Sozialausschuss
WSI-Mitteilungen	Mitteilungen des Wirtschafts- und Sozialwissenschaftlichen Institutes
WTO	World Trade Organisation
WuB	Kommentierte Entscheidungssammlung zum Wirtschafts- und Bankrecht (Zeitschrift)
WuW	Wirtschaft und Wettbewerb (Zeitschrift)
WvK	Wetboek van Koophandel (Handelsgesetzbuch – Niederlande)
X	
XML	Extensible Markup Language
Y	
Yale J. Int. L.	Yale Journal of International Law (Zeitschrift)
Yale L. J.	Yale Law Journal (Zeitschrift)
Z	
ZaöRV	Zeitschrift für ausländisches öffentliches Recht und Völkerrecht (Zeitschrift)
zB	zum Beispiel
ZBB	Zeitschrift für Bankrecht und Bankwirtschaft (Zeitschrift)
ZCG	Zeitschrift für Corporate Governance (Zeitschrift)
ZESAR	Zeitschrift für europäisches Sozial- und Arbeitsrecht (Zeitschrift)
ZEuP	Zeitschrift für Europäisches Privatrecht (Zeitschrift)
ZEuS	Zeitschrift für Europarechtliche Studien (Zeitschrift)
ZEV	Zeitschrift für Erbrecht und Vermögensnachfolge (Zeitschrift)
ZEW	Zentrum für Europäische Wirtschaftsforschung
ZfgG	Zeitschrift für das gesamte Genossenschaftswesen (Zeitschrift)

ZfGK	Zeitschrift für das gesamte Kreditwesen (Zeitschrift)
ZFR	Zeitschrift für Finanzmarktrecht (Zeitschrift)
ZfPW	Zeitschrift für die gesamte Privatrechtswissenschaft (Zeitschrift)
ZfRV	Zeitschrift für Europarecht, internationales Privatrecht und Rechtsvergleichung (Zeitschrift)
ZfU	Zeitschrift für Umweltpolitik und Umweltrecht (Zeitschrift)
ZGS	Zeitschrift für das gesamte Schuldrecht (Zeitschrift)
ZGR	Zeitschrift für Unternehmens- und Gesellschaftsrecht (Zeitschrift)
ZHR	Zeitschrift für das gesamte Handels- und Wirtschaftsrecht (Zeitschrift)
Ziff.	Ziffer
ZIK	Zeitschrift für Insolvenzrecht & Kreditschutz (Zeitschrift)
ZInsO	Zeitschrift für das gesamte Insolvenzrecht (Zeitschrift)
ZIP	Zeitschrift für Wirtschaftsrecht (Zeitschrift)
zit.	zitiert
ZNotP	Zeitschrift für die Notarpraxis (Zeitschrift)
ZPO	Zivilprozessordnung
ZRFC	Zeitschrift für Risk, Fraud & Compliance (Zeitschrift)
ZRP	Zeitschrift für Rechtspolitik (Zeitschrift)
ZStV	Zeitschrift für Stiftungs- und Vereinswesen (Zeitschrift)
zT	zum Teil
zust.	zustimmend
ZVglRWiss	Zeitschrift für Vergleichende Rechtswissenschaft (Zeitschrift)
Zweigniederlassungs-RL	Zweigniederlassungs-Richtlinie
ZWH	Zeitschrift für Wirtschaftsrecht und Haftung im Unternehmen (Zeitschrift)
zzgl.	zuzüglich
ZZP	Zeitschrift für Zivilprozess (Zeitschrift)

Teil 1
Einführung

§ 1 Einleitung

Dieses Werk widmet sich schwerpunktmäßig sowohl dem originär europäischen Gesellschaftsrecht (supranationale Rechtsformen und gesellschaftsrechtliche Richtlinien) als auch **wichtigen nationalen** europäischen **Gesellschaftsrechtsordnungen**. Darauf soll bereits der Titel dieses Handbuches „**Gesellschaftsrecht in Europa**" hinweisen. Abgerundet wird das Werk durch einen Abschnitt zum europäischen Unternehmensrecht und angrenzenden Rechtsfragen. Um die praktische Anwendung des genuin europäischen Gesellschaftsrechts zu erleichtern, wird zudem ein Methodikteil vorangestellt. Die grenzüberschreitende Komponente des Gesellschaftsrechts in Europa spiegelt sich in den Teilen zur Niederlassungsfreiheit und zum IPR wider. 1

Zielpublikum dieses Buches sind Praktiker, Wissenschaftler, Richter und an den europäischen und nationalen Gesetzgebungsprozessen Beteiligte. Das Handbuch ist sich daher seiner Informationsfunktion positiv bewusst und räumt ihr einen hohen Stellenwert ein. Ziel ist es aber auch, zum wissenschaftlichen Diskurs zum europäischen Gesellschaftsrecht beizutragen. Das vorhandene europäische Gesellschaftsrecht wird dafür kritisch analysiert. Insofern sollen nicht nur vorhandene Streitfragen erörtert und dazu Position bezogen werden. Es werden vielmehr auch neue Diskussionspunkte aufgeworfen und es wird für diese sowie bisher nicht (befriedigend) beantwortete Fragen nach überzeugenden Antworten gesucht. Auch möchten die Verfasser neue Ideen zur Diskussion stellen. 2

Für Handbücher größeren Umfanges stellt die Homogenität immer eine Herausforderung dar. Die Herausgeber und Autoren dieses Werkes haben versucht, dieser Kohärenzaufgabe zB durch standardisierte Gliederungen gerecht zu werden. So ist beispielsweise die Grundstruktur der diskutierten europäischen und nationalen Rechtsformen vereinheitlicht worden. Auch die intensive Verzahnung der verschiedenen Teile durch Verweise dient dazu, die Materie besser handhaben zu können und soll gleichzeitig den Zusammenhang zwischen den verschiedenen Aspekten aufzeigen. Die auf einzelne Abschnitte (zB auf die Länderteile) bezogenen Stichwortverzeichnisse, die sich jeweils am Ende des Abschnitts bzw. des Kapitels befinden, sind dazu gedacht, dem Leser die Erschließung des Handbuchs zu erleichtern. Jedes Kapitel umfasst zudem eine Literaturauswahl mit zentralen Quellen zur Thematik. 3

Zentraler Bestandteil und auch Besonderheit dieses Werks ist die intensive Erörterung der **wichtigen nationalen** europäischen **Gesellschaftsrechtsordnungen**. Diesem Aspekt ist der vierte Teil dieses Handbuchs gewidmet. Das Werk enthält entsprechend jeweils eigene Kapitel zum englischen (§ 12), französischen (§ 13), italienischen (§ 14), spanischen (§ 15), niederländischen (§ 16) und polnischen (§ 17) Gesellschaftsrecht. Ziel ist es insofern, deutschsprachigen Lesern eine tiefere Kenntnis dieser Rechtsordnungen zu ermöglichen, welche selbst unter europäischen Gesellschaftsrechtsexperten nicht selbstverständlich ist.[1] 4

Die Erörterung ausgewählter nationaler Gesellschaftsrechte soll insbesondere **Praktikern** dienen. Schon bei Geschäften mit Gesellschaften aus anderen europäischen Ländern ist es grundsätzlich vorteilhaft, beispielsweise die Grundzüge der Kapitalverfassung oder der Organisationsverfassung einer Rechtsform zu kennen, um bestimmte Risiken einschätzen zu können. Erst recht ist die Kenntnis des Gesellschaftsrechts eines anderen Landes dann sehr wertvoll, wenn eine deutsche Gesellschaft an einer ausländischen Gesellschaft beteiligt ist oder umgekehrt eine ausländische Kapitalgesellschaft eine Beteiligung an einer deutschen Gesellschaft hält. Da nicht nur Großkonzerne, sondern auch (große) mittelständische Unternehmen ausländische Tochtergesellschaften in der europäischen Union haben bzw. umgekehrt Tochtergesellschaften eines Konzerns mit europäischer Muttergesellschaft sind, ist der Bedarf an Kenntnissen über ausländische Gesellschaftsrechte äußerst relevant. Im Interesse der Praktiker als Nutzerzielgruppe wurde für die behandelten nationalen europäischen Gesellschaftsrechte daher besonderer Wert auf praxisrelevante Fragen gelegt. Denn nur beim englischen Gesellschaftsrecht ist die Literaturlage wohl so gut, dass sich auch die praktischen Fragen weitestgehend in der Literatur beantwortet finden. Bei allen anderen hier behandelten Rechtsordnungen sind die Herausgeber sehr dankbar, dass es gelungen ist, äußerst **erfahrene Praktiker** als (Mit-)Autoren zu gewinnen. Denn dies ermöglicht die Beantwortung von Fragen, die so in der nationalen Gesellschaftsrechtsliteratur dieser Rechtsordnungen häufig nur schwer auffindbar sind.

Aus **wissenschaftlicher Sicht** ist die Darstellung nationaler europäischer Gesellschaftsrechte unter anderem für Rechtsvergleicher interessant. Zudem erlangen die nationalen Gesellschaftsrechte aufgrund der wechselseitigen Einflussnahme von europäischer und nationaler Ebene (zum vertikalen Wettbewerb vgl. § 3 Rn. 27 ff.) für Wissenschaftler Bedeutung. Denn europäisches Recht entwickelt sich nicht im luftleeren Raum. Es übernimmt im Rahmen der europäischen Gesetzgebung vielmehr insbesondere Anregungen aus den europäischen Gesellschaftsrechten (ein gutes Beispiel dafür ist die EWIV, s. § 7). Das nationale Recht dient damit als Inspirationsquelle, auch wenn die autonome Auslegung (vgl. § 2 Rn. 80 ff.) dann im Rahmen der Rechtsanwendung der jeweiligen europäischen Vorschrift dafür sorgt, dass die Konkretisierung eigenständig europäisch stattfindet. Hinzu kommt, dass das europäische Recht auch durch die Rücksichtnahme auf vorhandenes nationales Gesell- 5

1 So führt *Teichmann* KSzW 2014, 77, 81 (Mitglied der Gruppe zur Schaffung eines European Model Company Act (EMCA, vgl. dazu § 38)) aus, dass es innerhalb der EMCA-Gruppe eine wesentliche Aufgabe der Vertreter einer Rechtsordnung war, den anderen Experten das eigene nationale Gesellschaftsrecht näherzubringen.

schaftsrecht geprägt ist. Außerdem stehen die nationalen Gesellschaftsrechte untereinander in gewissem Maße in einem Wettbewerb der Rechtsordnungen, weshalb aus wissenschaftlicher Sicht immer auch die Entwicklungen anderer europäischer Rechtsordnungen mitzudenken sind.

6 Selbst im Rahmen eines sehr umfangreichen Handbuches ist es jedoch nicht möglich, die zurzeit (2018) bestehenden 28 europäischen Gesellschaftsrechte intensiv zu beleuchten. Allein Kurzinformationen können nach Ansicht der Herausgeber jedoch das Bedürfnis der Praxis und der Wissenschaft nicht befriedigen. Daher behandelt dieses Handbuch **sechs der wichtigsten nationalen europäischen Gesellschaftsrechte** in größerer Breite und Tiefe (s. §§ 12 bis 17). Das englische, das französische, das italienische, das spanische, das niederländische und das polnische Gesellschaftsrecht sind sowohl aus Sicht der Praxis als auch aus wissenschaftlicher Sicht besonders bedeutend. Grenzen bei einer Auswahl zu ziehen, bleibt allerdings immer bis zu einem gewissen Grad willkürlich.[2] Das deutsche Gesellschaftsrecht wurde bewusst nicht aufgenommen, da es für deutschsprachige Leser eine große Auswahl an sehr guter Literatur gibt. Das englische Gesellschaftsrecht ist derzeit wohl das modernste und auch bedeutendste nationale europäische Gesellschaftsrecht und sollte daher, selbst wenn es zu einem harten BREXIT kommen sollte, weiterhin erhebliche Beachtung innerhalb der EU finden.

7 Um die Arbeit mit den nationalen Gesellschaftsrechten zu erleichtern, hat jedes behandelte nationale Gesellschaftsrecht am Ende des Kapitels sein eigenes **Stichwortregister**. Zudem ist die **Grundgliederung** – wie bereits erwähnt – bei allen Rechtsordnungen gleich, um denjenigen, die Gesellschaftsformen verschiedener Rechtsordnungen vergleichen möchten, dies ohne Aufwand zu ermöglichen. Alle Länderteile sind daher in Personen- und Kapitalgesellschaftsrecht untergliedert. Den beiden Teilen ist eine Einführung vorangestellt, die einige Grundlagen der jeweiligen Rechtsordnung, wie zB Rechtsquellen und Reformen des Gesellschaftsrechts, erläutert. Innerhalb der Teile zum Personen- und Kapitalgesellschaftsrecht werden dann die einzelnen Rechtsformen erörtert. In allen Länderteilen wurden die jeweiligen Pendants zur GbR, OHG, KG, GmbH, AG und KGaA besprochen. Hinzu kommen länderspezifische Erläuterungen wie zB in Frankreich zur SAS (§ 13 Rn. 633 ff.). Es wurde bewusst darauf verzichtet allgemeine Aspekte (zB den Gründungsprozess) auszugliedern, damit die Erläuterungen jeder Gesellschaftsform aus sich heraus verständlich bleiben. Um gleichzeitig zu starke Redundanzen zu vermeiden, wird zur Vertiefung einzelner Aspekte mit Verweisen gearbeitet. Innerhalb der einzelnen Rechtsformen werden dann jeweils folgende grundlegenden Aspekte behandelt: Grundlagen, Gründung, Organisationsverfassung, Kapitalverfassung, Haftung für die Verbindlichkeiten der Gesellschaft, Mitgliederwechsel und Auflösung. Auch mit Blick auf die Gliederung innerhalb der einzelnen Oberpunkte wurde auf Kohärenz geachtet. So werden zB im Rahmen der Kapitalverfassung immer die Kapitalaufbringung, die Kapitalerhöhung und die Kapitalherabsetzung diskutiert. Gleichzeitig wird jedoch auf dieser Gliederungsebene auch Spielraum für nationale Besonderheiten gelassen. Die in den Texten verwendeten **Fachbegriffe** werden durchgehend in Klammern auch in der jeweiligen Landessprache wiedergegeben. Dies soll es interessierten Lesern erleichtern, einen konkreten Aspekt in der entsprechenden Fachliteratur zu finden oder in dieser nachzuschlagen, wenn er zB in der Geschäftskorrespondenz verwendet wurde. Die Bearbeitung der einzelnen Punkte erfolgt nach deutschen wissenschaftlichen Standards, auch wenn dies bei Rechtsordnungen, bei denen es nicht üblich ist, den Meinungsstand wiederzugeben und Literatur zu zitieren, sehr aufwändig ist. Neben der deutschsprachigen Literatur werden die **nationale Rechtsprechung** und die **nationale Literatur** möglichst intensiv ausgewertet. Zur einfachen Vergleichbarkeit der Personen- und Kapitalgesellschaften einer Rechtsordnung enthalten einige Länderteile entsprechende tabellarische Übersichten.

8 Die Behandlung der nationalen europäischen Gesellschaftsrechtsordnungen ist eng verbunden mit der Frage, welche Rechtsordnung nach **internationalem Privat- und Gesellschaftsrecht** überhaupt anwendbar ist (§ 11). Die Herausgeber sind angesichts der praktischen und wissenschaftlichen Bedeutung der IPR für das europäische Gesellschaftsrecht in Europa daher sehr dankbar, auch hier eine äußerst qualifizierte Autorin gefunden zu haben, die diesen Bereich abdeckt. Das Kapitel zum IPR bildet gemeinsam mit dem Abschnitt zu den „Gesellschaften im grenzüberschreitenden Rechtsverkehr" (§ 10) den dritten Teil dieses Werks, der den nationalen Rechtsordnungen vorangestellt wurde. Kapitel 10 stellt eine wichtige Schnittstelle dar, die die **Rechtsprechung** des **EuGH** zur **Niederlassungsfreiheit** behandelt. Die Rechtsprechung ist hier auf der europäischen Primärrechtsebene teils konkretisierend, teils rechtsfortbildend tätig geworden. Da diese recht komplexe Rechtsprechung sich nicht unmittelbar aus ihrer primärrechtlichen Grundlage erklären lässt und überragende Bedeutung für grenzüberschreitende Tätigkeiten, Rechtsformänderungen und andere Formen von Umwandlungen nach europäischem Sekundärrecht wie nach nationalem Recht hat, wurde sie in diesem Werk eingehend analysiert.

9 Ein anderer Bereich, der als Ergänzung zum materiellen Sachrecht Gegenstand des Handbuchs ist, ist die **europäische Rechtsmethodik** (§ 2), welche in den ersten Teil des Werks integriert wurde. Sowohl aus wissenschaftlicher Sicht als auch gerade aus Sicht der Rechtsanwender kommt der europäischen Rechtsmethodik eine nicht zu unterschätzende Bedeutung zu, denn die europäische Rechtsmethodik dient dazu, Entscheidungen prognostizieren zu können. Die ausführliche Behandlung in diesem Werk wurde von den Herausgebern insofern vor allem auch mit Blick auf die doch erheblichen Unterschiede zur deutschen Rechtsmethodik als notwendig angese-

2 Für die Zukunft wünschen sich die Herausgeber noch die Aufnahme zB des schwedischen und österreichischen Gesellschaftsrechts.

hen. Die Beispiele werden dabei insbesondere dem europäischen Gesellschaftsrecht entnommen. Die enthaltenen Prüfungsschemata sollen dem Leser die Umsetzung der europäischen Rechtsmethodik in die praktische Rechtsanwendung erleichtern. Das eigene Stichwortregister zu diesem Teil mag die Navigation erleichtern.

Teil 2 und Teil 5 befassen sich dann mit dem genuin europäischen Gesellschaftsrecht, dh den europäischen Rechtsformen und den gesellschaftsrechtlichen Richtlinien. Die **supranationalen Gesellschaftsformen** sind ein ganz zentraler Baustein des originär europäischen Gesellschaftsrechts. Sie bringen mehr noch als die gesellschaftsrechtlichen Richtlinien für alle europäischen Staaten spezifisch europäische Vorstellungen zum Ausdruck. Dies macht sie bereits unabhängig von ihrer tatsächlichen Verbreitung interessant. Da sich gezeigt hat, dass sich auch zunächst nicht verabschiedete Gesellschaftsformen einige Jahre später durchaus auf Basis weiterentwickelter Altentwürfe durchsetzen können,[3] werden neben den bestehenden supranationalen Rechtsformen (SE (§ 4), SCE (§ 6), EWIV (§ 7)) auch die noch nicht verabschiedeten Gesellschaftsformen (SPE (§ 5), FE (§ 8)) intensiv behandelt. Außerdem wird die SUP (§ 9) beleuchtet, auch wenn sie offiziell nicht als supranationale Rechtsform, sondern als von der EU harmonisierte Ein-Personen-GmbH konzipiert wurde. Zur SE, die insgesamt als erfolgreich klassifiziert werden kann,[4] gibt es bereits sehr viel und teilweise sehr umfangreiche Literatur. Die Herausgeber freuen sich daher, dass es hier gelungen ist, zwei äußerst erfahrene Praktiker zu gewinnen, die ihre praktischen Erkenntnisse mit der Rechtsform der SE eingebracht haben. Aus wissenschaftlicher Sicht besonders hervorzuheben ist das Kapitel **Grundlagen und Systematik** supranationaler Gesellschaften (§ 3), welches den supranationalen Rechtsformen vorangestellt ist. An dieser Stelle wird versucht, einen Beitrag zur Entwicklung eines Konzepts zu europäischen Rechtsformen zu leisten. Dieser Teil dient damit nicht nur dem besseren Verständnis der vorhandenen Rechtsformen, sondern auch als Unterstützung für die von der EU gewünschte Kohärenz in diesem Bereich. 10

Teil 2 zu den europäischen Rechtsformen besitzt ebenfalls am Ende ein eigenes Stichwortverzeichnis. Der Aufbau der einzelnen supranationalen Gesellschaftsformen ist dem der nationalen Rechtsformen ähnlich. Aufgrund des europäischen Charakters ergeben sich allerdings einige Besonderheiten. Konkret werden generell folgende Oberpunkte angesprochen: Einführung, Grundlagen, Regelungstechnik, Gründung, Sitz/Sitzverlegung, Organisationsverfassung, Mitgliedschaft, Kapitalverfassung, Haftung der Gesellschafter, Mitgliederwechsel, Auflösung, ggf. Arbeitnehmerbeteiligung sowie Beurteilung/Ausblick. Die deutschen Ausführungsgesetze und das ggf. bestehende **Umsetzungsrecht** (in Umsetzung der Richtlinien zur Arbeitnehmermitbestimmung) werden in diesem Handbuch nicht systematisch behandelt, auch wenn immer wieder auf bestimmte Umsetzungsregeln hingewiesen wird. Wird auf den Wortlaut einer Vorschrift Bezug genommen, so wurde generell darauf geachtet, einen Sprachvergleich (zB mit der englischen, französischen und spanischen Fassung) vorzunehmen, um der Gleichrangigkeit der Amtssprachen in der EU (s. § 2 Rn. 86) zumindest im Ansatz gerecht zu werden. Abbildungen sollen die zT äußerst komplexen Zusammenhänge graphisch aufarbeiten und dadurch dem Verständnis dienen. 11

Ein weiterer zentraler Teil (Teil 5) des originär europäischen Gesellschaftsrechts sind die **gesellschaftsrechtlichen Richtlinien.** Sie sind die treibende Kraft der Harmonisierung der nationalen Gesellschaftsrechte. Ihre Bedeutung lässt sich bereits anhand der hohen Zahl der erlassenen Richtlinien in diesem Bereich erahnen. Auch in diesem Abschnitt wird angesichts der Vielfalt der Richtlinien zur besseren wissenschaftlichen, aber auch praktischen Durchdringung der Thematik in einem **Kapitel** zu **Grundlagen und Systematik** der gesellschaftlichen Richtlinien (§ 18) versucht, zentrale Strukturen herauszuarbeiten, die das Verständnis und die Arbeit mit den individuellen Richtlinien erleichtern. Grundsätzlich werden daran anschließend die einzelnen verabschiedeten Richtlinien erörtert (§§ 20 bis 31). Die 2017 verabschiedete Kodifizierungsrichtlinie vereint allerdings inzwischen mehrere inhaltlich divergente Materien unter ihrem Dach (dh konkret die ehemalige Publizitätsrichtlinie, die ehemalige Kapitalrichtlinie, die ehemalige Zweigniederlassungsrichtlinie, die ehemalige Verschmelzungsrichtlinie, die ehemalige Spaltungsrichtlinie und die ehemalige Internationale Verschmelzungsrichtlinie). In diesem Handbuch erfolgt jedoch eine Aufbereitung der Thematiken weiterhin getrennt nach den separaten Inhalten, für die es zuvor separate Richtlinien gab. Dem vorangestellt ist ein kurzes Kapitel, welches sich allgemein mit der Kodifizierungsrichtlinie beschäftigt (§ 19). Der Erörterung der verabschiedeten Richtlinien schließt sich ein Kapitel zum Projekt der Sitzverlegungsrichtlinie an. Nach Redaktionsschluss hat der europäische Gesetzgeber am 25.04.2018 diesbezüglich einen Regelungsvorschlag unterbreitet, auf den in dem entsprechenden Kapitel noch knapp ergänzend eingegangen wird.[5] Auf die systematische Erörterung des nationalen Umsetzungsrechts für die Richtlinien wird in diesem Werk verzichtet. Auf die entsprechenden Inhalte wird jedoch gelegentlich Bezug ge- 12

3 Vgl. die Entwicklungsgeschichte bei SE, SCE und EWIV.

4 So haben allein fünf der deutschen Dax-30 Unternehmen im Mai 2018 diese Rechtsform (Allianz, BASF, E.ON, SAP und Vonovia). ProSiebenSat.1 hat ebenfalls die Rechtsform der SE gewählt, gehört aber seit kurzem nicht mehr zu den Dax-30 Unternehmen. Fresenius als SE & Co. KGaA ist nicht als SE, sondern als KGaA im Dax-30 notiert. Zur Bedeutung der SE näher unter § 4 Rn. 7.

5 Europäische Kommission, Vorschlag für eine Richtlinie des Europäischen Parlaments und des Rates zur Änderung der Richtlinie (EU) 2017/1132 in Bezug auf grenzüberschreitende Umwandlungen, Verschmelzungen und Spaltungen, COM(2018) 241 final.

nommen. Ansonsten erfolgt die Betrachtung aus rein europäischer Perspektive. Umgekehrt wird allerdings teilweise in den Länderteilen auf die europäischen Vorgaben hingewiesen, was für eine gewisse Vernetzung der beiden Teile sorgt. Für die Richtlinien gibt es zudem am Ende des Abschnitts ein gemeinsames Stichwortverzeichnis. Die notwendige Verzahnung der Kapitel zu den gesellschaftsrechtlichen Richtlinien wird durch entsprechende Verweise hergestellt. Wo es sich anbietet, wurden Graphiken bzw. Auflistungen aufgenommen, um komplexe Zusammenhänge darzustellen oder Voraussetzungen kompakt aufzuzählen.

13 Auf die gesellschaftsrechtlichen Richtlinien folgt Teil 6 zum „Europäischen Unternehmensrecht und angrenzende Rechtsfragen". Dieser Teil dient dazu, die Betrachtung des genuin europäischen Rechts durch die Beleuchtung nahestehender Themen abzurunden. Zu den weiteren behandelten Aspekten gehört die immer wichtiger werdende **Corporate Governance** (§ 33), wobei hier sowohl auf die originär europäischen Corporate Governance Regeln als auch die Situation in einigen nationalen europäischen Rechtsordnungen eingegangen wird. Das **Kapitalmarktrecht** (§ 34) ist wie das **Insolvenzrecht** (§ 36) der Gesellschaften und die **arbeitsrechtliche Stellung der Organmitglieder** (§ 37) nicht unmittelbar Teil des Gesellschaftsrechts in Europa. Die entsprechenden kurzen Kapitel sollen jedoch die Bezüge zum Gesellschaftsrecht in Europa herausarbeiten und einen kurzen Überblick geben. Schließlich werden in diesem Zusammenhang auch zwei ausgewählte Aspekte der **Zukunft** des europäischen Gesellschaftsrechts thematisiert. Beim **Europäischen Konzernrecht** (§ 35) gibt es zwar jetzt schon schwache erste europäische Regelungsansätze. Primär geht es jedoch darum, wie ein europäisches Konzernrecht *de lege ferenda* aussehen könnte. Diese Fragestellung ist für die Praxis sehr wichtig. Sie wäre auch potenziell sehr prestigeträchtig für die Europäische Union. Würde es dem europäischen Gesellschaftsrecht gelingen, hier überzeugende Antworten zu liefern, bestünden auch erhebliche Chancen, dass die entsprechenden Regeln national adaptiert würden. § 38 befasst sich sodann mit dem ebenfalls zukunftsgerichteten European Model Company Act (**EMCA**). Das EMCA ist ein von einer professoralen europäischen Arbeitsgruppe entwickeltes Modellgesetz, mit dem nach US-amerikanischem Vorbild der Versuch unternommen wird, eine Vorlage für nationale Adaptionen für das komplette Kapitalgesellschaftsrecht zu schaffen. Das entsprechende Handbuchkapitel beschäftigt sich einerseits mit den Voraussetzungen, unter denen ein solches Modellgesetz erfolgreich sein könnte. Außerdem werden wichtige Vorschläge des EMCA auf ihre Überzeugungskraft untersucht. Auch zu Teil 6 wird ein gesondertes Stichwortverzeichnis bereitgestellt.

14 Der **Ausblick** stellt gleichzeitig den Schlussteil und das Schlusskapitel dar. Der Abschnitt untersucht mittelfristige Möglichkeiten zur Evaluierung und Weiterentwicklung des europäischen Gesellschaftsrechts und zur Entwicklung eines entsprechenden Masterplans.

§ 2 Europäische Rechtsmethodik

Literatur (Auswahl): *Adrian*, Grundprobleme einer juristischen (gemeinschaftlichen) Methodenlehre, 2009; *Ahmling*, Analogiebildung durch den EuGH im Europäischen Privatrecht, 2012; *Anweiler*, Die Auslegungsmethoden des Gerichtshofs der europäischen Gemeinschaften, 1997; *Auer*, Die primärrechtskonforme Auslegung in: Neuner (Hrsg.), Grundrechte und Privatrecht aus rechtsvergleichender Sicht, 2007, 27; *Baldauf*, Richtlinienverstoß und Verschiebung der Contra-legem-Grenze im Privatrechtsverhältnis, 2013; *Baldus*, Rechtsgeschichte, Privatrecht und Methode in der Union, in: Festschrift Müller-Graff, 2015, S. 51; *Beck*, The Legal reasoning of the Court of Justice of the EU, 2012; *Bengoetxea*, The Legal Reasoning of the European Court of Justice, 1993; *Bleckmann*, Die Rolle der Rechtsvergleichung in den Europäischen Gemeinschaften, ZVglRWiss 75 (1976), 106; *ders.*, Zu den Auslegungsmethoden des Europäischen Gerichtshofs, NJW 1982, 1177; *Brandner*, Die überschießende Umsetzung von Richtlinien, 2003; *Brechmann*, Die richtlinienkonforme Auslegung, 1994; *Buck*, Über die Auslegungsmethoden des Gerichtshofs der Europäischen Gemeinschaft, 1998; *Buerstedde*, Juristische Methodik des Europäischen Gemeinschaftsrechts, 2006; *Burchardt*, Die Rangfrage im europäischen Normenverbund, 2015; *Busch et al.* (Hrsg.), Europäische Methodik: Konvergenz und Diskrepanz europäischen und nationalen Privatrechts, Jahrbuch Junger Zivilrechtswissenschaftler, 2009; *Canaris*, Die richtlinienkonforme Auslegung und Rechtsfortbildung im System der juristischen Methodenlehre, in: Festschrift Bydlinski, 2002, S. 47; *Conway*, The Limits of Legal Reasoning and the European Court of Justice, 2012; *von Danwitz*, Rechtswirkungen von Richtlinien in der neueren Rechtsprechung des EuGH, JZ 2007, 697; *Dederichs*, Die Methodik des EuGH, 2004; *Drexler*, Die richtlinienkonforme Interpretation in Deutschland und Frankreich, 2012; *Everling*, Zur Begründung der Urteile des Gerichtshofs der Europäischen Gemeinschaften, EuR 1994, 127; *ders.*, Richterliche Rechtsfortbildung in der Europäischen Gemeinschaft, JZ 2000, 217; *Fleischer*, Europäische Methodenlehre: Stand und Perspektiven, RabelsZ 75 (2011), 700; *Flessner*, Juristische Methode und Europäisches Privatrecht, JZ 2002, 14; *Gänswein*, Der Grundsatz unionsrechtskonformer Auslegung nationalen Rechts, 2009; *Gebauer/Wiedmann* (Hrsg.), Zivilrecht unter Europäischem Einfluss – Die richtlinienkonforme Auslegung des BGB und anderer Gesetze, 2. Aufl. 2010; *Gronen*, Die „Vorwirkung" von Richtlinien, 2006; *Grosche*, Rechtsfortbildung im Unionsrecht, 2011; *Grundmann*, Inter-Instrumental-Interpretation. Systembildung durch Auslegung im Europäischen Unionsrecht, RabelsZ 75 (2011), 882; *Gsell*, Vorlageverfahren und überschießende Umsetzung von Europarecht in: Gsell/Hau (Hrsg.), Zivilgerichtsbarkeit und Europäisches Justizsystem, 2012, 123; *dies.*, Zivilrechtsanwendung im Europäischen Mehrebenensystem, AcP 214 (2014) 99; *Habersack/Mayer*, Die überschießende Umsetzung von Richtlinien, JZ 1999, 913; *Hager*, Rechtsmethoden in Europa, 2009; *Hanson*, Legal Method, Skills and Reasoning, 3. Aufl. 2010; *Heiderhoff/Zimj* (Hrsg.), Interpretation in Polish, German and European Private Law, 2011; *Henninger*, Europäisches Privatrecht und Methode – Entwurf einer rechtsvergleichend gewonnenen juristischen Methodenlehre, 2009; *Herberger*, „Ausnahmen sind eng auszulegen" – Die Ansichten beim Gerichtshof der Europäischen Union, 2017; *Herresthal*, Rechtsfortbildung im europarechtlichen Bezugsrahmen, 2006; *ders.*, Die richtlinienkonforme und die verfassungskonforme Auslegung im Privatrecht, JuS 2014, 289; *Herrmann*, Richtlinienumsetzung durch die Rechtsprechung, 2003; *Hesselink*, A European Legal Method? – On European Private Law and Scientific Method, ELJ 15 (2009) 20; *Höpfner*, Die systemkonforme Auslegung, 2006; *Höpfner/Rüthers*, Grundlagen einer europäischen Methodenlehre, AcP 209 (2009) 1; *Itzovich*, The Interpretation of Community Law by the European Court of Justice, GLJ 10 (2009), 537; *Jäger*, Überschießende Richtlinienumsetzung im Privatrecht, 2006; *Jung*, Spezifika der europäischen Methodenlehre, in: Garber/Clavora (Hrsg.), Das Vorabentscheidungsverfahren in der Zivilgerichtsbarkeit, 2014, S. 17; *Kahnert*, Rechtsetzung im Europäischen Gesellschaftsrecht, 2012; *Kakouris*, Use of the Comparative Method by the Court of Justice of the European Communities, Pace Int'l L. Rev. 6 (1994), 267; *Krebs*, Die Begründungslast, AcP 195 (1995), 171; *Krebs/Becker*, Die Entstehung und Abänderbarkeit von Gewohnheitsrecht, JuS 2013, 97; *Kühling/Drechsler*, Alles „acte clair"? – Die Vorlage an den EuGH als Chance, NJW 2017, 2950; *Langenbucher*, Europarechtliche Methodenlehre in: Langenbucher (Hrsg.) Europäisches Privat- und Wirtschaftsrecht, 4. Aufl. 2017; *Leenen*, Die Auslegung von Richtlinien und die richtlinienkonforme Auslegung und Fortbildung nationalen Rechts, Jura 2012, 753; *Leisner*, Die subjektiv-historische Auslegung des Gemeinschaftsrechts, EuR 2007, 689; *Lutter*, Zur überschießenden Umsetzung von Richtlinien der EU, in: Gedächtnischrift Heinze, 2005, S. 571; *Lutter/Bayer/Schmidt*, Europäisches Unternehmens- und Kapitalmarktrecht, 6. Aufl. 2017; *Martens*, Methodenlehre des Unionsrechts, 2013; *Metzger*, Extra legem, intra ius: Allgemeine Rechtsgrundsätze im Europäischen Privatrecht, 2009; *Möllers*, Die Rolle des Rechts im Rahmen der europäischen Integration – Zur Notwendigkeit einer europäischen Gesetzgebungs- und Methodenlehre, 1999; *ders.*, Die unionskonforme und die richtlinienkonforme Interpretation, in: Gedächtnisschrift Wolf, 2011, S. 669; *Müller/Christensen*, Juristische Methodik, Band II: Europarecht, 3. Aufl. 2012; *Neergaard/Nielsen/Roseberry* (Hrsg.), European Legal Method – Paradox and Revitalisation, 2011; *Neergaard/Nielsen* (Hrsg.), European Legal Method – in a Multi-Level Legal Order, 2012; *dies.* (Hrsg.), European Legal Method – Towards a New Legal Realism, 2013; *Ostertun*, Gewohnheitsrecht in der Europäischen Union, 1996; *Pescatore*, Recht in einem mehrsprachigen Raum, ZEuP 1998, 1; *Pötters/Christensen*, Richtlinienkonforme Rechtsfortbildung und Wortlautgrenze JZ 2011, 387; *Potacs*, Effet utile als Auslegungsgrundsatz, EuR 2009, 465; *Rebhahn*, Zur Methodenlehre des Unionsrechts – insbesondere im Privatrecht, ZfPW 2016, 281; *Riehm*, Die überschießende Umsetzung vollharmonisierender EG-Richtlinien im Privatrecht, JZ 2006, 1035; *Riesenhuber* (Hrsg.), Europäische Methodenlehre, 3. Aufl. 2015; *ders.*, „Normative Dogmatik" des Europäischen Privatrechts, in: FS Canaris, 2017, S. 181; *Röthel*, Vorwirkung von Richtlinien, ZEuP 2009, 34; *Schillig*, Konkretisierungskompetenz und Konkretisierungsmethoden im Europäischen Privatrecht, 2009; *Schliesky*, Die Vorwirkung von gemeinschaftsrechtlichen Richtlinien, DVBl. 2003, 631; *Schön*, Allgemeine Rechtsgrundsätze im Europäischen Gesellschaftsrecht, in: Festschrift Hopt, 2010, S. 1343; *ders.*, Die Analogie im Europäischen (Privat-) Recht, in: Festschrift Canaris, 2017, S. 147; *Schroeder*, Die Auslegung des EU-Rechts, JuS 2004, 180; *Schübel-Pfister*, Sprache und Gemeinschaftsrecht – Die Auslegung der mehrsprachig verbindlichen Rechtstexte durch den Europäischen Gerichtshof, 2004; *Schürnbrand*, Die Grenzen richtlinienkonformer Auslegung im Privatrecht, JZ 2007, 910; *Schulze/Seif* (Hrsg.), Richterrecht und Rechtsfortbildung in der Europäischen Gemeinschaft, 2003; *Senden*, Soft Law in European Community Law, 2004, *Seyr*, Der effet utile in der Rechtsprechung des EuGH, 2008; *Suhr*, Richtlinienkonforme Auslegung im Privatrecht und nationale Auslegungsmethodik, 2011; *Tomasic*, Effet utile, 2013; *Ukrow*, Richterliche Rechtsfortbildung durch den EuGH, 1995; *Vogenauer*, Eine gemeineuropäische Methode des Rechts – Plädoyer und Programm, ZEuP 2005, 234; *Waldhof*, Rückwirkung von EuGH-Entscheidungen, 2006; *Walter*, Rechtsfortbildung durch den EuGH, Eine rechtsmethodische Untersuchung ausgehend von der deutschen und französischen Methodenlehre, 2009; *Weathe-*

rill, Can There be Common Interpretation of European Private Law?, Ga. J. Int'l & Comp. L. 31 (2002), 139; *Weber*, Grenzen EU-rechtskonformer Auslegung und Rechtsfortbildung, 2010.

A. Einführung und Grundtendenzen

I. Einführung

Rechtliche Fragen des Unionsrechts und damit auch das europäische Gesellschaftsrecht betreffen insbesondere die Verordnungs- und Richtlinientexte. Die Rechtsanwendungsmethodik liefert das Werkzeug, diese Fragen zu klären. Die deutsche Rechtsanwendungsmethodik ist jedem deutschen Juristen zumindest in Grundzügen vertraut. Doch für die Beschäftigung mit dem Recht der Europäischen Union und hier speziell dem europäischen Gesellschaftsrecht, bedarf es zusätzlich zwingend der Kenntnis der europäischen Rechts(anwendungs)methodik. Die Rechtsanwendungsmethodik weist international zwar häufig große Ähnlichkeit auf. Eine echte Universalisierbarkeit besteht jedoch nicht.[1] Daher ist eine eigenständige Betrachtung der europäischen Rechtsanwendungsmethodik geboten. Auf die Rechtsetzungsmethodik wird hier nur gelegentlich eingegangen, soweit dies für die Rechtsanwendungsmethodik erforderlich ist. 1

Die europäische Rechtsmethodik ist im Ergebnis nicht nur aus theoretischer Sicht interessant, sondern vor allem höchst praxisrelevant. Auf europäischer Ebene existieren zudem spezielle Probleme und Methoden, die so aus der deutschen Methodik nicht bekannt sind. So ist zwar auch auf europäischer Ebene der **Wortlaut** Ausgangspunkt jeder Norminterpretation. Da in der Europäischen Union jedoch 24 Amtssprachen anerkannt und rechtlich verbindlich sind (s. u. Rn. 86 f.),[2] ist es schon sprachlogisch nahezu ausgeschlossen, dass alle Sprachfassungen eine komplexere Aussage absolut synonym wiedergeben. Damit stellen sich Fragen, die sich sonst in der nationalen Methodik nicht stellen, wie zB die nach dem Verhältnis der Sprachfassungen zueinander und dem Erkennen bloßer Sprachfehler (dazu näher unter Rn. 88). Innerhalb der europäischen Rechtsakte gibt es zudem **Erwägungsgründe**, die, schon weil sie anders als deutsche Gesetzesbegründungen integraler Teil des Rechtsaktes sind, eine andere Bedeutung haben als deutsche Gesetzesbegründungen (dazu Rn. 110). Die Richter am EuGH fassen unter dem Begriff „***intérprétation***" außerdem Auslegung und Rechtsfortbildung zusammen. Die Frage nach der Trennung zwischen Auslegung und Rechtsfortbildung kann daher nicht einfach durch die Anwendung deutscher Methodenvorstellungen bewältigt werden (dazu Rn. 5). Da europäische Regelungen nicht selten Ideen aus einem der Mitgliedstaaten übernehmen, ist zugleich zu diskutieren, ob auch dessen Konkretisierungsvorstellungen übernommen werden sollten oder zumindest könnten (zum **Vorbildrecht** Rn. 80). Das europäische Gesellschaftsrecht kennt bei seinen Gesellschaftsformen zudem eine Vielzahl von Regelungsebenen: 2

- Europäisches Primärrecht,
- allgemeines europäisches Sekundärrecht,
- spezielle europäische Verordnungen für diesen Gesellschaftstyp,
- ggf. noch eine spezielle ergänzende Richtlinie,
- nationales Ausführungsgesetz,
- nationale Regeln für den vergleichbaren Gesellschaftstyp,
- allgemeine nationale gesellschaftsrechtliche und zivilrechtliche Regeln sowie
- die verschiedenen Kategorien von Satzungsbestimmungen.

Dadurch stellt sich im europäischen Gesellschaftsrecht die methodische Frage des Rangverhältnisses der verschiedenen Ebenen in besonderer Schärfe (dazu Rn. 150 ff.). Diese konkrete Rangfrage ist von der Frage des generellen Rangverhältnisses zwischen Unionsrecht und nationalem Recht zu trennen. Letzteres Rangverhältnis könnte man durch die Vorstellung von einem Normverbund auflösen.[3] Die praktische Rangkonkurrenz einelner Normen bleibt. Diese kleine Auswahl an Problemen unterstreicht bereits die **Praxisrelevanz der speziellen europäischen Rechtsmethodik**. Ein Grundverständnis der Thematik ist folglich erforderlich, um die europäischen Normen und Entscheidungen zu verstehen und erst recht, um zukünftige Entscheidungen prognostizieren zu können. Die Grundzüge der europäischen Rechtsmethodik gehören daher zum notwendigen Rüstzeug für jeden, der sich mit europäischem Gesellschaftsrecht befasst. Dabei ist es wichtig, die europäische Methodik als eigenständig gegenüber den nationalen Methodiken zu verstehen.[4] 3

Rechtsanwender wünschen sich im Sinne der Vorhersehbarkeit gerichtlicher Entscheidungen klare Methodikregeln, die zumindest in der überwiegenden Zahl der Fälle zu eindeutigen, praxisgerechten und wertungsmäßig überzeugenden Ergebnissen führen. Dieses **Anforderungsprofil** an eine Rechtsmethodik ist nicht spezifisch euro- 4

1 AA *Conway*, The Limits of Legal Reasoning and the European Court of Justice, S. 86 ff. auf Basis eines allerdings sehr allgemeinen Universalisierbarkeitsverständnisses.

2 Bulgarisch, Dänisch, Deutsch, Englisch, Estnisch, Finnisch, Französisch, Griechisch, Irisch, Italienisch, Kroatisch, Lettisch, Litauisch, Meltesisch, Niederländisch, Polnisch, Portugiesisch, Romänisch, Slowakisch, Slowenisch, Spanisch, Schwedisch, Tschechisch, Ungarisch.

3 *Burchardt*, Die Rangfrage im europäischen Normverbund, 2015, S. 185 ff.

4 *Fleischer* RabelsZ 75 (2011) 700, 709 fordert diesbezüglich eine Abnabelung vom nationalen Rechtsdenken.

päisch, von der europäischen Methodik jedoch besonders schwer zu erfüllen. Denn es gibt auf europäischer Ebene kein sog *laws law*, also keine Regelung, die die wesentlichen methodischen Regeln in Gesetzesform fixiert.[5] Ein entsprechendes *laws law* ist zwar auch auf nationaler Ebene meist auf verstreute Einzelnormen beschränkt, die die Methodik nur rudimentär abbilden.[6] Immerhin gibt es in den meisten mitgliedstaatlichen Rechtsordnungen jedoch eine Methodiktradition, also eine Methodik, die sich im Laufe vieler Jahrzehnte entwickelt hat und jedenfalls im Kern anerkannt ist.[7] Zudem bilden die obersten Richter eines Landes insofern in der Regel eine recht homogene Gruppe und zwar insbesondere mit Blick auf ihre juristische Sozialisation, zu der insbesondere ihre juristische Ausbildung gehört.

5 Das Europarecht hätte zwar seit 1958 (Zeitpunkt des Inkrafttretens der römischen Verträge) schon 60 Jahre Zeit gehabt, eine eigene Methodik(-tradition) zu entwickeln. Aus verschiedenen Gründen ist diese Entwicklung jedoch verhältnismäßig langsam verlaufen und daher noch nicht weit fortgeschritten, wozu unter anderem auch die folgenden Gründe beigetragen haben mögen: Die EuGH-Richter[8] stammen aus allen Mitgliedstaaten (je ein Richter pro Mitgliedstaat). Sie waren vor ihrer Berufung an den EuGH nicht selten Politiker, manchmal Richter, andere waren Professoren, Rechtsanwälte oder auch Beamte. Eine Homogenität in Bezug auf die juristische Sozialisation besteht daher selbst unter Außerachtlassung der Herkunft aus unterschiedlichen Ländern und Rechtsordnungen nicht. Es gibt aufgrund der intensiven nationalstaatlichen Entwicklung seit dem 17. Jahrhundert auch keine gemeineuropäische, also allen gemeinsamen, Methodenvorstellungen.[9] Grob vereinfachend lassen sich die Methodikvorstellungen des Common Law, des französischen Rechtskreises, des deutschen Rechtskreises sowie der skandinavischen und osteuropäischen Rechtskreise unterscheiden. Aufgrund der großen Divergenzen und der daraus folgenden Schwierigkeiten sich bezüglich methodischer Fragen zu einigen, meiden die meisten EuGH-Richter eine diesbezüglich offene Auseinandersetzung in ihren Entscheidungen.[10] Dies ist auch deshalb sinnvoll, weil es beim EuGH keine Sondervoten gibt,[11] die jeweilige Entscheidung also als Entscheidung aller beteiligten Richter erscheinen soll. Im Laufe der Zeit wurden durch die Rechtsprechung zwar nach und nach zumindest bezüglich einiger Fragen gemeinsame Vorstellungen entwickelt (dazu sogleich unter Rn. 8 ff.). Dieser Prozess der Entwicklung einer europäischen Methodik dauert jedoch sehr lange und ist nur bedingt transparent.

6 Der Methodik wird in den meisten europäischen Rechtsordnungen in der Rechtsanwendungspraxis ein eher geringer Stellenwert beigemessen.[12] So wird zB Methodik in Deutschland meist *en passant* mit dem materiellen Recht vermittelt, also nicht als separat zu lehrendes Kernfach verstanden. Von daher war und ist es zunächst wichtig, sich überhaupt bewusst zu werden, dass die Methodik für die praktische Handhabung des europäischen Rechts und speziell für die Harmonisierung große Bedeutung hat. Es bedarf weiterhin der Erkenntnis, dass die „normale" Methodik für völkerrechtliche Verträge[13] zur Bewältigung des europäischen Rechts nicht einmal ausreichend ist, soweit die europäischen Verträge betroffen sind, obwohl diese Verträge völkerrechtlicher Natur sind.[14]

7 Diese hier zu analysierende europäische Rechtsanwendungsmethodik ist streng von der Frage der Existenz oder Ausgestaltung einer **gemeineuropäischen Methodik** zu trennen.[15] Bei Letzterer ginge es darum, eine Methodik zu schaffen, die in allen Ländern der EU und der EU selbst Geltung beansprucht. Im Augenblick ist eine solche gemeineuropäische Methodik praktisch kaum vorstellbar. Es wäre allerdings schon Einiges gewonnen, wenn die Kenntnisse über die Grundstrukturen und Ideen der nationalen Rechtsmethodiken verbreitet würden.[16] Dies wäre wünschenswert, weil dies das gegenseitige Verständnis deutlich erleichtern würde. Ebenfalls nicht Teil der europäischen Methodik ist das **Vorlageverfahren** nach **Art. 267 AEUV**. Das Vorlageverfahren und seine effektive Ausgestaltung hat allerdings für die europäische Rechtsmethodik in der Realität eine sehr große Bedeutung,

5 Vgl. aber die Regelungsansätze in Art. I. – 1:102 DCFR (2008) im Rahmen der Vorüberlegungen für ein Europäisches Zivilgesetzbuch und Art. 4 CESL (Entwurf einer Europäischen Kaufrechtsverordnung) 2011; ein Regelungsvorschlag für die europäische Rechtsmethodik findet sich bei *Henninger*, Europäisches Privatrecht und Methode, 2009, S. 445.

6 Zur Existenz und Bedeutung von Methodennormen in Europa *Wendehorst* RabelsZ 75 (2011) 730, 730 ff.

7 Im Einzelfall mögen diese nationalen Regeln sogar schon Gewohnheitsrecht sein; zu den Anforderungen an Gewohnheitsrecht in Deutschland *Krebs/Becker* JuS 2013, 97, 97 ff.

8 Entsprechendes gilt für die Richter des EuG, doch spielen sie als Eingangsinstanz und als nicht zuständig nach Art. 267 AEUV keine so bedeutende Rolle für die Entwicklung der europäischen Methodik.

9 Vgl. *Hesselink* ELJ 15 (2009) 20, 37.

10 *Buerstedde*, Juristische Methodik des Europäischen Gemeinschaftsrechts, 2006, S. 28; *Bleckmann* NJW 1982, 1177, 1178; *Schübel-Pfister*, Sprache und Gemeinschaftsrecht, 2004, S. 127.

11 Zu den Gründen *Martens*, Methodenlehre des Unionsrechts, 2013, S. 535 f.

12 Vgl. zB die drei Bände von *Neergard/Nielsen* (Eds.), European Legal Method, 2011, 2012 und 2013, die ein praktisches Interesse an der europäischen Rechtsmethodik bei den dort versammelten Autoren kaum erkennen lassen.

13 Vgl. insbesondere Art. 31 ff. Wiener Vertragsrechtskonvention 1969.

14 Dies schließt nicht aus, dass einzelne Ideen der völkerrechtlichen Methodik übernommen werden.

15 Zu dieser *Vogenauer* ZEuP 2005, 234, 234 ff.; *Fleischer* RabelsZ 75 (2011) 700, 715 sieht sie erst im Entstehen.

16 Einen guten Einstieg bietet *Henninger*, Europäisches Privatrecht und Methode, 2009.

weil sich die Praxis der europäischen Rechtsmethodik des EuGH im Wesentlichen anhand von Vorabentscheidungsverfahren entwickelt hat. Die Ausgestaltung des Vorlageverfahrens beeinflusst auch die Diskussion, ob die Entscheidungen des EuGH eine Rechtsquelle sind (vgl. Rn. 48).

II. Grundlinien

Aus den zahlreichen Entscheidungen des EuGH und den Vorgaben des Primärrechts und Sekundärrechts lassen sich eine ganze Reihe von Schlüssen bezüglich der europäischen Methodik ziehen. Im Folgenden sollen einige, sich daraus abzeichnende **Grundlinien** aufgezeigt werden, bevor dann auf Einzelfragen eingegangen wird. 8

Grob vereinfachend kann gesagt werden, dass die **französische Methodiktradition** einen relativ großen Einfluss auf europäischer Ebene hatte und wohl noch immer hat.[17] Daneben gibt es zB mit dem *effet utile* gewisse Einwirkungen aus der völkerrechtlichen Methodik,[18] was angesichts der Tatsache, dass die römischen Verträge 1957 zunächst primär völkerrechtliche Verträge waren,[19] nicht überraschen kann. Der Einfluss der französischen Methodiktradition auf europäischer Ebene hat auch durch die Sprache Einzug gehalten. Denn Französisch als (neben der Verfahrenssprache) alleinige Sprache des EuGH führt dazu,[20] dass es bei den Richtern tendenziell eine gewisse Mindestvertrautheit mit französischen Denkvorstellungen gibt. Erwähnenswert ist auch, dass französische Verwaltungsrichter, die an den EuGH abgeordnet sind, jede EuGH-Entscheidung auf sprachliche Korrektheit überprüfen,[21] wobei dies trotz der Beschränkung des Eingriffs weitergehende Auswirkungen auf den Urteilsstil haben dürfte. Die Prozesskonstruktion mit einem Generalanwalt,[22] der die Entscheidung vorbereitet und intensiv erörtert und dem EuGH, der nur sehr knapp seine Entscheidungen begründet,[23] prägte zumindest die ersten Jahrzehnte des EuGH und stellt ebenfalls eine Übernahme französischer Verhaltensmuster dar.[24] Gerade insofern hat jedoch im Laufe der Zeit eine deutliche Veränderung stattgefunden.[25] Denn die Begründungen des EuGH fallen heute deutlich länger aus, als dies der französischen Tradition entspricht.[26] Die Generalanwälte werden zudem nur noch in komplexen Fällen eingeschaltet.[27] Allerdings folgt der EuGH im Regelfall immer noch ihren Vorschlägen.[28] 9

Wohl auch weil nur in wenigen Rechtsordnungen Rechtsfortbildungen offen postuliert werden, spricht der EuGH ebenfalls grundsätzlich nicht klar aus, dass er im Hinblick auf einen bestimmten Aspekt das Recht fortbildet.[29] Der EuGH bezeichnet vielmehr entsprechend französischer Tradition **alle Auslegungs- und Rechtsfortbildungsvorgänge**, unabhängig davon, ob es überhaupt eine Regelung gibt, als **„*interprétation*"** (Auslegung).[30] Da Rechtsfortbildungen somit regelmäßig als Auslegungen bezeichnet werden, wird insofern auch von **dynami-** 10

17 *Babusiaux* in: Riesenhuber (Hrsg.), Europäische Methodenlehre, 2015, § 24 Rn. 37; zur Abschwächung dieses Einflusses *Lashöfer*, Zum Stilwandel in richterlichen Entscheidungen, 1992, S. 130 ff.

18 Zum Ursprung des *effet utile* aus der völkerrechtlichen Methodik vgl. *Seyr*, Der effet utile in der Rechtsprechung des EuGH, 2008, S. 95 f.

19 Zur Einordnung der römischen Verträge als völkerrechtliche Verträge *Müller-Graff* in: Dauses/Ludwigs (Hrsg.), EU-Wirtschaftsrecht, 42. EL 2017, A. I. Rn. 17 (Stand: 31. EL 2012); *Martens*, Methodenlehre des Unionsrechts, 2013, S. 131 f.

20 Vgl. *Pechstein*, EU-Prozessrecht, 4. Aufl. 2011, Rn. 125.

21 Mündlich wurde den Verfassern mitgeteilt, dass die Formulierungsvorschläge der französischen Richter gelegentlich mit der Gefahr leichter Änderungen verbunden seien.

22 Zu diesem *Gaissert*, Der Generalanwalt – eine unabdingbare Institution am Gerichtshof der Europäischen Gemeinschaften, 1987.

23 Kritisch aus Sicht des deutschen Gesellschaftsrechts zur Tombergen Entscheidung des EuGH zB *Schulze-Osterloh* in: FS Zöllner, 1998, S. 1245, 1248; *Hommelhoff* in: Schulze (Hrsg.), Auslegung europäischen Privatrechts und angeglichenen Rechts, 1999, S. 29, 31.

24 Vgl. *Huber* in: Streinz (Hrsg.), EUV/AEUV, 2. Aufl. 2012, Art. 252 AEUV Rn. 9; *Streinz* ZEuS 2004, 387, 407.

25 *Lashöfer*, Zum Stilwandel in richterlichen Entscheidungen, 1992, S. 130 ff.

26 *Everling* EuR 1994, 127, 143; *Möllers*, Die Rolle des Rechts im Rahmen der europäischen Integration, 1999, S. 56; *Henninger*, Europäisches Privatrecht und Methode, 2009, S. 265.

27 Vgl. etwa *Frenz*, Handbuch Europarecht, Bd. 5, Wirkungen und Rechtsschutz, 2010, Rn. 2250; ferner: *Streinz/Leible* EWS 2001, 1, 1.

28 In der 2. Hälfte 2016 soll bei 145 Entscheidungen unter Beteiligung eines Generalanwaltes die Quote der Entscheidungen, in denen der EuGH im Grundsatz dem Schlusspladoyer des Generalanwalts gefolgt ist, 86 % betragen haben, FAZ Einspruch: www.faz.net/aktuell7politik/inland/wie-folgsam-ist-der-eugh-15330065.html.

29 *Roth/Jopen* in: Riesenhuber (Hrsg.), Europäische Methodenlehre, 2015, § 13 Rn. 23 merken an, dass der EuGH wohl versucht, Rechtsfortbildungen eher zu verschleiern.

30 *Walter*, Rechtsfortbildung durch den EuGH, 2009, S. 56; *Schön* in: FS Canaris, 2017, S. 147, 150; *Neuner* in: Riesenhuber (Hrsg.), Europäische Methodenlehre, 2015, § 12 Rn. 2; *Roth/Jopen* in: Riesenhuber (Hrsg.), Europäische Methodenlehre, 2015, § 13 Rn. 17; *Möllers*, Die Rolle des Rechts im Rahmen der europäischen Integration, 1999, S. 57; *Schürnbrand* JZ 2007, 910, 910; *Baldauf*, Richtlinienverstoß und Verschiebung der Contra-legem-Grenze im Privatrechtsverhältnis, 2013, S. 83; vgl. zur fehlenden Unterscheidung zwischen Auslegung und Rechtsfortbildung *Rebhahn* ZfPW 2016, 281, 286.

scher Auslegung gesprochen.[31] Hintergrund ist der Gedanke vom Richter als bloßem Mund des Gesetzgebers im Sinne von *Montesquieu*,[32] wie er zB in Art. 5 C. Civ. (*Code Civil*) seinen Niederschlag gefunden hat. Zwar ist die französische Methodik selbst schon lange nicht mehr auf diesem Stand.[33] Die EuGH-Richter erwecken aber noch gelegentlich den Eindruck, dieser *„école de l'exegèse"* zu folgen, die annimmt, alle Antworten seien letztlich schon im Gesetz angelegt.[34] Deutlich wird dies, wenn das wertende Element in Auslegungen und Rechtsfortbildungen nicht angesprochen wird, obwohl erkennbar eine nicht eindeutig von den Normen beantwortete Wertungsfrage existiert. Soweit der EuGH sich überhaupt mit seiner Rechtsfortbildungskompetenz beschäftigt, rechtfertigt er diese mit Art. 19 I EUV (früher Art. 220 EGV) und dem Rechtsverweigerungsverbot.[35]

11 Trotz der sprachlichen Vermeidung von Termini, die auf eine Rechtsfortbildung hindeuten, war die Rechtsprechung des EuGH lange Zeit sehr **rechtsfortbildungsfreudig**.[36] Dies galt insbesondere dann, wenn nach Überzeugung der Richter die Rechtsfortbildung zu einer Stärkung Europas führte, zB weil ohne die Rechtsfortbildung ein schwerwiegendes funktionales Defizit bestanden hätte (zur realfolgenorientierten Auslegung näher unter Rn. 141 f.).[37] Die Offenheit für solche Rechtsfortbildungen hatte sowohl mit den bestehenden Unzulänglichkeiten des europäischen Rechts zu tun, als auch damit, dass die Richter ganz überwiegend überzeugte Europäer waren. Zumindest von außen betrachtet, gab es eine Bereitschaft zu „großen Entscheidungen" entsprechend der französischen Tradition der *„grand arrêts"* des *Conseil d'État*.[38] In diesem rechtsfortbildenden Zusammenhang wurde als ein spezielles, auf der teleologischen Auslegung aufbauendes, aber in den Wirkungen weiter reichendes, methodisches Instrument, namentlich der ***effet utile*** Grundsatz, (weiter-)entwickelt (Rn. 127 ff.). Der *effet utile* rechtfertigt zur Effektivierung des europäischen Rechts weite Auslegungen und Rechtsfortbildungen. In dieser rechtsfortbildenden Hinsicht wurden völkerrechtliche Methodikansätze übernommen. Denn im Völkerrecht wird bei *law making treaties* (rechtsetzenden Verträgen), zB zur Gründung einer internationalen Organisation, ein teleologisch funktionaler Ansatz verfolgt, der unter dem Stichwort *„implied powers"* auch Rechtsfortbildungen ermöglicht.[39] Die Intensität europäischer Rechtsfortbildungen auf funktional teleologischer Basis erreicht(e) allerdings ein Ausmaß, das im Völkerrecht auch bei Institutionen so nicht zu finden ist. Sowohl die generell politische Europabegeisterung, die sich auch auf die Richter ausgewirkt haben dürfte, als auch die Schwächen des Europarechts, haben mittlerweile jedoch abgenommen, weshalb auch (weitreichende) Rechtsfortbildungen wohl weniger oft praktiziert werden als früher. Bei inhaltlichem Bedarf ist die **Rechtsfortbildungsbereitschaft** der EuGH-Richter aber noch immer groß.

12 Es gibt auch bei anderen methodischen Fragen wichtige europäische Spezifika. Eine Ablehnung der **Gesetzgebungskompetenz** oder eine Unzulässigkeit einer europäischen Norm wegen **Verletzung des Subsidiaritätsprinzips** (Art. 5 III EUV) kann von den EuGH-Richtern nur in extremen Fällen erwartet werden. Im europäischen Gesellschaftsrecht gab es diesen Fall beispielsweise noch nicht. Da viele EuGH-Richter ein ausgeprägtes politisches Bewusstsein haben, sind sie für politische Folgen ihrer Rechtsprechung (den sog **Realfolgen**) sensibilisiert (vgl. Rn. 141 f.). Das bedeutet auch, dass politische Grundströmungen des europäischen Rechts wie der Verbraucherschutz durch den EuGH vorangetrieben werden.[40] Dazu kann man auch eine besondere Form **geltungszeitlicher Auslegung** rechnen, die den Entwicklungsstand des EU-Rechts mit heranzieht und so dynamische Wirkungen hat (insofern fällt teilweise auch das Stichwort *„law in action"*).[41]

---

31 *Bleckmann* NJW 1982, 1177, 1180; *Langenbucher* in: Langenbucher (Hrsg.), Europäisches Privat- und Wirtschaftsrecht, 2017, § 1 Rn. 14.

32 *Charles de Montesquieu*, De l'Esprit des lois, 1782.

33 Vgl. *Gény*, Méthode d'interpretation et sources en droit privé positiv, 2. Aufl. 1954, No. 81 ff.

34 Zur *école de l'exegèse* vgl. *Ripert*, Les forces créatrices du droit, 1955, S. 385. Dazu, dass der EuGH sich in seinen Formulierungen teilweise selbst auf Auslegung beschränkt *Roth/Jopen* in: Riesenhuber (Hrsg.), Europäische Methodenlehre, 2015, § 13 Rn. 18 ff.

35 *Wegener* in: Calliess/Ruffert (Hrsg.), EUV/AEUV, 5. Aufl. 2016, Art. 19 EUV Rn. 18; *Everling* JZ 2000, 217, 221; *Calliess* NJW 2005, 929, 930 ff.; *Höpfner/Rüthers* AcP 209 (2009) 1, 18; *Wieland* NJW 2009, 1841, 1843.

36 *Sand* in: Neergard/Nielsen (Eds.), European Legal Method – towards a New European Legal Realism, 2013, S. 218.

37 Zur Rechtsfortbildungsfreudigkeit des EuGH und korrespondierenden Beispielen siehe *Walter*, Rechtsfortbildung durch den EuGH, 2009, S. 90 ff.; kritisch *Neill*, The European Court of Justice: A Case Study in Judicial Activism, 1995 und *Rasmussen* ELR 13 (1988) 28, 28 ff.

38 Vgl. *Hager*, Rechtsmethoden in Europa, 2009, S. 258 ff. mit einer Zusammenstellung einiger der wichtigsten „großen Urteile".

39 Vgl. *Walter*, Rechtsfortbildung durch den EuGH, 2009, S. 62.

40 Vgl. EuGH, Rs. C-497/13 (Froukje Faber./. Autobedrijf Hazet Ochten BV), ECLI:EU:C:2015:357 = NJW 2015, 2237; EuGH, Rs. C-435/11 (CHS Tour Services GmbH./. Team4 Travel GmbH), ECLI:EU:C:2013:574 = EuZW 2014, 77; EuGH, Rs. C-428/11 (Purely Creative Ltd. ua./. Office of Fair Trading), ECLI:EU:C:2012:651 = EuZW 2013, 66; EuGH, Rs. C-404/06 (Quelle AG./. Bundesverband der Verbraucherzentralen und Verbraucherverbände), ECLI:EU:C:2008:231 = NJW 2008, 1433; EuGH, Rs. C-112/99 (Toshiba), ECLI:EU:C:2001:566 = Slg 2001, I-7945; EuGH, Rs. C-45/96 (Bayrische Hypotheken und Wechselbank./. Dietzinger), ECLI:EU:C:1998:111 = Slg 1998, I-1199.

41 Vgl. *Krolop* in: Riesenhuber (Hrsg.), Europäische Methodenlehre, 2015, § 19 Rn. 20.

Deutschland hat eine sehr strenge Vorstellung von Gewaltenteilung im Sinne einer klaren Trennung und nicht eines bloßen Systems von *checks and balances*. Dieses Verständnis entspricht nicht den Vorstellungen in den meisten anderen europäischen Staaten. Der EuGH steht daher zB **Norminterpretationen durch die Kommission** (Rn. 58 f.) nicht generell ablehnend gegenüber. Es besteht sogar die Tendenz, generalisierende Interpretationen anders als Einzelentscheidungen möglichst in die Rechtssprechung zu übernehmen. 13

Die **klassischen Auslegungsmethoden** nach Wortlaut (Rn. 85 ff.), Systematik (Rn. 95 ff.) und Telos (Rn. 100 ff.) sind auf europäischer Ebene ebenso akzeptiert wie die klassischen, **logischen Argumentationsformen** (Rn. 143 ff.). Die historische Auslegung (Rn. 123 ff.) wird zwar heute nicht mehr abgelehnt. Sie hat aber auch nach Offenlegung der Entwicklungsgeschichte der einzelnen Richtlinien und Verordnungen[42] keine besonders große Bedeutung erlangt. Dies mag auch daran liegen, dass die Gründe, aus denen eine bestimmte Formulierung gewählt oder auch gestrichen wurde, nicht immer als werterhöhend für das „Produkt" Europarecht empfunden werden. Die **Erwägungsgründe** (Rn. 107 ff.) sind dagegen ein wichtiges, spezifisch europäisches rechtsmethodisches Instrument zur Unterstützung der Auslegung von Richtlinien und Verordnungen. Sie enthalten generell Aussagen zum Normzweck, können aber auch Aussagen zu anderen methodischen Fragen enthalten. Es bedarf besonderer Gründe, wenn von den Aussagen in den Erwägungsgründen abgewichen werden soll (s. Rn. 113 f.). 14

Die **Auslegung** europäischen Rechts erfolgt generell **europäisch-autonom** (Rn. 80 ff.),[43] also ohne[44] Rückgriff auf nationale Rechte und zwar selbst dann, wenn die diskutierte Regelung – wie dies gerade im europäischen Gesellschaftsrecht nicht selten ist – aus einer der nationalen Rechtsordnungen stammt; es also ein **Vorbildrecht** (Rn. 80) gibt. Das **Sprachenproblem** der gem. Art. 55 EUV formal 24 gleichwertigen Amtssprachen (Rn. 86 f.) wird pragmatisch gelöst. Wenn es auf den Wortlaut in verschiedenen Sprachfassungen ankommt, beziehen EuGH-Entscheidungen in der Praxis im Regelfall vielleicht sechs bis sieben Sprachen in ihre Überlegungen ein. Nationale Gerichte und Wissenschaftler ignorieren das Sprachenproblem hingegen nicht selten komplett, beschäftigen sich also nur mit ihrer eigenen Sprachfassung.[45] Sind die Ergebnisse sprachlich eindeutig, wird dem **Wortlaut** vom EuGH ein sehr hoher Stellenwert eingeräumt (Rn. 91). Bei unklarem Wortlaut kommt den anderen Auslegungselementen, speziell dem Normzweck (Rn. 100 ff.) große Bedeutung zu. Der Wortlautgrenze der Auslegung wird dagegen schon deshalb kaum Beachtung geschenkt, weil echte Rechtsfortbildungen, wie bereits erwähnt, nur selten offen thematisiert werden (dazu Rn. 10) und der umfassende Begriff *„intérprétation"* dies auch nicht verlangt. Die Auslegungsgrenze spielt jedoch zumindest im europäischen Gesellschaftsrecht eine viel größere Rolle als es der allgemeinen Überzeugung entspricht. Denn nach Ausschöpfung der Auslegungsmethoden entscheidet sich, ob die Regelung abschließend ist oder eine interne Lücke (spezifisch europäische Rechtsfortbildung) oder eine externe Lücke (Füllung durch nationales Recht) vorliegt. 15

Die ursprüngliche Zersplitterung des Europarechts hat dazu geführt, dass **Begriffe zunächst nicht verallgemeinert** wurden.[46] Sie galten nur für den jeweiligen Rechtsakt. Die Zersplitterung und die Nichtakzeptanz des Gedankens der Einheit der Rechtsordnung waren auch Hauptursachen dafür, dass längere Zeit die **Analogie** (Rn. 167 ff.) sehr kritisch gesehen wurde[47] und noch heute recht zurückhaltend verwendet wird. Andere **Rechtsfortbildungsinstrumente** sind sprachlich ebenfalls nicht anerkannt, auch wenn sich für fast alle Instrumente, die der deutschen Methodik bekannt sind, europäische Beispiele finden lassen (für teleologische Reduktion vgl. Rn. 174 f.; für die Rechtsanalogie vgl. Rn. 172 f. und für die Rechtsfortbildung *extra legem* vgl. 177 ff.). 16

Es gibt anders als im Common Law im europäischen Recht keine *„stare decisis"*-Doktrin ieS, also eine feste Bindung an Vorentscheidungen. Europäische Richter versuchen jedoch nicht in Widerspruch zu früheren Entscheidungen zu geraten und argumentieren intensiv mit bereits ergangenen **Entscheidungen als Autoritätsargument** (zur dadurch entstehenden **Begründungslast** für Änderungen Rn. 47). Ob sich die Rechtsprechung durch langjährige akzeptierte Praxis zu Gewohnheitsrecht verfestigen kann, wurde noch nicht näher diskutiert, scheint aber zumindest deutlich schwerer als nach deutschem Recht oder Völkerrecht begründbar zu sein (vgl. Rn. 50). EuGH-Entscheidungen, die in Vorlageverfahren nach Art. 267 AEUV gefällt werden, wirken verbindlich über den Einzelfall hinaus, weshalb entsprechende Urteile weitaus eher als nationale höchstrichterliche Entscheidungen als Rechtsquelle eingeordnet werden können (Rn. 47 f.). 17

Teil der europäischen Rechtsmethodik ist auch die rechtsfortbildende Schaffung weitreichender **Prinzipien**, wohl beeinflusst von den *principes généraux du droit* des französischen Rechts, unter die ihrerseits nicht einfach nur subsumiert wird, sondern die auch Basis neuer Rechtsfortbildungen sind (vgl. Rn. 170 ff.). Die Postulierung 18

42 Schlüssel dazu ist die Dokumenten-Zugangs-VO (Verordnung (EG) Nr. 1049/2001).

43 *Riesenhuber* in: Riesenhuber (Hrsg.), Europäische Methodenlehre, 2015, § 10 Rn, 4; *Gruber*, Methoden des internationalen Einheitsrechts, 2004, S. 80 ff.

44 Als Gegenbeispiel einer nationalen Auslegung entsprechend den EuGH-Vorgaben sei der englische Fall R(Khatun) v. Newham LBC (2005) Q.B. 37, 39 per Laws LJ genannt.

45 In diesem Werk bemühen sich die Autoren darum, die verschiedenen Sprachfassungen möglichst umfassend auszuwerten.

46 Vgl. *Müller/Christensen*, Juristische Methodik, Bd. II, 2012, Rn. 1.

47 Vgl. *Martens*, Methodenlehre des Unionsrechts, 2013, S. 320 f.

allgemeiner **Rechtsprinzipien** auf sekundärrechtlicher Ebene ist auf europäischer Ebene nicht ausgeschlossen. Dies wäre eine besonders intensive Form einer kohärenten Auslegung/Rechtsanalogie und würde neben der Einheitlichkeit auch die Rechtssicherheit begünstigen. Sie ist in vielen Rechtsordnungen außerhalb Deutschlands aber nicht allgemein anerkannt. Solche Prinzipien sind auch hinsichtlich der Vorhersehbarkeit der langfristigen Folgen und damit eines späteren richterlichen Korrekturbedarfs schwer prognostizierbar. Denn ein solches Prinzip könnte seinerseits Basis von Weiterentwicklungen sein. Daher besteht hier auf europäischer Ebene generell große Zurückhaltung, auch wenn es zB Tendenzen zu einem auch für das europäische Gesellschaftsrecht relevanten Prinzip des Verbots des Rechtsmissbrauchs gibt.[48] Großzügiger ist die europarechtliche Praxis, wenn es um bloße Kohärenz, ohne die Notwendigkeit der Postulierung eines Rechtsprinzips geht. Denn diese Kohärenz (Einheitlichkeit) entspricht durchaus dem Willen des europäischen Gesetzgebers für inhaltlich zusammengehörige Bereiche, verzichtet aber auf die Statuierung von Prinzipien und den sich daraus ergebenden weiteren Rechtsfortbildungsmöglichkeiten.

19 Die großen Spielräume des nationalen Gesetzgebers bei Richtlinien, die eine Umsetzung von Mindeststandards verlangen, sind aus Sicht der EuGH-Richter oftmals Schwachpunkte. Gleiches gilt tendenziell für die Auslegungsspielräume nationaler Richter hinsichtlich des nationalen Umsetzungsrechtes. Ursprünglich fehlte es sogar an effektiven Sanktionen bei nicht rechtzeitiger oder fehlerhafter Umsetzung der europäischen Vorgaben in nationales Recht. Der EuGH hat daher methodische Instrumente (zB die **richtlinienkonforme Auslegung**[49] und den ***effet utile***)[50] sowie eine nationale Staatshaftung für europarechtswidriges Verhalten (***Francovich*-Doktrin**)[51] entwickelt, um die Befolgung europäischer Vorgaben abzusichern.

B. Rechtsquellen in der Europäischen Union

I. Arten von Rechtsquellen

20 Europäisches Recht unterscheidet zwischen Primärrecht und Sekundärrecht und kennt ansatzweise auch ein Tertiärrecht. Zum **Primärrecht** zählen der EUV und der AEUV, die gemäß Art. 1 III 1 EUV gemeinsam die Grundlage der Union bilden. Die Protokolle und Anhänge der Verträge sind gemäß Art. 51 EUV gleichrangiger Bestandteil der Verträge, spielen aber im Gesellschaftsrecht keine nennenswerte Rolle. Teil des Primärrechts ist gem. Art. 6 EUV auch die Grundrechtecharta (dazu näher unter Rn. 29 f.). Ebenfalls noch zum Primärrecht zählen ungeschriebene (primärrechtliche) Grundprinzipien, die vom EuGH geschaffen wurden (Rn. 34 ff.). Das Primärrecht bildet insgesamt den Rahmen für das Sekundärrecht und ist gegenüber diesem höherrangig.[52] Zur Vermeidung von Widersprüchen besteht daher auch das Gebot primärrechtskonformer Auslegung des Sekundärrechts (näher Rn. 131 ff.).[53] Das europäische Primärrecht ist in seiner Gesamtheit mit einer Verfassung vergleichbar. Es ist strukturell jedoch weniger homogen als nationale Verfassungen und regelt auch Fragen wie die Grundlagen des Wettbewerbsrechts (Art. 101 f. AEUV), die sonst eher nicht Teil einer Verfassung sind.

21 Das **Sekundärrecht** besteht (vgl. Art. 288 AEUV) im Wesentlichen aus Verordnungen (Rn. 40 f.) und Richtlinien (Rn. 42 ff.). Beide Instrumente werden mit Blick auf das europäische Gesellschaftsrecht genutzt. Die Richtlinien wurden anfänglich allerdings nicht als Rechtsquelle eingeordnet, sondern nur als Regelungsauftrag des europäischen Gesetzgebers an die nationalen Gesetzgeber.[54] Heute ist der Rechtsquellencharakter von Richtlinien jedoch unzweifelhaft.[55] Diskutiert wird allein das Maß der (un-)mittelbaren Wirkung (näher Rn. 44 f.). Richtlinien und Verordnungen sind Gesetzgebungsakte im Sinne des Art. 289 III AEUV. Beschlüsse (Rn. 46) gehören ebenfalls zum Sekundärrecht. Ihnen kommt aber im europäischen Gesellschaftsrecht keine nennenswerte Bedeutung zu. Die in Art. 288 I AEUV genannten Empfehlungen und Stellungnahmen sind gemäß Art. 288 V AEUV nicht verbindlich und daher Teil des europäischen *soft law* (zu diesem Rn. 52 ff., 66 ff.). Empfehlungen sind vor allem mit Blick auf Corporate Governance-Aspekte verbreitet (vgl. § 33 Rn. 20 f.). Stellungnahmen spielen im europäischen Gesellschaftsrecht keine praktische Rolle.

---

48 *Fleischer* JZ 2003, 865, 868 ff.

49 Grundlegend EuGH, Rs. C-14/83 (Colson und Kamann), ECLI:EU:C:1984:153 Rn. 26 = NJW 1984, 2021.

50 EuGH, Rs. C-246/80 (Broekmeulen./. Huisarts Registratie Commissie), ECLI:EU:C:1981:218 Rn. 16 = NJW 1982, 502.

51 EuGH, Rs. C-6/90 und C-9/90 (Francovich), ECLI:EU:C:1991:428 = NJW 1992, 165.

52 *Köndgen* in: Riesenhuber (Hrsg.), Europäische Methodenlehre, 2015, § 6 Rn. 10; ferner *Nettesheim* in: Grabitz/Hilf/Nettesheim, Das Recht der Europäischen Union, 62. EL 2017, Art. 288 Rn. 226 (Stand: 48. EL 2012); *Nettesheim* EuR 2006, 737-772.

53 Vgl. EuGH, Rs. C-314/89 (Rauh), ECLI:EU:C:1991:143 = BeckRS 2004, 76276, Rn. 17-25; EuGH, Rs. C-201/85 und C-202/85 (Klensch), ECLI:EU:C:1986:439 = ZfZ 1987, 268, Rn. 21; EuGH, Rs. C-218/82 (Kommission), ECLI:EU:C:1983:369 = NJW 1984, 930, Rn. 15; *Leible/Domröse* in: Riesenhuber (Hrsg.), Europäische Methodenlehre, 2015, § 8 Rn. 7 ff.

54 *Köndgen* in: Riesenhuber (Hrsg.), Europäische Methodenlehre, 2015, § 6 Rn. 36.

55 *v. Danwitz* JZ 2007, 697, 697 f.; *Lecheler*, Einführung in das Europarecht, 2. Aufl. 2003, S. 128.

Auf Basis der sekundärrechtlichen Gesetzgebungsakte kann es sog **Tertiärrechtsakte** geben.[56] Dabei unterscheidet das Unionsrecht zwischen Delegationsrechtsakten gemäß Art. 290 AEUV und Durchführungsrechtsakten gemäß Art. 291 AEUV. Die Durchführungsrechtsakte ähneln funktional den deutschen Verordnungen.[57] Die Delegationsrechtsakte weisen zwar ebenfalls eine gewisse Ähnlichkeit zu deutschen Verordnungen auf, delegieren auf die Kommission aber auch im näher beschriebenen Umfang das Recht zur Änderung von Gesetzgebungsakten. Die Kommission dürfte dann im Rahmen dieser Delegation ohne Mitwirkung von Rat oder Parlament eine Richtlinie bzw. Verordnung ändern. In Großbritannien spielen solche Delegationsrechtsakte auch im Gesellschaftsrecht eine größere Rolle (vgl. § 12 Rn. 13). Im europäischen Gesellschaftsrecht hat sich vielleicht mangels institutionellem Vertrauen von Rat und Parlament in die Kommission in diesem rechtspolitisch umkämpften Gebiet diese Option bisher noch nicht durchgesetzt.[58] Der Entwurf zur Änderung der Richtlinie EU 2017/1132 vom 25.04.2018 (Digitalisierung des Gesellschaftsrechts) versucht jedoch in Artt. 25 III, 162a, 163 erneut das Instrument des **Delegationsrechtsaktes** im Europäischen Gesellschaftsrecht zu verankern. 22

Zu den Rechtsquellen des Unionsrechts gehört auch das **Völkerrecht**, da die EU als völkerrechtliches Rechtssubjekt (Art. 47 EUV) an allgemeine völkerrechtliche Regeln und von ihr geschlossene völkerrechtliche Verträge gebunden ist. Bisher spielt das Völkerrecht im europäischen Gesellschaftsrecht keine nennenswerte Rolle. Es wäre aber zB nicht ausgeschlossen, dass die Anerkennung der Rechtsfähigkeit von englischen Gesellschaften in der Europäischen Union Gegenstand eines Freihandelsabkommens der Europäischen Union mit Großbritannien im Zusammenhang mit dem Brexit würde (dazu § 12 Rn. 5 f.). 23

II. Europäisches Primärrecht

Das Primärrecht umfasst seit 2009 wie soeben erörtert 24

- den EU-Vertrag Lissaboner Fassung (EUV),
- den Vertrag über die Arbeitsweise der Europäischen Union (AEUV),
- die Europäische Grundrechte-Charta[59] und
- nach hM auch ungeschriebene Rechtsgrundsätze (Rn. 34 ff.).

1. EUV und AEUV

a) Mehrdirektionalität, unmittelbare und mittelbare Anwendbarkeit des Primärrechts

Das primäre Unionsrecht ist grundsätzlich an die Mitgliedstaaten adressiert.[60] Diese müssen sicherstellen, dass das nationale Recht mit dem primären Unionsrecht in Einklang steht. So sind die Bürger zumindest indirekt vom Primärrecht betroffen.[61] Das Primärrecht richtet sich auch an die Union selbst, so dass diese zB bei der Abfassung gesellschaftsrechtlicher Verordnungen und Richtlinien, aber auch sonstiger Akte, das Primärrecht zu beachten hat. Schließlich ist inzwischen anerkannt, dass es bestimmte Regeln wie die Wettbewerbsregeln der Art. 101 f. AEUV gibt, die unmittelbar gegenüber den Privatrechtssubjekten gelten. Schließlich gibt es auch mittelbare Wirkungen des Primärrechts in Form der primärrechtskonformen Auslegung von europäischem Sekundärrecht (Rn. 131 ff.) und der primärrechtskonformen Auslegung von nationalem Recht (Rn. 186 ff.). Man kann daher von einer **Mehrdirektionalität** des primären Unionsrechts sprechen.[62] 25

b) Unmittelbare Anwendbarkeit des Primärrechts

aa) Im Vertikalverhältnis

Probleme entstehen, wenn nationales Recht gegen primäres Unionsrecht verstößt. Der vom unionswidrigen nationalen Recht betroffene Bürger kann jedoch unter Umständen auf eine **unmittelbare Anwendbarkeit** der Vor- 26

56 *Cremer* in: Calliess/Ruffert (Hrsg.), EUV/AEUV, 5. Aufl. 2016, Art. 263 AEUV Rn. 60; *Nettesheim* in: Grabitz/Hilf/Nettesheim, Das Recht der Europäischen Union, 62. EL 2017, Art. 290 AEUV Rn. 6 (Stand: 47. EL 2012); *Jarass* in: Jarass, Charta der Grundrechte der EU, 3. Aufl. 2016, Art. 51 Rn. 17 („Tertiärrecht"); *Görlitz/Kubicki* EuZW 2011, 248, 250.

57 Vgl. *Ruffert* in: Calliess/Ruffert (Hrsg.), EUV/AEUV, 5. Aufl. 2016, Art. 291 AEUV Rn. 11.

58 Bezüglich der Ein-Personen-GmbH (SUP) sah der Kommissionsvorschlag Durchführungsrechtsakte vor (dazu § 9 Rn. 55, 74), konnte sich damit jedoch im Gesetzgebungsprozess nicht durchsetzen. Die Entwürfe zur SUP sahen zudem einen Delegationsrechtsakt vor (§ 9 Rn. 74). Der Kommissionsentwurf zur Änderung der Aktionärsrechte-RL sah ebenfalls einen Durchführungsrechtsakt vor, doch auch hier wollten die Mitgliedstaaten dem nicht zustimmen. Die verabschiedete Fassung empfiehlt lediglich bezüglich eines bestimmten Aspekts die Konsultation der Kommission.

59 Zur Einordnung von Rechtsprinzipien und Richterrecht s. Rn. 35, 47 f.

60 *Wiedmann* in: Gebauer/Wiedmann, Zivilrecht unter europäischem Einfluss, 2010, Kap. 2 Rn. 12.

61 *Wiedmann* in: Gebauer/Wiedmann, Zivilrecht unter europäischem Einfluss, 2010, Kap. 2 Rn. 69 f.

62 *Köndgen* in: Riesenhuber (Hrsg.), Europäische Methodenlehre, 2015, § 6 Rn. 9 f.

schriften hoffen. So hat der EuGH[63] schon 1963 entschieden, dass sich der Bürger bei einem Rechtsstreit zwischen Bürger und Mitgliedstaat auf die unmittelbare Anwendung des Primärrechts berufen kann, wenn die Vorschrift „rechtlich vollkommen" ist. Dies setzt eine hinreichende Bestimmtheit und unmittelbare Betroffenheit der Bürger voraus.[64] Dies bedeutet, dass insbesondere auch die Bestimmungen bzgl. des freien Warenverkehrs (Art. 34 ff. AEUV), die Freizügigkeit der Arbeitnehmer (Art. 45 ff. AEUV), die Niederlassungsfreiheit (Art. 49 ff. AEUV, s. dazu Rn. 31 f.), die Dienstleistungsfreiheit (Art. 56 ff. AEUV) und die Kapitalverkehrsfreiheit (Art. 63 ff. AEUV) unmittelbar anwendbar sind.[65] Dem Primärrecht kommt gegenüber dem unionswidrigen nationalen Recht **Anwendungsvorrang** zu.[66] Das nationale Recht ist somit nicht nichtig, kommt aber letztlich bei Divergenz nicht zur Anwendung.

27 Die unmittelbare Wirkung von Teilen des Primärrechts ist ein entscheidender Unterschied zum deutschen Verfassungsrecht, bei dem die mittelbare Drittwirkung der ganz herrschenden Meinung entspricht.[67] Das europäische Primärrecht gibt dagegen trotz des Bestimmtheitserfordernisses als Voraussetzung für die unmittelbare Wirkung eher nur einen Rahmen vor als alle Details (dies gilt insbesondere für die Grundfreiheiten). Für jede der Grundfreiheiten gibt es daher konkretisierende Entscheidungsserien des EuGH, aus denen erst in etwa der Regelungsgehalt der jeweiligen Grundfreiheit ablesbar wird (zur Bedeutung der Niederlassungsfreiheit für das europäische Gesellschaftsrecht Rn. 31). In seltenen Fällen können die Entscheidungen des EuGH auch zu einer Kompetenzverschiebung von den Nationalstaaten nach Europa führen, die nicht durch das Primärrecht gedeckt ist. Der EuGH handelt dann *ultra vires* und für die Rechtsordnung der Nationalstaaten stellt sich die Frage, ob der EuGH bzw. die EU hier rechtlich gestoppt werden kann. Das deutsche Bundesverfassungsgericht operiert hier mit der Rechtsfigur des **ausbrechenden Rechtsaktes** (vgl. näher Rn. 183).

bb) Im Horizontalverhältnis

28 Anders zu beurteilen ist die Rechtslage, wenn es um die Anwendbarkeit von primärrechtlichen Normen im Verhältnis Privater untereinander – also um das Horizontalverhältnis – geht. Denn in diesem Fall stellt sich die Frage, ob den Grundfreiheiten eine **„unmittelbare Drittwirkung"** zugesprochen werden kann.[68] Bezogen auf die Wettbewerbsregeln des Primärrechts (Art. 101 f. AEUV) ist eindeutig anerkannt, dass diese auch im Horizontalverhältnis Wirkung entfalten, da die Unternehmen die Normadressaten sind.[69] Umstritten ist jedoch, wie die unmittelbare Drittwirkung darüber hinaus zu beurteilen ist.[70] Der EuGH[71] hat für die Art. 18, 45, 56 und 157 AEUV in bestimmten Konstellationen die unmittelbare Drittwirkung zwischen Privaten bejaht. Der Schwerpunkt liegt dabei auf der Personenverkehrsfreiheit und der Dienstleistungsfreiheit. Für die Niederlassungsfreiheit und die Kapitalverkehrsfreiheit, die für das Gesellschaftsrecht prägend sind (Rn. 31 f.), gibt es bisher keine Entscheidungen. Dies mag auch daran liegen, dass ein Missbrauch privater Macht zulasten der Niederlassungsfreiheit, wie er zB im Fall **Angonese**[72] vorlag, praktisch nur im Rahmen der Personenverkehrsfreiheit der Arbeitnehmern vorstellbar ist.

2. Europäische Grundrechte-Charta

29 Die europäische Grundrechte-Charta gehört seit Inkrafttreten des Lissabon-Vertrages am 1.12.2009 zum Primärrecht.[73] In 50 Artikeln werden umfassend und teilweise auch weitergehender als zB in Deutschland[74] Grundrechte geregelt. Diese Grundrechte binden gemäß Art. 51 I Grundrechtecharta alle Organe der EU und

---

63 EuGH, Rs. C-26/62 (Van Gend & Loos), ECLI:EU:C:1963:1 = NJW 1963, 974, 976 (zur unmittelbaren Anwendbarkeit des primären Gemeinschaftsrechts).

64 EuGH, Rs. C-26/62 (Van Gend & Loos), ECLI:EU:C:1963:1 = NJW 1963, 974, 976.

65 *Wiedmann* in: Gebauer/Wiedmann, Zivilrecht unter europäischem Einfluss, 2010, S. 45.

66 *Köndgen* in: Riesenhuber (Hrsg.), Europäische Methodenlehre, 2015, § 6 Rn. 99; dazu EuGH, Rs. C-6/64 (Costa./. E.N.E.L.), ECLI:EU:C:1964:66 = BeckRS 2004, 73386; BVerfGE 123, 267 R. 335 – Lissabon-Vertrag.

67 Vgl. *Langenbucher* in: Langenbucher (Hrsg.), Europäisches Privat- und Wirtschaftsrecht, 2017, § 1 Rn. 42 f.; *Ganten*, Die Drittwirkung der Grundfreiheiten, 2000, S. 94 ff.; *Bachmann* AcP 210 (2010) 427, 471 ff.

68 *Langenbucher* in: Langenbucher (Hrsg.), Europäisches Privat- und Wirtschaftsrecht, 2017, § 1 Rn. 39.

69 *Biervert* in: Schwarze (Hrsg.), EU-Kommentar, 3. Aufl. 2012, § 249 Rn. 6; *Wiedmann* in: Gebauer/Wiedmann, Zivilrecht unter europäischem Einfluss, 2010, Kap. 2 Rn. 15.

70 *Langenbucher* in: Langenbucher (Hrsg.), Europäisches Privat- und Wirtschaftsrecht, 2017, § 1 Rn. 39 ff.

71 EuGH, Rs. C-36/74 (Walrave/Koch), ECLI:EU:C:1974:140 = NJW 1975, 1093; EuGH, Rs. C-415/93 (Bosman), ECLI:EU:C:1995:463 = NJW 1996, 505; EuGH, Rs. C-51/96 (Deliège) und 191/97, ECLI:EU:C:2000:199 = NJW 2000, 2011; EuGH, Rs. C-176/96 (Lehtonen and Castors Braine), ECLI:EU:C:2000:201 = NJW 2000, 2015; EuGH, Rs. C-281/98 (Angonese), ECLI:EU:C:2000:296 = NJW 2000, 3634 L; EuGH, Rs. C-94/07 (Raccanelli), ECLI:EU:C:2008:425 = EuZW 2008, 529; EuGH, Rs. C-379/09 (Casteels), ECLI:EU:C:2011:131 = NZA 2011, 561; EuGH, Rs. C-171/11 (Fra.bo), ECLI:EU:C:2012:453 = NJW 2013, 523.

72 EuGH, Rs. C-281/98 (Angonese), ECLI:EU:C:2000:296 = EuZW 2000, 468.

73 Zur Entwicklungsgeschichte *Barriga*, Die Entstehung der Charta der Grundrechte der Europäischen Union, 2002.

74 In Deutschland sind die Grundrechte in den Artikeln 1 bis 19 des Grundgesetzes enthalten. Hier kommen allerdings noch einige grundrechtsgleiche Regeln hinzu.

die Mitgliedstaaten. Allerdings darf dies gem. Art. 51 II Grundrechtecharta nicht zu einer Kompetenzerweiterung der EU führen. In den Bereichen, in denen die EU also keine Kompetenz besitzt, darf sie sich diese auch nicht über den Umweg der Grundrechtecharta verschaffen. Unklar ist insoweit, ob auch das **Subsidiaritätsgebot** Geltung beansprucht.[75] Dies hängt davon ab, ob man das Subsidiaritätsgebot als Kompetenznorm versteht.[76] Großbritannien und Polen haben sich in einem Zusatzprotokoll[77] zusichern lassen, dass unabhängig von der geschilderten Kompetenzfrage die Charta nicht Basis eines Verfahrens gegen ein Gesetz oder eine Verwaltungshandlung eines dieser Länder sein darf. Die Tschechische Republik hat den gleichen Status wie Polen und Großbritannien verlangt,[78] der ihr auch für die Zukunft zugestanden worden ist, um ohne Vertragsänderung wirksam werden zu können. 2014 hat die Tschechische Republik aber auf diesen *opt out* verzichtet. Sollte sich der EuGH nicht an die Kompetenzschranke des Art. 51 II Grundrechtecharta halten, zB durch Berufung auf besondere (ungeschriebene) Zuständigkeiten, könnte das Bundesverfassungsgericht dagegen erst bei Annahme eines ausbrechenden Rechtsaktes (Rn. 183) einschreiten.

Die europäischen Grundrechte sind Teil des europäischen Primärrechts, aber konstruktiv nicht auf unmittelbare Wirkung ausgerichtet.[79] Der EuGH tendiert dennoch zu einer gewissen Direktwirkung zugunsten der Bürger.[80] 30

3. Besondere Bedeutung der Niederlassungsfreiheit und der Kapitalverkehrsfreiheit für das Gesellschaftsrecht

Es ist Aufgabe des EuGH, das Primärrecht auszulegen (Art. 19 EUV). Besondere Bedeutung für das europäische Gesellschaftsrecht hat dabei die in Art. 49, 54 AEUV geregelte **Niederlassungsfreiheit** (vgl. näher § 10 Rn. 16 f.). Gesellschaften können sich nach Art. 54 AEUV auf die Niederlassungsfreiheit berufen. Da Art. 49 II AEUV auch die Gründung und Leitung von Gesellschaften umfasst, können auch Gesellschafter von der Niederlassungsfreiheit profitieren.[81] Von der Niederlassungsfreiheit erfasst sind zudem die Fälle der Kontrolle einer Gesellschaft durch eine Gesellschaft aus einem anderen EU Staat.[82] Einschneidend war die Rechtsprechung des EuGH zur Niederlassungsfreiheit insbesondere bzgl. den sog „Scheinauslandsgesellschaften" (sog Briefkastengesellschaften), bei denen der Satzungssitz entsprechend der Gründung in einem Land liegt, während sich der Verwaltungssitz mit der Konzentration der Aktivitäten in einem anderen Mitgliedstaat befindet (vgl. § 10 Rn. 103 ff.). Das zweite Land muss aufgrund der Niederlassungsfreiheit die Gründung im Ursprungsmitgliedstaat anerkennen und respektieren, wodurch hinsichtlich der rein gesellschaftlichen Regeln nur das Recht des Sitzstaats anwendbar ist.[83] Der deutsche Gesetzgeber (zB Kapitalersatzrecht) und der Bundesgerichtshof[84] (zB Existenzvernichtungshaftung) haben daraufhin zuvor im Gesellschaftsrecht angesiedelte Regeln in das Insolvenzrecht bzw. das Deliktsrecht ausgelagert.[85] In Bezug auf die insolvenzrechtliche Haftung eines Geschäftsleiters für Zahlungen nach Eintritt der materiellen Insolvenz gem. § 64 GmbHG hat der EuGH die insolvenzrechtliche Einordnung gebilligt, womit diese Haftung auch auf eine allein in Deutschland tätige Ltd. anwendbar 31

75 *Zoppel*, Europäische Diskriminierungsverbote und Privatrecht, 2015, S. 96 ff.

76 Etwa *Perner*, Grundfreiheiten, Grundrechte-Charta und Privatrecht, 2013, S. 172 sieht keine Relevanz des Subsidiaritätsprinzips für die Bindung der Union.

77 Protokoll über die Anwendung der Charta der Grundrechte der Europäischen Union auf Polen und das Vereinigte Königreich, ABl. C 83 v. 30.3.2010, S. 201, 313 f.

78 *Mayer* in: Grabitz/Hilf/Nettesheim, Das Recht der Europäischen Union, 62. EL 2017, EUV, Grundrechtsschutz und rechtsstaatliche Grundsätze, Rn. 56 (Stand: 41. EL 2010); vgl. dazu auch Europäischer Rat, Schlussfolgerungen des Vorsitzes zu der Tagung des Europäischen Rates in Brüssel v. 29./30.10.2009, 15265/09, insbes. Anlage I Art. 1 f.

79 So etwa *Kingreen* in: Calliess/Ruffert (Hrsg.), EUV/AEUV, 5. Aufl. 2016, Art. 51 EU-GRCharta Rn. 4 ff.; siehe zur mittelbaren und unmittelbaren Drittwirkung der Grundfreiheiten ua *Perner*, Grundfreiheiten, Grundrechte-Charta und Privatrecht, 2013, S. 164 ff.

80 EuGH, Rs. C-260/89 (ERT), ECLI:EU:C:1991:254 = EuZW 1991, 507, Rn. 42; jüngst auch EuGH, Rs. C-617/10 (Akerberg Fransson), ECLI:EU:C:2013:280 = NJW 2013, 1415; EuGH, Rs. C-399/11 (Melloni), ECLI:EU:C:2013:107 = NJW 2013, 1215. Zu Argumenten für eine Drittwirkung siehe *Kingreen* in: Calliess/Ruffert (Hrsg.), EUV/AEUV, 5. Aufl. 2016, Art. 51 EU-GRCharta Rn. 21.

81 *Tiedje* in: von der Groeben/Schwarze/Hatje (Hrsg.), Europäisches Unionsrecht, 7. Aufl. 2015, Art. 54 AEUV Rn. 17; *Engert* in: Langenbucher (Hrsg.), Europäisches Privat- und Wirtschaftsrecht, 2017, § 5 Rn. 8.

82 EuGH, Rs. C-221/89 (Factortame), ECLI:EU:C:1991:320 = Slg 1991, I-3905; zustimmend *Engert* in: Riesenhuber (Hrsg.), Europäische Methodenlehre, 2015, § 5 Rn. 8.

83 EuGH, Rs. C-212/97 (Centros), ECLI:EU:C:1999:126 = NJW 1999, 2027; EuGH, Rs. C-208/00 (Überseering), ECLI:EU:C:2002:632 = NJW 2002, 3614; EuGH, Rs. C-167/01 (Inspire Art), ECLI:EU:C:2003:512 = NJW 2003, 3331.

84 BGH NJW 2007, 2689 (Trihotel).

85 Siehe zur Existenzvernichtungshaftung als Fallgruppe des § 826 BGB: *Förster* in: BeckOK BGB, 43. Edition 2017, § 826 Rn. 113; *Wagner* in: MüKo BGB, Bd. 6, 7. Aufl. 2017, § 826 Rn. 167; *Katzenmeier* in: NomosBGB, Bd. 2/2, 3. Aufl. 2016, § 826 Rn. 51; siehe zur Aufhebung der gesellschaftsrechtlichen Normen und zur Neuregelung des Insolvenzrechts im Rahmen des Kapitalersatzrechts: *K. Schmidt/Herchen* in: K. Schmidt (Hrsg.), InsO, 19. Aufl. 2016, § 39 Rn. 28 f.; *Cahn/v. Spannenberg* in: Spindler/Stilz (Hrsg.), AktG, Bd. 1, 3. Aufl. 2015, § 57 Rn. 102.

ist.[86] Der EuGH[87] hat, auf seiner Interpretation der Niederlassungsfreiheit aufbauend, eine differenzierte Rechtsprechung zu den nationalen Zulässigkeitsgrenzen bei grenzüberschreitenden Umwandlungen und bei der Verlegung der geschäftlichen Aktivitäten mit einer Differenzierung zwischen Hinzug und Wegzug entwickelt (näher § 10 Rn. 15).

32 Auch die **Kapitalverkehrsfreiheit** des Art. 63 I AEUV hat Auswirkungen auf das europäische Gesellschaftsrecht.[88] Bemerkenswert ist, dass die Kapitalverkehrsfreiheit, obwohl schon bei Gründung der EWG 1957 enthalten, erst 1992 vollumfänglich durchsetzbarer Teil des Primärrechts wurde. Inzwischen ist die Europäisierung des mit der Kapitalverkehrsfreiheit verbundenen Kapitalmarktrechtes weitaus stärker als im Gesellschaftsrecht vorangeschritten. Erfasst von der Kapitalverkehrsfreiheit sind nicht nur Geldanlagen zB in Form von Aktien, sondern insbesondere auch Direktinvestitionen in Form größerer Gesellschaftsbeteiligungen.[89] Die Abgrenzung von Kapitalverkehrs- und Niederlassungsfreiheit ist – wenn auch schwierig – notwendig, weil eine Doppelanwendung nicht möglich sein soll[90] und es gewisse Unterschiede gibt.[91] Unter anderem gilt die Kapitalverkehrsfreiheit auch für Drittstaaten wie die USA oder die Schweiz (Art. 63 I AEUV am Ende).[92] Von der Kapitalverkehrsfreiheit sind nach der Rechtsprechung des EuGH[93] alle Beteiligungen erfasst, die keinen kontrollierenden (sicheren) Einfluss verschaffen, wobei dies relativ streng in Abhängigkeit von den tatsächlichen Verhältnissen bei der jeweiligen Gesellschaft konkretisiert wird. Liegt dagegen eine Beteiligung vor, die zu einem „sicheren Einfluss" führt, so ist die Niederlassungsfreiheit einschlägig.[94] Der Schwerpunkt der gesellschaftsrechtlichen Rechtsprechung des EuGH[95] zur Kapitalverkehrsfreiheit betrifft *golden shares*[96] und ähnliche Instrumente, die früher meist staatlichen Mehrheitseigentümern zustanden und ihnen dadurch stärkere Rechtspositionen verschafften.[97] Der EuGH hat ein **vierstufiges Prüfungsschema** für die Rechtmäßigkeit nationaler gesetzlicher Regelungen mit Blick auf die Kapitalverkehrsfreiheit aufgestellt.[98]

---

86 EuGH, Rs. C-594/14 (Kornhaas), ECLI:EU:2015:806 = EuZW 2016, 155, Rn. 15 ff.

87 EuGH, Rs. C-81/87 (Daily Mail), ECLI:EU:C:1988:456 = BeckEuRS 1988, 142374; EuGH, Rs. C-210/06 (Cartesio), ECLI:EU:C:2008:723 = NJW 2009, 569; EuGH, Rs. C-378/10 (Vale), ECLI:EU:C:2012:440 = NJW 2012, 2715.

88 *Krolop* in: Riesenhuber (Hrsg.), Europäische Methodenlehre, 2015, § 19 Rn. 9 spricht von einer wachsenden Bedeutung.

89 *Schürnbrand* in: MüKo AktG, Bd. 6, 2017, Vorbemerkung Rn. 15; *Engert* in: Langenbucher (Hrsg.), Europäisches Privat- und Wirtschaftsrecht, 2017, § 5 Rn. 15.

90 *Krolop* in: Riesenhuber (Hrsg.), Europäische Methodenlehre, 2015, § 19 Rn. 9.

91 Vgl. *Engert* in: Langenbucher (Hrsg.), Europäisches Privat- und Wirtschaftsrecht, 2017, § 5 Rn. 17; *Krolop* in: Riesenhuber (Hrsg.), Europäische Methodenlehre, 2015, § 19 Rn. 9 hält die Abgrenzung für weniger bedeutsam, da er mittlerweile von weniger Unterschieden ausgeht.

92 *Engert* in: Langenbucher (Hrsg.), Europäisches Privat- und Wirtschaftsrecht, 2017, § 5 Rn. 17; *Krolop* in: Riesenhuber (Hrsg.), Europäische Methodenlehre, 2015, § 19 Rn. 9.

93 EuGH, Rs. C-251/98 (Baars), ECLI:EU:C:2000:205 = NZG 2000, 731, Rn. 20; EuGH, Rs. C-208/00 (Überseering), ECLI:EU:C:2002:632 = NJW 2002, 3614, Rn. 77; EuGH, Rs. C-47/12 (Kronos), ECLI:EU:C:2014:2200 = EuZW 2015, 61, Rn. 35; EuGH, Rs. C-81/09 (Idryma Typou), ECLI:EU:C:2010:622 = EuZW 2011, 149, Rn. 51; EuGH, Rs. C-244/11 (Kommission/Griechenland), ECLI:EU:C:2012:694 = EuZW 2013, 29, Rn. 24 f.

94 EuGH, Rs. C-251/98 (Baers), ECLI:EU:C:2000:205 = NZG 2000, 731, Rn. 21 f.; EuGH, Rs. C-436/00 (X und Y), ECLI:EU:C:2002:704 = BeckRS 2004, 77242, Rn. 37, 66 ff.; EuGH, Rs. C-374/04 (Test Claimants in Class IV of the ACT Group Litigation), ECLI:EU:C:2006:773 = GmbHR 2007, 103, Rn. 39; EuGH, Rs. C-196/04 (Cadbury Schweppes), ECLI:EU:C:2006:544 = EuZW 2006, 633, Rn. 31; vgl. auch *Forsthoff* in: Grabitz/Hilf/Nettesheim, Das Recht der Europäischen Union, 62. EL 2017, Art. 49 AEUV Rn. 129 (Stand: 43. EL 2011).

95 EuGH, Rs. C-483/99 (Kommission/Frankreich), ECLI:EU:C:2002:327 = EuZW 2002, 433; EuGH, Rs. C-367/98 (Kommission/Portugal), ECLI:EU:C:2002:326 = EuZW 2002, 437; EuGH, Rs. C-503/99 (Kommission/Belgien), ECLI:EU:C:2002:328 = EuZW 2002, 429; EuGH, Rs. C-463/00 (Kommission/Spanien), ECLI:EU:C:2003:272 = NJW 2003, 2663; EuGH, Rs. C-98/01 (Kommission/Vereinigtes Königreich), ECLI:EU:C:2003:273 = NJW 2003, 2666; EuGH, Rs. C-174/04 (Kommission/Italien), ECLI:EU:C:2005:350 = EuZW 2005, 438; EuGH, Rs. C-282/04, C-283/04 (Kommission/Niederlande), ECLI:EU:C:2006:608 = EuZW 2006, 722; EuGH, Rs. C-112/05 (Kommission/Deutschland), ECLI:EU:C:2007:623 = ZIP 2007, 2068; EuGH, Rs. C-463/04 und C-464/04 (Commune di Milano), ECLI:EU:C:2007:752 = EuZW 2008, 51; EuGH, Rs. C-326/07 (Kommission/Italien), ECLI:EU:C:2009:193 = EuZW 2009, 458; EuGH, Rs. C-171/08 (Kommission/Portugal), ECLI:EU:C:2010:412 = EuZW 2010, 701; EuGH, Rs. C-543/08 (Kommission/Portugal), ECLI:EU:C:2010:669 = EuZW 2011, 17; EuGH, Rs. C-212/09 (Kommission/Portugal), ECLI:EU:C:2011:717 = NZG 2011, 1339; EuGH, Rs. C-244/11 (Kommission/Griechenland), ECLI:EU:C:2012:694 = EuZW 2013, 29; EuGH, Rs. C-95/12 (Kommission/Deutschland), ECLI:EU:C:2013:676 = EuZW 2013, 946.

96 Umfassend dazu *Lutter/Bayer/Schmidt*, Europäisches Unternehmens- und Kapitalmarktrecht, 2017, Rn. 15.1 ff.

97 Vgl. *Engert* in: Langenbucher (Hrsg.), Europäisches Privat- und Wirtschaftsrecht, 2017, § 5 Rn. 18.

98 EuGH, Rs. C-367/98 (Kommission/Portugal), ECLI:EU:C:2002:326 = EuZW 2002, 437, Rn. 52; EuGH, Rs. C-463/00 (Kommission/Spanien), ECLI:EU:C:2003:272 = NJW 2003, 2663, Rn. 70; EuGH, Rs. C-483/99 (Kommission/Frankreich), ECLI:EU:C:2002:327 = EuZW 2002, 433, Rn. 50 ff.; EuGH, Rs. C-503/99 (Kommission/Belgien), ECLI:EU:C:2002:328 = EuZW 2002, 429, Rn. 49 ff.; EuGH, Rs. C-463/00 (Kommission/Spanien), ECLI:EU:C:2003:272 = NJW 2003, 2663, Rn. 69, 74 ff.; EuGH, Rs. C-212/09 (Kommission/Portugal),

Vierstufiges Prüfungsschema für die Rechtmäßigkeit nationaler gesetzlicher Regelungen
1. Die beeinträchtigende Maßnahme darf nicht diskriminierend sein. Sie muss also unterschiedslos für Inländer und Ausländer gelten.
2. Die Maßnahme muss einem europarechtlich legitimen Zweck dienen. Während die Interessen von Minderheitsgesellschaftern und Arbeitnehmern, aber auch die Versorgungssicherheit bei Energie Beispiele für solche legitimen Interessen sind, sind industriepolitische und finanzielle Interessen der Mitgliedstaaten hingegen nicht legitim.[99]
3. Die Maßnahme muss zur Verfolgung des Zwecks geeignet sein.
4. Die Maßnahme muss für die Zweckverfolgung erforderlich sein.[100]

33

Abb. 1: Vierstufiges Prüfungsschema des EuGH für die Rechtmäßigkeit nationaler gesetzlicher Regelungen

4. Rechtsprinzipien als Primärrechtsquellen

Der EuGH hat zur Füllung von Lücken vor allem auf der primärrechtlichen Ebene und sehr zurückhaltend auch 34 auf sekundärrechtlicher Ebene allgemeine Rechtsgrundsätze bzw. Rechtsprinzipien hergeleitet.[101] Sekundärrechtliche Prinzipien sind methodisch unproblematisch, wenn sie normiert sind,[102] oder im Rahmen der allgemeinen methodischen Kategorien der Rechtsanalogie (Rn. 172 f.) oder Rechtsfortbildung *extra legem* (Rn. 177 ff.) geschaffen werden. Für sie besteht kein besonderes Rechtsquellenproblem. Inhaltlich viel bedeutender, aber auch methodisch problematischer sind die Primärrechtsprinzipien. Am bekanntesten dürften dabei die geschaffenen Grundrechte sein, die inzwischen in das geschriebene Primärrecht (Grundrechtecharta) überführt wurden (Primärrechtsquelle).[103] Die Entwicklung von Rechtsprinzipien als Rechtsquellen durch den EuGH ist auf so wenig Widerstand gestoßen, dass man diese Rechtsprinzipien und die Weiterentwicklung des Rechts auf ihrer Basis als im Prinzip anerkannt ansehen kann.

a) Charakter von Rechtsprinzipien

Zu erörtern ist der Charakter solcher meist primärrechtlichen Rechtsprinzipien. Sie könnten theoretisch bloße 35 Abwägungsprinzipien sein, die vorhandene Regeln rechtfertigen, wie es der amerikanischen Methodik entsprechen würde.[104] Gerade die Common Law Praxis ist schon im einfachen Recht außerordentlich skeptisch und zurückhaltend, wenn es um die Aufstellung allgemeiner Rechtsgrundsätze geht.[105] Im deutschen Recht gibt es einerseits gesetzlich geregelte Prinzipien im Sinne weiter Generalklauseln, vor allem aber im Wege der Rechtsanalogie durch Abstraktion konkreterer Rechtssätze gewonnene Prinzipien mit rechtssatztypischer Bindungswirkung, wobei die schiere Weite dennoch dafür sorgt, dass keine einfache Subsumtion möglich ist. Auch der für das deutsche Recht zentrale Grundsatz von Treu und Glauben ist bei genauer Betrachtung ein im Wege der Rechtsanalogie durch Abstraktion gewonnenes Prinzip,[106] denn § 242 BGB verpflichtet nach seinem eindeutigen Wortlaut nur den Schuldner und zwar nur im Rahmen der Leistungsbewirkung. Das französische Recht kennt generelle Rechtsprinzipien (*principes généraux du droit*), die für Fälle weiter Auslegung und Rechtsfort-

---

ECLI:EU:C:2011:717 = NZG 2011, 1339, Rn. 88 ff.; EuGH, Rs. C-112/05 (Kommission/Deutschland), ECLI:EU:C:2007:623 = ZIP 2007, 2068, Rn. 74, 77; EuGH, Rs. C-438/05 (Viking), ECLI:EU:C:2007:772 = EuZW 2008, 246, Rn. 45, 77. Vgl. dazu *Engert* in: Langenbucher (Hrsg.), Europäisches Privat- und Wirtschaftsrecht, 2017, § 5 Rn. 26; *Bahns/Brinkmann/Gläser/Sedlaczek* in: von der Groeben/Schwarze/Hatje (Hrsg.), Europäisches Unionsrecht, 7. Aufl. 2015, Vorbemerkung zu Artt. 110 – 113 AEUV Rn. 45.

99 Vgl. etwa *Breitenmoser/Weyeneth* in: von der Groeben/Schwarze/Hatje (Hrsg.), Europäisches Unionsrecht, 7. Aufl. 2015, Art. 67 AEUV, Rn. 64.

100 Das europäische Erfoderlichkeitskriterium schließt die Angemessenheit ein.

101 Vgl. den Überblick bei *Hanson*, Legal Methods, 2010, S. 141.

102 Art. 7 I SE-VO-Entwurf von 1970/1989 enthielt keine konkreten Rechtsgrundsätze aber immerhin den Verweis auf lückenfüllende allgemeine Rechtsgrundsätze. Vgl. auch *Schröder* in: Manz/Mayer/Schröder (Hrsg.), Europäische Aktiengesellschaft, 2. Aufl. 2010, Art. 9 Rn. 2.

103 EuGH, Rs. C-555/07 (Kücükdeveci), ECLI:EU:C:2010:21 = NJW 2010, 427, Rn. 22; EuGH, Rs. C-78/11 (ANGED), ECLI:EU:C:2012:372 = NZA 2012, 851, Rn. 17; *Jarass* in: Jarass, Charta der Grundrechte der EU, 3. Aufl. 2016, Einleitung Rn. 12; *Schorkopf* in: Grabitz/Hilf/Nettesheim, Das Recht der Europäischen Union, 62. EL 2017, Art. 6 EUV Rn. 28 (Stand: 51. EL 2013).

104 Näher auch zu den unterschiedlichen Ansätzen *Langenbucher*, Die Entwicklung und Auslegung von Richterrecht, 1996, S. 4 ff.

105 Vgl. am Beispiel der Treuepflicht *O'Connor*, Good Faith in Englisch Law, 1991, S. 23 ff.; *Bonell* RIW 1990, 693, 698 f.

106 *Larenz*, Methodenlehre der Rechtswissenschaft, 6. Aufl. 1991, S. 421 f. sieht den Grundsatz von Treu und Glauben als rechtsethisches Prinzip, welches die Grundlage für eine Gesamtanalogie bildet.

bildung sowohl im Verwaltungsrecht als auch im Zivilrecht eine große Rolle spielen.[107] Dabei werden die französischen Prinzipien tendenziell lückenfüllend, also nachrangig gegenüber spezielleren Regeln verwendet und sind auch eher Leitideen, aus denen ein Ergebnis entwickelt wird.[108] In Deutschland hingegen ist zumindest der Grundsatz von Treu und Glauben ein „Überprinzip", mit dem auch viel konkretere Regeln im Einzelfall modifiziert werden können. Durch die Schaffung von konkreteren Teilregeln (zB der Verwirkung im Rahmen der Treuepflicht) versucht das deutsche Recht immer wieder, einen Konkretisierungsgrad zu erreichen, der eine unmittelbare Subsumtion erlaubt.

36 Der EuGH hat mit der Aufstellung von primärrechtlichen Rechtsprinzipien weit vor dem Beitritt Großbritanniens begonnen. Schon wegen besagter Zurückhaltung des Common Law gegenüber Prinzipien liegt es nicht nahe, dass das Common Law Ideenlieferant für die Entwicklung solcher weitreichender Rechtsprinzipien war. Es fehlen auch alle Ansatzpunkte dafür, dass die US-amerikanische Methodik hier Vorbildfunktion hatte. Das deutsche Recht schafft schon länger keine weitreichenden Prinzipien im Wege der Rechtsfortbildung mehr. Es versucht vielmehr, vorhandene Prinzipien auf eine subsumtionsfähige Ebene zu konkretisieren. Die europäischen Prinzipien entsprechen daher auch nicht deutschen methodischen Vorstellungen. Näher als das Common Law oder die deutschen methodischen Vorstellungen liegt ein methodischer Bezug der europäischen Prinzipien zu den **generellen Prinzipien französischen Rechts**, auch was die teilweise schöpferische, freie Art der Entstehung betrifft. Wahrscheinlich erklärt dies auch die aus deutscher, methodischer Sicht umständliche Verbindung der vom EuGH geschaffenen, primärrechtlichen Prinzipien, mit einem konkreten sekundärrechtliches **Substrat**, um zu wirken.[109] Dies schwächt zwar die Rechtsprinzipien in ihrer Wirksamkeit, macht aber ihre freihändigere Art der Entstehung für die Stakeholder eher akzeptabel. Das ist in diesem Zusammenhang durchaus von größerer Bedeutung, da solche Prinzipien zu Kompetenzverschiebungen zugunsten der Union und zulasten der Mitgliedstaaten führen können, weshalb zB speziell die Mangold-Entscheidung des EuGH[110] in Deutschland unter dem Gesichtspunkt des dem Grundgesetz widersprechenden **ausbrechenden Rechtsaktes** diskutiert wurde.[111] Diese abgeschwächte Funktionsweise von europäischen (primärrechtlichen) Rechtsprinzipien ändert nichts am Rechtsquellencharakter dieser Prinzipien.

b) Kompetenz für die Aufstellung von primärrechtlichen Rechtsprinzipien

37 Es stellt sich die Frage nach der Zulässigkeit der Entwicklung solcher primärrechtlichen Rechtsprinzipien. Ausdrücklich vorgesehen ist die Schaffung (verbindlicher) Rechtsprinzipien des Primärrechts in Art. 340 II AEUV für den Bereich der außervertraglichen Staatshaftung. Daraus eine allgemeine Rechtfertigung im Sinne einer Rechtsanalogie (Art. 340 II AEUV als Ausdruck eines allgemeinen unionsrechtlichen Prinzips; vgl. zur Rechtsanalogie Rn. 172 f.) ableiten zu wollen, ist problematisch,[112] da eine allgemeine Kompetenz die Machtverhältnisse zwischen dem EuGH und den im Rat vertretenen Nationalstaaten entscheidend zulasten der Nationalstaaten und zugunsten der Europäischen Union in Gestalt des EuGH verschieben würde. Es gilt das Prinzip der begrenzten Einzelermächtigung für die Europäische Union, welches mit der Entwicklung von primärrechtlichen Rechtsprinzipien zumindest kollidieren kann. Diese Konstruktion, nach der die Schaffung europäischer **Grundrechte als Rechtsprinzipien** erfolgte, war daher möglicherweise ursprünglich kompetenzwidrig.[113] Denn aus dem Primärrecht also nach klassischer Methodik ließen sich diese Prinzipien nicht ableiten. Für nationale Verfassungsgerichte war es aber gerade hier rechtspolitisch schwierig, sich dem EuGH entgegenzustellen, da eine negative Haltung zu den Inhalten (Grundrechte auch auf europäischer Ebene) der Politik kaum zu vermitteln war. Inzwischen hat sich das Problem bzgl. der Grundrechte allerdings im Wesentlichen erledigt, da diese Teil des formellen Primärrechts (Grundrechtecharta) geworden sind (vgl. Rn. 29).

38 Der EuGH hat unter bestimmten Voraussetzungen die Möglichkeit der Ableitung eines primärrechtlichen Prinzips (*General Principle*) aus dem Sekundärrecht eröffnet (Rn. 181).[114] Dabei handelt es sich allerdings vielleicht nur auf den ersten Blick um eine ganz besondere Form einer Rechtsanalogie. Möglich wäre auch hier, wie in allen anderen Fällen der Schaffung von Rechtsprinzipien durch den EuGH, von einer Rechtsfortbildung *extra legem* (Rn. 177 ff.) auszugehen, die nur systemkonform ist. Diese Rechtsprinzipien sind daher **spezifisch europäische Rechtsquellen**. Im konkreten Fall, wo es um die Herleitung des Grundsatzes der Gleichbehandlung von Aktionären ging (Audiolux), lehnte der EuGH die Annahme eines entsprechenden primärrechtlichen Grundsat-

107 *Gridel* Receuil Dalloz Sirey 2002, 228 ff., 345 ff.; *Walter*, Rechtsfortbildung durch den EuGH, 2009, S. 156 f.
108 *Walter*, Rechtsfortbildung durch den EuGH, 2009, S. 156 f.
109 EuGH, Rs. C-144/04 (Mangold), ECLI:EU:C:2005:709 = NJW 2005, 3695; EuGH, Rs. C-555/07 (Kücükdeveci), ECLI:EU:C:2010:21 = NJW 2010, 427; BVerfG, 2 BvR 2661/06, NJW 2010, 3422 (Honeywell).
110 EuGH, Rs. C-144/04 (Mangold), ECLI:EU:C:2005:709 = NJW 2005, 3695.
111 BVerfG, 2 BvR 2661/06, NJW 2010, 3422 (Honeywell).
112 So auch *Köndgen* in: Riesenhuber (Hrsg.), Europäische Methodenlehre, 2015, § 6 Rn. 59.
113 Zur Darstellung der Kompetenzfrage *Barriga*, Die Entstehung der Charta der Grundrechte der Europäischen Union, 2003, S. 36 ff., 57 ff.
114 EuGH, Rs. C-101/08 (Audiolux), ECLI:EU:C:2009:626 = EuZW 2009, 894, Rn. 34, 63.

zes allerdings ab.[115] Die Frage eines sekundärrechtlichen Prinzip der Gleichbehandlung der Aktionäre stand damals nicht zur Entscheidung. Die Voraussetzungen primärrechtlicher Prinzipien wurden auch so hoch angesetzt, dass sie im Gesellschaftsrecht kaum erfüllbar sind.[116]

III. Europäisches Sekundärrecht

Europäisches Sekundärrecht sind alle Rechtsakte, die nicht Primärrecht sind. Sie beruhen auf dem Primärrecht. 39
Das Sekundärrecht besteht wie das Primärrecht aus den im Folgenden näher zu beleuchtenden Rechtsquellen:

- Verordnungen (Rn. 40 f.)
- Richtlinien (Rn. 42 ff.)
- Beschlüsse (Rn. 46)
- Rechtsprinzipien (zur Frage, ob diese eine Rechtsquelle darstellen Rn. 35 f.)
- Richterrecht und richterliche Rechtsfortbildung (zur Frage, ob dies eine Rechtsquelle ist Rn. 47 f.)

1. Verordnungen

Die Verordnung ist in Art. 288 II AEUV geregelt und entfaltet im Gegensatz zur Richtlinie ausdrücklich **unmittelbare Wirkung.**[117] Es bedarf somit grundsätzlich keines gesonderten Umsetzungsakts durch die nationalen Gesetzgeber.[118] Die Verordnung wirkt damit unmittelbar für und gegen den Adressaten.[119] Im europäischen Gesellschaftsrecht besteht bei den supranationalen Gesellschaftsformen allerdings die Besonderheit, dass diese regelmäßig nicht allein durch eine Verordnung, sondern ergänzend auch durch eine Richtlinie geregelt werden. Die Richtlinie bedarf dann der Umsetzung. Zudem erteilt die Verordnung bezüglich der Aspekte, die sie selbst nicht regelt, teilweise Regelungsaufträge bzw. eröffnet Regelungsmöglichkeiten, die durch nationale Ausführungsgesetze umgesetzt werden sollen bzw. können. Im europäischen Gesellschaftsrecht entfaltet die Verordnung daher zwar auch unmittelbare Wirkung. Der nationale Gesetzgeber kann also die Entstehung der Rechtsform weder unterbinden noch lediglich in anderer Form zulassen.[120] Die durch sie geregelte supranationale Rechtsform bedarf jedoch aufgrund der soeben geschilderten Besonderheiten dennoch gewisser Umsetzungsakte im nationalen Recht.[121] 40

Da auf europäischer Ebene gerade im Gesellschaftsrecht eher eine **Rechtsangleichung/Harmonisierung** angestrebt wird und keine konkrete Rechtsvereinheitlichung,[122] wird die Verordnung im gesellschaftsrechtlichen Bereich bisher seltener benutzt als das Regelungsinstrument der Richtlinie.[123] Eine Verordnung nach Art. 352 AEUV erfordert zudem Einstimmigkeit im Rat und kann daher durch ein einzelnes Land der EU blockiert werden. Dies führt im wirtschaftspolitisch sensiblen Gesellschaftsrecht zu Schwierigkeiten (zu den diesbezüglichen Problemen mit Blick auf die SPE s. § 5 Rn. 7).[124] Gerade im europäischen Gesellschaftsrecht hat die Verordnung dennoch eine außerordentlich hohe Bedeutung erlangt, da die EU die Verordnung als Regelungsinstrument für alle **supranationalen Rechtsformen** gewählt hat.[125] Es ist jedoch anzumerken, dass die EU in diesen Bereichen keine Rechtsvereinheitlichung erreichen, sondern lediglich ein **zusätzliches Instrument** für die Rechtsanwender bereitstellen möchte.[126] Die nationalen Gesellschaftsformen sollen nicht verdrängt werden. Es soll Unternehmensgründern nur die zusätzliche Option einer supranationalen Rechtsform gegeben werden (Stich- 41

115 EuGH, Rs. C-101/08 (Audiolux), ECLI:EU:C:2009:626 = EuZW 2009, 894; vgl. auch *Lutter/Bayer/Schmidt*, Europäisches Unternehmens- und Kapitalmarktrecht, 2017, Rn. 28.17; *Habersack/Verse*, Europäisches Gesellschaftsrecht, 4. Aufl. 2011, § 11 Rn. 12; *Habersack/Tröger* NZG 2010, 1, 5 f.; *Clarke* ICCLJ 10 (2013) 80, 85; *Mukwiri* ECFR 2013, 432, 449; *Schön* in: FS Hopt, 2010, S. 1343, 1344, 1349 ff.

116 So trotz positiver Grundhaltung zu allgemeinen Rechtsgrundsätzen im Gesellschaftsrecht (Rechtsprinzipien) *Schön* in: FS Hopt, 2010, S. 1343, 1345.

117 *Habersack/Verse*, Europäisches Gesellschaftsrecht, 4. Aufl. 2011, § 3 Rn. 67.

118 *Lutter/Bayer/Schmidt*, Europäisches Unternehmens- und Kapitalmarktrecht, 2017, Rn. 3.4.

119 *Lutter/Bayer/Schmidt*, Europäisches Unternehmens- und Kapitalmarktrecht, 2017, Rn. 3.4.

120 *Lutter/Bayer/Schmidt*, Europäisches Unternehmens- und Kapitalmarktrecht, 2017, Rn. 3.7.

121 Vgl. *Köndgen* in: Riesenhuber (Hrsg.), Europäische Methodenlehre, 2015, § 6 Rn. 57.

122 Die Verordnung als Instrument der Rechtsvereinheitlichung; vgl. *Wiedmann/Gebauer* in: Gebauer/ Wiedmann, Zivilrecht unter europäischem Einfluss, 2010, Kap. 1 Rn. 71; *Habersack/Verse*, Europäisches Gesellschaftsrecht, 4. Aufl. 2011, § 3 Rn. 67.

123 *Krolop* in: Riesenhuber (Hrsg.), Europäische Methodenlehre, 2015, § 19 Rn. 6; allgemeiner zur Privatrechtsangleichung *Köndgen* in: Riesenhuber (Hrsg.), Europäische Methodenlehre, 2015, § 6 Rn. 53.

124 Vgl. *Engert* in: Langenbucher (Hrsg.), Europäisches Privat- und Wirtschaftsrecht, 2017, § 5 Rn. 120.

125 Vgl. dazu nur *Habersack/Verse*, Europäisches Gesellschaftsrecht, 4. Aufl. 2011, § 3 Rn. 68; *Grundmann*, Europäisches Gesellschaftsrecht, 2. Aufl. 2011, Rn. 101; *Kalss/Klampfl*, Europäisches Gesellschaftsrecht, 37. EL 2015, Rn. 31, 36, 554; *Engert* in: Langenbucher (Hrsg.), Europäisches Privat- und Wirtschaftsrecht, 2017, § 5 Rn. 120; *Krolop* in: Riesenhuber (Hrsg.), Europäische Methodenlehre, 2015, § 19 Rn. 10.

126 Vgl. insbesondere Erwägungsgrund 6 f. der Verordnung (EG) Nr. 2157/2001 des Rates vom 8. Oktober 2001 über das Statut der Europäischen Gesellschaft (SE).

wort: EU-Recht als 29. bzw. demnächst 28. Rechtsordnung/Regime). Die Mitgliedstaaten sehen die europäischen Gesellschaftsrechtsformen traditionell dennoch kritisch, da sie geeignet sind, nationale Standards zu unterlaufen bzw. zumindest in Frage zu stellen und in Konkurrenz zu den nationalen Rechtsformen zu treten (siehe zu Verordnungen und deren konkreten Verwendung im europäischen Gesellschaftsrecht näher unter § 3).

2. Richtlinien

42 Die Handlungsform der Richtlinie ist in Art. 288 III AEUV geregelt. Kompetenzgrundlage für die gesellschaftsrechtlichen Richtlinien ist allerdings Art. 50 II lit. g) AEUV,[127] wonach die EU die Schutzbestimmungen des mitgliedstaatlichen Rechts im Hinblick auf die Interessen von Gesellschaftern und Dritten koordinieren kann (vgl. für einen Überblick zu den gesellschaftsrechtlichen Richtlinien § 18). Richtlinien im Allgemeinen und im Speziellen auch die gesellschaftsrechtlichen Richtlinien sind **umsetzungsbedürftig**. Für die Mitgliedstaaten besteht die **Pflicht**, im vorgegebenen Zeitrahmen die Richtlinien in nationales Recht umzusetzen, um dadurch die „effektive und rechtssichere Durchsetzung der Ziele der Richtlinie zu gewährleisten".[128] Die Mitgliedstaaten müssen allerdings nur dann in Aktion treten, wenn ihr nationales Recht nicht bereits den Vorgaben entspricht.[129] Eine Richtlinienumsetzung durch die nationale Rechtsprechung ist allerdings grundsätzlich nicht ausreichend.[130] Es bedarf also kodifizierten Rechts, um der Umsetzungspflicht zu genügen. Für die Umsetzung der gesellschaftsrechtlichen Richtlinien wird dem Gesetzgeber generell ein Zeitraum von zwei Jahren gewährt.[131] Doch in der Regel setzen nicht alle Mitgliedstaaten die gesellschaftsrechtlichen Richtlinien fristgerecht um (vgl. dazu § 18 Rn. 24).

43 In der Regel gewähren Richtlinien dem nationalen Gesetzgeber bei der Umsetzung eine gewisse **Entscheidungsfreiheit**. Im europäischen Gesellschaftsrecht ist aber immer konkret zu ermitteln, ob der Gesetzgeber Mindest- oder Vollharmonisierung anstrebt. Im Fall einer Mindestharmonisierung verwendet der Richtliniengeber eher Mindeststandards und gewährt den nationalen Gesetzgebern dadurch weitreichende Entscheidungsspielräume. Handelt es sich um Schutzvorkehrungen, die die Niederlassungsfreiheit oder Kapitalverkehrsfreiheit berühren, hat der nationale Gesetzgeber dabei das Verhältnismäßigkeitsprinzip zu beachten.[132] Bei Richtlinien, die auf **Vollharmonisierung** ausgerichtet sind, ist dies dagegen nicht der Fall. Dort werden in der Regel Standards gesetzt, die Mindest- und Höchststandard zugleich sind und den Mitgliedstaaten dadurch praktisch keine Gestaltungsspielräume lassen. Vollharmonisierung kommt zB dann in Betracht, wenn ein ***level playing field*** für die Unternehmen erreicht werden soll (zur Verwendung von Richtlinien im europäischen Gesellschaftsrecht näher unter § 18). Vor allem aus politischen Gründen, also primär um die Zustimmung der Mitgliedstaaten zu erlangen, enthalten gesellschaftsrechtliche Richtlinien regelmäßig sowohl vollharmonisierende als auch mindestharmonisierende Vorgaben, womit sich das Problem der Abgrenzung stellt (vgl. Rn. 160 ff.). Der Übergang zwischen Verordnung und Richtlinie ist aufgrund der vielseitigen Gestaltungsmöglichkeiten beider Instrumente im Ergebnis fließend (näher § 3 Rn. 57). Der einzige Unterschied besteht zum Teil nur noch in der Wahl des Rechtsinstruments, die allerdings nicht willkürlich erfolgt, da die EU für zentrale Bereiche keine Kompetenz zum Erlass von Verordnungen hat. Umgekehrt ist die SUP (Societas Unius Personae) ein Fall, bei dem der europäische Gesetzgeber aus politischen Gründen (zur vermeintlich leichteren Durchsetzbarkeit) das Instrument der Richtlinie genutzt hat (dazu § 9 Rn. 11 ff.).

44 Die Richtlinien entfalten für Unternehmen und Bürger grundsätzlich nur eine **mittelbare Wirkung**.[133] Ohne nationale Umsetzung sind die Regeln zunächst einmal sowohl im Horizontal- als auch im Vertikalverhältnis nicht anwendbar. Unter Umständen kann die Richtlinie jedoch **unmittelbare Wirkung** im Verhältnis des Privatrechts-

---

127 Die Schaffung einer Europäischen Einpersonen-Gesellschaft (SUP) (dazu § 9) im Rahmen der Änderung der Einpersonengesellschafts-Richtlinie (dazu § 28) bezieht sich davon abweichend auf Art. 50 II lit. f) AEUV, vgl. KOM (2014) 212, S. 5. Dass die ehemalige Richtlinie 2005/56/EG (IntVersch-RL) (= Art. 118 ff. Kodifizierungs-RL) (dazu § 24) zumindest dem Wortlaut nach allgemein auf Art. 50 AEUV (ex-Art. 44 EGV) als Kompetenzgrundlage verwies, hat dagegen keine tiefergehende Bedeutung. Zur zentralen Funktion des Art. 50 II lit. g) AEUV *Kahnert*, Rechtsetzung im Europäischen Gesellschaftsrecht, 2012, S. 13.

128 *Langenbucher* in: Langenbucher (Hrsg.), Europäisches Privat- und Wirtschaftsrecht, 2017, § 1 Rn. 53; *Martens*, Methodenlehre des Unionsrechts, 2013, S. 172 f.

129 *Lutter/Bayer/Schmidt*, Europäisches Unternehmens- und Kapitalmarktrecht, 2017, Rn. 3.10.

130 *Herrmann*, Richtlinienumsetzung durch die Rechtsprechung, 2003, S. 190 ff., 253; vgl. auch *Nettesheim* in: Grabitz/Hilf/Nettesheim (Hrsg.), Das Recht der Europäischen Union, 62. EL 2017, Art. 288 AEUV Rn. 125 (Stand: 48. EL 2012); *Ruffert* in: Callies/Ruffert (Hrsg.), EUV/AEUV, 5. Aufl. 2016, Art. 288 AEUV Rn. 35.

131 Eine Ausnahme stellt die Konzernbilanzrichtlinie (Richtlinie 83/349/EWG) dar, die eine Umsetzungsfrist von fünf Jahren vorsah.

132 Zu den im Einzelnen umstrittenen Grenzen vgl. *G. H. Roth*, Vorgaben der Niederlassungsfreiheit für das Kapitalgesellschaftsrecht, 2010; *Lutter/Bayer/Schmidt*, Europäisches Unternehmens- und Kapitalmarktrecht, 2017, Rn. 15.28 ff. (siehe insbesondere Rn. 15.33); *Grundmann*, Europäisches Gesellschaftsrecht, 2. Aufl. 2011, Rn. 175 ff., 642 ff., 768 ff.; *Krolop* in: Riesenhuber (Hrsg.), Europäische Methodenlehre, 2015, § 19 Rn. 44.

133 *Biervert* in: Schwarze (Hrsg.), EU-Kommentar, 3. Aufl. 2012, Art. 249 Rn. 23, 29.

subjekts zum Mitgliedstaat (**Vertikalverhältnis**) entfalten.[134] Dafür müssen folgende Voraussetzungen gegeben sein:[135]

- nicht fristgerechte bzw. mangelhafte Umsetzung,
- die Richtlinie muss unbedingt und hinreichend genau formuliert sein und
- die Richtlinie darf keine Pflichten für das Rechtssubjekt begründen.

Eine unmittelbare Direktwirkung der Richtlinie scheidet jedoch grundsätzlich aus, wenn es sich um das Verhältnis zwischen zwei Privatrechtssubjekten handelt (**Horizontalverhältnis**).[136] Die Mangold-Entscheidung des EuGH[137] hat das Prinzip der ausgeschlossenen unmittelbaren Wirkung von Richtlinien zwischen Privatrechtssubjekten jedoch in gewisser Weise relativiert. Danach „soll eine Richtlinie dann unmittelbar auch gegenüber Privaten im nationalen Recht wirken und entgegenstehendes nationales Recht verdrängen, wenn sie sich als Konkretisierung eines allgemeinen Grundsatzes des Gemeinschaftsrechts wie den des Diskriminierungsverbotes darstelle".[138] Es handelt sich somit um eine unmittelbare Wirkung des primären Gemeinschaftsrechts (in Verbindung mit der Richtlinie), denn im Verständnis des EuGH[139] war das Diskriminierungsverbot damals ein ungeschriebenes, primärrechtliches Rechtsprinzip. Die Anwendung dieser primärrechtlichen Rechtsprinzipien auch zwischen Privatrechtssubjekten wird vom EuGH[140] allerdings mit der Richtlinie insoweit verbunden, als diese Grundsätze nur dann unmittelbar gelten sollen, wenn der Fall einen besonderen Unionsrechtsbezug hat.[141] Bei Richtlinien soll dies der Fall sein, wenn die Umsetzungsfrist bereits abgelaufen ist oder der Umsetzungsvorgang bereits angelaufen ist.[142] Diese Rechtsprechung ist vor dem Hintergrund eines deutschen Methodenverständnisses nicht ohne Weiteres überzeugend. Gäbe es tatsächlich einen unbedingten primärrechtlichen Grundsatz, gäbe es nach deutschem Verständnis keinen Grund, dessen Geltung durch eine Zusatzvoraussetzung einzuschränken. Dieses primärrechtliche Prinzip würde allerdings eine saubere Begründung erfordern.[143] Nach deutschem Methodenverständnis bedarf es dieser **Kombination von Rechtsprinzip und Richtlinie** also nicht. Das bedeutet aber nicht, dass die Entscheidung des EuGH nicht zutreffend ist. Vielmehr reicht das deutsche Methodenverständnis nicht aus, um diese Rechtsprechung zu verstehen. Die Rechtsprinzipien (vgl. näher Rn. 34 ff.) sind nach Vorstellung des EuGH wohl keine einfachen, subsumierbaren Rechtssätze, sondern brauchen ein „Substrat", mit dem sie sich verbinden können, um zu wirken. Die bisherigen Fälle des EuGH betrafen das Diskriminierungsverbot bzw. den Gleichbehandlungsgrundsatz bei Arbeitnehmern und hatten damit keine unmittelbaren Auswirkungen auf das Gesellschaftsrecht.

Richtlinien wirken darüber hinaus nach Ablauf der Umsetzungsfrist über die richtlinienkonforme Auslegung (Rn. 192 ff.) und die richtlinienkonforme Rechtsfortbildung (Rn. 204 ff.) des nationalen Rechts. Nach der Verabschiedung der Richtlinie und vor Ablauf der Umsetzungsfrist gilt ein Frustrationsverbot (Rn. 213 f.). Soweit die Harmonisierung reicht, gibt es für den nationalen Gesetzgeber eine auf die Zukunft gerichtete Pflicht zum *stand still*.[144] 45

3. Beschlüsse

Auch Beschlüsse sind eine Handlungsform des europäischen Sekundärrechts. Beschlüsse spielen im europäischen Gesellschaftsrecht allerdings keine praktische Rolle. Sie sind in **Art. 288 IV AEUV** geregelt. Beschlüsse sind zwar in **all ihren Teilen verbindlich**, jedoch nur an die Adressaten, an die sie ausdrücklich gerichtet sind (Art. 288 IV 2 AEUV). Soweit Beschlüsse für die jeweiligen Mitgliedstaaten verbindlich sind, können sich nicht nur die Unionsorgane und andere Mitgliedstaaten darauf berufen, sondern auch alle diejenigen, denen die Beschlüsse eine unbedingte und hinreichend bestimmte, günstige Rechtsposition verleihen.[145] Da Adressaten ge- 46

134 Die unmittelbare Wirkung von Richtlinien ist mittlerweile allgemein anerkannt; vgl. *von Danwitz* JZ 2007, 697, 699 f.; *Stettner* in: Dauses/Ludwigs, EU-Wirtschaftsrecht, 42. EL 2017, A.IV.2. Rn. 17 (Stand: 39. EL 2016); dazu auch *Lutter/Bayer/Schmidt*, Europäisches Unternehmens- und Kapitalmarktrecht, 2017, Rn. 3.17 ff. und Rn. 3.27 ff. (letzteres konkret zur Bedeutung im Unternehmensrecht); zur nicht fristgerechten Umsetzung der ehemaligen Publizitäts-RL (jetzt Teil der Kodifizierungs-RL) durch Spanien siehe EuGH, Rs. C-106/89 (Marleasing), ECLI:EU:C:1990:395 = Slg 1990, I-4135, Rn. 4, wobei es dort um eine Horizontalwirkung ging.

135 Vgl. ua *Langenbucher* in: Langenbucher (Hrsg.), Europäisches Privat- und Wirtschaftsrecht, 2017, § 1 Rn. 57 ff.

136 *Wiedmann* in: Gebauer/Wiedmann, Zivilrecht unter europäischem Einfluss, 2010, Kap. Rn. 34.

137 EuGH, Rs. C-144/04 (Mangold), ECLI:EU:C:2005:709 = NJW 2005, 3695.

138 *Stettner* in: Dauses/Ludwigs, EU-Wirtschaftsrecht, 42. EL 2017, A.IV.2. Rn. 21 (Stand: 39. EL 2016).

139 EuGH, Rs. C-144/04 (Mangold), ECLI:EU:C:2005:709 = NJW 2005, 3695, Rn. 75, 77.

140 EuGH, Rs. C-427/06 (Bartsch), ECLI:EU:C:2008:517 = NZA 2008, 1119, Rn. 25.

141 EuGH, Rs. C-427/06 (Bartsch), ECLI:EU:C:2008:517 = NZA 2008, 1119, Rn. 22 ff.

142 EuGH, Rs. C-427/06 (Bartsch), ECLI:EU:C:2008:517 = NZA 2008, 1119, Rn. 25; vgl. auch EuGH, Rs. C-144/04 (Mangold), ECLI:EU:C:2005:709 = ZIP 2005, 2171, Rn. 75.

143 *Langenbucher* in: Langenbucher (Hrsg.) Europäisches Privat- und Wirtschaftsrecht, 2017, § 1 Rn. 51.

144 *Lutter/Bayer/Schmidt*, Europäisches Unternehmens- und Kapitalmarktrecht, 2017, Rn. 3.31 f.

145 EuGH, Rs. C-9/70 (Leberpfennig), ECLI:EU:C:1970:78 = NJW 1970, 2182; *Martens*, Methodenlehre des Unionsrechts, 2013, S. 174.

sellschaftsrechtlicher Regelungen im Sekundärrecht aber immer alle Mitgliedstaaten sind, würden sie de facto einer Richtlinie gleichkommen, so dass im Ergebnis kein Bedürfnis für Beschlüsse seitens der Kommission auf dem Gebiet des europäischen Gesellschaftsrechts besteht.

IV. Richterrecht und richterliche Rechtsfortbildung als Rechtsquelle?

47 Umstritten ist, ob das Richterrecht als solches eine je nach betroffener Ebene primärrechtliche bzw. sekundärrechtliche Rechtsquelle ist[146] oder ob die richterlichen Entscheidungen nur eine Erkenntnisquelle sind.[147] Für Entscheidungen deutscher Gerichte wird die Einordnung als Rechtsquelle bekanntlich ganz herrschend abgelehnt.[148] Für die europäischen Gerichtsentscheidungen ist dies jedoch gesondert zu analysieren. Richterliche Entscheidungen gibt es auf primärrechtlicher und sekundärrechtlicher Ebene. Da es hier keine relevanten Unterschiede gibt, kann die Frage der Einordnung als Rechtsquelle hier einheitlich beantwortet werden. Unstreitig ist, dass die Richter durch ihre Entscheidungen Interpretationsherrschaft haben und ihre Urteile daher zumindest Rechtsinhaltsquelle sind.[149] Die Formel vom **Auslegungsmonopol** des EuGH[150] ist nicht ganz unumstritten[151] und kann auch unabhängig davon eine Qualifizierung der richterlichen Entscheidungen nicht rechtfertigen. Es gibt in der Europäischen Union keine strenge *stare decisis*-Doktrin, weshalb zB das EuG vom EuGH abweichen kann.[152] Es besteht also keine formale Bindung an Vorentscheidungen. Dennoch fühlen sich die Richter stark an Vorentscheidungen (**Präjudizien**) gebunden.[153] Vorentscheidungen sind meist zentral in der Entscheidungsbegründung, nach einer Studie sogar das mit Abstand verbreitetste Begründungsmittel des EuGH.[154] Ein Abweichen ist selten.[155] Wenn doch eine andere Entscheidung befürwortet wird, so wird versucht, dies mit den Besonderheiten des Einzelfalls zu erklären. Teilweise wird die Abweichung auch einfach nicht kenntlich gemacht.[156] Wo dies nicht möglich ist, tun sich die Richter erkennbar besonders schwer mit dem Abweichen. Dieses Festhalten ist vernünftig und zwar nicht nur wegen einer Richtigkeitsvermutung zugunsten der Vorentscheidung, sondern vor allem, weil es für die Planbarkeit wirtschaftlicher und anderer Entscheidungen eines verlässlichen Rahmens bedarf.[157] Auch dient die Konstanz der Gleichbehandlung gleichartiger Fälle und damit auch der (relativen) Gerechtigkeit. Im Ergebnis trifft daher die EuGH-Richter, die von einer früheren EuGH-Entscheidung abweichen wollen, die Begründungslast.[158]

48 Durch seine *acte éclairé* Doktrin zur fehlenden Vorlagepflicht bei Vorentscheidungen des EuGH (dazu Rn. 76) zeigt der EuGH,[159] dass seine Urteile keine reinen Einzelfallentscheidungen sind. Daher dürfen die nationalen Gerichte letzter Instanz im Rahmen der Prüfung einer Vorlagepflicht nach Art. 267 AEUV nicht nur auf eine Vorlage verzichten, wenn der EuGH die Rechtsfrage bereits entschieden hat.[160] Vielmehr weigert sich der

146 So *Henninger*, Europäisches Privatrecht und Methode, S. 357 ff., 445; ebenfalls Richterrecht als Rechtsquelle ansehend *Köndgen* in: Riesenhuber (Hrsg.), Europäische Methodenlehre, 2015, § 6 Rn. 60; *Neuner* in: Riesenhuber (Hrsg.), Europäische Methodenlehre, 2015, § 12 Rn. 10 bezeichnet das Richterrecht als „faktische Rechtsquelle".

147 *Barcelo* in: McKormick/Summers, Interpreting Precedents, 1997, S. 407, 422 ff.

148 *Ossenbühl* in: Handbuch des Staatsrechts der Bundesrepublik Deutschland, Bd. 5, 3. Aufl. 2007, § 100 Rn. 50; *Bydlinski* JZ 1985, 149, 149 ff.

149 *Ossenbühl* in: Handbuch des Staatsrechts der Bundesrepublik Deutschland, Bd. 5, 3. Aufl. 2007, § 100 Rn. 50 ff.

150 Vom EuG wird hier nicht ausdrücklich gesprochen und zwar nicht nur, weil es sich um die Eingangsinstanz handelt, sondern weil das EuG auch nicht für die besonders wichtigen Vorlagen nach Art. 267 AEUV zuständig ist.

151 *Schroeder* JuS 2004, 180, 181.

152 *Arnull* CMLR 1993, 247, 247; *Neergard/Nielsen* in: Neergard/Nielsen/Roseberry (Eds.), European Legal Method – Paradox and Revitalisation, 2011, S. 133 ff.; *Stotz* in: Riesenhuber (Hrsg.), Europäische Methodenlehre, 2015, § 22 Rn. 56 betont in diesem Zusammenhang den Ausnahmecharakter von Abweichungen; *Neuner* in: Riesenhuber (Hrsg.), Europäische Methodenlehre, 2015, § 12 Rn. 23 nennt als Vorteil, dass dadurch einer „Versteinerung der Rechtsprechung vorgebeugt" wird und es die Möglichkeit gibt, dass sich bessere Entscheidungen im Laufe der Zeit durchsetzen können.

153 *Stotz* in: Riesenhuber (Hrsg.), Europäische Methodenlehre, 2015, § 22 Rn. 56.

154 Vgl. *Dederich*, Die Methodik des EuGH, 2004, S. 7 ff. auf Basis der Entscheidungen des EuGH des Jahres 1999.

155 *Stotz* in: Riesenhuber (Hrsg.), Europäische Methodenlehre, 2015, § 22 Rn. 56.

156 *Stotz* in: Riesenhuber (Hrsg.), Europäische Methodenlehre, 2015, § 22 Rn. 56.

157 *Stotz* in: Riesenhuber (Hrsg.), Europäische Methodenlehre, 2015, § 22 Rn. 57 (Stichwort: Rechtssicherheit).

158 Vgl. hierzu *Lundmark* in: Schulze/Seif (Hrsg.), Richterrecht und Rechtsfortbildung in der Europäischen Gemeinschaft, 2003, S. 161 ff.; *Henninger*, Europäisches Privatrecht und Methode, 2009, S. 363 ff.; näher zur Begründungslast als methodisches Instrument *Krebs* AcP 195 (1995) 171, 171 ff.

159 Grundlegend EuGH, Rs. C-28/62 (da Costa), ECLI:EU:C:1963:6 = Slg 1963, 61 für die alte Form des act claire (Klärung durch den EuGH).

160 Grundlegend für den heutigen Status quo EuGH, Rs. C-283/81 (C.I.L.F.I.T.), ECLI:EU:C:1982:335 = NJW 1983, 1257.

EuGH,[161] die gleiche Rechtsfrage bei fehlendem Konkretisierungsbedürfnis bzw. der Aufforderung des vorlegenden Gerichtes die Rechtsprechung zu ändern,[162] überhaupt noch einmal zu entscheiden. Schließlich tendiert die EuGH-Rechtsprechung zu einem Verhalten, welches als analoge Anwendung von Präjudizien bezeichnet werden könnte.[163] Auch wenn dies keine Analogie (vgl. Rn. 167 ff.) im eigentlichen Sinne ist, wird hier doch der Wille zu einem über den Einzelfall hinausgehenden Rechtsprechungssystem deutlich. Wegen dieser offen über den Einzelfall hinausgehenden Wirkungen können EuGH-Entscheidungen wohl im Ergebnis doch als Rechtsquellen eingeordnet werden.

V. Gewohnheitsrecht und den Mitgliedstaaten gemeinsames Recht

Die Frage, ob es europäisches Gewohnheitsrecht als Primärrecht oder Sekundärrecht gibt oder auch nur geben 49
kann, wird wenig thematisiert,[164] wohl auch, weil der EuGH sich noch nicht damit beschäftigt hat. Soweit Gewohnheitsrecht angesprochen wird, wird die Existenz teilweise skeptisch gesehen[165] bzw. nur für Randbereiche bejaht.[166] Es gibt allerdings auch Stimmen, die potenziell größere Anwendungsfelder bejahen.[167] Die Nichtdiskussion bzw. Zurückhaltung der hM gegenüber dem Gewohnheitsrecht überrascht zunächst. Denn die Existenz von Gewohnheitsrecht ist für völkerrechtliche Verträge anerkannt.[168] Da das Primärrecht in seiner Ursprungsform (EWG Vertrag von 1957) mangels Eigenstaatlichkeit der Europäischen Wirtschaftsgemeinschaft (EWG) primär eine Mehrheit völkerrechtlicher Verträge war, hätte man damals Gewohnheitsrecht als ergänzend heranzuziehende Rechtsquelle anerkennen müssen. Dies scheint jedoch nicht geschehen zu sein, vielleicht auch, um bereits die Eigenständigkeit der damaligen Europäischen Wirtschaftsgemeinschaft zu betonen. Heute aber ist die EU selbst ein eigenständiges Völkerrechtssubjekt mit ihren eigenen Methodenregeln. Die Anerkennung für das Völkerrecht ist daher heute kein gewichtiges Argument für die Existenz von Gewohnheitsrecht in der EU.

Gewohnheitsrecht wird allerdings auch von den einzelnen europäischen Rechtsordnungen anerkannt.[169] Dies 50
spricht grundsätzlich für die Möglichkeit von Gewohnheitsrecht auch auf europäischer Ebene. Da der Rechtsträger Europäische Union/Europäische Gemeinschaft allerdings noch nicht so alt, der Verrechtlichungsgrad sehr hoch ist und das Ganze auch im Zuständigkeitsbereich der EU passieren muss, ist klassisches Gewohnheitsrecht entstehend durch das Verhalten der Rechtsunterworfenen schwer vorstellbar. Diskutiert wird Gewohnheitsrecht insbesondere für bestimmte Formen des Verhaltens von EU-Organen bzw. der Zusammenarbeit von EU-Organen, die so nicht geregelt sind, aber seit langem praktiziert werden.[170] Viel interessanter und zwar gerade auch aus dem Blickwinkel des Gesellschaftsrechts wäre eine gewohnheitsrechtliche Verfestigung von europäischem Richterrecht.[171] Die Existenz dieser Art von Gewohnheitsrecht hätte vor allem dann weitreichende Wirkung, wenn damit Rechtsfortbildungen durch den EuGH, deren kompetenzrechtliche Zulässigkeit streitig ist, zu Gewohnheitsrecht erstarken könnten.[172] Aber auch tradierte rechtsmethodische Grundsätze wie die *lex superior*, die *lex posterior* und die *lex specialis* Regel (vgl. Rn. 70 ff.) kämen als potenzielles Gewohnheitsrecht in Betracht. Diese Art von Gewohnheitsrecht (ständige unangefochtene Rechtsprechung) ist aber keineswegs europäisches Gemeingut. Das Bedürfnis für ein solches Gewohnheitsrecht ist aus Sicht der EuGH-Richter vergleichsweise gering. Gegen einzelstaatliche Verfassungsgerichte, die EU-Recht wegen eines Kompetenzverstoßes für

161 EuGH, Rs. C-28/62 (Costa), ECLI:EU:C:1963:6 = Slg 1963, 61; in diesem Sinne auch Art. 104 § 3 der Verfahrensordnung des EuGH: Entscheidung durch bloßen Verweis auf frühere Entscheidung.

162 Dazu *Buerstedde*, Juristische Methodik des Europäischen Gemeinschaftsrechts, 2006, S. 22 f. sowie Fn. 43; *Martens*, Methodenlehre des Unionsrechts, 2013, S. 226 f., 228 Fn. 526, 324 ff.; *Rosenkranz* in: Riesenhuber (Hrsg.), Europäische Methodenlehre, 2015, § 16 Rn. 15; *Rebhahn* in: Riesenhuber (Hrsg.), Europäische Methodenlehre, 2015, § 18 Rn. 7; *Stotz* in: Riesenhuber (Hrsg.), Europäische Methodenlehre, 2015, § 22 Rn. 54 ff.

163 So ausdrücklich *Martens*, Methodenlehre des Unionsrechts, 2013, S. 324 f. mit Nachweisen aus der Rechtsprechung.

164 Kein entsprechendes Stichwort in *Riesenhuber* (Hrsg.), Europäische Methodenlehre, 2015; *Müller/Christensen*, Juristische Methodik, Bd. II, 2012, (hat das Stichwort aber dort keine Aussage zum Gewohnheitsrecht in Europa).

165 *Köndgen* in: Riesenhuber (Hrsg.), Europäische Methodenlehre, 2015, § 6 Rn. 59.

166 *Martens*, Methodenlehre des Unionsrechts, 2013, S. 264 ff.

167 *Bleckmann* EuR 1981, 101, 102 f.; *Ostertun*, Gewohnheitsrecht in der Europäischen Union, 1996, S. 95 ff.; *Walter*, Rechtsfortbildung durch den EuGH, 2009, S. 345 ff.; *Henninger*, Europäisches Privatrecht und Methode, 2009, S. 345 ff., 367.

168 *Doehring* ZaöRV 36 1976, 77, 82 ff.; zum Völkergewohnheitsrecht siehe *Bleckmann* ZaöRV 37 1977, 504, 505 ff.; *Damm*, Die Europäische Union im universellen Völkergewohnheitsrecht, 2016, S. 21 ff.

169 Vgl. *Gaitanides* in: von der Groeben/Schwarze/Hatje (Hrsg.), Europäisches Unionsrecht, 7. Aufl. 2015, Art. 19 EUV Rn. 33; *Pieper* in: Dauses/Ludwigs, EU-Wirtschaftsrecht, 42. EL 2017, B.I.5. Rn. 178 ff. (Stand: 39. EL 2016).

170 Vgl. GA Maduro Schlussanträge v. 27.9.2007 zur Rs. C-133/06 (Parlament./. Rat), ECLI:EU:C:2007:551 Rn. 29; *Martens*, Methodenlehre des Unionsrechts, 2013, S. 267.

171 Zu dieser Art Gewohnheitsrecht *Krebs/Becker* JuS 2013, 97, 97 ff.

172 Vgl. *Walter*, Rechtsfortbildung durch den EuGH, 2009, S. 344 ff., der sich nur deshalb mit dem Gewohnheitsrecht beschäftigt, dies hier aber ablehnt.

verfassungswidrig halten, würde die Anerkennung von europäischem Gewohnheitsrecht wohl nicht nicht helfen, da sich diese Verfassungsgerichte im konkreten Einzelfall wohl kaum eine hinsichtlich der Kompetenz streitige Entscheidung als Gewohnheitsrecht und damit nicht angreifbar einordnen würden. Die Verfestigung einer lange praktizierten und anerkannten Rechtsprechung zu Gewohnheitsrecht würde wegen der schwierigeren Abänderbarkeit (Versteinerung)[173] auch nicht nur Vorteile für das europäische Recht mit sich bringen. In den Fällen, in denen die Zulässigkeit der Rechtsfortbildung durch den EuGH streitig ist (zur Rechtsfortbildungskompetenz Rn. 165), werden diese Bedenken meist längere Zeit fortbestehen, womit selbst bei Anerkennung des Gewohnheitsrechts als Institut kaum Gewohnheitsrecht entstehen könnte. Da innereuropäisch nur der EuGH entscheidet, besteht aus Sicht der EuGH-Richter für alle Fälle, in denen kein Kompetenzkonflikt mit den Nationalstaaten besteht, auch kein größeres Bedürfnis für diese Art Gewohnheitsrecht. Eine Berufung auf eigene Präjudizien erscheint für die EuGH-Richter ausreichend, zumal der EuGH sich anders als die höchstrichterliche Rechtsprechung in Deutschland nicht offen mit Kritik auseinandersetzt. Wer für die Antworten in den Vorabentscheidungsverfahren einen rechtsquellenähnlichen Charakter annimmt (so oben Rn. 47 f.), für den erscheint das Institut des Gewohnheitsrechts noch weniger attraktiv. Ob es diese Form von aus Richterrecht entwickelten oder durch richterrechtliche Anerkennung entstehenden Gewohnheitsrechts auf europäischer Ebene jemals geben wird, ist daher als offen zu bezeichnen.

51 Vom Gewohnheitsrecht zu unterscheiden ist **Recht, das allen Mitgliedstaaten gemein ist.** Art. 340 AEUV iVm Art. 268 AEUV verweisen für die außervertragliche Haftung der Union auf diese in allen Ländern anerkannten Grundsätze. Das ist zwar kein Bezug auf Gewohnheitsrecht, denn dann müsste es in der Union selbst als Rechtsgebilde praktiziert werden. Es ist aber doch sehr nahe an einem Gewohnheitsrecht, wenn es in allen Ländern der Union praktiziert wird und damit seine Anerkennung in ganz Europa auch Grundlage der Anerkennung in der EU ist. Jedenfalls handelt es sich **nicht** um eine **rechtsvergleichende Auslegung,**[174] da die rechtsvergleichende Auslegung nicht das Erfordernis der Übereinstimmung in allen Vergleichsstaaten kennt. Dieses Verfahren der Übernahme von allgemein in der Union anerkanntem Recht hat der EuGH im Übrigen auch bei der Entwicklung der Grundrechte angewandt (generell zu dieser Methode der Entwicklung europäischer Prinzipien Rn. 34 ff.).[175]

VI. Soft law

1. Einleitung

52 Das sog *soft law* ist keine Rechtsquelle im engeren Sinn.[176] *Soft law* ist im Gegensatz zum *hard law* nicht unmittelbar durchsetzbar, entfaltet aber gleichwohl rechtliche oder zumindest tatsächliche Wirkungen. Die tatsächlichen Wirkungen beruhen nicht selten auf psychologisch bedingten Verhaltensweisen des Menschen. *Soft law* kann in einer Art Anreiz bestehen. Teilweise besteht auch eine Pflicht. Diese macht jedoch nicht das strategische Endziel des Gesetzgebers verbindlich, sondern nur einen kleinen Zwischenschritt, in der Hoffnung, dass auch das strategische Endziel davon profitieren wird. Ein gutes Beispiel dafür ist die CSR-Berichterstattung (vgl. Rn. 64). Seit der Änderung der Bilanzrichtlinie müssen große Unternehmen bzw. Unternehmensgruppen jetzt auch nichtfinanzielle Aspekte wie Umwelt-, Sozial-, und Arbeitnehmerbelange in den Lagebericht integrieren (Art. 19a I Bilanz-RL, vgl. dazu auch § 25 Rn. 55 ff.).[177]

53 Für das europäische Recht wird eine deutliche Zunahme der Verwendung von *soft law* konstatiert.[178] Die Anwendung von *soft law* wird vor allem dann bevorzugt, wenn keine zu starke Verrechtlichung gewünscht ist, also insbesondere die Flexibilität und Freiheitsgrade der Beteiligten weitgehend erhalten bleiben sollen. Möglich ist aber auch, dass eine Regelung durch *hard law* zwar angestrebt wird, aber aus formalen Gründen (zB fehlende Rechtsetzungskompetenz) oder fehlender politischer Mehrheiten (noch) nicht realisierbar ist.[179] Die Europäische Union, die große Schwierigkeiten hat, verbindliche Normen, insbesondere Verordnungen und Richtlinien zu beschließen bzw. auch nur zu ändern, hat das Thema *soft law* daher in besonderer Weise für sich entdeckt. Die Möglichkeit, dass dem *soft law* bei Nichtbefolgung ein *hard law* folgt, ist ein wesentliches Druckmittel die Rechtsunterworfenen wenigstens zu einer teilweisen „freiwilligen" Befolgung des *soft law* zu veranlassen. Es kann also durchaus darauf ankommen, ob deutsche Unternehmen darauf vertrauen (können), dass die Bundes-

173 Dazu für das deutsche Recht *Krebs/Becker* JuS 2013, 97, 97 ff.

174 So aber *Stotz* in: Riesenhuber (Hrsg.), Europäische Methodenlehre, 2015, § 22 Rn. 23.

175 Vgl. *Stotz* in: Riesenhuber (Hrsg.), Europäische Methodenlehre, 2015, § 22 Rn. 23.

176 Generell näher hierzu *Senden*, Soft Law in European Community Law, 2004; *Martens*, Methodenlehre des Unionsrechts, 2013, S. 247-264.

177 In Deutschland stellte der „Deutsche Nachhaltigkeitskodex (DNK)" seit 2011 einen Rahmen für die freiwillige Berichterstattung über nichtfinanzielle Aspekte bereit; dazu *Hamborg/Jung* in: Bungenberg ua (Hrsg.), Corporate Compliance und Corporate Social Responsibility, 2014, S. 146 ff.; vgl. auch *Jehmlich/Thießen/Koch* ÖBA 2016, 418, 418 ff.; *Axjonow/Pott/Square* KoR 2017, 26, 26 ff.

178 *Senden* in: Neergard/Nielsen (Eds.), European Legal Method – in a Multi-Level EU Legal Order, 2012, S. 225 ff.

179 Zur Empfehlung als Wegbereiter für zukünftige Regulierung s. § 33 Rn. 20.

regierung europäisches *hard law* verhindern wird. Doch die Befolgung von *soft law* hängt nicht nur davon ab, sondern auch davon, wie Marktteilnehmer reagieren (zB im Rahmen von Informationen zur Corporate Governance). Mit Blick auf das europäische Unternehmensrecht spielen *soft law*-Ansätze vor allem mit Blick auf Corporate Governance Aspekte eine große Rolle (siehe dazu ausführlich unter § 33).

Soft law ist sehr vielgestaltig, zB bezüglich der Form, der Wirkungen und der Zielrichtung. Wie bei einer Dreiteilung (*hard law* – *soft law* – rein politische Handlungen) zu erwarten, gibt es Grenzfälle. Zu den *soft law*-Instrumenten des europäischen Rechts gehören bzw. werden zumindest als solche diskutiert: 54

- Normsetzungsvorbereitendes *soft law* in Form von Aktionsplänen, Mitteilungen, Grünbüchern, Weißbüchern und Verlautbarungen (Rn. 55 f.),
- normkonkretisierende und norminterpretierende Verlautbarungen (Leitlinien) der Europäischen Kommission (vgl. näher Rn. 58 ff.),
- Regelungsaufforderungen/selbstgesetzte Pflichtziele (Rn. 61 ff.),
- bloße Berichtspflichten (Rn. 64),
- der *comply or explain* Ansatz (Rn. 65) und
- Empfehlungen (Rn. 66 ff.).

2. Normsetzungsvorbereitendes soft law?

Es gibt eine Vielzahl von Handlungsformen in Vorbereitung des eigentlichen Normsetzungsverfahrens, die üblicherweise als *soft law* eingeordnet werden.[180] Hierzu gehören **Aktionspläne**. Im europäischen Gesellschaftsrecht sind diesbezüglich der Aktionsplan „Modernisierung des Gesellschaftsrechts und Verbesserung der Corporate Governance" aus dem Jahr 2003[181] und der Aktionsplan „Europäisches Gesellschaftsrecht und Corporate Governance" von 2012 zu nennen.[182] Solche Aktionspläne lassen sich als mittelfristige Strategiepläne unter Festlegung einer Arbeitsagenda beschreiben.[183] Eine Rechtsnorm ist ein solcher Aktionsplan nicht. Er erzeugt auch keine rechtliche Selbstbindung für die Kommission, sondern allenfalls eine gewisse politische Selbstbindung.[184] **Verlautbarungen**[185] haben eine ähnliche Ankündigungsfunktion wie Aktionspläne, beschäftigen sich aber mit einem engeren Bereich, also meist einem konkreten Rechtsakt. Sie sind im europäischen Gesellschaftsrecht allerdings nicht verbreitet. 55

Grünbücher der Kommission enthalten gesetzgeberische Ideen in Form von Handlungsoptionen, die meist erst grob umrissen sind und zur Diskussion gestellt werden.[186] Im europäischen Gesellschaftsrecht wurde das Grünbuch bereits als Instrument genutzt. Bekannt sind das Grünbuch „Europäischer Corporate Governance-Rahmen"[187] und das Grünbuch „Corporate Governance in Finanzinstituten und Vergütungspolitik".[188] Auf Grünbücher können unmittelbar Kommissionsentwürfe für einen Rechtsakt (Verordnung, Richtlinie) folgen. Möglich, wenn auch seltener praktiziert, ist ein **Weißbuch** (meist) im Anschluss an ein Grünbuch mit deutlich kon- 56

180 *Senden*, Soft Law in European Community Law, 2004, S. 124 ff.; *Martens*, Methodenlehre des Unionsrechts, 2013, S. 250 f.; vgl. *Köndgen* in: Riesenhuber (Hrsg.), Europäische Methodenlehre, 2015, § 6 Rn. 66, der Aktionsplänen auch den Charakter als weiche Rechtsquelle abspricht (sie aber dennoch unter *soft law* behandelt).

181 Europäische Kommission, Mitteilung an den Rat und das Europäische Parlament – Modernisierung des Gesellschaftsrechts und Verbesserung der Corporate Governance in der Europäischen Union – Aktionsplan, 21.5.2003, KOM (2003) 284 endg.; dazu *Habersack* NZG 2004, 1, 1 ff.; *Habersack/Verse*, Europäisches Gesellschaftsrecht, 4. Aufl. 2011, § 4 Rn. 17 ff.; *Lutter/Bayer/Schmidt*, Europäisches Unternehmens- und Kapitalmarktrecht, 2017, Rn. 13.4; *Haberer* GesRZ 2003, 211, 211 ff.; *Hopt* in: FS Röhricht, 2005, S. 235, 235 ff.; *Maul/Lanfermann/Eggenhofer* BB 2003, 1289, 1289 ff.; *Merkt* RIW 2004, 1, 1; *van Hulle/Maul* ZGR 2004, 484, 484 ff.; *Gruber* wbl. 2013, 545, 545 ff.

182 Europäische Kommission, Mitteilung an das Europäische Parlament, den Rat, den Europäischen Wirtschafts- und Sozialausschuss und den Ausschuss der Region – Aktionsplan: Europäisches Gesellschaftsrecht und Corporate Governance – ein moderner Rechtsrahmen für engagiertere Aktionäre und besser überlebensfähige Unternehmen, 12.12.2012, KOM (2012) 740; dazu *Hopt* ZGR 2013, 165, 165 ff.; *ders.* NYU J. L. & Bus. 12 (2015) 139, 139 ff.; *Gruber* wbl. 2013, 545, 545 ff.; *Verse* EuZW 2013, 336, 342 f.; *Behrens* EuZW 2013, 121, 121 f.; *Roesener* NZG 2013, 241, 241 ff.; ehemalige *Reflection Group on the Future of EU Company Law* ECFR 2013, 304, 304 ff.; *Schmidt* GmbHR 2013, R33; *Bayer/Schmidt* BB 2013, 3, 12 ff.; *Lecourt* Revue des Sociétés 2013, 121, 121 ff.; *Bortenlänger/Heldt* ZCG 2013, 15, 15 ff.; *Walch* ÖBA 2013, 164, 164 ff.

183 *Köndgen* in: Riesenhuber (Hrsg.), Europäische Methodenlehre, 2015, § 6 Rn. 66 zur Arbeitsagenda.

184 Vgl. *Köndgen* in: Riesenhuber (Hrsg.), Europäische Methodenlehre, 2015, § 6 Rn. 66.

185 Vgl. *Martens*, Methodenlehre des Unionsrechts, 2013, S. 251.

186 *Senden*, Soft Law in European Community Law, 2004, S. 124; *Martens*, Methodenlehre des Unionsrechts, 2013, S. 250. Im Bereich des Gesellschaftsrechts iwS lässt sich insofern auf das Grünbuch „Europäischer Corporate Governance-Rahmen" (5.4.2011, KOM (2011) 164 endg.) sowie auf das Grünbuch „Corporate Governance in Finanzinstituten und Vergütungspolitik" (2.6.2010, KOM (2010) 284 endg.) hinweisen.

187 Europäische Kommission, Grünbuch Europäischer Corporate Governance-Rahmen, KOM (2011) 164 endg.; dazu *Jung* BB 2011, 1986, 1986 ff.

188 Europäische Kommission, Grünbuch Corporate Governance in Finanzinstituten und Vergütungspolitik, KOM (2010) 284 endg.

kreteren Vorschlägen, die schon gut erkennen lassen, wie der spätere Kommissionsentwurf zum Rechtsakt aussehen könnte.[189] Weißbücher werden vor allem bei politisch hoch umstrittenen Themen verwendet. Sie sollen die Chance erhöhen, dass der spätere Entwurf des Rechtsaktes im Rat und Parlament verabschiedet wird. Im europäischen Gesellschaftsrecht wurden Weißbücher zumindest in den letzten Jahren allerdings nicht eingesetzt.

57 **Mitteilungen** ist ein Oberbegriff, mit dem sich alle zuvor genannten Dokumente erfassen lassen.[190] Eine andere Sammelbezeichnung ist **KOM-Dokumente**, weil alle Kommissionsdokumente mit einer entsprechenden KOM Bezeichnung veröffentlicht werden (Englisch/Französisch: COM). Mit KOM-Bezeichnungen werden allerdings auch alle Kommissionsentwürfe für Verordnungen und Richtlinien versehen. Eine weitere Sonderkategorie sind *nonpaper*, die, obwohl sie veröffentlichte Dokumente darstellen, keinerlei Verbindlichkeit haben sollen. Allein die Veröffentlichung zeigt, dass die Kommission aber zumindest eine Diskussion anstoßen möchte. Will man den Begriff des *soft law* nicht überspannen, sollte man all die angesprochenen Dokumente (Aktionspläne, Verlautbarungen, Grünbücher, Weißbücher) **nicht** als *soft law* erfassen.[191] Es sind vielmehr reine **Vorbereitungsdokumente** der Gesetzgebung, die rechtlich nicht einmal die Kommission binden. Selbst die politische Selbstbindung ist nur sehr schwach ausgebildet. Vor allem fehlt es an der angestrebten lenkenden Wirkung gegenüber den Rechtsunterworfenen. Die Berücksichtigungsfähigkeit im Rahmen einer historischen Auslegung (Rn. 125 f.) macht aus ihnen noch kein *soft law*.

3. Normkonkretisierende und norminterpretierende Leitlinien/Mitteilungen

58 **Normkonkretisierende Leitlinien** sollen für die Rechtsunterworfenen Sicherheit schaffen. Solche Leitlinien finden sich vor allem im Wettbewerbsrecht, Vergaberecht und Beihilferecht, wo die Kommission auch als (Eingriffs-)Verwaltung zuständig ist und die Normativakte große Spielräume lassen. Es handelt sich um *soft law*, weil weder die Rechtsunterworfenen noch die Gerichte an diese Leitlinien gebunden sind. Diese Leitlinien binden jedoch die Kommission im Verhältnis zu den Rechtsunterworfenen unter den Gesichtspunkten des Vertrauensschutzes und der Gleichbehandlung.[192] Idealtypisch handelt es sich bei den normkonkretisierenden Leitlinien um eine Normkonkretisierung im Wege der **generalisierenden Ermessensausübung**. Das bedeutet, dass nicht alle besonderen Einzelfälle erfasst sind. Die Selbstbindung greift daher nicht, soweit ein besonders gelagerter Fall vorliegt, der in der generalisierenden Konkretisierung der Leitlinie nicht vollständig erfasst wurde. Denn in diesem Fall greifen weder das Gleichbehandlungsgebot noch der Vertrauensschutz. Diese Abweichung bedarf allerdings der Begründung.[193] Je präziser die Leitlinien bestimmte Interessenlagen berücksichtigen, desto intensiver muss die Begründung für ein Abweichen sein, wenn die Konstellation vom Wortlaut der Leitlinie erfasst ist.[194] Als generalisierende Ermessensausübung unterliegen diese Leitlinien der allgemeinen Kontrolle von Ermessensentscheidungen. Sie dürfen daher vor allem nicht von den normativen Vorgaben abweichen, insbesondere keine in den Normativakten nicht enthaltenen Pflichten begründen.[195] Leitlinien können für die Zukunft geändert werden. In der Praxis enthalten primär normkonkretisierende Leitlinien auch eine Norminterpretation. In Reinform handelt es sich somit um **norminterpretierende Leitlinien**, wobei es auch entsprechende Mitteilungen gibt.

59 Auch die norminterpretierenden Leitlinien bzw. **Auslegungsmitteilungen**[196] führen zugunsten der Rechtsunterworfenen zu einer Selbstbindung der Kommission.[197] Andere (nationale) Behörden oder die Gerichte sind daran nicht gebunden. Der EuGH ist aber der Auffassung, dass die nationalen Gerichte diese norminterpretierenden Verlautbarungen berücksichtigen müssen.[198] Einzelne Norminterpretationen im Rahmen der das Ermessen reduzierenden normkonkretisierenden Leitlinien sind eher notwendiges Beiwerk und sind aus rechtsstaatlicher Sicht unproblematisch. Umfassendere norminterpretierende Leitlinien/Mitteilungen sind insoweit kritischer zu beurteilen. Denn sie werden seitens der Kommission gewählt, weil diese damit die europäische und nationale Rechtsprechung beeinflussen möchte.[199] Auch wenn der EuGH nicht gebunden ist, dürfte das eher solidarische

189 *Martens*, Methodenlehre des Unionsrechts, 2013, S. 250.
190 *Brohm*, Die „Mitteilungen" der Kommission im Europäischen Verwaltungs- und Wirtschaftsraum, 2012.
191 So für Aktionspläne ebenfalls *Köndgen* in: Riesenhuber (Hrsg.), Europäische Methodenlehre, 2015, § 6 Rn. 66; aA *Senden*, Soft Law in European Community Law, 2004, S. 374 ff. für den Gesamtbereich der *travaux préparatoires*.
192 *Martens*, Methodenlehre des Unionsrechts, S. 254 f.
193 EuGH, Rs. C-148/73 (Louwage./. Kommission), ECLI:EU:C:1974:7 = Slg 1974, 81, Rn. 11, 18; EuGH, Rs. C-171/00 (Liberos./. Kommission), ECLI:EU:C:2002:17 = BeckRS 2004, 74653, Rn. 35.
194 *Martens*, Methodenlehre des Unionsrechts, 2013, S. 255; *Thomas* EuR 2009, 423, 428.
195 EuGH, Rs. C-310/99 (Italien/Kommission), ECLI:EU:C:2002:143 = BeckRS 2004, 76246, Rn. 52; EuGH, Rs. C-57/95 (Frankreich/Kommission), ECLI:EU:C:1997:164 = BeckRS 2004, 77579, Rn. 23.
196 ZB Auslegungsmitteilung der Kommission zu institutionalisierten Öffentlich-Privaten Partnerschaften (IÖPP).
197 *Martens*, Methodenlehre des Unionsrechts, 2013, S. 256.
198 EuGH, Rs. C-322/88 (Grimaldi), ECLI:EU:C:1989:646 = NZA 1991, 283, Rn. 19; EuGH, Rs. C-188/91 (Deutsche Shell), ECLI:EU:C:1993:24 = BeckRS 2004, 74796, Rn. 19.
199 Als „unmittelbare Beeinflussung der Rechtswirklichkeit": *Frenz*, Handbuch Europarecht, Bd. 5, Wirkungen und Rechtsschutz, 2010, Rn. 1538; vgl. *Thomas* EuR 2009, 423, 424; zurückhaltender zur Wirkung von Leitlinien

Verhältnis von EuGH und Kommission jedenfalls bei halbwegs vertretbaren und dem EuGH Freiräume lassenden Interpretationen durch die Kommission dazu führen, dass es schon gewichtiger Gründe bedarf, ehe die Ansicht der Kommission durch den EuGH verworfen wird. Bezüglich der nationalen Rechtsprechung[200] und der Literatur[201] wird sogar die Unionstreue des Art. 4 III EUV zur Begründung dafür angeführt, dass die mitgliedschaftlichen Gerichte nur mit besonderer Begründung von diesen norminterpretierenden Mitteilungen abweichen dürfen. Danach hat also derjenige die Begründungslast, der eine andere Norminterpretation als die Kommission befürwortet.[202]

Im europäischen Gesellschaftsrecht spielen normkonkretisierende und norminterpretierende Leitlinien/Mitteilungen bisher kaum eine Rolle. Mangels größerer Ermessensspielräume der Kommission ist dies für normkonkretisierende Leitlinien, anders als im Kapitalmarktrecht, mit den dortigen eigenständigen Agenturen (EIOPA, ESMA) auch nicht zu erwarten. Insofern können die Leitlinien der Kommission für die Berichterstattung über nichtfinanzielle Informationen als Ausnahme angesehen werden.[203] Vorstellbar, wenn auch nicht unbedingt zu befürworten, wären aber norminterpretierende Mitteilungen im europäischen Gesellschaftsrecht. 60

4. Regelungsaufforderungen/selbstgesetzte Pflichtziele

Regelungsaufforderungen können Teil verbindlicher Rechtsakte, also zB Teil einer Verordnung, die eine europäische Gesellschaftsform regelt, sein. Sie verlangen im Bereich des Gesellschaftsrechts dann vom nationalen Gesetzgeber oder von den Satzungsgebern eine entsprechende Regelung. In letzteren Fällen wird auch von Muss-Satzungsbestimmungen gesprochen, wenn die Satzungsgeber zur Regelung dieses Aspekts verpflichtet sind (vgl. zur EWIV § 7 Rn. 34 ff., zur SE § 4 Rn. 33, zur SCE § 6 Rn. 27, zur SPE § 5 Rn. 15, zur FE § 8 Rn. 12 f.). Muss-Satzungsbestimmungen liegen an der Grenze zum *soft law*, weil sie Teil des verbindlichen Rechts sind und vom Satzungsgeber eine Regelung fordern. Durch die fehlenden konkreten inhaltlichen Vorgaben können sie aber in gewisser Weise ähnliche Wirkungen wie *soft law* entfalten. Als Beispiel mag die Muss-Satzungsbestimmung bei der SCE herangezogen werden, die Regeln zu erforderlichen Mehrheiten für Beschlüsse und entsprechende Vorgaben zur Beschlussfähigkeit verlangt (Art. 5 IV SCE-VO). 61

Daneben können entsprechende Aufforderungen auch außerhalb von Rechtsakten verwendet werden. So rief beispielsweise im Jahr 2011 die damalige Kommissarin *Reding* Unternehmen zur Selbstverpflichtung bezüglich einer gleichberechtigten Teilhabe von Männern und Frauen in Führungspositionen auf (zum Thema Frauenquote auf europäischer Ebene s. § 33 Rn. 54).[204] Aufgrund des *soft law* Charakters und der noch verbreiteten Vorbehalte männlich dominierter Entscheidungsgremien kam dieser Aufforderung jedoch praktisch kaum ein Unternehmen nach.[205] 62

Von den hier genannten Regelungsaufforderungen an Normadressaten, wie Satzungsgeber, sind zB Empfehlungen der Kommission an die Mitgliedstaaten zu unterscheiden (dazu Rn. 66 ff.). Außerdem sind Regelungsaufforderungen an Satzungsgeber (Muss-Satzungsbestimmungen) nicht mit Regelungsmöglichkeiten und Regelungsaufträgen an die nationalen Gesetzgeber zu verwechseln. 63

5. Berichtspflichten

Berichtspflichten, zB über Corporate Social Responsibility (CSR) Aktivitäten gemäß der Richtlinie 2014/95 EU[206] und Art. 19a I Bilanz-RL (dazu § 25 Rn. 55 ff.), sind Teil eines verbindlichen Rechtsaktes. Die eigentliche Geltungsanordnung (Berichtspflicht) ist verbindlich und kann von der Rechtsordnung durchgesetzt werden. Strategisches Ziel der Berichtspflicht ist die Information von Stakeholdern, die diese Informationen in ihre Entscheidung einfließen lassen sollen. Durch die Publikation des Berichts soll ein Anreiz geschaffen werden, die 64

Ellger in: Immenga/Mestmäcker (Hrsg.), EU-Wettbewerbsrecht, Bd. 1, 5. Aufl. 2012, Art. 101 AEUV Rn. 74, wonach Leitlinien eine „persuasive authority", aber keine „binding authority" zukommt.

200 EuGH, Rs. C-322/88 (Grimaldi), ECLI:EU:C:1989:646 = NZA 1991, 283, Rn. 7, 16, 18; EuGH, Rs. C-188/92 (Deutsche Shell), ECLI:EU:C:1993:24 = BeckRS 2004, 74796, Rn. 18.

201 *Martens*, Methodenlehre des Unionsrechts, 2013, S. 257; *Bechtold* in: FS Hirsch, 2008, S. 223, 226.

202 *Martens*, Methodenlehre des Unionsrechts, 2013, S. 257.

203 Europäische Kommission, Mitteilung – Leitlinien für die Berichterstattung über nichtfinanzielle Informationen, (Methode zur Berichterstattung über nichtfinanzielle Informationen), ABl. EU v. 5.7.2017, 2017/C 215/01.

204 Europa, Press releases RAPID, EU-Justizkommissarin *Reding* fordert von Unternehmen höheren Frauenanteil in den Chefetagen, MEMO/11/124, 2011.

205 Europa, Press releases RAPID, Mehr Frauen in Chefetagen: Europäische Kommission prüft Optionen, IP/12/213, 2012.

206 Richtlinie 2014/95/EU des Europäischen Parlaments und des Rates vom 22. Oktober 2014 zur Änderung der Richtlinie 2013/34/EU im Hinblick auf die Angabe nichtfinanzieller und die Diversität betreffender Informationen durch bestimmte große Unternehmen und Gruppen, ABl.EU v. 15.11.2014, L 330/1.

CSR-Aktivitäten zu intensivieren und hier in einen Wettbewerb mit anderen Unternehmen einzutreten.[207] Bezogen auf dieses strategische Ziel handelt es sich um *soft law*, da die Unternehmen nicht zu CSR-Aktivitäten verpflichtet sind. Berichtspflichten können auch mit Regelungsaufforderungen bzw. selbstgesetzten Pflichtzielen verbunden werden.

6. Comply or explain-Ansatz

65 Einen Schritt weiter als die beiden zuvor genannten Ansätze geht der *comply or explain*-Ansatz (vgl. § 33 Rn. 79 ff.). Der jeweilige Governance Kodex gibt eine Regelung vor, die jedoch nicht zwingend von den Unternehmen zu befolgen ist (daher *soft law*). Das Unternehmen muss allerdings darlegen, ob es diesen Vorschriften entspricht (*comply*). Ist dies nicht der Fall, so muss über die Nichtbefolgung informiert und diese erklärt werden (*explain*).[208] Im Prinzip verbleibt die Regelungshoheit damit beim Unternehmen, wodurch der Gesellschaft Flexibilität gewährt wird.[209] Die Notwendigkeit eines begründeten *opt-out* ist aber zumindest psychologisch die weitaus höhere Hürde als eine Kombination von selbstgesetztem Pflichtziel und Berichtspflicht. Indirekt wird hier sogar der „*naming and shaming*"-Ansatz der sog Schamstrafen genutzt,[210] nur dass sich das Unternehmen hier selbst der Nichteinhaltung der Regel bezichtigen muss. Deshalb und weil gerade bei kollektiver Nichtbefolgung durchaus die Regelung durch *hard law* droht, ist die Befolgungsrate meist sehr hoch (zur Befolgung in Deutschland vgl. § 33 Rn. 81). Es wird daher auch von einer **quasi-faktischen Bindungswirkung** gesprochen.[211] Mit Blick auf das europäische Gesellschaftsrecht iwS spielt der *comply or explain* Ansatz vor allem im Bereich der Corporate Governance eine herausragende Rolle (dazu § 33 Rn. 83 f.). Auf europäischer Ebene ist der *comply or explain*-Ansatz vor allem bzgl. der Erklärung der Unternehmensführung im Lagebericht kapitalmarktorientierter Unternehmen gem. Art. 20 Bilanz-RL aufgenommen worden (dazu § 25). 2014 veröffentlichte die Europäische Kommission eine Empfehlung mit Leitlinien zur Qualität der Berichterstattung über die Unternehmensführung.[212]

7. Empfehlungen

66 Empfehlungen an die Mitgliedstaaten haben im europäischen Gesellschaftsrecht in den letzten Jahren eine **zunehmende Bedeutung** erlangt.[213] Aufgrund der zT immer noch gravierenden Unterschiede der nationalen Gesellschaftsrechte ist eine europäische Harmonisierung sowie Koordinierung der mitgliedstaatlichen Gesellschaftsrechte seit jeher problematisch. Kompromisse in Form von Richtlinien oder Verordnungen sind teilweise nur schwer zu erreichen. Empfehlungen dienen hierbei der **Wegbereitung** für künftig geplante und zurzeit uU noch nicht durchführbare verbindliche Maßnahmen, womit ihnen auch eine psychologisch-politische Wirkung zukommt.[214] Empfehlungen zielen in diesem Sinn darauf ab, die Mitgliedstaaten dazu anzuhalten, durch freiwillige Reformen auf eine europaweite Harmonisierung hinzuarbeiten.

67 Bisher ergangene Empfehlungen der Kommission auf dem Gebiet des Gesellschaftsrechts sind zB die Empfehlung zu den Aufgaben von nicht-geschäftsführenden Direktoren bzw. Aufsichtsratsmitgliedern börsennotierter

---

207 *Hommelhoff* in: FS Hoyningen-Huene, 2014, S. 137, 144; *ders.* NZG 2015, 1329, 1330; vgl. auch *Chiu* ECL 14 (2017) 193, 193 ff.

208 Zum Problem der Qualität der Berichterstattung § 33 Rn. 83 ff.

209 Vgl. nur *Chiu* J.B.L. 2009, 697, 698 f.; *Keay* J.B.L. 2015, 551, 551; *Sergakis* ECFR 2013, 394, 399; *CFA Institute*, Corporate Governance Policy in the European Union, 2016, S. 1.

210 Vgl. *Bachmann* AG 2001, 635, 642; *Langenbucher* ZGR 2012, 314, 341; *Sergakis* ECFR 2013, 394, 418 f.; bezogen auf das Kapitalmarktrecht auch *Hopt* ZHR 175 (2011) 444, 517.

211 Aus deutscher Perspektive *du Plessis/Großfeld/Luttermann/Saenger/Sandrock/Casper*, German Corporate Governance in International and European Context, 2012, S. 31 f.; *v. Werder* in: Kremer ua, DCGK, 3. Teil Präambel Rn. 146; *Goette* in: MüKo AktG, Bd. 3, 4. Aufl. 2018, § 161 Rn. 34; *Vetter* in: Henssler/Strohn (Hrsg.), Gesellschaftsrecht, 3. Aufl. 2016, § 161 AktG Rn. 11 ff.

212 Europäische Kommission, Empfehlung 2014/208/EU vom 9.4.2014 zur Qualität der Berichterstattung über die Unternehmensführung („Comply or Explain"), ABl. EU v. 12.4.2014, L 109/43; dazu *Mense/Klie* GWR 2014, 232, 232; *Leyens* ZEuP 2016, 388, 408 ff.

213 *Bratton/McCahery/Vermeulen*, How Does Corporate Mobility Affect Lawmaking?, ECGI Law Working Paper 91/2008, S. 12; allgemein zur Bedeutung von Empfehlungen trotz ihrer Unverbindlichkeit *Nettesheim* in: Grabitz/Hilf/Nettesheim, Das Recht der Europäischen Union, 62. EL 2017, Art. 288 AEUV Rn. 208 (Stand: 48. EL 2012).

214 *Schröder* in: Streinz, EUV/AEUV, 2. Aufl. 2011, Art. 288 Rn. 145; *Ruffert* in: Callies/Ruffert, EUV/AEUV, 5. Aufl. 2016, Art. 288 Rn. 95 (Stand: 48. EL 2012); *Nettesheim* in: Grabitz/Hilf/Nettesheim, Das Recht der, 62. EL 2017, Art. 288 Rn. 201 (Stand: 48. EL 2012); *Schröder* in: Streinz, EUV/AEUV, 2. Aufl. 2011, Art. 288 Rn. 143; siehe auch EuGH, Rs. C-322/88 (Grimaldi), ECLI:EU:C:1989:646 = NZA 1991, 283, Rn. 18; vgl. auch die ehemalige Reflection Group on the Future of Company Law ECFR 2013, 303, 309; die Kommission führt jedoch selbst aus, dass unverbindliche Empfehlungen nicht ausreichend sind, um gewisse Ziele durchzusetzen, vgl. http://eur-lex.europa.eu/LexUriServ/LexUriServ.do?uri=COM:2003:0284: FIN:DE:PDF, S. 14.

Gesellschaften,[215] die Empfehlung zur Vergütung von Mitgliedern der Unternehmensleitung börsennotierter Gesellschaften,[216] die Empfehlung über die getrennte Buchführung und Kostenrechnungssysteme,[217] die Empfehlung über Mindestanforderungen für die Abschlussprüfung[218] sowie die Unabhängigkeit des Abschlussprüfers[219] und die Empfehlung zur Berücksichtigung von Umweltaspekten im Jahresabschluss und Lagebericht von Unternehmen.[220] Im Aktionsplan von 2012 verkündete die Kommission die Vorlage einer Empfehlung zur verbesserten Qualität von Corporate Governance-Berichten.[221] 2014 machte die Europäische Kommission dann ihre Ankündigung wahr und veröffentlichte eine Empfehlung mit Leitlinien zur **Qualität der Berichterstattung** über die Unternehmensführung (dazu näher unter § 33 Rn. 85).[222] Der Entwurf eines European Model Company Act (EMCA, dazu generell § 38) ist bisher noch keine Empfehlung. Die Europäische Union könnte aber diesen Entwurf oder Teile davon durch eine Empfehlung an die Mitgliedstaaten, ihr Recht entsprechend anzupassen, aufwerten.

Nach Art. 288 V AEUV sind Empfehlungen **unverbindliche Handlungsformen** der Unionsorgane.[223] Sie sind jedoch keinesfalls rechtlich bedeutungs- bzw. wirkungslos.[224] Sie dienen vielmehr als „weiches" Instrumentarium europäischer Rechtssetzung und stellen damit eine Art europäisches *soft law*[225] dar.[226] Außerdem haben die mitgliedstaatlichen Gerichte erlassene Empfehlungen bei der **Auslegung** nationaler, auf Unionsrecht basierender, Rechtsvorschriften heranzuziehen.[227] Eine Abweichung von der Empfehlung ist zu begründen.[228] Sie begründen jedoch keine vor nationalen Gerichten durchsetzbaren Rechte.[229] Weiterhin gilt auch für unverbindliche Empfehlungen das Prinzip der begrenzten Einzelermächtigung, so dass es auch für die Abgabe einer Empfehlung 68

215 Europäische Kommission, Empfehlung 2005/162/EG vom 15.2.2005 zu den Aufgaben von nicht geschäftsführenden Direktoren/Aufsichtsratsmitgliedern börsennotierter Gesellschaften sowie zu den Ausschüssen des Verwaltungs-/Aufsichtsrates, ABL. EU v. 25.2.2005, L 52/51.

216 Europäische Kommission, Empfehlung 2004/913/EG vom 14.12.2004 zur Einführung einer angemessenen Vergütung von Mitgliedern der Unternehmensleitung börsennotierter Gesellschaften, ABl. EU v. 29.12.2004, L 385/55; siehe auch *Drygala* ZRP 2012, 161, 161.

217 Europäische Kommission, Empfehlung 2005/698/EG vom 19.9.2005 über die getrennte Buchführung und Kostenrechnungssysteme entsprechend dem Rechtsrahmen für die elektronische Kommunikation, ABl. EU v. 11.10.2005, L 266/64.

218 Europäische Kommission, Empfehlung 2001/256/EG vom 15.11.2000 über die Mindestanforderungen an Qualitätssicherungssysteme für die Abschlussprüfung in der EU, ABl. EG v. 31.3.2001, L 91/91.

219 Europäische Kommission, Empfehlung 2002/590/EG vom 16.5.2002 über die Unabhängigkeit der Abschlussprüfer in der EU, ABl. EG v. 19.7.2002, L 191/22.

220 Europäische Kommission, Empfehlung 2001/453/EG vom 30.5.2001 zur Berücksichtigung von Umweltaspekten im Jahresabschluss und Lagebericht von Unternehmen: Ausweis, Bewertung und Offenlegung, ABl. EG v. 13.6.2001, L 156/33; vgl. zu Umweltbelangen im Lagebericht *Hoffmann* GWR 2013, 458, 458 ff.

221 Vgl. Europäische Kommission, Aktionsplan, COM (2012) 740 final, 2012, S. 8; die Kommission hatte diesen Aspekt auch schon zuvor aufgegriffen.

222 Europäische Kommission, Empfehlung 2014/208/EU vom 9.4.2014 zur Qualität der Berichterstattung über die Unternehmensführung („*comply or explain*"), ABl. EU v. 12.4.2014, L 109/43; dazu *Mense/Klie* GWR 2014, 232, 232; *Leyens* ZEuP 2016, 388, 408 ff.; *v. Werder* DB 2015, 847, 847; *Bayer/Scholz* in: Spindler/Stilz (Hrsg.), AktG, Bd. 2, 3. Aufl. 2015, § 161 Rn. 15.

223 Vgl. EuGH,Rs. C-1/57 und 14/57 (Sociétés des usines à tubes), ECLI:EU:C:1957:13 = BeckEuRS 1957, 1320.

224 *Ruffert* in: Callies/Ruffert, EUV/AEUV, 5. Aufl. 2016, Art. 288 Rn. 95; *Nettesheim* in: Grabitz/Hilf/Nettesheim, Das Recht der Europäischen Union, 62. EL 2017, Art. 288 Rn. 206 (Stand: 48. EL 2012); *Vedder* in: Vedder/v. Heinegg, Europäisches Unionsrecht, 2012, Art. 288 Rn. 44; *Kotzur* in: Geiger/Khan/Kotzur, EUV/AEUV, 6. Aufl. 2017, Art. 288 Rn. 26.

225 Generell zum *soft law* in der Union *Martens*, Methodenlehre des Unionsrechts, 2013, S. 247 ff.; jüngst zum *soft law*-Ansatz im europäischen Gesellschaftsrecht auch *Ferrero/Ackrill* JCMS 54 (2016) 878, 878 ff.; *Leyens* ZEuP 2016, 388, 415 f.

226 Vgl. *Ruffert* in: Callies/Ruffert, EUV/AEUV, 5. Aufl. 2016, Art. 288 Rn. 95; *Nettesheim* in: Grabitz/Hilf/Nettesheim, Das Recht der Europäischen Union, 62. EL 2017, Art. 288 Rn. 201 (Stand: 48. EL 2012); *Schröder* in: Streinz, EUV/AEUV, 2. Aufl. 2011, Art. 288 Rn. 145, hingegen gegen eine Einordnung als (völkerrechtliches) *soft law* (Rn. 143).

227 EuGH, Rs. C-322/88 (Grimaldi), ECLI:EU:C:1989:646 = NZA 1991, 283, Rn. 18; EuGH, Rs. C-188/91 (Deutsche Shell AG), ECLI:EU:C:1993:24 = BeckEuRS 1993, 197856, Rn. 18; vgl. auch *Ruffert* in: Callies/Ruffert, EUV/AEUV, Art. 288 Rn. 95; *Nettesheim* in: Grabitz/Hilf/Nettesheim, Das Recht der Europäischen Union, 62. EL 2017, Art. 288 Rn. 206 (Stand: 48. EL 2012); *Schröder* in: Streinz, EUV/AEUV, 2. Aufl. 2011, Art. 288 Rn. 143.

228 EuGH, Rs. C-322/88 (Grimaldi), ECLI:EU:C:1989:646 = NZA 1991, 283, Rn. 17.

229 EuGH, Rs. C-322/88 (Grimaldi), ECLI:EU:C:1989:646 = NZA 1991, 283, Rn. 17; vgl. auch *Nettesheim* in: Grabitz/Hilf/Nettesheim, Das Recht der Europäischen Union, 62. EL 2017, Art. 288 Rn. 205 (Stand: 48. EL 2012).

einer Ermächtigung in den Verträgen bedarf.[230] Die meisten Empfehlungen werden von der Europäischen Kommission ausgesprochen. Aufgrund der (unterstellten) Sachkompetenz derselben ist davon auszugehen, dass sie, soweit die EU überhaupt zuständig ist, zur Abgabe von Empfehlungen befugt ist.[231]

VII. Normenkollision

69 Ein methodisch wenig erörtertes Thema innerhalb der europäischen Methodik stellt die Normenkollision dar. Das europäische Recht und speziell das europäische Gesellschaftsrecht lässt sich nicht einfach als Normenpyramide mit klaren Hierarchien erfassen, auch wenn es zwischen Primärrecht und Sekundärrecht ein klares Hierarchieverhältnis im Sinne der *lex superior* Regel gibt (vgl. Art. 263 f.; 288 AEUV).[232] Besonders komplex ist die **Mehrebenenproblematik** bei den **europäischen Gesellschaftsformen**, denn hier greifen Primärrecht, europäisches Sekundärrecht in Form von Verordnungen und ergänzenden Richtlinien, allgemeines nationales Gesellschaftsrecht, nationale Ausführungsregelungen und das autonome Satzungsrecht der Gesellschaften ineinander. Dieser Bereich ist so komplex und auch aufgrund unterschiedlicher Regelungsmöglichkeiten dieses Verhältnisses so differenziert, dass er nicht nur im Rahmen dieses Methodikabschnittes separat behandelt (Rn. 149 ff.), sondern auch im Rahmen jeder Gesellschaftsform gesondert erörtert wird.

70 Auch außerhalb dieses Bereiches ist die Kollisionsproblematik so komplex und auch wenig diskutiert, dass hier nur Grundzüge dargestellt werden können.[233] Ausgangspunkt ist das Hierarchieverhältnis zwischen **Primärrecht**[234] und **Sekundärrecht.**[235] Hier lässt sich die ***lex superior* Regel** unmittelbar anwenden, die soweit es zum Konflikt mit der *lex posterior* Regel (Rn. 72) oder der *lex specialis* Regel (Rn. 73) kommen sollte, als vorrangig anzusehen ist.[236] Sollte Gewohnheitsrecht anerkannt werden (vgl. Rn. 49 ff.), so ist es je nach seinem Inhalt dem Primärrecht oder Sekundärrecht zuzuordnen. Auch die Rechtsprechung des EuGH (zur Einordnung der Rechtsprechung als Rechtsquelle s. Rn. 47 f.) lässt sich jeweils dem Sekundärrecht oder dem Primärrecht und darüber hinaus auch dem jeweiligen, im konkreten Fall genutzten Instrument (zB Richtlinie oder Verordnung) zuordnen. Die Rechtsprechung ist an die Vorgaben des Gesetzgebers gebunden (Art. 19 I EUV). Insoweit ist die Rechtsprechung nachrangig zum Gesetz. Von der Auslegung zur Rechtsfortbildung *extra legem* wächst jedoch die inhaltliche Unabhängigkeit von den gesetzlichen Vorgaben. Dies ändert aber nichts daran, dass auch die Rechtsfortbildung *extra legem* gegenüber dem vom Gesetzgeber gesetzten Recht nachrangig ist. Dies gilt jeweils innerhalb der jeweiligen Ebene. Die Rechtsprechung zum Primärrecht ist an das gesetzliche Primärrecht und die Rechtsprechung zum Sekundärrecht daneben und primär an das gesetzliche Sekundärrecht gebunden. Erst mit einer Anerkennung einer Rechtsprechung als Gewohnheitsrecht würde sich dies ändern. Wegen des Hierarchieunterschieds zwischen Primärrecht und Sekundärrecht ist es in der Praxis wichtig festzustellen, ob ein von der Rechtsprechung postuliertes Prinzip ein primärrechtliches Prinzip (vgl. Rn. 34 ff.) oder ein sekundärrechtliches Prinzip (Rn. 170 ff.) ist.[237]

71 Innerhalb des Primärrechts, aber auch innerhalb des Sekundärrechts,[238] gibt es keine einfachen Hierarchieregeln. Die Normen selbst können die Hierarchie festlegen und zwar sowohl im Sinne einer **parallelen Anwendbarkeit**[239] als auch in Form einers **exklusiven** Anwendungsbereichs als auch in Form einer nur begrenzten Abänderbarkeit einer Norm. Das Primärrecht kann insoweit auch dem Sekundärrecht Spielräume einräumen.[240] Die Rechtsprechung kann zudem rechtsfortbildend ein solches Verhältnis festlegen. Möglich ist allerdings auch, dass die Rechtsprechung den inhaltlichen Ausgleich verschiedener Regelungen sucht, die in einem Spannungs-

230 *Ruffert* in: Callies/Ruffert, EUV/AEUV, 5. Aufl. 2016, Art. 288 Rn. 97; *Nettesheim* in: Grabitz/Hilf/Nettesheim, Das Recht der Europäischen Union, 62. EL 2017, Art. 288 Rn. 200 (Stand: 48. EL 2012); *Schröder* in: Streinz, EUV/AEUV, 2. Aufl. 2011, Art. 288 Rn. 144; aA *Kotzur* in: Geiger/Khan/Kotzur, EUV/AEUV, 6. Aufl. 2017, Art. 288 Rn. 26.

231 *Nettesheim* in: Grabitz/Hilf/Nettesheim, Das Recht der Europäischen Union, 62. EL 2017, Art. 288 Rn. 200 (Stand: 48. EL 2012).

232 *Martens*, Methodenlehre des Unionsrechts, 2013, S. 424 f.; *Köndgen* in: Riesenhuber (Hrsg.), Europäische Methodenlehre, 2015, § 6 Rn. 10.

233 Vgl. auch *Martens*, Methodenlehre des Unionsrechts, 2013, S. 424 ff., der sich daher auf die *lex superior*, die *lex posterior* und die *lex specialis* Regel beschränkt.

234 Zur Frage, ob es auch eine Normenhierarchie innerhalb des Primärrechts gibt, *von Arnauld* EuR 2003, 191, 191 ff.

235 *Härtel*, Handbuch Europäische Rechtsetzung, 2006, § 15 Rn. 6 ff.

236 *Martens*, Methodenlehre des Unionsrechts, 2013, S. 429; für das deutsche Recht auch *T. I. Schmidt* JuS 2003, 649, 650.

237 Vgl. *Köndgen* in: Riesenhuber (Hrsg.), Europäische Methodenlehre, 2015, § 6 Rn. 10.

238 *Köndgen* in: Riesenhuber (Hrsg.), Europäische Methodenlehre, 2015, § 6 Rn. 10 spricht in Bezug auf das Sekundärrecht von „geradezu ahierarchischer Mehrfachzuständigkeit gleichberechtigter Rechtsetzungsorgane“.

239 ZB ausgedrückt durch ein „unbeschadet“.

240 *Martens*, Methodenlehre des Unionsrechts, 2013, S. 429.

verhältnis stehen.[241] Insoweit lässt sich auch an die vom Bundesverfassungsgericht für das deutsche Grundgesetz angewandte **praktische Konkordanz**[242] als Mittel zum Ausgleich denken.

Erfolgt keine Festlegung, kann unter Umständen auf den ***lex posterior*** Grundsatz zurückgegriffen werden, wonach eine jüngere Norm die ältere Norm verdrängt.[243] Dieser tradierte Grundsatz wird von Generalanwälten ohne Begründung benutzt.[244] Vorausgesetzt man akzeptiert die Existenz von europäischem Gewohnheitsrecht (dazu Rn. 49 f.), könnte dieser Grundsatz entsprechend eingeordnet werden.[245] Eine Voraussetzung der *lex posterior* Regel ist, dass der spätere Gesetzgeber auch die Kompetenz für die Änderung der älteren Norm im Überschneidungsbereich hat.[246] Die *lex posterior* Regel sollte grundsätzlich dann greifen, wenn dem europäischen Gesetzgeber bewusst war, dass er genau diese Rechtsfragen schon in der älteren Norm geregelt hatte, da dann ein **Ablösewillen** zu vermuten ist. Dies sollte bei größeren Überschneidungen auch ohne Anhaltspunkte für ein entsprechendes gesetzgeberisches Bewusstsein wegen der Offenkundigkeit gelten. Überlappen sich ältere und neuere Regel allerdings nur minimal und gibt es keine Anhaltspunkte, dass dem Gesetzgeber die konfligierende Überschneidung überhaupt bewusst war, sollte der *lex posterior* Grundsatz keine Anwendung finden. 72

Ebenfalls lange tradiert und auch im europäischen Recht verwendet wird der ***lex specialis*** Grundsatz, wonach der speziellere Rechtssatz dem generelleren Rechtssatz im Überschneidungsbereich vorgeht.[247] Auch dieser Grundsatz wird von Generalanwälten ohne Begründung verwendet,[248] käme also als Gewohnheitsrecht in Betracht, falls man dieses für das europäische Recht anerkennen würde. Eindeutig spezieller als die generelle Regel ist ein Fall, der ein Unterfall des in der allgemeinen Regelung erfassten Tatbestandes ist (zB Regelung für börsennotierte Gesellschaften als Unterfall einer Regelung für alle Kapitalgesellschaften).[249] Die Frage der Spezialität kann jedoch bereits inhaltlich auslegungsbedürftig sein, zB wenn der in der einen Regel erfasste Tatbestand zwar eindeutig enger als der in der anderen Regel erfasste Tatbestand ist, aber zugleich hinsichtlich einiger Nebenaspekte doch über den Anwendungsbereich der allgemeineren Norm hinausgeht. 73

Der *lex specialis* Grundsatz lässt sich zunächst innerhalb der gleichen europäischen Richtlinie bzw. Verordnung oder bei zeitgleicher Regelung in einem anderen Rechtsakt anwenden. Der Vorrang der *lex specialis* Regelung wird hier auch dadurch unterstützt, dass anderenfalls die speziellere Regelung praktisch keinen Anwendungsbereich hätte und dies dem Grundsatz der anwendungsfreundlichen Auslegung widerspräche. Ist die speziellere Regelung zugleich die jüngere Regelung, sprechen sowohl *lex posterior* als auch *lex specialis* für den Vorrang der jüngeren spezielleren Regelung. Selbst hier gibt es aber Ausnahmen. Ist die ältere allgemeinere Regelung als **Rahmenregelung** konzipiert, die durch die jüngere speziellere Regelung nur näher ausgestaltet werden soll, genießt die Rahmenregelung häufig den Vorrang, eben weil hier nur eine Lückenfüllung beabsichtigt ist. Erkennbar ist dies insbesondere dann, wenn es nach Plan keine sich widersprechenden Überschneidungen in diesem Verhältnis geben dürfte. Ist die generellere Regelung neuer als die *lex specialis* Regel, kommt eine Verdrängung der älteren spezielleren Regelung nur in Betracht, wenn sich ein diesbezüglicher Wille des Gesetzgebers ermitteln lässt, insbesondere der Gesetzgeber das Recht durch allgemeinere Regeln vereinfachen will.[250] 74

C. Auslegung

I. Einführung

Die europäische (autonome) Auslegung (zu den Besonderheiten der autonomen Herangehensweise Rn. 80 ff.) ist das Herzstück der europäischen Rechtsmethodik. Wie bereits erörtert (Rn. 10), wird auf europäischer Ebene grundsätzlich terminologisch nicht zwischen Auslegung und Rechtsfortbildung unterschieden. Beides wird als *interprétation* bezeichnet. Aus deutscher Sicht wird hier mitunter mit dem Begriff der dynamischen Auslegung operiert.[251] Zum besseren Verständnis für den Leser wird hier dennoch das traditionelle **deutsche Begriffsverständnis** der Trennung von Auslegung und Rechtsfortbildung zu Grunde gelegt, auch um erhöhte praktizierte 75

241 *Martens*, Methodenlehre des Unionsrechts, 2013, S. 427 und zwar selbst im Verhältnis älteres zu neuerem Recht.
242 BVerfGE 41, 29, 51; BVerfGE 77, 240, 255; BVerfGE 81, 298, 308; BVerfGE 83, 130, 143.
243 *Martens*, Methodenlehre des Unionsrechts, 2013, S. 426 f.; *Härtel*, Handbuch Europäische Rechtsetzung, 2006, § 15 Rn. 3.
244 Näher *Martens*, Methodenlehre des Unionsrechts, 2013, S. 427.
245 Die Frage, ob methodische Rechtssätze zum Gewohnheitsrecht erstarken können, wird freilich bisher nicht und zwar auch nicht zum deutschen Recht näher diskutiert.
246 *Martens*, Methodenlehre des Unionsrechts, 2013, S. 426.
247 *Martens*, Methodenlehre des Unionsrechts, 2013, S. 428 f.; *Härtel*, Handbuch Europäische Rechtsetzung, 2006, § 15 Rn. 3.
248 Näher *Martens*, Methodenlehre des Unionsrechts, 2013, S. 428.
249 Vgl. *Härtel*, Handbuch Europäische Rechtsetzung, 2006, § 15 Rn. 3.
250 Vgl. für das englische Recht so *Barker v. Edger* (1898) AC 748, 754 (Lord Hobhouse); *Stubbs v. Gonzales* (2005) UKPC 22, Rn. 7; für das europäische Recht generell als Auslegungsfrage betrachtend *Martens*, Methodenlehre des Unionsrechts, 2013, S. 430.
251 *Pechstein/Drechsler* in: Riesenhuber (Hrsg.), Europäische Methodenlehre, 2015, § 7 Rn. 11.

Anforderungen an Rechtsfortbildungen besser zu verstehen. Im Mittelpunkt der Auslegung steht hier das Sekundärrecht, da das europäische Gesellschaftsrecht auf Richtlinien und Verordnungen beruht. Die Grundsätze der Auslegung gelten jedoch generell auch für das Primärrecht, wobei es insofern allerdings auch Ausnahmen gibt. So kennt das Primärrecht beispielsweise keine Erwägungsgründe. Eine den Erwägungsgründen des Sekundärrechts ähnliche, vielleicht noch stärkere Position nehmen im Primärrecht die allgemeinen Vertragsziele ein, wie sie in den Präambeln und den Eingangsartikeln enthalten sind.[252] Hinsichtlich der verschiedenen Auslegungsmethoden gibt es keine festgelegte **Rangfolge**, doch haben die Wortlautauslegung (Rn. 85 ff.) und die teleologische Auslegung (Rn. 100 ff.) die größte Bedeutung.[253]

II. Zuständigkeit des EuGH für Auslegungsfragen

76 Gemäß Art. 19 III EUV und Art. 267 I AEUV ist der **EuGH umfassend** für die Auslegung europäischen Rechts **zuständig**. Instanzgerichte können, letztinstanzliche Gerichte müssen, gem. Art. 267 AEUV den EuGH im Wege der **Vorabentscheidung** anrufen, um die Bedeutung der unmittelbar anwendbaren Verordnung oder der mittelbar heranzuziehenden Richtlinie (im Rahmen der richtlinienkonformen Auslegung) durch den EuGH zu klären. Dies ist nur im Fall eines ***acte clair*** (Auslegung ist absolut eindeutig)[254] oder ***acte éclairé*** (frühere Entscheidung der Vorlagefrage durch den EuGH)[255] nicht erforderlich bzw. nicht möglich.[256] Um eine ausschließliche Geltung „eigenen" nationalen Rechts zu erlangen, verneinen nationale Gerichte teilweise recht großzügig unter Berufung auf einen *acte clair* eine Vorlagepflicht an den EuGH.[257] Der EuGH begünstigt die Nichtvorlage, indem er dem nationalen Gericht die Letztentscheidungskompetenz über die Vorlagebedürftigkeit zubilligt und zwar selbst für ein Abweichen von der nationalen Vorinstanz.[258] Das Bundesverfassungsgericht hat festgestellt, dass ein *acte clair* grundsätzlich nicht in Betracht kommt, wenn eine Rechtsfortbildung nach deutschem Methodikerständnis erforderlich ist.[259] In Fällen, in denen die Vorlagepflicht offenkundig zu unrecht verneint wurde, kann dies in Deutschland einen Fall des Entzugs des gesetzlichen Richters im Sinne des Art. 101 I 2 GG darstellen. Liegt ein *acte éclairé* vor, ist die Vorlage nach Auffassung des EuGH[260] sogar unzulässig, wenn kein neuer Klärungsbedarf besteht. Diese Ansicht muss sehr restriktiv verstanden werden, denn der EuGH kann sich nicht auf eine *stare decisis*-Doktrin berufen,[261] für die es in den Verträgen keinerlei Anhaltspunkte gibt (dazu bereits Rn. 47). Wenn das vorlegende Gericht daher der näher begründeten Auffassung ist, der EuGH sollte seine Rechtsprechung ändern, besteht somit ebenfalls ein Klärungsbedarf.[262] Hier stellt sich auch die Frage, ob der *acte éclairé* nur die tragenden Entscheidungsgründe oder auch ***obiter dicta***, also die Entscheidung nichttragende Rechtsausführungen, erfasst. Schon weil die Wahrscheinlichkeit der späteren Rechtsprechungsänderung bei bloßen *obiter dicta* generell höher ist, auch weil die Rechtsfrage eben nicht mit Blick auf praktische Konsequenzen völlig durchdacht werden musste, sollten bei *obiter dicta* Vorlagen erst recht zumindest zulässig sein. Eine Nichtvorlage unter Berufung auf ein *obiter dictum* erscheint allerdings ebenfalls gerechtfertigt.

77 Bei der Auslegung der europäischen primärrechtlichen Verträge ist der EuGH gemäß Art. 19 I 2 EUV ausdrücklich auch zur Wahrung der Interessen der Mitgliedstaaten verpflichtet. Damit sollen eine beständige Kompetenzverschiebung zulasten der Mitgliedstaaten und ausdehnende Auslegungen verhindert werden.[263] Konsequenterweise sollte der EuGH auch bei der Anwendung des Sekundärrechtes beachten, dass die „Auslegung" des Sekundärrechtes ebenfalls nicht zu Kompetenzverschiebungen führen darf, für die die Union keine primärrechtliche Ermächtigung hat.

252 Vgl. hierzu *Buerstedde*, Juristische Methodik des Europäischen Gemeinschaftsrechts, 2006, S. 49 ff.
253 Ähnlich *Henninger*, Europäisches Privatrecht und Methode, 2009, S. 402 ff.
254 EuGH, Rs. C-283/81 (C.I.L.F.I.T.), ECLI:EU:C:1982:335 = NJW 1983, 1257; näher dazu *Kühling/Drechsler* NJW 2017, 2950 ff.
255 EuGH, Rs. C-28/62 (Costa), ECLI:EU:C:1963:6 = Slg 1963, 61.
256 Vgl. dazu *Kühling/Drechsler* NJW 2017, 2950, 2952 ff.
257 Vgl. BFH NJW 2018, 1710, 1711 f. (Nichtigkeitsklage gegen BFH); *Ehricke* in: Streinz (Hrsg.), EUV/AEUV, 2. Aufl. 2011, Art. 267 AEUV Rn. 47; Vgl. auch *Stotz* in: Riesenhuber (Hrsg.), Europäische Methodenlehre, 2015, § 22 Rn. 56.
258 EuGH, Rs. C-160/14 (Ferreira da Silva e Brito), ECLI:EU:C:2015:565, Rn. 40-42 = EuZW 2016, 111.
259 BVerfG JZ 2018, 309, 309.
260 EuGH, Rs. C-28/62 (Costa), ECLI:EU:C:1963:6 = Slg 1963, 61.
261 *Arnull* CMLR 1993, 247, 247; *Neergard/Nielsen* in: Neergard/Nielsen/Roseberry (Eds.), European Legal Method – Paradoxes and Revitalisation, 2011, S. 95, 133 ff.; *Stotz* in: Riesenhuber (Hrsg.), Europäische Methodenlehre, 2015, § 22 Rn. 56 betont in diesem Zusammenhang allerdings den Ausnahmecharakter von Abweichungen.
262 EuGH, Rs. C-428/11 (Purely Creative Ltd./. Office of Fair Trading), ECLI:EU:C:2012:651 = EuZW 2008, 757, Rn. 42 f.; EuGH, Rs. 283/81 (C.I.L.F.I.T.), ECLI:EU:C:1982:335 = NJW 1983, 1257, 1258, Rn. 14 f.; *Herrmann* EuZW 2006, 231, 232, ausdrücklich mit dem Hinweis, wenn nationales Gericht die Rechtsprechung ändern will; *Kühling/Drechsler* NJW 2017, 2950, 2952; *Neuner* in: Riesenhuber (Hrsg.), Europäische Methodenlehre, 2015, § 12 Rn. 10.
263 Vgl. *Riesenhuber* in: Riesenhuber (Hrsg.), Europäische Methodenlehre, 2015, § 7 Rn. 14.

Der EuGH ist gemäß Art. 251 AEUV für das gesamte supranationale EU-Recht zuständig. Mangels Kontrollinstanz auf europäischer Ebene hat der EuGH hier **verfahrenstechnisch** (aber nicht materiell) die sog **Kompetenz-Kompetenz**, also die Kompetenz über die Reichweite seiner eigenen Kompetenz zu entscheiden.[264] Inhaltlich ist der EuGH an das Kompetenzgefüge der europäischen Verträge gebunden.[265] Nationales Verfassungsrecht kann dem EuGH auch verfahrenstechnisch **Grenzen** setzen, wenn durch die Rechtsprechung des EuGH die Kompetenzgrenzen zulasten der Nationalstaaten verschoben würden. Das deutsche Bundesverfassungsgericht nimmt dementsprechend für sich bei einem sog **ausbrechenden Rechtsakt** (vgl. Rn. 183) eine Kontrollberechtigung und Kontrollpflicht an.[266] 78

Im europäischen Gesellschaftsrecht liegt im Verhältnis zur Bedeutung und zur Zahl der Normen sehr wenig Rechtsprechung vor. Dies hat auch damit zu tun, dass die nicht letztinstanlichen Gerichte von ihrem Vorlagerecht selten Gebrauch machen. Dies bedeutet für neu eingeführte europäische Rechtsformen, dass bei ihnen länger Rechtsunsicherheiten bestehen wird, als dies im Fall der Einführung nationaler Rechtsformen der Fall sein würde, da für Letztere in der Regel schneller und mehr Rechtsprechung, einschließlich höchstrichterlicher Rechtsprechung, vorliegt. 79

III. Europäisch-autonome Auslegung

Im europäischen Recht ist das Primärrecht immer und das Sekundärrecht, also darin enthaltene Begriffe, grundsätzlich europäisch-autonom auszulegen, dh es ist eine eigenständige Interpretation auf europäischer Ebene zu finden, ohne Rückgriff auf nationale Verständnisse zu nehmen.[267] Erst recht soll nicht auf den nationalen Telos oder nationale Gedanken zur Systematik zurückgegriffen werden. Dies gilt selbst dann, wenn die europäische Norm ihr Vorbild in einer nationalen Norm hat. Gerechtfertigt wird dies mit der Notwendigkeit der **einheitlichen Anwendung** des Unionsrechtes[268] und dem Gleichheitssatz als allgemeinem (ungeschriebenem) Rechtsgrundsatz[269] des europäischen Primärrechts. Insbesondere kleinere Länder könnten sich anderenfalls benachteiligt fühlen. Aber auch große Länder könnten der Übernahme eines mitgliedschaftlichen Vorbilds in das Unionsrecht möglicherweise nur deshalb widersprechen, um im konkreten Fall nicht die Auslegungstradition eines anderen (großen) Mitgliedstaates übernehmen zu müssen. Für eine durchgängig europäisch-autonome Auslegung spricht außerdem auch die sich herausbildende europäische Methodik. Es wäre widersprüchlich und für die Durchsetzung eines europäischen Methodenverständnisses hinderlich, wenn die Auslegung mal europäisch-autonom und mal an einem nationalen Vorbild orientiert erfolgen würde. Die europäisch-autonome Auslegung ist daher der absolute Regelfall, weshalb eine Ausnahme davon begründungsbedürftig ist.[270] Es wird vertreten, dass diese autonome Begriffsbildung auf die Tradition der Mitgliedstaaten im Sinne eines möglichst geringen Eingriffes in das dort praktizierte Begriffsverständnis Rücksicht nehmen solle.[271] Dies würde eine europaweit (alle Mitgliedstaaten und die EU) angestrebte einheitliche Begrifflichkeit voraussetzen. Rechtlich existiert ein solches Ziel nicht. In dem Ausnahmefall des einheitlichen oder weitgehend einheitlichen Begriffsverständnisses in den Mitgliedstaaten spricht allerdings neben politisch taktischen Gründen die Bewährung dieses Begriffsverständnisses dafür, eine Übertragung auf die europäische Ebene zumindest ernsthaft zu prüfen. Die generell autonome Auslegung schließt nicht aus, dass sich der Gesetzgeber im Einzelnen für die Bezugnahme auf eine nationale Auslegung entscheidet. Dies kann zB durch eine Verweisung auf mitgliedstaatliches Recht geschehen. Verweisungen können generell ausdrücklich oder konkludent vorgenommen werden. Vorzugswürdig wäre allerdings, dies technisch durch eine europäische Definition zu bewerkstelligen, die nationales Vorbildrecht für die Definition verwendet. Selbst bei einer europäisch-autonomen Auslegung ist es allerdings zulässig, sich über das 80

264 *Langguth* in: Lenz/Borchardt, 6. Aufl. 2012, Art. 5 EUV Rn. 28 bezüglich des Subsidiaritätsprinzips, wobei hier aber wohl auch die materielle Bindung abgelehnt wird.

265 *Neuner* in: Riesenhuber (Hrsg.), Europäische Methodenlehre, 2015, § 12 Rn. 15; *Rebhahn* ZfPW 2016, 281, 288 macht deutlich, dass auch der EuGH an das geschriebene Recht aus den Verträgen gebunden ist.

266 BVerfGE 73, 339 (Solange II); *Mayer* in: Grabitz/Hilf/Nettesheim, Das Recht der Europäischen Union, 62. EL 2017, Art. 19 EUV Rn. 83, 85 ff. (Stand: 41. EL 2010.).

267 *Grundmann*, Europäisches Gesellschaftsrecht, 2. Aufl. 2011, § 4 Rn. 103; *Martens*, Methodenlehre des Unionsrechts, 2013, S. 335; *Weatherill* Ga. J. Int'l & Comp. L. 31 (2002) 139, 159 f.; gegen ein unrealistisches Mantra der autonomen Auslegung jedoch *Baldus* in: FS Müller-Graff, 2015, S. 51, 53.

268 *Riesenhuber* in: Riesenhuber (Hrsg.), Europäische Methodenlehre, 2015, § 7 Rn. 6 f.; vgl. ebenso *Grundmann*, Europäisches Schuldvertragsrecht, 2. Aufl. 2014, 1. Teil Rn. 140 ff.; *Kerwer*, Das europäische Gemeinschaftsrecht und die Rechtsprechung der deutschen Arbeitsgerichte, 2003, S. 797 ff.

269 *Riesenhuber* in: Riesenhuber (Hrsg.), Europäische Methodenlehre, 2015, § 7 Rn. 6 f.; zum Gleichheitssatz als Grundprinzip des Gemeinschaftsrechts siehe EuGH, Rs. C-85/97 (SFI), ECLI:EU:C:1998:552 = BeckRS 2004, 77848, Rn. 30; EuGH, Rs. C-260/89 (BALM), ECLI:EU:C:1991:254 = BeckRS 2004, 75777, Rn. 23; vgl. zur Gleichsetzung von Grundprinzipien und Grundsätzen des Gemeinschaftsrechts *Huerkamp*, Gleichbehandlung und Transparenz als gemeinschaftsrechtliche Prinzipien der staatlichen Auftragsvergabe, 2010, S. 18 ff.; ohne tiefere Begründung auch *Mohn*, Der Gleichheitssatz im Gemeinschaftsrecht, 1990, S. 33.

270 *Riesenhuber* in: Riesenhuber (Hrsg.), Europäische Methodenlehre, 2015, § 10 Rn. 6, 10.

271 *Martens*, Methodenlehre des Unionsrechts, 2013, S. 337; ähnlich *Lenaerts* ICLQ 52 (2003) 873, 879 f.

Begriffsverständnis des nationalen Vorbildes oder das dortige Telosverständnis zu informieren. Denn damit gewinnt der Rechtsanwender zumindest eine von mehreren **Möglichkeiten**, wie die Regelung europäisch-autonom verstanden werden könnte. Insoweit bleibt die nationale Vorbildregelung meist doch nicht gänzlich ohne Auswirkung auf die Interpretation der europäischen Regelung (vgl. zB zur EWIV § 7 Rn. 2). Verweist eine Norm wie zB bei der EWIV (§ 7 Rn. 206) auf Gepflogenheiten, kann nationales Recht indirekt eine Rolle spielen, weil nationale Regelungen auch nationale Gepflogenheiten beeinflussen können.

81 In vielen Rechtsakten werden zentrale Begriffe am Anfang **definiert** (zB Art. 2 IntVersch-RL; Art. 2 Übernahme-RL; Art. 2 Bilanz-RL; Art. 4 AIFM-RL). Dadurch zeigt der europäische Gesetzgeber eindeutig, dass diesen Begriffen ein europäisch-autonomes Verständnis zugrunde liegt. Eine Definition gilt mangels abweichender Regelung im Rechtsakt selbst grundsätzlich **einheitlich für den gesamten Rechtsakt.**[272] Der Grundsatz der **funktionalen Auslegung**, also der Auslegung nach dem Zweck (der Funktion), den der Begriff in diesem Teil der Norm bzw. des Rechtsaktes erfüllt, kann jedoch dazu führen, dass dann, wenn der Begriff in einem anderen Kontext, insbesondere in einem Kapitel desselben Rechtsaktes eine (leicht) veränderte Funktion hat, auch das Begriffsverständnis zu modifizieren ist. Dies ist aber die besonders zu begründende Ausnahme.[273] Definitionen werden im gesellschaftsrechtlichen Bereich im Rahmen von Richtlinien genutzt. Gerade bei der Kodifizierungs-RL besteht insofern die Besonderheit, dass Definitionen nicht für den gesamten Rechtsakt, sondern für ein konkrete Kapitel gelten (vgl. Artt. 89 f., 119, 136, 155 Kodifizierungs-RL, dazu § 19). Die einzelnen Vorschriften regeln diese beschränkte Reichweite selbst explizit. Dies liegt daran, dass in der Kodifizierungs-RL verschiedene Richtlinien zusammengefasst wurden, für die in den einzelnen Richtlinien zuvor jeweils gesonderte Definitionen bestanden. Die SE-Verordnung, die SCE-Verordnung und die EWIV-Verordnung enthalten hingegen keine speziellen Artikel mit entsprechenden Definitionen.[274] Der Vorschlag für eine SPE-Verordnung (dazu § 5) umfasste hingegen Begriffsbestimmungen, ebenso wie die vorgeschlagene FE-Verordnung (dazu § 8).

82 Außerdem gibt es Situationen, in denen ein Rechtsakt zwar selbst keine Definition vornimmt, aber bezüglich des Begriffsverständnisses auf einen anderen Rechtsakt verweist. Als Beispiel dafür kann der Verweis in Art. 2a lit. h) AR-RL (Aktionärsrechte-RL) dienen, der für die Definition von „nahestehende Unternehmen und Personen" auf IAS 24.9 verweist (vgl. dazu § 30 Rn. 263). Der Begriff ist dann grundsätzlich so zu verstehen, wie die **Definition in dem anderen Rechtsakt** dies vorgibt. Eine abweichende funktionale Interpretation ist demgegenüber die Ausnahme, aber möglich.[275] Argumente für eine abweichende Auslegung können sich beispielsweise aus der Systematik ergeben. Zudem ist zu berücksichtigen, ob die Wertungen voneinander abweichen und dadurch ggf. ein anderes Begriffsverständnis gerechtfertigt wird. Vor allem bei Bezugnahmen auf Regelungen in anderen Rechtsgebieten ist daher das funktionale Begriffsverständnis besonders zu beachten (zB bei einem Verweis in einer gesellschaftsrechtlichen Richtlinie auf eine Regelung des Arbeitsrechts).

83 Wenn in einem Rechtsakt keine Definition enthalten ist, in einem verwandten Rechtsakt aber eine Definition existiert bzw. dort die Bedeutung des Begriffs geklärt wurde (mittelbare Definition), stellt sich die Frage der Übernahme der existierenden Definition. So ist zB im Rahmen der überarbeiteten Aktionärsrechte-RL zu diskutieren, wie der Begriff „Geschäft" zu verstehen ist und ob diesbezüglich auf IAS 24.9 Bezug genommen werden kann (vgl. § 30 Rn. 262). Im Grundsatz geht die EU von der **Relativität der Rechtsbegriffe** aus.[276] Gleichzeitig schreitet jedoch in Gebieten wie dem europäischen Gesellschaftsrecht die Bemühung um **Kohärenz** voran.[277] So gibt zum Beispiel Punkt 6 des gemeinsamen Leitfadens für die Abfassung europäischer Rechtsakte vor, dass „auf Kohärenz sowohl zwischen den Bestimmungen ein und desselben Akts als auch zwischen diesem Akt und den bereits geltenden Akten, „insbesondere denjenigen aus demselben Bereich",[278] zu achten ist. Der vom gemeinsamen Leitfaden für die Abfassung europäischer Rechtstexte verwendete Begriff **„Bereich"**[279] dürfte aber

272 Europäische Union, Gemeinsamer Leitfaden des Europäischen Parlaments, des Rates und der Kommission für Personen, die an der Abfassung von Rechtstexten der Europäischen Union mitwirken (2015), DOI 10.2880/836230, Leitlinie 14.1.

273 *Jung* in: Clavora/Garber, Das Vorabentscheidungsverfahren in der Zivilgerichtsbarkeit, 2014, S. 21.

274 Vereinzelt werden Begriffe aber innerhalb einer Vorschrift definiert. So definiert Art. 5 I SCE-VO beispielsweise den Begriff „Satzung".

275 *Riesenhuber* in: Riesenhuber (Hrsg.), Europäische Methodenlehre, 2015, § 10 Rn. 20; *Beck*, The Legal Reasoning of the Court of Justice of the EU, 2012, S. 192 f.; so auch zur deutschen Methodik *Larenz/Canaris*, Methodenlehre der Rechtswissenschaft, 3. Aufl. 1995, S. 141 f.

276 Gemeinsamer Leitfaden für die Abfassung von Rechtstexten (2015), Leitlinie 6; *Riesenhuber* in: Riesenhuber (Hrsg.), Europäische Methodenlehre, 2015, § 10 Rn. 20; *Beck*, The Legal Reasoning of the Court of Justice of the EU, 2012, S. 192 f.

277 Gemeinsamer Leitfaden für die Abfassung von Rechtstexten (2015), Leitlinie 6 für Rechtsakte im selben Bereich; *Riesenhuber* in: Riesenhuber (Hrsg.), Europäische Methodenlehre, 2015, § 10 Rn. 20; *Jung* in: Clavora/Garber, Das Vorabentscheidungsverfahren in der Zivilgerichtsbarkeit, 2014, S. 22.

278 Gemeinsamer Leitfaden für die Abfassung von Rechtstexten (2015), Leitlinie 6.

279 Gemeinsamer Leitfaden für die Abfassung von Rechtstexten (2015), Leitlinie 6.

noch nicht das gesamte europäische Gesellschaftsrecht umfassen.[280] Man wird daher die einheitliche Auslegung in einem Bereich des europäischen Gesellschaftsrechts zwar für möglich, aber begründungsbedürftig ansehen. Erforderlich ist dafür, dass die EU hier nachweisbar eine kohärente Begriffsbildung anstrebt.[281] Ist dies wiederum der Fall, bedarf es wie innerhalb eines Rechtsaktes nunmehr einer besonderen Begründung, wenn ausnahmsweise trotz Kohärenz aus funktionalen Gründen die einheitliche Begriffsbildung modifiziert werden soll.[282] Im Gesellschaftsrecht spricht zB einiges dafür, bei den europäischen Rechtsformen anzunehmen, dass insofern grundsätzlich Kohärenz angestrebt wird. Auch für den Bereich der Strukturrichtlinien (Verschmelzungs-RL, internationale Verschmelzungs-RL, Spaltungs-RL) ist Kohärenz zu befürworten.

Im europäischen Sekundärrecht und speziell im europäischen Gesellschaftsrecht wird dem nationalen Recht allerdings häufig ein Regelungsspielraum gewährt oder sogar ganz auf nationales Recht verwiesen. Das ist vor allem bei den gesellschaftsrechtlichen Richtlinien der Fall. Hier stellt sich die Frage, ob die Verweisungs- bzw. Öffnungsnorm europäisch-autonom auszulegen ist. Gegen die europäisch-autonome Auslegung könnte eingewandt werden, dass das Recht doch hier gerade gegenüber dem nationalen Recht geöffnet werden soll. Allerdings würde dies dazu führen, dass der Regelungsspielraum vom nationalen Begriffsverständnis abhängt. Dies aber entspricht nicht dem Willen des europäischen Gesetzgebers. Da dieser auch die Reichweite der Öffnung oder des Verweises bestimmen will, sind auch hier die entsprechenden Begriffe einheitlich europäisch-autonom auszulegen.[283] 84

IV. Wortlautauslegung

Die Wortlautauslegung (grammatikalische Auslegung) spielt auf europäischer Ebene eine große Rolle, obwohl sie anders als in Deutschland formal nicht als Grenze der Auslegung anerkannt ist.[284] Letzteres liegt daran, dass es an einer allgemeinen, klar handhabbaren Erlaubnis für die bei Fehlschlagen der Auslegung notwendigen Rechtsfortbildung fehlt (dazu bereits Rn. 10, s. auch Rn. 165). Der Wortlaut ist für den EuGH grundsätzlich der **Ausgangspunkt** der Interpretation.[285] 85

Trotz aller Freiheiten der Methodik ist die Wortlautauslegung als Ausgangspunkt geradezu zwingend, da die Sprache die Bedeutung transportiert.[286] Eine Herausforderung stellen allerdings die verschiedenen Amtssprachen in der EU dar. Gemäß Art. 342 AEUV wird die Regelung der Sprachenfrage für die Organe der Union einstimmig vom Rat getroffen. Nach dem Beitritt Kroatiens in die EU bestehen nunmehr 24[287] Amtssprachen.[288] **Alle Sprachen** sind für die Auslegung **verbindlich und gleichrangig.**[289] Das bedeutet, dass keiner Amtssprache Vorrang vor einer anderen Amtssprache zukommt.[290] Die isolierte Betrachtung nur einer Sprachfassung ist nicht zulässig.[291] Denn es kann zwischen den verschiedenen Sprachfassungen **Bedeutungsdivergenzen** geben. 86

280 *Jung* in: Clavora/Garber, Das Vorabentscheidungsverfahren in der Zivilgerichtsbarkeit, 2014, S. 22; Gemeinsamer Leitfaden für die Abfassung von Rechtstexten (2015), Leitlinie 6.2.1. mit dem Beispiel Rechtsakt und Durchführungsvorschrift.

281 Vgl. *Riesenhuber* in: Riesenhuber (Hrsg.), Europäische Methodenlehre, 2015, § 10 Rn. 4 ff.; zur gemeinschaftsweiten Begriffsbestimmung etwa EuGH, Rs. C-139/84 (van Dijk's Boekhuis), ECLI:EU:C:1985:195 = Slg 1985, 1405, Rn. 16; *Scheibeler*, Begriffsbildung durch den Europäischen Gerichtshof – autonom durch Verweis auf die nationalen Rechtsordnungen?, 2004.

282 *Jung* in: Clavora/Garber, Das Vorabentscheidungsverfahren in der Zivilgerichtsbarkeit, 2014, S. 22.

283 *Jung* in: Clavora/Garber, Das Vorabentscheidungsverfahren in der Zivilgerichtsbarkeit, 2014, S. 24; bezogen auf die SPE auch *Jung*, Die Kapitalverfassung der Societas Privata Europaea, 2014, S. 121.

284 Für eine funktionale Grenze zwischen Auslegung und Rechtsfortbildung, die über den Wortlaut hinausgeht und so auch den EuGH interpretierend *Pötters/Christensen* JZ 2011, 387, 391 f.

285 *Dederichs* EuR 2004, 346, 349 f. zählt für die EuGH-Entscheidungen von 1999 572 Wortlautauslegungen und damit etwa doppelt so viele wie teleologische Auslegungen und fünfmal so viele wie systematische und historische Auslegungen; vgl. auch *Syer*, Der *effet utile* in der Rechtsprechung des EuGH, 2008, S. 32; *Müller/Christensen*, Juristische Methodik, Bd. II, 2012, Rn. 23 ff.; *Anweiler*, Die Auslegungsmethoden des Gerichtshofs der Europäischen Union, 1997, S. 145 ff.; *Buerstedde*, Juristische Methodik des Europäischen Gemeinschaftsrechts, 2006, S. 30; *Riesenhuber* in: Riesenhuber (Hrsg.), Europäische Methodenlehre, 2015, § 10 Rn. 13.

286 *Langenbucher* in: Langenbucher (Hrsg.), Europäisches Privat- und Wirtschaftsrecht, 2017, § 1 Rn. 6.

287 Bulgarisch, Dänisch, Deutsch, Englisch, Estnisch, Finnisch, Französisch, Griechisch, Italienisch, Irisch, Kroatisch, Lettisch, Litauisch, Maltesisch, Niederländisch, Polnisch, Portugiesisch, Rumänisch, Schwedisch, Spanisch, Tschechisch, Slowakisch, Slowenisch und Ungarisch.

288 Englisch könnte nach dem Brexit theoretisch als Amtssprache (nicht als Arbeitssprache) wegfallen, da Irland Englisch bisher nicht als Amtssprache gewählt hat. Dies erscheint allerdings nicht realistisch.

289 Gleichwertige Berücksichtigung folgt aus Art. 55 I EUV, *Neuner* in: Riesenhuber (Hrsg.), Europäische Methodenlehre, 2015, § 12 Rn. 4; *Riesenhuber* in: Riesenhuber (Hrsg.), Europäische Methodenlehre, 2015, § 10 Rn. 14; *Müller/Christensen*, Juristische Methodik, Bd. II, 2012, Rn. 23 ff.; ua EuGH, Rs. C-283/81 (C.I.L.F.I.T.), ECLI:EU:C:1982:335 = NJW 1983, 1257, Rn. 18; EuGH, Rs. C-296/95 (EMU Tabac), ECLI:EU:C:1998:152 = EuZW 1998, 503, Rn. 36.

290 Vgl. EuGH, Rs. C-296/95 (EMU Tabac), ECLI:EU:C:1998:152 = EuZW 1998, 503, Rn. 34 ff.

291 Vgl. EuGH, Rs. C-268/99, ECLI:EU:C:2001:616 = EuZW 2002, 120, Rn. 47.

Eher selten treten klare und gravierende Übersetzungsfehler auf (Zur Fehlerkorrektur durch Berichtigung außerhalb des normalen Gesetzgebungsprozesses § 39 Rn. 13).[292] Häufig aber ist die Bedeutungsbreite eines Begriffs in jeder Sprache etwas anders.[293] Das gilt selbst zwischen Ländern gleicher Sprache wie Deutschland und Österreich. Diese Bedeutungsdivergenzen sollen nach einer empirischen Untersuchung allerdings weitaus seltener sein als man erwarten würde.[294] Vielleicht vermeidet der EuGH aber auch nur die explizite Auseinandersetzung mit kleineren Divergenzen, denn nur auf Divergenzen bezog sich die empirische Untersuchung. Die geringe Zahl würde dann nur die größeren Divergenzen repräsentieren. Nach einer anderen empirischen Untersuchung der Entscheidungen von 1960 bis 2010 wurden nur in etwa 3% der Fälle überhaupt mehrere Sprachfassungen in der Entscheidung des EuGH herangezogen.[295] Aus Sicht der europäischen Organe und damit auch des EuGH ist eine solche explizite Auseinandersetzung auch nicht attraktiv, denn bei einer Vielzahl von Abweichungen[296] käme der Ruf nach nur einer oder ganz wenigen verbindlichen Sprachen auf und dies könnte zu einer Destabilisierung der EU führen.

87 Bei wissenschaftlicher oder richterlicher Beschäftigung mit Sekundärrecht sind im Ergebnis wegen möglicher Bedeutungsdivergenzen stets **mehrere Sprachfassungen** heranzuziehen.[297] Alle 24 Sprachfassungen zu vergleichen ist in der Praxis jedoch unrealistisch. Es ist auch nicht so, dass hier eine einfache Mehrheitsentscheidung zu fällen ist, womit man die Zahl der Sprachen, die einen bestimmten Begriffsumfang befürworten gegeneinander abzählen könnte. Selbst vom EuGH werden daher meist nur fünf bis sieben, in seltenen Fällen auch zehn,[298] Sprachen berücksichtigt, zu denen immer die **Arbeitssprachen** der Union gehören. Formal haben die Arbeitssprachen der EU (Englisch, Französisch und Deutsch)[299] keine höhere Bedeutung im Rahmen der Wortlautauslegung. Rein tatsächlich dominiert beim Entwerfen von Rechtstexten das Englische. Einzige offizielle Arbeitssprache der Richter des EuGH neben der Sprache des konkreten Verfahrens ist allerdings Französisch, wobei selbst hier gelegentlich inoffiziell auf Englisch zurückgegriffen wird. Fast alle Regelungen werden zunächst auf Englisch verfasst, was schon dadurch erkennbar ist, dass am Anfang häufig nur die englische Sprachfassung veröffentlicht wird. Das Initiativrecht liegt bei der Kommission, die ihre Entwürfe zumeist zunächst auf Englisch formuliert und auch die darauffolgenden Arbeitsdokumente werden in der Regel zunächst auf Englisch erstellt.[300] Da der ursprüngliche Wille in dieser Sprache gebildet wurde und nur beim Englischen keine nachträglichen Übersetzungsfehler auftreten können, spräche dies aus pragmatischen Gründen für eine stärkere Berücksichtigung der englischen Sprachfassung.[301] Dagegen besteht allerdings rechtspolitisch erheblicher Widerstand.[302] Denn die englische Sprache ist wie alle anderen Sprachen auch nicht neutral. Die Begriffe der Rechtssprache sind durch das dahinter stehende Rechtssystem, das Common Law, geprägt. Die politisch gewollte Gleichbehandlung der Sprachfassungen gilt als wichtiger als pragmatische Vorteile. Auch unter Berücksichtigung der Bedeutung der Verankerung und Verinnerlichung europäischen Rechts in den einzelnen Mitgliedstaaten durch die Rechtsanwender hat die Gleichrangigkeit eine hohe Bedeutung. Nach dem Brexit könnte sich die Situation allerdings ändern, insbesondere wenn sich die Tendenz zu einem „Brussels English" deutlich intensivieren sollte und eine Lösung vom Common Law Sprachverständnis generell feststellbar wäre. Dann würde dieses Englisch zu einer weitgehend neutralen Sprache und könnte als primäre Arbeitssprache auch eine stärkeres Gewicht bei die Auslegung bekommen.[303]

88 Es muss grundsätzlich eine Interpretation gefunden werden, die mit dem Wortlaut aller Sprachen vereinbar ist. Ein Sprachvergleich lässt dabei auch einzelne, (klar) **fehlerhafte Sprachfassungen** erkennen. Der fehlerhafte Wortlaut ist bei der Wortlautauslegung dann nicht zu berücksichtigen. Teilweise werden Übersetzungsfehler

292 Übersetzungsfehler enthalten im europäischen Gesellschaftsrecht beispielsweise Art. 55 S. 1 SCE-VO; Art. 61 III 1 SCE-VO; Art. 1 II 3 SCE-VO; Art. 9a IV 2 AR-RL; Art. 9c VI lit. a) AR-RL.

293 *Pescatore* ZEuP 1998 1, 10 sieht dadurch den Wert jeder Auslegung bei mehrsprachigen Texten relativiert.

294 Nach *Dederichs* EuR 2004, 346, 352 f. nur in einer von 259 Entscheidungen des Jahres 1999 des EuGH.

295 *Baaij* in: Baaij (Hrsg.), The Role of Legal Translation in Legal Harmonisation, 2012, S. 15, 15 f.

296 Ein Ansteigen vermutet *Schulte-Nölke*, in: Schulze (Hrsg.), Auslegung europäischen Privatrechts und angeglichenen Rechts, 1999, S. 143, 157 auf Basis von noch 11 Sprachen.

297 Für Berücksichtigung mehrerer Sprachen *Fleischer* RabelsZ 75 (2011) 700, 713.

298 Vgl. EuGH, Rs. C-19/11, ECLI:EU:C:2012:397 = NJW 2012, 2787, Rn. 42.

299 Dies gilt für die Kommission und den Ausschuss der Ständigen Vertreter des Rates. Viele Dokumente werden in der Praxis zunächst ausschließlich auf Englisch verfasst und auf Englisch diskutiert. Dies ist schon deshalb praktisch, weil alle Mitarbeiter der Kommission Englisch können. Die anderen Arbeitssprachen Französisch und Deutsch werden nur von einem Teil der Mitarbeiter beherrscht.

300 Ähnlich bereits *Jung* in: Garber/Clavora (Hrsg.), Das Vorabentscheidungsverfahren in der Zivilgerichtsbarkeit, 2014, S. 19.

301 Eine Argumentation eines Generalanwaltes, der mit Übersetzungsfehlern gegenüber der Arbeitssprache argumentierte, wurde allerdings vom EuGH nicht aufgegriffen vgl. EuGH, Rs. C-29/69 (Stauder), ECLI:EU:C:1969:57 = Slg 1969, 419.

302 Gegen eine Privilegierung des Englischen im Europarecht zB *Flessner* JZ 2002, 14, 22 f.

303 *Triebel/Vogenauer*, Englisch als Vertragssprache, 2018, Rn. 411 erwarten eine Entwicklung der EU zu einer sprachlichen Mischrechtsordnung nach dem Brexit.

dann später offiziell berichtigt. Neben echten Übersetzungsfehlern gibt es allerdings auch Fälle, in denen es in einer Sprache keine bessere Begrifflichkeit als die Gewählte gegeben hat (also kein Fehler vorliegt), die Reichweite des Begriffs, aber in einer Hinsicht dennoch anders (oder weiter/enger) als in allen anderen Staaten ist. Dieser nicht deckungsgleiche Bereich ist dann in einem weiteren Sinne „fehlerhaft", wird also bei der Auslegung nicht beachtet. Mehr als eine Sprachfassung wegen des gleichen „Fehlers" auszuschließen ist bei 24 Sprachen möglich, sollte aber zurückhaltend angewandt und besonders gut begründet werden. Eine Rechtfertigung wäre zB dann möglich, wenn die Übersetzung über eine Scharniersprache als Zwischenübersetzung (Übersetzung der Übersetzung) erfolgte, hier bei der ersten Übersetzung der Fehler auftritt und sich dieser dann fortpflanzt. Dafür müsste aber auch der Übersetzungsweg dokumentiert sein. Hier wird man eher im Rahmen der Argumentation berücksichtigen, dass ein bestimmtes Verständnis nur von einer kleinen Minderheit der Sprachfassungen gedeckt ist.

Im Regelfall ergibt die Analyse der verschiedenen Sprachfassungen einen übereinstimmenden Bereich. Dies bietet die Möglichkeit, einen **Begriffskern** herauszuarbeiten, der auf jeden Fall vom Wortlaut erfasst ist.[304] Die Thematik wird in der Literatur auch unter dem Stichwort „Regel des gemeinsamen Nenners" diskutiert.[305] Diskutiert werden aber auch ein Vorrang der Mehrheit der übereinstimmenden Sprachfassungen oder die Maßgeblichkeit der Sprachfassung, die den Unionsbürger am wenigsten belastet.[306] Kommt es wie meist auf die Wortlautbedeutung an und ist diese aus sich heraus nicht eindeutig, zieht der EuGH primär die telelogische und die systematische Auslegung zur Klärung des Begriffs heran.[307] 89

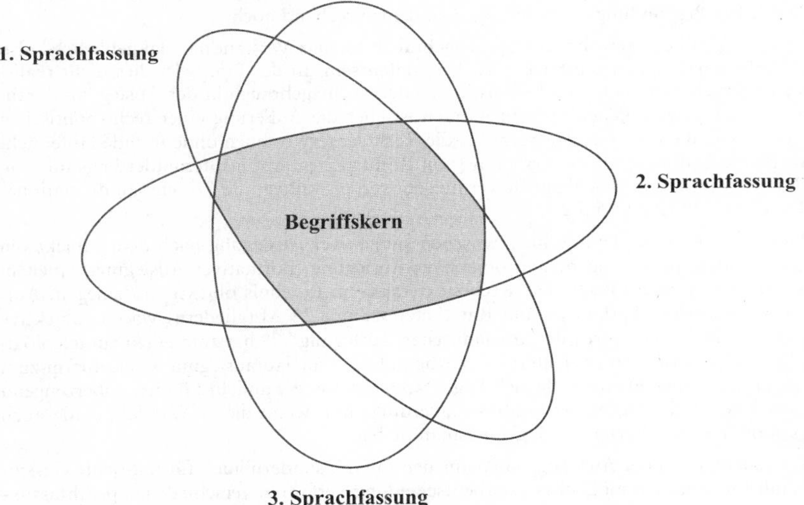

Abb. 2: Veranschaulichung des Begriffskerns[308]

Der ermittelte Begriffskern muss nicht die vorzugswürdige Interpretation darstellen. So können sich in der Gesamtheit der Sprachen zwei Begriffsverständnisse gegenüberstehen, die beide über den Begriffskern hinausgehen, aber sich dennoch erheblich unterscheiden. Hier liegt eine Entscheidung zwischen diesen beiden Varianten 90

304 Vgl. dazu auch *Jung* in: Garber/Clavora (Hrsg.), Das Vorabentscheidungsverfahren in der Zivilgerichtsbarkeit, 2014, S. 20.

305 *Anweiler*, Die Auslegungsmethoden des EuGH, 1997, S. 157 f.; kritisch hierzu *Buerstedde*, Juristische Methodik des Europäischen Gemeinschaftsrechts, 2006, S. 45.

306 *Neuner* in: Riesenhuber (Hrsg.), Europäische Methodenlehre, 2015, § 12 Rn. 17; *Anweiler*, Die Auslegungsmethoden des Gerichtshofs der Europäischen Gemeinschaften, 1997, S. 153 ff.; *Bengoetxea*, Legal Reasoning, 1993, S. 234 ff.

307 EuGH, Rs. C-30/77 (Regina/Bouchereau), ECLI:EU:C:1977:172 = NJW 1978, 479; EuGH, Rs. C-136/91 (Wälzlager/Hauptzollamt Karlsruhe), ECLI:EU:C:1993:133 = EuZW 1993, 448; EuGH, Rs. C-292/82 (Hauptzollamt Hamburg/Jonas), ECLI:EU:C:1983:335 = Slg 1983, 3781; EuGH, Rs. C-337/82 (St. Nikolaus Brennerei/Hauptzollamt Krefeld), ECLI:EU:C:1984:69 = Slg 1984, 1051, Rn. 10 ff.; *Buerstedde*, Juristische Methodik des Europäischen Gemeinschaftsrechts, 2006, S. 36 ff.; *Anweiler*, Die Auslegungsmethoden des EuGH, 1997, S. 159 f.

308 Die Graphik stammt aus *Jung*, Die Kapitalverfassung der Societas Privata Europaea, 2014, S. 21.

näher. Für eine abweichende, umfassendere Auslegung sollten allerdings andere gewichtige Argumente (Konkretisierungselemente) insbesondere aus dem Normzweck und der Systematik sprechen.[309] Wenn der Anwendungsfall in den Begriffskern fällt, sind weitere Überlegungen für die Wortlautauslegung jedenfalls nicht anzustellen. Der Begriffskern wäre auch der Ausgangspunkt für die Gewinnung des Normzwecks aus dem Telos, wobei gerade im europäischen Recht, der Normzweck meist auch aus den Erwägungsgründen ableitbar ist (vgl. Rn. 114 f.). Der Begriffskern stellt nicht die Grenze der (Wortlaut-)Auslegung dar. Die Wortlautgrenze reicht vielmehr darüber hinaus und erfasst auch den **Begriffshof**, also die weitesten Bedeutungen, allerdings ohne die Bedeutungen, die wegen ihrer „Fehlerhaftigkeit" (echte Übersetzungsfehler) nicht berücksichtigt werden.[310]

91 Im europäischen Recht hat ein **eindeutiger Wortlaut** eine sehr große Bedeutung.[311] In diesen Fällen eines eindeutigen Wortlauts wird der Aspekt allenfalls eingeschränkt nach den anderen Auslegungsgrundsätzen überprüft.[312] Dies mag zunächst wegen der ebenfalls sehr großen, in gewisser Weise auch höherrangigen Bedeutung des Normzweckes (Rn. 100) überraschen. Für die besondere Bedeutung eines eindeutigen Wortlautes lässt sich allerdings die römisch-rechtliche und gemein-europäische Tradition anführen.[313] In vielen Ländern Europas bestehen auch rechtspolitische, aus der Gewaltenteilung stammende Bedenken, wenn es darum geht, dass ein Richter gegen den klaren Wortlaut des Gesetzes entscheiden müsste. Es besteht das Gefühl, dass der Gesetzgeber mehr noch als den Normzweck den klaren Wortlaut in seinen Willen aufgenommen hat. Dieses Gefühl kann auch rational gerechtfertigt werden, denn es lesen weitaus mehr Abgeordnete den Text eines Gesetzgebungsaktes, als sich Abgeordnete mit dem Telos beschäftigen. Der klare Wortlaut kann daher im Regelfall nur rechtsfortbildend überwunden werden (teleologische Reduktion Rn. 174 f.; Analogie Rn. 167 ff.; Rechtsfortbildung *extra legem* Rn. 177 ff.). Die Begründungsanforderungen sind entsprechend hoch.

92 Soweit keine Definition existiert, soll der **gewöhnliche Sprachgebrauch** für das Verständnis maßgeblich,[314] also nicht auf einen spezifisch-juristischen Sprachgebrauch zurückzugreifen sein. In der Praxis ist dies nicht realistisch. Näher liegt, dass sich letztlich sich doch ein übereinstimmender **Rechtsgebrauch** in der Auslegung durchsetzt.[315] Die Bezugnahme auf den gewöhnlichen Sprachgebrauch ist eher die Äußerung einer rechtspolitischen Grundhaltung, die verhindern will, dass das Gesetzesrecht für die Rechtsunterworfenen ohne fremde Hilfe nicht verständlich ist. Der gemeinsame Leitfaden für die Erstellung von Rechtstexten gibt insofern allerdings nur vor, dass bei der Abfassung des Texts juristische Fachbegriffe vermieden werden sollten, die "zu eng an die nationalen Rechtsordnungen gebunden sind" (Punkt 5.3.2.).

93 Der aus der deutschen Methodik bekannte Unterschied zwischen subjektiver Auslegung nach dem subjektiven Willen der Beteiligten (insbesondere in Verträgen) und objektiver Auslegung (normativer Auslegung) spielt in der europäischen Diskussion keine größere Rolle. Die Rechtstexte sind im Ergebnis objektiv auszulegen. Aufgrund der Beteiligung von Kommission, Parlament und Rat (Letzterer mit 28 Mitgliedern) wären subjektive Vorstellungen auch kaum feststellbar. Der Begriff der „**dynamischen Auslegung**"[316] hat zum einen ein teleologisches Element und kann Rechtsfortbildungen erleichtern. In Bezug auf die Wortlautauslegung steckt hierin zum anderen aber auch ein geltungszeitliches Element, da sich Begriffsverständnisse wandeln können. Überzeugend ist diese Anpassung an sich wandelnde Begriffsverständnisse allerdings nur, wenn dieser Wandel gerade auch einen politischen/sozialen/ökonomischen Bezug zur Regelungsmaterie hat.

94 Der Wortlaut ist im Übrigen nicht allein der Ausgangspunkt für den EuGH, sondern auch für **nationale Gerichte**. Diese sollten ebenfalls mit Blick auf ein mögliches Vorabentscheidungsverfahren verschiedene Sprachfassun-

309 *Müller/Christensen*, Juristische Methodik, Bd. II, 2012, Rn. 22; *Anweiler*, Die Auslegungsmethoden des Gerichtshofs der Europäischen Gemeinschaften, 1997, S. 159.

310 *Walter*, Rechtsfortbildung durch den EuGH, 2009, S. 72 ff.; *Schulte-Nölke* in: Schulze (Hrsg.), Auslegung europäischen Rechts und angeglichenen Rechts, 1999, S. 143, 157 f.

311 EuGH, Rs. C-31/64 (De sociale Voorzorg/Bertholet), ECLI:EU:C:1965:18; EuGH, Rs. C-162/73 (Birra Dreher/Amministratione delle Finanze), ECLI:EU:C:1974:17 = Slg 1974, 201, Rn. 8; EuGH, Rs. C-151/73 (Irland/Rat), ECLI:EU:C:1974:23 = WM 1974, 219, Rn. 16; EuGH, Rs. C-151/87 (Bakker/RWP), ECLI:EU:C:1988:191 = Slg 1988, 2009, Rn. 12; EuGH, Rs. C-113/86 (Kommission/Italien), ECLI:EU:C:1988:59 = Slg 1988, 607, Rn. 15; EuGH, Rs. C-262/96 (Sürül), ECLI:EU:C:1999:228 = BeckRS 2004, 75795, Rn. 62; *Rebhahn* ZfPW 2016, 281, 293.

312 Vgl. zuletzt EuGH, Rs. C-422/16 (Verband Sozialer Wettbewerb e.v. ./. TofuTown.com GmbH), ECLI:EU:C:2017:567 = EuZW 2017, 697.

313 „*Interpretatio cessat claris*" näher dazu *Schott* in: Schröder (Hrsg.), Theorie der Interpretation, 2001, S. 154, 165 ff.; Itzovich GLJ 10 (2009) 537 550: „In claris non fit interpretatio".

314 *Grundmann*, Die Auslegung des Gemeinschaftsrechts durch den Europäischen Gerichtshof, 1997, S. 203 ff.; *Buck*, Über die Auslegungsmethoden des Gerichtshofs der Europäischen Gemeinschaft, 1998, S. 152; *Anweiler*, Die Auslegungsmethoden des EuGH, 1997, S. 145.

315 Sogar für Vorrang des spezifischen Gesetzessprachgebrauchs *Riesenhuber* in: Riesenhuber (Hrsg.), Europäische Methodenlehre, 2015, § 10 Rn. 17; vgl. auch *Pescatore* ZEuP 1998, 1, 7.

316 *Krolop* in: Riesenhuber (Hrsg.), Europäische Methodenlehre, 2015, § 19 Rn. 20; *Martens*, Methodenlehre des Unionsrechts, 2013, S. 474 f.; *Buck*, Auslegungsmethoden des EuGH, 1998, S. 213 f.; grundlegend *Eskridge*, Dynamik Statutory Interpretation, U. Pa. L. Rev. 135 (1987) 1479, 1480 ff.

gen berücksichtigen. Denn in einer Sprachfassung mag ein Wortlaut eindeutig erscheinen. Die Heranziehung eines Sprachvergleichs kann jedoch dazu führen, dass verschiedene Auslegungen möglich erscheinen, was eine Vorlage mangels Offenkundigkeit der Auslegung notwendig machen kann (s. zur *acte clair* DoktrinRn. 76).[317]

V. Systematische Auslegung

Die systematische Auslegung ist auf europäischer Ebene anerkannt.[318] Wie in Deutschland ist eine europäische Vorschrift im Zusammenhang mit der **inneren** (wertungsbezogenen) und **äußeren** (konstruktiven) **Systematik** auszulegen. Dabei ist zwischen der Auslegung innerhalb der konkreten Norm und innerhalb des Rechtsaktes sowie der rechtsaktübergreifenden Auslegung zu unterscheiden. 95

Die Auslegung nach der inneren Systematik setzt deren Existenz, also ein System inhaltlicher (wertungsbezogener) Widerspruchsfreiheit, voraus. **Innerhalb** eines **Rechtsaktes** ist der Wunsch nach inhaltlicher Widerspruchsfreiheit auch europäisch stark ausgeprägt, weshalb grundsätzlich davon ausgegangen werden darf, dass der Rechtsakt widerspruchsfrei sein soll, womit entsprechend systematisch ausgelegt werden kann. Allerdings stellt sich die Kompromissbildung bei europäischen Rechtsakten so dar, dass aufgrund des Einstimmigkeitsprinzips (Verordnungen) bzw. des qualifizierten Mehrheitserfordernisses (Richtlinien) im Rat verabschiedete Rechtsakte auch unsystematische Regeln enthalten, die aus Sicht eines oder mehrerer Länder erforderlich waren, um dem Rechtsakt zustimmen zu können. Daher kann auch innerhalb eines Rechtsaktes ein inhaltlicher Widerspruch hinzunehmen sein. Die Begründungslast liegt allerdings bei demjenigen, der den Widerspruch zulassen will. Erst Recht gilt dies **innerhalb** einer konkreten **Norm**, da hier der Wunsch nach Widerspruchsfreiheit noch ausgeprägter ist. 96

Rechtsaktübergreifend ist das Ziel inhaltlicher (wertungsbezogener) Widerspruchsfreiheit weniger ausgeprägt, kommt aber mit Blick auf bestimmte stärker geregelte Bereiche in Betracht. Das in Deutschland postulierte Ziel der Einheit der Rechtsordnung[319] wird in Europa (noch) nicht offensiv befürwortet. Der Glaube an die Widerspruchsfreiheit des Systems und damit an die innere Systematik ist auf europäischer Ebene insoweit deutlich weniger ausgeprägt.[320] Das hat auch damit zu tun, dass das europäische Recht zunächst einmal inselartig bestimmte Bereiche regelte.[321] Die EU-Kommission als diejenige, die Regeln initiiert, dürfte die Parallelregelungen in anderen Rechtsakten allerdings durchweg im Blick haben. Das zeigt sich im Gesellschaftsrecht bereits daran, dass einmal gefundene Kompromisse in anderen Rechtsakten oftmals aufgegriffen werden (s. dazu auch § 3 Rn. 9, 86). Auch sie will aber nicht immer eine vollständige inhaltliche Parallelregelung, da sich die Vorstellungen über das, was europäisch wünschenswert wäre und über das, was möglich ist, noch immer dynamisch entwickeln. Rat und Parlament dürften die inhaltliche Kohärenz deutlich weniger als zentrales Desiderat ansehen, weshalb insbesondere bei Änderungen auf Initiative eines einzelnen Landes Durchbrechungen innerer Folgerichtigkeit nicht selten sind. Rechtsaktübergreifend ist daher der Wille zur inhaltlichen Kohärenz derzeit noch positiv zu begründen, bevor hieraus im Rahmen der systematischen Auslegung Schlüsse gewonnen werden können. Soweit jedoch eine innere Systematik besteht (**Kohärenzanspruch**), ist dies auch ein gewichtiges Argument bei der Auslegung. **Abstrakt betrachtet** besteht im europäischen Gesellschaftsrecht der höchste Harmonisierungsgrad im Anwendungsbereich der kapitalmarktrechtlichen Vorschriften.[322] Gerade bei Strukturvorgaben (Aspekte der Verschmelzung und Spaltung) spielt die innere Systematik eine Rolle. **Konkret** betrachtet ist die (fast) wörtliche Übernahme einer Regelung zB bei der SCE von der SE eine konkrete Kohärenzentscheidung für die wiederum eine abweichende Auslegung aus funktionalen Gründen zwar noch möglich, aber besonders zu begründen wäre. Ein Beispiel für die Übernahme eines ganzen Regelungskomplexes ist die Arbeitnehmerbeteiligung, die bei der SE und der SCE sehr ähnlich ausgestaltet ist (vgl. § 6 Rn. 298). Bei den Richtlinien besteht ein Kohärenzanspruch mit Blick auf die Strukturrichtlinien (Verschmelzungs-RL, Inter. Verschmelzungs-RL und Spaltungs-RL). Ein konkreter Kohärenzanspruch besteht auch bei **verbundenen Rechtsakten**. So gibt es bei den europäischen Rechtsformen Richtlinien, die die entsprechende Verordnung konkretisieren. Diese bilden eine systematische Einheit. Besonders deutlich wird dies, wenn wie bei Erwägungsgrund 17 der SCE-VO, die Richtlinie als „untrennbare Ergänzung“ bezeichnet wird (vgl. § 6 Rn. 297). Die Richtlinie ist hier durch die Verordnung geprägt und abweichende Entscheidungen sind nur bei besonderer funktionaler, teleologischer Begründung vorstellbar. 97

317 *Jung* in: Garber/Clavora (Hrsg.), Das Vorabentscheidungsverfahren in der Zivilgerichtsbarkeit, 2014, S. 19 f.

318 EuGH, Rs. C-533/07 (Falco), ECLI:EU:C:2009:257 = NJW 2009, 1865, Rn. 33; EuGH, Rs. C-270/12 (ESMA), ECLI:EU:C:2014:18 = NJW 2014, 1359, Rn. 79; *Langenbucher* in: Langenbucher (Hrsg.), Europäisches Privat- und Wirtschaftsrecht, 2017, § 1 Rn. 11.

319 Zur Einheit der Rechtsordnung im Allgemeinen *Engisch*, Die Einheit der Rechtsordnung, 1935; *Felix*, Einheit der Rechtsordnung, 1998.

320 *Hesselink* in: Neergard/Nielsen/Roseberry (Eds.), European Legal Method – Paradoxes and Revitalisation, 2011, S. 201.

321 Zur inselartigen Regelung *Riesenhuber* in: Riesenhuber (Hrsg.), Europäische Methodenlehre, 2015, § 10 Rn. 22 ff.

322 Vgl. *Krolop* in: Riesenhuber (Hrsg.), Europäische Methodenlehre, 2015, § 19 Rn. 39.

98 Die Überzeugung von der Notwendigkeit eine nach **äußerer** logischer **Systematik** stimmige Interpretation zu finden, ist noch stärker ausgeprägt als mit Blick auf die innere Systematik. Satzstellung, Überschriften im Gesetz und ähnlich sprachlich logische Vorgaben sind anerkannt. Bewusste Festlegungen zur äußeren Systematik, die dem inhaltlich Gewünschten innerhalb des unmittelbaren Normzusammenhangs und selbst innerhalb des Gesamtrechtsaktes widersprechen, sind auf Seiten des Gesetzgebers sehr selten. Etwas Anderes ist dies bei Begrifflichkeiten. Selbst in den sog Großsprachen, die besonders viele ausdifferenzierte Begriffe kennen, reicht die sprachliche Vielfalt nicht aus, um jede Differenzierung durch einen andersartigen Begriff zu erfassen (zur Wortlautauslegung bereits Rn. 85 ff.). Hier kann es also verhältnismäßig schnell zu kleineren Unterschieden im Begriffsverständnis kommen. In Rechtsgebieten wie dem europäischen Gesellschaftsrecht, für die durch bewusst wiederholende Formulierungen eine Anknüpfung an Regelungen in anderen Rechtsakten feststellbar ist, sollte bei festellbarer bewusster Parallelität auch ein paralleles Begriffsverständnis vermutet werden.

99 Im weiteren Sinn ist der systematischen Auslegung auch der Grundsatz zuzurechnen, dass **Ausnahmen eng zu interpretieren** sind (dazu auch Rn. 146). Dieser auch dem deutschen Recht bekannte Grundsatz wird auf europäischer Ebene jedoch stärker betont.[323] Es gibt eine ständige Rechtsprechung des EuGH, die diesen Grundsatz verwendet.[324] Dies mag auch daran liegen, dass es sich bei den Ausnahmen nicht selten um dem europäischen Gesetzgeber durch die Mitgliedstaaten aufgezwungene, manchmal sogar sachfremde, Ausnahmen handelt.

VI. Teleologische Auslegung

100 Die teleologische Auslegung, also die Interpretation gemäß dem Sinn und Zweck des Rechtsaktes, des Normbereiches, der Norm oder des Normteils, hat in Europa einen ähnlich **hohen Stellenwert** wie in Deutschland.[325] Sie wird im europäischen Recht auch **„finalistische" Auslegung** (also Auslegung nach dem Ziel) genannt.[326] Selten wird sie als dynamisches Kriterium der Auslegung betrachtet.[327] Wortlautauslegung und teleologische Auslegung können im europäischen Recht als die beiden Eckpfeiler der Auslegung betrachtet werden.[328] Zwar ist der Ausgangspunkt der Wortlaut der Norm (dazu bereits Rn. 85 f.), aber solange dies mit dem Wortlaut vereinbar ist, dominiert in der Praxis sodann die teleologische Auslegung. Ein Indiz dafür, dass der europäische Gesetzgeber dies wohl auch so sieht, lässt sich daraus gewinnen, dass sich die Erwägungsgründe insbesondere mit dem Telos beschäftigen (vgl. Rn. 114 f.). Der Gesetzgeber versucht also sich hier die Deutungshoheit zu sichern. Der Vorrang der teleologischen Auslegung gegenüber systematischen Argumenten und der historischen Auslegung[329] lässt sich indirekt bereits daran ablesen, dass alle anderen Auslegungsmethoden mit zur Gewinnung des Telos herangezogen werden können, aber nicht der Telos für die anderen Argumentationsmethoden.[330] Die überragende Stellung des Normzwecks wird letztlich auch daran deutlich, dass insbesondere die teleologische Reduktion (Rn. 174 f.) und unter bestimmten Umständen auch die Analogie (teleologische Extension) (Rn. 167 ff.) den Wortlaut überspielen. Auf europäischer Ebene zeigt zudem der Grundsatz des ***effet utile*** (Rn. 127 ff.) als Rechtfertigung für weite Auslegungen und Rechtsfortbildungen, dass dem Erreichen des Normzwecks überragende Bedeutung zukommt.[331] Auch wenn der *effet utile* den Telos nutzt, erscheint es doch angemessen, sich mit diesem Grundsatz separat zu beschäftigen, da die Wirkungen des *effet utile* deutlich über die einer normalen teleologischen Auslegung hinausgehen (s. daher dazu näher unter Rn. 129). Nicht dem *effet uti-*

323 *Herberger*, „Ausnahmen sind eng auszulegen", 2017, S. 20, 64 weist immerhin 1837 genuine Erwähnungen dieses Argumentationstopos und 209 gerichtliche Leitsätze allein für den Zeitraum 1997 bis 2015 in der europäischen Entscheidungspraxis nach.

324 EuGH, Rs. C-46/74 (Bauhuis), Slg 1977, 5, 15; EuGH, Rs. C-92/87 (Kommission/Italien), ECLI:EU:C:1989:77 = Slg 1989, 405, Rn. 23; EuGH, Rs. C-261/90 (Reichert und Kockler/Dresdner Bank), ECLI:EU:C:1992:149 = BeckRS 2004, 75788, Rn. 24 f.; *Schilling* EuR 1996, 441, 441 ff.; *Anweiler*, Die Auslegungsmethoden des EuGH, 1997, S. 231 ff.; *Buerstedde*, Juristische Methodik des Europäischen Gemeinschaftsrechts, 2006, S. 53 ff.

325 Zur Bedeutung der teleologischen Auslegung auf europäischer Ebene EuGH, Rs. C-45/96 (Bayrische Hypotheken und Wechselbank./. Dietzinger), ECLI:EU:C:1998:111 = Slg 1998, I-1199 Rn. 19; EuGH, Rs. C-112/99 (Toshiba), ECLI:EU:C:2001:566 = Slg 2001, I-7945, Rn. 35 f.; *Riesenhuber* in: Riesenhuber (Hrsg.), Europäische Methodenlehre, 2015, § 10 Rn. 54; *Martens*, Methodenlehre des Unionsrechts, 2013, S. 456 f.; *Henninger*, Europäisches Privatrecht und Methode, 2009, S. 285 f.; *Anweiler*, Die Auslegungsmethoden des EuGH, 1997, S. 236 ff.

326 *Pechstein/Drechsler* in: Riesenhuber (Hrsg.), Europäische Methodenlehre, 2015, § 7 Rn. 27.

327 *Itzovich* GLJ 10 (2009) 537, 549.

328 *Martens*, Methodenlehre des Unionsrechts, 2013, S. 456 f.; dazu ua EuGH, Rs. C-112/11 (ebookers.com Deutschland), ECLI:EU:C:2012:487 = NJW 2012, 2867, Rn. 12; EuGH, Rs. C-150/10 (Beneo-Orafti), ECLI:EU:C:2011:507 = BeckRS 2011, 81147, Rn. 41; EuGH, Rs. C-162/09 (Lassal), ECLI:EU:C:2010:592 = BeckRS 2010, 91171, Rn. 49.

329 *Anweiler*, Die Auslegungsmethoden des EuGH, 1997, S. 199; *Kutscher*, Thesen zu den Methoden der Auslegung, 1976, S. I-42; *Everling*, Rechtsanwendungs- und Auslegungsgrundsätze, 1988, S. 51 ff., 59 ff.

330 *Anweiler*, Die Auslegungsmethoden des EuGH, 1997, S. 202; *Constantinesco*, Das Recht der Europäischen Gemeinschaften, 1977, S. 820.

331 *Müller/Christensen*, Juristische Methodik, Bd. II, 2012, Rn. 439 ff.; *Martens*, Methodenlehre des Unionsrechts, 2013, S. 463 ff.; *Pechstein/Drechsler* in: Riesenhuber (Hrsg.), Europäische Methodenlehre, 2015, § 7 Rn. 30 f.; *Potacs* EuR 2009, 465, 465 ff.; aA *Seyr*, Der effet utile in der Rechtsprechung des EuGH, 2008, S. 275 ff.

le, sondern der allgemeinen teleologischen Auslegung zuzuordnen, ist der Grundsatz der **anwendungsfreundlichen Auslegung**, wonach im Zweifel die Auslegung den Vorrang genießt, die zB dafür sorgt, dass auch eine komplexe Ausnahmeregelung (vgl. zB zur Aktionärsrechterichtlinie § 30 Rn. 325) einen praktischen Anwendungsfall hat. Auch nicht offen benannte Rechtsfortbildungen, die teilweise als **„dynamische Auslegung"** benannt werden,[332] stützen sich weitestgehend auf den Telos.

In aller Regel gibt es mehr als einen Normzweck, weshalb das **Zusammenspiel der Normzwecke** von großer Bedeutung ist.[333] Es gibt Regelungszwecke auf verschiedenen Ebenen. (Formaler) Regelungszweck von europäischen Rechtsakten insgesamt kann zunächst zB die Rechtsangleichung oder der Abbau grenzüberschreitender Hemmnisse sein.[334] Dieser Zweck wird häufig auch benannt und kann zB dazu führen, nicht zu schnell einen Verweis auf nationales Recht zu bejahen. Auch ein Argument für einen Höchststandard einer Richtlinie kann aus so einem Teloselement gewonnen werden. Daneben verfolgt der gesamte Rechtsakt in der Regel einen oder mehrere **übergeordnete Zwecke**, die nicht allein die teleologische Auslegung bestimmen sollten.[335] So hat sich die Aktionärsrechte-RL zB zum Ziel gesetzt, die **grenzüberschreitende Ausübung** der **Aktionärsstimmrechte** in der Hauptversammlung börsennotierter Gesellschaften zu erleichtern. Ein Abschnitt des Rechtsaktes kann wiederum besondere Zwecke im Blick haben. Daneben gibt es die Normzwecke einer konkreten Norm und auch eigenständige bzw. modifizierte Normzwecke für einen Normteil (Absatz, Unterabsatz, Satz, Halbsatz).[336] 101

Formaler Regelungszweck

Übergeordneter Regelungszweck

Regelungszweck eines Abschnitts

Regelungszweck einer Norm

Regelungszweck eines Normteils

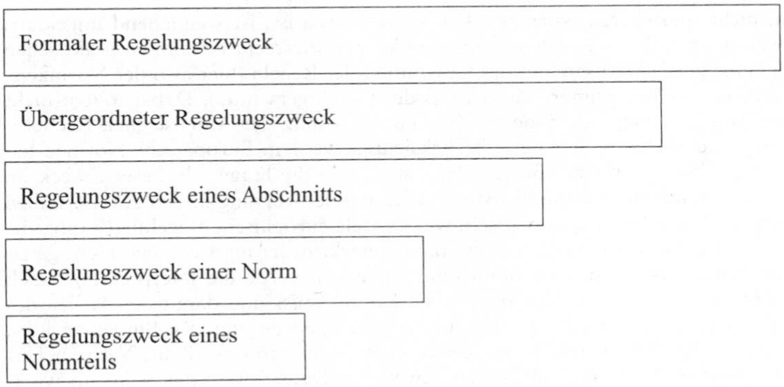

Abb. 3: Regelungszwecke auf verschiedenen Ebenen

Die Normzwecke sind jeweils separat zu bestimmen. Fehlen Anhaltspunkte für abweichende Normzwecke, die sich auf den konkreten Normabschnitt beziehen und nach dem Spezialitätsgrundsatz den generellen Normzweck verdrängen, so gelten die übergeordneten Normzwecke auch für den spezielleren Regelungsabschnitt. Der umgekehrte Schluss von den Teilzwecken von Teilen einer Norm oder einzelnen Normen auf den Gesamtzweck eines Rechtsaktes ist schwieriger, soweit nicht die Teilzwecke einheitlich sind. Die Normzwecke der Normen und Normabschnitte stehen praktisch im Mittelpunkt der Auslegung, da es bei der Auslegung fast immer um das Verständnis einer einzelnen Norm oder eines Normabschnittes geht. Im Ausnahmefall kann allerdings auch das Zusammenspiel mehrerer Normen Untersuchungsgegenstand sein. Dann wird auch ein übergeordneter Normzweck unmittelbar relevant. Bei unterschiedlichen, nicht parallelen Normzwecken innerhalb des Rechtsaktes gilt der **Spezialitätsgrundsatz** (*lex specialis* vgl. Rn. 73). Für die Auslegung der konkreten Norm ist der Telos dieser Norm bzw. bei Unterschieden innerhalb der Norm der Telos des konkreten Normabschnittes relevant. Abweichende übergeordnete Normzwecke sind im Rahmen der Auslegung allerdings auch zu berücksichtigen, wenn auch mehr als grober Rahmen, der durch den speziellen Normzweck und eine dementsprechende Auslegung nicht kontrakariert werden soll. In diesen Zusammenhang passt auch die etwas pauschalierende 102

332 *Müller/Christensen*, Juristische Methodik, Bd. II, 2012, Rn. 433 ff.; für die Berechtigung einer dynamischen Auslegung *Pechstein/Drechsler* in: Riesenhuber (Hrsg.), Europäische Methodenlehre, 2015, § 7 Rn. 11.

333 Vgl. *Herrestthal* ZEuP 2009, 598, 603 ff.; *Grigoleit* AcP 210 (2010) 394, 395 f.; *Gsell* AcP 214 (2014) 99, 133, die sich alle mit der teilweise alleinigen Argumentation des EuGH mit dem übergeordneten Zweck kritisch beschäftigen.

334 *Riesenhuber* in: Riesenhuber (Hrsg.), Europäische Methodenlehre, 2015, § 10 Rn. 44.

335 *Herresthal* ZEuP 2009, 598, 603 ff.; *Grigoleit* AcP 210 (2010) 394, 395 f.; *Gsell* AcP 214 (2014) 99, 133, die sich alle mit der teilweise alleinigen Argumentation des EuGH mit dem übergeordneten Zweck kritisch beschäftigen.

336 *Riesenhuber* in: Riesenhuber (Hrsg.), Europäische Methodenlehre, 2015, § 10 Rn. 42 fordert, dass statt genereller Zwecke stärker spezifische Zwecke herausgearbeitet werden sollen.

Aussage des EuGH, dass Ausnahmen eng auszulegen seien.[337] Auf Basis einer Auswertung der EuGH-Rechtsprechung wurde vorgeschlagen, diese Aussage dahin gehend zu präzisieren, dass Ausnahmen nicht weiter ausgedehnt werden sollten, als es die jeweilige Notwendigkeit gebietet.[338] Verhindert werden soll, dass der übergeordnete Zweck durch eine extensive Auslegung des Ausnahmezweckes insgesamt nicht erreicht wird.

103 Entgegen verbreiteter Vorstellung hat selbst eine einzelne Norm **selten nur einen Zweck.**[339] Das Recht sorgt für einen Interessenausgleich, weshalb eine Regelung, selbst wenn sie überwiegend einer Seite dient, fast immer auch die Interessen der anderen Beteiligten mit im Blick hat. Im Gesellschaftsrecht sind beispielsweise unter anderem die Interessen der Mehrheits- und Minderheitsgesellschafter sowie der Arbeitnehmer und Gläubiger in Ausgleich zu bringen. Außerdem besteht ein häufiger Nebenzweck darin, für **Rechtssicherheit** zu sorgen. Ebenfalls als Nebenzweck in Betracht kommt die Bewahrung des institutionellen Gleichgewichts.[340] Neben der Ordnung der Zwecke nach der Allgemeinheit ihres Anwendungsbereiches (vgl. oben Rn. 101 f.) kann es eine inhaltliche Rangordnung der Normzwecke geben. Die Normzwecke dürften in der Regel alle den gleichen (primären) Rang haben, möglich, wenn auch selten, ist aber auch, dass ein oder mehrere **Primärzwecke** (zB ist in der Insolvenz die bestmögliche Gläubigerbefriedigung in Deutschland Primärzweck) und daneben auch **Sekundärzwecke** existieren (bezogen auf das deutsche Insolvenzrecht ist die Sanierung nur Sekundärziel, wird also nur gefördert, wenn die Gläubiger dadurch keinen Nachteil erleiden). Der Sekundärzweck wirkt sich nur aus, wenn der vorrangige Primärzweck nach beiden Auslegungsmöglichkeiten erfüllt ist.

104 Wie bei **mehreren gleichrangigen, nicht spezielleren Normzwecken** zu verfahren ist, ist weitgehend ungeklärt. Man könnte zB an Herangehensweisen ähnlich der aus dem deutschen Verfassungsrecht bekannten praktischen Konkordanz denken, die eine möglichst große Wirksamkeit der Gesamtheit der Regeln (hier also der Normzwecke) zum Ziel hat. Genannt wird meist nur der primäre Zweck (zB der Gläubigerschutz). Dabei sollten nicht nur der primäre Zweck der Norm, sondern auch alle anderen Zwecke (zB Schutz der Anteilseigner, Rechtssicherheit, Abbau von grenzüberschreitenden Hemmnissen etc) berücksichtigt werden. Europäische Normen haben fast immer auch den Zweck, den Binnenmarkt zu fördern. Hier stellt sich die Frage, ob dieser Zweck im Zweifel Vorrang haben sollte, also der **binnenmarktfreundlichsten Auslegung** der Vorrang in den Zweifelsfällen einzuräumen ist.[341] Das ist in dieser Allgemeinheit problematisch, weil es viele europäische Regelungen gibt, die nur deshalb die Zustimmung des Rates gefunden haben, weil die Binnenmarktförderung sich eben nicht gänzlich durchsetzen konnte. In diesen Fällen eines **kupierten Binnenmarktzweckes** würde die Interpretation nach dem Zweck, den Binnenmarkt zu fördern, im Zweifel den politischen Kompromiss und damit den Willen des Gesetzgebers verfälschen. Bestand allerdings Einigkeit in einer umfassenden Förderung des Binnenmarktes, könnte der Vorrang dieser Leitidee in den Zweifelsfällen im Gesellschaftsrecht (anders zB im Verbraucherschutzrecht) gerechtfertigt sein. Wer hingegen nur einen (primären) Zweck heranzieht, wird den meist im Wortlaut zum Ausdruck kommenden Kompromiss nicht ohne Weiteres verstehen oder nicht akzeptieren. Dies kann zu Auslegungen und Rechtsfortbildungen führen, die die legitimen Interessen der Gegenseite vernachlässigen. Generell sind daher **gegenüber** vereinfachenden **einseitigen Normzwecken Bedenken** angebracht.

105 Der **Zweck** kann wie im nationalen Recht primär aus Wortlaut, Systematik, historischer Auslegung und generell aus den Wirkungen (Rechtsfolgen) der Regelung **erschlossen** werden.[342] Hierzu wird untersucht, wessen Interessen durch die Rechtsfolgen wie gefördert oder zumindest berücksichtigt werden. Diese Art der Zweckbestimmung ist nicht ohne Risiko. Denn es kann durchaus vorkommen, dass aus einem bestimmten Normaspekt auf einen bestimmten Zweck geschlossen wird. Glaubt der Interpret, dass dies der einzige Zweck ist, fühlt er sich berechtigt, den Wortlaut gestützt auf den Zweck der Norm teleologisch zu korrigieren (zB durch teleologische Reduktion, vgl. Rn. 174 f.). Richtigerweise sind jedoch aus dem gesamten Wortlaut der Norm alle verfolgten Zwecke abzuleiten, womit sich deutlich seltener ein teleologischer Korrekturbedarf für den Wortlaut ergibt. Besondere Bedeutung für die Bestimmung des oder der Zwecke haben im europäischen Recht zudem die **Erwägungsgründe**[343] (näher Rn. 114 f.), die den Rechtsakten der Europäischen Union vorangestellt sind. Denn die Erwägungsgründe enthalten praktisch immer Ausführungen zu den Normzwecken, da sie dazu gedacht sind, den verfügenden Teil zu begründen.[344] Zwar haben diese Ausführungen keinen Vollständigkeitsanspruch und enthalten meist auch keine Aussagen zum Verhältnis verschiedener Zwecke zueinander. Nach hier vertretener Ansicht spricht für die in den Erwägungsgründen genannten Zwecke jedoch eine Vermutung der Richtigkeit. Damit trägt derjenige die Begründungslast, der sich auf einen abweichenden Normzweck beruft. Man wird so-

337 Vgl. EuGH, Rs. C-257/14 (van der Lans), ECLI:EU:C:2015:618 = NJW 2015, 3427; EuGH, Rs. C-96/14 (Van Hove), ECLI:EU:C:2015:262 = NJW 2015, 1811.

338 *Herberger*, „Ausnahmen sind eng auszulegen“, 2017, S. 65.

339 Zu Recht betont auch von *Riesenhuber* in: Riesenhuber (Hrsg.), Europäische Methodenlehre, 2015, § 10 Rn. 43.

340 Vgl. dazu *Grundmann* RabelsZ 75 (2011) 882, 907 ff.

341 *Riesenhuber* in: Riesenhuber (Hrsg.), Europäische Methodenlehre, 2015, § 10 Rn. 44; *M. Schmidt* RabelsZ 59 (1995) 569, 580; aA *Herresthal* ZEuP 2009, 600, 605.

342 Vgl. zu der Frage auch *Riesenhuber* in: Riesenhuber (Hrsg.), Europäische Methodenlehre, 2015, § 10 Rn. 44.

343 Vgl. *Jung* in: Clavora/Garber, Das Vorabentscheidungsverfahren in der Zivilgerichtsbarkeit, 2014, S. 17-32.

344 Gemeinsamer Leitfaden für die Abfassung von Rechtstexten (2015), Leitlinie 10.

gar vermuten können, dass die in den Erwägungsgründen genannten Zwecke, insbesondere wenn nur einer genannt wird, Primärzwecke sind.

Der Telos kann bis zu einem gewissen Grade dynamisch sein. Dies ist insbesondere bei späteren Spezialregeln der Fall, wenn sie dafür sorgen, dass der Spezialfall jetzt nicht mehr vom Telos der allgemeinen Regel gedeckt ist. Der Telos kann sich im Extremfall auch verschieben und zwar insbesondere durch die Änderung gesetzlicher Umfeldwertungen. So ging der EuGH im *Dowling*-Fall[345] davon aus, dass durch die Änderungen im Zusammenhang mit der Einführung des Eurosystems der Schutz des Eurosystems als neuer Zweck hinzugekommen ist und dies auch die geänderte Interpretation der (alten) Kapitalrichtlinie (jetzt Teil der Kodifizierungs-RL) im Sinne eines Vorrangs des Schutzes des Finanzsystems vor den Gesellschafterinteressen rechtfertigen könne.[346] Würde man eine solche nachträgliche Änderung des Telos ablehnen, läge eine Rechtsfortbildung *contra legem* vor (Rn. 182 f.). 106

VII. Erwägungsgründe[347]

1. Aufbau

Art. 296 II AEUV schreibt sowohl für Richtlinien als auch Verordnungen die Erstellung von Erwägungsgründen (Begründungserwägungen) vor. Sie sind dem eigentlichen Text, dh dem verfügenden Teil, vorgelagert (und damit Teil der Präambel) und zur besseren Nutzung heute durchnummeriert.[348] Eingeleitet werden sie durch die Worte „in Erwägung nachstehender Gründe".[349] Die Länge der Erwägungsgründe variiert. So enthielt die ehemalige Verschmelzungsrichtlinie (2011/35/EU) 11 Erwägungsgründe bei 34 Artikeln (jetzt Teil der Kodifizierungs-RL). Die 2017 verabschiedete Kodifizierungs-Richtlinie kommt auf 80 Erwägungsgründe im Verhältnis zu 168 Artikeln. Die Änderungsrichtlinie zur Aktionärsrechterichtlinie (2017/828/EU) enthält für 21 Artikel dagegen 57 Erwägungsgründe. Die SCE-Verordnung hat 20 Erwägungsgründe bei 80 Artikeln. Die SE-Verordnung umfasst 29 Erwägungsgründe für 70 Artikel. Eine Korrelation zwischen der Zahl der Erwägungsgründe und der Bedeutung des Rechtsaktes lässt sich nicht feststellen. 107

Die ersten Erwägungsgründe beschäftigen sich häufig mit dem Hintergrund des Gesetzgebungsakts.[350] Im Fall einer Änderungsrichtlinie wird regelmäßig auf die geänderte Richtlinie Bezug genommen. Wenn wie im Fall der Kodifizierungsrichtlinie (Erwägungsgründe 1, 2 und 79, 80) kleinere sprachliche Änderungen vorgenommen werden, zugleich aber gesagt wird, dass sich inhaltlich nichts ändern soll, ist diese Aussage der nicht beabsichtigten Änderung zu berücksichtigen und sollte dazu führen, dass Erwägungsgründe, bei denen die bisherige Auslegung zumindest noch möglich ist, auch so wie bisher interpretiert werden sollten. Teilweise werden auch andere Maßnahmen im Bereich des Rechtsakts genannt und erläutert. In diesem Zusammenhang bzw. sich daran anschließend wird zumeist die Zielrichtung des Rechtsakts insgesamt geschildert (übergeordneter Zweck, vgl. Rn. 101). Darauf folgen regelmäßig Erwägungsgründe, die auf die einzelnen Vorschriften eingehen und diesbezüglich grundsätzlich konkrete Zwecke erläutern. Zur leichteren Handhabbarkeit orientieren sie sich in der Regel am Aufbau des jeweiligen Rechtsakts.[351] 108

Wie der Inhalt der Erwägungsgründe strukturiert sein sollte, gibt der Gemeinsame Leitfaden für die Abfassung von Rechtstexten nicht konkret vor. Er beschränkt sich auf die Empfehlung, zunächst den Sachverhalt kurz darzustellen und daran anschließend die Vorschrift zu begründen, sofern es sich um einen Erwägungsgrund handelt, der den Normzweck erläutert. In diesem Zusammenhang soll darauf eingegangen werden, warum die entsprechende Vorschrift notwendig oder zweckmäßig ist.[352] Problematisch ist, dass in der Praxis, entgegen der Empfehlung des Leitfadens,[353] das Gesetz teilweise lediglich paraphrasiert statt begründet wird. 109

345 EuGH, Rs. C-41/15 (Dowling), ECLI:EU:C:2016:836 = EuZW 2016, 955, Rn. 53, 54.

346 Zustimmend *Hirte* NJW 2017, 1213, 1214; *Schäfers* GPR 2017, 231, 232.

347 Die Überlegungen wurden weiterentwickelt aus *Jung* in: Clavora/Garber, Das Vorabentscheidungsverfahren in der Zivilgerichtsbarkeit, 2014, S. 17, 22 – 27.

348 Vorgeschrieben, vgl. Gemeinsamer Leitfaden für die Abfassung von Rechtstexten (2015), Leitlinie 10.1 und 11. Früher wurden die Erwägungsgründe nicht durchnummeriert. Siehe zB die Erwägungsgründe bei der EWIV-VO (dazu § 7 Rn. 14).

349 Englisch: „Whereas"; Französisch: „considérant ce qui suit"; Spanisch: „Considerando lo siguiente"; Italienisch: „considerando quanto segue"; Polnisch: „a także majac na uwadze, co następuje"; Niederländisch: „Overwegende hetgeen volgt". Vgl. Gemeinsamer Leitfaden für die Abfassung von Rechtstexten (2015), Leitlinie 10.1.

350 Gemeinsamer Leitfaden für die Abfassung von Rechtstexten (2015), Leitlinie 10.3 gibt vor, dass die Erläuterungen zum Hintergrund in chronologischer Reihenfolge vorgenommen werden sollen.

351 Gemeinsamer Leitfaden für die Abfassung von Rechtstexten (2015), Leitlinie 10.3.

352 Gemeinsamer Leitfaden für die Abfassung von Rechtstexten (2015), Leitlinie 10.3.

353 Gemeinsamer Leitfaden für die Abfassung von Rechtstexten (2015), Leitlinie 10.5.1.

2. Wirkung von Erwägungsgründen

110 Die Begründungserwägungen sind **integraler Teil** des verabschiedeten Rechtsaktes, wodurch sie sich insbesondere von deutschen Gesetzesbegründungen unterscheiden.[354] Erwägungsgründe werden daher mit verabschiedet, weshalb ihnen eine deutlich stärkere Wirkung als einer deutschen Gesetzesbegründung zukommen sollte.[355] Sie haben jedoch eine **schwächere Wirkung** als der Rechtsakt selbst. Insbesondere ist anerkannt, dass mit den Erwägungsgründen keine Abweichung vom Inhalt des Rechtsaktes[356] oder auch nur des klaren Wortlautes[357] gerechtfertigt werden kann. Ihnen wird daher generell jeglicher Normcharakter abgesprochen.[358] Gemeint ist damit, dass sie nicht einen Normbefehl mit Tatbestand und Rechtsfolgen enthalten (dürfen). Das bedeutet allerdings nicht, dass die Erwägungsgründe keinen normativen (verbindlichen) Charakter haben. Der europäische Gesetzgeber will ihre **Verbindlichkeit**. Eine eigene (vollständige) Rechtsquelle stellen Erwägungsgründe dagegen nicht dar.[359]

3. Inhalte von Erwägungsgründen

111 Um ein **Gesamtverständnis** der Erwägungsgründe zu gewinnen, ist es erforderlich, sich bewusst zu werden, dass Erwägungsgründe unterschiedliche Inhalte haben. So gibt es stets Erwägungsgründe, die sich mit dem generellen Normzweck eines gesamten Rechtsaktes oder dem Normzweck eines Teiles oder dem einer konkreten Norm beschäftigen. Der Leitfaden zum Abfassen von Rechtsakten gibt die Nennung von Gründen auch als zentralen Sinn der Erwägungsgründe an.[360] Es gibt aber auch Erwägungsgründe, die sich mit der historischen Entwicklung des Rechtsaktes befassen[361] und welche, die eine Normkonkretisierung enthalten oder sogar ein Prinzip postulieren, welches so im Wortlaut des Rechtsaktes selbst nicht enthalten ist.[362] Der Gemeinsame Leitfaden der EU gibt vor, wann Erwägungsgründe insbesondere notwendig sind. Eine Begründung sollte demnach zumindest für[363]

- Ausnahmeregelungen;
- Vorgaben, die nicht mit einer allgemeingültigen Regelung in Einklang stehen;
- von allgemeinen Prinzipien abweichende Regelungen;
- Vorschriften, die einen Nachteil für einen bestimmten Personenkreis bedeuten und
- Vorgaben, die am Tag ihrer Veröffentlichung in Kraft treten

geschaffen werden.

112 Wegen der **Vielseitigkeit der Erwägungsgründe** sollte zwischen diesen differenziert werden. In der Literatur werden Erwägungsgründe hingegen häufig noch als Einheit behandelt.[364] Im Folgenden wird eine Differenzierung vorgeschlagen, die mit Blick auf die Auslegung sinnvoll erscheint.

a) Grundtypen

113 Die Vielseitigkeit der Erwägungsgründe wirft allerdings gleichzeitig die Frage auf, ob allen Arten von Erwägungsgründen Gemeinsamkeiten zugrunde liegen. In der Literatur wird dies praktisch nicht diskutiert. Nach hiesiger Ansicht sind **zwei Grundtypen** von Erwägungsgründen zu unterscheiden. Es gibt Erwägungsgründe, die die gewählte Rechtsgrundlage rechtfertigen bzw. die Subsidiarität und Verhältnismäßigkeit des Rechtsaktes belegen.[365] Dieser Grundtyp von Erwägungsgrund beabsichtigt also mit Blick auf zukünftige EuGH-Entscheidun-

354 *Köndgen* in: Riesenhuber (Hrsg.), Europäische Methodenlehre, 2015, § 6 Rn. 48.

355 *Martens*, Methodenlehre des Unionsrechts, 2013, S. 178 f.; 463; *Köndgen* in: Riesenhuber (Hrsg.), Europäische Methodenlehre, 2015, § 6 Rn. 49 f.; *Jung* in: Clavora/Garber, Das Vorabentscheidungsverfahren in der Zivilgerichtsbarkeit, 2014, S. 22, 25.

356 EuGH, Rs. C-162/97 (Nilsson ua), ECLI:EU:C:1998:554 = BeckRS 2004, 74578, Rn. 54; EuGH, Rs. C-136/04 (Deutsches Milch Kontor), ECLI:EU:C:2005:716 = BeckRS 2005, 70929, Rn. 32; *Martens*, Methodenlehre des Unionsrechts, 2013, S. 179.

357 Vgl. *Müller/Christensen*, Juristische Methodik, Bd. II, 2012, S. 93 ff.

358 Gemeinsamer Leitfaden für die Abfassung von Rechtstexten (2015), Leitlinie 10 spricht davon, dass die Erwägungsgründe keine „Bestimmungen mit normativem Gehalt" aufweisen dürfen.

359 *Köndgen* in: Riesenhuber (Hrsg.), Europäische Methodenlehre, 2015, § 6 Rn. 49.

360 Gemeinsamer Leitfaden für die Abfassung von Rechtstexten (2015), Leitlinie 10.5.1.

361 Gemeinsamer Leitfaden für die Abfassung von Rechtstexten (2015), Leitlinie 10.3.

362 Der Gemeinsame Leitfaden für die Abfassung von Rechtstexten (2015), Leitlinie 10 untersagt solche Erwägungsgründe. Sie finden sich aber dennoch in den verabschiedeten Richtlinien.

363 Die Auflistung stammt aus dem Gemeinsamen Leitfaden für die Abfassung von Rechtstexten (2015), Leitlinie 10.14.

364 *Ahmling*, Analogiebildung, 2012, S. 115; *Riesenhuber* in: Riesenhuber (Hrsg.), Europäische Methodenlehre, 2015, § 10 Rn. 38; *Müller/Christensen*, Juristische Methodik, Bd. II, 2012, § 75 Rn. 76; *Langenbucher* in: Langenbucher (Hrsg.), Europäisches Privat- und Wirtschaftsrecht, 2017, § 1 Rn. 17.

365 Gemeinsamer Leitfaden für die Abfassung von Rechtstexten (2015), Leitlinie 10.15.

gen die **Rechtmäßigkeit** des **Rechtsaktes** zu belegen.[366] Diese Art von Erwägungsgründen ist für die Methodik der Rechtsanwendung nicht relevant. Bei den Erwägungsgründen des anderen Grundtypus sind die Begründungserwägungen stets **methodische Hilfsmittel**.[367] Die Erwägungsgründe dieses zweiten Typus weisen einen Bezug zu methodischen Fragestellungen auf und liefern hierzu Argumente bzw. Lösungsvorschläge. Grundsätzlich ist dabei eine Hilfsfunktion für jede Auslegungsmethode vorstellbar, wobei rechtspraktisch der Normzweck dominiert.[368] Wie noch zu zeigen ist (Rn. 114), kommt einem solchen (methodischen) Lösungsvorschlag eine **Richtigkeitsvermutung** zu. Dies schließt ein gegenteiliges Ergebnis nicht aus, bürdet aber demjenigen, der ein anderes Ergebnis befürwortet, die Begründungslast auf, wobei die hier zu stellenden Anforderungen in den meisten Fällen hoch sind. Zwar untersagt der Gemeinsame Leitfaden zur Abfassung von Gesetzestexten die reine Wiedergabe bzw. das Paraphrasieren der Regelungen;[369] dennoch lassen sich solche Erwägungsgründe relativ häufig finden (wiedergebende Erwägungsgründe). Sie beziehen sich zwar auf den verfügenden Teil, helfen jedoch generell bei der Auslegung höchstens bedingt weiter, indem sie einen Anhaltspunkt liefern können, wie der Gesetzgeber ausweislich der Paraphrasierung seine Norm verstanden hat.

b) Telosbezogene Erwägungsgründe

Erwägungsgründe dienen vor allem dazu, die wichtigsten Regelungen des Rechtsaktes knapp zu erläutern und zu begründen.[370] Sie verdeutlichen häufig den Willen des europäischen Gesetzgebers und gehen auf den Sinn und Zweck einer konkreten Norm oder eines Normenkomplexes ein (**telosbezogene Erwägungsgründe**).[371] Die Erwägungsgründe erläutern in diesem Zusammenhang, warum die entsprechende Vorschrift notwendig oder zweckmäßig ist.[372] Eingeleitet werden telosbezogene Erwägungsgründe sprachlich häufig durch die Formulierung „Um (…) zu (…)".[373] Es folgt anstelle des Indikativs, wie im Rechtsakt selbst, grundsätzlich ein „sollte". Problematisch ist, dass die Erwägungsgründe zugleich auch ein politisches Statement sind und daher zum Teil durchaus „schönfärberisch" formuliert sein können.[374] Außerdem wird oftmals nur der primäre Zweck einer Vorschrift genannt und weitere Zwecke bleiben unerwähnt (zur Mehrheit und zum Verhältnis der Zwecke zueinander vgl. Rn. 101 ff.). Dennoch liefern die Erwägungsgründe gewichtige Anhaltspunkte für die Bestimmung des Normzwecks.[375] Die Nennung eines Normzwecks in den Erwägungsgründen könnte theoretisch auch bedeuten, dass Erwägungsgründe nur einen Hinweis liefern, welcher mögliche Normzweck als Option mitzudenken ist. Die Bestimmung des Normzwecks könnte dann dennoch allein aus dem Hauptnormtext zu erfolgen haben. Dies wäre aber eine sehr schwache Wirkung, die angesichts des Aufwandes kaum verständlich wäre. Der Praxis des EuGH[376] und der Tatsache, dass in den Erwägungsgründen der gesetzgeberische Wille Ausdruck finden soll, entspricht vielmehr ein deutlich höherer Eigenwert eines solchen Erwägungsgrundes für die Telosbestimmung. Während eine Vermutung zur vollständigen Konkretisierung des Telos in den Erwägungsgründen nicht gerechtfertigt erscheint, ist eine **Vermutung zur Richtigkeit** der dort **genannten Zwecke** gerechtfertigt. Eine 114

366 *Jung*, Spezifika der Europäischen Methodenlehre, in: Clavora/Garber, Das Vorabentscheidungsverfahren in der Zivilgerichtsbarkeit, 2014, S. 23.

367 *Köndgen* in: Riesenhuber (Hrsg.), Europäische Methodenlehre, 2015, § 6 Rn. 51 bezeichnet sich als Auslegungselement mit prominenter Stellung.

368 *Köndgen* in: Riesenhuber (Hrsg.), Europäische Methodenlehre, 2015, § 6 Rn. 51 bezeichnet die Erwägungsgründe als „Richtschnur für jede teleologische Interpretation".

369 Gemeinsamer Leitfaden für die Abfassung von Rechtstexten (2015), Leitlinie 10.

370 Gemeinsamer Leitfaden für die Abfassung von Rechtstexten (2015), Leitlinie 10.

371 Bezeichnung stammt aus *Jung* in: Clavora/Garber, Das Vorabentscheidungsverfahren in der Zivilgerichtsbarkeit, 2014, S. 24.

372 Gemeinsamer Leitfaden für die Abfassung von Rechtstexten (2015), Leitlinie 10.3.

373 ZB Erwägungsgründe 7, 8, 12, 13 der Richtlinie 2012/30/EU des Europäischen Parlaments und des Rates vom 25.10.2012 zur Koordinierung der Schutzbestimmungen, die in den Mitgliedstaaten des Gesellschaften iSd Art. 54 II AEUV im Interesse der Gesellschafter sowie Dritter für die Gründung der Aktiengesellschaft sowie für die Erhaltung und Änderung ihres Kapitals vorgeschrieben sind, um die Bestimmungen gleichwertig zu gestalten, ABl. EU v. 14.11.2012, L 315/74.

374 *Jung*, Die Kapitalverfassung der Societas Privata Europaea, 2014, S. 54; vgl. auch *Köndgen* in: Riesenhuber (Hrsg.), Europäische Methodenlehre, 2015, § 6 Rn. 51 "policy statement". Gemeinsamer Leitfaden für die Abfassung von Rechtstexten (2015), Leitlinie 10 untersagt „politische Willensbekundungen" in den Erwägungsgründen. Sie finden sich aber teilweise dennoch.

375 Vgl. EuGH, Rs. C-463/06 (FBTO Schadeverzekeringen), ECLI:EU:C:2007:792 = NJW 2008, 819, Rn. 28 f.; EuGH, Rs. C-402/07 und C-432/07 (Sturgeon), ECLI:EU:C:2009:716 = NJW 2010, 43, Rn. 41 – 44; EuGH, Rs. C-236/09 (Test-Achats), C-236/09, ECLI:EU:C:2011:100 = NJW 2011, 907, Rn. 30; *Köndgen* in: Riesenhuber (Hrsg.), Europäische Methodenlehre, 2015, § 6 Rn. 51; *Jung* in: Clavora/Garber, Das Vorabentscheidungsverfahren in der Zivilgerichtsbarkeit, 2014, S. 25.

376 Exemplarisch etwa EuGH, Rs. C-402/07 und C-432/07 (Sturgeon), ECLI:EU:C:2007:792 = NJW 2010, 43, Rn. 41-44; EuGH, Rs. C-463/06 (FBTO/Schadeverzerkeringen), ECLI:EU:C:2007:792 = NJW 2008, 819, Rn. 28 f.

weitergehende Festlegung der Erwägungsgründe als striktes Gebot für den Anwender[377] wird dem Vorrang des eigentlichen Normtextes nicht gerecht und berücksichtigt nicht, dass telosbezogene Äußerungen teilweise auch den Gesetzgeber in einem besseren Licht erscheinen lassen sollen. Die Wirkung sollte daher nicht über eine Richtigkeitsvermutung hinausgehen. Wer daher einen von einem Erwägungsgrund abweichenden Telos behauptet,[378] den trifft die **Begründungslast**.[379] Die Vermutung erfasst nicht die Vollständigkeit der in den Erwägungsgründen genannten Zwecken. Erwägungsgründe haben daher keine Sperrwirkung gegenüber weiteren, dort nicht genannten, Normzwecken. Ob es im Einzelfall einen weiteren Normzweck gibt und wie ggf. dessen Inhalt ist, ist aus dem Regelungsgehalt der Norm abzuleiten.

115 Es gibt telosbezogene Erwägungsgründe, die auf den Sinn und Zweck eines Vorschriftenkomplexes oder des gesamten Rechtsakts eingehen. Dies sind **generalisierende telosbezogene Erwägungsgründe**. Bei der ehemaligen internationalen Verschmelzungsrichtlinie zB (jetzt Teil der Kodifizierungs-RL) enthielt ex-Erwägungsgrund 1 den Generalzweck der Richtlinie (Erleichterung von grenzüberschreitenden Verschmelzungen, in der Kodifizierungs-RL findet sich dieser Erwägungsgrund nicht mehr). Es gibt aber auch Erwägungsgründe, die sich mit dem Normzweck einer konkreten Norm oder sogar eines Normteils beschäftigen (**konkrete telosbezogene Erwägungsgründe**).[380] Mit Blick auf die ehemalige Verschmelzungsrichtlinie enthalten die Erwägungsgründe 49 ff. der Kodifizierungs-RL (in der die Verschmelzungs-RL aufgegangen ist) Aussagen zu konkreten Regelungen und dem jeweils zentralen Normzweck. Dort werden als Einzelzwecke unter anderem der Schutz der Interessen der Gesellschafter und Drittergenannt. Mit Blick auf die ehemalige intern. Verschmelzungs-RL erwähnen die Erwägungsgründe auch den Schutz der Arbeitnehmer (Erwägungsgründe 65 f. Kodifizierungs-RL). Wie im Verhältnis zwischen Normen gilt auch beim Normzweck das Spezialitätsprinzip. Der Zweck der speziellen Norm geht dem Zweck des Normabschnitts oder gar dem des ganzen Rechtsaktes vor (Rn. 102). Telosbezogene Erwägungsgründe können und werden häufig nur ein Element des Normzwecks enthalten. Deutlich wird dies zB, wenn die Formulierung „insbesondere" genutzt wird. Allerdings ist sich der Gesetzgeber dieses Problems generell nicht bewusst, weshalb man aus dem Fehlen einschlägiger Formulierungen nichts schließen kann.

c) Weitere Formen von Erwägungsgründen

116 Erwägungsgründe behandeln nicht selten auch Teile der Entwicklungsgeschichte des Gesetzgebungsaktes (**auf die Gesetzesgeschichte bezogene Erwägungsgründe**).[381] Diese erleichtern nicht nur die historische Auslegung (Rn. 123 ff.). Aus der Hilfestellung für eine **historische Auslegung** sollte vielmehr geschlossen werden, dass diese jedenfalls insoweit auch geboten ist (vgl. Rn. 125).

117 Eher seltener dürften Erwägungsgründe auf die (innere) **Systematik** einer Norm, eines Normabschnitts oder gar eines kompletten Rechtsaktes Bezug nehmen (**systematikbezogene Erwägungsgründe**).[382] Die Abgrenzung gegenüber telosbezogenen Erwägungsgründen ist dabei nicht immer einfach, weil Aussagen zur Einheitlichkeit häufig auch eine Aussage zum Zweck enthalten. Ein Erwägungsgrund kann daher auch **Doppelcharakter** haben. Erwägungsgründe sollten grundsätzlich nicht ihrerseits Gegenstand systematischer Auslegung im Sinne der Betrachtung ihrer inneren Systematik sein. Dies würde eine systematische Durchstrukturierung der Erwägungsgründe (inneres System) erfordern, die jedenfalls nicht generell besteht. Allerdings kommt man nicht umhin, jedenfalls grundsätzlich auch die Erwägungsgründe zum Gegenstand einer Auslegung zu machen. In diesem Rahmen kann neben dem Wortlaut auch die äußere Systematik der Erwägungsgründe berücksichtigt werden.

118 Dem hier entwickelten System der Kategorisierung von Erwägungsgründen, die jeweils eine **Hilfsfunktion** im Rahmen der Methodik haben, entspricht es, dass es auch eine Kategorie von Erwägungsgründen geben sollte, die bei der **Wortlautauslegung** unterstützend herangezogen werden können. Diese Erwägungsgründe können **tatbestandskonkretisierende Erwägungsgründe** oder kurz konkretisierende Erwägungsgründe[383] genannt wer-

377 *Köndgen* in: Riesenhuber (Hrsg.), Europäische Methodenlehre, 2015, § 6 Rn. 51 („begründungserwägungskonforme Auslegung" als striktes Gebot für den Anwender).

378 Notwendig ist der Bezug auf die gleiche Norm bzw. den Komplex, für den der Erwägungsgrund Geltung beansprucht.

379 Zur Begründungslast *Krebs* AcP 195 (1995) 171, 171 ff.; zur Einordnung als Vermutungsregelung *Jung* in: Clavora/Garber, Das Vorabentscheidungsverfahren in der Zivilgerichtsbarkeit, 2014, S. 25; sowie *Jung*, Die Kapitalverfassung der Societas Privata Europaea, 2014, S. 58 f.

380 Vgl. Gemeinsamer Leitfaden für die Abfassung von Rechtstexten (2015), Leitlinie 10.14 zur Begründungsbedürftigkeit von Ausnahmen und individuell belastenden Regeln.

381 Zu deren Erstellung Gemeinsamer Leitfaden für die Abfassung von Rechtstexten (2015), Leitlinie 10.3.

382 Pauschal gegen die Berücksichtigung bei der systematischen Auslegung *Riesenhuber* in: Riesenhuber (Hrsg.), Europäische Methodenlehre, 2015, § 10 Rn. 38 Fn. 122; aA *Beck*, The Legal Reasoning of the Court of Justice of the EU, 2012, S. 191 f.

383 Für diese Bezeichnung vgl. *Jung* in: Clavora/Garber, Das Vorabentscheidungsverfahren in der Zivilgerichtsbarkeit, 2014, S. 17, 25 ff.; sowie *dies.*, Die Kapitalverfassung der Societas Privata Europaea, 2014, S. 59.

den. Sie liefern einen Hinweis darauf, wie der Wortlaut einer bestimmten Regelung zu verstehen ist.[384] Wie schon bei den telosbezogenen Erwägungsgründen (Rn. 114 f.) sollte dieser Interpretation zwar im Regelfall zu folgen sein, aber ein (gut) begründetes abweichendes Verständnis des entsprechenden Normtatbestandes sollte möglich bleiben.[385]

d) Eigenständig weiterreichende Erwägungsgründe

Darüber hinaus gibt es in seltenen Fällen auch Erwägungsgründe, deren inhaltliche Vorgaben über den Gesetzestext hinausreichen (**eigenständig weiterreichende Erwägungsgründe**).[386] Sie knüpfen nicht direkt an eine Norm im Gesetz an, sondern enthalten eine eigenständige präzise Vorgabe. So enthielt zB Erwägungsgrund 13 S. 5 zum Entwurf der SPE-VO die Vorgabe, dass der Gleichbehandlungsgrundsatz zwischen den Gesellschaftern gelten sollte.[387] Es gab jedoch keine konkrete Einzelregelung im Normkorpus, die dies aufgriff (dazu auch § 5 Rn. 140). Diese eigenständig weiterreichenden Erwägungsgründe drohen daher auf den ersten Blick das System von Erwägungsgründen zu sprengen, welches in der Hilfsfunktion für anerkannte Auslegungsmethoden besteht (Rn. 113). Das Beispiel bei der SPE betrifft allerdings die Geltung eines allgemeinen Prinzips. Ein solches kann durchaus im Wege einer Gesamtschau als existent nachgewiesen werden. Diese Gesamtschau ist daher eine legitime Auslegungstechnik, zumindest wenn es um den **Nachweis der Existenz eines Prinzips** geht. Dann aber sprengt die Berücksichtigung dieses Erwägungsgrundes auch nicht das generelle System. Eine Interpretation im Sinne eines eigenständig weiterreichenden Erwägungsgrundes ist daher nur möglich, sofern sich für die entsprechende Interpretation Anhaltspunkte im Rechtsakt finden lassen. Solche können sich insbesondere aus der Gesamtschau der Normen, der Gesetzessystematik etc ergeben.[388] Bei bestehenden Anhaltspunkten aus der Gesamtschau sollte aus dem Erwägungsgrund nicht nur die Möglichkeit der Auslegung im Sinne des Erwägungsgrundes, sondern wie zuvor eine widerlegliche Vermutung anerkannt werden dieser Auslegungsmöglichkeit zu folgen, soweit nicht gewichtige Gegengründe existieren, die ein stärkeres Gewicht als die Vermutung haben. Ist ein Prinzip Bezugspunkt, könnte dieser Typ Erwägungsgrund auch **prinzipienorientierter Erwägungsgrund** genannt werden. In seltenen Fällen überschreiten eigenständig weiterreichende Erwägungsgründe die den Erwägungsgründen gezogenen **Wirksamkeitsgrenzen** (zu diesen Rn. 110). Ein Beispiel außerhalb des europäischen Gesellschaftsrechts ist Erwägungsgrund 15 der Verbrauchsgüterkaufrichtlinie, der den Mitgliedstaaten eine Regelungsoption einräumt, die in den Artikeln der Richtlinie nicht im Ansatz enthalten ist. Gerade weil es eine Regelungsoption und keine *interprétation* ist, wird deutlich, dass ein eigener, unabhängiger normativer Regelungsgehalt beabsichtigt wird; etwas was für Erwägungsgründe unzulässig ist. In einem solchen Fall ist dieser Erwägungsgrund grundsätzlich unbeachtlich, wenn man ihm nicht auch zugleich eine weniger einschneidende mit der Natur der Erwägungsgründe vereinbare Aussage entnehmen könnte. Soweit eine solche Aussage enthalten wäre, bliebe sie bestehen. 119

e) Erwägungsgründe als Basis einer Analogie

Es ist die Frage aufgeworfen worden, ob Erwägungsgründe auch die Basis für eine **Analogie** bilden können.[389] Soweit ein Erwägungsgrund darauf hindeutet, dass die vorhandene Unvollständigkeit tatsächlich planwidrig ist, womit eine (interne) Lücke vorliegt, erscheint die Heranziehung eines Erwägungsgrundes unproblematisch. Gleiches würde gelten, wenn sonst offen wäre, ob es sich um eine interne oder externe Lücke handelt (vgl. Rn. 153 ff.). Das Gleiche für eine komplette Analogie anzunehmen (zur Analogie Rn. 167 ff.), erscheint deutlich gewagter. Läge dies allerdings nach den allgemeinen Analogievoraussetzungen (Rn. 169) im Bereich des Möglichen, so sollte ein entsprechender Erwägungsgrund, der eine entsprechende Anwendung statuiert, die Vermutung für das Vorliegen der Analogievoraussetzungen liefern. Wie bei der Vermutungswirkung in den anderen Fällen von Erwägungsgründen ist eine Widerlegung möglich. Wegen des weiterreichenden Charakters würde es sich auch hier um einen **eigenständig weiterreichenden Erwägungsgrund** handeln. 120

f) Begründung der Kommission

Von den Erwägungsgründen zu unterscheiden ist die **Begründung** (*explanatory memorandum*), die die **Kommission** ihren Entwürfen von Richtlinien und Verordnungen voranstellt. Die Begründung umfasst sich mit den zen- 121

384 Vgl. EuGH, Rs. C-344/04 (IATA u. ELFAA), ECLI:EU:C:2006:10 = NJW 2006, 351, Rn. 76; EuGH, Rs. C-402/07 u. C-432/07 (Sturgeon ua), ECLI:EU:C:2009:716 = NJW 2010, 43, Rn. 42 ff.; *Stotz* in: Riesenhuber (Hrsg.), Europäische Methodenlehre, 2015, § 22 Rn. 17.

385 *Jung* in: Clavora/Garber, Das Vorabentscheidungsverfahren in der Zivilgerichtsbarkeit, 2014, S. 17, 26.

386 Zu dieser Kategorie *Jung*, Die Kapitalverfassung der Societas Privata Europaea, 2014, S. 59 f., 177.

387 Vgl. *Jung*, Die Kapitalverfassung der Societas Privata Europaea, 2014, S. 177.

388 *Jung* in: Clavora/Garber, Das Vorabentscheidungsverfahren in der Zivilgerichtsbarkeit, 2014, S. 27.

389 So *Köndgen* in: Riesenhuber (Hrsg.), Europäische Methodenlehre, 2015, § 6 Rn. 52 (Antwort wird als offen bezeichnet).

tralen Aspekten des Vorschlags. So geht beispielsweise der Vorschlag der Kommission für die SPE[390] auf die Hintergründe des Entwurfs, die Ziele des Vorhabens, die Rechtsgrundlage, die Subsidiarität und Verhältnismäßigkeit des vorgeschlagenen Statuts sowie auf die Ergebnisse der Anhörung interessierter Kreise ein. Daran schließt sich eine Zusammenfassung der Folgenabschätzung an, gefolgt von der Erläuterung des Vorschlags. Gerade Letzteres hilft, den Sinn und Zweck der vorgeschlagenen Regeln zu verstehen. Diese Begründung steht aber anders als die Erwägungsgründe außerhalb des zu verabschiedenden Gesetzes und ist auch nicht Gegenstand der Beratungen. Ob man sie als Teil der Begründung iSd Art. 296 II AEUV ansieht, ist unklar, im Ergebnis aber eher abzulehnen. Sie hat daher keinesfalls den gleichen Wert wie die Erwägungsgründe, da sie nicht den kompletten Gesetzgebungsprozess durchläuft. In der deutschen Methodenliteratur wird sie häufig sogar mit völliger Missachtung gestraft. Dies dürfte allerdings zu weit gehen, da hier die Motive und Vorüberlegungen der Kommission dokumentiert sind. Diese Begründung ist somit im Rahmen der historischen Auslegung (dazu sogleich unter Rn. 123 ff.) berücksichtigungsfähig.[391]

g) Präambeln und Eingangsartikel im Primärrecht

122 Das **Primärrecht** enthält keine Erwägungsgründe. Die Präambeln und Eingangsartikel enthalten Gemeinschaftsziele. Diese werden vom EuGH[392] nicht als rein unverbindliche Programmsätze, sondern als allgemeine Telosregeln verstanden. Sie gehen insoweit in ihrer Wirkung noch über Erwägungsgründe hinaus. Das heißt, sie haben rechtserzeugende Kraft. Andererseits gibt es nicht die differenzierenden Inhalte und Aufgaben, wie sie inzwischen für Erwägungsgründe üblich geworden sind.

VIII. Historische Auslegung

123 Die historische Auslegung, die international teilweise auch evolutionäre Auslegung genannt wird,[393] kennt zwei Formen. Dies sind die **subjektiv-historische Auslegung**, die den Willen des subjektiven, historischen Gesetzgebers erforscht und die **objektiv-historische Auslegung**, die die Funktion einer Norm im Zeitpunkt ihres Erlasses erforscht. Unter subjektiv-historischer Auslegung könnte die Einstellung einzelner Beteiligter oder auch nur der Gesetzgebungsorgane verstanden werden. Einer subjektiv-historischen Auslegung im Sinne einer umfassenden personenbezogenen Auslegung steht schon entgegen, dass es mit den Beteiligten im Rat, in der Kommission und im Parlament einfach zu viele Mitwirkende gibt. Hier könnten überzeugende Ergebnisse für den historischen Willen des Gesetzgebers allenfalls selten gefunden werden. Für Normen sind die subjektiven Vorstellungen einzelner Beteiligter dabei kein adäquates Auslegungsziel. Die meisten Dokumente zeigen ohnehin nicht, welche Delegation was vertreten hat. Die subjektiv-historische Auslegung als Heranziehung der Überlegungen der Gesetzgebungsorgane als solche hat dagegen ihre Berechtigung.[394] Die historische Auslegung ist in dieser engeren subjektiven Form und in der Form objektiver historischer Auslegung heute europäisch anerkannt, auch wenn sie noch immer relativ zurückhaltend verwendet wird.[395] Die Zurückhaltung hat mit den Gesetzesmaterialien, als der wichtigsten Quelle für diese Art historischer Auslegung, zu tun.

124 Die historische Auslegung anhand von Gesetzgebungsmaterialien (*travaux préparatoires*) wurde im Sekundärrecht früher kaum verwendet[396] und für das Primärrecht abgelehnt.[397] Die Ablehnung für das Primärrecht folgte bereits daraus, dass die Materialien nicht veröffentlicht waren. Aber auch im Sekundärrecht waren die Dokumente der Organe (Kommission, Parlament und Rat) nur eingeschränkt zugänglich.[398] Mittlerweile besteht jedoch ein freier Zugang zu den neueren europäischen Dokumenten, welcher durch die Dokumenten-Zugangs-VO (Verordnung (EG) Nr. 1049/2001) geregelt wurde. Das gilt auch für die Primärrechtsänderungen. Die veränderte Veröffentlichungspraxis könnte auch mit einem gewandelten Selbstbewusstsein und einer gewandelten Grundeinstellung der an der Gesetzgebung beteiligten Organe zu tun haben. Wer veröffentlicht, ist jedenfalls nicht der Ansicht, dass der Gesetzgebungsprozess so abläuft, dass man ihn vor den Bürgern verstecken müsste.

---

390 Europäische Kommission, Vorschlag für eine Verordnung des Rates über das Statut der Europäischen Privatgesellschaft, 25.6.2008, 2008/0130 (CNS), KOM (2008) 396 endg.

391 Dafür *Jung* in: Clavora/Garber, Das Vorabentscheidungsverfahren in der Zivilgerichtsbarkeit, 2014, S. 28.

392 Vgl. *Schön* in: FS Hopt, 2010, S. 1343, 1357 f.

393 *Conway*, The Limits of Legal Reasoning and the European Court of Justice, 2012, S. 255 ff.

394 *Leistner* EuR 2007, 689, 689 ff.

395 *Neuner* in: Riesenhuber (Hrsg.), Europäische Methodenlehre, 2015, § 12 Rn. 18 gibt an, dass sie aber zunehmend Berücksichtigung findet; mit einem Plädoyer für die subjektive historische Auslegung *Leistner* EuR 2007, 689, 689 ff.

396 Vgl. die Analyse bei *Buerstedde*, Juristische Methodik des Europäischen Gemeinschaftsrechts, 2006, S. 54 ff.

397 *Buerstedde*, Juristische Methodik des Europäischen Gemeinschaftsrechts, 2006, S. 54 f.; *Stotz* in: Riesenhuber (Hrsg.), Europäische Methodenlehre, 2015, § 22 Rn. 13; *Martens*, Methodenlehre des Unionsrechts, 2013, S. 394 f.

398 Vgl. *Jung* in: Clavora/Garber, Das Vorabentscheidungsverfahren in der Zivilgerichtsbarkeit, 2014, S. 27 ff. Zur Entwicklung der Zugänglichkeit von Dokumenten der europäischen Institutionen siehe ua *Riemann*, Die Transparenz der Europäischen Union, 2004, S. 29 ff.

Die Veröffentlichung soll positiv zeigen, wie um beste Lösungen und einen Ausgleich der Interessen gerungen wurde. Dann aber steht auch einer Berücksichtigung bei der Auslegung nichts entgegen. Die historische Auslegung hat daher seit der geänderten Veröffentlichungspraxis langsam an Bedeutung gewonnen.[399] Für das Primärrecht ist diese Tendenz noch nicht so deutlich, aber zu befürworten.[400]

Aus den im Laufe des Verfahrens vorgenommenen Änderungen der Rechtsakte lassen sich zum Teil wertvolle Rückschlüsse auf Regelungsabsichten ziehen. Eine konkrete Veränderung kann beispielsweise einen Hinweis darauf liefern, dass eine bestimmte Auslegung nicht dem Willen des Gesetzgebers entspricht. Hier handelt es sich also um einen objektivierten Willen, der nicht auf den Aussagen einzelner Beteiligter beruht. Die Streichung einer Regelung mag dagegen andeuten, dass eine bewusste Lücke im Gesetz vorliegt und insofern nationales Recht zur Anwendung kommen soll. Auch aus dem Beibehalten einer vorgeschlagenen Norm mag man Informationen gewinnen. Ein entsprechendes Vorgehen kann uU darauf hindeuten, dass Wertungen aus vorangegangenen Entwürfen übernommen werden sollen. Damit sind vor allem die verschiedenen Vorschläge, angefangen vom Kommissionsvorschlag über die Änderungsvorschläge des Parlaments bis hin zu den Kompromissvorschlägen, die im Rat erarbeitet werden, für die historische Auslegung von besonderer Bedeutung. Daneben kann auch die von der Kommission dem Rechtsakt vorangestellte Begründung (*explanatory memorandum*), die nicht mit den Erwägungsgründen verwechselt werden darf (zur Abgrenzung Rn. 121), zur historischen Auslegung herangezogen werden.[401] Dennoch gilt die historische Auslegung tendenziell eher als eine bloß mögliche Auslegung, die kein so hohes Gewicht hat und auch nicht zwingend in den Auslegungsprozess einzubeziehen ist.[402] Wenn die Erwägungsgründe einen Teil der Gesetzesgeschichte ansprechen, kann entsprechend der allgemeinen Funktion der Erwägungsgründe (Rn. 113) im Ergebnis jedoch kein Zweifel an der Pflicht zur historischen Auslegung bestehen. Da Methodeninstrumente aber nicht manipulativ verwendbar sein sollen, sollte ganz generell auch hier die Pflicht zur Berücksichtigung bestehen. Allerdings werden sich hier nur relativ selten entscheidende Argumente gewinnen lassen. 125

Fraglich ist, ob Dokumente, die nicht veröffentlicht wurden, aber auf Antrag einsehbar sind, bei der historischen Auslegung berücksichtigt werden dürfen. Da solche Dokumente – trotz der unterlassenen Veröffentlichung – der Rechtsprechung, der Wissenschaft und allen Interessierten zugänglich sind, ist im Ergebnis dafür zu plädieren auch sie in die historische Auslegung einbeziehen zu dürfen.[403] Von Bedeutung für die historische Auslegung sind im Ergebnis daher insbesondere: 126

- Kommissionsentwürfe (einschließlich Vorarbeiten wie Whitepaper und Greenpaper),
- die dem Entwurf des Rechtsaktes vorangestellte Begründung der Kommission,
- die in den Erwägungsgründen enthaltenen Aussagen zur historischen Entwicklung (sie genießen als Teil des Rechtsaktes erhöhte Autorität),
- Änderungsvorschläge und Zwischenberichte des Europäischen Parlaments,
- Kompromissentwürfe der jeweiligen Ratspräsidentschaft,
- Stellungnahmen von Ausschüssen (zB des Wirtschafts- und Sozialausschusses) und
- Impact Assessments (Gesetzesfolgenabschätzungen).

IX. Effet utile

Der EuGH[404] greift in seiner Argumentation im Primärrecht, aber auch im Rahmen des Sekundärrechts, teilweise auf den Grundsatz des „*effet utile*" zurück. Dieser Grundsatz stammt ursprünglich aus dem Völkerrecht[405] und wird dort sowohl von der Rechtsprechung als auch von der Literatur anerkannt.[406] Dennoch gilt 127

399 *Martens*, Methodenlehre des Unionsrechts, 2013, S. 390 ff.; *Schonberg/Frick* ERL 28 (2003) 149, 149 ff.; *Arnull*, The European Union and its Court of Justice, 2006, S. 614 ff.; auch Umkehrschluss aus *Langenbucher* in: Langenbucher (Hrsg.), Europäisches Privat- und Wirtschaftsrecht, 2017, § 1 Rn. 13.

400 *Conway*, The Limits of Legal Reasoning and the European Court of Justice, 2012, S. 256.

401 Zu diesen Überlegungen bereits *Jung* in: Clavora/Garber, Das Vorabentscheidungsverfahren in der Zivilgerichtsbarkeit, 2014, S. 28 f.

402 *Bengoetxea*, The Legal Reasoning of the European Court of Justice, 1993, S. 71, 225 " a may-source" „do not carry great weight"; *Pechstein/Drechsler* in: Riesenhuber (Hrsg.), Europäische Methodenlehre, 2015, § 7 Rn. 35 "kaum Bedeutung".

403 *Jung* in: Clavora/Garber, Das Vorabentscheidungsverfahren in der Zivilgerichtsbarkeit, 2014, S. 30.

404 Vgl. zB EuGH, Rs. C-129/94 (Ruiz Bernáldez), ECLI:EU:C:1996:143 = EuZW 1996, 735, Rn. 19; EuGH, Rs. C-453/99 (Courage), ECLI:EU:C:2001:465 = EuZW 2001, 715, Rn. 25 f.; EuGH, Rs. C-63/00 (Schilling), ECLI:EU:C:2002:296 = BeckRS 2004, 77639, Rn. 24; EuGH, Rs. C-537/03 (Katja Candolin), ECLI:EU:C:2005:417 = EuZW 2005, 593, Rn. 28.

405 Zum Ursprung des *effet utile* s. Seyr, Der effet utile in der Rechtsprechung des EuGH, 2008, S. 94 ff.

406 IGH C.I.J. Recueil 1949 (Détroit de Corfou, Fond), S. 23; *Krieger*, Das Effektivitätsprinzip im Völkerrecht, 2004 (et passim); *Krüger* in: FS Spiropoulos, 1957, S. 265, 275.

der *effet utile*-Grundsatz auch als einer der wichtigsten Besonderheiten europäischer Rechtsmethodik.[407] Dies liegt einerseits daran, dass die europäische Methodik heute primär mit den nationalen Methodiken verglichen wird. Andererseits ist die potenziell große Reichweite der Anwendung des *effet utile* ein Spezifikum des europäischen Rechts.[408] Zahlenmäßig ist die ausdrückliche Verwendung allerdings weniger häufig als erwartet werden könnte. Bis 2012 wurden 11 Urteile des EuGH und 63 Schlussanträge der Generalanwälte gezählt, in denen der *effet utile* ausdrücklich Erwähnung fand.[409] Er lässt sich als primärrechtlicher Rechtsgrundsatz (dazu Rn. 34 ff.) einordnen.[410]

128 In einigen Urteilen wurde der Begriff mit **(größtmögliche) praktische Wirksamkeit** übersetzt.[411] Europäische Vorschriften sollen ihren Sinn und Zweck vollständig entfalten können. Normen werden danach so ausgelegt, dass sie das Regelungsziel bestmöglich durchsetzen.[412] Dies führt zu einer extensiven Auslegung. Das drückt die praktische Bedeutung aber nicht vollständig aus, denn der *effet utile* wird insbesondere auch benutzt, um Rechtsfortbildungen zu legitimieren.[413] Insbesondere die Funktionsfähigkeit der EU und ihrer Institutionen sind ein Ziel, welches aus Sicht des EuGH sehr weitgehende Interpretationen (und Rechtsfortbildungen) rechtfertigt. Dies geht so weit, dass sich das Bundesverfassungsgericht in seiner Maastricht-Entscheidung veranlasst sah, den EuGH zu einer gewissen Zurückhaltung bei der Anwendung des *effet utile*-Grundsatzes aufzufordern.[414] Zugleich wird darin als Minus auch der Grundsatz als enthalten gesehen, dass einer europäischen Regelung nicht jede **Wirksamkeit** genommen werden soll.[415] Der *effet utile* könnte aber auch herangezogen werden, um daraus ein Loyalitätsgebot der Mitgliedstaaten und damit ein Argument für die europarechtskonforme Auslegung zu gewinnen (vgl. Rn. 186).

129 Da der *effet utile* auf den Regelungszweck abstellt, wird der Grundsatz generell im Rahmen der teleologischen Auslegung diskutiert.[416] Die praktischen Rechtsfolgen gehen aber über eine teleologische Auslegung deutlich hinaus. Streitig ist daher, ob der *effet utile* noch eine Sonderform der teleologischen Auslegung[417] oder doch schon eine eigene Auslegungsmethode ist.[418] Innerhalb der Auslegung fungiert der *effet utile* als Vorrangregel, die auf die allgemeinen Telosüberlegungen aufbaut. Er wird hier teilweise treffend mit dem Begriff **Effektivität der Zwecksetzungen** gekennzeichnet.[419] Dies rechtfertigt eine separate Behandlung. Ob man den *effet utile* insoweit als Hilfskriterium oder echte weitere Auslegungsmethode klassifiziert, ändert an den Ergebnissen nichts. Wichtig für die Praxis ist, dass über den *effet utile* auch Rechtsfortbildungen gerechtfertigt werden. Das könnte auch mit der Vorstellung der europäischen Integration als meta-teleologischem Konzept zusammenhängen.[420] Insbesondere in der *Francovich*-Entscheidung[421] wurde aus dem *effet utile* Grundsatz eine Berechtigung zur rechtsfortbildenden Schaffung von Rechtsfolgen abgeleitet, die das materielle europäische Recht effektiv durchsetzen.[422] Diese weitreichende, rechtsfortbildende Spielart des *effet utile* findet sich so nicht im Völkerrecht und ist auch in Bezug auf die Grenzen zwischen Rechtsfortbildung *extra legem* und *contra legem* nicht unproblematisch. Betrachtet man allein die praktischen Wirkungen, ist allerdings zu konstatieren, dass der spezifische Ein-

407 *Roth* in: Neergard/Nielsen/Roseberry (Eds.), European Legal Method – Paradox and Revitalisation, 2011, S. 77; *Eckes* in: Neergard/Nielsen (Eds.), European Legal Method – towards a New European Legal Realism?, 2013, S. 175 “most dominating meta-teleological concept”; *Seyr*, Der effet utile in der Rechtsprechung des EuGH, 2008, S. 358 “essentiell für die Entwicklung der Gemeinschaft”.

408 Vgl. die Analyse der Rechtsprechung des EuGH bei *Seyr*, Der effet utile in der Rechtsprechung des EuGH, 2008, S. 111 ff.

409 *Tomasic*, Effet utile, 2013, S. 10.

410 *Schön* in: FS Hopt, 2010, S. 1343, 1352.

411 Vgl. EuGH, Rs. C-63/00 (Schilling), ECLI:EU:C:2002:296 = BeckRS 2004, 77639, Rn. 24; EuGH, Rs. C-92/00 (HI/Stadt Wien), ECLI:EU:C:2002:379 = EuZW 2002, 497, Rn. 52; EuGH, Rs. C-334/00 (HWS), ECLI:EU:C:2002:499 = NJW 2002, 3159, Rn. 19 ff.

412 EuGH, Rs. C-63/00 (Schilling), ECLI:EU:C:2002:296 = BeckRS 2004, 77639, Rn. 24; EuGH Rs. C-223/98 (Adidas), ECLI:EU:C:1999:500 = NJW 2000, 2337, Rn. 24.

413 Vgl. die Analyse bei *Walter*, Rechtsfortbildung durch den EuGH, 2009, S. 189 ff.

414 BVerfGE 89, 155, 210.

415 *Martens*, Methodenlehre des Unionsrechts, 2013, S. 464; *Seyr*, Der effet utile in der Rechtsprechung des EuGH, 2008, S. 94 f.

416 Vgl. etwa *Riesenhuber* in: Riesenhuber (Hrsg.), Europäische Methodenlehre, 2015, § 10 Rn. 45; *Müller/Christensen*, Juristische Methodik, Bd. II, 2012, Rn. 439 ff.

417 *Riesenhuber* in: Riesenhuber (Hrsg.), Europäische Methodenlehre, 2015, § 10 Rn. 45; *Tomasic*, Effet utile, 2013, S. 214.

418 *Seyr*, Der effet utile in der Rechtsprechung des EuGH, 2008, S. 272 – 280.

419 *Tomasic*, Effet utile, 2013, S. 127 ff., 213.

420 Vgl. dazu *Eckes* in: Neergard/Nielsen (Eds.), European Legal Method – towards a New European Legal Realism?, 2013, S. 175 f.

421 EuGH, Rs. C-6/90 und C-9/90 (Francovich), ECLI:EU:C:1991:428 = NJW 1992, 165, Rn. 32 f.; vgl. auch EuGH, Rs. C-453/99 (Courage), ECLI:EU:C:2001:465 = EuZW 2001, 715 zum nicht geregelten Kartellschadensersatz.

422 *Tomasic*, Effet utile, 2013, S. 213 bezeichnet diese Fallgruppe als dem Ziel der „Effektivität des Unionsrechts“ dienend.

satz des *effet utile* zur Rechtfertigung von Rechtsfortbildungen die Schlagkraft des materiellen EU-Rechts entscheidend gestärkt hat.

Da es beim Effizienzgebot darum geht, einen Zweck bestmöglich zu erfüllen, besteht das Risiko, dass es zu einer einseitigen Interessenverlagerung kommt, wenn nur der primäre Zweck oder einer von mehreren Zwecken beachtet wird.[423] Der *effet utile* ist ein ungeschriebener Grundsatz, kann sich aber auch ausdrücklich in Rechtsakten finden. Nicht unüblich ist es beispielsweise, dass die nationalen Gesetzgeber zur effektiven Durchsetzung des in der Richtlinie enthaltenen materiellen Rechts aufgefordert werden.[424] Die Mitgliedstaaten sollen dementsprechend „wirksame, verhältnismäßige und abschreckende" Sanktionen schaffen.[425] Selbst wenn eine Richtlinie bzw. Verordnung keine entsprechende Aufforderung enthält, ist der nationale Gesetzgeber aufgrund des *effet utile*-Grundsatzes verpflichtet, ein angemessenes Sanktionssystem zu schaffen, um dem Rechtsakt zur Durchsetzung zu verhelfen. 130

X. Primärrechtskonforme Auslegung europäischen Sekundärrechts

Die primärrechtskonforme Auslegung existiert in zwei deutlich zu trennenden Formen,[426] der **primärrechtskonformen Auslegung des nationalen Rechts** (dazu Rn. 186 ff.) und der hier zu behandelnden **primärrechtskonformen Auslegung des europäischen Sekundärrechts.** Eine mögliche **Rechtfertigung** für die primärrechtskonforme Auslegung des europäischen Sekundärrechts ergibt sich daraus, dass ein auf Rechtmäßigkeit ausgerichtetes Verhalten des Sekundärrechtsetzers vermutet werden kann.[427] Der Gesetzgeber des sekundären Unionsrechts möchte keine unwirksamen Regelungen schaffen. Insofern ließe sich an einen immer zu vermutenden Telos denken, der die angestrebte Rechtmäßigkeit und damit die Übereinstimmung des Sekundärrechts mit dem Primärrecht anstrebt. Die primärrechtskonforme Auslegung des europäischen Senkundärrechts kann aber auch mit dem Systemgedanken gerechtfertigt werden.[428] Vom EuGH wird die primärrechtskonforme Auslegung des Sekundärrechts teilweise ausdrücklich mit dem Systemgedanken (Einheit der unionsrechtlichen Rechtsordnung) gerechtfertigt.[429] Das reicht für sich vielleicht noch nicht aus.[430] Wenn man allerdings darauf aufbauend überlegt, dass es für die Effektivität und das äußere Erscheinungsbild (Autorität) der Europäischen Union förderlich ist, dass Widersprüche schnell und schmerzlos und nicht etwa durch Nichtigkeitsklagen aufgelöst werden, hat das Systemargument durchaus seine Berechtigung. Teil der Rechtfertigung sollte auch der Stufenbau der Rechtsordnung, also der höhere Rang des Primärrechts, sein.[431] Ein weiterer Grund für die primärrechtskonforme Auslegung des Sekundärrechts ist die Rücksicht auf den sekundärrechtlichen Gesetzgeber, in dessen Werk damit möglichst schonend eingegriffen wird.[432] Die primärrechtskonforme Auslegung des Sekundärrechts steht schließlich auch den nationalen Gerichten offen[433] und führt daher zu einer schnelleren Beseitigung eventueller Widersprüche. 131

Europäisches Sekundärrecht wird somit im Ergebnis grundsätzlich primärrechtskonform ausgelegt. Gibt es mehrere mögliche Auslegungsergebnisse, kann nur eine Interpretation gewählt werden, die auch mit dem Primärrecht in Einklang steht.[434] In besonderem Maße gilt dies für die im Primärrecht enthaltenen Grundfreihei- 132

423 Vgl. *Riesenhuber* in: Riesenhuber (Hrsg.), Europäische Methodenlehre, 2015, § 10 Rn. 45, 43.

424 So enthält Art. 14b der Änderungs-RL zur Aktionärsrechterichtlinie eine Aufforderung an die Mitgliedstaaten, Maßnahmen und Sanktionen für den Fall von Verstößen festzulegen (Art. 14b S. 1 Änderungs-RL) und gibt gleichzeitig vor, dass die ergriffenen Maßnahmen „wirksam, verhältnismäßig und abschreckend" sein müssen (Art. 14 b) S. 2 Änderungs-RL).

425 Die Rechtsakte sollen dadurch keine „zahnlosen Tiger" bleiben; *Köndgen* in: Riesenhuber (Hrsg.), Europäische Methodenlehre, 2015, § 6 Rn. 44.

426 *Leible/Domröse* in: Riesenhuber (Hrsg.), Europäische Methodenlehre, 2015, § 8 behandeln beide Formen zwar in einem Großabschnitt, unterscheiden beide Formen dann aber doch deutlich (Rn. 7 bis 37 Unionsrecht; Rn. 38 bis 61 nationales Recht).

427 Angesprochen, aber abgelehnt durch *Leible/Domröse* in: Riesenhuber (Hrsg.), Europäische Methodenlehre, 2015, § 8 Rn. 21.

428 EuGH, Rs. C-499/04 (Werhof), ECLI:EU:C:2006:168 = EuZW 2006, 276, Rn. 32; Leible/Domröse in: Riesenhuber (Hrsg.), Europäische Methodenlehre, 2015, § 8 Rn. 22.

429 EuGH, Rs. C-34/69 (Caisse d'Assurance Vieillesse), ECLI:EU:C:1969:71 = Slg 1969, 597, Rn. 5, 7; EuGH, Rs. C-283/81 (C.I.L.F.I.T.), ECLI:EU:C:1982:335 = NJW 1983, 1257, Rn. 20; EuGH, Rs. C-205/84 (Kommission/Deutschland), ECLI:EU:C:1986:463 = NJW 1987, 572, Rn. 62.

430 Gegen isolierte Betrachtung *Leible/Domröse* in: Riesenhuber (Hrsg.), Europäische Methodenlehre, 2015, § 8 Rn. 23.

431 *Ruffert* in: Calliess/Ruffert (Hrsg.), EUV/AEUV, 5. Aufl. 2016, Art. 288 AEUV Rn. 9; als Teil der Rechtfertigung auch bei *Leible/Domröse* in: Riesenhuber (Hrsg.), Europäische Methodenlehre, 2015, § 8 Rn. 24, 25.

432 *Leible/Domröse* in: Riesenhuber (Hrsg.), Europäische Methodenlehre, 2015, § 8 Rn. 25.

433 *Leible/Domröse* in: Riesenhuber (Hrsg.), Europäische Methodenlehre, 2015, § 8 Rn. 7 ff.; *Henninger*, Europäisches Privatrecht und Methode, 2009, S. 284 f.; *Müller/Christensen*, Juristische Methodik, Bd. II, 2012, Rn. 164, 168, 172 f.; *Buerstedde*, Juristische Methodik des Europäischen Gemeinschaftsrechts, 2006, S. 70 ff.

434 *Grundmann* RabelsZ 75 (2011) 883, 911.

ten. Dadurch können einzelne Auslegungsmöglichkeiten ausgeschlossen werden. Die primärrechtskonforme Auslegung löst somit einen Normenkonflikt zugunsten des höherrangigen Rechts auf. Sie ist von der primärrechtskonformen Auslegung nationalen Rechts zu unterscheiden, die Teil der nationalen, wenn auch europäisch geprägten, Methodik ist (Rn. 186).

133 Im Gesellschaftsrecht ist der EuGH sehr zurückhaltend mit der primärrechtskonformen Auslegung des europäischen Sekundärrechts, insbesondere was die Überprüfung anhand der Niederlassungs- und Kapitalverkehrsfreiheit angeht.[435] Der Kontrollmaßstab scheint mit Blick auf beschränkende Maßnahmen weniger streng zu sein als bei mitgliedstaatlichen Regelungen.[436]

XI. Sekundärrechtskonforme Auslegung des Primärrechts

134 Der EuGH hat gelegentlich Primärrecht im Lichte des Sekundärrechts ausgelegt (zur noch weitergehenden Form der sekundärrechtskonformen Rechtsfortbildung des Primärrechts Rn. 181).[437] Dies kollidiert einerseits mit dem Vorrang des Primärrechts und scheint daher auf den ersten Blick nicht zulässig.[438] Andererseits erscheint der Blick auf das Sekundärrecht angesichts der häufig eher generalisierenden und damit auslegungsbedürftigen Regelungen des Primärrechts nicht unverständlich. Fraglich ist allerdings, ob sich auch eine methodische Legitimation findet. Unproblematisch zulässig wäre eine mögliche Konkretisierungen des Primärrechts anhand des Sekundärrechts, ohne diese jedoch in irgendeiner Weise zu priorisieren. Die sekundärrechtskonforme Auslegung geht jedoch darüber hinaus. Auch geht es nicht um Fälle, in denen das Primärrecht dem Sekundärrecht Konkretisierungsspielräume einräumt. Dennoch könnte eine sekundärrechtsbezogene Auslegung des Primärrechts im Sinne einer Begründungslast für die Rechtsprechung, wenn sie bei der Auslegung des Primärrechts von den Regelungen des Sekundärrechts abweichen will, vertretbar sein. Diese Vermutung reduziert interinstitutionelle Konflikte. Rechtssicherheit und Vertrauen in die Institutionen und die EU als Ganzes werden gefördert. Es gibt zudem eine gewisse Richtigkeitswahrscheinlichkeit zumindest im Sinne einer hohen Wahrscheinlichkeit der Vertretbarkeit der Auslegung durch den Sekundärgesetzgeber. Kommission, Parlament und Rat tragen diese Interpretation mit. Im Fall der Verordnung ist die Rechtssetzung sogar von allen Mitgliedstaaten gebilligt worden. Dies geschieht zwar nicht in Form einer Vertragsänderung (Änderung des Primärrechts), könnte eine solche also auch nicht rechtfertigen, verleiht dem Sekundärrecht oder gar mehreren parallelen Sekundärrechtsakten aber schon Gewicht. Jedenfalls bei deutlich späteren sekundärrechtlichen Rechtsakten könnte auch auf die Dynamik des Unionsrechts abgestellt werden.[439] Da vernünftige, bewährte Lösungen ohnehin nicht ohne Grund aufgegeben werden sollten (dies ist der positive Teil der sog Pfadabhängigkeit), wird hier eine entsprechende Begründungslast vorgeschlagen.[440]

XII. Rechtsvergleichende Auslegung

135 Die rechtsvergleichende Auslegung gehört nicht zum traditionellen Auslegungskanon und ist auch nicht in irgendeiner Form formal im europäischen Recht verankert.[441] Jedenfalls in den ersten Jahren soll die rechtsvergleichende Auslegung bei der internen Meinungsbildung (interne, tatsächlich praktizierte Methodik) des EuGH und des EuG dennoch eine größere Rolle gespielt haben, obwohl dies in den Entscheidungsbegründungen (externe, in den Entscheidungen genannte Methodik) kaum erkennbar ist.[442] Art. 340 S. 2 AEUV iVm Art. 268 AEUV, die für die außervertragliche Außenhaftung der EU auf die den Rechtsordnungen der Mitglieder gemeinsamen Vorstellungen verweist, ist keine Anordnung einer rechtsvergleichenden Auslegung im eigentlichen Sinne.[443] Das dortige Erfordernis der Übereinstimmung weist eher eine dem Gewohnheitsrecht verwandte Richtung auf (vgl. näher Rn. 49 ff.). Im Ergebnis kommt eine rechtsvergleichende Auslegung im Prinzip nicht in Be-

435 *Teichmann* in: Gebauer/Teichmann (Hrsg.), Europäisches Privat- und Unternehmensrecht, 2016, § 6 Rn. 90.
436 *Teichmann* NJW 2006, 2444, 2448 f.; *Leible* ZGR 2004, 531, 543; *Caspar* EuZW 2000, 237, 240.
437 EuGH, Rs. C-36/74 (Walrave), ECLI:EU:C:1974:140,S. 1405, 1418 f. = NJW 1975, 1093; EuGH, Rs. C-48/75 (Royer), ECLI:EU:C:1976:57,S. 497, 510 = NJW 1976, 2065.
438 So *Anweiler*, Die Auslegungsmethoden des Gerichtshofs der Europäischen Gemeinschaften, 1997, S. 197.
439 Darauf allein abstellend *Grundmann* RabelsZ 75 (2011) 882, 911.
440 Näher zur Begründungslast *Krebs* AcP 195 (1995) 171, 171 ff.
441 *Riesenhuber* in: Riesenhuber (Hrsg.), Europäische Methodenlehre, 2015, § 10 behandelt die Rechtsvergleichung im Kapitel Auslegung nicht; skeptisch gegenüber einer eigentlich rechtsvergleichenden Auslegung auch *Schwartze*, in: Riesenhuber (Hrsg.), Europäische Methodenlehre, 2015, § 4 Rn. 24 ff.
442 *Bengoetxea*, The Legal Reasoning of the European Court of Justice, 1993, S. 123; *Kutscher*, Methods of Interpretation as Seen by a Judge at the Court of justice, Judical and Academic Conference Luxemburg, 1976; *Metzger*, Extra legem intra ius: Allgemeine Rechtsgrundsätze im europäischen Privatrecht, 2009, S. 325 ff.; für einen Versuch nicht explizite rechtsvergleichende Überlegungen des EuGH aufzuspüren *Kakouris* Pace Int'L. Rev. 6 (1994) 267, 276; gegen eine Anerkennung rechtsvergleichender Auslegung wenn sie nicht erkennbar benutzt wird *Riesenhuber* in: FS Canaris, 2017, 181, 199.
443 So aber *Stotz* in: Riesenhuber (Hrsg.), Europäische Methodenlehre, 2015, § 22 Rn. 23.

tracht. Dies ergibt sich bereits aus dem Grundsatz der europäisch-autonomen Auslegung (dazu Rn. 80 ff.). Auch eine Orientierung an einem ggf. bestehenden Vorbildrecht ist abzulehnen. Die Berücksichtigung des UN-Kaufrechts[444] könnte hingegen möglich sein, weil dies keine Bevorzugung eines der Mitgliedstaaten bedeutet. Insoweit würde es sich um eine völkerrechtsfreundliche Auslegung handeln. Die rechtsvergleichende Auslegung ist jedoch trotzdem nicht bedeutungslos. Sie kann mit Blick auf die Auslegung europäischen Rechts vielmehr als **Inspirationsquelle (wertende Rechtsvergleichung)** genutzt werden,[445] weshalb es auch auf Mehrheiten oder die erschöpfende Betrachtung aller Länder nicht ankommt. Schließlich wird rechtsvergleichend auch zur Absicherung gewünschter (rechtsfortbildender) Ergebnisse im Sinne einer wertungsmäßigen Bestätigung argumentiert.[446] Die Akzeptanz durch viele nationale Rechtsordnungen ist ein Argument für die Angemessenheit der Lösung auch auf europäischer Ebene. Für eine weitergehende rechtsvergleichende Auslegung bedürfte es jedoch einer Rechtfertigung, die noch fehlt. Davon zu trennen ist die Frage, ob nationale Gerichte bei der Auslegung von Unionsrechts insbesondere aufgrund der *acte clair* Doktrin die parallele Rechtsprechung in anderen europäischen Ländern berücksichtigen müssen (vgl. Rn. 138).[447]

Da es aber eine beachtenswerte Meinung[448] gibt, die sich für eine rechtsvergleichende Auslegung einsetzt, stellt sich die Frage, in welche **methodische Kategorie** die rechtsvergleichende Auslegung fiele, wenn man sie anerkennen würde. Davon hinge dann auch der Argumentationswert für das Ergebnis ab. Von Rechtsvergleichern wird hier, wie auch im deutschen Recht, häufig eine Einordnung als **eigenständige Kategorie** verlangt.[449] Da es sich nicht um ein traditionell anerkanntes Kriterium handelt, bedürfte es einer gewichtigen Rechtfertigung, die auch die praktischen Konsequenzen bedenken muss. Übliche methodische Instrumente sind Pflichtinstrumente. Man kann sich als Rechtsanwender nicht aussuchen, ob man sie anwenden möchte oder nicht. Die Pflicht zur Rechtsvergleichung würde jedes Gericht zwingen, stets zumindest alle europäischen Rechtsordnungen in Bezug zu nehmen. Zumindest die nationalen Gerichte könnten das nicht leisten. Außerdem fehlt es an einer überzeugenden Rechtfertigung für eine solche Pflichtberücksichtigung. Eine Berücksichtigungspflicht nur dann, wenn das rechtsvergleichende Argument im Prozess vorgebracht wird, wäre zwar keine Überforderung, würde aber das System der Auslegungsgesichtspunkte hinsichtlich der Art der Berücksichtigung sprengen. 136

Nur vereinzelt wird eine generelle Verankerung rechtsvergleichender Auslegung europäischen Rechts im **Telos** versucht.[450] Es könnte Regelungen geben, die den Zweck haben, das Recht der Mitgliedstaaten ausgleichend zu harmonisieren. Dann würde dieser spezielle Telos eine Berücksichtigung der nationalen Lösungen bis zu einem gewissen Grade rechtfertigen.[451] Ein normaler Harmonisierungszweck trägt eine rechtsvergleichende Auslegung jedoch nicht. Der Systemgedanke wäre, falls er tragen sollte, nicht als eigenständige Kategorie, sondern im Rahmen der **systematischen Auslegung** zu berücksichtigen. Eine systematische Auslegung erfordert, dass ein systematisch zusammengehöriges Rechtsgebiet ein möglichst widerspruchsfreies Ganzes ist. Grundsätzlich bilden das Europarecht und speziell das europäische Gesellschaftsrecht noch kein widerspruchsfreies Ganzes. Im harmonisierten Bereich sollen die Ergebnisse allerdings gleich sein. Das aber ist bei näherem Hinsehen keine systematische Frage. Denn die einzelnen Ländererergebnisse sind nicht autonome Teile des Ganzen, sondern unselbständige Umsetzungsversuche. Es darf nicht sein, dass übereinstimmende, aber fälschliche Umsetzungen in die nationalen Rechtsordnungen den EuGH auch nur argumentativ binden könnten. Nationale Entscheidungen haben keinen Rechtsquellencharakter. Die einzelnen Umsetzungsversuche zeigen Möglichkeiten auf und können, sofern begründet, auch wertvolle Argumente enthalten. Aber das ist mehr eine Nutzung als **Inspirationsquelle für Lösungen und Argumente.** Diese Nutzung ist möglich und sinnvoll und wird auch praktiziert. 137

Nach richtiger Ansicht,[452] die sich aber bisher noch nicht in Deutschland durchgesetzt hat, ist im Rahmen der Prüfung der Entbehrlichkeit einer Vorlage gem. Art. 267 AEUV auf Basis der ***acte clair*-Doktrin**[453] (s. Rn. 76, 138

444 Vgl. EuGH, Rs. C-381/08 (Car Trim), ECLI:EU:C:2010:90 = NJW 2010, 1059, 1060, Rn. 36.

445 Vgl. *Möllers*, Die Rolle des Rechts im Rahmen der europäischen Integration, 1999, S. 58; *Schillig*, Konkretisierungskompetenz und Konkretisierungsmethoden im Europäischen Privatrecht, 2009, S. 421 ff.

446 Näher *Bleckmann* ZVerglRWiss 75 (1976) 106, 109 ff.; *Metzger*, Extra legem, intra ius: Allgemeine Rechtsgrundsätze im Europäischen Privatrecht, 2009, S. 414 ff.; *Schroeder* JuS 2004, 180, 183; *Schillig*, Konkretisierungskompetenz und Konkretisierungsmethoden im Europäischen Privatrecht, 2009, S. 421 ff.

447 Insoweit offen gelassen von *Fleischer* RabelsZ 75 (2011) 700, 715.

448 *Martens*, Methodenlehre des Unionsrechts, 2013, S. 493 ff.; *Anweiler*, Die Auslegungsmethoden des Gerichtshofs der Europäischen Gemeinschaften, 1997, S. 279 ff.; *Henninger*, Europäisches Privatrecht und Methode, 2009, S. 293; *Fleischer* RabelsZ 75 (2011) 700, 714.

449 *Fleischer* RabelsZ 75 (2011) 700, 714.

450 *Kakouris* Pace Int'l L. Rev. 6 (1994) 267, 273.

451 Vgl. *Canaris* JZ 1987, 543, 549, der den Einheitstelosgeordneten Stellenwert selbst beim Einheitsrecht nur mit einem ganz untergeordneten Stellenwert berücksichtigen will; grundsätzlich skeptisch gegen eine Berücksichtigung der Rechtsvergleichung im europäischen Privatrecht mit dieser Begründung auch *Riesenhuber* in: FS Canaris, 2017, S. 181, 201.

452 *Groth* EuZW 2002, 460, 463 Fn. 30; *Buerstedde*, Juristische Methodik des Europäischen Gemeinschaftsrechts, 2006, S. 22.

453 EuGH, Rs. C-283/81 (C.I.L.F.I.T.), ECLI:EU:C:1982:335 = NJW 1983, 1257.

184) nicht nur die Norm selbst auszulegen, sondern auch zu analysieren, ob auf Basis bisheriger Entscheidungen des EuGH oder (höchstrichterlichen) Entscheidungen aus anderen EU-Ländern eine abweichende Entscheidung vorstellbar wäre, womit kein *acte clair* vorläge. Da es noch kein Gesamtverzeichnis (Datenbank) gibt, sind hier auch nur die im jeweiligen Land bekanntgewordenen Entscheidungen ausländischer Gerichte zu berücksichtigen. Hierbei geht es nicht um „echte" Rechtsvergleichung, sondern nur um die Frage, ob abweichende Interpretationen in einer anderen Rechtsordnung es nicht ausschließen, eine nationale Auslegung europäischen Rechts noch als offensichtlich richtig einzuordnen. Immerhin würde dies bei zur Kenntnis gebrachten abweichenden Entscheidungen von Gerichten anderer Länder den Verzicht auf die Vorlage an den EuGH über die *acte clair*-Doktrin fast immer ausschließen.

XIII. Rechtsökonomische Auslegung[454]

139 In den USA, aber auch in einigen europäischen Ländern spielen rechtsökonomische Argumente hinsichtlich des Gesellschaftsrechts eine wichtige Rolle.[455] Dies gilt primär bei der Rechtsetzung kann aber auch bei der Rechtsanwendung der Fall sein.[456] Aus dem Europäischen Kartellrecht kennt man den ***„more economic approach"***, der zum Ziel hat, ökonomische Abwägungen im konkreten Einzelfall entscheiden zu lassen.[457] Eine eigenständige Auslegungskategorie ist die rechtsökonomische Auslegung aber selbst dort nicht. Die Berücksichtigung rechtsökonomischer Argumente generell und speziell im europäischen Gesellschaftsrecht hängt vielmehr davon ab, ob der Normzweck sich zumindest auch auf eine ökonomische Zielstellung oder die Nutzung ökonomischer Effekte richtet.[458] Sie ist damit letztlich konkretisierender Teil der teleologischen Auslegung.[459] Unabhängig vom Normzweck werden schwerwiegende praktische Folgen auf sozialem, gesellschaftlichem oder ökonomischem Gebiet bei den Entscheidungen des EuGH generell mitbedacht, meist allerdings ohne dies offen anzusprechen (realfolgenorientierte Auslegung, dazu sogleich Rn. 141 f.).

140 Besteht so ein rechtsökonomischer Zweck, stellt sich nicht selten die Frage, wie zu verfahren ist, wenn neuere rechtsökonomische Erkenntnisse belegen, dass der vom Gesetzgeber gewählte Ansatz nicht zielführend ist. So dürfte zB nicht jede der auch im europäischen Gesellschaftsrecht verbreiteten Informationspflichten tatsächlich die beabsichtigte Wirkung besserer Entscheidungen auf Basis dieser Informationen haben. Sofern die Regelung nur wirkungslos ist oder leichte bis mittlere negative Effekte mit ihr verbunden sind, bewegt sie sich im Normalbereich des *„trial and error"*-Vorgehens nationaler und europäischer Gesetzgeber. Nur bei extrem schwerwiegenden und zugleich eindeutigen Schäden durch eine solche Regelung und keiner Chance auf baldige gesetzgeberische Regelung könnte erwogen werden, eine Rechtsfortbildung *contra legem* (vgl. Rn. 182 f.) zuzulassen, um die schwerwiegenden negativen Wirkungen zu beenden und nicht auf ein späteres Eingreifen des europäischen Gesetzgebers zu warten. Diese Hürden für eine Korrektur aufgrund neuer ökonomischer Erkenntnisse sind aber sehr restriktiv zu verstehen und betreffen vor allem nur Fälle, in denen die Norm primär ökonomisch motiviert ist. Das umstrittene Mindestkapital beruht zB in Deutschland nicht nur auf ökonomischen Wohlfahrtsgedanken, sondern auch auf dem Ordnungsgedanken, dass Unternehmer sich die Haftungsbeschränkung verdienen müssen. Selbst wenn sich also der Beweis führen ließe, dass das Mindestkapital ökonomisch nachteilig ist, ließe sich ein Verzicht *de lege lata* nicht rechtfertigen.

XIV. Realfolgenorientierte Auslegung

141 Während die Rechtsfolgen die Folgen beschreiben, die die einschlägigen Rechtsnormen anordnen, geht es bei den Realfolgen um die tatsächlichen Konsequenzen einer Norm bzw. einer gerichtlichen Entscheidung.[460] Da auch rechtsökonomische Überlegungen sich letztlich mit (ökonomischen) Realfolgen beschäftigen, wäre die realfolgenorientierte Auslegung eine Verallgemeinerung davon[461] und könnte zB gesellschaftliche (soziale) Veränderungen mit in Bezug nehmen. Bei obersten Gerichten ist die realfolgenorientierte Auslegung generell nicht sel-

454 Zum Wert ökonomischer Argumente *Franck* in: Riesenhuber (Hrsg.), Europäische Methodenlehre, 2015, § 5 Rn. 47 ff.

455 Zur Rechtsökonomik *Assmann/Kirchner/Schanze* (Hrsg.), Ökonomische Analyse des Rechts, 1993; *Poser*, Economic Analysis of Law, 1998; *Curti/Effertz* (Hrsg.), Die ökonomische Analyse des Rechts, 2015; *Behrens*, Die ökonomischen Grundlagen des Rechts, 1986.

456 Für einen Versuch ökonomische Überlegungen verschiedener Art für die Konkretisierung des europäischen Privatrechts zu nutzen vgl. *Schillig*, Konkretisierungskompetenz und Konkretisierungsmethoden im Europäischen Privatrecht, 2009, S. 437 ff., 463 ff.

457 Siehe dazu *Dittert* EuR 2012, 570 ff.; *de Bronet* EWS 2013, 1 ff.; *Frenz/Ehlenz* EuR 2010, 490 ff.

458 *Grundmann*, Europäisches Gesellschaftsrecht, 2. Aufl. 2011, § 4 Rn. 103.

459 *Franck* in: Riesenhuber (Hrsg.), Europäische Methodenlehre, 2015, § 5 Rn. 22; *Grundmann*, Europäisches Gesellschaftsrecht, 2. Aufl. 2011, § 4 Rn. 103.

460 Grundlegend zu diesen Kategorien *Lübbe-Wolff*, Rechtsfolgen und Realfolgen, 1980; für eine Berücksichtigung von „substantive arguments" insbesondere im Europarecht *Hesselink* ELJ 15 (2009) 20, 31.

461 Vgl. *Grundmann*, Europäisches Gesellschaftsrecht, 2. Aufl. 2011, § 4 Rn. 103.

ten, auch wenn sie die Realfolgen praktisch nie als formale Kategorie benutzen.[462] Beim EuGH lässt sie sich aber besonders intensiv beobachten.[463] Sie dürfte dadurch begünstigt werden, dass viele EuGH-Richter früher auch politisch aktiv waren und generell zumindest in Bezug auf den Erfolg der europäischen Idee in aller Regel eine positive Grundeinstellung mitbringen. Dementsprechend stellen sie sich bei jeder Auslegung (und bei Rechtsfortbildungen, dazu Rn. 165 ff.) auch die Frage, ob sie der europäischen Idee nutzt. Die realfolgenorientierte Auslegung wird auch institutionell unterstützt, indem früher für besonders wichtige Entscheidungen eine Plenarentscheidung aller Richter vorgesehen war und heute eine große Kammer entscheidet. Durch die Vielzahl der Richter und die offenkundige Bedeutung der Sache werden alle Beteiligten sensibilisiert, über die Realfolgen der Entscheidung vorab nachzudenken. Diese sind allerdings meist nicht Gegenstand der **äußeren Methodik**, also der Entscheidungsbegründung, sondern allein der **inneren Methodik**, wirken also auf die tatsächliche Entscheidungsfindung.

Ein klassisches Beispiel ist die Plenarentscheidung zu „*Baby dry*“,[464] bei der auf Druck der USA, die der EU mit einem Handelskrieg drohten, das europäische Markenrecht uminterpretiert wurde, damit beschreibende, aber grammatikalisch falsche Bezeichnungen wie in den USA markenrechtlichen Schutz genießen können. Ein aktueller Beispielsfall ist der Erzberger/TUI-Fall.[465] Dabei ging es um die Frage, ob das deutsche Mitbestimmungsrecht in zulässiger Weise Arbeitnehmer in anderen EU-Mitgliedstaaten von der Beteiligung am deutschen Aufsichtsrat (aktives und passives Wahlrecht) ausschließt oder ob dies gegen die Arbeitnehmerfreizügigkeit (Art. 45 AEUV) verstößt. Ursprünglich hatte auch die EU Kommission hier Bedenken gegen die deutsche Regelung.[466] Schnell wurde jedoch klar, dass der deutsche Kläger des Ausgangsverfahrens und die der Parallelverfahren, die extra dafür wenige Aktien verschiedener Unternehmen erwarben, also keine wirtschaftlichen Interessen hatten und sich rechtspolitisch in einem eindeutigen (mitbestimmungsfeindlichen) Umfeld bewegten, es auf die Schwächung der deutschen Mitbestimmung durch stärker divergierende Arbeitnehmerinteressen im Aufsichtsrat und einen geringeren Einfluss der Gewerkschaften abgesehen hatten. Dies führte nicht nur dazu, dass die Kommission ihre Meinung änderte und die deutsche Regelung nunmehr als zulässig ansah.[467] Auch der EuGH[468] sah in seiner Entscheidung seiner Großen Kammer keinen Verstoß gegen Art. 45 AEUV. Denn eine Schwächung der deutschen Mitbestimmung hätte nicht effektiv die Gleichbehandlung von Arbeitnehmern in unterschiedlichen Ländern gefördert, aber eine fundamentale Opposition deutscher Gewerkschaften gegen Europa hervorgerufen und dies, wo die Mitbestimmungsbedenken der deutschen Gewerkschaften schon die Verabschiedung der SPE-Verordnung verhindert haben (§ 5 Rn. 1) und die SE wegen der Mitbestimmungsfrage erst viele Jahre später Realität wurde (§ 4 Rn. 5). Für die Rechtspraxis bedeutet dies, dass jedenfalls bei politisch sensiblen Realfolgen, die sich auf die Rechtsprechungsergebnisse auswirken können, die Realfolgen die Auslegungsergebnisse beeinflussen, auch wenn dies in den Entscheidungen selbst grundsätzlich nicht offen thematisiert wird. 142

XV. Argumentationsformen

Die klassischen logischen Argumentationsformen sind schon aufgrund der gemeinsamen europäischen Wissenschaftstradition von der Spätantike bis ins 17. Jahrhundert und dem internationalen Wissenschaftsdiskurs seit dem 19. Jahrhundert allgemein anerkannt. Sie könnten als Teil der systematischen Auslegung angesehen werden, da es um das systematische Verhältnis von Aussagen geht. In der praktischen Anwendung können sich die Argumentationsformen auf die verschiedensten Auslegungs- oder Rechtsfortbildungselemente beziehen. Nicht selten wird auch eine Verbindung zum Normzweck hergestellt.[469] Zu diesen Argumentationsfiguren gehört das ***argumentum e contrario*** (**Umkehrschluss**), welches zB für die Bestimmung des gesetzgeberischen Willens herangezogen wird, wenn bestimmte Vorschläge im Gesetzgebungsverfahren abgelehnt oder Regeln gestrichen wurden.[470] Auch das ***argumentum a fortiori*** (**Erst-recht-Schluss**) findet sich, und zwar insbesondere in Analogie- 143

462 Die deutsche Rechtsfortbildung zu den verschleierten Sacheinlagen ist wesentlich durch diesen Gedanken geprägt.

463 Vgl. ähnlich *Martens*, Methodenlehre des Unionsrechts, 2013, S. 478 ff.; für „gut denkbar“ erklärt *Grundmann*, Europäisches Gesellschaftsrecht, 2. Aufl. 2011, § 4 Rn. 103 diese Auslegungsweise; positiv zu einer Berücksichtigung im Unionsrecht *Fleischer* RabelsZ 75 (2011) 700, 723.

464 EuGH, Rs. C-383/99 P (Baby dry), ECLI:EU:C:2001:461 = EuZW 2001, 666.

465 EuGH, Rs. C-566/15 (Erzberger/TUI AG), ECLI:EU:C:2017:562 = ZIP 2017, 1413.

466 Siehe hierzu den Blog-Beitrag in DB vom 25.1.2017, *Zimmerman*, DB 1228305.

467 EU-Kommission, Pressemitteilung vom 24.1.2017, abrufbar unter: http://europa.eu/rapid/press-release_STATEMENT-17-141_de.htm.

468 EuGH, Rs. C-566/15 (Erzberger/TUI AG), ECLI:EU:C:2017:562 = ZIP 2017, 1413.

469 *Müller/Christensen*, Juristische Methodik, Bd. II, 2012, S. 78 ff.; *Martens*, Methodenlehre des Unionsrechts, 2013, S. 327 f.; *Henninger*, Europäisches Privatrecht und Methode, 2009, S. 65 (für die deutsche Rechtsmethodik).

470 EuGH, Rs. C-203/09 (Volvo Car), ECLI:EU:C:2010:647 = EuZW 2011, 24, Rn. 40; EuGH, Rs. C-404/06 (Quelle), ECLI:EU:C:2008:231 = NJW 2008, 1433, Rn. 29 ff.; EuGH, Rs. C-215/97 (Bellone), ECLI:EU:C:1998:189 =

prüfungen und Auslegungen.[471] Das *argumentum a fortiori* kann im Einzelfall sogar so stark sein, dass es einen gesetzgeberischen Fehler erkennen lässt und als Rechtfertigung zur Korrektur des Fehlers durch den EuGH benutzt wird.[472] Damit sind auch die Fälle des ***argumentum a maiore ad minus*** (vom Größeren auf das Kleinere, **Größenschluss**) mit erfasst. Allgemein anerkannt ist ebenfalls das ***argumentum a simile*** (**Ähnlichkeitsschluss**), welches im engeren Sinn nur die Gleichbehandlung gleichgelagerter Fälle betrifft, aber auch mit seinem Umkehrschluss der Ungleichbehandlung ungleicher Fälle Beachtung findet.[473] Dieser Ähnlichkeitsschluss ist nicht nur Basis der Analogie (vgl. Rn. 167 ff.), sondern auch in der Auslegung von erheblicher Bedeutung, da die Gleichbehandlung gleicher und die Ungleichbehandlung ungleicher Fälle ein fundamentales Gerechtigkeitsprinzip ist.

144 Das ***argumentum e silentio*** (**beredetes Schweigen**) ist schon in Deutschland, wegen der Schwierigkeit, das Schweigen zu deuten, ein zweifelhaftes Argument und dies obwohl der das Argument rechtfertigende Vollständigkeitsanspruch jedenfalls teilweise besteht. Auf europäischer Ebene ist der Aussagewert noch unklarer. So werden die europäischen Gesetzgebungsverfahren meist nach dem Paketlösungsansatz verhandelt. Die unproblematischen Fälle und gelösten Probleme bilden ein verschnürtes Paket. Wer eine Regelung ändern will, müsste das Paket aufschnüren, mit allen Konsequenzen einer erneuten Verhandlung. Daher bleiben auch zwischenzeitlich erkannte Probleme oder Verbesserungsmöglichkeiten ungeregelt, weil man die Paketaufschnürung vermeiden will. Dies ist im Gesellschaftsrecht beispielsweise bei der SCE geschehen. Dort wurde ein Überarbeitungsbedarf erkannt, aufgrund der bekannten Probleme im Gesetzgebungsprozess jedoch auf eine Änderung der SCE-Verordnung verzichtet (s. § 6 Rn. 330).[474] Ebenfalls nicht üblich ist das vor allem in der deutschen wissenschaftlichen Literatur verbreitete ***argumentum ad extremum/argumentum ad absurdum***, also die Argumentation mit einem Extremfall, bei dem ein Lösungsansatz zu einem nicht zu rechtfertigenden oder gar absurden Ergebnis käme.[475] Diese Argumentationsform ist ohnehin zweifelhaft, weil nicht passende Extremfälle zunächst eine Modifikation für den Extrembereich und nicht die Aufgabe dieses Erklärungsansatzes nahelegen. Nur wenn dies nicht sinnvoll möglich ist, bestehen auch Bedenken gegen die Regelung im Kernanwendungsbereich. Für das europäische Recht kommt hinzu, dass dieses auch durch zahlreiche Kompromisse selten mit stringenten Grundideen erklärt werden kann, die auch noch in Extremfällen zu den richtigen Ergebnissen führen.

145 Die **Berufung auf frühere EuGH-Urteile**, die einmal als Autoritätsargument aber auch als Mittel zur Veränderung der Begründungslast (die Abweichung von früheren EuGH Urteilen wäre zu begründen) verwendet wird, ist den meisten Rechtsanwendern so selbstverständlich, dass ihnen diese Argumentationsform kaum noch auffällt. Nach einer Studie soll es sich um die häufigste Argumentationsform des EuGH überhaupt handeln,[476] obwohl es keine *stare decisis*-Doktrin gibt (dazu Rn. 47). Speziell bei den EuGH-Entscheidungen in Vorlageverfahren nach Art. 267 AEUV kommt hinzu, dass die Entscheidungen auch formal über den Einzelfall hinauswirken und daher nach hier vertretener Ansicht, anders als deutsche Gerichtsentscheidungen, die Qualität von Rechtsquellen haben (näher Rn. 48).

146 Zwar auch außerhalb der EU bekannt, aber doch mit viel größerer Bedeutung im EU-Recht ist der Grundsatz ***singularia non sunt extendenda*** (Ausnahmen sind eng auszulegen; wörtlich: Ausnahmen sind nicht ausdehnungsfähig), die der EuGH[477] häufig verwendet.[478] Die Verwendung dieses Arguments ist beim EuGH wohl auch deshalb so verbreitet, weil die vielen politischen Kompromisse viele Ausnahmen in die Normtexte bringen, die den generellen Normzweck in seiner Wirksamkeit (häufig nicht überzeugend) einschränken.[479] Allgemeiner lässt sich sagen, dass die Idee hinter dieser Regel ist, dass Ausnahmen (meist) einzelfallorientierte oder politi-

---

EuZW 1998, 409, Rn. 11, 16; EuGH, Rs. C-26/69 (Stauder), ECLI:EU:C:1970:67 = NJW 1973, 505, Rn. 5; *Riesenhuber* in: Riesenhuber (Hrsg.), Europäische Methodenlehre, 2015, § 10 Rn. 34.

471 *Neuner* in: Riesenhuber (Hrsg.), Europäische Methodenlehre, 2015, § 12 Rn. 32; *Beck*, The Legal Reasoning of the Court of Justice of the EU, 2012, S. 220 f.; ua EuGH, Rs. C-200/07 (Alfonso Luigi Marra/Eduardo De Gregorio ua), ECLI:EU:C:2008:579 = EuZW 2009, 23, Rn. 22; EuGH, Rs. T-267/08 und T-279/08 (Région Nord-Pas-de-Calais ua), ECLI:EU:T:2011:209 = BeckRS 2012, 80584, Rn. 189 f.

472 EuGH, Rs. C-292/00 (Davidoff), ECLI:EU:C:2003:9 = EuZW 2003, 347.

473 *Neuner* in: Riesenhuber (Hrsg.), Europäische Methodenlehre, 2015, § 12 Rn. 33.

474 Europäische Kommission, Aktionsplan, COM (2012) 740 final, 2012, S. 16.

475 Siehe hierzu die Ausführungen in *Müller/Christensen*, Juristische Methodik, Bd. I, 11. Aufl. 2013, Rn. 366 mit Fn. 634.

476 *Dederichs*, Die Methodik des EuGH, 2004, S. 7 ff.

477 EuGH, Rs. C-203/09 (Volvo Car), ECLI:EU:C:2010:647 = EuZW 2011, 24, Rn. 42; EuGH, Rs. C-465/04 (Honyvem), ECLI:EU:C:2006:199 = EuZW 2006, 341, Rn. 24; EuGH, Rs. C-397/01 bis C-403/01 (Pfeiffer), ECLI:EU:C:2004:584 = NJW 2004, 3547, Rn. 67; EuGH, Rs. C-151/02 (Jaeger), ECLI:EU:C:2003:437 = NJW 2003, 2971, Rn. 89; EuGH, Rs. C-203/99 (Veedfald), ECLI:EU:C:2001:258 = NJW 2001, 2781, Rn. 15; ferner *Colneric* ZEuP 2005, 225, 228.

478 Vgl. die juristische Analyse auf Basis einer statistischen Auswertung der europäischen Rechtsprechung für die Jahre 1997 bis 2015 *Herberger*, „Ausnahmen sind eng auszulegen", 2017.

479 *Riesenhuber* in: Riesenhuber (Hrsg.), Europäische Methodenlehre, 2015, § 10 Rn. 63 „teleologische Verfehlung".

sche Kompromisse darstellen und nur selten ihrerseits Ausdruck einer ausdehnungsfähigen Regelungsidee sind. Diese Rechtfertigung beinhaltet auch die Grenzen einer solchen Argumentation. Zu Recht ist in der Literatur[480] darauf hingewiesen worden, dass Voraussetzung für dieses Argument, der engen Auslegung der Ausnahme, zunächst der Nachweis ist, dass das eine die Regel und das Andere die Ausnahme ist.[481] Auch dann kommt allerdings eine ausdehnende Auslegung in Betracht, wenn die Ausnahme von einer ausdehnungsfähigen Regelungsidee getragen wird.[482] Dies ist aber nicht der Regelfall und daher gesondert zu begründen.

Der ***effet utile*** (näher Rn. 127 ff.) könnte auch als Argumentationsfigur eingeordnet werden. Doch ist die Bedeutung und Eigenständigkeit so groß, weshalb hierauf separat eingegangen wurde. Das als weniger im *effet utile* enthaltene Argument, dass eine Auslegung vorzugswürdig ist, die einer Regelung einen sinnvollen Anwendungsbereich gibt, würde eher zur Kategorie der Argumentationsformen passen. Aus dem gleichen Grund wie beim *effet utile* wurde auch die **rechtsökonomische Auslegung** separat behandelt (Rn. 139 f.). Gleiches gilt für die **realfolgenorientierte Auslegung** (Rn. 141 f.), die berücksichtigt, welche tatsächlichen ökonomischen, sozialen und gesellschaftlichen Folgen eine Norm aufgrund der gesetzlichen Vorgaben, aber auch der Nutzung und Vermeidungsstrategien der Betroffenen, einschließlich psychologischer Wirkungen eine Norm hat. Abgesehen davon, dass dies kaum offen angesprochen wird, ist die realfolgenorientierte Auslegung doch ein so komplexer Vorgang, dass es sich nicht einfach um eine Argumentationsform handelt. 147

Keine Argumentationsform, aber ein zentraler Gesichtspunkt für den Ausgang von Argumentationen und zwar insbesondere im europäischen Gesellschaftsrecht ist die **Begründungslast** (Argumentationslast).[483] Die Ansicht, die die Begründungslast trägt, muss Argumente finden, um die vorhandene Regel verwerfen zu können. Bei Gleichstand der Argumente bleibt es bei der Regel, der nicht die Begründungslast obliegt. Vertrauensschutz für die Rechtsanwender, Entlastungsfunktion für die Gerichte und die Richtigkeitswahrscheinlichkeit sind zentrale Legitimationsgesichtspunkte. Die Begründungslast spielt im europäischen Gesellschaftsrecht zB eine große Rolle, wenn es um die Abgrenzung von nationalem Recht, europäischem Recht und Satzungsrecht geht (vgl. zur Multidimensionalität Rn. 149 ff.). Die Richtigkeitsvermutung der methodenbezogenen Aussagen der Erwägungsgründe (vgl. Rn. 114 ff.) beinhaltet ebenfalls eine Begründungslast und zwar für denjenigen, der hiervon abweichen will. 148

D. Besonderheiten bei Verordnungen und Richtlinien

I. Multidimensionalität bei Europäischen Gesellschaftsformen

1. Die Grundproblematik

Im europäischen Gesellschaftsrecht dienen Verordnungen primär der Schaffung neuer europäischer Gesellschaftsformen, die als sog 29. Regime neben die nationalen Gesellschaftsformen (der 28 Mitgliedsländer – demnächst also 28. Regime neben 27 Mitgliedstaaten) treten sollen (dazu auch § 3 Rn. 55 ff.). Weil für Verordnungen gem. Art. 352 AEUV das Einstimmigkeitsprinzip im Rat gilt,[484] ist es bislang praktisch unmöglich, eine in jeder Hinsicht europäische Gesellschaftsform zu verabschieden (zur Kategorie der hybriden Formen § 3 Rn. 50 ff.). Vielmehr besteht nur dann eine Chance auf Verabschiedung der Verordnung, wenn größere Bereiche mit nationalem Recht zu füllen sind bzw. national abweichend geregelt werden dürfen. Alle bisher geschaffenen supranationalen Rechtsformen weisen daher starke Bezüge zum nationalen Recht auf (zur SE § 4 Rn. 10, zur SCE § 6 Rn. 10, zur EWIV § 7 Rn. 13). Daher ist zB eine „deutsche“ SE streng von einer „tschechischen“ SE zu unterscheiden. Die im Gesellschaftsrecht ohnehin bestehende **Mehrebenenproblematik** (Gesetzgeber und Satzungsgeber) existiert somit im europäischen Gesellschaftsrecht in der komplexeren Form mit **europäischem Gesellschaftsrecht, nationalem Gesellschaftsrecht und Satzungsrecht**. Da es aber nicht nur diese drei Regelungsgeber gibt, sondern den Regelungsgebern verschiedene Regelungsinstrumente zur Verfügung stehen und diese Regelungsinstrumente verschiedene Regelungselemente enthalten und verschiedene Regelungstechniken anwendbar sind, steigt der Komplexitätsgrad. Da es auch noch Wechselwirkungen gibt, kann von einer komplexen **multidimensionalen Regelungsproblematik** gesprochen werden (s. dazu ausführlich § 3 Rn. 86 ff.). 149

Teil der Komplexität sind die **Regelungsinstrumente**. Innerhalb des europäischen Rechts existieren im Wesentlichen das Primärrecht (insbesondere Niederlassungsrecht) und das Sekundärrecht. Basis ist hier regelmäßig eine 150

480 *Riesenhuber* in: Riesenhuber (Hrsg.), Europäische Methodenlehre, 2015, § 10 Rn. 64-66.

481 EuGH, Rs. C-5/08 (Infopaq), ECLI:EU:C:2009:465 = EuZW 2009, 655, Rn. 56-58; *Larenz*, Methodenlehre, 6. Aufl. 1991, S. 355 ff.; *Müller/Christensen*, Juristische Methodik, Bd. I, 11. Aufl. 2013, Rn. 370; *Riesenhuber* in: Riesenhuber (Hrsg.), Europäische Methodenlehre, 2015, § 10 Rn. 64.

482 EuGH, Rs. C-201/13 (Deckmyn), ECLI:EU:C:2014:2132 = EuZW 2014, 912, Rn. 22-24; EuGH, Rs. C-336/03 (easycar), ECLI:EU:C:2005:150 = NJW 2005, 3055, Rn. 22-36; sowie *Riesenhuber* in: Riesenhuber (Hrsg.), Europäische Methodenlehre, 2015, § 10 Rn. 65 f.

483 Zu dieser Rechtsfigur generell *Krebs* AcP 195 (1995) 171, 171 ff.

484 Vgl. zum Einstimmigkeitserfordernis nach Art. 352 AEUV *Rossi* in: Calliess/Ruffert (Hrsg.), EUV/AEUV, 5. Aufl. 2016, Art. 352 AEUV Rn. 17; *Winkler* in: Grabitz/Hilf/Nettesheim (Hrsg.), Das Recht der Europäischen Union, 62. EL 2017, Art. 352 AEUV Rn. 60 (Stand: 46. EL 2011).

Verordnung für die Gesellschaftsform, die zentrale gesellschaftsrechtliche Aspekte regelt. Außerhalb des Gesellschaftsrechts liegende Aspekte sind generell nicht Gegenstand der Verordnungen zur Schaffung supranationaler Rechtsformen. Neben die Verordnung treten auf europäischer Ebene unter Umständen noch einschlägige Richtlinien (zB zur Arbeitnehmermitbestimmung) sowie spezielles europäisches Ausführungsrecht. Existiert eine **Verordnung** und eine diese ergänzende und konkretisierende **Richtlinie** (vgl. zur SCE § 6 Rn. 12), stellt sich im **Kollisionsfall** die Frage nach dem Vorrang. Verordnung und Richtlinie sind beide Sekundärrecht und insoweit gleichrangig. Die Richtlinie erscheint spezieller. Dennoch sollte die Verordnung in einem solchen Fall als vorrangig angesehen werden, weil sie einen Rahmencharakter aufweist und die Richtlinie daher an diese **Rahmenvorgaben** gebunden ist. Beim nationalen Recht ist zwischen speziellen Ausführungsgesetzen für die europäische Rechtsform (zB das deutsche SE-AusfG für die SE), dem Umsetzungsrecht für die verbundene Richtlinie (zB das SEBG, welches der Umsetzung der SE-Richtlinie dient), allgemeinen Regeln für diesen Rechtsformtypus (in Deutschland das AktG mit Blick auf die SE) einschließlich der Regeln, die auf der Umsetzung einer allgemeinen Richtlinienvorgabe beruhen (bei der SE zB die Umsetzung der ehemaligen Kapitalrichtlinie (dazu § 21), die jetzt Teil der Kodifizierungs-RL ist (dazu § 19)) und rechtsformübergreifenden allgemeinen Regeln (zB Treuepflicht) zu unterscheiden.

151 Auch die **Satzungsbestimmungen** lassen sich wiederum **unterteilen.** So gibt es bei der SE, bei der EWIV (§ 7 Rn. 24) und bei der SCE (§ 6 Rn. 26 ff.) verschiedene Satzungskategorien. Auch die SPE (§ 5 Rn. 35 f.) und die FE (§ 8 Rn. 10 f.) hätten, wenn sie verabschiedet worden wären, verschiedene Satzungskategorien eingeführt. Bei den europäischen Rechtsformen kann generell zwischen folgenden Kategorien unterschieden werden:[485]

- „Muss"-Satzungsbestimmungen,
- „Kann"-Satzungsbestimmungen,
- „Abändernde"-Satzungsbestimmungen,
- „Weitere"- Satzungsbestimmungen
- „Nationale"-Satzungsbestimmungen
- „Dominante"-Satzungsbestimmungen

152 Unglücklicherweise besteht zwischen europäischem Recht, nationalem Gesellschaftsrecht und Satzungsrecht **kein klares Hierarchieverhältnis.** So kann es Satzungsbestimmungen geben, die gegenüber dem europäischem Recht und dem nationalen Recht, gegenüber einem von beiden oder gar keinem vorrangig sind. Hinzu kommt die Frage, welches Recht subsidiär anwendbar ist, dh in Fällen, in denen die Satzung keine entsprechende Klausel enthält. Im Detail ist bei der Einordnung der Normenhierarchie dann sogar noch zwischen nationalem Ausführungsrecht und dem Recht der vergleichbaren Rechtsform zu unterscheiden. Zudem bedarf es einer getrennten Betrachtung der jeweiligen Gesellschaftsformen, wobei ein Vergleich der Regelungstechniken der supranationalen Rechtsformen allerdings eine Entwicklung aufzeigt. Die Regelungstechnik ist damit ein gutes Beispiel für Lerneffekte des europäischen Gesetzgebers (dazu auch § 3 Rn. 86). Wegen der Komplexität ist der Normanwender bei supranationalen Rechtsformen im besonderen Maße auf eine gute Aufbereitung in der Literatur und zwar am besten bildlich angewiesen. Die methodischen Vor- und Nachteile der verschiedenen Konstruktionen sind noch kaum erforscht. Die wünschenswerte Vereinfachung durch Reduzierung der Instrumente oder zumindest Standardisierung und Konkretisierung der Hierarchiestellung bleibt ein Wunsch an den europäischen Gesetzgeber (dazu § 3 Rn. 105).

2. Abschließende Regelung, interne und externe Lücken und die Rolle der Satzung

153 Der europäische Gesetzgeber schafft für die europäischen Rechtsformen teilweise abschließende Regelungen in den jeweiligen Verordnungen. Dem nationalen Gesetzgeber wird in solchen Fällen keine Regelungsbefugnis eingeräumt. Die Verordnungen zur Schaffung supranationaler Gesellschaftsformen weisen allerdings auch **interne Lücken** auf, die mithilfe einer rechtsfortbildenden Lückenfüllung innerhalb des europäischen Rechts zu füllen sind. Daneben gibt es **externe Lücken**, die einer Füllung durch nationales Recht (spezielle Ausführungsgesetze bzw. das Recht der vergleichbaren Rechtsform) bedürfen.[486] Noch nicht berücksichtigt ist dabei die Rolle der **Satzung** in den supranationalen Gesellschaftsformen, die vollkommen nachrangig, aber zB auch generell vorrangig gegenüber jeglicher gesetzlicher Regelung (vollkommene Dispositivität) sein kann.

154 Zentrales Problem der Mehrebenenproblematik im Gesellschaftsrecht ist die Frage nach dem **ob** („Besteht eine Lücke?") und **wie** („Falls ja, wie sollte die Lücke gefüllt werden?") der **Lückenfüllung** nach europäischem oder nationalem Recht. Mit Blick auf die Lückenfüllung auf europäischer Ebene ist vor allem die Abgrenzung zwischen Auslegung und Rechtsfortbildung (dazu bereits Rn. 10) zu diskutieren. Auch an dieser Stelle zeigt sich, wie wichtig eine entsprechende Konkretisierung durch den EuGH wäre.

485 Nicht alle Kategorien von Satzungsbestimmungen liegen bei allen supranationalen Rechtsformen vor. Vielmehr kommt es auf die konkrete Ausgestaltung an.

486 Zur Unterscheidung im europäischen Privatrecht *Riesenhuber* in: FS Canaris, 2017, S. 181, 191; zur Unterscheidung im internationalen Einheitsrecht schon *Kropholler*, Internationales Einheitsrecht, 1975, S. 301 ff.; *Gruber*, Methoden des Internationalen Einheitsrechts, 2004, S. 280 ff.

Um die Entscheidung über die Existenz einer abschließenden Regelung oder alternativ einer (internen oder externen) Lückenfüllung nach Ausschöpfen der Möglichkeiten der (klassischen) Auslegung treffen zu können, ist zunächst das Verhältnis von Regel und Ausnahme, also die **Begründungslast** (dazu Rn. 148), von Interesse. So mag der Verordnungsgeber beispielsweise vorgeben, dass grundsätzlich eine abschließende Regelung durch die Verordnung angestrebt ist. Die Begründungslast liegt dann bei demjenigen, der eine Lücke nachweisen möchte. Bei den supranationalen Rechtsformen wird zudem generell mit dem Konzept der Nicht- und Teilregelung gearbeitet. Liegt eine solche **Nicht- bzw. Teilregelung** vor, greift gem. der Normenhierarchie die nächste Regelungsebene. Nicht- und Teilregelungen sind am einfachsten zu erkennen, wenn die Regelung einen expliziten Verweis enthält. Verweise führen dabei nicht immer zur Anwendung der nächsten Regelungsebene, sondern können auch dazu führen, dass eine Regelungsebene „übersprungen" wird. 155

Relativ einfach sind zudem **Nichtregelungen** zu erkennen, selbst wenn kein Verweis vorliegt. Sie zeichnen sich dadurch aus, dass ein regelungsbedürftiger Bereich (zum Beispiel die Kapitalverfassung einer Kapitalgesellschaft) nicht in der Verordnung geregelt ist. Besonders schwierig ist dagegen die Ermittlung einer Teilregelung, sofern kein Verweis vorliegt. In solchen Fällen enthält die Verordnung eine Vorschrift, die Frage ist jedoch, ob diese abschließend ist. Als Ausgangspunkt erscheint insofern die Grundidee der deutschen Methodik, dass nicht jede Nichtregelung (Unvollständigkeit) eine Lücke ist, sondern diese Planwidrigkeit erfordert,[487] auch für die europäische Methodik vernünftig. 156

Dies sei an folgendem **Beispiel** veranschaulicht: Für die SPE (Art. 20 I 5 SPE-VO; dazu näher § 5 Rn. 186) war vorgesehen, dass die nicht sofort erbrachte Bareinlage bei Gründung in den folgenden drei Jahren einzuzahlen ist, wobei die Geschäftsführer die Einzahlung anfordern. Aus deutscher Sicht scheint hier eine Regelung zu fehlen, die das Recht, die Einzahlung jederzeit zu verlangen, limitiert, denn eine unlimitierte Möglichkeit schafft Missbrauchspotential. Ein solches Missbrauchspotential aber wird in anderen Rechtsordnungen und auf europäischer Ebene nicht als ausreichend angesehen, die Regelung einzuschränken. Daher besteht hier keine unplanmäßige Unvollständigkeit, also keine Lücke. Die Regelung ist vielmehr abschließend.[488] 157

Besteht eine Lücke, stellt sich die Frage nach der **internen** oder **alternativ externen Lückenfüllung**. Ausgangsfrage ist, ob die EU die allgemeine Regelungskompetenz für die offene Rechtsfrage hat (ist im Gesellschaftsrecht meist gegeben). Zweite Frage ist, ob der Rechtsakt zunächst grundsätzlich umfassend einen bestimmten Regelungsbereich erfassen wollte und die Rechtsfrage innerhalb dieses Regelungsbereiches liegt. Dieser Regelungsbereich, der einheitlich europäisch geregelt sein soll, könnte theoretisch sehr weit gehen und somit zB das komplette Gesellschaftsrecht einer europäischen Rechtsform erfassen, wobei selbst bei einer so weiten Regel noch einzelne Verweisungsregeln ins nationale Recht den begrenzten Bereich des Vorrangs des nationalen Rechts beschreiben. Im Regelfall arbeitet der europäische Gesetzgeber allerdings deutlich kleinteiliger. Der Wille zur vorrangig europäischen Regelung besteht also im Regelfall nur für einen kleinen Bereich. Leider regelt der europäische Gesetzgeber diese Abgrenzungen nicht klar. Grund hierfür ist wahrscheinlich, dass klare Regelungen zusätzliche politische Diskussionen während des Gesetzgebungsverfahrens auslösen würden und die Verabschiedung der Rechtsakte damit noch unwahrscheinlicher würde. 158

Es ist daher eine der zentralen methodischen Aufgaben im europäischen Gesellschaftsrecht und speziell bei den Verordnungen zur Schaffung supranationaler Gesellschaften, jeweils herauszuarbeiten, wieweit der europäische Vorrang geht und wann nationales Recht, und zwar welche Form nationalen Rechts, und wann Satzungsrecht zur Anwendung kommen soll. Erst dann kann bestimmt werden, ob bei einer nicht geregelten Frage eine interne (europäisch zu füllende) oder eine externe (national zu füllende) Lücke vorliegt oder die Frage sogar gänzlich dem Satzungsgeber überlassen ist. 159

II. Mindest- oder Höchststandards bei Richtlinien

Generell im europäischen Recht und insbesondere im europäischen Gesellschaftsrecht spielt die Frage, ob eine Regel innerhalb einer Richtlinie nur ein **Mindeststandard** oder (auch) ein **Höchststandard** ist, eine wichtige Rolle (zum Harmonisierungsgrad auch § 18 Rn. 45 ff.). Bei einem Höchststandard dürfen die Mitgliedstaaten im Rahmen der Umsetzung der Richtlinie keine Vorgaben schaffen, die über den Standard der Regel in der Richtlinie hinausgehen. Da die Mitgliedstaaten aber auch nicht nach unten abweichen dürfen, handelt es sich um eine Vollharmonisierung. Bei einer Vorschrift, die auf eine Mindestharmonisierung abzielt, darf hingegen das nationale Recht auch höhere nationale Standards, wie sie insbesondere im nationalen Gesellschaftsrecht existieren, schaffen. 160

Bei genauerer Betrachtung ist allerdings noch weiter zu unterscheiden. Bei einer umfassenden **Vollharmonisierung** liegt eine erschöpfende Regelung vor und es verbleibt keine nationale Wahlfreiheit. Im Kern noch um einen Höchststandard handelt es sich dagegen bei einer **vollständigen Harmonisierung mit Öffnungsklauseln** 161

487 *Schmidt-Kessel* in: Riesenhuber (Hrsg.), Europäische Methodenlehre, 2015, § 17 Rn. 35; grundlegend *Canaris*, Die Feststellung von Lücken im Gesetz, 1964.

488 Das bedeutet allerdings nicht, dass bei der Ausübung der Einforderung nicht der Gleichbehandlungsgrundsatz gewahrt werden muss.

(zu Regelungstechniken wie *opt-out* s. § 18 Rn. 51 ff.). Um eine fakultative Harmonisierung handelt es sich, wenn das harmonisierende Element den Unternehmen/Bürgern nur zur Wahl gestellt wird. Die Mindestharmonisierung selbst gibt es in der Form der echten Mindestharmonisierung mit beliebig höheren Standards für alle nach dem Willen des nationalen Gesetzgebers und in der Form der Zulässigkeit eines höheren Standards nur für Inländer. Auch Zwischenformen sind vorstellbar, wie die bloße Aufrechterhaltung eines höheren Standards aber verbunden mit einer Veränderungssperre. Ein weiteres Instrument sind Zielvorgaben, bei denen nur das Ergebnis vorgegeben wird aber nicht die Mittel zur Erreichung dieses Ziels. Ein (seltenes) Beispiel dafür aus dem europäischen Gesellschaftsrecht ist Art. 85 Kodifizierungs-RL (ex-Art. 46 Kapital-RL), der den Mitgliedstaaten aufgibt, die Gleichbehandlung der Aktionäre zu implementieren. (vgl. § 18 Rn. 43). Die verschiedenen Instrumente werden regelmäßig in einem Rechtsakt kombiniert, was die Komplexität erhöht (vgl. Einführung Richtlinie § 18 Rn. 24 f.).

162 Die Einordnung als Mindest- bzw. Höchststandard muss nicht für einen ganzen Rechtsakt gelten. Es kann und gibt praktisch immer Differenzierungen nach Bereichen, Teilbereichen, Normen und sogar Teilnormen. Entscheidend ist die Regelung für die konkrete zu entscheidende Rechtsfrage. Insoweit gilt das **Spezialitätsprinzip**. Problematisch ist, dass der europäische Regelungsgeber bislang keine eindeutige und insbesondere einheitlich verwendete Sprachregelung für die Festlegung von Mindest- bzw. Höchststandards gefunden hat. Das liegt sicherlich auch daran, dass der Regelungsgeber viele verschiedene Regelungstechniken anwendet, um zB im Fall eines Mindeststandards den Spielraum für die Mitgliedstaaten zu gestalten (s. dazu näher unter § 18 Rn. 46). Die Formulierung „Die Mitgliedstaaten können vorsehen/zulassen/etc (…)" ist aber eine häufig verwendete Formel, um einen (wie auch immer gearteten) Spielraum für die Mitgliedstaaten anzudeuten. Ein Höchststandard wiederum kann zB durch folgende Formulierung ausgedrückt werden: „Member States may only request (…)/ Mitgliedstaaten dürfen nur verlangen (…)". Ohne solche eindeutigen Formulierungen bedarf es einer unter Umständen aufwändigen Auslegung.

163 Wenn auf der speziellen Ebene keine eindeutige Regelung existiert, stellt sich die Frage nach der **Begründungslast.**[489] Geeignet, eine Begründungslast zu erzeugen, sind zunächst die Erwägungsgründe (dazu Rn. 107 ff.). Aus diesen lässt sich teilweise ableiten, ob für den Rechtsakt generell ein Mindest- oder Höchststandard angestrebt wird. Die Begründungslast ist allerdings tendenziell schwach, wenn es sich lediglich um einen allgemeinen Programmsatz handelt. Denn diese Programmsätze ohne konkreten Regelungsbezug enthalten nicht selten schönfärberische Anpreisungen. So könnte ein Programmsatz ein Loblied auf KMU singen, obwohl der Gesetzgebungsakt keinerlei Begrenzung auf KMU enthält. Auch Ankündigungen, dass alles „transparenter" oder „besser" oder „rechtssicherer" würde, sind jedenfalls dann Programmsätze, wenn die Normen dem nicht entsprechen. Die etwas konkretere Stufe auf der Ebene der Erwägungsgründe sind Sätze mit einem konkreten Regelungsinhalt. Diese Normen sind nicht nur konkreter und daher spezieller (speziellere Begründungslast). Sie sind auch aufgrund des konkreten Regelungsgehaltes weniger für Schönfärbereien anfällig und damit zuverlässiger. Wiederum spezieller sind Regelungen für einen Großabschnitt des Regelungsaktes. Aus einem solchen Abschnitt kann sich die gleiche, aber auch eine abweichende Begründungslast ergeben. Das Ganze setzt sich zu immer spezielleren Regelungsteilen fort. Auf der letzten konkreten Ebene geht es dann allerdings nicht mehr um die Begründungslast, sondern um das konkrete Ergebnis, welches allerdings unter Berücksichtigung der Begründungslast zustande kommt.

164 Auch aus dem Inhalt der Vorschrift kann auf den Harmonisierungsgrad geschlossen werden. Ist ein Aspekt durch die Richtlinie umfassend und detailliert geregelt, spricht dies eher für einen Höchststandard als für einen Mindeststandard. Teilweise lassen sich auch Hinweise aus der Systematik gewinnen. Verdeutlicht eine Richtlinie einen Regelungsspielraum für die Mitgliedstaaten generell durch eine explizite Formulierung („Die Mitgliedstaaten können (…)"), so kann das Fehlen eines solchen Zusatzes darauf hindeuten, dass ein Höchststandard vorliegt.

E. Rechtsfortbildung des Europäischen Sekundärrechts

I. Einführung

165 Die grundsätzliche **Zulässigkeit** von richterrechtlichen Rechtsfortbildungen im Sekundärrecht ist anerkannt.[490] Unklar sind allerdings viele Einzelfragen und zwar auch mangels einer klaren Positionierung des EuGH. Denn der EuGH vermeidet Begriffe wie Rechtsfortbildung, Analogie oder teleologische Reduktion und spricht grundsätzlich von einer *„interprétation"* (Auslegung). Auf den Zusammenhang mit der fehlenden ausdrücklichen Kompetenz zur Rechtsfortbildung und dem französischen Verständnis der *„interprétation"*, welche auch Rechtsfortbildungen erfasst, wurde bereits hingewiesen (Rn. 10). Die Tatsache, dass der EuGH-Rechtsfortbil-

489 Vgl. generell *Krebs* AcP 195 (1995) 171, 171 ff.

490 BVerfGE 126, 286, 305 ff.; *Walter*, Rechtsfortbildung durch den EuGH, 2009, S. 145; *Neuner* in: Riesenhuber (Hrsg.), Europäische Methodenlehre, 2015, § 12 Rn. 7 f.; *Riesenhuber*, System und Prinzipien des Europäischen Vertragsrechts, 2003, S. 67; *Höpfner/Rüthers* AcP 209 (2009) 1, 17 f.; *W. H. Roth* RabelsZ 75 (2011) 787, 819 ff.; *Horsley* CMLR 50 (2013), 931, 931; *Grosche*, Rechtsfortbildung im Unionsrecht, 2011.

dungen nicht als solche benennt, führt im Ergebnis zu Intransparenz und auch dazu, dass eine Diskussion über die Voraussetzungen solcher Rechtsfortbildungen schwerer zu führen ist.[491] Der EuGH leitet seine Rechtsfortbildungskompetenz aus Art. 19 I EUV (früher Art. 220 EGV) und dem Rechtsverweigerungsverbot ab.[492] Die generelle Rechtsfortbildungskompetenz des EuGH wird selbst von kritischen Stimmen wie dem deutschen Bundesverfassungsgericht anerkannt.[493] Als problematisch gelten primär die Rechtsfortbildungen, die zu Kompetenzverschiebungen zugunsten der Europäischen Union und zulasten der Mitgliedstaaten führen. Aus Sicht des Bundesverfassungsgerichtes liegt ein unzulässiger **ausbrechender Rechtsakt** durch ein Organ der Union, insbesondere den EuGH, allerdings erst dann vor, wenn das kompetenzwidrige Verhalten offensichtlich ist und zu einer strukturell bedeutsamen Kompetenzverschiebung zulasten der Mitgliedstaaten führt.[494]

Um eine Vorstellung von der Reichweite von Rechtsfortbildungen durch den EuGH zu gewinnen,[495] sei daran 166
erinnert, dass die Vorstellungen der Gründungsstaaten nicht auf eine unmittelbare Anwendung der Verträge gerichtet,[496] eine Staatshaftung der Mitgliedstaaten für nicht rechtzeitige oder falsche Richtlinienumsetzung nicht angedacht war,[497] an eine richtlinienkonforme Auslegung niemand dachte und Grundrechte nicht vorgesehen waren.[498] Dies alles schuf der EuGH, wobei die Grundrechte heute in der Grundrechtecharta auch formal abgesichert primärrechtlich fixiert sind. Generell stellen sich bei der Rechtsfortbildung durch den EuGH mehrere Probleme. Eine Rechtsfortbildung steht nicht in Rede, wenn die Rechtsfrage noch mittels Auslegung beantwortet werden kann. Bedarf es einer Rechtsfortbildung, stellt sich zunächst die Frage, ob die Europäische Union für diese Rechtsfrage generell die Regelungskompetenz besitzt.[499] Daran fehlt es, wenn diese Regelungsbefugnis aufgrund des Prinzips der begrenzten Einzelermächtigung oder auch des (in der Praxis allerdings wenig wirkmächtigen) Subsidiaritätsprinzips die Europäische Union (Art. 5 II EUV) keine Regelungsbefugnis hat, da dann auch der EuGH keine Regelungsbefugnis haben kann. Das Subsidiaritätsprinzip sollte insbesondere bei einer Rechtsfortbildung beachtet werden, die den Anwendungsbereich des europäischen Rechts erst begründet[500] Besteht die generelle Regelungsbefugnis, stellt sich insbesondere im Gesellschaftsrecht die Frage, ob durch die konkreten Rechtsakte die Lückenfüllungsbefugnis dem nationalen Recht zugewiesen wurde. Die dritte Grenze ergibt sich aus den Grenzen der jeweiligen methodischen Rechtsfortbildungsinstitute. Die Unzulässigkeit der Rechtsfortbildung *contra legem* stellt dabei insoweit eine allgemeine (äußerste) inhaltliche Grenze auf.

II. Gesetzesanalogie

Es gibt (relativ wenige) EuGH-Fälle, die nach deutschem Verständnis nur als Analogie erklärt werden könnten. 167
Die konstruktive Frage der Einordnung der Analogie entsprechend dem deutschen Verständnis oder eher entsprechend dem französischen Verständnis als *interprétation par* Analogie scheint in letztere Richtung zu laufen, ist aber bisher nicht ausdrücklich entschieden.[501] Für der deutschen Analogie entsprechende Rechtsfortbildungen besteht auf europäischer Ebene aber dennoch ein Bedarf, da nicht alle Lücken innerhalb des europäischen Sekundärrechts mithilfe nationalen Rechts gefüllt werden können bzw. dürfen. Bei Schutzregeln im europäischen Gesellschaftsrecht könnte die Analogie auch die Gefahr eines Untersteuerns, also der Umgehung des Gesetzesrechts durch Nutzung von im Gesetz nicht genannten Fällen entgegengewirkt werden, wobei diese Aufgabe der Analogie im europäischen Recht noch nicht anerkannt ist.[502] In der Literatur ist die Analogie für das

491 Zum Transparenzmechanismus einer offen deklarierten Rechtsfortbildung mit Blick auf das deutsche Recht (im 19. Jhd.) *Baldus* in: Riesenhuber (Hrsg.), Europäische Methodenlehre, 2015, § 3 Rn. 17.

492 *Wegener* in: Callies/Ruffert, AEUV/EUV, 5. Aufl. 2016, Art. 19 EUV Rn. 17 ff.; kritisch zu Art. 19 I EUV als Rechtfertigung einer weitreichenden Ermächtigung zur Rechtsfortbildung *Rebhahn* ZfPW 2016, 281, 287.

493 BVerfGE 75, 223, 243 f.; die Legitimation hervorhebend *Neuner* in: Riesenhuber (Hrsg.), Europäische Methodenlehre, 2015, § 12 Rn. 7; kritisch zur Analogie im Vertragsrecht *Schmidt-Kessel* in: Riesenhuber (Hrsg.), Europäische Methodenlehre, 2015, § 17 Rn. 45 f.

494 BVerfGE 126, 286 (Mangold), Rn. 61.

495 Kritisiert als „judicial activism" durch *Neill*, The European Court of Justice – A Case Study in Judicial Activism, 1995.

496 *Rebhahn* ZfPW 2016, 281, 287 (Fn. 21).

497 *Rebhahn* ZfPW 2016, 281, 287 (Fn. 21) [Anm. wobei hier nicht deutlich hervorgeht, das die Haftung aufgrund falscher oder nicht rechtzeitiger Richtlinienumsetzung beruht].

498 Nach *Barriga*, Die Entstehung der Charta der Grundrechte der Europäischen Union, 2003, S. 17 kann die Auffassungsänderung des EuGH zur Beachtung der Grundrechte auf EU Ebene und schließlich deren Herleitung aus den allgemeinen Grundsätzen des Gemeinschaftsrechts, durch die wachsende Zahl an Sekundärrechtsakten bedingt sein.

499 Von *Walter*, Rechtsfortbildung durch den EuGH, 2009, S. 212, 228 ff. als Fortbildungsgrenze erster Stufe bezeichnet; vgl. auch *Neuner* in: Riesenhuber (Hrsg.), Europäische Methodenlehre, 2015, § 12 Rn. 13 ff.

500 *Neuner* in: Riesenhuber (Hrsg.), Europäische Methodenlehre, 2015, § 12 Rn. 33; *Langenbucher* ZGR 2010, 75, 84 f.

501 Näher *W. H. Roth* RabelsZ 75 (2011) 787 ff.

502 Für das deutsche Recht vgl. hingegen *Binder*, Regulierungsinstrumente und Regulierungsstrategien im Kapitalgesellschaftsrecht, 2012, S. 188 f.

europäische Recht inzwischen allgemein anerkannt.[503] Früher wurde die Zulässigkeit der Analogie allerdings nur unter sehr engen Voraussetzungen bejaht.[504] So hat der EuGH in der Rechtssache *Krohn* im Rahmen einer seltenen ausdrücklichen Erörterung einer Analogie[505] als deren Voraussetzung eine Lücke verlangt, die mit dem allgemeinen Unionsrecht unvereinbar ist.[506] Es bedurfte also eines positiven Nachweises einer für das europäische Recht nicht hinnehmbaren Lücke.

168 Der EuGH bejaht jedoch heute ein ungeschriebenes **primärrechtliches Gleichbehandlungs-gebot** im Rahmen der Rechtsetzung und hat daraus geschlossen, dass vergleichbare Sachverhalte nicht unterschiedlich behandelt werden dürfen, sofern es dafür keine Rechtfertigung gäbe.[507] Damit verleiht er der Analogie geradezu den Status des primärrechtlich Gebotenen, während in Deutschland das verfassungsrechtliche Gleichbehandlungsgebot des Art. 3 I GG deutlich von der Analogie unterschieden wird. Das primärrechtliche Gleichbehandlungsgebot setzt deutlich großzügigere Maßstäbe als die früher aufgestellten Regeln zur Analogie. Die primärrechtliche Verankerung der Analogie hat der EuGH in der Rechtssache *Davidoff*[508] genutzt, wo Art. 4 IV lit. a) Markenrechtsrichtlinie, der ausdrücklich die Anwendung auf nicht ähnliche Waren oder Dienstleistungen vorsah, im Wege des Erst-recht-Schlusses (dazu Rn. 143, also einer Unterform der Analogie) auf die Fälle der gleichen und ähnlichen Waren erstreckt wurde. Gleichzeitig befand sich diese Rechtsprechung allerdings auch an der Grenze zur Rechtsfortbildung *contra legem*, da die Fälle gleicher und ähnlicher Waren explizit ausgeschlossen waren. Dieser Ausschluss widersprach allerdings dem Telos, dem es um eine bloße Lückenschließung ging, die im ausgeschlossenen Fall aber auch bestehen konnte. Im Ergebnis liegt somit keine Rechtsfortbildung *contra legem* vor, weil der Gesetzgeber dieses Lückenproblem übersehen hatte.

169 Beim Analogieschluss auf europäischer Ebene bestehen in der Prüfung im Vergleich zur Analogie in Deutschland einige Besonderheiten, die berücksichtigt werden müssen.[509]

1. Die Rechtsfrage darf sich nicht durch eine Auslegung beantworten lassen. Maßgeblich ist der weitest mögliche Wortlaut.
2. Der europäische Gesetzgeber muss die **Gesetzgebungskompetenz** im betrachteten Fall besitzen.[510]
3. Es darf kein **Analogieverbot** bestehen, wie es insbesondere für das Strafrecht und für das Abgabenrecht anerkannt ist.[511]
4. Das **Gleichheitsgebot** muss im konkreten Fall Anwendung beanspruchen. Dafür muss der europäische Gesetzgeber Widerspruchsfreiheit im zugrundeliegenden Bereich anstreben. Aufgrund der Lückenhaftigkeit im europäischen Recht ist dies nicht grundsätzlich der Fall. Vielmehr muss positiv festgestellt werden, dass der Gesetzgeber für den betrachteten Bereich Widerspruchsfreiheit angestrebt hat. Dies ist insbesondere dann der Fall, wenn der europäische Gesetzgeber einen Aspekt abschließend europäisch regeln wollte oder wenn bestimmte Bereiche, wie Mitbestimmung und gesellschaftsrechtliche Grundregelung wie bei der SE und bei der SCE, eine funktionale Einheit bilden.
5. Es muss sich um eine **interne Lücke** europäisch zu füllende Lücke handeln. Nur wenn eine Lückenfüllung durch nationales Recht nicht vorrangig ist (externe Lücke), liegt eine interne Lücke vor.[512] Dies bedarf grundsätzlich der positiven Begründung. Bei einer europäischen Verordnung mit Vollständigkeitsanspruch ist dieser Vollständigkeitsanspruch die positive Begründung, womit die Begründungslast dreht und der Sonderfall innerhalb dieser Verordnung einer externen Lücke zu begründen wäre.
6. Es bedarf der **Planwidrigkeit der Unvollständigkeit** des Gesetzes. Diese aus der Sicht des europäischen Gesetzgebers zu bestimmende Planwidrigkeit liegt insbesondere vor, wenn der Gesetzgeber einen Gegenstand umfassend europäisch regeln wollte.[513] Damit ist zwar eine externe Lücke ausgeschlossen. Weiterhin ist nachzuweisen, dass kein beredtes Schweigen vorliegt, dh der europäische Gesetzgeber diese Nichtregelung im Sinne der Ablehnung einer potenziellen Regelung verstanden wissen wollte. Dies betrifft vor allem Rege-

503 *Neuner* in: Riesenhuber (Hrsg.), Europäische Methodenlehre, 2015, § 12 Rn. 32; *Hager*, Rechtsmethoden in Europa, 2009, S. 258 ff.; *Teichmann* ZGR 2002, 383, 406 ff. (speziell zum Gesellschaftsrecht); *Ukrow*, Richterliche Rechtsfortbildung durch den EuGH, 1995, S. 91 ff.
504 Noch immer zurückhaltend wegen begrenzter EU Kompetenzen *Buerstedde*, Juristische Methodik des Europäischen Gemeinschaftsrechts, 2006, S. 144 ff.
505 EuGH, Rs. C-178/84 (Reinheitsgebot), ECLI:EU:C:1987:126 = NJW 1987, 1133.
506 Vgl. auch *Neuner* in: Riesenhuber (Hrsg.), Europäische Methodenlehre, 2015, § 12 Rn. 32.
507 EuGH, Rs. C-210/03 (Swedish Match), ECLI:EU:C:2004:802 = BeckRS 2004, 78264, Rn. 70; EuGH, Rs. C-344/04 (IATA und ELFAA), ECLI:EU:C:2006:10 = NJW 2006, 351, Rn. 95; EuGH, Rs. C-402/07, C-432/07, C-402/07, C-432/07 (Sturgeon), ECLI:EU:C:2009:716 = NJW 2010, 43, Rn. 49.
508 EuGH, Rs. C-292/00 (Davidoff), ECLI:EU:C:2003:9 = EuZW 2003, 347.
509 Vgl. *Jung* in: Clavora/Garber, Das Vorabentscheidungsverfahren in der Zivilgerichtsbarkeit, 2014, S. 17, 30 f.
510 Von *Walter*, Rechtsfortbildung durch den EuGH, 2009, S. 212, 228 ff. als Fortbildungsgrenze erster Stufe bezeichnet; vgl. auch *Neuner* in: Riesenhuber (Hrsg.), Europäische Methodenlehre, 2015, § 12 Rn. 13 ff.
511 Vgl. *Neuner* in: Riesenhuber (Hrsg.), Europäische Methodenlehre, 2015, § 12 Rn. 40.
512 Zur Differenzierung zwischen internen und externen Lücken *Neuner* in: Riesenhuber (Hrsg.), Europäische Methodenlehre, 2015, § 12 Rn. 28.
513 *Neuner* in: Riesenhuber (Hrsg.), Europäische Methodenlehre, 2015, § 12 Rn. 30.

lungen, die es nicht in jedem Gesellschaftsrecht gibt. Hier ist die Existenz der Norm für den gleichgelagerten Fall ein (nicht abschließendes) Argument dafür, dass die Nichtregelung nicht dem Plan des europäischen Gesetzgebers entsprach.

7. Die **rechtliche Ähnlichkeit** vom geregelten und vom ungeregelten Fall ist so groß, dass eine unterschiedliche Behandlung nicht gerechtfertigt werden kann. Eine Regelung, die auf einer Kompetenzgrundlage beruht, die für den ungeregelten Fall keine Geltung beansprucht, weist wegen des damit abweichenden generellen Normzwecks so große Unterschiede auf, dass eine Analogie regelmäßig nicht gerechtfertigt ist. Eine Analogiesperre wegen mehrerer gleichwertiger aber verschiedener Lösungen[514] (Problem bloßer Zweckmäßigkeitsentscheidung) ist anders als bei der Rechtsfortbildung *extra legem* (vgl. Rn. 177 ff.) kaum vorstellbar. Denn die Existenz zweier Regeln, die die Ähnlichkeitsanforderungen einer Gesetzesanalogie erfüllen aber dennoch verschiedene Lösungen vorschlagen und auch noch die gleiche Nähe zur Normlücke haben, erscheint nur in der Theorie vorstellbar. Regelungen, die eine gröbere Ähnlichkeit haben, aber unterschiedlich sind, sind vorstellbar, gehören aber in die Rechtsanalogie (Rn. 172 f.).
8. **Rechtsfolge** ist die Übertragung der Regel auf den ungeregelten Fall, wobei wie in Deutschland die Besonderheiten der Konstellation eine rechtsfolgenmodifizierende Analogie rechtfertigen können.

Gesetzesanalogie auf europäischer Ebene	
1.	Die Rechtsfrage lässt sich nicht durch Auslegung beantworten.
2.	Der europäische Gesetzgeber hat im betrachteten Fall die **Gesetzgebungskompetenz.**
3.	Kein **Analogieverbot.**
4.	Anwendung des **Gleichheitsgebots.**
5.	Es handelt sich um eine **interne Lücke.**
6.	Es bedarf der **Planwidrigkeit der Unvollständigkeit** des Gesetzes.
7.	Die **rechtliche Ähnlichkeit** vom geregelten und vom ungeregelten Fall ist so groß, dass eine unterschiedliche Behandlung nicht gerechtfertigt werden kann.
8.	**Rechtsfolge** ist die Übertragung der Regel auf den ungeregelten Fall.

Abb. 4: Kurzes Prüfungsschema zur Gesetzesanalogie auf europäischer Ebene

III. Prinzipiengestützte Rechtsfortbildung und Rechtsanalogie

Da sich die Rechtsanalogie[515] nicht ohne Weiteres auf das primärrechtliche Gleichbehandlungsgebot stützen lässt und allgemeine Rechtsprinzipien (dazu Rn. 34 ff.) zB mit den Vorstellungen des Common Law in England und Irland kaum vereinbar sind, scheint die Berechtigung für eine Rechtsanalogie auf den ersten Blick fraglich. Der EuGH hat allerdings die Möglichkeit für eine besonders schwerwiegende Form der Rechtsanalogie, namentlich die Ableitung eines **primärrechtlichen Prinzips** (*General Principle*) **aus dem Sekundärrecht**, eröffnet (diskutiert für aktienrechtliches Gleichbehandlungsprinzip), auch wenn er im konkreten Fall die Voraussetzungen nicht als erfüllt ansah.[516] Hierfür gelten angelehnt an den EuGH folgende Voraussetzungen: 170

171

Ableitung eines primärrechtlichen Prinzips aus dem Sekundärrecht	
1.	Existenz von verschiedenen sekundärrechtlichen Regelungen, die nicht auf bestimmte und genau festgelegte Rechtsverhältnisse zugeschnitten sind.
2.	Zwingender Charakter dieser sekundärrechtlichen Rechtssätze.
3.	Die sekundärrechtlichen Rechtssätze müssen hinreichend konkret sein, um allgemeine Anwendung zu ermöglichen.
4.	Möglichkeit der Ableitung des Prinzips aus den konkreten Vorschriften im Wege der Induktion. Die Vorschriften dürfen sich insgesamt nur mit dem Prinzip erklären lassen.
5.	Rechtsfolge ist die Existenz des Prinzips, wobei für die Anwendung auf den ungeregelten Fall gegenläufige Prinzipien (Regeln), die für den ungeregelten Fall ebenfalls Geltung beanspruchen, das Ergebnis nicht nur modifizieren, sondern im Ergebnis aufheben könnten.

Abb. 5: Ableitung eines primärrechtlichen Prinzips (General Principle) aus dem Sekundärrecht

514 Dazu *Ahmling*, Analogiebildung durch den EuGH im europäischen Privatrecht, 2012, S. 166.
515 Zur Rechtsanalogie im europäischen Recht auch sogleich Rn. 172 f.
516 EuGH, Rs. C-101/08 (Audiolux), ECLI:EU:C:2009:626 = EuZW 2009, 894, Rn. 34, 63.

172 Daneben sollte es allerdings auch die **klassische Rechtsanalogie** geben, bei der aus dem **Sekundärrecht** ein sekundärrechtliches Rechtsprinzip abgeleitet und auf den konkreten Fall angewendet wird. Diese Form der Rechtfertigung eines allgemeinen Rechtssatzes ist weniger einschneidend als die Ableitung eines primärrechtlichen Prinzips aus dem Sekundärrecht und sollte daher auch die größere praktische Rolle spielen.[517] Für eine Ableitung von Prinzipien aus dem *aquis communautaire* wird teilweise sogar eine potenziell sehr weite Anwendungsmöglichkeit gesehen.[518] Dies entspricht allerdings nicht der europäischen Praxis. Bisher ist der Rechtsmissbrauch wohl das einzige sekundärrechtliche Prinzip, welches anerkannt wurde.[519] Selbst dieses Prinzip wurde allerdings nicht in einer Weise abgeleitet, wie es den Erwartungen an eine Rechtsanalogie entsprechen würde. Die europarechtliche Existenz eines aktienrechtlichen Gleichbehandlungsgebotes wurde aufgrund der Vorlagefrage in der Audiolux-Entscheidung[520] nur primärrechtlich geprüft und verneint.[521] Derzeit muss daher die Rechtsanalogie auf der Ebene des europäischen Sekundärrechts als zwar vorstellbares, aber noch **nicht** als in seiner Existenz und den Voraussetzungen **gesichertes Verfahren** betrachtet werden.[522] Die Voraussetzungen für eine solche Rechtsanalogie würden sich als Kombination der Voraussetzungen der einfachen Analogie (Rn. 169) und der Gewinnung primärrechtlicher Prinzipien (Rn. 37 f.) darstellen. Die Prüfung sähe daher wie folgt aus:

173

	Rechtsanalogie auf europäischer Ebene
1.	Die Rechtsfrage lässt sich nicht durch Auslegung beantworten.
2.	**Gesetzgebungskompetenz** des europäischen Gesetzgebers im betrachteten Fall.
3.	Kein **Analogieverbot.**
4.	Das **Gleichheitsgebot** im Sinne einer Widerspruchsfreiheit beansprucht in dem entsprechenden Rechtsbereich des europäischen Rechts Geltung.
5.	Es besteht eine **interne, europäisch zu füllende Lücke.**
6.	Eine Füllung der Lücke durch einfache Analogie ist nicht möglich, da der geregelte und der ungeregelte Tatbestand solche Unterschiede aufweisen, dass durch einen einfachen Vergleich nicht sicher gesagt werden kann, ob eine Gleichbehandlung geboten ist.
7.	Es besteht die Möglichkeit der **Ableitung des Prinzips** aus den konkreten Vorschriften im Wege der Induktion. Die Vorschriften dürfen sich insgesamt nur mit dem Prinzip erklären lassen.
8.	**Rechtsfolge** ist die Existenz des Prinzips, wobei für die Anwendung auf den ungeregelten Fall gegenläufige Prinzipien (Regeln), die für den ungeregelten Fall ebenfalls Geltung beanspruchen, das Ergebnis nicht nur modifizieren, sondern auch aufheben könnten.

Abb. 6: Prüfungsschema zur Rechtsanalogie auf europäischer Ebene

IV. Teleologische Reduktion

174 Unter einer teleologischen Reduktion (teilweise auch teleologische Restriktion genannt) wird in Deutschland die Reduzierung des Anwendungsbereiches einer Norm entgegen dem Wortlaut, aber in Übereinstimmung mit dem Normzweck verstanden.[523] Die teleologische Reduktion ist als formale methodische Kategorie auch in Deutschland verhältnismäßig jung, obwohl sie unter anderen Bezeichnungen in Deutschland schon lange befürwortet wird.[524] Der EuGH kennt diese Kategorie offiziell nicht, was aber schon daran liegen dürfte, dass außer bei der Analogie überhaupt keine Unterkategorien der Rechtsfortbildung als eigenständig anerkannt ist.[525] Das dahinterstehende Problem eines im Verhältnis zum Normzweck zu weit gefassten Wortlautes besteht allerdings, ohne das es einer eigenständigen sprachlichen Kategorisierung bedarf.[526] Die teleologische Reduktion existiert im europäischen Recht im Ergebnis, wenn auch nicht begrifflich, da **ungeschriebene Tatbestandsmerkmale** aner-

517 *Schön* in: FS Hopt, 2010, S. 1343, 1354 ff.
518 *Grundmann* RabelsZ 75 (2011) 882, 915.
519 *Fleischer* JZ 2003, 865, 868 f.; *Schön* in: FS Hopt, 2010, S. 1343, 1345.
520 EuGH, Rs. C-101/08 (Audiolux), ECLI:EU:C:2009:626 = EuZW 2009, 894, Rn. 34, 63.
521 *Schön* in: FS Hopt, 2010, S. 1343, 1350 f.
522 Vielleicht auch deshalb nicht angesprochen von *Neuner* in: Riesenhuber (Hrsg.), Europäische Methodenlehre, 2015, § 12.
523 *Kramer*, Juristische Methodenlehre, 2016, S. 233 ff.; *Larenz*, Methodenlehre der Rechtswissenschaft, 6. Aufl. 1991, S. 391 ff.; *Brandenburg*, Die teleologische Reduktion, 1983, S. 55 ff.
524 Zur Entwicklungsgeschichte *Brandenburg*, Die teleologische Reduktion, 1983, S. 4 ff.
525 *Neuner* in: Riesenhuber (Hrsg.), Europäische Methodenlehre, 2015, Rn. 26 ff. verzichtet daher weitgehend auf die Kategorisierungen; ähnlich *Martens*, Methodenlehre des Unionsrechts, 2013, S. 503 ff.
526 *Rebhahn* ZfPW 2016, 281, 294.

kannt sind, die den zu weit gefassten Wortlaut der Norm einschränken.[527] Ein Beispiel hierfür ist die rechtsfortbildende Einführung des Spürbarkeitserfordernisses beim europäischen Kartellverbot.[528] Explizite Voraussetzungen werden nicht benannt. Doch dürften diese im Wesentlichen den Voraussetzungen für eine teleologische Reduktion in Deutschland entsprechen. Allerdings ist die Zurückhaltung auf europäischer Ebene gegenüber einem Eingriff in den klaren Gesetzestext größer als im deutschen Zivilrecht. Dies ist mangels Auseinandersetzung mit dieser Rechtsfigur nur an der Seltenheit solcher Entscheidungen ablesbar. Insbesondere wird diese Möglichkeit anders als im deutschen Privatrecht nicht genutzt, um scheinbar in Details misslungene Gesetzesregeln zu verbessern.[529] Denn die Erwartungshaltung an die Homogenität und Passgenauigkeit ist bei den europäischen Regeln nicht so hoch wie im deutschen Zivilrecht.

Der für die teleologische Reduktion angeführte **negative Gleichheitssatz** (Ungleiches ungleich behandeln)[530] hat 175
nur eingeschränkte Überzeugungskraft, da der europäische Gesetzgeber einen sehr großen politischen Spielraum hat, auch Gleiches ungleich zu behandeln. Erst wenn dieser weite Spielraum überschritten wäre, griffe der negative Gleichheitssatz zwangsläufig. Auch ist die Loyalität der europäischen Richter gegenüber dem Gesetzgeber wohl größer. Eine teleologische Reduktion wird nicht zu Unrecht als deutlich stärkerer Eingriff in das Gesetz empfunden als eine Analogie. Denn während eine Analogie nur eine Lücke füllt und damit rein formal nicht mit dem Gesetz kollidiert, korrigiert die teleologische Reduktion den Wortlaut des Gesetzes, wenn auch gestützt auf den Normzweck. Eine teleologische Reduktion kommt daher im Ergebnis europäisch nur in Betracht, wenn der **Telos** durch den zu weiten Wortlaut hier deutlich beeinträchtigt wird. In der deutschen Literatur wird bei einer teleologischen Reduktion teilweise[531] aus dem Subsidiaritätsprinzip geschlossen, dass die Begründungslast höher sein müsse, wenn dies zu einer Ausdehnung der Anwendung europäischen Rechts führt. Das entspricht jedoch nicht der Praxis. Eine Prüfung der Verletzung des Subsidiaritätsgrundsatzes[532] kann aber erforderlich sein, wobei die Verletzung dieses Grundsatzes im europäischen Gesellschaftsrecht von europäischer anders als von deutscher Seite noch nicht bejaht wurde, weshalb hier Ergebniskorrekturen eher unwahrscheinlich sind. Im *Dowling*-Fall[533] wurde die nach dem Wortlaut eindeutig gebotene Anwendung der ehemaligen Kapitalrichtlinie (jetzt Teil der Kodifizierungs-RL) vom EuGH auch auf den Normzweck gestützt, der die Anwendung auf diese Fälle nicht trage (dazu auch § 21 Rn. 109). Das war, auch wenn es nicht so genannt wurde, eine Argumentation des EuGH entlang den Regeln der teleologischen Reduktion. Weil der Fall allerdings eine Umwertung des Normzweckes vornahm, ist er zugleich zumindest im Grenzbereich zur Rechtsfortbildung *contra legem* (vgl. Rn. 182 f.).

V. Problem Bereichslücken

Weder in der deutschen noch der europäischen Methodendiskussion wird bisher das Problem der Bereichslü- 176
cken näher diskutiert.[534] Die Bereichslücke ist keine besondere Rechtsfortbildungsmethode, sondern eine **besondere Lückenart**. Sie führt aber zu Modifikationen bei der Anwendung der bekannten Rechtsfortbildungsinstrumente, insbesondere bei der Analogie. Bei der Bereichslücke fehlt nicht eine Regel, sondern ein ganzer Regelungsbereich (zB grenzüberschreitender Rechtsformwechsel). Es kann auch um die Frage gehen, ob ein komplettes Rechtsinstitut Geltung beansprucht. Zunächst bedarf hier die Klassifizierung als planwidrige interne, also europäisch zu füllende, Lücke besonders intensiver Prüfung. Denn gerade eine Bereichslücke kann sich auch als Ablehnung der Übertragung von Lösungen oder als fehlender europäischer Regelungsanspruch (externe Lücke mit Vorrang des nationalen Rechts) erklären lassen. Die Füllung festgestellter interner Bereichslücken erfolgt europäisch, durch eine Rechtsanalogie (Rn. 172 f.) oder eine Rechtsfortbildung *extra legem* (Rn. 177 ff.). Die Besonderheit der Lückenfüllung bei Bereichslücken besteht darin, dass ein einzelnes Lückenfüllungsinstrument häufig nicht ausreichen wird. Es wird also zumeist erforderlich sein, für einzelne Abschnitte der Bereichslücke unterschiedliche Lückenfüllungsregeln und Instrumente (primär Analogie, hilfsweise Rechtsfortbildung *extra legem*) additiv zu kombinieren. Außerdem ist es sehr wahrscheinlich, dass die Regelungen, die lückenfüllend herangezogen werden sollen, nicht in allen Einzelheiten passen. Hier besteht dann ein Bedürfnis für eine rechtsfol-

527 EuGH, Rs. C-183/90 (van Dalfsen ua), ECLI:EU:C:1991:379 = BeckRS 2004, 74756, Rn. 19 ff.; EuGH, Rs. C-14/06 und C-295/06 (Parlament/Kommission), ECLI:EU:C:2008:176 = EuZW 2008, 281, Rn. 65 ff., 71; für diese Kategorie auch *Henninger*, Europäisches Privatrecht und Methode, 2009, S. 392 f., 412.

528 Europäische Kommission, Bekanntmachung v. 27.4.2004 – Leitlinien über den Begriff der Beeinträchtigung des zwischenstaatlichen Handels in den Artikeln 81 und 82 des Vertrags, ABl. EU 24.4.2004, 2004/C 101/07.

529 Das deutsche öffentliche Recht ist deutlich zurückhaltender mit der Anwendung der teleologischen Reduktion.

530 *Neuner* in: Riesenhuber (Hrsg.), Europäische Methodenlehre, 2015, § 12 Rn. 33.

531 *Langenbucher* ZGR 2010, 75, 84 f.; *Neuner* in: Riesenhuber (Hrsg.), Europäische Methodenlehre, 2015, § 12 Rn. 33.

532 Grundlage des Subsidiaritätsprinzips ist Art. 5 II EUV; siehe dazu *Callies/Ruffert*, EUV/AEUV, 5. Aufl. 2016, Art. 5 EU-Vertrag (Lissabon) Rn. 19 ff.

533 EuGH, Rs. C-41/15 (Dowling ua/Minister of Finance), ECLI:EU:C:2016:836 = EuZW 2016, 955, Rn. 53 f.

534 Vgl. allerdings *Walter*, Rechtsfortbildung durch den EuGH, 2009, S. 83, insbesondere unter Bezug auf das ursprünglich fehlende Dienstrecht.

genmodifizierende Analogie,[535] die bei einer Gesetzesanalogie die seltene Ausnahme ist. Diese Modifikation bei der Bereichslücke ist zulässig, solange sie durch die Besonderheiten des Bereiches, auf den die Regelung übertragen wird, gerechtfertigt wird und die Gleichbehandlungsidee der Analogie nicht durch ein Übermaß an modifizierenden Änderungen soweit ausgehöhlt wird, dass sich von einer Analogie nicht mehr sprechen lässt. Dann wäre eine Rechtsfortbildung *extra legem* vorzugswürdig. Auch eine Füllung der Bereichslücke durch eine Kombination aus Rechtsanalogie (für mit anderen Bereichen ähnliche Sachverhalte) und Rechtsfortbildung *extra legem* (Sachverhalte ohne geregelten Vergleichsfall) ist hier vorstellbar.

VI. Rechtsfortbildung extra legem

177 Offene Rechtsfortbildungen *extra legem* sind im europäischen Recht nicht verbreitet (auch da diese in den meisten Mitgliedstaaten nicht anerkannt sind), obwohl es Fälle gibt, die im Ergebnis zu einer umfassenden Rechtsfortbildung führen.[536] Es gibt im europäischen Recht einschneidende „große Urteile", die an die französischen *„grand arrêts"* des *Conseil d'État* erinnern und die nur als Rechtsfortbildung *extra legem* (bis zur Grenze *contra legem*) eingeordnet werden können.[537] Teilweise wird in diesem Zusammenhang der *effet utile*-Grundsatz (s. Rn. 127 ff.) bemüht, um eine Weiterentwicklung des europäischen Rechts, insbesondere die Statuierung effektiver Rechtsfolgen, zu rechtfertigen. Allerdings könnte gerade hier schnell die Grenze zur Rechtsfortbildung *contra legem* erreicht werden. Das Bedürfnis für solche einschneidenden Rechtsfortbildungen hat allerdings aufgrund der Fortentwicklung der Verträge und den Grundlagenentscheidungen des EuGH spürbar abgenommen.[538]

178 Die Zulässigkeit einer Rechtsfortbildung *extra legem* hat nach hier vertretener Ansicht eine Reihe an **Voraussetzungen.**

1. Zunächst muss wie auch sonst eine interne **Lücke im Kompetenzbereich der EU** vorliegen. Es darf also insbesondere keine durch Auslegung zu klärende Frage sein. Lücken können dabei auch nachträglich durch neue Rechtsfragen entstehen. Ändern sich die rechtlichen Verhältnisse und ist nur an einer Stelle vergessen worden, das Recht anzupassen, könnte trotz der ja vorhandenen Regelung von einer nachträglichen Lücke in Bezug auf den jeweiligen Teilbereich des europäischen Rechts gesprochen werden. Eine alternative Herangehensweise läge hier darin, von einer ausnahmsweise zulässigen Rechtsfortbildung *contra legem* (Rn. 182 ff.) auszugehen. Die Einordnung als *contra legem* würde darauf beruhen, dass das bisherige Gesetzesrecht nicht nur im Hinblick auf seinen Wortlaut, sondern auch im Hinblick auf den Telos der individuellen Regelung derogiert wird.
2. Weitere Voraussetzung für eine Rechtsfortbildung *extra legem* ist, dass **keine** weniger einschneidende **Analogie** (vgl. Rn. 167 ff.) oder **Rechtsanalogie** (Rn. 172 f.) möglich ist.
3. Sodann geht es um die Gewinnung des lückenfüllenden Rechtssatzes. Eine Rechtsfortbildung *extra legem* ist nicht etwa völlig frei möglich. Der **Telos** der Norm (zur teleologischen Auslegung vgl. Rn. 100 ff.) bzw. des Normkomplexes, der die Lücke aufweist und damit verbunden der Gedanke des ***effet utile***, geben wichtige Anhaltspunkte für die Lückenfüllung. Die gesetzliche Regelung sollte im Ergebnis weitergedacht werden. Dabei geht es entsprechend der systematischen Auslegung auch hier im Rechtsfortbildungsbereich um eine **systemkonforme Rechtsfortbildung.** Die bisherigen Wertungen sind daher zu respektieren. Es wird aber auch technisch eine Lösung gesucht, die zu den vorhandenen Regeln passt, also sich einfügt. Erweisen sich allerdings die vorhandenen rechtstechnischen Lösungen als nicht geeignet, ist auch eine freiere Rechtsfortbildung *extra legem* gerechtfertigt.

179 Ist eine Lückenfüllung nur mit reinen **Zweckmäßigkeitserwägungen** möglich, ist der Gerichtshof sehr vorsichtig, seine Meinung an die Stelle der Meinung des europäischen Gesetzgebers zu setzen.[539] Hier ist auch von einer Rechtsfortbildungssperre die Rede. In den Fällen, in denen es um die Vereinbarkeit nationalen Rechts mit europäischem Recht geht, ist diese Zurückhaltung gerechtfertigt. Wird jedoch eine originär europäische Antwort auf eine Rechtsfrage benötigt und besteht eine echte Lücke, sollte sich der EuGH dieser zweckmäßigen Rechtsfortbildung nicht verweigern, da die Rechtslage für die Betroffenen ohne die Rechtsfortbildung nur schlechter wäre und es keinen Sinn macht, auf eine Änderung des Sekundärrechts zu warten. Die Rechtsfortbildungsspielräume des EuGH sollten hier auch deshalb großzügig betrachtet werden, da das umständliche und sehr große Mehrheiten erfordernde europäische Rechtsetzungssystem zu einer **Versteinerung des Rechts** neigt, die sich

535 Dazu aus Sicht deutscher Methodik *Bydlinski*, Juristische Methodenlehre und Rechtsbegriff, 2. Aufl. 1991, S. 486; *Larenz*, Methodenlehre, 6. Aufl. 1991, S. 386.

536 ZB EuGH, Rs. C-6/90 und C-9/90 (Francovich), ECLI:EU:C:1991:428 = NJW 1992, 165 (wobei dieser Fall aus deutscher Sicht sogar an der Grenze zu einer unzulässigen Rechtsfortbildung *contra legem* lag vgl. Rn. 183).

537 Vgl. die Zusammenstellung dieser „großen Urteile" durch *Hager*, Rechtsmethoden in Europa, 2009, S. 258 ff.

538 Vgl. *Neuner* in: Riesenhuber (Hrsg.), Europäische Methodenlehre, 2015, § 12 Rn. 8.

539 Vgl. EuGH, Rs. C-41 – 44/70 (NV International Fruit Company ua/ Kommission), ECLI: EU:C:1971:53 = Slg 1971, 411; *Anweiler*, Die Auslegungsmethoden des Gerichtshofs der Europäischen Gemeinschaften, 1997, S. 324 ff.; *Neuner* in: Riesenhuber (Hrsg.), Europäische Methodenlehre, 2015, § 12 Rn. 41; vgl. auch *Ahmling*, Analogiebildung durch den EuGH im Europäischen Privatrecht, 2012, S. 166.

praktisch vor allem in der schwierigen Abänderbarkeit bereits existierender Regeln zeigt. Richterliche Entscheidungen haben effektiv **rückwirkende Rechtsfolgen**, da sie sich auf Ereignisse vor der Gerichtsentscheidung beziehen. Im Einzelfall kann diese Rückwirkung so belastend sein, dass aus Gründen der Rechtssicherheit und des Vertrauensschutzes die Rückwirkung für andere Personen als die Verfahrensbeteiligten analog Art. 264 AEUV begrenzt wird.[540]

180

Rechtsfortbildung *extra legem*	
1.	**Interne Lücke im Kompetenzbereich der EU**
2.	**Keine** weniger einschneidende **Analogie** oder **Rechtsanalogie** möglich
3.	Gewinnung des lückenfüllenden Rechtssatzes: ■ Der **Telos** der Norm bzw. des Normkomplexes, der die Lücke aufweist und damit verbunden der Gedanke des ***effet utile***, geben wichtige Anhaltspunkte für die Lückenfüllung ■ Es geht entsprechend der systematischen Auslegung auch hier um eine **systemkonforme Rechtsfortbildung** ■ Erweisen sich die vorhandenen rechtstechnischen Lösungen als nicht geeignet, ist auch eine freiere **Rechtsfortbildung *extra legem*** gerechtfertigt

Abb. 7: Kurzfassung des Prüfungsschemas zur Rechtsfortbildung extra legem

VII. Sekundärrechtskonforme Rechtsfortbildung des Primärrechts?

Schon aufgrund des Rangverhältnisses dürfte es eine sekundärrechtskonforme Rechtsfortbildung des Primärrechts eigentlich nicht geben. Jeder Versuch aus Sekundärrecht Primärrecht zu kreieren, kann schnell die sehr hohen Hürden zur Änderung des Primärrechts missachten und damit insbesondere das Demokratieprinzip verletzen. Wie aber die Ableitung von primärrechtlichen Prinzipien aus dem Sekundärrecht zeigt (Rn. 34 ff.), gibt es im Europarecht Vorgänge, die zumindest den Eindruck erwecken, es handele sich um eine sekundärrechtskonforme Auslegung des Primärrechts (Rn. 134). Ein Beispiel dafür ist die (im Ergebnis rechtsfortbildende) Uminterpretation des heutigen (unveränderten) Art. 101 III AEUV (Freistellung vom Kartellverbot) von einer Freigabe auf Antrag zu einer Selbsteinschätzungsregelung aufgrund der Schaffung der Kartellverfahrens-VO. Hintergrund dürfte sein, dass es wegen der Notwendigkeit der Zustimmung aller Parlamente der Mitgliedstaaten und dem teilweisen Erfordernis von Volksabstimmungen für Änderungen des Primärrechts praktisch sehr schwierig ist, als notwendig angesehene Änderungen des Primärrechts durchzuführen. Dennoch sind solche Vorgänge mit dem Methoden- aber auch Verfassungsverständnis der meisten Nationalstaaten kaum zu vereinen. Am ehesten kann man diese Vorgänge auf Basis des Verständnishorizontes deutscher Methodik vielleicht als Vorgänge einer **Rechtsfortbildung *extra legem*** (vgl. Rn. 177 ff.) auf primärrechtlicher Ebene begreifen. Soweit der EuGH dies ohne Kompetenzverschiebung zulasten der Mitgliedstaaten darf (zur Grenze des ausbrechenden Rechtsaktes als deutsche nationale Grenze für solche Vorgänge vgl. Rn. 183), kann eine solche Rechtsfortbildung zulässig sein. Die Anknüpfung oder gar Berufung auf Sekundärrechtsquellen schadet nicht. Die eigentliche Legitimation muss sich allerdings dennoch auf der primärrechtlichen Ebene ergeben. Denn der Gedanke der **Systemkonformität** erlaubt durchaus bei der Rechtsfortbildung *extra legem* niederrangiges Recht oder sogar nationalstaatliches Recht mit heranzuziehen. Damit würden immerhin Verwerfungen gegenüber dem System vermieden und an anderer Stelle erprobte Regeln übernommen. In der Konsequenz sekundärrechtskonformer Rechtsfortbildung des Primärrechts liegt auch eine **sekundärrechtskonforme Auslegung des Primärrechts.** Auch dies widerspricht an sich der Normhierarchie. Solange man dem Sekundärrecht nur Anregungen entnimmt und das Primärrecht offen formuliert ist, wird man dies letztlich wohl hinnehmen können. Ein praktisches Bedürfnis hierfür entsteht dadurch, dass das Sekundärrecht laufend aktualisiert ist und daher gesellschaftliche und wirtschaftliche Änderungen und zwar auch solche, die primärrechtlich geregelt sind, nicht selten besser erfasst. 181

VIII. Rechtsfortbildung contra legem?

Die Rechtsfortbildung *contra legem* ist europarechtlich **formal für keinen Fall als zulässig** anerkannt. Mangels vergleichbar negativer Erfahrungen wie in Deutschland gibt es insbesondere kein Pendant zur **Radbruchschen Formel.**[541] Dies gilt jedenfalls bei einem engen Begriffsverständnis, welches insbesondere die Verwerfungskom- 182

540 *Waldhoff*, Rückwirkung von EuGH – Entscheidungen, 2006.

541 *Radbruch* SJZ 1946, 105, 107; anerkannt für nationalsozialistisches Unrecht durch BVerfGE 3, 58, 106; für DDR Unrecht durch BVerfGE 95, 96, 135 (Ungerechtigkeit muss ein solches Maß erreicht haben, dass das Gesetz als „unrichtiges Recht" der Gerechtigkeit zu weichen hat).

petenz des EuGH gegenüber primärrechtswidrigem Sekundärrecht nicht erfasst.[542] Das Bundesverfassungsgericht hält aber potenziell solche Rechtsfortbildungen *contra legem* durch den EuGH für *de facto* möglich.[543] Aus deutschem Methodenverständnis hat es mehrere Fälle gegeben, die zumindest an der Grenze zwischen zulässiger Rechtsfortbildung *extra legem* und unzulässiger Rechtsfortbildung *contra legem* standen. So widersprach die Schaffung einer primärrechtlichen Staatshaftung der Mitgliedstaaten durch die *Francovich*-Doktrin[544] der Grundkonzeption des Primärrechts und war auch nicht etwa vergessen worden. Hier war aus Sicht des EuGH der tragende Grund für diese Rechtsfortbildung die sonst fehlende effektive Sanktionsmöglichkeit und der fehlende effektive Schutz der Bürger und damit die sonst **drohende Funktionsunfähigkeit** des europäischen Rechts (vgl. näher Rn. 128). Der EuGH hat einen europäischen Rechtsakt aber auch schon wegen offenkundigem Wertungswiderspruch des Gesetzeswortlautes korrigiert.[545] Hier ging es also um die **Korrektur eines offenkundigen Fehlers**, weshalb die Gesetzesbindung überwunden werden konnte. Nicht selten sind im europäischen Recht (wie im nationalen Recht) die zugrundeliegenden Tatsachen unzutreffend, oder die der Gesetzgebung zugrundeliegende Erkenntnis (zB rechtsökonomische Anreizwirkung vgl. dazu Rn. 139 f.) erweist sich später als nicht zutreffend. Dies reicht für die Zulässigkeit einer Rechtsfortbildung *contra legem* jedoch nicht aus. Dafür sind solche Fehler nicht nur zu häufig. Eine Berechtigung zur Fehlerkorrektur könnte auch hochproblematische Streitigkeiten zwischen Gesetzgeber und Gericht über den Tatbestand oder bestimmte Wirkeffekte auslösen. Dies würde das Vertrauen in den Rechtsstaat untergraben. Ändern sich dagegen rechtliche Umfeldwertungen, dann können diese Änderungen eine nachträgliche Lücke entstehen lassen, womit es sich im weiteren Sinn um eine Rechtsfortbildung *extra* und nicht *contra legem* handelt (vgl. Rn. 177 ff.). Die Nichtanwendung der alten Kapitalrichtlinie im *Dowling*-Fall unter Berufung auf die später verabschiedeten Euroregeln und das Interesse am Schutz der Finanzstabilität und des Euro wären aufgrund der Umwertung des Normzwecks ein möglicher Anwendungsfall, der auch das Gesellschaftsrecht betrifft.[546] Unter Außerachtlassung dieser Umwertung handelte es sich allerdings eher um eine teleologische Reduktion (vgl. Rn. 174 f.), die, weil der EuGH sprachlich einheitlich von *interprétation* spricht, vom EuGH sogar nur als „Auslegung" behandelt wurde. Einen größeren Spielraum sieht der EuGH auch bei der **sekundärrechtskonformen Rechtsfortbildung bzw. Auslegung von Primärrecht** (Rn. 134, 181). Das ist insoweit richtig, als dies bei einer zusätzlichen Rechtfertigung auf der primärrechtlichen Ebene gar keine Rechtsfortbildung *contra legem* sein wird.

183 Das **Bundesverfassungsgericht** hat keine generelle Kompetenz, über die Einhaltung der Europäischen Methodik durch den EuGH zu wachen (es wird selbst auch nicht überwacht). Das Bundesverfassungsgericht sieht allerdings die Gefahr, dass es Rechtsfortbildungen *contra legem* geben könnte, die aus der Kompetenzverteilung zwischen Europa und den Nationalstaaten ausbrechen und durch diese Kompetenzverschiebung zugunsten Europas das Grundgesetz verletzen. Für diese, als **ausbrechende Rechtsakte** benannten Fälle, die einen schwerwiegenden und offenkundigen Verstoß gegen die Kompetenzverteilung voraussetzen, hat sich das Bundesverfassungsgericht die Verwerfung von Entscheidungen des EuGH vorbehalten – Voraussetzung sind sog hinreichend qualifizierte Verstöße gegen die Kompetenzordnung (die einer Vertragserweiterung gleichkommt).[547] Allerdings sollen hier nur fundamentale bzw. offenkundige Kompetenzüberschreitungen erfasst sein.

F. Gemeinschaftsrechtskonforme Auslegung und Rechtsfortbildung nationalen Rechts

I. Einführung

184 Die Europäische Union hat nicht nur ein großes Interesse daran, dass ihr Recht materiell effektiv ist, wozu insbesondere der *effet utile*-Grundsatz (vgl. Rn. 127 ff.) beiträgt. Dieses materielle Recht soll auch angewandt werden und zwar so, wie es europäisch intendiert ist. Ein Mittel hierzu ist die partielle unmittelbare Wirkung. Vertragsverletzungsverfahren gegen einen Mitgliedstaat kommen schon wegen des Aufwandes nur bei größeren Problemen in Betracht, zumal sie auch sehr lange dauern.[548] Die Vorlageregelung des Art. 267 AEUV trägt ebenfalls nur in begrenztem Umfang zur Durchsetzung des europäischen Rechts bei. Denn nur die letztinstanzlichen Gerichte

542 Vgl. aber auch *Neuner* in: Riesenhuber (Hrsg.), Europäische Methodenlehre, 2015, § 12 Rn. 42, der diese Verwerfungsfälle als Durchbrechung des Verbotes der Rechtsfortbildung *contra legem* ansieht und damit ein weiteres *contra legem* Verständnis hat.

543 BVerGE 123, 267 – Lissabon-Urteil, Rn. 240; BVerfGE 134, 366 – OMT-Beschluss, Rn. 21.

544 EuGH, Rs. C-6/90 und C-9/90 (Francovich), ECLI:EU:C:1991:428 = NJW 1992, 165, Rn. 32; zur Francovich-Doktrin siehe *Streinz* (Hrsg.), EUV/AEUV, 2. Aufl. 2012, Art. 4 EUV Rn. 44; *Anweiler*, Die Auslegungsmethoden des Gerichtshofs der Europäischen Gemeinschaften, 1997, S. 421 ff.

545 EuGH, Rs. C-292/00 (Davidoff), ECLI:EU:C:2003:9 = EuZW 2003, 347 zu § 14 II Nr. 3 MarkenG bzw. zugrundeliegende RL und VO (jetzt geändert).

546 EuGH,Rs. C-41/15 (Dowling ua/Minister of Finance), ECLI:EU:C:2016:836 = EuZW 2016, 955, Rn. 53 f.; dazu *Hirte* NJW 2017, 1213, 1214; *Schäfers* GPR 2017, 231, 232.

547 BVerGE 123, 267 – Lissabon-Urteil, Rn. 240; BVerfGE 134, 366 – OMT-Beschluss, Rn. 21; BVerfGE 126, 286 – Honeywell-Urteil, Rn. 61; zu „hinreichend qualifiziert" als Haftungstatbestand siehe EuGH, Rs. C-472/00 P (Fresh Marine), ECLI:EU:C:2003:399 = BeckRS 2004, 77413, Rn. 26 ff.

548 Die Dauer von Vertragsverletzungsverfahren beruht auf der Mehrstufigkeit vgl. Art. 258 AEUV.

müssen vorlegen.[549] Die unterinstanzlichen Gerichte dürfen zwar vorlegen, der Aufwand ist aber so hoch, dass dies selten geschieht.[550] Auch die letztinstanzlichen Gerichte vermeiden aus verschiedenen Gründen nicht selten eine Vorlage (dazu Rn. 76). Das europäische Recht enthält dazu keine Regelung und nationale Regelungen wie die in Deutschland mögliche Verfassungsbeschwerde bei Nichtvorlage wegen Entzug des gesetzlichen Richters (Art. 101 I GG) sind häufig wenig effektiv. So gibt es nach der Rechtsprechung des Bundesverfassungsgerichts[551] nur drei Fälle, in denen die Nichtvorlage eines letztinstanzlichen Gerichts als verfassungswidriger Entzug des gesetzlichen Richters anzusehen ist. Dies sind die Fälle der grundsätzlichen Verkennung der Vorlagepflicht (1), des bewussten Abweichens von der EuGH-Rechtsprechung ohne Vorlage (2) und die offenkundige unvertretbare Auslegung (3). Es gibt daneben noch einen potenziell vierten Fall: Nimmt man mit dem Bundesverfassungsgericht[552] an, dass Rechtsfortbildungen in aller Regel kein *acte clair* sind, so könnte die fehlende nähere Begründung in Rechtsfortbildungsfällen ein neuer vierter Fall des Verstoßes gegen Art. 101 I GG sein.

Auch die vom EuGH geschaffene Staatshaftung der Mitgliedstaaten für die Verletzung ihrer europäischen Umsetzungspflichten[553] reicht hier nicht aus, da eine Klage nur bei etwas größeren Summen und klarer Rechtslage sinnvoll ist. Für die effektive Durchsetzung des Gemeinschaftsrechts ist es daher essentiell, dass die nationalen Richter es durchsetzen. Da diese es aber im Regelfall mit nationalem Recht zu tun haben, welches lediglich auf Gemeinschaftsrecht beruht und die nationalen Normen den nationalen Auslegungsmethoden unterliegen,[554] kommt der **gemeinschaftsrechtskonformen Auslegung und Rechtsfortbildung** (kurz **Konformauslegung**) überragende Bedeutung zu. Die gemeinschaftsrechtskonforme Auslegung und Rechtsfortbildung befindet sich an der Schnittstelle von nationaler und europäischer Methodik. Die europäische Methodik verlangt bis zu einem gewissen Grad die gemeinschaftsrechtskonforme Auslegung.[555] Die Grenzen bestimmt jedoch die nationale Methodik und die gemeinschaftsrechtskonforme Auslegung bildet auch einen Teil der nationalen Auslegung (näher Rn. 196). Die große praktische Bedeutung für das Europarecht, wie auch die europäische Pflicht zur gemeinschaftsrechtskonformen Auslegung, lassen es als angemessen erscheinen, diese hier im Rahmen der europäischen Methodik zu erörtern. 185

II. Primärrechtskonforme Auslegung und Rechtsfortbildung nationalen Rechts

Die primärrechtskonforme Auslegung nationalen Rechts (zur primärrechtskonformen Auslegung des Sekundärrechts Rn. 131 ff.) wird teilweise mit ihrer Funktion, die Ungültigkeit der niederrangigen nationalen Norm zu vermeiden, gerechtfertigt.[556] Die primärrechtskonforme Auslegung dient nach dieser Meinung somit der Normerhaltung.[557] Wenn dies der einzige Zweck wäre, dann gäbe es keinen unmittelbaren Grund, die primärrechtskonforme Auslegung auch aus europäischer Sicht als geboten anzusehen, denn sie würde ja lediglich dem nationalen Recht nutzen. Es besteht jedoch Einigkeit, dass die primärrechtskonforme Auslegung auch europarechtlich geboten ist.[558] Der EuGH hat dies ausdrücklich gefordert und auf die Loyalitätspflicht des Art. 4 III UAbs. 2 EUV gestützt.[559] Das europäische Gebot der primärrechtskonformen Auslegung ist in Deutschland anerkannt.[560] Ganz überwiegend gilt dies auch für die normative Anknüpfung.[561] Das **Loyalitätsgebot** überzeugt 186

549 *Wegener* in: Calliess/Ruffert (Hrsg.), EUV/AEUV, 5. Aufl. 2016, Art. 267 AEUV Rn. 19 ff.; *Karpenstein* in: Grabitz/Hilf/Nettesheim (Hrsg.), Das Recht der Europäischen Union, 62. EL 2017, Art. 267 AEUV Rn. 51 (Stand: 50. EL 2013); *Henninger*, Europäisches Privatrecht und Methode, 2009, Kap. XII, S. 266 f.; vgl. *Gsell* in: Gsell/Hau (Hrsg.), Vorlageverfahren und überschießende Umsetzung von Europarecht, 2012, S. 123, 138 f.

550 *Wegener* in: Calliess/Ruffert (Hrsg.), EUV/AEUV, 5. Aufl. 2016, Art. 267 AEUV Rn. 19 ff.

551 BVerfGE 82, 159, 195 f. (Absatzfonds); BVerfGE 126, 286, 316 f. (Honeywell).

552 BVerfG JZ 2018, 309, 312 ff.

553 EuGH, Rs. C-6/90 und C-9/90 (Francovich), ECLI:EU:C:1991:428 = NJW 1992, 165; EuGH, Rs. C-46/93 und 48/93 (Brasserie du Pecheur), ECLI:EU:C:1996:79 = NJW 1996, 1267.

554 Zu den Problemen unterschiedlicher Auslegung *Kötz* in: FS Zweigert, 1981, S. 481, 489; *Kahnert*, Rechtsetzung im europäischen Gesellschaftsrecht, 2012, S. 88.

555 *Gänswein*, Der Grundsatz unionskonformer Auslegung nationalen Rechts, 2009, S. 219 ff.

556 *Leible/Domröse* in: Riesenhuber (Hrsg.), Europäische Methodenlehre, 2015, § 8 Rn. 3; *Höpfner*, Die systemkonforme Auslegung, 2006, S. 217, 229.

557 *Leible/Domröse* in: Riesenhuber (Hrsg.), Europäische Methodenlehre, 2015, § 8 Rn. 3; *Höpfner*, Die systemkonforme Auslegung, 2006, S. 217, 229.

558 *Langenbucher* in: Langenbucher (Hrsg.), Europäisches Privat- und Wirtschaftsrecht, 2017, § 1 Rn. 53; *Leible/Domröse* in: Riesenhuber (Hrsg.), Europäische Methodenlehre, 2015, § 8 Rn. 38; *Auer* in: Neuner (Hrsg.), Grundrechte und Privatrecht aus rechtsvergleichender Sicht, 2007, S. 27, 45.

559 EuGH, Rs. C-157/86 (Murphy), ECLI:EU:C:1988:62 = Slg 1988, 673, Rn. 11; EuGH, Rs. C-322/88 (Grimaldi), ECLI:EU:C:1989:646 = NZA 1991, 283.

560 *Langenbucher* in: Langenbucher (Hrsg.), Europäisches Privat- und Wirtschaftsrecht, 2017, § 1 Rn. 53; *Leible/Domröse* in: Riesenhuber (Hrsg.), Europäische Methodenlehre, 2015, § 8 Rn. 38; *Auer* in: Neuner (Hrsg.), Grundrechte und Privatrecht aus rechtsvergleichender Sicht, 2007, S. 27, 45.

561 *Langenbucher* in: Langenbucher (Hrsg.), Europäisches Privat- und Wirtschaftsrecht, 2017, § 1 Rn. 53; *Gänswein*, Der Grundsatz unionskonformer Auslegung nationalen Rechts, 2009, S. 255 ff.; *Engisch*, Einführung

in der Tat, da es wie oben angesprochen (Rn. 184) bei der gemeinschaftsrechtskonformen Auslegung gerade darum geht, das europäische Recht **effektiv** durchzusetzen. Sofern das Primärrecht unmittelbar anwendbar ist, genießt es **Anwendungsvorrang**[562] vor dem nationalen Recht. Bei der bloßen Alternative zwischen der Verwerfung des nationalen Rechts oder dessen Anwendung würden sich außerhalb offenkundiger Fälle aber viele Gerichte für die Aufrechterhaltung entscheiden. Die primärrechtskonforme Auslegung erleichtert diesen Richtern die Entscheidung für einen Vorrang des europäischen Rechts auch in Grenzfällen, denn durch die gemeinschaftsrechtskonforme Auslegung bleibt die nationale Norm erhalten. In den Fällen der sonst unmittelbaren Anwendung ist die primärrechtskonforme Auslegung also auch deshalb gerechtfertigt, weil sie weniger einschneidend als die unmittelbare Anwendung ist.[563] Die primärrechtskonforme Auslegung auch als Entgegenkommen der Union gegenüber ihren Mitgliedern zu verstehen, überzeugt hingegen nicht.[564] Denn die Mitglieder würden politische Freiheiten gewinnen, wenn nur in einem sehr aufwändigen und langwierigen Verletzungsverfahren die Verletzung von Primärrecht festgestellt werden könnte. Einleuchtend ist jedoch, dass die primärrechtskonforme Auslegung unter Umständen adäquatere inhaltliche Ergebnisse als ein Alles- oder Nichts-Ansatz liefert und dies für eine primärrechtskonforme Auslegung spricht.[565]

187 Heute ist der **Vorrang** der gemeinschaftsrechtskonformen Auslegung und damit auch der **primärrechtskonformen Auslegung** im Sinne einer Vorzugsregel anerkannt, soweit es sich um eine Auslegungsfrage handelt, dh eine Interpretation gefunden werden kann, die vom Wortlaut noch gedeckt ist.[566] Das gilt für jegliches nationales Recht, also auch Regeln, die älter als das Primärrecht sind und daher nicht mit Rücksicht auf das Primärrecht entstanden sein können.[567] Das passt zu der hier zugrunde gelegten funktionalen und normativen Rechtfertigung im Interesse des Gemeinschaftsrechts. Aus rein nationaler Sicht wäre dieser Vorrang weitaus schwieriger zu begründen.

188 Wie bei der richtlinienkonformen Auslegung (vgl. Rn. 192 ff.) sind vor allem die Zulässigkeitsgrenzen einer **primärrechtskonformen Rechtsfortbildung** des nationalen Rechts noch nicht endgültig geklärt. Es geht hier um die Frage, ob einer primärrechtskonformen Rechtsfortbildung durch das Verbot des *contra legem* Judizierens Grenzen gesetzt werden.[568] Da der EuGH den Nationalstaaten vorgibt, dass die nationale Methodik hier bis an ihre Grenzen gehen soll,[569] heißt dies zunächst einmal, dass sich die Grenzen oder Möglichkeiten aus der **nationalen Methodik** ergeben. Eine **teleologische Reduktion** ist nach hM in Deutschland möglich, wenn der nationale Gesetzgeber ein Gesetz erlassen hat, mit dem er glaubte, den europäischen Vorgaben zu genügen.[570] Die Nichterreichung dieses Zwecks für bestimmte Konstellationen kann dann eine teleologische Reduktion rechtfertigen. Die besondere Bedeutung der teleologischen Reduktion erklärt sich daraus, dass aus einer rein nationalen Perspektive dieser Vorgang als unzulässige Rechtsfortbildung *contra legem* verstanden werden könnte. Wenn man allerdings für die Lückenfrage und auch die Reduktion die Gesamtheit aus nationalem Recht und Primärrecht in Bezug nimmt, kann in diesen Fällen der Reduktion kein *contra legem* Judizieren vorliegen.[571] In den anderen Fällen der richtlinienkonformen Rechtsfortbildung ist der Konflikt nicht ganz so gravierend.[572] Auch bei einer älteren Norm kann eine Lücke entstehen, wenn die Problematik der Vereinbarkeit mit dem Primärrecht noch nicht Gegenstand der Regelung war, insbesondere nicht sein konnte, weil der Rechtsakt nicht überarbeitet wurde. Dann kann hier ursprünglich (bei nicht gesehenem Konflikt) oder nachträglich (bei erst später entstandenem Konflikt) die Rechtsfortbildungslücke entstanden sein, die wiederum Basis der verschiedenen **Lückenfüllungsar-**

in das juristische Denken, 9. Aufl. 1997, A. 102 f. Fn. 50; *Auer* in: Neuner (Hrsg.), Grundrechte und Privatrecht aus rechtsvergleichender Sicht, 2007, S. 27, 45; aA (allenfalls ergänzender Gesichtspunkt) *Leible/Domröse* in: Riesenhuber (Hrsg.), Europäische Methodenlehre, 2015, § 8 Rn. 48.

562 Zum Anwendungsvorrang des Unionsrechts siehe ua *Ruffert* in: Calliess/Ruffert (Hrsg.), EUV/AEUV, 5. Aufl. 2016, Art. 1 AEUV Rn. 16; *Nettesheim* in: Grabitz/Hilf/Nettesheim (Hrsg.), Das Recht der Europäischen Union, 62. EL 2017, Art. 288 AEUV Rn. 47 ff. (Stand 48. EL 2012); *Geismann* in: von der Groeben/Schwarze/Hatje (Hrsg.), Europäisches Unionsrecht, 7. Aufl. 2015, Art. 288 AEUV Rn. 5 ff.

563 *Auer* in: Neuner (Hrsg.), Grundrechte und Privatrecht aus rechtsvergleichender Sicht, 2007, S. 27, 47 f.

564 So aber *Leible/Domröse* in: Riesenhuber (Hrsg.), Europäische Methodenlehre, 2015, § 8 Rn. 49 ff.

565 *Leible/Domröse* in: Riesenhuber (Hrsg.), Europäische Methodenlehre, 2015, § 8 Rn. 51.

566 *Roth/Jopen* in: Riesenhuber (Hrsg.), Europäische Methodenlehre, 2015, § 13 Rn. 42; *Leible/Domröse* in: Riesenhuber (Hrsg.), Europäische Methodenlehre, 2015, § 8 Rn. 48 ff.; *Suhr*, Richtlinienkonforme Auslegung im Privatrecht und nationale Auslegungsmethodik, 2011, S. 276.

567 *Leible/Domröse* in: Riesenhuber (Hrsg.), Europäische Methodenlehre, 2015, § 8 Rn. 54.

568 *Auer* in: Neuner (Hrsg.), Grundrechte und Privatrecht aus rechtsvergleichender Sicht, 2007, S. 27, 50 ff.

569 EuGH, Rs. C-165/91 (van Munster), ECLI:EU:C:1994:359 = BeckRS 2004, 74599, Rn. 34; EuGH, Rs. C-270/97 und C-271/97 (Sievers und Schrage), ECLI:EU:C:2000:76 = EuZW 2000, 214, Rn. 62; *Leible/Domröse* in: Riesenhuber (Hrsg.), Europäische Methodenlehre, 2015, § 8 Rn. 57.

570 BGHZ 179, 27, 34 ff. Rn. 21 ff. (Quelle); *Roth/Jopen* in: Riesenhuber (Hrsg.), Europäische Methodenlehre, 2015, § 13 Rn. 54.

571 *Auer* in: Neuner (Hrsg.), Grundrechte und Privatrecht aus rechtsvergleichender Sicht, 2007, S. 27, 51 f. unter Berufung auf eine parallele Argumentation bei der verfassungskonformen Auslegung, S. 43 f.

572 Ohne diesbezügliche Differenzierung *Auer* in: Neuner (Hrsg.), Grundrechte und Privatrecht aus rechtsvergleichender Sicht, 2007, S. 27, 51 f.

ten wäre. Die Kompetenzen des nationalen Rechts sind nicht gefährdet, solange es sich um Primärrecht handelt, dass ordnungsgemäß zustande gekommen ist. Problemfälle könnte es hier allenfalls bei ungeschriebenen, durch den EuGH entwickelten primärrechtlichen Prinzipien (dazu Rn. 34 ff.) geben.

III. Verordnungskonforme und richtlinienkonforme Auslegung und Rechtsfortbildung

1. Einführung und verordnungskonforme Auslegung

Für europäische Verordnungen mit ihrer gem. Art. 288 II AEUV unmittelbaren Anwendbarkeit und dem Vorrang der Anwendbarkeit gegenüber dem nationalen Recht (vgl. oben Rn. 40 ff.) gibt es kein großes praktisches Bedürfnis für eine **verordnungskonforme Auslegung** des nationalen Rechts. Wie bei der primärrechtskonformen Auslegung, die ja unter anderem auch unmittelbar anwendbares Primärrecht betrifft, ist eine verordnungsrechtskonforme Auslegung aber dennoch vorstellbar.[573] Sie hätte immerhin den Vorteil, dass der Konflikt zwischen nationalem Recht, zB einem Ausführungsgesetz zu einer europäischen Rechtsform, die auf einer entsprechenden Verordnung beruht, in besonders milder Form gelöst und gleichzeitig dem europäischen Recht volle Geltung verschafft wird. Den nationalen Richtern dürfte dieser Weg jedenfalls deutlich leichter fallen als eine Nichtanwendung ihres nationalen Ausführungsgesetzes wegen Vorrangs der europäischen Verordnung (zu dieser Argumentation bei der primärrechtskonformen Auslegung vgl. Rn. 186). Ein **Sonderproblem** ist, ob es eine **verordnungsrechtskonforme Auslegung** von gesellschaftsrechtlichen **Satzungen** geben sollte.[574] Bei Richtlinien würde sich dann die parallele Frage der richtlinienkonformen Auslegung stellen. Dagegen spricht, dass man damit eine **Büchse der Pandora** öffnen würde. Denn was bei Satzungen und anderen gesellschaftsrechtlichen Gründungsdokumenten gehen würde, könnte dann möglicherweise auch bei Beschlüssen, jeder Form von Willenserklärung und Allgemeinen Geschäftsbedingungen gelten und es ginge auch nicht nur um europäische Verordnungen, sondern natürlich auch um nationales Gesetzesrecht und auch europäisches und nationales Primärrecht (Deutschland: Grundgesetz). Damit käme man zum Generalansatz einer geltungskonformen/geltungserhaltenden Auslegung von privatautonomen Handlungen. Dieser Grundsatz ist theoretisch zwar vorstellbar. Er würde jedoch praktisch dazu führen, dass die Auslegung privatautonomen Handelns kaum noch prognostizierbar wäre, da die Gerichte sich berufen fühlen würden, in die Vertragsinhalte umfassend einzugreifen. Noch weitergehend wäre sogar eine Gefährdung der Privatautonomie zu befürchten, weil der Eingriff aus Sicht der Richter doch niederschwellig und „zugunsten" der Wirksamkeit der Gesamtregelung wäre. Eine verordnungskonforme Auslegung von Satzungen ist daher abzulehnen. 189

Da **Richtlinien** im Horizontalverhältnis zwischen Bürgern bzw. Unternehmen oder Bürgern zu Unternehmen keine unmittelbare Wirkung entfalten (vgl. Rn. 44),[575] gibt es hier ein besonders hohes Bedürfnis für eine richtlinienkonforme Auslegung. Die Pflicht hierzu beginnt erst mit Ablauf der **Umsetzungsfrist**. Dies gilt auch, wenn der nationale Gesetzgeber schon vorher umgesetzt hat.[576] Dadurch können problematische nationale Regeln „repariert" und zugleich dem europäischen Recht mehr Schlagkraft verliehen werden. Die große Zahl von Richtlinien im Privatrecht und dabei auch im europäischen Gesellschaftsrecht führt zu einer sehr großen Zahl von potenziell richtlinienwidrigen Umsetzungen und dies in einem Bereich, in dem das Vertrauen in die Geltung von Normen auch wichtig für ihre Akzeptanz und damit Befolgung ist. Die richtlinienkonforme Auslegung ist hier hilfreich, weil zumindest offenkundige Fehler bei der Umsetzung von den nationalen Gerichten allein korrigiert werden dürften. Die Unterscheidung in der unmittelbaren Anwendbarkeit zwischen Verordnung und Richtlinie in Art. 288 AEUV bleibt gewahrt. 190

Dennoch sind die richtlinienkonforme Auslegung und erst recht die richtlinienkonforme Rechtsfortbildung weniger selbstverständlich als dies heute scheinen mag. Lange Zeit wurden sie weder auf europäischer noch nationaler Ebene thematisiert und folgerichtig auch nicht praktiziert.[577] Erst 1984, also mehr als 25 Jahre nach den römischen Verträgen, hat der EuGH erstmals die Pflicht der nationalen Gerichte zur richtlinienkonformen Auslegung statuiert.[578] Heute ist die richtlinienkonforme Auslegung fest etabliert und auch in Deutschland dem Grunde nach anerkannt.[579] Anerkannt ist auch, dass sie ein Unterfall der gemeinschaftsrechtskonformen Ausle- 191

---

573 Ein mögliches Beispiel für ein Bedürfnis nach einer verordnungskonformen Auslegung lässt sich in der SPE-Verordnung mit Blick auf mögliche Bezugsrechte bei Kapitalerhöhungen und dem Gleichbehandlungsgrundsatz finden (s. § 5 Rn. 201).

574 *Jahndorf*, Die EWIV im Ertragsteuerrecht, 1995, S. 44.

575 EuGH, Rs. C-91/92 (Facini Dori), ECLI:EU:C:1994:292 = NJW 1994, 2473; *Köndgen* in: Riesenhuber (Hrsg.), Europäische Methodenlehre, 2015, § 6 Rn. 45; *Mörsdorf* EuR 2009, 219, 221 f.

576 *Herresthal* JuS 2014, 289, 290.

577 Vgl. zB die Analyse bei *Suhr*, Richtlinienkonforme Auslegung und nationale Auslegungsmethodik, 2011, S. 47 f.

578 EuGH, Rs. C-14/83 (von Colson und Kamann), ECLI:EU:C:1984:153 = NJW 1984, 2021, Rn. 26.

579 *Roth/Jopen* in: Riesenhuber (Hrsg.), Europäische Methodenlehre, 2015, § 13 Rn. 4 f., 25 ff.; *Auer* NJW 2007, 1106; *Canaris* in: FS Bydlinsky, 2002, S. 47, 48 ff.; *Grundmann* ZEuP 1996, 396, 396; *Lutter/Bayer/Schmidt*, Europäisches Unternehmens- und Kapitalmarktrecht, 2017, Rn. 3.49 ff.; *Conrad*, Das Konzept der Mindesthar-

gung ist.[580] Die richtlinienkonforme Auslegung hat sowohl eine europäische methodische Grundlage als auch eine nationale methodische Grundlage (Rn. 196). Die richtlinienkonforme Auslegung stößt bei klarem mit der Richtlinie nicht vereinbarem Wortlaut an ihre Grenzen. Ob die dann notwendige und praktizierte richtlinienkonforme Rechtsfortbildung (vgl. Rn. 204 ff.) zulässig ist, ist streitig (Rn. 204 f.). Gerade aus deutscher methodischer Sicht handelt es sich um einen Konfliktfall zwischen nationaler und europäischer Methodik. Probleme ergeben sich auch bei der richtlinienkonformen Auslegung überschießend umgesetzter Richtlinien (vgl. Rn. 200 f.) und der Wirkung von Richtlinien nach Verabschiedung, aber vor Ablauf der Umsetzungsfrist (sog Vorwirkung) (Rn. 213 ff.).

2. Europarechtliche Vorgaben für die richtlinienkonforme Auslegung

192 Die Richtlinien sind gegenüber dem nationalen Umsetzungsrecht insoweit höherrangiges Recht, als der nationale Gesetzgeber zwingend zur Umsetzung verpflichtet ist (Art. 288 III AEUV), er bei Nichtumsetzung von der Europäischen Kommission im Vertragsverletzungsverfahren mit Ordnungsmitteln zur Umsetzung gezwungen werden kann und der nationale Gesetzgeber auch den durch die Richtlinie begünstigten Bürgern (Unternehmen) nach der vom EuGH entwickelten Europäischen Staatshaftung (*Francovich*-Doktrin) für die Nichtumsetzung haftet.[581]

193 Da die Richtlinien jedoch im Verhältnis Bürger (Unternehmen) zu Bürger (Unternehmen) nach ganz hM[582] grundsätzlich nicht unmittelbar Anwendung finden (näher Rn. 14), bleibt für eine unmittelbare Berücksichtigung der Richtlinie regelmäßig nur der Weg über die richtlinienkonforme Auslegung. Als Gegenstand richtlinienkonformer Auslegung kommen nicht nur spezielles nationales Umsetzungsrecht, sondern auch Normen in Betracht, die schon vor der Richtlinie bestanden.[583]

194 Europarechtlich ist die richtlinienkonforme Auslegung nach Ansicht des EuGH[584] dem Grundsatz nach vorgegeben. Er schließt dies aus dem schon bei der primärrechtskonformen Auslegung nationalen Rechts herangezogenen **Loyalitätspflicht** des Art. 4 III UAbs. 2 EUV und dem Umsetzungsgebot in Art. 288 III AEUV.[585] In der Literatur wird teilweise das Umsetzungsgebot für ausreichend gehalten, da es auch das Auslegungsgebot erfasse.[586] Ob das Umsetzungsgebot allein ausreicht, erscheint aber doch fraglich, da auch der EuGH akzeptiert, dass die nationalen Gerichte bei der richtlinienkonformen Auslegung nur bis zur Grenze ihrer nationalen Methodik gehen müssen, aber nicht darüber hinaus.[587] Dann kann in Art. 288 III AEUV auch kein unbedingter Befehl an die nationalen Richter liegen. Insoweit erscheint das Loyalitätsgebot aber doch hilfreich. Der EuGH[588] differenziert hierbei nicht zwischen der Auslegung spezieller Umsetzungsakte und der Auslegung schon vorhandener Bestandsnormen des nationalen Rechts. In beiden Fällen ist eine richtlinienkonforme Auslegung geboten. Die Pflicht zur richtlinienkonformen Auslegung soll auch Vorrang gegenüber anderen Auslegungsmethoden im Sinne einer **Vorzugsregel** beinhalten, soweit dies nicht gegen zwingende Grenzen nationaler

monisierung, 2003, S, 52 ff.; *Suhr*, Richtlinienkonforme Auslegung und nationale Auslegungsmethodik, 2011, S. 47 ff., 303.

580 EuGH, Rs. C-397/01 bis C-403/01 (Pfeiffer ua), ECLI:EU:C:2004:584 = NJW 2004, 3547, Rn. 114 ff., 118; EuGH, Rs. C-42/11 (Lopes Da Silva Jorge), ECLI:EU:C:2012:517 = NJW 2013, 141 Rn. 54 ff.; EuGH, Rs. C-26/13 (Kásler und Káslerné Rábai), ECLI:EU:C:2014:282 = NJW 2014, 2335 Rn. 65 f.; vgl. *Roth/Jopen* in: Riesenhuber (Hrsg.), Europäische Methodenlehre, 2015, § 13 Rn. 9.

581 *Brechmann*, Richtlinienkonforme Auslegung, S. 8 ff., 60 ff., 256 ff.; *Langenbucher* in: Langenbucher (Hrsg.), Europäisches Privat- und Wirtschaftsrecht, 2017, § 1 Rn. 97.

582 EuGH, Rs. C-91/92 (Facini Dori), ECLI:EU:C:1994:292 = NJW 1994, 2473; ferner: EuGH, Rs. C-555/07 (Kükdeveci), ECLI:EU:C:2010:21 = NJW 2010, 427, Rn. 46; EuGH, Rs. C-282/10 (Maribel Dominguez/Centre Informatique du Centre Ouest Atlantique), ECLI:EU:C:2012:33 = NJW 2012, 509.

583 EuGH, Rs. C-91/92 (Facini Dori), ECLI:EU:C:1994:292 = NJW 1994, 2473; EuGH, Rs. C-106/89 (Marleasing), ECLI:EU:C:1994:395 = BeckRS 2004, 74075; *Domröse* JbJZ 2009, 109, 111-118.

584 EuGH, Rs. 14/83 (von Colson), ECLI:EU:C:1984:153 = NJW 1984, 2021; EuGH, Rs. C-91/92 (Facini Dori), ECLI:EU:C:1994:292 = NJW 1994, 2473.

585 EuGH, Rs. 14/83 (von Colson), ECLI:EU:C:1984:153 = NJW 1984, 2021; EuGH, Rs. C-91/92 (Facini Dori), ECLI:EU:C:1994:292 = NJW 1994, 2473; *Leenen* JURA 2012, 753, 754.

586 *Roth/Jopen* in: Riesenhuber (Hrsg.), Europäische Methodenlehre, 2015, § 13 Rn. 4 f., gegen Tragfähigkeit der europäischen Rechtfertigung *Krieger*, Die gemeinschaftsrechtskonforme Auslegung deutschen Rechts, 2005, S. 351; *Möllers* in: GS Wolf, 2011, S. 669, 671.

587 EuGH, Rs. C-212/04 (Adeneler), ECLI:EU:C:2006:443 = NJW 2006, 2465, Rn. 110; EuGH, Rs. C-12/08 (Mono Car Styling), ECLI:EU:C:2009:466 = BeckRS 2009, 70805, Rn. 61; EuGH, Rs. C-26/13 (Kásler und Káslerné Rábai), ECLI:EU:C:2014:282 = NJW 2014, 2335, Rn. 65.

588 *Roth/Jopen* in: Riesenhuber (Hrsg.), Europäische Methodenlehre, 2015, § 13 Rn. 5, 15; ferner dazu EuGH, Rs. C-97/11 (Amia), ECLI:EU:C:2012:306 = NVwZ 2012, 1097, Rn. 31.

Methodik verstößt.[589] Die Grenzen der Auslegung bestimmt somit das nationale Recht.[590] Diese sind auch Grenzen der richtlinienkonformen Auslegung. Ob es eine richtlinienkonforme Rechtsfortbildung gibt, entscheidet im Ergebnis die nationale Methodik mit ihren generellen Zulässigkeitsvoraussetzungen an eine Rechtsfortbildung. Soweit nach nationaler Methodik eine richtlinienkonforme Rechtsfortbildung aber möglich ist, ist sie auch geboten.[591]

Die zumindest theoretisch mögliche richtlinienkonforme Auslegung oder richtlinienkonforme Rechtsfortbildung 195 ist Voraussetzung einer Vorlage nach Art. 267 AEUV des nationalen Gerichts an den EuGH,[592] da anderenfalls das europäische Recht gar nicht entscheidungserheblich werden kann. Dann aber besteht für das letztinstanzliche Gericht grundsätzlich auch die Pflicht zur Vorlage. Der EuGH[593] unterstellt bei einer Vorlage meist großzügig, dass national eine richtlinienkonforme Auslegung oder Rechtsfortbildung möglich ist.

3. Rechtfertigung der richtlinienkonformen Auslegung nach deutschem Recht

Da die Richtlinien höherrangiges Recht zumindest im Sinne einer zwingenden Umsetzungsvorgabe sind,[594] ent- 196 spricht es nach deutscher Methodik sowohl der **systematischen Auslegung** (keinen Widerspruch zu höherrangigem Recht) als auch **Normzwecküberlegungen** (der Gesetzgeber einer Umsetzungsnorm möchte die Richtlinienvorgabe korrekt umsetzen, also ist dies zumindest ein Telos (Zweck) der Umsetzungsnorm) eine richtlinienkonforme Auslegung bzw. Rechtsfortbildung durchzuführen. Schwieriger ist diese Begründung bezüglich nationaler Altnormen, die schon vor der Richtlinie bestanden. Hier zu unterstellen, die Nichtumsetzung beruhe auf der Annahme des nationalen Gesetzgebers, das bisherige Recht entspreche schon europäischer Vorgabe und deshalb sei es richtlinienkonform auszulegen,[595] kann im Einzelfall durchaus zweifelhaft sein.[596] Nach zutreffender Ansicht ist eine richtlinienkonforme Auslegung aber auch möglich, wenn der Gesetzgeber richtlinienwidrig (nicht) umsetzen wollte.[597] Im Kern bleibt daher neben der systematischen Überlegung nur die europäische Pflicht zur richtlinienkonformen Auslegung als Rechtfertigung für die hier vorgenommene Veränderung deutscher Methodik. Diese Erklärung wirkt möglicherweise etwas überraschend und ist wegen der Verschränkung europäischer und nationaler Methodik auch noch gewöhnungsbedürftig. Diese Darstellung beschreibt die tatsächlich zu beobachtenden Vorgänge aber besser als es additive methodische Erklärungsversuche (europäische Methodik plus nationale Methodik) wären.

4. Doppelte Vorrangthese

Nach hM hat die richtlinienkonforme (anders als die verfassungskonforme) Auslegung Vorrang vor allen ande- 197 ren Auslegungsmethoden, wird also nur durch die nationalen Auslegungsgrenzen, wie die in Deutschland herrschend anerkannte Wortlautgrenze (zur richtlinienkonformen Rechtsfortbildung jenseits dieser Grenze Rn. 204 ff.) begrenzt (richtlinienkonforme Auslegung als sog Vorrangregel).[598] Verfolgt ein Änderungsgesetz mehrere Zwecke, von denen die Anpassung an eine europäische Richtlinienvorgabe einer ist, so wird die **Anpassung als vorrangiger Zweck** angesehen.[599]

5. Auslegung der Richtlinien

Die Auslegung der Richtlinien erfolgt grundsätzlich europäisch-autonom (vgl. Rn. 80 ff.), also ohne Rückgriff 198 auf einzelstaatliche Auslegungen. Dies gilt selbst dann, wenn ein Teil der Richtlinie erkennbar ein Vorbild in

---

589 *Roth/Jopen* in: Riesenhuber (Hrsg.), Europäische Methodenlehre, 2015, § 13 Rn. 26 f.; *Ehricke* RabelsZ 59 (1995) 598, 616; *Suhr*, Richtlinienkonforme Auslegung im Privatrecht und nationale Auslegungsmethodik, 2011, S. 302.

590 Für einen Versuch hier scharfe Grenzen zu ziehen vgl. *Weber*, Grenzen EU-rechtskonformer Auslegung und Rechtsfortbildung, 2010, S. 101 ff., 140 ff.

591 *Lutter/Bayer/Schmidt*, Europäisches Unternehmens- und Kapitalmarktrecht, 2017, Rn. 3.55.

592 Vgl. *Wegener* in: Callies/Ruffert, EUV/AEUV, 5. Aufl. 2016, Art. 267 AEUV Rn. 3 ff.

593 Vgl. EuGH, Rs. C-404/06 (Quelle), ECLI:EU:C:2008:231 = NJW 2008, 1433, obwohl der BGH, Vorlagebeschluss v. 16.8.2006 – VIII ZR 200/05, NJW 2006, 3200 dies bei der Vorlage zunächst für ausgeschlossen gehalten hatte. Seit der Folgeentscheidung des BGH v. 26.11.2008 VIII ZR 200/05, BGHZ 179, 27 ff. ist die richtlinienkonforme Rechtsfortbildung national umfassend anerkannt.

594 *Langenbucher* in: Langenbucher (Hrsg.), Europäisches Privat- und Wirtschaftsrecht, 2017, § 1 Rn. 58 f.; *Schroeder* in: Streinz (Hrsg.), EUV/AEUV, 2. Aufl. 2012, Art. 288 Rn. 92 ff.

595 So aber in der Quelle Entscheidung vgl. BGHZ 179, 27, 35 Rn. 23.

596 Gegen die ausschließliche Berücksichtigung des historischen Willens des Gesetzgebers daher *Möllers* in: GS Wolf, 2011, S. 669, 678.

597 *Roth/Jopen* in: Riesenhuber (Hrsg.), Europäische Methodenlehre, 2015, § 13 Rn. 47; *Lorenz* NJW 2013, 207, 208; *Heiderhoff*, Europäisches Privatrecht, 4. Aufl. 2016, Rn. 116.

598 *Langenbucher* in: Langenbucher (Hrsg.), Europäisches Privat- und Wirtschaftsrecht, 2017, § 1 Rn. 90 ff.; *Suhr*, Richtlinienkonforme Auslegung im Privatrecht und nationale Auslegungsmethodik, 2011, S. 276 f.; *Roth/Jopen* in: Riesenhuber (Hrsg.), Europäische Methodenlehre, 2015, § 13 Rn. 42; *Herresthal* JuS 2014, 289, 291.

599 BGHZ 150, 248, 253 (Heininger); BGHZ 179, 27, 38 f. Rn. 31 (Quelle).

einem einzelstaatlichen Recht hat. Richtlinien werden nach ihrem Wortlaut (näher Rn. 85 ff.) (Gleichrangigkeit aller Sprachen außer bei erkennbaren Ausreißern, obwohl fast alle Richtlinien ursprünglich nur auf Englisch verfasst wurden), nach ihrer inneren und äußeren Systematik (Rn. 95 ff.) und vor allem nach ihrem Normzweck (Telos) ausgelegt (Rn. 100 ff.). Die Erwägungsgründe (Rn. 107 ff.) der Richtlinie werden sowohl für Einzelfragen (soweit dort angesprochen) als auch vor allem für die systematische und Normzweckauslegung mit herangezogen. Eine historische Auslegung (näher Rn. 123 ff.) findet bisher nur punktuell statt. Erforderlich für eine historische Auslegung ist in jedem Fall, dass die ausgewerteten Dokumente allgemein veröffentlicht wurden oder die Vorfassung, die abgeändert oder das Problem, welches beseitigt werden sollte, allgemein bekanntgemacht sind. Für weitere Aspekte der Auslegung und die nähere Anwendung genannter Aspekte ist auf die entsprechenden ausführlichen Erörterungen zu verweisen (vgl. oben Rn. 75 ff.).

6. Problem überschießender Richtlinienumsetzung

a) Das Phänomen

199 Viele Richtlinien werden hinsichtlich des **Anwendungsbereiches** überschießend umgesetzt, dh der nationale Gesetzgeber wendet die Richtlinienvorgabe auch auf Fälle an, die die Richtlinie nicht erfasst.[600] Im europäischen Gesellschaftsrecht kommt die überschießende Richtlinienumsetzung durchaus vor. So wurden beispielsweise die Vorgaben der ehemaligen Publizitäts-RL (jetzt Teil der Kodifizierungs-RL) von einigen Ländern überschießend auch auf Personenhandelsgesellschaften angewandt. Eine überschießende Umsetzung erfolgte teilweise auch mit Blick auf die Verschmelzungs-RL, wo neben Deutschland zB auch Italien, Belgien, die Niederlande und teilweise Großbritannien[601] und Frankreich[602] die Vorgaben übererfüllten.[603] Zudem wurde auch die Aktionärsrechte-RL teilweise überschießend umgesetzt (dazu § 30 Rn. 15). Ein besonderer Fall findet sich in der Einpersonengesellschafts-RL, denn dort regelt die Richtlinie selbst die überschießende Umsetzung. Mitgliedstaaten können daher auch Aktiengesellschaften die Möglichkeit einer Einpersonen-Gründung bzw. das nachträgliche Entstehen einer Einpersonengesellschaft gestatten. In diesem Fall müssen sie dann aber auch die Vorgaben der Richtlinie beachten (s. § 28 Rn. 13).

200 Eine überschießende Umsetzung wird teilweise auch als „Vergoldung" (*gold plating*) bezeichnet,[604] ohne dass diese Bezeichnung methodisch hilfreich wäre. Man unterscheidet eine überschießende Umsetzung in sachlicher, persönlicher oder räumlicher Hinsicht.[605] Vorzugswürdig erscheint es jedoch, dem überschießenden Anwendungsbereich den **überschießenden Inhalt** gegenüber zu stellen.[606] Im weiteren Sinne könnte man als überschießend auch die vorgezogene Umsetzung einer Richtlinie erfassen, doch passt diese Frage besser zur Vorwirkung einer Richtlinie (vgl. Rn. 213 ff.). Diese überschießende Umsetzung kann bewusst oder unbewusst geschehen. Selbst bei Höchststandards ist dies nach deutscher Vorstellung in gewisser Weise zulässig, weil Höchststandards nichts über die nicht von der Richtlinie erfassten Bereiche sagen. Der Anwendungsbereich ist daher anders als der Inhalt nicht Teil der Beschränkung des Höchststandards. Erfasst daher die Richtlinie also nur einen bestimmten **Personenkreis** (zB bestimmte Gesellschaftsformen), so wäre selbst bei einer Höchststandardrichtlinie die Erstreckung auf weitere Personen (andere Gesellschaftsformen) zulässig. Ein mehr an Gläubigerschutzregeln wäre bei einer Höchststandardrichtlinie hingegen unzulässig.[607]

600 *Riehm* JZ 2006, 1035, 1036 nennt dies erweiternde Umsetzung, um dies von anderen Formen überschießender Umsetzung zu unterscheiden.

601 In England gelten die Vorgaben des Part 26 CA 2006 grundsätzlich generell, in Abhängigkeit, ob es sich um eine Public oder Private Company handelt, enthalten sie jedoch auch zahlreiche Abweichungen, wie beispielsweise das Erfordernis eines Hauptversammlungsbeschlusses bei allen beteiligten Gesellschaften bei einer plc im Vergleich zur Ltd., vgl. *Edwards*, EC Company Law, 1999, S. 116; *Grundmann*, Europäisches Gesellschaftsrecht, 2. Aufl. 2011, Rn. 917 (Fn. 90).

602 In Frankreich gelten die Art. L 236-1 bis 236-7 c.com. als eine Art allgemeine Vorschriften wie in Deutschland, dazu kommen rechtsformspezifische Besonderheiten (für die S.A., s. Art. L 236- 8 ff. c.com.).

603 *Wymeersch* in: Hopt et al. (Eds.), Comparative Corporate Governance, 1998, S. 1045, 1064; *Kalss/Klampfl*, Europäisches Gesellschaftsrecht, 37. EL 2015, Rn. 149; *Grundmann*, Europäisches Gesellschaftsrecht, 2. Aufl. 2011, Rn. 917; *Teichmann* ECFR 2016, 277, 283.

604 Siehe *Bocci et al.*, Study: Gold-plating in the EAFRD. To what extent do national rules unnecessarily add to complexity and, as a result, increase the risk of errors?, 27.2.2014, PE 490.684, S. 27; *Hemeling* ZHR 181 (2017) 595, 601 (zum Kapitalmarktrecht); *Král* ELR 41 (2016) 220, 233 ff.; *Kahnert*, Rechtsetzung im Europäischen Gesellschaftsrecht, 2012, S. 83; *Voermans* in: Snijders/Vogenauer (Eds.), Content and Meaning of National Law in the Context of Transnational Law, 2009, S. 79 ff. Der Begriff ist allerdings nicht uneingeschränkt zu befürworten, da eine überschießende Richtlinienumsetzung nicht unbedingt vorteilhaft sein muss, sondern unter Umständen auch zu Überregulierung führen kann.

605 *Drexl* in: FS Heldrich, 2005, S. 70 ff.; *Habersack/Mayer* in: Riesenhuber (Hrsg.), Europäische Methodenlehre, 2015, § 14 Rn. 4.

606 Vgl. *Riehm* JZ 2006, 1035, 1036, der diese Gruppe modifizierende Umsetzung nennt.

607 Vgl. mit Beispielen aus dem allgemeinen Zivilrecht *Riehm* JZ 2006, 1035, 1040 ff.

Die **inhaltliche Übererfüllung** einer Richtlinie hat keinen unmittelbaren Bezug zur richtlinienkonformen Auslegung. Ist der nationale Standard zulässigerweise höher, dann ist dieser nationale Standard auszulegen. Die Zulässigkeit bestimmt sich auch im Lichte der Niederlassungsfreiheit und der Kapitalverkehrsfreiheit. Der europäische Mindeststandard ist allenfalls insoweit betroffen, als eine Auslegung des höheren nationalen Standards unzulässig ist, die auch nur an einer Stelle oder für eine Sonderkonstellation hinter den europäischen Vorgaben einschließlich dem Gebot praktischer Wirksamkeit (*effet utile*) zurückbleibt. 201

b) Entscheidungszuständigkeit von EuGH und BGH

Bei einer solchen überschießenden Richtlinienumsetzung stellt sich das Problem, ob auch für die Fälle, die nicht in den Anwendungsbereich der Richtlinie fallen, eine richtlinienkonforme Auslegung zulässig und geboten ist. Keine Bedenken gegen die Einschaltung des EuGH ergeben sich aus dem Inhalt der Entscheidungen, denn der EuGH entscheidet nur über die Auslegung des Gemeinschaftsrechts selbst und nicht über das überschießende nationale Recht.[608] Es bedarf allerdings auch einer Zuständigkeitskompetenz des EuGH. Im Vorlageverfahren nach Art. 267 AEUV ist dieser Fall nicht unmittelbar erfasst.[609] Ein Interesse des EuGH an einer Befassung mit der Auslegung besteht, weil ohne seine Zuständigkeit die richtlinienkonforme Auslegung den nationalen Gerichten überlassen wäre und damit eine abweichende Interpretation der Richtlinie möglich wäre.[610] Das europäische Recht einschließlich des Primärrechts ist auch einer Rechtsfortbildung *extra legem* zugänglich (vgl. Rn. 177 ff.). Problematisch wäre allerdings eine Vorlagepflicht und vor allem eine zwangsweise Bindung des nationalen Gesetzgebers im überschießenden Bereich an die Interpretation des EuGH, da hier der nationale Gesetzgeber in eigener Souveränität handelt. Der EuGH[611] geht davon aus, dass eine Vorlage gem. Art. 267 AEUV lediglich zulässig ist, wenn nach nationalem Recht eine Berücksichtigung der Auslegung der europäischen Norm möglich ist. Es geht also nicht um eine europäische Verpflichtung zur einheitlichen Auslegung.[612] Das bedeutet, dass nur wenn das nationale Recht eine Vorlage in diesen Fällen zulässt, der EuGH eingeschaltet werden könnte.[613] Das deutsche Recht sieht eine solche **Vorlagemöglichkeit** außerhalb des Art. 267 AEUV nicht vor. In Deutschland wird diese Vorlagemöglichkeit, die bei einer Entscheidung des nationalen Rechts für eine einheitliche Auslegung zur Pflicht würde, verbreitet kritisch gesehen.[614] Sollte die deutsche Methodik allerdings dazu kommen, dass vom Gesetzgeber eine gleiche Auslegung wie im Anwendungsbereich der Richtlinie gewollt ist, dann gibt es auch nach nationalem Recht ein Bedürfnis für eine Vorlagemöglichkeit. Verfahrenstechnisch ist die Vorlagemöglichkeit in den Fällen, in denen das nationale Recht eine einheitliche Auslegung möchte, daher rechtsfortbildend zu akzeptieren. 202

Das Problem verschiebt sich damit auf die Interpretation des Willens des deutschen Gesetzgebers und damit in die Kompetenz der deutschen Gerichte, speziell des BGH. Die richtlinienkonforme Auslegung ist daher nur zulässig und geboten, wenn die Auslegung nationalen deutschen Umsetzungsrechts ergibt, dass der von der Richtlinie erfasste und der nicht erfasste Fall generell einheitlich geregelt sein sollten. Hier stellt sich wieder die Frage der Begründungslast.[615] Ist die einheitliche Interpretation daher die Regel und bedürfte die differenzierende Interpretation einer besonderen Begründung oder ist dies umgekehrt? Handelt es sich um eine einheitliche Norm oder gar um einen weit gewählten Wortlaut innerhalb einer Norm, der zur Erweiterung des Anwendungsbereichs führt, sollte ohne Gegenanhaltspunkte von einer gewollten einheitlichen Behandlung und damit einheitlich richtlinienkonformen Interpretation ausgegangen werden. Denn der einheitliche Wortlaut und mit Abstrichen auch die Zusammenfassung in einer Norm drücken diese Einheitlichkeit aus.[616] Befinden sich die Regelungen aber an zwei räumlich getrennten Stellen im Gesetz, spricht dies für eine nur parallele, aber nicht notwendigerweise für eine einheitliche Interpretation. Zu Recht ist allerdings darauf aufmerksam gemacht worden,[617] dass es kollidierende Strukturentscheidungen gibt (Erweiterung des Anwendungsbereiches der Richtlinienvorgaben; inhaltliche Regelung, die so mit der Richtlinie nicht vereinbar ist). Einer der beiden Zwecke wird daher bei 203

608 *Mayer/Schurnbrand* JZ 2004, 545, 550; *Schnorbus* RabelsZ 65 (2001) 654, 694 ff.; *Jäger*, Überschießende Richtlinienumsetzung im Privatrecht, 2006, S. 208.

609 *Habersack/Mayer* JZ 1999, 913, 919; *Jäger*, Überschießende Richtlinienumsetzung im Privatrecht, 2006, S. 198.

610 *Jäger*, Überschießende Richtlinienumsetzung im Privatrecht, 2006, S. 197 f.

611 Dazu EuGH, Rs. C-297/88, C-197/89, C-297/88, C-197/89 (Dzodzi), ECLI:EU:C:1990:360 = EuZW 1991, 319; EuGH, Rs. C-583/10 (Nolan), ECLI:EU:C:2012:638 = BeckRS 2012, 82058; EuGH, Rs. C-313/12 (Romeo), ECLI:EU:C:2013:718 = NVwZ 2013, 1600. Zusammenfassend *Habersack/Mayer* in: Riesenhuber (Hrsg.), Europäische Methodenlehre, 2015, § 14 Rn. 54 ff.

612 *Lutter/Bayer/Schmidt*, Europäisches Unternehmens- und Kapitalmarktrecht, 2017, Rn. 3.64.

613 *Jäger*, Überschießende Richtlinienumsetzung im Privatrecht, 2006, S. 195 f., 210 f.

614 *Habersack/Mayer* WM 2002, 253, 254; *Hennrichs* ZGR 1997, 66, 70, 83 ff.; *Bärenz* DB 2001, 2521, 2522 f.; *Weber-Grellet* DStR 2003, 67, 69.

615 Zu dieser generell *Krebs* AcP 195 (1995) 171, 171 ff.

616 So auch BGHZ 150, 248, 261; *Staudinger* NJW 2002, 653, 655; *Bärenz* DB 2003, 375, 375; *Hoffmann* ZIP 2002, 145, 150; *Lutter*, GS Heinze, S. 575 f.

617 *Mayer/Schürnbrand* JZ 2004, 545, 549 ff.

einer einheitlichen oder auch bei einer unterschiedlichen Auslegung in Bezug auf den von der Richtlinie nicht erfassten Bereich nicht erfüllt.[618] Für den vermuteten Willen zur einheitlichen Auslegung spricht selbst bei kollidierenden Strukturentscheidungen der Gedanke, dass gerade bei Zusammenfassung in einem einheitlichen Wortlaut die Differenzierung zu Abgrenzungsschwierigkeiten führen würde. Es sollte daher bei der (widerleglichen) Vermutung zugunsten der einheitlichen richtlinienkonformen Auslegung bleiben.[619]

7. Richtlinienkonforme Rechtsfortbildung

204 Seit der Quelle-Entscheidung des BGH[620] ist für Deutschland[621] überwiegend anerkannt, dass die richtlinienkonforme Auslegung nicht die endgültige Grenze ist.[622] Unter Verweis auf den mit der nationalen Gesetzgebung verfolgten Zweck der Richtlinienumsetzung wird herrschend bei einem Wortlaut, der Fälle erfasst, die nach der Richtlinie nicht so geregelt werden dürften, eine richtlinienkonforme teleologische Reduktion bejaht.[623] Nähme man die europäische Pflicht zur richtlinienkonformen Vermutung ernst, könnte dieser Zweck der richtigen Umsetzung der Richtlinie sogar normativ zwingend und nicht (oder allenfalls bei vorsätzlicher Missachtung europäischer Vorgaben) widerlegbar sein.[624] Richtigerweise wird man hier aber wohl doch von einer autonomen Entscheidung der deutschen Rechtsprechung zur Fortbildung der Methodik ausgehen müssen.[625] Maßgeblich ist daher, ob der deutsche Gesetzgeber die Richtlinie ordnungsgemäß umsetzren wollte.[626] Konsequenz der Anerkennung einer richtlinienkonformen Reduktion ist die Anerkennung auch einer richtlinienkonformen Analogie und einer richtlinienkonformen Rechtsfortbildung *extra legem* in Fällen, in denen ein Fall nicht erfasst wurde, der nach der Richtlinie zu erfassen war.[627]

205 Diese Rechtsprechung wird teilweise heftig kritisiert.[628] Ihr wird vorgeworfen letztlich eine besondere, unzulässige Rechtsfortbildung *contra legem* zu praktizieren und dadurch die Grenzen zulässiger Rechtsfortbildung zu verschieben.[629] Zutreffend ist, dass die Rechtsprechung hier die deutschen Grenzen der Zulässigkeit einer Rechtsfortbildung, wie sie zuvor richterlich postuliert wurden, rechtsfortbildend verschoben hat. Die deutsche Rechtsprechung hat sich zu einer europafreundlichen Fortentwicklung der deutschen Methodik entschieden. Dies hätte zwar besser offen diskutiert werden sollen, auch weil es ein einschneidender Akt ist. Die deutsche Rechtsprechung hat die Methodik aber innerhalb ihrer Kompetenz fortgebildet, denn es handelte sich um eine neue Frage, die daher nicht methodisches Gewohnheitsrecht gewesen sein kann.[630] Die Lösung der Rechtsprechung ist verfassungsrechtlich zulässig. Sie ist auch inhaltlich vernünftig, da sie zum einen aufgrund der nur dadurch bestehenden Vorlagemöglichkeit gem. Art. 267 AEUV schneller zur Rechtsklärung beiträgt und auch danach das Problem eleganter und ökonomischer beseitigt als dies nach traditioneller Methodik möglich wäre.

206 Bei nationalen **Altregeln** wurden im Einzelfall bereits richtlinienkonforme Rechtsfortbildungen praktiziert.[631] Eine Pflicht zur richtlinienkonformen Rechtsfortbildung dürfte hier aber noch nicht hM entsprechen,[632] wenngleich häufig nicht zwischen Umsetzungsnormen und Altnormen differenziert wird. Da die deutsche Rechtspre-

618 *Mayer/Schürnbrand* JZ 2004, 545, 551; *Habersack/Mayer* in: Riesenhuber (Hrsg.), Europäische Methodenlehre, 2015, § 14 Rn. 38.

619 *Mayer/Schürnbrand* JZ 2004, 545, 551 ff.; *Habersack/Mayer* in: Riesenhuber (Hrsg.), Europäische Methodenlehre, 2015, § 14 Rn. 41 ff.

620 BGH NJW 2006, 3200; Folgeentscheidung des BGH: BGHZ 179, 27 ff.

621 Erster Rechtsprechungsfall einer richlinienkonformen Reduktion war aber wohl FG München Urt. v. 13.9.1989 – 3 K 3030/86; dazu *Lohse* DStR 1990, 145.

622 *Roth/Jopen* in: Riesenhuber (Hrsg.), Europäische Methodenlehre, 2015, § 13 Rn. 48 ff.; *Suhr*, Richtlinienkonforme Auslegung und nationale Methodik, 2011, S. 286 ff.; *Heiderhoff* in: Heiderhoff/Zmij (Hrsg.), Interpretation in Polish, German and European Private Law, 2011, S. 110 ff.

623 BGHZ 179, 27, 34 Rn. 21; BGHZ 192, 148, 161, 163 ff. Rn. 31, 34 ff.; *Drexler*, Die richtlinienkonforme Interpretation in Deutschland und Frankreich, S. 193 ff.; *Suhr*, Richtlinienkonforme Auslegung im Privatrecht und nationale Auslegungsmethodik, 2011, S. 290 f.

624 Als methodisch überzeugend angesehen von *Heiderhoff* in: Heiderhoff/Zmij (Hrsg.), Interpretation in Polish, German and European Private Law, 2011, S. 111.

625 *Gsell* AcP 214 (2014) 99, 136 ff.

626 *Möllers* in: GS Wolf, 2011, S. 669, 680.

627 So auch *Baldauf*, Richtlinienverstoß und Verschiebung der Contra-legem-Grenze im Privatrechtsverhältnis, 2013, S. 123 f.; *Canaris*, Die Feststellung von Lücken im Gesetz, 1983, S. 71 ff., 82 ff.; *Roth/Jopen* in: Riesenhuber (Hrsg.), Europäische Methodenlehre, 2015, § 13 Rn. 54 f.

628 *Baldauf*, Richtlinienverstoß und Verschiebung der Contra-legem-Grenze im Privatrechtsverhältnis, 2013, S. 38 ff.

629 *Baldauf*, Richtlinienverstoß und Verschiebung der Contra-legem-Grenze im Privatrechtsverhältnis, 2013, S. 116 ff., 206 ff.

630 Zu den Voraussetzungen an die Änderung von Gewohnheitsrecht durch die Rechtsprechung: *Krebs/Becker* JuS 2013, 97, 101 ff.

631 Vgl. BFHE 150, 196, 199; BGH NJW 1998, 2208, 2210 (Testpreisangebot).

632 Dafür *Krieger*, Die gemeinschaftsrechtskonforme Auslegung des deutschen Rechts, 2004, S. 257 f.

chung aber ohnehin die Anknüpfung am geäußerten Telos des Gesetzgebers verlassen hat, sollten auch richtlinienkonforme Rechtsfortbildungen bei Altregeln möglich sein.

Im europäischen Gesellschaftsrecht spielt die richtlinienkonforme Rechtsfortbildung bisher noch keine größere Rolle (zu Beispielen Rn. 210 ff.), was unter anderem auch daran liegen mag, dass die Mitgliedstaaten im Rahmen zwingender Richtlinienbestimmungen oftmals bei der Umsetzung sehr nah am Wortlaut der Richtlinie bleiben. Es gibt jedoch immer mehr Fälle, wo dies nicht möglich bzw. nicht gewünscht ist (zB zukünftig wohl bei der Aktionärsrechte-RL). Insofern könnte das Bedürfnis nach richtlinienkonformer Rechtsfortbildung steigen. 207

8. Prüfungsvorschlag: Richtlinienkonforme Auslegung/richtlinienkonforme Rechtsfortbildung nach deutschem Recht

Einleitungssatz für eine richtlinienkonforme Auslegung: Die Richtlinienregelung kann im Verhältnis Bürger (Unternehmer)/Bürger (Unternehmer) nicht unmittelbar angewendet, sondern nur im Rahmen richtlinienkonformer Auslegung berücksichtigt werden. 208

a) **Aufgreifkriterium:** Im Anwendungsbereich einer deutschen Norm existiert eine Richtlinienvorgabe (nach richtiger Ansicht ist unerheblich, ob die deutsche Norm eine spezielle Umsetzungsnorm oder eine Altnorm ist, dazu Rn. 196).
b) Die **Umsetzungsfrist** der Richtlinie, genauer die Frist bis zu der die Umsetzungsnorm in Kraft getreten sein muss, ist **abgelaufen** (vorher gibt es keine Pflicht zur richtlinienkonformen Auslegung, sondern nur zur richtlinienfreundlichen Auslegung (Frustrationsverbot), also ohne Vorrang der Richtlinie (vgl. Rn. 213 f.)).
c) Die Rechtsfrage fällt in den **Regelungsbereich** der Richtlinie (aa) oder die Rechtsfrage fällt in einen Bereich **überschießender Richtlinienumsetzung**, wobei der deutsche Gesetzgeber unbedingte Gleichbehandlung des umzusetzenden und des überschießenden Teiles wollen muss (deutsche Norm ist entsprechend auszulegen) (bb).
d) Es folgt eine **autonome Auslegung** der einschlägigen Richtlinienstellen in Bezug auf die konkrete Rechtsfrage. Die Auslegung erfolgt nach dem Wortlaut (Gleichbehandlung aller Sprachfassungen), Systematik und Normzweck (unter Berücksichtigung der Erwägungsgründe) und ggf., soweit veröffentlicht, auch historischer Materialien (Gesetzesmaterialien, Anlass der Richtlinienregel). Besondere Bedeutung kommt im Ergebnis dem Wortlaut und dem primären Zweck unter Heranziehung des Gedankens des ***effet utile*** Grundsatzes zu.
e) **Prüfung**, ob das Auslegungsergebnis der Richtlinie mit dem Wortlaut der deutschen Norm zumindest noch vereinbar ist.
   - Wenn ja, **richtlinienkonforme Auslegung** entsprechend der Richtlinie wegen Stellung der richtlinienkonformen Auslegung als Vorzugsregel.
   - Wenn nein, Prüfung der **richtlinienkonformen Reduktion** (zu weiter Wortlaut) oder richtlinienkonformer **Analogie** (fehlende Regelung, aber analogiefähige rechtsähnliche deutsche Norm) oder richtlinienkonforme **Rechtsfortbildung** *extra legem* (fehlende Regelung und keine analogiefähige deutsche Norm). Grundsätzlich besteht eine Pflicht zu einer solchen Rechtsfortbildung (aA für Altnormen zumindest gut vertretbar).
f) **Ergebnis**

209

	Richtlinienkonforme Auslegung/richtlinienkonformer Rechtsfortbildung nach deutschem Recht
1.	**Aufgreifkriterium:** Im Anwendungsbereich einer deutschen Norm existiert eine Richtlinienvorgabe
2.	Die **Umsetzungsfrist** der Richtlinie ist **abgelaufen**
3.	Die Rechtsfrage fällt in den **Regelungsbereich** der Richtlinie **oder** die Rechtsfrage fällt in einen Bereich **überschießender Richtlinienumsetzung**
4.	**Autonome Auslegung** der einschlägigen Richtlinienstellen in Bezug auf die konkrete Rechtsfrage
5.	**Prüfung,** ob das Auslegungsergebnis mit dem Wortlaut der deutschen Norm zumindest noch vereinbar ist: ■ Wenn ja, **richtlinienkonforme Auslegung** ■ Wenn nein, Prüfung der **richtlinienkonformen Reduktion** oder richtlinienkonformer **Analogie** oder richtlinienkonforme **Rechtsfortbildung** *extra legem*
6.	**Ergebnis**

Abb. 8: Prüfungsschema zur richtlinienkonforme Auslegung/Rechtsfortbildung nach deutschem Recht

9. Beispiele für die richtlinienkonforme Auslegung bzw. Rechtsfortbildung im Gesellschaftsrecht

210 Das Gesellschaftsrecht gehört zu den Rechtsgebieten, die schon früh Gegenstand einer richtlinienkonformen Auslegung bzw. Rechtsfortbildung waren.[633] Im gesellschaftsrechtlichen Bereich muss beispielsweise § 92 I AktG im Sinne des Art. 58 Kodifizierungs-RL (ex-Art. 19 Kapital-RL) richtlinienkonform fortgebildet werden.[634] Art. 58 Kodifizierungs-RL regelt die Einberufung der Hauptversammlung bei schweren Verlusten (dazu § 21 Rn. 87). Der Schutzzweck der Norm legt nahe, dass die Gesellschafter frühzeitig die Möglichkeit haben sollen auf die Krise zu reagieren. § 92 I AktG greift dagegen erst spät, dh wenn bereits alle Rücklagen und etwaige Gewinnvorträge sowie das halbe gezeichnete Kapital aufgebraucht sind. Da § 92 I AktG keinen Interpretationsspielraum lässt, handelt es sich um eine richtlinienkonforme Rechtsfortbildung. Auch Art. 71a I AktG ist richtlinienkonform zu interpretieren (vgl. § 21 Rn. 110).

211 Mit Blick auf die Aktionärsrechte-RL ist beispielsweise § 121 III 3 AktG richtlinienkonform fortzubilden. Denn § 121 III 3 AktG beschäftigt sich allein mit dem anzugebenden Mindestinhalt für die Einberufung der Hauptversammlung durch den Vorstand oder den Aufsichtsrat.[635] Eine entsprechende Beschränkung enthält Art. 5 III AR-RL allerdings nicht. Die Vorschrift muss somit auch für andere einberufungsberechtigte Personen (zB eine Aktionärsminderheit) gelten.[636]

212 In Bezug auf die ehemalige Publizitätsrichtlinie muss § 9b II 3 HGB mit Blick auf Art. 20 I Kodifizierungs-RL (ex-Art. 3d I Publizitäts-RL) richtlinienkonform ausgelegt werden. Denn die europäische Vorgabe schreibt eine unverzügliche Übermittlung von bestimmten Informationen an die Europäische Plattform vor, während die deutsche Regelung nicht explizit auf das zeitliche Element eingeht (vgl. § 20 Rn. 53).[637]

10. Wirkung von Richtlinien vor Ende der Umsetzungsfrist

213 **Richtlinienentwürfe** entfalten keinerlei Vorwirkung.[638] Da für Richtlinien auch nach Verabschiedung gem. Art. 297 AEUV und vor Ablauf der Umsetzungsfrist Art. 288 III AEUV noch nicht gilt, sind die Mitgliedstaaten in diesem Zeitraum nicht zu einer richtlinienkonformen Auslegung verpflichtet.[639] Der EuGH[640] und die Lehre[641] gehen jedoch im Interesse der Rechtsanwender und auch als Ausprägung des Loyalitätsgebotes der Mitgliedstaaten von einem **Frustrationsverbot**[642] aus. Insofern entfalten Richtlinien eine Vorwirkung.[643] Diese wird auf Art. 4 III UAbs. 2 EUV iVm Art. 288 III AEUV gestützt. Für den nationalen Gesetzgeber selbst bedeutet dies

633 Vgl. *Brechmann*, Die richtlinienkonforme Auslegung, 1994, S. 33 zur *Haaga*-Entscheidung auf Vorlage des BGH von 1974.

634 *Klinke* in: Heidel (Hrsg.), Aktienrecht und Kapitalmarktrecht, 2014, Kap. 6 Rn. 350; ausführlich zu diesbezüglichen Problemen bei der richtlinienkonformen Auslegung *Lutter/Bayer/Schmidt*, Europäisches Unternehmens- und Kapitalmarktrecht, 2017, Rn. 19.115; *Habersack/Verse*, Europäisches Gesellschaftsrecht, 4. Aufl. 2011, § 6 Rn. 52 ff.

635 *Kalss/Klampfl*, Europäisches Gesellschaftsrecht, 37. EL 2015, Rn. 398, Fn. 1150; *Habersack/Verse*, Europäisches Gesellschaftsrecht, 4. Aufl. 2011, § 7 Rn. 11; *Noack/Zetzsche* in: KK-AktG, Bd. 3 Teil 2, 3. Aufl. 2010, § 121 Rn. 86; *Ziemons* in: K. Schmidt/Lutter (Hrsg.), AktG, 3. Aufl. 2015, § 121 Rn. 43.

636 *Habersack/Verse*, Europäisches Gesellschaftsrecht, 4. Aufl. 2011, § 7 Rn. 11; *Habersack/Mülbert* ZGR 2014, 1, 10; *Noack/Zetzsche* in: KK-AktG, Bd. 3 Teil 2, 3. Aufl. 2010, § 121 Rn. 86; aA (jedoch ohne Bezug zur Richtlinienregelung) *Liebscher* in: Henssler/Strohn (Hrsg.), Gesellschaftsrecht, 3. Aufl. 2016, § 121 AktG Rn. 12; *Drinhausen/Keinath* BB 2009, 2322, 2323; *Drinhausen* in: Hölters (Hrsg.), AktG, 3. Aufl. 2017, § 121 Rn. 26; *Kubis* in: MüKo AktG, Bd. 3, 4. Aufl. 2018, § 121 Rn. 60.

637 *Stiegler* NotBZ 2015, 329, 335 f.

638 *Gronen*, Die „Vorwirkung" von Richtlinien, 2006, S. 21; *Hofmann* in: Riesenhuber (Hrsg.), Europäische Methodenlehre, 2015, § 15 Rn. 6.

639 EuGH, Rs. C-212/04 (Adeneler), ECLI:EU:C:2006:443 = NJW 2006, 2465, Rn. 115; hierzu *Junker/Aldea* NZA 2007, 13, 16; BGHZ 138, 55, 60 ff.; 195, 1 Rn. 27; *Bydlinski* JBl 2015, 2, 4; *Canaris* in: FS Bydlinski, 2002, S. 47, 74 f.; *Gebauer* in: Gebauer/Wiedmann (Hrsg.), Zivilrecht unter europäischem Einfluss – Die richtlinienkonforme Auslegung des BGB und anderer Gesetze, 2010, Kap. 4 Rn. 27 f.; *Herresthal* EuZW 2007, 396, 398; *Leible/Sosnitza* NJW 1998, 2507, 2508; *Lutter* JZ 1992, 593, 605; *Ruffert* in: Calliess/Ruffert (Hrsg.), EUV/AEUV, 5. Aufl. 2016, Art. 249 AEUV Rn. 119; *Langenbucher* in: Langenbucher (Hrsg.), Europäisches Privat- und Wirtschaftsrecht, 2017, § 1 Rn. 108; *Roth/Jopen* in: Riesenhuber (Hrsg.), Europäische Methodenlehre, 2015, § 13 Rn. 11; differenzierend *Brechmann*, Die richtlinienkonforme Auslegung, 1994, S. 264 f.; *Hofmann* ZIP 2006, 2113, 2115 f.; *Scherzberg* Jura 1993, 225, 232.

640 EuGH, Rs. C-212/04 (Adeneler), ECLI:EU:C:2006:443 = NJW 2006, 2465, Rn. 121 ff.

641 *Langenbucher* in: Langenbucher (Hrsg.), Europäisches Privat- und Wirtschaftsrecht, 2017, § 1 Rn. 109; *Schliesky* DVBl 2003, 621, 637; *Hofmann* ZIP 2006, 2113, 2114; *Kühling* DVBl. 2006, 857, 858 Fn. 18; *Junker/Aldea* NZA 2007, 13, 15; *Lutter/Bayer/Schmidt*, Europäisches Unternehmens- und Kapitalmarktrecht, 2017, Rn. 3.37.

642 Bezeichnung in Anlehnung an das aus Art. 18 Wiener Vertragsrechtskonvention abgeleitete Prinzip für völkerrechtliche Verträge.

643 Vgl. *Lutter/Bayer/Schmidt*, Europäisches Unternehmens- und Kapitalmarktrecht, 2017, Rn. 3.36 f.; *Langenbucher* in: Langenbucher (Hrsg.), Europäisches Privat- und Wirtschaftsrecht, 2017, § 1 Rn. 109; *Röthel* ZEuP 2009, 34, 34 ff.; *Schielsky* DVBl 2003, 631, 639.

ein Verbot Gesetze zu erlassen, die eine rechtzeitige Umsetzung ernstlich in Frage stellen würden.[644] Ein generelles Verbot Regelungen zu erlassen, die inhaltlich gegenläufig zur Richtlinie sind (generelle Sperrwirkung), ist daher nicht anerkannt.[645] Allerdings tendiert der EuGH zu einem sehr weiten Verständnis des „ernstlich in Frage stellens".[646] Dass die inhaltlich gegenläufige Regelung nicht mehr rechtzeitig aufgehoben werden kann, wird zB nicht verlangt. Teilweise wird auch von einer Verpflichtung zur Hinwirkung auf die Umsetzung gesprochen, was potenziell deutlich weiter geht.[647] Wird die Richtlinie schon **vor Ablauf** der Umsetzungsfrist in nationales Recht **umgesetzt**, stellt sich die Frage der richtlinienkonformen Auslegung in besonderer Schärfe. Europarechtlich soll es allerdings beim bloßen Frustrationsverbot,[648] dann bezogen auf die nationalen Gerichte (dazu sogleich Rn. 214), bleiben. Das ist nicht zwingend. Man könnte auch bei vorzeitiger Umsetzung an einen „Verzicht" des nationalen Gesetzgebers auf seinen vor Ablauf der Umsetzungsfrist bestehenden Spielraum denken. Dann wäre mit Inkrafttreten des Umsetzungsgesetzes, schon aufgrund europarechtlichen Gebots, richtlinienkonform auszulegen. Die hM stützt sich hingegen auf den Telos des Umsetzungsgesetzes, welcher den generalisierten Willen zur Umsetzung ausdrückt und daher teleologisch eine richtlinienkonforme Auslegung tragen kann.[649] Nun kann es aber auch weitere teleologische Zwecke beim Umsetzungsgesetz geben, die zB wegen einer Fehlinterpretation der Richtlinie durch den nationalen Gesetzgeber von diesem für zulässig gehalten werden. Die hM behilft sich hier teilweise mit einem *prima facie* Vorrang des Umsetzungszwecks.[650] Dies ist im Ergebnis überzeugend, da der nationale Gesetzgeber anders als bei der überschießenden Umsetzung in kurzer Zeit ohnehin zur richtlinienkonformen Auslegung verpflichtet sein wird.

Die europäisch legitimierte Pflicht zum loyalen Verhalten gegenüber der Richtlinie (Frustrationsverbot) trifft im 214
Kern auch die nationalen **Gerichte**.[651] Unmittelbar einschlägig wäre sie insbesondere bei einer neuen Rechtsprechung, die zur Richtlinie gegenläufig ist. Gegen eine schon bestehende Rechtsprechung dürfte sich das Gebot an sich nicht richten, es sei denn man würde annehmen, nationale Richter müssten ihre Entscheidungsspielräume im Sinne einer **richtlinienfreundlichen Auslegung** nutzen.[652] Dem widerspricht aber, dass eine richtlinienkonforme Auslegung gerade nicht verlangt wird. Im Horizontalverhältnis (Bürger/Bürger, Unternehmen/Unternehmen, Bürger/Unternehmen) hat das Frustrationsverbot keine unmittelbare Wirkung. Ob die nationalen Gerichte, gestützt auf die verabschiedete Richtlinie, ihre Rechtsprechung ändern können, ist keine Frage der europäischen, sondern der nationalen Rechtsanwendungsmethodik. Der Bundesgerichtshof[653] hat seine Jahrzehnte alte Rechtsprechung zum weitgehend vollständigen Verbot der vergleichenden Werbung unter Berufung auf die verabschiedete, aber nicht in Kraft getretene RL 97/55 EG grundlegend geändert. Die Befugnis zu einer solchen Rechtsprechungsänderung lag angesichts der damaligen Generalklausel des § 1 UWG aF, der geänderten Verkehrsanschauungen und der verabschiedeten Richtlinie trotz der Begründungslast für die Änderung einer stän-

644 EuGH, Rs. C-129/96 (Inter-Environnement Wallonie), ECLI:EU:C:1997:628 = EuZW 1998, 167, Rn. 40, 44 f.; EuGH, Rs. C-157/02 (Rieser), ECLI:EU:C:2004:76 = EuZW 2004, 279, Rn. 66; EuGH, Rs. C-212/04 (Adeneler ua), ECLI:EU:C:2006:443 = NJW 2006, 2465, Rn. 117-121; so auch schon GA Jacobs, Schlussanträge v. 24.4.1997 zur Rs. C-129/96 (Inter-Environnement Wallonie), ECLI:EU:C:1997:216, Rn. 30, 39; *Van Caster* European Law Review 23 (1998) 385, 389; *Bievert* in: Schwarze (Hrsg.), EU-Kommentar, 3. Aufl. 2012, Art. 288 AEUV Rn. 14; *Hetmeier* in: Lenz/Borchardt (Hrsg.), EU-Verträge Kommentar, 6. Aufl. 2012, Art. 288 AEUV Rn. 11; *Hofmann* in: Riesenhuber (Hrsg.), Europäische Methodenlehre, 2015, § 15 Rn. 8.

645 *Hofmann* in: Riesenhuber (Hrsg.), Europäische Methodenlehre, 2015, § 15 Rn. 16 f.; *Ruffert* in: Calliess/Ruffert (Hrsg.), EUV/AEUV, 5. Aufl. 2016, Art. 288 AEUV Rn. 24; *Streinz* in: Streinz (Hrsg.), EUV/AEUV, Bd. 57, 2. Aufl. 2012, Art. 4 EUV Rn. 69; *Nettesheim* in: Grabitz/Hilf/Nettesheim (Hrsg.), Das Recht der Europäischen Union, EUV/AEUV, 62. EL April 2017, Art. 288 Rn. 130 (Stand: 48. EL 2012); *Klein* in: FS Everling, 1995, Bd. I, S. 645, 645 f.; *Pieper* DVBl. 1990, 684, 685; *GA Mancini*, Schlussanträge v. 7.10.1986 zur Rs. 30/85 (Teuling), ECLI:EU:C:1986:367, Rn. 7; *Schroeder* in: Streinz (Hrsg.), EUV/AEUV, Bd. 57, 2. Aufl. 2012, Art. 288 Rn. 130; *Nettesheim* in: Grabitz/Hilf/Nettesheim (Hrsg.), Das Recht der Europäischen Union, EUV/AEUV, 62. EL April 2017, Art. 288 Rn. 133 (Stand: 48. EL 2012); *Ruffert* in: Calliess/Ruffert (Hrsg.), EUV/AEUV, 5. Aufl. 2016, Art. 288 AEUV Rn. 23 f.; *Oettingen/Rabenschlag* ZEuS 2006, 363, 371 f.; *Zuleeg* ZGR 1980, 466, 481 f.; *Kühling* DVBl. 2006, 857, 859; *Gronen*, Die „Vorwirkung" von EG-Richtlinien, 2006, S. 97-99.

646 EuGH, Rs. C-129/96 (Inter-Environnement Wallonie), ECLI:EU:C:1997:628 = EuZW 1998, 167, Rn. 40, 44 f.; EuGH, Rs. C-157/02 (Rieser), ECLI:EU:C:2004:76 = EuZW 2004, 279, Rn. 66; EuGH, Rs. C-212/04 (Adeneler ua), ECLI:EU:C:2006:443 = NJW 2006, 2465.

647 So der deutsche EuGH-Richter *von Danwitz* JZ 2007, 693, 700.

648 *Herrmann*, Richtlinienumsetzung durch die Rechtsprechung, 2003, S. 195; *Hofmann* in: Riesenhuber (Hrsg.) Europäische Methodenlehre, 2015, § 15 Rn. 28; *Langenbucher* in: Langenbucher (Hrsg.), Europäisches Privat- und Wirtschaftsrecht, 2017, § 1 Rn. 108; *Lutter/Bayer/Schmidt*, Europäisches Unternehmens- und Kapitalmarktrecht, 2017, Rn. 3.37.

649 *Langenbucher* in: Langenbucher (Hrsg.), Europäisches Privat- und Wirtschaftsrecht, 2017, § 1 Rn. 108; *Hofmann* in: Riesenhuber (Hrsg.), Europäische Methodenlehre, 2015, § 15 Rn. 27; *Hermann*, Richtlinienumsetzung durch die Rechtsprechung, 2003, S. 120; *W. H. Roth* ZIP 1992, 1054, 1056 f.

650 *Langenbucher* in: Langenbucher (Hrsg.), Europäisches Privat- und Wirtschaftsrecht, 2017, § 1 Rn. 108.

651 *Höpfner/Rüthers* AcP 209 (2009) 1, 27 f.

652 *Lutter/Bayer/Schmidt*, Europäisches Unternehmens- und Kapitalmarktrecht, 2017, Rn. 3.38 ff.

653 BGH NJW 1998, 3561, 3561 ff.; BGH NJW 1998, 2208, 2208 ff.

digen Rechtsprechung vor. Allerdings sprach der Bundesgerichtshof von „sachlicher Gebotenheit" der Rechtsprechungsänderung.[654] Streitig ist, ob sich diese Äußerung auf die gewandelten Anschauungen[655] oder auf die Richtlinienvorgabe[656] bezog. Jedenfalls die heutige Rechtsprechungspraxis scheint nur von einer **Berechtigung zur Anpassung an die Richtlinie** auszugehen. Selbst diese Berechtigung wird eng verstanden und auf Fälle bezogen, in denen die deutsche Methodik Spielräume lässt.

215 Neben einer echten Vorwirkung könnte es auch eine mittelbare Vorwirkung geben. Der EuGH bejaht in der Mangold-Entscheidung[657] in der Verbindung von **primärrechtlichen Prinzipien** mit Richtlinien mittelbar eine Art Vorwirkung der Richtlinie, auch wenn es formal um die Wirkung des hinter der Richtlinie stehenden Prinzips geht. Ist die Richtlinienumsetzung bereits eingeleitet worden, so soll dies die Rechtfertigung zur unmittelbaren Anwendung des primärrechtlichen Prinzips sein (näher zu dieser Entscheidung und auch zur Kritik an dieser Rechtsprechung Rn. 36, 44).

654 BGHZ 138, 55, 64.
655 So *Kühling* DVBl 2006, 857, 862.
656 BGHZ 138, 55, 59 ff. So *Hofmann* in: Riesenhuber (Hrsg.), Europäische Methodenlehre, 2015, § 15 Rn. 37.
657 EuGH, Rs. C-144/04 (Mangold), ECLI:EU:C:2005:709 = NJW 2005, 3695, Rn. 75.

Stichwortverzeichnis Teil 1, § 2: Europäische Rechtsmethodik

Fette Zahlen bezeichnen die Paragraphen, magere die Randnummern.

Teil 2
Supranationale Rechtsformen der EU

§ 3 Grundlagen und Systematik supranationaler Rechtsformen

Literatur (Auswahl): *Bachmann*, Vertikaler Regulierungswettbewerb im Europäischen Gesellschaftsrecht in: Festschrift Hommelhoff, 2012, S. 21; *Behrens*, Krisensymptome in der Gesellschaftsrechtsangleichung in: Festschrift Mestmäcker, 1996, S. 831; *Deckert*, Zu Harmonisierungsbedarf und Harmonisierungsgrenzen im Europäischen Gesellschaftsrecht, RabelsZ 64 (2000) 478; *Ehricke*, Die Überwindung von Akzeptanzdefiziten als Grundlage zur Schaffung neuer supranationaler Gesellschaftsformen in der EU – Ein Beitrag zur Entwicklung einer sog. Société Fermée Européenne (Europäische Privatgesellschaft), RabelsZ 64 (2000) 497; *Fleischer*, Optionales europäisches Privatrecht (»28. Modell«), RabelsZ 76 (2012) 235; *ders.*, Supranational corporate forms in the European Union: Prolegomena to a theory on supranational forms of association, CMLR 2010, 1671; *ders.*, Supranationale Gesellschaftsformen in der Europäischen Union – Prolegomena zu einer Theorie supranationaler Verbandsformen, ZHR 174 (2010) 385; *ders.*, Der Einfluß der Societas Europaea auf die Dogmatik des deutschen Gesellschaftsrechts, AcP 204 (2004) 502; *Gebauer/Teichmann* in: Gebauer/Teichmann (Hrsg.), Europäisches Privat- und Unternehmensrecht, 2016, § 1; *Ghetti*, Unification, Harmonisation and Competition in European Company Forms, abrufbar unter SSRN: https://ssrn.com/abstract=2859164 oder: http://dx.doi.org/10.2139/ssrn.2859164; *Grundmann*, Europäisches Gesellschaftsrecht, 2. Aufl. 2011, insb. § 29 ff.; *Habersack/Verse*, Europäisches Gesellschaftsrecht, 4. Aufl. 2011; *P. Jung*, Supranationale Gesellschaftsformen im Typenwettbewerb, 2011; *Herresthal*, Die Konstituierung des europäischen Gesellschaftsrechts – Freiheitssicherung im

Kernbereich unternehmerischer Betätigung in: Stumpf/Kainer/Baldus (Hrsg.), Festschrift Müller-Graff, 2015, S. 233; *Kalss/Klampfl*, Europäisches Gesellschaftsrecht, 2015, insb. Rn. 550 ff.; *Kahnert*, Rechtsetzung im Europäischen Gesellschaftsrecht – Harmonisierung, Wettbewerb, Modellgesetze, 2012; *Klöhn*, Supranationale Rechtsformen und vertikaler Wettbewerb der Gesetzgeber im europäischen Gesellschaftsrecht, RabelsZ 76 (2012) 276; *Kötz*, Rechtsvereinheitlichung – Nutzen, Kosten, Methoden, Ziele, RabelsZ 50 (1986) 1; *Leible*, Kollisionsrecht und vertikaler Regulierungswettbewerb, RabelsZ 76 (2012) 374; *Lutter/Bayer/Schmidt*, Europäisches Unternehmens- und Kapitalmarktrecht, 6. Aufl. 2017; *Müller-Graff*, Gesellschaftsrecht als Teil des sich entwickelnden europäischen Wirtschaftsordnungsrechts in: Müller-Graff/Teichmann (Hrsg.), Europäisches Gesellschaftsrecht auf neuen Wegen, 2010, S. 9; *Röpke/Heine*, Zur Rolle supranationaler Gesellschaftsformem im Regulierungswettbewerb – eine juristische und ökonomische Betrachtung, JbJZW 2004, 265; *Schäfer*, Das Gesellschaftsrecht (weiter) auf dem Weg nach Europa – am Beispiel der SE-Gründung, NZG 2004, 785; *Schwarz*, Europäisches Gesellschaftsrecht, 2000; *Teichmann*, Binnenmarktkonformes Gesellschaftsrecht, 2006, insb. § 5; *ders.* in: Münchener Handbuch des Gesellschaftsrechts, Band 6 (Internationales Gesellschaftsrecht und Grenzüberschreitende Umwandlungen), Internationales Gesellschaftsrecht, Grenzüberschreitende Umwandlungen, 4. Aufl. 2013, §§ 48 ff.; *Wagner*, Europäische Gesellschaftsformen, AnwBl 2009, 409.

A. Einführung

1 In den folgenden Paragraphen werden die einzelnen europäischen Rechtsformen analysiert und bewertet (vgl. §§ 4 bis 8 sowie § 9 mit Blick auf die SUP). An dieser Stelle sollen die supranationalen Rechtsformen jedoch als Gesamtheit angesprochen und entsprechend reflektiert werden. Der Abschnitt möchte damit einen Beitrag zur Entwicklung eines Konzepts zu europäischen Rechtsformen leisten.[1] Ein solches Gesamtkonzept könnte dazu beitragen, die Qualität der Regelungen zu verbessern und die Akzeptanz der europäischen Rechtsformen in der Wissenschaft zu erhöhen. Ein Bedürfnis hierfür besteht insbesondere aus deutscher Sicht, da hier sowohl die Einheit der Rechtsordnung als auch die dogmatische Erfassung des Rechtsstoffs einen hohen Stellenwert haben.

B. Grundlagen

I. Entwicklungsgeschichte supranationaler Rechtsformen

1. Entwicklung der supranationalen Rechtsformen im Zeitablauf

2 Die **Europäische Wirtschaftliche Interessenvereinigung** (dazu § 7; auf Deutsch abgekürzt mit „EWIV") war die **erste europäische Rechtsform.**[2][3] Sie wurde 1985 geschaffen und wird wie die auf sie folgenden europäischen Rechtsformen auch durch eine Verordnung geregelt (EWIV-VO).[4] Obwohl die Europäische Aktiengesellschaft früher initiiert wurde, konnte sie erst nach der EWIV eingeführt werden.[5] Mit der Einführung der EWIV gelang

---

1 *Fleischer* CMLR 2010, 1761, 1762 stellt einen Bedarf zur Entwicklung einer Theorie zu europäischen Rechtsformen fest.

2 Selten wird die Abkürzung ECF verwendet, um sich auf „*European company forms*", also europäische Rechtsformen insgesamt zu beziehen. In Deutschland würde dem die Abkürzung ERF (europäische Rechtsformen) entsprechen. Diese Abkürzung ist jedoch nicht geläufig. Die Abkürzung ECF verwendet *Ghetti*, Unification, Harmonisation and Competition in European Company Forms, 2016, S. 1 (abrufbar unter ssrn: https://ssrn.com/abstract=2859164).

3 Vgl. ua *Bach* BB 1990, 1432, 1432; *Rübesamen*, Die EWIV im deutschen und europäischen Wettbewerbsrecht, 1995, S. 16; *Knobbe-Keuk* EWS 1992, 1, 1; *Wöbke/Danckwerts* DB 1994, 413, 413; *Burkhalter*, Die EWIV und ihre konzernrechtlichen Beziehungen, 1998, S. 21; *Teichmann*, Binnenmarktkonformes Gesellschaftsrecht, 2006, S. 270. Die Europäische Aktiengesellschaft (SE) (vgl. § 4 Rn. 2 ff.) wurde früher initiiert, aber weitaus später verabschiedet.

4 Verordnung (EWG) Nr. 2137/85 des Rates vom 25. Juli 1985 über die Schaffung einer Europäischen wirtschaftlichen Interessenvereinigung (EWIV), Abl. EG v. 31.7.1985, L 199/1-9. Vgl. zum Gesetzgebungsprozess ua *Müller-Gugenberger* in: Müller-Gugenberger/Schotthöfer (Hrsg.), Die EWIV in Europa, 1995, EU-Recht, Kap. 4 Rn. 22 ff.; *Manz* in: Selbherr/Manz (Hrsg.), Kommentar zur EWIV, 1995, Vorb. Rn. 7; *Anderson*, European Economic Interest Groupings, 1990, S. 5 f.; *Keegan* J.B.L. 1991, 457, 457 ff.; *Schulze*, Gemeinschaftsrecht und einzelstaatliches Recht bei der Schaffung einer EWIV, 1990, S. 13 f.

5 *Grundmann*, Europäisches Gesellschaftsrecht, 2011, Rn. 1032 führt aus, dass die Europäische AG „das frühste Europäische Gesetzgebungsprojekt" war. Die Idee für eine europäische Gesellschaft entstand bereits 1959, ein konkreter erster Entwurf für eine europäische Aktiengesellschaft wurde dann 1966 von einer Expertengruppe erarbeitet. Der erste offizielle Vorschlag für eine europäische Aktiengesellschaft wurde 1970 von der Europäischen Kommission (Abl. EG v. 10.10.1970, C 124/1) veröffentlicht (vgl. § 4 Rn. 3), während die Vorentwürfe zur EWIV-VO auf 1971/72 zu datieren sind (vgl. § 7 Rn. 3). Siehe zur Entwicklung der SE ausführlich ua *Lutter* in: Lutter/Hommelhoff/Teichmann (Hrsg.), SE-Kommentar, 2. Aufl. 2015, Einleitung Rn. 7 ff.; *Mävers*, Die Mitbestimmung der Arbeitnehmer in der Europäischen Aktiengesellschaft, 2000, S. 87 ff.; *Blanquet* ZGR 2002, 20, 21 ff.; *Thoma/Leuering* NJW 2002, 1449, 1449; *Mellert/Verfürth*, Wettbewerb der Gesellschaftsformen, 2005, III. Europäische Gesellschaftsformen, Rn. 5.

somit der Durchbruch im Hinblick auf die Etablierung von supranationalen Rechtsformen.[6] Nach der Verabschiedung der EWIV-Verordnung dauerte es 16 Jahre, bis auf europäischer Ebene die nächste Rechtsform, dh die **Societas Europaea** (SE – Europäische Aktiengesellschaft, dazu § 4), geschaffen werden konnte. Hauptproblempunkt der Verhandlungen war die Mitbestimmungsfrage,[7] die bei der EWIV durch die Beschränkung auf 500 Arbeitnehmer (§ 7 Rn. 58) vermieden worden war.[8] 2001 konnte die SE-Verordnung[9] dann jedoch gemeinsam mit der SE-Richtlinie[10] zur Arbeitnehmermitbestimmung verabschiedet werden. Die Verabschiedung der SE steht in einem gesetzgeberischen Kontext mit der kurz darauf (in 2003) verabschiedeten SCE-Verordnung,[11] also dem Statut der **Europäischen Genossenschaft** (Societas Cooperativa Europaea, dazu § 7). Auch die SCE-Verordnung wird um eine Richtlinie zur Arbeitnehmermitbestimmung ergänzt (SCE-RL).[12] Die Schaffung der SE und SCE wurde zeitweise parallel verhandelt. Wie bei der SE hinderte jedoch auch bei der SCE die lange ungelöste Mitbestimmungsfrage den erfolgreichen Abschluss der Verhandlungen,[13] weshalb diese dann zwischenzeitlich auch ausgesetzt wurden.[14] Nachdem die Mitbestimmungsfrage jedoch mit Blick auf die SE erfolgreich geklärt werden konnte, wurden die Verhandlungen über die SCE wiederaufgenommen und konnten daraufhin zügig beendet werden.[15]

Die SCE ist somit die letzte europäische Rechtsform, die erfolgreich den Gesetzgebungsprozess passierte. Alle 3
folgenden Versuche zur Einführung supranationaler Rechtsformen scheiterten bisher. Aufgrund der potenziellen großen wirtschaftlichen Bedeutung wurde vor allem die Schaffung einer europäischen Privatgesellschaft, der **Societas Privata Europaea** (SPE, dazu § 5), als Pendant zu den nationalen GmbH besonders intensiv diskutiert.[16] 2008 nutzte die Europäische Kommission ihr Initiativrecht und legte einen entsprechenden Verord-

---

6 *Engert* in: Langenbucher (Hrsg.), Europäisches Privat- und WirtschaftsR, 4. Aufl. 2017, § 5 Rn. 120 hält es für „bezeichnend für die politischen Schwierigkeiten, dass dieser Durchbruch mit einer etwas eigentümlichen Gesellschaftsform gelang".

7 Vgl. *Fleischer* AcP 204 (2004) 502, 533; *Lutter* in: Lutter/Hommelhoff/Teichmann (Hrsg.), SE-Kommentar, 2. Aufl. 2015, Einleitung Rn. 13 ff.; *Grundmann*, Europäisches Gesellschaftsrecht, 2011, Rn. 130 und Rn. 1034; *Habersack/Verse*, Europäisches Gesellschaftsrecht, 2011, § 13 Rn. 36 sowie § 4 Rn. 11 f.; *Teichmann* in: Hommelhoff/Schubel/Teichmann (Hrsg.), Societas Privata Europaea (SPE), 2014, S. 39, 58; *Dine* YBEL 9 (1989) 93, 115; *Spitzbart* RNotZ 2006, 369, 374; *Hopt* in: FS Everling, 1995, S. 475, 475; *Mellert/Verfürth*, Wettbewerb der Gesellschaftsformen, 2005, III. Europäische Gesellschaftsformen, Rn. 5.

8 *Grundmann*, Europäisches Gesellschaftsrecht, 2011, Rn. 1105, Rn. 1153; vgl. *Mävers*, Die Mitbestimmung der Arbeitnehmer in der Europäischen Aktiengesellschaft, 2000, S. 80, der darauf hinweist, dass die Mitbestimmung bei der EWIV durch die Größenbegrenzung kein Problem darstellt. Ebenso *Teichmann* in: MüHdB GesR, Bd. 6, 2013, § 48 Rn. 19.

9 Verordnung (EG) Nr. 2157/2001 des Rates vom 8. Oktober 2001 über das Statut der Europäischen Gesellschaft (SE), Abl. EG v. 10.11.2001, L 294/1.

10 Richtlinie 2001/86/EG des Rates vom 8. Oktober 2001 zur Ergänzung des Statuts der Europäischen Gesellschaft hinsichtlich der Beteiligung der Arbeitnehmer, Abl. EG v. 10.11.2001, L 294/22.

11 Verordnung (EG) Nr. 1435/2003 des Rates vom 22. Juli 2003 über das Statut der Europäischen Genossenschaft (SCE), Abl. EG v. 18.8.2003, L 207/1.

12 Richtlinie 2003/72/EG des Rates vom 22. Juli 2003 zur Ergänzung des Statuts der Europäischen Genossenschaft hinsichtlich der Beteiligung der Arbeitnehmer, Abl. EG v. 18.8.2003, L 207/25.

13 *Habersack/Verse*, Europäisches Gesellschaftsrecht, 2011, § 14 Rn. 1 führen aus, dass die Verabschiedung lange Zeit an der Mitbestimmungsfrage scheiterte. Ebenso *Lutter/Bayer/Schmidt*, Europäisches Unternehmens- und Kapitalmarktrecht, 2017, Rn. 46.1.

14 *Lutter/Bayer/Schmidt*, Europäisches Unternehmens- und Kapitalmarktrecht, 2017, Rn. 46.1; *Teichmann*, Binnenmarktkonformes Gesellschaftsrecht, 2006, S. 258 (zur Parallelität und zum zwischenzeitlichen Stillstand der Verhandlungen); vgl. *Grundmann*, Europäisches Gesellschaftsrecht, 2011, Rn. 1129.

15 2001 wurde die Verhandlung um die SCE-Verordnung auf Initiative der schwedischen Ratspräsidentschaft wiederbelebt. Vgl. zur Gesetzgebungsdynamik auch *Lutter/Bayer/Schmidt*, Europäisches Unternehmens- und Kapitalmarktrecht, 2017, Rn. 46.1; *Habersack/Verse*, Europäisches Gesellschaftsrecht, 2011, § 14 Rn. 1; § 4 Rn. 11; *Fleischer* ZHR 174 (2010) 385, 392; vgl. *Mävers*, Die Mitbestimmung der Arbeitnehmer in der Europäischen Aktiengesellschaft, 2000, S. 83 über die Voraussetzung der Klärung der Mitbestimmung bei der SE für den Abschluss der SCE; siehe allgemein zur Tatsache, dass auf den Abschluss der SE gewartet wurde, um die Vorarbeiten zu anderen supranationalen Gesellschaftsformen wieder aufzunehmen *Grundmann*, Europäisches Gesellschaftsrecht, 2011, Rn. 1129.

16 *Eidenmüller/Engert/Hornruf* EBOR 10 (2009) 1, 48 deuten vorsichtig an, dass eine größere Auswahl bei der Rechtsformwahl für europäische Unternehmer positiv wirken und versteckte Potenziale freisetzen könnte.

nungsentwurf vor.[17] Daraufhin folgten zähe Verhandlungen,[18] bis die Kommission diese in 2013 für gescheitert erklärte und den Vorschlag kurz darauf zurückzog.[19]

4 Kurz vor dem Scheitern des so zentralen Vorhabens der Einführung der SPE veröffentlichte die Europäische Kommission (in 2012) dann noch einen Verordnungsvorschlag für ein Statut zur Schaffung einer **Europäischen Stiftung** (Fundatio Europaea – FE, s. dazu § 8).[20] Im Gegensatz zum SE/SCE-Gesetzgebungsprozess waren die Vorschläge zur SPE und FE jedoch thematisch nicht miteinander verbunden. Der FE-Vorschlag wurde weitaus weniger intensiv debattiert als das SPE-Projekt, was vor allem auch an ihrer geringeren wirtschaftlichen Bedeutung gelegen haben dürfte. Das Projekt FE wurde dementsprechend lediglich zwei Jahre verhandelt (vgl. zum Verordnungsgebungsprozess § 8 Rn. 2 f.). Bereits Ende 2014 gab die Europäische Kommission bekannt, dass sie auch dieses Projekt aufgeben würde und kurze Zeit später wurde der Entwurf offiziell zurückgezogen.[21] Eine Wiederbelebung des FE-Projekts wurde in der folgenden Zeit nie ernsthaft erwogen, ebenso wenig wie die Fortführung des Projekts mittels einer verstärkten Zusammenarbeit.[22] Die Rufe nach einer Wiederaufnahme der Verhandlungen zur SPE sind dagegen – vor allem aus Deutschland – bislang nicht verstummt.[23] Eine Wiederbelebung auf politischer Ebene wurde jedoch nicht ernsthaft betrieben. Stattdessen stellte die Europäische Kommission kurz nach dem Scheitern des SPE-Projekts, im April 2014, eine (partielle) Alternative zur Europäischen Privatgesellschaft vor, die sogenannte **Societas Unius Personae**, also eine Ein-Personen-GmbH (SUP, dazu § 9).[24] Der Vorschlag der Kommission war aus politischer Sicht höchst innovativ, da die SUP nicht mithilfe einer Verordnung, sondern durch eine Richtlinie eingeführt werden sollte (dazu § 9 Rn. 4 f.). Offiziell zielte der Vorschlag der Kommission darauf ab, in allen Mitgliedstaaten die Einführung einer **harmonisierten Ein-Personen-Gesellschaft mit beschränkter Haftung** sicherzustellen. Im Ergebnis strebte die Europäische Kommission jedoch mithilfe der Richtlinie ähnliche Effekte wie mit einer supranationalen Rechtsform an (zur möglichen Einordnung der SUP als Hybrid s. Rn. 72). 2015 konnten sich die Mitgliedstaaten mit der erforderlichen Mehrheit (gegen Deutschland) sogar auf eine „allgemeine Ausrichtung" (*general approach*)[25] im Rat einigen.[26] Demgegenüber stieß der Entwurf im Europäischen Parlament allerdings auf heftigen Widerstand (dazu § 9 Rn. 3), weshalb die Verhandlungen Anfang 2016 endgültig zum Stillstand kamen[27] und schließlich scheiterten.[28] Im Ergebnis konnte die Kommission daher auch mit diesem Projekt keinen Erfolg erzielen. Die Idee der Online-Gründung wird dafür aber in ihrem neusten Vorschlag zur Digitalisierung des Gesellschaftsrechts aufgegriffen.[29] Und

17 Kommission, Vorschlag für eine Verordnung des Rates über das Statut der Europäischen Privatgesellschaft, COM (2008) 396, abrufbar unter: http://ec.europa.eu/internal_market/company/docs/epc/proposal_de.pdf (abgerufen am 23.1.2018). Siehe dazu unter anderem *Hommelhoff* ZHR 173 (2009) 255, 255 ff.; *Hommelhoff/Teichmann* GmbHR 2008, 897, 897 ff.; *Jung*, Die SPE, 2009; *Jung* DStR 2009, 1700, 1700 ff.; *Krejci*, SPE, 2008; *Lanfermann/Richard* BB 2008, 1610, 1610 ff.; *Peters/Wüllrich* DB 2008, 2179, 2179 ff.; *Hadding/Kießling* WM 2009, 145, 145 ff.; *Meller*, Der institutionelle Gläubigerschutz in der Europäischen Privatgesellschaft (SPE), 2010.

18 Siehe zum Verordnungsgebungsprozess § 5 Rn. 7.

19 Im Rahmen des REFIT Programms kündigte die Europäische Kommission an, den Entwurf zurückzuziehen, European Commission, Regulatory Fitness and Performance (REFIT): Results and Next Steps – Communication, COM (2013) 685 final, S. 9. Im Mai 2014 machte sie ihre Ankündigung dann wahr, vgl. European Union, Official Journal of the European Union, Vol. 57, C 153, 153/6.

20 Kommission, Vorschlag für eine Verordnung des Rates über das Statut der Europäischen Stiftung (FE), COM (2012) 35 final.

21 European Commission, Annex to the Communication from the Commission to the European Parliament, the Council, the European Economic and Social Committee and the Committee of the Regions, Commission Work Programme 2015, A New Start, COM (2014) 910 final, Annex II, no. 61.

22 Zur Idee der verstärkten Zusammenarbeit mit Blick auf die FE *Jung* Trust & Trustees 21 (2015) 625, 629.

23 So zuletzt beispielsweise wieder *Bayer/Schmidt* BB 2017, 2114, 2118.

24 Kommission, Vorschlag für eine Richtlinie des Europäischen Parlaments und des Rates über Gesellschaften mit beschränkter Haftung mit einem einzigen Gesellschafter, 9.4.2014, COM (2014) 212 final 2014/0120 (COD).

25 Eine allgemeine Ausrichtung ist eine informelle Übereinkunft des Rates, die dieser erzielt, noch bevor das Europäische Parlament nach erster Lesung eine eigene Position erarbeitet hat. Generell ist eine solche allgemeine Ausrichtung darauf gerichtet, den legislativen Prozess zu erleichtern und zu beschleunigen. Vgl. http://www.consilium.europa.eu/en/council-eu/decision-making (abgerufen am 18.1.2018).

26 Der Vorschlag stammte vom 21.5.2015 (8811/15, DRS 39, CODEC 706), die angenommene Fassung vom 29.5.2015, Council of the European Union, Outcome of the proceedings: Proposal for a Directive of the European Parliament and the Council on single-member private limited liability companies – general approach, 9050/15, DRS 41, CODEC 751.

27 Siehe ausführlicher zum Verfahrensgang § 9 Rn. 1 ff.

28 Im Herbst 2017 kündigte die Kommission dann an, den Vorschlag zur SUP zurückzuziehen. European Commission, Annex to the Communication from the Commission the the European Parliament, the Council, the European Economic and Social Committee and the Committee of the Regions – Commission Work Programme 2018, Annex IV, COM(2017) 650 final, 24.10.2017, Punkt 10.

29 Europäische Kommission, Vorschlag für eine Richtlinie des Europäischen Parlaments und des Rates zur Änderung der Richtlinie (EU) 2017/1132 im Hinblick auf den Einsatz digitaler Werkzeuge und Verfahren im Gesellschaftsrecht, COM(2018) 239 final. S. dazu *Noack* DB 2018, 1324, 1324 ff.

auch die Wiederbelebung des SPE-Projekts wird wieder diskutiert, da die Schaffung dieser Rechtsform als Ziel im Koalitionsvertrag der deutschen Bundesregierung steht.[30]

Neben der SPE, der FE und der SUP wurden auf europäischer Ebene weitere Projekte angedacht. Diese scheiterten indes bereits in frühen Stadien bzw. wurden (noch) nicht weiterverfolgt.[31] Zuletzt (2017) wurde eine Studie zu **Sozialunternehmen** (*social enterprises*) vorgestellt, die das Europäische Parlament in Auftrag gegeben hatte.[32] Darin werden verschiedene Optionen der Förderung solcher Unternehmen diskutiert, wobei die Einführung einer neuen Rechtsform eine dieser Optionen wäre.[33] Aufgrund der in den letzten Jahren nicht durchführbaren Projekte im Bereich der supranationalen Rechtsformen erscheint ein entsprechendes Unterfangen jedoch derzeit politisch aussichtslos.[34] 5

Ebenfalls diskutiert wurde ein Statut für eine **Europäische Gegenseitigkeitsgesellschaft**. Dazu wurde bereits 1991 ein Vorschlag von der Kommission unterbreitet,[35] der dann 2006 zurückgezogen wurde.[36] Die Reflection Group äußerte sich daraufhin 2011 zurückhaltend positiv zu einem entsprechenden Statut.[37] Nachdem das Europäische Parlament 2011 eine Studie zur Thematik erarbeiten ließ[38] und 2013 eine Bewertung des Mehrwerts[39] erfolgte, forderte es noch im selben Jahr die Europäische Kommission auf, diesbezüglich einen neuen Vorschlag zu erarbeiten.[40] Die Kommission reagierte darauf jedoch verhalten und trotz einer erneuten Aufforderung, den Verordnungsgebungsprozess zu starten, ist dies bislang noch nicht geschehen.[41] Neben der Europäischen Gegenseitigkeitsgesellschaft schlug die Europäische Kommission 1991 auch die Schaffung eines **Europäischen Vereins** vor.[42] Dieses Projekt wurde allerdings gemeinsam mit der Europäischen Gegenseitigkeitsgesellschaft 2006 zurückgezogen.[43] Zur Zukunft supranationaler Rechtsformen s. Rn. 174 f. 6

2. Bewertung der Entwicklung supranationaler Rechtsformen

Die Betrachtung der Entwicklung europäischer Rechtsformen im Zeitablauf offenbart die Schwierigkeiten der EU, solche Projekte zu verabschieden. In den letzten 32 Jahren konnten nur drei supranationale Rechtsformen (EWIV, SE, SCE) geschaffen werden, während vier weitere Projekte (SPE, FE, Europäische Gegenseitigkeitsgesellschaft, Europäischer Verein) scheiterten.[44] Dies liegt vor allem am Einstimmigkeitserfordernis, welches sich aus der Rechtsgrundlage (Art. 352 AEUV) ergibt (dazu näher unter Rn. 18 f.).[45] Auch das aus politischer Sicht interessante Konstrukt der SUP, welches auf einer anderen Rechtsgrundlage beruht (Art. 50 AEUV) und dementsprechend keiner Einstimmigkeit bedarf (dazu näher unter Rn. 20 f.), konnte nicht erfolgreich eingeführt werden. 7

30 Koalitionsvertrag zwischen CDU, CSU und SPD, 19. Legislaturperiode, 2018, S. 131.

31 Aus diesem Grund werden sie in diesem Werk auch nicht diskutiert.

32 *Fici*, A European Statute for Social and Solidarity-Based Enterprises – Study for the JURI Committee, 2017.

33 Zu den Optionen und deren Bewertung *Fici*, A European Statute for Social and Solidarity-Based Enterprises – Study for the JURI Committee, 2017, S. 15.

34 *Fici*, A European Statute for Social and Solidarity-Based Enterprises – Study for the JURI Committee, 2017, S. 7, 36.

35 Kommission, Vorschlag für eine Verordnung des Europäischen Parlaments und des Rates über das Statut der europäischen Gegenseitigkeitsgesellschaft, COM (1991) 273, Abl. EG v. 21.4.1992, C 99/40.

36 Kommission, Vorschläge der Kommission, die auf ihre allgemeine Relevanz, auf ihre Auswirkungen auf die Wettbewerbsfähigkeit sowie auf sonstige Folgen überprüft und daraufhin zurückgezogen wurden, Abl. EU v. 17.3.2006, C 64/5.

37 Report of the Reflection Group on the Future of European Company Law, 2011, S. 31.

38 European Parliament, The role of mutual societies in the 21st century, IP/A/EMPL/ST/2010-004, 2011 (Autoren: Grijpstra/Broek/Buiskool/Plooij).

39 Europäisches Parlament, Bewertung des europäischen Mehrwerts – Ein Statut der Europäischen Gegenseitigkeitsgesellschaft, EAVA, PE 494.461, 2013.

40 Europäisches Parlament, Bericht – mit Empfehlungen an die Kommission zum Statut der Europäischen Gegenseitigkeitsgesellschaft (2012/2039(INL)), P7_TA(2013)0094.

41 Detailliert zum bisherigen Verfahren *Lutter/Bayer/Schmidt*, Europäisches Unternehmens- und Kapitalmarktrecht, 2017, Rn. 10.10.

42 Kommission, Vorschlag für eine Verordnung des Europäischen Parlaments und des Rates über das Statut des europäischen Vereins, COM (1991) 273, Abl. EG v. 21.4.1992, C 99/40.

43 Kommission, Vorschläge der Kommission, die auf ihre allgemeine Relevanz, auf ihre Auswirkungen, auf die Wettbewerbsfähigkeit sowie auf sonstige Folgen überprüft und daraufhin zurückgezogen wurden, Abl. EU v. 17.3.2006, C 64/5.

44 Die Idee von Sozialunternehmen wird an dieser Stelle nicht als gescheitertes Projekt aufgeführt, da sich die Überlegungen dazu in einem viel zu frühen Stadium befinden und unklar ist, ob und wenn ja, wie sich dieser Aspekt entwickeln wird.

45 Vgl. auch *Kalss/Klampfl*, Europäisches Gesellschaftsrecht, 2015, Rn. 554.

8 Die Probleme der Konsensfindung spiegeln sich zudem in den **langen Verhandlungsphasen** wider. Das Statut der EWIV wurde 12 Jahre lang verhandelt, die SE-Verordnung wurde über 30 Jahre diskutiert,[46] bevor das Projekt verabschiedet werden konnte, und die Verhandlungen mit Blick auf die SCE zogen sich über 11 Jahre.[47] Insofern mag es sogar verwundern, dass das so wichtige Projekt einer Europäischen Privatgesellschaft (SPE) nach gerade einmal sechsjähriger Verhandlungsphase[48] aufgegeben wurde. Politisch lässt sich dies wohl damit erklären, dass die Europäische Kommission auf einen Durchbruch mit der von ihr vorgeschlagenen (partiellen) Alternative – der SUP – hoffte.[49] Doch auch damit konnte sie keinen Erfolg erzielen, so dass diese Strategie im Ergebnis nicht ihr Ziel erreichte.

9 Die Entwicklung der supranationalen Rechtsformen zeigt ebenfalls, dass ein Haupthindernis bei der Einführung solcher Instrumente aus inhaltlicher Sicht die **unternehmerische Mitbestimmung** darstellt (dazu näher unter Rn. 169 ff.). Die EWIV wurde auch deshalb als erste supranationale Rechtsform etabliert, weil es aufgrund ihres beschränkten Anwenderkreises (nicht mehr als 500 Arbeitnehmer, keine Konzernleitungsfunktion) insofern – aus deutscher Sicht – keiner rechtlichen Lösung bedurfte.[50] Der Durchbruch bei der Mitbestimmungsfrage gelang erst viel später mit der SE. Die dort gefundene Lösung wurde sogleich auf die SCE übertragen, weshalb die Europäische Genossenschaft kurz nach der SE verabschiedet werden konnte (vgl. dazu § 6 Rn. 1). Die SE und die SCE sind daher (aber auch mit Blick auf andere materielle Aspekte) ein gutes Beispiel dafür, dass der europäische Gesetzgeber einmal gefundene Kompromisse soweit wie möglich gerne auch auf angedachte bzw. diskutierte Projekte anwendet (Horizontalwirkung auf europäischer Ebene, vgl. Rn. 16). Mit Blick auf die SPE funktioniert dies jedoch nicht. Zwar versuchte die Europäische Kommission, die bei der SE gefundene Lösung auch auf die SPE zu übertragen, dies gelang allerdings nicht. Letztendlich war die unternehmerische Mitbestimmung damit wohl der Hauptgrund für das Scheitern dieses Projekts. Die unternehmerische Mitbestimmung ist allerdings nicht das einzige Thema, das auf europäischer Ebene kontrovers diskutiert wird. Weitere Aspekte sind zB ein etwaig erforderliches Mindestkapital (dazu Rn. 162 ff.), das Erfordernis eines grenzüberschreitenden Bezuges (dazu Rn. 146) und die Frage nach der Möglichkeit einer Sitzaufspaltung (dazu Rn. 157 f.).

10 Ein Blick auf die Zeitpunkte der Verabschiedung zeigt zudem ein gewisses zeitliches Zusammenfallen der Realisierung der europäischen Rechtsformen mit den **Harmonisierungsphasen** durch die gesellschaftsrechtlichen Richtlinien (s. dazu Rn. 2 ff.). So lässt sich bis Mitte der 80er Jahre eine erste Harmonisierungsphase ausmachen, in dessen späte Phase die Verabschiedung der EWIV fällt. Die 90er Jahre können dagegen als „Krise des europäischen Gesellschaftsrechts" bezeichnet werden.[51] In diesem Zeitraum war es auch nicht möglich, die SE bzw. die SCE zu verabschieden. Deren Schaffung Anfang der 2000er steht vielmehr am Anfang einer erneuten Harmonisierungsphase (dazu Rn. 2 f.). Dies zeigt, dass ein erfolgreicher Abschluss der Verhandlungen über supranationale Rechtsformen auch immer von einer gewissen **positiven Dynamik** innerhalb der EU abhängt. Umgekehrt zeigt sich seit ungefähr 2010[52] eine **negative Dynamik**, die eine Kompromissfindung auf europäischer Ebene erheblich erschwert und (bisher) die Verabschiedung der SPE, der FE und der SUP verhindert hat.

11 Insgesamt zeigt der Entwicklungsprozess der supranationalen Rechtsformen, dass die EU nicht von Anfang an ein Gesamtkonzept verfolgte, das sie nach und nach umsetzen wollte. Vielmehr handelt es sich um viele Einzelideen, die mehr oder weniger erfolgreich diskutiert wurden. Die europäischen Rechtsformen basieren daher eher auf einem **evolutionären Prozess** als einem von Beginn an strikt verfolgten Gesamtkonzept. Wie die Bezeichnung als „evolutionärer Prozess" zeigt, stehen die bisher geschaffenen supranationalen Rechtsformen jedoch nicht isoliert nebeneinander. Vielmehr zeigt sich an ihnen und den vorgeschlagenen Rechtsformen eine Weiter- und Fortentwicklung. Besonders deutlich zeigt sich dies bei der SE und der SCE, die nicht nur aufgrund

46 1970 legte die Kommission einen ersten Verordnungsvorschlag vor (Abl. EG v. 10.10.1970, C 124/1). Verabschiedet wurde die SE dann 2001 (SE-VO (EG) Nr. 2157/2001).

47 Die Angaben beziehen sich auf den Zeitpunkt der Unterbreitung eines Vorschlags durch die Kommission bis hin zur Verabschiedung. Mit Blick auf die SCE unterbreitete die Kommission ihren Verordnungsvorschlag 1992 (ABl. EG v. 21.4.1992, C 99/17) und verabschiedet wurde die Verordnung 2003 (SCE-VO (EG) Nr. 1435/2003).

48 Die Kommission unterbreitete ihren Vorschlag 2008 (Kommission, Vorschlag für eine Verordnung des Rates über das Statut der Europäischen Privatgesellschaft, COM (2008) 396). Ende 2013 stellte die Europäische Kommission das Scheitern der Verhandlungen fest und zog den Vorschlag kurz darauf zurück. Vgl. zur Rückziehung des Vorschlags European Union, Official Journal of the European Union, Vol. 57, C 153, 153/6.

49 Aus verhandlungstaktischer Sicht wäre es besser gewesen, die SPE nur auf Eis zu legen, aber den Vorschlag nicht zurückzuziehen.

50 Die Vorschrift wurde im Laufe der Verhandlungen aufgrund des Vorschlags der deutschen Bundesregierung aufgenommen. Vgl. *Scriba*, Die EWIV, 1987, S. 66 f.; *Keutgen* Cahiers de droit européen 1987, 492, 496.

51 *Behrens* in: FS Mestmäcker, 1996, S. 831, 831 ff.; *Hopt* ZIP 1998, 96, 96 ff.; vgl. auch *Armour/Ringe* CMLR 48 (2011) 125, 125 ff.; *Gelter*, EU Company Law Harmonization Between Convergence and Varieties of Capitalism, ECGI Law Working Paper 355/2017, S. 21; *Roth/Kindler*, The Spirit of Corporate Law, 2013, S. 20; *Ebke* in: FS Großfeld, 1999, S. 189, 194; kritisch zur Bezeichnung im Hinblick auf das Kapitalmarktrecht *Grundmann*, Europäisches Gesellschaftsrecht, 2011, Rn. 117, ausführlicher Rn. 1173.

52 Die SPE-VO wurde früher initiiert. Bis 2010 ließen sich auch bedeutende Fortschritte in den Verhandlungen erzielen.

ihres Gesetzgebungsprozesses, sondern auch inhaltlich miteinander verbunden sind.[53] Die Vorschriften sind hier in weiten Teilen nicht nur ähnlich, sondern nahezu wortgleich. Insofern ist davon auszugehen, dass die supranationalen Rechtsformen zumindest in solchen Fällen eine Wertungseinheit darstellen, was sich auf die Auslegung auswirkt. Denn aufgrund der angestrebten systematischen Stimmigkeit ist ohne gegenteilige Anhaltspunkte sogar anzunehmen, dass bei gleichlautenden bzw. sehr ähnlichen Vorschriften auch eine inhaltliche Parallelität vom europäischen Gesetzgeber angestrebt wird. Im Einzelfall können sich jedoch vor allem aufgrund des Telos im Rahmen der funktionalen Auslegung Interpretationsunterschiede ergeben (§ 2 Rn. 83). Zwischen der EWIV und der SE bzw. der SCE bestehen hingegen nur wenige Übereinstimmungen, weshalb grds. auch nicht von einer Wertungseinheit auszugehen ist.

II. Supranationale Rechtsformen als Pendant zu nationalen Instrumenten

Die Entwicklungsgeschichte europäischer Rechtsformen offenbart zugleich, wie sich der europäische Gesetzgeber der Schaffung europäischer Rechtsformen nähert. Die SE und die SCE sind gute Beispiele dafür, dass der europäische Regelungsgeber sich durch bereits bestehende nationale Rechtsformen inspirieren lässt. Die Rechtsform der Aktiengesellschaft ist in allen Mitgliedstaaten bekannt und auch die Rechtsform der Genossenschaft ist durchaus weit verbreitet. Sie wurden durch die SE und die SCE auf europäischer Ebene gespiegelt. Die EWIV ist ebenfalls keine genuin europäische „Erfindung". Sie ist vielmehr der französischen ***„groupement d'intérêt économique"*** (**GIE**) nachgebildet,[54] welche Frankreich seit 1967 kennt.[55] Die Regelungen der EWIV-Verordnung orientieren sich daher relativ stark an den französischen Vorgaben zur *groupement d'intérêt économique*.[56] Die Form der Wirtschaftlichen Interessenvereinigung war in den meisten anderen Mitgliedstaaten bis zur Einführung der EWIV allerdings unbekannt. Die EWIV stellt insofern bezogen auf die Gesamtheit der europäischen Initiativen jedoch eher die Ausnahme dar.[57] Die anderen angedachten Rechtsformen wie zB die SPE und die FE sind dagegen Pendants zur nationalen GmbH bzw. (gemeinnützigen) Stiftung. Der europäische Gesetzgeber greift zur Entwicklung supranationaler Rechtsformen somit im Allgemeinen auf in den Mitgliedstaaten bekannte Konzepte zurück.[58] Im Einzelfall lässt er sich auch von lediglich in einzelnen Mitgliedstaaten bestehenden Instrumenten inspirieren.[59] Die EU entwirft bisher hingegen keine vollständig neuen Konzepte, dh neue Gesellschaftsformen, die in den Mitgliedstaaten noch nicht bekannt sind. Dies wird auch daran liegen, dass die EU insofern bisher keine relevante Lücke festgestellt hat. Aber selbst bezüglich einzelner Aspekte greift der europäische Gesetzgeber generell auf bereits in den Mitgliedstaaten bestehende Ideen zurück.[60] Eine gewisse Originalität supranationaler Rechtsformen entsteht jedoch durch die notwendige Kompromissfindung auf europäischer Ebene. Die Mitgliedstaaten legen Wert darauf, eigene Vorstellungen in der europäischen Rechtsform verwirklicht zu sehen. Dadurch fließen auf europäischer Ebene verschiedene (national geprägte) Elemente zusammen und schaffen dadurch ein „originelles" Gesamtbild.[61] 12

53 Zur Parallele bzgl. der Organisationsstruktur *Schulze* NZG 2004, 792, 795; *Lutter/Bayer/Schmidt,* Europäisches Unternehmens- und Kapitalmarktrecht, 2017, Rn. 46.56; *Fuentes Naharro* REVESCO 2009, 58, 61; vgl. auch *Bahans/Menjucq* Revue de droit rural 2008, dossier 28 Rn. 8 und 10 ff. Zum Einfluss der SE generell *Zurera* Tribunal Jurídica 2007, 19, 20; *El Mahi* DB 2004, 967, 969 zur strukturellen Ähnlichkeit von SE und SCE.

54 *Manz* in: Selbherr/Manz (Hrsg.), Kommentar zur EWIV, 1995, Vorb. Rn. 1; *Vague* RMC 1992, 403, 404; *Keutgen* Cahiers de droit européen 1987, 492, 493; *Murphy* Vand. J. Transnat'l L. 23 (1990) 65, 67; *Guyenot* Fiscalité Européenne 1986, 49, 51; *Kerr* BYU L. Rev. 1990, 1743, 1745 f.; *Schwarz*, Europäisches Gesellschaftsrecht, 2000, Rn. 968; *Lenz*, Die EWIV mit Sitz in der BRD vor Eintragung, 1997, S. 37, 44; *Wöbke/Danckwerts* DB 1994, 413, 413; *Stolowy* J.B.L. 2013, 598, 599 ff.; *Bisacre* EBLR 1999, 340, 341; *Lall* BTR 1993, 134, 136; *Köhl*, Einfluss der EWIV, 2001, S. 12, 18; *Rübesamen*, Die EWIV im deutschen und europäischen Wettbewerbsrecht, 1995, S. 15; *Hatzig*, Die EWIV, 1990, S. 1. *Woodland* Sem. Jur. Ed. Entreprise 1985, 281, 282 unterstreicht trotz des Vorbildcharakters des französischen GIE die Originalität der EWIV. In diese Richtung auch *Rinze*, Die Europäische wirtschaftliche Interessenvereinigung im Unternehmensverbund, 1996, S. 12, der auch auf den Einfluss anderer Rechtsordnungen und originär europäischer Ideen aufmerksam macht. *Lodomez*, Les groupements d'intérêt économique, 1989, S. 25 f. beschreibt die Gemeinsamkeiten mit dem französischen GIE.

55 Ordonnance no. 67-821 du 23 septembre 1967, J.O. v. 28.9.1967, S. 9537.

56 Auf einige Unterschiede wird im folgenden Text aufmerksam gemacht.

57 Bezogen auf den Verordnungsgebungsprozess könnte die Tatsache, dass diese Rechtsform nicht in allen Mitgliedstaaten bekannt war, den Einigungsprozess erleichtert haben.

58 *Klöhn* RabelsZ 76 (2012) 276, 304 führt dies auf die Notwendigkeit der Verabschiedung durch den Rat zurück.

59 *Klöhn* RabelsZ 76 (2012) 276, 280 bezeichnet die EWIV als „Rechtsexperiment".

60 *Fleischer* ZHR 174 (2010) 385, 406 führt aus, „dass die *konzeptionelle Originalität* hierdurch nicht selten der *Konsensfähigkeit* zum Opfer fällt".

61 Vgl. *Bachmann* in: FS Hommelhoff, 2012, S. 21, 33. *Fleischer* RabelsZ 76 (2012) 235, 250 spricht von einer „Art Joint Venture".

III. Bedeutung supranationaler Rechtsformen

13 Die bisher etablierten supranationalen Rechtsformen konnten sich mit Blick auf ihre jeweiligen **Gründungszahlen** nicht im gleichen Ausmaß auf dem Binnenmarkt etablieren. Obwohl nationale Genossenschaften beispielsweise in Europa weit verbreitet sind (dazu § 6 Rn. 5), wurden bislang kaum **europäische Genossenschaften** gegründet. Die Angaben schwanken zwischen 36[62] und 46[63] SCE. Unabhängig von der konkreten Zahl steht damit fest, dass die SCE sich nicht als Instrument zur Koordinierung der Aktivitäten im Binnenmarkt durchsetzen konnte.[64] Bei der geringen Zahl überrascht es auch nicht, dass in einigen Ländern noch gar keine SCE gegründet wurde.[65] Spitzenreiter ist die Slowakei mit 10 SCE.[66] Es ist auch in Zukunft nicht damit zu rechnen, dass die Gründungszahlen sprunghaft ansteigen werden,[67] weshalb in der Literatur sogar schon angeklungen ist, dass der europäische Gesetzgeber darüber nachdenken könnte, die SCE abzuschaffen.[68]

14 Die **EWIV** kann im Verhältnis zur SCE schon als etwas erfolgreicher bezeichnet werden.[69] Seit 1989 wurden rund 2547 EWIV registriert, von denen circa 414 wieder aufgelöst wurden.[70] Die damit mehr als **2000 aktiven EWIV** sollen nach Schätzungen ungefähr **15.000 bis 17.000 Mitglieder** besitzen.[71] Allerdings sind die gegründeten EWIV nicht gleichmäßig auf alle Mitglieder verteilt. Vielmehr wurde ein Großteil von ihnen in Belgien, Deutschland und Frankreich gegründet.[72] In Polen und Lettland wurde dagegen jeweils erst eine EWIV registriert und in Kroatien bislang keine (näher zur EWIV in der Praxis § 7 Rn. 6).[73]

15 Als Erfolgsmodell kann dagegen mit Blick auf die Verbreitung und Bedeutung in der EU die SE gewertet werden.[74] Bis Dezember 2017 wurden in der EU 2.908 SE gegründet.[75] Allein in 2017 wurden 241 SE eingetragen.[76] Die Bedeutung der SE steigt damit kontinuierlich.[77] Allerdings ist auch zu bedenken, dass ein Großteil der gegründeten SE nicht operativ tätig sind.[78] Das führt jedoch nicht dazu, dass die SE wirtschaftlich unbedeutend ist, denn vor allem große deutsche bzw. in Deutschland registrierte Unternehmen haben sich für die Form

62 http://www.libertas-institut.com/wp-content/uploads/2017/10/sce-list.pdf (abgerufen am 27.10.2017).

63 http://www.scer.eu/top-menu/sce-list (abgerufen am 23.1.2018).

64 Zur geringen praktischen Bedeutung vgl. *Habersack/Verse*, Europäisches Gesellschaftsrecht, 2011, § 14 Rn. 1; *Lutter/Bayer/Schmidt*, Europäisches Unternehmens- und Kapitalmarktrecht, 2017, Rn. 46.5; vgl. auch *Kalss/Klampfl*, Europäisches Gesellschaftsrecht, 2015, Rn. 551; *Fleischer* ZHR 174 (2010) 385, 393; *ders.* CMLR 2010, 1671, 1677, zur geringen praktischen Bedeutung auch *Klöhn* RabelsZ 76 (2012) 276, 282; dazu speziell aus der Sicht mittel- und osteuropäischer Staaten *Csehi* in: P. Jung (Hrsg.), Supranationale Gesellschaftsformen im Typenwettbewerb, 2011, S. 17, 21.

65 So wurden zB in Spanien und Portugal bisher keine SCE gegründet. Vgl. http://www.libertas-institut.com/wp-content/uploads/2017/10/sce-list.pdf (abgerufen am 23.1.2018).

66 http://www.libertas-institut.com/wp-content/uploads/2017/10/sce-list.pdf (abgerufen am 23.1.2018).

67 Vgl. Cooperative Europe/Euricse/Ekai, Study on the implementation of the Regulation 1435/2003 on the Statute for European Cooperative Society – Part 1, 2010, S. 136.

68 *Fleischer* CMLR 2010, 1671, 1693.

69 Positiv zur EWIV als Gründungsmöglichkeit *Funkat* EWS 1998, 122, 128; positiv zur EWIV in der Wirtschaftspraxis *von Rechenberg* in: von der Heydt/von Rechenberg (Hrsg.), Die EWIV, 1991, S. 12; *Burkhalter*, Die EWIV und ihre konzernrechtlichen Beziehungen, 1998, S. 27 bewertet „die anhaltende Entwicklung insgesamt positiv"; *Neye* DB 1997, 861, 863 positiv zur beachtlichen Zahl an gegründeten EWIV; *Schlüter* EuZW 2002, 589, 594 hingegen zweifelt an der zukünftigen Bedeutung der EWIV für unternehmerische Aktivitäten im Europäischen Rechtsraum; skeptisch zur Entwicklung der EWIV auch *Ziegler* RPfleger 1989, 261, 262; der EWIV ebenfalls eine geringe Bedeutung konstatierend *Hopt* ZGR 2013, 165, 198. *Csehi* in: P. Jung (Hrsg.), Supranationale Gesellschaftsformen im Typenwettbewerb, 2011, S. 17, 18 geht davon aus, dass die EWIV-VO die an sie gestellte Erwartungen nicht erfüllt hat. *Ehricke* RabelsZ 64 (2000) 497, 500 bezeichnet die EWIV gar als „Fehlversuch".

70 LIBERTAS, EWIV Statistik des europäischen EWIV-Informationszentrums, Stand: 12.10.2017.

71 LIBERTAS, EWIV und Steuern, Stand: 26.6.2015; *Zahorka*, Gründung und Betrieb einer EWIV, 2010, S. 4; *Bramigk*, Der Zweck der EWIV, 2003, S. 102. Nähere Informationen zur wirtschaftlichen Bedeutung der EWIV scheinen nicht vorzuliegen.

72 LIBERTAS, EWIV Statistik des europäischen EWIV-Informationszentrums, Stand: 16.4.2017.

73 LIBERTAS, EWIV Statistik des europäischen EWIV-Informationszentrums, Stand: 16.4.2017. Zur geringen Bedeutung der EWIV mit Blick auf Mittel- und Osteuropa *Csehi* in: P. Jung (Hrsg.), Supranationale Gesellschaftsformen im Typenwettbewerb, 2011, S. 17, 21.

74 *Lutter/Bayer/Schmidt*, Europäisches Unternehmens- und Kapitalmarktrecht, 2017, Rn. 45.9 („attraktive Rechtsformalternative"); *Klöhn* RabelsZ 76 (2012) 276, 281; *Schröder* in: Manz/Mayer/Schröder (Hrsg.), Europäische Aktiengesellschaft – SE, 2. Aufl. 2010, Teil A – Vorbemerkungen Rn. 89 ff. („Siegeszug"); vgl. zur Bedeutung auch § 4 Rn. 7.

75 http://ecdb.worker-participation.eu (abgerufen am 23.1.2018).

76 http://ecdb.worker-participation.eu (abgerufen am 23.1.2018).

77 Zu den Gründungen im Zeitverlauf: SE Europe, SE Companies: Facts and Figures 2017, S. 3 (abrufbar unter: http://www.worker-participation.eu/European-Company-SE/Facts-Figures, abgerufen am 23.1.2018).

78 Bzw. ausreichend Informationen über diese Gesellschaften bestehen (daher UFO genannt). SE Europe, SE Companies: Facts and Figures 2017, S. 21 (abrufbar unter: http://www.worker-participation.eu/European-Company-SE/Facts-Figures, abgerufen am 23.1.2018).

der SE entschieden. Dazu gehören zB ARAG, Allianz, Axel Springer, BASF, Bilfinger, BP Europa, E.ON, Fresenius, Hannover Rück, Innogy, MAN, Porsche, Puma, SAP und Zalando. Allerdings ist die Verbreitung der SE in der EU wie auch bei den anderen supranationalen Rechtsformen nicht gleichmäßig. Neben Deutschland wurden vor allem in Tschechien[79] und der Slowakei bemerkenswert viele SE gegründet.[80] In Dänemark konnte hingegen erst die Gründung einer einzigen SE verzeichnet werden.[81] Gleiches gilt zB für Portugal.[82] Zwischen 2004 und 2016 wurden 153 SE entweder in eine andere Rechtsform umgewandelt oder aufgelöst.[83]

Die Relevanz der supranationalen Rechtsformen sollte allerdings nicht allein anhand der Gründungszahlen und deren wirtschaftlicher Bedeutung gemessen werden. So reicht der Wert der SE beispielsweise weit über ihre Gründungszahlen und das wirtschaftliche Gewicht der aktiven SE hinaus. Die SE wird teilweise als „Flaggschiff"[84] des europäischen Gesellschaftsrechts oder auch als „Prestigeprojekt"[85] bezeichnet und dies nicht allein wegen ihrer wachsenden Bedeutung in der Praxis. Vielmehr ist mit der SE der Durchbruch bei der unternehmerischen Mitbestimmung gelungen. Sie hat damit nicht nur den Weg für die SCE geebnet. Dieser Kompromiss war vielmehr auch Grundlage bei der Verhandlung über die ehemalige internationale Verschmelzungsrichtlinie (dazu § 24 Rn. 89 ff., jetzt Teil der Kodifizierungs-RL). Die vorgeschlagenen Lösungen für die SPE basierten ebenfalls auf diesem Modell (dazu § 5 Rn. 265 ff.). Zukünftig könnte zudem die wiederbelebte Diskussion um eine Sitzverlegungsrichtlinie bzw. der neue Vorschlag der Kommission mit Blick auf grenzüberschreitende Formwechsel, Verschmelzungen und Spaltungen[86] von dem Kompromiss, der bei der SE erzielt wurde, profitieren (dazu § 32 Rn. 69 f.). Die Mitbestimmung ist damit ein gutes Beispiel dafür, wie EU-Regulierung weitere europäische Regulierung erleichtern bzw. überhaupt erst ermöglichen kann (**Horizontalwirkung**). Daneben entfalten die supranationalen Rechtsformen Wirkung auf nationale Rechtsformen, da sie mit diesen im Wettbewerb stehen. Auch dies ist im Rahmen ihrer Bedeutung zu berücksichtigen. Umgekehrt sind allerdings auch europäische Projekte nicht vor einem gewissen Wettbewerbsdruck gefeit (dazu ausführlich Rn. 26 ff.). 16

Hervorzuheben ist auch das politische Gewicht der supranationalen Rechtsform. Sie steht symbolisch für die Verwirklichung des Binnenmarkts.[87] Mit Blick auf die SCE wird auch betont, dass durch deren Schaffung die Europäische Union die Bedeutung der Form der Genossenschaft für Europa anerkennt.[88] Europäische Rechtsformen können somit auch ein politisches Signal sein und Symbolwirkung haben. 17

IV. Kompetenzgrundlage

Umstritten war früher, ob der heutige Art. 352 AEUV die richtige Rechtsgrundlage für supranationale Rechtsformen darstellt oder ob der heutige Art. 114 AEUV heranzuziehen ist.[89] Der EuGH beendete die Debatte im Jahr 2006 mit seinem Urteil zur SCE zugunsten des Art. 352 AEUV.[90] Der EuGH lehnte Art. 114 AEUV mit dem Argument ab, dass die SCE-Verordnung keine Rechtsangleichung anstrebt. Der europäische Gesetzgeber 18

79 Zu diesem Phänomen *Eidenmüller/Lasák* in: FS Hommelhoff, 2012, S. 187, 187 ff., gemäß denen annähernd 56% der SE in der Tschechischen Republik entstanden sind (Stand 2011); siehe auch *Lutter* in: Lutter/Hommelhoff/Teichmann (Hrsg.), SE-Kommentar, 2. Aufl. 2015, Einl. SE-VO Rn. 32 (1.668 registrierte SE).

80 Wobei sich zB gerade in diesen Ländern das Phänomen der nicht aktiven SE in besonderem Maße materialisiert. SE Europe, SE Companies: Facts and Figures 2017, S. 4 (abrufbar unter: http://www.worker-participation.eu/European-Company-SE/Facts-Figures, abgerufen am 23.1.2018).

81 http://ecdb.worker-participation.eu/show_overview.php?status_id=3&title=Established%20SEs&orderField=se.se_regdate%20desc (abgerufen am 23.1.2018).

82 http://ecdb.worker-participation.eu/show_overview.php?status_id=3&title=Established%20SEs&orderField=se.se_regdate%20desc (abgerufen am 23.1.2018).

83 SE Europe, SE Companies: Facts and Figures 2017, S. 7 (abrufbar unter: http://www.worker-participation.eu/European-Company-SE/Facts-Figures, abgerufen am 23.1.2018).

84 *Hopt* ZIP 1998, 96, 99; *Hopt* ZIP 2005, 461, 471; *ders.* EuZW 2012, 481, 481; *ders.* ZGR 2013, 165, 195; *Fleischer* CMLR 2010, 1671, 1676; *ders.* ZHR 174 (2010) 385, 391; vgl. allgemein *Lutter* in: Lutter/Hommelhoff/Teichmann (Hrsg.), SE Kommentar, 2. Aufl. 2015, Einl. SE-VO Rn. 44. *Menjucq* in: P. Jung (Hrsg.), Supranationale Gesellschaftsformen im Typenwettbewerb, 2011, S. 1, 4 bezeichnet die SE als „la reine des formes communautaires de sociétés".

85 *Fleischer* CMLR 2010, 1671, 1676; *ders.* ZHR 174 (2010) 385, 392; diesen Begriff negativ verwendend *Bachmann* ZEuP 2008, 32, 44.

86 European Commission, Proposasl for a Directive of the European Parliament and of the Council amending Directive (EU) 2017/1132 as regards cross-border conversions, mergers and divisions, COM(2018) 241 final.

87 *Kalss/Klampfl*, Europäisches Gesellschaftsrecht, 2015, Rn. 551, die Autoren sehen darin auch die Fähigkeit, „auf europäischer Ebene politische Kompromisse für einheitliche Gestaltungen zu treffen"; *Fleischer* ZHR 174 (2010) 385, 401; sowie *ders.* RabelsZ 76 (2012) 235, 245 kritisiert die Symbolkraft mit Blick auf zusätzliche Regime im Allgemeinen als „naive Europa-Euphorie".

88 *Detilleux* RECMA 291 (2004) 19, 19; *Cathiard* Droit des sociétés 2009, n. 3 prat. 3 Rn. 35. Zum symbolischen Wert der SCE *Fici*, Pan-European Cooperative Law: Where Do We Stand?, Euricse Working Paper No. 47/13 (2013), S. 9.

89 Dazu ausführlich *Fleischer* ZHR 174 (2010) 385, 398 ff.

90 EuGH, Rs. C-436/03, ECLI:EU:C:2006:277 = EuZW 2006, 380.

zielt damit vielmehr auf die Bereitstellung einer Alternative zu den bereits bestehenden nationalen Genossenschaften ab und möchte diese damit gerade nicht ersetzen bzw. harmonisieren.[91] Mit diesem Urteil steht fest, dass Art. 352 AEUV damit die richtige Rechtsgrundlage für supranationale Rechtsformen ist.[92]

19 Mit der Rechtsgrundlage (Art. 352 AEUV) verknüpft ist die in jüngster Zeit intensiver geführte Debatte um die Frage, ob Art. 352 AEUV trägt, sofern für eine supranationale Rechtsform kein bzw. ein sehr schwacher grenzüberschreitender Bezug festgelegt wird (zum Mehrstaatlichkeitserfordernis näher unter Rn. 143 ff.). Im Ergebnis sind die Bedenken wohl unbegründet.[93]

20 Ganz neue Probleme ergeben sich mit Blick auf die SUP, die hier jedoch nicht ausführlich besprochen werden können. Insofern sei nur in Kürze gesagt: Die Kommission verwendete hier eine Richtlinie zur Einführung des Instruments, die sie „insbesondere" auf **Art. 50 II lit. f) AEUV**[94] stützte.[95] Ziel ist jedoch nicht unbedingt die Harmonisierung, wie sie von den anderen gesellschaftsrechtlichen Richtlinien bekannt ist, sondern in erster Linie die Einführung harmonisierter Ein-Personen-Gesellschaften in jedem Mitgliedstaat (28 + 28). Idee hinter dem Entwurf ist es, ähnliche Vorteile wie durch eine supranationale Rechtsform zu generieren. Die Kommission wollte dieses Ziel vor allem durch ein einheitliches Label, die Sitzaufspaltung und teilweise Vollharmonisierung erreichen. Fraglich ist, ob dies gestützt auf Art. 50 II lit. f) AEUV möglich ist. Zunächst einmal könnte pauschal eingewandt werden, dass der EuGH bereits entschieden hat, dass Art. 352 AEUV die richtige Rechtsgrundlage für supranationale Rechtsformen ist.[96] Die EU hält einer entsprechenden Argumentation entgegen, dass sie die Einführung harmonisierter Ein-Personen-Gesellschaften und damit Rechtsangleichung anstrebt.[97] Den Mitgliedstaaten wird allerdings bei der Umsetzung ein Spielraum gegeben, weshalb auch ein 28 + 28 System zulässig ist (dazu näher unter § 9 Rn. 19 f.).

21 Art. 50 II lit. f) AEUV lässt generell Maßnahmen zu, die dazu dienen, „dass bei jedem in Betracht kommenden Wirtschaftszweig die Beschränkungen der Niederlassungsfreiheit in Bezug auf die Voraussetzungen für die Errichtung von Agenturen, Zweigniederlassungen und Tochtergesellschaften im Hoheitsgebiet eines Mitgliedstaats sowie für den Eintritt des Personals der Hauptniederlassung in ihre Leitungs- oder Überwachungsorgane schrittweise aufgehoben werden". Mit Blick auf die angedachte SUP-Richtlinie kann insofern kritisch angemerkt werden, dass sie nicht allein auf die Errichtung von Tochtergesellschaften abzielte, sondern es gerade auch natürlichen Personen erlaubte, eine entsprechende Ein-Personen-Gesellschaft zu gründen.[98] Insofern wurde auch diskutiert, ob nicht zumindest auch die Erwähnung des Art. 50 II lit. g) AEUV sinnvoll gewesen wäre.[99] Zu bedenken ist im Ergebnis, dass Art. 50 I AEUV der EU die Rechtsetzungskompetenz zuweist, während

---

91 EuGH, Rs. C-436/03, ECLI:EU:C:2006:277 = EuZW 2006, 380, Rn. 40, 44: "the contested regulation, which leaves unchanged the different national laws already in existence, cannot be regarded as aiming to approximate the laws of the Member States applicable to cooperative societies, but has as its purpose the creation of a new form of cooperative society in addition to the national forms".

92 Zu den Hürden, die das Lissabon-Urteil und das Integrationsverantwortungsgesetz für die Schaffung europäischer Rechtsformen darstellen s. *Fleischer* ZHR 174 (2010) 385, 399 f.

93 Zur SPE: *Lutter/Bayer/Schmidt*, Europäisches Unternehmens- und Kapitalmarktrecht, 2017, Rn. 47.20; *Ehricke* KSzW 2010, 6, 13; *Hadding/Kießling* WM 2009, 145, 152; *Hügel* ZHR 173 (2009) 309, 311, 320 f.; *J. Schmidt* EWS 2008, 455, 457; *Martens*, Managementstrukturen in der SPE, 2013, S. 8 f. Dagegen zumindest skeptisch *Dorresteijn/Uziahu-Santcroos* ECL 5 (2008) 277, 279 f.; *Hommelhoff* in: FS K. Schmidt, 2009, S. 671, 674. Allgemein zu supranationalen Rechtsformen *Fleischer* CMLR 2010, 1671, 1708; *ders*. ZHR 174 (2010) 385, 420 f.

94 Fast alle anderen gesellschaftsrechtlichen Richtlinien wurden auf Art. 50 II lit. g) AEUV gestützt. Die ehemalige Richtlinie 2005/56/EG (IntVersch-RL) (= Art. 118 ff. Kodifizierungs-RL (dazu § 24)) bezog sich zumindest dem Wortlaut nach allgemein auf Art. 50 AEUV (ex-Art. 44 EGV).

95 Siehe dazu *Moench*, Die SUP, 2016, S. 15 ff.; *Roth* in: FS 200 Jahre Carl Heymanns Verlag, 2015, S. 229, 229 ff.; *Velasco* in: Rojo/Campuzano (Coord.), Estudios Jurídicos en Memoria del Profesor Emilio Beltrán, T. I, 2015, S. 909, 920 f.; vgl. auch *Teichmann* ECFR 2015, 202, 220 f.; *Conac* ECFR 2015, 139, 152 ff.; siehe für eine Analyse zur Rechtsgrundlage auch *Malberti* ECFR 2015, 238, 241 ff.; *Teichmann* in: Lutter/Koch (Hrsg.), SUP, 2015, S. 37, 54 ff.; *Ahern* in: Viera González/Teichmann (Eds.), Private Companies in Europe, 2016, S. 55, 67 ff.; die Rechtsgrundlage ablehnend Österreichische Rechtsanwaltskammertag, Stellungnahme zur SUP, 21/14/59, S. 2 f.; Österreichische Notariatskammer, Stellungnahme zum SUP Vorschlag vom 15.5.2014, Az. 532.30, S. 8; Deutscher Bundesrat, Beschluss vom 12.5.2014, BR-Drs. 165/1/14, S. 2 ff.; ebenso cep, Societas Unius Personae (SUP) – cepAnalyse Nr. 31/2014 (SUP), S. 4 (abrufbar unter: http://www.cep.eu/Analysen/COM_2014_212_Societas_Unius_Personae/cepAnalyse_COM_2014_212_Societas_Unius_Personae.pdf, abgerufen am 08.1.2018); kritisch zur Rechtsgrundlage auch EWSA, Stellungnahme des Europäischen Wirtschafts- und Sozialausschusses zu dem Vorschlag für eine Richtlinie des Europäischen Parlaments und des Rates über Gesellschaften mit beschränkter Haftung mit einem einzigen Gesellschafter, Abl. EU v. 19.12.2014, C/458/04, 1.2.

96 EuGH, Rs. C-436/03, ECLI:EU:C:2006:277 = EuZW 2006, 380.

97 Rat der Europäischen Union, Juristischer Dienst, Dok. Nr. 14423/14, JUR 731, DRS 131, CODEC 2042, S. 8 ff.

98 Vgl. hierzu cep, Societas Unius Personae (SUP), cepAnalyse Nr. 31/2014, S. 4 (abrufbar unter: http://www.cep.eu/Analysen/COM_2014_212_Societas_Unius_Personae/cepAnalyse_COM_2014_212_Societas_Unius_Personae.pdf, abgerufen am 08.1.2018).

99 *Teichmann* in: Lutter/Koch (Hrsg.), SUP, 2015, S. 37, 63; vgl. auch *ders*. ZGR 2017, 485, 497.

Art. 50 II AEUV lediglich Handlungsaufträge enthält.[100] Die Auflistung in Art. 50 II AEUV ist zudem nicht abschließend[101] und der Kommissionsentwurf bezog sich auch nur „insbesondere", also nicht ausschließlich, auf Art. 50 II lit. f) AEUV.[102] Der Juristische Dienst des Rates geht zudem davon aus, dass lit. f) auch Hauptniederlassungen umfasst.[103] Ohne dies näher vertiefen zu wollen, erscheint es zumindest noch vertretbar, dass die SUP der Verwirklichung des Binnenmarktes dienen sollte und die Richtlinie daher auf Art. 50 II lit. f) AEUV (bzw. Art. 50 II lit. g) AEUV) hätte gestützt werden können.[104] Dies gilt zumal vor dem Hintergrund, dass es nicht unwahrscheinlich ist, dass der EuGH in so einem Fall eine pro-europäische Auslegung bevorzugen könnte.

Diskutiert wird allerdings nicht allein, auf welche Rechtsgrundlage die EU supranationale Rechtsformen stützen kann, vielmehr wurde in der Literatur auch erörtert, ob eventuell eine **Pflicht** für den europäischen Gesetzgeber **zur Schaffung supranationaler Rechtsformen** gem. Art. 11 I EMRK iVm Art. 6 II TEU und Art. 12 I Charta der Grundrechte der Europäischen Union hergeleitet werden könnte.[105] Im Ergebnis ist dies allerdings mit Blick auf die Wirkung der Grundrechte sowie das Prinzip der begrenzten Einzelermächtigung und unter Berücksichtigung der bestehenden verschiedenen Regelungsebenen abzulehnen.[106] 22

C. Funktion und Wirkung supranationaler Rechtsformen

I. Allgemeines

Supranationale Gesellschaftsformen werden von der EU insbesondere geschaffen, um die **grenzüberschreitende Tätigkeit** von Unternehmen im Binnenmarkt zu fördern (zu den Vorteilen näher Rn. 38 ff.).[107] Daneben eignen sich die unterschiedlichen Rechtsformen für **unterschiedliche Zwecke**.[108] Die EWIV ist vor allem darauf ausgerichtet, grenzüberschreitende Kooperationen zu erleichtern (dazu § 7 Rn. 7). Die SE eignet sich unter anderem gut als Holding bzw. Konzernspitze für Unternehmen, die im europäischen Binnenmarkt agieren (dazu § 4 Rn. 7 f.). Die SCE soll generell die grenzüberschreitende Tätigkeit von Genossenschaften vereinfachen (vgl. § 6 Rn. 3, 5) ebenso wie die FE die Stiftungstätigkeit im Binnenmarkt hätte erleichtern sollen (vgl. § 8 Rn. 1). Die SPE wurde vor allem als potenziell attraktives Instrument zur Strukturierung von Tochtergesellschaften angesehen (§ 5 Rn. 3). 23

Ihr Ziel sollen die europäischen Rechtsformen durch ihre besondere Ausgestaltung erreichen. Für die Einführung der EWIV, der SE und der SCE wurde die Verordnung (Art. 352 AEUV) genutzt, und für die SPE und die FE war die Verordnung als Regelungsinstrument ebenfalls angedacht (zur Rechtsgrundlage bereits Rn. 18 ff.). Der europäische Gesetzgeber verfolgt mit den supranationalen Rechtsformen das Ziel, den jeweils 28 (demnächst 27) verschiedenen nationalen Rechtsformen ein einheitlich ausgestaltetes europäisches Pendant als **Alternative** („optionales Instrument") gegenüberzustellen. Das System kann daher als **„28 + 1"** bezeichnet werden 24

100 *Korte* in: Calliess/Ruffert (Hrsg.), EUV/AEUV, 5. Aufl. 2016, Art. 50 Rn. 2.

101 *Korte* in: Calliess/Ruffert (Hrsg.), EUV/AEUV, 5. Aufl. 2016, Art. 50 Rn. 11.

102 Vgl. *Moench,* Die SUP, 2016, S. 17 f.

103 Rat der Europäischen Union, Juristischer Dienst, Dok. Nr. 14423/14, JUR 731, DRS 131, CODEC 2042, S. 5.

104 So bereits *Teichmann* ECFR 2015, 202, 221. *Moench,* Die SUP, 2016, S. 17 hält Art. 50 AEUV für die richtige Rechtsgrundlage, da es „bei der SUP-RL um eine harmonisierende Rechtangleichung" ginge. Die Rechtsgrundlage ablehnend Österreichische Rechtsanwaltskammertag, Stellungnahme zur SUP, 21/ 14/59, S. 2 f.; Österreichische Notariatskammer, Stellungnahme zum SUP Vorschlag vom 15.5.2014, Az. 532.30, S. 8 ebenso cep, Societas Unius Personae (SUP) – cepAnalyse Nr. 31/2014 (SUP), S. 4 (abrufbar unter: http://www.cep.eu/Analysen/COM_2014_212_Societas_Unius_Personae/cepAnalyse_COM_2014_212_Societas_Unius_Personae.pdf, abgerufen am 08.1.2018); kritisch zur Rechtsgrundlage auch EWSA, Stellungnahme des Europäischen Wirtschafts- und Sozialausschusses zu dem Vorschlag für eine Richtlinie des Europäischen Parlaments und des Rates über Gesellschaften mit beschränkter Haftung mit einem einzigen Gesellschafter, Abl. EU v. 19.12.2014, C/ 458/04, 1.2.

105 Vgl. *Fleischer* CMLR 2010, 1671, 1682 ff.

106 *Fleischer* CMLR 2010, 1671, 1683, der die Ablehnung detailliert begründet. *Herresthal* in: FS Müller-Graff, 2015, S. 233, 238, vertritt die Ansicht, dass es aufgrund des erreichten Harmonisierungsgrads der Binnenmarktlogik entspricht, dass der Unionsgesetzgeber europäische Rechtsformen bereitstellen muss.

107 *Bachmann* in: FS Hommelhoff, 2012, S. 21, 22 sieht den klassischen Zweck der SE und der SPE daher in ihrer Funktion als „grenzüberschreitendes Vehikel". *Ehricke* RabelsZ 64 (2000) 497, 504 geht davon aus, dass die Schaffung supranationaler Rechtsformen nur ein Schritt hin zu mehr grenzüberschreitender Aktivität sein kann und fordert die Angleichung weiterer wichtiger Bereiche, wie des Gewerbe-, Umwelt- und Arbeitsrechts.

108 *Kalss/Klampfl,* Europäisches Gesellschaftsrecht, 2015, Rn. 550 führen an, dass die supranationalen Rechtsformen für unterschiedliche Anwendungsbereiche eingeführt wurden.

bzw. die europäischen Rechtsformen als **„29tes Instrument"**.[109][110] In jedem Mitgliedstaat kann daher statt der jeweils parallelen nationalen Rechtsform (bzw. einer Rechtsform, die einen ähnlichen Zweck erfüllt bzw. erfüllen kann) auch die europäische Alternative genutzt werden, sofern die Gründer die Zugangsschranken (grenzüberschreitender Bezug etc, dazu Rn. 143 ff.) überwinden können. Dieses Konzept unterstreicht noch einmal, dass es der EU bisher weniger darum ging, neue innovative Gesellschaftsformen einzuführen, sondern vielmehr darum, bereits auf nationaler Ebene bestehende Konzepte auf EU-Ebene zu übertragen (vgl. dazu Rn. 12). Supranationale Rechtsformen zielen damit, obwohl sie durch eine Verordnung geregelt werden, im Ergebnis gerade nicht auf eine Rechtsvereinheitlichung[111] ab.

II. EuGH-Rechtsprechung vs. supranationale Rechtsformen

25 Die Rechtsprechung des EuGH zur Niederlassungsfreiheit (dazu § 10) hat die **Mobilität** und die Nutzungsmöglichkeiten von nationalen Rechtsformen stark beeinflusst. Der EuGH stellt sowohl in seinen Entscheidungen zum Wegzug (Daily Mail,[112] Cartesio,[113] National Grid Indus,[114] Polbud)[115] als auch zum Zuzug (Centros,[116] Überseering,[117] Inspire Art,[118] Sevic,[119] Vale)[120] die Bewegungsfreiheit von nationalen Rechtsformen sicher. Die EuGH-Entscheidungen ermöglichen vor allem die aus praktischer Sicht so bedeutende **identitäts- und statuswahrende Verlegung des Verwaltungssitzes** einer Kapitalgesellschaft in einen anderen Mitgliedstaat (dazu näher unter § 10 Rn. 91 ff.). Unternehmer können daher, soweit das nationale Recht die Sitzaufspaltung zulässt, eine Gesellschaftsform in Land A registrieren, den Verwaltungssitz aber in Land B verlegen, um dort zu operieren. Es ließe sich daher überlegen, ob die Durchsetzung der Mobilität von nationalen Rechtsformen im europäischen Binnenmarkt nicht ausreichen könnte, um Unternehmern die Tätigkeit im Binnenmarkt zu erleichtern. Besteht darüber hinaus noch Bedarf für europäische Rechtsformen? Nach hier vertretener Ansicht sind die EuGH-Entscheidungen zur Niederlassungsfreiheit ein zentraler Baustein zur Verwirklichung des Binnenmarktes; sie machen europäische Rechtsformen jedoch nicht überflüssig. So bleibt beispielsweise die Tatsache bestehen, dass sich gerade supranationale Rechtsformen für grenzüberschreitende Kooperationen eignen, da kein Partner eine ihm nicht vertraute nationale Gesellschaftsform akzeptieren muss (dazu Rn. 39). Zudem ist es oftmals aus praktischen Gründen nicht möglich, mit einer ausländischen Gesellschaft zu agieren. So sind zB die Rechtsformen kleinerer Mitgliedstaaten weitgehend unbekannt, was ihre Nutzung im Ausland erschwert (dazu Rn. 40). Europäische Rechtsformen signalisieren dagegen europaweit einheitliche Regeln. Hinzu kommen weitere Vorteile von supranationalen Rechtsformen wie beispielsweise das europäische Label (dazu Rn. 130 ff.).

III. Wirkung supranationaler Rechtsformen auf den Wettbewerb

26 Die Schaffung supranationaler Rechtsformen hat Auswirkungen auf den Wettbewerb der Rechtsordnungen. Zu unterscheiden ist dabei zwischen einem **vertikalen** (Rn. 27 ff.) und einem **indirekten horizontalen** (Rn. 32 f.) **Wettbewerb**. Das Ausmaß eines solchen Wettbewerbs hängt von der Ausgestaltung der europäischen Rechtsformen ab.[121] Mitgliedstaaten möchten den Druck, der durch supranationale Rechtsformen entstehen kann, oftmals gerne verringern, weshalb sie teilweise darauf drängen, die Anwendungsmöglichkeiten von supranationalen Rechtsformen durch einen strengen grenzüberschreitenden Bezug (Rn. 150 f.), das Verbot der Sitzaufspaltung (Rn. 110, 157 f.), beschränkte Gründungsmöglichkeiten (Rn. 128) und Zweckbeschränkungen (Rn. 169) einzuschränken.[122] Zudem haben die Mitgliedstaaten aufgrund des Einstimmigkeitserfordernisses für die Verabschiedung von auf Art. 352 AEUV gestützte Verordnungen im Rat die Möglichkeit, durch ein Veto das Ent-

109 Allgemein zum „29. Modell" mit Blick auf das europäische Privatrecht *Fleischer* RabelsZ 76 (2012) 235, 235 ff. Der Autor hebt auch die Vorreiterrolle des Gesellschaftsrechts für die Idee des „29. Modells" hervor. Vgl. auch *Gebauer/Teichmann* in: Gebauer/Teichmann (Hrsg.), Europäisches Privat- und Unternehmensrecht, 2016, § 1 Rn. 17, 23 f.

110 Im Fall der EWIV bestand zwar nicht in jedem Mitgliedstaat ein entsprechendes Pendant. Die EWIV stellt damit eine Alternative zu etwas anders strukturierten nationalen Rechtsformen dar.

111 Zu Vor- und Nachteilen der Rechtsvereinheitlichung *Kötz* RabelsZ 50 (1986) 1, 1 ff.

112 EuGH, Rs. 81/87 (Daily Mail), ECLI:EU:C:1988:456 = NJW 1989, 2186.

113 EuGH, Rs. C-210/06 (Cartesio), ECLI:EU:C:2008:723 = NZG 2009, 61.

114 EuGH, Rs. C-371/10 (National Grid Indus), ECLI:EU:C:2011:785 = NZG 2012, 114.

115 EuGH, Rs. C-106/16 (Polbud), ECLI:EU:C:2017:804 = BeckRS 2017, 128964.

116 EuGH, Rs. C-212/97 (Centros), ECLI:EU:C:1999:126 = NZG 1999, 298.

117 EuGH, Rs. C-208/00 (Überseering), ECLI:EU:C:2002:632 = NZG 2002, 1164.

118 EuGH, Rs. C-167/01 (Inspire Art), ECLI:EU:C:2003:512 = NJW 2003, 3331.

119 EuGH, Rs. C-411/03 (Sevic), ECLI:EU:C:2005:762 = NZG 2006, 112.

120 EuGH, Rs. C-378/10 (Vale), ECLI:EU:C:2012:440 = NJW 2012, 2715.

121 Ganz allgemein zu den Voraussetzungen eines institutionellen Wettbewerbs *Klöhn* RabelsZ 76 (2012) 276, 290.

122 Vgl. auch *Fleischer* CMLR 2010, 1671, 1702 mit Blick auf den vertikalen Wettbewerb. Zur einschränkenden Wirkung des grenzüberschreitenden Bezugs *Leible* RabelsZ 76 (2012) 374, 392.

stehen supranationaler Rechtsformen und damit auch einen möglichen Wettbewerb von Anfang an zu unterbinden.[123] Zugleich wird ein möglicher Wettbewerb auch durch eine ggf. bestehende Harmonisierung durch Richtlinien beeinflusst.[124] Nicht besprochen wird an dieser Stelle der rein horizontale Wettbewerb zwischen den einzelnen Rechtsordnungen um das beste Gesellschaftsrecht (dazu § 10 Rn. 99).

1. Vertikaler Wettbewerb

Supranationale Rechtsformen werden als Alternative zu nationalen Rechtsformen geschaffen (28 + 1, s. Rn. 24). Sie treten daher in Wettbewerb zu den nationalen Rechtsformen.[125] So steht die SE zB in Konkurrenz zur deutschen AG bzw. der französischen SA (zur SA § 13 Rn. 466 ff.). Die SCE wiederum ist eine Alternative zu den nationalen Genossenschaften. Die Etablierung supranationaler Rechtsformen erzeugt allerdings nicht nur einen Druck auf die nationalen Gesetzgeber. Auch auf europäischer Ebene ist der Wettbewerbsdruck zu spüren, wenn es um die Schaffung oder Änderung neuer supranationaler Rechtsformen geht. Europäische und nationale Ebene befruchten sich durch diesen Wettbewerb somit gegenseitig. Der vertikale Wettbewerb kann damit nicht als Einbahnstraße angesehen werden, in welcher die europäischen Rechtsformen allein Druck auf die nationalen Rechtsformen ausüben.[126] 27

Das **Ausmaß des Wettbewerbs** hängt wie bereits oben erörtert, insbesondere von der Ausgestaltung möglicher Beschränkungen der supranationalen Rechtsformen ab (Rn. 26). Ein echter Wettbewerb entsteht zudem vor allem dann, wenn es sich tatsächlich um eine europäische Rechtsform handelt (im Gegensatz zum Hybrid s. Rn. 50). Denn dann steht der nationalen Rechtsform ein wahrhaft europäisches Regelungskonzept gegenüber. Doch selbst im Fall einer nicht unerheblichen Bezugnahme auf nationales Recht kann die supranationale Rechtsform eine Konkurrenzsituation erzeugen, auch wenn sich diese dann lediglich auf die europäisch geregelten Aspekte stützt.[127] Bislang wird teilweise bestritten, dass europäische Rechtsformen in der Praxis entsprechende Wirkungen entfaltet haben.[128] Auch wenn die Effekte vielleicht nicht so stark sein mögen, wie man hätte vermuten können, so kam es zumindest in gewissem Umfang doch zu einem Regulierungswettbewerb (Beispiele werden unter Rn. 34 f. angeführt).[129] 28

Ob der vertikale Wettbewerb zu einem *„race to the top"*[130] oder wie oftmals befürchtet[131] zu einem *„race to the bottom"* führt, lässt sich nicht abstrakt bestimmen. In diesem Zusammenhang ist zu berücksichtigen, dass ein *race to the bottom* nicht unbedingt zu erwarten ist, da alle Mitgliedstaaten durch das Einstimmigkeitserfordernis und ihr damit korrespondierendes Vetorecht maßgeblich Einfluss auf supranationale Rechtsformen nehmen können.[132] Das spricht nicht dafür, dass sich im Gesetzgebungsprozess besonders niedrige Standards durchsetzen werden, da die Mitgliedstaaten generell einen zu starken Wettbewerbsdruck vermeiden möchten. Das Mindestkapital der SE mag dafür als Beispiel dienen (dazu auch Rn. 163). Es liegt bei 120.000 EUR, was verglichen zu den nationalen Aktiengesellschaften nach heutigem Stand viel ist.[133] Der europäische Gesetzgeber 29

123 Vgl. *Klöhn* RabelsZ 76 (2012) 276, 302.

124 *Bachmann* in: FS Hommelhoff, 2012, S. 21, 34.

125 Vgl. zB *Gebauer/Teichmann* in: Gebauer/Teichmann (Hrsg.), Europäisches Privat- und Unternehmensrecht, 2016, § 1 Rn. 24; *Menjucq* in: P. Jung (Hrsg.), Supranationale Gesellschaftsformen im Typenwettbewerb, 2011, S. 1, 10 ff., 13 ff., wobei der Autor davon ausgeht, dass das Verhältnis früher eher komplementär ausgestaltet war. *Müller-Graff* in: Müller-Graff/Teichmann (Hrsg.), Europäisches Gesellschaftsrecht auf neuen Wegen, 2010, S. 9, 34 sieht den Wettbewerb mit Blick auf die wirtschaftsordnungsrechtliche Relation als neutral an.

126 Zur gegenseitigen Beeinflussung von französischen Rechtsformen und europäischen Rechtsformen *Menjucq* in: P. Jung (Hrsg.), Supranationale Gesellschaftsformen im Typenwettbewerb, 2011, S. 1, 3 ff.

127 *Schön* CMLR 43 (2005) 331, 362 sieht die Möglichkeit eines vertikalen Wettbewerbs, wenn keine wahrhaft europäische Rechtsform geschaffen wird.

128 Vgl. *Bachmann* in: FS Hommelhoff, 2012, S. 21, 33 v.a. mit Blick auf den Einfluss auf deutsches Recht. *Menjucq* in: P. Jung (Hrsg.), Supranationale Gesellschaftsformen im Typenwettbewerb, 2011, S. 1, 7 ff. zum französischen Recht. *Klöhn* RabelsZ 76 (2012) 276, 300 sieht keinen Wettbewerb und führt dies auf eine nicht ausreichende „Trennung der Entscheidungsebenen beider Gesetzgeber" zurück.

129 Es wird auch diskutiert, ob die Übernahme von Regelungskonzepten europäischer Rechtsformen durch nationale Gesetzgeber nicht auf den Wettbewerbsdruck zurückzuführen sind, sondern „aus freien Stücken" erfolgen. Vgl. dazu *Bachmann* in: FS Hommelhoff, 2012, S. 21, 33.

130 Bei einem *race to the top* wird angenommen, dass der Wettbewerb das für alle Seiten effizienteste Gesellschaftsrecht hervorbringen wird.

131 Bei einem *race to the bottom* wird angenommen, dass der Wettbewerb zu einer immer weiteren Absenkung vor allem der gläubiger- und arbeitnehmerschützenden Vorschriften führt.

132 Ähnlich auch *Fleischer* CMLR 2010, 1671, 1703.

133 In diesem Zusammenhang ist allerdings auch zu bedenken, dass das Mindestkapital vor Einführung der SE zT höher lag. So musste eine börsennotierte französische SA vor 2009 ein Mindestkapital von 225.000 EUR aufbringen. Bis 2014 betrug auch das Mindestkapital der italienischen SA 120.000 EUR und wurde ursprünglich in Anlehnung an die SE in dieser Höhe festgelegt. Umgekehrt liegt das Mindestkapital einer spanischen S. A. bei 60.000 EUR, wobei zu berücksichtigen ist, dass Spanien bis zum Eintritt in die EWG gar kein gesetzliches Mindestkapital kannte. Spanien musste dann aufgrund der ehemaligen Kapital-RL ein Mindestkapital einführen. Die

macht sich sogar häufig umgekehrt Hoffnungen darauf, dass der vertikale Wettbewerb iSe. *race to the top* den Ideenwettbewerb um ein möglichst innovatives Gesellschaftsrecht befeuert.[134]

30 Der europäische Gesetzgeber hofft wohl oftmals auch, durch das 28 + 1 System einen gewissen Harmonisierungseffekt zu erzielen.[135] Die europäische Rechtsform soll insofern Anreize für die Mitgliedstaaten setzen, sich in die gleiche Richtung wie die supranationale Rechtsform zu entwickeln (*from bottom to top*).[136] So soll die europäische Rechtsform zur Harmonisierung beitragen, ohne wie die Richtlinie direkt ins mitgliedstaatliche Recht einzugreifen. Ein entsprechender Effekt ist bislang mit Blick auf die europäischen Rechtsformen jedoch nicht offensichtlich. Die SCE-Verordnung führte zwar zu einer Reform des Genossenschaftsrechts in Deutschland, allerdings nicht in anderen Ländern,[137] so dass auch kein Harmonisierungseffekt eintreten konnte.

31 Der durch die supranationalen Rechtsformen hervorgerufene vertikale Wettbewerb wird zudem teilweise nicht nur als Wettbewerb um die beste materielle Ausgestaltung von Rechtsformen, sondern auch als Wettbewerb zwischen verschiedenen **Regelungsebenen** (der nationalen und europäischen Ebene) angesehen.[138]

2. Indirekter horizontaler Wettbewerb

32 Der Begriff „horizontaler Wettbewerb" bezeichnet normalerweise den Wettbewerb der nationalen Rechtsordnungen untereinander. Insofern steht zB die französische SARL (dazu § 13 Rn. 246 ff.) in Wettbewerb zur deutschen GmbH und zur italienischen s.r.l. (dazu § 14 Rn. 399 ff.). Dieser Wettbewerb wurde durch die Rechtsprechung des EuGH zur Niederlassungsfreiheit verschärft bzw. überhaupt erst (erneut) in Gang gebracht (dazu § 10 Rn. 99 ff.).[139] Nach dem hier dargelegten Verständnis führen supranationale Rechtsformen allerdings zu einem indirekten horizontalen Wettbewerb.[140] Das liegt an der Tatsache, dass die bisherigen supranationalen Rechtsformen auch mit Blick auf das Gesellschaftsrecht keine sog „Vollstatute" darstellen. Vielmehr nimmt das europäische Recht mit Blick auf mehr oder weniger Aspekte Rückgriff auf das nationale Recht. Das subsidiär anwendbare Recht bestimmt sich nach dem Registersitz. Wo Unternehmer daher eine europäische Rechtsform registrieren, kann somit ua auch von der Attraktivität des subsidiär anwendbaren Rechts abhängen. Insofern stehen die Mitgliedstaaten untereinander in einem regulativen Wettbewerb um die Ansiedlung der europäischen Rechtsform.[141] Da es hier um einen Wettbewerb der Mitgliedstaaten untereinander mit Blick auf die supranationale Rechtsform geht, wird hier der Begriff „indirekter horizontaler Wettbewerb" gewählt.[142] Eingeschränkt wird der indirekt horizontale Wettbewerb bei den bestehenden europäischen Rechtsformen allerdings dadurch, dass sie eine Aufspaltung von Register- und Verwaltungssitz auf unterschiedliche Mitgliedstaaten unterbinden (SE und SCE) bzw. einschränken (EWIV). Auch ein zu geringer Kenntnisstand der potenziellen Nutzer mag dem indirekten horizontalen Wettbewerb entgegenstehen.[143]

33 Die Intensität des indirekten horizontalen Wettbewerbs hängt auch davon ab, ob die jeweilige Verordnung auf das Recht der vergleichbaren nationalen Rechtsform verweist oder ob die Mitgliedstaaten den Aspekt durch die Ausführungsgesetze regeln können. Im letzteren Fall ist dann noch entscheidend, ob der nationale Gesetzgeber eine Regelung unabhängig vom nationalen Recht treffen kann oder ob er die europäische Rechtsform insofern nicht gegenüber der nationalen diskriminieren darf. Verweise auf die vergleichbare Rechtsform führen dazu, dass der Mitgliedstaat das Recht dieser Gesellschaftsform ändern müsste, was weitreichendere Konsequenzen hat, als ein Ausführungsgesetz entsprechend zu gestalten. In diesem Fall ist dann zudem kaum festzustellen, ob diese Anpassung aufgrund des horizontalen Wettbewerbs oder des indirekt horizontalen Wettbewerbs vorge-

Absenkung des Mindestkapitals in anderen Ländern lässt sich auch nicht direkt auf die SE zurückführen, sondern wird zumindest zu einem guten Teil auch durch den horizontalen Wettbewerb bedingt sein.

134 Dazu mit Blick auf die SPE *Bachmann* in: FS Hommelhoff, 2012, S. 21, 23.

135 So mit Blick auf die SCE Europäische Kommission, KOM(2004) 18 endgültig, S. 17.

136 *Klöhn* RabelsZ 76 (2012) 276, 303 geht darauf unter dem Stichwort „Defensivwettbewerb" ein.

137 *Fici*, Pan-European Cooperative Law: Where Do We Stand?, Euricse Working Paper No. 47/13 (2013), S. 9.

138 Vgl. *Fleischer* CMLR 2010, 1671, 1702, *Röpke/Heine* JbJZW 2004, 265, 277 ff.; *Klöhn* RabelsZ 76 (2012) 276, 283; s. auch *Bachmann* in: FS Hommelhoff, 2012, S. 21, 37, der auch näher auf die Voraussetzungen für so einen Wettbewerb eingeht. Kritisch allgemein mit Blick auf den vertikalen Wettbewerb *Leible* RabelsZ 76 (2012) 374, 390.

139 Im späten 19. und frühen 20. Jahrhundert gab es auch ohne unmittelbare Konkurrenzsituation einen Wettbewerb um die besten/attraktivsten Gesellschaftsformen, der zB dazu geführt hat, dass sich die deutsche GmbH von 1892 international stark verbreitete.

140 *Fleischer* CMLR 2010, 1671, 1701 spricht insofern von „Type I vertical competition"; vgl. auch *ders.* AcP 204 (2004) 502, 510 f.; *Bachmann* in: FS Hommelhoff, 2012, S. 21, 35 führt insofern aus, dass die supranationalen Rechtsformen als „Katalysator des horizontalen Regelwettbewerbs" fungieren; *Klöhn* RabelsZ 76 (2012) 276, 305 spricht von einem horizontalen Wettbewerb.

141 Vgl. *Bachmann* in: FS Hommelhoff, 2012, S. 21, 35 mit Blick auf die SE.

142 Vgl. *Fleischer* CMLR 2010, 1671, 1701. Dieser spricht in diesem Zusammenhang zwar von „Type I vertical competition", gleichzeitig aber auch vom „catalyzing effect on horizontal competition".

143 *Leible* RabelsZ 76 (2012) 374, 391.

nommen wird. Regelmäßig wirkt insofern wohl der horizontale Wettbewerb stärker, obwohl auch Multikausalität vorliegen kann. Empirisch ist es daher schwer, den indirekt horizontalen Wettbewerb nachzuweisen.[144]

3. Beispiele für den Wettbewerb

34 Interessant zu sehen ist, ob sich die Auswirkungen des Wettbewerbs konkret zeigen lassen. Innovativ war mit Blick auf die Europäische Aktiengesellschaft zumindest aus deutscher Sicht beispielsweise, dass es die SE-Verordnung den Gründern überlässt, entweder eine monistische oder eine dualistische Struktur zu wählen (dazu § 4 Rn. 128 ff.). Dieses Modell wurde zunächst einmal bei der SCE ebenfalls übernommen. Insofern lässt sich eine **Horizontalwirkung** auf europäischer Ebene feststellen. In Italien stehen seit 2004 für nationale Aktiengesellschaften sogar drei verschiedene Organisationsmodelle zur Verfügung (dazu § 14 Rn. 190 ff.). Hier zeigt sich daher nicht nur der horizontale Einfluss eines gefundenen Kompromisses, sondern auch die vertikale Beeinflussung nationalen Rechts. Dabei ist die Option zweier Organisationsmodelle keine originär europäische Idee. In Frankreich stehen beide Organisationsmodelle für Aktiengesellschaften vielmehr seit 1966[145] zur Wahl. Insofern ist die Organisationsverfassung der SE gleichzeitig ein Beispiel dafür, wie nationales Recht europäisches Recht (vertikaler Wettbewerb) und dieses wiederum nationale bzw. europäische Regelungen inspirieren kann (vertikaler Wettbewerb).

35 Ebenso ließe sich in diesem Rahmen die EWIV anführen, die von der französischen *„groupement d'intérêt économique"* (GIE) inspiriert wurde[146] und deren Einführung wiederum zur Einführung nationaler EWIV führte (zB in Belgien, Luxemburg und Spanien).[147] Insofern stellt der vertikale Wettbewerb keine Einbahnstraße dar. Darüber hinaus hat die EWIV aber weder die anderen europäischen Rechtsformen besonders geprägt (keine Horizontalwirkung auf europäischer Ebene), noch großen Einfluss auf nationales Recht entfaltet. Die SCE-Verordnung enthält dagegen ebenfalls einige „innovative" Elemente, die zwar nicht auf europäischer Ebene, dafür aber vom deutschen Gesetzgeber aufgegriffen wurden (vertikaler Wettbewerb) (vgl. auch § 6 Rn. 7).[148] Die vom europäischen Gesetzgeber erhoffte Harmonisierung der nationalen Genossenschaftsrechte erreichte die SCE-Verordnung jedoch nicht.

144 Bei der SE konnte empirisch nicht festgestellt werden, dass Unternehmen ihren Registersitz mit Blick auf ein für sie günstiges *forum shopping* wählen. Vgl. *Eidenmüller/Engert/Hornruf* EBOR 10 (2009) 1, 1 ff. In diesem Zusammenhang ist zu bedenken, dass die SE die Sitzaufspaltung nicht ermöglicht, was die Sitzwahl einschränkt.

145 *Cozian/Viandier/Deboissy*, Droit des sociétés, 29. Aufl. 2016, Rn. 871; *Merle/Fauchon*, Sociétés commerciales, 19. Aufl. 2016, Rn. 496; *Le Cannu/Dondero*, Droit des sociétés, 6. Aufl. 2015, Rn. 808; *Germain/Magnier*, Les sociétés commerciales, 21. Aufl. 2014, Rn. 1891.

146 *Manz* in: Selbherr/Manz (Hrsg.), Kommentar zur EWIV, 1995, Vorb. Rn. 1; *Vague* RMC 1992, 403, 404; *Keutgen* Cahiers de droit européen 1987, 492, 493; *Murphy* Vand. J. Transnat'l L. 23 (1990) 65, 67; *Guyenot* Fiscalité Européenne 1986, 49, 51; *Kerr* BYU L. Rev. 1990, 1743, 1745 f.; *Schwarz*, Europäisches Gesellschaftsrecht, 2000, Rn. 968; *Lenz*, Die EWIV mit Sitz in der BRD vor Eintragung, 1997, S. 37, 44; *Wöbke/Danckwerts* DB 1994, 413, 413; *Stolowy* J.B.L. 2013, 598, 599 ff.; *Bisacre* EBLR 1999, 340, 341; *Lall* BTR 1993, 134, 136; *Köhl*, Einfluss der EWIV, 2001, S. 12, 18; *Rübesamen*, Die EWIV im deutschen und europäischen Wettbewerbsrecht, 1995, S. 15; *Hatzig*, Die EWIV, 1990, S. 1.

147 *Rinze*, Die Europäische wirtschaftliche Interessenvereinigung im Unternehmensverbund, 1996, S. 25. Zur Einführung in den genannten Ländern *Rechenberg* ZGR 1992, 299, 312. Speziell zur Einführung in Belgien *Lodomez*, Les groupements d'intérêt économique, 1989, S. 30 f.

148 BT-Drs. 16/1025, S. 1, 52 zieht explizit eine Verbindung zwischen der SCE und der Reform des Genossenschaftsrechts in Deutschland. Der deutsche Gesetzgeber befürchtete anderenfalls Wettbewerbsnachteile. Zum Einfluss innovativer Elemente auch *Fleischer* CMLR 2010, 1671, 1699.

36 Mögliche Wechselwirkungen sollen in der folgenden Graphik zusammengefasst werden:

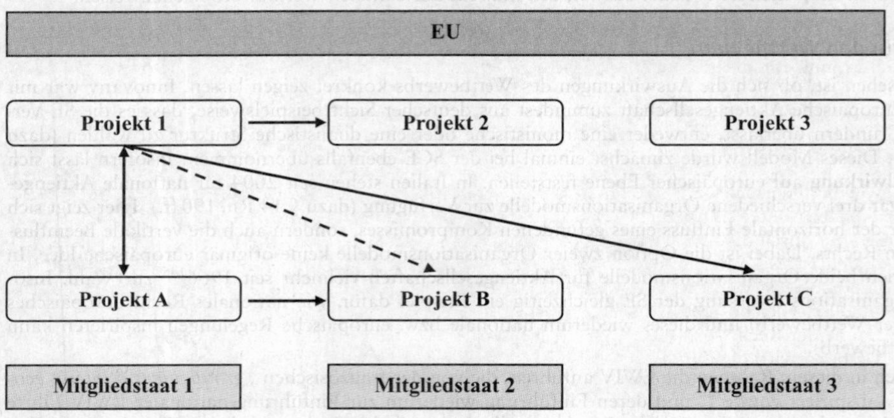

Abb. 1: Wettbewerb in der EU

IV. Vor- und Nachteile supranationaler Rechtsformen aus Sicht von Gründern

37 Mit Blick auf die supranationalen Rechtsformen werden viele Vor- und Nachteile angeführt, von denen einige bereits angeklungen sind und andere später noch näher erläutert werden. Der folgende Abschnitt dient dazu, einen Überblick über mögliche Vor- und Nachteile solcher Rechtsformen aus Sicht der Gründer zu geben. Dabei ist zu bedenken, dass es diesbezüglich durchaus Unterschiede zwischen den einzelnen Rechtsformen gibt.[149] Nicht betrachtet wird an dieser Stelle, wie sich dies zB auf die Mitgliedstaaten (zum Wettbewerb der Rechtsordnungen s. Rn. 26 ff.) oder andere Stakeholder (wie Arbeitnehmer und Gläubiger) auswirkt.[150] Auch die Ziele der EU selbst, wie die Vollendung des Binnenmarktes, sollen hier ausgeblendet werden.[151] Die Analyse aus Sicht dieser Parteien bedarf einer getrennten und vertieften Diskussion.

1. Vorteile

38 Abstrakt lassen sich die Vorteile, die supranationalen Rechtsformen aus Sicht der Gründer zugeschrieben werden, in verschiedene Kategorien aufteilen. Zum einen gibt es regulative Vorteile, die europäische Rechtsformen gegenüber ihrem nationalen Pendant aufweisen können. Zum anderen lassen sich Vorteile mit Blick auf den europäischen Charakter ausmachen. Welche Vorteile für Gründer sich im Einzelnen ergeben, hängt von der betrachteten Rechtsform ab (s. daher ebendort). Es lassen sich allerdings einige Grundstrukturen erkennen.[152]

39 Ganz generell lässt sich festhalten, dass supranationale Rechtsformen auf die **Erleichterung grenzüberschreitender Aktivitäten im Binnenmarkt** ausgerichtet sind (zur Funktion Rn. 23 f.). Sie bieten eine **einheitliche Rechtsform**, die in allen Mitgliedstaaten genutzt werden kann. Es geht somit darum, wirtschaftliche Aktivitäten im Binnenmarkt durch die „Zurverfügungstellung geeigneter Gesellschaftsformen infrastrukturell“[153] zu fördern. Durch das 28 + 1 System (s. Rn. 24) eröffnen europäische Rechtsformen den Unternehmen eine größere Wahlfreiheit.[154] Die bisher geschaffenen Rechtsformen sollen vor allem grenzüberschreitende Kooperationen/Joint Ventures sowie Umstrukturierungen erleichtern.[155] Mit Blick auf Kooperationen von in etwa gleich starken Partnern und Joint Ventures sind supranationale Rechtsformen geeignet, psychologische Hindernisse abzubau-

149 Zu den Vor- und Nachteilen der EWIV s. § 7 Rn. 246 ff., der SE s. § 4 Rn. 8 f., der SCE s. § 6 Rn. 329, der SPE s. § 5 Rn. 3 ff., der FE s. § 8 Rn. 103.

150 Zu Nachteilen aus Sicht anderer Akteure auch *Kalss/Klampfl*, Europäisches Gesellschaftsrecht, 2015, Rn. 552.

151 Ausführlich zum Leitgedanken „Gemeinsamer Markt“ *Teichmann*, Binnenmarktkonformes Gesellschaftsrecht, 2006, S. 236 ff.

152 Aufgrund der Fokussierung auf die grundlegenden Vorteile von europäischen Rechtsformen wird hier nicht auf alle Vorteile eingegangen, die zB lediglich eine spezielle Rechtsform schafft.

153 *Müller-Graff* in: Müller-Graff/Teichmann (Hrsg.), Europäisches Gesellschaftsrecht auf neuen Wegen, 2010, S. 9, 32.

154 *Habersack/Verse*, Europäisches Gesellschaftsrecht, 2011, § 4 Rn. 36.

155 Siehe zur EWIV: *Fleischer* CMLR 2010, 1671, 1674; *Habersack/Verse*, Europäisches Gesellschaftsrecht, 2011, § 12 Rn. 5; siehe zur SE: *Habersack/Verse*, Europäisches Gesellschaftsrecht, 2011, § 13 Rn. 4; siehe zur SCE: *Habersack/Verse*, Europäisches Gesellschaftsrecht, 2011, § 14 Rn. 2. *Müller-Graff* in: Müller-Graff/Teichmann

en, welche daraus entstehen können, dass ohne sie Gründer aus verschiedenen Ländern eine nationale Rechtsform wählen müssten.[156] Diese ist jedoch im Regelfall der Partei aus dem anderen Mitgliedstaat weniger bekannt.[157] Möchten diese Partner die Rechtsform in einem dritten Mitgliedstaat gründen, ist sogar keiner von ihnen mit der dortigen nationalen Gesellschaftsform vertraut. Eine europäische Rechtsform mag insofern einen tragfähigen Kompromiss für die Partner darstellen, da sie von den Parteien als „neutral" angesehen werden kann[158] und ihnen jeweils die Angst nehmen, durch die Wahl einer ihnen nicht bekannten Rechtsform einen Nachteil zu erleiden.[159]

Die diskutierte SPE und die SUP zielten dagegen vor allem auch auf eine einfachere Konzernstrukturierung im Binnenmarkt durch Tochtergesellschaften ab.[160] Unternehmen hätten durch einheitliche und bekannte Gründungsabläufe und eine mehrfach verwendbare Satzung **Gründungskosten** senken können.[161] Auch die Vereinheitlichung der konzernweiten internen Organisationsverfassungen hätte **Organisationsvorteile** bieten können.[162] Insofern waren durch die SPE weitere Kosteneinsparungen zu erwarten. Gerade Unternehmern aus kleineren Mitgliedstaaten ist es kaum möglich, auf dem europäischen Binnenmarkt mit ihrer eigenen nationalen Rechtsform zu agieren, selbst wenn diese formal „exportfähig" im Sinne der Zulässigkeit des Verwaltungssitzes im Ausland seien sollte. Gleiches gilt aber auch für größere Mitgliedstaaten wie Deutschland, da die Defizite, die aus der Akzeptanz der Rechtsform im Ausland resultieren, nicht durch rechtsformspezifische Vorteile aufgewogen werden. De facto wird die *limited* als einzige nationale Rechtsform auch im Ausland (noch) relativ stark genutzt, obwohl die Zahlen stark rückläufig sind.[163] 40

(Hrsg.), Europäisches Gesellschaftsrecht auf neuen Wegen, 2010, S. 9, 37 sieht die Erleichterung des transnationalen Zusammenwirkens als Ziel supranationaler Rechtsformen an.

156 Zur SE zB *Lutter* in: Lutter/Hommelhoff/Teichmann (Hrsg.), SE-Kommentar, 2. Aufl. 2015, Einl. SE-VO Rn. 38; *Casper* in: Spindler/Stilz (Hrsg.), AktG, Bd. 2, 3. Aufl. 2015, Vor Art. 1 SE-VO Rn. 20; *Schröder* in: Manz/Mayer/Schröder (Hrsg.), Europäische Aktiengesellschaft – SE, 2. Aufl. 2010, Teil A – Vorbemerkungen Rn. 80 f.; *Bachmann* ZEuP 2008, 32, 46 f.; kritisch *Siems* in: KK-AktG, Bd. 8 Teil 1, 3. Aufl. 2012, Vor. Art. 1 SE-VO Rn. 70. Zur SPE zB *Hellwig* in: Hommelhoff/Helms (Hrsg.), Neue Wege in die Europäische Privatgesellschaft, 2001, S. 89, 91; *Jung*, Die Societas Privata Europaea (SPE), 2009, S. 7; *Drury* in: Hirte/Teichmann (Hrsg.), The European Private Company – SPE, 2013, S. 33, 36; *ders.* EBOR 9 (2008) 125, 126; *Oplustil* in: Teichmann (Hrsg.), Europa und der Mittelstand, 2010, S. 109, 109 ff.; *Schumacher/Stadtmüller* GmbHR 2012, 682, 682 ff.; vgl. auch *Pläster*, Mitgliedschaftliche Treuepflicht in der GmbH, der Limited und im Statut der Europäischen Privatgesellschaft, 2013, S. 73.

157 Vgl. *Teichmann*, Binnenmarktkonformes Gesellschaftsrecht, 2006, S. 235.

158 *Fleischer* CMLR 2010, 1671, 1689 f.; zur Neutralität europäischer Rechtsformen auch *Kalss/Klampfl*, Europäisches Gesellschaftsrecht, 2015, Rn. 552.

159 Früher wurde insofern eingewandt, dass sich in der Praxis auch ohne europäische Rechtsformen keine Schwierigkeiten bei der grenzüberschreitenden Zusammenarbeit ergäben. Vgl. *Bärmann* AcP 160 (1961) 97, 103.

160 Vgl. *Hommelhoff* in: FS: Roth, 2011, S. 269, 269 sieht in der SPE ein geeignetes Instrument zur Strukturierung von Tochtergesellschaften, siehe auch S. 273 zur SPE als Konzerntochter und die SE als Konzernmutter; *Teichmann* RIW 2010, 120 120 ff.; *Teichmann* in: Hirte/Teichmann (Hrsg.), The European Private Company, 2013, S. 71, 76; *Cathiard* Journal des Sociétés 2009, 60, 60; *Kalss/Klampfl*, Europäisches Gesellschaftsrecht, 2015, Rn. 620; *Drury* in: Alonso Ledesma/Alonso Ureba/Velasco (Hrsg.), La modernización del derecho de sociedades de capital en España, T. I, 2011, S. 37, 40; *Bachmann* in: FS Hommelhoff, 2012, S. 21, 22; vgl. auch *Siems/Herzog/Rosenhäger* Butterworths Journal of International Banking and Financial Law 2009, 247, 248. Zu dieser Zielgruppe und zur Abgrenzung zur SE als Muttergesellschaft *Münch/Franz* BB 2010, 2707, 2711; *Hommelhoff/Teichmann* DStR 2008, 925, 925 ff. sehen die SPE als Tochtergesellschaft und genau das Gegenstück zur SE (siehe S. 926).

161 Vgl. *Hommelhoff/Teichmann* DStR 2008, 925, 926; *Hommelhoff* in: Hommelhoff/Schubel/Teichmann (Hrsg.) SPE, 2014, S. 23, 26; *Lehne* GmbHR 2008, R257, R257 f.; *Martens*, Managementstrukturen in der SPE, 2013, S. 23; *Rolfes*, Wettbewerb der Gesellschaftsformen, 2013, S. 139; *Pläster*, Mitgliedschaftliche Treuepflicht in der GmbH, der Limited und im Statut der Europäischen Privatgesellschaft, 2013, S. 59, 60; *Neye* in: FS Hüffer, 2010, S. 717, 717; *Hopt* EuZW 2008, 513, 513; *Omlor*, JbJZW 2010, 303, 305; *Bachner/Lemanska/Horwarth* Ecolex 2008, 824, 824; *van den Braak* Utrecht L. Rev. 6 (2010) 1, 1 ff. 28% der befragten Unternehmensgruppen rechneten mit Kosteneinsparungen von mehr als 10.000 EUR. Kommission, Antwortstatistik, 2007, S. 7. Allgemein zu supranationalen Rechtsformen Feedback Statement, Summary of Responses to the Public Consultation on the Future of European Company Law, 2012, Frage 9.

162 Vgl. *Hommelhoff/Teichmann* DStR 2008, 925, 926; *Pläster*, Mitgliedschaftliche Treuepflicht in der GmbH, der Limited und im Statut der Europäischen Privatgesellschaft, 2013, S. 71 f.; Generell zu den Vorteilen von einheitlichen Satzungen in Konzernen Whincop, An empirical analysis of the standardisation of corporate charter term: opting out of the duty of care, International Review of Law and Economics, S. 307.

163 Zum Anstieg der Gründungszahlen aufgrund der EuGH-Rechtsprechung *Becht/Mayer/Wagner* Journal of Corporate Finance 14 (2008) 241, 241 ff.; die Studie der zuvor genannten Autoren aufgreifend *Kahnert*, Rechtsetzung im Europäischen Gesellschaftsrecht – Harmonisierung, Wettbewerb, Modellgesetze, 2012, S. 166 f.; vgl. auch *Klöhn* RabelsZ 76 (2012) 276, 289 ff. Zu den rückläufigen Gründungszahlen vgl. *Niemeier* ZIP 2007, 1794, 1800; auf der Studie aufbauend *Kahnert*, Rechtsetzung im Europäischen Gesellschaftsrecht – Harmonisierung, Wettbewerb, Modellgesetze, 2012, S. 169.

41 Die SE hingegen eignet sich als Instrument für eine Muttergesellschaft, da sie sich gut als Holding bzw. Konzernspitze (auch Teilkonzernspitze) für Unternehmen, die im europäischen Binnenmarkt agieren, einsetzen lässt.[164] Sie kann auch für eine Konsolidierung von Tochtergesellschaften in einer SE genutzt werden, die daraufhin mit Niederlassungen agiert (s. § 4 Rn. 8).[165]

42 Zu den Vorteilen zählt mit Blick auf die SE und die SCE[166] zudem das **europäische Label** (dazu auch Rn. 130 ff.), welches der EWIV im Gegenzug nicht vollumfänglich gewährt wurde (dazu Rn. 130).[167] Der SPE und der FE sollte ebenfalls eine EU-weit einheitliche Bezeichnung gewährt werden. Gleiches galt nach dem Vorschlag der Europäischen Kommission sogar für die SUP.[168] Das europäische Label ist gleich in mehrfacher Hinsicht aus Unternehmersicht interessant. Zum einen kann sich ein Unternehmen dadurch einen „europäischen" Anstrich geben. Durch das europäische Label kann ein Unternehmen weniger national geprägt erscheinen und positive Effekte mit Blick auf seine Außendarstellung erreichen.[169] Hinzu kommt, dass der Unternehmer durch das europäische Label in jedem Mitgliedstaat agieren kann, ohne direkt als „ausländische" Gesellschaftsform bewertet zu werden.[170] Dritte sollen darauf vertrauen, dass die EU angemessene Regeln schafft.[171]

43 Neben den genannten Vorteilen können sich aus Gründersicht auch einige positive Effekte aus den **regulativen Unterschieden** zu den nationalen Rechtsformen ergeben. So ist es beispielsweise allen supranationalen Rechtsformen möglich, ihren Sitz innerhalb der EU frei zu verlegen. Die Verordnungen enthalten dazu jeweils gewisse Vorgaben (vgl. Rn. 84). Dies gibt ihnen Bewegungsfreiheit im Binnenmarkt.[172] Für nationale Gesellschaften ist dies aufgrund der noch nicht erlassenen Sitzverlegungsrichtlinie trotz der EuGH-Rechtsprechung in der praktischen Durchführung immer noch schwierig (zum Projekt § 32),[173] obwohl zumindest andere Formen der Mobilität erleichtert wurden, zB durch die ehemalige grenzüberschreitende Verschmelzungs-RL (dazu § 24, jetzt Teil der Kodifizierungs-RL). Zukünftig könnte jedoch auch die Sitzverlegung nationaler Rechtsformen leichter werden. Denn insofern hat die Kommission in 2018 einen erneuten Vorstoß gewagt.[174]

44 Mit Blick auf die SE wird zB aus deutscher Sicht die Flexibilität bzgl. der Organisationsstruktur positiv hervorgehoben.[175] Denn die SE darf im Gegensatz zur deutschen AG zwischen einer **monistischen und einer dualistischen Struktur** wählen. Aus deutscher Unternehmersicht mögen die Regeln zur **Arbeitnehmermitbestimmung**

164 *Schröder* in: Manz/Mayer/Schröder (Hrsg.), Europäische Aktiengesellschaft – SE, 2. Aufl. 2010, Teil A – Vorbemerkungen Rn. 78; vgl. auch *Lutter* in: Lutter/Hommelhoff/Teichmann (Hrsg.), SE-Kommentar, 2. Aufl. 2015, Einl. SE-VO Rn. 32.

165 Ernst&Young, Study on the operation and the impacts of the Statute for a European Company (SE) – 2008/S 144-192482, S. 225, die darauf aufmerksam macht, dass dies besonders für die Finanz- und Versicherungsbranche interessant ist. Auf Kosteneinsparungen einer Konsolidierung von Tochtergesellschaften zu unselbstständigen Niederlassungen hinweisend *Lutter* in: Lutter/Hommelhoff/Teichmann (Hrsg.), SE-Kommentar, 2.Aufl. 2015, Einl. SE-VO Rn. 40. Auf eine bessere Kontrolle und hiermit eines effizienteren Managements aufmerksam machend *Kallmeyer* AG 2003, 197, 202.

166 Wobei bezüglich der SCE aufgrund des möglichen Zusatzes „mit beschränkter Haftung" insofern eine Einschränkung besteht. Vgl. Rn. 131.

167 Zur Bezeichnung der EWIV s. näher unter § 7 Rn. 73 ff.

168 Im Laufe des Richtliniengebungsprozesses wurde allerdings die Idee einer zusätzlichen Länderkennung verstärkt diskutiert. S. dazu § 9 Rn. 71.

169 Zu positiven Imageeffekten Feedback Statement, Summary of Responses to the Public Consultation on the Future of European Company Law, 2012, Frage 9; mit Blick auf die SE: Ernst&Young, Study on the operation and the impacts of the Statute for a European Company (SE) – 2008/S 144-192482, S. 210 ff. *Kalss/Klampfl*, Europäisches Gesellschaftsrecht, 2015, Rn. 552 sprechen von einem "außenwirksamen Branding einer europäischen Marke". *Habersack/Verse*, Europäisches Gesellschaftsrecht, 2011, § 4 Rn. 35 geben an, dass durch supranationale Rechtsformen Reputationsnachteile, die bei der Verwendung einer nationalen Rechtsform bestehen, vermieden werden sollen. Vgl. zur SE *Eidenmüller/Engert/Hornuf* AG 2009, 845, 847. Bei der Befragung wurde das Image als wichtigster Grund genannt. Mit Blick auf die SPE: *Oplustil* in: Teichmann (Hrsg.), Europa und der Mittelstand, 2010, S. 109, 120 spricht von Marketing- und Prestigewirkung; *Siems/Herzog/Rosenhäger* Butterworths Journal of International Banking and Financial Law 2009, 247, 249 gebrauchen den Begriff Marketingvorteil. *Wagner* AnwBl 2009, 409, 414 merkt an, dass es sich dabei „um einen bloßen „Soft"-Faktor" handelt.

170 *Eidenmüller/Engert/Hornuf* AG 2009, 845, 847 führen mit Blick auf die SE aus, dass diese „die nationale Herkunft einer Gesellschaft bzw. eines Konzerns in den Hintergrund treten lassen dürfte".

171 Genau dieser Aspekt ist aus Sicht der Dritten umso problematischer, je mehr Verweise die entsprechende Verordnung auf nationales Recht enthält; vgl. zum Aspekt des Vertrauens auch *Habersack* ZIP 2006, 445, 447.

172 Die Sitzverlegung als Vorteil nennend: Feedback Statement, Summary of Responses to the Public Consultation on the Future of European Company Law, 2012, Frage 9; *Kalss/Klampfl*, Europäisches Gesellschaftsrecht, 2015, Rn. 552. Mit Blick auf die SE: Ernst&Young, Study on the operation and the impacts of the Statute for a European Company (SE) – 2008/S 144-192482, S. 212 ff. *Wagner* AnwBl 2009, 409, 413 weist darauf hin, dass dieser Vorteil bei der SE dadurch eingeschränkt wird, dass die Sitzaufspaltung verboten ist.

173 *Grundmann*, Europäisches Gesellschaftsrecht, 2011, Rn. 1037.

174 European Commission, Proposasl for a Directive of the European Parliament and of the Council amending Directive (EU) 2017/1132 as regards cross-border conversions, mergers and divisions, COM(2018) 241 final.

175 Vgl. *Lutter* in: Lutter/Hommelhoff/Teichmann (Hrsg.), SE-Kommentar, 2. Aufl. 2015, Einl. SE-VO Rn. 34; *Schröder* in: Manz/Mayer/Schröder (Hrsg.), Europäische Aktiengesellschaft – SE, 2. Aufl. 2010, Teil A – Vorbe-

zudem als Vor- oder Nachteil angesehen werden. In jedem Fall erlaubt die SE ein „Einfrieren" der Arbeitnehmermitbestimmung (s. § 4 Rn. 8), was von vielen deutschen Gründern wohl als bedeutender Vorteil der SE angesehen wurde.[176] Außerdem eröffnet die SE auch Spielräume bezüglich der Größe des Aufsichtsrats.[177] Die SCE kennt der SE vergleichbare Regeln zur Arbeitnehmermitbestimmung (dazu § 6 Rn. 1). Im Hinblick auf die SCE erkannte der deutsche Gesetzgeber, dass die europäische Rechtsform im Verhältnis zur deutschen Genossenschaft regulative Vorteile bieten würde, wie zB die Möglichkeit investierender Mitglieder. Aus diesem Grund reformierte der deutsche Gesetzgeber im Zuge der Einführung der SCE das deutsche Genossenschaftsrecht, um es ebenfalls attraktiver auszugestalten.

Supranationale Rechtsformen können zudem als „rechtlich stabil" angesehen werden. In den Mitgliedstaaten 45
können Regierungswechsel leichter zu Reformen führen, die dann Handlungsbedarf bei den Gesellschaften erzeugen oder schlimmstenfalls sogar nachträglich die gewählte Rechtsform als ungünstig erscheinen lassen. Auf europäischer Ebene ist es aufgrund der erforderlichen Mehrheitserfordernisse so, dass Änderungen nur sehr selten (wenn überhaupt) vorgenommen werden. Dies bietet Planungssicherheit bzgl. des europäischen Rechtsrahmens. Spiegelbildlich stellt dies jedoch auch einen Nachteil dar, da europäische Rechtsformen umgekehrt nicht flexibel sind und nur schwer modernisiert werden können.

2. Nachteile

Die Liste der mit Blick auf supranationale Rechtsformen vorgetragenen Problembereiche ist lang. Teilweise 46
wird sogar die Sinnhaftigkeit supranationaler Rechtsformen an sich in Zweifel gezogen (zur Funktionsweise und damit Sinn und Zweck bereits Rn. 23 f.).[178] Insbesondere in Bezug auf die SCE wird der mangelnde Bedarf an einer solchen Rechtsform angeführt,[179] was die geringen Gründungszahlen zu belegen scheinen (dazu bereits Rn. 13). Dadurch wird jedoch nicht in Frage gestellt, dass europäische Rechtsformen (je nach Ausgestaltung) grundsätzlich vorteilhaft sein können.[180] Gerade der Fall der SCE zeigt jedoch, dass es nicht unbedingt sinnvoll ist, alle nationalen Varianten auf europäischer Ebene abzubilden. Vielmehr sollten nur solche Rechtsformen geschaffen werden, für die auch ein konkreter Bedarf besteht (wie zB für die SPE).[181] Die EU versucht, dies durch vorherige *impact assessments* (Gesetzesfolgenabschätzungen) sicherzustellen, wobei diese allerdings von der Kommission selbst erstellt und lediglich durch das *Regulatory Scrutiny Board* (Ausschuss für Regulierungskontrolle) überprüft werden.[182]

Die Kritik bezüglich supranationaler Rechtsformen richtet sich im Allgemeinen jedoch auf die konkrete Ausge- 47
staltung und zwar sowohl mit Blick auf die regelungstechnische Systematik (dazu Rn. 86 ff.) als auch mit Blick auf die inhaltliche Ausgestaltung (dazu Rn. 9 ff.).

So wird bei allen verabschiedeten Rechtsformen die **Komplexität der Regelungstechnik** (zur Regelungstechnik 48
Rn. 86 ff.) und die erzeugte **Rechtszersplitterung** (Rückgriff auf nationales Recht) als Hauptkritikpunkt ange-

---

merkungen Rn. 84; *Lutter/Bayer/Schmidt*, Europäisches Unternehmens- und Kapitalmarktrecht, 2017, Rn. 45.94. Vgl. auch die Befragung von *Eidenmüller/Engert/Hornuf* AG 2009, 845, 847 ff., dort wurde die Wahl bzgl. der Organisationsverfassung als zweitwichtigster Vorteil genannt. Allgemein Ernst&Young, Study on the operation and the impacts of the Statute for a European Company (SE) – 2008/S 144-192482, S. 224 f.

176 *Eidenmüller/Engert/Hornuf* AG 2009, 845, 847 ff.; *von Rosen* in: FS Hopt, 2010, S. 1245, 1252; *Grundmann*, Europäisches Gesellschaftsrecht, 2011, Rn. 1038 führt aus, dass die diesbezügliche Flexibilität für deutsche Unternehmen ganz oben steht. *Casper* in: Spindler/Stilz (Hrsg.), AktG, Bd. 2, 3. Aufl. 2015, Vor Art. 1 SE-VO Rn. 20; *Brandes* ZIP 2008, 2193, 2193 f.; *Wollberg/Banerjea* ZIP 2005, 277, 282.

177 Zur Größe des Aufsichtsrats *Lutter* in: Lutter/Hommelhoff/Teichmann (Hrsg.), SE-Kommentar, 2. Aufl. 2015, Einl. SE-VO Rn. 41; *Schröder* in: Manz/Mayer/Schröder (Hrsg.), Europäische Aktiengesellschaft – SE, 2. Aufl. 2010, Teil A – Vorbemerkungen Rn. 83; *Kahnert*, Rechtsetzung im Europäischen Gesellschaftsrecht, 2012, S. 155.

178 Dies zeigt eine Antwortstatistik der Kommission, nach der ein erheblicher Prozentsatz der Befragten keinen Vorteil in supranationalen Rechtsformen sah. Feedback Statement, Summary of Responses to the Public Consultation on the Future of European Company Law, 2012, Frage 9. Vgl. auch *Deckert* RabelsZ 64 (2000) 478, 494 f., die zwar ein Bedürfnis für eine Rechtsform für KMU sieht, den Mehrwert der EWIV und der SE allerdings anzweifelt. Positiv aus rechtspolitischer Sicht *Habersack/Verse*, Europäisches Gesellschaftsrecht, 2011, § 4 Rn. 36; trotz negativer Bewertungen der bestehenden Rechtsformen einen Bedarf an supranationalen Rechtsformen anerkennend *Ehricke* RabelsZ 64 (2000) 497, 501.

179 Kein Bedarf ist einer der Hauptgründe, die SCE nicht zu wählen, s. Cooperative Europe/Euricse/Ekai, Study on the implementation of the Regulation 1435/2003 on the Statute for European Cooperative Society – Part 1, 2010, S. 28.

180 So zB *Ehricke* RabelsZ 64 (2000) 497, 501, der trotz negativer Bewertungen der bestehenden Rechtsformen einen Bedarf an supranationalen Rechtsformen anerkennt.

181 So *Fleischer* CMLR 2010, 1671, 1687 f., der dafür auch ökonomische Gründe wie die Opportunitätskosten des Regelungsgebers und Kosten der Gesetzgebung anführt. Der Autor gibt auch an, dass aus diesem Grund die Vorschläge für den Europäischen Verein und die Europäische Gegenseitigkeitsgesellschaft zurückgezogen wurden.

182 Zu impact assessments in der EU allgemein *Meuwese*, Impact Assessment in EU Lawmaking, 2008; *Renda*, Impact Assessment in the EU, 2006.

führt (dazu und zu möglichen Lösungsansätzen s. näher unter Rn. 103).[183] Daraus resultieren Kosten für die Rechtsanwender.[184] Hinzu kommt die Rechtsunsicherheit, die aus der Komplexität und Rechtszersplitterung resultiert und durch die parallele Anwendbarkeit nationalen Rechts verschiedener Mitgliedstaaten hervorgerufen wird.[185] Rechtsunsicherheit ergibt sich jedoch auch aus der Tatsache, dass es sich zunächst um neue Rechtsformen handelt. Im Regelfall sollte die Rechtsunsicherheit mit der Zeit aber abnehmen. Bei europäischen Rechtsformen dauert dieser Prozess jedoch länger, da entsprechende Fälle erst einmal bis zum EuGH gelangen müssen, um von ihm dann verbindlich beurteilt werden zu können.

49 Inhaltlich wird regelmäßig der **grenzüberschreitende Bezug** (dazu Rn. 143) als Hindernis zur Nutzung der Rechtsform genannt. Aus diesem Grund wollte die Europäische Kommission für die SPE keinen grenzüberschreitenden Bezug vorsehen.[186] Im Gesetzgebungsprozess wurde dann jedoch ein „schwacher" grenzüberschreitender Bezug diskutiert.[187] Mit Blick auf die SE werden auch die **beschränkten Gründungsmöglichkeiten** kritisch gesehen, vor allem das Fehlen der Möglichkeit der Neugründung.[188] Die SE und die SCE gestatten zudem die Sitzaufspaltung nicht,[189] während die EWIV ihren Mitgliedern insofern eine gewisse Flexibilität gewährt (vgl. zur EWIV § 7 Rn. 101, dazu auch näher unter Rn. 155 ff.). Dafür wird bei der EWIV die **unbeschränkte und gesamtschuldnerische Haftung** als Problem gesehen.[190] Es ließen sich an dieser Stelle weitere Beispiele mit Blick auf die einzelnen Rechtsformen nennen. Gemein ist den genannten Nachteilen, dass sie entweder den Zugang zur supranationalen Rechtsform erschweren (wie der grenzüberschreitende Bezug) oder sich aus Sicht der Gründer regulative Nachteile gegenüber der vergleichbaren nationalen Rechtsform ergeben.

D. Abgrenzung von europäischen zu hybriden und nationalen Rechtsformen[191]

50 Bislang wurde ohne Differenzierung von „europäischen"/„supranationalen" und „nationalen" Rechtsformen gesprochen. Allerdings stellt sich insofern die Frage der Abgrenzung. Hier wird zudem dafür plädiert, eine weitere Kategorie, die sog **„hybriden" Rechtsformen**, anzuerkennen (zur Begründung Rn. 73 ff.). Die von der Kommission vorgeschlagene SUP, die Ein-Personen-Gesellschaft (s. § 9), ist ein gutes Beispiel dafür, dass die Abgrenzung von europäischen und nationalen Rechtsformen nicht so einfach ist, wie es auf den ersten Blick erscheint. Zudem verdeutlicht sie auch den Bedarf für ein Tertium bei der Kategorisierung, wobei Hybride zwischen nationalen und europäischen Rechtsordnungen stehen. Denn die Kommission betont, dass es dabei um die Einführung einer „nationale Gesellschaftsform"[192] geht. In Beiträgen und Stellungnahmen wurde dagegen häufig

183 Feedback Statement, Summary of Responses to the Public Consultation on the Future of European Company Law, 2012, Frage 10. Vgl. Auch *Csehi* in: P. Jung (Hrsg.), Supranationale Gesellschaftsformen im Typenwettbewerb, 2011, S. 17, 23 f. Mit Blick auf die SE: Ernst&Young, Study on the operation and the impacts of the Statute for a European Company (SE) – 2008/S 144-192482, S. 242 f. Zu möglichen Vorteilen der Verweistechnik *Fleischer* CMLR 2010, 1671, 1712 f.

184 Vgl. zB *Hommelhoff* AG 2001, 279, 285 zur SE.

185 Feedback Statement, Summary of Responses to the Public Consultation on the Future of European Company Law, 2012, Frage 10.

186 Siehe *Lutter/Bayer/Schmidt*, Europäisches Unternehmens- und Kapitalmarktrecht, 2017, Rn. 47.20; *Teichmann* in: MüHdB GesR, Bd. 6, 2013, § 50 Rn. 21; vgl. auch *J. Schmidt* EWS 2008, 455, 457; *Lecourt*, Revue des sociétés 2008, 684 (zitiert nach dalloz.fr., daher keine konkrete Seitenangabe) und *Dammann/Weber-Rey* BJS 2008, § 157, 811, 812 zum fehlenden grenzüberschreitenden Bezug.

187 Zur leichten Erfüllbarkeit des diskutierten grenzüberschreitenden Bezugs *Bobrzyński/Oplustil* in: Hirte/Teichmann (Hrsg.), The European Private Company, 2013, S. 129, 137.

188 Dies als Einschränkung der gesellschaftsrechtlichen Gründungsfreiheit ansehend: *Hommelhoff* AG 2001, 279, 280; *Lutter/Bayer/Schmidt*, Europäisches Unternehmens- und Kapitalmarktrecht, 2017, Rn. 45.34; *Casper* in: Spindler/Stilz (Hrsg.), AktG, Bd. 2, 3. Aufl. 2015, SE-VO Art. 3 Rn. 3; *Oechsler/Mihaylova* in: MüKo AktG, Bd. 7, 4. Aufl. 2017, SE-VO Art. 2 Rn. 2 ff.

189 Zur SE siehe Art. 7 S. 1 SE-VO; umgekehrt gesehen statuiert die SE-VO damit ein Kopplungsverbot. Vgl. zur Thematik *Lutter/Bayer/Schmidt*, Europäisches Unternehmens- und Kapitalmarktrecht, 2017, Rn. 45.14; *Habersack* in: Bergmann ua (Hrsg.), 10 Jahre SE, 2015, S. 9, 24; *Casper/Weller* NZG 2009, 681, 682, zudem kritisch zur Sitzkoppelung. Zur SCE siehe Art. 6 SCE-VO; vgl. dazu *Habersack/Verse*, Europäisches Gesellschaftsrecht, 2011, § 14 Rn. 7.

190 Zur abschreckenden Wirkung *Böhringer* BWNotZ 1990, 129, 133; *Cathiard*, La pratique du droit européen des sociétés, 2017, Rn. 766; *Kelly et al.*, European Economic Interest Groupings, 1990, S. 4 nennt die unbeschränkte Haftung als Nachteil. Ebenso *Hakenberg* in: Ebenroth/Boujong/Joost (Hrsg.), HGB, 2014, EWIV Rn. 7; *Burkhalter*, Die EWIV und ihre konzernrechtlichen Beziehungen, 1998, S. 258; Companies House, European Economic Interest Grouping, GP04 2014, S. 6 (abrufbar unter: www.gov.uk).

191 Die Ausführungen dieses Teils beruhen auf den Aufsätzen: *Jung* GesRZ 2014, 363, 363 ff. und *dies.* GmbHR 2014, 579, 579 ff.

192 Europäische Kommission, Vorschlag für eine Richtlinie des Europäischen Parlaments und des Rates über Gesellschaften mit beschränkter Haftung mit einem einzigen Gesellschafter, 9.4.2014, COM(2014) 212 final 2014/0120 (COD), S. 3. Wörtlich heißt es dort: „In dem Vorschlag werden die Mitgliedstaaten aufgefordert, in ihren Rechtsordnungen eine *nationale Gesellschaftsrechtsform* vorzusehen, für die in allen Mitgliedstaaten dieselben Vorschriften und die unionsweite Abkürzung SUP (Societas Unius Personae) gelten würden (…)".

(und zum Teil wie selbstverständlich) von einer „europäischen Rechtsform“[193] gesprochen. Dies kann als erstes Anzeichen dafür gewertet werden, dass es neben „nationalen“ und „europäischen“ Rechtsformen einer dritten Kategorie bedürfen könnte. Zumindest regt das Projekt der SUP zur Diskussion über die Grenzziehung zwischen nationalen und europäischen Gesellschaftsformen an.[194] Unter Rn. 66 ff. werden die bestehenden europäischen Rechtsformen eingeordnet und unter Rn. 73 ff. werden die Sinnhaftigkeit und die Auswirkungen von Hybriden diskutiert.

I. Das Verschwimmen der klassischen Kategorien – „nationale“ und „europäische“ Rechtsformen

Unter **„nationalen“ Rechtsformen** sind alle Rechtsformen zu verstehen, deren gesellschaftsrechtliche Regelungen allein und vollumfänglich vom nationalen Gesetzgeber geschaffen werden. Umgekehrt sind unter **„europäische“ Gesellschaftsformen** alle Rechtsformen zu fassen, die das europäische Recht zumindest mit Blick auf das Gesellschaftsrecht vollumfänglich regeln.[195] In der Realität gibt es immer weniger rein nationale Rechtsformen. Denn durch die gesellschaftsrechtlichen Richtlinien (dazu Teil 5) sind viele nationale Rechtsformen durch den europäischen Gesetzgeber harmonisiert worden.[196] Dies gilt im besonderen Maße für nationale Aktiengesellschaften,[197] während das GmbH-Recht bislang vergleichsweise sporadisch harmonisiert wurde (dazu § 18 Rn. 64).[198] Eine vollumfänglich europäische Rechtsform wurde umgekehrt bislang noch nicht eingeführt. Denn wie bereits angesprochen, erwies sich die Schaffung eines sog Vollstatuts mit Blick auf gesellschaftsrechtliche Aspekte bislang als utopisch[199] und auch in nächster Zeit ist wohl nicht damit zu rechnen. Die SE, die SCE und die EWIV nehmen daher mehr oder weniger stark Rückgriff auf das nationale Recht. Auch für die SPE und die FE wurde im Laufe der jeweiligen Verordnungsgebungsprozesse eine immer stärkere Verbindung von europäischem und nationalem Recht vorgesehen. 51

Die Einordnung selbst der vergleichsweise stark harmonisierten nationalen Aktiengesellschaften wird bislang nicht diskutiert. Sie gelten vielmehr unbestritten als „nationale“ Gesellschaften. Die Einordnung soll auch hier nicht weiter hinterfragt werden, da sich dieser Beitrag mit den supranationalen Rechtsformen und nicht mit der Harmonisierung nationalen Rechts befasst. Ohne näher darauf eingehen zu wollen, ist die Harmonisierung im Gesellschaftsrecht allerdings noch nicht so weit vorangeschritten, dass sich dadurch eine Einordnung der „nationalen“ Gesellschaften als Hybrid rechtfertigen ließe. Interessanter für diesen Abschnitt ist, ob die europäischen Rechtsformen, dh die EWIV, die SE und die SCE (ebenso wie die SPE und die FE) als „europäische“ Rechtsformen einzustufen sind und ob die SUP tatsächlich eine „hybride“ Rechtsform[200] darstellen würde oder ob sie doch als nationale Rechtsform zu qualifizieren wäre. 52

Für die Einordnung müssen zunächst Kriterien festgelegt werden. Zur Unterscheidung sollen die Folgenden herangezogen werden: 53

- Regelungsgeber
- Regelungsinstrument

193 *Drygala* EuZW 2014, 491, 491 ff. macht dies bereits in der Überschrift deutlich: „What's SUP? Der Vorschlag der EU-Kommission zur Einführung einer *europäischen Einpersonengesellschaft* (Societas Unius Personae, SUP)“. *Beurskens* GmbHR 2014, 738, 738 spricht von einer „vereinheitlichten europäischen Rechtsform“. Auch *Wicke* ZIP 2014, 1414, 1414 verwendet die Bezeichnung „europäische Einpersonengesellschaft“. Etwas zurückhaltender ÖRAK, Stellungnahme – SUP, 2014, S. 2 („soll (…) faktisch eine supranationale Rechtsform geschaffen werden“). Eindeutig dagegen AK Europa, Positionspapier – SUP, Juni 2014, S. 3 („europäische Rechtsform“); Österreichische Notariatskammer, Stellungnahme – SUP, 2014, S. 1 („europäische Gesellschaftsform“). Der deutsche Bundesrat, Beschluss, BR-Drs. 165/14, 2014, S. 9 verwendet die Bezeichnung „teilharmonisiertes "europäisches Produkt"“.

194 So bereits *Jung* GmbHR 2014, 579, 581.

195 *Jung* GmbHR 2014, 579, 581.

196 *Jung* GmbHR 2014, 579, 581.

197 Das wohl bekannteste Beispiel dafür ist die Richtlinie 2006/68/EG des Europäischen Parlaments und des Rates vom 6. September 2006 zur Änderung der Richtlinie 77/91/EWG des Rates in Bezug auf die Gründung von Aktiengesellschaften und die Erhaltung und Änderung ihres Kapitals.

198 Auch dies erklärt die Schwierigkeiten, die SPE-Verordnung im Rat einstimmig zu beschließen.

199 *Fleischer* AcP 204 (2004) 502, 509 merkt mit Blick auf die SE an, dass die Verweise Überfremdungsängste der Mitgliedstaaten abzubauen vermögen; *Bachmann* ZEuP 2008, 32, 34 und 50 f. zur Entwicklung der SE vom Vollstatut zum Rumpfstatut aufgrund der erforderlichen Kompromissbereitschaft der Mitgliedstaaten und deren Wunsch in der SE bekannte Regelungen der eigenen Rechtsordnung „wieder zu finden“; vgl. *Bachmann* in: FS Hommelhoff, 2012, S. 21, 23 mit seiner bestätigten Erwartung, dass in der Diskussion um die SPE eine Abkehr vom geplanten Vollstatut erfolgen würde; siehe ebenfalls die Prognose von *Anzinger* BB 2009, 2606, 2611 f. zur Entwicklung der SPE weg vom Vollstatut.

200 *Fleischer* ZHR 174 (2010) 385, 399 verwendet in der Diskussion um die europäischen Rechtsformen den Begriff „mixtum compositum“; ebenso *Lutter/Bayer/Schmidt*, Europäisches Unternehmens- und Kapitalmarktrecht, 2017, Rn. 10.5, 10.7.

- Regelungsinhalt und -umfang
- Regelungstechnik
- Bezeichnung
- Regelungsziel

Für jedes Kriterium wird im Folgenden erörtert, inwiefern es auf eine „europäische" bzw. „nationale" Rechtsform hinweisen kann. Der Grenzbereich zwischen nationalem und europäischem Recht soll dann als Bereich der hybriden Rechtsformen definiert werden.

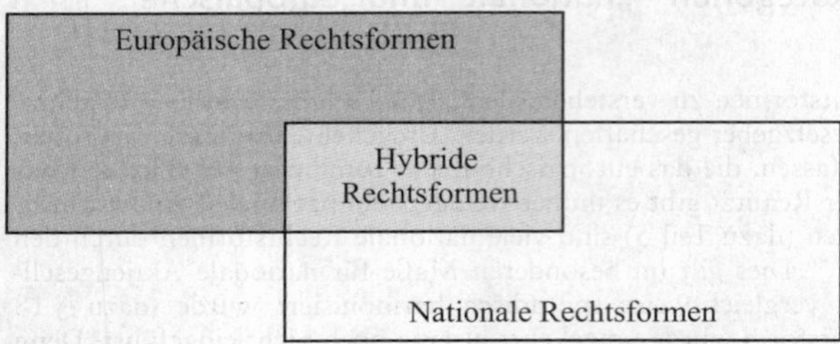

Abb. 2: Europäische, nationale und hybride Rechtsformen

II. Regelungsgeber

54 Ein wichtiges Indiz für die Einordnung könnte der Regelungsgeber der Rechtsform sein. Eine nationale Rechtsform muss zumindest auch durch den **nationalen Regelungsgeber** gestaltet werden. Umgekehrt ist für eine europäische Rechtsform eine Beteiligung des **europäischen Regelungsgebers** notwendig. Mit Blick auf hybride Formen müssen beide Regelungsgeber beteiligt sein. Die Betrachtung des Regelungsgebers reicht jedoch für die Kategorisierung allein nicht aus. Denn nur aus der Tatsache, dass beide Regelungsgeber beteiligt sind, lässt sich nicht zwingend schließen, dass es sich um eine „hybride" Rechtsform handelt. Wie bereits erörtert, werden nationale Rechtsformen durch europäisches Recht harmonisiert und europäische Rechtsformen sehen einen Rückgriff auf nationales Recht vor. Aus diesem Grund müssen weitere Unterscheidungsmerkmale zur Abgrenzung herangezogen werden.

III. Regelungsinstrument

55 Zur Unterscheidung von nationalen, hybriden und europäischen Gesellschaftsformen sollte auch auf das gewählte (europäische) Regelungsinstrument geschaut werden. Mit Blick auf die europäische Rechtsetzung sind dies die Verordnung bzw. die Richtlinie. Die Nutzung einer **Verordnung** zur Schaffung einer Rechtsform schließt nach dem hier vorgegebenen Verständnis in der Regel aus, dass es sich um eine „nationale" Rechtsform handeln kann. Wird eine Verordnung verwendet, liegt grundsätzlich eine „europäische" oder eine „hybride" Rechtsform vor. Die SE und die SCE werden zwar jeweils mit Blick auf die Regelung der Arbeitnehmermitbestimmung durch eine Richtlinie ergänzt. Die Richtlinie regelt allerdings nur diesen konkreten Aspekt. Der Fokus liegt damit auf der Verordnung, weshalb diese die Charakterisierung der beiden Rechtsformen bestimmt. Alle auf EU-Ebene geschaffenen und diskutierten Rechtsformen (bis auf die SUP) sind daher entweder als europäische oder hybride Rechtsformen aufgrund des Regelungsinstruments einzuordnen.

56 Das Instrument der **Richtlinie** bedarf bereits seiner Konzeption nach einer Umsetzung in nationales Recht. Die gesellschaftsrechtlichen Richtlinien sind grundsätzlich auf eine (Mindest-)Harmonisierung ausgerichtet (dazu § 18 Rn. 25, 46). Hier werden generell signifikante Spielräume gelassen, so dass die harmonisierten Rechtsformen zumindest bislang ihren „nationalen" Charakter behalten. Allein die SUP-Richtlinie zielt auf die Einführung einer stärker harmonisierten Ein-Personen-GmbH (§ 9 Rn. 1, zum Regelungsziel näher unter Rn. 64 f.). Zur Kategorisierung reicht hier die Betrachtung des Regelungsinstruments allein allerdings auch nicht aus. Denn mit der Richtlinie kann sowohl eine „nationale" als auch eine „hybride" Rechtsform geschaffen werden.

57 Das Regelungsinstrument zeigt insofern eine Tendenz auf. Allerdings lassen sich die beiden Instrumente (Verordnung und Richtlinie) einander annähern. Denn Verordnungen können einen sehr starken Rückgriff auf nationales Recht vorsehen. Umgekehrt können durch Höchststandards in Richtlinien verordnungsgleiche Ergebnisse erzielt werden. In Extremfällen wäre es daher denkbar, dass durch eine Richtlinie eine europäische Rechtsform und durch die Verordnung lediglich die Einführung einer nationalen Rechtsform erfolgen würde.[201]

201 Zur Kompetenzgrundlage und insofern eventuell bestehenden Problemen siehe Rn. 18.

IV. Regelungsumfang und Regelungsinhalt

Entscheidend für die Kategorisierung sind damit wohl Regelungsinhalt und Regelungsumfang im gesellschaftsrechtlichen Bereich auf den verschiedenen Regelungsebenen. Mit **Regelungsinhalt** sind die geregelten Themen gemeint, mit **Regelungsumfang** das Ausmaß der Regeln. Bezüglich des Regelungsumfangs bietet sich zur Abgrenzung eine quantitative Betrachtung an, während die Einordnung mit Blick auf den Regelungsinhalt nach qualitativen Kriterien zu erfolgen hat. 58

Wann der Umfang auf eine nationale, europäische bzw. hybride Form hinweist, lässt sich nicht leicht abstrakt quantifizieren, auch weil es bedeutende und weniger bedeutende Regeln gibt. Hinzu kommt, dass der Regelungsinhalt und der Regelungsumfang nicht das einzige Abgrenzungskriterium sind, also auch diese beiden Aspekte lediglich Argumente liefern. Bezogen auf den Umfang wird hier vorgeschlagen, dass ein Umfang zwischen 40% und 60% europäischen Anteils ein Argument für ein Hybrid ist, wobei die Kernaspekte besonders Gewicht haben (dazu im Folgenden unter Rn. 61). 59

Zu beachten ist allerdings, dass die interne Organisation von Gesellschaften je nach Gesellschaftsform mehr oder weniger durch die Satzungsgeber bestimmt werden kann. Hier kommt es für die Kategorisierung darauf an, wer die Satzungsgestaltungsfreiheit gewährt. Ist dies der europäische Gesetzgeber, spricht dies für eine europäische Rechtsform. Ist es der nationale Gesetzgeber, liegt die Annahme einer nationalen Rechtsform näher. Im Grenzbereich liegt, wie auch sonst, die hybride Rechtsform. 60

Neben der Ausrichtung auf den Umfang sollte auch berücksichtigt werden, wer die Kernaspekte einer Rechtsform regelt (Regelungsinhalt). Dazu zählen die Gründung der Gesellschaft, die Kapitalverfassung, die Organisationsverfassung, die Mitgliedschaft und die Auflösung der Gesellschaft. Werden die zentralen Aspekte durch den europäischen Regelungsgeber bestimmt, spricht dies für eine europäische Rechtsform. Umkehrt liegt wohl eine nationale Rechtsform vor, wenn die Kernregelungen vom nationalen Gesetzgeber geschaffen werden. Eine 50/50-Aufteilung der Regelung von Kernaspekten legt die Annahme eines Hybrides nahe. Ein fehlender zentraler Aspekt – wie beispielsweise die Kapitalverfassung bei der SE – führt allerdings nicht automatisch zur Einordnung als nationale Rechtsform. Mit Blick auf die SE ist zum Beispiel zu bedenken, dass auf nationales Recht verwiesen wird, welches durch die ehemalige Kapitalrichtlinie (jetzt Teil der Kodifizierungs-RL) angeglichen wurde. Umgekehrt werden nationale Rechtsformen auch durch eine Vollharmonisierung einzelner Aspekte nicht zu europäischen Rechtsformen. Allerdings rücken sie jeweils näher an den Grenzbereich zu hybriden Gesellschaften heran. 61

V. Regelungstechnik

Auch die Regelungstechnik ist für die Zuordnung relevant (näher zu Regelungstechniken Rn. 86 ff.). Dies gilt vor allem für die europäische Gesetzgebung, die Einfluss auf nationales Recht nimmt. Regelt der europäische Gesetzgeber einen Aspekt abschließend bzw. setzt er Höchststandards, verdeutlicht dies den europäischen Charakter. Teilregelungen und Mindeststandards weisen einen hybriden Charakter auf. Nichtregelungen und vollständige Verweise führen zu einem nationalen Charakter. 62

VI. Bezeichnung der Gesellschaft

Der **Rechtsformzusatz** einer Gesellschaftsform ist Teil des Regelungsinhalts, soll jedoch aufgrund der besonderen Stellung hier getrennt betrachtet werden. Ein europaweit einheitlicher Rechtsformzusatz, wie dies bei lateinischen Bezeichnungen der Fall ist (SE, SCE, SPE, FE), spricht für eine europäische Rechtsform. Ein nationaler Rechtsformzusatz (GmbH, B.V., SARL, s.r.l.) weist auf eine nationale Rechtsform hin. Mischformen (zB SUP-GmbH oder SUP-D oder auch SCE mit beschränkter Haftung) deuten auf ein Hybrid hin (dazu näher Rn. 130 ff.). Gleiches gilt für eine zwar einheitliche Bezeichnung, die jedoch in jede Amtssprache übersetzt wird (wie EWIV). 63

VII. Regelungsziel

Neben den genannten Aspekten sollte zuletzt auch das Regelungsziel von Vorschriften zur Abgrenzung herangezogen werden. Mit europäischem Recht werden im gesellschaftsrechtlichen Bereich bislang verschiedene Regelungsziele verfolgt: Die existierenden europäischen Rechtsformen (SE, SCE und EWIV) zielen darauf ab, eine **europäische Alternative** zu den nationalen Rechtsformen zu schaffen (28 + 1, dazu Rn. 24). Die gesellschaftsrechtlichen Richtlinien wollen grundsätzlich bestimmte Aspekte nationalen Rechts harmonisieren (**harmonisierte 28**). Soll dagegen jeder Mitgliedstaat eine harmonisierte Alternative zu einer bereits bestehenden Rechtsform einführen (**28 + 28**, was eine der Umsetzungsmöglichkeiten der SUP-RL wäre), so spricht dies erst einmal für eine hybride Rechtsform. 64

Möglich wäre es für den europäischen Gesetzgeber theoretisch auch, die bestehenden nationalen Rechtsformen durch europäische Rechtsformen zu ersetzen (**1 statt 28**). Dieser Weg wurde bislang (zu Recht) nicht eingeschlagen (und sollte auch in Zukunft nicht beschritten werden). 65

VIII. Einordnung der auf EU-Ebene geschaffenen und geplanten Rechtsformen

66 Wie gezeigt gibt es eine Vielzahl von Kriterien, von denen Regelungsinhalt und Regelungsumfang am gewichtigsten erscheinen. Nach den erläuterten Kriterien sollen an dieser Stelle die auf EU-Ebene geschaffenen und geplanten Rechtsformen eingeordnet werden. Die EWIV, SE, SCE, SPE und FE werden gemeinsam betrachtet, während die SUP einer getrennten Diskussion bedarf.

67 Bei der EWIV, der SE und der SCE ebenso wie bei der diskutierten SPE und der FE sind sowohl der europäische als auch jeweils die nationalen Gesetzgeber beteiligt. Zur Beurteilung, ob es sich um europäische oder hybride Rechtsformen handelt, müssen daher weitere Unterscheidungskriterien herangezogen werden. Die verwendeten Regelungsinstrumente und Regelungsziele zeigen eine erste Tendenz auf: So wird bei allen Rechtsformen die Verordnung als zentrales Regelungsinstrument genutzt.[202] Ziel des Verordnungsgebers ist es in allen Fällen, eine (europäisch geprägte) Alternative zu den nationalen Rechtsformen bzw. dem Rechtsformangebot zu schaffen. Dies spricht zunächst für die Einordnung als „europäische" Rechtsformen. Die verwendeten Regelungstechniken zeigen dagegen die starke Verbindung von europäischer und nationaler Ebene. Entscheidend sind daher der Regelungsumfang und der Regelungsinhalt. Insofern ist zwischen den einzelnen Rechtsformen zu unterscheiden.

68 Die **EWIV-Verordnung** befasst sich mit zentralen Aspekten in Bezug auf das Gesellschaftsrecht und verweist ansonsten auf nationales Recht. Daher wird in der Literatur kritisiert, dass die EWIV im Grunde lediglich einen einheitlichen „Rechtsrahmen" schafft.[203] Teilweise wird somit der europäische Charakter der EWIV in Zweifel gezogen.[204] Nach hier vertretener Ansicht ist die EWIV dennoch bereits als „europäische" Rechtsform einzuordnen und nicht als Hybrid.[205] Denn die Verordnung regelt zentrale Aspekte wie die Regelungstechnik, den Anwendungsbereich der EWIV, die Gründung inklusive des grenzüberschreitenden Bezugs, den Sitz der Gesellschaft, die Haftung der Mitglieder, den Mitgliederwechsel und die Beendigung der EWIV zwar nicht vollständig selbst, aber hinsichtlich der Kernaspekte. Die Binnenorganisation und die Finanzverfassung werden ebenfalls mit groben Strichen vorgezeichnet. Allerdings besteht diesbezüglich ein großer Satzungsgestaltungsspielraum, den allerdings die Verordnung selbst gewährt und nicht vornehmlich das nationale Recht. Die EWIV enthält jedoch keinen europaweit einheitlichen, lateinischen Rechtsformzusatz. Der Name wird vielmehr in jede Landessprache übertragen. Die Bezeichnung ist damit zwar gleich, jedoch in jeder Amtssprache formuliert (dazu auch Rn. 63). Das ändert nach hier vertretener Ansicht aber nichts an der Einordnung als europäische Gesellschaftsform.

69 Auch bezüglich der **SE-Verordnung** werden die vielen Bezugnahmen auf nationales Recht kritisiert.[206] Es ist daher zu prüfen, ob die geregelten Aspekte ausreichen, um bereits von einer europäischen Rechtsform zu sprechen.[207] Wie bei der EWIV auch, befasst sich die SE-Verordnung mit zentralen Aspekten wie der Regelungstechnik, der Gründung inklusive des grenzüberschreitenden Bezugs und dem Sitz der Gesellschaft. Im Gegensatz zur EWIV wurde der SE auch ein europaweit einheitliches Label gewährt. Nicht unproblematisch sind allerdings die Organisationsverfassung und die Kapitalverfassung. Mit Blick auf die Organisationsverfassung gibt die SE-Verordnung zwar einige Punkte vor oder gewährt den Satzungsgebern einen gewissen Spielraum. Sie bezieht sich aber in starkem Umfang auch auf nationales Recht bzw. gewährt diesem die Möglichkeit, von Bestimmungen in der SE-Verordnung abzuweichen. Die Kapitalaufbringung ist bis auf den Aspekt des Mindestkapitals praktisch nicht geregelt. Hier wird nahezu vollumfänglich auf nationales Recht verwiesen. In diesem Zusammenhang ist dann jedoch wiederum zu bedenken, dass das nationale Recht in diesem Bereich nicht unerheblich durch die ehemalige Kapital-Richtlinie (jetzt Teil der Kodifizierungs-RL) harmonisiert wurde. Die Mitbestimmung wird durch eine Richtlinie angesprochen, die eine Verhandlungslösung vorsieht und somit keine konkre-

202 Die SE-VO und die SCE-VO werden jeweils durch eine Richtlinie zur Arbeitnehmermitbestimmung ergänzt.

203 *Schwarz*, Europäisches Gesellschaftsrecht, 2000, Rn. 969; ebenso *Fleischer* CMLR 2010, 1671, 1673 („rough legal framework"); *ders.* RabelsZ 76 (2012) 235, 247 („geringe Regelungstiefe"); *Bossert*, Archiv PF 1990, 236, 236 spricht von Rahmenregelung.

204 *Vichatzky* RTDEur 1990, 275, 305 spricht aufgrund der Dualität von europäischem und nationalem Recht von einem hybriden Charakter; aA Europäische Kommission, Die EWIV als Instrument grenzüberschreitender Kooperation, 1999, S. 12. *Hatzig*, Die Europäische wirtschaftliche Interessenvereinigung, S. 14 führt aus, dass der europäische Charakter der EWIV durch Verknüpfungen des europäischen und nationalen Recht getrübt wird.

205 *Fleischer* ZHR 174 (2010) 385, 399 sieht die EWIV ebenfalls eine europäische Gesellschaftsrechtsform und nicht als *mixtum compositum* an.

206 *Csehi* in: P. Jung (Hrsg.), Supranationale Gesellschaftsformen im Typenwettbewerb, 2011, S. 17, 18 bezeichnet die Verordnung als „Skelett". *Schäfer* NZG 2004, 785, 789 nennt die SE-VO ein „Gerippe". *Röpke/Heine* JbJZW 2004, 265, 283 sprechen von einer von Mitgliedstaat zu Mitgliedstaat unterschiedlichen SE. *Teichmann* ZGR 2002, 383, 390 spricht von einem „Torso". *Ders.*, Binnenmarktkonformes Gesellschaftsrecht, 2006, S. 249 ff. beschreibt die Entwicklung vom Vollstatut zum Torso. Der Autor merkt an, dass die SE abgesehen von der Gründung fast ausschließlich durch Verweise auf nationales Recht gekennzeichnet ist. Auch *Wagner* AnwBl 2009, 409, 410 führt an, dass die SE abgesehen von der Grünung kaum Vorschriften zu Sachfragen enthält.

207 *Lutter/Hommelhoff* in: Lutter/Hommelhoff (Hrsg.), Die Europäische Gesellschaft, 2005, S. 2 gehen davon aus, dass die SE zu 40% durch die Verordnung und zu 60% durch nationales Recht geregelt wird. Zustimmend *Csehi* in: P. Jung (Hrsg.), Supranationale Gesellschaftsformen im Typenwettbewerb, 2011, S. 17, 18.

ten Vorgaben zum Ausmaß der Mitbestimmung trifft. Die Bewertung der SE ist daher nicht einfach. Sie liegt auf der Grenze zwischen einer „europäischen" und „hybriden" Rechtsform.[208] Dementsprechend wurde sie auch schon als „Europäische AG nationalen Rechts"[209] bezeichnet.

Die **SCE** ähnelt bezüglich vieler materieller Gesichtspunkte der SE. Denn die SCE-Verordnung übernimmt nicht-genossenschaftlich geprägte Regeln der SE oftmals in (sehr) ähnlicher Form. Einige Vorschriften sind jedoch präzisier und detaillierter formuliert als bei der SE.[210] Die Organisationsverfassung basiert zwar ebenfalls auf den Regeln der SE-Verordnung, enthält aber einige weitere Aspekte wie zB Regeln zum Stimmrecht. Im Unterschied zur SE-Verordnung verweist die SCE-Verordnung bezüglich der Kapitalverfassung auch nicht auf nationales Recht, sondern regelt diesen Aspekt selbst. Vorbild sind dabei wiederum die Regeln der ehemaligen Kapital-RL (jetzt Teil der Kodifizierungs-RL).[211] Wie die SE wurde zudem auch der SCE eine lateinische Bezeichnung als europäisches Label gewährt. Nach hier vertretener Ansicht ist die SCE, die eine höhere Regelungsdichte als die SE aufweist, damit bereits als „europäische" Rechtsform zu qualifizieren.[212] 70

Die **SPE** konnte bislang nicht verabschiedet werden. Von ihrer Konzeption her war sie allerdings darauf ausgelegt, möglichst viele Aspekte selbst zu regeln und im Innenverhältnis den Gesellschaften Satzungsgestaltungsfreiheit zu gewähren. Sie wäre damit in jedem Fall als „europäische" Rechtsform einzuordnen. Gleiches gilt auch für die FE-Verordnung, die ebenfalls im Gesetzgebungsverfahren scheiterte. 71

Die **SUP** ist dagegen ein besonderer Fall. Statt einer Verordnung hat der europäische Gesetzgeber in diesem Fall eine Richtlinie verwendet.[213] Ziel ist jedoch nicht unbedingt die Harmonisierung, sondern in erster Linie die Einführung harmonisierter Ein-Personen-Gesellschaften in jedem Mitgliedstaat (28 + 28). Bei der Einordnung der SUP geht es vor allem darum zu ermitteln, ob eine „hybride" oder eine „nationale" Rechtsform vorliegt. Letzteres behauptet der europäische Gesetzgeber.[214] Die SUP ist keine „europäische" Rechtsform, da dafür der Harmonisierungsgrad eindeutig zu gering ist. Eine abschließende Bewertung kann an dieser Stelle jedoch nicht vorgenommen werden, da es auf die konkrete Ausgestaltung der SUP ankommt. Die Vorschläge der Kommission, des Rates und des Europäischen Parlaments sind jedoch sehr unterschiedlich zu bewerten. Während die Kommission eine relativ umfangreiche Harmonisierung anstrebte, ließ der *general approach* des Rates den Mitgliedstaaten einen großen Gestaltungsspielraum.[215] Das Arbeitsdokument des Rechtsausschusses strebt im Vergleich zum *general approach* des Rats und auch im Verhältnis zum Kommissionsentwurf eine höhere Regulierungsdichte an (die Unterschiede werden unter § 9 diskutiert). Je nach Harmonisierungsgrad hätte die SUP aber ein gutes Beispiel für eine hybride Rechtsform darstellen können.[216] 72

IX. Bewertung von Hybriden-Formen im Gesellschaftsrecht

Der Vorschlag einer neuen Kategorisierung wirft zwangsläufig die Frage nach deren Sinnhaftigkeit auf. Nur wenn hybride Formen sich von europäischen und nationalen Rechtsformen unterscheiden, sollte diese Kategorie berücksichtigt werden. Dies soll im Folgenden Abschnitt untersucht werden. Unterschiede könnten sich vor allem mit Blick auf die politische Dimension und den Auswirkungen auf die Mitgliedstaaten (Wettbewerb) erge- 73

208 *Fleischer* ZHR 174 (2010) 385, 399 sieht in der SE eine europäische Gesellschaftsform (kein *mixtum compositum*); *Klöhn* RabelsZ 76 (2012) 276, 281 f. sieht in der SE aufgrund der vielen nationalen Verweise keine echte supranationale Rechtsform.

209 *Grundmann*, Europäisches Gesellschaftsrecht, 2011, Rn. 1039; *Kalss/Klampfl*, Europäisches Gesellschaftsrecht, 2015, Rn. 553, „europäisch-supranationale Rechtsform mit nationaler Prägung"; *Klöhn* RabelsZ 76 (2012) 276, 282 spricht von einem „gesellschaftsrechtlichen Torso" und daher von Europäischen Aktiengesellschaften „deutscher, französischer, italienischer und anderer Couleur". *Schäfer* NZG 2004, 785, 789 bezeichnet die SE-VO als „Gerippe".

210 *Lutter/Bayer/Schmidt,* Europäisches Unternehmens- und Kapitalmarktrecht, 2017, Rn. 46.2.

211 *Lutter/Bayer/Schmidt,* Europäisches Unternehmens- und Kapitalmarktrecht, 2017, Rn. 46.32. Ausführlicher zur Kapitalverfassung der SCE (§ 6 Rn. 256 ff.).

212 *Fleischer* ZHR 174 (2010) 385, 399 ordnet die SCE als europäische Gesellschaftsform ein.

213 Zur Diskussion, ob Art. 50 II lit. f) AEUV die richtige Rechtsgrundlage darstellt, siehe Rn. 20 f.

214 Europäische Kommission, Vorschlag für eine Richtlinie des Europäischen Parlaments und des Rates über Gesellschaften mit beschränkter Haftung mit einem einzigen Gesellschafter, 9.4.2014, COM(2014) 212 final 2014/0120 (COD), S. 3. Vgl. auch Rat der Europäischen Union, Juristischer Dienst, Dok. Nr. 14423/14, JUR 731, DRS 131, CODEC 2042, S. 11.

215 Kritisch dazu European Parliament, Committee on the Internal Market and Consumer Protection, Opinion on the proposal for a directive of the European Parliament and of the Council on single-member private limited liability companies, 23.7.2015, PE 546.844v 02-00 IMCO_AD(2015)546844 (SUP-RL-JURI), S. 2. Im Arbeitsdokument wird kritisiert, dass „der Mehrwert des Entwurfs praktisch verschwindet".

216 Den hybriden Charakter bezeugend *Ghetti*, Unification, Harmonisation and Competition in European Company Forms, 2016, S. 19 (abrufbar unter ssrn: https://ssrn.com/abstract=2859164). Rat der Europäischen Union, Juristischer Dienst, Dok. Nr. 14423/14, JUR 731, DRS 131, CODEC 2042, S. 12 sieht in der SUP eine nationale Rechtsform, da die SUP-Richtlinie im Gegensatz zu den europäischen Rechtsformen keine Vorgaben zur grenzüberschreitenden Sitzverlegung enthält.

ben. Hybride könnten zudem andere Wirkungen mit Blick auf Unternehmer entfalten als europäische Rechtsformen.

1. Politische Dimension

74 Die Nutzung von hybriden Formen könnte sich auf die politische Durchsetzbarkeit der Rechtsakte auswirken, sofern die Einführung von Hybriden nicht generell von den am Gesetzgebungsprozess beteiligten Akteuren abgelehnt wird. Hybride könnten sonst gerade im europäischen Gesellschaftsrecht unter Umständen leichter zu verabschieden sein als europäische Rechtsformen. Als Grund dafür mögen zum einen die verschiedenen Rechtsgrundlagen angeführt werden. Die Kommission wollte die SUP mithilfe einer Richtlinie gem. Art. 50 II lit. f) AEUV schaffen, welche im Rat lediglich einer qualifizierten Mehrheit bedarf. Die bisherigen europäischen Rechtsformen (zur Einordnung s. Rn. 66 ff.) werden dagegen durch Verordnungen geregelt, die auf Art. 352 AEUV gestützt sind und der Einstimmigkeit im Rat bedürfen.

75 Zum anderen zeichnen sich Hybride gerade dadurch aus, dass sie nur zum Teil auf europäischer Ebene geregelt werden. Mit Blick auf die für Mitgliedstaaten sensiblen Bereiche kann daher nationales Recht herangezogen werden (zB durch Minimalstandards und Verweise auf nationales Recht).[217] Wird ein Hybrid durch eine Richtlinie geregelt, müssen die nationalen Rechtsformen von ihr nicht unbedingt betroffen sein. Dies gilt zumindest dann, wenn die entsprechende Richtlinie ein 28 + 28 System anstrebt bzw. zulässt. Bei Verordnungen gilt dies, sofern die Verordnung eine Alternative zu den nationalen Rechtsformen schaffen möchte.

76 Die SUP scheint die vorgebrachten Argumente allerdings zu konterkarieren, da sie letztlich doch gescheitert ist. Dies hatte jedoch ganz verschiedene Gründe, wozu zB auch der Fokus auf die Online-Gründung zählt, die auf heftige Kritik stieß[218] (weitere Gründe auch im Folgenden).

2. Wettbewerb

77 Ist ein Hybrid als 28 + 28 System gedacht, tritt es zunächst wie europäische Rechtsformen auch in Wettbewerb zu den nationalen Rechtsformen. Bei hybriden Rechtsformen mag darüber hinaus allerdings auch der regulative Wettbewerb zwischen den Mitgliedstaaten in Bezug auf die weitere Ausgestaltung der SUP besonders stark ausgeprägt sein (indirekter horizontaler Wettbewerb). Dieser ist bei „wahrhaft" europäischen Rechtsformen in viel geringerem Ausmaß möglich, da das nationale Recht nicht oder nicht in diesem Umfang zur Anwendung kommt. Normalerweise wird durch eine starke Verbindung von europäischem und nationalem Recht gehofft, europäische bzw. hybride Rechtsformen leichter im Gesetzgebungsverfahren durchzusetzen. Den hohen Wettbewerbsdruck, den Hybride sowohl im inter- als auch im intrastaatlichen Bereich hervorrufen können, könnte einer Einigung im Rat und damit einer schnellen Verabschiedung solcher Rechtsformen entgegen dieser Erwartung allerdings eher im Weg stehen.

3. Abbau grenzüberschreitender Hemmnisse

78 Europäische Gesellschaftsformen zielen darauf ab, grenzüberschreitende Hindernisse abzubauen.[219] Sie sollen Unternehmen die Tätigkeit im EU-Ausland erleichtern (s. Rn. 23 f.). Dieses Ziel wird umso besser erreicht, je einheitlicher die Gesellschaftsformen ausgestaltet sind. „Wahrhaft" europäische Rechtsformen, mit möglichst wenig Bezugnahmen auf nationales Recht, können hier insofern bessere Effekte erzielen als Hybride. Im Ergebnis ist bei der Verwendung von Hybriden zu Vorsicht zu raten.

E. Verhältnis von supranationalen Rechtsformen zur Harmonisierung

79 Aus politischer Sicht kann die Harmonisierung in einem Bereich unter Umständen dazu führen, dass eine europäische Rechtsform leichter verabschiedet werden kann. Denn insofern könnte weniger Konfliktpotential bestehen. Dazu passt, dass die Europäische Aktiengesellschaft verabschiedet werden konnte, die SPE jedoch nicht.[220] Denn das Recht der Aktiengesellschaft war und ist deutlich stärker harmonisiert als das GmbH-Recht. In diese Argumentation scheinen allerdings weder die EWIV noch die SCE zu passen, da weder das Personengesellschaftsrecht noch das Genossenschaftsrecht vor deren Schaffung harmonisiert wurden (und auch danach nicht). Hier könnte allerdings ein anderer Effekt eine Rolle spielen. Gibt es wie bei der EWIV keine oder wie bei der

217 Auf die Heranziehung nationalen Recht zur Überbrückung von erheblichen Differenzen hinweisend *Fleischer* ZHR 174 (2010) 385, 408.

218 Vgl. Deutscher Notarverein, Stellungnahme zum Vorschlag über das Statut einer Gesellschaft mit beschränkter Haftung mit einem einzigen Gesellschafter (SUP), S. 5 ff.

219 Vgl. zur SPE Europäische Kommission, SPE-VO-K, 2014, S. 2. Siehe zur SE Erwägungsgrund 6 SE-VO. In Bezug auf die SCE ergibt sich das Ziel (indirekt) aus Erwägungsgrund 3 SCE-VO.

220 *Fleischer* CMLR 2010, 1671, 1692 weist darauf hin, dass die Einführung der SPE klar durch die fehlende Harmonisierung im GmbH-Recht erschwert wurde.

SCE keine bedeutende nationale Rechtsform, die in ein Konkurrenzverhältnis zur europäischen Rechtsform treten könnte, so könnte dies eine europäische Einigung erleichtern.

Europäischen Rechtsformen und Harmonisierung stehen in einem Spannungsverhältnis. Es stellt sich insofern die Frage, ob statt der Einführung supranationaler Rechtsformen auf eine stärkere Harmonisierung hingearbeitet werden sollte. Oder sind die Harmonisierung und die Einführung entsprechender Rechtsformen unabhängig voneinander? Sollten beide Koordinierungskonzepte gewählt werden, da sie sich gegenseitig befruchten können?[221] Die Entwicklung beider Bereiche (zur Entwicklung der gesellschaftsrechtlichen Richtlinien § 18) hat nach hier vertretener Ansicht gezeigt, dass es sowohl einer Angleichung als auch supranationaler Rechtsformen bedarf. Die beiden Konzepte stehen dabei nicht unabhängig nebeneinander, sondern befruchten sich gegenseitig (Horizontalwirkung). 80

F. Systematik supranationaler Rechtsformen

I. Aufbautechnische Systematik

Neben inhaltlichen Parallelen (dazu Rn. 9 ff.) weisen supranationale Rechtsformen ein aufbautechnisches Grundmuster auf, welches allerdings weniger einheitlich ist als die Struktur von Richtlinien (dazu § 18 Rn. 32 ff.). Zunächst hat jede Verordnung eine Überschrift, die zentrale Informationen enthält wie die Dokumentnummer (Nr./Jahr),[222] das Datum der Unterzeichnung der Verordnung und den Inhalt der Verordnung (zB Statut der Europäischen Gesellschaft (SE)). 81

Der Verordnungstext nennt dann als erstes Art. 352 AEUV[223] als Rechtsgrundlage, auf welcher die Verordnung beruht. Es folgen die **Erwägungsgründe** (vgl. Art. 296 II AEUV) (immer eingeleitet durch die Worte „in Erwägung nachstehender Gründe:"). Die Erwägungsgründe sind integraler **Bestandteil der jeweiligen Verordnung** und werden gemeinsam mit dem Verordnungstext verabschiedet und publiziert. Sie sind vor allem für die teleologische Auslegung von besonderer Bedeutung (dazu § 2 Rn. 113 ff.). Im Gegensatz zu einigen Richtlinien sind die Erwägungsgründe bei den bisher verabschiedeten supranationalen Rechtsformen relativ kurz gehalten. So umfasst die SE-Verordnung 29 Erwägungsgründe im Verhältnis zu 70 Artikeln, die SCE-Verordnung 20 Erwägungsgründe bei 80 Artikeln und die EWIV-Verordnung 18 Erwägungsgründe bei 43 Artikeln. Die Änderungsrichtlinie zur Aktionärsrechterichtlinie (2017/828/EU) enthält für 21 Artikel dagegen beispielsweise 57 Erwägungsgründe. Erwägungsgründe orientieren sich grundsätzlich am Aufbau des jeweiligen Rechtsakts.[224] Zur Systematik von Erwägungsgründen im Allgemeinen s. § 2 Rn. 107 ff. 82

Die SE-Verordnung und die SCE-Verordnung sind in Kapitel und Abschnitte untergliedert. Da die EWIV-Verordnung älter ist, fehlt bei ihr eine entsprechende Strukturierung. Bei der SCE-VO weist jeder Artikel eine amtliche Überschrift auf. Bei der SE-VO tragen nur die Titel und Abschnitte amtliche Überschriften und bei der EWIV-VO wurde darauf noch ganz verzichtet. Die SCE-VO weist insofern für den Anwender die höchste **Lesbarkeit** auf. 83

Da die Verordnungen zu sehr unterschiedlichen Zeiten erlassen wurden, unterscheidet sich auch ihr Aufbau bzgl. der Inhalte. Die SPE-VO-U (ungarischer Entwurf) ist zB wie die gesellschaftsrechtlichen Richtlinien aufgebaut und enthält in Art. 1 SPE-VO-U den **Gegenstand** der Verordnung, der zum Ausdruck bringt, welche inhaltlichen Aspekte die Richtlinie behandelt. Wie bei den modernen Richtlinien folgen daraufhin bei der SPE-VO-U **„Begriffsbestimmungen"** (wie zB bei Art. 2 Übernahme-RL, Art. 2 Bilanz-RL, Art. 4 AIFM-RL). Die verabschiedeten Verordnungen (EWIV, SE, SCE) folgen diesem Aufbau dagegen noch nicht. Generell findet sich zu Anfang der Verordnung allerdings ein Artikel zu den Grundlagen der Rechtsform. Danach variiert die Reihenfolge der angesprochenen Themen. In jedem Fall behandelt werden folgende Punkte: Anwendbares Recht, Gründung, Registereintragung, Publizität, Handelndenhaftung, grenzüberschreitender Bezug, Sitz (inkl. Sitzverlegung), Mitgliedschaft, Organisationsverfassung, Kapitalverfassung (mehr oder weniger) und Auflösung. Am Ende der Verordnung finden sich dann grundsätzlich Kapitel mit **Schlussbestimmungen** und **Übergangsregelungen**. Die SE-Verordnung und die SCE-Verordnung enthalten in diesem Rahmen jeweils eine **„Überprüfungsklausel"**[225] (Art. 69 SE-VO und Art. 79 SCE-VO). Sie ordnen eine **Evaluierung** der Verordnung an, die auch auf Reformbedarf eingehen soll. Zu den Schlussbestimmungen zählen weiterhin Vorschriften zur Gewährleistung des Wirk- 84

221 Dazu *Teichmann*, Binnenmarktkonformes Gesellschaftsrecht, 2006, S. 245; im Rahmen der Anfänge europäischer Rechtsformen: *Möhring* NJW 1965, 2225, 2226, der europäische Rechtsformen als Experimentierfeld betrachtet; *Herresthal* in: FS Müller-Graff, 2015, S. 233, 238 vertritt die Ansicht, dass es aufgrund des erreichten Harmonisierungsgrads der Binnenmarktlogik entspricht, dass der Unionsgesetzgeber europäische Rechtsformen bereitstellen muss.

222 Beziehungsweise vormals „EWG" oder „EG".

223 Damals bei der EWIV noch Art. 235 EGV und bei der SE und der SCE Art. 308 EGV.

224 Gemeinsamer Leitfaden für die Abfassung von Rechtstexten (2015) Leitlinie 10.3.

225 Beispielhaft Art. 18 IntVersch-RL: „Fünf Jahre nach [...] genannten Zeitpunkt überprüft die Kommission diese Richtlinie auf der Grundlage der Erfahrungen bei ihrer Anwendung und schlägt gegebenenfalls eine Änderung vor".

samwerdens der Verordnung (die Standardformulierung lautet: „*Die Mitgliedstaaten treffen alle geeigneten Vorkehrungen, um das Wirksamwerden dieser Verordnung zu gewährleisten.*") und das Inkrafttreten der Verordnung.

85 Die SPE-VO-U hätte über drei Anhänge verfügt. Die verabschiedeten Verordnungen enthalten hingegen keine Anhänge. Die SE-VO und die SCE-VO werden aber jeweils durch eine Richtlinie zur unternehmerischen Mitbestimmung ergänzt. Diese Richtlinien sind untrennbar mit der jeweiligen Verordnung verbunden (dazu § 4 Rn. 13 bzw. § 6 Rn. 12, zur methodischen Bedeutung § 2 Rn. 97). Sie folgen aus aufbautechnischer Sicht den Gepflogenheiten von gesellschaftsrechtlichen Richtlinien (s. dazu § 18 Rn. 32 ff.).

II. Normenhierarchie – die regelungstechnische Systematik

1. Die Fortentwicklung der regelungstechnischen Systematik

86 Da mit Blick auf die supranationalen Rechtsformen kein Vollstatut angestrebt wird (s. Rn. 32) und auch nicht alle gesellschaftsrechtlichen Aspekte von den Verordnungen erfasst werden (s. Rn. 55), ist bei den europäischen Rechtsformen die Normenhierarchie von besonderer Bedeutung.[226] Im Folgenden wird diese mit Blick auf gesellschaftsrechtliche Aspekte erörtert. Die Komplexität der Normenhierarchie resultiert aus der **Mehrebenenproblematik bzw. Mehrdimensionenproblematik**, welche für die supranationalen Rechtsformen jeweils etwas anders gelöst wird. Am wenigsten ausgereift ist die Regelungstechnik der EWIV-Verordnung (dazu § 7 Rn. 13 ff.). Die SE-Verordnung enthält hingegen eine detailliertere und verfeinerte Normenhierarchie (dazu § 4 Rn. 10 ff.), welche bei der SCE übernommen wurde (§ 6 Rn. 10 ff.). Die SPE wiederum umfasste eine daraus fortentwickelte und nach hiesiger Bewertung verbesserte Regelungstechnik (dazu § 5 Rn. 9 ff.). Die Regelungstechnik der FE wiederum verdeutlicht ebenfalls die Gemeinsamkeiten mit den Normenhierarchien der anderen Rechtsformen, wobei sie allerdings durch einige Anpassungen auf die konkreten Bedürfnisse der FE zugeschnitten wurde (dazu § 8 Rn. 7 ff.). Die Bewältigung der Mehrebenen-/Mehrdimensionenproblematik im Europäischen Gesellschaftsrecht ist damit ein gutes Beispiel für die Weiterentwicklung europäischer Regulierungsansätze (Horizontalwirkung auf europäischer Ebene). Zum einen zeigt sich darin der Wille der EU zur stetigen Verbesserung. Sie versucht bei neuen Projekten aus alten Fehlern zu lernen und die Rechtssetzung so zu verbessern. Zum andern mag die Fortentwicklung allerdings auch auf einer gewissen **Pfadabhängigkeit** beruhen. Einmal eingeschlagene Wege werden nicht so schnell verlassen. Dies liegt auch daran, dass sich die Mitgliedstaaten der EU bei den Verhandlungen dadurch auf zuvor gefundene Kompromisse stützten können und diese lediglich auf die konkrete Situation zuschneiden müssen. Eine solche Fortentwicklung scheint oft eher konsensfähig als radikal neue Ideen.[227] Diese Tendenz kann auch erklären, weshalb sich Mitgliedstaaten selbst bei kleineren, unbedeutenderen Projekten wehren, bestimmte (heikle) Kompromisse einzugehen. Denn sie fürchten, dass diese Kompromisse auf zukünftige (wichtigere) Projekte übertragen werden könnten (Angst vor einem „Dammbruch").

2. Die verschiedenen Dimensionen

87 Im Folgenden sollen fünf verschiedene Dimensionen unterschieden werden, die zur Komplexität der Regelungstechnik im europäischen Gesellschaftsrecht führen. Dies sind:

226 Die Bedeutung betonend *Fleischer* CMLR 2010, 1671, 1711; ebenso *Teichmann*, Binnenmarktkonformes Gesellschaftsrecht, 2006, S. 277.

227 Hier erzeugt der zuvor gefundene Kompromiss zumindest eine Begründungslast für denjenigen, der diesen Kompromiss bei der Übertragung auf eine neue Situation ablehnen möchte. Die Anwendung auf den neuen Fall wird in der Regel mit einer Art „Analogieschluss" gerechtfertigt. Es wird also ausgedrückt, dass die Situation, in der der Kompromiss gefunden wurde und der aktuell verhandelte Aspekt sich so ähnlich sind, dass auch eine ähnliche Behandlung gerechtfertigt ist. Zur Pfadabhängigkeit, Begründungslast und dem Analogieschluss in Verhandlungen s. *Jung/Krebs*, Die Vertragsverhandlung, 2016, S. 303 f., 84 f., 48 f.

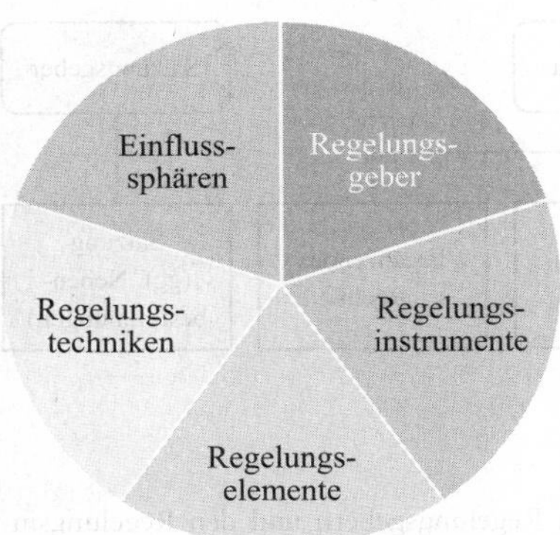

Abb. 3: Dimensionen der Regelungsproblematik

Mit Blick auf die Mehrebenenproblematik sind drei verschiedene Akteure als **Regelungsgeber** zu unterscheiden: Die EU, die Satzungsgeber und die nationalen Gesetzgeber. 88

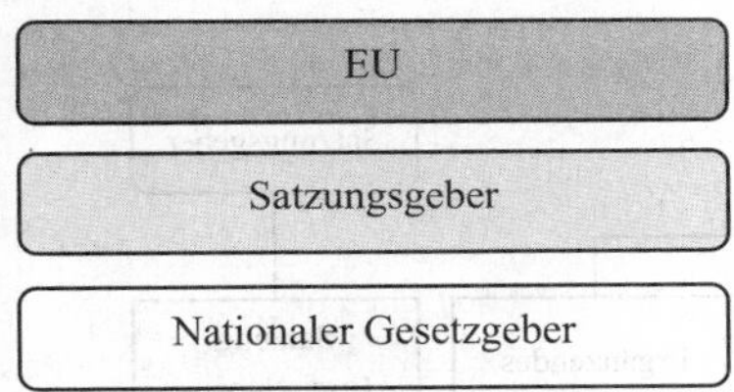

Abb. 4: Mehrebenenproblematik

Jeder dieser Regelungsgeber kann **unterschiedliche rechtliche Instrumente** nutzen und dadurch **Einfluss** auf die Ausgestaltung durch einen anderen Regelungsgeber nehmen. Die EU nutzt die Verordnung und die Richtlinie (für die Arbeitnehmermitbestimmung) als Regelungsinstrumente. Die Verordnung ist bei allen europäischen Rechtsformen als das höchstrangige Recht anzusehen.[228] Die Mitgliedstaaten müssen ggf. eingesetzte Richtlinien (zur Arbeitnehmermitbestimmung) umsetzen, weshalb sie umgesetztes Recht als Regelungsinstrument nutzen. Für Aspekte, die die Verordnung nicht regelt, kommt entweder das jeweilige nationale Ausführungsgesetz zur Anwendung oder das ergänzend heranzuziehende Recht der vergleichbaren Rechtsform (bei der SE beispielsweise das Recht der nationalen AG, in Deutschland also das AktG). Mithilfe der Ausführungsgesetze können die Mitgliedstaaten speziell auf die jeweilige Rechtsform zugeschnittenes Recht erlassen. Dies kann die reibungslose Integration in das nationale Recht erleichtern. Es besteht allerdings auch immer das Risiko, dass die supranationale Rechtsform durch die Ausführungsgesetze schlechter gestellt wird als die vergleichbare nationale Rechtsform, sofern die entsprechende Verordnung dies nicht unterbindet.[229] Die Anwendung des Rechts der nationalen vergleichbaren Rechtsform führt hingegen zu einer Gleichstellung mit dieser Gesellschaftsform. Den Satzungsgebern steht wiederum die Satzung als Regelungsinstrument zur Verfügung (sowie ggf. Nebenabreden). Je nach Rechtsform wird den Satzungsgebern entweder mehr oder weniger Gestaltungsfreiheit gelassen. Die folgende Graphik zeigt die Regelungsebenen und ihre Verbindung zu den verschiedenen Regelungsinstrumenten: 89

228 Vgl. § 4 Rn. 11 (SE), § 6 Rn. 11 ff. (SCE) und § 7 Rn. 14 ff. (EWIV). Vgl. auch *Kalss/Klampfl*, Europäisches Gesellschaftsrecht, 2015, Rn. 608 (EWIV), 558 (SE), 589 (SCE); *Habersack/Verse*, Europäisches Gesellschaftsrecht, 2011, § 12 Rn. 1 (EWIV) bei Lücken in der EWIV-VO ist das Recht des Sitzstaates subsidiär anzuwenden; § 13 Rn. 10 (SE), § 14 Rn. 3 (SCE).

229 Bei der SPE fordert Erwägungsgrund 6b SPE-VO, dass die Europäische Privatgesellschaft nicht gegenüber den nationalen GmbH diskriminiert wird (dazu § 5 Rn. 27). Zur umstrittenen Rechtslage bei der EWIV s. § 7 Rn. 23. Die SE-VO und die SCE-VO enthalten jeweils eine konkrete Vorschrift, die die Nichtdiskriminierung verlangt.

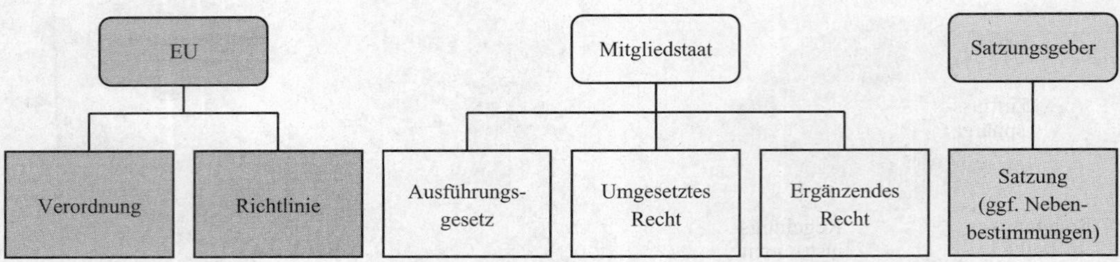

Abb. 5: Verbindung von Regelungsgebern und Regelungsinstrumenten

90 Komplex wird die Regelungstechnik zudem dadurch, dass neben den Regelungsgebern und den Regelungsinstrumenten weitere Dimensionen der Mehrebenenproblematik hinzutreten. Denn die Regelungsinstrumente weisen verschiedene **Regelungselemente** auf. In deren Rahmen werden dann wiederum verschiedene **Regelungstechniken** verwendet. Außerdem stehen diese Regelungen nicht einfach nebeneinander, sondern nehmen Einfluss auf andere Regelungen, weshalb insofern auch von **Einflusssphären** gesprochen werden kann. Die folgende Graphik ergänzt die obige Graphik um verschiedene Regelungselemente und Regelungstechniken. Es werden dabei nicht alle Elemente und Techniken abschließend abgebildet. Vielmehr konzentriert sich diese Graphik auf einige Aspekte, die für die Normenhierarchie des europäischen Gesellschaftsrechts von besonderer Bedeutung sind:

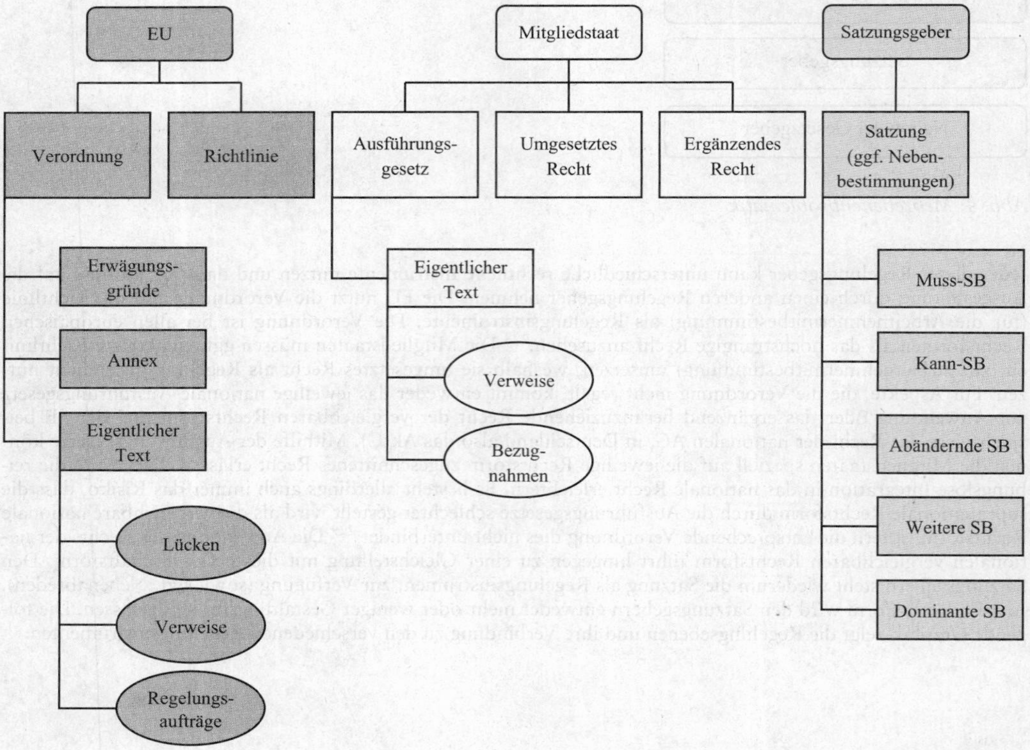

Abb. 6: Übersicht zu Regelungsgebern, -instrumenten, -elementen und -techniken

91 Das Regelungsinstrument der Verordnung kann beispielsweise drei verschiedene Regelungselemente aufweisen, namentlich die Erwägungsgründe (dazu Rn. 82), den eigentlichen Text sowie ggf. Anhänge. Zentral sind vor al-

lem auch die Regelungselemente der Satzung. Bei der Satzung gibt es ebenfalls Elemente mit unterschiedlichen Wirkungen auf den materiellen Inhalt der Satzung (Präambel, normwiederholende Regeln etc). Mit Blick auf die Mehrebenenproblematik sind jedoch die sogenannten **Satzungskategorien** von besonderer Bedeutung, die das Rangverhältnis zu den Regelungen der anderen Regelungsgeber beschreiben. Satzungsbestimmungen können zum einen von den verschiedenen Regelungsinstrumenten, dh zB der Verordnung oder dem vergleichbaren nationalen Recht gestattet bzw. gefordert werden. Zum anderen unterscheiden sich die Satzungskategorien in ihren Wirkungen. Sie können zB gegenüber den verschiedenen Regelungsinstrumenten vorrangig oder nachrangig bzw. gegenüber einzelnen Instrumenten jeweils vorrangig oder nachrangig sein. So kann die Verordnung beispielsweise Satzungsbestimmungen gestatten, die Regeln unabhängig vom nationalen Recht treffen dürfen (bei den supranationalen Rechtsformen als **Kann- Satzungsbestimmungen** bezeichnet, vgl. zur SPE zB § 5 Rn. 16 f.).

Die einzelnen Regelungselemente verwenden wiederum verschiedene **Regelungstechniken.** Besonders relevant sind bei supranationalen Rechtsformen Regelungstechniken, die der **Verzahnung der verschiedenen Regelungsinstrumente** dienen (**Verzahnungsregeln**), dh ihr Zusammenspiel regeln. Dies ist notwendig, da nur das Zusammenspiel der verschiedenen Instrumente eine umfassende Regelung der gesellschaftsrechtlichen Aspekte gewährleistet. In den Verordnungen werden vor allem Lücken, Verweise sowie Regelungsmöglichkeiten und -aufträge verwendet (dazu sogleich im Folgenden, zu den Regelungstechniken bei Richtlinien s. § 18 Rn. 40 ff., wobei diese Techniken teilweise auch bei Verordnungen verwendet werden, wie zB *opt-out/opt-in*-Regelungen).[230] Die Verordnung steht bei den supranationalen Rechtsformen, wie bereits erwähnt, auf der obersten Stufe der Normenhierarchie und regelt diese daher auch (vgl. Art. 2 EWIV-VO, Art. 9 SE-VO, Art. 8 SCE-VO, Art. 3 FE-VO-KOM, Art. 4 SPE-VO-U). Trotz der Unterschiede zwischen den einzelnen Verordnungen mit Blick auf die Normenhierarchie lässt sich insofern eine gewisse Grundstruktur erkennen, wobei im Folgenden die EWIV weniger berücksichtigt wird, da sie als erste supranationale Rechtsform viele Besonderheiten aufweist. 92

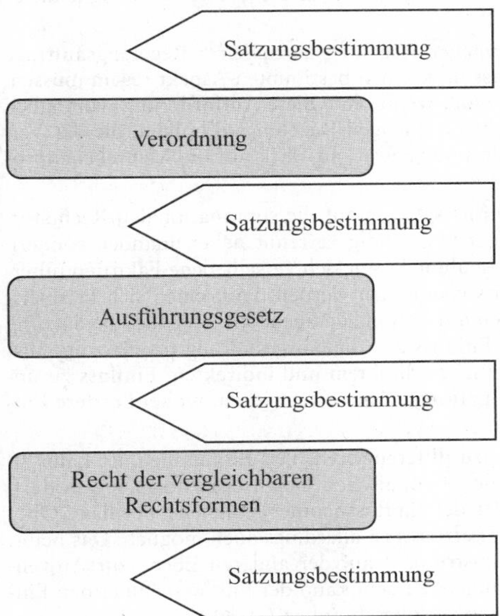

Abb. 7: Normenhierarchie supranationaler Rechtsformen

Die Verordnungen, genauer die Verordnungstexte, regeln allein die gesellschaftsrechtlichen Aspekte der supranationalen Rechtsformen. Nicht-gesellschaftsrechtliche Aspekte werden nicht erfasst. Das anwendbare nationale Sachrecht muss für nicht-gesellschaftsrechtliche Aspekte anhand des internationalen Privatrechts (IPR) bestimmt werden. Um kein Regelungsvakuum aufkommen zu lassen, verweisen die Verordnungen für alle Aspekte, die in der Verordnung bzw. der Satzung (zu den Satzungskategorien Rn. 91) nicht oder nur teilweise geregelt 93

230 Bei der SCE-VO lassen sich zB **doppelte *opt-in*-Regelungen** beobachten. Danach muss zunächst der Mitgliedstaat eine Regelung grundsätzlich zulassen und die Mitglieder müssen dann noch in der Satzung eine entsprechende Regelung vorsehen (§ 6 Rn. 176 f.). *Opt-in/opt-out*-Regelungen sind ein Mittel, um Kompromisse auf europäischer Ebene zu erzielen. Vgl. *Fleischer* ZHR 174 (2010) 385, 406 f. (bezogen auf Wahlrechte).

sind, auf nationales Recht (zur Sonderproblematik bei der EWIV s. § 7 Rn. 18). Regelungstechnik ist hier die durch nationales Recht zu füllende (externe) **Lücke** im Sinne einer Nicht- bzw. Teilregelung.[231] Allerdings ist in der Praxis oftmals schwer festzustellen, ob eine abschließende Regelung durch die Verordnung gewünscht ist oder eine Teilregelung vorliegt. Tatsächlich ist relativ häufig von einer abschließenden Regelung und damit einer internen Lücke auszugehen. Nach der entwickelten Regelungstechnik greifen im Fall von externen Lücken in der Verordnung in der Regel zunächst die nationalen Ausführungsgesetze (vgl. zur SE § 4 Rn. 11, zur SCE § 6 Rn. 18, zur SPE § 5 Rn. 26 ff.) und wenn diese auch keine Vorgabe enthalten, das jeweils anwendbare nationale Recht der vergleichbaren Rechtsform.

94 Neben der Regelung der Lückenfüllung verwenden die Verordnungen auch die Regelungstechnik der (dynamischen) **Verweisung**. Verweise werden einerseits dazu genutzt anzuzeigen, wo die Verordnung keine vollständigen Regeln enthält und daher subsidiäres Recht zur Anwendung gelangen muss. Andererseits wird diese Regelungstechnik auch verwendet, um eine Hierarchieebene zu „überspringen". Möchte der Verordnungsgeber mit Blick auf die supranationalen Rechtsformen nicht, dass die speziellen nationalen Ausführungsgesetze zum Zuge kommen, so kann er einen direkten Verweis auf das jeweils anwendbare nationale Recht der vergleichbaren Rechtsform vornehmen. Bei der Europäischen Genossenschaft dienen Verweise auch dazu, entweder genossenschaftliches oder aktienrechtliches nationales Recht subsidiär zur Anwendung kommen zu lassen (s. dazu § 6 Rn. 33).

95 Daneben arbeiten die Verordnungen mit obligatorischen Regelungsaufträgen und Regelungsmöglichkeiten, die sich an die Mitgliedstaaten richten. Im Hinblick auf Regelungsmöglichkeiten sind echte und unechte Regelungsmöglichkeiten zu unterscheiden. Eine **echte Regelungsmöglichkeit** liegt vor, wenn die Verordnung einen Aspekt regelt, dem nationalen Gesetzgeber aber die Möglichkeit gibt, eine davon abweichende Vorschrift zu etablieren. Es handelt sich dabei um eine Art „mitgliedstaaten-dispositives Recht" in der Verordnung (*opt-out*). Macht ein Mitgliedstaat von der Regelungsoption keinen Gebrauch, so greift die Regelung der Verordnung. Bei **unechten Regelungsmöglichkeiten** existiert keine Vorschrift in der Verordnung, die eingreifen könnte, wenn der nationale Gesetzgeber seine (unechte) Regelungsoption nicht ausübt. In diesem Fall weist die „Regelungsmöglichkeit" eher Ähnlichkeiten zu einer „Lücke" auf.

96 Neben Regelungsmöglichkeiten kennt der europäische Gesetzgeber **Regelungsaufträge**.[232] Regelungsaufträge wenden sich ebenfalls an die Mitgliedstaaten und geben vor, dass diese einen bestimmten Aspekt regeln **müssen**, ohne selbst den Inhalt vorzugeben.[233] Dies ist immer dann sinnvoll, wenn ohne diese Aufforderung womöglich keine passende nationale Regelung bereitstünde. Dies sind nicht die einzigen Regelungstechniken, die der Verordnungsgeber nutzt (vgl. zB Mitgliedstaatenoptionen), aber sie sind zentral mit Blick auf die Mehrebenenproblematik.

97 Als letzte Dimension der Mehrebenenproblematik sind die **Einflusssphären** auf die supranationalen Rechtsformen anzusprechen. Die einzelnen Regelungsebenen stehen nicht vollständig getrennt nebeneinander, sondern beeinflussen sich vielmehr gegenseitig. Mit Blick auf die Einflussnahme lassen sich verschiedene Faktoren unterscheiden. Zum einen kann auf verschiedene **Adressaten** Einfluss genommen werden. So können sich beispielsweise die Vorschriften auf EU-Ebene sowohl auf die Regelungen auf nationaler Ebene als auch auf die Satzung auswirken. Der nationale Gesetzgeber kann oftmals ebenfalls Einfluss auf die Ausgestaltung der Satzung ausüben, jedoch nicht auf die Verordnung.[234] Zum anderen ist zwischen **direktem** und **indirektem Einfluss** zu unterscheiden. So kann sich eine Regelung auf EU-Ebene auf die nationale Ebene auswirken, wobei Letztere Einfluss auf die Satzung nehmen kann.

98 Darüber hinaus ist zwischen verschiedenen Arten von Einfluss zu differenzieren. Der Einflussnehmer kann zB entscheiden, ob eine andere Ebene einen bestimmten Aspekt der europäischen Gesellschaftsform regeln darf. Werden dabei keine inhaltlichen Vorgaben gemacht, entscheidet der Einflussnehmer lediglich über das „**Ob**", nicht jedoch über das Instrument oder den Inhalt der Regelung. Letzteres ist allerdings auch möglich. Das heißt, der Einflussnehmer kann auch bestimmen, welches Regelungsinstrument auf der anderen Ebene zur Anwendung kommen soll. Insofern wird Einfluss auf das **Mittel** genommen. Zudem kann der Einflussnehmer den Einfluss eines anderen Instruments auf einer anderen Ebene auch inhaltlich beschränken („**wie**").

3. Kritik an der komplexen Normenhierarchie

99 Die soeben aufgezeigte Komplexität des Regelungsgeflechts wird aus Anwendersicht als eines der **Hauptprobleme** von europäischen Rechtsformen angesehen (zu weiteren Nachteilen s. Rn. 46 ff.). Diese **Komplexität** bedingt weitere Probleme, zum Beispiel einen hohen Aufwand für die Unternehmen. Denn die Beschäftigung mit dem

231 Zur Nichtregelung als Mittel der Kompromissfindung zur Durchsetzung europäischer Rechtsformen *Fleischer* ZHR 174 (2010) 385, 408.

232 Vgl. dazu *Beier*, Der Regelungsauftrag als Gesetzgebungsinstrument im Gesellschaftsrecht, 2002.

233 *Hommelhoff/Teichmann* DStR 2008, 925, 930 f. zum Kommissionsentwurf zur SPE.

234 Natürlich haben die Mitgliedstaaten über die Einbindung des Rates in den Gesetzgebungsprozess einen großen Einfluss auf die Verordnung. Hier geht es jedoch um die Frage, ob nationales Recht (Ausführungsgesetze, nationales Recht der vergleichbaren Rechtsform) Einfluss auf die Verordnung nehmen kann.

Regelungsgeflecht ist zeit- und kostenintensiv. Gerade für kleine und mittlere Unternehmen (KMU) (und GMU[235]) kann dies ein Grund sein, eine europäische Rechtsform trotz ihrer Vorteile (s. dazu Rn. 38 ff.) nicht zu wählen. Außerdem entsteht Rechtsunsicherheit, welche allerdings nur zum Teil durch die Komplexität der Normenhierarchie bedingt ist. Denn jede neue Rechtsform bringt zu Anfang eine gewisse Rechtsunsicherheit mit sich. Die diffizil ausgestaltete Normenhierarchie erhöht diese Rechtsunsicherheit allerdings[236] und führt letztlich zu einer höheren Fehleranfälligkeit. Ein zentrales Problem besteht darin zu ermitteln, ob die Verordnung einen Sachverhalt regelt oder ob nationales Recht Anwendung findet (dazu bereits Rn. 93).[237] Hinzu kommt die Rechtszersplitterung. Damit ist in diesem Zusammenhang die Tatsache gemeint, dass abhängig vom Registersitz, der den Bezugspunkt für die Bestimmung des subsidiär anwendbaren Gesellschaftsrechts darstellt (dazu näher Rn. 156), subsidiär jeweils nationales Recht greift, dh in Deutschland deutsches Gesellschaftsrecht, in Frankreich französisches Gesellschaftsrecht.

Umgekehrt werden allerdings auch Vorteile der ausgeklügelten Verbindung von europäischem und nationalem Recht genannt. Wohl etwas scherzhaft, wird die Komplexität der Normenhierarchie als „**Anwaltsparadies**“ beschrieben,[238] da sich dadurch der Rechtsberatungsbedarf erhöht. Aber auch für **Unternehmer** wird angeführt, dass die Anwendung nationalen Rechts gerade in der Anfangsphase sogar die Rechtsunsicherheit reduzieren kann, da die nationalen Strukturen bekannt sind.[239] Dieser Ansicht ist zuzugestehen, dass zB einem deutschen Gründer, der eine supranationale Rechtsform in Deutschland registrieren lassen möchte, dass subsidiär anwendbare deutsche Recht der vergleichbaren Rechtsform vertrauter ist als das Recht der europäischen Rechtsform. Zu bedenken ist allerdings, dass dies nur für das eigene nationale Recht gilt. Dem französischen Gründer, der mit einem deutschen Partner kooperieren möchte, ist das deutsche Recht nicht bekannt und dessen Anwendung für ihn nicht unbedingt positiv. Soll eine europäische Rechtsform nicht im eigenen Mitgliedstaat registriert werden, entsteht dieser Vorteil ebenfalls nicht. Zudem kann der genannte Vorteil nach hier vertretener Ansicht die Rechtsunsicherheit nicht aufwiegen, die bereits durch die Abgrenzungsschwierigkeiten zwischen den einzelnen Regelungsinstrumenten entstehen. 100

Aus **Mitgliedstaatensicht** kann die komplexe Normenhierarchie, insbesondere die Bezugnahme auf nationales Recht, dagegen gleich mehrere Vorteile mit sich bringen. Zum einen finden in sensiblen Bereichen so weiterhin nationale Lösungen Anwendung.[240] Die Mitgliedstaaten behalten zumindest bezüglich einiger Aspekte mit Blick auf die in ihrem Land registrierten supranationalen Rechtsformen die „Kontrolle“.[241] Zum anderen können nationale Ausführungsgesetze eine problemlose Integration in die nationale Rechtsordnung sicherstellen. In einigen Fällen könnten Mitgliedstaaten sogar froh sein, dass die komplexe Regelungstechnik die supranationale Rechtsform weniger attraktiv macht, da dadurch der vertikale Wettbewerbsdruck sinkt (dazu Rn. 27 ff., allerdings steigt der indirekte horizontale Wettbewerbsdruck, wobei die Intensität von der Ausgestaltung des jeweiligen Statuts abhängt, vgl. Rn. 32 f.). 101

Aus **politischer Sicht** lässt sich anführen, dass der zum Teil starke Bezug zum nationalen Gesellschaftsrecht die Schaffung europäischer Rechtsformen erst möglich gemacht hat. Allein dies und die daraus resultierende Mehrebenproblematik führten zu einem Konsens im Rat.[242] Wären allein „Vollstatute“ angestrebt worden, würde das europäische Gesellschaftsrecht wahrscheinlich bis heute keine supranationalen Rechtsformen kennen. Insofern mag die Verbindung von europäischem Recht, Satzung und nationalem Recht als ein erster notwendiger Schritt auf dem Weg hin zu verstärkt europäischen Rechtsformen gesehen werden.[243] Gerade letzterer Aspekt verdeutlicht allerdings auch, dass es sich lohnt, über Verbesserungsansätze mit Blick auf die Mehrebenenproblematik nachzudenken (dazu jetzt im Folgenden unter Rn. 103 ff.). 102

4. Mögliche Verbesserungsansätze aus Sicht der Anwender

Aufgrund der soeben vorgebrachten Kritik an der komplexen Regelungssystematik soll im Folgenden versucht werden, Verbesserungsansätze aus Sicht der Anwender zu ermitteln. Dieses „Gedankenexperiment“ soll dazu 103

235 GMU steht für „große mittelständische Unternehmen“. Für die Einführung dieser Kategorie plädierend *Krebs/Jung* DB 51/52 (2013), M. 1.

236 *Habersack*, Europäisches Gesellschaftsrecht, 3. Aufl. 2006 (Voraufl.), § 4 Rn. 17 erwähnt die Rechtsunsicherheit, die durch den Rückgriff auf nationales Recht entsteht.

237 Mit Blick auf die SE zum Bestehen von Abgrenzungsschwierigkeiten *Fleischer* CMLR 2010, 1671, 1712.

238 *Sanders* in: Schmitthoff (Ed.), The Harmonisation of European Company Law, 1973, S. 83, 89; auch *Fleischer* CMLR 2010, 1671, 1712.

239 *Fleischer* CMLR 2010, 1671, 1712.

240 Vgl. *Fleischer* CMLR 2010, 1671, 1712. *Ders.* ZHR 174 (2010) 385, 408 merkt an, dass rechtspolitisch auch die Verlagerung der Regelungsverantwortung auf den Satzungsgeber die Kompromissfindung zwischen den Mitgliedstaaten erleichtern kann.

241 *Fleischer* CMLR 2010, 1671, 1712 spricht davon, dass so die Angst der Mitgliedstaaten vor ausländischer Kontrolle gemindert werden kann.

242 Vgl. zur Erreichung von Konsensfähigkeit *Fleischer* ZHR 174 (2010) 385, 408 ff.

243 Vgl. *Fleischer* CMLR 2010, 1671, 1713.

anregen, darüber nachzudenken, wie zukünftige supranationale Rechtsformen attraktiver ausgestaltet werden können bzw. wie die bestehenden europäischen Rechtsformen das Problem der Komplexität „in den Griff" bekommen können. Es lassen sich verschiedene Ansätze aus Sicht der Anwender andenken, um die Mehrebenenproblematik besser handzuhaben. Dazu zählen (die Liste ist nicht abschließend):

- weniger Regelungsebenen;
- Bündelungseffekte;
- weniger Regelungsinstrumente;
- Sitzaufspaltung (von Register- und Verwaltungssitz);
- regelungstechnische Verbesserungen der einzelnen Instrumente;
- verbesserter Informationsfluss für den Anwender und
  - konsolidierte Fassung
  - Übersetzungen
  - law screening
  - Standardsachverhalte;
- Harmonisierungsbemühungen.

Im Folgenden wird kurz auf die genannten Ansätze eingegangen.

a) Weniger Regelungsebenen

104 Bei nationalen Rechtsformen gibt es zwei Regelungsgeber, den nationalen Gesetzgeber und den Satzungsgeber. Europäische Gesellschaftsformen wären ebenfalls leichter händelbar, wenn es anstatt drei lediglich zwei Regelungsebenen gäbe. Es ließe sich insofern daran denken, den mitgliedstaatlichen Regelungsgeber „auszuschalten", indem auf europäischer Ebene alle gesellschaftsrechtlichen Aspekte (und auch die Arbeitnehmermitbestimmung)[244] mithilfe einer Verordnung geregelt würden, welche dann direkt in den einzelnen Mitgliedstaaten anwendbar wäre. Dies entspricht der bereits diskutierten Idee des „Vollstatuts" für europäische Rechtsformen (dazu Rn. 6), welches daher aus regelungstechnischer Sicht Vorteile aufweisen könnte.

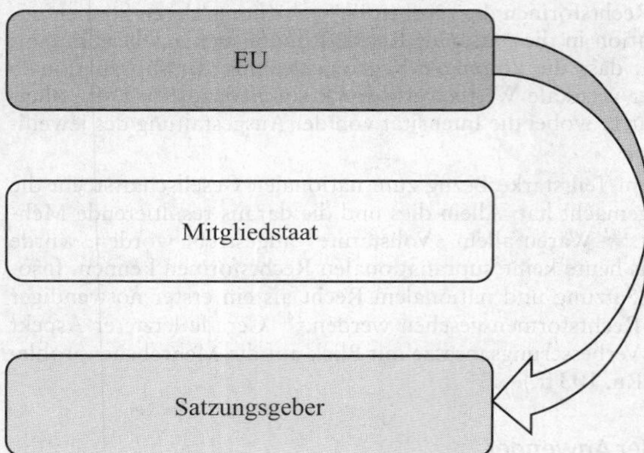

Abb. 8: Weniger Regelungsebenen

105 Dieses Szenario ist im Ergebnis allein mit Blick auf die Regelungstechnik aus wissenschaftlicher Sicht durchaus wünschenswert,[245] da diese Lösung die Komplexität stark reduzieren würde (zu möglichen Nachteilen eines Vollstatuts Rn. 102). Denn dadurch fiele nicht nur ein Regelungsgeber weg, sondern auch die dort eingesetzten Instrumente, dh konkret die Ausführungsgesetze und das Recht der vergleichbaren nationalen Rechtsform (vgl. Abb. 5). Diese Lösung ist jedoch derzeit politisch nicht durchsetzbar.[246] Die letzten Anläufe für europäische

244 Die SPE-VO-U integrierte die Arbeitnehmermitbestimmung. Der Vorschlag zielte somit darauf ab, die Frage innerhalb der Verordnung zu regeln und verzichtete damit auf eine gesonderte Richtlinie.

245 Kritisch zu den vielen Verweisen auf nationales Recht ua *Hommelhoff/Teichmann* GmbHR 2010, 337, 344; *Teichmann* in: MüHdB GesR, Bd. 6, 2013, § 50 Rn. 8; *Lutter/Bayer/Schmidt*, Europäisches Unternehmens- und Wirtschaftsrecht, 2017, Rn. 47.11; *Navez* in: Hirte/Teichmann (Hrsg.), The European Company, 2013, S. 147, 150.

246 Mit Blick auf die EWIV *Abmeier* NJW 1986, 2987, 2991; *Lutter/Bayer/Schmidt*, Europäisches Unternehmens- und Kapitalmarktrecht, 2017, Rn. 44.5; so auch *Scriba*, Die EWIV, 1987, S. 53. Mit Blick auf die SPE hatte die

Rechtsformen sind sogar trotz Einräumung großer nationaler Spielräume allesamt gescheitert (dazu Rn. 4 ff.). Selbst bei einer starken Öffnung der Verordnung für das nationale Recht lässt sich derzeit die notwendige Einstimmigkeit im Rat zur Verabschiedung einer entsprechenden Verordnung nicht erringen.[247] Eine theoretisch gute Lösung, die aber keine politische Unterstützung findet, wird den europäischen Gesellschaftsformen nicht den gewünschten Durchbruch bringen, weshalb weitere Lösungsansätze zu erörtern sind.

b) Bündelungseffekte

Es ließe sich andenken, den „Bündelungseffekt" von Richtlinien auszunutzen. Richtlinien müssen vom nationalen Gesetzgeber in nationales Recht umgesetzt werden. Sie sind damit eine Art „Vorgabe" für die Mitgliedstaaten, denen darüber hinaus meistens die Freiheit gegeben wird, bestimmte Aspekte individuell auszugestalten. Der Rechtsanwender muss sich dann – abgesehen von Fällen der richtlinienkonformen Auslegung – allein mit nationalem Recht beschäftigen. Die europäischen und nationalen Vorgaben kommen bei ihm praktisch „gebündelt" an. Die Mitgliedstaaten wirken hier als **Schnittstelle** zwischen EU und Rechtsanwender. 106

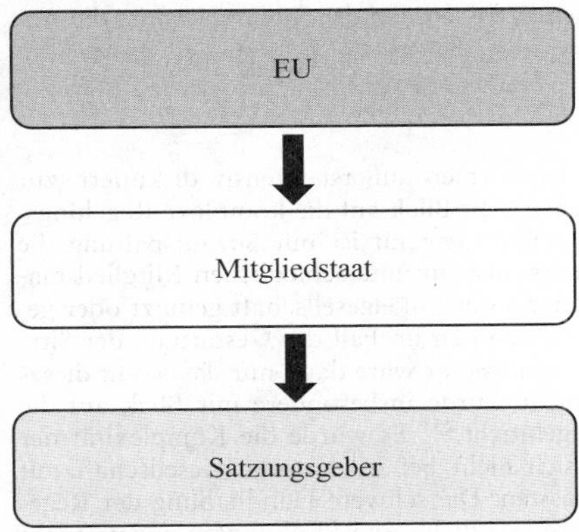

Abb. 9: Bündelungseffekt

Wie bereits oben angesprochen, versuchte die EU tatsächlich die Richtlinie als Instrument zur Einführung der SUP zu nutzen (zur Debatte der Charakterisierung der SUP Rn. 72). Hintergrund war allerdings **nicht** die multidimensionale Regelungsproblematik, sondern allein politische Überlegungen. Allerdings ist die Nutzung der Richtlinie als Regelungsinstrument nicht unproblematisch. Zunächst einmal stellt sich hier das Problem der Rechtsgrundlage (s. dazu Rn. 18 ff.). Denn mit Blick auf die SCE hat der EuGH entschieden, dass die Verordnung das richtige Instrument darstellt.[248] Das bedeutet allerdings nicht zwangsläufig, dass sich der europäische Gesetzgeber für eine Gestaltung, wie sie für die SUP angedacht war, nicht doch der Richtlinie bedienen dürfte.[249] Um Effekte zu erzielen, die denen einer supranationalen Rechtsform ähneln, muss die Richtlinie im Ergebnis so weit wie möglich eine Vollharmonisierung anstreben. Inhaltlich wäre, wie bei den anderen Rechtsformen auch, ein europäisches Label wünschenswert. Aus Anwendersicht würde außerdem die Möglichkeit der Sitzaufspaltung Vorteile bringen. 107

Kommission ursprünglich die Idee eines relativ umfassenden Statuts (aber keines Vollstatuts). Im Laufe des Verordnungsgebungsprozesses wurden jedoch mehr und mehr Verweise aufgenommen (s. § 5 Rn. 7).

247 Die SUP ist sogar bei einem relativ geringen Harmonisierungsgrad mit Blick auf den *general approach* und der Möglichkeit der Verabschiedung durch qualifizierte Mehrheit in eine Sackgasse geraten. Dazu § 9 Rn. 3.

248 EuGH, Rs. C-436/03, ECLI:EU:C:2006:277 = EuZW 2006, 380.

249 Vgl. zur Debatte bei der SUP *Moench*, Die SUP, 2016, S. 15 ff.; *Roth* in: FS 200 Jahre Carl Heymanns Verlag, 2015, S. 229, 229 ff.; *Velasco* in: Rojo/Campuzano (Coord.), Estudios Jurídicos en Memoria del Profesor Emilio Beltrán, S. 909, 920 f.; vgl. auch *Teichmann* ECFR 2015, 202, 220 f.; *Conac* ECFR 2015, 139, 152 ff.; siehe für eine Analyse zur Rechtsgrundlage auch *Malberti* ECFR 2015, 238, 241 ff.; *Teichmann* in: Lutter/Koch (Hrsg.), SUP, 2015, S. 37, 54 ff.; *Ahern* in: Viera González/Teichmann (Eds.), Private Companies in Europe, 2016, S. 55, 67 ff.; die Rechtsgrundlage ablehnend Österreichische Rechtsanwaltskammertag, Stellungnahme zur SUP, 21/14/59, S. 2 f.; Österreichische Notariatskammer, Stellungnahme zum SUP Vorschlag vom 15.5.2014, Az. 532.30, S. 8 ebenso cep, cepAnalyse Nr. 31/2014 (SUP), S. 4 (abrufbar unter: http://www.cep.eu/Analysen/COM_2014_212_Societas_Unius_Personae/cepAnalyse_COM_2014_212_Societas_Unius_Personae.pdf, abgerufen am 08.1.2018); kritisch zur Rechtsgrundlage auch EWSA, Stellungnahme des Europäischen Wirtschafts- und Sozialausschusses zu dem Vorschlag für eine Richtlinie des Europäischen Parlaments und des Rates über Gesellschaften mit beschränkter Haftung mit einem einzigen Gesellschafter, ABl. EU v. 19.12.2014, C/458/04, 1.2.

108 Zudem ist auch hier die rechtspolitische Dimension zu bedenken. Die diskutierte SUP-Richtlinie war eine Art „Versuchsballon“. Seit Anfang 2016 steckten die Verhandlungen jedoch in einer Sackgasse und mittlerweile ist klar, dass der Versuch als fehlgeschlagen gelten kann.[250] Aber selbst wenn die Richtlinie über die SUP hätte verabschiedet werden können, wäre es fraglich gewesen, ob diese Lösung auf andere Projekte hätte übertragen werden können. Außerdem hilft diese Konstruktion in Bezug auf die bestehenden Rechtsformen, die mithilfe einer Verordnung geregelt wurden, nicht weiter.

c) Weniger Regelungsinstrumente

109 Die Komplexität könnte auch durch die Verwendung von weniger Regelungsinstrumenten bzw. Elementen erreicht werden. Im Hinblick auf die europäischen Rechtsformen mag in diesem Zusammenhang zunächst die Idee entstehen, dass es zur Regelung der Arbeitnehmermitbestimmung nicht unbedingt einer gesonderten Richtlinie bedarf. Bei der SPE wurde dieser Ansatz bereits verfolgt. In allen SPE-Entwürfen war die Regelung der Arbeitnehmermitbestimmung Teil der Verordnung. Ansonsten könnte zB überlegt werden, ausschließlich nationale Ausführungsgesetze auf mitgliedstaatlicher Ebene Anwendung finden zu lassen. Bei der Satzung könnte die Anzahl der Satzungskategorien reduziert werden.

d) Sitzaufspaltung

110 Die Sitzaufspaltung wird mit Blick auf die europäischen Gesellschaftsformen äußerst intensiv diskutiert (zur Thematik auch Rn. 157) und oft als eine Art „Heilsbringer“ angesehen. Mit Blick auf die komplexe Regelungssystematik hilft die Sitzaufspaltung allerdings auch nur bedingt weiter. Gemeint ist mit Sitzaufspaltung die Möglichkeit der Trennung von Register- und Verwaltungssitz, so dass diese in unterschiedlichen Mitgliedstaaten liegen können. Wird die europäische Gesellschaftsform als Tochter- oder Enkelgesellschaft genutzt oder genereller, möchten Gründer mehrere EWIV, SE oder SCE gründen, so könnten im Fall der Gestattung der Sitzaufspaltung die Registersitze in einem Mitgliedstaat zentriert werden. Subsidiär wäre dann nur das Recht dieses einen Mitgliedstaates, zB Deutschlands, anwendbar. Dieses Argument wurde insbesondere mit Blick auf die SPE, die sich besonders als Tochtergesellschaft geeignet hätte, vorgebracht.[251] Es würde die Komplexität der Mehrebenenproblematik insofern entschärfen, als die Anwender sich nicht bei jeder neuen Gesellschaft mit einem anderen subsidiär anwendbaren Recht auseinandersetzen müssten. Die schwere Handhabung der Regelungstechnik an sich würde dadurch jedoch nicht erleichtert. Andere rechtliche Aspekte knüpfen zudem nicht an den Registersitz an (zB bestimmte Verfahrensvorschriften oder das Delikts- oder Arbeitsrecht). Insofern würde die Sitzaufspaltung keine Erleichterungen zur Folge haben.

e) Regelungstechnische Verbesserungen der einzelnen Instrumente

111 Die größten Probleme bei der Verzahnung von europäischem und nationalem Recht sowie den Satzungsbestimmungen entstehen durch die Konzeption der externen Lücke im Sinne einer Nicht- oder Teilregelung in der europäischen Verordnung. In solchen Fällen soll nationales Recht zur Anwendung kommen. Idealerweise sollte die Verordnung jedoch nur begrenzt mit externen Lücken arbeiten. Vielmehr wäre es wünschenswert, dass die Verordnungsvorschriften grundsätzlich abschließend sind, es sei denn, die Verordnung bestimmt explizit etwas Anderes. Wo nationales Recht Anwendung finden soll, sollte daher mit **konkreten und präzisen Verweisen** (dazu Rn. 94) und **Regelungsaufträgen** (dazu Rn. 96) bzw. **Regelungsmöglichkeiten** (dazu Rn. 95) verdeutlicht werden. Bezogen darauf wären eindeutige Standardformulierungen hilfreich.

112 Sieht sich der Verordnungsgeber dazu nicht in der Lage, sollte er zumindest explizit ausdrücken, welchen Grundprinzipien die Verordnung folgt. Das heißt, der Verordnungsgeber sollte erklären, ob die Vorschriften in der Verordnung grundsätzlich als abschließend anzusehen sind oder nicht. Damit würde die **Begründungslast** klar verteilt.[252] Bei Richtlinien bei supranationalen Rechtsformen, also den Richtlinien zur Arbeitnehmermitbestimmung, sollte sprachlich klar zwischen Mindest- und Höchststandards unterschieden werden und der Richtliniengeber ebenfalls diesbezüglich eine Grundregel vorgeben (zur eindeutigen Verteilung der Begründungslast).

---

250 European Commission, Annex to the Communication from the Commission the the European Parliament, the Council, the European Economic and Social Committee and the Committee of the Regions – Commission Work Programme 2018, Annex IV, COM(2017) 650 final, 24.10.2017, Punkt 10.

251 Positiv zur Sitzaufspaltung bei der SPE: Arbeitskreis Europäisches Unternehmensrecht NZG 2008, 897, 899; *Hommelhoff/Teichmann* GmbHR 2010, 337, 345 ff.; *Hügel* ZHR 173 (2009) 309, 322 f.; *J. Schmidt* EWS 2008, 455, 456; vgl. auch *Hommelhoff* in: FS U. H. Schneider, 2011, S. 547, 548 f.; *Lecourt*, Revue des sociétés 2008, 684, (zitiert nach dalloz.fr., daher keine konkrete Seitenangabe). *Teichmann* in: MüHdB GesR, Bd. 6, 2013, § 50 Rn. 39 führt an, dass es legitime Gründe für die Sitzaufspaltung geben kann. Vgl. auch BusinessEurope, Position Paper, Response to the consultation on a possible statute for a European Private Company (EPC), (MARKT/19.7.2007), 2007, S. 7 f. (abrufbar unter: https://www.businesseurope.eu/sites/buseur/files/media/imported/2007-01538-E.pdf, abgerufen am 23.1.2018).

252 Zur Begründungslast grundlegend *Krebs* AcP 195 (1995) 171, 171 ff.

Im Verordnungsgebungsprozess könnten unabhängigen Dritten/potenziellen Anwendern (zB Rechtsanwälten) auch beispielhaft Kompetenzfragen gestellt werden. Können diese eine Frage übereinstimmend einer Regelungsebene zuordnen, würde dies zeigen, dass insofern keine Rechtsunsicherheit besteht. Kämen die potenziellen Rechtsanwender nicht zu klaren Ergebnissen, bestünde hingegen Präzisierungsbedarf. 113

f) Verbesserter Informationsfluss für den Anwender

Ein verbesserter Informationsfluss für den Anwender kann ebenfalls dazu beitragen, die Komplexität der Regelungssystematik zu entschärfen, wenn er sie auch nicht zu lösen vermag. Im Hinblick auf den verbesserten Informationsfluss ließen sich mehrere Optionen andenken: 114

aa) Unverbindliche, konsolidierte Fassung

Aufgrund der Mehrebenen-/Mehrdimensionenproblematik entsteht bei europäischen Gesellschaftsformen – wie erörtert – ein komplexes Geflecht aus verbindlichen Rechtstexten. Auf die Europäische Aktiengesellschaft sind beispielsweise anwendbar:[253] 115

- die Verordnung;
- nationale Ausführungsgesetze;
- nationale Aktienrechte;
- die Richtlinie zur Arbeitnehmermitbestimmung;
- das nationale Recht, welches die Arbeitnehmermitbestimmungs-RL umsetzt und
- die Satzung (deren verschiedene Satzungskategorien auf verschiedenen Stufen der Normenhierarchie).[254]

Insofern bereitet nicht nur das Geflecht aus verschiedenen Texten Probleme, sondern auch die Lesbarkeit und Verständlichkeit[255] der einzelnen Texte wird durch viele Lücken bzw. Verweise (zur Regelungstechnik s. Rn. 86 ff.) auf andere Texte gestört. Außerdem richten sich nicht alle Regelungen der Verordnung an den eigentlichen Rechtsanwender, also die Unternehmer. Richtlinien wenden sich vielmehr an die Mitgliedstaaten, und auch die Verordnung enthält Bestimmungen, die sich nicht an die Gründer richten, sondern vielmehr an die Mitgliedstaaten (s. zB Regelungsaufträge). 116

Bezüglich der genannten Probleme könnten sog „konsolidierte Fassungen“ Erleichterungen bringen. Der Begriff ist auf europäischer Ebene nicht neu. Werden zB Verordnungen oder Richtlinien geändert bzw. berichtigt, so werden nur die einzelnen Änderungen verabschiedet und im Amtsblatt veröffentlicht. Änderungsrichtlinien lesen sich daher folgendermaßen: „Artikel 1 wird wie folgt geändert“; „Die folgenden Artikel werden eingefügt“; „Artikel 2 wird gestrichen“. Der leichter lesbare „Volltext“ des Gesetzes in der geänderten Fassung entsteht erst dadurch, dass die Änderungen in die letzte aktuelle Fassung des Gesetzestextes eingearbeitet werden. Der Text, welcher die Änderungen integriert, wird als "konsolidierte Fassung" bezeichnet. Rechtsgültig sind allerdings nur die im Amtsblatt veröffentlichten Versionen (also der ursprüngliche Gesetzestext und der Änderungs-Rechtsakt). 117

Die Idee von „konsolidierten Fassungen“ im Bereich der europäischen Rechtsformen wäre es, eine Art – unverbindliche – konsolidierte Anwender-Fassung zu entwerfen, und zwar nur mit den Regeln, die den Anwender betreffen. Aus der Verordnung würden dafür alle Vorschriften entfernt, die sich an die Mitgliedstaaten richten und nicht an die Rechtsanwender. Anstelle der Lücken und Verweise würde das entsprechend anwendbare nationale Recht eingefügt, welches sowohl Ausführungsgesetze, das Recht der parallelen Rechtsform und das ggf. umgesetzte Richtlinienrecht umfassen würde. Daher wäre die Erstellung einer entsprechenden konsolidierten Fassung auch Aufgabe der einzelnen Mitgliedstaaten (zur Sinnhaftigkeit möglicher Übersetzungen im allgemeineren Sinne s. Rn. 121 ff.).[256] 118

So entstünde für den Anwender einer europäischen Gesellschaftsform ein **zusammenhängendes Regelwerk**, das sich ausschließlich an ihn wendet. Dadurch ginge zwar die Information verloren, auf welchem Regelungsinstrument die Vorschrift beruht.[257] Diese Information ist jedoch für den Anwender im Regelfall nicht entscheidend (Ausnahme: richtlinienkonforme Auslegung). 119

Ähnlich wie die Richtlinie würde die konsolidierte Fassung die Regelungen für den Rechtsanwender **„bündeln“**. Allerdings wäre eine solche „konsolidierte Fassung“ **nicht rechtlich verbindlich**. Bei der Konsolidierung ginge es 120

253 Die Auflistung gibt nicht die Normenhierarchie wieder. Siehe zur Normenhierarchie der SE § 4 Rn. 11 ff.

254 Die verschiedenen Regelungsinstrumente variieren bei den europäischen Rechtsformen kaum. Die EWIV kennt allerdings keine EWIV-RL zur Arbeitnehmermitbestimmung, weshalb auch das Umsetzungsrecht wegfällt. Bei der SCE kommt subsidiär nicht nur das nationale Genossenschaftsrecht zur Anwendung, sondern auch das nationale Aktienrecht.

255 *Fleischer* CMLR 2010, 1671, 1712 vor allem mit Blick auf die SE.

256 Natürlich könnte auch die EU konsolidierte Fassungen erstellen. Hier wird allerdings davon ausgegangen, dass die Mitgliedstaaten dazu eher geeignet sind, da sie näher an den dafür notwendigen Informationen dran sind.

257 Obwohl die einzelnen Passagen natürlich auch gekennzeichnet werden könnten.

im Ergebnis ebenso wie bei den auf EU-Ebene bekannten konsolidierten Fassungen allein darum, den Informationsfluss für den Anwender zu optimieren. Dass es Rechtsanwendern hilft, wenn sie alle Anforderungen, die an sie gestellt werden, auf einen Blick erkennen können, wurde im Bereich der Corporate Governance bereits erkannt. In den entsprechenden Kodizes wird daher teilweise neben den Empfehlungen auch die Rechtslage abgebildet (zB in den US-amerikanischen *Principles of Corporate Governance* oder im Österreichischen Corporate Governance Kodex (s. § 33 Rn. 128 ff. und 150 ff.)), um den Investoren die Information über Corporate Governance-Aspekte auf einen Blick zu ermöglichen. Der in diesem Bereich genutzte Bündelungseffekt könnte auch mit Blick auf die europäischen Rechtsformen angewandt werden.

Abb. 10: Unverbindliche, konsolidierte Fassungen

bb) Übersetzungen

121 Die Idee der Konsolidierung könnte erweitert werden. Denn gerade europäische Rechtsformen sollen die **freie Betätigung von Unternehmen im Binnenmarkt** erleichtern. Insbesondere Gründer, die eine Gesellschaft in einem anderen Mitgliedstaat, dh im EU-Ausland, gründen möchten, könnten eine europäische Rechtsform wählen, die ihnen vertrauter sein mag als die vergleichbare nationale. Auch für grenzüberschreitende Kooperationen bieten sich europäische Rechtsformen an (dazu auch Rn. 39).

122 Problematisch ist hierbei nicht nur, dass überhaupt aufgrund des Verbots der Sitzaufspaltung bei der SE und der SCE das jeweilige mitgliedstaatliche Recht Einfluss auf die europäische Gesellschaftsform hat, sondern auch, dass die entsprechenden Gesetze oft nur in der jeweiligen Landessprache vorliegen. Dadurch fällt es Anwendern bereits schwer, sich über die länderspezifische Ausgestaltung der europäischen Rechtsform zu informieren.

123 Die Mitgliedstaaten könnten daher dazu verpflichtet werden, die Konsolidierung in der Landessprache vorzunehmen und dazu **Übersetzungen auf Englisch und einer weiteren Fremdsprache** anzufertigen. Die Mitgliedstaaten könnten bei der Wahl der zweiten Fremdsprache zum Beispiel darauf achten, mit welchem Land sie eine besonders starke wirtschaftliche Verbindung haben. Deutschland könnte insofern eine Übersetzung ins **Französische** andenken, da Frankreich der **wichtigste Handelspartner** von Deutschland in der EU ist.[258] Dass diese Idee nicht unrealistisch ist, zeigt wiederum ein Blick auf nationale Corporate Governance Kodizes, die oftmals in eine weitere Sprache (v. a. Englisch) übersetzt werden.[259]

cc) Law screening

124 Im Gegensatz zur konsolidierten Fassung und darauf aufbauend möglichen Übersetzungen zielt das sog *law screening* nicht auf einen verbesserten Informationsfluss bezüglich der verschiedenen Regelungsinstrumente su-

258 Statistisches Bundesamt, Außenhandel – Rangfolge der Handelspartner im Außenhandel der Bundesrepublik Deutschland 2016, vom 24.10.2017 (abrufbar unter: https://www.destatis.de/DE/ZahlenFakten/GesamtwirtschaftUmwelt/Aussenhandel/Tabellen/RangfolgeHandelspartner.pdf?__blob=publicationFile zuletzt abgerufen am 21.12.2017).

259 So liegen beispielsweise der italienische, der französische und der niederländische Corporate Governance Kodex auch auf Englisch vor. Der französische AFEP-MEDEF Kodex war bis vor kurzem auf Englisch auf der AFEP-Internetseite abrufbar, wurde dann jedoch entfernt. Der italienische Corporate Governance Code ist abrufbar unter: http://www.borsaitaliana.it/borsaitaliana/regolamenti/corporategovernance/corporategovernance.en.htm (abgerufen am 23.1.2018). Der niederländische Corporate Governance Code ist abrufbar unter: http://www.mccg.nl/?page=3779 (abgerufen am 23.1.2018).

pranationaler Rechtsformen, sondern auf einen global besseren Informationsfluss für Gründer. Denn die Gründung und Führung einer Gesellschaft, zB einer Tochtergesellschaft im Ausland, wird nicht nur durch gesellschaftsrechtliche Regelungen bestimmt, sondern auch durch zahlreiche weitere Vorschriften. Diese anwendbaren Regeln zu bestimmen, ist zeit- und kostenintensiv. Hier könnte das sog *law screening* helfen. Idee des *law screening* wäre eine Datenbank auf EU-Ebene, die die jeweiligen Gesetze für einen bestimmten Vorgang (zB Gründung einer SE in Frankreich) ermitteln kann.[260] Ein solches System kann und soll nicht die Rechtsberatung ersetzen, sondern allein die Informationsbeschaffung erleichtern. Dies erschiene besonders sinnvoll, wenn die EU Rechtsformen für KMU und GMU, dh große mittelständische Unternehmen,[261] schaffen würde (wie die SPE oder die SUP).

dd) Standardsachverhalte

Die EU könnte versuchen, die Komplexität händelbarer zu machen, indem sie Standardsachverhalte für die neuen europäischen Gesellschaftsformen ermittelt (Gründung, Einbindung in einen Konzern, Ausschüttungen, Kapitalerhöhungen etc). Diese Standardsachverhalte könnten von den Mitgliedstaaten „gelöst" werden. Die Beschreibung der Ergebnisse für die Standardsachverhalte könnten dann für jedermann zugänglich gemacht werden und dem Rechtsanwender helfen, ein gewisses Maß an Sicherheit bezüglich der einzelnen Sachverhalte zu gewinnen. Dies gilt auch, obwohl diese „Lösungen" die Rechtsprechung nicht formal binden würden. 125

g) Harmonisierungsbemühungen

Die Harmonisierung nationalen Rechts durch gesellschaftsrechtliche Richtlinien ändert zwar nichts an der Mehrebenenproblematik, kann jedoch die Unterschiede zwischen den nationalen Rechtsordnungen verringern. Kommt dann bei einer supranationalen Rechtsform subsidiär das Recht der vergleichbaren Rechtsform zur Anwendung (zB das AktG), so können sich die Anwender zumindest auf ein *level-playing-field* verlassen. Dieses Argument wird bei der SE mit Blick auf den Verweis auf nationales Recht bezüglich der Kapitalverfassung vorgebracht. Die positive Wirkung solcher Harmonisierungsbemühungen hängt damit allerdings stark vom Harmonisierungsgrad ab. Näher zum Verhältnis von supranationalen Rechtsformen und Harmonisierung Rn. 79 f. 126

G. Spezielle materielle Regelungsaspekte supranationaler Rechtsformen

Im Folgenden soll kurz auf einige materielle Regelungsaspekte eingegangen werden, die bei allen verabschiedeten und verhandelten supranationalen Rechtsformen diskutiert werden. Aufgrund der **Horizontalwirkung** von Verordnungen auf europäischer Ebene finden sich einmal entwickelte Konzepte in der gleichen oder ähnlichen Form auch bei anderen supranationalen Rechtsformen. Dieser Abschnitt dient vor allem dazu, bezüglich einiger Aspekte[262] gefundene Kompromisse und weiterhin bestehende Konfliktlinien aufzuzeigen. 127

I. Gründung

1. (Beschränkte) Gründungsmöglichkeiten

Welche Gründungsmöglichkeiten supranationalen Rechtsformen zur Verfügung stehen sollen, ist ein viel diskutiertes Thema. Grundsätzlich sind die Gründungsmöglichkeiten von europäischen Rechtsformen im Vergleich zu ihren nationalen Pendants beschränkt. Paradebeispiel dafür ist die Europäische Aktiengesellschaft (SE), für die eine Gründung durch natürliche Personen durch Zeichnung der Aktien nicht zugelassen ist (dazu § 4 Rn. 14 f.).[263] Aber auch bei den anderen europäischen Rechtsformen lässt sich dieses Phänomen beobachten. So kennt die EWIV als allgemeine Gründungsform lediglich die Neugründung.[264] In einigen Ländern wie in Frank- 128

260 Zur Idee des *law screening* allgemein *Krebs/Jung* BB 2014, 3081, 3081 ff.

261 Für die Einführung dieser Kategorie plädierend *Krebs/Jung* DB 51/52 (2013), M. 1. Das IfM Bonn verwendet stellenweise in diesem Sinn den Begriff „mittelgroße Unternehmen". Im englischsprachigen Raum wird für diese Gruppe von Unternehmen öfter der Begriff „*midcaps*" gebraucht.

262 Im Folgenden nicht betrachtet wird der Unternehmensgegenstand/Unternehmenszweck. Siehe dazu *Fleischer* CMLR 2010, 1671, 1704 ff.

263 Gründungsmöglichkeiten der SE sind: Verschmelzung (Art. 2 I SE-VO); Holding-SE (Art. 2 II lit. a) und b) SE-VO); Tochter-SE (Art. 2 III lit. a) und b) SE-VO); Formwechsel (Art. 2 IV SE-VO) und Gründung einer Tochter-SE durch eine SE (Art. 3 II SE-VO).

264 *Böhringer* BWNotZ 1990, 129, 130; *Wendt* in: Spahlinger/Wegen (Hrsg.), Internationales Gesellschaftsrecht, 2015, Rn. 894.

reich,[265] den Niederlanden[266] oder Portugal[267] gestattet das jeweilige Ausführungs-Gesetz zudem eine Gründung durch **Umwandlung.** In Deutschland ist dies jedoch ausgeschlossen.[268] In der deutschen Literatur wird den Mitgliedstaaten zudem die Möglichkeit der Gestattung einer Umwandlung in eine EWIV abgesprochen.[269] Diese Ansicht ist nach hier vertretenem Verständnis jedoch abzulehnen (dazu näher § 7 Rn. 32). Die SCE ist dagegen relativ liberal und lässt sowohl die Neugründung, die Verschmelzung als auch die Umwandlung zu. Nur die Gründung durch Spaltung ist nicht gestattet und kann auch durch die Mitgliedstaaten nicht eingeführt werden.[270] Im Gegensatz zur SE sieht die SCE zudem keine Gründung einer Tochter-SCE durch eine SCE vor.[271] Der Kommissionsentwurf zur SPE sah neben der Neugründung, der Verschmelzung und der Umwandlung sogar auch die Spaltung als Gründungsmöglichkeit vor (Art. 5 lit. d) SPE-VO-KOM). Dieser Vorschlag war allerdings nicht konsensfähig, so dass diese Gründungsmöglichkeit im Laufe der Verhandlungen wieder gestrichen wurde.[272] Die Entwicklung der Gründungsmöglichkeiten über die EWIV hin zur SE und SCE bis zur SPE zeigt, dass die supranationalen Rechtsformen in der Tendenz insofern mit der Zeit liberaler ausgestaltet wurden. Das wird auch daran liegen, dass einschränkende Anforderungen oftmals leicht durch Vorratsgesellschaften umgangen werden können. Aus rechtspolitischer Sicht dienen die beschränkten Gründungsmöglichkeiten vor allem dazu, den Wettbewerbsdruck auf die vergleichbaren nationalen Rechtsformen zu reduzieren (dazu bereits Rn. 26).

2. Rechtsformzusatz

129 Der Rechtsformzusatz ist gleich in mehrfacher Hinsicht ein zentraler Aspekt von supranationalen Rechtsformen. Zum einen wird die Gewährung eines europäischen Labels diskutiert (Rn. 130 ff.). Zum anderen ist zu beleuchten, welche Charakteristiken einer Gesellschaftsform der Rechtsformzusatz zum Ausdruck bringen soll (Rn. 135 ff.).

a) Europäisches Label

130 Der europäische Gesetzgeber hat der **EWIV** im Gegensatz zu den anderen supranationalen Gesellschaftsformen (dh der SE und der SCE, sowie der geplanten (und gescheiterten) SPE und FE) keinen europaweit einheitlichen Rechtsformzusatz gewährt.[273] Statt einer lateinischen Bezeichnung trägt die Rechtsform vielmehr in jeder Landessprache eine eigene Bezeichnung.[274] So heißt die EWIV in England zB ***„European Economic Interest Grouping*** (EEIG)" und in Frankreich wird sie ***„groupement européen d'intérêt économique*** (GEIE)" genannt. Die EWIV genießt somit nicht den Vorteil des einheitlichen **europäischen Labels.** Dritte können daher nicht sofort erkennen, dass sie es mit einer europäischen Rechtsform zu tun haben.[275] Allerdings ist die Bedeutung des Rechtsformzusatzes in jeder Sprache dieselbe. Das heißt, es handelt sich um Übersetzungen.

131 Die SE und die SCE[276] tragen dagegen jeweils eine **lateinische Bezeichnung** (Societas Europaea bzw. Societas Cooperativa Europaea),[277] die in allen Mitgliedstaaten zu verwenden ist. Die SCE muss im Fall einer beschränkten Haftung allerdings zwingend einen länderspezifischen Zusatz enthalten, der den Rechtsverkehr auf

---

265 Vgl. für Frankreich Art. L. 252-8 I Code de commerce; vgl. *Vague* RMC 1992, 403, 410; *Cathiard*, La pratique du droit européen des sociétés, 2017, Rn. 118; *Binisti-Jahndorf*, Genossenschaftliche Zusammenarbeit auf Europäischer Ebene, 2000, S. 30; *Manz* in: Selbherr/Manz (Hrsg.), Kommentar zur EWIV, 1995, Art. 1 Rn. 2.

266 Vgl. Art. 8 NL-AusfG; vgl. *Manz* in: Selbherr/Manz (Hrsg.), Kommentar zur EWIV, 1995, Art. 1 Rn. 2.

267 Vgl. Art. 11 P-AusfG; vgl. *Manz* in: Selbherr/Manz (Hrsg.), Kommentar zur EWIV, 1995, Art. 1 Rn. 2.

268 *Binisti-Jahndorf,* Genossenschaftliche Zusammenarbeit auf Europäischer Ebene, 2000, S. 31; *Böhringer* BWNotZ 1990, 129, 130; *Meyer-Landrut*, Die EWIV, 1988, S. 126; *Manz* in: Selbherr/Manz (Hrsg.), Kommentar zur EWIV, 1995, Art. 1 Rn. 2.

269 So *Teichmann* in: MüHdB GesR, Bd. 6, 2013, § 48 Rn. 11; *Meyer-Landrut*, Die EWIV, 1988, S. 126; *Scriba*, Die EWIV, 1987, S. 95, *von Rechenberg* in: von der Heydt/von Rechenberg (Hrsg.), Die EWIV, 1991, S. 31; *Schwarz*, Europäisches Gesellschaftsrecht, 2000, Rn. 1008.

270 *Bärwaldt* in: Semler/Stengel (Hrsg.), Umwandlungsgesetz, 4. Aufl. 2017, § 135 Rn. 25a.

271 *Habersack/Verse*, Europäisches Gesellschaftsrecht, 2011, § 14 Rn. 8.

272 *Teichmann* in: MüHdB GesR, Bd. 6, 2013, § 50 Rn. 25 begrüßt diese Entwicklung. In Bezug auf den Kommissionsentwurf bereits kritisch zur Gründung durch Spaltung *Hommelhoff/Teichmann* GmbHR 2008, 897, 901.

273 Für alle anderen supranationalen Gesellschaftsformen wurde eine lateinische Bezeichnung gewählt, die in allen Mitgliedstaaten gleich ist (vgl. Societas Europaea (SE), Societas Cooperativa Europaea (SCE) und die Bezeichnungen für die gescheiterten Projekte Societa Privata Europaea (SPE), Fundatio Europaea (FE)).

274 *Müller-Gugenberger* in: Müller-Gugenberger/Schotthöfer (Hrsg.), Die EWIV in Europa, 1995, EU-Recht, Kap. IV Rn. 88; *Cathiard*, La pratique du droit européen des sociétés, 2017, Rn. 127.

275 *Fleischer* CMLR 2010, 1671, 1675 spricht aufgrund der fehlenden lateinischen Bezeichnung von „Babylonian confusion of languages in Europe".

276 Die französische Fassung der SCE-VO ist insofern fehlerhaft als sie durchgehend die Abkürzung „SEC" verwendet.

277 Die Langform wird von der SCE-Verordnung allerdings an keiner Stelle ausdrücklich verwendet.

diese Tatsache hinweist. In Deutschland ist entsprechend die Formulierung **„mit beschränkter Haftung"** zu ergänzen (Art. 10 I 2 SCE-VO), in Frankreich ist dagegen zB die Formulierung *„à responsabilité limitée"* zu verwenden.[278] Der Zusatz ist also in der jeweiligen Landessprache hinzuzufügen, wodurch keine vollständige europaweite Einheitlichkeit erreicht wird. Im Fall einer beschränkten Haftung wird damit im Regelfall[279] auf den ersten Blick für Dritte klar, ob es sich aus ihrer Sicht um eine „ausländische" SCE handelt oder nicht. Im Ergebnis wird durch den länderspezifischen Zusatz die Wirkung des europäischen Labels geschmälert.

Auch die SPE und die FE sollten in den Genuss eines lateinischen Firmenzusatzes kommen (Societas Privata Europaea bzw. Fundatio Europaea). Selbst für die SUP schlug die Europäische Kommission eine rein europäische Bezeichnung vor (Societas Unius Personae, Art. 6 I 2, Art. 7 III SUP-RL-KOM). Da es sich bei der SUP offiziell jedoch um eine „nationale" Rechtsform handeln sollte, stieß dieses Vorgehen alsbald auf Kritik.[280] Siehe zu den daraufhin später vorgeschlagenen Gestaltungsmöglichkeiten für die Mitgliedstaaten unter Rn. 140. 132

Ein echtes europäisches Label führt dazu, dass Dritte nicht mehr durch einen Blick auf den Rechtsformzusatz erkennen können, aus welchem Land die Gesellschaft kommt, dh wo sie registriert ist (der Registersitz und der Satzungssitz gehören allerdings zu den Angaben, die auf Geschäftspapieren aufgeführt werden müssen, dazu § 20 Rn. 25 ff.). Supranationale Rechtsformen sollen durch den einheitlichen Firmenzusatz als europäische Instrumente wahrgenommen werden. Unternehmer sehen darin erhebliche **Vorteile.**[281] Denn sie können sich dadurch ein **„europäisches" Image** verleihen. Durch die Nutzung einer Rechtsform mit europäischem Label kann ein Unternehmen weniger national geprägt erscheinen und so positive Effekte mit Blick auf seine Außendarstellung erreichen.[282] Zudem trägt das europäische Label zur höheren Akzeptanz im grenzüberschreitenden Verkehr bei den relevanten Stakeholdern bei. Das Agieren mit nationalen Rechtsformen, die direkt an ihrem Firmenzusatz als „ausländische" Gesellschaften erkannt werden, ist gerade für Unternehmen aus kleineren Mitgliedstaaten nur schwer möglich. Dies gilt selbst für größere Mitgliedstaaten. So ist es zB für deutsche Unternehmen in Frankreich empfehlenswert, eine französische Rechtsform zu wählen und nicht mit der GmbH zu agieren. Das europäische Label kann aus den genannten Gründen gerade auch für Gründer/Investoren aus Nicht-EU-Mitgliedstaaten interessant sein, sofern sie ihnen offenstehen. Unternehmen, die Investoren aus Nicht-EU-Ländern anziehen möchten, könnten daher vom europäischen Label profitieren wollen. 133

Der Vorteil, den das europäische Label für Unternehmer bietet, kann unter Umständen ein Nachteil für Dritte sein. Dies gilt vor allem dann, wenn auf EU-Ebene nur wenige zentrale Regeln geschaffen werden und dadurch das nationale Recht starken Einfluss auf die Gesellschaft hat. Für sie kann es dann entscheidend sein festzustellen, wo der Sitz der Gesellschaft liegt (dies ist auf Briefen und Bestellscheinen etc vermerkt, Art. 26 I Kodifizierungs-RL (ex-Art. 5 I Publizität-RL)), um dadurch zu erkennen, welches nationale Recht anwendbar ist. Über dieses müssen sie sich dann ggf. informieren. 134

b) Gestaltung des Rechtsformzusatzes

Neben der Frage des europäischen Labels wird auch diskutiert, welche Charakteristiken der Rechtsformzusatz zum Ausdruck bringen sollte. Zunächst einmal zeigen alle supranationalen Rechtsformen durch ihren Rechtsformzusatz, dass es sich um europäische Rechtsformen handelt, da das Wort „europäisch" entweder in den Landessprachen (s. EWIV) oder auf Latein („europaea") enthalten ist (SE, SCE, SPE, FE). Lediglich die SUP enthielt keine entsprechende Bezeichnung. Dies ist allerdings nicht besonders überraschend, da die Kommission durch die entsprechende Richtlinie vorgeblich „harmonisierte nationale Rechtsformen" schaffen wollte (dazu auch § 9 Rn. 66, zu Hybriden Rn. 50 ff.). 135

Bei der EWIV war der Name beispielsweise umstritten (dazu § 7 Rn. 74). Im Ergebnis wurde der Name nach dem Vorbild der französischen GIE, ergänzt um das Wort „europäisch", gewählt.[283] Die Bezeichnung „Europäische Wirtschaftliche Interessenvereinigung" lässt allerdings wenige Rückschlüsse auf ihre Charakteristiken zu. So lässt sich dem Rechtsformzusatz beispielsweise nicht entnehmen, ob es eine beschränkte oder unbe- 136

278 *Mock* GPR 2004, 213, 216.

279 Eine Ausnahme davon besteht, wenn zwei Mitgliedstaaten dieselbe Formulierung verwenden (zB Frankreich und Belgien: *„à responsabilité limitée"* bzw. die Niederlande und Belgien „met beperkte aansprakelijkheid").

280 Österreichische Rechtsanwaltskammertag, Stellungnahme zur SUP, 21/ 14/59, S. 3; ebenso kritisch *Wicke* ZIP 2014, 1414, 1417 („Etikettenschwindel"); ebenso *Krauß/Meichelbeck* BB 2015, 1562, 1564.

281 75% der im Rahmen einer Konsultation zur SPE Befragten sahen darin zB Vorteile. Siehe European Commission, Synthesis of the comments on the consultation document, 2007, S. 6.

282 Mit Blick auf die SPE: *Oplustil* in: Teichmann (Hrsg.), Europa und der Mittelstand, 2010, S. 109, 120 spricht von Marketing- und Prestigewirkung; *Siems/Herzog/Rosenhäger* Butterworths Journal of International Banking and Financial Law 2009, 247, 249 gebrauchen den Begriff Marketingvorteil; vgl. auch *Bachmann* ZEuP 2008, 32, 46 f. mit Bezug auf die SE.

283 *Keutgen* Cahiers de droit européen 1987, 492, 493. *Guyenot* Fiscalité Européenne 1986, 49, 51 weist ebenfalls auf die identische Bezeichnung beider Rechtsformen hin.

schränkte Haftung der Mitglieder gibt oder ob es sich um eine Handelsgesellschaft handelt.[284] Aus dem Namen lässt sich jedoch immerhin herauslesen, dass in dieser Rechtsform Personen zusammenfinden sollen, die ihre (gemeinsamen) wirtschaftlichen Interessen koordinieren wollen.

137 Auch der Rechtsformzusatz der SE (Societas Europaea) gibt praktisch keinen Aufschluss über ihre Ausgestaltung. Die lateinische Bezeichnung lässt sich mit „Europäische Gesellschaft" übersetzen.[285] Die sonst in Europa für Aktiengesellschaften typischen Worte wie „Aktien", „anonym", „Publikum", oder „beschränkte Haftung" finden sich im Rechtsformzusatz nicht. Die SE hat damit von allen supranationalen Rechtsformen den am wenigsten aussagekräftigen Namen.

138 Die SCE (Societas Cooperativa Europaea) lässt dagegen das genossenschaftliche Element erkennen. Hier kommt zudem hinzu, dass die SCE für den Fall, dass sie beschränkt haftend ausgestaltet ist, einen entsprechenden länderspezifischen Zusatz enthalten muss („**mit beschränkter Haftung**" für in Deutschland ansässige SCE, Art. 10 I 2 SCE-VO, in Frankreich „à responsabilité limitée"),[286] um dem Rechtsverkehr diese Tatsache näherzubringen. Dritte können dann erkennen, dass es sich um eine europäische, genossenschaftliche Struktur mit beschränkter Haftung handelt.

139 Bei der SPE (Societas Privata Europaea) gibt das „Privata" im Verhältnis zur SE zu verstehen, dass es sich um eine geschlossene Gesellschaft handelt. Der Firmenzusatz ähnelt insofern dem der englischen GmbH (*private limited by shares*). Mit Blick auf nationale GmbH kommt häufig zudem die beschränkte Haftung zum Ausdruck. Dies ist zB bei der deutschen GmbH, der französischen SARL, der italienischen s.r.l., der spanischen SRL und der englischen „*limited*" der Fall. Anders ist die Lage dagegen bei der Abkürzung für die niederländische GmbH, der „B.V." (*besloten vennootschap*), die diesen Aspekt in der Abkürzung nicht zum Ausdruck bringt, dafür aber bei der Langform (*besloten vennootschap met beperkte aansprakelijkheid*). Bei der SPE zeigt sich die beschränkte Haftung weder bei der Abkürzung noch bei der Langfassung, was auch daran liegen mag, dass heute die beschränkte Haftung einer Kapitalgesellschaft den Normalfall darstellt.

140 Der Rechtsformzusatz der SUP wurde besonders kontrovers diskutiert. Zunächst einmal verdeutlicht er, dass es sich um eine Ein-Personen-Gesellschaft handelt. Darüber hinaus verrät er jedoch nichts über den Charakter der Gesellschaft. Im Laufe des Gesetzgebungsverfahrens wurden die Vorgaben zum Rechtsformzusatz jedoch modifiziert. Art. 7 III S. 2 SUP-RL-GA gestattet es den **Mitgliedstaaten**, den Rechtsformzusatz der SUP zu verändern.[287] Diese können damit verlangen, dass der Rechtsformzusatz durch eine Art „Länderkennung" ergänzt werden muss (bspw. nach dem ISO-Standard SUP-FR für Frankreich oder SUP-ES für Spanien). Dadurch könnten Dritte erkennen, wo die SUP registriert ist. Ein einheitliches europäisches Label mit seinen Vorteilen (s. Rn. 133) würde der SUP in diesem Fall allerdings nur noch eingeschränkt gewährt. Darüber hinaus können die Mitgliedstaaten die SUP gemäß der Vorschrift verpflichten, den Rechtsformzusatz um die Abkürzung der nationalen privatrechtlichen Gesellschaftsform mit beschränkter Haftung zu erweitern (vgl. Art. 7 III 3 SUP-RL-GA). Eine entsprechende Vorgabe in Italien würde dazu führen, dass die Abkürzung „SUP-s.r.l." genutzt werden müsste. Im letzteren Fall könnten sich einige Charakteristika aus der jeweiligen nationalen Ergänzung ablesen lassen. Im Fall der italienischen SUP zB die beschränkte Haftung.

141 Die FE (Fundatio Europaea) bringt zum Ausdruck, dass es sich um eine europäische Stiftung handelt. Allerdings lässt der Name nicht erkennen, dass eine „gemeinnützige" Stiftung eingeführt werden sollte. Es hätte überlegt werden können, den Firmenzusatz entsprechend zu ergänzen (s. dazu § 8 Rn. 118).[288]

II. Regelungstechnik

142 Der Regelungstechnik kommt eine herausragende Bedeutung bei supranationalen Rechtsformen zu, weshalb die regelungstechnische Systematik in diesem Beitrag bereits gesondert unter Rn. 86 ff. erläutert wurde.

III. Grenzüberschreitender Bezug

143 Der grenzüberschreitende Bezug, teilweise auch **Mehrstaatlichkeitserfordernis** bzw. **Zwischenstaatlichkeitserfordernis** genannt, ist aus Sicht der EU, der Mitgliedstaaten und der Gründer von besonderer Bedeutung. Er soll

284 Vgl. *Müller-Gugenberger* in: Müller-Gugenberger/Schotthöfer (Hrsg.), Die EWIV in Europa, 1995, EU-Recht, Kap. IV Rn. 89 ff.

285 Auf eine terminologische Schwäche hinweisend *Casper* in: Spindler/Stilz (Hrsg.), AktG, 3. Aufl. 2015, Vor Art. 1 SE-VO Rn. 1.

286 *Mock* GPR 2004, 213, 216.

287 Gegen diese Regelung *Moench*, Die SUP, 2016, S. 39; kritisch bezüglich des Ermessens der Mitgliedstaaten, einen nationalen Zusatz anzufügen *Teichmann/Götz* in: Viera González/Teichmann (Eds.), Private Companies in Europe, 2016, S. 29, 34 f.

288 *Korving/Wijtvliet* BIT 2013, 491, 491 schlugen „*European Charity*" als passendere Bezeichnung vor.

sicherstellen, dass die supranationalen Rechtsformen einen europäischen Charakter haben.[289] Die Gründer bzw. die Gesellschaft soll einen Bezug zu mindestens zwei Mitgliedstaaten aufweisen. Wie das grenzüberschreitende Element im Detail ausgestaltet wird, hängt von der jeweiligen Rechtsform ab. Wie bei anderen Aspekten zeigen sich jedoch auch hier gewisse Grundtendenzen. Im Folgenden wird auf die Form des grenzüberschreitenden Bezugs (Rn. 144 ff.), dessen zeitliche Dimension (Rn. 148 ff.) und Wirkung (Rn. 150 ff.) sowie die Bedeutung für die Kompetenzgrundlage (Rn. 153) eingegangen.

1. Formen des grenzüberschreitenden Bezugs

Bei der EWIV, für die die Verordnung explizit nur die Neugründung regelt, muss der grenzüberschreitende Bezug von natürlichen Personen bzw. Gesellschaften durch eine Tätigkeit in verschiedenen Mitgliedstaaten erfüllt werden. Anknüpfungspunkt ist die Haupttätigkeit bei natürlichen Personen und die Hauptverwaltung bei Gesellschaften. Auf die Nationalität bzw. den Registersitz kommt es dagegen nicht an (näher § 7 Rn. 93 ff.).[290] 144

Bei der SE und der SCE ist der grenzüberschreitende Bezug komplizierter ausgestaltet, da er sich je nach Gründungsart unterscheidet (s. zur SE § 4 Rn. 16, zur SCE § 6 Rn. 40 ff.). Der grenzüberschreitende Bezug ist für manche Gründungsmöglichkeiten dadurch leichter zu erfüllen als für andere. Damit steuert der europäische Gesetzgeber auch die Attraktivität der einzelnen Gründungsformen. Bei der SE bzw. der SCE ist der grenzüberschreitende Bezug generell entweder durch Wohnsitze/Registersitze in unterschiedlichen Mitgliedstaaten oder Tochtergesellschaften/Zweigniederlassungen in einem anderen Mitgliedstaat zu erfüllen. Allein die Gründung einer Tochter-SE durch eine SE („sekundäre Gründung") bedarf eines solchen Mehrstaatlichkeitserfordernisses nicht, da der grenzüberschreitende Bezug bereits durch die Mutter-SE zum Ausdruck kommt.[291] Die Bezugnahme auf den Wohnsitz/Registersitz zeigt, dass der grenzüberschreitende Bezug im Gegensatz zur EWIV nicht zwingend auf eine grenzüberschreitende Tätigkeit abstellt. Es wird vielmehr ein formales Kriterium gewählt, welches die Mehrstaatlichkeit widerspiegelt. 145

Mit Blick auf die SPE verzichtete die Europäische Kommission auf einen grenzüberschreitenden Bezug,[292] konnte sich damit in den Verhandlungen jedoch nicht durchsetzen. Im Laufe des Verordnungsgebungsprozesses wurde daher ein grenzüberschreitender Bezug in die Verordnung eingefügt, der auf verschiedene Arten und Weisen erfüllt werden kann (vgl. Art. 3 III lit. a) bis d) SPE-VO-U). Zunächst übernimmt die SPE die klassischen Mehrstaatlichkeitserfordernisse der SE/SCE. Daneben lässt die SPE-Verordnung allerdings auch einen grenzüberschreitenden Unternehmensgegenstand (Art. 3 III lit. b) SPE-VO) bzw. die Absicht genügen, in einem anderen Mitgliedstaat Geschäfte zu betreiben (Art. 3 III lit. a) SPE-VO). Der grenzüberschreitende Bezug ist durch diese beiden Anforderungen somit „schwach" ausgestaltet,[293] lässt sich leicht[294] sowie kostengünstig erfüllen und ist damit kein Hindernis bei der Gründung. Die SPE stellt somit einen Versuch dar, den grenzüberschreitenden Bezug bei supranationalen Rechtsformen zu liberalisieren. Diese Tendenz zeigt sich auch mit Blick auf die FE. Dort schlug die Kommission zwar einen europäischen Bezug vor, allerdings einen „weichen" (Art. 6 FE-VO-KOM, dazu § 8 Rn. 104 ff.). Die zuvor durchgeführte Machbarkeitsstudie schlug sogar vor, ganz auf einen grenzüberschreitenden Bezug zu verzichten, erkannte jedoch, dass dies politisch nicht durchsetzbar wäre.[295] Doch auch mit dem „weichen" grenzüberschreitenden Bezug konnte die Kommission keinen Konsens erzielen. Vielmehr wurde das Mehrstaatlichkeitserfordernis im Laufe des Verordnungsgebungsprozesses verschärft. Statt auf formale Kriterien abzustellen, wie bei der SE und der SCE, richtete sich die Debatte auf eine grenzüber- 146

289 *Müller-Graff* in: Müller-Graff/Teichmann (Hrsg.), Europäisches Gesellschaftsrecht auf neuen Wegen, 2010, S. 9, 37 sieht das grenzüberschreitende Element als Ausprägung des Ziels europäischer Rechtsformen, das grenzüberschreitende Zusammenwirken zu erleichtern. *Kalss/Klampfl*, Europäisches Gesellschaftsrecht, 2015, Rn. 550 bezeichnen den grenzüberschreitenden Bezug als verbindendes Element der supranationalen Rechtsformen.

290 *Lentner*, Das Gesellschaftsrecht der EWIV, 1994, S. 61; *Lepeltier/Buttet/Lesguillier*, Les Groupements d'intérêt économique, GIE, GEIE: régimes juridique et fiscal, formules, textes, 1990, Rn. 209 f. Zur Nationalität bei natürlichen Personen vgl. *Teichmann* in: MüHdB GesR, Bd. 6, 2013, § 48 Rn. 14. Zum Registersitz vgl. *Vichatzky* RTDEur 1990, 275, 287.

291 Vgl. ua *Schröder* in: Manz/Mayer/Schröder (Hrsg.), Europäische Aktiengesellschaft – SE, 2. Aufl. 2010, Art. 3 SE-VO Rn. 17; *Bayer* in: Lutter/Hommelhoff/Teichmann (Hrsg.), SE Kommentar, 2. Aufl. 2015, Art. 3 SE-VO Rn. 10. Die SCE-VO kennt keine entsprechende Gründungsmöglichkeit.

292 Siehe *Lutter/Bayer/Schmidt*, Europäisches Unternehmens- und Kapitalmarktrecht, 2017, Rn. 47.20; *Teichmann* in: MüHdB GesR, Bd. 6, 2013, § 50 Rn. 21; vgl. auch *J. Schmidt* EWS 2008, 455, 457; *Lecourt*, Revue des sociétés 2008, 684, (zitiert nach dalloz.fr., daher keine konkrete Seitenangabe) und *Dammann/Weber-Rey* BJS 2008, § 157, 811, 812 zum fehlenden grenzüberschreitenden Bezug.

293 *Teichmann* in: MüHdB GesR, Bd. 6, 2013, § 50 Rn. 24 sieht den grenzüberschreitenden Bezug insofern als „schwach" an, bewertet dies jedoch nicht negativ, da er einen grenzüberschreitenden Bezug mit Blick auf die SE-Verordnung als „formalistischen Ballast" bezeichnet. *Lutter/Bayer/Schmidt*, Europäisches Unternehmens- und Kapitalmarktrecht, 2017, Rn. 47.20 sprechen daher von einer „verwässerten" Regelung.

294 Zur leichten Erfüllbarkeit *Bobrzyński/Oplustil* in: Hirte/Teichmann (Hrsg.), The European Private Company, 2013, S. 129, 137. Die beiden Autoren begrüßen diesen Kompromiss.

295 Universität Heidelberg/CSI/Max Planck Institute for Comparative and International Private Law, Feasibility Study on a European Foundation Statute – Final Report, S. 199 f.

schreitende Tätigkeit der FE sowie einen entsprechenden grenzüberschreitenden Zweck in der Satzung (s. § 8 Rn. 106 ff.).

147 Die Betrachtung der verschiedenen Rechtsformen zeigt, dass die Europäische Kommission darauf hinarbeitet, den grenzüberschreitenden Bezug entweder ganz abzuschaffen oder ihn so aufzuweichen, dass er kein Hindernis bei der Gründung einer supranationalen Rechtsform darstellt. Die Mitgliedstaaten drängen hingegen regelmäßig auf eine Verschärfung. Grund dafür ist wohl die Angst vor der Konkurrenz der europäischen Rechtsform mit dem jeweiligen nationalen Pendant (dazu bereits Rn. 158).

2. Zeitliche Dimension

148 Eine Frage ist grundsätzlich, ob das Mehrstaatlichkeitserfordernis allein im Zeitpunkt der Gründung vorliegen muss oder über den gesamten Lebenszyklus der Gesellschaft. Bei der EWIV gibt der europäische Gesetzgeber ein umfassendes Verständnis vor und fordert den grenzüberschreitenden Bezug von der Gründung bis zur Auflösung der Rechtsform.[296]

149 Im Hinblick auf die SCE ist die Rechtslage nicht ganz eindeutig. Im Ergebnis sprechen wohl die besseren Argumente dafür, dass der grenzüberschreitende Bezug nur im Zeitpunkt der Gründung erfüllt sein muss (so auch der Wortlaut: Art. 2 I SCE-VO, s. dazu ausführlich § 6 Rn. 40). Auch bei der SE muss dem grenzüberschreitenden Bezug lediglich im Zeitpunkt der Gründung genüge getan werden.[297] Bei der SPE wurde ein grenzüberschreitender Bezug erst im Laufe des Gesetzgebungsverfahrens aufgenommen[298] und nicht nur inhaltlich, sondern auch zeitlich möglichst schwach ausgestaltet (vgl. Art. 3 III lit. a) bis d) SPE-VO-U). So verwundert es auch nicht, dass das Mehrstaatlichkeitserfordernis nach diesem Entwurf denn auch nur im Zeitpunkt der Gründung vorliegen musste.[299]

3. Wirkung des grenzüberschreitenden Bezugs

150 Mit Blick auf die verschiedenen Akteure entfaltet das Mehrstaatlichkeitserfordernis unterschiedliche Wirkung: Für Gründer wirkt ein strikter grenzüberschreitender Bezug beschränkend. Er reduziert die Möglichkeiten, diese Rechtsform zu nutzen. In erster Linie sollen und sind davon Gründer mit einem reinen Inlandsbezug betroffen. Zu bedenken ist, dass es für sie daher nicht möglich ist, eine europäische Rechtsform zu wählen, um daraufhin im Laufe der Zeit Auslandsaktivitäten zu entwickeln. Unternehmer sollen davon erst profitieren können, sobald sie bereits im Binnenmarkt aktiv geworden sind bzw. einen europäischen Partner finden.[300] Aber auch Unternehmer, die im europäischen Binnenmarkt agieren, können von der Nutzung europäischer Rechtsformen ausgeschlossen werden. Ein Unternehmer, der statt einer Tochtergesellschaft lediglich eine Zweigniederlassung im Ausland hat, mag den grenzüberschreitenden Bezug uU nicht erfüllen. Gleiches gilt für Gesellschaften, die zwar ihren Registersitz im selben Land haben, aber beispielsweise ihren Verwaltungssitz und ihre Haupttätigkeit in unterschiedlichen Mitgliedstaaten. Allerdings stellt der grenzüberschreitende Bezug grundsätzlich kein absolutes Hindernis dar. Denn Gründer können dafür sorgen, dass sie diesen erfüllen, indem sie zuvor zB eine Tochtergesellschaft gründen.[301] In diesem Sinn wirkt der grenzüberschreitende Bezug zwar nicht unbedingt ausschließend, führt aber zu Kosten. Gerade KMU bzw. GMU[302], für die zusätzliche Kosten besonders belastend sein können, mögen daher durch das Mehrstaatlichkeitserfordernis doch von der Gründung einer supranationalen Rechtsform abgeschreckt werden.

151 Aus mitgliedstaatlicher Sicht ist dieser limitierende Effekt des grenzüberschreitenden Bezugs oftmals gewünscht. Denn dadurch kann der Wettbewerbsdruck, der durch eine attraktive europäische Rechtsform entstehen könnte (vertikaler Wettbewerb), abgemildert werden (dazu bereits Rn. 27 ff.).[303] In diesem Zusammenhang ist das Mehrstaatlichkeitserfordernis regelmäßig nur ein Aspekt, der eingesetzt wird. Hinzutreten können zB Zwecklimitierungen wie bei der EWIV oder beschränkte Gründungsmöglichkeiten (vgl. SE) oder auch ein relativ hohes

296 Vgl. *Grundmann*, Europäisches Gesellschaftsrecht, 2011, Rn. 1109.
297 *Schröder* in: Manz/Mayer/Schröder (Hrsg.), Europäische Aktiengesellschaft – SE, 2. Aufl. 2010, Art. 2 SE-VO Rn. 66; *Lutter* in: Lutter/Hommelhoff/Teichmann (Hrsg.), SE Kommentar, 2. Aufl. 2015, Art. 1 SE-VO Rn. 6; *Oechsler/Mihaylova* in: MüKo AktG, Bd. 7, 4. Aufl. 2017, Europäisches Aktienrecht, Art. 2 SE-VO Rn. 5.
298 Zum fehlenden grenzüberschreitenden Bezug nach dem Kommissionsentwurf *Lutter/Bayer/Schmidt*, Europäisches Unternehmens- und Kapitalmarktrecht, 2017, Rn. 47.20; *Teichmann* in: MüHdB GesR, Bd. 6, 2013, § 50 Rn. 21; vgl. auch *J. Schmidt* EWS 2008, 455, 457; *Lecourt*, Revue des sociétés 2008, 684 (zitiert nach dalloz.fr., daher keine konkrete Seitenangabe) und *Dammann/Weber-Rey* BJS 2008, § 157, 811, 812.
299 *Teichmann* in: MüHdB GesR, Bd. 6, 2013, § 50 Rn. 21.
300 Vgl. *Fleischer* CMLR 2010, 1671, 1710 allgemein zu dieser Argumentation mit Blick auf den grenzüberschreitenden Bezug.
301 Zur Möglichkeit, das Erfordernis leicht zu umschiffen *Fleischer* CMLR 2010, 1671, 1710.
302 Für die Einführung dieser Kategorie plädierend *Krebs/Jung* DB 51/52 (2013), M. 1.
303 *Fleischer* ZHR 174 (2010) 385, 413; *Leible* RabelsZ 76 (2012) 374, 392. Mit Blick auf die SE ausführlich zur Sinnhaftigkeit des Mehrstaatlichkeitserfordernisses *Casper* AG 2007, 97, 97 ff.

Mindestkapital (vgl. SE) (zu weiteren Möglichkeiten auch Rn. 26).[304] Mit Blick auf den Wettbewerb der Rechtsordnungen untereinander (indirekter horizontaler Wettbewerb, Rn. 32 f.), der durch die Rückgriffe auf nationales Recht entsteht, ist die Sitzaufspaltung das zentrale Thema.

Die Europäische Kommission sieht den beschränkenden Effekt des grenzüberschreitenden Bezugs und möchte ihn entweder abschaffen oder stark abmildern, um so die Nutzung supranationaler Rechtsformen zu unterstützen. Außerdem kritisiert die Kommission die leichte Umgehbarkeit der Anforderung, bei gleichzeitigem hohen Kontroll- und Durchsetzungsaufwand für die Mitgliedstaaten.[305] Die Höhe der Kosten der Kontrolle und Durchsetzung hängen auch davon ab, ob der grenzüberschreitende Bezug allein im Zeitpunkt der Gründung oder über den gesamten Lebenszyklus vorliegen muss. Interessant zu vermerken ist, dass das Kostenargument von der Kommission und nicht in erster Linie von den Mitgliedstaaten vorgebracht wird, die diesen Aufwand stemmen müssen. Das liegt wohl daran, dass zumindest einige davon ausgehen, dass die Verringerung des Wettbewerbsdrucks diese Kosten aufwiegt. 152

4. Notwendigkeit eines grenzüberschreitenden Bezugs mit Blick auf die Kompetenz der EU?

Diskutiert wird die Frage, ob die EU überhaupt auf ein grenzüberschreitendes Element verzichten kann, wenn sie die Verordnung auf Art. 352 AEUV stützen möchte. Anders gewendet: Verlangt die Kompetenzgrundlage ein Mehrstaatlichkeitserfordernis? Das Problem wurde vor allem mit Blick auf die SPE diskutiert, da die europäische Kommission dort auf ein grenzüberschreitendes Element verzichten wollte (dazu Rn. 146). Im Ergebnis sind die Bedenken wohl unbegründet.[306] Art. 352 AEUV verlangt nicht für jeden Einzelfall einen grenzüberschreitenden Bezug. Es genügt vielmehr, dass die europäischen Rechtsformen gerade darauf ausgerichtet sind, zumindest auch die grenzüberschreitende Aktivität von Unternehmen im Binnenmarkt zu erleichtern.[307] Auch das für sich betrachtete Subsidiaritätsprinzip aus Art. 5 III EUV[308] spricht nicht gegen eine Kompetenz der EU zur Schaffung supranationaler Rechtsformen, da die Mitgliedstaaten gerade nicht besser geeignet sind, europaweit einheitliche Rechtsformen zu schaffen.[309] Selbst wenn man versuchen sollte, beide Argumente zu kombinieren, ließe sich dem doch entgegensetzen, dass die EU auch die Binnenmarktförderung besser erreichen kann. Zur Sonderproblematik bei der SUP siehe Rn. 20 f. 153

IV. Sitz der Gesellschaft

Der Sitz der Gesellschaft gehört zusammen mit dem Mindestkapital und der Arbeitnehmermitbestimmung sowie dem grenzüberschreitenden Bezug zu den Hauptdiskussionspunkten im Gesetzgebungsprozess von supranationalen Rechtsformen.[310] Kontrovers wird in diesem Zusammenhang die Sitzaufspaltung diskutiert (Rn. 157 f.), während die Sitzverlegung grundsätzlich weniger konfliktbeladen ist. Alle supranationalen Rechtsformen können ihren Sitz verlegen, was als einer der Vorteile dieser Rechtsformen angesehen wird (vgl. dazu Rn. 38 ff.). 154

Einigkeit besteht in der EU generell darüber, dass die europäischen Rechtsformen ihren Register- sowie ihren Verwaltungssitz in der EU bzw. im EWR haben müssen.[311] Die EWIV-VO regelt dies für den Verwaltungssitz zwar nicht explizit, im Ergebnis gilt dies jedoch auch für die EWIV (§ 7 Rn. 100). Grundsätzlich kann der Sitz der Gesellschaft zudem frei gewählt werden (zur Einschränkung der Sitzaufspaltung sogleich im Folgenden).[312] Das heißt, es gibt regelmäßig keine Regelung, die vorgibt, dass Register- und Verwaltungssitz am Ort der Haupttätigkeit liegen müssen. Art. 12 II lit. b) EWIV-VO gibt allerdings vor, dass die EWIV nur dann den Registersitz am Ort der Hauptverwaltung bzw. -tätigkeit eines ihrer Mitglieder haben kann, wenn sie dort auch 155

304 Das Mindestkapital der SE ist im Vergleich zum Mindestkapital vieler nationaler Rechtsformen relativ hoch.

305 Vgl. zur SPE: SPE-VO-KOM, S. 3. So auch *Teichmann* in: MüHdB GesR, Bd. 6, 2013, § 50 Rn. 25, der davon spricht, dass sich der grenzüberschreitende Bezug bei der SE als „formalistischer Ballast" erwiesen hat.

306 Zur SPE: *Lutter/Bayer/Schmidt*, Europäisches Unternehmens- und Kapitalmarktrecht, 2017, Rn. 47.20; *Ehricke* KSzW 2010, 6, 13; *Hadding/Kießling* WM 2009, 145, 152; *Hügel* ZHR 173 (2009) 309, 311, 320 f.; *J. Schmidt* EWS 2008, 455, 457; *Martens*, Managementstrukturen in der SPE, 2013, S. 8 f. Dagegen zumindest skeptisch *Dorresteijn/Uziahu-Santcroos* ECL 5 (2008) 277, 279 f.; *Hommelhoff* in: FS K. Schmidt, 2009, S. 671, 674. Allgemein zu supranationalen Rechtsformen *Fleischer* CMLR 2010, 1671, 1708; *ders.* ZHR 174 (2010) 385, 420 f. Skeptisch zur Kompetenz im Fall einer Ein-Personen-SPE, die allein national tätig ist *Müller-Graff* in: Müller-Graff/Teichmann (Hrsg.), Europäisches Gesellschaftsrecht auf neuen Wegen, 2010, S. 42.

307 *Fleischer* CMLR 2010, 1671, 1708.

308 Zur begrenzten Justitiabilität des Subsidiaritätsprinzips *Müller-Graff* ZHR 159 (1995) 34, 34 ff.

309 *Fleischer* CMLR 2010, 1671, 1709.

310 So in Bezug auf die Sitzregelung bei der SPE *Lutter/Bayer/Schmidt*, Europäisches Unternehmens- und Kapitalmarktrecht, 2017, Rn. 47.26; siehe auch *Schulte-Wrede*, Die Beteiligung der Arbeitnehmer in der SPE, 2015, S. 422 zu den vier Diskussionspunkten.

311 S. Art. 7 SE-VO; Art. 6 SCE-VO; Art. 7 I 1 SPE-VO.

312 Zur SPE: § 5 Rn. 88. Zur EWIV: § 7 Rn. 101. Zur SCE: § 6 Rn. 43.

tatsächlich zumindest in begrenztem Umfang ihre Tätigkeit ausübt.[313] Registersitz und Verwaltungssitz werden jedoch oftmals aneinander gekoppelt, wodurch zumindest in der Regel automatisch eine gewisse Tätigkeit im gewählten Land erforderlich ist. Eine zwingende Vorgabe ist dies mit Blick auf die SE, die SCE und auch die SPE jedoch nicht. Bezüglich der FE war die freie Sitzwahl allerdings nicht unumstritten. So verlangte der italienische Entwurf, dass ein Teil der Tätigkeit im „Heimatland" der FE, dh dem Land des Registersitzes (Art. 2 Nr. 4 FE-VO-IT), ausgeübt werden muss (Art. 6 S. 2 FE-VO-IT). Die Vorschrift forderte jedoch nicht, dass dort der Schwerpunkt der Tätigkeit liegen muss.

156 Die Frage, wo der Registersitz der supranationalen Rechtsform liegt, ist von zentraler Bedeutung, da sich das subsidiär anwendbare nationale Recht eben nach dem Registersitz richtet. Unter Registersitz ist der Ort zu verstehen, an dem die Gesellschaft in das zuständige Register eingetragen ist. Mit Verwaltungssitz ist der Ort gemeint, an dem die Gesellschaft ihre Hauptverwaltung hat, dh an dem die grundlegenden Unternehmensentscheidungen getroffen werden.[314]

157 Die kritische Frage ist, ob es supranationalen Gesellschaften gestattet sein sollte, ihren Register- und ihren Verwaltungssitz in unterschiedlichen Mitgliedstaaten zu haben (sog **Sitzaufspaltung**). Die EWIV als erste supranationale Rechtsform ist insofern überraschend liberal ausgestaltet. Der **Registersitz** muss gem. Art. 12 II lit. a) und b) EWIV-VO entweder am **Ort der Hauptverwaltung der EWIV** liegen oder am **Ort der Hauptverwaltung** bzw. **Haupttätigkeit eines ihrer Mitglieder**. Eine Sitzaufspaltung ist insofern in gewissem Umfang zulässig.[315] Je mehr Mitglieder eine Haupttätigkeit/Hauptverwaltung in verschiedenen Ländern haben, desto höher die Flexibilität für die EWIV bezüglich der Festlegung des Registersitzes.[316] Die SE und SCE sind demgegenüber eindeutig restriktiver ausgestaltet. Art. 7 SE-VO gibt vor, dass der Registersitz der SE im selben Mitgliedstaat wie der Verwaltungssitz liegen muss. Gleiches gilt für die SCE (vgl. Art. 6 SCE-VO). Eine Sitzaufspaltung ist daher bei beiden Rechtsformen nicht möglich.[317] Die Europäische Kommission wollte der FE dagegen die Sitzaufspaltung ermöglichen.[318] Sie scheiterte mit dieser Vorstellung jedoch in den Verhandlungen. Der italienische Kompromissentwurf sah dementsprechend das Zusammenfallen von Register- und Verwaltungssitz vor (vgl. Art. 35 S. 1 FE-VO-IT) und griff damit wieder auf die Lösung bei der SE/SCE zurück. Der Kommissionsentwurf zur SPE sah ebenfalls die Möglichkeit der Sitzaufspaltung vor.[319] Dieser Vorschlag fand vor allem in der Literatur[320] und bei den Wirtschaftsverbänden[321] Anklang. Kritik kam dagegen von einigen Mitgliedstaa-

313 *Manz* in: Selbherr/Manz (Hrsg.), Kommentar zur EWIV, 1995, Art. 12 Rn. 5.

314 Vgl. zum Begriff der Hauptverwaltung *Hagemann/Tobies* in: Jannott/Frodermann (Hrsg.), Handbuch der Europäischen Aktiengesellschaft, 2014, 4. Kapitel, Rn. 40; *Ringe* in: Lutter/Hommelhoff/Teichmann (Hrsg.), SE-Kommentar, 2015, Art. 7 Rn. 13.

315 Vgl. *Manz* in: Selbherr/Manz (Hrsg.), Kommentar zur EWIV, 1995, Art. 12 Rn. 4; *Lenz*, Die EWIV mit Sitz in der BRD vor Eintragung, 1997, S. 61; *Scriba*, Die EWIV, 1987, S. 88.

316 Vgl. auch *Grundmann*, Europäisches Gesellschaftsrecht, 2011, Rn. 1101.

317 Zum Verbot der Divergenz von satzungsmäßigem Sitz und Sitz der Hauptverwaltung bei der SCE *Habersack/Verse*, Europäisches Gesellschaftsrecht, 2011, § 14 Rn. 7; *Heß*, Die Europäische Genossenschaft und die Reform des Genossenschaftsrechts in Deutschland, 2008, S. 87 (Fn. 365) äußert hierzu Bedenken i.H. auf die Vereinbarkeit der Bestimmung mit der Niederlassungsfreiheit. Zur SE siehe in diesem Werk § 4 Rn. 116. Vgl. auch *Schröder* in: Manz/Mayer/Schröder (Hrsg.), Europäische Aktiengesellschaft – SE, 2. Aufl. 2010, Art. 7 SE-VO Rn. 8 ff.; *Lutter/Bayer/Schmidt*, Europäisches Unternehmens- und Kapitalmarktrecht, 2017, Rn. 45.14 („Kopplungsgebot"); *Habersack/Verse*, Europäisches Gesellschaftsrecht, 2011, § 13 Rn. 13.

318 Vgl. zu diesem Aspekt *Jung* BB 2012, 1743, 1743; *dies.* PSR 2013, 104, 108; *dies.* ZStV 2014, 7, 8. Zustimmend *Jakob* in: Jakob (Hrsg.), Stiften und Gestalten, 2013, S. 3, 22; Stöber DStR 2012, 804, 806 erkennt eine Sitzaufspaltung nach Registersitzverlegung an; *Steiner* GeS 2014, 56, 60; *Korving/Wijtvliet* BIT 2013, 491, 493. Kritisch zur Sitzaufspaltung bei der FE *Weitemeyer* NZG 2012, 1001, 1006.

319 Art. 7 II SPE-VO-KOM, Kommission, Vorschlag für eine Verordnung des Rates über das Statut der Europäischen Privatgesellschaft, KOM (2008) 396. Abrufbar unter: http://ec.europa.eu/internal_market/company/docs/epc/proposal_de.pdf (abgerufen am 23.1.2018).

320 Arbeitskreis Europäisches Unternehmensrecht NZG 2008, 897, 899; *Hommelhoff/Teichmann* GmbhR 2010, 337, 345 ff.; *Hügel* ZHR 173 (2009) 309, 322 f.; *J. Schmidt* EWS 2008, 455, 456; vgl. auch *Hommelhoff* in: FS U. H. Schneider, 2011, S. 547, 548 f.; *Lecourt*, Revue des sociétés 2008, 684 (zitiert nach dalloz.fr., daher keine konkrete Seitenangabe). *Teichmann* in: MüHdB GesR, Bd. 6, 2013, § 50 Rn. 39 führt an, dass es legitime Gründe für die Sitzaufspaltung geben kann.

321 Vgl. BusinessEurope, Position Paper, Response to the consultation on a possible statute for a European Private Company (EPC), (MARKT/19.7.2007), 2007, S. 7 f. (abrufbar unter: https://www.businesseurope.eu/sites/buseur/files/media/imported/2007-01538-E.pdf, abgerufen am 23.1.2018).

ten[322] und Arbeitnehmerverbänden[323] sowie auch einigen Stimmen in der Literatur.[324] Auch in diesem Fall konnte die Europäische Kommission ihre Position in den Verhandlungen nicht halten. Statt wie bei der SE oder der SCE die Sitzaufspaltung zu unterbinden, versuchte die ungarische Präsidentschaft, den Konflikt durch einen Verweis auf nationales Recht bzgl. der Frage der Sitzaufspaltung („ob") zu lösen (vgl. Art. 7 SPE-VO).[325] Verwiesen wurde insofern auf das Recht der vergleichbaren nationalen Rechtsform, was zu einer Gleichstellung mit dieser geführt hätte.[326]

Gegner der Sitzaufspaltung blicken generell skeptisch auf sog Briefkasten-Gesellschaften.[327] Solche Gesellschaften haben ihren Registersitz in einem Mitgliedstaat, ohne dort irgendeine geschäftliche Tätigkeit auszuüben und ihren Verwaltungssitz und ihre Haupttätigkeit an einem Ort in einem anderen Mitgliedstaat, wo sie tatsächlich aktiv sind.[328] Da sich das anwendbare Gesellschaftsrecht nach dem Registersitz richtet, können solche Unternehmen trotz ihrer Tätigkeit in einem anderen Land von den regulativen Vorteilen des Mitgliedstaats des Registersitzes profitieren. Nutzen Unternehmen dies aus, kann von einem *forum-shopping*[329] gesprochen werden. Mit Blick auf die SPE wurde für den Fall der Sitzaufspaltung insbesondere die Umgehung der Regeln zur Arbeitnehmermitbestimmung befürchtet.[330] Gleiches gilt erst recht für die SE.[331] Insbesondere Mitgliedstaaten mit einem restriktiv ausgestalteten Gesellschaftsrecht (bzw. hohen Standards) haben daher Bedenken bzgl. der Sitzaufspaltung. Sie sehen sich dadurch einem stärkeren Wettbewerb mit anderen Mitgliedstaaten ausgesetzt (horizontaler Wettbewerb) und befürchten ein *race to the bottom* (s. Rn. 29). Diese Konkurrenz entsteht durch die subsidiäre Anwendbarkeit des nationalen Rechts und könnte daher durch eine vollständigere Regelung der Verordnung reduziert werden. Dies ist jedoch politisch regelmäßig nicht durchsetzbar (vgl. Rn. 158). Politisch ist das Verbot der Sitzaufspaltung viel eher konsensfähig. 158

V. Organisationsverfassung

Auch bei der Organisationsverfassung stoßen unterschiedliche nationale Vorstellungen aufeinander, die im Verordnungsgebungsprozess um europäische Rechtsformen in Einklang gebracht werden müssen. An dieser Stelle soll exemplarisch auf das monistische bzw. dualistische System eingegangen werden (Rn. 160 f.). 159

Mit Blick auf die EWIV stellte sich das Problem der Ausgestaltung der Organisationsverfassung rechtspraktisch nicht mit besonderer Schärfe, da die Binnenorganisation der EWIV sich durch Gestaltungsfreiheit auszeich- 160

322 Siehe hierzu vor allem Deutschland, BT-Drs. 17/1933, S. 5; näher dazu *Lutter/Bayer/Schmidt*, Europäisches Unternehmens- und Kapitalmarktrecht, 2017, Rn. 47.26 (dort Fn. 97); ebenfalls kritisch die Mitgliedstaaten Österreich und Schweden, vgl. insbes. zu Österreich http://www.gmbhrecht.at/europaische-privatgesellschaft/oesterreich-deutschland-und-schweden-blockieren (abgerufen am 23.1.2018).

323 ETUC, New Proposal on the European Private Company a cause of concern, 2011 (abrufbar unter: https://www.etuc.org/press/new-proposal-european-private-company-cause-concern#.WXILqFFCSpo, abgerufen am 23.1.2018); vgl. auch DGB, Stellungnahme zum Vorschlag für eine Verordnung des Rates über das Statut der Europäischen Privatgesellschaft, 2008, S. 4 ff. (abrufbar unter: http://www.dgb.de/themen/++co++article-mediapool-1e0c6dcbef55647f82afa16fdc929e1b?tab=Alle&display_page=8&k:list=Mitbestimmung, abgerufen am 23.1.2018).

324 So ausdrücklich *Koberski/Heuschmid* RdA 2010, 207, 211: „Briefkastengesellschaften".

325 Mit Blick auf die FE schlug die Kommission diesen Kompromiss ebenfalls vor. Europäische Kommission Stellungnahme zum Beschluss BR-Drs. 74/12 (B), COM(2012) 6922 final S. 3. Die italienische Präsidentschaft nahm ihn jedoch nicht auf.

326 *Lutter/Bayer/Schmidt*, Europäisches Unternehmens- und Kapitalmarktrecht, 2017, Rn. 47.26.

327 Zur Problematik einschließlich der Kritik an Sitzaufspaltung und Briefkastengesellschaften (etwa bei der SPE) siehe *Lutter/Bayer/Schmidt*, Europäisches Unternehmens- und Kapitalmarktrecht, 2017, Rn. 47.26 (dort auch Fn. 97).

328 EuGH, Rs. C-341/04 (Eurofood IFSC), ECLI:EU:C:2006:281 = EuZW 2006, 337, Rn. 35; EuGH, Rs. C-196/04 (Cadbury-Schweppes), ECLI:EU:C:2006:544 = EuZW 2006, 633, Rn. 68; vgl. auch *Roth* EuZW 2010, 607, 608; *Kalss/Klampfl*, Europäisches Gesellschaftsrecht, 2015, Rn. 110.

329 *Dammann/Weber-Rey*, BJS 2008, § 157, 811, S. 815 sprechen von „*law shopping*".

330 *Lutter/Bayer/Schmidt*, Europäisches Unternehmens- und Kapitalmarktrecht, 2017, Rn. 47.84; *Schulte-Wrede*, Die Beteiligung der Arbeitnehmer in der SPE, 2015, S. 449; *Teichmann* in: Hommelhoff/Schubel/Teichmann (Hrsg.), Societas Privata Europaea (SPE), 2014, S. 39, 60; *Lehne* GmbhR 2008, R257, R257 f.; zum Kommissionsentwurf *Hommelhoff/Teichmann* GmbHR 2008, 897, 910; siehe auch *Hommelhoff/Krause/Teichmann* GmbhR 2008, 1193, 1200; differenziert zum Entwurf der schwedischen Ratspräsidentschaft *Hommelhoff/Teichmann* GmbhR 2010, 337, 341 f.; vgl. zur Umgehung der Mitbestimmung auch *Hommelhoff* ZEuP 2011, 7, 23; *Anzinger* BB 2009, 2606, 2607; vgl. allgemein zu Befürchtungen einer Sitzaufspaltung *Hommelhoff* in: FS Roth, 2011, S. 269, 271 f. Der Autor selbst vertritt jedoch eine differenzierte Ansicht zur Gefahr der Umgehung der Mitbestimmung durch die Sitzaufspaltung (mit Bezug auf den schwedischen Entwuf) (siehe S. 273).

331 Vgl. auch zu den Befürchtungen einer Sitzaufspaltung bei der SE *Schröder* in: Manz/Mayer/Schröder (Hrsg.), Europäische Aktiengesellschaft – SE, 2. Aufl. 2010, Art. 7 SE-VO Rn. 8.

net.[332] Insofern bedurfte es nur weniger unabdingbarer Vorschriften zur Regelung dieses Aspekts.[333] Bei der SE und SCE, bei denen viel stärker formalisierte Organisationsstrukturen gewünscht waren, bedurfte es dagegen Kompromisse auf europäischer Ebene. Herausforderungen resultierten wie sonst auch vor allem aus den nationalen Unterschieden. So kennt Deutschland beispielsweise allein das dualistische System für Aktiengesellschaften. England dagegen sieht für die plc (public company limited by shares) grundsätzlich eine monistische Struktur vor (s. dazu § 12 Rn. 576). In Spanien ist die monistische Struktur sogar zwingend vorgegeben (s. dazu § 15 Rn. 213). Italien kennt gar eine dritte Variante, das sogenannte „traditionelle System“ (dazu § 14 Rn. 193 ff.). In der EU herrscht damit auf nationaler Ebene eine große Vielfalt bezüglich der Organisationsstruktur von Aktiengesellschaften.[334]

161 Bei solchen fundamentalen nationalen Divergenzen wird meist versucht, die Zustimmung aller Mitgliedstaaten (Einstimmigkeitserfordernis) durch den Verweis auf nationales Recht zu erreichen,[335] da eine einheitliche Regelung auf europäischer Ebene oftmals nicht politisch durchsetzbar erscheint. Dies führt zu Rechtszersplitterung, ist aber zumeist der einzige Weg, die Schaffung einer supranationalen Rechtsform zu ermöglichen. Mit Blick auf die Organisationsverfassung wählte die EU einen anderen, „innovativen“[336] Weg:[337] Statt den nationalen Gesetzgeber über diese Frage entscheiden zu lassen, gewährt sie den Aktionären die Möglichkeit, zwischen einem monistischen und einem dualistischen System zu wählen.[338] Für beide Systeme hält die jeweilige Verordnung dann spezifische Regelungen vor. Vorteil dieser Regelungsweise gegenüber einem Verweis auf nationales Recht ist die Vermeidung von Rechtszersplitterung. Durch die Regelung der beiden Organisationsstrukturen in der jeweiligen Verordnung wird vielmehr auf europäischer Ebene die Einheitlichkeit der jeweiligen Gesellschaft gewährt. Diese Lösung wurde zuerst mit Blick auf die SE angewandt und dann auf die SCE übertragen (Horizontalwirkung). Für die SPE als Pendant zur GmbH war dagegen keine so formalisierte Struktur vorgesehen (s. § 5 Rn. 142 ff.). Auch wenn die Idee mit Blick auf europäische Rechtsformen innovativ ist, findet sie ihr Vorbild im nationalen Recht (vertikaler Wettbewerb). So kannte Frankreich bereits lange zuvor die Wahlmöglichkeit für die Aktionäre (s. dazu bereits Rn. 34).

VI. Kapitalverfassung

162 Die Kapitalverfassung birgt bei der Schaffung europäischer Rechtsformen ein hohes Konfliktpotential. Allein bei der EWIV stellte sich dieses Problem aufgrund der unbeschränkten und gesamtschuldnerischen Haftung (Art. 24 I 1 EWIV-VO) nicht. Bei der SE-VO konnte bzgl. der Kapitalverfassung keine europäisch-einheitliche Lösung gefunden werden. Die SE-VO verweist mit Blick auf diesen Aspekt fast vollständig auf nationales Recht, welches allerdings zumindest durch die ehemalige Kapitalrichtlinie (jetzt Teil der Kodifizierungs-RL) harmonisiert wurde.[339] Die SCE regelt die Kapitalverfassung hingegen grundsätzlich selbst[340] und orientiert sich dabei an der aktienrechtlichen Struktur, bzgl. der Aufbringung und Erhaltung somit ebenfalls an der ehemaligen Kapitalrichtlinie (jetzt Teil der Kodifizierungs-RL). Bei der SPE war die Kapitalverfassung ein höchst umstrittener Aspekt.[341] Im Gegensatz zur SE wurde insofern jedoch kein umfänglicher Verweis auf nationales Recht vorgeschlagen, sondern eine weitgehende Regelung in der Verordnung, deren Ausgestaltung dann im Einzelnen jedoch zT heftig umstritten war. Im Folgenden können nicht alle Aspekte erörtert werden. Es soll vielmehr exemplarisch das besonders stark diskutierte Mindestkapital (Rn. 162 ff.) angesprochen werden, welches bei allen supranationalen Rechtsformen außer der EWIV eine Rolle spielt.

---

332 Erwägungsgrund 4 EWIV-VO. S. ausführlicher zur Gestaltungsfreiheit der Organisationsverfassung der EWIV § 7 Rn. 152.

333 Art. 16 I 1 EWIV-VO gibt für die EWIV zwei Organe zwingend vor: Das sind die „gemeinschaftlich handelnden Mitglieder“, also die Mitgliederversammlung und der oder die Geschäftsführer. S. dazu § 7 Rn. 153 ff.

334 Die Typenvielfalt von aktienrechtlichen Organisationsstrukturen betonend *Teichmann* in: Lutter/Hommelhoff/Teichmann (Hrsg.), SE-Kommentar, 2. Aufl. 2015, Art. 38 SE-VO Rn. 15.

335 Vgl. auch *Fleischer* ZHR 174 (2010) 385, 408.

336 Aus deutscher Sicht wird dieser Ansatz auch als „revolutionär“ bezeichnet. Vgl. *Hommelhoff* AG 2001, 279, 282; *Hirte* DStR 2005, 653, 657; *Lutter/Bayer/Schmidt*, Europäisches Unternehmens- und Kapitalmarktrecht, 2017, Rn. 45.94; zurückhaltender *Merkt* ZGR 2003, 650, 651 f.

337 Zu Wahlmöglichkeiten als Möglichkeit der Kompromissfindung *Fleischer* ZHR 174 (2010) 385, 406.

338 *Csehi* in: P. Jung (Hrsg.), Supranationale Gesellschaftsformen im Typenwettbewerb, 2011, S. 17, 32 bezeichnet dies als bedeutsame Kompromissregel.

339 Aufgrund der Harmonisierung durch die ehemalige Kapital-RL sah der Europäische Verordnungsgeber keinen dringenden Bedarf für entsprechende Regelungen (Erwägungsgrund 9 SE-VO). Siehe *Lutter/Bayer/Schmidt*, Europäisches Unternehmens- und Kapitalmarktrecht, 2017, Rn. 45.80; vgl. auch *Fleischer* in: Lutter/Hommelhoff/Teichmann (Hrsg.), SE-Kommentar, 2. Aufl. 2015, § 5 Rn. 1, der zu Recht darauf hinweist, dass dem nationalen Gesetzgeber allerdings bedeutende Spielräume bei der Umsetzung bleiben.

340 Vgl. dazu *Heilmeier* EuZW 2010, 887, 887; *Hirte*, Kapitalgesellschaftsrecht, 2016, § 10 Rn. 10.85.

341 Zur Kapitalverfassung der SPE *Jung*, Die Kapitalverfassung der SPE, 2014.

Korrespondierend mit der unbeschränkten und gesamtschuldnerischen Haftung sieht die **EWIV-Verordnung** keine Mindestkapitalanforderungen vor.[342] Bei der **SE** war die Höhe des Mindestkapitals dagegen umstritten. In den verschiedenen Entwürfen reichten die Vorstellungen von 100.000 EUR bis 500.000 EUR.[343] In der verabschiedeten Fassung einigten sich die Mitgliedstaaten auf ein Mindestkapital von 120.000 EUR (Art. 4 I SE-VO). Im Vergleich zu den nationalen Rechtsformen (nach aktuellem Stand) fordert die SE damit ein hohes Mindestkapital. So liegt das Mindestkapital für die deutsche Aktiengesellschaft derzeit beispielsweise bei 50.000 EUR; ebenso in Italien (§ 14 Rn. 323). In Frankreich beträgt das Mindestkapital 37.000 EUR (§ 13 Rn. 583), in Spanien 60.000 EUR (§ 15 Rn. 322), in Großbritannien 50.000 Pfund (§ 12 Rn. 601) und in den Niederlanden 45.000 EUR (§ 16 Rn. 146). Polen gibt ein Mindestkapital von 100.000 PLN fest (§ 17 Rn. 361), was nahe am Mindeststandard der ehemaligen Kapital-Richtlinie liegt, die 25.000 EUR verlangt (Art. 45 Kodifizierungs-RL – ex-Art. 6 Kapital-RL). In diesem Zusammenhang ist allerdings zu berücksichtigen, dass das Mindestkapital vor Einführung der SE zT höher lag. So betrug das Mindestkapital einer börsennotierten französischen SA vor 2009 225.000 EUR. In Italien lag es bis 2014 bei 120.000 EUR und wurde ursprünglich in Anlehnung an die SE in dieser Höhe festgelegt. Umgekehrt kannte Spanien bis zum Eintritt in die EWG gar kein gesetzliches Mindestkapital und führte dieses dann aufgrund der ehemaligen Kapital-RL ein. 163

Bei der SCE zeichnet sich ein ähnliches Muster ab. Dort wurde im Verordnungsgebungsprozess ein Mindestkapital von bis zu 100.000 EUR[344] diskutiert. Die Mitgliedstaaten einigten sich dann jedoch auf ein Mindestkapital von 30.000 EUR (Art. 3 II SCE-VO).[345] Das deutsche Genossenschaftsgesetz kennt dagegen keine entsprechende Vorgabe.[346] Bei der SE und der SCE liegt das Mindestkapital damit regelmäßig über den nationalen Vorgaben (zum Wettbewerb s. Rn. 26 ff.). 164

Bei der SPE stellte das Mindestkapital dann wiederum einen der Hauptstreitpunkte dar, über den bis zuletzt diskutiert wurde.[347] Der Kommissionsentwurf verzichtete noch auf ein Mindestkapital. Gem. Art. 19 IV SPE-VO-KOM war vielmehr ein Betrag von 1 EUR für die Gründung ausreichend. Die Kommission wollte die angemessene Kapitalausstattung damit in die Verantwortung der Gesellschafter stellen.[348] Diese Entscheidung stieß jedoch im Verordnungsgebungsverfahren auf Kritik. Die ungarische Präsidentschaft schlug daraufhin folgenden Kompromiss vor: Das (formelle) Mindestkapital für die SPE sollte grundsätzlich 1 EUR betragen (Art. 19 III 1 SPE-VO-U).[349] Art. 19 III 2 SPE-VO-U gewährte den Mitgliedstaaten allerdings eine Regelungsoption,[350] wonach sie für die SPE mit Registersitz in ihrem Staat ein höheres Mindestkapital von bis zu 8.000 EUR vorschreiben durften (vgl. Art. 19 III S. 1 und 3 SPE-VO). 165

Die Diskussion um das Mindestkapital spiegelt die verschiedenen Standpunkte der Akteure wider. Die europäische Kommission verfolgte in letzter Zeit das Ziel eines möglichst geringen Mindestkapitals, um die Rechtsformen für einen größeren Anwenderkreis zu öffnen,[351] dh konkurrenzfähig zu machen. Einige Mitgliedstaaten sind zudem traditionell besorgt, dass ein zu hohes Mindestkapital gerade ihren Gründern den Zugang zur 166

342 Zum fehlenden Mindestkapital *Habersack/Verse*, Europäisches Gesellschaftsrecht, 2011, § 12 Rn. 28; *Wendt* in: Spahlinger/Wegen/Barth (Hrsg.), Gesellschaftsrecht des Auslands, 2016, Europäische Union Rn. 164 (Stand: 2012); *Lutter/Bayer/Schmidt*, Europäisches Unternehmens- und Kapitalmarktrecht, 2017, Rn. 44.70; *Ganske*, Das Recht der EWIV, 1988, S. 25; *Linnane* EBLR 1990, 38, 38; *Fey* DB 1992, 233, 233; *van Gerven* in: van Gerven/Aalders (Hrsg.), European Economic Interest Groupings, 1990, S. 4, 23; *Stolowy* J.B.L. 2013, 598, 607; *Cathiard*, La pratique du droit européen des sociétés, 2017, Rn. 126.

343 Je nach Zeitpunkt des Entwurfs RE bzw. ECU. Vgl. zu den konkreten Zahlen *Lutter/Bayer/Schmidt*, Europäisches Unternehmens- und Kapitalmarktrecht, 2017, Rn. 45.82 (insbes. Fn. 346). Zur Diskussion um die Höhe des Mindestkapitals bei europäischen Rechtsformen auch *Teichmann*, Binnenmarktkonformes Gesellschaftsrecht, 2006, S. 239 f.

344 Im Gesetzgebungsprozess wurde noch mit der Einheit „ECU" gerechnet.

345 Zur Diskussion *Heß*, Die Europäische Genossenschaft und die Reform des Genossenschaftsrechts in Deutschland, 2008, S. 99 f.; positiv dazu *Krebs* EWS 2012, 407, 408. *Luttermann* ZVglRWiss 1994, 32, 35 kritisiert den angesetzten Betrag dagegen als zu hoch.

346 § 8a GenG gestattet es den Mitgliedern, durch Satzungsbestimmung einen Mindeststandard für das Kapital einzuführen.

347 Siehe SPE-VO-U, S. 2. Vgl. *Teichmann* in: MüHdB GesR, Bd. 6, 2013, § 50 Rn. 7; *Kalss/Klampfl*, Europäisches Gesellschaftsrecht, 2015, Rn. 619; *Sick/Thannisch* AuR 2011, 155, 156; *Lehne* GmbHR 2008, R257, R257 f.; *Ulrich* GmbHR 2011, R241, R 241 f.; *Rolfes*, Wettbewerb der Gesellschaftsformen, 2013, S. 139 f.

348 *Jung*, Die Kapitalverfassung der SPE, 2014, S. 25, *dies.* Die SPE, 2009, S. 59, *Meller*, Der institutionelle Gläubigerschutz in der Europäischen Privatgesellschaft, 2010, S. 62, *Maul/Röhricht* BB 2008, 1574, 1576; ähnlich *Kutschmann*, Mindestkapitalfreie Gesellschaften in Deutschland, 2016, S. 117.

349 *Schutte-Veenstra/Verbrugh* in: Hirte/Teichmann (Hrsg.), The European Private Company, 2013, S. 263, 271 befürworten die Möglichkeit für die Mitgliedstaaten auch gar kein Mindestkapital vorzusehen.

350 Siehe zu Regelungsmöglichkeiten näher im Rahmen der Regelungstechnik unter Rn. 86 ff.

351 So sah der Kommissionsentwurf zur SPE bspw. kein Mindestkapital vor (Art. 19 IV SPE-VO-KOM). SPE-VO-KOM, S. 8 begründet ihre Entscheidung damit, Neugründungen fördern zu wollen. Mit Blick auf die FE verlangte der Kommissionsentwurf ein Vermögen von 25.000 Euro (Art. 7 II FE-VO-KOM), was als zu niedrig kritisiert wurde.

europäischen Rechtsform erschweren könnte.[352] Die Absenkung des Mindestkapitals reflektiert außerdem den Trend in der EU.[353] In der Literatur wurde vielfach auch der Sinn und Zweck des Mindestkapitals kritisch beleuchtet.[354]

167 Demgegenüber stehen auf europäischer Ebene die Verfechter des Mindestkapitals, zu denen zB Deutschland und Österreich zählen.[355] Auch Stimmen in der Literatur (gerade auch aus Deutschland) fordern zudem regelmäßig ein signifikantes Mindestkapital.[356] Dahinter stehen mehrere Beweggründe: Zum einen sind die Akteure von den positiven Effekten eines Mindestkapitals überzeugt.[357] Zum anderen könnte aus politischer Sicht auch die Konkurrenz zu den nationalen Rechtsformen eine Rolle spielen (dazu auch Rn. 163). Teilweise wird im Verhandlungsprozess darauf abgezielt, die europäische Rechtsform etwas weniger attraktiv auszugestalten, um die Konkurrenz zur eigenen Rechtsform zu minimieren.[358] Der ungarische Präsidentschaftsentwurf zur SPE war ein klassischer Versuch, das Spannungsverhältnis durch die Gewährung von Flexibilität zu lösen, statt eine europaweit einheitliche Lösung zu finden.

VII. Auflösung

168 Die Auflösung einer europäischen Gesellschaft stellt grundsätzlich keinen großen Konfliktpunkt bei deren Schaffung dar. Die einzige Besonderheit, die hier erwähnt werden soll, besteht darin, dass die besonderen Beschränkungen für den Zugang und die Nutzung der europäischen Rechtsform in der Regel mit einer Auflösung für den Fall eines Verstoßes sanktioniert sind. So ist bei der EWIV die Auflösung für den Fall der Verletzung der Zweckbestimmungen angeordnet (Art. 32 II EWIV-VO). Gleiches gilt für einen Verstoß gegen die Vorgaben zum Sitz (Art. 32 II EWIV-VO) und den Wegfall des grenzüberschreitenden Bezugs gem. Art. 4 II EWIV-VO (Art. 31 III EWIV-VO). Auch die SE kennt solche Regeln. Nach Art. 64 SE-VO droht der SE im Fall der Sitzaufspaltung die Auflösung. Die Regeln zur SCE gehen noch weiter. Eine Auflösung droht nicht nur beim Auseinanderfallen von Register- und Verwaltungssitz (vgl. Art. 73 II, III SCE-VO), sondern zB auch dann, wenn die SCE die **Gründungsmodalitäten** aus Art. 2 I SCE-VO nicht mehr erfüllt (Art. 73 I 1 Var. 1 SCE-VO) oder das Mindestkapital in Höhe von 30.000 EUR nicht mehr gegeben ist (Art. 73 I 1 Var. 2 SCE-VO).

VIII. Unternehmerische Mitbestimmung

169 Wie bereits angesprochen kann die unternehmerische Mitbestimmung mit Blick auf supranationale Rechtsformen als einer der Hauptdiskussionspunkte, wenn nicht gar der größte Konfliktpunkt, bezeichnet werden. Die frühe Verabschiedung der EWIV-Verordnung war nur aufgrund der Zweckbeschränkungen möglich. Insbeson-

352 Bei der SE wurde das Mindestkapital im Laufe des Verordnungsgebungsprozesses gesenkt, um auch mittleren Unternehmen die Nutzung der SE zu ermöglichen. Vgl. zB *Mayer* in: Manz/Mayer/Schröder (Hrsg.), Europäische Aktiengesellschaft – SE, 2. Aufl. 2010, Art. 4 Rn. 11. Dies war besonders für kleinere Mitgliedstaaten wichtig, die tendenziell – absolut betrachtet – weniger wirklich große Unternehmen haben als zB ein großer Mitgliedstaat wie Deutschland. Auch bei der SPE wurde befürchtet, dass beispielsweise ein Mindestkapital von 10.000 Euro ein Hindernis für Unternehmen aus kleineren, insbesondere auch aus den neuen EU-Mitgliedstaaten sein könnte. Vgl. European Commission, Commission Staff Working Document accompanying the Proposal for a Council Regulation on the Statute for a European Private Company (SPE) – Impact assessment, SEC(2008) 2098, S. 29.

353 Zum Trend *Bartolacelli* ECFR 2017, 187, 187 ff. Bei der englischen *limited* gibt es traditionell kein Mindestkapital (§ 12 Rn. 489). Bei der spanischen s.r.l. liegt das Mindestkapital bei 3.000 Euro (§ 15 Rn. 487). Frankreich schaffte 2003 das Mindestkapital für die SARL, das zu diesem Zeitpunkt bei 7.500 Euro lag, ab (§ 13 Rn. 368). In den Niederlanden wurde das Mindestkapital für die BV im Zuge des Flex-B.V.-Gesetzes auf 0,01 Euro abgesenkt (§ 16 Rn. 268). Der polnische Gesetzgeber entschloss sich 2009 das Mindestkapital für die sp. z o.o. von bis dahin 50.000 PLN auf 5.000 PLN abzusenken (§ 17 Rn. 229). Das Mindestkapital für die italienische s.r.l. beträgt zwar noch 10.000 Euro, aber Italien kennt auch die vereinfachte s.r.l. (s.r.l.s.), für die lediglich ein Mindestkapital von 1 Euro vorgesehen ist (§ 14 Rn. 490).

354 Vgl. zB *Bayer/Lieder* GmbHR 2006, 1121, 1128 f.; *Mülbert* DK 2004, 151, 151 ff.; *Grunewald/Noack* GmbHR 2005, 189, 189; *Meyer/Ludwig* GmbHR 2005, 346, 350. Differenzierend *Eidenmüller/Engert* GmbHR 2005, 433, 433 ff.

355 Österreich so auch explizit: Art. 19 III SPE-VO-S (schwedischer Ratspräsidentschaftsentwurf), Fn. 21.

356 Mit Blick auf die SPE kritisch zum fehlenden Mindestkapital gem. dem Kommissionsentwurf: *Ries* NZG 2009, 1052, 1052 f.; *Hennrichs* NZG 2009, 921, 922; *Krejci*, Societas Privata Europaea, 2008, Rn. 333 ff.; *Lanfermann/Richard* BB 2008, 1610, 1611. *Jakob* in: Jakob (Hrsg.), Stiften und Gestalten, 2013, S. 3, 20 forderte mit Blick auf Art. 7 II FE-VO-KOM ein höheres Mindestvermögen bzgl. der FE.

357 Vgl. zu den positiven Effekten zB *Ries* NZG 2009, 1052, 1052 f. Differenzierend zu den Vor- und Nachteilen: *Eidenmüller/Grunewald/Noack* in: Lutter (Hrsg.), Das Kapital der Aktiengesellschaft in Europa, 2006, S. 17, 20 ff.; *Eidenmüller/Engert* GmbHR 2005, 433, 433 ff.

358 Siehe so bspw. die Entwicklung der SE: *Fleischer* AcP 204 (2004) 502, 506; insbesondere zur Beschränkung der Gründungsmöglichkeiten bei der SE *Grundmann*, Europäisches Gesellschaftsrecht, 2011, Rn. 1047; auch die Einschränkung der Sitzaufspaltung *Oechsler/Mihaylova* in: MüKo AktG, Bd. 7, 4. Aufl. 2017, SE-VO Art. 7 Rn. 2; siehe zur SPE *Bachmann* in: FS Hommelhoff, 2012, S. 21, 23, der in der Attraktivität der SPE den Grund sieht, dass Deutschland die Verabschiedung blockiert.

dere beschränkt Art. 3 II lit. c) EWIV-VO die Zahl der Arbeitnehmer einer EWIV auf maximal 500.[359] Diese Regelung wurde auf Wunsch der deutschen Bundesregierung in die Verordnung aufgenommen.[360] Sie wollte damit die deutsche Mitbestimmung gar nicht erst zur Diskussion stellen.[361] Denn da durch den Kompromiss zumindest aus deutscher Sicht nicht die Schwelle für die Mitbestimmung überschritten werden kann, bedurfte es keiner Lösung der Thematik auf europäischer Ebene. Hinzu kommt das Konzernleitungsverbot gem. Art. 3 II lit. a) EWIV-VO.[362] Auch diese Regelung wurde aufgrund der Forderungen der deutschen Arbeitnehmervertreter aufgenommen und hat – ebenso wie die Beschränkung der Arbeitnehmerzahl – den Schutz der Mitbestimmungsrechte der Arbeitnehmer zum Ziel.[363]

Eine Beschränkung der Arbeitnehmerzahl stellt mit Blick auf die SE jedoch keine Lösungsoption dar, so dass 170
deren Einführung ebenso wie die der SCE damit davon abhing, ob diesbezüglich ein Kompromiss gefunden werden konnte. Nach langen Verhandlungen gelang mit Blick auf die SE der lang ersehnte Durchbruch. Der Aspekt wurde dabei zwar auf eine gesonderte Richtlinie ausgelagert, die jedoch als untrennbarer Bestandteil der Verordnung anzusehen ist (zu entsprechend methodischen Fragen § 2 Rn. 97). Statt einer konkreten inhaltlichen Regelung entschied sich der europäische Gesetzgeber für die Etablierung einer Verhandlungslösung, die den Parteien eine gewisse Flexibilität gewährt (und wird daher häufig als Vorteil genannt, s. Rn. 69). Scheitern die Verhandlungen jedoch, hält die Richtlinie eine Auffanglösung bereit, die auf dem Vorher-Nachher-Prinzip basiert (näher zur SE-Richtlinie unter § 4 Rn. 249 ff.). Diese Idee wurde daraufhin bei der SCE übernommen, weshalb es nicht verwundert, dass die Regelungen der SCE-Richtlinie denen der SE-Richtlinie sehr ähnlich sind.[364]

Bei der SPE entflammte die Diskussion um die unternehmerische Mitbestimmung dann erneut. Der ungarische 171
Verordnungsentwurf sah Regelungen vor, welche von der entsprechenden SE-Richtlinie (dazu § 4 Rn. 265 ff.) inspiriert wurden.[365] Doch in diesem Fall funktionierte die Übertragung des bereits zuvor bei der SE und der SCE etablierten Kompromisses auf die SPE nicht. Die Mitbestimmung blieb – vor allem aus deutscher Sicht – bis zum Schluss nicht konsensfähig (dazu § 5 Rn. 7).[366]

H. Gesamtidee europäischer Rechtsformen – Zusammenfassende Betrachtung

Was lässt sich nun über europäische Rechtsformen im Hinblick auf ein Gesamtkonzept sagen? Knapp zusam- 172
mengefasst lässt sich wohl Folgendes festhalten: Die EU ist weniger darauf bedacht, durch europäische Rechtsformen ganz neue Regelungskonzepte einzuführen. Primär spiegelt sie bereits bestehende Rechtsformen auf nationaler Ebene, wobei durch die Kombination verschiedener Aspekte durchaus Originalität von den europäischen Rechtsformen ausgehen kann. Die Entwicklung europäischer Rechtsformen ist zudem als evolutionärer Prozess zu begreifen. Das bedeutet gleichzeitig auch, dass es nicht überrascht, dass europäische Rechtsformen oftmals auch Gemeinsamkeiten aufweisen (Horizontalwirkung). Bezüglich einmal etablierter Regelungskonzepte lässt sich eine Pfadabhängigkeit feststellen. Aus diesem Grund wurden in diesem Beitrag ausgewählte inhaltliche Aspekte, wie zB die Gründung, die Regelungstechnik und der grenzüberschreitende Bezug, auf ihre gemeinsamen Grundstrukturen sowie prägnanten Differenzen untersucht.

Die geschaffenen Rechtsformen treten dann in Wettbewerb zu den nationalen Rechtsformen (vertikaler Wettbe- 173
werb), wobei dieser durch die Ausgestaltung mehr oder weniger stark ausfallen kann. Auch ein indirekter horizontaler Wettbewerb kann durch die Lückenhaftigkeit der Statute entstehen. Ein solcher Effekt ist bei allen Rechtsformen denkbar, da auf EU-Ebene keine Vollstatute geschaffen werden. Gerade die SUP hat sogar die Frage aufgeworfen, ob es neben den beiden Kategorien „europäische" und „nationale" Gesellschaftsformen, noch eine dritte Kategorie, namentlich die „hybriden" Rechtsformen geben sollte. Die starke Verzahnung von europäischer und nationaler Ebene lässt gleichzeitig die Normenhierarchie in den Vordergrund rücken. Insofern

359 Art. 2 IV EWIV-VO-KOM sah sogar noch eine Beschränkung auf 250 Arbeitnehmer vor. Die Schwelle wurde somit im Laufe des Verordnungsgebungsprozesses angehoben.

360 *Scriba*, Die EWIV, 1987, S. 66 f.; *Keutgen* Cahiers de droit européen 1987, 492, 496; vgl. auch *van Gerven* in: van Gerven/Aalders (Hrsg.), European Economic Interest Groupings, 1990, S. 4, 12, die darauf verweisen, dass die Vorschrift ohne Kenntnis des deutschen Rechts seltsam erscheinen mag („seemingly rather strange limitation").

361 *Ganske*, Das Recht der EWIV, 1988, S. 30. *Teichmann* in: MüHdB GesR, Bd. 6, 2013, § 48 Rn. 19.

362 Ausführlich zum Konzernleitungsverbot *Rinze*, Die Europäische wirtschaftliche Interessenvereinigung im Unternehmensverbund, 1996, S. 107 ff.

363 *Autenrieth* BB 1989, 305, 306 f.; *Ganske* DB Beilage zu Heft 20/1985, 1, 3; *Gleichmann* ZHR 149 (1985) 633, 636; *Gloria/Karbowski* WM 1990, 1313, 1316; *Lutter/Bayer/Schmidt*, Europäisches Unternehmens- und Kapitalmarktrecht, 2017, Rn. 44.14; *Schwarz*, Europäisches Gesellschaftsrecht, 2000, Rn. 984; *Lentner*, Das Gesellschaftsrecht der EWIV, 1994, S. 68.

364 *Behrens* in: Dauses/Ludwigs (Hrsg.), EU-Wirtschaftsrecht, 2014, E. III. Rn. 177; vgl. auch *Cathiard* Droit des sociétés 2009, n. 3 prat. 3 Rn. 17.

365 Vgl. auch *Lutter/Bayer/Schmidt*, Europäisches Unternehmens- und Kapitalmarktrecht, 2017, Rn. 47.84; vgl. *Schulte-Wrede*, Die Beteiligung der Arbeitnehmer in der SPE, 2015, S. 444, 489 ff.

366 SPE-VO, S. 2. Vgl. *Teichmann* in: MüHdB GesR, Bd. 6, 2013, § 50 Rn. 7; *Kalss/Klampfl*, Europäisches Gesellschaftsrecht, 2015, Rn. 619; *Sick/Thannisch* AuR 2011, 155, 156.

treffen verschiedene Dimensionen aufeinander, die zu einer komplexen Mehrebenenproblematik führen. Dies stellt insbesondere Unternehmer, die eine supranationale Rechtsform nutzen möchten, vor Herausforderungen. In diesem Beitrag wurde versucht, aus ihrer Sicht Verbesserungsansätze mit Blick auf die Mehrebenenproblematik zu entwickeln.

I. Zukunft europäischer Rechtsformen

174 Die weitere Entwicklung europäischer Rechtsformen wird vor allem vom politischen Umfeld abhängen. Die bereits bestehenden Rechtsformen werden wohl auch bestehen bleiben, obwohl zB bezüglich der SCE nicht damit zu rechnen ist, dass dieses Instrument eine stärkere Verbreitung erfahren wird. Im Gegensatz dazu kann durchaus davon ausgegangen werden, dass die europäische Aktiengesellschaft, die SE, verstärkt genutzt werden wird. Längerfristig könnte dies dazu führen, dass die SE-Verordnung eines Tages doch überarbeitet wird, obwohl sich dies aufgrund des Einstimmigkeitserfordernisses im Rat als schwierig erweisen wird.[367] Wünschenswert wäre insofern vor allem eine verstärkte Regelung auf europäischer Ebene und dadurch weniger Rückgriffe auf nationales Recht.[368] Für eine entsprechende Initiative muss allerdings der richtige Zeitpunkt abgepasst werden.

175 Die Einführung neuer Rechtsformen wird dagegen eine Herausforderung bleiben. Besonders wünschenswert wäre in diesem Zusammenhang die Schaffung der SPE (dazu auch § 5 Rn. 286 f.) aufgrund ihrer hohen praktischen Relevanz und dem unbestrittenen hohen Mehrwert für die Unternehmen. Eine realistische Chance auf eine Verabschiedung besteht allerdings nur, sofern entweder der eindeutige politische Wille dazu besteht bzw. das Einstimmigkeitsprinzip abgeschafft wird. Andere supranationale Rechtsformen mögen angedacht werden, würden im Verhältnis zur SPE aber wohl ein „Nischendasein" führen.[369]

367 Vgl. zur Langwierigkeit solcher Prozesse *Kalss/Klampfl*, Europäisches Gesellschaftsrecht, 2015, Rn. 554.

368 Zu diesen und weiteren geforderten Verbesserungen Feedback Statement, Summary of Responses to the Public Consultation on the Future of European Company Law, 2012, Frage 11.

369 *Herresthal* in: FS Müller-Graff, 2015, S. 233, 236 f. fordert die Erarbeitung eines „unionsrechtlichen Prinzipien- und Wertungskanons" in den supranationale Rechtsformen eingebettet werden sollen.

§ 4 Europäische Aktiengesellschaft (SE – Societas Europaea)[1]

Literatur (Auswahl): *AAK*, Die 8 wichtigsten Änderungsvorschläge zur SE-VO, ZIP 2009, 698; *Adrian*, Europäische Aktiengesellschaft – Struktur und Bedeutung, 2007; *ders.*, Der Verwaltungsrat der monistischen SE, ZGR 2008, 779; *Bachmann*, Die Societas Europaea und das europäische Privatrecht, ZEuP 2008, 32; *Bartone/Klapdor*, Die Europäische Aktiengesellschaft – Kommentar, 2. Aufl. 2007; *Baums/Cahn*, Die Europäische Aktiengesellschaft – Umsetzungsfragen und Perspektiven; *Bayer/Hoffmann/J. Schmidt*, Ein Blick in die deutsche SE-Landschaft fünf Jahre nach Inkrafttreten der SEVO, AG 2009, R480; *Bayer/J. Schmidt*, Europäische Gesellschaft (SE) als Rechtsform für den Mittelstand?!, AnwBl. 2008, 327; *dies*, „Going European" – die SE europaweit auf dem Vormarsch, AG 2007, R192; *dies.*, „Going European" continues – die Zahl der SE steigt weiter, AG 2008, R31; *Bergmann* ua (Hrsg.), 10 Jahre SE, 2015; *Binder/Jünemann/Merz/Sinewe* (Hrsg.), Die Europäische Aktiengesellschaft (SE), 2007; *Blanquet*, Das Statut der Europäischen Aktiengesellschaft (Societas Europaea „SE"), ZGR 2002, 20; *Brandes*, Europäische Aktiengesellschaft: Juristische Person als Organ?, NZG 2004, 642; *Brandi*, Die Europäische Aktiengesellschaft im internationalen und deutschen Konzernrecht, NZG 2003, 889; *Brandt*, Die Hauptversammlung der Europäischen Aktiengesellschaft (SE), 2004; *ders.*, Ein Überblick über die europäische Aktiengesellschaft (SE) in Deutschland, BB-Special 2005, 1; *Bungert/Beier*, Die Europäische Aktiengesellschaft, EWS 2002, 1; *Casper*, Der Lückenschluß im Statut der Europäischen Aktiengesellschaft, in: Habersack (Hrsg.), Festschrift für Peter Ulmer zum 70. Geburtstag am 2. Januar 2003, 2003, S. 51; *ders.*, Die Vor-SE – nationale oder europäische Vorgesellschaft?, Konzern 2007, 244; *ders.*, Erfahrungen und Reformbedarf bei der SE – Gesellschaftsrechtliche Reformvorschläge, ZHR 173 (2009) 181; *ders.*, Numerus clausus und Mehrstaatlichkeit bei der SE-Gründung, AG 2007, 97; *Casper/Schäfer*, Die Vorrats-SE – Zulässigkeit und wirtschaftliche Neugründung, ZIP 2007, 653; *Casper/Weller*, Mobilität und grenzüberschreitende Umstrukturierung der SE, NZG 2009, 681; *Ebert*, Das anwendbare Konzernrecht der Europäischen Aktiengesellschaft, BB 2003, 1854; *Eidenmüller/Engert/Hornuf*, Die Societas Europaea: Empirische Bestandsaufnahme und Entwicklungslinien einer neuen Rechtsform, AG 2008, 721; *dies.*, How does the market react to the Societas Europaea?, (2010) 11 EBOR 35; *dies.*, Incorporating under European Law: The Societas Europaea as a vehicle for legal arbitrage, (2009) 10 EBOR 1; *dies.*, Vom Wert der Wahlfreiheit: Eine empirische Analyse der Societas Europaea als Rechtsformalternative, AG 2009, 845; *Eidenmüller/Lasák*, Das tschechische Societas Europaea-Rätsel, in: Erle, ua (Hrsg.), Festschrift für Peter Hommelhoff zum 70. Geburtstag, 2012, S. 187; *El Mahi*, Die Europäische Aktiengesellschaft, 2004; *Fleischer*, Der Einfluß der Societas Europaea auf die Dogmatik des deutschen Gesellschaftsrechts, AcP 204 (2004), 502; *Forst*, Beteiligung der Arbeitnehmer in der Vorrats-SE, RdA 2010, 55; *ders.*, Zur Größe des mitbestimmten Organs einer kraft Beteiligungsvereinbarung mitbestimmten SE, AG 2010, 350; *Frey*, Die Europäische Aktiengesellschaft (SE) – Eine Analyse der neuen Rechtsform, 2007; *Grätz/Halm/Kurzböck*, Die SE als Rechtsform für international tätige Familienunternehmen, Konzern 2016, 429 ff.; *Grunewald*, Die Societas Europaea als Gestaltungsalternative für mittelständische Unternehmen, in: Hanau ua (Hrsg.), Notar als Berufung. Festschrift für Stefan Zimmermann zum 60. Geburtstag am 18. März 2010, 2010, S. 107; *Habersack*, Das Konzernrecht der „deutschen" SE, ZGR 2003, 724; *ders.*, Grundsatzfragen der Mitbestimmung in SE und SCE sowie bei grenzüberschreitender Verschmelzung, ZHR 171 (2007), 613; *ders.*, Schranken der Mitbestimmungsautonomie in der SE, AG 2006, 345; *Habersack/Drinhausen* (Hrsg.), SE-Recht mit grenzüberschreitender Verschmelzung, 2013; *Haider-Giangreco/Polte*, Die SE als Rechtsform für den Mittelstand, BB 2014, 2947; *Heckschen*, Die Europäische AG aus notarieller Sicht, DNotZ 2003, 251; *ders.*, Die SE als Option für den Mittelstand, in: Aderhold ua (Hrsg.), Festschrift für Harm Peter Westermann zum 70. Geburtstag, 2008, S. 999; *Heinze*, Die Europäische Aktiengesellschaft, ZGR 2002, 66; *Henssler*, Bewegung in der deutschen Unternehmensmitbestimmung – Reformdruck durch Internationalisierung der Wirtschaft, RdA 2005, 330; *ders.*, Erfahrungen und Reformbedarf bei der SE – Mitbestimmungsrechtliche Reformvorschläge, ZHR 173 (2009) 222; *Henssler/Sittard*, Die Gesellschaftsform der SE als Gestaltungsinstrument zur Verkleinerung des Aufsichtsrats, KSzW 2011, 359; *Hirte*, Die Europäische Aktiengesellschaft, NZG 2002, 1; *ders.*, Die Europäische Aktiengesellschaft – ein Überblick nach In-Kraft-Treten der deutschen Ausführungsgesetzgebung, DStR 2005, 653, 700; *Hirte/Bücker* (Hrsg.), Grenzüberschreitende Gesellschaften: Praxishandbuch für ausländische Kapitalgesellschaften mit Sitz im Inland, 2. Aufl. 2006; *Hoffmann-Becking*, Organe: Strukturen und Verantwortlichkeiten, insbesondere im monistischen System, ZGR 2004, 355; *Hommelhoff*, Gesellschafts-

1 Die Autoren danken Herrn *Johannes Peter Kaesbach* herzlich für seine wertvolle Unterstützung bei der Erstellung dieses Beitrags.

rechtliche Fragen im Entwurf eines SE-Statuts, AG 1990, 422; *ders.*, Einige Bemerkungen zur Organisationsverfassung der Europäischen Aktiengesellschaft, AG 2001, 279; *ders.*, Satzungsstrenge und Gestaltungsfreiheit in der Europäischen Aktiengesellschaft, in: Habersack (Hrsg.), Festschrift für Peter Ulmer zum 70. Geburtstag am 2. Januar 2003, Berlin 2003, 267; Hommelhoff, Peter/Lächler, Christoph, Förder- und Schutzrecht für den SEKonzern, AG 2014, 257; *Hommelhoff/Teichmann*, Die Europäische Aktiengesellschaft – das Flaggschiff läuft vom Stapel, SZW 2002, 1; *Hopt*, Europäische Aktiengesellschaft – per aspera ad astra?, EuZW 2002, 1; *Horn*, Die Europa-AG im Kontext des deutschen und europäischen Gesellschaftsrechts, DB 2005, 147; *Ihrig*, Die geschäftsführenden Direktoren in der monistischen SE: Stellung, Aufgaben und Haftung, ZGR 2008, 809; *Ihrig/Wagner*, Diskussionsentwurf für ein SE-Ausführungsgesetz, BB 2003, 969; *dies.*, Das Gesetz zur Einführung der Europäischen Gesellschaft (SEEG) auf der Zielgeraden, BB 2004, 1749; *Jaecks/Schönborn*, Die Europäische Aktiengesellschaft, das internationale und das deutsche Konzernrecht, RIW 2003, 254; *Jahn/Herfs-Röttgen*, Die Europäische Aktiengesellschaft – Societas Europaea, DB 2001, 2079; *Jannott/Frodermann* (Hrsg.), Handbuch der Europäischen Aktiengesellschaft, 2. Aufl. 2014; *Kallmeyer*, Das monistische System in der SE mit Sitz in Deutschland, ZIP 2003, 1531; *Kalss*, Der Minderheitenschutz bei Gründung und Sitzverlegung der SE nach dem Diskussionsentwurf, ZGR 2003, 593; *dies.*, Gründung und Sitzverlegung der SE, GesRZ 2004, Sonderheft SE, 24; *Kalss/Hügel* (Hrsg.), SE-Kommentar, 2004; *Kalss/Zollner*, Der Weg aus der SE, RdW 2004, 587; *Kämmerer/Veil*, Paritätische Arbeitnehmermitbestimmung in der monistischen Societas Europaea – ein verfassungsrechtlicher Irrweg?, ZIP 2005, 369; *Kiefner/Friebel*, Zulässigkeit eines Aufsichtsrats mit einer nicht durch drei teilbaren Mitgliederzahl einer SE mit Sitz in Deutschland, NZG 2010, 537; *Kiem*, Der Evaluierungsbericht der EU-Kommission zur SE-Verordnung, CFL 2011, 134; Entwicklungen und Reformbedarf bei der SE – Entwicklungsstand, ZHR 173 (2009) 156; *ders.*, SE-Aufsichtsrat und Dreiteilbarkeitsgrundsatz, Konzern 2010, 275; *Knapp*, Die Hauptversammlung der Europäischen Aktiengesellschaft (SE). Besonderheiten bei der Vorbereitung und Durchführung, DStR 2012, 2392; *Koke*, Die Finanzverfassung der Europäischen Aktiengesellschaft (SE) mit Sitz in Deutschland, 2005; *Korts*, Die Europäische Aktiengesellschaft: Societas Europaea (SE) – im Gesellschafts- und Steuerrecht, 3. Aufl. 2008; *Kossmann/Heinrich*, Möglichkeiten der Umwandlung einer bestehenden SE, ZIP 2007, 164; *Köstler*, Die Mitbestimmung in der SE, ZGR 2003, 800; Kowalski, André, Praxisfragen bei der Umwandlung einer Aktiengesellschaft in eine Europäische Gesellschaft (SE), DB 2007, 2243; *Krause*, Die Mitbestimmung der Arbeitnehmer in der Europäischen Gesellschaft (SE), BB 2005, 1221; *Kraushaar*, Europäische Aktiengesellschaft (SE) und Unternehmensmitbestimmung, BB 2003, 1614; *Kübler*, Leitungsstrukturen der Aktiengesellschaften und die Umsetzung des SE-Statuts, ZHR 167 (2003), 222; *Lächler/Oplustil*, Funktion und Umfang des Regelungsbereichs der SE-Verordnung, NZG 2005, 381; *Lange*, Überlegungen zur Umwandlung einer deutschen in eine Europäische Aktiengesellschaft, EuZW 2003, 301; *Louven/Ernst*, Praxisrelevante Rechtsfragen im Zusammenhang mit der Umwandlung einer Aktiengesellschaft in eine Europäische Aktiengesellschaft (SE), BB 2014, 323; *Lutter*, Europäische Aktiengesellschaft – Rechtsfigur mit Zukunft?, BB 2002, 1; *Lutter/Bayer/J. Schmidt*; Europäisches Unternehmens- und Kapitalmarktrecht, Grundlagen, Stand und Entwicklung nebst Texten und Materialien (Zeitschrift für Unternehmens- und Gesellschaftsrecht/ZGR – Sonderheft), 6. Aufl. 2017; *Lutter/Hommelhoff* (Hrsg.), Die Europäische Gesellschaft, 2005; *Lutter/Hommelhoff/Teichmann* (Hrsg.) SE-Kommentar: SE-VO – SEAG – SEBG – Arbeitsrecht – Steuerrecht – Konzernrecht, 2. Aufl. 2015; *Lutter/Kollmorgen/Feldhaus*, Muster-Geschäftsordnung für den Verwaltungsrat einer SE, BB 2007, 509; *dies.*, Die Europäische Aktiengesellschaft – Satzungsgestaltung bei der „mittelständischen" SE, BB 2005, 2473; *Manz/Mayer*, Die Europäische Aktiengesellschaft (SE): eine Gesellschaftsform für den Mittelstand?, INF 2006, 833; *Manz/Mayer/Schröder* (Hrsg.) Europäische Aktiengesellschaft SE, 2. Aufl. 2010; *Marsch-Barner*, Die Rechtsstellung der Europäischen Gesellschaft (SE) im Umwandlungsrecht, in: Hoffmann-Becking/Ludwig (Hrsg.), Liber amicorum Wilhelm Happ zum 70. Geburtstag am 30.4.2006, 2006, 164; *Mayer-Uellner/Otte*, Die SE & Co. KGaA als Rechtsform kapitalmarktfinanzierter Familienunternehmen, NZG 2015, 737; *Merkt*, Die monistische Unternehmensverfassung für die Europäische Aktiengesellschaft aus deutscher Sicht, ZGR 2003, 650; *Müller-Bonani/Melot de Beauregard*, Mitbestimmung in der Societas Europaea, GmbHR 2005, 195; *Neye*, Die Europäische Aktiengesellschaft: Einführung und Materialiensammlung zum Gesetz zur Einführung der Europäischen Gesellschaft, 2005; *Neye/Teichmann*, Der Entwurf für das Ausführungsgesetz zur Europäischen Aktiengesellschaft, AG 2003, 169; *Niklas*, Beteiligung der Arbeitnehmer in der Europäischen Gesellschaft (SE) – Umsetzung in Deutschland, NZA 2004, 1200; *Oechsler*, Der praktische Weg zur Societas Europaea (SE) – Gestaltungsspielraum und Typenzwang, NZG 2005, 697; *ders.*, Die Sitzverlegung der Europäischen Aktiengesellschaft nach Art. 8 SE-VO, AG 2005, 373; *Oetker*, Die Beteiligung der Arbeitnehmer in der Europäischen Aktiengesellschaft (SE) unter besonderer Berücksichtigung der leitenden Angestellten, BB-Special 1/2005, 2; *ders.*, Sekundäre Gründung einer Tochter-SE nach Art. 3 Abs. 2 SE-VO und Beteiligung der Arbeitnehmer, in: Hönn/Oetker/Raab (Hrsg.), Festschrift für Peter Kreutz zum 70. Geburtstag, 2010, S. 797; *ders.*, Unternehmensmitbestimmung in der SE kraft Vereinbarung, ZIP 2006, 1113; *ders.*, Unternehmerische Mitbestimmung kraft Vereinbarung in der Europäischen Gesellschaft (SE), in: Dauner-Lieb ua (Hrsg.), Festschrift für Horst Konzen, Tübingen 2006, S. 635; *Reichert*, Die SE als Gestaltungsinstrument für grenzüberschreitende Umstrukturierungen, Konzern 2006, 821; *ders.*, Erfahrungen mit der Societas Europaea (SE) in Deutschland, in: Hutter/Baums (Hrsg.), Gedächtnisschrift für Michael Gruson, 2009, S. 321; *ders.*, Wettbewerb der Gesellschaftsformen – SE oder KGaA zur Organisation großer Familiengesellschaften, ZIP 2014, 1957; *Reichert/Brandes*, Mitbestimmung der Arbeitnehmer in der SE: Gestaltungsfreiheit und Bestandsschutz, ZGR 2003, 767; *Rockstroh*, Verwaltungsrat und geschäftsführende Direktoren in der monistisch strukturierten Societas Europaea, BB 2012, 1620; *Roelofs*, Shelf SEs and employee participation, (2010) 7 ECL 120; *Roth*, Die unternehmerische Mitbestimmung in der monistischen SE, ZfA 2004, 431; *Sagan*, Eine deutsche Geschlechterquote für die europäische Aktiengesellschaft, RdA 2015, 255; *Schäfer*, Das Gesellschaftsrecht (weiter) auf dem Weg nach Europa – am Beispiel der SE-Gründung, NZG 2004, 785; *Scheifele*, Die Gründung der Europäischen Aktiengesellschaft (SE), 2004; *Schindler*, Die europäische Aktiengesellschaft: gesellschafts- und steuerrechtliche Aspekte, 2002; *J. Schmidt*, „Deutsche" vs. „britische" Societas Europaea (SE), 2006; *dies.*, „Going European" – Die Europäische Aktiengesellschaft (SE) als attraktive Rechtsformalternative, in: Bayer (Hrsg.), Die Aktiengesellschaft im Spiegel der Rechtstatsachenforschung, 2007, S. 51; *dies.*, „Offshore in drei Zügen" – Die Europäische Aktiengesellschaft (SE) als „Fähre" auf die Cayman Islands, DB 2006, 2221; *dies.*, SE and SCE: two more new European company forms – and more to come! (2006) 27 Co Law 99; *Ph. Schmidt*, Die monistische SE in Deutschland, 2006; *Schubert*, Die Arbeitnehmerbeteiligung bei der Europäischen Gesellschaft ohne Arbeitnehmer, ZESAR 2006, 340; *Schuberth/von der Höh*, Zehn Jahre „deutsche" SE – Eine Bestandsaufnahme, AG 2014, 439; *Schulz/Geismar*, Die Europäische Aktiengesellschaft – Eine kritische Bestandsaufnahme, DStR 2001, 1078; *Schwarz*, SE-VO: Verordnung (EG) Nr. 2157/2001 des Rates über das Statut der Europäischen Gesellschaft (SE), 2005; *Simader*, Die Europäische Aktiengesellschaft: Handels- und Steuerrecht, 2008; *Seibt*, Arbeitnehmerlose Societas Europaea, ZIP 2005, 2248; *ders.*, Größe und Zusammensetzung des Aufsichtsrats in der SE, ZIP 2010, 1057; *Spitzbart*, Die Europäische Aktiengesellschaft (Societas Europaea – SE) – Aufbau der SE und Gründung, RNotZ 2006, 369; *Stöber*, Die Gründung einer Holding-SE, AG 2013, 110; *Teichmann*, Bestandsschutz für die Mitbestimmung bei Umwandlungen in eine SE, ZIP 2014, 1049; *ders.*, Die Einführung der Europäischen Aktiengesellschaft, ZGR 2002, 383; *ders.*, Gestaltungsfreiheit im monistischen Leitungssystem der Europäischen Aktiengesellschaft, BB 2004, 53; *ders.*, Minderheitenschutz bei der Gründung und Sitzverlegung der SE, ZGR 2003, 367; *Theisen/Wenz* (Hrsg.), Die Europäische Aktiengesellschaft: Recht, Steuern und Betriebswirtschaft der Societas Europaea, 2. Aufl. 2005; *Thoma/Leuering*, Die Europäische Aktiengesellschaft – Societas Europaea, NJW 2002, 1449; *Van Gerven*, Provisions of Community Law applicable to the Societas Europaea, in: Van Gerven/Storm (eds.), The European Company, Volume I, 2006, S. 25; *Van Hulle/Drinhausen/Maul*, Handbuch zur Europäischen Gesellschaft (SE), 2007; *Verse*, Das Weisungsrecht des Verwaltungsrats in der monistischen SE, in: Krieger/Lutter/K. Schmidt (Hrsg.), Festschrift für Michael Hoffmann-Becking zum 70. Geburtstag, 2012, S. 1277; *Vossius*, Gründung und Umwandlung der deutschen Europäischen Gesellschaft (SE), ZIP 2005, 741; *Wagner*, Die Bestimmung des auf die SE anwendbaren Rechts, NZG 2002, 985; *Zimmer*, Das „Koppelungsgebot" der SE-VO auf dem Prüfstand, EWS 2010, 222.

A. Grundlagen

I. Begriff und wesentliche Strukturmerkmale

1 Die **Europäische Aktiengesellschaft** (Societas Europaea – SE) ist eine **eigenständige Rechtsform** – neben der Aktiengesellschaft nach dem jeweiligen nationalen Aktienrecht. Sie besitzt ab dem Moment ihrer Eintragung **Rechtspersönlichkeit** (Art. 1 III SE-VO) und ein Grundkapital, das **in Aktien zerlegt** ist (Art. 1 II 1 SE-VO). Die Aktionäre der SE haften gemäß Art. 1 II 2 SE-VO nur bis zur Höhe des jeweils gezeichneten Kapitals; Gläubigern der SE haftet somit grundsätzlich nur das Vermögen der Gesellschaft, während die Haftung des Aktionärs auf die allein der Gesellschaft geschuldete Einlage beschränkt ist (sog **Trennungssystem**).[2] Auch wenn die lateinische Bezeichnung „Societas Europaea" wörtlich übersetzt europäische Gesellschaft bedeutet,[3] ist die SE damit **als Aktiengesellschaft konzipiert**. Die Rechtsform der SE setzt keinen Betrieb eines Handelsgewerbes voraus; vielmehr kann in der Rechtsform der SE – vorbehaltlich spezieller Verbote des nationalen Rechts – **jeder beliebige Zweck** verfolgt werden.[4] Prägendes Strukturmerkmal der SE ist ihr **supranationaler Rechtsrahmen**.[5] Rechtsquellen und Regelungsprinzipien der SE sind primär[6] im Recht der EU verankert.

II. Entstehungsgeschichte des SE-Statuts

2 Die heutige rechtliche Ausgestaltung der SE erschließt sich nicht zuletzt vor dem Hintergrund der **langen und wechselvollen Entstehungsgeschichte** des SE-Statuts.[7]

2 Vgl. *Oechsler/Mihaylova* in: MüKo AktG, 4. Aufl. 2017, Art. 1 SE-VO Rn. 5; *Casper* in: Spindler/Stilz (Hrsg.), AktG, 3. Aufl. 2015, Vor Art. 1 SE-VO Rn. 5; *Habersack* in: Habersack/Drinhausen (Hrsg.), SE-Recht mit grenzüberschreitender Verschmelzung, 2013, Art. 1 SE-VO Rn. 5; *Schwarz*, SE-VO, 2006, Art. 1 SE-VO Rn. 27; *Lutter* in: Lutter/Hommelhoff/Teichmann (Hrsg.), SE-Kommentar, 2015, Art. 1 SE-VO Rn. 11; *Schröder* in: Manz/Mayer/Schröder (Hrsg.), SE Europäische Aktiengesellschaft, 2010, Art. 1 SE-VO Rn. 25; *Siems* in: Kölner Kommentar zum AktG, 3. Aufl. 2012, Art. 1 SE-VO Rn. 23. Die Regelung in Art. 1 II 2 SE-VO ist insofern missverständlich formuliert, als bei unbefangener Lektüre eine Auslegung dahingehend möglich ist, dass die Aktionäre der SE vergleichbar § 171 I HGB den Gesellschaftsgläubigern bis zur Leistung ihrer Einlage auch persönlich nach außen haften. Dass dies nicht gewollt ist, ergibt sich bereits aus der in Art. 1 II 1 SE-VO sowie Art. 1 III SE-VO zum Ausdruck kommenden Konzeption der SE als juristischer Person und als Kapitalgesellschaft; vgl. *Casper* in: Spindler/Stilz (Hrsg.), AktG, 3. Aufl. 2015, Vor Art. 1 SE-VO Rn. 5.

3 Auf die terminologische Schwäche des Begriffs „Societas Europaea" in diesem Zusammenhang weisen zB auch *Casper* in: Spindler/Stilz (Hrsg.), AktG, 3. Aufl. 2015, Vor Art. 1 SE-VO Rn. 1 und *Drinhausen* in: Habersack/Drinhausen (Hrsg.), SE-Recht mit grenzüberschreitender Verschmelzung, 2013, Einl. SE-VO Rn. 2 hin.

4 Vgl. *Oechsler/Mihaylova* in: MüKo AktG, 4. Aufl. 2017, Art. 1 SE-VO Rn. 4; *Casper* in: Spindler/Stilz (Hrsg.), AktG, 3. Aufl. 2015, Vor Art. 1 SE-VO Rn. 3; *Habersack* in: Habersack/Drinhausen (Hrsg.), SE-Recht mit grenzüberschreitender Verschmelzung, 2013, Art. 1 SE-VO Rn. 3; *Siems* in: Kölner Kommentar zum AktG, 3. Aufl. 2012, Art. 1 SE-VO Rn. 10; *Schröder* in: Manz/Mayer/Schröder (Hrsg.), SE Europäische Aktiengesellschaft, 2010, Art. 1 SE-VO Rn. 20; *Lutter/Bayer/Schmidt*, Europäisches Unternehmens- und Kapitalmarktrecht, 2017, Rn. 45.11.

5 Vgl. *Casper* in: Spindler/Stilz (Hrsg.), AktG, 3. Aufl. 2015, Vor Art. 1 SE-VO Rn. 2.

6 Primäre Rechtsquelle der SE ist die SE-VO; ihr fragmentarischer Charakter bringt es indes mit sich, dass auf die SE in weiten Bereichen auch nationales Aktienrecht Anwendung findet; vgl. hierzu Rn. 10.

7 Vgl. *Wymeersch* in: 1. Europäischer Juristentag, 2001, 87, 139: *„No subject in company law has required more efforts, involved more manhours and received more attention that the Statute for a European Company or Societas Europaea (SE)."* Ebenso *Teichmann* in: MüHdB GesR, Bd. 6, 4. Aufl. 2013, § 49 Rn. 1.

1. Erste Phase (1959–1982)

Die Idee einer supranationalen europäischen Gesellschaftsform ist älter als die EU selbst. Bereits auf dem **34. Deutschen Juristentag von 1926** wurde die Forderung nach „Bildung einer überstaatlichen kapitalistischen Gesellschaftsform", die „neben den innerstaatlichen Gesellschaftsformen" zur Verfügung stehen sollte, erhoben.[8] Diese Überlegungen wurden nach dem Zweiten Weltkrieg vom Europarat wieder aufgegriffen,[9] wobei die Diskussion um die Schaffung einer europäischen Aktiengesellschaft erst nach Gründung der Europäischen Wirtschaftsgemeinschaft (EWG) durch die Römischen Verträge vom 25. März 1957 wieder an Dynamik gewann. Die entscheidenden Anstöße lieferten dabei der französische Notar ***Thibièrge***[10] und der niederländische Professor ***Sanders***: *Thibièrge* sprach sich **im Jahr 1959** auf dem 57. Kongress französischer Notare für die Schaffung einer Aktiengesellschaft europäischen Typs (*societé par action de type européen*) aus;[11] *Sanders* hielt im selben Jahr seine vielbeachtete Antrittsvorlesung an der Wirtschaftshochschule Rotterdam, in der er für die Aktiengesellschaft europäischen Typs den Namen „Societas Europaea" einführte.[12] In der Wissenschaft wurde das Für und Wider einer Aktiengesellschaft europäischen Typs daraufhin lebhaft diskutiert;[13] in der Wirtschaft stieß das Thema hingegen (zunächst) überwiegend auf Desinteresse.[14] Neuen Schwung erhielt die Diskussion durch den an die EWG-Kommission gerichteten Vorschlag der französischen Regierung vom 15. März 1965 zur Schaffung einer „Europäischen Handelsgesellschaft".[15] Auslöser für diesen Vorstoß waren die – nicht zuletzt beim Zusammenschluss der deutschen *Agfa AG* mit der belgischen *Gevaert S.A.* im Jahr 1964 zutage getretenen –[16] erheblichen rechtpraktischen Problemen bei grenzüberschreitenden Zusammenschlüssen.[17] Die Kommission legte daraufhin im April 1966 eine Denkschrift vor, in der sie neben der Angleichung des nationalen Gesellschaftsrechts auch die Schaffung einer europäischen Handelsgesellschaft befürwortete.[18] Zudem wurde eine Arbeitsgruppe eingesetzt, die unter dem Vorsitz von Prof. *Sanders*[19] das Statut einer Europäischen Handelsgesellschaft entwerfen sollte und einen entsprechenden Entwurf, bestehend aus ca. 200 Artikeln und einer ergänzenden Kommentierung, im **Dezember 1966** vorlegen konnte[20] (sog **Sanders-Vorentwurf**). Auf Basis dieser Vorarbeiten erarbeitete die Kommission einen **ersten offiziellen Verordnungsvorschlag** über das Statut für eine Europäische Aktiengesellschaft[21] und legte diesen am **30. Juni 1970** dem Ministerrat vor. Der aus **284 Artikeln** bestehende Entwurf sah unter weitgehendem Verzicht auf das nationale Recht eine **völlig eigenständige europarechtliche Lösung** vor. Lücken im Statut sollten primär nach allgemeinen Grundsätzen, auf denen das Statut beruhte, geschlossen werden. Nur solche Fragen, die im Statut überhaupt nicht behandelt wurden, sollten sich nach dem nationalen Recht des jeweiligen Sitzstaates richten.[22] Durch umfangreiche Stellungnahmen seitens des Europäische Parlaments und des Wirtschafts- und Sozialausschusses sah sich die Kommission zur Revision des Verordnungsvorschlags veranlasst und legte am 15. Mai 1975 den **geänderten Vorschlag einer Verordnung** über 3

---

8 Verhandlungen des 34. Deutschen Juristentags, Bd. 2, 1926, S. 762, 763; vgl. dazu näher *J. Schmidt* in: Bayer (Hrsg.), Gesellschafts- und Kapitalmarktrecht in den Beratungen des Deutschen Juristentages, 2010, S. 259, 268 f.

9 Vgl. *Duden* RabelsZ 27 (1962) 89, 91 ff.

10 Nach *Drinhausen* in: Habersack/Drinhausen (Hrsg.), SE-Recht mit grenzüberschreitender Verschmelzung, 2013, Einl. SE-VO Rn. 14 ist Thibièrge sogar „der geistige Vater der SE"; ähnlich *Austmann* in: MüHdB GesR, Bd. 4, 4. Aufl. 2015, § 83 Rn. 7.

11 *Thibièrge*, Le statut de sociétés étrangères, in: Le statut de l'étranger et le marché commun: 57e Congrés des Notaires de France, 1959, S. 270 ff., 360 ff.

12 *Sanders* AWD 1960, 1.

13 Aus dem deutschsprachigen Schrifttum seien beispielhaft erwähnt: *v. Caemmerer* in: FS Kronstein, 1967, S. 171, 175 f.; *Lietzmann* AG 1961, 57; *Bärmann* AcP 160 (1961) 97, 103 ff.; *Skaupy* AG 1966, 13, 19 ff.; *von der Groeben* AG 1967, 95, 97 ff.; *Geßler* BB 1967, 381 ff.; *Duden* RabelsZ 27 (1962) 89, 100 ff.

14 Vgl. *Casper* in: Spindler/Stilz (Hrsg.), AktG, 3. Aufl. 2015, Vor Art. 1 SE-VO Rn. 7.

15 Vgl. *Casper* in: Spindler/Stilz (Hrsg.), AktG, 3. Aufl. 2015, Vor Art. 1 SE-VO Rn. 7; *Siems* in: Kölner Kommentar zum AktG, 3. Aufl. 2012, Vor Art. 1 SE-VO Rn. 6; *Lutter/Bayer/Schmidt*, Europäisches Unternehmens- und Kapitalmarktrecht, 2017, Rn. 45.1. Der Inhalt der französischen Note ist wiedergegeben bei *Skaupy* AG 1966, 13, 20 f.

16 Ausführlich zum Zusammenschluss von Agfa/Gaevert *Taschner/Bodenschatz* in: Jannott/Frodermann (Hrsg.), HdB der Europäischen Aktiengesellschaft, 2. Aufl. 2014, 1. Kap. Rn. 5 ff.

17 Vgl. *Casper* in: Spindler/Stilz (Hrsg.), AktG, 3. Aufl. 2015, Vor Art. 1 SE-VO Rn. 8; *Lutter/Bayer/Schmidt*, Europäisches Unternehmens- und Kapitalmarktrecht, 2017, Rn. 45.1; *Drinhausen* in: Habersack/Drinhausen (Hrsg.), SE-Recht mit grenzüberschreitender Verschmelzung, 2013, Einl. SE-VO Rn. 15.

18 Kommission, Denkschrift der Kommission über die Schaffung einer Europäischen Handelsgesellschaft, 22.4.1966, SEC(66) 1250 = Beil. 9/10-1966 BullEG.

19 Als deutsches Mitglied gehörte *Ernst von Caemmerer* der Sachverständigengruppe an. Zur Zusammensetzung der Sachverständigengruppe vgl. *v. Caemmerer* in: FS Kronstein, 1967, S. 171, 177 f.

20 *Sanders*, Vorentwurf eines Statuts für Europäische Aktiengesellschaften, 1967.

21 Vorschlag einer Verordnung (EWG) des Rates vom 24.6.1970 über das Statut der Europäischen Aktiengesellschaft, Abl. EG v. 10.10.1970, C 124/1 = KOM(70) 150 = Beil. 8/1970 Bull. EG.

22 Vgl. dazu umfassend *Taschner/Bodenschatz* in: Jannott/Frodermann (Hrsg.), HdB der Europäischen Aktiengesellschaft, 2. Aufl. 2014, 1. Kap. Rn. 15 ff.

das Statut der Europäische Aktiengesellschaft[23] vor. Trotz zahlreicher inhaltlicher Änderungen im Detail hielt auch dieser Vorschlag am **Grundmodell einer Vollregelung** fest. Der Vorschlag von 1975 stieß in der Folgezeit politisch auf erheblichen Widerstand,[24] woraufhin die Beratungen der durch den Rat eingesetzten Ad-hoc-Arbeitsgruppe **im Jahr 1982 ergebnislos eingestellt** wurden.

2. Zweite Phase (1989–1993)

4 Zu einer Wiederbelebung des Projekts kam es bereits Ende der 1980er Jahre. Nachdem der Rat die Kommission im Jahr 1987 aufgefordert hatte, mit Blick auf die Vollendung des Binnenmarktes die Anpassungen des Gesellschaftsrechts mit dem Ziel der Schaffung einer Gesellschaft europäischen Rechts voranzutreiben,[25] legte diese am **25. August 1989** dem Rat einen **neuen Vorschlag für eine SE-Verordnung**[26] vor. Innovativ war dieser Vorschlag nicht nur insofern, als er im Gegensatz zu den Vorschlägen von 1970 und 1975 auf eine aktienrechtliche Vollregelung verzichtete und weitreichende Verweisungen auf das nationale Recht vorsah. Vielmehr wurde der Vorschlag für eine SE-Verordnung auch erstmals flankiert durch einen Richtlinienvorschlag zur Ergänzung des SE-Statuts hinsichtlich der Mitbestimmung der Arbeitnehmer.[27] Beide Regelungstechniken sollten sich schließlich durchsetzen, obwohl auch der Vorschlag von 1989 in seiner **revidierten Fassung vom 16. Mai 1991**[28] mit insgesamt (nur noch) **108 Artikeln** letztlich nicht konsensfähig war. Wie bei den Vorschlägen von 1970 und 1975 scheiterte auch dieser Entwurf, da über zentrale Fragen der Mitbestimmung keine Einigung erzielt werden konnte. Die Kommission hatte das „heillos umstrittene Problem der Mitbestimmung"[29] durch nationale Wahlrechte zu lösen versucht. Die Mitgliedstaaten sollten sich zwischen dem deutsch-niederländischen Mitbestimmungsmodell (dh Integration der Arbeitnehmervertretung im Aufsichtsrats- oder Verwaltungsorgan), dem französisch-belgischen (dh Vertretung der Arbeitnehmer in einem separaten Organ) und dem britisch-italienischen (dh von Arbeitnehmern und Arbeitgebern vertraglich vereinbartes eigenes Modell) entscheiden dürfen. Kritik kam insbesondere aus Deutschland, das die fehlende Gleichwertigkeit der Mitbestimmungsmodelle kritisierte und auf die Gefahr einer Flucht aus der Mitbestimmung und dadurch bedingter Wettbewerbsverzerrungen hinwies.[30]

3. Dritte Phase (1995–2001)

5 Die offizielle Einstellung der Beratungen des Vorschlags für eine SE-Verordnung von 1991 im Jahr 1993 hinderte die Kommission nicht daran, die Verabschiedung eines SE-Statuts bereits 1995 wieder auf ihren Arbeitsplan zu setzen.[31] Die Kommission reagierte damit auf Anregungen aus der europäischen Wirtschaft, wonach durch die Einführung der SE ua die Wettbewerbsfähigkeit auf Unionsebene erhöht und ein Einsparpotential in Höhe von 30 Milliarden ECU realisiert werden könnte.[32] Um die Mitbestimmungs-Problematik[33] zu lösen, beauftragte die Kommission eine Sachverständigengruppe unter dem Vorsitz des ehemaligen Vizepräsidenten der Kommission *Etienne Davignon* mit der Bestandsaufnahme und Bewertung der Mitbestimmung in den Mitgliedstaa-

---

23 Geänderter Vorschlag einer Verordnung des Rates vom 30.4.1975 über das Statut der Europäischen Aktiengesellschaft, KOM(75) 150 = Beil. 4/1975 Bull. EG = BT-Drs. 7/3713.

24 Vgl. *Taschner/Bodenschatz* in: Jannott/Frodermann (Hrsg.), HdB der Europäischen Aktiengesellschaft, 2. Aufl. 2014, 1. Kap. Rn. 39, die darauf verweisen, dass die Gründe für das politische Scheitern des VO-Entwurfs von 1975 vornehmlich in der Ablehnung der Mitbestimmung durch die Mehrzahl der Mitgliedstaaten sowie im Widerstand des neuen großen Mitgliedstaats Großbritannien hinsichtlich neuer europäischer Gesetzgebung zu suchen sind. Ähnlich *Drinhausen* in: Habersack/Drinhausen (Hrsg.), SE-Recht mit grenzüberschreitender Verschmelzung, 2013, Einl. SE-VO Rn. 20; *Casper* in: Spindler/Stilz (Hrsg.), AktG, 3. Aufl. 2015, Vor Art. 1 SE-VO Rn. 11; *Siems* in: Kölner Kommentar zum AktG, 3. Aufl. 2012, Vor Art. 1 SE-VO Rn. 16 ff.

25 Vgl. Binnenmarkt und industrielle Zusammenarbeit – Statut für die Europäische Aktiengesellschaft – Weißbuch über die Vollendung des Binnenmarkts (Memorandum der Kommission an das Parlament, den Rat und die Sozialpartner) vom 15. Juli 1988, KOM(1988) 320 = Beil. 3/1988 Bull. EG, Rn. 137.

26 Vorschlag einer Verordnung (EWG) des Rates vom 25.8.1989 über das Statut der Europäischen Aktiengesellschaft, Abl. EG v. 16.10.1989, C 263/41 = Beil. 5/1989 Bull. EG = BT-Drs. 11/5427.

27 Vorschlag für eine Richtlinie des Rates vom 25. August 1989 zur Ergänzung des SE-Statuts hinsichtlich der Stellung der Arbeitnehmer, Abl. EG v. 16.10.1989, C 263/69 = Beil. 5/1989 Bull. EG = BT-Drs. 11/5427.

28 Geänderter Vorschlag für eine Verordnung (EWG) des Rates vom 6.5.1991 über das Statut der Europäischen Aktiengesellschaft, Abl. EG v. 8.7.1991, C 176/1; Geänderter Vorschlag für eine Richtlinie des Rates vom 6. Mai 1991 zur Ergänzung des SE-Statuts hinsichtlich der Stellung der Arbeitnehmer, Abl. EG v. 29.5.1991, C 138/8.

29 *Lutter* in: Lutter/Hommelhoff/Teichmann (Hrsg.), SE-Kommentar, 2015, Vor Art. 1 SE-VO Rn. 13.

30 Vgl. Zusammenfassung bei *Blanquet* ZGR 2002, 20, 27.

31 Vgl. *Blanquet* ZGR 2002, 20, 29.

32 Vgl. Bericht der Beratergruppe „Wettbewerbsfähigkeit" vom Juni 1995 (sog *Ciampi-Bericht*) – Erster Bericht an den Präsidenten der Kommission und die Staats- und Regierungschefs, 1995, 9.

33 Vgl. *Lutter/Bayer/Schmidt*, Europäisches Unternehmens- und Kapitalmarktrecht, 2017, Rn. 45.4, die von einem „*gordischen Mitbestimmungsknoten*" sprechen; ähnlich *Blanquet* ZGR 2002, 20, 30, der von einer „unüberwindbaren Blockade im Rat in der Mitbestimmungsfrage" spricht.

ten und der Erarbeitung eines konsensfähigen Mitbestimmungsmodells für die SE. Unter Rückgriff auf die Richtlinie über Europäische Betriebsräte[34] schlug die Sachverständigengruppe in ihrem im **Mai 1997** vorgelegten Abschlussbericht (sog **Davignon-Bericht**) auch für die unternehmerische Mitbestimmung bei der SE eine **Kombination aus Verhandlungsverfahren und unionsrechtlicher Auffangregel** vor.[35] Die Beteiligten sollten die Mitbestimmung in der SE vorrangig durch eine entsprechende Vereinbarung regeln dürfen. Erst im Falle eines Scheiterns der Verhandlungen sollte eine Auffangregelung Anwendung finden, wonach die Arbeitnehmer ein Fünftel der Sitze im Aufsichts- bzw. Verwaltungsrat stellen.[36] Prägend wirkte der Davignon-Bericht daneben auch durch die Einführung des **numerus clausus der Gründungstatbestände** der SE, wodurch der Befürchtung, dass die SE zu einer Flucht aus der Mitbestimmung führen könnte, begegnet werden sollte.[37] Obwohl der Davignon-Bericht in den Mitgliedstaaten überwiegend auf positives Echo stieß, scheiterte er, ebenso wie ein hierauf basierender luxemburgischer[38] bzw. britischer[39] Kompromissvorschlag am **Widerstand** des mitbestimmungsfreien **Spanien.**[40] Der Widerstand Spaniens konnte erst auf dem **Gipfel von Nizza am 7./8. November 2000** überwunden werden. Dank dieses bisweilen „**Wunder von Nizza**"[41] genannten politischen Durchbruchs konnte die SE-VO[42] gemeinsam mit der SE-Beteiligungsrichtlinie[43] am **8. Oktober 2001** verabschiedet werden.

III. Umsetzung des SE-Statuts in Deutschland[44]

Die SE-VO trat drei Jahre nach ihrer Verabschiedung durch den Rat am **8. Oktober 2004** in Kraft. Am selben 6
Tag lief auch die Umsetzungsfrist für die SE-Beteiligungsrichtlinie aus. Der mit diesem Gleichlauf verfolgte Zweck eines gleichzeitigen Inkrafttretens von SE-VO, nationalen Ausführungsgesetzen[45] sowie nationalen Umsetzungsmaßnahmen der Beteiligungsrichtlinie wurde dennoch nicht erreicht, da die Gesetzgebung auf nationaler Ebene erst mit einiger Verzögerung erfolgte.[46] In Deutschland traten das Ausführungsgesetz zur SE-VO (**SEAG**) und das Gesetz über die Beteiligung der Arbeitnehmer in der SE (**SEBG**) als Teil des Gesetzes zur Ein-

34 Richtlinie 94/45/EG des Rates vom 22. September 1994 über die Einsetzung eines Europäischen Betriebsrates oder die Schaffung eines Verfahrens zur Unterrichtung und Anhörung der Arbeitnehmer in gemeinschaftsweit operierenden Unternehmen und Unternehmensgruppen, Abl. EG v. 30.9.1994, L 254/64.

35 Vgl. Abschlussbericht der Sachverständigenkommission „European Systems of Worker Involvements", Europäische Kommission, Generaldirektion Beschäftigung, Arbeitsbeziehungen und soziale Angelegenheiten, Mai 1997 – unveröffentlicht, auszugsweise wiedergegeben bei *Blanquet* ZGR 2002, 20, 30 f.

36 Vgl. Wiedergabe bei *Blanquet* ZGR 2002, 20, 31.

37 Vgl. *Oechsler/Mihaylova* in: MüKo AktG, 4. Aufl. 2017, Vorbemerkung vor Art. 1 SE-VO Rn. 3; ebenso *Heinze* ZGR 2002, 66, 71.

38 Luxemburger Kompromissvorschlag für die Richtlinie zur Ergänzung des Statuts der SE hinsichtlich der Beteiligung der Arbeitnehmer, PE 224 669 mit Ratsvorschlag 10 020/97 vom 18. Juli 1997, mitgeteilt in Euro-AS 9/1997, 118 f.

39 Der britische Kompromissvorschlag führte schließlich dazu, dass entgegen dem Vorschlag der Sachverständigengruppe gem. Art. 7 SE-RL bei Scheitern der Verhandlungen als Auffangregelung für die Mitbestimmung die weitestgehende von mehreren konkurrierenden Mitbestimmungsregeln gilt (sog *Vorher-Nachher-Prinzip*); vgl. Britischer Kompromissvorschlag für die Richtlinie zur Ergänzung des Statuts der SE hinsichtlich der Beteiligung der Arbeitnehmer vom 1. April 1998, mitgeteilt in Euro-AS 4/1998, 43.

40 Vgl. ausführlich *Heinze* ZGR 2002, 66, 73 ff.

41 So zB *Hirte* NZG 2002, 1, 5; *Oechsler/Mihaylova* in: MüKo AktG, 4. Aufl. 2017, Vorbemerkung vor Art. 1 SE-VO Rn. 4; *Siems* in: Kölner Kommentar zum AktG, 3. Aufl. 2012, Vor Art. 1 SE-VO Rn. 46; *Lutter/Bayer/Schmidt*, Europäisches Unternehmens- und Kapitalmarktrecht, 2017, Rn. 45.5. In diesem Zusammenhang sei erwähnt, dass dem „Wunder von Nizza" handfeste politische und finanzielle Zugeständnisse an Spanien vorausgegangen waren: *Hopt* EuZW 2002, 1 weist darauf hin, dass Spanien seinen Widerstand aufgab, als der französische Staatspräsident eine Kooperation bei der Lösung der baskischen Frage versprach; zudem soll es Zugeständnisse Großbritanniens in der Gibraltarfrage und finanzielle Zusagen für die spanische Fischereiflotte gegeben haben (vgl. *Hopt* EuZW 2002, 1; *Casper* in: Spindler/Stilz (Hrsg.), AktG, 3. Aufl. 2015, Vor Art. 1 SE-VO Rn. 15); *Siems* in: Kölner Kommentar zum AktG, 3. Aufl. 2012, Vor Art. 1 SE-VO Rn. 47 spricht vor diesem Hintergrund von einem „politischen Kuhhandel".

42 Verordnung (EG) Nr. 2157/2001 des Rates vom 8.10.2001 über das Statut der Europäischen Gesellschaft (SE), Abl. EG v. 10.11.2001, L 294/1.

43 Richtlinie 2001/86/EG des Rates vom 8. Oktober 2001 zur Ergänzung des Statuts der Europäischen Gesellschaft hinsichtlich der Beteiligung der Arbeitnehmer, Abl. EG v. 10.11.2001, L 294/22.

44 Ein Überblick über die Umsetzung des SE-Statuts in den einzelnen Mitgliedstaaten findet sich bei *Lutter* in: Lutter/Hommelhoff/Teichmann (Hrsg.), SE-Kommentar, 2015, Art. 1 SE-VO Rn. 20 ff.

45 Besondere nationale Ausführungsgesetze zur SE-VO waren erforderlich, da die SE-VO, die gem. Art. 288 I AEUV unmittelbar in jedem Mitgliedstaat gilt, zahlreiche Regelungsaufträge und Wahlrechte für die nationalen Gesetzgeber enthält; vgl. hierzu Rn. 10.

46 Rechtzeitig umgesetzt wurde das SE-Recht lediglich von acht Mitgliedstaaten; vgl. *Siems* in: Kölner Kommentar zum AktG, 3. Aufl. 2012, Vor Art. 1 SE-VO Rn. 56.

führung der Europäischen Gesellschaft (SEEG)[47] am **29. Dezember 2004**, also insgesamt erst 2 ½ Monate nach Ablauf der Umsetzungsfrist,[48] in Kraft.

IV. Praktische Bedeutung der SE

7 Bereits am 8. Oktober 2004, also am Tag des Inkrafttretens der SE-VO, wurden sowohl in Österreich[49] als auch in den Niederlanden[50] die ersten SE registriert. Dennoch wurde die SE als neue Gesellschaftsform von der Wirtschaft zunächst nur zögerlich aufgenommen. So waren in Deutschland bis Mitte 2005 weniger als zehn Gesellschaften als SE registriert.[51] Einen Durchbruch brachte die Ankündigung der Allianz AG im Herbst 2005, das Unternehmen durch die Verschmelzung ihrer italienischen Tochtergesellschaften RAS auf die Muttergesellschaft in die Rechtsform einer SE zu überführen.[52] Seitdem ist ein stetiger Zuwachs zu verzeichnen. Waren bis Ende 2007 europaweit schon 130 Gesellschaften in der Rechtsform der SE organisiert, liegt diese Zahl mittlerweile bei 2827; davon sind in Deutschland aktuell über 440 SE registriert.[53] Die meisten SE (mehr als 1750)[54] sind in Tschechien registriert, wobei es sich aber zumeist um Vorratsgesellschaften handelt.[55] Die meisten operativ tätigen SE haben ihren Sitz in Deutschland.[56] Mit der Allianz, BASF, E.ON, ProSiebenSat.1, SAP und Vonovia sind derzeit sechs der DAX-30-Unternehmen als SE verfasst. Weitere prominente Beispiele sind die Porsche Holding, Bilfinger, Hannover Rück, Axel Springer und Zalando. Dass die (börsennotierte) SE mittlerweile auch in der Präambel des Deutschen Corporate Governance Kodex neben der AG aufgeführt wird, zeigt, wie sehr sie bereits Teil der Unternehmenswirklichkeit in Deutschland geworden ist.[57]

V. Vor- und Nachteile der SE

8 Die Gründe für die Wahl der SE sind vielfältig.[58] Als wesentlicher Vorteil wird gemeinhin die **Vereinfachung grenzüberschreitender Zusammenschlüsse** genannt.[59] Zwar hat die SE das Alleinstellungsmerkmal, eine Verschmelzung über die Grenze anzubieten, seit Verabschiedung und Umsetzung der Verschmelzungsrichtlinie[60] eingebüßt. Aber auch weiterhin bietet nur die SE die Möglichkeit, psychologische Schranken, die bei grenzüberschreitenden Zusammenschlüssen (zB gleich großer/bedeutender Unternehmen) durch die Wahl eines nationalen Rechtskleides drohen könnten, abzubauen, da sich bei der SE als supranationaler Rechtsform keines der beteiligten Unternehmen als unterlegener Partner fühlen muss.[61] Daneben wird immer wieder auch auf die Möglich-

47 Gesetz zur Einführung der Europäischen Gesellschaft (SEEG) v. 22.12.2004, BGBl. I, 3675.

48 Ausführlich zum deutschen Gesetzgebungsverfahren *Casper* in: Spindler/Stilz (Hrsg.), AktG, 3. Aufl. 2015, Vor Art. 1 SE-VO Rn. 17.

49 Nach *Casper* in: Spindler/Stilz (Hrsg.), AktG, 3. Aufl. 2015, Vor Art. 1 SE-VO Rn. 23 handelt es sich bei der aus der Umwandlung der österreichischen Strabag AG hervorgegangenen Strabag SE um „die erste SE".

50 Nach *J. Schmidt* in: Bayer (Hrsg.), Die Aktiengesellschaft im Spiegel der Rechtstatsachenforschung, 2007, S. 51 wurden die ersten beiden SE in den Niederlanden gegründet.

51 Vgl. Nachweise bei *Thamm* NZG 2008, 132.

52 Vgl. *Lutter* in: Lutter/Hommelhoff/Teichmann (Hrsg.), SE-Kommentar, 2015, Vor Art. 1 SE-VO Rn. 13; *Casper* in: Spindler/Stilz (Hrsg.), AktG, 3. Aufl. 2015, Vor Art. 1 SE-VO Rn. 23, der in diesem Zusammenhang ausdrücklich von einer „Trendwende" spricht. Ähnlich *Oechsler/Mihaylova* in: MüKo AktG, 4. Aufl. 2017, Vorbemerkung vor Art. 1 SE-VO Rn. 6a, die von einer „schlagartigen" Änderung in der Aufnahme der SE nach der Ankündigung der Allianz AG im Herbst 2005 sprechen.

53 Abrufbar unter http://ecdb.worker-participation.eu/lexicon.php (abgerufen am 11. September 2017).

54 Abrufbar unter http://ecdb.worker-participation.eu/lexicon.php (abgerufen am 11. September 2017).

55 Vgl. *Oechsler/Mihaylova* in: MüKo AktG, 4. Aufl. 2017, Vorbemerkung vor Art. 1 SE-VO Rn. 6b.

56 Dafür, dass Deutschland Sitz der meisten operativ tätigen SE ist, werden häufig Gestaltungsmöglichkeiten im Rahmen der Mitbestimmung verantwortlich gemacht; so zB *Drinhausen* in: Habersack/Drinhausen (Hrsg.), SE-Recht mit grenzüberschreitender Verschmelzung, 2013, Einl. SE-VO Rn. 31; *Casper* in: Spindler/Stilz (Hrsg.), AktG, 3. Aufl. 2015, Vor Art. 1 SE-VO Rn. 23; *Austmann* in: MüHdB GesR, Bd. 4, 4. Aufl. 2015, § 83 Rn. 4.

57 Ebenso *Marsch-Barner* in: Marsch-Barner/Schäfer (Hrsg.), HdB börsennotierte AG – Aktien- und Kapitalmarktrecht, 3. Aufl. 2014, § 3 Rn. 7.

58 Zu Vor- und Nachteilen von supranationalen Rechtsformen im Allgemeinen § 3 Rn. 38 ff.

59 Vgl. *Lutter* in: Lutter/Hommelhoff/Teichmann (Hrsg.), SE-Kommentar, 2015, Vor Art. 1 SE-VO Rn. 39; *Casper* in: Spindler/Stilz (Hrsg.), AktG, 3. Aufl. 2015, Vor Art. 1 SE-VO Rn. 20; *Siems* in: Kölner Kommentar zum AktG, 3. Aufl. 2012, Vor Art. 1 SE-VO Rn. 71 ff.; *Schröder* in: Manz/Mayer/Schröder (Hrsg.), SE Europäische Aktiengesellschaft, 2010, Teil A – Vorbemerkungen Rn. 80; *Bachmann* ZEuP 2008, 32, 46.

60 Richtlinie 2005/56/EG des Europäischen Parlaments und des Rates vom 26. Oktober 2005 über die Verschmelzung von Kapitalgesellschaften aus verschiedenen Mitgliedstaaten, Abl. EU v. 25.11.2005, L 310/1.

61 Vgl. *Lutter* in: Lutter/Hommelhoff/Teichmann (Hrsg.), SE-Kommentar, 2015, Vor Art. 1 SE-VO Rn. 39; *Casper* in: Spindler/Stilz (Hrsg.), AktG, 3. Aufl. 2015, Vor Art. 1 SE-VO Rn. 20; *Siems* in: Kölner Kommentar zum AktG, 3. Aufl. 2012, Vor Art. 1 SE-VO Rn. 67 ff.; *Schröder* in: Manz/Mayer/Schröder (Hrsg.), SE Europäische Aktiengesellschaft, 2010, Teil A – Vorbemerkungen Rn. 81.

keit der **Vereinfachung der Konzernstruktur** mittels Gründung einer SE hingewiesen.[62] Die Konsolidierung von Tochtergesellschaften europäisch tätiger Konzerne unter eine SE mit rechtlich unselbstständigen Niederlassungen in den einzelnen Mitgliedstaaten kann nicht nur zu Kosteneinsparungen führen;[63] vielmehr ermöglicht eine solche Struktur auch ein effizienteres Management aufgrund einer strafferen Steuerung und Kontrolle der Niederlassungen in den einzelnen Mitgliedstaaten.[64] Nicht selten wird auch der mögliche **Imagegewinn** genannt.[65] Mit der Wahl der SE als Rechtsform werde nicht nur Größe, sondern auch Internationalität dokumentiert. Dieser Vorteil könne den betreffenden Unternehmen vor allem im globalen Wettbewerb zugutekommen.[66] Insbesondere für Unternehmen aus mitbestimmungsstarken Ländern (zB Deutschland) kann ein weiterer Vorteil der SE in der **Verhandelbarkeit der Mitbestimmung** liegen.[67] Danach besteht nicht nur die Möglichkeit, durch eine Einigung im Verhandlungsverfahren zu einer für das Unternehmen maßgeschneiderten Lösung der Mitbestimmung zu kommen; vielmehr können Unternehmen die **Mitbestimmung** auf dem aktuellen Niveau **einfrieren**, so dass sie bei späterem Überschreiten einer mitbestimmungsrelevanten Schwelle (in Deutschland 500 bzw. 2000 Mitarbeiter) nicht in das nächsthöhere Mitbestimmungsregime wechseln.[68] Daneben besteht in der SE die Möglichkeit durch entsprechende Satzungsgestaltung die **Größe des Aufsichtsrats** zu verkleinern.[69] Als eine der größten Innovationsleistungen wird die durch die SE eröffnete **Wahlfreiheit zwischen monistischem und dualistischem Verwaltungsgremium** genannt.[70] War es vor dem Inkrafttreten der SE-VO nur in einigen wenigen Mitgliedstaaten[71] möglich, zwischen dem monistischen System (Verwaltungsratsmodell) und dem dualistischen System (Vorstand und Aufsichtsrat) zu wählen, steht diese Möglichkeit nunmehr überall in der EU zur Verfügung. Der Vorteil des im deutschen AktG nicht vorgesehenen monistischen Systems wird gemeinhin in dem verbesserten Informationsfluss zwischen Geschäftsführung und Überwachung gesehen.[72] Zudem kann die Geschäftsführung im monistischen System durch den Verwaltungsrat stärker kontrolliert werden als durch den Aufsichtsrat im dualistischen System, da die geschäftsführenden Direktoren im monistischen System – ähnlich den GmbH-Geschäftsführern – den Weisungen des Verwaltungsrats unterworfen sind. Schließlich kann im Einzelfall auch die Möglichkeit einer **identitätswahrenden Sitzverlegung** innerhalb der EU einen Anreiz für die Gründung einer SE bilden. Für nationale Aktiengesellschaften gibt es im Unterschied zur SE noch keine gesetzlich geregelte Möglichkeit, den Satzungssitz ohne vorherige Auflösung und Liquidation in einen anderen Mitgliedstaat zu verlegen. Zwar ist die grenzüberschreitende Verlegung des Satzungssitzes nach der Rechtsprechung des EuGH[73] von der Niederlassungsfreiheit umfasst, mangels ausdrücklicher gesetzlicher Regelungen in den Mitgliedstaaten fehlt es diesbezüglich aber immer noch an Transaktionssicherheit.

Den Vorteilen stehen auch **Nachteile** gegenüber. Kritisiert wird insbesondere das **zeitaufwendige und komplexe Gründungsverfahren** der SE.[74] Bei Unternehmen, die der deutschen Mitbestimmung unterliegen, kann sich das Gründungsverfahren wegen des zwingend erforderlichen Verhandlungsverfahrens über die Arbeitnehmermitbe- 9

62 Vgl. *Lutter* in: Lutter/Hommelhoff/Teichmann (Hrsg.), SE-Kommentar, 2015, Vor Art. 1 SE-VO Rn. 40; *Siems* in: Kölner Kommentar zum AktG, 3. Aufl. 2012, Vor Art. 1 SE-VO Rn. 71 ff.; *Becker/Julien-Saint-Amand/Zebetner* GES 2010, 204, 207.

63 Vgl. *Lutter* in: Lutter/Hommelhoff/Teichmann (Hrsg.), SE-Kommentar, 2015, Vor Art. 1 SE-VO Rn. 40.

64 Vgl. *Kallmeyer* AG 2003, 197, 202.

65 Vgl. *Lutter* in: Lutter/Hommelhoff/Teichmann (Hrsg.), SE-Kommentar, 2015, Vor Art. 1 SE-VO Rn. 33; *Casper* in: Spindler/Stilz (Hrsg.), AktG, 3. Aufl. 2015, Vor Art. 1 SE-VO Rn. 20; *Becker/Julien-Saint-Amand/Zebetner* GES 2010, 204, 207.

66 Vgl. *Lutter* in: Lutter/Hommelhoff/Teichmann (Hrsg.), SE-Kommentar, 2015, Vor Art. 1 SE-VO Rn. 33; *Thoma/Leuering* NJW 2002, 1449, 1454.

67 Vgl. *Lutter* in: Lutter/Hommelhoff/Teichmann (Hrsg.), SE-Kommentar, 2015, Vor Art. 1 SE-VO Rn. 37; *Siems* in: Kölner Kommentar zum AktG, 3. Aufl. 2012, Vor Art. 1 SE-VO Rn. 84 ff.; *Casper* in: Spindler/Stilz (Hrsg.), AktG, 3. Aufl. 2015, Vor Art. 1 SE-VO Rn. 20; *Schröder* in: Manz/Mayer/Schröder (Hrsg.), SE Europäische Aktiengesellschaft, 2010, Teil A – Vorbemerkungen Rn. 82.

68 Vgl. *Siems* in: Kölner Kommentar zum AktG, 3. Aufl. 2012, Vor Art. 1 SE-VO Rn. 86; *Casper* in: Spindler/Stilz (Hrsg.), AktG, 3. Aufl. 2015, Vor Art. 1 SE-VO Rn. 20; *Wollberg/Banerjea* ZIP 2005, 277, 282.

69 So haben zB sowohl die Allianz SE als auch die E.ON SE von dieser Option Gebrauch gemacht und im Zuge des Rechtsformwechsels ihren Aufsichtsrat verkleinert; vgl. *Lutter* in: Lutter/Hommelhoff/Teichmann (Hrsg.), SE-Kommentar, 2015, Vor Art. 1 SE-VO Rn. 41; *Schröder* in: Manz/Mayer/Schröder (Hrsg.), SE Europäische Aktiengesellschaft, 2010, Teil A – Vorbemerkungen Rn. 83.

70 So zB *Lutter* in: Lutter/Hommelhoff/Teichmann (Hrsg.), SE-Kommentar, 2015, Vor Art. 1 SE-VO Rn. 41.

71 Eine Wahlmöglichkeit zwischen einem monistischen und einem dualistischen System bestand nur in Finnland, Frankreich und Litauen (sowie Italien seit 2004), während das nationale Aktienrecht in Belgien, Zypern, Griechenland, Irland, Luxemburg, Malta, Polen, Spanien, Schweden und dem Vereinigten Königreich von einem monistischen System und das nationale Aktienrecht in Österreich, Tschechische Republik, Estland, Deutschland, Ungarn, Lettland, Niederlande, Polen, Slowakei und Slowenien von einem dualistischen System ausgeht; vgl. ausführlich *Siems* in: Kölner Kommentar zum AktG, 3. Aufl. 2012, Vorbemerkung vor § 20 SEAG Rn. 20.

72 So *Lutter* in: Lutter/Hommelhoff/Teichmann (Hrsg.), SE-Kommentar, 2015, Vor Art. 1 SE-VO Rn. 34.

73 Vgl. jüngst EuGH, Rs. C-106/16 (Polbud – Wykonawstwo), ECLI:EU:C:2017:804 = NJW 2017, 3639.

74 Vgl. *Casper* in: Spindler/Stilz (Hrsg.), AktG, 3. Aufl. 2015, Vor Art. 1 SE-VO Rn. 20; *Becker/Julien-Saint-Amand/Zebetner* GES 2010, 204, 207.

stimmung über mehr als ein Jahr hinziehen. Darüber hinaus wird neben den **hohen Gründungskosten**[75] auf die **Komplexität der Rechtsanwendung,**[76] die durch die Verweisung der SE-VO auf nationales Recht nicht unwesentlich erhöht wird, hingewiesen. Einen weiteren Nachteil der SE wird man darin erblicken, dass mit der Verlegung des Satzungssitzes auch der **Verwaltungssitz in dem betreffenden Land** einzurichten ist.

B. Regelungstechnik

I. Regelungsstruktur

10 Der lange politische Meinungsbildungsprozess spiegelt sich auch in der Regelungsstruktur des SE-Rechts wider.[77] Nachdem man sich bereits in den 1980er Jahren von der Idee einer europäischen Vollregelung verabschiedet hatte, wurde mit der SE-VO ein **europäischer Regelungsrahmen** verabschiedet, der sich auf zentrale Aspekte der Gesellschaft (insbesondere Gründung und Organisationsverfassung) beschränkt und im Übrigen auf das nationale Recht des Mitgliedstaates, in dem die SE ihren Sitz hat, verweist.[78] Neben den **Verweisungen auf das nationale Recht** enthält die SE-VO zudem Ermächtigungsnormen, die es den Mitgliedstaaten gestatten, einzelne Aspekte der SE gesondert zu regeln. Die Verweise und Regelungsermächtigungen der SE-VO führen dazu, dass sich das auf die SE anwendbare Recht von Sitzstaat zu Sitzstaat unterscheidet. Die SE ist damit **keine einheitlich geregelte Rechtform**; sie existiert nur in ihrer jeweiligen nationalen Ausprägung.[79]

II. Normhierarchie

11 **Primäre Rechtsgrundlage** für die SE ist die **SE-VO.** Sie gilt gemäß Art. 288 II AEUV in allen Mitgliedstaaten unmittelbar. Das auf die SE anwendbare Recht ergibt sich aus **Art. 9 I SE-VO.** Danach sind auf die SE zunächst die Bestimmungen der SE-VO, gefolgt von den Regelungen der nationalen Ausführungsgesetze, sodann das allgemeine nationale Aktienrecht und schließlich die Satzung der Gesellschaft anzuwenden. Insgesamt lassen sich damit **sieben Regelungsebenen**[80] unterscheiden:

(i) zwingende Bestimmungen der SE-VO (Art. 9 I lit. a) SE-VO),
(ii) Satzungsregelungen, soweit diese von der SE-VO ausdrücklich gefordert bzw. zugelassen sind,[81] (Art. 9 I lit. b) SE-VO),
(iii) dispositive Bestimmungen der SE-VO,
(iv) Vorschriften der jeweiligen SE-Ausführungsgesetze (Art. 9 I lit. c) (i) SE-VO) – in Deutschland das SEAG,
(v) zwingende Bestimmungen des allgemeinen nationalen Aktienrechts im Sitzstaat der SE (Art. 9 I lit. c) ii) SE-VO),
(vi) Satzungsregelungen, soweit diese aufgrund des anwendbaren nationalen Rechts anwendbar sind (Art. 9 I lit. c) iii) SE-VO), sowie
(vii) dispositive Bestimmungen des nationalen Rechts im Sitzstaat der SE.

---

75 Die Neugründungskosten der Allianz SE beliefen sich auf EUR 95 Mio., während die durchschnittlichen Kosten nach einer von Ernst & Young erstellten Studie EUR 784 000 (bei einer Bandbreite von EUR 100.000 bis EUR 4 Mio.) betragen; vgl. Bericht der Kommission an das europäische Parlament und den Rat über die Anwendung der SE-VO v. 17. 11. 2010, KOM(2010) 676.

76 Vgl. *Becker/Julien-Saint-Amand/Zehetner* GES 2010, 204, 207.

77 So auch *Lutter* in: Lutter/Hommelhoff/Teichmann (Hrsg.), SE-Kommentar, 2015, Vor Art. 1 SE-VO Rn. 29; *Lutter/Bayer/Schmidt*, Europäisches Unternehmens- und Kapitalmarktrecht, 2017, Rn. 45.22.

78 Kaum ein Aspekt hat der SE-VO so viel Kritik eingebracht wie die lückenhafte Regelung; *Schäfer* NZG 2004, 785, 789 nennt die SE-VO daher „*Gerippe*“, *Teichmann* ZGR 2002, 383, 390 „Torso“; ähnlich *Casper* in: Spindler/Stilz (Hrsg.), AktG, 3. Aufl. 2015, Vor Art. 1 SE-VO Rn. 2.

79 Vgl. *Schürnbrand* in: Habersack/Drinhausen (Hrsg.), SE-Recht mit grenzüberschreitender Verschmelzung, 2013, Art. 9 SE-VO Rn. 1, der in diesem Zusammenhang von „der Selbstverständlichkeit“ spricht, „dass sich das Rechtsregime, dem eine Gesellschaftsform unterliegt, primär nach dem sie konstituierenden Rechtsakt bestimmt“; ähnlich *Lutter/Bayer/Schmidt*, Europäisches Unternehmens- und Kapitalmarktrecht, 2017, Rn. 45.22.

80 Ebenso *Kuhn* in: Jannott/Frodermann (Hrsg.), HdB der Europäischen Aktiengesellschaft, 2. Aufl. 2014, 2. Kap. Rn. 12; *Temmel/Rahlmeyer* in: Eckhardt/Hermanns (Hrsg.), Kölner HdB GesR, 3. Aufl. 2017, Kap. 5 Rn. 3.

81 Satzungsautonomie gewährt zB Art. 38 lit. b) SE-VO bezüglich der Wahl zwischen dem dualistischen und dem monistischen Verwaltungssystem.

Bei den Verweisungen auf das nationale Recht in Art. 9 I lit. c) SE-VO handelt es sich um **dynamische**[82] **Sachnormverweisungen,**[83] nicht nur auf das **geschriebene**, sondern auch auf das **nationale Richterrecht.**[84] 12

Die **Beteiligungsrechte der Arbeitnehmer** sind separat geregelt. Die hierzu erlassene SE-Beteiligungsrichtlinie ist in Deutschland durch das SEBG umgesetzt worden. Die Regelungen des SEBG verdrängen sowohl die deutschen Mitbestimmungsgesetze (DrittelbG und MitbestG) als auch das Gesetz über den Europäischen Betriebsrat, so dass die SE sowohl im Bereich der unternehmerischen Mitbestimmung als auch bei den Unterrichtungs- und Anhörungsrechten der Arbeitnehmer über **eigene gesetzliche Regelungen** verfügt.[85] 13

C. Gründung der SE

I. Allgemeines

Eines der wesentlichen Charakteristika der SE-VO ist der **numerus clausus** der Gründungsformen. Gemäß Art. 2 SE-VO kann die SE durch Verschmelzung (Art. 2 I SE-VO), Gründung einer Holding-SE (Art. 2 II SE-VO), Gründung einer Tochter-SE (Art. 2 III SE-VO) oder durch formwechselnde Umwandlung (Art. 2 IV SE-VO) gegründet werden. Im Weg der primären Gründung kann die SE demnach nur im Rahmen einer Umstrukturierung bestehender Gesellschaften, nicht dagegen im Wege einer herkömmlichen Neugründung errichtet werden.[86] Im Wege der sekundären Gründung kann die SE daneben aber auch als Tochter-SE einer bereits bestehenden SE gegründet werden (Art. 3 II SE-VO). 14

Neben der Gründungsform ist auch der **Kreis der beteiligungsfähigen Gründer** eingeschränkt. Natürliche Personen sind als Gründer der SE nicht zugelassen;[87] dies können vielmehr nur bestimmte juristische Personen oder Personengesellschaften sein. Der Kreis der potenziellen Gründer ist gründungsspezifisch abgestuft: Nur die Aktiengesellschaft nationalen Rechts hat Zugang zu allen vier (primären) Gründungsformen gemäß Art. 2 SE-VO; bei der Gründung einer Holding-SE können auch Gesellschaften mit beschränkter Haftung (im Sinne des Anhangs II der SE-VO) mitwirken (Art. 2 II SE-VO); bei der Gründung einer Tochter-SE ist der Kreis der gründungsberechtigten Rechtsformen am weitesten, ausgeschlossen sind bei dieser Gründungsalternative im Ergebnis allein natürliche Personen.[88] 15

Jede SE-Gründung muss zudem ein Element der **Mehrstaatlichkeit** (auch grenzüberschreitender Bezug genannt) aufweisen, das ebenfalls gründungsspezifisch abgestuft ist: Bei der Verschmelzung (Art. 2 I SE-VO) müssen von den beteiligten Rechtsträgern (dh Aktiengesellschaften) mindestens zwei dem Recht verschiedener Mitgliedstaaten unterliegen; bei Gründung der Holding-SE bzw. der Tochter-SE (Art. 2 II bzw. III SE-VO) müssen mindestens zwei der beteiligten Rechtsträger dem Recht verschiedener Mitgliedstaaten unterliegen oder seit mindestens zwei Jahren eine dem Recht eines anderen Mitgliedstaates unterliegende Tochtergesellschaft oder Zweigniederlassung in einem anderen Mitgliedstaat haben; bei der formwechselnden Umwandlung (Art. 2 IV SE-VO) muss der beteiligte Rechtsträger (dh die Aktiengesellschaft) seit mindestens zwei Jahren eine dem Recht eines anderen 16

82 Vgl. *Siems* in: Kölner Kommentar zum AktG, 3. Aufl. 2012, Vor Art. 1 SE-VO Rn. 109; *Hommelhoff/Teichmann* in: Lutter/Hommelhoff/Teichmann (Hrsg.), SE-Kommentar, 2015, Art. 9 SE-VO Rn. 55; *Schürnbrand* in: Habersack/Drinhausen (Hrsg.), SE-Recht mit grenzüberschreitender Verschmelzung, 2013, Art. 9 SE-VO Rn. 42; *Austmann* in: MüHdB GesR, Bd. 4, 4. Aufl. 2015, § 83 Rn. 18; *Brandt/Scheifele* DStR 2002, 547, 553. Die Verweisung auf das betreffende Recht ist insofern dynamisch, als dieses in seiner jeweils geltenden Fassung zur Anwendung kommt.

83 Vgl. *Lutter/Bayer/Schmidt*, Europäisches Unternehmens- und Kapitalmarktrecht, 2017, Rn. 45.26; *Schürnbrand* in: Habersack/Drinhausen (Hrsg.), SE-Recht mit grenzüberschreitender Verschmelzung, 2013, Art. 9 SE-VO Rn. 34; *Schäfer* in: MüKo AktG, 4. Aufl. 2017, Art. 9 SE-VO Rn. 15; *Casper* in: Spindler/Stilz (Hrsg.), AktG, 3. Aufl. 2015, Art. 9 SE-VO Rn. 6. Bei der sog Sachnormverweisung wird nicht auf das Internationale Privatrecht des Sitzstaates, sondern unmittelbar auf das einschlägige Sachrecht des Mitgliedstaates verwiesen; aA *Hommelhoff/Teichmann* in: Lutter/Hommelhoff/Teichmann (Hrsg.), SE-Kommentar, 2015, Art. 9 SE-VO Rn. 36; *Teichmann* in: MüHdB GesR, Bd. 6, 4. Aufl. 2013, § 49 Rn. 5, die von einer Gesamtnormverweisung ausgehen.

84 Vgl. *Lutter/Bayer/Schmidt*, Europäisches Unternehmens- und Kapitalmarktrecht, 2017, Rn. 45.26; *Hommelhoff/Teichmann* in: Lutter/Hommelhoff/Teichmann (Hrsg.), SE-Kommentar, 2015, Art. 9 SE-VO Rn. 55; *Schäfer* in: MüKo AktG, 4. Aufl. 2017, Art. 9 SE-VO Rn. 17; *Casper* in: Spindler/Stilz (Hrsg.), AktG, 3. Aufl. 2015, Art. 9 SE-VO Rn. 15; *Teichmann* ZGR 2002, 383, 397; *Brandt/Scheifele* DStR 2002, 547, 553; *Hirte* NZG 2002, 1, 2.

85 Vgl. *Krause* BB 2005, 1221; *Teichmann* in: MüHdB GesR, Bd. 6, 4. Aufl. 2013, § 49 Rn. 5.

86 Treffend *Teichmann* in: MüHdB GesR, Bd. 6, 4. Aufl. 2013, § 49 Rn. 7, der darauf hinweist, dass eine SE nicht „ex nihilo" gegründet werden könne.

87 Natürliche Personen können davon unberührt (selbstverständlich) zu einem späteren Zeitpunkt durch Anteilserwerb Aktionäre einer SE werden.

88 So auch *Bayer* in: Lutter/Hommelhoff/Teichmann (Hrsg.), SE-Kommentar, 2015, Art. 2 SE-VO Rn. 22; *Habersack* in: Habersack/Drinhausen (Hrsg.), SE-Recht mit grenzüberschreitender Verschmelzung, 2013, Art. 2 SE-VO Rn. 19; ähnlich *Veil* in: Kölner Kommentar zum AktG, 3. Aufl. 2012, Art. 2 SE-VO Rn. 2.

Mitgliedstaates unterliegende Tochtergesellschaft haben. Einzig bei der Gründung einer Tochter-SE im Wege der sekundären Gründung (Art. 3 II SE-VO) wurde auf das Mehrstaatlichkeitserfordernis verzichtet.[89]

17 Zudem müssen Rechtsträger, die eine SE gründen wollen, einen **Gemeinschaftsbezug** aufweisen. Gründungsberechtigt sind nur solche Gesellschaften, die nach dem Recht eines Mitgliedstaates gegründet worden sind und sowohl ihren Satzungs- als auch ihren Verwaltungssitz in einem Mitgliedstaat haben (vgl. Art. 2 I – IV SE-VO). Den Mitgliedstaaten gleichgestellt sind die Staaten des Europäischen Wirtschaftsraums (EWR) Island, Liechtenstein und Norwegen.[90] Von dem Optionsrecht des Art. 2 V SE-VO, wonach Mitgliedstaaten auch Gesellschaften mit Verwaltungssitz außerhalb des Gemeinschaftsgebietes zur SE-Gründung zulassen können, sofern diese nach dem Recht eines Mitgliedstaates gegründet wurden, ihren Sitz in dem betreffenden Mitgliedstaat haben und mit der Wirtschaft eines Mitgliedstaates in tatsächlicher und dauerhafter Verbindung steht, hat Deutschland bislang[91] keinen Gebrauch gemacht.[92]

18 Die vorgenannten Restriktionen bei der Gründung einer SE sehen sich **rechtspolitischer Kritik** ausgesetzt.[93] Mit Blick auf den numerus clausus wird kritisiert, dass der Grund für die Einführung der Beschränkung mittlerweile entfallen sei.[94] Bei dem Mehrstaatlichkeitserfordernis wird darauf hingewiesen, dass die dieser Beschränkung zugrundeliegende Vorstellung, einen Wettbewerb zwischen europäischen und nationalen Rechtsformen zu erschweren, ebenfalls überholt sei.[95] Die **Praxis** hat auf die **teleologisch wenig überzeugenden Gründungsbeschränkungen** durch (gesellschaftsrechtliche) Strukturierungsmodelle reagiert, die es erlauben, die Restriktionen des Art. 2 SE-VO zu „umgehen“: Will zB eine natürliche Person eine SE gründen, was nach der SE-VO grundsätzlich nicht möglich ist, kann dies im Ergebnis dadurch erreicht werden, dass sie eine bereits gegründete **Vorrats-SE** übernimmt. Deren Gründung durch einen entsprechenden Dienstleister stellt keine unzulässige Umgehung des Art. 2 SE-VO dar.[96] In ähnlicher Weise kann die nach der SE-VO nicht vorgesehene Verschmelzung zweier Aktiengesellschaften aus einem Mitgliedstaat zu einer SE bewirkt werden: eine der beiden Aktiengesellschaften erwirbt eine Vorrats-SE und wird anschließend auf diese verschmolzen (*down-stream merger*); anschließend wird die zweite Aktiengesellschaft auf die SE verschmolzen.

---

89 Der Gründung einer Tochter-SE im Wege der sekundären Gründung ist der europäische Bezug aufgrund der Beteiligung der bereits existierenden SE immanent; vgl. *Lutter/Bayer/Schmidt*, Europäisches Unternehmens- und Kapitalmarktrecht, 2017, Rn. 45.32; ebenso *Teichmann* in: MüHdB GesR, Bd. 6, 4. Aufl. 2013, § 49 Rn. 9.

90 Vgl. Anh. XXII – 10a.01 des Abkommens über den Europäischen Wirtschaftsraum, ABl. L 001 vom 3.1.1994.

91 Der Grund dafür, dass Deutschland von dem Optionsrecht in Art. 2 V SE-VO bislang keinen Gebrauch gemacht hat, wird darin gesehen, dass nach der herrschenden Doktrin seinerzeit Satzungssitz und Hauptverwaltung einer deutschen Gesellschaft nicht hatten auseinanderfallen können; vgl. *Teichmann* ZGR 2002, 383, 414; *Veil* in: Kölner Kommentar zum AktG, 3. Aufl. 2012, Art. 2 SE-VO Rn. 48. Nachdem nunmehr sowohl die GmbH (vgl. § 4a GmbHG) als auch die AG (vgl. 5 AktG) eine ausländische Hauptverwaltung haben können, wird gefordert, diese Entscheidung (zumindest) nochmal kritisch zu überdenken, vgl. *Habersack* in: Habersack/Drinhausen (Hrsg.), SE-Recht mit grenzüberschreitender Verschmelzung, 2013, Art. 2 SE-VO Rn. 25; *Bayer* in: Lutter/Hommelhoff/Teichmann (Hrsg.), SE-Kommentar, 2015, Art. 2 SE-VO Rn. 30; *Veil* in: Kölner Kommentar zum AktG, 3. Aufl. 2012, Art. 2 SE-VO Rn. 48.

92 Von dem Optionsrecht in Art. 2 V SE-VO hat zB das Vereinigte Königreich Gebrauch gemacht; vgl. r. 55 European Public Limited Liability Company Regulations 2004 (SE 2004/2326).

93 Vgl. *Oechsler/Mihaylova* in: MüKo AktG, 4. Aufl. 2017, Art. 2 SE-VO Rn. 3; *Habersack* in: Habersack/Drinhausen (Hrsg.), SE-Recht mit grenzüberschreitender Verschmelzung, 2013, Art. 2 SE-VO Rn. 4; *Casper* in: Spindler/Stilz (Hrsg.), AktG, 3. Aufl. 2015, Art. 2/Art. 3 SE-VO Rn. 3; *ders.* AG 2007, 97, 99; *ders.* ZHR 173 (2009) 181, 189; *Veil* in: Kölner Kommentar zum AktG, 3. Aufl. 2012, Art. 2 SE-VO Rn. 3, 5; *Bachmann* ZEuP 2008, 32, 53; *Schäfer* NZG 2004, 785, 788.

94 Der Verordnungsgeber hat sich nicht ausdrücklich zu Sinn und Zweck des Numerus-Clausus-Prinzips geäußert. Verbreitet wird angenommen, dass das Numerus-Clausus-Prinzip ursprünglich auf die Verhinderung einer Umgehung der nationalen Regelungen über die Unternehmensmitbestimmung durch Gründung einer SE („Flucht aus der Mitbestimmung“) zielte. Nachdem mit der SE-Beteiligungsrichtlinie die sog Vorher-Nachher-Regelung (Art. 7 SE-Beteiligungsrichtlinie) eingeführt wurde, bestehe keine Gefahr einer solchen Flucht aus der Mitbestimmung, so dass die mögliche Rechtfertigung des numerus clausus der Gründungsformen entfallen sei; so die Argumentation bei *Habersack* in: Habersack/Drinhausen (Hrsg.), SE-Recht mit grenzüberschreitender Verschmelzung, 2013, Art. 2 SE-VO Rn. 4; *Oechsler/Mihaylova* in: MüKo AktG, 4. Aufl. 2017, Art. 2 SE-VO Rn. 2; *Casper* in: Spindler/Stilz (Hrsg.), AktG, 3. Aufl. 2015, Art. 2/Art. 3 SE-VO Rn. 3; *Veil* in: Kölner Kommentar zum AktG, 3. Aufl. 2012, Art. 2 SE-VO Rn. 3.

95 Vgl. *Veil* in: Kölner Kommentar zum AktG, 3. Aufl. 2012, Art. 2 SE-VO Rn. 5; *Casper* in: Spindler/Stilz (Hrsg.), AktG, 3. Aufl. 2015, Art. 2/Art. 3 SE-VO Rn. 3.

96 Die Zulässigkeit der Gründung einer Vorrats-SE ist mittlerweile auch gerichtlich anerkannt; vgl. OLG Düsseldorf AG 2009, 629, 630; LG Hamburg ZIP 2005, 2018; AG Hamburg ZIP 2005, 2017; AG München ZIP 2006, 1300; vgl. auch *Bayer* in: Lutter/Hommelhoff/Teichmann (Hrsg.), SE-Kommentar, 2015, Art. 2 SE-VO Rn. 31; *Habersack* in: Habersack/Drinhausen (Hrsg.), SE-Recht mit grenzüberschreitender Verschmelzung, 2013, Art. 2 SE-VO Rn. 29; *Casper* AG 2007, 97, 99; *Forst* NZG 2009, 687, 688; *Hensler* RdA 2005, 330, 344.

II. Gründung einer SE durch Verschmelzung

Gemäß Art. 2 I SE-VO können Aktiengesellschaften im Sinne des Anhangs I der SE-VO, die nach dem Recht eines Mitgliedstaates gegründet worden sind und ihren Sitz sowie ihre Hauptverwaltung in der Gemeinschaft haben, eine SE durch Verschmelzung gründen, sofern mindestens zwei von ihnen dem Recht verschiedener Mitgliedstaaten unterliegen. Eine Präzisierung nimmt Art. 17 SE-VO dahin gehend vor, dass eine solche Verschmelzung sowohl **durch Aufnahme** (Art. 17 II lit. a) SE-VO), bei der die aufnehmende Gesellschaft zur SE wird, als auch **zur Neugründung** (Art. 17 II lit. b) SE-VO), bei der die neu entstehende Gesellschaft eine SE ist, möglich ist. Im ersten Fall geht das Vermögen der übertragenden Gesellschaft im Wege der Gesamtrechtnachfolge auf die übernehmende Gesellschaft über, wobei die übertragende Gesellschaft liquidationslos erlischt, während die übernehmende Gründungsgesellschaft durch identitätswahrenden Formwechsel[97] die Rechtsform der SE annimmt und die Aktionäre der übertragenden Gesellschaft Anteile an der aufnehmenden Gründungsgesellschaft erhalten. Bei der Verschmelzung zur Neugründung wird das gesamte Vermögen der Gründungsgesellschaften auf eine neu gegründete Gesellschaft übertragen, wobei sämtliche Gründungsgesellschaften liquidationslos erlöschen und die Aktionäre Anteile an der neu gegründeten SE erhalten. 19

1. Verschmelzungsfähige Rechtsträger

Verschmelzungsfähig sind gemäß Art. 2 I SE-VO **nur Aktiengesellschaften** im Sinne des Anhangs I der SE-VO. 20
Weitere Voraussetzung ist, dass die Aktiengesellschaften wirksam gegründet wurden.[98] Da dies nach deutschem Recht gemäß § 41 AktG zwingend die Eintragung in das Handelsregister voraussetzt, kommt die **Vor-AG** entgegen verbreiteter Auffassung[99] nicht als verschmelzungsfähiger Rechtsträger in Betracht.[100] Dagegen ist die **AG in Liquidation** unstreitig gründungsfähig.[101] Unterschiedlich beantwortet wird die Frage, ob auch die Kommanditgesellschaft auf Aktien (**KGaA**) zur SE verschmolzen werden kann. Im Ergebnis ist die Frage zu verneinen, da die KGaA in Anhang I der SE-VO nicht ausdrücklich erwähnt ist und ihre Existenz dem Verordnungsgeber bekannt war und ist.[102] Die bereits **bestehende SE** ist der nationalen AG gemäß Art. 3 I SE-VO gleichgestellt, so dass sie unstreitig an einer SE-Gründung im Wege der Verschmelzung teilnehmen kann.[103] Nicht einheitlich beantwortet wird die Frage, ob sie hierbei nur als übertragender Rechtsträger oder auch als übernehmender Rechtsträger in Betracht kommt. Teilweise wird aus dem Wortlaut des Art. 2 I SE-VO geschlossen, dass das Ergebnis der SE-Gründung durch Verschmelzung zwingend die Gründung einer „neuen" SE sein müsse, was bei Teilnahme der SE als aufnehmender Rechtsträger nicht der Fall sei.[104] Für eine solche Ungleichbehandlung zwi-

97 Vgl. *Bayer* in: Lutter/Hommelhoff/Teichmann (Hrsg.), SE-Kommentar, 2015, Art. 17 SE-VO Rn. 3, der von einer „Kombination von Formwechsel und (identitätswahrendem) Formwechsel" spricht; ähnlich *Casper* in: Spindler/Stilz (Hrsg.), AktG, 3. Aufl. 2015, Art. 17 SE-VO Rn. 2; *Marsch-Barner* in: Habersack/Drinhausen (Hrsg.), SE-Recht mit grenzüberschreitender Verschmelzung, 2013, Art. 17 SE-VO Rn. 2.

98 Vgl. *Habersack* in: Habersack/Drinhausen (Hrsg.), SE-Recht mit grenzüberschreitender Verschmelzung, 2013, Art. 2 SE-VO Rn. 5; *Bayer* in: Lutter/Hommelhoff/Teichmann (Hrsg.), SE-Kommentar, 2015, Art. 2 SE-VO Rn. 9; *Casper* in: Spindler/Stilz (Hrsg.), AktG, 3. Aufl. 2015, Art. 2/Art. 3 SE-VO Rn. 7; *Schwarz*, SE-VO, 2006, Art. 2 SE-VO Rn. 35.

99 So etwa *Schröder* in: Manz/Mayer/Schröder (Hrsg.), SE Europäische Aktiengesellschaft, 2010, Art. 17 SE-VO Rn. 6; *Veil* in: Kölner Kommentar zum AktG, 3. Aufl. 2012, Art. 2 SE-VO Rn. 15.

100 Vgl. *Habersack* in: Habersack/Drinhausen (Hrsg.), SE-Recht mit grenzüberschreitender Verschmelzung, 2013, Art. 2 SE-VO Rn. 5; *Bayer* in: Lutter/Hommelhoff/Teichmann (Hrsg.), SE-Kommentar, 2015, Art. 2 SE-VO Rn. 9; *Casper* in: Spindler/Stilz (Hrsg.), AktG, 3. Aufl. 2015, Art. 2/Art. 3 SE-VO Rn. 7; *Schwarz*, SE-VO, 2006, Art. 2 SE-VO Rn. 35.

101 Vgl. *Habersack* in: Habersack/Drinhausen (Hrsg.), SE-Recht mit grenzüberschreitender Verschmelzung, 2013, Art. 2 SE-VO Rn. 5; *Bayer* in: Lutter/Hommelhoff/Teichmann (Hrsg.), SE-Kommentar, 2015, Art. 2 SE-VO Rn. 9; *Casper* in: Spindler/Stilz (Hrsg.), AktG, 3. Aufl. 2015, Art. 2/Art. 3 SE-VO Rn. 7; *Veil* in: Kölner Kommentar zum AktG, 3. Aufl. 2012, Art. 2 SE-VO Rn. 15.

102 So auch *Habersack* in: Habersack/Drinhausen (Hrsg.), SE-Recht mit grenzüberschreitender Verschmelzung, 2013, Art. 2 SE-VO Rn. 5; *Bayer* in: Lutter/Hommelhoff/Teichmann (Hrsg.), SE-Kommentar, 2015, Art. 2 SE-VO Rn. 8; *Veil* in: Kölner Kommentar zum AktG, 3. Aufl. 2012, Art. 2 SE-VO Rn. 14; *Schwarz*, SE-VO, 2006, Art. 2 SE-VO Rn. 26, aA *Oechsler/Mihaylova* in: MüKo AktG, 4. Aufl. 2017, Art. 2 SE-VO Rn. 24; *Casper* in: Spindler/Stilz (Hrsg.), AktG, 3. Aufl. 2015, Art. 2/Art. 3 SE-VO Rn. 7; *Teichmann* in: MüHdB GesR, Bd. 6, 4. Aufl. 2013, § 49 Rn. 18.

103 Vgl. *Bayer* in: Lutter/Hommelhoff/Teichmann (Hrsg.), SE-Kommentar, 2015, Art. 3 SE-VO Rn. 3; *Casper* in: Spindler/Stilz (Hrsg.), AktG, 3. Aufl. 2015, Art. 2/Art. 3 SE-VO Rn. 7; *Maul* in: Kölner Kommentar zum AktG, 3. Aufl. 2012, Art. 3 SE-VO Rn. 12; *Teichmann* in: MüHdB GesR, Bd. 6, 4. Aufl. 2013, § 49 Rn. 18; *Jannott* in: Jannott/Frodermann (Hrsg.), HdB der Europäischen Aktiengesellschaft, 2014, Kap. 3 Rn. 6.

104 So *Jannott* in: Jannott/Frodermann (Hrsg.), HdB der Europäischen Aktiengesellschaft, 2014, Kap. 3 Rn. 6; ähnlich *Teichmann* in: MüHdB GesR, Bd. 6, 4. Aufl. 2013, § 49 Rn. 18; *Kallmeyer* AG 2003, 197, 199; *Oplustil/Schneider* NZG 2003, 13, 16.

schen nationaler AG und SE gibt es indes keinen sachlichen Grund, so dass auch die bereits bestehende SE als aufnehmender Rechtsträger verschmelzungsfähig ist.[105]

21 Art. 2 I SE-VO setzt zudem voraus, dass mindestens zwei der beteiligten Rechtsträger dem **Recht verschiedener Mitgliedstaaten** unterliegen müssen, wobei die Staaten des Europäischen Wirtschaftsraums (EWR) Island, Liechtenstein und Norwegen den Mitgliedstaaten diesbezüglich gleichgestellt sind. Maßgeblich ist dabei der Satzungssitz.[106] Folglich können die Hauptverwaltungen der beteiligten Rechtsträger, soweit nach dem nationalen Gesellschaftsrecht zulässig,[107] auch in demselben Mitgliedstaat liegen.[108] Der Gründung nach Art. 2 I SE-VO steht es nicht entgegen, dass die beteiligten Aktiengesellschaften in einem **Abhängigkeitsverhältnis** zueinander stehen.[109]

2. Verfahrensablauf

22 Das Verschmelzungsverfahren folgt im Wesentlichen dem auch aus dem Umwandlungsgesetz (UmwG) bekannten Verfahrensablauf (zum vergleichbaren Verfahren bei der SCE s. § 6 Rn. 63 , Abb. 7).[110]

a) Verschmelzungsplan

aa) Aufstellung des Verschmelzungsplans

23 Für die Gründung einer SE schließen die beteiligten Gründungsgesellschaften – anders als bei einer innerstaatlichen Verschmelzung nach deutschem Recht (vgl. § 4 UmwG) – keinen Verschmelzungsvertrag ab, vielmehr erstellen die Leitungsorgane der beteiligten Gesellschaften gemäß Art. 20 I 1 SE-VO einen **Verschmelzungsplan.** Im Unterschied zum Verschmelzungsvertrag handelt es sich beim Verschmelzungsplan um einen gesellschaftsrechtlichen Organisationsakt ohne (zusätzliche) schuldrechtliche Bindungswirkung.[111] In der Praxis wird daher regelmäßig zusätzlich ein sog *Business Combination Agreement* geschlossen, welches die Verpflichtungen der beteiligten Rechtsträger zur Durchführung (inklusive Ablauf und weitere Rahmendaten der Verschmelzung) festhält.[112] Entgegen einer verbreiteten Auffassung[113] ist es nicht erforderlich, dass die beteiligten Gesellschaften den Verschmelzungsplan in einem einheitlichen Dokument aufstellen; vielmehr genügt es, wenn jede Gründungsgesellschaft einen eigenen, wenn auch **inhaltlich übereinstimmenden Verschmelzungsplan** aufstellt und ihrer Hauptversammlung zur Beschlussfassung vorlegt.[114]

24 Die SE-VO enthält für den Verschmelzungsplan keine Formvorschriften. Über Art. 18 SE-VO richtet sich das **Formerfordernis des Verschmelzungsplans** nach nationalem Recht.[115] Enthält das nationale Recht ein Beurkundungserfordernis, gilt dies nur für diejenigen Gründungsgesellschaften, die diesem Recht unterliegen; eine Er-

---

105 So auch *Bayer* in: Lutter/Hommelhoff/Teichmann (Hrsg.), SE-Kommentar, 2015, Art. 3 SE-VO Rn. 3; *Casper* in: Spindler/Stilz (Hrsg.), AktG, 3. Aufl. 2015, Art. 2/Art. 3 SE-VO Rn. 7; *Maul* in: Kölner Kommentar zum AktG, 3. Aufl. 2012, Art. 3 SE-VO Rn. 12; *Schwarz*, SE-VO, 2006, Art. 3 SE-VO Rn. 16.

106 Vgl. *Bayer* in: Lutter/Hommelhoff/Teichmann (Hrsg.), SE-Kommentar, 2015, Art. 2 SE-VO Rn. 12; *Casper* in: Spindler/Stilz (Hrsg.), AktG, 3. Aufl. 2015, Art. 2/Art. 3 SE-VO Rn. 7.

107 Dh bei Geltung der Gründungstheorie, da Mitgliedstaaten, die der Sitztheorie folgen, die bei ihnen gegründete Kapitalgesellschaft, die ihren Verwaltungssitz über die Grenze verlegt, nicht mehr als rechtsfähig anerkennen müssen; vgl. *Casper* in: Spindler/Stilz (Hrsg.), AktG, 3. Aufl. 2015, Art. 2/Art. 3 SE-VO Rn. 8.

108 Vgl. *Habersack* in: Habersack/Drinhausen (Hrsg.), SE-Recht mit grenzüberschreitender Verschmelzung, 2013, Art. 2 SE-VO Rn. 9; *Bayer* in: Lutter/Hommelhoff/Teichmann (Hrsg.), SE-Kommentar, 2015, Art. 2 SE-VO Rn. 12; *Casper* in: Spindler/Stilz (Hrsg.), AktG, 3. Aufl. 2015, Art. 2/Art. 3 SE-VO Rn. 8.

109 Vgl. *Habersack* in: Habersack/Drinhausen (Hrsg.), SE-Recht mit grenzüberschreitender Verschmelzung, 2013, Art. 2 SE-VO Rn. 6; *Oechsler/Mihaylova* in: MüKo AktG, 4. Aufl. 2017, Art. 2 SE-VO Rn. 24; *Bayer* in: Lutter/Hommelhoff/Teichmann (Hrsg.), SE-Kommentar, 2015, Art. 2 SE-VO Rn. 13; *Jannott* in: Jannott/Frodermann (Hrsg.), HdB der Europäischen Aktiengesellschaft, 2014, Kap. 3 Rn. 7; aA *Hirte* NZG 2002, 1, 3.

110 Vgl. *Austmann* in: MüHdB GesR, Bd. 4, 4. Aufl. 2015, § 84 Rn. 5; *Marsch-Barner* in: Marsch-Barner/Schäfer (Hrsg.), HdB börsennotierte AG – Aktien- und Kapitalmarktrecht, 3. Aufl. 2014, § 3 Rn. 19; *Temmel/Rahlmeyer* in: Kölner HdB GesR, 3. Aufl. 2017, Kap. 5 Rn. 63.

111 Vgl. *Marsch-Barner* in: Lutter/Hommelhoff/Teichmann (Hrsg.), SE-Kommentar, 2015, Art. 20 SE-VO Rn. 2; *Bayer* in: Lutter/Hommelhoff/Teichmann (Hrsg.), SE-Kommentar, 2015, Art. 20 SE-VO Rn. 5; *Maul* in: Kölner Kommentar zum AktG, 3. Aufl. 2012, Art. 20 SE-VO Rn. 11; *Schwarz*, SE-VO, 2006, Art. 20 SE-VO Rn. 12; *Teichmann* ZGR 2002, 383, 420; *Brandes* AG 2005, 177, 181.

112 Vgl. *Maul* in: Kölner Kommentar zum AktG, 3. Aufl. 2012, Art. 20 SE-VO Rn. 12; *Austmann* in: MüHdB GesR, Bd. 4, 4. Aufl. 2015, § 84 Rn. 9; *Temmel/Rahlmeyer* in: Kölner HdB GesR, 3. Aufl. 2017, Kap. 5 Rn. 68.

113 So *Maul* in: Kölner Kommentar zum AktG, 3. Aufl. 2012, Art. 20 SE-VO Rn. 13; *Schröder* in: Manz/Mayer/Schröder (Hrsg.), SE Europäische Aktiengesellschaft, 2010, Art. 20 SE-VO Rn. 1.

114 Vgl. *Marsch-Barner* in: Habersack/Drinhausen (Hrsg.), SE-Recht mit grenzüberschreitender Verschmelzung, 2013, Art. 20 SE-VO Rn. 4; *Bayer* in: Lutter/Hommelhoff/Teichmann (Hrsg.), SE-Kommentar, 2015, Art. 20 SE-VO Rn. 2; *Casper* in: Spindler/Stilz (Hrsg.), AktG, 3. Aufl. 2015, Art. 20 SE-VO Rn. 2.

115 Vgl. *Marsch-Barner* in: Habersack/Drinhausen (Hrsg.), SE-Recht mit grenzüberschreitender Verschmelzung, 2013, Art. 20 SE-VO Rn. 5; *Bayer* in: Lutter/Hommelhoff/Teichmann (Hrsg.), SE-Kommentar, 2015, Art. 20

streckung des Beurkundungserfordernisses auf die anderen Gründungsgesellschaften findet nicht statt.[116] Ist eine deutsche Gründungsgesellschaft beteiligt, ist der Verschmelzungsplan gemäß § 6 UmwG notariell zu beurkunden.[117] Dabei kann die Beurkundung auch von einem ausländischen Notar vorgenommen werden. Im Unterschied zur Beurkundung nationaler Verschmelzungen gemäß § 6 UmwG[118] wird eine Auslandsbeurkundung von der hM auch dann für ausreichend gehalten, wenn sie im Mitgliedstaat einer der beteiligten Gesellschaften oder im Sitzstaat der künftigen SE erfolgt.[119]

Auch im Hinblick auf die **Sprache** enthält die SE-VO keine Vorgaben. Diese bestimmt sich ebenfalls gemäß Art. 18 SE-VO nach dem Recht der jeweiligen Gründungsgesellschaft. Da zumindest bei der Beteiligung einer deutschen Gründungsgesellschaft spätestens für die Einreichung beim Handelsregister eine deutsche Sprachfassung benötigt wird, wird man den Verschmelzungsplan in der Praxis regelmäßig – soweit wegen der Sprachunterschiede erforderlich – in mehreren gleichermaßen verbindlichen Sprachen ausfertigen lassen.[120] 25

bb) Inhalt des Verschmelzungsplans

Der Mindestinhalt des Verschmelzungsplans ergibt sich aus Art. 20 I 2 SE-VO und orientiert sich weitgehend an Art. 5 II der nationalen Verschmelzungsrichtlinie.[121] Gemäß Art. 20 I 2 lit. a) SE-VO sind zunächst die **Firma und der Sitz** sowohl der Gründungsgesellschaften als auch der (künftigen) SE anzugeben. Mit Sitz ist – ebenso wie in Art. 5 II lit. a) der nationalen Verschmelzungsrichtlinie – der Satzungssitz gemeint.[122] Gemäß Art. 11 I SE-VO ist bei der (künftigen) SE zwingend der Firmenzusatz „SE" anzugeben. Ergänzend kommt über Art. 15 I SE-VO das für Aktiengesellschaften geltende nationale Firmenrecht zur Anwendung. Der Satzungssitz der SE und ihre Hauptverwaltung müssen sich gemäß Art. 7 SE-VO in demselben Mitgliedstaat befinden. Bei der Verschmelzung zur Neugründung kann die neue SE ihren Sitz in einem anderen Mitgliedstaat als die Gründungsgesellschaften haben.[123] Ob dies auch bei der Verschmelzung durch Aufnahme möglich sein soll, ist umstritten. Aus dem Fehlen eines ausdrücklichen Sitzverlegungsverbots in Art. 17 SE-VO wird man mit der hM[124] folgern können, dass auch bei der SE-Gründung durch Verschmelzung zur Aufnahme der Sitzstaat der SE frei gewählt werden kann. 26

SE-VO Rn. 6; *Casper* in: Spindler/Stilz (Hrsg.), AktG, 3. Aufl. 2015, Art. 20 SE-VO Rn. 6, aA *Schulz/Geismar* DStR 2001, 1078, 1080.

116 Vgl. *Marsch-Barner* in: Habersack/Drinhausen (Hrsg.), SE-Recht mit grenzüberschreitender Verschmelzung, 2013, Art. 20 SE-VO Rn. 5; *Bayer* in: Lutter/Hommelhoff/Teichmann (Hrsg.), SE-Kommentar, 2015, Art. 20 SE-VO Rn. 6; *Hörtnagl* in: Schmitt/Hörtnagl/Stratz, UmwG, Umwandlungssteuergesetz, 7. Aufl. 2016, Art. 20 SE-VO Rn. 4; aA *Schröder* in: Manz/Mayer/Schröder (Hrsg.), SE Europäische Aktiengesellschaft, 2010, Art. 20 SE-VO Rn. 9.

117 Gleiches gilt für ein etwaiges Business Combination Agreement wegen der dort enthaltenen Verpflichtung zur Durchführung der Verschmelzung; vgl. *Temmel/Rahlmeyer* in: Kölner HdB GesR, 3. Aufl. 2017, Kap. 5 Rn. 69.

118 Im Rahmen des § 6 UmwG wird eine Auslandbeurkundung nur insofern für ausreichend erachtet, als sie hinsichtlich Urkundsperson und -verfahren gleichwertig ist; vgl. *Schröer* in: Semler/Stengel, UmwG, 4. Aufl. 2017, § 6 UmwG Rn. 17 mwN.

119 Vgl. *Marsch-Barner* in: Habersack/Drinhausen (Hrsg.), SE-Recht mit grenzüberschreitender Verschmelzung, 2013, Art. 20 SE-VO Rn. 7; *Schröder* in: Manz/Mayer/Schröder (Hrsg.), SE Europäische Aktiengesellschaft, 2010, Art. 20 SE-VO Rn. 10; *Schwarz*, SE-VO, 2006, Art. 20 SE-VO Rn. 12; aA *Spitzbart* RNotZ 2006, 369, 390; *Bayer* in: Lutter/Hommelhoff/Teichmann (Hrsg.), SE-Kommentar, 2015, Art. 20 SE-VO Rn. 8 hält sogar eine „Beurkundung in irgendeinem EWR-Staat für ausreichend".

120 Vgl. *Bayer* in: Lutter/Hommelhoff/Teichmann (Hrsg.), SE-Kommentar, 2015, Art. 20 SE-VO Rn. 10; *Teichmann* in: MüHdB GesR, Bd. 6, 4. Aufl. 2013, § 49 Rn. 24; *Temmel/Rahlmeyer* in: Kölner HdB GesR, 3. Aufl. 2017, Kap. 5 Rn. 70.

121 Richtlinie 2011/53/EU des Europäischen Parlaments und des Rates vom 5. April 2011 über die Verschmelzung von Aktiengesellschaften, Abl. EU v. 29.4.2011, L 110.

122 Vgl. *Marsch-Barner* in: Habersack/Drinhausen (Hrsg.), SE-Recht mit grenzüberschreitender Verschmelzung, 2013, Art. 20 SE-VO Rn. 11; *Bayer* in: Lutter/Hommelhoff/Teichmann (Hrsg.), SE-Kommentar, 2015, Art. 20 SE-VO Rn. 15; *Schröder* in: Manz/Mayer/Schröder (Hrsg.), SE Europäische Aktiengesellschaft, 2010, Art. 20 SE-VO Rn. 16.

123 Vgl. *Bayer* in: Lutter/Hommelhoff/Teichmann (Hrsg.), SE-Kommentar, 2015, Art. 17 SE-VO Rn. 4; *Schäfer* in: MüKo AktG, 4. Aufl. 2017, Art. 17 SE-VO Rn. 11; *Marsch-Barner* in: Habersack/Drinhausen (Hrsg.), SE-Recht mit grenzüberschreitender Verschmelzung, 2013, Art. 17 SE-VO Rn. 8; *Schröder* in: Manz/Mayer/Schröder (Hrsg.), SE Europäische Aktiengesellschaft, 2010, Art. 20 SE-VO Rn. 15; *Ihrig/Wagner* BB 2003, 969, 971; *Kallmeyer* AG 2003, 197, 198; *Oechsler* NZG 2005, 697, 700.

124 Vgl. *Bayer* in: Lutter/Hommelhoff/Teichmann (Hrsg.), SE-Kommentar, 2015, Art. 17 SE-VO Rn. 4; *Marsch-Barner* in: Habersack/Drinhausen (Hrsg.), SE-Recht mit grenzüberschreitender Verschmelzung, 2013, Art. 17 SE-VO Rn. 4; *Schwarz*, SE-VO, 2006, Art. 20 SE-VO Rn. 21; *Lutter/Bayer/Schmidt*, Europäisches Unternehmens- und Kapitalmarktrecht, 2017, Rn. 45.35; *Temmel/Rahlmeyer* in: Kölner HdB GesR, 3. Aufl. 2017, Kap. 5 Rn. 63; *Kallmeyer* AG 2003, 197, 198; *Walden/Meyer-Landrut* DB 2005, 2119, 2125; aA *Schäfer* in: MüKo AktG, 4. Aufl. 2017, Art. 17 SE-VO Rn. 10; *Casper* in: Spindler/Stilz (Hrsg.), AktG, 3. Aufl. 2015, Art. 17 SE-VO Rn. 7; *Schröder* in: Manz/Mayer/Schröder (Hrsg.), SE Europäische Aktiengesellschaft, 2010, Art. 20 SE-VO Rn. 15; *Ihrig/Wagner* BB 2004, 1749, 1752.

27 Gemäß Art. 20 I 2 lit. b) SE-VO ist im Verschmelzungsplan das **Umtauschverhältnis der Aktien** und für den Fall, dass eine Ausgleichzahlung zu leisten ist, die **Höhe dieser Ausgleichzahlung** festzulegen, wobei diese Angaben bei einer Verschmelzung auf den Alleingesellschafter gemäß Art. 31 I 1 SE-VO entbehrlich sind. Das Umtauschverhältnis bestimmt die Anzahl der Aktien an der SE, die die Aktionäre der Gründungsgesellschaften im Austausch für ihre Beteiligung an den jeweiligen Gründungsgesellschaften erhalten. Die der Bestimmung des Umtauschverhältnisses zugrundeliegende Unternehmensbewertung richtet sich gemäß Art. 18 SE-VO jeweils nach nationalem Recht. Da vor diesem Hintergrund nicht ausgeschlossen ist, dass in den betreffenden Mitgliedstaaten unterschiedliche Bewertungsmethoden maßgeblich sind, werden sich die Gründungsgesellschaften nach Möglichkeit auf ein Bewertungsverfahren einigen, welches in sämtlichen der beteiligten Rechtordnungen anerkannt ist.[125] Spitzenbeträge, welche durch ganze Aktien nicht abgegolten werden können, können durch Zahlung ausgeglichen werden.[126] Umstritten ist, welche Rechtsvorschriften Art und Umfang etwaiger Ausgleichleistungen bestimmen. Die hM wendet das Recht der jeweiligen Gründungsgesellschaft an und begründet dies damit, dass die Ausgleichsleistung eine verschmelzungsspezifische Besonderheit zum Schutz der Aktionäre der verschmelzenden Gesellschaften ist, die durch die Gründungsgesellschaften bereits vor der SE-Gründung im Verschmelzungsplan festgelegt sein muss.[127] Die Höhe der Ausgleichzahlung darf folglich gemäß § 68 III UmwG insgesamt 10% des Anteils der (deutschen) Gründungsgesellschaft am Grundkapital der SE nicht übersteigen.[128]

28 Gemäß Art. 20 I 2 lit. c) SE-VO muss der Verschmelzungsplan zudem die **Einzelheiten hinsichtlich der Übertragung der Aktien der SE** enthalten. Dieses Erfordernis entfällt gemäß Art. 31 I 1 SE-VO im Fall der Verschmelzung auf die Alleingesellschafterin. Zu den anzugebenden Einzelheiten der Übertragung gehört neben den Kosten der Übertragung die Herkunft der Aktien. Anzugeben ist, ob die Aktien aus einer Kapitalerhöhung stammen oder ob es sich um eigene Aktien der übernehmenden Gründungsgesellschaft handelt.[129] Für den Fall, dass eine deutsche Gründungsgesellschaft als übertragender Rechtsträger involviert ist, muss zudem im Verschmelzungsplan aufgenommen werden, wer gemäß Art. 18 SE-VO iVm § 71 UmwG als Treuhänder für den Empfang der zu gewährenden Aktien nebst etwaigen baren Zuzahlungen bestellt wird.[130]

29 Gemäß Art. 20 I 2 lit. d) SE-VO sind der Zeitpunkt, von dem an die Aktien der SE das Recht auf Beteiligung am Gewinn gewähren, sowie alle Besonderheiten in Bezug auf dieses Recht im Verschmelzungsplan anzugeben; auch dieses Erfordernis entfällt im Fall der Verschmelzung auf die Alleingesellschafterin (Art. 31 I 1 SE-VO). Der **Zeitpunkt der Gewinnberechtigung** kann von den Parteien frei festgelegt werden.[131] Aus Gründen der Dividendenkontinuität[132] wird dieser in der Praxis regelmäßig auf den Verschmelzungsstichtag fallen.[133] Da Verzö-

125 Vgl. *Schäfer* in: MüKo AktG, 4. Aufl. 2017, Art. 20 SE-VO Rn. 15; *Marsch-Barner* in: Habersack/Drinhausen (Hrsg.), SE-Recht mit grenzüberschreitender Verschmelzung, 2013, Art. 20 SE-VO Rn. 14; *Kiem* ZGR 2007, 542, 561.

126 Vgl. *Marsch-Barner* in: Habersack/Drinhausen (Hrsg.), SE-Recht mit grenzüberschreitender Verschmelzung, 2013, Art. 20 SE-VO Rn. 16; *Temmel/Rahlmeyer* in: Kölner HdB GesR, 3. Aufl. 2017, Kap. 5 Rn. 75.

127 Vgl. *Marsch-Barner* in: Habersack/Drinhausen (Hrsg.), SE-Recht mit grenzüberschreitender Verschmelzung, 2013, Art. 20 SE-VO Rn. 16; *Schäfer* in: MüKo AktG, 4. Aufl. 2017, Art. 20 SE-VO Rn. 14; *Walden/Meyer-Landrut* DB 2005, 2119, 2122; aA *Bayer* in: Lutter/Hommelhoff/Teichmann (Hrsg.), SE-Kommentar, 2015, Art. 20 SE-VO Rn. 19, der darauf verweist, dass die (künftige) SE Schuldnerin der Ausgleichzahlung ist, so dass das Gründungsrecht des künftigen Sitzstaats der SE zur Anwendung kommen müsse.

128 Vgl. *Schäfer* in: MüKo AktG, 4. Aufl. 2017, Art. 20 SE-VO Rn. 14; ebenso *Marsch-Barner* in: Habersack/Drinhausen (Hrsg.), SE-Recht mit grenzüberschreitender Verschmelzung, 2013, Art. 20 SE-VO Rn. 16; *Temmel/Rahlmeyer* in: Kölner HdB GesR, 3. Aufl. 2017, Kap. 5 Rn. 75.

129 Vgl. *Bayer* in: Lutter/Hommelhoff/Teichmann (Hrsg.), SE-Kommentar, 2015, Art. 20 SE-VO Rn. 20; *Marsch-Barner* in: Habersack/Drinhausen (Hrsg.), SE-Recht mit grenzüberschreitender Verschmelzung, 2013, Art. 20 SE-VO Rn. 18; *Schäfer* in: MüKo AktG, 4. Aufl. 2017, Art. 20 SE-VO Rn. 16; *Maul* in: Kölner Kommentar zum AktG, 3. Aufl. 2012, Art. 20 SE-VO Rn. 37; *Temmel/Rahlmeyer* in: Kölner HdB GesR, 3. Aufl. 2017, Kap. 5 Rn. 79.

130 Vgl. *Bayer* in: Lutter/Hommelhoff/Teichmann (Hrsg.), SE-Kommentar, 2015, Art. 20 SE-VO Rn. 20; *Marsch-Barner* in: Habersack/Drinhausen (Hrsg.), SE-Recht mit grenzüberschreitender Verschmelzung, 2013, Art. 20 SE-VO Rn. 18; *Temmel/Rahlmeyer* in: Kölner HdB GesR, 3. Aufl. 2017, Kap. 5 Rn. 79; *Jannott* in: Jannott/Frodermann (Hrsg.), HdB der Europäischen Aktiengesellschaft, 2014, Kap. 3 Rn. 41.

131 Vgl. *Schäfer* in: MüKo AktG, 4. Aufl. 2017, Art. 20 SE-VO Rn. 17; *Bayer* in: Lutter/Hommelhoff/Teichmann (Hrsg.), SE-Kommentar, 2015, Art. 20 SE-VO Rn. 21; *Marsch-Barner* in: Habersack/Drinhausen (Hrsg.), SE-Recht mit grenzüberschreitender Verschmelzung, 2013, Art. 20 SE-VO Rn. 20.

132 Vgl. hierzu *Austmann* in: MüHdB GesR, Bd. 4, 4. Aufl. 2015, § 84 Rn. 14 sowie *Temmel/Rahlmeyer* in: Kölner HdB GesR, 3. Aufl. 2017, Kap. 5 Rn. 81: Die Ergebnisse der Gesellschaft fließen bis zum Verschmelzungsstichtag der übertragenden Gesellschaft zu; bis zu diesem Zeitpunkt sind die Aktionäre der übertragenden Gesellschaft bei dieser dividendenberechtigt. Nach diesem Zeitpunkt werden die Geschäfte auf Rechnung der (neuen) SE geführt; von diesem Zeitpunkt an sind die Aktionäre bei der (neuen) SE dividendenberechtigt.

133 Vgl. *Maul* in: Kölner Kommentar zum AktG, 3. Aufl. 2012, Art. 20 SE-VO Rn. 38; *Temmel/Rahlmeyer* in: Kölner HdB GesR, 3. Aufl. 2017, Kap. 5 Rn. 81.

gerungen der Eintragung der Verschmelzung nicht zuletzt wegen des Verhandlungsverfahrens zur Regelung der Arbeitnehmerbeteiligung nicht ausgeschlossen sind, ist eine variable Stichtagsregelung ratsam.[134]

Auch der gemäß Art. 20 I 2 lit. e) SE-VO im Verschmelzungsplan anzugebende **Verschmelzungsstichtag**[135] kann von den Gründungsgesellschaften grundsätzlich frei bestimmt werden.[136] Aus Gründen der Praktikabilität wird regelmäßig der Beginn des Geschäftsjahres als Verschmelzungsstichtag gewählt.[137] Der Verschmelzungsstichtag kann für die jeweiligen Gründungsgesellschaften auch unterschiedlich festgelegt werden, was zB bei abweichenden Geschäftsjahren der Gründungsgesellschaften sinnvoll sein kann.[138] Auch beim Verschmelzungsstichtag empfiehlt sich bei zu erwartenden Eintragungsverzögerungen eine variable Regelung im Verschmelzungsplan; anderenfalls müsste der Verschmelzungsplan nochmals geändert werden.[139] Ist eine deutsche Gründungsgesellschaft als übertragender Rechtsträger beteiligt, ist zu beachten, dass der Verschmelzungsstichtag dem Stichtag der Schlussbilanz dieser Gesellschaft unmittelbar folgen muss.[140] Die Schlussbilanz darf wiederum gemäß Art. 18 SE-VO iVm § 17 II 4 UmwG nicht auf einen Bilanzstichtag bezogen sein, der länger als acht Monate vor dem Zeitpunkt der Anmeldung der Verschmelzung zum Handelsregister liegt. Ist die deutsche Gründungsgesellschaft als übernehmender Rechtsträger beteiligt, gilt das Erfordernis der Beifügung einer Schlussbilanz (und damit auch die Achtmonatsfrist) dagegen nicht.[141] 30

Der Verschmelzungsplan muss gemäß Art. 20 I 2 lit. f) SE-VO ferner die Rechte angeben, welche die SE den mit **Sonderrechten** ausgestatteten Aktionären der Gründungsgesellschaften und den Inhabern anderer Wertpapiere als Aktien gewährt, oder die für diese Personen vorgeschlagene Maßnahmen. Dadurch sollen die Aktionäre darüber informiert werden, ob bzw. inwieweit in der (künftigen) SE der Gleichbehandlungsgrundsatz durchbrochen ist.[142] Offenzulegen sind insbesondere sämtliche Vergünstigungen bei der Stimmrechtsausübung und der Gewinnverwendung, aber auch Schuldverschreibungen und Genussrechte.[143] Entgegen anderslautender Stimmen im Schrifttum[144] sind die Angaben über Sonderrechte im Verschmelzungsplan auch dann nicht entbehrlich, wenn diese sämtlichen Aktionären gewährt werden.[145] 31

Ferner hat der Verschmelzungsplan gemäß Art. 20 I 2 lit. g) SE-VO **jeden besonderen Vorteil** anzugeben, der den Sachverständigen, die den Verschmelzungsplan prüfen, oder den Mitgliedern der – obligatorischen oder fakultativen –[146] Verwaltungs-, Leitungs-, Aufsichts- oder Kontrollorgane der sich verschmelzenden Gesellschaften gewährt wird. Hierdurch sollen die Aktionäre beurteilen können, ob die verantwortlichen Organmitglieder 32

134 Vgl. *Schäfer* in: MüKo AktG, 4. Aufl. 2017, Art. 20 SE-VO Rn. 17; *Bayer* in: Lutter/Hommelhoff/Teichmann (Hrsg.), SE-Kommentar, 2015, Art. 20 SE-VO Rn. 21; *Marsch-Barner* in: Habersack/Drinhausen (Hrsg.), SE-Recht mit grenzüberschreitender Verschmelzung, 2013, Art. 20 SE-VO Rn. 20.

135 Der Verschmelzungsstichtag ist gem. Art. 20 I lit. e) SE-VO derjenige Zeitpunkt, von dem an die Handlungen der sich verschmelzenden Gesellschaften unter dem Gesichtspunkt der Rechnungslegung als für Rechnung der SE vorgenommen gelten.

136 Vgl. *Bayer* in: Lutter/Hommelhoff/Teichmann (Hrsg.), SE-Kommentar, 2015, Art. 20 SE-VO Rn. 22; *Marsch-Barner* in: Habersack/Drinhausen (Hrsg.), SE-Recht mit grenzüberschreitender Verschmelzung, 2013, Art. 20 SE-VO Rn. 21; *Schwarz*, SE-VO, 2006, Art. 20 SE-VO Rn. 32.

137 Vgl. *Marsch-Barner* in: Habersack/Drinhausen (Hrsg.), SE-Recht mit grenzüberschreitender Verschmelzung, 2013, Art. 20 SE-VO Rn. 21; *Walden/Meyer-Landrut* DB 2005, 2119, 2123.

138 Vgl. *Marsch-Barner* in: Habersack/Drinhausen (Hrsg.), SE-Recht mit grenzüberschreitender Verschmelzung, 2013, Art. 20 SE-VO Rn. 21; *Bayer* in: Lutter/Hommelhoff/Teichmann (Hrsg.), SE-Kommentar, 2015, Art. 20 SE-VO Rn. 22; *Maul* in: Kölner Kommentar zum AktG, 3. Aufl. 2012, Art. 20 SE-VO Rn. 41.

139 Vgl. *Temmel/Rahlmeyer* in: Kölner HdB GesR, 3. Aufl. 2017, Kap. 5 Rn. 80; ebenso *Bayer* in: Lutter/Hommelhoff/Teichmann (Hrsg.), SE-Kommentar, 2015, Art. 20 SE-VO Rn. 22; *Marsch-Barner* in: Habersack/Drinhausen (Hrsg.), SE-Recht mit grenzüberschreitender Verschmelzung, 2013, Art. 20 SE-VO Rn. 21.

140 Vgl. *Marsch-Barner* in: Habersack/Drinhausen (Hrsg.), SE-Recht mit grenzüberschreitender Verschmelzung, 2013, Art. 20 SE-VO Rn. 21; *Schwarz*, SE-VO, 2006, Art. 20 SE-VO Rn. 32; aA *Maul* in: Kölner Kommentar zum AktG, 3. Aufl. 2012, Art. 20 SE-VO Rn. 39.

141 Vgl. *Marsch-Barner* in: Habersack/Drinhausen (Hrsg.), SE-Recht mit grenzüberschreitender Verschmelzung, 2013, Art. 20 SE-VO Rn. 21.

142 Vgl. *Schäfer* in: MüKo AktG, 4. Aufl. 2017, Art. 20 SE-VO Rn. 18; *Marsch-Barner* in: Habersack/Drinhausen (Hrsg.), SE-Recht mit grenzüberschreitender Verschmelzung, 2013, Art. 20 SE-VO Rn. 22.

143 Vgl. *Bayer* in: Lutter/Hommelhoff/Teichmann (Hrsg.), SE-Kommentar, 2015, Art. 20 SE-VO Rn. 23; *Marsch-Barner* in: Habersack/Drinhausen (Hrsg.), SE-Recht mit grenzüberschreitender Verschmelzung, 2013, Art. 20 SE-VO Rn. 21.

144 So zB *Schäfer* in: MüKo AktG, 4. Aufl. 2017, Art. 20 SE-VO Rn. 18.

145 Vgl. *Maul* in: Kölner Kommentar zum AktG, 3. Aufl. 2012, Art. 20 SE-VO Rn. 42; *Bayer* in: Lutter/Hommelhoff/Teichmann (Hrsg.), SE-Kommentar, 2015, Art. 20 SE-VO Rn. 23; *Marsch-Barner* in: Habersack/Drinhausen (Hrsg.), SE-Recht mit grenzüberschreitender Verschmelzung, 2013, Art. 20 SE-VO Rn. 23; *Schwarz*, SE-VO, 2006, Art. 20 SE-VO Rn. 35.

146 Vgl. *Bayer* in: Lutter/Hommelhoff/Teichmann (Hrsg.), SE-Kommentar, 2015, Art. 20 SE-VO Rn. 24; *Marsch-Barner* in: Habersack/Drinhausen (Hrsg.), SE-Recht mit grenzüberschreitender Verschmelzung, 2013, Art. 20 SE-VO Rn. 24; *Maul* in: Kölner Kommentar zum AktG, 3. Aufl. 2012, Art. 20 SE-VO Rn. 46; *Schwarz*, SE-VO, 2006, Art. 20 SE-VO Rn. 38.

und/oder Prüfer aufgrund von besonderen Zuwendungen in ihrer Objektivität beeinträchtigt sind. Ein besonderer Vorteil im Sinne von Art. 20 I lit. g) SE-VO ist jede Vergünstigung, die anlässlich der Verschmelzung gewährt wird und der keine konkrete Gegenleistung gegenübersteht.[147] Sollen Organmitgliedern der Gründungsgesellschaften zum Mitglied eines Organs in der SE bestellt werden, ist auch dies anzugeben.[148]

33 Bestandteil des Verschmelzungsplans ist gemäß Art. 20 I 2 lit. h) SE-VO ferner die **Satzung der SE**. Die Feststellung der Satzung richtet sich gemäß Art. 15 SE-VO nach dem Recht des Sitzstaates der SE.[149] Ist dies deutsches Recht, so muss die Satzung gemäß § 23 I AktG von den Gründungsgesellschaften – als Teil des Verschmelzungsplans –[150] festgestellt werden, wobei die Feststellung notariell beurkundet werden muss.[151] Die **inhaltlichen Anforderungen** an die Satzung der SE ergeben sich sowohl aus der SE-VO, als auch aus dem Recht des Sitzstaates der SE. **Zwingend durch die SE-VO vorgeschrieben** sind

(i) die Wahl des Leitungssystems, dh monistisch oder dualistisch (Art. 38 lit. b) SE-VO),
(ii) bei der dualistischen SE die Zahl der Mitglieder des Leitungsorgans sowie des Aufsichtsorgans oder Regeln für ihre Festlegung (Art. 39 IV SE-VO bzw. Art. 40 III SE-VO),
(iii) bei der monistischen SE die Zahl der Mitglieder des Verwaltungsrats oder Regeln für ihre Festlegung (Art. 43 II SE-VO) sowie die Abstände, in denen sich der Verwaltungsrat zur Beratung trifft – mindestens alle drei Monate (Art. 44 SE-VO),
(iv) die Amtsdauer der Organmitglieder (Art. 46 I SE-VO), sowie
(v) die Geschäfte, für welche im dualistischen System das Aufsichtsorgan dem Leitungsorgan seine Zustimmung erteilen muss bzw. im monistischen System ein ausdrücklicher Beschluss des Verwaltungsrats erforderlich ist (Art. 48 I SE-VO).

34 Daneben lässt die SE-VO **Satzungsregelungen** bezüglich folgender Aspekte zu:

(i) Bestimmung der Mitglieder des ersten Aufsichtsrats (Art. 40 II SE-VO) bzw. des ersten Verwaltungsrats (Art. 43 III 2 SE-VO),
(ii) etwaige Einschränkungen für die Wiederwahl der Organmitglieder (Art. 46 II SE-VO),
(iii) Modalitäten der Beschlussfähigkeit/-fassung der Organe der SE (Art. 50 I, II 2 SE-VO), sowie
(iv) Modalitäten des erforderlichen Anteilsbesitzes für Antrag und Einberufung der Hauptversammlung (Art. 55 I SE-VO) bzw. auf Ergänzung der Tagesordnung (Art. 56 3 SE-VO).[152]

35 **Zwingende Angaben**, die die Satzung einer SE **aufgrund nationalen Rechts** aufweisen muss,[153] sind bei einer SE mit Sitz in Deutschland gemäß Art. 15 SE-VO iVm § 23 III AktG

(i) die Firma und der Sitz der Gesellschaft,
(ii) der Unternehmensgegenstand,
(iii) die Höhe des Grundkapitals,[154] welche bei der SE gemäß Art. 4 II SE-VO mindestens EUR 120.000 betragen muss,

---

147 Vgl. *Bayer* in: Lutter/Hommelhoff/Teichmann (Hrsg.), SE-Kommentar, 2015, Art. 20 SE-VO Rn. 24; *Marsch-Barner* in: Habersack/Drinhausen (Hrsg.), SE-Recht mit grenzüberschreitender Verschmelzung, 2013, Art. 20 SE-VO Rn. 24; ähnlich *Maul* in: Kölner Kommentar zum AktG, 3. Aufl. 2012, Art. 20 SE-VO Rn. 46; *Jannott* in: Jannott/Frodermann (Hrsg.), HdB der Europäischen Aktiengesellschaft, 2014, Kap. 3 Rn. 46.

148 Zusagen an Organmitglieder, dass sie zu Mitgliedern eines Organs in der SE bestellt werden, stellen zwar noch keine Sondervorteile dar. Indes ist auch eine solche Zusage geeignet, die Interessenlage der betroffenen Organmitglieder zu beeinflussen, so dass solche Zusagen (zumindest aus Vorsichtsgründen) im Verschmelzungsplan angegeben werden sollten. Dies entspricht im Übrigen auch der hM im Rahmen der Parallelvorschrift von § 5 I Nr. 8 UmwG; vgl. *Schröer* in: Semler/Stengel, UmwG, 4. Aufl. 2017, § 5 UmwG Rn. 73 mwN; ebenso *Marsch-Barner* in: Habersack/Drinhausen (Hrsg.), SE-Recht mit grenzüberschreitender Verschmelzung, 2013, Art. 20 SE-VO Rn. 24.

149 Vgl. *Marsch-Barner* in: Habersack/Drinhausen (Hrsg.), SE-Recht mit grenzüberschreitender Verschmelzung, 2013, Art. 20 SE-VO Rn. 26; *Schwarz*, SE-VO, 2006, Art. 20 SE-VO Rn. 40.

150 Vgl. *Marsch-Barner* in: Habersack/Drinhausen (Hrsg.), SE-Recht mit grenzüberschreitender Verschmelzung, 2013, Art. 20 SE-VO Rn. 26; aA *Schäfer* in: MüKo AktG, 4. Aufl. 2017, Art. 20 SE-VO Rn. 20, wonach die Feststellung der Satzung erst mit Zustimmung der Hauptversammlung gem. Art. 23 I SE-VO erfolgen soll.

151 Vgl. *Marsch-Barner* in: Habersack/Drinhausen (Hrsg.), SE-Recht mit grenzüberschreitender Verschmelzung, 2013, Art. 20 SE-VO Rn. 26, der darauf hinweist, dass in der Praxis das Beurkundungserfordernis der Feststellung der Satzung durch die Beurkundung des Verschmelzungsplans einschließlich der Satzung, die regelmäßig als Anlage beigefügt wird, erfüllt wird.

152 Gem. § 50 I SEAG kann die Einberufung der Hauptversammlung durch Aktionäre beantragt werden, die mindestens 5% des Grundkapitals halten. Entsprechendes gilt gem. § 50 II SEAG für die Ergänzung der Tagungsordnung (wobei zusätzlich ein anteiliger Betrag in Höhe von EUR 500.000 ausreicht). Diese Regelungen sind zwingend, so dass bei einer SE mit Sitz in Deutschland ein Abweichen hiervon in der Satzung nicht möglich ist.

153 Diese Vorgaben beruhen wiederum auf Art. 3 und 4 Kodifizierungs-RL (ex-Art. 2, 3 Kapital-RL). Dazu § 21 Rn. 20 ff.

154 Während bei der Verschmelzung zur Neugründung die Grundkapitalziffer unter Beachtung des Mindestkapitals frei festgesetzt werden kann, ist dies bei der Verschmelzung durch Aufnahme, sofern der Sitz der aufnehmenden Gesellschaft in Deutschland ist, nicht der Fall, da gem. Art. 15 I SE-VO iVm § 247 I UmwG das Grundkapital

(iv) die Zerlegung des Grundkapitals in Nennbetrags- oder Stückaktien, sowie
(v) die Festlegung auf Inhaber- oder Namensaktien. Aufzuführen sind gemäß §§ 26, 27 AktG zudem etwaige Sondervorteile, Gründungsaufwand sowie etwaige Sacheinlagen. Schließlich darf die Satzung gemäß Art. 12 IV SE-VO zu keinem Zeitpunkt in **Widerspruch zur Vereinbarung über die Arbeitnehmerbeteiligung** in der SE stehen.[155]

Gemäß Art. 20 I 2 lit. i) SE-VO muss der Verschmelzungsplan schließlich auch noch Angaben über das **Verfahren zur Regelung der Arbeitnehmerbeteiligung**, welches nach den Vorgaben der Umsetzungsvorschriften zur SE-Beteiligungsrichtlinie durchgeführt werden muss,[156] enthalten. Da dieses Verfahren gemäß Art. 3 I SE-Beteiligungsrichtlinie grundsätzlich erst nach Offenlegung des Verschmelzungsplans beginnt, kann im Wesentlichen nur über den gesetzlich geforderten Verfahrensablauf informiert werden.[157] Soweit das Verhandlungsverfahren bereits vor Aufstellung des Verschmelzungsplans eingeleitet wurde, ist zudem auch das aktuelle Verhandlungsstadium zu beschreiben.[158] 36

Gemäß § 7 I 1 SEAG hat der übertragende Rechtsträger, sofern er deutschem Recht unterliegt, den dem Verschmelzungsbeschluss widersprechenden Aktionären im Verschmelzungsvertrag (oder seinem Entwurf) den Erwerb ihrer Aktien gegen Zahlung einer **angemessenen Barabfindung** anzubieten, wenn die SE ihren Sitz im Ausland hat. Dadurch soll dem Umstand Rechnung getragen werden, dass die SE im Ausland wegen der zahlreichen Verweise auf nationales Recht weitgehend einer anderen Rechtsordnung unterworfen ist und die Aktionäre sich damit in einer für sie fremden Rechtsumgebung wiederfinden.[159] Dementsprechend muss für den Fall, dass eine deutsche Gründungsgesellschaft die aufnehmende Gesellschaft ist, kein Barabfindungsangebot gemacht werden.[160] 37

cc) Einreichung zum Handelsregister/Zuleitung an Betriebsrat

Ist an der SE-Gründung durch Verschmelzung eine deutsche Gründungsgesellschaft beteiligt, hat diese gemäß Art. 18 SE-VO iVm § 61 UmwG den Verschmelzungsplan oder seinen Entwurf vor der Einberufung der Hauptversammlung, die über den Verschmelzungsplan beschließt, zur Bekanntmachung zum Handelsregister ihres Sitzes einzureichen. Mit der Einreichung des Verschmelzungsplans sind dem Handelsregister zudem die zusätzlichen Angaben gemäß Art. 21 SE-VO[161] bekanntzumachen. Der Verschmelzungsplan und die Angaben gemäß Art. 21 SE-VO sind spätestens **einen Monat vor der Hauptversammlung**, die über den Verschmelzungsplan beschließt, einzureichen.[162] 38

Ferner ist der Verschmelzungsplan einer deutschen Gründungsgesellschaft (oder sein Entwurf) gemäß Art. 18 SE-VO iVm § 5 III UmwG ebenfalls mindestens **einen Monat vor der Hauptversammlung**, die über den Verschmelzungsplan beschließt, dem zuständigen Betriebsrat zuzuleiten.[163] 39

---

der SE dem Grundkapital der aufnehmenden Gesellschaft entspricht; vgl. *Marsch-Barner* in: Habersack/Drinhausen (Hrsg.), SE-Recht mit grenzüberschreitender Verschmelzung, 2013, Art. 20 SE-VO Rn. 32.

155 Hierbei geht es insbesondere um die Anzahl der Mitglieder des Aufsichts- bzw. Verwaltungsrats. Die Festsetzung der Gesamtzahl der Mitglieder des Aufsichtsrats- bzw. Verwaltungsratsgremiums in der Satzung darf nicht dazu führen, dass die Regelung der Arbeitnehmerbeteiligungsvereinbarung zur Anzahl der Arbeitnehmer in den Aufsichtsgremien nicht umsetzbar ist; vgl. *Marsch-Barner* in: Habersack/Drinhausen (Hrsg.), SE-Recht mit grenzüberschreitender Verschmelzung, 2013, Art. 20 SE-VO Rn. 33.

156 Vgl. ausführlich hierzu Rn. 230 ff.

157 Vgl. *Marsch-Barner* in: Habersack/Drinhausen (Hrsg.), SE-Recht mit grenzüberschreitender Verschmelzung, 2013, Art. 20 SE-VO Rn. 35; *Schäfer* in: MüKo AktG, 4. Aufl. 2017, Art. 20 SE-VO Rn. 21.

158 Vgl. *Marsch-Barner* in: Habersack/Drinhausen (Hrsg.), SE-Recht mit grenzüberschreitender Verschmelzung, 2013, Art. 20 SE-VO Rn. 35, der (zurecht) darauf hinweist, dass die Einleitung des Verfahrens zur Regelung der Arbeitnehmerbeteiligung auch vor der Offenlegung des Verschmelzungsvertrages eingeleitet werden kann; ebenso *Walden/Meyer-Landrut* DB 2005, 2119.

159 Vgl. *Teichmann* in: MüHdB GesR, Bd. 6, 4. Aufl. 2013, § 49 Rn. 23; *Teichmann* ZGR 2003, 367, 383; *Kalss* ZGR 2003, 593, 624 ff.

160 Vgl. *Jannott* in: Jannott/Frodermann (Hrsg.), HdB der Europäischen Aktiengesellschaft, 2014, Kap. 3 Rn. 50; *Temmel/Rahlmeyer* in: Kölner HdB GesR, 3. Aufl. 2017, Kap. 5 Rn. 86, die darauf hinweisen, dass in einem solchen Fall ein Barabfindungsangebot auf freiwilliger Basis möglich ist.

161 Diese sind (i) Rechtsform, Sitz und Firma der Gründungsgesellschaften, (ii) Sitz und Firma der SE, (iii) Register der sich verschmelzenden Gesellschaften sowie (iv) Hinweis auf die Modalitäten für die Ausübung der Rechte der Gläubiger bzw. der Minderheitsaktionäre.

162 Vgl. *Marsch-Barner* in: Habersack/Drinhausen (Hrsg.), SE-Recht mit grenzüberschreitender Verschmelzung, 2013, Art. 21 SE-VO Rn. 12.

163 Vgl. *Schäfer* in: MüKo AktG, 4. Aufl. 2017, Art. 20 SE-VO Rn. 10; *Bayer* in: Lutter/Hommelhoff/Teichmann (Hrsg.), SE-Kommentar, 2015, Art. 21 SE-VO Rn. 11; *Marsch-Barner* in: Habersack/Drinhausen (Hrsg.), SE-Recht mit grenzüberschreitender Verschmelzung, 2013, Art. 21 SE-VO Rn. 10; *Jannott* in: Jannott/Frodermann (Hrsg.), HdB der Europäischen Aktiengesellschaft, 2014, Kap. 3 Rn. 51; aA *Brandes* AG 2005, 177, 182, wonach die Angaben gem. § 4 SE-Beteiligungsrichtlinie eine gesonderte Zuleitung des Verschmelzungsplans an den Betriebsrat ersetzen.

b) Verschmelzungsbericht

40 Neben dem Verschmelzungsplan haben die Vertretungsorgane der an der Verschmelzung beteiligten Gesellschaften außerdem einen Verschmelzungsbericht zu erstellen. Die Aufstellungspflicht findet **keine ausdrückliche Erwähnung in der SE-VO.** Sie folgt für Gründungsgesellschaften deutschen Rechts über Art. 18 SE-VO aus §§ 8, 36 I UmwG.[164]

41 Der Verschmelzungsbericht dient – wie bei der innerstaatlichen Verschmelzung – der **Information der Aktionäre** der an der Verschmelzung beteiligten Gesellschaften, damit diese auf einer gesicherten Informationsbasis über die Verschmelzung entscheiden können.[165] Der **Inhalt des Verschmelzungsberichts** richtet sich bei deutschen Gründungsgesellschaften nach § 8 I, II UmwG.[166] Erforderlich ist danach ein ausführlicher **schriftlicher** Bericht, in dem die Verschmelzung und der Verschmelzungsplan rechtlich und wirtschaftlich erläutert und begründet werden. Dies erfordert die Erläuterung von Inhalt und Tragweite jeder einzelnen Regelung im Verschmelzungsplan.[167] Gemäß § 8 I 1 UmwG ist insbesondere das Umtauschverhältnis der Anteile sowie die Höhe einer etwa anzubietenden Barabfindung zu erläutern und zu begründen, wobei auf besondere Schwierigkeiten bei der Bewertung der sich verschmelzenden Gesellschaften ausdrücklich hinzuweisen ist.[168] In wirtschaftlicher Hinsicht sind sowohl die Ausgangslage der Gründungsgesellschaften als auch die Auswirkungen der Verschmelzung darzulegen.[169] Schließlich sind die Vor- und Nachteile der Verschmelzung abzuwägen und in Betracht gezogene Alternativen zu erläutern.[170] Die Grenzen der Berichtspflicht ergeben sich für deutsche Gründungsgesellschaften aus § 8 II UmwG. Danach müssen Tatsachen, deren Bekanntwerden geeignet ist, einem der beteiligten Rechtsträger oder einem verbundenen Unternehmen einen nicht unerheblichen Nachteil zuzufügen, nicht im Verschmelzungsbericht offengelegt werden.

42 Der Verschmelzungsbericht ist von einer **vertretungsberechtigten Anzahl** von Vorstandsmitgliedern der Gründungsgesellschaft deutschen Rechts zu unterzeichnen; eine Unterzeichnung durch den Gesamtvorstand ist nicht notwendig.[171] Eine rechtsgeschäftliche Stellvertretung ist nicht zulässig, da es sich beim Verschmelzungsbericht um eine Wissens- und keine Willenserklärung handelt.[172] Ob eine **gemeinsame Berichterstattung** der beteiligten Gründungsgesellschaften zulässig ist, richtet sich nach den Vorgaben der beteiligten Rechtsordnungen.[173] Mit Blick auf die möglicherweise unterschiedlichen Anforderungen an Inhalt und Form des Verschmelzungsberichts, sollten vorsichtshalber getrennte Verschmelzungsberichte vorgelegt werden.[174]

---

164 Vgl. *Schäfer* in: MüKo AktG, 4. Aufl. 2017, Art. 22 SE-VO Rn. 13; *Bayer* in: Lutter/Hommelhoff/Teichmann (Hrsg.), SE-Kommentar, 2015, Art. 20 SE-VO Rn. 29; *Marsch-Barner* in: Habersack/Drinhausen (Hrsg.), SE-Recht mit grenzüberschreitender Verschmelzung, 2013, Art. 20 SE-VO Rn. 39; *Casper* in: Spindler/Stilz (Hrsg.), AktG, 3. Aufl. 2015, Art. 22 SE-VO Rn. 6; *Teichmann* ZGR 2002, 383, 423; *Walden/Meyer-Landrut* DB 2005, 2119, 2125; *Vossius* ZIP 2005, 741, 743. Da § 8 UmwG auf die Verschmelzungsrichtlinie zurückgeht, werden sich entsprechende Verpflichtungen auch zur Erstattung eines Verschmelzungsberichts auch in anderen Mitgliedstaaten finden; ebenso *Schröder* in: Manz/Mayer/Schröder (Hrsg.), SE Europäische Aktiengesellschaft, 2010, Art. 20 SE-VO Rn. 40; *Austmann* in: MüHdB GesR, Bd. 4, 4. Aufl. 2015, § 84 Rn. 15.

165 Vgl. *Marsch-Barner* in: Habersack/Drinhausen (Hrsg.), SE-Recht mit grenzüberschreitender Verschmelzung, 2013, Art. 20 SE-VO Rn. 39; *Teichmann* in: MüHdB GesR, Bd. 6, 4. Aufl. 2013, § 49 Rn. 25.

166 Vgl. *Schäfer* in: MüKo AktG, 4. Aufl. 2017, Art. 22 SE-VO Rn. 13; *Bayer* in: Lutter/Hommelhoff/Teichmann (Hrsg.), SE-Kommentar, 2015, Art. 20 SE-VO Rn. 31; *Marsch-Barner* in: Habersack/Drinhausen (Hrsg.), SE-Recht mit grenzüberschreitender Verschmelzung, 2013, Art. 20 SE-VO Rn. 41.

167 Vgl. *Marsch-Barner* in: Habersack/Drinhausen (Hrsg.), SE-Recht mit grenzüberschreitender Verschmelzung, 2013, Art. 20 SE-VO Rn. 41.

168 Vgl. *Marsch-Barner* in: Habersack/Drinhausen (Hrsg.), SE-Recht mit grenzüberschreitender Verschmelzung, 2013, Art. 20 SE-VO Rn. 43, der darauf hinweist, dass sich solche Bewertungsprobleme insbesondere aus dem internationalen Kontext der Verschmelzung ergeben können, wie zB bei der Bestimmung des Kapitalisierungszinses, der jeweils auf der Grundlage des landesüblichen Zinssatzes ermittelt wird; vgl. hierzu *Kiem* ZGR 2007, 542, 562 f.

169 Vgl. *Marsch-Barner* in: Habersack/Drinhausen (Hrsg.), SE-Recht mit grenzüberschreitender Verschmelzung, 2013, Art. 20 SE-VO Rn. 44.

170 Vgl. *Marsch-Barner* in: Habersack/Drinhausen (Hrsg.), SE-Recht mit grenzüberschreitender Verschmelzung, 2013, Art. 20 SE-VO Rn. 44.

171 Vgl. *Bayer* in: Lutter/Hommelhoff/Teichmann (Hrsg.), SE Kommentar, 2015, Art. 20 SE-VO Rn. 31; *Marsch-Barner* in: Habersack/Drinhausen (Hrsg.), SE-Recht mit grenzüberschreitender Verschmelzung, 2013, Art. 20 SE-VO Rn. 42.

172 Vgl. *Bayer* in: Lutter/Hommelhoff/Teichmann (Hrsg.), SE Kommentar, 2015, Art. 20 SE-VO Rn. 31; *Marsch-Barner* in: Habersack/Drinhausen (Hrsg.), SE-Recht mit grenzüberschreitender Verschmelzung, 2013, Art. 20 SE-VO Rn. 42.

173 Vgl. *Bayer* in: Lutter/Hommelhoff/Teichmann (Hrsg.), SE Kommentar, 2015, Art. 20 SE-VO Rn. 30; *Marsch-Barner* in: Habersack/Drinhausen (Hrsg.), SE-Recht mit grenzüberschreitender Verschmelzung, 2013, Art. 20 SE-VO Rn. 41; *Maul* in: Kölner Kommentar zum AktG, 3. Aufl. 2012, Art. 22 SE-VO Rn. 32.

174 Ebenso *Schäfer* in: MüKo AktG, 4. Aufl. 2017, Art. 23 SE-VO Rn. 14; *Bayer* in: Lutter/Hommelhoff/Teichmann (Hrsg.), SE Kommentar, 2015, Art. 20 SE-VO Rn. 30; *Marsch-Barner* in: Habersack/Drinhausen (Hrsg.), SE-Recht mit grenzüberschreitender Verschmelzung, 2013, Art. 20 SE-VO Rn. 41; aA *Temmel/Rahlmeyer* in: Kölner

Im Unterschied zum Verschmelzungsplan, der immer zu erstellen ist, ist die Erstattung des Verschmelzungsberichts bei einer Verschmelzung auf die Alleingesellschafterin **entbehrlich**.[175] Auf die Berichterstattung können die Aktionäre ferner **verzichten**, sofern das gemäß Art. 18 SE-VO anwendbare nationale Recht dies gestattet.[176] Die Gesellschafter einer deutschen Gründungsgesellschaft können gemäß § 8 III UmwG in notarieller Form auf die Erstattung des Verschmelzungsberichts verzichten. Die Wirkungen der Verzichtserklärung sind auf die jeweilige Gründungsgesellschaft beschränkt;[177] im Falle eines gemeinsamen Verschmelzungsberichts bedarf es folglich des wirksamen Verzichts der Gesellschafter sämtlicher Gründungsgesellschaften.[178] 43

c) Verschmelzungsprüfung

Unabhängige[179] Sachverständige haben den Verschmelzungsplan zu prüfen und über das Prüfungsergebnis schriftlich zu berichten. Dadurch soll sichergestellt werden, dass die Gesellschafter der Gründungsgesellschaften in Kenntnis der (wahren) Wertverhältnisse der beteiligten Rechtsträger über die Verschmelzung abstimmen.[180] Die Aufgabe der Verschmelzungsprüfer ist die **Kontrolle des Verschmelzungsplans** auf **Vollständigkeit und Richtigkeit**.[181] Dabei liegt der Schwerpunkt der Verschmelzungsprüfung in der Nachprüfung der Angemessenheit des im Verschmelzungsplan festgesetzten Umtauschverhältnisses.[182] Obwohl teilweise gefordert wird, den Verschmelzungsbericht in die Prüfung einzubeziehen,[183] beschränkt die hM die Verschmelzungsprüfung zu Recht auf die Angaben im Verschmelzungsplan.[184] 44

Grundsätzlich ist die Verschmelzungsprüfung für jede Gründungsgesellschaft gesondert durchzuführen. Alternativ sieht Art. 22 1 SE-VO die Möglichkeit einer **gemeinsamen Verschmelzungsprüfung** vor. Die materiellen Anforderungen an die Verschmelzungsprüfung richten sich über Art. 18 SE-VO nach den nationalen Vorschriften – im Falle einer deutschen Gründungsgesellschaft nach §§ 9 ff. UmwG.[185] Umstritten ist, nach welchem Recht sich die materiellen Anforderungen an die Verschmelzungsprüfung bei Durchführung einer gemeinsamen 45

HdB GesR, 3. Aufl. 2017, Kap. 5 Rn. 86 sowie *Austmann* in: MüHdB GesR, Bd. 4, 4. Aufl. 2015, § 84 Rn. 26, die dazu raten, möglichst einen gemeinsamen Verschmelzungsbericht zu erstatten, wenn die betroffenen Rechtsordnungen eine solche Möglichkeit eröffnen.

175 Vgl. *Bayer* in: Lutter/Hommelhoff/Teichmann (Hrsg.), SE Kommentar, 2015, Art. 20 SE-VO Rn. 32; *Marsch-Barner* in: Habersack/Drinhausen (Hrsg.), SE-Recht mit grenzüberschreitender Verschmelzung, 2013, Art. 20 SE-VO Rn. 47; *Schröder* in: Manz/Mayer/Schröder (Hrsg.), SE Europäische Aktiengesellschaft, 2010, Art. 20 SE-VO Rn. 71.

176 Vgl. *Bayer* in: Lutter/Hommelhoff/Teichmann (Hrsg.), SE Kommentar, 2015, Art. 20 SE-VO Rn. 33; *Marsch-Barner* in: Habersack/Drinhausen (Hrsg.), SE-Recht mit grenzüberschreitender Verschmelzung, 2013, Art. 20 SE-VO Rn. 48.

177 Ebenso *Bayer* in: Lutter/Hommelhoff/Teichmann (Hrsg.), SE Kommentar, 2015, Art. 20 SE-VO Rn. 34; *Marsch-Barner* in: Habersack/Drinhausen (Hrsg.), SE-Recht mit grenzüberschreitender Verschmelzung, 2013, Art. 20 SE-VO Rn. 48; *Schäfer* in: MüKo AktG, 4. Aufl. 2017, Art. 22 SE-VO Rn. 15; aA *Schröder* in: Manz/Mayer/Schröder (Hrsg.), SE Europäische Aktiengesellschaft, 2010, Art. 18 SE-VO Rn. 22, Verzicht nur generell und nur durch und mit Wirkung für die Gesellschafter der beteiligten Rechtsträger.

178 Vgl. *Bayer* in: Lutter/Hommelhoff/Teichmann (Hrsg.), SE Kommentar, 2015, Art. 20 SE-VO Rn. 34; *Marsch-Barner* in: Habersack/Drinhausen (Hrsg.), SE-Recht mit grenzüberschreitender Verschmelzung, 2013, Art. 20 SE-VO Rn. 48; *Schäfer* in: MüKo AktG, 4. Aufl. 2017, Art. 22 SE-VO Rn. 15.

179 Da der Begriff der Unabhängigkeit in der SE-VO nicht definiert wird, ist über Art. 18 SE-VO auf das nationale Recht zurückzugreifen. Sofern deutsches Recht Anwendung findet, muss der Prüfer damit den Anforderungen der §§ 60, 73, 11 I 1 UmwG iVm §§ 319 I – IV, 319a HGB genügen; vgl. *Bayer* in: Lutter/Hommelhoff/Teichmann (Hrsg.), SE Kommentar, 2015, Art. 22 SE-VO Rn. 10; *Marsch-Barner* in: Habersack/Drinhausen (Hrsg.), SE-Recht mit grenzüberschreitender Verschmelzung, 2013, Art. 22 SE-VO Rn. 5.

180 Vgl. *Jannott* in: Jannott/Frodermann (Hrsg.), HdB der Europäischen Aktiengesellschaft, 2014, Kap. 3 Rn. 58.

181 Vgl. *Bayer* in: Lutter/Hommelhoff/Teichmann (Hrsg.), SE Kommentar, 2015, Art. 22 SE-VO Rn. 13; *Marsch-Barner* in: Habersack/Drinhausen (Hrsg.), SE-Recht mit grenzüberschreitender Verschmelzung, 2013, Art. 22 SE-VO Rn. 16; *Schäfer* in: MüKo AktG, 4. Aufl. 2017, Art. 22 SE-VO Rn. 9; *Schröder* in: Manz/Mayer/Schröder (Hrsg.), SE Europäische Aktiengesellschaft, 2010, Art. 22 SE-VO Rn. 15; *Maul* in: Kölner Kommentar zum AktG, 3. Aufl. 2012, Art. 22 SE-VO Rn. 15; *Henckel* DStR 2005, 1785, 1790.

182 Vgl. *Bayer* in: Lutter/Hommelhoff/Teichmann (Hrsg.), SE Kommentar, 2015, Art. 22 SE-VO Rn. 13; *Marsch-Barner* in: Habersack/Drinhausen (Hrsg.), SE-Recht mit grenzüberschreitender Verschmelzung, 2013, Art. 22 SE-VO Rn. 16; *Schröder* in: Manz/Mayer/Schröder (Hrsg.), SE Europäische Aktiengesellschaft, 2010, Art. 22 SE-VO Rn. 12; *Walden/Meyer-Landrut* DB 2005, 2119, 2125.

183 So *Bayer* in: Lutter/Hommelhoff/Teichmann (Hrsg.), SE Kommentar, 2015, Art. 22 SE-VO Rn. 13.

184 Vgl. *Marsch-Barner* in: Habersack/Drinhausen (Hrsg.), SE-Recht mit grenzüberschreitender Verschmelzung, 2013, Art. 22 SE-VO Rn. 17; *Schäfer* in: MüKo AktG, 4. Aufl. 2017, Art. 22 SE-VO Rn. 9; *Schröder* in: Manz/Mayer/Schröder (Hrsg.), SE Europäische Aktiengesellschaft, 2010, Art. 22 SE-VO Rn. 15; *Schwarz*, SE-VO, 2006, Art. 22 SE-VO Rn. 28.

185 Vgl. *Schäfer* in: MüKo AktG, 4. Aufl. 2017, Art. 22 SE-VO Rn. 8; *Marsch-Barner* in: Habersack/Drinhausen (Hrsg.), SE-Recht mit grenzüberschreitender Verschmelzung, 2013, Art. 22 SE-VO Rn. 7; *Teichmann* in: MüHdB GesR, Bd. 6, 4. Aufl. 2013, § 49 Rn. 26.

Verschmelzungsprüfung richten. Entgegen einer verbreiteten Ansicht, die sich in einem solchen Fall für die kumulative Anwendung der Prüfungsvorgaben aller Rechtsordnungen der Gründungsgesellschaften ausspricht,[186] ist auch bei einer gemeinsamen Verschmelzungsprüfung allein das Recht des Staates maßgeblich, bei dessen Gericht bzw. Behörde der Antrag auf Durchführung einer gemeinsamen Verschmelzungsprüfung gestellt wurde.[187]

46 Ebenso wie der Verschmelzungsbericht ist die Verschmelzungsprüfung im Falle einer Verschmelzung auf die Alleingesellschafterin **entbehrlich.**[188] Dasselbe gilt für die Möglichkeit der Aktionäre, auf die Verschmelzungsprüfung zu **verzichten**: Die Verzichtserklärung der Gesellschafter der deutschen Gründungsgesellschaft muss notariell beurkundet werden; die Wirkungen der Verzichtserklärung sind auf die jeweilige Gründungsgesellschaft beschränkt.[189]

d) Zustimmungsbeschluss der jeweiligen Hauptversammlung

47 Gemäß Art. 23 I SE-VO muss die Hauptversammlung jeder der sich verschmelzenden Gesellschaften dem Verschmelzungsplan zustimmen. Diese **Zustimmungspflicht** ist **zwingend**; sie kann nicht gemäß Art. 18 SE-VO durch das jeweilige nationale Recht der Gründungsgesellschaften umgangen werden.[190] Einberufung, Vorbereitung und Durchführung der Hauptversammlung richten sich gemäß Art. 18 SE-VO nach dem **nationalen Recht der jeweiligen Gründungsgesellschaft,**[191] bei einer Gründungsgesellschaft deutschen Rechts somit gemäß §§ 121 ff. AktG, 63 ff. UmwG. Bei der **Einladung zur Hauptversammlung** ist zu beachten, dass das Austrittsrecht der Aktionäre gegen Barabfindung bei der Hinausverschmelzung einer deutschen Gründungsgesellschaft ins Ausland gemäß § 7 I 3 SEAG seinem gesamten Inhalt nach in der Einladung enthalten sein muss. Mindestens einen Monat vor der Hauptversammlung sind in den Geschäftsräumen einer Gründungsgesellschaft deutschen Rechts gemäß Art. 18 SE-VO iVm § 63 I UmwG der Verschmelzungsplan, der Verschmelzungsbericht, der Verschmelzungsprüfungsbericht sowie die Jahresabschlüsse und Lageberichte der verschmelzenden Gesellschaften für die letzten drei Geschäftsjahre zur Einsicht der Aktionäre **auszulegen;**[192] gemäß Art. 18 SE-VO iVm § 63 III UmwG ist jedem Aktionäre unverzüglich und kostenlos eine Abschrift dieser Unterlagen zu erteilen oder gemäß Art. 18 SE-VO iVm § 63 IV UmwG über die Internetseite der Gesellschaft zugänglich zu machen. Der Zustimmungsbeschluss einer deutschen Gründungsgesellschaft bedarf neben einer **einfachen Stimmmehrheit** auch einer Mehrheit von mindestens **drei Vierteln des bei der Beschlussfassung vertretenen Grundkapitals,** wobei die Satzung eine größere Mehrheit vorsehen kann.[193] Falls mehrere Aktiengattungen bestehen, bedarf es eines Sonderbeschlusses jeder Gattung mit entsprechender Mehrheit.[194] Auch hinsichtlich der Formvorschriften

---

186 Vgl. *Schäfer* in: MüKo AktG, 4. Aufl. 2017, Art. 22 SE-VO Rn. 8; *Casper* in: Spindler/Stilz (Hrsg.), AktG, 3. Aufl. 2015, Art. 22 SE-VO Rn. 3; *Maul* in: Kölner Kommentar zum AktG, 3. Aufl. 2012, Art. 20 SE-VO Rn. 16; *Schwarz*, SE-VO, 2006, Art. 20 SE-VO Rn. 19.

187 Ebenso *Marsch-Barner* in: Habersack/Drinhausen (Hrsg.), SE-Recht mit grenzüberschreitender Verschmelzung, 2013, Art. 22 SE-VO Rn. 9; *Bayer* in: Lutter/Hommelhoff/Teichmann (Hrsg.), SE Kommentar, 2015, Art. 22 SE-VO Rn. 6.

188 Vgl. *Marsch-Barner* in: Habersack/Drinhausen (Hrsg.), SE-Recht mit grenzüberschreitender Verschmelzung, 2013, Art. 22 SE-VO Rn. 22; *Bayer* in: Lutter/Hommelhoff/Teichmann (Hrsg.), SE Kommentar, 2015, Art. 22 SE-VO Rn. 18; *Schäfer* in: MüKo AktG, 4. Aufl. 2017, Art. 31 SE-VO Rn. 5; *Maul* in: Kölner Kommentar zum AktG, 3. Aufl. 2012, Art. 22 SE-VO Rn. 33; *Hügel* in: Kalss/Hügel (Hrsg.), Europäische Aktiengesellschaft, 2004, § 20 SEG Rn. 9.

189 Vgl. *Marsch-Barner* in: Habersack/Drinhausen (Hrsg.), SE-Recht mit grenzüberschreitender Verschmelzung, 2013, Art. 22 SE-VO Rn. 23; *Bayer* in: Lutter/Hommelhoff/Teichmann (Hrsg.), SE Kommentar, 2015, Art. 22 SE-VO Rn. 20.

190 Ebenso *Marsch-Barner* in: Habersack/Drinhausen (Hrsg.), SE-Recht mit grenzüberschreitender Verschmelzung, 2013, Art. 23 SE-VO Rn. 3; *Bayer* in: Lutter/Hommelhoff/Teichmann (Hrsg.), SE Kommentar, 2015, Art. 23 SE-VO Rn. 1; *Maul* in: Kölner Kommentar zum AktG, 3. Aufl. 2012, Art. 23 SE-VO Rn. 5; *Schäfer* in: MüKo AktG, 4. Aufl. 2017, Art. 23 SE-VO Rn. 1.

191 Vgl. *Bayer* in: Lutter/Hommelhoff/Teichmann (Hrsg.), SE Kommentar, 2015, Art. 23 SE-VO Rn. 2; *Schäfer* in: MüKo AktG, 4. Aufl. 2017, Art. 23 SE-VO Rn. 3; *Teichmann* ZGR 2002, 383, 425; *Heckschen* DNotZ 2003, 251, 259.

192 Vgl. *Bayer* in: Lutter/Hommelhoff/Teichmann (Hrsg.), SE Kommentar, 2015, Art. 23 SE-VO Rn. 7; *Maul* in: Kölner Kommentar zum AktG, 3. Aufl. 2012, Art. 23 SE-VO Rn. 6; *Marsch-Barner* in: Habersack/Drinhausen (Hrsg.), SE-Recht mit grenzüberschreitender Verschmelzung, 2013, Art. 23 SE-VO Rn. 5; *Temmel/Rahlmeyer* in: Kölner HdB GesR, 3. Aufl. 2017, Kap. 5 Rn. 95.

193 Vgl. *Bayer* in: Lutter/Hommelhoff/Teichmann (Hrsg.), SE Kommentar, 2015, Art. 23 SE-VO Rn. 10; *Schäfer* in: MüKo AktG, 4. Aufl. 2017, Art. 23 SE-VO Rn. 6; *Marsch-Barner* in: Habersack/Drinhausen (Hrsg.), SE-Recht mit grenzüberschreitender Verschmelzung, 2013, Art. 23 SE-VO Rn. 14; *Teichmann* ZGR 2002, 383, 425.

194 Vgl. *Bayer* in: Lutter/Hommelhoff/Teichmann (Hrsg.), SE Kommentar, 2015, Art. 23 SE-VO Rn. 11; *Marsch-Barner* in: Habersack/Drinhausen (Hrsg.), SE-Recht mit grenzüberschreitender Verschmelzung, 2013, Art. 23 SE-VO Rn. 14; *Jannott* in: Jannott/Frodermann (Hrsg.), HdB der Europäischen Aktiengesellschaft, 2014, Kap. 3 Rn. 82; *Teichmann* ZGR 2002, 383, 425.

gilt gemäß Art. 18 SE-VO das nationale Recht. Im Fall einer deutschen Gründungsgesellschaft bedarf der Zustimmungsbeschluss folglich gemäß § 13 III UmwG der **notariellen Beurkundung.**[195]

Zum Zeitpunkt der Beschlussfassung der Hauptversammlung muss das Verfahren zur Arbeitnehmerbeteiligung noch nicht abgeschlossen sein. Vor diesem Hintergrund kann sich die Hauptversammlung gemäß Art. 23 II SE-VO das **Recht vorbehalten**, die Eintragung der SE von der **Genehmigung der Vereinbarung zur Arbeitnehmerbeteiligung** durch die Hauptversammlung abhängig zu machen. Entgegen einzelner Stimmen im Schrifttum[196] kann die Befugnis zur Genehmigung nicht an andere Organe – wie zB Vorstand oder Aufsichtsrat – delegiert werden;[197] erforderlich ist ein erneuter Hauptversammlungsbeschluss. Der Genehmigungsvorbehalt nach Art. 23 II SE-VO hat in der Praxis nur wenig Relevanz, da die Abhaltung einer erneuten Hauptversammlung, zumindest bei Publikumsgesellschaften, äußerst aufwendig ist.[198] 48

Umstritten ist, ob bei einer Verschmelzung zur Neugründung die **zweijährige Sperrfrist** des § 76 I UmwG gilt, wenn bei der Verschmelzung eine AG deutschen Rechts beteiligt ist. Gemäß § 76 I UmwG darf eine übertragende deutsche AG einen Beschluss zur Verschmelzung zur Neugründung nur fassen, wenn sie und jede andere übertragende AG bereits zwei Jahre im Register eingetragen sind. Während einige Stimmen in der Literatur die Anwendbarkeit des § 76 I UmwG mit der Begründung ablehnen, dass Art. 2 I SE-VO die Anforderungen an die Gründungsberechtigung abschließend regele,[199] geht die hM von der Anwendbarkeit des § 76 I UmwG aus und verweist auf den Schutzzweck der Norm, der darin bestehe, eine Umgehung der Nachgründungsvorschriften zu verhindern, und dem auch auf europäischer Ebene zentrale Bedeutung zugemessen werde.[200] Für den Fall, dass die Voraussetzungen des § 76 I UmwG nicht erfüllt sind, können die Beteiligten auch nach der hM auf die Verschmelzung durch Aufnahme ausweichen, für die § 76 UmwG unstreitig nicht gilt.[201] 49

e) Beteiligung der Arbeitnehmer[202]

Die Arbeitnehmer der beteiligten Gründungsgesellschaften sind spätestens[203] unverzüglich[204] nach Bekanntmachung des Verschmelzungsplans an der Gründung der SE zu beteiligen. Der ordnungsgemäße Abschluss des Arbeitnehmerbeteiligungsverfahrens ist gemäß Art. 12 II SE-VO **Voraussetzung für die Eintragung** der SE. Nach welchem Recht sich die Arbeitnehmerbeteiligung im Rahmen des Gründungsverfahrens richtet, hängt gemäß Art. 6 SE-Beteiligungsrichtlinie vom Sitz der künftigen SE ab. Soll diese ihren Sitz in Deutschland haben, bestimmt sich das Arbeitnehmerbeteiligungsverfahren primär[205] nach den §§ 4 ff. SEBG. 50

---

195 Vgl. *Bayer* in: Lutter/Hommelhoff/Teichmann (Hrsg.), SE Kommentar, 2015, Art. 23 SE-VO Rn. 13; *Schäfer* in: MüKo AktG, 4. Aufl. 2017, Art. 23 SE-VO Rn. 6; *Jannott* in: Jannott/Frodermann (Hrsg.), HdB der Europäischen Aktiengesellschaft, 2014, Kap. 3 Rn. 82.

196 So etwa *Marsch-Barner* in: Habersack/Drinhausen (Hrsg.), SE-Recht mit grenzüberschreitender Verschmelzung, 2013, Art. 23 SE-VO Rn. 24; *Teichmann* ZGR 2002, 383, 430; *Brandes* AG 2005, 177, 185.

197 Ebenso *Bayer* in: Lutter/Hommelhoff/Teichmann (Hrsg.), SE Kommentar, 2015, Art. 23 SE-VO Rn. 21; *Maul* in: Kölner Kommentar zum AktG, 3. Aufl. 2012, Art. 23 SE-VO Rn. 21; *Jannott* in: Jannott/Frodermann (Hrsg.), HdB der Europäischen Aktiengesellschaft, 2014, Kap. 3 Rn. 86; *Temmel/Rahlmeyer* in: Kölner HdB GesR, 3. Aufl. 2017, Kap. 5 Rn. 97.

198 Vgl. *Austmann* in: MüHdB GesR, Bd. 4, 4. Aufl. 2015, § 84 Rn. 24; *Temmel/Rahlmeyer* in: Kölner HdB GesR, 3. Aufl. 2017, Kap. 5 Rn. 97.

199 So *Maul* in: Kölner Kommentar zum AktG, 3. Aufl. 2012, Art. 23 SE-VO Rn. 11; *Schröder* in: Manz/Mayer/Schröder (Hrsg.), SE Europäische Aktiengesellschaft, 2010, Art. 23 SE-VO Rn. 25.

200 Vgl. *Bayer* in: Lutter/Hommelhoff/Teichmann (Hrsg.), SE Kommentar, 2015, Art. 23 SE-VO Rn. 12; *Schäfer* in: MüKo AktG, 4. Aufl. 2017, Art. 23 SE-VO Rn. 7; *Marsch-Barner* in: Habersack/Drinhausen (Hrsg.), SE-Recht mit grenzüberschreitender Verschmelzung, 2013, Art. 23 SE-VO Rn. 15; *Casper* in: Spindler/Stilz (Hrsg.), AktG, 3. Aufl. 2015, Art. 22 SE-VO Rn. 4; *Jannott* in: Jannott/Frodermann (Hrsg.), HdB der Europäischen Aktiengesellschaft, 2014, Kap. 3 Rn. 83.

201 Vgl. *Bayer* in: Lutter/Hommelhoff/Teichmann (Hrsg.), SE Kommentar, 2015, Art. 23 SE-VO Rn. 12; *Marsch-Barner* in: Habersack/Drinhausen (Hrsg.), SE-Recht mit grenzüberschreitender Verschmelzung, 2013, Art. 23 SE-VO Rn. 15; *Casper* in: Spindler/Stilz (Hrsg.), AktG, 3. Aufl. 2015, Art. 22 SE-VO Rn. 4.

202 Vgl. ausführlich Rn. 230 ff.

203 In der Praxis werden die Arbeitnehmer häufig bereits vor der Offenlegung des Verschmelzungsplans an der SE-Gründung beteiligt; hiergegen bestehen keine rechtlichen Bedenken; vgl. *Oetker* in: Lutter/Hommelhoff/Teichmann (Hrsg.), SE Kommentar, 2015, § 4 SEBG Rn. 14; *Hohenstatt/Müller-Bonanni* in: Habersack/Drinhausen (Hrsg.), SE-Recht mit grenzüberschreitender Verschmelzung, 2013, § 4 SEBG Rn. 5; *Bachmann* ZGR 2008, 779, 798 f.

204 Vgl. *Oetker* in: Lutter/Hommelhoff/Teichmann (Hrsg.), SE Kommentar, 2015, § 4 SEBG Rn. 14; *Hohenstatt/Müller-Bonanni* in: Habersack/Drinhausen (Hrsg.), SE-Recht mit grenzüberschreitender Verschmelzung, 2013, § 4 SEBG Rn. 5; *Jacobs* in: MüKo AktG, 4. Aufl. 2017, § 4 SEBG Rn. 10.

205 Bestimmte Aspekte des Arbeitnehmerbeteiligungsverfahren richten sich zwingend nach dem Recht der Mitgliedstaaten, in denen die zu beteiligenden Arbeitnehmer beschäftigt sind, zB Verfahren zur Wahl der Mitglieder des besonderen Verhandlungsgremiums; vgl. *Hohenstatt/Müller-Bonanni* in: Habersack/Drinhausen (Hrsg.), SE-Recht mit grenzüberschreitender Verschmelzung, 2013, § 3 SEBG Rn. 6.

51 Gemäß § 4 II 1 SEBG haben die Leitungsorgane der sich verschmelzenden Rechtsträger die Arbeitnehmervertretungen in ihren Gesellschaften, Tochtergesellschaften und Betrieben unverzüglich nach Offenlegung des Verschmelzungsplans über das Gründungsvorhaben zu **informieren.** Besteht keine Arbeitnehmervertretung erfolgt die Information gemäß § 4 II 2 SEBG gegenüber allen Arbeitnehmern. Die Informationspflicht erstreckt sich gemäß § 4 III SEBG insbesondere auf (i) die Identität und Struktur der sich verschmelzenden Gesellschaften, ihrer Tochtergesellschaften und Betriebe und deren Verteilung auf die Mitgliedstaaten, (ii) die in diesen Gesellschaften und Betrieben bestehenden Arbeitnehmervertretungen, (iii) die Zahl der in diesen Gesellschaften und Betrieben jeweils beschäftigten Arbeitnehmer und die daraus zu errechnende Gesamtzahl der in einem Mitgliedstaat beschäftigten Arbeitnehmer, sowie (iv) die Zahl der Arbeitnehmer, denen Mitbestimmungsrechte in den Organen dieser Gesellschaften zustehen.

52 Daneben sind die Arbeitnehmervertretungen bzw. Arbeitnehmer gemäß § 4 I 1 SEBG schriftlich aufzufordern, das sog **Besondere Verhandlungsgremium** nach §§ 5 ff. SEBG zu bilden. Dessen Aufgabe besteht darin, mit dem Leitungs- bzw. Verwaltungsorganen eine **schriftliche Vereinbarung über die zukünftige Arbeitnehmerbeteiligung in der SE** abzuschließen. Die sich an die Konstituierung des Besonderen Verhandlungsgremiums anschließenden Verhandlungen können gemäß § 20 I SEAG bis zu sechs Monate dauern und gemäß § 20 II SEAG einvernehmlich um bis zu weitere sechs Monate verlängert werden.

53 Kommt es innerhalb des Verhandlungszeitraums zu einer Vereinbarung zwischen dem Besonderen Verhandlungsgremium und den Leitungs- bzw. Verwaltungsorganen, richten sich sowohl die unternehmerische als auch Teile der betrieblichen Mitbestimmung in der (künftigen) SE ausschließlich nach der **Beteiligungsvereinbarung.** Abgesehen von dem in Art. 4 II SE-Beteiligungsrichtlinie normierten Mindestgehalt der Beteiligungsvereinbarung genießen die Parteien umfassende Verhandlungsfreiheit. In diesem Zusammenhang steht es auch offen, gemäß § 21 III SEBG die Geltung der sog Auffanglösung (vollständig oder teilweise) zu vereinbaren. Daneben kann das Besondere Verhandlungsgremium gemäß § 16 I 1 SEBG die **Nichtaufnahme von Verhandlungen** über die zukünftige Arbeitnehmerbeteiligung in der SE bzw. den **Abbruch** bereits aufgenommener Verhandlungen mit den Leitungs- bzw. Verwaltungsorganen beschließen. Erforderlich ist hierfür gemäß § 16 I 2 SEBG eine Mehrheit von zwei Dritteln der Stimmen der Mitglieder des Besonderen Verhandlungsgremiums, die mindestens zwei Drittel der Arbeitnehmer in mindestens zwei Mitgliedstaaten vertreten müssen. In diesem Fall kommt es bei der (künftigen) SE gemäß § 16 II 2 SEBG zu keiner unternehmerischen Mitbestimmung, während sich die betriebliche Mitbestimmung im Hinblick auf Unterrichtung und Anhörung der Arbeitnehmer gemäß § 16 I 3 SEBG nach den nationalen Regelungen in den jeweiligen Beschäftigungsstaaten richtet. Kommt es innerhalb des Verhandlungszeitraums zu keiner Beteiligungsvereinbarung zwischen dem Besonderen Verhandlungsgremium und den Leitungs- bzw. Verwaltungsorganen, greift gemäß Art. 7 I 2 lit. b) SE-VO die sog **Auffanglösung.** Danach ist auf Ebene der betrieblichen Mitbestimmung ein SE-Betriebsrat zu bilden, dem gemäß §§ 27 f. SEBG umfassende Unterrichtungs- und Anhörungsrechte zustehen. Im Hinblick auf die unternehmerische Mitbestimmung garantiert § 35 II SEBG die Fortgeltung des höchsten bei einer Gründungsgesellschaft bestehenden Mitbestimmungsniveaus. Besteht für mindestens 25%[206] der Gesamtzahl der Arbeitnehmer aller beteiligten Gründungsgesellschaften eine Form der Mitbestimmung, bemisst sich die Zahl der Arbeitnehmervertreter im Aufsichts- bzw. Verwaltungsrat der (künftigen) SE gemäß § 35 I 2 SEBG nach dem höchsten Anteil an Arbeitnehmervertretern, der in den Organen der beteiligten Gründungsgesellschaften bestanden hat.[207] Trotz des insoweit missverständlichen Wortlauts in § 35 I 2 SEBG bleibt nach hM lediglich das proportionale Verhältnis zwischen Anteils- und Arbeitnehmervertretern bestehen; die Gesamtanzahl der Mitglieder des Aufsichts- bzw. Verwaltungsrats steht zur Disposition des Satzungsgebers.[208]

206 Bei der Gründung einer Holding-SE (Art. 2 II SE-VO iVm Artt. 32 ff. SE-VO) bzw. der Gründung einer Tochter-SE (Art. 2 III SE-VO iVm Artt. 35 f. SE-VO) gilt die Auffanglösung gem. Art. 34 I Nr. 3 SEBG nur, wenn für mindestens *50%* der Gesamtzahl der Arbeitnehmer aller beteiligten Gründungsgesellschaften eine Form der Mitbestimmung besteht. Nach hM ist bei der sekundären Gründung einer Tochter-SE durch eine bereits bestehende SE (Art. 3 II SE-VO) kein Arbeitnehmerbeteiligungsverfahren durchzuführen, so dass hier auch die Auffanglösung keine Anwendung finden kann; vgl. *Jacobs* in: MüKo AktG, 4. Aufl. 2017, Vor § 1 SEBG Rn. 12; *Casper* in: Spindler/Stilz (Hrsg.), AktG, 3. Aufl. 2015, Art. 12 SE-VO Rn. 7; *Hohenstatt/Müller-Bonanni* in: Habersack/Drinhausen (Hrsg.), SE-Recht mit grenzüberschreitender Verschmelzung, 2013, § 3 SEBG Rn. 8; *Seibt* ZIP 2005, 2248, 2249; *Henssler* RdA 2005, 330, 335; aA *Oetker* in: Lutter/Hommelhoff/Teichmann (Hrsg.), SE Kommentar, 2015, § 1 SEBG Rn. 9 ff.; *Lutter/Bayer/Schmidt*, Europäisches Unternehmens- und Kapitalmarktrecht, 2017, Rn. 45.193.

207 Bei der SE-Gründung durch Umwandlung (Art. 2 IV SE-VO iVm Art. 37 SE-VO) bleibt gem. § 35 I SEBG die Regelung zur Mitbestimmung erhalten, die in der Gesellschaft vor der Umwandlung bestanden hat. Auch hier bezieht sich die Weitergeltung auf die proportionale Zusammensetzung des Aufsichts- bzw. Verwaltungsrats; vgl. *Hohenstatt/Müller-Bonanni* in: Habersack/Drinhausen (Hrsg.), SE-Recht mit grenzüberschreitender Verschmelzung, 2013, § 35 SEBG Rn. 3; *Jacobs* in: MüKo AktG, 4. Aufl. 2017, § 35 SEBG Rn. 9; *Lutter/Bayer/Schmidt*, Europäisches Unternehmens- und Kapitalmarktrecht, 2017, Rn. 45.191.

208 Vgl. *Hohenstatt/Müller-Bonanni* in: Habersack/Drinhausen (Hrsg.), SE-Recht mit grenzüberschreitender Verschmelzung, 2013, § 35 SEBG Rn. 7; *Jacobs* in: MüKo AktG, 4. Aufl. 2017, § 35 SEBG Rn. 12; *Lutter/Bayer/*

f) Bestellung der Organe der SE und des Abschlussprüfers

Bei der **Verschmelzung zur Neugründung** einer SE mit Sitz in Deutschland sind die Mitglieder des ersten **Aufsichtsrats** (bei dualistischem Leitungssystem) bzw. des ersten **Verwaltungsrats** (bei monistischem Leitungssystem) zu bestellen, wobei die Bestellung direkt in der Satzung oder in der ersten Hauptversammlung erfolgen kann.[209] Während dasselbe auch für die Bestellung der Mitglieder des ersten Verwaltungsrats bei der **Verschmelzung durch Aufnahme** gilt, ist dies im Hinblick auf die Bestellung der Mitglieder des ersten Aufsichtsrats umstritten.[210] Während nach der hM in einem solchen Fall aufgrund des Grundsatzes der Ämterkontinuität gemäß § 203 UmwG keine Organbestellung erforderlich ist, sofern sich die Zusammensetzung und Größe des Aufsichtsorgans der neuen SE durch die Verschmelzung durch Aufnahme nicht ändert,[211] sollte aus Sicht der Praxis immer ein neuer Aufsichtsrat gewählt werden.[212] 54

Ebenfalls umstritten ist die **Amtsdauer** des ersten Aufsichts- bzw. Verwaltungsrats.[213] In der Praxis sollten die Mitglieder daher vorsichtshalber bis zur Beendigung der Hauptversammlung, die über die Entlastung für das erste (Voll- oder Rumpf-)Geschäftsjahr beschließt, bestellt werden.[214] Sind zum Zeitpunkt der Zustimmungsbeschlüsse der Hauptversammlungen der Gründungsgesellschaften die Verhandlungen über die Arbeitnehmerbeteiligung noch nicht abgeschlossen, setzt sich der erste Aufsichtsrat bzw. Verwaltungsrat konsequenterweise ohne **Arbeitnehmervertreter** zusammen. Sieht das Ergebnis der Verhandlungen über die Arbeitnehmerbeteiligung eine Mitbestimmung der Arbeitnehmer auf Unternehmensebene vor, ist der Aufsichtsrat bzw. Verwaltungsrat der SE daraufhin – gegebenenfalls im Rahmen eines gerichtlichen Statusverfahrens – neu zu besetzen; sind die Verhandlungen über die Arbeitnehmerbeteiligung im Zeitpunkt der Zustimmungsbeschlüsse der Hauptversammlungen bereits abgeschlossen, kann schon der erste Aufsichtsrat bzw. Verwaltungsrat entsprechend dem Verhandlungsergebnis zusammengesetzt werden.[215] 55

In der konstituierenden Sitzung des Aufsichtsrats bzw. des Verwaltungsrats kommt es zur Bestellung der **Vorstandsmitglieder** bzw. der **geschäftsführenden Direktoren** der SE. Der erste **Abschlussprüfer** wird schließlich von den Gründungsgesellschaften bestellt, sofern er nicht bereits im Verschmelzungsplan bestellt wurde; die Bestellung bedarf notarieller Beurkundung, falls die künftige SE ihren Sitz in Deutschland hat. 56

g) Gründungsprüfung

Soll die künftige SE ihren Sitz in Deutschland haben, sind im Falle der **Verschmelzung zur Neugründung** über Art. 15 I SE-VO die aktienrechtlichen Vorschriften über Gründungsbericht, Gründungsprüfung und Gründungsprüfungsbericht gemäß §§ 32 ff. AktG anwendbar. Da es sich im Falle der Verschmelzung zur Neugründung einer SE bei den übertragenden Rechtsträgern stets um Kapitalgesellschaften handelt, sind nach § 75 II UmwG sowohl der Gründungsbericht gemäß § 32 AktG als auch die externe Gründungsprüfung gemäß § 33 II AktG entbehrlich.[216] 57

Die Gründungsprüfung ist bei einer Verschmelzung zur Neugründung gemäß Art. 15 I SE-VO iVm § 33 I AktG durch **Vorstand und Aufsichtsrat** (bei dualistischem Leitungssystem) bzw. durch den **Verwaltungsrat** (bei monistischem Leitungssystem) der **neuen SE**[217] durchzuführen. Geprüft werden müssen alle tatsächlichen und rechtli- 58

Schmidt, Europäisches Unternehmens- und Kapitalmarktrecht, 2017, Rn. 45.191; *Ihrig/Wagner* BB 2004, 1749, 1754; *Müller-Bonanni/Melot de Beauregard* GmbH 2005, 195, 197.

209 Vgl. *Temmel/Rahlmeyer* in: Kölner HdB GesR, 3. Aufl. 2017, Kap. 5 Rn. 98.

210 Vgl. dazu die ausführliche Wiedergabe des Streitstandes bei *Paefgen* in: Kölner Kommentar zum AktG, 3. Aufl. 2012, Art. 40 SE-VO Rn. 67 ff.

211 So etwa *Drygalla* in: Lutter/Hommelhoff/Teichmann (Hrsg.), SE Kommentar, 2015, Art. 40 SE-VO Rn. 27; *Paefgen* in: Kölner Kommentar zum AktG, 3. Aufl. 2012, Art. 40 SE-VO Rn. 68; *Reichert/Brandes* in: MüKo AktG, 4. Aufl. 2017, Art. 40 SE-VO Rn. 45; *Jannott* in: Jannott/Frodermann (Hrsg.), HdB der Europäischen Aktiengesellschaft, 2014, Kap. 3 Rn. 87.

212 Ebenso *Temmel/Rahlmeyer* in: Kölner HdB GesR, 3. Aufl. 2017, Kap. 5 Rn. 98. Stets für eine Neubestellung der Aufsichtsratsmitglieder *Manz* in: Manz/Mayer/Schröder (Hrsg.), SE Europäische Aktiengesellschaft, 2010, Art. 40 SE-VO Rn. 10; *Eberspächer* in: Spindler/Stilz (Hrsg.), AktG, 3. Aufl. 2015, Art. 40 SE-VO Rn. 8.

213 Für die Geltung der Sechsjahresfrist aus Art. 46 I SE-VO auch für den ersten Aufsichtsrat etwa *Manz* in: Manz/Mayer/Schröder (Hrsg.), SE Europäische Aktiengesellschaft, 2010, Art. 40 SE-VO Rn. 9; *Reichert/Brandes* in: MüKo AktG, 4. Aufl. 2017, Art. 40 SE-VO Rn. 52; *Jannott* in: Jannott/Frodermann (Hrsg.), HdB der Europäischen Aktiengesellschaft, 2014, Kap. 3 Rn. 87. Für die Geltung der Kurzfrist aus § 31 V AktG etwa *Drygalla* in: Lutter/Hommelhoff/Teichmann (Hrsg.), SE Kommentar, 2015, Art. 40 SE-VO Rn. 28; *Paefgen* in: Kölner Kommentar zum AktG, 3. Aufl. 2012, Art. 40 SE-VO Rn. 72; *Seibt* in: Habersack/Drinhausen (Hrsg.), SE-Recht mit grenzüberschreitender Verschmelzung, 2013, Art. 40 SE-VO Rn. 11.

214 Ebenso *Temmel/Rahlmeyer* in: Kölner HdB GesR, 3. Aufl. 2017, Kap. 5 Rn. 102.

215 Vgl. *Jannott* in: Jannott/Frodermann (Hrsg.), HdB der Europäischen Aktiengesellschaft, 2014, Kap. 3 Rn. 87.

216 Vgl. *Jannott* in: Jannott/Frodermann (Hrsg.), HdB der Europäischen Aktiengesellschaft, 2014, Kap. 3 Rn. 90; *Temmel/Rahlmeyer* in: Kölner HdB GesR, 3. Aufl. 2017, Kap. 5 Rn. 105.

217 Die Gründungsprüfung wird durch alle bereits bestellten Mitglieder des Aufsichtsrats bzw. Verwaltungsrats

chen Aspekte, die mit der Gründung der SE zusammenhängen.[218] Nach Art. 15 I SE-VO iVm § 34 II AktG ist über die Gründungsprüfung ein **schriftlicher** Bericht zu erstatten, der von sämtlichen Mitgliedern der Leistungsorgane zu unterzeichnen ist.[219]

h) Anmeldung und Rechtsmäßigkeitsprüfung

59 Die Verschmelzung ist schließlich bei der jeweils für die Gründungsgesellschaft zuständigen Stelle zur Eintragung **anzumelden.** Für eine dem deutschen Recht unterliegende Gründungsgesellschaft ist dies das Handelsregister an deren Satzungssitz.[220] **Zusätzlich** ist die Verschmelzung bei der für die künftige SE zuständigen Stelle anzumelden. Dabei hat die Anmeldung sowohl bei der Verschmelzung zur Neugründung als auch bei der Verschmelzung durch Aufnahme durch sämtliche Gründungsgesellschaften zu erfolgen.[221] Die SE-Gründung im Wege der Verschmelzung unterliegt gemäß Art. 25 SE-VO und Art. 26 SE-VO einer **zweistufigen Rechtmäßigkeitsprüfung.**[222] Die Rechtmäßigkeit der SE-Gründung wird zum einen auf der Ebene der jeweiligen Gründungsgesellschaft und zum anderen auf Ebene der künftigen SE geprüft. Auf der ersten Stufe prüfen die jeweils für die Gründungsgesellschaften zuständigen Stellen die Rechtsmäßigkeit der die jeweilige Gründungsgesellschaft betreffenden Verfahrensschritte.[223] Nach positivem Abschluss dieses Prüfungsverfahrens haben die zuständigen Stellen eine **Rechtmäßigkeitsbescheinigung** auszustellen, aus der gemäß Art. 25 II SE-VO zweifelsfrei hervorgehen muss, dass die der Verschmelzung vorangehenden Rechtshandlungen und Formalitäten durchgeführt worden sind. Diese ist schriftlich zu erteilen[224] und muss gemäß Art. 26 II SE-VO binnen sechs Monaten der Stelle vorgelegt werden, die im Sitzstaat der künftigen SE für die Rechtmäßigkeitsprüfung zuständig ist. Letztere prüft schließlich auf einer zweiten Stufe die Rechtmäßigkeit der Durchführung der Verschmelzung sowie der Gründung auf der Ebene der künftigen SE. Nicht mehr geprüft wird die Rechtsmäßigkeit der Verschmelzung auf Ebene der Gründungsgesellschaften. Diesbezüglich ist die für die künftige SE zuständige Stelle an die Rechtmäßigkeitsbescheinigung(en) gebunden – es sei denn, diese ist/sind evident unrichtig.[225] Nach positiver Prüfung auf beiden Ebenen trägt die für die künftige SE zuständige Stelle die Verschmelzung ein.

3. Rechtsfolgen und Bestandsschutz

60 Hinsichtlich der Wirkungen der Verschmelzung ist gemäß Art. 29 SE-VO zwischen der Verschmelzung zur Neugründung und der Verschmelzung durch Aufnahme zu unterscheiden. Bei der **Verschmelzung durch Aufnahme** geht das gesamte Aktiv- und Passivermögen jeder übertragenden Gesellschaft auf die übernehmende Gesellschaft über (Art. 29 I lit. a) SE-VO), werden die Aktionäre der übertragenden Gesellschaft Aktionäre der übernehmenden Gesellschaft (Art. 29 I lit. b) SE-VO), erlischt die übertragende Gesellschaft (Art. 29 I lit. c) SE-VO) und nimmt die übernehmende Gesellschaft die Rechtform der SE an (Art. 29 I lit. d) SE-VO). Bei der **Verschmelzung zur Neugründung** geht das gesamte Aktiv- und Passivermögen der sich verschmelzenden Gesellschaften auf die SE über (Art. 29 II lit. a) SE-VO), werden die Aktionäre der sich verschmelzenden Gesellschaften Aktio-

---

durchgeführt; die Arbeitnehmervertreter sind zu diesem Zeitpunkt in der Regel noch nicht gewählt; *Jannott* in: Jannott/Frodermann (Hrsg.), HdB der Europäischen Aktiengesellschaft, 2014, Kap. 3 Rn. 91.

218 Vgl. *Jannott* in: Jannott/Frodermann (Hrsg.), HdB der Europäischen Aktiengesellschaft, 2014, Kap. 3 Rn. 91.

219 Vgl. *Jannott* in: Jannott/Frodermann (Hrsg.), HdB der Europäischen Aktiengesellschaft, 2014, Kap. 3 Rn. 91; *Temmel/Rahlmeyer* in: Kölner HdB GesR, 3. Aufl. 2017, Kap. 5 Rn. 105.

220 Vgl. *Marsch-Barner* in: Habersack/Drinhausen (Hrsg.), SE-Recht mit grenzüberschreitender Verschmelzung, 2013, Art. 25 SE-VO Rn. 4; *Schäfer* in: MüKo AktG, 4. Aufl. 2017, Art. 25 SE-VO Rn. 5; *Bayer* in: Lutter/Hommelhoff/Teichmann (Hrsg.), SE Kommentar, 2015, Art. 25 SE-VO Rn. 10.

221 Vgl. *Marsch-Barner* in: Habersack/Drinhausen (Hrsg.), SE-Recht mit grenzüberschreitender Verschmelzung, 2013, Art. 26 SE-VO Rn. 6; *Schäfer* in: MüKo AktG, 4. Aufl. 2017, Art. 26 SE-VO Rn. 6; *Bayer* in: Lutter/Hommelhoff/Teichmann (Hrsg.), SE Kommentar, 2015, Art. 26 SE-VO Rn. 7; aA *Jannott* in: Jannott/Frodermann (Hrsg.), HdB der Europäischen Aktiengesellschaft, 2014, Kap. 3 Rn. 96, wonach im Falle der Verschmelzung durch Aufnahme neben den Gründungsgesellschaften die übernehmende Gesellschaft allein die neue SE anmelden dürfe.

222 Vgl. *Marsch-Barner* in: Habersack/Drinhausen (Hrsg.), SE-Recht mit grenzüberschreitender Verschmelzung, 2013, Art. 25 SE-VO Rn. 1; *Schäfer* in: MüKo AktG, 4. Aufl. 2017, Art. 25 SE-VO Rn. 1; *Bayer* in: Lutter/Hommelhoff/Teichmann (Hrsg.), SE Kommentar, 2015, Art. 26 SE-VO Rn. 1; *Teichmann* ZGR 2002, 383, 416 f.

223 Eine Übersicht über die formellen und materiellen Prüfungspunkte findet sich bei *Marsch-Barner* in: Habersack/Drinhausen (Hrsg.), SE-Recht mit grenzüberschreitender Verschmelzung, 2013, Art. 25 SE-VO Rn. 6 f.

224 Vgl. *Marsch-Barner* in: Habersack/Drinhausen (Hrsg.), SE-Recht mit grenzüberschreitender Verschmelzung, 2013, Art. 25 SE-VO Rn. 25; *Bayer* in: Lutter/Hommelhoff/Teichmann (Hrsg.), SE Kommentar, 2015, Art. 25 SE-VO Rn. 15; *Maul* in: Kölner Kommentar zum AktG, 3. Aufl. 2012, Art. 25 SE-VO Rn. 18; *Schröder* in: Manz/Mayer/Schröder (Hrsg.), SE Europäische Aktiengesellschaft, 2010, Art. 25 SE-VO Rn. 16.

225 Vgl. *Marsch-Barner* in: Habersack/Drinhausen (Hrsg.), SE-Recht mit grenzüberschreitender Verschmelzung, 2013, Art. 25 SE-VO Rn. 24; *Bayer* in: Lutter/Hommelhoff/Teichmann (Hrsg.), SE Kommentar, 2015, Art. 25 SE-VO Rn. 14; *Maul* in: Kölner Kommentar zum AktG, 3. Aufl. 2012, Art. 25 SE-VO Rn. 22; *Casper* in: Spindler/Stilz (Hrsg.), AktG, 3. Aufl. 2015, Art. 25 SE-VO Rn. 7.

näre der SE (Art. 29 II lit. b) SE-VO) und erlöschen die sich verschmelzenden Gesellschaften (Art. 29 II lit. c) SE-VO). Die Wirkungen der Verschmelzung treten in beiden Fällen jeweils im **Zeitpunkt der Eintragung der SE** gemäß Art. 27 I SE-VO iVm Art. 12 I SE-VO ein.[226]

Gemäß Art. 29 IV SE-VO gehen die **Arbeitsverhältnisse der Gründungsgesellschaften** einschließlich sämtlicher bestehender Rechte und Pflichten auf die SE über,[227] wobei für die einzelnen Arbeitsverhältnisse auch nach Verschmelzung das vorher geltende Recht weiter gilt.[228] Darüber hinaus kommt es infolge der Verschmelzung gemäß Art. 29 IV SE-VO auch zum Übergang kollektivrechtlicher Vereinbarungen.[229] 61

Nach Eintragung der SE im Handelsregister kann die Verschmelzung gemäß Art. 30 S. 1 SE-VO nicht mehr für nichtig erklärt werden; eine **Rückabwicklung** der Verschmelzung mit Wirkung ex tunc ist daher ausgeschlossen.[230] Die **Auflösung** der SE mit Wirkung ex nunc ist gemäß Art. 30 2 SE-VO nur möglich, wenn die Rechtmäßigkeitskontrolle gemäß Art. 25 SE-VO und Art. 26 SE-VO nicht stattgefunden hat. 62

4. Schutz der Gläubiger und Minderheitsaktionäre

Hat die (künftige) SE ihren Sitz in Deutschland, gelten im Bezug auf die Gläubiger der deutschen Gründungsgesellschaft die Vorschriften des UmwG zum Schutz der Gesellschaftsgläubiger. Soweit sie für ihre Forderungen nicht Befriedigung erlangen können, ist ihnen gemäß Art. 24 I lit. a) SE-VO iVm § 22 UmwG Sicherheit zu leisten, wenn sie ihren Anspruch binnen **sechs Monaten nach Bekanntmachung der Eintragung der Verschmelzung** dem Grunde und der Höhe nach schriftlich anmelden und glaubhaft machen, dass durch die Verschmelzung die Erfüllung ihrer Forderung gefährdet wird. Für den Fall, dass die (künftige) SE ihren Sitz im Ausland hat, wird der Gläubigerschutz – in Abweichung von § 22 UmwG – nach vorne verlagert: Die Gläubiger der deutschen Gründungsgesellschaft haben gemäß § 8 1 SEAG iVm § 13 I SEAG einen Anspruch gegen die Gründungsgesellschaft deutschen Rechts, wenn sie ihren Anspruch binnen **zwei Monaten nach Offenlegung des Verschmelzungsplans** dem Grunde und der Höhe nach schriftlich anmelden und glaubhaft machen, dass durch die Verschmelzung die Erfüllung ihrer Forderung gefährdet wird. Zur Sicherung dieses Anspruchs bestimmt § 8 2 SEAG, dass die Rechtmäßigkeitsbescheinigung gemäß Art. 25 SE-VO nur ausgestellt werden darf, wenn die Vorstandsmitglieder der betreffenden übertragenden Gesellschaft die Versicherung abgeben, dass allen anspruchsberechtigten Gläubigern eine angemessene Sicherheit geleistet wurde. 63

Die Rechtsmittel gegen die Verschmelzungsbeschlüsse richten sich nach dem jeweiligen nationalen Recht. Die Aktionäre einer Gründungsgesellschaft deutschen Rechts können die Verschmelzungsbeschlüsse demnach mit der **Anfechtungs-** und/oder **Nichtigkeitsklage** angreifen.[231] Dabei kann die Anfechtungsklage gemäß § 6 I SEAG nicht darauf gestützt werden, dass das **Umtauschverhältnis der Aktien** nicht angemessen ist. Vielmehr ist diese Frage gemäß § 6 IV SE-VO im Rahmen des **Spruchverfahrens** zu klären. Sieht das nationale Recht einer an der Verschmelzung beteiligten ausländische Gründungsgesellschaft kein dem Spruchverfahren ähnliches Kontrollverfahren vor,[232] gilt der Ausschluss der Anfechtungsklage und der Verweis auf das Spruchverfahren indes nur dann, wenn die Aktionäre der ausländischen Gründungsgesellschaft gemäß Art. 25 III SE-VO der Durchführung des Spruchverfahrens vorher zustimmen. Ähnliches gilt für das **Barabfindungsangebot** gemäß § 7 I 1 SEAG. Eine Anfechtungsklage gegen den Verschmelzungsbeschluss einer Gründungsgesellschaft deutschen Rechts kann gemäß § 7 V SEAG nicht darauf gestützt werden, dass die Barabfindung zu niedrig bemessen oder 64

226 Vgl. *Marsch-Barner* in: Habersack/Drinhausen (Hrsg.), SE-Recht mit grenzüberschreitender Verschmelzung, 2013, Art. 29 SE-VO Rn. 3; *Bayer* in: Lutter/Hommelhoff/Teichmann (Hrsg.), SE Kommentar, 2015, Art. 29 SE-VO Rn. 3; *Maul* in: Kölner Kommentar zum AktG, 3. Aufl. 2012, Art. 29 SE-VO Rn. 5; *Schröder* in: Manz/Mayer/Schröder (Hrsg.), SE Europäische Aktiengesellschaft, 2010, Art. 29 SE-VO Rn. 1.

227 Insofern kommt Art. 29 IV SE-VO lediglich ein deklaratorischer Regelungsgehalt zu, da sich diese Rechtfolge (dh Übergang der individualvertraglichen Verpflichtungen aus den Arbeitsverhältnissen der Gründungsgesellschaften) bereits aus der Universalsukzession gem. Art. 20 I bzw. II SE-VO ergibt; vgl. *Marsch-Barner* in: Habersack/Drinhausen (Hrsg.), SE-Recht mit grenzüberschreitender Verschmelzung, 2013, Art. 29 SE-VO Rn. 11; *Bayer* in: Lutter/Hommelhoff/Teichmann (Hrsg.), SE Kommentar, 2015, Art. 29 SE-VO Rn. 13.

228 Vgl. *Marsch-Barner* in: Habersack/Drinhausen (Hrsg.), SE-Recht mit grenzüberschreitender Verschmelzung, 2013, Art. 29 SE-VO Rn. 11; *Bayer* in: Lutter/Hommelhoff/Teichmann (Hrsg.), SE Kommentar, 2015, Art. 29 SE-VO Rn. 13; *Maul* in: Kölner Kommentar zum AktG, 3. Aufl. 2012, Art. 29 SE-VO Rn. 14; *Casper* in: Spindler/Stilz (Hrsg.), AktG, 3. Aufl. 2015, Art. 29 SE-VO Rn. 14.

229 Vgl. *Marsch-Barner* in: Habersack/Drinhausen (Hrsg.), SE-Recht mit grenzüberschreitender Verschmelzung, 2013, Art. 29 SE-VO Rn. 12; *Bayer* in: Lutter/Hommelhoff/Teichmann (Hrsg.), SE Kommentar, 2015, Art. 29 SE-VO Rn. 13; *Casper* in: Spindler/Stilz (Hrsg.), AktG, 3. Aufl. 2015, Art. 29 SE-VO Rn. 8; *Schröder* in: Manz/Mayer/Schröder (Hrsg.), SE Europäische Aktiengesellschaft, 2010, Art. 29 SE-VO Rn. 32.

230 Vgl. *Marsch-Barner* in: Habersack/Drinhausen (Hrsg.), SE-Recht mit grenzüberschreitender Verschmelzung, 2013, Art. 30 SE-VO Rn. 1; *Bayer* in: Lutter/Hommelhoff/Teichmann (Hrsg.), SE Kommentar, 2015, Art. 30 SE-VO Rn. 1.

231 Vgl. *Marsch-Barner* in: Habersack/Drinhausen (Hrsg.), SE-Recht mit grenzüberschreitender Verschmelzung, 2013, Art. 24 SE-VO Rn. 32; *Teichmann* in: MüHdB GesR, Bd. 6, 4. Aufl. 2013, § 49 Rn. 33.

232 Vgl. *Teichmann* in: MüHdB GesR, Bd. 6, 4. Aufl. 2013, § 49 Rn. 33, der darauf hinweist, dass ein dem deutschen Recht vergleichbares Spruchverfahren nur in Österreich und Tschechien existiert.

im Verschmelzungsplan nicht oder nicht ordnungsgemäß angeboten worden ist. Auch hier ist die Frage der Angemessenheit der Barabfindung im Rahmen eines Spruchverfahrens zu klären und auch hier gelten der Ausschluss der Anfechtung und der Verweis auf das Spruchverfahren bei der Beteiligung einer ausländischen Gründungsgesellschaft nur, wenn das betreffende nationale Recht ein dem Spruchverfahren ähnliches Kontrollverfahren kennt bzw. – falls dies nicht der Fall ist – die Aktionäre der ausländischen Gründungsgesellschaft der Durchführung des Spruchverfahrens vorher zustimmen.

III. Gründung einer Holding-SE

65 Das zweite Gründungsverfahren der SE-VO ist die Gründung einer Holding-SE. Gemäß Art. 2 II SE-VO können sowohl Aktiengesellschaften als auch Gesellschaften mit beschränkter Haftung im Sinne des Anhangs II der SE-VO, die nach dem Recht eines Mitgliedstaates gegründet worden sind und ihren Sitz sowie ihre Hauptverwaltung in der Gemeinschaft haben, eine Holding-SE errichten, sofern mindestens zwei von ihnen entweder dem Recht verschiedener Mitgliedstaaten unterliegen oder seit mindestens zwei Jahren eine dem Recht eines anderen Mitgliedstaates unterliegende Tochtergesellschaft bzw. eine Zweigniederlassung in einem anderen Mitgliedstaat haben. Dabei bringen die Gesellschafter der Gründungsgesellschaften ihre Anteile an den Gründungsgesellschaften im Wege der **Sachgründung** in die SE ein und erhalten dafür im Tausch Aktien der SE.[233] Im Unterschied zur SE-Gründung im Wege der Verschmelzung bestehen die Gründungsgesellschaften hier gemäß Art. 32 I 2 SE-VO als Tochtergesellschaften der Holding-SE weiter.[234] Diese **sehr komplexe**[235] Gründungsform der SE ist in der Praxis **wenig verbreitet.**[236] Neben der Tatsache, dass diese Gründungsform (zumindest) dem deutschen Recht bisher fremd war,[237] könnte ein weiterer Grund hierfür sein, dass wesentliche Fragen des Gründungsverfahrens bislang nicht rechtssicher geklärt sind.[238]

1. Gründungsberechtigte Rechtsträger

66 Zur Gründung einer Holding-SE sind gemäß Art. 2 II SE-VO sowohl **Aktiengesellschaften** als auch **Gesellschaften mit beschränkter Haftung** im Sinne des Anhangs II der SE-VO zugelassen. Der Kreis der zugelassenen Aktiengesellschaften deckt sich mit demjenigen des Art. 2 I SE-VO.[239] Insbesondere kann sich gemäß Art. 3 I SE-VO auch eine bereits bestehende SE an der Gründung einer Holding-SE beteiligen. Als gründungsberechtigte Rechtsträger kommen nach deutschem Recht zudem sowohl die **GmbH** sowie die **Unternehmergesellschaft** gemäß § 5a GmbHG in Betracht.[240] Auch bei der Gründung der Holding-SE müssen die beteiligten Rechtsträger nach deutschem Recht zwingend im Handelsregister eingetragen sein, so dass weder die Vor-AG noch die **Vor-GmbH** als Gründungsgesellschaft bei einer Holding-SE mitwirken können.[241] Beteiligungsfähig ist nach hM auch bei der Gründung einer Holding-SE die **Gesellschaft in Liquidation.**[242] Die Gründungsgesellschaften müs-

233 Vgl. *Scholz* in: Habersack/Drinhausen (Hrsg.), SE-Recht mit grenzüberschreitender Verschmelzung, 2013, Art. 32 SE-VO Rn. 7; *Bayer* in: Lutter/Hommelhoff/Teichmann (Hrsg.), SE Kommentar, 2015, Art. 32 SE-VO Rn. 1; *Schäfer* in: MüKo AktG, 4. Aufl. 2017, Art. 32 SE-VO Rn. 1; *Teichmann* ZGR 2003, 367, 390.

234 Vgl. *Bayer* in: Lutter/Hommelhoff/Teichmann (Hrsg.), SE Kommentar, 2015, Art. 32 SE-VO Rn. 1; *Lutter/Bayer/Schmidt*, Europäisches Unternehmens- und Kapitalmarktrecht, 2017, Rn. 45.49; *Temmel/Rahlmeyer* in: Kölner HdB GesR, 3. Aufl. 2017, Kap. 5, Rn. 149; *Teichmann* in: MüHdB GesR, Bd. 6, 4. Aufl. 2013, § 49 Rn. 35.

235 Ebenso *Scholz* in: Habersack/Drinhausen (Hrsg.), SE-Recht mit grenzüberschreitender Verschmelzung, 2013, Art. 32 SE-VO Rn. 33; *Bayer* in: Lutter/Hommelhoff/Teichmann (Hrsg.), SE Kommentar, 2015, Art. 32 SE-VO Rn. 1.

236 Nach *Schuberth/von der Höh* AG 2014, 439, 441 hat die Gründung einer SE-Holding (in Deutschland) *„nahezu keine praktische Bedeutung"*; vgl. auch *Eidenmüller/Engert/Hornuf* AG 2008, 721, 729; *Scholz* in: Habersack/Drinhausen (Hrsg.), SE-Recht mit grenzüberschreitender Verschmelzung, 2013, Art. 32 SE-VO Rn. 33; *Bayer* in: Lutter/Hommelhoff/Teichmann (Hrsg.), SE Kommentar, 2015, Art. 32 SE-VO Rn. 1.

237 Darauf weisen etwa hin *Jannott* in: Jannott/Frodermann (Hrsg.), HdB der Europäischen Aktiengesellschaft, 2014, Kap. 3 Rn. 127 und *Temmel/Rahlmeyer* in: Kölner HdB GesR, 3. Aufl. 2017, Kap. 5, Rn. 149. Ähnlich *Scholz* in: Habersack/Drinhausen (Hrsg.), SE-Recht mit grenzüberschreitender Verschmelzung, 2013, Art. 32 SE-VO Rn. 4 und *Bayer* in: Lutter/Hommelhoff/Teichmann (Hrsg.), SE Kommentar, 2015, Art. 32 SE-VO Rn. 1, der von einer *„genuin europarechtlichen Gründungsform"* spricht.

238 So etwa *Schuberth/von der Höh* AG 2014, 439, 441, 442; *Scholz* in: Habersack/Drinhausen (Hrsg.), SE-Recht mit grenzüberschreitender Verschmelzung, 2013, Art. 32 SE-VO Rn. 33.

239 Vgl. Rn. 20.

240 Vgl. *Habersack* in: Habersack/Drinhausen (Hrsg.), SE-Recht mit grenzüberschreitender Verschmelzung, 2013, Art. 2 SE-VO Rn. 13; *Bayer* in: Lutter/Hommelhoff/Teichmann (Hrsg.), SE Kommentar, 2015, Art. 2 SE-VO Rn. 16; *Oechsler/Mihaylova* in: MüKo AktG, 4. Aufl. 2017, Art. 2 SE-VO Rn. 29.

241 Vgl. *Habersack* in: Habersack/Drinhausen (Hrsg.), SE-Recht mit grenzüberschreitender Verschmelzung, 2013, Art. 2 SE-VO Rn. 13; *Bayer* in: Lutter/Hommelhoff/Teichmann (Hrsg.), SE Kommentar, 2015, Art. 2 SE-VO Rn. 16; aA *Veil* in: Kölner Kommentar zum AktG, 3. Aufl. 2012, Art. 2 SE-VO Rn. 23.

242 Vgl. *Habersack* in: Habersack/Drinhausen (Hrsg.), SE-Recht mit grenzüberschreitender Verschmelzung, 2013, Art. 2 SE-VO Rn. 13; *Oechsler/Mihaylova* in: MüKo AktG, 4. Aufl. 2017, Art. 2 SE-VO Rn. 29; *Veil* in: Kölner

sen zudem nach dem Recht eines Mitgliedstaates gegründet worden sein und ihren Sitz und ihre Hauptverwaltung in der Gemeinschaft haben.[243]

An das **Mehrstaatlichkeitserfordernis** werden bei der Gründung einer Holding-SE **geringere Anforderungen** gestellt. Es reicht aus, wenn mindestens zwei Gründungsgesellschaften dem Recht eines anderen Mitgliedstaates unterliegen oder seit mindestens zwei Jahren eine dem Recht eines anderen Mitgliedstaates unterliegende Tochtergesellschaft oder eine Zweigniederlassung in einem anderen Mitgliedstaat haben. Die Gründungsgesellschaften können damit aus ein und demselben Mitgliedstaat stammen, sofern mindestens zwei[244] von ihnen über eine **Tochtergesellschaft** bzw. **Zweigniederlassung** in einem anderen Mitgliedstaat verfügen. Nicht erforderlich ist, dass die beiden Tochtergesellschaften dem Recht unterschiedlicher Mitgliedstaaten unterliegen.[245] Zudem genügt es, dass die Gründungsgesellschaften eine Tochtergesellschaft gemeinsam beherrschen.[246] Die Zwei-Jahres-Frist soll die Umgehung des Mehrstaatlichkeitserfordernisses durch Scheingründungen verhindern.[247] Sie beginnt bei der Tochtergesellschaft mit dem Erwerb der beherrschenden Stellung durch die jeweilige Gründungsgesellschaft.[248] 67

2. Verfahrensablauf

Die Gründung einer Holding-SE lässt sich in **fünf Phasen** einteilen.[249] In der ersten Phase ist der Gründungsplan nebst Gründungsbericht zu erstellen und zu prüfen, bevor die Haupt- bzw. Gesellschafterversammlungen der beteiligten Gründungsgesellschaften die jeweiligen Gründungsbeschlüsse fassen. In der zweiten Phase kommt es zum Anteilstausch. Die dritte Phase der Holdinggründung besteht in der Durchführung des nationalen Gründungsverfahrens. In der vierten Phase erfolgt der Abschluss der Arbeitnehmerbeteiligungsvereinbarung, bevor in der fünften Phase schließlich nach erfolgter Rechtsmäßigkeitsprüfung die Holding-SE eingetragen wird. 68

a) Gründungsplan, Gründungsprüfung und Gründungsbeschluss

Gemäß Art. 32 II SE-VO haben die Leitungs- oder Verwaltungsorgane der Gründungsgesellschaften einen gleichlautenden – nicht zwingend gemeinsamen –[250] **Gründungsplan** zu erstellen. Der Gründungsplan einer Gründungsgesellschaft deutschen Rechts bedarf gemäß Art. 18 SE-VO iVm § 6 UmwG der **notariellen Beurkundung.**[251] Der Gründungsplan enthält gemäß Art. 32 II 3 SE-VO iVm Art. 20 I SE-VO im Wesentlichen **dieselben** 69

Kommentar zum AktG, 3. Aufl. 2012, Art. 2 SE-VO Rn. 23; aA *Casper* in: Spindler/Stilz (Hrsg.), AktG, 3. Aufl. 2015, Art. 2/Art. 3 SE-VO Rn. 10, der darauf hinweist, dass anders als im Fall der Verschmelzung die Gründer bei der SE-Holding weiter fortbestehen müssten.

243 Vgl. *Habersack* in: Habersack/Drinhausen (Hrsg.), SE-Recht mit grenzüberschreitender Verschmelzung, 2013, Art. 2 SE-VO Rn. 13; *Bayer* in: Lutter/Hommelhoff/Teichmann (Hrsg.), SE Kommentar, 2015, Art. 2 SE-VO Rn. 16; *Veil* in: Kölner Kommentar zum AktG, 3. Aufl. 2012, Art. 2 SE-VO Rn. 24.

244 Entgegen *Hommelhoff* AG 2001, 279, 281, *Kallmeyer* AG 2003, 197, 199 und *Temmel/Rahlmeyer* in: Kölner HdB GesR, 3. Aufl. 2017, Kap. 5 Rn. 151 müssen die Voraussetzungen beider Alternativen (ausweislich des insoweit eindeutigen Wortlauts) jeweils von mindestens zwei der beteiligten Gründungsgesellschaften erfüllt sein. Es reicht folglich nicht aus, wenn nur eine der (beiden deutschen) Gründungsgesellschaften eine Tochtergesellschaft oder Zweigniederlassung in einem anderen Mitgliedstaat hat. Vgl. *Oechsler/Mihaylova* in: MüKo AktG, 4. Aufl. 2017, Art. 2 SE-VO Rn. 33; *Bayer* in: Lutter/Hommelhoff/Teichmann (Hrsg.), SE Kommentar, 2015, Art. 2 SE-VO Rn. 17; *Veil* in: Kölner Kommentar zum AktG, 3. Aufl. 2012, Art. 2 SE-VO Rn. 25; *Jannott* in: Jannott/Frodermann (Hrsg.), HdB der Europäischen Aktiengesellschaft, 2014, Kap. 3 Rn. 11; *Teichmann* ZGR 2002, 383, 411.

245 Vgl. *Habersack* in: Habersack/Drinhausen (Hrsg.), SE-Recht mit grenzüberschreitender Verschmelzung, 2013, Art. 2 SE-VO Rn. 15; *Oechsler/Mihaylova* in: MüKo AktG, 4. Aufl. 2017, Art. 2 SE-VO Rn. 33, *Casper* in: Spindler/Stilz (Hrsg.), AktG, 3. Aufl. 2015, Art. 2/Art. 3 SE-VO Rn. 12.

246 Vgl. *Habersack* in: Habersack/Drinhausen (Hrsg.), SE-Recht mit grenzüberschreitender Verschmelzung, 2013, Art. 2 SE-VO Rn. 15; *Oechsler/Mihaylova* in: MüKo AktG, 4. Aufl. 2017, Art. 2 SE-VO Rn. 33; *Casper* in: Spindler/Stilz (Hrsg.), AktG, 3. Aufl. 2015, Art. 2/Art. 3 SE-VO Rn. 12.

247 Vgl. *Habersack* in: Habersack/Drinhausen (Hrsg.), SE-Recht mit grenzüberschreitender Verschmelzung, 2013, Art. 2 SE-VO Rn. 17; *Oechsler/Mihaylova* in: MüKo AktG, 4. Aufl. 2017, Art. 2 SE-VO Rn. 34.

248 Vgl. *Habersack* in: Habersack/Drinhausen (Hrsg.), SE-Recht mit grenzüberschreitender Verschmelzung, 2013, Art. 2 SE-VO Rn. 17; *Oechsler/Mihaylova* in: MüKo AktG, 4. Aufl. 2017, Art. 2 SE-VO Rn. 34; *Casper* in: Spindler/Stilz (Hrsg.), AktG, 3. Aufl. 2015, Art. 2/Art. 3 SE-VO Rn. 14.

249 Vgl. *Bayer* in: Lutter/Hommelhoff/Teichmann (Hrsg.), SE Kommentar, 2015, Art. 32 SE-VO Rn. 12; *Stöber* AG 2013, 110, 111 f.

250 Vgl. *Bayer* in: Lutter/Hommelhoff/Teichmann (Hrsg.), SE Kommentar, 2015, Art. 32 SE-VO Rn. 21; *Scholz* in: Habersack/Drinhausen (Hrsg.), SE-Recht mit grenzüberschreitender Verschmelzung, 2013, Art. 32 SE-VO Rn. 40; *Paefgen* in: Kölner Kommentar zum AktG, 3. Aufl. 2012, Art. 32 SE-VO Rn. 31; *Spitzbart* RNotZ 2006, 369, 403; aA *Schwarz*, SE-VO, 2006, Art. 32 SE-VO Rn. 9.

251 Vgl. *Bayer* in: Lutter/Hommelhoff/Teichmann (Hrsg.), SE Kommentar, 2015, Art. 32 SE-VO Rn. 22; *Scholz* in: Habersack/Drinhausen (Hrsg.), SE-Recht mit grenzüberschreitender Verschmelzung, 2013, Art. 32 SE-VO Rn. 38; *Paefgen* in: Kölner Kommentar zum AktG, 3. Aufl. 2012, Art. 32 SE-VO Rn. 80; *Schäfer* in: MüKo

Angaben wie der Verschmelzungsbericht.[252] Anzugeben sind daher die Firma und der Sitz der Gründungsgesellschaften sowie der künftigen SE (Art. 20 I 2 lit. a) SE-VO), das Umtauschverhältnis der Aktien und ggf. die Höhe der Ausgleichsleistung (Art. 20 I 2 lit. b) SE-VO), die Einzelheiten hinsichtlich der Übertragung der Aktien (Art. 20 I 2 lit. c) SE-VO), die Gewährung von Sonderrechten (Art. 20 I 2 lit. f) SE-VO), die Gewährung von Sondervorteilen (Art. 20 II 2 lit. g) SE-VO), die Satzung der SE (Art. 20 I 2 lit. h) SE-VO),[253] sowie Erläuterungen über das Verfahren zur Regelung der Arbeitnehmerbeteiligung (Art. 20 I 2 lit. (i) SE-VO).[254] Gemäß § 9 SEAG muss eine deutsche Gründungsgesellschaft – ähnlich wie bei der SE-Gründung durch Verschmelzung – jedem widersprechenden Aktionär[255] im Gründungsplan ein **Barabfindungsangebot** machen, wenn die Holding-SE ihren Sitz im Ausland haben soll oder ihrerseits abhängig im Sinne des § 17 AktG wird. Der Gründungsplan muss gemäß Art. 32 II 3 SE-VO zudem einen **Mindestprozentsatz** der Gesellschaftsanteile an den Gründungsgesellschaften festsetzen, der von deren Gesellschaftern eingebracht werden muss, damit die Holding-SE gegründet werden kann. Da dieser Prozentsatz gemäß Art. 32 II 4 SE-VO zwingend mehr als 50% der durch die Anteile verliehenen ständigen Stimmrechte betragen muss, ist gewährleistet, dass die Gründungsgesellschaften abhängige Tochtergesellschaften der Holding-SE werden. Nicht erforderlich ist, dass die Holding-SE auch über die Mehrheit am Grundkapital der jeweiligen Gründungsgesellschaft verfügt.[256] Die Mindesteinbringungsquote ist für jede Gründungsgesellschaft gesondert festzusetzen und muss zwar jeweils über 50% der Stimmrechte liegen, aber nicht übereinstimmen.[257] Art. 32 II SE-VO verlangt zudem – als Bestandteil des Gründungsplans –[258] die Erstattung eines **Gründungsberichts**. Die inhaltlichen Anforderungen an den Gründungsbericht entsprechen denen des Verschmelzungsberichts.[259] Auch hier dient der Bericht der Information der Gesellschafter der an der Gründung der Holding-SE beteiligten Gesellschaften, damit diese auf einer gesicherten Informationsbasis über die Gründung der Holding-SE entscheiden können. Besonderheiten gegenüber dem Verschmelzungsbericht ergeben sich daraus, dass gemäß Art. 32 II 2 SE-VO im Gründungsbericht auch die Auswirkungen des Wechsels in die Rechtsform der SE für die Anteilsinhaber und die Arbeitnehmer darzustellen sind.[260]

AktG, 4. Aufl. 2017, Art. 32 SE-VO Rn. 23; *Casper* in: Spindler/Stilz (Hrsg.), AktG, 3. Aufl. 2015, Art. 32 SE-VO Rn. 16.

252 Ausgenommen sind lediglich der Zeitpunkt der Gewinnberechtigung gem. Art. 20 I 2 lit. d) SE-VO und der Verschmelzungsstichtag gem. Art. 20 I 2 lit. e) SE-VO.

253 Bei der Satzungsgestaltung sind zwei Besonderheiten zu beachten, die daraus resultieren, dass bei Aufstellung des Gründungsplans weder die Anzahl der eingebrachten Anteile noch die Identität der einbringenden Gesellschafter feststeht. Zum einen ist es vor diesem Hintergrund regelmäßig nicht möglich, die genaue Höhe des *Grundkapitals der SE* – wie im deutschen Recht von Art. 5 SE-VO iVm § 23 III Nr. 3 AktG gefordert – zu bestimmen. Zur Lösung dieses Problems wird von der hM (erstmals bei *Jannott* in: Jannott/Frodermann (Hrsg.), HdB der Europäischen Aktiengesellschaft, 2014, Kap. 3 Rn. 140; vgl. auch *Bayer* in: Lutter/Hommelhoff/Teichmann (Hrsg.), SE Kommentar, 2015, Art. 32 SE-VO Rn. 34b; *Casper* in: Spindler/Stilz (Hrsg.), AktG, 3. Aufl. 2015, Art. 32 SE-VO Rn. 10; *Temmel/Rahlmeyer* in: Kölner HdB GesR, 3. Aufl. 2017, Kap. 5 Rn. 162) die Festsetzung eines Mindestkapitals kombiniert mit einem variablen Kapitalerhöhungsbetrag vorgeschlagen. Danach korrespondiert das (mindestens EUR 120.000 betragende) Grundkapital mit der Summe der Mindesteinbringungsquote, da die Gründung nur bei Erreichen dieser Quote erfolgreich ist. Die Aktien der Holding-SE, die für den Umtausch der übrigen Gesellschaftsanteile benötigt werden, werden im Rahmen einer Kapitalerhöhung (variabler Erhöhungsbetrag mit Höchstgrenze) geschaffen. Zum anderen sind die gem. Art. 5 SE-VO iVm § 27 AktG in der Satzung der SE geforderten *Angaben zur Sacheinlage* problematisch, da diese ebenfalls zum Zeitpunkt der Aufstellung der Satzung noch nicht feststehen. Nach der hM (vgl. *Bayer* in: Lutter/Hommelhoff/Teichmann (Hrsg.), SE Kommentar, 2015, Art. 32 SE-VO Rn. 35; *Paefgen* in: Kölner Kommentar zum AktG, 3. Aufl. 2012, Art. 32 SE-VO Rn. 60; *Schäfer* in: MüKo AktG, 4. Aufl. 2017, Art. 32 SE-VO Rn. 15; *Stöber* AG 2013, 110, 117) genügt es, dass anstelle der konkreten Angaben über Einlagegegenstand und Inferenten aus der Satzung klar hervorgeht, dass das Grundkapital durch die Einbringung von Anteilen an den Gründungsgesellschaften gegen Gewährung von Aktien an der Holding-SE zu festgesetzten Bedingungen aufgebracht wird.

254 Hinsichtlich dieser Angaben kann grundsätzlich auf die obigen Ausführungen zum Inhalt des Verschmelzungsplans verwiesen werden (vgl. Rn. 26 ff.).

255 Die Verpflichtung zur Abgabe eines Barabfindungsangebots ist gem. § 9 SEAG auf Aktionäre einer Aktiengesellschaft beschränkt. Es gilt nicht für Gesellschafter einer GmbH oder UG.

256 Vgl. *Bayer* in: Lutter/Hommelhoff/Teichmann (Hrsg.), SE Kommentar, 2015, Art. 32 SE-VO Rn. 37.

257 Vgl. *Bayer* in: Lutter/Hommelhoff/Teichmann (Hrsg.), SE Kommentar, 2015, Art. 32 SE-VO Rn. 39; *Scholz* in: Habersack/Drinhausen (Hrsg.), SE-Recht mit grenzüberschreitender Verschmelzung, 2013, Art. 32 SE-VO Rn. 57; *Casper* in: Spindler/Stilz (Hrsg.), AktG, 3. Aufl. 2015, Art. 32 SE-VO Rn. 11; *Spitzbart* RNotZ 2006, 369, 404.

258 Der Gründungsbericht ist anders als bei der SE-Gründung durch Verschmelzung oder der SE-Gründung durch Umwandlung kein separates Dokument, sondern integraler Bestandteil des Gründungsplans; vgl. *Lutter/Bayer/Schmidt*, Europäisches Unternehmens- und Kapitalmarktrecht, 2017, Rn. 45.51.

259 Hinsichtlich der inhaltlichen Anforderungen des Gründungsberichts kann grundsätzlich auf die obigen Ausführungen zum Inhalt des Verschmelzungsberichts verwiesen werden (vgl. Rn. 40 ff.).

260 Streitig ist, ob der Gründungsbericht der deutschen Gründungsgesellschaft im Unterschied zum Verschmelzungsbericht der notariellen Beurkundung bedarf; so *Bayer* in: Lutter/Hommelhoff/Teichmann (Hrsg.), SE Kommentar, 2015, Art. 32 SE-VO Rn. 41; *Casper* in: Spindler/Stilz (Hrsg.), AktG, 3. Aufl. 2015, Art. 32 SE-VO Rn. 14; gegen das Erfordernis der notariellen Beurkundung *Scholz* in: Habersack/Drinhausen (Hrsg.), SE-Recht mit grenzüber-

Der Gründungsplan ist gemäß Art. 32 III SE-VO mindestens einen Monat vor der Hauptversammlung, die über die Gründung beschließt, **offenzulegen**. Ist an der Gründung der Holding-SE eine deutsche Gründungsgesellschaft beteiligt, erfolgt dies gemäß Art. 18 SE-VO iVm § 61 UmwG durch Einreichung zum Handelsregister. Dem Handelsregister vorgelegt werden muss nach hM dabei auch der Gründungsbericht.[261] Eine zusätzliche Zuleitung des Gründungsplans an den Betriebsrat der Gründungsgesellschaft ist – im Unterscheid zum Verschmelzungsbericht – nicht erforderlich.[262] Der Gründungsplan ist gemäß Art. 32 IV SE-VO durch **unabhängige Sachverständige zu prüfen**. Die Prüfung umfasst den gesamten Gründungsplan und damit auch den Gründungsbericht.[263] Dabei erstreckt sich die Prüfung auf die Richtigkeit und Vollständigkeit des Gründungsplans, nicht hingegen auf die Zweckmäßigkeit der Gründung der Holding-SE.[264] Der Schwerpunkt der Prüfung liegt auf der Angemessenheit des Umtauschverhältnisses und bei einer deutschen Gründungsgesellschaft auf der Angemessenheit der Barabfindung.[265] Über das Ergebnis der Prüfung ist ein schriftlicher Bericht zu erstellen, der von dem Prüfer zu unterzeichnen ist.[266] Gemäß Art. 32 IV SE-VO können die Gründungsgesellschaften die Prüfung jeweils getrennt oder gemeinsam durchführen lassen.[267] Ebenso wie bei der Prüfung des Verschmelzungsberichts ist die Prüfung des Gründungsplans entbehrlich, wenn alle Gesellschafter in notariell beurkundeter Form auf sie verzichten.[268] 70

Gemäß Art. 32 VI SE-VO muss die **Haupt- bzw. Gesellschafterversammlung** jeder Gründungsgesellschaft dem Gründungsplan und damit der Errichtung der Holding-SE **zustimmen**.[269] Einberufung, Vorbereitung und Durchführung der Hauptversammlung richten sich nach dem nationalen Recht der jeweiligen Gründungsgesellschaft; für eine Gründungsgesellschaft deutschen Rechts in der Rechtsform der AG gelten die §§ 121 ff. AktG, 71

---

schreitender Verschmelzung, 2013, Art. 32 SE-VO Rn. 39; *Paefgen* in: Kölner Kommentar zum AktG, 3. Aufl. 2012, Art. 32 SE-VO Rn. 81.

261 Vgl. *Scholz* in: Habersack/Drinhausen (Hrsg.), SE-Recht mit grenzüberschreitender Verschmelzung, 2013, Art. 32 SE-VO Rn. 73; *Jannott* in: Jannott/Frodermann (Hrsg.), HdB der Europäischen Aktiengesellschaft, 2014, Kap. 3 Rn. 150; wohl auch *Bayer* in: Lutter/Hommelhoff/Teichmann (Hrsg.), SE Kommentar, 2015, Art. 32 SE-VO Rn. 48; aA *Paefgen* in: Kölner Kommentar zum AktG, 3. Aufl. 2012, Art. 32 SE-VO Rn. 82; *Schäfer* in: MüKo AktG, 4. Aufl. 2017, Art. 32 SE-VO Rn. 22.

262 Vgl. *Scholz* in: Habersack/Drinhausen (Hrsg.), SE-Recht mit grenzüberschreitender Verschmelzung, 2013, Art. 32 SE-VO Rn. 75; *Schäfer* in: MüKo AktG, 4. Aufl. 2017, Art. 32 SE-VO Rn. 18; *Casper* in: Spindler/Stilz (Hrsg.), AktG, 3. Aufl. 2015, Art. 32 SE-VO Rn. 15; *Spitzbart* RNotZ 2006, 369, 407.

263 Vgl. *Scholz* in: Habersack/Drinhausen (Hrsg.), SE-Recht mit grenzüberschreitender Verschmelzung, 2013, Art. 32 SE-VO Rn. 77; *Schäfer* in: MüKo AktG, 4. Aufl. 2017, Art. 32 SE-VO Rn. 28; *Bayer* in: Lutter/Hommelhoff/Teichmann (Hrsg.), SE Kommentar, 2015, Art. 32 SE-VO Rn. 54.

264 Vgl. *Scholz* in: Habersack/Drinhausen (Hrsg.), SE-Recht mit grenzüberschreitender Verschmelzung, 2013, Art. 32 SE-VO Rn. 77; *Schäfer* in: MüKo AktG, 4. Aufl. 2017, Art. 32 SE-VO Rn. 28; *Bayer* in: Lutter/Hommelhoff/Teichmann (Hrsg.), SE Kommentar, 2015, Art. 32 SE-VO Rn. 54; *Casper* in: Spindler/Stilz (Hrsg.), AktG, 3. Aufl. 2015, Art. 32 SE-VO Rn. 18.

265 Vgl. *Scholz* in: Habersack/Drinhausen (Hrsg.), SE-Recht mit grenzüberschreitender Verschmelzung, 2013, Art. 32 SE-VO Rn. 77 f.; *Bayer* in: Lutter/Hommelhoff/Teichmann (Hrsg.), SE Kommentar, 2015, Art. 32 SE-VO Rn. 55 f.

266 Vgl. *Scholz* in: Habersack/Drinhausen (Hrsg.), SE-Recht mit grenzüberschreitender Verschmelzung, 2013, Art. 32 SE-VO Rn. 82; *Paefgen* in: Kölner Kommentar zum AktG, 3. Aufl. 2012, Art. 32 SE-VO Rn. 99; *Jannott* in: Jannott/Frodermann (Hrsg.), HdB der Europäischen Aktiengesellschaft, 2014, Kap. 3 Rn. 149.

267 Vgl. *Scholz* in: Habersack/Drinhausen (Hrsg.), SE-Recht mit grenzüberschreitender Verschmelzung, 2013, Art. 32 SE-VO Rn. 80; *Bayer* in: Lutter/Hommelhoff/Teichmann (Hrsg.), SE Kommentar, 2015, Art. 32 SE-VO Rn. 52; *Schäfer* in: MüKo AktG, 4. Aufl. 2017, Art. 32 SE-VO Rn. 27; *Casper* in: Spindler/Stilz (Hrsg.), AktG, 3. Aufl. 2015, Art. 32 SE-VO Rn. 18; Beurkundung: *Scholz* in: Habersack/Drinhausen (Hrsg.), SE-Recht mit grenzüberschreitender Verschmelzung, 2013, Art. 32 SE-VO Rn. 39; *Paefgen* in: Kölner Kommentar zum AktG, 3. Aufl. 2012, Art. 32 SE-VO Rn. 89 ff.

268 Vgl. *Scholz* in: Habersack/Drinhausen (Hrsg.), SE-Recht mit grenzüberschreitender Verschmelzung, 2013, Art. 32 SE-VO Rn. 84; *Paefgen* in: Kölner Kommentar zum AktG, 3. Aufl. 2012, Art. 32 SE-VO Rn. 101; *Temmel/Rahlmeyer* in: Kölner HdB GesR, 3. Aufl. 2017, Kap. 5 Rn. 165; aA *Jannott* in: Jannott/Frodermann (Hrsg.), HdB der Europäischen Aktiengesellschaft, 2014, Kap. 3 Rn. 149.

269 Vgl. dazu die rechtspolitische Kritik an Art. 36 VI SE-VO bei *Scheifele*, Die Gründung der Europäischen Aktiengesellschaft (SE), 2004, S. 334, der darauf hinweist, dass kein besonderes Schutzbedürfnis der Anteilsinhaber erkennbar sei, da die Gründungsgesellschaften fortbestehen, kein Gesellschaftsvermögen in die Holding-SE übertragen werde und auch kein Gesellschafter gezwungen sei, seine Anteile in Aktien der Holding-SE umzutauschen; ähnlich *Thoma/Leuering* NJW 2002, 1449, 1453; *Schäfer* in: MüKo AktG, 4. Aufl. 2017, Art. 32 SE-VO Rn. 32, wonach die Rechtfertigung für die Hauptversammlungskompetenz „nicht ganz unproblematisch" sei.

im Falle der GmbH die §§ 48 ff. GmbHG.[270] Bei der AG ist zu beachten, dass analog[271] Art. 18 SE-VO iVm § 63 I UmwG mindestens einen Monat vor der Hauptversammlung der Gründungsplan, der Bericht zur Prüfung des Gründungsplans sowie die Jahresabschlüsse inklusive der Lageberichte der Gründungsgesellschaften der letzten drei Geschäftsjahre in den Geschäftsräumen der Gründungsgesellschaft zur Einsicht der Aktionäre auszulegen sind; auf Verlangen ist jedem Aktionär analog Art. 18 SE-VO iVm § 63 III UmwG unverzüglich und kostenlos eine Abschrift der vorgenannten Unterlagen zu erteilen oder diese analog Art. 18 SE-VO iVm § 63 IV UmwG über die Internetseite der Gründungsgesellschaft zugänglich zu machen. Bei der GmbH sind den Gesellschaftern analog Art. 18 SE-VO iVm § 47 UmwG der Gründungsplan und der Bericht zur Prüfung des Gründungsplans zusammen mit der Einladung zur Gesellschafterversammlung zuzusenden; daneben sind analog Art. 18 SE-VO iVm § 49 II UmwG die Jahresabschlüsse sowie die Lageberichte der Gründungsgesellschaften der letzten drei Geschäftsjahre in den Geschäftsräumen auszulegen. Gemäß § 10 I 1 SEAG bedarf der Zustimmungsbeschluss einer deutschen Gründungsgesellschaft in der Rechtsform der AG einer Mehrheit von mindestens drei Vierteln des bei der Beschlussfassung vertretenen Grundkapitals, während bei der GmbH bzw. UG eine Mehrheit von mindestens drei Vierteln der abgegebenen Stimmen erforderlich ist. Der Zustimmungsbeschluss bedarf nach hM sowohl bei der AG als auch bei der GmbH bzw. UG der notariellen Beurkundung.[272] Wie bei der Zustimmung zum Verschmelzungsbeschluss zur Gründung einer SE kann sich die Haupt- bzw. Gesellschafterversammlung gemäß Art. 32 VI 3 SE-VO das Recht vorbehalten, die Eintragung der SE von der Genehmigung der Vereinbarung zur Arbeitnehmerbeteiligung durch die Haupt- bzw. Gesellschafterversammlung abhängig zu machen, wobei auch in diesem Zusammenhang die Befugnis zur Genehmigung nicht auf ein anderes Organ delegiert werden kann, so dass dem Genehmigungsvorbehalt in der Praxis (zumindest bei der AG) wenig Relevanz zukommen sollte.

b) Anteilstausch

72 Der Anteilstausch vollzieht sich in **zwei Phasen**.[273] Zunächst haben die Anteilsinhaber der Gründungsgesellschaften gemäß Art. 33 I 1 SE-VO **drei Monate** Zeit, um der jeweiligen Gründungsgesellschaft mitzuteilen, ob sie beabsichtigen, ihre Gesellschaftsanteile bei der Gründung der Holding-SE einzubringen. Die Frist beginnt dabei gemäß Art. 33 I 2 SE-VO, sobald die Haupt- bzw. Gesellschafterversammlungen der Gründungsgesellschaften ihre Zustimmungsbeschlüsse gefasst haben, wobei nach der hM diesbezüglich für sämtliche Gründungsgesellschaften **einheitlich** auf den **Zeitpunkt der letzten Beschlussfassung** abzustellen ist.[274] Die Drei-Mo-

---

270 Vgl. *Scholz* in: Habersack/Drinhausen (Hrsg.), SE-Recht mit grenzüberschreitender Verschmelzung, 2013, Art. 32 SE-VO Rn. 86; *Bayer* in: Lutter/Hommelhoff/Teichmann (Hrsg.), SE Kommentar, 2015, Art. 32 SE-VO Rn. 60; *Schäfer* in: MüKo AktG, 4. Aufl. 2017, Art. 32 SE-VO Rn. 33; *Casper* in: Spindler/Stilz (Hrsg.), AktG, 3. Aufl. 2015, Art. 32 SE-VO Rn. 20; *Spitzbart* RNotZ 2006, 369, 408.

271 Da die §§ 121 ff. AktG bzw. §§ 48 GmbHG bestimmte Bereiche nicht bzw. nur unvollständig regeln (zB Auslegung von Unterlagen), greift die hM diesbezüglich auf die entsprechenden Vorschriften des Umwandlungsgesetzes (dh §§ 63 f. UmwG bzw. §§ 47, 49 UmwG) zurück; vgl. *Scholz* in: Habersack/Drinhausen (Hrsg.), SE-Recht mit grenzüberschreitender Verschmelzung, 2013, Art. 32 SE-VO Rn. 87; *Schäfer* in: MüKo AktG, 4. Aufl. 2017, Art. 32 SE-VO Rn. 33; *Paefgen* in: Kölner Kommentar zum AktG, 3. Aufl. 2012, Art. 32 SE-VO Rn. 112; *Jannott* in: Jannott/Frodermann (Hrsg.), HdB der Europäischen Aktiengesellschaft, 2014, Kap. 3 Rn. 153 ff.; *Teichmann* ZGR 2002, 383, 434.

272 Vgl. *Scholz* in: Habersack/Drinhausen (Hrsg.), SE-Recht mit grenzüberschreitender Verschmelzung, 2013, Art. 32 SE-VO Rn. 95; *Bayer* in: Lutter/Hommelhoff/Teichmann (Hrsg.), SE Kommentar, 2015, Art. 32 SE-VO Rn. 70; *Schäfer* in: MüKo AktG, 4. Aufl. 2017, Art. 32 SE-VO Rn. 34; *Paefgen* in: Kölner Kommentar zum AktG, 3. Aufl. 2012, Art. 32 SE-VO Rn. 113; aA *Jannott* in: Jannott/Frodermann (Hrsg.), HdB der Europäischen Aktiengesellschaft, 2014, Kap. 3 Rn. 162, der beim Gesellschafterbeschluss der GmbH Schriftform für ausreichend hält.

273 Vgl. *Bayer* in: Lutter/Hommelhoff/Teichmann (Hrsg.), SE Kommentar, 2015, Art. 33 SE-VO Rn. 2; *Lutter/Bayer/Schmidt*, Europäisches Unternehmens- und Kapitalmarktrecht, 2017, Rn. 45.55; *Casper* in: Spindler/Stilz (Hrsg.), AktG, 3. Aufl. 2015, Art. 33 SE-VO Rn. 1; *Paefgen* in: Kölner Kommentar zum AktG, 3. Aufl. 2012, Art. 33 SE-VO Rn. 2; ähnlich *Schäfer* in: MüKo AktG, 4. Aufl. 2017, Art. 33 SE-VO Rn. 1; *Scholz* in: Habersack/Drinhausen (Hrsg.), SE-Recht mit grenzüberschreitender Verschmelzung, 2013, Art. 33 SE-VO Rn. 2; *Jannott* in: Jannott/Frodermann (Hrsg.), HdB der Europäischen Aktiengesellschaft, 2014, Kap. 3 Rn. 166, die von „zwei Stufen" sprechen.

274 Vgl. *Bayer* in: Lutter/Hommelhoff/Teichmann (Hrsg.), SE Kommentar, 2015, Art. 33 SE-VO Rn. 13; *Casper* in: Spindler/Stilz (Hrsg.), AktG, 3. Aufl. 2015, Art. 33 SE-VO Rn. 3; *Scholz* in: Habersack/Drinhausen (Hrsg.), SE-Recht mit grenzüberschreitender Verschmelzung, 2013, Art. 33 SE-VO Rn. 19; *Schäfer* in: MüKo AktG, 4. Aufl. 2017, Art. 33 SE-VO Rn. 4; *Paefgen* in: Kölner Kommentar zum AktG, 3. Aufl. 2012, Art. 33 SE-VO Rn. 28; *Brandes* AG 2005, 177, 186; aA *Jannott* in: Jannott/Frodermann (Hrsg.), HdB der Europäischen Aktiengesellschaft, 2014, Kap. 3 Rn. 173; *Spitzbart* RNotZ 2006, 369, 408, wonach die Frist für die jeweiligen Gründungsgesellschaften separat läuft.

nats-Frist ist zwingend, so dass weder eine Verkürzung noch eine Verlängerung in Betracht kommt.[275] Entgegen dem Wortlaut in Art. 33 I SE-VO handelt es sich bei der Mitteilung der Einbringungsabsicht um eine **rechtsverbindliche Erklärung** der Gesellschafter der Gründungsgesellschaften, mit der diese nach der hM die Übertragung ihrer Anteile an der jeweiligen Gründungsgesellschaft anbieten.[276] Umstritten ist, ob innerhalb der Drei-Monats-Frist bereits der Abschluss der schuldrechtlichen Vereinbarung über die Einbringung der Anteile an den Gründungsgesellschaften ausreicht oder ob diese auch dinglich vollzogen werden muss.[277] In der Praxis empfiehlt es sich, sicherheitshalber **schuldrechtliches und dingliches Rechtsgeschäft** zu verbinden und Letzteres unter der aufschiebenden Bedingung des Erreichens der Mindesteinbringungsquoten, da ohne Vorliegen dieser Voraussetzungen die Holding-SE gemäß Art. 33 II SE-VO nicht zur Entstehung gelangen kann.[278] Die **Formvorschriften** hinsichtlich der Einbringungsverträge richten sich nach dem jeweils für die Gründungsgesellschaften anwendbaren nationalen Recht.[279] Bei der Übertragung von GmbH-Anteilen ist gemäß § 15 III bzw. IV GmbHG die notarielle Beurkundung erforderlich; bei der Übertragung von Aktien sollte die Vereinbarung zu Nachweiszwecken im Rahmen des Eintragungsverfahrens schriftlich getroffen werden, obwohl Verfügungen über Aktien einer AG deutschen Rechts grundsätzlich formfrei möglich sind.[280]

Wird innerhalb der Drei-Monats-Frist für jede Gründungsgesellschaft die Mindesteinbringungsquote erreicht, 73
ist dies und die Tatsache, dass alle übrigen Bedingungen für die Gründung der Holding-SE erfüllt sind, gemäß Art. 33 III 1 SE-VO **offenzulegen.** Die Offenlegung erfolgt für jede Gründungsgesellschaft separat[281] und setzt eine **weitere Frist von einem Monat** in Gang, in der diejenigen Gesellschafter der Gründungsgesellschaften, die sich innerhalb der ersten Einbringungsfrist gemäß Art. 33 I SE-VO nicht zur Einbringung ihrer Anteile an den jeweiligen Gründungsgesellschaften entschließen konnten, die Gelegenheit erhalten, dies nachzuholen. Erst mit Ablauf dieser sog **Zaunkönigphase**[282] steht die endgültige Höhe des Grundkapitals fest.[283]

Gemäß Art. 33 IV SE-VO erhalten diejenigen Gesellschafter, die ihre Anteile an den Gründungsgesellschaften 74
im Hinblick auf die Gründung der Holding-SE einbringen, **Aktien der Holding-SE.** Wie der Anteilserwerb erfolgt, regelt die SE-VO nicht. Nach der hM vollzieht sich der Anteilserwerb durch die Eintragung der Holding-SE auf Grundlage von Zeichnungsverträgen zwischen den jeweils zum Anteilstausch berechtigten Gesellschaftern der Gründungsgesellschaften und der Holding-SE.[284] In der Praxis wird die Übernahme der Aktien der Holding-SE durch die Gesellschafter der Gründungsgesellschaften regelmäßig gemeinsam mit dem Einbringungsvertrag erklärt.[285]

---

275 Vgl. *Bayer* in: Lutter/Hommelhoff/Teichmann (Hrsg.), SE Kommentar, 2015, Art. 33 SE-VO Rn. 14; *Scholz* in: Habersack/Drinhausen (Hrsg.), SE-Recht mit grenzüberschreitender Verschmelzung, 2013, Art. 33 SE-VO Rn. 21.

276 So *Bayer* in: Lutter/Hommelhoff/Teichmann (Hrsg.), SE Kommentar, 2015, Art. 33 SE-VO Rn. 10; *Casper* in: Spindler/Stilz (Hrsg.), AktG, 3. Aufl. 2015, Art. 33 SE-VO Rn. 4; *Schäfer* in: MüKo AktG, 4. Aufl. 2017, Art. 33 SE-VO Rn. 6; aA *Paefgen* in: Kölner Kommentar zum AktG, 3. Aufl. 2012, Art. 33 SE-VO Rn. 28; *Schwarz*, SE-VO, 2006, Art. 33 SE-VO Rn. 18, die von einer *Annahme* eines bereits im Gründungsplan enthaltenen Angebots ausgehen.

277 Nach hM genügt die schuldrechtliche Vereinbarung über die Übertragung der Anteile; vgl. *Bayer* in: Lutter/Hommelhoff/Teichmann (Hrsg.), SE Kommentar, 2015, Art. 33 SE-VO Rn. 16; *Schäfer* in: MüKo AktG, 4. Aufl. 2017, Art. 33 SE-VO Rn. 6; *Casper* in: Spindler/Stilz (Hrsg.), AktG, 3. Aufl. 2015, Art. 33 SE-VO Rn. 7; *Schwarz*, SE-VO, 2006, Art. 33 SE-VO Rn. 19; *Scholz* in: Habersack/Drinhausen (Hrsg.), SE-Recht mit grenzüberschreitender Verschmelzung, 2013, Art. 33 SE-VO Rn. 25; *Brandes* AG 2005, 177, 186. Für die Erforderlichkeit der dinglichen Übertragung *Schröder* in: Manz/Mayer/Schröder (Hrsg.), SE Europäische Aktiengesellschaft, 2010, Art. 33 SE-VO Rn. 4; *Jannott* in: Jannott/Frodermann (Hrsg.), HdB der Europäischen Aktiengesellschaft, 2014, Kap. 3 Rn. 168.

278 So auch *Temmel/Rahlmeyer* in: Kölner HdB GesR, 3. Aufl. 2017, Kap. 5 Rn. 172.

279 Vgl. *Scholz* in: Habersack/Drinhausen (Hrsg.), SE-Recht mit grenzüberschreitender Verschmelzung, 2013, Art. 33 SE-VO Rn. 22; *Jannott* in: Jannott/Frodermann (Hrsg.), HdB der Europäischen Aktiengesellschaft, 2014, Kap. 3 Rn. 169.

280 Ebenso *Scholz* in: Habersack/Drinhausen (Hrsg.), SE-Recht mit grenzüberschreitender Verschmelzung, 2013, Art. 33 SE-VO Rn. 22; *Jannott* in: Jannott/Frodermann (Hrsg.), HdB der Europäischen Aktiengesellschaft, 2014, Kap. 3 Rn. 169; *Paefgen* in: Kölner Kommentar zum AktG, 3. Aufl. 2012, Art. 33 SE-VO Rn. 35.

281 Vgl. *Bayer* in: Lutter/Hommelhoff/Teichmann (Hrsg.), SE Kommentar, 2015, Art. 33 SE-VO Rn. 32; *Scholz* in: Habersack/Drinhausen (Hrsg.), SE-Recht mit grenzüberschreitender Verschmelzung, 2013, Art. 33 SE-VO Rn. 34; *Paefgen* in: Kölner Kommentar zum AktG, 3. Aufl. 2012, Art. 33 SE-VO Rn. 56; *Casper* in: Spindler/Stilz (Hrsg.), AktG, 3. Aufl. 2015, Art. 33 SE-VO Rn. 13.

282 So *Bayer* in: Lutter/Hommelhoff/Teichmann (Hrsg.), SE Kommentar, 2015, Art. 33 SE-VO Rn. 30; *Lutter/Bayer/Schmidt*, Europäisches Unternehmens- und Kapitalmarktrecht, 2017, Rn. 45.55.

283 Vgl. *Jannott* in: Jannott/Frodermann (Hrsg.), HdB der Europäischen Aktiengesellschaft, 2014, Kap. 3 Rn. 177; *Temmel/Rahlmeyer* in: Kölner HdB GesR, 3. Aufl. 2017, Kap. 5 Rn. 174.

284 Vgl. *Schäfer* in: MüKo AktG, 4. Aufl. 2017, Art. 33 SE-VO Rn. 12; *Paefgen* in: Kölner Kommentar zum AktG, 3. Aufl. 2012, Art. 33 SE-VO Rn. 61; *Jannott* in: Jannott/Frodermann (Hrsg.), HdB der Europäischen Aktiengesellschaft, 2014, Kap. 3 Rn. 170.

285 So auch *Temmel/Rahlmeyer* in: Kölner HdB GesR, 3. Aufl. 2017, Kap. 5 Rn. 172.

c) (Sach-)Gründungsverfahren nach nationalem Recht

75 Die Gründung einer Holding-SE gemäß Art. 32 ff. SE-VO ist eine Sachgründung. Gemäß Art. 15 I SE-VO sind daher stets die **Sachgründungsvorschriften** nach dem **Recht des Sitzstaates** der Holding-SE zu beachten.[286]

76 Hat die Holding-SE ihren Sitz in Deutschland, kommen die **§§ 30 ff. AktG** zur Anwendung. Die **Gründer der Holding-SE** im aktienrechtlichen Sinne sind die Gründungsgesellschaften; die Verpflichtungen aus §§ 30 ff. AktG treffen mithin sie – bzw. die Mitglieder der Leitungs- bzw. Verwaltungsorgane – und nicht ihre Gesellschafter.[287] Die Gründer haben gemäß Art. 15 I SE-VO iVm § 30 I AktG zunächst die **Mitglieder des ersten Aufsichtsrats** (bei dualistischem Leitungssystem) **bzw. des ersten Verwaltungsrats** (bei monistischem Leitungssystem) zu bestellen, wobei die Bestellung in der Praxis regelmäßig in der Satzung erfolgt.[288] In der konstituierenden Sitzung des Aufsichtsrats bzw. des Verwaltungsrats kommt es sodann zur Bestellung der Vorstandsmitglieder bzw. der geschäftsführenden Direktoren der SE. Der erste Abschlussprüfer ist ebenfalls gemäß Art. 15 I SE-VO iVm § 30 I AktG durch die Gründer zu bestellen.[289] Die Gründer der Holding-SE müssen gemäß Art. 15 I SE-VO iVm § 32 I AktG überdies einen schriftlichen **Gründungsbericht** erstellen.[290] Daneben bedarf es gemäß Art. 15 I SE-VO iVm § 33 AktG der internen sowie externen Gründungsprüfung. Die **interne Gründungsprüfung** führen in einer dualistisch strukturierten SE die Mitglieder des ersten Vorstands und Aufsichtsrats durch; in der monistisch strukturierten SE erfolgt die interne Gründungsprüfung durch den ersten Verwaltungsrat.[291] Die gemäß Art. 15 I SE-VO iVm § 33 II Nr. 4 AktG zusätzlich erforderliche **externe Gründungsprüfung** erfolgt durch einen oder mehrere vom Amtsgericht am Sitz der Holding-SE bestellte Prüfer. Der Prüfungsgegenstand der internen und externen Gründungsprüfung ist grundsätzlich identisch und bezieht sich gemäß Art. 15 I SE-VO iVm § 34 I AktG auf die Richtigkeit und Vollständigkeit der Angaben im Gründungsbericht. Gemäß Art. 15 I SE-VO iVm § 34 II AktG ist sowohl über die interne als auch über die externe Prüfung ein schriftlicher Prüfbericht zu erstellen.

d) Beteiligung der Arbeitnehmer

77 Auch bei der Gründung einer Holding-SE sollten die Arbeitnehmer **möglichst frühzeitig** beteiligt werden. Dies liegt daran, dass die SE gemäß Art. 12 II SE-VO erst eingetragen werden kann, wenn das Arbeitnehmerbeteiligungsverfahren abgeschlossen ist, und das Verfahren über die Beteiligung der Arbeitnehmer – wie bereits dargelegt –[292] unter Umständen mehrere Monate dauern kann. Nach welchem Recht sich die Arbeitnehmerbeteiligung im Rahmen des Gründungsverfahrens richtet, hängt gemäß Art. 6 SE-Beteiligungsrichtlinie vom Sitz der

286 Vgl. *Scholz* in: Habersack/Drinhausen (Hrsg.), SE-Recht mit grenzüberschreitender Verschmelzung, 2013, Art. 33 SE-VO Rn. 38; *Bayer* in: Lutter/Hommelhoff/Teichmann (Hrsg.), SE Kommentar, 2015, Art. 33 SE-VO Rn. 38; *Schäfer* in: MüKo AktG, 4. Aufl. 2017, Art. 33 SE-VO Rn. 36; *Paefgen* in: Kölner Kommentar zum AktG, 3. Aufl. 2012, Art. 33 SE-VO Rn. 81.

287 Vgl. *Scholz* in: Habersack/Drinhausen (Hrsg.), SE-Recht mit grenzüberschreitender Verschmelzung, 2013, Art. 33 SE-VO Rn. 39; *Bayer* in: Lutter/Hommelhoff/Teichmann (Hrsg.), SE Kommentar, 2015, Art. 32 SE-VO Rn. 11; *Schröder* in: Manz/Mayer/Schröder (Hrsg.), SE Europäische Aktiengesellschaft, 2010, Art. 32 SE-VO Rn. 98; *Jannott* in: Jannott/Frodermann (Hrsg.), HdB der Europäischen Aktiengesellschaft, 2014, Kap. 3 Rn. 128; *Teichmann* ZGR 2003, 367, 393.

288 Ebenso *Temmel/Rahlmeyer* in: Kölner HdB GesR, 3. Aufl. 2017, Kap. 5 Rn. 170. Im Übrigen kann hier auf die obigen Erläuterungen zur Bestellung der Mitglieder des ersten Aufsichtsrats bzw. Verwaltungsrats verwiesen werden – vgl. Rn. 54 ff.

289 Da die Bestellung des ersten Abschlussprüfers gem. Art. 15 I SE-VO iVm § 30 I 2 AktG der notariellen Beurkundung bedarf, empfiehlt sich eine entsprechende Bestellung im Gründungsplan; vgl. *Jannott* in: Jannott/Frodermann (Hrsg.), HdB der Europäischen Aktiengesellschaft, 2014, Kap. 3 Rn. 165; *Temmel/Rahlmeyer* in: Kölner HdB GesR, 3. Aufl. 2017, Kap. 5 Rn. 171.

290 Nach der hM sind Gründungsbericht und -prüfung gem. §§ 32 ff. AktG bei der Gründung einer Holding-SE mit Sitz in Deutschland gem. § 75 II UmwG (analog) nicht entbehrlich; vgl. *Scholz* in: Habersack/Drinhausen (Hrsg.), SE-Recht mit grenzüberschreitender Verschmelzung, 2013, Art. 33 SE-VO Rn. 40; *Bayer* in: Lutter/Hommelhoff/Teichmann (Hrsg.), SE Kommentar, 2015, Art. 32 SE-VO Rn. 39; *Paefgen* in: Kölner Kommentar zum AktG, 3. Aufl. 2012, Art. 33 SE-VO Rn. 81 f.; aA *Jannott* in: Jannott/Frodermann (Hrsg.), HdB der Europäischen Aktiengesellschaft, 2014, Kap. 3 Rn. 178.

291 Vgl. *Scholz* in: Habersack/Drinhausen (Hrsg.), SE-Recht mit grenzüberschreitender Verschmelzung, 2013, Art. 33 SE-VO Rn. 47; *Paefgen* in: Kölner Kommentar zum AktG, 3. Aufl. 2012, Art. 33 SE-VO Rn. 86.

292 Vgl. hierzu die Ausführung zur Beteiligung der Arbeitnehmer bei der SE-Gründung durch Verschmelzung – Rn. 50 ff.

künftigen SE ab; soll diese ihren **Sitz in Deutschland** haben, bestimmt sich das Arbeitnehmerbeteiligungsverfahren primär[293] nach den **§§ 4 ff. SEBG.**[294]

e) Anmeldung, Rechtsmäßigkeitsprüfung und Eintragung

Die Gründung der Holding-SE ist schließlich bei der zuständigen Kontrollstelle zur Eintragung **anzumelden.** 78
Mangels spezieller Regelung in der SE-VO bestimmt sich die zuständige Kontrollstelle gemäß Art. 15 I SE-VO nach dem Recht des Sitzstaats der Holding-SE.[295] Die Anmeldung erfolgt gemäß Art. 15 I SE-VO iVm §§ 375, 376 FamFG, § 14 AktG beim Registergericht am Sitz der Holding-SE. Anmeldepflichtig sind die Gründer, dh die Gründungsgesellschaften, sowie sämtliche Mitglieder des Leitungs- und Aufsichtsorgans der Holding-SE.[296] Der Inhalt der Anmeldung ergibt sich aus Art. 15 I SE-VO iVm § 37 AktG.[297]

Im Unterschied zur SE-Gründung durch Verschmelzung sieht die SE-VO für die Gründung einer Holding-SE 79
keine zweistufige Rechtmäßigkeitskontrolle vor. Vielmehr prüft das zuständige Registergericht die Rechtmäßigkeit der Gründung umfassend. Gemäß Art. 33 V SE-VO darf die Holding-SE erst eingetragen werden, wenn die Formalitäten gemäß Art. 32 SE-VO[298] sowie die in Art. 33 II SE-VO genannten Voraussetzungen[299] nachweislich erfüllt sind. Da das Registergericht die Gründungsvoraussetzungen hiernach auch insoweit prüfen muss, als sie ausländischem Recht unterliegen, und dies praktisch kaum möglich erscheint, geht die hM davon aus, dass das Registergericht hinsichtlich der Einhaltung ausländischen Rechts lediglich eine Evidenzkontrolle durchführen muss.[300] In der Praxis sorgt die Negativerklärung gemäß § 10 II SEAG regelmäßig dafür, dass keine umfassende Prüfung ausländischen Rechts durch die Registergerichte erforderlich ist.[301] Gemäß § 10 II SEAG müssen die Vertretungsorgane der Holding-SE bei der Anmeldung erklären, dass eine Klage gegen die Wirksamkeit der Zustimmungsbeschlüsse der Haupt- bzw. Gesellschafterversammlung nicht oder nicht fristgemäß erhoben oder eine solche Klage rechtkräftig abgewiesen oder zurückgenommen worden ist. Wird eine solche Negativerklärung abgegeben, kann das Gericht von der Rechtmäßigkeit der Zustimmungsbeschlüsse ausgehen.[302]

Bei positiver Rechtmäßigkeitskontrolle trägt die zuständige Kontrollstelle die Holding-SE gemäß Art. 12 I 80
SE-VO in das **nationale Register** ein; die Eintragung einer Holding-SE mit Sitz in Deutschland erfolgt gemäß § 3 SEAG i.V.m § 3 III HRV in Abteilung B des Handelsregisters. Die Eintragung der Holding-SE erfolgt, wenn die Mindesteinbringungsquoten gemäß Art. 33 V SE-VO erfüllt sind; nach der hM soll dies sogar vor Ablauf der

293 Bestimmte Aspekte des Arbeitnehmerbeteiligungsverfahrens richten sich zwingend nach dem Recht der Mitgliedstaaten, in denen die zu beteiligenden Arbeitnehmer beschäftigt sind, zB Verfahren zur Wahl der Mitglieder des besonderen Verhandlungsgremiums; vgl. *Hohenstatt/Müller-Bonanni* in: Habersack/Drinhausen (Hrsg.), SE-Recht mit grenzüberschreitender Verschmelzung, 2013, § 3 SEBG Rn. 6.

294 Vgl. hierzu die Ausführung zur Beteiligung der Arbeitnehmer bei der SE-Gründung durch Verschmelzung – Rn. 50 ff.

295 Vgl. *Scholz* in: Habersack/Drinhausen (Hrsg.), SE-Recht mit grenzüberschreitender Verschmelzung, 2013, Art. 33 SE-VO Rn. 51; *Bayer* in: Lutter/Hommelhoff/Teichmann (Hrsg.), SE Kommentar, 2015, Art. 33 SE-VO Rn. 44; *Jannott* in: Jannott/Frodermann (Hrsg.), HdB der Europäischen Aktiengesellschaft, 2014, Kap. 3 Rn. 183.

296 Vgl. *Scholz* in: Habersack/Drinhausen (Hrsg.), SE-Recht mit grenzüberschreitender Verschmelzung, 2013, Art. 33 SE-VO Rn. 52; *Bayer* in: Lutter/Hommelhoff/Teichmann (Hrsg.), SE Kommentar, 2015, Art. 33 SE-VO Rn. 51; *Schwarz*, SE-VO, 2006, Art. 33 SE-VO Rn. 36; *Schröder* in: Manz/Mayer/Schröder (Hrsg.), SE Europäische Aktiengesellschaft, 2010, Art. 33 SE-VO Rn. 41.

297 Der Inhalt der Anmeldung wird bei einer monistischen SE mit Sitz in Deutschland durch § 21 II SEAG modifiziert; vgl. *Bayer* in: Lutter/Hommelhoff/Teichmann (Hrsg.), SE Kommentar, 2015, Art. 33 SE-VO Rn. 52; *Schwarz*, SE-VO, 2006, Art. 33 SE-VO Rn. 36; *Vossius* ZIP 2005, 741, 746.

298 Die Formalitäten, die gem. Art. 32 SE-VO einzuhalten sind, umfassen (i) Erstellung und Offenlegung des Gründungsplans, (ii) Durchführung der Gründungsprüfung sowie (iii) Einholung der Zustimmungsbeschlüsse der Haupt- bzw. Gesellschafterversammlungen der Gründungsgesellschaften; vgl. Aufstellung bei *Bayer* in: Lutter/Hommelhoff/Teichmann (Hrsg.), SE Kommentar, 2015, Art. 33 SE-VO Rn. 46.

299 Zu den in Art. 33 II SE-VO genannten Voraussetzungen gehören neben dem Erreichen der Mindestquote während der Drei-Monats-Frist gem. Art. 33 II SE-VO die Erfüllung aller übrigen Bedingungen, womit insbesondere auch die sich aus dem jeweiligen nationalen Recht ergebenden Anforderungen gemeint sind; vgl. *Bayer* in: Lutter/Hommelhoff/Teichmann (Hrsg.), SE Kommentar, 2015, Art. 33 SE-VO Rn. 47.

300 Vgl. *Scholz* in: Habersack/Drinhausen (Hrsg.), SE-Recht mit grenzüberschreitender Verschmelzung, 2013, Art. 33 SE-VO Rn. 56; *Bayer* in: Lutter/Hommelhoff/Teichmann (Hrsg.), SE Kommentar, 2015, Art. 33 SE-VO Rn. 48; *Paefgen* in: Kölner Kommentar zum AktG, 3. Aufl. 2012, Art. 33 SE-VO Rn. 104.

301 Vgl. *Scholz* in: Habersack/Drinhausen (Hrsg.), SE-Recht mit grenzüberschreitender Verschmelzung, 2013, Art. 33 SE-VO Rn. 56; *Bayer* in: Lutter/Hommelhoff/Teichmann (Hrsg.), SE Kommentar, 2015, Art. 33 SE-VO Rn. 48; *Teichmann* in: MüHdB GesR, Bd. 6, 4. Aufl. 2013, § 49 Rn. 43.

302 Vgl. *Scholz* in: Habersack/Drinhausen (Hrsg.), SE-Recht mit grenzüberschreitender Verschmelzung, 2013, Art. 33 SE-VO Rn. 56; *Bayer* in: Lutter/Hommelhoff/Teichmann (Hrsg.), SE Kommentar, 2015, Art. 33 SE-VO Rn. 48; *Schäfer* in: MüKo AktG, 4. Aufl. 2017, Art. 33 SE-VO Rn. 26; *Paefgen* in: Kölner Kommentar zum AktG, 3. Aufl. 2012, Art. 33 SE-VO Rn. 111.

einmonatigen Nachfrist möglich sein.[303] Mit Eintragung der Holding-SE erwirbt diese gemäß Art. 16 I SE-VO Rechtspersönlichkeit und werden die Gesellschafter der Gründungsgesellschaften, die ihre Beteiligungen in die Holding-SE eingebracht haben, gemäß Art. 33 IV SE-VO Aktionäre der SE.

3. Schutz der Minderheitsgesellschafter

81 Gemäß Art. 34 SE-VO sind die Mitgliedstaaten ermächtigt, Vorschriften zum Schutz der die Gründung einer Holding-SE ablehnenden Minderheitsgesellschafter, Gläubiger und Arbeitnehmer zu erlassen. Anders als bei der SE-Gründung durch Verschmelzung hat der deutsche Gesetzgeber bei Gründung einer Holding-SE **kein Bedürfnis für Schutzvorschriften** zugunsten von **Gläubigern** und **Arbeitnehmern** gesehen.[304] Zugunsten der Minderheitsgesellschafter sehen die §§ 9, 11 SEAG ein ähnliches Schutzsystem wie bei der SE-Gründung durch Verschmelzung vor. Auch bei der Gründung einer Holding-SE können etwaige Anfechtungsklagen von Minderheitsgesellschaftern der deutschen Gründungsgesellschaften gemäß § 11 II SE-VO iVm § 6 I SEAG nicht darauf gestützt werden, dass das **Umtauschverhältnis der Aktien** nicht angemessen ist. Vielmehr ist diese Frage gemäß Art. 11 II SE-VO iVm § 6 IV SE-VO im Rahmen des **Spruchverfahrens** zu klären.[305] Ähnliches gilt für das **Barabfindungsangebot** gemäß § 9 SEAG. Auch hier kann eine etwaige Anfechtungsklage nicht darauf gestützt werden, dass die Barabfindung zu niedrig bemessen oder im Gründungsplan nicht oder nicht ordnungsgemäß angeboten worden ist (§ 9 II SEAG iVm § 7 V SEAG); auch hier ist die Frage der Angemessenheit im Rahmen eines Spruchverfahrens zu klären.[306] Wie bei der SE-Gründung durch Verschmelzung besteht die Barabfindungspflicht für den Fall, dass die Holding-SE ihren Sitz im Ausland hat. Darüber hinaus besteht ein entsprechender Anspruch auf Barabfindung gemäß § 9 I 1 SEAG aber auch, wenn die Holding-SE ihrerseits abhängig im Sinne des § 17 AktG ist. Im Unterschied zum Barabfindungsangebot bei der SE-Gründung durch Verschmelzung ist dieses bei der Gründung einer Holding-SE auf bestimmte Gesellschafter – auf die Aktionäre von Gründungsgesellschaften in der Rechtsform der AG – beschränkt.[307]

IV. Primäre Gründung einer Tochter-SE

82 **Wesentlich beliebter** als die Gründung einer Holding-SE ist in der Praxis die Gründung einer gemeinsamen Tochter-SE.[308] Im Unterschied zur Gründung einer Holding-SE errichten die Gründer dabei keine Mutter-, son-

303 Vgl. *Schäfer* in: MüKo AktG, 4. Aufl. 2017, Art. 33 SE-VO Rn. 19; *Casper* in: Spindler/Stilz (Hrsg.), AktG, 3. Aufl. 2015, Art. 33 SE-VO Rn. 15; *Jannott* in: Jannott/Frodermann (Hrsg.), HdB der Europäischen Aktiengesellschaft, 2014, Kap. 3 Rn. 188; *Teichmann* ZGR 2002, 383, 437, aA *Bayer* in: Lutter/Hommelhoff/Teichmann (Hrsg.), SE Kommentar, 2015, Art. 33 SE-VO Rn. 37; *Paefgen* in: Kölner Kommentar zum AktG, 3. Aufl. 2012, Art. 33 SE-VO Rn. 76, die eine Eintragung erst nach Ablauf der Nachfrist zulassen wollen. Nach Auffassung von *Schwarz*, SE-VO, 2006, Art. 33 SE-VO Rn. 49 und *Spitzbart* RNotZ 2006, 369, 409 soll eine Eintragung sogar während der Drei-Monats-Frist möglich sein, wenn die Mindestquote bereits vor deren Ablauf erreicht wurde.

304 Diese Entscheidung des Gesetzgebers ist nachvollziehbar, wenn man bedenkt, dass die Gründungsgesellschaften bei der Gründung einer Holding-SE unverändert fortbestehen. Ausreichenden Schutz im Hinblick auf die faktische Konzernierung durch Gründung einer Holding-SE sollte das jeweilige nationale Konzernrecht gewähren. Die Arbeitnehmer sind durch die Schutzvorschriften der SE-Beteiligungsrichtlinie sowie ihrer Umsetzung im SEBG hinreichend geschützt; vgl. *Schäfer* in: MüKo AktG, 4. Aufl. 2017, Art. 34 SE-VO Rn. 2; *Scholz* in: Habersack/Drinhausen (Hrsg.), SE-Recht mit grenzüberschreitender Verschmelzung, 2013, Art. 34 SE-VO Rn. 2; *Bayer* in: Lutter/Hommelhoff/Teichmann (Hrsg.), SE Kommentar, 2015, Art. 34 SE-VO Rn. 3 ff.; *Paefgen* in: Kölner Kommentar zum AktG, 3. Aufl. 2012, Art. 34 SE-VO Rn. 7.

305 Nach der hM ist Art. 25 III SE-VO auch im Falle der Gründung einer Holding-SE (analog) anwendbar; vgl. *Scholz* in: Habersack/Drinhausen (Hrsg.), SE-Recht mit grenzüberschreitender Verschmelzung, 2013, Art. 34 SE-VO Rn. 3; *Bayer* in: Lutter/Hommelhoff/Teichmann (Hrsg.), SE Kommentar, 2015, Art. 34 SE-VO Rn. 12; *Schäfer* in: MüKo AktG, 4. Aufl. 2017, Art. 34 SE-VO Rn. 4; *Jannott* in: Jannott/Frodermann (Hrsg.), HdB der Europäischen Aktiengesellschaft, 2014, Kap. 3 Rn. 192; *Teichmann* ZGR 2002, 383, 437. Ein Spruchverfahren ist damit auch bei der Gründung der Holding-SE nur dann eröffnet, wenn die Rechtsordnungen der anderen Gründungsgesellschaften ein vergleichbares Verfahren vorsehen oder die Haupt- bzw. Gesellschafterversammlungen der anderen Gründungsgesellschaften der Durchführung des Spruchverfahrens zustimmen.

306 Auch bei der Barabfindung ist Art. 25 III SE-VO nach der hM analog anzuwenden; vgl. *Scholz* in: Habersack/Drinhausen (Hrsg.), SE-Recht mit grenzüberschreitender Verschmelzung, 2013, Art. 34 SE-VO Rn. 3; *Bayer* in: Lutter/Hommelhoff/Teichmann (Hrsg.), SE Kommentar, 2015, Art. 34 SE-VO Rn. 12.

307 Die Berechtigung der Ungleichbehandlung zwischen AG und GmbH wird zu Recht in Zweifel gezogen von *Bayer* in: Lutter/Hommelhoff/Teichmann (Hrsg.), SE Kommentar, 2015, Art. 34 SE-VO Rn. 15; *Paefgen* in: Kölner Kommentar zum AktG, 3. Aufl. 2012, Art. 34 SE-VO Rn. 14; *Schröder* in: Manz/Mayer/Schröder (Hrsg.), SE Europäische Aktiengesellschaft, 2010, Art. 34 SE-VO Rn. 27.

308 Vgl. *Bayer/J. Schmidt* AG 2008, R 31 ff.; nach *Oechsler/Mihaylova* in: MüKo AktG, 4. Aufl. 2017, Art. 2 SE-VO Rn. 35 kommt die Gründung einer Tochter-SE „in der Praxis wohl am häufigsten vor", was ua daran liege, dass der Vorgang der Gründung einer Tochter-SE im Wesentlichen nach nationalem Recht erfolgt.

dern eine gemeinsame Tochtergesellschaft.[309] Die Gründung einer Tochter-SE erfolgt auf dem **herkömmlichen Weg einer Neugründung** – bei der Gründung einer deutschen Tochter-SE mithin durch Satzungsfeststellung, Zeichnung der Aktien und Leistung der Bar- oder Sacheinlagen.[310] Dabei setzt Art. 2 III SE-VO zwingend die Teilnahme von **mindestens zwei Gründern** voraus;[311] die Errichtung einer Tochter-SE durch einen einzigen Gründer ist gemäß Art. 3 II SE-VO der bereits bestehenden SE vorbehalten. Vor diesem Hintergrund ist auch die Gründung einer gemeinsamen Tochter-SE mit Sitz in Deutschland im Wege der **Spaltung durch Ausgliederung** (gemäß Art. 15 I SE-VO iVm § 123 III Nr. 2 UmwG) **nicht möglich**.[312] Dagegen spricht nicht nur, dass bei einer solchen Gründungsform nur ein Rechtsträger beteiligt wäre;[313] vielmehr ist die Gründung einer Tochter-SE gemäß Art. 2 III SE-VO nur „durch die Zeichnung ihrer Aktien" erlaubt, was einen gesetzlichen Erwerb wie im Falle der Spaltung ausschließt.[314]

1. Gründungsberechtigte Rechtsträger

Der Kreis der gründungsberechtigten Rechtsträger ist bei einer Gründung einer Tochter-SE im Vergleich zu den anderen SE-Gründungsformen **am weitesten** gefasst. Gründungsberechtigt sind gemäß Art. 2 III SE-VO nicht nur **sämtliche Gesellschaften im Sinne von Art. 54 AEUV**, sondern darüber hinaus auch **juristische Personen des öffentlichen oder privaten Rechts**. Erfasst sind damit alle zumindest teilrechtsfähigen Gesellschaften bürgerlichen Rechts, alle Handelsgesellschaften, Genossenschaften und sonstigen Personen des öffentlichen und privaten Rechts, einschließlich der Idealvereine und Stiftungen.[315] Gründungsberechtigt sind zudem auch Vorgesellschaften und Gesellschaften in Liquidation,[316] so dass im Ergebnis **allein natürliche Personen** von der Gründung einer Tochter-SE **ausgeschlossen** sind.[317] 83

An das **Mehrstaatlichkeitserfordernis** werden bei der Gründung einer Tochter-SE **dieselben Anforderungen** gestellt wie bei der Gründung einer **Holding-SE**.[318] Erforderlich ist gemäß Art. 2 III SE-VO, dass mindestens zwei Gründungsgesellschaften dem Recht eines anderen Mitgliedstaates unterliegen oder seit mindestens zwei Jahren eine dem Recht eines anderen Mitgliedstaates unterliegende Tochtergesellschaft oder ein Zweigniederlassung in einem anderen Mitgliedstaat haben. Die Gründungsgesellschaften können auch bei der Gründung einer Tochter-SE aus ein und demselben Mitgliedstaat stammen, sofern mindestens zwei von ihnen über eine **Tochtergesellschaft** bzw. **Zweigniederlassung** in einem anderen Mitgliedstaat verfügen, wobei nicht erforderlich ist, dass die beiden Tochtergesellschaften dem Recht unterschiedlicher Mitgliedstaaten unterliegen. Für das Mehrstaatlichkeitserfordernis gemäß Art. 2 III SE-VO genügt es, dass die Gründungsgesellschaften eine Tochtergesellschaft gemeinsam beherrschen. 84

---

309 Vgl. *Bayer* in: Lutter/Hommelhoff/Teichmann (Hrsg.), SE Kommentar, 2015, Art. 35 SE-VO Rn. 2; *Lutter/Bayer/Schmidt*, Europäisches Unternehmens- und Kapitalmarktrecht, 2017, Rn. 45.60.

310 Vgl. *Habersack* in: Habersack/Drinhausen (Hrsg.), SE-Recht mit grenzüberschreitender Verschmelzung, 2013, Art. 2 SE-VO Rn. 18; *Bayer* in: Lutter/Hommelhoff/Teichmann (Hrsg.), SE Kommentar, 2015, Art. 2 SE-VO Rn. 21; *Casper* in: Spindler/Stilz (Hrsg.), AktG, 3. Aufl. 2015, Art. 2/Art. 3 SE-VO Rn. 16; *Veil* in: Kölner Kommentar zum AktG, 3. Aufl. 2012, Art. 2 SE-VO Rn. 34; *Oechsler* NZG 2005, 697, 701.

311 Vgl. *Habersack* in: Habersack/Drinhausen (Hrsg.), SE-Recht mit grenzüberschreitender Verschmelzung, 2013, Art. 2 SE-VO Rn. 18; *Bayer* in: Lutter/Hommelhoff/Teichmann (Hrsg.), SE Kommentar, 2015, Art. 2 SE-VO Rn. 21; *Casper* in: Spindler/Stilz (Hrsg.), AktG, 3. Aufl. 2015, Art. 2/Art. 3 SE-VO Rn. 15; *Veil* in: Kölner Kommentar zum AktG, 3. Aufl. 2012, Art. 2 SE-VO Rn. 34.

312 Vgl. *Bayer* in: Lutter/Hommelhoff/Teichmann (Hrsg.), SE Kommentar, 2015, Art. 36 SE-VO Rn. 17; *Schäfer* in: MüKo AktG, 4. Aufl. 2017, Art. 35 SE-VO Rn. 4; *Oechsler/Mihaylova* in: MüKo AktG, 4. Aufl. 2017, Art. 2 SE-VO Rn. 39; *Schwarz*, SE-VO, 2006, Art. 36 SE-VO Rn. 23; *Paefgen* in: Kölner Kommentar zum AktG, 3. Aufl. 2012, Art. 36 SE-VO Rn. 17.

313 Vgl. *Bayer* in: Lutter/Hommelhoff/Teichmann (Hrsg.), SE Kommentar, 2015, Art. 36 SE-VO Rn. 17; *Paefgen* in: Kölner Kommentar zum AktG, 3. Aufl. 2012, Art. 36 SE-VO Rn. 17.

314 Vgl. *Schäfer* in: MüKo AktG, 4. Aufl. 2017, Art. 35 SE-VO Rn. 4; *Oechsler/Mihaylova* in: MüKo AktG, 4. Aufl. 2017, Art. 2 SE-VO Rn. 39.

315 Vgl. *Habersack* in: Habersack/Drinhausen (Hrsg.), SE-Recht mit grenzüberschreitender Verschmelzung, 2013, Art. 2 SE-VO Rn. 19; *Bayer* in: Lutter/Hommelhoff/Teichmann (Hrsg.), SE Kommentar, 2015, Art. 2 SE-VO Rn. 22; *Casper* in: Spindler/Stilz (Hrsg.), AktG, 3. Aufl. 2015, Art. 2/Art. 3 SE-VO Rn. 15; *Veil* in: Kölner Kommentar zum AktG, 3. Aufl. 2012, Art. 2 SE-VO Rn. 37; *Oechsler/Mihaylova* in: MüKo AktG, 4. Aufl. 2017, Art. 2 SE-VO Rn. 36.

316 Vgl. *Bayer* in: Lutter/Hommelhoff/Teichmann (Hrsg.), SE Kommentar, 2015, Art. 2 SE-VO Rn. 22; *Veil* in: Kölner Kommentar zum AktG, 3. Aufl. 2012, Art. 2 SE-VO Rn. 37; *Schwarz*, SE-VO, 2006, Art. 2 SE-VO Rn. 71.

317 So auch *Habersack* in: Habersack/Drinhausen (Hrsg.), SE-Recht mit grenzüberschreitender Verschmelzung, 2013, Art. 2 SE-VO Rn. 19; *Bayer* in: Lutter/Hommelhoff/Teichmann (Hrsg.), SE Kommentar, 2015, Art. 2 SE-VO Rn. 22.

318 Vgl. *Teichmann* in: MüHdB GesR, Bd. 6, 4. Aufl. 2013, § 49 Rn. 49; *Habersack* in: Habersack/Drinhausen (Hrsg.), SE-Recht mit grenzüberschreitender Verschmelzung, 2013, Art. 2 SE-VO Rn. 20; *Bayer* in: Lutter/Hommelhoff/Teichmann (Hrsg.), SE Kommentar, 2015, Art. 2 SE-VO Rn. 23.

2. Verfahrensablauf

85 Die SE-VO enthält – im Gegensatz zu früheren Entwürfen –[319] **keine eigenen Regelungen** zum Gründungsverfahren, sondern beschränkt sich auf Verweise auf das nationale Recht.[320] Im Hinblick auf das **Verfahren in den beteiligten Gründungsgesellschaften** finden gemäß Art. 36 SE-VO diejenigen nationalen Vorschriften Anwendung, die für die betreffende Gründungsgesellschaft gelten würden, wenn sie eine Aktiengesellschaft des betreffenden nationalen Rechts gründen würde.[321] Das **Gründungsverfahren auf Ebene der Tochter-SE** bestimmt sich gemäß Art. 15 I SE-VO nach dem Aktienrecht im Sitzstaat der (künftigen) Tochter-SE..[322] Für die Gründung einer gemeinsamen Tochter-SE mit Sitz in Deutschland gelten demgemäß die allgemeinen Gründungsvorschriften des deutschen Aktienrechts. Die einzelnen Gründungsschritte lassen sich wie folgt zusammenfassen:

a) Beteiligung der Arbeitnehmer

86 Auch bei der Gründung einer Tochter-SE sollten die Arbeitnehmer der Gründungsgesellschaften **möglichst frühzeitig**[323] an der Gründung beteiligt werden. Die Gründung der SE kann gemäß Art. 12 II SE-VO erst eingetragen werden, wenn das Arbeitnehmerbeteiligungsverfahren abgeschlossen ist, was – wie bereits dargelegt –[324] mehrere Monate dauern kann. Nach welchem Recht sich die Arbeitnehmerbeteiligung im Rahmen des Gründungsverfahrens richtet, hängt gemäß Art. 6 SE-Beteiligungsrichtlinie vom Sitz der (künftigen) SE ab; soll diese ihren **Sitz in Deutschland** haben, bestimmt sich das Arbeitnehmerbeteiligungsverfahren primär[325] nach den §§ 4 ff. SEBG.[326]

b) Feststellung der Satzung und Übernahme der Aktien

87 Wie bei Gründung einer deutschen AG, bestehen auch bei der Gründung einer Tochter-SE die ersten Gründungsschritte in der Feststellung der Satzung sowie der Übernahme der Aktien der SE durch die Gründer. Bei der **Satzungsgestaltung** sind neben den Vorgaben in § 23 II AktG bezüglich des Mindestinhalts die **Besonderheiten der SE-VO** zu beachten.[327] Das Grundkapital der SE muss mindestens EUR 120.000 betragen (Art. 4 II SE-VO), die Firma der Gesellschaft den Rechtsformzusatz „SE" enthalten (Art. 11 II SE-VO) und der Sitz der Gesellschaft sich am Ort der Hauptverwaltung befinden (Art. 7 SE-VO). Ferner ist in der Satzung neben den zustimmungspflichtigen Geschäften (Art. 48 I SE-VO) festzulegen, ob die SE eine monistische oder dualistische Organisationsverfassung haben soll (Art. 38 lit. b) SE-VO), wobei je nach Organisationsform die Zahl und Amtsdauer der Vorstands- oder Verwaltungsratsmitglieder der SE – bzw. die Regeln für deren Festsetzung – (Art. 39 IV SE-VO/Art. 40 III SE-VO bzw. Art. 43 II SE-VO) anzugeben ist. Das Protokoll über die Gründung der SE ist **notariell zu beurkunden** (§ 23 I 1 AktG). Mit der Übernahme der Aktien durch die Gründer im Gründungsprotokoll ist die SE gemäß § 29 AktG errichtet.

---

319 Eigenständige Regelungen zum Verfahren der Gründung einer Tochter-SE sahen zB die Art. 35-37 SE-VOV 1975 (BT-Drs. 7/3713, S. 30 ff.) vor.

320 Vgl. *Bayer* in: Lutter/Hommelhoff/Teichmann (Hrsg.), SE Kommentar, 2015, Art. 36 SE-VO Rn. 1; *Schäfer* in: MüKo AktG, 4. Aufl. 2017, Art. 35 SE-VO Rn. 3; *Lutter/Bayer/Schmidt*, Europäisches Unternehmens- und Kapitalmarktrecht, 2017, Rn. 45.60; *Jannott* in: Jannott/Frodermann (Hrsg.), HdB der Europäischen Aktiengesellschaft, 2014, Kap. 3 Rn. 202.

321 Vgl. *Bayer* in: Lutter/Hommelhoff/Teichmann (Hrsg.), SE Kommentar, 2015, Art. 36 SE-VO Rn. 4; *Schröder* in: Manz/Mayer/Schröder (Hrsg.), SE Europäische Aktiengesellschaft, 2010, Art. 36 SE-VO Rn. 4; *Schwarz*, SE-VO, 2006, Art. 36 SE-VO Rn. 4.

322 Vgl. *Scholz* in: Habersack/Drinhausen (Hrsg.), SE-Recht mit grenzüberschreitender Verschmelzung, 2013, Art. 36 SE-VO Rn. 1; *Bayer* in: Lutter/Hommelhoff/Teichmann (Hrsg.), SE Kommentar, 2015, Art. 36 SE-VO Rn. 8; *Schäfer* in: MüKo AktG, 4. Aufl. 2017, Art. 35 SE-VO Rn. 3.

323 Gem. Art. 4 II SEAG haben die Leitungs- bzw. Verwaltungsorgane der Gründungsgesellschaften die Arbeitnehmervertretungen „unverzüglich nach Offenlegung des Gründungsplans" zu informieren. Da im Rahmen der Gründung einer Tochter-SE kein Gründungsplan erstellt werden muss, bezieht sich die Informationspflicht auf die Vereinbarung der Gründergesellschaft, eine Tochter-SE zu gründen (zB Letter of Intent, Grundsatzvereinbarung etc); vgl. *Scholz* in: Habersack/Drinhausen (Hrsg.), SE-Recht mit grenzüberschreitender Verschmelzung, 2013, Art. 36 SE-VO Rn. 22.

324 Vgl. hierzu die Ausführung zur Beteiligung der Arbeitnehmer bei der SE-Gründung durch Verschmelzung – Rn. 50 ff.

325 Bestimmte Aspekte des Arbeitnehmerbeteiligungsverfahrens richten sich zwingend nach dem Recht der Mitgliedstaaten, in denen die zu beteiligenden Arbeitnehmer beschäftigt sind, zB Verfahren zur Wahl der Mitglieder des besonderen Verhandlungsgremiums; vgl. *Hohenstatt/Müller-Bonanni* in: Habersack/Drinhausen (Hrsg.), SE-Recht mit grenzüberschreitender Verschmelzung, 2013, § 3 SEBG Rn. 6.

326 Vgl. hierzu die Ausführung zur Beteiligung der Arbeitnehmer bei der SE-Gründung durch Verschmelzung – Rn. 50 ff.

327 Vgl. hierzu Rn. 33.

c) Bestellung der Organe der SE und des Abschlussprüfers

Daneben müssen die Gründer die **Mitglieder des ersten Aufsichts- bzw. Verwaltungsrats** der SE bestellen (Art. 40 II SE-VO/Art. 43 III SE-VO).[328] Die Bestellung kann in der Gründungssatzung oder in der ersten Hauptversammlung erfolgen und ist notariell zu beurkunden.[329] Ebenfalls notariell zu beurkunden ist gemäß § 30 I 2 AktG die Bestellung des **Abschlussprüfers** für das erste Geschäftsjahr durch die Gründer. Die **Vorstandsmitglieder** bzw. die **geschäftsführenden Direktoren** der Tochter-SE werden in der konstituierenden Sitzung des Aufsichtsrats bzw. des Verwaltungsrats bestellt. 88

d) Leistung der Einlagen

Die Gründung der Tochter-SE kann als **Bar- oder Sachgründung** erfolgen.[330] Die Leistung der Bareinlage muss gemäß § 36a I AktG zunächst mindestens ein Viertel des geringsten Ausgabebetrages und den vollen Betrag eines etwaigen Agios umfassen. Sacheinlagen sind gemäß § 27 I AktG in der Satzung offenzulegen, die Verträge über ihre Erbringung gemäß § 37 IV Nr. 2 AktG bei der Anmeldung der Tochter-SE zum Handelsregister einzureichen. 89

e) Gründungsbericht und Gründungsprüfung

Gemäß § 32 AktG haben die Gründer einen **schriftlichen Gründungsbericht** zu erstellen, der von allen Gründern eigenhändig zu unterzeichnen ist.[331] Daneben haben der Vorstand und der Aufsichtsrat bzw. der Verwaltungsrat der Tochter-SE gemäß § 33 I AktG den Hergang der **Gründung zu prüfen** und hierüber schriftlich Bericht zu erstatten.[332] In bestimmten Fällen, etwa bei der Sachgründung, ist zudem eine **externe Gründungsprüfung** durch sachverständige Prüfer durchzuführen.[333] 90

f) Anmeldung und Rechtmäßigkeitsprüfung

Sodann ist die Tochter-SE zur Eintragung in das Handelsregister anzumelden. Die Anmeldung erfolgt durch die **Gründer**, gemeinsam mit den **Vorstands- und Aufsichtsratsmitgliedern** der (dualistischen) Tochter-SE gemäß § 36 I AktG bzw. mit den **Verwaltungsratsmitgliedern** und den **geschäftsführenden Direktoren** der (monistischen) Tochter-SE gemäß § 21 I SEAG. Die Anmeldung erfolgt gemäß § 4 SEAG iVm §§ 376, 377 FamFG, § 14 AktG beim Registergericht am Sitz der Tochter-SE.[334] Der Inhalt der Anmeldung ergibt sich aus Art. 15 I SE-VO iVm § 37 AktG.[335] Das zuständige Registergericht prüft, ob die Tochter-SE ordnungsgemäß errichtet und angemeldet wurde.[336] Mit der Eintragung der Tochter-SE in das Handelsregister erlangt diese gemäß Art. 16 I SE-VO Rechtsfähigkeit und kann zB gemäß § 41 IV AktG Aktienurkunden ausgeben. 91

---

328 Vgl. hierzu Rn. 54 ff.

329 Vgl. *Scholz* in: Habersack/Drinhausen (Hrsg.), SE-Recht mit grenzüberschreitender Verschmelzung, 2013, Art. 36 SE-VO Rn. 24, der darauf hinweist, dass sich das Erfordernis der notariellen Beurkundung bei der Bestellung des ersten Verwaltungsrats mittelbar aus § 21 II 3 SEAG ergibt.

330 Vgl. *Bayer* in: Lutter/Hommelhoff/Teichmann (Hrsg.), SE Kommentar, 2015, Art. 36 SE-VO Rn. 21; *Schäfer* in: MüKo AktG, 4. Aufl. 2017, Art. 35 SE-VO Rn. 4; *Schwarz*, SE-VO, 2006, Art. 36 SE-VO Rn. 21; *Paefgen* in: Kölner Kommentar zum AktG, 3. Aufl. 2012, Art. 36 SE-VO Rn. 19.

331 Vgl. *Scholz* in: Habersack/Drinhausen (Hrsg.), SE-Recht mit grenzüberschreitender Verschmelzung, 2013, Art. 36 SE-VO Rn. 28; *Bayer* in: Lutter/Hommelhoff/Teichmann (Hrsg.), SE Kommentar, 2015, Art. 36 SE-VO Rn. 22.

332 Im monistischen System ist der Gründungsbericht gem. § 21 III SEAG allein vom Verwaltungsrat zu erstellen. So *Scholz* in: Habersack/Drinhausen (Hrsg.), SE-Recht mit grenzüberschreitender Verschmelzung, 2013, Art. 36 SE-VO Rn. 30; *Paefgen* in: Kölner Kommentar zum AktG, 3. Aufl. 2012, Art. 36 SE-VO Rn. 23; *Jannott* in: Jannott/Frodermann (Hrsg.), HdB der Europäischen Aktiengesellschaft, 2014, Kap. 3 Rn. 224; aA *Vossius* ZIP 2005, 741, 747.

333 *Scholz* in: Habersack/Drinhausen (Hrsg.), SE-Recht mit grenzüberschreitender Verschmelzung, 2013, Art. 36 SE-VO Rn. 31; *Bayer* in: Lutter/Hommelhoff/Teichmann (Hrsg.), SE Kommentar, 2015, Art. 36 SE-VO Rn. 22.

334 Vgl. *Scholz* in: Habersack/Drinhausen (Hrsg.), SE-Recht mit grenzüberschreitender Verschmelzung, 2013, Art. 36 SE-VO Rn. 32; *Bayer* in: Lutter/Hommelhoff/Teichmann (Hrsg.), SE Kommentar, 2015, Art. 36 SE-VO Rn. 24.

335 Der Inhalt der Anmeldung wird bei einer monistischen SE mit Sitz in Deutschland durch § 21 II SEAG modifiziert; vgl. *Bayer* in: Lutter/Hommelhoff/Teichmann (Hrsg.), SE Kommentar, 2015, Art. 33 SE-VO Rn. 52; *Schwarz*, SE-VO, 2006, Art. 33 SE-VO Rn. 36; *Vossius* ZIP 2005, 741, 746.

336 Der Prüfungsmaßstab bestimmt sich bei einer dualistischen Organisationsverfassung gem. § 38 AktG und bei einer monistischen Organisationsverfassung gem. § 21 III SEAG.

3. Zustimmungsbeschlüsse der Gründungsgesellschaften

92 Ob die Gründung einer Tochter-SE auf Ebene der sie gründenden Gesellschaften eine reine Geschäftsführungsmaßnahme ist oder ob sie der Zustimmung der Gesellschafter der Gründungsgesellschaften bedarf, bestimmt sich gemäß Art. 36 SE-VO nach dem **nationalen Recht** der jeweiligen Gründungsgesellschaft. Bei einer **deutschen AG** fällt die Gründung einer Tochtergesellschaft grundsätzlich in die Kompetenz des Vorstands.[337] Ein Zustimmungserfordernis seitens der Hauptversammlung kann sich gemäß § 179a AktG ergeben, wenn sich die AG im Rahmen der Gründung der Tochter-SE zur Übertragung ihres ganzen Gesellschaftsvermögens verpflichtet. Daneben ist nach den Grundsätzen der Holzmüller/Gelatine-Rechtsprechung des BGH[338] die Zustimmung der Hauptversammlung auch dann erforderlich, wenn die AG im Zuge der Gründung der Tochter-SE einen wesentlichen Teil ihres Geschäfts – nach hM zumindest ab 80% des Gesellschaftsvermögens –[339] in die Tochter-SE einbringt. Ebenso ist die Beteiligung an der Gründung einer Tochter-SE auch im **GmbH-Recht** – vorbehaltlich anderslautender Bestimmungen in der Satzung – eine Maßnahme der Geschäftsführung. Allerdings sind auch bei der GmbH nach hM sowohl § 179a AktG als auch die Holzmüller/Gelatine-Rechtsprechung des BGH einschlägig.[340] Zudem ist im GmbH-Recht auch unterhalb dieser Schwelle ein Gesellschafterbeschluss erforderlich, wenn es sich bei der Gründung der Tochter-SE um eine sog „außergewöhnliche Maßnahme" handelt.[341] Demgegenüber bedarf es bei der **OHG** und der **KG** für die Gründung einer Tochter-SE grundsätzlich immer der Zustimmung sämtlicher Gesellschafter, da es sich hierbei um ein außergewöhnliches Geschäft gemäß §§ 116 II, 164 HGB handeln dürfte.[342]

V. Sekundäre Gründung einer Tochter-SE

93 Eine Tochter-SE kann auch im Wege der **Einpersonen-Gründung** errichtet werden. Diese Möglichkeit steht gemäß Art. 3 II SE-VO allerdings nur einer bereits **bestehenden SE**[343] offen. Dabei erlaubt Art. 3 II 2 SE-VO die Einpersonen-Gründung auch dann, wenn das Aktienrecht des Sitzstaates der künftigen Tochter-SE eine solche Gründung an sich nicht zulässt.[344] Ein **Mehrstaatlichkeitsbezug** wird bei der sekundären Gründung der Tochter-SE gemäß Art. 3 II SE-VO **nicht verlangt**.[345] Vielmehr kann die Tochter-SE ihren Sitz in demselben Mitgliedstaat haben wie die bereits bestehende SE. Zudem kann sie ihrerseits ohne Beteiligung weiterer Gründungsgesellschaften gemäß Art. 3 II SE-VO eine Tochter-SE gründen.[346] In praktischer Hinsicht dürfte die Gründung einer Tochter-SE durch eine bereits bestehende SE damit die **einfachste Form der SE-Gründung** sein[347] – was

337 Vgl. *Scholz* in: Habersack/Drinhausen (Hrsg.), SE-Recht mit grenzüberschreitender Verschmelzung, 2013, Art. 36 SE-VO Rn. 5; *Bayer* in: Lutter/Hommelhoff/Teichmann (Hrsg.), SE Kommentar, 2015, Art. 36 SE-VO Rn. 10.

338 Vgl. BGHZ 83, 122 (Holzmüller); BGH NZG 2004, 575 (Gelatine I); BGHZ 159, 30 (Gelatine II).

339 Vgl. OLG Hamm ZIP 2008, 832, 833; OLG Frankfurt AG 2011, 173, 174; *Scholz* in: Habersack/Drinhausen (Hrsg.), SE-Recht mit grenzüberschreitender Verschmelzung, 2013, Art. 36 SE-VO Rn. 8; *Paefgen* in: Kölner Kommentar zum AktG, 3. Aufl. 2012, Art. 36 SE-VO Rn. 7; *Jannott* in: Jannott/Frodermann (Hrsg.), HdB der Europäischen Aktiengesellschaft, 2014, Kap. 3 Rn. 218.

340 Vgl. *Bayer* in: Lutter/Hommelhoff/Teichmann (Hrsg.), SE Kommentar, 2015, Art. 36 SE-VO Rn. 12; *Scholz* in: Habersack/Drinhausen (Hrsg.), SE-Recht mit grenzüberschreitender Verschmelzung, 2013, Art. 36 SE-VO Rn. 13; *Schäfer* in: MüKo AktG, 4. Aufl. 2017, Art. 35 SE-VO Rn. 6.

341 *Bayer* in: Lutter/Hommelhoff/Teichmann (Hrsg.), SE Kommentar, 2015, Art. 36 SE-VO Rn. 12; *Scholz* in: Habersack/Drinhausen (Hrsg.), SE-Recht mit grenzüberschreitender Verschmelzung, 2013, Art. 36 SE-VO Rn. 14; *Schäfer* in: MüKo AktG, 4. Aufl. 2017, Art. 35 SE-VO Rn. 6.

342 Vgl. *Bayer* in: Lutter/Hommelhoff/Teichmann (Hrsg.), SE Kommentar, 2015, Art. 36 SE-VO Rn. 13; *Scholz* in: Habersack/Drinhausen (Hrsg.), SE-Recht mit grenzüberschreitender Verschmelzung, 2013, Art. 36 SE-VO Rn. 16.

343 Gründerin nach Art. 3 II SE-VO kann nach *Maul* in: Kölner Kommentar zum AktG, 3. Aufl. 2012, Art. 3 SE-VO Rn. 21 auch eine „Vor-SE" sein.

344 Vgl. *Bayer* in: Lutter/Hommelhoff/Teichmann (Hrsg.), SE Kommentar, 2015, Art. 3 Rn. 7; *Habersack* in: Habersack/Drinhausen (Hrsg.), SE-Recht mit grenzüberschreitender Verschmelzung, 2013, Art. 3 SE-VO Rn. 8; *Oechsler/Mihaylova* in: MüKo AktG, 4. Aufl. 2017, Art. 3 SE-VO Rn. 8; *Austmann* in: MüHdB GesR, Bd. 4, 4. Aufl. 2015, § 84 Rn. 72.

345 Vgl. OLG Düsseldorf AG 2009, 629; *Bayer* in: Lutter/Hommelhoff/Teichmann (Hrsg.), SE Kommentar, 2015, Art. 3 Rn. 10; *Habersack* in: Habersack/Drinhausen (Hrsg.), SE-Recht mit grenzüberschreitender Verschmelzung, 2013, Art. 3 SE-VO Rn. 9; *Maul* in: Kölner Kommentar zum AktG, 3. Aufl. 2012, Art. 3 SE-VO Rn. 22; *Oechsler/Mihaylova* in: MüKo AktG, 4. Aufl. 2017, Art. 3 SE-VO Rn. 4; *Casper* in: Spindler/Stilz (Hrsg.), AktG, 3. Aufl. 2015, Art. 2/Art. 3 SE-VO Rn. 18; *Schröder* in: Manz/Mayer/Schröder (Hrsg.), SE Europäische Aktiengesellschaft, 2010, Art. 3 SE-VO Rn. 17; *Schwarz*, SE-VO, 2006, Art. 3 SE-VO Rn. 21.

346 Vgl. *Casper* in: Spindler/Stilz (Hrsg.), AktG, 3. Aufl. 2015, Art. 2/Art. 3 SE-VO Rn. 18; *Austmann* in: MüHdB GesR, Bd. 4, 4. Aufl. 2015, § 84 Rn. 72.

347 Vgl. *Teichmann* in: MüHdB GesR, Bd. 6, 4. Aufl. 2013, § 49 Rn. 52; *Austmann* in: MüHdB GesR, Bd. 4, 4. Aufl. 2015, § 84 Rn. 4; *Vossius* ZIP 2005, 741, 748.

wohl auch der Grund sein dürfte, dass die meisten Vorrats-SE auf diese Weise gegründet werden.[348] Die Privilegierung der sekundären Gründung einer Tochter-SE gemäß Art. 3 II SE-VO setzt zwingend voraus, dass die SE **alleinige Gründungsgesellschaft** der Tochter-SE ist.[349] Beteiligen sich neben der bereits bestehenden SE weitere Gesellschaften an der Gründung, wird der Anwendungsbereich des Art. 3 II SE-VO verlassen, so dass die weiteren Voraussetzungen des Art. 2 III SE-VO (zB Mehrstaatlichkeitserfordernis) eingehalten werden müssen. Dadurch wird die Möglichkeit der Mutter-SE, unmittelbar nach erfolgter Gründung der Tochter-SE Anteile an dieser an Dritte zu übertragen, nicht ausgeschlossen.[350]

Die SE-VO enthält im Hinblick auf die sekundäre Gründung einer Tochter-SE **keine eigenen Regelungen** zum **Gründungsverfahren.** Ähnlich wie bei der primären Gründung einer Tochter-SE gemäß Art. 2 III SE-VO ist auch hier zwischen den Verfahrensschritten auf Ebene der Gründungsgesellschaft und denjenigen auf Ebene der Tochter-SE zu unterscheiden.[351] Während die **Verfahrensschritte auf Ebene der Gründungs-SE** dem Aktienrecht ihres Sitzstaates unterliegen,[352] bestimmt sich das **Gründungsverfahren auf Ebene der Tochter-SE** gemäß Art. 15 I SE-VO nach dem Aktienrecht im Sitzstaat der (künftigen) Tochter-SE.[353] Für die Gründung einer Tochter-SE mit Sitz in Deutschland gelten demgemäß die allgemeinen Gründungsvorschriften des deutschen Aktienrechts. Der Verfahrensablauf ist auf der Ebene der Tochter-SE mit Sitz in Deutschland folglich derselbe wie bei der primären Gründung einer gemeinsamen Tochter-SE.[354] Anders als dort kann eine Tochter-SE mit Sitz in Deutschland im Rahmen der Sekundärgründung aber auch im Wege der **Spaltung durch Ausgliederung** gemäß Art. 15 I SE-VO iVm § 123 III Nr. 2 UmwG gegründet werden.[355] 94

VI. Gründung einer SE durch formwechselnde Umwandlung

Eine SE kann schließlich gemäß Art. 2 IV SE-VO durch **formwechselnde Umwandlung** errichtet werden. Ähnlich wie bei der sekundären Gründung einer Tochter-SE nach Art. 3 II SE-VO ist auch bei diesem Gründungsverfahren **nur ein Rechtsträger als Gründungsgesellschaft** beteiligt. Im Unterschied zu den anderen SE-Gründungsarten entsteht bei der Gründung durch formwechselnde Umwandlung **kein neuer Rechtsträger**; vielmehr besteht die Gründungsgesellschaft gemäß Art. 37 II SE-VO in der Rechtsform einer SE fort, ohne dass es zu 95

348 Vgl. *Teichmann* in: MüHdB GesR, Bd. 6, 4. Aufl. 2013, § 49 Rn. 52; *Austmann* in: MüHdB GesR, Bd. 4, 4. Aufl. 2015, § 84 Rn. 4.

349 Vgl. *Bayer* in: Lutter/Hommelhoff/Teichmann (Hrsg.), SE Kommentar, 2015, Art. 3 Rn. 8; *Habersack* in: Habersack/Drinhausen (Hrsg.), SE-Recht mit grenzüberschreitender Verschmelzung, 2013, Art. 3 SE-VO Rn. 8; *Maul* in: Kölner Kommentar zum AktG, 3. Aufl. 2012, Art. 3 SE-VO Rn. 23; *Oechsler/Mihaylova* in: MüKo AktG, 4. Aufl. 2017, Art. 3 SE-VO Rn. 4; *Casper* in: Spindler/Stilz (Hrsg.), AktG, 3. Aufl. 2015, Art. 2/Art. 3 SE-VO Rn. 18; *Schwarz*, SE-VO, 2006, Art. 3 SE-VO Rn. 22; *Austmann* in: MüHdB GesR, Bd. 4, 4. Aufl. 2015, § 84 Rn. 72; *Kallmeyer* AG 2003, 197, 199; aA *Hommelhoff* AG 2001, 279, 280; *Schlüter* EuZW 2002, 589, 590.

350 Vgl. *Bayer* in: Lutter/Hommelhoff/Teichmann (Hrsg.), SE Kommentar, 2015, Art. 3 Rn. 8; *Habersack* in: Habersack/Drinhausen (Hrsg.), SE-Recht mit grenzüberschreitender Verschmelzung, 2013, Art. 3 SE-VO Rn. 8; *Maul* in: Kölner Kommentar zum AktG, 3. Aufl. 2012, Art. 3 SE-VO Rn. 23; *Schwarz*, SE-VO, 2006, Art. 3 SE-VO Rn. 22; *Austmann* in: MüHdB GesR, Bd. 4, 4. Aufl. 2015, § 84 Rn. 72; *Temmel/Rahlmeyer* in: Eckhardt/Hermanns (Hrsg.), Kölner HdB GesR, 3. Aufl. 2017, Kap. 5 Rn. 192.

351 Vgl. *Bayer* in: Lutter/Hommelhoff/Teichmann (Hrsg.), SE Kommentar, 2015, Art. 3 Rn. 11; *Habersack* in: Habersack/Drinhausen (Hrsg.), SE-Recht mit grenzüberschreitender Verschmelzung, 2013, Art. 3 SE-VO Rn. 10; *Teichmann* in: MüHdB GesR, Bd. 6, 4. Aufl. 2013, § 49 Rn. 53.

352 Vgl. *Bayer* in: Lutter/Hommelhoff/Teichmann (Hrsg.), SE Kommentar, 2015, Art. 3 Rn. 12; *Habersack* in: Habersack/Drinhausen (Hrsg.), SE-Recht mit grenzüberschreitender Verschmelzung, 2013, Art. 3 SE-VO Rn. 10; *Oechsler/Mihaylova* in: MüKo AktG, 4. Aufl. 2017, Art. 3 SE-VO Rn. 6; *Casper* in: Spindler/Stilz (Hrsg.), AktG, 3. Aufl. 2015, Art. 2/Art. 3 SE-VO Rn. 18.

353 Vgl. *Bayer* in: Lutter/Hommelhoff/Teichmann (Hrsg.), SE Kommentar, 2015, Art. 3 Rn. 13; *Habersack* in: Habersack/Drinhausen (Hrsg.), SE-Recht mit grenzüberschreitender Verschmelzung, 2013, Art. 3 SE-VO Rn. 10; *Oechsler/Mihaylova* in: MüKo AktG, 4. Aufl. 2017, Art. 3 SE-VO Rn. 6; *Casper* in: Spindler/Stilz (Hrsg.), AktG, 3. Aufl. 2015, Art. 2/Art. 3 SE-VO Rn. 18.

354 Vgl. hierzu die Erläuterungen zur Gründung einer gemeinsamen Tochter-SE (Rn. 85 ff.), die *mutatis mutandis* auch für die sekundäre Gründung einer Tochter-SE mit Sitz in Deutschland gelten.

355 Vgl. *Bayer* in: Lutter/Hommelhoff/Teichmann (Hrsg.), SE Kommentar, 2015, Art. 3 Rn. 16; *Habersack* in: Habersack/Drinhausen (Hrsg.), SE-Recht mit grenzüberschreitender Verschmelzung, 2013, Art. 3 SE-VO Rn. 12; *Maul* in: Kölner Kommentar zum AktG, 3. Aufl. 2012, Art. 3 SE-VO Rn. 34; *Oechsler/Mihaylova* in: MüKo AktG, 4. Aufl. 2017, Art. 3 SE-VO Rn. 6; *Casper* in: Spindler/Stilz (Hrsg.), AktG, 3. Aufl. 2015, Art. 2/Art. 3 SE-VO Rn. 40; *Austmann* in: MüHdB GesR, Bd. 4, 4. Aufl. 2015, § 84 Rn. 73; aA *Hirte* NZG 2002, 1, 4; *ders.* DStR 2005, 700, 704; *Jannott* in: Jannott/Frodermann (Hrsg.), HdB der Europäischen Aktiengesellschaft, 2014, Kap. 3 Rn. 24; nicht möglich ist hingegen eine sekundäre Gründung einer Tochter-SE mit Sitz in Deutschland im Wege der Auf- oder Abspaltung (§ 123 I Nr. 2 UmwG bzw. § 123 II Nr. 2 UmwG), da hierdurch keine Tochter-, sondern eine Schwester-SE errichtet würde; vgl. *Bayer* in: Lutter/Hommelhoff/Teichmann (Hrsg.), SE Kommentar, 2015, Art. 3 Rn. 17; *Habersack* in: Habersack/Drinhausen (Hrsg.), SE-Recht mit grenzüberschreitender Verschmelzung, 2013, Art. 3 SE-VO Rn. 12.

einer Vermögensübertragung kommt, sie wechselt m.a.W. lediglich ihr „Rechtskleid".[356] In der Praxis ist die formwechselnde Umwandlung in die SE die **beliebteste Gründungsvariante** für operativ tätige Unternehmen[357] – anders als für Vorrats-SE, die wie ausgeführt[358] vorwiegend als Tochter einer bestehenden SE gegründet werden. Neben der Tatsache, dass sie ohne Beteiligung eines anderen Rechtsträgers und ohne Vermögensübertragung durchgeführt werden kann,[359] liegt dies insbesondere daran, dass sie in steuerlicher Hinsicht einen entscheidenden Vorteil gegenüber allen anderen Gründungsformen aufweist: mangels Vermögensübertragung fallen keine Übertragungssteuern (in Deutschland zB Grunderwerbssteuern) an.

1. Beteiligungsfähige Rechtsträger

96 Die Möglichkeit der formwechselnden Umwandlung in eine SE steht **nur Aktiengesellschaften** zur Verfügung. Diese müssen gemäß Art. 2 IV SE-VO nach dem Recht eines Mitgliedstaats gegründet worden sein und ihren Sitz sowie ihre Hauptverwaltung in der Gemeinschaft haben. Nicht beteiligungsfähig sind damit GmbH und Personengesellschaften sowie (nach hM)[360] die KGaA. Ebensowenig kommt als formwechselnde Gesellschaft eine SE in Betracht; dies würde keinen Sinn ergeben, daher verweist Art. 3 I SE-VO auch bewusst nicht auf Art. 2 IV SE-VO.[361] Dagegen ist die AG in Liquidation unstreitig beteiligungsfähig.[362]

97 Gemäß Art. 2 IV SE-VO muss die formwechselnde Aktiengesellschaft seit mindestens zwei Jahren eine dem Recht eines anderen Mitgliedstaats unterliegende **Tochtergesellschaft** haben. Eine Niederlassung in einem anderen Mitgliedstaat genügt im Unterschied zur Gründung einer Holding-SE bzw. Tochter-SE zur Einhaltung des Mehrstaatlichkeitserfordernisses demnach nicht.[363] Nicht erforderlich ist, dass die formwechselnde Gesellschaft während der Mindest-Haltefrist von zwei Jahren in der Rechtsform der Aktiengesellschaft bestand.[364] Demgemäß ist es zulässig, eine GmbH in eine Aktiengesellschaft und anschließend – ohne zusätzliche Wartezeit – in eine SE umzuwandeln.

2. Verfahrensablauf

98 Das Umwandlungsverfahren ist in Art. 37 IV – VIII SE-VO **nur lückenhaft** geregelt (zur vergleichbaren Regelungslücke in der SCE-VO und dem Verfahrensablauf § 6 Rn. 86 ff., Abb. 9).[365] Da auch das SEAG keine konkretisierenden Vorschriften zum Umwandlungsverfahren bereithält, sind bei einem Formwechsel einer deutschen AG in eine SE zusätzlich die **Bestimmungen des UmwG** sowie die **(Sach-)Gründungsvorschriften des AktG** anwendbar.[366] Da gemäß Art. 37 III SE-VO der Sitz der Gesellschaft anlässlich der Umwandlung gemäß

356 Vgl. *J. Schmidt* in: Lutter/Hommelhoff/Teichmann (Hrsg.), SE Kommentar, 2015, Art. 37 SE-VO Rn. 5; *Paefgen* in: Kölner Kommentar zum AktG, 3. Aufl. 2012, Art. 37 SE-VO Rn. 1; *Casper* in: Spindler/Stilz (Hrsg.), AktG, 3. Aufl. 2015, Art. 37 SE-VO Rn. 3; *Spitzbart* RNotZ 2006, 369, 416.

357 Vgl. *J. Schmidt* in: Lutter/Hommelhoff/Teichmann (Hrsg.), SE Kommentar, 2015, Art. 37 SE-VO Rn. 5; *Bücker* in: Habersack/Drinhausen (Hrsg.), SE-Recht mit grenzüberschreitender Verschmelzung, 2013, Art. 37 SE-VO Rn. 1; *Schäfer* in: MüKo AktG, 4. Aufl. 2017, Art. 37 SE-VO Rn. 1; *Eidenmüller/Engert/Hornuf* AG 2008, 721, 729. Die rechtpraktische Bedeutung der formwechselnden Umwandlung in eine SE zeigt sich ua auch daran, dass die meisten Rechtsformwechsel bekannter deutscher Großunternehmen in die SE (zB Axel Springer, BASF, E.ON, MAN, Porsche, Puma, Sixt) über diese SE-Gründungsvariante erfolgt sind.

358 Vgl. Rn. 93.

359 So etwa *Paefgen* in: Kölner Kommentar zum AktG, 3. Aufl. 2012, Art. 37 SE-VO Rn. 11.

360 Vgl. *Bayer* in: Lutter/Hommelhoff/Teichmann (Hrsg.), SE Kommentar, 2015, Art. 2 SE-VO Rn. 24; *Bücker* in: Habersack/Drinhausen (Hrsg.), SE-Recht mit grenzüberschreitender Verschmelzung, 2013, Art. 37 SE-VO Rn. 3; *Schäfer* in: MüKo AktG, 4. Aufl. 2017, Art. 37 SE-VO Rn. 1; *Veil* in: Kölner Kommentar zum AktG, 3. Aufl. 2012, Art. 2 SE-VO Rn. 42; aA *Oechsler/Mihaylova* in: MüKo AktG, 4. Aufl. 2017, Art. 2 SE-VO Rn. 43.

361 Vgl. *Habersack* in: Habersack/Drinhausen (Hrsg.), SE-Recht mit grenzüberschreitender Verschmelzung, 2013, Art. 3 SE-VO Rn. 3; *Casper* in: Spindler/Stilz (Hrsg.), AktG, 3. Aufl. 2015, Art. 2/Art. 3 SE-VO Rn. 5; *Oechsler/Mihaylova* in: MüKo AktG, 4. Aufl. 2017, Art. 3 SE-VO Rn. 3.

362 Vgl. *Bücker* in: Habersack/Drinhausen (Hrsg.), SE-Recht mit grenzüberschreitender Verschmelzung, 2013, Art. 37 SE-VO Rn. 3; *Schwarz*, SE-VO, 2006, Art. 37 SE-VO Rn. 100.

363 Vgl. *Bayer* in: Lutter/Hommelhoff/Teichmann (Hrsg.), SE Kommentar, 2015, Art. 2 SE-VO Rn. 25; *Habersack* in: Habersack/Drinhausen (Hrsg.), SE-Recht mit grenzüberschreitender Verschmelzung, 2013, Art. 2 SE-VO Rn. 22; *Oechsler/Mihaylova* in: MüKo AktG, 4. Aufl. 2017, Art. 2 SE-VO Rn. 44; *Casper* in: Spindler/Stilz (Hrsg.), AktG, 3. Aufl. 2015, Art. 2/Art. 3 SE-VO Rn. 17; *Spitzbart* RNotZ 2006, 369, 416; *Hirte* NZG 2002, 1, 3.

364 Vgl. *Bücker* in: Habersack/Drinhausen (Hrsg.), SE-Recht mit grenzüberschreitender Verschmelzung, 2013, Art. 37 SE-VO Rn. 15; *Austmann* in: MüHdB GesR, Bd. 4, 4. Aufl. 2015, § 84 Rn. 1; *Spitzbart* RNotZ 2006, 369, 416.

365 Vgl. *Bücker* in: Habersack/Drinhausen (Hrsg.), SE-Recht mit grenzüberschreitender Verschmelzung, 2013, Art. 37 SE-VO Rn. 4; *Schäfer* in: MüKo AktG, 4. Aufl. 2017, Art. 37 SE-VO Rn. 4; *Casper* in: Spindler/Stilz (Hrsg.), AktG, 3. Aufl. 2015, Art. 37 SE-VO Rn. 4; *Austmann* in: MüHdB GesR, Bd. 4, 4. Aufl. 2015, § 84 Rn. 62; *Teichmann* ZGR 2002, 383, 440.

366 Vgl. *Bücker* in: Habersack/Drinhausen (Hrsg.), SE-Recht mit grenzüberschreitender Verschmelzung, 2013, Art. 37 SE-VO Rn. 4; *Schäfer* in: MüKo AktG, 4. Aufl. 2017, Art. 37 SE-VO Rn. 4; *Casper* in: Spindler/Stilz

Art. 8 SE-VO nicht in einen anderen Mitgliedstaat verlegt werden kann,[367] so dass in der Regel[368] eine deutsche SE durch Formwechsel einer deutschen AG entstehen wird, ist sowohl im Hinblick auf den eigentlichen Gründungsvorgang auf Ebene der (künftigen) SE als auch im Hinblick auf die Vorbereitungsmaßnahmen auf Ebene der AG auf deutsches Recht zurückzugreifen.[369]

a) Umwandlungsplan

Gemäß Art. 37 IV SE-VO hat das **Leitungs- oder Verwaltungsorgan** der formwechselnden Gesellschaft zunächst einen Umwandlungsplan zu erstellen.[370] Welchen **Inhalt** der Umwandlungsplan haben muss, regelt die SE-VO – anders als für den Verschmelzungsplan (Art. 20 I SE-VO) und den Gründungsplan der Holding-SE (Art. 32 II SE-VO) – indes nicht. Während die hM bei der Umwandlung einer deutschen AG hierfür auf die Vorgaben zum Inhalt des Umwandlungsplans nach §§ 194 I, 243 UmwG zurückgreift,[371] orientiert sich eine im Vordringen befindliche Auffassung am Inhalt des Verschmelzungsplans nach Art. 20 I 2 SE-VO[372] bzw. des Gründungsplans nach Art. 32 II SE-VO.[373] Auch wenn die Annahme näherliegt, dass der Verordnungsgeber – die Regelungen zum Inhalt des Verschmelzungs- bzw. Gründungsplans vor Augen – durch das Weglassen einer entsprechenden Vorschrift zum Inhalt des Umwandlungsplans das jeweilige nationale Recht (dh hier §§ 194 I, 243 UmwG) zur Anwendung bringen wollte,[374] sollten die Angaben im Umwandlungsplan sicherheitshalber möglichst den Anforderungen beider Ansichten Rechnung tragen.[375] Im Umwandlungsplan auszunehmen sind damit: 99

(i) die Erklärung, dass die Gründungsgesellschaft in die **Rechtform der SE** umgewandelt werden soll (vgl. § 194 I Nr. 1 UmwG bzw. Art. 20 I 2 lit. a) SE-VO),
(ii) die **Firma der SE** (vgl. § 194 I Nr. 2 UmwG bzw. Art. 20 I 2 lit. a) SE-VO),
(iii) die **Beteiligung der bisherigen Aktionäre an der SE** nach den für diese geltenden Vorschriften (vgl. § 194 I Nr. 3 UmwG bzw. Art. 20 I 2 lit. b) SE-VO),
(iv) **Zahl, Art und Umfang der Aktien**, die bisherigen Aktionäre durch die Umwandlung erlangen sollen (vgl. § 194 I Nr. 4 UmwG bzw. Art. 20 I 2 lit. c) SE-VO),
(v) etwaige **Sonderrechte** bzw. Maßnahmen für Sonderrechtsinhaber (vgl. § 194 I Nr. 5 UmwG bzw. Art. 20 I 2 lit. f) SE-VO) sowie

---

(Hrsg.), AktG, 3. Aufl. 2015, Art. 37 SE-VO Rn. 4; ähnlich *J. Schmidt* in: Lutter/Hommelhoff/Teichmann (Hrsg.), SE Kommentar, 2015, Art. 37 SE-VO Rn. 6 ff.; *Paefgen* in: Kölner Kommentar zum AktG, 3. Aufl. 2012, Art. 37 SE-VO Rn. 13 ff.

367 Das Sitzverlegungsverbot in Art. 37 III SE-VO gilt nur „anlässlich der Umwandlung". Unstreitig zulässig ist hingegen die grenzüberschreitende Sitzverlegung im (unmittelbaren) Anschluss an die Eintragung der SE; vgl. *Bücker* in: Habersack/Drinhausen (Hrsg.), SE-Recht mit grenzüberschreitender Verschmelzung, 2013, Art. 37 SE-VO Rn. 4; *J. Schmidt* in: Lutter/Hommelhoff/Teichmann (Hrsg.), SE Kommentar, 2015, Art. 37 SE-VO Rn. 10; *Schäfer* in: MüKo AktG, 4. Aufl. 2017, Art. 37 SE-VO Rn. 3; *Casper* in: Spindler/Stilz (Hrsg.), AktG, 3. Aufl. 2015, Art. 37 SE-VO Rn. 6.

368 Grundsätzlich in Betracht kommt auch der Formwechsel einer deutschen AG mit Verwaltungssitz in einem anderen Mitgliedstaat in eine ausländische SE, wobei die praktische Relevanz dieser Fallkonstellation aktuell relativ gering sein dürfte; vgl. hierzu *Austmann* in: MüHdB GesR, Bd. 4, 4. Aufl. 2015, § 84 Rn. 71.

369 So auch *Austmann* in: MüHdB GesR, Bd. 4, 4. Aufl. 2015, § 84 Rn. 62; grundsätzlich ist auch bei der formwechselnden Umwandlung in eine SE ist im Hinblick auf das anwendbare Recht zwischen den Verfahrensschritten auf Ebene der Gründungsgesellschaft und den Verfahrensschritten auf Ebene der (künftigen) SE zu unterscheiden; vgl. *J. Schmidt* in: Lutter/Hommelhoff/Teichmann (Hrsg.), SE Kommentar, 2015, Art. 37 SE-VO Rn. 6 ff.

370 Es genügt, wenn der Vorstand in vertretungsberechtigter Anzahl handelt; vgl. *Bücker* in: Habersack/Drinhausen (Hrsg.), SE-Recht mit grenzüberschreitender Verschmelzung, 2013, Art. 37 SE-VO Rn. 31; *Paefgen* in: Kölner Kommentar zum AktG, 3. Aufl. 2012, Art. 37 SE-VO Rn. 47; *Schäfer* in: MüKo AktG, 4. Aufl. 2017, Art. 37 SE-VO Rn. 9.

371 Vgl. *J. Schmidt* in: Lutter/Hommelhoff/Teichmann (Hrsg.), SE Kommentar, 2015, Art. 37 SE-VO Rn. 14; *Casper* in: Spindler/Stilz (Hrsg.), AktG, 3. Aufl. 2015, Art. 37 SE-VO Rn. 9; *Lutter/Bayer/Schmidt*, Europäisches Unternehmens- und Kapitalmarktrecht, 2017, Rn. 45.64; *Austmann* in: MüHdB GesR, Bd. 4, 4. Aufl. 2015, § 84 Rn. 63; *Teichmann* in: MüHdB GesR, Bd. 6, 4. Aufl. 2013, § 49 Rn. 45; *Jannott* in: Jannott/Frodermann (Hrsg.), HdB der Europäischen Aktiengesellschaft, 2014, Kap. 3 Rn. 237; *Vossius* ZIP 2005, 741, 747; *Wicke* MittBayNot 2006, 196, 201.

372 Vgl. *Bücker* in: Habersack/Drinhausen (Hrsg.), SE-Recht mit grenzüberschreitender Verschmelzung, 2013, Art. 37 SE-VO Rn. 23; *Paefgen* in: Kölner Kommentar zum AktG, 3. Aufl. 2012, Art. 37 SE-VO Rn. 28; *Schwarz*, SE-VO, 2006, Art. 37 SE-VO Rn. 17; *Seibt/Reinhard* DK 2005, 407, 414; wohl auch *Schröder* in: Manz/Mayer/Schröder (Hrsg.), SE Europäische Aktiengesellschaft, 2010, Art. 37 SE-VO Rn. 20 ff.

373 Vgl. *Schäfer* in: MüKo AktG, 4. Aufl. 2017, Art. 37 SE-VO Rn. 10.

374 So zutreffend *J. Schmidt* in: Lutter/Hommelhoff/Teichmann (Hrsg.), SE Kommentar, 2015, Art. 37 SE-VO Rn. 14.

375 Ebenso *J. Schmidt* in: Lutter/Hommelhoff/Teichmann (Hrsg.), SE Kommentar, 2015, Art. 37 SE-VO Rn. 15; *Austmann* in: MüHdB GesR, Bd. 4, 4. Aufl. 2015, § 84 Rn. 63; *Temmel/Rahlmeyer* in: Eckhardt/Hermanns (Hrsg.), Kölner HdB GesR, 3. Aufl. 2017, Kap. 5 Rn. 125.

(vi) die **Folgen der Umwandlung für die Arbeitnehmer** und ihre Vertretungen inklusive der Angaben über das **Verfahren zur Regelung der Arbeitnehmerbeteiligung**, welches nach den Vorgaben der Umsetzungsvorschriften zur SE-Beteiligungsrichtlinie durchzuführen ist (vgl. § 194 I Nr. 7 UmwG bzw. Art. 20 I 2 lit. i) SE-VO).[376]

100 Zusätzlich sollte der Umwandlungsplan Angaben über etwaige **Sondervorteile**, die den Sachverständigen oder den Organmitgliedern der (künftigen) SE gewährt werden, enthalten (vgl. Art. 20 I 2 lit. g) SE-VO).[377] Umstritten ist die Frage, ob die **Satzung der SE** zwingender Bestandteil des Umwandlungsplans ist.[378] Auch hier empfiehlt es sich, die Satzung der SE vorsichtshalber als Anlage in den Umwandlungsplan aufzunehmen.[379] Neben den allgemeinen inhaltlichen Anforderungen an die Satzung der SE[380] ist zudem § 243 I 2 UmwG zu beachten, wonach etwaige Festsetzungen über Sondervorteile, Gründungsaufwand, Sacheinlagen bzw. Sachübernahmen in der Satzung der formwechselnden AG in die Satzung der SE zu übernehmen sind.[381] Vorsorglich sollte überdies gemäß § 27 AktG in die Satzung der SE aufgenommen werden, dass das Grundkapital der SE durch Formwechsel aufgebracht worden ist.[382]

101 Art. 37 SE-VO enthält keine Angaben zur Form des Umwandlungsplans. Während nach der (wohl) hM einfache Schriftform ausreicht,[383] hält eine im Vordringen befindliche Auffassung die Anwendung nationalen Rechts und damit in Deutschland die **notarielle Beurkundung** des Umwandlungsplans für erforderlich.[384] Vorsichtshalber wird man den Umwandlungsplan – wie in der Praxis üblich –[385] notariell beurkunden lassen.[386]

102 Gemäß Art. 37 V SE-VO ist der Umwandlungsplan **mindestens einen Monat vor der Hauptversammlung**, die über die Umwandlung zu beschließen hat, **offenzulegen.** Dies geschieht in Deutschland durch Einreichung beim für die formwechselnde AG zuständigen Handelsregister,[387] welches sodann entsprechend § 5 SEAG iVm § 61 2 UmwG einen Hinweis auf die Hinterlegung des Umwandlungsplans bekanntmacht.[388] Umstritten ist, ob der Umwandlungsplan gemäß § 194 II UmwG spätestens einen Monat vor dem Tag der Hauptversammlung auch

376 Vgl. hierzu die Erläuterungen zum Inhalt des Verschmelzungsplans (Rn. 36), die *mutatis mutandis* auch für den Inhalt des Umwandlungsplans gelten.

377 Vgl. hierzu Erläuterungen zum Inhalt des Verschmelzungsplans (Rn. 32), die *mutatis mutandis* auch für den Inhalt des Umwandlungsplans gelten.

378 Die hM geht davon aus, dass die Satzung zwingender Bestandteil des Umwandlungsplans ist, vgl. *Bücker* in: Habersack/Drinhausen (Hrsg.), SE-Recht mit grenzüberschreitender Verschmelzung, 2013, Art. 37 SE-VO Rn. 27; *Schäfer* in: MüKo AktG, 4. Aufl. 2017, Art. 37 SE-VO Rn. 13; *Schwarz*, SE-VO, 2006, Art. 37 SE-VO Rn. 25.

379 Ebenso *Temmel/Rahlmeyer* in: Eckhardt/Hermanns (Hrsg.), Kölner HdB GesR, 3. Aufl. 2017, Kap. 5 Rn. 128.

380 Vgl. hierzu die Erläuterungen zum Inhalt der Satzung der SE unter Rn. 33.

381 Vgl. *Bücker* in: Habersack/Drinhausen (Hrsg.), SE-Recht mit grenzüberschreitender Verschmelzung, 2013, Art. 37 SE-VO Rn. 27; *Paefgen* in: Kölner Kommentar zum AktG, 3. Aufl. 2012, Art. 37 SE-VO Rn. 39.

382 Ebenso *Bücker* in: Habersack/Drinhausen (Hrsg.), SE-Recht mit grenzüberschreitender Verschmelzung, 2013, Art. 37 SE-VO Rn. 27. Nach der hM ist in der Satzung zwingend offenzulegen, dass das Grundkapital der Gesellschaft durch den Formwechsel erbracht ist; vgl. *Bücker* in: Habersack/Drinhausen (Hrsg.), SE-Recht mit grenzüberschreitender Verschmelzung, 2013, Art. 37 SE-VO Rn. 27; *Schäfer* in: MüKo AktG, 4. Aufl. 2017, Art. 37 SE-VO Rn. 13; *Schwarz*, SE-VO, 2006, Art. 37 SE-VO Rn. 26; aA *Paefgen* in: Kölner Kommentar zum AktG, 3. Aufl. 2012, Art. 37 SE-VO Rn. 40.

383 Vgl. *Bücker* in: Habersack/Drinhausen (Hrsg.), SE-Recht mit grenzüberschreitender Verschmelzung, 2013, Art. 37 SE-VO Rn. 30; *Casper* in: Spindler/Stilz (Hrsg.), AktG, 3. Aufl. 2015, Art. 37 SE-VO Rn. 10; *Paefgen* in: Kölner Kommentar zum AktG, 3. Aufl. 2012, Art. 37 SE-VO Rn. 45; *Teichmann* in: MüHdB GesR, Bd. 6, 4. Aufl. 2013, § 49 Rn. 45; *Louven/Ernst* DB 2014, 323, 328; *Seibt/Reinhard* DK 2005, 407, 414.

384 Vgl. *J. Schmidt* in: Lutter/Hommelhoff/Teichmann (Hrsg.), SE Kommentar, 2015, Art. 37 SE-VO Rn. 21; *Schwarz*, SE-VO, 2006, Art. 37 SE-VO Rn. 29; *Lutter/Bayer/Schmidt*, Europäisches Unternehmens- und Kapitalmarktrecht, 2017, Rn. 45.64; *Austmann* in: MüHdB GesR, Bd. 4, 4. Aufl. 2015, § 84 Rn. 63; *Heckschen* DNotZ 2003, 251, 264; *Vossius* ZIP 2005, 741, 747.

385 So geschehen etwa im Rahmen der formwechselnden Umwandlungen von BASF, Porsche und Fresenius; vgl. *Paefgen* in: Kölner Kommentar zum AktG, 3. Aufl. 2012, Art. 37 SE-VO Rn. 45; *Bücker* in: Habersack/Drinhausen (Hrsg.), SE-Recht mit grenzüberschreitender Verschmelzung, 2013, Art. 37 SE-VO Rn. 30.

386 Ebenso *Bücker* in: Habersack/Drinhausen (Hrsg.), SE-Recht mit grenzüberschreitender Verschmelzung, 2013, Art. 37 SE-VO Rn. 30; *Paefgen* in: Kölner Kommentar zum AktG, 3. Aufl. 2012, Art. 37 SE-VO Rn. 45; *Austmann* in: MüHdB GesR, Bd. 4, 4. Aufl. 2015, § 84 Rn. 63.

387 Vgl. *Bücker* in: Habersack/Drinhausen (Hrsg.), SE-Recht mit grenzüberschreitender Verschmelzung, 2013, Art. 37 SE-VO Rn. 32; *J. Schmidt* in: Lutter/Hommelhoff/Teichmann (Hrsg.), SE Kommentar, 2015, Art. 37 SE-VO Rn. 32; *Austmann* in: MüHdB GesR, Bd. 4, 4. Aufl. 2015, § 84 Rn. 65; *Temmel/Rahlmeyer* in: Eckhardt/Hermanns (Hrsg.), Kölner HdB GesR, 3. Aufl. 2017, Kap. 5 Rn. 129.

388 Vgl. *Bücker* in: Habersack/Drinhausen (Hrsg.), SE-Recht mit grenzüberschreitender Verschmelzung, 2013, Art. 37 SE-VO Rn. 32; *J. Schmidt* in: Lutter/Hommelhoff/Teichmann (Hrsg.), SE Kommentar, 2015, Art. 37 SE-VO Rn. 32; *Schäfer* in: MüKo AktG, 4. Aufl. 2017, Art. 37 SE-VO Rn. 19; *Austmann* in: MüHdB GesR, Bd. 4, 4. Aufl. 2015, § 84 Rn. 65; *Seibt/Reinhard* DK 2005, 407, 415; aA *Schwarz*, SE-VO, 2006, Art. 37 SE-VO Rn. 36, der für die Offenlegung des Umwandlungsplans dessen Eintragung ins Handelsregister sowie die Bekanntmachung der Eintragung verlangt.

dem **zuständigen Betriebsrat zuzuleiten** ist.[389] Mit Blick auf das Fehlen einer höchstrichterlichen Entscheidung empfiehlt sich auch hier die Erfüllung der Maximalforderung und somit entsprechende Zuleitung an den Betriebsrat,[390] wobei dieser – ähnlich wie im Rahmen von nationalen Umwandlungsmaßnahmen – auf die (rechtzeitige) Zuleitung verzichten können sollte.

b) Umwandlungsbericht

Gemäß Art. 37 IV SE-VO hat das **Leitungs- oder Verwaltungsorgan** der formwechselnden Gesellschaft zudem die rechtlichen und wirtschaftlichen Aspekte der formwechselnden Umwandlung sowie dessen Auswirkungen auf die Aktionäre und die Arbeitnehmer der Gründungsgesellschaft in einem Umwandlungsbericht zu erläutern. Dieser ist kein Bestandteil des Umwandlungsplans;[391] vielmehr ist er in einem separaten Dokument **schriftlich** zu erstatten und vom Vorstand der formwechselnden Gesellschaft in vertretungsberechtigter Anzahl zu unterzeichnen.[392] **Inhaltlich** orientiert sich der Umwandlungsbericht am Verschmelzungs- bzw. Gründungsberichts bei der Holdinggründung.[393] Anders als beim Verschmelzungs- bzw. Gründungsbericht steht beim Umwandlungsbericht nicht das Umtauschverhältnis im Mittelpunkt des Berichts, sondern vor allem die zukünftige Beteiligung der Aktionäre an der SE.[394] Der Umwandlungsbericht ist nach der hM gemäß § 192 II UmwG entbehrlich, wenn an der formwechselnden Gesellschaft nur ein Aktionär beteiligt ist oder wenn alle Aktionäre in notariell beurkundeter Form auf die Erstattung des Berichts verzichten.[395] 103

389 Für die Zuleitung des Umwandlungsplans an den Betriebsrat: *J. Schmidt* in: Lutter/Hommelhoff/Teichmann (Hrsg.), SE Kommentar, 2015, Art. 37 SE-VO Rn. 22; *Schäfer* in: MüKo AktG, 4. Aufl. 2017, Art. 37 SE-VO Rn. 20; *Casper* in: Spindler/Stilz (Hrsg.), AktG, 3. Aufl. 2015, Art. 37 SE-VO Rn. 12; *Schröder* in: Manz/Mayer/Schröder (Hrsg.), SE Europäische Aktiengesellschaft, 2010, Art. 37 SE-VO Rn. 81; *Jannott* in: Jannott/Frodermann (Hrsg.), HdB der Europäischen Aktiengesellschaft, 2014, Kap. 3 Rn. 239; *Wicke* MittBayNot 2006, 196, 201; dagegen: *Bücker* in: Habersack/Drinhausen (Hrsg.), SE-Recht mit grenzüberschreitender Verschmelzung, 2013, Art. 37 SE-VO Rn. 34; *Paefgen* in: Kölner Kommentar zum AktG, 3. Aufl. 2012, Art. 37 SE-VO Rn. 48; *Schwarz*, SE-VO, 2006, Art. 37 SE-VO Rn. 37; *Austmann* in: MüHdB GesR, Bd. 4, 4. Aufl. 2015, § 84 Rn. 65; *Seibt/Reinhard* DK 2005, 407, 415.

390 Ebenso *J. Schmidt* in: Lutter/Hommelhoff/Teichmann (Hrsg.), SE Kommentar, 2015, Art. 37 SE-VO Rn. 22; *Bücker* in: Habersack/Drinhausen (Hrsg.), SE-Recht mit grenzüberschreitender Verschmelzung, 2013, Art. 37 SE-VO Rn. 34; *Austmann* in: MüHdB GesR, Bd. 4, 4. Aufl. 2015, § 84 Rn. 65; *Seibt/Reinhard* DK 2005, 407, 415; *Kowalski* DB 2007, 2243, 2249.

391 Vgl. *J. Schmidt* in: Lutter/Hommelhoff/Teichmann (Hrsg.), SE Kommentar, 2015, Art. 37 SE-VO Rn. 25; *Bücker* in: Habersack/Drinhausen (Hrsg.), SE-Recht mit grenzüberschreitender Verschmelzung, 2013, Art. 37 SE-VO Rn. 37; *Schröder* in: Manz/Mayer/Schröder (Hrsg.), SE Europäische Aktiengesellschaft, 2010, Art. 37 SE-VO Rn. 26; *Schwarz*, SE-VO, 2006, Art. 37 SE-VO Rn. 31; *Lutter/Bayer/Schmidt*, Europäisches Unternehmens- und Kapitalmarktrecht, 2017, Rn. 45.65; *Teichmann* in: MüHdB GesR, Bd. 6, 4. Aufl. 2013, § 49 Rn. 46; *Spitzbart* RNotZ 2006, 369, 417; aA *Schäfer* in: MüKo AktG, 4. Aufl. 2017, Art. 37 SE-VO Rn. 15; *Casper* in: Spindler/Stilz (Hrsg.), AktG, 3. Aufl. 2015, Art. 37 SE-VO Rn. 11; *Paefgen* in: Kölner Kommentar zum AktG, 3. Aufl. 2012, Art. 37 SE-VO Rn. 49.

392 Vgl. *Bücker* in: Habersack/Drinhausen (Hrsg.), SE-Recht mit grenzüberschreitender Verschmelzung, 2013, Art. 37 SE-VO Rn. 41; *J. Schmidt* in: Lutter/Hommelhoff/Teichmann (Hrsg.), SE Kommentar, 2015, Art. 37 SE-VO Rn. 24; *Paefgen* in: Kölner Kommentar zum AktG, 3. Aufl. 2012, Art. 37 SE-VO Rn. 64; *Seibt/Reinhard* DK 2005, 407, 416; *Vossius* ZIP 2005, 741, 747; aA *Spitzbart* RNotZ 2006, 369, 417, wonach der Umwandlungsbericht von allen Vorstandsmitgliedern zu unterzeichnen ist.

393 Vgl. hierzu die Erläuterungen zum Inhalt des Verschmelzungsberichts (Rn. 40 ff.), die *mutatis mutandis* auch für den Inhalt des Umwandlungsberichts gelten.

394 Vgl. *Schäfer* in: MüKo AktG, 4. Aufl. 2017, Art. 37 SE-VO Rn. 15; *Schwarz*, SE-VO, 2006, Art. 37 SE-VO Rn. 33; *Jannott* in: Jannott/Frodermann (Hrsg.), HdB der Europäischen Aktiengesellschaft, 2014, Kap. 3 Rn. 241.

395 Vgl. *Bücker* in: Habersack/Drinhausen (Hrsg.), SE-Recht mit grenzüberschreitender Verschmelzung, 2013, Art. 37 SE-VO Rn. 42; *J. Schmidt* in: Lutter/Hommelhoff/Teichmann (Hrsg.), SE Kommentar, 2015, Art. 37 SE-VO Rn. 28 f.; *Paefgen* in: Kölner Kommentar zum AktG, 3. Aufl. 2012, Art. 37 SE-VO Rn. 63; *Schäfer* in: MüKo AktG, 4. Aufl. 2017, Art. 37 SE-VO Rn. 17; *Schröder* in: Manz/Mayer/Schröder (Hrsg.), SE Europäische Aktiengesellschaft, 2010, Art. 37 SE-VO Rn. 85; *Schwarz*, SE-VO, 2006, Art. 37 SE-VO Rn. 35; *Austmann* in: MüHdB GesR, Bd. 4, 4. Aufl. 2015, § 84 Rn. 64; *Vossius* ZIP 2005, 741, 747; *Wicke* MittBayNot 2006, 196, 201; aA *Casper* in: Spindler/Stilz (Hrsg.), AktG, 3. Aufl. 2015, Art. 37 SE-VO Rn. 11; *Jannott* in: Jannott/Frodermann (Hrsg.), HdB der Europäischen Aktiengesellschaft, 2014, Kap. 3 Rn. 242; *Teichmann* in: MüHdB GesR, Bd. 6, 4. Aufl. 2013, § 49 Rn. 46; *Seibt/Reinhard* DK 2005, 407, 416.

c) Kapitaldeckungsprüfung

104 Gemäß Art. 37 VI SE-VO hat ein gerichtlich bestellter unabhängiger Sachverständiger zu prüfen und zu bescheinigen, dass die Gesellschaft über Nettovermögenswerte mindestens in Höhe des Grundkapitals der SE[396] zuzüglich der kraft Gesetzes oder Satzung nicht ausschüttungsfähigen Rücklagen verfügt. Die Bestellung des sachverständigen Prüfers erfolgt auf **Antrag des Vorstands**[397] der Gründungsgesellschaft durch das Landgericht am Sitz der Gründungsgesellschaft.[398] Zur Ermittlung des **Nettoreinvermögens** der Gesellschaft sind die Aktiva den Passiva (ohne Eigenkapital) jeweils mit ihren **Verkehrswerten** gegenüberzustellen.[399] **Bewertungsstichtag** ist der Tag der beschlussfassenden Hauptversammlung.[400] Auf die Durchführung der Kapitaldeckungsprüfung kann im Unterschied zur Verschmelzungsprüfung[401] und der Gründungsprüfung bei der Holding-SE[402] **nicht verzichtet** werden.[403] Die **Bescheinigung** des sachverständigen Prüfers enthält die Beschreibung des Gesellschaftsvermögens, die Nennung der angewandten Bewertungsverfahrens und die Angabe, dass die Gesellschaft über ein Nettovermögen in Höhe von mindestens dem Grundkapital der SE zuzüglich der kraft Gesetzes oder Satzung nicht ausschüttungsfähigen Rücklagen verfügt. Entgegen einer vereinzelt gebliebenen Auffassung im Schrifttum[404] ist der Prüfbericht **nicht** gemäß Art. 37 V SE-VO (analog) **offenzulegen.**[405]

d) Zustimmungsbeschluss der Hauptversammlung

105 Gemäß Art. 37 VII SE-VO stimmt die Hauptversammlung der formwechselnden AG dem Umwandlungsplan zu und genehmigt die Satzung der SE. Mangels spezieller Regelungen in der SE-VO richtet sich die **Vorbereitung der Hauptversammlung** nach dem jeweiligen nationalen Recht, bei einer deutschen AG mithin nach den §§ 121 ff. AktG sowie §§ 238, 230 II UmwG.[406] Gemäß §§ 121 III 2, 124 III 1 AktG sind mit der Einberufung der Hauptversammlung der Tagesordnungspunkt zur Umwandlung der Gesellschaft sowie die Beschlüsse des Vorstands und des Aufsichtsrats der formwechselnden AG bekannt zu machen. Gemäß § 124 II 3 AktG sind zudem sowohl der wesentliche Inhalt des Umwandlungsplans als auch der Wortlaut der Satzung der SE bekannt zu machen. Der Umwandlungsplan, der Umwandlungsbericht sowie die Kapitaldeckungsbescheinigung sind ge-

---

396 Vgl. *Bücker* in: Habersack/Drinhausen (Hrsg.), SE-Recht mit grenzüberschreitender Verschmelzung, 2013, Art. 37 SE-VO Rn. 49; *J. Schmidt* in: Lutter/Hommelhoff/Teichmann (Hrsg.), SE Kommentar, 2015, Art. 37 SE-VO Rn. 38; *Schäfer* in: MüKo AktG, 4. Aufl. 2017, Art. 37 SE-VO Rn. 22; *Casper* in: Spindler/Stilz (Hrsg.), AktG, 3. Aufl. 2015, Art. 37 SE-VO Rn. 13; aA *Schwarz*, SE-VO, 2006, Art. 37 SE-VO Rn. 41, wonach auf das Grundkapital der Gründungsgesellschaft und nicht der (künftigen) SE abzustellen ist; (zumindest missverständlich) *Temmel/Rahlmeyer* in: Eckhardt/Hermanns (Hrsg.), Kölner HdB GesR, 3. Aufl. 2017, Kap. 5 Rn. 134.

397 Der Antrag auf Bestellung des sachverständigen Prüfers ist vom Vorstand in vertretungsberechtigter Anzahl zu stellen; vgl. *Bücker* in: Habersack/Drinhausen (Hrsg.), SE-Recht mit grenzüberschreitender Verschmelzung, 2013, Art. 37 SE-VO Rn. 49.

398 Vgl. *Bücker* in: Habersack/Drinhausen (Hrsg.), SE-Recht mit grenzüberschreitender Verschmelzung, 2013, Art. 37 SE-VO Rn. 49; *Paefgen* in: Kölner Kommentar zum AktG, 3. Aufl. 2012, Art. 37 SE-VO Rn. 76.

399 Vgl. *Bücker* in: Habersack/Drinhausen (Hrsg.), SE-Recht mit grenzüberschreitender Verschmelzung, 2013, Art. 37 SE-VO Rn. 50; *J. Schmidt* in: Lutter/Hommelhoff/Teichmann (Hrsg.), SE Kommentar, 2015, Art. 37 SE-VO Rn. 40; *Paefgen* in: Kölner Kommentar zum AktG, 3. Aufl. 2012, Art. 37 SE-VO Rn. 74; *Schäfer* in: MüKo AktG, 4. Aufl. 2017, Art. 37 SE-VO Rn. 23; *Schwarz*, SE-VO, 2006, Art. 37 SE-VO Rn. 44; *Austmann* in: MüHdB GesR, Bd. 4, 4. Aufl. 2015, § 84 Rn. 64; *Seibt/Reinhard* DK 2005, 407, 413.

400 Vgl. *Bücker* in: Habersack/Drinhausen (Hrsg.), SE-Recht mit grenzüberschreitender Verschmelzung, 2013, Art. 37 SE-VO Rn. 50; *J. Schmidt* in: Lutter/Hommelhoff/Teichmann (Hrsg.), SE Kommentar, 2015, Art. 37 SE-VO Rn. 42.

401 Vgl. Rn. 46.

402 Vgl. Rn. 70.

403 Vgl. *Bücker* in: Habersack/Drinhausen (Hrsg.), SE-Recht mit grenzüberschreitender Verschmelzung, 2013, Art. 37 SE-VO Rn. 52; *Paefgen* in: Kölner Kommentar zum AktG, 3. Aufl. 2012, Art. 37 SE-VO Rn. 81; *Schäfer* in: MüKo AktG, 4. Aufl. 2017, Art. 37 SE-VO Rn. 23; *Casper* in: Spindler/Stilz (Hrsg.), AktG, 3. Aufl. 2015, Art. 37 SE-VO Rn. 13; *Spitzbart* RNotZ 2006, 369, 418; aA *Vossius* ZIP 2005, 741, 748. Der Grund, warum auf die Kapitaldeckungsprüfung nicht verzichtet werden kann, liegt darin, dass diese im Unterschied zur Verschmelzungs- bzw. Gründungsprüfung, die ausschließlich im Informationsinteresse der Gesellschafter durchgeführt werden, der Sicherstellung der realen Kapitalaufbringung und damit dem Gläubigerschutz dient.

404 So soweit ersichtlich nur *Paefgen* in: Kölner Kommentar zum AktG, 3. Aufl. 2012, Art. 37 SE-VO Rn. 80.

405 Vgl. *Bücker* in: Habersack/Drinhausen (Hrsg.), SE-Recht mit grenzüberschreitender Verschmelzung, 2013, Art. 37 SE-VO Rn. 53; *J. Schmidt* in: Lutter/Hommelhoff/Teichmann (Hrsg.), SE Kommentar, 2015, Art. 37 SE-VO Rn. 45; *Schäfer* in: MüKo AktG, 4. Aufl. 2017, Art. 37 SE-VO Rn. 23; *Casper* in: Spindler/Stilz (Hrsg.), AktG, 3. Aufl. 2015, Art. 37 SE-VO Rn. 13.

406 Vgl. *Bücker* in: Habersack/Drinhausen (Hrsg.), SE-Recht mit grenzüberschreitender Verschmelzung, 2013, Art. 37 SE-VO Rn. 55; *J. Schmidt* in: Lutter/Hommelhoff/Teichmann (Hrsg.), SE Kommentar, 2015, Art. 37 SE-VO Rn. 49; *Schäfer* in: MüKo AktG, 4. Aufl. 2017, Art. 37 SE-VO Rn. 27; *Casper* in: Spindler/Stilz (Hrsg.), AktG, 3. Aufl. 2015, Art. 37 SE-VO Rn. 14; *Schwarz*, SE-VO, 2006, Art. 37 SE-VO Rn. 50; *Lutter/Bayer/Schmidt*, Europäisches Unternehmens- und Kapitalmarktrecht, 2017, Rn. 45.67; *Spitzbart* RNotZ 2006, 369, 419; *Vossius* ZIP 2005, 741, 748; *Seibt/Reinhard* DK 2005, 407, 419.

mäß § 230 II UmwG ab Einberufung der Hauptversammlung in den Geschäftsräumen der formwechselnden AG zur Einsicht der Aktionäre auszulegen; auf Verlangen ist jedem Aktionär unverzüglich und kostenlos eine Abschrift des Umwandlungsplans zu erteilen.[407] Die **Durchführung der Hauptversammlung** richtet sich ebenfalls nach dem jeweiligen nationalen Recht, bei einer deutschen AG damit nach den §§ 129 ff. AktG sowie § 239 UmwG.[408] Gemäß § 239 I UmwG sind in der Hauptversammlung der Umwandlungsplan, der Umwandlungsbericht sowie die Kapitaldeckungsbescheinigung auszulegen; der Umwandlungsplan ist gemäß § 239 II UmwG zu Beginn der Verhandlung mündlich zu erläutern. Hinsichtlich der **Beschlussmodalitäten** gilt gemäß Art. 37 VII 2 SE-VO das Mehrheitserfordernis in § 65 I 1 UmwG.[409] Danach bedarf der Formwechselbeschluss[410] einer Mehrheit von mindestens drei Vierteln des bei der Beschlussfassung vertretenen Grundkapitals, sofern die Satzung keine größere Kapitalmehrheit oder weitere Erfordernisse bestimmt. Falls mehrere Aktiengattungen bestehen, bedarf es eines Sonderbeschlusses jeder Gattung mit entsprechender Mehrheit. Auch hinsichtlich der **Formvorschriften** gilt nationales Recht; bei einer deutschen formwechselnden AG ist der Formwechselbeschluss gemäß Art. 37 VII 2 SE-VO iVm § 13 III UmwG notariell zu beurkunden.[411]

Anders als bei der Verschmelzung[412] bzw. Holding-Gründung[413] fehlt es bei der formwechselnden Umwandlung 106 in eine SE an einer ausdrücklichen Regelung, wonach die Hauptversammlung sich das Recht vorbehalten kann, die Eintragung der SE von der Genehmigung der Vereinbarung zur Arbeitnehmerbeteiligung durch die Hauptversammlung abhängig zu machen. Die hM hält einen entsprechenden **Zustimmungsvorbehalt** der Hauptversammlung analog Artt. 23 II 2, 32 VI 3 SE-VO gleichwohl für zulässig,[414] wobei diesem Recht in der Praxis – wie bereits dargelegt –[415] nur wenig Relevanz zukommen dürfte.[416]

e) Beteiligung der Arbeitnehmer

Auch bei der formwechselnden Umwandlung in eine SE sind die Arbeitnehmer an der Gründung zu beteiligen. 107 Da der ordnungsgemäße Abschluss des Arbeitnehmerbeteiligungsverfahrens gemäß Art. 12 II SE-VO Voraussetzung für die Eintragung im Handelsregister ist und das Verfahren über die Beteiligung der Arbeitnehmer – wie bereits dargelegt –[417] mehrere Monate dauern kann, sind die Arbeitnehmer **möglichst frühzeitig**, spätestens[418] unverzüglich nach Offenlegung des Umwandlungsplans, zu beteiligen. Nach welchem Recht sich die Arbeitneh-

---

407 Gem. § 230 II 4 UmwG entfällt die Pflicht zur Auslage in den Geschäftsräumen sowie Erteilung einer kostenlosen Abschrift, wenn der Umwandlungsplan für denselben Zeitraum über die Internetseite der Gesellschaft zugänglich ist.

408 Vgl. *Bücker* in: Habersack/Drinhausen (Hrsg.), SE-Recht mit grenzüberschreitender Verschmelzung, 2013, Art. 37 SE-VO Rn. 59; *J. Schmidt* in: Lutter/Hommelhoff/Teichmann (Hrsg.), SE Kommentar, 2015, Art. 37 SE-VO Rn. 51; *Casper* in: Spindler/Stilz (Hrsg.), AktG, 3. Aufl. 2015, Art. 37 SE-VO Rn. 14; *Schwarz*, SE-VO, 2006, Art. 37 SE-VO Rn. 54; *Lutter/Bayer/Schmidt*, Europäisches Unternehmens- und Kapitalmarktrecht, 2017, Rn. 45.67; *Spitzbart* RNotZ 2006, 369, 419; *Seibt/Reinhard* DK 2005, 407, 419.

409 Dass ausnahmsweise Verschmelzungsrecht – und nicht Formwechselrecht – Anwendung findet, liegt daran, dass Art. 37 VII 2 SE-VO ausdrücklich auf Art. 7 der Dritten Richtlinie 78/855/EWG des Rates vom 9. Oktober 1978 betreffend die Verschmelzung von Aktiengesellschaften, Abl. EG v. 20.10.1978, L 295/36 verweist; vgl. *Austmann* in: MüHdB GesR, Bd. 4, 4. Aufl. 2015, § 84 Rn. 66.

410 Da die Satzung der SE integraler Bestandteil des Umwandungsplans ist, ist die Genehmigung der Satzung bereits von der Zustimmung zum Umwandlungsplan erfasst; einer gesonderten Beschlussfassung über die Genehmigung der Satzung der SE bedarf es – entgegen des insoweit missverständlichen Wortlauts des Art. 37 II SE-VO – nicht. Vgl. *Bücker* in: Habersack/Drinhausen (Hrsg.), SE-Recht mit grenzüberschreitender Verschmelzung, 2013, Art. 37 SE-VO Rn. 62; *J. Schmidt* in: Lutter/Hommelhoff/Teichmann (Hrsg.), SE Kommentar, 2015, Art. 37 SE-VO Rn. 52.

411 Vgl. *Bücker* in: Habersack/Drinhausen (Hrsg.), SE-Recht mit grenzüberschreitender Verschmelzung, 2013, Art. 37 SE-VO Rn. 60; *J. Schmidt* in: Lutter/Hommelhoff/Teichmann (Hrsg.), SE Kommentar, 2015, Art. 37 SE-VO Rn. 55; *Schäfer* in: MüKo AktG, 4. Aufl. 2017, Art. 37 SE-VO Rn. 24; *Casper* in: Spindler/Stilz (Hrsg.), AktG, 3. Aufl. 2015, Art. 37 SE-VO Rn. 15; *Paefgen* in: Kölner Kommentar zum AktG, 3. Aufl. 2012, Art. 37 SE-VO Rn. 91; *Schwarz*, SE-VO, 2006, Art. 37 SE-VO Rn. 56; *Seibt/Reinhard* DK 2005, 407, 420.

412 Vgl. Art. 23 II 2 SE-VO.

413 Vgl. Art. 32 VI 3 SE-VO.

414 Vgl. *Bücker* in: Habersack/Drinhausen (Hrsg.), SE-Recht mit grenzüberschreitender Verschmelzung, 2013, Art. 37 SE-VO Rn. 61; *J. Schmidt* in: Lutter/Hommelhoff/Teichmann (Hrsg.), SE Kommentar, 2015, Art. 37 SE-VO Rn. 53; *Casper* in: Spindler/Stilz (Hrsg.), AktG, 3. Aufl. 2015, Art. 37 SE-VO Rn. 15; *Paefgen* in: Kölner Kommentar zum AktG, 3. Aufl. 2012, Art. 37 SE-VO Rn. 84; *Schwarz*, SE-VO, 2006, Art. 37 SE-VO Rn. 49; aA *Jannott* in: Jannott/Frodermann (Hrsg.), HdB der Europäischen Aktiengesellschaft, 2014, Kap. 3 Rn. 257.

415 Vgl. Rn. 48, 71.

416 Ebenso *Austmann* in: MüHdB GesR, Bd. 4, 4. Aufl. 2015, § 84 Rn. 66.

417 Vgl. hierzu die Ausführung zur Beteiligung der Arbeitnehmer bei der SE-Gründung durch Verschmelzung (Rn. 50 ff.).

418 In der Praxis werden die Arbeitnehmer häufig bereits vor der Offenlegung des Umwandlungsplans an der SE-Gründung beteiligt; hiergegen bestehen keine rechtlichen Bedenken. Vgl. *Bücker* in: Habersack/Drinhausen (Hrsg.), SE-Recht mit grenzüberschreitender Verschmelzung, 2013, Art. 37 SE-VO Rn. 46.

merbeteiligung im Rahmen des Gründungsverfahrens richtet, hängt gemäß Art. 6 SE-Beteiligungsrichtlinie vom Sitz der (künftigen) SE ab. Soll diese ihren **Sitz in Deutschland** haben, bestimmt sich das Arbeitnehmerbeteiligungsverfahren primär[419] nach den **§§ 4 ff. SEBG.**[420]

f) Bestellung der Organe der SE und des Abschlussprüfers

108 Nicht einheitlich beantwortet wird die Frage, ob die Organmitglieder und der Abschlussprüfer im Zuge der formwechselnden Umwandlung in eine SE neu bestellt werden müssen. Im **Hinblick auf die Organmitglieder** geht ein Teil des Schrifttums[421] davon aus, dass zwischen der formwechselnden AG und der SE grundsätzlich keine Organkontinuität besteht. Die wohl hM[422] will dagegen zumindest im Falle der formwechselnden Umwandlung einer deutschen AG in eine dualistisch verfasste SE eine Amtskontinuität der Mitglieder des Aufsichtsrats annehmen, wenn der Aufsichtsrat der SE – ausnahmsweise –[423] in gleicher Weise gebildet und zusammengesetzt wird wie in der formwechselnden AG. Eine im Vordringen befindliche Auffassung[424] geht demgegenüber von einer generellen Amtskontinuität der Mitglieder des Vorstands und des Aufsichtsrats aus, wenn das dualistische Leitungssystem der formwechselnden AG beibehalten werde und sich Größe und Zusammensetzung der Organe – ausnahmsweise – nicht ändert. Mit Blick auf die unsichere Rechtslage ist in der Praxis eine vorsorgliche **Neubestellung sämtlicher Organmitglieder** ratsam.[425] Die Mitglieder des ersten Aufsichts- bzw. Verwaltungsrats der SE können gemäß Art. 40 II 2 SE-VO in der Satzung oder alternativ durch gesonderten Hauptversammlungsbeschluss bestellt werden. Die Durchführung eines Statusverfahrens ist nach der hM nicht erforderlich.[426] Ebenfalls uneinheitlich wird die Frage beantwortet, ob die Bestellung der ersten Mitglieder des Aufsichts- bzw. Verwaltungsrats auf die Zeit bis zur Beendigung der Hauptversammlung, die über die Entlastung über das erste Voll- oder Rumpfgeschäftsjahr beschließt, befristet werden muss;[427] in der Praxis sollte vorsichtshalber eine entsprechende Befristung vorgesehen werden.[428] Die Bestellung der Vorstandsmitglieder bzw. geschäftsführenden Direktoren erfolgt durch die designierten Mitglieder des Aufsichts- bzw. Verwaltungs-

---

419 Bestimmte Aspekte des Arbeitnehmerbeteiligungsverfahrens richten sich zwingend nach dem Recht der Mitgliedstaaten, in denen die zu beteiligenden Arbeitnehmer beschäftigt sind, zB Verfahren zur Wahl der Mitglieder des besonderen Verhandlungsgremiums; vgl. *Hohenstatt/Müller-Bonanni* in: Habersack/Drinhausen (Hrsg.), SE-Recht mit grenzüberschreitender Verschmelzung, 2013, § 3 SEBG Rn. 6.

420 Vgl. hierzu die Ausführung zur Beteiligung der Arbeitnehmer bei der SE-Gründung durch Verschmelzung (Rn. 50 ff.).

421 Vgl. *Bücker* in: Habersack/Drinhausen (Hrsg.), SE-Recht mit grenzüberschreitender Verschmelzung, 2013, Art. 37 SE-VO Rn. 65; *Eberspächer* in: Spindler/Stilz (Hrsg.), AktG, 3. Aufl. 2015, Art. 39 SE-VO Rn. 7/Art. 40 SE-VO Rn. 8; *Habersack* DK 2008, 67, 70; *Schröder* in: Manz/Mayer/Schröder (Hrsg.), SE Europäische Aktiengesellschaft, 2010, Art. 37 SE-VO Rn. 109/Art. 40 SE-VO Rn. 10; *Schwarz*, SE-VO, 2006, Art. 37 SE-VO Rn. 72; *Seibt/Reinhard* DK 2005, 407, 421.

422 Vgl. *Paefgen* in: Kölner Kommentar zum AktG, 3. Aufl. 2012, Art. 37 SE-VO Rn. 42; *Schäfer* in: MüKo AktG, 4. Aufl. 2017, Art. 37 SE-VO Rn. 31; *Reichert/Brandes* in: MüKo AktG, 4. Aufl. 2017, Art. 40 SE-VO Rn. 45; *Austmann* in: MüHdB GesR, Bd. 4, 4. Aufl. 2015, § 84 Rn. 69; *Jannott* in: Jannott/Frodermann (Hrsg.), HdB der Europäischen Aktiengesellschaft, 2014, Kap. 3 Rn. 259; (wohl auch) *Temmel/Rahlmeyer* in: Eckhardt/Hermanns (Hrsg.), Kölner HdB GesR, 3. Aufl. 2017, Kap. 5 Rn. 138.

423 Die Ämterkontinuität im Aufsichtsrat wird auch nach der hM die Ausnahme bleiben, da der Aufsichtsrat, falls die SE der Mitbestimmung unterliegt, auch mit Vertretern ausländischer Arbeitnehmern zu besetzen ist. Nach § 36 SEBG sind die auf die Arbeitnehmer entfallenden Sitze im Aufsichtsorgan der SE auf die Mitgliedstaaten der EU, in denen die zukünftige SE oder ihre Konzerngesellschaften Arbeitnehmer beschäftigen, zu verteilen. Dagegen sind die Arbeitnehmervertreter im Aufsichtsrat einer deutschen AG sowohl nach dem Mitbestimmungsgesetz als auch nach dem Drittelbeteiligungsgesetz ausschließlich inländische Arbeitnehmer (bzw. Gewerkschaftsvertreter); vgl. *Reichert/Brandes* in: MüKo AktG, 4. Aufl. 2017, Art. 40 SE-VO Rn. 47; *Austmann* in: MüHdB GesR, Bd. 4, 4. Aufl. 2015, § 84 Rn. 69.

424 Vgl. *J. Schmidt* in: Lutter/Hommelhoff/Teichmann (Hrsg.), SE Kommentar, 2015, Art. 37 SE-VO Rn. 61 f.; *Kleinhenz/Leyendecker-Langner* AG 2013, 507 ff.

425 Ebenso *J. Schmidt* in: Lutter/Hommelhoff/Teichmann (Hrsg.), SE Kommentar, 2015, Art. 37 SE-VO Rn. 63; *Austmann* in: MüHdB GesR, Bd. 4, 4. Aufl. 2015, § 84 Rn. 69; *Temmel/Rahlmeyer* in: Eckhardt/Hermanns (Hrsg.), Kölner HdB GesR, 3. Aufl. 2017, Kap. 5 Rn. 139; *Kleinhenz/Leyendecker-Langner* AG 2013, 507, 514.

426 Vgl. *Reichert/Brandes* in: MüKo AktG, 4. Aufl. 2017, Art. 40 SE-VO Rn. 54; *Eberspächer* in: Spindler/Stilz (Hrsg.), AktG, 3. Aufl. 2015, Art. 40 SE-VO Rn. 8; *Austmann* in: MüHdB GesR, Bd. 4, 4. Aufl. 2015, § 84 Rn. 69; *Habersack* DK 2008, 67, 70 ff.; *Drinhausen* ZHR-Beiheft 77 (2015) 30, 34 f.; aA *Paefgen* in: Kölner Kommentar zum AktG, 3. Aufl. 2012, Art. 40 SE-VO Rn. 74; *Kleinhenz/Leyendecker-Langner* AG 2013, 507, 514.

427 Gegen eine Befristung *Austmann* in: MüHdB GesR, Bd. 4, 4. Aufl. 2015, § 84 Rn. 69; *Habersack* DK 2008, 67, 73; *Drinhausen* ZHR-Beiheft 77 (2015), 30, 36; für eine Befristung *Paefgen* in: Kölner Kommentar zum AktG, 3. Aufl. 2012, Art. 40 SE-VO Rn. 74.

428 Ebenso *Temmel/Rahlmeyer* in: Eckhardt/Hermanns (Hrsg.), Kölner HdB GesR, 3. Aufl. 2017, Kap. 5 Rn. 140.

rats der SE;[429] sie steht unter der aufschiebenden Bedingung der Eintragung der SE im Handelsregister.[430] Auch im Hinblick auf die **Bestellung des Abschlussprüfers** ist streitig, ob dieser neu zu bestellen ist[431] oder ob es dessen aufgrund des identitätswahrenden Charakters der formwechselnden Umwandlung nicht bedarf.[432] Vorsorglich empfiehlt sich auch hier die Neubestellung des Abschlussprüfers für das erste (Rumpf-) Geschäftsjahr der SE durch die Hauptversammlung.[433]

g) (Interne) Gründungsprüfung

Ebenfalls nicht eindeutig ist die Rechtlage im Hinblick auf die Frage, inwieweit bei der formwechselnden Umwandlung in eine SE zusätzlich die aktienrechtlichen Gründungsanforderungen zu beachten sind. Dass das Gründungsrecht des AktG bei der formwechselnden Umwandlung in eine deutsche SE grundsätzlich anwendbar ist, ergibt sich aus Art. 15 I SE-VO iVm § 197 UmwG.[434] Die Erstellung eines **Gründungsberichts** gemäß § 32 AktG wird fast einhellig analog § 245 IV UmwG nicht für erforderlich gehalten.[435] Auch die **externe Gründungsprüfung** gemäß § 33 II AktG ist entbehrlich, da der Verordnungsgeber mit der Kapitaldeckungsprüfung gemäß Art. 37 VI SE-VO eine abschließende Regelung im Hinblick auf die Kontrolle der Kapitaldeckung geschlossen hat.[436] Umstritten ist die Frage, ob es der Durchführung **einer internen Gründungsprüfung** gemäß § 33 I AktG bedarf.[437] Wenngleich sie sich bei der formwechselnden Umwandlung in eine deutsche SE in floskelhaften Formulierungen erschöpft,[438] sollte sie in der Praxis aus Vorsichtsgründen trotzdem durchgeführt werden.[439] 109

h) Anmeldung und Rechtmäßigkeitsprüfung

Die formwechselnde Umwandlung in eine deutsche SE ist schließlich gemäß Art. 12 I SE-VO, § 4 1 SEAG, § 377 I FamFG beim **Amtsgericht des Sitzes der formwechselnden AG** anzumelden.[440] Die Anmeldung hat gemäß 110

429 Vgl. *Reichert/Brandes* in: MüKo AktG, 4. Aufl. 2017, Art. 39 SE-VO Rn. 28; *Paefgen* in: Kölner Kommentar zum AktG, 3. Aufl. 2012, Art. 39 SE-VO Rn. 65; *Austmann* in: MüHdB GesR, Bd. 4, 4. Aufl. 2015, § 84 Rn. 69; *Kleinhenz/Leyendecker-Langner* AG 2013, 507, 513.

430 Vgl. *Reichert/Brandes* in: MüKo AktG, 4. Aufl. 2017, Art. 39 SE-VO Rn. 28; *Paefgen* in: Kölner Kommentar zum AktG, 3. Aufl. 2012, Art. 39 SE-VO Rn. 65; *Austmann* in: MüHdB GesR, Bd. 4, 4. Aufl. 2015, § 84 Rn. 69.

431 So *Bücker* in: Habersack/Drinhausen (Hrsg.), SE-Recht mit grenzüberschreitender Verschmelzung, 2013, Art. 37 SE-VO Rn. 66; *Schröder* in: Manz/Mayer/Schröder (Hrsg.), SE Europäische Aktiengesellschaft, 2010, Art. 37 SE-VO Rn. 111; *Schwarz*, SE-VO, 2006, Art. 37 SE-VO Rn. 73; *Jannott* in: Jannott/Frodermann (Hrsg.), HdB der Europäischen Aktiengesellschaft, 2014, Kap. 3 Rn. 262.

432 So *J. Schmidt* in: Lutter/Hommelhoff/Teichmann (Hrsg.), SE Kommentar, 2015, Art. 37 SE-VO Rn. 64; *Paefgen* in: Kölner Kommentar zum AktG, 3. Aufl. 2012, Art. 37 SE-VO Rn. 43.

433 Ebenso *J. Schmidt* in: Lutter/Hommelhoff/Teichmann (Hrsg.), SE Kommentar, 2015, Art. 37 SE-VO Rn. 64; *Paefgen* in: Kölner Kommentar zum AktG, 3. Aufl. 2012, Art. 37 SE-VO Rn. 43.

434 Vgl. *Bücker* in: Habersack/Drinhausen (Hrsg.), SE-Recht mit grenzüberschreitender Verschmelzung, 2013, Art. 37 SE-VO Rn. 70; *Schäfer* in: MüKo AktG, 4. Aufl. 2017, Art. 37 SE-VO Rn. 30; *Paefgen* in: Kölner Kommentar zum AktG, 3. Aufl. 2012, Art. 37 SE-VO Rn. 96; *Schwarz*, SE-VO, 2006, Art. 37 SE-VO Rn. 67; *Austmann* in: MüHdB GesR, Bd. 4, 4. Aufl. 2015, § 84 Rn. 67.

435 Vgl. *Bücker* in: Habersack/Drinhausen (Hrsg.), SE-Recht mit grenzüberschreitender Verschmelzung, 2013, Art. 37 SE-VO Rn. 71; *Paefgen* in: Kölner Kommentar zum AktG, 3. Aufl. 2012, Art. 37 SE-VO Rn. 98; *Schwarz*, SE-VO, 2006, Art. 37 SE-VO Rn. 74; *Austmann* in: MüHdB GesR, Bd. 4, 4. Aufl. 2015, § 84 Rn. 67; aA (ohne Begründung) *Vossius* ZIP 2005, 741, 748.

436 Vgl. *Bücker* in: Habersack/Drinhausen (Hrsg.), SE-Recht mit grenzüberschreitender Verschmelzung, 2013, Art. 37 SE-VO Rn. 72; *Paefgen* in: Kölner Kommentar zum AktG, 3. Aufl. 2012, Art. 37 SE-VO Rn. 102; *Austmann* in: MüHdB GesR, Bd. 4, 4. Aufl. 2015, § 84 Rn. 67, aA (ohne Begründung) *Vossius* ZIP 2005, 741, 748.

437 Gegen das Erfordernis einer internen Gründungsprüfung *Bücker* in: Habersack/Drinhausen (Hrsg.), SE-Recht mit grenzüberschreitender Verschmelzung, 2013, Art. 37 SE-VO Rn. 73; *Kiem* ZHR 173 (2009) 156, 162 f.; *Seibt/Reinhard* DK 2005, 407, 422; *Drinhausen* ZHR-Beiheft 77 (2015) 30, 40 f.; *Kowalski* DB 2007, 2243, 2248; (wohl auch) *Austmann* in: MüHdB GesR, Bd. 4, 4. Aufl. 2015, § 84 Rn. 67; für das Erfordernis einer internen Gründungsprüfung *Paefgen* in: Kölner Kommentar zum AktG, 3. Aufl. 2012, Art. 37 SE-VO Rn. 100; *Schwarz*, SE-VO, 2006, Art. 37 SE-VO Rn. 75; *Jannott* in: Jannott/Frodermann (Hrsg.), HdB der Europäischen Aktiengesellschaft, 2014, Kap. 3 Rn. 265; *Vossius* ZIP 2005, 741, 748.

438 Vgl. *Bücker* in: Habersack/Drinhausen (Hrsg.), SE-Recht mit grenzüberschreitender Verschmelzung, 2013, Art. 37 SE-VO Rn. 73; *Austmann* in: MüHdB GesR, Bd. 4, 4. Aufl. 2015, § 84 Rn. 67.

439 Ebenso *Austmann* in: MüHdB GesR, Bd. 4, 4. Aufl. 2015, § 84 Rn. 67.

440 Vgl. *Bücker* in: Habersack/Drinhausen (Hrsg.), SE-Recht mit grenzüberschreitender Verschmelzung, 2013, Art. 37 SE-VO Rn. 78; *J. Schmidt* in: Lutter/Hommelhoff/Teichmann (Hrsg.), SE Kommentar, 2015, Art. 37 SE-VO Rn. 66; *Spitzbart* RNotZ, 2006, 369, 420.

§§ 246, 198 UmwG durch den **Vorstand der AG** zu erfolgen.[441] Dies gilt nicht nur bei der Anmeldung eines Formwechsels in eine dualistisch verfasste SE, sondern auch beim Wechsel in ein monistisches System.[442] Für die Anmeldung ist die Unterzeichnung durch den Vorstand in vertretungsberechtigter Anzahl ausreichend.[443] Anzumelden sind neben dem Wechsel in die Rechtsform der SE die Vorstandsmitglieder bzw. geschäftsführenden Direktoren der SE, samt abstrakter und konkreter Vertretungsbefugnis, wobei diese zudem eine Versicherung bezüglich des Nichtbestehens von Ausschlussgründen gemäß § 197 1 UmwG iVm § 37 II AktG bzw. § 21 II 1 SEAG abzugeben haben.[444] Das Registergericht prüft die Ordnungsmäßigkeit der formwechselnden Umwandlung und trägt die SE bei positivem Prüfungsergebnis unter einem neuen Blatt mit einer **neuen Registernummer** ein.[445]

3. Rechtsfolgen und Bestandsschutz

111 Gemäß Art. 37 II SE-VO hat die Umwandlung einer Aktiengesellschaft in eine SE weder die Auflösung der Gesellschaft noch die Gründung einer neuen juristischen Person zur Folge. Vielmehr besteht die formwechselnde Gesellschaft in der Rechtsform der SE fort. Trotz des insoweit missverständlichen Wortlauts des Art. 37 IX SE-VO[446] kommt es bei der formwechselnden Umwandlung in eine SE zu **keiner Vermögensübertragung.**[447] Veränderungen finden lediglich hinsichtlich der nunmehr maßgeblichen Rechtsvorschriften statt.[448] Unverändert bleiben die Anteilsverhältnisse der Aktionäre;[449] dasselbe gilt für die Arbeitsverhältnisse, die Tarifbindung und die Betriebsvereinbarungen der Gesellschaft.[450]

112 Mit der Eintragung der (deutschen) SE in das Handelsregister genießt diese gemäß § 202 III UmwG **Bestandsschutz.**[451] Klagen gegen die Wirksamkeit des Umwandlungsbeschlusses können nicht zur Rückgängigmachung

441 Vgl. *Bücker* in: Habersack/Drinhausen (Hrsg.), SE-Recht mit grenzüberschreitender Verschmelzung, 2013, Art. 37 SE-VO Rn. 78; *J. Schmidt* in: Lutter/Hommelhoff/Teichmann (Hrsg.), SE Kommentar, 2015, Art. 37 SE-VO Rn. 66; *Paefgen* in: Kölner Kommentar zum AktG, 3. Aufl. 2012, Art. 37 SE-VO Rn. 104; *Schäfer* in: MüKo AktG, 4. Aufl. 2017, Art. 37 SE-VO Rn. 33; *Schwarz*, SE-VO, 2006, Art. 37 SE-VO Rn. 80; *Austmann* in: MüHdB GesR, Bd. 4, 4. Aufl. 2015, § 84 Rn. 68; *Seibt/Reinhard* DK 2005, 407, 422; aA *Spitzbart* RNotZ, 2006, 369, 420 (Anmeldung durch sämtliche Organmitglieder der künftigen SE); *Kowalski* DB 2007, 2243, 2248 (Anmeldung zusätzlich auch durch Vorstand bzw. geschäftsführende Direktoren der künftigen SE).

442 Vgl. *Bücker* in: Habersack/Drinhausen (Hrsg.), SE-Recht mit grenzüberschreitender Verschmelzung, 2013, Art. 37 SE-VO Rn. 77; *J. Schmidt* in: Lutter/Hommelhoff/Teichmann (Hrsg.), SE Kommentar, 2015, Art. 37 SE-VO Rn. 66; *Paefgen* in: Kölner Kommentar zum AktG, 3. Aufl. 2012, Art. 37 SE-VO Rn. 104 – wonach § 21 I SEAG auf die formwechselnde Umwandlung in eine SE (aufgrund teleologischer Reduktion) nicht anwendbar ist; aA *Schröder* in: Manz/Mayer/Schröder (Hrsg.), SE Europäische Aktiengesellschaft, 2010, Art. 37 SE-VO Rn. 102.

443 Vgl. *Bücker* in: Habersack/Drinhausen (Hrsg.), SE-Recht mit grenzüberschreitender Verschmelzung, 2013, Art. 37 SE-VO Rn. 77; *Jannott* in: Jannott/Frodermann (Hrsg.), HdB der Europäischen Aktiengesellschaft, 2014, Kap. 3 Rn. 269.

444 Vgl. *Bücker* in: Habersack/Drinhausen (Hrsg.), SE-Recht mit grenzüberschreitender Verschmelzung, 2013, Art. 37 SE-VO Rn. 79; *J. Schmidt* in: Lutter/Hommelhoff/Teichmann (Hrsg.), SE Kommentar, 2015, Art. 37 SE-VO Rn. 67; *Paefgen* in: Kölner Kommentar zum AktG, 3. Aufl. 2012, Art. 37 SE-VO Rn. 106 f.; *Jannott* in: Jannott/Frodermann (Hrsg.), HdB der Europäischen Aktiengesellschaft, 2014, Kap. 3 Rn. 270; *Spitzbart* RNotZ, 2006, 369, 420.

445 Vgl. *Bücker* in: Habersack/Drinhausen (Hrsg.), SE-Recht mit grenzüberschreitender Verschmelzung, 2013, Art. 37 SE-VO Rn. 89; *J. Schmidt* in: Lutter/Hommelhoff/Teichmann (Hrsg.), SE Kommentar, 2015, Art. 37 SE-VO Rn. 71.

446 Art. 37 IX SE-VO bestimmt, dass die Rechte und Pflichten aus den Arbeitsverhältnissen der Arbeitnehmer der formwechselnden Gesellschaft auf die SE übergehen. Da es infolge des identitätswahrenden Charakters der formwechselnden Umwandlung gerade nicht zu einem Rechtsübergang kommt, ist die Vorschrift „ebenso überflüssig wie irreführend", *Casper* in: Spindler/Stilz (Hrsg.), AktG, 3. Aufl. 2015, Art. 37 SE-VO Rn. 19.

447 Vgl. *Bücker* in: Habersack/Drinhausen (Hrsg.), SE-Recht mit grenzüberschreitender Verschmelzung, 2013, Art. 37 SE-VO Rn. 3; *Paefgen* in: Kölner Kommentar zum AktG, 3. Aufl. 2012, Art. 37 SE-VO Rn. 2; *Schäfer* in: MüKo AktG, 4. Aufl. 2017, Art. 37 SE-VO Rn. 2; *Casper* in: Spindler/Stilz (Hrsg.), AktG, 3. Aufl. 2015, Art. 37 SE-VO Rn. 3; *Austmann* in: MüHdB GesR, Bd. 4, 4. Aufl. 2015, § 84 Rn. 69.

448 Vgl. *Bücker* in: Habersack/Drinhausen (Hrsg.), SE-Recht mit grenzüberschreitender Verschmelzung, 2013, Art. 37 SE-VO Rn. 3.

449 Vgl. *Bücker* in: Habersack/Drinhausen (Hrsg.), SE-Recht mit grenzüberschreitender Verschmelzung, 2013, Art. 37 SE-VO Rn. 91.

450 Vgl. *Bücker* in: Habersack/Drinhausen (Hrsg.), SE-Recht mit grenzüberschreitender Verschmelzung, 2013, Art. 37 SE-VO Rn. 92; *Schröder* in: Manz/Mayer/Schröder (Hrsg.), SE Europäische Aktiengesellschaft, 2010, Art. 37 SE-VO Rn. 112.

451 Vgl. *Bücker* in: Habersack/Drinhausen (Hrsg.), SE-Recht mit grenzüberschreitender Verschmelzung, 2013, Art. 37 SE-VO Rn. 93; *J. Schmidt* in: Lutter/Hommelhoff/Teichmann (Hrsg.), SE Kommentar, 2015, Art. 37 SE-VO Rn. 74 f.; *Paefgen* in: Kölner Kommentar zum AktG, 3. Aufl. 2012, Art. 37 SE-VO Rn. 122 f.; *Schröder* in: Manz/Mayer/Schröder (Hrsg.), SE Europäische Aktiengesellschaft, 2010, Art. 37 SE-VO Rn. 108; *Schwarz*, SE-VO, 2006, Art. 37 SE-VO Rn. 89.

der formwechselnden Umwandlung führen.[452] Eine Rückführung der SE in die deutsche AG bedarf gemäß Art. 66 SE-VO der erneuten Umwandlung.[453] Fehler bei der Durchführung der Arbeitnehmerbeteiligung haben ebenfalls keinen Einfluss auf die Wirksamkeit der formwechselnden Umwandlung.[454]

4. Schutz der Minderheitsaktionäre und Gläubiger

Die SE-VO enthält keine speziellen Vorschriften zum **Schutz der Minderheitsaktionäre.**[455] Anders als bei der Verschmelzungs-[456] und Holding-Gründung[457] enthält die SE-VO auch keine Ermächtigung an die nationalen Gesetzgeber, entsprechende Regelungen vorzusehen.[458] Der Verordnungsgeber hielt Schutzvorschriften zugunsten von Minderheitsaktionären bei einer formwechselnden Umwandlung in eine SE für entbehrlich, da die Rechtsstellung der Aktionäre in der SE sich im Vergleich zur nationalen Aktiengesellschaft weder verschlechtert, noch wesentlich ändert.[459] Diese bewusste Entscheidung verbietet nach der insoweit zutreffenden hM[460] folglich auch einen Rückgriff auf nationales Recht zum Schutz von Minderheitsaktionären beim Formwechsel. Damit gibt es im Fall der formwechselnden Umwandlung insbesondere auch **kein Austrittsrecht** gegen Barabfindung.[461] Ebensowenig besteht ein **Anspruch auf Verbesserung des Beteiligungsverhältnisses.**[462] 113

452 Vgl. *Bücker* in: Habersack/Drinhausen (Hrsg.), SE-Recht mit grenzüberschreitender Verschmelzung, 2013, Art. 37 SE-VO Rn. 93; *Paefgen* in: Kölner Kommentar zum AktG, 3. Aufl. 2012, Art. 37 SE-VO Rn. 122; *Schwarz*, SE-VO, 2006, Art. 37 SE-VO Rn. 89.

453 Vgl. *Paefgen* in: Kölner Kommentar zum AktG, 3. Aufl. 2012, Art. 37 SE-VO Rn. 122.

454 Vgl. *Bücker* in: Habersack/Drinhausen (Hrsg.), SE-Recht mit grenzüberschreitender Verschmelzung, 2013, Art. 37 SE-VO Rn. 94; *J. Schmidt* in: Lutter/Hommelhoff/Teichmann (Hrsg.), SE Kommentar, 2015, Art. 37 SE-VO Rn. 76; *Paefgen* in: Kölner Kommentar zum AktG, 3. Aufl. 2012, Art. 37 SE-VO Rn. 123; *Seibt/Reinhard* DK 2005, 407, 423.

455 Vgl. *J. Schmidt* in: Lutter/Hommelhoff/Teichmann (Hrsg.), SE Kommentar, 2015, Art. 37 SE-VO Rn. 81; *Lutter/Bayer/Schmidt*, Europäisches Unternehmens- und Kapitalmarktrecht, 2017, Rn. 45.69; *Jannott* in: Jannott/Frodermann (Hrsg.), HdB der Europäischen Aktiengesellschaft, 2014, Kap. 3 Rn. 274.

456 Vgl. Art. 24 II SE-VO.

457 Vgl. Art. 34 SE-VO.

458 Vgl. *Bücker* in: Habersack/Drinhausen (Hrsg.), SE-Recht mit grenzüberschreitender Verschmelzung, 2013, Art. 37 SE-VO Rn. 67; *J. Schmidt* in: Lutter/Hommelhoff/Teichmann (Hrsg.), SE Kommentar, 2015, Art. 37 SE-VO Rn. 81; *Teichmann* ZGR 2003, 367, 395.

459 Vgl. *Bücker* in: Habersack/Drinhausen (Hrsg.), SE-Recht mit grenzüberschreitender Verschmelzung, 2013, Art. 37 SE-VO Rn. 67; *J. Schmidt* in: Lutter/Hommelhoff/Teichmann (Hrsg.), SE Kommentar, 2015, Art. 37 SE-VO Rn. 81; *Casper* in: Spindler/Stilz (Hrsg.), AktG, 3. Aufl. 2015, Art. 37 SE-VO Rn. 20 f.; *Austmann* in: MüHdB GesR, Bd. 4, 4. Aufl. 2015, § 84 Rn. 70; *Jannott* in: Jannott/Frodermann (Hrsg.), HdB der Europäischen Aktiengesellschaft, 2014, Kap. 3 Rn. 274.

460 Vgl. *Bücker* in: Habersack/Drinhausen (Hrsg.), SE-Recht mit grenzüberschreitender Verschmelzung, 2013, Art. 37 SE-VO Rn. 67 f.; *J. Schmidt* in: Lutter/Hommelhoff/Teichmann (Hrsg.), SE Kommentar, 2015, Art. 37 SE-VO Rn. 82; *Schwarz*, SE-VO, 2006, Art. 37 SE-VO Rn. 64; *Lutter/Bayer/Schmidt*, Europäisches Unternehmens- und Kapitalmarktrecht, 2017, Rn. 45.69; *Seibt/Reinhard* DK 2005, 407, 420; *Teichmann* ZGR 2003, 367, 395; aA *Schäfer* in: MüKo AktG, 4. Aufl. 2017, Art. 37 SE-VO Rn. 37; *Casper* in: Spindler/Stilz (Hrsg.), AktG, 3. Aufl. 2015, Art. 37 SE-VO Rn. 20 f.; *Paefgen* in: Kölner Kommentar zum AktG, 3. Aufl. 2012, Art. 37 SE-VO Rn. 94 ff.

461 Vgl. *Bücker* in: Habersack/Drinhausen (Hrsg.), SE-Recht mit grenzüberschreitender Verschmelzung, 2013, Art. 37 SE-VO Rn. 67; *J. Schmidt* in: Lutter/Hommelhoff/Teichmann (Hrsg.), SE Kommentar, 2015, Art. 37 SE-VO Rn. 83; *Schäfer* in: MüKo AktG, 4. Aufl. 2017, Art. 37 SE-VO Rn. 37; *Casper* in: Spindler/Stilz (Hrsg.), AktG, 3. Aufl. 2015, Art. 37 SE-VO Rn. 20 f.; *Paefgen* in: Kölner Kommentar zum AktG, 3. Aufl. 2012, Art. 37 SE-VO Rn. 94; *Schröder* in: Manz/Mayer/Schröder (Hrsg.), SE Europäische Aktiengesellschaft, 2010, Art. 37 SE-VO Rn. 100; *Schwarz*, SE-VO, 2006, Art. 37 SE-VO Rn. 64; *Lutter/Bayer/Schmidt*, Europäisches Unternehmens- und Kapitalmarktrecht, 2017, Rn. 45.69; *Jannott* in: Jannott/Frodermann (Hrsg.), HdB der Europäischen Aktiengesellschaft, 2014, Kap. 3 Rn. 274; *Seibt/Reinhard* DK 2005, 407, 420; *Teichmann* ZGR 2003, 367, 395; abw. *Austmann* in: MüHdB GesR, Bd. 4, 4. Aufl. 2015, § 84 Rn. 71, der zumindest bei formwechselnder Umwandlung einer deutschen Gründungsgesellschaft mit Verwaltungssitz im Ausland in eine ausländische SE die Notwendigkeit eines entsprechenden Austrittsrechts sieht.

462 Vgl. *Bücker* in: Habersack/Drinhausen (Hrsg.), SE-Recht mit grenzüberschreitender Verschmelzung, 2013, Art. 37 SE-VO Rn. 68; *J. Schmidt* in: Lutter/Hommelhoff/Teichmann (Hrsg.), SE Kommentar, 2015, Art. 37 SE-VO Rn. 84; *Casper* in: Spindler/Stilz (Hrsg.), AktG, 3. Aufl. 2015, Art. 37 SE-VO Rn. 21; *Schwarz*, SE-VO, 2006, Art. 37 SE-VO Rn. 65; *Lutter/Bayer/Schmidt*, Europäisches Unternehmens- und Kapitalmarktrecht, 2017, Rn. 45.69; *Jannott* in: Jannott/Frodermann (Hrsg.), HdB der Europäischen Aktiengesellschaft, 2014, Kap. 3 Rn. 274; aA *Schäfer* in: MüKo AktG, 4. Aufl. 2017, Art. 37 SE-VO Rn. 38; *Paefgen* in: Kölner Kommentar zum AktG, 3. Aufl. 2012, Art. 37 SE-VO Rn. 95; *Schröder* in: Manz/Mayer/Schröder (Hrsg.), SE Europäische Aktiengesellschaft, 2010, Art. 37 SE-VO Rn. 98.

114 Auch im Hinblick auf den **Schutz der Gläubiger** hat der Verordnungsgeber bewusst auf spezielle Schutzvorschriften verzichtet.[463] Auch hier verbietet sich ein Rückgriff auf nationale Schutzvorschriften,[464] so dass die Gläubiger einer in eine SE formwechselnden deutschen AG auch **kein Anspruch auf Sicherheitsleistung** gemäß §§ 204, 22 UmwG zusteht.[465]

D. Sitz der Gesellschaft

115 Der Sitz der SE muss gemäß Art. 7 Satz 1 SE-VO **in einem Mitgliedstaat** (bzw. innerhalb des Europäischen Wirtschaftsraums – EWR)[466] liegen. Unter Sitz ist dabei der **Satzungssitz** zu verstehen, dh der in der Satzung angegebene Sitz der Gesellschaft.[467] Während die Begründung eines **Doppelsitzes über mehrere Mitgliedstaaten unzulässig** ist, darf die SE einen Doppelsitz in einem Mitgliedstaat haben, sofern dies das nationale Recht im Sitzstaat der SE zulässt.[468]

116 Art. 7 Satz 1 SE-VO verlangt zudem, dass der Satzungssitz in dem Mitgliedstaat liegt, in dem die SE ihre Hauptverwaltung hat. Dies ist der Ort, an dem die Willensbildung und die eigentliche unternehmerische Leitung der Gesellschaft erfolgt.[469] Aufgrund dieser **Einheitlichkeit von Satzungssitz und Hauptverwaltung** kann der Verwaltungssitz einer SE nicht in einen anderen Mitgliedstaat verlegt werden, ohne dass zugleich der Satzungssitz der Gesellschaft verlegt wird.[470] Befinden sich Hauptverwaltung und Satzungssitz nicht im selben Mitgliedstaat, darf die SE nicht eingetragen werden; wird sie dennoch eingetragen, ist sie zwar wirksam entstanden,[471] jedoch haben die Behörden des Sitzstaates gemäß Art. 64 I SE-VO geeignete Maßnahmen zu treffen, um den verbotswidrigen Zustand zu beenden. Dies geschieht gemäß Art. 64 I SE-VO entweder durch die Verlegung der Hauptverwaltung in den Sitzstaat der SE oder, indem der Satzungssitz gemäß Art. 8 SE-VO in den Mitgliedstaat verlegt wird, in dem sich die Hauptverwaltung befindet. Kommt die SE dem nicht nach, muss der Sitzstaat gemäß Art. 64 II SE-VO dafür sorgen, dass die SE liquidiert wird. In Deutschland wird die SE gemäß § 52 I SEAG zunächst vom Registergericht aufgefordert, den verbotswidrigen Zustand innerhalb einer bestimmten Frist zu beenden. Sofern der Aufforderung nicht gefolgt wird, hat das Gericht gemäß § 52 II SEAG den Mangel der Satzung festzustellen. Dem folgt schließlich das Amtslöschungsverfahren nach § 399 FamFG.[472]

117 Gemäß Art. 7 Satz 2 SE-VO sind die nationalen Gesetzgeber ermächtigt vorzuschreiben, dass sich Satzungssitz und Hauptverwaltung der SE am selben geographischen Ort befinden müssen. Nachdem der deutsche Gesetzgeber von dieser Ermächtigung zunächst mit § 2 SEAG aF Gebrauch gemacht hatte, ist diese Bestimmung zwi-

463 Vgl. *J. Schmidt* in: Lutter/Hommelhoff/Teichmann (Hrsg.), SE Kommentar, 2015, Art. 37 SE-VO Rn. 85; *Schwarz*, SE-VO, 2006, Art. 37 SE-VO Rn. 65; *Lutter/Bayer/Schmidt*, Europäisches Unternehmens- und Kapitalmarktrecht, 2017, Rn. 45.69; *Jannott* in: Jannott/Frodermann (Hrsg.), HdB der Europäischen Aktiengesellschaft, 2014, Kap. 3 Rn. 274.

464 Vgl. *J. Schmidt* in: Lutter/Hommelhoff/Teichmann (Hrsg.), SE Kommentar, 2015, Art. 37 SE-VO Rn. 85; *Schwarz*, SE-VO, 2006, Art. 37 SE-VO Rn. 65; *Lutter/Bayer/Schmidt*, Europäisches Unternehmens- und Kapitalmarktrecht, 2017, Rn. 45.69.

465 Vgl. *Bücker* in: Habersack/Drinhausen (Hrsg.), SE-Recht mit grenzüberschreitender Verschmelzung, 2013, Art. 37 SE-VO Rn. 96; *J. Schmidt* in: Lutter/Hommelhoff/Teichmann (Hrsg.), SE Kommentar, 2015, Art. 37 SE-VO Rn. 86; *Schäfer* in: MüKo AktG, 4. Aufl. 2017, Art. 37 SE-VO Rn. 39; *Casper* in: Spindler/Stilz (Hrsg.), AktG, 3. Aufl. 2015, Art. 37 SE-VO Rn. 20; *Schwarz*, SE-VO, 2006, Art. 37 SE-VO Rn. 66; *Lutter/Bayer/Schmidt*, Europäisches Unternehmens- und Kapitalmarktrecht, 2017, Rn. 45.69; *Jannott* in: Jannott/Frodermann (Hrsg.), HdB der Europäischen Aktiengesellschaft, 2014, Kap. 3 Rn. 274; aA *Paefgen* in: Kölner Kommentar zum AktG, 3. Aufl. 2012, Art. 37 SE-VO Rn. 120; *Seibt/Reinhard* DK 2005, 407, 424; *Vossius* ZIP 2005, 741, 748.

466 Vgl. *Diekmann* in: Habersack/Drinhausen (Hrsg.), SE-Recht mit grenzüberschreitender Verschmelzung, 2013, Art. 7 SE-VO Rn. 7; *Schröder* in: Manz/Mayer/Schröder (Hrsg.), SE Europäische Aktiengesellschaft, 2010, Art. 7 SE-VO Rn. 6; *Schwarz*, SE-VO, 2006, Art. 7 SE-VO Rn. 8.

467 Vgl. *Diekmann* in: Habersack/Drinhausen (Hrsg.), SE-Recht mit grenzüberschreitender Verschmelzung, 2013, Art. 7 SE-VO Rn. 1; *Casper* in: Spindler/Stilz (Hrsg.), AktG, 3. Aufl. 2015, Art. 7 SE-VO Rn. 3; *Teichmann* ZGR 2002, 383, 456.

468 So auch *Diekmann* in: Habersack/Drinhausen (Hrsg.), SE-Recht mit grenzüberschreitender Verschmelzung, 2013, Art. 7 SE-VO Rn. 6; aA *Oechsler/Mihaylova* in: MüKo AktG, 4. Aufl. 2017, Art. 7 SE-VO Rn. 6; nicht eindeutig *Veil* in: Kölner Kommentar zum AktG, 3. Aufl. 2012, Art. 7 SE-VO Rn. 11.

469 Vgl. *Diekmann* in: Habersack/Drinhausen (Hrsg.), SE-Recht mit grenzüberschreitender Verschmelzung, 2013, Art. 7 SE-VO Rn. 14; *Schwarz*, SE-VO, 2006, Art. 7 SE-VO Rn. 9.

470 Zur Sitzverlegung bei der SE vgl. Rn. 222 ff.

471 Vgl. *Diekmann* in: Habersack/Drinhausen (Hrsg.), SE-Recht mit grenzüberschreitender Verschmelzung, 2013, Art. 7 SE-VO Rn. 18; *Schröder* in: Manz/Mayer/Schröder (Hrsg.), SE Europäische Aktiengesellschaft, 2010, Art. 7 SE-VO Rn. 10.

472 Vgl. dazu *Casper/Weller* NZG 2009, 681, 682.

schenzeitlich ersatzlos gestrichen, so dass für die deutsche SE der **Satzungssitz unabhängig vom Ort der Hauptverwaltung** gewählt werden kann.[473]

E. Rechtsnatur

I. Juristische Person

Die SE ist eine **juristische Person** mit eigener Rechtspersönlichkeit.[474] Sie ist selbst nicht handlungsfähig, sondern wird durch ihre Organe vertreten. Diese sind, je nach gewählter Organisationsverfassung,[475] entweder der Vorstand und ggf. der Aufsichtsrat (im dualistischen Leitungssystem) oder die geschäftsführenden Direktoren und ggf. der Verwaltungsrat (im monistischen System). Als Gesellschaft mit **eigener Rechtspersönlichkeit** kann die SE Träger aller Rechte und Pflichten wie eine natürliche Person sein, sofern diese nicht ausnahmsweise, wie insbesondere im Familien- und Erbrecht, auf eine „Kunstperson"[476] nicht anwendbar sind.[477] 118

Ihre Rechtspersönlichkeit erwirbt die SE gemäß Art. 16 I SE-VO mit Eintragung in das gemäß Art. 12 SE-VO zuständige Register – in Deutschland gemäß § 3 SEAG mit **Eintragung im Handelsregister**. Die Eintragung ist **konstitutiv**; mit ihr ist die SE als **juristische Person** entstanden.[478] Die darüber hinaus vorgesehene Offenlegung der die SE betreffenden Urkunden und Angaben (Art. 13 SE-VO) sowie die Bekanntmachung der Eintragung (Art. 14 SE-VO) sind lediglich deklaratorisch.[479] 119

II. Kapitalgesellschaft

Die SE ist eine Kapitalgesellschaft.[480] Sie verfügt gemäß Art. 1 II 1 SE-VO über ein **in Aktien zerlegtes Grundkapital**. Aktionäre der SE haften gemäß Art. 1 II 2 SE-VO nur bis zur Höhe des von ihnen gezeichneten Kapitals.[481] 120

III. Handelsgesellschaft

Die SE setzt trotz des insoweit missverständlichen Wortlauts der deutschen Fassung des Art. 1 I SE-VO[482] keinen Betrieb eines Handelsgewerbes voraus; vielmehr kann in der Rechtsform der SE – vorbehaltlich spezieller 121

473 Vgl. *Diekmann* in: Habersack/Drinhausen (Hrsg.), SE-Recht mit grenzüberschreitender Verschmelzung, 2013, Art. 7 SE-VO Rn. 27; *Schröder* in: Manz/Mayer/Schröder (Hrsg.), SE Europäische Aktiengesellschaft, 2010, Art. 7 SE-VO Rn. 19; *Veil* in: Kölner Kommentar zum AktG, 3. Aufl. 2012, Art. 7 SE-VO Rn. 15.

474 Vgl. *Habersack* in: Habersack/Drinhausen (Hrsg.), SE-Recht mit grenzüberschreitender Verschmelzung, 2013, Art. 1 SE-VO Rn. 7; *Lutter* in: Lutter/Hommelhoff/Teichmann (Hrsg.), SE Kommentar, 2015, Art. 1 SE-VO Rn. 13; *Siems* in: Kölner Kommentar zum AktG, 3. Aufl. 2012, Art. 1 SE-VO Rn. 23.

475 Vgl. hierzu Rn. 128 ff.

476 *Lutter* in: Lutter/Hommelhoff/Teichmann (Hrsg.), SE Kommentar, 2015, Art. 1 SE-VO Rn. 13.

477 Vgl. *Lutter* in: Lutter/Hommelhoff/Teichmann (Hrsg.), SE Kommentar, 2015, Art. 1 SE-VO Rn. 13.

478 Vgl. *Diekmann* in: Habersack/Drinhausen (Hrsg.), SE-Recht mit grenzüberschreitender Verschmelzung, 2013, Art. 16 SE-VO Rn. 5; *Casper* in: Spindler/Stilz (Hrsg.), AktG, 3. Aufl. 2015, Art. 16 SE-VO Rn. 1; *Schwarz*, SE-VO, 2006, Art. 16 SE-VO Rn. 1.

479 Vgl. *Diekmann* in: Habersack/Drinhausen (Hrsg.), SE-Recht mit grenzüberschreitender Verschmelzung, 2013, Art. 16 SE-VO Rn. 5; *Bayer* in: Lutter/Hommelhoff/Teichmann (Hrsg.), SE Kommentar, 2015, Art. 16 SE-VO Rn. 1; *Casper* in: Spindler/Stilz (Hrsg.), AktG, 3. Aufl. 2015, Art. 16 SE-VO Rn. 3; *Schröder* in: Manz/Mayer/Schröder (Hrsg.), SE Europäische Aktiengesellschaft, 2010, Art. 7 SE-VO Rn. 1.

480 Vgl. *Habersack* in: Habersack/Drinhausen (Hrsg.), SE-Recht mit grenzüberschreitender Verschmelzung, 2013, Art. 1 SE-VO Rn. 4; *Siems* in: Kölner Kommentar zum AktG, 3. Aufl. 2012, Art. 1 SE-VO Rn. 17; *Casper* in: Spindler/Stilz (Hrsg.), AktG, 3. Aufl. 2015, Art. 1 SE-VO Rn. 2.

481 Vgl. hierzu Rn. 216.

482 Die deutsche Sprachfassung des Art. 1 I SE-VO spricht insoweit missverständlich von *„Handelsgesellschaften"*, die in der Form der europäischen Aktiengesellschaft gegründet werden können; neutral dagegen die englische Sprachfassung, in der von *„a company"* die Rede ist.

Verbote des nationalen Rechts –[483] jeder beliebige Zweck verfolgt werden.[484] Davon abgesehen ist die SE mit Sitz in Deutschland gemäß 9 I lit. c) ii) SE-VO iVm §§ 6 II HGB, 3 I AktG stets **Formkaufmann.**[485]

F. Mitgliedschaft

I. Gesellschafter

122 Während der Kreis der beteiligungsfähigen Gründer einer SE eingeschränkt ist,[486] enthält die SE-VO **keine Einschränkung** bezüglich der Frage, wer Gesellschafter einer SE sein darf. Dies können sowohl **juristische** als auch **natürliche Personen** sein; nicht erforderlich ist, dass diese Bürger der EU oder des EWR sind oder ihren Wohnort bzw. Sitz dort haben.

II. Aktie

123 Art. 1 II SE-VO bestimmt, dass das Kapital der SE in Aktien zerlegt ist. **Eigenständige Sachregelungen** zur Aktie enthält die SE-VO indes nicht. Vielmehr verweist **Art. 5 SE-VO** für die Aktien der SE auf die Vorschriften, die für eine Aktiengesellschaft mit Sitz in dem Mitgliedstaat, in dem die SE eingetragen ist, gelten würden. Unstreitig gilt die Verweisung in Art. 5 SE-VO für die **wertpapierrechtlichen Aspekte** der Aktie.[487]

124 Aktien einer SE mit Sitz in Deutschland können damit gemäß § 8 I AktG entweder als **Nennbetrags- oder Stückaktien** ausgegeben werden, wobei Nennbetragsaktien gemäß § 8 II 1 AktG auf mindestens einen Euro lauten müssen.[488] Die Aktien der in Deutschland ansässigen SE sind gemäß § 8 IV AktG unteilbar und können gemäß § 10 I und II AktG als **Inhaber**- oder als **Namensaktien** ausgeben werden.[489] Für Namensaktien ist gemäß § 67 I AktG ein Aktienregister zu führen, wodurch der als Aktionär Eingetragene gegenüber der Gesellschaft (nicht aber gegenüber Dritten) als Inhaber der Aktie legitimiert ist.[490] Auch die **Verbriefung** der Aktien einer SE mit Sitz in Deutschland richtet sich nach deutschem Recht:[491] Dies betrifft sowohl den Anspruch der Aktionäre der SE auf Verbriefung bzw. dessen Ausschluss nach § 10 V AktG als auch das Verfahren zur Kraftloserklärung von Aktien nach §§ 72 ff. AktG. Gemäß § 11 AktG können **verschiedene Aktiengattungen** geschaffen wer-

483 Die nationalen Verbote müssen sich in diesem Zusammenhang allerdings am Diskriminierungsverbot messen lassen; vgl. *Habersack* in: Habersack/Drinhausen (Hrsg.), SE-Recht mit grenzüberschreitender Verschmelzung, 2013, Art. 1 SE-VO Rn. 3.

484 Vgl. *Oechsler/Mihaylova* in: MüKo AktG, 4. Aufl. 2017, Art. 1 SE-VO Rn. 4; *Casper* in: Spindler/Stilz (Hrsg.), AktG, 3. Aufl. 2015, Vor Art. 1 SE-VO Rn. 3; *Habersack* in: Habersack/Drinhausen (Hrsg.), SE-Recht mit grenzüberschreitender Verschmelzung, 2013, Art. 1 SE-VO Rn. 3; *Siems* in: Kölner Kommentar zum AktG, 3. Aufl. 2012, Art. 1 SE-VO Rn. 10; *Schröder* in: Manz/Mayer/Schröder (Hrsg.), SE Europäische Aktiengesellschaft, 2010, Art. 1 SE-VO Rn. 20; *Lutter/Bayer/Schmidt*, Europäisches Unternehmens- und Kapitalmarktrecht, 2017, Rn. 45.11.

485 Vgl. *Lutter* in: Lutter/Hommelhoff/Teichmann (Hrsg.), SE Kommentar, 2015, Art. 1 SE-VO Rn. 5; *Casper* in: Spindler/Stilz (Hrsg.), AktG, 3. Aufl. 2015, Art. 1 SE-VO Rn. 2; *Oechsler/Mihaylova* in: MüKo AktG, 4. Aufl. 2017, Art. 1 SE-VO Rn. 1.

486 Vgl. Rn. 15.

487 Vgl. *Diekmann* in: Habersack/Drinhausen (Hrsg.), SE-Recht mit grenzüberschreitender Verschmelzung, 2013, Art. 5 SE-VO Rn. 23; *Ziemons* in: Lutter/Hommelhoff/Teichmann (Hrsg.), SE-Kommentar, 2015, Art. 5 SE-VO Rn. 7 ff.; *Oechsler/Mihaylova* in: MüKo AktG, 4. Aufl. 2017, Art. 5 SE-VO Rn. 35.

488 Vgl. *Diekmann* in: Habersack/Drinhausen (Hrsg.), SE-Recht mit grenzüberschreitender Verschmelzung, 2013, Art. 5 SE-VO Rn. 23; *Ziemons* in: Lutter/Hommelhoff/Teichmann (Hrsg.), SE-Kommentar, 2015, Art. 5 SE-VO Rn. 15; *Wenz* in: Kölner Kommentar zum AktG, 3. Aufl. 2012, Art. 5 SE-VO Rn. 28; *Oechsler/Mihaylova* in: MüKo AktG, 4. Aufl. 2017, Art. 5 SE-VO Rn. 36.

489 Vgl. *Diekmann* in: Habersack/Drinhausen (Hrsg.), SE-Recht mit grenzüberschreitender Verschmelzung, 2013, Art. 5 SE-VO Rn. 23; *Ziemons* in: Lutter/Hommelhoff/Teichmann (Hrsg.), SE-Kommentar, 2015, Art. 5 SE-VO Rn. 15; *Wenz* in: Kölner Kommentar zum AktG, 3. Aufl. 2012, Art. 5 SE-VO Rn. 29; *Oechsler/Mihaylova* in: MüKo AktG, 4. Aufl. 2017, Art. 5 SE-VO Rn. 36.

490 Vgl. *Diekmann* in: Habersack/Drinhausen (Hrsg.), SE-Recht mit grenzüberschreitender Verschmelzung, 2013, Art. 5 SE-VO Rn. 23; *Ziemons* in: Lutter/Hommelhoff/Teichmann (Hrsg.), SE-Kommentar, 2015, Art. 5 SE-VO Rn. 16.

491 Vgl. *Diekmann* in: Habersack/Drinhausen (Hrsg.), SE-Recht mit grenzüberschreitender Verschmelzung, 2013, Art. 5 SE-VO Rn. 23; *Ziemons* in: Lutter/Hommelhoff/Teichmann (Hrsg.), SE-Kommentar, 2015, Art. 5 SE-VO Rn. 17; *Oechsler/Mihaylova* in: MüKo AktG, 4. Aufl. 2017, Art. 5 SE-VO Rn. 36.

den,[492] insbesondere **stimmrechtslose Vorzugsaktien** unter Beachtung der §§ 139 ff. AktG.[493] Hinsichtlich der **Stimmrechte** in der SE mit Sitz in Deutschland gilt das Prinzip „one share one vote"; Mehrstimmrechte sind gemäß § 12 II AktG unzulässig, Höchststimmrechte können gemäß § 134 I 2 AktG nur in der Satzung der nicht börsennotierten SE vorgesehen werden.[494]

III. Mitgliedschaftsrechte und -pflichten

Nach hM nicht von der Verweisung in Art. 5 SE-VO umfasst sind die **Mitgliedschaftsrechte** des SE-Aktionärs; vielmehr soll auf diese gemäß Art. 9 I lit. c) ii) SE-VO nur insoweit das nationale Recht im Sitzstaat der SE Anwendung finden, als die SE-VO keine anderweitigen Regelungen zu den Mitgliedschaftsrechten trifft.[495] In der SE-VO geregelt ist in diesem Zusammenhang nur, dass eine 10%-ige Aktionärsminderheit die Einberufung einer Hauptversammlung oder die Ergänzung ihrer Tagesordnung verlangen kann (vgl. Art. 55 I SE-VO), so dass im Hinblick auf sämtliche sonstigen Mitgliedschaftsrechte (wie zB **Gewinnanspruch**, **Auskunftsrecht** und **Gleichbehandlungsrecht**) das nationale Aktienrecht im Sitzstaat der SE Anwendung findet.[496] 125

Ähnlich verhält es sich mit den **Pflichten der SE-Aktionäre**. Während die SE-VO die Pflicht der SE-Aktionäre zur **Leitung der Einlage** voraussetzt,[497] findet bezüglich der Frage, welche (sonstigen) Pflichten die SE-Aktionäre gegenüber der Gesellschaft und ihren Mitaktionären (zB **Treuepflicht**) treffen, über Art. 9 I lit. c) ii) SE-VO das nationale Aktienrecht Anwendung.[498] 126

IV. Mitgliederwechsel

Verfügungen über Aktien richten sich gemäß Art. 5 SE-VO ebenfalls nach dem **nationalen Aktienrecht** im Sitzstaat der SE.[499] Verbriefte Aktien einer SE in Deutschland können damit wertpapiermäßig übertragen werden, so dass auch ein gutgläubiger Erwerb möglich ist.[500] Unverbriefte Aktien werden nach §§ 398 ff. BGB durch Abtretung übertragen.[501] Bei Namensaktien kann die Übertragung gemäß § 68 II AktG an die Zustimmung der Gesellschaft gebunden werden.[502] Anderweitige Vinkulierungen sind nicht statthaft.[503] 127

G. Organisationsverfassung

I. Grundstruktur und Regelungssystematik

Gemäß Art. 38 SE-VO verfügt die SE über (i) eine Hauptversammlung und (ii) entweder ein Aufsichtsorgan und ein Leitorgan (**dualistisches System**) oder ein Verwaltungsorgan (**monistisches System**). Das **Wahlrecht** zwischen den beiden Leitungssystemen steht gemäß Art. 38 SE-VO dem Satzungsgeber zu, der dieses (zumindest bei der Gründung)[504] aber auch ausüben muss.[505] 128

492 Vgl. *Diekmann* in: Habersack/Drinhausen (Hrsg.), SE-Recht mit grenzüberschreitender Verschmelzung, 2013, Art. 5 SE-VO Rn. 23; *Ziemons* in: Lutter/Hommelhoff/Teichmann (Hrsg.), SE-Kommentar, 2015, Art. 5 SE-VO Rn. 19; *Wenz* in: Kölner Kommentar zum AktG, 3. Aufl. 2012, Art. 5 SE-VO Rn. 27; *Oechsler/Mihaylova* in: MüKo AktG, 4. Aufl. 2017, Art. 5 SE-VO Rn. 36.

493 Vgl. *Diekmann* in: Habersack/Drinhausen (Hrsg.), SE-Recht mit grenzüberschreitender Verschmelzung, 2013, Art. 5 SE-VO Rn. 23; *Ziemons* in: Lutter/Hommelhoff/Teichmann (Hrsg.), SE-Kommentar, 2015, Art. 5 SE-VO Rn. 20; *Oechsler/Mihaylova* in: MüKo AktG, 4. Aufl. 2017, Art. 5 SE-VO Rn. 36.

494 Vgl. *Ziemons* in: Lutter/Hommelhoff/Teichmann (Hrsg.), SE-Kommentar, 2015, Art. 5 SE-VO Rn. 20.

495 Vgl. *Diekmann* in: Habersack/Drinhausen (Hrsg.), SE-Recht mit grenzüberschreitender Verschmelzung, 2013, Art. 5 SE-VO Rn. 24; *Ziemons* in: Lutter/Hommelhoff/Teichmann (Hrsg.), SE-Kommentar, 2015, Art. 5 SE-VO Rn. 13; *Oechsler/Mihaylova* in: MüKo AktG, 4. Aufl. 2017, Art. 5 SE-VO Rn. 35.

496 Vgl. *Diekmann* in: Habersack/Drinhausen (Hrsg.), SE-Recht mit grenzüberschreitender Verschmelzung, 2013, Art. 5 SE-VO Rn. 24; *Hirte* NZG 2002, 1, 9.

497 Vgl. *Hirte* NZG 2002, 1, 9.

498 Vgl. *Diekmann* in: Habersack/Drinhausen (Hrsg.), SE-Recht mit grenzüberschreitender Verschmelzung, 2013, Art. 5 SE-VO Rn. 24; *Hirte* NZG 2002, 1, 9.

499 Vgl. *Diekmann* in: Habersack/Drinhausen (Hrsg.), SE-Recht mit grenzüberschreitender Verschmelzung, 2013, Art. 5 SE-VO Rn. 23; *Ziemons* in: Lutter/Hommelhoff/Teichmann (Hrsg.), SE-Kommentar, 2015, Art. 5 SE-VO Rn. 18; *Oechsler/Mihaylova* in: MüKo AktG, 4. Aufl. 2017, Art. 5 SE-VO Rn. 36; *Hirte* NZG 2002, 1, 9.

500 Vgl. *Ziemons* in: Lutter/Hommelhoff/Teichmann (Hrsg.), SE-Kommentar, 2015, Art. 5 SE-VO Rn. 18.

501 Vgl. *Ziemons* in: Lutter/Hommelhoff/Teichmann (Hrsg.), SE-Kommentar, 2015, Art. 5 SE-VO Rn. 18.

502 Vgl. *Ziemons* in: Lutter/Hommelhoff/Teichmann (Hrsg.), SE-Kommentar, 2015, Art. 5 SE-VO Rn. 16; *Oechsler/Mihaylova* in: MüKo AktG, 4. Aufl. 2017, Art. 5 SE-VO Rn. 36.

503 Vgl. *Ziemons* in: Lutter/Hommelhoff/Teichmann (Hrsg.), SE-Kommentar, 2015, Art. 5 SE-VO Rn. 16.

504 Vgl. *Paefgen* in: Kölner Kommentar zum AktG, 3. Aufl. 2012, Art. 38 SE-VO Rn. 10.

505 Vgl. *Scholz* in: Habersack/Drinhausen (Hrsg.), SE-Recht mit grenzüberschreitender Verschmelzung, 2013, Art. 38 SE-VO Rn. 3; vgl. auch *Teichmann* in: Lutter/Hommelhoff/Teichmann (Hrsg.), SE Kommentar, 2015, Art. 43 SE-VO Rn. 58.

129 Dass die SE-VO ein solches Wahlrecht eröffnet, erklärt sich aus der **Typenvielfalt in den Rechtsordnungen der Mitgliedstaaten.**[506] Während das nationale Aktienrecht in Belgien, Zypern, Griechenland, Irland, Luxemburg, Malta, Spanien (§ 15), Schweden und dem Vereinigten Königreich (§ 12) durch das monistisches Leitungssystem geprägt ist und im nationalen Aktienrecht von Österreich, der Tschechischen Republik, Estland, Deutschland, Ungarn, Lettland, den Niederlande (§ 16), Polen (§ 17), Slowakei und Slowenien das dualistisches Leitungssystem gilt, können Aktiengesellschaften in Finnland, Frankreich (§ 13), Italien (§ 14) und Litauen **zwischen dem monistischen und dem dualistischen Leitungssystem wählen.**[507] Nachdem der erste Verordnungsentwurf von 1970[508] das dualistische Leitungssystem noch als zwingend vorgegeben hatte, sah bereits der Entwurf von 1989[509] ein Wahlrecht zwischen dem monistischen und dem dualistischen System vor, das – als von den Mitgliedstaaten unbeschränkbar – schließlich in der Endfassung von 2001 verbindlich festgelegt wurde.[510] Während das dualistische Leitungssystem durch die **Aufteilung von Geschäftsführung und Überwachung** auf zwei institutionell verselbstständigte Organe gekennzeichnet ist, konzentriert sich im monistischen Leitungssystem die **Unternehmensführung auf ein einziges Organ.**[511] Sprechen die klare Trennung der Führungsaufgaben für eine effektivere Überwachung der Geschäftsführung im dualistischen Leitungssystem,[512] werden am monistischen System vor allem der bessere Informationsfluss und die größere Sachnähe der überwachenden Mitglieder ins Feld geführt.[513] Eine generelle Überlegenheit eines der beiden Systeme lässt sich nicht auszumachen;[514] die Wahl für das eine oder das andere System wird sich vielmehr einzig an den individuellen Bedürfnissen im Einzelfall orientieren.[515]

130 Die beiden Leitungssysteme der SE werden in der **SE-VO** nur fragmentarisch geregelt, das dualistische System in Artt. 39 bis 42 SE-VO, das monistische in Artt. 43 bis 45 SE-VO. Darüber hinaus enthalten die Artt. 46 bis 51 SE-VO Bestimmungen, die für beide Systeme gelten; Regeln über die Hauptversammlung finden sich schließlich in den Artt. 42 bis 60 SE-VO. Für die Ausgestaltung einer SE mit Sitz in Deutschland gelten zudem die **Ausführungsvorschriften des SEAG,** dh die §§ 15 bis 19 SEG für die dualistisch strukturierte und die §§ 20 bis 49 SEAG für die monistisch strukturierte SE. Bei Fragen, die weder in der SE-VO noch in der SEAG geregelt sind, ist schließlich gemäß Art. 9 I lit. c) ii) SE-VO auf das **nationale Aktienrecht** zurückzugreifen.

II. Dualistisches Leitungssystem

131 Das dualistische Leitungssystem ist durch eine klare **funktionale Trennung** von Leitungs- und Aufsichtsorgan gekennzeichnet. Während dem Leitungsorgan gemäß Art. 39 I 1 SE-VO die Geschäftsführung in eigener Verantwortung zugewiesen ist, beschränkt sich die Zuständigkeit des Aufsichtsorgans gemäß Art. 40 I 1 SE-VO auf die Überwachung der Geschäftsführung. Damit einher geht eine strikte **personelle Trennung** zwischen dem Leitungs- und dem Aufsichtsorgan, die gemäß Art. 39 III SE-VO nur bei temporärer Vakanz im Leitungsorgan eine Ausnahme erfährt.

1. Leitungsorgan

a) Aufgaben und Stellung

132 Das Leitungsorgan[516] führt gemäß Art. 39 I 1 SE-VO die Geschäfte der SE in eigener Verantwortung. Die Geschäftsführung durch das Leitungsorgan umfasst dabei die Vornahme sämtlicher tatsächlichen und rechtsge-

---

506 Vgl. dazu *Teichmann* in: Lutter/Hommelhoff/Teichmann (Hrsg.), SE-Kommentar, 2015, Art. 38 SE-VO Rn. 14 ff.

507 Vgl. dazu die Aufstellung bei *Siems* in: Kölner Kommentar zum AktG, 3. Aufl. 2012, Vorbemerkung vor § 20 SEAG Rn. 20.

508 Vorschlag einer Verordnung (EWG) des Rates vom 24. Juni 1970 über das Statut der Europäischen Aktiengesellschaft, Abl. EG v. 10.10.1970, C 124/1 = KOM(70) 150 = Beil. 8/1970 Bull. EG.

509 Abl. EG v. 16. Oktober 1989, C 263/41 ff. – abgedruckt in AG 1990, 111 ff.

510 Vgl. dazu ausführlich *Teichmann* in: Lutter/Hommelhoff/Teichmann (Hrsg.), SE-Kommentar, 2015, Art. 43 Rn. 4 ff.

511 Vgl. *Eberspächer* in: Spindler/Stilz (Hrsg.), AktG, 3. Aufl. 2015, Art. 38 SE-VO Rn. 3 f.

512 Vgl. *Eberspächer* in: Spindler/Stilz (Hrsg.), AktG, 3. Aufl. 2015, Art. 38 SE-VO Rn. 3; *Reichert/Brandes* in: MüKo AktG, 4. Aufl. 2017, Art. 38 SE-VO Rn. 19.

513 Vgl. *Eberspächer* in: Spindler/Stilz (Hrsg.), AktG, 3. Aufl. 2015, Art. 38 SE-VO Rn. 4; *Reichert/Brandes* in: MüKo AktG, 4. Aufl. 2017, Art. 38 SE-VO Rn. 19.

514 Vgl. *Baums*, Bericht der Regierungskommission „Corporate Governance", BT-Drs. 14/7515, Rn. 18; *Lutter/Bayer/Schmidt*, Europäisches Unternehmens- und Kapitalmarktrecht, 2017, Rn. 45.94.

515 Vgl. *Lutter/Bayer/Schmidt*, Europäisches Unternehmens- und Kapitalmarktrecht, 2017, Rn. 45.94 mwN.

516 Vgl. *Paefgen* in: Kölner Kommentar zum AktG, 3. Aufl. 2012, Art. 39 SE-VO Rn. 15, der darauf hinweist, dass die Verwendung der Bezeichnung „Leitungsorgan" europarechtlich nicht zwingend vorgeschrieben ist, so dass in diesem Zusammenhang auch von „Vorstand" gesprochen werden könne.

schäftlichen Tätigkeiten für die SE.[517] Das Leitungsorgan ist hierbei **weisungsunabhängig**, dh weder den Weisungen des Aufsichtsorgans, noch denjenigen der Hauptversammlung unterworfen.[518] Dessen ungeachtet kann die Satzung der SE gemäß Art. 48 I SE-VO bestimmte Geschäfte des Leitungsorgans von der **Zustimmung des Aufsichtsorgans** abhängig machen; gemäß § 19 SEAG kann bei der SE mit Sitz in Deutschland (auch)[519] das Aufsichtsorgan selbst solche zustimmungspflichtige Geschäfte festlegen. Zudem wird die Kompetenz zur eigenverantwortlichen Geschäftsführung bei der SE mit Sitz in Deutschland auch durch die vom BGH für die AG aufgestellten sog Holzmüller/Gelatine-Grundsätze[520] beschränkt, wonach es bei wesentlichen Strukturmaßnahmen (ausnahmsweise) der **Zustimmung der Hauptversammlung** bedarf.[521]

Die Geschäftsführung ist dem Leitungsorgan gemäß Art. 39 I 1 SE-VO als Kollegialorgan übertragen, so dass auch im Recht der SE – wie im deutschen Aktienrecht (§ 77 I 2 AktG) – das **Prinzip der Gesamtgeschäftsführung** gilt.[522] Das Leitungsorgan darf demnach grundsätzlich nur handeln, wenn sämtliche seiner Mitglieder der Maßnahme ausdrücklich oder konkludent zugestimmt haben, wobei hiervon durch die Satzung der SE oder die Geschäftsordnung des Leitungsorgans – wie beim Vorstand der deutschen AG – abgewichen werden kann (und regelmäßig abgewichen wird). Im Unterschied zum deutschen Aktienrecht[523] gilt für die Beschlussfassung im Leitungsorgan der SE gemäß Art. 50 II SE-VO das Mehrheitsprinzip mit Stichentscheid für den Vorsitzenden, wobei auch von diesem Grundsatz in der Satzung der SE abgewichen werden kann.[524] 133

Die **Vertretung** der dualistisch verfassten SE ist in der SE-VO nicht geregelt; sie bestimmt sich gemäß Art. 9 I lit. c) ii) SE-VO nach dem nationalen Recht des Sitzstaates der SE, bei einer SE mit Sitz in Deutschland nach den §§ 78, 82, 112 AktG. Die SE wird hiernach gerichtlich und außergerichtlich gemäß Art. 9 I lit. c) ii) SE-VO iVm § 78 I 1 AktG durch das Leitungsorgan vertreten. Besteht das Leitungsorgan aus mehreren Personen, sind diese gemäß Art. 9 I lit. c) ii) SE-VO iVm § 78 II 1 AktG nur **gemeinschaftlich** zur Vertretung der SE befugt, wenn die Satzung der SE nichts anderes bestimmt. Die Vertretungsbefugnis des Leitungsorgans ist im Außenverhältnis gemäß Art. 9 I lit. c) ii) SE-VO iVm § 82 I AktG grundsätzlich **unbeschränkbar**;[525] interne Zustimmungsvorbehalte wie diejenigen nach Art. 48 I SE-VO (iVm § 19 SEAG) oder gemäß den sog Holzmüller/Gelatine-Grundsätzen lassen die externe Vertretungsmacht des Leitungsorgans grds. unberührt. **Gegenüber dem Leitungsorgan** wird die SE gemäß Art. 9 I lit. c) ii) SE-VO iVm § 112 AktG von dem **Aufsichtsorgan** vertreten. 134

b) Zusammensetzung

Die **Zahl der Mitglieder** des Leitungsorgans oder die **Regeln ihrer Festlegung** werden gemäß Art. 39 IV 1 SE-VO durch die **Satzung der SE** bestimmt, wobei die übliche Satzungsregel, wonach das Leitungsorgan aus einer oder mehreren Personen besteht, diesen Anforderungen genügt. Ebenfalls ausreichend ist die Satzungsregelung, nach der die Anzahl der Mitglieder des Leitungsorgans vom Aufsichtsorgan festgelegt werden kann.[526] Art. 39 IV 2 SE-VO ermächtigt die Mitgliedstaaten zur Festsetzung einer Mindest- und/oder Höchstzahl der Mitglieder des Leitungsorgans. Hiervon hat der deutsche Gesetzgeber Gebrauch gemacht und in **§ 16 1 SEAG** vorgesehen, dass das Leitungsorgan bei Gesellschaften mit einem Grundkapital von mehr als drei Millionen Eu- 135

---

517 Vgl. *Seibt* in: Habersack/Drinhausen (Hrsg.), SE-Recht mit grenzüberschreitender Verschmelzung, 2013, Art. 39 SE-VO Rn. 4; vgl. auch *Seibt* in: MüKo AktG, 4. Aufl. 2014, § 76 Rn. 9.

518 Vgl. *Drygalla* in: Lutter/Hommelhoff/Teichmann (Hrsg.), SE-Kommentar, 2015, Art. 39 SE-VO Rn. 9 f.; *Paefgen* in: Kölner Kommentar zum AktG, 3. Aufl. 2012, Art. 39 SE-VO Rn. 22; *Seibt* in: Habersack/Drinhausen (Hrsg.), SE-Recht mit grenzüberschreitender Verschmelzung, 2013, Art. 39 SE-VO Rn. 6; *Reichert/Brandes* in: MüKo AktG, 4. Aufl. 2017, Art. 39 SE-VO Rn. 9; *Manz* in: Manz/Mayer/Schröder (Hrsg.), SE Europäische Aktiengesellschaft, 2010, Art. 39 SE-VO Rn. 5; *Hirte* NZG 2002, 1, 6.

519 Nicht ganz deutlich wird in Art. 48 I SE-VO, ob die Kompetenz des Aufsichtsorgans zur Festlegung zustimmungsbedürftiger Geschäfte neben die Regelungspflicht des Satzungsgebers tritt oder diese ersetzt. Die hM geht von einer ergänzenden Kompetenz des Aufsichtsorgans aus; vgl. *Seibt* in: Habersack/Drinhausen (Hrsg.), SE-Recht mit grenzüberschreitender Verschmelzung, 2013, Art. 48 SE-VO Rn. 22; *Teichmann* in: Lutter/Hommelhoff/Teichmann (Hrsg.), SE-Kommentar, 2015, Art. 48 SE-VO Rn. 17; *Manz* in: Manz/Mayer/Schröder (Hrsg.), SE Europäische Aktiengesellschaft, 2010, Art. 48 SE-VO Rn. 6 ff.

520 Vgl. BGHZ 83, 122 (Holzmüller); BGH NZG 2004, 575 (Gelatine I); BGHZ 159, 30 (Gelatine II).

521 Vgl. *Seibt* in: Habersack/Drinhausen (Hrsg.), SE-Recht mit grenzüberschreitender Verschmelzung, 2013, Art. 39 SE-VO Rn. 5; *Drygalla* in: Lutter/Hommelhoff/Teichmann (Hrsg.), SE-Kommentar, 2015, Art. 39 SE-VO Rn. 15; *Reichert/Brandes* in: MüKo AktG, 4. Aufl. 2017, Art. 39 SE-VO Rn. 10.

522 Vgl. *Drygalla* in: Lutter/Hommelhoff/Teichmann (Hrsg.), SE-Kommentar, 2015, Art. 39 SE-VO Rn. 18; *Manz* in: Manz/Mayer/Schröder (Hrsg.), SE Europäische Aktiengesellschaft, 2010, Art. 39 SE-VO Rn. 7; *Seibt* in: Habersack/Drinhausen (Hrsg.), SE-Recht mit grenzüberschreitender Verschmelzung, 2013, Art. 39 SE-VO Rn. 8.

523 Vgl. § 77 I 2 AktG.

524 Vgl. *Teichmann* in: MüHdB GesR, Bd. 6, 4. Aufl. 2013, § 49 Rn. 56.

525 Vgl. dazu die Ausnahmen zum Grundsatz der Unbeschränkbarkeit bei *Fleischer* in: Spindler/Stilz (Hrsg.), AktG, 3. Aufl. 2015, § 82 AktG Rn. 10 und Rn. 14.

526 Vgl. *Seibt* in: Habersack/Drinhausen (Hrsg.), SE-Recht mit grenzüberschreitender Verschmelzung, 2013, Art. 39 SE-VO Rn. 39; *Paefgen* in: Kölner Kommentar zum AktG, 3. Aufl. 2012, Art. 39 SE-VO Rn. 76; *Drygalla* in: Lutter/Hommelhoff/Teichmann (Hrsg.), SE-Kommentar, 2015, Art. 39 SE-VO Rn. 50.

ro aus **mindestens zwei Personen** bestehen muss, sofern die Satzung der SE nicht bestimmt, dass das Leitungsorgan aus einer Person bestehen soll. Bei der börsennotierten SE ist Ziffer 4.2.1 Satz 1 des DCGK zu beachten, der ein Leitungsorgan aus mehreren Personen empfiehlt. Enthält die Satzung der SE weder Regelungen zur Anzahl der Mitglieder des Leitungsorgans noch zu deren Festlegung, besteht ein **Eintragungshindernis.** Hat das Leitungsorgan weniger Mitglieder als nach Gesetz oder Satzung erforderlich, sind die fehlenden Mitglieder unverzüglich durch das Aufsichtsorgan zu bestellen;[527] anders als bei der AG[528] steht eine **Unterbesetzung** des Leitungsorgans einer wirksamen Beschlussfassung grundsätzlich[529] nicht entgegen.

c) Bestellung und Abberufung

136 Die Mitglieder des Leitungsorgans werden gemäß Art. 39 II 1 SE-VO grundsätzlich vom **Aufsichtsorgan der SE** bestellt; in dringenden Fällen ist bei einer SE mit Sitz in Deutschland gemäß Art. 9 I lit. c) ii) SE-VO iVm § 85 AktG eine gerichtliche Notbestellung möglich.[530] Von der Ermächtigung in Art. 39 II 2 SE-VO, die Zuständigkeit für die Bestellung der Mitglieder des Leitungsorgans auf die Hauptversammlung zu verlagern, konnte der deutsche Gesetzgeber, da das nationale Aktienrecht eine solche Kompetenz der Hauptversammlung nicht vorsieht, keinen Gebrauch machen.[531]

137 Zum Mitglied des Leitungsorgans einer SE mit Sitz in Deutschland kann nur eine **natürliche Person** bestellt werden; die in Art. 47 I SE-VO vorgesehene Möglichkeit, juristische Personen zum Mitglied des Leitungsorgans zu bestellen, besteht bei einer SE mit Sitz in Deutschland nicht.[532] Die Mitglieder des Leitungsorgans müssen zudem den persönlichen Anforderungen gemäß Art. 47 II SE-VO entsprechen. Neben den Bestellungsverboten des § 76 III AktG (iVm Art. 47 II lit. a SE-VO) können gemäß Art. 47 II lit. b) SE-VO auch solche Personen nicht zu Mitgliedern des Leitungsorgans der SE bestellt werden, die infolge einer Gerichts- oder Verwaltungsentscheidung, die in einem Mitgliedstaat ergangen ist, dem Leitungs-, Aufsichts- oder Verwaltungsorgan einer dem Recht eines anderen Mitgliedstaats unterliegenden Aktiengesellschaft nicht angehören dürfen.[533] Die **gleichzeitige Mitgliedschaft im Leitungs- und im Aufsichtsorgan** der SE ist gemäß Art. 39 III 1 SE-VO grundsätzlich ausgeschlossen. Ausnahmsweise kann das Aufsichtsorgan gemäß Art. 39 III 2 SE-VO eines seiner Mitglieder zur Wahrnehmung der Aufgaben eines Mitglieds des Leitungsorgans abstellen, wenn der betreffende Posten nicht besetzt ist; bei einer SE mit Sitz in Deutschland ist eine solche gleichzeitige Mitgliedschaft im Leitungs- und im Aufsichtsorgan der SE gemäß § 15 1 SEAG auf maximal ein Jahr beschränkt. Für die Dauer der Abstellung ruht das Amt als Mitglieds des Aufsichtsorgans (Art. 39 III 3 SE-VO). Neben Art. 39 III SE-VO gilt bei einer SE mit Sitz in Deutschland § 105 I AktG insoweit, als er die Inkompatibilität auch auf Prokuristen, Handlungs- und Generalbevollmächtigte ausdehnt.[534]

138 Die **Dauer der Bestellung** ist in der Satzung der SE festzulegen, wobei diese gemäß Art. 46 I SE-VO **sechs Jahre** nicht überschreiten darf. **Wiederbestellungen** sind gemäß Art. 46 II SE-VO vorbehaltlich etwaiger Einschränkungen in der Satzung der SE zulässig. Inwiefern Satzungsklauseln, die sich auf die Festlegung einer Höchstdau-

527 Vgl. *Seibt* in: Habersack/Drinhausen (Hrsg.), SE-Recht mit grenzüberschreitender Verschmelzung, 2013, Art. 39 SE-VO Rn. 43; *Drygalla* in: Lutter/Hommelhoff/Teichmann (Hrsg.), SE-Kommentar, 2015, Art. 39 SE-VO Rn. 54; *Paefgen* in: Kölner Kommentar zum AktG, 3. Aufl. 2012, Art. 39 SE-VO Rn. 80.

528 Vgl. BGHZ 49, 158, 161; *Koch* in: Hüffer/Koch, AktG, 12. Aufl. 2016, § 76 Rn. 56; *Schäfer* ZGR 2003, 147, 153 f.

529 Vgl. *Eberspächer* in: Spindler/Stilz (Hrsg.), AktG, 3. Aufl. 2015, Art. 39 SE-VO Rn. 10, der darauf hinweist, dass eine Unterbesetzung des Leitungsorgans einer wirksamen Beschlussfassung nur dann entgegensteht, wenn die Voraussetzungen des Art. 50 I lit. a) und b SE-VO nicht erfüllt sind, wobei es für die Berechnung der dort genannten Grenzen auf die Sollstärke des Leitungsorgans ankommt.

530 Vgl. *Seibt* in: Habersack/Drinhausen (Hrsg.), SE-Recht mit grenzüberschreitender Verschmelzung, 2013, Art. 39 SE-VO Rn. 17; *Reichert/Brandes* in: MüKo AktG, 4. Aufl. 2017, Art. 39 SE-VO Rn. 17; *Drygalla* in: Lutter/Hommelhoff/Teichmann (Hrsg.), SE-Kommentar, 2015, Art. 39 SE-VO Rn. 28; *Paefgen* in: Kölner Kommentar zum AktG, 3. Aufl. 2012, Art. 39 SE-VO Rn. 83.

531 Vgl. *Seibt* in: Habersack/Drinhausen (Hrsg.), SE-Recht mit grenzüberschreitender Verschmelzung, 2013, Art. 39 SE-VO Rn. 16; *Manz* in: Manz/Mayer/Schröder (Hrsg.), SE Europäische Aktiengesellschaft, 2010, Art. 39 SE-VO Rn. 35 ff.

532 Vgl. *Drinhausen* in: Habersack/Drinhausen (Hrsg.), SE-Recht mit grenzüberschreitender Verschmelzung, 2013, Art. 47 SE-VO Rn. 7; *Teichmann* in: Lutter/Hommelhoff/Teichmann (Hrsg.), SE-Kommentar, 2015, Art. 47 Rn. 2; ebenso *Teichmann* in: MüHdB GesR, Bd. 6, 4. Aufl. 2013, § 49 Rn. 58; *Manz* in: Manz/Mayer/Schröder (Hrsg.), SE Europäische Aktiengesellschaft, 2010, Art. 47 SE-VO Rn. 3; *Siems* in: Kölner Kommentar zum AktG, 3. Aufl. 2012, Art. 47 SE-VO Rn. 4.

533 Eine in einem anderen Mitgliedstaat ergangene Gerichts- oder Verwaltungsentscheidung stellt auch bei einer inländischen SE ein Bestellungshindernis dar; vgl. *Spitzbart*, RNotZ 2006, 369, 376; *Manz* in: Manz/Mayer/Schröder (Hrsg.), SE Europäische Aktiengesellschaft, 2010, Art. 47 SE-VO Rn. 7.

534 Vgl. *Drygalla* in: Lutter/Hommelhoff/Teichmann (Hrsg.), SE-Kommentar, 2015, Art. 39 SE-VO Rn. 45; *Reichert/Brandes* in: MüKo AktG, 4. Aufl. 2017, Art. 39 SE-VO Rn. 44.

er beschränken und im Übrigen die genaue Festlegung der Amtsdauer dem zuständigen Bestellungsorgan überlassen, zulässig sind, ist umstritten, im Ergebnis aber zu bejahen.[535]

Für die **Abberufung** der Mitglieder des Leitungsorgans ist gemäß Art. 39 II SE-VO ebenfalls das Aufsichtsorgan der SE zuständig. Soll das Mitglied eines Leitungsorgans einer SE mit Sitz in Deutschland abberufen werden, ist nach der hM gemäß Art. 9 I lit. c) ii) SE-VO iVm § 84 III 1 AktG das **Vorliegen eines wichtigen Grundes** erforderlich. Dabei kommt als wichtiger Grund gemäß § 84 III 2 AktG insbesondere auch der Vetrauensentzug durch die Hauptversammlung in Betracht. Gemäß Art. 9 I lit. c) ii) SE-VO kommen bei einer SE mit Sitz in Deutschland auch die weiteren für die AG geltenden Beendigungstatbestände des deutschen Aktienrecht zur Anwendung; dazu gehören der Tod des Amtsträgers, Ablauf der in der Satzung bestimmten Amtszeit, Eintritt einer das Organverhältnis auflösenden Bedingung, die Niederlegung des Amtes, die einvernehmliche Aufhebung der Bestellung sowie die Löschung der Gesellschaft im Handelsregister.[536] 139

Von der Organstellung zu unterscheiden ist das **Anstellungsverhältnis** zwischen dem Mitglied des Leitungsorgans und der SE.[537] Die gesellschaftsrechtlichen[538] Rahmenbedingungen für das Anstellungsverhältnis bestimmen sich gemäß Art. 9 I lit. c) ii) SE-VO nach dem Recht des Sitzstaates der SE. Bei Abschluss eines Anstellungsvertrages zwischen einem Mitglied des Leitungsorgans und einer SE mit Sitz in Deutschland ergeben sich keine Besonderheiten zur AG.[539] So wird die SE beim Abschluss des Anstellungsvertrages mit dem Mitglied des Leitungsorgans gemäß Art. 9 I lit. c) ii) SE-VO iVm § 112 AktG von dem Aufsichtsorgan vertreten.[540] Diesem obliegt auch die Ausgestaltung des Anstellungsvertrages, wobei die diesbezüglichen gesetzlichen Wertungen – nicht zuletzt das Angemessenheitsgebot gemäß § 87 AktG – zu beachten sind.[541] Wie bei der AG besteht auch bei der SE gemäß Art. 9 I lit. c) ii) SE-VO iVm § 84 I 5 AktG ein Gleichlauf zwischen der organschaftlichen Amtszeit und der Dauer des Anstellungsvertrages.[542] Für die Beendigung des Anstellungsvertrages, welche sich gemäß Art. 9 I lit. c) ii) SE-VO iVm § 84 III 5 AktG nach den allgemeinen dienstrechtlichen Vorschriften richtet, ist gemäß Art. 9 I lit. c) ii) SE-VO iVm § 112 AktG ebenfalls das Aufsichtsorgan zuständig. 140

d) Binnenorganisation

Art. 50 I SE-VO regelt die Beschlussfähigkeit und die Beschlussfassung des Leitungsorgans. **Vorbehaltlich abweichender Satzungsbestimmungen** bzw. Regelungen in der SE-VO ist das Leitungsorgan der SE gemäß Art. 50 I lit. a) SE-VO **beschlussfähig**, wenn mindestens die Hälfte der Mitglieder anwesend oder vertreten sind. Anwesend ist ein Mitglied des Leitungsorgans dabei nicht nur dann, wenn er physisch anwesend ist, sondern auch bei Zuschaltung per Telefon- oder Videokonferenz.[543] Ob bzw. unter welchen Voraussetzungen eine Vertretung eines Mitglieds des Leitungsorgans angenommen werden kann, bestimmt sich mangels näherer Regelung in der SE-VO gemäß Art. 9 I lit. c) ii) SE-VO nach dem ergänzend anzuwendenden Aktienrecht des Sitzstaates der 141

---

535 So auch *Reichert/Brandes* in: MüKo AktG, 4. Aufl. 2017, Art. 46 Rn. 3; *Schwarz*, SE-VO, 2006, Art. 45 SE-VO Rn. 13; *Kowalski* DB 2007, 2243, 2245; aA *Seibt* in: Habersack/Drinhausen (Hrsg.), SE-Recht mit grenzüberschreitender Verschmelzung, 2013, Art. 39 SE-VO Rn. 19; *Teichmann* in: Lutter/Hommelhoff/Teichmann (Hrsg.), SE-Kommentar, 2015, Art. 46 Rn. 4; *Paefgen* in: Kölner Kommentar zum AktG, 3. Aufl. 2012, Art. 39 SE-VO Rn. 51.

536 Vgl. *Paefgen* in: Kölner Kommentar zum AktG, 3. Aufl. 2012, Art. 39 SE-VO Rn. 72; *Drygalla* in: Lutter/Hommelhoff/Teichmann (Hrsg.), SE-Kommentar, 2015, Art. 39 SE-VO Rn. 39.

537 Vgl. *Seibt* in: Habersack/Drinhausen (Hrsg.), SE-Recht mit grenzüberschreitender Verschmelzung, 2013, Art. 39 SE-VO Rn. 28; *Drygalla* in: Lutter/Hommelhoff/Teichmann (Hrsg.), SE-Kommentar, 2015, Art. 39 Rn. 26.

538 Zum Statut des Anstellungsvertrags, das sich bei Fehlen einer Rechtswahlklausel nach dem Internationalen Privatrecht richtet, vgl. *Lutter/Bayer/Schmidt*, Europäisches Unternehmens- und Kapitalmarktrecht, 2017, Rn. 45.121; *Manz* in: Manz/Mayer/Schröder (Hrsg.), SE Europäische Aktiengesellschaft, 2010, Art. 39 SE-VO Rn. 42; *Paefgen* in: Kölner Kommentar zum AktG, 3. Aufl. 2012, Art. 39 SE-VO Rn. 87; *J. Schmidt*, „Deutsche" vs. „britische" Societas Europaea (SE), 2006, S. 517 f.; *Seibt* in: Habersack/Drinhausen (Hrsg.), SE-Recht mit grenzüberschreitender Verschmelzung, 2013, Art. 39 SE-VO Rn. 30.

539 Vgl. *Reichert/Brandes* in: MüKo AktG, 4. Aufl. 2017, Art. 39 SE-VO Rn. 40.

540 Vgl. *Seibt* in: Habersack/Drinhausen (Hrsg.), SE-Recht mit grenzüberschreitender Verschmelzung, 2013, Art. 39 SE-VO Rn. 29; *Reichert/Brandes* in: MüKo AktG, 4. Aufl. 2017, Art. 39 SE-VO Rn. 15; *Manz* in: Manz/Mayer/Schröder (Hrsg.), SE Europäische Aktiengesellschaft, 2010, Art. 39 SE-VO Rn. 78; *Paefgen* in: Kölner Kommentar zum AktG, 3. Aufl. 2012, Art. 39 SE-VO Rn. 84.

541 Vgl. *Seibt* in: Habersack/Drinhausen (Hrsg.), SE-Recht mit grenzüberschreitender Verschmelzung, 2013, Art. 39 SE-VO Rn. 30.

542 Vgl. *Seibt* in: Habersack/Drinhausen (Hrsg.), SE-Recht mit grenzüberschreitender Verschmelzung, 2013, Art. 39 SE-VO Rn. 30; *Drygalla* in: Lutter/Hommelhoff/Teichmann (Hrsg.), SE-Kommentar, 2015, Art. 39 SE-VO Rn. 36; *Paefgen* in: Kölner Kommentar zum AktG, 3. Aufl. 2012, Art. 39 SE-VO Rn. 86.

543 Vgl. *Drinhausen* in: Habersack/Drinhausen (Hrsg.), SE-Recht mit grenzüberschreitender Verschmelzung, 2013, Art. 50 SE-VO Rn. 11; *Reichert/Brandes* in: MüKo AktG, 4. Aufl. 2017, Art. 50 SE-VO Rn. 6; *Teichmann* in: Lutter/Hommelhoff/Teichmann (Hrsg.), SE-Kommentar, 2015, Art. 50 SE-VO Rn. 13; *Siems* in: Kölner Kommentar zum AktG, 3. Aufl. 2012, Art. 50 SE-VO Rn. 19 ff.

SE.[544] Bei einer SE mit Sitz in Deutschland bedeutet dies, dass Mitglieder des Leitungsorgans ihre Stimme gemäß Art. 9 I lit. c) ii) SE-VO iVm § 108 III AktG zwar durch einen Stimmboten abgeben lassen können, wobei dieser entweder ein anderes Mitglied des Leitungsorgans oder ein in Textform ermächtigter Dritter sein muss (vgl. § 108 III 2, 3 AktG); andererseits ist die Bestellung eines Stellvertreters ausgeschlossen, da das deutsche Aktienrecht eine Stellvertretung von Organmitgliedern nicht erlaubt.[545] Die **Beschlussfassung** im Leitungsorgan erfolgt – ebenfalls vorbehaltlich **abweichender Satzungsbestimmungen** bzw. Regelungen in der SE-VO – gemäß Art. 50 I lit. b) SE-VO mit der Mehrheit der anwesenden Mitglieder. Im Unterschied zum deutschen Aktienrecht gewährt Art. 50 II 1 SE-VO dem Vorsitzenden des Leitungsorgans bei Stimmengleichheit ein Stichentscheidungsrecht, das ebenfalls satzungsdispositiv ist.

142 Im Übrigen richtet sich die Binnenorganisation gemäß Art. 9 I lit. c) ii) SE-VO nach dem ergänzend anzuwendenden Aktienrecht des Sitzstaates der SE. Damit kann sich das Leitungsorgan einer SE mit Sitz in Deutschland zB eine **Geschäftsordnung** gemäß § 77 II AktG geben, wenn nicht die Satzung der SE den Erlass der Geschäftsordnung dem Aufsichtsorgan übertragen hat oder das Aufsichtsorgan eine Geschäftsordnung für das Leitungsorgan erlässt, und Beschlüsse im (schriftlichen) **Umlaufverfahren** fassen.[546] Auch im Hinblick auf den **Stimmrechtsausschluss** der Mitglieder des Leitungsorgans gilt das Recht des Sitzstaates der SE,[547] so dass bei einer SE mit Sitz in Deutschland die in Analogie zu § 34 BGB entwickelten Regeln zum Stimmrechtsausschluss bei persönlicher Betroffenheit des Organmitglieds gelten.[548] Nach mitgliedschaftlichem Recht bestimmen sich schließlich auch die **Rechtsfolgen bei Beschlussmängeln.**[549]

e) Haftung

143 Die Haftung der Mitglieder des Leitungsorgans **entspricht** aufgrund der Verweisung in Art. 51 SE-VO derjenigen, die für die Mitglieder des Leitungsorgans einer **nationalen Aktiengesellschaft im Sitzstaat der SE** gilt.[550] Bei einer dualistisch verfassten SE mit Sitz in Deutschland richtet sie sich nach § 93 AktG. Geschuldet wird gemäß § 93 I 1 AktG die „Sorgfalt eines ordentlichen und gewissenhaften Geschäftsleiters", wobei die Mitglieder des Leitungsorgans gemäß § 93 I 2 AktG nicht pflichtwidrig handeln, wenn sie bei einer unternehmerischen Entscheidung vernünftigerweise annehmen durften, auf der Grundlage angemessener Informationen zum Wohle der Gesellschaft zu handeln (sog Business Judgement Rule).[551] Schließlich entspricht auch die Durchsetzung der Haftungsansprüche der bei einer nationalen Aktiengesellschaft im Sitzstaat der SE; für die Durchsetzung der Haftungsansprüche gegen die Mitglieder des Leitungsorgans einer dualistisch verfassten SE mit Sitz in Deutschland ist das Aufsichtsorgan zuständig, welches entweder aus eigener Initiative im Rahmen seiner Überwachungspflicht gemäß Art. 40 I SE-VO oder aufgrund eines entsprechenden Hauptversammlungsbeschlusses gemäß Art. 9 I lit. c) ii) SE-VO iVm § 147 I AktG tätig wird.

544 Vgl. *Drinhausen* in: Habersack/Drinhausen (Hrsg.), SE-Recht mit grenzüberschreitender Verschmelzung, 2013, Art. 50 SE-VO Rn. 12; *Manz* in: Manz/Mayer/Schröder (Hrsg.), SE Europäische Aktiengesellschaft, 2010, Art. 50 SE-VO Rn. 6; *Reichert/Brandes* in: MüKo AktG, 4. Aufl. 2017, Art. 50 SE-VO Rn. 6; *Siems* in: Kölner Kommentar zum AktG, 3. Aufl. 2012, Art. 50 SE-VO Rn. 20; *Schumacher* NZG 2009, 697, 699; aA *Teichmann* in: Lutter/Hommelhoff/Teichmann (Hrsg.), SE-Kommentar, 2015, Art. 50 SE-VO Rn. 11, 15.

545 Vgl. *Drinhausen* in: Habersack/Drinhausen (Hrsg.), SE-Recht mit grenzüberschreitender Verschmelzung, 2013, Art. 50 SE-VO Rn. 12; *Manz* in: Manz/Mayer/Schröder (Hrsg.), SE Europäische Aktiengesellschaft, 2010, Art. 50 SE-VO Rn. 5; *Teichmann* in: Lutter/Hommelhoff/Teichmann (Hrsg.), SE-Kommentar, 2015, Art. 50 SE-VO Rn. 11; *Siems* in: Kölner Kommentar zum AktG, 3. Aufl. 2012, Art. 50 SE-VO Rn. 20.

546 Vgl. *Drinhausen* in: Habersack/Drinhausen (Hrsg.), SE-Recht mit grenzüberschreitender Verschmelzung, 2013, Art. 50 SE-VO Rn. 11.

547 Vgl. *Teichmann* in: Lutter/Hommelhoff/Teichmann (Hrsg.), SE-Kommentar, 2015, Art. 50 SE-VO Rn. 19; *Siems* NZG 2007, 129.

548 Vgl. *Teichmann* in: Lutter/Hommelhoff/Teichmann (Hrsg.), SE-Kommentar, 2015, Art. 50 SE-VO Rn. 19; *Reichert/Brandes* in: MüKo AktG, 4. Aufl. 2017, Art. 50 SE-VO Rn. 36 ff.; *Manz* in: Manz/Mayer/Schröder (Hrsg.), SE Europäische Aktiengesellschaft, 2010, Art. 50 SE-VO Rn. 23.

549 Vgl. *Teichmann* in: Lutter/Hommelhoff/Teichmann (Hrsg.), SE-Kommentar, 2015, Art. 50 SE-VO Rn. 20; *Manz* in: Manz/Mayer/Schröder (Hrsg.), SE Europäische Aktiengesellschaft, 2010, Art. 50 SE-VO Rn. 21; *Reichert/Brandes* in: MüKo AktG, 4. Aufl. 2017, Art. 44 Rn. 35 und Art. 50 SE-VO Rn. 55.

550 Vgl. *Teichmann* in: Lutter/Hommelhoff/Teichmann (Hrsg.), SE-Kommentar, 2015, Art. 51 Rn. 1; *Drinhausen* in: Habersack/Drinhausen (Hrsg.), SE-Recht mit grenzüberschreitender Verschmelzung, 2013, Art. 51 SE-VO Rn. 1; *Manz* in: Manz/Mayer/Schröder (Hrsg.), SE Europäische Aktiengesellschaft, 2010, Art. 51 SE-VO Rn. 1; *Siems* in: Kölner Kommentar zum AktG, 3. Aufl. 2012, Art. 51 SE-VO Rn. 1.

551 Vgl. *Drinhausen* in: Habersack/Drinhausen (Hrsg.), SE-Recht mit grenzüberschreitender Verschmelzung, 2013, Art. 51 SE-VO Rn. 15; *Siems* in: Kölner Kommentar zum AktG, 3. Aufl. 2012, Art. 51 SE-VO Rn. 9.

2. Aufsichtsorgan

a) Aufgaben und Stellung

Das Aufsichtsorgan ist gemäß Art. 40 I SE-VO für die **Überwachung der Geschäftsführung** durch das Leitungsorgan zuständig. Es prüft die Ordnungsmäßigkeit, Rechtsmäßigkeit und Zweckmäßigkeit der Geschäftsführung.[552] Dabei ist die Überwachungspflicht nicht bloß retrospektiv zu verstehen; vielmehr umfasst sie auch die Pflicht zur begleitenden Beratung, die bereits im Stadium der Entscheidungsfindung greift.[553] Umstritten ist, ob sich die Überwachungspflicht des Aufsichtsorgans auf das Leitungsorgan beschränkt[554] oder ob sich diese auch auf die Mitglieder nachgeordneter Führungsebenen bezieht, sofern diesen wesentliche Führungsaufgaben übertragen wurden.[555] Da Art. 40 I 1 SE-VO – anders als § 111 I AktG – die Überwachungsaufgabe ausdrücklich auf die Ebene des Leitungsorgans beschränkt, ist für eine darüber hinausgehende Ausdehnung der Überwachungspflicht des Aufsichtsorgans kein Raum. Die Überwachungspflicht trifft das Aufsichtsorgan gemäß Art. 40 I SE-VO als Gesamtorgan; delegiert das Aufsichtsorgan einzelne Überwachungsfunktionen auf Ausschüsse, was grundsätzlich auch[556] in der SE zulässig ist,[557] tritt an die Stelle der unmittelbaren Überwachungspflicht aller Organmitglieder die Pflicht zur effizienten Organisation der Ausschüsse.[558] 144

Zur Wahrnehmung der Überwachungspflicht stehen dem Aufsichtsorgan neben seiner **Personalkompetenz** für die Bestellung und Abberufung der Mitglieder des Leitungsorgans – inklusive der Regelung der Anstellungsverträge der Mitglieder des Leitungsorgans sowie der gerichtlichen und außergerichtlichen Vertretung der Gesellschaft gegenüber den aktuellen und ehemaligen Mitgliedern des Leitungsorgans –[559] insbesondere auch die **Informationsrechte** in Art. 41 SE-VO zur Verfügung: So hat das Leitungsorgan das Aufsichtsorgan gemäß Art. 41 I SE-VO mindestens alle drei Monate über den Gang der Geschäfte der SE und deren voraussichtliche Entwicklung zu unterrichten. Zudem hat es dem Aufsichtsorgan gemäß Art. 41 II SE-VO rechtzeitig alle Informationen über Ereignisse, die sich auf die Lage der SE spürbar auswirken können, mitzuteilen. Daneben kann das Aufsichtsorgan vom Leitungsorgan gemäß Art. 41 III 1 SE-VO jegliche Informationen verlangen, die für die Überwachung des Leitungsorgans erforderlich sind; dieses Recht steht bei einer SE mit Sitz in Deutschland gemäß Art. 41 III 2 SE-VO iVm § 18 SEAG jedem Mitglied des Aufsichtsorgans auch als Individualrecht zu. Das Aufsichtsorgan kann gemäß Art. 41 IV SE-VO alle zur Erfüllung seiner Aufgaben erforderlichen Überprüfungen vornehmen oder vornehmen lassen. Zur Gewährleistung eines gleichen Informationsstandes sämtlicher Mitglieder des Aufsichtsorgans bestimmt Art. 41 V SE-VO, dass jedes Mitglied des Aufsichtsorgans das Recht hat, von allen Informationen, die dem Aufsichtsorgan übermittelt werden, Kenntnis zu nehmen. Ein wesentliches Instrument zur Überwachung der Geschäftsführung ist schließlich die **Regelung und Nutzung von Zustimmungsvorbehalten**. Gemäß Art. 48 I SE-VO müssen in der Satzung der SE Arten von Geschäften aufgeführt werden, für die das Aufsichtsorgan dem Leitungsorgan seine Zustimmung erteilen muss. Von der Ermächtigung zur Festlegung eines Mindestkatalogs an zustimmungspflichtigen Geschäften gemäß Art. 48 II SE-VO hat der deutsche Gesetzgeber keinen Gebrauch gemacht.[560] Fehlt es an einer solchen Regelung, besteht nach hM bei der Gründung der SE ein Eintragungshindernis.[561] Daneben kann bei einer dualistisch verfassten SE mit Sitz in Deutschland gemäß Art. 48 I 2 SE-VO iVm § 19 SEAG das Aufsichtsorgan selbst zusätzlich – zB in der Geschäftsordnung des Leitungsorgans – weitere Geschäfte von seiner Zustimmung abhängig machen. Das Fehlen der Zustimmung des Aufsichtsorgans lässt die Vertretungsmacht des Leitungsorgans im Außenverhältnis grundsätzlich unberührt; sie wirkt sich nur im Innenverhältnis aus und kann dort zB zu Schadensersatzansprüchen gegen die 145

552 Vgl. *Drygala* in: Lutter/Hommelhoff/Teichmann (Hrsg.), SE-Kommentar, 2015, Art. 40 Rn. 2; *Manz* in: Manz/Mayer/Schröder (Hrsg.), SE Europäische Aktiengesellschaft, 2010, Art. 40 SE-VO Rn. 3; *Seibt* in: Habersack/Drinhausen (Hrsg.), SE-Recht mit grenzüberschreitender Verschmelzung, 2013, Art. 40 SE-VO Rn. 6 ff.

553 Vgl. *Drygala* in: Lutter/Hommelhoff/Teichmann (Hrsg.), SE-Kommentar, 2015, Art. 40 Rn. 2; *Seibt* in: Habersack/Drinhausen (Hrsg.), SE-Recht mit grenzüberschreitender Verschmelzung, 2013, Art. 40 SE-VO Rn. 7; *Eberspächer* in: Spindler/Stilz (Hrsg.), AktG, 3. Aufl. 2015, Art. 40 SE-VO Rn. 4.

554 So die hM – vgl. *Reichert/Brandes* in: MüKo AktG, 4. Aufl. 2017, Art. 40 SE-VO Rn. 14; *Eberspächer* in: Spindler/Stilz (Hrsg.), AktG, 3. Aufl. 2015, Art. 40 SE-VO Rn. 4; *Manz* in: Manz/Mayer/Schröder (Hrsg.), SE Europäische Aktiengesellschaft, 2010, Art. 40 SE-VO Rn. 2.

555 Vgl. dazu *Drygala* in: Lutter/Hommelhoff/Teichmann (Hrsg.), SE-Kommentar, 2015, Art. 40 Rn. 4.

556 Vgl. dazu die Möglichkeit der Ausschussbildung durch den Aufsichtsrat der AG gem. § 107 III AktG.

557 Vgl. *Seibt* in: Habersack/Drinhausen (Hrsg.), SE-Recht mit grenzüberschreitender Verschmelzung, 2013, Art. 40 SE-VO Rn. 27; *Manz* in: Manz/Mayer/Schröder (Hrsg.), SE Europäische Aktiengesellschaft, 2010, Art. 40 SE-VO Rn. 46; *Paefgen* in: Kölner Kommentar zum AktG, 3. Aufl. 2012, Art. 40 SE-VO Rn. 12.

558 Vgl. *Paefgen* in: Kölner Kommentar zum AktG, 3. Aufl. 2012, Art. 40 SE-VO Rn. 12.

559 Vgl. Rn. 140, 143.

560 Vgl. *Lutter/Bayer/Schmidt*, Europäisches Unternehmens- und Kapitalmarktrecht, 2017, Rn. 45.111; *Teichmann* ZGR 2992, 382, 454.

561 Vgl. *Teichmann* in: Lutter/Hommelhoff/Teichmann (Hrsg.), SE-Kommentar, 2015, Art. 48 Rn. 6; *Seibt* in: Habersack/Drinhausen (Hrsg.), SE-Recht mit grenzüberschreitender Verschmelzung, 2013, Art. 48 SE-VO Rn. 4.

handelnden Organmitglieder führen.[562] Im Übrigen ist das Aufsichtsorgan gemäß Art. 40 I 2 SE-VO **von der Geschäftsführung ausgeschlossen**. Art. 40 I 2 SE-VO verbietet damit nicht nur **Weisungen** des Aufsichtsorgan gegenüber dem Leitungsorgan, sondern auch ein verbindliches **Initiativrecht** des Aufsichtsorgans in unternehmerischen Angelegenheiten.[563]

146 Das Aufsichtsorgan einer SE mit Sitz in Deutschland hat daneben – wie bei der AG – gemäß Art. 61 SE-VO iVm § 171 I AktG den **Jahresabschluss** und den Lagebericht (ggf. auch den Konzernabschluss und den Konzernlagebericht) sowie den Vorschlag für die Verwendung des Bilanzgewinns zu **prüfen**. Gemäß Art. 61 SE-VO iVm § 171 II AktG hat das Aufsichtsorgan über das Ergebnis der Prüfung schriftlich an die Hauptversammlung zu **berichten** und gemäß Art. 61 SE-VO iVm § 111 II 3 AktG den **Prüfungsauftrag an den Abschlussprüfer** zu erteilen.[564] Durch die Billigung des vom Leitungsorgan aufgestellten Jahresabschlusses wirkt das Aufsichtsorgan gemäß Art. 61 SE-VO iVm § 172 AktG schließlich an dessen **Feststellung** mit.[565]

b) Zusammensetzung

147 Die **Zahl der Mitglieder** des Aufsichtsorgans oder die **Regeln ihrer Festlegung** werden gemäß Art. 40 III 1 SE-VO – wie beim Leitungsorgan –[566] durch die **Satzung der SE** bestimmt. Von der Ermächtigung in Art. 40 III 2 SE-VO, eine Mindest- und/oder Höchstzahl der Mitglieder des Aufsichtsorgans festzusetzen, hat der deutsche Gesetzgeber Gebrauch gemacht und in § 17 I SEAG vorgesehen, dass (i) das Aufsichtsorgan aus **mindestens drei Mitgliedern** bestehen muss (§ 17 I 1 SEAG), (ii) die **Gesamtzahl durch drei teilbar** sein muss (§ 17 I 3 SEAG) und (iii) die **Höchstzahl** je nach Grundkapital **neun** (Grundkapital bis zu EUR 1,5 Mio.), **fünfzehn** (Grundkapital von mehr als EUR 1,5 Mio.) oder **einundzwanzig** (Grundkapital von mehr als EUR 10 Mio.) beträgt (§ 17 I 4 SEAG). Dabei sind gemäß § 17 III SEAG die **Beteiligungsrechte der Arbeitnehmer** nach dem SEBG zu wahren. Die Reichweite dieses Vorbehalts ist umstritten: Einigkeit besteht darin, dass für die Zusammensetzung des Aufsichtsorgans durch die Satzung der SE von den Vorgaben des § 7 MitbestG hinsichtlich der Mindestzahl bei paritätisch mitbestimmten Unternehmen abgewichen werden kann.[567] Umstritten ist hingegen die Frage, ob von der in der Satzung der SE festgelegten Größe des Aufsichtsorgans durch die Mitbestimmungsvereinbarung abgewichen werden kann. Während dies nach der (immer noch) hM[568] nicht möglich sein soll – und sich die Mitbestimmungsvereinbarung auf die Festsetzung des relativen Anteils der Arbeitnehmervertreter im Aufsichtsorgan beschränkt –, ist mit einer starken Literaturauffassung,[569] der sich mittlerweile auch das LG Nürnberg-Fürth[570] angeschlossen hat, davon auszugehen, dass auch die Gesamtgröße des Aufsichtsrats (inkl. dem Dreiteilungsgebot nach § 17 I 3 SEAG) zur Disposition der Verhandlungspartner der Mitbestimmungsvereinbarung steht. Einigkeit besteht wiederum insofern, als bei Geltung einer paritätischen Mitbestimmung im Aufsichtsorgan die Gesamtzahl der Mitglieder durch zwei teilbar sein muss,[571] wobei umstritten ist, ob zusätzlich auch Teilbarkeit der Mitgliederzahl durch drei zu verlangen ist.[572]

148 Besteht das Aufsichtsorgan einer börsennotierten dualistisch strukturierten SE mit Sitz in Deutschland aus derselben Zahl von Anteilseigner- und Arbeitnehmervertretern, müssen gemäß § 17 II SEAG Frauen und Männer jeweils mit einem Anteil von mindestens dreißig Prozent vertreten sein.[573] Diese sog **starre Geschlechterquote** wird bei einer SE mit Sitz in Deutschland, die entweder börsennotiert oder mitbestimmt ist, ergänzt durch die

562 Vgl. *Lutter/Bayer/Schmidt*, Europäisches Unternehmens- und Kapitalmarktrecht, 2017, Rn. 45.112; *Manz* in: Manz/Mayer/Schröder (Hrsg.), SE Europäische Aktiengesellschaft, 2010, Art. 48 SE-VO Rn. 22; *Siems* in: Kölner Kommentar zum AktG, 3. Aufl. 2012, Art. 48 SE-VO Rn. 3; *Teichmann* in: Lutter/Hommelhoff/Teichmann (Hrsg.), SE-Kommentar, 2015, Art. 48 Rn. 11.

563 Vgl. *Seibt* in: Habersack/Drinhausen (Hrsg.), SE-Recht mit grenzüberschreitender Verschmelzung, 2013, Art. 40 SE-VO Rn. 10; *Drygala* in: Lutter/Hommelhoff/Teichmann (Hrsg.), SE-Kommentar, 2015, Art. 40 Rn. 5; *Manz* in: Manz/Mayer/Schröder (Hrsg.), SE Europäische Aktiengesellschaft, 2010, Art. 40 SE-VO Rn. 1; *Paefgen* in: Kölner Kommentar zum AktG, 3. Aufl. 2012, Art. 40 SE-VO Rn. 18.

564 Vgl. *Reichert/Brandes* in: MüKo AktG, 4. Aufl. 2017, Art. 40 Rn. 22.

565 Vgl. *Reichert/Brandes* in: MüKo AktG, 4. Aufl. 2017, Art. 40 Rn. 23.

566 Vgl. Rn. 135.

567 Vgl. *Drygala* in: Lutter/Hommelhoff/Teichmann (Hrsg.), SE-Kommentar, 2015, Art. 40 SE-VO Rn. 31.

568 Vgl. *Paefgen* in: Kölner Kommentar zum AktG, 3. Aufl. 2012, Art. 40 SE-VO Rn. 102; *Lutter/Bayer/Schmidt*, Europäisches Unternehmens- und Kapitalmarktrecht, 2017, Rn. 45.126; *Reichert/Brandes* in: MüKo AktG, 4. Aufl. 2017, Art. 40 SE-VO Rn. 68.

569 Vgl. *Seibt* in: Habersack/Drinhausen (Hrsg.), SE-Recht mit grenzüberschreitender Verschmelzung, 2013, Art. 40 SE-VO Rn. 66; *Drygala* in: Lutter/Hommelhoff/Teichmann (Hrsg.), SE-Kommentar, 2015, Art. 40 SE-VO Rn. 20 f.

570 LG Nürnberg-Fürth ZIP 2010, 372 (GfK).

571 Vgl. *Paefgen* in: Kölner Kommentar zum AktG, 3. Aufl. 2012, Art. 40 SE-VO Rn. 105; *Habersack* AG 2006, 345, 352 f.

572 Vgl. *Paefgen* in: Kölner Kommentar zum AktG, 3. Aufl. 2012, Art. 40 SE-VO Rn. 105 mwN.

573 Zu den europarechtlichen Bedenken der sog Frauenquote in § 17 II SEAG vgl. *Drygala* in: Lutter/Hommelhoff/Teichmann (Hrsg.), SE-Kommentar, 2015, Art. 40 SE-VO Rn. 10.

Regelungen in §§ 96 II, III, 111 V und 76 IV AktG über die Zielgröße zur Frauenförderung (sog **weiche Geschlechterquote**). Danach ist das Aufsichtsorgan verpflichtet, sowohl für die Besetzung des Leitungsorgans als auch für sich selbst Zielgrößen für weibliche Mitglieder festzusetzen, wobei letztere Pflicht entfällt, wenn bereits die starre Geschlechterquote eingreift.[574]

c) Bestellung und Abberufung

149 Die Mitglieder des Aufsichtsorgans werden gemäß Art. 40 II 1 SE-VO grundsätzlich durch die **Hauptversammlung der SE** bestellt, wobei die Mitglieder des ersten Aufsichtsrats gemäß Art. 40 II 2 SE-VO auch durch die **Satzung der SE** bestellt werden können. Abweichend hiervon können Mitglieder des Aufsichtsorgans einer SE mit Sitz in Deutschland gemäß Art. 40 II 3 iVm Art. 47 IV SE-VO in den in § 101 II AktG genannten Grenzen auch **durch Entsendung** bestellt werden.[575] Sofern die SE der Mitbestimmung unterliegt, richtet sich die **Wahl der Arbeitnehmervertreter** gemäß Art. 40 II 3 SE-VO nach der geschlossenen Mitbestimmungsvereinbarung. Sieht diese ein Entsendungsrecht der Arbeitnehmer vor, so bedarf es für die Bestellung der Arbeitnehmervertreter keiner Mitwirkung der Hauptversammlung.[576] Fehlt eine solche Regelung, werden die Arbeitnehmervertreter im Aufsichtsorgan einer SE mit Sitz in Deutschland gemäß § 36 IV SEBG von der Hauptversammlung bestellt, die dabei an die Wahlvorschläge der Arbeitnehmerseite gebunden ist. Die Bestellung etwaiger **Ersatzmitglieder** richtet sich gemäß Art. 9 I lit. c) ii) SE-VO nach dem nationalen Aktienrecht im Sitzstaat der SE[577] – in Deutschland folglich nach § 101 III 2 AktG; für die Arbeitnehmervertreter im Aufsichtsrat einer SE mit Sitz in Deutschland ist die Bestellung eines Ersatzmitglieds gemäß §§ 36 III, 6 II 3 SEBG sogar zwingend vorgeschrieben. Ebenso ist gemäß Art. 9 I lit. c) ii) SE-VO das nationale Recht maßgeblich für die Möglichkeit der **gerichtlichen Ersatzbestellung**;[578] bei einer SE mit Sitz in Deutschland richtet sich die gerichtliche Ersatzbestellung damit nach § 104 AktG.

150 Für die **persönlichen Anforderungen** an die Mitglieder des Aufsichtsorgans gelten dieselben Erwägungen wie bei den Mitgliedern des Leitungsorgans.[579] Zum Mitglied des Aufsichtsorgans einer SE mit Sitz in Deutschland kann gemäß § 100 I 1 AktG nur eine **natürliche Person** bestellt werden. Neben den nationalen **Bestellungsverboten** im Sitzstaat der SE – in Deutschland: § 101 II AktG – können gemäß Art. 47 II lit. b) SE-VO auch solche Personen nicht bestellt werden, die infolge einer Gerichts- oder Verwaltungsentscheidung, die in einem Mitgliedstaat ergangen ist, dem Leitungs-, Aufsichts- oder Verwaltungsorgan einer dem Recht eines anderen Mitgliedstaats unterliegenden Aktiengesellschaft nicht angehören dürfen. Die **gleichzeitige Mitgliedschaft im Leitungs- und im Aufsichtsorgan** der SE ist gemäß Art. 39 III 1 SE-VO grundsätzlich ausgeschlossen, wobei das Aufsichtsorgan gemäß Art. 39 III 2 SE-VO ausnahmsweise eines seiner Mitglieder – für maximal ein Jahr bei einer SE mit Sitz in Deutschland –[580] in das Leitungsorgans abstellen kann, wenn der betreffende Posten nicht besetzt ist.

151 Auch hinsichtlich der **Dauer der Bestellung** gelten dieselben Erwägungen wie bei der Bestellung der Mitglieder des Leitungsorgans der SE.[581] Auch hier ist die Dauer der Bestellung, die gemäß Art. 46 I SE-VO **sechs Jahre** nicht überschreiten darf, in der Satzung der SE festzulegen, wobei **Wiederbestellungen** gemäß Art. 46 II SE-VO vorbehaltlich etwaiger Einschränkungen in der Satzung der SE zulässig sind. Ob Satzungsklauseln, die sich auf die Festlegung einer Höchstdauer beschränken und im Übrigen die genaue Festlegung der Amtsdauer dem zuständigen Bestellungsorgan überlassen, zulässig sind, ist umstritten, im Ergebnis aber zu bejahen.[582]

152 Für die **Abberufung** der Mitglieder des Aufsichtsorgans gelten mangels Regelung in der SE-VO gemäß Art. 9 I lit. c) ii) SE-VO die entsprechenden Vorschriften des nationalen Aktienrechts im Sitzstaat der SE; bei einer SE

---

574 Vgl. ausführlich zur Geschlechterquote in der SE *Reichert/Brandes* in: MüKo AktG, 4. Aufl. 2017, Art. 40 SE-VO Rn. 75 ff.

575 Vgl. *Reichert/Brandes* in: MüKo AktG, 4. Aufl. 2017, Art. 40 SE-VO Rn. 35; *Seibt* in: Habersack/Drinhausen (Hrsg.), SE-Recht mit grenzüberschreitender Verschmelzung, 2013, Art. 40 SE-VO Rn. 37.

576 Vgl. *Seibt* in: Habersack/Drinhausen (Hrsg.), SE-Recht mit grenzüberschreitender Verschmelzung, 2013, Art. 40 SE-VO Rn. 38; *Reichert/Brandes* in: MüKo AktG, 4. Aufl. 2017, Art. 40 SE-VO Rn. 26; *Spitzbart* RNotZ 2006, 369, 377; aA *Paefgen* in: Kölner Kommentar zum AktG, 3. Aufl. 2012, Art. 40 SE-VO Rn. 44.

577 Vgl. *Seibt* in: Habersack/Drinhausen (Hrsg.), SE-Recht mit grenzüberschreitender Verschmelzung, 2013, Art. 40 SE-VO Rn. 41.

578 Vgl. *Seibt* in: Habersack/Drinhausen (Hrsg.), SE-Recht mit grenzüberschreitender Verschmelzung, 2013, Art. 40 SE-VO Rn. 42; *Paefgen* in: Kölner Kommentar zum AktG, 3. Aufl. 2012, Art. 40 SE-VO Rn. 49; *Reichert/Brandes* in: MüKo AktG, 4. Aufl. 2017, Art. 40 SE-VO Rn. 39.

579 Vgl. Rn. 137.

580 Vgl. § 15 1 SEAG.

581 Vgl. Rn. 138.

582 So *Reichert/Brandes* in: MüKo AktG, 4. Aufl. 2017, Art. 46 SE-VO Rn. 3; *Hoffmann-Becking* ZGR 2004, 355, 364; aA *Seibt* in: Habersack/Drinhausen (Hrsg.), SE-Recht mit grenzüberschreitender Verschmelzung, 2013, Art. 39 SE-VO Rn. 19; *Paefgen* in: Kölner Kommentar zum AktG, 3. Aufl. 2012, Art. 40 SE-VO Rn. 51; *Teichmann* in: Lutter/Hommelhoff/Teichmann (Hrsg.), SE-Kommentar, 2015, Art. 46 Rn. 4.

mit Sitz in Deutschland also § 103 AktG, so dass – entgegen einiger Stimmen im Schrifttum –[583] eine Abberufung auch **ohne Vorliegen besonderer Gründe** zulässig ist.[584] Zuständig für die Abberufung der Aktionärsvertreter im Aufsichtsorgan ist grundsätzlich[585] die **Hauptversammlung**; dasselbe gilt auch für Abberufung der Arbeitnehmervertreter, wobei die Hauptversammlung dabei an die Abberufungsvorschläge der Arbeitnehmerseite gebunden ist.[586] Daneben gelten auch bei den Mitgliedern des Aufsichtsorgans die allgemeinen sonstigen Beendigungstatbestände wie zB Tod des Amtsträgers, Ablauf der in der Satzung bestimmten Amtszeit oder Löschung der Gesellschaft im Handelsregister.[587]

d) Binnenorganisation

153 Für die Binnenorganisation des Aufsichtsorgans gilt – ebenso wie beim Leitungsorgan – Art. 50 SE-VO.[588] Danach ist das Aufsichtsorgan vorbehaltlich abweichender Satzungsbestimmungen bzw. Regelungen in der SE-VO **beschlussfähig**, wenn mindestens die Hälfte der Mitglieder anwesend oder vertreten sind (Art. 50 I lit. a) SE-VO). Ebenso wie bei den Mitgliedern des Leitungsorgans gelten die Mitglieder des Aufsichtsorgans auch dann als anwesend, wenn sie per Telefon- oder Videokonferenz zugeschaltet sind.[589] Während abwesende Mitglieder des Aufsichtsorgans einer SE mit Sitz in Deutschland ihre Stimme gemäß Art. 9 I lit. c) ii) SE-VO iVm § 108 III AktG durch einen Stimmboten abgeben lassen können, ist die Stimmabgabe durch einen Stellvertreter ausgeschlossen.[590]

154 Beschlüsse des Aufsichtsorgans werden vorbehaltlich abweichender Satzungsbestimmungen bzw. Regelungen in der SE-VO mit der **Mehrheit der anwesenden Mitglieder** gefasst (Art. 50 I lit. b) SE-VO), wobei bei Stimmengleichheit die Stimme des Vorsitzenden des Aufsichtsrats den Ausschlag gibt (Art. 50 II 1 SE-VO). Anders als beim Leitungsorgan muss das Aufsichtsorgan gemäß Art. 42 1 SE-VO zwingend einen **Vorsitzenden** aus seiner Mitte wählen;[591] bei einer SE mit Sitz in Deutschland ist gemäß Art. 9 I lit. c) ii) SE-VO iVm § 107 I AktG daneben auch ein **stellvertretender Vorsitzender** zu wählen.[592] Bei der paritätisch mitbestimmten SE ist zu beachten, dass der Vorsitzende des Aufsichtsorgans gemäß Art. 42 1 SE-VO nur ein von der Hauptversammlung bestelltes Mitglied sein darf;[593] dies gilt nach der hM auch im Hinblick auf den stellvertretenden Vorsitzenden.[594]

583 Vgl. *Hommelhoff* AG 2001, 279, 283; *Hirte* NZG 2002, 1, 5.

584 Vgl. *Seibt* in: Habersack/Drinhausen (Hrsg.), SE-Recht mit grenzüberschreitender Verschmelzung, 2013, Art. 40 SE-VO Rn. 63; *Drygala* in: Lutter/Hommelhoff/Teichmann (Hrsg.), SE-Kommentar, 2015, Art. 40 SE-VO Rn. 23; *Manz* in: Manz/Mayer/Schröder (Hrsg.), SE Europäische Aktiengesellschaft, 2010, Art. 40 SE-VO Rn. 14, 27; *Reichert/Brandes* in: MüKo AktG, 4. Aufl. 2017, Art. 40 SE-VO Rn. 57; *Paefgen* in: Kölner Kommentar zum AktG, 3. Aufl. 2012, Art. 40 SE-VO Rn. 80.

585 In den Aufsichtsrat entsandte Mitglieder können demgegenüber vom jeweiligen Entsendungsberechtigten abberufen werden; vgl. *Seibt* in: Habersack/Drinhausen (Hrsg.), SE-Recht mit grenzüberschreitender Verschmelzung, 2013, Art. 40 SE-VO Rn. 57.

586 Vgl. *Seibt* in: Habersack/Drinhausen (Hrsg.), SE-Recht mit grenzüberschreitender Verschmelzung, 2013, Art. 40 SE-VO Rn. 60; *Paefgen* in: Kölner Kommentar zum AktG, 3. Aufl. 2012, Art. 40 SE-VO Rn. 87.

587 Vgl. *Seibt* in: Habersack/Drinhausen (Hrsg.), SE-Recht mit grenzüberschreitender Verschmelzung, 2013, Art. 40 SE-VO Rn. 59.

588 Vgl. Rn. 141.

589 Vgl. *Drinhausen* in: Habersack/Drinhausen (Hrsg.), SE-Recht mit grenzüberschreitender Verschmelzung, 2013, Art. 50 SE-VO Rn. 10; *Eberspächer* in: Spindler/Stilz (Hrsg.), AktG, 3. Aufl. 2015, Art. 50 SE-VO Rn. 4; *Reichert/Brandes* in: MüKo AktG, 4. Aufl. 2017, Art. 50 SE-VO Rn. 6; *Siems* in: Kölner Kommentar zum AktG, 3. Aufl. 2012, Art. 50 SE-VO Rn. 20; aA *Teichmann* in: Lutter/Hommelhoff/Teichmann (Hrsg.), SE-Kommentar, 2015, Art. 50 SE-VO Rn. 11.

590 Vgl. *Drinhausen* in: Habersack/Drinhausen (Hrsg.), SE-Recht mit grenzüberschreitender Verschmelzung, 2013, Art. 50 SE-VO Rn. 12; *Reichert/Brandes* in: MüKo AktG, 4. Aufl. 2017, Art. 50 SE-VO Rn. 6; *Manz* in: Manz/Mayer/Schröder (Hrsg.), SE Europäische Aktiengesellschaft, 2010, Art. 50 SE-VO Rn. 6.

591 Vgl. *Lutter/Bayer/Schmidt*, Europäisches Unternehmens- und Kapitalmarktrecht, 2017, Rn. 45.130. Hiervon kann weder durch Satzungsvereinbarung bzw. Beschluss des Aufsichtsorgans noch durch die Mitbestimmungsvereinbarung mit den Arbeitnehmern abgewichen werden; vgl. *Eberspächer* in: Spindler/Stilz (Hrsg.), AktG, 3. Aufl. 2015, Art. 42 SE-VO Rn. 2; *Seibt* in: Habersack/Drinhausen (Hrsg.), SE-Recht mit grenzüberschreitender Verschmelzung, 2013, Art. 42 SE-VO Rn. 7; *Drygala* in: Lutter/Hommelhoff/Teichmann (Hrsg.), SE-Kommentar, 2015, Art. 42 SE-VO Rn. 3; aA *Reichert/Brandes* in: MüKo AktG, 4. Aufl. 2017, Art. 42 SE-VO Rn. 13.

592 Vgl. *Seibt* in: Habersack/Drinhausen (Hrsg.), SE-Recht mit grenzüberschreitender Verschmelzung, 2013, Art. 42 SE-VO Rn. 21; *Paefgen* in: Kölner Kommentar zum AktG, 3. Aufl. 2012, Art. 42 SE-VO Rn. 33; *Drygala* in: Lutter/Hommelhoff/Teichmann (Hrsg.), SE-Kommentar, 2015, Art. 42 SE-VO Rn. 8; *Reichert/Brandes* in: MüKo AktG, 4. Aufl. 2017, Art. 42 SE-VO Rn. 18.

593 Auf diese Weise sichert Art. 42 SE-VO gemeinsam mit Art. 50 II SE-VO das Letztentscheidungsrecht der Anteilseignerseite in der mitbestimmten SE; vgl. *Eberspächer* in: Spindler/Stilz (Hrsg.), AktG, 3. Aufl. 2015, Art. 42 SE-VO Rn. 1; *Lutter/Bayer/Schmidt*, Europäisches Unternehmens- und Kapitalmarktrecht, 2017, Rn. 45.130.

594 Vgl. *Eberspächer* in: Spindler/Stilz (Hrsg.), AktG, 3. Aufl. 2015, Art. 42 SE-VO Rn. 3; *Reichert/Brandes* in: MüKo AktG, 4. Aufl. 2017, Art. 42 SE-VO Rn. 19; *Paefgen* in: Kölner Kommentar zum AktG, 3. Aufl. 2012, Art. 42 SE-VO Rn. 36; *Seibt* in: Habersack/Drinhausen (Hrsg.), SE-Recht mit grenzüberschreitender Verschmel-

Ferner soll bei der paritätisch mitbestimmten SE nach der hM auch ein Abweichen vom Prinzip der Entscheidungsfindung mit einfacher Mehrheit nebst Stichentscheid des Vorsitzenden gemäß Art. 50 I lit. b, II SE-VO unzulässig sein, da nach der Regelungsabsicht des Verordnungsgebers stets gewährleistet sein müsse, dass die geschlossen handelnde Anteilseignerseite im Aufsichtsorgan einen Organbeschluss auch gegen den Willen der geschlossen handelnden Arbeitnehmerseite herbeiführen kann.[595]

Im Übrigen richtet sich die Binnenorganisation im Aufsichtsorgan gemäß Art. 9 I lit. c) ii) SE-VO nach dem ergänzend anzuwendenden Aktienrecht des Sitzstaates der SE. Dies betrifft zB die Bildung und Organisation von **Ausschüssen**, die sich bei einer SE mit Sitz in Deutschland nach Art. 9 I lit. c) ii) SE-VO iVm § 107 III, IV AktG richtet, oder den Erlass einer **Geschäftsordnung für den Aufsichtsrat**, deren Zulässigkeit bei der SE mit Sitz in Deutschland in Art. 9 I lit. c) ii) SE-VO iVm § 82 II AktG vorausgesetzt wird. Dasselbe gilt für die **Sitzungseinberufung und -teilnahme**, die sich bei einer SE mit Sitz in Deutschland nach Art. 9 I lit. c) ii) SE-VO iVm §§ 109, 110 AktG richtet. Im Hinblick auf die **Sitzungsfrequenz** bestimmt Art. 9 I lit. c) ii) SE-VO iVm § 110 III AktG, dass das Aufsichtsorgan mindestens zwei Sitzungen im Kalenderhalbjahr abhalten muss. Für die Beschlussfassung ist bei einer SE mit Sitz in Deutschland zu beachten, dass diese – ebenso wie beim Leitungsorgan – gemäß Art. 9 I lit. c) ii) SE-VO iVm § 108 IV AktG zusätzlich auch im (schriftlichen) **Umlaufverfahren** erfolgen kann. Dieselben Regeln wie beim Leitungsorgan gelten schließlich im Hinblick auf den **Stimmrechtsausschluss** der Mitglieder des Aufsichtsorgans sowie die **Rechtsfolgen bei Beschlussmängeln.**[596] 155

e) Haftung

Die Haftung der Mitglieder des Aufsichtsorgans **entspricht** aufgrund der Verweisung in Art. 51 SE-VO derjenigen, die für die Mitglieder des Aufsichtsorgans einer **nationalen Aktiengesellschaft im Sitzstaat der SE** gilt. Bei einer dualistisch verfassten SE mit Sitz in Deutschland richtet sich die Haftung der Mitglieder des Aufsichtsorgans nach §§ 116, 93 AktG. Dabei ist zu beachten, dass nach der hM hinsichtlich des Haftungsmaßstabs keine Differenzierung zwischen den Vertretern von Anteilseignern und den Vertretern von Arbeitnehmern vorgenommen wird, so dass sie einem identischen Haftungsmaßstab unterliegen.[597] Haftungsansprüche gegen Mitglieder des Aufsichtsorgans einer SE mit Sitz in Deutschland werden schließlich durch das Leitungsorgan entweder aus eigener Initiative im Rahmen seiner Leitungsaufgabe gemäß Art. 31 I SE-VO oder aufgrund eines entsprechenden Hauptversammlungsbeschlusses gemäß Art. 9 I lit. c) ii) SE-VO iVm § 147 I AktG geltend gemacht.[598] 156

3. Hauptversammlung

Gemäß Art. 38 lit. a) SE-VO verfügt jede SE – **unabhängig vom gewählten Leitungssystem** – über eine Hauptversammlung. Die Regelungen in der SE-VO zu deren Zuständigkeit und Organisation in den Artt. 52 bis 60 SE-VO sind – der allgemeinen Konzeption der SE-VO entsprechend –[599] fragmentarisch und werden durch Verweisungen auf das nationale Aktienrecht im Sitzstaat der SE ergänzt. Für die SE mit Sitz in Deutschland bedeutet dies, dass sich Zuständigkeit, Organisation und Ablauf der Hauptversammlung mit einigen wenigen Ausnahmen nach dem **deutschen Aktienrecht** richten.[600] 157

a) Zuständigkeit

Gemäß Art. 52 1 lit. a) SE-VO beschließt die Hauptversammlung der SE über Gegenstände, die ihr **durch die SE-VO zugewiesen** sind (zur vergleichbaren Regelung in der SCE-VO § 6 Rn. 173). Eine entsprechende Kompetenzzuweisung an die Hauptversammlung der SE findet sich etwa im Hinblick auf 158

(i) die Bestellung und Abberufung von Mitgliedern des Aufsichts- bzw. (beim monistischen Leitungssystem) Verwaltungsorgan,[601]

---

zung, 2013, Art. 42 SE-VO Rn. 22, aA *Teichmann* in: Lutter/Hommelhoff/Teichmann (Hrsg.), SE-Kommentar, 2015, Art. 42 SE-VO Rn. 8.

595 Vgl. *Paefgen* in: Kölner Kommentar zum AktG, 3. Aufl. 2012, Art. 40 SE-VO Rn. 119; *Reichert/Brandes* in: MüKo AktG, 4. Aufl. 2017, Art. 50 SE-VO Rn. 24 f.

596 Vgl. Rn. 142.

597 Vgl. *Drinhausen* in: Habersack/Drinhausen (Hrsg.), SE-Recht mit grenzüberschreitender Verschmelzung, 2013, Art. 51 SE-VO Rn. 7; *Teichmann* in: Lutter/Hommelhoff/Teichmann (Hrsg.), SE-Kommentar, 2015, Art. 51 Rn. 13; *Koch* in: Hüffer/Koch, AktG, 12. Aufl. 2016, § 116 Rn. 2.

598 Vgl. *Drinhausen* in: Habersack/Drinhausen (Hrsg.), SE-Recht mit grenzüberschreitender Verschmelzung, 2013, Art. 51 SE-VO Rn. 19; *Eberspächer* in: Spindler/Stilz (Hrsg.), AktG, 3. Aufl. 2015, Art. 51 Rn. 15; *Reichert/Brandes* in: MüKo AktG, 4. Aufl. 2017, Art. 51 Rn. 10.

599 Vgl. *Lutter/Bayer/Schmidt*, Europäisches Unternehmens- und Kapitalmarktrecht, 2017, Rn. 45.151.

600 Vgl. *Austermann* in: MüHdB GesR, Bd. 4, 4. Aufl. 2015, § 86 Rn. 26; *Bücker* in: Habersack/Drinhausen (Hrsg.), SE-Recht mit grenzüberschreitender Verschmelzung, 2013, Art. 52 SE-VO Rn. 1; *Kiem* in: Kölner Kommentar zum AktG, 3. Aufl. 2012, Art. 52 SE-VO Rn. 1.

601 Vgl. Art. 40 II 1 SE-VO bzw. Art. 43 III 1 SE-VO.

(ii) Satzungsänderungen,[602]
(iii) die grenzüberschreitende Sitzverlegung,[603]
(iv) die Rückumwandlung der SE in eine nationale Aktiengesellschaft[604] sowie
(v) die Beteiligung der SE an Gründungsakten nach der SE-VO.[605]

159 Daneben ist die Hauptversammlung gemäß Art. 52 1 lit. b) SE-VO zuständig für Angelegenheiten, für die ihr durch die **Umsetzung der SE-Beteiligungsrichtlinie** die alleinige Zuständigkeit übertragen wird. Während die SE-Beteiligungsrichtlinie keine Kompetenzzuweisungen an die Hauptversammlung enthält, ist die Hauptversammlung der SE gemäß §§ 36 IV, 37 I 4 SEBG für die Bestellung und Abberufung der Arbeitnehmervertreter im Aufsichtsorgan der dualistisch verfassten bzw. im Verwaltungsorgan der monistisch verfassten SE zuständig, wobei die Hauptversammlung hierbei an die Vorschläge bzw. Anträge der Arbeitnehmerseite gebunden ist und ihr diesbezüglich kein Ermessen zusteht.[606] Eine gemeinschaftsrechtliche Kompetenz der Hauptversammlung zur Beschlussfassung kann sich auch aus **ungeschriebenen Zuständigkeitszuweisungen** ergeben;[607] als Beispiel hierfür werden von Teilen des Schrifttums die Auflösung der SE[608] sowie die Zustimmung zu satzungsrelevanten Mitbestimmungsvereinbarungen[609] genannt.

160 Gemäß Art. 52 S. 2 SE-VO ist die Hauptversammlung **ergänzend** – dh soweit die SE-VO keine Regelungen trifft –[610] für diejenigen Angelegenheiten zuständig, für die ihr aufgrund der **Vorschriften des nationalen Aktienrechts** im Sitzstaat der SE eine entsprechende Kompetenz zugewiesen ist. Die zentrale Norm für die Begründung einer Hauptversammlungszuständigkeit für die SE mit Sitz in Deutschland ist § 119 AktG. Die SE ist danach zuständig für

(i) die Verwendung des Bilanzgewinns,
(ii) die Entlastung der Mitglieder des Leitung- und des Aufsichtsorgans bzw. des Verwaltungsrats,[611]
(iii) die Bestellung des Abschlussprüfers,
(iv) Maßnahmen der Kapitalbeschaffung und -herabsetzung,[612]
(v) die Bestellung von Sonderprüfern zur Prüfung von Vorgängen bei der Gründung oder der Geschäftsführung sowie
(vi) die Auflösung der SE.

161 Darüber hinaus kann die Hauptversammlung der SE auch über Fragen der Geschäftsführung entscheiden, wenn das Leitungsorgan der SE dies verlangt (§ 119 II AktG). Dasselbe gilt für die Ersetzung einer etwa verweigerten Zustimmung des Aufsichts- bzw. Verwaltungsorgans durch einen Hauptversammlungsbeschluss auf Verlangen des Leitungsorgans (§ 111 IV 3 AktG).[613] Die Zuständigkeit der Hauptversammlung für die Festlegung der Ver-

602 Vgl. Art. 59 I SE-VO.
603 Vgl. Art. 8 VI SE-VO.
604 Vgl. Art. 66 VI SE-VO.
605 Vgl. Art. 3 I SE-VO iVm Art. 23 I SE-VO (Gründung einer SE durch Verschmelzung) und Art. 3 I SE-VO iVm Art. 32 VI 1 SE-VO (Gründung einer Holding-SE).
606 Vgl. *Bücker* in: Habersack/Drinhausen (Hrsg.), SE-Recht mit grenzüberschreitender Verschmelzung, 2013, Art. 52 SE-VO Rn. 14; vgl. auch *Kiem* in: Kölner Kommentar zum AktG, 3. Aufl. 2010, Art. 52 SE-VO Rn. 25; *Spindler* in: Lutter/Hommelhoff/Teichmann (Hrsg.), SE-Kommentar, 2015, Art. 52 SE-VO Rn. 20.
607 Vgl. *Spindler* in: Lutter/Hommelhoff/Teichmann (Hrsg.), SE-Kommentar, 2015, Art. 52 SE-VO Rn. 22; *Kiem* in: Kölner Kommentar zum AktG, 3. Aufl. 2010, Art. 52 SE-VO Rn. 21 ff.; *Bücker* in: Habersack/Drinhausen (Hrsg.), SE-Recht mit grenzüberschreitender Verschmelzung, 2013, Art. 52 SE-VO Rn. 15; aA *Lutter/Bayer/Schmidt*, Europäisches Unternehmens- und Kapitalmarktrecht, 2017, Rn. 45.153.
608 Vgl. *Spindler* in: Lutter/Hommelhoff/Teichmann (Hrsg.), SE-Kommentar, 2015, Art. 52 SE-VO Rn. 23; aA *Bücker* in: Habersack/Drinhausen (Hrsg.), SE-Recht mit grenzüberschreitender Verschmelzung, 2013, Art. 52 SE-VO Rn. 16; *Kiem* in: Kölner Kommentar zum AktG, 3. Aufl. 2010, Art. 52 SE-VO Rn. 23.
609 Vgl. *Spindler* in: Lutter/Hommelhoff/Teichmann (Hrsg.), SE-Kommentar, 2015, Art. 52 SE-VO Rn. 22; aA *Bücker* in: Habersack/Drinhausen (Hrsg.), SE-Recht mit grenzüberschreitender Verschmelzung, 2013, Art. 52 SE-VO Rn. 17; *Kiem* in: Kölner Kommentar zum AktG, 3. Aufl. 2010, Art. 52 SE-VO Rn. 23.
610 Vgl. *Lutter/Bayer/Schmidt*, Europäisches Unternehmens- und Kapitalmarktrecht, 2017, Rn. 45.155; *Kiem* in: Kölner Kommentar zum AktG, 3. Aufl. 2010, Art. 52 SE-VO Rn. 7; *Spindler* in: Lutter/Hommelhoff/Teichmann (Hrsg.), SE-Kommentar, 2015, Art. 52 SE-VO Rn. 9.
611 Streitig – vgl. *Bücker* in: Habersack/Drinhausen (Hrsg.), SE-Recht mit grenzüberschreitender Verschmelzung, 2013, Art. 52 SE-VO Rn. 26; *Kiem* in: Kölner Kommentar zum AktG, 3. Aufl. 2010, Art. 52 SE-VO Rn. 28; *Spindler* in: Lutter/Hommelhoff/Teichmann (Hrsg.), SE-Kommentar, 2015, Art. 52 SE-VO Rn. 30.
612 Nach *Bücker* ist diese Kompetenz bereits unionsrechtlich begründet, vgl. *Bücker* in: Habersack/Drinhausen (Hrsg.), SE-Recht mit grenzüberschreitender Verschmelzung, 2013, Art. 52 SE-VO Rn. 26; ebenso *Kiem* in: Kölner Kommentar zum AktG, 3. Aufl. 2010, Art. 52 SE-VO Rn. 37; *Spindler* in: Lutter/Hommelhoff/Teichmann (Hrsg.), SE-Kommentar, 2015, Art. 52 SE-VO Rn. 36.
613 Vgl. *Bücker* in: Habersack/Drinhausen (Hrsg.), SE-Recht mit grenzüberschreitender Verschmelzung, 2013, Art. 52 SE-VO Rn. 31; *Kiem* in: Kölner Kommentar zum AktG, 3. Aufl. 2010, Art. 52 SE-VO Rn. 33; *Eberspächer* in: Spindler/Stilz (Hrsg.), AktG, 3. Aufl. 2015, Art. 52 SE-VO Rn. 9; aA *Spindler* in: Lutter/Hommelhoff/Teichmann (Hrsg.), SE-Kommentar, 2015, Art. 52 SE-VO Rn. 37.

gütung des Aufsichtsorgans der SE ergibt sich aus Art. 52 2 SE-VO iVm § 113 I 2 AktG, während dies für die Vergütung der Mitglieder des Verwaltungsrats in der monistisch strukturierten SE aus § 38 I SEAG iVm § 113 I 2 AktG folgt. Daneben ist die Hauptversammlung der SE mit Sitz in Deutschland in gleichem Umfang wie bei der AG für Entscheidungen im Rahmen von Umwandlungsvorgängen nach dem UmwG zuständig.[614] Umstritten und im Ergebnis zu bejahen ist die Frage, ob auch ungeschriebene Zuständigkeiten der Hauptversammlung nach nationalem Recht, wie zB nach den Grundsätzen der Holzmüller/Gelatine-Rechtsprechung des BGH[615] in Deutschland, auf die SE Anwendung finden.[616]

Die Zuständigkeit der Hauptversammlung der SE kann sich überdies gemäß Art. 52 S. 2 SE-VO auch aufgrund von entsprechenden Kompetenzzuweisungen in der **Satzung der SE** ergeben. Bei einer SE mit Sitz in Deutschland sind solche zuständigkeitsbegründenden Satzungsvorschriften indes nur in sehr eingeschränktem Maße möglich, da nach dem in § 23 V AktG verankerten Grundsatz der Satzungsstrenge die Satzung nur dann von den Vorschriften des AktG abweichen kann, wenn dies ausdrücklich für zulässig erklärt wird.[617] 162

b) Einberufung, Organisation und Ablauf

Im Unterschied zur AG deutschen Rechts, bei der die ordentliche Hauptversammlung gemäß § 175 I 2 AktG innerhalb der ersten acht Monate stattfinden muss, tritt die Hauptversammlung der SE gemäß Art. 54 I 1 SE-VO **mindestens einmal im Jahr** binnen **sechs Monaten nach Abschluss des Geschäftsjahrs** zusammen. 163

Einberufungsberechtigt sind gemäß Art. 54 II SE-VO das **Leitungs-, Aufsichts- oder Verwaltungsorgan** – daneben aber auch jedes andere Organ oder jede zuständige Behörde, soweit das nationale Aktienrecht diesen ein entsprechendes Einberufungsrecht gewährt.[618] Eines Einberufungsgrundes bedarf es nicht,[619] vielmehr können die zuständigen Organe die Hauptversammlung gemäß Art. 54 II SE-VO jederzeit einberufen. Hiervon unberührt bleibt die Pflicht zur Einberufung der Hauptversammlung, die sich aus dem gemäß Art. 53 SE-VO anwendbaren nationalen Aktienrecht im Sitzstaat der SE ergeben kann. So ist das Leitungsorgan einer SE mit Sitz in Deutschland zB verpflichtet, die Hauptversammlung unverzüglich einzuberufen, nachdem der Bericht des Aufsichtsrats über die Prüfung des Jahresabschlusses vorliegt (§ 175 I AktG) bzw. bei Feststellung eines Verlustes in Höhe der Hälfte des Grundkapitals (§ 92 I SE-VO); der Aufsichtsrat einer dualistisch verfassten SE mit Sitz in Deutschland ist daneben gemäß § 111 III 1 AktG verpflichtet, eine Hauptversammlung einzuberufen, wenn es das Wohl der Gesellschaft erfordert. Für den Verwaltungsrat der monistisch verfassten SE mit Sitz in Deutschland hat der Gesetzgeber entsprechende Einberufungspflichten im SEAG (zB §§ 22 II, V, 48 I SEAG) vorgesehen. Die Einberufung der Hauptversammlung kann gemäß Art. 55 SE-VO schließlich auch von **einem oder mehreren Aktionären** beantragt werden, sofern sein bzw. ihr Anteil am gezeichneten Kapital mindestens zehn Prozent beträgt. Bei einer SE mit Sitz in Deutschland sieht § 50 I SEAG für ein solches Minderheitsverlangen – im Einklang mit § 122 I 1 AktG – mit fünf Prozent ein niedrigeres Quorum vor, wobei die Satzung der SE hiervon zwar abweichen, aber keine höhere Beteiligungsquote als fünf Prozent vom Grundkapital vorsehen kann.[620] Wird dem Antrag nicht entsprochen, kann gemäß Art. 55 III 1 SE-VO das am Sitz der SE zuständige Gericht die Einberufung gegenüber der Gesellschaft anordnen. 164

614 Vgl. *Bücker* in: Habersack/Drinhausen (Hrsg.), SE-Recht mit grenzüberschreitender Verschmelzung, 2013, Art. 52 SE-VO Rn. 41; *Spindler* in: Lutter/Hommelhoff/Teichmann (Hrsg.), SE-Kommentar, 2015, Art. 52 Rn. 44; *Kiem* in: Kölner Kommentar zum AktG, 3. Aufl. 2010, Art. 52 SE-VO Rn. 37; *Manz* in: Manz/Mayer/Schröder (Hrsg.), SE Europäische Aktiengesellschaft, 2010, Art. 52 SE-VO Rn. 16.

615 Vgl. BGHZ 83, 122 (Holzmüller); BGH NZG 2004, 575 (Gelatine I); BGHZ 159, 30 (Gelatine II).

616 Vgl. *Bücker* in: Habersack/Drinhausen (Hrsg.), SE-Recht mit grenzüberschreitender Verschmelzung, 2013, Art. 52 SE-VO Rn. 42; *Eberspächer* in: Spindler/Stilz (Hrsg.), AktG, 3. Aufl. 2015, Art. 52 SE-VO Rn. 12; *Kiem* in: Kölner Kommentar zum AktG, 3. Aufl. 2010, Art. 52 SE-VO Rn. 36; *Manz* in: Manz/Mayer/Schröder (Hrsg.), SE Europäische Aktiengesellschaft, 2010, Art. 52 SE-VO Rn. 10, 17 f.; aA *Spindler* in: Lutter/Hommelhoff/Teichmann (Hrsg.), SE-Kommentar, 2015, Art. 52 SE-VO Rn. 47; *Kubis* in: MüKo AktG, 4. Aufl. 2017, Art. 52 SE-VO Rn. 22.

617 Vgl. *Bücker* in: Habersack/Drinhausen (Hrsg.), SE-Recht mit grenzüberschreitender Verschmelzung, 2013, Art. 52 SE-VO Rn. 43; vgl. nur *Hoffmann* in: Spindler/Stilz (Hrsg.), AktG, 3. Aufl. 2015, § 119 AktG Rn. 48; *Kubis* in: MüKo AktG, 3. Aufl. 2013, § 119 AktG Rn. 17.

618 Allerdings besteht keine Pflicht zur Einrichtung einer solchen Kompetenz, vgl. *Lutter/Bayer/Schmidt*, Europäisches Unternehmens- und Kapitalmarktrecht, 2017, Rn. 45.158; *Eberspächer* in: Spindler/Stilz (Hrsg.), AktG, 3. Aufl. 2015, Art. 54 SE-VO Rn. 3; *Kiem* in: Kölner Kommentar zum AktG, 3. Aufl. 2012, Art. 54 SE-VO Rn. 15; *Spindler* in: Lutter/Hommelhoff/Teichmann (Hrsg.), SE-Kommentar, 2015, Art. 54 SE-VO Rn. 12 f.

619 Vgl. *Lutter/Bayer/Schmidt*, Europäisches Unternehmens- und Kapitalmarktrecht, 2017, Rn. 45.158; *Kiem* in: Kölner Kommentar zum AktG, 3. Aufl. 2012, Art. 54 SE-VO Rn. 116; *Kubis* in: MüKo AktG, 4. Aufl. 2017, Art. 54 SE-VO Rn. 9; *Spindler* in: Lutter/Hommelhoff/Teichmann (Hrsg.), SE-Kommentar, 2015, Art. 54 SE-VO Rn. 16.

620 Vgl. *Bücker* in: Habersack/Drinhausen (Hrsg.), SE-Recht mit grenzüberschreitender Verschmelzung, 2013, Art. 55 SE-VO Rn. 8; *Eberspächer* in: Spindler/Stilz (Hrsg.), AktG, 3. Aufl. 2015, Art. 55 SE-VO Rn. 3; *Kiem* in: Kölner Kommentar zum AktG, 3. Aufl. 2012, Art. 55 SE-VO Rn. 5 f.; aA *Kubis* in: MüKo AktG, 4. Aufl. 2017,

165 Die **Einberufungsmodalitäten** richten sich gemäß Art. 54 II SE-VO nach dem für die Aktiengesellschaft im Sitzstaat der SE maßgeblichen Recht; für die SE mit Sitz in Deutschland gelten damit die §§ 121 ff. AktG. Der notwendige **Inhalt der Einberufung** ergibt sich aus §§ 121 III, 124 AktG. Danach muss die Einberufung die Firma, den Sitz der SE, Zeit und Ort der Hauptversammlung, etwaige besonderen Teilnahme- und Abstimmungsmodalitäten sowie die Tagesordnung enthalten.[621] Die Einberufung ist gemäß §§ 121 IV AktG iVm § 25 1 AktG im elektronischen Bundesanzeiger in deutscher Sprache[622] **bekanntzumachen**; eine Bekanntmachung im EU-Amtsblatt ist weder erforderlich noch ausreichend.[623] Bei der **Wahl des Hauptversammlungstermins** einer SE mit Sitz in Deutschland gelten dieselben Beschränkungen wie bei einer AG deutschen Rechts, so dass die Hauptversammlung weder an einem Sonn- noch an einem bundeseinheitlichen gesetzlichen Feiertag stattfinden darf. Darüber hinaus sind aber auch ausländische Feiertage zu berücksichtigen, wenn die Hauptversammlung der SE im Ausland stattfinden soll.[624] Die **Tagesordnung** der ordentlichen Hauptversammlung einer SE mit Sitz in Deutschland entspricht im Wesentlichen der einer AG deutschen Rechts.[625] Danach sind neben der Vorlage des festgestellten Jahresabschlusses, die Verwendung des Bilanzgewinns, die Entlastung der Mitglieder des Leitungs- und des Aufsichtsorgans (bzw. des Verwaltungsrats) sowie die Wahl des Abschlussprüfers nebst jeweiligem Beschlussvorschlag des Leitungs- und des Aufsichtsorgans (bzw. des Verwaltungsrats) aufzunehmen. Die Ergänzung der Tagesordnung kann bei einer SE mit Sitz in Deutschland gemäß Art. 56 SE-VO iVm § 50 II SEAG von einer Minderheit von Aktionären beantragt werden, sofern auf diese mindestens fünf Prozent des Grundkapitals oder der anteilige Betrag von EUR 500.000 entfallen, wobei die Satzung der SE auch hier nach der hM nur eine niedrigere Schwelle für die Geltendmachung des Minderheitenrecht festlegen darf.[626] Zu den Modalitäten der Einberufung gehört schließlich auch der **Einberufungsbeschluss**. Für den Einberufungsbeschluss des Leitungsorgans einer dualistisch verfassten SE mit Sitz in Deutschland ist gemäß Art. 54 II SE-VO iVm § 121 II 1 AktG eine einfache Mehrheit der abgegebenen Stimmen erforderlich; dasselbe gilt gemäß Art. 54 II SE-VO iVm § 111 III 2 AktG für den Einberufungsbeschluss des Aufsichtsorgans.[627] Bei der monistisch verfassten SE mit Sitz in Deutschland entscheidet der Verwaltungsrat über die Einberufung der Hauptversammlung gemäß Art. 54 II SE-VO iVm § 22 II 2 SEAG ebenfalls mit einfacher Mehrheit.[628] Schließlich bestehen bei einer SE mit Sitz in Deutschland aufgrund der Verweisung in Art. 54 II SE-VO auch die im Vorfeld einer Hauptversammlung zu erfüllenden **Mitteilungspflichten nach §§ 125 bis 127 AktG.**[629]

166 Gemäß Art. 53 SE-VO unterliegen **Organisation und Ablauf der Hauptversammlung** sowie das Abstimmungsverfahren dem für Aktiengesellschaften im Sitzstaat der SE maßgeblichen Recht. Der **Versammlungsort** einer SE mit Sitz in Deutschland richtet sich daher nach Art. 53 SE-VO iVm § 121 V AktG, wonach die Hauptversamm-

---

Art. 55/56 SE-VO Rn. 3; *Spindler* in: Lutter/Hommelhoff/Teichmann (Hrsg.), SE-Kommentar, 2015, Art. 55 SE-VO Rn. 7; *Spitzbart* RNotZ 2006, 369, 384 f.

621 Bei besonderen Beschlüssen in der Hauptversammlung sind zudem die in § 124 II und III AktG normieren Besonderheiten einzuhalten.

622 Vgl. *Kubis* in: MüKo AktG, 4. Aufl. 2017, Art. 53 SE-VO Rn. 6; *Bücker* in: Habersack/Drinhausen (Hrsg.), SE-Recht mit grenzüberschreitender Verschmelzung, 2013, Art. 54 SE-VO Rn. 25; *Spindler* in: Lutter/Hommelhoff/Teichmann (Hrsg.), SE-Kommentar, 2015, Art. 54 Rn. 19.

623 Vgl. *Bücker* in: Habersack/Drinhausen (Hrsg.), SE-Recht mit grenzüberschreitender Verschmelzung, 2013, Art. 54 SE-VO Rn. 25; *Kubis* in: MüKo AktG, 4. Aufl. 2017, Art. 53 Rn. 6 Fn. 5; einige Stimmen in der Literatur halten neben der Bekanntmachung im elektronischen Bundesanzeiger zumindest eine Veröffentlichung in einer weit verbreiteten überregionalen Zeitung für erforderlich, vgl. *Spindler* in: Lutter/Hommelhoff/Teichmann (Hrsg.), SE-Kommentar, 2015, Art. 54 SE-VO Rn. 19.

624 Vgl. *Bücker* in: Habersack/Drinhausen (Hrsg.), SE-Recht mit grenzüberschreitender Verschmelzung, 2013, Art. 54 SE-VO Rn. 27; *Kiem* in: Kölner Kommentar zum AktG, 3. Aufl. 2010, Art. 54 SE-VO Rn. 25; aA *Kubis* in: MüKo AktG, 4. Aufl. 2017, Art. 53 SE-VO Rn. 9, nach dem nur auf bundeseinheitliche Feiertage abgestellt werden soll.

625 Vgl. *Bücker* in: Habersack/Drinhausen (Hrsg.), SE-Recht mit grenzüberschreitender Verschmelzung, 2013, Art. 54 SE-VO Rn. 28.

626 Vgl. *Bücker* in: Habersack/Drinhausen (Hrsg.), SE-Recht mit grenzüberschreitender Verschmelzung, 2013, Art. 56 SE-VO Rn. 2; *Kubis* in: MüKo AktG, 4. Aufl. 2017, Art. 56 SE-VO Rn. 2; *Kiem* in: Kölner Kommentar zum AktG, 3. Aufl. 2012, Art. 56 SE-VO Rn. 2; aA *Spindler* in: Lutter/Hommelhoff/Teichmann (Hrsg.), SE-Kommentar, 2015, Art. 56 Rn. 6.

627 Vgl. dazu *Kiem* in: Kölner Kommentar zum AktG, 3. Aufl. 2010, Art. 54 SE-VO Rn. 29; *Bücker* in: Habersack/Drinhausen (Hrsg.), SE-Recht mit grenzüberschreitender Verschmelzung, 2013, Art. 54 SE-VO Rn. 26; *Spindler* in: Lutter/Hommelhoff/Teichmann (Hrsg.), SE-Kommentar, 2015, Art. 54 SE-VO Rn. 24.

628 Vgl. *Spindler* in: Lutter/Hommelhoff/Teichmann (Hrsg.), SE-Kommentar, 2015, Art. 54 SE-VO Rn. 24; *Bücker* in: Habersack/Drinhausen (Hrsg.), SE-Recht mit grenzüberschreitender Verschmelzung, 2013, Art. 54 SE-VO Rn. 26; im Ergebnis auch *Kiem* in: Kölner Kommentar zum AktG, 3. Aufl. 2012, Art. 54 SE-VO Rn. 29, der jedoch § 22 II 2 SEAG analog heranzieht.

629 Vgl. *Bücker* in: Habersack/Drinhausen (Hrsg.), SE-Recht mit grenzüberschreitender Verschmelzung, 2013, Art. 54 SE-VO Rn. 30; *Spindler* in: Lutter/Hommelhoff/Teichmann (Hrsg.), SE-Kommentar, 2015, Art. 54 SE-VO Rn. 21; *Mayer* in: Manz/Mayer/Schröder (Hrsg.), SE Europäische Aktiengesellschaft, 2010, Art. 54 SE-VO Rn. 29 ff.

lung am Sitz der Gesellschaft bzw. am Sitz dieser Börse, wenn die Aktien der Gesellschaft an einer deutschen Börse zum Handel im regulierten Markt zugelassen sind, stattfinden soll. Die Satzung der SE kann hiervon abweichen, wobei gewährleistet sein muss, dass die Auswahl des Versammlungsortes nicht in das freie Ermessen der Verwaltung gestellt wird und kein Ort festgelegt wird, an den die Aktionäre nur mit unverhältnismäßigem Aufwand gelangen können.[630] Sofern diese Voraussetzungen erfüllt sind, kann die Hauptversammlung einer in Deutschland ansässigen SE auch im Ausland stattfinden.[631] Eine Regelung hinsichtlich der **Dauer der Hauptversammlung** findet sich weder in der SE-VO noch im deutschen Aktienrecht. Als Leitbild gilt auch bei der in Deutschland ansässigen SE, dass eine ordentliche Hauptversammlung spätestens nach vier bis sechs Stunden beendet sein soll (vgl. Ziffer 2.2.4 DCGK).[632] Wird die Hauptversammlung für einen Tag einberufen, ist der Versammlungsbeginn so zu wählen, dass die Tagesordnung am gleichen Tag abgewickelt werden kann; ansonsten sollte die Hauptversammlung für zwei Tage einberufen werden.[633]

Für die **Teilnahme der Aktionäre** an der Hauptversammlung einer SE mit Sitz in Deutschland ist über den Ver- 167
weis in Art. 53 SE-VO insbesondere die Regelung des § 118 AktG zu beachten. Danach ist die Hauptversammlung der SE grundsätzlich als Präsenz-Hauptversammlung durchzuführen[634] Darüber hinaus kann die Satzung der SE gemäß § 118 I 2 AktG vorsehen oder ddas leitungsorgan (bzw. den Verwaltungsrat) dazu ermächtigen vorzusehen, dass die Aktionäre an der Hauptversammlung auch online, dh ohne Anwesenheit an deren Ort und ohne einen Bevollmächtigten, teilnehmen und sämtliche oder einzelne ihrer Rechte ganz oder teilweise im Wege elektronischer Kommunikation ausüben können. Die Teilnahme der Aktionäre kann gemäß Art. 53 SE-VO iVm § 123 II AktG davon abhängig gemacht werden, dass die Aktionäre sich vor der Versammlung anmelden; bei einer börsennotierten SE mit Inhaberaktien kann die Satzung ferner einen auf den Beginn des 21. Tages vor der Hauptversammlung (sog Record Date) bezogenen Nachweis des Anteilsbesitzes verlangen.[635] Daneben besteht auch die Möglichkeit der Aktionäre, sich in der Hauptversammlung vertreten zu lassen; bei einer SE mit Sitz in Deutschland richtet sich die Vertretung der Aktionäre in der Hauptversammlung gemäß Art. 53 SE-VO nach den §§ 129 III, 134, 135 AktG.[636] Auch die **Versammlungsleitung** richtet sich mangels diesbezüglicher Regelungen in der SE-VO nach den für Aktiengesellschaften im Sitzstaat der SE maßgeblichen Grundsätzen.[637] Bei einer dualistisch verfassten SE mit Sitz in Deutschland kann die Hauptversammlung damit weder von einem Mitglied des Leitungsorgans noch vom beurkundenden Notar geleitet werden;[638] in der Praxis üblich – aber nicht erforderlich – ist die Versammlungsleitung durch den Vorsitzenden des Aufsichtsrats. Bei der monistisch verfassten SE geht ein Teil des Schrifttums davon aus, dass die Versammlungsleitung aus Gründen der Neutralität von einem Mitglied des Verwaltungsrats grundsätzlich nicht übernommen werden könne,[639] während die hM dies zu Recht nur im Hinblick auf die geschäftsführenden Mitglieder des Verwaltungsrats annimmt.[640] Wie bei der AG hat der Versammlungsleiter unter Beachtung des Neutralitäts-, Verhältnismäßigkeits- sowie Gleichbehand-

630 Vgl. *Bücker* in: Habersack/Drinhausen (Hrsg.), SE-Recht mit grenzüberschreitender Verschmelzung, 2013, Art. 53 SE-VO Rn. 9; *Rieckers* in: Spindler/Stilz (Hrsg.), AktG, 3. Aufl. 2015, § 121 AktG Rn. 72.

631 Dazu *Eberspächer* in: Spindler/Stilz (Hrsg.), AktG, 3. Aufl. 2015, Art. 53 SE-VO Rn. 4; *Bücker* in: Habersack/Drinhausen (Hrsg.), SE-Recht mit grenzüberschreitender Verschmelzung, 2013, Art. 53 SE-VO Rn. 10; *Kubis* in: MüKo AktG, 4. Aufl. 2017, Art. 53 SE-VO Rn. 10; *Kiem* in: Kölner Kommentar zum AktG, 3. Aufl. 2012, Art. 53 SE-VO Rn. 9; BGH NZG 2015, 18.

632 Vgl. dazu *Bücker* in: Habersack/Drinhausen (Hrsg.), SE-Recht mit grenzüberschreitender Verschmelzung, 2013, Art. 53 SE-VO Rn. 18; *Kiem* in: Kölner Kommentar zum AktG, 3. Aufl. 2010, Art. 53 SE-VO Rn. 12, der auch auf die Gesetzesbegründung zum Gesetz zur Unternehmensintegrität und Modernisierung des Anfechtungsrechts – UMAG verweist, BT-Drs. 15/5092, S. 17.

633 Vgl. *Spindler* in: Lutter/Hommelhoff/Teichmann (Hrsg.), SE-Kommentar, 2015, Art. 53 SE-VO Rn. 11; *Bücker* in: Habersack/Drinhausen (Hrsg.), SE-Recht mit grenzüberschreitender Verschmelzung, 2013, Art. 53 SE-VO Rn. 18 f.; zur Anfechtbarkeit von nach Mitternacht gefassten Beschlüssen bei einer eintägigen Hauptversammlung *Kiem* in: Kölner Kommentar zum AktG, 3. Aufl. 2010, Art. 53 SE-VO Rn. 12 mwN.

634 Vgl. *Spindler* in: Lutter/Hommelhoff/Teichmann (Hrsg.), SE-Kommentar, 2015, Art. 53 SE-VO Rn. 18; *Kubis* in: MüKo AktG, 4. Aufl. 2017, Art. 53 SE-VO Rn. 23.

635 Dazu *Bücker* in: Habersack/Drinhausen (Hrsg.), SE-Recht mit grenzüberschreitender Verschmelzung, 2013, Art. 53 SE-VO Rn. 14.

636 Vgl. *Spindler* in: Lutter/Hommelhoff/Teichmann (Hrsg.), SE-Kommentar, 2015, Art. 53 SE-VO Rn. 20; *Bücker* in: Habersack/Drinhausen (Hrsg.), SE-Recht mit grenzüberschreitender Verschmelzung, 2013, Art. 53 SE-VO Rn. 17.

637 Vgl. *Bücker* in: Habersack/Drinhausen (Hrsg.), SE-Recht mit grenzüberschreitender Verschmelzung, 2013, Art. 53 SE-VO Rn. 20; *Spindler* in: Lutter/Hommelhoff/Teichmann (Hrsg.), SE-Kommentar, 2015, Art. 53 Rn. 25 f.; *Kiem* in: Kölner Kommentar zum AktG, 3. Aufl. 2010, Art. 53 SE-VO Rn. 17.

638 Vgl. *Kubis* in: MüKo AktG, 4. Aufl. 2017, Art. 53 Rn. 18.

639 Vgl. *Spindler* in: Lutter/Hommelhoff/Teichmann (Hrsg.), SE-Kommentar, 2015, Art. 53 Rn. 26; ebenso *Kubis* in: MüKo AktG, 4. Aufl. 2017, Art. 53 Rn. 18; *Eberspächer* in: Spindler/Stilz (Hrsg.), AktG, 3. Aufl. 2015, Art. 53 SE-VO Rn. 7.

640 Vgl. *Bücker* in: Habersack/Drinhausen (Hrsg.), SE-Recht mit grenzüberschreitender Verschmelzung, 2013, Art. 53 SE-VO Rn. 22; *Reichert/Brandes* in: MüKo AktG, 4. Aufl. 2017, Art. 45 Rn. 16.

lungsgebots für eine ordnungsgemäße Abwicklung der Hauptversammlung zu sorgen.[641] Dabei umfassen seine Aufgaben insbesondere die Gestaltung der Generaldebatte, die Beschränkung des Rede- und Fragerechts, die Festlegung des Abstimmungsverfahrens sowie die Verkündung des Beschlussergebnisses.[642]

168 Unterschiedliche Auffassung bestehen auch hinsichtlich der Frage, in welcher **Sprache** die Hauptversammlung einer SE abzuhalten ist. Zum Teil wird gefordert, dass bei der Hauptversammlung einer SE mit Sitz in Deutschland neben Ausführungen in deutscher Sprache auch solche in jeder EU-Amtssprache zuzulassen sind.[643] Andere schlagen vor, dass neben Deutsch zumindest Englisch als „lingua franca" des internationalen Wirtschaftsverkehrs durch den Satzungsgeber als Hauptversammlungssprache zugelassen werden kann.[644] Nach der hM findet auch die Hauptversammlung der in Deutschland ansässigen SE grundsätzlich in deutscher Sprache statt, wobei der Versammlungsleiter Redebeiträge in englischer Sprache zulassen können soll.[645] Das **Rede- und Auskunftsrecht** der Aktionäre richtet sich über die Verweisung des Art. 53 SE-VO ebenfalls nach den für die Aktiengesellschaft geltenden Bestimmungen im Sitzstaat der SE;[646] auf eine SE mit Sitz in Deutschland finden damit die §§ 131 f. AktG Anwendung. Jeder Aktionär einer SE mit Sitz in Deutschland hat – unabhängig von seiner Beteiligung und von seinem Stimmrecht – das Recht auf Auskunft in der Hauptversammlung zu allen Angelegenheiten der Gesellschaft, sofern die Auskunft zur sachgemäßen Beurteilung eines Gegenstandes der Tagesordnung erforderlich ist.[647] Zu beachten ist, dass das Auskunftsverweigerungsrecht gemäß § 131 III 1 Nr. 5 AktG von der hM bei der SE zugunsten des Leitungsorgans insoweit ausgedehnt wird, als dieses auch dann gilt, wenn sich eines der Mitglieder des Leitungsorgans nach der Rechtsordnung irgendeines EU-Mitgliedstaates strafbar machen würde.[648] Keine Abweichungen zu den aktienrechtlichen Bestimmungen ergeben sich schließlich hinsichtlich der sonstigen Mitgliedschaftsrechte in der Hauptversammlung der SE mit Sitz in Deutschland; dies gilt etwa für das Beschlussantragsrecht, das Recht auf Einsichtnahme in das Teilnehmerverzeichnis sowie für das Widerspruchsrecht.[649]

169 Im Unterschied zu einzelnen Vorgängerversionen[650] enthält die SE-VO auch keine eigene Regelungen zur **Dokumentation der Hauptversammlung**, so dass über Art. 53 SE-VO die für die Aktiengesellschaft geltenden Bestimmungen im Sitzstaat der SE zur Anwendung gelangen.[651] Danach sind Beschlüsse der Hauptversammlung einer SE mit Sitz in Deutschland gemäß § 130 I 1 AktG in einer notariell aufgenommenen Niederschrift zu beurkunden, wobei sich die Anforderungen an die Niederschrift aus § 130 II – IV AktG ergeben.[652] Werden in der Hauptversammlung der SE keine Beschlüsse gefasst, für die das Gesetz eine Dreiviertel- oder größere Mehrheit

641 Vgl. *Kiem* in: Kölner Kommentar zum AktG, 3. Aufl. 2010, Art. 53 SE-VO Rn. 17; *Spindler* in: Lutter/Hommelhoff/Teichmann (Hrsg.), SE-Kommentar, 2015, Art. 53 SE-VO Rn. 28; *Bücker* in: Habersack/Drinhausen (Hrsg.), SE-Recht mit grenzüberschreitender Verschmelzung, 2013, Art. 53 SE-VO Rn. 25; *Kubis* in: MüKo AktG, 4. Aufl. 2017, Art. 53 SE-VO Rn. 19.

642 Vgl. *Bücker* in: Habersack/Drinhausen (Hrsg.), SE-Recht mit grenzüberschreitender Verschmelzung, 2013, Art. 53 SE-VO Rn. 25.

643 Vgl. *Spindler* in: Lutter/Hommelhoff/Teichmann (Hrsg.), SE-Kommentar, 2015, Art. 53 SE-VO Rn. 21; *Kubis* in: MüKo AktG, 4. Aufl. 2017, Art. 53 SE-VO Rn. 15; *Eberspächer* in: Spindler/Stilz (Hrsg.), AktG, 3. Aufl. 2015, Art. 53 SE-VO Rn. 6.

644 Vgl. *Spindler* in: Lutter/Hommelhoff/Teichmann (Hrsg.), SE-Kommentar, 2015, Art. 53 SE-VO Rn. 21.

645 Vgl. *Bücker* in: Habersack/Drinhausen (Hrsg.), SE-Recht mit grenzüberschreitender Verschmelzung, 2013, Art. 53 SE-VO Rn. 28.

646 Vgl. *Kiem* in: Kölner Kommentar zum AktG, 3. Aufl. 2010, Art. 53 SE-VO Rn. 20; *Bücker* in: Habersack/Drinhausen (Hrsg.), SE-Recht mit grenzüberschreitender Verschmelzung, 2013, Art. 53 SE-VO Rn. 29; *Spindler* in: Lutter/Hommelhoff/Teichmann (Hrsg.), SE-Kommentar, 2015, Art. 53 Rn. 21 f.; *Kubis* in: MüKo AktG, 4. Aufl. 2017, Art. 53 SE-VO Rn. 15 f.; *Eberspächer* in: Spindler/Stilz (Hrsg.), AktG, 3. Aufl. 2015, Art. 53 SE-VO Rn. 6.

647 Vgl. *Spindler* in: Lutter/Hommelhoff/Teichmann (Hrsg.), SE-Kommentar, 2015, Art. 53 Rn. 22; *Koch* in: Hüffer/Koch, AktG, 12. Aufl. 2016, § 131 AktG Rn. 1 ff.; *Kubis* in: MüKo AktG, 4. Aufl. 2017, § 131 AktG Rn. 1 ff.

648 Vgl. *Bücker* in: Habersack/Drinhausen (Hrsg.), SE-Recht mit grenzüberschreitender Verschmelzung, 2013, Art. 53 SE-VO Rn. 29; *Spindler* in: Lutter/Hommelhoff/Teichmann (Hrsg.), SE-Kommentar, 2015, Art. 53 SE-VO Rn. 22; *Kubis* in: MüKo AktG, 4. Aufl. 2017, Art. 53 SE-VO Rn. 16.

649 Vgl. *Spindler* in: Lutter/Hommelhoff/Teichmann (Hrsg.), SE-Kommentar, 2015, Art. 53 Rn. 23; *Kubis* in: MüKo AktG, 4. Aufl. 2017, Art. 53 SE-VO Rn. 17.

650 Vgl. *Spindler* in: Lutter/Hommelhoff/Teichmann (Hrsg.), SE-Kommentar, 2015, Art. 53 SE-VO Rn. 29; *Bücker* in: Habersack/Drinhausen (Hrsg.), SE-Recht mit grenzüberschreitender Verschmelzung, 2013, Art. 53 SE-VO Rn. 33.

651 Vgl. *Bücker* in: Habersack/Drinhausen (Hrsg.), SE-Recht mit grenzüberschreitender Verschmelzung, 2013, Art. 53 SE-VO Rn. 33; *Spindler* in: Lutter/Hommelhoff/Teichmann (Hrsg.), SE-Kommentar, 2015, Art. 53 SE-VO Rn. 29; *Kubis* in: MüKo AktG, 4. Aufl. 2017, Art. 53 SE-VO Rn. 20; *Kiem* in: Kölner Kommentar zum AktG, 3. Aufl. 2012, Art. 53 SE-VO Rn. 2 1; *Eberspächer* in: Spindler/Stilz (Hrsg.), AktG, 3. Aufl. 2015, Art. 53 SE-VO Rn. 7.

652 Vgl. *Bücker* in: Habersack/Drinhausen (Hrsg.), SE-Recht mit grenzüberschreitender Verschmelzung, 2013, Art. 53 SE-VO Rn. 34.

bestimmt, reicht bei nichtbörsennotierten Gesellschaften gemäß § 130 I 2 AktG auch eine vom Versammlungsleiter unterzeichnete Niederschrift aus.[653]

c) Beschluss und Beschlusskontrolle

Auch hinsichtlich der Beschlussfassung der Hauptversammlung der SE gelten in weiten Bereichen die für die Aktiengesellschaft geltenden Bestimmungen im Sitzstaat der SE.[654] Dies gilt etwa für die **Beschlussfähigkeit.** Bei einer SE mit Sitz in Deutschland reicht hierfür grundsätzlich[655] die Teilnahme eines einzigen Aktionärs aus,[656] wobei es dem Satzungsgeber überlassen bleibt, ein bestimmtes Quorum in der Satzung festzulegen.[657] Auch die **Stimmberechtigung** richtet sich nach dem Aktienrecht des jeweiligen Sitzstaates.[658] Bei einer SE mit Sitz in Deutschland gewährt grundsätzlich jede Aktie eine Stimme (§ 12 AktG). Dies gilt nicht bei nicht vollständig geleisteter Einlage (§ 134 II AktG) oder bei stimmrechtslosen Vorzugsaktien (§ 139 I AktG). Stimmrechtsbeschränkungen können sich überdies aus unterlassener Mitteilungs- bzw. Veröffentlichungspflicht (§§ 20 VII, 21 IV AktG, § 28 WpHG oder § 59 WpÜG) oder bei wechselseitiger Beteiligung (§ 329 I AktG) ergeben. Schließlich kann die Stimmrechtsausübung dem Verbot gemäß § 136 AktG unterliegen. Ebensowenig wie die Stimmberechtigung erfährt das **Verfahren der Stimmauszählung** eine eigene Regelung in der SE-VO. Bei einer SE mit Sitz in Deutschland kann der Versammlungsleiter daher genauso wie bei der AG das Additionsverfahren anwenden, bei welchem die Ja- und Nein-Stimmen ausgezählt und unmittelbar aus dem Ergebnis die Mehrheitsverhältnisse bestimmt werden.[659] Umstritten ist hingegen, ob der Versammlungsleiter bei der SE auch das in der deutschen Hauptversammlungspraxis weit verbreitete Subtraktionsverfahren zugrunde legen darf.[660] Bei diesem Verfahren werden die Stimmenthaltungen und Nein-Stimmen ausgezählt und anschließend von der Gesamtteilnehmerzahl abgezogen und so die Zahl der Ja-Stimmen errechnet.[661] 170

Eigenständige Vorgaben macht die SE-VO bei den **Beschlussmehrheiten.** Beschlüsse der Hauptversammlung werden gemäß Art. 57 SE-VO grundsätzlich mit der **Mehrheit der abgegebenen Stimmen** gefasst. Höhere Mehrheitserfordernisse können sich zunächst aus der SE-VO selbst ergeben. So sieht diese eine qualifizierte Mehrheit für die Fälle der Satzungsänderung (Art. 59 I SE-VO) sowie der Sitzverlegung (Art. 8 VI 2 SE-VO) vor. Daneben können sich Verschärfungen des Mehrheitserfordernisses gemäß Art. 57 SE-VO auch aus dem im Sitzstaat der SE für Aktiengesellschaften maßgeblichen Recht ergeben.[662] Das deutsche Aktienrecht sieht nur ganz vereinzelt – wie zB bei der Abwahl von Aufsichtsratsmitgliedern gemäß § 103 I 2 AktG bzw. der Abberufung von Verwaltungsratsmitgliedern gemäß § 29 I SEAG – erhöhte Stimmmehrheiten vor. Stattdessen tritt bei qualifizierten Mehrheitserfordernissen im Regelfall[663] neben die einfache Stimmmehrheit das Erfordernis einer zusätzlichen Kapitalmehrheit. Ob dieses Erfordernis der Kapitalmehrheit auch auf eine SE mit Sitz in Deutschland Anwendung findet, ist umstritten. Während nach einer Mindermeinung Kapitalmehrheitserfordernisse bei der SE 171

---

653 Vgl. *Bücker* in: Habersack/Drinhausen (Hrsg.), SE-Recht mit grenzüberschreitender Verschmelzung, 2013, Art. 53 SE-VO Rn. 34; *Spindler* in: Lutter/Hommelhoff/Teichmann (Hrsg.), SE-Kommentar, 2015, Art. 53 SE-VO Rn. 30.

654 Vgl. *Lutter/Bayer/Schmidt*, Europäisches Unternehmens- und Kapitalmarktrecht, 2017, Rn. 45.162; *Bücker* in: Habersack/Drinhausen (Hrsg.), SE-Recht mit grenzüberschreitender Verschmelzung, 2013, Art. 53 SE-VO Rn. 37; *Kubis* in: MüKo AktG, 4. Aufl. 2017, Art. 53 SE-VO Rn. 23; *Spindler* in: Lutter/Hommelhoff/Teichmann (Hrsg.), SE-Kommentar, 2015, Art. 53 SE-VO Rn. 31.

655 Ausnahme: § 52 V 2 AktG.

656 Vgl. *Lutter/Bayer/Schmidt*, Europäisches Unternehmens- und Kapitalmarktrecht, 2017, Rn. 45.162; *Spindler* in: Lutter/Hommelhoff/Teichmann (Hrsg.), SE-Kommentar, 2015, Art. 57 Rn. 7; *Bücker* in: Habersack/Drinhausen (Hrsg.), SE-Recht mit grenzüberschreitender Verschmelzung, 2013, Art. 57 SE-VO Rn. 5; *Kubis* in: MüKo AktG, 4. Aufl. 2017, Art. 57/58 SE-VO Rn. 1.

657 Vgl. *Kiem* in: Kölner Kommentar zum AktG, 3. Aufl. 2010, Art. 57 SE-VO Rn. 9; *Spindler* in: Lutter/Hommelhoff/Teichmann (Hrsg.), SE-Kommentar, 2015, Art. 57 SE-VO Rn. 6; *Eberspächer* in: Spindler/Stilz (Hrsg.), AktG, 3. Aufl. 2015, Art. 57/58 SE-VO Rn. 2; *Kubis* in: MüKo AktG, 4. Aufl. 2017, Art. 57/58 SE-VO Rn. 1.

658 Vgl. *Kiem* in: Kölner Kommentar zum AktG, 3. Aufl. 2010, Art. 57 SE-VO Rn. 10.

659 Vgl. *Kiem* in: Kölner Kommentar zum AktG, 3. Aufl. 2012, Art. 57 SE-VO Rn. 19; *Eberspächer* in: Spindler/Stilz (Hrsg.), AktG, 3. Aufl. 2015, Art. 57/58 SE-VO Rn. 3, 6; *Mayer* in: Manz/Mayer/Schröder (Hrsg.), SE Europäische Aktiengesellschaft, 2010, Art. 53 SE-VO Rn. 32; *Baatz/Weydner* in: Jannott/Frodermann (Hrsg.), HdB der Europäischen Aktiengesellschaft, 2014, Kap. 6 Rn. 138.

660 Nach der hM ist das Substraktionsverfahren zulässig; vgl. *Bücker* in: Habersack/Drinhausen (Hrsg.), SE-Recht mit grenzüberschreitender Verschmelzung, 2013, Art. 57 SE-VO Rn. 13; *Eberspächer* in: Spindler/Stilz (Hrsg.), AktG, 3. Aufl. 2015, Art. 57/58 SE-VO Rn. 3, 6; *Kubis* in: MüKo AktG, 4. Aufl. 2017, Art. 57/58 SE-VO Rn. 6; aA *Kiem* in: Kölner Kommentar zum AktG, 3. Aufl. 2010, Art. 57 SE-VO Rn. 20.

661 Zum Verfahren *Kiem* in: Kölner Kommentar zum AktG, 3. Aufl. 2010, Art. 57 SE-VO Rn. 20; *Baatz/Weydner* in: Jannott/Frodermann (Hrsg.), HdB der Europäischen Aktiengesellschaft, 2014, Kap. 6 Rn. 138.

662 Vgl. *Lutter/Bayer/Schmidt*, Europäisches Unternehmens- und Kapitalmarktrecht, 2017, Rn. 45.165; *Eberspächer* in: Spindler/Stilz (Hrsg.), AktG, 3. Aufl. 2015, Art. 57/58 SE-VO Rn. 4; *Spindler* in: Lutter/Hommelhoff/Teichmann (Hrsg.), SE-Kommentar, 2015, Art. 57 SE-VO Rn. 14.

663 Vgl. §§ 103 I, 129 I 1, 179 II 1, 182 I 1, 186 III 2, 293 I 2, 319 II AktG.

schlechthin keine Anwendung finden dürfen,[664] geht die hM zu Recht davon aus, dass das Mehrheitserfordernis gemäß Art. 57 SE-VO durch mitgliedstaatliche Anforderungen an (zusätzliche) Kapitalmehrheiten modifiziert werden kann,[665] wobei innerhalb der hM wiederum umstritten ist, ob das Kapitalmehrheitserfordernis bei der SE in gleicher Weise anzuwenden ist wie bei der nationalen Aktiengesellschaft oder ob dieses verordnungskonform im Sinne eines entsprechend höheren Stimmmehrheitserfordernis auszulegen ist.[666] Die praktische Relevanz dieses Meinungsstreites dürfte für eine in Deutschland ansässige SE eher gering sein, seitdem Mehrheitsstimmrechte abgeschafft (vgl. § 12 II AktG) und Höchststimmrechte nur bei nichtbörsennotierten Aktiengesellschaften (§ 134 I 2 AktG) zulässig sind.[667] Unstreitig kann die Satzung der SE keine höhere Mehrheiten als Art. 57 SE-VO festlegen.[668]

172 Die SE-VO verlangt gemäß Art. 59 I SE-VO für **satzungsändernde Beschlüsse** grundsätzlich eine **Zweidrittelmehrheit** der abgegebenen Stimmen, sofern die für Aktiengesellschaften geltenden Rechtsvorschriften keine größeren Mehrheiten vorsehen oder zulassen. Bei satzungsändernden Beschlüssen einer SE mit Sitz in Deutschland findet § 179 II 1 AktG Anwendung. Danach bedarf der Hauptversammlungsbeschluss einer Dreiviertelmehrheit, wobei streitig ist, ob sich dieses Mehrheitserfordernis auf das vertretene Grundkapital oder auf die abgegebenen Stimmen bezieht.[669] Der deutsche Gesetzgeber hat von der Ermächtigung in Art. 59 II SE-VO Gebrauch gemacht und dem Satzungsgeber in § 51 SEAG die Möglichkeit eingeräumt, für satzungsändernde Beschlüsse die einfache Mehrheit der abgegebenen Stimmen ausreichen zu lassen, wenn mindestens die Hälfte des Grundkapitals in der Hauptversammlung vertreten ist. Diese Erleichterung gilt gemäß § 51 2 SEAG jedoch nicht für die Änderung des Unternehmensgegenstandes, die grenzüberschreitende Sitzverlegung sowie für Fälle, für die eine höhere Kapitalmehrheit zwingend erforderlich ist.[670]

173 Verfügt die SE über mehrere Gattungen von Aktien, so erfordert jeder Beschluss der Hauptversammlung gemäß Art. 60 I SE-VO einen **Sonderbeschluss** durch die Aktionäre jeder Gattung, deren spezifische Rechte durch den zugrundeliegenden Hauptversammlungsbeschluss berührt werden. Ist Gegenstand des Hauptversammlungsbeschlusses eine Satzungsänderung, so gelten auch für den Sonderbeschluss gemäß Art. 60 II SE-VO die Beschlussmehrheiten für einen satzungsändernden Hauptversammlungsbeschluss. Anders als das deutsche Recht, das für einen Sonderbeschluss gemäß § 138 1 AktG wahlweise eine gesonderte Abstimmung im Rahmen der Hauptversammlung oder eine gesonderte Versammlung der betroffenen Aktionäre vorsieht, hat die Abstimmung nach Art. 60 I SE-VO zwingend im Rahmen der Hauptversammlung stattzufinden.[671]

174 Weder die Tatbestände noch die Rechtsfolgen fehlerhafter Hauptversammlungsbeschlüsse werden in der SE-VO geregelt. Für die **Beschlusskontrolle** gilt damit über die Verweisung in Art. 9 I lit. c) ii) SE-VO sowohl in materi-

664 Vgl. *Bücker* in: Habersack/Drinhausen (Hrsg.), SE-Recht mit grenzüberschreitender Verschmelzung, 2013, Art. 57 SE-VO Rn. 25; *Eberspächer* in: Spindler/Stilz (Hrsg.), AktG, 3. Aufl. 2015, Art. 57/58 SE-VO Rn. 5; *Kubis* in: MüKo AktG, 4. Aufl. 2017, Art. 57/58 SE-VO Rn. 7; *Spindler* in: Lutter/Hommelhoff/Teichmann (Hrsg.), SE-Kommentar, 2015, Art. 57 SE-VO Rn. 13.

665 Vgl. *Bücker* in: Habersack/Drinhausen (Hrsg.), SE-Recht mit grenzüberschreitender Verschmelzung, 2013, Art. 57 SE-VO Rn. 25 f.; *Baatz/Weydner* in: Jannott/Frodermann (Hrsg.), HdB der Europäischen Aktiengesellschaft, 2014, Kap. 6 Rn. 139, 142; *Zollner* in: Kalss/Hügel (Hrsg.), Europäische Aktiengesellschaft, 2004, § 62 SEG Rn. 29.

666 Eine Auslegung des Kapitalmehrheitserfordernisses im Sinne eines entsprechend höheren Stimmmehrheitserfordernisses befürworten zB *Mayer* in: Manz/Mayer/Schröder (Hrsg.), SE Europäische Aktiengesellschaft, 2010, Art. 57 SE-VO Rn. 10; eine solche Auslegung ablehnend *Spindler* in: Lutter/Hommelhoff/Teichmann (Hrsg.), SE-Kommentar, 2015, Art. 57 SE-VO Rn. 13; *Kubis* in: MüKo AktG, 4. Aufl. 2017, Art. 57/58 SE-VO Rn. 7; *Eberspächer* in: Spindler/Stilz (Hrsg.), AktG, 3. Aufl. 2015, Art. 57/58 SE-VO Rn. 5.

667 Vgl. *Bücker* in: Habersack/Drinhausen (Hrsg.), SE-Recht mit grenzüberschreitender Verschmelzung, 2013, Art. 57 SE-VO Rn. 23.

668 Vgl. *Eberspächer* in: Spindler/Stilz (Hrsg.), AktG, 3. Aufl. 2015, Art. 57 SE-VO Rn. 4; *Kiem* in: Kölner Kommentar zum AktG, 3. Aufl. 2010, Art. 57 SE-VO Rn. 40; *Kubis* in: MüKo AktG, 4. Aufl. 2017, Art. 57/58 SE-VO Rn. 8; *Mayer* in: Manz/Mayer/Schröder (Hrsg.), SE Europäische Aktiengesellschaft, 2010, Art. 57 SE-VO Rn. 14; *Spindler* in: Lutter/Hommelhoff/Teichmann (Hrsg.), SE-Kommentar, 2015, Art. 57 SE-VO Rn. 14; aA *Zollner* in: Kalss/Hügel (Hrsg.), Europäische Aktiengesellschaft, 2004, § 62 SEG Rn. 29.

669 Vgl. *Bayer* in: Lutter/Hommelhoff/Teichmann (Hrsg.), SE-Kommentar, 2015, Art. 59 SE-VO Rn. 16; *Kubis* in: MüKo AktG, 4. Aufl. 2017, Art. 59 SE-VO Rn. 6; *Eberspächer* in: Spindler/Stilz (Hrsg.), AktG, 3. Aufl. 2015, Art. 59 SE-VO Rn. 4a; *Bücker* in: Habersack/Drinhausen (Hrsg.), SE-Recht mit grenzüberschreitender Verschmelzung, 2013, Art. 59 SE-VO Rn. 16, 18; *Kiem* in: Kölner Kommentar zum AktG, 3. Aufl. 2010, Art. 59 SE-VO Rn. 16; *Mayer* in: Manz/Mayer/Schröder (Hrsg.), SE Europäische Aktiengesellschaft, 2010, Art. 59 SE-VO Rn. 18.

670 So zB in §§ 52 V 1, 129 I 1, 179 II 2, 179a I 2, 182 I 2, 186 III 3, 193 I 2, 202 II 3, 222 I 2, 229 III, 293 I 3 AktG.

671 Vgl. *Spindler* in: Lutter/Hommelhoff/Teichmann (Hrsg.), SE-Kommentar, 2015, Art. 60 SE-VO Rn. 10; *Kubis* in: MüKo AktG, 4. Aufl. 2017, Art. 60 SE-VO Rn. 5; *Kiem* in: Kölner Kommentar zum AktG, 3. Aufl. 2012, Art. 60 SE-VO Rn. 11; *Bücker* in: Habersack/Drinhausen (Hrsg.), SE-Recht mit grenzüberschreitender Verschmelzung, 2013, Art. 60 SE-VO Rn. 16; *Eberspächer* in: Spindler/Stilz (Hrsg.), AktG, 3. Aufl. 2015, Art. 60 SE-VO Rn. 4; aA *Mayer* in: Manz/Mayer/Schröder (Hrsg.), SE Europäische Aktiengesellschaft, 2010, Art. 60 SE-VO Rn. 10.

eller als auch in verfahrensrechtlicher Hinsicht das Aktienrecht des jeweiligen Sitzstaates der SE.[672] Bei einer SE mit Sitz in Deutschland finden folglich die §§ 241 ff. AktG Anwendung. Aus diesen ergeben sich sowohl die Anfechtungs- und Nichtigkeitsgründe, als auch die Vorschriften zur gerichtlichen Geltendmachung von Beschlussmängeln.[673] Uneingeschränkt Anwendung findet damit auch das Freigabeverfahren gemäß § 246a AktG zur Überwindung einer Registersperre.[674]

III. Das monistische Leitungssystem

Das monistische Leitungssystem der SE ist dadurch gekennzeichnet, dass an die Stelle der funktional und personell getrennten Leitungs- und Überwachungsorgane ein **Verwaltungsorgan** tritt, das **Leitungs- und Überwachungsfunktion** in sich **vereint**.[675] Mitgliedstaaten, deren nationales Aktienrecht – wie zB das heutige[676] deutsche Aktienrecht – keine Bestimmungen für ein monistisches System kennen, ermöglicht Art. 43 IV SE-VO, entsprechende Vorschriften für die SE zu erlassen. Hiervon hat der deutsche Gesetzgeber Gebrauch gemacht und in den §§ 20 bis 49 SEAG Sonderregelungen für die monistische SE mit Sitz in Deutschland erlassen. 175

Die **Regelungskonzeption der §§ 20 bis 49 SEAG** ist dadurch gekennzeichnet, dass die Vorschriften zur dualistischen Verfassung der AG (in den §§ 76 bis 116 AktG) gemäß Art. 20 SEAG für unanwendbar erklärt werden. Allerdings verweisen die §§ 21 bis 49 SEAG an vielen Stellen[677] doch wieder auf die §§ 76 ff. AktG. Auch die Grundkonzeption des monistischen Leitungssystems in den §§ 20 ff. SEAG ist dem dualistischen Leitungssystem angenähert.[678] So hat das an sich einzige Verwaltungsorgan, das bei der SE mit Sitz in Deutschland gemäß § 20 SEAG **Verwaltungsrat** heißt, gemäß § 40 I 1 SEAG zwingend einen oder mehrere **geschäftsführende Direktoren** zu bestellen. Während der Verwaltungsrat gemäß § 22 I SEAG die Gesellschaft leitet, die Grundlinien ihrer Tätigkeit bestimmt und deren Umsetzung überwacht, führen die geschäftsführenden Direktoren die Geschäfte der Gesellschaft (§ 40 II 1 SEAG) und vertreten diese gerichtlich und außergerichtlich (§ 41 I 1 SEAG). 176

Im **Unterschied zum dualistischen Leitungssystem** sind die Positionen des Mitglieds des Verwaltungsrats und des geschäftsführenden Direktors nicht inkompatibel; gemäß § 41 I 2 SEAG können Mitglieder des Verwaltungsrats zu geschäftsführenden Direktoren bestellt werden, sofern die Mehrheit des Verwaltungsrats weiterhin aus nicht geschäftsführenden Mitgliedern besteht. Daneben unterliegen die geschäftsführenden Direktoren – im Unterschied zum Vorstand bei der AG – den Weisungen des Verwaltungsrats gemäß § 44 II SEAG und können von diesem gemäß § 40 V 1 SEAG grundsätzlich jederzeit abberufen werden. 177

1. Verwaltungsrat

a) Aufgaben und Stellung

Der Verwaltungsrat ist das **zentrale Leitungsorgan** in der monistisch verfassten SE. Dies bringt Art. 43 I 1 SE-VO dadurch zum Ausdruck, dass er dem Verwaltungsrat die Geschäftsführung zuweist.[679] Die damit einhergehenden Kompetenzen konkretisiert § 22 I SEAG dahin gehend, dass der Verwaltungsrat die Gesellschaft leitet, die Grundlinien ihrer Tätigkeit bestimmt und deren Umsetzung überwacht. Dass der Verwaltungsrat im Kompetenzgefüge der SE das zentrale Leitungsorgan ist, ergibt sich nicht zuletzt auch daraus, dass die von ihm zu bestellenden geschäftsführenden Direktoren, die die Gesellschaft im Außenverhältnis vertreten, gemäß § 44 II SEAG verpflichtet sind, die Anweisungen und Beschränkungen zu beachten, die ihnen der Verwaltungsrat 178

---

672 Vgl. *Bücker* in: Habersack/Drinhausen (Hrsg.), SE-Recht mit grenzüberschreitender Verschmelzung, 2013, Art. 57 SE-VO Rn. 31; *Eberspächer* in: Spindler/Stilz (Hrsg.), AktG, 3. Aufl. 2015, Art. 57 SE-VO Rn. 7; *Kiem* in: Kölner Kommentar zum AktG, 3. Aufl. 2012, Art. 57 SE-VO Rn. 43; *Kubis* in: MüKo AktG, 4. Aufl. 2017, Art. 53 SE-VO Rn. 22; *Spindler* in: Lutter/Hommelhoff/Teichmann (Hrsg.), SE-Kommentar, 2015, Art. 57 SE-VO Rn. 16 sowie Art. 53 SE-VO Rn. 32; *Mayer* in: Manz/Mayer/Schröder (Hrsg.), SE Europäische Aktiengesellschaft, 2010, Art. 57 SE-VO Rn. 15; *Hirte* NZG 2002, 1, 8.

673 Vgl. *Bücker* in: Habersack/Drinhausen (Hrsg.), SE-Recht mit grenzüberschreitender Verschmelzung, 2013, Art. 57 SE-VO Rn. 32; *Kiem* in: Kölner Kommentar zum AktG, 3. Aufl. 2010, Art. 57 SE-VO Rn. 43; *Spindler* in: Lutter/Hommelhoff/Teichmann (Hrsg.), SE-Kommentar, 2015, Art. 57 SE-VO Rn. 16.

674 Vgl. *Bücker* in: Habersack/Drinhausen (Hrsg.), SE-Recht mit grenzüberschreitender Verschmelzung, 2013, Art. 57 SE-VO Rn. 37.

675 So *Verse* in: Habersack/Drinhausen (Hrsg.), SE-Recht mit grenzüberschreitender Verschmelzung, 2013, Art. 43 SE-VO Rn. 1.

676 Vgl. hierzu *Fleischer* AcP 204 (2004) 502, 523 ff., der nachweist, dass das monistische Leitungssystem dem deutschen Aktienrecht historisch betrachtet keineswegs fremd ist.

677 Vgl. Nachweise bei *Verse* in: Habersack/Drinhausen (Hrsg.), SE-Recht mit grenzüberschreitender Verschmelzung, 2013, § 20 SEAG Rn. 1 (zB in §§ 22 II, V, 26 II, 28 II, 38 f., 40 I, VII, 45 SEAG).

678 Vgl. *Austmann* in: MüHdB GesR, Bd. 4, 4. Aufl. 2015, § 86 Rn. 9.

679 Vgl. *Teichmann* in: MüHdB GesR, Bd. 6, 4. Aufl. 2013, § 49 Rn. 72.

auferlegt. Der Verwaltungsrat ist seinerseits wiederum **weisungsunabhängig**, dh ebenso wenig wie der Vorstand oder der Aufsichtsrat der AG an Weisungen der Hauptversammlung gebunden.[680]

179 Als zentrales Leitungsorgan weist die SEAG dem Verwaltungsrat **Aufgaben** zu, die im dualistischen Leitungssystem der Vorstand wahrnimmt.[681] So hat der Verwaltungsrat gemäß § 48 I SEAG die ordentliche **Hauptversammlung einzuberufen**; dazu ist er gemäß § 22 II bzw. V SEAG auch in für die Gesellschaft krisenhaften Situationen verpflichtet. Gemäß § 22 II 2 SEAG iVm § 83 II AktG ist der Verwaltungsrat zudem auch für die **Vorbereitung und Ausführung der Hauptversammlungsbeschlüsse** zuständig. Er hat gemäß § 22 III 1 SEAG dafür zu sorgen, dass die erforderlichen **Handelsbücher geführt** werden und gemäß § 22 III 2 SEAG ein **Risikofrüherkennungssystem** einzurichten. Neben der Pflicht zur **Verlustanzeige** nach § 22 V 1 SEAG ist der Verwaltungsrat gemäß § 22 V 2 SEAG zur **Stellung des Insolvenzantrags** verpflichtet. Nach § 22 IV 1 SEAG steht ihm ein umfassendes **Einsichts- und Prüfungsrecht** zu. Weiterhin obliegt dem Verwaltungsrat gemäß § 47 III, V SEAG die **Prüfung und Feststellung des Jahresabschlusses** und gemäß § 22 IV 3 SEAG die Erteilung des **Prüfungsauftrags an den Abschlussprüfer.**

180 Neben diesen speziellen Kompetenznormen enthält § 22 VI SEAG hinsichtlich der Aufgabenzuweisung an den Verwaltungsrat eine **Generalverweisung.**[682] Danach gelten Rechtsvorschriften, die außerhalb des SEAG dem Vorstand oder dem Aufsichtsrat einer Aktiengesellschaft Rechte oder Pflichten zuweisen, vorbehaltlich abweichender Sonderregelungen im SEAG sinngemäß für den Verwaltungsrat einer SE. Aufgaben, die im dualistischen Leitungssystem zwischen Leitungsorgan und Aufsichtsorgan aufgeteilt sind, werden damit im monistischen Leitungssystem **gebündelt** dem Verwaltungsrat zugewiesen.[683] Dabei ist die Reichweite der Generalverweisung in § 22 VI AktG nicht auf aktienrechtliche Vorschriften[684] beschränkt; vielmehr sind auch kapitalmarktrechtliche Vorschriften erfasst.[685]

b) Zusammensetzung

181 Die **Zahl der Mitglieder** des Verwaltungsrats oder die **Regeln zu ihrer Festlegung** werden gemäß Art. 43 II 1 SE-VO – wie beim Leitungsorgan[686] und dem Aufsichtsorgan[687] im dualistischen System – durch die **Satzung der SE** bestimmt. Von der Ermächtigung in Art. 43 II 2 SE-VO, eine Mindest- und/oder Höchstzahl der Mitglieder des Verwaltungsrats festzusetzen, hat der deutsche Gesetzgeber Gebrauch gemacht und in § 23 I SEAG vorgesehen, dass (i) der Verwaltungsrat aus **mindestens drei Mitgliedern** bestehen muss, wenn das Grundkapital mehr als EUR 3 Mio. beträgt (§ 23 I 1, 2 SEAG), und (ii) die Höchstzahl je nach Grundkapital **neun** (Grundkapital von bis zu EUR 1,5 Mio.), **fünfzehn** (Grundkapital von mehr als EUR 1,5 Mio.) oder **einundzwanzig** (Grundkapital von mehr als EUR 10 Mio.) beträgt (§ 23 I 3 SEAG). Gemäß § 23 II SE-VO sind dabei – wie bei der Zusammensetzung des Aufsichtsorgans in der dualistisch verfassten SE gemäß § 17 III SEAG – die **Beteiligungsrechte der Arbeitnehmer** nach dem SEBG zu wahren. Ebenso wie bei § 17 III SEAG[688] ist auch hier die Reichweite dieses Vorbehaltes umstritten, wobei die hM davon ausgeht, dass durch die Mitbestimmungsvereinbarung lediglich die relative Anzahl der Arbeitnehmer im Verwaltungsrat – und nicht auch die Gesamtgröße des

680 Vgl. *Spindler* in: Lutter/Hommelhoff/Teichmann (Hrsg.), SE-Kommentar, 2015, Art. 57 SE-VO Rn. 16; *Reichert/Brandes* in: MüKo AktG, 4. Aufl. 2017, Art. 43 SE-VO Rn. 9 iVm Art. 38 SE-VO Rn. 15; *Siems* in: Kölner Kommentar zum AktG, 3. Aufl. 2010, Anh. Art. 51 § 22 SEAG Rn. 16 f.; Satzungsregelungen, die ein entsprechendes Weisungsrecht der Hauptversammlung vorsehen, sind unzulässig.

681 Vgl. *Teichmann* in: MüHdB GesR, Bd. 6, 4. Aufl. 2013, § 49 Rn. 73; *ders.* in: Lutter/Hommelhoff/Teichmann (Hrsg.), SE-Kommentar, 2015, Anh. Art. 43 SE-VO § 22 SEAG Rn. 6. Insoweit kann an die zu § 76 AktG anerkannten Grundsätze angeknüpft werden. So *Verse* in: Habersack/Drinhausen (Hrsg.), SE-Recht mit grenzüberschreitender Verschmelzung, 2013, § 22 SEAG Rn. 5; *Eberspächer* in: Spindler/Stilz (Hrsg.), AktG, 3. Aufl. 2015, Art. 43 SE-VO Rn. 10; *Lutter/Bayer/Schmidt*, Europäisches Unternehmens- und Kapitalmarktrecht, 2017, Rn. 45.143.

682 Vgl. *Verse* in: Habersack/Drinhausen (Hrsg.), SE-Recht mit grenzüberschreitender Verschmelzung, 2013, § 22 SEAG Rn. 42; *Lutter/Bayer/Schmidt*, Europäisches Unternehmens- und Kapitalmarktrecht, 2017, Rn. 45.143.

683 Vgl. *Lutter/Bayer/Schmidt*, Europäisches Unternehmens- und Kapitalmarktrecht, 2017, Rn. 45.143 mwN.

684 Vgl. dazu den Katalog bei *Verse* in: Habersack/Drinhausen (Hrsg.), SE-Recht mit grenzüberschreitender Verschmelzung, 2013, § 22 SEAG Rn. 52. Der Verwaltungsrat ist danach zuständig zB für die gesellschaftsinterne Entscheidung über die Zustimmung zur Übertragung vinkulierter Aktien (§ 68 II 2 AktG), die Ausübung einer Ermächtigung zum Rückerwerb eigener Aktien (§ 71 I Nr. 8 AktG), die Einberufung der Hauptversammlung (§§ 119, 121 I AktG), die Beschlussvorschläge für die Hauptversammlung (§ 124 III AktG), die Auskunftserteilung ggü. den Aktionären (§ 131 AktG), die Abgabe der Entsprechenserklärung zum DCGK (§ 161 AktG), Fassungsänderungen der Satzungen (§ 179 I 2 AktG), die Ausübung des genehmigten Kapitals (§§ 202 ff. AktG), die Ausübung einer Ermächtigung zur Ausgabe von Wandelschuldverschreibungen und Genussrechten (§ 221 II – III AktG) sowie die in der Satzung vorgesehene Zwangseinziehung von Aktien (§ 237 VI AktG).

685 Vgl. *Verse* in: Habersack/Drinhausen (Hrsg.), SE-Recht mit grenzüberschreitender Verschmelzung, 2013, § 22 SEAG Rn. 53 ff.

686 Vgl. Rn. 135.

687 Vgl. Rn. 147.

688 Vgl. Rn. 147.

Verwaltungsrat –[689] festgelegt werden kann.[690] Kommt es bei der monistisch verfassten SE – sei es im Verhandlungswege oder aufgrund der gesetzlichen Auffangregelung gemäß §§ 34, 35 SEBG – zur **paritätischen Mitbestimmung**, erstreckt sich die paritätische Besetzung des Verwaltungsrats **auf das Gesamtorgan** und nicht allein auf diejenigen Mitglieder, die nicht zugleich auch zu geschäftsführenden Direktoren bestellt sind.[691]

c) Bestellung und Abberufung

Die Mitglieder des Verwaltungsrats werden gemäß Art. 43 III 1 SE-VO grundsätzlich von der **Hauptversammlung der SE** bestellt, wobei die Mitglieder des ersten Verwaltungsrats gemäß Art. 43 III 2 SE-VO auch in der **Satzung der SE** bestellt werden können. Abweichend hiervon können die Mitglieder des Verwaltungsrats gemäß Art. 43 III 3 iVm Art. 47 IV SE-VO in den in § 28 II SEAG iVm § 101 II AktG genannten Grenzen auch **durch Entsendung** bestellt werden.[692] Sofern die monistisch verfasste SE der Mitbestimmung unterliegt, richtet sich die **Wahl der Arbeitnehmervertreter** gemäß Art. 43 II 3 SE-VO nach der geschlossenen Mitbestimmungsvereinbarung. Sieht diese ein Entsendungsrecht der Arbeitnehmer vor, so bedarf es für die Bestellung der Arbeitnehmervertreter keiner Mitwirkung der Hauptversammlung.[693] Fehlt eine solche Regelung werden die Arbeitnehmervertreter im Verwaltungsrat gemäß § 36 IV SEBG von der Hauptversammlung bestellt, die dabei an die Wahlvorschläge der Arbeitnehmerseite gebunden ist. Die Bestellung etwaiger **Ersatzmitglieder** richtet sich nach § 28 III SEAG, die **gerichtliche Ersatzbestellung** nach § 30 SEAG. 182

Zum Verwaltungsratsmitglied einer SE mit Sitz in Deutschland kann gemäß § 27 III SEAG nur eine **natürliche Person** bestellt werden. Zudem müssen die Mitglieder des Verwaltungsrats den persönlichen Anforderungen gemäß Art. 47 II SE-VO entsprechen. Neben den **Bestellungsverboten des § 76 III AktG**, die nach der hM zumindest analog auch auf die Bestellung zum Verwaltungsrats Anwendung finden,[694] können gemäß Art. 47 II lit. b) SE-VO auch solche Personen nicht zu Mitgliedern des Verwaltungsrats bestellt werden, die infolge einer Gerichts- oder Verwaltungsentscheidung, die in einem Mitgliedstaat ergangen ist, dem Leitungs-, Aufsichts- oder Verwaltungsorgan einer dem Recht eines anderen Mitgliedstaats unterliegenden Aktiengesellschaft nicht angehören dürfen. Keine Anwendung auf die Bestellung zum Verwaltungsratsmitglied einer SE mit Sitz in Deutschland finden nach der hM die Bestellungsverbote in § 105 I Var. 2 und 3 AktG, so dass auch Prokuristen, Handlungs- und Generalbevollmächtigte zu Mitgliedern des Verwaltungsrats bestellt werden können.[695] **Kein Mitglied** im Verwaltungsrat einer SE mit Sitz in Deutschland kann sein, wer gesetzlicher Vertreter eines von der Gesellschaft abhängigen Unternehmens ist (§ 27 I 1 Nr. 2 SEAG) oder bereits zehn Aufsichts- oder Verwaltungsratsmandate innehat (§ 27 I 1 Nr. 1 SEAG), wobei auf die Höchstzahl gemäß § 27 I 3 SEAG Vorsitzendenmandate doppelt anzurechnen und gemäß § 27 I 2 SEAG bis zu fünf Konzernmandate nicht einzubeziehen sind; diese Regelungen entsprechen den für den Vorstand einer AG gemäß § 100 II AktG geltenden. 183

Die **Dauer der Bestellung** ist in der Satzung der SE festzulegen, wobei diese gemäß Art. 46 I SE-VO **sechs Jahre** nicht überschreiten darf. **Wiederbestellungen** sind gemäß Art. 46 II SE-VO vorbehaltlich etwaiger Einschränkungen in der Satzung der SE zulässig. Satzungsklauseln, die sich auf die Festlegung einer Höchstdauer beschränken und im Übrigen die genaue Festlegung der Amtsdauer dem zuständigen Bestellungsorgan überlassen, sind zulässig.[696] 184

---

689 So etwa LG Nürnberg-Fürth NZG 2010, 547; *Teichmann* in: Lutter/Hommelhoff/Teichmann (Hrsg.), SE-Kommentar, 2015, Art. 43 SE-VO Rn. 36 ff.; *Oetker* ZIP 2006, 1113 ff.

690 Vgl. *Verse* in: Habersack/Drinhausen (Hrsg.), SE-Recht mit grenzüberschreitender Verschmelzung, 2013, § 23 SEAG Rn. 9 f.; *Habersack* AG 2006, 345, 351; *Forst* AG 2010, 350, 355; *Kiem* ZHR 173 (2009) 156, 175 ff.

691 Vgl. dazu *Teichmann* in: MüHdB GesR, Bd. 6, 4. Aufl. 2013, § 49 Rn. 68.

692 Vgl. *Verse* in: Habersack/Drinhausen (Hrsg.), SE-Recht mit grenzüberschreitender Verschmelzung, 2013, Art. 43 SE-VO Rn. 26; *Teichmann* in: Lutter/Hommelhoff/Teichmann (Hrsg.), SE-Kommentar, 2015, Art. 43 SE-VO Rn. 45; *Siems* in: Kölner Kommentar zum AktG, 3. Aufl. 2010, Art. 43 SE-VO Rn. 52; *Reichert/Brandes* in: MüKo AktG, 4. Aufl. 2017, Art. 43 SE-VO Rn. 38; *Eberspächer* in: Spindler/Stilz (Hrsg.), AktG, 3. Aufl. 2015, Art. 43 SE-VO Rn. 31.

693 Vgl. *Verse* in: Habersack/Drinhausen (Hrsg.), SE-Recht mit grenzüberschreitender Verschmelzung, 2013, Art. 43 Rn. 29; *Kiem* in: Kölner Kommentar zum AktG, 3. Aufl. 2012, Art. 12 SE-VO Rn. 68; *Reichert/Brandes* in: MüKo AktG, 4. Aufl. 2017, Art. 43 SE-VO Rn. 26, 29.

694 Vgl. *Verse* in: Habersack/Drinhausen (Hrsg.), SE-Recht mit grenzüberschreitender Verschmelzung, 2013, § 27 SEAG Rn. 5; *Eberspächer* in: Spindler/Stilz (Hrsg.), AktG, 3. Aufl. 2015, Art. 47 SE-VO Rn. 6; *Reichert/Brandes* in: MüKo AktG, 4. Aufl. 2017, Art. 47 SE-VO Rn. 27 ff.; *Siems* in: Kölner Kommentar zum AktG, 3. Aufl. 2010, Art. 47 SE-VO Rn. 23; *Teichmann* in: Lutter/Hommelhoff/Teichmann (Hrsg.), SE-Kommentar, 2015, §§ 27, 54 SEAG Rn. 4.

695 Vgl. *Eberspächer* in: Spindler/Stilz (Hrsg.), AktG, 3. Aufl. 2015, Art. 47 SE-VO Rn. 6; *Verse* in: Habersack/Drinhausen (Hrsg.), SE-Recht mit grenzüberschreitender Verschmelzung, 2013, § 27 SEAG Rn. 6; aA *Siems* in: Kölner Kommentar zum AktG, 3. Aufl. 2010, Art. 47 SE-VO Rn. 23; *Reichert/Brandes* in: MüKo AktG, 4. Aufl. 2017, Art. 47 SE-VO Rn. 34.

696 Nach *Drinhausen* in: Habersack/Drinhausen (Hrsg.), SE-Recht mit grenzüberschreitender Verschmelzung, 2013, Art. 46 SE-VO Rn. 10 f., *Reichert/Brandes* in: MüKo AktG, 4. Aufl. 2017, Art. 46 Rn. 3 sowie *Eberspächer* in:

185 Für die **Abberufung** der Mitglieder des Verwaltungsrats gilt § 29 SEAG. Gemäß § 29 I 1 SEAG können die von der Hauptversammlung bestellten Mitglieder des Verwaltungsrats von dieser jederzeit abberufen werden, ohne dass es eines wichtigen Grundes bedarf.[697] Der Abberufungsbeschluss erfordert gemäß § 29 I 2, 3 SEAG eine Mehrheit von drei Vierteln der abgegebenen Stimmen, wenn die Satzung nichts anders bestimmt. Die Abberufung von entsandten Verwaltungsratsmitgliedern ist gemäß § 29 II SEAG jederzeit durch den Entsendungsberechtigten möglich. Die Abberufung von Arbeitnehmervertretern erfolgt gemäß § 37 SEBG durch die Hauptversammlung, die dabei an die Entscheidung der Arbeitnehmerseite gebunden ist.[698] Daneben können sämtliche Verwaltungsratsmitglieder – dh auch die Arbeitnehmervertreter – gemäß § 29 III SEAG auf Antrag des Verwaltungsrats durch Gerichtsbeschluss abberufen werden, wenn ein wichtiger Grund vorliegt. Neben der jederzeit möglichen Amtsniederlegung durch das betreffende Verwaltungsratsmitglied[699] kann das Mandat auch aus den üblichen allgemeinen Gründen (wie zB Tod des Amtsträgers, Ablauf der in der Satzung bestimmten Amtszeit, oder Löschung der Gesellschaft im Handelsregister) enden.[700]

d) Binnenorganisation

186 Der Verwaltungsrat wählt gemäß Art. 45 1 SE-VO aus seiner Mitte einen **Vorsitzenden**. Dieser kann zugleich auch geschäftsführender Direktor[701] und muss gemäß Art. 45 2 SE-VO bei paritätischer Mitbestimmung ein von der Hauptversammlung bestelltes Verwaltungsratsmitglied sein. Gemäß § 34 I 1 SEAG hat der Verwaltungsrat neben dem Vorsitzenden nach näherer Bestimmung der Satz aus seiner Mitte auch einen **Stellvertreter** zu wählen.

187 Der Verwaltungsrat tritt gemäß Art. 44 I SE-VO in den durch die Satzung bestimmten Abständen, mindestens jedoch **alle drei Monate**, zusammen. Daneben kann jedes Verwaltungsratsmitglied gemäß § 37 I 1 SEAG unter Angabe des Zwecks und der Gründe verlangen, dass der Vorsitzende den Verwaltungsrat unverzüglich einberuft; wird dem Verlangen nicht entsprochen, kann das betreffende Verwaltungsratsmitglied unter Mitteilung des Sachverhalts und der Angabe der Tagesordnung den Verwaltungsrat selbst einberufen. An den Sitzungen des Verwaltungsrats sind gemäß § 36 I SEAG nur die Mitglieder des Verwaltungsrats **teilnahmeberechtigt**, wobei im Einzelfall Sachverständige und Auskunftspersonen zur Beratung einzelner Beratungsgegenstände hinzugezogen werden können. Nicht teilnahmeberechtigt sind die geschäftsführenden Direktoren, sofern sie nicht zugleich Mitglieder des Verwaltungsrats sind; ihre Zulassung zu Sitzungen des Verwaltungsrats steht im pflichtgemäßen Ermessen des Verwaltungsrats[702] und wird oftmals geboten sein, wenn es keine geschäftsführenden Direktoren gibt, die zugleich Mitglied des Verwaltungsrats sind und diesem über die laufenden Geschäfte berichten können.[703]

188 Für die Beschlussfassung gilt (ebenso wie bei den Organen im dualistischen Leitungssystem)[704] zunächst Art. 50 SE-VO. Danach ist der Verwaltungsrat gemäß Art. 50 I lit. a) SE-VO vorbehaltlich abweichender Satzungsbe-

Spindler/Stilz (Hrsg.), AktG, 3. Aufl. 2015, Art. 47 SE-VO Rn. 6 ist die Angabe einer Höchstgrenze ausreichend; aA *Teichmann* in: Lutter/Hommelhoff/Teichmann (Hrsg.), SE-Kommentar, 2015, Art. 46 SE-VO Rn. 4; *ders.* in: MüHdB GesR, Bd. 6, 4. Aufl. 2013, § 49 Rn. 57; *Manz* in: Manz/Mayer/Schröder (Hrsg.), SE Europäische Aktiengesellschaft, 2010, Art. 46 SE-VO Rn. 1 ff.; *Paefgen* in: Kölner Kommentar zum AktG, 3. Aufl. 2012, Art. 39 SE-VO Rn. 51; *Siems* in: Kölner Kommentar zum AktG, 3. Aufl. 2010, Art. 46 SE-VO Rn. 12, wonach die Angabe eines fixen Zeitraums erforderlich ist.

697 Nach der hM kann auch die Satzung das Vorliegen eines wichtigen Grundes zum Erfordernis der Abberufung gemacht werden; vgl. *Verse* in: Habersack/Drinhausen (Hrsg.), SE-Recht mit grenzüberschreitender Verschmelzung, 2013, § 29 SEAG Rn. 9; *Siems* in: Kölner Kommentar zum AktG, 3. Aufl. 2010, Anh. Art. 51 SE-VO § 29 SEAG Rn. 9; aA *Teichmann* in: Lutter/Hommelhoff/Teichmann (Hrsg.), SE-Kommentar, 2015, § 29 SEAG Rn. 10.

698 Vgl. *Verse* in: Habersack/Drinhausen (Hrsg.), SE-Recht mit grenzüberschreitender Verschmelzung, 2013, § 29 SEAG Rn. 1; *Teichmann* in: Lutter/Hommelhoff/Teichmann (Hrsg.), SE-Kommentar, 2015, § 29 SEAG Rn. 5.

699 Vgl. *Verse* in: Habersack/Drinhausen (Hrsg.), SE-Recht mit grenzüberschreitender Verschmelzung, 2013, § 29 SEAG Rn. 22 f.; *Reichert/Brandes* in: MüKo AktG, 4. Aufl. 2017, Art. 43 SE-VO Rn. 53 f.; *Siems* in: Kölner Kommentar zum AktG, 3. Aufl. 2010, Art. 43 SE-VO Rn. 62.

700 Vgl. *Teichmann* in: Lutter/Hommelhoff/Teichmann (Hrsg.), SE-Kommentar, 2015, § 29 SEAG Rn. 6; *Verse* in: Habersack/Drinhausen (Hrsg.), SE-Recht mit grenzüberschreitender Verschmelzung, 2013, § 29 SEAG Rn. 22; *Siems* in: Kölner Kommentar zum AktG, 3. Aufl. 2010, Art. 43 SE-VO Rn. 62.

701 Vgl. *Teichmann* in: Lutter/Hommelhoff/Teichmann (Hrsg.), SE-Kommentar, 2015, § 40 SEAG Rn. 19; *Verse* in: Habersack/Drinhausen (Hrsg.), SE-Recht mit grenzüberschreitender Verschmelzung, 2013, § 40 SEAG Rn. 12; *Siems* in: Kölner Kommentar zum AktG, 3. Aufl. 2010, Anh. Art. 51 SE-VO § 40 SEAG Rn. 20; *Spitzbart* RNotZ 2006, 369, 380.

702 Vgl. *Manz* in: Manz/Mayer/Schröder (Hrsg.), SE Europäische Aktiengesellschaft, 2010, Art. 43 SE-VO Rn. 117; *Verse* in: Habersack/Drinhausen (Hrsg.), SE-Recht mit grenzüberschreitender Verschmelzung, 2013, § 36 SEAG Rn. 4; *Siems* in: Kölner Kommentar zum AktG, 3. Aufl. 2010, Anh. Art. 51 § 36 SEAG Rn. 4; *Teichmann* in: Lutter/Hommelhoff/Teichmann (Hrsg.), SE-Kommentar, 2015, § 36 SEAG Rn. 6.

703 Vgl. *Manz* in: Manz/Mayer/Schröder (Hrsg.), SE Europäische Aktiengesellschaft, 2010, Art. 43 SE-VO Rn. 117.

704 Vgl. Rn. 141, 153.

stimmungen bzw. Regelungen in der SE-VO **beschlussfähig**, wenn mindestens die Hälfte der Mitglieder anwesend oder vertreten sind, wobei die Mitglieder des Verwaltungsrats auch dann als anwesend gelten, wenn sie per Telefon- oder Videokonferenz zugeschaltet sind.[705] Beschlüsse des Aufsichtsorgans werden gemäß Art. 50 I lit. b) SE-VO vorbehaltlich abweichender Satzungsbestimmungen bzw. Regelungen in der SE-VO mit der **Mehrheit der anwesenden Mitglieder** gefasst. Bei Stimmengleichheit gibt die Stimme des Vorsitzenden des Verwaltungsrats gemäß Art. 50 II 1 SE-VO den Ausschlag; hiervon kann die Satzung gemäß Art. 50 II 2 SE-VO abweichen, soweit der Verwaltungsrat nicht zur Hälfte aus Arbeitnehmervertretern besteht. Ist ein Mitglied des Verwaltungsrats zugleich geschäftsführender Direktor, wächst seine Stimme gemäß § 35 III SEAG dem Vorsitzenden des Verwaltungsrats zu, sofern das Mitglied einem Stimmverbot unterliegt; ob ein Stimmverbot einschlägig ist, bestimmt sich dabei gemäß Art. 9 I lit. c) ii) SE-VO nach denselben Grundsätzen, die auch für Stimmverbote im Leitungs- oder Aufsichtsorgan einer SE mit Sitz in Deutschland gelten.[706] Gemäß § 35 I SEAG können abwesende Mitglieder dadurch an der Beschlussfassung des Verwaltungsrats und seiner Ausschüsse teilnehmen, dass sie **schriftliche Stimmabgaben** überreichen lassen. Gemäß § 36 III SEAG kann die Satzung zudem vorsehen, dass an den Sitzungen des Verwaltungsrats und seiner Ausschüsse Personen, die nicht dem Verwaltungsrat angehören, anstelle eines verhinderten Verwaltungsratsmitglieds teilnehmen, sofern der Verhinderte diese Person in Textform zur Teilnahme ermächtigt. Dabei steht dem ermächtigten Dritte kein eigenes Rede- und Antragsrecht zu; vielmehr kann er lediglich als Bote Erklärungen des verhinderten Mitglieds vortragen und von diesem vorformulierte Anträge stellen.[707] Gemäß § 35 II SEAG sind Beschlussfassungen des Verwaltungsrats und seiner Ausschüsse auch **außerhalb von Sitzungen** in schriftlicher, fernmündlicher oder anderer vergleichbarer Form (zB per Telefax oder E-Mail)[708] möglich, wenn kein Mitglied diesem Verfahren widerspricht; dabei entfällt das Widerspruchsrecht nach der hM,[709] wenn die Satzung oder die Geschäftsordnung des Verwaltungsrats die Möglichkeit der Beschlussfassung ohne Sitzung vorsieht. § 34 III 1 SEAG schreibt vor, dass über jede Sitzung des Verwaltungsrats eine vom Vorsitzenden zu unterzeichnende **Niederschrift** anzufertigen ist, wobei das Fehlen einer solchen Niederschrift gemäß § 34 III 3 SEAG keinen Einfluss auf die Wirksamkeit der Beschlussfassung des Verwaltungsrats hat.

Gemäß § 34 IV 1 SEAG kann der Verwaltungsrat aus seiner Mitte einen oder mehrere **Ausschüsse** bilden. Neben solchen, die die Beschlussfassung des Verwaltungsrats vorbereiten oder die Ausführung gefasster Beschlüsse überwachen, kann der Verwaltungsrat auch Ausschüsse bilden, die anstelle des Verwaltungsratsplenums beschließen, wobei diese Möglichkeit gemäß § 34 IV 2 SEAG beschränkt ist, so dass über besonders wichtige Angelegenheiten (wie zB die Wahl des Vorsitzenden, die Leitung und Überwachung der Grundlinien der Geschäftsführung gemäß § 22 I SEAG oder die Wahl der geschäftsführenden Direktoren gemäß § 40 I 1 SEAG)[710] zwingend das Plenum entscheiden muss.[711] 189

Weder die SE-VO noch die SEAG enthalten Regelungen zu den Rechtsfolgen bei **Beschlussmängeln**, so dass auf die Regeln zurückgegriffen wird, die für fehlerhafte Aufsichtsratsbeschlüsse bei der AG gelten.[712] Danach sind Beschlüsse, die gegen das Gesetz oder die Satzung verstoßen, nichtig.[713] 190

---

705 Vgl. *Drinhausen* in: Habersack/Drinhausen (Hrsg.), SE-Recht mit grenzüberschreitender Verschmelzung, 2013, Art. 50 SE-VO Rn. 10; *Eberspächer* in: Spindler/Stilz (Hrsg.), AktG, 3. Aufl. 2015, Art. 50 SE-VO Rn. 4; *Reichert/Brandes* in: MüKo AktG, 4. Aufl. 2017, Art. 50 SE-VO Rn. 6; *Siems* in: Kölner Kommentar zum AktG, 3. Aufl. 2012, Art. 50 SE-VO Rn. 20; aA *Teichmann* in: Lutter/Hommelhoff/Teichmann (Hrsg.), SE-Kommentar, 2015, Art. 50 SE-VO Rn. 11.

706 Vgl. *Verse* in: Habersack/Drinhausen (Hrsg.), SE-Recht mit grenzüberschreitender Verschmelzung, 2013, § 35 SEAG Rn. 11; *Teichmann* in: Lutter/Hommelhoff/Teichmann (Hrsg.), SE-Kommentar, 2015, § 35 SEAG Rn. 12, 14; BT-Drs. 15/4053, S. 59.

707 Vgl. *Verse* in: Habersack/Drinhausen (Hrsg.), SE-Recht mit grenzüberschreitender Verschmelzung, 2013, § 36 SEAG Rn. 8; aA wohl *Spitzbart* RNotZ 2006, 369, 381, die von „Stellvertretung" spricht.

708 Vgl. *Verse* in: Habersack/Drinhausen (Hrsg.), SE-Recht mit grenzüberschreitender Verschmelzung, 2013, § 35 SEAG Rn. 5; *Habersack* in: MüKo AktG, 4. Aufl. 2014, § 108 AktG Rn. 60.

709 Vgl. *Verse* in: Habersack/Drinhausen (Hrsg.), SE-Recht mit grenzüberschreitender Verschmelzung, 2013, § 35 SEAG Rn. 6; aA *Teichmann* in: Lutter/Hommelhoff/Teichmann (Hrsg.), SE-Kommentar, 2015, § 35 SEAG Rn. 8, der das Entfallen des Widerspruchsrechts lediglich durch Satzung, nicht hingegen durch Geschäftsordnung für begründet wissen möchte.

710 Vgl. *Verse* in: Habersack/Drinhausen (Hrsg.), SE-Recht mit grenzüberschreitender Verschmelzung, 2013, § 34 SEAG Rn. 25.

711 Vgl. *Verse* in: Habersack/Drinhausen (Hrsg.), SE-Recht mit grenzüberschreitender Verschmelzung, 2013, § 34 SEAG Rn. 25; *Teichmann* in: Lutter/Hommelhoff/Teichmann (Hrsg.), SE-Kommentar, 2015, § 34 SEAG Rn. 20; *Habersack* in: MüKo AktG, 4. Aufl. 2014, § 107 AktG Rn. 134; *Siems* in: Kölner Kommentar zum AktG, 3. Aufl. 2010, Anh. Art. 51 SE-VO § 34 SEAG Rn. 31 f.

712 Vgl. *Verse* in: Habersack/Drinhausen (Hrsg.), SE-Recht mit grenzüberschreitender Verschmelzung, 2013, § 35 SEAG Rn. 18; *Reichert/Brandes* in: MüKo AktG, 4. Aufl. 2017, Art. 50 SE-VO Rn. 55; *Siems* in: Kölner Kommentar zum AktG, 3. Aufl. 2010, Anh. Art. 51 SE-VO § 35 SEAG Rn. 18.

713 Vgl. *Verse* in: Habersack/Drinhausen (Hrsg.), SE-Recht mit grenzüberschreitender Verschmelzung, 2013, § 35 SEAG Rn. 18; *Siems* in: Kölner Kommentar zum AktG, 3. Aufl. 2010, Anh. Art. 51 SE-VO § 35 SEAG Rn. 18; *Habersack* in: MüKo AktG, 4. Aufl. 2014, § 108 AktG Rn. 73 ff.

e) Haftung

191 Die Haftung der Mitglieder des Verwaltungsrats bestimmt sich gemäß Art. 51 SE-VO iVm § 39 SEAG nach § 93 AktG und entspricht insofern derjenigen der Mitglieder des Vorstands bzw. des Aufsichtsrats einer AG.[714] Geschuldet wird auch im monistischen Leitungssystem die Sorgfalt eines ordentlichen und gewissenhaften Geschäftsleiters, wobei die Mitglieder des Verwaltungsrats nicht pflichtwidrig handeln, wenn sie bei einer unternehmerischen Entscheidung vernünftigerweise annehmen durften, auf der Grundlage angemessener Informationen zum Wohle der Gesellschaft zu handeln (sog Business Judgement Rule).[715] Im Haftungsprozess gegen ein Verwaltungsratsmitglied wird die Gesellschaft gemäß § 41 I 1 SEAG von den geschäftsführenden Direktoren vertreten.[716]

2. Geschäftsführende Direktoren

a) Aufgaben und Stellung

192 Die Kompetenzverteilung bei der **Geschäftsführung** der SE mit Sitz in Deutschland ist nicht ganz einfach. So bestimmt Art. 43 I 1 SE-VO, dass der Verwaltungsrat für die Geschäftsführung der SE verantwortlich ist, während diese gemäß § 40 II 1 SEAG (auch) den geschäftsführenden Direktoren obliegt. Letztere werden nach der gesetzlichen Konzeption dabei allerdings **im Kompetenzbereich des Verwaltungsrats** tätig,[717] der innerhalb seines Aufgabenbereichs den geschäftsführenden Direktoren vielfältige Maßnahmen der Geschäftsführung überlassen darf und soll.[718] Lediglich gesetzlich dem Verwaltungsrat zugewiesene Aufgaben können gemäß § 40 II 3 SEAG nicht auf die geschäftsführenden Direktoren übertragen werden. Dazu gehören die Einberufung der Hauptversammlung gemäß § 22 II 1 SEAG, die Vorbereitung und Ausführung von Hauptversammlungsbeschlüssen gemäß § 22 II 3 SEAG, die Anzeige des Verlusts des halben Grundkapitals gemäß § 22 V 1 SEAG sowie die Stellung eines Insolvenzantrags gemäß § 22 V 2 SEAG. Im Hinblick auf die ebenfalls in § 22 SEAG aufgeführten internen Organisationspflichten des Verwaltungsrats (dh die Organisation der Buchführung gemäß § 22 III 1 SEAG sowie die Einrichtung eines Risikoüberwachungssystems gemäß § 22 III 2 SEAG) kann dieser den geschäftsführenden Direktoren zumindest die konkreten Umsetzungsmaßnahmen überlassen.[719] Umstritten ist, ob sich die Geschäftsführung durch die geschäftsführenden Direktoren darüber hinaus allgemein auf die **Führung der laufenden Geschäfte** beschränkt.[720] Die hM verneint dies,[721] so dass die Geschäftsführungsbefugnis der geschäftsführenden Direktoren hiernach insbesondere **auch außergewöhnliche Maßnahmen** umfasst, sofern diese wegen ihrer begrenzten wirtschaftlichen Tragweite für das Unternehmen nicht von grundlegender Bedeutung sind.[722] Spezifische Kompetenzzuweisungen an die geschäftsführenden Direktoren sieht das Gesetz bei der **Anmeldung und Einreichungen von Unterlagen zum Handelsregister** (§ 40 II 4 SEAG bzw. § 46 SEAG), der **Erstellung des Jahresabschlusses** und der Vorlage an den Verwaltungsrat mit dem Vorschlag für die Gewinnverwendung (§ 47 I SEAG) sowie der **Erstellung des Abhängigkeitsberichts** im faktischen Konzern (§ 49 I SEAG). Indes unterliegen die geschäftsführenden Direktoren gemäß § 44 II SEAG dem umfassenden Weisungsrecht des Verwaltungsrats, so dass dieser auch die spezifisch den geschäftsführenden Direktoren zugewiesenen Geschäftsführungsangelegenheiten aufgrund seines Weisungsrechts jederzeit an sich ziehen kann.[723] Nicht zuletzt infolge

---

714 Vgl. *Siems* in: Kölner Kommentar zum AktG, 3. Aufl. 2010, Anh. Art. 51 SE-VO § 39 SEAG Rn. 7 ff.; *Verse* in: Habersack/Drinhausen (Hrsg.), SE-Recht mit grenzüberschreitender Verschmelzung, 2013, § 39 SEAG Rn. 1 ff.; *Teichmann* in: Lutter/Hommelhoff/Teichmann (Hrsg.), SE-Kommentar, 2015, § 39 SEAG Rn. 1 f.

715 Zur Anwendbarkeit der Business Judgement Rule vgl. *Verse* in: Habersack/Drinhausen (Hrsg.), SE-Recht mit grenzüberschreitender Verschmelzung, 2013, § 39 SEAG Rn. 14; *Teichmann* in: Lutter/Hommelhoff/Teichmann (Hrsg.), SE-Kommentar, 2015, § 39 SEAG Rn. 6; *Siems* in: Kölner Kommentar zum AktG, 3. Aufl. 2012, Anh. Art. 51 SE-VO § 39 SEAG Rn. 14.

716 Vgl. *Verse* in: Habersack/Drinhausen (Hrsg.), SE-Recht mit grenzüberschreitender Verschmelzung, 2013, § 39 SEAG Rn. 24; *Reichert/Brandes* in: MüKo AktG, 4. Aufl. 2017, Art. 51 SE-VO Rn. 33; *Teichmann* in: Lutter/Hommelhoff/Teichmann (Hrsg.), SE-Kommentar, 2015, § 39 SEAG Rn. 13.

717 So *Teichmann* in: Lutter/Hommelhoff/Teichmann (Hrsg.), SE-Kommentar, 2015, § 40 SEAG Rn. 31.

718 Vgl. *Teichmann* in: Lutter/Hommelhoff/Teichmann (Hrsg.), SE-Kommentar, 2015, § 40 SEAG Rn. 31.

719 Vgl. *Teichmann* in: Lutter/Hommelhoff/Teichmann (Hrsg.), SE-Kommentar, 2015, § 40 SEAG Rn. 32.

720 So *Manz* in: Manz/Mayer/Schröder (Hrsg.), SE Europäische Aktiengesellschaft, 2010, Art. 43 SE-VO Rn. 36.

721 Vgl. *Teichmann* in: MüHdB GesR, Bd. 6, 4. Aufl. 2013, § 49 Rn. 88; *ders.* in: Lutter/Hommelhoff/Teichmann (Hrsg.), SE-Kommentar, 2015, § 40 SEAG Rn. 30; *Verse* in: Habersack/Drinhausen (Hrsg.), SE-Recht mit grenzüberschreitender Verschmelzung, 2013, § 40 SEAG Rn. 33 f.

722 So *Verse* in: Habersack/Drinhausen (Hrsg.), SE-Recht mit grenzüberschreitender Verschmelzung, 2013, § 40 SEAG Rn. 34.

723 Vgl. *Teichmann* in: MüHdB GesR, Bd. 6, 4. Aufl. 2013, § 49 Rn. 88; *ders.* in: Lutter/Hommelhoff/Teichmann (Hrsg.), SE-Kommentar, 2015, § 44 SEAG Rn. 10.

der **Weisungsgebundenheit der geschäftsführenden Direktoren** – sowie der jederzeitigen Abberufbarkeit – stehen diese funktional betrachtet den Geschäftsführern einer GmbH näher als dem Vorstand einer AG.[724]

Neben der Geschäftsführung obliegt den geschäftsführenden Direktoren auch die **Vertretung** der SE gemäß § 41 I 1 SEAG. Im Außenverhältnis kann die Vertretungsbefugnis gemäß § 44 I SEAG **nicht beschränkt** werden, während die geschäftsführenden Direktoren im Innenverhältnis verpflichtet sind, die Anweisungen und Beschränkungen des Verwaltungsrats (und – in Ausnahmefällen – der Hauptversammlung)[725] zu beachten. Gemäß § 41 II 1 SEAG vertreten mehrere geschäftsführende Direktoren die Gesellschaft **gemeinschaftlich**, wenn die Satzung nichts anderes bestimmt; die Satzung kann gemäß § 41 III 1 SEAG **Einzelvertretung** oder **unechte Gesamtvertretung** durch einen geschäftsführenden Direktor gemeinsam mit einem Prokuristen vorsehen. Zur Gesamtvertretung befugte geschäftsführende Direktoren können gemäß § 41 IV 1 SEAG einzelne geschäftsführende Direktoren zur Vornahme bestimmter Geschäfte oder bestimmter Arten von Geschäften **ermächtigen**. Für die **Passivvertretung** genügt gemäß § 41 II 2 SEAG die Abgabe von Willenserklärungen gegenüber einem geschäftsführenden Direktor. Im Verhältnis zu den geschäftsführenden Direktoren wird die Gesellschaft gemäß § 45 SEAG **durch den Verwaltungsrat vertreten**. Zudem vertritt der Verwaltungsrat die Gesellschaft gemäß § 41 I 2 SEAG im Falle der Führungslosigkeit. 193

Als weitere Aufgaben weist das SEAG den geschäftsführenden Direktoren bestimmte **Berichtspflichten** zu. Gemäß § 40 VI SEAG sind die geschäftsführenden Direktoren dem Verwaltungsrat **entsprechend § 90 AktG** berichtspflichtig. So haben die geschäftsführenden Direktoren unaufgefordert in regelmäßigen Berichten über den Geschäftsgang und in Sonderberichten über besonders bedeutsame Geschäfte zu berichten (§ 90 I, II AktG) sowie auf Anforderung des Verwaltungsrats oder eines seiner Mitglieder weitere Berichte in Angelegenheiten zu erstatten, die für die Gesellschaft von erheblicher Bedeutung sind (§ 90 III AktG). Diese Berichtpflicht kann gemäß § 40 VI SEAG durch die Satzung oder die Geschäftsordnung sowohl verschärft als abgesenkt werden.[726] Daneben treffen die geschäftsführenden Direktoren gemäß § 40 III SEAG spezielle Berichtspflichten bei **Aufzehrung des halben Grundkapitals** und bei **Eintritt der Insolvenzreife.** 194

b) Zusammensetzung

Gemäß § 40 I 1 SEAG ist **mindestens ein geschäftsführender Direktor** zu bestellen, wobei die Satzung gemäß § 40 I 5 SEAG eine höhere Mindestzahl vorsehen kann. Daneben kann die Satzung auch eine Höchstzahl oder eine bestimmte Zahl vorsehen.[727] In der paritätisch mitbestimmten SE sind bei Eingreifen der Auffangregelung gemäß § 40 I 6 SEAG iVm § 38 II SEBG zwingend mindestens zwei geschäftsführende Direktoren zu bestellen, von denen einer zwingend für den Bereich Arbeit und Soziales zuständig sein muss. 195

c) Bestellung und Abberufung

Die geschäftsführenden Direktoren werden gemäß § 40 I 1 SEAG vom **Verwaltungsrat** bestellt und zwar durch das Plenum. Eine Delegation dieser Entscheidung auf einen Ausschuss gemäß § 34 IV 2 SEAG ist unzulässig. In dringenden Fällen ist gemäß § 45 SEAG eine gerichtliche Bestellung möglich. Die Bestellung der geschäftsführenden Direktoren ist gemäß § 40 I 3 SEAG zur Eintragung in das Handelsregister anzumelden, wobei die Eintragung nur deklaratorische Wirkung hat.[728] 196

Im Unterschied zum dualistischen (vgl. § 39 III 1 SEAG)[729] kennt das monistische Leitungssystem keine Inkompatibilität zwischen der Mitgliedschaft in dem Geschäftsführungs- und im Kontrollorgan.[730] Zu geschäftsfüh- 197

724 Vgl. *Verse* in: Habersack/Drinhausen (Hrsg.), SE-Recht mit grenzüberschreitender Verschmelzung, 2013, § 40 SEAG Rn. 1; *Teichmann* in: Lutter/Hommelhoff/Teichmann (Hrsg.), SE-Kommentar, 2015, § 40 SEAG Rn. 5.

725 Beschränkungen oder Anweisungen der Hauptversammlung kommen nur ausnahmsweise in Betracht – zB, wenn der Hauptversammlung Fragen der Geschäftsführung gem. Art. 52 2 SE-VO iVm § 119 II AktG vorgelegt werden; vgl. *Verse* in: Habersack/Drinhausen (Hrsg.), SE-Recht mit grenzüberschreitender Verschmelzung, 2013, § 44 SEAG Rn. 6.

726 Vgl. *Siems* in: Kölner Kommentar zum AktG, 3. Aufl. 2010, Anh. Art. 51 SE-VO § 40 SEAG Rn. 70; *Teichmann* in: Lutter/Hommelhoff/Teichmann (Hrsg.), SE-Kommentar, 2015, § 40 SEAG Rn. 40; kritisch *Verse* in: Habersack/Drinhausen (Hrsg.), SE-Recht mit grenzüberschreitender Verschmelzung, 2013, § 40 SEAG Rn. 42.

727 Vgl. *Verse* in: Habersack/Drinhausen (Hrsg.), SE-Recht mit grenzüberschreitender Verschmelzung, 2013, § 40 SEAG Rn. 10; *Reichert/Brandes* in: MüKo AktG, 4. Aufl. 2017, Art. 53 SE-VO Rn. 118; *Siems* in: Kölner Kommentar zum AktG, 3. Aufl. 2010, Anh. Art. 51 SE-VO § 40 SEAG Rn. 45; *Eberspächer* in: Spindler/Stilz (Hrsg.), AktG, 3. Aufl. 2015, Art. 43 SE-VO Rn. 37.

728 Vgl. *Teichmann* in: Lutter/Hommelhoff/Teichmann (Hrsg.), SE-Kommentar, 2015, § 40 SEAG Rn. 14; *Verse* in: Habersack/Drinhausen (Hrsg.), SE-Recht mit grenzüberschreitender Verschmelzung, 2013, § 40 SEAG Rn. 9; *Siems* in: Kölner Kommentar zum AktG, 3. Aufl. 2010, Anh. Art. 51 SE-VO § 40 SEAG Rn. 3, 42.

729 Vgl. Rn. 137, 150.

730 Vgl. *Teichmann* in: Lutter/Hommelhoff/Teichmann (Hrsg.), SE-Kommentar, 2015, § 40 SEAG Rn. 19; *Verse* in: Habersack/Drinhausen (Hrsg.), SE-Recht mit grenzüberschreitender Verschmelzung, 2013, § 40 SEAG Rn. 11; *Siems* in: Kölner Kommentar zum AktG, 3. Aufl. 2010, Anh. Art. 51 SE-VO § 40 SEAG Rn. 18; *Eberspächer* in:

renden Direktoren können vielmehr sowohl Verwaltungsratsmitglieder (sog **interne geschäftsführende Direktoren**) als auch Dritte (sog **externe geschäftsführende Direktoren**) bestellt werden. Sofern allerdings Verwaltungsratsmitglieder zu geschäftsführenden Direktoren bestellt werden, ist gemäß § 40 I 2 SEAG zwingend erforderlich, dass die Mehrheit des Verwaltungsrats aus nicht-geschäftsführenden Mitgliedern besteht. Darüber hinaus schreiben weder die SE-VO noch die SEAG – von den allgemeinen Bestellungshindernissen abgesehen – weitere Bestellungshindernisse vor. Vorbehaltlich abweichender Satzungsbestimmungen gemäß § 40 I 5 SEAG kann somit auch der Verwaltungsratsvorsitzende zum geschäftsführenden Direktor bestellt werden und damit eine Machtfülle erhalten, die im angelsächsischen Rechtskreis häufig dem sog **Chief Executive Officer** (CEO) zusteht.[731] Der Verwaltungsrat kann auch Arbeitnehmervertreter zu geschäftsführenden Direktoren bestellen, wobei dies in der Praxis kaum vorkommen wird.[732] Relevanter dürfte die Empfehlung sein, in der paritätisch mitbestimmten SE nur externe geschäftsführende Direktoren zu bestellen,[733] damit die Arbeitnehmervertreter nicht die Mehrheit der nicht-geschäftsführenden Verwaltungsratsmitglieder stellen.

198 Werden Verwaltungsratsmitglieder zu geschäftsführenden Direktoren bestellt, gelten für diese bereits in ihrer Funktion als Mitglieder des Verwaltungsrats die **Bestellungshindernisse des § 76 III AktG.**[734] Bei der Bestellung externer geschäftsführender Direktoren findet § 76 III AktG gemäß § 40 I 4 SEAG entsprechende Anwendung.

199 Zur Dauer der Bestellung und zur Frage der Wiederbestellung enthält § 40 I SEAG keine Angaben. Da nach der hM Art. 46 I SE-VO, der für die Organmitglieder der SE eine maximale Bestelldauer von sechs Jahren vorsieht, bei der Bestellung der geschäftsführenden Direktoren keine Anwendung findet,[735] hängt die **Bestelldauer** von einer entsprechenden **Regelung in der Satzung** bzw. vom **Bestellungsbeschluss des Verwaltungsrats** ab. Sofern diese keine Dauer bestimmen, gilt die Bestellung auf unbestimmte Zeit.[736] Wiederbestellungen sind vorbehaltlich anderslautender Bestimmungen in der Satzung der SE uneingeschränkt möglich.[737]

200 Vorbehaltlich anderslautender Satzungsregelungen können die geschäftsführenden Direktoren vom Verwaltungsrat gemäß § 40 V 1 SEAG **jederzeit** – dh insbesondere auch ohne Vorliegen eines wichtigen Grundes – **abberufen** werden. Daneben kann das Amt des geschäftsführenden Direktors ebenso wie das eines Mitglieds des Leitungsorgans in der dualistisch verfassten SE auch aus anderen Gründen enden, etwa durch Erlöschen der Gesellschaft, Ablauf der Amtszeit, Amtsniederlegung, Tod oder Verlust der Eignungsvoraussetzungen gemäß § 76 III AktG.[738]

201 Für den Abschluss und die Änderung des **Anstellungsvertrages** mit den geschäftsführenden Direktoren ist der Verwaltungsrat zuständig. Dieser entscheidet durch Beschluss nach Art. 50 SE-VO. Ob die Beschlussfassung über den Abschluss und die Änderung des Anstellungsvertrages mit den geschäftsführenden Direktoren auf

---

Spindler/Stilz (Hrsg.), AktG, 3. Aufl. 2015, Art. 43 SE-VO Rn. 36; *Reichert/Brandes* in: MüKo AktG, 4. Aufl. 2017, Art. 43 SE-VO Rn. 113.

731 So *Teichmann* in: Lutter/Hommelhoff/Teichmann (Hrsg.), SE-Kommentar, 2015, § 40 SEAG Rn. 19, der auch auf die Bedenken hinsichtlich den Regeln einer guten Corporate Governance – zumindest in großen Gesellschaften – hinweist; vgl. zudem *Verse* in: Habersack/Drinhausen (Hrsg.), SE-Recht mit grenzüberschreitender Verschmelzung, 2013, § 40 SEAG Rn. 12; *Siems* in: Kölner Kommentar zum AktG, 3. Aufl. 2010, Anh. Art. 51 SE-VO § 40 SEAG Rn. 20.

732 Vgl. *Verse* in: Habersack/Drinhausen (Hrsg.), SE-Recht mit grenzüberschreitender Verschmelzung, 2013, § 40 SEAG Rn. 14; *Siems* in: Kölner Kommentar zum AktG, 3. Aufl. 2010, Anh. Art. 51 SE-VO § 40 SEAG Rn. 21; *Eberspächer* in: Spindler/Stilz (Hrsg.), AktG, 3. Aufl. 2015, Art. 43 SE-VO Rn. 36; aA *Manz* in: Manz/Mayer/Schröder (Hrsg.), SE Europäische Aktiengesellschaft, 2010, Art. 43 SE-VO Rn. 131.

733 Vgl. *Verse* in: Habersack/Drinhausen (Hrsg.), SE-Recht mit grenzüberschreitender Verschmelzung, 2013, § 40 SEAG Rn. 13; *Austmann* in: MüHdB GesR, Bd. 4, 4. Aufl. 2015, § 86 Rn. 20.

734 Vgl. Rn. 183.

735 Vgl. *Verse* in: Habersack/Drinhausen (Hrsg.), SE-Recht mit grenzüberschreitender Verschmelzung, 2013, § 40 SEAG Rn. 16; *Eberspächer* in: Spindler/Stilz (Hrsg.), AktG, 3. Aufl. 2015, Art. 43 SE-VO Rn. 39; *Siems* in: Kölner Kommentar zum AktG, 3. Aufl. 2010, Anh. Art. 51 SE-VO § 40 SEAG Rn. 41; *Teichmann* in: Lutter/Hommelhoff/Teichmann (Hrsg.), SE-Kommentar, 2015, Art. 46 SE-VO Rn. 8; *Reichert/Brandes* in: MüKo AktG, 4. Aufl. 2017, Art. 43 SE-VO Rn. 115; aA *Manz* in: Manz/Mayer/Schröder (Hrsg.), SE Europäische Aktiengesellschaft, 2010, Art. 43 SE-VO Rn. 134.

736 Vgl. *Verse* in: Habersack/Drinhausen (Hrsg.), SE-Recht mit grenzüberschreitender Verschmelzung, 2013, § 40 SEAG Rn. 17; *Eberspächer* in: Spindler/Stilz (Hrsg.), AktG, 3. Aufl. 2015, Art. 43 SE-VO Rn. 39; *Siems* in: Kölner Kommentar zum AktG, 3. Aufl. 2010, Anh. Art. 51 SE-VO § 40 SEAG Rn. 41; *Reichert/Brandes* in: MüKo AktG, 4. Aufl. 2017, Art. 43 SE-VO Rn. 115.

737 Vgl. *Verse* in: Habersack/Drinhausen (Hrsg.), SE-Recht mit grenzüberschreitender Verschmelzung, 2013, § 40 SEAG Rn. 17; *Siems* in: Kölner Kommentar zum AktG, 3. Aufl. 2010, Anh. Art. 51 SE-VO § 40 SEAG Rn. 41; aA *Frodermann* in: Jannott/Frodermann (Hrsg.), HdB der Europäischen Aktiengesellschaft, 2014, Kap. 5 Rn. 247.

738 Vgl. *Verse* in: Habersack/Drinhausen (Hrsg.), SE-Recht mit grenzüberschreitender Verschmelzung, 2013, § 40 SEAG Rn. 58; *Reichert/Brandes* in: MüKo AktG, 4. Aufl. 2017, Art. 43 SE-VO Rn. 141; *Siems* in: Kölner Kommentar zum AktG, 3. Aufl. 2010, Anh. Art. 51 SE-VO § 40 SEAG Rn. 83; *Teichmann* in: Lutter/Hommelhoff/Teichmann (Hrsg.), SE-Kommentar, 2015, § 40 SEAG Rn. 48.

einen Ausschuss des Verwaltungsrats delegiert werden kann, ist umstritten[739] und sollten in der Praxis vor diesem Hintergrund unterbleiben. Hinsichtlich der inhaltlichen Ausgestaltung des Anstellungsvertrages empfiehlt sich die Orientierung an Anstellungsverträgen mit Vorstandsmitgliedern einer AG.[740] Ist der geschäftsführende Direktor gleichzeitig Verwaltungsratsmitglied, hat sich der Anstellungsvertrag ausschließlich auf die Tätigkeit als geschäftsführender Direktor zu beziehen,[741] da das Gesetz für ein Anstellungsverhältnis mit den Verwaltungsratsmitgliedern ebensowenig Raum lässt wie für die Festsetzung der Vergütung der Verwaltungsratsmitglieder durch Vertrag.[742] Der Anstellungsvertrag wird durch die Abberufung des geschäftsführenden Direktors grundsätzlich nicht berührt; für seine Beendigung bedarf es einer gesonderten Kündigung. Will man einen Gleichlauf zwischen Abberufung und Beendigung des Anstellungsvertrages herstellen, empfiehlt sich eine entsprechende Gestaltung im Anstellungsvertrag, wonach dieser unter die auflösende Bedingung der Abberufung gestellt wird.[743]

d) Binnenorganisation

Sofern **mehrere geschäftsführende Direktoren** bestellt sind, sind diese gemäß § 40 II 2 SEAG nur gemeinschaftlich zur Geschäftsführung befugt; Geschäftsführungsentscheidungen müssen demnach grundsätzlich einstimmig beschlossen werden.[744] Abweichungen von diesem Prinzip der **Gesamtgeschäftsführung** – zB Ressortaufteilungen oder die Einführung des Mehrheitsprinzips – sind gemäß § 40 II 2 SEAG in der Satzung der Gesellschaft oder in einer vom Verwaltungsrat erlassenen Geschäftsordnung möglich.[745] 202

Daneben existieren hinsichtlich der Binnenorganisation der geschäftsführenden Direktoren keine zwingenden gesetzlichen Vorgaben. Diese werden in der Praxis regelmäßig in einer **Geschäftsordnung** festgelegt. Dort werden typischerweise die Geschäftsverteilung, die Regeln der internen Willensbildung, die Berichterstattung an den Verwaltungsrat und die Behandlung von Interessenkonflikten geregelt sowie ein **Katalog zustimmungspflichtiger Geschäftsführungsmaßnahmen** erlassen.[746] Neben der Satzung kann auch in der Geschäftsordnung vorgesehen werden, dass ein **Vorsitzender der Geschäftsführung** zu bestellen ist;[747] mangels entsprechender gesetzlicher Regelungen ist dessen Rechtsstellung in der Geschäftsordnung näher auszugestalten. Für börsennotierte Gesellschaften empfiehlt Ziffer 4.2.1 Satz 1 DCGK die Bestellung eines Vorstandsvorsitzenden bzw. -sprechers; diese Empfehlung ist in der monistisch verfassten SE auf die geschäftsführenden Direktoren zu beziehen.[748] Für den Erlass einer Geschäftsordnung für die geschäftsführenden Direktoren ist gemäß § 40 IV 1 SEAG primär der Verwaltungsrat – und nur subsidiär die geschäftsführenden Direktoren selbst – zuständig. Einzelfragen der Geschäftsordnung können gemäß § 40 IV 2 SEAG in der Satzung bindend geregelt werden. 203

---

739 Vgl. insgesamt *Verse* in: Habersack/Drinhausen (Hrsg.), SE-Recht mit grenzüberschreitender Verschmelzung, 2013, § 40 SEAG Rn. 29; bejahend *Siems* in: Kölner Kommentar zum AktG, 3. Aufl. 2010, Anh. Art. 51 SE-VO § 40 SEAG Rn. 11; *Teichmann* in: Lutter/Hommelhoff/Teichmann (Hrsg.), SE-Kommentar, 2015, § 40 SEAG Rn. 26; verneinend *Reichert/Brandes* in: MüKo AktG, 4. Aufl. 2017, Art. 43 SE-VO Rn. 141, Art. 44 SE-VO Rn. 46.

740 So auch *Verse* in: Habersack/Drinhausen (Hrsg.), SE-Recht mit grenzüberschreitender Verschmelzung, 2013, § 40 SEAG Rn. 29; dazu etwa *Fleischer* in: Spindler/Stilz (Hrsg.), 3. Aufl. 2015, § 84 AktG Rn. 43 ff.

741 Vgl. *Verse* in: Habersack/Drinhausen (Hrsg.), SE-Recht mit grenzüberschreitender Verschmelzung, 2013, § 40 SEAG Rn. 30; *Siems* in: Kölner Kommentar zum AktG, 3. Aufl. 2010, Anh. Art. 51 SE-VO § 40 SEAG Rn. 10; aA *Reichert/Brandes* in: MüKo AktG, 4. Aufl. 2017, Art. 43 SE-VO Rn. 155.

742 Dazu *Verse* in: Habersack/Drinhausen (Hrsg.), SE-Recht mit grenzüberschreitender Verschmelzung, 2013, § 40 SEAG Rn. 30; insbesondere ist die Vergütung gem. § 38 I SEAG iVm § 113 AktG zwingend durch die Hauptversammlung festzulegen und kann nicht in einem mit dem Verwaltungsrat abgeschlossenen Anstellungsvertrag festgesetzt werden.

743 Vgl. *Verse* in: Habersack/Drinhausen (Hrsg.), SE-Recht mit grenzüberschreitender Verschmelzung, 2013, § 40 SEAG Rn. 60; *Reichert/Brandes* in: MüKo AktG, 4. Aufl. 2017, Art. 43 SE-VO Rn. 163.

744 Vgl. *Verse* in: Habersack/Drinhausen (Hrsg.), SE-Recht mit grenzüberschreitender Verschmelzung, 2013, § 40 SEAG Rn. 36; *Teichmann* in: Lutter/Hommelhoff/Teichmann (Hrsg.), SE-Kommentar, 2015, § 40 SEAG Rn. 36; *Siems* in: Kölner Kommentar zum AktG, 3. Aufl. 2010, Anh. Art. 51 SE-VO § 40 SEAG Rn. 60; *Eberspächer* in: Spindler/Stilz (Hrsg.), AktG, 3. Aufl. 2015, Art. 43 SE-VO Rn. 40.

745 Dazu *Teichmann* in: Lutter/Hommelhoff/Teichmann (Hrsg.), SE-Kommentar, 2015, § 40 SEAG Rn. 37.

746 Vgl. *Verse* in: Habersack/Drinhausen (Hrsg.), SE-Recht mit grenzüberschreitender Verschmelzung, 2013, § 40 SEAG Rn. 49; zur Geschäftsordnung des AG-Vorstands *Fleischer* in: Spindler/Stilz (Hrsg.), 3. Aufl. 2015, § 77 AktG Rn. 61.

747 Vgl. *Reichert/Brandes* in: MüKo AktG, 4. Aufl. 2017, Art. 43 SE-VO Rn. 124; *Verse* in: Habersack/Drinhausen (Hrsg.), SE-Recht mit grenzüberschreitender Verschmelzung, 2013, § 40 SEAG Rn. 20; zur Regelung in der Satzung: Reg.-Begründung zu § 40 SEAG, BT-Drs. 15/3405, S. 39.

748 So *Verse* in: Habersack/Drinhausen (Hrsg.), SE-Recht mit grenzüberschreitender Verschmelzung, 2013, § 40 SEAG Rn. 22.

e) Rechtsverhältnis zur Gesellschaft und Haftung

204 Gemäß § 40 VII SEAG finden die für den Vorstand der AG geltenden Vorschriften über die **Vergütung** (§ 87 AktG), das **Wettbewerbsverbot** (§ 88 AktG) sowie die **Kreditgewährung** (§ 89 AktG) auch auf die geschäftsführenden Direktoren entsprechende Anwendung. Soweit diese auf den Aufsichtsrat der AG Bezug nehmen, tritt an dessen Stelle gemäß § 22 VI SEAG der Verwaltungsrat.[749]

205 Gemäß Art. 40 VIII SEAG gilt für die Sorgfaltspflicht und die Verantwortlichkeit der geschäftsführenden Direktoren **§ 93 AktG entsprechend**. Die Haftung der geschäftsführenden Direktoren entspricht damit weitestgehend der Haftung des Vorstands einer AG.[750] Besonderheiten ergeben sich insbesondere daraus, dass die geschäftsführenden Direktoren **Weisungen des Verwaltungsrats** unterliegen können. Wenn sich die geschäftsführenden Direktoren weisungsgemäß verhalten, scheidet eine Haftung gemäß § 93 II 1 AktG aus.[751] Verbindlich sind allerdings nur rechtmäßige Weisungen des Verwaltungsrats, so dass die geschäftsführenden Direktoren jeweils zu prüfen haben, ob die entsprechende Weisung rechtmäßig ist.[752]

3. Hauptversammlung

206 Auch in der monistisch verfassten SE bildet die Hauptversammlung das zentrale Willensbildungsorgan der Gesellschafter. Für diese gelten dieselben Regelungen wie für die Hauptversammlung der dualistisch verfassten SE, so dass hier vollumfänglich auf die obigen Ausführungen verwiesen werden kann.[753]

H. Kapitalverfassung

207 Die SE-VO enthält – im Unterschied zu früheren Entwürfen –[754] nur noch wenige Regelungen zur Finanzverfassung der SE. Vielmehr verweist sie auch diesbezüglich größtenteils auf das nationale Recht im Sitzstaat der SE.

I. Währung des Grundkapitals

208 Das Grundkapital der SE muss gemäß Art. 4 I SE-VO grundsätzlich auf **Euro** lauten. Art. 67 I 1 SE-VO gestattet daneben denjenigen Mitgliedstaaten, die den Euro (noch) nicht als Landeswährung eingeführt haben, eine in der Landeswährung ausgedrückte Kapitalziffer zu verlangen. Macht ein Mitgliedstaat von dieser Option Gebrauch, wie dies zB das Vereinigte Königreich getan hat,[755] bleibt es der Gesellschaft gemäß Art. 67 I 2 SE-VO unbenommen, ihr Kapital in Euro auszudrücken. In diesem Fall gilt gemäß Art. 67 I 3 SE-VO für die Umrechnung zwischen der Landeswährung und dem Euro der Umrechnungskurs des letzten Tages des Monats vor Gründung der SE – wobei auf die Errichtung der Gesellschaft und nicht auf deren Eintragung abgestellt wird.[756]

II. Mindesthöhe des Grundkapitals

209 Das Mindestkapital der SE beträgt gemäß Art. 4 II SE-VO **EUR 120.000**. Hiervon unberührt bleiben Rechtsvorschriften eines Mitgliedstaates, die ein höheres gezeichnetes Kapital für Gesellschaften mit bestimmten Arten

749 Vgl. *Verse* in: Habersack/Drinhausen (Hrsg.), SE-Recht mit grenzüberschreitender Verschmelzung, 2013, § 40 SEAG Rn. 62; *Teichmann* in: Lutter/Hommelhoff/Teichmann (Hrsg.), SE-Kommentar, 2015, § 40 SEAG Rn. 37; jeweils mit Bezug auf Begründung RegE § 40 SEAG, BT-Drs. 15/3405, S. 39; *Siems* in: Kölner Kommentar zum AktG, 3. Aufl. 2010, Anh. Art. 51 SE-VO § 40 SEAG Rn. 84 ff.

750 Vgl. *Verse* in: Habersack/Drinhausen (Hrsg.), SE-Recht mit grenzüberschreitender Verschmelzung, 2013, § 40 SEAG Rn. 70; *Siems* in: Kölner Kommentar zum AktG, 3. Aufl. 2010, Anh. Art. 51 SE-VO § 40 SEAG Rn. 87; *Teichmann* in: Lutter/Hommelhoff/Teichmann (Hrsg.), SE-Kommentar, 2015, § 40 SEAG Rn. 63; *Manz* in: Manz/Mayer/Schröder (Hrsg.), SE Europäische Aktiengesellschaft, 2010, Art. 43 SE-VO Rn. 152 ff.; *Reichert/Brandes* in: MüKo AktG, 4. Aufl. 2017, Art. 43 SE-VO Rn. 166.

751 Vgl. *Siems* in: Kölner Kommentar zum AktG, 3. Aufl. 2010, Anh. Art. 51 SE-VO § 40 SEAG Rn. 95; *Verse* in: Habersack/Drinhausen (Hrsg.), SE-Recht mit grenzüberschreitender Verschmelzung, 2013, § 40 SEAG Rn. 74; *Manz* in: Manz/Mayer/Schröder (Hrsg.), SE Europäische Aktiengesellschaft, 2010, Art. 43 SE-VO Rn. 154; *Teichmann* in: Lutter/Hommelhoff/Teichmann (Hrsg.), SE-Kommentar, 2015, § 40 SEAG Rn. 66; *Reichert/Brandes* in: MüKo AktG, 4. Aufl. 2017, Art. 43 SE-VO Rn. 168 f.

752 Vgl. *Siems* in: Kölner Kommentar zum AktG, 3. Aufl. 2010, Anh. Art. 51 SE-VO § 40 SEAG Rn. 95; *Reichert/Brandes* in: MüKo AktG, 4. Aufl. 2017, Art. 43 SE-VO Rn. 169; *Verse* in: Habersack/Drinhausen (Hrsg.), SE-Recht mit grenzüberschreitender Verschmelzung, 2013, § 40 SEAG Rn. 74.

753 Vgl. Rn. 157 ff.

754 Vgl. Nachweise bei *Lutter/Bayer/Schmidt*, Europäisches Unternehmens- und Kapitalmarktrecht, 2017, Rn. 45.80.

755 Vgl. *Lutter/Bayer/Schmidt*, Europäisches Unternehmens- und Kapitalmarktrecht, 2017, Rn. 45.81.

756 Vgl. *Habersack* in: Habersack/Drinhausen (Hrsg.), SE-Recht mit grenzüberschreitender Verschmelzung, 2013, Art. 67 SE-VO Rn. 3; *Kiem* in: Kölner Kommentar zum AktG, 3. Aufl. 2010, Art. 67 SE-VO Rn. 7; *Oechsler/Mihaylova* in: MüKo AktG, 4. Aufl. 2017, Art. 67 SE-VO Rn. 1; *Casper* in: Spindler/Stilz (Hrsg.), 3. Aufl. 2015, Art. 67 SE-VO Rn. 3.

von Tätigkeiten vorsehen. Solche Sondervorschriften gelten in Deutschland zB für Kapitalverwaltungsgesellschaften,[757] Unternehmensbeteiligungsgesellschaften[758] sowie REIT-Aktiengesellschaften.[759] Im Unterschied zur Unterschreitung des Mindestbetrages gemäß Art. 4 II SE-VO hat die Verletzung der Sondervorschriften keine gesellschaftsrechtlichen Konsequenzen; insbesondere darf der Registerrichter die Eintragung der SE in das Handelsregister deswegen nicht verweigern.[760]

III. Generalverweisung in Art. 5 SE-VO

Gemäß Art. 5 SE-VO gelten – vorbehaltlich Art. 4 I, II SE-VO – für das Kapital der SE, dessen Erhaltung und dessen Änderung sowie für Aktien, Schuldverschreibungen und sonstige vergleichbare Wertpapiere der SE die für eine Aktiengesellschaft im Sitzstaat der SE geltenden Vorschriften entsprechend. 210

1. Kapitalaufbringung

Ausdrücklich nicht umfasst sind die Vorschriften der Kapitalaufbringung. Aber auch diese richten sich über die Verweisung in **Art. 15 I SE-VO** nach den entsprechenden aktienrechtlichen Vorschriften im Sitzstaat der SE.[761] Die unterschiedliche Verweisung ins nationale Recht hat insofern Relevanz, als Art. 15 SE-VO die Verweisung unter einen Regelungsvorbehalt in der SE-VO stellt, während Art. 5 SE-VO einen solchen Vorbehalt nicht macht.[762] 211

2. Kapitalerhaltung

Bezüglich der Kapitalerhaltung verweist Art. 5 SE-VO ausdrücklich auf die Vorschriften des nationalen Aktienrechts. Für eine in Deutschland ansässige SE gelten damit insbesondere die **§§ 57 bis 62 AktG.** Danach darf weder eine Rückgewähr noch eine Verzinsung des Kapitals an die Aktionäre erfolgen; zu Unrecht empfangenen Leistungen sind an die Gesellschaft zurückzugewähren. Zu nennen sind daneben auch die Vorschriften zum **Erwerb eigener Aktien gemäß §§ 71 ff. AktG,** die bei einer in Deutschland ansässigen SE ebenfalls uneingeschränkt Anwendung finden.[763] 212

3. Kapitalerhöhung

Für die Kapitalerhöhung bei einer in Deutschland ansässigen SE gelten über Art. 5 SE-VO die Vorschriften über die **ordentliche Kapitalerhöhung** gemäß §§ 182 bis 191 AktG, die **bedingte Kapitalerhöhung** gemäß §§ 192 bis 201 AktG, die **Kapitalerhöhung aus genehmigtem Kapital** gemäß §§ 202 bis 206 AktG sowie die **Kapitalerhöhung aus Gesellschaftsmitteln** gemäß §§ 207 bis 220 AktG entsprechend.[764] 213

4. Kapitalherabsetzung

Auf die Kapitalherabsetzung bei einer SE mit Sitz in Deutschland finden über die Verweisung in Art. 5 SE-VO die Vorschriften über die **ordentliche Kapitalherabsetzung** gemäß §§ 222 bis 228 AktG, die **vereinfachte Kapitalherabsetzung** gemäß §§ 229 bis 236 AktG und die **Kapitalherabsetzung durch Einziehung von Aktien** gemäß §§ 237 bis 239 AktG Anwendung.[765] 214

---

757 Vgl. § 25 I Nr. 1 lit. a, b KAGB: EUR 300.000 für interne bzw. EUR 125.000 für externe.

758 Vgl. § 2 IV UBGG: EUR 1 Mio.

759 Vgl. § 4 REITG: EUR 15 Mio.

760 Vgl. *Fleischer* in: Lutter/Hommelhoff/Teichmann (Hrsg.), SE-Kommentar, 2015, Art. 4 SE-VO Rn. 10; *Diekmann* in: Habersack/Drinhausen (Hrsg.), SE-Recht mit grenzüberschreitender Verschmelzung, 2013, Art. 4 SE-VO Rn. 18; *Mayer* in: Manz/Mayer/Schröder (Hrsg.), SE Europäische Aktiengesellschaft, 2010, Art. 4 SE-VO Rn. 19; *Wenz* in: Kölner Kommentar zum AktG, 3. Aufl. 2012, Art. 4 SE-VO Rn. 23.

761 Vgl. *Fleischer* in: Lutter/Hommelhoff/Teichmann (Hrsg.), SE-Kommentar, 2015, Art. 5 SE-VO Rn. 3, 5; *Casper* in: Spindler/Stilz (Hrsg.), 3. Aufl. 2015, Art. 5 SE-VO Rn. 1; *Oechsler/Mihaylova* in: MüKo AktG, 4. Aufl. 2017, Art. 5 SE-VO Rn. 7; *Wenz* in: Kölner Kommentar zum AktG, 3. Aufl. 2012, Art. 5 SE-VO Rn. 11.

762 Vgl. *Fleischer* in: Lutter/Hommelhoff/Teichmann (Hrsg.), SE-Kommentar, 2015, Art. 5 SE-VO Rn. 5; *Casper* in: Spindler/Stilz (Hrsg.), 3. Aufl. 2015, Art. 5 SE-VO Rn. 1; *Oechsler/Mihaylova* in: MüKo AktG, 4. Aufl. 2017, Art. 5 SE-VO Rn. 7.

763 Vgl. *Diekmann* in: Habersack/Drinhausen (Hrsg.), SE-Recht mit grenzüberschreitender Verschmelzung, 2013, Art. 5 SE-VO Rn. 6 ff.

764 Vgl. *Fleischer* in: Lutter/Hommelhoff/Teichmann (Hrsg.), SE-Kommentar, 2015, Art. 5 SE-VO Rn. 8; *Diekmann* in: Habersack/Drinhausen (Hrsg.), SE-Recht mit grenzüberschreitender Verschmelzung, 2013, Art. 5 SE-VO Rn. 16 ff.; *Wenz* in: Kölner Kommentar zum AktG, 3. Aufl. 2012, Art. 5 SE-VO Rn. 17.

765 Vgl. *Fleischer* in: Lutter/Hommelhoff/Teichmann (Hrsg.), SE-Kommentar, 2015, Art. 5 SE-VO Rn. 9; *Diekmann* in: Habersack/Drinhausen (Hrsg.), SE-Recht mit grenzüberschreitender Verschmelzung, 2013, Art. 5 SE-VO Rn. 21; *Wenz* in: Kölner Kommentar zum AktG, 3. Aufl. 2012, Art. 5 SE-VO Rn. 20.

5. Ausgabe von Schuldverschreibungen und vergleichbarer Wertpapiere

215 Gemäß Art. 5 SE-VO gelten schließlich auch für die Aktien,[766] Schuldverschreibungen und sonstige vergleichbare Wertpapiere der SE die Vorschriften des nationalen Aktienrechts im Sitzstaat der SE. Bezüglich der Schuldverschreibungen und sonstigen Wertpapieren bezieht sich der Verweis in Art. 5 SE-VO auf Fragen der grundsätzlichen Zulässigkeit, ihre möglichen Ausgestaltungsvarianten und der gesellschaftsinternen Zuständigkeit für die Ausgabe derartiger Papiere.[767] Eine in Deutschland ansässige SE kann damit **in gleicher Weise wie eine deutsche AG** Wertpapiere ausgeben, insbesondere Wandelanleihen, Optionsanleihen, Gewinnschuldverschreibungen, Genussscheine und Zwischenscheine;[768] dabei liegt die Zuständigkeit, einen Beschluss zur Ausgabe entsprechender Wertpapiere zu fassen, grundsätzlich bei der Hauptversammlung der SE.[769] Als Aktiengesellschaft ist die SE grundsätzlich auch **börsenfähig.**[770]

I. Haftung

I. (Keine) Haftung der Aktionäre

216 Gemäß Art. 1 II 2 SE-VO haftet jeder Aktionär nur bis zur Höhe des von ihm gezeichneten Kapitals. Damit wird entgegen des einsoweit missverständlichen Wortlauts keine Regelung nach Art der Kommanditistenhaftung gemäß § 171 I HGB geschaffen.[771] Vielmehr bringt Art. 1 II 2 SE-VO nur das in allen entwickelten Aktienrechten[772] vorhandene **Trennungssystem** zum Ausdruck, wonach den Gläubigern **nur das Vermögen der Gesellschaft** haftet, während die Haftung des Aktionärs auf seine allein **der Gesellschaft geschuldete Einlage** beschränkt ist.

217 Die Frage eines ausnahmsweise möglichen **Haftungsdurchgriffs** wird durch Abs. 1 II SE-VO nicht geregelt.[773] Im Ergebnis besteht Einigkeit darüber, dass ein solcher – in den meisten Mitgliedstaaten anerkannter –[774] Haftungsdurchgriff Anwendung findet, wenn Aktionäre die in den Art. 5, 15 SE-VO vorausgesetzten Funktionsmechanismen der Kapitalaufbringung und -erhaltung rechtsmissbräuchlich außer Kraft setzen.[775]

II. Haftung der Gesellschafter der Vor-SE

218 Die Frage, ob bereits vor Eintragung der SE ein rechtsfähiges Gebilde existiert, wird durch die SE-VO nicht beantwortet (vgl. zur SCE § 6 Rn. 129).[776] Dies richtet sich vielmehr gemäß Art. 15 I SE-VO nach dem **nationalen Aktienrecht im künftigen Sitzstaat** der SE.[777] Für eine SE mit Sitz in Deutschland gilt somit das Rechtsinstitut

766 Vgl. hierzu Rn. 123 f.

767 Vgl. *Fleischer* in: Lutter/Hommelhoff/Teichmann (Hrsg.), SE-Kommentar, 2015, Art. 5 SE-VO Rn. 10; *Oechsler/Mihaylova* in: MüKo AktG, 4. Aufl. 2017, Art. 5 SE-VO Rn. 37; *Wenz* in: Kölner Kommentar zum AktG, 3. Aufl. 2012, Art. 5 SE-VO Rn. 30 ff.

768 Vgl. *Wenz* in: Kölner Kommentar zum AktG, 3. Aufl. 2012, Art. 5 SE-VO Rn. 31.

769 Vgl. *Wenz* in: Kölner Kommentar zum AktG, 3. Aufl. 2012, Art. 5 SE-VO Rn. 32.

770 Vgl. *Lutter/Bayer/Schmidt*, Europäisches Unternehmens- und Kapitalmarktrecht, 2017, Rn. 45.90.

771 Vgl. *Lutter* in: Lutter/Hommelhoff/Teichmann (Hrsg.), SE-Kommentar, 2015, Art. 1 SE-VO Rn. 11; *Oechsler/Mihaylova* in: MüKo AktG, 4. Aufl. 2017, Art. 1 SE-VO Rn. 6; *Casper* in: Spindler/Stilz (Hrsg.), AktG, 3. Aufl. 2015, Vor Art. 1 SE-VO Rn. 5; *Habersack* in: Habersack/Drinhausen (Hrsg.), SE-Recht mit grenzüberschreitender Verschmelzung, 2013, Art. 1 SE-VO Rn. 6.

772 Vgl. hierzu *Casper* in: Spindler/Stilz (Hrsg.), AktG, 3. Aufl. 2015, Vor Art. 1 SE-VO Rn. 5.

773 Vgl. *Lutter* in: Lutter/Hommelhoff/Teichmann (Hrsg.), SE-Kommentar, 2015, Art. 1 SE-VO Rn. 12; *Casper* in: Spindler/Stilz (Hrsg.), AktG, 3. Aufl. 2015, Vor Art. 1 SE-VO Rn. 6; *Habersack* in: Habersack/Drinhausen (Hrsg.), SE-Recht mit grenzüberschreitender Verschmelzung, 2013, Art. 1 SE-VO Rn. 6; *Siems* in: Kölner Kommentar zum AktG, 3. Aufl. 2012, Art. 1 SE-VO Rn. 22.

774 Vgl. hierzu *Siems* in: Kölner Kommentar zum AktG, 3. Aufl. 2012, Art. 1 SE-VO Rn. 22.

775 Vgl. *Habersack* in: Habersack/Drinhausen (Hrsg.), SE-Recht mit grenzüberschreitender Verschmelzung, 2013, Art. 1 SE-VO Rn. 6; *Lutter* in: Lutter/Hommelhoff/Teichmann (Hrsg.), SE-Kommentar, 2015, Art. 1 SE-VO Rn. 12; *Casper* in: Spindler/Stilz (Hrsg.), AktG, 3. Aufl. 2015, Vor Art. 1 SE-VO Rn. 6.

776 Vgl. *Diekmann* in: Habersack/Drinhausen (Hrsg.), SE-Recht mit grenzüberschreitender Verschmelzung, 2013, Art. 16 SE-VO Rn. 4; *Bayer* in: Lutter/Hommelhoff/Teichmann (Hrsg.), SE Kommentar, 2015, Art. 16 SE-VO Rn. 4; *Schäfer* in: MüKo AktG, 4. Aufl. 2017, Art. 16 SE-VO Rn. 2; *Maul* in: Kölner Kommentar zum AktG, 3. Aufl. 2012, Art. 16 SE-VO Rn. 5; *Schwarz*, SE-VO, 2006, Art. 16 SE-VO Rn. 8; *Lutter/Bayer/Schmidt*, Europäisches Unternehmens- und Kapitalmarktrecht, 2017, Rn. 45.77; *Jannott* in: Jannott/Frodermann (Hrsg.), HdB der Europäischen Aktiengesellschaft, 2014, Kap. 3 Rn. 311; *Caspar* DK 2007, 244, 246; aA *Kersting* DB 2001, 2079, 2081; *ders.* GmbHR 2003, 1466, 1467; *Hirte* NZG 2002, 1, 4; *Vossius* ZIP 2005, 741, 742.

777 Vgl. *Bayer* in: Lutter/Hommelhoff/Teichmann (Hrsg.), SE Kommentar, 2015, Art. 16 SE-VO Rn. 6; *Schäfer* in: MüKo AktG, 4. Aufl. 2017, Art. 16 SE-VO Rn. 4; *Schröder* in: Manz/Mayer/Schröder (Hrsg.), SE Europäische Aktiengesellschaft, 2010, Art. 16 SE-VO Rn. 11 ff.; *Teichmann* in: MüHdB GesR, Bd. 6, 4. Aufl. 2013, § 49 Rn. 15; *Jannott* in: Jannott/Frodermann (Hrsg.), HdB der Europäischen Aktiengesellschaft, 2014, Kap. 3 Rn. 311; *Caspar* DK 2007, 244, 249.

der Vorgesellschaft.[778] Die Vor-SE ist – wie die Vor-AG – als Rechtsträger sui generis **rechtsfähig.**[779] Sie entsteht mit ihrer Errichtung und wandelt sich mit der Eintragung in das Handelsregister in eine SE um.[780] Dabei gehen auch alle Aktiva und Passiva der Vor-SE im Wege der Gesamtrechtsnachfolge auf die SE über.[781] Auf die Vor-SE sind dieselben Regeln anwendbar wie auf die SE, sofern diese nicht – ausnahmsweise – die Eintragung der Gesellschaft voraussetzen.[782] Die Vor-SE unterliegt damit denselben **Organisationsregeln wie die künftige SE**: Im Innenverhältnis obliegt die Geschäftsführung damit dem Vorstand bzw. den geschäftsführenden Direktoren; im Außenverhältnis wird die Vor-SE durch den Vorstand bzw. die geschäftsführenden Direktoren vertreten.[783] Die Vertretungsmacht des Leitungsorgans ist dabei – wie bei der Vor-AG – durch den Zweck der Vorgesellschaft, dh auf Rechtshandlungen, die für die Herbeiführung der Eintragung notwendig sind, beschränkt.[784] Ebenso wie bei der Vor-AG unterliegen die Gesellschafter der Vor-SE der sog **Unterbilanz- und Verlustdeckungshaftung.**[785] Die Gründer haften der SE auf den Betrag, um den das tatsächliche Gesellschaftsvermögen der SE im Zeitpunkt ihrer Eintragung hinter dem Nennbetrag des Grundkapitals zurückbleibt;[786] kommt es nicht zur Eintragung der SE, haften die Gründer der Gesellschaft auf Deckung der während der Existenz der Vor-SE aufgetretenen Verluste.[787]

---

778 Vgl. *Diekmann* in: Habersack/Drinhausen (Hrsg.), SE-Recht mit grenzüberschreitender Verschmelzung, 2013, Art. 16 SE-VO Rn. 21; *Bayer* in: Lutter/Hommelhoff/Teichmann (Hrsg.), SE Kommentar, 2015, Art. 16 SE-VO Rn. 6; *Schäfer* in: MüKo AktG, 4. Aufl. 2017, Art. 16 SE-VO Rn. 5; *Maul* in: Kölner Kommentar zum AktG, 3. Aufl. 2012, Art. 16 SE-VO Rn. 6; *Casper* in: Spindler/Stilz (Hrsg.), AktG, 3. Aufl. 2015, Art. 16 SE-VO Rn. 9; *Schröder* in: Manz/Mayer/Schröder (Hrsg.), SE Europäische Aktiengesellschaft, 2010, Art. 16 SE-VO Rn. 51 ff.; *Lutter/Bayer/Schmidt*, Europäisches Unternehmens- und Kapitalmarktrecht, 2017, Rn. 45.78; *Teichmann* in: MüHdB GesR, Bd. 6, 4. Aufl. 2013, § 49 Rn. 15; *Austmann* in: MüHdB GesR, Bd. 4, 4. Aufl. 2015, § 84 Rn. 75; *Jannott* in: Jannott/Frodermann (Hrsg.), HdB der Europäischen Aktiengesellschaft, 2014, Kap. 3 Rn. 316.

779 Vgl. *Bayer* in: Lutter/Hommelhoff/Teichmann (Hrsg.), SE Kommentar, 2015, Art. 16 SE-VO Rn. 7; *Casper* in: Spindler/Stilz (Hrsg.), AktG, 3. Aufl. 2015, Art. 16 SE-VO Rn. 9; *Schäfer* in: MüKo AktG, 4. Aufl. 2017, Art. 16 SE-VO Rn. 5; *Teichmann* in: MüHdB GesR, Bd. 6, 4. Aufl. 2013, § 49 Rn. 15.

780 Vgl. *Bayer* in: Lutter/Hommelhoff/Teichmann (Hrsg.), SE Kommentar, 2015, Art. 16 SE-VO Rn. 7; *Schröder* in: Manz/Mayer/Schröder (Hrsg.), SE Europäische Aktiengesellschaft, 2010, Art. 16 SE-VO Rn. 60; *Schwarz*, SE-VO, 2006, Art. 16 SE-VO Rn. 31; *Caspar* DK 2007, 244, 249.

781 Vgl. *Diekmann* in: Habersack/Drinhausen (Hrsg.), SE-Recht mit grenzüberschreitender Verschmelzung, 2013, Art. 16 SE-VO Rn. 33; *Bayer* in: Lutter/Hommelhoff/Teichmann (Hrsg.), SE Kommentar, 2015, Art. 16 SE-VO Rn. 7; *Casper* in: Spindler/Stilz (Hrsg.), AktG, 3. Aufl. 2015, Art. 16 SE-VO Rn. 11; *Maul* in: Kölner Kommentar zum AktG, 3. Aufl. 2012, Art. 16 SE-VO Rn. 11; *Schröder* in: Manz/Mayer/Schröder (Hrsg.), SE Europäische Aktiengesellschaft, 2010, Art. 16 SE-VO Rn. 60; *Schwarz*, SE-VO, 2006, Art. 16 SE-VO Rn. 31; *Lutter/Bayer/Schmidt*, Europäisches Unternehmens- und Kapitalmarktrecht, 2017, Rn. 45.79; *Teichmann* in: MüHdB GesR, Bd. 6, 4. Aufl. 2013, § 49 Rn. 15; *Austmann* in: MüHdB GesR, Bd. 4, 4. Aufl. 2015, § 84 Rn. 77.

782 Vgl. *Diekmann* in: Habersack/Drinhausen (Hrsg.), SE-Recht mit grenzüberschreitender Verschmelzung, 2013, Art. 16 SE-VO Rn. 34; *Bayer* in: Lutter/Hommelhoff/Teichmann (Hrsg.), SE Kommentar, 2015, Art. 16 SE-VO Rn. 9; *Schröder* in: Manz/Mayer/Schröder (Hrsg.), SE Europäische Aktiengesellschaft, 2010, Art. 16 SE-VO Rn. 54; *Schwarz*, SE-VO, 2006, Art. 16 SE-VO Rn. 14; *Lutter/Bayer/Schmidt*, Europäisches Unternehmens- und Kapitalmarktrecht, 2017, Rn. 45.79.

783 Vgl. *Diekmann* in: Habersack/Drinhausen (Hrsg.), SE-Recht mit grenzüberschreitender Verschmelzung, 2013, Art. 16 SE-VO Rn. 34; *Bayer* in: Lutter/Hommelhoff/Teichmann (Hrsg.), SE Kommentar, 2015, Art. 16 SE-VO Rn. 10; *Schröder* in: Manz/Mayer/Schröder (Hrsg.), SE Europäische Aktiengesellschaft, 2010, Art. 16 SE-VO Rn. 57; *Schwarz*, SE-VO, 2006, Art. 16 SE-VO Rn. 15; *Lutter/Bayer/Schmidt*, Europäisches Unternehmens- und Kapitalmarktrecht, 2017, Rn. 45.79; *Austmann* in: MüHdB GesR, Bd. 4, 4. Aufl. 2015, § 84 Rn. 76.

784 Vgl. *Diekmann* in: Habersack/Drinhausen (Hrsg.), SE-Recht mit grenzüberschreitender Verschmelzung, 2013, Art. 16 SE-VO Rn. 35; *Bayer* in: Lutter/Hommelhoff/Teichmann (Hrsg.), SE Kommentar, 2015, Art. 16 SE-VO Rn. 10; *Schäfer* in: MüKo AktG, 4. Aufl. 2017, Art. 16 SE-VO Rn. 5; *Maul* in: Kölner Kommentar zum AktG, 3. Aufl. 2012, Art. 16 SE-VO Rn. 11; *Lutter/Bayer/Schmidt*, Europäisches Unternehmens- und Kapitalmarktrecht, 2017, Rn. 45.79; aA *Jannott* in: Jannott/Frodermann (Hrsg.), HdB der Europäischen Aktiengesellschaft, 2014, Kap. 3 Rn. 317; *Schwarz*, SE-VO, 2006, Art. 16 SE-VO Rn. 15.

785 Vgl. *Diekmann* in: Habersack/Drinhausen (Hrsg.), SE-Recht mit grenzüberschreitender Verschmelzung, 2013, Art. 16 SE-VO Rn. 37; *Bayer* in: Lutter/Hommelhoff/Teichmann (Hrsg.), SE Kommentar, 2015, Art. 16 SE-VO Rn. 11; *Schäfer* in: MüKo AktG, 4. Aufl. 2017, Art. 16 SE-VO Rn. 5; *Casper* in: Spindler/Stilz (Hrsg.), AktG, 3. Aufl. 2015, Art. 16 SE-VO Rn. 12; *Maul* in: Kölner Kommentar zum AktG, 3. Aufl. 2012, Art. 16 SE-VO Rn. 11; *Schröder* in: Manz/Mayer/Schröder (Hrsg.), SE Europäische Aktiengesellschaft, 2010, Art. 16 SE-VO Rn. 67; *Lutter/Bayer/Schmidt*, Europäisches Unternehmens- und Kapitalmarktrecht, 2017, Rn. 45.79; *Teichmann* in: MüHdB GesR, Bd. 6, 4. Aufl. 2013, § 49 Rn. 15; *Austmann* in: MüHdB GesR, Bd. 4, 4. Aufl. 2015, § 84 Rn. 77.

786 Die Unterbilanzhaftung kann bei der Verschmelzung zur Neugründung (Art. 17 II lit. b) SE-VO) indes nicht eintreten, da hierbei die Gründungsgesellschaften erlöschen, so dass es am Haftungssubjekt fehlt; die Unterbilanzhaftung kann in diesem Fall auch nicht auf die Gesellschafter der Gründungsgesellschaften ausgedehnt werden; vgl. *Austmann* in: MüHdB GesR, Bd. 4, 4. Aufl. 2015, § 84 Rn. 77.

787 Zur Ausgestaltung der Unterbilanz- und Verlustdeckungshaftung bei der AG vgl. *Koch* in: Hüffer/Koch, AktG, 12. Aufl. 2016, § 41 AktG Rn. 8 ff. mwN.

219 Die Vor-SE entsteht allerdings **nicht bei jeder Gründungsvariante**. Bei der Verschmelzung durch Aufnahme (Art. 17 II lit. a) SE-VO) und der formwechselnden Umwandlung (Art. 37 SE-VO) besteht kein Bedürfnis für die Anerkennung einer Vor-SE. In beiden Fällen existiert bereits vor der Eintragung der SE eine Gründungsgesellschaft in der Rechtsform einer AG, die mit Eintragung unter Beibehaltung ihrer Identität lediglich ihre Rechtsform in eine SE ändert; Verpflichtungen, die bereits im Namen der SE begründet wurden, treffen auch beim Scheitern der SE-Gründung die betreffende Gründungsgesellschaft.[788] Im Hinblick auf die **Entstehung** der Vor-SE ist zudem **je nach Gründungsvariante** zu unterscheiden: Bei der Gründung einer Tochter-SE (Artt. 35 f. SE-VO) entsteht die Vor-SE – wie eine Vor-AG – mit Feststellung der Satzung und Übernahme sämtlicher Aktien.[789] Im Falle der Verschmelzung durch Neugründung (Art. 17 II lit. b) SE-VO) entsteht die Vor-SE, sobald die Hauptversammlungen sämtlicher Gründungsgesellschaften dem Verschmelzungsplan zugestimmt haben.[790] Bei der Gründung einer Holding-SE wird ebenfalls auf den Zeitpunkt des letzten Zustimmungsbeschlusses abgestellt; nicht erforderlich ist die Leistung der Einlage in Höhe der Mindestquote gemäß Art. 33 II SE-VO.[791]

III. Handelndenhaftung

220 Gemäß Art. 16 II SE-VO haftet derjenige, der im Namen der SE vor deren Eintragung Rechtshandlungen im Namen der SE vornimmt, für die dadurch entstandenen Verpflichtungen, sofern diese von der SE nach der Eintragung nicht übernommen werden (vgl. zur SCE-VO § 6 Rn. 135). Zwar kommen nach Art. 16 II SE-VO als mögliche Haftungssubjekte auch „Gesellschaften oder andere juristische Personen" in Betracht; in der Praxis wird die Handelndenhaftung aber – wenn überhaupt – nur die **Organmitglieder der Vor-SE** betreffen, da nur sie namens der (Vor)-SE handeln können.[792] Erfasst werden neben **rechtsgeschäftlichen** auch **rechtsgeschäftsähnliche Handlungen**;[793] Handlungen ohne jede rechtsgeschäftliche Qualität, wie zB deliktische, genügen nicht.[794] Art. 16 II SE-VO verlangt ein Handeln **„im Namen der SE"**, wobei nach allgemeiner Ansicht grundsätzlich

---

788 Vgl. *Diekmann* in: Habersack/Drinhausen (Hrsg.), SE-Recht mit grenzüberschreitender Verschmelzung, 2013, Art. 16 SE-VO Rn. 27; *Bayer* in: Lutter/Hommelhoff/Teichmann (Hrsg.), SE Kommentar, 2015, Art. 16 SE-VO Rn. 12; *Casper* in: Spindler/Stilz (Hrsg.), AktG, 3. Aufl. 2015, Art. 16 SE-VO Rn. 10; *Schäfer* in: MüKo AktG, 4. Aufl. 2017, Art. 16 SE-VO Rn. 6; *Schröder* in: Manz/Mayer/Schröder (Hrsg.), SE Europäische Aktiengesellschaft, 2010, Art. 16 SE-VO Rn. 56; *Lutter/Bayer/Schmidt*, Europäisches Unternehmens- und Kapitalmarktrecht, 2017, Rn. 45.78; *Austmann* in: MüHdB GesR, Bd. 4, 4. Aufl. 2015, § 84 Rn. 75.

789 Vgl. *Diekmann* in: Habersack/Drinhausen (Hrsg.), SE-Recht mit grenzüberschreitender Verschmelzung, 2013, Art. 16 SE-VO Rn. 30; *Bayer* in: Lutter/Hommelhoff/Teichmann (Hrsg.), SE Kommentar, 2015, Art. 16 SE-VO Rn. 15; *Maul* in: Kölner Kommentar zum AktG, 3. Aufl. 2012, Art. 16 SE-VO Rn. 7; *Schwarz*, SE-VO, 2006, Art. 16 SE-VO Rn. 10; aA (nur Feststellung der Satzung) *Schäfer* in: MüKo AktG, 4. Aufl. 2017, Art. 16 SE-VO Rn. 7; *Schröder* in: Manz/Mayer/Schröder (Hrsg.), SE Europäische Aktiengesellschaft, 2010, Art. 16 SE-VO Rn. 56.

790 Vgl. *Diekmann* in: Habersack/Drinhausen (Hrsg.), SE-Recht mit grenzüberschreitender Verschmelzung, 2013, Art. 16 SE-VO Rn. 31; *Bayer* in: Lutter/Hommelhoff/Teichmann (Hrsg.), SE Kommentar, 2015, Art. 16 SE-VO Rn. 14; *Schäfer* in: MüKo AktG, 4. Aufl. 2017, Art. 16 SE-VO Rn. 7; *Maul* in: Kölner Kommentar zum AktG, 3. Aufl. 2012, Art. 16 SE-VO Rn. 7; *Schwarz*, SE-VO, 2006, Art. 16 SE-VO Rn. 10.

791 Vgl. *Bayer* in: Lutter/Hommelhoff/Teichmann (Hrsg.), SE Kommentar, 2015, Art. 16 SE-VO Rn. 15; *Schäfer* in: MüKo AktG, 4. Aufl. 2017, Art. 16 SE-VO Rn. 7; *Jannott* in: Jannott/Frodermann (Hrsg.), HdB der Europäischen Aktiengesellschaft, 2014, Kap. 3 Rn. 314; aA *Brandes* AG 2005, 177, 186; *Stöber* AG 2013, 110, 115.

792 Vgl. *Austmann* in: MüHdB GesR, Bd. 4, 4. Aufl. 2015, § 84 Rn. 75. Nach einer Auffassung in der Literatur soll der subjektive Anwendungsbereich in Art. 16 II SE-VO sogar auf Organe der Vor-SE beschränkt sein; vgl. *Schäfer* in: MüKo AktG, 4. Aufl. 2017, Art. 16 SE-VO Rn. 19; *ders.* NZG 2004, 785, 791; *Casper* in: Spindler/Stilz (Hrsg.), AktG, 3. Aufl. 2015, Art. 16 SE-VO Rn. 15; *Maul* in: Kölner Kommentar zum AktG, 3. Aufl. 2012, Art. 16 SE-VO Rn. 17; *Schwarz*, SE-VO, 2006, Art. 16 SE-VO Rn. 27; *Kersting* DB 2001, 2079, 2082; aA *Diekmann* in: Habersack/Drinhausen (Hrsg.), SE-Recht mit grenzüberschreitender Verschmelzung, 2013, Art. 16 SE-VO Rn. 16; *Bayer* in: Lutter/Hommelhoff/Teichmann (Hrsg.), SE Kommentar, 2015, Art. 16 SE-VO Rn. 21; *Schröder* in: Manz/Mayer/Schröder (Hrsg.), SE Europäische Aktiengesellschaft, 2010, Art. 16 SE-VO Rn. 23 ff.; *Teichmann* in: MüHdB GesR, Bd. 6, 4. Aufl. 2013, § 49 Rn. 16.

793 Vgl. *Diekmann* in: Habersack/Drinhausen (Hrsg.), SE-Recht mit grenzüberschreitender Verschmelzung, 2013, Art. 16 SE-VO Rn. 11; *Bayer* in: Lutter/Hommelhoff/Teichmann (Hrsg.), SE Kommentar, 2015, Art. 16 SE-VO Rn. 24; *Schäfer* in: MüKo AktG, 4. Aufl. 2017, Art. 16 SE-VO Rn. 18; *Casper* in: Spindler/Stilz (Hrsg.), AktG, 3. Aufl. 2015, Art. 16 SE-VO Rn. 14; *Schröder* in: Manz/Mayer/Schröder (Hrsg.), SE Europäische Aktiengesellschaft, 2010, Art. 16 SE-VO Rn. 20; *Maul* in: Kölner Kommentar zum AktG, 3. Aufl. 2012, Art. 16 SE-VO Rn. 16; *Schwarz*, SE-VO, 2006, Art. 16 SE-VO Rn. 28; *Lutter/Bayer/Schmidt*, Europäisches Unternehmens- und Kapitalmarktrecht, 2017, Rn. 45.74.

794 Vgl. *Diekmann* in: Habersack/Drinhausen (Hrsg.), SE-Recht mit grenzüberschreitender Verschmelzung, 2013, Art. 16 SE-VO Rn. 11; *Bayer* in: Lutter/Hommelhoff/Teichmann (Hrsg.), SE Kommentar, 2015, Art. 16 SE-VO Rn. 24; *Schäfer* in: MüKo AktG, 4. Aufl. 2017, Art. 16 SE-VO Rn. 18; *Casper* in: Spindler/Stilz (Hrsg.), AktG, 3. Aufl. 2015, Art. 16 SE-VO Rn. 14; *Schröder* in: Manz/Mayer/Schröder (Hrsg.), SE Europäische Aktiengesellschaft, 2010, Art. 16 SE-VO Rn. 20; *Maul* in: Kölner Kommentar zum AktG, 3. Aufl. 2012, Art. 16 SE-VO Rn. 16; *Schwarz*, SE-VO, 2006, Art. 16 SE-VO Rn. 28; *Lutter/Bayer/Schmidt*, Europäisches Unternehmens- und Kapitalmarktrecht, 2017, Rn. 45.74.

auch ein Handeln im Namen der Vor-SE bzw. der SE in Gründung ausreicht.[795] Erklärt der Handelnde nicht nur, für die (Vor-)SE zu handeln, sondern darüber hinaus ausdrücklich und für den Dritten erkennbar, die Haftung auf die künftige SE beschränken zu wollen, ist der Dritte nicht schutzwürdig und die Haftung gemäß Art. 16 II SE-VO ausgeschlossen.[796] Ausgeschlossen ist die Haftung ebenfalls, wenn die SE nach ihrer Eintragung die Verpflichtungen aus den Rechtshandlungen vor ihrer Eintragung **übernimmt**. Da im Regelfall die Verpflichtungen der Vor-SE bereits ipso iure mit Eintragung der SE auf diese übergehen,[797] ist der Anwendungsbereich für eine rechtgeschäftliche Übernahme der Verpflichtungen durch die SE auf Fälle beschränkt, in denen die Handelnden ohne entsprechende Vertretungsmacht aufgetreten sind.[798] Allerdings kann die SE in diesen Fällen das Handeln des vollmachtlosen Vertreters auch einfach gemäß §§ 177 ff. BGB genehmigen.[799] Die Handelndenhaftung gemäß Art. 16 II SE-VO ist **verschuldensunabhängig** und **unbegrenzt**;[800] mehrere Handelnde haften gesamtschuldnerisch.[801]

J. Besondere Strukturmaßnahmen bei der SE

Einige Strukturmaßnahmen der SE werden in der SE-VO besonders geregelt. Dazu gehören insbesondere die grenzüberschreitende Sitzverlegung (Art. 8 SE-VO) und die Rückumwandlung der SE in eine Aktiengesellschaft (Art. 66 SE-VO). 221

I. Grenzüberschreitende Sitzverlegung

Gemäß Art. 8 I SE-VO kann die SE ihren Satzungssitz[802] **identitätswahrend**, dh ohne Auflösung und Neugründung der SE im Zuzugsstaat, in einen anderen Mitgliedstaat verlegen. Da sich der Verwaltungssitz der SE gemäß Art. 7 I 1 SE-VO in demselben Mitgliedstaat wie der Satzungssitz befinden muss und die SE bei Auseinanderfallen von Satzungssitz und Verwaltungssitz gemäß Art. 64 SE-VO zwangsliquidiert wird, ist die Sitzverle- 222

795 Vgl. *Diekmann* in: Habersack/Drinhausen (Hrsg.), SE-Recht mit grenzüberschreitender Verschmelzung, 2013, Art. 16 SE-VO Rn. 12; *Bayer* in: Lutter/Hommelhoff/Teichmann (Hrsg.), SE Kommentar, 2015, Art. 16 SE-VO Rn. 25; *Schäfer* in: MüKo AktG, 4. Aufl. 2017, Art. 16 SE-VO Rn. 17; *Casper* in: Spindler/Stilz (Hrsg.), AktG, 3. Aufl. 2015, Art. 16 SE-VO Rn. 14; *Schröder* in: Manz/Mayer/Schröder (Hrsg.), SE Europäische Aktiengesellschaft, 2010, Art. 16 SE-VO Rn. 21; *Maul* in: Kölner Kommentar zum AktG, 3. Aufl. 2012, Art. 16 SE-VO Rn. 16; *Lutter/Bayer/Schmidt*, Europäisches Unternehmens- und Kapitalmarktrecht, 2017, Rn. 45.78.

796 Vgl. *Diekmann* in: Habersack/Drinhausen (Hrsg.), SE-Recht mit grenzüberschreitender Verschmelzung, 2013, Art. 16 SE-VO Rn. 13; *Bayer* in: Lutter/Hommelhoff/Teichmann (Hrsg.), SE Kommentar, 2015, Art. 16 SE-VO Rn. 25. Die Haftung nach Art. 16 II SE-VO kann zudem durch individuelle Vereinbarung mit dem Dritten, nicht hingegen durch AGB oder die Satzung der SE eingeschränkt werden; vgl. *Bayer* in: Lutter/Hommelhoff/Teichmann (Hrsg.), SE Kommentar, 2015, Art. 16 SE-VO Rn. 29; *Lutter/Bayer/Schmidt*, Europäisches Unternehmens- und Kapitalmarktrecht, 2017, Rn. 45.76.

797 Vgl. *Diekmann* in: Habersack/Drinhausen (Hrsg.), SE-Recht mit grenzüberschreitender Verschmelzung, 2013, Art. 16 SE-VO Rn. 17; *Bayer* in: Lutter/Hommelhoff/Teichmann (Hrsg.), SE Kommentar, 2015, Art. 16 SE-VO Rn. 27; *Schäfer* in: MüKo AktG, 4. Aufl. 2017, Art. 16 SE-VO Rn. 18; *Casper* in: Spindler/Stilz (Hrsg.), AktG, 3. Aufl. 2015, Art. 16 SE-VO Rn. 21; *Maul* in: Kölner Kommentar zum AktG, 3. Aufl. 2012, Art. 16 SE-VO Rn. 18; *Schwarz*, SE-VO, 2006, Art. 16 SE-VO Rn. 31; *Lutter/Bayer/Schmidt*, Europäisches Unternehmens- und Kapitalmarktrecht, 2017, Rn. 45.75; *Teichmann* in: MüHdB GesR, Bd. 6, 4. Aufl. 2013, § 49 Rn. 16; *Austmann* in: MüHdB GesR, Bd. 4, 4. Aufl. 2015, § 84 Rn. 79.

798 Vgl. *Diekmann* in: Habersack/Drinhausen (Hrsg.), SE-Recht mit grenzüberschreitender Verschmelzung, 2013, Art. 16 SE-VO Rn. 17; *Bayer* in: Lutter/Hommelhoff/Teichmann (Hrsg.), SE Kommentar, 2015, Art. 16 SE-VO Rn. 28; *Schäfer* in: MüKo AktG, 4. Aufl. 2017, Art. 16 SE-VO Rn. 21; *Austmann* in: MüHdB GesR, Bd. 4, 4. Aufl. 2015, § 84 Rn. 79.

799 Ebenso *Diekmann* in: Habersack/Drinhausen (Hrsg.), SE-Recht mit grenzüberschreitender Verschmelzung, 2013, Art. 16 SE-VO Rn. 17; *Bayer* in: Lutter/Hommelhoff/Teichmann (Hrsg.), SE Kommentar, 2015, Art. 16 SE-VO Rn. 28; *Schäfer* in: MüKo AktG, 4. Aufl. 2017, Art. 16 SE-VO Rn. 21.

800 Vgl. *Diekmann* in: Habersack/Drinhausen (Hrsg.), SE-Recht mit grenzüberschreitender Verschmelzung, 2013, Art. 16 SE-VO Rn. 19; *Bayer* in: Lutter/Hommelhoff/Teichmann (Hrsg.), SE Kommentar, 2015, Art. 16 SE-VO Rn. 29; *Schäfer* in: MüKo AktG, 4. Aufl. 2017, Art. 16 SE-VO Rn. 22; *Casper* in: Spindler/Stilz (Hrsg.), AktG, 3. Aufl. 2015, Art. 16 SE-VO Rn. 18; *Schröder* in: Manz/Mayer/Schröder (Hrsg.), SE Europäische Aktiengesellschaft, 2010, Art. 16 SE-VO Rn. 43 ff.; *Maul* in: Kölner Kommentar zum AktG, 3. Aufl. 2012, Art. 16 SE-VO Rn. 19; *Schwarz*, SE-VO, 2006, Art. 16 SE-VO Rn. 37 ff.

801 Vgl. *Diekmann* in: Habersack/Drinhausen (Hrsg.), SE-Recht mit grenzüberschreitender Verschmelzung, 2013, Art. 16 SE-VO Rn. 19; *Bayer* in: Lutter/Hommelhoff/Teichmann (Hrsg.), SE Kommentar, 2015, Art. 16 SE-VO Rn. 29; *Schäfer* in: MüKo AktG, 4. Aufl. 2017, Art. 16 SE-VO Rn. 22; *Casper* in: Spindler/Stilz (Hrsg.), AktG, 3. Aufl. 2015, Art. 16 SE-VO Rn. 18; *Schröder* in: Manz/Mayer/Schröder (Hrsg.), SE Europäische Aktiengesellschaft, 2010, Art. 16 SE-VO Rn. 43 ff.; *Maul* in: Kölner Kommentar zum AktG, 3. Aufl. 2012, Art. 16 SE-VO Rn. 19; *Schwarz*, SE-VO, 2006, Art. 16 SE-VO Rn. 37 ff.

802 Dass in Art. 8 I SE-VO der Satzungssitz (und nicht der Verwaltungssitz) gemeint ist, ergibt sich bereits aus Art. 7 I 1 SE-VO; vgl. *Austmann* in: MüHdB GesR, Bd. 4, 4. Aufl. 2015, § 85 Rn. 1; *Oechsler/Mihaylova* in: MüKo AktG, 4. Aufl. 2017, Art. 8 SE-VO Rn. 7; *Casper* in: Spindler/Stilz (Hrsg.), 3. Aufl. 2015, Art. 8 SE-VO Rn. 1; *Ringe* in: Lutter/Hommelhoff/Teichmann (Hrsg.), SE-Kommentar, 2015, Art. 8 SE-VO Rn. 4.

gung gemäß Art. 8 I SE-VO **stets mit einer Verlegung des Verwaltungssitzes** verbunden. Unzulässig ist eine grenzüberschreitende Sitzverlegung der SE zudem gemäß Art. 8 XV SE-VO, wenn gegen die SE ein Verfahren wegen Auflösung, Liquidation, Zahlungsunfähigkeit oder vorläufiger Zahlungseinstellung oder ein ähnliches Verfahren eröffnet worden ist.

223 Die SE-VO sieht für die grenzüberschreitende Verschmelzung ein relativ **komplexes Verfahren** vor (vgl. zur SCE-VO § 6 Rn. 151). Das Verlegungsverfahren beginnt mit der Aufstellung des **Verlegungsplans** durch das Leitungs-oder Verwaltungsorgan. Dieser enthält gemäß Art. 8 II SE-VO neben der bisherigen Firma, dem bisherigen Sitz und der bisherigen Registernummer der SE auch die Angaben über die SE nach erfolgter Verlegung, dh den neuen Sitz der SE, die für die SE vorgesehene Satzung nebst sowie gegebenenfalls die neue Firma, die etwaigen Folgen der Verlegung für die Beteiligung der Arbeitnehmer, den Zeitplan der Verlegung sowie etwaige Schutzrechte für die Aktionäre und/oder die Gläubiger. Die Form des Verlegungsplans ist in der SE-VO nicht geregelt. Da er zur Einsichtnahme auszulegen ist, ist er zumindest schriftlich abzufassen; eine notarielle Beurkundung ist nach hM nicht erforderlich.[803]

224 Außerdem ist gemäß Art. 8 III SE-VO ein **Verlegungsbericht** zu erstellen, der die rechtlichen und wirtschaftlichen Aspekte der Transaktion erläutert und begründet – wobei sich eine Orientierung an den Vorgaben, die im deutschen Recht für den Formwechsel gemäß §§ 190 ff. UmwG gelten, empfiehlt.[804] Auf die Erstellung des Verlegungsberichts kann nicht verzichtet werden, da er nicht nur der Information der Aktionäre, sondern auch dem Schutz der Gläubiger dient.[805] Der Verlegungsplan ist gemäß Art. 8 VI 1 SE-VO mindestens zwei Monate vor der Hauptversammlung, die über die Verlegung beschließen soll, beim Handelsregister einzureichen und von diesem gemäß Art. 8 II 1 SE-VO **offenzulegen.** Der Verlegungsplan und der Verlegungsbericht sind gemäß Art. 8 IV SE-VO zudem für die Aktionäre mindestens einen Monat vor der Hauptversammlung, die über die Sitzverlegung beschließen soll, zur Einsicht und Aushändigung bereitzustellen. Der **Verlegungsbeschluss** der Hauptversammlung ist gemäß Art. 8 VI 2 SE-VO mit satzungsändernder Mehrheit zu fassen, wofür die SE-VO in Art. 59 I SE-VO eine Mehrheit von mindestens zwei Drittel der abgegebenen Stimmen vorsieht, soweit nicht das nationale Recht eine größere Mehrheit vorsieht. Für die Beschlussfassung bei einer in Deutschland ansässigen SE empfiehlt sich daher zudem die Einhaltung der Kapitalmehrheit gemäß § 179 II AktG.[806] Die Art. 8 VII – XIII SE-VO regeln das Registerverfahren der grenzüberschreitenden Sitzverlegung und sehen dabei eine **zweistufige Rechtmäßigkeitsprüfung** vor. Im Wegzugsstaat stellt die zuständige Behörde gemäß Art. 8 VIII SE-VO eine Bescheinigung aus, die bestätigt, dass die für die Verlegung des Satzungssitzes erforderlichen Rechtshandlungen und Formalitäten durchgeführt wurden. Bei einer in Deutschland ansässigen SE gehört dazu gemäß § 14 SEAG die sog Negativerklärung, dass Klagen gegen die Wirksamkeit des Verlegungsbeschlusses nicht oder nicht fristgemäß erhoben bzw. rechtskräftig abgewiesen oder zurückgenommen worden sind. Nach Vorlage dieser Bescheinigung ist im Zuzugsstaat gemäß Art. 8 IX SE-VO die neue Eintragung im Register vorzunehmen, sofern die für die für die Eintragung in dem neuen Sitzstaat erforderlichen Formalitäten eingehalten wurden. Während dazu auch die Prüfung gehört, ob die Satzung der SE dem Aktienrecht des zukünftigen Sitzstaates genügt, ist eine aktienrechtliche Gründungsprüfung nicht durchzuführen.[807]

225 Angesichts der Tatsache, dass mit der grenzüberschreitenden Sitzverlegung der SE immer auch ein Rechtsformwechsel einhergeht, da auf die SE jeweils die aktienrechtlichen Vorschriften des Sitzstaates der SE anzuwenden sind, können die Mitgliedstaaten gemäß Art. 8 V SE-VO Vorschriften zum **Schutz der Minderheitsaktionäre** erlassen. Hiervon hat der deutsche Gesetzgeber Gebrauch gemacht und in § 12 I SEAG vorgesehen, dass einem Aktionär, der gegen den Verlegungsbeschluss Widerspruch erhebt, der Erwerb seiner Aktien gegen eine angemessene Barabfindung anzubieten ist. Gemäß Art. 8 XVI SE-VO gilt die SE, die ihren Sitz in einen anderen Mitgliedstaat verlegt hat, in Bezug auf alle Forderungen, die vor dem Zeitpunkt der Verlegung entstanden sind, als weiterhin in ihrem ursprünglichen Sitzstaat ansässig, auch wenn sie erst nach der Sitzverlegung verklagt wird, so dass **Altgläubiger** die SE auch nach der Sitzverlegung am vormaligen Gerichtsstand verklagen können.[808] Zusätzlich können die Gläubiger einer in Deutschland ansässigen SE gemäß § 13 SEAG Sicherheitsleistung ver-

803 Vgl. *Diekmann* in: Habersack/Drinhausen (Hrsg.), SE-Recht mit grenzüberschreitender Verschmelzung, 2013, Art. 8 SE-VO Rn. 16; *Oechsler/Mihaylova* in: MüKo AktG, 4. Aufl. 2017, Art. 8 SE-VO Rn. 10; *Ringe* in: Lutter/Hommelhoff/Teichmann (Hrsg.), SE-Kommentar, 2015, Art. 8 SE-VO Rn. 18; aA *Heckschen* DNotZ 2003, 251, 265; *Temmel/Rahlmeyer* in: Kölner HdB GesR, 3. Aufl. 2017, Kap. 5 Rn. 213.

804 Vgl. *Teichmann* in: MüHdB GesR, Bd. 6, 4. Aufl. 2013, § 49 Rn. 101.

805 Vgl. *Diekmann* in: Habersack/Drinhausen (Hrsg.), SE-Recht mit grenzüberschreitender Verschmelzung, 2013, Art. 8 SE-VO Rn. 32; *Ringe* in: Lutter/Hommelhoff/Teichmann (Hrsg.), SE-Kommentar, 2015, Art. 8 SE-VO Rn. 26, 28; *Oechsler/Mihaylova* in: MüKo AktG, 4. Aufl. 2017, Art. 8 SE-VO Rn. 19; *Veil* in: Kölner Kommentar zum AktG, 3. Aufl. 2012, Art. 8 SE-VO Rn. 42, 44.

806 Vgl. *Teichmann* in: MüHdB GesR, Bd. 6, 4. Aufl. 2013, § 49 Rn. 103.

807 Vgl. *Teichmann* in: MüHdB GesR, Bd. 6, 4. Aufl. 2013, § 49 Rn. 104; *Schröder* in: Manz/Mayer/Schröder (Hrsg.), SE Europäische Aktiengesellschaft, 2010, Art. 8 SE-VO Rn. 96; *Ringe* in: Lutter/Hommelhoff/Teichmann (Hrsg.), SE-Kommentar, 2015, Art. 8 SE-VO Rn. 70.

808 Vgl. *Veil* in: Kölner Kommentar zum AktG, 3. Aufl. 2012, Art. 8 SE-VO Rn. 113; *Ringe* in: Lutter/Hommelhoff/Teichmann (Hrsg.), SE-Kommentar, 2015, Art. 8 SE-VO Rn. 95 ff.; *Diekmann* in: Habersack/Drinhausen (Hrsg.),

langen, wenn sie glaubhaft machen, dass durch die Sitzverlegung die Erfüllung ihrer Forderung gefährdet wird. Dazu ist erforderlich, dass die SE neben der Sitzverlegung auch eine vollständige bzw. weitgehende Verlagerung des Vermögens der SE in den Zuzugsstaat vornimmt.[809] Umstritten ist, ob anlässlich der Sitzverlegung einer in Deutschland ansässigen SE auch die mit den **Arbeitnehmern** getroffene Arbeitnehmerbeteiligungsvereinbarung neu verhandelt werden muss; richtiger Ansicht nach ist dies nicht erforderlich.[810]

II. Rückumwandlung der SE in eine Aktiengesellschaft

Art. 66 SE-VO regelt die Rückumwandlung einer bestehenden SE in eine nationale Aktiengesellschaft (vgl. zur SCE-VO § 6 Rn. 295). Eine solche Umwandlung ist gemäß Art. 66 II SE-VO identitätswahrend möglich, dh ohne Auflösung und Neugründung der Aktiengesellschaft; allerdings erst **zwei Jahre nach Eintragung der SE** oder nach Genehmigung der ersten beiden Jahresabschlüsse der SE. Das Umwandlungsverfahren in Art. 66 SE-VO ist eng an die Gründung der SE mittels Formwechsels gemäß Art. 37 SE-VO angelehnt.[811] So hat das Leitungs- oder Verwaltungsorgan der SE gemäß Art. 66 III SE-VO einen Umwandlungsplan und einen Umwandlungsbericht zu erstellen; der Umwandlungsplan ist gemäß Art. 66 IV SE-VO offenzulegen. Gemäß Art. 66 V SE-VO bedarf es einer Umwandlungsprüfung durch einen externen Sachverständigen, bevor die Hauptversammlung gemäß Art. 66 VI SE-VO über die Umwandlung beschließen und die Satzung der künftigen Aktiengesellschaft genehmigen kann. Eintragungsprüfung, Eintragung und Publizität der Rückumwandlung richten sich nach nationalem Recht[812] – bei der in Deutschland ansässigen SE folglich nach den §§ 198 ff. UmwG. 226

III. Sonstige Umwandlungsmaßnahmen nach nationalem Recht

Art. 66 SE-VO stellt keine abschließende Regelung der möglichen Umwandlungsmaßnahmen einer SE dar. Die Sonderregelung in Art. 66 I 1 SE-VO war erforforderlich, weil der dort geregelte Formwechsel von der SE in die AG in dem für die AG geltenenden nationalen Umwandlungsrecht nicht mitgeregelt sein konnte. Der SE stehen zudem gemäß Art. 9 I lit. c) ii SE-VO **sämtliche Umwandlungsmöglichkeiten** offen, die das **nationale Recht für Aktiengesellschaften** vorsieht.[813] Eine in Deutschland ansässige SE kann folglich gemäß Art. 9 I lit. c) ii SE-VO iVm §§ 190 ff. UmwG in alle in § 191 II UmwG genannten Rechtsträger umgewandelt werden. Dasselbe gilt für die Möglichkeit der Verschmelzung oder der Spaltung der SE nach dem UmwG; auch diesbezüglich steht die SE der AG gleich. In all diesen Fällen ist jedoch zu beachten, dass nach der hM die **Sperrfrist des Art. 66 I 2 SE-VO** entsprechend anzuwenden ist.[814] Die SE kann damit frühestens zwei Jahre nach ihrer Eintragung oder nach Genehmigung der ersten beiden Jahresabschlüsse an entsprechenden Umwandlungsmaßnahmen teilnehmen. 227

SE-Recht mit grenzüberschreitender Verschmelzung, 2013, Art. 8 SE-VO Rn. 119 ff.; *Schröder* in: Manz/Mayer/Schröder (Hrsg.), SE Europäische Aktiengesellschaft, 2010, Art. 8 SE-VO Rn. 130 ff.; *Casper* in: Spindler/Stilz (Hrsg.), 3. Aufl. 2015, Art. 8 SE-VO Rn. 25; *Oechsler/Mihaylova* in: MüKo AktG, 4. Aufl. 2017, Art. 8 SE-VO Rn. 60.

809 Vgl. *Casper* in: Spindler/Stilz (Hrsg.), 3. Aufl. 2015, Art. 8 SE-VO Rn. 15; *Ringe* in: Lutter/Hommelhoff/Teichmann (Hrsg.), SE-Kommentar, 2015, Art. 8 SE-VO Rn. 46; *Diekmann* in: Habersack/Drinhausen (Hrsg.), SE-Recht mit grenzüberschreitender Verschmelzung, 2013, Art. 8 SE-VO Rn. 69.

810 So *Ringe* in: Lutter/Hommelhoff/Teichmann (Hrsg.), SE-Kommentar, 2015, Art. 8 SE-VO Rn. 13; *ders.* NZG 2006, 931, 934; *Diekmann* in: Habersack/Drinhausen (Hrsg.), SE-Recht mit grenzüberschreitender Verschmelzung, 2013, Art. 8 SE-VO Rn. 21; *Wollburg/Banerjea* ZIP 2005, 277, 283; aA *Oechsler* AG 2005, 373, 377.

811 Vgl. *Lutter/Bayer/Schmidt*, Europäisches Unternehmens- und Kapitalmarktrecht, 2017, Rn. 45.180; *Casper* in: Spindler/Stilz (Hrsg.), 3. Aufl. 2015, Art. 66 SE-VO Rn. 1; *Kiem* in: Kölner Kommentar zum AktG, 3. Aufl. 2013, Art. 66 SE-VO Rn. 2; *Zollner* in: Kalss/Hügel (Hrsg.), Europäische Aktiengesellschaft, 2004, § 33 SEG Rn. 8; *Schröder* in: Manz/Mayer/Schröder (Hrsg.), SE Europäische Aktiengesellschaft, 2010, Art. 66 SE-VO Rn. 2 einschließlich Verweis.

812 Vgl. *Lutter/Bayer/Schmidt*, Europäisches Unternehmens- und Kapitalmarktrecht, 2017, Rn. 45.180.

813 Vgl. *Lutter/Bayer/Schmidt*, Europäisches Unternehmens- und Kapitalmarktrecht, 2017, Rn. 45.181; *Bayer* in: Lutter/Hommelhoff/Teichmann (Hrsg.), SE-Kommentar, 2015, Art. 3 SE-VO Rn. 2; *Casper* in: Spindler/Stilz (Hrsg.), 3. Aufl. 2015, Art. 2, 3 SE-VO Rn. 39; *Kiem* in: Kölner Kommentar zum AktG, 3. Aufl. 2013, Art. 66 SE-VO Rn. 11; *Oplustil/Schneider* NZG 2003, 13, 15 f.; aA *Zollner* in: Kalss/Hügel (Hrsg.), Europäische Aktiengesellschaft, 2004, § 33 SEG Rn. 22; *Veil* in: Jannott/Frodermann (Hrsg.), HdB der Europäischen Aktiengesellschaft, 2005, § 10 Rn. 19, 45.

814 Näher dazu *Casper* in: Spindler/Stilz (Hrsg.), 3. Aufl. 2015, Art. 2, 3 SE-VO Rn. 35, 38; *Schröder* in: Manz/Mayer/Schröder (Hrsg.), SE Europäische Aktiengesellschaft, 2010, Art. 66 SE-VO Rn. 9, 21; *J. Schmidt* in: Lutter/Hommelhoff/Teichmann (Hrsg.), SE-Kommentar, 2015, Art. 66 SE-VO Rn. 4; *Zollner* in: Kalss/Hügel (Hrsg.), Europäische Aktiengesellschaft, 2004, § 33 SEG Rn. 21; *Oechsler/Mihaylova* in: MüKo AktG, 4. Aufl. 2017, Vor Art. 1 SE-VO Rn. 19a; aA *Lutter/Bayer/Schmidt*, Europäisches Unternehmens- und Kapitalmarktrecht, 2017, Rn. 45.177; *Kiem* in: Kölner Kommentar zum AktG, 3. Aufl. 2013, Art. 66 SE-VO Rn. 12.

K. Beendigung der Gesellschaft

I. Liquidation

228 Art. 63 SE-VO verweist schließlich hinsichtlich der Auflösung, Liquidation und Insolvenz (ebenfalls) auf diejenigen Rechtsvorschriften, die für eine nach dem Recht des Sitzungsstaates gegründete Aktiengesellschaft maßgeblich wären. Damit gelten für die **Auflösung** und **Liquidation** einer in Deutschland ansässigen SE die §§ 262 f. AktG (Auflösung) bzw. §§ 264 ff. (Liquidation).

II. Insolvenz

229 Nicht unproblematisch ist der Verweis auf das nationale Recht mit Blick auf das auf die SE anwendbare **Insolvenzrecht**. Denn laut Erwägungsgrund 20 der SE-VO ist „das Konkursrecht…nicht von dieser Verordnung erfasst". Nach einer im Vordringen befindlichen Auffassung ist die Insolvenz der SE damit trotz des insoweit missverständlichen Wortlauts in Art. 63 SE-VO gar nicht von der SE-VO erfasst, so dass sich die Frage nach dem anwendbaren Insolvenzrecht allein und unmittelbar aus der EuInsVO ergibt.[815] Die Gegenansicht verweist auf den Wortlaut in Art. 63 SE-VO und hält das nationale Insolvenzrecht kraft Sachnormverweisung in Art. 63 SE-VO für maßgeblich.[816] Eine dritte, vermittelnde Ansicht löst das Problem, indem sie Art. 63 SE-VO hinsichtlich der Insolvenz der SE als Gesamtnormverweisung versteht; danach verweist Art. 63 SE-VO nicht direkt auf das Insolvenzrecht des Sitzstaates, sondern zuerst auf dessen Kollisionsregel.[817] Die praktische Bedeutung dieses Meinungsstreits ist von geringer Bedeutung, da für die in Deutschland ansässige SE nach sämtlichen Auffassung in den allermeisten Fällen die InsO Anwendung findet.[818]

L. Arbeitnehmerbeteiligung in der SE[819]

I. Regelungskonzept

230 Die Ausgestaltung des anwendbaren Mitbestimmungsregimes ist von zentraler Bedeutung für die Wahl der Rechtsform.[820] Bei der SE ist die Beteiligung der Arbeitnehmer in der **SE-Beteiligungsrichtlinie**[821] geregelt (zur weitgehend vergleichbaren Regelung der SCE-RL s. § 6 Rn. 297 ff.). Diese befasst sich sich sowohl mit der Unterrichtung und Anhörung der Arbeitnehmer der SE auf **betrieblicher Ebene** (betriebliche Mitbestimmung) als auch mit der Mitbestimmung der Arbeitnehmer auf **Unternehmensebene** (Unternehmensmitbestimmung).[822] Um den unterschiedlichen nationalen Vorschriften über die Mitbestimmung[823] Rechnung zu tragen, sieht die SE-Beteiligungsrichtlinie als Grundkonzept vor, dass die Gründungsgesellschaften der SE mit ihren Arbeitnehmern zunächst darüber verhandeln, wie die Arbeitnehmermitbestimmung in der SE ausgestaltet werden soll (sog **Vorrag der Verhandlungslösung**); erst wenn innerhalb einer bestimmten Frist keine Einigung erzielt werden kann, greift eine gesetzlich vorgeschriebene **Auffangregelung** ein.[824] Ohne dass dieses Verfahren zur Festlegung

815 Vgl. *Schäfer* in: MüKo AktG, 4. Aufl. 2017, Art. 63 SE-VO Rn. 1.

816 Vgl. *Schröder* in: Manz/Mayer/Schröder (Hrsg.), SE Europäische Aktiengesellschaft, 2010, Art. 63 SE-VO Rn. 7; *Kiem* in: Kölner Kommentar zum AktG, 3. Aufl. 2010, Art. 63 SE-VO Rn. 7; *J. Schmidt* in: Lutter/Hommelhoff/Teichmann (Hrsg.), SE-Kommentar, 2015, Art. 66 SE-VO Rn. 17.

817 Vgl. *Bachmann* in: Habersack/Drinhausen (Hrsg.), SE-Recht mit grenzüberschreitender Verschmelzung, 2013, Art. 63 SE-VO Rn. 68; *Schwarz*, SE-VO, 2006, Art. 63 SE-VO Rn. 8 f.

818 So auch *Bachmann* in: Habersack/Drinhausen (Hrsg.), SE-Recht mit grenzüberschreitender Verschmelzung, 2013, Art. 63 SE-VO Rn. 69.

819 Zur Mitbestimmung in der SE umfassend *Mävers*, Die Mitbestimmung der Arbeitnehmer in der Europäischen Aktiengesellschaft, 2002; *Calle Lambach*, Die Beteiligung der Arbeitnehmer in der Europäischen Gesellschaft (SE), 2004; *von der Heyde*, Die Beteiligung der Arbeitnehmer in der Societas Europaea (SE), 2007; *Schmid*, Mitbestimmung in der Europäischen Aktiengesellschaft (SE), 2010; *Kepper*, Die mitbestimmte monistische SE deutschen Rechts, 2010; *Hoops*, Die Mitbestimmungsvereinbarung in der Europäischen Aktiengesellschaft (SE), 2015.

820 So auch *Wollburg/Banerjea* ZIP 2005, 277.

821 Richtlinie 2001/86/EG des Rates vom 8. Oktoberr 2001 zur Ergänzung des Statuts der Europäischen Gesellschaft hinsichtlich der Beteiligung der Arbeitnehmer, Abl. EG v. 10.11.2001, L 294/22.

822 Vgl. *Hohenstatt/Müller-Bonani* in: Habersack/Drinhausen (Hrsg.), SE-Recht mit grenzüberschreitender Verschmelzung, 2013, Vor 1 SEBG Rn. 15; *Kleinsorge* RdA 2002, 343, 347.

823 Das deutsche Mitbestimmungsrecht gilt als für die Arbeitnehmer vergleichsweise vorteilhaft, während Großbritannien und Italien gar keine unternehmerische Mitbestimmung kennen. Ein ähnlich hohes Niveau der Mitbestimmung wie Deutschland weisen Dänemark, Luxemburg, Österreich und die Niederlande auf, ein etwas niedrigeres Niveau etwa Frankreich und Portugal. Vgl. hierzu *Müller/Bonanni* in: Hirte/Bücker (Hrsg.), Grenzüberschreitende Gesellschaften, 2. Aufl. 2006, § 13 Rn. 26.

824 Vgl. *Hohenstatt/Müller-Bonani* in: Habersack/Drinhausen (Hrsg.), SE-Recht mit grenzüberschreitender Verschmelzung, 2013, Vor § 1 SEBG Rn. 18; *Austmann* in: MüHdB GesR, Bd. 4, 4. Aufl. 2015, § 86 Rn. 29; *Grobys* NZA 2005, 84, 85; *Krause* BB 2005, 1221, 1222.

der Arbeitnehmerbeteiligung in der SE durchlaufen worden ist, darf eine SE gemäß Art. 12 II SE-VO nicht eingetragen werden.

Mangels unmittelbarer Geltung der SE-Beteiligungsrichtlinie in den Mitgliedstaaten hat der deutsche Gesetzgeber die Richtlinie durch das **SEBG**[825] umgesetzt. Dieses ist gemäß § 3 I 1 SEBG anwendbar, wenn die zu gründende oder bestehende SE ihren **Sitz in Deutschland** hat. Darüber hinaus gilt das SEBG auch für die **in Deutschland beschäftigten Arbeitnehmer** einer SE mit Sitz in einem anderen Mitgliedstaat sowie für die **Arbeitnehmer deutscher Gesellschaften**, deren inländischer Tochtergesellschaften und Betriebe, sofern sie an der Gründung einer SE in einem anderen Mitgliedstaat beteiligt sind.[826] 231

II. Verhandlungsverfahren

Das Verfahren zur Festlegung der Arbeitnehmerbeteiligung in der SE lässt sich in **drei Schritte** gliedern: die Einleitung des Verhandlungsverfahrens, die Bildung des sog Besonderen Verhandlungsgremiums und die Verhandlungen im engeren Sinne.[827] 232

1. Einleitung des Verfahrens

Das Verfahren zur Festlegung der Arbeitnehmerbeteiligung beginnt gemäß § 4 II 1 SEBG damit, dass die Leitungsorgane der Gründungsgesellschaften der SE – dh gemäß § 2 V SEBG deren geschäftsführungs- und vertretungsberechtigte Organe – die bestehenden Arbeitnehmervertretungen und Sprecherausschüsse in den Gründungsgesellschaften, den betroffenen Tochtergesellschaften und den betroffenen Betrieben über das Vorhaben zur Gründung einer SE **informieren** und diese **zur Bildung des BVG auffordern**. Besteht keine Arbeitnehmervertretung, müssen die Arbeitnehmer gemäß § 4 II 2 SEBG unmittelbar informiert werden. 233

Die Information hat gemäß § 4 II 3 SEBG **unverzüglich** nach Offenlegung des Verschmelzungsplans, des Gründungsplans für eine Holdinggesellschaft, des Umwandlungsplans oder nach Abschluss der Vereinbarung eines Plans zur Gründung einer Tochtergesellschaft zu erfolgen. Eine frühere Information setzt das Verfahren ebenfalls in Gang.[828] Die Bedeutung der Informationserteilung liegt darin, dass mit der Übermittlung der Information gemäß § 11 I SEBG eine Frist von 10 Wochen für die Wahl und Konstituierung des Besonderen Verhandlungsgremiums beginnt. Wird diese Frist aus Gründen, die von den Arbeitnehmern zu vertreten sind, überschritten, so wird die für das gesetzliche Verhandlungsverfahren vorgesehene Mindestfrist von 6 Monaten bis zur Eintragung der SE gemäß §§ 11 II, 20 I SEBG dennoch in Gang gesetzt. 234

Der **Inhalt der zu erteilenden Informationen** erstreckt sich auf alle Umstände, die für die Errichtung sowie für die Wahrnehmung der Aufgaben des Besonderen Verhandlungsgremiums erforderlich sind.[829] Die Informationspflicht erstreckt sich gemäß § 4 III SEBG insbesondere auf (i) die Identität und Struktur der sich verschmelzenden Gesellschaften, ihrer Tochtergesellschaften und Betriebe und deren Verteilung auf die Mitgliedstaaten, (ii) die in diesen Gesellschaften und Betrieben bestehenden Arbeitnehmervertretungen, (iii) die Zahl der in diesen Gesellschaften und Betrieben jeweils beschäftigten Arbeitnehmer und die daraus zu errechnende Gesamtzahl der in einem Mitgliedstaat beschäftigten Arbeitnehmer, sowie (iv) die Zahl der Arbeitnehmer, denen Mitbestimmungsrechte in den Organen dieser Gesellschaften zustehen. Maßgeblich für die Ermittlung der mitzuteilenden Beschäftigtenzahlen ist gemäß § 4 IV SEBG der Zeitpunkt der Informationserteilung. 235

Für die Informationserteilung sieht das SEBG **keine besondere Form** vor; sie kann daher auch mündlich, etwa in einer Sitzung mit der Arbeitnehmervertretung, erfolgen. Da jedoch die Aufforderung zur Bildung des besonderen Verhandlungsgremiums gemäß § 4 I SEBG schriftlich zu erfolgen hat und sich die schriftliche Information überdies auch zur Dokumentation der ordnungsgemäßen Einleitung des Verfahrens anbietet, empfiehlt sich die schriftliche Vornahme der Information.[830] Sind die Arbeitnehmer unmittelbar zu informieren, kann dies durch ein Rundschreiben erfolgen. 236

---

825 Gesetz über die Beteiligung der Arbeitnehmer in einer Europäischen Gesellschaft (SE-Beteiligungsgesetz – SEBG), BGBl. 2004 I, 3686 ff.

826 Vgl. *Grobys* NZA 2005, 84, 85.

827 So auch *Krause* BB 2005, 1221, 1223; *Grobys* NZA 2005, 84, 86.

828 Vgl. *Hohenstatt/Müller-Bonani* in: Habersack/Drinhausen (Hrsg.), SE-Recht mit grenzüberschreitender Verschmelzung, 2013, § 4 SEBG Rn. 5; *Oetker* in: Lutter/Hommelhoff/Teichmann (Hrsg.), SE-Kommentar, 2015, § 4 SEBG Rn. 26; *Austmann* in: MüHdB GesR, Bd. 4, 4. Aufl. 2015, § 86 Rn. 33; *Seibt/Reinhard* DK 2005, 407, 417.

829 Vgl. *Hohenstatt/Müller-Bonani* in: Habersack/Drinhausen (Hrsg.), SE-Recht mit grenzüberschreitender Verschmelzung, 2013, § 4 SEBG Rn. 11; *Oetker* in: Lutter/Hommelhoff/Teichmann (Hrsg.), SE-Kommentar, 2015, § 4 SEBG Rn. 28; *Grobys* NZA 2005, 84, 86.

830 Vgl. *Hohenstatt/Müller-Bonani* in: Habersack/Drinhausen (Hrsg.), SE-Recht mit grenzüberschreitender Verschmelzung, 2013, § 4 SEBG Rn. 9; *Oetker* in: Lutter/Hommelhoff/Teichmann (Hrsg.), SE-Kommentar, 2015, § 4 SEBG Rn. 27; *Grobys* NZA 2005, 84, 86.

2. Konstituierung des Besonderen Verhandlungsgremiums

237 Die Konstituierung des Besonderen Verhandlungsgremiums vollzieht sich in **zwei Schritten.** Zunächst ist zu ermitteln, wieviele Arbeitnehmervertreter im Besonderen Verhandlungsgremium auf die beteiligten Mitgliedstaaten insgesamt entfallen. Sodann sind die einzelnen nationalen Arbeitnehmervertreter in das Besondere Verhandlungsgremium zu wählen.

a) Größe und Zusammensetzung

238 Den in einem Mitgliedstaat **Beschäftigten** stehen gemäß § 5 I 2 SEBG ein oder mehrere Sitze im Besonderen Verhandlungsgremium zu, je nach Höhe des Anteils, den die Arbeitnehmer in diesem Mitgliedstaat an der Gesamtanzahl aller Beschäftigten der beteiligten Gesellschaften in allen Mitgliedstaaten ausmachen. Für jeweils angefangene 10% steht den Beschäftigten eines Mitgliedstaates ein Sitz im Besonderen Verhandlungsgremiums zu. Demgemäß ist **jeder Mitgliedstaat,** in dem sich Arbeitnehmer einer beteiligten Gesellschaft, betroffenen Tochtergesellschaft oder eines betroffenen Betriebes befinden, mit **mindestens einem Mitglied** im Besonderen Verhandlungsgremium vertreten. Das Besondere Verhandlungsgremium besteht demnach mindestens aus zehn Mitgliedern; es kann sich je nach der Anzahl der beteiligten Mitgliedstaaten aber auch aus deutlich mehr Arbeitnehmervertretern zusammensetzen. Theoretisch denkbar ist folglich, dass in einem Besonderen Verhandlungsgremium zehn Arbeitnehmervertreter 95 % der insgesamt betroffenen Arbeitnehmer repräsentieren und weitere elf Arbeitnehmervertreter die restlichen 5 %, sofern diese in elf sonstigen Mitgliedstaaten beschäftigt sind.[831] § 5 II SEBG sieht für den Fall der Verschmelzung die Entsendung von zusätzlichen Mitgliedern vor, um zu gewährleisten, dass mindestens jede (erlöschende) beteiligte Gesellschaft durch ein Mitglied im Besonderen Verhandlungsgremium vertreten ist. Der **maßgebliche Zeitpunkt** ist auch für die Berechnung der Größe des Besonderen Verhandlungsgremiums gemäß § 4 IV SEBG der Tag der Information der Arbeitnehmervertretungen und Sprecherausschüsse über das Gründungsvorhaben.

b) Wahl der nationalen Arbeitnehmervertreter

239 Die Wahl der Mitglieder des Besonderen Verhandlungsgremiums erfolgt nach den **jeweiligen Bestimmungen der Mitgliedstaaten.** Das SEBG regelt in diesem Zusammenhang ua die persönlichen Voraussetzungen für die Vertreter der in Deutschland Beschäftigten im Besonderen Verhandlungsgremium (§ 6 SEBG) sowie die Zusammensetzung und Willensbildung des Wahlgremiums, dessen Aufgabe darin besteht, diese Vertreter zu wählen (§§ 8 ff. SEBG).

240 Zu Mitgliedern des Besonderen Verhandlungsgremiums wählbar sind gemäß § 6 II 1 SEBG **Arbeitnehmer** sowie Gewerkschaftsvertreter, wobei gemäß § 6 II 2 SEBG **Frauen** und **Männer** entsprechend ihrem zahlenmäßigen Verhältnis gewählt werden sollen. Gehören dem Besonderen Verhandlungsgremium mehr als zwei Mitglieder aus dem Inland an, ist jedes dritte Mitglied gemäß § 6 III SEBG ein **Gewerkschaftsvertreter.** Gehören dem Besonderen Verhandlungsgremium mehr als sechs Mitglieder aus dem Inland an, ist gemäß § 6 IV SEBG mindestens jedes siebte Mitglied ein **leitender Angestellter.**

241 Die Mitglieder des Besonderen Verhandlungsgremiums werden gemäß § 8 I 1 SEBG durch ein Wahlgremium in **geheimer und unmittelbarer Wahl** gewählt. Das Wahlgremium setzt sich grundsätzlich aus **Mitgliedern der betrieblichen Arbeitnehmervertretungen** (Konzernbetriebsrat, Gesamtbetriebsrat oder Betriebsrat) zusammen; nur wenn keinerlei Arbeitnehmervertretung in inländischen Gesellschaften bzw. Betrieben besteht, wählen die Arbeitnehmer gemäß § 8 V 3 SEBG die Mitglieder des Besonderen Verhandlungsgremiums direkt. Die Mitgliederzahl des Wahlgremiums ist gemäß § 8 VI 1 SEBG auf **höchstens 40 begrenzt.** Das Wahlgremium ist gemäß § 10 I 1 SEBG **beschlussfähig,** wenn mindestens zwei Drittel seiner Mitglieder, die mindestesn zwei Drittel der Arbeitnehmer vertreten, anwesend sind. Die Beschlussfassung des Wahlgremiums erfolgt gemäß § 10 I 3 SEBG mit **einfacher Mehrheit** der abgegebenen Stimmen. Dabei haben die Mitglieder des Wahlgremiums gemäß § 10 I 2 SEBG jeweils so viele Stimmen, wie sie Arbeitnehmer vertreten. Das Wahlverfahren soll grundsätzlich gemäß § 11 I 1 SEBG **innerhalb von zehn Wochen** seit der Informationserteilung durch die Leitungen abgeschlossen werden. Ein Recht auf Fristverlängerung kommt nur in Betracht, wenn die Arbeitnehmer die Überschreitung der Frist nicht zu vertreten haben.[832]

3. Verhandlungsstadium

242 Das eigentliche Verhandlungsverfahren beginnt mit der **Einsetzung des Besonderen Verhandlungsgremiums** gemäß § 20 I 1 SEBG. Diese erfolgt dadurch, dass die Leitungen der Gründungsgesellschaften gemäß § 20 I 2 SEBG die gewählten Arbeitnehmervertreter sämtlicher Mitgliedstaaten zur konstituierenden Sitzung einla-

831 Vgl. Beispiel bei *Krause* BB 2005, 1221, 1224.
832 Vgl. *Austmann* in: MüHdB GesR, Bd. 4, 4. Aufl. 2015, § 86 Rn. 36.

den.[833] Die Einladung hat gemäß § 12 I SEBG zu erfolgen, sobald den Leitungen die Arbeitnehmervertreter benannt worden sind oder die für deren Bestimmung zur Verfügung stehende Frist von zehn Wochen gemäß § 11 I SEBG abgelaufen ist.

Das **Besondere Verhandlungsgremium** wählt aus seiner Mitte gemäß § 12 I 2 SSEBG einen Vorsitzenden und mindestens zwei Stellvertreter; gemäß § 12 I 3 SEBG kann es sich eine schriftliche Geschäftsordnung geben. Dem Besonderen Verhandlungsgremium sind für die Sitzungen gemäß § 19 SEBG Räume, sachliche Mittel, Dolmetscher und Büropersonal zur Verfügung zu stellen; die Kosten, inklusive der erforderlichen Reise- und Aufenthaltskosten der Mitglieder haben die beteiligten Gesellschaften und nach ihrer Gründung die SE zu tragen. Mangels entsprechender Regelung im SEBG sind die **Leitungen der Gründungsgesellschaften** frei darin zu bestimmen, wie sie sich zur Führung der Verhandlungen mit dem Besonderen Verhandlungsgremium organisieren; so können sie zB einen von ihnen mit der Verhandlungsführung beauftragen oder eine Verhandlungskommission bilden.[834] 243

Die Verhandlungen zwischen den Leitungen der Gründungsgesellschaften und dem Besonderen Verhandlungsgremium können gemäß § 20 I 1 SEBG **bis zu sechs Monate** dauern und von den Verhandlungsparteien gemäß § 20 II SEBG einvernehmlich **bis zu insgesamt einem Jahr** ab Einsetzung verlängert werden. Wird eine Einigung nicht erzielt und liegt auch kein Abbruch- oder Verzichtsbeschluss des Besonderen Verhandlungsgremiums vor, ist die **Eintragung der SE** damit **frühestens sechs Monate nach Beginn der Verhandlungen** möglich. 244

Das Besondere Verhandlungsgremium kann – ggf. unmittelbar nach seiner Konstituierung – gemäß § 16 I 1 SEBG beschließen, **keine Verhandlungen aufzunehmen** oder bereits aufgenommene **Verhandlungen abzubrechen.** Ein solcher Beschluß beendet das Verhandlungsverfahren, so dass die SE sofort eingetragen werden kann. Diese Entscheidung führt gemäß § 16 II 2 SEBG überdies dazu, daß die gesetzlichen Auffangregelungen zum SE-Betriebsrat bzw. zur Mitbestimmung im Aufsichts- oder Verwaltungsorgan keine Anwendung finden. Aufgrund dieser weitreichenden Folgen ist für einen entsprechenden Beschluss des Besonderen Verhandlungsgremiums gemäß § 16 I 2 SEB eine **Mehrheit von zwei Dritteln seiner Mitglieder**, die mindestens zwei Drittel der Arbeitnehmer in mindestens zwei Mitgliedstaaten vertreten müssen, erforderlich. Der Beschluß zur Nichtaufnahme oder zum Abbruch der Verhandlungen ist zunächst endgültig; er kann – gemäß § 18 I 1 SEBG frühestens zwei Jahre nach dem Beschluss – revidiert werden, wenn mindestens zehn Prozent der Arbeitnehmer der SE, ihrer Tochtergesellschaften und Betriebe oder der Arbeitnehmervertreter das Besondere Verhandlungsgremium wieder einberufen. Vom Abbruch der Verhandlungen zu unterscheiden ist die Konstellation, dass die Verhandlungen **ins Stocken geraten** und vor Ablauf der Frist von sechs Monaten gemäß § 20 I 1 SEBG aus Sicht beider Parteien eine Einigung unmöglich ist. Auch in diesem Fall kann die SE vor Ablauf der Frist von sechs Monaten gemäß § 20 I 1 SEBG eingetragen werden. Allerdings wird durch den **einvernehmlichen Abbruch der Verhandlungen** nicht auf die gesetzliche Auffangsregelung verzichtet; vielmehr steht ein solcher einvernehmlicher Abbruch der Erklärung gleich, dass beide Parteien mit dem Eingreifen der gesetzlichen Auffangregelung gemäß § 21 V SEBG einverstanden sind (vgl. zur SCE-RL s. § 6 Rn. 308).[835] 245

III. Arbeitnehmerbeteiligung kraft Vereinbarung

Die Verhandlungspartner sind **grundsätzlich frei** in der Ausgestaltung der Arbeitnehmerbeteiligung in der SE.[836] Zwingend vereinbart werden muss gemäß § 21 I SEBG lediglich die **betriebliche Arbeitnehmerbeteiligung,** insbesondere die Einsetzung eines SE-Betriebsrats bzw. die Schaffung eines gleichwertigen Verfahrens zur Unterrichtung und Anhörung der Arbeitnehmer gemäß § 21 II SEBG. Die Einrichtung eines Europäischen Betriebsrats ist gemäß § 47 I Nr. 2 SEBG ausgeschlossen, so dass vorhandene Europäische Betriebsräte mit dem Inkrafttreten der Vereinbarung gegenstandslos werden. 246

Bemerkenswert ist, dass im Unterschied zur betrieblichen Arbeitnehmerbeteiligung das Gesetz im Hinblick auf die **unternehmerische Mitbestimmung** keine zwingenden Vorgaben macht. Wenn die Vereinbarung zwischen den Verhandlungspartnern keine Regelung über die unternehmerische Mitbestimmung enthält, ist die SE mitbestimmungsfrei. Eine Ausnahme hiervon ist für die Gründung einer SE durch Umwandlung vorgesehen. In einem solchen Fall muss gemäß § 21 VI 1 SEBG „in Bezug auf alle Komponenten der Arbeitnehmerbeteiligung zumindest das gleiche Ausmaß gewährleistet werden".[837] Desselbe gilt gemäß § 21 VI 2 SEBG bei einem Wechsel von einer dualistischen zu einer monistischen Organisationsstruktur (und umgekehrt). Die Satzung der SE darf sich gemäß Art. 12 IV 1 SE-VO nicht zur augehandelten Mitbestimmungsvereinbarung in Widerspruch setzen. Ent- 247

833 Vgl. *Krause* BB 2005, 1221, 1225; *Grobys* NZA 2005, 84, 87.

834 Vgl. *Austmann* in: MüHdB GesR, Bd. 4, 4. Aufl. 2015, § 86 Rn. 37.

835 So auch *Grobys* NZA 2005, 84, 88.

836 Vgl. *Oetker* in: Lutter/Hommelhoff/Teichmann (Hrsg.), SE-Kommentar, 2015, § 21 SEBG Rn. 28; *Krause* BB 2005, 1221, 1226; *Grobys* NZA 2005, 84, 88.

837 Die Reichweite der Vorgabe in § 21 VI 1 SEBG ist streitig; vgl. ausführlich *Teichmann* ZIP 2014, 1049. Unstreitig fällt zumindest der proportionale Anteil der Arbeitnehmervertreter im Aufsichts- oder Verwaltungsorgan der Gesellschaft darunter; vgl. *Austmann* in: MüHdB GesR, Bd. 4, 4. Aufl. 2015, § 86 Rn. 40.

hält zB die Mitbestimmungsvereinbarung eine paritätische Mitbestimmung und sieht die Satzung der SE eine ungerade Anzahl von Mitgliedern im Aufsichts- bzw. Verwaltungsrat vor, muss die Satzung gemäß § 12 IV 2 SE-VO durch Hauptversammlungsbeschluss an die Mitbestimmungsvereinbarung angepasst werden. Andererseits muss sich die Mitbestimmungsvereinbarung im Rahmen der Satzungsautonomie bewegen.[838] So darf sie zB nicht in die Organisationshoheit des Aufsichts- bzw. Verwaltungsrats eingreifen und die Bildung von Ausschüssen, die Wahl des Vorsitzenden oder der Stellvertreter etc regeln.[839] Überdies kann sich die Vereinbarung nur mit Fragen der Mitbestimmung gemäß § 2 XII SEBG beschäftigen, so dass ihr Angelegenheiten wie Zustimmungsvorbehalte, Sitzungsfrequenzen und Arbeitssprache entzogen sind.[840] Streitig ist, ob in der Mitbestimmungsvereinbarung neben dem Anteil der Arbeitnehmervertreter im Aufsichts- bzw. Verwaltungsrat auch deren absolute Zahl festgelegt werden kann. Während dies nach der (immer noch) hM[841] nicht möglich sein soll, steht nach einer starken Literaturauffassung,[842] der sich mittlerweile auch das LG Nürnberg-Fürth[843] angeschlossen hat, auch die Gesamtgröße des Aufsichtsrats (inkl. dem Dreiteilungsgebot nach § 17 I 3 SEAG) zur Disposition der Verhandlungspartner. Letztere Auffassung überzeugt, nicht zuletzt mit Blick auf den insoweit eindeutigen Wortlaut in § 21 III Nr. 1 SEBG.

248 Für die **Beschlussfassung** auf Seiten der **Leitungen der Gründungsgesellschaften** sieht das Gesetz kein besonderes Verfahren vor, so dass die Vereinbarung verbindlich ist, wenn sie von sämtlichen Leitungen der beteiligten Gesellschaften (im Einklang mit den jeweiligen nationalen Bestimmungen über organschaftliche bzw. rechtsgeschäftliche Vertretung) unterzeichnet ist.[844] Auf Seiten des **Besonderen Verhandlungsgremiums** bedarf der Beschluss über den Abschluss der Vereinbarung gemäß § 15 II 1 SEBG grundsätzlich der Mehrheit seiner Mitglieder, die zugleich die Mehrheit der Arbeitnehmer vertreten. Wenn die Vereinbarung eine Minderung der Mitbestimmungsrechte zur Folge hat, ist eine qualifizierte Mehrheit von zwei Dritteln der Mitglieder des Besonderen Verhandlungsgremiums, die mindestens zwei Drittel der Arbeitnehmer in mindestens zwei Mitgliedstaaten vertreten, erforderlich. Was unter einer Minderung der Mitbestimmungsrechte zu verstehen ist, wird in § 15 IV SEBG legal definiert.

IV. Arbeitnehmerbeteiligung kraft Gesetzes (Auffangregelung)

249 Kommt es innerhalb der sechsmonatigen Verhandlungsfrist – bzw. bei entsprechender Verlängerung bis zu einem Jahr – zu keiner Einigung über die Arbeitnehmerbeteiligung in der SE, so erfolgt die **Arbeitnehmerbeteiligung kraft Gesetzes** (vgl. § 6 Rn. 309 ff.). Die gesetzliche Auffangregelung sieht eine Beteiligung der Arbeitnehmer zum einen im SE-Betriebsrat (§§ 22-33 SEBG) vor, zum anderen durch Besetzung von Sitzen im Aufsichts- oder Verwaltungsorgan der SE durch Arbeitnehmervertreter, entsprechend der Grundkonzeption der deutschen Mitbestimmungsgesetze (§§ 34-38 SEBG).

250 Zur Sicherung des Rechts auf Unterrichtung und Anhörung der Arbeitnehmer der SE ist gemäß § 23 I 1 SEBG ein **SE-Betriebsrat** zu bilden. Seine Struktur und Arbeitsweise sowie die Rechte und Pflichten seiner Mitglieder entsprechen im Wesentlichen denen des Betriebsrats nach dem Betriebsverfassungsgesetz. Die Zusammensetzung und die Wahl des SE-Betriebsrats erfolgt gemäß § 23 I 2 SEBG entsprechend den Regelungen für das Besondere Verhandlungsgremium; der SE-Betriebsrat hat mindestens zehn Mitglieder. Er ist gemäß § 27 SEBG zuständig für die Angelegenheiten, die die SE selbst, eine ihrer Tochtergesellschaften oder einen ihrer Betriebe in einem anderen Mitgliedstaat betreffen oder die über die Befugnisse der zuständigen Organe auf der Ebene des einzelnen Mitgliedstaats hinausgehen. Der SE-Betriebsrat ist gemäß § 28 I SEBG von der Leitung der SE mindestens einmal im Kalenderjahr in einer gemeinsamen Sitzung unter Vorlage der erforderlichen Unterlagen über die Entwicklung der Geschäftslage und die Perspektiven der Gesellschaft zu unterrichten und anzuhören. Zu den erforderlichen Unterlagen gehören dabei ua Geschäftsberichte, Tagesordnungen aller Sitzungen der Leitungsorgane sowie des Aufsichts- oder Verwaltungsorgans sowie Kopien aller Unterlagen, die der Hauptversammlung der Aktionäre vorgelegt werden. Zur Entwicklung der Geschäftslage und den Perspektiven der SE gehören gemäß § 28 II SEBG im Wesentlichen die Struktur der Gesellschaft und ihre wirtschaftliche und finanzielle Lage, die voraussichtliche Entwicklung der Geschäfts-, Produktions- und Absatzlage, Investitionsprogramme, grundlegende Änderungen der Organisation, Verlegung, Zusammenschluß oder Spaltung von Unternehmen oder Betrieben oder auch Massenentlassungen. Die Vertreter der in Deutschland Beschäftigten im SE-

838 Ausführlich hierzu *Kiem* ZHR 173 (2009) 156, 176 ff.
839 Vgl. *Austmann* in: MüHdB GesR, Bd. 4, 4. Aufl. 2015, § 86 Rn. 40.
840 Vgl. *Austmann* in: MüHdB GesR, Bd. 4, 4. Aufl. 2015, § 86 Rn. 40; *Habersack* AG 2006, 345, 351.
841 Vgl. *Paefgen* in: Kölner Kommentar zum AktG, 3. Aufl. 2012, Art. 40 SE-VO Rn. 102; *Lutter/Bayer/Schmidt*, Europäisches Unternehmens- und Kapitalmarktrecht, 2017, Rn. 45.126; *Reichert/Brandes* in: MüKo AktG, 4. Aufl. 2017, Art. 40 SE-VO Rn. 68.
842 Vgl. *Seibt* in: Habersack/Drinhausen (Hrsg.), SE-Recht mit grenzüberschreitender Verschmelzung, 2013, Art. 40 SE-VO Rn. 66; *Drygala* in: Lutter/Hommelhoff/Teichmann (Hrsg.), SE-Kommentar, 2015, Art. 40 SE-VO Rn. 20 f.; *Austmann* in: MüHdB GesR, Bd. 4, 4. Aufl. 2015, § 86 Rn. 40.
843 LG Nürnberg-Fürth ZIP 2010, 372 (GfK).
844 Vgl. *Grobys* NZA 2005, 84, 88.

Betriebsrat werden für die Dauer von vier Jahren gewählt. Ein Europäischer Betriebsrat ist gemäß § 47 I Nr. 2 SEBG nicht zu bilden, so dass vorhandene Europäische Betriebsräte mit Eintragung der SE gegenstandslos werden.

Bei der **Unternehmensmitbestimmung** kraft gesetzlicher Auffangregelung ist zwischen der SE-Gründung durch Formwechsel und den anderen Gründungsformen zu unterscheiden. Im Fall der Gründung einer SE durch **Formwechsel** bestimmt § 35 I SEBG, dass der Umfang der bisherigen Mitbestimmung – im Sinne des bisherigen Anteils der Arbeitnehmervertreter im Aufsichtsrat der Gesellschaft –[845] erhalten bleibt. Für **alle anderen Gründungsformen** gilt, dass sich die Zahl der Arbeitnehmervertreter im Aufsichts- bzw. Verwaltungsorgan der SE nach dem höchsten Anteil an Arbeitnehmervertretern in den Organen der beteiligten Gründungsgesellschaften vor der Eintragung der SE bemisst. Im Ergebnis wird damit das **höchste Mitbestimmungsniveau** für die SE festschrieben. Dies gilt gemäß § 34 I SEBG allerdings nur, wenn mindestens eine der Gründungsgsesellschaften mitbestimmt ist und sich die Mitbestimmung bei der **Verschmelzungsgründung** auf mindestens 25% bzw. bei der Gründung einer **Holding-SE** oder einer **Tochter-SE**[846] auf mindestens 50% der Gesamtzahl der Arbeitnehmer in den betroffenen Mitgliedstaaten erstreckt. Unerheblich ist dabei, ob die erforderliche Anzahl von Arbeitnehmern gerade unter dem Mitbestimmungsregime stand, das kraft Gesetzes weiter existiert.[847] Falls der Schwellenwert nicht erreicht wird, kommt es dennoch zur gesetzlichen Auffangregelung, wenn das Besondere Verhandlungsgremium dies gemäß § 34 I Nr. 2 bzw. 3 SEBG beschließt. Die Verteilung der Arbeitnehmersitze im Aufsichts- bzw. Verwaltungsrat der SE auf die einzelnen Mitgliedstaaten hat der SE-Betriebsrat gemäß den Vorgaben in § 36 I SEBG vorzunehmen; die Wahl der einzelnen Arbeitnehmervertreter zur Besetzung der zugeteilten Sitze vollzieht sich gemäß § 36 III SEBG entsprechend dem Verfahren zur Wahl der Mitglieder in das Besondere Verhandlungsgremium. Die so ermittelten Arbeitnehmervertreter werden der Hauptversammlung der SE gemäß § 36 IV SEBG verbindlich zur Bestellung vorgeschlagen. Die Arbeitnehmervertreter im Aufsichts- bzw. Verwaltungsorgan der SE haben gemäß § 38 I SEBG die gleichen Rechte und Pflichten wie die Mitglieder, die die Anteilseigner vertreten. Zu beachten ist, dass bei paritätischer Mitbestimmung der Vorsitz in dem Aufsichts- bzw. Verwaltungsorgan gemäß Art. 42 bzw. 45 SE-VO stets den Anteilseignern zusteht und der Vorsitzende bei Stimmengleichheit gemäß Art. 50 II SE-VO einen Stichentscheid hat. Darüber hinaus schränkt das Gesetz die Abstimmungsbefugnisse der Arbeitnehmervertreter bei paritätischer Besetzung des monistischen Systems in bestimmten Fällen weiter ein (vgl. § 35 III SEAG). 251

V. Auswirkungen struktureller Änderungen auf die Mitbestimmung

Das SEBG enthält keine Regelung zur Auswirkung von **Veränderungen in der Belegschaftsstärke** der SE. Gemäß § 47 I Nr. 1 SEBG, wonach die deutschen Mitbestimmungsgesetze für eine SE nicht gelten, führt das Über- bzw. Unterschreiten der nach DrittelbG bzw. MitbestG relevanten Schwellen von 500 bzw. 2000 Arbeitnehmern bei der SE nicht dazu, dass das bei Gründung der SE festgelegte Mitbestimmungsregime neu zu verhandeln ist.[848] Im Unterschied dazu sieht § 18 III SEBG eine Pflicht zur Wiederaufnahme der Verhandlungen zur Mitarbeiterbeteiligung vor, wenn **strukturelle Änderungen der SE** geplant sind, die geeignet sind, **Beteiligungsrechte der Arbeitnehmer zu mindern**. Vom Tatbestandsmerkmal der strukturellen Änderung werden nach hM nur Vorgänge mit gründungsähnlichem Charakter erfasst,[849] zB die Aktivierung (dh der wirtschaftlichen Neugründung) einer Vorrats-SE.[850] Die strukturelle Änderung der SE muss zudem geeignet sein, Beteiligungsrechte der Arbeitnehmer zu mindern. Dies ist der Fall, wenn den Arbeitnehmern nach der strukturellen Änderung weniger Rechte zustehen als vorher. Hiervon ist zB auszugehen, wenn eine paritätisch mitbestimmte Gesellschaft auf eine mitbestimmungsfreie oder drittelmitbestimmte SE verschmolzen wird,[851] nicht aber im umgekehrten Fall. 252

845 Vgl. *Austmann* in: MüHdB GesR, Bd. 4, 4. Aufl. 2015, § 86 Rn. 47; *Grobys* NZA 2005, 84, 90.

846 Dies gilt auch im Falle der Gründung einer Tochter-SE durch eine bereits bestehende SE; vgl. *Austmann* in: MüHdB GesR, Bd. 4, 4. Aufl. 2015, § 86 Rn. 48.

847 So auch *Krause* BB 2005, 1221, 1227; unklar *Grobys* NZA 2005, 84, 90.

848 Vgl. *Austmann* in: MüHdB GesR, Bd. 4, 4. Aufl. 2015, § 86 Rn. 51; *Grobys* NZA 2005, 84, 90; *Wollburg/Banerjea* ZIP 2005, 277, 282; *Müller-Bonanni/Melot de Beauregard* GmbHR 2005, 195, 197; *Habersack* DK 2006, 105, 107; *Feldhaus/Vanscheidt* BB 2008, 2246, 2247; *Ege/Grzimek/Schwarzfischer* DB 2011, 1205, 1208.

849 Vgl. *Hohenstatt/Müller-Bonani* in: Habersack/Drinhausen (Hrsg.), SE-Recht mit grenzüberschreitender Verschmelzung, 2013, § 18 SEBG Rn. 12; *Austmann* in: MüHdB GesR, Bd. 4, 4. Aufl. 2015, § 86 Rn. 52; *Krause* BB 2005, 1221, 1228.

850 Vgl. OLG Düsseldorf ZIP 2009, 918, 920.

851 Vgl. *Jacobs* in: MüKo AktG, 4. Aufl. 2017, § 18 SEBG Rn. 16 (mit weiteren Beispielen); *Austmann* in: MüHdB GesR, Bd. 4, 4. Aufl. 2015, § 86 Rn. 53.

M. Bewertung und Ausblick

253 *Hopt* hat die SE bereits 1998 als „**Flagschiff**" bezeichnet.[852] 20 Jahre danach kann festgestellt werden, dass sich diese Einschätzung nicht nur – wie von *Hopt* gemeint – mit Blick auf die Entwicklung des europäischen Gesellschaftsrechts bewahrheitet hat.[853] Vielmehr hat sich die SE mittlerweile auch in der Praxis ausweislich anhaltend stark steigender Gründungszahlen – im Unterschied zu den anderen europäischen Gesellschaftsformen – fest etabliert.

254 Am 17. November 2010 hat die Kommission in einem gemäß Art. 69 SE-VO zu erstattenden Bericht – gestützt auf eine externe Studie und öffentliche Konsultationen – den **Reformbedarf** bei der SE erörtert und Reformvorschläge für 2012 in Aussicht gestellt.[854] Bislang ist es trotz lebhafter Reformdebatte[855] bei der Ankündigung der Kommission geblieben. Auch wenn kein akuter Reformbedarf im Hinblick auf die SE-VO zu erkennen ist, würde die Attraktivität der SE weiter erhöht, wenn zB der numerus clausus bei den Gründungsformen gelockert und das Gebot der Mehrstaatlichkeit bei der SE-Gründung abgeschafft würde. Zudem ist nicht zu verkennen, dass das Beteiligungsverfahren nach der SE-Beteiligungsrichtlinie nicht nur äußerst komplex ist, sondern auch zu erheblichen Verzögerungen bei der SE-Gründung führt.

852 Vgl. *Hopt* ZIP 1998, 96, 99; bekräftigend *ders.* EuZW 2012, 481.

853 So auch *Lutter* in: Lutter/Hommelhoff/Teichmann (Hrsg.), SE-Kommentar, 2015, Einl. SE-VO Rn. 44, *v. Rosen* in: FS Hopt, 2010, S. 1245, 1259.

854 Vgl. Bericht der Kommission an das Europäische Parlament und den Rat über die Anwendung der Verordnung EG Nr. 2157/2001 über das Statut der Europäischen Gesellschaft (SE), KOM(2010) 676.

855 Vgl. etwa *AAK* ZIP 2009, 698; *Kiem* ZHR 173 (2009) 156; *Casper* ZHR 173 (2009) 181; *Henssler* ZHR 173 (2009) 222.

§ 5 Projekt Europäische Privatgesellschaft (SPE – Societas Privata Europaea)[1]

Literatur (Auswahl): *Anzinger*, Die Europäische Privatgesellschaft – vom Vollstatut zum tragfähigen Kompromiss, BB 2009, 2606; *Arbeitskreis Europäisches Unternehmensrecht*, Thesen zum Vorschlag einer europäischen Privatgesellschaft (SPE), NZG 2008, 897; *Arens*, Zweifelfragen „in SPE" – Die Gründung einer „Societas Privata Europaea" durch Umwandlung bestehender Gesellschaften, DK 2010, 395; *Bachner/Lemanska/Horwarth*, Die Europäische Privatgesellschaft ante portas!, ecolex 2008, 824; *Balmes/Rautenstrauch/Kott*, Societas Privata Europaea – laufende Besteuerung und ausgewählte steuerliche Sonderfragen, DStR 2009, 1557; *Bormann/Böttcher*, Vermeidungsstrategien der unternehmerischen Mitbestimmung in der SPE auf Grundlage des ungarischen Kompromissvorschlags, NZG 2011, 411; *Bormann/König*, Der Weg zur europäischen Privatgesellschaft, RIW 2010, 111; *Bottiau/Martinek*, La future société privée européenne (Societas Privata Europaea), menace pour la GmbH, BJS 2009, 808; *Boquera Matarredona/Latorre Chiner*, La sociedad privada europea, RdS 33 (2009) 97; *Brems/Cannivé*, Die Europäische Privatgesellschaft (SPE) als Baustein des internationalen Konzerns, DK 2008, 629; *Bücker*, Die Organisationsverfassung der SPE, ZHR 173 (2009) 281; *Cannivé/Seebach*, Unternehmergesellschaft (haftungsbeschränkt) versus Europäische Privatgesellschaft (SPE): Wettbewerb der Ein-Euro-Gesellschaften?, GmbHR 2009, 519; *Cathiard*, Quels enjeux pour la société privée européenne (Societas Privata Europaea – „SPE")?, Journal des sociétés 2010, 60; *Culmann*, Die Societas Privata Europaea in der Krise, 2012; *Dammann/Weber-Rey*, La société privée européenne: un outil novateur, BJS 2008, § 175, 811; *Davies*, The European Private Company (SPE): Uniformity, flexibility, competition and the persistence of national law in: Festschrift Hopt, 2010, S. 479; *Dorresteijn/Uziahu-Santcroos*, The Societas Privata Europaea under the Magnifying Glass (Part 1), ECL 5 (2008) 277; *Drury*, La SPE: Un Instrumento para las PYMES o un cambio de planteamiento en la armonización de las sociedades de capital cerradas, in: Alonso Ledesma /Alonso Ureba /Velasco (Hrsg.), La modernización del derecho de sociedades de capital en España, 2011, S. 37; *ders.*, The European Private Company, EBOR 9 (2008) 125; *de Erice/Gaude*, Societas Privata Europaea – Unternehmensleitung und Haftung, DStR 2009, 857; *Ehricke*, Konzeptionelle Probleme der Europäischen Privatgesellschaft in: Kölner Schrift zum Wirtschaftsrecht 2010, 6; *Feliu Rey/Rodrígues de las Heras Ballell*, The European Private Company: A Firm Step Forward (and some unsteady steps backwards) in the Corporate Law Flexibilization Process in Europe in: Contratto e Impresa: Europa 2011, 526; *Flaig*, Die Satzung der Societas Privata Europaea (SPE), 2010; *Fleischer*, Supranational Corporate Forms in the European Union: Prolegomena to a Theory on Supranational Forms of Association, CMLR 2010, 1671; *Forst*, Arbeitnehmerbedingung im Verordnungsvorschlag für eine europäische Privatgesellschaft, ZESAR 2009, 261; *Freudenberg*, Mindestkapital und Gründungshaftung in der SPE nach dem schwedischen Kompromissentwurf, NZG 2010, 527; *ders.*, Die SPE zwischen Krise und Insolvenzreife, 2012; *Greulich/Rau*, Zum fakulativen Solvenztest für die Societas Privata Europaea, DB 2008, 2691; *Habersack/Verse*, Europäisches Gesellschaftsrecht, 4. Aufl. 2011; *Greulich*, Neues zum Gläubigerschutz bei der Societas Privata Europaea, DK 2009, 229; *Guidotti*, The European Private Company: The Current Situation in: GLJ 13 (2012) 331; *Hadding/Kießling*, Die Europäische Privatgesellschaft (Societas Privata Europaea – SPE), WM 2009, 145; *Handelsrechtsausschuss des Deutschen Anwaltvereins*, Stellungnahme zum Vorschlag der Kommission für eine Verordnung des Rates über das Statut der Europäischen Privatgesellschaft, NZG Beilage zu Heft 7/2009, 735; *Helms*, Die Societas Privata Europaea (SPE) – Zur Weiterentwicklung des Ursprungskonzepts im Wandel der Zeit in: Festschrift Hommelhoff, 2012, S. 369; *Hennrichs*, Kapitalschutz bei GmbH, UG (haftungsbeschränkt) und SPE, NZG 2009, 921; *Hirte/Teichmann* (Eds.), The European Private Company – Societas Privata Europaea (SPE), 2013; *Hommelhoff*, Die Europäische Privatgesellschaft (SPE): Auswirkungen auf die nationale GmbH, GesRZ 2008, 337; *ders.*, Bruchstellen im Kommissionsentwurf für eine SPE-Verordnung in: Festschrift K. Schmidt, 2009, S. 671; *ders.*, Unternehmensfinanzierung in der Europäischen Privatgesellschaft, ZHR 173 (2009) 255; *ders.*, SPE-Mitbestimmung: Strukturen, Wertungen und rechtspolitische Kompromisslinien, ZEuP 2011, 7; *ders.*, Die SPE: kein Instrument zur Umgehung der Mitbestimmung, AuR 2011, 202; *ders.*, Zur SPE-Sitzaufspaltung in: Festschrift G. H. Roth, 2011, S. 269; *ders.*, SPE-Mitbestimmung bei grenzüberschreitenden Sitzverlegungen nach dem schwedischen Verordnungsentwurf in: Festschrift U. H. Schneider, 2011, S. 547; *Hommelhoff/Krause/Teichmann*, Arbeitnehmerbeteiligung in der europäischen Privatgesellschaft (SPE), GmbHR 2008, 1193; *Hommelhoff/Teichmann*, Bundesrat bremst Europa-GmbH: Erwiderung auf seine Stellungnahme zum SPE-Verordnungsvorschlag, GmbHR 2008, 1193; *dies.*, Eine GmbH für Europa: Der Vorschlag der EU-Kommission zur Societas Privata Europaea (SPE), GmbHR 2008, 897; *Hommelhoff/Schubel/Teichmann*, Societas Privata Europaea (SPE) – die europäische Kapitalgesellschaft für mittelständische Unternehmen, 2014; *dies.*, Der SPE-Formwechsel nach dem schwedischen Kompromissvorschlag in: Festschrift Hopt, 2010, S. 849; *dies.*, die SPE vor dem Gipfelsturm, Zum Kompromissvorschlag der schwedischen EU-Ratspräsidentenschaft, GmbHR 2010, 337; *Hopt*, Die Europäische Privatgesellschaft, EuZW 2008, 513; *Hügel*, Zur Europäischen Privatgesellschaft: Internationale Aspekte, Sitzverlegung, Satzungsgestaltung und Satzungslücken, ZHR 173 (2009) 309; *Jung*, Die Kapitalverfassung der Societas Privata Europaea (SPE), 2014; *dies.*, Die Kapitalaufbringung in der SPE, EuZW 2012, 129; *dies.*, Das Kapitalerhaltungssystem der SPE und seine Probleme, EWS 2012, 25; *dies.*, Das Normanwendungsregime der SPE im Spannungsverhältnis zwischen Verordnung, Satzung und nationalem Recht, GesRZ 2012, 153; *dies.*, Die „schwedische" Societas Privata Europaea, BB 2010, 1233; *dies.*, Welche SPE braucht Europa? – Eine Analyse und Bewertung der Verordnungsentwürfe von Kommission, Parlament und Präsidentschaft im Hinblick auf die Kapitalverfassung, DStR 2009, 1700; *dies.*, Die Societas Privata Europaea (SPE) – Eine Analyse der geplanten

1 Dieser Beitrag wurde aus den folgenden Veröffentlichungen der Autorin zu diesem Thema entwickelt: *Jung*, die Kapitalverfassung der Societas Privata Europaea (SPE), 2014; *dies.* GesRZ 2012, 153, 153 ff.; *dies.* EuZW 2012, 129, 129 ff.; *dies.* EWS 2012, 25, 25 ff.; *dies.* BB 2010, 1233, 1233 ff.; *dies.* DStR 2009, 1700, 1700 ff.; *dies.*, Die SPE – Eine Analyse der geplanten Rechtsform, 2009. Insbesondere die Ausführungen zur Regelungstechnik und zur Kapitalverfassung basieren auf *Jung*, die Kapitalverfassung der Societas Privata Europaea (SPE), 2014. Auf die einzelnen Beiträge wird im folgenden Text nicht separat hingewiesen.
Die Autorin möchte sich an dieser Stelle herzlich bei *Dr. Hermann Dück* (Wiss. Mitarbeiter, Universität Siegen) für seine wertvolle Unterstützung bei der Erstellung dieses Beitrags bedanken.

Rechtsform, 2009; *P. Jung*, Paradigmenwechsel im EG-Gesellschaftsrecht? Der Vorschlag der EU-Kommission für ein Statut der Societas Privata Europaea in: P. Jung (Hrsg.), Supranationale Gesellschaftsformen im Typenwettbewerb, 2011, S. 49; *Kalss/Klampfl*, Europäisches Gesellschaftsrecht, 2015; *Kneisel*, Die Europäische Privatgesellschaft (SPE) im Konzern, 2012; *Koberski/Heuschmid*, Die Beteiligung der Arbeitnehmer in der Europäischen Privatgesellschaft. Eine kritische Zwischenbilanz, RdA 2010, 207; *Kornack*, The European Private Company – Entering the scene or lost in discussion, GLJ 2009, 1321; *Krejci*, Societas Privata Europaea, 2008; *ders.*, SPE in spe sine spe creditoribus? in: Festschrift Hüffer, 2010, S. 501; *Kuck*, Die Europäische Privatgesellschaft nach dem Votum des Europäischen Parlaments, DK 2009, 131; *Kutschmann*, Mindestkapitalfreie Gesellschaften in Deutschland – eine Analyse der Finanzverfassungen von Unternehmergesellschaft (haftungsbeschränkt) und Europäischer Privatgesellschaft (SPE), 2016; *Lanfermann/Richard*, Kapitalschutz der Europäischen Privatgesellschaft, BB 2008, 1610; *Lecourt*, Proposition de règlement relatif au statut de la société privée européenne, Rev. soc. 2008, 684; *ders.*, Société privée européenne: approbation par le Parlement européen de la proposition de règlement, Rev. soc. 2009, 431; *Lehne*, Die Europäische Privatgesellschaft – eine schwere Geburt?, GmbHR 2008, R257; *ders.*, Die Europäische Privatgesellschaft nach dem Parlamentsvotum, GmbHR 2009, R145; *Lutter/Bayer/Schmidt*, Europäisches Unternehmens- und Kapitalmarktrecht, 6. Aufl. 2017 bzw. 5. Aufl. 2012; *Mair*, Die neue Europäische Privatgesellschaft, ecolex 2008, 700; *Makowicz/Saifee*, Societas Privata Europaea: The European Private Company, Co. Law. 30 (2009) 227; *Martens*, Managementstrukturen in der SPE, 2013; *Martín Romero*, La sociedad privada europea: Aproximación a unapropuesta de reglamento comunitario, Revista Jurídica del Notariado 2009, 225; *Martinek*, Die Europäische Privatgesellschaft ohne verbindliche Mehrstaatlichkeit? – Plädoyer für einen qualifizierten grenzüberschreitenden Bezug als Zulassungsvoraussetzung für die Societas Privata Europaea in: Festschrift P. Kreutz, 2010, S. 747; *Maschke*, Gläubigerschutz im Recht der Societas Privata Europaea in seiner gesetzgeberischen Entwicklung, 2011; *ders.*, Die Societas Privata Europaea im Rahmen von Unternehmenstransaktionen, BB 2011, 1027; *Matyk*, Die Europäische Privatgesellschaft – vom Race to the bottom zum Qualitätslabel? Einige rechtspolitische Gedanken zum Vorschlag der Europäische Komission, GPR 2009, 2; *Maul/Röhricht*, Die Europäische Privatgesellschaft – Überblick über eine neue supranationale Rechtsform, BB 2008, 1574; *Mayerhöfer*, Zentrale Diskussionspunkte der Europäischen Privatgesellschaft (EPG) anlässig des offiziellen VO-Vorschlags der Kommission, GeS 2008, 176; *Meller*, Der institutionelle Gläubigerschutz in der Europäischen Privatgesellschaft (SPE), 2010; *Menjucq*, La proposition de règlement relatif à la SPE: une nouvelle étape en droit communautaire des sociétes?, Recueil Dalloz 2008, 2954; *Mock*, Gläubigerschutz in der Europäischen Privatgesellschaft zwischen Gesellschaft- und Insolvenzrecht, DK 2008, 539; *Mosch*, Kapitalschutz ohne Kapital – Die Haftung der Gesellschafter am Beispiel der englischen Private Limited Company und der Europäischen Privatgesellschaft (EPG/SPE) bei IFRS-Bilanzierung, 2013; *Neville*, The European Private Company (Societas Privata Europaea) – some regulatory reflections in: Festschrift Hommelhoff, 2012, S. 835; *Neye*, Die Europäische Privatgesellschaft: Uniformes Recht oder Harmonisierungsgrundlage? in: Festschrift Hüffer, 2010, S. 717; *Omlor*, Die Europäische Privatgesellschaft als neue Gesellschaftsform. Überlegungen zur Mitgliedschaft und zum Verkehrsschutz, JbJZW 2010, 303; *Oplustil*, Ausgestaltung und Einsatzmöglichkeiten der Europäischen Privatgesellschaft aus Sicht der in den neuen Mitgliedstaaten ansässigen kleinen und mittleren Unternehmen (KMU) in: Teichmann (Hrsg.), Europa und der Mittelstand, 2010, S. 109; *Périn*, Société privée européenne vs Société par actions simplifiée: vers une nouvelle révolution du droit des sociétés? in: Actes pratiques et ingénierie sociétaire 2009, Septembre/Octobre, S. 1; *Peters/Wüllrich*, „Borderless flexibility": The Societas Privata Europaea from a German company law perspective, Co. Law. 30 (2009), 214; *dies.*, Gesellschaftsrechtliche Einigung Europas durch die Societas Privata Europaea (SPE), DB 2008, 2179; *dies.*, Grenzenlose gesellschaftsrechtliche Flexibilität – die Societas Privata Europaea (SPE), NZG 2008, 807; *Pläster*, Mitgliedschaftliche Treuepflicht in der GmbH, der Limited und im Statut der Europäischen Privatgesellschaft – Exempel für eine unionsrechtsautonome Lückenfüllung durch „europäische Gesellschaftsrechtsgrundsätze", 2013; *Ries*, „Rule Britannia" – Betrachtungen zur SPE aus der Sicht eines deutschen Registerrichters, NZG 2009, 1052; *Rolfes*, Wettbewerb der Gesellschaftsformen – Die Unternehmergesellschaft (haftungsbeschränkt) im Vergleich zu Limited und SPE, 2013; *Salomon*, Regelungsaufträge in der Societas Privata Europaea, 2010; *Sandberg/Skøg*, SPE – a company law dead-end?, AG 2010, 580; *J. Schmidt*, Der Vorschlag für eine Verordnung über die europäische Privatgesellschaft – eine europäische Rechtsform speziell für KMU, EWS 2008, 455; *Schoenemann*, Die Organisationsverfassung der Societas Privata Europaea (SPE), 2014; *Schumacher/Stadtmüller*, Quo vadis, SPE? Auf dem Weg zu einer europäischen Gesellschaft nationalen Rechts?, GmbHR 2012, 682; *Schulte-Wrede*, Die Beteiligung der Arbeitnehmer in der Europäischen Privatgesellschaft – SPE, 2015; *Sick/Thannisch*, Die Europäische Privatgesellschaft – Damoklesschwert für die Mitbestimmung?, AuR 2011, 155; *dies.*, Die SPE – Die Besorgnis bleibt, AuR 2011, 246; *Siems/Herzog/Rosenhäger*, The protection of creditors of an European Private Company, EBOR 12 (2011) 147; *dies.*, The European Private Company (SPE): An Attractive New Legal Form of Doing Business?, Butterworths Journal of International Banking and Financial Law 2009, 247; *Teichmann* in: MüHdb. GesR, Bd. 6 (Internationales Gesellschaftsrecht und Grenzüberschreitende Umwandlungen), 4. Aufl. 2013, § 50; *ders.*, Die Societa Privata Europaea, als ausländische Tochtergesellschaft, RIW 2010, 120; *Teichmann/Limmer*, Die Societas Privata Euopaea aus notarieller Sicht – eine Zwischenbilanz nach dem Votum des europäischen Parlaments, GmbHR 2009, 537; *Tzakas*, Societas Privata Europaea und Kollisionsrecht – Das Beispiel der Unternehmensleitung, ZEuP 2011, 756; *Ulrich*, Die Societas Privata Europaea – endgültig abgelehnt!, GmbHR 2011, R241; *van den Braak*, The European Private Company, its shareholders and ist creditors, Utrecht L. Rev. 6 (2010), 1; *Velasco*, La participación de los trabajadores en la sociedad privada europea: Una cuestión irresuelta in: Sáenz García de Albizu/Oleo Banet/Martínez Flórez (coord.), Estudios de derecho mercantil: En memoria del Profesor Aníbal Sánchez Andrés, 2010, S. 595; *Viera Gonzáles* La sociedad privada europea: Una alternativa a la sociedad de responsabilidad limitada, Revista de Derecho Mercantil, núm. 270, 2008, 1331; *Wedemann*, Die Europa-GmbH ante portas, EuZW 2010, 534; *Wicke*, Grundelemente einer Europäischen Privatgesellschaft, GmbHR 2011, 566; *Zaman* (Hrsg.), The European Private Company (SPE) – A Critical Analysis of the EU Draft Statute, 2009

A. Einführung

1 Die Europäische Privatgesellschaft (daher die in Deutschland teilweise verwendete Abkürzung EPG) trägt offiziell die Bezeichnung „Societas Privata Europaea" (SPE, vgl. Art. 1 SPE-VO) und wurde inoffiziell auch „Europa-GmbH"[2] genannt. Im englischsprachigen Raum wird die SPE parallel zur deutschen Bezeichnung „Europäische Privatgesellschaft" auch als „*European private company*" (EPC) bezeichnet und im französischsprachigen Raum als „*société privée européenne*".[3] Obwohl die SPE zB in Deutschland das Pendant zur GmbH darstellt,[4] wird sie in der Literatur auch als „kleine Schwester der SE"[5] bezeichnet. Die SPE sollte nach der Verabschiedung der EWIV (s. § 7), der SE (§ 4) und der SCE (§ 6) die vierte supranationale Rechtsform werden. Das Projekt scheiterte jedoch in einem sehr fortgeschrittenen Stadium des Verordnungsgebungsprozesses vor allem am deutschen Widerstand gegen die vorgesehene Mitbestimmungsregelung und die Sitzaufspaltung (zum Verordnungsgebungsprozess gleich näher unter Rn. 7).

I. Gründe für die Einführung einer SPE

2 Die Europäische Privatgesellschaft sollte die neue supranationale Gesellschaftsform werden, die sich insbesondere für kleine und mittlere Unternehmen (KMU) eignet.[6] Mit diesem Projekt wollte die EU die Rahmenbedingungen für KMU auf dem europäischen Binnenmarkt weiter verbessern.[7] Dies erschien auch sinnvoll, da es gerade KMU immer noch schwer fällt sich auf dem europäischen Binnenmarkt grenzüberschreitend zu etablieren. Nur 5% dieser Unternehmen haben Niederlassungen im Ausland gegründet.[8] Dies liegt zumindest teilweise auch an den immer noch bestehenden Schwierigkeiten, die aufgrund der unterschiedlichen nationalen Vorschriften entstehen.[9] Die Divergenzen zwischen den mitgliedstaatlichen Rechtsordnungen sind weiterhin beachtlich, da sich die Harmonisierungsbemühungen auf EU-Ebene bislang vor allem auf Aktiengesellschaften konzentriert haben (s. dazu auch § 18 Rn. 60).[10] Das für KMU besonders relevante GmbH-Recht wurden hingegen

2 So zB *Wedemann* EuZW 2010, 543, 534; *Gutsche* in: FS Hommelhoff, 2012, S. 285, 285; *Teichmann* in: MüHdB GesR, Bd. 6, 2013, § 50 Rn. 1. Zu den Begrifflichkeiten im Allgemeinen, auch dem Begriff „Europa-GmbH" *Krejci*, SPE, 2008, S. 3 f.; *Pfennig*, Gläubigerschutz bei der Europäischen Privatgesellschaft, 2011, S. 19 f.; *Mosch*, Kapitalschutz ohne Kapital, 2013, S. 254; *Pläster*, Mitgliedschaftliche Treuepflicht in der GmbH, der Limited und im Statut der Europäischen Privatgesellschaft, 2013, S. 25; *Peters/Wüllrich* Co. Law. 30 (2009) 214; *Wicke* GmbHR 2006, 356, 356; *Frischhut* ecolex 2007, 217, 217 bezeichneten die SPE auch als „Euro-GmbH"; *Krause* in: Hirte/Teichmann (Eds.), The European Private Company (SPE), 2013, S. 375, 375; *Teichmann* in: Hommelhoff/Schubel/Teichmann (Hrsg.), SPE, 2014, S. 39, 39; *Schoenemann*, Die Organisationsverfassung der SPE, 2014, S. 29 ff.; *Martinek* in: FS P. Kreutz, 2010, S. 747, 767.

3 Vgl. Art. 1 SPE-VO in der jeweiligen Landessprache.

4 Vgl. *Krause* in: Hirte/Teichmann (Eds.), The European Private Company (SPE), 2013, S. 375, 375 (supranationales Äquivalent der GmbH); ebenso *Forst* ZESAR 2009, 261; vgl. zudem *Niemeier* in: Hirte/Teichmann (Eds.), The European Private Company (SPE), 2013, S. 293, 300; *Hommelhoff* in: Hommelhoff/Schubel/Teichmann (Hrsg.), SPE, 2014, S. 23, 26.

5 *Lutter/Bayer/Schmidt*, Europäisches Unternehmens- und Kapitalmarktrecht, 2017, Rn. 47.5; *J. Schmidt* EWS 2008, 455, 455.

6 Kommission, Vorschlag für eine Verordnung des Rates über das Statut der Europäischen Privatgesellschaft, 2008, S. 2; Tschechische Ratspräsidentschaft, SPE-VO-T, Erwägungsgrund 2; Schwedische Ratspräsidentschaft, SPE-VO-S, Erwägungsgrund 2; Belgische Ratspräsidentschaft, SPE-VO-B, Erwägungsgrund 2; Ungarische Ratspräsidentschaft, SPE-VO, S. 1 und Erwägungsgrund 2; *Chiu* in: Hirte/Teichmann (Eds.), The European Private Company (SPE), 2013, S. 47, 47 f.; *Martens*, Managementstrukturen in der SPE, 2013, S. 23 ff.; *Davies* in: FS Hopt, 2010, S. 479, 480; *Omlor* JbJZW 2010, 303, 305; *Bachner/Lemanska/Horwarth* ecolex 2008, 824, 824 ff.; *P. Jung* in: P. Jung (Hrsg.), Supranationale Gesellschaftsformen im Typenwettbewerb, 2011, S. 49, 50; *Mosch*, Kapitalschutz ohne Kapital, 2013, S. 256; *Siems/Herzog/Rosenhäger* Butterworths Journal of International Banking and Financial Law 2009, 247, 247 ff.; *Schoenemann*, Die Organisationsverfassung der SPE, 2014, S. 37.

7 Kommission, Vorschlag für eine Verordnung des Rates über das Statut der Europäischen Privatgesellschaft, 2008, S. 2; vgl. auch *Krause* in: Hirte/Teichmann (Eds.), The European Private Company (SPE), 2013, S. 375, 376; *Schoenemann*, Die Organisationsverfassung der SPE, 2014, S. 37; *Drury* EBOR 9 (2008) 125 f.; *Peters/Wüllrich* NZG 2008, 807; *Hommelhoff* in: FS U. H. Schneider, 2011, S. 547, 548; *Bachner/Lemanska/Horwarth* ecolex 2008, 824, 824; *Greulich/Rau* DB 2008, 2691, 2691; *Guidotti* GLJ 13 (2012) 331, 333.

8 Kommission, Vorschlag für eine Verordnung des Rates über das Statut der Europäischen Privatgesellschaft, 2008, S. 2; Eurobarometer, Beobachtungsnetz der europäischen KMU, Erhebungszeitrum November 2006 – Januar 2007, S. 6.

9 Vgl. VDMA, Positionspapier – Die Europäische Privatgesellschaft – Vorschlag für eine SPE-Verordnung, September 2008, S. 3. Erwägungsgrund 2 SPE-VO erwähnt die Vielzahl unterschiedlicher nationaler Vorschriften als einen zentralen Grund für das SPE-Projekt; s. auch *Hommelhoff* in: Hommelhoff/Schubel/Teichmann (Hrsg.), SPE, 2014, S. 23, 25; vgl. auch *Pläster*, Mitgliedschaftliche Treuepflicht in der GmbH, der Limited und im Statut der Europäischen Privatgesellschaft, 2013, S. 59; *Makowicz/Saifee* Co. Law. 30 (2009) 227, 227 (zu den Punkten Steuern, Arbeitsrecht und Verwaltungs- bzw. Bürokratieaufwand als möglichen Hindernissen).

10 In den letzten Jahren ließ sich allerdings eine Tendenz hin zur Rechtsangleichung für kleine und mittlere Unternehmen (KMU) beobachten. Vgl. dazu § 18 Rn. 64 und dort auch die Nachweise.

bislang nur äußerst punktuell harmonisiert und das Recht der Personenhandelsgesellschaften praktisch gar nicht.[11]

Eine europäische (Kapital-)Gesellschaftsform für KMU, die in allen EU-Staaten einsetzbar ist, hätte in besonderem Maße helfen können, den Expansionsprozess von KMU zu beschleunigen.[12] Insbesondere hätten allerdings auch **GMU**, dh große mittelständische Unternehmen,[13] und **große Unternehmen** von dieser supranationalen Gesellschaftsform profitieren können.[14] Denn gerade die Gründung und Führung ausländischer Tochtergesellschaften hätte durch die SPE erleichtert werden können.[15] Durch einheitliche und bekannte Gründungsabläufe und eine mehrfach verwendbare Satzung, hofften vor allem Unternehmensgruppen die Gründungskosten zu senken.[16] 28% der befragten Unternehmensgruppen rechneten mit Kosteneinsparungen von mehr als 10.000 EUR.[17] Auch bei der Führung von Tochtergesellschaften hätten sich erhebliche Vorteile ergeben können zB durch eine Vereinheitlichung der konzernweiten internen Organisationsverfassungen und den sich daraus ergebenden Organisationsvorteilen.[18] Dies ist ein Aspekt, der insbesondere deutschen Unternehmen aufgrund ihrer Exportorientierung genutzt hätte. 3

Die SPE hätte zudem sinnvoll für grenzüberschreitende **Joint Ventures** eingesetzt werden können. Keiner der Partner hätte sich in diesem Fall auf die Gesellschaftsform eines anderen Landes, welche ihm weniger vertraut ist, einlassen müssen.[19] Diesbezüglich hätten vor allem **psychologische Hindernisse** durch die SPE beseitigt werden können.[20] Außerdem hätte die SPE ein **europäisches Label** bieten können, worin gem. einer Studie der Europäischen Kommission 75% der befragten Unternehmen Vorteile sahen.[21] Insbesondere für Unternehmer aus kleineren europäischen Ländern, deren Rechtsformen weitgehend unbekannt sind, hätte das europäische 4

11 Allerdings ist zu bedenken, dass knapp 93% aller Gesellschaften sog Mikrounternehmen sind, die bereits aufgrund ihrer Größe generell keine Niederlassungen und daher auch nicht in anderen europäischen Mitgliedstaaten gründen. 6% der Unternehmen sind als kleine Unternehmen zu qualifizieren und 1% als mittlere Unternehmen. European Commission, Annual Report on SMEs 2015/2016, 2016, S. 4.

12 Vgl. SPE-VO-KOM, S. 2; *Hommelhoff* in: Hommelhoff/Schubel/Teichmann (Hrsg.), SPE, 2014, S. 23, 24 f.; *Kalss/Klampfl*, Europäisches Gesellschaftsrecht, 2015, Rn. 620; *Teichmann* in: Hirte/Teichmann (Eds.), The European Private Company (SPE), 2013, S. 71, 76; *Périn* Actes Pratiques & Ingénierie Sociétaire 2009, 1, 2; *P. Jung* in: Jung P. (Hrsg.), Supranationale Gesellschaftsformen im Typenwettbewerb, 2011, S. 49, 50 f.; *Makowicz/Saifee* Co. Law. 30 (2009) 227, 228; *Siems/Herzog/Rosenhäger* Butterworths Journal of International Banking and Financial Law 2009, 247, 247 f.

13 Für die Einführung dieser Kategorie plädierend *Krebs/Jung* DB 51/52 (2013), M. 1. Das IfM Bonn verwendet stellenweise in diesem Sinn den Begriff „mittelgroße Unternehmen". Im englischsprachigen Raum wird für diese Gruppe von Unternehmen öfter der Begriff „*midcaps*" gebraucht.

14 Vgl. *Krause* in: Hirte/Teichmann (Eds.), The European Private Company (SPE), 2013, S. 375, 389; *Kalss/Klampfl*, Europäisches Gesellschaftsrecht, 2015, Rn. 620; *Dorresteijn/Uziahu-Santcroos* ECL 5 (2008) 277, 277; *Dammann/Weber-Rey* BJS 2008, § 157, 811, 812; vgl. auch *Pläster*, Mitgliedschaftliche Treuepflicht in der GmbH, der Limited und im Statut der Europäischen Privatgesellschaft, 2013, S. 25; *Peters/Wüllrich* Co. Law. 30 (2009) 214, 214 sowie 218.

15 Kommission, Vorschlag für eine Verordnung des Rates über das Statut der Europäischen Privatgesellschaft, 2008, S. 2. Zu den Schwierigkeiten der Gründung und Führung ausländischer Gesellschaften siehe auch European Commission, SPE impact assessment, 2008, S. 8 ff. Zur Einsatzmöglichkeit der SPE als Tochtergesellschaft siehe ua *Teichmann* RIW 2010, 120, 120 ff.; *Teichmann* in: Hirte/Teichmann (Eds.), The European Private Company (SPE), 2013, S. 71, 76; *Cathiard* Journal des Sociétés 2009, 60; *Kalss/Klampfl*, Europäisches Gesellschaftsrecht, 2015, Rn. 620; *Drury* in: Alonso Ledesma/Alonso Ureba/Velasco (Hrsg.), La modernización del derecho de sociedades de capital en España, T. I, 2011, S. 37, 40; vgl. auch *Siems/Herzog/Rosenhäger* Butterworths Journal of International Banking and Financial Law 2009, 247, 248; *Schoenemann*, Die Organisationsverfassung der SPE, 2014, S. 40.

16 Vgl. *Hommelhoff/Teichmann* DStR 2008, 925, 926; *Hommelhoff* in: Hommelhoff/Schubel/Teichmann (Hrsg.) SPE, 2014, S. 23, 26; *Lehne* GmbHR 2008, R257, R257; *Martens*, Managementstrukturen in der SPE, 2013, S. 23; *Rolfes*, Wettbewerb der Gesellschaftsformen, 2013, S. 139; *Pläster*, Mitgliedschaftliche Treuepflicht in der GmbH, der Limited und im Statut der Europäischen Privatgesellschaft, 2013, S. 59, 60; *Neye* in: FS Hüffer, 2010, S. 717, 717; *Hopt* EuZW 2008, 513, 513; *Omlor* JbJZW 2010, 303, 305; *Bachner/Lemanska/Horwarth* ecolex 2008, 824, 824; *van den Braak* Utrecht L. Rev. 6 (2010) 1, 1.

17 Kommission, Antwortstatistik, 2007, S. 7.

18 Vgl. *Hommelhoff/Teichmann* DStR 2008, 925, 926. Generell zu den Vorteilen von einheitlichen Satzungen in Konzernen *Whincop*, An empirical analysis of the standardisation of corporate charter term: opting out of the duty of care, International Review of Law and Economics, S. 307.

19 *Teichmann* in: Hirte/Teichmann (Eds.), The European Private Company (SPE), 2013, S. 71, 78 f.; *Pläster*, Mitgliedschaftliche Treuepflicht in der GmbH, der Limited und im Statut der Europäischen Privatgesellschaft, 2013, S. 72.

20 *Hellwig* in: Hommelhoff/Helms (Hrsg.), Neue Wege in die Europäische Privatgesellschaft, 2001, S. 89, 91; *Drury* in: Hirte/Teichmann (Eds.), The European Private Company (SPE), 2013, S. 33, 36; *ders.* EBOR 9 (2008) 125, 126; *Oplustil* in: Teichmann (Hrsg.), Europa und der Mittelstand, 2010, S. 109, 109; *Schumacher/Stadtmüller* GmbHR 2012, 682, 682; vgl. auch *Pläster*, Mitgliedschaftliche Treuepflicht in der GmbH, der Limited und im Statut der Europäischen Privatgesellschaft, 2013, S. 73.

21 European Commission, Synthesis of the comments on the consultation document, 2007, S. 6.

Label positive Effekte erzielen können.[22] Aber auch unabhängig vom Heimatland haben vor allem Großunternehmen, wie das Beispiel der SE zeigt (vgl. dazu § 4 Rn. 8), häufig ein Interesse daran, nicht zu national zu erscheinen.[23] Ein europäisches Label kann sich insofern positiv auf die Außendarstellung auswirken.[24] Aufgrund der verschiedensten Einsatzmöglichkeiten der SPE wurde diese supranationale Gesellschaftsform teilweise auch als sog „Allzweckmöbel" bezeichnet.[25] Abstrakt zu den Vorteilen von supranationalen Rechtsformen s. § 3 Rn. 38 ff.

5 Im Bereich der Privatgesellschaften besteht, befeuert auch durch die Rechtsprechung des EuGH zu den Scheinauslandsgesellschaften (dazu § 10 Rn. 103 ff.), eine Konkurrenz der nationalen Gesetzgeber um die beste Rechtsform. Die SPE hätte diesen **Wettbewerb** um die für Investoren attraktivste Gesellschaftsform erheblich befruchten können.[26] Unter anderem deshalb stieß sie jedoch bei den Mitgliedstaaten auf Bedenken, weshalb im Laufe des Verordnungsgebungsprozesses ein grenzüberschreitender Bezug eingeführt (dazu näher unter Rn. 54 f.)[27] und die Möglichkeit der Sitzaufspaltung aufgegeben wurde (dazu näher unter Rn. 88 f.).[28]

6 Die Einführung der SPE war das bis jetzt **wirtschaftlich und rechtspolitisch wichtigste Vorhaben der Europäischen Union** im Bereich der supranationalen Gesellschaftsformen.[29] Das folgt sowohl daraus, dass mit dem Typus der Privatgesellschaft mit beschränkter Haftung die wichtigste Rechtsform betroffen war, als auch aus den erheblichen potenziellen Vorteilen dieser Gesellschaftsform.

II. Verordnungsgebungsprozess

7 Aus den soeben aufgeführten Gründen forderte das Europäische Parlament die Kommission im Jahr 2007 auf,[30] einen Vorschlag für eine europäische Privatgesellschaft zu unterbreiten.[31] Dieser Aufforderung kam die Kommission 2008 nach (im Folgenden **SPE-VO-KOM**).[32] Nach der legislativen Entschließung des Europäischen

---

22 Zu den Vorteilen eines europäischen Labels siehe ua *Drury* in: Hirte/Teichmann (Eds.), The European Private Company (SPE), 2013, S. 33, 36 f.; *ders.* EBOR 9 (2008) 125, 126; *Dorresteijn/Uziahu-Santcroos* ECL 5 (2008) 277, 277; *Bobrzyński/Oplustil* in: Hirte/Teichmann (Eds.), The European Private Company (SPE), 2013, S. 129, 134; *Oplustil* in: Teichmann (Hrsg.), Europa und der Mittelstand, 2010, S. 109, 120; *Teichmann* in: Hommelhoff/Schubel/Teichmann (Hrsg.), SPE, 2014, S. 39, 55 ff.; *Martens*, Managementstrukturen in der SPE, 2013, S. 23 ff. (S. 9 f. zu den Vorteilen einer SPE für Unternehmen aus Mitgliedstaaten, deren Rechtsform nicht so bekannt ist.).

23 Vgl. *Hommelhoff* in: Hommelhoff/Schubel/Teichmann (Hrsg.), SPE, 2014, S. 23, 26.

24 *Oplustil* in: Teichmann (Hrsg.), Europa und der Mittelstand, 2010, S. 109, 120 spricht von Marketing- und Prestigewirkung; *Siems/Herzog/Rosenhäger* Butterworths Journal of International Banking and Financial Law 2009, 247, 249 gebrauchen den Begriff Marketingvorteil („marketing advantage").

25 So *Hommelhoff/Teichmann* in: FS Hopt, 2010, S. 849, 849; *Hommelhoff* in: Hommelhoff/Schubel/Teichmann (Hrsg.), SPE, 2014, S. 23, 27; *Oplustil* in: Hommelhoff/Schubel/Teichmann (Hrsg.), SPE, 2014, S. 63, 63.

26 *Teichmann* in: Hommelhoff/Schubel/Teichmann (Hrsg.), SPE, 2014, S. 39, 53; *Hommelhoff* in: FS K. Schmidt, 2009, S. 671, 674; *Lehne* GmbHR 2008, R257, R257; vgl. auch *Sandberg/Skøg* AG 2010, 580, 580; *Schumacher/Stadtmüller* GmbHR 2012, 682, 682; *Guidotti* GLJ 13 (2012) 331, 331; zu den Auswirkungen der SPE auf den Regulierungswettbewerb siehe auch ausführlich *Bachmann* in: FS Hommelhoff, 2012, S. 23, 32 ff.; *Périn*, Actes Pratiques & Ingénierie Sociétaire 2009, 1, 2 ging davon aus, dass die SPE statt anderer ausländischer Rechtsformen, wie der Limited in Deutschland, gewählt worden wäre. *Bobrzyński/Oplustil* in: Hirte/Teichmann (Eds.), The European Private Company (SPE), 2013, S. 129, 137 weisen darauf hin, dass das Potential der SPE, den Wettbewerb anzuregen, zu Problemen bei der politischen Kompromissfindung führt; vgl. auch *Martinek* in: FS P. Kreutz, 2010, S. 747, 766.

27 Siehe die Nachweise ebendort.

28 Siehe die Nachweise ebendort.

29 *Chiu* in: Hirte/Teichmann (Eds.), The European Private Company (SPE), 2013, S. 47, 48 spricht beispielsweise von einem "Meilenstein-Projekt" bzw. „Leuchtturmprojekt" ("milestone project").

30 Zum Verordnungsgebungsprozess ausführlich *Lutter/Bayer/Schmidt*, Europäisches Unternehmens- und Kapitalmarktrecht, 2017, Rn. 47.1 ff.; *Hommelhoff/Teichmann* in: Hirte/Teichmann (Eds.), The European Private Company (SPE), 2013, S. 1, 3 ff.

31 Entschließung des Europäischen Parlaments mit Empfehlungen an die Kommission zum Statut der Europäischen Privatgesellschaft, 1.2.2007, ABlEU v. 25.10.2007, C 250 E/111.

32 Kommission, Vorschlag für eine Verordnung des Rates über das Statut der Europäischen Privatgesellschaft, KOM (2008) 396. Abrufbar unter: http://ec.europa.eu/internal_market/company/docs/epc/proposal_de.pdf. Siehe dazu unter anderem *Hommelhoff* ZHR 173 (2009) 255, 255 ff.; *Hommelhoff/Teichmann* GmbHR 2008, 897, 897 ff.; *Jung*, Die Societas Privata Europaea (SPE), 2009; *Jung* DStR 2009, 1700, 1700; *Krejci*, SPE, 2008; *Lanfermann/Richard* BB 2008, 1610, 1610 ff.; *Peters/Wüllrich* DB 2008, 2179, 2179 ff.; *Hadding/Kießling* WM 2009, 145, 145 ff.; *Meller*, Der institutionelle Gläubigerschutz in der Europäischen Privatgesellschaft (SPE), 2010.

Parlaments (im Folgenden **SPE-VO-EP**),[33] die bereits zahlreiche Änderungsvorschläge enthielt,[34] wurde das Dossier daraufhin im Ministerrat diskutiert. Nach der **französischen**[35] und **tschechischen Ratspräsidentschaft**[36] erarbeitete Ende 2009 dann die **schwedische Präsidentschaft**[37] einen Verordnungsentwurf für die SPE (im Folgenden bezeichnet als „SPE-VO-S“). Doch obwohl durch den schwedischen Entwurf eindeutige Fortschritte erzielt wurden, konnte die schwedische Ratspräsidentschaft letztendlich keine Einigung herbeiführen. Die **ungarische Präsidentschaft**[38] setzte das Projekt dann erneut auf die Agenda. Sie bemühte sich intensiv darum, die SPE-Verordnung zu verabschieden (der von ihr entwickelte Entwurf wird im Folgenden schlicht als „SPE-VO“ bezeichnet).[39] Eine Einigung konnte allerdings trotz der unternommenen Anstrengungen nicht erzielt werden, da im Mai 2011 die für die Verabschiedung der SPE notwendige Einstimmigkeit aufgrund der Ablehnung des Entwurfs durch Deutschland und Schweden nicht erreicht wurde.[40] Letzte Differenzen ergaben sich vor allem bei Themen wie der Arbeitnehmermitbestimmung, der Sitzaufspaltung und dem Mindestkapital.[41] Das Europäische Parlament versuchte mit seiner Entschließung vom 14. Juni 2012 das Projekt einer Europäischen Privatgesellschaft wiederzubeleben.[42] Die Kommission führte im selben Jahr eine Konsultation durch, die aufzeigte, dass viele Vertreter zwar weitere Verhandlungen bzgl. des SPE-Projekts befürworteten, es allerdings auch Unterstützung für Alternativen zur SPE gab.[43] In ihrem Aktionsplan von 2012 kündigte die Kommission daher an, an einem „Follow-up“, dh einer Alternative zur SPE, zu arbeiten.[44] Ende 2013 erklärte die Europäische Kommission die **Verhandlungen** über die SPE-Verordnung für **gescheitert** und zog den Vorschlag kurz darauf zurück.[45]

---

33 Legislative Entschließung des Europäischen Parlaments vom 10. März 2009 zu dem Vorschlag für eine Verordnung des Rates über das Statut der Europäischen Privatgesellschaft (KOM(2008)0396 – C6-0283/2008 – 2008/0130(CNS)); abrufbar unter: http://www.europarl.europa.eu/sides/getDoc.do?pubRef=-//EP//TEXT+TA+P6-TA-2009-0094+0+DOC+XML+V0//DE. Siehe dazu *Kuck* DK 2009, 131, 131 ff.; *Teichmann/Limmer* GmbHR 2009, 537, 537 ff.; *Lehne* GmbHR 2009, R145, R145 f.; *Greulich* DK 2009, 229, 229 ff.; *Jung* DStR 2009, 1700, 1700 ff.; *Pfennig*, Gläubigerschutz bei der Europäischen Privatgesellschaft, 2011; *Hennrichs* NZG 2009, 921, 921 ff.; *Lecourt* Rev. soc. 2009, 431, 431 ff.; *Romero* RJN 2009, 225, 225 ff.

34 Der Entwurf enthielt 69 Änderungsvorschläge.

35 Vorschlag für eine Verordnung des Rates über das Statut der Europäischen Privatgesellschaft (SPE) 2008, 2008/0130 (CNS), 17152/08, DRS 78, SOC 782. Abrufbar unter: http://register.consilium.europa.eu/doc/srv?l=DE&f.=ST%2017152%202008%20INIT.

36 Proposal for a Council Regulation on the Statute for a European private company (SPE) – Revised Presidency compromise proposal 2009, 9065/09, DRS 34, SOC 277, siehe dazu *Jung* DStR 2009, 1700, 1700 ff.; *Anzinger* BB 2009, 2606, 2606 ff.

37 Vorschlag für eine Verordnung des Rates über die Europäische Privatgesellschaft – Politische Einigung 2009, 2008/0130 (CNS), 16115/09 ADD 1, DRS 71, SOC 711, abrufbar unter: http://register.consilium.europa.eu/pdf/de/09/st16/st16115-ad01.de09.pdf, siehe zu diesem Entwurf ua *Jung* BB 2010, 1233, 1233 ff.; *Hommelhoff/Teichmann* GmbHR 2010, 337, 337 ff.; *Teichmann* RIW 2010, 120, 120 ff.; *Freudenberg* NZG 2010, 527, 527 ff.; *Maschke*, Gläubigerschutz im Recht der SPE in seiner gesetzgeberischen Entwicklung, 2011; *Siems/Herzog/Rosenhäger* EBOR 12 (2011) 147, 147 ff.; *Davies* in: FS Hopt, 2010, S. 479, 479 ff.; *Arens* DK 2010, 395, 395 ff.; zum SPE-Verordnungsgebungsprozess unter besonderer Berücksichtigung der Entwicklung unter der schwedischen Ratspräsidentschaft *Sandberg/Skog* AG 2010, 580, 580 ff.

38 Vorschlag für eine Verordnung des Rates über die Europäische Privatgesellschaft – Politische Einigung, 2011, 2008/0130 (CNS), 10611/11, DRS 84, SOC 432. Im Zuge der Verhandlungen erarbeitete die ungarische Ratspräsidentschaft weitere Vorschläge. Hier wird auf den von ihr zuletzt erarbeiteten Vorschlag abgestellt.

39 Der ungarische Entwurf ist in Bezug auf die Regeln der Kapitalverfassung mit dem schwedischen Entwurf nahezu deckungsgleich. Außerhalb der Kapitalverfassung sind einige, zumeist allerdings kleinere Änderungen gegenüber dem Vorentwurf zu verzeichnen. Größere Veränderungen im Verhältnis zum schwedischen Verordnungsentwurf sind vor allem bezüglich der Sitzaufspaltung und der Arbeitnehmermitbestimmung festzustellen. Aufgrund der Ähnlichkeit der SPE-VO-S und der SPE-VO (ungarischer Entwurf) wird in den Fußnoten nicht gesondert darauf hingewiesen, wenn Literatur zum schwedischen Verordnungsentwurf in Bezug auf Aspekte des ungarischen Verordnungsentwurfs zitiert wird.

40 Vgl. *Lutter/Bayer/Schmidt*, Europäisches Unternehmens- und Kapitalmarktrecht, 2017, Rn. 47.6; *Kalss/Klampfl*, Europäisches Gesellschaftsrecht, 2015, Rn. 618; *Guidotti*, GLJ 13 (2012) 331, 334; siehe auch BRAK Brüssel, Pressemitteilung v. 9. 6. 2011, EuZW 2011, 492, 492; hierzu *Ulrich* GmbHR 2011, R241, R241.

41 SPE-VO, S. 2. Vgl. *Teichmann* in: MüHdB GesR, Bd. 6, 2013, § 50 Rn. 7; *Kalss/Klampfl*, Europäisches Gesellschaftsrecht, 2015, Rn. 619; *Sick/Thannisch* AuR 2011, 155, 156; *Lehne* GmbHR 2008, R257, R257; *Ulrich* GmbHR 2011, R241, R241 f.; *Rolfes*, Wettbewerb der Gesellschaftsformen, 2013, S. 139 f.

42 Vgl. Europäisches Parlament, Entschließung zur Zukunft des europäischen Gesellschaftsrechts, 2012; *Kalss/Klampfl*, Europäisches Gesellschaftsrecht, 2015, Rn. 618.

43 European Commission, Feedback Statement – Summary of Responses to the Public Consultation on the Future of European Company Law, 2012, S. 8 f.

44 Europäische Kommission, Aktionsplan Europäisches Gesellschaftsrecht und Corporate Governance, 2012, KOM(2012) 740/2, S. 15 f.

45 Im Rahmen des REFIT Programms kündigte die Europäische Kommission an, den Entwurf zurückzuziehen, European Commission, Regulatory Fitness and Performance (REFIT): Results and Next Steps – Communication, COM(2013) 685 final, p 9. Im Mai 2014 machte sie ihre Ankündigung dann wahr, vgl. European Union, Official Journal of the European Union, Vol. 57, C 153, 153/6.

Den Forderungen[46] nach der Durchsetzung der SPE im Wege der verstärkten Zusammenarbeit, also insbesondere ohne eine Beteiligung Deutschlands, erteilte die Kommission eine Absage. Als **Alternative** zur SPE unterbreitete die Europäische Kommission am 9.4.2014 vielmehr ihren Vorschlag für die **Societas Unius Personae** (SUP) (s. dazu § 9), der jedoch ebenfalls nicht verabschiedet werden konnte. Die Wiederbelebung des SPE-Projekts wird jedoch bis heute immer wieder diskutiert und gefordert (s. zum Ausblick unter Rn. 286 f.).[47] So sprach sich zB zuletzt die Bundesregierung in ihrem Koalitionsvertrag für die Schaffung der Europäischen Privatgesellschaft aus.[48]

B. Grundlagen

8 Wie auch bei der SE, der SCE und der EWIV ist die Rechtsgrundlage für das SPE-Statut Art. 352 AEUV.[49] Durch die Wahl der Verordnung als Regelungsinstrument sind die Vorschriften der SPE-Verordnung unmittelbar und ohne Umsetzungsakt in jedem Mitgliedstaat anwendbar (allgemein zum Regelungsinstrument der Verordnung § 2 Rn. 40 f.). Mit ihrer Eintragung in das zuständige Register erlangt die SPE **Rechtspersönlichkeit** und ist somit Träger von Rechten und Pflichten (Art. 3 I 1 SPE-VO iVm Art. 10 II SPE-VO). Zudem zeichnet sich die SPE, ebenso wie ihr deutsches Pendant, die GmbH,[50] durch einen **geschlossenen Gesellschafterkreis** (Art. 3 IIa SPE-VO), **beschränkte Haftung** der Anteilseigner (Art. 3 I 2 und 3 SPE-VO) sowie die **Zerlegung des Stammkapitals in Anteile** aus (Art. 3 II SPE-VO). Im **Innenverhältnis** wird den Gesellschaftern ein großer **Gestaltungsspielraum** gewährt, damit die SPE nach den Wünschen der Gesellschafter (bzw. des Gesellschafters) ausgestaltet werden kann (vgl. Erwägungsgrund 13 S. 1 SPE-VO).[51]

C. Regelungstechnik

9 Bei der Europäischen Privatgesellschaft wirken wie bei allen supranationalen Rechtsformen verschiedene Regelungsebenen in komplexer Weise zusammen. Die Verbindung von Verordnung, Satzung und nationalem Recht führen im Ergebnis zu einer diffizilen **Mehrebenenproblematik** (dazu im Allgemeinen § 3 Rn. 86 ff.).[52] Der Verordnungsgeber muss insofern generell klären, welche Vorschriften unter welchen Umständen zur Anwendung kommen. Hierzu gibt es bei der SPE wie auch bei den anderen supranationalen Rechtsformen keine zusammenhängende Regelung. Heranzuziehen sind vielmehr Art. 4 SPE-VO, Art. 8 I und Ia SPE-VO, Anhang I SPE-VO sowie ergänzend einzelne Erwägungsgründe, insbesondere Erwägungsgrund 6 SPE-VO. Art. 4 SPE-VO lässt sich allerdings als zentrale Vorschrift ausmachen.

46 Vgl. zB *Hommelhoff/Teichmann* FAZ v. 28.6.2011, S. 23.

47 Für die Wiederbelebung *Lutter/Bayer/Schmidt*, Europäisches Unternehmens- und Kapitalmarktrecht, 2017, Rn. 47.118; *Bayer/Schmidt* BB 2016, 1923, 1924; *Hommelhoff/Teichmann* GmbHR 2014, 177, 177 ff.; gegen eine Wiederbelebung des SPE-Projekts mit Hilfe des Instruments der verstärkten Zusammenarbeit *Thomale* ZEuP 2015, 517, 517 ff.

48 Koalitionsvertrag zwischen CDU, CSU und SPD, 19. Legislaturperiode, 2018, S. 131.

49 Vgl. ua *Teichmann* in: Hommelhoff/Schubel/Teichmann (Hrsg.), SPE, 2014, S. 39, 48 mwN (teilweise auch zu anderen europäischen Gesellschaftsformen); *Hommelhoff/Teichmann* GmbHR 2008, 897, 897; *Rolfes*, Wettbewerb der Gesellschaftsformen, 2013, S. 139; eine kompetenzrechtliche Betrachtung findet sich bei *Oplustil* in: Hommelhoff/Schubel/Teichmann (Hrsg.), SPE, 2014, S. 63, 70; siehe auch *Martens*, Managementstrukturen in der SPE, 2013, S. 7 ff.; *Sandberg/Skøg*, AG 2010, 580, 581; vgl. noch zu Art. 308 EGV *Neye* in: FS Hüffer, 2010, S. 717, 718; *Hopt* EuZW 2008, 513, 513; *Lehne* GmbHR 2009 R145, R146; *Forst* ZESAR 2009, 261, 261; *Guidotti* GLJ 13 (2012) 331, 332; *Dorresteijn/Uziahu-Santcroos* ECL 5 (2008) 277, 279; *P. Jung* in: P. Jung (Hrsg.), Supranationale Gesellschaftsformen im Typenwettbewerb, 2011, S. 49, 55; *Mosch*, Kapitalschutz ohne Kapital, 2013, S. 258 f.

50 Dass die GmbH das deutsche Pendant ist, zeigt sich bereits am Verweis auf GmbH-Recht im Fall von Lücken in der SPE-VO. S. dazu Rn. 29 ff. Dazu, dass die GmbH das deutsche Pendant zur SPE ist auch *Krause* in: Hirte/Teichmann (Eds.), The European Private Company (SPE), 2013, S. 375, 375 (supranationales Äquivalent der GmbH); ebenso *Forst* ZESAR 2009, 261, 261; vgl. zudem *Niemeier* in: Hirte/Teichmann (Eds.), The European Private Company (SPE), 2013, S. 293, 300; *Hommelhoff* in: Hommelhoff/Schubel/Teichmann (Hrsg.), SPE, 2014, S. 23, 26.

51 Vgl. *Lutter/Bayer/Schmidt*, Europäisches Unternehmens- und Kapitalmarktrecht, 2017, Rn. 47.11; *Schoenemann*, Die Organisationsverfassung der SPE, 2014, S. 69 sowie *Guidotti*, GLJ 13 (2012) 331, 340; *Neville* in: FS Hommelhoff, 2012, S. 835, 837; *Martinek* in: FS P. Kreutz, 2010, S. 747, 754; *Dammann/Weber-Rey* BJS 2008, § 157, 811, 813; *Mair* ecolex 2008, 700, 700 zu den verschiedenen SPE-Verordnungsentwürfen.

52 Der Begriff „Mehrebenensystem" wird meist im Zusammenhang mit dem politischen System der EU im Allgemeinen gebraucht. Vgl. *Bergmann* in: Bergmann (Hrsg.), Handlexikon der Europäischen Union, 5. Aufl. 2015, Stichwort: Mehrebenenstruktur bzw. -system.

I. Die Verordnung

Die SPE-Verordnung umfasst 49 Artikel,[53] geordnet in zehn Kapitel, die themenspezifisch abgegrenzt sind.[54] Die SPE-Verordnung zeichnet sich damit im Vergleich zum deutschen GmbHG durch eine eher schlanke Ausgestaltung aus,[55] was allerdings zumindest teilweise an der Unvollständigkeit ihrer Regelungen liegt. Neben den eigentlichen Artikeln besteht die SPE-Verordnung, wie bei europäischen Rechtsakten üblich (dazu auch § 3 Rn. 82), aus den Erwägungsgründen sowie hier drei Anhängen. Anhang I SPE-VO listet 23 statuarische Regelungsmöglichkeiten für die Gesellschafter auf. Anhang II SPE-VO nennt die nationalen „Privatgesellschaften mit beschränkter Haftung gemäß Artikel 4". Anhang III SPE-VO enthält ein Anmeldeformular für Sitzverlegungen. 10

Die Artikel der SPE-Verordnung stellen die wichtigste Rechtsquelle dar, da diese Rechtsform **„zuallererst und vorrangig"**[56] durch diese materiell-rechtlichen Vorschriften konkretisiert wird.[57] Die Verordnung behandelt nur das **Gesellschaftsrecht.**[58] Andere Materien werden von der SPE-Verordnung nicht geregelt. Für das Insolvenzrecht,[59] das Arbeitsrecht und das Steuerrecht[60] wird dies von Erwägungsgrund 6 S. 7 SPE-VO noch einmal klarstellend festgehalten.[61] Auch Nicht- oder Teilregelungen in der SPE-Verordnung iSd Art. 4 II SPE-VO beziehen sich somit nur auf gesellschaftsrechtliche Fragestellungen.[62] 11

Die SPE-Verordnung enthält allerdings sowohl explizit als auch implizit geregelte Aspekte.[63] Lässt sich im Rahmen der Verordnung eine (implizite) Regelung herauslesen, ist diese daher anzuwenden. Es kann in solchen Fällen nicht auf nationales Recht zurückgegriffen werden. 12

II. Die Satzung

Die SPE ist, wie auch bereits die Bezeichnung „Privatgesellschaft" anzeigt, eine Gesellschaftsform mit einem geschlossenen Gesellschafterkreis (vgl. Art. 3 IIa SPE-VO).[64] Eine Standardisierung mit Rücksicht auf Kapitalanleger ist somit nicht erforderlich. Die Verordnung gewährt den Gesellschaftern vielmehr die von ihnen gewünschte **Satzungsfreiheit** in Bezug auf die interne Organisation der Gesellschaft,[65] wie dies bei vergleichbaren Rechtsformen in der EU üblich ist. Durch diese Gestaltungsfreiheiten erlangt die Satzung einer SPE eine viel höhere Bedeutung als zB die statuarischen Bestimmungen einer SE.[66] 13

---

53 Gestrichene Artikel wurden herausgerechnet, Artikel, die sich in a), b), c) etc gliedern, dagegen hinzugezählt.

54 Vgl. *Romero* RJN 2009 225, 235 zum Kommissionsentwurf.

55 So bereits *Peters/Wüllrich* NZG 2008, 807, 807 zum Kommissionsentwurf. *Neville in:* FS Hommelhoff, 2012, S. 835, 837 spricht ebenfalls von einer kurzen Verordnung. *Habersack/Verse*, Europäisches Gesellschaftsrecht, 2011, § 15 Rn. 2 weist darauf hin, dass die SPE auch gegenüber der SE-Verordnung schlank ausgestaltet ist und führt dies auf die höhere Satzungsgestaltungsfreiheit bei der SPE zurück.

56 Erwägungsgrund 6 S. 1 SPE-VO. Die spanische Fassung spricht ebenfalls von „zuallererst und vorrangig" („en primer lugar y ante todo"), die anderen Fassungen drücken dagegen entweder nur „vorrangig" oder „zuallererst" aus. Englisch: „First and foremost". Italienisch: „anzitutto". Niederländisch: „In de eerste plaats". Polnisch: „Przede wszystkim".

57 Erwägungsgrund 6 S. 1 SPE-VO.

58 Vgl. *Lutter/Bayer/Schmidt*, Europäisches Unternehmens- und Kapitalmarktrecht, 2017, Rn. 47.12; *Schoenemann*, Die Organisationsverfassung der SPE, 2014, S. 58 ff. Siehe auch *Culmann*, Die SPE in der Krise, 2012, S. 84 sowie *Peters/Wüllrich* Co. Law., 30 (2009) 214, 214 zum Kommissionsentwurf. Zur Frage, ob das Konzernrecht vom Anwendungsbereich der SPE-VO erfasst ist, siehe *Kneisel*, Die Europäische Privatgesellschaft im Konzern, 2012, S. 76 ff. in Bezug auf den Kommissionsentwurf. Bei der SE wird der Regelungsbereich vor allem in Bezug auf den Verweis des Art. 9 SE-VO diskutiert. Im Ergebnis ist die hM für eine Beschränkung auf das Gesellschaftsrecht. Vgl. ua *Schröder* in: Manz/Mayer/Schröder (Hrsg.), Europäische Aktiengesellschaft – SE, 2010, Art. 9 Rn. 26; *Lutter/Bayer/Schmidt*, Europäisches Unternehmens- und Kapitalmarktrecht, 2017, Rn. 45.23; *Casper* in: FS Ulmer, 2003, S. 51, 65 ff.; *van den Braak* Utrecht L. Rev. 6 (2010), 1, 5.

59 Zu insolvenzrechtlichen Aspekten mit Blick auf die SPE ausführlich *Freudenberg*, Die SPE zwischen Krise und Insolvenzreife, 2012. Vgl. auch *Mock* in: Hirte/Teichmann (Eds.), The European Private Company (SPE), 2013, S. 349, 349 ff.; *ders.* DK 2008, 539, 545 ff.; *Haas/Mock* in: Gottwald (Hrsg.), Insolvenzrechts-Handbuch, 2010, § 93 Rn. 18.

60 Zu steuerlichen Aspekten mit Blick auf die SPE vgl. *Witt* in: Hirte/Teichmann (Eds.), The European Private Company (SPE), 2013, S. 397, 397 ff.; *ders.* in: Hommelhoff/Schubel/Teichmann (Hrsg.), SPE, 2014, S. 213, 213 ff.; *Balmes/Rautenstrauch/Kott* DStR 2009, 1557, 1557 ff.; *Jacobs/Endres/Spengel* in: Jacobs (Hrsg.), Internationale Unternehmensbesteuerung, 2011, S. 200 ff.

61 Kritisch dazu *Ehricke* KSzW 2010, 6, 7.

62 Vgl. *Culmann*, Die SPE in der Krise, 2012, S. 84.

63 Implizit geregelte Aspekte werden in Bezug auf das CISG und das CESL auch als „internal gaps" (interne Lücken) bezeichnet.

64 Vgl. Ungarische Ratspräsidentschaft, Erwägungsgrund 3 S. 2 SPE-VO.

65 Vgl. Ungarische Ratspräsidentschaft, Erwägungsgrund 3 S. 1 und 2 SPE-VO.

66 Vgl. *Lutter/Bayer/Schmidt*, Europäisches Unternehmens- und Kapitalmarktrecht, 2017, Rn. 47.11.

14 Die SPE-Verordnung teilt die möglichen Satzungsbestimmungen in **vier verschiedene Kategorien** auf.[67] Zu unterscheiden sind „Muss-Satzungsbestimmungen", „Kann-Satzungsbestimmungen", „Abändernde-Satzungsbestimmungen" und „Weitere-Satzungsbestimmungen". Die Abgrenzung der unterschiedlichen Satzungskategorien wäre in der Praxis wohl nicht leichtgefallen.

1. Muss-Satzungsbestimmungen

15 „Muss-Satzungsbestimmungen" betreffen **obligatorische Satzungsangaben** (daher teilweise auch als „obligatorische Regelungsaufträge"[68] bezeichnet). Es lässt sich insofern auch vom **Mindestinhalt** der Satzung sprechen. Die Mindestvorgaben sind **abschließend** in Art. 8 I lit. a) – j) SPE-VO aufgelistet. Nationales Recht darf also keine weitergehenden Mindestvorgaben vorschreiben. Zu erfassen sind elementare Aspekte wie die Firma, der Zweck und das Kapital der SPE (s. dazu näher unter Rn. 50). Ein Entscheidungsspielraum, also die Möglichkeit der Nichtaufnahme, besteht für die Gesellschafter mit Blick auf diese Angaben nicht.

2. Kann-Satzungsbestimmungen

16 Im Gegensatz zu den „Muss-Satzungsbestimmungen" betrifft Anhang I SPE-VO Punkte, die die Gesellschafter gemäß Art. 8 Ia SPE-VO in der Satzung regeln **können**, aber **nicht müssen**. Diese werden in der deutschsprachigen Literatur zT auch „fakultative Regelungsaufträge" genannt,[69] hier jedoch als „Kann-Satzungsbestimmungen" bezeichnet.

17 Die Anteilseigner müssen diese Aspekte nicht in die Satzung aufnehmen, sondern befinden frei darüber, ob und wenn ja, inwieweit sie die aufgelisteten Themen in der Satzung behandeln. Die Aufzählung der in Anhang I SPE-VO genannten Bereiche ist **abschließend**. Nur die dort genannten Gegenstände sind demnach als „Kann-Satzungsbestimmungen" zu qualifizieren. Allerdings sind die dort aufgelisteten Aspekte ihrem Wortlaut nach zT sehr umfassend formuliert. Satzungsgegenstände wie „Kapitalerhöhungen"[70] und der „Erwerb, (die) Übertragung und (die) Löschung eigener Geschäftsanteile"[71] sind beispielsweise bedeutend und betreffen einen weiten Anwendungsbereich. Die Satzung soll es den Anteilseignern allerdings nur ermöglichen, das **Innenverhältnis**[72] zwischen den Gesellschaftern und die **interne Organisation** der SPE[73] zu regeln. Das Außenverhältnis, also die Beziehung der Gesellschaft zu Dritten, unterliegt dagegen grundsätzlich gesetzlichen Bestimmungen (dh der Verordnung oder nationalem Recht).[74] Aspekte mit Bezug zum Außenverhältnis können also nicht in der Satzung geregelt werden, selbst wenn ein Punkt in Anhang I SPE-VO sehr weit formuliert ist. Aber auch die Regelungsbefugnis im Innenverhältnis ist nicht schrankenlos. Denn soweit die Verordnung selbst eine Vorschrift enthält, sperrt diese eine Regelung durch die Anteilseigner hinsichtlich der in Anhang I SPE-VO aufgelisteten Bereiche. Dies folgt aus Art. 8 Ia 1 SPE-VO („unbeschadet dieser (Verordnung)"),[75] wonach die Verordnung anzuwenden ist und damit vorrangig wirkt.

---

67 Vgl. *Jung*, Die Kapitalverfassung der SPE, 2014, S. 71. Die Autorin änderte insofern ihre in *Jung* BB 2010, 1233, 1234 geäußerte Ansicht, dass es drei Kategorien von Satzungsbestimmungen gibt. *Lutter/Bayer/Schmidt*, Europäisches Unternehmens- und Kapitalmarktrecht, 2017, Rn. 47.16 nehmen eine Dreiteilung vor.

68 Der Begriff geht auf den *Arbeitskreis Europäisches Unternehmensrecht* NZG 2008, 897, 898 zurück und wurde in Bezug auf den schwedischen bzw. ungarischen Präsidentschaftsentwurf ua von *Wicke* in: Süß/Wachter (Hrsg.), Handbuch des internationalen GmbH-Rechts, 2011, § 8 Rn. 11; *Wirtz*, Die Lückenfüllung im Recht der SE und der SPE, 2012, S. 190 und *Helms* in: FS Hommelhoff, 2012, S. 369, 374 aufgegriffen.

69 Die Bezeichnung geht ebenfalls auf den *Arbeitskreis Europäisches Unternehmensrecht* NZG 2008, 897, 898 zurück und wurde in Bezug auf den schwedischen bzw. ungarischen Präsidentschaftsentwurf ua von *Wicke* in: Süß/Wachter (Hrsg.), HdB des internationalen GmbH-Rechts, 2. Aufl. 2011 (Altaufl.), § 8 Rn. 11; *Teichmann* in: MüHdB GesR, Bd. 6, 2013, § 50 Rn. 12; *Wirtz*, Die Lückenfüllung im Recht der SE und der SPE, 2012, S. 190 übernommen; siehe auch *Helms* in: FS Hommelhoff, 2012, S. 369, 374. *Schoenemann*, Die Organisationsverfassung der SPE, 2014, S. 71 spricht von „Regelungsermächtigungen".

70 Punkt 8, Anhang I SPE-VO.

71 Punkt 7, Anhang I SPE-VO.

72 Die Begriffe Innen- und Außenverhältnis wurden in Bezug auf die SPE vor allem von *Teichmann* in: MüHdB GesR, Bd. 6, 2013, § 50 Rn. 5; *Hommelhoff/Teichmann* in: Hirte/Teichmann (Eds.), The European Private Company (SPE), 2013, S. 1, 7 sowie *Hommelhoff/Teichmann* GmbHR 2008, 897, 898 geprägt.

73 Vgl. Erwägungsgrund 3 S. 2 SPE-VO.

74 Vgl. zur Unterscheidung von Innen- und Außenverhältnis *Teichmann* in: MüHdB GesR, Bd. 6, 2013, § 50 Rn. 5; *Hommelhoff/Teichmann* in: Hirte/Teichmann (Eds.), The European Private Company (SPE), 2013, S. 1, 7; sowie *Hommelhoff/Teichmann* GmbHR 2008, 897, 898 in Bezug auf den Kommissionsentwurf.

75 Die deutsche Fassung spricht von „unbeschadet dieser Richtlinie". Die anderen Sprachen zeigen, dass hier ein Übersetzungsfehler vorliegt.

3. Abändernde-Satzungsbestimmungen

18 Als dritte Kategorie sind die „Abändernden-Satzungsbestimmungen" zu nennen. Die Bezeichnung „abändernd" wurde gewählt, weil in diesen Fällen eine von der Verordnung abweichende Satzungsregelung zulässig ist (vgl. Erwägungsgrund 6 S. 3 SPE-VO).[76] Erwägungsgrund 6 S. 3 SPE-VO verlangt hierfür, dass die Verordnung die Satzungsdispositivität ausdrücklich (explizit) zum Ausdruck bringt.[77] **Dispositive Verordnungsbestimmungen** enthalten daher zB Formulierungen wie „sofern die Satzung der SPE nichts anderes bestimmt".[78][79]

19 An einigen Stellen lässt die Verordnung allerdings Abändernde-Satzungsbestimmungen zu, während die Thematik gleichzeitig auch in Anhang I SPE-VO aufgeführt wird.[80] Die Vorschrift selbst legt somit die Einordnung als Abändernde-Satzungsbestimmung nahe, während die Nennung in Anhang I SPE-VO auf eine Kann-Satzungsbestimmung hinweist. Bei einer solchen **Überschneidung** zwischen Kann-Satzungsbestimmung und Abändernder-Satzungsbestimmung setzt sich letztere Kategorie durch. Denn Kann-Satzungsbestimmungen können Vorschriften der Verordnung nicht abbedingen, was hier jedoch gestattet ist. Dispositive Bestimmungen der Verordnung sind zudem dadurch charakterisiert, dass sie eine Regelung für den Fall der Nichtausübung der Satzungsdispositivität bereithalten. Bei der Nichtaufnahme von Kann-Satzungsbestimmungen in die Satzung findet hingegen nationales Recht Anwendung. Da in diesen besonderen Fällen jedoch eine Auffangregelung der Verordnung existiert, kann es sich im Ergebnis nur um eine Abändernde Satzungsbestimmung handeln.

4. Weitere-Satzungsbestimmungen

20 Die vierte Kategorie der „Weiteren-Satzungsbestimmungen" ist eine Art **„Auffang-Kategorie"**. Ausgangspunkt ist Art. 8 Ia 3 SPE-VO, der besagt, dass weitere Aspekte in die Satzung aufgenommen werden können. Insoweit könnte es sich noch um eine Sonderform einer Kann-Satzungsbestimmung handeln. Da jedoch Art. 8 Ia 3 SPE-VO iVm Art. 8 Ia 1 SPE-VO sowie Erwägungsgrund 6 S. 6 SPE-VO diese Kategorie explizit von den Kann-Satzungsbestimmungen gemäß Anhang I SPE-VO unterscheiden, liegt somit im Ergebnis eine eigenständige Kategorie vor. Die Besonderheit dieser Kategorie besteht darin, dass sie anders als die anderen Kategorien durch eine negative Definition abgegrenzt wird. Eine Weitere-Satzungsbestimmung liegt demnach nur vor, wenn die Satzungsbestimmung in keine der drei anderen Kategorien fällt. Die Gesellschafter können (vgl. Erwägungsgrund 3 SPE-VO) zwar frei entscheiden, ob und mit welchem konkreten Inhalt es eine solche Regelung geben soll. Art. 8 Ia 3 SPE-VO schreibt allerdings ausdrücklich vor,[81] dass solche Weiteren-Satzungsbestimmungen der Verordnung und dem anwendbaren nationalen Recht unterfallen.[82] Die **Verordnung** und das **maßgebende innerstaatliche Recht für Privatgesellschaften mit beschränkter Haftung** müssen also beide kumulativ entsprechende statuarische Regelungen gestatten. Da die Verordnung entsprechende Bestimmungen dem Grundsatz nach erlaubt, bedürfte es insoweit einer Begründung, warum die Weitere-Satzungsbestimmung nicht mit der Verordnung vereinbar ist. Die eigentliche Schranke dürfte somit das nationale Recht der Privatgesellschaft sein. Satzungsbestimmungen, die in diese Auffangkategorie fallen, könnten in weitere Unterkategorien aufgegliedert werden (zB Abändernde-Satzungsbestimmungen auf nationaler Ebene), was jedoch an dieser Stelle nicht getan wird.

III. Das nationale Recht

21 Das nationale Recht ist auf alle generell nicht von der Verordnung (und ggf. der Satzung) erfassten Bereiche anwendbar.[83] Da die SPE-Verordnung nur das Gesellschaftsrecht der SPE regeln will, unterfallen alle anderen

76 Vgl. ua Art. 23 II SPE-VO, Art. 28 I lit. i) SPE-VO, Art. 28 II 1, 2 sowie 3 SPE-VO, Art. 34 II 3 SPE-VO, Art. 34 III SPE-VO. Vgl. zu der Thematik auch *Wicke* GmbHR 2011, 566, 568.

77 Deutsche Fassung: „(...) Punkte, für die dies nach dieser Verordnung ausdrücklich zulässig ist (...)". Englische Fassung: „(...) in matters where it is explicitly allowed by this Regulation (...)". Französische Fassung: „(...) dans les matières où le présent règlement l'autorise explicitement (...)". Spanische Fassung: „(...) en materias en los que el presente Reglamento lo permita explícitamente (...)". Polnische Fassung: „(...), w kwestiach jednoznacznie dopuszczonych niniejszym rozporządzeniem, (...)".

78 Vgl. dazu ua Art. 28 I lit. i) SPE-VO, Art. 28 II 1, 2 sowie 3 SPE-VO, Art. 34 II 3 SPE-VO, Art. 34 III SPE-VO. Englisch: „Unless the articles of association of the SPE prescribe otherwise". Französisch: „excepté dans les cas où les statuts prévoient que" oder „Sauf prescription contraire des statuts". Spanisch: „A menos que los estatutos de la SPE estipulen otra cosa". Italienisch: „A meno che l'atto costitutivo della SPE non prescriva altrimenti". Polnisch: „chyba że w umowie spółki przewidziano inaczej".

79 Art. 21 III SPE-VO enthält die Formulierung: „Lässt die Satzung die Auszahlung von Zwischendividenden zu (...)".

80 ZB Art. 23 II SPE-VO iVm Punkt 7, Anhang I SPE-VO.

81 Art. 8 Ia 3 SPE-VO. Deutscher Wortlaut: „Unbeschadet dieser Verordnung und des maßgebenden einzelstaatlichen Rechts können in der Satzung auch weitere Bereiche geregelt werden".

82 Ebenso *Teichmann* in: Hirte/Teichmann (Eds.), The European Private Company (SPE), 2013, S. 71, 95; *Oplustil* in: Hommelhoff/Schubel/Teichmann (Hrsg.), SPE, 2014, S. 63, 73; *Schoenemann*, Die Organisationsverfassung der SPE, 2014, S. 69, der den Weiteren-Satzungsbestimmungen zudem eine eher geringe Bedeutung beimisst.

83 Vgl. Erwägungsgrund 6 S. 7 SPE-VO und Art. 4 II SPE-VO.

Rechtsgebiete dem nationalen Recht (s. Rn. 11). Erwägungsgrund 6 S. 7 SPE-VO nennt dafür beispielhaft Gebiete wie „**Insolvenz, Beschäftigung und Besteuerung**".

22 Im gesellschaftsrechtlichen Regelungsbereich der SPE-Verordnung soll nationales Recht eigentlich nur eine untergeordnete Rolle spielen.[84] Trotzdem enthält die Verordnung auch diesbezüglich **Unvollständigkeiten** (iSv Nicht- oder Teilregelungen),[85] für die zur Lückenfüllung (externe Lücke) nationales Recht zur Anwendung kommt. Im Laufe des Verordnungsgebungsprozesses sind viele politisch motivierte Verweise auf das nationale Recht hinzugekommen. Dies betrifft vor allem sensible Punkte, bei denen sich die Mitgliedstaaten nicht auf eine einheitliche Regelung einigen konnten.[86] Zu bedenken ist, dass das subsidiär anwendbare Recht im Fall der SPE nicht bzw. kaum durch Richtlinienrecht harmonisiert ist (zu den erfassten Rechtsformen § 18 Rn. 59 ff.). Ein Verweis auf nationales Recht führt damit bei der SPE zu einer nicht zu unterschätzenden Rechtszersplitterung, die durch die kaum vorhandene Harmonisierung auch nicht abgefedert wird.

23 Aufgrund der Lückenhaftigkeit der Verordnung und des dadurch zur Anwendung kommenden Rechts, setzt die SPE-Verordnung Anreize, den Registersitz, der das subsidiär anwendbare Recht bestimmt (dazu Rn. 88), auch strategisch zu wählen. Unter dem Stichwort „***forum-shopping***" wird bei der SPE das bewusste Ausnutzen von Differenzen der nationalen Rechtsordnungen durch die Wahl des Registersitzes verstanden. Durch die Möglichkeit der Sitzaufspaltung (dazu Rn. 88) würde dies erleichtert. Mitgliedstaaten mit hohen Standards bzgl. des subsidiär anwendbaren nationalen Rechts befürchten insofern regelmäßig die bewusste Vermeidung ihrer Anforderungen. Allerdings kann zB die Zentrierung der Registersitze in einem Land, nicht nur von der Idee des *forum-shopping* getragen sein, sondern vor allem von dem Gedanken der Reduzierung von Kosten durch die Anwendbarkeit der SPE-Verordnung plus einer weiteren mitgliedstaatlichen Rechtsordnung im Bereich des Gesellschaftsrechts.

24 Gemäß Art. 4 II SPE-VO kommt das nationale Recht (nur) zur Anwendung, wenn die Verordnung einen **Punkt nicht oder lediglich partiell** regelt. Außerdem darf dieser Bereich nicht gem. Art. 8 SPE-VO oder aufgrund von Anhang I SPE-VO[87] in der Satzung geregelt sein. Eindeutig ist diese Art der national zu füllenden Lücke, wenn die Verordnung explizit einen Verweis auf nationales Recht vornimmt.[88] Auch die Erwägungsgründe und die verschiedenen Entwürfe der Verordnung (zur Methodik § 2 Rn. 107 ff. und Rn. 123 ff.) können Anhaltspunkte über das Vorliegen einer externen Lücke liefern, die durch das nationale Recht zu füllen ist. Die Erwägungsgründe 3 und 5 SPE-VO erklären allerdings, dass die Verordnung auf eine möglichst umfassende und europäisch einheitliche Regelung abzielt. Das Vorliegen einer Nicht- bzw. Teilregelung ist daher nach hier vertretener Ansicht begründungsbedürftig. Im Zweifel ist somit von einer abschließenden Regelung durch die Verordnung auszugehen.

25 Art. 4 I und II SPE-VO scheinen zunächst einmal weitgehend der Regelung des Art. 9 I SE-VO zu entsprechen (s. dazu § 4 Rn. 11 f.).[89] Eine eingehendere Untersuchung des Art. 4 II SPE-VO zeigt jedoch, dass die SPE-Regelung aufgrund erheblicher Unterschiede eigenständig ist.[90] Damit können die Ergebnisse zu Art. 9 SE-VO nicht pauschal für die SPE genutzt werden, was aber nicht bedeutet, dass Art. 9 I SE-VO nicht wertvolle Anregungen liefern kann oder im Einzelfall sogar ein Gleichlauf bei der Interpretation gewünscht ist.

1. Art. 4 II lit. a) SPE-VO

26 Wird ein Bereich nicht oder nur teilweise durch die Verordnung geregelt und ist er auch weder aufgrund von Art. 8 I SPE-VO noch aufgrund von Anhang I SPE-VO durch die Satzung geregelt, ist das nationale Recht in der Form der jeweiligen **nationalen Ausführungsgesetze** zur SPE-Verordnung anzuwenden (Art. 4 II lit. a) SPE-VO).[91] Indirekt lässt sich aus Art. 4 II lit. a) SPE-VO zugleich schließen, dass die Mitgliedstaaten nur dann Aspekte in den Ausführungsgesetzen aufgreifen dürfen, wenn die Verordnung keine explizite und/oder implizite

84 Vgl. Erwägungsgrund 3 S. 1 SPE-VO. Dort wird zum Ausdruck gebracht, dass sich der Verordnungsgeber eine europaweit möglichst einheitliche SPE wünscht.

85 Kritisch zu den vielen Verweisen auf nationales Recht ua *Hommelhoff/Teichmann* GmbHR 2010, 337, 344; *Teichmann* in: MüHdB GesR, Bd. 6, 2013, § 50 Rn. 8; *Lutter/Bayer/Schmidt*, Europäisches Unternehmens- und Kapitalmarktrecht, 2017, Rn. 47.11; *Navez* in: Hirte/Teichmann (Eds.), The European Private Company (SPE), 2013, S. 147, 150. Zu den Gründen der Bezugnahme auf nationales Recht *Freudenberg*, Die SPE zwischen Krise und Insolvenzreife, 2012, S. 118 ff.

86 Vgl. *Navez* in: Hirte/Teichmann (Eds.), The European Private Company (SPE), 2013, S. 147, 149.

87 Eine Abändernde-Satzungsbestimmung setzt eine Regelung in der Verordnung voraus, die dispositiv ist. In der hier diskutierten Konstellation geht es gerade um Fälle, in denen die Verordnung keine Regelung oder lediglich eine Teilregelung enthält.

88 *Wirtz*, Die Lückenfüllung im Recht der SE und der SPE, 2012, S. 195 f. geht davon aus, dass solche Formulierungen auf Spezialverweise hindeuten und daher nicht vom allgemeinen Verweis in Art. 4 II SPE-VO erfasst sind.

89 Vgl. *Grundmann*, Europäisches Gesellschaftsrecht, 2011, § 30 Rn. 1124.

90 Vgl. *Grundmann*, Europäisches Gesellschaftsrecht, 2011, § 30 Rn. 1124.

91 Vgl. *Wicke* GmbHR 2011, 566, 567 f.; *Teichmann* in: MüHdB GesR, Bd. 6, 2013, § 50 Rn. 10.

Regelung des jeweiligen Sachverhalts enthält.[92] Denn regelt die Verordnung den Bereich, darf das Ausführungsgesetz nicht angewendet werden. Die Verordnung genießt insofern Vorrang.

Art. 4 II lit. a) SPE-VO gestattet es den Mitgliedstaaten nur, Vorschriften zu erlassen, um die „**wirksame Anwendung**" der Verordnung „zu gewährleisten".[93] Die SPE darf jedoch durch die Ausführungsgesetze weder eingeschränkt noch gar gegenüber nationalen Privatgesellschaften mit beschränkter Haftung **diskriminiert** werden. Das verdeutlicht Erwägungsgrund 6b SPE-VO.[94] Eine Art. 9 SCE-VO bzw. Art. 10 SE-VO vergleichbare Vorschrift enthält die SPE-Verordnung allerdings nicht. 27

Art. 4 II lit. a) SPE-VO gibt im Gegensatz zu Art. 9 II SE-VO, der Parallelregelung bei der SE, nicht ausdrücklich vor, dass die Mitgliedstaaten beim Entwurf der Ausführungsgesetze den bereits ergangenen, europäischen **gesellschaftsrechtlichen Richtlinien**, die für Privatgesellschaften mit beschränkter Haftung gelten, Rechnung tragen müssen. Dafür enthält Art. 4 II lit. b) SPE-VO eine entsprechende Vorgabe.[95] Dort wird sie allerdings nicht benötigt. Ein Grund für die andersartige Regelung im Verhältnis zu Art. 9 II SE-VO ist nicht ersichtlich. Es ist daher von einem Regelungsversehen auszugehen. Die ergangenen Richtlinien sind daher in Analogie zu Art. 4 II lit. b) SPE-VO auch im Rahmen des Art. 4 II lit. a) SPE-VO für die Erstellung der jeweiligen nationalen Ausführungsgesetze zu beachten.[96] 28

2. Art. 4 II lit. b) SPE-VO

Subsidiär zur SPE-Verordnung (ggf. ergänzt um Satzungsbestimmungen) und zum jeweils anwendbaren nationalen Ausführungsgesetz findet gem. Art. 4 II lit. b) SPE-VO das **Recht für Privatgesellschaften mit beschränkter Haftung**[97] des Landes Anwendung, in dem die SPE ihren **Registersitz** hat.[98] Art. 4 II lit. a) hat damit Anwendungsvorrang vor Art. 4 II lit. b) SPE-VO. Vom Verweis in Art. 4 II lit. b) SPE-VO sollte auch die nationale norminterpretierende und lückenschließende Rechtsprechung erfasst sein.[99] Dies ist keineswegs selbstverständlich, da die Rechtsprechung, insbesondere in einer Rechtsordnung wie der Deutschen, nicht zu den Rechtsquellen im engeren Sinne zählt (zu den Rechtsquellen auf europäischer Ebene § 2 Rn. 20 ff.). Der Telos der Gleichbehandlung mit den nationalen Privatgesellschaften mit Haftungsbeschränkung gebietet letztlich jedoch die Erfassung auch der Rechtsprechung, da diese das Recht der nationalen Privatgesellschaften wesentlich bestimmt. 29

Für direkte Verweise auf das nationale Recht für Gesellschaften mit beschränkter Haftung verwendet die SPE-Verordnung die Formulierung „**maßgebendes innerstaatliches Recht**"[100] (Art. 4 II lit. b) SPE-VO). In der deutschen Fassung des ungarischen Verordnungsentwurfs wird allerdings häufig fälschlicherweise die Bezeichnung „maßgebendes einzelstaatliches Recht" verwendet.[101] Die Bezugnahme auf das „maßgebende innerstaatliche 30

92 Ähnlich zur SE *Schröder* in: Manz/Mayer/Schröder (Hrsg.), Europäische Aktiengesellschaft – SE, 2. Aufl. 2010, Art. 9 Rn. 19.

93 Art. 4 II lit. a) SPE-VO. Englischer Wortlaut: „to ensure its effective application". Französischer Wortlaut: „d'assurer son application effetive". Spanischer Wortlaut: „garantizar su aplicación efectiva". Italienischer Wortlaut: „per assicurarne l'applicazione effettiva". Niederländische Fassung „met het oog op de effectieve toepassing". Polnischer Wortlaut: „w celu zapewnienia jego skutecznego stosowania".

94 *Freudenberg*, Die SPE zwischen Krise und Insolvenzreife, 2012, S. 130 f. leitet ein Diskriminierungsverbot für von den Mitgliedstaaten geschaffenes Sondergesellschaftsrecht aus Art. 4 II lit. b) SPE-VO iVm Erwägungsgrund 6b SPE-VO her. Speziell auf die SPE zugeschnittenes Recht können die Mitgliedstaaten jedoch nur durch Ausführungsgesetze schaffen, auf die Art. 4 II lit. a) SPE-VO explizit Bezug nimmt.

95 Der *Arbeitskreis Europäisches Unternehmensrecht* NZG 2008, 897, 898 schlug in Bezug auf Art. 4 II SPE-VO-KOM vor, die Formulierung „einschließlich der Vorschriften zur Umsetzung des Gemeinschaftsrechts" ersatzlos zu streichen.

96 Dazu ausführlich *Jung*, Die Kapitalverfassung der SPE, 2014, S. 86 f.

97 In Deutschland bezieht sich dieser Verweis auf die GmbH und damit auf das GmbHG. In Frankreich kommt subsidiär das Recht der SAS (dazu § 13, **nicht** das Recht der SARL), in Italien das der s.r.l. (dazu § 14), in England das der private company limited by shares (dazu § 12), in Spanien das der s.r.l. (dazu § 15), in Polen das Recht der sp. z o.o. (dazu § 17) und in den Niederlanden das Recht der BV (dazu § 16) zur Anwendung. Vgl. Anhang II SPE-VO.

98 Vgl. *Teichmann* in: MüHdB GesR, Bd. 6, 2013, § 50 Rn. 10; *Freudenberg*, Die SPE zwischen Krise und Insolvenzreife, 2012, S. 139 präsentiert ein anderes Verständnis des Verhältnisses von Art. 4 II lit. a) und b) SPE-VO. Der Autor geht davon aus, dass Art. 4 II lit. a) und b) SPE-VO unterschiedliche Bereiche regeln. Ist ein Aspekt Art. 4 II lit. a) SPE-VO zugeordnet, könne er daher nicht auch gleichzeitig von Art. 4 II lit. b) SPE-VO umfasst sein.

99 Vgl. zur Anwendung des Richterrechts auch *Lutter/Bayer/Schmidt*, Europäisches Unternehmens- und Kapitalmarktrecht, 2012, § 43 Rn. 21; *Flaig*, Die Satzung der SPE, 2010, S. 4; *Schoenemann*, Die Organisationsverfassung der SPE, 2014, S. 79; *Bormann/König* RIW 2010, 111, 113 sprechen die Notwendigkeit der Anwendbarkeit der nationalen Rechtsprechung an.

100 Art. 4 II lit. b) SPE-VO.

101 Die englische Fassung spricht dagegen konsistent von „applicable national law". Vgl. *Arens* DK 2010, 395, 399 f.; *Hommelhoff/Teichmann* GmbHR 2010, 337, 345; *Lutter/Bayer/Schmidt*, Europäisches Unternehmens- und Kapitalmarktrecht, 2012, § 43 Rn. 21 (insbes. Fn. 90). Auch die französische Fassung verwendet durchgän-

Recht" führt nach der Definition des Art. 4 II lit. b) SPE-VO lediglich zur Anwendung des nationalen Rechts für Privatgesellschaften mbH, welches explizit von den Ausführungsgesetzen abgegrenzt wird („für andere als die in Buchstabe a genannten Bereiche")[102] (Art. 4 II lit. b) SPE-VO). Der nationale Gesetzgeber soll im Fall eines entsprechenden Verweises nicht die Möglichkeit besitzen, eigenständige Regelungen für die SPE im Ausführungsgesetz zu treffen. Das begrenzt den Gestaltungsspielraum für die Mitgliedstaaten und führt dazu, dass die SPE in Bezug auf den konkreten Verweis der vergleichbaren nationalen Gesellschaftsform **vollumfänglich gleichgestellt** wird.[103]

3. Spezialverweise auf nationales Recht

a) Explizite Verweise

31 Mit Blick auf explizite Bezugnahmen auf nationales Recht wurde in der deutschen Literatur diskutiert, ob diese ausdrücklichen Verweise in der Verordnung[104] unter Art. 4 II SPE-VO zu subsumieren sind oder Spezialverweise darstellen.[105] Aufgrund des angenommenen Charakters als Spezialverweis wird teilweise von einer unmittelbaren Anwendbarkeit des nationalen Rechts ausgegangen. Eines Rückgriffs auf Art. 4 II SPE-VO bedarf es nach dieser Ansicht nicht.[106] Allerdings erfolgen die meisten expliziten Verweise auf nationales Recht durch die Formulierung **„maßgebendes innerstaatliches Recht"**.[107] Dies ist die Begrifflichkeit des Art. 4 II lit. b) SPE-VO. Nach hier vertretener Ansicht handelt es sich bei diesen expliziten Verweisen daher um solche, die Art. 4 II SPE-VO unterfallen. Dadurch wird das nationale Recht insofern eingeschränkt, als es daher nur zur Anwendung kommt, sofern die Verordnung selbst keine Vorkehrungen getroffen hat.[108]

b) Regelungsmöglichkeiten für die Mitgliedstaaten

32 Durch **Regelungsmöglichkeiten**[109] gestattet die SPE-Verordnung den Mitgliedstaaten, eigenständige Vorschriften für die SPE, dh **Sonderrecht** für diese Rechtsform, zu erlassen. Dem jeweiligen nationalen Gesetzgeber steht es offen, von der Regelungsoption im Rahmen der Gestaltung der **Ausführungsgesetze** Gebrauch machen. Zu differenzieren ist dabei zwischen zwei Formen von Regelungsoptionen: unechten und echten Regelungsmöglichkeiten. Unter **echten Regelungsoptionen** sollen hier die Fälle verstanden werden, bei denen eine Regelung in der SPE-Verordnung existiert, der nationale Gesetzgeber aber eine eigenständige, davon abweichende Vorschrift erlassen darf, die dann statt der Verordnungsvorgabe anzuwenden ist. Eine **unechte Regelungsoption** liegt dagegen vor, wenn es an einer Regelung in der SPE-Verordnung fehlt, aber der Verordnungsgeber dem nationalen Regelungsgeber scheinbar eine Regelungsmöglichkeit eröffnen möchte. In diesen Fällen gibt es keine Verordnungsvorschrift, die Anwendung finden könnte, wenn ein Mitgliedstaat den scheinbar gewährten „Regelungsspielraum" nicht nutzt. Unechte Regelungsmöglichkeiten stellen somit im Ergebnis eine externe Lücke dar, so dass nationales Recht greift.

33 Regelungsoptionen für die Mitgliedstaaten werden teilweise pauschal (dh ohne Differenzierung zwischen echten und unechten Regelungsmöglichkeiten) unter dem Begriff „fakultative Staatenwahlrechte" diskutiert.[110] In der Literatur[111] wird insofern manchmal gefragt, ob die Regelungsoptionen Spezialverweise auf nationales Recht darstellen oder von Art. 4 II lit. a) SPE-VO umfasst sind. Teilweise wird aufgrund des Wortlauts des Art. 4 II lit. a) SPE-VO Letzteres angenommen. Denn Regelungsmöglichkeiten nehmen explizit auf die nationalen Ausführungsgesetze Bezug. Und in der Tat ist eine entsprechende Bezugnahme durch Art. 4 II lit. a) SPE-VO gegeben. Regelungsoptionen, die in Ausführungsgesetzen ihren Niederschlag gefunden haben, sind aber dennoch nicht automatisch vom Verweis in Art. 4 II lit. a) SPE-VO umfasst. Art. 4 II SPE-VO – und damit auch Art. 4 II lit. a) SPE-VO – verweist nur für den Fall von Nicht- und Teilregelungen auf nationales Recht und damit auch

---

gig die Bezeichnung „droit national applicable", die polnische benutzt durchgängig die Formulierung „mającymi zastosowanie przepisami prawa krajowego". Die spanische Fassung nutzt die Formulierung „legislación nacional aplicable", teilweise jedoch auch „Derecho nacional aplicable". Die italienische Fassung verwendet dagegen durchgängig „diritto nazionale applicabile" und die niederländische „toepasselijke nationale recht".

102 Art. 4 II lit. b) SPE-VO.

103 *Teichmann* in: MüHdB GesR, Bd. 6, 2013, § 50 Rn. 9, 11.

104 Einige ausgewählte Beispiele: Art. 4 III SPE-VO; Art. 6 0 SPE-VO; Art. 8 II und II SPE-VO; Art. 9 IV SPE-VO; Art. 9a II 1 SPE-VO; Art. 12 SPE-VO; Art. 14 III 2 SPE-VO; Art. 16 I SPE-VO; Art. 26 I SPE-VO; Art. 28 IV 2 und VII SPE-VO.

105 *Wirtz*, Die Lückenfüllung im Recht der SE und der SPE, 2012, S. 195.

106 *Wirtz*, Die Lückenfüllung im Recht der SE und der SPE, 2012, S. 195 f.

107 Einige ausgewählte Beispiele: Art. 4 III SPE-VO; Art. 6 0 SPE-VO; Art. 8 II und II SPE-VO; Art. 9 IV SPE-VO; Art. 9a II 1 SPE-VO; Art. 12 SPE-VO; Art. 14 III 2 SPE-VO; Art. 16 I SPE-VO; Art. 26 I SPE-VO; Art. 28 IV 2 und VII SPE-VO.

108 Ausführlicher dazu *Jung*, Die Kapitalverfassung der SPE, 2014, S. 91 f.

109 Für Regelungsmöglichkeiten wird in diesem Beitrag synonym auch der Begriff „Regelungsoption" verwendet.

110 Vgl. *Freudenberg*, Die SPE zwischen Krise und Insolvenzreife, 2012, S. 117.

111 *Freudenberg*, Die SPE zwischen Krise und Insolvenzreife, 2012, S. 138.

auf die Ausführungsgesetze. Bei echten Regelungsoptionen im erläuterten Sinne liegt aber gerade keine Lücke vor. Es handelt sich vielmehr um die Möglichkeit einer echten Abweichung von einer bestehenden Verordnungsregelung. Echte Regelungsoptionen sind daher nicht von Art. 4 II SPE-VO erfasst. Unechte Regelungsoptionen hingegen fallen unter Art. 4 II SPE-VO, denn hier füllt das Ausführungsgesetz eine Lücke der Verordnung.

4. Sachnorm- oder Gesamtnormverweisung?

Für die Bereiche außerhalb des Gesellschaftsrechts greift nationales Recht inklusive des **IPR** (s. zum IPR § 11).[112] Bei den Verweisungen des Art. 4 II SPE-VO stellt sich allerdings die Frage, ob es sich um Sach- oder Gesamtnormverweisungen handelt. Art. 4 II lit. b) SPE-VO verweist auf nationales GmbH-Recht. Der Wortlaut der Norm, der auf den Registersitz Bezug nimmt, deutet darauf hin, dass das IPR zur Bestimmung des anwendbaren nationalen Gesellschaftsrechts nicht zwingend notwendig ist, also eine Sachnormverweisung vorliegt.[113] Wegen der weitgehenden Parallelität beider Unterabsätze könnte daher auch Art. 4 II lit. a) SPE-VO als **Sachnormverweisung** auf die Ausführungsgesetze des jeweiligen Sitzmitgliedstaates (Registersitzes) zu verstehen sein, auch wenn dies durch den Wortlaut der Vorschrift nicht explizit zum Ausdruck kommt. Dieses Ergebnis ist jedoch nicht zwingend, weshalb es nicht verwundert, dass in der Literatur verschiedene Auffassungen zu dieser Problematik vertreten werden.[114] 34

IV. Das Normanwendungsregime

Das Normanwendungsregime zeigt den **Anwendungsvorrang** der einzelnen Regelungsebenen. Die SPE-Verordnung gibt – vereinfacht gesagt – ein **vierstufiges System** zur Regelung der Europäischen Privatgesellschaft vor.[115] Danach wird die SPE „zuallererst und vorrangig“[116] durch die SPE-Verordnung geregelt. Die Verordnung ist somit das ranghöchste Recht im Normanwendungsregime der SPE.[117] 35

Satzungsbestimmungen sind im Verhältnis zur Verordnung nachrangig.[118] Sie finden immer dann Anwendung, wenn die Verordnung dies zulässt. Art. 4 SPE-VO verdeutlicht die Nachrangigkeit dadurch, dass die Satzungsbestimmungen in Art. 4 I lit. b) SPE-VO nach der Verordnung genannt werden. Satzungsbestimmungen sind allerdings grundsätzlich vorrangig gegenüber dem **nationalen Recht** (vgl. ua Art. 4 II SPE-VO). Gerade mit Blick auf die Satzungsbestimmungen gibt es jedoch Ausnahmen, die eine Einzelfallbetrachtung erforderlich machen (s. dazu Rn. 188). Die **nationalen Ausführungsgesetze** sind wiederum grundsätzlich vorrangig gegenüber dem 36

112 Vgl. *Rammeloo* in: Zaman et. al. (Hrsg.), The European Private Company (SPE), 2009, S. 31, 43; *ders.* in: Hirte/Teichmann (Eds.), The European Private Company (SPE), 2013, S. 99, 118. Im zuletzt genannten Beitrag weist *Rammeloo* auf die Möglichkeit hin, einige Fragen, auch wenn sie zwar außerhalb des Regelungsbereichs der SPE liegen, aber eng mit diesem verbunden sind, per Analogie zu Art. 4 II SPE-VO dem nationalen Recht zuzuordnen, wo die SPE ihren Registersitz hat. *Wirtz*, Die Lückenfüllung im Recht der SE und der SPE, 2012, S. 196 f. stellt fest, dass das IPR immer dann zur Anwendung kommt, wenn eine Sachfrage außerhalb des Regelungsbereichs der Verordnung liegt. Der Autor nimmt an, dass der Regelungsbereich der SPE weiter gefasst ist als der der SE.

113 *Teichmann* in: MüHdB GesR, Bd. 6, 2013, § 50 Rn. 11 hält dagegen die Annahme einer Gesamtnormverweisung für vorzugswürdig. Ebenso *Schoenemann*, Die Organisationsverfassung der SPE, 2014, S. 77 f.

114 *Wirtz*, Die Lückenfüllung im Recht der SE und der SPE, 2012, S. 196 (insbes. auch Fn. 865) nimmt in Bezug auf Art. 4 II SPE-VO eine Sachnormverweisung an. Ebenso *Culmann*, Die SPE in der Krise, 2012, S. 59 f. In Bezug auf den Kommissionsentwurf gehen die *Erice/Gaude* DStR 2009, 857, 857 und *Kneisel*, Die Europäische Privatgesellschaft im Konzern, 2012, S. 73 von einer Sachnormverweisung aus. *Rammeloo* in: Zaman et. al. (Hrsg.), The European Private Company (SPE), 2009, S. 31, 38, 43 nimmt – auch auf den Kommissionsentwurf bezogen – grundsätzlich eine Sachnormverweisung an. Der Autor plädiert jedoch für eine Anwendung des IPR, „if certain matters fall outside the substantive scope of either the Proposal (labour law, insolvency law, tax law), or the national law to be applied to private-limited liability companies“. In seinem neueren Beitrag schlägt der Autor eine weitergehende Differenzierung bei der Einordnung zwischen Sach- und Gesamtnormverweisung vor, vgl. *Rammeloo* in: Hirte/Teichmann (Eds.), The European Private Company (SPE), 2013, S. 99, 110 ff.; *Teichmann* in: MüHdB GesR, Bd. 6, 2013, § 50 Rn. 11 hält dagegen die Annahme einer Gesamtnormverweisung für vorzugswürdig. Der Autor bestätigt seine Ansicht: *ders.* in: Hirte/Teichmann (Eds.), The European Private Company (SPE), 2013, S. 71, 92. Ebenso *Freudenberg*, Die SPE zwischen Krise und Insolvenzreife, 2012, S. 172 ff. in einer ausführlichen Stellungnahme zu dieser Fragestellung. *Hommelhoff/Teichmann* GmbHR 2010, 337, 345 wünschen sich zudem diesbezüglich eine Klarstellung durch den Verordnungsgeber.

115 *Lutter/Bayer/Schmidt*, Europäisches Unternehmens- und Kapitalmarktrecht, 2017, Rn. 47.13 erörtern eine 5-stufige Rechtsquellenpyramide, da nach zwei unterschiedlichen Arten von Satzungsbestimmungen unterschieden wird. Die Aufgliederung in Satzungskategorien wird hier erst im Folgenden vorgenommen, weshalb zunächst eine vereinfachte (vierstufige) Normenhierarchie dargestellt wird.

116 Erwägungsgrund 6 SPE-VO.

117 Vgl. *Lutter/Bayer/Schmidt*, Europäisches Unternehmens- und Kapitalmarktrecht, 2017, Rn. 47.15; *Teichmann* in: MüHdB GesR, Bd. 6, 2013, § 50 Rn. 10.

118 Vgl. auch *Schoenemann*, Die Organisationsverfassung der SPE, 2014, S. 72.

maßgebenden innerstaatlichen Recht, dh dem Recht der vergleichbaren nationalen Rechtsform.[119] Daraus ergibt sich folgendes (vereinfachtes) Regelungsgefüge:

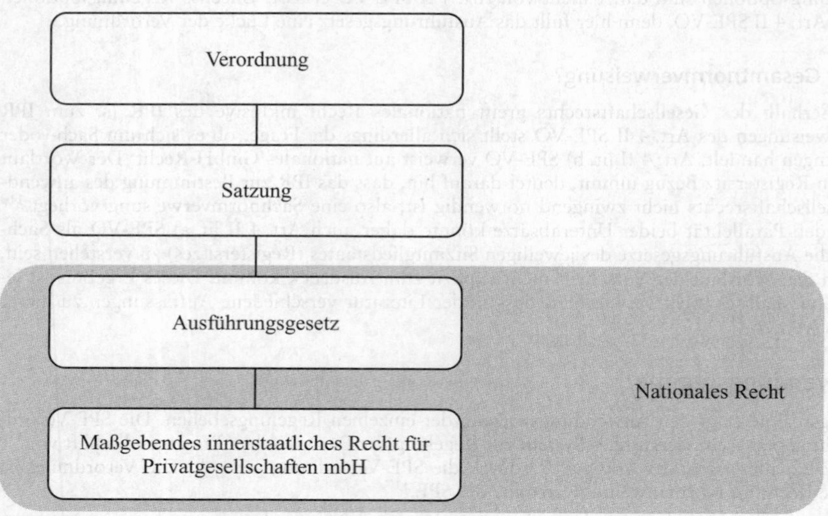

Abb. 1: Vereinfachte Normenhierarchie[120]

37 An einigen Stellen überspringt der Verordnungsgeber für externe Regelungslücken die Ausführungsgesetze und zieht direkt das jeweils anwendbare Recht für Privatgesellschaften mit beschränkter Haftung heran. Dazu nutzt er die explizite Verweisformel „maßgebendes innerstaatliches Recht".[121]

38 Einzelne Satzungsbestimmungen durchbrechen jedoch, das soeben erläuterte Normanwendungsregime. **„Abändernde-Satzungsbestimmungen"** sind im Ergebnis oberhalb der Verordnung anzusiedeln, da die Gesellschafter mit deren Hilfe von den Verordnungsbestimmungen abweichen dürfen. Nationales Recht hat keinen Einfluss auf diese Kategorie von Satzungsbestimmungen. **Kann-Satzungsbestimmungen** iSd Anhang I SPE-VO müssen nicht den Zulässigkeitsvoraussetzungen des nationalen Rechts genügen (Art. 8 Ia 2 SPE-VO und Umkehrschluss aus Art. 4 III SPE-VO).[122] Im Normanwendungsregime sind Kann-Satzungsbestimmungen daher vorrangig gegenüber dem nationalen Recht und nachrangig gegenüber der Verordnung. **Muss-Satzungsbestimmungen** sind in gleicher Weise einzuordnen.

119 Vgl. *Lutter/Bayer/Schmidt*, Europäisches Unternehmens- und Kapitalmarktrecht, 2017, Rn. 47.15; *Feliu Rey/Rodríguez de las Heras Ballell* CelE 2011, 526, 552; *Teichmann* in: MüHdB GesR, Bd. 6, 2013, § 50 Rn. 10.

120 Das vereinfachte Normanwendungsregime zeigt den Anwendungsvorrang der einzelnen Regelungsebenen, macht jedoch keine Aussage über die subsidiäre Anwendbarkeit im Fall von Nicht- oder Teilregelungen in der Satzung. Die Graphik stammt aus *Jung*, Die Kapitalverfassung der SPE, 2014, S. 100 und *Jung* GesRZ 2012, 153, 158. Vgl. auch *Teichmann*: in: MüHdB GesR, Bd. 6, 2013, § 50 Rn. 10.

121 Art. 4 II lit. b) SPE-VO.

122 Vgl. *Wicke* GmbHR 2011, 566, 568; *Teichmann* in: MüHdB GesR, Bd. 6, 2013, § 50 Rn. 14; *Lutter/Bayer/Schmidt*, Europäisches Unternehmens- und Kapitalmarktrecht, 2012, § 43 Rn. 27.

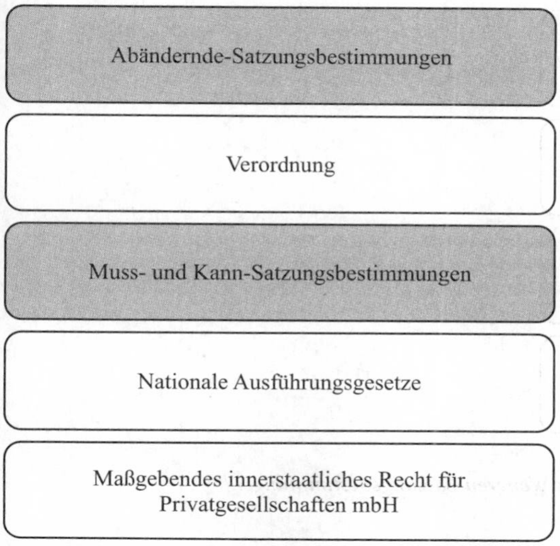

Abändernde-Satzungsbestimmungen

Verordnung

Muss- und Kann-Satzungsbestimmungen

Nationale Ausführungsgesetze

Maßgebendes innerstaatliches Recht für Privatgesellschaften mbH

Abb. 2: Normenhierarchie unter Berücksichtigung von Abändernden- sowie Muss- und Kann-Satzungsbestimmungen[123]

Weitere-Satzungsbestimmungen unterliegen gemäß Art. 8 Ia 3 SPE-VO sowohl der Verordnung als auch dem „maßgebenden innerstaatlichen Recht“.[124] Sie müssen daher sowohl mit der Verordnung als auch mit den jeweils anwendbaren nationalen Vorschriften für Privatgesellschaften mit beschränkter Haftung in Einklang stehen (vgl. Art. 4 II lit. b) SPE-VO).[125] Die Ausführungsgesetze sind vom Verweis auf das maßgebende innerstaatliche Recht allerdings nicht erfasst (vgl. Art. 8 Ia 3 SPE-VO iVm Art. 4 II SPE-VO). Weitere-Satzungsbestimmungen sind somit nachrangig gegenüber der Verordnung und den nationalen Regeln für Privatgesellschaften mit beschränkter Haftung. Sie sind aber gleichzeitig über den Ausführungsgesetzen einzuordnen. An dieser Stelle werden Weitere-Satzungsbestimmungen vereinfacht pauschal behandelt. Diese Kategorie müsste jedoch noch weiter untergliedert werden. So kann zB das nationale Recht bestimmte Regeln für dispositiv erklären, wodurch entsprechende Satzungsbestimmungen wiederum über der nationalen dispositiven Regelung einzuordnen wären. Die folgende Graphik behandelt Weitere-Satzungsbestimmungen hingegen pauschal. 39

123 Die abgebildete Struktur zeigt den Anwendungsvorrang der einzelnen Regelungsebenen, trifft jedoch keine Aussage über die subsidiäre Anwendbarkeit von Vorschriften im Fall von Nicht oder Teilregelungen. Die Graphik stammt aus *Jung*, Die Kapitalverfassung der SPE, 2014, S. 106 und *Jung* GesRZ 2012, 153, 158.

124 Art. 4 II lit. b) SPE-VO.

125 Vgl. *Lutter/Bayer/Schmidt*, Europäisches Unternehmens- und Kapitalmarktrecht, 2012, § 43 Rn. 28 iVm 21.

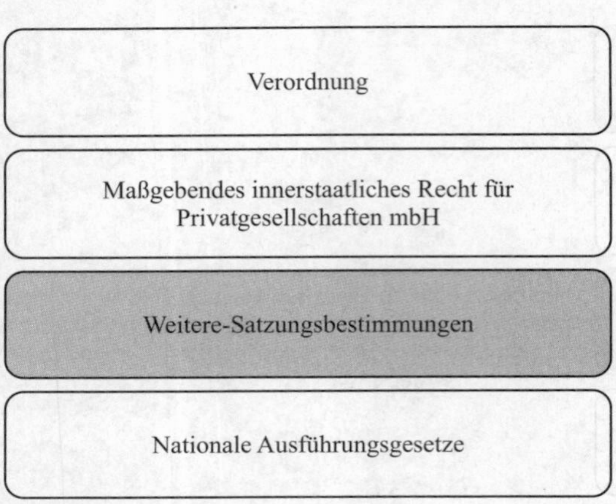

Verordnung
Maßgebendes innerstaatliches Recht für Privatgesellschaften mbH
Weitere-Satzungsbestimmungen
Nationale Ausführungsgesetze

Abb. 3: Normenhierarchie unter Berücksichtigung von Weiteren-Satzungsbestimmungen[126]

40 Einen Spezialfall stellt die Situation dar, in der ein Punkt in Anhang I SPE-VO aufgeführt ist, die SPE-Verordnung diesbezüglich dem nationalen Gesetzgeber jedoch zugleich eine „echte" Regelungsmöglichkeit gewährt. Wird diese Regelungsmöglichkeit genutzt, ist das Ausführungsgesetz vorrangig gegenüber der Verordnung und damit auch gegenüber Kann-Satzungsbestimmungen. Den Mitgliedstaaten wird es so ermöglicht, den Gestaltungsspielraum von Kann-Satzungsbestimmungen zu begrenzen.[127]

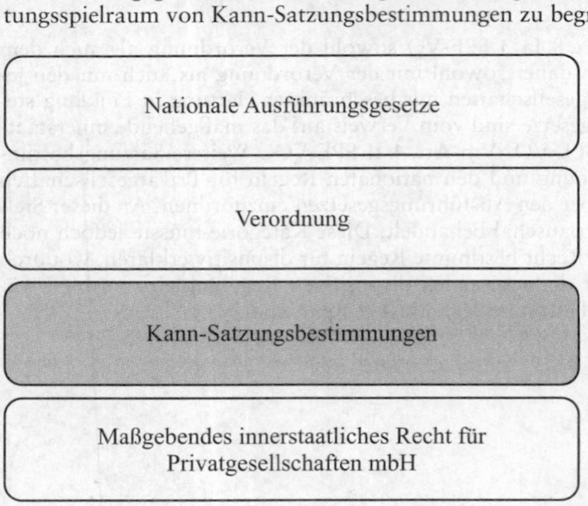

Nationale Ausführungsgesetze
Verordnung
Kann-Satzungsbestimmungen
Maßgebendes innerstaatliches Recht für Privatgesellschaften mbH

Abb. 4: Sonderproblematik der Überschneidung von Kann-Satzungsbestimmungen und einer echten Regelungsmöglichkeit für die Mitgliedstaaten[128]

126 Die abgebildete Struktur zeigt den Anwendungsvorrang der einzelnen Regelungsebenen, trifft jedoch keine Aussage über die subsidiäre Anwendbarkeit von Vorschriften im Fall von Nicht oder Teilregelungen. Die Graphik stammt aus *Jung*, Die Kapitalverfassung der SPE, 2014, S. 108 und *Jung* GesRZ 2012, 153, 159.

127 Näher zu dieser speziellen Problematik *Jung*, Die Kapitalverfassung der SPE, 2014, S. 109 ff.

128 Die abgebildete Struktur zeigt den Anwendungsvorrang der einzelnen Regelungsebenen, trifft jedoch keine Aussage über die subsidiäre Anwendbarkeit von Vorschriften im Fall von Nicht oder Teilregelungen. Die Graphik stammt aus *Jung*, Die Kapitalverfassung der SPE, 2014, S. 112 und *Jung* GesRZ 2012, 153, 159.

V. Nicht- bzw. Teilregelungen

Wie bereits erörtert, regelt die SPE-Verordnung selbst im Zusammenspiel mit der Satzung nicht alle gesellschaftsrechtlichen Aspekte.[129] Der europäische Gesetzgeber hat daher ein Regelungssystem welches auf einer Füllung von Nicht- und Teilregelungen beruht und dessen Kern in Art. 4 SPE-VO enthalten ist.[130] 41

Art. 4 II SPE-VO schreibt vor, dass die Ausführungsgesetze bzw. die nationalen Vorschriften für Privatgesellschaften mit beschränkter Haftung mit Blick auf solche Bereiche, „die nicht oder nur teilweise durch diese Verordnung geregelt werden, und sofern diese Bereiche[131] nicht in Artikel 8 oder Anhang I genannt sind“[132] Anwendung finden. Eine **Nichtregelung** liegt immer dann vor, wenn die Verordnung einen bestimmten Bereich überhaupt nicht erfasst. Im Fall einer **Teilregelung** ist dagegen eine partielle Beschäftigung durch die SPE-Verordnung gegeben. Die Weite des Verständnisses[133] des Begriffs „Bereich“[134] spielt bei der Grenzziehung zwischen der SPE-Verordnung und dem mitgliedstaatlichen Recht im Ergebnis keine größere Rolle. Wird die Bezeichnung eng verstanden, liegen häufiger „Nichtregelungen“ innerhalb der Verordnung vor. Interpretiert man den Begriff „Bereich“ jedoch im Gegenzug weit, kommt es eher zu „Teilregelungen“. Letztlich greift in beiden Fällen nationales Recht (vgl. Art. 4 II SPE-VO). Inhaltlich ist allerdings eine vermittelnde Auslegung zu bevorzugen.[135] „Bereiche“ sind somit kleinere Regelungsgebiete innerhalb des Gesellschaftsrechts, wie zB Ausschüttungen und Kapitalherabsetzungen.[136] 42

Art. 4 II SPE-VO gibt für **Teilregelungen** vor, dass das mitgliedstaatliche Recht nur für die Punkte greift, die die Verordnung oder die Satzung (bezogen auf Kann- und Muss- sowie Abändernde-Satzungsbestimmungen) nicht selbst regelt. Anzumerken ist, dass **Spannungen** und **Systemunstimmigkeiten** zwischen der Verordnung (bzw. der Satzung) und dem mitgliedstaatlichen Recht die Folge dieser Regelungstechnik sein können. Denn der durch die Verordnung oder die Satzung partiell geregelte Aspekt mag sich unter Umständen nicht reibungslos in das bestehende nationale Recht einbetten. Dies gilt vor allem, wenn nicht zunächst die Ausführungsgesetze berufen sind, sondern dass nationale Recht der vergleichbaren Rechtsform. 43

Nicht jede Lücke in der Verordnung ist jedoch auch zugleich eine Nicht- oder Teilregelung iSd Art. 4 II SPE-VO. Will der Verordnungsgeber einen Aspekt abschließend regeln und wird ein Fall dennoch nicht erfasst, liegt vielmehr eine **interne Lücke** innerhalb der Verordnung vor. Eine interne Lücke ist grundsätzlich durch eine **verordnungsimmanente Rechtsfortbildung** zu füllen (zur Rechtsfortbildung im Europarecht § 2 Rn. 165 ff.).[137] Zielte der Verordnungsgeber jedoch darauf ab, einen bestimmten Aspekt nicht oder lediglich teilweise zu regeln, gewinnt der in Art. 4 II SPE-VO enthaltende Verweis auf nationales Recht Bedeutung. 44

Nicht- oder Teilregelungen sind auch außerhalb der Verordnung möglich, insbesondere mit Blick auf Satzungen. Denn es ist für die Gesellschafter extrem schwierig, jede denkbare und zugleich regelungsfähige Situation durch eine entsprechende statuarische Satzungsklausel zu erfassen. Muss-Satzungsbestimmungen stellen den Mindestinhalt der Satzung dar. Hier können eigentlich keine Lücken (Nicht- oder Teilregelungen) auftreten, da die Gesellschaft dann nicht eintragungsfähig ist.[138] 45

Kann-Satzungsbestimmungen im Sinne des Anhang I SPE-VO schließen die Anwendung nationalen Rechts aus (Art. 8 1a Satz 2 SPE-VO).[139] Ist ein in Anhang I SPE-VO genannter Aspekt jedoch nicht oder nur teilweise von der Satzung aufgegriffen worden, ist gemäß Art. 4 III SPE-VO grundsätzlich das „maßgebende innerstaatliche Recht“ anzuwenden, dh das Recht für Privatgesellschaften mit beschränkter Haftung (in Deutschland das GmbH-Recht). Das gilt auch, wenn die Satzung hier nur unbeabsichtigt unvollständig ist. Die Gesellschafter können diesen Fehler allerdings für die Zukunft korrigieren. Wie bereits an anderer Stelle erläutert wurde (s. Rn. 30), ist ein eventuell bestehendes nationales Ausführungsgesetz von dem Verweis („maßgebendes inner- 46

---

129 Vgl. zum Kommissionsentwurf *Hommelhoff/Teichmann* GmbHR 2008, 897, 898.

130 Näher zu Nicht- und Teilregelungen, auch dazu, wie zu ermitteln ist, ob sie vorliegen *Jung*, Die Kapitalverfassung der SPE, 2014, S. 117 ff.

131 Zur Auslegung des Begriffs “Bereich” näher *Jung*, Die Kapitalverfassung der SPE, 2014, S. 114 f.

132 Art. 4 II SPE-VO.

133 Zu den Interpretationsansätzen schon im Rahmen des Kommissionsentwurfs *Jung*, Die Societas Privata Europaea (SPE), 2009, S. 14 ff.

134 Die englische („matters“), die französische („matières“), die spanische („materias“), die italienische („materie“), die polnische („sprawy“) und die niederländische Fassung („aangelegenheden“) sind eher mit „Sache“ bzw. „Materie“, „Thema“ oder „Angelegenheit“ zu übersetzen.

135 So auch *Boquera Matarredona/Latorre Chiner* RdS 33 (2009) 97, 105.

136 Dazu näher *Jung*, Die Kapitalverfassung der SPE, 2014, S. 114 f.

137 Vgl. auch *Schoenemann*, Die Organisationsverfassung der SPE, 2014, S. 65 ff.

138 Zu der Problematik, was passiert, wenn dennoch eine Lücke auftritt siehe *Jung*, Die Kapitalverfassung der SPE, 2014, S. 123 ff.

139 Vgl. auch *Teichmann* in: MüHdB GesR, Bd. 6, 2013, § 50 Rn. 14; *Lutter/Bayer/Schmidt*, Europäisches Unternehmens- und Kapitalmarktrecht, 2012, § 43 Rn. 27; *Oplustil* in: Hommelhoff/Schubel/Teichmann (Hrsg.), SPE, 2014, S. 63, 73.

staatliches Recht") nicht erfasst.[140] Die Satzungsgeber können daher durch Nichtregelung der Inhalte des Anhang I SPE-VO den Einfluss des nationalen GmbH-Rechts auf die SPE erhöhen[141] bzw. ihn umgekehrt durch eine ausführliche Satzungsgestaltung einschränken.[142]

47 Machen die Gesellschafter von möglichen **Abändernden-Satzungsbestimmungen** keinen Gebrauch, ist weiterhin die dispositive Bestimmung der SPE-Verordnung anzuwenden.[143] Im Fall von nicht in der Satzung aufgenommenen **Weiteren-Satzungsbestimmungen** sind, soweit vorhanden, die Vorschriften der Verordnung anzuwenden. Nationales Recht wird lückenfüllend für entsprechende Fragestellung herangezogen.

D. Gründung

I. Gründungsmöglichkeiten

48 Der ungarische Präsidentschaftsentwurf eröffnet – wie die SCE (dazu § 6 Rn. 38 ff.) – drei verschiedene Gründungsmöglichkeiten für die SPE (Art. 5 lit. a) – c) SPE-VO). Dies sind zum einen die **Neugründung** (Gründung „ex nihilo", dazu Rn. 59 ff.) und die **Umwandlung** (dazu Rn. 65 ff.), die sich beide nach den Vorschriften der SPE-Verordnung richten (Art. 5 lit. a) und b) SPE-VO). Zum anderen ermöglicht das SPE-Statut auch eine Gründung durch **Verschmelzung** (Art. 5 lit. c) SPE-VO, Rn. 80 ff.).[144] Die Verschmelzung regelt die SPE-Verordnung allerdings nicht selbst, sondern verweist dafür auf die jeweiligen anwendbaren nationalen Vorschriften (Art. 5 lit. c) SPE-VO).

49 Die Möglichkeit der Gründung durch **Spaltung**, die für eine deutsche GmbH ebenfalls eine Gründungsoption darstellt, war im Kommissionsentwurf noch vorgesehen (Art. 5 lit. d) SPE-VO-KOM), wurde jedoch im Laufe des Verordnungsgebungsprozesses gestrichen[145] und findet sich daher im ungarischen Präsidentschaftsentwurf nicht mehr wieder.[146] Die Gründungsmöglichkeiten der SPE sind daher im Verhältnis zu denen der deutschen GmbH eingeschränkt. Im Vergleich zur SE (s. § 4 Rn. 14 ff.) und der EWIV (s. § 7 Rn. 32 ff.), sind die Gründungsmöglichkeiten allerdings weit gefasst.[147] Besonders praxisrelevant ist dabei die Möglichkeit der Neugründung.[148]

II. Allgemeine Gründungsvoraussetzungen

1. Satzung

50 Wie bereits erläutert (Rn. 14 ff.), kennt die SPE-Verordnung vier verschiedene Satzungskategorien. Für die Gründung ist entscheidend, dass die Satzung zumindest die in Art. 8 I SPE-VO genannten **Mindestangaben** enthält (**Muss-Satzungsbestimmungen**), zu denen insbesondere

- die Firma (Art. 8 I lit. a) SPE-VO);
- der Sitz (Art. 8 I lit. a) SPE-VO);
- der Unternehmensgegenstand (Art. 8 I lit. b) SPE-VO);
- das Gesellschaftskapital (Art. 8 I lit. d) SPE-VO);
- die pekuniären und nicht pekuniären Rechte, die an die Geschäftsanteile geknüpft sind (Art. 8 I lit. ea) SPE-VO);
- die Ausgestaltung der Geschäftsführung und Kontrolle (monistisch oder dualistisch) (Art. 8 I lit. ec) SPE-VO);
- Angaben zu den Gründungsgesellschaftern (Art. 8 I lit. g) SPE-VO);
- die zu leistenden Einlagen (Art. 8 I lit. h) und i) SPE-VO) und
- Angaben zum ersten Geschäftsführer bzw. den ersten Geschäftsführern (Art. 8 I lit. j) SPE-VO)

140 Vgl. *Feliu Rey/Rodrígues de las Heras Ballell* CeIE 2011, 526, 553.

141 Zu Satzungsklauseln zur ergänzenden Vertragsauslegung siehe *Jung*, Die Kapitalverfassung der SPE, 2014, S. 128 f.

142 Vgl. auch *Teichmann* RIW 2010, 120, 123 zum schwedischen Präsidentschaftsentwurf.

143 Zur speziellen Problematik der Überschneidung von Muss- und Kann-Satzungsbestimmungen siehe *Jung*, Die Kapitalverfassung der SPE, 2014, S. 132 f.

144 *Teichmann* in: MüHdB GesR, Bd. 6, 2013, § 50 Rn. 27; *Hommelhoff/Teichmann* GmbHR 2008, 897, 901 argumentieren, dass die Neugründung und die Gründung durch Formwechsel genügen würden.

145 *Teichmann* in: MüHdB GesR, Bd. 6, 2013, § 50 Rn. 25 begrüßt diese Entwicklung. In Bezug auf den Kommissionsentwurf bereits kritisch zur Gründung durch Spaltung *Hommelhoff/Teichmann* GmbHR 2008, 897, 901.

146 Vgl. dazu *Lutter/Bayer/Schmidt*, Europäisches Unternehmens- und Kapitalmarktrecht, 2017, Rn. 47.19.

147 So im Vergleich zur SE *Lutter/Bayer/Schmidt*, Europäisches Unternehmens- und Kapitalmarktrecht, 2017, Rn. 47.19; *Bobrzyński/Oplustil* in: Hirte/Teichmann (Eds.), The European Private Company (SPE), 2013, S. 129, 136; *Habersack/Verse*, Europäisches Gesellschaftsrecht, 2011, § 15 Rn. 8.

148 Vgl. *Lutter/Bayer/Schmidt*, Europäisches Unternehmens- und Kapitalmarktrecht, 2017, Rn. 47.19.

zählen. Nicht zum Mindestinhalt gehört dagegen die Angabe, ob die SPE für einen bestimmten **Zeitraum** gegründet wird.[149] Punkt 1, Anhang I SPE-VO gewährt den Satzungsgebern allerdings die Möglichkeit, die SPE auf Zeit zu gründen (Kann-Satzungsbestimmung). Die Verordnung enthält auch keine Maximaldauer für die SPE. Die Gesellschafter können daher festlegen, dass die Gesellschaft auf unbestimmte Zeit gegründet wird oder auch einen Zeitraum festlegen, der 99 Jahre überschreitet (in Frankreich können Gesellschaften auf max. 99 Jahre gegründet werden, vgl. § 13). Nationales Recht kann die Regelungsmöglichkeiten hier nicht einschränken (Art. 8 Ia 2 SPE-VO). Nach der Normenhierarchie greift jedoch nationales Recht, sofern die Satzung keine Bestimmung enthält. Rechtspolitisch hätte überlegt werden können, diesen Aspekt wie bei der SCE-Verordnung (Art. 5 IV SCE-VO) in den Katalog zum Mindestinhalt aufzunehmen.

In der Praxis wäre es empfehlenswert, zumindest einige der in Anhang I SPE-VO genannten Aspekte zusätzlich 51 in die Satzung aufzunehmen (**Kann-Satzungsbestimmungen**), um die SPE an die Bedürfnisse der Gesellschafter bzw. des Gesellschafters anzupassen.[150] Insbesondere Übertragungsbeschränkungen, Zahlungszeitpunkte für Bareinlagen, die Gestattung der Leistung von Zwischendividenden, Regeln zur Rücklagenbildung sowie Vorschriften bezüglich der Fassung von Gesellschafterbeschlüssen[151] können dazu dienen, das reibungslose Funktionieren der SPE sicherzustellen und zukünftigen Konflikten vorzubeugen. Außerdem kann so der Einfluss des nationalen Rechts reduziert werden;[152] denn solange die Gesellschafter die in Anhang I SPE-VO genannten Aspekte in der Satzung regeln, greift diesbezüglich nationales Recht nicht (Kann-Satzungsbestimmung, vgl. Rn. 16 f.). Die Regelungssystematik erlaubt es den Gesellschaftern somit zumindest in Bezug auf die in Anhang I SPE-VO genannten Punkte, zB eine einheitliche Organisationsstruktur im Konzern aufzubauen.

Der Forderung der Praxis, der Wissenschaft[153] und sogar des Europäischen Parlaments[154] eine **Mustersatzung** 52 in die Verordnung aufzunehmen, kam die ungarische Ratspräsidentschaft nicht nach. Dies ist in mehrfacher Hinsicht gut nachvollziehbar.[155] Die frühen Überlegungen, dass eine offizielle Mustersatzung zur Lückenfüllung bei Nichtregelung in der Satzung dienen könnte, erwies sich als nicht durchführbar.[156] Aufgrund der bestehenden Unterschiede in den verschiedenen Ländern, wäre es zudem aus praktischer Sicht nicht leicht gewesen, hier einen Kompromiss zu erzielen.[157] Die Ablehnung einer offiziellen Mustersatzung als Option für die Gründer ist zudem bereits aus politischer Perspektive insofern verständlich, als durch die Aufnahme von Aspekten aus Anhang I SPE-VO in der Satzung das jeweils nationale Recht an Bedeutung verliert. Den Mitgliedstaaten bleibt es jedoch unbenommen, Mustersatzungen zu entwerfen, deren Verwendung allerdings nicht verpflichtend vorgeschrieben werden darf (Erwägungsgrund 8a SPE-VO).[158]

Bezüglich der **Formvorgaben** gibt Art. 8 II SPE-VO einen Mindeststandard vor, in dem er die „Schriftform" fordert. 53 Der Begriff „Schriftform" ist europäisch-autonom auszulegen (dazu § 2 Rn. 80 ff.) und entspricht in der Regel im Ergebnis nicht dem deutschen Verständnis des § 126 I BGB. Vielmehr ist damit eine Form gemeint, die der deutschen Textform gem. § 126b BGB gleichkommt.[159] Im Fall der Neugründung wird jedoch auch die Unterzeichnung durch alle Gesellschafter verlangt (vgl. Art. 5a II 1 SPE-VO), was somit dem deutschen **Schriftformerfordernis** entspricht. Darüber hinaus greift das nationale Recht für Gesellschaften mit beschränkter Haf-

149 Französische Gesellschaften werden hingegen auf Zeit gegründet (s. § 13 Rn. 86). In Italien können Kapitalgesellschaften seit der Reform 2003 hingegen auch auf unbestimmte Zeit gegründet werden (s. § 14 Rn. 178).

150 *Navez* in: Hirte/Teichmann (Eds.), The European Private Company (SPE), 2013, S. 147, 155 weist auf die erhöhten Transaktionskosten in der Anfangsphase hin, die durch die Ausgestaltung der Satzung entstehen.

151 Vgl. zu den Regelungsmöglichkeiten (Kann-Satzungsbestimmungen) Anhang I SPE-VO.

152 Vgl. auch *Teichmann* in: MüHdB GesR, Bd. 6, 2013, § 50 Rn. 14, der von „Verdrängung des nationalen Rechts" spricht, soweit der Gesellschaftsvertrag hierzu Regelungen trifft.

153 Vgl. zu Mustersatzungen *Lutter/Bayer/Schmidt*, Europäisches Unternehmens- und Kapitalmarktrecht, 2017, Rn. 47.17; *Navez* in: Hirte/Teichmann (Eds.), The European Private Company (SPE), 2013, S. 147, 155; vgl. auch *Ehricke* KSzW 2010, 6, 9; *Hommelhoff/Teichmann* DStR 2008, 925, 930; *Kuck/Weiss* DK 2007, 498, 503; vgl. zur Möglichkeit der Mustersatzung auch *Oplustil* in: Teichmann (Hrsg.), Europa und der Mittelstand, 2010, S. 109, 112; *Teichmann* in: MüHdB GesR, Bd. 6, 2013, § 50 Rn. 15.

154 Vgl. Art. 8 II 2 SPE-VO-EP.

155 Zu den Problemen einer Mustersatzung *Wicke* in: Hirte/Teichmann (Eds.), The European Private Company (SPE), 2013, S. 183, 183 ff.; *ders.* in: Hommelhoff/Schubel/Teichmann (Hrsg.), SPE, 2014, S. 107, 107 ff.

156 Vgl. dazu *Teichmann* in: MüHdB GesR, Bd. 6, 2013, § 50 Rn. 16. Ebenfalls ablehnend *Wicke* in: Hommelhoff/Schubel/Teichmann (Eds.), SPE, 2014, S. 107, 109 f., 117.

157 *Wicke* in: Hirte/Teichmann (Eds.), The European Private Company (SPE), 2013, S. 183, 190 bezeichnet eine Mustersatzung aufgrund der unterschiedlichen Rechtstraditionen als Quadratur des Kreises („squaring a circle"). *Teichmann* in: MüHdB GesR, Bd. 6, 2013, § 50 Rn. 16 weist daraufhin, dass in diesem Zusammenhang nationale Gewohnheiten eine große Rolle spielen.

158 *Lutter/Bayer/Schmidt*, Europäisches Unternehmens- und Kapitalmarktrecht, 2017, Rn. 47.17; *Wicke* in: Hirte/Teichmann (Eds.), The European Private Company (SPE), 2013, S. 183, 185. *Drury* in: Alonso Ledesma/Alonso Ureba/Velasco (Hrsg.), La modernización del derecho de sociedades de capital en España, T. I, 2011, S. 37, 41 kritisiert insofern, dass nationale Mustersatzungen zwangsläufig erhebliche Unterschiede aufweisen würden.

159 Vgl. *Lutter/Bayer/Schmidt*, Europäisches Unternehmens- und Kapitalmarktrecht, 2017, Rn. 47.18 (Fn. 71).

tung (vgl. Art. 8 II SPE-VO), welches damit **weitere Anforderungen** stellen kann.[160] In Deutschland wäre zB gem. § 2 I 1 GmbHG eine **notarielle Beurkundung** notwendig. Aufgrund der Formulierung „maßgebendes innerstaatliches Recht“ können Mitgliedstaaten keine über ihr nationales GmbH-Recht hinausgehenden Anforderungen in den Ausführungsgesetzen stellen.[161]

2. Grenzüberschreitender Bezug

54 Der grenzüberschreitende Bezug ist bei allen supranationalen Gesellschaftsformen ein viel diskutierter Aspekt (für einen Überblick § 3 Rn. 143 ff.). Der **Kommissionsentwurf** entschied sich bewusst dafür, bezüglich der SPE **kein Mehrstaatlichkeitserfordernis** vorzuschreiben.[162] Damit sollte das Instrument der SPE einem breiteren Anwenderkreis, insbesondere auch Start-ups, zugutekommen können.[163] Die Kommission befürchtete zudem die leichte Umgehbarkeit der Anforderung, bei gleichzeitigem hohen Kontroll- und Durchsetzungsaufwand für die Mitgliedstaaten.[164] Der Vorschlag der Kommission stieß jedoch auf Kritik.[165] Die Mitgliedstaaten sahen mit Bedenken, dass die SPE zu einer zu starken Konkurrenz zu ihren eigenen Gesellschaftsformen werde könnte.[166] Stimmen, die anführten, dass ein Wettbewerb inspirierend, also positiv wirken könnte (Stichwort: *race to the top*, dazu allg. § 3 Rn. 29),[167] gab es kaum und sie wurden im Ergebnis auch nicht gehört. Neben Bedenken bezüglich der Konkurrenz traten zudem (im Endeffekt nicht begründete)[168] Zweifel bezüglich der Regelungskompetenz der EU im Fall eines Verzichts auf den grenzüberschreitenden Bezug (dazu allg. auch § 3 Rn. 153).[169]

55 Im Laufe des Gesetzgebungsprozesses wurde daher ein **grenzüberschreitender Bezug**, welcher für alle Gründungsformen gilt, in die Verordnung aufgenommen.[170] Art. 3 III lit. a) bis d) SPE-VO schreibt nun zwingend einen solchen Bezug vor. Die Vorschrift nennt vier verschiedene Möglichkeiten diese Bedingung zu erfüllen. Die SPE-Verordnung verabschiedet sich damit von dem Konzept, für die Gründungsvarianten unterschiedliche Mehrstaatlichkeitserfordernisse vorzuschreiben, wie es von der SE (§ 4 Rn. 16) und der SCE (§ 6 Rn. 40 ff.) bekannt ist. Ein grenzüberschreitender Bezug ist demnach gegeben, wenn alternativ

- die SPE eine **Zweigniederlassung** und/oder **Tochtergesellschaft** in einem anderen Mitgliedstaat hat (Art. 3 III lit. c) SPE-VO) oder

160 Vgl. *Lutter/Bayer/Schmidt*, Europäisches Unternehmens- und Kapitalmarktrecht, 2017, Rn. 47.18; *Oplustil* in: Hommelhoff/Schubel/Teichmann (Hrsg.), SPE, 2014, S. 63, 73.

161 Zur Regelungstechnik s. Rn. 9 ff. Vgl. auch *Jung*, Die Kapitalverfassung der SPE, 2014, S. 89 ff. Höhere Anforderungen könnten selbst im Fall der Anwendbarkeit der Ausführungsgesetze unterbunden sein, wenn sie die SPE benachteiligen würden.

162 Siehe *Lutter/Bayer/Schmidt*, Europäisches Unternehmens- und Kapitalmarktrecht, 2017, Rn. 47.20; *Teichmann* in: MüHdB GesR, Bd. 6, 2013, § 50 Rn. 21; vgl. auch *J. Schmidt* EWS 2008, 455, 457; *Lecourt* Rev. soc. 2008, 684 (zitiert nach dalloz.fr., daher keine konkrete Seitenangabe) und *Dammann/Weber-Rey* BJS 2008, § 157, 811, 812 zum fehlenden grenzüberschreitenden Bezug.

163 Vgl. SPE-VO-KOM, S. 3.

164 Vgl. SPE-VO-KOM, S. 3. So auch *Teichmann* in: MüHdB GesR, Bd. 6, 2013, § 50 Rn. 25, der davon spricht, dass sich der grenzüberschreitende Bezug bei der SE als „formalistischer Ballast“ erwiesen hat.

165 Zur Diskussion *Teichmann* in: MüHdB GesR, Bd. 6, 2013, § 50 Rn. 22; *Ehricke*, KSzW 2010, 6, 11 ff.; kritisch *Bottiau/Martinek* BJS 2009, 808, 808 ff. Positiv hingegen BDI/BDA, Positionspapier – Vorschlag für eine Verordnung des Rates über das Statut der Europäischen Privatgesellschaft, 2008, S. 5.

166 Dazu *Lutter/Bayer/Schmidt*, Europäisches Unternehmens- und Kapitalmarktrecht, 2017, Rn. 47.20; *Teichmann* in: MüHdB GesR, Bd. 6, 2013, § 50 Rn. 22; *Hommelhoff* in: FS K. Schmidt, 2009, S. 671, 673; *ders.* GesRZ 2008, 337, 337 ff.; *Lehne* GmbHR 2009, R145, R145; *Navez* in: Hirte/Teichmann (Eds.), The European Private Company (SPE), 2013, S. 147, 157 f. *Menjucq*, Recueil Dalloz 2008, 2954, (zitiert nach dalloz.fr ohne konkrete Seitenangabe) sah in der SPE mit Blick auf den Kommissionsentwurf sogar das Potential nationale, vergleichbare Rechtsformen zu verdrängen. *Davies* in: FS Hopt, 2010, S. 479, 486 zu den Reaktionen der Mitgliedstaaten.

167 So zB *Dammann/Weber-Rey* BJS 2008, § 157, 811, 815. Die Autoren gehen noch weitergehend von einer Harmonisierung des GmbH-Rechts aufgrund des stimulierten Wettbewerbs aus.

168 *Lutter/Bayer/Schmidt*, Europäisches Unternehmens- und Kapitalmarktrecht, 2017, Rn. 47.20; *Ehricke* KSzW 2010, 6, 13; *Hadding/Kießling* WM 2009, 145, 152; *Hügel* ZHR 173 (2009) 309, 311, 320 f.; *J. Schmidt* EWS 2008, 455, 457; *Martens*, Managementstrukturen in der SPE, 2013, S. 8 f. Dagegen zumindest skeptisch *Dorresteijn/Uziahu-Santcroos* ECL 2008, 277, 279 f.; *Hommelhoff* in: FS K. Schmidt, 2009, S. 671, 674.

169 *Teichmann* in: MüHdB GesR, Bd. 6, 2013, § 50 Rn. 22; *Hommelhoff/Teichmann* DStR 2008, 925, 928 f.; *Krejci*, SPE, 2008, S. 15; *Matyk* GPR 2009, 2, 2 f.; *Bobrzyński/Oplustil* in: Hirte/Teichmann (Eds.), The European Private Company (SPE), 2013, S. 129, 136.

170 Bereits der Entwurf des Europäischen Parlaments schlug eine entsprechende Änderung vor (vgl. Abänderung 70, Art. 3 I ea) SPE-VO-EP). Dazu *Lecourt* Rev. soc. 2009, 431 (zitiert nach dalloz.fr ohne konkrete Seitenangabe). Zur Aufnahme des grenzüberschreitenden Bezugs *Lutter/Bayer/Schmidt*, Europäisches Unternehmens- und Kapitalmarktrecht, 2017, Rn. 47.20 (ungarische Ratspräsidentschaft); so auch *Teichmann* in: Hommelhoff/Schubel/Teichmann (Hrsg.), SPE, 2014, S. 39, 54; zum Entwurf der schwedischen Ratspräsidentschaft vgl. *ders.* in: MüHdB GesR, Bd. 6, 2013, § 50 Rn. 23.

- die **Gesellschafter in unterschiedlichen Mitgliedstaaten** wohnhaft oder eingetragen sind bzw. der/die Gesellschafter einen von der SPE unterschiedlichen Register- bzw. Wohnsitz hat (Art. 3 III lit. d) SPE-VO) oder
- in der Satzung ein **grenzüberschreitender Unternehmensgegenstand** genannt wird (Art. 3 III lit. b) SPE-VO)[171] oder
- die SPE **beabsichtigt,** in einem **anderen Mitgliedstaat Geschäfte zu betreiben** (Art. 3 III lit. a) SPE-VO).

Die beiden zuerst genannten Anforderungen stellen auf den ersten Blick **„klassische"** grenzüberschreitende Bezüge dar, wie sie auch von den anderen supranationalen Rechtsformen bekannt sind.[172] Im Detail ergeben sich jedoch Besonderheiten. Die SPE-VO erlaubt danach die Erfüllung des Mehrstaatlichkeitserfordernisses alternativ durch **Tochtergesellschaften** bzw. **Zweigniederlassungen** in einem anderen Mitgliedstaat als dem, in dem die SPE ihren Registersitz hat. Bei den anderen supranationalen Rechtsformen ist das Erfordernis von der Gründungsgesellschaft im Falle eines Formwechsels zu erfüllen. Die SPE-VO formuliert anders und verlangt von der SPE, dass sie eine Tochtergesellschaft bzw. eine Zweigniederlassung nachweisen kann. 56

Mehrere Gründer können das Mehrstaatlichkeitserfordernis durch unterschiedliche **Wohnorte** (natürliche Personen) bzw. **Registersitze** („eingetragen", juristische Personen) erfüllen. Bei natürlichen Personen gilt allein der Wohnort. Durch eine unterschiedliche Nationalität kann die Anforderung nicht erfüllt werden. Der grenzüberschreitende Aspekt liegt hier in der Person der Gründer begründet. Dem Mehrstaatlichkeitserfordernis ist allerdings auch dann genüge getan, wenn zwar die Gesellschafter in einem Mitgliedstaat wohnhaft bzw. eingetragen sind, die SPE jedoch in einem anderen Mitgliedstaat ihren Registersitz hat. Zwischen SPE und Gesellschaftern ist dann ein grenzüberschreitender Sachverhalt gegeben. 57

Der Verordnungsentwurf lässt allerdings auch einen grenzüberschreitenden Unternehmensgegenstand bzw. die Absicht der grenzüberschreitenden Geschäftstätigkeit genügen.[173] Eine **Kontrolle** des grenzüberschreitenden Bezugs durch eine zuständige Behörde ist weder im Zeitpunkt der Gründung noch später vorgesehen[174] und vor allem die beiden zuletzt genannten Möglichkeiten sind auch bei einer Gründung *ex nihilo* (Neugründung) einfach und kostengünstig zu erfüllen.[175] Noch weitergehender genügt sogar die reine Absicht der SPE eine Geschäftstätigkeit in einem anderen Land als dem, wo ihr Registersitz liegt, aufzunehmen. Der grenzüberschreitende Bezug stellt damit im Ergebnis **kein Gründungshindernis** dar, da diesbezüglich im Grunde keine ernsthaften Anforderungen gestellt werden. Gem. Art. 3 III SPE-VO bezieht sich der grenzüberschreitende Aspekt zudem zeitlich nur auf die Gründung, dh er könnte zu einem späteren Zeitpunkt entfallen ohne, dass dies rechtliche Konsequenzen für die SPE hätte.[176] Auch rein national agierende Unternehmen hätten daher in der Rechtsform der SPE organisiert werden können. 58

III. Die Gründungsverfahren

1. Neugründung

Die Verordnung möchte die Gründung *„ex nihilo"* in erster Linie eigenständig durch die allgemeinen Gründungsvorschriften sowie die speziellen Vorgaben in Art. 5a SPE-VO regeln. Neugründungen dürfen daher sowohl von **juristischen** als auch **natürlichen Personen** vorgenommen werden, wobei zu den juristischen Personen solche des öffentlichen als auch des privaten Rechts zählen (vgl. Art. 5a I SPE-VO). Der Kommissionsentwurf regelte noch explizit, dass auch SE bzw. SPE Gründungsgesellschafter einer Europäischen Privatgesellschaft sein konnten (Art. 5 III SPE-VO-KOM). Der ungarische Entwurf enthält keine entsprechende Regelung mehr. Daraus lässt sich jedoch nicht schließen, dass die SE und die SPE nicht als Gründer in Frage kommen. Sie sind vielmehr von der allgemeinen Formulierung „juristische Personen" umfasst. Auch die Neugründung einer **Ein-Personen-SPE** lässt der Verordnungsentwurf (vgl. Art. 5a I SPE-VO) zu und eröffnet damit gerade Konzernen die Möglichkeit die SPE als Baustein in der Konzernstruktur zu nutzen.[177] 59

Bezüglich der natürlichen Personen enthält die Verordnung keine Einschränkung. Art. 3 III lit. d) SPE-VO nennt zwar als einen möglichen grenzüberschreitenden Bezug, dass die Mitglieder in verschiedenen Mitgliedstaaten 60

---

171 Der ungarische Verordnungsentwurf spricht hier fälschlicherweise von „Gesellschaftszweck".

172 Vgl. zur SE § 4 Rn. 16, zur SCE § 6 Rn. 40 ff. und zur EWIV § 7 Rn. 93 ff.

173 *Lutter/Bayer/Schmidt*, Europäisches Unternehmens- und Kapitalmarktrecht, 2017, Rn. 47.20 sprechen daher von einer „verwässerten" Regelung. *Teichmann* in: MüHdB GesR, Bd. 6, 2013, § 50 Rn. 24 sieht den grenzüberschreitenden Bezug insofern als „schwach" an, bewertet dies jedoch nicht negativ, da er einen grenzüberschreitenden Bezug mit Blick auf die SE-Verordnung als „formalistischen Ballast" bezeichnet.

174 *Teichmann* in: MüHdB GesR, Bd. 6, 2013, § 50 Rn. 21 führt an, dass sich der grenzüberschreitende Bezug in der Praxis auch kaum überprüfen ließe.

175 Zur leichten Erfüllbarkeit *Bobrzyński/Oplustil* in: Hirte/Teichmann (Eds.), The European Private Company (SPE), 2013, S. 129, 137. Die Autoren begrüßen diesen Kompromiss.

176 *Teichmann* in: MüHdB GesR, Bd. 6, 2013, § 50 Rn. 21.

177 European Commission, Synthesis of the comments on the consultation document, 2007, S. 8 zeigt, dass Stakeholder die SPE für einen attraktiven Konzernbaustein halten und daher auch eine Einpersonen-SPE fordern; vgl. auch *Teichmann* in: MüHdB GesR, Bd. 6, 2013, § 50 Rn. 26.

wohnhaft sein müssen. Dies ist aber lediglich eine Möglichkeit, den grenzüberschreitenden Bezug zu erfüllen (siehe zum grenzüberschreitenden Bezug näher unter Rn. 54 ff.).[178] Da die Verordnung keine weiteren Einschränkungen enthält, können daher auch natürliche Personen, die keine EU-Bürger sind und solche, die ihre Wohnstätte außerhalb der EU haben, wohl eine SPE gründen.[179] Ggf. muss dann der grenzüberschreitende Bezug durch eine der anderen Möglichkeiten erfüllt werden.

61 Art. 5a SPE-VO enthält auch keine Einschränkungen bezüglich **EU-ausländischer Gesellschaften**. Die Vorschrift spricht von „juristische(n) Person(en) des öffentlichen und privaten Rechts".[180] Im Gegensatz zur Umwandlung gibt die Verordnung bei der Neugründung jedoch nicht vor, dass es sich um eine „juristische(n) Person des Rechts *eines Mitgliedstaats*" handeln muss (Art. 5b 0 SPE-VO). Der in Art. 5a SPE-VO verwendete Begriff ist europäisch-autonom auszulegen (s. dazu § 2 Rn. 80 ff.). Eine Definition enthält der ungarische Entwurf im Gegensatz zum Kommissionsentwurf allerdings nicht mehr. Dort wurden juristische Personen noch als „alle Gesellschaften im Sinne von Artikel 48 Absatz 2 EG-Vertrag" sowie alle supranationalen Rechtsformen definiert (Art. 3 III SPE-VO-KOM). Aus der Streichung der Vorgabe lässt sich nicht direkt schließen, dass juristische Personen aus dem Nicht-EU-Ausland zugelassen werden sollen. Die Streichung eröffnet aber zumindest eine entsprechende Möglichkeit. Mit Blick auf die Vorschrift zur Umwandlung zeigt die Regelungssystematik, dass der europäische Gesetzgeber wohl klargestellt hätte, wenn er juristische Personen aus dem Nicht-EU-Ausland von den Gründern hätte ausnehmen wollen. Für das Ergebnis spricht auch, dass solche Gesellschaften wohl zumindest später Gesellschafter einer SPE werden könnten. Denn auch diesbezüglich enthält die Verordnung keine Einschränkung.

62 Die Gründungsgesellschafter müssen zunächst eine **Satzung** erstellen, die zumindest die in Art. 8 I SPE-VO genannten Mindestangaben enthält (vgl. Rn. 50) und die Formvorschriften der Verordnung erfüllt (Art. 8 II SPE-VO). Die Gründungsgesellschafter haben bei der Satzung daher auf Textform zu achten und müssen diese außerdem unterzeichnen (vgl. Art. 5a II 1 SPE-VO). Dadurch ergibt sich im Ergebnis nach deutschem Verständnis die Anforderung der Schriftform. Außerdem sind gegebenenfalls bestehende weitere Formvorgaben des nationalen Rechts zu beachten (s. Rn. 53).[181]

63 Daraufhin ist die SPE beim **zuständigen Register zur Eintragung anzumelden** (vgl. Art. 5a II 2 SPE-VO und Art. 9 I SPE-VO). Die Anmeldung ist entweder von den Gründungsgesellschaftern gemeinsam (s. auch Rn. 85) oder einer von ihnen bevollmächtigten Person anzumelden. Den Mitgliedstaaten ist es lediglich gestattet, die in Art. 9 II SPE-VO genannten Dokumente (dazu Rn. 85) im Rahmen der Eintragung anzufordern. Die Aufzählung ist abschließend und schützt die SPE vor weitreichenderen nationalen Anforderungen (s. näher Rn. 85).

64 Die SPE erlangt am Tag ihrer **Eintragung** in das zuständige nationale Register Rechtspersönlichkeit (vgl. Art. 10 II SPE-VO, s. dazu Rn. 87 und auch Rn. 117 zur Rechtspersönlichkeit). Art. 9 VI SPE-VO fordert zudem die **Bekanntmachung** der Eintragung (zu Art. 11 SPE-VO s. Rn. 75).

2. Umwandlung

65 Der Kommissionsentwurf verwies bezüglich des Formwechsels in eine SPE noch auf das jeweils anwendbare nationale Recht der sich umwandelnden Gesellschaft (Art. 5 II SPE-VO-KOM) und sah diesbezüglich lediglich rudimentäre Vorgaben vor.[182] Aufgrund der Kritik, die mit Blick auf das Fehlen europäischer Bestimmungen vorgebracht wurde,[183] wurden im Verordnungsgebungsprozess jedoch entsprechende Vorschriften aufgenommen (Art. 5b SPE-VO).[184] Ein europaweit für die SPE einheitlicher Umwandlungsprozess hilft vor allem Konzernen,

178 Vgl. zum grenzüberschreitenden Bezug mit Blick auf die Beteiligung von EU-Ausländern *Chiu* in: Hirte/Teichmann (Eds.), The European Private Company (SPE), 2013, S. 47, 56.

179 *Maul/Röhricht* BB 2008, 1574, 1575; *Fleischer* CMLR 2010, 1671, 1715 f. zum Kommissionsentwurf. Ebenso *Chiu* in: Hirte/Teichmann (Eds.), The European Private Company (SPE), 2013, S. 47, 55 f.

180 Englischer Wortlaut: „legal bodies governed by public or private law". Französischer Wortlaut: „entités juridiques de droit public ou privé". Spanischer Wortlaut, der leicht abweicht, woraus sich jedoch keine Bedeutungsunterschiede ergeben: „personas (…) jurídicas, tanto de derecho público como privado". Italienischer Wortlaut: „entità giuridiche di diritto pubblico o privato". Niederländischer Wortlaut: „publiekrechtelijke dan wel privaatrechtelijke juridische lichamen". Polnischer Wortlaut: „podmiot prawny regulowane przepisami prawa publicznego lub prywatnego"

181 *Peters/Wüllrich* NZG 2008, 807, 807 ff. vertreten die Ansicht, dass der Kommissionsentwurf lediglich die Schriftform vorgibt.

182 Zu den rudimentären „Eckdaten", die der Kommissionsentwurf vorgab *Hommelhoff/Teichmann* in: FS Hopt, 2010, S. 849, 851.

183 Vgl. *Arbeitskreis Europäisches Unternehmensrecht* NZG 2008, 897, 899; *Arens* DK 2010, 395, 396 f.; *Brems/Cannivé* DK 2008, 629, 636; *Hommelhoff/Teichmann* GmbHR 2010, 337, 338.

184 Vgl. *Lutter/Bayer/Schmidt*, Europäisches Unternehmens- und Kapitalmarktrecht, 2012, § 43 Rn. 35. Bereits der schwedische Entwurf nahm entsprechende Regeln auf, vgl. *Hommelhoff/Teichmann* in: FS Hopt, 2010, S. 849, 852. Die Aufnahme befürwortend *Bobrzyński/Oplustil* in: Hirte/Teichmann (Eds.), The European Private Company (SPE), 2013, S. 129, 139.

bei denen im Sinn einer effizienten Leitung, nationale Tochtergesellschaften in SPE hätten umgewandelt werden können.[185]

Durch die allgemeinen Gründungsvorschriften und die speziellen Regelungen in Art. 5b SPE-VO wird der Formwechsel im ungarischen Präsidentschaftsentwurf dagegen grundsätzlich durch die Verordnung geregelt. Ein Rückgriff auf nationales Recht ist nur über Art. 4 II SPE-VO möglich (s. zur Regelungstechnik Rn. 9 ff.).[186] Die Vorschrift verweist bezüglich zentraler Aspekte bereits ausdrücklich auf das jeweils anwendbare nationale Recht und zeigt somit, dass diesbezüglich eine Regelungslücke in der Verordnung vorliegt.[187] 66

Aus Art. 5 I SPE-VO ergibt sich, dass es sich bei der Umwandlung um einen **identitätswahrenden Formwechsel** handelt.[188] Die Regelung beschreibt negativ, welche Rechtsfolgen die formwechselnde Umwandlung nicht hat. Sie führt danach weder zur Auflösung des Rechtsträgers noch zur Unterbrechung oder Verlust ihrer Rechtspersönlichkeit. Das bedeutet auch, dass im Rahmen des Formwechsels kein Übertragungsakt notwendig wird und alle Rechte und Pflichten unberührt bleiben. Bezüglich der Rechte und Pflichten hinsichtlich der Beschäftigungsbedingungen stellt Art. 5 X SPE-VO dies sogar noch einmal ausdrücklich klar.[189] Die Arbeitnehmer haben im Fall der Umwandlung grundsätzlich keine Konsequenzen zu fürchten. Da mit dem Formwechsel nicht gleichzeitig der Sitz verlegt werden kann (dazu sogleich unter Rn. 69), hat dieser auch keine Auswirkungen auf die Mitbestimmung.[190] Zentrale Konsequenz des Formwechsels ist, dass die Gesellschaft dann den europäischen Regelungen der Verordnung unterliegt und nur subsidiär dem jeweiligen nationalen Recht.[191] 67

Die Umwandlung in eine SPE muss aus der **vergleichbaren nationalen Rechtsform** heraus möglich sein, vgl. Art. 5b 0 2 SPE-VO (eine Liste der vergleichbaren Gesellschaftsformen enthält Anhang II). Den Mitgliedstaaten wird somit nicht die Möglichkeit gewährt, diese Gründungsform auszuschließen. Darüber hinaus darf auch **jede andere juristische Person** des Rechts eines Mitgliedstaats in eine SPE umgewandelt werden, wenn der Mitgliedstaat die Umwandlung in die vergleichbare Rechtsform (in Deutschland die GmbH) gestattet (Art. 5b 0 3 SPE-VO).[192] Dadurch sichert der Verordnungsgeber die **Gleichstellung** mit der vergleichbaren nationalen Rechtsform. Ist es beispielsweise einer nationalen Aktiengesellschaft gestattet, sich in eine nationale GmbH umzuwandeln, so hat der Mitgliedstaat ihr zugleich zu erlauben, einen Formwechsel in eine SPE vorzunehmen.[193] Auch eine Umwandlung einer SE in eine SPE ist möglich, sofern das nationale Recht die Umwandlung einer SE in eine GmbH zulässt.[194] Gesellschaften aus dem Nicht-EU-Ausland ist eine Umwandlung in eine SPE dagegen nicht möglich. Das zeigt der Wortlaut der Vorschrift, der sich explizit auf „juristische(n) Person(en) des Rechts eines Mitgliedstaats“ bezieht. Wie bei allen anderen Gründungsformen gilt, dass ein grenzüberschreitendes Element zu erfüllen ist (vgl. dazu Rn. 55 ff.). 68

Der Formwechsel darf **nicht** zur **Sitzverlegung** genutzt werden.[195] Vielmehr muss sich der Registersitz der SPE im Mitgliedstaat des umwandlungswilligen Rechtsträgers befinden (Art. 5 III SPE-VO). Laut Erwägungsgrund 7 S. 2 SPE-VO dient dies dem Schutz der Gesellschafter, Gläubiger, Arbeitnehmer und Dritter. Dieser Schutz hätte allerdings wohl auch ohne ein Verbot durch entsprechende Regulierung erreicht werden können.[196] Es bleibt der durch Formwechsel entstandenen SPE jedoch unbenommen, ihren Sitz anschließend zu verlegen (Erwägungsgrund 7a S. 2 SPE-VO, s. zur Sitzverlegung näher unter Rn. 91 ff.). 69

---

185 Vgl. *Hommelhoff/Teichmann* in: FS Hopt, 2010, S. 849, 850; *Teichmann* in: MüHdB GesR, Bd. 6, 2013, § 50 Rn. 28; *Bobrzyński/Oplustil* in: Hirte/Teichmann (Eds.), The European Private Company (SPE), 2013, S. 129, 139.

186 *Hommelhoff/Teichmann* in: FS Hopt, 2010, S. 849, 852 (zur SPE-VO-S) halten die Verzahnung der Verordnung mit nationalem Recht mit Blick auf diesen Aspekt für schwer handhabbar.

187 *Hommelhoff/Teichmann* in: FS Hopt, 2010, S. 849, 852 (zur SPE-VO-S) sprechen von „umfangreichen“ Bezugnahmen.

188 *Lutter/Bayer/Schmidt*, Europäisches Unternehmens- und Kapitalmarktrecht, 2012, § 43 Rn. 35; *Teichmann* in: MüHdB GesR, Bd. 6, 2013, § 50 Rn. 29; *Hommelhoff/Teichmann* in: FS Hopt, 2010, S. 849, 851 f.

189 *Lutter/Bayer/Schmidt*, Europäisches Unternehmens- und Kapitalmarktrecht, 2012, § 43 Rn. 35; *Hommelhoff/Teichmann* in: FS Hopt, 2010, S. 849, 861; vgl. auch *Arens* DK 2010, 395, 400.

190 *Hommelhoff/Teichmann* in: FS Hopt, 2010, S. 849, 861.

191 Vgl. *Hommelhoff/Teichmann* in: FS Hopt, 2010, S. 849, 855.

192 *Lutter/Bayer/Schmidt*, Europäisches Unternehmens- und Kapitalmarktrecht, 2012, § 43 Rn. 36; *Teichmann* in: MüHdB GesR, Bd. 6, 2013, § 50 Rn. 29; kritisch dazu *Arens* DK 2010, 395, 397.

193 Vgl. auch *Oplustil* in: Hommelhoff/Schubel/Teichmann (Hrsg.), SPE, 2014, S. 63, 77.

194 Vgl. *Lutter/Bayer/Schmidt*, Europäisches Unternehmens- und Kapitalmarktrecht, 2012, § 43 Rn. 35; vgl. auch *Oplustil* in: Hommelhoff/Schubel/Teichmann (Hrsg.), SPE, 2014, S. 63, 78.

195 *Hommelhoff/Teichmann* in: FS Hopt, 2010, S. 849, 854; *Lutter/Bayer/Schmidt*, Europäisches Unternehmens- und Kapitalmarktrecht, 2012, § 43 Rn. 37; *Teichmann* in: MüHdB GesR, Bd. 6, 2013, § 50 Rn. 30; kritisch dazu *Arens* DK 2010, 395, 398 f.

196 *Arens* DK 2010, 395, 398 f. merkt an, dass der Schutz durch die Verzahnung der Vorschriften möglich gewesen wäre.

70 Die Vorschriften der Verordnung zum Umwandlungsprozess orientieren sich am **europäischen Modell für Strukturmaßnahmen** (s. dazu näher unter § 18 Rn. 74, § 22 Rn. 3),[197] weshalb Art. 5b SPE-VO zentrale Aspekte wie den Umwandlungsplan, den Umwandlungsbericht, die Information der Gesellschafter und Arbeitnehmer und die Beschlussfassung durch die Gesellschafter regelt. Mit Schutzinstrumenten für Minderheitsgesellschafter und Gläubiger beschäftigt sich die Verordnung hingegen nicht, sondern verweist diesbezüglich auf nationales Recht (Art. 5b IX SPE-VO).[198] Im Einzelnen regelt die Verordnung den Umwandlungsprozess wie folgt:

71 Zunächst erstellt das Geschäftsführungsorgan des umwandlungswilligen Rechtsträgers einen **Umwandlungsplan**[199] für den Art. 5b IV lit. a) bis f.) SPE-VO den Mindestinhalt vorgibt.[200] Der Umwandlungsplan beschäftigt sich vor allem mit Kernangaben und Erläuterungen für *key stakeholder* wie Gesellschafter, Gläubiger und Arbeitnehmer. Zum Mindestinhalt zählt:

- Die Firma des umwandlungswilligen Rechtsträgers und die für die SPE vorgesehene Firma (Art. 5b IV lit. a) und b) SPE-VO);
- der Sitz des umwandlungswilligen Rechtsträgers und der zukünftigen SPE (Art. 5b IV lit. a) und b) SPE-VO);
- der Satzungsentwurf für die SPE (Art. 5b IV lit. c) SPE-VO);
- der Zeitplan für den Formwechsel (Art. 5b IV lit. d) SPE-VO);
- die Konsequenzen der Umwandlung für die Arbeitnehmer und diesbezüglich zu ergreifende Maßnahmen (Art. 5b IV lit. e) SPE-VO) und
- die Rechte zum Schutz von Gesellschaftern und Gläubigern (Art. 5b IV lit. f) SPE-VO), die sich gem. Art. 5b IX SPE-VO nach nationalem Recht richten.[201]

72 Die SPE-Verordnung spricht in Bezug auf die genannten Vorgaben von **Mindestangaben** (vgl. Art. 5b IV SPE-VO),[202] woraus sich ableiten lässt, dass der Umwandlungsplan **weitere Aspekte** enthalten kann. Die Verordnung gibt allerdings nicht explizit an, ob lediglich das Geschäftsführungsorgan darüber entscheiden kann, weitere Punkte aufzunehmen, oder ob die Mitgliedstaaten basierend auf Art. 5b IV SPE-VO weitere Anforderungen stellen dürfen. Im Ergebnis soll hier wohl **keine Regelungsmöglichkeit** für den **nationalen Gesetzgeber** bzw. ein Verweis auf nationales Recht geschaffen werden, so dass es allein in der Hand der Geschäftsführung liegt, weitere Aspekte aufzunehmen. Allerdings verlangt die Vorschrift nicht ausdrücklich, dass auch Angaben zu den Mitgliedschaftsrechten zu machen sind.[203] Da jedoch ein Satzungsentwurf enthalten sein muss, wird dieser entsprechende Angaben enthalten,[204] denn zentrale Angaben zu den Anteilen gehören zum Mindestinhalt der Satzung (vgl. Rn. 50). Mit der Anforderung, dass ein Satzungsentwurf Teil des Umwandlungsplans ist, fordert die Verordnung die Gesellschafter auf, sich damit explizit auseinanderzusetzen, was aufgrund der Gestaltungsfreiheit im Innenverhältnis und die Auswirkungen auf das anwendbare Recht auch geboten erscheint.[205]

73 Die Verordnung sieht nicht ausdrücklich die **Formvorgaben** für den Umwandlungsplan vor. Aus der Gesamtschau der Regelungen des Art. 5b SPE-VO ergibt sich jedoch, dass er zumindest der **Textform** genügen muss. Fraglich ist, ob nationales Recht höhere Anforderungen stellen darf. Die gleiche Auslegungsschwierigkeit besteht auch bei der SE (§ 4 Rn. 99) und der SCE (§ 6 Rn. 88 ff.), weshalb es wünschenswert gewesen wäre, wenn der Verordnungsgeber hier klar Position bezogen hätte. Im Ergebnis scheinen beide Ergebnisse vertretbar. Da die Form jedoch von der Verordnung überhaupt nicht explizit erwähnt wird, lässt sich gut vertreten, dass nationales Recht über die Textform hinausgehende Anforderungen stellen darf. Der Umwandlungsplan ist gem. nationalem Recht in der **Amtssprache** des Landes zu verfassen, dem der umwandlungswillige Rechtsträger unterliegt.

74 Der Umwandlungsplan ist spätestens einen Monat vor Beschlussfassung der sich umwandelnden Gesellschaft bekanntzumachen (Art. 5b VII lit. b) SPE-VO). Die **Bekanntmachung** erfolgt nach Art. 11 I SPE-VO (dazu

197 Vgl. *Lutter/Bayer/Schmidt*, Europäisches Unternehmens- und Kapitalmarktrecht, 2012, § 43 Rn. 38; *Hommelhoff/Teichmann* in: FS Hopt, 2010, S. 849, 856.

198 *Hommelhoff/Teichmann* in: FS Hopt, 2010, S. 849, 866.

199 Die deutsche Fassung spricht missverständlicher Weise von „Umwandlungsvorschlag" und nicht von „Umwandlungsplan". Auch die anderen Sprachfassungen sind unpräzise. Die englische Fassung verwendet die Bezeichnung „transformation proposal" und spricht nicht von „draft terms of transformation". Die französische Fassung der SPE-VO benutzt den Begriff „proposition de transformation" statt „projet de transformation". Vgl. *Lutter/Bayer/Schmidt*, Europäisches Unternehmens- und Kapitalmarktrecht, 2012, § 43 Rn. 38. Zum Umwandlungsplan *Hommelhoff/Teichmann* in: FS Hopt, 2010, S. 849, 856 f.

200 Bei der SE und der SCE ist der Inhalt nicht explizit vorgegeben. Zu den daraus resultierenden Auslegungsschwierigkeiten § 4 Rn. 99 ff. (SE) und § 6 Rn. 88 ff. (SCE).

201 Vgl. *Teichmann* in: MüHdB GesR, Bd. 6, 2013, § 50 Rn. 30 (Fn. 66).

202 Deutscher Wortlaut: „zumindest". Englischer Wortlaut: „at least". Französischer Wortlaut: „au moins". Spanischer Wortlaut: „como mínimo". Italienischer Wortlaut: „quanto meno". Niederländischer Wortlaut: „ten minste". Polnischer Wortlaut: „co najmniej".

203 *Hommelhoff/Teichmann* in: FS Hopt, 2010, S. 849, 857.

204 *Hommelhoff/Teichmann* in: FS Hopt, 2010, S. 849, 857.

205 *Hommelhoff/Teichmann* in: FS Hopt, 2010, S. 849, 863.

Rn. 109 ff.). Dadurch können ihn interessierte Gläubiger einsehen. Außerdem ist er den Gesellschaftern und Arbeitnehmervertretern bzw. direkt den Arbeitnehmern vorzulegen (Art. 5b V 2 SPE-VO).

Neben dem Umwandlungsplan hat das Geschäftsführungsorgan einen **Umwandlungsbericht** zu erstellen, „in dem die rechtlichen und wirtschaftlichen Aspekte der vorgeschlagenen Umwandlung erläutert und begründet und die Auswirkungen auf die Gesellschafter, die Gläubiger und die Arbeitnehmer dargelegt werden".[206] Dieser Bericht ist den Gesellschaftern und Arbeitnehmern spätestens einen Monat vor Beschlussfassung der Gesellschafter zur Prüfung vorzulegen und den Gläubigern zur Verfügung zu stellen[207] (Art. 5b V 2 und 3 iVm VII lit. a) SPE-VO). Auch bezüglich des Umwandlungsberichts enthält die SPE-Verordnung keine expliziten Vorgaben zur Form. Die Gesamtschau der Vorschriften ergibt wiederum, dass die **Textform** notwendig ist. Eine ausdrückliche Befassung mit der Thematik erfolgt jedoch nicht. Auch hier ist zu fragen, ob die Verordnung insofern abschließend ist oder nationales Recht zur Anwendung kommt. Wie bezüglich des Umwandlungsplans lässt sich beides vertreten, wobei aufgrund der Nichtbeschäftigung mit der Thematik auch gut die Anwendung nationalen Rechts vertreten werden kann. Die **Arbeitnehmer** können zu dem Bericht **Stellung nehmen**. Tun sie dies innerhalb von 21 Kalendertagen ab Vorlage des Berichts, ist die Stellungnahme dem Bericht hinzuzufügen (Art. 5b VI SPE-VO).[208] 75

Der Umwandlungsplan (inklusive Satzungsentwurf) und -bericht sind damit das Herzstück der Vorabinformation der relevanten Stakeholder (Gesellschafter, Arbeitnehmer, Gläubiger).[209] Eine **Prüfung** durch einen Sachverständigen sieht die Verordnung nicht vor.[210] Die SCE-VO kennt dagegen eine solche Prüfung und Bescheinigung (vgl. § 6 Rn. 95) ebenso wie die SE-VO (§ 4 Rn. 104). Bei der SE nimmt der Prüfer eine Kapitaldeckungsprüfung vor (Art. 37 VI SE-VO). Wie an vielen anderen Stellen, bleibt hier zu ermitteln, ob die SPE-Verordnung insofern abschließend ist oder nationales Recht (aufgrund einer externen Lücke) eingreifen kann. Da sich die Verordnung erkennbar mit dem Europäischen Modell für Strukturmaßnahmen auseinandergesetzt hat und dort die Prüfung ein immer wiederkehrender Bestandteil ist, gibt es hier eine Tendenz anzunehmen, dass der Verordnungsgeber an dieser Stelle eine bewusste Entscheidung gegen eine solche Prüfung getroffen hat. 76

Die Gesellschafter entscheiden mit **Beschluss** über den Umwandlungsplan darüber, ob es zu einem Rechtsformwechsel in eine SPE kommt (vgl. Art. 5b VIII 1 SPE-VO). Der Umwandlungsplan erfüllt damit eine Doppelfunktion: Er dient der Vorabinformation und ist gleichzeitig zentrales Element des Entscheidungsprozesses.[211] Der Beschluss ist mind. mit einer 2/3-Mehrheit zu fassen, sofern es sich um einen Rechtsformwechsel aus einer der in Anhang II genannten Rechtsformen handelt (Art. 5b VIII 2 SPE-VO). Die Mitgliedstaaten dürfen jedoch strengere Mehrheitserfordernisse festlegen (Art. 5b VIII 3 SPE-VO). Der Verweis ist so zu verstehen, dass die Mitgliedstaaten diese Regelungsmöglichkeit im Ausführungsgesetz ausüben können. Die Grenze der Regelungsmöglichkeit ergibt sich hier aus dem allgemeinen Grundsatz, dass die Ausführungsgesetze nicht dazu führen dürfen, dass die SPE gegenüber der vergleichbaren nationalen Rechtsform **diskriminiert** wird (s. auch Rn. 27). Für Umwandlungen aus allen anderen Rechtsformen verweist Art. 5b VIII 4 SPE-VO auf nationales Recht. Die deutsche Fassung enthält insofern einen Übersetzungsfehler. Die anderen Sprachfassungen stellen klar, dass das entsprechende nationale Recht für den vergleichbaren nationalen Umwandlungsprozess zur Anwendung kommt (dh einer Rechtsform in die in Anhang II SPE-VO genannte Rechtsform).[212] Hier besteht für die Mitgliedstaaten kein Gestaltungsspielraum. 77

Das durch die Umwandlung die **Kapitalaufbringungsvorschriften** nicht ausgehebelt werden dürfen, stellt Art. 5b III SPE-VO klar. Dementsprechend muss der sich umwandelnde Rechtsträger über ausreichend Nettovermögen verfügen, um das vereinbarte Stammkapital der SPE zuzüglich der gesetzlich und statuarisch nicht ausschüttungsfähigen Rücklagen zu erfüllen. Bei der Berechnung werden den Aktiva die Passiva jeweils zum Verkehrswert gegenübergestellt.[213] Bezüglich des weiteren Schutzes von Minderheitsgesellschaftern, die gegen die Umwandlung gestimmt haben und des Gläubigerschutzes verweist Art. 5b IX 1 SPE-VO auf das maßgebende inner- 78

---

206 Art. 5 V 1 SPE-VO.

207 Art. 5b VII lit. a) SPE-VO spricht in der deutschen Fassung von „zuleiten", statt von „zur Verfügung stellen". Dabei handelt es sich um einen Übersetzungsfehler. Das zeigt ein Blick in die anderen Sprachfassungen. Die englische Fassung verwendet die Formulierung „make it available" und die französische Fassung formuliert „la met à la disposition". Ebenso der spanische („pondrá a disposición"), italienische („mette a disposizione"), niederländische („beschikbaar te stellen") und polnische („udostępnia go") Wortlaut. Vgl. *Lutter/Bayer/Schmidt*, Europäisches Unternehmens- und Kapitalmarktrecht, 2012, § 43 Rn. 38 (Fn. 150); *Hommelhoff/Teichmann* GmbHR 2010, 337, 338; *Arens* DK 2010, 395, 402 f.

208 Positiv zur Möglichkeit der Stellungnahme, aber kritisch zur relativ kurzen Frist *Hommelhoff/Teichmann* in: FS Hopt, 2010, S. 849, 858.

209 Vgl. *Hommelhoff/Teichmann* in: FS Hopt, 2010, S. 849, 856.

210 *Lutter/Bayer/Schmidt*, Europäisches Unternehmens- und Kapitalmarktrecht, 2012, § 43 Rn. 38.

211 *Hommelhoff/Teichmann* in: FS Hopt, 2010, S. 849, 856.

212 *Lutter/Bayer/Schmidt*, Europäisches Unternehmens- und Kapitalmarktrecht, 2012, § 43 Rn. 38.

213 So zur vergleichbaren Vorschrift bei der SE *Bücker* in: Habersack/Drinhausen (Hrsg.), SE-Recht mit grenzüberschreitender Verschmelzung, 2013, Art. 37 SE-VO Rn. 50; *J. Schmidt* in: Lutter/Hommelhoff/Teichmann, SE Kommentar, 2015, Art. 37 SE-VO Rn. 40.

staatliche Recht. Durch den Verweis erreicht die Verordnung eine Gleichstellung mit nationalen Formwechseln.[214] Lediglich wenn das nationale Recht keine entsprechenden Bestimmungen vorsieht (da der Formwechsel so nicht im nationalen Recht etabliert ist), dürfen im Ausführungsgesetz entsprechende Schutzbestimmungen vorgesehen werden (Art. 5b IX 2 SPE-VO).[215]

79 Die **Eintragung** richtet sich nach den allgemeinen Vorschriften in Art. 9, Art. 10 I und IV sowie Art. 11 SPE-VO (Art. 5b XI SPE-VO) (s. zum Eintragungsverfahren näher unter Rn. 84 ff. und zur Publizität unter Rn. 109 ff.). Möchte sich eine SPE in eine andere Rechtsform umwandeln, so greift für diesen Prozess das jeweils anwendbare nationale Recht (vgl. Art. 40 SPE-VO).

3. Verschmelzung

80 Die Verordnung eröffnet durch Art. 5 lit. c) SPE-VO auch die Möglichkeit, eine SPE durch Verschmelzung zu gründen. Diese Regelung findet sich bereits im Kommissionsentwurf (vgl. Art. 5 lit. c) SPE-VO-KOM) und stieß im Verordnungsgebungsverfahren schnell auf Kritik.[216] Vorgebracht wurde vor allem, dass aus praktischer Sicht die Neugründung und der Formwechsel ausreichend wären.[217] Der Verordnungsgeber hielt jedoch an dieser Gründungsmöglichkeit fest, was mit Blick auf die SE und die SCE auch systemstimmig ist, da diesen supranationalen Rechtsform diese Gründungsmöglichkeit ebenfalls zur Verfügung steht. Im Gegensatz zur Neugründung und Umwandlung hält die Verordnung allerdings **keine speziellen Regeln** für die Gründung durch Verschmelzung bereit. Dies überrascht durchaus, da sowohl die SE-VO (s. § 4 Rn. 19 ff.) als auch die SCE-VO (s. § 6 Rn. 57 ff.) den Verschmelzungsvorgang durch eigenständige Regelungen erfassen.[218] Art. 5 lit. c) SPE-VO verweist vielmehr auf das jeweils anwendbare nationale Recht für Gesellschaften mit beschränkter Haftung gem. Anhang II SPE-VO. Mit Blick auf grenzüberschreitende Verschmelzungen wurde dieses durch die ehemalige internationale Verschmelzungsrichtlinie (s. dazu § 24, jetzt Teil der Kodifizierungs-RL) harmonisiert. Die ehemalige nationale Verschmelzungsrechtlinie (s. dazu § 22, jetzt ebenfalls Teil der Kodifizierungs-RL) umfasst ihrem Anwendungsbereich nach jedoch lediglich Aktiengesellschaften, wurde aber in vielen Mitgliedstaaten auch für die GmbH vergleichbar umgesetzt (s. dazu § 22 Rn. 6).[219] Dennoch führt der Verweis damit zu einer nicht zu unterschätzenden Rechtszersplitterung. Der Verordnungsgeber möchte durch den Verweis auf bestehendes nationales GmbH-Recht (und nicht auf zu schaffende Regeln in den Ausführungsgesetzen) allerdings zumindest eine **Diskriminierung** der SPE im Verhältnis zu nationalen Rechtsformen **verhindern**.[220]

81 Wie bei den anderen Gründungsvarianten auch, sind allerdings die allgemeinen Gründungsvorgaben zu beachten, zB die Erfüllung des grenzüberschreitenden Bezugs (vgl. Rn. 54 ff.) sowie die Mindestanforderungen an die Satzung (vgl. Rn. 50).

IV. Firmierung

82 Die Verordnung regelt die Firmierung im Grunde nicht. Art. 6 I SPE-VO zeigt lediglich, dass der **Rechtsformzusatz „SPE"** nicht nur ein Recht gewährt, sondern auch eine Verpflichtung darstellt; das heißt, dass jede SPE den Firmenzusatz benutzen darf, aber auch gleichzeitig führen muss (Art. 6 I 1 SPE-VO).[221] Andere Gesellschaften als die SPE dürfen den Zusatz „SPE" dagegen nicht verwenden (Art. 6 I 2 SPE-VO). Das **europäische Label** „SPE" hätte Unternehmen erhebliche Vorteile bieten können (dazu bereits unter Rn. 4).[222] Das „P", welches für „Privata" steht, zeigt dem Rechtsverkehr insbesondere im Verhältnis zur SE, dass es sich um eine geschlossene Gesellschaft handelt. Die beschränkte Haftung kommt im Rechtsformzusatz nicht zum Ausdruck (dazu näher unter § 3 Rn. 139).

214 *Lutter/Bayer/Schmidt*, Europäisches Unternehmens- und Kapitalmarktrecht, 2012, § 43 Rn. 39, 40, sprechen zwar nicht mit Blick auf den Formwechsel aber mit Blick auf die Gründung durch Verschmelzung (Art. 5c SPE-VO) ausdrücklich von „Gleichstellung".

215 *Hommelhoff/Teichmann* in: FS Hopt, 2010, S. 849, 867.

216 Vgl. *Teichmann* in: MüHdB GesR, Bd. 6, 2013, § 50 Rn. 27; *Hommelhoff/Teichmann* GmbHR 2008, 897, 901 argumentieren, dass die Neugründung und die Gründung durch Formwechsel genügen würden.

217 *Teichmann* in: MüHdB GesR, Bd. 6, 2013, § 50 Rn. 27.

218 *Oplustil* in: Hommelhoff/Schubel/Teichmann (Hrsg.), SPE, 2014, S. 63, 79 bewertet diese „regulatorische Enthaltsamkeit" dagegen als „verständlich.

219 *Wymeersch* in: Hopt/Kanda/Roe/Wymeersch//Prigge (Hrsg.), Comparative Corporate Governance, 1998, S. 1045, 1064; *Kalss/Klampfl*, Europäisches Gesellschaftsrecht, 2015, Rn. 149; *Grundmann*, Europäisches Gesellschaftsrecht, 2011, Rn. 917; *Teichmann* ECFR 2016, 277, 283.

220 Zur Gleichstellung *Lutter/Bayer/Schmidt*, Europäisches Unternehmens- und Kapitalmarktrecht, 2012, § 43 Rn. 40.

221 In der deutschen Fassung findet sich ein Tippfehler. Dort wird der Firmenzusatz „SCE" (also die Kurzform der Europäischen Genossenschaft) genannt.

222 75% der im Rahmen der Konsultation Befragten sahen darin Vorteile. Siehe European Commission, Synthesis of the comments on the consultation document, 2007, S. 6.

Der Rechtsformzusatz SPE ist abgekürzt zu verwenden, allein die Benutzung der Langform (Societas Privata Europaea) ist wohl nicht gestattet.[223] Denn Art. 6 I 1 SPE-VO nennt lediglich die Kurzform. Ein Blick in die EWIV-Verordnung zeigt, dass der Gesetzgeber die Langform, sofern sie gewünscht worden wäre, explizit aufgenommen hätte (Art. 5 lit. a) EWIV-VO, s. § 7 Rn. 71). Auch die SE-VO und die SCE-VO (§ 6 Rn. 117) lassen jeweils explizit nur die Kurzform zu, weshalb die Regelung insofern nicht ungewöhnlich ist. Zudem ist der Rechtsform nachzustellen (Art. 6 I 1 SPE-VO). Die Verordnung lässt somit keine andere Positionierung zu.[224] Abgesehen von diesen Vorgaben wird die Wahl der Firma durch das **jeweils anwendbare Recht** bestimmt (Art. 6 0 SPE-VO). 83

V. Eintragungsverfahren

Die Verordnung enthält Regelungen zum Eintragungsverfahren und möchte dabei vor allem die Eintragungsformalitäten „auf das zur Gewährleistung von Rechtssicherheit erforderliche Maß“[225] beschränken. Dadurch sollen die Gründungskosten möglichst gering gehalten werden.[226] Eine zwingende Zulässigkeit einer reinen Online-Gründungsmöglichkeit sieht der Verordnungsentwurf im Gegensatz zum Richtlinienentwurf der SUP (s. dazu § 9 Rn. 72 ff.) allerdings nicht vor, um die Gründungskosten zu reduzieren. Vielmehr lässt Art. 9 I SPE-VO das maßgebende innerstaatliche Recht für Privatgesellschaften mbH für die Anmeldung zur Anwendung kommen, welches allerdings durch die ehemalige Publizitätsrichtlinie (s. dazu näher unter § 20, jetzt Teil der Kodifizierungs-RL, dazu § 19) harmonisiert wurde.[227] Die Richtlinienvorgaben stellen allerdings sicher, dass Unternehmen die notwendigen Unterlagen auch auf elektronischem Wege einreichen (lassen) können (vgl. Art. 16 III Uabs. 1 S. 1 Kodifizierungs-RL (ex-Art. 3 III Uabs. 1 S. 1 Publizitäts-RL)). 84

Die Gründungsgesellschafter gemeinsam bzw. eine von ihnen bevollmächtigte Person müssen die Gesellschaft beim **Register anmelden** (Art. 9 I SPE-VO bzw. auch Art. 5a II 2 SPE-VO bzgl. Neugründungen). Dass die Gründungsgesellschafter die Anmeldung nur gemeinsam vornehmen können, ergibt sich bereits aus dem in Art. 9 I SPE-VO verwendeten Plural („Die Gründungsgesellschafter“).[228] Zuständig ist das jeweilige von den Mitgliedstaaten bestimmte Register des Landes, in dem die SPE ihren Registersitz hat (Art. 10 I SPE-VO). Dabei dürfen die Mitgliedstaaten **nur** die in Art. 9 II SPE-VO genannten **Angaben und Dokumente** zur Eintragung verlangen (Art. 9 II 1 SPE-VO). Die Aufzählung ist abschließend[229] und schützt die SPE vor weitreichenderen nationalen Anforderungen. Zu den erforderlichen Dokumenten zählen (vgl. Art. 9 II SPE-VO): 85

- die Firma der SPE und die Anschrift am Registersitz sowie ggf. weitere Kontaktdaten (Telefonnummer, Email, Webseite) (Art. 9 II lit. a) und aa) SPE-VO);
- der Unternehmensgegenstand (Art. 9 II lit. b) SPE-VO);
- personenbezogene Angaben über die Geschäftsführer, sonstige Vertretungsbefugte und Abschlussprüfer (Art. 9 II lit. c) (i) bis (iii) SPE-VO);
- die Art der Vertretung (Einzel- oder Gesamtvertretungsbefugnis) (Art. 9 II lit. ca) SPE-VO);
- das Stammkapital sowie den davon bereits eingezahlten Betrag und den Nachweis bzw. die Erklärung des Geschäftsführungsorgans, dass die entsprechenden Leistungen tatsächlich erbracht wurden (Art. 9 II lit. d) und k) SPE-VO);
- Angaben zu den Geschäftsanteilen, inklusive Angaben zu eventuell bestehenden Anteilsgattungen (Art. 9 II lit. f), g) und ga) SPE-VO);
- Angaben zu den Zweigniederlassungen der SPE (Art. 9 II lit. h) SPE-VO);
- die Satzung der Gesellschaft (Art. 9 II lit. i) SPE-VO);
- die Gesellschafterliste (Art. 9 II lit. j) SPE-VO);
- ggf. den Bestätigungsvermerk (Art. 9 II lit. l) SPE-VO);
- weitere Angaben im Fall der Gründung durch Umwandlung bzw. Verschmelzung (Art. 9 II lit. m), ma) SPE-VO) und
- eine Erklärung oder Nachweis, dass der/die Geschäftsführer nicht für ungeeignet erklärt wurde (Art. 9 II lit. mb) SPE-VO).

Die Angaben und Dokumente sind in der durch das maßgebende nationale Recht bestimmten **Sprache** einzureichen (Art. 9 III SPE-VO) und unterfallen den von den Mitgliedstaaten vorgeschriebenen **Kontrollen** (Art. 9 IV 1 86

223 *Lutter/Bayer/Schmidt*, Europäisches Unternehmens- und Kapitalmarktrecht, 2017, Rn. 47.10 (Fn. 47) und *Krejci*, SPE, 2008, S. 31 (Rn. 129) zum Kommissionsentwurf. AA *Hadding/Kießling* WM 2009, 145, 146 zum Kommissionsentwurf.

224 *Lutter/Bayer/Schmidt*, Europäisches Unternehmens- und Kapitalmarktrecht, 2017, Rn. 47.10.

225 Erwägungsgrund 8 S. 1 SPE-VO.

226 Erwägungsgrund 8 S. 1 SPE-VO.

227 Vgl. *Lutter/Bayer/Schmidt*, Europäisches Unternehmens- und Kapitalmarktrecht, 2017, Rn. 47.21.

228 Englischer Wortlaut: „The founding members“. Französischer Wortlaut: „Les membres fondateurs“. Spanischer Wortlaut: „Los socios fundadores“. Italienischer Wortlaut: „I soci fondatori“. Niederländischer Wortlaut: „De oprichtende leden“. Polnischer Wortlaut: „Członkowie założyciele“.

229 Vgl. *Hommelhoff/Teichmann* GmbHR 2010, 337, 338.

SPE-VO). Zwar unterstreicht Art. 9 IV 2 SPE-VO, dass unnötige Kontrollen vermieden werden sollen, dies verhindert aber beispielsweise nicht eine mögliche **Doppelkontrolle** aus registergerichtlicher Prüfung und notarieller Beurkundung von Angaben und Dokumenten in Deutschland,[230] wie sie für die GmbH vorgesehen ist.

87 Grundsätzlich erlangt die SPE **Rechtspersönlichkeit am Tag ihrer Eintragung** in das von den Mitgliedstaaten bestimmte Register (Art. 10 II SPE-VO). Im Fall der Verschmelzung zur Aufnahme bzw. der Umwandlung nimmt der aufnehmende bzw. sich umwandelnde Rechtsträger am Tag der Eintragung die Rechtsform der SPE an (Art. 10 III SPE-VO).[231] Die Eintragung der SPE ist **bekanntzumachen** (Art. 9 VI SPE-VO). Die Publikation richtet sich nach Art. 11 SPE-VO (s. dazu näher unter Rn. 109 ff.).

E. Sitz der Gesellschaft

I. Register- und Verwaltungssitz

88 Die Sitzfrage war neben dem Mindestkapital und der Arbeitnehmermitbestimmung ein Hauptkonfliktpunkt.[232] Einigkeit bestand von Anfang an nur darüber, dass die SPE ihren **Register- und Verwaltungssitz in der EU** haben muss (vgl. Art. 7 I 1 SPE-VO und so bereits auch Art. 7 S. 1 SPE-VO-KOM).[233] Der Kommissionsentwurf stellte in Art. 7 S. 2 SPE-VO-KOM klar, dass es der SPE gestattet sein sollte, ihren Register- und Verwaltungssitz in unterschiedlichen Mitgliedstaaten zu haben. Der Kommissionsentwurf erlaubte damit die sog **Sitzaufspaltung**. In der Literatur[234] und von den Wirtschaftsverbänden[235] wurde dieser liberale Ansatz unterstützt. Gerade für Konzernstrukturen wäre dies interessant gewesen. Die Registersitze der Tochtergesellschaften hätten in einem Mitgliedstaat zentriert werden können, während die Verwaltungssitze in verschiedenen Ländern hätten liegen können. Alle Tochtergesellschaften würden in einem solchen Fall der SPE-Verordnung und subsidiär dem Recht des Mitgliedstaates unterliegen, in dem alle Tochtergesellschaften ihren Sitz haben (aufgrund des Art. 4 II SPE-VO). Dadurch wäre eine einheitliche Führung und Kontrolle von Tochtergesellschaften ermöglicht worden und Lerneffekte in Bezug auf Gründungen hätten genutzt werden können.[236]

89 Einige Mitgliedstaaten[237] und Arbeitnehmerverbände[238] sowie einige Stimmen in der Literatur[239] sahen die Regelung dagegen kritisch. Sie fürchteten Briefkasten-SPE,[240] die im Sinne des *forum-shoppings*[241] Unterschiede in

---

230 Vgl. dazu *Hommelhoff/Teichmann* GmbHR 2010, 337, 338.

231 *Lutter/Bayer/Schmidt*, Europäisches Unternehmens- und Kapitalmarktrecht, 2012, § 43 Rn. 44.

232 So in Bezug auf die Sitzregelung *Lutter/Bayer/Schmidt*, Europäisches Unternehmens- und Kapitalmarktrecht, 2017, Rn. 47.26; siehe auch *Schulte-Wrede*, Die Beteiligung der Arbeitnehmer in der SPE, 2015, S. 422, der neben den Streitpunkten Arbeitnehmerbeteiligung, Sitzaufspaltung und Mindestkapital noch die Frage nach einem grenzüberschreitenden Bezug nennt; vgl. zudem *Neye* in: FS Hüffer, 2010, S. 717, 718.

233 *Lutter/Bayer/Schmidt*, Europäisches Unternehmens- und Kapitalmarktrecht, 2017, Rn. 47.26.

234 *Arbeitskreis Europäisches Unternehmensrecht* NZG 2008, 897, 899; *Hommelhoff/Teichmann* GmbHR 2010, 337, 345 ff.; *Hügel* ZHR 173 (2009) 309, 322 f.; *J. Schmidt* EWS 2008, 455, 456; vgl. auch *Hommelhoff* in: FS für U. H. Schneider, 2011, S. 547, 548 f.; *Lecourt* Rev. soc. 2008, 684 (zitiert nach dalloz.fr., daher keine konkrete Seitenangabe). *Teichmann* in: MüHdB GesR, Bd. 6, 2013, § 50 Rn. 39 führt an, dass es legitime Gründe für die Sitzaufspaltung geben kann.

235 Vgl. ua BVMW, Denkanstöße – Eine gemeinsame Basis für den Mittelstand, 2011, S. 4 (abrufbar unter: https://www.bvmw.de/uploads/media/Denkanstoesse-SPE_01.pdf); BusinessEurope, Position Paper, Response to the consultation on a possible statute for a European Private Company (EPC), (MARKT/19.7.2007), 2007, S. 7 f. (abrufbar unter: https://www.businesseurope.eu/sites/buseur/files/media/imported/2007-01538-E.pdf). Gegen eine Sitzaufspaltung dagegen Österreichische Notariatskammer, Stellungnahme, 2008, S. 3.

236 *Hommelhoff* in: FS G. H. Roth, 2011, S. 269, 269 ff.

237 Siehe hierzu vor allem Deutschland, BT-Drs. 17/1933, S. 5 sowie BR-Drs. 479/08, Punkt 14; vgl. zur deutschen Position auch *Lutter/Bayer/Schmidt*, Europäisches Unternehmens- und Kapitalmarktrecht, 2017, Rn. 47.26 (dort Fn. 97); ebenfalls kritisch die Mitgliedstaaten Österreich und Schweden, vgl. insbes. zu Österreich: Jahresvorschau des BMJ (Österreich) 2009 auf der Grundlage des Legislativ- und Arbeitsprogramms der Europäischen Kommission für 2009, Punkt III.8 (abrufbar unter: https://www.parlament.gv.at/PAKT/VHG/BR/III-BR/III-BR_00359/fnameorig_149591.html).

238 ETUC, New Proposal on the European Private Company a cause of concern, 2011 (abrufbar unter: https://www.etuc.org/press/new-proposal-european-private-company-cause-concern#.WXILqFFCSpo); vgl. auch DGB, Stellungnahme zum Vorschlag für eine Verordnung des Rates über das Statut der Europäischen Privatgesellschaft, 2008, S. 4 ff. (abrufbar unter: http://www.dgb.de/themen/++co++article-mediapool-1e0c6dcbef55647f82afa16fdc929e1b?tab=Alle&display_page=8&k:list=Mitbestimmung).

239 *Sick/Thammisch* AuR 2011, 155, 157 f.; *Koberski/Heuschmid* RdA 2010, 207, 210 f.

240 *Koberski/Heuschmid* RdA 2010, 207, 210 f.

241 Unter „*forum shopping*" wird hier das bewusste Ausnutzen von Differenzen der nationalen Rechtsordnungen verstanden. Durch die Wahl des Registersitzes kann ein Unternehmen bestimmen, welche nationale Rechtsordnung subsidiär zur Anwendung kommt. *Dammann/Weber-Rey* BJS 2008, § 157, 811, 815 sprechen von „*law shopping*".

den nationalen Gesellschaftsrechtsordnungen ausnutzen würden.[242] Es bestand insbesondere die Angst, dass die SPE zur Umgehung der Regeln zur Arbeitnehmermitbestimmung genutzt werden könnte.[243] Vor allem Letzteres, aber auch das Problem des *forum-shopping* allgemein, hätte durch ein Streben nach möglichst vollständigen Regelungen zu gesellschaftsrechtlichen Fragen sowie der Arbeitnehmermitbestimmung gelöst werden können.[244] Allerdings wäre die SPE durch die Möglichkeit der Sitzaufspaltung und des fehlenden grenzüberschreitenden Elements (s. dazu Rn. 54 ff.) in Konkurrenz zu den nationalen Rechtsformen getreten.[245] Die Mitgliedstaaten sehen einen solchen Wettbewerb ebenfalls oftmals skeptisch (dazu Rn. 5, 54).

Das **Europäische Parlament** befürwortete die Beibehaltung der Sitzaufspaltungsmöglichkeit, forderte allerdings mehr Transparenz (vgl. Art. 7 S. 3 SPE-VO-EP). Der **schwedische Verordnungsentwurf** arbeitete dagegen mit einer Übergangsregelung, wonach die SPE zwei Jahre nach Inkrafttreten der Verordnung ihren Register- sowie Verwaltungssitz im selben Mitgliedstaat haben musste (Art. 7 I 2 SPE-VO-S). Anschließend sollte nationales Recht für die Frage gelten, „ob" der Sitz der Gesellschaft verlegt werden kann (Art. 7 I 3 SPE-VO-S). Die Art und Weise „wie" der Sitz der Gesellschaft verlegt werden kann, regelte die Verordnung dagegen selbst (Art. 36 I Satz 1 SPE-VO-S). Der **ungarische Verordnungsentwurf** strich die Übergangsfrist wieder und nahm schlicht einen Verweis auf nationales Recht auf. Das jeweils anwendbare nationale Recht soll daher bestimmen, ob Register- und Verwaltungssitz im selben Mitgliedstaat liegen müssen (Art. 7 SPE-VO). Durch den Verweis auf das maßgebende innerstaatliche Recht (vgl. auch Erwägungsgrund 6a S. 2 SPE-VO),[246] wird eine Gleichstellung der SPE mit den in Anhang II SPE-VO genannten Rechtsformen erreicht.[247] Denn die Mitgliedstaaten können somit nicht in den Ausführungsgesetzen (s. dazu näher unter Rn. 26 ff.) regeln, ob die SPE ihren Sitz aufspalten darf. Erwägungsgrund 6a S. 3 SPE-VO erwähnt allerdings, dass die Mitgliedstaaten, sofern erforderlich, Maßnahmen ergreifen sollten, „um zu verhindern, dass eine in ihrem Hoheitsgebiet niedergelassene SPE dazu missbraucht wird, um die ihrem Hoheitsgebiet geltenden Auflagen für SPE zu umgehen". Auffällig ist zunächst, dass die „Aufforderung" an die Mitgliedstaaten im Erwägungsgrund keine explizite Entsprechung im verfügenden Teil der Verordnung findet.[248] Fraglich ist auch, welche Maßnahmen dies sein könnten und ob entsprechende Maßnahmen mit der Niederlassungsfreiheit in Einklang stünden.[249] 90

II. Sitzverlegung

Die SPE kann, wie die anderen supranationalen Rechtsformen auch, ihren Registersitz sowohl innerhalb eines Mitgliedstaats (**innerstaatliche Sitzverlegung**) als auch in einen anderen Mitgliedstaat verlegen (**grenzüberschreitende Sitzverlegung**). Darüber hinaus kann die SPE auch ihren Verwaltungssitz verlegen. 91

1. Innerstaatliche Satzungssitzverlegung

Für die innerstaatliche Registersitzverlegung enthält die Verordnung **keine gesonderten Vorschriften**. Für die grenzüberschreitende Satzungssitzverlegung schreibt Art. 28 I lit. k) SPE-VO die Fassung eines Gesellschafterbeschlusses vor. Die Vorschrift ist jedoch explizit nur auf die grenzüberschreitende Satzungssitzverlegung bezogen. Für die innerstaatliche Satzungssitzverlegung ergibt sich dieses Erfordernis dagegen aus Art. 28 I lit. o) SPE-VO, der einen Beschluss im Fall von **Satzungsänderungen** vorschreibt. Gem. Art. 8 I lit. a) SPE-VO gehört die Angabe des Sitzes zu den Mindestangaben der Satzung, weshalb sich in jedem Fall eine Satzungsänderung ergibt. 92

---

242 Vgl. *Krejci*, SPE, 2008, S. 17 (dort insbes. Rn. 57). Zur Problematik auch *Lutter/Bayer/Schmidt*, Europäisches Unternehmens- und Kapitalmarktrecht, 2017, Rn. 47.26; *Teichmann* in: MüHdB GesR, Bd. 6, 2013, § 50 Rn. 39. *Dammann/Weber-Rey* BJS 2008, § 157, 811, 815 bewerten die Möglichkeit des forum-shopping positiv.

243 Vgl. *Sick/Thammisch* AuR 2011, 155, 155; *Koberski/Heuschmid* RdA 2010, 207, 207; allgemein zur Problematik *Lutter/Bayer/Schmidt*, Europäisches Unternehmens- und Kapitalmarktrecht, 2017, Rn. 47.84; *Schulte-Wrede*, Die Beteiligung der Arbeitnehmer in der SPE, 2015, S. 449; *Lehne* GmbHR 2008, R257, R257 f.; zum Kommissionsentwurf *Hommelhoff/Teichmann* GmbHR 2008, 897, 910; siehe auch *Hommelhoff/Krause/Teichmann* GmbHR 2008, 1193, 1200; differenziert zum Entwurf der schwedischen Ratspräsidentschaft *Hommelhoff/Teichmann* GmbHR 2010, 337, 341 f.

244 *Lecourt*, Rev. soc. 2008, 684 (zitiert nach dalloz.fr., daher keine konkrete Seitenangabe) weist mit Blick auf den Kommissionsentwurf darauf hin, dass durch eine umfangreiche Regelung der gesellschaftsrechtlichen Aspekte die Anreize zur strategischen Wahl des subsidiär anwendbaren nationalen Rechts reduziert würden. *Dammann/Weber-Rey* BJS 2008, § 157, 811, 815 gingen mit Blick auf den Kommissionsentwurf davon aus, dass für die Arbeitnehmermitbestimmung eine zufriedenstellende regulative Lösung möglich wäre.

245 *Dammann/Weber-Rey* BJS 2008, § 157, 811, 815.

246 Die deutsche Formulierung ist nicht präzise: „im Einklang mit dem geltenden einzelstaatlichen Recht". Die englische Fassung verwendet dagegen den durch Art. 4 II lit. b) SPE-VO geprägten Begriff „applicable national law". Die französische Fassung verwendet die entsprechende Bezeichnung: „droit national applicable".

247 *Lutter/Bayer/Schmidt*, Europäisches Unternehmens- und Kapitalmarktrecht, 2017, Rn. 47.26.

248 Es könnte sich daher um einen eigenständig weiterreichenden Erwägungsgrund handeln. Zu dieser Kategorie von Erwägungsgründen s. näher unter § 2 Rn. 119.

249 *Lutter/Bayer/Schmidt*, Europäisches Unternehmens- und Kapitalmarktrecht, 2012, § 43 Rn. 14 prognostizieren, dass dieser Erwägungsgrund zu einer „Vielzahl von Kontroversen" führen würde.

93 Kapitel VII SPE-VO enthält spezielle Regelungen zur Verlegung des Registersitzes der SPE, die allerdings auf die grenzüberschreitende Satzungssitzverlegung ausgerichtet sind. Obwohl einige Bestimmungen neutral formuliert zu sein scheinen, wollte der Verordnungsgeber durch sie erkennbar allein die grenzüberschreitende Satzungssitzverlegung regeln. Die Vorschriften sind daher nicht auf innerstaatliche Satzungssitzverlegungen anwendbar. Es greift somit für innerstaatliche Sitzverlegungen gem. Art. 4 II SPE-VO das jeweils anwendbare nationale Recht.[250]

2. Grenzüberschreitende Satzungssitzverlegung

94 Die Verordnung ermöglicht der SPE die Verlegung ihres Registersitzes in einen anderen Mitgliedstaat (Art. 36 I 1 SPE-VO).[251] Diese Möglichkeit erhöht die Attraktivität der Gesellschaftsform.[252] Die Verordnung widmet der grenzüberschreitenden Satzungssitzverlegung daher ein ganzes Kapitel (Kapitel VII SPE-VO). Zum Schutz der Minderheitsgesellschafter, Gläubiger und Arbeitnehmer entwirft die Verordnung ein Konzept, dass auf dem **europäischen Modell für Strukturmaßnahmen** (s. dazu näher unter § 18 Rn. 74, § 22 Rn. 3) beruht.[253] Art. 36 ff. SPE-VO regeln daher zentrale Aspekte wie den Verlegungsplan, den Verlegungsbericht, die Information der Gesellschafter und Arbeitnehmer und die Beschlussfassung durch die Gesellschafter. Die Vorschriften ähneln den Vorgaben bei der SE (Art. 8 SE-VO) und der SCE (Art. 7 SCE-VO), obwohl eine andere Strukturierung gewählt wurde. Die Aufgliederung in mehrere Artikel dient der Übersichtlichkeit.

95 Art. 36 I 2 SPE-VO stellt zunächst klar, dass die Registersitzverlegung die **Rechtspersönlichkeit** der Gesellschaft **unberührt** lässt. Die Sitzverlegung führt also nicht zur Auflösung oder zum Verlust der Rechtspersönlichkeit der SPE. Die Verordnung garantiert damit die **identitätswahrende Sitzverlegung.**[254] Da sich die Frage, ob eine Aufspaltung von Register- und Verwaltungssitz möglich ist, nach dem maßgebenden innerstaatlichen Recht richtet (vgl. Art. 7 SPE-VO, s. dazu Rn. 90), muss die SPE gleichzeitig auch ihren **Verwaltungssitz** ins Ausland verlegen, sofern der Aufnahmestaat einen Gleichlauf von Register- und Verwaltungssitz verlangt.[255]

96 Die Verlegung des Registersitzes ist grundsätzlich **jederzeit** möglich (Umkehrschluss aus Art. 36 II SPE-VO). Nur wenn die SPE sich in Auflösung, Liquidation, Insolvenz, Zahlungsunfähigkeit oder einem ähnlichen Verfahren befindet, kann die Sitzverlegung nicht vorgenommen werden (Art. 36 II SPE-VO), denn damit würde die Funktionsfähigkeit des jeweiligen Verfahrens gefährdet.

97 Art. 37 SPE-VO beschreibt das Verlegungsverfahren, welches relativ komplex ist. Gemäß der Vorschrift beginnt das Verfahren mit der Erstellung des **Verlegungsplans**. Diese Aufgabe fällt in den Verantwortungsbereich des Geschäftsführungsorgans. Der Verlegungsplan, muss die in Art. 37 I lit. a) bis fa) SPE-VO genannten **Mindestangaben** enthalten. Das heißt

- Angaben zur SPE im Herkunftsmitgliedstaat (Art. 37 I lit. a) SPE-VO);
- Vorgesehene Firma und Sitz im Aufnahmestaat (Art. 37 I lit. b) SPE-VO);
- Vorgeschlagene Satzung (Art. 37 I lit. c) SPE-VO);
- Vorgeschlagener Zeitplan (Art. 37 I lit. d) SPE-VO);
- Konsequenzen, die sich aus der Sitzverlegung voraussichtlich für die Arbeitnehmer ergeben sowie diesbezügliche Maßnahmen (Art. 37 I lit. e) SPE-VO);
- Ggf. Informationen zur Verlegung der Hauptverwaltung (Art. 37 I lit. f) SPE-VO) und
- Angaben zu den Rechten zum Schutz der Gläubiger und Gesellschafter (Art. 37 I (fa) SPE-VO).

98 Wie beim Umwandlungsplan spricht die SPE-Verordnung in Bezug auf die genannten Vorgaben von Mindestangaben (vgl. Art. 37 I SPE-VO), woraus sich ableiten lässt, dass der Verlegungsplan weitere Aspekte enthalten kann.[256] Die Verordnung gibt allerdings nicht explizit an, ob lediglich das Geschäftsführungsorgan darüber entscheiden kann, weitere Punkte aufzunehmen oder ob die Mitgliedstaaten basierend auf Art. 37 I SPE-VO weitere Anforderungen stellen dürfen. Im Ergebnis soll hier wohl **keine** Regelungsmöglichkeit für den nationalen Gesetzgeber bzw. ein Verweis auf nationales Recht geschaffen werden, so dass es allein in der Hand der Geschäftsführung liegt, weitere Aspekte aufzunehmen.

99 Die Verordnung gibt auch nicht explizit eine **Formvorgabe** für den Verlegungsplan vor. Aus der Gesamtschau der Regelungen des Art. 37 SPE-VO ergibt sich jedoch, dass er der **Textform** genügen muss. Die Problematik ist

250 Für die Anwendung nationalen Rechts *Lutter/Bayer/Schmidt*, Europäisches Unternehmens- und Kapitalmarktrecht, 2017, Rn. 47.76.

251 Ein Blick auf Art. 7 SPE-VO zeigt, dass die Verordnung mit „Sitz“ generell den Registersitz bezeichnet. Für „Verwaltungssitz“ verwendet die Verordnung die Formulierung „Hauptverwaltung“ oder „Hauptniederlassung“.

252 *Lutter/Bayer/Schmidt*, Europäisches Unternehmens- und Kapitalmarktrecht, 2017, Rn. 47.77.

253 *Lutter/Bayer/Schmidt*, Europäisches Unternehmens- und Kapitalmarktrecht, 2017, Rn. 47.77.

254 *Lutter/Bayer/Schmidt*, Europäisches Unternehmens- und Kapitalmarktrecht, 2017, Rn. 47.77; *Teichmann* in: MüHdB GesR, Bd. 6, 2013, § 50 Rn. 60.

255 *Lutter/Bayer/Schmidt*, Europäisches Unternehmens- und Kapitalmarktrecht, 2012, § 43 Rn. 161.

256 Laut *Lutter/Bayer/Schmidt*, Europäisches Unternehmens- und Kapitalmarktrecht, 2012, § 43 Rn. 163 handelt es sich um die wichtigsten „Grunddaten“.

hier der beim Umwandlungsplan vergleichbar. In Übereinstimmung mit dem dort erzielten Ergebnis, könnten auch hier gute Argumente dafürsprechen, dass nationales Recht höhere Anforderungen stellen darf. Aber auch die Annahme einer abschließenden Regelung scheint vertretbar. Die Vorschrift enthält zudem keine Vorgabe zur **Sprache**, in der der Verlegungsplan erstellt werden muss. Wie beim Umwandlungsplan,[257] kann auch hier angenommen werden, dass insofern nationales Recht zur Anwendung kommt und die SPE damit regelmäßig auf die Amtssprache des Wegzugslandes abzustellen hat.

Der Verlegungsplan ist spätestens einen Monat vor der beschlussfassenden Gesellschafterversammlung den 100

- Gesellschaftern,
- Arbeitnehmervertretern und
- Gläubigern

vorzulegen bzw. **zuzuleiten** und **bekanntzumachen** (Art. 37 II lit. a) und b) SPE-VO). In Bezug auf die Arbeitnehmervertreter und die Gesellschafter bereitet die Vorlagepflicht des Verlegungsplans keine Probleme, denn diese sind der SPE grundsätzlich bekannt. Die Übermittlung des Vorschlags an die Gläubiger kann im Ergebnis aber nur bedeuten, dass die der Gesellschaft bekannten Gläubiger den Verlegungsvorschlag erhalten. Für dieses Ergebnis spricht auch Art. 37 II lit. b) SPE-VO, der neben der Übermittlung die Bekanntmachung des Sitzverlegungsplans vorschreibt. Die Bekanntmachung hat nach Art. 11 I SPE-VO zu erfolgen (dazu Rn. 109 ff.). Die der Gesellschaft nicht bekannten Gläubiger haben somit die Möglichkeit, sich dennoch zu informieren. Auch Art. 37 III 2 und 3 SPE-VO unterstützt diese Interpretation: Denn der Verlegungsbericht muss den Gläubigern lediglich zur Verfügung gestellt werden, während ihn die Gesellschafter und Arbeitnehmervertreter übersendet bekommen. Auch hier kommt es daher zu einer qualitativen Abstufung der Informationspflichten der Gesellschaft gegenüber den verschiedenen Stakeholdern. An die Information der Gläubiger werden somit im Ergebnis im Rahmen der grenzüberschreitenden Sitzverlegung höhere Anforderungen gestellt als bei der Gründung der SPE durch Umwandlung (dazu Rn. 65 f.).

Die Verordnung präzisiert nicht näher, in welcher Form die Zuleitung (das Zurverfügungstellen) des **Verlegungsplans** an die Gläubiger zu erfolgen hat. Im Ergebnis kann daher wohl grundsätzlich sowohl eine Kopie per Brief übersendet werden als auch eine Zusendung per Email erfolgen. Mit Blick auf die Zuleitung an die Gesellschafter ist zu beachten, dass diese die Kommunikationsmittel zwischen ihnen und der SPE mithilfe einer Kann-Satzungsbestimmung in der Satzung regeln können (Punkt 11, Anhang I SPE-VO). 101

Der **Verlegungsbericht**, für dessen Erstellung ebenfalls das Geschäftsführungsorgan zuständig ist, hat „die rechtlichen und wirtschaftlichen Aspekte der vorgeschlagenen Verlegung" zu erläutern und begründet „die Auswirkungen der Verlegung für die Gesellschafter, die Gläubiger und die Arbeitnehmer" (Art. 37 III 1 SPE-VO). 102

Wie soeben angesprochen, muss der Bericht den Gesellschaftern und Arbeitnehmern vorgelegt werden (Art. 37 III 2 SPE-VO), während er den Gläubigern lediglich zugänglich zu machen ist (Art. 37 III 3 SPE-VO). Der letztgenannten Pflicht wird die SPE zB durch Auslegung in den Geschäftsräumen am Satzungssitz nachkommen können. Eine **Bekanntmachungspflicht** für den Verlegungsbericht statuiert weder Art. 37 SPE-VO noch eine andere Verordnungsvorschrift. 103

Die Verordnung enthält auch keine Regelung, die explizit festlegt, zu welchem **Zeitpunkt** der Verlegungsbericht den Stakeholdern kommuniziert werden muss. Man könnte an dieser Stelle an eine analoge Anwendung des Art. 37 II 1 SPE-VO denken. Dann müsste der Bericht einen Monat vor der Beschlussfassung übermittelt werden. Auch wenn man die analoge Anwendung nicht befürwortet, muss der Bericht zumindest **„rechtzeitig"** an die Beteiligten übermittelt werden, dh in jedem Fall vor der Beschlussfassung der Gesellschafter. Das verlangt Erwägungsgrund 15 SPE-VO. Auch wenn die Erwägungsgründe nicht rechtsverbindlich sind, kommt ihnen eine größere Bedeutung als den deutschen Gesetzesbegründungen zu, da sie Teil der Verordnung sind (vgl. § 2 Rn. 110). Der Verordnungsgeber möchte den darin ausgedrückten Willen auch befolgt sehen. 104

Auch bezüglich des Verlegungsberichts enthält die SPE-Verordnung zudem keine expliziten Vorgaben zur Form. Die Gesamtschau der Vorschriften ergibt wiederum, dass die Textform notwendig ist. Es wird jedoch nicht ausdrücklich verlangt, dass die Geschäftsführer den Bericht zu unterschreiben haben. Hier ließe sich wie schon mit Blick auf den Umwandlungsplan annehmen, dass nationales Recht höhere Anforderungen stellen kann. Die **Arbeitnehmer** können zu dem Bericht **Stellung beziehen**. Tun sie dies innerhalb von 21 Kalendertagen ab Vorlage des Berichts, ist die Stellungnahme dem Bericht hinzuzufügen (Art. 37 III 3 SPE-VO). 105

Schutzvorschriften für die Gläubiger und die Minderheitsgesellschafter enthält die Verordnung nicht. Sie verweist dafür auf die Anwendung der entsprechenden anwendbaren nationalen Vorschriften (vgl. Art. 37 V SPE-VO). 106

Gem. Art. 28 I lit. k) SPE-VO haben die **Gesellschafter** durch **Beschluss** über die Satzungssitzverlegung zu entscheiden. Der Beschluss bedarf mind. einer 2/3-Mehrheit, sofern die Satzung nicht höhere Anforderungen 107

257 Da bei der Umwandlung in eine SPE nicht gleichzeitig der Sitz verlegt werden kann, besteht dort allerdings grundsätzlich kein möglicher Sprachkonflikt.

stellt.[258] Sollte die Registersitzverlegung zu einer Änderung der an die Anteile gebundenen Rechte oder Pflichten führen, so ist zudem noch Art. 14 III SPE-VO zu beachten. Den Gesellschaftern bleibt es zudem unbenommen, die Satzungssitzverlegung an die Bestätigung der Vereinbarung zur Arbeitnehmermitbestimmung zu knüpfen (Art. 37 IV SPE-VO).

108 Die **Rechtsgültigkeit** der Sitzverlegung wird von den beteiligten nationalen Behörden **kontrolliert und überwacht.** Die entsprechenden formalen Regeln legt Art. 38 SPE-VO fest. Anhang III SPE-VO enthält ein Meldeformular für Sitzverlegungen. Die Sitzverlegung „wird zum Zeitpunkt der Eintragung der SPE im Aufnahmemitgliedstaat gültig" (Art. 36 III 1 SPE-VO).

F. Publizität

109 Die **Publikation** der nach der Verordnung bekanntzumachenden Dokumente und Angaben wird gem. Art. 11 I SPE-VO nach dem **maßgebenden innerstaatlichen Recht** vorgenommen. Das nationale Recht wurde wiederum zuvor bereits durch die ehemalige Publizitätsrichtlinie (s. dazu § 20, jetzt Teil der Kodifizierungs-RL) harmonisiert.[259]

110 Im Hinblick auf **Angaben auf der Geschäftskorrespondenz** enthält Art. 11 II SPE-VO allerdings spezielle Vorschriften.[260] Auf Briefbögen, Bestellformularen in Papier oder elektronischer Form sowie einer ggf. bestehenden Website sind danach folgende Angaben zu machen:

- Angaben zum zuständigen Register sowie die Registernummer der SPE (Art. 11 II lit. a) SPE-VO);
- Angabe des Landes, in dem die SPE registriert ist und die Anschrift des Sitzes (Art. 11 II lit. b) SPE-VO);
- Nennung der Firma der SPE (Art. 11 II lit. b) SPE-VO);
- Ggf. Aufnahme eines Hinweises darauf, dass sich die SPE in Auflösung befindet (Art. 11 II lit. b) SPE-VO);
- Angabe des Kapitals der SPE (Art. 11 II lit. c) SPE-VO) und
- Angabe darüber, ob Ausschüttungen neben dem Bilanztest auch eines Solvenztests bedürfen (Art. 11 II lit. d) SPE-VO).

111 Der Wortlaut von Art. 11 II lit. d) SPE-VO ist irreführend. Die Vorschrift verlangt „Angaben dazu, ob Ausschüttungen auf der Grundlage eines Bilanztests nach Artikel 21 Absatz 1 *und/oder* einer Solvenzbescheinigung nach Artikel 21 Absatz 4 erfolgen". Der Wortlaut deutet auf ein Alternativverhältnis hin. Das „oder" legt nahe, dass eine Ausschüttung auch allein aufgrund einer Solvenzbescheinigung vorgenommen werden könnte. Art. 21 I und II SPE-VO[261] und Erwägungsgrund 11 S. 5 SPE-VO[262] demonstrieren jedoch, dass die Solvenzbescheinigung nur ergänzend neben dem Bilanztest als weitere Ausschüttungssperre zulässig ist (dazu auch unter Rn. 216).

112 Art. 11 II lit. c) SPE-VO spricht von „Kapital".[263] Da hier dieselbe Formulierung benutzt wird wie in Art. 8 I lit. d) SPE-VO ist davon auszugehen, dass sich die Angabe auf das gezeichnete Kapital und nicht das eingezahlte Kapital bezieht.[264]

113 Art. 9a SPE-VO enthält Vorgaben zur **laufenden Publizität.** Gem. Art. 9a I 1 SPE-VO sind Änderungen der in Art. 9 II SPE-VO genannten Angaben dem Register innerhalb von 14 Kalendertagen mitzuteilen. Im Fall von Satzungsänderungen ist die geänderte Fassung beim zuständigen Register in ungekürzter Form einzureichen (Art. 9a I 2 SPE-VO). Bezüglich der Kontrolle der Dokumente verweist Art. 9a II 2 SPE-VO auf Art. 9 IV SPE-VO, was bedeutet, dass die Angaben und Dokumente den von **den Mitgliedstaaten vorgeschriebenen Kontrollen** unterfallen (dazu bereits Rn. 86). Auch die Art und Weise der Übermittlung der Angaben richtet sich nach nationalem Recht, welches auch für die in Anhang I genannten Gesellschaften gilt (Art. 9a I 1 SPE-VO). Die Änderungen sind gem. Art. 11 SPE-VO **bekanntzumachen** (Art. 9a III SPE-VO).

---

258 *Lutter/Bayer/Schmidt*, Europäisches Unternehmens- und Kapitalmarktrecht, 2012, § 43 Rn. 163, 119.

259 *Lutter/Bayer/Schmidt*, Europäisches Unternehmens- und Kapitalmarktrecht, 2012, § 43 Rn. 48.

260 *Lutter/Bayer/Schmidt*, Europäisches Unternehmens- und Kapitalmarktrecht, 2012, § 43 Rn. 49.

261 Art. 21 I SPE-VO „darf keine", Art. 21 II SPE-VO „darf (...) nicht".

262 Erwägungsgrund 11 S. 4 SPE-VO: „Die Mitgliedstaaten sollten *außerdem* die *Möglichkeit* haben (...)". Der englische Wortlaut ist ebenso eindeutig: „*In additon*, Member States should have the *possibility* to require the management body of the SPE to sign a solvency certificate". Französischer Wortlaut: „En outre (...) possibilité". Spanischer Wortlaut: „Además (...) posibilidad". Polnischer Wortlaut: „(...) również możliwość (...)". Italienischer Wortlaut: „Inoltre (...) facoltà". Facoltà ist dabei eher mit „Macht" zu übersetzen. Strukturell leicht abweichend ist der niederländische Wortlaut: „*Daarnaast moeten* lidstaten *kunnen verlangen*".

263 Englischer Wortlaut: „capital". Französischer Wortlaut: „capital". Spanischer Wortlaut: „capital". Italienischer Wortlaut: „capitale". Niederländischer Wortlaut: „kapitaal". Polnischer Wortlaut: „kapitał".

264 Diese Frage aufwerfend *Schutte-Veenstra/Verbrugh*, The European Private Company, 2013, S. 271 f.

G. Rechtsnatur der SPE

I. Vorgründungsstadium

Im Vorgründungsstadium, dh noch vor Abschluss des Gründungsvertrags, findet das nationale Vertragsrecht Anwendung, welches mithilfe des IPR zu bestimmen ist. Die Verordnung regelt den Zeitraum vor Abschluss des Gründungsvertrags nicht. Auch Art. 12 SPE-VO, der die Handelndenhaftung regelt, greift nicht. Im Vorgründungsstadium können die Parteien sich dazu entscheiden, einen Vorvertrag auf Abschluss des Gründungsvertrags abzuschließen. 114

II. Vorgesellschaft und Handelndenhaftung

Die SPE-Verordnung enthält **keine eigenständigen Regelungen** über die **Vorgesellschaft**, dh den Zeitraum nach Abschluss des Gründungsvertrags aber vor der Registereintragung.[265] Insbesondere lässt sich Art. 12 SPE-VO insofern keine Aussage entnehmen.[266] Im Ergebnis greift daher insofern das jeweils anwendbare nationale Recht (ausführlich zur vergleichbaren Problematik bei der SCE § 6 Rn. 129 ff.). Zu entscheiden bleibt, ob aufgrund einer Lücke Art. 4 II SPE-VO zur Anwendung kommt oder ob dieser Aspekt vom Verweis in Art. 12 SPE-VO erfasst ist. Im letzteren Fall käme direkt das Recht, der in Anhang I aufgelisteten Rechtsformen zur Anwendung. Käme Art. 4 II SPE-VO zum Zuge, könnte theoretisch jeder Mitgliedstaat eine entsprechende Regelung in den Ausführungsgesetzen aufnehmen.[267] Da Art. 12 SPE-VO explizit nur die Handelndenhaftung erfasst, wird hier von der Anwendung nationalen Rechts gem. Art. 4 II SPE-VO ausgegangen.[268] 115

Auch die **Handelndenhaftung** vor Eintragung der SPE regelt die Verordnung nicht eigenständig. In Art. 12 SPE-VO verweist sie dafür vielmehr ausdrücklich auf das **maßgebende innerstaatliche Recht**, das heißt das Recht der vergleichbaren nationalen Rechtsform. Dieser Verweis auf nationales Recht verwundert, da im Rahmen der anderen supranationalen Rechtsformen jeweils eine europäisch ausgestaltete Handelndenhaftung statuiert wurde (zur SE s. § 4 Rn. 220; zur EWIV § 7 Rn. 124 ff.; zur SCE § 6 Rn. 135 ff.).[269] Auf diese bereits erzielten Einigungen hätte der Verordnungsgeber auch in Bezug auf die SPE zurückgreifen können. Allerdings ist das anwendbare nationale Recht durch ex-Art. 8 Publizitäts-Richtlinie harmonisiert worden (s. dazu § 20 Rn. 64 f., jetzt Art. 7 II Kodifizierungs-RL). 116

III. Rechtsnatur nach Eintragung

Die SPE erlangt gem. Art. 10 II SPE-VO am Tag ihrer Eintragung in das zuständige nationale Register **Rechtspersönlichkeit.** Für Verschmelzungen zur Aufnahme bzw. der Umwandlung präzisiert Art. 10 II SPE-VO, dass der aufnehmende bzw. sich umwandelnde Rechtsträger am Tag der Eintragung die Rechtsform der SPE annimmt (Art. 10 III SPE-VO).[270] Die Eintragung der SPE in das zuständige Register entfaltet damit **konstitutive Wirkung.**[271] Die SCE ist damit Träger von Rechten und Pflichten und ist vor Gericht partei- und prozessfähig. 117

H. Mitgliedschaft

I. Gesellschafter

Art. 2 I lit. ba) SPE-VO definiert „Gesellschafter" als jeden Eigentümer bzw. Miteigentümer eines Geschäftsanteils, „dessen Name im Gesellschafterverzeichnis gemäß Art. 15 geführt wird".[272] Entscheidend ist daher das **Eigentum am Geschäftsanteil.** Problematisch ist, ob auch die **Eintragung in die Gesellschafterliste**[273] notwendig ist, um als „Gesellschafter" iSd Art. 2 I lit. ba) SPE-VO zu gelten. Der Wortlaut der Vorschrift deutet zunächst 118

265 *Lutter/Bayer/Schmidt*, Europäisches Unternehmens- und Kapitalmarktrecht, 2017, Rn. 47.25.

266 *Lutter/Bayer/Schmidt*, Europäisches Unternehmens- und Kapitalmarktrecht, 2017, Rn. 47.25; *Freudenberg* NZG 2010, 527, 530 geht davon aus, dass sich aus der SPE-Verordnung die Existenz einer Vor-SPE ergibt.

267 Wobei nicht davon auszugehen ist, dass viele Mitgliedstaaten diesbezüglich spezielle Regeln schaffen würden.

268 Ebenso *Lutter/Bayer/Schmidt*, Europäisches Unternehmens- und Kapitalmarktrecht, 2017, Rn. 47.25.

269 Bei der angedachten Europäischen Stiftung (FE) war dagegen ebenfalls keine eigenständige Regelung der Handelndenhaftung angedacht (s. § 8 Rn. 145).

270 *Lutter/Bayer/Schmidt*, Europäisches Unternehmens- und Kapitalmarktrecht, 2012, § 43 Rn. 44.

271 Vgl. *Krejci*, SPE, 2008, S. 50 (Rn. 230) zum Kommissionsentwurf.

272 Art. 2 I lit. ba) SPE-VO. Sowohl die englische als auch die französische, die spanische, italienische, polnische und die niederländische Fassung der SPE-Verordnung enthalten eine vergleichbare Formulierung.

273 Zur Gesellschafterliste im Allgemeinen siehe ua *Maschke*, Gläubigerschutz im Recht der SPE in seiner gesetzgeberischen Entwicklung, 2011, S. 36 ff.; *Wicke* GmbHR 2011, 566, 573 f.; *Lutter/Bayer/Schmidt*, Europäisches Unternehmens- und Kapitalmarktrecht, 2017, Rn. 47.28. Vgl. außerdem *Krejci*, SPE, 2008, S. 56 ff.; Bundesrat, Beschluss – Vorschlag für eine Verordnung des Rates über das Statut der Europäischen Privatgesellschaft, BR-Drs. 479/08, 2008, S. 13 f.; *Hommelhoff/Teichmann* GmbHR 2008, 897, 903; *Handelsrechtsausschuss des DAV* NZG Beilage zu Heft 7/2009, 1, 6 in Bezug auf den Kommissionsentwurf.

darauf hin, dass die Eintragung in das Verzeichnis eine notwendige Voraussetzung für die Gesellschafterstellung ist. Art. 15 I 2 SPE-VO sieht jedoch präziser die Aufnahme ins Gesellschafterverzeichnis als notwendige Voraussetzung für die Ausübung der Rechte gegenüber der SPE vor.[274] Im Umkehrschluss ergibt sich aus Art. 15 I 2 SPE-VO deshalb, dass die Pflichten anders als die Rechte sofort mit Erwerb des Anteils entstehen, also auch vor Eintragung.[275]

119 Diese Lösung, dass eine Gesellschafterstellung bereits mit **Erwerb des Anteils** vorliegt, bis zur Eintragung des Anteilseigners ins Gesellschafterverzeichnis die Rechte des Gesellschafters gegenüber der SPE jedoch ausgesetzt werden, ist auch teleologisch überzeugend.[276] Wäre die Eintragung in die Gesellschafterliste ein konstitutives Merkmal, könnten die Pflichten bzw. Nachteile, die sich aus dieser Position ergeben, durch die Nichteintragung hinausgezögert werden. Die hier vorgeschlagene Interpretation des Art. 2 I lit. ba) SPE-VO iVm Art. 15 I 2 SPE-VO, die zur sofortigen Pflichtenentstehung führt, während die Rechte erst mit Eintragung entstehen, setzt somit einen Anreiz für die Gesellschafter, sich ordnungsgemäß im Verzeichnis der Anteilseigner aufnehmen zu lassen. Im Ergebnis liegt daher eine **Gesellschafterstellung mit Erwerb des Anteils** vor.

120 Die Verordnung enthält keine Einschränkung bezüglich der Frage, wer Gesellschafter sein darf. Bereits die Vorschriften zur Neugründung (Art. 5a SPE-VO, dazu Rn. 59 ff.) zeigen, dass es sich im Ergebnis sowohl um juristische als auch natürliche Personen handeln darf. Auch andere europäische Rechtsformen sowie SPE können Gesellschafter einer SPE sein (so auch bereits unter Rn. 59). Selbst natürliche Personen, die keine EU-Bürger sind und EU-Bürger, die im EU-Ausland wohnhaft sind sowie Gesellschaften aus dem Nicht-EU-Ausland ist es gestattet, Gesellschafter einer SPE zu werden. Das bedeutet allerdings nicht, dass Gesellschaften aus dem Nicht-EU-Ausland auch alle Gründungsmöglichkeiten offenstehen. Vielmehr gestattet die Verordnung nur im Rahmen der Neugründung, dass auch solche Gesellschaften grundsätzlich daran beteiligt sein dürfen (dazu bereits unter Rn. 60). Sich in eine SPE umzuwandeln ist ihnen dagegen nicht gestattet (dazu bereits unter Rn. 68).

II. Geschäftsanteile

121 Der Kommissionsentwurf verwendet noch die Bezeichnung „Anteil" (vgl. zB Art. 3 I lit. a) SPE-VO und Kapitel III trägt die Überschrift „Anteile"). Um jedoch Unstimmigkeiten mit den nationalen Formen der Beteiligung am Kapital zu vermeiden, verwendet die Verordnung nun die Bezeichnung **„Geschäftsanteil"** (vgl. Erwägungsgrund 8b SPE-VO) und definiert in Art. 2 I lit. b) SPE-VO auch, was darunter zu verstehen ist. Ein Geschäftsanteil ist danach „je nach dem maßgebenden einzelstaatlichen Recht entweder ein Anteil oder eine Beteiligung am Stammkapital einer SPE, ausgedrückt als Prozentsatz oder Zahl, der dem Eigentümer Rechte überträgt, die gemäß dieser Verordnung, der Satzung der SPE und dem einzelstaatlichen Recht bestimmten Pflichten und Bedingungen unterliegen können".[277]

122 Bezüglich der Ausgestaltung der Rechte und Pflichten, die mit einem Geschäftsanteil verbunden sein sollen, wird den Satzungsgebern ein großer Gestaltungsspielraum gewährt.[278] Allerdings besteht bezüglich einiger Aspekte nicht nur Satzungsgestaltungsfreiheit sondern gleichzeitig auch die Pflicht, sich mit diesen Aspekten auseinanderzusetzen.[279] Denn einige Punkte zählen zum **Mindestinhalt** der Verordnung (Muss-Satzungsbestimmungen gem. Art. 8 I SPE-VO, s. dazu näher unter Rn. 50). Zentral ist dabei vor allem, dass die Satzungsgeber entscheiden müssen, welche geldlichen und nicht geldlichen **Rechte** sowie welche **Verpflichtungen** mit den einzelnen Anteilen verknüpft werden (Art. 8 I (ea) SPE-VO). Das heißt es soll insofern vor allem die Beteiligung am Gewinn und die an die Anteile ggf. gebundenen Stimmrechte festgelegt werden. Einschränkungen sieht die Verordnung insofern nicht vor. Es ist daher zB möglich Mehrstimmrechte oder stimmrechtslose Vorzugsanteile zu schaffen.[280] Bezüglich der Verpflichtungen ist insbesondere die Einlagepflicht der Gesellschafter zu bestimmen. Art. 8 I lit. h) und i) SPE-VO verlangt dazu nähere Angaben. Außerdem sollte zB die Beteiligung am Verlust geregelt werden. Sofern es Anteilsgattungen gibt, müssen auch insofern Angaben gemacht werden (Art. 8 I lit. eb) SPE-VO). In der Satzung ist zudem die Gesamtzahl der Geschäftsanteile aufzunehmen sowie ggf. ihr Nennwert

274 Vgl. *Lutter/Bayer/Schmidt*, Europäisches Unternehmens- und Kapitalmarktrecht, 2017, Rn. 47.28. Der *Arbeitskreis Europäisches Unternehmensrecht* NZG 2008, 897, 890 hatte bereits in Bezug auf den Kommissionsentwurf gefordert, die Ausübung der Mitgliedschaftsrechte an die Eintragung im Gesellschafterverzeichnis zu knüpfen.

275 AA *Lutter/Bayer/Schmidt*, Europäisches Unternehmens- und Kapitalmarktrecht, 2017, Rn. 47.28. Die Autoren tendieren dazu, die Entstehung von Pflichten an die Eintragung in die Gesellschafterliste zu koppeln („Sinnvollerweise wird man die Vorschrift aber wohl in diesem umfassenden Sinn verstehen müssen").

276 AA *Lutter/Bayer/Schmidt*, Europäisches Unternehmens- und Kapitalmarktrecht, 2017, Rn. 47.28. Die Autoren halten es für sinnvoller, auch die Entstehung der Pflichten an die Eintragung in die Gesellschafterliste zu knüpfen.

277 Art. 2 I lit. b) SPE-VO.

278 *Lutter/Bayer/Schmidt*, Europäisches Unternehmens- und Kapitalmarktrecht, 2017, Rn. 47.27.

279 *Lutter/Bayer/Schmidt*, Europäisches Unternehmens- und Kapitalmarktrecht, 2017, Rn. 47.27.

280 *Lutter/Bayer/Schmidt*, Europäisches Unternehmens- und Kapitalmarktrecht, 2017, Rn. 47.27; vgl. auch *J. Schmidt* EWS 2008, 455, 458; *Peters/Wüllrich* DB 2008, 2179, 2181; *Maul/Röhricht* BB 2008, 1574, 1578, allerdings jeweils zum Kommissionsentwurf; vgl. zu Letzterem auch *Mosch*, Kapitalschutz ohne Kapital, 2013, S. 301.

(Art. 8 I lit. e) SPE-VO). Hinzu kommen Angaben darüber, wie viele Geschäftsanteile jeder Gesellschafter hält und ggf. in welche Anteilsgattung diese fallen (Art. 8 I lit. g) SPE-VO). Art. 19 IV SPE-VO stellt klar, dass Unterpariemissionen nicht gestattet sind.[281]

Darüber hinaus können die Gesellschafter weitere Aspekte regeln. Tun sie dies in Bezug auf die in Anhang I SPE-VO genannten Punkte nicht, so kommt insofern das jeweils anwendbare nationale Recht zur Anwendung (**Kann-Satzungsbestimmungen**, s. dazu näher unter Rn. 16 f.). Gem. Punkt 2, Anhang I SPE-VO können die Gesellschafter die Unterteilung, Konsolidierung oder Neudenominierung der Geschäftsanteile regeln.[282] Punkt 3, Anhang I SPE-VO gewährt ihnen die Möglichkeit, die Übertragbarkeit der Anteile einzuschränken bzw. zu verbieten (s. dazu näher unter Rn. 256 f.). 123

Neben den Satzungsbestimmungen enthält auch die Verordnung bestimmte Regelungen in Bezug auf Geschäftsanteile und widmet diesen Kapitel III SPE-VO (Titel: „Geschäftsanteile"). Art. 14 I SPE-VO stellt klar, dass die Geschäftsanteile in das **Gesellschafterverzeichnis** (dazu sogleich unter Rn. 129 ff.) aufzunehmen sind. 124

Gem. Art. 14 II SPE-VO können Anteile, an die dieselben Rechte und Pflichten geknüpft sind, eine **Anteilsgattung** bilden. Aus der Vorschrift ergibt sich im Umkehrschluss, dass die notwendige Bedingung für eine Gattung das Vorliegen gleicher Rechte und Pflichten der Anteile ist. Gesellschafter, die Anteile halten, die derselben Gattung angehören, befinden sich somit in der gleichen Rechtslage. Der **Gleichbehandlungsgrundsatz**, dessen Beachtung Erwägungsgrund 13 S. 6 SPE-VO[283] verlangt, fordert, dass solche Personen gleichbehandelt werden müssen (s. dazu näher unter Rn. 140 f.).[284] 125

Anteilsgattungen entstehen allerdings nicht von selbst, sie erfordern vielmehr eine aktive Bildung durch die Gesellschafter. Das lässt sich aus Art. 14 II SPE-VO schließen, der regelt, dass „mit gleichen Rechten und Pflichten verbundene Geschäftsanteile (...) *gegebenenfalls* eine Gattung"[285] bilden. Allein das Aufweisen der gleichen Rechte und Pflichten genügt somit für die Entstehung einer Gattung nicht. Die Gesetzessystematik weist ebenfalls in diese Richtung: Nach Art. 8 I lit. ea) SPE-VO müssen die an die Anteile geknüpften Rechte und Pflichten in der Satzung genannt werden. Art. 8 I lit. eb) SPE-VO fordert getrennt davon, dass die Satzung auch Angaben zu eventuell bestehenden Gattungen machen muss. Hier gibt die separate Erwähnung der Gattung einen Hinweis darauf, dass eine Gattungsbildung nicht automatisch erfolgt. 126

Für die Beschlussfassung über Satzungsänderungen, mit denen Rechte oder Pflichten der Anteile geändert werden sollen, gelten **besondere Mehrheitserfordernisse** (vgl. Art. 14 III SPE-VO, s. dazu näher unter Rn. 152). Steht ein **Anteil im Eigentum Mehrerer**, so werden diese wie ein Eigentümer behandelt (Art. 14 IV 1 SPE-VO). Sie müssen ihre Rechte über einen gemeinsamen Vertreter ausüben (Art. 14 IV 2 SPE-VO). Für die Verpflichtungen, die sich aus dem Geschäftsanteil ergeben haften sie gesamtschuldnerisch (Art. 14 IV 4 SPE-VO). 127

Art. 3 IIa SPE-VO stellt ausdrücklich klar, dass aufgrund des privaten Charakters der SPE, ihre Anteile nicht an der Börse angeboten werden dürfen. 128

III. Gesellschafterverzeichnis

Dem Geschäftsführungsorgan obliegt die Aufgabe ein Gesellschafterverzeichnis zu erstellen (Art. 15 I SPE-VO) und zu führen (vgl. Art. 15 IV und VI 1 SPE-VO). Art. 15 Ia lit. a) bis g) SPE-VO listet die **Mindestangaben** auf, die das Gesellschafterverzeichnis erfassen muss. Dazu gehören: 129

- Angaben zu den Personalien der Gesellschafter (lit. a)) bzw. ggf. der Miteigentümer und ihres gemeinsamen Vertreters (lit. c));
- zentrale Angaben zu den Anteilen, zB zur Anzahl bzw. zum Anteil am Stammkapital (lit. b) sowie ba));
- Angabe zum Zeitpunkt des Erwerbs der Anteile (lit. d));
- Angabe zu geleisteten bzw. noch ausstehenden Einlagen[286] (lit. e) und f.)) und
- Nennung des Zeitpunkts des Ausscheidens eines Anteilseigners aus der Gesellschaft (lit. g)).

---

281 *Kalss* in: Hommelhoff/Schubel/Teichmann (Hrsg.), SPE, 2014, S. 133, 145.

282 Vgl. *Maschke* BB 2011, 1027, 1028 ff.; *Lutter/Bayer/Schmidt*, Europäisches Unternehmens- und Kapitalmarktrecht, 2012, § 43 Rn. 64.

283 In der deutschen Fassung des Erwägungsgrunds 13 SPE-VO fehlt fehlerhafterweise ein Satz, weshalb es zu einer abweichenden Satznummerierung kommt. Hier wurde daher nach der englischen Fassung zitiert.

284 Vgl. zum Kommissionsentwurf auch *Krejci*, SPE, 2008, S. 29; *Kutschmann*, Mindestkapitalfreie Gesellschaften in Deutschland, 2016, S. 364 ff.

285 Die englische („Where applicable"), französische („Le cas échéant"), spanische („cuando proceda"), polnische („W stosownych przypadkach") und italienische Fassung („Ove applicabile") der SPE-Verordnung enthalten einen vergleichbaren Wortlaut. Nur die niederländische Version benutzt die Formulierung „gegebenenfalls" nicht. Da – soweit es von der Autorin geprüft werden konnte – die anderen sprachlichen Fassungen jedoch den Ausdruck „gegebenenfalls" enthalten, wird an dieser Stelle von einem Übersetzungsfehler in der niederländischen Version der SPE-Verordnung ausgegangen.

286 Sacheinlagen müssen sofort vollständig erbracht werden, sodass es im Regelfall keine ausstehenden Sacheinlagen geben dürfte. S. dazu näher unter Rn. 187 ff.

130 Gem. Art. 15 II 1 SPE-VO sind alle Einträge zu **datieren**. Gelöschte Angaben und von den Gesellschaftern vorgelegte Dokumente sind zu Dokumentationszwecken zehn Jahre lang **aufzubewahren** (Art. 15 II 2 SPE-VO).

131 Im Fall einer Übertragung hat das Geschäftsführungsorgan den neuen Gesellschafter unverzüglich einzutragen, sobald ihr die Übertragung schriftlich mitgeteilt sowie nachgewiesen wurde und sie mit der Verordnung und der Satzung in Einklang steht (Art. 15 IV SPE-VO). In welcher **Form** der Nachweis zu erbringen ist, regelt die Verordnung nicht explizit. Das muss jedoch nicht zwangsläufig zur Anwendung nationalen Rechts führen, hätte in der Praxis aber sicher zu entsprechenden Diskussionen geführt. Die Vorschrift ist ihrem Wortlaut nach sehr eng gefasst und bezieht sich lediglich auf Übertragungen. Aus Art. 15 IV und VI 1 SPE-VO ergibt sich jedoch, dass das Geschäftsführungsorgan generell für die Führung und Aktualisierung des Gesellschafterverzeichnisses verantwortlich ist. Es hat deshalb – auch im Sinn der Richtigkeitsgewähr des Verzeichnisses – nach denselben Voraussetzungen auch alle anderen Angaben zu aktualisieren.[287]

132 Auf **Antrag eines Anteilseigners** hin hat das Geschäftsführungsorgan ihm schriftlich unverzüglich seinen Eintritt als Anteilseigner sowie seine Beteiligung am Stammkapital schriftlich zu bestätigen (Art. 15 V SPE-VO). Auch diese Vorschrift ist relativ eng gefasst, weshalb diesbezüglich ebenfalls eine Erweiterung auf alle Änderungen vorgeschlagen wurde.[288] Dies erscheint hier jedoch nicht unbedingt zwingend. Die Gesellschafterstellung ist die zentralste Angabe des Registers. Bezüglich anderer Angaben soll das Geschäftsführungsorgan vermutlich nicht belastet werden, zumal die Gesellschafter das Verzeichnis auf Verlangen einsehen können (Art. 15 VI 1 SPE-VO).

133 Art. 15 VI 1 SPE-VO gewährt nur Gesellschaftern zwingend ein **Einsichtsrecht** in das Gesellschafterverzeichnis. Die Mitgliedstaaten haben allerdings die Möglichkeit, das Recht auf Dritte gem. dem maßgebenden innerstaatlichen Recht auszudehnen (Art. 15 VI 2 SPE-VO).[289]

134 Das Gesellschafterverzeichnis ist gem. Art. 15 VI 3 SPE-VO beim **Register** zu **hinterlegen** und grundsätzlich auch **bekanntzumachen**. Dadurch hätten Dritte unabhängig von Art. 15 VI 2 SPE-VO die Möglichkeit, an die Informationen des Gesellschafterverzeichnisses zu gelangen. Die Mitgliedstaaten können diesen Zugang allerdings einschränken. So verbleibt ihnen die Option, die Bekanntmachung des gesamten Verzeichnisses oder eines Teils davon nicht vorzusehen (Art. 15 VI 4 SPE-VO). Dann können Dritte (und Gesellschafter) allerdings eine **Kopie** verlangen (Art. 15 VI 5 SPE-VO). Diesen Anspruch Dritter kann das nationale Recht wiederum einschränken, indem es für ein solches Verlangen den Nachweis eines **berechtigten Interesses** verlangen könnte (Art. 15 VI 6 SPE-VO).

135 Wie bereits erörtert (s. Rn. 118), stellt die Eintragung in die Gesellschafterliste nach hier vertretener Ansicht **kein konstitutives Merkmal** für die Erlangung der Gesellschafterstellung dar. Die Aufnahme ins Gesellschafterverzeichnis ist jedoch notwendige Voraussetzung, um die Rechte, die durch die Verordnung und die Satzung an die Anteile gebunden sind, gegenüber der SPE ausüben zu dürfen (Art. 15 I 2 SPE-VO).[290] Die Verordnung spricht allgemein von „Rechten“[291] und umfasst damit sowohl geldliche als auch nicht geldliche Rechte, also insbesondere auch Stimm- und Informationsrechte. Diese Rechte sind somit bis zur Eintragung ausgesetzt, die Pflichten, die an die Anteile gebunden sind, hingegen nicht.

IV. Informationsrecht der Gesellschafter

136 Art. 29 SPE-VO regelt die Informationsrechte der Gesellschafter. Die Vorschrift gewährt den Anteilseignern ein **Fragerecht**, welches diese gegenüber dem Geschäftsführungsorgan ausüben können (Art. 29 I SPE-VO). Ein Fragerecht steht den Gesellschaftern in Bezug auf Tagesordnungspunkte (Art. 29 I 1 lit. a) SPE-VO), Beschlussvorlagen (Art. 29 I 1 lit. b) SPE-VO) sowie mit Blick auf „alle wichtigen Angelegenheiten im Zusammenhang mit den Tätigkeiten der SPE“ (Art. 29 I 1 lit. c) SPE-VO) zu. Das Fragerecht wird in Bezug auf Letzteres durch den Zusatz „*wichtige* Angelegenheiten“[292] eingeschränkt, um eine zu starke Belastung des Geschäftsführungsorgans

287 *Lutter/Bayer/Schmidt*, Europäisches Unternehmens- und Kapitalmarktrecht, 2012, § 43 Rn. 58; vgl. zur Richtigkeitsgewähr bzw. Publizitätsfunktion im Allgemeinen auch *Omlor* JbJZW 2010, 303, 309 f.; *Ries* NZG 2009, 1052, 1053.

288 *Lutter/Bayer/Schmidt*, Europäisches Unternehmens- und Kapitalmarktrecht, 2012, § 43 Rn. 58.

289 Die deutsche Fassung spricht fälschlicherweise vom „maßgebenden einzelstaatlichem Recht“. Darauf aufmerksam machend *Lutter/Bayer/Schmidt*, Europäisches Unternehmens- und Kapitalmarktrecht, 2012, § 43 Rn. 59 (Fn. 198). Zur Problematik für Dritte, wenn für diese der Übergang nicht ersichtlich ist *Maschke* BB 2011, 1027, 1029.

290 Vgl. *Lutter/Bayer/Schmidt*, Europäisches Unternehmens- und Kapitalmarktrecht, 2017, Rn. 47.28. Der *Arbeitskreis Europäisches Unternehmensrecht* NZG 2008, 897, 890 hatte bereits in Bezug auf den Kommissionsentwurf gefordert, die Ausübung der Mitgliedschaftsrechte an die Eintragung im Gesellschafterverzeichnis zu knüpfen.

291 Englische Fassung: „rights“, französische Fassung: „droits“, spanische Fassung: „derechos“, italienische Fassung: „diritti“, niederländische Fassung: „rechten“. Polnische Fassung: „praw“.

292 Englischer Wortlaut: „important matters“. Französischer Wortlaut: „matière importante“. Spanischer Wortlaut: „cuestión importante“. Italienischer Wortlaut: „materia importante“. Niederländischer Wortlaut: „belangrijke aangelegenheden“. Polnischer Wortlaut: „ważnych kwestii“. Statt „Angelegenheit“ sprechen die italienische und

zu vermeiden.[293] Im Gegensatz zum ungarischen Verordnungsentwurf nannte der Kommissionsentwurf noch explizit das Fragerecht zum Jahresabschluss (Art. 28 I SPE-VO-KOM). Fragen dazu sind allerdings weiterhin über Art. 29 I 1 lit. c) SPE-VO erfasst, sofern es sich um wichtige Aspekte handelt.

Das Geschäftsführungsorgan ist für die **Beantwortung** der Fragen zuständig. Art. 29 I 3 SPE-VO sieht zur Erleichterung des Geschäftsführungsorgans vor, dass Fragen mit demselben Inhalt mit einer Gesamtantwort gewürdigt werden können. Keiner gesonderten Antwort bedarf es, wenn die Frage im Frage-Antwort-Schema bereits auf der Homepage der Gesellschaft beantwortet wird. In diesen Fällen gilt die Antwort als gegeben (Art. 29 I 4 SPE-VO). Sollte die Beantwortung der Frage aufgrund der Vertraulichkeit der verlangten Informationen den Geschäftsinteressen schaden, so hat das Geschäftsführungsorgan ein **Auskunftsverweigerungsrecht** (Art. 29 II 1 SPE-VO). Das Geschäftsführungsorgan hat dann schriftlich die Gründe für die Nichtbeantwortung der Frage darzulegen (Art. 29 II 2 SPE-VO). 137

Das Fragerecht befriedigt nicht nur das Informationsbedürfnis des Fragenden, sondern führt zu einer **Information aller Gesellschafter**, da ihnen sowohl die Frage als auch die Antwort ebenfalls übermittelt werden (Art. 29 I 2 SPE-VO). Dadurch wird ein gleicher Informationsstand für alle Gesellschafter gewährleistet.[294] Die Details des Fragerechts wie Verfahren, Frist und Kommunikationsmittel können die Gesellschafter durch Kann-Satzungsbestimmungen (s. dazu näher unter Rn. 16 f.) regeln (Punkte 12 und 15, Anhang I SPE-VO). 138

Ein **Einsichtsrecht** in die Unterlagen der SPE schreibt die Verordnung nicht zwingend vor.[295] Die Anteilseigner können ein entsprechendes Recht allerdings mithilfe einer Kann-Satzungsbestimmung in der Satzung verankern (Punkt 21, Anhang I SPE-VO). Dies kann sinnvoll sein, damit gerade Gesellschafter, die nicht zugleich Geschäftsführer sind, sich angemessen informieren und dann auch besser ihr Fragerecht ausüben können.[296] Das würde ihre Kontrollmöglichkeiten stärken. 139

V. Gleichbehandlungsgrundsatz

Das Prinzip der Gleichbehandlung ist nur in **Erwägungsgrund 13 S. 6 SPE-VO**[297] enthalten. Eine Norm, die sich mit der Thematik beschäftigt enthält die Verordnung hingegen nicht. Der Kommissionsentwurf etablierte den Gleichbehandlungsgrundsatz dagegen immerhin noch explizit in Art. 24 VII SPE-VO-KOM für die Kapitalherabsetzung. Es fehlte jedoch auch im Kommissionsentwurf an einem allgemeinen Gleichbehandlungsgebot. Die Erwägungsgründe beschäftigten sich damit nicht. 140

Erwägungsgrund 13 S. 6 SPE-VO verlangt in seiner deutschen Fassung etwas vage, dass der Grundsatz der Gleichbehandlung gelten *sollte*.[298] Die Formulierung entspricht allerdings dem Standard für Erwägungsgründe, den der Gemeinsame Leitfaden für die Abfassung von Rechtstexten setzt. Denn Leitsatz 10.1. gibt vor, dass die Unverbindlichkeit zum Ausdruck kommen soll. Es handelt sich im Ergebnis um einen eigenständig weiterreichenden Erwägungsgrund (dazu § 2 Rn. 119). Eine Gesamtschau der SPE-Verordnungsvorschriften ergibt, dass der Verordnungsgeber ein solches Prinzip grundsätzlich verankern wollte. Der Erwägungsgrund entfaltet seine Wirkung daher grundsätzlich im Zusammenspiel mit einer Verordnungsvorschrift, die dieses Prinzip reflektiert (zB im Rahmen der Kapitalerhöhung, s. dazu näher unter Rn. 197 ff.). 141

---

polnische Fassung eher von „Frage". Teilweise käme auch eine Übersetzung mit „Aspekt" bzw. „Punkt" oder „Thema" in Betracht.

293 *Lutter/Bayer/Schmidt*, Europäisches Unternehmens- und Kapitalmarktrecht, 2012, § 43 Rn. 66 geben an, dass somit „Bagatellfragen" ausgeschlossen werden.

294 *Lutter/Bayer/Schmidt*, Europäisches Unternehmens- und Kapitalmarktrecht, 2012, § 43 Rn. 67.

295 Vgl. *Lutter/Bayer/Schmidt*, Europäisches Unternehmens- und Kapitalmarktrecht, 2017, Rn. 47.31. *Neville* in: Hirte/Teichmann (Eds.), The European Private Company (SPE), 2013, S. 193, 232 f. befürwortet die Einführung eines Einsichtsrechts.

296 *Neville* in: Hirte/Teichmann (Eds.), The European Private Company (SPE), 2013, S. 193, 232 f.

297 In der deutschen Fassung des Erwägungsgrunds 13 SPE-VO fehlt fälschlicherweise ein Satz, weshalb es zu einer abweichenden Satznummerierung kommt.

298 Deutsche Fassung: „Es *sollte* der allgemeine Grundsatz der Gleichbehandlung von Gesellschaftern in derselben Lage gelten". Französisch: „Il y a lieu d'appliquer le principe général de l'égalité de traitement des membres". Die Formulierung kann im Ergebnis ebenfalls mit „sollte" übersetzt werden. Gleiches gilt für die spanische Fassung („Conviene aplicar el principio general de igualdad de trato de los socios que estén en idéntica situación"). Die englische und niederländische Version könnten dagegen sowohl mit „müssen" als auch „sollte" übersetzt werden (Englisch: „The general principle of equal treatment of members in the same position should apply"; Niederländisch: „Als algemeen beginsel moet gelden dat leden in dezelfde positie gelijk behandeld worden"). Die polnische Fassung „Zastosowanie powinna mieć ogólna zasada równego traktowania członków będących w tej samej sytuacji" spricht ebenfalls von „sollte". Da eine Interpretation zu wählen ist, die möglichst allen Sprachfassungen gerecht wird, ist hier von einer Sollvorschrift auszugehen.

I. Organisationsverfassung

I. Prinzip der Satzungsgestaltungsfreiheit

142 Die SPE ist dadurch gekennzeichnet, dass sie den Gesellschaftern im Innenverhältnis einen großen **Gestaltungsspielraum** gewährt (zu den einzelnen Satzungskategorien näher unter Rn. 14 ff.), um die Gesellschaft auf ihre Bedürfnisse anzupassen (vgl. Erwägungsgrund 13 S. 1 SPE-VO).[299] Dass Erwägungsgrund 13 SPE-VO das Bedürfnis nach Gestaltungsfreiheit auf Kleinunternehmen und deren Expansionsprozess bezieht, ist politisch motiviert. Denn die Gestaltungsmöglichkeiten hätten gerade auch Konzernen die einheitliche Führung und Kontrolle ihrer Tochterunternehmen ermöglicht.[300]

143 Zwingende Vorschriften enthält die Verordnung insbesondere bezüglich des Vorhandenseins der zwei Organe **„Gesellschafterversammlung"** (s. Rn. 146 f.) und **„Geschäftsführungsorgan"** (s. Rn. 163 ff.), wobei die genaue Ausgestaltung dann wieder in weiten Bereichen vom Satzungsgeber übernommen werden kann. Darüber hinaus sieht die Verordnung vor allem einige zwingende Regelungen zum **Schutz von Minderheitsgesellschaftern** vor (vgl. Erwägungsgrund 13 S. 5 SPE-VO).[301]

144 Bezüglich anderer Aspekte verweist die Verordnung auf das jeweils anwendbare nationale Recht, welches insofern zwingende Vorgaben enthalten kann. So bestimmen sich beispielsweise die Pflichten der Geschäftsführer (s. Rn. 175) und die Haftung derselben (s. Rn. 176) nach nationalem Recht. Auch die nationalen Regeln über *shadow directors* bzw. über faktische Geschäftsführer kommen zur Anwendung (s. Rn. 177 ff.).

145 Ein großer Teil der Fragen, die das Innenverhältnis betreffen, wird jedoch in **Anhang I SPE-VO** genannt. Die Gesellschafter können diesbezüglich statuarische Regelungen treffen, die als Kann-Satzungsbestimmungen (dazu Rn. 16 f.) einzuordnen sind. Diese Aspekte können die Anteilseigner daher unabhängig vom nationalen Recht regeln. Nutzen sie den Gestaltungsspielraum jedoch nicht, so greift subsidiär nationales Recht.

II. Gesellschafterversammlung

1. Grundlagen und Kompetenzen

146 Gemäß Art. 27 Ia SPE-VO ist die Gesellschafterversammlung das **wichtigste Beschlussfassungsorgan** der Gesellschaft. Die Gesellschafter dürfen nicht nur über die in Art. 28 I SPE-VO aufgelisteten Aspekte, wie

- die Feststellung des Jahresabschlusses (Art. 28 I lit. d) SPE-VO);
- Ausschüttungen (Art. 28 I lit. e) SPE-VO);
- den Erwerb eigener Anteile (Art. 28 I lit. f) SPE-VO);
- Kapitalerhöhungen und -herabsetzungen (Art. 28 I lit. g) und h) SPE-VO);
- Beschlüsse bzgl. der Mitglieder der Unternehmensleitung (Art. 28 I lit. i) SPE-VO);
- Beschlüsse bzgl. der Abschlussprüfer (Art. 28 I lit. j) SPE-VO);
- Sitzverlegungen (Art. 28 I lit. k) SPE-VO);
- die Auflösung der Gesellschaft (Art. 28 I lit. n) SPE-VO);
- Satzungsänderungen (Art. 28 I lit. o) SPE-VO) und
- die Anwendung der Auffangregelung gemäß Art. 35 auf die SPE ohne vorhergehende Verhandlungen (Art. 28 I lit. oa) SPE-VO)

per Beschluss entscheiden, sondern auch über alle weiteren Punkte, die ihnen durch die **Satzung** zur Beschlussfassung übertragen wurden (Art. 8 Ia 1 SPE-VO iVm Anhang I, Punkt 10 SPE-VO). Die Anteilseigner dürfen damit der Gesellschafterversammlung nach ihrem Willen Entscheidungsmacht gewähren.[302] Im Ergebnis garantiert somit bereits die Verordnung der Gesellschafterversammlung eine starke Stellung (durch Art. 28 I SPE-VO), die durch entsprechende Satzungsbestimmungen (Art. 8 Ia 1 SPE-VO iVm Punkt 10, Anhang I SPE-VO) noch weiter ausgebaut werden kann. Die Gesellschafterversammlung kann dadurch Kompetenzen übernehmen, die andernfalls dem Geschäftsführungsorgan zugestanden hätten (zur Abgrenzung der Sphären näher unter Rn. 167). Im Sinn der französischen Rechtstradition (§ 13) könnte damit zB festgelegt werden, dass Geschäfte ab

299 *Lutter/Bayer/Schmidt*, Europäisches Unternehmens- und Kapitalmarktrecht, 2017, Rn. 47.53; *Schoenemann*, Die Organisationsverfassung der SPE, 2014, S. 69; *Guidotti* GLR 13 (2012) 331, 340; *Neville* in: FS Hommelhoff, 2012, S. 835, 837; *Martinek* in: FS P. Kreutz, 2010, S. 747, 754 sowie *Maul/Röhricht* BB 2008, 1574, 1577; *Menjucq* Recueil Dalloz 2008, 2954, (zitiert nach dalloz.fr ohne konkrete Seitenangabe), beide zum Kommissionsentwurf; so auch *Salomon*, Regelungsaufträge in der Societas Privata Europaea, 2010, S. 121; *Navez* in: Hirte/Teichmann (Eds.), The European Private Company (SPE), 2013, S. 147, 155 f. weist auf die erhöhten Transaktionskosten in der Anfangsphase hin, die durch die Ausgestaltung der Satzung entstehen und sieht auch die Gestaltungsfreiheit vor allem mit Blick auf Minderheitsgesellschafter kritisch (allerdings mit Blick auf den Kommissionsentwurf).

300 *Teichmann* RIW 2010, 120, 123 ff. zur Vertragsgestaltung bei Auslandstöchtern zum schwedischen Präsidentschaftsentwurf.

301 Vgl. *Lutter/Bayer/Schmidt*, Europäisches Unternehmens- und Kapitalmarktrecht, 2017, Rn. 47.53.

302 Vgl. *Lutter/Bayer/Schmidt*, Europäisches Unternehmens- und Kapitalmarktrecht, 2017, Rn. 47.54.

einem bestimmten Betrag, den Gesellschaftern von der Geschäftsführung zur Genehmigung vorgelegt werden müssen.

Über die in Art. 28 I SPE-VO genannten Aspekte hat **zwingend** die Gesellschafterversammlung zu beschließen.[303] Diese Entscheidungen können somit nicht an ein anderes Organ delegiert werden. Nur bezüglich der Feststellung des Jahresabschlusses (Art. 28 I lit. d) SPE-VO) gestattet es Art. 28 Ia0 SPE-VO den Mitgliedstaaten vorzuschreiben, dass der Jahresabschluss nicht durch Gesellschafterbeschluss festgestellt werden muss. 147

Für den Fall einer Ein-Mann-Gesellschaft regelt Art. 28 V SPE-VO, dass der Alleingesellschafter die von der Verordnung und Satzung vorgegebenen Beschlüsse fasst. 148

2. Beschlussfassung

a) Beschlussmehrheiten

Etwa die Hälfte der durch die Verordnung vorgeschriebenen Beschlüsse (vgl. Art. 28 I SPE-VO) wird grundsätzlich mit **„einfacher Mehrheit"** gefasst, die andere Hälfte dagegen mit **qualifizierter Mehrheit**. Eine einfache Mehrheit setzt im Rahmen der SPE-Verordnung voraus, dass der Beschluss mit mehr als der Hälfte aller Stimmrechte gefasst wird (Art. 28 II 2 SPE-VO). Eine qualifizierte Mehrheit ist gegeben, wenn der Beschluss mit mindestens 2/3 aller Stimmrechte gefasst wird (vgl. Art. 28 II 1 SPE-VO). Eine Mehrheit von mind. 2/3 bzw. 1/2 der anwesenden Stimmen genügt somit nicht, da die Berechnung auf „sämtliche"[304] Anteile abstellt. In beiden Fällen kann die Satzung jedoch eine höhere Stimmmehrheit vorschreiben (vgl. Art. 28 II 1 und 2 SPE-VO). Bei Beschlüssen mit einfacher Mehrheit lässt der Wortlaut der Vorschrift sogar die Interpretation zu, dass der Satzungsgeber auch geringere Anforderungen, zB eine relative Mehrheit oder andere Anforderungen, zB eine einfache Kapitalmehrheit, festlegen kann.[305] Zu den Beschlussgegenständen, die einer qualifizierten Mehrheit bedürfen gehören insbes. Satzungsänderungen (vgl. Art. 28 I lit. o) SPE-VO). Durch die höheren Anforderungen bei grundlegenden Entscheidungen sollen die Minderheitsaktionäre geschützt werden (Erwägungsgrund 13 S. 5 SPE-VO). Um einen noch weitgehenderen Schutz zu gewähren, können die Anteilseigner zB für die Änderung von Rechten und Pflichten höhere Anforderungen vorsehen. 149

Bezüglich der Bestellung von Geschäftsführern schreibt der Verordnungsentwurf abweichend von den soeben beschriebenen Regeln eine **relative Mehrheit** vor.[306] Es ist demnach derjenige gewählt, der die meisten Stimmen auf sich vereinigen kann (Art. 28 I 3 SPE-VO). Die Satzung kann jedoch ein anderes Mehrheitserfordernis vorsehen (Art. 28 I 3 SPE-VO).[307] 150

Bezüglich der Kompetenzen, die den Gesellschaftern durch Satzungsbestimmungen zugesprochen werden, kann die Satzung auch über die erforderlichen Stimmmehrheiten entscheiden (Punkt 10, Anhang I SPE-VO). Punkt 10, Anhang I SPE-VO spricht nur von „Stimmmehrheit"[308] und zB nicht auch von Kapitalmehrheit. Die SPE enthält generell weite Spielräume für die Stimmrechte (zB Mehrstimmrechte). Dies könnte dafürsprechen, Punkt 10, Anhang I SPE-VO großzügig auszulegen, so dass auch Kapitalmehrheiten darunter zu fassen sein könnten. Kann jedoch auf anderem Wege den Gestaltungsbedürfnissen der Gesellschafter nachgekommen werden, so führt dies dazu, dass es kein besonderes Bedürfnis für eine extensive Auslegung gibt. Letzteres erscheint vorzugswürdig, so dass es bei der Auslegung, die sich an den Wortlaut hält, bleiben sollte.[309] 151

Noch komplizierter wird die Bestimmung der Mehrheitsanforderungen durch die speziellen Anforderungen des Art. 14 III SPE-VO. Bestehen in einer SPE Anteilsgattungen und kommt es zu einer Änderung der damit verbundenen Rechte und Pflichten, so bedarf es der gesonderten Zustimmung der betroffenen Anteilsgattung(en) (Art. 14 III lit. b) SPE-VO). Auch hierfür ist eine 2/3-Mehrheit vorgesehen.[310] Ansonsten bedarf es einer Zustimmung von 2/3 der von der Änderung betroffenen Anteilseigner (Art. 14 III lit. a) SPE-VO). 152

---

303 *Lutter/Bayer/Schmidt*, Europäisches Unternehmens- und Kapitalmarktrecht, 2017, Rn. 47.54; *Schubel* in: Hommelhoff/Schubel/Teichmann (Hrsg.), SPE, 2014, S. 83, 93; *Schoenemann*, Die Organisationsverfassung der SPE, 2014, S. 297; *Bücker* ZHR 173 (2009) 281, 298; *Martens*, Managementstrukturen in der SPE, 2013, S. 42 die letzten beiden zum Kommissionsentwurf.

304 Englischer Wortlaut: „total". Französischer Wortlaut: „totalité". Spanischer Wortlaut: „total". Italienischer Wortlaut: „totali". Niederländischer Wortlaut: „totale". Polnischer Wortlaut: „wszystkich".

305 *Lutter/Bayer/Schmidt*, Europäisches Unternehmens- und Kapitalmarktrecht, 2017, Rn. 47.59.

306 *Lutter/Bayer/Schmidt*, Europäisches Unternehmens- und Kapitalmarktrecht, 2012, § 43 Rn. 121.

307 Vgl. zu einer möglichen sinnvollen Satzungsbestimmung *Schoenemann*, Die Organisationsverfassung der SPE, 2014, S. 228.

308 Englischer Wortlaut: „majority of voting rights". Französischer Wortlaut: „majorité (...) des droits de vote". Spanischer Wortlaut: „mayoría de derechos de voto". Italienischer Wortlaut: „maggioranza di diritti di voto". Niederländischer Wortlaut: „meerderheid van stemrechten". Polnischer Wortlaut: „większość praw głosu".

309 AA *Schoenemann*, Die Organisationsverfassung der SPE, 2014, S. 325 der annimmt, dass zB auch eine Kapitalmehrheit vorgesehen werden kann.

310 Zu den Auswirkungen bei Kapitalerhöhungen s. näher unter Rn. 202 ff.

153 Im Ergebnis nehmen folgende Faktoren Einfluss auf die Bestimmung der Beschlussmehrheit:

Beschlussart / Quelle	Beschlussfassung gem. Art. 28 SPE-VO		Beschlussfassung gem. Pkt. 10, Anhang I SPE-VO
Art. 28 I SPE-VO	Einfache Mehrheit (Art. 28 I 2 SPE-VO)	Qual. Mehrheit (Art. 28 I 1 SPE-VO)	
Satzung	Plus ggf. Satzungsbestimmungen	Plus ggf. höhere Satzungsbestimmungen	Satzungsbestimmungen
Art. 14 III SPE-VO	–	Plus ggf. Beschlussfassung betroffener Anteilseigner gem. Art. 14 III SPE-VO	–

Abb. 5: Beschlussmehrheiten

b) Beschlussfähigkeit

154 Durch die Bestimmung der Beschlussmehrheiten geben Art. 28 SPE-VO und Art. 14 III SPE-VO auch gleichzeitig eine **Untergrenze** für die Beschlussfähigkeit vor. So muss für Beschlüsse, die gem. Art. 28 I 2 SPE-VO mit einfacher Mehrheit gefasst werden, mindestens die Mehrheit der Gesellschafter abstimmen. Im Fall eines Beschlusses, der mit qualifizierter Mehrheit gefasst wird (Art. 28 I 1 SPE-VO), müssen sich mindestens 2/3 aller stimmberechtigten Anteilseigner beteiligen. Hinzu kommt, dass im Fall der Anwendbarkeit des Art. 14 III SPE-VO, mindestens 2/3 aller Stimmberechtigten der jeweiligen Aktiengattungen bzw. der betroffenen Anteilseigner anwesend sein müssen. Die Gesellschafter können jedoch im Ergebnis wohl auch höhere Anforderungen an die Beschlussfähigkeit in der Satzung bezüglich der Beschlüsse gem. Art. 28 I SPE-VO stellen (vgl. Punkt 9, Anhang I SPE-VO).[311] Die Beschlussfähigkeit bei Beschlüssen, die die Gesellschafterversammlung gem. Punkt 10, Anhang I SPE-VO treffen muss, richtet sich nach der Satzung.

c) Beschlussfassungsverfahren

155 Das Verfahren der Fassung von Gesellschafterbeschlüssen kann weitgehend durch die **Satzung** ausgestaltet werden (Punkte 9 bis 14, Anhang I SPE-VO).[312] Die Anteilseigner können dadurch die Beschlussfassung optimieren.[313] So wird es dem Satzungsgeber beispielsweise ermöglicht, zu bestimmen, dass die Beschlussfassung grundsätzlich **nicht** an die Einberufung einer **Gesellschafterversammlung** gebunden ist (Art. 28 III 1 SPE-VO iVm Punkt 9, Anhang I SPE-VO). Damit sind zB auch Beschlussfassungen im Rahmen einer Telefon- oder Videokonferenz zulässig. Beschlüsse können ebenfalls im Umlaufverfahren oder per E-Mail-Abstimmung gefasst werden.[314]

156 Art. 30 II SPE-VO schreibt vor, dass die Einberufung einer Gesellschafterversammlung lediglich dann notwendig ist, wenn Anteilseigner, die alleine oder zusammen mind. 10% der Stimmrechte besitzen, beim Geschäftsführungsorgan die Einberufung verlangen (Art. 30 II 1 SPE-VO). Im Sinne eines noch weitreichenderen **Minderheitenschutzes** kann der Satzungsgeber diese Schwelle absenken (Art. 30 II 2 SPE-VO). Nicht möglich ist es allerdings, statt auf die Stimmrechte auf die Kapitalbeteiligung abzustellen (vgl. oben). Dem entsprechenden Antrag bei der Geschäftsführung sind die Gründe der Einberufung sowie die Tagesordnungspunkte beizufügen (Art. 30 II 3 SPE-VO). Die Satzung kann zudem die Regeln für die Einberufung einer Gesellschafterversammlung vorsehen, wenn das Geschäftsführungsorgan dem Antrag der Minderheitsgesellschafter nicht nachkommt (Punkt 23, Anhang I SPE-VO).

157 Bezüglich des Verfahrens der Beschlussfassung schreibt die Verordnung verpflichtend lediglich vor, dass das Geschäftsführungsorgan den Gesellschaftern vor der Beschlussfassung die **Beschlussvorlagen** zukommen lassen muss, sowie damit verbunden auch **ausreichend Informationen**, damit die Anteilseigner eine informierte Entscheidung treffen können (Art. 28 III 2 SPE-VO). Eine Frist für die Übermittlung legt die Verordnung jedoch

311 Vgl. *Lutter/Bayer/Schmidt*, Europäisches Unternehmens- und Kapitalmarktrecht, 2017, Rn. 47.58.

312 *Lutter/Bayer/Schmidt*, Europäisches Unternehmens- und Kapitalmarktrecht, 2017, Rn. 47.55 f.; *J. Schmidt* EWS 2008, 455, 461.

313 Vgl. *Lutter/Bayer/Schmidt*, Europäisches Unternehmens- und Kapitalmarktrecht, 2017, Rn. 47.58 f.

314 Vgl. *Lutter/Bayer/Schmidt*, Europäisches Unternehmens- und Kapitalmarktrecht, 2017, Rn. 47.56; siehe auch *Schoenemann*, Die Organisationsverfassung der SPE, 2014, S. 329 f. gemäß dem sich Kommunikationsmittel wie E-Mails generell im Geschäftsverkehr erheblicher Beliebtheit erfreuen, da sie dazu geeignet sind, das Abstimmungsverfahren zugleich zu vereinfachen wie auch zu beschleunigen.

nicht fest. Vielmehr kann der Satzungsgeber frei über die Frist sowie die Art und Weise der Informationsübermittlung bestimmen (Punkt 12, Anhang I SPE-VO).[315] Das gilt auch für die Information über die Punkte auf der Tagesordnung (Punkt 12, Anhang I SPE-VO).

Bezüglich der Ausarbeitung von **Beschlussvorlagen** legt die Verordnung zum Schutz von Minderheitsgesellschaftern ebenfalls einen Mindeststandard fest. Gem. Art. 30 I 1 SPE-VO können daher Gesellschafter, die alleine oder zusammen mind. 5% der Stimmrechte besitzen, vom Geschäftsführungsorgan die Ausarbeitung einer Beschlussvorlage fordern.[316] Die Satzung kann einen noch weitreichenderen Minderheitsschutz gewähren, indem sie eine niedrigere Schwelle vorsieht (Art. 30 I 2 SPE-VO). Auch an dieser Stelle ist es nicht möglich, statt auf die Stimmrechte auf die Beteiligung am Kapital abzustellen (vgl. oben). Die Satzung kann zudem die Regeln für die Beantragung eines Beschlusses vorsehen, wenn das Geschäftsführungsorgan dem Antrag der Minderheitsgesellschafter nicht nachkommt (Punkt 22, Anhang I SPE-VO). 158

Neben dem Minderheitenschutz bzgl. der Beschlussvorlage, können in der Satzung auch alle anderen Aspekte der Vorlage eines Beschlusses geregelt werden (Punkt 9, Anhang I SPE-VO). Anhang I SPE-VO nennt **weitere Aspekte**, die ebenfalls in Form von Kann-Satzungsbestimmungen (s. dazu Rn. 16 f.) statuarisch geregelt werden können: 159

- Verfahren für die Fassung von Beschlüssen (Punkt 9);
- Für den Fall einer Gesellschafterversammlung, die Art und Weise der Einberufung (Punkt 14) und
- Regeln für die Abstimmung per Stimmrechtsvertretung (Punkt 14).

3. Form und Transparenz von Beschlüssen

Die von den Gesellschaftern gefassten Beschlüsse müssen **schriftlich** niedergelegt werden (Art. 28 III 3 SPE-VO). Damit ist eine Form gemeint, die der deutschen **Textform** gem. § 126b BGB entspricht.[317] Weitere formale Anforderungen (zB eine notarielle Beurkundung) richten sich nach dem jeweils anwendbaren nationalen Recht (Art. 28 III 4 SPE-VO). Dieser Verweis bezieht sich auf das Recht der in Anhang II SPE-VO genannten Rechtsformen[318] und führt damit zu einer **Gleichbehandlung** der SPE und der dort genannten Rechtsformen. Den Gesellschaftern werden zu ihrem eigenen Schutz **Kopien der gefassten Beschlüsse** zusammen mit den **Abstimmungsergebnissen** zugesendet (Art. 28 III 5 SPE-VO).[319] Die Art und Weise, wie den Anteilseignern die Abstimmungsergebnisse inklusive der Texte der Gesellschafterbeschlüsse zur Verfügung zu stellen sind, können die Gesellschafter in der Satzung festlegen (Punkt 13, Anhang I SPE-VO). Sie können damit zB vorgeben, ob die Kopien per Brief oder per E-Mail versendet werden sollen.[320] Zum Schutz des Rechtsverkehrs sind Beschlüsse zu den in Art. 28 I SPE-VO genannten Aspekten **bekanntzumachen** (Art. 28 VI SPE-VO, zur Publikation näher unter Rn. 109 ff.). 160

4. Geltendmachung von Beschlüssen

Der Verordnungsentwurf verzichtet auf eine Regelung zur Geltendmachung von Gesellschafterbeschlüssen. Die Geltendmachung richtet sich gem. Art. 28 VII SPE-VO vielmehr nach dem **maßgebenden innerstaatlichen Recht.** 161

5. Beschlussanfechtung

Den wichtigen Punkt der **Beschlussanfechtung** regelt die Verordnung nicht selbst, sondern verweist dafür auf das Recht der vergleichbaren nationalen Rechtsform (Art. 28 IV 2 SPE-VO), in Deutschland somit auf das Recht der GmbH (vgl. Anhang II SPE-VO).[321] Allerdings ist hier, wie auch bei allen anderen Verweisen, das 162

315 *Schoenemann*, Die Organisationsverfassung der SPE, 2014, S. 341 plädiert dafür, dass die Frist nicht zu kurz bemessen sein darf.

316 *Schoenemann*, Die Organisationsverfassung der SPE, 2014, S. 339 kritisiert den Wegfall des Art. 29 I Uabs. 3 SPE-VO-KOM.

317 Vgl. *Lutter/Bayer/Schmidt*, Europäisches Unternehmens- und Kapitalmarktrecht, 2017, Rn. 47.60 (insbes. Fn. 182).

318 Vgl. *Lutter/Bayer/Schmidt*, Europäisches Unternehmens- und Kapitalmarktrecht, 2012, § 43 Rn. 132.

319 Vgl. *Lutter/Bayer/Schmidt*, Europäisches Unternehmens- und Kapitalmarktrecht, 2017, Rn. 47.60.

320 Zur Möglichkeit die Kopien per Email zu versenden *Lutter/Bayer/Schmidt*, Europäisches Unternehmens- und Kapitalmarktrecht, 2017, Rn. 47.60.

321 Ausführlich zu Beschlussmängeln und deren Folgen *Schoenemann*, Die Organisationsverfassung der SPE, 2014, S. 346 ff. Das Europäische Parlament strebte eine in der Verordnung verankerte Regelung an (Art. 27 IV SPE-VO-EP). Ebenfalls für eine Lösung des Aspekts in der Verordnung *Lutter/Bayer/Schmidt*, Europäisches Unternehmens- und Kapitalmarktrecht, 2017, Rn. 47.61; vgl. auch *J. Schmidt* EWS 2008, 455, 461; *Salomon*, Regelungsaufträge in der SPE, 2010, S. 120; BDI/BDA, Positionspapier – Vorschlag für eine Verordnung des Rates über das Statut der Europäischen Privatgesellschaft, 2008, S. 3 (abrufbar unter: http://www.arbeitgeber.de/www/arbeitgeber.nsf/res/Stellungnahme%20EPG.pdf/$file/Stellungnahme%20EPG.pdf).

Zusammenspiel der verschiedenen Regelungsebenen entscheidend. Die Verordnung legt zunächst selbst fest, dass Beschlüsse mit der Verordnung und der Satzung in Einklang stehen müssen (Art. 28 IV 1 SPE-VO). Auch wenn die Vorschrift es nicht explizit sagt, ergibt sich aus der allgemeinen Normenhierarchie (s. dazu Rn. 35 ff.), dass die Beschlüsse auch mit dem subsidiär anwendbaren nationalen Recht in Einklang stehen müssen, sofern es anwendbar ist. Liegt kein Verstoß vor, so kommt auch keine Beschlussanfechtung in Betracht.

III. Geschäftsführungsorgan

163 Das zweite wichtige Organ der SPE ist das **Geschäftsführungsorgan**. Art. 2 lit. e) SPE-VO **definiert** den Begriff. Wählen die Anteilseigner eine dualistische Struktur,[322] so handelt es sich beim Geschäftsführungsorgan um das **Leitungsorgan** (Art. 2 lit. e) (ii) SPE-VO). Bei dieser Organisationsform besitzt die SPE dann auch zwingend ein **Aufsichtsorgan** (dazu näher unter Rn. 178 f.). Bei einer monistischen Struktur[323] hingegen ist das Geschäftsführungsorgan gleich dem **Verwaltungsorgan** (Art. 2 lit. e) (iii) SPE-VO). Ein davon getrenntes Aufsichtsorgan kann im Fall einer monistischen Struktur nicht vorgesehen werden (Art. 27 III SPE-VO). Die Festlegung der Organisationsverfassung ist Teil des Mindestinhalts der Satzung (Art. 8 I lit. ec) SPE-VO). Angaben zur Zusammensetzung der Organe sind entsprechend ebenfalls Pflicht (Art. 8 I lit. ec) SPE-VO). Die Gesellschafter können in der Satzung auch die Anzahl der Geschäftsführer frei festlegen (vgl. auch Erwägungsgrund 13 S. 2 SPE-VO). Ein Geschäftsführer genügt.[324] Der Alleingeschäftsführer stellt dann das Geschäftsführungsorgan dar (Art. 2 lit. e) (i) SPE-VO). Es können allerdings auch mehrere Geschäftsführer bestellt werden. Eine Obergrenze ist nicht vorgesehen (vgl. auch Erwägungsgrund 13 S. 3 SPE-VO). Alle Geschäftsführer gemeinsam bilden das Geschäftsführungsorgan (Art. 2 lit. e) (ia) SPE-VO).

164 Einschränkungen bezüglich der Organisationsfreiheit von Geschäftsführung und Kontrolle können sich allerdings aus Art. 27 IIIa SPE-VO ergeben. Ist nach dem anwendbaren nationalen Recht eine unternehmerische Arbeitnehmermitbestimmung vorgesehen, muss die SPE entsprechend einen Aufsichts- bzw. Verwaltungsrat einrichten (Art. 27 IIIa 1 SPE-VO) damit die Arbeitnehmer ihre Rechte ausüben können. Die Vorschrift scheint auf den ersten Blick vorzugeben, dass in diesem Fall das nationale Recht für die in Anhang II SPE-VO gelisteten Gesellschaften bestimmen könnte, ob die SPE eine monistische oder dualistische Struktur wählen muss bzw. sich zwischen beiden Systemen entscheiden kann. Dagegen spricht jedoch zunächst einmal Art. 27 IIIa 2 SPE-VO. Die Vorschrift regelt, dass im Fall eines grenzüberschreitenden Systems der Arbeitnehmermitbestimmung die SPE zwar ebenfalls einen Aufsichts- bzw. Verwaltungsrat einrichten muss, aber nationales Recht die Gestaltungsfreiheit im Innenverhältnis nicht einschränken kann („oder"). Es wäre auch nicht systemstimmig, dem nationalen Recht diese Entscheidung zu überlassen, da die SPE gerade darauf ausgerichtet ist bzgl. der Wahl der Organisationsverfassung Freiheiten zu gewähren. Ein entsprechendes Ergebnis wäre auch mit Blick auf die SE und die SCE mehr als erstaunlich, da dort den Mitgliedern unabhängig von der Mitbestimmung die Möglichkeit gewährt wird, zwischen einer monistischen und einer dualistischen Verfassung zu wählen. Außerdem lässt sich die Mitbestimmung nach beiden Systemen umsetzen.

1. Geschäftsführer

165 Art. 2 lit. d) SPE-VO definiert, wer Geschäftsführer einer SPE ist. Die Definition ist spiegelbildlich zu der des Geschäftsführungsorgans konstruiert (vgl. Art. 2 lit. e) SPE-VO). Vom Begriff Geschäftsführer sind danach alle Mitglieder des Verwaltungs- bzw. Leitungsorgans umfasst.[325] Geschäftsführer einer SPE können nur **natürliche Personen** werden (Art. 31 I SPE-VO). **Juristische Personen** können dieses Amt somit nicht übernehmen.[326] Dies ist nicht selbstverständlich, da einige Rechtsordnungen bei ihrer vergleichbaren Rechtsform juristische Personen als Geschäftsführer erlauben (so zB der französische Gesetzgeber im Hinblick auf die SAS, § 13 Rn. 652).[327] Eine natürliche Person kann allerdings nicht Geschäftsführer einer SPE werden, wenn sie nach dem Recht eines Mitgliedstaates für ungeeignet erklärt wurde (Art. 31 III SPE-VO). Die **Erklärung der Ungeeignetheit** einer Person in Portugal reicht damit aus, um es der Person auch zu untersagen, Geschäftsführer einer „deutschen" SPE

322 Im dualistischen System gibt es ein Geschäftsführungsorgan und ein Aufsichtsorgan (aus Corporate Governance Sicht s. § 33 Rn. 47 ff.).

323 Das monistische System ist durch ein einheitliches Leitungs- und Überwachungsorgan gekennzeichnet (aus Corporate Governance Sicht s. § 33 Rn. 47 ff.).

324 *Schoenemann*, Die Organisationsverfassung der SPE, 2014, S. 149.

325 Dass Art. 2 lit. d) (ii) SPE-VO auch Aufsichtsratsmitglieder als Geschäftsführer (*directors*) bezeichnet, ist unglücklich und sollte korrigiert werden.

326 *Lutter/Bayer/Schmidt*, Europäisches Unternehmens- und Kapitalmarktrecht, 2017, Rn. 47.64 halten das Verbot aufgrund der ansonsten auftretenden Probleme für verständlich. *Handelsrechtsausschuss des DAV* NZG Beilage zu Heft 7/2009, 1, 9 begrüßt die Beschränkung auf natürliche Personen mit Blick auf den Kommissionsentwurf.

327 *Schoenemann*, Die Organisationsverfassung der SPE, 2014, S. 212 f. zum Trend in Europa.

zu werden.[328] Die Ungeeignetheit muss durch einen nationalen Gerichtsbeschluss oder eine nationale Verwaltungsentscheidung festgestellt worden sein (vgl. Art. 31 III SPE-VO).[329] Außerdem muss die Entscheidung nach dem nationalen Recht einen Ausschlussgrund darstellen.[330] Hinzu treten Bestellungshindernisse, die das nationale Recht vorgibt, an dem die SPE ihren Sitz hat.[331] Dem Satzungsgeber ist es gem. Art. 8 Ia 1 SPE-VO iVm Punkt 16, Anhang I SPE-VO zudem gestattet, Auswahlkriterien für die Geschäftsführer (zB fachliche Qualifikation) festzulegen.[332] Über die Regelung kann auch Selbstorganschaft vorgeschrieben werden. Anforderung an den Geschäftsführer ist in diesem Fall die Gesellschafterstellung.[333]

Die Geschäftsführer werden grundsätzlich von den Gesellschaftern durch **Gesellschafterbeschluss** bestimmt (vgl. Art. 28 I lit. i) SPE-VO) und können von diesen auch wieder abberufen werden (zur Beschlussmehrheit s. Rn. 149 ff.). Im Rahmen der Gründung werden die Geschäftsführer allerdings **durch die Satzung** bestimmt (vgl. Art. 8 I lit. j) SPE-VO). Die Anteilseigner können jedoch durch entsprechende Satzungsbestimmung die Kompetenz zur Bestimmung und Abberufung der Geschäftsführer auf das **Aufsichtsorgan** übertragen, sofern sie eine dualistische Struktur für die SPE vorgesehen haben (Art. 28 I lit. i) SPE-VO). Davon abgesehen können die Gesellschafter diese Aufgabe allerdings **nicht delegieren**, da Art. 28 I SPE-VO festlegt, welche Aspekte zwingend durch Gesellschafterbeschluss entschieden werden müssen. Die Gesellschafter können zwar in der Satzung die Verfahren zur Bestellung und Abberufung näher festlegen (Punkt 17, Anhang I SPE-VO), da beides jedoch zwingend durch Gesellschafterbeschluss erfolgen muss, können die Anteilseigner wohl somit **keine Entsendungsrechte** festlegen.[334] Ist die SPE monistisch organisiert und zudem mitbestimmt, werden die Arbeitnehmervertreter entweder gem. der Mitbestimmungsvereinbarung (Art. 35c II lit. b) SPE-VO) bzw. durch ein Verhandlungsgremium (Art. 35d VI SPE-VO) in den Verwaltungsrat bestellt bzw. aus ihm abberufen. Die Gesellschafter sind zudem nicht nur dafür verantwortlich, die Person des Geschäftsführers auszuwählen, sondern auch seine **Mandatszeit** festzulegen (Art. 28 I lit. i) SPE-VO). 166

2. Geschäftsführungsbefugnis und sonstige Aufgaben

Das Geschäftsführungsorgan ist für die Geschäftsführung zuständig und gemäß Art. 27 Ic 2 und 3 SPE-VO ausdrücklich dazu ermächtigt, **alle Befugnisse** auszuüben, die nicht in Art. 28 I SPE-VO, durch entsprechende Satzungsbestimmungen oder ggf. anwendbares nationales Recht[335] den Anteilseignern oder dem Aufsichtsrat vorbehalten sind. Damit legt die Verordnung eine **subsidiäre Zuständigkeit des Geschäftsführungsorgans** fest.[336] Ist die Aufgabe keinem anderen Organ zugewiesen, so fällt sie in den Geschäftsführungsbereich des Geschäftsführungsorgans. Die Satzungsgeber haben insofern weitreichenden Einfluss auf die Kompetenzen der Geschäftsführung als sie durch Kann-Satzungsbestimmungen (Punkt 10, Anhang I SPE-VO) die Aufgaben der Gesellschafterversammlung (Punkt 10, Anhang I SPE-VO) bestimmen können. So kann der Satzungsgeber diese Aspekte aus dem Kompetenzbereich des Geschäftsführungsorgans ausnehmen.[337] Es erscheint dadurch möglich, dem Geschäftsführungsorgan die Geschäftsführung weitgehend zu entziehen.[338] Allerdings ist zu bedenken, dass die nationalen Regeln über sog ***shadow directors*** bzw. **faktische Geschäftsführer** anwendbar sind (vgl. Erwägungsgrund 13 S. 4 SPE-VO).[339] Diese Regelungen basieren an sich auf nationalen Kompetenzregeln, die aber für die SPE gerade nicht gelten. Dadurch entsteht ein Spannungsverhältnis, welches der Verordnungsgeber nicht beach- 167

328 Vgl. *Lutter/Bayer/Schmidt*, Europäisches Unternehmens- und Kapitalmarktrecht, 2017, Rn. 47.64; *Schoenemann*, Die Organisationsverfassung der SPE, 2014, S. 218.

329 Die deutsche Übersetzung der SPE-Verordnung ist fehlerhaft und spricht von „…nach einzelstaatlichem Recht aufgrund eines Gerichts- oder Verwaltungsurteils…“. Vgl. *Lutter/Bayer/Schmidt*, Europäisches Unternehmens- und Kapitalmarktrecht, 2017, Rn. 47.64.

330 *Schoenemann*, Die Organisationsverfassung der SPE, 2014, S. 218.

331 *Schoenemann*, Die Organisationsverfassung der SPE, 2014, S. 217.

332 *Lutter/Bayer/Schmidt*, Europäisches Unternehmens- und Kapitalmarktrecht, 2017, Rn. 47.64; *Schoenemann*, Die Organisationsverfassung der SPE, 2014, S. 223.

333 *Schoenemann*, Die Organisationsverfassung der SPE, 2014, S. 223.

334 *Schoenemann*, Die Organisationsverfassung der SPE, 2014, S. 230. AA *Martens*, Managementstrukturen in der SPE, 2013, S. 54 zum Kommissionsentwurf.

335 Zur Anwendung des nationalen Rechts *Schoenemann*, Die Organisationsverfassung der SPE, 2014, S. 97 ff.

336 *Navez* in: Hirte/Teichmann (Eds.), The European Private Company (SPE), 2013, S. 147, 168. Vgl. auch *Lutter/Bayer/Schmidt*, Europäisches Unternehmens- und Kapitalmarktrecht, 2017, Rn. 47.68. Die Autoren sprechen von Grundsatz- bzw. Allzuständigkeit des Geschäftsführungsorgans. *Schubel* in: Hommelhoff/Schubel/Teichmann (Hrsg.), SPE, 2014, S. 83, 95 verwendet die Bezeichnung „Regelzuständigkeit“; *Schoenemann*, Die Organisationsverfassung der SPE, 2014, S. 94 („Restzuständigkeit“); *Teichmann* RIW 2010, 120, 123 spricht von einem Regel-Ausnahme-Verhältnis, welches „den Interessen eines Mehrheitsgesellschafters tendenziell zuwiderläuft“.

337 Vgl. *Lutter/Bayer/Schmidt*, Europäisches Unternehmens- und Kapitalmarktrecht, 2017, Rn. 47.68.

338 Vgl. *Lutter/Bayer/Schmidt*, Europäisches Unternehmens- und Kapitalmarktrecht, 2017, Rn. 47.68 („das Regel-Ausnahme-Verhältnis faktisch umzukehren, dh dem Geschäftsführungsorgan nur einen sehr engen Bereich autonomer Entscheidungsbefugnisse zuzuweisen“).

339 In der deutschen Fassung des Erwägungsgrunds 13 SPE-VO fehlt fehlerhafterweise ein Satz, weshalb es zu einer abweichenden Satznummerierung kommt.

tet hat. Um dieses Spannungsverhältnis aufzulösen, könnte eine Auslegung zu bevorzugen sein, die zwar die nationalen Regeln zum faktischen Geschäftsführer bzw. *shadow director* zur Anwendung bringt, diese jedoch insoweit einschränkt, als Handlungen, die durch die Verordnung gedeckt sind, nicht bei der Frage der Qualifizierung als faktischer Geschäftsführer zu berücksichtigen sind. Denn die nationalen Rechtsordnungen gehen davon aus, dass es sich beim faktischen Geschäftsführer um jemanden handelt, der gegen die Kompetenzordnung verstößt.

168 Nicht ausdrücklich in der Verordnung geregelt ist, ob in der Satzung ein **Weisungsrecht** der Gesellschafter gegenüber den Geschäftsführern aufgenommen werden kann.[340] Im Verordnungsgebungsprozess wurde die Regelung dieses Aspekts immer wieder gefordert.[341] Die ungarische Ratspräsidentschaft kam dieser Forderung jedoch nicht nach, wohl vor allem wegen der unterschiedlichen nationalen Vorstellungen.[342] Eine Regelung dieses Aspekts hätte lediglich ein weiteres Konfliktfeld eröffnet. Punkt 10, Anhang I SPE-VO scheint relativ eng formuliert zu sein, da er allein auf die Zuweisung weiterer Entscheidungen durch Gesellschafterbeschluss zugeschnitten ist.[343] Im Sinne des Prinzips der Satzungsautonomie im Innenverhältnis und den weitreichenden Befugnissen der Gesellschafter, Entscheidungen an sich zu ziehen, könnte die Vorschrift allerdings auch weiter verstanden werden und damit die Festlegung eines Weisungsrechts ermöglichen.[344] Zu bedenken ist jedoch, dass im Fall der Nichtregelung eines Aspektes gem. Punkt 10, Anhang I SPE-VO nationales Recht zur Anwendung kommt. Dies erscheint insgesamt problematisch, da der Verordnungsgeber scheinbar die Grundstruktur der Kompetenzverteilung vorgeben und nur davon abweichende Satzungsgestaltungen zulassen wollte.[345] Die Aufnahme des Punkt 10, Anhang I SPE-VO führt jedoch gerade nicht zu diesem Ergebnis. Einen eindeutigen Schluss lässt die Verordnung in jedem Fall nicht zu.[346] Zum Spannungsverhältnis zu den möglichen nationalen Vorschriften zu faktischen Geschäftsführern siehe Rn. 167.

169 Neben der Geschäftsführung im Allgemeinen werden dem Geschäftsführungsorgan in einzelnen Vorschriften **weitere, konkrete Aufgaben** zugewiesen.[347] Dazu zählen zB

- die Führung der Handelsbücher (Art. 26 II SPE-VO);
- die Erstellung und Führung des Gesellschafterverzeichnisses (Art. 15 I und IV SPE-VO);
- die Beantwortung von Gesellschafteranfragen gem. Art. 29 SPE-VO (Art. 29 I SPE-VO);
- die Übermittlung von Beschlussvorlagen und Informationen an die Gesellschafter (Art. 28 III 2 SPE-VO);
- die Erarbeitung von Beschlussvorlagen und Einberufung einer Gesellschafterversammlung auf Verlangen der Minderheitsgesellschafter (Art. 30 I 1 und II 1 SPE-VO);
- die Mitteilung an das zuständige Register bzgl. Änderungen von Dokumenten und Angaben, sofern dafür nicht eine andere bevollmächtigte Person zuständig ist (Art. 9a I SPE-VO);
- im Fall einer Kapitalherabsetzung zur Ausschüttung ist das Geschäftsführungsorgan für die Benachrichtigung der bekannten Gläubiger zuständig (Art. 24 I 2 SPE-VO) ebenso wie für Antworten auf Anfragen auf Sicherheitsleistungen durch Gläubiger (Art. 24 IIa 5 SPE-VO) und
- die Einforderung ausstehender Bareinlagen, sofern die Satzung nicht etwas Anderes vorsieht (Art. 21 I 5 SPE-VO).

340 *Teichmann* in: MüHdB GesR, Bd. 6, 2013, § 50 Rn. 48; *Navez* in: Hirte/Teichmann (Eds.), The European Private Company (SPE), 2013, S. 147, 162; vgl. auch *Martens*, Managementstrukturen in der SPE, 2013, S. 117 (auch Rn. 898).

341 Vgl. *Hommelhoff/Teichmann* GmbHR 2009, 36, 38; *dies.* GmbHR 2010, 337, 347; *Teichmann* RIW 2010, 120, 125; *Handelsrechtsausschuss des DAV* NZG Beilage zu Heft 7/2009, 1, 9; *Arbeitskreis Europäisches Unternehmensrecht* NZG 2008, 897, 900; *Bücker* ZHR 173 (2009) 281, 292; *Martens*, Managementstrukturen in der SPE, 2013, S. 119 f. vertritt die Ansicht, dass Zustimmungsvorbehalte nicht genügen. Ob Art. 26 I 3 SPE-VO-EP (Fn. 33): „Gesellschafterbeschlüsse binden das Geschäftsleitungsorgan im Innenverhältnis." (Abänderung 41) auf ein entsprechendes Weisungsrecht ausgerichtet war ist fraglich. Dazu *Schubel* in: Hommelhoff/Schubel/Teichmann (Hrsg.), SPE, 2014, S. 83, 99 f.

342 Vgl. *Lutter/Bayer/Schmidt*, Europäisches Unternehmens- und Kapitalmarktrecht, 2017, Rn. 47.69; vgl. zu nationalen Unterschieden bezüglich eines Weisungsrechts *Martens*, Managementstrukturen in der SPE, 2013, S. 122 ff. Siehe in diesem Werk bei den jeweiligen Länderberichten.

343 Vgl. *Lutter/Bayer/Schmidt*, Europäisches Unternehmens- und Kapitalmarktrecht, 2017, Rn. 47.69.

344 Vgl. *Lutter/Bayer/Schmidt*, Europäisches Unternehmens- und Kapitalmarktrecht, 2017, Rn. 47.69, *Schoenemann*, Die Organisationsverfassung der SPE, 2014, S. 118, 122 ff.; vgl. auch *Bücker* ZHR 173 (2009) 281, 291 ff.; *de Erice/Gaude* DStR 2009, 857, 860; *Krejci*, SPE, 2008, S. 119 f. (Rn. 592) zum Kommissionsentwurf. *Navez* in: Hirte/Teichmann (Eds.), The European Private Company (SPE), 2013, S. 147, 162 überlegt, ein Weisungsrecht aus Art. 27 Ia SPE-VO herzuleiten.

345 Dazu bereits kritisch *Schoenemann*, Die Organisationsverfassung der SPE, 2014, S. 117.

346 Ebenso *Schubel* in: Hommelhoff/Schubel/Teichmann (Hrsg.), SPE, 2014, S. 83, 96 f.

347 Für eine Auflistung der in den Zuständigkeitsbereich des Geschäftsführungsorgans fallenden Aufgaben siehe *Lutter/Bayer/Schmidt*, Europäisches Unternehmens- und Kapitalmarktrecht, 2017, Rn. 47.67.

Weitere Aufgaben können sich ggf. aus der Satzung und dem jeweils anwendbaren nationalen Recht ergeben (Art. 4 II SPE-VO), zT auch im Zusammenspiel mit der Verordnung.[348] Schreibt ein Mitgliedstaat beispielsweise für Ausschüttungen einen Solvenztest vor, so hat das Geschäftsführungsorgan die Solvenz zu bestätigen (Art. 21 IV 1 SPE-VO, dazu näher unter Rn. 217). Gleiches gilt, wenn die Satzung eine Solvenzbescheinigung fordert. 170

Die Verordnung regelt nicht explizit, ob die Geschäftsführer grundsätzlich **Einzelgeschäftsführungsbefugnis** oder **Gesamtgeschäftsführungsbefugnis** besitzen. Es ließe sich daher vertreten, dass diesbezüglich nationales Recht greift, welches wiederum den Gesellschaftern einen Satzungsgestaltungsspielraum lassen könnte. Andererseits wird auch die Herleitung eines Ergebnisses aus der SPE-Verordnung erwogen. Art. 2 I lit. e) SPE-VO spricht von „Geschäftsführungsorgan" und in diesem Zusammenhang auch von „Gremium". Daraus wird abgeleitet, dass es sich grundsätzlich um ein Kollegialorgan mit Gesamtgeschäftsführungsbefugnis handelt. Ein Satzungsgestaltungsspielraum wird dann in Art. 8 I lit. ec) SPE-VO hineingelesen („Art des Geschäftsführungsorgans").[349] 171

3. Vertretungsmacht

Art. 34 I SPE-VO bestimmt, dass das **Geschäftsführungsorgan** die SPE gegenüber Dritten vertritt. Die Mitglieder des Geschäftsführungsorgans besitzen grundsätzlich **Einzelvertretungsbefugnis** (Art. 34 II 2 SPE-VO),[350] können jedoch auch bloße **Gesamtvertretungsbefugnis** erteilt bekommen (Art. 34 II 3 SPE-VO). Ob die Geschäftsführer Einzel- oder Gesamtvertretungsbefugnis besitzen, gehört zu den Mindestangaben der Satzung (vgl. Art. 9 II lit. ca) SPE-VO). Dies ist die einzige Einschränkung der Vertretungsmacht, die Dritten gegenüber geltend gemacht werden kann. Art. 34 II 1 SPE-VO stellt klar, dass auch Handlungen, die über den Unternehmensgegenstand hinausgehen, die SPE binden. Es gibt somit keine Ultra-Vires-Doktrin.[351] Art. 34 II 3 SPE-VO ergänzt, dass Einschränkungen Dritten selbst dann nicht entgegengehalten werden können, wenn sie bekannt gemacht wurden. Die Frage, ob die Vertretungshandlung gleichwohl unwirksam ist, weil ein Missbrauch der Vertretungsmacht vorliegt, richtet sich nach nationalem Recht, wenn man davon ausgeht, dass die Verordnung insofern eine externe Lücke aufweist (Art. 4 II SPE-VO).[352] 172

In einer monistisch strukturierten SPE ist das Verwaltungsorgan, wie oben beschrieben, das Geschäftsführungsorgan der Gesellschaft. Im Außenverhältnis kann daher die Vertretungsbefugnis der nicht-geschäftsführenden Mitglieder des Geschäftsführungsorgans nur durch die Gesamtvertretungsbefugnis eingeschränkt werden. Wird keine Gesamtvertretungsbefugnis vorgeschrieben, besitzen damit auch die nicht-geschäftsführenden Mitglieder des Verwaltungsorgans im Außenverhältnis umfassende Vertretungsmacht. Es ist dem Geschäftsführungsorgan auch erlaubt, **Dritten die Bevollmächtigung zur Vertretung** der Gesellschaft zu erteilen (vgl. Art. 34 III SPE-VO). 173

Ob eine **unechte Gesamtvertretungsbefugnis** in Frage kommt, geht aus Art. 34 SPE-VO nicht unmittelbar hervor,[353] was nicht überrascht, da es sich um eine primär deutsche Konstruktion handelt. Unter unechter Gesamtvertretung versteht man in Deutschland die Vertretung der Gesellschaft durch Organpersonen gemeinschaftlich mit einem Prokuristen,[354] dh dass Mitglieder des Geschäftsführungsorgans mit Gesamtvertretungsbefugnis auch einzeln zur Vertretung befähigt sind, wenn dies unter Mitwirkung eines Prokuristen geschieht (also zB zwei Geschäftsführer oder ein Geschäftsführer gemeinsam mit dem Prokuristen).[355] Man wird Art. 34 II 3 SPE-VO im Ergebnis wohl so zu interpretieren haben, dass gegenüber Dritten nur die Beschränkung der gemeinsamen Wahrnehmung der Vertretungsbefugnis durch zwei Mitglieder des Geschäftsführungsorgans wirksam sein kann.[356] 174

---

348 Zum nationalen Recht vgl. *Lutter/Bayer/Schmidt*, Europäisches Unternehmens- und Kapitalmarktrecht, 2017, Rn. 47.67.

349 *Schoenemann*, Die Organisationsverfassung der SPE, 2014, S. 155.

350 *Schoenemann*, Die Organisationsverfassung der SPE, 2014, S. 133.

351 *Schoenemann*, Die Organisationsverfassung der SPE, 2014, S. 132. Zum Begriff und Ausgestaltung einer ultra vires-Doktrin siehe *Großfeld* in: Conrad/Vagts (Hrsg.), International Encyclopedia of Comparative Law, Bd. 13, 2006, Kap. 4 Rn. 4-71 ff.; *Dreibus*, Die Vertretung bei Rechtsträgern des privaten und öffentlichen Rechts im Vereinigten Königreich und Nordirland, 1999, S. 81 ff.

352 *Latorre* in: Hirte/Teichmann (Eds.), The European Private Company (SPE), 2013, S. 243, 250. Die Autorin geht davon aus, dass die Verordnung die Frage abschließend regelt.

353 Vgl. *Schoenemann*, Die Organisationsverfassung der SPE, 2014, S. 134.

354 Vgl. *Altmeppen* in: Roth/Altmeppen (Hrsg.), GmbHG, 8. Aufl. 2015, § 35 Rn. 70; *Wicke*, GmbHG, 3. Aufl. 2016, § 35 Rn. 18 zur GmbH und *Preuß* in: Oetker (Hrsg.), HGB, 5. Aufl. 2017, § 12 Rn. 14.

355 *Schoenemann*, Die Organisationsverfassung der SPE, 2014, S. 134. Vgl. zur deutschen GmbH zB *Altmeppen* in: Roth/Altmeppen (Hrsg.), GmbHG, 8. Aufl. 2015, § 35 Rn. 70.

356 Vgl. *Schoenemann*, Die Organisationsverfassung der SPE, 2014, S. 134 ff.

4. Pflichten des Geschäftsführungsorgans

175 Die allgemeinen Pflichten des Geschäftsführungsorgans bzw. der Geschäftsführer definierte im Kommissionsentwurf noch Art. 31 SPE-VO-KOM.[357] Im ungarischen Verordnungsentwurf wurde dieser Artikel zwar nicht – wie so viele andere – gestrichen, doch inhaltlich vollständig abgeändert. Art. 31 I bis IV SPE-VO regelt nun allein, wer unter welchen Umständen Geschäftsführer werden kann (s. dazu Rn. 165). Pflichten des Geschäftsführungsorgans beschreibt die Vorschrift hingegen nicht mehr. Auch ansonsten äußert sich der ungarische Präsidentschaftsentwurf nicht zu dieser Thematik.[358] Das weist darauf hin, dass die Bestimmung der Pflichten der Geschäftsführer nun vom **jeweils anwendbaren nationalen Recht** abgedeckt werden soll (Art. 4 II SPE-VO).[359] Die Interpretation wird von Erwägungsgrund 14a SPE-VO gestützt, der ausdrücklich besagt, dass die Pflichten der Geschäftsführer durch nationales Recht bestimmt werden. Der Erwägungsgrund führt weiter aus, dass die SPE-Verordnung auf eine eigenständige Regelung „angesichts der Unterschiede in den nationalen Rechtsordnungen" verzichtet.

5. Haftung des Geschäftsführungsorgans

176 Die SPE-Verordnung regelt die Haftung des Geschäftsführungsorgans nicht. Wie im Rahmen der Pflichten des Geschäftsführungsorgans besagt Erwägungsgrund 14a SPE-VO, dass diesbezüglich **mitgliedstaatliches Recht** aufgrund der nationalen Unterschiede zur Anwendung kommen soll. Es greift insofern die Regelung des Art. 4 II SPE-VO mit Blick auf die Lückenfüllung.[360] Im Interesse der Funktionsfähigkeit und der Konsistenz der Gesellschaftsform wäre allerdings eine eigenständige Regelung in der Verordnung ebenfalls wünschenswert gewesen.[361]

6. Shadow directors bzw. faktische Geschäftsführer

177 Wie bei den anderen sensiblen Aspekten der Organisationsverfassung auch (zB Pflichten und Haftung der Geschäftsführer) trifft die Verordnung keine eigenständige Regelung zu ***shadow directors*** bzw. faktischen Geschäftsführern.[362] Auch hier verdeutlicht Erwägungsgrund 13 S. 4 SPE-VO,[363] dass über Art. 4 II SPE-VO nationales Recht zur Anwendung kommt.[364] Zum Spannungsverhältnis zu den durch die SPE-Verordnung gedeckten Handlungen vgl. Rn. 167.

IV. Aufsichtsorgan

178 Die Gesellschafter können die Organisation der SPE weitgehend selbst bestimmen und in diesem Zusammenhang zB auch eine dualistische Organisationsstruktur, mit einem Geschäftsführungs- und einem Aufsichtsorgan wählen (zur möglichen Pflicht der Einrichtung eines Aufsichts- bzw. Verwaltungsorgans im Fall der Arbeitnehmermitbestimmung s. Rn. 269). Art. 2 I lit. ea) SPE-VO definiert das Aufsichtsorgan als Gremium, „das die Tätigkeit des Leitungsorgans bzw. des Alleingeschäftsführers oder der Geschäftsführer beaufsichtigt". Es soll somit eine Kontrollfunktion gegenüber der Geschäftsführung ausüben.

179 Die Angabe, ob die SPE einen Aufsichtsrat einrichten möchte, gehört zu den **Mindestangaben** in der Satzung (Art. 8 I lit. ec) SPE-VO).[365] Richten die Gesellschafter ein Aufsichtsorgan ein, so müssen sie in der Satzung auch dessen **Zusammensetzung** angeben (Art. 8 I lit. ec) SPE-VO). Die Verordnung macht keine Vorgaben bezüglich der Anzahl der Mitglieder.[366] Die Vorschrift erwähnt nicht, dass dort auch die Kompetenzen des Aufsichtsorgans festgelegt werden müssen. Auch Anhang I SPE-VO erwähnt die Aufgaben des Aufsichtsrats nicht

357 Dazu ua *Latorre* in: Hirte/Teichmann (Eds.), The European Private Company (SPE), 2013, S. 243, 251 ff.; *Bücker* ZHR 173 (2009) 281, 294 f.

358 *Schoenemann*, Die Organisationsverfassung der SPE, 2014, S. 249. *Lutter/Bayer/Schmidt*, Europäisches Unternehmens- und Kapitalmarktrecht, 2017, Rn. 47.70 verweist darauf, dass insofern kein Konsens möglich war.

359 Vgl. *Lutter/Bayer/Schmidt*, Europäisches Unternehmens- und Kapitalmarktrecht, 2017, Rn. 47.70; kritisch zum Rückgriff auf nationales Recht *Schoenemann*, Die Organisationsverfassung der SPE, 2014, S. 249.

360 Vgl. *Schoenemann*, Die Organisationsverfassung der SPE, 2014, S. 249.

361 Die Streichung der Regelung und damit den vollumfänglichen Verweis auf nationales Recht als enttäuschend („disappointing") bezeichnend *Navez* in: Hirte/Teichmann (Eds.), The European Private Company (SPE), 2013, S. 147, 172.

362 *Lutter/Bayer/Schmidt*, Europäisches Unternehmens- und Kapitalmarktrecht, 2017, Rn. 47.72.

363 In der deutschen Fassung des Erwägungsgrunds 13 SPE-VO fehlt fehlerhafterweise ein Satz, weshalb es zu einer abweichenden Satznummerierung kommt.

364 Für eine Regelung auf europäischer Ebene *Schoenemann*, Die Organisationsverfassung der SPE, 2014, S. 232.

365 Englische Fassung: „wether there is a supervisory board". Noch präziser gefasst ist die französische Fassung: „la mention de l'existence ou non d'un conseil de Surveillance". Polnischer Wortlaut: „stwierdzenie, czy istnieje rada nadzorcza".

366 *Schoenemann*, Die Organisationsverfassung der SPE, 2014, S. 193.

als mögliche Kann-Satzungsbestimmungen. Aus der Gesamtschau der Normen (insbes. Art. 8 I lit. ec) SPE-VO, Art. 27 Ic 2 SPE-VO, Art. 28 I lit. i) SPE-VO) ergibt sich jedoch, dass der Verordnungsgeber insofern von **Regelungsmöglichkeiten für die Satzungsgeber** ausgeht.[367] Wünschenswert wäre aber eine entsprechende Klarstellung. Dem Aufsichtsorgan kann zum Beispiel in der Satzung die Kompetenz zugesprochen werden, **Geschäftsführer zu bestellen** und ihre **Mandatszeit** zu bestimmen (Art. 28 I lit. i) SPE-VO). Darüber hinausreichende Kompetenzanordnungen in der Satzung wären wohl als **Weitere-Satzungsbestimmungen** einzuordnen. Zu bedenken sind bzgl. der Kompetenzzuweisung daher dann die Einschränkungen, die sich aus der SPE-Verordnung und dem nationalen Recht ergeben.[368]

J. Kapitalverfassung

I. Kapitalausstattung

180 Das Mindestkapital war im Verordnungsgebungsprozess höchst umstritten.[369] Der Kommissionsentwurf sah kein Mindestkapital vor. Vielmehr genügte gem. Art. 19 IV SPE-VO-KOM bereits ein Betrag von 1 Euro für die Gründung. Die Kommission überließ die Festlegung einer angemessenen Kapitalausstattung damit den Gesellschaftern.[370] Diese Entscheidung stieß auf Kritik, auf die der ungarische Präsidentschaftsentwurf mit einem Kompromissvorschlag reagiert. Das (formelle) Mindestkapital für die SPE ist in Art. 19 III 1 SPE-VO angesprochen und beträgt grundsätzlich 1 Euro.[371] Die Vorschrift ist allerdings als Mindestvorgabe konstruiert.[372] Den Mitgliedstaaten wird in Art. 19 III 2 SPE-VO eine Regelungsoption gewährt,[373] nach der sie für die SPE mit Registersitz in ihrem Staat ein höheres Mindestkapital von bis zu 8.000 Euro vorsehen dürfen (vgl. Art. 19 III 1 und 3 SPE-VO). Die SPE-Verordnung gewährt dadurch den Mitgliedstaaten einen begrenzten Gestaltungsspielraum.[374] Nutzen diese die ihnen gewährte Regelungsmöglichkeit jedoch nicht, so greifen für eine SPE die Mindestkapitalanforderungen des Art. 19 III 1 SPE-VO, dh, die Gesellschafter müssen dann mindestens 1 Euro aufbringen. Die SPE-VO enthält somit eine dispositive Regelung, weshalb hier regelungstechnisch eine **echte Regelungsmöglichkeit** (s. dazu näher unter Rn. 32 f.) vorliegt.[375]

II. Kapitalaufbringung

181 Im Rahmen der Gründung, aber auch später, sind sowohl **Bar-** als auch **Sacheinlagen**[376] zulässig und in der Satzung zu regeln (vgl. Art. 8 I lit. h) und i) SPE-VO). Die Wahlfreiheit ist nicht ausdrücklich in der Verordnung enthalten, gilt aber als selbstverständlich.[377] **Arbeits- und Dienstleistungen** gehören gemäß Art. 20 II SPE-VO **nicht** zu den sacheinlagefähigen Gegenständen.

182 Die Gesellschafter haben die Pflicht, die Einlage in der Satzung nach Art und Höhe zu konkretisieren (vgl. Art. 8 I lit. h) und i) SPE-VO). Diese Mindestangaben sind den sogenannten Muss-Satzungsbestimmungen zuzuordnen (s. dazu näher unter Rn. 15). Fehlt eine der Angaben, wird die Gesellschaft nicht eingetragen. Es ist daher nicht möglich, in der Satzung lediglich die Höhe der Einlage zu bestimmen und den Gesellschaftern die Art der Erbringung zu überlassen. Als Rechtsfolge droht zusätzlich die Nichtigkeit der Gesellschaft (vgl. Art. 11 S. 1 lit. b) (iii) Kodifizierungs-RL, ex-Art. 12 S. 1 lit. b) (iii) Publizitäts-RL). Denn Art. 42 SPE-VO erklärt die natio-

367 *Schoenemann*, Die Organisationsverfassung der SPE, 2014, S. 178 geht davon aus, dass nationales Recht zur Anwendung kommt, „soweit nicht schon (…) die Natur des „Aufsichtsorgans" zwingende Vorgaben macht".

368 Vgl. auch *Schubel* in: Hommelhoff/Schubel/Teichmann (Hrsg.), SPE, 2014, S. 83, 102 f. Zu möglichen Beschränkungen *Schoenemann*, Die Organisationsverfassung der SPE, 2014, S. 186 f.

369 Es blieb bis zum Schluss eines der Themen, die eine Einigung verhinderten. Siehe SPE-VO, S. 2. Vgl. *Teichmann* in: MüHdB GesR, Bd. 6, 2013, § 50 Rn. 7; *Kalss/Klampfl*, Europäisches Gesellschaftsrecht, 2015, Rn. 619; *Sick/Thannisch* AuR 2011, 155, 156; *Lehne* GmbHR 2008, R257, R257; *Ulrich* GmbHR 2011, R241, R 241 f.; *Rolfes*, Wettbewerb der Gesellschaftsformen, 2013, S. 139 f.

370 *Meller*, Der institutionelle Gläubigerschutz in der Europäischen Privatgesellschaft, 2010, S. 62, *Maul/Röhricht* BB 2008. 1574, 1576; ähnlich *Kutschmann*, Mindestkapitalfreie Gesellschaften in Deutschland, 2016, S. 117.

371 *Schutte-Veenstra/Verbrugh* in: Hirte/Teichmann (Eds.), The European Private Company (SPE), 2013, S. 263, 271 befürworten die Möglichkeit für die Mitgliedstaaten auch gar kein Mindestkapital vorzusehen.

372 Vgl. *Lutter/Bayer/Schmidt*, Europäisches Unternehmens- und Kapitalmarktrecht, 2017, Rn. 47.32; *Chiu* in: Hirte/Teichmann (Eds.), The European Private Company (SPE), 2013, S. 47, 57; *Kalss* in: Hommelhoff/Schubel/Teichmann (Hrsg.), SPE, 2014, S. 133, 142.

373 Siehe zu Regelungsmöglichkeiten näher im Rahmen der Regelungstechnik unter Rn. 32 ff.

374 Vgl. auch Erwägungsgrund 11 S. 3 SPE-VO.

375 Zur Problematik der materiellen Unterkapitalisierung ausführlich aus *Jung*, Die Kapitalverfassung der SPE, 2014, S. 284 f.

376 Zum Problem des Begriffsverständnisses von Bar- und Sacheinlagen siehe *Jung*, Die Kapitalverfassung der SPE, 2014, S. 140 ff.

377 Die Wahlfreiheit wurde in der Begründung des Kommissionsentwurfs noch ausdrücklich erwähnt, vgl. Europäische Kommission, SPE-VO-KOM, S. 8. Die Erwägungsgründe des tschechischen, schwedischen und ungarischen Präsidentschaftsentwurfs äußern sich dazu allerdings nicht mehr explizit.

nalen Vorschriften der Privatgesellschaften mit beschränkter Haftung, die die **Nichtigkeitsgründe** des (ehemaligen) Art. 12 S. 1 lit. b) Publizitäts-RL (jetzt Art. 11 S. 1 lit. b) Kodifizierungs-RL) umsetzen, für anwendbar.

183 Für **Kapitalerhöhungen** ist ebenfalls zu entscheiden, ob Bar- oder Sacheinlagen zu erbringen sind. Allerdings ist Art. 8 I lit. h) bzw. i) SPE-VO seinem Wortlaut nach lediglich auf die Kapitalaufbringung bei Gründung der SPE zugeschnitten, denn es werden nur die Art und Höhe der Einlage eines jeden „Gründungsgesellschafters" genannt.[378] Daraus sollte allerdings nicht direkt geschlossen werden, dass die Art der Einlage eines jeden Anteilseigners im Rahmen einer Kapitalerhöhung nicht zu den Mindestangaben der Satzung zählt. An dieser Stelle könnte vielmehr auch an eine **analoge Anwendung** des Art. 8 I lit. h) bzw. i) SPE-VO gedacht werden.

1. Bareinlagen

184 Art. 20 I SPE-VO differenziert für die **Aufbringung der Bareinlage** zwischen der Pflicht der Erbringung der Einlage jedes einzelnen Gesellschafters und der gemeinsamen Einlagepflicht der Anteilseigner.[379] Sofort im Zeitpunkt des Erwerbs sind mindestens 1/4 der vereinbarten Bareinlage zu leisten (Art. 20 I 1 SPE-VO).[380] Da dies für alle Gesellschafter gilt, müssen mindestens 25% der gesamten vereinbarten Bareinlagen bei Erwerb erbracht werden. Die Einzahlungspflicht kann allerdings unter bestimmten Voraussetzungen höher liegen.

1. Ein Emissionsagio ist gem. Art. 20 I 2 SPE-VO vom Gesellschafter sofort zu erbringen.
2. Das Mindestkapital ist gem. Art. 20 I 3 SPE-VO bei Gründung von der Gesellschaft vollständig aufzubringen.
3. Das über das Mindestkapital hinausgehende Stammkapital ist gem. Art. 20 I 4 SPE-VO bei Erwerb zu 25% zu leisten.

Die Fälle 2 und 3 sind eine Anforderung an das vereinbarte Barvermögen insgesamt und keine Pflicht des Einzelnen.[381]

185 Art. 20 I 6 SPE-VO gibt vor, dass die SPE die gesamte vereinbarte Bareinlage spätestens nach drei Jahren erhalten muss. Eine spezielle Sanktionsnorm bei Verletzung dieser Pflicht gibt es nicht. Art. 45 SPE-VO verlangt vom nationalen Gesetzgeber vielmehr pauschal, wirksame, verhältnismäßige und abschreckende Sanktionen für Verstöße gegen die Verordnung gesetzlich zu bestimmen. Das mitgliedstaatliche Recht ist daher aufgerufen, eine diesen Vorgaben entsprechende Sanktionsregelung zu schaffen.

186 Gemäß Art. 20 I 5 SPE-VO darf das Geschäftsführungsorgan die Einlagen innerhalb der dreijährigen Aufbringungsfrist jederzeit und ohne wichtigen Grund einfordern. Aus deutscher Sicht überrascht die **jederzeitige Einforderbarkeit**, weil dies bei hohen Einlageverpflichtungen auch zur „Unzeit" erfolgen könnte. Es handelt sich jedoch um eine in Europa nicht ungewöhnliche Regelung.[382] Die Satzung kann diese Regelung allerdings abbedingen (vgl. Art. 20 I 5 SPE-VO). Typologisch wäre dies eine Abändernde-Satzungsbestimmung (s. dazu näher unter Rn. 18 f.). Die Gesellschafter können außerdem auch den Aufbringungszeitpunkt konkret in der Satzung festlegen. Die statuarische Bestimmung des Aufbringungszeitpunkts stellt ebenfalls eine Abändernde-Satzungsbestimmung iSd Art. 20 I 5 SPE-VO dar, obwohl dieser Punkt auch in Punkt 5, Anhang I SPE-VO aufgeführt ist.[383]

2. Sacheinlagen

187 Eine SPE darf grundsätzlich auch allein durch Aufbringung von Sacheinlagen ihr Stammkapital beschaffen.[384] **Arbeits- und Dienstleistungen** sind hingegen gem. Art. 20 II SPE-VO (anders noch der Kommissionsentwurf)[385] nicht sacheinlagefähig.[386] Eine weitere Einschränkung der Satzungsdispositivität enthält Art. 20 Ia 1 SPE-VO: Die Gesellschafter haben dementsprechend bei der Erbringung von Sacheinlagen keinerlei Spielraum hinsicht-

378 Die anderen sprachlichen Fassungen enthalten eine entsprechende Formulierung. Englischer Wortlaut: „founding member". Französischer Wortlaut: „membre fondateur". Spanischer Wortlaut: „socio fundador". Italienischer Wortlaut: „socio fondatore". Niederländischer Wortlaut: „oprichtend lid". Polnischer Wortlaut: „członków założycieli".

379 Vgl. dazu *Hommelhoff/Teichmann* GmbHR 2010, 337, 339.

380 Vgl. *Hommelhoff/Teichmann* GmbHR 2010, 337, 339.

381 Vgl. *Hommelhoff/Teichmann* GmbHR 2010, 337, 339.

382 Eine Einforderungsmöglichkeit besteht zB im Rahmen der französischen SARL (vgl. Art. L. 223-7 I 4 C. com., s. § 13 Rn. 377). Auch bei der italienischen s.r.l. kann das Geschäftsführungsorgan die ausstehenden Einlagen jederzeit und ohne wichtigen Grund einfordern (s. § 14 Rn. 447).

383 Siehe dazu näher *Jung*, Die Kapitalverfassung der SPE, 2014, S. 148 ff.

384 Siehe dazu näher *Jung*, Die Kapitalverfassung der SPE, 2014, S. 154 f.

385 Europäische Kommission, SPE-VO-KOM, S. 8; *Lanfermann/Richard* BB 2008, 1610, 1611; *Kornack* GLJ 2009, 1321, 1325; *Cannivé/Seebach* GmbHR 2009, 519, 523; *Kutschmann*, Mindestkapitalfreie Gesellschaften in Deutschland, 2016, S. 198.

386 Vgl. ua *Lutter/Bayer/Schmidt*, Europäisches Unternehmens- und Kapitalmarktrecht, 2017, Rn. 47.36; *Habersack/Verse*, Europäisches Gesellschaftsrecht, 2011, § 15 Rn. 4.

lich des **Aufbringungszeitpunkts**. Sacheinlagen müssen vielmehr gem. Art. 20 Ia 1 SPE-VO sofort bei Erwerb der Anteile vollständig geleistet werden. Eine Teilaufbringung zu einem späteren Zeitpunkt ist nicht zulässig.

Gem. Art. 20 Ia 2 SPE-VO kann der nationale Gesetzgeber im Wege einer echten Regelungsoption (s. dazu näher unter Rn. 32 f.) für die Einbringung von Sacheinlagen ein **Wertgutachten** durch einen Sachverständigen vorschreiben.[387] Diese Regelungsmöglichkeit wirft allerdings im Zusammenhang mit Punkt 4, Anhang I SPE-VO Auslegungsfragen auf. Denn Anhang I SPE-VO erlaubt es auch den Gesellschaftern, die Bewertung von Sacheinlagen statuarisch zur regeln (vgl. Punkt 4, Anhang I SPE-VO).[388] Erlassen weder der nationale Gesetzgeber im Ausführungsgesetz noch der Satzungsgeber eine Regelung, kommt nationales GmbH-Recht zur Anwendung.[389] Die Satzung kommt zum Zug, wenn es an einer Regelung im nationalen Ausführungsgesetz fehlt. Umgekehrt kann auch allein der nationale Gesetzgeber die Thematik regeln. Bei Regelungen sowohl im Ausführungsgesetz als auch in der Satzung ist das Ausführungsgesetz vorrangig. (zur dahinterstehenden allgemeinen Problematik bei Kann-Satzungsbestimmungen Rn. 40). 188

Für den Fall einer **überbewerteten Sacheinlage** fehlt es an einer speziellen Sanktion in der SPE-Verordnung.[390] Ginge man von einer Nicht- bzw. Teilregelung iSd Art. 4 II SPE-VO aus,[391] käme nationales Recht in den Schranken des Art. 45 SPE-VO zur Anwendung. Eine Alternative wäre, dass die Verordnung diesen Aspekt abschließend regelt. Dann könnte die Lösung in einer Sacheinlage verbunden mit einer Bareinlage in Höhe der Wertdifferenz liegen, die vom Gesellschafter zu leisten ist. Der Anspruch der SPE auf die Erbringung einer Bareinlage in Höhe der Wertdifferenz würde dann aus dem weiterhin bestehenden Einlageversprechen hergeleitet.[392] Da im Zweifel von einer vollständigen Regelung in der Verordnung auszugehen ist (s. Rn. 24), könnte hier die verordnungsimmanente Lösung vorzugswürdig sein. Dann wäre eine ggf. bestehende nationale Sanktion nicht anwendbar.[393] 189

3. Verdeckte Sacheinlagen

Da die Vorschriften bezüglich der Sacheinlage strenger sind als die Regeln zur Aufbringung von Bareinlagen, bestehen **Anreize** sogenannte **verdeckte Sacheinlagen** einzubringen.[394] Eine verdeckte Sacheinlage liegt vor, wenn ein Gesellschafter eine Bareinlage leistet, die SPE aber im Anschluss daran mit dieser Bareinlage einen Gegenstand vom Anteilseigner erwirbt und somit im wirtschaftlichen Ergebnis der SPE eine Sacheinlage zur Verfügung steht.[395] 190

Spezielle Regeln für verdeckte Sacheinlagen enthält die Verordnung nicht.[396] Insbesondere kennt die SPE-Verordnung keine Nachgründungsvorschriften wie Art. 52 Kodifizierungs-RL (ex-Art. 13 Kapital-RL) sie vorsieht (s. dazu näher unter § 21 Rn. 64 ff.). Es liegt jedoch trotzdem keine Nicht- oder Teilregelung vor. In dieser Situation greifen vielmehr die Regeln der SPE-Verordnung zur Kapitalaufbringung und -erhaltung, insbesondere 191

387 Diese Regelungsmöglichkeit führt zu Rechtszersplitterung. Kritisch dazu in Bezug auf das Wertgutachten *Hommelhoff/Teichmann* GmbHR 2010, 337, 339; *Siems/Herzog/Rosenhäger* EBOR 12 (2011) 147, 158; *Feliu Rey/Rodrígues de las Heras Ballell* CeIE 2011, 526, 545.

388 Vgl. *Wicke* GmbHR 2011, 566, 568; *Lutter/Bayer/Schmidt*, Europäisches Unternehmens- und Kapitalmarktrecht, 2017, Rn. 47.39; *Schutte-Veenstra/Verbrugh* in: Hirte/Teichmann (Eds.), The European Private Company (SPE), 2013, S. 263, 274.

389 Siehe dazu näher *Jung*, Die Kapitalverfassung der SPE, 2014, S. 156 f.

390 Siehe dazu näher *Jung*, Die Kapitalverfassung der SPE, 2014, S. 159 ff.

391 So *Kalss* in: Hommelhoff/Schubel/Teichmann (Hrsg.), SPE, 2014, S. 133, 158.

392 Vgl. *Hommelhoff/Teichmann* GmbHR 2008, 897, 905 (insbes. Fn. 70) zum Kommissionsentwurf.

393 Das schließt allerdings nicht aus, dass unter Umständen andere Sanktionen greifen, die für die Verletzung der Aufbringungsvorschriften für Bareinlagen erlassen wurden.

394 Vgl. auch *Freudenberg* NZG 2010, 527, 530; vor allem mit Blick auf ein von Deutschland eventuell vorgeschriebenes obligatorisches Wertgutachten für Sacheinlagen.

395 In Deutschland müssen mehrere Voraussetzungen vorliegen, um eine verdeckte Sacheinlage annehmen zu können. § 19 IV 1 GmbHG definiert die verdeckte Sacheinlage als Bareinlage, die jedoch „bei wirtschaftlicher Betrachtung und aufgrund einer im Zusammenhang mit der Übernahme der Geldeinlage getroffenen Abrede vollständig oder teilweise als Sacheinlage zu bewerten" ist. In dieser Arbeit wird die nach deutschem Verständnis notwendige vorherige Abrede nicht thematisiert, sondern die Erfüllung dieser Voraussetzung als gegeben unterstellt. Siehe zur Definition des § 19 IV 1 GmbHG ausführlich *Ebbing* in: Michalski ua (Hrsg.), GmbHG, Bd. 1, 3. Aufl. 2017, § 19 Rn. 133 ff.; *Schwandtner* in: MüKo GmbHG, Bd. 1, 2. Aufl. 2015, § 19 Rn. 184 ff. und *Roth* in: Roth/Altmeppen (Hrsg.), GmbHG, 8. Aufl. 2015, § 19 Rn. 40 ff.

396 Ausführlich zum Problem verdeckter Sacheinlagen *Jung*, Die Kapitalverfassung der SPE, 2014, S. 309 ff.

zu unrechtmäßig gezahlten Ausschüttungen.[397] Außerdem kann es sich um eine Transaktion mit einer nahestehenden Person handeln.[398]

192 Im Rahmen der verdeckten Sacheinlage wird die Bareinlageverpflichtung zunächst ordnungsgemäß erfüllt. Erst der anschließende Vorgang der verdeckten Sacheinlage durch Erwerb des Gegenstandes macht den Vorgang problematisch. Es kommt so zu einem Kapitalabfluss an einen Gesellschafter, wodurch die Anwendung der Vorschriften über unrechtmäßig gezahlte Ausschüttungen (Art. 22 SPE-VO iVm Art. 21 SPE-VO und Art. 2 I lit. c) SPE-VO) naheliegt. Dafür müsste es sich bei der Transaktion um eine **Ausschüttung** gemäß Art. 2 I lit. c) SPE-VO handeln (dazu näher unter Rn. 206 ff.). Eine Ausschüttung liegt allerdings nur vor, wenn das Geschäft einem **Drittvergleich**[399] nicht standhält. Es kommt also darauf an, dass ein so günstiges Geschäft mit einem fremden Dritten normalerweise nicht geschlossen würde. Liegt nach Art. 2 I lit. c) SPE-VO im Ergebnis eine Ausschüttung vor, muss untersucht werden, ob die Ausschüttung die Voraussetzungen des Art. 21 SPE-VO erfüllt.[400] Ist dies nicht der Fall, hat das Geschäftsführungsorgan gemäß Art. 22 SPE-VO die **unrechtmäßig getätigten Ausschüttungen** vom Gesellschafter **zurückzuverlangen** (s. dazu Rn. 224 ff.).

4. „Gemischte" Kapitalaufbringung

193 Die Satzung kann gestatten, dass ein Anteilseigner „gemischte" Einlagen, also eine **Kombination** aus **Bar- und Sacheinlagen**[401] erbringt. In diesem Zusammenhang soll der Begriff abweichend von der deutschen Terminologie[402] ausschließlich für die gleichzeitige Erbringung von Bar- und Sacheinlagen durch einen Gesellschafter benutzt werden.[403]

194 Die SPE-Verordnung, insbesondere Art. 20 SPE-VO, behandelt solche „gemischten" Einlagen nicht explizit. Art. 20 I SPE-VO scheint auf den ersten Blick allein die Aufbringung von Bareinlagen zu behandeln, während sich Art. 20 II SPE-VO mit der Sacheinlagenerbringung beschäftigt. Würde man dies zugrunde legen, müssten das Mindestkapital (Art. 20 I 3 SPE-VO) sowie die 25% des über das Mindestkapital hinausgehenden Betrages (Art. 20 I 4 SPE-VO) aufgrund des systematischen Arguments allein mittels des Barvermögens aufgebracht werden.[404] Die Erbringung der Sacheinlage könnte demnach nicht dazu genutzt werden, die Vorgaben des Art. 20 I 3 und 4 SPE-VO zu erfüllen. Es muss jedoch bedacht werden, dass eine SPE auch allein mit Sachvermögen bei der Gründung ausgestattet werden kann (vgl. Art. 8 I lit. h) und i) SPE-VO sowie Art. 9 II lit. k) SPE-VO). Folgt man dieser Ansicht, kann das Mindestkapital in solchen Fällen nur mithilfe des Sachvermögens erbracht werden. Bei einer „gemischten" Einlage sollte dies dann ebenfalls möglich sein.[405]

III. Rücklagenbildung

1. Gesetzliche Rücklagenbildung

195 Die SPE-Verordnung enthält keine Regelung zur Bildung von gesetzlichen Rücklagen. Dies könnte entweder als Nicht- oder Teilregelung gedeutet werden, mit der Konsequenz, dass diese Thematik den nationalen Gesetzgebern zur Regelung überlassen wäre oder als Ablehnung einer Regelung zur Wahrung des Freiraums der Gesellschafter und der Einheitlichkeit der SPE in Europa verstanden werden. Beide Ansichten sind gut vertretbar.[406]

---

397 Auch *Peters/Wüllrich* DB 2008, 2179, 2182 erwägen in Bezug auf den Kommissionsentwurf eine Lösung auf europäischer Ebene. Vgl. *Freudenberg* NZG 2010, 527, 530 zum schwedischen Präsidentschaftsentwurf. Der Autor plädiert für eine Anwendung nationalen Rechts, da er eine Regelungslücke in der Verordnung annimmt. In Bezug auf den Kommissionsentwurf ebenso *Hadding/Kießling* WM 2009, 145, 148.

398 Darauf soll hier nicht näher eingegangen werden. Siehe dazu *Jung*, Die Kapitalverfassung der SPE, 2014, S. 320 f.

399 Bei einem Drittvergleich wird untersucht, ob das Geschäft auch mit einem Dritten abgeschlossen worden wäre. Dazu muss das Geschäft „zu marktüblichen bzw. für die SPE vorteilhaften Konditionen durchgeführt" worden sein.

400 Siehe zur Ausschüttung näher unter Rn. 206 ff.

401 Zustimmend *Lutter/Bayer/Schmidt*, Europäisches Unternehmens- und Kapitalmarktrecht, 2012, § 43 Rn. 80.

402 Zur Bedeutung von gemischten (Sach-)Einlagen bzw. Mischeinlagen im deutschen Recht siehe statt vieler *Leitzen* in: Michalski ua (Hrsg.), GmbHG, Bd. 1, 3. Aufl. 2017, § 5 Rn. 55 f.; *Roth* in: Roth/Altmeppen (Hrsg.), GmbHG, 8. Aufl. 2015, § 5 Rn. 25, 53; *Schäfer* in: Henssler/Strohn (Hrsg.), Gesellschaftsrecht, 3. Aufl. 2016, § 5 Rn. 15; *Schwandtner* in: MüKo GmbHG, Bd. 1, 2. Aufl. 2015, § 5 Rn. 207 ff.

403 So wurde die Bezeichnung bereits in *Jung* BB 2010, 1233, 1237 verstanden. *Lutter/Bayer/Schmidt*, Europäisches Unternehmens- und Kapitalmarktrecht, 2012, § 43 Rn. 80 benutzen dieselbe Terminologie.

404 Vgl. *Jung* BB 2010, 1233, 1237. Dort werden die Auswirkungen an einem Beispiel geschildert.

405 Näher zu dieser Problematik *Jung*, Die Kapitalverfassung der SPE, 2014, S. 164 ff.

406 Gegen die Bildung von Rücklagen nach nationalem Recht *Lutter/Bayer/Schmidt*, Europäisches Unternehmens- und Kapitalmarktrecht, 2012, § 43 Rn. 89 allerdings ohne nähere Begründung. *Wicke* GmbHR 2011, 566, 572 weist darauf hin, dass auch dann keine Pflicht zur Rücklagenbildung besteht, wenn die Mitgliedstaaten kein höheres Mindestkapital festsetzen. AA noch *Jung* EWS 2012, 25, 27. *Culmann*, SPE, 2012, S. 44 geht ebenfalls von einer Rücklagenbildung nach nationalem Recht aus. *Schutte-Veenstra/Verbrugh* in: Hirte/Teichmann (Eds.), The

Hier wird im Ergebnis aufgrund der etwas besseren Argumente dafür plädiert, nicht von einer Nicht- bzw. Teilregelung iSd Art. 4 II SPE-VO auszugehen und damit die **Anwendbarkeit nationalen Rechts abzulehnen.**[407] Gegen die Möglichkeit einer nationalen gesetzlichen Pflicht zur Rücklagenbildung spricht insbesondere, dass der Gesetzgeber sich mit der Fragestellung in einem Vorentwurf beschäftigt hat,[408] die früher vorgesehene Option für die Mitgliedstaaten jedoch nicht mehr enthalten ist (zur historischen Auslegung im Allgemeinen § 2 Rn. 123 ff.). Außerdem ist die SPE insgesamt nicht besonders eigenkapitalorientiert.

2. Statuarische Rücklagenbildung

Möchten die Gesellschafter Rücklagen vereinbaren, können sie dies in der Satzung tun. Dieser Aspekt ist jedoch weder in Art. 8 I SPE-VO noch in Anhang I SPE-VO aufgeführt, so dass keine Muss- bzw. Kann-Satzungsbestimmung vorliegt. Eine Einordnung als Abändernde-Satzungsbestimmungen ist ebenfalls abzulehnen, da der Verordnungsgeber die Bildung von Rücklagen auch nicht in der SPE-Verordnung regelt (zu den Satzungskategorien s. Rn. 14 ff.). Eine entsprechende Klausel ist nach dem Ausschlussverfahren (negative Abgrenzung) daher im Ergebnis als **Weitere-Satzungsbestimmung** zu kategorisieren (vgl. Rn. 20). Auf eine solche Satzungsbestimmung findet das nationale Recht für Privatgesellschaften mit beschränkter Haftung Anwendung (vgl. Art. 8 Ia 3 SPE-VO). Zwar ist auf Weitere-Satzungsbestimmungen grundsätzlich auch die SPE-Verordnung anwendbar. Da die SPE-VO aber für statuarische Rücklagen keine Regelung bereithält, greift hier allein das nationale Recht für Privatgesellschaften mbH. 196

IV. Kapitalerhöhung

1. Satzungsbestimmungen

Die SPE-Verordnung befasst sich nicht näher mit den internen Prozessen der Kapitalerhöhung.[409] Sie überlässt die Regelung der Satzung und damit den Gesellschaftern, wobei es aber Verordnungsvorschriften gibt, die den Regelungsspielraum begrenzen (zur Regelungsfreiheit vgl. Art. 8 Ia 1 SPE-VO iVm Punkt 8, Anhang I SPE-VO). Im Innenverhältnis eröffnet der Verordnungsgeber den Anteilseignern durch die weite Formulierung des Punktes 8, Anhang I SPE-VO und aufgrund der fehlenden zwingenden Vorschriften in der Verordnung eine erhebliche **Satzungsgestaltungsfreiheit.** Der Spielraum der Gesellschafter erstreckt sich auf den gesamten Prozess der Kapitalerhöhung einschließlich der Durchführung. Die Anteilseigner haben beispielsweise die Möglichkeit, in der Satzung zu entscheiden, ob die Kapitalerhöhung die Zeichnung neuer Anteile bedarf oder die bereits bestehenden Anteile in dem der erhöhten Stammeinlage entsprechenden Verhältnis erhöht werden. Gemäß Punkt 8, Anhang I SPE-VO können die Gesellschafter auch Regelungen über ein mögliches Bezugsrecht treffen.[410] Regeln die Anteilseigner die Kapitalerhöhung in der Satzung, findet mitgliedstaatliches Recht keine Anwendung (vgl. Art. 8 Ia 2 SPE-VO). Machen die Gesellschafter von ihrer Satzungsautonomie jedoch keinen oder nur teilweisen Gebrauch, so greifen für alle ungeregelten Bereiche die nationalen Vorschriften für Privatgesellschaften mit beschränkter Haftung (vgl. Art. 4 III iVm 4 II lit. b) SPE-VO). 197

2. Kapitalaufbringung im Rahmen einer Kapitalerhöhung gegen Einlage

Der SPE fließt bei einer Kapitalerhöhung gegen Einlage neues Kapital in Form von Bar- oder Sacheinlagen zu.[411] Dabei sind zwei Situationen hinsichtlich der Aufbringung der Mittel zu unterscheiden: Gem. Art. 20 SPE-VO finden die Kapitalaufbringungsvorschriften unmittelbar Anwendung, wenn die Kapitalerhöhung durch den 198

European Private Company (SPE), 2013, S. 263, 277 gehen wohl implizit von einer Rücklagenbildung nach nationalem Recht aus.

407 Vgl. *Lutter/Bayer/Schmidt*, Europäisches Unternehmens- und Kapitalmarktrecht, 2012, § 43 Rn. 89 zwar ohne nähere Begründung, aber die Aussage hat die Autorin dazu bewogen, ihre in *Jung* EWS 2012, 25, 27 vertretene Position noch einmal zu überdenken. So daher schon *Jung*, Die Kapitalverfassung der SPE, 2014, S. 171.

408 Art. 21 I 1 SPE-VO-T (tschechischer Präsidentschaftsentwurf).

409 Vgl. *Peters/Wüllrich* DB 2008, 2179, 2183; *Mosch*, Kapitalschutz ohne Kapital, 2013, S. 328 und *Meller*, Der institutionelle Gläubigerschutz in der Europäischen Privatgesellschaft, 2010, S. 125 zum Kommissionsentwurf. *Jung* EuZW 2012, 129, 132 zum ungarischen Präsidentschaftsentwurf; ebenso *Teichmann* in: MüHdB GesR, Bd. 6, 2013, § 50 Rn. 43.

410 Vgl. *Lutter/Bayer/Schmidt*, Europäisches Unternehmens- und Kapitalmarktrecht, 2017, Rn. 47.51 leiten die Möglichkeit für die Gesellschafter, ein Bezugsrecht zu statuieren, ebenfalls aus Punkt 8, Anhang I SPE-VO her. Zum Einfluss des Gleichbehandlungsgrundsatzes auf Bezugsrechte im Rahmen von Kapitalerhöhungen siehe näher unter Rn. 201.

411 Die Kapitalerhöhung aus Gesellschaftsmitteln wird in dieser Arbeit nicht diskutiert.

Erwerb neuer Anteile erfolgt.[412] Art. 20 II 3 und 4 SPE-VO erfassen allerdings nur Kapitalaufbringungen bei Gründung, also eben keine Kapitalerhöhungen.[413]

199 Die Satzung kann jedoch (auf Basis von Punkt 8, Anhang I SPE-VO) auch vorsehen, dass – wie in der österreichischen GmbH – jeder Anteilseigner nur einen Geschäftsanteil hält und bei einer Kapitalerhöhung dieser in dem der erhöhten Stammeinlage entsprechenden Verhältnis erhöht wird (vgl. § 75 II GmbHG Österreich). In einem solchen Fall erwerben die bereits vorhandenen Gesellschafter im Rahmen der Kapitalerhöhung keine neuen Anteile. Da sich Art. 20 SPE-VO zumindest seinem Wortlaut nach lediglich auf die Kapitalaufbringung im Rahmen von Erwerbsvorgängen von Anteilen bezieht („bei Geschäftsanteilen, die gegen Bareinlage (Sacheinlage) erworben werden"),[414] kommt eine direkte Anwendung der Norm auf diese Fälle der Kapitalerhöhung nicht in Betracht.[415] Eine analoge Anwendung ist jedoch geboten, da keine planmäßige Nichtregelung vorliegt und keine Unterschiede bestehen, die eine abweichende Behandlung rechtfertigen könnten.[416]

3. Bezugsrecht

200 Die Gesellschafter können in der **Satzung** festlegen, ob Bezugsrechte im Rahmen von Kapitalerhöhungen vorgesehen sind und falls ja, wie die Bezugsrechte ausgestaltet sind (vgl. Punkt 8, Anhang I SPE-VO).[417] Wird das Bezugsrecht von den Anteilseignern nicht in der Satzung geregelt, so bestimmt es sich nach dem nationalen Recht für Privatgesellschaften mit beschränkter Haftung (vgl. Art. 4 III SPE-VO).

201 Der **Gleichbehandlungsgrundsatz**, den Erwägungsgrund 13 SPE-VO einfordert, verlangt, dass alle Gesellschafter einer Gattung gleichbehandelt werden müssen. Sieht nationales Recht die Gleichbehandlung nicht vor, stellt sich die Frage, inwiefern sich der Gleichbehandlungsgrundsatz auf die mitgliedstaatlichen Vorschriften auswirkt. Im Ergebnis folgt aus dem Gleichbehandlungsgrundsatz (s. dazu Rn. 140 f.,) in Verbindung mit Art. 14 II SPE-VO, dass das nationale Recht verordnungskonform (vgl. zu dieser Art der Auslegung § 2 Rn. 189) auszulegen ist.[418]

202 Wird Anteilseignern ein Bezugsrecht gewährt, hat dies Auswirkungen auf die erforderlichen **Beschlussmehrheiten** bei Kapitalerhöhungen und zwar unabhängig von einer eventuellen Gattungsbildung: Denn eine Kapitalerhöhung führt zu einer Satzungsänderung. Der entsprechende Beschluss bedarf daher gem. Art. 28 I lit. g) SPE-VO iVm Art. 28 II SPE-VO einer qualifizierten Mehrheit sämtlicher an die Geschäftsanteile geknüpfter Stimmrechte.[419] Sind mit allen Anteilen Bezugsrechte verbunden, so reicht die qualifizierte Mehrheit der an die Geschäftsanteile gebundenen Stimmrechte aus, um einen entsprechenden Beschluss wirksam zu fassen.

203 Unterschiede bzgl. des Bezugsrechts wirken sich auf die Beschlussanforderungen für Kapitalerhöhungen aus. Bestehen zwei Gattungen von Anteilen, von denen lediglich einer Gattung ein Bezugsrecht zusteht, so muss neben der qualifizierten Stimmenmehrheit gem. Art. 28 I lit. g), II SPE-VO auch eine 2/3-Mehrheit der Gattung ohne Bezugsrecht der Kapitalerhöhung zustimmen (Art. 14 III lit. b) SPE-VO). Entsprechendes gilt, wenn ohne die Bildung von Gattungen einige Anteile kein Bezugsrecht besitzen. Dann ist es notwendig, dass die vom Bezugsrechtsausschluss betroffenen Anteilseigner mit 2/3-Mehrheit zustimmen. (Art. 14 III lit. a) SPE-VO).

204 Teilweise werden allerdings absolute Stimmrechte an die Anteile geknüpft, so dass zB ein Anteil eine Stimme gewährt. Dann führt eine Kapitalerhöhung – formell betrachtet – nicht zu einer Änderung der Rechte der Anteilseigner ohne Bezugsrecht. Denn auch nach der Kapitalerhöhung ist mit dem Anteil noch eine Stimme ver-

412 *Teichmann* in: MüHdB GesR, Bd. 6, 2013, § 50 Rn. 43.

413 Vgl. *Schutte-Veenstra/Verbrugh* in: Hirte/Teichmann (Eds.), The European Private Company (SPE), 2013, S. 263, 271.

414 Art. 20 SPE-VO. Die englische, französische, spanische, italienische, polnische und niederländische Fassung der SPE-Verordnung enthalten eine vergleichbare Formulierung. Englischer Wortlaut: „In the case of units acquired for consideration in cash (consideration in kind)". Französischer Wortlaut: „Lorsque des quotes-parts sont acquises en contrepartie d'apport en numéraire (d'apport en nature)". Spanischer Wortlaut: „En caso de las cuotas adquiridas mediante aportaciones dinerarias (aportaciones en especie)". Italienischer Wortlaut: „In caso di unità di capitale acquisite per un corrispettivo in contante (corrispettivo in natura)". Niederländischer Wortlaut: „Indien leden deelnemingsbewijzen verkrijgen tegen een inbreng in geld" bzw. „Indien deelnemingsbewijzen tegen inbreng in natura worden verkregen". Polnischer Wortlaut: „W przypadku jednostek nabytych za wkład pieniężny (wkład niepieniężny)".

415 AA *Lutter/Bayer/Schmidt*, Europäisches Unternehmens- und Kapitalmarktrecht, 2017, Rn. 47.33. Die Autoren gehen „mit Blick auf systematische Stellung und Telos" in jedem Fall von einer direkten Anwendbarkeit des Art. 20 SPE-VO aus. Einer Analogie bedürfte es ihrer Ansicht nach deshalb nicht.

416 Dazu näher *Jung*, Die Kapitalverfassung der SPE, 2014, S. 175 f.

417 Siehe dazu näher *Jung*, Die Kapitalverfassung der SPE, 2014, S. 179 f.

418 Es muss nicht diskutiert werden, ob und wenn ja, inwiefern sich die Audiolux Entscheidung des EuGH (EuGH, Rs. C-101/08 (Audiolux), ECLI:EU:C:2009:626 = NZG 2009, 1350) hier auswirken würde, da das nationale Recht die Verordnungsvorschriften beachten muss und diese wiederum aufgrund des Erwägungsgrundes 13 SPE-VO im Lichte des Grundsatzes der Gleichbehandlung der Anteilseigner interpretiert werden müssen. Siehe zur Audiolux-Entscheidung ausführlich *Habersack/Tröger* NZG 2010, 1, 1 ff. *Basedow* in: FS Hopt, 2010, S. 27, 30.

419 Vgl. *Habighorst* in: MüHdB GesR, Bd. 3, 2012, § 76 Rn. 34.

bunden. Prozentual und damit materiell sinkt das Stimmengewicht dieser Gesellschafter ohne Bezugsrecht jedoch. Auch wenn der Wortlaut diese Fälle nicht erfasst, gibt es im Ergebnis keinen Grund für eine unterschiedliche Behandlung. Aus diesem Grunde ist es für die Wirksamkeit des Beschlusses erforderlich, dass die Anteilseigner der vom Bezugsrecht ausgeschlossenen Gattung analog Art. 14 III SPE-VO auch im Fall von absoluten Stimmrechten der Kapitalerhöhung gesondert mit Zweidrittelmehrheit zustimmen.

V. Kapitalerhaltung

Die Kapitalerhaltung ist ein zentraler Teil der Kapitalverfassung der SPE. Sie wird in der SPE-VO vor allem durch Ausschüttungssperren und die Rückforderungsmöglichkeit im Rahmen von unzulässigen Dividendenleistungen sowie den Regeln über die Kapitalherabsetzung erreicht. 205

1. Ausschüttung

a) Definition

Der für die Kapitalerhaltung zentrale Begriff der „**Ausschüttung**" wird in Art. 2 I lit. c) SPE-VO geregelt. Der Verordnungsgeber versteht unter einer Ausschüttung „jeden finanziellen Vorteil, den ein Gesellschafter aufgrund der von ihm gehaltenen Geschäftsanteile direkt oder indirekt aus der SPE zieht".[420] Zur Veranschaulichung benennt Art. 2 I lit. c) 1 und 2 SPE-VO beispielhaft einige Vorgänge, wie die Übertragung von Geld und Immobilien sowie den Rückkauf von Geschäftsanteilen, im Rahmen derer es zu Ausschüttungen an die Gesellschafter kommen kann.[421] Um die Regelung umgehungsfest zu machen, werden durch die Auffangklausel „sowie auf jedem anderen Wege"[422] **weitere Formen** von Ausschüttungen von der Definition erfasst (Art. 2 I lit. c) 2 SPE-VO).[423] 206

Eine Ausschüttung iSd Art. 2 I lit. c) 1 SPE-VO erfordert die drei folgenden Tatbestandsmerkmale: 207

- **Gesellschafter,**[424]
- **finanzieller Vorteil,**[425]
- **aufgrund der von ihm gehaltenen Gesellschaftsanteile.**[426]

Art. 2 I lit. ba) SPE-VO definiert, unter welchen Umständen eine Gesellschafterstellung vorliegt. Für die beiden anderen Tatbestandsmerkmale des Art. 2 I lit. c) 1 SPE-VO, namentlich die Ziehung eines finanziellen Vorteils aufgrund der Gesellschafterstellung, hält die SPE-Verordnung keine Definition bereit. Als Beispiele für einen „finanziellen Vorteil" nennt die Verordnung selbst die Übertragung von Geld und Immobilien bzw. den Rückkauf von Geschäftsanteilen (Art. 2 I lit. c) 1 und 2 SPE-VO). Die genannten Ausschüttungsformen zeigen, dass es allein darauf ankommt, dass der Gesellschafter Vermögenswerte erhält. Die Form der Vermögenswerte (zB Barvermögen oder Sachgegenstände) ist dagegen nicht entscheidend.[427] Durch die Auffangklausel „sowie auf jedem anderen Wege"[428] (Art. 2 I lit. c) 2 SPE-VO) werden weitere Formen der Ausschüttung einbezogen. Unter 208

420 Art. 2 I lit. c) S. 1 SPE-VO. Die anderen betrachteten sprachlichen Fassungen entsprechen dem deutschen Wortlaut. Vgl. ua den englischen Wortlaut: „any financial benefit derived directly or indirectly from the SPE by a member, in relation to the units held by him" und den französischen Wortlaut: „tout avantage financier qu'un membre tire directement ou indirectement de la SPE, en fonction des quotes-parts qu'il détient".

421 Vgl. zur sehr ähnlichen Definition des Begriffs „Ausschüttung" (vgl. Art. 2 I lit. b) SPE-VO-KOM iVm Art. 2 II SPE-VO-KOM) im Kommissionsentwurf *Hommelhoff/Teichmann* GmbHR 2008, 897, 906; *Meller*, Der institutionelle Gläubigerschutz in der Europäischen Privatgesellschaft, 2010, S. 156; *Mosch*, Kapitalschutz ohne Kapital, 2013, S. 359.

422 Art. 2 I lit. c) 2 SPE-VO. Die anderen sprachlichen Fassungen weisen eine entsprechende Auffangklausel auf. Vgl. ua Englischer Wortlaut: "or by any other means"; französischer Wortlaut: „ou par tout autre moyen".

423 Vgl. *Hommelhoff/Teichmann* GmbHR 2008, 897, 906 f. zum Kommissionsentwurf, der eine sehr ähnliche Definition des Begriffs „Ausschüttung" enthielt (vgl. Art. 2 I lit. b) SPE-VO-KOM iVm Art. 2 II SPE-VO-KOM).

424 Englische Fassung: „member"; französische Fassung: „membre"; spanische Fassung: „socio"; italienische Fassung: „socio", niederländische Fassung: „lid" und polnische Fassung: „członka".

425 Englische Fassung: „financial benefit"; französische Fassung: „avantage financier"; spanische Fassung: „ventaja financiera"; italienische Fassung: „vantaggio finanziario"; niederländische Fassung: „financieel voordeel"; polnische Fassung: „korzyści finansowe".

426 Englische Fassung: „in relation to the units held by him"; französische Fassung: „en fonction des quotes-parts qu'il détient"; spanische Fassung: „en relación con las cuotas que posea"; italienische Fassung: „in relazione alle unità di capitale da lui detenute"; niederländische Fassung: „in verband met de deelnemingsbewijzen die door hem worden gehouden"; polnische Fassung: „w związku z posiadanymi przez niego jednostkami".

427 Vgl. *Kutschmann*, Mindestkapitalfreie Gesellschaften in Deutschland, 2016, S. 291 (zum Kommissionsentwurf).

428 Englischer Wortlaut: „or by any other means"; französischer Wortlaut: „ou par tout autre moyen"; spanischer Wortlaut: „o por cualquier otro medio"; italienischer Wortlaut: „o con qualsiasi altro mezzo"; niederländischer Wortlaut: „dan wel op enigerlei andere wijze"; polnischer Wortlaut: „lub w dowolnej innej postaci". Damit enthalten alle betrachteten Sprachfassungen eine der deutschen Fassung vergleichbare Auffangklausel.

finanziellem Vorteil ist damit im Ergebnis jeder Vermögenstransfer an den Gesellschafter zu verstehen.[429] Unbeantwortet ist bislang die Frage, wie die Höhe des finanziellen Vorteils bestimmt werden kann. Hier wird im Ergebnis angenommen, dass der wahre Wert der vom Gesellschafter empfangenen Leistung den finanziellen Vorteil darstellt. Die Reichweite der Definition von Ausschüttungen wird dann allerdings in Bezug auf **Austauschgeschäfte**[430] wesentlich durch das dritte Tatbestandsmerkmal („aufgrund der von ihm gehaltenen Geschäftsanteile")[431] wieder eingeschränkt. Allein die Funktion des Gesellschafters beim Austauschverhältnis genügt somit nicht, um eine Ausschüttung zu begründen. Es ist vielmehr ebenso entscheidend, ob dem Gesellschafter die finanzielle Vergünstigung auch ohne seine Stellung als Anteilseigner gewährt worden wäre. Dies erfordert einen **Drittvergleich.**[432] In dessen Rahmen muss geprüft werden, ob die SPE das Geschäft auch mit einem beliebigen Dritten durchgeführt hätte. Dafür ist zunächst der wahre Wert der Gegenleistung des Gesellschafters zu ermitteln,[433] denn mit Blick auf den Drittvergleich ist das Verhältnis von Leistung und Gegenleistung von Bedeutung. Es ist davon auszugehen, dass die SPE die Transaktion auch mit einem Dritten durchgeführt hätte, wenn das Geschäft marktübliche bzw. für die SPE sogar vorteilhafte Konditionen aufweist.[434]

209 Im Fall eines **einseitigen Kapitalabflusses**, zB im Rahmen einer Dividendenauszahlung, ist der gesamte Betrag als Ausschüttung iSd Art. 2 I lit. c) SPE-VO zu qualifizieren, da der Gesellschafter diesen Vorteil aufgrund seiner Gesellschafterstellung erzielt.

210 Bei einem **Austauschvertrag** steht der Leistung allerdings eine Gegenleistung gegenüber, was die Ermittlung des Ausschüttungsbetrags erschwert. Im Ergebnis ist der **Differenzbetrag** der Werte als Ausschüttungsbetrag zu qualifizieren.[435] Unter einem finanziellen Vorteil ist somit zwar jeder Vermögenstransfer an den Gesellschafter zu verstehen, aber eine Ausschüttung liegt nur in Höhe des Betrags vor, der dazu führt, dass der finanzielle Vorteil auch als Ausschüttung zu qualifizieren ist.

b) Bilanz- und earned surplus test

211 Ausschüttungen iSd Art. 2 I lit. c) SPE-VO werden durch Art. 21 SPE-VO mittels zweier obligatorischer Ausschüttungssperren begrenzt. Dies sind der Bilanztest (vgl. Art. 21 I SPE-VO) und der *earned surplus test* (vgl. Art. 21 II SPE-VO). Die beiden Ausschüttungssperren in Art. 21 I und II SPE-VO wirken zusammen und regeln im Ergebnis denselben Sachverhalt, dh die **Einschränkung von Dividenden der Höhe nach**. Während Art. 20 I SPE-VO eine negative Abgrenzung des Ausschüttungsbetrages enthält, beschränkt Art. 20 II SPE-VO den ausschüttungsfähigen Betrag positiv.[436] Art. 21 I SPE-VO regelt somit, wann keine Ausschüttung an die Anteilseigner erfolgen darf; wohingegen Art. 21 II SPE-VO den maximalen Ausschüttungsbetrag bestimmt.[437]

212 Gem. Art. 21 I SPE-VO darf nicht an die Gesellschafter ausgeschüttet werden, „wenn bei Abschluss des letzten Geschäftsjahres das im Jahresabschluss der SPE ausgewiesene Nettoaktivvermögen den Betrag des Stammkapitals zuzüglich der kraft Satzung nicht ausschüttungsfähigen Rücklagen unterschreitet oder durch eine solche Ausschüttung unterschreiten würde".[438] Diese Berechnung wird **„Bilanztest"** genannt.[439] Bei der Betrachtung der Vorschrift erregt die Tatsache Aufmerksamkeit, dass die in Art. 21 I SPE-VO angesprochene Möglichkeit

429 *Kutschmann*, Mindestkapitalfreie Gesellschaften in Deutschland, 2016, S. 282, 290 (zum Kommissionsentwurf) geht dagegen davon aus, dass es für einen finanziellen Vorteil erforderlich ist, „dass dem Gesellschafter ein Vermögenswert zufließt, der den Wert der von ihm an die Gesellschaft abgeführten Gegenleistungen übersteigt". Nach hier vorgegebenen Verständnis wird eine Einschränkung dagegen erst durch das Tatbestandsmerkmal „aufgrund der von ihm gehaltenen Geschäftsanteile" erreicht.

430 *Teichmann* in: MüHdB GesR, Bd. 6, 2013, § 50 Rn. 45 spricht von Verkehrsgeschäft.

431 Englischer Wortlaut: „in relation to the units held by him"; französischer Wortlaut: „en fonction des quotes-parts qu'il détient"; spanischer Wortlaut: „en relación con las cuotas que posea"; italienischer Wortlaut: „in relazione alle unità di capitale da lui detenute"; niederländischer Wortlaut: „in verband met de deelnemingsbewijzen die door hem worden gehouden"; polnischer Wortlaut: „w związku z posiadanymi przez niego jednostkami".

432 Zum Drittvergleich in der deutschsprachigen Literatur siehe statt vieler *Ekkenga* in: MüKo GmbHG, Bd. 1, 2. Aufl. 2015, § 30 Rn. 236 f.; *Fleischer* in: Henssler/Strohn (Hrsg.), Gesellschaftsrecht, 2016, § 30 GmbHG Rn. 7. Zum Drittvergleich gem. des Kommissionsentwurfs *Hommelhoff/Teichmann* GmbHR 2008, 897, 907; zum schwedischen Kompromissentwurf *Kalss* in: Hommelhoff/Schubel/Teichmann (Hrsg.), SPE, 2014, S. 133, 153.

433 Der wahre Wert der vom Gesellschafter empfangenen Leistung wird bereits in Bezug auf den „finanziellen Vorteil" ermittelt.

434 So zum Kommissionsentwurf auch *Hommelhoff/Teichmann* GmbHR 2008, 897, 907.

435 Siehe dazu näher *Jung*, Die Kapitalverfassung der SPE, 2014, S. 190 ff.

436 Vgl. *Lutter/Leinekugel/Rödder* ZGR 2002, 204, 225 f. zur ehemaligen Kapital-RL (jetzt Teil der Kodifizierungs-RL), der die SPE-VO insoweit nachgebildet wurde.

437 Vgl. *Lanfermann/Röhricht* BB-Special zu Heft 17/2007, 8, 9 in Bezug auf die ehemalige Kapital-RL (jetzt Teil der Kodifizierungs-RL).

438 Art. 21 I 1 SPE-VO. Zur Anwendung der Vorschrift im Rahmen von Austauschverträgen siehe *Jung*, Die Kapitalverfassung der SPE, 2014, S. 201 f.

439 So bereits zum Kommissionsentwurf *Peters/Wüllrich* DB 2008, 2179, 2182; *dies.* NZG 2008, 807, 808; *Lanfermann/Richard* BB 2008, 1610, 1612; vgl. auch *Krejci* in: FS Hüffer, 2010, S. 501, 515.

der **statuarischen** Rücklagenbildung weder in Art. 8 I SPE-VO noch in Anhang I SPE-VO genannt wird. Sie stellt somit keine Muss- und auch keine Kann-Satzungsbestimmung dar und kann auch nicht als Abändernde-Satzungsbestimmung qualifiziert werden. Daraus ergibt sich durch das Ausschlussprinzip, dass Art. 21 I SPE-VO in die Kategorie „**Weitere-Satzungsbestimmung**" fällt (dazu Rn. 20). Für die nach **nationalem Recht zu bildenden** und danach ausschüttungsgesperrten **Rücklagen** kennt die Vorschrift hingegen keine (explizite) Ausschüttungssperre. Zumindest die deutsche, die englische, die italienische, die niederländische, die polnische und die spanische Fassung enthalten mit Blick auf Art. 21 I SPE-VO keine entsprechende Vorgabe. Die französische Version des Verordnungsentwurfs untersagt hingegen den Abfluss solcher Mittel ausdrücklich.[440] Im Ergebnis gelten nach hier vertretener Ansicht die nationalen Regelungen bzgl. der Rücklagenbildung mit Blick auf die SPE nicht (s. dazu unter Rn. 195). Daher ist es auch systemstimmig, dass die SPE-Verordnung für solche Rücklagen keine Ausschüttungssperre etabliert. Die französische Fassung ist damit fehlerhaft.

Gem. Art. 21 II SPE-VO dürfen Dividenden „den Betrag des Ergebnisses des letzten abgeschlossenen Geschäftsjahres, zuzüglich des Gewinnvortrags und der Entnahmen aus hierfür verfügbaren Rücklagen, jedoch vermindert um Verluste aus früheren Geschäftsjahren und um kraft Satzung in die Rücklage eingestellte Beträge nicht überschreiten".[441] Insofern lässt sich von *„earned surplus test"* sprechen. Wie in Art. 21 I SPE-VO untersagt auch Art. 21 II SPE-VO den Abfluss von satzungsmäßig gesperrten Rücklagen an die Gesellschafter. Wie bereits erläutert (s. Rn. 196) sind entsprechende Klauseln als **Weitere-Satzungsbestimmungen** einzuordnen. Rücklagen nach nationalem Recht müssen nicht gebildet werden, weshalb Art. 21 II SPE-VO auch in fast allen Sprachen keine entsprechende Ausschüttungssperre enthält.[442] 213

c) Durchführung der beiden Tests unter Berücksichtigung des zeitlichen Aspekts

Die Gesellschafter entscheiden gem. Art. 28 I lit. e) SPE-VO über die Höhe des Ausschüttungsbetrags. Art. 21 I und II SPE-VO beschränken die Dispositionsfreiheit der Anteilseigner jedoch. Damit diese Ausschüttungssperren beim Ausschüttungsbeschluss Berücksichtigung finden können, müssen die Tests zeitlich **vor** dem Beschluss der Anteilseigner über die Dividende vorgenommen werden. Die Anteilseigner erfahren dadurch, welcher maximale Betrag ihnen für die Ausschüttung zur Disposition steht. Gem. Art. 21 I 2 SPE-VO bzw. Art. 21 II 2 SPE-VO sind die Tests zwingend. Das Geschäftsführungsorgan ist dafür verantwortlich, dass die Tests durchgeführt werden und hat auch darauf zu achten, dass die Informationen den Anteilseignern zugeleitet werden (vgl. Art. 28 III 2 SPE-VO). Der genaue Zeitpunkt für die Durchführung der Tests lässt sich allerdings nicht aus Art. 21 I und II SPE-VO ablesen. Es wird allein deutlich, dass er vor der Beschlussfassung zu liegen hat. 214

Die Gesellschafter können allerdings gestützt auf Punkt 12, Anhang I SPE-VO in der Satzung den genauen **Zeitpunkt** der Übermittlung des Bilanztests und *earned surplus tests* zusammen mit den sonstigen Informationen bestimmen. Je früher nach der Satzung die Übermittlung der Ergebnisse der Tests zu erfolgen hat, desto früher muss der Zeitpunkt der Durchführung der Tests liegen. Regeln die Anteilseigner diesen Aspekt jedoch nicht in der Satzung, so greift das nationale Recht, da die mögliche statuarische Klausel als **Kann-Satzungsbestimmung** zu qualifizieren ist (s. zu dieser Kategorie unter Rn. 16 f.). 215

d) Solvenztest

Gem. Art. 21 IV SPE-VO können nationale Gesetzgeber den SPE mit Registersitz in ihrem Mitgliedstaat einen Solvenztest vor jeder Ausschüttung vorschreiben. Der Solvenztest ist dann **zusätzlich** zum Bilanztest und dem *earned surplus test* durchzuführen (s. dazu bereits Rn. 112).[443] Nehmen die Mitgliedstaaten diese Regelungsmöglichkeit jedoch nicht wahr, so sind aufgrund des abschließenden Charakters des Art. 21 I bis III SPE-VO dann lediglich ein Bilanztest und ein *earned surplus test* vor jeder Ausschüttung vorzunehmen. Art. 21 IV SPE-VO ist somit als echte Regelungsmöglichkeit zu qualifizieren.[444] Schreibt ein Mitgliedstaat keinen Solvenztest 216

440 „augmenté des réserves que *le droit national applicable* (...) ne permettent pas de distribuer" Art. 21 I SPE-VO.

441 Art. 21 II SPE-VO. Zur Anwendung der Vorschrift im Rahmen von Austauschverträgen siehe *Jung*, Die Kapitalverfassung der SPE, 2014, S. 204 f.

442 Nur die spanische Fassung verbietet entgegen den anderen Sprachfassungen die Ausschüttung entsprechender nationaler Rücklagen. Spanischer Wortlaut: „disminuido por las pérdidas trasladadas a cuenta nueva, así como las sumas depositadas en reserva de conformidad con la legislación nacional aplicable o los estatutos de la SPE" (Art. 21 II SPE-VO).

443 *Lutter/Bayer/Schmidt*, Europäisches Unternehmens- und Kapitalmarktrecht, 2012, § 43 Rn. 92; *Teichmann* in: MüHdB GesR, Bd. 6, 2013, § 50 Rn. 46; *Kalss* in: Hommelhoff/Schubel/Teichmann (Hrsg.), SPE, 2014, S. 133, 155; *Schutte-Veenstra/Verbrugh*, The European Private Company, 2013, S. 263, 278. Letztere gehen davon aus, dass nur wenige Mitgliedstaaten einen zusätzlichen Solvenztest gefordert hätten.

444 Siehe zur Unterscheidung von echten und unechten Regelungsmöglichkeiten näher unter Rn. 32 f.

für die SPE vor, so können gleichwohl die Anteilseigner einen entsprechenden Test in der Satzung vorsehen. Eine entsprechende statuarische Klausel stellt eine **Weitere-Satzungsbestimmung** (s. dazu Rn. 20) dar.[445]

217 Das Geschäftsführungsorgan muss bei einem vorgeschriebenen Solvenztest (unabhängig davon, ob die Satzung oder das nationale Recht dies bestimmt) vor jeder Ausschüttung in der **Solvenzbescheinigung** darlegen, dass es aufgrund einer umfassenden Prüfung der Ansicht ist, dass die SPE im auf die Ausschüttung folgenden Jahr dazu fähig sein wird, ihre Verbindlichkeiten bei Fälligkeit *„im Rahmen ihrer normalen Geschäftstätigkeit“*[446] zu begleichen (Art. 21 IV 1 SPE-VO). Art. 21 IV 1 SPE-VO regelt damit wichtige inhaltliche Eckpunkte der Solvenzbescheinigung: Der Solvenztest ist danach ein Liquiditätstest, bei dem die fällig werdenden Verbindlichkeiten den liquiden Mitteln gegenübergestellt werden. Der **Prognosezeitraum** beträgt ein Jahr. Sowohl aktuelle Daten als auch Prognosen sind beim Solvenztest zu berücksichtigen. Die Liquidität muss zudem im Rahmen der „normalen Geschäftstätigkeit“ gegeben sein, dh, dass nur **gewöhnliche Geschäfte** in die Betrachtung einfließen. Alle außergewöhnlichen Geschäfte dürfen hingegen keine Berücksichtigung finden. Die in der Norm verwendeten Begrifflichkeiten wie „Schulden“ und „normale Geschäftstätigkeit“[447] werden nicht definiert und sind daher europäisch-autonom auszulegen (vgl. dazu § 2 Rn. 80 ff.).[448]

218 Art. 21 IV SPE-VO regelt Eckpunkte in Bezug auf die Solvenzbescheinigung. Daraus wird in der Literatur geschlossen, dass die SPE-Verordnung den Solvenztest **abschließend** regelt.[449] Dies würde bedeuten, dass der nationale Gesetzgeber den Solvenztest nicht näher konkretisieren darf.[450] Die daraus folgende europaweite Einheitlichkeit der Regeln wäre zwar wünschenswert. Dies würde an dieser Stelle jedoch zu nicht unerheblichen Rechtsunsicherheiten führen und damit auch Kosten für die SPE und ihre Anteilseigner hervorrufen, da die Verordnung den Solvenztest nur in groben Zügen skizziert. Es erscheint daher zumindest auch vertretbar, dass die Mitgliedstaaten die Vorgaben zum Solvenztest konkretisieren dürfen.[451]

219 Das **Geschäftsführungsorgan** ist für die Ausstellung der Solvenzbescheinigung zuständig (vgl. Art. 21 IV 1 SPE-VO). Die Bescheinigung muss spätestens 15 Tage vor der Beschlussfassung über die Dividende vorliegen (Art. 21 IV 1 SPE-VO).[452] Der späteste Erstellungstermin kann aber gem. Punkt 12, Anhang I SPE-VO durch Satzungsbestimmung verändert werden (zur vergleichbaren Situation beim Bilanztest und dem *earned surplus test* s. Rn. 215).[453]

e) Zwischendividenden

220 Unterjährige Zwischendividenden als Sonderform der Ausschüttung (vgl. Art. 21 III SPE-VO) sind nur zulässig, wenn die Gesellschafter in der Satzung sich für deren Zulässigkeit entscheiden (vgl. Punkt 6, Anhang I SPE-VO). Trotz der Erwähnung im Anhang I SPE-VO handelt es sich aufgrund der Formulierung des Art. 21 III SPE-VO („Lässt die Satzung die Auszahlung von Zwischendividenden zu“)[454] um eine **Abändernde-Satzungsbestimmung** (s. dazu näher unter Rn. 18 f.).[455]

221 Lässt die Satzung Zwischendividenden zu, so kommen die speziellen materiellen Regeln des Art. 21 III lit. i) und ii) SPE-VO zur Anwendung. Die Anteilseigner können daher nur die Zulässigkeit und interne Verfahrensfragen statuarisch frei regeln, nicht jedoch die materiellen Voraussetzungen von Zwischendividenden. Eine ordnungsgemäße Zwischendividende liegt vor, wenn folgende Voraussetzungen erfüllt sind:

---

445 Die Mitgliedstaaten können nicht auf die Regelung des Solvenztests verzichten, aber dem Satzungsgeber gleichzeitig in den Ausführungsgesetzen die Regelungskompetenz absprechen.

446 Die englische, französische, spanische, italienische und niederländische Fassung enthalten eine ähnliche Formulierung. Zu der Auslegung der Formulierung vgl. *Culmann*, Die SPE in der Krise, 2012, S. 47.

447 Zum Kommissionsentwurf siehe *Meller*, Der institutionelle Gläubigerschutz in der Europäischen Privatgesellschaft, 2010, S. 189, der vermutet, dass sich die Auslegung am angelsächsischen System orientieren wird. Es ist jedoch grundsätzlich von einer europäisch autonomen Auslegung auszugehen, bei der rechtsvergleichende Überlegungen lediglich Interpretationsmöglichkeiten für den EuGH aufzeigen.

448 Siehe zur europäisch autonomen Auslegung in diesem Werk unter § 2 Rn. 80 ff.

449 Vgl. *Hommelhoff/Teichmann* GmbHR 2010, 337, 340; *Lutter/Bayer/Schmidt*, Europäisches Unternehmens- und Kapitalmarktrecht, 2012, § 43 Rn. 92.

450 Vgl. dazu *Hommelhoff/Teichmann* GmbHR 2010, 337, 340. Siehe zu diesem Aspekt auch *Lutter/Bayer/Schmidt* Europäisches Unternehmens- und Kapitalmarktrecht, 2012, § 43 Rn. 92.

451 Zu den Interpretationsmöglichkeiten näher *Jung*, Die Kapitalverfassung der SPE, 2014, S. 214 ff.

452 So auch *Siems/Herzog/Rosenhäger* EBOR 12 (2011) 147, 160; *Schutte-Veenstra/Verbrugh* in: Hirte/Teichmann (Eds.), The European Private Company (SPE), 2013, S. 263, 278. *Meller*, Der institutionelle Gläubigerschutz in der Europäischen Privatgesellschaft, 2010, S. 202 geht in Bezug auf den tschechischen Präsidentschaftsentwurf davon aus, dass die Solvenzbescheinigung *frühestens* 15 Tage vor der Beschlussfassung erstellt werden darf.

453 An dieser Stelle kann auf die Ausführungen zum Bilanztest verwiesen werden. Siehe dazu näher Rn. 211 ff.

454 Art. 21 III SPE-VO. Die spanische Fassung besagt, dass die Vorschriften greifen, wenn die Satzung Zwischendividenden *nicht* gestattet („Si los estatutos *no* permiten el abono de anticipos sobre dividendos, se aplicarán las disposiciones siguientes“). Da die anderen betrachteten Sprachfassungen jedoch eindeutig sind, enthält die spanische Version der SPE-Verordnung im Ergebnis einen Übersetzungsfehler.

455 Dazu ausführlicher *Jung*, die Kapitalverfassung der Societas Privata Europaea (SPE), 2014, S. 219 f.

Ausgangspunkt ist die Pflicht zur Erstellung einer **Zwischenbilanz**[456] (vgl. Art. 21 III lit. i) SPE-VO). Bezüglich der Erstellung und Prüfung von Abschlüssen greift gemäß Art. 26 SPE-VO das jeweils anwendbare nationale Recht. Die Berechnung der zulässigen Höhe der Zwischendividende wird durch Art. 21 III lit. ii) SPE-VO bestimmt, der inhaltlich mit Art. 21 II 1 SPE-VO (***earned surplus test***, s. dazu Rn. 211 ff.) nahezu übereinstimmt.[457] Eine Regelung, die der Pflicht zum Bilanztest gemäß Art. 21 I SPE-VO nachgebildet ist, kennt Art. 21 III SPE-VO allerdings nicht. Art. 21 III lit. i) SPE-VO errichtet im Ergebnis keine eigenständige Ausschüttungssperre, sondern nimmt vielmehr Bezug auf Art. 21 II lit. ii) SPE-VO, indem er die Zwischenbilanz als **Berechnungsgrundlage** für den gem. Art. 21 III lit. ii) erforderlichen Test benennt. 222

Anders als für gewöhnliche Ausschüttungen erklärt Art. 21 III SPE-VO den **Solvenztest** nicht explizit für Zwischendividenden anwendbar, wenn ein Mitgliedstaat einen solchen Test grundsätzlich vorschreibt. Doch ist hier ein Erst-recht-Schluss geboten. Im Ergebnis sollte Art. 21 IV SPE-VO somit **analog Anwendung** finden, da kein Grund ersichtlich ist, an die Auskehrung von Zwischendividenden niedrigere Anforderungen zu stellen.[458] 223

2. Rückforderung von unrechtmäßigen Ausschüttungen

Art. 22 SPE-VO regelt den Fall, dass ein Anteilseigner rechtswidrig Ausschüttungen von der SPE empfängt und gewährt der Gesellschaft unter bestimmten Umständen ein Rückforderungsrecht gegen den begünstigten Gesellschafter.[459] Erste Voraussetzung ist, dass ein **Gesellschafter** die unrechtmäßige Ausschüttung erhalten hat. Wer Gesellschafter ist, beschreibt Art. 2 I lit. ba) SPE-VO (dazu auch Rn. 118 ff.).[460] Art. 22 SPE-VO verlangt des Weiteren, dass es sich um eine **„Ausschüttung“** im Sinne von Art. 2 I lit. c) SPE-VO handeln muss. Eine Ausschüttung ist danach jeder finanzielle Vorteil, „den ein Gesellschafter aufgrund der von ihm gehaltenen Geschäftsanteile direkt oder indirekt aus der SPE zieht“[461] (s. dazu näher unter Rn. 206 ff.). Die SPE kann die Ausschüttung jedoch nur dann vom begünstigten Anteilseigner zurückfordern, wenn diese „entgegen Artikel 21 erfolgt ist oder (…) die Solvenzbescheinigung nicht hätte gegeben werden dürfen“.[462] Art. 22 SPE-VO nimmt seinem Wortlaut nach uneingeschränkt auf Art. 21 I und II SPE-VO Bezug und verweist nicht lediglich auf die materiellen Voraussetzungen der Berechnung. Daher liegt ein Verstoß gegen Art. 21 SPE-VO auch dann vor, wenn die Tests nicht auf Grundlage der zuletzt festgestellten Bilanz beruhten oder wenn die Berücksichtigung nachträglich eingetretener Veränderungen des Stammkapitals bzw. der ausschüttungsgesperrten Rücklagen unterblieben ist (Art. 21 I 3 SPE-VO). Eine Ausschüttung steht auch dann nicht in Einklang mit Art. 21 I und II SPE-VO, wenn die Berechnung des Bilanztests zwar ordnungsgemäß durchgeführt wurde, diese jedoch auf einem fehlerhaften Jahresabschluss basiert.[463] Eine Rückforderung von Zwischendividenden kommt im Fall von Verstößen gegen Art. 21 III SPE-VO in Betracht. Verlangt ein Mitgliedstaat gem. Art. 21 IV SPE-VO einen **Solvenztest**, so können erfolgte Ausschüttungen zurückverlangt werden, wenn die entsprechende Bescheinigung „nicht hätte gegeben werden dürfen“.[464] Dass die Solvenzbescheinigung ausdrücklich in Art. 22 SPE-VO benannt ist, überrascht insofern, als der Solvenztest bereits vom allgemeinen Verweis auf Art. 21 SPE-VO umfasst 224

456 Der englische, der niederländische und der griechische Wortlaut sprechen wie die deutsche Fassung von „Zwischenbilanz“. Englischer Wortlaut: „interim accounts“; niederländischer Wortlaut: „tussentijdse cijfers“; griechischer Wortlaut: „ενδιάμεσοι λογαριασμοί“. Die französische, italienische, spanische und polnische Fassung sind nicht so eindeutig formuliert. Französischer Wortlaut: „état comptable“; italienischer Wortlaut: „situazione contabile“; spanischer Wortlaut:„estado de cuentas“; polnischer Wortlaut: „wyciągi ze stanu konta“. Sie könnten eher allgemein mit „Bilanz“ oder „buchhalterischer Übersicht“ etc übersetzt werden. Das ändert jedoch nichts an dem Verständnis, dass für Zwischendividenden die Aufstellung einer (Zwischen-)Bilanz notwendig ist, um die finanzielle Situation des Unternehmens darzustellen, denn die französische, italienische und spanische Fassung können zumindest in diesem Sinn verstanden werden. *Kutschmann*, Mindestkapitalfreie Gesellschaften in Deutschland, 2016, S. 396 bewertet die Auskehrung von Zwischendividenden aufgrund der Zwischenbilanz als „schwerfällig“.

457 Auch Art. 21 III (ii) SPE-VO erwähnt die nach nationalem Recht zu bildenden Rücklagen nicht. Die Problematik ist der in Art. 21 I und II SPE-VO vergleichbar, weshalb an dieser Stelle auf Rn. 212 f. verwiesen werden soll.

458 Siehe zu dieser Problematik näher *Jung*, Die Kapitalverfassung der SPE, 2014, S. 222 ff.

459 Art. 22 SPE-VO wurde im Laufe des Verordnungsgebungsverfahrens nicht sehr stark verändert. Allgemein zu dieser Thematik bei der SPE ua *Meller*, Der institutionelle Gläubigerschutz in der Europäischen Privatgesellschaft, 2010, S. 207 ff.; *Krejci*, SPE, 2008, S. 95; *Maschke*, Gläubigerschutz im Recht der SPE in seiner gesetzgeberischen Entwicklung, 2011, S. 262 f.; *Pfennig*, Gläubigerschutz bei der Europäischen Privatgesellschaft, 2011, S. 87 f.; *Handelsrechtsausschuss des DAV* NZG Beilage zu Heft 7/2009, 1, 8 f.; *Hommelhoff/Teichmann* GmbHR 2008, 897, 907 f.; *Barneveld* in: Zaman et. Al (Hrsg.), The European Private Company (SPE), 2009, S. 81, 95 f.

460 Zu damit zusammenhängenden Auslegungsproblemen siehe *Jung*, Die Kapitalverfassung der SPE, 2014, S. 225 ff.

461 Art. 2 I lit. c) SPE-VO.

462 Art. 22 SPE-VO.

463 Vgl. *Hommelhoff/Teichmann* GmbHR 2008, 897, 908; *Pfennig*, Gläubigerschutz bei der Europäischen Privatgesellschaft, 2011, S. 88; *Salomon*, Regelungsaufträge in der SPE, 2010, S. 39 jeweils zum Kommissionsentwurf, allerdings jeweils ohne nähere Ausführungen. Zum ungarischen Entwurf näher *Jung*, Die Kapitalverfassung der SPE, 2014, S. 229 ff.

464 Art. 22 SPE-VO.

wäre. Im Ergebnis führt die Nennung in Art. 22 SPE-VO zu einer Einschränkung, da eine Rückforderung danach nur im Fall von inhaltlichen Fehlern der Solvenzbescheinigung möglich sein soll.[465] Zudem läuft ein fehlender oder nicht ordnungsgemäßer Gesellschafterbeschluss im Rahmen von Ausschüttungen nicht Art. 21 SPE-VO zuwider, sondern verstößt gegen Art. 28 I lit. e) SPE-VO. Solche Zuwiderhandlungen rechtfertigen in Übereinstimmung mit dem Wortlaut des Art. 22 SPE-VO keine Rückforderung von Ausschüttungen.[466]

225 Eine weitere Voraussetzung des Art. 22 SPE-VO ist, dass die SPE dem Gesellschafter nachweisen muss, dass er wusste bzw. hätte wissen müssen, dass er Ausschüttungen erhalten hat,[467] welche unter Verstoß gegen Art. 21 SPE-VO geleistet wurden. Unrechtmäßig geleistete Ausschüttungen sind also nicht zurückzuerstatten, wenn der Gesellschafter gutgläubig war.[468] Art. 22 SPE-VO verwendet in Bezug auf die **Kenntnis** bzw. das **Kennenmüssen** die Vergangenheitsform und unterstreicht dadurch, dass auf die Umstände im Zeitpunkt der Ausschüttung abzustellen ist.

226 „Bekannt“[469] bedeutet im Rahmen von Art. 22 SPE-VO positive Kenntnis des Anteilseigners vom Verstoß gegen Art. 21 SPE-VO. Kennenmüssen erfordert **grobe Fahrlässigkeit**.[470] Bei der Prüfung der groben Fahrlässigkeit ist die spezifische Situation des Gesellschafters zu berücksichtigen, was automatisch zu einer leichteren Bejahung der Haftung bei Gesellschafter-Geschäftsführern führt. Gemäß Art. 22 SPE-VO hat die SPE dem Gesellschafter nachzuweisen, dass dieser den Verstoß gegen Art. 21 SPE-VO kannte oder hätte kennen müssen. Art. 22 SPE-VO bürdet somit der SPE die **Beweislast** und als Folge auch die **Darlegungslast** auf.[471]

227 Gegenstand der Rückforderung ist die erhaltene Ausschüttung. Nicht eindeutig ist, ob bei Gegenständen eine Rückerstattung in Natur möglich ist oder ob die Rückerstattung stets in Geld zu erfolgen hat. Die besseren Argumente sprechen für Letzteres.[472] Für die Geltendmachung des Anspruchs auf Rückerstattung der unrechtmäßig erlangten Ausschüttungen ist das Geschäftsführungsorgan zuständig. Eine **Heilung** kommt selbst im Fall von formalen Verstößen nicht in Betracht.[473] Art. 22 SPE-VO regelt zwar die Rückforderung von Ausschüttungen relativ weitgehend, enthält jedoch keine **Verjährungsvorschrift**.[474] Es kommen insofern wohl die nationalen gesellschaftsrechtlichen Verjährungsvorschriften zur Anwendung. Da spezialgesetzliche Verjährungsfristen in den Mitgliedstaaten nicht unbekannt sind, sollten sie durch die Annahme einer Lücke mit Blick auf Art. 22 SPE-VO auch zur Anwendung kommen können. Kennt das anwendbare nationale Recht hingegen keine spezialgesetzlichen Regelungen, sind die allgemeinen zivilrechtlichen Verjährungsvorschriften einschlägig.

3. Kapitalherabsetzung

228 Da die SPE-Verordnung sowohl die **Kapitalherabsetzung zur Verlustdeckung** als auch die **Kapitalherabsetzung zum Zweck der Ausschüttung** (vgl. Art. 24 0 SPE-VO) kennt[475] und beide Formen der Kapitalherabsetzung von Art. 24 SPE-VO differenziert behandelt werden, muss der **Gesellschafterbeschluss** zur Kapitalherabsetzung an-

465 Siehe dazu näher *Jung*, Die Kapitalverfassung der SPE, 2014, S. 236 ff. Dazu, ob eine Rückforderung auch möglich ist, wenn lediglich die Satzung eine Solvenzbescheinigung vorschreibt, siehe *dies.*, ebd., S. 239 f.

466 Eine analoge Anwendung des Art. 22 SPE-VO scheidet wohl aus. Vgl. dazu *Jung*, Die Kapitalverfassung der SPE, 2014, S. 241 f.

467 Auf diesen Aspekt muss an dieser Stelle nicht näher eingegangen werden, da bei einer einseitigen Leistung an einen Gesellschafter zu vermuten ist, dass der Anteilseigner wusste, dass er Ausschüttungen erhält.

468 Vgl. *Meller*, Der institutionelle Gläubigerschutz in der Europäischen Privatgesellschaft, 2010, S. 213. Zur Kritik an dieser Konzeption siehe *Hommelhoff/Teichmann* GmbHR 2008, 897, 908; *Krejci*, SPE, 2008, S. 95; *Handelsrechtsausschuss des DAV* NZG Beilage zu Heft 7/2009, 1, 8; *Maschke*, Gläubigerschutz im Recht der Societas Privata Europaea in seiner gesetzgeberischen Entwicklung, 2011, S. 262 f.; *Culmann*, Die Societas Privata Europaea, 2012, S. 50 f. Das Europäische Parlament forderte in seiner legislativen Entschließung, den Rückforderungsanspruch der Gesellschaft unabhängig von der Gutgläubigkeit der Anteilseigner auszugestalten. Europäisches Parlament, SPE-VO-EP, Abänderung 37; vgl. hierzu auch *Mosch*, Kapitalschutz ohne Kapital, 2013, S. 372.

469 Art. 22 SPE-VO. Klarer der englische Wortlaut: „knew“. Ebenso der französische Wortlaut: „avait connaissance“. Spanischer Wortlaut: „sabía“. Italienischer Wortlaut: „era a conoscenza“. Niederländischer Wortlaut: „op de hoogte was“. Polnischer Wortlaut: „wiedział“.

470 Siehe dazu näher *Jung*, Die Kapitalverfassung der SPE, 2014, S. 244 ff.

471 Vgl. *Meller*, Der institutionelle Gläubigerschutz in der Europäischen Privatgesellschaft, 2010, S. 208; vgl. zum Kommissionsentwurf (Art. 22 SPE-VO-KOM) auch *Mosch*, Kapitalschutz ohne Kapital, 2013, S. 371. *Lutter/Bayer/Schmidt*, Europäisches Unternehmens- und Kapitalmarktrecht, 2012, § 43 Rn. 93 führen an, dass die Bösgläubigkeit in Zusammenhang mit der Beweislastverteilung zwar die Sanktionswirkung der Norm schmälert, „aber mit Blick auf die Parallelregelung in Art. 16 der 2. (Kapital-)RL (…) systemkohärent“ ist.

472 Zur Konkretisierung des Rückerstattungsanspruchs siehe *Jung*, Die Kapitalverfassung der SPE, 2014, S. 247 ff.

473 Dazu näher *Jung*, Die Kapitalverfassung der SPE, 2014, S. 254 ff. Siehe *dies.*, ebd. S. 256 ff. auch zum Rückerstattungsanspruch im Rahmen von Austauschbeziehungen.

474 Der *Handelsrechtsausschuss des DAV* NZG Beilage zu Heft 7/2009, 1, 9 spricht sich für eine Regelung in der Verordnung aus und befürwortet eine Verjährung nach drei Jahren in Anlehnung an § 31 III GmbHG.

475 Vgl. *Siems/Herzog/Rosenhäger* EBOR 12 (2011) 147, 161; *Lutter/Bayer/Schmidt*, Europäisches Unternehmens- und Kapitalmarktrecht, 2017, Rn. 47.52; *Schutte-Veenstra/Verbrugh* in: Hirte/Teichmann (Eds.), The European Private Company (SPE), 2013, S. 263, 287; *Culmann*, Die SPE in der Krise, 2012, S. 53; *Habighorst* in: MüHdB

geben, welchem Zweck die Herabsetzung dient (Art. 24 I 1 SPE-VO).[476] Trotz der erheblichen Unterschiede zwischen der Kapitalherabsetzung zur Ausschüttung und der zur Verlustdeckung, gelten einige Vorschriften für beide Vorgänge.

In beiden Fällen sind sowohl der Gesellschafterbeschluss über die Herabsetzung als auch die Kapitalherabsetzung selbst **bekannt zu geben** (Art. 24 I 3 und VII SPE-VO). Ebenfalls einheitlich untersagt Art. 24 II SPE-VO Kapitalherabsetzungen, die zu einer **Unterschreitung des Mindestkapitals** führen würden, welches der jeweils zuständige Mitgliedstaat festgelegt hat.[477] 229

a) Kapitalherabsetzung zur Verlustdeckung

Die Verordnung enthält nur in Art. 24 VI SPE-VO eine spezielle Vorschrift für die Kapitalherabsetzung zur Verlustdeckung. Die Regelung verbietet Ausschüttungen an die Anteilseigner im Rahmen der Kapitalherabsetzung zum Zweck der Verlustdeckung.[478] **Sicherheiten** muss die SPE Gläubigern bei einer solchen Reduzierung des Kapitals nicht stellen.[479] Ob der Zweck einer Kapitalherabsetzung in der Verlustdeckung liegt, ist objektiv zu bestimmen. Die von den Gesellschaftern gewählte Bezeichnung kann nicht den Ausschlag geben und auch andere subjektive Elemente werden nicht zur Abgrenzung herangezogen.[480] 230

Die Vorschriften über die **Wirksamkeit** der Kapitalherabsetzung (Art. 24 IV lit. aa) bis lit. d) SPE-VO) sind zwar scheinbar neutral formuliert. Dennoch passen diese Vorgaben nicht auf die Kapitalherabsetzung zur Verlustdeckung.[481] Das zeigt sich daran, dass die Bestimmungen die eventuell zu leistenden Sicherheiten berücksichtigen, obwohl diese im Rahmen der Kapitalherabsetzung zum Zweck der Verlustdeckung den Gläubigern gerade nicht geleistet werden müssen. Art. 24 IV lit. aa) bis d) SPE-VO erfasst somit allein die Kapitalherabsetzung zur Ausschüttung. Damit stellt sich die Frage, welchen Voraussetzungen die Kapitalherabsetzung zur Verlustdeckung genügen muss. Da sich die Verordnung nicht explizit mit diesem Aspekt beschäftigt, könnte nationales Recht herangezogen werden. Es könnte aber auch an eine Lösung innerhalb der Verordnung gedacht werden. Hier käme eine Rechtsanalogie (Gesamtanalogie, dazu § 2 Rn. 170 ff.) zu Art. 24 IV lit. aa) bis d) SPE-VO in Betracht.[482] Dann würde die **Eintragung** in das zuständige Register lediglich **deklaratorische Wirkung** entfalten. Art. 24 IV lit. aa) bis d) SPE-VO verdeutlicht zudem, dass die Kapitalherabsetzung erst dann wirksam werden soll, wenn die Gläubiger ausreichend Gelegenheit hatten, sich wegen eventuell bestehender Ansprüche auf Sicherheitsleistungen mit der SPE auseinanderzusetzen. Da es bei der Kapitalherabsetzung zur Verlustdeckung keine Sicherheitsleistungen gibt, bedürfte es rechtsfolgenmodifizierend, auch wenn eine Rechtsanalogie befürwortet wird, in diesem Fall keiner speziellen Frist zum Schutz der Gläubiger. Die Kapitalherabsetzung zur Verlustdeckung könnte damit bereits am Tag nach der **Bekanntmachung des Gesellschafterbeschlusses** wirksam werden. 231

b) Kapitalherabsetzung zur Ausschüttung an die Gesellschafter

Bei einer Kapitalherabsetzung, die zu einer Ausschüttung an die Gesellschafter führt, besteht für das Geschäftsführungsorgan die Pflicht, die „bekannten Gläubiger der SPE unmittelbar und unverzüglich"[483] über den Ge- 232

GesR, Bd. 3, 2012, § 76 Rn. 35; *Kutschmann*, Mindestkapitalfreie Gesellschaften in Deutschland, 2016, S. 399. Zur „gemischten" Kapitalherabsetzung siehe *Jung*, Die Kapitalverfassung der SPE, 2014, S. 283 f.

476 Vgl. *Habighorst* in: MüHdB GesR, Bd. 3, 2012, § 76 Rn. 35. Die Nennung des Zwecks führt insgesamt zu mehr Transparenz. So zum tschechischen Präsidentschaftsentwurf *Meller*, Der institutionelle Gläubigerschutz in der Europäischen Privatgesellschaft, 2010, S. 256 f.

477 Vgl. *Maschke*, Gläubigerschutz im Recht der SPE in seiner gesetzgeberischen Entwicklung, 2011, S. 137 hält diese Vorschrift ebenfalls auf Kapitalherabsetzungen zur Verlustdeckung für anwendbar. Siehe zu diesem Aspekt *Lutter/Bayer/Schmidt*, Europäisches Unternehmens- und Kapitalmarktrecht, 2012, § 43 Rn. 113. Die Autoren diskutieren insbesondere die Frage, ob eine Herabsetzung unter das Mindestkapital möglich ist, sofern gleichzeitig eine Kapitalerhöhung durchgeführt wird, durch die das Mindestkapital wieder gesichert wird.

478 Vgl. auch *Culmann*, Die SPE in der Krise, 2012, S. 53.

479 Vgl. auch *Teichmann* in: MüHdB GesR, Bd. 6, 2013, § 50 Rn. 42; dies begrüßend *Kutschmann*, Mindestkapitalfreie Gesellschaften in Deutschland, 2016, S. 399.

480 Etwas Anderes kann auch nicht aus dem Wortlaut des Art. 24 IIa SPE-VO („dient") hergeleitet werden, zumal die anderen Sprachfassungen diesen Begriff nicht enthalten. Zu der Problematik *Kutschmann*, Mindestkapitalfreie Gesellschaften in Deutschland, 2016, S. 367, 399.

481 *Meller*, Der institutionelle Gläubigerschutz in der Europäischen Privatgesellschaft, 2010, S. 259 f. geht auf die Frage der Wirksamkeit einer Kapitalherabsetzung in Bezug auf den tschechischen Präsidentschaftsentwurf (SPE-VO-T) ein. Der Autor erwägt eine entsprechende Anwendung des Art. 24 IV lit. b) SPE-VO-T, erachtet dies jedoch nicht für sinnvoll.

482 Ausführlicher zu dieser konkreten Rechtsanalogie *Jung*, Die Kapitalverfassung der SPE, 2014, S. 263 ff.

483 Art. 24 I 2 SPE-VO. Die anderen sprachlichen Fassungen enthalten leicht abweichende Formulierungen, sind im Ergebnis aber gleich zu verstehen. Englischer Wortlaut: „known creditors directly, without undue delay". Französischer Wortlaut: „directement, sans retard indu, la réduction du capital à la connaissance de ses créanciers connus". Spanischer Wortlaut: „directamente dicha reducción de capital a sus acreedores conocidos sin demoras

sellschafterbeschluss in Kenntnis zu setzen (Art. 24 I 2 SPE-VO).[484] Alle Gläubiger, also zB auch die der SPE unbekannten und damit nicht unmittelbar informierten Gläubiger, können dann die Stellung von Sicherheiten verlangen. Dies setzt voraus, dass die Forderung jeweils bereits **vor der Bekanntmachung des Herabsetzungsbeschlusses bestand**, zu diesem Zeitpunkt allerdings noch **nicht fällig** war (Art. 24 IIa 1 SPE-VO).

233 Innerhalb von 30 Tagen nach Bekanntmachung des Kapitalherabsetzungsbeschlusses sind die jeweiligen Anträge der Gläubiger auf Stellung von Sicherheiten einzureichen (vgl. Art. 24 IIa 2 SPE-VO). Art. 24 IIa SPE-VO lässt sich entnehmen, dass die Forderung zunächst direkt gegenüber der SPE geltend gemacht werden muss. Die Gesellschaft wiederum ist verpflichtet, innerhalb eines Zeitraums von 30 Tagen nach Eingang des Antrags dem Gläubiger zu antworten (Art. 24 IIa 6 SPE-VO). Diese Antwort wird vom Gläubiger geprüft. Hält er die bereitgestellten Sicherheiten für unzureichend oder gewährt die SPE ihm keinerlei Sicherheitsleistungen, so hat der Gläubiger die Möglichkeit, innerhalb von 30 Tagen nach der Antwort der SPE einen Antrag auf angemessene Sicherheiten beim zuständigen Gericht einreichen (Art. 24 III 1 und 2 SPE-VO). Der Anrufung des Gerichts kann die SPE auch nicht durch eine ausbleibende Antwort entgehen. Denn reagiert die Gesellschaft gegenüber dem Gläubiger nicht auf seinen Sicherheitenantrag, so kann dieser zwischen dem 31. und 60. Tag nach Einreichung seines ursprünglichen Gesuchs die Anordnung angemessener Sicherheiten bei Gericht verlangen (Art. 24 III 2 SPE-VO).[485] Addiert man alle Fristen, können bis zu 90 Tage bis zur Einreichung des Antrags auf Sicherheitsleistungen durch die Gläubiger bei Gericht vergehen.

234 Materiell besteht der Anspruch auf Sicherheitenbestellung allerdings nicht zugunsten jedes Gläubigers. Die SPE-Verordnung sieht vielmehr vor, dass die Gläubiger grundsätzlich nur dann von Sicherheitsleistungen profitieren können, wenn sie zum einen die **Gefährdung ihrer Forderung** und zum anderen die **Kausalität** zwischen der Gefährdung und der Kapitalherabsetzung glaubhaft nachweisen können (Art. 24 IIa 3 SPE-VO bzw. Art. 24 III 3 SPE-VO). Die diesbezügliche **Darlegungs- und Beweislast** liegt daher bei den Gläubigern.[486] Die Gläubiger müssen darüber hinaus nachweisen, dass sie von der SPE keine angemessenen Sicherheiten erhalten haben (Art. 24 IIa 3 SPE-VO bzw. Art. 24 III 3 SPE-VO). Die genannten Voraussetzungen gelten sowohl in den Fällen, in denen die SPE über einen entsprechenden Antrag entscheidet, als auch in den Fällen, in denen ein Gericht über die Stellung von Sicherheitsleistung entscheidet. Werden die genannten Voraussetzungen erfüllt, so besteht für die SPE die Pflicht, Sicherheiten leisten (Art. 24 IIa 3 SPE-VO).[487]

235 Zudem gewährt die Verordnung den Mitgliedstaaten die Möglichkeit **„weitere“[488] Sicherheitsleistungen** zu verlangen (vgl. Art. 24 IIIa SPE-VO). Den nationalen Gesetzgebern wird hier eine (echte) Regelungsmöglichkeit eröffnet.[489] Art. 24 IIa 4 SPE-VO erlaubt den Mitgliedstaaten auch eine Regelung, wonach die Gläubiger unabhängig von der finanziellen Situation der SPE Sicherheitsleistungen fordern können.[490] Machen sie von diesen Regelungsspielraum Gebrauch, sind die Gläubiger dann auch nicht länger dazu verpflichtet, glaubhaft nachweisen, dass ihre Forderungen durch die Kapitalherabsetzung gefährdet werden. Die SPE muss dann unabhängig davon nach Maßgabe der nationalen Regelungen den Gläubigern Sicherheiten stellen. Art. 24 III SPE-VO wird in solchen Fällen nicht herangezogen (vgl. Art. 24 IIa 5 SPE-VO).[491] Es ist den nationalen Gesetzgebern allerdings nicht gestattet, eine Beweislastumkehr festlegen.[492]

---

indebidas“. Italienischer Wortlaut: „direttamente ai creditori noti tale riduzione, senza indebiti ritardi “. Niederländischer Wortlaut: „voor zover bekend onverwijld rechtstreeks op de hoogte van de kapitaalsvermindering“. Polnischer Wortlaut: „bezpośrednio i niezwłocznie informuje wierzycieli, o których mu wiadomo“.

484 Kritisch zu dieser Regelung *Schutte-Veenstra/Verbrugh* in: Hirte/Teichmann (Eds.), The European Private Company (SPE), 2013, S. 263, 287.

485 Der Wortlaut der Vorschrift ist insofern zu weit gefasst. Zu den verschiedenen Fristen siehe auch *Maschke*, Gläubigerschutz im Recht der SPE in seiner gesetzgeberischen Entwicklung, 2011, S. 136; *Schutte-Veenstra/Verbrugh* in: Hirte/Teichmann (Eds.), The European Private Company (SPE), 2013, S. 263, 288.

486 Vgl. *Teichmann* in: MüHdB GesR, Bd. 6, 2013, § 50 Rn. 42.

487 Zum irreführenden Wortlaut der Vorschrift („kann“) näher in *Jung*, Die Kapitalverfassung der SPE, 2014, S. 270 f.

488 Die anderen sprachlichen Fassungen enthalten einen entsprechenden Wortlaut, wobei sie zT auch mit „zusätzlich“ oder „andere“ übersetzt werden könnten. Englischer Wortlaut: „further“. Französischer Wortlaut: „autres“. Spanischer Wortlaut: „adicional“. Italienischer Wortlaut: „ulteriore“. Niederländischer Wortlaut: „bijkomende“. Polnischer Wortlaut: „wszelkie“.

489 Zur problematischen Formulierung „wenn die Kapitalherabsetzung gerichtlich bestätigt wird“ ausführlich *Jung*, Die Kapitalverfassung der SPE, 2014, S. 272 ff.

490 Vgl. *Teichmann* in: MüHdB GesR, Bd. 6, 2013, § 50 Rn. 42 (dort Fn. 80); *Schutte-Veenstra/Verbrugh* in: Hirte/Teichmann (Eds.), The European Private Company (SPE), 2013, S. 263, 287 f. verstehen die Regelungsmöglichkeit in Art. 24 IIa S. 4 SPE-VO viel weiter: „However, a Member State may set aside the condition that the creditor's claim has to antedate the capital reduction. A Member State may also set aside the condition that the claim has not fallen due by the date of the capital reduction.“ Diese Auslegung wird hier aufgrund der systematischen Stellung der Vorschrift abgelehnt. Art. 24 IIa 4 SPE-VO bezieht sich nach hier vertretener Ansicht auf Art. 24 IIa 3 SPE-VO.

491 Zur Problematik dieser Vorschrift vgl. *Jung*, Die Kapitalverfassung der SPE, 2014, S. 275 f.

492 Zur Herleitung dieses Ergebnisses *Jung*, Die Kapitalverfassung der SPE, 2014, S. 276 f.

Die Berechnung des ausschüttungsfähigen und damit herabsetzungsfähigen Betrages im Rahmen einer Kapitalherabsetzung erfolgt entsprechend einiger, in der Verordnung enthaltener Regelungen zur **Ausschüttung** (Art. 24 V SPE-VO). Es kommt damit nur ein Teil der Ausschüttungsvorschriften zur Anwendung. Konkret nimmt Art. 24 V SPE-VO lediglich auf Art. 21 I und IV SPE-VO Bezug, wodurch im Umkehrschluss Art. 21 II und III SPE-VO keine Anwendung findet.[493] Die Nichtbeachtung von Art. 21 III lit. i) SPE-VO wäre allerdings durchaus problematisch, weshalb an dieser Stelle für eine analoge Anwendung der Regelung plädiert wird.[494] 236

Die Art. 24 IV lit. aa) bis d) SPE-VO bestimmen bei der Kapitalherabsetzung zum Zweck der Ausschüttung den **Zeitpunkt** des **Wirksamwerdens**. In allen vier aufgelisteten Fällen kommt es für die Wirksamkeit nicht auf die Eintragung an. Die Eintragung der Kapitalherabsetzung beim zuständigen Register wirkt daher lediglich **deklaratorisch.**[495] Art. 24 IV lit. aa) bis d) SPE-VO enthalten dann Vorschriften, die sicherstellen sollen, dass die Wirksamkeit der Kapitalherabsetzung erst eintritt, wenn die Gläubiger genügend Zeit hatten, sich wegen eventuell bestehender Ansprüche auf Sicherheitsleistungen an die SPE zu wenden.[496] 237

VI. Eigene Geschäftsanteile

Art. 23 SPE-VO regelt nicht nur den Erwerb eigener Anteile, sondern auch die Rechtsfolgen des unrechtmäßigen Erwerbs und die Behandlung solcher Beteiligungen sowie die Übertragung und Löschung eigener Anteile (die beiden letzteren Punkte werden in diesem Beitrag nicht behandelt). Ergänzend zu den Regelungen des Art. 23 SPE-VO besteht für die Anteilseigner die Möglichkeit, weitere Aspekte in der **Satzung** zu regeln (Punkt 7, Anhang I SPE-VO).[497] Punkt 7, Anhang I SPE-VO gestattet es den Anteilseignern, nicht nur zum Erwerb, sondern auch zur Übertragung und zur Löschung eigener Anteile statuarische Regelungen zu kreieren. 238

1. Zeichnungsverbot

Art. 23 I SPE-VO enthält ein Verbot des originären Erwerbs eigener Anteile in Form eines ausdrücklichen **Zeichnungsverbots.**[498] Die Gesellschaft darf somit eigene Anteile „weder direkt noch indirekt"[499] zeichnen.[500] Als Beispiele für eine indirekte Zeichnung eigener Anteile nennt Art. 23 VI SPE-VO den Erwerb durch eine andere Person auf Rechnung der Gesellschaft sowie durch eine Tochtergesellschaft der SPE. 239

2. Ordnungsgemäßer Erwerb

Anders als der originäre Erwerb ist der **derivative Erwerb** eigener Anteile durch die Gesellschaft generell erlaubt (vgl. Art. 23 II 1 1. Hs. SPE-VO).[501] Er kann allerdings von den Gesellschaftern durch eine entsprechende **Satzungsklausel** unterbunden werden (vgl. Art. 23 II 1 2 Hs. SPE-VO).[502] Im Ergebnis gestattet die Verordnung den derivativen Erwerb eigener Anteile in weitem Umfang.[503] Art. 23 II 4 SPE-VO verlangt lediglich, dass mindestens ein Geschäftsanteil mit Stimmrechten von einem anderen Anteilseigner als der SPE gehalten werden 240

493 Der Ausschluss der Anwendung des Art. 21 II SPE-VO ist eine bedeutende Veränderung im Vergleich zum tschechischen Präsidentschaftsentwurf, der sich zur Berechnung des herabsetzungsfähigen Betrages allein auf Art. 21 II SPE-VO-T stützte. Dadurch konnte das Stammkapital lediglich um den Betrag des Gewinns herabgesetzt werden. Vgl. dazu *Jung* DStR 2009, 1700, 1706. Zu den dort genannten Überlegungen ebenso *Maschke*, Gläubigerschutz im Recht der SPE in seiner gesetzgeberischen Entwicklung, 2011, S. 137.

494 Dazu ausführlich *Jung*, Die Kapitalverfassung der SPE, 2014, S. 279 ff.

495 So auch *Meller*, Der institutionelle Gläubigerschutz in der Europäischen Privatgesellschaft, 2010, S. 256 f. zum tschechischen Präsidentschaftsentwurf.

496 Zu den einzelnen Fällen auch *Jung*, Die Kapitalverfassung der SPE, 2014, S. 282.

497 Vgl. *Peters/Wüllrich* DB 2008, 2179, 2183 in Bezug auf den Kommissionsentwurf. Die Autoren nehmen jedoch keine explizite Einschränkung auf Aspekte, die das Innenverhältnis betreffen, vor.

498 Vgl. *Lutter/Bayer/Schmidt*, Europäisches Unternehmens- und Kapitalmarktrecht, 2017, Rn. 47.46 sowie *Krejci*, SPE, 2008, S. 99; *Meller*, Der institutionelle Gläubigerschutz in der Europäischen Privatgesellschaft, 2010, S. 223 f. jeweils zum Kommissionsentwurf.

499 Art. 23 I SPE-VO.

500 Art. 18 I Kapital-RL enthält eine entsprechende Regelung. Siehe dazu ua *Drinkuth*, Die Kapitalrichtlinie – Mindest- oder Höchstnorm?, 1998, S. 196.

501 Vgl. *Maschke*, Gläubigerschutz im Recht der SPE in seiner gesetzgeberischen Entwicklung, 2011, S. 148 zum schwedischen Präsidentschaftsentwurf.

502 *Lutter/Bayer/Schmidt*, Europäisches Unternehmens- und Kapitalmarktrecht, 2017, Rn. 47.47.

503 Vgl. *Krejci*, SPE, 2008, S. 100 zum Kommissionsentwurf. Ähnlich zum ungarischen Präsidentschaftsentwurf *Schutte-Veenstra/Verbrugh* in: Hirte/Teichmann (Eds.), The European Private Company (SPE), 2013, S. 263, 283.

muss.[504] Diese Vorgabe verhindert die gesellschafterlose SPE und sichert zugleich die Handlungsfähigkeit der Gesellschaft.[505]

241 Technisch erfordert der Erwerb eigener Anteile durch die SPE gemäß Artikel 28 I lit. f) SPE-VO einen **Gesellschafterbeschluss.**[506] Dieser Beschluss bedarf einer qualifizierten Mehrheit „von mindestens zwei Dritteln sämtlicher an die Geschäftsanteile der SPE geknüpften Stimmrechte"[507] (vgl. Art. 28 II SPE-VO). Nach hier vertretener Ansicht liegt zudem ein doppelter Mehrheitsvorbehalt vor. Denn Art. 14 III SPE-VO sollte auch auf Beschlüsse über den Erwerb eigener Anteile angewendet werden und zwar trotz der Tatsache, dass es lediglich zu einer materiellen Änderung von Rechten kommt.[508]

242 Zum Schutz der Gläubiger darf die SPE gemäß Art. 23 II 2 SPE-VO eigene Anteile nur mit **freien Mitteln** erwerben. Frei ist der ausschüttungsfähige Betrag,[509] insbesondere in Form von Gewinnen. Die Berechnung erfolgt gem. Art. 21 SPE-VO (vgl. Art. 23 II 2 SPE-VO).[510] Da der Verweis keine Einschränkung formuliert, ist der gesamte Art. 21 SPE-VO und nicht lediglich einzelne Absätze auf den Erwerb eigener Anteile anwendbar (zu den Ausschüttungsvorschriften s. Rn. 206 ff.).[511]

243 Die SPE darf nur Anteile erwerben, die bereits **„in voller Höhe bezahlt sind"**[512] (vgl. Art. 23 II 3 SPE-VO). Der Gesellschafter muss also zunächst die vereinbarte Einlage leisten, bevor er seinen Anteil an die Gesellschaft übertragen darf.[513] Von dieser Anforderung sind auch Agios erfasst.[514] Das schuldrechtliche Geschäft ist davon unabhängig. In ihm würde die Verpflichtung zur Einzahlung vor Abtretung aber mit aufgenommen.

3. Behandlung eigener Anteile

244 Würde man eigene Anteile wie normale Anteile behandeln, so könnte die SPE sich selbst kontrollieren, vorausgesetzt sie hätte die Mehrheit der Anteile. Um dies zu verhindern, werden alle an die eigenen Anteile geknüpften **Rechte ausgesetzt**, unabhängig davon, wie sie erworben wurden (vgl. Art. 23 III SPE-VO).[515] Dies betrifft also auch die Fälle eines Verstoßes gegen die Erwerbsvoraussetzungen, denn auch ein Verstoß lässt die Wirksamkeit des Rechtsgeschäfts unberührt (vgl. Art. 23 V SPE-VO).[516]

245 Bei Stimmrechten bedeutet „Aussetzen", dass die SPE bei Gesellschafterbeschlüssen kein Stimmrecht besitzt und auch keine Beschlüsse anfechten kann oder auch nur einen Repräsentationsanspruch hat. Die „Aussetzung" von geldlichen Rechten (vgl. Art. 23 III SPE-VO) betrifft vor allem das Ruhen der Dividendenansprüche.[517] Nur die „echten" Gesellschafter sind ausschüttungsberechtigt. Die Nichtberücksichtigung der Eigenan-

504 *Kalss* in: Hommelhoff/Schubel/Teichmann (Hrsg.), SPE, 2014, S. 133, 156 bezeichnet die Verordnung insofern als sehr liberal.
505 Vgl. *Maschke* BB 2011, 1027, 1034. *Meller*, Der institutionelle Gläubigerschutz in der Europäischen Privatgesellschaft, 2010, S. 225 führt in Bezug auf den Kommissionsentwurf an, dass das Verbot des Art. 23 II 4 SPE-VO „auf dem in den Vergleichsordnungen herrschenden Gedanken (…) (beruht), dass das Fehlen einer mitgliedschaftlichen Struktur dem körperschaftlichen Wesen einer Kapitalgesellschaft widerspricht".
506 So auch *Barneveld* in: Zaman et al. (Hrsg.), The European Private Company (SPE), 2009, S. 81, 99; *Schutte-Veenstra/Verbrugh* in: Hirte/Teichmann (Eds.), The European Private Company (SPE), 2013, S. 263, 283.
507 Art. 28 II SPE-VO.
508 Siehe dazu näher *Jung*, Die Kapitalverfassung der SPE, 2014, S. 327 ff.
509 Der *Handelsrechtsausschuss des DAV* NZG Beilage zu Heft 7/2009, 1, 9 begrüßt die Regelung, da die SPE dadurch „eigene Anteile nur aus vorhandenem Eigenkapital erwerben darf".
510 Vgl. *Maschke* BB 2011, 1027, 1034.
511 *Maschke*, Gläubigerschutz im Recht der SPE in seiner gesetzgeberischen Entwicklung, 2011, S. 156 kritisiert in Bezug auf den tschechischen Präsidentschaftsentwurf den umfassenden Verweis und plädiert rechtspolitisch für einen Verweis auf Art. 21 I und IV SPE-VO, „da sonst das zur Finanzierung des Erwerbs eigener Anteile zur Verfügung stehende Vermögen auf den Bilanzgewinn (…) beschränkt wäre". Dieser Vorschlag erscheint nicht unproblematisch, da so die Regeln für Zwischendividenden nicht angewendet werden könnten. Zudem würde auch gemäß Art. 21 I SPE-VO lediglich der Bilanzgewinn – vereinfacht ausgedrückt – zum Erwerb eigener Anteile zur Verfügung stehen. Zur Sonderproblematik des unentgeltlichen Erwerbs eigener Anteile siehe *Jung*, Die Kapitalverfassung der SPE, 2014, S. 331 f.
512 Art. 23 II 3 SPE-VO.
513 Vgl. *Meller* Der institutionelle Gläubigerschutz in der Europäischen Privatgesellschaft, 2010, S. 225 zum Kommissionsentwurf.
514 *Maschke*, Gläubigerschutz im Recht der SPE in seiner gesetzgeberischen Entwicklung, 2011, S. 156 fordert eine Klarstellung, dass auch Agios und andere Nebenleistungen von der Vorschrift umfasst sind.
515 Vgl. *Lutter/Bayer/Schmidt*, Europäisches Unternehmens- und Kapitalmarktrecht, 2017, Rn. 47.48.
516 Vgl. *Meller*, Der institutionelle Gläubigerschutz in der Europäischen Privatgesellschaft, 2010, S. 232 und *Krejci*, SPE, 2008, S. 102 in Bezug auf den Kommissionsentwurf.
517 Kritisch zum Aussetzen der geldlichen Rechte *Schutte-Veenstra/Verbrugh* in: Hirte/Teichmann (Eds.), The European Private Company (SPE), 2013, S. 263, 283.

teile erhöht folglich den ausschüttungsfähigen Betrag, der an die verbleibenden Anteilseigner verteilt werden kann.[518]

4. Rechtsfolgen des nicht ordnungsgemäßen Erwerbs eigener Anteile

Da ein Erwerb auch bei Verstößen gegen die Verordnung zunächst wirksam ist, bedarf es im besonderen Maße Regeln zur Beseitigung dieses rechtswidrigen Zustandes. Art. 23 V SPE-VO ordnet daher bei einem Erwerb eigener Anteile unter Verletzung der Verordnung oder der Satzung die **Übertragung oder Löschung** der entsprechenden Anteile innerhalb eines Jahres an.[519] 246

Ein **Verstoß** gegen die **SPE-Verordnung** ist zB gegeben, wenn im Rahmen des Erwerbs eigener Anteile kein entsprechender Gesellschafterbeschluss gefasst oder gegen das Volleinzahlungsverbot verstoßen wurde. Besonders schwerwiegend ist der Verstoß, wenn die SPE ausnahmslos alle Geschäftsanteile selbst hält. Denn das Übertragungsrecht bei gleichzeitig fehlenden Gesellschaftern erzeugt nicht nur für maximal ein Jahr eine sich selbst gehörende Gesellschaft, sondern ermöglicht der Geschäftsführung auch eine nicht kontrollierbare Verwertungsmöglichkeit hinsichtlich der Anteile. Rechtspolitisch könnte man sich daher für diesen besonderen Fall durchaus eine Nichtigkeit des Erwerbs des letzten Anteiles von einem außenstehenden Aktionär vorstellen. Die für eine entsprechende Rechtsfortbildung notwendige planwidrige Unvollständigkeit dürfte jedoch nicht vorliegen. Ein Beispiel für einen **Verstoß** gegen die **Satzung** ist eine Transaktion trotz eines satzungsmäßigen Verbots des Erwerbs eigener Anteile. 247

Die Formulierung des Art. 23 V SPE-VO („(...) übertragen oder gelöscht")[520] enthält ein **Wahlrecht** der SPE zwischen der Übertragung und der Löschung eigener Geschäftsanteile.[521] Die Ausübung dieses Wahlrechts kann durch eine entsprechende statuarische Regelung (Punkt 10, Anhang I SPE-VO) allerdings auch den Gesellschaftern übertragen werden. Diese können dann durch Beschluss entscheiden, ob die eigenen Anteile eingezogen oder übertragen werden sollen. Enthält die SPE-Satzung keine entsprechende Bestimmung, befindet das **Geschäftsführungsorgan** über die Übertragung bzw. Löschung. Für die Vornahme der Löschung bedarf das Geschäftsführungsorgan allerdings der Zustimmung der Anteilseigner. Votieren die Gesellschafter gegen die Beschlussvorlage, muss das Geschäftsführungsorgan sich darum bemühen, die Anteile zu übereignen, um seiner Pflicht aus Art. 23 V SPE-VO nachzukommen. Das System läuft ins Leere, wenn keine echten Gesellschafter mehr existieren (zur Problematik der sich selbst gehörenden SPE bereits Rn. 244). Auf die Ausübung des Wahlrechts kann nicht verzichtet werden. Die Mitgliedstaaten sind gem. Art. 45 SPE-VO verpflichtet, generell, also auch für diesen Fall, wirksame Sanktionen für eine Pflichtverletzung zu statuieren. 248

Hält aufgrund eines erhöhten Preises der Erwerb eigener Anteile einem Drittvergleich nicht stand und liegt im Ergebnis eine Ausschüttung iSd Verordnung vor, so besteht, wenn der Gesellschafter zumindest grob fahrlässig ist, gem. Art. 23 II 5 SPE-VO iVm Art. 22 SPE-VO ein Anspruch auf die **Rückforderung der unrechtmäßigen Ausschüttungen** (dazu bereits unter Rn. 224 ff.).[522] 249

VII. Eigenkapitalersetzende Gesellschafterdarlehen

Eigenkapitalersetzende Gesellschafterdarlehen sind in den meisten europäischen Rechtsordnungen nicht als Rechtskategorie bekannt. Es kann daher nicht überraschen, dass der Verordnungsentwurf keine spezifische Regelung für eigenkapitalersetzende Gesellschafterdarlehen enthält.[523] Ganz generell ist festzustellen, dass wie bei jeder Transaktion zwischen einem Gesellschafter und der SPE die Ausschüttungsregeln greifen können (vgl. Art. 2 I lit. c) SPE-VO). Insofern lassen sich mit Blick auf Gesellschafterdarlehen keine Besonderheiten erkennen. Ob daneben bei einer „deutschen" SPE die deutschen insolvenzrechtlich verorteten Regelungen zu den eigenkapitalersetzenden Gesellschafterdarlehen Anwendung finden, bedarf allerdings gesonderter Betrachtung. 250

Punkt 19, Anhang I SPE-VO eröffnet den Anteilseignern zunächst eine Regelungsmöglichkeit in Bezug auf **„Geschäfte mit nahestehenden Unternehmen und Personen"** sowie mit Blick auf eine „etwaige Genehmigungspflicht solcher Geschäfte und Genehmigungsverfahren". Die Definition für „nahestehende Unternehmen und 251

518 *Maschke*, Gläubigerschutz im Recht der SPE in seiner gesetzgeberischen Entwicklung, 2011, S. 156 fordert eine dispositive Regelung in der Verordnung, die „die Bildung einer offenen Rücklage in Höhe des fiktiv auf den eigenen Anteil entfallenden Gewinnanteils" vorschreibt.

519 *Maschke* BB 2011, 1027, 1034 kritisiert die Jahresfrist und fordert stattdessen die Nichtigkeit des Erwerbs der Anteile und eine Rückabwicklung des Vorgangs nach nationalem Recht für den Fall eines Verstoßes gegen die gesetzlichen Vorgaben.

520 Art. 23 V SPE-VO.

521 Auch *Meller*, Der institutionelle Gläubigerschutz in der Europäischen Privatgesellschaft (SPE), 2010, S. 236 geht wohl von einem Wahlrecht aus. Zur Einschränkung des Wahlrechts siehe *Jung*, Die Kapitalverfassung der SPE, 2014, S. 363 f.

522 Vgl. *Kalss* in: Hommelhoff/Schubel/Teichmann (Hrsg.), SPE, 2014, S. 133, 156 f.

523 Vgl. *Siems/Herzog/Rosenhäger* EBOR 12 (2011) 147, 163.

Personen“ kann grundsätzlich an IAS 24 angelehnt werden.[524] Im vorliegenden Fall führt dies dazu, dass nicht jeder Gesellschafter als nahestehend zu klassifizieren ist (vgl. IAS 24). Gesellschafter mit einer sehr geringen Beteiligung sind nicht erfasst, wenn sie keinen maßgeblichen Einfluss auf die SPE ausüben können. Für die Anteilseigner bedeutet dies in Bezug auf Gesellschafterdarlehen, dass sie durch Punkt 19, Anhang I SPE-VO die Zulässigkeit von Geschäften mit nahestehenden Unternehmen und Personen lediglich insoweit steuern können, als es sich beim Gesellschafter auch um ein nahestehendes Unternehmen oder eine nahestehende Person handelt. Daraus ergibt sich jedoch nicht zwangsläufig, dass für Transaktionen mit Gesellschaftern, die keine nahestehenden Unternehmen oder Personen sind, keine statuarische Regelungsmöglichkeit besteht. Nach hier vertretener Ansicht kann es sich allerdings nur um eine **Weitere-Satzungsbestimmung** handeln, da eine solche Klausel weder von Anhang I SPE-VO noch von Art. 8 I SPE-VO erfasst ist und es auch keine Regelung in der Verordnung gibt, die auf eine Abändernde-Satzungsbestimmung hindeutet.

252 Die Regelungsoption in Anhang I SPE-VO eröffnet den Anteilseignern allerdings nur die Möglichkeit, entsprechende Transaktionen zum Schutz der Minderheitsaktionäre zu verbieten. Allein das **„ob“** steht somit zu ihrer Disposition. Wie Transaktionen mit nahestehenden Personen durchzuführen sind, ist dagegen nicht von Punkt 19, Anhang I SPE-VO erfasst. Gewisse inhaltliche Grenzen werden vielmehr durch die **Ausschüttungsvorschriften** gezogen (vgl. Art. 21 SPE-VO und Art. 22 SPE-VO iVm Art. 2 I lit. c) SPE-VO), da bei Gesellschafterdarlehen immer ein Geschäft zwischen der SPE und einem Anteilseigner vorliegt.

253 Das mitgliedstaatliche Recht kann bezüglich der Transaktionen mit nahestehenden Personen und Unternehmen aufgrund der bestehenden Nicht- bzw. Teilregelung allerdings ergänzende anderweitige Bestimmungen wie zB **Berichts- und Offenlegungspflichten** festlegen (vgl. Art. 4 II SPE-VO). Aufgrund der Verweistechnik in Art. 4 II SPE-VO können die Mitgliedstaaten wählen, ob dieser Aspekt durch die Ausführungsgesetze oder das nationale Recht für Gesellschaften mit beschränkter Haftung erfasst werden soll.

254 Wirtschaftlich ist es von Bedeutung, zu ermitteln, ob ergänzende nationale Regeln, die nicht im Gesellschaftsrecht verankert sind, ebenfalls anzuwenden sind. In Deutschland sind Gesellschafterdarlehen in der Insolvenz nachrangige Insolvenzforderungen (§ 39 I Nr. 5 InsO).[525] Fraglich ist daher, ob die Vorschrift auch mit Blick auf die SPE zur Anwendung kommen kann. Grundsätzlich beansprucht das nationale Insolvenzrecht neben der SPE-Verordnung Geltung (vgl. Erwägungsgrund 6 S. 7 SPE-VO). Allerdings sollen gesellschaftsrechtliche Themen nicht mithilfe anderer Rechtsgebiete gelöst werden. § 39 I Nr. 5 InsO kann formal nur insolvenzrechtlich eingeordnet werden. In der deutschen Literatur ist die insolvenzrechtliche Qualifikation dennoch nicht unumstritten. Die Tatsache, dass die gesamte Reform der deutschen Gesellschafterdarlehen mit der Verlegung aus dem GmbHG in die Insolvenzordnung in der Folge der europäischen Rechtsprechung „Inspire Art“ (dazu § 10 Rn. 68 ff.) erfolgte, könnte für eine verdeckte gesellschaftsrechtliche Regelung sprechen. Dafür spricht auch die Privilegierung für nicht geschäftsführende Gesellschafter mit einer Beteiligung von bis zu 10% am Haftkapital (§ 39 V InsO). Die Ungleichbehandlung von Gesellschaftern könnte insofern als Indiz für eine gesellschaftsrechtliche Komponente gewertet werden. Andererseits entspricht es der europäischen Tradition des Insolvenzrechts vieler Länder, dass in der Insolvenz einer Gesellschaft Anteilseigner nicht pauschal, sondern nach bestimmten Kriterien für verantwortlich erklärt werden. Der deutsche Gesetzgeber hat daher im Ergebnis einen legitimen Gestaltungsspielraum genutzt und die **deutsche insolvenzrechtliche Vorschrift** kann somit **angewendet** werden.

K. Haftung für die Verbindlichkeiten der Gesellschaft

255 Die SPE bietet ihren Gesellschaftern **beschränkte Haftung**. Als Kapitalgesellschaft mit eigener Rechtspersönlichkeit (Art. 3 I 1 SPE-VO) haftet die SPE gegenüber Dritten selbst für ihre Verbindlichkeiten. Die Anteilseigner haften für diese Verbindlichkeiten nicht persönlich (Art. 3 I 2 SPE-VO). Die Gesellschafter haften gegenüber der Gesellschaft jedoch in Höhe ihrer **gezeichneten Anteile** (Art. 3 I 3 SPE-VO). Bereits der Wortlaut des Art. 3 I 3 SPE-VO schließt die **gesamtschuldnerische Haftung** der Anteilseigner aus, das heißt, die Gesellschafter müssen nicht für die Einlageschuld eines Mitgesellschafters haften.[526]

L. Mitgliederwechsel

I. Übertragung der Anteile

256 Anhang I SPE-VO gewährt den Gesellschaftern die Möglichkeit, durch eine entsprechende **Satzungsbestimmung** die Übertragbarkeit von Anteilen einzuschränken bzw. zu verbieten (vgl. Punkt 3, Anhang I SPE-VO). Machen

524 Dazu auch *Jung*, Die Kapitalverfassung der SPE, 2014, S. 305. Eine entsprechende Interpretation wird auch noch einmal durch die neue Aktionärsrechte-RL unterstrichen, wo ebenfalls auf IAS 24.9 verwiesen wird (Art. 2a lit. h) AR-RL). Dazu § 30 Rn. 262 f.

525 Vgl. ua *Ehricke* in: MüKo InsO, 3. Aufl. 2013, § 39 Rn. 41-42; *Holzer* in: Beck/Depré (Hrsg.), Praxis der Insolvenz, 3. Aufl. 2017, § 3 Rn. 117.

526 Zustimmend *Kutschmann*, Mindestkapitalfreie Gesellschaften in Deutschland, 2016, S. 207 (dort noch zu *Jung*, Societas Privata Europaea (SPE), 2009, 65 bezüglich des Kommissionsentwurfs, Art. 3 I lit. b) SPE-VO-KOM).

die Anteilseigner von dieser Regelungsmöglichkeit keinen Gebrauch, richtet sich die Übertragbarkeit von Geschäftsanteilen nach dem **jeweils anwendbaren nationalen Recht**, dh es sind dann die jeweiligen Vorschriften für Privatgesellschaften mit beschränkter Haftung heranzuziehen. Bezüglich der Übertragbarkeit kommt es bei einer Nichtregelung in der Satzung daher zur Gleichstellung der SPE mit der vergleichbaren nationalen Rechtsform.

Punkt 3, Anhang I SPE-VO ist weit formuliert. Es können somit zB **Zustimmungsvorbehalte** oder **Vorkaufsrechte** festgelegt werden.[527] Auch generelle **Übertragungsverbote** können statuiert werden. Einschränkungen sieht die Verordnung diesbezüglich nicht vor, was nicht selbstverständlich ist, da zB Frankreich insofern zeitliche Beschränkungen kennt (vgl. zur SAS § 13 Rn. 703). Zudem ist auch zu bedenken, dass die Verordnung das **Austrittsrecht** des Gesellschafters nicht mehr selbst regelt (s. dazu näher unter Rn. 258) und daher insoweit keinen Ausgleich schafft. In der Satzung sollte in jedem Fall konkretisiert werden, ob das Übertragungsverbot nur für Veräußerungen an Dritte gilt oder auch für Übertragungen an Mitgesellschafter und Verwandte. Die Gesellschafter, deren Anteile derselben Gattung angehören, müssen diesbezüglich gleich behandelt werden (s. dazu auch Rn. 125, 140 f.). Die Änderung von Satzungsbestimmungen, die die Übertragbarkeit einschränken oder ausschließen bzw. solche Klauseln einführen, bedürfen eines **Gesellschafterbeschlusses** gem. Art. 28 I lit. o) SPE-VO. In Abweichung von Art. 14 III SPE-VO lässt Art. 16 II SPE-VO daneben nicht allein die Zustimmung von 2/3 der betroffenen Anteilseigner genügen, sondern fordert die Zustimmung aller betroffenen Anteilseigner. Art. 16 I SPE-VO bestimmt, dass sich die Übertragung von Anteilen ansonsten nach dem **jeweils anwendbaren nationalen Recht** richtet. Übertragbar sind dabei nur Anteile auf die **vollständig geleistet** wurde (Art. 16 III SPE-VO). 257

II. Austritt eines Gesellschafters

Das Recht des Gesellschafters, aus der SPE auszuscheiden, normierte der **Kommissionsentwurf** noch in Art. 18 SPE-VO-KOM. Die Vorschrift behandelte nicht nur die Austrittsgründe, sondern auch den Prozess des Ausscheidens.[528] Im **schwedischen Verordnungsentwurf** wurde diese Vorschrift ersatzlos gestrichen und auch im ungarischen Entwurf nicht mehr aufgenommen. Die Mitgliedstaaten konnten offenbar diesbezüglich aufgrund unterschiedlicher nationaler Rechtstraditionen zu keiner Einigung gelangen.[529] Auch Anhang I SPE-VO erwähnt das Ausscheiden eines Gesellschafters im Gegensatz zum Kommissionsentwurf nicht mehr, so dass etwaige Satzungsbestimmungen dem jeweils anwendbaren nationalen Recht nicht vorgehen (sie sind also als **Weitere-Satzungsbestimmungen** zu qualifizieren, s. dazu näher unter Rn. 20). 258

Im Ergebnis ist somit **mitgliedstaatliches Recht** anwendbar, wenn ein Anteilseigner aus der SPE ausscheiden möchte (Art. 4 II SPE-VO).[530] Da die Verordnung keinen Verweis auf das „maßgebende innerstaatliche Recht" enthält, kommt die von Art. 4 SPE-VO etablierte Normenhierarchie inklusive Ausführungsverordnung zur Anwendung. Erwägungsgrund 14a SPE-VO begründet die Anwendung nationalen Rechts mit den großen Regelungsunterschieden in Europa. Gerade aus diesem Grund wäre aus Sicht der Gesellschafter allerdings eine Regelung in der Verordnung wünschenswert gewesen.[531] 259

III. Ausschluss eines Gesellschafters

Ebenso wie für das Ausscheiden eines Gesellschafters enthielt der **Kommissionsentwurf** auch eine Vorschrift zum Ausschluss eines Anteilseigners (vgl. Art. 17 SPE-VO-KOM).[532] Doch auch diese Regelung stellte keinen tragfähigen Kompromiss im Rat dar, denn Art. 17 SPE-VO-KOM wurde im **schwedischen Präsidentschaftsentwurf** ebenfalls gestrichen und auch in den ungarischen Entwurf nicht wieder aufgenommen.[533] In Anhang I SPE-VO ist der mögliche Ausschluss eines Gesellschafters ebenfalls im Gegensatz zum Kommissionsentwurf nicht mehr als Regelungsoption genannt (weder im schwedischen noch im ungarischen Entwurf). Wie beim Austritt eines Gesellschafters sind auch beim Ausschluss eines Anteilseigners im Ergebnis über Art. 4 II SPE-VO 260

---

527 *Lutter/Bayer/Schmidt*, Europäisches Unternehmens- und Kapitalmarktrecht, 2017, Rn. 47.29; vgl. auch *Teichmann* in: MüHdB GesR, Bd. 6, 2013, § 50 Rn. 53 zur Vinkulierung von Anteilen.

528 Dazu näher *Hommelhoff/Teichmann* GmbHR 2008, 897, 903 f.; *Bücker* ZHR 173 (2009) 281, 301 ff.; *Hadding/Kießling* WM 2009, 145, 151; *J. Schmidt* EWS 2008, 455, 458.

529 *Neville* in: Hirte/Teichmann (Eds.), The European Private Company (SPE), 2013, S. 193, 209; *Lutter/Bayer/Schmidt*, Europäisches Unternehmens- und Kapitalmarktrecht, 2017, Rn. 47.30.

530 *Navez* in: Hirte/Teichmann (Eds.), The European Private Company (SPE), 2013, S. 163, 175; *Neville* in: Hirte/Teichmann (Eds.), The European Private Company (SPE), 2013, S. 193, 209.

531 So auch *Neville* in: Hirte/Teichmann (Eds.), The European Company, 2013, S. 193, 213. Auf S. 225 f. diskutiert die Autorin die Effektivität von Art. 18 SPE-VO-KOM.

532 Dazu *Hommelhoff/Teichmann* GmbHR 2008, 897, 903; *Hadding/Kießling* WM 2009, 145, 151; *J. Schmidt* EWS 2008, 455, 458; *Bücker* ZHR 173 (2009) 281, 301 ff.; *Mair* ecolex 2008, 700, 700.

533 *Neville* in: Hirte/Teichmann (Eds.), The European Private Company (SPE), 2013, S. 193, 209.

mitgliedstaatliche Vorschriften anwendbar.[534] Erwägungsgrund 14a SPE-VO begründet auch dieses Vorgehen mit den strukturellen Differenzen in der EU. Gerade aus diesem Grund wäre aus Sicht der Gesellschafter allerdings eine Regelung in der Verordnung wünschenswert gewesen.[535]

M. Beendigung der SPE

I. Auflösung

261 Die SPE kann gemäß Art. 41 I lit. a) bis c) SPE-VO folgendermaßen aufgelöst werden:

1. durch **Gesellschafterbeschluss** (Art. 41 lit. b) SPE-VO);
2. „**Ablauf des Zeitraums**, für den sie gegründet wurde", sofern die SPE auf bestimmte Zeit gegründet wurde (Art. 41 lit. a) SPE-VO);
3. unter Umständen, die in der **Satzung** festgelegt worden sind (Art. 41 lit. c) SPE-VO) und
4. unter Umständen, die das jeweils anwendbare **nationale Recht**, dh das Recht für die vergleichbare Privatgesellschaft mit beschränkter Haftung, festlegt (Art. 41 lit. c) SPE-VO).

262 Die Auflösung ist gem. Art. 11 I SPE-VO **bekanntzumachen** (Art. 41 III SPE-VO). Die **Auflösung, Liquidation, vorläufige Zahlungseinstellung** und **ähnliche Verfahren** unterliegen gemäß Art. 41 II SPE-VO dem **maßgebenden innerstaatlichen Recht**, dh dem Recht der in Anhang II SPE-VO genannten Rechtsformen.

II. Insolvenz

263 Die Verordnung regelt nur Aspekte im Anwendungsbereich des **Gesellschaftsrechts.** Andere Materien werden im Rahmen der SPE-Verordnung grundsätzlich nicht behandelt. Dies schließt das Gebiet des Insolvenzrechts ein, was Erwägungsgrund 6 S. 7 SPE-VO ausdrücklich klarstellt (s. dazu bereits Rn. 11). Es greift damit für **Insolvenzfragen** nationales Recht. Art. 41 II SPE-VO verweist auf das maßgebende innerstaatliche Recht. In Deutschland gilt daher die Insolvenzordnung (InsO). Außerdem muss ausweislich Art. 41 II SPE-VO die **Europäische Insolvenzverordnung** beachtet werden (zur EuIns-VO s. näher unter § 36 Rn. 35 ff., dort auch zur Problematik der Gesamtnorm- bzw. Sachnormverweisung).[536]

III. Nichtigkeit

264 Fragen der Nichtigkeit einer Gesellschaft wurden durch die ehemalige **Publizitätsrichtlinie** (s. § 20, jetzt Teil der Kodifizierungs-RL) für alle Kapitalgesellschaften **harmonisiert.** Die entsprechenden Regeln setzen insofern einen **Mindeststandard** (s. § 20 Rn. 81). Statt eine eigenständige Regelung zu treffen, verweist die SPE-Verordnung für Fragen der Nichtigkeit auf das entsprechend **harmonisierte nationale Recht** für Gesellschaften mit beschränkter Haftung. Der Verweis bezieht sich auf das Recht, welches die Mitgliedstaaten in Umsetzung des ex-Art. 12 S. 1 lit. a) und b), S. 2 Publizitäts-RL und ex-Art. 13 Publizitäts-RL (jetzt Art. 11 S. 1 lit. a) und b), S. 2 Kodifizierungs-RL und Art. 12 Kodifizierungs-RL) geschaffen haben (vgl. Art. 42 SPE-VO).

N. Arbeitnehmerbeteiligung

I. Allgemeines

265 Die **Arbeitnehmerbeteiligung** wurde im Rat von den Mitgliedstaaten äußerst kontrovers diskutiert.[537] Neben den Differenzen bezüglich des Mindestkapitals und der Sitzaufspaltung führten vor allem die Kontroversen bei der Ausgestaltung der Regeln zur Arbeitnehmerbeteiligung zum (vorläufigen) Scheitern des SPE-Projekts (s. dazu bereits Rn. 7). Zwar gab die Kommission vor, mit der Einführung der SPE auf die Förderung kleiner und mittelständischer Unternehmen abzuzielen,[538] die SPE hätte allerdings insbesondere auch ein attraktiver Kon-

534 Vgl. *Navez* in: Hirte/Teichmann (Eds.), The European Private Company (SPE), 2013, S. 163, 176; *Neville* in: Hirte/Teichmann (Eds.), The European Private Company (SPE), 2013, S. 193, 209.

535 So auch *Neville* in: Hirte/Teichmann (Eds.), The European Private Company (SPE), 2013, S. 193, 213.

536 Zu Insolvenzfragen mit Blick auf die SPE siehe *Freudenberg*, Die SPE zwischen Krise und Insolvenzreife, 2012; *Mock* in: Hirte/Teichmann (Eds.), The European Private Company (SPE), 2013, S. 349, 349 ff.; *ders.* DK 2008, 539, 545 ff.; *Haas/Mock* in: Gottwald (Hrsg.), Insolvenzrechts-Handbuch, 2010, § 93 Rn. 18; *Meller*, Der institutionelle Gläubigerschutz in der Europäischen Privatgesellschaft, 2010, S. 283 ff.; *Maschke*, Gläubigerschutz im Recht der SPE in seiner gesetzgeberischen Entwicklung, 2011, S. 217 ff.; 235 ff.; *Baumann* in: Hommelhoff/Schubel/Teichmann (Hrsg.), SPE, 2014, S. 161, 172 ff.

537 Vgl. zu den einzelnen Ratsentwürfen mit Blick auf die Arbeitnehmerbeteiligung *Schulte-Wrede*, Die Beteiligung der Arbeitnehmer in der SPE, 2015, S. 466 ff.

538 Kommission, Vorschlag für eine Verordnung des Rates über das Statut der Europäischen Privatgesellschaft, 2008, S. 2.

zernbaustein[539] werden können (s. dazu bereits Rn. 3). Aus diesem Grund wurde gerade die Arbeitnehmerbeteiligung so vehement diskutiert. Eine Einigung fiel den Mitgliedstaaten aufgrund ihrer unterschiedlichen Rechtstraditionen jedoch schwer.[540] Der ungarische Verordnungsentwurf schlägt ein auf die SPE angepasstes System vor, welches von der entsprechenden SE-Richtlinie (dazu § 4 Rn. 230 ff.) inspiriert wurde.[541] Im Gegensatz zur SE (und zur SCE) wird die Arbeitnehmerbeteiligung der SPE jedoch nicht in einer gesonderten Richtlinie geregelt, sondern direkt in der Verordnung selbst und auch inhaltlich ergeben sich Unterschiede zu den Vorgaben für die SE. Die SPE-Verordnung widmet dem Aspekt ein eigenes Kapital (Kapitel VI „Arbeitnehmermitbestimmung"), welches sechs Artikel umfasst.

Da die SPE-Verordnung von der SE-Richtlinie inspiriert ist, zeichnet sie sich ebenfalls dadurch aus, dass sie die Ausgestaltung der Arbeitnehmerbeteiligung nicht eigenständig und damit gerade nicht europaweit einheitlich regelt. Sie verweist vielmehr vorrangig auf nationales Recht (Sitzstaatprinzip).[542] In bestimmten Fällen gibt sie allerdings wie bei der SE eine Verhandlungslösung vor und ist somit darauf ausgerichtet, dass die Parteien eigenverantwortlich über die Arbeitnehmerbeteiligung entscheiden.[543] Subsidiär kommt die in der Verordnung geregelte Auffanglösung zur Anwendung. Die Auffanglösung zielt darauf ab, dass es nicht zu einem Absinken der bestehenden Rechte kommen soll. Allerdings erfährt dieses Prinzip mögliche Einschränkungen durch nationales Recht (vgl. Art. 35d III SPE-VO). 266

II. Begriffsbestimmungen

Die SE-Richtlinie enthält elf Definitionen der wichtigsten Begriffe mit Blick auf die Arbeitnehmerbeteiligung. 267
Gleiches gilt für die SCE-Richtlinie. Die SPE-Verordnung begnügt sich dagegen mit wenigen Definitionen, wozu zB die Bestimmung des Begriffs „Arbeitnehmermitbestimmung" in Art. 2 I lit. f) SPE-VO zählt. Gemäß der (weiten)[544] Definition handelt es sich bei der Arbeitnehmermitbestimmung um „die Einflussnahme eines Gremiums der Arbeitnehmervertretung und/oder der Arbeitnehmervertreter auf die Angelegenheiten einer SPE durch das Recht, einige Mitglieder des Aufsichtsorgans oder des Verwaltungsorgans der Gesellschaft zu wählen oder zu bestellen (i) oder das Recht, eine solche Bestellung einiger oder aller Mitglieder des Aufsichtsorgans oder des Verwaltungsorgans der Gesellschaft zu empfehlen und/oder abzulehnen (ii)". Art. 2 I lit. g) und h) SPE-VO definiert die Begriffe „Herkunftsmitgliedstaat" und „Aufnahmemitgliedstaat". „Herkunfts(mitglied)staat" bezeichnet den Mitgliedstaat, in dem die SPE unmittelbar vor Verlegung ihres Sitzes ins zuständige Register eingetragen war (Art. 2 I lit. g) SPE-VO), wohingegen „Aufnahme(mitglied)staat" derjenige Mitgliedstaat ist, der den Zuzug der SPE verzeichnet (Art. 2 I lit. h) SPE-VO). Die Definition zeigt bereits, dass sich diese beiden Begriffe auf die Sitzverlegung beziehen.

Die Vorgaben der SPE-Verordnung beziehen sich praktisch ausschließlich auf den Aspekt der unternehmerischen Mitbestimmung. Gerade mit Blick auf die Anhörung und Unterrichtung hielt der Verordnungsgeber eine Begriffsbestimmung wohl aufgrund des Verweises auf die entsprechenden Richtlinien nicht für notwendig. 268

III. Arbeitnehmermitbestimmung

1. Grundsatz der Anwendung nationalen Rechts

Schon Erwägungsgrund 16 S. 1, 2 SPE-VO stellt klar, dass sich die Arbeitnehmermitbestimmung bei der SPE 269
grundsätzlich nach **nationalem Recht** richten soll und die Vorschriften des SPE-Statuts darauf ausgelegt sind, eine Aushebelung dieses Schutzniveaus zu verhindern. Dementsprechend bestimmt Art. 35 I SPE-VO, dass sich die unternehmerische Mitbestimmung grundsätzlich nach dem nationalen Recht richtet, in dem die SPE ihren **Registersitz** hat (**Sitzstaatprinzip**). Ob eine Arbeitnehmermitbestimmung vorgesehen ist und wie sie ausgestaltet ist, hängt danach vom jeweiligen Mitgliedstaat ab. Ist eine Mitbestimmung vorgeschrieben, so muss die SPE zwingend einen Verwaltungs- oder Aufsichtsrat einrichten, damit die Arbeitnehmervertreter ihre Rechte auch ausüben können (vgl. Art. 27 IIIa SPE-VO, zur Organisationsverfassung Rn. 142 ff.). Eine Eintragungssperre für die SPE für die Zeit in der eine Mitbestimmung noch ungeklärt ist, kennt die Verordnung allerdings nicht.[545]

539 *Lutter/Bayer/Schmidt*, Europäisches Unternehmens- und Kapitalmarktrecht, 2017, Rn. 47.83; *Kalss/Klampfl*, Europäisches Gesellschaftsrecht, 2015, Rn. 620; vgl. zudem *Forst* ZESAR 2009, 261, 264; vgl. auch *Sick/Thannisch* AuR 2011, 155, 157, die damit ihre Forderung nach einem klaren Schutz der Arbeitnehmer untermauern.

540 Siehe zur Arbeitnehmermitbestimmung als einem der Hauptstreitpunkte bereits Rn. 7.

541 *Lutter/Bayer/Schmidt*, Europäisches Unternehmens- und Kapitalmarktrecht, 2012, § 43 Rn. 173. Die Lösung der SE-Richtlinie wurde bereits bei den Verhandlungen über die SCE als Modell genutzt (vgl. SCE-Richtlinie). Dazu § 6 Rn. 297 ff.

542 *Hommelhoff* ZEuP 2011, 7, 10; *Schulte-Wrede*, Die Beteiligung der Arbeitnehmer in der SPE, 2015, S. 495.

543 Vgl. auch *Schulte-Wrede*, Die Beteiligung der Arbeitnehmer in der SPE, 2015, S. 498.

544 Vgl. auch *Schulte-Wrede*, Die Beteiligung der Arbeitnehmer in der SPE, 2015, S. 495, wonach auf diese Weise sämtliche in den Mitgliedstaaten vertretene Mitbestimmungsvarianten abgedeckt werden.

545 *Hommelhoff* ZEuP 2011, 7, 12 zum schwedischen Präsidentschaftsentwurf.

270 Der Kommissionsentwurf beließ es bei diesem Verweis (vgl. Art. 34 SPE-VO-KOM). In der Literatur wurde befürchtet, dass dies in Verbindung mit der Möglichkeit der Sitzaufspaltung (Art. 7 SPE-VO-KOM) zu einem „*forum shopping*“[546] der Gesellschaftsgründer und damit zu einer „**Flucht aus der Mitbestimmung**“ geführt hätte.[547]

2. Ausnahme: Grenzüberschreitende Belegschaft

271 Aufgrund der Kritik am schlichten Verweis des Kommissionsentwurfs wurde im Laufe des Verordnungsgebungsverfahrens ein komplexes System geschaffen, welches die Aushebelung der Arbeitnehmermitbestimmung verhindern soll. Die Art. 35 SPE-VO folgenden Artikel (Art. 35a bis Art. 35d SPE-VO) enthalten deshalb spezielle Regelungen bezüglich des vorgeschriebenen **Verhandlungsverfahrens** und bezüglich der **Auffangregelung**, die greift, wenn eine der in Art. 35 Ia SPE-VO genannten Voraussetzungen gegeben ist. Dabei geht es um Situationen, in denen eine grenzüberschreitende Belegschaft gegeben ist und die Mitbestimmung daher ohne entsprechende Regelungen gefährdet sein könnte. Darüber hinaus bleibt es aber beim Verweis auf nationales Recht (Art. 35 I SPE-VO).[548]

272 Gemäß Art. 35 Ia lit. a) SPE-VO müssen die Vorschriften der Art. 35a-d SPE-VO beachtet werden, wenn ein Mitbestimmungsgefälle vorliegt und ein bestimmter Teil der Belegschaft sonst negativ betroffen wäre („mindestens 500[549] **Arbeitnehmer**, (die) regelmäßig in einem Mitgliedstaat arbeiten, der ein **höheres Niveau** der Arbeitnehmermitbestimmung vorsieht als der Sitzmitgliedstaat der SPE“).[550] Die darin beschriebenen Voraussetzungen müssen **kumulativ** erfüllt werden, damit ein Verhandlungsverfahren eröffnet wird.[551] Sie müssen zudem durchgehend während einer Periode von drei Monaten nach Eintragung vorliegen (Art. 35 Ia lit. a) SPE-VO). Der schwedische Präsidentschaftsentwurf enthielt noch eine **50%-Schwelle** (vgl. Art. 35 Ia lit. a) SPE-VO-S). Die festgelegte Schwelle wurde jedoch teilweise kritisiert, da bestimmte Mitgliedstaaten bereits bei geringeren Arbeitnehmerzahlen eine unternehmerische Mitbestimmung vorsehen und die Quote von 50% aus dieser Perspektive sehr hoch gegriffen schien.[552] Fraglich war zudem, ob die Quote von 50% „ausländischer“ Arbeitnehmer auch dann erfüllt ist, wenn sich diese auf **mehrere Mitgliedstaaten** aufteilen.[553] Der Wortlaut wies nicht auf ein solches Ergebnis hin.[554] Der **ungarische Präsidentschaftsentwurf** klärt diese Frage nicht, sondern fordert pauschal mindestens 500 Arbeitnehmer, die in einem Mitgliedstaat arbeiten, der ein höheres Schutzniveau als der Sitzmitgliedstaat vorsieht (Art. 35 Ia lit. a) SPE-VO).[555] Die Quotenregelung schafft der ungarische Präsidentschaftsentwurf damit ab.

273 Art. 35 Ib SPE-VO schreibt vor, dass die soeben beschriebene **Voraussetzung** für das Verhandlungsverfahren mindestens alle **drei Jahre** vom **Geschäftsführungsorgan überprüft** werden muss. Wird dabei ermittelt, dass die Schwelle erreicht worden ist, so führt dies zur Anwendung der Artt. 35a-d SPE-VO.[556] Die mitbestimmungsrelevanten Schwellen unterliegen damit einer regelmäßigen Überprüfung.

274 Art. 35 Ia lit. b) SPE-VO enthält zudem Vorgaben, wann die Artt. 35a-d SPE-VO im Fall einer **grenzüberschreitenden Sitzverlegung** anzuwenden sind. Hier gilt eine doppelte Schwelle. Zunächst müssen mind. 1/3 der Arbeitnehmer im Zeitpunkt der Sitzverlegung im Herkunftsland[557] arbeiten.[558] Dieses Drittel muss mindestens 500 Arbeitnehmer umfassen. Zudem muss für die Beschäftigten im Herkunftsmitgliedstaat der SPE ein höheres Niveau der Arbeitnehmermitbestimmung als im Aufnahmestaat der SPE gelten, wobei die Begriffe Herkunfts-

546 Unter „*forum shopping*“ wird hier das bewusste Ausnutzen von Differenzen der nationalen Rechtsordnungen verstanden. Durch die Wahl des Registersitzes kann ein Unternehmen bestimmen, welche nationale Rechtsordnung subsidiär zur Anwendung kommt.

547 Vgl. *Hommelhoff/Krause/Teichmann* GmbHR 2008, 1193, 1195; *Sick/Thannisch* AuR 2011, 155, 156; *Koberski/Heuschmid* RdA 2010, 207, 207 ff. („Schlag ins Gesicht des sozialen Europas“); *Teichmann* in: MüHdB GesR, Bd. 6, 2013, § 50 Rn. 56.

548 *Sick/Thannisch* AuR 2011, 155, 157 bezeichnet die Verhandlungslösung daher als Ausnahme zur Regel der Anwendung nationalen Rechts.

549 Kritisch zur Schwelle *Hommelhoff* ZEuP 2011, 7, 24 ff. zum schwedischen Präsidentschaftsentwurf.

550 *Hommelhoff* ZEuP 2011, 7, 13 zum schwedischen Präsidentschaftsentwurf.

551 Vgl. *Hommelhoff* ZEuP 2011, 7, 13; *Velasco* in: Sáenz García de Albizu/Oleo Banet/Martínez Flórez (Hrsg.), Estudios de derecho mercantil: En memoria del Profesor Aníbal Sánchez Andrés, 2010, S. 595, 617 zum schwedischen Präsidentschaftsentwurf.

552 *Koberski/Heuschmid* RdA 2010, 207, 212; vgl. auch *Sick/Thannisch* AuR 2011, 246, 247; aA *Hommelhoff* ZEuP 2011, 7, 21.

553 *Koberski/Heuschmid* RdA 2010, 207, 212; vgl. *Sick/Thannisch* AuR 2011, 246, 247.

554 Zu einem anderen Ergebnis kommt *Hommelhoff* ZEuP 2011, 7, 20 f.

555 Vgl. auch die Erläuterung SPE-VO, S. 5.

556 Vgl. *Lutter/Bayer/Schmidt*, Europäisches Unternehmens- und Kapitalmarktrecht, 2017, Rn. 47.86.

557 Zur Definition des Art. 2 I lit. g) SPE-VO s. Rn. 267.

558 *Velasco* in: Sáenz García de Albizu/Oleo Banet/Martínez Flórez (Hrsg.), Estudios de derecho mercantil: En memoria del Profesor Aníbal Sánchez Andrés, 2010, S. 595, 621 merkt an, dass eine Minderheit von Arbeitnehmern (1/3 der Arbeitnehmer) das Verfahren auslösen kann.

staat und Aufnahmestaat in der SPE-VO europäisch-autonom definiert werden (s. Rn. 267). Liegen die Voraussetzungen vor, so greifen die Artt. 35a-d SPE-VO.

Im Fall einer **grenzüberschreitenden Verschmelzung** unter Beteiligung der SPE finden die nationalen Vorschriften Anwendung, die in Umsetzung der vormaligen grenzüberschreitenden Verschmelzungsrichtlinie (s. dazu § 24, jetzt Teil der Kodifizierungs-RL) geschaffen wurden (Art. 35 III SPE-VO). Die Vorschrift ist weit formuliert und umfasst damit sowohl Verschmelzungen aus der eine SPE hervorgeht als auch Verschmelzungen, bei der eine SPE als Ausgangsrechtsträger beteiligt ist. 275

Im Fall eines **Formwechsels** greift das Vorher-Nachher Prinzip, sofern bereits zuvor ein grenzüberschreitendes System der Arbeitnehmermitbestimmung bestand (Art. 35 Ia 2 SPE-VO). Gemeinschaftskonforme Maßnahmen zum Schutz der Arbeitnehmer gegen einen Missbrauch der SPE (Vorenthaltung oder Versagung von Mitbestimmungsrechten) werden gemäß Art. 35 IV SPE-VO von den Mitgliedstaaten selbst getroffen.[559] An dieser Stelle bleibt das Ausmaß des Regelungsspielraums unklar. 276

3. Verhandlungslösung

Ist eine der Voraussetzungen des Art. 35 Ia bzw. III SPE-VO gegeben, muss das Geschäftsführungsorgan die notwendigen Maßnahmen ergreifen, damit die **Verhandlungen** über die Arbeitnehmermitbestimmung beginnen können (Art. 35a I SPE-VO). Die Verhandlung wird auf der einen Seite durch das Geschäftsführungsorgan und auf der Arbeitnehmerseite durch ein besonderes Verhandlungsgremium geführt.[560] Daher muss zunächst das **besondere Verhandlungsgremium** gebildet werden (Art. 35a II SPE-VO). Die Regeln sind denen bei der SE (s. dazu unter § 4 Rn. 237 ff.) relativ weitgehend nachgebildet.[561] Art. 35a II lit. a) SPE-VO verankert dementsprechend das **Prinzip der Repräsentativität und der Proportionalität**. Für die Bestellung der Mitglieder sieht Art. 35a II lit. e) SPE-VO grundsätzlich eine Frist von drei Monaten vor. Die Arbeitnehmer eines Mitgliedstaats haben die Möglichkeit auf die Beteiligung am besonderen Verhandlungsgremium zu verzichten (Art. 35a II lit. ea) 1 SPE-VO). Das Verfahren dafür legt der jeweilige Mitgliedstaat fest (Art. 35a II lit. ea) 2 SPE-VO). 277

Dann beginnen das **Geschäftsorgan** und das besondere **Verhandlungsgremium** das **Verhandlungsverfahren**, das sich nach Art. 35b I SPE-VO richtet. Ziel dieses Verfahrens ist eine **Einigung** der Parteien über die Arbeitnehmermitbestimmung in der SPE, die die in Art. 35c II SPE-VO genannten Angaben enthalten muss. Nicht Gegenstand der Verhandlung sind dagegen die Anhörung und Unterrichtung der Arbeitnehmer (dazu Rn. 283 ff.).[562] Die Verhandlungen können bis zu sechs Monate andauern und über diesen Zeitraum hinaus nur aufgrund eines einvernehmlichen Beschlusses der Parteien **maximal bis zu einem Jahr** (ab dem Zeitpunkt der Einsetzung des besonderen Verhandlungsgremiums) verlängert werden (Art. 35b IV SPE-VO). 278

Grundsätzlich sind die Parteien mit Blick auf den Umfang und das Ausmaß der Arbeitnehmermitbestimmung frei. Eine Reduzierung der Arbeitnehmerbestimmung unterliegt allerdings höheren Anforderungen mit Blick auf die Beschlussfassung: Mit einer Mehrheit von **2/3 der stimmberechtigten Mitglieder** des besonderen Verhandlungsgremiums, „*die mindestens zwei Drittel der Arbeitnehmer der SPE vertreten und gleichzeitig Arbeitnehmer in mindestens zwei Mitgliedstaaten vertreten*“,[563] kann das Verhandlungsgremium beschließen, dass das **Recht** des **Registersitzes** zur Anwendung kommt bzw. dass die Arbeitnehmerrechte, die nach dem nationalen Recht an ihrem Arbeitsplatz bestehen würden, **gemindert** werden (Art. 35b III lit. a) und b) SPE-VO). Es wird also eine doppelte absolute Mehrheit vorgeschrieben.[564] 279

Zudem hält die SPE-Verordnung in Art. 35d SPE-VO eine **Auffangregelung** bereit für den Fall, dass 280

- die Parteien dies **vereinbaren** (Art. 35d I lit. a) SPE-VO) oder
- **keine Vereinbarung** im vorgeschriebenen Zeitraum erzielt werden konnte (Art. 35d I lit. b) (i) SPE-VO) oder
- „das besondere Verhandlungsgremium **keinen Beschluss** gemäß Artikel 35b Absatz 3b gefasst hat“[565] oder
- die SPE beschließt, dass die Auffangregel zum Tragen kommen soll (Art. 35d I lit. c) SPE-VO). Art. 35d I lit. c) SPE-VO gewährt der SPE damit die Möglichkeit, dass Verhandlungsverfahren zu vermeiden und damit gleichzeitig auch den damit verbundenen Aufwand.

Die **Auffangregel** des Art. 35d II SPE-VO besagt, dass die Arbeitnehmer berechtigt sind, eine Zahl von Mitgliedern des Verwaltungs- bzw. Aufsichtsrats der SPE zu wählen oder zu bestellen bzw. deren Bestellung zu empfehlen oder abzulehnen, die dem Anteil in dem betroffenen Mitgliedstaat mit dem **höchsten Schutzniveau** (Niveau 281

559 *Schulte-Wrede*, Die Beteiligung der Arbeitnehmer in der SPE, 2015, S. 497 spricht in diesem Zusammenhang von „Überwachung“ und „Etablierung eines Missbrauchsschutzes“.
560 *Lutter/Bayer/Schmidt*, Europäisches Unternehmens- und Kapitalmarktrecht, 2017, Rn. 47.87.
561 *Lutter/Bayer/Schmidt*, Europäisches Unternehmens- und Kapitalmarktrecht, 2017, Rn. 47.87.
562 *Lutter/Bayer/Schmidt*, Europäisches Unternehmens- und Kapitalmarktrecht, 2017, Rn. 47.87.
563 Art. 35b III SPE-VO.
564 *Velasco* in: Sáenz García de Albizu/Oleo Banet/Martínez Flórez (Hrsg.), Estudios de derecho mercantil: En memoria del Profesor Aníbal Sánchez Andrés, 2010, S. 595, 625.
565 Art. 35d I lit. b) (ii) SPE-VO.

der Arbeitnehmermitbestimmung) entspricht. Art. 35d III SPE-VO schränkt den vorherigen Absatz jedoch insofern ein, als er es den Mitgliedstaaten erlaubt, den Arbeitnehmeranteil in den betroffenen Organen auf 1/3 zu **beschränken.**[566] Sind im nationalen Recht mehrere Formen der Mitbestimmung vorgesehen, obliegt die Entscheidung der Einführung der konkreten Mitbestimmungsform dem besonderen Verhandlungsgremium (Art. 35d IIIa SPE-VO). Gleiches gilt nach Art. 35d IV SPE-VO für die Verteilung von Sitzen bzw. die Besetzung von Verwaltungs- oder Aufsichtsorgan. Die eingesetzten Arbeitnehmervertreter sind mit denselben Rechten und Pflichten ausgestattet wie die Mitglieder der Arbeitgeberseite (Art. 35d V SPE-VO). Diese Gleichberechtigung im Rahmen der SPE wurde von der SE übernommen.[567] Ein besonderes Verhandlungsgremium ist gemäß Art. 35d VI SPE-VO immer auch dann (jedes Mal) einzusetzen, wenn die Arbeitnehmer neue Mitglieder des Verwaltungs- oder Aufsichtsorgans wählen oder bestellen bzw. deren Bestellung empfehlen oder ablehnen. Dies erscheint allerdings nicht notwendig und ist zudem sehr kostenintensiv.[568]

282 Die bisherigen Ausführungen beziehen sich auf die Mitbestimmung in einem Einzelunternehmen. Weitere Probleme ergeben sich, wenn es um die Mitbestimmung im **Konzern** geht, denn der Verordnungsentwurf äußert sich an keiner Stelle explizit zu dieser Thematik.[569]

IV. Anhörung und Unterrichtung

283 Die Anhörung und Unterrichtung regelt die Verordnung nicht eigenständig. Insofern greift gemäß Art. 4 II SPE-VO **nationales Recht.** In Art. 35e SPE-VO, welcher auf Initiative der ungarischen Ratspräsidentschaft aufgenommen wurde,[570] weist sie die Mitgliedstaaten lediglich an, dafür Sorge zu tragen, dass diese Rechte auch gewahrt bleiben, wenn die SPE Beschäftigte in mehreren Mitgliedstaaten hat bzw. nur in Ländern hat, in denen nicht der Sitz der SPE liegt. Erwägungsgrund 17 SPE-VO listet die Richtlinien auf, die insofern zu beachten sind, wie zB die Richtlinie des Europäischen Parlaments und des Rates über die Einsetzung eines Europäischen Betriebsrats oder die Schaffung eines Verfahrens zur Unterrichtung und Anhörung der Arbeitnehmer in gemeinschaftsweit operierenden Unternehmen und Unternehmensgruppen.[571] Wie bereits die Bezeichnung der Richtlinie zu erkennen gibt, werden hiervon jedoch nur gemeinschaftsweit aufgestellte SPE erfasst. Der deutsche Gesetzgeber hat die Richtlinie durch das Zweite Gesetz zur Änderung des Europäischen Betriebsräte-Gesetzes (EBRG) in nationales Recht umgesetzt.[572] Ein Unternehmen ist gemeinschaftsweit tätig, wenn es mindestens 1.000 Arbeitnehmer in der EU beschäftigt, von denen jeweils mindestens 150 Arbeitnehmer in mindestens zwei Mitgliedstaaten angestellt sind (Art. 2 I lit. a) RL 2009/38/EG, § 3 I EBRG).

284 Ansonsten gilt im Bereich der betrieblichen Mitbestimmung die Richtlinie zur Festlegung eines allgemeinen Rahmens für die Unterrichtung und Anhörung der Arbeitnehmer in der Europäischen Gemeinschaft.[573] Es finden somit die jeweiligen mitgliedstaatlichen Betriebsverfassungsrechte Anwendung, welche durch die allgemeine Rahmenrichtlinie 2002/14/EG harmonisiert sind.[574] Als Rahmenregelung zielt die Richtlinie vor allem darauf ab, die Grundsätze, Begriffe und Modalitäten der Unterrichtung und Anhörung zu bestimmen. Den Mitgliedstaaten verbleibt die Aufgabe, diesen vorgegebenen Rahmen auszufüllen. Für die Mitgliedstaaten besteht die Option, es den Sozialpartnern zu ermöglichen, eine Vereinbarung über die Modalitäten für die Unterrichtung und Anhörung zu treffen (Erwägungsgrund 23 der RL 2002/14/EG). Mit Unterrichtung ist ausweislich Art. 2 lit. f) RL 2002/14/EG „die Übermittlung von Informationen durch den Arbeitgeber an die Arbeitnehmervertreter, um ihnen Gelegenheit zur Kenntnisnahme und Prüfung der behandelten Frage zu geben“, gemeint. Unter Anhörung ist der Meinungsaustausch und Dialog zwischen Arbeitnehmervertretern und Arbeitgebern zu verstehen (Art. 2 lit. g) RL 2002/14/EG). Im Hinblick auf die Anwendbarkeit haben die Mitgliedstaaten die Wahlmöglichkeit zwischen einer Schwelle von Unternehmen mit mindestens 50 Arbeitnehmern (Art. 3 I 1 lit. a) RL 2002/14/EG) und Betrieben mit mindestens 20 Beschäftigten in einem Mitgliedstaat (Art. 3 I 1 lit. b) RL 2002/14/EG). Ebenso bestimmen die Mitgliedstaaten gemäß Art. 3 I 2 RL 2002/14/EG über die Berechnungsmethode der jeweiligen Schwellenwerte. Der deutsche Gesetzgeber erachtete den Rechtsrahmen des

566 Kritisch zu dieser Regelung *Sick/Thannisch* AuR 2011, 155, 158.

567 Unter Bezugnahme auf die Auffangregelung im Anhang aus Teil 3b) UAbs. 4 SE-RL siehe *Schulte-Wrede*, Die Beteiligung der Arbeitnehmer in der SPE, 2015, S. 499 (siehe dort auch Fn. 2292).

568 *Schulte-Wrede*, Die Beteiligung der Arbeitnehmer in der SPE, 2015, S. 499.

569 *Hommelhoff* ZEuP 2011, 7, 32 ff.; *Forst* ZESAR 2009, 261, 264 f.

570 *Lutter/Bayer/Schmidt*, Europäisches Unternehmens- und Kapitalmarktrecht, 2017, Rn. 47.89.

571 Richtlinie 2009/38/EG des Europäischen Parlaments und des Rates vom 6. Mai 2009 über die Einsetzung eines Europäischen Betriebsrats oder die Schaffung eines Verfahrens zur Unterrichtung und Anhörung der Arbeitnehmer in gemeinschaftsweit operierenden Unternehmen und Unternehmensgruppen, ABl. EG v. 16.5.2009, L 122/28.

572 2. EBRG-ÄndG vom 14. Juni 2011, BGBl. I 2011, Nr. 28 S. 1050.

573 Richtlinie 2002/14/EG des Europäischen Parlaments und des Rates vom 11. März 2002 zur Festlegung eines allgemeinen Rahmens für die Unterrichtung und Anhörung der Arbeitnehmer in der Europäischen Gemeinschaft, ABl. EG v. 23.3.2002, L 80/29.

574 *Hommelhoff/Krause/Teichmann* GmbHR 2008, 1193, 1203.

BetrVG und PersVG als über die Richtlinie hinausgehend und schaffte daher kein spezielles Umsetzungsrecht zur Anhörung und Unterrichtung von Arbeitnehmern.[575]

Erwägungsgrund 17 SPE-VO führt an, dass darüber hinaus noch die spezifischeren Informations- und Konsultationsrechte der Arbeitnehmer bei Massenentlassungen[576] und beim Betriebsübergang,[577] in bestimmten Fällen zu beachten sein können.[578] 285

O. Ausblick

Wie bereits in der Einleitung erwähnt, hat die Kommission ihren Entwurf für eine SPE-Verordnung zurückgezogen und damit das **Verordnungsgebungsverfahren (vorläufig) beendet**. Zwar gab es zwischenzeitlich immer wieder Rufe (vor allem auch aus Deutschland), das Projekt wieder aufzunehmen.[579] Ernsthaft wurde eine **Wiederbelebung** des Projekts jedoch vor allem auf politischer Ebene bislang nicht betrieben. Die Bundesregierung hat die Schaffung der SPE allerdings im Koalitionsvertrag explizit wieder auf die Agenda gesetzt.[580] Auf kurze Sicht ist jedoch wohl trotzdem nicht damit zu rechnen, dass die SPE-Verordnung verabschiedet wird. Denn selbst wenn sich die Bundesregierung für die Wiederbelebung einsetzen würde, bliebe die Reaktion der anderen Mitgliedstaaten abzuwarten. 286

Im Rahmen einer nächsten **„Welle" der Vertiefung des Binnenmarkts** besteht allerdings durchaus Hoffnung, dass die Idee einer europäischen Privatgesellschaft wieder diskutiert werden wird. Sollte sich zB bezüglich der von der Kommission vorgeschlagenen Projekte zur Digitalisierung im Gesellschaftsrecht[581] und zu grenzüberschreitenden Umwandlungen[582] eine positive Dynamik entwickeln, könnte die SPE in diesem Zug durchaus wieder auf die Agenda gesetzt werden. Denn die hohe praktische Relevanz sowie der große potenzielle Mehrwert einer gut ausgestalteten europäischen GmbH sprechen dafür, das Projekt der SPE weiterzuverfolgen. Der ungarische Kompromissvorschlag könnte dann als Grundlage der Diskussion Bedeutung erlangen, da die Mitgliedstaaten darin bereits viele tragfähige Kompromisse erzielen konnten. Es verbleibt daher die Zuversicht, dass die SPE – wie bereits die SE vor ihr – lediglich einen langen Weg bis zur erfolgreichen Verabschiedung nehmen muss.[583] 287

575 *Schulte-Wrede*, Die Beteiligung der Arbeitnehmer in der SPE, 2015, S. 386; mit Nachweisen zur Kritik in der Literatur, so etwa *Reichold* NZA 2003, 289, 298 f.

576 Richtlinie 98/59/EG des Rates vom 20. Juli 1998 zur Angleichung der Rechtsvorschriften der Mitgliedstaaten über Massenentlassungen, ABl. EG v. 12.8.1998, L 225/16.

577 Richtlinie 2001/23/EG des Rates vom 12. März 2001 zur Angleichung der Rechtsvorschriften der Mitgliedstaaten über die Wahrung von Ansprüchen der Arbeitnehmer beim Übergang von Unternehmen, Betrieben oder Unternehmens- oder Betriebsteilen, ABl. EG 22.3.2001, L 82/16.

578 Vgl. auch *Lutter/Bayer/Schmidt*, Europäisches Unternehmens- und Kapitalmarktrecht, 2017, Rn. 47.89.

579 So zuletzt beispielsweise wieder *Bayer/J. Schmidt* BB 2017, 2114, 2118.

580 Koalitionsvertrag zwischen CDU, CSU und SPD, 19. Legislaturperiode, 2018, S. 131.

581 Europäische Kommission, Vorschlag für eine Richtlinie des Europäischen Parlaments und des Rates zur Änderung der Richtlinie (EU) 2017/1132 im Hinblick auf den Einsatz digitaler Werkzeuge und Verfahren im Gesellschaftsrecht, COM(2018) 241 final.; dazu *Knaier* GmbHR 2018, 560, 560 ff.; *Noack* DB 2018, 1324, 1324 ff.

582 Europäische Kommission, Vorschlag für eine Richtlinie des Europäischen Parlaments und des Rates zur Änderung der Richtlinie (EU) 2017/1132 in Bezug auf grenzüberschreitende Umwandlungen, Verschmelzungen und Spaltungen, COM(2018) 241 final.

583 Vgl. hierzu auch *Neville* in: FS Hommelhoff, 2012, S. 835, 851.

§ 6 Europäische Genossenschaft (SCE – Societas Cooperativa Europaea)

Literatur (Auswahl): *Alfandari/Piot*, Intégration du règlement européen de la SCE dans le droit coopératif français RECMA 297 (2005) 82; *Bahans/Menjucq*, La société coopérative européenne: nouvel outil coopératif pour une économie internationalisée, Revue de droit rural 2008, Dossier 28 (zitiert nach LexisNexis); *Barsan*, La société coopérative européenne (SCE): entre identité coopérative et efficacité économique, 2013; *Bergmann* in: Bergmann (Hrsg.), Handlexikon der Europäischen Union, 5. Aufl. 2015, Genossenschaft, Europäische (societas cooperativa europopea, SCE); *Behrens* in: Dauses (Hrsg.), EU-Wirtschaftsrecht, 33. EGL 2013 (Altauflage), E. III. Rn. 171 ff.; *Beuthien* (Hrsg.), Genossenschaftsgesetz: GenG – mit Umwandlungs- und Kartellrecht sowie Statut der Europäischen Genossenschaft, 15 Aufl. 2011; *ders.*, Die Europäische Genossenschaft als gesellschaftsrechtliche Herausforderung – Was muss ein Genossenschaftsgesetz leisten?, ZfgG 57 (2007) 3; *Blomeyer*, Auf dem Weg zu einer (E)europäischen Genossenschaft, BB 2000, 1741; *ders.*, Die Zukunft der Genossenschaft in der Europäischen Union an der Schwelle zum 21. Jahrhundert, ZfgG 50 (2000) 183 *Cario*, Aufnahme von Investorenmitgliedern in die SCE? – Gedanken zur Ausübung des Wahlrechts in Art. 14 Abs. 2 SCE-VO durch den deutschen Gesetzgeber, ZfgG 55 (2005) 146; *Cathiard*, La pratique du droit européen des sociétés, 2. Aufl. 2017; *dies.*, La mobilité de la SEC au sein de l'espace européen et les modalités de l'implication des salariés au sein de cette sociétés, Droit des sociétés 2009, n. 3, prat 3 (zitiert nach LexisNexis); *Cerioni*, Das Statut der Europäischen Gesellschaft (SE) und das Statut der Europäischen Genossenschaft, EuLF (2004) 296; *Chomel*, La longue marche de la société coopérative européenne, RECMA 291 (2004) 22; *Detilleux*, La société coopérative européenne, une nouvelle dimension pour les coopératives, RECMA 291 (2004), 19; *El Mahi*, Die Europäische Genossenschaft, DB 2004, 967; *Escuin Ibáñez*, Law applicable to the European Cooperative Society: special reference to the european cooperative established in Spain, ECFR 2011, 30; *Espín Sáez*, Implicación de los trabajadores en la Sociedad Cooperativa Europea, Revista MTIN 2003, 233; *Fandrich* in: Pöhlmann/Fandrich/Bloehs (Hrsg.), Genossenschaftsgesetz, 4. Aufl. 2012, Einführung; *Fischer*, Die Europäische Genossenschaft (1995); *ders.* in: Theurl/Greve (Hrsg.), Genossenschaftsrecht in Europa – Diskussionsbeiträge zur Reform des Genossenschaftsgesetzes in Deutschland, 2001, S. 169 ff.; *Fici*, Pan-European Cooperative Law: Where Do We Stand?, Euricse Working Paper No. 47/13 (2013), S. 1; *Fleischer*, Supranational Corporate Forms in the European Union: Prolegomena to a Theory on Supranational Forms of Association, CMLR 2010, 1671; *Fuentes Naharro*, La Función del Órgano de Control de una Sociedad Cooperative Europea Domiciliada en España, REVESCO 2009, 58; *Galle*, The Societas Cooperativa Europaea (SCE) and national cooperatives in comparative perspective ECL 3 (2006) 255; *Gudula*, Corporate Governance in der Europäischen Économie Sociale – Unternehmenskontrolle und- steuerung im Vorschlag über ein Statut der Europäischen Genossenschaft, EWS 9 (2002), 410; *Gros* in: Blanc/Colongo (Hrsg.), Les contributions des coopératives à une économie plurielle, 2011, S. 275; *Habersack*, Grundsatzfragen der Mitbestimmung in SE und SCE sowie bei grenzüberschreitender Verschmelzung, ZHR 171 (2007) 631; *Habersack/Verse*, Europäisches Gesellschaftsrecht, 4. Aufl. 2011, § 14; *Hagen-Eck*, Die Europäische Genossenschaft, 1995; *Heilmeier*, Die Kapitalverfassung der Europäischen Genossenschaft (SCE), EuZW 2010, 887; *Heß*, Die Europäische Genossenschaft und die Reform des Genossenschaftsrechts in Deutschland, 2008; *Hirte*, Das neue Genossenschaftsrecht (Teil II), DStR 2007, 2215; *ders.*, Kapitalgesellschaftsrecht, 8. Aufl. 2016, § 10; *Höffler*, Die Gestaltungsfreiheit im deutschen und europäischen Genossenschaftsrecht, 2013; *Jaślan*, Gospodarka, Spółdzielnia europejska, Materialowa i Logistyka 4/2006, 26; *Kalss/Klampfl*, Europäisches Gesellschaftsrecht, 2015, Rn. 588 ff.; *Kessel*, Statut der Europäischen Genossenschaft, BI/GF 1992, 35; *ders*, Der Entwurf zum Statut der Europäischen Genossenschaft, EuZW 1992, 475; *Keßler/Herzberg*, Ist die Europäische Genossenschaft kapitalmarktfähig? – Zum Anwendungsbereich des Art. 64 SCE-VO, ZfgG 59 (2009) 39; *Korte*, Die Europäische Genossenschaft in: Helios/Strieder (Hrsg,), Beck'sches Handbuch der Genossenschaft, 2009, § 16; *Krafka/Kühn*, Registerrecht, 10. Aufl. 2017, Teil 2. Genossenschaftsregister; *Krebs*, Gründung der Europäischen Genossenschaft (SCE) durch Rechtsformwechsel, EWS 2012, 407; *Krimphove*, Brauchen wir die Europäische Genossenschaft?, EuZW 2010, 892; *Lang/Weidmüller* (Hrsg.), Genossenschaftsgesetz: GenG, 38. Aufl. 2016; *Lutter/Bayer/Schmidt*, Europäisches Unternehmens- und Kapitalmarktrecht, 6. Aufl. 2017, § 46; *Luttermann*, Die Europäische Genossenschaft, ZVglRWiss 93 (1994) 1; *Marchand*, Société coopérative européenne et principes coopératifs, RIUESS 2006, 1 (zitiert nach socioeco.org); *Martínez Segovia*, Primera aproximación al estatuto de la Sociedad Cooperativa Europea (parte A), REVESCO 2003, 61; *ders.*, Primera aproximación al estatuto de la Sociedad Cooperativa Europea (parte B), REVESCO 2003, 84; *Michalczyk*, Spółdzielnia europejska w aspekcie swobody działalności gospodarczej na terenie UE, Studia Europejskie 1 (73) 2015, 91; *Miribung*, Die Struktur der SCE und ihre Anwendungsmöglichkeiten im italienischen und österreichischen Recht, ZfgG 59 (2007), 270; *Mock*, Die Europäische Genossenschaft, GPR 2004, 213; *Münkner*, Europäische Genossenschaft (SCE) und europäische Genossenschaftstradition, 2006; *Ott*, Die SCE – eine Gesellschaft im Sinne Schulze – Delitzschs? in: Förderverein Hermann Schulze – Delitzsch (Hrsg.), Hermann Schulze-Delitzsch: Weg – Werk – Wirkung, 2008, S. 344; *Parleani*, La SCE, une subtile articulation du droit communautaire et des droits nationaux, RECMA 291 (2004), 35; *Pastor Sempere*, La sociedad cooperativa europea, REVESCO 2001, 181; *Sanz*, El nuevo Estatuto de la Sociedad Cooperativa Europea, CIRIEC-España 2002, 9; *Schmidt, J.*, SE and SCE: two more new European company forms – and more to come!, Co Law 27 (2006) 99; *Schulze* (Hrsg.), Europäische Genossenschaft (SCE) – Handbuch, 2004; *ders.*, Die Europäische Genossenschaft (SCE), NZG 2004, 792; *Schulze/Wiese*, Die SCE mit Sitz in Deutschland und die Reform des deutschen Genossenschaftsrechts, ZfgG 56 (2006) 108; *Teichmann* in: Teichmann (Hrsg.), Münchener Handbuch des Gesellschaftsrechts, Bd. 6 (Internationales Gesellschaftsrecht und Grenzüberschreitende Umwandlungen), 4. Aufl. 2013; § 51; *Spahlinger/Wegen/Barth* (Hrsg.), Gesellschaftsrecht des Auslands, 1. EL 2016, Europäische Union; *Steding*, Die Europäische Genossenschaft – Entwurf einer künftigen supranationalen Rechtsform für Unternehmen, BuW 2 (1999), 64; *Wiese*, Die Europäische Genossenschaft im Vergleich zur eingetragenen Genossenschaft deutschen Rechts, 2006; *Zurera*, El estatuto de la sociedad cooperativa europea: el problema de su aplicación en España, Tribuna Jurídica 2007, 19.

A. Einführung

I. Entwicklung

1 Sieben Jahre nach der Verabschiedung der Verordnung zur Schaffung der Europäischen Wirtschaftlichen Interessenvereinigung (EWIV, s. dazu § 7) legte die Kommission 1992 einen ersten Verordnungsentwurf für die **Societas Cooperativa Europaea** (abgekürzt mit „SCE“), die Europäische Genossenschaft, vor.[1] Diskutiert wurde die Einführung einer Europäischen Genossenschaft allerdings schon seit 1975.[2] Ende der 1980er-Jahre konkretisierten sich die Überlegungen zur SCE dann. So forderte das Europäische Parlament die Europäische Kommission 1987 in einer Entschließung dazu auf, ein Statut für eine europäische Genossenschaft zu schaffen.[3] Es dauerte allerdings fünf Jahre bis die Kommission der Aufforderung nachkam und 1992 den ersten Verordnungsentwurf[4] veröffentlichte. Der sich anschließende Verordnungsgebungsprozess ist im Zusammenhang mit der Schaffung der Societas Europaea (SE, s. § 4) zu sehen.[5] Denn bereits drei Jahre vor dem Kommissionsentwurf zur SCE (dh 1989), unterbreitete die Europäische Kommission einen (erneuten) Verordnungsvorschlag für die SE (zum Verordnungsgebungsprozess der SE s. § 4 Rn. 2 ff.).[6] Beide Vorschläge wurden daher zeitweise parallel verhandelt. 1996 wurden die Verhandlungen bezüglich der SCE dann jedoch ausgesetzt.[7] Problematisch war vor allem – wie bei der SE auch – die Mitbestimmungsfrage.[8] Danach stand zunächst die Diskussion um die SE-Verordnung im Vordergrund.[9] Nachdem bei der SE der Durchbruch zur Frage der Arbeitnehmermitbestimmung gelang und die SE-Verordnung zusammen mit der entsprechenden Arbeitnehmer-Richtlinie 2001 vom Rat verabschiedet werden konnte,[10] wurden die Verhandlungen über die SCE 2001 auf Initiative der schwedischen

1 Europäische Kommission, Vorschlag einer Verordnung (EWG) des Rates über das Statut der Europäischen Genossenschaft, ABl. der EG C 99 vom 21.4.1992, S. 17. Zu diesem Vorschlag *Pastor Sempere* REVESCO 2001, 181, 193 ff.; so auch: *Wiese*, Die europäische Genossenschaft im Vergleich zur eingetragenen Genossenschaft deutschen Rechts, 2006, S. 28 f.

2 Zur Entwicklung der Idee einer Europäischen Genossenschaft *Pastor Sempere* REVESCO 2001, 181, 183 ff.; auch *Chomel* RECMA 291 (2004) 22, 22 ff. nach der die vorbereitenden Überlegungen verschiedener Akteure sogar noch weiter zurückreichen, die Autorin geht auch auf den folgenden Gesetzgebungsprozess ein; ebenfalls zu den frühen Überlegungen *Fleischer* CMLR 2010, 1671, 1677; zum Gesetzgebungsprozess auch *Martínez Segovia* REVESCO 2003, 61, 63 ff.

3 Das europäische Parlament hatte bereits 1980 die Kommission dazu aufgefordert, die Idee einer europäischen Genossenschaft zu untersuchen, vgl. *Heß*, Die Europäische Genossenschaft und die Reform des Genossenschaftsrechts in Deutschland, 2008, S. 6; *Hagen-Eck*, Die Europäische Genossenschaft, 1995, S. 36, 43.

4 Europäische Kommission, Vorschlag einer Verordnung (EWG) des Rates über das Statut der Europäischen Genossenschaft, ABl. der EG C 99 vom 21.4.1992, S. 17.

5 *Fleischer* CMLR 2010, 1671, 1677; *Steding* BuW 1999, 65, 65 kritisch zur Kopplung der SCE an die Entstehung der SE.

6 Europäische Kommission, Vorschlag für eine Verordnung (EWG) des Rates über das Statut der Europäischen Aktiengesellschaft, 25.8.1989, ABl. EG v. 16.10.1989, C 263/41; neben dem Verordnungsvorschlag legte die Kommission auch einen Entwurf für eine Richtlinie zur Regelung der Arbeitnehmermitbestimmungsfrage vor. Europäische Kommission, Vorschlag für eine Richtlinie des Rates zur Ergänzung des SE-Statuts hinsichtlich der Stellung der Arbeitnehmer, 25.8.1989, ABl. EG v. 16.10.1989, C 263/69.

7 *Heß*, Die Europäische Genossenschaft und die Reform des Genossenschaftsrechts in Deutschland, 2008, S. 11.

8 *Habersack/Verse*, Europäisches Gesellschaftsrecht, 2011, § 14 Rn. 1 führen aus, dass die Verabschiedung lange Zeit an der Mitbestimmungsfrage scheiterte. Ebenso *Lutter/Bayer/Schmidt*, Unternehmens- und Kapitalmarktrecht, 2017, Rn. 46.1; *Wiese*, Die europäische Genossenschaft im Vergleich zur eingetragenen Genossenschaft deutschen Rechts, 2006, S. 29. Vgl. auch *Korte* in: Helios/Strieder (Hrsg.), Beck'sches Handbuch zur Genossenschaft, 2009, § 16 Rn. 3; *Holthaus/Lehnhoff* in: Lang/Weidmüller (Hrsg.), Genossenschaftsgesetz, 2016, Einf. Rn. 64; *Espín Sáez* Revista MTIN 2003, 233, 237.

9 Vgl. *Breit*, Societas Europaea (SE) und Societas Cooperativa Europaea (SCE), 2010, S. 46.

10 *Breit*, Societas Europaea (SE) und Societas Cooperativa Europaea (SCE), 2010, S. 44 f; vgl. *Korte* in: Helios/Strieder (Hrsg.), Beck'sches Handbuch zur Genossenschaft, 2009, § 16 Rn. 3.

Ratspräsidentschaft wieder aufgenommen.[11] Daraufhin konnte zügig eine Einigung gefunden werden, was **2003** zur Verabschiedung der **SCE-Verordnung**[12] (im Folgenden: SCE-VO) sowie einer **Ergänzungs-Richtlinie zur Arbeitnehmermitbestimmung**[13] (im Folgenden: SCE-RL) führte.[14] Seit 2006 kann die SCE nun in der EU und dem EWR[15] und somit auch in Deutschland gegründet werden.[16] Allerdings wurde die Arbeitnehmermitbestimmungs-RL in einigen Ländern zu spät umgesetzt.[17] 2007 wurde die SCE-Verordnung aufgrund von vier Fehlern im Text noch einer Korrektur unterzogen.[18]

Die SCE ist damit historisch nach der EWIV (§ 7) und der SE (§ 4) die dritte supranationale Rechtsform, die auf europäischer Ebene geschaffen wurde.[19] Sie ist gleichzeitig auch die bisher letzte europäische Rechtsform, die erfolgreich verabschiedet werden konnte. Alle nachfolgenden Projekte in diesem Bereich (vgl. SPE § 5, FE § 8 und SUP § 9) scheiterten bzw. werden derzeit nicht weiterverfolgt. 2

II. Die SCE als Pendant zur nationalen Genossenschaft

Die SCE stellt das europäische **Pendant** zu den **nationalen Genossenschaften** dar.[20] Wie die anderen supranationalen Rechtsformen auch, tritt die Europäische Genossenschaft damit neben die bereits bestehenden nationalen, parallelen Rechtsformen (System: „28 plus 1" bzw. demnächst „27 plus 1", vgl. dazu auch § 3 Rn. 24).[21] Die EU will mit der SCE-Verordnung für die in allen Mitgliedstaaten anerkannten Genossenschaften ein angemessenes rechtliches Instrument zur Verfügung stellen, welches die Entwicklung ihrer länderübergreifenden Tätigkeiten fördern soll.[22] Die SCE dient somit dazu, die grenzüberschreitenden Handlungen von Genossenschaften im Binnenmarkt zu verbessern (dazu auch unter Rn. 37).[23] Hauptzweck der SCE ist es daher, den Bedarf ihrer Mitglieder zu decken und/oder deren wirtschaftliche und soziale Tätigkeiten durch einen gemeinschaftlichen Geschäftsbetrieb zu fördern (vgl. Art. 1 III 1 SCE-VO). In der SCE finden sich die aus dem nationalen Recht bekannten, genossenschaftlichen Elemente, wie zB der Fördergedanke und das Prinzip des Vorrangs der Person über dem Kapital. Allerdings besteht bei der SCE die Besonderheit, dass bezüglich dieser Aspekte teilweise ein Satzungsgestaltungsspielraum besteht, welcher oftmals unter dem Vorbehalt der Ausübung einer Regelungsmöglichkeit durch die Mitgliedstaaten steht.[24] Insofern ließe sich stellenweise auch von einer „Relativierung" genossenschaftlicher Prinzipien sprechen.[25] Außerdem ist zu bedenken, dass die SCE-Verordnung als Kompromiss ausgestaltet ist, da sie unterschiedliche einzelstaatliche Grundideen (wirtschaftliche Orientierung zB nach deutschem Verständnis und die Idee der *économie sociale* nach französischem und italienischem Genossen- 3

11 *Heß*, Die Europäische Genossenschaft und die Reform des Genossenschaftsrechts in Deutschland, 2008, S. 11; *Wiese*, Die europäische Genossenschaft im Vergleich zur eingetragenen Genossenschaft deutschen Rechts, 2006, S. 29 f.

12 Verordnung (EG) Nr. 1435/2003 des Rates vom 22. Juli 2003 über das Statut der Europäischen Genossenschaft (SCE), Amtsblatt Nr. L 207 vom 18/08/2003 S. 1-24.

13 Richtlinie 2003/72/EG des Rates vom 22. Juli 2003 zur Ergänzung des Statuts der Europäischen Genossenschaft hinsichtlich der Beteiligung der Arbeitnehmer, Amtsblatt Nr. L 207 vom 18/08/2003, S. 25-36.

14 Zu den Schwierigkeiten des Verordnungsgebungsprozesses *Sanz* CIRIEC-España 2002, 9, 12 ff.

15 EWR-Ausschuss, Beschluss des Gemeinsamen EWR-Ausschusses Nr. 15/2004 vom 6. Februar 2004 zur Änderung des Anhangs XXII (Gesellschaftsrecht) des EWR-Abkommens, Abl. EU L 116 vom 22. April 2004, S. 68; EWR-Ausschuss, Beschluss des Gemeinsamen EWR-Ausschusses Nr. 44/2004 vom 23. April 2004 zur Änderung des Anhangs XVIII (Sicherheit und Gesundheitsschutz am Arbeitsplatz, Arbeitsrecht sowie Gleichbehandlung von Männern und Frauen) des EWR-Abkommens, Abl. EU L 277 vom 23. April 2004, S. 11; *Lutter/Bayer/Schmidt*, Europäisches Unternehmens- und Kapitalmarktrecht, 2017, Rn. 46.1.

16 Die SCE-VO wurde in Deutschland durch das Gesetz zur Einführung der Europäischen Genossenschaft und zur Änderung des Genossenschaftsrechts (EGSCE) vom 14.8.2006 in nationales Recht umgesetzt.

17 In Frankreich beispielsweise erst Anfang 2008. Vgl. *Bahans/Menjucq* Revue de droit rural 2008, dossier 28 Rn. 4.

18 Berichtigung der Verordnung (EG) Nr. 1435/2003 des Rates vom 22. Juli 2003 über das Statut der Europäischen Genossenschaft (SCE), Abl. EU L 049 vom 17. Februar 2007, S. 35.

19 *Krafka/Kühn*, Registerrecht, 2017, Teil 2. Genossenschaftsregister, Rn. 1977; *Hirte*, Kapitalgesellschaftsrecht, 2016, Rn. 10.69; *Michalczyk* Studia Europejskie 73 (2015) 91, 94.

20 *Schulze* NZG 2004, 792, 792; *Marchand* RIUESS 2006, 1, 1 zum genossenschaftlichen Charakter der SCE. Ebenso *Martínez Segovia* REVESCO 2003, 61, 69 f.

21 *Luttermann* ZVglRWiss 1994, 32, 32 zur SCE als eigenständige Rechtsform neben der nationalen Genossenschaft *Ott* in: Förderverein Hermann Schulze-Delitzsch (Hrsg.), Hermann Schulze-Delitzsch: Weg – Werk – Wirkung, 2008, 344, 344. Vgl. Auch *Holthaus/Lehnhoff* in: Lang/Weidmüller (Hrsg.), Genossenschaftsgesetz, 2016, Vorb. UmwG Rn. 17; *Fici*, Pan-European Cooperative Law: Where Do We Stand?, Euricse Working Paper No. 47/13 (2013), S. 7.

22 Vgl. Erwägungsgrund 6 SCE-VO.

23 Vgl. auch Erwägungsgrund 11 SCE-VO.

24 Zu den genossenschaftlichen Aspekten bei der SCE und die „Aufweichung" dieser Prinzipien *Marchand* RIUESS 2006, 1, 3 ff.

25 Zum Spannungsverhältnis von genossenschaftlicher Ausgestaltung und wirtschaftlicher Ausrichtung *Barsan*, La société coopérative européenne (SCE): entre identité coopérative et efficacité économique, 2013, Rn. 579 ff.

schaftsverständnis)[26] in sich vereint bzw. ihnen durch Verweise auf einzelstaatliches Recht Raum zur Fortgeltung verschafft.[27]

4 Die Ausrichtung der SCE auf die Förderung ihrer Mitglieder unterscheidet sie insbesondere von Kapitalgesellschaften mit ihrer Ausrichtung auf das Kapitalertragsinteresse.[28] Dennoch zeigen sich die stark ausgeprägten **Parallelen zwischen SCE und SE** nicht nur mit Blick auf die Verordnungsgebungsprozesse (dazu bereits Rn. 1), sondern auch bezogen auf die Regelungstechnik und inhaltliche Aspekte, wie zB die Organisationsstruktur.[29] Nicht genossenschaftlich geprägte Regeln sind im Ergebnis oft in ähnlicher Form von der SE auf die SCE übertragen worden.[30] Das unterstreicht eine gewisse Pfadabhängigkeit bei der Regulierung auf europäischer Ebene. Die Übernahme von Regelungen aus anderen Rechtsakten erleichtert grds. die Kompromissfindung im Rat (und im Europäischen Parlament, vgl. dazu § 3 Rn. 16). Einige Vorschriften wurden bei der SCE dann präziser und detaillierter gefasst als bei der SE,[31] womit die SCE auch ein Beispiel für den Fortentwicklungsprozess von Regelungen auf europäischer Ebene darstellt (vgl. § 3 Rn. 11).

III. Die SCE in der Praxis

5 Auf nationaler Ebene besitzen die Genossenschaften in Europa bis heute eine nicht unerhebliche **wirtschaftliche Bedeutung**. So gab es in Deutschland Ende 2016 5.644 Genossenschaften mit circa 19,77 Mio. Mitgliedern.[32] In Deutschland gibt es somit mehr Genossenschaftsmitglieder als Aktionäre.[33] In der gesamten EU wird die Anzahl der Genossenschaften auf 131.000 mit mehr als 127 Mio. Mitgliedern und knapp 4,4 Mio. Arbeitnehmern geschätzt.[34] In Italien, Frankreich und Spanien ist das Genossenschaftswesen besonders stark ausgeprägt.[35] Gemessen an der Anzahl von Genossenschaften kommt dem nationalen Genossenschaftswesen eine hohe Bedeutung beim Wohnungsbau, der Landwirtschaft sowie im Bereich Industrie und Dienstleistungen zu.[36] Blickt man auf die Mitgliederzahl, sticht der Bankensektor hervor.[37] Bisher ist der Tätigkeitsbereich nationaler Genossenschaften dabei allerdings oftmals lokal bzw. national. Die SCE sollte Genossenschaften in diesem Zusammenhang die Möglichkeit eröffnen, diese Rechtsform im **transnationalen Bereich** zu nutzen.[38] Rechtliche und administrative Schwierigkeiten im grenzüberschreitenden Bereich sollen durch die SCE im genossenschaftlichen Sektor überwunden werden können.[39] Zudem eröffnet sie den Genossenschaften, die bereits zuvor mithilfe von Tochtergesellschaften in der europäischen Union tätig waren, die Möglichkeit, nun eine europäische Struktur zu nutzen.[40] Darüber hinaus soll sie es auch natürlichen Personen ermöglichen, sich mittels der SCE grenzüberschreitend genossenschaftlich zu organisieren.

---

26 Zu den Unterschieden mit Blick auf Genossenschaften vgl. *Cario* ZfgG 2005, 146, 146 f.; *Höffler*, Die Gestaltungsfreiheit im deutschen und europäischen Genossenschaftsrecht, 2013, S. 137 ff.; *Hagen-Eck*, Die Europäische Genossenschaft, 1995, S. 46 f.; *Beuthien* ZfgG 2007, 3, 5; vgl. auch *Blomeyer* BB 2000, 1741, 1742; *Münkner*, Europäische Genossenschaft (SCE) und europäische Genossenschaftstradition, 2006, S. 10 ff.

27 Vgl. *Ott* in: Förderverein Hermann Schulze-Delitzsch (Hrsg.), Hermann Schulze-Delitzsch – Weg – Werk- Wirkung, 2008, S. 344, 347. *Barsan*, La société coopérative européenne (SCE): entre identité coopérative et efficacité économique, 2013, Rn. 106 ff. vergleicht ausführlich die genossenschaftliche Regelungsstruktur in den Mitgliedstaaten.

28 *Schulze* in: Schulze (Hrsg.), Europäische Genossenschaft (SCE) – Handbuch, 2004, Kap. 1 Rn. 10; zum vornehmlichen Zweck der Mitgliederförderung statt einer reinen Gewinnerzielungsabsicht *Gudula* EWS 2002, 410, 412.

29 Zur Parallele bzgl. der Organisationsstruktur *Schulze* NZG 2004, 792, 795; *Lutter/Bayer/Schmidt*, Europäisches Unternehmens- und Kapitalmarktrecht, 2012, § 42 Rn. 56; *Fuentes Naharro* REVESCO 2009, 58, 61; vgl. auch *Bahans/Menjucq* Revue de droit rural 2008, dossier 28 Rn. 8 und 10 ff. Zum Einfluss der SE generell *Zurera* Tribunal Jurídica 2007, 19, 20; *El Mahi* DB 2004, 967, 969 zur strukturellen Ähnlichkeit von SE und SCE. Ebenfalls auf die Orientierung der SCE an der SE aufmerksam machend BT-Drs. 16/1025, S. 52.

30 *Lutter/Bayer/Schmidt*, Europäisches Unternehmens- und Kapitalmarktrecht, 2017, Rn. 46.2.

31 *Lutter/Bayer/Schmidt*, Europäisches Unternehmens- und Kapitalmarktrecht, 2017, Rn. 46.2.

32 DGRV – Fakten und Zahlen 2016 – https://www.dgrv.de/de/ueberuns/zahlenfakten.html (zuletzt abgerufen am 6.2.2018).

33 Die Zahl der direkten Aktionäre lag 2016 bei 4,38 Mio. Statistik abrufbar unter: https://de.statista.com/statistik/daten/studie/75227/umfrage/zahl-der-direkten-aktionaere-in-deutschland/ (zuletzt abgerufen am 14.2.2018).

34 Cooperatives Europe, The power of cooperation – Cooperatives Europe key figures 2015, S. 3 (abrufbar unter: https://coopseurope.coop, zuletzt abgerufen am 15.2.2018).

35 Cooperatives Europe, The power of cooperation – Cooperatives Europe key figures 2015, S. 4. Zur Bedeutung des Genossenschaftswesens in Frankreich *Cathiard*, La pratique du droit européen des sociétés, 2017, Rn. 752.

36 Cooperatives Europe, The power of cooperation – Cooperatives Europe key figures 2015, S. 14.

37 Cooperatives Europe, The power of cooperation – Cooperatives Europe key figures 2015, S. 15.

38 Vgl. *Teichmann* in: MüHdB GesR, Bd. 6, 2013, § 51 Rn. 3; *Förstner-Reichstein/Weller* Genossenschaftsblatt 9 (2002) 51, 51 zum Potenzial der SCE für grenzüberschreitende genossenschaftliche Aktivitäten.

39 *Cathiard*, La pratique du droit européen des sociétés, 2017, Rn. 752.

40 *Gros* in: Blanc/Colongo (Hrsg.), Les contributions des coopératives à une économie plurielle, 2011, S. 277.

Im Gegensatz zu den nationalen Genossenschaften konnte sich die SCE allerdings bislang **nicht** in der Europäischen Union durchsetzen.[41] Die neueste Studie zur SCE[42] legt nahe, dass bisher nur 36 Europäische Genossenschaften gegründet wurden, wovon neun ihren Sitz in Deutschland haben.[43] Eine andere (ältere) Studie geht dagegen von 46 SCE aus,[44] was zeigt, dass die exakten Gründungszahlen schwer zu belegen sind. Unabhängig von der genauen Zahl der gegründeten SCE lässt sich somit festhalten, dass die Rechtsform bislang von den potenziellen Gründern nicht angenommen wurde.[45] Dennoch werden bis heute (wenn auch wenige) neue SCE gegründet. Die erste SCE wurde 2006 ins Leben gerufen: ESCOOP – European Social Cooperative.[46] Im Jahr 2017 wurde dann beispielsweise in Leipzig ein Europäisches Zentrum für Presse- und Medienfreiheit als „deutsche" SCE eingetragen.[47] Die meisten SCE wurden bisher in der Slowakei gegründet (10 SCE mit Sitz in Bratislava).[48] Auch in nächster Zeit ist wohl nicht mit einem sprunghaften Anstieg der Gründungszahlen zu rechnen,[49] da seit 2012 jährlich nur wenige neue SCE eingetragen worden sind.[50] 6

Allerdings enthält das Regelungskonzept der SCE einige **„innovative" Elemente** und hat dadurch das **deutsche Genossenschaftsrecht beeinflusst.**[51] So kannte das deutsche Genossenschaftsrecht vor der Einführung der SCE keine sog „investierenden Mitglieder" (dazu Rn. 246 ff.). Der deutsche Gesetzgeber gestattete diese dann jedoch nicht nur für die SCE, sondern im Ergebnis auch für nationale eG (§ 8 II GenG).[52] Auch die Mindestmitgliederzahl wurde in Deutschland zB in diesem Zuge abgesenkt (auf drei statt zuvor sieben Mitglieder, womit die Anforderung unter der der SCE-VO liegt, § 4 GenG).[53] Außerdem hat die SCE den deutschen Gesetzgeber inspi- 7

41 *Bayer/J. Schmidt* BB 2017, 2114, 2114 sprechen von einem „Nischendasein"; *Habersack/Verse*, Europäisches Gesellschaftsrecht, 2011, § 14 Rn. 1 gehen auf die geringe praktische Bedeutung ein. Vgl. auch *Michalczyk* Studia Europejskie 73 (2015) 91, 113. Eine (vorsichtig) positive Entwicklung der SCE erkennen hingegen *Holthaus/Lehnhoff* in: Lang/Weidmüller (Hrsg.), Genossenschaftsgesetz, 2016, Einf. Rn. 44.

42 Libertas Institut, Liste der Europäischen Genossenschaften, Stand 12.10.2017, abrufbar unter: http://www.libertas-institut.com/ewiv-informationszentrum/sce-list/ (zuletzt abgerufen am 6.2.2018); vgl. zur Entwicklung der Gründungen Cooperative Europe/Euricse/Ekai, Study on the implementation of the Regulation 1435/2003 on the Statute for European Cooperative Society – Part 1, 2010, abrufbar unter: http://ec.europa.eu (zuletzt abgerufen am 6.2.2018) und Cooperative Europe/Euricse/Ekai, Study on the implementation of the Regulation 1435/2003 on the Statute for European Cooperative Society – Part 1, 2010, abrufbar unter: http://ec.europa.eu (zuletzt abgerufen am 6.2.2018).

43 Im Verhältnis zur SE und der EWIV gibt es wenig Literatur zur SCE, was auch an ihrer geringen praktischen Bedeutung liegen dürfte. Auf die geringe Beachtung der SCE in europäischen, rechtswissenschaftlichen Zeitschriften hinweisend *Fici*, Pan-European Cooperative Law: Where Do We Stand?, Euricse Working Paper No. 47/13 (2013), S. 11.

44 Studie der SCEr – Review on European Co-operative Societies: http://www.scer.eu/top-menu/sce-list (zuletzt abgerufen am 6.2.2018).

45 Vgl. zur Bedeutung *Habersack/Verse*, Europäisches Gesellschaftsrecht, 2011, § 14 Rn. 1; *Lutter/Bayer/Schmidt*, Europäisches Unternehmens- und Kapitalmarktrecht, 2017, Rn. 46.5; vgl. auch *Kalss/Klampfl*, Europäisches Gesellschaftsrecht, 2015, Rn. 551; *Fleischer* ZHR 174 (2010) 385, 393; *ders.* CMLR 2010, 1671, 1677, zur geringen praktischen Bedeutung auch *Klöhn* RabelsZ 76 (2012) 276, 282. *Bachmann* ZEuP 2008, 32, 34 geht davon aus, dass der SCE aufgrund ihrer geringen wirtschaftlichen Bedeutung so wenig Aufmerksamkeit vom (deutschen) Schrifttum geschenkt wurde.

46 Dazu und zu weiteren Beispielen *Cathiard*, La pratique du droit européen des sociétés, 2017, Rn. 110 ff.

47 http://www.libertas-institut.com/ewiv-informationszentrum/sce-list/ (zuletzt abgerufen am 6.2.2018).

48 http://www.libertas-institut.com/ewiv-informationszentrum/sce-list/ (zuletzt abgerufen am 6.2.2018). Es wird vermutet, dass diese SCE lediglich „Vorrats-SCE" sind. *Fici*, Pan-European Cooperative Law: Where Do We Stand?, Euricse Working Paper No. 47/13 (2013), S. 9. *Barsan*, La société coopérative européenne (SCE): entre identité coopérative et efficacité économique, 2013, Rn. 105 begründet den geringen Erfolg der SCE in Frankreich mit der erhöhten Komplexität, die sich den Verweisen auf nationales Recht und in Frankreich dann der komplexen nationalen Regelungsstruktur ergibt.

49 Cooperative Europe/Euricse/Ekai, Study on the implementation of the Regulation 1435/2003 on the Statute for European Cooperative Society – Part 1, 2010, S. 136; vgl. auch *Fandrich* in: Pöhlmann/Fandrich/Bloehs (Hrsg.), GenG, 2012, Einführung Rn. 17.

50 Von 2012 bis 2016 wurden jährlich zwei neue SCE gegründet. In 2017 stieg die Zahl auf vier neue Europäische Genossenschaften an. Zahlen abrufbar unter: http://www.libertas-institut.com/ewiv-informationszentrum/sce-list/ (zuletzt abgerufen am 6.2.2018).

51 BT-Drs. 16/1025, S. 1 und 52 schlägt explizit die Verbindung zwischen der SCE und der Reform des Genossenschaftsrechts in Deutschland. Der deutsche Gesetzgeber befürchtete anderenfalls Wettbewerbsnachteile. Zum Einfluss innovativer Elemente auch *Fleischer* CMLR 2010, 1671, 1699. Zum Anstoß für die Fortentwicklung des deutschten GenG *Habersack/Verse*, Europäisches Gesellschaftsrecht, 2011, § 14 Rn. 3; vgl. auch *Schöpflin* in: Beuthien (Hrsg.), GenG, 2018, Einl SCE Rn. 9; *Höffler*, Die Gestaltungsfreiheit im deutschen und europäischen Genossenschaftsrecht, 2013, S. 181, 218; *Fischer* in: Theurl/Greve (Hrsg.), Genossenschaftsrecht in Europa – Diskussionsbeiträge zur Reform des Genossenschaftsgesetzes in Deutschland, 2001, S. 181 ff. Vgl. zu den Änderungen des deutschen GenG durch die SCE-VO *Schulze/Wiese* ZfgG 2006, 108, 121 ff.

52 BT-Drs. 16/1025, S. 52; *Schulze/Wiese* ZfgG 2006, 108, 124.

53 *Schulze/Wiese* ZfgG 2006, 108, 122.

riert, ein fakultatives Mindestkapital einzuführen (§ 8a GenG).[54] So hat die SCE im Ergebnis zumindest die Entwicklung des deutschen Genossenschaftsrechts bis zu einem gewissen Grad beeinflusst und damit Bedeutung erlangt. Allerdings scheint die SCE allein in Deutschland (und Österreich) Reformen ausgelöst zu haben. Andere Länder nahmen die SCE wohl nicht zum Anlass einer Modernisierung ihres Genossenschaftsrechts,[55] obwohl die Kommission auf einen solchen Effekte hoffte.[56] Mit Blick auf die Strahlkraft der SCE-Verordnung wird teilweise auch das politische Gewicht der SCE hervorgehoben. Denn durch die Schaffung dieses Instruments erkennt die Europäische Union die Bedeutung der Form der Genossenschaft für Europa an (zur Beurteilung der SCE auch unter Rn. 326 ff.).[57]

B. Grundlagen

8 Wie die Verordnungen zur EWIV und zur SE beruht auch die SCE-Verordnung auf **Art. 352 AEUV** (im Zeitpunkt der Verabschiedung der Verordnung noch Art. 308 EGV).[58] Die Rechtsgrundlage der SCE war jedoch nicht unumstritten (zur Rechtsgrundlage supranationaler Rechtsformen allgemein unter § 3 Rn. 18 ff.). Die Europäische Kommission gründete ihren Vorschlag für die SCE noch auf Art. 114 AEUV (ex Art. 95 EGV), bevor sie später umschwenkte. Ein Urteil des EuGH bestätigte dann im Jahr 2006 Art. 352 AEUV als richtige Rechtsgrundlage für europäische Rechtsformen.[59] Der EuGH stellte diesbezüglich in seinem Urteil fest, dass die SCE-Verordnung keine Rechtsangleichung im Sinne des Art. 114 AEUV darstellt, da sie eine neue Genossenschaftsform schafft, die neben die Genossenschaften der nationalen Rechte tritt.[60] Auch die Ergänzungsrichtlinie zur Arbeitnehmermitbestimmung (SCE-RL) stützt sich daher auf Art. 352 AEUV (ex Art. 308 EUV).

9 Die SCE-Verordnung definiert die SCE nicht.[61] Die Verordnung enthält mit Art. 1 SCE-VO allerdings eine zentrale Regel, die den Charakter der SCE beschreibt. Die SCE besitzt demnach wie ihr deutsches Pendant **Rechtspersönlichkeit** (Art. 1 V SCE-VO) und **fördert** ebenso wie die deutsche Genossenschaft die Aktivitäten und Belange ihrer Mitglieder bzw. ihre Bedarfsdeckung (Art. 1 III 1 SCE-VO).[62] Zudem ist das **Grundkapital in Geschäftsanteile zerlegt** (Art. 1 II 1 SCE-VO) und die **Höhe des Grundkapitals** sowie die **Mitgliederzahl** können im Laufe des Lebens der SCE variieren (Art. 1 II 2 SCE-VO). Das Bestehen einer europäischen Genossenschaft ist damit unabhängig vom Ein- oder Austritt ihrer Mitglieder. Der Eintritt eines Mitglieds hängt grundsätzlich von der Zustimmung durch das Leitungs- bzw. Verwaltungsorgan ab (vgl. Art. 14 I 1 SCE-VO). Die SCE darf ihre Anteile nicht öffentlich anbieten, da sie sich im Ergebnis durch einen **geschlossenen Gesellschafterkreis** auszeichnet.[63] Wie bei einer deutschen Genossenschaft, haften auch bei der SCE ihre Mitglieder in der Regel nur bis zur Höhe ihres Geschäftsanteils (Art. 1 II 3 SCE-VO). In diesem Fall muss die Firma den Zusatz **„mit beschränkter Haftung“** führen, Art. 1 II 4 SCE-VO (s. dazu Rn. 115). In der Satzung kann jedoch auch eine **unbeschränkte Haftung** der Mitglieder der Europäischen Genossenschaft festgelegt werden (Art. 1 II 3 SCE-VO). Möglich ist es gleichwohl auch, die Haftung auf ein Vielfaches des eingezahlten Betrags festzusetzen. Dies ist insbesondere bei Kreditgenossenschaften verbreitet.[64]

C. Regelungstechnik

10 Wie bei den anderen europäischen Rechtsformen kommt auch der von der SCE-Verordnung vorgegebenen Regelungstechnik eine herausragende Bedeutung zu. Denn diese gibt vor, wie die Verordnung, die Satzung und das nationale Recht zusammenwirken.[65] Das maßgebende Recht bestimmt sich nach Art. 8 SCE-VO. Dieser Artikel

54 BT-Drs. 16/1025, S. 52; *Lutter/Bayer/Schmidt*, Europäisches Unternehmens- und Kapitalmarktrecht, 2017, 46.34. BT-Drs. 16/1025, S. 52 nennt weitere Änderungen des deutschen Genossenschaftsrechts aufgrund der SCE-Verordnung.

55 *Fici*, Pan-European Cooperative Law: Where Do We Stand?, Euricse Working Paper No. 47/13 (2013), S. 9.

56 Europäische Kommission, KOM(2004) 18 endgültig, S. 5.

57 *Detilleux* RECMA 291 (2004) 19, 19; *Cathiard* Droit des sociétés 2009, n. 3 prat. 3 Rn. 35. Zum symbolischen Wert *Fici*, Pan-European Cooperative Law: Where Do We Stand?, Euricse Working Paper No. 47/13 (2013), S. 9; *Krafka/Kühn*, Registerrecht, 2017, Teil 2. Genossenschaftsregister, Rn. 1977 merken an, dass die SCE größere rechtspolitische als praktische Bedeutung hat.

58 *Engert* in: Langenbucher (Hrsg.), Europäisches Privat- und WirtschaftsR, 4. Aufl. 2017, § 5 Rn. 120.

59 EuGH, Rs. C- 436/03, ECLI:EU:C:2006:277=EuZW 2006, 380.

60 EuGH, Rs. C-436/03, ECLI:EU:C:2006:277 = EuZW 2006, 380, Rn. 40, 44. Vgl. *Teichmann* in: MüHdB GesR, Bd. 6, 2013, § 51 Rn. 1; *Von Kondolitsch-Jonas* ZfgG 49 (1999) 62, 62 f.; *Förstner-Reichstein/Weller* Genossenschaftsblatt 9 (2002) 51, 52.

61 SGECOL, Draft Principles of European Cooperative Law, 2015, S. 21.

62 *Schulze* NZG 2004, 792, 793.

63 Vgl. indirekt zu diesem Aspekt EuGH, verb. Rs. C-78/08 bis C-80/08 (Paint Graphos ua), ECLI:EU:C:2011:550 = EuZW 2011, 878, Rn. 59; *Parléani* RECMA 291 (2004) 35, 39.

64 *Alfandari/Piot* in: Schulze (Hrsg.), Europäische Genossenschaft (SCE) – Handbuch, 2004, Kap. 4 Rn. 45.

65 Zur Integration der SCE in das französische Recht s. zB *Alfandari/Piot* RECMA 297 (2005) 82, 82 ff.

ist fast wortgleich mit der entsprechenden Vorschrift in der SE-Verordnung (Art. 9 SE-VO).[66] Insofern ist die Regelungstechnik der SCE-Verordnung ein gutes Beispiel dafür, wie der europäische Gesetzgeber einmal gefundene Kompromisse auf neue Rechtsakte überträgt (vgl. dazu § 3 Rn. 9). Gleichzeitig bedeutet dies auch, dass die Diskussion zur SE-Verordnung wichtige Anregungen liefern kann. Aufgrund der angestrebten systematischen Stimmigkeit zwischen der SE und der SCE ist ohne gegenteilige Anhaltspunkte sogar davon auszugehen, dass ein inhaltlicher Gleichlauf gewünscht ist. Im Einzelfall können sich jedoch Interpretationsunterschiede ergeben (s. auch § 2 Rn. 97). Im Ergebnis ist die Regelungstechnik der SCE überaus komplex, was die Handhabung der Rechtsform erschwert.[67]

I. Die Verordnung

Die SCE-Verordnung umfasst 80 Artikel, die sich auf acht Kapitel verteilen. Kapitel I enthält allgemeine Vorschriften, Kapitel II Vorgaben zur Gründung, Kapitel III befasst sich mit der Organisation der SCE, Kapitel IV ua mit der Ausgabe von Wertpapieren, Kapitel V beschäftigt sich mit Vorgaben zur Verwendung des Ergebnisses, Kapitel VI bezieht sich auf den Jahresabschluss und Kapitel VII regelt das Ende der SCE. Kapitel VIII umfasst zuletzt Ergänzungs- und Übergangsregelungen und Kapitel IX Schlussbestimmungen.[68] Die Kapitel sind zT wiederum in Abschnitte untergliedert und die einzelnen Artikel tragen, wie bei neueren Rechtsakten üblich, Überschriften. Die Struktur erhöht die Lesbarkeit der Verordnung. Teil der SCE-Verordnung sind zudem 20 Erwägungsgründe (zur Bedeutung vgl. § 2 Rn. 108). Anhänge enthält die Verordnung dagegen nicht. Im Gegensatz zur EWIV mit ihren 43 Artikeln (s. § 7), ist die SCE mit 80 Artikeln umfassend geregelt worden. Verglichen mit dem deutschen Genossenschaftsgesetz, welches 175 Paragraphen umfasst, ist die SCE-Verordnung jedoch schlank ausgestaltet. Dies wird allerdings ua durch Verweise auf nationales Recht erreicht (dazu Rn. 15 ff.). 11

Die SCE-Verordnung wird durch die **Richtlinie 2003/72/EG** (SCE-RL) ergänzt, welche Vorgaben für die Beteiligung der Arbeitnehmer enthält. Erwägungsgrund 17 SCE-VO führt dazu aus: „(…) diese Bestimmungen bilden eine untrennbare Ergänzung dieser Verordnung und sind gleichzeitig anzuwenden“. Die SCE-Verordnung und die SCE-Richtlinie müssen daher im Zusammenhang gesehen werden (näher zur SCE-RL unter Rn. 20).[69] 12

Zentrale Rechtsquelle für die Europäische Genossenschaft ist die SCE-Verordnung. Im Normanwendungsregime (s. dazu Rn. 32 ff.) steht die Verordnung auf der obersten Stufe (vgl. Art. 8 I lit. a) SCE-VO).[70] Der **Anwendungsbereich** der Verordnung umfasst allerdings nur das Gesellschaftsrecht. Andere Bereiche regelt die SCE-Verordnung nicht. Erwägungsgrund 16 S. 1 SCE-VO hält insofern exemplarisch fest, dass insbesondere auch das Insolvenzrecht sowie das Steuerrecht, das Wettbewerbsrecht und das Recht des geistigen Eigentums nicht in den Regelungsbereich der Verordnung fallen. Insofern greift mitgliedstaatliches Recht (Erwägungsgrund 16 S. 1 SCE-VO, vgl. dazu Rn. 15 ff.). Doch selbst mit Blick auf das Gesellschaftsrecht schafft die SCE-Verordnung keinen vollständigen Regelungskomplex, sondern lässt bezüglich vieler Aspekte nationales Genossenschafts- bzw. zT nationales Aktienrecht zur Anwendung kommen. Das führt zu einer Rechtszersplitterung.[71] Diese nahm der europäische Gesetzgeber jedoch in Kauf, um das Projekt verabschieden zu können.[72] Denn nicht für alle gesellschaftsrechtlichen Aspekte waren Kompromisse auf europäischer Ebene zu erzielen. Der europäische Gesetzgeber rechtfertigt einige Verweise auch mit dem Hinweis auf die fortschreitende Harmonisierung der nationalen Gesellschaftsrechte (vgl. Erwägungsgrund 18 und 19 SCE-VO). Dabei ist allerdings zu bedenken, dass bislang nur nationales Aktienrecht im Zentrum der Harmonisierungsbemühungen stand. Das Genossenschaftsrecht ist dagegen bislang nicht harmonisiert worden (vgl. zum Stand der Harmonisierung § 18 Rn. 59 ff.).[73] Und auch 13

---

66 Vgl. *Teichmann* in: MüHdB GesR, Bd. 6, 2013, § 51 Rn. 6; *Bahans/Menjucq* Revue de droit rural 2008, dossier 28 Rn. 9; *Habersack/Verse*, Europäisches Gesellschaftsrecht, 2011, § 14 Rn. 3.

67 Cooperative Europe/Euricse/Ekai, Study on the implementation of the Regulation 1435/2003 on the Statute for European Cooperative Society – Part 1, 2010, S. 78 befürworten daher eine Vereinfachung. Zur Komplexität im Allgemeinen *Zurera* Tribunal Jurídica 2007, 19, 20. Dieser bezeichnet die Regelungstechnik als “compleja y prolija”; ähnlich auch *Gudula* EWS 2002, 410, 410. Zur besonderen Komplexität in Spanien *Escuin Ibáñez* ECFR 2011, 30, 40 f.

68 Zum Aufbau der Verordnung auch *Barsan*, La société coopérative européenne (SCE): entre identité coopérative et efficacité économique, 2013, Rn. 55 ff.

69 Zur verspäteten Umsetzung der Richtlinie in vielen Mitgliedstaaten *Barsan*, La société coopérative européenne (SCE): entre identité coopérative et efficacité économique, 2013, Rn. 92.

70 Cooperative Europe/Euricse/Ekai, Study on the implementation of the Regulation 1435/2003 on the Statute for European Cooperative Society – Part 1, 2010, S. 37; vgl. auch *Martínez Segovia* REVESCO 2003, 61, 76; *Parléani* RECMA 291 (2004) 35, 36; *Miribung* ZfgG 2007, 270, 272.

71 *Habersack/Verse*, Europäisches Gesellschaftsrecht, 2011, § 14 Rn. 3 spricht von einem fragmentarischen Charakter. Vgl. auch *Wiese*, Die europäische Genossenschaft im Vergleich zur eingetragenen Genossenschaft deutschen Rechts, 2006, S. 46; *Schöpflin* in: Beuthien (Hrsg.), GenG, 2018, Einl SCE Rn. 9.

72 Vgl. *Wiese*, Die europäische Genossenschaft im Vergleich zur eingetragenen Genossenschaft deutschen Rechts, 2006, S. 45 f., der der SCE insoweit einen “Kompromisscharakters” zuspricht.

73 Vgl. *Fici*, Pan-European Cooperative Law: Where Do We Stand?, Euricse Working Paper No. 47/13 (2013), S. 5 ff.

ein Verweis auf harmonisiertes Aktienrecht bringt nur in beschränkten Umfang Einheitlichkeit für die SCE, da die Richtlinien größtenteils „lediglich" eine Mindestharmonisierung anstreben (vgl. § 18 Rn. 25).

14 Wegen der substantiellen Verweise auf nationales Recht wird auch davon gesprochen, dass der europäische Gesetzgeber durch die SCE-Verordnung lediglich einen „**Rechtsrahmen**" zur Verfügung stellt[74] und dass dadurch im Grunde 28 (demnächst 27) verschiedene nationalgeprägte SCE-Formen bestehen.[75] Im Verhältnis zur SE ist jedoch anzumerken, dass die SCE in Teilen umfassender ausgestaltet ist als die Europäische Aktiengesellschaft und damit auch einen stärker europäisch ausgeprägten Charakter aufweist als die SE.[76] Dies zeigt sich zum Beispiel bei der Kapitalverfassung ebenso wie bei der Ausgabe von Wertpapieren, der Erstellung des Jahresabschlusses und der Umwandlung einer SCE.[77] Allerdings ist auch zu bedenken, dass die Verweise auf nationales Genossenschaftsrecht insofern schwerer wiegen, als das dieses nicht harmonisiert wurde.[78] Teilweise verweist die SCE-Verordnung aber auch auf nationales Aktienrecht. Im Ergebnis stellt die SCE nach hier vertretener Ansicht trotz der vielen Verweise auf nationales Recht (schon) eine europäische Gesellschaftsform dar[79] und ist damit nicht als „Hybrid"[80] (vgl. dazu § 3 Rn. 50 ff.) oder gar als rein nationale Rechtsform zu klassifizieren.

II. Das nationale Recht

15 Wie bereits erörtert regelt die SCE-Verordnung lediglich zentrale **gesellschaftsrechtliche Aspekte**. Mit Blick auf alle anderen Bereiche (zB bzgl. steuerrechtlicher und wettbewerbsrechtlicher Fragen) greift mitgliedstaatliches Recht (Erwägungsgrund 16 S. 1 SCE-VO). Das anwendbare nationale Sachrecht muss für diese Bereiche anhand des internationalen Privatrechts (IPR, dazu § 11) bestimmt werden.[81] Art. 8 SCE-VO findet nur im Rahmen des Gesellschaftsrechts Anwendung. Das von ihm vorgegebene Normanwendungsregime greift also nicht im Hinblick auf nicht-gesellschaftsrechtliche Aspekte.

16 Mit Blick auf den gesellschaftsrechtlichen Bereich zeigt Art. 8 I lit. c) SCE-VO, dass nationales Recht immer dann Anwendung findet, wenn die Verordnung einen Aspekt nicht oder lediglich partiell erfasst und dieser Punkt auch nicht durch eine Satzungsbestimmung gem. Art. 8 I lit. b) SCE-VO geregelt ist. Es muss also eine Nicht- oder Teilregelung durch die Verordnung sowie die Satzung gem. Art. 8 I lit. b) SCE-VO vorliegen (zum Konzept der Nicht- und Teilregelungen auch § 2 Rn. 155 ff.). Eine **Nichtregelung** kann immer dann festgestellt werden, wenn ein bestimmter Bereich von der SCE-Verordnung und der Satzung als Ganzes nicht erfasst ist. Befasst sich die Verordnung dagegen mit der Thematik, regelt sie diese nur nicht abschließend, so liegt eine

74 *Lutter/Bayer/Schmidt*, Europäisches Unternehmens- und Kapitalmarktrecht, 2017, Rn. 46.11; den Begriff „Rahmengesetz" verwendend *Bergmann* in: Bergmann (Hrsg.), Handlexikon der Europäischen Union, 2015, Genossenschaft, Europäische; ebenso *Münkner*, Europäische Genossenschaft (SCE) und europäische Genossenschaftstradition, 2006, S. 15 f. *Förstner-Reichstein/Weller* Genossenschaftsblatt 9 (2002) 51, 52 nutzt die Formulierung „Rahmenverordnung"; *Schulze* NZG 2004, 792, 793 spricht davon, dass die „SCE geradezu ein „Patchwork" aus europäischen und nationalen Stoffen als Rechtskleid" enthält. *Kindler* in: MüKo BGB, Bd. 12, 7. Aufl. 2018, IntGesR Rn. 91 spricht von einer bruchstückhaften Regelung. *Zurera* Tribunal Jurídica 2007, 19, 20 spricht von „marco de mínimos" und *Martínez Segovia* REVESCO 2003, 61, 78 von „una carga uniformadora mínima". *Barsan*, La société coopérative européenne (SCE): entre identité coopérative et efficacité économique, 2013, Rn. 45, 47 verwendet den Begriff „règlement-cadre" bzw. "l'épine dorsal". Cooperative Europe/Euricse/Ekai, Study on the implementation of the Regulation 1435/2003 on the Statute for European Cooperative Society – Part 1, 2010, S. 71 schätzt, dass das nationale Recht die SCE genauso, wenn nicht sogar stärker bestimmt als die SCE-Verordnung.

75 *Lutter/Bayer/Schmidt*, Europäisches Unternehmens- und Kapitalmarktrecht, 2017, Rn. 46.11; ebenso *Bahans/Menjucq* Revue de droit rural 2008, dossier 28 Rn. 9, die von „variations nationales" sprechen. *Bergmann* in: Bergmann (Hrsg.), Handlexikon der Europäischen Union, 2015, Genossenschaft, Europäische. Eher positiv zu den Verweisen auf nationales Recht *Gros* in: Blanc/Colongo (Hrsg.), Les contributions des coopératives à une économie plurielle, 2011, S. 280 f.

76 *Teichmann* in: MüHdB GesR, Bd. 6, 2013, § 5 Rn. 5. Zur detaillierten Regelung bei der SCE auch *Kalss/Klampfl*, Europäisches Gesellschaftsrecht, 2015, Rn. 589.

77 Vgl. *Teichmann* in: MüHdB GesR, Bd. 6, 2013, § 51 Rn. 5.

78 Vgl. *Zurera* Tribunal Jurídica 2007, 19, 21; ähnlich auch *Martínez Segovia* REVESCO 2003, 61, 79.

79 Aufgrund der vielen Verweise führt *Fici*, Pan-European Cooperative Law: Where Do We Stand?, Euricse Working Paper No. 47/13 (2013), S. 8 aus: „a truly EU cooperative does not exist"; *Fleischer* ZHR 174 (2010) 385, 399 bewertet die SCE dagegen als "oriniär gemeinschaftsrechtliche Gesellschaftsform" und gerade nicht als "mixtum compositum"; vgl. auch *ders.* CMLR 2010 1671, 1685.

80 *Bahans/Menjucq* Revue de droit rural 2008, dossier 28 Rn. 9 spricht hingegen von einer hybriden Form („société hybride"). Ebenso *Barsan*, La société coopérative européenne (SCE): entre identité coopérative et efficacité économique, 2013, Rn. 47 und *Lendzion* in: Bogacz-Wojtanowska/Wrona (Hrsg.), Nieco inny trzeci sektor – studia przypadków, 2017, S. 119, abrufbar unter: http://tnwz.pl/ media/publikacje/Nieco%20inny%20trzeci %20sektor.pdf (zuletzt abgerufen am: 6.2.2018).

81 Vgl. *Snaith* in: Schulze (Hrsg.), Handbuch der Europäischen Genossenschaft (SCE), 2004, Kap. 2 Rn. 12.

Teilregelung vor. Problematisch ist insofern vor allem die Ermittlung, ob bestimmte Regelungen tatsächlich abschließend sind.[82]

Durch einen Verweis auf nationales Recht offenbart die Verordnung eine „**Lücke**" iSd Art. 8 I lit. c) SCE-VO.[83] Darüber hinaus können die Erwägungsgründe Hinweise auf eine entsprechende Unvollständigkeit bzw. nicht abschließende Regelungen liefern. Auch wenn die SCE-Verordnung viele explizite Verweise enthält, kann aus dem Fehlen eines solchen für eine Rechtsfrage nicht unmittelbar der Schluss gezogen werden, dass die SCE-Verordnung den Aspekt abschließend regelt.[84] Denn eine so stringente Regelungstechnik wird in der Verordnung nicht verwendet. Es bedarf allerdings in solchen Fällen einer besonderen Begründung, dass die SCE-Verordnung hier nicht abschließend ist. 17

Art. 8 I lit. c) (i) SCE-VO gibt vor, dass im Fall einer festgestellten Lücke zunächst die **nationalen Ausführungsgesetze** greifen. In Deutschland kommt dementsprechend das „Gesetz zur Ausführung der Verordnung (EG) Nr. 1435/2003 des Rates vom 22. Juli 2003 über das Statut der Europäischen Genossenschaft (SCE)" (abgekürzt: SCE-AusfG) mit seinen 39 Paragraphen zur Anwendung. Durch die Ausführungsgesetze wird den nationalen Gesetzgebern die Möglichkeit gegeben, speziell auf die SCE zugeschnittenes Recht zu erlassen. Dabei dürfen sie die SCE allerdings im Verhältnis zur nationalen Genossenschaft nicht diskriminieren (vgl. Art. 9 SCE-VO).[85] Im Einzelfall wird es nicht leicht sein, zu ermitteln, ob eine Ungleichbehandlung eine Diskriminierung darstellt oder nicht. Erfasst sind in jedem Fall nicht gerechtfertigte Schlechterstellungen der SCE gegenüber der nationalen Genossenschaft. So dürfen beispielsweise keine Eintragungshindernisse geschaffen werden.[86] Das deutsche Ausführungsgesetz zielt im Gegenzug dazu bei vielen Vorschriften auf die Gleichstellung der SCE mit der Genossenschaft ab.[87] Die Ausführungsgesetze sollen im Ergebnis dazu dienen, ein stimmiges Regelwerk zu schaffen. Sie können nicht genutzt werden, um die SCE im Verhältnis zur nationalen Genossenschaft weniger attraktiv auszugestalten. Die Mitgliedstaaten können in den Ausführungsgesetzen auch die ihnen gewährten **(echten) Regelungsmöglichkeiten** ausüben.[88] Eingeleitet werden solche Optionen für die nationalen Gesetzgeber zumeist durch die Formulierung: „Der Mitgliedstaat kann/die Mitgliedstaaten können (...)". Zu erörtern ist in diesem Zusammenhang, ob auch insofern der Nichtdiskriminierungsgrundsatz aus Art. 9 SCE-VO gilt.[89] Nach der hier vertretenen Ansicht dienen Regelungsmöglichkeiten gerade dazu, dem Mitgliedstaat eine Option zu eröffnen. Ansonsten könnte direkt ein Verweis auf nationales Genossenschaftsrecht vorgenommen werden. Auch die Interpretation, dass die Regelungsmöglichkeit lediglich die Bevorzugung der SCE gegenüber der nationalen Genossenschaft ermöglicht, wird an dieser Stelle abgelehnt. Denn ein Rückgriff auf Art. 9 SCE-VO kann diese Interpretation nicht rechtfertigen. Der Verordnungsgeber besitzt die Möglichkeit, eine Ungleichbehandlung mit nationalen Genossenschaften zu statuieren. Durch die echte Regelungsmöglichkeit autorisiert er im Ergebnis auch den nationalen Gesetzgeber dazu. Nimmt ein Mitgliedstaat die echte Regelungsmöglichkeit allerdings nicht wahr, gilt die diesbezügliche Lösung der Verordnung.[90] Einige Länder (dh Italien, Malta und Portugal) haben überraschenderweise jeweils kein SCE-Ausführungsgesetz geschaffen, weil sie davon ausgehen, dass es eines solchen nicht bedarf, da ihr nationales Genossenschaftsrecht zur Lückenfüllung genügt.[91] Dies ist insbesondere mit Blick auf die den Mitgliedstaaten gewährten (echten) Regelungsoptionen problematisch. Nach hier ver- 18

82 Zur Problematik Cooperative Europe/Euricse/Ekai, Study on the implementation of the Regulation 1435/2003 on the Statute for European Cooperative Society – Part 1, 2010, S. 42. Vgl. auch *Barsan*, La société coopérative européenne (SCE): entre identité coopérative et efficacité économique, 2013, Rn. 84.

83 Laut *Fici*, Pan-European Cooperative Law: Where Do We Stand?, Euricse Working Paper No. 47/13 (2013), S. 7 enthält die SCE-Verordnung 101 Spezialverweise (neben der generellen Verweistechnik des Art. 8 SCE-VO) auf nationales Recht.

84 AA wohl Cooperative Europe/Euricse/Ekai, Study on the implementation of the Regulation 1435/2003 on the Statute for European Cooperative Society – Part 1, 2010, S. 43 f.

85 Vgl. Cooperative Europe/Euricse/Ekai, Study on the implementation of the Regulation 1435/2003 on the Statute for European Cooperative Society – Part 1, 2010, S. 37. Näher auch zur Frage, was das konkret bedeutet *Schöpflin* in: Beuthien (Hrsg.), GenG, 2018, Art. 9 SCE-VO Rn. 1 f.; ebenso *Barsan*, La société coopérative européenne (SCE): entre identité coopérative et efficacité économique, 2013, Rn. 99.

86 *Schöpflin* in: Beuthien (Hrsg.), GenG, 2018, Art. 9 SCE-VO Rn. 2.

87 Vgl. BT-Drs. 16/1025, S. 52 ff.

88 Vgl. auch BT-Drs. 16/1025, S. 52 („Wahlrechte"). Die SCE-VO enthält weniger Regelungsoptionen als die SE. Vgl. *Cerioni* EuLF 5 (2004) 296, 301.

89 Diese Frage wirft Cooperative Europe/Euricse/Ekai, Study on the implementation of the Regulation 1435/2003 on the Statute for European Cooperative Society – Part 1, 2010, S. 58; *Cerioni* EuLF 5 (2004) 296, 299; ebenso zur Geltung des Nichtdiskriminierungsgrundsatzes in der Statuierung der SCE und SE.

90 Cooperative Europe/Euricse/Ekai, Study on the implementation of the Regulation 1435/2003 on the Statute for European Cooperative Society – Part 1, 2010, S. 56; vgl. auch *Barsan*, La société coopérative européenne (SCE): entre identité coopérative et efficacité économique, 2013, Rn. 71 f.

91 So Cooperative Europe/Euricse/Ekai, Study on the implementation of the Regulation 1435/2003 on the Statute for European Cooperative Society – Part 1, 2010, S. 45 (sowie in den jeweiligen Länderreports). Vgl. auch *Barsan*, La société coopérative européenne (SCE): entre identité coopérative et efficacité économique, 2013, Rn. 95 der andiskutiert, ob es eine Pflicht zum Erlass eines Ausführungsgesetzes gibt.

tretener Auffassung greift dann in allen Fällen die SCE-Verordnung, da zB das italienische Recht die gewährte Regelungsoption nicht explizit ausübt.[92] Es ist jedoch notwendig, dass nationale Gesetzgeber ausdrücklich von dem ihnen gewährten Spielraum Gebrauch machen.[93] Allein aus der Andersartigkeit des nationalen Rechts kann nicht geschlossen werden, dass der nationale Gesetzgeber implizit die Regelungsmöglichkeit genutzt hat.

19 Im Gegensatz zu einer echten Regelungsmöglichkeit liegt eine **unechte Regelungsmöglichkeit** vor,[94] wenn die Verordnung subsidiär keine Vorschrift aufweist. Dann greift das nationale Genossenschaftsrecht, wenn das anwendbare Ausführungsgesetz keine Regelung enthält.[95] In diesen Fällen ist es also unproblematisch, wenn das anwendbare Recht keine Ausführungsvorschriften geschaffen hat. Das deutsche Ausführungsgesetz kennt außerdem „deklaratorische" Vorschriften, dh der deutsche Gesetzgeber nimmt eine Vorschrift auf, die sich bereits aus der Verordnung ergibt.[96]

20 Art. 8 SCE-VO gliedert die **SCE-Richtlinie** zwar nicht explizit in die Normenhierarchie ein. Da die Richtlinie von den Mitgliedstaaten umgesetzt werden muss, erlangen die inhaltlichen Vorgaben allerdings durch nationales Recht Geltung. Die SCE-RL enthält 19 Artikel, die sich auf fünf Teile (nicht Kapitel) aufteilen. Ergänzt werden die Vorschriften durch 23 Erwägungsgründe und einen Anhang, der sich in drei Teile untergliedert und sich mit Blick auf die Arbeitnehmerbeteiligung mit der Zusammensetzung des Organs der Arbeitnehmervertreter und den Auffangregelungen zur Anhörung, Unterrichtung und Mitbestimmung beschäftigt. Neben den nationalen Ausführungsgesetzen (in Deutschland: SCE-AusfG) gibt es daher auch nationale Gesetze zur Arbeitnehmermitbestimmung in der SCE (in Deutschland das SCE-Beteiligungsgesetz: SCE-BG). Diese fallen ebenso wie die Ausführungsgesetze unter Art. 8 I lit. c) (i) SCE-VO und stehen damit auf derselben Stufe wie Ausführungsgesetze.[97]

21 Ist ein Aspekt auch nicht im nationalen Ausführungsgesetz (bzw. im nationalen Gesetz zur Arbeitnehmermitbestimmung) geregelt, so greift subsidiär das **nationale Genossenschaftsrecht** (Art. 8 I lit. c) (ii) SCE-VO). Teilweise verweist die SCE-Verordnung allerdings auch explizit und direkt auf das nationale Genossenschaftsrecht.[98] Das führt dazu, dass die Mitgliedstaaten in diesem Fall nicht im Rahmen der Ausführungsgesetze spezielle Regeln für die SCE erlassen können. Ein solch konkreter Verweis führt damit zur **Gleichstellung** der SCE mit der nationalen Genossenschaft. Es wird dadurch sichergestellt, dass die SCE weder besser noch schlechter gestellt wird als die nationale Genossenschaft.

22 Obwohl somit bei der SCE subsidiär grundsätzlich das Recht der nationalen Genossenschaften zur Anwendung kommt (vgl. Art. 8 I lit. c) (ii) SCE-VO), verweist die SCE-Verordnung dennoch an vielen Stellen ausdrücklich auf das **nationale Aktienrecht**.[99] Ein solcher Spezialverweis geht dem grundsätzlich in Art. 8 I lit. c) SCE-VO festgelegten Regelungsgefüge vor. Das heißt, in den betreffenden Fällen können die Mitgliedstaaten diesen Aspekt nicht abweichend in den Ausführungsgesetzen regeln. Es ist ihnen dann ebenfalls nicht möglich, spezielle Genossenschaftsregeln anzuwenden (zur Problematik im Einzelfall s. Rn. 32 ff.). In diesen Fällen wird somit eine obligatorische Gleichstellung mit der SE erreicht.

23 Es gibt auch explizite Verweise auf nationales Recht, die nicht konkretisieren, welches Recht (Ausführungsgesetz, nationales Genossenschaftsrecht oder nationales Aktienrecht) gemeint ist. Hier ist im Einzelfall zu differenzieren.[100] Das Ergebnis ist durch Auslegung zu erzielen. Bei einigen Verweisen kommt die generelle Regelungstechnik zur Anwendung, dh zunächst die Ausführungsgesetze und subsidiär nationales Genossenschaftsrecht. Andere Verweise lassen dagegen durch Auslegung den Schluss zu, dass sie auf nationales Genossenschaftsrecht verweisen.

---

92 Zu dieser Problematik Cooperative Europe/Euricse/Ekai, Study on the implementation of the Regulation 1435/2003 on the Statute for European Cooperative Society – Part 1, 2010, S. 57 f.

93 Vgl. *Barsan*, La société coopérative européenne (SCE): entre identité coopérative et efficacité économique, 2013, Rn. 97.

94 *Barsan*, La société coopérative européenne (SCE): entre identité coopérative et efficacité économique, 2013, Rn. 97 unterscheidet Regelungsmöglichkeiten vielmehr nach ihren Auswirkungen (einschränkend, ermöglichend, neutral).

95 Zum Problem der Unterscheidung zwischen echten und unechten Regelungsoptionen Cooperative Europe/Euricse/Ekai, Study on the implementation of the Regulation 1435/2003 on the Statute for European Cooperative Society – Part 1, 2010, S. 56. Die Begriffe "echte und unechte Regelungsmöglichkeiten" wurden aus *Jung*, Die Kapitalverfassung der Societas Privata Europaea (SPE), 2014, S. 93 übernommen.

96 Vgl. zB §§ 1, 3 AusfG. Dazu BT-Drs. 16/1025, S. 53 ff.

97 Vgl. auch *Teichmann* in: MüHdB GesR, Bd. 6, 2013, § 51 Rn. 6.

98 Gem. Cooperative Europe/Euricse/Ekai, Study on the implementation of the Regulation 1435/2003 on the Statute for European Cooperative Society – Part 1, 2010, S. 70 gibt es 14 solcher Verweise.

99 Gem. Cooperative Europe/Euricse/Ekai, Study on the implementation of the Regulation 1435/2003 on the Statute for European Cooperative Society – Part 1, 2010, S. 70 enthält die SCE-Verordnung 13 solcher Verweise. Kritisch zu Verweisen auf Aktienrecht aufgrund der unterschiedlichen Ausrichtung von Genossenschaften und Aktiengesellschaften *Cathiard*, La pratique du droit européen des sociétés, 2017, Rn. 758.

100 Vgl. zu dieser Art von Verweisen Cooperative Europe/Euricse/Ekai, Study on the implementation of the Regulation 1435/2003 on the Statute for European Cooperative Society – Part 1, 2010, S. 48 ff. und 71.

Die **Verweisungstechnik** ist bei der SCE besonders problematisch. Denn die Verordnung enthält sehr verschachtelte Verweise. So ist zB Art. 22 III SCE-VO lex specialis gegenüber Art. 20 SCE-VO, der wiederum lex specialis gegenüber Art. 17 I SCE-VO ist, der wiederum einen Spezialverweis gegenüber Art. 8 SCE-VO darstellt. Die Verordnung macht die Handhabung der Regelungen dadurch unnötig komplex und irrtumsanfällig. Häufig ist zudem nicht leicht festzustellen, ob die Verordnung mit einem Verweis zB auf nationales Genossenschaftsrecht lediglich die Gleichstellung mit der Genossenschaft im Fall von Nicht- oder Teilregelungen festlegen möchte oder ob die Regelung darauf hinweisen soll, dass dieser Bereich der Verordnung grundsätzlich als „Teilregelung" zu verstehen ist. 24

Art. 8 I lit. c) (ii) SCE-VO stellt ausdrücklich fest, dass das nationale Genossenschaftsrecht desjenigen Mitgliedstaates zur Anwendung kommt, in dem die SCE ihren Sitz hat. Gemeint ist damit der Registersitz (zum Sitz s. Rn. 145 ff.).[101] Bezüglich der Ausführungsgesetze gibt die SCE-Verordnung nicht ausdrücklich vor, welches nationale Recht greifen soll. Im Sinne eines stimmigen Gesamtergebnisses sollte allerdings auch im Rahmen des Art. 8 I lit. c) (i) SCE-VO das Ausführungsgesetz des Mitgliedstaates Anwendung finden, in dem die SCE ihren Registersitz hat. Nach diesem Verständnis würde sowohl Art. 8 I lit. c) (i) als auch (ii) SCE-VO eine **Sachnormverweisung** darstellen. 25

III. Die Satzung

Neben der Verordnung und dem nationalen Recht können die Satzungsgeber die SCE ausgestalten. Der Satzungsautonomie werden allerdings durch die Verordnung und das anwendbare nationale Recht Grenzen gesetzt. Dennoch besitzen die Mitglieder einer SCE einen nicht unerheblichen Spielraum, der es ihnen erlaubt, die SCE an ihre Bedürfnisse anzupassen.[102] Die Flexibilität ist insofern höher als bei der SE.[103] Wie bei den anderen Rechtsformen, müssen auch bei der SCE insofern verschiedene Satzungskategorien unterschieden werden.[104] 26

1. Muss-Satzungsbestimmungen

Die Verordnung gibt in verschiedenen Vorschriften den **Mindestinhalt** der Satzung vor (zu den Mindestangaben s. Rn. 107). Diese Kategorie wird hier als Muss-Satzungsbestimmung bezeichnet. Diese Angaben sind zwingend und werden **abschließend** von der SCE-Verordnung aufgelistet. Nationales Recht darf also keine weitergehenden Mindestvorgaben vorschreiben. 27

2. Abändernde-Satzungsbestimmungen

Eine Abändernde-Satzungsbestimmung liegt immer dann vor, wenn die Verordnung den Mitgliedern explizit die Option einräumt, durch eine Regelung in der Satzung von den Vorgaben der Verordnung abzuweichen. Die Möglichkeit etwas Abweichendes zu bestimmen, muss ausdrücklich gewährt werden.[105] Die Regelungstechnik zeigt somit zugleich, dass die meisten Bestimmungen der SCE-Verordnung zwingendes Recht darstellen. Die SCE-Verordnung arbeitet allerdings kaum mit **dispositiven Bestimmungen**. Art. 1 II 3 SCE-VO enthält eine der wenigen abändernden Satzungsbestimmungen in diesem Sinne. Auch Art. 4 IV 2 SCE-VO ist ein Beispiel für diese Kategorie.[106] Abändernde-Satzungsbestimmungen in der Verordnung fallen unter Art. 8 I lit. b) SCE-VO. Auch nationales Genossenschaftsrecht kann satzungsdispositiv sein. Entsprechende Satzungsbestimmungen fallen folglich ebenso unter Art. 8 I lit. c) (iii) SCE-VO. 28

---

101 Vgl. *Snaith* in: Schulze (Hrsg.), Handbuch der Europäischen Genossenschaft (SCE), 2004, Kap. 2 Rn. 6.

102 *Gros* in: Blanc/Colongo (Hrsg.), Les contributions des coopératives à une économie plurielle, 2011, S. 281 ("sur mesure"); vgl. *Höffler*, Die Gestaltungsfreiheit im deutschen und europäischen Genossenschaftsrecht, 2013, S. 152 f. Vgl. auch *Fischer* in: Theurl/Greve (Hrsg.), Genossenschaftsrecht in Europa – Diskussionsbeiträge zur Reform des Genossenschaftsgesetzes in Deutschland, 2001, S. 181 im Vergleich zur deutchen Genossenschaft vor der Reform des GenG.

103 *Cerioni* EuLF 5 (2004) 296, 301.

104 Die Begrifflichkeiten werden hier bewusst von den Satzungskategorien der SPE übernommen. Dazu *Jung*, Die Kapitalverfassung der SPE, S. 71 ff. Vgl. zur SPE in diesem Buch § 5 Rn. 14 ff. *Martínez Segovia* REVESCO 2003, 61, 76 unterscheidet mit Blick auf die SCE zwei Satzungskategorien und zwar zum einen Satzungsbestimmungen, die die Verordnung gestattet (autonomía estatutaria principal o directa) und zum anderen solche, die der nationale Gesetzgeber erlaubt (autonomía estatutaria última o subsidiaria).

105 Ähnlich *Schöpflin* in: Beuthien (Hrsg.), GenG, 2018, Art. 8 SCE-VO Rn. 1. Eingeleitet werden solche Satzungsbestimmungen regelmäßig durch eine Formulierung wie „Sauf dispositions contraires des statuts (…)" (Französisch); „Unless otherwise provided by the statutes (…)". Vgl. *Barsan*, La société coopérative européenne (SCE): entre identité coopérative et efficacité économique, 2013, Rn. 79. Die deutsche Formulierung ist weniger standardisiert.

106 *Barsan*, La société coopérative européenne (SCE): entre identité coopérative et efficacité économique, 2013, Rn. 79 nennt weitere Beispiele.

3. Kann-Satzungsbestimmungen

29 Teilweise gestattet es die SCE-Verordnung den Satzungsgebern explizit, einen bestimmten Aspekt statuarisch zu regeln. Insofern lässt sich von Kann-Satzungsbestimmungen reden, sofern die Verordnung nicht subsidiär eine Regelung bereithält (denn dann läge eine Abändernde-Satzungsbestimmung vor, dazu Rn. 28). Diese Kategorie fällt ebenfalls unter Art. 8 I lit. b) SCE-VO. Der Regelungsspielraum muss somit auch diesbezüglich **ausdrücklich** von der Verordnung eröffnet werden.[107] Nationales Genossenschaftsrecht kann ebenfalls entsprechende Satzungsbestimmungen zulassen. Solche Satzungsbestimmungen fallen dann allerdings unter Art. 8 I lit. c) (iii) SCE-VO.

4. Nationale Satzungsbestimmungen

30 Art. 8 I lit. c) (iii) SCE-VO befasst sich mit nationalen Satzungsbestimmungen. Der Wortlaut der Vorschrift deutet darauf hin, dass das nationale Recht den Satzungsgebern in erster Linie über das nationale Genossenschaftsrecht Gestaltungsspielräume einräumen darf. In den Ausführungsgesetzen darf den Satzungsgebern nur dann eine Regelungsmöglichkeit eröffnet werden, wenn eine solche auch für die nationale Genossenschaft besteht. Das ergibt sich aus Art. 8 I lit. c) (iii) SCE-VO sowie im Umkehrschluss aus Art. 79 lit. a) SCE-VO. Die SCE darf damit bezüglich der Satzungsgestaltungsfreiheit nicht besser gestellt werden als die nationale Genossenschaft.

31 Es gibt zudem Verordnungsvorschriften, die wie folgt formuliert sind: „Sofern das Recht des Sitzstaates der SCE dies zulässt, kann die Satzung (…)". Ein Beispiel dafür ist Art. 59 II 3 SCE-VO. Gleiches gilt für Art. 14 I 3 SCE-VO. In solchen Fällen stellt sich die Frage, ob nationales Recht einen solchen Satzungsgestaltungsspielraum unabhängig von der Satzungsgestaltungsfreiheit für nationale Genossenschaften festlegen darf. Zunächst einmal handelt es sich dabei um einen der oben bereits beschriebenen unkonkreten Verweise, durch die die Verordnung nicht explizit vorgibt, auf welches Recht sie sich bezieht. Ausdrücklich regelt die Vorschrift nur, dass das Recht am Sitzstaat zur Anwendung kommt und somit eine Sachnormverweisung vorliegt. Nach der hier vertretenen Ansicht, bringt die Formulierung im Ergebnis nicht zum Ausdruck, dass dem nationalen Gesetzgeber in solchen Fällen die Möglichkeit gegeben werden soll, einen Satzungsgestaltungsspielraum zu gewähren, wo nationale Genossenschaften keinen besitzen. Insofern spielt es praktisch keine Rolle, ob ein Verweis auf die allgemeine Regelungstechnik vorliegt oder ob auf nationales Genossenschaftsrecht verwiesen wird, da für die Ausführungsgesetze dann in jedem Fall keine gesonderte Regulierungsmöglichkeit besteht. Aus politischer Sicht könnte die Formulierung darauf hinweisen, dass der Verordnungsgeber die nationalen Gesetzgeber anregen möchte, den nationalen Genossenschaften und der SCE einen entsprechenden Spielraum zu gewähren.

IV. Das Normanwendungsregime

32 Die **SCE-Verordnung** steht auf der obersten Stufe des Normanwendungsregimes[108] und kommt damit **vorrangig** zur Regelung der SCE zur Anwendung. Auch die SCE-Richtlinie ist dort anzusiedeln. Allerdings müssen die darin getroffenen Vorgaben noch durch nationales Recht umgesetzt werden (zur richtlinienkonformen Auslegung s. § 2 Rn. 192 ff.). Die Verordnung geht sowohl Satzungsbestimmungen als auch nationalem Recht grundsätzlich vor.[109] Lediglich wenn die Verordnung es ausdrücklich gestattet, darf der **Satzungsgeber** etwas von der Verordnung Abweichendes bestimmen (Abändernde-Satzungsbestimmungen, s. Rn. 28). Nutzt er diese Option nicht, greift das dispositive Verordnungsrecht. Auf der zweiten Stufe des Normanwendungsregimes stehen Muss-Satzungsbestimmungen (s. Rn. 27, 107) und Kann-Satzungsbestimmungen (s. Rn. 29, 109) gem. Art. 8 I lit. b) SCE-VO, die nationalen Bestimmungen vorgehen. In einigen Fällen gestattet die Verordnung damit den Satzungsgebern einen Aspekt unabhängig vom nationalen Recht zu regeln.[110] Das nationale Recht kann solchen Satzungsbestimmungen keine Schranken setzen.

33 Erfasst die Verordnung einen Aspekt jedoch nicht oder lediglich teilweise und haben auch die Satzungsgeber von einer eventuell bestehenden Regelungsmöglichkeit gem. Art. 8 I lit. b) SCE-VO keinen Gebrauch gemacht,

107 Vgl. dazu auch Cooperative Europe/Euricse/Ekai, Study on the implementation of the Regulation 1435/2003 on the Statute for European Cooperative Society – Part 1, 2010, S. 41. Die Studie regt eine Debatte über mehr Satzungsgestaltungsfreiheit für die SCE an.

108 Cooperative Europe/Euricse/Ekai, Study on the implementation of the Regulation 1435/2003 on the Statute for European Cooperative Society – Part 1, 2010, S. 37; vgl. auch *Martínez Segovia* REVESCO 2003, 61, 76; *Parléani* RECMA 291 (2004) 35, 36; *Miribung* ZfgG 2007, 270, 272; *Escuin Ibáñez* ECFR 2011, 30, 31 f.; vgl. auch *Barsan*, La société coopérative européenne (SCE): entre identité coopérative et efficacité économique, 2013, Rn. 53; *Holthaus/Lehnhoff* in: Lang/Weidmüller (Hrsg.), Genossenschaftsgesetz, 2016, § 18 GenG Rn. 54.

109 Zum Vorrang gegenüber nationalem Recht *Cathiard*, La pratique du droit européen des sociétés, 2017, Rn. 72.

110 Vgl. Cooperative Europe/Euricse/Ekai, Study on the implementation of the Regulation 1435/2003 on the Statute for European Cooperative Society – Part 1, 2010, S. 37 und 39; *Cathiard*, La pratique du droit européen des sociétés, 2017, Rn. 72; *Barsan*, La société coopérative européenne (SCE): entre identité coopérative et efficacité économique, 2013, Rn. 74. *Martínez Segovia* REVESCO 2003, 61, 76 erläutert allgemein, dass Satzungsbestimmungen, die die Verordnung zulässt, nationalen Bestimmungen vorgehen.

so greift **nationales Recht**. Grundsätzlich kommen zunächst die nationalen **Ausführungsgesetze** (bzw. das umgesetzte Recht zur Arbeitnehmermitbestimmung) gem. Art. 8 I lit. c) (i) SCE-VO zur Anwendung (vgl. Rn. 18). Regelt auch dieses den Punkt nicht, so ist **nationales Genossenschaftsrecht** (vgl. Rn. 21) heranzuziehen (Art. 8 I lit. c) (ii) SCE-VO).[111] Durch präzise Verweise kann der Verordnungsgeber auch eine konkrete Vorgabe zum subsidiär anwendbaren Recht machen und so zB direkt die Anwendung genossenschaftlichen Rechts bestimmen. Teilweise verweist die Verordnung allerdings auch auf **nationales Aktienrecht**. Genossenschaftliches Recht kann dann nicht zur Regelung des Sachverhalts herangezogen werden.

Sofern es das nationale Recht gestattet, können die Mitglieder weitere Aspekte in der Satzung regeln (Art. 8 I lit. c) (iii) SCE-VO). Die Grenzen der Zulässigkeit setzt damit nationales Recht, welches auch bestimmt, um welche Art von Satzungsbestimmung es sich handelt.[112] Daraus ergibt sich folgende Normenhierarchie: 34

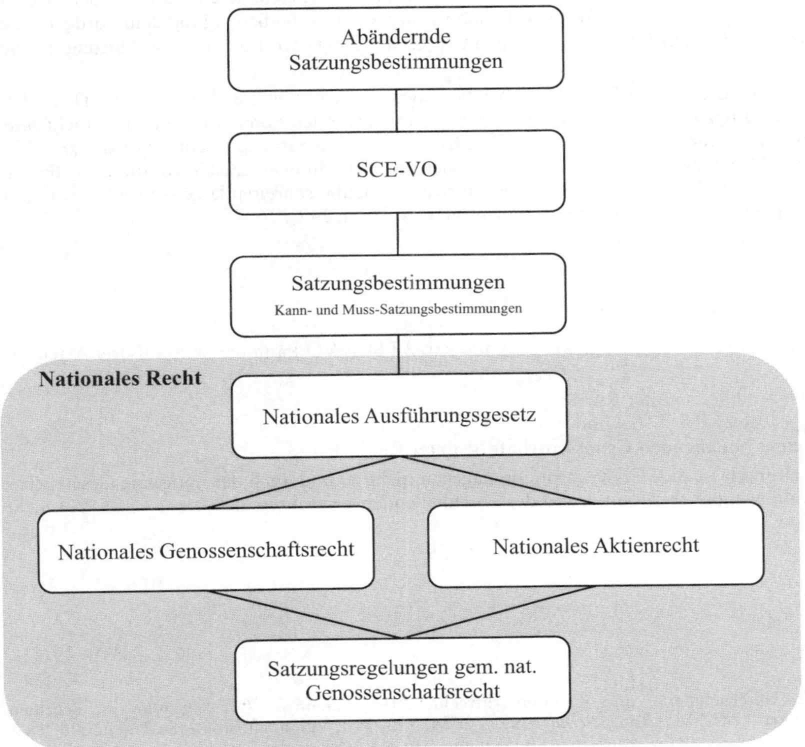

Abb. 1: Normenhierarchie der SCE

D. Zweck der SCE

Die SCE verfolgt grundsätzlich einen **Förderzweck** (Art. 1 III 1 SCE-VO).[113] Gem. Art. 1 III 1 SCE-VO ist die Europäische Genossenschaft daher darauf ausgerichtet, „den Bedarf ihrer Mitglieder zu decken und/oder deren wirtschaftliche und/oder soziale Tätigkeiten zu fördern". Der Förderzweck ist weit definiert, da er auch soziale 35

111 Zur Situation in Frankreich, wo es kein für sich stehendes Genossenschaftsrecht gibt *Barsan*, La société coopérative européenne (SCE): entre identité coopérative et efficacité économique, 2013, Rn. 82 und auch allg. Rn. 102 ff.

112 *Barsan*, La société coopérative européenne (SCE): entre identité coopérative et efficacité économique, 2013, Rn. 87 weist darauf hin, dass es eines solchen Verweises nicht bedurft hätte, da sich dies bereits aus dem Verweis auf nationales Recht ergibt.

113 Dazu ausführlich *Barsan*, La société coopérative européenne (SCE): entre identité coopérative et efficacité économique, 2013, Rn. 588 ff.

und kulturelle Aktivitäten der Mitglieder umfasst.[114] Es können daher auch politische Aktivitäten mittels einer SCE organisiert werden.[115] Der Förderzweck wird grundsätzlich insbesondere durch die Vereinbarung über Warenlieferungen bzw. der Erbringung von Arbeits- oder Dienstleistungen erreicht (Art. 1 III 1 2. Hs. SCE-VO).[116] Entsprechend dem allgemeinen Verständnis im EU-Recht, ist der Begriff der Dienstleistung weit zu verstehen.[117] Der Wortlaut („Hauptzweck")[118] deutet zudem an, dass es auch Nebenzwecke geben kann (zu Nichtmitgliedergeschäften Rn. 248).[119]

36 Die SCE muss die Förderleistungen bzw. die Bedarfsdeckung allerdings nicht selbst durchführen. Sie kann sich dazu vielmehr auch einer **Tochtergesellschaft** bedienen (Art. 1 III 3 SCE-VO). Eine Beschränkung, nach der die SCE nicht alle Leistungen auslagern darf, besteht nicht.[120] Die Verordnung ist insofern als abschließend anzusehen, so dass entsprechende Grenzen nicht aus nationalem Recht hergeleitet werden können. Ebenfalls möglich ist es, dass sich die SCE an anderen SCE oder nationalen Genossenschaften beteiligt, um dadurch den Bedarf ihrer Mitglieder zu decken (Art. 1 III 2 SCE-VO). Erforderlich ist hierbei, dass die Beteiligung dem Förderzweck dient und gerade nicht der Erwirtschaftung von Gewinnen zur verwendungszweckfreien Ausschüttung an die Mitglieder.[121]

37 Der Förderzweck ist eng verbunden mit der Frage, welcher Personenkreis einer SCE angehören darf. Denn den Normalfall bilden **nutzende Mitglieder** (s. Rn. 245). Unter gewissen Umständen können jedoch auch nicht nutzende Mitglieder aufgenommen werden (s. Rn. 246 ff.). Außerdem kann die Satzung Nichtmitgliedergeschäfte zulassen (s. Rn. 248). Obwohl sich zwar auch natürliche Personen zur Gründung einer SCE zusammenschließen können, erscheint die SCE aus praktischer Sicht vor allem für die grenzüberschreitende gemeinsame Aktivität von Genossenschaften geeignet zu sein (sekundäre Genossenschaft, vgl. Rn. 242).[122]

E. Gründung

I. Überblick über die Gründungsformen

38 Nach dem numerus clausus der Gründungsmöglichkeiten aus Art. 2 I SCE-VO kann die SCE auf drei Arten gegründet werden:[123]

(1) Durch **Neugründung** (ex nihilo, s. unter Rn. 48 ff.),
(2) durch **Verschmelzung** (s. unter Rn. 57 ff.) und
(3) durch **Umwandlung einer bestehenden Genossenschaft** (s. unter Rn. 83 ff.).

Eine Gründung durch **Spaltung** lässt die SCE-Verordnung dagegen **nicht** zu und auch der nationale Gesetzgeber kann der SCE diese Gründungsmöglichkeit aufgrund des abschließenden Charakters des Art. 2 I SCE-VO nicht

114 *Lutter/Bayer/Schmidt*, Unternehmens- und Kapitalmarktrecht, 2017, Rn. 46.7. Vgl. *Schöpflin* in: Beuthien (Hrsg.), GenG, 2018, Art. 1 SCE-VO, Rn. 2; *Schulze* NZG 2004, 792, 793. Vgl. auch *Blomeyer* ZfgG 2000, 183, 191, der in der Bezeichnung „soziale Tätigkeiten" (und nicht „soziale Belange der Mitglieder") die Konzeption der *économie sociale* des romanischen Rechtskreises erkennt. So auch *Hirte* DStR 2007, 2215, 2215; vgl. auch *Beuthien* ZfgG 2007, 3, 7.

115 *Hirte*, Kapitalgesellschaftsrecht, 2016, Rn. 10.71. Dies entspricht dem italienischen Genossenschaftsbild, nach dem durch Genossenschaften auch politische Ziele verfolgt werden können, vgl. *Höffler*, Die Gestaltungsfreiheit im deutschen und europäischen Genossenschaftsrecht, 2013, S. 137.

116 *Schulze* NZG 2004, 792, 794; *Gudula* EWS 2002, 410, 413.

117 *Schulze* in: Schulze (Hrsg.), Handbuch der Europäischen Genossenschaft (SCE), 2004, Kap. 1 Rn. 13.

118 Englischer Wortlaut: „principal object". Französischer Wortlaut: „objet principal". Spanischer Wortlaut: „objeto principal". Italienischer Wortlaut: „oggetto principale". Niederländischer Wortlaut: „voornaamste doel". Polnischer Wortlaut: „Zasadniczym celem".

119 *Barsan*, La société coopérative européenne (SCE): entre identité coopérative et efficacité économique, 2013, Rn. 598.

120 *Parleani* RECMA 291 (2004), 35, 41 wirft die Frage auf und geht auf mögliche Bedenken gegen die Auslagerung der Aktivitäten auf eine Tochtergesellschaft ein.

121 Vgl. *Schöpflin* in: Beuthien (Hrsg.), GenG, 2018, Art. 1 SCE-VO Rn. 3.

122 *Habersack/Verse*, Europäisches Gesellschaftsrecht, 2011, § 14 Rn. 2. Diese Tatsache wird auch kritisiert, vgl. SGECOL, Draft Principles of European Cooperative Law, 2015, S. 8.

123 *Breit*, Societas Europaea (SE) und Societas Cooperativa Europaea (SCE), 2010, S. 75; *Lutter/Bayer/Schmidt*, Europäisches Unternehmens- und Kapitalmarktrecht, 2017, Rn. 46.17; *Steding* BuW 1999, 65, 65; *Gudula* EWS 2002, 410, 412 zu den Gründungsmöglichkeiten der SCE; *Münkner*, Europäische Genossenschaft (SCE) und europäische Genossenschaftstradition, 2006, S. 17.

eröffnen.[124] Im Gegensatz zur SE sieht die SCE zudem keine Gründung einer Tochter-SCE durch eine SCE vor, wie die SE-Verordnung sie kennt.[125]

Die SCE-Verordnung strebt mit Blick auf die Gründung generell eine relativ hohe Regelungsdichte an und möchte damit die Anzahl an Verweisen auf nationales Recht möglichst gering halten, um diesen Vorgang in nicht unerheblichem Maße einheitlich zu gestalten.[126] Das zeigt bereits die Anzahl der Artikel, die sich mit der Gründung befassen. Insgesamt beschäftigen sich 19 Vorschriften mit dem Gründungsvorgang (Artt. 17 bis 35 SCE-VO).[127] Allerdings unterscheidet sich die Regelungsdichte je nach Gründungsform (dazu im Folgenden). Art. 17 I SCE-VO enthält zudem eine Regelung, die die Normenhierarchie mit Blick auf die Gründung ändert. Die Vorschrift gibt vor, dass subsidiär das **nationale Genossenschaftsrecht** zur Anwendung kommt. Damit verdeutlicht Art. 17 I SCE-VO, dass die nationalen Gesetzgeber grundsätzlich kein Sonderrecht für die Gründung einer SCE in den Ausführungsgesetzen schaffen dürfen. Art. 17 I SCE-VO zielt auf eine Gleichstellung mit der Genossenschaft ab. Etwas anderes kann nur gelten, wenn die Verordnung es explizit zulässt. Nach hier vertretener Ansicht kann dagegen aus Art. 17 I SCE-VO nicht geschlossen werden, dass die Regelungen zur Gründung generell lückenhaft sind und somit alle weiterreichenden, nationalen Vorschriften Anwendung finden können. Vielmehr ist im Einzelfall zu entscheiden, ob eine Regelung der SCE-Verordnung abschließend ist oder lediglich eine Teilregelung enthält. Hinzu kommt, dass Art. 20 SCE-VO für die Verschmelzung eine Sonderregelung schafft und die Vorschriften darüber hinaus Spezialverweise aufweisen (dazu auch unter Rn. 63). 39

II. Grenzüberschreitender Bezug

Da es sich bei der SCE um eine grenzüberschreitende Kooperationsform handelt, setzen alle Gründungsarten einen **grenzüberschreitenden Bezug** (Art. 2 I SCE-VO) voraus, wobei insofern der gesamte Europäische Wirtschaftsraum (EWR) erfasst wird.[128] Daher wird auch von **Mehrstaatlichkeitserfordernis** bzw. **Zwischenstaatlichkeitserfordernis** gesprochen. Art. 2 I SCE-VO stellt für die Erfüllung des grenzüberschreitenden Bezugs seinem Wortlaut nach allein auf die Gründung ab. Dennoch wird in der Literatur vertreten, dass der grenzüberschreitende Bezug über die gesamte Dauer des Bestehens der SCE vorliegen muss.[129] Dafür könnte der Rückschluss aus Art. 73 I SCE-VO (s. dazu näher unter Rn. 289) angeführt werden. Der Schluss ist jedoch nicht zwingend, da sich auch diese Vorschrift nur auf das grenzüberschreitende Element im Zeitpunkt der Gründung beziehen könnte. Der Wortlaut ist insofern zumindest nicht eindeutig. Gegen die Annahme, dass der grenzüberschreitende Bezug über den **Lebenszyklus** hinweg bestehen muss, spricht die Tatsache, dass sich das Mehrstaatlichkeitserfordernis je nach Gründungsart unterscheidet. Das würde zu Problemen bei der Frage führen, welcher grenzüberschreitende Bezug über die Dauer des Bestehens erhalten sein müsste. Insofern wäre dann zu diskutieren, ob sich der über die Dauer des Bestehens der Gesellschaft zu erfüllende grenzüberschreitende Bezug nach der Gründungsart richtet oder es später allein darauf ankommt, dass eines der genannten Mehrstaatlichkeitserfordernisse erfüllt ist. Hier wird im Ergebnis in Übereinstimmung mit dem Wortlaut des Art. 2 I SCE-VO angenommen, dass der grenzüberschreitende Bezug allein im Zeitpunkt der Gründung vorliegen muss. 40

Die Gründungsmitglieder müssen zur Erfüllung des Mehrstaatlichkeitserfordernisses mit Blick auf die **Neugründung** ihren Wohnsitz in mindestens zwei verschiedenen Mitgliedstaaten haben (natürliche Personen) bzw. im Falle der Beteiligung von Gesellschaften (iSd Art. 54 II AEUV) dem Recht mindestens zweier verschiedener Mitgliedstaaten unterliegen (Art. 2 I Spiegelstrich 1 bis 3 SCE-VO). Der Nachweis einer länderübergreifenden Zusammenarbeit ist, anders als nach den ersten Verordnungsentwürfen von 1992 und 1993, nicht erforderlich.[130] 41

Natürliche Personen, die ihren Wohnsitz außerhalb des EWR haben, können daher nicht dazu beitragen, den grenzüberschreitenden Bezug zu erfüllen (zur Frage ob sie Mitglieder sein können s. unter Rn. 240). Der europäische Gesetzgeber stellt hier bewusst auf den Wohnsitz und nicht auf die Nationalität der natürlichen Personen ab. Dem grenzüberschreitenden Merkmal wird somit nicht genügt, wenn die Gründer unterschiedliche Staatsangehörigkeiten nachweisen können, ihre Wohnsitze jedoch im selben Mitgliedstaat liegen. Der europäi- 42

124 *Bärwaldt* in: Semler/Stengel (Hrsg.), Umwandlungsgesetz, 4. Aufl. 2017, § 135 Rn. 25a; möglich ist umgekehrt jedoch, dass eine bereits bestehende SCE als übertragender Rechtsträger an einer Spaltung partizipiert. Denn dieser Vorgang ist von der SCE-VO nicht erfasst. *Schwanna* in: Semler/Stengel (Hrsg.), Umwandlungsgesetz, 4. Aufl. 2017, § 124 Rn. 9.

125 *Habersack/Verse*, Europäisches Gesellschaftsrecht, 2011, § 14 Rn. 8.

126 *Parléani* RECMA 291 (2004) 35, 45.

127 Bei der SE regeln 18 Vorschriften die Gründung (Artt. 15 bis 37 SE-VO), wobei allerdings zu bedenken ist, dass dort mehr Gründungsformen erfasst sind.

128 Dies ergibt sich daraus, dass die SCE in der EU und im EWR gegründet werden kann. Dazu bereits Rn. 1.

129 *Heß*, Die Europäische Genossenschaft und die Reform des Genossenschaftsrechts in Deutschland, 2008. S. 75 mwN; *Teichmann* in: MüHdB GesR, Bd. 6, 2013, § 51 Rn. 9.

130 *Heß*, Die Europäische Genossenschaft und die Reform des Genossenschaftsrechts in Deutschland, 2008, S. 83. *Schulze* in Schulze (Hrsg.), Europäische Genossenschaft (SCE) – Handbuch, 2004, Kap. 3 Rn. 7. Vereinzelt wird vertreten, dass die Mehrstaatlichkeit auch die Erbringung von Mitgliedergeschäften in bedeutendem Umfang erfordert, vgl. *Fandrich* in: Pöhlmann/Fandrich/Bloehs (Hrsg.), GenG, 4. Aufl. 2012, Rn. 20.

sche Gesetzgeber stellt zudem auch nicht auf den Ort der Tätigkeit des zukünftigen Mitglieds ab. Wenn also alle natürlichen Personen in einem Land wirtschaftlich tätig sind, jedoch eine Person ihren Wohnsitz in einem anderen Mitgliedstaat hat, ist der grenzüberschreitende Bezug bereits erfüllt.

43 Bei den **Gesellschaften** kommt es darauf an, welchem Recht sie unterliegen. Ist eine Sitzaufspaltung möglich, ist somit der Registersitz maßgeblich, nicht hingegen der Verwaltungssitz (näher dazu unter Rn. 55). Unerheblich ist in diesem Fall daher auch, ob tatsächlich eine Tätigkeit in verschiedenen Mitgliedstaaten ausgeübt wird. Es wird vielmehr ein formales Kriterium für den grenzüberschreitenden Bezug gewählt.

44 Im Fall einer **Verschmelzung** müssen die Gründungsgesellschaften einen entsprechenden grenzüberschreitenden Bezug aufweisen (Art. 2 I 4. Spiegelstrich SCE-VO), das heißt, sie müssen dem Recht verschiedener Mitgliedstaaten unterliegen. Tochtergesellschaften und Zweigniederlassungen werden bei der Erfüllung des grenzüberschreitenden Bezugs für diese Gründungsvariante nicht berücksichtigt. Im Fall eines **Formwechsels** kann der grenzüberschreitende Bezug hingegen mithilfe von Tochtergesellschaften oder Zweigniederlassungen des formwechslungsbereiten Rechtsträgers in einem anderen Mitgliedstaat erfüllt werden. Der grenzüberschreitende Bezug ist damit beim Formwechsel etwas leichter zu erfüllen als bei der SE.[131] Denn zur Gründung einer SCE durch Formwechsel reicht eine Zweigniederlassung nicht aus (vgl. dazu § 4 Rn. 16). Um den Anforderungen des Art. 2 I Spiegelstrich 5 SCE-VO zu genügen, muss die Tochtergesellschaft bzw. die Zweigniederlassung seit mindestens zwei Jahren bestehen. Durch diese zeitliche Vorgabe soll sichergestellt werden, dass der grenzüberschreitende Bezug nicht einfach durch eine „pro forma“ eingerichtete Zweigniederlassung bzw. Tochtergesellschaft erfüllt wird. In der Literatur wird vertreten, dass die Niederlassung bzw. die Tochter seit zwei Jahren bestehen, jedoch nicht zwangsläufig ebenso lange ihren Sitz im Ausland haben muss.[132] Dagegen spricht jedoch nach hier vertretener Ansicht sowohl der Wortlaut (insbesondere auch in anderen Sprachfassungen)[133] als auch der Sinn und Zweck der Norm, der gerade darin liegt, einen grenzüberschreitenden Bezug aufzustellen. Die Verordnung definiert darüber hinaus weder den Begriff **„Tochter“**[134] noch den Begriff der **„Niederlassung“**.[135][136] Im Hinblick auf ersteres könnte überlegt werden, auf die Definition in Art. 2 lit. c) der SCE-RL[137] zurückzugreifen, da diese nach Erwägungsgrund 17 SCE-VO eine untrennbare Ergänzung der Verordnung bildet und gleichzeitig anzuwenden ist.[138] Direkt anwendbar ist die Definition allerdings nicht, da sich der Anwendungsbereich auf die Regelung der Beteiligung der Arbeitnehmer beschränkt. Aber aufgrund des engen Zusammenhangs der Verordnung und der Richtlinie ist an dieser Stelle wohl anstatt von einer Relativität der Rechtsbegriffe (s. dazu § 2 Rn. 83) von einer kohärenten Auslegung auszugehen.[139] Tochtergesellschaft ist also jedes Unternehmen auf das die SCE herrschenden Einfluss iSd Art. 3 II-VII RL 94/45/EG (Europäischer Betriebsrat) ausübt. Im Hinblick auf den Begriff „Niederlassung“ könnte auf den Niederlassungsbegriff der Artt. 49 ff. AEUV zurückgegriffen werden. Auch insofern wird an dieser Stelle von einer gewünschten Kohärenz ausgegangen. Danach ist eine Niederlassung in der tatsächlichen Ausübung einer wirtschaftlichen Tätigkeit mittels einer festen Einrichtung in einem anderen Mitgliedstaat zu sehen, die auf unbestimmte Zeit erfolgt.[140]

---

131 *Cathiard*, La pratique du droit européen des sociétés, 2017, Rn. 92 spricht insofern von einem bemerkenswerten Unterschied. Ebenso *Habersack/Verse*, Europäisches Gesellschaftsrecht, 2011, § 14 Rn. 8; *Bahans/Menjucq* Revue de droit rural 2008, dossier 28 Rn. 19 weist auf diesen Unterschied hin und erwägt, ob es sich hier schlicht um einen Fehler handeln könnte.

132 Zu diesem Ergebnis tendierend *Cathiard*, La pratique du droit européen des sociétés, 2017, Rn. 92.

133 Die englische Fassung formuliert folgendermaßen: „if for at least two years it has had an establishment or subsidiary governed by the law of another Member State”. Die Verwendung des present perfect drückt aus, dass der Sitz zwei Jahre lang im Ausland gelegen haben muss. So auch die spanische Fassung: „siempre que haya tenido un establecimiento o una filial regulada por el ordenamiento jurídico de otro Estado miembro durante, al menos, dos años“. Die französische Fassung ist dagegen wie die Deutsche im Präsens formuliert: „si elle a depuis au moins deux ans un établissement ou une filiale relevant du droit d'un autre État membre“. Gleiches gilt für die polnische Fassung: „jeżeli co najmniej od dwóch lat posiada ona podmiot zależny lub zakład podlegające prawu innego Państwa Członkowskiego“.

134 Englischer Wortlaut: „subsidiary“. Französischer Wortlaut: „filiale“. Spanischer Wortlaut: „filial“. Italienischer Wortlaut: „filiazione“. Niederländischer Wortlaut: „dochteronderneming“. Polnischer Wortlaut: „podmiot zależny“.

135 Englischer Wortlaut: „establishment“. Französischer Wortlaut: „établissement“. Spanischer Wortlaut: „establecimiento“. Italienischer Wortlaut: „succursale“. Niederländischer Wortlaut: „vestiging “. Polnischer Wortlaut: „zakład“.

136 Vgl. *Cathiard*, La pratique du droit européen des sociétés, 2017, Rn. 92 im Hinblick auf die fehlende Definition von „Tochter“.

137 Dort wird in der deutschen Fassung der Begriff „Tochtergesellschaft“ definiert (nicht „Tochter“). In der englischen Fassung wird dagegen beide Male der Begriff „subsidiary“ verwendet. Gleiches gilt für die französische Fassung. Die spanische Fassung formuliert: „filial de una entidad jurídica participante o de una SCE“.

138 Vgl. auch *Krebs* EWS 2012, 407, 409.

139 AA *Cathiard*, La pratique du droit européen des sociétés, 2017, Rn. 99. Die Autorin wünscht sich zwar eine europäisch autonome Auslegung, geht jedoch trotzdem von einer Heranziehung nationalen Rechts aus.

140 EuGH, Rs. C-221/89 (Factortame ua), ECLI:EU:C:1991:320 = BeckRS 2004, 75196, Rn. 20. Vgl. auch *Tiedje* in: Groeben/Schwarze/Hatje (Hrsg.), Europäisches Unionsrecht, 7. Aufl. 2015, Art. 49 AEUV Rn. 12; *Korte* in: Cal-

Bei der Neugründung und der Verschmelzung kommt es somit auf die Eigenschaften der Mitglieder an, deren Charakteristika einen grenzüberschreitenden Bezug ergeben müssen. Beim Formwechsel ist dagegen nur ein Rechtsträger beteiligt, so dass dieser alleine das Mehrstaatlichkeitserfordernis erfüllen muss. 45

Nähme man entgegen der hier vertretenen Auffassung an, dass der grenzüberschreitende Bezug über den **Lebenszyklus** bestehen muss, würde sich zB mit Blick auf die Verschmelzung die Frage stellen, wie diese Vorgabe zu verstehen ist. Denn an der Tatsache, dass sich zwei Gesellschaften aus unterschiedlichen Mitgliedstaaten verschmolzen haben, kann sich im Laufe der Zeit nichts ändern. Hier wäre dann zu überlegen, ob die SCE noch ein weiteres Mehrstaatlichkeitserfordernis über ihren Lebenszyklus erfüllen muss, zB die Etablierung einer Tochtergesellschaft in einem anderen Mitgliedstaat oder Mitglieder, die dieses Kriterium erfüllen können. Umgekehrt könnte im Fall einer Neugründung nachträglich gefragt werden, ob es ausreicht, wenn zwar die Mitglieder das grenzüberschreitende Element nicht mehr erfüllen, die SCE dafür aber eine Tochtergesellschaft in einem anderen Mitgliedstaat hat. 46

Der grenzüberschreitende Bezug ist damit bei der SCE im Ergebnis **restriktiv** ausgestaltet. Ein bloßer grenzüberschreitender Unternehmensgegenstand in der Satzung der SCE reicht beispielweise nicht aus. Gleiches gilt für eine grenzüberschreitende Tätigkeit der SCE (zur Entwicklung des Mehrstaatlichkeitserfordernisses § 3 Rn. 143 ff.). Die SCE-Verordnung möchte durch die strengen Anforderungen an die Mehrstaatlichkeit verhindern, dass die SCE in Konkurrenz zu nationalen Genossenschaften tritt, wobei solche Bedenken in der Rückschau übertrieben erscheinen. Positiv gewendet könnte der grenzüberschreitende Bezug dazu dienen, den europäischen Charakter der SCE sicherzustellen[141] bzw. den auf die länderüberschreitende Kooperation ausgerichteten Zweck der SCE gebührend zu berücksichtigen.[142] 47

III. Neugründung

Im Gegensatz zur SE kann die SCE durch Neugründung entstehen.[143] Hinzu kommt, dass die SCE nicht nur von **juristischen**, sondern auch durch bzw. in Kombination mit **natürlichen Personen ex nihilo** gegründet werden kann (zu den Voraussetzungen für eine Mitgliedschaft näher unter Rn. 239).[144] Ein der SE vergleichbarer „Umweg" für natürliche Personen über die Gründung nationaler Gesellschaften, die erst im Wege der Umwandlung oder Verschmelzung zu europäischen Aktiengesellschaften werden oder die Übernahme einer Vorrats-SE (vgl. § 4 Rn. 18), erübrigt sich damit bei der SCE.[145] Die Gründung durch bzw. unter Beteiligung von natürlichen Personen war vor allem in der Anfangsphase des Gesetzgebungsprozesses noch nicht vorgesehen.[146] Erst auf Anregung von europäischen Genossenschaftsverbänden, Stimmen in der Literatur[147] sowie dem Anraten des Europäischen Parlaments und des Wirtschafts- und Sozialausschusses (WSA)[148] wurde diese Möglichkeit in den Entwurf der Kommission von 1993 eingefügt.[149] 48

In der **Praxis** wurde bisher nahezu ausschließlich die Neugründung benutzt.[150] Dies dürfte ua daran liegen, dass dieses Verfahren vor allem im Verhältnis zur Verschmelzung aber auch zum Formwechsel relativ unkompliziert ausgestaltet ist. Insgesamt ergeben sich folgende drei Varianten der Neugründung:[151] 49

---

liess/Ruffert (Hrsg.), EUV/AEUV, 5. Aufl. 2016, Art. 49 AEUV Rn. 25 ff.; *Forsthoff* in: Grabitz/Hilf/Nettesheim (Hrsg.), Das Recht der Europäischen Union, 62. EL 2017, Art. 49 AEUV Rn. 16 ff. (Stand: 43. EL 2011).

141 *El Mahi* DB 2004, 967, 968; *Hirte*, Kapitalgesellschaftsrecht, 2016, Rn. 10.72 führt aus, dass das grenzüberschreitende Merkmal dem Subsidiaritätsgrundsatz Rechnung trägt. Zu dieser Frage vgl. § 3 Rn. 153.

142 *Habersack/Verse*, Europäisches Gesellschaftsrecht, 2011, § 14 Rn. 8.

143 *Gros* in: Blanc/Colongo (Hrsg.), Les contributions des coopératives à une économie plurielle, 2011, S. 278; *Cathiard*, La pratique du droit européen des sociétés, 2017, Rn. 75; *Bahans/Menjucq* Revue de droit rural 2008, dossier 28 Rn. 17.

144 Zum Vorteil der Möglichkeit der Neugründung durch natürliche Personen *Krebs* EWS 2012, 407, 408.

145 *Heß*, Die Europäische Genossenschaft und die Reform des Genossenschaftsrechts in Deutschland, 2008, S. 75. Dennoch wird kritisiert, dass die SCE hauptsächlich eine Alternative für „sekundäre Genossenschaften" ist, dh für Genossenschaften, die ihrerseits eine Genossenschaft in Form der SCE gründen möchten. SGECOL, Draft Principles of European Cooperative Law, 2015, S. 8.

146 *Heß*, Die Europäische Genossenschaft und die Reform des Genossenschaftsrechts in Deutschland, 2008, S. 74 mit Verweis auf das entsprechende Dokument; *Fischer*, Die Europäische Genossenschaft, 1995, S. 97.

147 *Schneider* EuZW 1992, 193; *Kessel* BI/GF 1992, 35, 35.

148 WSA, Stellungnahme – Vorschlag für eine Verordnung (EWG) des Rates über das Statut der Europäischen Genossenschaft, ABl. EG v. 31.8.1992, C 223/14, S. 43 f., Pkt. 3.5.1; Europäisches Parlament, Änderungsvorschlag zum Vorschlag für eine Verordnung des Rates über das Statut der Europäischen Genossenschaft, ABl. EG v. 15.2.1993, C 42/03, S. 96, 98.

149 *Heß*, Die Europäische Genossenschaft und die Reform des Genossenschaftsrechts in Deutschland, 2008, S. 75.

150 Cooperative Europe/Euricse/Ekai, Study on the implementation of the Regulation 1435/2003 on the Statute for European Cooperative Society – Part 1, 2010, S. 137; 2015 wurde die erste SCE durch Umwandlung gegründet, vgl. dazu *Jannott/Rode*, SCE: Genossenschaften im Umbruch abrufbar unter: http://www.lto.de/recht/hintergruende/h/genossenschaft-se-europaeische-rechtsform-vorteile/ (zuletzt abgerufen am 6.2.2018).

151 *Lutter/Bayer/Schmidt*, Europäisches Unternehmens- und Kapitalmarktrecht, 2017, Rn. 46.17.

1. Gründung durch natürliche Personen

50 Nach Art. 2 I Spiegelstrich 1 SCE-VO ist die Neugründung einer SCE unter Beteiligung von mindestens **fünf natürlichen Personen** möglich. Die Gründer müssen ihre Wohnsitze innerhalb des Europäischen Wirtschaftsraums haben. Zum Teil wird eine entsprechend gegründete SCE als Unternehmer-SCE[152] bezeichnet. Konkrete Anforderungen an eine unternehmerische Tätigkeit der Gründer werden hingegen nicht gestellt. Da die SCE einen Förderzweck erfüllt, müssen die nutzenden natürlichen Personen lediglich mit Blick auf ihre eigene wirtschaftliche und/oder soziale Tätigkeit von den Aktivitäten der SCE profitieren können. Der erforderliche grenzüberschreitende Bezug ist erfüllt, wenn mindestens einer der Gründer seinen Wohnsitz in einem anderen Mitgliedstaat als die restlichen Gründer hat (vgl. Abb. 2, zum Mehrstaatlichkeitserfordernis auch näher unter Rn. 40 ff.).[153]

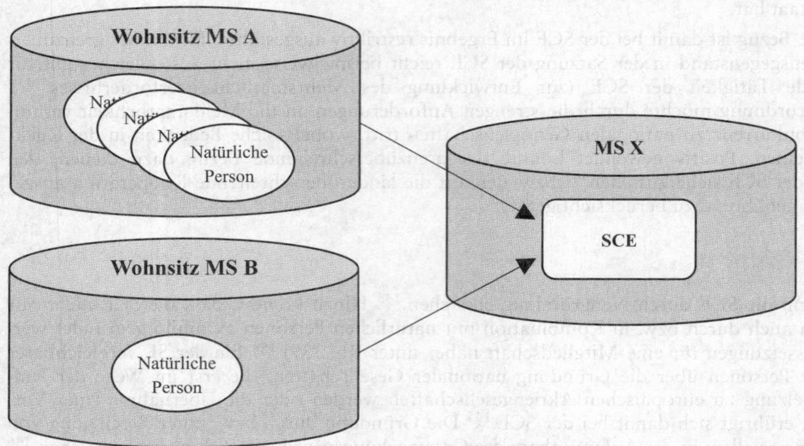

Abb. 2: Beispielhafte Gründung durch fünf natürliche Personen gem. Art. 2 I Spiegelstrich 1 SCE-VO

2. Gründung einer SCE durch natürliche und juristische Personen

51 Nach Art. 2 I Spiegelstrich 2 SCE-VO kann eine SCE auch durch **insgesamt mindestens fünf natürliche** sowie **juristische Personen** des öffentlichen oder privaten Rechts oder **Gesellschaften** iSd Art. 54 II AEUV (ehemals Art. 48 II EGV) gegründet werden (zu den Anforderungen an juristische Personen s. Rn. 241). Derart gegründete SCE werden zT als Kooperations-SCE[154] bezeichnet.[155]

52 Nicht eindeutig sind nach dem Wortlaut der Regelung die Mindestanforderungen im Hinblick auf die **Zusammensetzung der Gründer**. Der Wortlaut regt zur Diskussion an, ob die Beteiligung einer einzelnen juristischen Person bzw. Gesellschaft iSd Art. 54 II AEUV zusammen mit (mindestens vier) natürlichen Personen ausreicht.[156] Umgekehrt stellt sich die Frage, ob die Beteiligung einer einzigen natürlichen Person genügt. Die Regelung verwendet den Plural „Gesellschaften", „juristische Personen" bzw. „natürliche Personen", so dass angenommen werden könnte, dass an einer entsprechenden Neugründung mindestens zwei Gesellschaften bzw. juristische Personen und zwei natürliche Personen beteiligt sein müssen.[157] Die Tatsache, dass im Rahmen des geänderten Vorschlags der Kommission von 1993 und im Rahmen der Beratungen im Rat die Möglichkeit der Beteiligung von einer oder mehreren juristischen Personen erörtert wurde, lässt keinen eindeutigen Schluss zu,

152 *El Mahi* DB 2004, 967, 968; *Lutter/Bayer/Schmidt*, Europäisches Unternehmens- und Kapitalmarktrecht, 2017, Rn. 46.18; *J. Schmidt* Co Law 27 (2006) 99, 106.
153 Vgl. *Schulze* NZG 2004, 792, 793; *Teichmann* in: MüHdB GesR, Bd. 6, 2013, § 51 Rn. 11.
154 *El Mahi* DB 2004, 967, 968; *J. Schmidt* Co Law 27 (2006) 99, 106; *Lutter/Bayer/Schmidt*, Europäisches Unternehmens- und Kapitalmarktrecht, 2017, Rn. 46.18.
155 Da der Kooperationswille nicht nur die Gründung durch natürliche und juristische Personen auszeichnet, mag der Begriff etwas irreführend sein.
156 Diese Frage aufwerfend *Heß*, Die Europäische Genossenschaft und die Reform des Genossenschaftsrechts in Deutschland, 2008, S. 74.
157 So im Hinblick auf den Wortlaut *Heß*, Die Europäische Genossenschaft und die Reform des Genossenschaftsrechts in Deutschland, 2008, S. 74, der dies im Ergebnis aber ablehnt.

da die Differenzierung zwischen den Optionen im weiteren Verlauf weggefallen ist.[158] Art. 2 I Spiegelstrich 2 SCE-VO ist jedoch gem. Erwägungsgrund 17 SCE-VO im Lichte der SCE-Richtlinie auszulegen und Art. 8 SCE-RL spricht gegen die Anforderung von mindestens zwei Gesellschaften bzw. juristischen Personen, da die Vorschrift den Fall der Gründung einer SCE unter Beteiligung von einer einzigen juristischen Person erfasst. Die Regelung zeigt damit, dass der Verordnungsgeber von einem entsprechenden Verständnis ausging. Hinzu kommt, dass in einigen Sprachfassungen der Verordnung der Wortlaut einen Zusatz enthält, wonach „insgesamt" mindestens fünf natürliche Personen und juristische Personen bzw. Gesellschaften gefordert werden, so dass sich der Plural „Gesellschaften" und „juristische Personen" durch die vorangestellte Mindestzahl der Beteiligten erklären ließe.[159] Demnach ist davon auszugehen, dass für die Neugründung einer SCE die Beteiligung auch nur einer einzigen juristischen Person bzw. Gesellschaft iSd Art. 54 II AEUV ausreicht (vgl. dazu das Bsp. in Abb. 3).[160] Umgekehrt muss dann auch gelten, dass eine einzige natürliche Person für diesen Gründungsprozess genügt.

Im Hinblick auf das **Mehrstaatlichkeitserfordernis** wird bei den natürlichen Personen, wie aus Art. 2 I Spiegel- 53
strich 1 SCE-VO ersichtlich wird, auf die Wohnsitze abgestellt (s. dazu näher Rn. 41). Im Falle der Gesellschaften oder juristischen Personen kommt es auf das Recht des Mitgliedstaates an, dem sie unterfallen (s. Rn. 55).

Der grenzüberschreitende Bezug iSd Art. 2 I Spiegelstrich 2 SCE-VO ist danach zB bereits dann erfüllt, wenn 54
vier der geforderten fünf Gründer natürliche Personen sind, diese allesamt ihre Wohnsitze im selben Mitgliedstaat haben und die beteiligte Gesellschaft bzw. juristische Person (als fünfte Gründerin) dem Recht eines anderen Mitgliedstaats unterfällt (vgl. Bsp. Abb. 3). Das Mehrstaatlichkeitserfordernis ist darüber hinaus beispielsweise ebenfalls gegeben, wenn alle natürlichen Personen ihren Wohnort in einem Mitgliedstaat und auch alle Gesellschaften dort ihre Hauptversammlung haben, so lange zumindest eine Gesellschaft ihren Registersitz in einem anderen Mitgliedstaat hat.

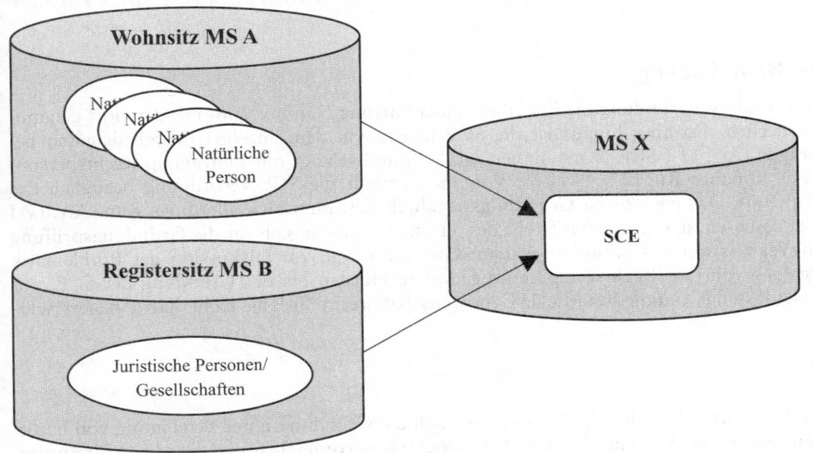

Abb. 3: Beispielhafte Gründung einer SCE durch vier natürliche Personen und eine juristische Person bzw. Gesellschaft gem. Art. 2 I Spiegelstrich 2 SCE-VO

3. Gründung durch Gesellschaften bzw. juristische Personen

Die dritte Variante der Neugründung ist gem. Art. 2 I Spiegelstrich 3 SCE-VO die **Gründung durch mindestens** 55
zwei Gesellschaften iSd Art. 54 II AEUV **bzw. juristische Personen**, die nach mitgliedstaatlichem Recht gegründet wurden und die dem Recht mindestens zweier Mitgliedstaaten unterliegen (auch Unternehmens-SCE ge-

158 *Heß*, Die Europäische Genossenschaft und die Reform des Genossenschaftsrechts in Deutschland, 2008, S. 74 mwN.

159 So verwenden die deutsche („insgesamt"), und die polnische Fassung („łącznie") die Formulierung „insgesamt", die englische, italienische, französische, niederländische und spanische Fassung hingegen nicht. Vgl. auch *Ebers* in: Schulze (Hrsg.), Europäische Genossenschaft (SCE) – Handbuch, 2004, Kap. 3 Rn. 32; *Breit*, Societas Europaea (SE) und Societas Cooperativa Europaea (SCE), 2010, S. 76.

160 Vgl. auch *Fischer*, Die Europäische Genossenschaft, 1995, S. 95 zum Art. 9 I Var. 2 des Verordnungsentwurfs der Kommission von 1993 (Kommission, Geänderter Vorschlag für eine Verordnung (EWG) des Rates über das Statut der Europäischen Genossenschaft, Abl. EG v. 31. August 1993, C 236/3, S. 17 ff.).

nannt).[161] Wie bereits soeben erwähnt (Rn. 43) ist im Fall einer möglichen Sitzaufspaltung daher der Registersitz ausschlaggebend, nicht jedoch der Verwaltungssitz.

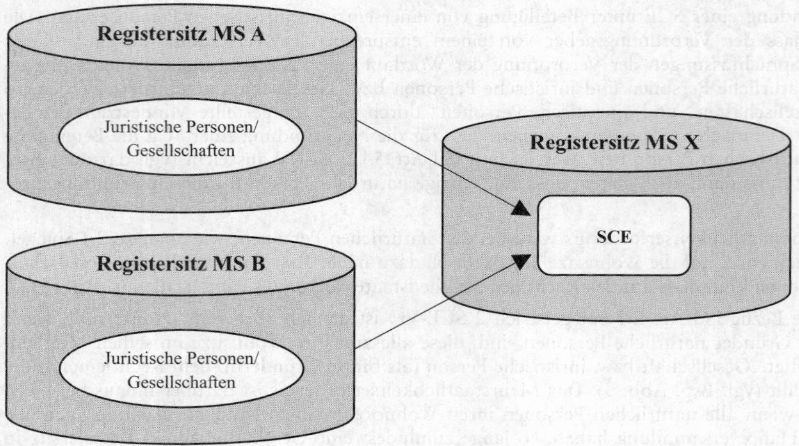

Abb. 4: Beispielhafte Gründung einer SCE durch juristische Personen bzw. Gesellschaften gem. Art. 2 I Spiegelstrich 3 SCE-VO

4. Weitere Aspekte der Neugründung

56 Nach Art. 5 I SCE-VO ist für die Neugründung die Erstellung einer **Satzung** (s. unter 106) mit den dort genannten Mindestangaben erforderlich. Darüber hinaus ist die SCE in ein von den einzelnen Mitgliedstaaten bestimmtes **Register** einzutragen (Art. 11 I SCE-VO, s. näher Rn. 119) und erlangt mit Eintragung Rechtspersönlichkeit (Art. 18 I SCE-VO, s. näher Rn. 122). Weitere Vorgaben enthält die SCE-Verordnung bezüglich des Mindestkapitals (dazu Rn. 260). Das eigentliche **Gründungsverfahren** bestimmt sich allerdings gem. Art. 17 I SCE-VO nach dem für Genossenschaften geltenden Recht des Sitzstaates, wobei sich für die **Gründungsprüfung** in Art. 5 III SCE-VO ein Verweis auf das nationale Aktienrecht ergibt (vgl. zur Diskussion der Problematik Rn. 112 ff.).[162] Diese Regelung führt zu Rechtszersplitterung und zu Hürden bei der Gründung der SCE, vor allem wenn bedacht wird, dass das mitgliedstaatliche Genossenschaftsrecht bislang nicht harmonisiert wurde.[163]

IV. Verschmelzung

57 Die Möglichkeit zur Gründung durch Verschmelzung war, wie auch die Gründung unter Beteiligung von natürlichen Personen, in den Entwürfen der Kommission von 1992 noch nicht vorgesehen und wurde erst im weiteren Verlauf des Gesetzgebungsverfahrens aufgenommen.[164] Grundsätzlich können sich nur nach **nationalem Recht gegründete Genossenschaften**, die ihren Registersitz und ihre Hauptverwaltung in der EU bzw. im Europäischen Wirtschaftsraum haben, verschmelzen. Bisher ist allerdings kein Fall bekannt, indem eine SCE tatsächlich durch Verschmelzung gegründet wurde.

58 Für einen solchen Verschmelzungsvorgang bedarf es mindestens zweier nationaler Genossenschaften.[165] Es können sich jedoch auch mehr Genossenschaften beteiligen. Die nationalen Genossenschaften müssen dem Recht von mindestens zwei verschiedenen Mitgliedstaaten unterliegen (Art. 2 I Spiegelstrich 4 SCE-VO, **Zwischenstaatlichkeitserfordernis** bzw. **grenzüberschreitender Bezug**, dazu näher unter Rn. 40 ff.).[166] Beteiligen sich beispielsweise drei Genossenschaften an einer Verschmelzung, so genügt es, dass eine von ihnen dem Recht eines

161 *El Mahi* DB 2004, 967, 968; *J. Schmidt* Co Law 27 (2006) 99, 106; *Lutter/Bayer/Schmidt*, Europäisches Unternehmens- und Kapitalmarktrecht, 2017, Rn. 46.18.
162 *Lutter/Bayer/Schmidt*, Europäisches Unternehmens- und Kapitalmarktrecht, 2017, Rn. 46.20.
163 Ebenfalls auf die mangelnde Harmonisierung des subsidiär anwendbaren Rechts hinweisend *Habersack/Verse*, Europäisches Gesellschaftsrecht, 2011, § 14 Rn. 10.
164 *Heß*, Die Europäische Genossenschaft und die Reform des Genossenschaftsrechts in Deutschland, 2008, S. 76; *Ebers* in: Schulze (Hrsg.), Europäische Genossenschaft (SCE) – Handbuch, 2004, Kap. 3 Rn. 36.
165 *Lutter/Bayer/Schmidt*, Europäisches Unternehmens- und Kapitalmarktrecht, 2017, Rn. 46.21.
166 *Schulze* NZG 2004, 792, 794.

anderen Mitgliedstaats unterliegt.[167] Der grenzüberschreitende Bezug ist im Ergebnis, ebenso wie bei der SE (s. § 4 Rn. 16) eng ausgestaltet. Tochtergesellschaften in anderen Mitgliedstaaten reichen daher nicht aus, um den grenzüberschreitenden Bezug zu erfüllen. Die Mitgliedstaaten können von der Ausnahmeregel des Art. 2 II SCE-VO Gebrauch machen und Genossenschaften zur Verschmelzung zulassen, die ihren Verwaltungssitz im außereuropäischen Ausland haben (s. dazu näher unter Rn. 241). Eine Verschmelzung unter Beteiligung einer bereits bestehenden SCE ist jedoch nicht möglich.[168] Das ergibt sich aus dem Erfordernis, dass es sich um nationale Genossenschaften handeln muss (Art. 2 I Spiegelstrich 4 SCE-VO). Eine entsprechende Bestimmung, die die Beteiligung von SCE an einem entsprechenden Vorgang zugelassen hätte, wurde zwar im Rahmen des Gesetzgebungsverfahrens in Erwägung gezogen, aber 2002 wieder verworfen.[169]

Die SCE-Verordnung unterscheidet, wie auch das deutsche Recht, **zwei Arten der Verschmelzung:** Die Verschmelzung zur Aufnahme (im Folgenden) und die Verschmelzung zur Neugründung (Rn. 60). Bei der **Verschmelzung zur Aufnahme** (Art. 19 UAbs. 1 Spiegelstrich 1 SCE-VO) überträgt/übertragen die übertragende(n) Genossenschaft(en) ihr gesamtes Aktiv- und Passivvermögen sowie ihren Mitgliederbestand auf die übernehmende Genossenschaft, die die Form der SCE annimmt.[170] Die übertragende(n) Genossenschaft(en) erlischt/erlöschen bei diesem Verfahren ohne Liquidation (vgl. Art. 33 SCE-VO). 59

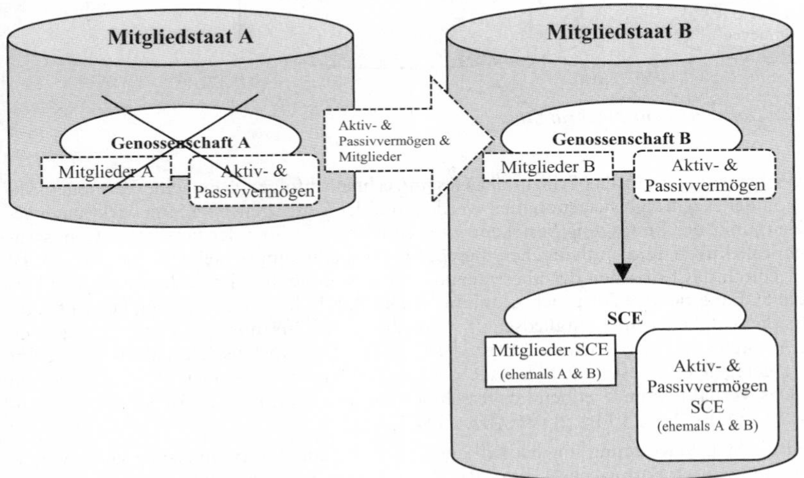

Abb. 5: Beispiel für eine Verschmelzung zur Aufnahme

Im Gegensatz dazu wird bei der **Verschmelzung zur Neugründung** (Art. 19 UAbs. 1 Spiegelstrich 2 SCE-VO) eine neue juristische Person gegründet, auf die alle beteiligten Genossenschaften ihr gesamtes Aktiv- und Passivvermögen übertragen (vgl. Abb. 6).[171] Die Mitglieder der beteiligten Genossenschaften werden Mitglieder der neugegründeten SCE. Die übertragenden Genossenschaften erlöschen liquidationslos (Art. 33 SCE-VO). 60

167 *Cathiard*, La pratique du droit européen des sociétés, 2017, Rn. 77.

168 *Ebers* in: Schulze (Hrsg.), Handbuch der Europäischen Genossenschaft (SCE), 2004, Kap. 3 Rn. 36; *Heß*, Die Europäische Genossenschaft und die Reform des Genossenschaftsrechts in Deutschland, 2008, S. 75.

169 *Heß*, Die Europäische Genossenschaft und die Reform des Genossenschaftsrechts in Deutschland, 2008, S. 75.

170 *Heß*, Die Europäische Genossenschaft und die Reform des Genossenschaftsrechts in Deutschland, 2008, S. 76; *Ebers* in: Schulze (Hrsg.), Europäische Genossenschaft (SCE) – Handbuch, 2004, Kap. 3. Rn. 39; *Cathiard*, La pratique du droit européen des sociétés, 2017, Rn. 78.

171 *Cathiard*, La pratique du droit européen des sociétés, 2017, Rn. 78.

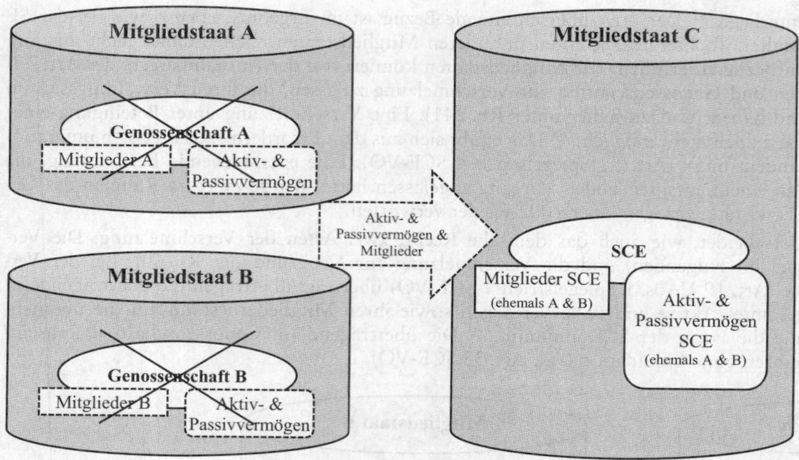

Abb. 6: Beispiel für eine Verschmelzung zur Neugründung

61 Bei beiden Formen der Verschmelzung greift das Prinzip der **Gesamtrechtsnachfolge.**[172] Einzelne Vermögensobjekte können damit nicht von der Nachfolge ausgenommen werden und der Vermögensübergang wirkt auch gegenüber Dritten. Die im Zeitpunkt der Eintragung bestehenden Rechte und Pflichten der beteiligten Genossenschaften hinsichtlich ihrer kollektiven und individuellen Beschäftigungsbedingungen gehen gem. Art. 33 IV SCE-VO auf die SCE über. Durch das Erlöschen der übertragenden Genossenschaften ist nach vollzogener Verschmelzung damit allein die SCE die richtige Anspruchsgegnerin.[173] Der durch die Verschmelzung bewirkte **Anteilstausch** führt dazu, dass die Mitglieder ihre Mitgliedschaft sowie ihre Geschäftsanteile an der übertragenden Genossenschaft verlieren. An Stelle dessen werden sie Mitglieder der SCE. Das Austauschverhältnis wird nicht durch die SCE-Verordnung geregelt und bestimmt sich nach dem Recht der übertragenden Genossenschaften (vgl. Art. 28 II SCE-VO). Das Verhältnis muss jedoch im Verschmelzungsplan bestimmt und vom Sachverständigen geprüft werden, Art. 22 I lit. b), Art. 25 I lit. d) iVm Art. 26 SCE-VO.[174]

62 Bezüglich des **Sitzes** enthält die SCE-Verordnung für den Fall der Gründung durch Verschmelzung keine Vorgaben. Im Gegensatz zur Gründung durch Formwechsel (dazu Rn. 83 ff.) sehen die Vorschriften daher **kein** Verbot mit Blick auf die freie Sitzwahl vor. Daraus lässt sich schließen, dass sowohl im Fall der Verschmelzung zur Neugründung als auch im Fall der Verschmelzung zur Aufnahme der Registersitz frei und damit unabhängig von den Gründungsgesellschaften gewählt werden kann.[175] Die allgemeinen Regeln zur Sitzfrage (zB Sitzaufspaltungsverbot, dazu Rn. 145 ff.) bleiben aber anwendbar.

63 Die besonderen **Voraussetzungen der Verschmelzung** zu einer SCE ergeben sich aus Artt. 19 bis 34 SCE-VO.[176] Die Vorgaben der SCE-Verordnung zum Verschmelzungsverfahren orientieren sich stark an denen der SE-Verordnung (dazu § 4 Rn. 22 ff.).[177] Die Regelungen werden gem. Art. 20 SCE-VO durch das nationale Recht zur Verschmelzungsgründung von Genossenschaften ergänzt. Hilfsweise kommen die nationalen Regelungen zur Verschmelzung von Aktiengesellschaften zur Anwendung, welche durch die Umsetzung der ehemaligen Verschmelzungs-RL (jetzt Teil der Kodifizierungs-RL, s. § 22) harmonisiert wurden.[178] Gem. Art. 20 SCE-VO kommt das nationale Recht im Fall von Nicht- sowie Teilregelungen eines Bereichs zur Anwendung. Art. 20 SCE-VO ist damit lex specialis gegenüber Art. 17 I SCE-VO, welcher wiederum lex specialis gegenüber Art. 8

172 *Ebers* in: Schulze (Hrsg.), Europäische Genossenschaft (SCE) – Handbuch, 2004, Kap. 3 Rn. 40.
173 *Ebers* in: Schulze (Hrsg.), Europäische Genossenschaft (SCE) – Handbuch, 2004, Kap. 3 Rn. 40 (s. Fn. 60).
174 *Ebers* in: Schulze (Hrsg.), Europäische Genossenschaft (SCE) – Handbuch, 2004, Kap. 3 Rn. 41.
175 Vgl. *Bayer* in: Lutter/Hommelhoff/Teichmann (Hrsg.), SE-Kommentar, 2. Aufl. 2015, Art. 17 SE-VO Rn. 4. Gegen eine freie Sitzwahl bei der Verschmelzung zur Aufnahme: *Schäfer* in: MüKo AktG, Bd. 7, 4. Aufl. 2017, Art. 17 SE-VO Rn. 10; *Casper* in: Spindler/Stilz (Hrsg.), AktG, Bd. 2, 3. Aufl. 2015, Art. 17 SE-VO Rn. 7; *Spitzbart*, RNotZ 2006, 369, 376.
176 Vgl. *Teichmann* in: MüHdB GesR, Bd. 6, 2013, § 51 Rn. 12.
177 Vgl. dazu *Lutter/Bayer/Schmidt*, Europäisches Unternehmens- und Kapitalmarktrecht, 2017, Rn. 46.22; *Cathiard*, La pratique du droit européen des sociétés, 2017, Rn. 79.
178 *Heß*, Die Europäische Genossenschaft und die Reform des Genossenschaftsrechts in Deutschland, 2008, S. 75 f.; *Lutter/Bayer/Schmidt*, Europäisches Unternehmens- und Kapitalmarktrecht, 2017, Rn. 46.24.

SCE-VO ist. Allerdings enthalten die Vorgaben zur Verschmelzung nochmal einige Spezialverweise (zB Art. 22 III SCE-VO, Art. 24 I SCE-VO, Art. 28 SCE-VO), die ihrerseits Art. 20 SCE-VO vorgehen. Aus regelungstechnischer Sicht ist diese Vorgehensweise nicht zu begrüßen, da sie die Interaktion von Verordnung und nationalem Recht unnötig erschwert. Das Verschmelzungsverfahren lässt sich wie folgt gliedern:[179]

1. Phase
- Aufstellen des **Verschmelzungsplans** durch die Vertretungsorgane
- Erstellen des **Verschmelzungsberichts**
- Anfertigung des **Sachverständigenberichts**

2. Phase
- **Beschlussfassung** durch die Generalversammlungen der Genossenschaften

3. Phase
- **Gründungskontrolle** (nach nationalem Recht gem. Art. 5 III SCE-VO)
- **Kontrolle** der Rechtmäßigkeit der Verschmelzung
- **Eintragung** in das Register (Erwerb der Rechtspersönlichkeit gem. Art. 18 I SCE-VO) und **Bekanntmachung** gem. Art. 12 SCE-VO
- **Liquidationsloser Untergang** der übertragenden Genossenschaften

Schutzmaßnahmen
- **Schutz der Arbeitnehmer durch die SCE-RL und die SCE-VO**
- **Ggf. Schutz der Belange der nicht-zustimmenden Mitglieder der Genossenschaften und der Gläubiger** (soweit nach dem Recht der MS ein solcher Schutz vorgesehen ist, vgl. Art. 28 SCE-VO)

Abb. 7: Verlauf des Verschmelzungsverfahrens zur Gründung einer SCE

1. Erste Phase: Plan und Berichtserstellung

a) Verschmelzungsplan

In der ersten Phase der Gründung durch Verschmelzung ist zunächst ein Verschmelzungsplan gem. Artt. 22 ff. SCE-VO notwendig, bei dem es sich um einen gesellschaftsrechtlichen Organisationsakt handelt. Dieser ist von den **Leitungs-** bzw. **Verwaltungsorganen** der verschmelzenden Genossenschaften zu erstellen (Art. 22 I 1 SCE-VO, im dualistischen System damit vom Leitungsorgan, im monistischen System vom Verwaltungsorgan). Der Verschmelzungsplan ist nur dann rechtmäßig, wenn die verschmelzungswilligen Genossenschaften einem **„gleich lautenden Verschmelzungsplan"**[180] zugestimmt haben (Schluss aus Art. 30 III SCE-VO). Die anderen sprachlichen Fassungen sprechen zum Teil allerdings eher von übereinstimmenden Versionen. Es ist daher notwendig, dass die sich verschmelzenden Rechtsträger bezüglich des Inhalts ihrer Verschmelzungspläne koordinieren. Sie erstellen allerdings jeweils einen Verschmelzungsplan, dh es wird kein gemeinsamer Verschmelzungsplan erstellt.[181] 64

Diskutiert wird auch, welche **Rechtsnatur** der Verschmelzungsplan hat. So sehen einige Rechtsordnungen bei Verschmelzungen den zwingenden Abschluss eines **Verschmelzungsvertrags** vor, bevor die Generalversammlungen den jeweils notwendigen Beschluss fassen können (so zB in Deutschland, vgl. Art. 4 I 1 UmwG). Nach an- 65

179 Vgl. *Ebers* in: Schulze (Hrsg.), Europäische Genossenschaft (SCE) – Handbuch, 2004, Kap. 3 Rn. 38.

180 So auch die polnische Fassung („plan połączenia w takim samym brzmieniu"). Anders hingegen die englische („have approved draft terms of merger in the same terms"), die französische („projet de fusion dans les mêmes termes") und die spanische Fassung („proyecto de fusión en los mismos términos"), wonach eher übereinstimmende, nicht aber gleichlautende Pläne erforderlich sind.

181 Vgl. *Bayer* in: Lutter/Hommelhoff/Teichmann (Hrsg.), SE-Kommentar, 2. Aufl. 2015, Art. 20 SE-VO Rn. 2 zur SE.

deren Rechtsordnungen reicht der Beschluss der Generalversammlung über die Verschmelzung ohne vorherige vertragliche Regelung aus.[182] Auch wenn die Überschrift des Art. 22 SCE-VO („Verschmelzungsbedingungen")[183184] auf eine verbindliche Absprache hindeutet, ist mit Blick auf die eigentliche Regelung, die nur von einem „Verschmelzungsplan"[185] spricht, nicht davon auszugehen, dass damit eine gegenseitige Verpflichtung auf Durchführung der Verschmelzung gemeint ist, die der Beschlussfassung vorangeht. Der Begriff „Verschmelzungsplan" ist dabei europäisch-autonom auszulegen (zur europäisch-autonomen Auslegung § 2 Rn. 80 ff.).[186] Da die Regelung nach überzeugender Auffassung insofern abschließenden Charakter hat,[187] können die Mitgliedstaaten den Abschluss eines solchen Vertrags auch nicht zwingend vorschreiben.[188] Es handelt sich beim Verschmelzungsplan damit um einen gesellschaftsrechtlichen Organisationsakt ohne schuldrechtlichen Charakter. Die Parteien können jedoch freiwillig eine entsprechende Vereinbarung abschließen.[189] Mit Blick auf die SE werden daher in der Praxis sog *business combination agreements* vereinbart, durch die sich die beteiligten Rechtsträger verpflichten, die Verschmelzung durchzuführen (s. § 4 Rn. 23).[190] Eine entsprechende Abrede erscheint auch bei der SCE sinnvoll.

66 Der **Mindestinhalt** des Verschmelzungsplans ergibt sich aus Art. 22 SCE-VO und enthält folgende Anforderungen:

- Firma und Sitz der verschmelzenden Genossenschaften sowie der entstehenden SCE (lit. a));
- das Umtauschverhältnis der Geschäftsanteile und ggf. die Höhe der baren Zuzahlungen bzw., in Ermangelung von Geschäftsanteilen (zB in den Niederlanden möglich),[191] die genaue Aufteilung des Vermögens und seines Gegenwerts in Geschäftsanteilen (lit. b) (zu möglichen Schutzvorschriften für Minderheitsgesellschafter s. Rn. 80 ff.);
- Einzelheiten zur Übertragung der Anteile der SCE (lit. c));
- den erstmaligen Zeitpunkt der Gewährung von Überschüssen sowie alle Besonderheiten im Hinblick auf dieses Recht (lit. d));[192]
- den Zeitpunkt, ab dem die Handlungen der verschmelzenden Genossenschaften unter dem Gesichtspunkt der Rechnungslegung als für Rechnung der SCE vorgenommen gelten („Verschmelzungsstichtag", lit. e));[193]
- Angaben zu Schuldverschreibungen und Wertpapieren (lit. f));
- Angaben zu Rechten bzw. geplanten Maßnahmen mit Blick auf Mitglieder mit Sonderrechten (insbes. Mehrstimmrechte und Vergünstigungen bei Ausschüttungen) und Inhaber anderer Wertpapiere (lit. g));[194]
- Angaben zu den Vorkehrungen für den Schutz der Rechte der Gläubiger,[195] die sich gem. Art. 28 I SCE-VO nach dem jeweiligen nationalen Recht richten (lit. h));

---

182 *Ebers* in: Schulze (Hrsg.), Europäische Genossenschaft (SCE) – Handbuch, 2004, Kap. 3 Rn. 44.

183 Englisch: „Conditions of merger". Französisch: „Conditions de fusion". Spanisch: „Condiciones de la fusión". Italienisch: „Condizioni per la fusione". Niederländisch: „Fusievoorwaarden". Polnisch: „Warunki połączenia".

184 Vgl. dazu *Ebers* in: Schulze (Hrsg.), Europäische Genossenschaft (SCE) – Handbuch, 2004, Rn. 44. In der englischen Fassung „Conditions of merger", im Französischen "Conditiones de fusion", in der Spanischen Fassung „Condiciones de la fusión" und in der polnischen Fassung „Warunki połączenia" (was sich ebenfalls mit „Bedingungen" übersetzen lässt).

185 In der englischen Fassung „Draft terms of merger", Im Französischen „projet de fusion", in der spanischen Fassung „proyecto de fusión" und in der polnischen Fassung „plan połączenia".

186 So wohl im Ergebnis *Ebers* in: Schulze (Hrsg.), Europäische Genossenschaft (SCE) – Handbuch, 2004, Rn. 45; *Wiese*, Die europäische Genossenschaft im Vergleich zur eingetragenen Genossenschaft deutschen Rechts, 2006, S. 82 (Fn. 494).

187 *Ebers* in: Schulze (Hrsg.), Europäische Genossenschaft (SCE) – Handbuch, 2004, Kap. 3 Rn. 45; *Heß*, Die Europäische Genossenschaft und die Reform des Genossenschaftsrechts in Deutschland, 2008, S. 76 (Fn. 341). Vgl. zur Parallelregelung der SE: *Bayer* in: Lutter/Hommelhoff/Teichmann (Hrsg.), SE-Kommentar, 2. Aufl. 2015, Art. 20 SE-VO Rn. 3; *Teichmann* ZGR 2002, 383, 420; *Jannott*, Handbuch der Europäischen Aktiengesellschaft, Kap. 3 Rn. 37.

188 *Ebers* in: Schulze (Hrsg.), Europäische Genossenschaft (SCE) – Handbuch, 2004, Kap. 3 Rn. 45; zur Parallelregelung bei der SE *Bayer* in: Lutter/Hommelhoff/Teichmann (Hrsg.), SE-Kommentar, 2. Aufl. 2015, Art. 20 SE-VO Rn. 3.

189 Vgl. zur Verschmnelzungsgründung der SE *Bayer* in: Lutter/Hommelhoff/Teichmann (Hrsg.), SE-Kommentar, 2. Aufl. 2015, Art. 20 SE-VO Rn. 4.

190 Vgl. *Austmann* in: MüHdBGesR, Bd. 4, 4. Aufl. 2015, § 84 Rn. 9.

191 *Heß*, Die Europäische Genossenschaft und die Reform des Genossenschaftsrechts in Deutschland, 2008, S. 77; *Ebers* in: Schulze (Hrsg.), Europäische Genossenschaft (SCE) – Handbuch, 2004, Kap. 3 Rn. 41.

192 Bei der SE wird in der Praxis meist der Verschmelzungsstichtag festgelget (§ 4 Rn. 30). Das könnte auch bei der SCE empfehlenswert sein.

193 Diesbezüglich wird oftmals der Beginn des Geschäftsjahres gewählt (näher dazu bei der SE § 4 Rn. 30).

194 Die Vorschrift enthielt fälschlicherweise einen Verweis auf Art. 66 SCE-VO, der in der Berichtigung der Verordnung (Abl. EU L. 049, S. 35) auf Art. 64 SCE-VO korrigiert wurde. Die Vorschrift gewährt den Aktionären einen informationellen Schutz.

195 Nicht zu den Mindestangaben gehören damit Angaben zu den Vorkehrungen für den Schutz der Anleihegläubiger, deren Schutz sich gem. Art. 28 I SCE-VO ebenfalls nach nationalem Recht richtet.

- Angaben zu allen Vergünstigungen, die dem Sachverständigen und allen Mitgliedern der Organe der verschmelzenden Genossenschaften gewährt werden (Offenlegung von „goldenen Handschlägen"),[196] wodurch Mitglieder mögliche Interessenskonflikte besser einschätzen können (lit. i));
- die Satzung der SCE (lit. j)) sowie
- Angaben zum Verfahren, nach dem die Vereinbarung über die Beteiligung der Arbeitnehmer gem. der SCE-Richtlinie geschlossen wird; also über das durch die SCE-Richtlinie vorgesehene Verhandlungsverfahren (dazu Rn. 303 ff.) (lit. k)).

Sollte im Fall einer Verschmelzung ein Punkt nicht einschlägig sein, da zB keine Vergünstigungen an Sachverständige oder Organmitglieder gewährt werden, sollte dies in einer **Negativerklärung** festgehalten werden, um so die Mindestangaben zu erfüllen.

Art. 22 II SCE-VO eröffnet die Möglichkeit, dass dem Verschmelzungsplan **weitere Punkte** hinzugefügt werden können. Diese Möglichkeit wird den sich verschmelzenden Rechtsträgern gewährt, nicht jedoch den Mitgliedstaaten. Diese dürfen keine weiteren Anforderungen stellen. Art. 22 SCE-VO enthält keine konkreten Vorgaben zur Form des Verschmelzungsplans. Aus den Anforderungen in Artt. 22, 25 I lit. a) SCE-VO und dem Erfordernis der Bekanntmachung des Verschmelzungsplans (Art. 24 SCE-VO) ergibt sich, dass dieser zumindest in **Textform** vorliegen muss. Die Regelung scheint jedoch nicht abschließend zu sein, da die Verordnung nicht auf die Form eingeht. Somit kommt gem. Art. 22 III SCE-VO subsidiär das für einen Verschmelzungsplan von Aktiengesellschaften maßgebende nationale Recht bezüglich der Form zur Anwendung.[197] Das nationale Aktienrecht wurde wiederum durch die ehemalige Verschmelzungs-Richtlinie (jetzt Teil der Kodifizierungs-RL) harmonisiert, wo allerdings ebenfalls nur die Textform als Mindeststandard vorgegeben wird (s. Art. 91 I Kodifizierungs-RL, vgl. § 22 Rn. 21). Eine **Sprachregelung** enthält Art. 22 SCE-VO gleichfalls nicht, weshalb auch diesbezüglich das für einen Verschmelzungsplan von Aktiengesellschaften maßgebende nationale Recht greift (Art. 22 III SCE-VO). Die Mitgliedstaaten verlangen generell einen Verschmelzungsplan in ihrer jeweiligen Amtssprache, so dass er daher in der Regel in mehreren Sprachen abgefasst werden muss. 67

Nach Art. 22 III SCE-VO ist das für den Verschmelzungsplan von Aktiengesellschaften maßgebende nationale Recht generell entsprechend auf die Gründung einer SCE durch Verschmelzung anzuwenden, weil nicht alle Mitgliedstaaten entsprechende Sonderregelungen für Genossenschaften haben.[198] Art. 22 III SCE-VO ist damit lex specialis gegenüber Art. 20 SCE-VO, der wiederum lex specialis gegenüber Art. 17 I SCE-VO ist. Die **Bekanntmachung** des Verschmelzungsplans richtet sich nach Art. 24 I SCE-VO. Art. 24 I SCE-VO gibt vor, dass sich die Bekanntmachung des Verschmelzungsplans nach den Vorschriften der Bekanntmachung des Verschmelzungsplans einer Aktiengesellschaft richtet. Art. 24 II SCE-VO regelt dabei die Angaben, die stets zu jeder der verschmelzenden Genossenschaften gemacht werden müssen (zB Nennung der Rechtsform, der Firma und des Sitzes der beteiligten Genossenschaften sowie der Firma und des Sitzes der zukünftigen SCE). Durch die Bekanntmachung sollen sich Dritte, insbesondere Gläubiger, über die Verschmelzung informieren können.[199] 68

b) Verschmelzungsbericht

Nach Art. 23 SCE-VO ist neben dem Verschmelzungsplan auch ein Verschmelzungsbericht durch die **Verwaltungs- oder Leitungsorgane** der zu verschmelzenden Genossenschaften zu erstellen. Dem Wortlaut nach fordert die Vorschrift, dass jede der sich verschmelzenden Genossenschaften einen solchen Bericht erstellt.[200] Zur insoweit vergleichbaren Regelung des Art. 95 Kodifizierungs-RL (ex-Art. 9 I Verschmelzungs-RL) wird jedoch vertreten, dass ein einheitlicher Verschmelzungsbericht ausreicht (vgl. dazu auch § 22 Rn. 33).[201] Mit Blick auf die 69

---

196 *Heß*, Die Europäische Genossenschaft und die Reform des Genossenschaftsrechts in Deutschland, 2008, S. 77.

197 Vgl. *Wiese*, Die europäische Genossenschaft im Vergleich zur eingetragenen Genossenschaft deutschen Rechts, 2006, S. 77.

198 *Schöpflin* in: Beuthien (Hrsg.), GenG, 2018, Art. 22 SCE-VO Rn. 2.

199 Vgl. *Schöpflin* in: Beuthien (Hrsg.), GenG, 2018, Art. 24 SCE-VO Rn. 1; *Ebers* in: Schulze (Hrsg.), Europäische Genossenschaft (SCE) – Handbuch, 2004, Kap. 3 Rn. 53.

200 Deutscher Wortlaut: „Das Verwaltungs- oder Leitungsorgan einer jeden der zu verschmelzenden Genossenschaften erstellt einen ausführlichen schriftlichen Bericht". Englischer Wortlaut: „The administrative or management organs of each merging cooperative shall draw up a detailed written report". Französischer Wortlaut: „Les organes d'administration ou de direction de chacune des coopératives qui fusionnent établissent un rapport écrit détaillé". Spanischer Wortlaut: „Los órganos de dirección o de administración de cada una de las cooperativas que se fusionen establecerán un informe escrito exhaustivo". Italienischer Wortlaut: „L'organo di amministrazione o di direzione di ciascuna cooperativa che si fonde redige una relazione scritta particolareggiata". Niederländischer Wortlaut: „De leidinggevende of de bestuursorganen van elke fuserende coöperatie stellen een uitvoerig schriftelijk verslag op". Polnischer Wortlaut: „Organ administrujący lub organ zarządzający każdej z łączących się spółdzielni sporządza na piśmie wyczerpujące sprawozdanie".

201 *Lösekrug*, Die Umsetzung der Kapital-, Verschmelzungs- und Spaltungs-RL der EG in das nationale deutsche Recht, 2004, S. 249; *Lutter/Bayer/Schmidt*, Europäisches Unternehmens- und Kapitalmarktrecht, 2017, Rn. 20.51; *Drygala* in: Lutter (Hrsg.), UmwG, § 8 Rn. 8; vgl. auch *Kalss/Klampfl*, Europäisches Gesellschaftsrecht, 2015, Rn. 157, Fn. 396.

SE wird angenommen, dass das nationale Recht einen einheitlichen Bericht gestatten kann (vgl. § 4 Rn. 42).[202] Für die SCE-Verordnung ließe sich unter systematischen Gesichtspunkten Art. 26 II SCE-VO gegen einen einheitlichen Bericht einwenden. Danach wird für den Sachverständigenbericht ausdrücklich ein einheitlicher Bericht zugelassen. Die Nichterwähnung dieser Option beim Verschmelzungsbericht könnte daher darauf hindeuten, dass ein einheitlicher Bericht nicht gewünscht ist. Da die Interessen der verschmelzenden Gesellschaften nicht parallel ausgerichtet sein müssen, könnten zwei getrennte Berichte auch Sinn ergeben. Ein einheitlicher Bericht könnte daher entsprechend dem Wortlaut abgelehnt werden. Nationales Recht kommt in jedem Fall nicht zur Anwendung. Möchte man für einen einheitlichen Bericht argumentieren, müsste dieses Ergebnis aus der Verordnung hergleitet werden. Der Bericht muss „schriftlich" verfasst werden (Art. 23 SCE-VO). Der Begriff ist europäisch-autonom auszulegen (dazu § 2 Rn. 80 ff.), wodurch im Ergebnis nach deutschem Verständnis lediglich die **Textform** verlangt wird. Es ist davon auszugehen, dass die Anforderungen an die Form insofern abschließend sind und die Mitgliedstaaten daher zB keine Schriftform nach deutschem Verständnis fordern können.

70 Der **Verschmelzungsbericht** muss den Verschmelzungsplan sowie insbesondere den Umtausch der Anteile rechtlich und wirtschaftlich ausführlich erläutern (Art. 23 SCE-RL). Der Verweis auf die Ausführlichkeit des Berichts macht deutlich, dass eine schlichte Wiedergabe des Verschmelzungsplans den Anforderungen beispielsweise nicht genügt. Für den Fall, dass sich bei der Verschmelzung Bewertungsschwierigkeiten ergeben sollten, sind diese ebenfalls anzugeben. Angaben über die Auswirkungen auf die Beschäftigung müssen hingegen nicht enthalten sein.[203] Art. 23 SCE-RL scheint bezüglich der erforderlichen Erläuterungen abschließend zu sein, dh die Mitgliedstaaten dürfen keine weiteren Angaben verlangen. Denn ein Spezialverweis auf nationales Recht, wie er sonst an vielen Stellen vorgenommen wird (zB Art. 22 III SCE-VO, Art. 24 I SCE-VO, Art. 28 SCE-VO), fehlt, ebenso wie Hinweise darauf, dass die Vorgaben nicht vollständig sind (zB durch ein „insbesondere"). Allein der Blick auf ex-Art. 9 Verschmelzungs-RL (jetzt Art. 95 Kodifizierungs-RL), der einen Mindeststandard darstellt, könnte für eine Teilregelung sprechen. Zu bedenken ist hier jedoch, dass die Regelungstechnik der Verordnung sich grundsätzlich von der einer Richtlinie unterscheidet, weshalb das Ergebnis nicht einfach übertragen werden kann. Der Bericht dient vor allem dazu, dass sich die Genossenschaftsmitglieder vor ihrem Votum in der Generalversammlung ausreichend informieren können[204] und ergänzt insofern den Verschmelzungsplan.

c) Sachverständigenbericht

71 Als dritte Anforderung vor der Durchführung der Beschlussfassung der Generalversammlung ist ein Sachverständigenbericht gem. Art. 26 SCE-VO anzufertigen. Dabei wird die **Überprüfung des Verschmelzungsplans** vorgenommen. Allein dieser ist Gegenstand der Prüfung. Der Verschmelzungsbericht wird damit nicht vom Sachverständigen geprüft. Die Prüfung wird durch gem. Art. 4 VI SCE-VO bestellte Sachverständige durchgeführt. Die Berufung der Prüfer richtet sich gem. Art. 26 I iVm Art. 4 VI SCE-VO nach nationalem Aktienrecht. Abweichend von § 11 I UmwG regelt allerdings Art. 6 SCE-AusfG (Deutschland), dass der genossenschaftliche Prüfungsverband den Verschmelzungsplan zu prüfen hat.[205] Diese Entscheidung des deutschen Gesetzgebers ist nicht unproblematisch, im Ergebnis aber wohl (noch) vertretbar (s. dazu näher unter Rn. 113).

72 Die Prüfer fassen ihre Ergebnisse in einem schriftlichen Bericht an die Mitglieder zusammen. Grundsätzlich ist für jede verschmelzungswillige Genossenschaft ein eigenständiger Bericht notwendig (Art. 26 I SCE-VO). Sofern die einschlägigen einzelstaatlichen Regelungen dies zulassen, kann allerdings auch gem. Art. 26 II SCE-VO für alle verschmelzenden Genossenschaften ein **gemeinsamer Bericht** erstellt werden. Nach Art. 26 III SCE-VO bestimmen sich die Rechte und Pflichten der Sachverständigen nach dem durch die ehemalige Verschmelzungsrichtlinie (jetzt Teil der Kodifizierungs-RL, s. dazu § 19, zu den Verschmelzungsvorgaben § 23) harmonisierten nationalen Recht für die Verschmelzung von Aktiengesellschaften, dem die jeweilige beteiligte Genossenschaft unterfällt. Der Sachverständige ist also gem. Art. 96 II Kodifizierungs-RL (ex-Art. 10 II Verschmelzungs-RL) verpflichtet zu erklären, ob aus seiner Sicht das Umtauschverhältnis für die Mitglieder der Genossenschaft angemessen ist.[206] Um seiner Prüfpflicht nachzukommen hat der Sachverständige gem. Art. 96 III Kodifizierungs-RL (ex-Art. 10 III Verschmelzungs-RL) das Recht, bei allen beteiligten Genossenschaften entsprechende Auskünfte und Unterlagen einzufordern. Für eine deutsche Genossenschaft ergeben sich die Rechte und Pflichten des Sachverständigen damit aus §§ 9-12, 60, 73 UmwG.

73 Die Mitglieder der Genossenschaften haben nach Art. 25 I SCE-VO ua das Recht, **mindestens einen Monat** vor Abhaltung der Generalversammlung Einsicht in den Verschmelzungsplan (der auch gem. Art. 24 bekannt gemacht wird, s. dazu Rn. 68), den Verschmelzungsbericht sowie den Sachverständigenbericht zu nehmen. Die

202 *Lutter/Bayer/Schmidt*, Europäisches Unternehmens- und Kapitalmarktrecht, 2017, Rn. 45.39.

203 *Heß*, Die Europäische Genossenschaft und die Reform des Genossenschaftsrechts in Deutschland, 2008, S. 78 mit Hinweis auf den Änderungsvorschlag des EU Parlaments.

204 *Heß*, Die Europäische Genossenschaft und die Reform des Genossenschaftsrechts in Deutschland, 2008, S. 78.

205 *Lutter/Bayer/Schmidt*, Europäisches Unternehmens- und Kapitalmarktrecht, 2017, Rn. 46.24; vgl. *Korte* in: Helios/Strieder (Hrsg.), Beck'sches Handbuch der Genossenschaft, 2009, § 16 Rn. 25.

206 *Heß*, Die Europäische Genossenschaft und die Reform des Genossenschaftsrechts in Deutschland, 2008, S. 78.

Dokumente müssen bis zur Beschlussfassung über die Verschmelzung zur Einsicht bereitstehen. Auf Wunsch sind den Mitgliedern kostenlos vollständige oder auszugsweise Abschriften der Dokumente zur Verfügung zu stellen (Art. 25 II SCE-VO). Die Vorabinformation der Mitglieder soll ihnen eine informierte Entscheidung über die Verschmelzung ermöglichen.

2. Zweite Phase: Beschlussfassung über die Verschmelzung

Im zweiten Schritt erfolgt die **Beschlussfassung der Generalversammlungen** der sich verschmelzenden Genossenschaften gem. Art. 27 SCE-VO. Die Vorschrift nimmt eine klare Kompetenzzuweisung vor, weshalb weder nationales Recht noch die Satzung diese Aufgabe einem anderen Organ zuweisen können. Die Verordnung selbst enthält hierzu keine besonderen Mehrheitserfordernisse, so dass nach Art. 20 SCE-VO das nationale Genossenschaftsgesetz bzw. hilfsweise das mitgliedstaatliche Aktienrecht (dann wäre mindestens eine 2/3-Mehrheit gem. Art. 93 Kodifizierungs-RL (ex-Art. 7 Verschmelzungs-RL) notwendig) gilt.[207] Der Verordnungsgeber hat hier auf eine einheitliche Regelung verzichtet. Auch die Einberufung und die Durchführung der Hauptversammlung richtet sich mangels Vorgaben in der SCE-VO gem. Art. 20 SCE-VO nach nationalem Recht. 74

Die Generalversammlung kann sich das Recht vorbehalten, die Eintragung der SCE von ihrer Genehmigung der ausgehandelten Vereinbarung über die Arbeitnehmerbeteiligung abhängig zu machen (Art. 27 II 2 SCE-VO), denn die SCE-RL schreibt nicht zwingend vor, dass zu diesem Zeitpunkt bereits eine Einigung vorliegen muss (zum Schutz der Arbeitnehmer s. Rn. 80 ff.).[208] 75

3. Dritte Phase: Kontrolle und Eintragung

Die dritte Phase der Gründung der SCE durch Verschmelzung umfasst die Gründungsprüfung gem. nationalen Vorschriften (Art. 5 III SCE-VO), die **Rechtmäßigkeitskontrolle** nach Artt. 29, 30 SCE-VO sowie die **Eintragung** gem. Art. 31 SCE-VO. Die Rechtmäßigkeitskontrolle ist, wie bei der SE auch (s. dazu § 4 Rn. 59), zweistufig ausgestaltet.[209] In einem ersten Schritt wird eine Kontrolle des Verfahrens vorgenommen, in einem zweiten Schritt kommt es zu einer Eintragungskontrolle.[210] Der folgende Text bezieht sich auf die Kontrolle und Eintragung. Die Gründungsprüfung wird gesondert unter Rn. 112 ff. diskutiert. 76

a) Kontrolle

Nach Art. 29 I, II SCE-VO wird die **Kontrolle der Verschmelzung** (1. Schritt) für jede beteiligte Genossenschaft nach dem jeweils einschlägigen nationalen Recht von der zuständigen nationalen Stelle durchgeführt.[211] Bei der Kontrolle wird die Rechtsmäßigkeit der einzelnen, für die Verschmelzung notwendigen Verfahrensschritte geprüft. Bei Erfüllung der Anforderungen wird eine „**Unbedenklichkeitsbescheinigung**" ausgestellt.[212] Die Kontrolle der **Rechtmäßigkeit der Verschmelzung** (2. Schritt) erfolgt gem. Art. 30 I SCE-VO durch die zuständige Stelle im künftigen Sitzstaat der SCE (zur Sitzwahlmöglichkeit Rn. 145 ff.). Diese überprüft nach Art. 30 III, IV SCE-VO vor allem, ob die Genossenschaften „gleich lautenden" Verschmelzungsplänen zugestimmt haben (s. Rn. 64), ob ggf. die Vereinbarungen über die Arbeitnehmerbeteiligung geschlossen wurden (s. Rn. 82) und ob die Gründung der SCE in Einklang mit den gesetzlichen Anforderungen des zukünftigen Sitzstaates steht. Für die Prüfung müssen die beteiligten Genossenschaften die in Art. 30 II SCE-VO benannten Unterlagen fristgerecht bei der zuständigen Prüfstelle vorlegen. 77

b) Eintragung

Nach Art. 31 SCE-VO wird die Verschmelzung und die gleichzeitige Gründung der SCE mit **Eintragung** in das nach Art. 11 I SCE-VO einschlägige Register im Sitzstaat wirksam. Die SCE erwirbt in diesem Moment **Rechtspersönlichkeit** (Art. 18 I SCE-VO). Die Eintragung entfaltet damit konstitutive Wirkung (zum Eintragungsverfahren s. Rn. 119 ff.). Die Eintragung ist offenzulegen (Art. 17 II iVm Art. 12 I SCE-VO, s. dazu Rn. 123 ff.). Auch die Durchführung der Verschmelzung muss gem. Art. 32 SCE-VO für jede verschmelzende Genossenschaft nach dem jeweils einschlägigen nationalen AG-Recht bekannt gemacht werden. 78

---

207 *Heß*, Die Europäische Genossenschaft und die Reform des Genossenschaftsrechts in Deutschland, 2008, S. 79. Zum Erfordernis in Deutschland *Lutter/Bayer/Schmidt*, Europäisches Unternehmens- und Kapitalmarktrecht, 2017, Rn. 46.25 (Fn. 77), die festhalten, dass gem. §§ 84, 96 UmwG eine 3/4-Mehrheit erforderlich ist. So auch *Korte* in Helios/Strieder (Hrsg.), Beck'sches Handbuch der Genossenschaft, 2009, § 16 Rn. 27; *Schöpflin* in: Beuthien (Hrsg.), GenG, 2018, Art. 27 SCE-VO Rn. 1; *Holthaus/Lehnhoff* in: Lang/Weidmüller (Hrsg.), Genossenschaftsgesetz, 2016, § 14 UmwG Rn. 13.

208 *Ebers* in: Schulze (Hrsg.), Europäische Genossenschaft (SCE) – Handbuch, 2004, Kap. 3 Rn. 65.

209 *Lutter/Bayer/Schmidt*, Europäisches Unternehmens- und Kapitalmarktrecht, 2017, Rn. 46.26.

210 *Cathiard*, La pratique du droit européen des sociétés, 2017, Rn. 86.

211 Vgl. *Korte* in Helios/Strieder (Hrsg.), Beck'sches Handbuch der Genossenschaft, 2009, § 16 Rn. 29.

212 *Heß*, Die Europäische Genossenschaft und die Reform des Genossenschaftsrechts in Deutschland, 2008, S. 80. Vgl. *Korte* in: Helios/Strieder (Hrsg.), Beck'sches Handbuch zur Genossenschaft, 2009, § 16 Rn. 29.

79 Nach der Eintragung gewährt Art. 34 SCE-VO einen gewissen **Bestandsschutz** für die SCE, dh eine Rückabwicklung mit Wirkung ex tunc ist grds. nicht möglich.[213] Nach Art. 34 II SCE-VO ist das Fehlen einer Kontrolle iSd der Artt. 29, 30 SCE-VO jedoch ein Grund für die Auflösung der SCE gem. Art. 73 SCE-VO.[214] Die Kontrolle kann allerdings nachgeholt werden (Art. 73 II SCE-VO).

4. Gläubiger-, Minderheiten- und Arbeitnehmerschutz

80 Das für die Verschmelzungsgründung **maßgebliche Recht** bezüglich der Gläubiger und Minderheitsgesellschafter bestimmt sich nach Art. 28 SCE-VO. Art. 28 SCE-VO ist damit lex specialis gegenüber Art. 20 SCE-VO. Der **Gläubigerschutz** richtet sich somit gem. Art. 28 I SCE-VO nach dem nationalen Verschmelzungsrecht von Aktiengesellschaften. Damit greifen die nationalen Regelungen, die ua der Umsetzung der ehemaligen Verschmelzungs-RL (jetzt Teil der Kodifizierungs-RL) dienen. Nach Art. 99 Kodifizierungs-RL (ex-Art. 13 Verschmelzung-RL) ist ein **„angemessenes Schutzsystem"** für die Interessen der Gläubiger der verschmelzenden Genossenschaften erforderlich. Art. 28 SCE-VO enthält keine Ermächtigung zum Erlass von Sonderregelungen für die Verschmelzung von Genossenschaften.

81 Nach Art. 28 II SCE-VO können die Mitgliedstaaten allerdings Regelungen zum Schutz derjenigen **Genossenschaftsmitglieder** erlassen, die sich gegen die Verschmelzung ausgesprochen haben. Der Wortlaut der Vorschrift stellt eindeutig allein auf Mitglieder ab, die gegen die Entscheidung gestimmt haben. Nicht erfasst sind davon somit Mitglieder, die sich enthalten haben. Es ist auch unerheblich, ob die Mitglieder anwesend waren oder nicht. Sinn und Zweck der Vorschrift ist es, Mitglieder zu schützen, die sich gegen die Entscheidung aussprechen. Zulässig ist es allerdings auch, Mitgliedern, die keine Möglichkeit hatten gegen die Verschmelzung zu stimmen, entsprechende Rechte zu gewähren. In Deutschland wurde von der Regelungsmöglichkeit in den §§ 7, 8 SCE-AusfG Gebrauch gemacht.[215]

82 Gem. Art. 27 II SCE-VO sind bei der Verschmelzungsgründung die Bestimmungen der **Arbeitnehmerbeteiligung** der SCE-RL zu beachten (dazu Rn. 297 ff.). Die Registrierung der SCE ist gem. Art. 11 III SCE-VO auch von einer Vereinbarung über die Arbeitnehmermitbestimmung abhängig, wenn folgende Konstellation vorliegt:[216]

(1) Der Mitgliedstaat hat von der **Optionslösung** des Art. 7 III SCE-RL Gebrauch gemacht (vgl. Rn. 321) und verzichtet damit auf die Auffangregelungen des Anhangs der SCE-RL über die Arbeitnehmermitbestimmung.

(2) Weiterhin müssen zumindest in einer der an der Verschmelzung beteiligten Genossenschaften Mitbestimmungsrechte bestanden haben. Die Abhängigkeit der Registrierung dient in dieser Konstellation v.a. der Wahrung des **Vorher-Nachher-Prinzips** (vgl. Rn. 302, 307).[217]

V. Umwandlung

83 Die dritte Gründungsmöglichkeit der SCE ist nach Art. 2 I Spiegelstrich 5 SCE-VO der **Formwechsel** einer nationalen Genossenschaft (die nach dem Recht eines Mitgliedstaates gegründet wurde und ihren Verwaltungssitz in der EU hat) in eine SCE. Bezüglich der Anforderung eines Verwaltungssitzes in der EU greift allerdings auch hier die Regelungsmöglichkeit des Art. 2 II SCE-VO (s. dazu Rn. 241). Eine Umwandlung in eine SCE kann damit nur aus nationalen Genossenschaften heraus erfolgen, aus anderen Rechtsformen ist sie dagegen ausgeschlossen. Die Vorschrift ist abschließend, weshalb die nationalen Gesetzgeber auch keine weiteren Umwandlungsmöglichkeiten zulassen dürfen. Umgekehrt können die nationalen Gesetzgeber den Formwechsel allerdings auch nicht beschränken. Eine Umwandlung gem. Art. 2 I Spiegelstrich 5 SCE-VO ist damit möglich, unabhängig davon, ob es sich beim Ausgangsrechtsträger um eine Genossenschaft mbH oder ohne beschränkte Haftung handelte und auch unabhängig davon, ob eine SCE mit oder ohne beschränkte Haftung entstehen soll (zum Gläubigerschutz näher unter Rn. 101 ff.). Denn die Vorschrift ist weit gefasst und gilt somit für alle Formwechsel aus der nationalen Genossenschaft heraus.

84 Der Rechtsformwechsel erfolgt **identitätswahrend** und hat damit weder die Auflösung der nationalen Genossenschaft, noch die Gründung einer neuen juristischen Person zur Folge (Art. 35 I SCE-VO). Es bedarf daher auch keines Übertragungsvorgangs bezüglich der Vermögensgegenstände und der Schulden und alle Rechte und Pflichten bleiben unberührt. Zentrale Konsequenz des Formwechsels ist, dass die Gesellschaft dann vorrangig der SCE-Verordnung unterliegt und nur subsidiär dem nationalen Recht. Beim Formwechsel kann der Ausgangsrechtsträger das grenzüberschreitende Erfordernis durch eine Tochtergesellschaft oder Zweigniederlassung erfüllen (s. dazu näher unter Rn. 44 ff.).

213 *Lutter/Bayer/Schmidt*, Europäisches Unternehmens- und Kapitalmarktrecht, 2017, Rn. 46.27; *Heß*, Die Europäische Genossenschaft und die Reform des Genossenschaftsrechts in Deutschland, 2008, S. 80 f.

214 Art. 34 II SCE-VO enthält insofern einen fehlerhaften Verweis auf Art. 74 SCE-VO. Die in 2007 vorgenommene Berichtigung stellt jedoch klar, dass ein Verweis auf Art. 73 SCE-VO vorliegt.

215 *Lutter/Bayer/Schmidt*, Europäisches Unternehmens- und Kapitalmarktrecht, 2017, Rn. 46.28.

216 *Ebers* in: Schulze (Hrsg.), Europäische Genossenschaft (SCE) – Handbuch, 2004, Kap. 3 Rn. 63.

217 *Ebers* in: Schulze (Hrsg.), Europäische Genossenschaft (SCE) – Handbuch, 2004, Kap. 3 Rn. 63.

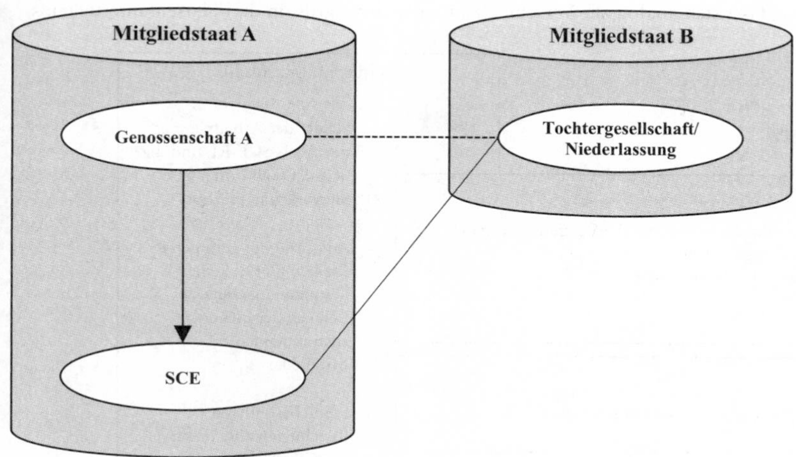

Abb. 8: Gründung einer SCE durch Umwandlung

Im Gegensatz zu den Verschmelzungsvorschriften (vgl. Rn. 57 ff.) unterbindet Art. 36 II SE-VO, dass der Formwechsel gleichzeitig zur Sitzverlegung genutzt werden kann. Der Registersitz der SCE muss daher im Mitgliedstaat des umwandlungswilligen Rechtsträgers liegen. Dieses Verbot dient dem Schutz der Gesellschafter, Gläubiger, Arbeitnehmer[218] und Dritter (dazu auch unter Rn. 80 ff.). Allerdings hat die SCE die Möglichkeit, ihren Sitz anschließend zu verlegen (zur Sitzverlegung s. Rn. 148 ff.). 85

Anders als bei der Verschmelzung enthält Art. 35 SCE-VO nur wenige detaillierte Regelungen zum **Umwandlungsverfahren.** Einen speziellen Verweis auf nationales Recht, wie ihn Art. 20 SCE-VO für ungeregelte Aspekte bei einer Gründung durch Verschmelzung enthält, kennen die Umwandlungsvorschriften nicht. Es greift daher insofern Art. 17 SCE-VO, wenn die Verordnung nicht bzgl. eines konkreten Aspekts einen speziellen Verweis enthält. Das deutsche SCE-AusfG kennt keine besonderen Regeln für die Gründung durch Umwandlung. Die grundlegenden Vorgaben der SCE-VO zur formwechselnden Umwandlung zeichnen sich durch die allgemeinen Charakteristiken des **europäischen Modells für Strukturmaßnahmen** aus. Analog zum Verschmelzungsverfahren muss das Leitungs- bzw. Verwaltungsorgan der Genossenschaft daher gem. Art. 35 III SCE-VO in einem ersten Schritt einen **Umwandlungsplan** (s. Rn. 88 ff.) und einen **Umwandlungsbericht** (s. Rn. 94) erstellen. Es folgt eine **Sachverständigenprüfung** (s. Rn. 95). Zusätzlich ist dann – wie bei der Verschmelzung auch – die **Beschlussfassung** (s. Rn. 96 ff.) der Generalversammlung der sich umwandelnden Genossenschaft und die **Eintragung** (s. Rn. 99 ff.) in das zuständige Register notwendig. Art. 35 SCE-VO wurde praktisch eins-zu-eins aus der SE-VO übernommen (Art. 37 SE-VO). Soweit ersichtlich wurde von dieser Gründungsvariante bisher in der Praxis lediglich einmal Gebrauch gemacht.[219] 86

218 *Lutter/Bayer/Schmidt*, Europäisches Unternehmens- und Kapitalmarktrecht, 2017, Rn. 46.30, nach denen das Sitzverlegungsverbot die Flucht aus der Mitbestimmung verhindern soll.

219 *Jannott/Rode*, SCE: Genossenschaften im Umbruch abrufbar unter: http://www.lto.de/recht/hintergruende/h/genossenschaft-se-europaeische-rechtsform-vorteile/ (zuletzt abgerufen am 6.2.2018).

87 Die Umwandlungsgründung lässt sich analog zur Verschmelzungsgründung grds. in drei Phasen unterteilen:

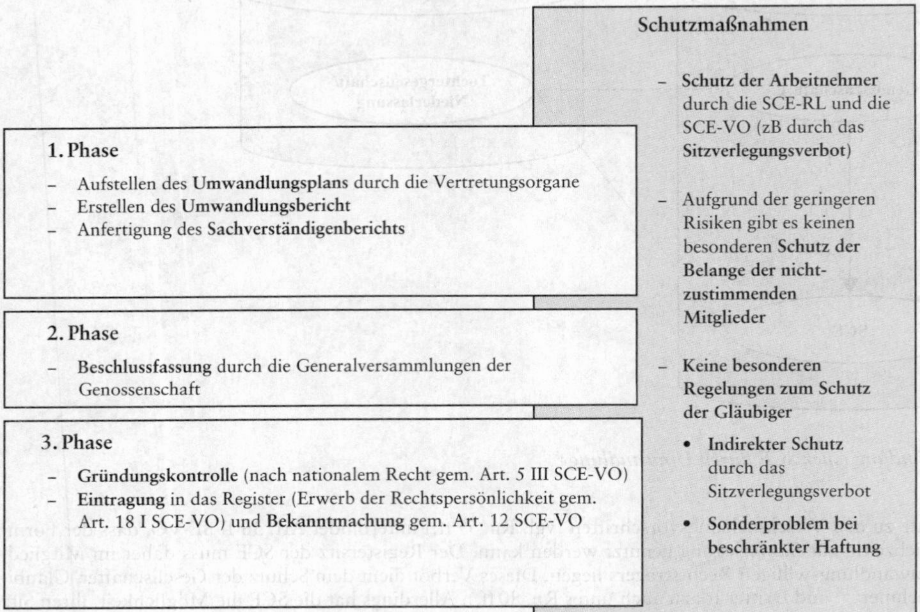

1. Phase

- Aufstellen des **Umwandlungsplans** durch die Vertretungsorgane
- Erstellen des **Umwandlungsbericht**
- Anfertigung des **Sachverständigenberichts**

2. Phase

- **Beschlussfassung** durch die Generalversammlungen der Genossenschaft

3. Phase

- **Gründungskontrolle** (nach nationalem Recht gem. Art. 5 III SCE-VO)
- **Eintragung** in das Register (Erwerb der Rechtspersönlichkeit gem. Art. 18 I SCE-VO) und **Bekanntmachung** gem. Art. 12 SCE-VO

Schutzmaßnahmen

- Schutz der Arbeitnehmer durch die SCE-RL und die SCE-VO (zB durch das Sitzverlegungsverbot)
- Aufgrund der geringeren Risiken gibt es keinen besonderen Schutz der Belange der nicht-zustimmenden Mitglieder
- Keine besonderen Regelungen zum Schutz der Gläubiger
  - Indirekter Schutz durch das Sitzverlegungsverbot
  - Sonderproblem bei beschränkter Haftung

Abb. 9: Phasen der Umwandlungsgründung

1. Erste Phase: Umwandlungsplan, -bericht und Sachverständigengutachten

a) Umwandlungsplan

88 Anders als bei der Verschmelzungsgründung, die konkrete Vorgaben für den Verschmelzungsplan enthält (vgl. Rn. 64 ff.), finden sich in Art. 35 SCE-VO keine entsprechenden Vorgaben für den Umwandlungsplan. Daher ist zu diskutieren, welche Anforderungen an den Plan zu stellen sind und wo diese herzuleiten sind. Für die Umwandlungsgründung der SE, bei der insoweit eine der SCE-Verordnung vergleichbare Regelungslücke besteht (vgl. Art. 37 SE-VO), wird vereinzelt vertreten, dass dem nationalen Gesetzgeber daraus eine Regelungskompetenz erwächst, er also Sonderrecht in den Ausführungsgesetzen für die SE schaffen kann (so zB in Österreich, § 29 SE-AusfG).[220] Diese Interpretation wird für die SE jedoch auch kritisch gesehen[221] und ist für die SCE im Ergebnis abzulehnen, weil dadurch die Gefahr einer Diskriminierung der SCE bestünde. Zudem würde ein entsprechendes Ergebnis nicht Art. 17 I SCE-VO entsprechen, der für die Gründung im Allgemeinen vorgibt, dass subsidiär nationales Genossenschaftsrecht anzuwenden ist und damit gerade die Schaffung von Sondervorschriften ausschließt. Das Leitungsorgan darf auch nicht frei über den Inhalt bestimmen. Dies würde der Schutzfunktion des Umwandlungsplans, die dann nicht sichergestellt wäre, nicht gerecht.

89 Vereinzelt wird für die SCE auch vertreten, dass mangels entsprechender Regelung in der SCE-VO gem. Art. 17 I SCE-VO das nationale Umwandlungsrecht anzuwenden ist.[222] Für diese Lösung gibt es auch Stimmen bei der SE.[223] Der Ansicht folgend müsste der Umwandlungsplan für die Umwandlung einer deutschen Genossenschaft

220 Gesetz über das Statut der Europäischen Gesellschaft (Societas Europaea – SE).
221 *Schäfer* in: MüKo AktG, Bd. 7, 4. Aufl. 2017, Art. 37 SE-VO Rn. 9.
222 *Krebs* EWS 2012, 407, 409.
223 Vgl. *J. Schmidt* in: Lutter/Hommelhoff/Teichmann (Hrsg.), SE-Kommentar, 2. Aufl. 2015, Art. 37 SE-VO Rn. 14; *Casper* in: Spindler/Stilz (Hrsg.), AktG, Bd. 2, 3. Aufl. 2015, Art. 37 SE-VO Rn. 9; *Lutter/Bayer/Schmidt*, Europäisches Unternehmens- und Kapitalmarktrecht, 2017, Rn. 45.64.

in eine SCE daher die **Mindestangaben** der §§ 194 I, 243 UmwG erfüllen, zu denen v.a. folgende Punkte gehören:[224]

- Angabe, dass die nationale Genossenschaft die Form der SCE annehmen soll (§ 194 I Nr. 1 UmwG);
- die Firma der zukünftigen SCE (§ 194 I Nr. 2 UmwG);
- Aus § 194 I Nr. 3 und Nr. 4 UmwG wird abgeleitet, dass ähnlich den Angaben zum Umtauschverhältnis bei der Verschmelzung in Anbetracht der Rechtsfolgen einer Umwandlung Angaben zur Zahl, zum Nennbetrag und zur Gattung der Geschäftsanteile an der SCE zu machen wären. Zudem soll eine Klarstellung vorzunehmen sein, die aussagt, dass die Beteiligung der Genossenschaftsmitglieder unverändert an der SCE fortbesteht.[225]
- Nach § 194 I Nr. 5 UmwG wären Angaben zu Rechten bzw. Maßnahmen für Inhaber von Sonderrechten erforderlich.[226]
- Es bedürfte zudem der Feststellung, dass die der Umwandlung widersprechenden Genossenschaftsmitglieder kein Barabfindungsangebot erhalten und ihnen auch kein Ausschlagungsrecht hierauf zusteht. Gestützt wird dies auf das Fehlen einer § 28 II SCE-VO entsprechenden Schutzvorschrift für die Gründung durch Umwandlung, so dass § 194 I Nr. 6 UmwG nicht zur Anwendung kommen soll.[227]
- Die Satzung der SCE (zum Inhalt vgl. Rn. 106 ff.) wäre ebenfalls Bestandteil des Umwandlungsplans (§ 243 I, 218 I UmwG)[228] und müsste gem. Art. 35 VI SCE-VO durch die Generalversammlung, die auch dem Umwandlungsplan zustimmen muss, genehmigt werden. Der Beschluss der Generalversammlung diente als „funktionales Äquivalent" zur Unterzeichnung der Satzung durch die Gründungsmitglieder im Falle einer Neugründung.[229]
- Nach Art. 35 III SCE-VO müsste der Umwandlungsplan keine Angaben zu den Auswirkungen auf die Beschäftigten enthalten, wie es gem. § 194 I Nr. 7 UmwG eigentlich erforderlich wäre, weil diese dem Umwandlungsbericht zugeordnet werden. Ebenso besteht daher auch keine Pflicht, den Plan an den Betriebsrat weiterzuleiten, wobei dies für die Praxis empfohlen wird.[230]

Für diese Interpretation spricht, dass die SCE-VO diesen Aspekt nicht regelt, obwohl der Gesetzgeber entsprechende Vorgaben bei der Verschmelzung kennt. Dennoch erscheint es nach hier vertretener Ansicht überzeugender, von einer planwidrigen Regelungslücke in der SCE-Verordnung auszugehen, die entsprechend dem Sinn und Zweck des Umwandlungsplans durch **analoge Anwendung** der insoweit vergleichbaren Regelungen zur Verschmelzungsgründung (Art. 22 SCE-VO) zu schließen ist.[231] Denn die SCE-VO stellt erkennbar darauf ab, ein ausreichendes Niveau an Informationen sicherzustellen, was nur durch europäische Vorgaben zum Inhalt des Umwandlungsplans garantiert werden kann. Entsprechend den Besonderheiten der Umwandlungsgründung ergeben sich dann folgende **Pflichtangaben** für den Umwandlungsplan:[232] 90

- Firma und Sitz der sich umwandelnden Genossenschaft sowie der entstehenden SCE (Art. 22 I lit. a) SCE-VO).
- Das Erfordernis der Angabe der Umtauschverhältnisse der Geschäftsanteile (Art. 22 I lit. b)) muss modifiziert werden, weil bei der Umwandlung naturgemäß kein Umtausch stattfindet. Dennoch sind die Beteiligungen nach Zahl, Art und Umfang klarstellend anzugeben.[233] Dies ergibt sich auch aus dem Verweis des Art. 35 V SCE-VO, der für die Sachverständigenprüfung auf Art. 22 I lit. b) SCE-VO verweist.
- Angaben zu Einzelheiten der Übertragung der Anteile der SCE (Art. 22 I lit. c) SCE-VO) können bei der Umwandlung mangels Übertragung ebenfalls nicht gemacht werden, so dass allenfalls klarstellende Angaben in Betracht kommen.

---

224 Zu den einzelnen Schritten vgl. *Krebs* EWS 2012, 407, 409 ff. Siehe auch die Gegenüberstellung für die insoweit vergleichbare Problematik bei der SE in *J. Schmidt* in: Lutter/Hommelhoff/Teichmann (Hrsg.), SE-Kommentar, 2. Aufl. 2015, Art. 37 Rn. 16. Vgl. auch *Holthaus/Lehnhoff* in: Lang/Weidmüller (Hrsg.), Genossenschaftsgesetz, 2016, § 191 UmwG Rn. 6 ff.

225 Vgl. zur SE *Becker/Fleischmann* in: Jannott/Frodermann (Hrsg.), HdB der Europäischen Aktiengesellschaft, 2014, Kap. 10 Rn. 15.

226 Vgl. für die SE *J. Schmidt*, in: Lutter/Hommelhoff/Teichmann (Hrsg.), SE-Kommentar, 2. Aufl. 2015, Art. 37 Rn. 16.

227 *Krebs* EWS 2012, 407, 410. Vgl. für die SE *J. Schmidt*, in: Lutter/Hommelhoff/Teichmann (Hrsg.), SE-Kommentar, 2. Aufl. 2015, Art. 37 Rn. 17.

228 Vgl. zur SE *J. Schmidt*, in: Lutter/Hommelhoff/Teichmann (Hrsg.), SE-Kommentar, 2. Aufl. 2015, Art. 37 Rn. 16.

229 *Krebs* EWS 2012, 407, 410.

230 *Krebs* EWS 2012, 407, 410 f.

231 Gleiches wird auch von einer im Vordringen befindlichen Meinung für den Umwandlungsplan der SE vertreten. Vgl. *Schäfter* in: MüKo AktG, Bd. 7, 4. Aufl. 2017, Art. 37 SE-VO Rn. 9 f.; *Bücker* in: Habersack/Drinhausen (Hrsg.), SE-Recht mit grenzüberschreitender Verschmelzung, 2013, Art. 37 SE-VO Rn. 23; *Paefgen* in: KK-AktG, Bd. 8/1, 3. Aufl. 2012, Art. 37 SE-VO Rn. 28.

232 Vgl. zum modifizierten Umwandlungsplan der SE *Schäfter* in: MüKo AktG, Bd. 7, 4. Aufl. 2017, Art. 37 SE-VO Rn. 11.

233 Vgl. *Schäfter* in: MüKo AktG, Bd. 7, 4. Aufl. 2017, Art. 37 SE-VO Rn. 11 für den Umwandlungsplan der SE.

- Bei der Verschmelzung müssen der erstmalige Zeitpunkt der Gewährung von Überschüssen sowie alle Besonderheiten im Hinblick auf dieses Recht angeführt werden (Art. 22 I lit. d) SCE-VO). Dieser Punkt ist auf die Verschmelzung zugeschnitten und daher für den Formwechsel nicht relevant.
- Angabe zum Zeitpunkt, ab dem die Handlungen der verschmelzenden Genossenschaften unter dem Gesichtspunkt der Rechnungslegung als für Rechnung der SCE vorgenommen gelten (Art. 22 I lit. e) SCE-VO). Dieser Punkt ist ebenfalls auf die Verschmelzung zugeschnitten und muss beim Formwechsel nicht beachtet werden, da es insofern nicht zu einem Übertragungsakt kommt.
- Gem. Art. 22 I lit. f) SCE-VO enthält der Verschmelzungsplan die Besonderheiten oder Vorteile von Schuldverschreibungen und von Wertpapieren, die keine Geschäftsanteile sind und die gem. Art. 64 SCE-VO[234] nicht die Mitgliedschaft verleihen. Hier könnte für die Umwandlung der Bedarf bestehen, diese Besonderheiten ebenfalls zu erfassen und klarstellend festzuschreiben.
- Angaben zu den Vorkehrungen für den Schutz der Rechte der Gläubiger, die sich gem. Art. 28 I SCE-VO nach dem jeweiligen nationalen Recht richten (Art. 22 I lit. h) SCE-VO). Diese Angabe ist im Fall der Umwandlung grundsätzlich ebenfalls obsolet. Sie kann daher mit einem schlichten Negativstatement erfüllt werden. Nur im besonderen Fall der Umwandlung einer Genossenschaft mit unbeschränkter Haftung in eine SCE mit beschränkter Haftung (vgl. Rn. 105) sind entsprechende Ausführungen notwendig.
- Entsprechend Art. 22 I lit. i) SCE-VO sind Angaben zu allen Vergünstigungen, die dem Sachverständigen und allen Mitgliedern der Organe der sich umwandelnden Genossenschaften gewährt werden (Offenlegung von „goldenen Handschlägen"),[235] offenzulegen.
- Die Satzung der SCE (Art. 22 I lit. j) SCE-VO).
- Angaben zum Verfahren, nach dem die Vereinbarung über die Beteiligung der Arbeitnehmer gem. der SCE-RL geschlossen wird (Art. 22 I lit. k) SCE-VO).

91 Wie die folgende Aufstellung deutlich macht, sind die praktischen Unterschiede zwischen beiden Ansichten jedoch gering, weil sich die Anforderungen weitestgehend decken:[236]

SCE-VO		UmwG
Art. 22 I lit. a)	≙	§ 194 I Nr. 1 und Nr. 2
Art. 22 I lit. b)	≙	§ 194 I Nr. 3
Art. 22 I lit. c)	≙	§ 194 I Nr. 4
Art. 22 I lit. f)	≙	§ 194 I Nr. 5
Art. 22 I lit. g)	≙	§ 194 I Nr. 5
Art. 22 I lit. h)	≙	-
Art. 22 I lit. i)	≙	-
Art. 22 I lit. j)	≙	§§ 243 I, 218 I
Art. 22 I lit. k)	≙	§ 194 I Nr. 7

Abb. 10: Entsprechungstabelle zwischen Art. 22 SCE-VO und §§ 194, 243 UmwG zur Umwandlung

92 Für die Praxis mag es daher zur Sicherheit empfehlenswert sein, den Anforderungen beider Ansichten zu entsprechen.[237] Im Ergebnis finden sich nur größere Unterschiede im Hinblick auf die Anforderungen des Art. 22 I lit. i) SCE-VO sowie im Sonderfall der Umwandlung einer Genossenschaft mit unbeschränkter Haftung in eine SCE mit beschränkter Haftung (vgl. Rn. 105) aufgrund von Art. 22 lit. h) SCE-VO.[238]

93 Die Verordnung selbst enthält auch keine **Formvorgaben** für den Umwandlungsplan. Aus der Gesamtschau des Art. 35 SCE-VO ergibt sich, dass er zumindest in **Textform** vorliegen muss. Fraglich ist, ob nationales Recht höhere Anforderungen an die Form stellen kann, was angesichts der Analogie zur Verschmelzungsgründung wohl zu bejahen ist (vgl. dazu Rn. 64 ff. – Form des Verschmelzungsplans). Wie bei der Verschmelzung käme

234 Die verabschiedete SCE-VO nennt an dieser Stelle fehlerhafterweise Art. 66 SCE-VO. Die vorgenommene Berichtigung stellt jedoch klar, dass Art. 64 SCE-VO gemeint ist.

235 *Heß*, Die Europäische Genossenschaft und die Reform des Genossenschaftsrechts in Deutschland, 2008, S. 77.

236 Die Graphik wurde in Anlehnung an die Aufstellung zur SE von *J. Schmidt*, in: Lutter/Hommelhoff/Teichmann (Hrsg.), SE-Kommentar, 2. Aufl. 2015, Art. 37 Rn. 16 entworfen.

237 So zur SE *J. Schmidt*, in: Lutter/Hommelhoff/Teichmann (Hrsg.), SE-Kommentar, 2. Aufl. 2015, Art. 37 Rn. 15; *Austmann* in: MüHdBGesR, Bd. 4, 4. Aufl. 2015, § 84 Rn. 63. Vgl. auch *Holthaus/Lehnhoff* in: Lang/Weidmüller (Hrsg.), Genossenschaftsgesetz, 2016, § 191 UmwG Rn. 12.

238 Ebenso für die SE mit einer tabelarischen Gegenüberstellung *J. Schmidt* in: Lutter/Hommelhoff/Teichmann (Hrsg.), SE-Kommentar, 2. Aufl. 2015, Art. 37 Rn. 15 f.

daher subsidiär das für einen Umwandlungsplan von Aktiengesellschaften maßgebende nationale Recht bezüglich der Form zur Anwendung. Die SCE-Verordnung kennt auch keine Regelung zur Sprache in der der Umwandlungsplan abzufassen ist, weshalb diesbezüglich nationales Recht greift (Art. 17 I SCE-VO). Der Umwandlungsplan ist danach regelmäßig in der jeweiligen Amtssprache vorzulegen. Der Umwandlungsplan ist nach Art. 35 IV SCE-VO mindestens einen Monat vor dem Tag der Generalversammlung entsprechend der einschlägigen nationalen Vorschriften bekannt zu machen.

b) Umwandlungsbericht

Nach Art. 35 III SCE-VO muss das Leitungs- bzw. Verwaltungsorgan der nationalen Genossenschaft im Umwandlungsbericht die rechtlichen und wirtschaftlichen Aspekte des Formwechsels sowie die darauf basierenden Auswirkungen auf die Beschäftigten erläutern und begründen. Auch die Auswirkungen, die sich aus der neuen Rechtsform der SCE für die Mitglieder und Arbeitnehmer ergeben, sind im Bericht darzulegen. Die Verordnung enthält darüber hinaus keine konkreten Angaben zum **Inhalt des Berichts**. Im Gegensatz zum Verschmelzungsbericht erwähnt Art. 35 III SCE-VO insbesondere nicht explizit,[239] dass es sich um einen „ausführlichen" Bericht handeln muss. Er muss jedoch im Ergebnis den Mitgliedern eine zuverlässige Basis für ihre Entscheidung in der Generalversammlung bieten und ihnen eine Plausibilitätskontrolle der Entscheidungen des Leitungsorgans ermöglichen (vgl. auch die Ausführungen zur SE § 4 Rn. 103).[240] Das ergibt sich aus dem Sinn und Zweck der Vorschrift. Da der Bericht nicht nur dem Informationsinteresse der **Mitglieder**, sondern auch dem der Arbeitnehmer dient, steht er nicht zur Disposition der Mitglieder.[241] Im Hinblick auf die **Form** fehlen ebenfalls konkrete Angaben in der Verordnung. Auch hier scheint eine analoge Anwendung der Regelungen zur Verschmelzungsgründung geboten, wonach der Bericht zumindest „schriftlich" (also nach deutschem Verständnis in Textform) zu erfolgen hat (Art. 23 SCE-VO). Das Formerfordernis ist bei der Verschmelzung jedoch nicht abschließend geregelt (vgl. Rn. 67). Da der Bericht anders als der Umwandlungsplan nicht der Information des Rechtsverkehrs im Allgemeinen, sondern ausschließlich der Information der Mitglieder und Arbeitnehmer dient, ist eine **Bekanntmachung nicht erforderlich**. 94

c) Sachverständigengutachten

Wie auch bei der Verschmelzung hat im Rahmen des Umwandlungsverfahrens eine **Sachverständigenprüfung** vor der Durchführung der Generalversammlung zu erfolgen (Art. 35 V SCE-VO). Die **Bestellung und Zulassung des bzw. der Prüfer**(s) richtet sich nach dem Recht des Mitgliedstaats, dem die sich umwandelnde Genossenschaft unterliegt. An dieser Stelle wird interessanterweise im Gegensatz zur Parallelregelung bei der Verschmelzung nicht auf das Recht verwiesen, welches auf nationale Aktiengesellschaften anwendbar ist. In Deutschland ergibt sich aus § 2 SCE-AusfG daher die Zuständigkeit des genossenschaftlichen Prüfungsverbandes als „Sachverständigen" iSd Art. 35 V SCE-VO.[242] Der Prüfer muss **bescheinigen**, dass die Bestimmungen aus Art. 22 I lit. b) SCE-VO im Umwandlungsverfahren eingehalten wurden. Dies umfasst die Angemessenheit des Umtauschverhältnisses der Geschäftsanteile, welche entsprechend der Natur der Umwandlung wohl nur festgestellt wird, weil die Beteiligungsverhältnisse unverändert bestehen bleiben.[243] Der Verweis auf Art. 22 I lit. b) SCE-VO kann jedoch nicht einfach als „Fehler" gewertet werden,[244] obwohl dies zunächst nahe liegt, da Art. 37 VI SE-VO keine entsprechende Vorgabe enthält. Wäre die SCE-VO insofern fehlerhaft, wäre dieser Mangel zudem wohl mit den anderen Fehlern 2007 berichtigt worden.[245] Gleichzeitig weist die Formulierung der Vorschrift darauf hin, dass der Prüfer scheinbar keine weitreichendere Bescheinigung auszustellen hat. Insbesondere muss der Sachverständige wohl nicht prüfen, ob die Genossenschaft Nettovermögen in Höhe des Kapitals besitzt (wie dies bei der SE gem. Art. 37 VI SE-VO verlangt wird).[246] Der Sinn der Sachverständigenprüfung ist daher insofern zweifelhaft. Aus dem Wortlaut des Art. 35 II SCE-VO ergibt sich, dass eine Bekanntmachung nicht erforderlich ist.[247] In Deutschland soll sich ferner das zwingende Erfordernis eines **Gutachtens** des Prüfungsverbandes aus Art. 17 I SCE-VO iVm § 259 UmwG ergeben. Der Prüfungsverband soll danach im Rahmen einer Zweckmäßigkeitskontrolle darlegen, ob der Formwechsel mit den Belangen der Mitglieder und der Gläubiger 95

239 Dies gilt auch für die englische, französische, spanische, italienische, niederländische und polnische Fassung.
240 *Krebs* EWS 2012, 407, 411.
241 *Krebs* EWS 2012, 407, 411.
242 Vgl. *Krebs* EWS 2012, 407, 412.
243 *Krebs* EWS 2012, 407, 412.
244 *Cathiard*, La pratique du droit européen des sociétés, 2017, Rn. 97.
245 Berichtigung der Verordnung (EG) Nr. 1435/2003 des Rates vom 22. Juli 2003 über das Statut der Europäischen Genossenschaft (SCE), Abl. EU L. 049, S. 35.
246 *Lutter/Bayer/Schmidt*, Europäisches Unternehmens- und Kapitalmarktrecht, 2017, Rn. 46.30. AA *Cathiard*, La pratique du droit européen des sociétés, 2017, Rn. 97.
247 *Krebs* EWS 2012, 407, 412.

vereinbar ist.[248] Diese Ansicht ist jedoch abzulehnen. Es gibt keinen Hinweis darauf, dass die Verordnung dem nationalen Gesetzgeber die Möglichkeit geben wollte, die Gründung durch Umwandlung durch Zweckmäßigkeitsüberlegungen zu begrenzen. Die Anwendung nationalen Genossenschaftsrechts kommt daher insofern nicht in Frage.

2. Zweite Phase: Beschlussfassung über die Umwandlung

96 Die **Generalversammlung** der betreffenden Genossenschaft muss nach Art. 35 VI SCE-VO dem Umwandlungsplan zustimmen und die Satzung der SCE genehmigen. Auch hier trifft die Vorschrift eine Entscheidung bzgl. der Kompetenzverteilung, so dass nationales Recht diese Aufgabe keinem anderen Organ zusprechen kann. Bevor der Umwandlungsplan genehmigt werden kann, muss er einen Monat vor der über den Formwechsel beschließenden Generalversammlung **bekannt gemacht werden** (Art. 35 IV SCE-VO, s. Rn. 93). Mangels weiterer Regelungen über die Beschlussfassung der Generalversammlung der nationalen Genossenschaft greift nach Art. 17 I SCE-VO das mitgliedstaatliche Genossenschaftsrecht,[249] welches allerdings bislang nicht harmonisiert wurde, so dass diese Lücke zu einer deutlichen Rechtszersplitterung führt. Dies stellt einen Unterschied zur SE dar, wo Art. 37 VII SE-VO auf die ehemalige Verschmelzungs-RL (jetzt Teil der Kodifizierungs-RL) verweist. Der Verweis in der SCE-Verordnung gilt damit zB für die erforderliche Form der Einberufung (in Deutschland ergibt sich dies aus der Satzung der eG), die Einberufungsfrist (in Deutschland zwei Wochen gem. § 46 I 1 GenG) und für die erforderlichen Mehrheitserfordernisse (in Deutschland § 262 I UmwG).[250]

97 Gem. Art. 35 VII SCE-VO haben die nationalen Gesetzgeber die Möglichkeit, vorzugeben, dass bei nationalen Genossenschaften mit einem Kontrollorgan, in dem Arbeitnehmervertreter ihre Mitbestimmungsrechte ausüben, auch dieses Organ der Umwandlung zustimmen muss. Der Beschluss muss je nach nationalem Recht entweder mit qualifizierter Mehrheit oder einstimmig gefasst werden (Art. 35 VII SCE-VO). Eine entsprechende Vorgabe würde den Zugang zur SCE erschweren und steht in Konflikt mit dem Letztentscheidungsrecht der Mitglieder. Der deutsche Gesetzgeber hat dementsprechend auch keinen Gebrauch von dieser Option gemacht.

98 Der Generalversammlung wird im Gegensatz zur Gründung durch Verschmelzung nicht explizit die Möglichkeit gewährt, sich das Recht vorzubehalten, die Eintragung der SCE von ihrer Genehmigung der ausgehandelten Vereinbarung über die Arbeitnehmerbeteiligung abhängig zu machen. Dies überrascht bereits aufgrund der Lückenhaftigkeit der SCE-VO mit Blick auf die Umwandlung nicht. Zudem ist Art. 35 SCE-VO praktisch wortgleich mit der entsprechenden Vorschrift der SE-VO, wo eine entsprechende Regelung ebenfalls fehlt. Analog zu Art. 27 II 2 SCE-VO sollte diese Option damit auch bei der Umwandlung bestehen.[251]

3. Dritte Phase: Kontrolle und Eintragung

99 Nach Art. 5 III SCE-VO findet das einzelstaatliche Recht für die „vorbeugende Prüfung von Aktiengesellschaften" entsprechend Anwendung auf die Kontrolle der Gründung einer SCE. Dies gilt nach überzeugender Auffassung auch für die Gründung durch Umwandlung und ist damit nicht nur auf reine Neugründungsfälle begrenzt.[252]

100 Mit **Eintragung** in das Register (Art. 11 SCE-VO) erwirbt die durch Umwandlung gegründete SCE **Rechtspersönlichkeit** entsprechend Art. 18 I SCE-VO. Die Eintragung richtet sich gem. Art. 11 I SCE-VO nach den nationalen aktienrechtlichen Regelungen (s. zum Eintragungsprozess näher unter Rn. 119 ff.). Die Umwandlung führt, wie Art. 35 I SCE-VO klargestellt, nicht zur Gründung einer neuen juristischen Person und zur Auflösung der Genossenschaft. Die Genossenschaft wechselt durch die Umwandlung lediglich ihr „rechtliches Kleid",[253] so dass sich die Mitgliedschafts- und Beteiligungsverhältnisse und die Arbeitsverhältnisse nicht ändern (vgl. Abb. 8).[254] Soweit ersichtlich wurde in der Praxis von dieser Gründungsvariante bisher erst einmal Gebrauch gemacht.[255]

---

248 Zu den weiteren Anforderungen *Krebs* EWS 2012, 407, 412 f.

249 Zu dem konkreten Anforderungen nach deutschem Rechts. *Krebs* EWS 2012, 407, 413.

250 *Heß*, Die Europäische Genossenschaft und die Reform des Genossenschaftsrechts in Deutschland, 2008, S. 82.

251 Vgl. § 4 Rn. 106. Zur SE vgl. auch *J. Schmidt* in: Lutter/Hommelhoff/Teichmann (Hrsg.), SE Kommentar, 2. Aufl. 2015, Art. 37 SE-VO Rn. 53; *Casper* in: Spindler/Stilz, AktG, Bd. 2, 3. Aufl. 2015, Art. 37 SE-VO Rn. 15; *Paefgen* in: KK-AktG, Bd. 8/1, 3. Aufl. 2012, Art. 37 SE-VO Rn. 84; aA *Jannott* in: Jannott/Frodermann (Hrsg.), HdB der Europäischen Aktiengesellschaft, 2014, Kap. 3 Rn. 257.

252 *Krebs* EWS 2012, 407, 409, 414 mit detaillierten Ausführungen zur Kontrolle und Eintragung. AA *Lutter/Bayer/Schmidt*, Europäisches Unternehmens- und Kapitalmarktrecht, 2017, Rn. 46.30, wonach sich die Rechtmäßigkeitskontrolle gem. Art. 17 SCE-VO nach nationalem Genossenschaftsrecht richtet.

253 *Ebers* in: Schulze (Hrsg.), Europäische Genossenschaft (SCE) – Handbuch, 2004, Kap. 3 Rn. 77; *Heß*, Die Europäische Genossenschaft und die Reform des Genossenschaftsrechts, 2008, S. 82.

254 *Heß*, Die Europäische Genossenschaft und die Reform des Genossenschaftsrechts in Deutschland, 2008, S. 83.

255 *Jannott/Rode*, SCE: Genossenschaft im Umbruch – Erste Umwandlung in eine Europäische Genossenschaft, in: Legal Tribune Online, 20. Juli 2015, abrufbar unter: https://www.lto.de/recht/hintergruende/h/genossenschaft-se-

4. Schutz der Mitglieder, Gläubiger und Arbeitnehmer

Mangels einer die Informationsrechte der Mitglieder betreffenden Regelung (vgl. zur Verschmelzung Art. 25 SCE-VO) ist insofern wohl ebenfalls von einer planwidrigen Regelungslücke im Rahmen der Umwandlungsvorschriften auszugehen, die durch **analoge Anwendung** der Regelungen zur Verschmelzungsgründung zu schließen ist. Damit stehen den Mitgliedern der sich umwandelnden Genossenschaft die Rechte aus Art. 25 SCE-VO zu, der entsprechend anzuwenden ist. Unter anderem können sie Einsicht in den Umwandlungsplan (Art. 25 I lit. a) SCE-VO), den Umwandlungsbericht (Art. 25 I lit. e) SCE-VO analog) sowie das Gutachten des Sachverständigen (Art. 25 I lit. d) SCE-VO analog) verlangen. Gleiches gilt für das Recht auf eine Abschrift (Art. 25 II SCE-VO analog). Wer keine planwidrige Lücke in der Verordnung annimmt, käme über Art. 17 I SCE-VO zur Anwendung nationalen Rechts. Diese Interpretation hat den Nachteil, dass sie zu einer Rechtszersplitterung führen würde. 101

Die SCE-Verordnung trifft ferner auch keine Regelungen zum **Minderheitenschutz** im Rahmen der Umwandlung.[256] Diese Problematik hat die SCE-VO ebenfalls von der SE-VO übernommen (vgl. dazu § 4 Rn. 113 f.). Eine Art. 28 II SCE-VO entsprechende Regelung, wonach ein besonderer Schutz für Gesellschafter, die sich gegen die Verschmelzung aussprechen, eingeführt werden kann, kennt Art. 35 SCE-VO gleichfalls nicht. Eine analoge Anwendung könnte hier an der fehlenden Vergleichbarkeit der Situationen scheitern. Denn zu bedenken ist, dass der Formwechsel identitätswahrend (Art. 35 I SCE-VO) erfolgt und ein Verbot der Sitzverlegung besteht (Art. 35 II SCE-VO), was die Risikostruktur des Prozesses gegenüber der Verschmelzung verändert. Insbesondere besteht bei der Umwandlung nicht die Gefahr der Verwässerung der Anteile, da kein Umtauschverhältnis bestimmt werden muss. Es lässt sich daher vertreten, dass bei der Umwandlung kein entsprechender Schutz für Minderheitsgesellschafter besteht und auch nicht durch nationales Recht festgelegt werden kann. Ob im Übrigen nationales Recht greift, ist ebenfalls fraglich. Art. 35 SCE-VO könnte insofern auch als abschließend angesehen werden, wenn man davon ausgeht, dass der europäische Gesetzgeber hier kein hohes Risiko für die Gesellschafter sieht. 102

Besondere Regelungen zum **Gläubigerschutz** finden sich ebenfalls nicht in Art. 35 SCE-VO, was allerdings nicht zwangsläufig zur Anwendung nationalen Rechts führen muss. Denn im Gegensatz zur Verschmelzung ist das Risiko hier für die Gläubiger geringer, weil die Ansprüche und Forderungen in der neuen SCE weiterhin bestehen (zum Sonderproblem der Umwandlung einer Genossenschaft ohne beschränkte Haftung in eine SCE mbH siehe Rn. 105).[257] Aus dem **Sitzverlegungsverbot** gem. Art. 35 II SCE-VO ergibt sich zudem ein indirekter Schutz, weil die Gläubiger ihre Ansprüche nicht im Ausland geltend machen müssen und die SCE weiterhin subsidiär demselben nationalen Recht unterliegt (zum Sitzverlegungsverbot auch Rn. 153).[258] Betroffen sind die Gläubiger damit „nur" von den Änderungen, die aufgrund des Wechsels des Rechtsformkleids bestehen. Es scheint vertretbar, insofern eine bewusste Entscheidung des Verordnungsgebers, nationales Recht grds. nicht zur Anwendung kommen zu lassen, anzunehmen. 103

Das Sitzverlegungsverbot verhindert auch eine **Flucht aus der Mitbestimmung** und schützt damit die Rechte der Arbeitnehmer. Dies wird zusätzlich durch das optionale Zustimmungserfordernis des Mitbestimmungsorgans (Art. 35 VII SCE-VO, dazu Rn. 97) sowie durch die Fortgeltung der Beschäftigungsbedingungen gem. Art. 35 VIII SCE-VO und Regelungen in der SCE-RL (dazu Rn. 319) sichergestellt.[259] 104

5. Sonderproblem: Umwandlung einer Genossenschaft mit unbeschränkter Haftung in eine SCE mit beschränkter Haftung

Wie bereits angesprochen (Rn. 83) sind die Voraussetzungen des Art. 2 I Spiegelstrich 5 SCE-VO nach hier vertretener Ansicht so weit gefasst, dass der Formwechsel grundsätzlich erlaubt ist, unabhängig vom Haftungsstatut des umwandlungswilligen Rechtsträgers und der entstehenden SCE. Die Regelung ist abschließend, so dass mitgliedstaatliches Recht entsprechende Formwechsel nicht einschränken kann. Kommt es daher zu einem **Formwechsel** von einer Genossenschaft mit unbeschränkter Haftung **in eine SCE mit beschränkter Haftung** (gem. Art. 1 II 3 SCE-VO), stellt sich die Frage nach dem Gläubigerschutz. Insofern ist zunächst zu erörtern, ob eine Lösung innerhalb der Verordnung zu erzielen ist oder ob nationales Recht zur Anwendung kommt. Gegen einen Rückgriff auf nationales Recht spricht, dass die SCE-Verordnung generell im Rahmen der Umwandlung 105

---

europaeische-rechtsform-vorteile/ (zuletzt abgerufen am 8.2.2018). Vgl. *Heß*, Die Europäische Genossenschaft und die Reform des Genossenschaftsrechts in Deutschland, 2008, S. 81 der von größerer Bedeutung für die Praxis ausging.

256 *Lutter/Bayer/Schmidt*, Europäisches Unternehmens- und Kapitalmarktrecht, 2017, Rn. 46.30.

257 Vgl. *Heß*, Die Europäische Genossenschaft und die Reform des Genossenschaftsrechts in Deutschland, 2008, S. 82. *Lutter/Bayer/Schmidt*, Europäisches Unternehmens- und Kapitalmarktrecht, 2017, Rn. 46.30 erwähnen, dass kein besonderer Gläubigerschutz vorgesehen ist.

258 Vgl. *Heß*, Die Europäische Genossenschaft und die Reform des Genossenschaftsrechts in Deutschland, 2008, S. 82.

259 Vgl. *Lutter/Bayer/Schmidt*, Europäisches Unternehmens- und Kapitalmarktrecht, 2017, Rn. 46.30.

nicht auf eventuell bestehende nationale, gläubigerschützende Vorschriften zurückgreift (Rn. 86). Da die SCE-Verordnung allerdings selbst keine Anhaltspunkte für den Gläubigerschutz in dieser speziellen Situation enthält, bedürfte es einer weitreichenden Rechtsfortbildung (dazu allgemein unter § 2 Rn. 165 ff.). Es könnte dann entweder hergeleitet werden, dass die Mitglieder gegenüber den Altgläubigern weiterhin unbeschränkt haften oder dass den Altgläubigern Sicherheiten zu stellen sind. Die Herleitung einer Lösung im Rahmen der SCE-Verordnung hätte den Vorteil, dass für solche Vorgänge ein einheitlicher Schutzstandard für Gläubiger gewährleistet würde. Für einen Verweis auf nationales Recht spricht allerdings, dass ein Rückgriff auch im Rahmen der Gründung einer SCE durch Verschmelzung vorgenommen wird (s. Rn. 63). Dort kann jedoch auf harmonisiertes Recht zurückgegriffen werden, während dies bei der Umwandlung nicht der Fall ist. Im Ergebnis scheinen beide Ansichten gut vertretbar. Hier wird indes die Auffassung bevorzugt, dass die Lücke innerhalb der Verordnung zu schließen ist.

VI. Satzung

106 Die SCE-Verordnung definiert den Begriff „Satzung“ wie auch die SE-Verordnung, um Auslegungsschwierigkeiten zu vermeiden, die sonst durch die unterschiedlichen nationalen Vorverständnisse entstehen könnten. Art. 5 I SCE-VO versteht daher unter einer „Satzung“ sowohl die **Gründungsurkunde** als auch die **eigentliche Satzung**, sofern diese in einer gesonderten Urkunde erstellt wurde. Art. 5 II 2 SCE-VO bestimmt, dass die Gründer die **Satzung schriftlich** erstellen und **unterzeichnen** müssen. Das entspricht nach deutschem Verständnis der Schriftform (§ 126 BGB). Zum Teil wird vertreten, dass sich aus Art. 5 III SCE-VO kraft Verweisung auf das nationale Aktienrecht die Pflicht zur notariellen Beurkundung ergeben kann, sofern das mitgliedstaatliche Recht eine solche Beurkundung der AG-Satzung verlangt.[260] Dies ist im Ergebnis jedoch abzulehnen,[261] weil sich der Verweis aus Art. 5 III SCE-VO allein auf die staatliche Gründungsprüfung bezieht und nicht auf Formvorgaben für die Satzung. Es könnte auch überlegt werden, ob sich ein Verweis auf nationales Genossenschaftsrecht aus Art. 5 II 1 SCE-VO ergibt, der für die Erstellung der Satzung die Anwendung desselben vorsieht. Art. 5 II 2 SCE-VO zeigt jedoch, dass der Verweis die Formvorschriften nicht erfasst, da der Verordnungsgeber insofern eine eigenständige Regelung treffen wollte. Er eröffnet dort auch eben gerade nicht den Mitgliedstaaten die Möglichkeit, höhere Formanforderungen zu stellen. Aus deutscher Perspektive ergibt sich aus der Anforderung des Art. 5 II 2 SCE-VO die Satzung schriftlich zu erstellen und zu unterzeichnen daher das Schriftformerfordernis iSv § 126 I BGB. Die Vorschrift ist nach hier vertretener Ansicht als abschließend anzusehen, weshalb der nationale Gesetzgeber auch im Ausführungsgesetz keine höheren Anforderungen stellen darf. Für die Praxis kann im Hinblick auf die umstrittene Auslegung und somit zur Vermeidung von Schwierigkeiten uU dennoch eine vorsorgliche notarielle Beurkundung ratsam sein.

107 Darüber hinaus enthält Art. 5 IV SCE-VO – im Gegensatz zur SE-Verordnung (s. § 4 Rn. 33)[262] – eine Aufzählung von **Mindestangaben**, die eine Satzung enthalten muss (sog Muss-Satzungsbestimmungen, s. Rn. 27). Die Auflistung orientiert sich an Artt. 3 und 4 Kodifizierungs-RL (ex-Artt. 2, 3 Kapital-RL) und ergänzt die dortigen Vorgaben um spezielle genossenschaftliche Aspekte.[263] Weitere obligatorische Angaben, die den Mindestkatalog ergänzen, lassen sich über die gesamte Verordnung verteilt finden (ebenfalls als Muss-Satzungsbestimmungen zu qualifizieren).[264] Es ergeben sich im Ergebnis folgende Angaben, die die Satzung enthalten muss:[265]

Muss-Satzungsbestimmungen	
Norm	**Inhalt**
Art. 3 IV	Festlegung des Grundkapitals, welches bei Auszahlungen der Geschäftsguthaben an ausscheidende Mitglieder nicht unterschritten werden darf (mind. 30.000 EUR, vgl. Art. 3 II SCE-VO)
Art. 4 III	Festlegung des Nennwerts der Geschäftsanteile
Art. 4 VII 1	Festlegung der Mindestanzahl von Geschäftsanteilen, die für den Erwerb der Mitgliedschaft erforderlich sind (vgl. Art. 4 VII 2 i.H. auf eine mögliche Einschränkung)

260 So *Lutter/Bayer/Schmidt*, Europäisches Unternehmens- und Kapitalmarktrecht, 2017, Rn. 46.16 mit dem Verweis auf den schwedischen Kompromissentwurf.
261 So im Ergebnis wohl auch *Schöpflin* in: Beuthien (Hrsg.), GenG, 2018, Art. 5 SCE-VO Rn. 4; vgl. auch *Korte* in: Helios/Strieder (Hrsg.), Beck'sches Handbuch zur Genossenschaft, 2009, § 16 Rn. 119 ff.
262 Die SE-Verordnung enthält keine Mindestangaben für die Satzung. Dafür finden sich entsprechende Vorgaben in der ehemaligen Kapital-RL (jetzt Teil der Kodifizierungs-RL). Vgl. dazu auch § 21 Rn. 20 ff.
263 *Lutter/Bayer/Schmidt*, Europäisches Unternehmens- und Kapitalmarktrecht, 2017, Rn. 46.15.
264 *Heß*, Die Europäische Genossenschaft und die Reform des Genossenschaftsrechts in Deutschland, 2008, S. 90.
265 Vgl. zur Auflistung *Heß*, Die Europäische Genossenschaft und die Reform des Genossenschaftsrechts in Deutschland, 2008, S. 90.

Muss-Satzungsbestimmungen	
Art. 5 IV	Firma Gegenstand der SCE Name/Firma der Gründungsgesellschaft Sitz der SCE[266] Bedingungen bzgl. der Aufnahme, des Ausschlusses bzw. des Austritts von Mitgliedern Nennwert der Anteile Grundkapital Ggf. die Rücklagenbildung Befugnisse und Zuständigkeiten von Organmitgliedern Angaben zur Bestellung und Abberufung von Organmitgliedern „Mehrheit- und Beschlussfähigkeitsregeln"[267] Dauer, für die die SCE gegründet wurde, sofern sie auf begrenzte Zeit gegründet wird
Art. 16 III	Modalitäten und Voraussetzungen für den Austritt der Mitglieder unter Einhaltung der dort genannten Höchstgrenzen.
Art. 36	Die Wahl der Organisationsverfassung
Artt. 37 IV, 39 IV, 42 II	Zahl der Mitglieder des Leitungs-, Aufsichts- bzw. Verwaltungsorgans bzw. die Regelungen zur Festlegung der Mitgliederzahl (entsprechend der Wahl der Organisationsverfassung)
Art. 46 I, III	Festlegung von Voraussetzungen für die Mitgliedschaft (im Einklang mit dem mitgliedstaatlichen Recht)
Art. 48 I	Festlegung von ermächtigungsbedürftigen Rechtsgeschäften unter Beachtung der einzelstaatlichen Regelungen (Art. 48 III SCE-VO)
Art. 58 III 2	Regelung der Höchstzahl von Stimmvollmachten, die ein Bevollmächtigter in der Generalversammlung ausüben darf.
Art. 65 II 1	Regelung zur Bildung einer gesetzlichen Rücklage aus den Jahresüberschüssen[268]
Art. 65 I	Regelungen zur Verwendung der Jahresüberschüsse

Abb. 11: Muss-Satzungsbestimmungen

Abgesehen von diesen zwingenden Angaben lässt die SCE-Verordnung Raum für freiwillige Regelungen in der Satzung. Die Mitglieder können diese Satzungsgestaltungsfreiheit nutzen, um die SCE an ihre Bedürfnisse anzupassen.[269] Die SCE-Verordnung gestattet insofern Abändernde- und Kann-Satzungsbestimmungen. Das nationale Recht kann weiteren Gestaltungsspielraum eröffnen (Nationale-Satzungsbestimmungen). Zu den verschiedenen Satzungskategorien siehe näher unter Rn. 26 ff. 108

Zu beachten ist, dass durch die Verordnung zugelassene **fakultative Satzungsbestimmungen,** wie zB die Zulassung von investierenden Mitgliedern, wiederum zwingende Festlegungen in der Satzung zur Folge haben können (vgl. Art. 61 III 2 SCE-VO). Unter anderem[270] lassen die folgenden Regelungen in der SCE-Verordnung Satzungsbestimmungen zu,[271] wobei diese zT unter dem Vorbehalt der Zulässigkeit nach einzelstaatlichem Recht stehen:[272] 109

266 Mit „Sitz" bezeichnet die SCE-Verordnung den Registersitz. Der Verwaltungssitz ist demnach in der Satzung nicht anzugeben.

267 Gleiches wird durch Art. 61 III SCE-VO bestätigt.

268 Die Regelung ist an der Grenze zu einer fakultativen Bestimmung, weil Art. 65 II 2 SCE-VO jedenfalls Vorgaben enthält, in welcher Höhe die Bildung der Rücklagen mindestens zu erfolgen hat.

269 *Cerioni* EuLF 2004, 296, 300 zum vergleichsweise hohen Grad der Gestaltungsfreiheit für die SCE im Gegensatz zu der SE.

270 Die Auflistung ist nicht abschließend. Eine ausführliche Auflistung enthält auch *Schöpflin* in: Beuthien (Hrsg.), GenG, 2018, Art. 8 Rn. 2.

271 Die folgende Auflistung differenziert nicht nach den einzelnen Satzungskategorien.

272 Vgl. Dazu *Heß*, Die Europäische Genossenschaft und die Reform des Genossenschaftsrechts in Deutschland, 2008, S. 91; *Schöpflin* in: Beuthien (Hrsg.), GenG, 2018, Art. 8 Rn. 2; *Barsan*, La société coopérative européenne (SCE): entre identité coopérative et efficacité économique, 2013, Rn. 82.

Mögliche Satzungsbestimmungen	
Norm	**Inhalt**
Art. 1 II 3	Abweichung vom Regelfall der auf die einzuzahlenden Geschäftsanteile beschränkten Haftung der Mitglieder
Art. 1 IV	Zulassung von Nichtmitgliedergeschäften
Art. 4 I 4	Regelung unterschiedlicher Kategorien von Geschäftsanteilen mit unterschiedlichen Rechten bei der Verteilung der Ergebnisse
Art. 4 IV	Festlegung der Einzahlungsfrist für Bareinlagen
Art. 4 VII 2	Mehrheit der Stimmrechte für natürliche Personen in der Mitgliederversammlung
Art. 14 I 6	Regelung zur Begrenzung der Mitgliedschaft auf natürliche oder juristische Personen
Art. 14 I 3	Zulassung von investierenden (nicht nutzenden) Mitgliedern. Daraus ergeben sich wiederum zwingende Satzungsregelungen (vgl. Art. 61 III 2 SCE-VO)
Art. 14 II	Regelung von Bedingungen für den Beitritt zur SCE
Art. 37 II 2	Sofern die einzelstaatlichen Regelungen dies vorsehen, kann in der Satzung bestimmt werden, dass die Mitglieder des Leitungsorgans durch die Generalversammlung bestellt und abberufen werden
Art. 38 I	Vorgaben zur Wahl des Vorsitzenden des Leitungsorgans
Art. 38 II	Vorgaben zur Einberufung des Leitungsorgans
Art. 41 II 1	Regelung zur Einberufung des Aufsichtsorgans durch den Vorsitzenden
Art. 43 I	Festlegung der Intervalle für das Zusammentreten des Verwaltungsorgans
Art. 44 II	Regelung zur Einberufung des Verwaltungsorgans durch den Vorsitzenden
Art. 45 I	Festlegung des Zeitraums für den die Mitglieder der Organe bestellt werden. Es gilt jedoch eine Maximaldauer von sechs Jahren
Art. 45 II	Beschränkungen der Wiederbestellung von Organmitgliedern
Art. 47 I, IV	Regelung über die Vertretungsbefugnisse (Einzel- bzw. Gesamtvertretung)
Art. 50 I, II 1	Beschlussfähigkeit und Beschlussfassung der Organe
Art. 51 II 1	Beschränkung der Wirkung der Stimme des Vorsitzenden
Art. 55 S. 2	Die Satzung kann die Absenkung der Einberufungsschwellen für die Generalversammlung durch die Minderheit der Mitglieder regeln
Art. 57 S. 2	Absenkung der Schwellen für die Aufnahme neuer Tagesordnungspunkte in der Generalversammlung durch die Minderheit der Mitglieder
Art. 59 II	Zulassung von Mehrstimmrechten, sofern diese nach einzelstaatlichem Recht zulässig ist
Art. 67 II	Reihenfolge und Umfang der Verwendung der verfügbaren Ergebnisse

Abb. 12: Mögliche Satzungsbestimmungen

110 Im Übrigen richtet sich die **Erstellung der Satzung nach dem nationalen Recht**, das für die jeweiligen Genossenschaften gilt (vgl. Art. 5 II 1 SCE-VO). Die Vorschrift verfolgt das Ziel der Gleichstellung der SCE mit den nationalen Genossenschaften. Die Mitgliedstaaten dürfen daher grundsätzlich keine Regelungen über die Erstellung der Satzung in den Ausführungsgesetzen treffen. Die Verordnungsvorschriften gehen dem nationalen Recht allerdings trotz Art. 5 II 1 SCE-VO vor. Das nationale Genossenschaftsrecht kann damit nur greifen, wenn die Verordnung einen Aspekt nicht oder lediglich teilweise regelt (Art. 8 I lit. c) SCE-VO). Nicht eindeutig ist, ob die Vorschrift darauf hindeuten soll, dass die Regelungen des Art. 5 SCE-VO grundsätzlich als nicht abschließend anzusehen sind. Eine entsprechende Interpretation wird hier jedoch abgelehnt. Folgt man dieser Ansicht, lässt sich gut vertreten, dass die SCE-VO beispielsweise den Mindestinhalt der Satzung abschließend regelt und mitgliedstaatliches Recht insofern keine höheren Anforderungen stellen darf. Das jeweils auf nationale Genossenschaften anwendbare Recht bestimmt aber gem. Art. 5 II 1 SCE-VO zum Beispiel in welcher **Sprache** die Satzung zu verfassen ist.[273] Denn die Verordnung enthält diesbezüglich keine Vorgaben. Die **Kontrolle der Grün-**

273 *Schöpflin* in: Beuthien (Hrsg.), GenG, 2018, Art. 5 SCE-VO Rn. 4 geht davon aus, dass sich dies aus Art. 8 I lit. c) (ii) SCE-VO ergibt.

dungsdokumente der SCE richtet sich dagegen nach den Vorschriften für nationale Aktiengesellschaften (Art. 5 III SCE-VO, vgl. hierzu Rn. 112 ff.).

Die einmal erstellte Satzung ist grds. unter Einhaltung des Verfahrens nach Art. 61 IV SCE-VO abänderbar.[274] Solche Satzungsänderungen werden durch die Generalversammlung beschlossen (zur Beschlussfähigkeit etc s. Rn. 173). 111

VII. Gründungsprüfung

Für die Kontrolle der Gründung einer SCE enthält Art. 5 III SCE-VO einen Verweis auf das für Aktiengesellschaften maßgebende Recht zur vorbeugenden Gründungsprüfung. Die systematische Stellung der Regelung ist wenig geglückt, weil sich Art. 5 SCE-VO im Übrigen nur mit der Satzung auseinandersetzt, die nationale vorbeugende Prüfung hingegen über die Prüfung der Satzung hinausgehen kann (vgl. zB §§ 32 ff. AktG).[275] Der Verweis ist allerdings nicht unproblematisch, wenn der zukünftige Sitzstaat der SCE spezielle Regelungen für die Gründungsprüfung von Genossenschaften vorsieht (s. dazu gleich im Folgenden).[276] 112

Art. 5 III SCE-VO gilt nach hier vertretener Auffassung nicht nur für die Neugründung, sondern auch für die Gründung durch Umwandlung bzw. Verschmelzung. Für Deutschland stellt § 2 SCE-AusfG klar, dass die Regelungen aus §§ 32-35 AktG zur Anwendung kommen.[277] Für die drei Varianten der Neugründung nach Art. 2 I Spiegelstrich 1-3 SCE-VO greifen die §§ 32-35 AktG dabei unmittelbar, während bei der Gründung durch Verschmelzung (vgl. v.a. Artt. 20, 29, 30 SCE-VO) oder durch Umwandlung (v.a. Art. 35 SCE-VO) die entsprechenden Vorschriften des Umwandlungsgesetzes zu beachten sind.[278] Für die Gründung einer SCE durch **Umwandlung**, dh durch Formwechsel, ergibt sich dabei aus Art. 5 III SCE-VO iVm § 197 UmwG iVm § 33 I AktG das Erfordernis einer internen Gründungsprüfung, die das Aufsichts- und Leitungsorgan der zukünftigen SCE vornehmen muss. Aus Art. 5 III SCE-VO iVm § 264 III UmwG ergibt sich ferner, dass eine externe Gründungsprüfung iSd § 33 II AktG stets vorgeschrieben ist, weil die Regelung die Umwandlung einer eG in eine AG einer Sachgründung gleichstellt (entsprechend § 33 II Nr. 4 AktG).[279] Fraglich ist, durch wen diese externe Prüfung zu erfolgen hat. § 2 S. 2 SCE-AusfG erklärt hier den genossenschaftlichen Prüfungsverband für zuständig. Dies erscheint insoweit problematisch, als sich jedenfalls aus Art. 5 III SCE-VO keine entsprechende Ermächtigung für eine Sonderregelung ergibt. Die Zuständigkeit des genossenschaftlichen Prüfungsverbandes wird zT mit Art. 71 SCE-VO begründet.[280] Die Regelung sieht zumindest nach der deutschen Sprachfassung den verpflichtenden Beitritt zu einem strengeren „Prüfungs- und Kontrollsystem" für die SCE vor, sofern dies nach nationalem Recht vorgesehen ist, so dass hieraus eine entsprechende Zuständigkeit abgeleitet werden könnte. Im Hinblick auf die anderen Sprachfassungen, die eher auf eine Rechnungs- und Abschlussprüfung hindeuten (so zB die engl. Fassung „*system of auditing*" und die niederländische Version „*controle op de boekhouding*")[281] und die systematische Stellung der Regelung (in Kapitel VI – **Jahresabschluss und konsolidierter Abschluss**) überzeugt diese Begründung allerdings nicht. Gleiches gilt für das Argument, die Bestimmung des genossenschaftlichen Prüfungsverbandes sei als sinnvolle und auch zweckmäßige Konkretisierung des § 33 IV AktG hinzunehmen, weil sich aus Art. 5 III SCE-VO kein entsprechender Spielraum ergibt, der konkretisiert werden könnte.[282] Die Zuständigkeit des Prüfungsverbands mag jedoch darauf gestützt werden, dass Art. 5 III SCE-VO zwar die Kontrolle der Gründung vorschreibt, nicht aber die Frage klärt, wer hierfür zuständig sein soll.[283] Da diese Frage damit offenbliebe, würde sich für die Beteiligung deutscher Genossenschaften an der Neugründung die Zuständigkeit des Prüfungsverbandes aus der Anwendung des genossenschaftlichen Rechts gem. Art. 17 I SCE-VO ergeben. Diese Ansicht erscheint zumindest (noch) vertretbar. Damit unterfällt eine deutsche SCE im Ergebnis der Gründungsprüfung nach §§ 32 ff. AktG, die von dem genossenschaftlichen Prüfungsverband durchzuführen ist. 113

274 *Heß*, Die Europäische Genossenschaft und die Reform des Genossenschaftsrechts in Deutschland, 2008, S. 92.

275 *Friebel*, Die Vorgesellschaft zu einer SCE, 2010, S. 151.

276 *Ebers* in: Schulze (Hrsg.), Europäische Genossenschaft (SCE) – Handbuch, 2004, Kap. 3 Rn. 20.

277 *Fandrich* in: Pöhlmann/Fandrich/Bloehs (Hrsg.), GenG, 2012, Einführung Rn. 21 geht davon aus, dass es daher im Verhältnis zur nationalen eingetragenen Genossenschaft zu einer weniger weitreichenden Prüfung kommt.

278 BT-Drucksache 16/1025 S. 53 f.

279 *Krebs* EWS 2012, 407, 415.

280 Vgl. *Ebers* in: Schulze (Hrsg.), Handbuch der Europäischen Genossenschaft (SCE), 2004, Kap. 3 Rn. 21.

281 Die französische Fassung („Système de révision et de contrôle") ist eher wie die deutsche formuliert. Die spanische Fassung („Sistema de auditoría") spricht allein von Audit-System. Gleiches gilt für die polnische Sprachfassung: „System audytu".

282 Anders *Lutter/Bayer/Schmidt*, Europäisches Unternehmens- und Kapitalmarktrecht, 2017, Rn. 46.20.

283 BT-Drs. 16/1025, S. 54 geht insofern von einer nicht abschließenden Regelung der Verordnung aus.

VIII. Firmierung

114 Auch bezüglich der Firmierung ähneln sich die Vorschriften der Europäischen Aktiengesellschaft und der Europäischen Genossenschaft. Die SCE muss den **Rechtsformzusatz „SCE"** tragen (Art. 10 I 2 SCE-VO). Dieser steht für Societas Cooperativa Europaea, wobei diese Langform nicht ausdrücklich von der Verordnung genannt wird. Die französische Fassung ist insofern fehlerhaft, als sie durchgehend die Abkürzung „SEC" verwendet.[284] Doch auch in Frankreich und Belgien ist der Firmenzusatz „SCE" zu verwenden.[285] Wie bei der SE hat der europäische Gesetzgeber damit eine lateinische Bezeichnung gewählt und gewährt der Europäischen Genossenschaft insofern ein EU-weit **einheitliches Label** (allgemein zum europäischen Label von supranationalen Rechtsformen § 3 Rn. 130 ff.).[286]

115 Um dem Rechtsverkehr zu zeigen, ob die Mitglieder unbeschränkt oder lediglich beschränkt haften, muss die Firma allerdings im Fall einer beschränkten Haftung zwingend einen entsprechenden länderspezifischen Zusatz enthalten (namentlich **„mit beschränkter Haftung"**, wenn der Sitz der SCE in Deutschland ist, Art. 10 I 2 SCE-VO, in Frankreich ist dagegen zB die Formulierung *„à responsabilité limitée"* zu verwenden).[287] Der Zusatz variiert somit je nach Landessprache; es wird insofern also keine Einheitlichkeit erreicht,[288] was es für den Rechtsverkehr schwieriger macht, die beschränkte Haftung auf einen Blick zu erkennen. Gleichzeitig wird dadurch die Wirkung des europäischen Labels geschmälert (dazu auch § 3 Rn. 131). Eine Abkürzung des Zusatzes („SCE mbH") ist wohl unzulässig, da die Vorschrift nur die Langform erwähnt.[289] Die bisher eingetragenen SCE mit beschränkter Haftung tragen auch praktisch alle einen ausgeschriebenen Zusatz.[290] Lediglich eine in Italien eingetragene SCE scheint zumindest neben der Langform auch einen abgekürzten Zusatz zu tragen.[291] Im europäischen Vergleich ist es allerdings durchaus ungewöhnlich, dass der Rechtsformzusatz, der eine beschränkte Haftung zum Ausdruck bringt, nicht abgekürzt werden darf. Als Grund kann hier wohl nur angeführt werden, dass es für Dritte einfacher sein könnte, herauszufinden, was der Rechtsformzusatz in einer anderen Sprache bedeutet, wenn die Wörter ausgeschrieben wurden. Die Vorschrift könnte somit dem Schutz des Rechtsverkehrs dienen.

116 Der Firmenzusatz „SCE" stellt nicht nur eine **Pflicht**, sondern gleichzeitig auch ein **Privileg** der Europäischen Genossenschaft dar.[292] Nur diese Gesellschaftsform darf den Firmenzusatz „SCE" führen (Art. 10 II SCE-VO). Allen anderen Gesellschaftsformen in Europa ist dies untersagt (Umkehrschluss aus Art. 10 II SCE-VO), soweit sie nicht **Bestandsschutz** genießen (vgl. Art. 10 III SCE-VO). Der Schutz aus Art. 10 III SCE-VO kommt eingetragenen Gesellschaften oder sonstigen juristischen Personen zu Gute, die vor Inkrafttreten der SCE-VO eine Firma innehatten, die den Bestandteil „SCE" enthielt.

117 Der Rechtsformzusatz ist dabei wohl in seiner **Abkürzung** zu verwenden (vgl. den Wortlaut von Art. 10 I 2 SCE-VO, der die Abkürzung „SCE" fordert), da die Vorschrift nur diese ausdrücklich zulässt. Im Ergebnis verstieße daher die Verwendung allein der ausgeschriebenen Form wohl gegen Art. 10 I 2 SCE-VO.[293] Im europäischen Gesellschaftsrecht ist diese Regelung nicht ungewöhnlich. Entsprechende Regelungen finden sich zB auch bei der SE (vgl. § 4 Rn. 87), beim gescheiterten SPE-Projekt (vgl. § 5 Rn. 83) und dem SUP-Projekt (§ 9 Rn. 64). Es kann darüber hinaus nicht einfach von einer Lücke ausgegangen werden oder davon, dass der europäische Gesetzgeber daran nicht gedacht hat, denn Art. 5 lit. a) EWIV-VO nennt beispielsweise ausdrücklich auch die Langform (vgl. § 7 Rn. 71). Eine Auflistung der eingetragenen SCE zeigt allerdings, dass entgegen der Vorgabe des Art. 10 I 2 SCE-VO in der Praxis auch SCE unter Verwendung der Langform (zumindest neben der Abkür-

284 *Cathiard*, La pratique du droit européen des sociétés, 2017, Rn. 759 scheint davon auszugehen, dass in Frankreich die Abkürzung „SEC" verwendet werden muss.

285 Nach einer Auflistung bestehender SCE tragen die in Belgien eingetragenen Europäischen Genossenschaften entsprechend auch den Rechtsformzusatz „SCE": http://www.scer.eu/top-menu/sce-list (zuletzt abgerufen am 6.2.2018).

286 Ursprünglich waren noch Firmenzusätze in der jeweiligen Landessprache geplant. Für Deutschland wurde der Firmenzusatz „EUGEN" diskutiert (Art. 1 SCE-VO-KOM), der jedoch aufgrund der Parallele zum gleichlautenden deutschen, männlichen Vornamen unglücklich erschien. Vgl. *Kessel* EuZW 1992, 475, 475.

287 *Mock* GPR 2004, 213, 216.

288 *Schöpflin* in: Beuthien (Hrsg.), GenG, 2018, Art. 1 SCE-VO Rn. 6.

289 *Schöpflin* in: Beuthien (Hrsg.), GenG, 2018, Art. 10 SCE-VO Rn. 3. So wohl auch *Jaślan* Gospodarka Materialowa i Logistyka 4/2006, 26, 26. Anders *Holthaus/Lehnhoff* in: Lang/Weidmüller (Hrsg.), Genossenschaftsgesetz, 2016, § 18 UmwG Rn. 3, die auch die Abkürzung für zulässig erachten.

290 Vgl. Libertas Institut, Liste aller SCE in Europa, abrufbar unter: http://www.libertas-institut.com/wp-content/uploads/2017/04/sce-list.pdf (zuletzt abgerufen am 6.2.2018). Die polnische SCE „SCE „Flandria" Spółdzielnia Europejska z o.o." verwendet jedenfalls auf ihrer Internetseite die wohl unzulässige Abkürzung „z.o.o." und nicht die erforderliche Langform „z ograniczoną odpowiedzialnością".

291 „Cooperazione Euromediterranea – Società cooperativa a responsabilità limitata – SCE in sigla – Cooperazione Euromediterranea SCE a r.l.".

292 *Heß*, Die Europäische Genossenschaft und die Reform des Genossenschaftsrechts in Deutschland, 2008, S. 86.

293 Vgl. *Schöpflin* in: Beuthien (Hrsg.), GenG, 2018, Art. 10 SCE-VO Rn. 3.

zung) eingetragen wurden.[294] Der Zusatz muss der Firma **voran- oder nachgestellt** werden und darf im Hinblick auf die Erkennbarkeit für Dritte nicht in die Firma eingegliedert oder in sonstiger Weise mit anderen Worten verbunden werden.[295]

Alle weiteren Aspekte bzgl. der Firmenbildung bestimmen sich mangels weiterer Regelungen in der Verordnung gem. Art. 8 I lit. c) SCE-VO nach dem jeweils anwendbaren nationalen Recht. 118

IX. Eintragungsverfahren

Art. 11 SCE-VO bestimmt, dass die Europäische Genossenschaft gem. dem für Aktiengesellschaften maßgeblichen Recht in das von den einzelnen Mitgliedstaaten bestimmte **Register eingetragen** wird.[296] Eine deutsche SCE ist ausweislich § 3 AusfG in das Genossenschaftsregister einzutragen.[297] Das Eintragungsverfahren erfolgt somit nach aktienrechtlichen Vorschriften. Die Mitgliedstaaten können jedoch das zuständige Register, und damit vor allem das Genossenschaftsregister, als zuständige Behörde bestimmen.[298] Dafür spricht zumindest die deutsche Fassung („in ein nach dem Recht dieses Staates bestimmtes Register"). Problematisch ist insofern, dass die anderen Sprachfassungen nicht so eindeutig sind, wie der deutsche Wortlaut.[299] Sie lassen auch den Schluss zu, dass sich das Register nach dem Aktienrecht bestimmt.[300] Der EuGH hat sich mit der Rechtmäßigkeit der deutschen Regelung im Ausführungsgesetz bislang allerdings nicht beschäftigt und auch die Kommission hat bisher keine Schritte gegen die Regelung eingeleitet. Die Verordnung regelt im Ergebnis in jedem Fall das Eintragungsverfahren nicht selbst, sondern lässt insofern nationales Recht zur Anwendung kommen. Für eine „deutsche" SCE wiederholt § 3 S. 1 SCE-AusfG diesen Verweis noch einmal und regelt, dass zusätzlich zu den dort geforderten Angaben die Bescheinigung des Prüfungsverbandes einzureichen ist. Art. 17 II SCE-VO stellt klar, dass die Eintragung **bekannt gegeben** werden muss (zur Publizität s. Rn. 123 ff.). 119

Art. 11 II SCE-VO dient der **Absicherung der Arbeitnehmermitbestimmung** und schreibt vor, dass eine Regelung der Thematik **vor** der Eintragung herbeizuführen ist. Optiert ein Mitgliedstaat für Fälle der Verschmelzungsgründung für die Nichtanwendung der Auffangregelungen zur Arbeitnehmermitbestimmung gem. Art. 7 III SCE-RL, ist eine Eintragung nur möglich, wenn eine der folgenden Bedingungen gegeben ist: 120

(1) Es wurde eine Vereinbarung über die Arbeitnehmermitbestimmung iSd Art. 4 SCE-RL geschlossen (vgl. dazu Rn. 306 f.) oder
(2) es galten vor Registrierung der SCE für keine der an der Verschmelzung beteiligten Genossenschaften Mitbestimmungsregelungen.

Art. 11 IV 1 SCE-VO stellt klar, dass die Satzung der SCE nicht im Widerspruch zu einer neuen Vereinbarung über die Arbeitnehmermitbestimmung gem. der SCE-Richtlinie stehen darf. Kommt es dennoch zu einer solchen Situation, so ist die Satzung zu ändern. Sofern das einzelstaatliche Recht dies vorsieht, kann das Leitungs- bzw. Verwaltungsorgan die Satzung insoweit auch ohne Beschluss der Generalversammlung anpassen (vgl. Art. 11 IV 2 SCE-VO). Art. 11 V SCE-VO stellt klar, dass für Urkunden und Bekanntmachungen der SCE die einzelstaatlichen Regelungen für Aktiengesellschaften gelten (vgl. dazu Rn. 123 ff.). 121

Mit **Eintragung** in das zuständige nationale Register erwirbt die SCE **Rechtspersönlichkeit** (Art. 18 I SCE-VO). Die Eintragung wirkt damit **konstitutiv**. 122

---

294 So zB die „Full Services Societate Cooperativa Europeana" in Rumänien und die "Nova SCE – Società Cooperativa Europea a responsabilità limitata" in Italien. Vgl. http://www.libertas-institut.com/wp-content/uploads/2017/04/sce-list.pdf (zuletzt abgerufen am 6.2.2018).

295 *Schöpflin* in: Beuthien (Hrsg.), GenG, 2018, Art. 10 SCE-VO Rn. 3.

296 Für eine beispielhafte Anmeldung einer deutschen SCE vgl. *Krafka/Kühn*, Registerrecht, 2017, Teil 2. Genossenschaftsregister, Rn. 1982.

297 Vgl. *Lutter/Bayer/Schmidt*, Europäisches Unternehmens- und Kapitalmarktrecht, 2017, Rn. 46.10.

298 Vgl. auch BT-Drs. 16/1025, S. 54.

299 Englischer Wortlaut: „a register designated by the law of that Member State in accordance with the law applicable to public limited-liability companies". Französischer Wortlaut: „un registre désigné par la législation de cet État membre conformément au droit applicable aux sociétés anonymes". Spanischer Wortlaut: „el registro quseñale la legislación de ese Estado miembro de conformidad con la legislación aplicable a las sociedades anónimas". Italienischer Wortlaut: „un registro designato dalla legge di tale Stato conformemente alla legge applicabile alle società per azioni". Niederländischer Wortlaut: „een register dat bij de wetgeving van die lidstaat is aangewezen overeenkomstig de voor naamloze vennootschappen geldende wettelijke voorschriften". Polnischer Wortlaut: „w rejestrze Państwa Członkowskiego, w którym [SCE] ma swoją statutową siedzibę, określonym przez prawo tego Państwa Członkowskiego zgodnie z przepisami właściwymi dla spółek akcyjnych".

300 Daher kritisch zur deutschen Regelung *Barsan*, La société coopérative européenne (SCE): entre identité coopérative et efficacité économique, 2013, Rn. 130.

X. Publizität

123 Die Verordnung enthält in Art. 11 V SCE-VO **Publizitätspflichten** im Hinblick auf die Eintragung der Genossenschaft. Danach findet das einzelstaatliche Kapitalgesellschaftsrecht entsprechend Anwendung, welches in diesem Bereich durch die ehemalige Publizitätsrichtlinie (dazu § 20, jetzt Teil der Kodifizierungs-RL, dazu § 19) harmonisiert wurde.[301] Nach Art. 14 Kodifizierungs-RL (ex-Art. 2 Publizitäts-RL) und den entsprechenden einzelstaatlichen Umsetzungsgesetzen umfasst die Offenlegungspflicht ua die Satzung (nach Art. 5 I SCE-VO sind damit sowohl der Errichtungsakt als auch die eigentliche Satzung gemeint, vgl. Rn. 106) sowie sämtliche Änderungen dieser. Auch die Organmitglieder und deren Vertretungsbefugnisse müssen offengelegt werden. Die in Art. 11 V SCE-VO geregelte Publizitätspflicht wirkt, anders als die Eintragung, allerdings rein **deklaratorisch.**[302]

124 Art. 12 I SCE-VO statuiert **spezielle Publizitätspflichten**, die ebenfalls entsprechend den harmonisierten einzelstaatlichen Regelungen des Aktienrechts veröffentlicht werden müssen. Die Veröffentlichungspflicht bezieht sich auf:

- den Verlegungsplan gem. Art. 7 II 1 SCE-VO;
- die Eintragung und die Löschung der früheren Eintragung im Falle einer Sitzverlegung (Art. 7 XII SCE-VO);
- die Angaben auf Briefen und auf für Dritte bestimmten Schriftstücken (Art. 10 I SCE-VO);
- die Eintragung der SCE gem. den aktienrechtlichen Bestimmungen in das nach dem Recht des Sitzstaates bestimmte Register (Art. 11 I SCE-VO);
- die Eintragung der SCE (Art. 17 II SCE-VO);
- den Verschmelzungsplan gem. Art. 24 I SCE-VO;
- die Durchführung der Verschmelzung (Art. 32 SCE-VO);
- den Umwandlungsplan (Art. 35 IV SCE-VO);
- Regelungen hinsichtlich der Vertretungsbefugnisse der SCE (Art. 47 I, IV SCE-VO) und
- die Eröffnung und den Abschluss eines Verfahrens wegen Auflösung, Liquidation, Zahlungsunfähigkeit oder Zahlungseinstellung sowie die Entscheidung der Weiterführung der Geschäftstätigkeit (Art. 74 SCE-VO).

125 Für den Fall, dass die SCE in einem anderen Mitgliedstaat eine Zweigniederlassung errichtet, sind grds. die Durchführungsbestimmungen der ehemaligen Zweigniederlassungsrichtlinie (jetzt Teil der Kodifizierungs-RL) anzuwenden (Art. 12 II SCE-VO), sofern das jeweilige einzelstaatliche Recht hiervon keine Ausnahme vorsieht.

126 Zu Informationszwecken werden die Eintragung und die Löschung der Eintragung der SCE zusätzlich zur Veröffentlichung nach einzelstaatlichem Recht im **Amtsblatt der Europäischen Union** veröffentlicht (Art. 13 I SCE-VO). Die Vorschrift entspricht der Regelung in Art. 14 I SE-VO. Die Veröffentlichung wirkt nur deklaratorisch und soll vor allem Dritten außerhalb des Sitzstaats die Möglichkeit geben, sich ohne Hindernisse über den Stand der SCE zu informieren.[303] Das **Amtsblatt** enthält nach Art. 13 I 2 SCE-VO folgende Angaben:

- Die Firma der SCE,
- die Nummer, das Datum und den Ort der Eintragung,
- das Datum, den Ort und den Titel der Bekanntmachung,
- den Sitz der SCE und
- den Geschäftszweck der SCE.

127 Nach Art. 13 III SCE-VO müssen diese Angaben innerhalb eines Monats nach Bekanntmachung im jeweiligen Sitzstaat an das Amtsblatt übermittelt werden. Die Übermittlungsfrist aus Art. 13 III SCE-VO stellt die Aktualität der Angaben im Amtsblatt sicher.[304] Verlegt die SCE ihren Sitz gem. Art. 7 SCE-VO, erfolgt eine Veröffentlichung im Amtsblatt der EU wie im Falle einer Neueintragung (Art. 13 II SCE-VO).

XI. Rechtsnatur der SCE

1. Vorgründungsstadium

128 Von einem Vorgründungsstadium lässt sich sprechen, solange noch kein Gründungsvertrag abgeschlossen wurde. In diesem Zeitraum ist es denkbar, dass die Parteien einen Vorvertrag schließen, der auf den Abschluss des Gründungsvertrags gerichtet ist. Auf das Vorgründungsstadium findet das nationale Recht Anwendung, wel-

301 *Ebers* in: Schulze (Hrsg.), Handbuch der Europäischen Genossenschaft (SCE), 2004, Kap. 3 Rn. 17; *Heß*, Die Europäische Genossenschaft und die Reform des Genossenschaftsrechts in Deutschland, 2008, S. 92.
302 *Schöpflin* in: Beuthien (Hrsg.), GenG, 2018, Art. 11 SCE-VO Rn. 3.
303 Vgl. *Schöpflin* in: Beuthien (Hrsg.), GenG, 2018, Art. 13 SCE-VO Rn. 2.
304 *Schöpflin* in: Beuthien (Hrsg.), GenG, 2018, Art. 13 SCE-VO Rn. 3.

ches mithilfe des **IPR** zu bestimmen ist. Die SCE-Verordnung greift für diesen Zeitraum nicht. Das gilt auch für die in Art. 18 II SCE-VO normierte Handelndenhaftung.[305]

2. Vorgesellschaft und Handelndenhaftung

a) Vorgesellschaft

Nach Art. 18 I SCE-VO erwirbt die SCE mit Eintragung in das zuständige Register in ihrem Sitzstaat Rechtsper- 129
sönlichkeit (Art. 18 I SCE-VO). Damit stellt sich die Frage, wie die Gründungsphase vor der Eintragung zu beurteilen ist, also zwischen Abschluss des Gründungsvertrags aber vor Eintragung der SCE. In diesem Zusammenhang ist zu klären, ob die Verordnung die Konstruktion der Vorgesellschaft regelt oder eine solche jedenfalls gem. nationalem Recht zulässt. Wie die SE-Verordnung (§ 4 Rn. 218) und die anderen (diskutierten) europäischen Rechtsformen (s. ebendort) schweigt die SCE-Verordnung zur rechtlichen Einordnung der sich in Gründung befindenden SCE vor ihrer Eintragung. Einzig die Regelung zur **Handelndenhaftung** in Art. 18 II SCE-VO trifft Aussagen zur Haftung für rechtsgeschäftliche Handlungen vor der Eintragung der SCE. Die Verordnung lässt damit sowohl die Frage einer möglichen Vor-SCE als auch die sich daran ggf. anschließende Frage ihrer etwaigen Rechtsfähigkeit offen. Begründen lässt sich dies damit, dass nicht alle Mitgliedstaaten die Konstruktion einer rechtsfähigen Vorgesellschaft kennen.[306] Da es in der Phase der Vor-SCE bereits zu einer umfänglichen Aufnahme der Geschäftstätigkeit kommen kann, ist die rechtliche Beurteilung dieses Zeitraums von praktischer Bedeutung.

Für die SE, bei der eine insoweit vergleichbare Problematik besteht, wird teilweise vertreten, dass die Regelun- 130
gen zur Handelndenhaftung die Konstruktion einer Vor-SE auf europäischer Ebene sperren.[307] Da die SCE-Verordnung, wie auch die SE-Verordnung, jedoch zur konkreten Konstruktion der Vorgesellschaft schweigt, lässt sich hieraus keine entsprechende Interpretation ableiten.[308] Es ist (auf einzelstaatlicher Ebene) zudem nicht unüblich, dass es ein Nebeneinander von Handelndenhaftung und Haftung der Vorgesellschaft gibt (vgl. dazu Art. 41 AktG und die Vor-AG).[309]

Umgekehrt wird teilweise angenommen, dass die SCE-Verordnung das Konstrukt einer Vor-SCE voraussetzt.[310] 131
Dies wird ebenfalls auf die Regelung zur Handelndenhaftung aus Art. 18 II SCE-VO gestützt, wobei argumentiert wird, dass diese die Existenz einer Vor-SCE voraussetzt.[311] Die Ansicht ist jedoch unter dem Gesichtspunkt abzulehnen, dass gerade nicht alle Mitgliedstaaten die Konstruktion der Vorgesellschaft für ihre nationalen Gesellschaftsformen kennen und auch ohne eine solche auskommen (zB England, s. § 12 Rn. 301). Entsprechend kann die Vor-SCE keine logisch zwingende Bedingung für die Handelndenhaftung sein. Im Ergebnis kann somit aus der SCE-Verordnung selbst weder das Bestehen einer SCE noch das Nicht-Bestehen einer solchen Konstruktion abgeleitet werden.

In der deutschen Literatur wird überwiegend vertreten, dass bei der Frage nach der Existenz einer Vor-SCE ein 132
Rückgriff auf nationales Recht geboten sei, wobei dies entweder auf die Anwendbarkeit des einzelstaatlichen Rechts für nicht durch die Verordnung geregelte Bereiche gem. Art. 8 I lit. c) SCE-VO[312] oder auf Art. 17 I SCE-VO[313] gestützt wird.[314] Überzeugender erscheint es, die Anwendung nationalen Rechts aus Art. 17 I SCE-VO herzuleiten, da hier konkret die Gründungsphase betroffen ist, für die die SCE-Verordnung auf das nationale Genossenschaftsrecht verweist. Ob eine **„Vor-SCE"** also neben den Handelnden haftet und welchen Umfang die Vertretungsbefugnisse der Handelnden haben, richtet sich nach dieser Auffassung nicht nach der SCE-VO, sondern nach dem Recht des jeweiligen Mitgliedstaats für Genossenschaften.[315]

---

305 So auch für die SE *Kersting* DB 2001, 2079, 2081. Anders *Heß*, Die Europäische Genossenschaft und die Reform des Genossenschaftsrechts in Deutschland, 2008. S. 85; *Ebers* in: Schulze (Hrsg.), Handbuch der Europäischen Genossenschaft (SCE), 2004, Kap. 3 Rn. 87.

306 *Schöpflin* in: Beuthien (Hrsg.), GenG, 2018, Art. 18 SCE-VO Rn. 5. Vgl. *Schröder* in: Manz/Meyer/Schröder (Hrsg.), SE Kommentar, 2. Aufl. 2010, Art. 16 Rn. 77 ff. zur Vor-SCE und ihrer Rechtsfähigkeit in anderen Mitgliedstaaten.

307 Vgl. *Hirte* NZG 2002, 1, 4.

308 Vgl. zur SE *Schäfer* in: MüKo AktG, Bd. 7, 4. Aufl. 2017, Art. 16 SE-VO Rn. 4; *ders.* NZG 2004, 785, 790.

309 *Schäfer* in: MüKo AktG, Bd. 7, 4. Aufl. 2017, Art. 16 SE-VO Rn. 4.

310 Vgl. *Friebel*, Die Vorgesellschaft zu einer SCE, 2010, S. 210 f.

311 *Friebel*, Die Vorgesellschaft zu einer SCE, 2010, S. 210 f.

312 *Schöpflin* in: Beuthien (Hrsg.), GenG, 2018, Art. 18 SCE-VO Rn. 5; *Heß*, Die Europäische Genossenschaft und die Reform des Genossenschaftsrechts in Deutschland, 2008, S. 85.

313 *Teichmann* in: MüHdB GesR, Bd. 6, 2013, § 51 Rn. 7; *Lutter/Bayer/Schmidt*, Europäisches Unternehmens- und Kapitalmarktrecht, 2017, Rn. 46.31.

314 Der Unterschied besteht darin, dass gem. Art. 8 I lit. c) SCE-VO zunächst theoretisch das entsprechende Ausführungsgesetz zur Anwendung kommen kann, während Art. 17 I SCE-VO direkt auf nationales Genossenschaftsrecht verweist.

315 *Schöpflin* in: Beuthien (Hrsg.), GenG, 2018, Art. 17 SCE-VO Rn. 3; *Heß*, Die Europäische Genossenschaft und die Reform des Genossenschaftsrechts in Deutschland, 2008, S. 85; *Lutter/Bayer/Schmidt*, Europäisches Unter-

133 Für eine deutsche SCE ist demnach der Rechtsgedanke der Vorgesellschaft (also hier der Vor-Genossenschaft) anwendbar. Wie die Vor-eG und andere Vorgesellschaften ist die Vor-SCE nach deutschem Recht damit als rechtsfähige Gesellschaft sui generis zu qualifizieren, die aber nicht den Status einer juristischen Person innehat.[316] Die Vor-SCE unterliegt nach diesem Verständnis bereits den Regelungen der SCE-Verordnung, die keine Eintragung voraussetzen,[317] also insbesondere solchen Normen, die das Innenverhältnis betreffen.[318] Im Ergebnis überzeugt die Auffassung, die einen Rückgriff auf nationales Recht befürwortet, da die Verordnung einen eindeutigen Verweis auf das einzelstaatliche Genossenschaftsrecht für die Gründung enthält und der SCE-Verordnung keine anderslautende abschließende Regelung zu entnehmen ist, die gegen die Möglichkeit der Vor-SCE spricht. Offen bleibt jedoch, wie das Zusammenspiel der Vor-SCE mit der Handelndenhaftung funktioniert und in welchen praktischen Konstellationen ein Anwendungsspielraum für die Haftung der Vorgesellschaft bzw. der Handelnden bleibt (vgl. dazu Rn. 141 ff. – am Ende der Handelndenhaftung).

134 Zu beachten ist, dass auch bei Mitgliedstaaten, die eine der deutschen Vorgesellschaft vergleichbare Konstruktion kennen, nur bei der Neugründung sowie ggf. bei der Verschmelzung zur Neugründung ein praktischer Anwendungsbereich für die Vor-SCE besteht.[319] Im Falle der Verschmelzung zur Aufnahme und der Umwandlung ist hingegen die Identität mit dem vorherigen Rechtssubjekt gegeben und die Frage der Vor-SCE stellt sich nicht (zur vergleichbaren Problematik bei der SE § 4 Rn. 219).[320]

b) Die Handelndenhaftung

135 Die Verordnung regelt die **Haftung der Handelnden** in Art. 18 II SCE-VO unmittelbar. Die Regelung entspricht inhaltlich bis auf wenige Abweichungen Art. 16 II SE-VO (dazu § 4 Rn. 220), Art. 9 II EWIV-VO (dazu § 7 Rn. 124 ff.) und Art. 8 der ehemaligen Publizitätsrichtlinie (dazu § 20 Rn. 63 ff., jetzt Art. 7 II Kodifizierungs-RL).[321] Die Vorschrift erfüllt eine **Sicherungs-** und **Druckfunktion**. Sie soll dem Gläubiger dementsprechend in jedem Fall einen Schuldner zur Seite stellen (Sicherungsfunktion) und dafür sorgen, dass die Handelnden auf eine zügige Eintragung hinwirken, um der Haftung zu entgehen (Druckfunktion).[322] Wurde im Namen der (noch) nicht eingetragenen SCE gehandelt, **haften** gemäß Art. 18 II SCE-VO die **Handelnden unbegrenzt und gesamtschuldnerisch**, sofern die SCE die Verbindlichkeiten nicht übernimmt. Im Einzelnen ergeben sich hierfür folgende Voraussetzungen:

136 Der Begriff der **handelnden Personen** ist auch im Rahmen der SCE-Verordnung europäisch-autonom (dazu allgemein § 2 Rn. 80 ff.) auszulegen, so dass die Handelndenhaftung nicht auf Organmitglieder beschränkt ist.[323] Dies ist v.a. damit zu begründen, dass die SCE-Verordnung selbst nicht zwingend eine Vor-SCE vorgibt und damit auch keine Organe, die für eine solche handeln. Handelnde können daher sowohl natürliche Personen als auch Gesellschaften bzw. juristische Personen sein, also zB auch die sich verschmelzenden Genossenschaften (bei einer Verschmelzung zur Neugründung). Der weite Anwendungsbereich der Vorschrift stimmt darüber hinaus mit der Zielrichtung der Regelung überein, sicherzustellen, dass sich Gläubiger immer einem Schuldner gegenübersehen. Erfasst werden jedenfalls diejenigen Personen, die eine rechtsgeschäftliche Handlung unmittelbar vorgenommen haben. Ob und unter welchen Voraussetzungen dies auch für diejenigen Personen gilt, die die Handlung nicht aktiv vorgenommen, sondern nur gebilligt bzw. vorgeschlagen oder gefordert haben, ist nicht eindeutig geklärt.[324] Im Hinblick auf eine gebotene europäisch-autonome Auslegung des Begriffs der „handelnden Person" („Personen, die diese Rechtshandlungen vorgenommen haben")[325] besteht jedenfalls die Gefahr,

---

nehmens- und Kapitalmarktrecht, 2017, Rn. 46.31; *Ebers* in: Schulze (Hrsg.), Handbuch der Europäischen Genossenschaft (SCE), 2004, S. 72.

316 *Geibel* in: Henssler/Strohn (Hrsg.), Gesellschaftsrecht, 2016, § 13 GenG Rn. 3; vgl. für die SE *Jannott:* Jannott/Frodermann (Hrsg.), Handbuch der Europäischen Aktiengesellschaft, Kap. 3 Rn. 316.

317 *Schöpflin* in: Beuthien (Hrsg.), GenG, 2018, Art. 18 SCE-VO Rn. 5.

318 *Schöpflin* in: Beuthien (Hrsg.), GenG, 2018, Art. 18 SCE-VO Rn. 5.

319 *Heß*, Die Europäische Genossenschaft und die Reform des Genossenschaftsrechts in Deutschland, 2008, S. 84 f.; vgl. zur SE-Gründung *Schäfer* in: MüKo AktG, Bd. 7, 4. Aufl. 2017, Art. 16 SCE-VO Rn. 6.

320 *Schöpflin* in: Beuthien (Hrsg.), GenG, 2018, Art. 18 SCE-VO Rn. 11; vgl. zur SE-Gründung *Schäfer* in: MüKo AktG, Bd. 7, 4. Aufl. 2017, Art. 16 SCE-VO Rn. 6.

321 *Friebel*, Die Vorgesellschaft zu einer SCE, 2010, S. 193; *Schöpflin* in: Beuthien (Hrsg.), GenG, 2018, Art. 18 SCE-VO Rn. 5. Die SPE-Verordnung enthält dagegen keine Vorschrift, die die Handelndenhaftung regelt (s. § 5 Rn. 114 ff.). Gleiches gilt für die FE-Verordnung (s. § 8 Rn. 145).

322 Vgl. zur Parallelregelung der SE *Schäfer* in: MüKo AktG, Bd. 7, 4. Aufl. 2017, Art. 16 SE-VO Rn. 2; *Bayer* in: Lutter/Hommelhoff/Teichmann (Hrsg.), SE Kommentar, 2015, Art. 16 SE-VO Rn. 3.

323 Vgl. zur SE *Schröder* in: Manz/Meyer/Schröder (Hrsg.), SE Kommentar, 2. Aufl. 2010, Art. 16 Rn. 23; *Bayer* in: Lutter/Hommelhoff/Teichmann (Hrsg.), SE-Kommentar, 2. Aufl. 2015, Art. 16 Rn. 21.

324 Gegen eine Haftung *Schöpflin* in: Beuthien (Hrsg.), GenG, 2018, Art. 18 SCE-VO Rn. 8, mit dem Hinweis, dass diejenigen, die sich hierauf berufen, die Beweislast zu tragen haben.

325 Englischer Wortlaut: „persons (…) which performed those acts". Französischer Wortlaut: „personnes (…) qui les ont accomplis". Spanischer Wortlaut: „personas (…) que los hayan realizado". Italienischer Wortlaut: „". Nie-

dass auch sie uU erfasst sein könnten.[326] Dagegen könnte allerdings sprechen, dass die Verordnung den Begriff „Handlung vorgenommen“ generell nicht im Zusammenhang mit einer Zustimmung verwendet.

Aus einem Teil der Sprachfassungen (deutschen, niederländischen und polnischen)[327] ergibt sich, dass nur **rechtsgeschäftliche Handlungen** erfasst werden.[328] Ob rechtsgeschäftsähnliche Handlungen, wie vorvertragliche Pflichtverletzungen, der Haftung unterfallen, ist nicht abschließend geklärt, im Ergebnis aber wohl zu bejahen.[329] Dafür spricht der weite Wortlaut anderer Sprachfassungen.[330] Deliktische Handlungen werden hingegen nicht erfasst.[331] 137

Schwierigkeiten bereitet die Auslegung des Tatbestandsmerkmals der Handlung **„im Namen der SCE“**[332] vor ihrer Eintragung. Teilweise wird vertreten, dass die Regelung exklusiv die Fälle erfasst, in denen für eine etwaige Vor-SCE gehandelt wurde.[333] Danach sollen Geschäfte, die tatsächlich für die noch nicht existierende SCE geschlossen wurden, gerade nicht von der Handelndenhaftung erfasst sein.[334] Nach dieser Auffassung könnten Geschäfte mangels organschaftlicher Vertretungsmacht für die noch nicht existierende SCE nur aufschiebend bedingt geschlossen werden und wären bis zu einer etwaigen Genehmigung durch die spätere SCE schwebend unwirksam. Diese Ansicht ist im Ergebnis jedoch abzulehnen, weil sie sich nicht mit dem Wortlaut der Regelung vereinbaren lässt (der sich gerade auf die SCE und nicht auf die Vor-SCE bezieht). Weiterhin ergibt sich die Konzeption der Vor-SCE gerade nicht aus der SCE-Verordnung (vgl. Rn. 129 ff.), so dass die Regelung in vielen Fällen ins Leere liefe, weil das Konstrukt der Vorgesellschaft nicht in allen Mitgliedstaaten bekannt ist. 138

Auch eine wortlautgetreue Auslegung überzeugt nicht, weil nach dieser gerade nur solche Handlungen die Haftung des Art. 18 II SCE-VO auslösen könnten, durch die die noch nicht existierende SCE verpflichtet werden sollte. Der Wortlaut lässt sich jedoch darauf zurückführen, dass nicht alle Rechtsordnungen der Mitgliedstaaten das Konstrukt der Vorgesellschaft kennen.[335] Im Hinblick auf den Sinn und Zweck der Norm und die Unterschiede in den Rechtsordnungen der Mitgliedstaaten müssen aber gerade beide Fallkonstellationen (Handeln für die zukünftige SCE und Handeln für die Vor-SCE) erfasst werden.[336] Andernfalls könnte der Handelnde (jedenfalls in Mitgliedstaaten, die die Vor-SCE anerkennen) durch entsprechende Formulierungen (Handlung für die Vor-SCE) die Haftung des Art. 18 II SCE-VO umgehen und damit den von der Verordnung intendierten Schutz der Gläubiger ggf. untergraben. Entsprechend ist davon auszugehen, dass sowohl Handlungen für die SCE (gem. dem Wortlaut der Vorschrift) als auch Handlungen für eine etwaige Vor-SCE die Haftung begründen können. 139

Art. 18 II SCE-VO gestattet zwei **Ausnahmen von der Handelndenhaftung**. Zum einen kann die SCE nach ihrer Eintragung die **Verpflichtungen übernehmen**, so dass die allgemeinen Haftungsregeln der SCE-Verordnung greifen.[337] Danach haftet die SCE nach außen für die übernommenen Verbindlichkeiten mit ihrem gesamten Vermögen, während sich die Haftung der Mitglieder nur nach innen richtet und auf ihre „einzuzahlenden“ (und nicht eingezahlten) Geschäftsanteile beschränkt ist (Art. 1 II 3 SCE-VO; zum Übersetzungsfehler in der Regelung s. Rn. 272). Die Handelnden werden hingegen im Hinblick auf die übernommenen Rechtsgeschäfte frei. 140

derländischer Wortlaut: „personen, (…) die de handelingen hebben verricht“. Polnischer Wortlaut: „osoby (…) któredokonały tych czynnośc“.

326 Zur EWIV § 7 Rn. 125.

327 Deutscher Wortlaut: „Rechtshandlungen“. Niederländischer Wortlaut: „rechtshandelingen“. Polnischer Wortlaut: „czynności prawnych“.

328 Vgl. zur SE *Schröder* in: Manz/Meyer/Schröder (Hrsg.), SE Kommentar, 2. Aufl. 2010, Art. 16 Rn. 20.

329 So jedenfalls für die SE *Schäfer* in: MüKo AktG, Bd. 7, 4. Aufl. 2017 Art. 16 SE-VO Rn. 18; *Schwarz* SE-VO Art. 16 Rn. 28; *Schröder* in: Manz/Meyer/Schröder (Hrsg.), SE Kommentar, 2. Aufl. 2010, Art. 16 Rn. 20; *Bayer* in: Lutter/Hommelhoff/Teichmann (Hrsg.), SE Kommentar, 2015, Art. 16 SE-VO Rn. 24; *Casper* in: Spindler/Stilz (Hrsg.), AktG, Bd. 2, 3. Aufl. 2015, Art. 16 SE-VO Rn. 14. Wohl auch für die SCE *Schöpflin* in: Beuthien (Hrsg.), GenG, 2011, Art. 18 SCE-VO Rn. 8.

330 Englischer Wortlaut: „acts“. Französischer Wortlaut: „actes“. Spanischer Wortlaut: „actos“. Italienischer Wortlaut: „atti“.

331 Vgl. zur SE *Schröder* in: Nomos SE Kommentar, Art. 16 Rn. 20; *Bayer* in: Lutter/Hommelhoff/Teichmann, SE Kommentar, 2015, Art. 16 SE-VO Rn. 24; *Schäfer* in: MüKo AktG, 4. Aufl. 2017, Art. 16 SE-VO Rn. 18; *Casper* in: Spindler/Stilz (Hrsg.), AktG, Bd. 2, 3. Aufl. 2015, Art. 16 SE-VO Rn. 14.

332 Die englische Fassung spricht von „im Namen einer SCE“ („in an SCE's name“). Französischer Wortlaut: „au nom de la SEC“. Spanischer Wortlaut: „en nombre de la SCE“. Italienischer Wortlaut: „n nome della SCE“. Polnischer Wortlaut: „w jej [SCE] imieniu“.

333 *Schöpflin* in: Beuthien (Hrsg.), GenG, 2018, Art. 18 SCE-VO Rn. 9.

334 Vgl. *Schöpflin* in: Beuthien (Hrsg.), GenG, 2018, Art. 18 SCE-VO Rn. 9.

335 Vgl. dazu *Schröder* in: Manz/Meyer/Schröder (Hrsg.), SE Kommentar, 2. Aufl. 2010, Art. 16 Rn. 77 ff.

336 *Heß*, Die Europäische Genossenschaft und die Reform des Genossenschaftsrechts in Deutschland, 2008, S. 85; vgl. auch *Schöpflin* in: Beuthien (Hrsg.), GenG, 2018, Art. 18 SCE-VO Rn. 9.

337 *Heß*, Die Europäische Genossenschaft und die Reform des Genossenschaftsrechts in Deutschland, 2008, S. 84.

Aus der negativen Formulierung „übernimmt die SCE die entstandenen Verpflichtungen nicht“[338] lässt sich ableiten, dass die Übernahme der Verbindlichkeiten zum **Ausschluss der Haftung** der Handelnden führt und diese nicht etwa erst begründet. Diese Auslegung steht auch im Einklang mit der Tatsache, dass nicht jeder Mitgliedstaat eine rechtsfähige Vorgesellschaft kennt, die in der Phase vor der Eintragung haften könnte. Die Übernahme hat grds. nur bei der Neugründung eine eigenständige Funktion, da sich die Haftung der SCE bei der Umwandlung bereits aus der Identität (s. Rn. 84) und bei der Verschmelzung aus der Gesamtrechtsnachfolge (vgl. Rn. 61) ergibt.[339]

141 Problematisch ist der Ausschluss der Haftung überdies im Hinblick auf die unterschiedliche Behandlung von sich in Gründung befindenden Genossenschaften in den einzelnen Mitgliedstaaten. In Staaten, die die Konstruktion der **Vorgesellschaft** kennen, bereitet der Wortlaut Probleme, weil die negative Formulierung („übernimmt nicht“) auf eine Freiwilligkeit der Übernahme hindeutet und damit also grds. auch Raum für eine Ablehnung der Übernahme bestehen müsste. Die Eintragung der SCE führt jedoch wegen der Identität zwischen der Vor-SCE und der SCE zu einem automatischen Übergang der Verbindlichkeiten. Damit würde der Raum für eine Anwendbarkeit der Handelndenhaftung stark eingeschränkt. Dies ist im Hinblick auf die Sicherungsfunktion der Handelndenhaftung jedoch unschädlich bzw. gerade auch bezweckt, weil die Haftung sicherstellen soll, dass den Gläubigern in jedem Fall ein Schuldner verbleibt.[340] Auch in anderen Mitgliedstaaten kann die Regelung des Art. 18 II SCE-VO problematisch sein. Nach italienischem Recht erlischt die Haftung der Handelnden nicht mit der Eintragung der Gesellschaft, sondern besteht dann (im Fall der Genehmigung) neben der Haftung der Gesellschaft fort (vgl. dazu § 14 Rn. 185). In Großbritannien ist eine „Übernahme“ von Verbindlichkeiten, die in der Phase vor der Eintragung eingegangen wurden, durch die SCE hingegen generell nicht möglich (s. auch § 12 Rn. 301 f.). Die Gesellschaft muss nach Eintragung gleichlautende Verträge neu abschließen. Hier ist die Regelung des Art. 18 II SCE-VO analog anzuwenden, so dass unter den Begriff der „Übernahme“ der Verbindlichkeiten auch die genannten gleichlautenden Neuabschlüsse zu subsumieren sind.

142 Die zweite Ausnahme von der Handelndenhaftung kann sich aufgrund **anderslautender Vereinbarungen** ergeben. Vereinbarungen zwischen den Mitgliedern können grds. nur die Haftung im Innenverhältnis, nicht aber das Außenverhältnis berühren.[341] Etwas Anderes gilt, wenn eine individuelle Regelung mit dem jeweiligen Gläubiger im Einzelfall getroffen wird.[342] Dann ist ein Haftungsausschluss ihm gegenüber wirksam.

143 Rechtshandlungen, die nach Eintragung vorgenommen werden, fallen nicht unter Art. 18 II SCE-VO.

3. Rechtsnatur nach Eintragung

144 Nach Art. 18 I SCE-VO erwirbt die SCE mit Eintragung in das zuständige Register in ihrem Sitzstaat **Rechtspersönlichkeit** (Art. 18 I SCE-VO). Die Eintragung wirkt somit **konstitutiv**. Die SCE ist damit Träger von Rechten und Pflichten und ist vor Gericht partei- und prozessfähig.

XII. Register- und Verwaltungssitz

1. Allgemeine Bestimmungen zum Sitz

145 Art. 6 SCE-VO regelt die Sitzfrage und stimmt seinem Wortlaut nach mit Art. 7 der SE-Verordnung (dazu § 4 Rn. 26) überein.[343] Art. 6 SCE-VO schreibt vor, dass die SCE ihren Sitz in der Europäischen Union (bzw. im EWR) haben muss und dass Register- und Verwaltungssitz auch **im selben Mitgliedstaat** liegen müssen.[344] Eine Sitzaufspaltung ist somit nicht möglich.[345] Dem Mitgliedstaat wird nach Art. 6 S. 2 SCE-VO im Gegenteil sogar die Möglichkeit eingeräumt, zu verlangen, dass sich beide Sitze **am selben Ort** befinden müssen. Die SCE-VO

338 Englisch: „the SCE does not assume (…)“. Französisch: „a SEC ne reprend pas (…)“. Spanisch: „la SCE no asuma (…)“. Italienisch: „la SCE non assuma (…)“. Niederländisch: „de SCE (…) niet overneemt“. Polnisch: „SCE nie przejmie“.

339 *Heß*, Die Europäische Genossenschaft und die Reform des Genossenschaftsrechts in Deutschland, 2008, S. 85; *Schöpflin* in: Beuthien (Hrsg.), GenG, 2018, Art. 18 SCE-VO Rn. 11.

340 Vgl. *Schäfer* in: MüKo AktG, Bd. 7, 4. Aufl. 2017, Art. 16 SE-VO Rn. 21 zur Erledigung der Sicherungs- und Druckfunktion durch die Eintragung der SE.

341 *Ebers* in: Schulze (Hrsg.), Handbuch der Europäischen Genossenschaft (SCE), 2004, Kap. 3 Rn. 90; *Heß*, Die Europäische Genossenschaft und die Reform des Genossenschaftsrechts in Deutschland, 2008, S. 84.

342 *Heß*, Die Europäische Genossenschaft und die Reform des Genossenschaftsrechts in Deutschland, 2008, S. 84.

343 *Lutter/Bayer/Schmidt*, Europäisches Unternehmens- und Kapitalmarktrecht, 2017, Rn. 46.9; vgl. auch *Bahans/Menjucq* Revue de droit rural 2008, dossier 28 Rn. 13 sowie *Schöpflin* in: Beuthien (Hrsg.), GenG, 2018, Art. 6 Rn. 1.

344 Zum Verbot der Divergenz von satzungsmäßigem Sitz und Sitz der Hauptverwaltung *Habersack/Verse*, Europäisches Gesellschaftsrecht, 2011, § 14 Rn. 7; *Heß*, Die Europäische Genossenschaft und die Reform des Genossenschaftsrechts in Deutschland, 2008, S. 87 (Fn. 365) äußert hierzu Bedenken i.H. auf die Vereinbarkeit der Bestimmung mit der Niederlassungsfreiheit.

345 *Habersack/Verse*, Europäisches Gesellschaftsrecht, 2011, § 14 Rn. 7.

ist insofern restriktiv ausgestaltet (vgl. zu dieser Diskussion § 3 Rn. 157 ff.). Der Begriff „Verwaltungssitz" bedarf einer europäisch-autonomen Auslegung. Im Ergebnis ist darunter der Sitz der tatsächlichen Hauptverwaltung zu verstehen, von dem aus die wirtschaftliche Aktivität des Unternehmens gelenkt wird, dh die grundlegenden Unternehmensentscheidungen getroffen werden.[346] Darüber hinaus enthält die SCE-Verordnung jedoch keine weiteren Anforderungen an den Sitz der Gesellschaft. Register- und Verwaltungssitz müssen sich daher beispielsweise nicht am Ort eines Mitglieds oder dort befinden, wo die Haupttätigkeit ausgeübt wird. Es besteht also insofern eine **freie Sitzwahl.**

Die Sitzfrage ist für Gründer einer SCE vor allem deshalb von Bedeutung, weil subsidiär das Recht des Sitzstaats zur Anwendung kommt (dazu näher unter Rn. 19). Mit „Sitz" und „Sitzstaat" bezeichnet die SCE-Verordnung den **Registersitz.** Durch die freie Sitzwahl können die Gründer somit entscheiden, welches nationale Recht subsidiär zur Anwendung kommt. Insofern wird auch von einem möglichen „***forum shopping***" gesprochen.[347] Dieses ist jedoch dadurch stark eingeschränkt, dass Register- und Verwaltungssitz nicht aufgespalten werden dürfen. 146

Für den Fall eines Verstoßes gegen die Vorgabe aus Art. 6 SCE-VO trifft den Sitzstaat der SCE nach Art. 73 II, III SCE-VO die Pflicht, die **notwendigen Maßnahmen** zu treffen, um die SCE zur Beseitigung des vorschriftswidrigen Zustandes zu veranlassen. Dies kann innerhalb einer gesetzten Frist durch Errichtung der Hauptverwaltung im Sitzstaat (Art. 73 II 1. Spiegelstrich SCE-VO) oder durch Verlegung des Registersitzes in den Mitgliedstaat der Hauptverwaltung nach dem Verfahren gem. Art. 7 SCE-VO (Art. 73 II 1. Spiegelstrich SCE-VO) erfolgen. Kommt die SCE der Aufforderung nicht nach und behält den vorschriftswidrigen Zustand bei, ist der Sitzstaat nach Art. 73 III SCE-VO dazu verpflichtet, geeignete Maßnahmen zu ergreifen, um die **Liquidation** der SCE sicherzustellen. Das Auflösungsverfahren erfolgt in einem solchen Fall von Amts wegen.[348] 147

2. Sitzverlegung

Wie bei den anderen Rechtsformen (zur SE § 4 Rn. 222 ff., zur EWIV § 7 Rn. 104 ff.) besteht auch für die SCE die Möglichkeit, ihren Registersitz sowohl innerhalb eines Mitgliedstaates (**innerstaatliche Sitzverlegung**) als auch innerhalb der Union (**grenzüberschreitende Sitzverlegung**) zu verlegen.[349] Das Verfahren für die grenzüberschreitende Registersitzverlegung ist in Art. 7 SCE-VO geregelt. Daneben hat die SCE die Option, ihren Verwaltungssitz unabhängig vom Registersitz innerhalb eines Mitgliedstaats zu verlegen, sofern das nationale Recht nicht vorschreibt, dass sich Register- und Verwaltungssitz am selben Ort befinden müssen. 148

a) Innerstaatliche Sitzverlegung und Verwaltungssitzverlegung

Für die innerstaatliche Registersitzverlegung kennt die SCE-Verordnung **keine speziellen Vorgaben.** Im Fall einer grenzüberschreitenden Satzungssitzverlegung bedarf es eines entsprechenden Beschlusses durch die Mitglieder (Art. 7 IV, V SCE-VO). Die Vorschrift ist jedoch explizit nur auf die grenzüberschreitende Satzungssitzverlegung bezogen. Für die innerstaatliche Satzungssitzverlegung gibt es keine vergleichbare Vorschrift. Allerdings gehört die Angabe des Registersitzes zum Mindestinhalt der Satzung, weshalb auch die innerstaatliche Sitzverlegung zu einer Satzungsänderung führt, welche eines Beschlusses durch die Mitglieder bedarf (Art. 61 IV SCE-VO). Die Verwaltungssitzverlegung im selben Mitgliedstaat bedarf (sofern grds. gestattet) hingegen nicht zwangsläufig eines Mitgliederbeschlusses, da der Verwaltungssitz nicht zu den Muss-Satzungsbestimmungen gehört. 149

Obwohl einige Bestimmungen des Art. 7 SCE-VO neutral formuliert sind, zielt der Verordnungsgeber durch die Vorschrift allein auf die Regelung der grenzüberschreitenden Satzungssitzverlegung ab. Eine Anwendung auf innerstaatliche Sitzverlegungen oder die Verwaltungssitzverlegung ist damit ausgeschlossen. Es greift somit für solche Vorgänge das jeweils anwendbare nationale Recht. 150

b) Grenzüberschreitende Sitzverlegung

Nach Art. 7 I SCE-VO kann der Sitz der SCE unter Einhaltung des Verfahrens aus Art. 7 II – XVI SCE-VO **identitätswahrend** innerhalb der EU bzw. des Europäischen Wirtschaftsraums verlegt werden, wodurch der SCE 151

346 Vgl. zum Begriff der Hauptverwaltung *Hagemann/Tobies* in: Jannott/Frodermann (Hrsg.), Handbuch der Europäischen Aktiengesellschaft, 2014, 4. Kapitel, Rn. 40; *Ringe* in: Lutter/Hommelhoff/Teichmann (Hrsg.), SE-Kommentar, 2. Aufl. 2015, Art. 7 Rn. 13.

347 *Gros* in: Blanc/Colongo (Hrsg.), Les contributions des coopératives à une économie plurielle, 2011, S. 280 spricht insofern von "law shopping".

348 *Schöpflin* in: Beuthien (Hrsg.), GenG, 2018, Art. 73 SCE-VO Rn. 2; *El Mahi* DB 2004, 967, 972; *Fandrich* in: Pöhlmann/Fandrich/Bloehs (Hrsg.), GenG, 2012, Einführung Rn. 20.

349 Vgl. *Cathiard*, La pratique du droit européen des sociétés, 2017, Rn. 421.

grenzüberschreitende Mobilität gewährt wird.[350] Die Vorschriften zur grenzüberschreitenden Sitzverlegung ähneln stark den entsprechenden Regeln bei der SE (dazu § 4 Rn. 222 ff.).[351] Der Prozess wird von Art. 7 SCE-VO geregelt, der von „Sitzverlegung" spricht und damit entsprechend der Terminologie der Verordnung auf die Registersitzverlegung abzielt.[352] Da Art. 6 SCE-VO allerdings vorgibt, dass die SCE ihren Register- und Verwaltungssitz im gleichen Mitgliedstaat haben muss, hat eine Verlegung des Registersitzes ins Ausland zwingend die Verlegung des Verwaltungssitzes ins gleiche Land zur Folge.[353] Die Verwaltungssitzverlegung ist allerdings nicht von Art. 7 SCE-VO umfasst, ebensowenig wie rein nationale Registersitzverlegungen.

152 Bei der Verlegung des Registersitzes bedarf es eines **Hauptversammlungsbeschlusses**, weil dadurch gleichzeitig die Satzung geändert wird. Denn die Angabe des Registersitzes gehört zu den Mindestangaben (vgl. Rn. 107). Die grenzüberschreitende Sitzverlegung ist für die SCE und ihre Stakeholder von besonderer Bedeutung, da sie zugleich einen Wechsel des subsidiär anwendbaren nationalen Rechts bedeutet.

153 Das Sitzverlegungsverfahren ist nach Art. 7 XV SCE-VO allerdings ausgeschlossen, wenn gegen die SCE ein Verfahren wegen Auflösung, Liquidation oder Zahlungsunfähigkeit läuft. Gleiches gilt bei einem Verfahren wegen vorläufiger Zahlungseinstellung bzw. einem ähnlichen Verfahren (Art. 7 XV SCE-VO). Weiterhin untersagt Art. 35 II SCE-VO die Sitzverlegung im Rahmen einer Gründung durch Umwandlung (dazu Rn. 102). Die SCE-Verordnung statuiert somit **Sitzverlegungsverbote**.

c) Grenzüberschreitendes Sitzverlegungsverfahren

154 Nach Art. 7 II SCE-VO muss das Leitungs- bzw. Verwaltungsorgan im Fall einer geplanten Sitzverlegung zunächst einen **Verlegungsplan** anfertigen, der gem. Art. 12 SCE-VO bekannt geben werden muss. Der Verlegungsplan enthält **verpflichtend** die folgenden Angaben (vgl. Art. 7 II 2 und Art. 7 II 2 lit. a) bis lit. e) SCE-VO):

- Die bisherige Firma,
- den bisherigen Sitz,
- die bisherige Registriernummer,
- den vorgesehenen Sitz,
- die vorgesehene Satzung,
- ggf. die neue Firma,
- den Zeitplan der Verlegung,
- die Konsequenzen für die Arbeitnehmerbeteiligung und
- Angaben zu den Rechten „zum Schutz der Mitglieder, der Gläubiger und der Inhaber anderer Rechte".

155 Die Auflistung in Art. 7 II 2 lit. a) bis e) SCE-VO ist wohl als abschließend anzusehen, so dass das nationale Recht darüber hinaus keine weiteren Anforderungen stellen darf.[354] Für eine Teilregelung fehlen im Ergebnis entsprechende Anhaltspunkte. **Formvorgaben** für den Verlegungsplan regelt die Vorschrift nicht explizit. Aufgrund der Pflicht zur Bekanntmachung (s. Rn. 123 ff.) ergibt sich in jedem Fall die Textform. Ob darüber hinaus das nationale Recht formelle Anforderungen stellen kann, ist nicht geklärt. Hier könnte in Übereinstimmung mit den Interpretationen bezüglich des Verschmelzungsplans und des Umwandlungsplans daran gedacht werden, eine Teilregelung anzunehmen und nationalem Recht damit die Möglichkeit gewährt werden, höhere Anforderungen zu stellen. Wie auch die Vorschriften zum Verschmelzungs- und Umwandlungsplan, enthält Art. 7 SCE-VO keine Vorgabe zur **Sprache**, in der der Verlegungsplan abgefasst werden muss. Im Sinne einer einheitlichen Interpretation ist auch hier davon auszugehen, dass insofern nationales Recht greift und die SCE damit regelmäßig den Verlegungsplan in der Amtssprache des Wegzugslandes erstellen muss.

156 Der Plan muss gem. Art. 7 VI SCE-VO mindestens zwei Monate vor der über die Verlegung abstimmenden Generalversammlung bekannt gemacht werden. Vergleichbar mit dem Verschmelzungs- und Umwandlungsbericht ist auch bei der Sitzverlegung gem. Art. 7 III SCE-VO neben dem Verlegungsplan ein **(Verlegungs-)Bericht** zu

---

350 *Lutter/Bayer/Schmidt*, Europäisches Unternehmens- und Kapitalmarktrecht, 2017, Rn. 46.107. *Parleani* RECMA 291 (2004), 35, 45 kritisiert den ausschließlichen Fokus auf gesellschaftsrechtliche Fragen der Sitzverlegung, insbes. die Nichtbeachtung steuerlicher Aspekte.

351 *Lutter/Bayer/Schmidt*, Europäisches Unternehmens- und Kapitalmarktrecht, 2017, Rn. 46.107; *Habersack/Verse*, Europäisches Gesellschaftsrecht, 2011, § 14 Rn. 7; *Cathiard*, La pratique du droit européen des sociétés, 2017, Rn. 424; vgl. auch *Schöpflin* in: Beuthien (Hrsg.), GenG, 2018, Art. 7 SCE-VO Rn. 1. Die SPE-Vorgaben sind ebenfalls ähnlich, allerdings besser strukturiert, vgl. § 5 Rn. 91 ff.

352 *Habersack/Verse*, Europäisches Gesellschaftsrecht, 2011, § 14 Rn. 7; vgl. beispielhaft auch *Ringe* in: Lutter/Hommelhoff/Teichmann (Hrsg.), SE-Kommentar, 2. Aufl. 2015, Art. 8 Rn. 4 zur vergleichbaren Regelung bei der SE.

353 So *Ringe* in: Lutter/Hommelhoff/Teichmann (Hrsg.), SE-Kommentar, 2. Aufl. 2015, Art. 8 Rn. 4 zur vergleichbaren Regelung bei der SE.

354 Zur vergleichbaren Regelung bei der SE *Ringe* in: Lutter/Hommelhoff/Teichmann (Hrsg.), SE-Kommentar, 2. Aufl. 2015, Art. 8 Rn. 24.

erstellen.[355] Der Bericht zählt zum a priori-Schutzkonzept, welches auf die Information der Stakeholder ausgerichtet ist.[356] Der Bericht erläutert entsprechend die Verlegung aus rechtlicher und wirtschaftlicher Perspektive. Er muss dabei auf die Konsequenzen für die Arbeitnehmerbeteiligung eingehen sowie die Auswirkungen auf die **Mitglieder, Gläubiger, Arbeitnehmer** und **sonstigen Inhaber** von Rechten erörtern (Art. 7 III SCE-VO).

Nach Art. 7 IV SCE-VO besteht ein Recht zur **Einsicht** und auf unentgeltliche Abschrift des Verlegungsplans 157 und des Verlegungsberichts für die Mitglieder, die Gläubiger der SCE, die Inhaber anderer Rechte sowie, je nach einzelstaatlichem Recht, ggf. für andere Stellen. Dagegen wird den Arbeitnehmern dem Wortlaut nach kein Einsichtsrecht gewährt.[357] Das stimmt mit der entsprechenden Regelung bei der SE überein (vgl. Art. 8 IV SE-VO, s. § 4 Rn. 224). Der Plan und der Bericht müssen für die Berechtigten mindestens einen Monat lang vor der über die Sitzverlegung beschließenden Generalversammlung am Sitz der SCE einsehbar sein. Die Mitglieder der SCE können sich mithilfe dieser Informationen dann auf die Versammlung vorbereiten, die über die Sitzverlegung entscheidet.

Die Mitglieder müssen zwingend über die Sitzverlegung abstimmen. Die Generalversammlung beschließt gem. 158 Art. 7 VI SCE-VO iVm Art. 61 IV SCE-VO (und nicht gem. Art. 62 IV SCE-VO)[358] insofern mit den **Mehrheitserfordernissen** wie sie für **Satzungsänderungen** vorgesehen sind, dh mit Zweidrittelmehrheit und gegebener Beschlussfähigkeit. Mitgliedern, die gegen den Verlegungsbeschluss gestimmt haben, steht ein Sonderaustrittsrecht innerhalb von zwei Monaten nach Beschlussfassung durch die Generalversammlung zu (Art. 7 V 1 SCE-VO, vgl. zur Beschlussfassung Rn. 235 ff.). Die Vorschrift befasst sich auch mit Folgefragen eines solchen Austritts. Art. 7 V 2 SCE-VO gibt vor, dass die Mitgliedschaft nicht mit dem Austritt endet, sondern erst mit dem Ablauf des Geschäftsjahres. Gleichzeitig wird die Verlegung gegenüber dem ausscheidenden Mitglied nicht wirksam (Art. 7 V 2 SCE-VO). Das heißt, sie werden so behandelt als wäre der Sitz nicht verlegt worden. Dadurch können auch ihre Rechte nicht negativ von der Sitzverlegung betroffen sein. Die materiellen Interessen des ausscheidenden Mitglieds werden gewahrt, indem Art. 7 V 3 SCE-VO einen Rückzahlungsanspruch auf das Geschäftsguthaben statuiert und dafür auf Artt. 3 IV und 16 SCE-VO verweist.[359] Die SCE-Verordnung gibt damit einen konkreten Schutz für **Minderheitsmitglieder** vor, die die Sitzverlegung nicht befürworten. Bei der SE-Verordnung wird der Schutz der Minderheitsgesellschafter dagegen noch dem nationalen Recht überlassen (vgl. Art. 8 V SE-VO, dazu § 4 Rn. 225).[360] Die Sitzverlegung ist folglich ein Beispiel für die etwas höhere Regelungsdichte der SCE-Verordnung gegenüber der SE-Verordnung.

Für die **Eintragung** im neuen Sitzstaat fordert Art. 7 IX SCE-VO eine **Bescheinigung** (gem. Art. 7 VIII SCE-VO) 159 des bisherigen Sitzstaats über die Durchführung der für die Sitzverlegung erforderlichen Rechtshandlungen und Formalitäten. Für das Ausstellen der Bescheinigung müssen die Voraussetzungen aus Art. 7 VII SCE-VO erfüllt sein. Die SCE muss der Behörde insbes. Nachweise darüber erbringen, dass die Interessen der bisherigen Gläubiger und sonstiger Forderungsberechtigter gewahrt werden (Art. 7 VII SCE-VO).

Mit **Eintragung in das Register** des neuen Sitzstaats (Art. 11 I SCE-VO) werden die Sitzverlegung und die korre- 160 spondierende Satzungsänderung wirksam (Art. 7 X SCE-VO). Dritten gegenüber wird die Sitzverlegung mit der Bekanntmachung wirksam (Art. 7 XIII 1 SCE-VO). Sie können sich zudem solange auf den alten Sitz berufen, wie die SCE dort noch eingetragen ist und sie ihnen nicht nachweisen kann, dass sie den neuen Sitz dennoch kannten (Art. 7 XIII 2 SCE-VO). Art. 7 XVI SCE-VO enthält zum Schutz der bisherigen Gläubiger (Forderungsentstehung vor dem Eintragungszeitpunkt) eine **Fiktion**, wonach die SCE gegenüber diesen als SCE mit Sitz im bisherigen Mitgliedstaat gilt. Dies gilt auch, wenn die Klage erst nach Verlegung erhoben wird.

355 *Heß*, Die Europäische Genossenschaft und die Reform des Genossenschaftsrechts in Deutschland, 2008, S. 88.

356 Vgl. zur vergleichbaren Regelung bei der SE *Ringe* in: Lutter/Hommelhoff/Teichmann (Hrsg.), SE-Kommentar, 2. Aufl. 2015, Art. 8 Rn. 26.

357 Scheinbar dennoch für ein entsprechendes Recht für die Arbeitnehmer *Cathiard*, La pratique du droit européen des sociétés, 2017, Rn. 369 sowie *Schöpflin* in: Beuthien (Hrsg.), GenG, 2018, Art. 7 SCE-VO Rn. 3.

358 In der verabschiedeten SCE-VO liegt insofern ein Verweisfehler vor. Vgl. auch *Heß*, Die Europäische Genossenschaft und die Reform des Genossenschaftsrechts in Deutschland, 2008, S. 88. Die in 2007 vorgenommene Berichtigung stellt klar, dass Art. 61 IV SCE-VO gemeint ist.

359 In der verabschiedeten Fassung enthält Art. 7 V 3 SCE-VO einen Verweis auf Art. 4 IV SCE-VO. Die in 2007 vorgenommene Berichtigung stellt jedoch klar, dass es sich um einen Verweis auf Art. 3 IV SCE-VO handelt.

360 Vgl. *Lutter/Bayer/Schmidt*, Europäisches Unternehmens- und Kapitalmarktrecht, 2017, Rn. 46.107.

Verfahren	Schutzmaßnahmen
1. Phase – Aufstellen des **Verlegungsplans** durch das Leitungs- bzw. Verwaltungsorgan – Erstellen des **(Verlegungs-)Berichts**	– **Schutz der Arbeitnehmer** durch die SCE-RL und die SCE-VO (Vorher-Nachher-Prinzip)
2. Phase – **Beschlussfassung** durch die Generalversammlungen der Genossenschaften	Ggf. **Schutz der Belange der nicht-zustimmenden Mitglieder** der Genossenschaften durch ein **Sonderaustrittsrecht** (Art. 7 V SCE-VO)
3. Phase – **Erbringung von Nachweisen** an die zuständige Behörde im bisherigen Sitzstaat über die Wahrung der Interessen der bisherigen Gläubiger und sonstiger Forderungsberechtigter gem. Art. 7 VII SCE-VO – **Bescheinigung** des bisherigen Sitzstaats über die Durchführung der erforderlichen Rechtshandlungen und Formalitäten (ua Nachweise i.S. des Art. 7 VII SCE-VO) gem. Art. 7 VIII SCE-VO – **Eintragung** in das Register und Wirksamwerden der Sitzverlegung und der Satzungsänderungen (Art. 7 X SCE-VO) – **Bekanntmachung** der Eintragung und Löschung in den jeweiligen Mitgliedstaaten (Art. 7 XII SCE-VO)	– **Schutz der bisherigen Gläubiger** durch die **Fiktion**, nach der die SCE weiterhin als SCE mit Sitz im bisherigen Mitgliedsstaat gilt (Art. 7 XVI SCE-VO)

Abb. 13: Verfahren der grenzüberschreitenden Sitzverlegung einer SCE

F. Organisationsverfassung

I. Struktur der Organe

161 Die in Kapitel III (Artt. 36 bis 63 SCE-VO) der SCE-Verordnung geregelte interne Struktur ähnelt derjenigen der SE (dazu § 4 Rn. 128 ff.), wobei die SCE genossenschaftliche Besonderheiten aufweist, wie zB den Grundsatz „ein Mitglied, eine Stimme".[361] Nach Art. 36 lit. a) SCE-VO verfügt jede SCE über eine Mitgliederversammlung, die als **Generalversammlung** bezeichnet wird.[362] Im Hinblick auf die Aufsicht und die Leitung der SCE kann nach Art. 36 lit. b) SCE-VO zwischen der **dualistischen Struktur** mit einem Aufsichts- und einem Leitungsorgan (Abschnitt 1, Artt. 37 bis 41 SCE-VO) und der **monistischen Struktur** mit einem Verwaltungsorgan (Abschnitt 2 Artt. 42 bis 44 SCE-VO) gewählt werden. Der Sitzstaat kann der SCE kein bestimmtes System vorschreiben.[363] Die Wahl der Organisationsverfassung obliegt damit zwingend den Gründern. Die Wahl stellt für sie allerdings nicht nur ein Recht, sondern auch eine Verpflichtung dar, denn sie müssen sich für ein System entscheiden (Muss-Satzungsbestimmung, s. Rn. 27, 107). Das System kann allerdings später durch Satzungsänderung gewechselt werden.[364] Die Wahlmöglichkeit gibt der SCE ausreichend Flexibilität, um die Organisations-

361 *Schulze* NZG 2004, 792, 795; *Lutter/Bayer/Schmidt*, Europäisches Unternehmens- und Kapitalmarktrecht, 2017, Rn. 46.56; *Fuentes Naharro* REVESCO 2009, 58, 61; *Habersack/Verse*, Europäisches Gesellschaftsrecht, 2011, § 14 Rn. 11 zur Ähnlichkeit mit den Vorgaben der SE-VO.

362 *Schöpflin* in: Beuthien (Hrsg.), GenG, 2018, Art. 36 SCE-VO Rn. 1.

363 *Heß*, Die Europäische Genossenschaft und die Reform des Genossenschaftsrechts in Deutschland, 2008, S. 103.

364 *Schöpflin* in: Beuthien (Hrsg.), GenG, 2018, Art. 36 SCE-VO Rn. 3.

struktur an ihre individuellen Bedürfnisse anzupassen.[365] Die Verordnung gewährt ihnen darüber hinaus auch die Möglichkeit das gewählte System durch weitere Satzungsbestimmungen zu regeln.[366]

Die Regelung in Art. 36 SCE-VO ist nicht abschließend, so dass neben den genannten **Pflichtorganen** grundsätzlich auch **weitere Organe** (zB Beiräte) durch Satzungsbestimmung eingerichtet werden können.[367] Diese dürfen jedoch keine den Pflichtorganen zwingend zugewiesenen Kompetenzen wahrnehmen.[368] 162

II. Generalversammlung

Die SCE besitzt zwingend eine **Generalversammlung**, die gleichzeitig das **oberste Organ** der Genossenschaft zur Willens- und Entscheidungsbildung ist.[369] Die für die Generalversammlung maßgeblichen Regelungen finden sich insbesondere in Abschnitt 4 der Verordnung (Artt. 52 bis 63 SCE-VO). 163

1. Zusammensetzung

In der Generalversammlung kommen die Mitglieder der SCE zusammen, um vor allem ihre Rede- und Stimmrechte nach Art. 58 I SCE-VO auszuüben (zu den Rechten der Mitglieder vgl. Rn. 250 ff.). Nach Art. 58 II SCE-VO sind auch die Organwalter, die Inhaber von Wertpapieren und Schuldverschreibungen iSd Art. 64 SCE-VO sind, sowie andere nach einzelstaatlichem Recht zugelassene Personen zur stimmrechtslosen Teilnahme berechtigt (vgl. zu den unterschiedlichen Rechten der Teilnehmer Rn. 250). Sofern der Sitzstaat diese Möglichkeit vor Inkrafttreten der SCE-Verordnung vorsah, können auch den Arbeitnehmervertretern durch Satzungsbestimmung Teilnahme- und Stimmrechte (jedoch höchstens 15% der Stimmrechte) eingeräumt werden (Art. 59 IV SCE-VO). 164

2. Einberufung und Ablauf

Die **Einberufung** und der **Ablauf** der Generalversammlung sind in Artt. 54 ff. SCE-VO geregelt.[370] Auf die **Organisation**, den **Ablauf** und das **Abstimmungsverfahren** der Generalversammlung findet gem. Art. 53 SCE-VO das im Sitzstaat auf Genossenschaften anwendbare Recht Anwendung, soweit die Verordnung keine Regelungen enthält (Nicht- oder Teilregelung). Die Vorschrift möchte insofern eine Gleichstellung mit den nationalen Genossenschaften erreichen. Speziell auf die SCE zugeschnittene Vorschriften in den Ausführungsgesetzen können die Mitgliedstaaten somit grundsätzlich nicht schaffen. Im Verhältnis zur SE-Verordnung ist die SCE-Verordnung bezüglich dieser Aspekte umfassender ausgestaltet.[371] 165

Die Generalversammlung muss mindestens **einmal im Jahr** und zwar innerhalb von sechs Monaten nach dem Abschluss des Geschäftsjahres zusammentreten, sofern das einzelstaatliche Recht für Genossenschaften, die entsprechende Aktivitäten wie die konkrete SCE ausüben, keine kürzeren Intervalle vorsieht (Art. 54 I 1 SCE-VO). Die Satzung kann auch mehr Versammlungen pro Kalenderjahr vorschreiben („mindestens", Art. 54 I 1 SCE-VO).[372] Damit eine SCE in der Anfangsphase zunächst fokussiert ihre Tätigkeit aufnehmen kann, können die Mitgliedstaaten nach Art. 54 I 2 SCE-VO regeln, dass die erste Generalversammlung erst nach 18 Monaten erfolgen muss.[373] In Deutschland wurde allerdings keine entsprechende Regelung eingeführt.[374] 166

Neben den regelmäßigen Versammlungen kann die Generalversammlung **jederzeit** vom **Leitungs-, Aufsichts-** bzw. **Verwaltungsorgan** sowie von **anderen Organen** und jeder nach einzelstaatlichem Recht **zuständigen Behörde**[375] einberufen werden (Art. 54 II 1 SCE-VO). Im Falle einer deutschen SCE kann danach der genossenschaftliche Prüfungsverband gem. § 28 SCE-AusfG iVm § 60 GenG eine Generalversammlung einberufen.[376] Die For- 167

365 *Heß*, Die Europäische Genossenschaft und die Reform des Genossenschaftsrechts in Deutschland, 2008, S. 103.

366 *Cathiard*, La pratique du droit européen des sociétés, 2017, vor Rn. 265 bewertet die diesbezüglichen Freiheiten als erheblich.

367 *Schöpflin* in: Beuthien (Hrsg.), GenG, 2018, Art. 36 SCE-VO Rn. 4; *Lutter/Bayer/Schmidt*, Europäisches Unternehmens- und Kapitalmarktrecht, 2017, Rn. 46.56.

368 Vgl. *Schöpflin* in: Beuthien (Hrsg.), GenG, 2018, Art. 36 SCE-VO Rn. 4. Danach kommen für solche Organe insbes. vorbereitende und beratende Aufgaben in Betracht.

369 *Fandrich*, in: Pöhlmann/Fandrich/Bloehs (Hrsg.), GenG, 2012, Einführung Rn. 22; *Schöpflin* in: Beuthien (Hrsg.), GenG, 2018, Art. 52 SCE-VO Rn. 1.

370 Vgl. *Teichmann* in: MüHdB GesR, Bd. 6, 2013, § 51 Rn. 17.

371 *Lutter/Bayer/Schmidt*, Europäisches Unternehmens- und Kapitalmarktrecht, 2017, Rn. 46.90.

372 Vgl. *Schöpflin* in: Beuthien (Hrsg.), GenG, 2018, Art. 54 SCE-VO Rn. 1.

373 Vgl. *Schöpflin* in: Beuthien (Hrsg.), GenG, 2018, Art. 54 SCE-VO Rn. 1.

374 *Lutter/Bayer/Schmidt*, Europäisches Unternehmens- und Kapitalmarktrecht, 2017, Rn. 46.92.

375 Vgl. zu den zuständigen Behörden bzw. Stellen nach einzelstaatlichem Recht die tabellarische Übersicht: http://ec.europa.eu/DocsRoom/documents/10393 (zuletzt abgerufen am 6.2.2018).

376 *Lutter/Bayer/Schmidt*, Europäisches Unternehmens- und Kapitalmarktrecht, 2017, Rn. 46.93; vgl. *Schöpflin* in: Beuthien (Hrsg.), GenG, 2018, Art. 54 SCE-VO Rn. 2.

mulierung „jederzeit“[377] meint dabei nicht „fristlos“, sondern verdeutlicht lediglich, dass neben den jährlichen Versammlungen auch zwingend unterjährig Versammlungen möglich sein müssen.[378] Eines besonderen Einberufungsgrundes bedarf es dafür nicht. Zusätzlich zum eigenen Einberufungsrecht gewährt Art. 54 II 2 SCE-VO dem Aufsichtsorgan auch ein **Antragsrecht** zur Einberufung der Generalversammlung. Einem entsprechenden Antrag muss das Leitungsorgan Folge leisten. Im Ergebnis dient dies vor allem der organisatorischen Entlastung des Aufsichtsorgans, weil idR das Leitungsorgan über die bessere finanzielle und technische Ausstattung für eine Einberufung verfügt.[379] Für die Mitglieder der SCE kann sich das Einberufungsrecht aus zwei Regelungen ergeben:

(1) Nach Art. 54 IV SCE-VO kann die Generalversammlung eine Versammlung zu einem selbst festgelegten Termin und mit einer selbst festgelegten Tagesordnung beschließen (**Selbsteinberufungsrecht**).[380]

(2) Nach Art. 55 S. 1 SCE-VO kann die Generalversammlung auch durch eine **Minderheit der Mitglieder** einberufen werden. Dafür sind mindestens 10% der Stimmrechte oder 5.000 Mitglieder der SCE erforderlich (Art. 55 1 SCE-VO).[381] Nach der deutschen und italienischen Fassung des zweiten Satzes können davon abweichend lediglich niedrigere „Prozentsätze“ in der Satzung festgelegt werden.[382] Mit Blick auf die anderen Sprachfassungen zeigt sich jedoch, dass hier ein Übersetzungsfehler vorliegt und nicht nur niedrigere Prozentsätze, sondern auch niedrigere Schwellen bezogen auf die Mindestzahl der Mitglieder möglich sind.[383] Unter Einhaltung der gleichen Schwellen können die Mitglieder nach Art. 57 SCE-VO neue Tagesordnungspunkte für die Generalversammlung verlangen. Auch hier kann die Satzung nach Art. 57 S. 2 SCE-VO in gleicher Weise wie in Art. 55 S. 2 SCE-VO niedrigere Schwellen vorsehen.

168 Die **Form** der Einberufung der Generalversammlung bestimmt sich nach Art. 56 I SCE-VO.[384] Sie hat „durch schriftliche Mitteilung in jeglicher Form“ an alle teilnahmeberechtigten Personen oder (alternativ) durch Abdruck im offiziellen Mitteilungsorgan der SCE zu erfolgen. „Schriftliche Form“ meint für eine deutsche SCE Textform iSd § 126b BGB.[385] Ausreichend ist also auch eine Einberufung per E-Mail oder Fax, nicht jedoch zB eine telefonisch mitgeteilte Einladung.[386] Voraussetzung ist allerdings, dass sie an jede teilnahmeberechtigte Person einzeln erfolgt. Das Hochladen einer Einberufung auf einer Homepage allein reicht daher nicht aus. Das offizielle Mitteilungsorgan bestimmt sich mangels weiterer Regelung in der Verordnung nach einzelstaatlichem Recht. Mangels Regelung im GenG müsste das Mitteilungsorgan für eine deutsche SCE in der Satzung festgelegt werden.[387]

169 Die **Einberufungsfrist** beträgt nach Art. 56 III SCE-VO grds. mindestens 30 Tage zwischen Absendung der Einberufung bzw. Datum der Mitteilung iSd Art. 56 I 2 SCE-VO und dem Tag der Tagung.[388] In Ausnahmefällen kann die Frist auf 15 Tage verkürzt werden. Das ist zB der Fall, wenn bei Einhaltung der gewöhnlichen Frist Nachteile für die Genossenschaft oder die Mitglieder drohen würden.[389] Wird die Generalversammlung mit verkürzter Frist einberufen, ohne dass hierfür ein sachlicher Grund vorlag, liegt ein Einberufungsmangel vor, des-

377 Englischer Wortlaut: „at any time“. Französischer Wortlaut: „à tout moment“. Spanischer Wortlaut: „en todo momento“. Italienischer Wortlaut: „qualsiasi momento“. Niederländischer Wortlaut: „allen tijde“. Polnischer Wortlaut: „w każdym czasie“.

378 Vgl. *Schöpflin* in: Beuthien (Hrsg.), GenG, 2018, Art. 54 SCE-VO Rn. 2. Die Begriffe „ordentliche“ und „außerordentliche“ Generalversammlung werden hier bewusst vermieden, da die Verordnung sie selbst nicht verwendet und es dafür auch kein EU-weit einheitliches Verständnis gibt.

379 *Schöpflin* in: Beuthien (Hrsg.), GenG, 2018, Art. 54 SCE-VO Rn. 2. *Barsan*, La société coopérative européenne (SCE): entre identité coopérative et efficacité économique, 2013, Rn. 744 bezweifelt hingegen die Sinnhaftigkeit der Regelung.

380 *Lutter/Bayer/Schmidt*, Europäisches Unternehmens- und Kapitalmarktrecht, 2017, Rn. 46.83.

381 *Alfandari/Piot* in: Schulze (Hrsg.), Handbuch zur Europäischen Genossenschaft (SCE), 2004, Kap. 4 Rn. 32. Vgl. *Teichmann* in: MüHdB GesR, Bd. 6, 2013, § 51 Rn. 17.

382 Deutscher Wortlaut: „Die Satzung kann niedrigere Prozentsätze vorsehen“. Italienischer Wortlaut: „Tali percentuali possono essere ridotte dallo statuto“.

383 *Schöpflin* in: Beuthien (Hrsg.), GenG, 2018, Art. 55 SCE-VO Rn. 1. Engl. Fassung: „the above proportions may be reduced by the statutes“; französische Fassung; „Cependant les statuts peuvent fixer des seuils inférieurs“; spanische Fassung: „Los estatutos podrán reducir estas cifras“;niederländische Fassung „In de statuten kunnen lagere verhoudingsgetallen worden vastgesteld“; polnische Fassung: “Statut może przewidywać niższe progi“.

384 Die SE-VO enthält keine entsprechende Vorschrift *Lutter/Bayer/Schmidt*, Europäisches Unternehmens- und Kapitalmarktrecht, 2017, Rn. 46.95.

385 *Schöpflin* in: Beuthien (Hrsg.), GenG, 2018, Art. 56 SCE-VO Rn. 1; *Lutter/Bayer/Schmidt*, Europäisches Unternehmens- und Kapitalmarktrecht, 2017, Rn. 46.95.

386 *Schöpflin* in: Beuthien (Hrsg.), GenG, 2018, Art. 56 SCE-VO Rn. 1; *Korte* in: Helios/Strieder (Hrsg.), Beck'sches Handbuch der Genossenschaft, 2009, § 16 Rn. 98. Ähnlich auch *Barsan*, La société coopérative européenne (SCE): entre identité coopérative et efficacité économique, 2013, Rn. 746.

387 *Schöpflin* in: Beuthien (Hrsg.), GenG, 2018, Art. 56 SCE-VO Rn. 1.

388 *Schöpflin* in: Beuthien (Hrsg.), GenG, 2018, Art. 56 SCE-VO Rn. 3.

389 *Schöpflin* in: Beuthien (Hrsg.), GenG, 2018, Art. 56 SCE-VO Rn. 2.

sen Folgen sich mangels einer Regelung in der Verordnung nach einzelstaatlichem Recht bestimmen.[390] Im Falle einer Generalversammlung, die über eine Satzungsänderung beschließen soll, kann es vorkommen, dass das notwendige Quorum nicht erreicht wird (Art. 64 IV SCE-VO, dazu auch Rn. 182 ff.). Dann ist eine zweite Tagung einzuberufen. In dem Fall kann die Frist zwischen der ersten und zweiten Tagung verkürzt werden, wenn sich die Tagesordnung nicht ändert (Art. 56 III 2 SCE-VO). Um wieviel Tage die Frist verkürzt werden kann, richtet sich nach nationalem Recht. Das nationale Recht könnte es daher ermöglichen, dass die zweite Tagung unmittelbar nach der ersten mit einem verringerten Anwesenheitsquorum stattfindet.

Der **Inhalt** der Einberufung ist in Art. 56 II SCE-VO geregelt und umfasst folgende **Mindestangaben:** 170

- Die Firma und den Sitz der SCE,
- den Ort, den Tag und den Zeitpunkt der Versammlung,
- die Art der Generalversammlung (jährliche bzw. unterjährige Versammlung)[391] und
- die Tagesordnung mit Angaben der zu behandelnden Punkte und Beschlussanträge.

Insbesondere die Angaben zu den **Tagesordnungspunkten** und den **Beschlussanträgen** sollen den Mitgliedern die Vorbereitung für die Generalversammlung ermöglichen und ihnen die Ausübung ihrer Rede-, Frage- und Stimmrechte erleichtern.[392] Die Mitglieder können auch erst auf Basis dieser Informationen die Bedeutung der Versammlung im Hinblick auf die eigenen Interessen abschätzen und entscheiden, ob sie persönlich erscheinen oder sich gem. Art. 58 III SCE-VO vertreten lassen wollen.[393] Dazu müssen die Tagesordnungspunkte und Beschlussanträge hinreichend konkret und in der Reihenfolge ihrer Abhandlung dargestellt werden.[394] Da es sich um Mindestangaben handelt, können der Einberufung weitere Punkte hinzugefügt werden. 171

Weil die Generalversammlung nur zu Punkten der Tagesordnung beschließen kann (Art. 61 I 1 SCE-VO) und sich aus Art. 56 II Spiegelstrich 4 SCE-VO ergibt, dass die gesamte Tagesordnung (fristgerecht) bekannt gegeben werden muss, greift für Gegenstände, die nicht bei der Einberufung mitgeteilt wurden, grundsätzlich eine Sperre für die Beschlussfassung. Über Beschlussgegenstände, die erst während der Versammlung (spontan) aufgekommen sind, kann somit generell nicht abgestimmt werden.[395] Eine Erleichterung dieser Vorgaben kann allerdings für neue Tagesordnungspunkte nach Art. 57 SCE-VO diskutiert werden. Art. 61 I 2 SCE-VO stellt klar, dass die Generalversammlung über Punkte, die von einer Minderheit auf die Tagesordnung gesetzt wurden, diskutieren und abstimmen kann. Dies kann eine Gruppe nutzen, die davon ausgeht, eine Mehrheit zu erreichen. Die Vorschrift äußert sich nicht zu einer bestimmten Frist für die Aufnahme solcher Punkte auf die Tagesordnung. Die Vorschrift könnte so verstanden werden, dass entsprechende Aspekte daher jederzeit, dh ohne eine bestimmte Frist, aufgenommen werden können. Es ist aber auch möglich, anzunehmen, dass sie **„dringende Fälle"** iSd Art. 56 III 2 SCE-VO darstellen, so dass jedenfalls die Frist von fünfzehn Tagen als Vorankündigung ausreicht.[396] Ebenfalls denkbar ist, hier von einer Regelungslücke auszugehen und so nationales Recht zur Anwendung kommen zu lassen. Im Ergebnis erscheint es überzeugend, Anträge der Minderheitsgesellschafter wie „dringende Fälle" zu behandeln und damit eine verkürzte Frist zuzulassen. Es ist nicht ersichtlich, warum für die Vorlage von Minderheitsgesellschaftern kürzere Fristen als für dringende Fälle gelten sollten, zumal der Anregung von Tagesordnungspunkten durch Minderheitsgesellschafter nicht grundsätzlich eine Dringlichkeit innewohnen muss. 172

3. Kompetenzen der Generalversammlung

Art. 52 SCE-VO regelt die Kompetenzen der Generalversammlung. Die Vorschrift entspricht Art. 52 SE-VO (dazu § 4 Rn. 157 ff.).[397] Nach Art. 52 SCE-VO ist die Generalversammlung in vier Fällen zuständig:[398] 173

- Wenn ihr die Angelegenheit durch die SCE-Verordnung zugewiesen wurde (Art. 52 S. 1 lit. a) SCE-VO);
- wenn das nationale Recht, das in Umsetzung der SCE-Richtlinie erlassen wurde, also das entsprechende Ausführungsgesetz, zuständig ist und die Angelegenheit an die Generalversammlung verweist (Art. 52 S. 1 lit. b) SCE-VO);
- wenn das nationale (Genossenschafts- bzw. Aktien-)Recht zuständig ist, kann es vorgeben, dass die Generalversammlung bestimmte Entscheidungen zu treffen hat (Art. 52 S. 2, 1. Alt. SCE-VO) und

390 *Schöpflin* in: Beuthien (Hrsg.), GenG, 2018, Art. 56 SCE-VO Rn. 5.
391 Auch hier werden die Begrifflichkeiten „ordentliche und außerordentliche Generalversammlung" vermieden, da diese Bezeichnungen stark mitgliedstaatlich geprägt sind.
392 *Schöpflin* in: Beuthien (Hrsg.), GenG, 2018, Art. 56 SCE-VO Rn. 4.
393 *Schöpflin* in: Beuthien (Hrsg.), GenG, 2018, Art. 56 SCE-VO Rn. 4.
394 *Schöpflin* in: Beuthien (Hrsg.), GenG, 2018, Art. 56 SCE-VO Rn. 4.
395 *Schöpflin* in: Beuthien (Hrsg.), GenG, 2018, Art. 56 SCE-VO Rn. 4.
396 Vgl. *Schöpflin* in: Beuthien (Hrsg.), GenG, 2018, Art. 57 SCE-VO Rn. 1.
397 *Habersack/Verse*, Europäisches Gesellschaftsrecht, 2011, § 14 Rn. 15; *Lutter/Bayer/Schmidt*, Europäisches Unternehmens- und Kapitalmarktrecht, 2017, Rn. 46.91.
398 *Lutter/Bayer/Schmidt*, Europäisches Unternehmens- und Kapitalmarktrecht, 2017, Rn. 46.91 sprechen von einer vierstufigen Kompetenzpyramide.

- wo der nationale Gesetzgeber zuständig ist und (in Einklang mit der Verordnung) einen Satzungsspielraum lässt, kann auch die Satzung eine entsprechende Kompetenzzuweisung vornehmen (Art. 52 S. 2, 2. Alt. SCE-VO).

174 Zu den Kompetenzen, die die Verordnung der Generalversammlung nach Art. 52 I 1 lit. a) SCE-VO überträgt, gehören ua folgende Punkte:[399]

Kompetenzen der Generalversammlung nach Art. 52 I 1 lit. a) SCE-VO	
Norm	**Inhalt**
Art. 4 VIII 2	Beschluss über die Erhöhung des Grundkapitals durch vollständige oder teilweise Umwandlung der ausschüttungsfähigen Rücklagen unter Einhaltung der für Satzungsänderungen erforderlichen Mehrheit
Art. 4 IX	Beschluss über die Erhöhung der Nennwerte der Geschäftsanteile, sofern hierfür zusätzliche Einzahlungen erforderlich sind
Art. 7 IV, V	Beschluss über die grenzüberschreitende Sitzverlegung der SCE, womit die Registersitzverlegung gemeint ist[400]
Art. 14 I	Einspruchsrecht im Falle der Ablehnung neuer Mitglieder durch das Leitungs- oder Verwaltungsorgan (S. 2). Der Erwerb der Mitgliedschaft von investierenden Mitgliedern kann der Zustimmung der Generalversammlung bedürfen (S. 4).
Art. 15 III 2	Entscheidung der Generalversammlung über den Ausschluss eines Mitglieds im Falle der Anfechtung
Art. 37 II 2	Sofern in den einzelstaatlichen Regelungen vorgesehen und durch Satzung geregelt, ist die Generalversammlung für die Bestellung und Abberufung der Mitglieder des Leitungsorgans zuständig.
Art. 39 II	Bestellung und Abberufung der Aufsichtsratsmitglieder
Art. 42 III	Bestellung und Abberufung der Verwaltungsratsmitglieder und ihrer etwaigen in der Satzung vorgesehenen Stellvertreter
Art. 54 IV	Die Generalversammlung kann auf einer Tagung die Einberufung einer Tagung mit einer von ihr bestimmten Tagesordnung zu einem von ihr gewählten Zeitpunkt beschließen.
Art. 61 I	Beschlussfassung zu Tagesordnungspunkten
Art. 61 IV	Beschluss von Satzungsänderungen
Art. 67 II	Entscheidung über die Verwendung des Ergebnisses
Art. 76 VI	Genehmigung des Umwandlungsplans und der Satzung

Abb. 14: Kompetenzen der Generalversammlung nach Art. 52 I 1 lit. a) SCE-VO

4. Stimmrecht

175 Unabhängig von der Anzahl der Anteile besitzt jedes Mitglied in der Generalversammlung eine Stimme (Art. 59 I SCE-VO). Das Stimmrecht kann den Mitgliedern nicht durch Satzungsbestimmung entzogen werden. Das Prinzip **„ein Mitglied, eine Stimme“**[401] soll den **„Vorrang der Person gegenüber dem Kapital“** zum Ausdruck bringen.[402] Es wird insofern auch vom „Demokratieprinzip“[403] oder „Kopfprinzip“[404] gesprochen. Art. 59 II bis IV SCE-VO enthält Sonderregelungen, nach denen sich eine andere Verteilung der Stimmrechte ergeben kann. Insgesamt lassen sich drei Varianten von möglichen Mehrstimmrechten nach Art. 59 II SCE-VO

399 Vgl. hierzu auch *Heß*, Die Europäische Genossenschaft und die Reform des Genossenschaftsrechts in Deutschland, 2008, S. 114.

400 Die Registersitzverlegung innerhalb des Mitgliedstaates bedarf gem. Art. 61 IV SCE-VO eines Mitgliederbeschlusses, die Verlegung des Verwaltungssitzes bedarf dagegen nicht zwingend einer Zustimmung durch die Mitgliederversammlung (s. Rn. 149).

401 Vgl. dazu *Alfandari/Piot* in: Schulze (Hrsg.), Europäische Genossenschaft (SCE) – Handbuch, 2004, Kap. 4 Rn. 33 ff. Im französischsprachigen Raum wird insofern auch von „un homme égale une voix“ oder „un homme, une voix“ gesprochen.

402 Erwägungsgrund 7 SCE-VO. Vgl. auch *Bahans/Menjucq* Revue de droit rural 2008, dossier 28 Rn. 6; *Schulze* NZG 2004, 792, 795.

403 „Principe démocratique“, *Cathiard*, La pratique du droit européen des sociétés, 2017, Rn. 187; *Parleani* RECMA 291 (2004), 35, 47; vgl. auch *Hagen-Eck*, Die Europäische Genossenschaft, 1995, S. 88.

404 *Habersack/Verse*, Europäisches Gesellschaftsrecht, 2011, § 14 Rn. 15.

(s. Rn. 176) sowie Regelungen für investierende Mitglieder (Art. 59 III SCE-VO, s. Rn. 178) und Arbeitnehmervertreter (Art. 59 IV SCE-VO, s. Rn. 179) unterscheiden:

a) Mehrstimmrechte

Den Mitgliedstaaten wird grds. die Möglichkeit eröffnet, Mehrstimmrechte nach einer der drei in Art. 59 II SCE-VO geregelten Varianten zuzulassen. In Deutschland wurde hiervon durch § 29 SCE-AusfG Gebrauch gemacht. Jede der Varianten ist zusätzlich abhängig von einer entsprechenden Gestaltung in den Satzungsbestimmungen. Insofern lässt sich auch von einem **doppelten *opt-in*** sprechen. 176

(1) Nach Art. 59 II 1, 2 SCE-VO können sich Mehrstimmrechte für Mitglieder nach der **Beteiligung an der Tätigkeit** der SCE richten. Diese Verteilung muss unabhängig von der Kapitalbeteiligung sein (vgl. Art. 59 II 1 SCE-VO). Eine Zuteilung von Mehrstimmrechten nach der **Kapitalbeteiligung** ist somit grundsätzlich untersagt.[405] Mögliche Faktoren für die Bewertung der Beteiligung an der Tätigkeit sind zB die Dauer der Mitgliedschaft oder der Umfang des Geschäftsverkehrs mit der SCE.[406] Im Hinblick auf die Zuteilung der Mehrstimmrechte stimmen die unterschiedlichen Sprachfassungen nicht ganz überein. Nach der deutschen Fassung „dürfen höchstens fünf Stimmen je Mitglied oder 30% der gesamten Stimmrechte – je nachdem, welche Zahl niedriger ist – auf diese Weise zugeteilt werden." Die englische, die französische und die spanische Sprachfassung entsprechen weitestgehend der deutschen Fassung.[407] Daraus wird idR abgeleitet, dass ein Mitglied maximal fünf Stimmen haben kann und sich die Obergrenze der Mehrstimmrechte von 30% auf alle Mitglieder bezieht. Aus der polnischen Fassung lässt sich hingegen ableiten, dass sich sowohl die fünf Stimmrechte als auch die Obergrenze von 30% der gesamten Stimmrechte auf ein Mitglied beziehen.[408] Erstere Auslegung erscheint allerdings überzeugender, weil in den dort genannten Sprachfassungen ein **Doppelschutz**[409] mitschwingt, nach dem die Stimmmacht des einzelnen Mitglieds (maximal fünf Stimmen) und die Gesamtkonzentration der Mehrstimmrechte innerhalb der SCE (auf max. 30%) beschränkt werden sollen.[410]

(2) Aus Art. 59 II 3, 4 SCE-VO ergibt sich, dass sich Mehrstimmrechte auch ausnahmsweise nach der **Kapitalbeteiligung** richten können, wenn es sich bei der SCE um ein **Finanz- oder Versicherungsunternehmen** handelt. Hier ist die Stimmmacht des einzelnen Mitglieds ebenfalls auf fünf Stimmen beschränkt. Im Hinblick auf die Höchstzahl der Mehrstimmrechte gilt das oben Gesagte, wobei die Schwelle hier bei 20% der gesamten Stimmrechte liegt.

Die genannten Vorschriften legen somit bestimmte **Höchststimmrechte** und Maximalwerte für Mehrstimmrechte fest (vgl. Art. 59 II SCE-VO), die auch durch anderweitige Satzungsbestimmungen nicht überschritten werden können. So wird gewährleistet, dass ein einzelner Anteilseigner eine bestimmte Stimmrechtsanzahl nicht überschreiten kann und dass wenige Mitglieder die SCE nicht dominieren können. Beides dient im Ergebnis in gewissem Umfang der Wahrung des „Demokratieprinzip". 177

(3) Eine Begrenzung der Mehrstimmrechte ist hingegen nach Art. 59 II 5 SCE-VO nicht zwingend vorgesehen, wenn die Mitglieder der SCE mehrheitlich Genossenschaften sind (sog **Genossenschaft zweiten Grades**, vgl. Rn. 242). Allerdings gilt auch hier der Vorbehalt des doppelten *opt-in* (durch den nationalen Gesetzgeber und die Satzung). Liegt beides vor, kann sich die Anzahl der Stimmrechte nach der Beteiligung an der Tätigkeit, der Beteiligung am Kapital der SCE und/oder nach der Mitgliederzahl der beteiligten Genossenschaften richten.[411] Da die Genossenschaft zweiten Grades wohl besonders praxisrelevant ist, kommt dieser Ausnahme eine potenziell hohe Bedeutung zu.

---

405 *Hirte* in: Uhlenbruck (Hrsg.), Insolvenzordnung, 14. Aufl. 2015, § 238a InsO Rn. 16; *ders.*, Kapitalgesellschaftsrecht, 2016, Rn. 10.75.

406 *Schöpflin* in: Beuthien (Hrsg.), GenG, 2018, Art. 59 SCE-VO Rn. 2.

407 In der englischen Fassung "This attribution shall not exceed five votes per member or 30% of total voting rights, whichever is the lower." In der französischen Fassung "Les voix ainsi attribuées ne peuvent dépasser le nombre de cinq par membre, ou 30% du total des droits de vote, la valeur la plus faible étant retenue.". In der spanischen Fassung "Los votos así atribuidos no podrán exceder de cinco por socio ni representar más del 30% del total de derechos de voto.".

408 In der polnischen Fassung "Liczba przyznanych członkowi dodatkowych głosów nie może przekroczyć, w zależności od tego, która z wymie- nionych wielkości jest mniejsza, pięciu głosów lub 30% wszystkich głosów.".

409 *Schöpflin* in: Beuthien (Hrsg.), GenG, 2018, Art. 59 SCE-VO Rn. 2.

410 *Schöpflin* in: Beuthien (Hrsg.), GenG, 2018, Art. 59 SCE-VO Rn. 2; *Lutter/Bayer/Schmidt*, Europäisches Unternehmens- und Kapitalmarktrecht, 2017, Rn. 46.99 (insbes. Fn. 288). AA wohl *Korte* in: Helios/Strieder (Hrsg.), Beck'sches Handbuch der Genossenschaft, 2009, § 16 Rn. 107; *Schulze* in: Schulze (Hrsg.), Europäische Genossenschaft (SCE) – Handbuch, Kap. 5 Rn. 76.

411 *Barsan*, La société coopérative européenne (SCE): entre identité coopérative et efficacité économique, 2013, Rn. 773 kritisiert insofern die Diskriminierung von natürlichen Personen, die demgegenüber Beschränkungen unterliegen.

b) Stimmrechte der investierenden Mitglieder und der Arbeitnehmervertreter

178 Die investierenden Mitglieder (vgl. Rn. 246) haben, sofern die Satzung dies vorsieht, ebenfalls Stimmrechte in der Generalversammlung. Im Hinblick auf grds. mögliche **Mehrstimmrechte** ist auf das einzelstaatliche Recht abzustellen (Art. 59 III SCE-VO).[412] Es gilt aber in jedem Fall eine Höchstgrenze von 25% der gesamten Stimmrechte für die investierenden Mitglieder. Die Begrenzung dient dem Schutz der nutzenden Mitglieder und sichert den förderwirtschaftlichen Charakter der SCE.[413] Bei einer deutschen SCE hat jedes investierende Mitglied grds. eine Stimme (§ 30 I SCE-AusfG), wobei dies nur bis zur Erreichung der Höchstgrenze von 25% gilt.

179 Darüber hinaus können unter den Voraussetzungen des Art. 59 IV SCE-VO auch die **Arbeitnehmervertreter** in der **Generalversammlung stimmberechtigt** sein. Dies ist allerdings nur möglich, wenn der Mitgliedstaat, in dem die SCE ihren Registersitz hat, eine solche Beteiligung der Arbeitnehmer erlaubt (vgl. Art. 59 IV 1 SCE-VO). Allerdings dürfen die Arbeitnehmer nicht mehr als 15% der gesamten Stimmrechte auf sich vereinigen (Art. 59 IV 1 SCE-VO).

180 Geht man von den Höchstschwellen für die investierenden Mitglieder (25%) und für die Arbeitnehmervertreter (15%) aus (zusammen 40%), müssen den nutzenden Mitglieder damit zumindest 60% der Stimmrechte zustehen. Die satzungsändernde Mehrheit haben sie in diesem Fall allerdings nicht. Entscheidungen, die mit einfacher Mehrheit gefasst werden, können sie allerdings grundsätzlich gemeinsam dominieren. Hinzu kommt die Schranke von 30% der Stimmen mit Blick auf Mehrstimmrechte für nutzende Mitglieder. Wird diese ebenfalls ausgeschöpft, halten einfache, nutzende Mitglieder ohne Mehrstimmrechte somit dann lediglich 30% der Stimmen. In diesem Fall erreichen die Mehrstimmrechte und die Stimmrechte der investierenden Mitglieder 55% und können daher, wenn sie zusammenarbeiten, einfache Beschlüsse gegen die Stimmen der einfachen, nutzenden Mitglieder ohne Mehrstimmrechte durchsetzen (dazu näher unter Rn. 183).

5. Mehrheit für natürliche Personen

181 Art. 59 SCE-VO spricht nicht die Möglichkeit für die Mitglieder an, festzulegen, dass natürliche Personen die Mehrheit in der Generalversammlung zu stellen haben. Art. 4 VII 2 SCE-VO zeigt allerdings, dass die Verordnung von einem entsprechenden Satzungsgestaltungsspielraum ausgeht.

6. Beschlussfähigkeit und Mehrheitserfordernisse

182 Nach Art. 61 III 1 SCE-VO bzw. Art. 5 IV SCE-VO sind die Voraussetzungen der Beschlussfähigkeit in der **Satzung** der SCE zu regeln. Die Formulierung des Art. 61 III 1 SCE-VO in der deutschen Fassung, wonach die Beschlussfähigkeit (und auch die Mehrheitserfordernisse) für „ordentliche Generalversammlungen" geregelt werden können, ist in den (meisten) anderen Sprachfassungen nicht enthalten.[414] Die deutsche Fassung enthält damit (ebenso wie die polnische Fassung) einen Übersetzungsfehler (zum Umgang mit Übersetzungsfehlern auch § 2 Rn. 86 ff.). Dies zeigt auch Art. 5 IV SCE-VO, der ganz generell statuarische Regelungen zur Beschlussfähigkeit verlangt. Anzumerken bleibt an dieser Stelle, dass die SCE-Verordnung die Begrifflichkeiten „ordentliche und außerordentliche Gesellschafterversammlung" vermeidet. Dies ist verständlich, da insofern unterschiedliche mitgliedstaatliche Traditionen vorliegen und ansonsten wohl eine Definition notwendig geworden wäre.

183 Zum Schutz einer ggf. nicht erschienenen Mehrheit der Mitglieder wird empfohlen, jedenfalls für wichtige Beschlüsse für eine ausreichende Mindestpräsenz zu sorgen.[415] Umgekehrt birgt eine zu hohe Schwelle das Risiko Beschlüsse aufgrund einer zu geringen Teilnahme nicht fassen zu können. Für den Fall der Zulässigkeit von investierenden Mitgliedern oder Mehrstimmrechten, die sich nach der Kapitalbeteiligung richten (vgl. Art. 59 II 3, 4 SCE-VO, dazu Rn. 176), müssen gem. Art. 61 III 2 SCE-VO besondere **Schutzvorschriften** bzgl. nutzender Mitglieder im Hinblick auf die Beschlussfähigkeit in die Satzung aufgenommen werden. Begründet wird dies damit, dass verhindert werden soll, dass diese Gruppen durch ihr Erscheinen und ein entsprechendes Fernbleiben der nutzenden Mitglieder die Mehrheit der abgegebenen Stimmen stellen und so Beschlüsse fassen können.[416] Allerdings ist zu bedenken, dass die Mehrstimmrechte und die Rechte der investierenden Mitglieder im Höchstfall zusammen 55% betragen können (30%+25%). Dann stellen diese beiden Gruppen zusammen immer die einfache Mehrheit. Schutzvorschriften mit Blick auf nutzende Mitglieder können allerdings helfen, de-

412 *Lutter/Bayer/Schmidt*, Europäisches Unternehmens- und Kapitalmarktrecht, 2017, Rn. 46.100.

413 *Schöpflin* in: Beuthien (Hrsg.), GenG, 2018, Art. 59 SCE-VO Rn. 5; vgl. auch SGECOL, Draft Principles of European Cooperative Law, 2015, S. 59.

414 Englischer Wortlaut: „general meetings". Französischer Wortlaut: „assemblées générales". Spanischer Wortlaut: „las asambleas generales". Italienischer Wortlaut: „assemblee generali". Niederländischer Wortlaut: „algemene vergaderingen". Der Wortlaut der polnischen Fassung ähnelt hingegen der deutschen Fassung: „zwyczajnych walnych zgromadzeń". Darauf aufmerksam machend *Lutter/Bayer/Schmidt*, Europäisches Unternehmens- und Kapitalmarktrecht, 2017, Rn. 46.103 (Fn. 298); *Schöpflin* in: Beuthien (Hrsg.), GenG, 2018, Art. 61 SCE-VO Rn. 3.

415 *Schöpflin* in: Beuthien (Hrsg.), GenG, 2018, Art. 61 SCE-VO Rn. 3.

416 Vgl. *Schöpflin* in: Beuthien (Hrsg.), GenG, 2018, Art. 61 SCE VO Rn. 3.

ren Präsenz sicherzustellen, so dass sie zumindest Satzungsänderungen verhindern können. Ein weiterer Schutz kann durch höhere Anforderungen an die Beschlussmehrheiten erreicht werden (dazu sogleich unter Rn. 185). Art. 61 III 2 SCE-VO macht keine Vorgaben, wie die Schutzvorschriften für die einfachen, nutzenden Mitglieder auszusehen haben. Die Mitgliedstaaten können dazu gem.Art. 61 III 3 SCE-VO allerdings besondere Vorschriften erlassen. Dies können sie jedoch nur in Form von Mindestanforderungen tun, so dass der Satzungsgeber darüber hinausgehen kann. Der deutsche Gesetzgeber setzt eine gewisse Mindestanforderung durch § 30 II SCE-AusfG.

Mit Blick auf **Satzungsänderungen** enthält Art. 61 IV SCE-VO spezielle Voraussetzungen für die Beschlussfähigkeit. Um eine ausreichende Legitimation zu wahren, müssen bei der ersten Einberufung zur Abstimmung über Satzungsänderungen mindestens die Hälfte der eingetragenen Mitglieder anwesend sein bzw. sich vertreten lassen.[417] Bei der zweiten Generalversammlung zum selben Tagesordnungspunkt bestehen hingegen keine speziellen Anforderungen an die Beschlussfähigkeit (Art. 61 IV SCE-VO). Es gilt sowohl in Bezug auf die erste als auch die zweite Einberufung, dass neben Art. 61 IV SCE-VO die Vorschriften der Satzung zur Beschlussfähigkeit greifen. Gem. Art. 5 IV SCE-VO gehören Regelungen zur Beschlussfähigkeit zum Mindestinhalt der Satzung. 184

Nach Art. 61 II SCE-VO fasst die Generalversammlung Beschlüsse grundsätzlich mit der **einfachen Mehrheit** der Mitglieder. Die Mehrheit der Stimmen wird aus den abgegebenen, gültigen Stimmen der anwesenden bzw. vertretenen Mitglieder ermittelt. Gem. Art. 61 III SCE-VO können in der Satzung auch höhere Mehrheitserfordernisse festgelegt werden. Die Verpflichtung der Beschäftigung mit der Thematik ist sogar zwingend vorgegeben, da entsprechende Regelungen in der Satzung zum Mindestinhalt gehören (vgl. Art. 5 IV SCE-VO, s. Rn. 107). Aus Art. 61 IV 2 SCE-VO ergibt sich, dass die Generalversammlung bei Satzungsänderungen mindestens mit der Mehrheit von **zwei Dritteln** der gültigen Stimmen beschließt, wobei sich aus dem einzelstaatlichen Recht auch strengere Anforderungen ergeben können.[418] Gleiches gilt für die Satzung. 185

7. Niederschrift

Über jede Zusammenkunft der Generalversammlung muss gem. Art. 62 I SCE-VO eine Niederschrift angefertigt werden. Diese muss **mindestens Angaben** zum 186

- Ort und der Zeit der Generalversammlung,
- zu den Beschlussgegenständen und
- zu den Abstimmungsergebnissen

enthalten. Gem. Art. 62 II SCE-VO müssen der Niederschrift folgende **Unterlagen** beigelegt werden:

- Das Teilnehmerverzeichnis,
- die Einberufungsunterlagen und
- die Berichte zu den Tagesordnungspunkten, die den Mitgliedern vorgelegt wurden.

Die Niederschrift muss vom Vorsitzenden der Versammlung unterzeichnet werden (Art. 62 IV SCE-VO) und mindestens fünf Jahre mit den angehängten Unterlagen gemeinsam **aufbewahrt** werden (Art. 62 III SCE-VO). Jedes Mitglied hat gegen Zahlung der Verwaltungskosten das Recht, eine Kopie der Niederschrift und der beigefügten Unterlagen auf einfache Anfrage hin zu erhalten (Art. 62 III 2 SCE-VO). 187

8. Sektor- und Sektionsversammlung

Alternativ zum Modell der „direkten Demokratie“[419] der Generalversammlung bietet die SCE-Verordnung die Möglichkeit einer „**repräsentativen Demokratie**“[420] durch **Sektor- und Sektionsversammlungen** (Art. 63 SCE-VO).[421] **Sektor** meint dabei die Einteilung nach räumlichen bzw. unternehmensgegenständlichen Kriterien, während sich die **Sektion** auf die Einteilung der Mitgliedergruppen bezieht.[422] Die Organisationsform ist für SCE 188

417 *Lutter/Bayer/Schmidt*, Europäisches Unternehmens- und Kapitalmarktrecht, 2017, Rn. 46.103.

418 Für eine deutsche SCE ergeben sich die Anforderungen aus § 16 II-IV GenG, vgl. *Schöpflin* in: Beuthien (Hrsg.), GenG, 2018, Art. 61 SCE-VO Rn. 5.

419 *Schulze* in: Schulze (Hrsg.), Europäische Genossenschaft (SCE) – Handbuch, Kap. 5 Rn. 83.

420 *Lutter/Bayer/Schmidt*, Europäisches Unternehmens- und Kapitalmarktrecht, 2017, Rn. 46.97. Vgl. auch *Wiese*, Die europäische Genossenschaft im Vergleich zur eingetragenen Genossenschaft deutschen Rechts, 2006, S. 149.

421 Englische Bezeichnung: „Sectorial or section meetings“. Spanische Bezeichnung: „Asambleas sectoriales o de sección“. Niederländische Bezeichnung: „Sector- of afdelingsvergaderingen“. Die französische und italienische Fassung sind leicht abweichend formuliert. Französische Bezeichnung: „Assemblée de branche ou de section“. Italienische Bezeichnung: „Assemblee settoriali o separate“. Polnische Bezeichnung: „Zgromadzenia sektorowe i zgromadzenia sekcji“.

422 *Schöpflin* in: Beuthien (Hrsg.), GenG, 2018, Art. 63 SCE-VO Rn. 1; vgl. *Holthaus/Lehnhoff* in: Lang/Weidmüller (Hrsg.), Genenossenschaftsgesetz, § 43a Rn. 94; anders *Schulze* in: Schulze (Hrsg.), Europäische Genossenschaft (SCE) – Handbuch, Kap. 5 Rn. 83, wonach sich Sektoren nur auf die geographische Einteilung bezieht und bei

gedacht, bei denen aufgrund der Größe, des grenzüberschreitenden Charakters oder der unterschiedlichen Tätigkeitsfelder ein effektiver demokratischer Willensbildungsprozess andernfalls nur schwer möglich wäre.[423] In der Regel führen die kleineren Einheiten in solchen Fällen im Vergleich zum einstufigen Modell der Generalversammlung zu einer effektiveren demokratischen Willensbildung.[424] Die Satzung der SCE kann eine Sektor- und Selektionsversammlung vorsehen, wenn das einzelstaatliche Recht dies zulässt und die SCE mindestens eine der folgenden vier Bedingungen erfüllt (Art. 63 I 1 SCE-VO):

- Die SCE geht unterschiedlichen Tätigkeiten nach;
- sie übt ihre Tätigkeiten in mehr als einer Gebietseinheit aus;
- sie hat mehrere Niederlassungen;
- die SCE hat mehr als 500 Mitglieder.[425]

189 Die Bedingungen in Art. 63 I 1 SCE-VO scheinen **abschließend** zu sein. Mitgliedstaaten haben danach nur die Wahl Sektor- und Sektionsversammlungen zuzulassen oder nicht. Sie können jedoch keine weiteren Bedingungen stellen oder die Bedingungen der Verordnung abändern.[426] In der Satzung muss eine Wahl zugunsten der Aufteilung nach Sektoren oder Sektionen sowie die Bestimmung der Anzahl der Vertreter jedes Sektors bzw. jeder Sektion erfolgen (Art. 63 I 2 SCE-VO). Ein Nebeneinander von beiden Einteilungsformen ist, wie sich aus der Formulierung „oder"[427] in Art. 63 I 2 SCE-VO ergibt, nicht möglich und wäre im Ergebnis wegen Überschneidungen und Verwicklungen auch impraktikabel.[428]

190 Die Sektor- bzw. Sektionsversammlungen wählen nach Art. 62 II 1 SCE-VO ihre Vertreter für höchstens vier Jahre, wobei eine vorzeitige Abberufung möglich ist. Eine Wiederwahl der Vertreter ist allerdings ebenfalls gestattet.[429] Die Verordnung konkretisiert keine Anforderungen an das **passive Wahlrecht** für die Stellung als Vertreter des Sektors bzw. der Sektion, so dass insoweit einzelstaatliches Recht nach Art. 8 I lit. c) SCE-VO greift.[430] Die gewählten Vertreter bilden nach Art. 62 II 2 Hs. 1 SCE-VO die (verkleinerte) Generalversammlung (entspricht nach deutschem Verständnis der **Vertreterversammlung**), die an die Stelle der aus allen Mitgliedern bestehenden Generalversammlung tritt. Nur wenn die Sektor- bzw. Sektionsversammlungen durch Satzungsänderungen abgeschafft werden, lebt die ursprüngliche Form der Generalversammlung wieder auf.[431]

Sektionen die Einteilung nach sachlichen Tätigkeitsbereichen erfolgt. So auch *Korte* in Helios/Strieder (Hrsg.), Beck'sches Handbuch der Genossenschaft, 2009, § 16 Rn. 117.

423 *Lutter/Bayer/Schmidt*, Europäisches Unternehmens- und Kapitalmarktrecht, 2017, Rn. 46.97.
424 Vgl. *Lutter/Bayer/Schmidt*, Europäisches Unternehmens- und Kapitalmarktrecht, 2017, Rn. 46.97.
425 *Barsan*, La société coopérative européenne (SCE): entre identité coopérative et efficacité économique, 2013, Rn. 767 hält die Schwelle von 500 für zu niedrig.
426 Von einer entsprechenden Interpretation scheint auch der deutsche Gesetzgeber auszugehen, s. BT-Drs. 16/1025, S. 61. AA *Lutter/Bayer/Schmidt*, Europäisches Unternehmens- und Kapitalmarktrecht, 2017, Rn. 46.97. Ebenso wohl auch *Schöpflin* in: Beuthien (Hrsg.), GenG, 2018, Art. 63 SCE-VO Rn. 1; *Wiese*, Die europäische Genossenschaft im Vergleich zur eingetragenen Genossenschaft deutschen Rechts, 2006, S. 149 (Fn. 891).
427 Englischer Wortlaut: „or". Französischer Wortlaut: „ou". Spanischer Wortlaut: „o". Italienischer Wortlaut: „o". Niederländischer Wortlaut: „of". Polnischer Wortlaut: „lub"
428 *Schöpflin* in: Beuthien (Hrsg.), GenG, 2018, Art. 63 SCE-VO Rn. 1.
429 *Schöpflin* in: Beuthien (Hrsg.), GenG, 2018, Art. 63 SCE-VO Rn. 3.
430 *Schöpflin* in: Beuthien (Hrsg.), GenG, 2018, Art. 63 SCE-VO Rn. 4.
431 *Schöpflin* in: Beuthien (Hrsg.), GenG, 2018, Art. 64 SCE-VO Rn. 2.

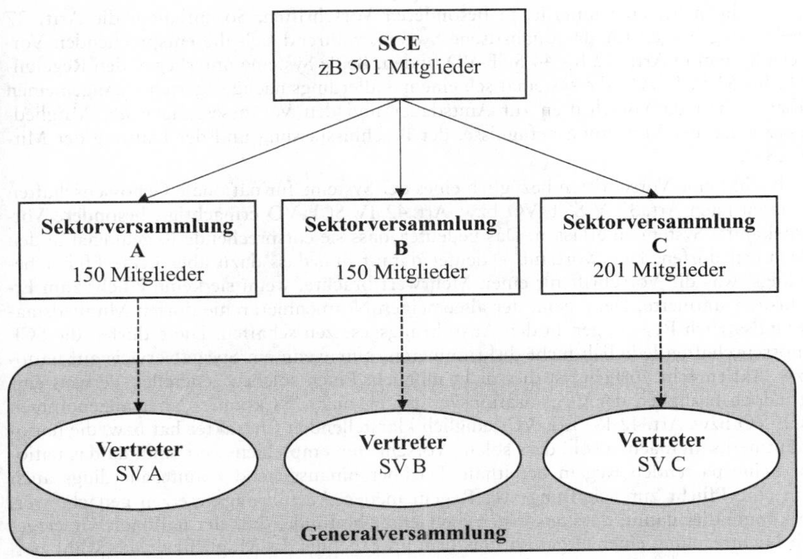

Abb. 15: Beispielhafter Aufbau einer SCE mit Sektorenversammlungen

Die gewählten Vertreter vertreten nach Art. 63 II 2 Hs. 2 SCE-VO ihren Sektor bzw. ihre Sektion und erstatten diesem bzw. dieser **Bericht** über die Ergebnisse der Generalversammlung. Aus dem Wortlaut der Regelung wird abgeleitet, dass sich die Pflicht der Vertreter auf die Berichterstattung erschöpft und sie damit **keinem Weisungsrecht** der Sektor- bzw. Sektionsversammlung unterliegen.[432] Die Sektor- und Sektionsversammlung treffen nach diesem Verständnis nur bzgl. der Entsendung der Vertreter verbindliche Entscheidungen. Unklar bleibt dabei jedoch, welche Auswirkungen dies auf den Verweis aus Art. 63 II 3 SCE-VO hat, wonach die Regelungen der Generalversammlung (Kapitel III Abschnitt 4) auf die Sektor- und Sektionsversammlung entsprechend Anwendung finden. So ist ua fraglich, wie die Stimmrechte der einzelnen Mitglieder (des Sektors bzw. der Sektion) aus Artt. 58, 59 SCE-VO auszugestalten sind. Gleiches gilt ggf. für die stimmberechtigte Teilnahme der Arbeitnehmervertreter nach Art. 59 IV SCE-VO. Problematisch ist auch, wie zB das Austrittsrecht nach Art. 7 V SCE-VO von den Mitgliedern ausgeübt werden soll, wenn diese über die Sitzverlegung nicht abstimmen, sondern lediglich ihre Vertreter in der (verkleinerten) Generalversammlung (Vertreterversammlung). Das gleiche Problem ergibt sich mit Blick auf Art. 15 II SCE-VO. Beide Vorschriften sollten in jedem Fall so ausgelegt werden, dass sie nicht leerlaufen. Es muss den Mitgliedern daher ermöglicht werden, ihren Widerspruch gegen die Entscheidungen auf geregeltem Weg zum Ausdruck zu bringen, damit sie vom Schutzkonzept des Art. 7 V SCE-VO profitieren können. Auch im Hinblick auf die weiteren Rechte aus Kapitel III Abschnitt 4 ergeben sich Schwierigkeiten bei der entsprechenden Anwendung, so zB im Hinblick auf das Recht zur Einberufung der Generalversammlung durch die Minderheit der Mitglieder (Art. 55 SCE-VO), die Form und Frist der Einberufung (Art. 56 SCE-VO), die Informationsrechte (Art. 60 SCE-VO) und die Mehrstimmrechte (Art. 59 SCE-VO). 191

III. Weitere Organe

Die weitere Struktur können die Mitglieder insofern selbst bestimmen, als sie gem. Art. 36 lit. b) SCE-VO die Wahl zwischen einer **monistischen** und einer **dualistischen Struktur** haben.[433] Auch insofern bestehen starke 192

432 *Schöpflin* in: Beuthien (Hrsg.), GenG, 2018, Art. 63 SCE-VO Rn. 3; *Heß*, Die Europäische Genossenschaft und die Reform des Genossenschaftsrechts in Deutschland, 2008, S. 118; *Korte* in Helios/Strieder (Hrsg.), Beck'sches Handbuch der Genossenschaft, 2009, § 16 Rn. 118. Zum Vorschlag der Kommission von 1993 (Kommission, Geänderter Vorschlag für eine Verordnung (EWG) des Rates über das Statut der Europäischen Genossenschaft, Abl. EG vom 31. August 1993, C 236/3, S. 17 ff.) wurde vertreten, dass die Delegierten keine eigenen Entscheidungsbefugnisse haben sollten, sondern an die Beschlüsse der Sektionsversammlung gebunden waren, vgl. *Fischer* in: Theurl/Greve (Hrsg.), Genossenschaftsrecht in Europa – Diskussionsbeiträge zur Reform des Genossenschaftsgesetzes in Deutschland, 2001, S. 180 f.

433 *Schulze* NZG 2004, 792, 795; vgl. auch Art. 36 lit. b SCE-VO; vgl. *Teichmann* in: MüHdB GesR, Bd. 6, 2013, § 51 Rn. 19; *Hirte*, Kapitalgesellschaftsrecht, 2016, Rn. 10.77.

Parallelen zur SE.[434] Die jeweiligen Systeme unterliegen **besonderen Vorschriften.** So enthalten die Artt. 37 bis 41 SCE-VO die speziellen Regelungen für das dualistische System, während sich die entsprechenden Vorschriften für das monistische System in Artt. 42 bis 44 SCE-VO finden. Beide Systeme unterliegen den Regelungen in Abschnitt 3 (Artt. 45 bis 51 SCE-VO), die systematisch einem – allerdings nachgelagerten – „**allgemeinen Teil**" entsprechen.[435] Dieser enthält ua Vorschriften zur Amtsdauer und den Voraussetzungen der Mitgliedschaft sowie Regelungen bezüglich der Vertretungsbefugnisse, der Beschlussfassung und der Haftung der Mitglieder (vgl. dazu Rn. 220-237).

193 Sofern das einzelstaatliche Recht keine Vorschriften bezüglich eines der Systeme für nationale Genossenschaften kennt, sind die Mitgliedstaaten nach Art. 37 V SCE-VO bzw. Art. 42 IV SCE-VO ermächtigt, **besondere Vorschriften** für das ihnen unbekannte System zu erlassen. Das bedeutet, dass sie entsprechende Regelungen in den Ausführungsgesetzen aufnehmen dürfen. Der Wortlaut[436] deutet darauf hin, dass dazu aber keine Pflicht besteht.[437] Fraglich ist allerdings, was die Vorschrift für einen Mehrwert brächte, wenn sie keine Pflicht zum Erlass entsprechender Vorschriften statuierte. Denn gem. der allgemeinen Normenhierarchie dürfen Mitgliedstaaten im Fall von Lücken grundsätzlich Regelungen in den Ausführungsgesetzen schaffen. Diese dürfen die SCE gegenüber nationalen Genossenschaften lediglich nicht diskriminieren. Nur wenn ein Spezialverweis auf nationales Genossenschafts- bzw. Aktienrecht vorliegt, ist dies nicht möglich. Einen solchen generellen Verweis enthält die SCE-Verordnung jedoch bezüglich der Organisationsverfassung nicht. Es könnte daher angenommen werden, dass Art. 37 V SCE-VO bzw. Art. 42 IV SCE-VO lediglich klarstellenden Charakter hat bzw. die nationalen Gesetzgeber darauf aufmerksam machen soll, dass solche Vorschriften empfehlenswert sind, da das nationale Genossenschaftsrecht keine passenden Regeln bereithält. Darüber hinausgehend könnte allerdings auch entgegen des Wortlauts an eine **Pflicht** zur Schaffung von Regeln in den Ausführungsgesetzen gedacht werden.[438] Begründet werden könnte dies damit, dass ansonsten die Gefahr bestünde, dass der nationale Gesetzgeber den Mitgliedern durch Nichtregelung einer Organisationsform im Ergebnis die Möglichkeit der Wahl zwischen den beiden Alternativen nimmt.[439] Eine Pflicht könnte somit insoweit befürwortet werden, als es ohne Regelung zu einem Funktionsdefizit käme. Zusätzlich könnte überlegt werden, aus der Vorschrift herzuleiten, dass den Mitgliedstaaten die Regelungskompetenz in den Ausführungsgesetzen abgesprochen wird, sofern das nationale Recht eine entsprechende Organisationsstruktur bei der nationalen Genossenschaft kennt. Dann würde die Vorschrift auch die Gleichstellung mit der jeweiligen nationalen Genossenschaft sicherstellen.

194 Für SCE mit Sitz in Deutschland finden sich die besonderen Regelungen für das dualistische bzw. monistische System in §§ 12 bis 16 bzw. §§ 17 bis 27 SCE-AusfG. Mit Blick auf die Regeln zum monistischen System wurde in Deutschland die Frage aufgeworfen, ob die entsprechenden Vorschriften im deutschen Ausführungsgesetz womöglich gegen die SCE-Verordnung verstoßen, da § 9 I 2 GenG Kleingenossenschaften gestattet, durch eine entsprechende Satzungsvorgabe auf einen Aufsichtsrat zu verzichten.[440] Hier wäre zunächst zu diskutieren, ob die Struktur dann tatsächlich der monistischen Struktur nach der SCE-VO entspricht. Typisch für ein monistisches System ist, dass im Verwaltungsorgan geschäftsführende und nicht-geschäftsführende Mitglieder vertreten sind. Dies ist für die kleine deutsche Genossenschaft jedoch gar nicht vorgesehen, weshalb die Struktur nicht der monistischen Organisationsform entspricht. Die Vorschriften verstoßen daher nicht gegen die Verordnung.

1. Die dualistische Struktur

195 Wird in der Satzung der SCE die **dualistische Struktur** gewählt, besitzt die SCE neben der Generalversammlung ein **Leitungs-** und ein **Aufsichtsorgan** (Art. 37 II SCE-VO). Das System ist danach geprägt durch eine strikte Funktionsteilung zwischen **Geschäftsführung und Vertretung** sowie der **Kontrolle**.[441]

---

434 *Cathiard*, La pratique du droit européen des sociétés, 2017, Rn. 258.

435 *Lutter/Bayer/Schmidt*, Europäisches Unternehmens- und Kapitalmarktrecht, 2017, Rn. 46.58; vgl. *Heß*, Die Europäische Genossenschaft und die Reform des Genossenschaftsrechts in Deutschland, 2008, S. 103.

436 Deutscher Wortlaut: „kann". Englischer Wortlaut: „may". Französischer Wortlaut: „peut". Spanischer Wortlaut: „podrán". Italienischer Wortlaut: „può". Niederländischer Wortlaut: „kan". Polnischer Wortlaut: „może". *Schöpflin* in: Beuthien (Hrsg.), GenG, 2018, Art. 36 SCE-VO Rn. 2.

437 *Cathiard*, La pratique du droit européen des sociétés, 2017, Rn. 258; vgl. auch *Barsan*, La société coopérative européenne (SCE): entre identité coopérative et efficacité économique, 2013, Rn. 822. AA *Lutter/Bayer/Schmidt*, Europäisches Unternehmens- und Kapitalmarktrecht, 2017, Rn. 46.57, die von einer Pflicht des nationalen Regelungsgebers ausgehen; *Schulze* in: Schulze (Hrsg.), Europäische Genossenschaft (SCE) – Handbuch, 2004, Kap. 5 Rn. 4; vgl. auch *Miribung* ZfgG 2007, 270, 281 (Fn. 11), wonach eine faktische Pflicht des nationalen Gesetzgebers zur Schaffung ergänzender Vorschriften bestehen soll.

438 So im Ergebnis *Cathiard*, La pratique du droit européen des sociétés, 2017, Rn. 258.

439 Vgl. *Cathiard*, La pratique du droit européen des sociétés, 2017, Rn. 258.

440 *Lutter/Bayer/Schmidt*, Europäisches Unternehmens- und Kapitalmarktrecht, 2017, Rn. 46.83.

441 Vgl. auch *Fuentes Naharro* REVESCO 2009, 58, 61 f.; *Miribung* ZfgG 2007, 270, 280 zur klaren Abgrenzung der Verantwortungsbereiche.

a) Das Leitungsorgan

Gem. Art. 37 I 1 SCE-VO sind die **Führung der Geschäfte** der Genossenschaft in eigener Verantwortung sowie die **Vertretung** der SCE gegenüber Dritten und vor Gericht die Aufgabe des Leitungsorgans. Der Begriff der Geschäftsführung wird durch die SCE-Verordnung nicht näher konkretisiert, muss aber einheitlich für alle SCE europäisch-autonom ausgelegt werden (zur europäisch-autonomen Auslegung auch § 2 Rn. 80 ff.).[442] Erfasst werden danach jedenfalls alle tatsächlichen und rechtlichen Handlungen, die das Leitungsorgan vornimmt, um den Zweck der Genossenschaft zu erreichen. Dazu gehören gerade auch Handlungen gegenüber den Mitgliedern (auch Selbstverwaltungsakte wie zB die Einberufung der Generalversammlung) und Dritten.[443] Die Formulierung in der deutschen Fassung „in eigener Verantwortung“[444] verdeutlicht, dass das Leitungsorgan nicht von den Weisungen anderer Organe abhängig ist.[445] Allerdings enthalten nicht alle Fassungen einen entsprechenden Wortlaut. Andere Sprachfassungen sprechen schlicht von: „Das Leitungsorgan ist verantwortlich für die Geschäftsführung der SCE (…)“.[446] Das ändert jedoch nichts am Ergebnis. Denn auch die anderen Sprachfassungen lassen eine Interpretation zu, nach der der Vorstand nicht weisungsgebunden ist. Das einzelstaatliche Rechte kann vorsehen, dass ein Geschäftsführer unter denselben Voraussetzungen, wie sie für eine mitgliedstaatliche Genossenschaft gelten, die laufenden Geschäfte in eigener Verantwortung wahrnimmt (Art. 37 I 2 SCE-VO).[447] Hier besteht dasselbe Problem im Hinblick auf die Formulierung „in eigener Verantwortung“.[448] Das einzelstaatliche Recht kann dabei bestimmen, ob der Geschäftsführer Mitglied des Leitungsorgans ist und im Rahmen einer Aufgabenverteilung die Geschäftsführung übernimmt oder ob er ein bestellter Vertreter ist.[449] 196

Die **Bestellung und Abberufung der Mitglieder** des Leitungsorgans erfolgt idR nicht durch die Generalversammlung, sondern durch das Aufsichtsorgan (vgl. Art. 37 II 1 SCE-VO). Der Sitzstaat kann abweichend davon jedoch der Generalversammlung diese Kompetenz zuweisen oder eine solche **Kompetenzverschiebung** durch eine entsprechende Satzungsbestimmung zulassen (Art. 37 II 2 SCE-VO).[450] Für eine SCE mit Sitz in Deutschland besteht die Möglichkeit der Kompetenzverschiebung nach § 12 SCE-AusfG, um so eine Rechtslage zu schaffen, die mit der Genossenschaft übereinstimmt.[451] Eine Zuweisung dieser Kompetenz an eine andere Stelle wie etwa einen möglichen Beirat ist hingegen nicht möglich.[452] Im Gegensatz zur Bestellung der Aufsichtsratsmitglieder (s. Rn. 174) gestattet Art. 37 II SCE-VO nicht die Bestellung der ersten Leitungsorganmitglieder in der Satzung. Eine entsprechende Möglichkeit könnte sich allerdings aus nationalem Recht ergeben, wenn dieses vorsieht, dass in der Satzung der SCE festgelegt werden kann, dass die Generalversammlung für die Bestellung der Leitungsorganmitglieder zuständig ist. 197

Aus der Formulierung in Art. 37 II 1 SCE-VO („Das Mitglied/die Mitglieder des Leitungsorgans“)[453] ergibt sich, dass die Verordnung grds. die Möglichkeit eröffnet, dass das Leitungsorgan neben der Ausgestaltung als 198

---

442 *Schulze* in: Schulze (Hrsg.), Europäische Genossenschaft (SCE) – Handbuch, 2004, Kap. 5 Rn. 11; *Heß*, Die Europäische Genossenschaft und die Reform des Genossenschaftsrechts in Deutschland, 2008, S. 104.

443 *Schulze* in: Schulze (Hrsg.), Europäische Genossenschaft (SCE) – Handbuch, 2004, Kap. 5 Rn. 9; *Heß*, Die Europäische Genossenschaft und die Reform des Genossenschaftsrechts in Deutschland, 2008, S. 104; *Korte* in: Helios/Strieder (Hrsg.), Beck'sches Handbuch der Genossenschaft, 2009, § 16 Rn. 56; *Barsan*, La société coopérative européenne (SCE): entre identité coopérative et efficacité économique, 2013, Rn. 827.

444 Italienischer Wortlaut: „L'organo di direzione gestisce sotto la propria responsabilità la SCE“. Niederländischer Wortlaut: „Het leidinggevend orgaan is onder eigen verantwoordelijkheid belast met het bestuur van de SCE“. Polnischer Wortlaut: „Organ zarządzający prowadzi sprawy SCE na własną odpowiedzialność“.

445 *Schöpflin* in: Beuthien (Hrsg.), GenG, 2018, Art. 37 SCE-VO Rn. 2.

446 Englischer Wortlaut: „The management organ shall be responsible for managing the SCE“. Französischer Wortlaut: „L'organe de direction est responsable de la gestion de la SEC“. Spanischer Wortlaut: „El órgano de dirección será responsable de la gestión de la SCE“.

447 *Miribung* ZfgG 2007, 270, 272; *Schöpflin* in: Beuthien (Hrsg.), GenG, 2018, Art. 37 SCE-VO Rn. 1, wonach dies zB in den Niederlanden vorgesehen ist. Für eine SCE mit Sitz in Deutschland eröffnet sich diese Möglichkeit nicht, weil das GenG keine Geschäftsführer im dualistischen System vorsieht, vgl. *Lutter/Bayer/Schmidt*, Europäisches Unternehmens- und Kapitalmarktrecht, 2017, Rn. 46.69.

448 Ebenso wie die deutsche Fassung der niederländische Wortlaut: „onder eigen verantwoordelijkheid“. Andere Sprachfassungen enthalten die Formulierung „in eigener Verantwortung“ nicht. So der englische Wortlaut: „A Member State may provide that a managing director is responsible for the current management (…)“, der französische Wortlaut: "Un État membre peut prévoir qu'un directeur général est responsible de la gestion courante (…)", der italienische Wortlaut: "Uno Stato membro può prevedere che l'amministratore delegato sia responsabile della gestione corrente", der spanische Wortlaut: "El Estado miembro podrá disponer que el responsable de la administración corriente sea un consejero delegado".

449 Vgl. *Schöpflin* in: Beuthien (Hrsg.), GenG, 2018, Art. 37 SCE-VO Rn. 2.

450 *Schulze* in: Schulze (Hrsg.), Europäische Genossenschaft (SCE) – Handbuch, 2004, Kap. 5 Rn. 16. Vgl. *Teichmann* in: MüHdB GesR, Bd. 6, 2013, § 51 Rn. 20; *Miribung* ZfgG 2007, 270, 275.

451 BT-Drs. 16/1025, S. 57.

452 *Schöpflin* in: Beuthien (Hrsg.), GenG, 2018, Art. 37 SCE-VO Rn. 3.

453 Englischer Wortlaut: „The member or members of the management organ“. Französischer Wortlaut: „Le ou les membres de l'organe de direction“. Spanischer Wortlaut: „El miembro o los miembros del órgano de dirección“.

Kollegialorgan auch nur aus **einer Person** bestehen kann.[454] Nach Art. 37 IV 1 SCE-VO bestimmt die Satzung die konkrete **Zahl der Mitglieder des Leitungsorgans** oder sie enthält Regeln, um die Mitgliederzahl festzulegen. Für die Praxis wird für die meisten Fälle ein mindestens zweiköpfiges Leitungsorgan zur Wahrung des Vier-Augen-Prinzips empfohlen, wobei v.a. für kleine SCE auch ein einköpfiges Organ sinnvoll sein kann.[455] In vielen Fällen empfiehlt es sich nur Regeln zur Festlegung der Anzahl der Mitglieder zu erstellen, um ein ausreichendes Maß an Flexibilität zu wahren (zB Anpassung an die Veränderungen der Mitgliederzahl oder des Geschäftsvolumens).[456] Die Mitgliedstaaten können gem. Art. 37 IV 2 SCE-VO allerdings vorsehen, dass Mindest- und/oder Höchstzahlen für die Mitglieder des Leitungsorgans gelten, so dass die Satzungsautonomie insofern eingeschränkt wird. Die Formulierung in Art. 37 IV 2 SCE-VO deutet jedoch darauf hin, dass den Satzungsgebern durch das nationale Recht nicht jeglicher Spielraum genommen werden darf (zum Beispiel Beschränkung auf ein Leitungsorganmitglied iSe gleichzeitigen Mindest- und Höchstvorgabe).[457] Wäre dies gewünscht gewesen, hätte die Verordnung dem nationalen Gesetzgeber eindeutig die Möglichkeit geben können, die Anzahl der Mitglieder des Leitungsorgans zu bestimmen. Durch die Beschränkung des Art. 37 IV 2 SCE-VO auf Mindest- und Höchstvorgaben drückt die Verordnung jedoch aus, dass den Satzungsgebern eine gewisse Flexibilität verbleiben muss. Für eine SCE mit Sitz in Deutschland ergibt sich aus § 14 SCE-AusfG, dass mindestens ein zweiköpfiges Leitungsorgan erforderlich ist.[458] Eine Höchstgrenze sieht § 14 SCE-AusfG jedoch nicht vor. Gibt es eine Mehrzahl an Mitgliedern im Leitungsorgan, so steht ihnen Gesamtgeschäftsführungsbefugnis zu. Dies ergibt sich indirekt aus Art. 37 I 1 SCE-VO, der dem Leitungsorgan als Ganzem die Geschäftsführung überträgt.[459] Zur Beschlussfassung des Leitungsorgans s. Rn. 235 ff.

199 Nach Art. 37 III 1 SCE-VO können Mitglieder des Aufsichtsorgans aufgrund der Trennung von Geschäftsführung und Kontrolle im dualistischen System nicht zugleich Mitglieder des Leitungsorgans sein (**Prinzip der Inkompatibilität**).[460] Eine Ausnahme hiervon ergibt sich aus Art. 37 III 2, 3 SCE-VO für den Fall, dass der betreffende Posten im Leitungsorgan nicht besetzt ist. Für diesen Fall kann ein Mitglied des Kontrollorgans diese Rolle einnehmen, jedoch ruht während dieser Zeit das Amt als Mitglied des Aufsichtsorgans (sog **Notgeschäftsführung**).[461] Die Mitgliedstaaten können hierfür eine zeitliche Höchstgrenze festlegen (Art. 37 III 4 SCE-VO).

200 Das Leitungsorgan wählt aus seiner Mitte gem. den Regelungen in der Satzung einen **Vorsitzenden** (Art. 38 I SCE-VO), sofern das Leitungsorgan nicht lediglich aus einer Person besteht. Im letzteren Fall erübrigt sich eine Wahl und das einzige Mitglied des Leitungsorgans übernimmt das Amt des Vorsitzenden. Die Übertragung des Wahlrechts auf ein anderes Organ ist ebenso wenig zulässig, wie die Aufteilung des Vorsitzes auf mehrere Mitglieder.[462] Die **Einberufung des Leitungsorgans** obliegt nach Art. 38 II 1 SCE-VO dem Vorsitzenden. Er hat diese nach Maßgabe der Satzung von sich aus einzuberufen oder auf Antrag eines Mitglieds des Leitungsorgans. Wird das Leitungsorgan in letzterem Fall nicht innerhalb von 15 Tagen einberufen, steht dem antragstellenden Mitglied das Recht zu, das Organ selbst einzuberufen (vgl. Art. 38 II 2 SCE-VO).

b) Aufsichtsorgan

201 Nach Art. 39 I 1 SCE-VO besteht die Aufgabe des Aufsichtsorgans in der **Überwachung der Geschäftsführung** durch das Leitungsorgan (die Regelung entspricht Art. 40 I 1 SE-VO, vgl. dazu § 4 Rn. 144). Die Kontrolle bezieht sich auf alle Bereiche der Geschäftsführung (zum Begriff s. Rn. 196) und erfasst nicht nur die Einhaltung von Rechtsvorschriften sowie der Satzungsregelungen, sondern auch die Überwachung der wirtschaftlichen Führung und sachgerechten Organisation der SCE im Hinblick auf ihren Zweck.[463] Die Kontrolle kann nicht nur ex post, sondern auch präventiv, dh ex ante, durchgeführt werden.[464] Ein Weisungsrecht steht dem Aufsichtsorgan gegenüber dem Leitungsorgan jedoch nicht zu (vgl. Art. 37 I 1 SCE-VO: „in eigener Verantwor-

Italienischer Wortlaut: „Il membro o i membri dell'organo di direzione". Niederländischer Wortlaut: „Het lid of de leden van het leidinggevend orgaan". Polnischer Wortlaut: „Członek lub członkowie".

454 *Schulze* in: Schulze (Hrsg.), Europäische Genossenschaft (SCE) – Handbuch, 2004, Kap. 5 Rn. 12; *Schöpflin* in: Beuthien (Hrsg.), GenG, 2018, Art. 37 SCE-VO Rn. 5.

455 *Schulze* in: Schulze (Hrsg.), Europäische Genossenschaft (SCE) – Handbuch, 2004, Kap. 5 Rn. 13.

456 Vgl. *Heß*, Die Europäische Genossenschaft und die Reform des Genossenschaftsrechts in Deutschland, 2008, S. 104; *Schulze* in: Schulze (Hrsg.), Europäische Genossenschaft (SCE) – Handbuch, 2004, Kap. 5 Rn. 13.

457 *Schulze* in: Schulze (Hrsg.), Handbuch der Europäischen Genossenschaft (SCE), 2004, Kap. 5 Rn. 14.

458 Auch hier soll ein Gleichlauf mit der Genossenschaft erreicht werden BT-Drs. 16/1025, S. 57.

459 Gleiches wird für die SE-VO vertreten, die mit Art. 39 I 1 SE-VO eine vergleichbare Regelung enthält. Vgl. § 4 Rn. 133.

460 *Schulze* in: Schulze (Hrsg.), Europäische Genossenschaft (SCE) – Handbuch, 2004, Kap. 5 Rn. 15; *Miribung* ZfgG 2007, 270, 276 zur Ruhendstellung des Amtes im Aufsichtsrat.

461 *Schulze* in: Schulze (Hrsg.), Europäische Genossenschaft (SCE) – Handbuch, 2004, Kap. 5 Rn. 15.

462 *Schulze* in: Schulze (Hrsg.), Europäische Genossenschaft (SCE) – Handbuch, 2004, Kap. 5 Rn. 18.

463 *Schulze* in: Schulze (Hrsg.), Europäische Genossenschaft (SCE) – Handbuch, 2004, Kap. 5 Rn. 20; *Fuentes Naharro* REVESCO 2009, 58, 69.

464 *Fuentes Naharro* REVESCO 2009, 58, 69.

tung“, s. Rn. 196), so dass es nur unverbindliche Empfehlungen aussprechen kann.[465] Die Kontrollaufgabe beschränkt sich auf die Mitglieder des Leitungsorgans und erstreckt sich nicht auf die nachgelagerten Mitarbeiter.[466]

Auch die **Führung der Geschäfte** sowie die **Vertretung** der SCE **gegenüber Dritten** ist dem Aufsichtsorgan (auch im Falle einer Verhinderung des Leitungsorgans) nicht gestattet (Art. 39 I 2 und 3 SCE-VO).[467] Art. 39 I 4 SCE-VO weist dem Aufsichtsorgan jedoch aufgrund drohender **Interessenkonflikte** die Vertretungsbefugnis in Fällen zu, in denen das Leitungsorgan andernfalls die SCE gegenüber sich selbst vertreten würde. Das Aufsichtsorgan vertritt die SCE demnach, wenn die SCE mit dem Leitungsorgan Verträge abschließt oder wenn ein Rechtsstreit zwischen der SCE und dem Leitungsorgan besteht. Bedient sich das Kontrollorgan zur Erfüllung der Kontrollbefugnisse eines Dritten (Art. 39 IV SCE-VO), ist auch hier anzunehmen, dass das Aufsichtsorgan vertretungsbefugt ist.[468] In Ausnahmefällen kann das Aufsichtsorgan auch eines seiner Mitglieder zur Wahrnehmung der Aufgaben des Leitungsorgans gem. Art. 37 III SCE-VO abstellen (sog **Notgeschäftsführung**, vgl. Rn. 199).[469] 202

Zur Ausübung der Kontrollaufgaben stehen dem Aufsichtsorgan umfassende **Informationsrechte** nach Art. 40 SCE-VO zu.[470] Aus Art. 40 I SCE-VO ergibt sich, dass das Leitungsorgan das Aufsichtsorgan (unaufgefordert)[471] mindestens alle drei Monate über den Gang der Geschäfte zu unterrichten hat. Das bedeutet, dass das Leitungsorgan das Aufsichtsorgan in jedem Fall über die entsprechenden wirtschaftlichen Kennzahlen, die den Geschäftsverlauf widerspiegeln, informieren muss.[472] Die **Berichtspflicht** betrifft das Leitungsorgan als Gesamtorgan.[473] 203

Das dreimonatige Intervall darf als Mindestanforderung nicht überschritten werden und gilt zwingend auch für kleine SCE, für die damit eine größere verwaltungstechnische Belastung einhergeht.[474] Es gibt keine ausdrückliche Regelung, die es dem Satzungsgeber gestattet, kürzere Intervalle vorzuschreiben. Die Entscheidung in kürzeren Abständen zu berichten, liegt damit bei der Geschäftsführung. Die Unterrichtungspflicht erstreckt sich anders als bei der SE (Art. 41 SE-VO vgl. § 4 Rn. 145) auch auf Informationen über von der SCE kontrollierte Unternehmen,[475] wenn es sich um Tatsachen handelt, die einen „spürbaren“ Effekt auf den Geschäftsverlauf der SCE haben können. Der von der SE-VO abweichende Zusatz lässt sich darauf zurückführen, dass der Förderzweck der SCE (Art. 1 III SCE-VO) durch die Auslagerung von Geschäften auf Tochtergesellschaften gefährdet werden könne, so dass die Informationsrechte auch hierauf erstreckt werden.[476] Wie sich auch aus den anderen Sprachfassungen[477] ergibt (die von „signifikant“ sprechen), meint die **Spürbarkeitsschwelle** mit Blick auf die kontrollierten Unternehmen zwar nicht nur krisenhafte Auswirkungen,[478] aber erhebliche Konsequenzen. Dazu können allerdings auch solche Umstände gezählt werden, denen eine besondere geschäftspolitische Aufmerksamkeit zukommt.[479] Erfasst werden demnach vor allem außerordentliche Maßnahmen der Geschäftsführung und Geschäfte mit großem Umfang[480] mit Blick auf kontrollierte Unternehmen. 204

465 *Schöpflin* in: Beuthien (Hrsg.), GenG, 2018, Art. 39 SCE-VO Rn. 2; *Schulze* in: Schulze (Hrsg.), Europäische Genossenschaft (SCE) – Handbuch, Kap. 5 Rn. 21; *Korte* in Helios/Strieder (Hrsg.), Beck'sches Handbuch der Genossenschaft, 2009, § 16 Rn. 65.

466 *Schöpflin* in: Beuthien (Hrsg.), GenG, 2018, Art. 39 SCE-VO Rn. 1; *Schulze* in: Schulze (Hrsg.), Europäische Genossenschaft (SCE) – Handbuch, Kap. 5 Rn. 21.

467 *Schöpflin* in: Beuthien (Hrsg.), GenG, 2018, Art. 39 SCE-VO Rn. 2; *Fuentes Naharro* REVESCO 2009, 58, 68 f.; *Cathiard*, La pratique du droit européen des sociétés, 2017, Rn. 263; *Korte* in: Helios/Strieder (Hrsg.), Beck'sches Handbuch der Genossenschaft, 2009, § 16 Rn. 65.

468 *Schöpflin* in: Beuthien (Hrsg.), GenG, 2018, Art. 40 SCE-VO Rn. 3.

469 Näher dazu siehe *Schulze* in: Schulze (Hrsg.), Europäische Genossenschaft (SCE) – Handbuch, 2004, Kap. 5 Rn. 15.

470 *Cathiard*, La pratique du droit européen des sociétés, 2017, Rn. 263.

471 *Schöpflin* in: Beuthien (Hrsg.), GenG, 2018, Art. 40 SCE-VO Rn. 1 („von sich aus“).

472 *Fuentes Naharro* REVESCO 2009, 58, 71; *Cathiard*, La pratique du droit européen des sociétés, 2017, Rn. 272 kritisiert, dass diese Vorgabe nicht präzise genug ist.

473 *Schöpflin* in: Beuthien (Hrsg.), GenG, 2018, Art. 40 SCE-VO Rn. 1.

474 *Schulze* in: Schulze (Hrsg.), Europäische Genossenschaft (SCE) – Handbuch, 2004, Kap. 5 Rn. 29.

475 *Schöpflin* in: Beuthien (Hrsg.), GenG, 2018, Art. 40 SCE- VO Rn. 1 geht davon aus, dass ein erheblicher Einfluss genügt und damit kein beherrschender Einfluss verlangt wird. Vertretbar erscheint es aber auch, auf das Kontrollkonzept des Art. 22 I Bilanz-RL (dazu § 25 Rn. 73 f.) zu blicken.

476 *Schulze* in: Schulze (Hrsg.); Europäische Genossenschaft (SCE) – Handbuch, 2004, Kap. 5 Rn. 29 (Fn. 16).

477 In der englischen Fassung „significantly“, in der französischen Fassung „significative“, in der spanischen Fassung „significativa“, in der italienischen Fassung „significativa“ und in der polnischen Fassung „istotny“. Die niederländische Fassung spricht leicht abweichend schlicht von „van belang“.

478 *Schöpflin* in: Beuthien (Hrsg.), GenG, 2018, Art. 40 SCE-VO Rn. 1.

479 *Schöpflin* in: Beuthien (Hrsg.), GenG, 2018, Art. 40 SCE-VO Rn. 1.

480 *Schöpflin* in: Beuthien (Hrsg.), GenG, 2018, Art. 40 SCE-VO Rn. 1.

205 Die Spürbarkeitsschwelle[481] gilt nach Art. 40 II SCE-VO auch für die zusätzliche **Informationspflicht** des Leitungsorgans gegenüber dem Aufsichtsorgan **in Bedarfsfällen.** Der Wortlaut der anderen Sprachfassungen weist hier allerdings auf eine niedrigere Schwelle im Verhältnis zu Art. 40 I SCE-VO hin. Denn Art. 40 II SCE-VO spricht nicht von „signifikanten" Auswirkungen, sondern tatsächlich von „merklichen" bzw. „spürbaren" Effekten. Eine ad-hoc Mitteilung an das Aufsichtsorgan ist damit bezüglich aller Ereignisse notwendig, die die (niedrigere) Spürbarkeitsschwelle überschreiten. Diese Pflicht tritt neben die regelmäßige Informationspflicht. Nach der Vorschrift hat die Unterrichtung des Aufsichtsorgans durch das Leitungsorgan „unverzüglich" zu erfolgen.

206 Mangels Vorgaben in der Verordnung wird die **Berichtsform** sowohl für die Informationspflichten nach Art. 40 I SCE-VO als auch nach Art. 40 II SCE-VO in der Satzung festgelegt oder in Ermangelung einer solchen Regelung frei durch das Leitungsorgan gewählt.[482] Die Berichtsform muss aber jedenfalls sicherstellen, dass eine Kontrolle iSd Art. 39 I SCE-VO ermöglicht wird, die Informationen also vollständig und verständlich sind und sich nicht widersprechen.[483] Zu Dokumentations- und wiederholten Konsultationszwecken durch die Aufsichtsorganmitglieder bietet sich die Textform an. Zudem kann eine mündliche Erläuterung sinnvoll sein.

207 Auch hat das Aufsichtsorgan das Recht, alle Informationen zu verlangen, die für eine **effektive Kontrolle** erforderlich sind (Art. 40 III 1 SCE-VO). Dies umfasst zB Informationen über Geschäftsbereiche und konkrete Fragen bzw. Rückfragen zur Geschäftstätigkeit, rechtfertigt jedoch nicht die Teilnahme an den Sitzungen des Leitungsorgans.[484] Dieses Informationsrecht kann das Organ grds. nur als Ganzes wahrnehmen.[485] Den Mitgliedstaaten steht es allerdings offen, einzelnen Mitgliedern des Aufsichtsorgans die Möglichkeit einzuräumen, das Informationsverlangen geltend zu machen (Art. 40 III 2 SCE-VO). Gemeint ist, dass das einzelne Mitglied das Recht erhält, das Informationsverlangen für das Organ als Ganzes geltend zu machen und Empfänger der Informationen ebenfalls das Organ als Ganzes ist und nicht das auskunftbegehrende Mitglied.[486] Andernfalls bestünde die Gefahr, dass die anderen Mitglieder keinen ausreichenden (bzw. rechtzeitigen) Zugang zu den entsprechenden Informationen erhalten.[487] Nicht ausdrücklich geregelt ist die **beratende Funktion** des Aufsichtsrats gegenüber dem Leitungsorgan. Diese wird jedoch als Annexkompetenz zur Kontrollfunktion gegeben sein.[488]

208 Im Rahmen der Kontrollfunktion kann das Aufsichtsorgan nicht nur das Auskunftsrecht geltend machen, sondern nach Art. 40 IV SCE-VO auch alle anderen, zur Erfüllung seiner Aufgabe erforderlichen **Überprüfungen** vornehmen oder in Auftrag geben (zB durch Sachverständige oder Wirtschaftsprüfer).[489] Eine sachgemäße Kontrolle kann sich dabei beispielsweise auf die Überprüfung der Kassen, Bücher und Lagerbestände und anderer Bestandsverzeichnisse der SCE erstrecken und kann auch die Protokolle und andere Schriftstücke des Leitungsorgans umfassen.[490]

209 Um ein gleichmäßiges Informationsniveau innerhalb des Organs zu gewährleisten, können alle Mitglieder des Aufsichtsorgans von den Informationen Kenntnis nehmen, die dem Organ übermittelt wurden (Art. 40 V SCE-VO).[491] Dieses Recht ist zwingend und erstreckt sich auch auf die Arbeitnehmervertreter und nicht nutzenden Mitglieder, die Mitglieder des Aufsichtsorgans sein können (vgl. Art. 39 II 2, III SCE-VO).[492]

210 Dem Aufsichtsorgan steht gem. Art. 54 II 1 SCE-VO das Recht zu, die Generalversammlung selbst einzuberufen oder dies nach Art. 54 II 2 SCE-VO beim Leitungsorgan zu beantragen (vgl. Rn. 167). Außerdem besitzt das Aufsichtsorgan grundsätzlich **Personalkompetenz** hinsichtlich des Leitungsorgans (vgl. Rn. 197). Hinzu kommt

481 Die anderen Sprachfassungen verwenden nicht die gleiche Formulierung wie in Art. 40 I SCE-VO, formulieren aber ebenfalls eine Erheblichkeitsschwelle. Englischer Wortlaut: „appreciable effect". Französischer Wortlaut: „répercussions sensibles". Spanischer Wortlaut: „repercusiones sensibles". Italienischer Wortlaut: „ripercussioni sensibili". Niederländischer Wortlaut: „belangrijke gevolgen". Polnischer Wortlaut: „istotny wpływ".

482 *Schöpflin* in: Beuthien (Hrsg.), GenG, 2018, Art. 40 SCE-VO Rn. 1.

483 Vgl. *Schöpflin* in: Beuthien (Hrsg.), GenG, 2018, Art. 40 SCE-VO Rn. 1.

484 *Schulze* in: Schulze (Hrsg.), Europäische Genossenschaft (SCE) – Handbuch, 2004, Kap. 5 Rn. 31.

485 *Schulze* in: Schulze (Hrsg.), Europäische Genossenschaft (SCE) – Handbuch, 2004, Kap. 5 Rn. 33.

486 *Schulze* in: Schulze (Hrsg.), Europäische Genossenschaft (SCE – Handbuch, 2004, Kap. 5 Rn. 33; *Heß*, Die Europäische Genossenschaft und die Reform des Genossenschaftsrechts in Deutschland, 2008, S. 107; *Korte* in: Helios/Strieder (Hrsg.), Beck'sches Handbuch der Genossenschaft, 2009, § 16 Rn. 64.

487 Zur Diskussion um die Auslegung der Regelung s. *Schulze* in: Schulze (Hrsg.), Europäische Genossenschaft (SCE) – Handbuch, 2004, Kap. 5 Rn. 31 ff.

488 Vgl. *Fuentes Naharro* REVESCO 2009, 58, 75.

489 *Schulze* in: Schulze (Hrsg.), Europäische Genossenschaft (SCE) – Handbuch, 2004, Kap. 5 Rn. 32; vgl. auch *Schöpflin* in: Beuthien (Hrsg.), GenG, 2018, Art. 40 SCE-VO Rn. 3; *Korte* in: Helios/Strieder (Hrsg.), Beck'sches Handbuch der Genossenschaft, 2009, § 16 Rn. 64.

490 *Schulze* in: Schulze (Hrsg.), Europäische Genossenschaft (SCE) – Handbuch, 2004, Kap. 5 Rn. 31; *Heß*, Die Europäische Genossenschaft und die Reform des Genossenschaftsrechts in Deutschland, 2008, S. 107; *Cathiard*, La pratique du droit européen des sociétés, 2017, Rn. 273 kritisiert, dass die Vorschrift nicht präzisiert, welche Kontrollmaßnahmen davon umfasst sind.

491 *Schöpflin* in: Beuthien (Hrsg.), GenG, 2018, Art. 40 SCE-VO Rn. 4.

492 *Schulze* in: Schulze (Hrsg.), Europäische Genossenschaft (SCE) – Handbuch, 2004, Kap. 5 Rn. 34.

unter Umständen, dass das Aufsichtsorgan auch seine **Zustimmung** zu bestimmten Geschäften gem. Art. 48 I Spiegelstrich 1 SCE-VO erteilen muss (vgl. Rn. 197).[493]

Die **Bestellung und Abberufung** der Aufsichtsorganmitglieder wird grds. von der **Generalversammlung** vorgenommen (Art. 39 II 1 SCE-VO). Einzig bei der Gründung der SCE können die Mitglieder des ersten Aufsichtsorgans durch die Satzung berufen werden (Art. 39 II 2 SCE-VO). Eine Vereinbarung über die Mitbestimmung der Arbeitnehmer gem. der SCE-RL bleibt hiervon unberührt (Art. 39 II 3 SCE-VO). Entsprechend richtet sich die Bestellung und Abberufung der Arbeitnehmervertreter im Aufsichtsorgan nach den einzelstaatlichen Umsetzungsregelungen des Art. 4 II lit. g) SCE-RL.[494] Die Arbeitnehmer können in solchen Fällen zB einen Teil der Mitglieder des Organs wählen bzw. bestellen oder je nach Ausgestaltung jedenfalls Mitglieder empfehlen oder ablehnen.[495] Nach Art. 39 IV 1 SCE-VO herrscht grds. Satzungsautonomie hinsichtlich der **Zahl** der Mitglieder des Aufsichtsorgans bzw. hinsichtlich der Regelung für ihre Bestimmbarkeit. Den Mitgliedstaaten steht jedoch gem. Art. 39 IV 2 SCE-VO das Recht zu, eine bestimmte Mitgliederzahl, eine Höchst- und/oder Mindestzahl oder die Zusammensetzung des Organs vorzuschreiben (für eine deutsche SCE sind grds. drei Mitglieder vorgeschrieben, § 15 I SCE-AusfG).[496] Auch hier muss den Satzungsgebern jedoch ein Spielraum verbleiben (vgl. zur Argumentation Rn. 198). Zum Schutz der nutzenden Mitglieder sieht die Verordnung in Art. 39 III SCE-VO eine Höchstquote für nicht nutzende Mitglieder (vgl. dazu Rn. 247) vor, die durch einzelstaatliches Recht und Satzung nicht überschritten werden darf. Die nicht nutzenden Mitglieder dürfen im Aufsichtsorgan danach nicht mehr als 25% der Mitglieder stellen.[497] Eine Höchstquote für Mitglieder mit Mehrstimmrechten sieht die Verordnung hingegen nicht vor. 211

Der **Vorsitz und die Einberufung** des Aufsichtsorgans sind in Art. 41 SCE-VO geregelt. Das Organ wählte aus seiner Mitte einen Vorsitzenden (Art. 41 I 1 SCE-VO). Sofern die Hälfte der Mitglieder des Aufsichtsorgans von den Arbeitnehmern bestellt wurde, muss der Vorsitzende allerdings zwingend ein von der Generalversammlung bestelltes Mitglied sein (Art. 41 I 2 SCE-VO). Dies soll einen mehrheitlichen Einfluss der Arbeitnehmer verhindern, weil im Rahmen der Beschlussfassung die Stimme des Vorsitzenden im Falle der Stimmgleichheit den Ausschlag gibt, sofern keine anderslautende Satzungsregelung vorliegt (Art. 50 II SCE-VO). Der Vorsitzende ist für die Einberufung des Aufsichtsorgans entsprechend den Satzungsbestimmungen zuständig und muss dieses von sich aus oder auf Antrag einberufen (Art. 41 II 1 SCE-VO). Sowohl den Mitgliedern des Organs (mindestens ein Drittel) als auch dem Leitungsorgan steht zudem ein entsprechendes Antragsrecht zu (Art. 41 II 1 SCE-VO). Der Antrag zur Einberufung muss gem. Art. 41 II 2 SCE-VO die Gründe für die Einberufung enthalten. Kommt der Vorsitzende dem Antrag nicht innerhalb von 15 Tagen nach, gewährt Art. 41 II 3 SCE-VO den Antragenden das Recht zur Einberufung. Das Antragsrecht der Mitglieder des Aufsichtsorgans entspringt dabei der Gesamtverantwortung, die alle Mitglieder für eine ordnungsgemäße Kontrolle tragen.[498] Dem Leitungsorgan steht ein solches Recht hingegen aufgrund der ihm obliegenden Berichtspflicht aus Art. 40 I, II SCE-VO zu, welcher er im Rahmen des Zusammentreffens des Aufsichtsorgans nachkommen muss.[499] 212

2. Monistisches System

Entscheiden sich die Mitglieder in der Satzung für das **monistische System**, so besitzt die SCE neben der Generalversammlung als weiteres Organ nur das sog **Verwaltungsorgan**.[500] Dieses übernimmt die **Geschäftsführung** und die **Vertretung** der SCE gegenüber Dritten und vor Gericht (Art. 42 I 1 SCE-VO), also jene Aufgaben, die im dualistischen System dem Leitungsorgan zukommen (vgl. Rn. 196). Wie beim dualistischen System gibt die Verordnung auch für das monistische System Gesamtgeschäftsführungsbefugnis vor (Art. 42 I 1 SCE-VO, zur Vertretungsbefugnis Rn. 226 ff.). Der Wortlaut enthält hier im Vergleich zu Art. 37 I 1 SCE-VO in der deutschen Fassung nicht den Zusatz, dass die Geschäftsführung „in eigener Verantwortung“ zu erfolgen hat. Der Wortlaut steht jedoch einer entsprechenden Interpretation nicht entgegen, die das Verwaltungsorgan als weisungsungebunden ansieht.[501] Eine solche sollte im Sinne der Systemstimmigkeit mit Art. 37 I 1 SCE-VO auch gewählt werden. 213

493 *Lutter/Bayer/Schmidt*, Europäisches Unternehmens- und Kapitalmarktrecht, 2017, Rn. 46.74.

494 *Lutter/Bayer/Schmidt*, Europäisches Unternehmens- und Kapitalmarktrecht, 2017, Rn. 46.76. Danach wären für eine deutsche SCE § 36 II-IV SCE-BG bzw. § 37 I SCE-BG einschlägig.

495 *Schulze* in: Schulze (Hrsg.), Europäische Genossenschaft (SCE) – Handbuch, 2004, Kap. 5 Rn. 24.

496 *Lutter/Bayer/Schmidt*, Europäisches Unternehmens- und Kapitalmarktrecht, 2017, Rn. 46.75.

497 Vgl. *Teichmann* in: MüHdB GesR, Bd. 6, 2013, § 51 Rn. 21; *Schulze* in: Schulze (Hrsg.), Europäische Genossenschaft (SCE) – Handbuch, 2004, Kap. 5 Rn. 23.

498 *Schöpflin* in: Beuthien (Hrsg.), GenG, 2018, Art. 42 SCE-VO Rn. 3.

499 *Schöpflin* in: Beuthien (Hrsg.), GenG, 2018, Art. 42 SCE-VO Rn. 3.

500 *Schulze* NZG 2004, 792, 795; *Miribung* ZfgG 2007, 270, 280.

501 In der Literatur wird teilweise von einem redaktionellen Versehen ausgegangen, vgl. *Schöpflin* in: Beuthien (Hrsg.), GenG, 2018, Art. 42 SCE-VO Rn. 2. Hier wird jedoch vielmehr angenommen, dass mit Blick auf Art. 37 I 2 SCE-VO ein Übersetzungsfehler in der deutschen Fassung vorliegt.

214 Wie im dualistischen System (Art. 37 I 2 SCE-VO, vgl. Rn. 195 ff.) kann das einzelstaatliche Recht gem. Art. 42 I 2 SCE-VO auch die Bestellung eines (bzw. auch mehrerer) **Geschäftsführer(s)** für die Wahrnehmung der laufenden Geschäfte regeln.[502] Im Umkehrschluss ergibt sich, dass die Geschäftsführer nicht für außergewöhnliche Geschäfte zuständig sein können. Insofern wird der Gestaltungsspielraum für die Mitgliedstaaten beschränkt. Entsprechend ergibt sich für eine SCE mit Sitz in Deutschland aus § 22 I 1 SCE-AusfG die Möglichkeit, einen oder mehrere geschäftsführende Direktoren zu bestellen.[503] Dadurch wird das monistische System an das dualistische System angenähert.[504] Im Unterschied zum dualistischen System können allerdings auch Mitglieder des Verwaltungsorgans gem. § 22 I 2 SCE-AusfG zu geschäftsführenden Direktoren bestellt werden. Es besteht insofern kein strenges **Prinzip der Inkompatibilität**. Die Vorschrift sieht lediglich vor, dass das Verwaltungsorgan mehrheitlich aus nicht-geschäftsführenden Direktoren bestehen muss.

215 Die **Kontrollfunktion**, die im dualistischen System dem Aufsichtsorgan zugewiesen wird (vgl. Rn. 207), ist für das monistische System in der SCE-Verordnung nicht explizit vorgesehen. Es wäre denkbar, dass die Satzung die Überwachung innerhalb des Verwaltungsorgans explizit regeln kann.[505] Hierzu fehlt es aber an einer ausdrücklichen Kompetenzzuweisung innerhalb der Verordnung. Selbst wenn die Satzung dies nicht regelt bzw. nicht regeln dürfte, könnte man den Begriff Geschäftsführung entsprechend den Traditionen des monistischen Systems soweit verstehen, dass hierzu auch die Beaufsichtigung innerhalb des Verwaltungsorgans gehört. Eine Zuweisung der Kontrollfunktion durch mitgliedstaatliches Recht scheint hingegen in jedem Fall nicht möglich, da die Verordnung die Geschäftsführungs- und Kontrollkompetenzen der Organe für beide Systeme scheinbar abschließend regeln möchte. Bestimmt die Satzung derartige Kontrollaufgaben, können diese auf verschiedene Weise wahrgenommen werden:[506]

- Zuweisung der Kontrolle im Rahmen einer Funktionsteilung innerhalb des Verwaltungsorgans;
- Ausübung der Kontrolle durch die sonstigen Mitglieder des Verwaltungsorgans im Verhältnis zum Vorsitzenden;
- Wahrnehmung der Kontrolle durch das Verwaltungsorgan als Ganzem im Verhältnis zu einem etwaigen bestellten Geschäftsführer der SCE.

216 Für die **Bestellung** der Mitglieder des Verwaltungsorgans ist, wie für das Aufsichtsorgan im dualistischen System (Art. 39 II 1 SCE-VO), die **Generalversammlung** zuständig (Art. 42 III SCE-VO). Die ersten Mitglieder des Verwaltungsorgans können allerdings auch statuarisch bestimmt werden (Art. 42 III 2 SCE-VO). Sofern die Satzung die Möglichkeit von Vertretern der Mitglieder des Verwaltungsorgans vorsieht, werden diese ebenfalls von der Generalversammlung bestellt. Wie im dualistischen System können die Mitglieder des ersten Verwaltungsorgans durch die Satzung berufen werden (Art. 42 II 2 SCE-VO). Auch bleiben gem. Art. 32 III 3 SCE-VO etwaige Vereinbarungen über die Arbeitnehmermitbestimmung iSd SCE-RL von der Regelung unberührt. Die SCE-Verordnung regelt (anders als für das dualistische System, vgl. Art. 37 II 1 SCE-VO bzw. Art. 39 II 1 SCE-VO) jedoch nicht explizit die **Abberufung** der Mitglieder des Verwaltungsorgans. Umstritten ist, ob die Regelungen für die Bestellung entsprechend anzuwenden sind[507] oder sich die Abberufung nach einzelstaatlichem Recht richtet.[508] Überzeugender erscheint es, hier von einem redaktionellen Versehen auszugehen, weil nicht ersichtlich ist, warum die Abberufung anderen Regeln folgen und ggf. anderen Zuständigkeiten unterliegen sollte. Andernfalls wäre hier ein klarstellender Hinweis des Gesetzgebers auf das einzelstaatliche Recht erforderlich gewesen.

217 Die **Zahl der Mitglieder** bzw. die Regelungen für deren Festlegung sowie die **Zusammensetzung** des Verwaltungsorgans werden gem. Art. 42 II 1 SCE-VO in der Satzung geregelt (entspricht Art. 37 IV 1 SCE-VO für das dualistische System). Wie im dualistischen System haben die Mitgliedstaaten jedoch die Möglichkeit sowohl die Zusammensetzung als auch eine Mindest- bzw. Höchstanzahl der Mitglieder des Verwaltungsorgans festzulegen

502 *Schöpflin* in: Beuthien (Hrsg.), GenG, 2018, Art. 42 SCE-VO Rn. 3; *Miribung* ZfgG 2007, 270, 282 zur nationalrechtlichen Ausgestaltung der Höchstzahl im Verwaltungsorgan.

503 Sie werden von den Mitgliedern des Verwaltungsrats bestellt. Die Direktoren besitzen Vertretungsmacht, das heißt, sie können die Genossenschaft gegenüber Dritten vertreten. Nach §§ 22, 23 SCE-AusfG gilt Gesamtgeschäftsführung und -vertretung, sofern die Satzung der SCE nicht Abweichendes regelt.

504 *Fandrich* in: Pöhlmann/Fandrich/Bloehs (Hrsg.), GenG, 2012, Einführung Rn. 23. Vgl. zur vergleichbaren Situation bei der SE § 4 Rn. 176. BT-Drs. 16/1025, S. 59 hat die Vorschrift mit dem Ziel eingeführt die „Funktionen der Geschäftsführung und der allgemeinen Unternehmensleitung klar zu trennen".

505 *Schulze* in: Schulze (Hrsg.), Europäische Genossenschaft (SCE) – Handbuch, 2004, Kap. 5 Rn. 37; *Heß*, Die Europäische Genossenschaft und die Reform des Genossenschaftsrechts in Deutschland, 2008, S. 108.

506 *Schulze* in: Schulze (Hrsg.), Europäische Genossenschaft (SCE) – Handbuch, 2004, Kap. 5 Rn. 36; *Heß*, Die Europäische Genossenschaft und die Reform des Genossenschaftsrechts in Deutschland, 2008, S. 108.

507 *Schulze* in: Schulze (Hrsg.), Europäische Genossenschaft (SCE) – Handbuch, 2004, Kap. 5 Rn. 38; wohl auch *Heß*, Die Europäische Genossenschaft und die Reform des Genossenschaftsrechts in Deutschland, 2008, S. 109.

508 So *Schöpflin* in: Beuthien (Hrsg.), GenG, 2018, Art. 42 SCE-VO Rn. 6; *Lutter/Bayer/Schmidt*, Europäisches Unternehmens- und Kapitalmarktrecht, 2017, Rn. 46.80; *Korte* in: Helios/Strieder (Hrsg.), Beck'sches Handbuch der Genossenschaft, 2009, § 16 Rn. 73. Der deutsche Gesetzgeber geht nicht von einer entsprechenden Anwendung aus und regelt die Abberufung der Verwaltungsorganmitglieder daher in § 20 SCE-AusfG. Vgl. auch BT-Drs. 16/1025, S. 59.

(Art. 42 II 2 SCE-VO). Den Satzungsgebern muss jedoch ein gewisser Spielraum verbleiben (s. Argumentation Rn. 198). Die nicht nutzenden Mitglieder dürfen dabei grundsätzlich nicht mehr als 25% der Mitglieder des Verwaltungsorgans stellen (Art. 42 II 3 SCE-VO) um eine Dominanz gegenüber den nutzenden Mitgliedern zu verhindern.[509] Diese Deckelung entspricht der Begrenzung der nicht nutzenden Mitglieder im Aufsichtsorgan des dualistischen Systems (Art. 39 III SCE-VO, vgl. Rn. 247). Eine Höchstgrenze für Mitglieder mit Mehrstimmrechten kennt die Verordnung hingegen nicht. Bei einer „deutschen" SCE muss das Verwaltungsorgan gem. § 19 I 1 SCE-AusfG grds. auf fünf Personen bzw. im Falle einer kleinen SCE (mit nicht mehr als 20 Mitgliedern) aus mindestens drei Personen bestehen. Eine Maximalanzahl ist nicht vorgesehen.

Grundsätzlich regelt gem. Art. 43 I 1 SCE-VO die Satzung den **Turnus**, in dem das Verwaltungsorgan zusammentritt, wobei nach der Verordnung eine dreimonatige Mindestfrist gilt. Die Sitzungen dienen v.a. dazu, die Geschäftstätigkeit, die Entwicklungen dieser sowie die eventuell spürbaren Auswirkungen (zum Begriff vgl. Rn. 204) von kontrollierten Unternehmen zu diskutieren. Die **Mindestfrist** wirkt sich insbesondere bei solchen SCE aus, die einen Geschäftsführer bestellt haben.[510] In den übrigen Fällen treten die Mitglieder aufgrund der Wahrnehmung der Geschäftsführungsfunktion idR sowieso in kürzeren Intervallen zusammen. Jedes Mitglied des Verwaltungsorgans muss die Möglichkeit besitzen, von den Berichten, Unterlagen und Auskünften, die dem Organ zukommen, Kenntnis zu nehmen (Art. 43 II SCE-VO). 218

Entsprechend der Regelung im dualistischen System (Art. 41 I 1 SCE-VO) wählt auch das Verwaltungsorgan aus seiner Mitte einen **Vorsitzenden** (Art. 44 I 1 SCE-VO). Auch hier gilt wie im Rahmen von Art. 41 I 2 SCE-VO, dass im Falle einer paritätischen Zusammensetzung des Verwaltungsorgans der Vorsitzende nicht gegen die Stimmen der von der Generalversammlung gewählten Vertreter bestellt werden darf (vgl. Rn. 212). Der Vorsitzende ist für die **Einberufung des Verwaltungsorgans** zuständig und muss dieses von sich aus einberufen oder zumindest auf Antrag von mindestens einem Drittel der Mitglieder des Verwaltungsorgans (Art. 44 II 1 SCE-VO). Diese Regelung entspricht, wie auch das **Selbsteinberufungsrecht** der Mitglieder bei Untätigkeit des Vorsitzenden (15-Tagesfrist gem. Art. 44 II 3 SCE-VO), weitgehend den Regelungen für das dualistische System (Art. 41 II SCE-VO). Der Generalversammlung kommt kein Antrags- oder Einberufungsrecht zu.[511] 219

3. Gemeinsame Regelungen für die Organisationsverfassung (Artt. 45 bis 51 SCE-VO)

a) Voraussetzungen der Mitgliedschaft und Amtsdauer

Art. 46 I 1 SCE-VO bestimmt, dass neben **natürlichen Personen** grds. auch **Gesellschaften** iSd Art. 54 S. 2 AEUV (ex-Art. 48 EGV) Organmitglieder sein können. Die Möglichkeit besteht, wenn das einzelstaatliche Recht dem nicht entgegensteht (eine ausdrückliche Zulassung ist jedoch nicht erforderlich)[512] und die Satzung diese Möglichkeit vorsieht. Den Mitgliedstaaten steht damit aus regelungstechnischer Sicht ein *opt-out* zu, während die Satzungsgeber die Möglichkeit des *opt-in* haben. Für eine deutsche SCE besteht die Möglichkeit allerdings nicht, da der deutsche Gesetzgeber die *opt-out* Option genutzt hat (§ 9 II 1 GenG).[513] 220

Da juristische Personen nicht selbst die tatsächlichen Tätigkeiten eines Organmitglieds ausüben können, muss nach Art. 46 I 2 SCE-VO eine natürliche Person zur Wahrnehmung der organschaftlichen Aufgaben für die Gesellschaft berufen werden (Art. 46 I 2 SCE-VO). Die Verordnung stellt keine weiteren Anforderungen an die Stellung des Vertreters, so dass die Aufgabe nicht zwingend vom geschäftsführenden Organ der entsendenden Gesellschaft wahrgenommen werden muss.[514] Für den Vertreter gelten gem. Art. 46 I 3 SCE-VO dieselben Bedingungen und ihn treffen dieselben Rechte und Pflichten wie Organmitglieder, die natürliche Personen sind. 221

Nach Art. 46 II SCE-VO sind bestimmte Personen allerdings aus Gründen des einheitlichen **Verkehrsschutzes**[515] von der Mitgliedschaft bzw. der Vertretung iSd Art. 46 I 2 SCE-VO ausgeschlossen. Hierzu zählen Personen, die nach einzelstaatlichem Recht (1. Spiegelstrich) des Sitzstaats bzw. aufgrund einer Gerichts- oder Verwaltungsentscheidung eines (beliebigen) Mitgliedstaates (2. Spiegelstrich) dem Leitungs-, Aufsichts- bzw. Verwaltungsorgan der nationalen Genossenschaften nicht angehören dürfen. Verwendet das einzelstaatliche Recht andere Bezeichnungen für die Organe der nationalen Genossenschaft, kommt es auf die funktionale Äquivalenz an, weil die Verordnung grds. von einer Vergleichbarkeit ausgeht.[516] Schwierigkeiten ergeben sich in Fällen, in denen das einzelstaatliche Recht eines der Organe nicht für die nationale Genossenschaft kennt und dies auch nicht 222

509 *Lutter/Bayer/Schmidt*, Europäisches Unternehmens- und Kapitalmarktrecht, 2017, Rn. 46.79.
510 *Schöpflin* in: Beuthien (Hrsg.), GenG, 2018, Art. 43 SCE-VO Rn. 1.
511 *Schöpflin* in: Beuthien (Hrsg.), GenG, 2018, Art. 44 SCE-VO Rn. 1.
512 *Schulze* in: Schulze (Hrsg.), Europäische Genossenschaft (SCE) – Handbuch, 2004, Kap. 5 Rn. 43.
513 *Schöpflin* in: Beuthien (Hrsg.), GenG, 2018, Art. 46 SCE-VO Rn. 1.
514 Vgl. *Heß*, Die Europäische Genossenschaft und die Reform des Genossenschaftsrechts in Deutschland, 2008, S. 109; nach *Schulze* in: Schulze (Hrsg.), Europäische Genossenschaft (SCE) – Handbuch, 2004, Kap. 5 Rn. 43, muss die Person nicht einmal Gesellschafter oder Mitarbeiter der Gesellschaft sein.
515 *Schöpflin* in: Beuthien (Hrsg.), GenG, 2018, Art. 46 SCE-VO Rn. 4.
516 *Schulze* in: Schulze (Hrsg.), Europäische Genossenschaft (SCE) – Handbuch, 2004, Kap. 5 Rn. 44.

gesondert geregelt hat. Ist für die nationale Genossenschaft zB nur das dualistische System vorgesehen muss für Bestellungs- und Vertretungshindernisse bei einer monistischen SCE ein Vergleich mit den Organen des anderen Systems gezogen werden.[517] Dabei sind die Funktionen und der jeweilige Schutzzweck der Bestellungshindernisse zu berücksichtigen.

223 Die SCE-Verordnung äußert sich nicht explizit zu der Frage, ob die Mitglieder der Organe zugleich Mitglieder der SCE sein müssen (**Selbstorganschaft**) oder ob auch eine **Fremdorganschaft** möglich sein soll. Aus dem Fehlen eines Verbots der Fremdorganschaft kann im Umkehrschluss allerdings geschlossen werden, dass eine Fremdorganschaft grundsätzlich möglich ist.[518] Dies gilt, weil personelle Einschränkungen als Begrenzung der Gestaltungsfreiheit einer Anordnung bedürfen. Jedoch steht die Verordnung einschränkenden Satzungsregelungen (Festlegung der Selbstorganschaft) nicht entgegen (Art. 46 III SCE-VO). Auch das nationale Recht kann wohl gem. Art. 46 II Spiegelstrich 1 SCE-VO Selbstorganschaft anordnen. Für eine deutsche Genossenschaft gilt zwar gem. § 9 II 1 GenG das Prinzip der Selbstorganschaft. § 14 SCE-AusfG verwendet für die SCE jedoch mit Blick auf das Leitungsorgan im dualistischen System die Formulierung „Personen", statt wie im deutschen Recht „Mitglieder", weshalb ausweislich der Gesetzesbegründung in der SCE die Fremdorganschaft möglich ist.[519] Aufgrund der Normenhierarchie (s. Rn. 32 ff. und Abb. 1) hat das Ausführungsgesetz insofern Vorrang vor dem Genossneschaftsgesetz. Auch die Aufsichtsratsmitglieder müssen nicht gleichzeitig Mitglieder sein (§ 15 SCE-AusfG „Personen"). Gleiches gilt auch mit Blick auf das monistische System (§ 19 SCE-AusfG).

224 Im monistischen System können durch die Satzung weitere **besondere Voraussetzungen** (zB besondere Fach- oder Branchenkenntnisse) für die Mitglieder des Verwaltungsrats festgelegt werden, sofern diese im Einklang mit dem einzelstaatlichen Recht stehen (Art. 46 III SCE-VO). Die Anforderungen dienen v.a. dem Ausgleich der fehlenden bzw. eingeschränkten Kontrolle der Geschäftsführung und Vertretung im monistischen System.[520] Aus Wertungsgesichtspunkten ist diese Beschränkung auf das Verwaltungsorgan im monistischen System jedoch nicht unproblematisch. Denn auch im dualistischen System gibt es gute Gründe bestimmte Anforderungen an die Organwalter zu stellen, um eine effektive Geschäftsführung und Kontrolle sicherzustellen.

225 Die **Amtsdauer** der Organmitglieder wird in der Satzung festgelegt und darf eine Dauer von sechs Jahren nicht überschreiten (Art. 45 I SCE-VO). Das Amt endet mit Ablauf der Zeit.[521] Eine **Wiederbestellung** der Mitglieder ist gem. Art. 45 II SCE-VO unbegrenzt oft möglich um Kontinuität zu wahren.[522] Die Satzung kann die Wiederwahl jedoch beschränken (Art. 45 II SCE-VO).

b) Vertretung

226 Für mehrköpfige Leitungs- bzw. Verwaltungsorgane ist die **Gesamtvertretung** durch alle Mitglieder der normierte Regelfall (Art. 47 I 1 SCE-VO).[523] Für eine wirksame Vertretung müssen alle Mitglieder einen entsprechenden Willen auf Abschluss des jeweiligen Rechtsgeschäfts bekunden. Zur Wahrung eines funktionsfähigen Geschäftsbetriebs kann es nach dem Sinn und Zweck der Regelung nicht erforderlich sein, dass die Mitglieder gleichzeitig handeln müssen.[524] Entsprechende vor- oder nachgelagerte Erklärungen reichen damit idR aus.[525] Ebenfalls kann es nicht darauf ankommen, ob die Mitglieder ihren Willen ausdrücklich oder nur konkludent

517 *Schulze* in: Schulze (Hrsg.), Europäische Genossenschaft (SCE) – Handbuch, 2004, Kap. 5 Rn. 45; *Heß*, Die Europäische Genossenschaft und die Reform des Genossenschaftsrechts in Deutschland, 2008, S. 109 f.

518 *Schulze* in: Schulze (Hrsg.), Europäische Genossenschaft (SCE) – Handbuch, 2004, Kap. 5 Rn. 47; *Beuthien* ZfgG 2007, 3, 11; *Höffler*, Die Gestaltungsfreiheit im deutschen und europäischen Genossenschaftsrecht, 2013, S. 156. So auch *Heß*, Die Europäische Genossenschaft und die Reform des Genossenschaftsrechts in Deutschland, 2008. S. 110 mit dem Hinweis, dass sich dies mittelbar aus der stimmrechtslosen Teilnahme der Organe an der Generalversammlung gem. Art. 58 II SCE-VO ergibt („Die Mitglieder der Organe der SCE (…) können an der Generalversammlung ohne Stimmrecht teilnehmen."). So auch zum Vorschlag der Komission von 1993 (Abl. EG v. 31. August 1993, C 236/03, S. 17 ff.) *Fischer* in: Theurl/Greve (Hrsg.), Genossenschaftsrecht in Europa – Diskussionsbeiträge zur Reform des Genossenschaftsgesetzes in Deutschland, 2001, S. 180.

519 BT-Drs. 16/1025, S. 57 f. Vgl. auch *Höffler*, Die Gestaltungsfreiheit im deutschen und europäischen Genossenschaftsrecht, 2013, S. 158. AA *Korte* in: Helios/Strieder (Hrsg.), Beck'sches Handbuch der Genossenschaft, 2009, § 16 Rn. 83; *Schöpflin* in: Beuthien (Hrsg.), GenG, 2018, Art. 46 SCE-VO Rn. 3. So auch *Lutter/Bayer/Schmidt*, Europäisches Unternehmens- und Kapitalmarktrecht, 2017, Rn. 46.61 für eine dualistisch verfasste SCE. Bei einer monistischen Organisationsverfassung soll hingegen nach den Autoren auch Fremdorganschaft möglich sein.

520 *Schöpflin* in: Beuthien (Hrsg.), GenG, 2018, Art. 46 SCE-VO Rn. 5.

521 *Schöpflin* in: Beuthien (Hrsg.), GenG, 2018, Art. 45 SCE-VO Rn. 2.

522 *Schöpflin* in: Beuthien (Hrsg.), GenG, 2018, Art. 45 SCE-VO Rn. 2. Vgl. auch *Korte* in: Helios/Strieder (Hrsg.), Beck'sches Handbuch der Genossenschaft, 2009, § 16 Rn. 81.

523 *Schulze* in: Schulze (Hrsg.), Europäische Genossenschaft (SCE) – Handbuch, 2004, Kap. 5 Rn. 48 ff.; *Korte* in: Helios/Strieder (Hrsg.), Beck'sches Handbuch der Genossenschaft, 2009, § 16 Rn. 85.

524 *Schulze* in: Schulze (Hrsg.), Europäische Genossenschaft (SCE) – Handbuch, 2004, Kap. 5 Rn. 48.

525 *Schulze* in: Schulze (Hrsg.), Europäische Genossenschaft (SCE) – Handbuch, 2004, Kap. 5 Rn. 48; *Schöpflin* in: Beuthien (Hrsg.), GenG, 2018, Art. 47 SCE-VO Rn. 1.

zum Ausdruck gebracht haben, sofern nicht ein formbedürftiges Rechtsgeschäft vorliegt.[526] Die Regelung lässt keine klaren Schlüsse darüber zu, ob sich die Gesamtvertretung nur auf die **Aktivvertretung** bezieht oder auch die **Passivvertretung** umfasst.[527] Da es im praktischen Geschäftsverkehr zu erheblichen Problemen führen würde, wenn Erklärungen Dritter an die SCE stets allen Organmitgliedern zugehen müssten, ist davon auszugehen, dass die Passivvertretung nach dem Sinn und Zweck nicht erfasst ist.[528] Die Passivvertretung bestimmt sich damit gem. Art. 8 I lit. c) ii) SCE-VO nach einzelstaatlichem Recht.[529] Für eine deutsche SCE reicht danach jedenfalls die Abgabe gegenüber einem Mitglied des Leitungsorgans (§ 25 I 2 GenG).[530]

Sofern das einzelstaatliche Recht dies zulässt (*opt-in* Regelung), kann in der **Satzung** von der Gesamtvertretung abgewichen werden (*opt-out* Regelung (dispositive Satzungsbestimmung), Art. 47 I Hs. 2 SCE-VO). Gegenüber Dritten entfaltet die Abweichung jedoch erst nach öffentlicher Bekanntmachung gem. Artt. 11 V und 12 SCE-VO Wirkung.[531] Je nach Zulässigkeit durch das einzelstaatliche Recht sind dabei unterschiedliche Ausprägungen denkbar. So kann zB neben der umfassenden **Einzelvertretung** auch das Erfordernis der Gesamtvertretung für bestimmte Geschäfte oder Geschäftsbereiche geregelt werden oder bei Überschreitung eines bestimmten Geschäftsvolumens erforderlich sein.[532] Für die Praxis empfiehlt sich in vielen Fällen von entsprechenden Satzungsbestimmung Gebrauch zu machen, um die aufwändige Gesamtvertretung zu vermeiden und den Bedürfnissen der SCE gerecht zu werden.[533] Entscheidend ist dies vor allem bei Vertretungsorganen, die drei oder mehr Mitglieder haben. 227

Neben der organschaftlichen Vertretung regelt die Verordnung in Art. 47 IV SCE-VO die Möglichkeit zur **nicht-organschaftlichen Vertretung** durch eine oder mehrere gemeinsam handelnde Personen. Voraussetzung hierfür ist, dass das einzelstaatliche Recht dies für die allgemeine Vertretung vorsieht (S. 2, *opt-in* Regelung) und die Satzung eine entsprechende Regelung enthält (S. 1, *opt-in* Regelung). Dass die Regelung hier explizit keine Organmitglieder im Auge hat, ergibt sich aus der Formulierung „Person" bzw. „Personen".[534] Auch systematische Gründe sprechen dafür, weil die Regelung im Hinblick auf Art. 47 I SCE-VO ansonsten wohl obsolet wäre.[535] Die Regelung gestattet damit zB die Vertretung der SCE durch einen Prokuristen oder einen Handlungsbevollmächtigten.[536] Dritten gegenüber wird eine derartige Satzungsbestimmung erst mit öffentlicher Bekanntmachung gem. Art. 12 SCE-VO wirksam. 228

Art. 47 II SCE-VO regelt den Umfang der Vertretungsmacht der Organe, also die Grenzen innerhalb derer die SCE durch rechtsgeschäftliche Handlungen der Vertretungsbefugten berechtigt und verpflichtet wird. Die Regelung entspricht dabei weitgehend den Formulierungen in Art. 9 I Kodifizierungs-RL (ex-Art. 10 I Publizitäts-RL). Grundsätzlich gilt, dass die SCE gegenüber Dritten auch dann verpflichtet wird, wenn die Rechtshandlungen außerhalb des Unternehmensgegenstands liegen (Art. 47 II 1 SCE-VO). Damit erteilt die SCE-VO der sog **ultra-vires-Lehre**[537] grds. eine Absage, nach der die Reichweite der Vertretungsmacht stets durch den satzungsmäßigen Zweck begrenzt wird. Die Verordnung regelt jedoch zwei Einschränkungen von der sonst unbeschränkten Vertretungsmacht: 229

526 *Schulze* in: Schulze (Hrsg.), Europäische Genossenschaft (SCE) – Handbuch, 2004, Kap. 5 Rn. 48.

527 *Heß*, Die Europäische Genossenschaft und die Reform des Genossenschaftsrechts in Deutschland, 2008, S. 111; *Schulze* in: Schulze (Hrsg.), Europäische Genossenschaft (SCE) – Handbuch, 2004, Kap. 5 Rn. 48; *Barsan*, La société coopérative européenne (SCE): entre identité coopérative et efficacité économique, 2013, Rn. 919.

528 *Schulze* in: Schulze (Hrsg.), Europäische Genossenschaft (SCE) – Handbuch, 2004, Kap. 5 Rn. 48; *Heß*, Die Europäische Genossenschaft und die Reform des Genossenschaftsrechts in Deutschland, 2008, S. 111.

529 *Schöpflin* in: Beuthien (Hrsg.), GenG, 2018, Art. 47 SCE-VO Rn. 1; vgl. auch *Heß*, Die Europäische Genossenschaft und die Reform des Genossenschaftsrechts in Deutschland, 2008, S. 111; *Schulze* in: Schulze (Hrsg.), Europäische Genossenschaft (SCE) – Handbuch, 2004, Kap. 5 Rn. 48.

530 *Schöpflin* in: Beuthien (Hrsg.), GenG, 2018, Art. 47 SCE-VO Rn. 1; *Korte* in: Helios/Strieder (Hrsg.), Beck'sches Handbuch der Genossenschaft, 2009, § 16 Rn. 85.

531 *Schulze* in: Schulze (Hrsg.), Europäische Genossenschaft (SCE) – Handbuch, 2004, Kap. 5 Rn. 49.

532 *Heß*, Die Europäische Genossenschaft und die Reform des Genossenschaftsrechts in Deutschland, 2008, S. 111; *Schulze* in: Schulze (Hrsg.), Europäische Genossenschaft (SCE) – Handbuch. 2004, Kap. 5 Rn. 49.

533 Vgl. *Schulze* in: Schulze (Hrsg.), Europäische Genossenschaft (SCE) – Handbuch, 2004, Kap. 5 Rn. 49.

534 Englischer Wortlaut: „on a single person or on several persons". Französischer Wortlaut: „ à une seulepersonne ou à plusieurs personnes ". Spanischer Wortlaut: „a una sola persona o a varias personas". Italienischer Wortlaut: „a una persona o a più persone". Niederländischer Wortlaut: „aan één persoon of aan verscheidene personen". Polnischer Wortlaut: „na jedną bądź na kilka osób". Vgl. auch *Barsan*, La société coopérative européenne (SCE): entre identité coopérative et efficacité économique, 2013, Rn. 921.

535 Vgl. *Lutter/Bayer/Schmidt*, Europäisches Unternehmens- und Kapitalmarktrecht, 2017, Rn. 46.67 mit dem Hinweis auf eine Überschneidung der Regelungen.

536 *Heß*, Die Europäische Genossenschaft und die Reform des Genossenschaftsrechts in Deutschland, 2008, S. 111; *Schulze* in: Schulze (Hrsg.), Europäische Genossenschaft (SCE) – Handbuch, 2004, Kap. 5 Rn. 50.

537 Die ultra-vires-Lehre wird zB in Frankreich und im Vereinten Königreich vertreten. Vgl. dazu § 13 Rn. 105, 162 (Frankreich) und § 12 Rn. 286 (England).

- Nach Art. 47 II 1 SCE-VO wird die SCE nicht verpflichtet, wenn das handelnde Organ die Befugnisse überschreitet, die ihm nach dem Recht des Sitzstaats zustehen oder zugesprochen werden können. Infrage kommen hier v.a. Fälle des Missbrauchs der Vertretungsmacht und das kollusive Zusammenwirken des Organs mit Dritten.[538] Bei der Beurteilung ist auf das einschlägige einzelstaatliche Recht abzustellen.
- Die Ablehnung der ultra-vires-Lehre wird zudem durch die Regelung in Art. 47 II 2 SCE-VO jedenfalls zum Teil aufgehoben. Danach können die Mitgliedstaaten eine Beschränkung auf den satzungsmäßigen Zweck vorsehen, wenn die SCE den Nachweis erbringt, dass dem Dritten die Überschreitung des Unternehmensgegenstands bekannt war oder hätte bekannt sein müssen. Die Bekanntmachung der Satzung genügt als Nachweis für die Kenntnis bzw. fahrlässige Unkenntnis jedoch nicht (Art. 47 II 2 aE SCE-VO).

230 Art. 47 III SCE-VO stellt klar, dass satzungsmäßige oder gar auf Beschlüsse der Organe beruhende Beschränkungen der Vertretungsmacht Dritten gegenüber nicht entgegengehalten werden können. Sie entfalten damit nur Wirkung im Innenverhältnis.[539] Auch die Bekanntmachung der Beschlüsse ändert an der Außenwirkung nichts.

c) Ermächtigungsbedürftige Geschäfte

231 Die Satzung der SCE-Verordnung muss nach Art. 48 I SCE-VO eine Auflistung der ermächtigungsbedürftigen Geschäfte enthalten (**Muss-Satzungsbestimmung**, vgl. dazu Rn. 27, 107).[540] Bezogen auf die Liste herrscht grds. Satzungsautonomie, so dass die SCE selbst bestimmen kann, welche Geschäfte zB wegen besonderer Risiken, ihres Volumens oder ihrer Bedeutung hierunterfallen sollen.[541] Eine Beschränkung bezüglich möglicher ermächtigungsbedürftiger Geschäfte enthält Art. 48 I SCE-VO nicht. Die Satzungsregelung muss zudem bestimmen, welches Organ die Ermächtigung erteilen muss. Im dualistischen System ist eine Ermächtigung des Leitungsorgans entweder durch das Aufsichtsorgan oder die Generalversammlung erforderlich (1. Spiegelstrich). Im dualistischen System können die Satzungsgeber daher je nach ihren Bedürfnissen entweder die Kompetenzen des Aufsichtsorgans oder der Generalversammlung stärken. Im monistischen System ist hingegen entweder ein ausdrücklicher Beschluss des Verwaltungsorgans oder eine Ermächtigung durch die Generalversammlung notwendig (2. Spiegelstrich). Im Gegensatz zur SE-Verordnung (s. Art. 48 SE-VO, dazu § 4 Rn. 145)[542] wird den Mitgliedern der SCE durch Art. 48 I SCE-VO damit die Möglichkeit gegeben, das Machtgefüge in der Europäischen Genossenschaft durch Satzungsgestaltung zugunsten der Hauptversammlung zu verändern. Die Entscheidungsautonomie des Leitungsorgans kann korrespondierend dazu eingeschränkt werden. Dem Organ, welches die Zustimmung erteilen muss, wird insofern ein „indirekter Einfluss" auf die Geschäftsführung gewährt.[543]

232 Art. 48 III SCE-VO enthält jedoch eine **Regelungsmöglichkeit** für die Mitgliedstaaten. Der nationale Gesetzgeber darf danach Mindestanforderungen für die Satzung formulieren. Er kann somit festlegen, welche Arten von Geschäften die Satzungsgeber zumindest in der Satzung als ermächtigungsbedürftige Geschäfte aufnehmen müssen. Der Mitgliedstaat kann auch das Organ vorgeben, welches für die Zustimmung zuständig sein soll. Für das dualistische System kann der nationale Gesetzgeber auch vorsehen, dass das Aufsichtsorgan selbst die Liste der ermächtigungsbedürftigen Geschäfte festlegen kann. Art. 48 III SCE-VO gestattet es den Mitgliedstaaten dagegen nicht, eine Beschränkung für ermächtigungsbedürftige Geschäfte festzulegen.

233 Schließt das Vertretungsorgan ein ermächtigungsbedürftiges Geschäft iSd Art. 48 I SCE-VO (durch Satzung festgelegt) ab, ohne die entsprechenden Anforderungen zu erfüllen, wirkt sich dies **nicht** auf die **Wirksamkeit im Außenverhältnis** aus (Art. 48 II SCE-VO).[544] Welche Konsequenzen ein solcher Verstoß im Innenverhältnis hat, regelt die Verordnung hingegen nicht. Insofern greift nationales Recht, welches zB festlegen kann, dass dies einen wichtigen Grund für die Abberufung darstellt (auch die Haftung richtet sich gem. Art. 51 SCE-VO nach nationalem Recht, dazu Rn. 237). Zudem lassen ermächtigungsbedürftige Geschäfte nach Art. 48 III SCE-VO (national-gesetzliche) die Vertretungsbefugnis im Außenverhältnis unberührt, auch wenn sich Art. 48 II SCE-VO lediglich explizit auf Art. 48 I SCE-VO bezieht. Denn Systematik und Funktion sprechen dafür, dass sich Art. 48 III SCE-VO ebenfalls nur auf die Geschäftsführung bezieht.

538 Vgl. *Schulze* in: Schulze (Hrsg.), Europäische Genossenschaft (SCE) – Handbuch, 2004, Kap. 5. Rn. 51.
539 *Schulze* in: Schulze (Hrsg.), Europäische Genossenschaft (SCE) – Handbuch, 2004, Kap. 5 Rn. 51.
540 *Barsan*, La société coopérative européenne (SCE): entre identité coopérative et efficacité économique, 2013, Rn. 78 wirft die Frage auf, ob es auch möglich ist keine ermächtigungsbedürftigen Geschäfte festzulegen. Dem steht nach hier vertretener Ansicht grds. nichts entgegen. Da es sich jedoch um eine Muss-Satzungsbestimmung handelt, ist dann eine Negativerklärung notwendig. Außerdem sind mögliche Vorgaben, die sich aus Art. 48 III SCE-VO ergeben können zu beachten.
541 *Heß*, Die Europäische Genossenschaft und die Reform des Genossenschaftsrechts in Deutschland, 2008, S. 112; *Schulze* in: Schulze (Hrsg.), Europäische Genossenschaft (SCE) – Handbuch, 2004, Kap. 5 Rn. 54.
542 Auf den Unterschied zur SE aufmerksam machend *Fuentes Naharro*, REVESCO 2009, 58, 77.
543 Vgl. *Fuentes Naharro* REVESCO 2009, 58, 77.
544 *Heß*, Die Europäische Genossenschaft und die Reform des Genossenschaftsrechts in Deutschland, 2008, S. 113; *Schulze* in: Schulze (Hrsg.), Europäische Genossenschaft (SCE) – Handbuch, 2004, Kap. 5 Rn. 54.

d) Vertraulichkeit

Art. 49 SCE-VO statuiert eine aus der Amtstreuepflicht entspringende Vertraulichkeitspflicht für Organmitglieder der SCE, die während und auch nach Beendigung ihrer Amtszeit fort gilt.[545] Zwar bezieht sich die Vorschrift explizit nur auf die Vertraulichkeitspflicht nach dem Ende der Amtszeit, aus der Formulierung „auch"[546] ergibt sich jedoch zugleich die Vertraulichkeitspflicht während der Amtszeit. Die Vorschrift entspricht der Vertraulichkeitspflicht der Organmitglieder der SE in Art. 49 SE-VO.[547] Zudem erfasst die Vorschrift **alle Organmitglieder**, dh alle Verwaltungsratsmitglieder bzw. alle Leitungs- und Aufsichtsratsmitglieder. Die Pflicht erstreckt sich auf all diejenigen Informationen, die geeignet sind, die Interessen der Genossenschaft oder die der Mitglieder zu schädigen. Auf einen tatsächlichen Schaden kommt es indes nicht an, allein eine Gefährdung reicht aus.[548] Auch ist es irrelevant, woher das Mitglied die Informationen erhalten hat und ob es diese bestimmungsgemäß erlangt hat.[549] Die Pflicht besteht gegenüber Dritten und der Generalversammlung, nicht jedoch gegenüber den anderen Organmitgliedern, da diese ihrerseits kraft ihrer organschaftlichen Stellung zur Vertraulichkeit verpflichtet sind.[550] Eine Ausnahme von der Pflicht gilt in Fällen, in denen die Weitergabe der Informationen nach dem einzelstaatlichen Recht für Genossenschaften vorgeschrieben oder jedenfalls zulässig ist oder die Weitergabe dem öffentlichen Interesse entspricht (Art. 49 aE SCE-VO). Die Organmitglieder **haften** gegenüber der SCE für Schäden, die ihr daraus entstehen gem. den nationalen Vorschriften (Art. 51 SCE-VO, vgl. Rn. 237). Das mitgliedstaatliche Recht kann die Verletzung der Vertraulichkeitspflicht auch als wichtigen Grund für eine Abberufung statuieren.[551] 234

e) Beschlussfassung der Organe

Die Verordnung regelt in Art. 50 I SCE-VO die **Beschlussfähigkeit** und die **Beschlussfassung** einheitlich für das dualistische und das monistische System, also für das Leitungs- und Aufsichtsorgan bzw. das Verwaltungsorgan. Die Regelungen gelten vorbehaltlich abweichender Anforderungen in der SCE-Verordnung oder den Satzungsbestimmungen. Die Vorschrift ist damit grds. satzungsdispositiv (**Abändernde-Satzungsbestimmung**), es sei denn die SCE-Verordnung enthält an dieser oder anderer Stelle eine zwingende Vorgabe oder verweist auf nationales Recht, welches zwingend ausgestaltet ist. Die Vorschrift zeigt dadurch gleichzeitig, dass nationales Recht grundsätzlich nicht zur Anwendung kommen soll. 235

Nach Art. 50 I lit. a) SCE-VO ist die **Beschlussfähigkeit** gegeben, wenn mindestens die Hälfte der stimmberechtigten Mitglieder anwesend ist oder vertreten wird. Mitglieder gelten nicht nur als anwesend, wenn sie körperlich präsent sind, sondern auch, wenn sie zB per Telfon- oder Videokonferenz zugeschaltet sind.[552] Die Mitglieder können sich durch Erteilung einer Vertretungsvollmacht an ein anderes Organmitglied oder an einen gleichzeitig mit ihnen ernannten Stellvertreter allerdings auch bei der Beschlussfassung **vertreten** lassen (Art. 50 I 2 SCE-VO). Die Vollmacht muss dabei für jede Sitzung separat erteilt werden und kann auch nur auf einzelne Punkte der Tagesordnung begrenzt sein.[553] Das Organ beschließt gem. Art. 50 I lit. b) SCE-VO grds. mit der Mehrheit der anwesenden oder vertretenen stimmberechtigten Mitglieder (**einfache Mehrheit**).[554] Im Falle der Stimmengleichheit gibt die Stimme des Vorsitzenden des Organs den Ausschlag, sofern die Satzung nicht etwas Anderes regelt (Art. 50 II 1 SCE-VO). Eine abweichende Satzungsbestimmung ist dabei nicht möglich, wenn das Aufsichtsorgan paritätisch aus Vertretern der SCE-Mitglieder und Arbeitnehmervertretern zusammengesetzt ist (Art. 50 II 2 SCE-VO). Für den Fall, dass die Mitbestimmung der Arbeitnehmer entsprechend der SCE-RL vorgesehen ist, eröffnet Art. 50 III SCE-VO den Mitgliedstaaten die Möglichkeit, dass sich die Fragen der Beschlussfähigkeit und Beschlussfassung nach dem einzelstaatlichen Genossenschaftsrecht richten.[555] Nicht geregelt sind hingegen ua die Folgen von Beschlussmängeln. Insofern greift gem. Art. 8 I lit. c) SCE-VO nationales Recht. 236

545 *Schöpflin* in: Beuthien (Hrsg.), GenG, 2018, Art. 49 SCE-VO Rn. 1; *Schulze* in: Schulze (Hrsg.), Europäische Genossenschaft (SCE) – Handbuch, 2004, Kap. 5 Rn. 56; *Korte* in: Helios/Strieder (Hrsg.), Beck'sches Handbuch der Genossenschaft, 2009, § 16 Rn. 89.

546 Englischer Wortlaut: „even". Französischer Wortlaut: „même". Spanischer Wortlaut: „incluso". Italienischer Wortlaut: „nemmeno". Niederländischer Wortlaut: „ook". Polnischer Wortlaut: „nawet".

547 *Schöpflin* in: Beuthien (Hrsg.), GenG, 2018, Art. 49 SCE-VO Rn. 1.

548 Vgl. *Schöpflin* in: Beuthien (Hrsg.), GenG, 2018, Art. 49 SCE-VO Rn. 1.

549 Vgl. *Schöpflin* in: Beuthien (Hrsg.), GenG, 2018, Art. 49 SCE-VO Rn. 1.

550 *Schöpflin* in: Beuthien (Hrsg.), GenG, 2018, Art. 49 SCE-VO Rn. 1.

551 *Schöpflin* in: Beuthien (Hrsg.), GenG, 2018, Art. 49 SCE-VO Rn. 1.

552 S. zur vergleichbaren Regelung bei der SE § 4 Rn. 141, 153, 188. Vgl. auch *Reichert/Brandes* in: MüKo AktG, Bd. 7, 4. Aufl. 2017, Art. 50 SE-VO Rn. 6; *Teichmann* in: Lutter/Hommelhoff/Teichmann (Hrsg.), SE-Kommentar, 2. Aufl. 2015, Art. 50 SE-VO Rn. 13.

553 *Schöpflin* in: Beuthien (Hrsg.), GenG, 2018, Art. 50 SCE-VO Rn. 4.

554 *Schöpflin* in: Beuthien (Hrsg.), GenG, 2018, Art. 50 SCE-VO Rn. 3.

555 *Heß*, Die Europäische Genossenschaft und die Reform des Genossenschaftsrechts in Deutschland, 2008, S. 113; *Schulze* in: Schulze (Hrsg.), Europäische Genossenschaft (SCE) – Handbuch, 2004, Kap. 5 Rn. 58.

f) Die Haftung der Organmitglieder

237 Die Haftung der Mitglieder des Leitungs-, Aufsichts- bzw. Verwaltungsorgans gegenüber der SCE richtet sich gem. Art. 51 SCE-VO nach den einzelstaatlichen Regelungen für Genossenschaften. Es kommt dabei unmittelbar das Sachrecht des Mitgliedstaats zur Anwendung, wo die SCE ihren Sitz hat (Sachnormverweisung). Die Verordnung selbst statuiert insoweit nur zwei Voraussetzungen für die Haftung: einen **Schaden** und **Kausalität** („durch").[556] Weitere Tatbestandsmerkmale (wie zB das Verschulden) oder die Art und der Umfang des Schadensersatzes richten sich dementsprechend nach einzelstaatlichem Recht.[557]

G. Mitgliedschaft

I. Allgemein

238 Bei der europäischen Genossenschaft soll die Mitgliedschaft einem möglichst **großen Anwenderkreis** ermöglicht werden. Eine Vorschrift, die sich explizit und umfassend mit diesem Aspekt beschäftigt, enthält die SCE-Verordnung jedoch nicht.[558] Grundsätzlich können damit **natürliche** sowie **juristische Personen** und **sonstige Gesellschaften** Mitglieder werden (Artt. 2 I, 14 I 6 SCE-VO).

239 Art. 2 I SCE-VO beschäftigt sich mit den Voraussetzungen an Gründungsmitglieder. Nicht von der Vorschrift erfasst, sind Anforderungen an nicht nutzende Mitglieder. Nicht eindeutig ist jedoch, ob Art. 2 I SCE-VO lediglich Anforderungen an die Gründungsmitglieder stellt oder ob sich daraus auch Voraussetzungen an die Mitgliedschaft im Allgemeinen ableiten lassen.[559] Dafür könnte sprechen, dass nicht ersichtlich ist, warum für Gründungsmitglieder andere Regeln gelten sollten als für später beitretende Mitglieder. Andererseits wird hier vertreten (vgl. Rn. 40), dass auch andere Voraussetzungen, wie zB der grenzüberschreitende Bezug, nur im Zeitpunkt der Gründung gelten und über den Lebenszyklus nicht erhalten bleiben müssen. Dasselbe könnte dann auch für die Anforderungen an die Gründungsmitglieder gelten. Dafür, dass sich Art. 2 I SCE-VO nur auf den Gründungszeitpunkt bezieht, könnte auch Art. 14 I 6 SCE-VO sprechen, der festhält, dass vorbehaltlich anderslautender Satzungsbestimmungen natürliche und juristische Personen Mitglieder werden können. Diese Vorschrift ist allgemeingültig formuliert und wäre in dieser Form nicht notwendig, wenn sich Art. 2 I SCE-VO auch auf die nach der Gründung erworbene Mitgliedschaft beziehen würde. Ein eindeutiges Ergebnis lässt sich nicht erzielen. Nach hier vertretener Ansicht sprechen die etwas besseren Argumente dafür, Art. 2 I SCE-VO nur auf den Gründungsprozess zu beziehen und Art. 14 I 6 SCE-VO auf danach erworbene Mitgliedschaften.

240 An **natürliche Personen** werden von Art. 2 I SCE-VO im Zeitpunkt der Gründung folgende Anforderungen gestellt: Sie müssen nach Art. 2 I Spiegelstrich 1 SCE-VO und dem Umkehrschluss aus Art. 2 II SCE-VO ihren Wohnsitz innerhalb der EU/EWR haben. Auf die Nationalität kommt es hingegen nicht an. Auch Personen, die eine außereuropäische Staatsangehörigkeit haben, deren Wohnsitz sich jedoch in der EU/im EWR befindet, können daher Gründungsmitglieder sein. Art. 14 I 6 SCE-VO formuliert keine entsprechende Voraussetzung, so dass natürlich Personen unabhängig von ihrem Wohnsitz und ihrer Nationalität später die Mitgliedschaft erwerben können.[560] Gem. Art. 14 I 3 SCE-VO muss die natürliche Person für die Nutzung bzw. Erbringung der Dienste der SCE in Betracht kommen. Sie muss also von der Tätigkeit der SCE profitieren (zur Beteiligungspflicht näher unter Rn. 245). Diese Voraussetzung gilt im Zeitpunkt der Gründung sowie über den gesamten Lebenszyklus. Art. 14 I 3 SCE-VO formuliert damit die Unterscheidung zwischen nutzenden und nicht nutzenden Mitgliedern, die unterschiedlich behandelt werden. Die Möglichkeit des Profitierens von der Tätigkeit der SCE führt allerdings nicht dazu, dass die natürliche Person auch darüber hinaus eine tatsächliche Verbindung zu einem EU-Mitgliedstaat haben muss. Theoretisch kann sie auch allein außerhalb der EU einen Nutzen aus der Tätigkeit der SCE ziehen.[561] Dies ist allerdings wohl eher eine theoretische Überlegung. Es ließe sich auch vertreten, dass der Zweck der SCE insofern eine Beschränkung einführt und der Verordnungsgeber einen irgendwie gearteten Bezug zur EU/EWR verlangt, der über die Nutzung der Aktivitäten hinausgeht. Da es dafür keine konkreten Anhaltspunkte in der Verordnung gibt (sofern man Art. 2 I SCE-VO allein auf die Gründung bezieht), wird hier jedoch die liberalere Auslegung favorisiert.

556 Englischer Wortlaut: „following". Französischer Wortlaut: „par suite". Spanischer Wortlaut: "debido al". Italienischer Wortlaut: „in seguito a". Niederländischer Wortlaut: „door het". Polnischer Wortlaut: "przez".

557 *Schulze* in: Schulze (Hrsg.), Europäische Genossenschaft (SCE) – Handbuch, 2004, S. 112 f.; *Heß*, Die Europäische Genossenschaft und die Reform des Genossenschaftsrechts in Deutschland, 2008, S. 114.

558 *Hirte*, Kapitalgesellschaftsrecht, 2016, Rn. 10.77.

559 Für Letzteres *Hirte*, Kapitalgesellschaftsrecht, 2016, Rn. 10.77. *Barsan*, La société coopérative européenne (SCE): entre identité coopérative et efficacité économique, 2013, Rn. 622 geht wohl davon aus, dass die Anforderungen allein im Rahmen der Gründung gelten.

560 Vgl. auch *Barsan*, La société coopérative européenne (SCE): entre identité coopérative et efficacité économique, 2013, Rn. 622.

561 Ein Beispiel dafür wäre ein chinesischer Hersteller, der sich einer Einkaufs-SCE in Europa anschließt und dadurch bestimmte Produktionsteile günstiger Erwerben kann, jedoch nicht in der EU produziert und seine Produkte vertreibt.

Die Mitgliedschaft können zudem **juristische Personen** erlangen. Für die Gründung lässt die SCE-VO gem. Art. 2 I SCE-VO juristische Personen sowie sonstige Gesellschaften gem. Art. 54 II AEUV zu. Anerkannt ist, dass sich auch nicht- oder nur teilrechtsfähige Gesellschaften (wie die deutsche GbR nach §§ 705 ff. BGB) auf Art. 54 II AEUV berufen können, so dass diese ebenfalls Gründer der SCE sein können.[562] Nicht beteiligungsfähig sollen hingegen solche Gesellschaften sein, die keinerlei Erwerbszweck verfolgen (zB Idealvereine oder rein karitative oder kulturelle Organisationen).[563] Juristische Personen und sonstige Gesellschaften können grundsätzlich Gründungsmitglieder einer SCE werden, wenn sie sowohl ihren Register- als auch ihren Verwaltungssitz in der EU/im EWR haben. Die Mitgliedstaaten können gem. Art. 2 II SCE-VO zudem auch juristische Personen, die ihre Hauptverwaltung nicht in der Gemeinschaft (im EWR) haben, die Gründung einer SCE ermöglichen. In diesem Fall muss jedoch zumindest eine **tatsächliche und dauerhafte Verbindung zu einem Mitgliedstaat** von der juristischen Person nachgewiesen werden. Eine Beteiligung von juristischen Personen mit Verwaltungssitz im EU-Ausland an der Gründung einer SCE ist daher gem. Art. 2 II SCE-VO im Ergebnis unter folgenden Voraussetzungen möglich: 241

(1) Der Mitgliedstaat muss diese Möglichkeit zulassen;
(2) die juristische Person muss nach dem Recht eines Mitgliedstaats gegründet worden sein;
(3) sie muss ihren Registersitz in diesem Mitgliedstaat haben;
(4) die juristische Person muss eine tatsächliche und dauerhafte Verbindung zu der Wirtschaft eines Mitgliedstaats haben.

Deutschland und Frankreich haben von dieser Regelungsmöglichkeit beispielsweise keinen Gebrauch gemacht.[564]

Gesellschaften aus dem außereuropäischen Ausland können sich dagegen nicht an der Gründung einer SCE beteiligen. Der Anwenderkreis ist so gefasst, dass gerade nationale Genossenschaften Gründungsmitglied einer SCE sein können. Besteht die SCE nur aus genossenschaftlich organisierten Unternehmen, so wird sie als „**Genossenschaft zweiten Grades**“ bzw. „**sekundäre Genossenschaft**“ bezeichnet (vgl. Erwägungsgrund 9 der SCE-VO).[565] Die SCE-Verordnung eröffnet damit vor allem auch bislang rein national agierenden Genossenschaften die Möglichkeit, sich mit Genossenschaften aus anderen Ländern zusammenzuschließen. Die Beteiligung einer bereits bestehenden SCE an einer Verschmelzung ist allerdings ausgeschlossen (s. Rn. 58). Da auch juristische Personen des öffentlichen Rechts an der Gründung beteiligt sein können (vgl. Art. 2 I SCE-VO), besteht zudem die Möglichkeit der Gründung einer SCE zur öffentlichen Bedarfsdeckung.[566] Wie natürliche Personen müssen auch juristische Personen von den Aktivitäten der SCE profitieren können, um als nutzende Mitglieder zu gelten. 242

Welche Gesellschaften sich im späteren Verlauf der SCE an dieser beteiligen können, ergibt sich aus Art. 14 I 6 SCE-VO und hängt davon ab, wie man dort die Formulierung „juristische Person“ interpretiert. Auch hier könnte argumentiert werden, dass eine Auslegung wie in Art. 2 I SCE-VO notwendig ist. Um einen möglichst weiten Anwendungsbereich zu eröffnen und parallel zur Interpretation des Art. 14 I 6 SCE-VO zu natürlichen Personen, könnten allerdings auch grundsätzlich außereuropäische Gesellschaften zugelassen werden.[567] Beides scheint im Ergebnis vertretbar. 243

Entsprechend dem Prinzip der **Satzungsautonomie** kann in der Satzung festgelegt werden, dass bestimmte Personen(-arten) von der Mitgliedschaft ausgeschlossen sind (Art. 14 I 6 SCE-VO). Im Hinblick auf Erwägungsgrund 10 Spiegelstrich 6 SCE-VO ist die Möglichkeit der Beitrittsbeschränkung jedoch derart auszulegen, dass dadurch keine künstlichen Beitrittsbeschränkungen geschaffen werden dürfen, wie zB der Ausschluss aufgrund der Rasse, des Geschlechts oder der religiösen Anschauung der potenziellen Mitglieder.[568] 244

562 *Ebers* in: Schulze (Hrsg.), Europäische Genossenschaft (SCE) – Handbuch, 2004, Kap. 3 Rn. 31 (Fn. 51 mwN); *Heß*, Die Europäische Genossenschaft und die Reform des Genossenschaftsrechts in Deutschland, 2004, S. 73.

563 *Ebers* in: Schulze (Hrsg.), Europäische Genossenschaft (SCE) – Handbuch, 2004, Kap. 3 Rn. 31. Dies erscheint mit Blick auf eine soziale Tätigkeit als möglichen Hauptzweck der SCE (vgl. Art. 1 III SCE-VO) nicht unproblematisch. So auch *Schöpflin* in: Beuthien (Hrsg.), GenG, 2018, Art. 2 SCE-VO Rn. 1, der sich dafür ausspricht, auch solche Vereinigungen zur Gründung zuzulassen.

564 Mit Blick auf Frankreich *Cathiard*, La pratique du droit européen des sociétés, 2017, Rn. 175.

565 SGECOL, Draft Principles of European Cooperative Law, 2015, S. 8 erläutert, dass die SCE-VO generell auf sekundäre Genossenschaften zugeschnitten ist.

566 *Alfandari/Piot* in: Schulze (Hrsg.), Europäische Genossenschaft (SCE) – Handbuch, 2004, Kap. 4 Rn. 23 zu investierenden Mitgliedern.

567 Folgt man dieser Ansicht, könnte sich zum Beispiel eine US-amerikanische Gesellschaft, der ein Weingut in Portugal gehört, an einer Winzer-SCE mit Sitz in Portugal beteiligen. S. auch *Barsan*, La société coopérative européenne (SCE): entre identité coopérative et efficacité économique, 2013, Rn. 625.

568 *Alfandari/Piot* in: Schulze (Hrsg.), Europäische Genossenschaft (SCE) – Handbuch, 2004, Kap. 4 Rn. 24. *Michalczyk* Studia Europejskie 73 (2015) 91, 110 nennt explizit nur die Möglichkeit, Schranken zu schaffen, die mit der Tätigkeit der SCE in Verbindung stehen (zB eine bestimmte beurfliche Qualifikation).

1. Nutzende Mitglieder

245 Den Normalfall der Mitgliedschaft bilden die sog nutzenden Mitglieder.[569] Nutzende Mitglieder sind das prägende Element der SCE.[570] Aus der Verordnung ergibt sich für diese allerdings keine unmittelbare **Beteiligungspflicht**. In der Literatur wird eine solche jedoch meist aus dem Förderzweck der SCE gegenüber ihren Mitgliedern (Art. 1 III SCE-VO) hergeleitet.[571] Auch spricht das Konzept der nicht nutzenden Mitglieder (Artt. 14 I 3, 4 SCE-VO), für eine entsprechende Pflicht. Daher sind die Mitglieder normalerweise durch Leistungsvereinbarungen mit der Europäischen Genossenschaft verbunden.[572] Juristische Personen werden als nutzende Mitglieder qualifiziert, wenn wiederum ihre Mitglieder, die natürliche Personen sind, als nutzende Mitglieder einzustufen sind (Art. 14 I 5 SCE-VO). Auch wenn die Verordnung es nicht explizit anspricht, müssen auch solche juristischen Personen als nutzende Mitglieder eingestuft werden, die direkt selbst von der SCE profitieren (Erst-Recht-Schluss). Die Stellung sowohl als Mitglied als auch gleichzeitig als Nutznießer der SCE wird teilweise auch **als Prinzip der Doppelqualifikation** bezeichnet.[573] Neben der Beteiligungspflicht besteht ferner die Pflicht, in die Satzung einzuwilligen.[574]

2. Investierende (nicht nutzende) Mitglieder

246 Neben den nutzenden Mitgliedern, eröffnet die Verordnung in Art. 14 I 3, 4 SCE-VO die Möglichkeit der Zulassung von Mitgliedern, die **allein** ihr **Kapital** in der Europäischen Genossenschaft anlegen und sich nicht an den Aktivitäten der SCE beteiligen möchten.[575] Sie werden als „investierende Mitglieder" (bzw. „Investorenmitglieder",[576] „nichtnutzende Mitglieder" oder „Kapitaleinlegergenossen")[577] bezeichnet (Art. 14 I 3 SCE-VO) und sind damit vom Prinzip der Doppelqualifikation ausgenommen. Die deutsche Fassung der Regelung setzt für die investierenden Mitglieder voraus, dass es sich um Personen handelt, „die für die Nutzung oder Produktion der Güter und die Nutzung oder Erbringung der Dienste der SCE nicht in Frage kommen". Daher wird zT vertreten, dass dadurch der Kreis der investierenden Mitglieder eingeengt sei.[578] Aus den anderen Sprachfassungen ergibt sich jedoch, dass damit keine potenzielle Eignung zur Beteiligung gemeint ist, sondern die freiwillige Entscheidung der Personen, die SCE nicht zu nutzen (vgl. zB die engl. Sprachfassung, die von „persons who do not expect to use or produce […]" spricht).[579] Diese Art der Mitgliedschaft dient in erster Linie der **Verbesserung der Finanzierungsmöglichkeiten** und damit der Deckung eines möglichen hohen **Eigenkapitalbedarfs**, wie er auch bei den deutschen Genossenschaften bestehen kann.[580] Diese Art der Mitgliedschaft war im Rahmen des Gesetzgebungsverfahrens nicht unumstritten und stieß ua aus Deutschland, Großbritannien, Irland und Österreich auf Widerstand.[581] Als Kompromisslösung steht die Zulassung von „investierenden Mitgliedern"

569 Vgl. SGECOL, Draft Principles of European Cooperative Law, 2015, S. 49.

570 *Martínez Segovia* REVESCO 2003, 84, 92.

571 *Alfandari/Piot* in: Schulze (Hrsg.), Europäische Genossenschaft (SCE) – Handbuch, 2004, Kap. 4 Rn. 13; wohl auch *Parleani* RECMA 291 (2004), 35, 39.

572 *Schulze* NZG 2004, 792, 794.

573 *Bahans/Menjucq* Revue de droit rural 2008, dossier 28 Rn. 6; vgl. auch *Barsan*, La société coopérative européenne (SCE): entre identité coopérative et efficacité économique, 2013, zB Rn. 705.

574 *Alfandari/Piot* in: Schulze (Hrsg.), Europäische Genossenschaft (SCE) – Handbuch, 2004, Kap. 4 Rn. 13.

575 *Schulze* NZG 2004, 792, 794; *Cario* ZfgG 2005, 146, 146 f.; *Kessel* EuZW 1992, 475, 476; *Steding* BuW 1999, 65, 66 betont die dadurch entstehende Annäherung an die Aktiengesellschaft. *Menjucq* in: *P. Jung* (Hrsg.), Supranationale Gesellschaftsformen im Typenwettbewerb, 2011, S. 6 geht davon aus, dass sich insofern der Einfluss des französischen Rechts bei der SCE wiederspiegelt. Kritisch zur Öffnung für nicht nutzende Mitglieder (auch mit Blick auf die Restriktionen bzgl. der Stimmrechte) *Barsan*, La société coopérative européenne (SCE): entre identité coopérative et efficacité économique, 2013, Rn. 776.

576 *Cario* ZfgG 2005, 146, 146 ff.

577 *Hirte*, Kapitalgesellschaftsrecht, 2016, Rn. 10.71.

578 Vgl. *Alfandari/Piot* in: Schulze (Hrsg.), Europäische Genossenschaft (SCE) – Handbuch, 2004, Kap. 4 Rn. 17 unter Hinweis auf die Regelung im fr. Recht.

579 In der französchen Fassung "personnes n'ayant pas vocation à utiliser ou à produire […]", in der spanischen Fassung "personas que no tengan intención de utilizar o de producir […]", in der italienischen Fassung „persone non aventi interesse ad utilizzare o a produrre […]" und in der polnischen Fassung "osoby, które nie zamierzają ani wytwarzać lub korzystać […]". Die niederländische Fassung formuliert etwas abweichend: „dat personen die naar verwachting geen gebruik zullen maken van de door de SCE aangeboden goederen of diensten […]". Die niederländische Fassung ließe sich übersetzen mit: „keinen Gebrauch machen sollen". Im Ergebnis auch *Barsan*, La société coopérative européenne (SCE): entre identité coopérative et efficacité économique, 2013, Rn. 709.

580 *Lutter/Bayer/Schmidt*, Europäisches Unternehmens- und Kapitalmarktrecht, 2017, Rn. 46.45; *Alfandari/Piot* in: Schulze (Hrsg.), Europäische Genossenschaft (SCE) – Handbuch, 2004, Kap. 4 Rn. 7 f.; vgl. auch BT-Drs. 16/1025, S. 54. Zur Verbesserung der Finanzierungsmöglichkeiten auch *Barsan*, La société coopérative européenne (SCE): entre identité coopérative et efficacité économique, 2013, Rn. 723.

581 *Heß*, Die Europäische Genossenschaft und die Reform des Genossenschaftsrechts in Deutschland, 2008, S. 94; vgl. auch *Kessel* BI/GF 1992, 35, 38. Vgl. auch *Münkner*, Europäische Genossenschaft (SCE) und europäische Genossenschaftstradition, 2006, S. 22.

daher nach Art. 14 I 3, 4 SCE-VO unter einem doppelten Vorbehalt.[582] Erforderlich ist, dass das anwendbare **nationale Recht** und die **Satzung** der SCE diese Mitgliedsform zulassen (Art. 14 I 3 SCE-VO). Trotz des Widerstands hat sich ua Deutschland dazu entschlossen, die Mitgliederkategorie für die SCE zuzulassen (§ 4 SCE-AusfG) und sie auch der eG zu eröffnen (vgl. § 8 II GenG).[583] Als Begründung wird angeführt, dass auch eine europäische Genossenschaft, die eine solche Form der Beteiligung kennt oder zukünftig gestatten möchte, ihren Sitz in Deutschland haben kann.[584]

Die Verordnung kennt eine Reihe von Regelungen, die sicherstellen sollen, dass die investierenden Mitglieder 247
die SCE **nicht dominieren.**[585] Im Einzelnen sind dies:[586]

- der Zustimmungsvorbehalt der Generalversammlung für den Erwerb der investierenden Mitgliedschaft, der neben die generelle Notwendigkeit einer entsprechenden Satzungsbestimmung tritt (Art. 14 I 4 SCE-VO);[587]
- die Deckelung des Anteils der investierenden Mitglieder am Aufsichtsorgan im dualistischen System nach Art. 39 III SCE-VO;[588]
- die Begrenzung der investierenden Mitglieder auf ein Viertel der Mitglieder des Verwaltungsorgans im monistischen System (Art. 42 II 3 SCE-VO);
- die Begrenzung der Stimmrechte der investierenden Mitglieder auf nicht mehr als 25% der gesamten Stimmrechte nach Art. 59 III 2 SCE-VO und
- die Verabschiedung von Schutzvorschriften für die übrigen Mitglieder in der Satzung im Hinblick auf die Beschlussfähigkeit und die Mehrheitserfordernisse, sofern investierende Mitglieder zugelassen werden (Art. 61 III 2 SCE-VO).

Eine generelle Grenze für die Aufnahme nicht nutzender Mitglieder kennt die Verordnung hingegen nicht und ein Rückgriff auf nationales Recht ist insofern nicht gestattet, da keine Regelungslücke vorliegt.[589]

3. Weitere Beteiligungsformen

Nach Art. 1 IV SCE-VO sind Nichtmitglieder grds. von der Beteiligung an Tätigkeiten der SCE sowie der Inan- 248
spruchnahme von ihren Tätigkeiten ausgenommen. Durch eine entsprechende Satzungsbestimmung können solche **Nichtmitgliedergeschäfte** allerdings zugelassen werden.[590] Nach dem Sinn und Zweck der Regelung sind hierbei solche Geschäfte gemeint, die die SCE ansonsten allein mit ihren nutzenden Mitgliedern schließen würde.[591] Alle anderen Geschäfte, die mit Dritten geschlossen werden, unterfallen damit nicht dem Zulassungsvorbehalt in der Satzung. Art. 1 IV SCE-VO enthält keine Einschränkung bezüglich des Umfangs von Nichtmitgliedergeschäften im Verhältnis zu Mitgliedergeschäften. Teilweise wird vertreten, dass solche Geschäfte nur insoweit gestattet sind, „als dies der sonst nicht möglichen oder sonst nicht so wirksamen Mitgliederförderung dient".[592] Entsprechende Geschäfte, die einen Nutzen für die (nutzenden) Mitglieder entfalten, müssen in jedem Fall erfasst sein. Nichtmitgliedergeschäfte könnten uU aber auch in weiterem Umfang gestattet sein. Eine explizite, konkrete Beschränkung enthält die SCE-Verordnung nicht. Eine solche kann wohl nur aus dem Zweck der SCE hergeleitet werden. Art. 1 III SCE-VO gibt insofern vor, dass die Förderung der Mitglieder der Hauptzweck der SCE ist. Daraus lässt sich ableiten, dass Nichtmitgliedergeschäfte wohl nur einen Nebenzweck darstellen dürfen.[593] In jedem Fall regelt die SCE-Verordnung diesen Aspekt autonom und lässt den nationalen Gesetzgebern insofern keinen Regelungsspielraum.

---

582 *Lutter/Bayer/Schmidt*, Europäisches Unternehmens- und Kapitalmarktrecht, 2017, Rn. 46.45; *Barsan*, La société coopérative européenne (SCE): entre identité coopérative et efficacité économique, 2013, Rn. 708.

583 Auch hier wurde der soeben angesprochene Übersetzungsfehler in der deutschen Fassung übernommen, wobei die oben genannte Auslegung auch für das GenG vertreten wird, vgl. *Beuthien* in: Beuthien (Hrsg.), GenG, 2018, § 8 GenG Rn. 12. Kritisch zur Einführung der Kategorie der investierenden Mitglieder *Cario* ZfgG 2005, 146, 148 ff.; *Blomeyer* BB 2000, 1741, 1746, der diese nur für die *économie sociale* für sinnvoll erachtet.

584 BT-Drs. 16/1025, S. 54.

585 *Korte* in: Helios/Strieder (Hrsg.), Beck'sches Handbuch der Genossenschaft, 2009, § 16 Rn. 47; *Lutter/Bayer/Schmidt*, Europäisches Unternehmens- und Kapitalmarktrecht, 2017, Rn. 46.45. Vgl. *Münkner*, Europäische Genossenschaft (SCE) und europäische Genossenschaftstradition, 2006, S. 22.

586 *Lutter/Bayer/Schmidt*, Europäisches Unternehmens- und Kapitalmarktrecht, 2017, Rn. 46.45.

587 Vgl. auch *Barsan*, La société coopérative européenne (SCE): entre identité coopérative et efficacité économique, 2013, Rn. 710.

588 Vgl. *Lutter/Bayer/Schmidt*, Europäisches Unternehmens- und Kapitalmarktrecht, 2017, Rn. 46.45.

589 *Barsan*, La société coopérative européenne (SCE): entre identité coopérative et efficacité économique, 2013, Rn. 711.

590 Ausführlich zur Gefahr für das genossenschaftliche Wesen der SCE *Barsan*, La société coopérative européenne (SCE): entre identité coopérative et efficacité économique, 2013, Rn. 729 ff.

591 Vgl. *Schöpflin* in: Beuthien (Hrsg.), GenG, 2018, Art. 1 SCE-VO Rn. 5.

592 *Schöpflin* in: Beuthien (Hrsg.), GenG, 2018, Art. 1 SCE-VO Rn. 5.

593 *Barsan*, La société coopérative européenne (SCE): entre identité coopérative et efficacité économique, 2013, Rn. 726.

249 Zusätzlich zur investierenden Mitgliedschaft enthält die SCE-Verordnung in Art. 64 SCE-VO noch **weitere Anlagemöglichkeiten**, die allerdings keine Mitgliedschaft gewähren. Auch durch diese Maßnahmen soll die SCE zusätzliche Investoren gewinnen können.[594] Art. 64 SCE-VO spricht in diesem Zusammenhang von **Wertpapieren** und **Schuldverschreibungen**, die von Mitgliedern und außenstehenden Personen gezeichnet werden können.[595]

II. Rechte und Pflichten der Mitglieder

1. Teilnahme-, Rede- und Stimmrechte

250 Die Rechte und Pflichten der Mitglieder werden nach Art. 5 IV Spiegelstrich 4 SCE-VO in der Satzung der SCE festgehalten. Die Mitglieder haben das Recht die Generalversammlung unter Einhaltung der in Art. 55 S. 1 SCE-VO (5.000 Mitglieder oder 10% der Stimmrechte) bzw. der in der Satzung gem. Art. 55 S. 2 SCE-VO geregelten Quoten einzuberufen (vgl. dazu Rn. 167). Jedem Mitglied stehen **Teilnahme-, Rede- und Stimmrechte** (vgl. dazu Rn. 250) in der Generalversammlung nach Artt. 58 I, 59 SCE-VO zu. Nach Maßgabe der Satzung können sie sich dabei gem. Art. 58 III SCE-VO vertreten lassen. Weiterhin gewährt Art. 58 IV SCE-VO grds. die Möglichkeit zur Abstimmung in schriftlicher und elektronischer Form, sofern dies durch Satzungsbestimmung zugelassen wird. Damit besteht grds. die Möglichkeit zur Abhaltung von Generalversammlungen über das Internet.[596] Für die investierenden Mitglieder ergibt sich aus Art. 59 III SCE-VO die Besonderheit, dass ihnen insgesamt nicht mehr als 25% der Stimmrechte zustehen können (vgl. dazu Rn. 247). Die **Inhaber von Wertpapieren und Schuldverschreibungen** haben gem. Art. 58 II SCE-VO das Recht zur stimmrechtslosen Teilnahme an der Generalversammlung, wobei das mitgliedschaftsrechtliche Stimmrecht derjenigen Inhaber, die zugleich Mitglieder sind, hiervon nicht berührt wird. Lediglich innerhalb einer durch Satzungsbestimmung möglichen Versammlung der Anleihegläubiger ergeben sich aus den Anleihen Stimmrechte (vgl. Art. 64 IV SCE-VO). Teilweise wird vertreten, dass den Inhabern Rede und Antragsrechte zustehen.[597] Dagegen spricht jedoch, dass Art. 58 I SCE-VO jedem „Mitglied"[598] solche Rechte zuspricht und Art. 64 I 3 SCE-VO klarstellt, dass der Erwerb der Wertpapiere und Schuldverschreibungen gerade keine Mitgliedschaft verleiht.

2. Auskunfts- und Informationsrechte

251 Nach Art. 60 I SCE-VO haben die Mitglieder **Auskunfts- und Informationsrechte**. Daraus folgt, dass das Leitungs- bzw. Verwaltungsorgan jedem Mitglied auf Verlangen in der Generalversammlung Auskunft über solche Angelegenheiten erteilen muss, über die die Generalversammlung gem. Art. 61 I SCE-VO auch einen Beschluss fassen kann.[599] Gemeint sind damit alle Punkte, die auf der Tagesordnung der Generalversammlung stehen (Art. 61 I SCE-VO). Diese Rechte dürfen nur aufgrund der zwei abschließenden, in Art. 60 II SCE-VO aufgeführten Gründe eingeschränkt werden:

(1) Wenn die Auskunft „geeignet ist, der SCE einen **ernsten Schaden zuzufügen**"[600] (Art. 60 II Spiegelstrich 1 SCE-VO). Daraus folgt, dass nicht jeder beliebige Nachteil in Betracht kommt. Erforderlich ist eine gewisse Schwere, also zB drohende Einbußen, weil sich die Auskunft auf vertrauliche Informationen zu Produkten oder Technologien bezieht.[601]

(2) Ein Verweigerungsrecht besteht auch, wenn die Auskunft eine „gesetzliche Verpflichtung zur Geheimhaltung verletzen würde" (Art. 60 II Spiegelstrich 2 SCE-VO). Eine solche Verpflichtung stellt zB das Bankgeheimnis bei Kreditinstituten dar.[602] Wird die Auskunft verweigert, hat das Mitglied nach Art. 60 III SCE-VO das Recht, dass sowohl die Frage wie auch der Grund der Verweigerung in die Niederschrift der Gene-

594 *Schulze* NZG 2004, 792, 794.

595 Vgl. Anwendung des KWG bei Ausgabe der Wertpapiere und Schuldverschreibungen einer deutschen SCE *Keßler/Herzberg* ZfgG 2009, 39, 40 ff.

596 *Heß*, Die Europäische Genossenschaft und die Reform des Genossenschaftsrechts in Deutschland, 2008, S. 115; *Schaffland/Korte* NZG 2006, 253, 254 zur Erlaubnis der elektronischen Form.

597 *Schöpflin* in: Beuthien (Hrsg.), GenG, 2018, Art. 58 SCE-VO Rn. 2.

598 Englischer Wortlaut: „member". Französischer Wortlaut: „membres". Spanischer Wortlaut: „socios". Italienischer Wortlaut: „soci". Niederländischer Wortlaut: „lid". Polnischer Wortlaut: „członek".

599 *Barsan*, La société coopérative européenne (SCE): entre identité coopérative et efficacité économique, 2013, Rn. 759 bedauert, dass in diesem Zusammenhang kein Verweis auf nationales Recht vorgenommen wurde.

600 Englischer Wortlaut: „it would be likely to be seriously prejudicial to the SCE". Der englische Wortlaut ließe sich eher mit "es wahrscheinlich ernsthaft nachteilig für die SCE wäre". Einen Schaden erwähnt der englische Wortlaut nicht. Französischer Wortlaut: „elle est de nature à porter un préjudice grave à la SEC". Spanischer Wortlaut: „pueda causar un perjuicio grave a la SCE". Italienischer Wortlaut: „di natura tale da recare grave pregiudizio alla SCE". Niederländischer Wortlaut: „aan de SCE ernstige schade kan worden toegebracht". Polnischer Wortlaut: „mogłoby to poważnie zaszkodzić SCE".

601 *Alfandari/Piot* in: Schulze (Hrsg.), Europäische Genossenschaft (SCE) – Handbuch, 2004, Kap. 4 Rn. 28.

602 *Alfandari/Piot* in: Schulze (Hrsg.), Europäische Genossenschaft (SCE) – Handbuch, 2004, Kap. 4. Rn. 28.

ralversammlung aufgenommen werden. Bestand im Hinblick auf die begehrte Auskunft kein Verweigerungsrecht, richtet sich der Rechtsschutz des Mitglieds gem. Art. 8 I c) (ii) SCE-VO nach einzelstaatlichem Recht.[603]

(3) Außerdem muss die Auskunft in der Generalversammlung nur „im Rahmen des Möglichen“ gegeben werden (Art. 60 I 2 SCE-VO).

Im Fall der Generalversammlung, die über den Abschluss des Geschäftsjahres befinden soll, stehen jedem Mitglied gem. Art. 60 IV SCE-VO innerhalb von zehn Tagen unmittelbar vor der Versammlung Einsichtsrechte mit Blick auf folgende Unterlagen zu: Die Bilanz, die Gewinn- und Verlustrechnung mit Anlagen, den Lagebericht, die Ergebnisse der Rechnungsprüfung durch die damit beauftragte Person und falls es sich um ein Mutterunternehmen im Sinne der Bilanzrichtlinie handelt, den konsolidierten Abschluss. Besondere Informationsrechte bestehen im Falle der Sitzverlegung (vgl. Rn. 148) und der Verschmelzung (vgl. Rn. 57 ff.) 252

3. Vermögensrechte

Die Vermögensrechte der (nutzenden und nicht nutzenden) Mitglieder umfassen den Anspruch auf **Auszahlung** bei Verlust der Mitgliedschaft aus Art. 16 I SCE-VO (vgl. dazu Rn. 285), die Ansprüche auf **Beteiligung am Betriebsergebnis und am verfügbaren Ergebnis** nach Artt. 65, 67 SCE-VO und den ggf. anfallenden **Rückvergütungsansprüchen** aus Art. 66 SCE-VO.[604] Die Satzung der SCE legt gem. Art. 65 I SCE-VO unbeschadet des einzelstaatlichen Rechts fest, wie der Jahresüberschuss verteilt wird. Es gilt danach Satzungsautonomie, wobei die Regelung im Lichte des Erwägungsgrunds 7 SCE-VO derart auszulegen ist, dass bei der Verteilung grds. der **Billigkeitsgrundsatz** zu beachten ist.[605] Auch wird die Regelungsfreiheit durch Art. 65 II, III SCE-VO eingeschränkt. Danach muss die Satzung vor jeder anderen Verwendung der Überschüsse die Bildung einer Rücklage vorsehen, die mindestens 15% des Überschusses (abzgl. etwaiger Verlustvorträge) umfassen muss. Die **gesetzliche Rücklagepflicht** gilt bis die Rücklage den Mindestkapitalbetrag von 30.000 EUR erreicht hat. Nach Art. 65 III SCE-VO ergeben sich für ausscheidende Mitglieder keine Ansprüche aus der gebildeten Rücklage. Auch eine darauf gerichtete einzelvertragliche Regelung ist aus Gründen des Gläubigerschutzes nicht wirksam.[606] Nach Art. 66 SCE-VO kann sich bei entsprechenden Satzungsbestimmungen ein Rückvergütungsanspruch ergeben, der sich nach dem Umfang der mit der SCE getätigten Geschäfte oder der geleisteten Arbeit richtet. In diesem Fall liegt keine Gewinnausschüttung vor, da es sich um die Gegenleistung handelt. Im Hinblick auf die Anknüpfung an die getätigten Geschäfte bzw. an die geleistete Arbeit kommen als Berechtigte nur nutzende Mitglieder in Betracht.[607] Der **Restbetrag des Überschusses**, der nach der Bildung der Rücklagen gem. Art. 65 II SCE-VO und den etwaigen Auszahlungen iSd Art. 66 SCE-VO übrig bleibt und der ggf. um Gewinnvorträge und Entnahmen aus Rücklagen erhöht oder um Verlustvorträge vermindert wird, stellt das **verfügbare Ergebnis** dar. Die Reihenfolge und der Umfang der Verteilung, die durch die Generalversammlung erfolgt, wird in der Satzung bestimmt und kann nach Art. 67 III SCE-VO auch gänzlich ausgeschlossen werden. 253

4. Treue- und Mitwirkungspflichten

Aus der personenbezogenen Struktur der SCE werden zT auch **Treue- und Mitwirkungspflichten** der Mitglieder hergeleitet,[608] wobei die Verordnung hierzu keine Aussagen trifft. Überzeugender erscheint es daher, dass sich solche Pflichten nur aus dem mitgliedstaatlichen Recht ergeben können.[609] 254

5. Vermögenspflichten

Für die Mitglieder besteht die Pflicht zur Erbringung der von ihnen **übernommen Einlage** (dazu Rn. 264). Im Fall einer SCE mit unbeschränkter Haftung haften die Mitglieder zudem mit ihrem **gesamten Vermögen** (vgl. Rn. 140, 272 ff.), im Fall der beschränkten Haftung hingegen lediglich mit ihrer Einlage (vgl. Rn. 272 ff.). 255

603 *Schöpflin* in: Beuthien (Hrsg.), GenG, 2018, Art. 60 SCE-VO Rn. 3.

604 *Lutter/Bayer/Schmidt*, Europäisches Unternehmens- und Kapitalmarktrecht, 2017, Rn. 46.53.

605 *Schöpflin* in: Beuthien (Hrsg.), GenG, 2018, Art. 65 SCE-VO Rn. 1 ff.; vgl. auch *Alfandari/Piot* in: Schulze (Hrsg.), Europäische Genossenschaft (SCE) – Handbuch, 2004, Kap. 4 Rn. 41.

606 Vgl. *Schöpflin* in: Beuthien (Hrsg.), GenG, 2018, Art. 65 SCE-VO Rn. 3.

607 *Schöpflin* in: Beuthien (Hrsg.), GenG, 2018, Art. 66 SCE-VO Rn. 1.

608 *Lutter/Bayer/Schmidt*, Europäisches Unternehmens- und Kapitalmarktrecht, 2017, Rn. 46.54.

609 *Mock* GPR 2004, 213, 217; *Hirte*, Kapitalgesellschaftsrecht, 2016, Rn. 10.80; *ders.* DStR 2007, 2215, 2216.

H. Kapitalverfassung

I. Grundlagen der Kapitalverfassung

256 Die Kapitalverfassung der SCE ähnelt ihrem Wesen nach aktienrechtlichen Bestimmungen sowie im Hinblick auf die Aufbringung und Erhaltung des Kapitals den Regelungen der ehemaligen Kapitalrichtlinie (jetzt Teil der Kodifizierung-RL).[610] Anders als die SE-Verordnung verweist die SCE somit nicht in gleichem Umfang auf nationales Recht, sondern regelt zB die Fragen der **Kapitalaufbringung und -erhaltung** selbst (Artt. 3, 4 SCE-VO).[611] Dies sah der europäische Gesetzgeber wohl als notwendig an, da im Gegensatz zur SE-VO nicht auf subsidiär harmonisiertes nationales Genossenschaftsrecht zurückgegriffen werden konnte. Die Kapitalverfassung ist damit ein gutes Beispiel dafür, dass die SCE-Verordnung im Verhältnis zur SE-Verordnung umfassender ausgestaltet wurde.

257 Bezüglich der Kapitalverfassung wurde auch berücksichtigt, dass v.a. SCE, die eine grenzüberschreitenden Tätigkeit ausüben, idR auch einen erhöhten Kapitalbedarf haben,[612] weswegen neben den Geschäftsanteilen auch **zusätzlich Finanzierungsmöglichkeiten** geschaffen wurden (vgl. Rn. 246 ff. – investierende Mitglieder und Wertpapiere).[613] Vor allem in Mitgliedstaaten, denen eine derartige Annäherung des nationalen Genossenschaftsrecht an das Recht der Aktiengesellschaften fremd ist, stellt die Kapitalverfassung der SCE somit eine Besonderheit dar.[614] In Deutschland hat die Einführung der SCE das GenG insofern beeinflusst, als daraufhin für die deutsche Genossenschaft ein fakultatives, statuarisches Mindestkapital eingeführt wurde (näher zum Einfluss der SCE auf das deutsche Genossenschaftsrecht unter Rn. 331, auch schon Rn. 7).[615]

II. Die Kapitalstruktur

258 Die Verordnung unterscheidet im Hinblick auf die Kapitalstruktur das **Grundkapital** (Art. 4 SCE-VO), das **gesetzliche vorgeschriebene Mindestkapital** in Art. 3 II SCE-VO sowie das **satzungsmäßig bestimmte Mindestkapital** gem. Art. 3 IV SCE-VO.

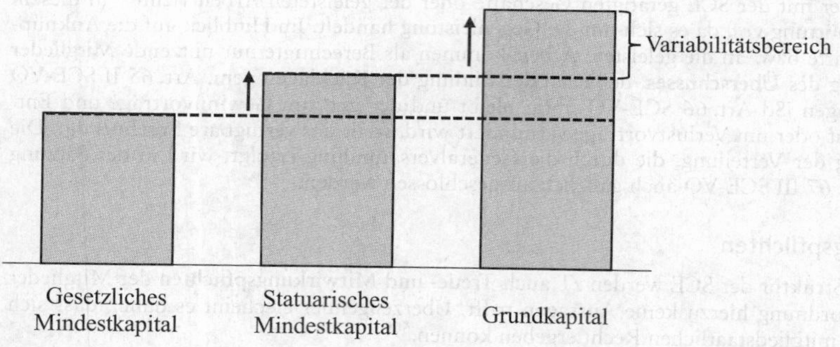

Abb. 16: Verhältnis von Grundkapital, gesetzlichem Mindestkapital und satzungsmäßig bestimmtem Mindestkapital

259 Das **Grundkapital** der SCE wird gem. Art. 1 II 1 SCE-VO und Art. 4 I 1 SCE-VO in die Geschäftsanteile der Mitglieder zerlegt. Sowohl das Grundkapital wie auch die Mitgliederzahl sind nach Art. 1 II 2 SCE-VO grundsätzlich veränderlich (**Grundsatz der Variabilität**).[616] Die SCE kann damit im Gegensatz zur SE als Gesellschaft

610 *Lutter/Bayer/Schmidt*, Europäisches Unternehmens- und Kapitalmarktrecht, 2017, Rn. 46.32, danach weicht die SCE in diesem Bereich deutlich vom GenG ab.
611 *Heilmeier* EuZW 2010, 887, 887; *Hirte*, Kapitalgesellschaftsrecht, 2016, Rn. 10.85.
612 Vgl. *Münkner*, Europäische Genossenschaft (SCE) und europäische Genossenschaftstradition, 2006, S. 20.
613 *Lutter/Bayer/Schmidt*, Europäisches Unternehmens- und Kapitalmarktrecht, 2017, Rn. 46.32 mwN; positiv zum wirtschaftlichen Sinn investierender Mitglieder *Geschwandtner/Helios*, Genossenschaftsrecht, 2006, S. 264.
614 Vgl. *Heß*, Die Europäische Genossenschaft und die Reform des Genossenschaftsrechts in Deutschland, 2008, S. 101.
615 *Beuthien* in: Beuthien (Hrsg.), GenG, 2018, § 8a GenG Rn. 1.
616 *Heß*, Die Europäische Genossenschaft und die Reform des Genossenschaftsrechts in Deutschland, 2008, S. 99; *Schöpflin* in: Beuthien (Hrsg.), GenG, 2018, Art. 3 SCE-VO Rn. 2. Vgl. zum Kapital auch *Barsan*, La société coopérative européenne (SCE): entre identité coopérative et efficacité économique, 2013, Rn. 1019.

mit variablem Kapital ausgestaltet werden (dazu sogleich unter Rn. 267).[617] Angaben zum Grundkapital gehören gem. Art. 5 IV SCE-VO zu den Mindestangaben in der Satzung (Muss-Satzungsbestimmung, vgl. Rn. 107). Dort muss auch angegeben werden, dass das Kapital variabel ist (Art. 5 IV SCE-VO).

Gemäß Art. 3 II SCE-VO muss die Gesellschaft ein **Mindestkapital** von **30.000 EUR** aufweisen.[618] Sofern das einzelstaatliche Recht für die nationale Genossenschaften ein höheres Mindestkapital für juristischen Personen vorsieht, die bestimmten (nicht näher definierten) Tätigkeiten nachgehen, gilt dies nach Art. 3 III SCE-VO auch für SCE mit Sitz in diesem Mitgliedstaat.[619] Erfasst werden sollen damit ua SCE, die im Bankensektor tätig sind.[620] Aus dem deutschen Wortlaut des Art. 3 II SCE-VO könnte geschlossen werden, dass das Mindestkapital bei Gründung vollständig erbracht werden muss.[621] Die anderen Sprachfassungen wählen jedoch eine andere Formulierung und fordern dadurch lediglich, dass das gezeichnete Kapital nicht unter 30.000 EUR liegen darf.[622] Für das Einzahlungserfordernis kann auch nicht Art. 73 I aE SCE-VO angeführt werden, der in einem Verstoß gegen Art. 3 II SCE-VO einen Auflösungsgrund sieht,[623] da die anderen Sprachfassungen im Gegensatz zur deutschen eben nicht explizit die Einzahlung fordern. Art. 3 II SCE-VO statuiert somit keine Einzahlungsverpflichtung mit Blick auf das Mindestkapital (zur Kapitalaufbringung näher unter Rn. 263 ff.). 260

Die Satzung der SCE hat gem. Art. 3 IV SCE-VO darüber hinaus ein sog **satzungsmäßiges Mindestkapital** festzulegen. Dieses satzungsmäßige Mindestkapital darf 30.000 EUR nicht unterschreiten. Konkret wird in der Satzung festgelegt, welchen Betrag das Grundkapital bei der Rückzahlung von Geschäftsguthaben an ausscheidende Mitglieder nicht unterschreiten darf (dazu näher unter Rn. 107). Ob ein satzungsmäßiges Mindestkapital, das die gesetzlich geforderten 30.000 EUR überschreitet, bei der Gründung vollständig geleistet werden muss oder die Einzahlungspflicht nur bis zur Höhe des gesetzlichen Mindestbetrags gilt, wird von der SCE-Verordnung nicht direkt beantwortet.[624] Im Hinblick auf die Gläubigerschutzwirkung des in der Satzung festgelegten Mindestkapitals könnte eine vollständige Einzahlungspflicht angenommen werden.[625] Da Art. 3 II SCE-VO allerdings nur ausdrücklich eine Einzahlungspflicht in Höhe von 30.000 EUR bei Gründung vorschreibt, ließe sich ebenso gut vertreten, dass die Vorschrift abschließend ist und das darüber hinausgehende satzungsmäßige Mindestkapital daher nicht sofort bei Gründung geleistet werden muss. Letzteres Argument wiegt wohl etwas stärker, so dass hier davon ausgegangen wird, dass für das satzungsmäßige Mindestkapital keine vollständige Einzahlungspflicht im Zeitpunkt der Gründung besteht. 261

Aus dem Verhältnis von satzungsmäßigem Mindestkapital und dem Grundkapital ergibt sich die mögliche Variabilität des Kapitals der SCE. Denn die Differenz zwischen diesen beiden Kennzahlen darf bei Ausscheiden eines Mitglieds an dieses zur Rückzahlung verwendet werden. Eine Rückzahlung von einem darüberhinausgehenden Betrag ist nicht möglich. Etwas Anderes gilt nur, wenn die Mitglieder das satzungsmäßige Mindestkapital herabsetzen (dazu Rn. 270). 262

III. Die Geschäftsanteile und die Kapitalaufbringung

In der Satzung ist die Mindestanzahl der Geschäftsteile anzugeben, die zum Erwerb der Mitgliedschaft erforderlich sind (Art. 4 VII 1 SCE-VO). Die Anteile lauten stets **auf den Namen des Mitglieds** (Art. 4 III 1 SCE-VO). Grundsätzlich gilt die Währung des Sitzstaates (= Registersitz) (Art. 4 I 1 SCE-VO), wobei auch SCE mit Sitz außerhalb des Euro-Währungsgebiets die Geschäftsanteile gem. Art. 4 I 2 SCE-VO auf Euro lauten lassen können. Eine **Unterpariemission** ist gem. Art. 4 III 3 SCE-VO verboten. Die Verordnung ermöglicht in Art. 4 I 3 263

617 *Cathiard*, La pratique du droit européen des sociétés, 2017, Rn. 102; ebenfalls die Variabilität nennend *Wendt* in: Wegen/Spahlinger/Barth (Hrsg.), Gesellschaftsrecht des Auslands, 1. EL 2016, Europäische Union Rn. 178 (Stand: 2012).

618 Die Regelung des Mindestkapitals stellt damit v.a.im Vergleich zu den Vorschlägen, die im Rahmen der Gesetzgebung diskutiert wurden (bis zu 100.000 ECU wurden diskutiert), eine erheblich niedrigere Schwelle und damit auch eine Vereinfachung für die Gründung dar. Zur Diskussion *Heß*, Die Europäische Genossenschaft und die Reform des Genossenschaftsrechts in Deutschland, 2008, S. 99 f.; positiv dazu *Krebs* EWS 2012, 407, 408. *Luttermann* ZVglRWiss 1994, 32, 35 kritisiert den angesetzten Betrag dagegen als zu hoch. *Hirte*, Kapitalgesellschaftsrecht, 2016, Rn. 10.84 stellt den Unterschied zum deutschen Genossenschaftsrecht heraus.

619 *Lutter/Bayer/Schmidt*, Europäisches Unternehmens- und Kapitalmarktrecht, 2017, Rn. 46.34.

620 *Schöpflin* in: Beuthien (Hrsg.), GenG, 2018, Art. 3 SCE-VO Rn. 1.

621 So *Heilmeier* EuZW 2010, 887, 887. AA *Schöpflin* in: Beuthien (Hrsg.), GenG, 2018, Art. 3 SCE-VO Rn. 1, der es für offenhält, wann dieser Betrag zu erbringen ist. AA auch *Korte* in: Helios/Strieder (Hrsg.), Beck'sches Handbuch zur Genossenschaft, 2009, § 16 Rn. 38.

622 Englischer Wortlaut: „The subscribed capital shall not be less than EUR 30 000“. Französischer Wortlaut: „Le capital souscrit est d'au moins 30 000 euros“. Spanischer Wortlaut: „El capital suscrito no podrá ser inferior a 30 000 euros“. Italienischer Wortlaut: „Il capitale sottoscritto deve essere di almeno 30 000 EUR“. Niederländischer Wortlaut: „Het geplaatste kapitaal bedraagt ten minste 30 000 EUR“. Polnischer Wortlaut: „Kapitał subskrybowany wynosi co najmniej 30000 EUR“.

623 In diese Richtung argumentierend *Heilmeier* EuZW 2010, 887, 887.

624 *Heilmeier* EuZW 2010, 887, 888.

625 Zur Diskussion der Problematik: *Heilmeier* EuZW 2010, 887, 888.

SCE-VO unterschiedliche Kategorien von Geschäftsanteilen.[626] Geschäftsanteile mit gleichen Rechten bilden gem. Art. 4 I 5 SCE-VO eine **Kategorie**. Auch wenn die Vorschrift ihrem Wortlaut nach lediglich „Rechte" erwähnt, müssen Anteile die gleichen Rechte und Pflichten gewähren, um eine Kategorie zu bilden. Das ergibt sich aus dem Gedanken des Gleichbehandlungsgrundsatzes, der hinter der Kategorienbildung steht. Anteilseigner, die sich in der gleichen Situation befinden, sollen auch gleichbehandelt werden. Durch die Satzung können unterschiedliche Anteilskategorien gebildet werden, denen dann zB unterschiedlichen Rechte bei der Verteilung der Ergebnisse (Art. 4 I 3 SCE-VO) und der Stimmverteilung nach Art. 59 II SCE-VO zustehen.[627] Aus Art. 4 III 2 SCE-VO ergibt sich zwingend, dass der Nennwert innerhalb einer Anteilskategorie stets gleich ist. Anteile mit unterschiedlichen Nennwerten gewähren danach stets unterschiedliche Rechte und können damit nicht der gleichen Kategorie angehören. Im Umkehrschluss lässt sich jedoch aus gleichen Nennwerten nicht auf gleiche Rechte schließen, weil sich andere Rechte und Pflichten unterscheiden können.[628] Grundsätzlich können die Nennwerte der Geschäftsanteile durch Zusammenlegung und Zerlegung erhöht bzw. herabgesetzt werden (Art. 4 IX, X SCE-VO). Um den Zusammenhang von Nennwerten, Kategorien und Rechten jedoch zu wahren, müssen dabei ganze Kategorien entsprechend verändert werden und keinesfalls nur gewillkürte Geschäftsanteile.[629]

264 Die Geschäftsanteile der SCE können zur Erbringung von Bar- bzw. Sacheinlagen verpflichten. Bei Erwerb einer **Bareinlage** müssen grundsätzlich 25% des vereinbarten Betrages sofort eingezahlt werden (Art. 4 IV 1 SCE-VO). Die Möglichkeit, lediglich einen Teil sofort zu leisten, soll den Eintritt in die SCE erleichtern.[630] Der Resteinzahlungszeitpunkt kann durch die Satzung bestimmt werden. Spätestens nach fünf Jahren muss die Einlage jedoch vollständig erbracht sein (Art. 4 IV 2 SCE-VO). Ein Einforderungsrecht des Geschäftsführungsorgans im Fall einer fehlenden Satzungsbestimmung ist nicht geregelt. Es stellt sich daher die Frage, ob insofern eine externe Lücke vorliegt und damit nationales Recht greift oder ob eine Lösung innerhalb der Verordnung anzustreben ist. Im letzteren Fall ginge es darum, festzustellen, ob die Gesellschafterversammlung darüber beschließt, ob die entsprechende Kompetenz doch dem Geschäftsführungsorgan zusteht oder ob das Mitglied innerhalb des Fünf-Jahres-Zeitraums frei über die Aufbringung entscheiden kann. Hier wird eine Lösung innerhalb der Verordnung befürwortet.

265 Die Erbringung von **Sacheinlagen** ist grundsätzlich möglich (Art. 4 V SCE-VO). Wie auch bei der SE[631] (und dem gescheiterten SPE-Entwurf, s. § 5 Rn. 181) sind Einlagen in Form von **Arbeits- oder Dienstleistungen** jedoch nicht gestattet (Art. 4 II 1 SCE-VO).[632] Damit ist die SCE im Verhältnis zur EWIV, wo auch solche Einlagen erbracht werden dürfen (vgl. § 7 Rn. 191), restriktiver ausgestaltet. Es dürfen gem. Art. 4 II 2 SCE-VO nur solche Gegenstände als Sacheinlage erbracht werden, „deren wirtschaftlicher Wert feststellbar ist".[633] Dabei sind die Kapitalaufbringungsvorschriften strenger als bei Bareinlagen. Sacheinlagen müssen vollständig erbracht werden (Art. 4 V SCE-VO). Die Bewertung dieser richtet sich gem. Art. 4 VI nach dem einzelstaatlichen Aktienrecht.

266 Die Inhaber der Geschäftsanteile können diese unter Einhaltung den Bedingungen des Art. 4 XI SCE-VO grds. frei veräußern (vgl. Rn. 276 ff., insbes. 284 – Mitgliederwechsel).

IV. Veränderungen und Erhaltung des Grundkapitals

267 Sowohl die **Erhöhung** als auch die **Herabsetzung des Grundkapitals** erfordern idR keine Satzungsänderung und keine Offenlegung (Art. 3 V 2 SCE-VO). Dies gilt, obwohl Angaben zum Grundkapital gem. Art. 5 IV SCE-VO zu den Mindestangaben in der Satzung zählen (Muss-Satzungsbestimmung, vgl. Rn. 107). Dort muss allerdings auch angegeben werden, dass das Kapital variabel ist (Art. 5 IV SCE-VO). Folge der Variabilität des Kapitals ist dann, dass es keiner Satzungsänderung bedarf.[634] Einmal jährlich muss die europäische Genossenschaft jedoch die Höhe ihres Kapitals offenlegen (Art. 4 VIII SCE-VO). Die **Erhöhung des Grundkapitals** kann auf unterschiedliche Weisen erfolgen: Eine Erhöhung des Grundkapitals erfolgt durch weitere Einzahlungen der Mitglieder bzw. den Beitritt neuer Mitglieder (Art. 3 V SCE-VO). Die Erhöhung des Grundkapitals kann auch durch

626 Positiv zu dieser Regelungsmöglichkeit *Cathiard*, La pratique du droit européen des sociétés, 2017, Rn. 101.
627 Vgl. *Schöpflin* in: Beuthien (Hrsg.), GenG, 2018, Art. 4 SCE-VO Rn. 2; *Heilmeier* EuZW 2010, 887, 888.
628 Vgl. *Heilmeier* EuZW 2010, 887, 888.
629 *Heilmeier* EuZW 2010, 887, 888.
630 *Schöpflin* in: Beuthien (Hrsg.), GenG, 2018, Art. 4 SCE-VO Rn. 7.
631 Die SE-VO regelt diesen Aspekt nicht selbst. Das subsidiär anwendbare nationale Aktienrecht wurde jedoch insofern durch die ehemalige Kapital-RL (jetzt Teil der Kodifizierungs-RL) harmonisiert (s. dazu § 21 Rn. 46).
632 *Parléani* RECMA 291 (2004) 35, 44 glaubt, dass dies zur Mindeststabilität des Kapitals beiträgt. *Schöpflin* in: Beuthien (Hrsg.), GenG, 2018, Art. 4 SCE-VO Rn. 9 führt die auf Vollstreckungsprobleme zurück.
633 Art. 4 II 2 SCE-VO. Englischer Wortlaut: „assets capable of economic assessment". Französischer Wortlaut: „éléments d'actifs susceptibles d'évaluation économique". Spanischer Wortlaut: „ con activos susceptibles de valoración económica". Italiensicher Wortlaut: „elementi dell'attivo suscettibili di valutazione economica". Niederländischer Wortlaut: „actiefbestanddelen die economisch gewaardeerd kunnen worden". Polnischer Wortlaut: „aktywów posiadających wartość ekonomiczną".
634 *Bahans/Menjucq* Revue de droit rural 2008, dossier 28 Rn. 21; *Hirte*, Kapitalgesellschaftsrecht, 2016, Rn. 10.84.

Beschluss der Generalversammlung mit satzungsändernder Mehrheit aus einer vollständigen oder teilweisen Umwandlung der teilbaren Rücklagen erfolgen (Art. 4 VIII 2 SCE-VO). Indirekt lässt sich aus Art. 67 II Spiegelstrich 3 SCE-VO die Möglichkeit der Erhöhung des Grundkapitals durch die Verwendung der verfügbaren Ergebnisse ableiten.[635] Danach kann die Verzinsung des Geschäftsguthabens durch Zuteilung neuer Geschäftsanteile an die Mitglieder erfolgen, wodurch sich das Grundkapital der SCE erhöht. Im Wege eines satzungsändernden Beschlusses kann das Grundkapital auch durch die Erhöhung des Nennwerts von Geschäftsanteilen einer Kategorie (vgl. zu den Anteilskategorien Rn. 245 ff.; 263) erhöht werden.[636]

Die **Herabsetzung des Grundkapitals** kann ebenfalls auf mehreren Wegen erfolgen: Zu einer Kapitalherabset- 268
zung kommt es gewöhnlich beim Ausscheiden eines Mitglieds oder bei vollständiger oder teilweiser Rückzahlung des Geschäftsguthabens an die Mitglieder (Art. 3 V SCE-VO).[637] Zu beachten ist, dass die Änderungen aufgrund von Beitritten und Austritten jedoch erst mit Eintragung in das Mitgliederverzeichnis wirksam werden (Art. 14 V, VI SCE-VO, zum Verzeichnis s. Rn. 287).[638] Die Herabsetzung des Nennwerts einer Geschäftsanteilskategorie bedarf, wie die Erhöhung, eines satzungsändernden Beschlusses und führt im Ergebnis zu einer Herabsetzung des Grundkapitals.[639]

Bei der Herabsetzung des Grundkapitals ist die **Auszahlungssperre** gem. Art. 3 IV 1, 3 SCE-VO zu beachten, die 269
der Kapitalerhaltung dient. Für jede Form der Herabsetzung des Grundkapitals gilt gem. Art. 3 IV 3 SCE-VO, dass die Auszahlungsansprüche der Mitglieder nicht zu einem Absinken des Grundkapitals unter das satzungsmäßige Mindestkapital führen dürfen (vgl. Rn. 261).[640] Eine absolute Untergrenze stellt dabei der Betrag von 30.000 EUR dar (gesetzliches Mindestkapital, Art. 3 IV 2 SCE-VO), da vor der Herabsetzung grds. die Möglichkeit besteht, ein ggf. höher liegendes satzungsmäßiges Mindestkapital auf diese Mindestschwelle abzusenken.[641] Die Auszahlungssperre dient der Möglichkeit einer dauerhaften Bilanzierung des satzungsmäßigen Mindestkapitals der SCE als Eigenkapital und hat ihre Wurzeln in den **„International Accounting Standards"** (dh konkret IAS 32).[642] So lange das Absinken unter das in der Satzung bestimmte Mindestkapital droht, werden die Auszahlungsansprüche der Mitglieder „ausgesetzt". Das Aussetzen ist dabei als eine aufschiebende Bedingung zu verstehen, die so lange fortbesteht, bis ein Unterschreiten der Schwelle nicht mehr droht.[643] Ob der Anspruch in voller Höhe ausgesetzt wird oder nur „soweit" er zur Unterschreitung der Schwelle führt ist nicht eindeutig. Der Wortlaut des Art. 3 IV 3 SCE-VO in seiner deutschen Fassung spricht zunächst dafür, dass pauschal der gesamte Anspruch aufschiebend bedingt wird („Der Anspruch").[644] Die anderen Fassungen verwenden diese Formulierung jedoch nicht.[645] Sie sprechen davon, dass der Zeitpunkt der Rückzahlung ausgesetzt wird, solange die Rückzahlung zu einer Unterschreitung des festgesetzten Betrags führen würde. Aus diesen Fassungen geht nicht klar hervor, ob der Anspruch ganz oder teilweise ausgesetzt wird. Jedoch erscheint es im Hinblick auf den Zweck der Vorschrift, nach dem eine Bilanzierung des satzungsmäßigen Mindestkapitals als Eigenkapital sichergestellt werden soll, überzeugender, dass die Aufschiebung auf den Teil zu begrenzen ist, der das Mindestkapital unterschreiten würde.[646] Wie im Falle mehrerer Ansprüche, die zu einer Unterschreitung der Mindestschwelle führen könnten, zu verfahren ist, regelt die Verordnung nicht. Infrage kommen zB eine gleichmäßige anteilsmäßige Kürzung aller Ansprüche oder die Anknüpfung an die Entstehung oder Geltendmachung der Ansprüche.[647] Für die Praxis wird empfohlen, eine entsprechende Regelung in die Satzung aufzunehmen.[648] Sinnvoll erscheint hier v.a. die Anknüpfung an die Anspruchsentstehung oder an die Geltendmachung, weil hier klare Zeitpunkte feststellbar sind.

---

635 *Cusa* in: Schulze (Hrsg.), Europäische Genossenschaft (SCE) – Handbuch, 2004, S. 151; *Heilmeier* EuZW 2010, 887, 889.

636 *Heilmeier* EuZW 2010, 887, 889.

637 Vgl. auch *Behrens* in: Dauses (Hrsg.), EU-Wirtschaftsrecht, 33. EGL 2013 (Altauflage), E. III. Rn. 173.

638 *Heilmeier* EuZW 2010, 887, 889.

639 *Heilmeier* EuZW 2010, 887, 890.

640 *Martínez Segovia* REVESCO 2003, 84, 91. Näher zur Kapitalerhaltung vgl. *Teichmann* in: MüHb. GesR, Bd. 6, 2013, § 51 Rn. 28.

641 *Heilmeier* EuZW 2010, 887, 890.

642 *Teichmann* in: MüHdB GesR, Bd. 6, 2013, § 51 Rn. 28; *Heilmeier* EuZW 2010, 887, 891.

643 *Schöpflin* in: Beuthien (Hrsg.), GenG, 2018, Art. 3 SCE-VO Rn. 3; *Lutter/Bayer/Schmidt*, Europäisches Unternehmens- und Kapitalmarktrecht, 2017, Rn. 46.40.

644 *Hirte*, KapitalgesellschaftsR, 2009, Rn. 10.82.

645 Englischer Wortlaut: „The date (...) shall be suspended ". Französischer Wortlaut: „L'échéance (...) est suspendue". Spanischer Wortlaut: „La fecha (...) quedará suspendida". Italiensicher Wortlaut: „Il termine (...) è sospeso". Niederländischer Wortlaut: „termijn (...) wordt opgeschort". Polnischer Wortlaut: „Termin (...) zostaje zawieszony".

646 So auch *Heilmeier* EuZW 2010 887, 891.

647 *Heilmeier* EuZW 2010, 887, 891; *Barsan*, La société coopérative européenne (SCE): entre identité coopérative et efficacité économique, 2013, Rn. 1025.

648 *Heilmeier* EuZW 2010 887, 891.

V. Veränderungen des satzungsmäßigen Mindestkapitals

270 Erhöhungen und Herabsetzungen des satzungsmäßigen Mindestkapitals bedürfen stets eines **Beschlusses** der **Generalversammlung**. Die erforderlichen Mehrheiten richten sich nach Art. 61 IV 2 SCE-VO (mind. 2/3-Mehrheit bzw. ggf. höhere Schwellen nach einzelstaatlichem Recht). Die Erhöhung des in der Satzung festgelegten Mindestkapitals kann zum einen durch Umqualifizierung des bereits eingezahlten Grundkapitals erfolgen oder durch Zuführung von neuem Kapital, falls die Erhöhung den Betrag des Grundkapitals übersteigt.[649] Die Herabsetzung des satzungsmäßigen Mindestkapitals darf nicht zur Unterschreitung der Schwelle von 30.000 EUR führen (Art. 3 IV 2 SCE-VO). Die Veränderung des satzungsmäßigen Mindestkapitals hat Auswirkungen auf das Ausmaß der Variabilität des Kapitals (dazu Rn. 258 ff.).

VI. Verwendung der Jahresüberschüsse

271 Die Satzung muss gem. Art. 65 I SCE-VO eine Regelung zur Verteilung der Jahresüberschüsse enthalten (**Muss-Satzungsbestimmung**), so dass insoweit Satzungsautonomie besteht.[650] Jedoch enthält Art. 65 II 1 SCE-VO Einschränkungen zum Schutz der Gläubiger.[651] Danach muss die Satzung eine Regelung enthalten, wonach die Bildung der gesetzlichen Rücklage durch Entnahme aus den Überschüssen Vorrang vor der Verteilung hat. Nach Art. 65 II 2 SCE-VO müssen dabei mindestens 15% der Überschüsse des Geschäftsjahres (abzüglich etwaiger Verlustvorträge) zur Rücklagenbildung verwendet werden, solange diese den Mindestbetrag von 30.000 EUR (Art. 3 II SCE-VO) nicht erreicht hat. Darüber hinausgehende Regelungen bezüglich der Höhe der zu bildenden Rücklage bzw. der Anteile, die vom Überschuss in die Rücklage zu überführen sind, enthält die SCE-Verordnung nicht. Dafür greift darüber hinaus das nationale Recht mit Blick auf die gesetzliche Rücklage. Aus den mitgliedstaatlichen Vorschriften können sich also weitere Anforderungen ergeben (Art. 65 I SCE-VO). Für die Mitglieder besteht neben den Anforderungen aus der Verordnung und möglichen Vorgaben des nationalen Rechts die Möglichkeit, statuarisch eine Rücklagenbildung vorzusehen (Art. 65 II SCE-VO).[652] Die über den Abschluss des Geschäftsjahres zusammentretende Generalversammlung entscheidet entsprechend den Satzungsbestimmungen über die Verteilung der restlichen Überschüsse (Art. 67 II, I SCE-VO). Ausscheidenden Mitgliedern steht gem. Art. 65 III SCE-VO kein Anspruch auf die in die gesetzliche Rücklage eingestellten Gelder zu.

I. Haftung der Mitglieder

272 Nach dem Wortlaut der deutschen Fassung des Art. 1 II 3 SCE-VO haftet ein Mitglied der SCE nur bis zur Höhe seines „eingezahlten Geschäftsanteils". Aus den anderen Sprachfassungen[653] ergibt sich, dass insofern ein Übersetzungsfehler vorliegt und die Regelung die Haftung bis zur Höhe des „einzuzahlenden" bzw. „gezeichneten" Geschäftsanteils meint.[654] Die SCE mit **beschränkter Haftung** stellt damit den Grundtypus dar.[655] Durch Satzungsbestimmungen bei der Gründung kann von der Beschränkung der Haftung auf den gezeichneten Anteil allerdings abgewichen werden – bis hin zur **unbeschränkten Haftung**. Fraglich ist, ob eine nachträgliche Verschärfung der Haftung durch Satzungsänderung möglich ist. Da die Verordnung die Haftung regelt, ist insofern nicht von einer externen Lücke und damit nicht von der Anwendung nationalen Rechts auszugehen. Die Frage der Zulässigkeit des Wechsels zur Haftungsbeschränkung ist somit mithilfe der Verordnung zu klären. Art. 1 II 3 SCE-VO bezieht sich seinem Wortlaut nach zwar auf die Gründung. Daraus lässt sich jedoch nicht zwingend schließen, dass eine spätere Änderung nicht möglich sein soll. Im Ergebnis können die Mitglieder jederzeit über den Haftungsstatus durch einstimmigen Beschluss (nicht jedoch durch Mehrheitsbeschluss) entscheiden.[656] Die Mitglieder können sich daher nachträglich entscheiden, statt Mitglieder einer SCE mit beschränkter Haftung, Mitglieder einer SCE mit unbeschränkter Haftung zu sein. Besonderer gläubigerschützender Vorschriften bedarf

649 *Heilmeier* EuZW 2010, 887, 890.

650 *Lutter/Bayer/Schmidt*, Europäisches Unternehmens- und Kapitalmarktrecht, 2017, Rn. 46.43.

651 *Lutter/Bayer/Schmidt*, Europäisches Unternehmens- und Kapitalmarktrecht, 2017, Rn. 46.43.

652 Vgl. *Schöpflin* in: Beuthien (Hrsg.), GenG, 2018, Art. 65 SCE-VO Rn. 2. *Barsan*, La société coopérative européenne (SCE): entre identité coopérative et efficacité économique, 2013, Rn. 784 sieht aufgrund der möglichen nationalen Vorgaben die Satzungsgestaltungsfreiheit eingeschränkt.

653 Anstelle von „eingezahlt" heißt es in den anderen Fassungen „subscribed" (englische Fassung), „souscrit" (französische Fassung), „subskrybowanego" (polnische Fassung), „suscrito" (spanische Fassung) und „sottoscritto" (italienische Fassung). Die niederländische Fassung formuliert „bedrag van hun inbreng" (Betrag der Einlage).

654 *Schöpflin* in: Beuthien (Hrsg.), GenG, 2018, Art. 1 SCE-VO Rn. 6; *Korte* in: Helios/Strieder (Hrsg.), Beck'sches Handbuch der Genossenschaft, 2009, § 16 Rn. 40; *Lutter/Bayer/Schmidt*, Europäisches Unternehmens- und Kapitalmarktrecht, 2017, Rn. 46.55.

655 *Schöpflin* in: Beuthien (Hrsg.), GenG, 2018, Art. 1 SCE-VO Rn. 6 erachtet einen vollständigen Haftungsausschluss für möglich. Dies ist jedoch aufgrund der abschließenden Regelung der Verordnung zur Beschränkung abzulehnen. Im Ergebnis so auch *Heß*, Die Europäische Genossenschaft und die Reform des Genossenschaftsrechts in Deutschland, 2008, S. 97.

656 *Schöpflin* in: Beuthien (Hrsg.), GenG, 2018, Art. 1 SCE-VO Rn. 6.

es in diesem Fall nicht, da die Gläubiger sich durch eine entsprechende Änderung sogar besser stünden als vorher.

Umgekehrt stellt sich die Frage, ob es den Mitgliedern möglich ist, auf eine beschränkte Haftung zu wechseln, sofern sie sich bei Gründung für eine unbeschränkte Haftung entschieden haben. Wie im umkehrten Fall ist ein solcher Vorgang durch die SCE-Verordnung gestattet. Durch die Haftungsbeschränkung werden allerdings die Gläubiger gefährdet. An dieser Stelle ist daher die Frage zu beantworten, ob der notwendige Gläubigerschutz aus der Verordnung oder aus nationalem Recht herzuleiten ist. Da die Verordnung über das „ob" des Wechsels entscheidet, müsste ein guter Grund dafür vorliegen, bezüglich der Ausgestaltung des Gläubigerschutzes nationales Recht zur Anwendung kommen zu lassen. Allein die Tatsache, dass die Verordnung keine expliziten Vorgaben enthält, mag nicht ausreichen, um eine externe Lücke zu begründen. Vielmehr zeigt die Verordnung, dass sie das Haftungskonzept umfassend regeln möchte, um so europaweit einen einheitlichen Schutzstandard für Gläubiger zu gewähren. Hier ist daher von einer internen Lücke auszugehen, die mithilfe einer Rechtsfortbildung *extra legem* gefüllt werden könnte (dazu § 2 Rn. 177 ff.). In Anlehnung an die Haftung eines ausscheidenden Gesellschafters aus einer Gesellschaft ohne beschränkte Haftung (wie zB bei der EWIV), ließe sich eine unbeschränkte Haftung der Mitglieder für die Altverbindlichkeiten vertreten. Ansonsten könnte die Haftung in Anlehnung an das europäische Modell für Strukturmaßnahmen zwar beschränkt werden, aber den Altgläubigern Sicherheiten zugesprochen werden, sofern ihre Forderungen gefährdet sind. 273

Die Haftung der Mitglieder als reine **Innenhaftung** im Verhältnis zur SCE, ist zwar nicht explizit festgelegt, erschien dem Verordnungsgeber aber wohl als Normalzustand, der nicht extra festgelegt werden musste. Dies schließt jedoch nicht notwendigerweise die Zulässigkeit einer statuarischen (unbeschränkten) Außenhaftung aus.[657] 274

Ist die Haftung der Mitglieder wie in Art. 1 II 3 SCE-VO begrenzt, ist der **Firma** der SCE nach Art. 1 II 4 SCE-VO ein entsprechender Zusatz in der jeweiligen Landessprache beizufügen (in Deutschland „mit beschränkter Haftung", dazu näher unter Rn. 105, 207).[658] In der Praxis haben sich 21 der insgesamt 36 SCE für eine beschränkte Haftung entschieden.[659] Dies ist nur knapp mehr als die Hälfte. Der andere Teil hat sich demnach für das Modell der unbeschränkten Haftung entschieden. 275

J. Mitgliederwechsel

Die Verordnung regelt den Mitgliederwechsel eigenständig und verweist damit bezüglich dieses Aspekts grundsätzlich nicht auf das subsidiär anwendbare Recht. Der **Erwerb** der Mitgliedschaft wird vor allem in Art. 14 SCE-VO geregelt. Der **Verlust** der Mitgliedschaft richtet sich in erster Linie nach Art. 15 SCE-VO und die finanziellen Ansprüche im Fall eines **Austritts** bzw. **Ausschlusses** nach Art. 16 SCE-VO. Darüber hinaus finden sich auch einzelne Vorgaben in anderen Vorschriften, zB in Art. 4 XI SCE-VO. Daneben sind einschlägige Satzungsbestimmungen zu beachten. 276

Die Vorschriften sind generell umfassend formuliert, so dass sie sowohl für nutzende als auch für nicht nutzende Mitglieder gelten. Der Mitgliederwechsel spiegelt die **personalistische Struktur** der SCE wieder; zeichnet sich also durch den *intuitu personae* Grundsatz aus. Das bedeutet, dass der Mitgliederwechsel grundsätzlich zumindest indirekt von den Mitgliedern überwacht wird, da das Leitungs- bzw. Verwaltungsorgan in entsprechende Vorgänge grds. eingebunden ist. 277

I. Erwerb der Mitgliedschaft in der SCE

Der Erwerb der Mitgliedschaft erfordert den Abschluss eines **Aufnahmevertrags** zwischen dem Beantragenden und der SCE.[660] Die **Zustimmung bzw. Ablehnung** des Antrags erfolgt grundsätzlich durch das Leitungs- bzw. Verwaltungsorgan (vgl. Art. 14 I 1 SCE-VO), welches nach pflichtgemäßem Ermessen zu entscheiden hat.[661] Durch das Zustimmungserfordernis wird das Prinzip des Vorrangs der Person vor dem Kapital deutlich.[662] Da- 278

657 So *Schöpflin* in: Beuthien (Hrsg.), GenG, 2018, Art. 1 SCE-VO Rn. 6.

658 *Schöpflin* in: Beuthien (Hrsg.), GenG, 2018, Art. 1 SCE-VO Rn. 6.

659 Vgl. http://www.libertas-institut.com/wp-content/uploads/2017/04/sce-list.pdf (zuletzt abgerufen am 6.2.2018).

660 *Lutter/Bayer/Schmidt*, Europäisches Unternehmens- und Kapitalmarktrecht, 2017, Rn. 46.46; *Schöpflin* in: Beuthien (Hrsg.), GenG, 2018, Art. 14 SCE-VO Rn. 1; *Korte* in Helios/Strieder (Hrsg.), Beck'sches Handbuch der Genossenschaft, 2009, § 16 Rn. 44; *Barsan*, La société coopérative européenne (SCE): entre identité coopérative et efficacité économique, 2013, Rn. 638.

661 *Schöpflin* in: Beuthien (Hrsg.), GenG, 2018, Art. 14 SCE-VO Rn. 2. *Barsan*, La société coopérative européenne (SCE): entre identité coopérative et efficacité économique, 2013, Rn. 643 gesteht dem zuständigen Organ „liberté d'appréciation raisonnable" zu.

662 *Heß*, Die Europäische Genossenschaft und die Reform des Genossenschaftsrechts in Deutschland, 2008, S. 95.

rin spiegelt sich der *intuitu personae* Grundsatz wieder.[663] Aus dem Vertrag folgt die Verpflichtung, innerhalb der satzungsgemäßen Frist die Einzahlung auf den Geschäftsanteil zu leisten.[664] Die Anzahl der Anteile, die für den Erwerb Mitgliedschaft erforderlich ist, ergibt sich ebenfalls aus der Satzung (Art. 4 VII 1 SCE-VO).[665] Wenn die Satzung vorgibt, dass die Mehrheit in der Generalversammlung von natürlichen Mitgliedern gestellt werden muss und sie zugleich eine Zeichnungspflicht für Mitglieder vorsieht, die an den Aktivitäten der SCE teilnehmen, so darf die Zeichnungspflicht nicht über einen Anteil hinausgehen (Art. 4 VII 2 SCE-VO).[666] Sollte eine Ablehnung durch das Leitungs- bzw. Verwaltungsorgan erfolgen, haben die Antragsteller das Recht, in der darauffolgenden Generalversammlung Einspruch gegen diese Entscheidung einzulegen (Art. 14 I 2 SCE-VO). Aus der Vorschrift lässt sich herauslesen, dass die Generalversammlung das Leitungs- bzw. Verwaltungsorgan überstimmen kann. Die Generalversammlung kann somit im Fall eines Einspruchs die Entscheidung des zuständigen Organs überprüfen. Damit es diese Aufgabe gut ausführen kann, sollte das zuständige Organ seine Entscheidung begründen, auch wenn die Verordnung dies nicht explizit verpflichtend vorschreibt.[667]

279 Der Erwerb einer „investierenden Mitgliedschaft" bedarf hingegen regelmäßig der **Zustimmung der Generalversammlung** (Art. 14 I 4 SCE-VO – Dominanzschutz). Die Generalversammlung kann das Zustimmungsbedürfnis allerdings auf ein anderes Organ übertragen, um sich zu entlasten (vgl. Art. 14 I 4 SCE-VO).

280 Die Satzung der SCE kann den Beitritt auch von **weiteren Bedingungen** gem. Art. 14 II SCE-VO abhängig machen. Die Regelung zählt dabei nicht abschließend („insbesondere")[668] zwei Regelbeispiele auf: Nach dem 1. Spiegelstrich die „Einzahlung eines Mindestbetrags auf den Geschäftsanteil" oder nach dem 2. Spiegelstrich „Bedingungen im Zusammenhang mit dem Gegenstand der SCE". Letzteres soll es der SCE ermöglichen eine homogene Mitgliederstruktur mit Blick auf den Gegenstand zu gewährleisten.[669] Aus den Regelbeispielen wird deutlich, dass es keine künstlichen Beitrittsschranken ohne sachlichen Grund geben soll (vgl. auch Erwägungsgrund 10 Spiegelstrich 6 SCE-VO).[670] Dennoch lässt der Regelungsspielraum des Art. 14 II SCE-VO Europäische Genossenschaften mit einem stark geschlossenen Gesellschafterkreis zu.[671]

II. Ausscheiden

281 Die Gründe für den **Verlust der Mitgliedschaft** ergeben sich aus Art. 15 I SCE-VO.[672] Neben dem Tod des Mitglieds, der Insolvenz, der Auflösung der juristischen Person, den in der Satzung und in den genossenschaftlichen Regelungen des jeweiligen Mitgliedstaates bestimmten Fällen, ergibt sich der Verlust der Mitgliedschaft v.a. aus den folgenden Gründen:

1. Austritt des Mitglieds

282 Die Mitgliedschaft endet nach Art. 15 I Spiegelstrich 1 SCE-VO durch den Austritt des Mitglieds aus der Genossenschaft. Die Voraussetzungen und Modalitäten des Austritts richten sich gem. Art. 16 III 1 SCE-VO nach der Satzung. Es ist danach insbesondere auch möglich, dass Austrittsrecht restriktiv auszugestalten, indem zB

663 *Cathiard*, La pratique du droit européen des sociétés, 2017, Rn. 180. Der Grundsatz ist bis heute im französischen Recht bekannt, vgl. § 13.

664 *Heß*, Die Europäische Genossenschaft und die Reform des Genossenschaftsrechts in Deutschland, 2008, S. 95.

665 *Heß*, Die Europäische Genossenschaft und die Reform des Genossenschaftsrechts in Deutschland, 2008, S. 95 mit dem Hinweis, dass die Regelung in § 4 VII 2 SCE-VO wohl nur ür Arbeiterproduktivgenossenschaften von Bedeutung ist (Fn. 379).

666 Die deutsche Fassung spricht zweideutig von „Beteiligungspflicht". Die anderen Fassungen sprechen eindeutig von Zeichnungspflicht. Englischer Wortlaut: „subscription requirement". Französischer Wortlaut: „obligation de souscription". Spanischer Wortlaut: „obligación de suscripción".

667 *Barsan*, La société coopérative européenne (SCE): entre identité coopérative et efficacité économique, 2013, Rn. 643.

668 *Barsan*, La société coopérative européenne (SCE): entre identité coopérative et efficacité économique, 2013, Rn. 637.

669 *Barsan*, La société coopérative européenne (SCE): entre identité coopérative et efficacité économique, 2013, Rn. 636 spricht von „base sociale homogène". Der Autor bezweifelt gleichzeitig die Notwendigkeit der Regelung.

670 Vgl. *Heß*, Die Europäische Genossenschaft und die Reform des Genossenschaftsrechts in Deutschland, 2008, S. 95, danach sind zB die Beitrittsschranken „Rasse, Geschlecht oder Religion " unzulässig. Ebenso *Schöpflin* in: Beuthien (Hrsg.), GenG, 2018, Art. 14 SCE-VO Rn. 3. *Michalczyk* Studia Europejskie 73 (2015) 91, 110 nennt entsprechend nur die Möglichkeit, Schranken zu schaffen, die mit der Tätigkeit der SCE in Verbindung stehen (zB eine bestimmte beurfliche Qualifikation).

671 Vgl. auch *Barsan*, La société coopérative européenne (SCE): entre identité coopérative et efficacité économique, 2013, Rn. 637.

672 Aus französischer Perspektive spiegeln nicht nur die Vorschriften über den Eintritt, sondern auch die Regeln über das Ausscheiden den *intuitus personae*-Grundsatz wieder (zum *intuitus personae*-Grundsatz § 13 Rn. 6). *Bahans/Menjucq* Revue de droit rural 2008, dossier 28 Rn. 24.

Fristen für den Austritt festgelegt werden.[673] Unabhängig von den satzungsmäßigen Gründen ergeben sich zwei zwingende **Sonderaustrittsrechte** mit ggf. günstigeren Modalitäten und Rechtsfolgen für die austretenden Mitglieder.[674]

- Nach Art. 7 V SCE-VO ergibt sich ein Sonderaustrittsrecht für Mitglieder, die in der Generalversammlung **gegen die Sitzverlegung** gestimmt haben. Sie können von diesem Recht mit einer Frist von zwei Monaten ab dem entsprechenden Beschluss der Generalversammlung Gebrauch machen. Die Verlegung wird ggü. diesen Mitgliedern nicht wirksam und ihnen steht ein Anspruch auf Auszahlung des Geschäftsguthabens gem. Art. 4 IV SCE-VO und Art. 16 SCE-VO zu (vgl. dazu auch Rn. 285).
- Nach Art. 15 II SCE-VO steht ein Sonderaustrittsrecht auch denjenigen Mitgliedern zu, die „als Minderheit"[675] **gegen eine Satzungsänderung** gestimmt haben, i) durch die neue Einzahlungsverpflichtungen oder andere Leistungen festgelegt werden, ii) durch die bestehende Mitgliedspflichten „erheblich"[676] ausgedehnt werden (Erheblichkeitsschwelle) oder iii) durch die die Kündigungsfrist für den Austritt von über fünf Jahren bestimmt wird. Im Umkehrschluss bedeutet dies, dass Mitglieder, die für die Satzungsänderung gestimmt oder sich enthalten haben, nicht von diesem Sonderaustrittsrecht profitieren.[677] Auch hier gilt eine zweimonatige Frist für die Erklärung des Austritts. Die Satzungsänderung wird ggü. den austretenden Mitgliedern nicht wirksam und die Mitgliedschaft endet in den Fällen i) und ii) mit dem Ende des laufenden Geschäftsjahres bzw. im Falle von iii) mit dem Ablauf der bisherigen Kündigungsfrist. Der durch den Austritt entstehende Auszahlungsanspruch des Geschäftsguthabens richtet sich nach Art. 3 IV SCE-VO und Art. 16 SCE-VO. Dieses Sonderaustrittsrecht stellt nicht allein einen besonderen Minderheitenschutz dar, sondern dient dazu, die kooperative Struktur zu stärken indem interne Konflikte reduziert werden.[678]

2. Verlust der Mitgliedschaft durch Ausschluss des Mitglieds

Ein weiterer Grund für den Verlust der Mitgliedschaft ist der **Ausschluss des Mitglieds** gem. Art. 15 I Spiegelstrich 2, III SCE-VO. Das Leitungs- bzw. Verwaltungsorgan kann ein Mitglied nach dessen Anhörung durch Beschluss aus der SCE ausschließen, wenn eine **schwerwiegende Pflichtverletzung** oder ein **interessenwidriges Handeln** vorliegt.[679] Leichte Verstöße gegen den Pflichtenkatalog reichen damit nicht für einen Ausschluss. Auch Handlungen gegen die Interessen der SCE müssen ein erhebliches Gewicht haben, um einen Ausschluss rechtfertigen zu können.[680] Der Ausschluss des Mitglieds stellt ein letztes Mittel dar, um Schaden von der SCE abzuwenden.[681] Der Beschluss, der zum Ausschluss führt, ist dem betroffenen Mitglied zur Kenntnis zu bringen.[682] Nach Art. 15 III SCE-VO kann das betroffene Mitglied den Beschluss vor der Generalversammlung anfechten. Die Vorschrift bestimmt eindeutig, dass die Generalversammlung zuständig ist, wodurch die Aufgabe zB nicht vom Aufsichtsrat wahrgenommen werden kann.[683] Art. 15 III SCE-VO führt nicht weiter aus, wie die Anfechtung der Entscheidung vor der Generalversammlung abzulaufen hat. Zum Ausdruck kommt allerdings, dass die Generalversammlung durch einen Beschluss die Entscheidung des Leitungs- bzw. Verwaltungsorgans überstimmen kann. Erforderliche Beschlussmehrheiten können grds. durch Satzungsbestimmung festgelegt werden. 283

673 Näher zur Ausgestaltung und möglichen Grenzen *Barsan*, La société coopérative européenne (SCE): entre identité coopérative et efficacité économique, 2013, Rn. 655 f.

674 Vgl. auch *Barsan*, La société coopérative européenne (SCE): entre identité coopérative et efficacité économique, 2013, Rn. 667 f.

675 *Barsan*, La société coopérative européenne (SCE): entre identité coopérative et efficacité économique, 2013, Rn. 670 weist darauf hin, dass es aufgrund der personalistischen Struktur der SCE kein Mitglied geben kann, welches die Mehrheit in der Generalversammlung besitzt.

676 Die anderen Sprachfassungen verwenden vor allem die Bezeichnung „substantiell". Englischer Wortlaut: „substantially". Französischer Wortlaut: „de manière substantielle". Spanischer Wortlaut: „sustancialmente". Italienischer Wortlaut: „sostanzialmente". Die niederländische Version spricht von „wesentlich" („wezenlijk"). Polnischer Wortlaut: „znacząco".

677 AA *Barsan*, La société coopérative européenne (SCE): entre identité coopérative et efficacité économique, 2013, Rn. 671 der davon ausgeht, dass das Abstimmen gegen den Beschluss allein nicht genügt, sondern das Mitglied darüber hinaus seine Ablehnung gegenüber der Gesellschaft zum Ausdruck bringen muss.

678 *Cathiard*, La pratique du droit européen des sociétés, 2017, Rn. 198.

679 *Schöpflin* in: Beuthien (Hrsg.), GenG, 2018, Art. 15 SCE-VO Rn. 7 fordert die Beachtung der Treupflicht gegenüber dem Mitglied, das ausgeschlossen werden soll. Nach hier vertretener Ansicht können sich entsprechende Pflichten nur aus nationalem Recht ergeben.

680 *Schöpflin* in: Beuthien (Hrsg.), GenG, 2018, Art. 15 SCE-VO Rn. 7 verlangt eine „gröbliche" Handlung entgegen der Interessen der SCE. Vgl. auch *Korte* in: Helios/Strieder (Hrsg.), Beck'sches Handbuch der Genossenschaft, 2009, § 16 Rn. 45.

681 *Barsan*, La société coopérative européenne (SCE): entre identité coopérative et efficacité économique, 2013, Rn. 683.

682 *Schöpflin* in: Beuthien (Hrsg.), GenG, 2018, Art. 15 SCE-VO Rn. 8; *Barsan*, La société coopérative européenne (SCE): entre identité coopérative et efficacité économique, 2013, Rn. 688.

683 *Schöpflin* in: Beuthien (Hrsg.), GenG, 2018, Art. 15 SCE-VO Rn. 9.

3. Übertragung der Mitgliedschaft

284 Die Übertragung der Mitgliedschaft ist in Art. 4 XI SCE-VO geregelt. Die Geschäftsanteile können danach mit Zustimmung der Generalversammlung oder des Leitungs- bzw. Verwaltungsorgans unter den in der Satzung definierten Modalitäten an ein Mitglied der SCE oder an einen Dritten, der die Mitgliedschaft erwirbt, abgetreten oder veräußert werden. Die Vorschrift umfasst auch die Übertragung der Mitgliedschaft im Fall investierender Mitglieder. Wie auch beim Austritt kann die Satzung hier Regelungen und Bedingungen vorsehen.

4. Folgen des Ausscheidens

285 Mit Ausnahme der Übertragung der Mitgliedschaft führt grds. jede Beendigung (entgegen der Überschrift des Art. 16 SCE-VO) zu einem **Anspruch auf Auszahlung** (und nicht „Rückzahlung“[684] wie in der Regelung selbst formuliert) des Geschäftsguthabens unter etwaiger Anrechnung der anteiligen Verluste (Art. 16 I SCE-VO).[685] Auch im Fall des Todes eines Mitglieds, sieht die Verordnung keinen Eintritt der Erben vor und gewährt den Mitgliedern diesbezüglich auch keinen Satzungsgestaltungsspielraum.[686] Die Terminologie der Regelung ist insoweit unglücklich, als dass eine „Rückzahlung“ nicht zu den möglichen Gewinnzuschriften passt, die Teil des Geschäftsguthabens sein können (zur Unterscheidung von gesetzlichen und statuarischen Rücklagen sogleich im Folgenden).[687] Der Anspruch kann weder durch Satzung noch durch Beschluss der Generalversammlung abbedungen werden.[688] Die **Fälligkeit** des Auszahlungsanspruchs beginnt frühestens sechs Monate nach Genehmigung der für die Berechnung des Anspruchs maßgeblichen Jahresbilanz (Art. 16 II, III 2 SCE-VO) und kann durch die Satzung auf maximal drei Jahre ausgeweitet werden (Art. 16 III 1 SCE-VO).[689] Die Vorschrift schützt damit die Liquidität der SCE.[690] Gleichzeitig setzt sie Anreize in der SCE zu verbleiben.[691] Nach Art. 3 IV SCE-VO kann der Anspruch innerhalb der genannten Fristen ausgesetzt werden, solange die Auszahlung ein Absinken des Grundkapitals der SCE unter den in der Satzung vorgeschriebenen Mindestbetrag zur Folge hätte (dazu näher unter Rn. 269).[692] Möchte die SCE die Aussetzung des Auszahlungsanspruchs vermeiden, kann sie in den verordnungsrechtlichen Grenzen das satzungsmäßige Mindestkapital herabsetzen. Der Anspruch auf Auszahlung besteht nach Art. 16 IV SCE-VO auch, wenn nur ein Teil der Geschäftsanteile des Mitglieds zurückzuzahlen ist. Für ausscheidende Mitglieder stellt Art. 65 III SCE-VO zudem fest, dass sich aus Geldern, die in die gesetzlichen Rücklagen eingestellt wurden keine Auszahlungsansprüche herleiten lassen. Etwas anderes gilt nur für besondere Rücklagen, die nach der Satzung aufgebaut wurden.[693]

286 Art. 16 SCE-VO äußert sich nicht explizit zur Haftung des ausscheidenden Mitglieds, insbesondere nicht im Fall der unbeschränkten Haftung.

III. Mitgliederverzeichnis

287 Nach Art. 14 IV SCE-VO muss die SCE an ihrem Sitz ein alphabetisches Mitgliederverzeichnis führen, wobei diese Aufgabe in den Verantwortungsbereich des Leitungs- bzw. Verwaltungsorgans fällt.[694] Das Verzeichnis enthält (mindestens) die Anschriften aller Mitglieder sowie die Anzahl und ggf. die Kategorie ihrer Geschäftsanteile. Es ist möglich, weitere Angaben in das Verzeichnis aufzunehmen.[695] Um die tatsächlichen Rechtsverhältnisse abzubilden, sind gem. Art. 14 V SCE-VO alle Vorgänge, die die Mitgliedschaft, die Kapitalverteilung oder

684 Ebenso die englische Fassung („repayment“), die französische Fassung („remboursement“), die spanische Fassung („reembolso“), die italienische Fassung („rimborso“), die niederländische Fassung („terugbetaling“). Die polnische Fassung entspricht hingegen eher dem Ausdruck „Auszahlung“ („wypłatę“).

685 *Korte* in: Helios/Strieder (Hrsg.), Beck'sches Handbuch der Genossenschaft, 2009, § 16 Rn. 47; *Schöpflin* in: Beuthien (Hrsg.), GenG, 2018, Art. 16 SCE Rn. 1; *Lutter/Bayer/Schmidt*, Europäisches Unternehmens- und Kapitalmarktrecht, 2017, Rn. 46.51; *Barsan*, La société coopérative européenne (SCE): entre identité coopérative et efficacité économique, 2013, Rn. 696.

686 *Schöpflin* in: Beuthien (Hrsg.), GenG, 2018, Art. 15 SCE-VO Rn. 12.

687 *Schöpflin* in: Beuthien (Hrsg.), GenG, 2018, Art. 16 SCE-VO Rn. 1.

688 *Schöpflin* in: Beuthien (Hrsg.), GenG, 2018, Art. 16 SCE-VO Rn. 1.

689 Darüber hinaus kann sich die Auszahlung aufgrund des Art. 3 IV 3 SCE-VO verzögern. Vgl. auch *Barsan*, La société coopérative européenne (SCE): entre identité coopérative et efficacité économique, 2013, Rn. 661.

690 SGECOL, Draft Principles of European Cooperative Law, 2015, S. 50.

691 *Barsan*, La société coopérative européenne (SCE): entre identité coopérative et efficacité économique, 2013, Rn. 659, 661.

692 *Barsan*, La société coopérative européenne (SCE): entre identité coopérative et efficacité économique, 2013, Rn. 1024 kritisiert, dass die Verordnung das Leitungs- bzw. Verwaltungsorgan nicht verpflichtet, die Situation möglichst frühzeitig zu beenden.

693 *Heß*, Die Europäische Genossenschaft und die Reform des Genossenschaftsrechts in Deutschland, 2008, S. 96; *Alfandari/Piot* in: Schulze (Hrsg.), Europäische Genossenschaft (SCE) – Handbuch, 2004, Kap. 4 Rn. 51.

694 *Schöpflin* in: Beuthien (Hrsg.), GenG, 2018, Art. 14 SCE-VO Rn. 10.

695 *Schöpflin* in: Beuthien (Hrsg.), GenG, 2018, Art. 14 SCE-VO Rn. 10.

die Kapitalhöhe verändern, spätestens im Monat nach der vorgenommenen Veränderung einzutragen. Die Eintragung wirkt nach Art. 14 VI SCE-VO **konstitutiv**, so dass die Vorgänge iSd Art. 14 V SCE-VO erst mit Eintragung in das Verzeichnis gegenüber der SCE und Dritten Wirkung entfalten.[696] Den Mitgliedern wird auf Antrag eine Bescheinigung über die Eintragung ausgestellt (Art. 14 VII SCE-VO).

Jeder, der ein unmittelbar berechtigtes Einsichtsinteresse glaubhaft machen kann, hat gem. Art. 14 IV 2 SCE-VO das **Recht zur Einsichtnahme** in das Verzeichnis. Dazu müssen Gründe vorgetragen werden, die die Verfolgung schutzwürdiger Zwecke glaubhaft machen und damit über ein reines Informationsinteresse hinausgehen.[697] Das Recht zur Einsicht korrespondiert mit dem dargelegten Interesse, so dass es auch nur einen Teil des Verzeichnisses umfassen kann.[698] Aus dem Wortlaut („jede Person")[699] ergibt sich, dass auch die SCE-Mitglieder (anders als bei § 31 I 1 GenG) ein solches Interesse belegen müssen,[700] wobei davon auszugehen ist, dass dies in der Praxis keine große Hürde darstellt.[701] Der Anspruch auf Kopien der entsprechenden Teile des Verzeichnisses darf nicht durch überhöhte Kopierkosten erschwert werden.[702] 288

K. Auflösung und Rechtsformwechsel

I. Auflösung

Für die Auflösung, Liquidation, Insolvenz und ähnliche Verfahren enthält die SCE-Verordnung in Kapitel VII (Artt. 72-76 SCE-VO) entsprechende Regelungen. Grundsätzlich verweist Art. 72 SCE-VO dabei auf das jeweilige **nationale Recht** für Genossenschaften. Der Verweis umfasst damit nicht nur die Auflösungsgründe, sondern auch das entsprechende Verfahren und damit auch die Mehrheitserfordernisse im Rahmen der Beschlussfassung.[703] Art. 73 I, II SCE-VO enthält **Auflösungsgründe**, die zusätzlich zum einzelstaatlichen Recht gelten. Eine SCE kann danach durch Gerichtsentscheidung oder aufgrund der Entscheidung einer zuständigen Verwaltungsbehörde aufgelöst werden. Die Gründe für die Entscheidungen ergeben sich aus einzelstaatlichem Recht und zusätzlich aus Art. 73 I, II SCE-VO. Die in der SCE-Verordnung geregelten Gründe gelten dabei zwingend („muss"), so dass das zuständige Gericht bzw. die zuständige Behörde die Auflösung anordnen muss, wenn auch die mögliche Frist des Art. 73 I 2 SCE-VO ausgeschöpft wurde. Im Einzelnen ist eine Auflösung danach aus folgenden Gründen anzuordnen: 289

- Die Auflösung hat zu erfolgen, wenn die Voraussetzungen der **Gründungsmodalitäten** aus Art. 2 I SCE-VO nicht eingehalten wurden (Art. 73 I 1 Var. 1 SCE-VO). Das ist zB der Fall, wenn gegen die vorgeschriebene Zusammensetzung oder die Anzahl der Gründungsmitglieder verstoßen wurde. Die Vorschrift regelt nicht explizit, dass dies auch gilt, wenn sich die Zusammensetzung der Mitglieder nach der Gründung derart verändert, dass eine Gründung unter diesen Bedingungen nicht möglich wäre (zur Diskussion bereits Rn. 52).[704] Im Ergebnis ist nach hier vertretener Ansicht davon auszugehen, dass der grenzüberschreitende Bezug, der durch Art. 2 I SCE-VO vorgegeben wird, nicht über den gesamten Lebenszyklus der SCE erhalten bleiben muss. Auch die Anforderungen an die Mitglieder unterscheiden sich nach hier vertretener Ansicht.
- Die **Unterschreitung des Mindestkapitals** iHv 30.000 EUR (Art. 3 II SCE-VO) stellt ebenfalls einen zwingenden Auflösungsgrund dar (Art. 73 I 1 Var. 2 SCE-VO).
- Nach Art. 73 I 1 Var. 3 SCE-VO stellt einer der Fälle nach Art. 34 SCE-VO ebenfalls einen Grund zur Auflösung der SCE dar. Gemeint sind damit **Verstöße gegen die Verschmelzungskontrolle** nach Artt. 29, 30 SCE-VO.

In den drei Fällen des Art. 73 I 1 SCE-VO steht es im Ermessen des Gerichts bzw. der zuständigen Behörde, der SCE eine Frist zur Befolgung der genannten Vorschriften einzuräumen (Art. 73 I 2 SCE-VO) die bei Nichtbefol- 290

696 *Lutter/Bayer/Schmidt*, Europäisches Unternehmens- und Kapitalmarktrecht, 2017, Rn. 46.52; *Schöpflin* in: Beuthien (Hrsg.), GenG, 2018, Art. 14 SCE-VO Rn. 15. AA wohl *Barsan*, La société coopérative européenne (SCE): entre identité coopérative et efficacité économique, 2013, Rn. 647.

697 Vgl. *Barsan*, La société coopérative européenne (SCE): entre identité coopérative et efficacité économique, 2013, Rn. 648, der beispielsweise den Erben eines verstorbenen Mitglieds ein berechtigtes Interesse zuspricht, Gläubigern jedoch nicht.

698 *Schöpflin* in: Beuthien (Hrsg.), GenG, 2018, Art. 14 SCE-VO Rn. 17.

699 Die englische Fassung spricht von „Any party" und damit von „Jede Partei". Französischer Wortlaut: „Toute personne". Spanischer Wortlaut: „Cualquier persona". Italienischer Wortlaut: „Ogni persona". Niederländischer Wortlaut: „Iedere persoon". Polnischer Wortlaut: „Każda osoba".

700 *Schöpflin* in: Beuthien (Hrsg.), GenG, 2018, Art. 14 SCE-VO Rn. 17; *Barsan*, La société coopérative européenne (SCE): entre identité coopérative et efficacité économique, 2013, Rn. 648.

701 Vgl. auch *Barsan*, La société coopérative européenne (SCE): entre identité coopérative et efficacité économique, 2013, Rn. 648.

702 *Schöpflin* in: Beuthien (Hrsg.), GenG, 2018, Art. 14 SCE-VO Rn. 17.

703 Vgl. *Teichmann* in: MüHdB GesR, Bd. 6, 2013, § 51 Rn. 40.

704 Dafür *Heß*, Die Europäische Genossenschaft und die Reform des Genossenschaftsrechts in Deutschland, 2008, S. 123.

gung gem. Art. 73 I 3 SCE-VO zur Auflösung führt. Im Rahmen der Gründe aus Art. 73 I 1 SCE-VO hat jede Person mit einem berechtigten Interesse und jede zuständige Behörde ein **Antragsrecht**. Als berechtigte Personen kommen v.a. Mitglieder, Gläubiger, Mitarbeiter sowie die Geschäftsführer der SCE in Betracht.[705] Der Begriff der Behörde ist nach überzeugender Auffassung funktionell auszulegen und erfasst damit zB bei einer deutschen SCE aufgrund des Tätigwerdens im öffentlichen Interesse auch den Prüfungsverband.[706]

291 Kommt es nach Art. 73 II, III SCE-VO in Folge der Sitzverlegung zu einem **Auseinanderfallen von Satzungssitz und Verwaltungssitz** (Verstoß gegen Art. 6 SCE-VO), liegt hierin grds. ein weiterer Auflösungsgrund. Der Sitzstaat muss jedoch geeignete Maßnahmen treffen, um die SCE zunächst innerhalb einer bestimmten Frist dazu zu bewegen, die Vorschrift des Art. 6 SCE-VO einzuhalten. Dies kann entweder durch Rückverlegung des Satzungssitzes oder durch den Nachzug der Hauptverwaltung erfolgen (Art. 73 II SCE-VO). Gelingt dies nicht, muss der Sitzmitgliedstaat der SCE diese liquidieren. Der Sitzstaat hat jedoch sicherstellen, dass der SCE gegen die Feststellung des Verstoßes ein geeigneter Rechtsbehelf zusteht, durch den die Verfahren iSd Art. 73 II, III SCE-VO ausgesetzt werden. Dadurch soll dem Problem begegnet werden, dass sich bei mehreren Verwaltungen zT nur schwer feststellen lässt, welche als Hauptverwaltung anzusehen ist.[707]

292 Zum Schutz des Rechtsverkehrs ist die Aufnahme des Verfahrens zur Auflösung, Liquidation, Zahlungsunfähigkeit und -einstellung nach Art. 74 SCE-VO bekannt zu machen, Die **Bekanntmachung** muss gem. Art. 12 SCE-VO entsprechend den aktienrechtlichen Bestimmungen des Mitgliedstaates erfolgen.

293 Im Falle einer Auflösung der SCE richtet sich die Ausschüttung des restlichen Vermögens nach Art. 75 SCE-VO. Danach erfolgt die Verteilung des sog **Reinvermögens** (Vermögen nach Befriedigung aller Gläubiger und Rückzahlung der Kapitalbeteiligungen der Mitglieder) grds. nach dem Prinzip der „nicht gewinnorientierten Übertragung".[708] Erwägungsgrund 10 Spiegelstrich 7 SCE-VO erläutert, dass mit diesem Prinzip die Übertragung „auf eine andere genossenschaftlich konstituierte Stelle, die vergleichbare Ziele verfolgt oder dem Allgemeininteresse dient" gemeint ist. Eine andere Verteilung kann, sofern durch das einzelstaatliche Recht zugelassen, in der Satzung festgelegt werden.[709]

294 Regelungen zur Insolvenz der SCE finden sich nicht in der Verordnung, so dass die einzelstaatlichen Regelungen einschlägig sind.[710]

II. Umwandlung einer SCE in eine nationale Genossenschaft

295 Art. 76 I 1 SCE-VO legt fest, dass sich die SCE in eine nationale Genossenschaft nach dem Recht ihres Sitzstaats umwandeln kann (**Renationalisierung**). Die Regelungen hierzu entsprechen weitgehend Art. 66 SE-VO (Formwechsel der SE in eine nationale Aktiengesellschaft im Sitzstaat, vgl. § 4 Rn. 226). Die Umwandlung erfolgt gem. Art. 76 II SCE-VO **identitätswahrend**. Sie kann gem. Art. 76 I 2 SCE-VO frühestens nach einer zweijährigen Sperrfrist (zwei Jahre nach Eintragung) und Genehmigung der ersten beiden Jahresabschlüsse erfolgen (Art. 76 I 2 SCE-VO). Das Umwandlungsverfahren verläuft über weite Strecken parallel zur Gründung der SCE durch Umwandlung (als eine Art „actus contrarius") und entspricht damit ebenfalls dem **„europäischen Modell für Strukturmaßnahmen"**. Demnach sind folgende Vorgaben einzuhalten:

- Das Leitungs- bzw. das Verwaltungsorgan der umwandlungswilligen SCE muss einen **Umwandlungsplan** und einen **Umwandlungsbericht** erstellen (Art. 76 III SCE-VO). Für den Umwandlungsplan enthält die Vorschrift keine konkreten Vorgaben. Dies entspricht der Rechtslage bei der Hineinumwandlung, weshalb auch an dieser Stelle für eine analoge Anwendung des Art. 22 SCE-VO plädiert wird (vgl. Rn. 90). Mit Blick auf den Umwandlungsbericht gibt Art. 76 III SCE-VO vor, dass die rechtlichen und wirtschaftlichen Aspekte der Umwandlung sowie die Folgen für die Arbeitnehmer aus diesem hervorgehen müssen. Weiterhin sind die Auswirkungen der Rechtsformwahl (also der nationalen Genossenschaft) für die Mitglieder und Inhaber von Geschäftsanteilen iS des Art. 14 SCE-VO (nutzende und nicht nutzende Mitglieder) wie auch für die Arbeitnehmer offenzulegen.
- Nach Art. 76 V SCE-VO ist eine **Bescheinigung** der nach einzelstaatlichem Recht zuständigen Sachverständigen erforderlich, wonach die SCE über Vermögenswerte verfügt, die mindestens der Höhe des Grundkapitals entsprechen.

705 *Ebers* in: Schulze (Hrsg.), Europäische Genossenschaft (SCE) – Handbuch, 2004, Kap. 3 Rn. 98.
706 *Ebers* in: Schulze (Hrsg.), Europäische Genossenschaft (SCE) – Handbuch, 2004, Kap. 3 Rn. 98.
707 *Schöpflin* in: Beuthien (Hrsg.), GenG, 2018, Art. 73 SCE-VO Rn. 2.
708 Die anderen Sprachfassungen sprechen eher von einer „uneigennützigen/selbstlosen Verteilung/Zuteilung". Englischer Wortlaut: „principle of disinterested distribution". Französischer Wortlaut: „principe de la dévolution désintéressée". Spanischer Wortlaut: „principio de adjudicación desinteresada". Italienischer Wortlaut: „principio di devoluzione disinteressata". Niederländischer Wortlaut: „beginsel van de belangeloze verdeling". Der polnische Wortlaut spricht von einer gleichen/gleichmäßigen Verteilung: „zasadą równego podziału".
709 Zu den insofern unterschiedlichen Rechtstraditionen *Barsan*, La société coopérative européenne (SCE): entre identité coopérative et efficacité économique, 2013, Rn. 796 ff.
710 *Heß*, Die Europäische Genossenschaft und die Reform des Genossenschaftsrechts in Deutschland, 2008, S. 125.

- Der genannte Umwandlungsplan ist in der durch das einzelstaatliche Recht vorgeschriebenen Form mindestens einen Monat vor der Generalversammlung, die über die Umwandlung abstimmen soll, bekannt zu machen (Art. 76 IV SCE-VO).
- Die Generalversammlung der SCE ist entsprechend den nationalen Bestimmungen für die Genehmigung der Satzung und des Umwandlungsplans zuständig.

Im Hinblick auf die Parallelregelung in Art. 66 SE-VO ist umstritten, ob die Regelung die Umwandlung in andere Rechtsformen sperrt. Die gleiche Problematik stellt sich auch im Rahmen des Art. 76 SCE-VO. Um eine Gleichbehandlung zwischen SCE und nationaler Genossenschaft sicherzustellen, erscheint es überzeugender, **keine Sperrwirkung** anzunehmen. Soweit das einzelstaatliche Recht einer nationalen Genossenschaft also die Möglichkeit gewährt, sich in andere Rechtsformen umzuwandeln, steht dieser Weg gem. Art. 8 I lit. c) ii SCE-VO auch der SCE frei. In solchen Fällen erscheint nicht nur die analoge Anwendung der Sperrfrist aus Art. 76 I 2 SCE-VO geboten, sondern auch der weiteren Anforderungen des Art. 76 SCE-VO. Ebenfalls umstritten ist, ob der SCE die Spaltung und die Verschmelzung nach einzelstaatlichem Recht offenstehen. Auch hier sprechen die besseren Gründe gegen eine Sperrwirkung des Art. 76 SCE-VO, um die SCE nicht im Vergleich zu nationalen Genossenschaften zu diskriminieren. Die nationalen Regelungen für die Spaltung und die Verschmelzung kommen entsprechend über Art. 8 I lit. c) (ii) SCE-VO zur Anwendung und stehen der SCE zu, soweit sie auch für nationale Genossenschaften gelten. Auch hier erscheint es überzeugend, die Sperrfristen des Art. 76 I 2 SCE-VO analog anzuwenden. 296

L. Arbeitnehmerbeteiligung

Die Arbeitnehmerbeteiligung in der Europäischen Genossenschaft wird durch eine gesonderte **Richtlinie**[711] (SCE-RL) geregelt. Aus Erwägungsgrund 17 Hs. 2 SCE-VO ergibt sich, dass die SCE-Richtlinie als untrennbare Ergänzung der SCE-Verordnung angesehen wird. Bei der Auslegung der Bestimmungen der SCE-Verordnung und der SCE-Richtlinie und insbes. bei den Verweisen auf die SCE-Richtlinie und der Verwendung von deckungsgleichen Begriffen ist dies zu berücksichtigen (vgl. auch § 2 Rn. 150). Die Richtlinie wurde in Deutschland durch das SCEEG[712] am 14. August 2006 umgesetzt, durch das (ua) das Gesetz über die Beteiligung der Arbeitnehmer in einer Europäischen Gesellschaft (SCEBG) geschaffen wurde, aus dem sich die Arbeitnehmerbeteiligung ergibt. Deutschland setzte die Richtlinie wie elf weitere Staaten damit (knapp) vor Fristblauf (18. August 2006) um.[713] 297

I. Aufbau der SCE-RL

Die Bestimmungen der SCE-Richtlinie sind in weiten Teilen denen der SE-Richtlinie sehr ähnlich,[714] weichen jedoch v.a. im Hinblick auf die Regeln zur Gründung (Beteiligung natürlicher Personen) sowie bzgl. der Vorgaben zur Mitgliederversammlung von denen der SE ab.[715] Die Besonderheiten finden sich vor allem in Artt. 8 und 9 SCE-RL (entsprechend besteht die SCE-Richtlinie aus 19 Artikeln statt 17 Artikeln wie die SE-Richtlinie) sowie in vereinzelten abweichenden Regelungen. Im Wesentlichen lässt sich der Aufbau der SCE-Richtlinie wie folgt gliedern: 298

Teil I der Richtlinie enthält den Regelungsgegenstand (Art. 1 SCE-RL) und in Art. 2 SCE-RL die Bestimmung der verwendeten Begriffe. Letzteres dient einem einheitlichen Begriffsverständnis innerhalb der Gemeinschaft.[716] Die Artt. 3 bis 7 SCE-RL (**Teil II**) regeln für SCE, die von mind. zwei juristischen Personen oder im Wege der Umwandlung gegründet wurden, das Verhandlungsverfahren über die Arbeitnehmerbeteiligung. **Teil III** besteht aus Art. 8 SCE-RL und enthält Bestimmungen für SCE, die ausschließlich von natürlichen Personen gegründet wurden bzw. für SCE, die von natürlichen Personen unter Beteiligung einer einzigen juristischen Person gegründet wurden. Art. 9 SCE-RL (**Teil IV**) betrifft die stimmberechtigte Teilnahme der Arbeitnehmer bzw. ihrer Vertreter an der Generalversammlung bzw. den Sektor- oder Sektionsversammlungen. Die sonstigen Bestimmungen sind in **Teil V** (Artt. 10 bis 19 SCE-RL) geregelt. Darüber hinaus enthält die SCE-RL einen **Anhang**, der Auffangregelungen für den Fall enthält, dass die Verhandlung über die Arbeitnehmerbeteiligung scheitert. Der Anhang wiederum untergliedert sich in drei Teile, wobei sich der erste Teil mit der „Zusammen- 299

711 Richtlinie 2003/72/EG des Rates vom 22. Juli 2003 zur Ergänzung des Statuts der Europäischen Genossenschaft hinsichtlich der Beteiligung der Arbeitnehmer.

712 Gesetz zur Einführung der Europäischen Genossenschaft und zur Änderung des Genossenschaftsrechts.

713 Europäische Kommission, Bericht der Kommission an den Rat, das Europäische Parlament, den EWS und den Ausschuss der Regionen zur Überprüfung der Richtlinie 2003/72/EG des Rates vom 22. Juli 2003 zur Ergänzung des Statuts der Europäischen Genossenschaft hinsichtlich der Beteiligung der Arbeitnehmer, 16.9.2010, KOM(2010) 481 endgültig, S. 3.

714 *Kalss/Klampfl*, Europäisches Gesellschaftsrecht, 2015, Rn. 606; vgl. auch *Cathiard* Droit des sociétés 2009, n. 3 prat. 3 Rn. 17; *Habersack* ZHR 171 (2007) 613, 615 („Blaupause").

715 *Breit*, Societas Europaea (SE) und Societas Cooperativa Europaea (SCE), 2010, S. 122.

716 *Breit*, Societas Europaea (SE) und Societas Cooperativa Europaea (SCE), 2010, S. 122.

setzung des Organs zur Vertretung der Arbeitnehmer" befasst, während sich Teil 2 und 3 der Auffangregelung für die Anhörung und Unterrichtung und der Mitbestimmung widmen.

II. Begriffsbestimmungen

300 Art. 2 lit. a) bis d) SCE-RL definiert die Begriffe „SCE", "die beteiligten juristischen Personen", „Tochtergesellschaften" sowie die Bezeichnung "betroffene Tochtergesellschaft oder betroffener Betrieb". Art. 2 lit. e) bis g) SCE-RL konkretisiert die Begriffe „Arbeitnehmervertreter", „Vertretungsorgan" und „besonderes Verhandlungsgremium".[717] Nicht unproblematisch ist hier insbesondere der Begriff der **Arbeitnehmervertreter**, da aus der Regelung nicht hervorgeht, ob sich dieser auch auf leitende Angestellte erstreckt. Ausgehend von der Rechtsprechung des EuGH sind diese aber wohl ebenfalls hierunter zu fassen.[718]

301 Die SCE-Richtlinie definiert zudem in Art. 2 lit. h) SCE-RL was unter der „**Beteiligung der Arbeitnehmer**" zu verstehen ist und konkretisiert in Art. 2 lit. i) bis k) SCE-RL die einzelnen Elemente. Danach umfasst der Begriff die „**Unterrichtung**", die „**Anhörung**", die „**Mitbestimmung**" und **jedes andere Verfahren** durch das die Arbeitnehmervertreter Einfluss auf die Beschlussfassung innerhalb der SCE nehmen. Die Arbeitnehmerbeteiligung iSd SCE-RL lässt sich im Hinblick auf die Intensität der Einwirkungsmöglichkeit der Arbeitnehmer(vertreter) somit als dreistufiges Modell auffassen.[719] Während die Arbeitnehmervertreter im Rahmen der Unterrichtung lediglich Informationen erhalten, geht das Anhörungsrecht darüber hinaus. Hier werden die Vertreter beratend tätig, indem sie Stellungnahmen abgeben, um damit Einfluss auf den Entscheidungsprozess zu nehmen. Sowohl die Anhörung als auch die Unterrichtung sind auf der betrieblichen Ebene zu verorten. Das weitreichendste Recht kommt den Arbeitnehmern jedoch im Rahmen der Mitbestimmung zu, weil sie hier aktiv (und unmittelbarer) auf das Geschehen innerhalb der SCE einwirken können.[720] Hier geht es somit um die Mitbestimmung auf der unternehmerischen Ebene.

III. Grundidee der SCE-RL

302 Wie bereits erörtert (Rn. 297 ff.) übernimmt die SCE-RL die Regeln der SE-Richtlinie zur Arbeitnehmerbeteiligung. Damit ist auch für die SCE-RL kennzeichnend, dass sie nicht selbstständig und europaweit einheitlich die Ausgestaltung der Arbeitnehmerbeteiligung regelt. Aufgrund der unterschiedlichen Traditionen in den Mitgliedstaaten war es nicht möglich, eine europäische Regelung zu schaffen, die die Konzeption und das Ausmaß der Arbeitnehmerbeteiligung bestimmt.[721] Vielmehr etabliert die Richtlinie eine Verhandlungslösung.[722] Vorrangig sollen somit die Parteien über die Arbeitnehmerbeteiligung entscheiden. Subsidiär hält die Richtlinie dann eine Auffanglösung bereit, welche auf dem **Vorher-Nachher-Prinzip** basiert. Das bedeutet, dass der vor der Gründung der SCE bestehende Beteiligungsgrad der Arbeitnehmer auch in der SCE gewahrt bleiben soll (Erwägungsgrund 21 SCE-RL).[723] Diese Konzeption der Richtlinie greift sowohl im Fall der Gründung einer SCE als auch im Fall der grenzüberschreitenden Sitzverlegung (vgl. Erwägungsgrund 21 SCE-RL).[724]

IV. Verhandlungslösung und Auffangregelung

303 Die SCE-RL ist geprägt von dem Idealfall einer Einigung über die Beteiligung der Arbeitnehmer im Wege der Verhandlung (**Verhandlungslösung**).[725] Sobald die Gründung einer Europäischen Genossenschaft geplant ist, muss ein **Verhandlungsgremium**, welches die Arbeitnehmer repräsentiert, gebildet werden (Art. 3 II SCE-RL), das mit den zuständigen Leitungs- bzw. Verwaltungsorganen der beteiligten juristischen Personen eine Vereinbarung über die Arbeitnehmerbeteiligung in der SCE erarbeiten soll (Artt. 3 I, 4 I SCE-RL – Verhandlungslö-

---

717 Französisch: „groupe spécial de négociation" (GSN). Englisch: „special negotiating body".

718 *Breit*, Societas Europaea (SE) und Societas Cooperativa Europaea (SCE), 2010, S. 93; EuGH Rs. C-334/92 (Wagner Miret/Fondo de garantía salarial), ECLI:EU:C:1993:945 = NJW 1994, 921.

719 *Breit*, Societas Europaea (SE) und Societas Cooperativa Europaea (SCE), 2010, S. 95.

720 *Breit*, Societas Europaea (SE) und Societas Cooperativa Europaea (SCE), 2010, S. 95.

721 Vgl. *Leem*, Einheitliche Corporate Governance-Grundsätze für die Europäische Aktiengesellschaft (SE), 2010, S. 29; *Breit*, Societas Europaea (SE) und Societas Cooperative Europaea (SCE), 2010, S. 89 f.; *Lutter/Bayer/Schmidt*, Europäisches Unternehmens- und Kapitalmarktrecht, 2017, Rn. 46.186.

722 Positiv zur Verhandlungslösung *Habersack* ZHR 171 (2007) 613, 642 f.

723 Vgl. auch *Behrens* in: Dauses (Hrsg.), EU-Wirtschaftsrecht, 33. EGL 2013, E. III. Rn. 177; *Holthaus/Lehnhoff* in: Lang/Weidmüller (Hrsg.), Genossenschaftsgesetz, 2016, Einf. Rn. 64.

724 Vgl. *Breit*, Societas Europaea (SE) und Societas Cooperativa Europaea (SCE), 2010, S. 215; *Ringe*, Die Sitzverlegung der Europäischen Aktiengesellschaft, 2006, S. 152 ff.

725 Europäische Kommission, Bericht der Kommission an den Rat, das Europäische Parlament, den EWS und den Ausschuss der Regionen zur Überprüfung der Richtlinie 2003/72/EG des Rates vom 22. Juli 2003 zur Ergänzung des Statuts der Europäischen Genossenschaft hinsichtlich der Beteiligung der Arbeitnehmer, 16.9.2010, KOM(2010) 481 endgültig, S. 4.

sung).[726] Die Zusammensetzung des Verhandlungsgremiums wird durch Art. 3 II lit. a) SCE-RL näher geregelt. Leitende Prinzipien sind die Representativität und die Proportionalität. Jeder Anteil von Arbeitnehmern pro Mitgliedstaat, der 10% der Gesamtzahl der Arbeitnehmer in allen Mitgliedstaaten entspricht, gewährt einen Anspruch auf einen Sitz (**Proportionalitätsprinzip**) im besonderen Verhandlungsgremium (Art. 3 II lit. a) (i) SCE-RL). Das **Repräsentativitätsprinzip** verlangt, dass auch Arbeitnehmer eines Mitgliedstaats einen Anspruch auf einen Sitz im Verhandlungsgremium haben, die insgesamt weniger als 10% aller Arbeitnehmer ausmachen (Art. 3 II lit. a) (i) SCE-RL). Aus Art. 3 II lit. b) 3 SCE-RL ergibt sich zudem, dass im Hinblick auf das Verfahren zur Zusammensetzung des besonderen Verhandlungsgremiums eine ausgewogene Vertretung von Frauen und Männern gefördert werden soll. Die deutsche Fassung („sollen möglichst")[727] weist auf eine Sollvorschrift hin. Gleiches gilt für die englische, die französische, die italienische und die polnische Fassung. Die spansiche und niederländische Fassung fordern hingegen eindeutiger eine ausgewogene Vertretung von Frauen und Männern.

304 Die Verhandlungen sollten innerhalb von **sechs Monaten** abgeschlossen sein, wobei die beteiligten Parteien den Zeitraum um weitere sechs Monate auf bis zu **12 Monate** ausweiten können (Art. 5 I und II SCE-RL). Die Parteien sollen die Verhandlungen mit dem „**Willen zur Verständigung**" über eine Vereinbarung zur Beteiligung der Arbeitnehmer führen, wobei fraglich ist, ob sich daraus eine konkrete Vorgabe ableiten lässt. Eine Verhandlungspflicht ergibt sich daraus jedenfalls nicht. Aufgrund der Auffangregelung bedarf es einer solchen nicht. Aus der Vorschrift lässt sich daher erst recht kein Einigungszwang herleiten. Insgesamt ergeben sich drei mögliche Konstellationen für den Ausgang der Verhandlung zwischen dem Verhandlungsgremium und den Gründungsmitgliedern, wobei sich daraus wiederum unterschiedliche Rechtsfolgen ergeben. Es muss jedenfalls einer der folgenden Ausgänge der Verhandlung mit den entsprechenden Folgen gegeben sein, damit die SCE überhaupt eingetragen werden kann (Art. 11 II SCE-VO, vgl. Rn. 120).[728] Es handelt sich somit um eine Eintragungsvoraussetzung, die sicherstellt, dass die Arbeitnehmerbeteiliung vor Entstehen der SCE geklärt wird:

- Die Parteien werden sich einig und schließen eine Vereinbarung über die Beteiligung der Arbeitnehmer bzw. vereinbaren die (teilweise) Anwendung der Auffangregelungen;
- das Verhandlungsgremium beschließt, die Verhandlung nicht aufzunehmen bzw. die laufende Verhandlung abzubrechen und einzelstaatliches Recht zur Beteiligung der Arbeitnehmer zur Anwendung zu bringen oder
- die sechs bzw. zwölfmonatige Verhandlungsfrist verstreicht und die Auffangregelungen kommen zur Anwendung.

305 Die Regelungen der Artt. 3 bis 7 SCE-RL gelten grds. für **Gründungen durch juristische Personen** oder **Gründungen durch Umwandlungen** (vgl. Überschrift Teil II der SCE-RL). Da sich im Gegensatz zur SE auch natürliche Personen an der Gründung der SCE beteiligen können (vgl. dazu Rn. 37, 48, 50), enthält die SCE-RL entsprechende Regelungen für diese Gründungsformen. Sie dienen ua auch dazu, das komplizierte und aufwendige Verhandlungsverfahren für kleine (personalistische) Genossenschaften zu vermeiden.[729] Nach Art. 8 I SCE-RL werden die Artt. 3 bis 7 SCE-RL auch entsprechend auf Gründungen durch natürliche Personen bzw. unter Beteiligung von natürlichen Personen angewandt, sofern die dort genannten Schwellen (in mindestens zwei Mitgliedstaaten jeweils mindestens 50 Arbeitnehmer) erreicht werden oder nach Eintragung der SCE mindestens 1/3 aller Arbeitnehmer in mindestens zwei Mitgliedstaaten gemäß Art. 8 III SCE-RL einen entsprechenden Antrag einreichen. Teilweise ist fraglich, wie die entsprechende Anwendung der Artt. 3 bis 7 SCE-VO konkret aussehen soll. So müssen zB wohl die natürlichen Personen mit dem Verhandlungsgremium der Arbeitnehmer verhandeln. Werden die Schwellen hingegen nicht erreicht, richtet sich die Arbeitnehmerbeteiligung nach Art. 8 II SCE-RL. Nach Art. 8 II 1 Spiegelstrich 1 und 2 SCE-RL kommt es danach zur Anwendung der jeweiligen einzelstaatlichen Regelungen auf die SCE bzw. ihre Tochtergesellschaften und Betriebe.

1. Verhandlungslösung

306 Sofern das Verhandlungsgremium innerhalb der genannten Zeiträume (6-12 Monate) eine Einigung erzielt, richtet sich die Beteiligung der Arbeitnehmer der SCE ausschließlich nach dieser **Beteiligungsvereinbarung** (vgl. Art. 4 III SCE-RL). Die Beteiligungsvereinbarung ist als Kollektivvertrag mit normativer Wirkung hinsichtlich der Arbeitnehmerbeteiligung zu werten.[730] Den Parteien steht es dabei frei, die Anwendung der Auffangregelungen des Anhangs vollständig oder teilweise zur Anwendung zu bringen (vgl. Artt. 3 III. 7 I 2, lit. a) SCE-RL).[731]

---

726 Siehe zur Verhandlungslösung auch Erwägungsgrund 8 SCE-RL und Art. 4 SCE-RL.

727 Englischer Wortlaut: „should". Italienischer Wortlaut: „dovrebbero". Polnischer Wortlaut: „powinny (…) możliwie". Französischer Wortlaut: „devraient". Die spansiche („deben") und die niederländische Fassung („moeten") ließen sich allerdings eher mit „müssen" übersetzen.

728 Vgl. zur SE-RL *Lutter/Bayer/Schmidt*, Europäisches Unternehmens- und Kapitalmarktrecht, 2017, Rn. 45.189.

729 *Lutter/Bayer/Schmidt*, Europäisches Unternehmens- und Kapitalmarktrecht, 2017, Rn. 46.114.

730 So zur SE-RL *Breit*, Societas Europaea (SE) und Societas Cooperativa Europaea (SCE), 2010, S. 107.

731 Vgl. zur SE-RL *Lutter/Bayer/Schmidt*, Europäisches Unternehmens- und Kapitalmarktrecht, 2017, Rn. 45.189.

Der abschließende[732] Mindestinhalt der Vereinbarung richtet sich nach Art. 4 II SCE-RL und umfasst folgende Punkte:

- Den Geltungsbereich der Vereinbarung (Art. 4 II lit. a) SCE-RL);
- die Zusammensetzung des Vertretungsorgans (Art. 4 II lit. b SCE-RL). Im Falle eines Verzichts auf dieses Organ, müssen die Durchführungsmodalitäten der/des Verfahren(s) zur Unterrichtung und Anhörung (Art. 4 II lit. f) SCE-RL) geregelt werden;
- die Befugnisse sowie das Verfahren des Vertretungsorgans (Art. 4 II lit. c) SCE-RL);
- die Häufigkeit, in der das Vertretungsorgan zu Sitzungen zusammentrifft (Art. 4 II lit. d) SCE-RL);
- die Ausstattung mit finanziellen und materiellen Mitteln des Vertretungsorgans (Art. 4 II lit. e) SCE-RL);
- sofern die Parteien sich auf eine Mitbestimmung verständigen, sind die Modalitäten dieser in der Vereinbarung festzulegen (Art. 4 II lit. g) SCE-RL). Dazu gehört die Zahl der Mitglieder in dem Verwaltungs- bzw. Aufsichtsorgan der SCE, die von den Arbeitnehmern gewählt, bestellt, empfohlen bzw. abgelehnt werden können, das entsprechende Verfahren hierfür, sowie die Rechte der entsprechenden Mitglieder.
- Außerdem sind der Zeitpunkt des Inkrafttretens der Vereinbarung, ihre Dauer, sowie die Gründe für ein erneutes Aushandeln und das anzuwendende Verfahren hierfür anzugeben (Art. 4 II lit. h) SCE-RL).

307 Die beteiligten Parteien verfügen über einen großen Freiraum, um maßgeschneiderte Lösungen für die Bedürfnisse der SCE zu finden.[733] Sofern eine SCE durch Umwandlung gegründet wird, ist dieser Gestaltungsspielraum jedoch eingeschränkt. Dann muss gem. Art. 4 IV SCE-RL sichergestellt werden, dass die Beteiligung der Arbeitnehmer hinsichtlicher aller Komponenten (Aufklärung, Unterrichtung und Mitbestimmung) dem Niveau entspricht, das in der sich umwandelnden Ursprungs-Genossenschaft galt. Dieses **Vorher-Nachher-Prinzip** soll eine Flucht aus der Mitbestimmung unterbinden.[734]

2. Abbruch oder Nichtaufnahme der Verhandlung

308 Das Gremium kann nach Art. 3 VI 1 SCE-RL unter Einhaltung der qualifizierten Mehrheitserfordernisse (2/3 der Stimmen der Mitglieder, die mindestens 2/3 der Arbeitnehmer vertreten) aus Art. 3 VI 4 SCE-RL beschließen, keine Verhandlungen aufzunehmen oder die laufende Verhandlung abzubrechen.[735] In diesem Fall finden die einzelstaatlichen Regelungen zur Unterrichtung und Anhörung der Arbeitnehmer Anwendung (Art. 3 VI 1 SCE-RL). Die Regelung ist sprachlich wenig geglückt. Nach ihrem Sinn und Zweck meint sie keinen echten „Abbruch" der Verhandlungen, sondern eine bewusste Entscheidung (Beschluss) des Verhandlungsgremiums, die Verhandlungen zu beenden und einzelstaatliche Regelungen zur Anwendung zu bringen („abzubrechen und die Vorschriften […] zur Anwendung gelangen zu lassen").[736] Der Fall eines echten Abbruchs (zB wegen unüberbrückbarer Differenzen hinsichtlich der Verhandlungslösung) kann hingegen nicht anders zu behandeln sein, als das Scheitern der Verhandlung wegen Zeitablaufs. Entsprechend muss es in solchen Fällen zur Anwendung der Auffangregelungen des Anhangs kommen, sofern die Voraussetzungen aus Art. 7 I lit. b) SCE-RL entsprechend vorliegen.[737] Der Unterschied liegt also im Ergebnis darin, dass Art. 3 VI 1 SCE-RL Fälle behandelt, in denen das Verhandlungsgremium nicht nur die Verhandlungen beenden möchte, sondern sich gleichzeitig bewusst für die Anwendung nationalen Rechts entscheidet. Zu beachten ist, dass das Vorher-Nachher-Prinzip aus Art. 4 IV SCE-RL einem Beschluss iSd Art. 3 VI 1 SCE-RL entgegensteht. Daraus folgt, dass das Verhandlungsgremium im Falle der Umwandlung einer mitbestimmten Genossenschaft keinen entsprechenden Beschluss fassen kann (sofern dadurch der Standard der Arbeitnehmerbeteiligung sinken würde).

3. Auffangregelung (Anhang der SCE-RL)

309 Die Auffangregelungen zur Beteiligung der Arbeitnehmer kommen grds. in zwei Konstellationen zur Anwendung:

- Die Parteien verständigen sich im Rahmen der Verhandlung auf die Anwendung der Auffangregelungen (Art. 7 I 2 lit. a) SCE-RL).
- Für den Fall, dass die Verhandlungsfrist ohne Einigung verstreicht, kommen die Auffangregelungen zur Anwendung, wenn die Organe der beteiligten juristischen Personen bzw. die natürlichen Personen der Anwendung zustimmen (Art. 7 I 2 lit. b) SCE-RL) und damit zum Ausdruck bringen, dass die Eintragung der SCE weiterhin angestrebt wird. Andernfalls wäre eine Eintragung der SCE nicht möglich (Art. 11 II SCE-VO).

---

732 Vgl. zur SE-RL *Breit*, Societas Europaea (SE) und Societas Cooperativa Europaea (SCE), 2010, S. 107.
733 Vgl. zur SE-RL *Lutter/Bayer/Schmidt*, Europäisches Unternehmens- und Kapitalmarktrecht, 2017, Rn. 45.189; *Breit*, Societas Europaea (SE) und Societas Cooperative Europaea (SCE), 2010, S. 107.
734 Vgl. zur SE-RL *Breit*, Societas Europaea (SE) und Societas Cooperativa Europaea (SCE), 2010, S. 107. Im spanischsprachigen Raum ist das Prinzip als „antes-después" bekannt. Vgl. auch *Espín Sáez* Revista MTIN 2003, 233, 241.
735 *Breit*, Societas Europaea (SE) und Societas Cooperativa Europaea (SCE), 2010, S. 124.
736 Vgl. zur gleichgelagerten Problematik bei der SE *Grobsy* NZA 2005, 84, 88.
737 *Grobsy* NZA 2005, 84, 88.

Das Verhandlungsgremium darf hierzu keinen Beschluss iSd Art. 3 VI SCE-RL getroffen haben, da dieser insoweit Sperrwirkung für die Auffangregelungen entfalten würde. Ein echter Abbruch der Verhandlung durch das Verhandlungsgremium (s. Rn. 308) steht nach hier vertretener Auffassung hingegen dem Verstreichen der Verhandlungsfrist gleich. Die Regelung des Art. 7 I 2 lit. b) SCE-RL soll insbesondere auf die Arbeitgeberseite einen „positiven Druck“[738] ausüben, damit nach Möglichkeit die Verhandlungslösung beschritten wird. Sie dient somit dem Ausgleich eines ansonsten bestehenden Verhandlungsungleichgewichts.

Die Auffangregelungen des Anhangs der SCE-RL entsprechen weitgehend denen der SE-Richtlinie (vgl. dazu § 4 Rn. 249 ff.).[739] Es geht dabei vor allem um die Zusammensetzung des Vertretungsorgans sowie die Auffangregelungen zur Unterrichtung, Anhörung und Mitbestimmung. 310

a) Bildung des Vertretungsorgans (Anhang Teil 1)

Nach Teil 1 ist zunächst ein **Vertretungsorgan** der Arbeitnehmer zu bilden, dem die in Teil 2 geregelten Aufgaben und Rechte zukommen, dh die Unterrichtung und Anhörung. Es ist nicht mit dem besonderen Verhandlungsgremium zu verwechseln.[740] Das Vertretungsorgan dient vielmehr der Wahrnehmung der Rechte und Pflichten auf betrieblicher Ebene. Die unternehmerische Mitbestimmung regelt Anhang I dagegen in Teil 3. 311

Das Vertretungsorgan besteht gem. Anhang Teil 1 lit. a) SCE-RL aus Arbeitnehmern der SCE, ihren Tochtergesellschaften und ihren Betrieben, die von den Vertretern oder (in Ermangelung dieser) von der Gesamtheit der Arbeitnehmer aus ihrer Mitte gewählt werden. Der Wahl- und Bestellvorgang bestimmt sich gem. Anhang Teil 1 lit. b) SCE-RL nach einzelstaatlichem Recht (Rechtsvorschriften und/oder Gepflogenheiten). Bei den Verfahren der Besetzung des Vertretungsorgans soll auf eine ausgewogene Förderung der Geschlechter geachtet werden (Anhang Teil 1 lit. b) S. 3 SCE-RL). Nach Anhang Teil 1 lit. c) SCE-RL kann in Fällen, in denen das Vertretungsorgan über eine ausreichende Anzahl von Mitgliedern verfügt, ein **enger Ausschuss** aus der Mitte des Vertretungsorgans gewählt werden, der aus höchstens drei Mitgliedern bestehen darf. Die Zusammensetzung des Vertretungsorgans ist in Anhang Teil 1 lit. e) SCE-RL geregelt. 312

Die Regelung ähnelt derjenigen zur Besetzung des Verhandlungsgremiums (dazu Rn. 303). Die Wahl bzw. Bestellung der Mitglieder richtet sich nach der Anzahl der in jedem Mitgliedstaat beschäftigten Arbeitnehmer, wobei nicht nur diejenigen der SCE selbst, sondern auch diejenigen der Tochtergesellschaften und der Betriebe hierzu gezählt werden. Jeder Anteil von Arbeitnehmern pro Mitgliedstaat, der 10% der Gesamtzahl der Arbeitnehmer in allen Mitgliedstaaten entspricht, gewährt einen Anspruch auf einen Sitz (**Proportionalitätsprinzip**). Sofern in einem Mitgliedstaat insgesamt weniger als 10% der Gesamtzahl der Arbeitnehmer tätig sind, besteht nach Anhang Teil 1 lit. e) e.E. SCE-RL ebenfalls ein Anspruch auf einen Sitz (**Repräsentativitätsprinzip**). Nach diesem Verteilungsschlüssel ergibt sich eine Mindestzahl von 10 Mitgliedern im Vertretungsorgan der SCE.[741] Verteilen sich die Arbeitnehmer auf viele Mitgliedstaaten ist die Anzahl jedoch viel höher, da das Repräsentativitätsprinzip nicht durch eine Mindestquote an Arbeitnehmern pro Mitgliedstaat eingeschränkt wird.[742] Die Wahl bzw. Bestellung erfolgt gem. Anhang Teil 1 lit. b) S. 1 SCE-RL nach dem einzelstaatlichen Recht. Auch beim Vertretungsorgan soll auf ein ausgewogenes Geschlechterverhältnis geachtet werden (Anhang Teil 1 lit. b) S. 3 SCE-RL. 313

Das Vertretungsorgan gibt sich gem. Anhang Teil 1 lit. d) SCE-RL eine **Geschäftsordnung**. Im Rahmen der Auffangregelung wird das Vertretungsorgan für vier Jahre (Anhang Teil 1 lit. g) SCE-RL) eingesetzt. Spätestens nach Ablauf der Vier-Jahres-Frist prüft das Vertretungsorgan erneut eine mögliche Verhandlungslösung (Anhang Teil 1 lit. g) S. 1 SCE-RL). Anders als bei der SE-RL kann eine **erneute Verhandlungslösung** damit auch vor Ablauf dieses Zeitraums angestrebt werden.[743] Kommt es nach Ablauf der Frist nicht zu einer Verhandlungslösung, gelten die Auffangregelungen für weitere vier Jahre (Anhang Teil 1 lit. g) SCE-RL). 314

b) Regelungen zur Unterrichtung und Anhörung (Anhang Teil 2)

Teil 2 des Anhangs der SCE-RL enthält die Auffangregelungen für die „**Unterrichtung und Anhörung**“ des Vertretungsorgans und erfüllt insofern die Forderung aus Erwägungsgrund 6 der SCE-RL, wonach für alle Gründgdungsvarianten ein „Unterrichtungs- und Anhörungsverfahren auf grenzüberschreitender Ebene“ sichergestellt 315

738 *Breit*, Societas Europaea (SE) und Societas Cooperativa Europaea (SCE), 2010, S. 109.
739 *Breit*, Societas Europaea (SE) und Societas Cooperativa Europaea (SCE), 2010, S. 129.
740 *Breit*, Societas Europaea (SE) und Societas Cooperativa Europaea (SCE), 2010, S. 129.
741 Vgl. zum SEBG *Kienast* in: Jannott/Frodermann (Hrsg.), Handbuch der Europäischen Aktiengesellschaft, 2014, Kap. 13 Rn. 270.
742 Denkbar ist ein Vertretungsorgan mit 39 bzw. bald 38 Mitgliedern, wenn in einem Mitgliedstaat über 90% der Arbeitnehmer beschäftigt sind (max. 9 Sitze im Vertetungsorgan) und sich die restlichen Arbeitnehmer auf alle anderen EWR-Staaten verteilen (30 bzw. bald 29 Sitze).
743 *Breit*, Societas Europaea (SE) und Societas Cooperativa Europaea (SCE), 2010, S. 129.

werden muss.[744] Das Unterrichtungs- und Anhörungsrecht (vgl. zur Definition Rn. 301) erstreckt sich ua auf Geschäftsberichte und die Perspektiven der SCE (Anhang Teil 2 lit. b) SCE-RL).[745] Dazu findet mindestens jährlich ein Treffen mit den zuständigen Organen der SCE statt, wovon die örtlichen Geschäftsleitungen in Kenntnis zu setzen sind. Dem Vertretungsorgan werden gem. Anhang Teil 2 lit. b) S. 3 SCE-RL die entsprechenden Tagesordnungen aller Sitzungen der Organe sowie Kopien der Unterlagen der Mitgliederversammlungen übermittelt. Nach S. 4 bezieht sich die Unterrichtung im Rahmen des Treffens ua auf

- die Struktur der SCE,
- deren wirtschaftliche und finanzielle Situation,
- die voraussichtlichen Entwicklungen der Geschäfts-, Produktions- und Absatzlage,
- die Beschäftigungslage sowie ihre voraussichtliche Entwicklung,
- Investitionen,
- grundlegende Änderungen der Organisation der SCE,
- die Einführung neuer Arbeits- und Fertigungsverfahren,
- Verlagerungen der Produktion und
- die Fusion, Verkleinerung oder Schließung von Unternehmen, Betrieben oder wichtigen Teilen hiervon sowie auf Massenentlassungen.

316 Liegen **außergewöhnliche Umstände** vor, die „erhebliche Auswirkungen auf die Interessen der Arbeitnehmer" haben (wie zB Massenentlassungen oder Betriebsschließungen), steht dem Vertretungsorgan ein (besonderes) Unterrichtungs- und Anhörungsrecht zu (Anhang Teil 2 lit. c) SCE-RL). In solchen Fällen kann das Vertretungsorgan durch einen Antrag mit den zuständigen Organen der SCE (bzw. mit geeigneteren Vertretern der Leitungsebene, die mit eigenen Entscheidungsbefugnissen ausgestattet sind) zusammenzutreffen und in diesem Rahmen unterrichtet und angehört werden.[746] Sofern die zuständigen Organe der SCE sich dazu entschließen, entgegen der **Stellungnahme** des Vertretungsorgans zu handeln, steht dem Vertretungsorgan das Recht zu, ein weiteres Mal auf eine Einigung hinzuwirken und hierfür ein zweites Treffen zu veranschlagen (Anhang Teil 2 lit. c) S. 3 SCE-RL). Insbesondere in dringenden Fällen kann das Vertretungsorgan beschließen, dass der engere Ausschuss (iS des Anhang Teil 1 lit. c) SCE-RL, vgl. Rn. 312) dieses Recht wahrnimmt. Neben den Mitgliedern des engeren Ausschusses können dann allerdings auch diejenigen Mitglieder des Vertretungsorgans an den Treffen teilnehmen, die Arbeitnehmer vertreten, die von den fraglichen Maßnahmen unmittelbar betroffen sind (Anhang Teil 2 lit. c) S. 4 SCE-RL). Das Vertretungsorgan bzw. der engere Ausschuss (ggf. unter Beteiligung der zuvor genannten Mitglieder des Vertretungsorgans) sind berechtigt, vor den Treffen mit den Organen unter Ausschluss dieser zu tagen (Anhang Teil 2 lit. d) S. 2 SCE-RL). Unbeschadet der Verschwiegenheits- und Geheimhaltungsregelungen des Art. 10 SCE-RL sind die Arbeitnehmervertreter der SCE, der Tochtergesellschaften und der Betriebe über die Unterrichtungs- und Anhörungsverfahren durch die Mitglieder des Vertretungsorgans zu informieren (Anhang Teil 2 lit. e) SCE-RL).

317 Die Regelungen in Anhang Teil 2 lit. f) bis h) SCE-RL stellen vor allem sicher, dass das Vertretungsorgan (bzw. der engere Ausschuss) seinen Aufgaben ordnungsgemäß nachkommen kann. Dazu stehen ihm ua folgende **Rechte** zu:

- Unterstützung durch frei wählbare Sachverständige (lit. f));
- Anspruch auf bezahlte Freistellung für Fortbildungsmaßnahmen, sofern diese für die Erfüllung der Aufgaben erforderlich sind (lit. g)) und
- Ausstattung mit finanziellen Mitteln und Regelungen zur Kostentragung und Finanzierung (lit. h)).

Greifen die Auffangregelungen bzgl. der Arbeitnehmermitbestimmung, so kommen in diesem Rahmen weitere Rechte und Pflichten auf das Vertretungsorgan zu (dazu sogleich im Folgenden, Rn. 318 ff.).

4. Mitbestimmungsregelungen (Anhang Teil 3)

318 Während Art. 7 II SCE-RL die Anwendbarkeit der Mitbestimmungsregelungen des Anhangs in Abhängigkeit von der Gründungsform regelt, konkretisiert Teil 3 des Anhangs der SCE-RL, wie die Mitbestimmung im Fall der Anwendung der Auffangregelung bei den unterschiedlichen Gründungsprozessen ausgestaltet ist. Allgemein gilt, dass die SCE-RL keine originäre Verpflichtung zur Einführung einer Arbeitnehmermitbestimmung statuiert.[747] Ob bzw. in welchem Umfang eine SCE der Mitbestimmung unterliegt, hängt also von den Mitbestimmungsstandards der SCE-Gründer ab (vgl. Art. 7 II und Anhang Teil 3 lit. c) SCE-RL).

744 Vgl. zur SE-RL *Breit*, Societas Europaea (SE) und Societas Cooperativa Europaea (SCE), 2010, S. 114.
745 *Breit*, Societas Europaea (SE) und Societas Cooperativa Europaea (SCE), 2010, S. 115.
746 Der Vorsitz für die Sitzungen zur Ausübung des Unterrichtungs und Anhörungsrechts kann in den Regelungen zur Umsetzung der Richtlinie (Anhang Teil 2 lit. d) S. 2 SCE-RL) geregelt werden.
747 Vgl. *Ebers* in: Schulze (Hrsg.), Europäischen Genossenschaft (SCE)-Handbuch, 2004, Kap. 3 Rn. 27; *Holthaus/Lehnhoff* in: Lang/Weidmüller (Hrsg.), Genossenschaftsgesetz, 2016, Einf. Rn. 64.

Wird die SCE durch **Umwandlung** (Art. 2 I, 5. Spiegelstrich SCE-VO) gegründet (dazu Rn. 83 ff.), so sind nach Art. 7 II lit. a) SCE-RL die Auffangregelungen nur anzuwenden, wenn in der sich umwandelnden Genossenschaft vorher bereits eine Mitbestimmung im Verwaltungs- oder Aufsichtsorgan bestand. Ist dies der Fall gilt gem. Anhang Teil 3 lit. a) SCE-RL das Vorher-Nachher-Prinzip, so dass eine „Mitbestimmungskontinuität"[748] gewährleistet wird. Die Regelung aus Anhang Teil 3 lit. b) SCE-RL findet entsprechend Anwendung. Die Arbeitnehmer der sich umwandelnden Genossenschaft haben gemäß dem bis dahin geltenden Niveau der Mitbestimmung das Recht einen Teil des Verwaltungs- bzw. Aufsichtsorgans entweder zu wählen, zu bestellen, die Bestellung zu empfehlen oder die Bestellung abzulehnen. 319

Im Fall einer **Verschmelzungsgründung** (Art. 2 I, 4. Spiegelstrich SCE-VO, dazu Rn. 57 ff.) kann sich die Anwendbarkeit der Auffangregelungen aus den folgenden zwei Gründen ergeben (Art. 7 II lit. b) SCE-RL): 320

- Sofern in mindestens einer der an der Verschmelzung beteiligten Genossenschaften eine Form der Mitbestimmung bestand und der Anteil der davon betroffenen Arbeitnehmer mindestens 25% der Gesamtzahl der Arbeitnehmer aller sich verschmelzender Genossenschaften ausmacht (Spiegelstrich 1). Bezugspunkt sind hier allein die beteiligten Genossenschaften und ihre Arbeitnehmer, nicht jedoch deren Tochtergesellschaften und deren Arbeitnehmer.
- Liegt der Anteil an der Gesamtzahl der Arbeitnehmer bei sonst gleichen Voraussetzungen unter 25%, hängt die Anwendbarkeit der Auffangregelungen des Teil 3 des Anhangs von einem entsprechenden Beschluss des besonderen Verhandlungsgremiums ab (Spiegelstrich 2).

Für die Verschmelzungsgründung ist zu beachten, dass Art. 7 III SCE-RL den Mitgliedstaaten eine *opt-out-Klausel* (sog **Optionslösung**) gewährt, um die Anwendbarkeit der Mitbestimmungsregelungen des Anhangs (Teil 3) auszuschließen. Aus Art. 11 III SCE-VO folgt, dass die Eintragung der Genossenschaft nur dann möglich ist, wenn die betroffenen Parteien eine Vereinbarung iSd Art. 4 SCE-RL getroffen haben bzw. die Auffangregelungen Anwendung finden oder wenn keine der sich verschmelzenden Genossenschaften vor der Verschmelzung einer Mitbestimmung unterlag.[749] 321

In allen anderen Gründungsfällen (Neugründungsfälle gem. Art. 2 I 1. bis 3. Spiegelstrich SCE-VO, vgl. Rn. 48 ff.) kommt Teil 3 des Anhangs gem. Art. 7 II lit. c) SCE-RL nur unter den dort genannten Bedingungen zur Anwendung. Die Voraussetzungen ähneln der Verschmelzungsgründung gem. Art. 7 II lit. b) SCE-RL und lassen sich wie folgt untergliedern: 322

- Wenn zuvor bei einer der beteiligten Gründungsmitglieder eine Form der Mitbestimmung bestand und sich diese auf mindestens 50% der gesamten Arbeitnehmer erstreckte.
- Liegt der Anteil der Arbeitnehmer, auf die sich die Mitbestimmung erstreckt, unter ansonsten gleichen Bedingungen unter 50% der Gesamtzahl der Arbeitnehmer, hängt die Anwendbarkeit der Auffangregelungen davon ab, ob das besondere Verhandlungsgremium hierüber einen entsprechenden Beschluss fasst.

Kommt Teil 3 des Anhangs zur Anwendung, haben die Arbeitnehmer der SCE, der Tochtergesellschaften und Betriebe das Recht, einen Teil der Mitglieder des Verwaltungs- bzw. Aufsichtsorgans zu wählen, zu bestellen, zu empfehlen oder abzulehnen (Anhang Teil 3 lit. b) SCE-RL). Die Zahl der durch die Arbeitnehmervertreter wählbaren Mitglieder des Aufsichts- bzw. Verwaltungsorgans richtet sich dabei nach dem „höchsten maßgeblichen Anteil" der beteiligten Gründungsmitglieder vor Eintragung der SCE (Anhang Teil 3 lit. b) SCE-RL). Das darin enthaltene Vorher-Nachher-Prinzip gewährleistet damit den Fortbestand des höchsten Mitbestimmungsniveaus, das unter den sich verschmelzenden Genossenschaften galt.[750] Besondere Probleme ergeben sich in diesem Zusammenhang, sofern die Mitbestimmung bei den Gründungsmitgliedern im Rahmen einer dualistischen Struktur bestand, die SCE jedoch monistisch verfasst ist. Dies führt – sofern nicht eine teleologische Reduktion der Regelung befürwortet wird – zu einer Ausweitung der Mitbestimmung, da der Arbeitnehmeranteil dann bezogen auf sämtliche Verwaltungsratsmitglieder bestimmt wird und nicht lediglich mit Blick auf die nicht-geschäftsführenden Direktoren, die die Kontrolle ausüben sollen.[751] 323

Nach Anhang Teil 3 lit. d) S. 1 SCE-RL entscheidet das Vertretungsorgan der Arbeitnehmer entweder über die **Verteilung der Sitze** im Verwaltungs- oder Aufsichtsorgan für die Vertreter der Arbeitnehmer aus den verschiedenen Mitgliedstaaten oder (alternativ) über die Modalitäten zur Empfehlung bzw. Ablehnung dieser Mitglieder. Das Vertretungsorgan ist bei der Verteilung der Mitglieder an das **Proportionalitätsprinzip** gebunden,[752] und kann damit nur im Rahmen der verbleibenden Gestaltungsspielräume entscheiden. Sofern bei diesem Verteilungsschlüssel Arbeitnehmervertreter aus einem oder mehreren Ländern unberücksichtigt bleiben, muss das Vertretungsorgan ein Mitglied aus einem dieser Staaten bestellen (Anhang Teil 3 lit. d) S. 2 SCE-RL). Da es sich nicht um einen zusätzlichen Sitz im Verwaltungs- oder Aufsichtsorgan handelt, muss hierfür ein anderes Mit- 324

748 Vgl. zur SE-RL *Lutter/Bayer/Schmidt*, Europäisches Unternehmens- und Kapitalmarktrecht, 2017, Rn. 45.191.
749 Vgl. zur SE-RL *Breit*, Societas Europaea (SE) und Societas Cooperativa Europaea (SCE), 2010, S. 112.
750 Vgl. zur SE-RL *Lutter/Bayer/Schmidt*, Europäisches Unternehmens- und Kapitalmarktrecht, 2017, Rn. 45.191.
751 Vgl. zur SE-RL *Henssler* ZHR 173 (2009) 222, 246; *Lutter/Bayer/Schmidt*, Europäisches Unternehmens- und Kapitalmarktrecht, 2017, Rn. 45.192.
752 Vgl. zur SE-RL *Breit*, Societas Europaea (SE) und Societas Cooperativa Europaea (SCE), 2010, S. 118.

glied, das nach dem Proportionalitätsgrundsatz zugeteilt wurde, seinen Sitz aufgeben.[753] Sofern bei der Verteilung noch nicht berücksichtigt („sofern angemessen"), ist ein Mitglied aus dem Mitgliedstaat zu bevorzugen, in dem die SCE ihrer Sitz haben wird. Wie die Verteilung der Sitze der Arbeitnehmer innerhalb eines Mitgliedstaats erfolgt, darf durch nationales Recht bestimmt werden (Anhang Teil 3 lit. d) S. 3 SCE-RL). Macht er von dieser Option keinen Gebrauch, so bestimmt auch darüber das Vertretungsorgan der Arbeitnehmer. Anhang Teil 3 lit. e) SCE-RL legt eine völlige Gleichstellung der Arbeitnehmervertreter mit den sonstigen Mitgliedern des Aufsichts- bzw. Verwaltungsorgans fest.

V. Teilnahme an der Generalversammlung

325 Vorbehaltlich der Beschränkungen aus Art. 59 IV SCE-VO dürfen die Arbeitnehmer und/oder ihre Vertreter **stimmberechtigt** an der Generalversammlung bzw. an den Sektor- oder Sektionsversammlungen teilnehmen, wenn alternativ eine der folgenden Bedingungen erfüllt ist:

- Nach Art. 9 Nr. 1 SCE-RL ist eine Teilnahme möglich, wenn die Vereinbarung über die Arbeitnehmerbeteiligung iSd Art. 4 SCE-RL dies vorsieht.
- Eine Teilnahme ist möglich, wenn eine solche Regelung in der Genossenschaft galt, die sich in die SCE umgewandelt hat (Art. 9 Nr. 2 SCE-RL).
- Im Falle einer anderen Gründungsform als der Umwandlung besteht ein solches Recht, wenn eine solche Regelung bei einer der beteiligten Gründungsmitglieder bestand und zusätzlich eine der drei folgenden Bedingungen erfüllt ist: (1) Die Parteien haben keine Vereinbarung über die Beteiligung der Arbeitnehmer gem. Art. 4 SCE-RL innerhalb der Frist aus Art. 5 SCE-RL getroffen. (2) Art. 7 I lit. b) und Teil 3 des Anhangs finden Anwendung. (3) Die Genossenschaft, in der eine solche Regelung bestand, wies im Vergleich zu den anderen beteiligten Genossenschaften vor Eintragung der SCE den höchsten Grad an Mitbestimmung auf.

M. Beurteilung und Ausblick

326 Der geringe **Verbreitungsgrad** der SCE (dazu Rn. 6) lässt sich ua sowohl mit rechtlichen als auch sonstigen Schwierigkeiten mit dieser supranationalen Rechtsform begründen.[754] Die SCE scheint gerade Praktikern aufgrund ihrer komplexen „Rechtsgemengelage" zum Teil wenig attraktiv.[755] Zu den rechtlichen Schwierigkeiten zählen zB die vielen Verweise auf nationales Recht[756] und die insgesamt äußerst komplexe Regelungstechnik[757] (dazu näher unter Rn. 10 ff.).[758] Ein gutes Beispiel dafür ist der Gründungsprozess mit seiner äußerst diffizilen Verzahnung von Verordnung, nationalem Genossenschaftsrecht und nationalem Aktienrecht. Insgesamt besteht bei der SCE bis heute ein hoher Grad an Rechtsunsicherheit. Durch die geringen Gründungszahlen ist diesbezüglich auch in Zukunft mit keiner schnellen Besserung zu rechnen. Die Komplexität und Rechtsunsicherheit erhöhen im Ergebnis die Gründungs- und Führungskosten.[759] Hinzu kommt, dass der Gründungsprozess teilweise generell als zu aufwendig wahrgenommen wird.[760]

753 Vgl. zur SE-RL *Breit*, Societas Europaea (SE) und Societas Cooperativa Europaea (SCE), 2010, S. 118.

754 Vgl. zu den rechtlichen Problemen der europäischen Genossenschaft auch *Krimphove* EuZW 2010, 892, 892 ff.

755 *Heilmeier* EuZW 2010, 887, 893.

756 Vgl. dazu *Barsan*, La société coopérative européenne (SCE): entre identité coopérative et efficacité économique, 2013, Rn. 49; *Michalczyk* Studia Europejskie 1 (73) 2015, 91, 95. Zu den Vorteilen der Verweisungstechnik aufgrund der divergierenden Genossenschaftsrechtsverständnisse *Hagen-Eck*, Die Europäische Genossenschaft, 1995, S. 275. *Holthaus/Lehnhoff* in: Lang/Weidmüller (Hrsg.), Genossenschaftsgesetz, 2016, Einf. Rn. 45 sehen darin einen Grund, weshalb das Projekt "SCE" trotz der unterschiedlichen Genossenschaftsverständnisse realisiert werden konnte. *Parleani* RECMA 291 (2004), 35, 38 sieht die Verweise ebenfalls weniger kritisch, da dennoch eine wahrhaft europäische Genossenschaft geschaffen werde.

757 So stellt die Normenhierarchie aus Art. 8 SCE-VO zB eine spanische SCE vor besondere Herausforderungen, weil nicht nur das nationale Genossenschaftsrecht zu beachten ist, sondern auch die regionalen genossenschaftlichen Regelungen, vgl. *Escuin Ibáñez* ECFR 2011, 30, 40 f. Dies könnte erklären, warum die SCE in Spanien trotz des starken Genossenschaftswesens keine Erfolge verbuchen konnte.

758 Cooperative Europe/Euricse/Ekai, Study on the implementation of the Regulation 1435/2003 on the Statute for European Cooperative Society – Part 1, 2010, S. 28 und 78; *Fici*, Pan-European Cooperative Law: Where Do We Stand?, Euricse Working Paper No. 47/13 (2013), S. 9; kritisch auch *Cathiard*, La pratique du droit européen des sociétés, 2017, Rn. 756 ff.; *Holthaus/Lehnhoff* in: Lang/Weidmüller (Hrsg.), Genossenschaftsgesetz, 2016, Einf. Rn. 44. Europäische Kommission, Review of European Cooperative Societies (SCEr) project (2012-2014), 1, 16 zum Nachteil der fehlenden Kenntnisse im Hinblick auf die Verordnung.

759 Cooperative Europe/Euricse/Ekai, Study on the implementation of the Regulation 1435/2003 on the Statute for European Cooperative Society – Part 1, 2010, S. 78; zum Scheitern von Gründungen aufgrund der Regelungskomplexität (Europäische Kommission, Review of European Cooperative Societies (SCEr) project (2012-2014), 1, 17).

760 *Cathiard*, La pratique du droit européen des sociétés, 2017, Rn. 755.

Weitere Gründe, die Rechtsform der SCE nicht zu wählen, sind:[761] 327

- mangelnde Kenntnisse und Erfahrung im Hinblick auf die SCE,[762]
- kein Bedarf sowie
- ein zu geringer Umfang der eigenen Aktivitäten von nationalen Genossenschaften, die sonst potenziell als Gründer in Betracht kämen.

Insbesondere die letzten beiden Aspekte zeigen, dass selbst ein verbesserter Rechtsrahmen wohl nicht zu einer signifikant höheren Anwendung des Rechtsinstituts führen würde. Kritisch gesehen werden auch die Mindestkapitalanforderungen, da sie die Kosten für die Gründung einer SCE erhöhen.[763] Nicht erforscht ist bislang, ob die fehlende Wahl der SCE als Rechtsform vielleicht auch damit zusammenhängt, dass Genossenschaften meist eine homogene Mitgliederstruktur haben und eine solche, über europäische Staatsgrenzen hinausgehende Homogenität zu selten gegeben ist. 328

Als Vorteil der SCE ist vor allem das **europäische Label** zu sehen,[764] wobei der Zusatz „mit beschränkter Haftung" diesen Effekt einschränkt (dazu Rn. 115 sowie § 3 Rn. 131). Weitere Vorteile werden vor allem im Verhältnis zur SE ausgemacht. So wird zB die Möglichkeit der Neugründung positiv bewertet.[765] Wie bei den anderen europäischen Rechtsformen auch wird zudem die Möglichkeit der Sitzverlegung als Vorteil gesehen.[766] 329

2010 präsentierte die Kommission einen Bericht zur SCE-Richtlinie.[767] Im selben Jahr lagen dann auch die Ergebnisse einer von der Kommission in Auftrag gegebenen Studie zur Umsetzung der SCE-Verordnung vor.[768] Daran anschließend wollte die Kommission in 2011 mithilfe einer Konsultation den **Überarbeitungsbedarf** bezüglich der SCE ermitteln. Die Ergebnisse zeigten dann zwar einen Überarbeitungsbedarf auf,[769] die Kommission entschied sich jedoch 2012 von einer Revision abzusehen, da sie befürchtete, dass die potenziellen Vorteile die Herausforderungen bei der Verhandlung um einen neuen Kompromiss nicht aufwiegen würden.[770] Diese Befürchtungen sind in Zusammenhang mit dem Projekt „Societas Privata Europaea (SPE)" (s. § 5) zu sehen, welches 2012 bereits kurz vor dem endgültigen Scheitern stand (2013 erklärte die Kommission das Vorhaben dann für gescheitert, s. § 5 Rn. 7). Der Kommission war zu diesem Zeitpunkt bewusst, dass auch bezüglich der SCE keine Chance auf eine weitergehende Einigung bestand und sie unternahm daher keine Schritte in diese Richtung. Im Aktionsplan 2012 kündigte die Kommission dafür an, zu prüfen, ob eine Informationskampagne für die SCE gestartet werden solle, um deren Bekanntheitsgrad zu erhöhen.[771] Es folgten darauf jedoch keine konkreten Maßnahmen. In der Literatur wurde sogar schon angesprochen, ob eine Abschaffung der SCE sinnvoll sein könnte.[772] Nach hier vertretener Ansicht ist es trotz der geringen Verwendung der SCE nicht sehr 330

761 Cooperative Europe/Euricse/Ekai, Study on the implementation of the Regulation 1435/2003 on the Statute for European Cooperative Society – Part 1, 2010, S. 28.

762 Europäische Kommission, Review of European Cooperative Societies (SCEr) project (2012-2014), 1, 22.

763 *Fici*, Pan-European Cooperative Law: Where Do We Stand?, Euricse Working Paper No. 47/13 (2013), S. 9 bezeichnet die Vorgabe als "absurd". Als problematisch erweist sich die Höhe des Mindestkapitals zB für Ungarn, vgl. Europäische Kommission, Review of European Cooperative Societies (SCEr) project (2012-2014), 1, 17.

764 Cooperative Europe/Euricse/Ekai, Study on the implementation of the Regulation 1435/2003 on the Statute for European Cooperative Society – Part 1, 2010, S. 144; Europäische Kommission, Review of European Cooperative Societies (SCEr) project (2012-2014), 1, 13, 15 zum Vorteil und symbolischen Relevanz einer vereinheitlichten Marke auf europäischer Ebene.

765 *Cathiard*, La pratique du droit européen des sociétés, 2017, Rn. 752.

766 *Fandrich* in: Pöhlmann/Fandrich/Bloehs (Hrsg.), GenG, 2012, Einführung Rn. 20. Zu weiteren Vorteilen s. Europäische Kommission, Review of European Cooperative Societies (SCEr) project (2012-2014), 1, 14 f.

767 Europäische Kommission, Bericht der Kommission an den Rat, das Europäische Parlament, den EWS und den Ausschuss der Regionen zur Überprüfung der Richtlinie 2003/72/EG des Rates vom 22. Juli 2003 zur Ergänzung des Statuts der Europäischen Genossenschaft hinsichtlich der Beteiligung der Arbeitnehmer, 16.9.2010, KOM(2010) 481 endgültig.

768 Cooperative Europe/Euricse/Ekai Center, Study on the implementation of the Regulation 1435/2003 on the Statute for European Cooperative Society (SCE) – Final Study – Executive Summary and Part 1: Synthesis and comperative report, 05.10. 2010, abrufbar unter: https://publications.europa.eu/en/publication-detail/-/publication/494bb15b-c34d-4bdf-8518-75d6bde38cbb (zuletzt abgerufen am 6.2.2018). Die Verordnung enthält mit Art. 79 SCE-VO eine Überprüfungsklausel, die die Erstellung eines entsprechenden Berichts (sogar unter Präzisierung einiger Themen) vorgab.

769 Europäische Kommission, Bericht – Die Anwendung der Verordnung (EG) Nr. 1435/2003 des Rates vom 22. Juli 2003 überdas Statut der Europäischen Genossenschaft (SCE), 23.2.2012, COM(2012) 72 final, S. 8.

770 Europäische Kommission, Aktionsplan: Europäisches Gesellschaftsrecht und Corporate Governance – ein moderner Rechtsrahmen für engagiertere Aktionäre und besser überlebensfähige Unternehmen, 12.12.2012, COM(2012) 740 final, S. 16.

771 Europäische Kommission, Aktionsplan: Europäisches Gesellschaftsrecht und Corporate Governance – ein moderner Rechtsrahmen für engagiertere Aktionäre und besser überlebensfähige Unternehmen, 12.12.2012, COM(2012) 740 final, S. 16; *Fici*, Pan-European Cooperative Law: Where Do We Stand?, Euricse Working Paper No. 47/13 (2013), S. 11 sprach sich für eine Informationskampagne aus.

772 *Fleischer* CMLR 2010, 1671, 1693.

wahrscheinlich, dass dies auf mittlere Sicht geschehen wird, weil die Kommission dies als Rückschritt statt des von ihr geforderten Fortschritts ansehen würde.

331 In der Literatur wurde teilweise gehofft, dass die SCE einen **Anstoß für Harmonisierungsmaßnahmen** auf dem Gebiet der Genossenschaften sein könnte.[773] Diese Hoffnung erfüllte sich bisher jedoch nicht. Dafür hat die SCE allerdings zumindest teilweise die nationale Gesetzgebung mit Blick auf Genossenschaften beeinflusst (s. dazu Rn. 7, 257).

773 So *Sanz* CIRIEC-España 2002, 9, 22; vgl. auch *Blomeyer* ZfgG 2000, 183, 188 f.

§ 7 Europäische Wirtschaftliche Interessenvereinigung (EWIV)

Literatur (Auswahl): *Abell*, The European Economic Interest Grouping in: Campbell, The Comparative Law Yearbook of International Business, 1990, S. 169; *Abmeier*, Die Europäische wirtschaftliche Interessenvereinigung und nationales Recht, NJW 1986, 2987; *Anderson*, European Economic Interest Groupings, 1990; *Autenrieth*, Die inländische Europäische Wirtschaftliche Interessenvereinigung (EWIV) als Gestaltungsmittel, BB 1989, 305; *ders.*, Die Europäische Wirtschaftliche Interessenvereinigung (EWIV), 1990; *Bach*, Die BGB-Gesellschaft als Mitglied einer Europäischen Wirtschaftlichen Interessenvereinigung (EWIV)?, BB 1990, 1432; *Bärwaldt*, in: Prinz ua (Hrsg.), Beck'sches Handbuch der Personengesellschaften, 4. Aufl. 2014, § 21; *Bisacre*, A European Perspective on Small Businesses and the Law, EBLR 10 (1990), 340; *Blomeyer*, Neue Impulse für den Genossenschaftsgedanken: die Europäische wirtschaftliche Interessenvereinigung, ZfgG 37 (1987) 144; *Böhringer*, Europäische wirtschaftliche Interessenvereinigung (EWIV), BWNotZ 1990, 129; *Bossert*, Die Europäische wirtschaftliche Interessenvereinigung (EWIV), eine europäische Unternehmensrechtsform für grenzüberschreitende Kooperationen, Archiv PF 1990, 236; *Bramigk*, Der Zweck der Europäischen Wirtschaftlichen Interessenvereinigung (EWIV), 2003; *Brindlmayer/Förschle/Hensel/Lenhard,* EWIV – Die Europäische wirtschaftliche Interessenvereinigung, 1989; *Burian*, EWIV für den Mittelstand, WR 1993, 165; *Burkhalter*, Die Europäische wirtschaftliche Interessenvereinigung (EWIV) und ihre konzernrechtlichen Beziehungen, 1998; *Cathiard*, La pratique du droit européen des sociétés, 2. Aufl. 2017; *Dine*, The European Economic Interest Grouping (EEIG): Some private international law issues, Co Law 13 (1992) 10; *Döring*, Grenzüberschreitende Wirtschaftliche Zusammenarbeit in Europa (EWIV), 1993; *Eckhardt*, Einführung in das Recht der Europäischen wirtschaftlichen Interessenvereinigung (EWIV) – zugleich eine Besprechung von Ganske, Das Recht der Europäischen wirtschaftlichen Interessenvereinigung (EWIV), MittBayNot 1989, 125; *Engert*, in: Langenbucher (Hrsg.), Europäisches Privat- und Wirtschaftsrecht, 4. Aufl. 2017, § 5; *Enzinger*, in: Münchener Kommentar HGB, Bd. 2, 2016, § 109; *Ernst*, Die Europäische Wirtschaftliche Interessenvereinigung, 2012; *Études IRE*, G.E.I.E. et G.I.E. – Deux nouvelles formes d'association, 1989; *Europäische Kommission* (Hrsg.), Die EWIV als Instrument der grenzüberschreitenden Kooperation, 2. Aufl. 1999; *Ferret*, Un nouvel instrument au service de la cooperation des entreprises: Le GEIE, Répertoire du Notariat Defrénois 1989, 407; *Fey*, Rechnungslegungs- und Prüfungspflichten Europäischer Wirtschaftlicher Interessenvereinigung, DB 1992, 233; *Fleischer,* Supranationale Gesellschaftsformen in der Europäischen Union, ZHR 174 (2010) 385; *Funkat*, Die praktische Akzeptanz der EWIV als Gesellschaftsform, EWS 1998, 122; *Ganske,* Die Europäische wirtschaftliche Interessenvereinigung (EWIV) – eine neue „supranationale" Unternehmensform als Kooperationsinstrument in der EG, DB Beilage Nr. 20/85, 1; *ders.*, Das Recht der Europäischen wirtschaftlichen Interessenvereinigung (EWIV), 1988; *Gleichmann*, Europäische Wirtschaftliche Interessenvereinigung, ZHR 149 (1985) 633; *Gloria/Karbowski*, Europäische Wirtschaftliche Interessenvereinigung (EWIV), WM 1990, 1313; *Grundmann*, Europäisches Gesellschaftsrecht, 2. Aufl. 2011, § 30; *Grüninger*, Die deutsche Rechtsanwaltssozietät als Mitglied einer Europäischen Wirtschaftlichen Interessenvereinigung (EWIV), DB 1990, 1449; *Guyenot*, Le Groupement Européen d'Intérêt Économique – Nouvelle Institution Européenne Ouverte aux Activités des Professions Libérales, Fiscalité Européenne 1986, 49; *Habersack/Verse*, Europäisches Gesellschaftsrecht, 4. Aufl. 2011, § 12; *Hakenberg* in: Ebenroth/Boujong/Joost/Strohn (Hrsg.), HGB, 3. Aufl. 2014, EWIV; *Hartard*, Die Europäische wirtschaftliche Interessenvereinigung im deutschen, englischen und französischem Recht, 1991; *Hatzig,* Die Europäische wirtschaftliche Interessenvereinigung, 1990; *Heckschen* in: Westermann/Wertenbruch (Hrsg.), Handbuch Personengesellschaften, 67. Lieferung 02.2017; *von der Heydt/von Rechenberg* (Hrsg.), Die Europäische wirtschaftliche Interessenvereinigung, 1991; *Israel,* The EEIG – a major step forward for community law, The Company Lawyer 1988, 14; *Jahn*, Die gemeinschaftlich handelnden Mitglieder einer deutschen Europäischen wirtschaftlichen Interessenvereinigung (EWIV), 1996; *Jahndorf,* Die EWIV im Ertragsteuerrecht, 1995; *Keegan*, The European Economic Interest Grouping, J.B.L. 1991, 457; *Kelly/Van Duzer/Labaere/Attree/Muir/Wales/Clark* (Hrsg.), European Economic Interest Groupings – Commercial, legal and tax considerations, 1990; *Kerr,* An entity for Community cooperation: The European Economic Interest Grouping, BYU L. Rev. 1990, 1743; *Keutgen*, Le Groupement Européen d'Intérêt Économique, Cahiers de droit européen 1987, 492; *Klein-Blenkers*, Wirtschaftliche Bedeutung und rechtliche Fragen zur Europäischen Wirtschaftlichen Interessenvereinigung, DB 1994, 2224; *Knobbe-Keuk*, Die EWIV im nationalen und internationalen Steuerrecht, EWS 1992, 1; *Knoll/ Schüppen*, Die Europäische Wirtschaftliche Interessenvereinigung (EWIV) – Teil I: Gesellschaftsrechtliche Grundlagen, WiB 1994, 889, 936; *Köhl*, Einfluss der Europäischen wirtschaftlichen Interessenvereinigung auf das Prinzip der Selbstorganschaft als Beispiel der Veränderung der Strukturen des deutschen Gesellschaftsrechts durch europäische Rechtsetzung, 2001; *Kollhosser/Raddatz*, Die Europäische Wirtschaftliche Interessenvereinigung (EWIV), JA 1989, 10; *Krafka/ Kühn*, Registerrecht, 10. Aufl. 2017, Teil 1, Zweiter Abschnitt, E. (EWIV); *Lall*, Taxation and the European economic interest grouping, British Tax Review 1993, 134; *Lefebvre,* Mémento Sociétés Commerciales, 49. Aufl. 2017; *Lemeunier*, Groupement d'intérêt économique (GIE), 10. Aufl. 1999; *Lentner*, Das Gesellschaftsrecht der Europäischen Wirtschaftlichen Interessenvereinigung (EWIV), 1994; *Lenz,* Die Europäische Wirtschaftliche Interessenvereinigung mit dem Sitz in der Bundesrepublik Deutschland vor Eintragung, 1997; *Lepeltier/Buttet/Lesguillier*, Les Groupements d'intérêt économique, GIE, GEIE: régimes juridique et fiscal, formules, textes, 1990; *Lichtenberg*, Der Vorschlag der Kommission der Europäischen Gemeinschaften für die Schaffung einer Europäischen Kooperationsvereinigung (EKV), ZHR 138 (1974) 117; *Linnane*, Forming an EEIG, EBLR 1990, 38; *Lodomez*, Les groupements d'intérêt économique – européens, français et belges, 1989; *Lutter/Bayer/Schmidt*, Europäisches Unternehmens- und Kapitalmarktrecht, 6. Aufl. 2017, § 44; *Quigley/Mercer*, The interaction of European Community and national law rules applicable to European Economic Interest Groupings, ICCLR 1 (1990) 6; *Meyer-Landrut,* Die Europäische Wirtschaftliche Interessenvereinigung (EWIV) als neues Instrument für grenzüberschreitende Kooperation in: WPK-Mitteilungen 3 (1989) 56; *ders.*, Die Europäische Wirtschaftliche Interessenvereinigung, 1988; *ders.*, Die Europäische Wirtschaftliche Interessenvereinigung, RIW 1986, 107; *Müller-Gugenberger/Schotthöfer* (Hrsg.), Die EWIV in Europa, 1995; *Müller-Gugenberger*, Die EWIV im Europäischen Wirtschaftsraum, EWS 1994, 346; *ders.*, EWIV – Die neue europäische Gesellschaftsform, NJW 1989, 1449; *ders.*, Die Firma der Europäischen wirtschaftlichen Interessenvereinigung (EWIV), BB 1989, 1922; *Murphy*, The new European Interest Group (EEIG): A new European business entity, Vand. J. Transnat'l L. 23 (1990) 65; *Neye*, Die Europäische wirtschaftliche Interessenvereinigung – eine Zwischenbilanz, DB 1997, 861; *Pathe*, in: Gummert ua (Hrsg.), Münchener Anwaltshandbuch Personengesellschaftsrecht, 2. Aufl. 2015, § 28, III; *von Rechenberg*, Die EWIV – Ihr Sein und Werden, ZGR 1992, 299; *Roth* in: Baumbach/Hopt (Hrsg.), HGB, 37. Aufl. 2016, Anhang nach § 160; *Rübesamen*, Die EWIV im deutschen und europäischen Wettbewerbsrecht; 1995; *Rinze,* Die Europäische wirtschaftliche Interessenvereinigung (EWIV) im Unternehmensverbund, 1996; *Salger/Neye* in: Münchener Handbuch des Gesellschaftsrechts, Bd. 1, 2014, 5. Teil (§§ 94 ff.); *Sass*, Zu den steuerlichen Aspekten der „Europäischen Wirtschaftlichen Interessenvereinigung", DB 1985, 2266, *Schlüter*, Die EWIV: Modellfall für ein europäisches Gesellschaftsrecht?, EuZW 2002, 589; *K. Schmidt* in: Münchener Kommentar zum HGB, Band 3, 3. Aufl. 2012; *Schön*, in: FS Wiedemann, 2002, 1271; *Schwarz*, Europäisches Gesellschaftsrecht, 2000; *Scriba,* Die Europäische wirtschaftliche Interessenvereinigung, 1. Aufl. 1987; *Schulze*, Gemeinschaftsrecht und einzelstaatliches Recht bei der Schaffung einer Europäischen wirtschaftlichen Interessenvereinigung (EWIV), 1990; *Selbherr/Manz* (Hrsg.), Kommentar zur Europäischen wirtschaftlichen Interessensvereinigung (EWIV), 1. Aufl. 1995; *Siwik,* die Haftung der Geschäftsführer in Polen für Verbindlichkeiten der Europäischen wirtschaftlichen Interessenvereinigung, WiRo 2007, 257; *Stolowy*, The European Economic Interest Grouping: Origins and Review of this Transnational Model, J.B.L. 2013, 598; *Teichmann* in: Münchener Handbuch des Gesellschaftsrechts, Band 6 (Internationales Gesellschaftsrecht und Grenzüberschreitende Umwandlungen), 4. Aufl. 2013; § 48; *Vague*, Le groupement européen d'intérêt économique et les professions juridiques et comptables, RMC 1992, 403; *van Gerven/Aalders* (Hrsg.), European Economic Interest Groupings – the EEC Regulation and its Application in the Member States of the European Community, 1990; *Vichatzky*, Le groupement européen d'intérêt économique (G.E.I.E.), Revue trimestrielle de droit européen 1990, 275; *Weatherill*, EBLR 1992, 195; *Weber-Rey*, European Economic Interest Grouping in Germany, ICCLR 4 (1993) 183; *Wendt*, in: Spahlinger/Wegen/Barth (Hrsg.), Gesellschaftsrecht des Auslands, 1. EL 2016, Europäische Union (Stand: 1.1.2012); *Weimar*, Die Europäische wirtschaftliche Interessenvereinigung im Gründungsstadium, DZWiR 1997, 441; *Weimar/Delp*, Die Europäische Wirtschaftliche Interessenvereinigung (EWIV) in rechtlicher und steuerlicher Sicht, WPg 1989, 89; *Wöbke/Danckwerts*, Europäische wirtschaftliche Interessenvereinigung mit einer reinen Sachfirma?, DB 1994, 413; *Woodland*, Le groupement européen d'intérêt économique: le regain de modèle français offre aux entreprises de la C.E.E. un futur instrument de coopération, Sem. Jur. Ed. Entreprise 1985, 281; *Wünsch*, Europäische Wirtschaftliche Interessenvereinigung (I) – Wieder eine neue Gesellschaftsform, GesRZ 1994, 157; *ders.*, Europäische Wirtschaftliche Interessenvereinigung (II) GesRZ 1994, 280; *Zahorka*, Die Teilnahme von Drittlandsunternehmen an einer EWIV, EuZW 7 (1994), 201; *ders.*, Rechtsform mit vielen Freiheiten: Mit einer EWIV europaweit kooperieren, LEADERforum 1 (2005), 35; *ders.*, Gründung und Betrieb einer EWIV, 2010; *Zettel*, Die Europäische wirtschaftliche Interessenvereinigung (EWIV) – ihre Grundlagen und Struktur, DRiZ 1990, 161; *Ziegler*, Europäische wirtschaftliche Interessenvereinigung (EWIV), RPfleger 1989, 261; *Zuck*, Die Europäische wirtschaftliche Interessenvereinigung als Instrument anwaltlicher Zusammenarbeit, NJW 1990, 954.

A. Einführung

I. Entwicklung

Die **Europäische Wirtschaftliche Interessenvereinigung** (auf Deutsch abgekürzt mit „EWIV") wurde als **erste supranationale Rechtsform**[1] von der EU bereits 1985 durch eine Verordnung des Rates (im Folgenden **EWIV-VO**) geregelt.[2] Mit der EWIV gelang somit der Durchbruch mit Blick auf die Schaffung supranationaler Rechtsformen.[3] Die EWIV-Verordnung kann insofern als „Meilenstein des europäischen Gesellschaftsrechts" bezeichnet werden.[4] Ihre Bedeutung ist allein deshalb nicht zu unterschätzen.[5] Erst 16 Jahre später (im Jahr 2001) folgte mit der Societas Europaea (SE) die nächste supranationale Rechtsform (zur SE § 4). Seit Juli 1989 können EWIV in der EU in die entsprechenden nationalen Register eingetragen werden[6] und seit dem 1.1.1994 bzw. 1.1.1995 gilt die EWIV-Verordnung gemäß Art. 77 iVm Anhang XXII Nr. 10 des Abkommens über den Europäischen Wirtschaftsraum auch für die Staaten des EWR.[7] 1

1 Vgl. ua *Bach* BB 1990,1432, 1432; *Rübesamen*, Die EWIV im deutschen und europäischen Wettbewerbsrecht, 1995, S. 16; *Knobbe-Keuk* EWS 1992, 1, 1; *Wöbke/Danckwerts* DB 1994, 413, 413; *Burkhalter*, Die EWIV und ihre konzernrechtlichen Beziehungen, 1998, S. 21. Die Europäische Aktiengesellschaft (SE) (vgl. § 4 Rn. 1 ff.) wurde früher initiiert, aber weitaus später verabschiedet.

2 Verordnung (EWG) Nr. 2137/85 des Rates vom 25. Juli 1985 über die Schaffung einer Europäischen wirtschaftlichen Interessenvereinigung (EWIV), ABl. Nr. L 199 vom 31/07/1985 S. 1-9. Vgl. zum Gesetzgebungsprozess ua *Müller-Gugenberger* in: Müller-Gugenberger/Schotthöfer (Hrsg.), 1995, Die EWIV in Europa, 1995, EU-Recht, Kap. IV Rn. 22 ff.; *Manz* in: Selbherr/Manz (Hrsg.), Kommentar zur EWIV, 1995, Vorb. Rn. 7; *Anderson*, European Economic Interest Groupings, 1990, S. 5 f.; *Keegan* J.B.L. 1991, 457; *Schulze*, Gemeinschaftsrecht und einzelstaatliches Recht bei der Schaffung einer EWIV, 1990, S. 13 f.

3 *Engert* in: Langenbucher (Hrsg.), Europäisches Privat- und WirtschaftsR, 2017, § 5 Rn. 120 hält es für „bezeichnend für die politischen Schwierigkeiten, dass dieser Durchbruch mit einer etwas eigentümlichen Gesellschaftsform gelang". *Abell* in: Campbell, The Comparative Law Yearbook of International Business, 1990, S. 176 weist darauf hin, dass Zyniker behaupten, die EWIV wäre nur deshalb so leicht von den Mitgliedstaaten akzeptiert worden, da sie praktisch nicht von Nutzen wäre.

4 *Keutgen* Cahiers de droit européen 1987, 492, 493 spricht von einer *„étape marquante"*. Etwas zurückhaltender *Fleischer* CMLR 2010, 1671, 1675 (*„pioneering role"*).

5 *Eckhardt* MittBayNot 1989, 125, 128 spricht insofern von einem „Wert an sich".

6 *Ernst*, Die EWIV, 2012, S. 10 f.; *Ganske* DB 1985, Beilage 20, 1, 11; *Habersack/Verse*, Europäisches Gesellschaftsrecht, 2011, § 12 Rn. 1; *Jahndorf*, Die EWIV im Ertragsteuerrecht, 1995, S. 21; *Krafka/Kühn*, Registerrecht, 2017, Rn. 868; *Keegan* J.B.L. 1991, 457.

7 Abkommen über den Europäischen Wirtschaftsraum vom 2.3.1992 veröffentlicht im ABl. L 1 v. 3.1.1994, S. 3. Anhang XXII nach Artikel 77 veröffentlicht im ABl. L 1 v. 3.1.1994, S. 517.

2 Bei der Entwicklung der EWIV als supranationale Gesellschaftsform stand der französische „***groupement d'intérêt économique***" (GIE) Pate,[8] welcher 1967 in Frankreich eingeführt worden war,[9] um dort die Lücke zwischen dem nicht rechtsfähigen Verein (*association*) und der Gesellschaft (*société*) zu schließen.[10] Viele Vorschriften sind daher mehr oder weniger stark den französischen Vorschriften zum *groupement d'intérêt économique* nachgebildet.[11] Die Auslegung der EWIV-Verordnung darf sich aber dennoch nicht an den dortigen Vorgaben orientieren, sondern muss **europäisch-autonom** vorgenommen werden. Interpretationen des französischen Rechts stellen im Ergebnis – falls überhaupt – nur eine der möglichen Auslegungen auf europäischer Ebene dar (zur europäisch-autonomen Auslegung § 2 Rn. 80 ff.).

3 Die Kommission ließ sich somit vom französischen GIE inspirieren (generell zum Einfluss des französischen Gesellschaftsrechts auf europäischer Ebene § 13 Rn. 50 ff.) und legte im Dezember 1973 einen Verordnungsentwurf für die EWIV vor (im Folgenden: EWIV-VO-KOM),[12] dem bereits zwei Vorentwürfe aus 1971/72 zugrunde lagen.[13] Die Debatten um die EWIV im Verordnungsgebungsprozess betrafen vor allem Fragen hinsichtlich des generellen Zugangs zu dieser Rechtsform und die Ausgestaltung der Stellung der Arbeitnehmer.[14] Wie bei den anderen supranationalen Rechtsformen zogen sich die Verhandlungen in die Länge und es bedurfte insgesamt 12 Jahre intensiver Diskussionen (seit dem Verordnungsvorschlag der Kommission) bis die EWIV endlich erfolgreich verabschiedet werden konnte.[15] Gemessen am Vorschlag der Europäischen Kommission als Ausgangspunkt dauerte es damit allerdings nicht viel länger als bei der später verabschiedeten SCE (Europäische Genossenschaft) und wesentlich kürzer als bei der ebenfalls später verabschiedeten SE (Europäische Aktiengesellschaft).[16]

II. Einordnung aus deutscher Perspektive

4 Die EWIV wird in Deutschland aufgrund ihrer äußeren Systemvorgaben und der Zweckbestimmung teilweise mit den Arbeitsgemeinschaften und Konsortien, also Ausprägungen der **Gesellschaft bürgerlichen Rechts** (GbR)

8 *Manz* in: Selbherr/Manz (Hrsg.), Kommentar zur EWIV, 1995, Vorb. Rn. 1; *Vague* RMC 1992, 403, 404; *Keutgen* Cahiers de droit européen 1987, 492, 493; *Murphy* Vand. J. Transnat'l L. 23 (1990) 65, 67; *Guyenot* Fiscalité Européenne 1986, 49, 51; *Kerr* BYU L. Rev. 1990, 1743, 1745 f.; *Schwarz*, Europäisches Gesellschaftsrecht, 2000, Rn. 968; *Lenz*, Die EWIV mit Sitz in der BRD vor Eintragung, 1997, S. 37, 44; *Wöbke/Danckwerts* DB 1994, 413, 413; *Stolowy* J.B.L. 2013, 598, 599 ff.; *Bisacre* EBLR 1999, 340, 341; *Lall* BTR 1993, 134, 136; *Köhl*, Einfluss der EWIV, 2001, S. 12, 18; *Rübesamen*, Die EWIV im deutschen und europäischen Wettbewerbsrecht, 1995, S. 15; *Hatzig*, Die EWIV, 1990, S. 1. *Woodland* Sem. Jur. Ed. Entreprise 1985, 281, 282 unterstreicht trotz des Vorbildcharakters des französischen GIE die Originalität der EWIV. In diese Richtung auch *Rinze*, Die Europäische wirtschaftliche Interessenvereinigung im Unternehmensverbund, 1996, S. 12, der auch auf den Einfluss anderer Rechtsordnungen und originär europäischer Ideen aufmerksam macht. *Lodomez*, Les groupements d'intérêt économique, 1989, S. 25 f. beschreibt die Gemeinsamkeiten mit dem französischen GIE.

9 Ordonnance no. 67-821 du 23 septembre 1967, J.O. vom 28.9.1967, S. 9537.

10 Dazu ausführlich *Müller-Gugenberger* in: Müller-Gugenberger/Schotthöfer (Hrsg.), Die EWIV in Europa, 1995, EU-Recht, Kap. IV Rn. 11 ff. Vgl. auch *Lemeunier*, Groupement d'intérêt économique (GIE), 1999, S. 9; *Lentner*, Das Gesellschaftsrecht der EWIV, 1994, S. 29; *Manz* in: Selbherr/Manz (Hrsg.), Kommentar zur EWIV, 1995, Vorb. Rn. 2; *Hatzig*, Die EWIV, 1990, S. 1; *Ganske*, Das Recht der EWIV, 1988, S. 14; *Burkhalter*, Die EWIV und ihre konzernrechtlichen Beziehungen, 1998, S. 15.

11 Auf einige Unterschiede wird im folgenden Text aufmerksam gemacht.

12 Europäische Kommission, Vorschlag einer Verordnung (EWG) des Rates über die Europäische Kooperationsvereinigung (EKV), Dok. KOM 73/2046; veröffentlicht im ABl. Nr. C 14 vom 15.2.1974, S. 30 ff. Vgl. zu diesem Vorschlag, *Lichtenberg* ZHR 138 (1974) 117, 117 ff.

13 Europäische Kommission, Vorentwurf einer Verordnung zur Schaffung einer Europäischen Wirtschaftlichen Interessengemeinschaft (EWI), Dok. KOM XIV/335-1/71 vom 29.10.1971; Europäische Kommission, Geänderter Vorentwurf für eine Verordnung zur Schaffung einer Europäischen Kooperationsvereinigung (EKV), Dok. KOM XIV/316/72. Vgl. zum Verordnungsgebungsprozess *Müller-Gugenberger* in: Müller-Gugenberger/Schotthöfer (Hrsg.), Die EWIV in Europa, 1995, EU-Recht, Kap. IV Rn. 22 f.; *Manz* in: Selbherr/Manz (Hrsg.), Kommentar zur EWIV, 1995, Vorb. Rn. 7; *Anderson*, European Economic Interest Groupings, 1990, S. 5 f.; *Keegan* J.B.L. 1991, 457; *Schulze*, Gemeinschaftsrecht und einzelstaatliches Recht bei der Schaffung einer EWIV, 1990, S. 13 f.; *Schwarz*, Europäisches Gesellschaftsrecht, 2000, Rn. 968.

14 *Manz* in: Selbherr/Manz (Hrsg.), Kommentar zur EWIV, 1995, Vorb. Rn. 8.

15 Zum Verordnungsgebungsprozess *Manz* in: Selbherr/Manz (Hrsg.), Kommentar zur EWIV, 1995, Vorb. Rn. 7 ff.; *Hatzig*, Die EWIV, 1990, S. 4 ff.; *Rinze*, Die Europäische wirtschaftliche Interessenvereinigung im Unternehmensverbund, 1996, S. 13; *Vichatzky* RTDEur 1990, 275, 275 beschreibt die Verhandlungen als „longues, intenses et délicates".

16 Zum Gesetzgebungsprozess der SE siehe § 4 Rn. 2 ff. Zum Verordnungsgebungsprozess der SCE siehe § 6 Rn. 1 f.

verglichen.[17] Der Fördergedanke stellt dagegen ein genossenschaftliches Element dar.[18] Gleichwohl kommt subsidiär das **Recht der OHG** zur Anwendung, da die EWIV eine vollumfänglich rechtsfähige Personengesellschaft ist.[19] Der personalistische Charakter der EWIV findet sich denn auch in der OHG.[20] Teilweise wird die EWIV daher als „OHG mit Fremdgeschäftsführung" bezeichnet.[21] Nach hier vertretener Ansicht steht die EWIV aufgrund ihrer besonderen Ausgestaltung keiner deutschen Rechtsform so nahe, dass von einer konkreten Vergleichbarkeit bzw. einem Pendant gesprochen werden kann.[22]

Da die EWIV eine Personengesellschaft ist, stehen bei ihr die Grundsätze der **Gestaltungsfreiheit im Innenverhältnis** (s. Rn. 24 ff.), die **Personenbezogenheit** (s. Rn. 31) und die **Gleichberechtigung der beteiligten Partner** (s. Rn. 143 ff.) im Vordergrund. Kerncharakteristika einer Kapitalgesellschaft fehlen (zB Kapitalaufbringungsvorschriften und -erhaltungspflichten),[23] wobei die EWIV allerdings eine Fremdgeschäftsführung zulässt (s. Rn. 167). 5

III. Die EWIV in der Praxis

In den über 25 Jahren ihres Bestehens wurden in der EU und in den EWR-Mitgliedstaaten rund 2547 EWIV registriert und circa 419 davon wieder aufgelöst.[24] Die damit mehr als **2100 aktiven EWIV** besitzen zusammen geschätzte **15.000 – 17.000 Mitglieder.**[25] Die meisten EWIV wurden bislang in Belgien (ca. 507) und Deutschland (ca. 458) gegründet, gefolgt von Frankreich mit ca. 320 Gründungen.[26] Das vermehrte Aufkommen von EWIV in Belgien ist dem Standort Brüssel geschuldet, den viele Unternehmen und Verbände als Zentrale für Aktivitäten mit europäischem Bezug, vor allem auch für Lobbyarbeit, nutzen.[27] Deutschland und Frankreich sind zwei große Mitgliedstaaten, in denen auch die SE besonders verbreitet ist und damit ein gewisses Grundinteresse an europäischen Rechtsformen besteht. In Deutschland wird die EWIV vorwiegend für Kooperationen von Anwaltskanzleien im europäischen Binnenmarkt und anderen freien Berufen eingesetzt.[28] In Frankreich existiert zudem das französische Pendant, der GIE, so dass Frankreich mit dieser Rechtsform stärker vertraut ist.[29] In allen anderen Mitgliedstaaten der EU wurden ebenfalls EWIV gegründet, wenn auch die Anzahl sehr stark schwankt. Im Jahr 2016 wurden zB in Bulgarien die ersten fünf EWIV gegründet.[30] Kroatien kann damit 6

17 *Grundmann*, Europäisches Gesellschaftsrecht, 2011, Rn. 1104; *Rinze*, Die Europäische wirtschaftliche Interessenvereinigung im Unternehmensverbund, 1996, S. 74 bezeichnet die EWIV dagegen als „Genossenschaft mit unbeschränkter Nachschusspflicht und Drittorganschaft".

18 *Rinze*, Die Europäische wirtschaftliche Interessenvereinigung im Unternehmensverbund, 1996, S. 73 mwN; *Schwarz*, Europäisches Gesellschaftsrecht, 2000, Rn. 983 spricht von einem genossenschaftlichen Charakter mit Blick auf die Hilfsfunktion der EWIV und dass sie keinen freien Beruf gegenüber Dritten ausüben darf. Vgl. zum genossenschaftlichen Charakter auch *Steding* NZG 2000, 913, 916.

19 *von Rechenberg* in: von der Heydt/von Rechenberg (Hrsg.), Die EWIV, 1991, S. 8; *Lentner*, Das Gesellschaftsrecht der EWIV, 1994, S. 148 f.

20 *Rinze*, Die Europäische wirtschaftliche Interessenvereinigung im Unternehmensverbund, 1996, S. 73 zur Ähnlichkeit der Strukturen von EWIV und OHG *Neye* DB 17 (1997) 861, 861.

21 So *Ganske* DB 1985, Beilage 20, 1, 2 *Knobbe-Keuk* EWS 1992, 1, 1; *Schwarz*, Europäisches Gesellschaftsrecht, 2000, Rn. 982; *Roth* in: Baumbach/Hopt (Hrsg.), HGB, 2016, Anhang nach § 160 Rn. 1.

22 Auch *Bossert* Archiv PF 1990, 236, 241 resümiert, dass eine „eindeutige und abschließende Rechtsformzuordnung weder zweckmäßig und in sich schlüssig sein" kann. Europäische Kommission, Mitteilung – Beteiligung von Europäischen Wirtschaftlichen Interessenvereinigungen (EWIV) an öffentlichen Aufträgen und öffentlich finanzierten Programmen, 97/C 285/17 gibt in ihrer Mitteilung an, dass die EWIV bewusst Elemente von Personengesellschaften und Kapitalgesellschaften verbindet.

23 *Fleischer* ZHR 174 (2010) 385, 409; *Gramling/Clever* in: von der Heydt/von Rechenberg (Hrsg.), Die EWIV, 1991, S. 44 f.; *Grundmann*, Europäisches Gesellschaftsrecht, 2011, Rn. 1104. Dagegen auf Parallelen zum GmbHG und AktG hinweisend *Bossert*, Archiv PF 1990, 236, 241.

24 LIBERTAS, EWIV Statistik des europäischen EWIV-Informationszentrums, Stand: 12.10.2017.

25 LIBERTAS, EWIV und Steuern, Stand: 26.6.2015; *Zahorka*, Gründung und Betrieb einer EWIV, 2010, S. 4; *Bramigk*, Der Zweck der EWIV, 2003, S. 102. Nähere Informationen zur wirtschaftlichen Bedeutung der EWIV scheinen nicht vorzuliegen.

26 LIBERTAS, EWIV Statistik des europäischen EWIV-Informationszentrums, Stand: 12.10.2017.

27 *von Rechenberg* ZGR 1992, 299, 301 hält es für naheliegend, dass Europäische Wirtschaftliche Interessenvereinigungen Brüssel mit seinen europäischen Institutionen wählen; ähnlich *Burkhalter*, Die EWIV und ihre konzernrechtlichen Beziehungen, 1998, S. 27; vgl. auch *Neye* DB 1997, 861, 861; *Funkat* EWS 1992, 122, 126 führt die hohen Gründungszahlen in Belgien auf den starken Bezug Belgiens zu europäischen Institutionen zurück; so auch: *Schlüter* EuZW 2002, 589, 591 f.

28 *Roth* in: Baumbach/Hopt (Hrsg.), HGB, 2016, Anhang nach § 160 Rn. 2; vgl. auch *Neye* DB 1997, 861, 862.

29 *von Rechenberg* ZGR 1992, 299, 301; *Schlüter* EuZW 2002, 589, 592; *Burkhalter*, Die EWIV und ihre konzernrechtlichen Beziehungen, 1998, S. 27; *Neye* DB 1997, 861, 861 f. hält die verstärkte Nutzung in Frankreich daher für wenig überraschend.

30 In 2017 kam (bis zum 12.10.2017) eine weitere hinzu. LIBERTAS, EWIV Statistik des europäischen EWIV-Informationszentrums, Stand: 12.10.2017.

als einziger Mitgliedstaat bislang keine eingetragene EWIV verzeichnen;[31] gleiches gilt für die EWR-Staaten Island und Norwegen. In Liechtenstein wurden dagegen bereits zwei EWIV gegründet, von der eine allerdings wieder aufgelöst wurde.[32] Aber auch viele der anderen, insbesondere der kleineren Mitgliedstaaten, haben nur wenige EWIV-Gründungen zu verzeichnen. So wurden in Polen und in Lettland bislang jeweils eine EWIV eingetragen.[33] Die EWIV ist damit nur in Teilen der EU verbreitet, konnte sich also noch nicht in allen Mitgliedstaaten durchsetzen. Die Gründungszahlen waren vor allem in den ersten Jahren hoch. Im Zeitraum von 1989 bis 2004 wurden über 1600 EWIV gegründet. Seitdem liegen die Gründungszahlen zwischen 50[34] bis 95 pro Jahr (zur Erfahrung mit der EWIV s. näher unter Rn. 246 ff.).[35] Dies wird auch damit zu tun haben, dass seit 2004 Europäische Aktiengesellschaften (SE) gegründet werden können und somit seit diesem Zeitpunkt eine europäische Alternative zur EWIV besteht.[36]

IV. Die EWIV als Kooperationsform

7 Die EWIV ist eine **Personengesellschaft**. Dies ist insofern eine Besonderheit als das europäische Gesellschaftsrecht generell (zB in Bezug auf die gesellschaftsrechtlichen Richtlinien) bislang vor allem Kapitalgesellschaften im Blick hatte (vgl. § 18 Rn. 60) und auch im Bereich der supranationalen Gesellschaftsformen insbesondere der Societas Europaea (SE, s. dazu § 4) als Kapitalgesellschaft eine besondere Bedeutung zukommt. Die EWIV soll der Wirtschaft in Form einer Personengesellschaft eine **flexible Rechtsform zur Kooperation** zwischen Unternehmen/Personen aus verschiedenen Mitgliedstaaten bieten (vgl. Erwägungsgrund 2 EWIV-VO).[37][38] Sie ist insbesondere für die Kooperation kleiner und mittlerer Unternehmen aber auch für die Kooperation öffentlicher Forschungseinrichtungen gedacht.[39] Soweit die Kooperation von Großunternehmen überhaupt kartellrechtlich zulässig ist, besteht dort bereits wegen der zumeist hohen Risiken wohl eher eine Tendenz zur Nutzung einer Kapitalgesellschaft für die Zusammenarbeit.

8 Die EWIV als supranationale Rechtsform soll vor allem helfen, **rechtliche Hindernisse** zu bewältigen (vgl. Erwägungsgrund 2 EWIV-VO). Daneben soll sie auch dazu beitragen, **psychologische Barrieren** zu überwinden (vgl. Erwägungsgrund 2 EWIV-VO), die darin bestehen würden, dass sich die Gründer ohne ein entsprechendes europäisches Instrument für eine nationale Rechtsform entscheiden müssten. Im Rahmen einer grenzüberschreitenden Zusammenarbeit wäre diese jedoch nicht allen Gründern gleich vertraut.[40]

9 Es gibt eine ganze Reihe von Gebieten, auf denen die EWIV heute als Mittel zur Zusammenarbeit genutzt wird. Überwiegend wird sie im Dienstleistungssektor und vom Handel und der Industrie verwendet.[41] Im Folgenden sollen einige Beispiele für **mögliche Tätigkeitsbereiche** aufgelistet werden:[42]

---

31 Zu bedenken ist in diesem Zusammenhang allerdings, dass Kroatien auch erst seit dem 1. Juli 2013 ein EU-Mitgliedstaat ist.

32 LIBERTAS, EWIV Statistik des europäischen EWIV-Informationszentrums, Stand: 12.10.2017. Kroatien ist in dieser Liste nicht aufgenommen ebenso wie Island und Norwegen.

33 LIBERTAS, EWIV Statistik des europäischen EWIV-Informationszentrums, Stand: 12.10.2017.

34 In 2017 wurden bis zum 12.10.2017 49 EWIV gegründet. LIBERTAS, EWIV Statistik des europäischen EWIV-Informationszentrums, Stand: 12.10.2017.

35 LIBERTAS, EWIV Statistik des europäischen EWIV-Informationszentrums, Stand: 12.10.2017. Im ersten Quartal 2017 wurden bereits 21 EWIV gegründet.

36 Eine entsprechende Entwicklung sagte *Abell* in: Campbell, The Comparative Law Yearbook of International Business, 1990, S. 180 voraus.

37 Die Erwägungsgründe sind in der EWIV-Verordnung nicht durchnummeriert. Zur leichteren Handhabung wird in diesem Beitrag eine Nummerierung gem. den Absätzen vorgenommen.

38 *Autenrieth* DB 1989, Beilage 20, 305, 307; *Ganske* DB 1985, Beilage 20, 1, 5; *Habersack/Verse*, Europäisches Gesellschaftsrecht, 2011, § 12 Rn. 5; *Weatherill* EBLR 1991, 195, 195.

39 BT-Drs. 11/352, 6; Europäische Kommission, Mitteilung – Beteiligung von Europäischen Wirtschaftlichen Interessenvereinigungen (EWIV) an öffentlichen Aufträgen und öffentlich finanzierten Programmen, 97/C 285/17; *Bramigk*, Der Zweck der EWIV, 2003, S. 105; *Böhringer* BWNotZ 1990, 129, 129; *Gleichmann* ZHR 149 1985, 633, 635 ff.; *Weatherill* EBLR 1991, 195, 195; *Wünsch* GesRZ 1994, 157, 158 zu KMU; ebenfalls mit Blick auf KMU *Ernst*, Die EWIV, 2012, S. 18 f.; *Rübesamen*, Die EWIV im deutschen und europäischen Wettbewerbsrecht, 1995, S. 31, 39 sowie *Cathiard*, La pratique du droit européen des sociétés, 2017, Rn. 116; *Heckschen* in: Westermann/Wertenbruch (Hrsg.), Handbuch Personengesellschaften, 2017, § 3 Rn. 88b zu KMU und Freiberuflern; *Funkat* EWS 1992, 122, 123; so auch *Hakenberg* in: Ebenroth/Boujong/Joost (Hrsg.), HGB, 2014, EWIV Rn. 1; *Knoll/Schüppen* WiB 1994, 889, 889; *Burian* WR 4 (1993) 165, 165 ebenfalls zu KMU.

40 *Wünsch* GesRZ 1994, 157, 158; *Rinze*, Die Europäische wirtschaftliche Interessenvereinigung im Unternehmensverbund, 1996, S. 14; vgl. auch *Quigley/Merger* ICCLR 1 (1990) 6, 6.

41 *Schotthöfer* in: Müller-Gugenberger/Schotthöfer (Hrsg.), Die EWIV in Europa, 1995, EU-Recht, Kap. V Rn. 12.

42 Beispiele gebend *Autenrieth*, Die EWIV, 1990, Rn. 2, 12; *Rinze*, Die Europäische wirtschaftliche Interessenvereinigung im Unternehmensverbund, 1996, S. 66 f.; *Bramigk*, Der Zweck der EWIV, 2003, S. 104; *Böhringer* BWNotZ 1990, 129, 132; *Salger/Neye* in: MüHdB GesR, Bd. 1, 2014, § 94 Rn. 29; *Zahorka*, Gründung und Betrieb einer EWIV, 2010, S. 15 f.; *Anderson*, European Economic Interest Groupings, 1990, S. 9; *Engert* in: Langenbucher (Hrsg.), Europäisches Privat- und WirtschaftsR, 2017, § 5 Rn. 122; eine Aufzählung wird auch vorgenommen in:

- Gemeinsame Vertriebsbüros in Drittländern/Vertriebskooperationen;[43]
- Personalaustausch;
- gemeinsame Forschung und Entwicklung;
- gemeinsames Marketing;
- Einkaufsgemeinschaften;[44]
- gemeinsame Nutzung von Investitionsgütern;
- gemeinsamer Transport bzw. Lagermöglichkeiten;
- Bereitstellung von Räumlichkeiten (beispielsweise für Konferenzen);
- gemeinsame Nutzung von Datenbanken, Bibliotheken, Informationssammlungen;
- Kooperationen zwischen Rechtsanwälten,[45] Steuerberatern, Wirtschaftsprüfern oder Unternehmensberatern;
- Bietergemeinschaften für öffentliches Auftragswesen und
- projektbezogene Baukooperationen.

Prominentere Beispiele für eine Kooperation unter der Rechtsform der EWIV sind zB der deutsch-französische TV-Sender **„arte“** sowie **GESAC**, ein Zusammenschluss von Autoren und Komponisten zur Wahrnehmung der Urheberrechte mit Sitz in Brüssel.[46] Ebenfalls bekannt ist auch die GEIE-TMB (Groupement Européen d'Intérêt Économique du Tunnel du Mont Blanc).[47] 10

B. Grundlagen

Rechtsgrundlage für die erlassene Verordnung bildet heute **Art. 352 AEUV** (früher Art. 308 EGV, zum Zeitpunkt der Verabschiedung der EWIV noch Art. 235 EGV) wie bei den auf sie folgenden europäischen Gesellschaftsformen auch.[48] Art. 1 II EWIV-VO legt fest, dass die EWIV die Fähigkeit besitzt, „im eigenen Namen Träger von Rechten und Pflichten jeder Art zu sein, Verträge zu schließen oder andere Rechtshandlungen vorzunehmen und vor Gericht zu stehen“. Die EWIV besitzt damit **Rechtsfähigkeit.** Die Entscheidung darüber, ob die EWIV durch die Eintragung in das zuständige Register **„Rechtspersönlichkeit“** erlangt, obliegt dagegen den **Mitgliedstaaten** (Art. 1 III EWIV-VO, dazu näher unter Rn. 127 f.).[49] 11

Die EWIV ist ein Instrument, welches die **Kooperation** zwischen Unternehmen/Personen erleichtern soll und ist darauf ausgerichtet, die **Tätigkeit ihrer Mitglieder zu fördern**. Sie unterliegt daher verschiedenen Zweckbeschränkungen (dazu Rn. 47 ff.). Die Mitglieder der EWIV **haften unbeschränkt und gesamtschuldnerisch** für die Schulden der Gesellschaft (Art. 24 I 1 EWIV-VO, s. dazu näher Rn. 204 ff.). Das Gesamtregelungskonzept zeigt, dass die EWIV einen **personalistischen Charakter** hat (s. dazu Rn. 31 ff.) und sich durch **Gestaltungsfreiheit** im Innenverhältnis auszeichnet. Das zeigt sich vor allem bei der Organisations- (s. Rn. 152 ff.) und Finanzverfassung (s. Rn. 190 ff.). Die Mitglieder können die EWIV aufgrund des Regelungsspielraums somit auf ihre Bedürfnisse anpassen. 12

Brindlmayer/Förschle/Hense/Lenhard, EWIV, 1989, S. 24-29; *Rübesamen*, Die EWIV im deutschen und europäischen Wettbewerbsrecht, 1995, S. 22. Zur Beteiligung der EWIV an öffentlichen Aufträgen und öffentlich finanzierten Programmen Europäische Kommission, Mitteilung – Beteiligung von Europäischen Wirtschaftlichen Interessenvereinigungen (EWIV) an öffentlichen Aufträgen und öffentlich finanzierten Programmen, 97/C 285/20 ff.

43 Dazu näher *Brindlmayer/Förschle/Hense/Lenhard*, EWIV, 1989, S. 28.

44 Dazu näher *Brindlmayer/Förschle/Hense/Lenhard*, EWIV, 1989, S. 24.

45 Zur Kooperation zwischen Rechtsanwälten *Vague* RMC 1992 403, 403 ff.; *Zuck* NJW 1990, 954, 957 f.; *Grüninger* DB 1990, 1449, 1449 ff.; *Brindlmayer/Förschle/Hense/Lenhard*, EWIV, 1989, S. 34 f. *Klein-Blenkers* DB 1994, 2224, 2225; *Burian* WR 4 (1993) 165, 166; *von Rechenberg* ZGR 1992, 299, 300 zur Beliebtheit der EWIV für Anwaltskooperationen.

46 Eine Liste mit den verschiedenen EWIV sortiert nach Ländern findet sich bei LIBERTAS, EWIV Länderliste, Stand: 12.10.2017.

47 Zu diesem und weiteren Beispielen *Cathiard*, La pratique du droit européen des sociétés, 2017, Rn. 143 ff.

48 *Habersack/Verse*, Europäisches Gesellschaftsrecht, 2011, § 12 Rn. 1; *Engert* in: Langenbucher (Hrsg.), Europäisches Privat- und WirtschaftsR, 2017, § 5 Rn. 120. Für die Europäische Genossenschaft hat der EuGH entschieden, dass Art. 352 AEUV die richtige Rechtsgrundlage ist. EuGH, 2.5.2006, ECLI:EU:C:2006:277 = Slg 2006, I-3733 ff.

49 Zur Rechtsnatur vgl. auch *Habersack/Verse*, Europäisches Gesellschaftsrecht, 2011, § 12 Rn. 17 f.; *Teichmann* in: MüHdB GesR, Bd. 6, 2013, § 48 Rn. 6; *Lutter/Bayer/Schmidt,* Europäisches Unternehmens- und Kapitalmarktrecht, 2017, Rn. 44.8; *Engert* in: Langenbucher (Hrsg.), Europäisches Privat- und WirtschaftsR, 2017, § 5 Rn. 123; *Döring*, Grenzüberschreitende wirtschaftliche Zusammenarbeit in Europa, 1993, S. 41.

C. Regelungstechnik

13 Die **Regelungstechnik** der EWIV-Verordnung ist im Vergleich zu den entsprechenden Vorschriften später geschaffener supranationaler Rechtsformen **weniger ausgereift.**[50] Das zeigt sich bereits daran, dass Art. 2 EWIV-VO diesen Aspekt nur teilweise regelt. Daneben befassen sich weitere Vorschriften (vgl. Art. 41 iVm Art. 39 EWIV-VO) und verschiedene Erwägungsgründe mit der Thematik (vgl. zB Erwägungsgründe 15 und 17 EWIV-VO). In den später erlassenen Rechtsform-Verordnungen ist vor allem das Verhältnis von Verordnung, nationalem Recht (unterteilt in Ausführungsvorschriften und anwendbares nationales Gesellschaftsrecht) und Satzung (hier Gründungsvertrag) detaillierter herausgearbeitet. Die Regelungstechnik ist damit ein gutes Beispiel für die Fortentwicklung von Vorschriften auf europäischer Ebene im Zeitverlauf (dazu näher unter § 3 Rn. 86).

I. Die Verordnung

14 Die EWIV-Verordnung enthält 43 Artikel,[51] die allerdings – da es sich um eine ältere Verordnung handelt – nicht in Kapitel unterteilt sind und auch keine Überschriften tragen, was die Handhabung etwas erschwert. Teil der EWIV-Verordnung sind zudem die 18 (nicht durchnummerierten) Erwägungsgründe (zur Bedeutung vgl. § 2 Rn. 107 ff.).[52] Anhänge enthält die Verordnung nicht.

15 Wie bei den auf die EWIV folgenden supranationalen Rechtsformen zeigt sich bereits beim ersten Projekt für eine supranationale Gesellschaftsform das Spannungsfeld zwischen europäischen Regelungen und der Anwendung nationaler Vorschriften. Die Regelung eines Sachverhalts in der Verordnung führt zwar zur **Einheitlichkeit** dieses Aspekts für die EWIV unabhängig von ihrem Sitz und ist damit grundsätzlich wünschenswert.[53] Doch in vielen Fällen konnten die Mitgliedstaaten keine Kompromisse auf europäischer Ebene finden, so dass sie die Anwendung nationalen Rechts in der Verordnung vorsahen.[54] Die damit einhergehende **Rechtszersplitterung** nahmen sie dabei in Kauf.[55] Ein sogenanntes „**Vollstatut**", welches zumindest die gesellschaftsrechtlichen Aspekte oder gar auch andere Bereiche, wie das Steuer-, Arbeits- und Sozialrecht, geregelt hätte, war politisch nicht durchsetzbar.[56] Die EWIV-Verordnung regelt deshalb nur zentrale Punkte in Bezug auf das Gesellschaftsrecht und greift ansonsten auf nationale Vorschriften zurück. Insofern wird teilweise davon gesprochen, dass die EWIV-Verordnung lediglich einen einheitlichen „Rechtsrahmen" bietet.[57] Der Verordnungsgeber hat an dieser Stelle also die daraus resultierende Rechtszersplitterung hingenommen.[58] Das jeweils anwendbare nationale Recht hat damit nicht unerheblichen Einfluss auf die jeweilige EWIV,[59] weshalb teilweise der wahrhaft europäische Charakter der EWIV bezweifelt wird.[60] Nach hier vertretener Ansicht ist die EWIV allerdings dennoch als europäische Rechtsform zu qualifizieren und nicht als „Hybrid", welches zwischen nationalem und europäischen Recht steht (zur Kategorie der hybriden Rechtsformen näher unter § 3 Rn. 66 ff.). Dies erscheint gerecht-

---

50 Zur Regelungstechnik der SE siehe unter § 4, Rn. 10 ff., zur SCE siehe unter § 6 Rn. 10 ff., zur SPE siehe unter § 5 Rn. 9 ff., zur FE siehe unter § 8 Rn. 7 ff.; zur Regelungstechnik von supranationalen Rechtsformen im Allgemeinen § 3 Rn. 86 ff.; *Grundmann*, Europäisches Gesellschaftsrecht, 2011, Rn. 1101 bemerkt, dass die Regelungstechnik der EWIV nur „rudimentär" ausgeprägt ist.

51 *Ferret* Répertoire du Notaria Defrénois 1989, 407, 407 sieht darin eine hohe Artikeldichte. Nach hier vertretener Auffassungen hätten weitere Artikel dazu beitragen können, die Rechtszersplitterung zu minimieren und dadurch die Vorteile der EWIV-Verordnung zu erhöhen.

52 *Lenz*, Die EWIV mit Sitz in der BRD vor Eintragung, 1997, S. 45.

53 So *Manz* in: Selbherr/Manz (Hrsg.), Kommentar zur EWIV, 1995, Art. 2 Rn. 1.

54 Vgl. *Woodland* Sem. Jur. Ed. Entreprise 1985, 281, 283 erläutert, „les États membres entendant limiter les concepts de droit uniforme qu'ils accepteraient pour l'occasion". Vgl. Auch *Meyer-Landrut*, Die EWIV, 1988, S. 25 mit Blick auf einzelstaatliche Ermächtigungen.

55 *Gloria/Karbowski* WM 1990, 1313, 1315 f.; *Müller-Gugenberger* NJW 1989, 1449, 1451; *von Rechenberg* ZGR 1992, 299, 313. *Müller-Gugenberger/Schotthöfer* in: Müller-Gugenberger/Schotthöfer (Hrsg.), Die EWIV in Europa, 1995, Einführung Rn. 19 f. sieht dies als weniger problematisch an, da dies hauptsächlich Randfragen beträfe. *Wünsch* GesRZ 1994, 157, 160 gibt an, dass die Risiken des Verweises auf nationales Recht bewusst in Kauf genommen wurden.

56 *Abmeier* NJW 1986, 2987, 2991; *Lutter/Bayer/Schmidt*, Europäisches Unternehmens- und Kapitalmarktrecht, 2017, Rn. 44.5; so auch *Scriba*, Die EWIV, 1987, S. 53; *Lentner*, Das Gesellschaftsrecht der EWIV, 1994, S. 35 spricht daher davon, dass die Verordnung ein „Basis-" oder „Rumpfrecht" zur Verfügung stellt.

57 *Schwarz*, Europäisches Gesellschaftsrecht, 2000, Rn. 969; ebenso *Fleischer* CMLR 2010, 1671, 1673 („rough legal framework"); *Bossert*, Archiv PF 1990, 236, 236 spricht von Rahmenregelung.

58 *Hatzig*, Die EWIV, 1990, S. 14 spricht daher davon, dass „der europäische Charakter der Vereinigung (…) getrübt" wird.

59 *Schwarz*, Europäisches Gesellschaftsrecht, 2000, Rn. 969.

60 *Vichatzky* RTDEur 1990, 275, 305 spricht aufgrund der Dualität von europäischem und nationalem Recht von einem hybriden Charakter; aA *Europäische Kommission*, Die EWIV als Instrument grenzüberschreitender Kooperation, 1999, S. 12. *Hatzig*, Die Europäische wirtschaftliche Interessenvereinigung, S. 14 führt aus, dass der europäische Charakter der EWIV durch Verknüpfungen des europäischen und nationalen Rechts getrübt wird.

fertigt, da die zentralen gesellschaftsrechtlichen Bereiche durch die Verordnung erfasst werden bzw. durch die Mitglieder im Gründungsvertrag geregelt werden können.

Die EWIV-Verordnung befasst sich im Ergebnis daher nur mit zentralen **gesellschaftsrechtlichen Aspekten.**[61] 16
Nicht-gesellschaftsrechtliche Sachverhalte erfasst sie hingegen nicht. Erwägungsgrund 15 EWIV-VO listet beispielhaft Bereiche auf, die außerhalb der Verordnung liegen. Dazu zählen das Arbeits- und Sozialrecht, das Wettbewerbsrecht und das Recht des geistigen Eigentums (Erwägungsgrund 15 EWIV-VO). Erwägungsgrund 14 EWIV-VO weist darauf hin, dass auch steuerrechtliche Fragen durch die Verordnung nicht geregelt werden (zur einzigen steuerrechtlichen Regelung (Art. 40 EWIV-VO, s. Rn. 198 ff.). Aus der Formulierung „Vorbehaltlich der Verordnung (…)“[62] (Art. 2 I EWIV-VO) wird deutlich, dass die EWIV zunächst vorrangig durch die Verordnung geregelt wird.[63] Subsidiär kommt nationales Recht zur Anwendung.

II. Nationales Recht

Die durch die Verordnung nicht geregelten Bereiche (zB das Arbeits- und Sozialrecht) unterliegen dem Recht 17
der Mitgliedstaaten (vgl. Erwägungsgründe 14 f. EWIV-VO).[64] Das anwendbare nationale Sachrecht muss für diese Bereiche anhand des **Internationalen Privatrechts** (IPR) bestimmt werden.[65] Darüber hinaus verdeutlicht Art. 2 I 1 EWIV-VO, dass noch weitere Aspekte ausgeklammert sind. Die Vorschrift ist nicht leicht verständlich formuliert. Im Zusammenspiel mit Erwägungsgrund 11 EWIV-VO ergibt sich jedoch, dass Fragen, „die den **Personenstand** und die **Rechts-**, **Geschäfts-** und **Handlungsfähigkeit** natürlicher Personen sowie die Rechts- und Handlungsfähigkeit juristischer Personen betreffen“[66] ebenfalls nicht von der Verordnung erfasst sind und allein nationalem Recht unterliegen. Auch hier muss das anwendbare nationale Sachrecht für diese Bereiche anhand des **internationalen Privatrechts** bestimmt werden.[67] Es handelt sich bei diesem Verweis daher um eine **Gesamtnormverweisung** (dazu näher unter Rn. 20).

Art. 2 I EWIV-VO gibt zudem für den Gründungsvertrag und die innere Verfassung vor, dass zunächst die Re- 18
geln der Verordnung greifen und **subsidiär das (Gesellschafts-)Recht des Mitgliedstaats**, in dem die EWIV ihren Sitz hat (zum Sitz siehe näher unter Rn. 98 ff.). Gemeint ist damit der Registersitz (vgl. auch Art. 6 iVm Art. 12 I EWIV-VO, s. dazu auch Rn. 99).[68] Die Verordnung regelt die Sitzfrage abschließend (dazu Rn. 102). Art. 2 I EWIV-VO ist damit eine **Generalklausel** für die subsidiäre Anwendbarkeit nationalen (Gesellschafts-)Rechts.[69] Die subsidiäre Zuständigkeit des nationalen (Gesellschafts-)Rechts wird von der Vorschrift allerdings allein für den Gründungsvertrag und die „innere Verfassung“[70] der EWIV vorgeschrieben.[71] Für alle anderen Bereiche enthält die EWIV-Verordnung keine entsprechende Generalklausel, weshalb es in diesen Fällen eines Verweises auf nationales Recht bedarf (dazu gleich unter Rn. 20). Deshalb ist es zentral, zu bestimmen, wie weit die Generalklausel des Art. 2 I EWIV-VO reicht. Besonders problematisch ist die Bezugnahme auf die „innere Verfassung“, da die Sprachfassungen insofern voneinander abweichen. Die deutsche, englische, polnische und niederländische Fassung scheinen wohl allein auf die Organisationsstruktur abzustellen. Die französische, spanische und italienische Fassung sprechen hingegen von „interner Funktionsweise“ und könnten dadurch uU etwas weiter interpretiert werden. Von der Entscheidung an dieser Stelle hängt ab, ob bezüglich eini-

61 *Lutter/Bayer/Schmidt*, Europäisches Unternehmens- und Kapitalmarktrecht, 2017, Rn. 44.6.

62 Der englische Wortlaut ist vielleicht noch eindeutiger: „Subject to the provisions of this Regulation (…)“. Die anderen Sprachfassungen bringen den Vorrang ebenfalls zum Ausdruck. Französischer Wortlaut: „Sous réserve des dispositions du présent règlement“. Spanischer Wortlaut: „Sin perjuicio de las disposiciones del presente Reglamento“. Der spanische Wortlaut verwendet den Begriff „unbeschadet“. Italienischer Wortlaut: „Fatte salve le disposizioni del presente regolamento“. Niederländischer Wortlaut: „Behoudens de bepalingen van deze verordening“. Polnischer Wortlaut: „Z zastrzeżeniem przepisów niniejszego rozporządzenia“.

63 *Lenz*, Die EWIV mit Sitz in der BRD vor Eintragung, 1997, S. 31 ordnet die Verordnung ebenfalls auf der höchsten Stufe der Normenhierarchie ein. Ebenso *Gloria/Karbowski* WM 1990, 1313,1315; ähnlich *Autenrieth* BB 1989, 305, 305. Vgl. auch *Burkhalter*, Die EWIV und ihre konzernrechtlichen Beziehungen, 1998, S. 49.

64 *Lentner*, Das Gesellschaftsrecht der EWIV, 1994, S. 38; *Lutter/Bayer/Schmidt*, Europäisches Unternehmens- und Kapitalmarktrecht, 2017, Rn. 44.6.

65 *Lutter/Bayer/Schmidt*, Europäisches Unternehmens- und Kapitalmarktrecht, 2017, Rn. 44.6; *van Gerven* in: van Gerven/Aalders (Hrsg.), European Economic Interest Groupings, 1990, S. 5, 46; *Keutgen* Cahiers de droit européen 1987, 492, 501.

66 Erwägungsgrund 11 EWIV-VO.

67 *Manz* in: Selbherr/Manz (Hrsg.), Kommentar zur EWIV, 1995, Art. 2 Rn. 4; *Teichmann* in: MüHdB GesR, Bd. 6, 2013, § 48 Rn. 3; *Meyer-Landrut*, Die EWIV, 1988, S. 28.

68 Vgl. *Grundmann*, Europäisches Gesellschaftsrecht, 2011, Rn. 1101.

69 *Jahn*, Die gemeinschaftlich handelnden Mitglieder einer deutschen EWIV, 1996, S. 22.

70 Englischer Wortlaut: „internal organization“. Französischer Wortlaut: „fonctionnement interne“. Spanischer Wortlaut: „funcionamiento interno“. Italienischer Wortlaut: „funzionamento interno“. Niederländischer Wortlaut: „inwendig bestel“. Polnischer Wortlaut: „wewnętrznej organizacji“.

71 *Abmeier* NJW 1986, 2987, 2988; *Gloria/Karbowski* WM 1990, 1313, 1315; *Teichmann* in: MüHdB GesR, Bd. 6, 2013, § 48 Rn. 2; *Müller-Gugenberger* in: Müller-Gugenberger/Schotthöfer (Hrsg.), Die EWIV in Europa, 1995, EU-Recht, Kap. IV Rn. 164. Vgl. auch *Schwarz*, Europäisches Gesellschaftsrecht, 2000, Rn. 975.

ger nicht explizit in der Verordnung geregelter Aspekte nationales Recht subsidiär eingreifen kann oder nicht. In der Tendenz ist nach hier vertretener Ansicht eine weitere Interpretation zu wählen. Dass bei den anderen Rechtsformen ein umfassenderer Verweis auf nationales Recht vorgenommen wurde, ist ein Indiz für praktische Probleme, die aus einem sehr begrenzten Verweis entstehen können (zu den Problemen bei der EWIV s. ua Rn. 248). Andererseits ist der gesetzgeberische Wille zu respektieren, da der Verordnungsgeber seinen begrenzten Verweis nicht übersehen haben kann. Daher ist es nur möglich, diesen Verweis im Rahmen der noch vertretbaren Auslegung möglichst weit zu interpretieren, um den funktionalen Bedenken Rechnung zu tragen.

19 Die Generalklausel in Art. 2 I EWIV-VO ist als **Sachnormverweisung** zu klassifizieren.[72] Das bedeutet, dass die jeweilige Sachnorm des Mitgliedstaats unter Ausschluss der Anwendung des Kollisionsrechts greift.[73] Mit der Wahl des Sitzes (siehe dazu näher unter Rn. 98 ff.) bestimmen die Gründer daher zu einem gewissen Grad auch das anwendbare Recht.[74] Im Gegensatz zu den Regelungen der anderen supranationalen Rechtsformen[75] gibt die EWIV-Verordnung jedoch nicht vor, welche mitgliedstaatlichen, gesellschaftsrechtlichen Regeln neben dem nationalen Ausführungsgesetz greifen.[76] Vielmehr wird dies bei der EWIV vom nationalen Gesetzgeber festgelegt. Das böte Mitgliedstaaten theoretisch die Möglichkeit, durch die Heranziehung einer ungeeigneten Gesellschaftsform die EWIV unattraktiv zu machen (zu den durch Erwägungsgrund 17 EWIV-VO gezogenen Grenzen näher unten Rn. 23). In der Praxis ist dies jedoch wohl nicht bewusst von den Mitgliedstaaten eingesetzt worden. In Deutschland findet subsidiär das Recht der **OHG** Anwendung (§ 1 EWIV-Ausführungsgesetz) soweit nicht das EWIV-Ausführungsgesetz eine speziellere Regelung enthält. In anderen Ländern wird auf die vergleichbare Rechtsform verwiesen, so zB in Frankreich auf den *groupement d'intérêt économique* (*GIE*) (Art. L. 252-7 C. com.). In Belgien, Luxemburg und Spanien wurden der EWIV vergleichbare nationale Rechtsformen im Zuge der Etablierung der EWIV eingeführt und dann auch die dortigen Regeln für subsidiär anwendbar erklärt.[77]

20 Neben der Generalklausel in Art. 2 I EWIV-VO enthält die EWIV-Verordnung zahlreiche **Spezialverweisungen.** Diese Spezialverweisungen sind vor allem in Bereichen außerhalb des Gründungsvertrags und der inneren Verfassung zwingend notwendig, wenn nationales Recht zur Anwendung kommen soll, da für diese Bereiche keine allgemeine subsidiäre Zuständigkeit vorgegeben ist. Mit Blick auf die innere Verfassung sind Spezialverweise allerdings ebenfalls nicht überflüssig, denn sie können anzeigen, dass der Verordnungsgeber einen Aspekt nicht abschließend geregelt hat, weshalb die Lücke durch nationales Recht zu füllen ist. Auch Spezialverweisungen (unabhängig davon, um welche Art es sich handelt) sind grundsätzlich als Sachnormverweisungen zu interpretieren (vgl. Artt. 1 III 4, III 6, 19 I 2, 32 III und 39 I EWIV-VO),[78] so dass in Deutschland entweder das EWIV-Ausführungsgesetz oder das OHG-Recht zur Anwendung kommen. Die Verordnung enthält allerdings auch **Gesamtnormverweisungen,**[79] wie zB bezüglich Fragen des Personenstands und der Rechts-, Geschäfts- und Handlungsfähigkeit der EWIV. Hier muss, wie bereits angesprochen, das anwendbare nationale Sachrecht noch anhand des **internationalen Privatrechts** bestimmt werden.[80] Wird die Formulierung „anwendbares einzelstaatliches Recht" verwendet, liegt grundsätzlich eine Gesamtnormverweisung vor (so zB in Art. 35 II EWIV-VO, s. dazu näher unter Rn. 242 und Art. 36 EWIV-VO).[81]

21 Die Verordnung legt zudem fest, dass die Mitgliedstaaten für die EWIV spezielle Regelungen schaffen können bzw. müssen.[82] Die Verordnung enthält zunächst einige **obligatorische Regelungsaufträge** (vgl.

72 Vgl. *Manz* in: Selbherr/Manz (Hrsg.), Kommentar zur EWIV, 1995, Vorb. Rn. 16; *Schwarz*, Europäisches Gesellschaftsrecht, 2000, Rn. 975.

73 Vgl. *Teichmann* in: MüHdB GesR, Bd. 6, 2013, § 48 Rn. 2; *Manz* in: Selbherr/Manz (Hrsg.), Kommentar zur EWIV, 1995, Vorb. Rn. 15.

74 *Teichmann* in: MüHdB GesR, Bd. 6, 2013, § 48 Rn. 2.

75 Die SE-Verordnung schreibt beispielsweise konkret die subsidiäre Anwendbarkeit des nationalen Aktienrechts vor. Siehe dazu näher unter § 4 Rn. 11.

76 *Grundmann*, Europäisches Gesellschaftsrecht, 2011, Rn. 1101; *Schwarz*, Europäisches Gesellschaftsrecht, 2000, Rn. 979.

77 *Rinze*, Die Europäische wirtschaftliche Interessenvereinigung im Unternehmensverbund, 1996, S. 25. Zur Einführung in den genannten Ländern *von Rechenberg* ZGR 1992, 299, 312. Speziell zur Einführung in Belgien *Lodomez*, Les groupements d'intérêt économique, 1989, S. 30 f.

78 Vgl. zur Auflistung der entsprechenden Vorschriften *Manz* in: Selbherr/Manz (Hrsg.), Kommentar zur EWIV, 1995, Vorb. Rn. 16. Genereller *Schwarz*, Europäisches Gesellschaftsrecht, 2000, Rn. 972.

79 ZT wird insofern auch der Begriff „Globalverweisung" verwendet. Vgl. beispielsweise *Lentner*, Das Gesellschaftsrecht der EWIV, 1994, S. 39.

80 *Manz* in: Selbherr/Manz (Hrsg.), Kommentar zur EWIV, 1995, Vorb. Rn. 15; *Teichmann* in: MüHdB GesR, Bd. 6, 2013, § 48 Rn. 3; *Gloria/Karbowski* WM 1990, 1313, 1315.

81 *Manz* in: Selbherr/Manz (Hrsg.), Kommentar zur EWIV, 1995, Vorb. Rn. 17; *Hatzig*, Die EWIV, 1990, S. 13; *Burkhalter*, Die EWIV und ihre konzernrechtlichen Beziehungen, 1998, S. 40; zur Anwendbarkeit des IPR beim Verweis auf einzelstaatliches Recht auch *Wünsch* GesRZ 1994, 157, 160; *van Gerven* in: van Gerven/Aalders (Hrsg.), European Economic Interest Groupings, 1990, S. 5, 46; *Lenz*, Die EWIV mit Sitz in der BRD vor Eintragung, 1997, S. 30.

82 *Teichmann* in: MüHdB GesR, Bd. 6, 2013, § 48 Rn. 4; *Hatzig*, Die EWIV, 1990, S. 10.

Artt. 41 iVm Art. 39 EWIV-VO und Art. 1 III EWIV-VO). Die Mitgliedstaaten sind insofern verpflichtet, Regelungen für die EWIV zu schaffen.[83] Daneben sieht die Verordnung an verschiedenen Stellen **Regelungsmöglichkeiten**[84] vor (vgl. Artt. 4 III, IV, 14 IV, 19 II, 28 I 2, 32 III, 39 I 3 EWIV-VO),[85] die es den Mitgliedstaaten gestatten, sie aber nicht dazu verpflichten, bestimmte Aspekte zu regeln. Diese werden regelmäßig durch Formulierungen wie „Die Mitgliedstaaten können (...)/Die Mitgliedstaaten sind ermächtigt (...)/Die Rechtsvorschriften eines Mitgliedstaats können bestimmen, dass (...)" eingeleitet. Dem nationalen Gesetzgeber wird insofern die Möglichkeit gewährt, Sonderrecht für die EWIV zu erlassen, um sie besser in das nationale Regelungsgefüge einbetten zu können.[86] Macht der Mitgliedstaat von dieser Option keinen Gebrauch, so bleibt es bei der Regelung, die die Verordnung bereithält. Eine Regelungsmöglichkeit ist damit eine Vorschrift, die „mitgliedstaatendispositiv" ist.

Das Umsetzen obligatorischer Regelungsaufträge und das Ausnutzen von Regelungsmöglichkeiten geschehen 22
durch die **nationalen Ausführungsgesetze.**[87] In Deutschland gilt daher für die EWIV neben der EWIV-Verordnung das „Gesetz zur Ausführung der EWG-Verordnung über die Europäische wirtschaftliche Interessenvereinigung (EWIV-Ausführungsgesetz)", das 18 Paragraphen enthält (im Folgenden **EWIV-AusfG**).[88] Die nationalen Gesetzgeber sind allerdings nicht darauf beschränkt, in den Ausführungsgesetzen Regelungsaufträge auszuführen und Regelungsmöglichkeiten wahrzunehmen. Sie können durch einen Weiterverweis auch das jeweils anwendbare nationale Gesellschaftsrecht zum Zuge kommen lassen.

Die Verordnung setzt der Schaffung von Sonderrecht außerhalb der zwingenden Verordnungsvorgaben keine 23
expliziten Grenzen. Erwägungsgrund 17 EWIV-VO erläutert vielmehr, dass es den Mitgliedstaaten gestattet ist, Rechts- und Verwaltungsvorschriften speziell für die EWIV zu erlassen. Sie dürfen allerdings nicht „der Tragweite und den Zielen dieser Verordnung"[89] zuwiderlaufen. Es ist daher fraglich, inwieweit nationale Gesetzgeber die EWIV durch die Ausführungsverordnungen schlechter stellen dürfen als die vergleichbare nationale Rechtsform. In der Literatur gibt es sowohl Stimmen, die sich für als auch gegen ein **Diskriminierungsverbot** aussprechen.[90] Die Verordnung selbst enthält kein explizites Diskriminierungsverbot. Auch Erwägungsgrund 17 EWIV-VO lässt sich nach hier vertretener Ansicht nicht als strenges Diskriminierungsverbot auslegen; er schränkt den Spielraum für die Mitgliedstaaten jedoch ein. Eigentlicher Sinn und Zweck der mitgliedstaatlichen Ausführungsgesetze ist es, die EWIV reibungslos in das nationale Recht einzugliedern. Widersprüche und Brüche zum ansonsten subsidiär anwendbaren Recht (in Deutschland dem Recht der OHG) sollen so vermieden werden.[91]

III. Der Gründungsvertrag

Neben der Verordnung und dem nationalen Recht bestimmt auch der **Gründungsvertrag** der Mitglieder die 24
Funktionsweise der EWIV. Erwägungsgrund 4 EWIV-VO führt aus, dass den Mitgliedern **weitgehende Freiheiten** bei der Gestaltung des Gründungsvertrags und damit der Organisation der inneren Verfassung der EWIV gegeben werden sollen. Dadurch soll es den Mitgliedern ermöglicht werden, die EWIV nach ihren Bedürfnissen

83 *Manz* in: Selbherr/Manz (Hrsg.), Kommentar zur EWIV, 1995, Vorb. Rn. 22. *Hatzig*, Die EWIV, 1990, S. 10 spricht insofern von „Verpflichtungen". Ebenso *Schwarz*, Europäisches Gesellschaftsrecht, 2000, Rn. 976.

84 Die diesbezüglich in der Literatur verwendete Terminologie ist uneinheitlich. Der hier gewählte Begriff wurde aus *Jung*, Die Kapitalverfassung der SPE, 2014, S. 92 übernommen. *Manz* in: Selbherr/Manz (Hrsg.), Kommentar zur EWIV, 1995, Vorb. Rn. 25 spricht dagegen beispielsweise von „Regelungsvorbehalten". *Lutter/Bayer/Schmidt*, Europäisches Unternehmens- und Kapitalmarktrecht, 2017, Rn. 44.7 verwenden den Begriff „Regelungsermächtigungen"; *Lenz*, Die EWIV mit Sitz in der BRD vor Eintragung, 1997, S. 30 benutzt „fakultative Ausgestaltungsmöglichkeiten"; *Hatzig*, Die EWIV, 1990, S. 10 verkürzt auf „Ermächtigungen"; ebenso *Schwarz*, Europäisches Gesellschaftsrecht, 2000, Rn. 977 und *Lentner*, Das Gesellschaftsrecht der EWIV, 1994, S. 27 benutzt die Formulierung „Befugnisnormen". *Burkhalter*, Die EWIV und ihre konzernrechtlichen Beziehungen, 1998, S. 47 spricht von „Optionsrechten".

85 Vgl. auch die Auflistung bei *Schwarz*, Europäisches Gesellschaftsrecht, 2000, Rn. 977.

86 Ähnlich *Lentner*, Das Gesellschaftsrecht der EWIV, 1994, S. 27.

87 Vgl. auch *Schwarz*, Europäisches Gesellschaftsrecht, 2000, Rn. 978.

88 *Schwarz*, Europäisches Gesellschaftsrecht, 2000, Rn. 978. Zu den verschiedenen nationalen Ausprägungen der EWIV siehe *verschiedene Bearbeiter* in: *van Gerven/Aalders* (Hrsg.), European Economic Interest Groupings, 1990, S. 71 ff.; *Meussen* in: Selbherr/Manz (Hrsg.), Kommentar zur EWIV, 1995, S. 226 ff.

89 Erwägungsgrund 17 EWIV-VO.

90 Für ein Diskriminierungsverbot: *Grundmann*, Europäisches Gesellschaftsrecht, 2011, Rn. 1101, wobei er darauf hinweist, dass es zwar keine allgemeine Regel gibt, dieses Prinzip aber etwa in Art. 32 III EWIV-VO zum Ausdruck kommt. Allgemeiner ablehnend gegenüber einer Diskriminierung der EWIV *Woodland* Sem. Jur. Ed. Entreprise 1985, 281, 289.

91 Vgl. *Müller-Gugenberger/Schotthöfer* (Hrsg.), Die EWIV in Europa, 1995, Einführung Rn. 18.

auszugestalten.[92] Grenzen für die Gestaltungsfreiheit setzen die **Verordnung** und **subsidiär das nationale Recht** (Schluss aus Art. 2 I EWIV-VO).[93] Damit den Mitgliedern tatsächlich ein gewisser Spielraum gewährt wird und der Gründungsvertrag nicht zu stark von nationalen Vorschriften abhängt, schreibt die Verordnung an einigen Stellen vor, welche Gestaltungsmöglichkeiten für die Mitglieder bestehen und welche Angaben enthalten sein müssen. Auch wenn Art. 2 I EWIV-VO darauf nicht explizit eingeht, gibt es daher im Rahmen der EWIV verschiedene Gründungsvertragskategorien:[94]

- **Muss-Gründungsvertragsbestimmungen:** Die Verordnung gibt in Art. 5 EWIV-VO den Mindestinhalt des Gründungsvertrags vor. Diese Angaben müssen im Gründungsvertrag enthalten sein.
- **Abändernde-Gründungsvertragsbestimmungen:** An einigen Stellen gewährt die Verordnung den Mitgliedern die Möglichkeit, durch eine Regelung im Gründungsvertrag von den Vorgaben der Verordnung abzuweichen (vgl. Artt. 17 I 2, II lit. f) und lit. g), III 1, 21 I, 22 II, 27 II, 30, 31 I EWIV-VO). Häufig verwendet der Verordnungsgeber in diesem Zusammenhang die Formulierung „es sei denn, dass der Gründungsvertrag etwas anderes bestimmt".[95] Auch subsidiär anwendbares nationales Recht kann dispositive Bestimmungen enthalten.[96]
- **Kann-Gründungsvertragsbestimmungen:** Sowohl die Verordnung als auch das subsidiär anwendbare Recht können den Mitgliedern gestatten, bestimmte Aspekte im Gründungsvertrag zu regeln. So gestattet beispielsweise die Verordnung den Mitgliedern, neben den in Art. 16 I 1 EWIV-VO genannten Organen, weitere Organe und deren Befugnisse vorzusehen (Art. 16 I 2 EWIV-VO).

25 Enthält die EWIV-Verordnung Abändernde- bzw. Kann-Gründungsvertragsbestimmungen, so kann das nationale Recht die den Mitgliedern darin gewährte Gestaltungsfreiheit für den Gründungsvertrag nicht einschränken.[97] Das ergibt sich aus dem Vorrang der Verordnung, welche daher auch einen Vorrang des Gründungsvertrags gegenüber nationalen Bestimmungen vorsehen kann.[98] In der Praxis ist es sehr schwer festzustellen, ob die Verordnung bezüglich des Innenverhältnisses der EWIV eine Regelungslücke enthält, die durch nationales Recht zu schließen ist oder ob den Mitgliedern der EWIV zunächst ein Gestaltungsspielraum eröffnet werden soll, der dann auch nicht durch das nationale Recht eingeschränkt werden kann.

26 Regeln die Mitglieder einen Aspekt dann nicht im Gründungsvertrag, kommt im Fall von Kann-Gründungsvertragsbestimmungen nationales Recht subsidiär zur Anwendung (s. dazu auch Rn. 39). Mit Blick auf Abändernde-Gründungsvertragsbestimmungen greift dagegen die Verordnung und nicht das nationale Recht, wenn die Mitglieder keine entsprechende Regelung in den Gründungsvertrag aufnehmen.[99]

27 In Deutschland ist auch das Recht der OHG durch Gestaltungsfreiheit im Innenverhältnis geprägt,[100] so dass sowohl die Verordnung als auch das nationale Recht den Mitgliedern einen hohen Grad an Freiheit bezüglich der Binnenorganisation gewähren.

IV. Das Normanwendungsregime

28 Das Normanwendungsregime beschreibt den Anwendungsvorrang der einzelnen Vorgaben. Die EWIV-Verordnung entwirft, vereinfachend dargestellt, bereits das auch bei den späteren europäischen Rechtsformen aufgegriffene, **vierstufige Regelungssystem**[101] (wenn auch noch nicht in so ausgefeilter Form):

---

92 Vgl. *Vague* RMC 1992, 403, 408; *Schwarz*, Europäisches Gesellschaftsrecht, 2000, Rn. 971 auch S. 610 (Rn. 1019); *Quigley/Merger* ICCLR 1 (1990) 6, 8 raten Gründern, die Regelungsmöglichkeiten im Gründungsvertrag auszuschöpfen.

93 *Lutter/Bayer/Schmidt*, Europäisches Unternehmens- und Kapitalmarktrecht, 2017, Rn. 44.26; *Hatzig*, Die EWIV, 1990, S. 12 und 32.

94 Die Begrifflichkeiten werden hier bewusst von den Satzungskategorien der SPE übernommen. Dazu *Jung*, Die Kapitalverfassung der SPE, 2014, S. 71 ff. Vgl. zur SPE in diesem Buch § 5 Rn. 14 ff.

95 Englischer Wortlaut: „unless otherwise laid down in the contract for the formation of the grouping". Französischer Wortlaut: „à moins que le contrat de groupement n'en dispose autrement". Spanischer Wortlaut: „salvo disposición en contrario del contrato de agrupación". Polnischer Wortlaut: „chyba że umowa o utworzeniu ugrupowania stanowi inaczej".

96 Beide Formen der Abändernden-Gründungsvertragsbestimmungen nennend *Burkhalter*, Die EWIV und ihre konzernrechtlichen Beziehungen, 1998, S. 49.

97 *Grundmann*, Europäisches Gesellschaftsrecht, 2011, Rn. 1102; *Habersack/Verse*, Europäisches Gesellschaftsrecht, 2011, § 12 Rn. 2 (insbes. Fn. 7); *Teichmann* in: MüHdB GesR, Bd. 6, 2013, § 48 Rn. 5; *Lentner*, Das Gesellschaftsrecht der EWIV, 1994, S. 41; *Meyer-Landrut*, Die EWIV, 1988, S. 29-31. Vgl. auch *Lenz*, Die EWIV mit Sitz in der BRD vor Eintragung, 1997, S. 57.

98 Vgl. *Meyer-Landrut*, Die EWIV, 1988, S. 30; *Israel* The Company Lawyer 1988, 14, 20 f.

99 Dies würde ansonsten zu einer ungewollten Zersplitterung des durch die Verordnung vereinheitlichten Bereiches führen: *Meyer-Landrut*, Die EWIV, 1988, S. 31; *Rinze*, Die Europäische wirtschaftliche Interessenvereinigung im Unternehmensverbund, 1996, S. 29.

100 Vgl. *Enzinger* in: MüKo HGB, Bd. 2, 2016, § 109 Rn. 1; *Teichmann* in: MüHdB GesR, Bd. 6, 2013, § 48 Rn. 21.

101 *Lenz*, Die EWIV mit Sitz in der BRD vor Eintragung, 1997, S. 32 entwirft ein dreistufiges System, da er den Gründungsvertrag in seiner Betrachtung außen vorlässt.

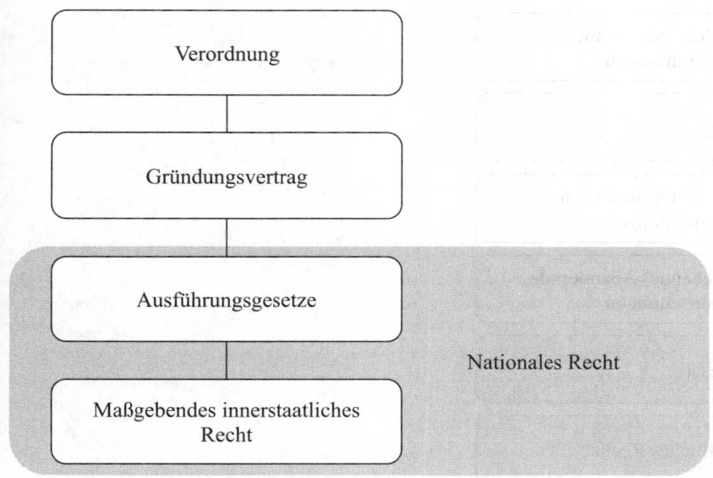

Abb. 1: Vereinfachtes vierstufiges Normanwendungsregime

Die Verordnung ist damit das ranghöchste Recht für die EWIV.[102] Nur wenn die EWIV-VO es ausdrücklich zulässt, darf der Gründungsvertrag Vorgaben der Verordnung abbedingen (Abändernde-Gründungsvertragsbestimmungen). Machen die Mitglieder der EWIV von dieser Option keinen Gebrauch, so greifen die Bestimmungen der EWIV-VO. Auf der zweiten Stufe stehen grundsätzlich die Vorgaben des Gründungsvertrags, welche durch die Verordnung autorisiert sind, dh Muss- und Kann-Gründungsvertragsbestimmungen. Eröffnet die EWIV-Verordnung den Mitgliedern die Möglichkeit „Kann-Gründungsvertragsbestimmungen" zu erlassen, so kann nationales Recht solchen Regelungen im Gründungsvertrag keine Schranken setzen.[103] Ist ein Aspekt weder in der Verordnung noch im Gründungsvertrag im Einklang mit der EWIV-VO geregelt, kommt subsidiär regelmäßig nationales Recht zur Anwendung, wobei zunächst die Vorgaben der Ausführungsgesetze greifen und falls diese einen Aspekt nicht regeln, das maßgebende innerstaatliche Recht. Das nationale Recht kann ebenfalls Gründungsvertragsbestimmungen zulassen, die dann wiederum in die Normenhierarchie zu integrieren sind. 29

Die Bestimmungen des Gründungsvertrags wurden in der oberen Graphik vereinfachend eingeordnet. Im Detail ergibt sich im Einklang mit den obigen Ausführungen folgendes, differenzierteres Bild: 30

102 *Lenz*, Die EWIV mit Sitz in der BRD vor Eintragung, 1997, S. 31; *Ganske*, Das Recht der EWIV, 1988, S. 17; *Lentner*, Das Gesellschaftsrecht der EWIV, 1994, S. 26; *Scriba*, Die EWIV, 1987, S. 47 zur zwingenden Wirkung der Verordnung gegenüber Mitgliedern der Vereinigung und dem nationalen Gesetzgeber.

103 Vgl. *Schwarz*, Europäisches Gesellschaftsrecht, 2000, Rn. 971.

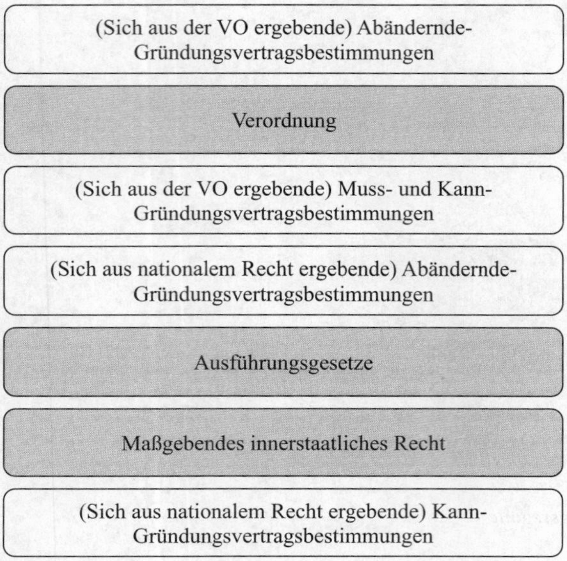

(Sich aus der VO ergebende) Abändernde-Gründungsvertragsbestimmungen

Verordnung

(Sich aus der VO ergebende) Muss- und Kann-Gründungsvertragsbestimmungen

(Sich aus nationalem Recht ergebende) Abändernde-Gründungsvertragsbestimmungen

Ausführungsgesetze

Maßgebendes innerstaatliches Recht

(Sich aus nationalem Recht ergebende) Kann-Gründungsvertragsbestimmungen

Abb. 2: Detailliertes Normanwendungsregime mit verschiedenen Gründungsvertragsbestimmungen

D. Personalistische Struktur der EWIV

31 Die EWIV zeichnet sich durch eine **personalistische Struktur** aus.[104] Das bedeutet, dass in der EWIV die Personen und ihr Verhältnis zueinander von besonderer Bedeutung sind.[105] Das bedingt bereits der Zweck der EWIV, der auf die **Förderung der Belange der Mitglieder** ausgerichtet ist (s. Rn. 44).[106] Der personalistische Charakter der EWIV manifestiert sich an verschiedenen Stellen: So besitzt beispielsweise grundsätzlich jedes Mitglied eine Stimme unabhängig vom eingebrachten Kapital (die Regelung ist dispositiv) (s. Rn. 157). Auch der Gewinn wird zu gleichen Teilen aufgeteilt, sofern der Gründungsvertrag nicht etwas anderes vorsieht (s. Rn. 195 ff.). Gleiches gilt für die Verluste (s. Rn. 201). Im Außenverhältnis haften die Mitglieder zudem unbeschränkt und gesamtschuldnerisch (s. Rn. 202). Bezogen auf die Mitgliedschaft zeigt sich der personalistische Charakter der EWIV vor allem daran, dass eine Veränderung des Mitgliederbestands regelmäßig die Zustimmung aller Mitglieder voraussetzt (s. Rn. 214).[107] Im Gegensatz zur OHG gilt allerdings nicht das Prinzip der Selbstorganschaft, was ansonsten ebenfalls teilweise als allgemeines Charakteristikum einer Personengesellschaft angesehen wird (s. Rn. 167).[108]

104 *Teichmann* in: MüHdB GesR, Bd. 6, 2013, § 48 Rn. 43; *Burkhalter*, Die EWIV und ihre konzernrechtlichen Beziehungen, 1998, S. 24 f.

105 *Cathiard*, La pratique du droit européen des sociétés, 2017, Rn. 202 („ses membres sont naturellement au coeur de son fonctionnement").

106 *Lentner*, Das Gesellschaftsrecht der EWIV, 1994, S. 45; vgl. auch *Cathiard*, La pratique du droit européen des sociétés, 2017, Rn. 202.

107 Zu den Merkmalen der personalistischen Struktur *Müller-Gugenberger* in: Müller-Gugenberger/Schotthöfer (Hrsg.), Die EWIV in Europa, 1995, EU-Recht, Kap. IV Rn. 126 ff.

108 *Müller-Gugenberger* in: Müller-Gugenberger/Schotthöfer (Hrsg.), Die EWIV in Europa, 1995, EU-Recht, Kap. IV Rn. 131 f.

E. Gründung

I. Gründungsmöglichkeiten

32 Als allgemeine Entstehungsform existiert bei der EWIV nur die Möglichkeit der **Neugründung.**[109] In manchen Mitgliedstaaten wie in Frankreich,[110] den Niederlanden[111] oder Portugal[112] sieht das jeweilige Ausführungs-Gesetz außerdem die Gründung durch **Formwechsel** vor. In Deutschland ist dies jedoch ausgeschlossen.[113] In der deutschen Literatur wird zudem oftmals bestritten, dass die EWIV-Verordnung den Mitgliedstaaten tatsächlich die Regelungsmöglichkeit gewährt, einen Formwechsel in eine EWIV zuzulassen.[114] Begründet wird dies mit Art. 1 I 1 EWIV-VO, der vorgibt, dass die EWIV „unter den Voraussetzungen, in der Weise und mit den Wirkungen gegründet"[115] wird, die die Verordnung vorsieht.[116] Art. 1 I 2 EWIV-VO setzt einen Gründungsvertrag und die Eintragung voraus (dazu Rn. 34 ff.). Daraus folge, dass die Errichtung auf andere Weise nicht möglich sei.[117] Tatsächlich sind die Gründungsvorschriften auf die Neugründung zugeschnitten. Sie scheinen aber einer Gründung durch Formwechsel nicht grundsätzlich entgegenzustehen. Die Verordnung selbst unterbindet auch weder in den einzelnen Artikeln noch in den Erwägungsgründen explizit die Umwandlung. Es scheint daher durchaus möglich, dass die Mitgliedstaaten eine Gründung durch Formwechsel vorsehen, solange auch bei diesem Prozess die Vorschriften der Verordnung zur Gründung beachtet werden.[118] Theoretisch ließe die EWIV-Verordnung dann auch die Gründung durch **Verschmelzung** zu.[119]

II. Gründungsverfahren

33 Das Gründungsverfahren bei der EWIV besteht gemäß Art. 1 I 2 EWIV-VO aus zwei Schritten: Dem **Abschluss des Gründungsvertrags** (dazu sogleich unter Rn. 34 ff.) und der **Eintragung in das zuständige Register** (dazu sogleich unter Rn. 78 ff.).[120] Im Anschluss daran erfolgt die **Publikation** (dazu Rn. 116 ff.). Zu den Anforderungen mit Blick auf die Mitglieder s. Rn. 129 ff. sowie Rn. 139 f. bezüglich der Mitgliederzahl, zum persönlichen Anwendungsbereich s. Rn. 129 und zum grenzüberschreitenden Bezug s. Rn. 93 ff.

1. Gründungsvertrag

34 Der Gründungsvertrag wird von den Mitgliedern der EWIV geschlossen.[121] Art. 5 EWIV-VO nennt den **Mindestinhalt des Gründungsvertrages** (Muss-Gründungsvertragsbestimmungen, siehe dazu auch unter Rn. 37). Dazu zählt:

- Der **Name** der EWIV (lit. a));
- ihr **Sitz** (lit. b));
- der **Unternehmensgegenstand** (lit. c));
- Angaben über die **Mitglieder** (lit. d)) und
- bei einer auf Zeit angelegten EWIV die **Dauer** der Vereinigung (lit. e)).

---

109 *Böhringer* BWNotZ 1990, 129, 130.

110 Vgl. für Frankreich Art. L. 252-8 I Code de commerce; vgl. *Vague* RMC 1992, 403, 410; *Cathiard*, La pratique du droit européen des sociétés, 2017, Rn. 118; *Binisti-Jahndorf*, Genossenschaftliche Zusammenarbeit auf Europäischer Ebene, 2000, S. 30; *Manz* in: Selbherr/Manz (Hrsg.), Kommentar zur EWIV, 1995, Art. 1 Rn. 2.

111 Vgl. Art. 8 NL-AusfG; vgl. *Manz* in: Selbherr/Manz (Hrsg.), Kommentar zur EWIV, 1995, Art. 1 Rn. 2.

112 Vgl. Art. 11 P-AusfG; vgl. *Manz* in: Selbherr/Manz (Hrsg.), Kommentar zur EWIV, 1995, Art. 1 Rn. 2.

113 *Binisti-Jahndorf*, Genossenschaftliche Zusammenarbeit auf Europäischer Ebene, 2000, S. 31; *Böhringer* BWNotZ 1990, 129, 130; *Meyer-Landrut*, Die EWIV, 1988, S. 126; *Manz* in: Selbherr/Manz (Hrsg.), Kommentar zur EWIV, 1995, Art. 1 Rn. 2.

114 So *Teichmann* in: MüHdB GesR, Bd. 6, 2013, § 48 Rn. 11; *Meyer-Landrut*, Die EWIV, 1988, S. 126; *Scriba*, Die EWIV, 1987, S. 95, *von Rechenberg* in: von der Heydt/von Rechenberg (Hrsg.), Die EWIV, 1991, S. 31; *Schwarz*, Europäisches Gesellschaftsrecht, 2000, Rn. 1008.

115 Englischer Wortlaut: „upon the terms, in the manner and with the effects". Französischer Wortlaut: „dans les conditions, selon les modalités et avec les effets". Spanischer Wortlaut: „en las condiciones, las modalidades y con los efectos". Italienischer Wortlaut: „le condizioni, le modalità e gli effetti". Niederländischer Wortlaut: „onder de voorwaarden, op de wijze en met de gevolgen". Polnischer Wortlaut: „na warunkach niniejszego rozporządzenia, w sposób w nim określony i ze skutkami w nim ustanowionymi".

116 Vgl. *Teichmann* in: MüHdB GesR, Bd. 6, 2013, § 48 Rn. 11; *Schwarz*, Europäisches Gesellschaftsrecht, 2000, Rn. 1008.

117 *Meyer-Landrut*, Die EWIV, 1988, S. 126; *Scriba*, Die EWIV, 1987, S. 95; *von Rechenberg* in: von der Heydt/von Rechenberg (Hrsg.), Die EWIV, 1991, S. 31; *Lentner*, Das Gesellschaftsrecht der EWIV, 1994, S. 55.

118 *Manz* in: Selbherr/Manz (Hrsg.), Kommentar zur EWIV, 1995, Art. 1 Rn. 2.

119 *Manz* in: Selbherr/Manz (Hrsg.), Kommentar zur EWIV, 1995, Art. 1 Rn. 3; aA *Zettel* DRiZ 1990, 164; *Schwarz*, Europäisches Gesellschaftsrecht, 2000, Rn. 1008.

120 *Schwarz*, Europäisches Gesellschaftsrecht, 2000, Rn. 1006.

121 *Manz* in: Selbherr/Manz (Hrsg.), Kommentar zur EWIV, 1995, Art. 1 Rn. 5.

35 Mit „Namen" meint die Verordnung die Firma der EWIV (siehe näher zur Firma unter Rn. 71 ff.).[122] Die Mitglieder müssen zudem den **Sitz** der Gesellschaft wählen (zum Sitz siehe näher unter Rn. 98 ff.) und den von ihnen gewählten Sitz dann im Gründungsvertrag angeben. Der in der EWIV-Verordnung verwendete Begriff „Sitz" bezieht sich grundsätzlich auf den Registersitz. Der Verwaltungssitz wird in der EWIV-Verordnung dagegen generell als „Hauptverwaltung" bezeichnet. Die Angabe, wo sich die Hauptverwaltung befindet, gehört damit nicht zum Mindestinhalt des Gründungsvertrags. Den **Unternehmensgegenstand** können die Mitglieder ebenfalls grundsätzlich frei bestimmen.[123] Er beschreibt das konkrete Tätigkeitsfeld der jeweiligen EWIV.[124] Allerdings müssen sie dabei die Zweckbeschränkungen beachten, die die EWIV-Verordnung vorgibt (dazu gleich unter Rn. 47 ff.).[125]

36 Die Angaben zur **Identifizierung der Mitglieder** sind für Dritte zentral, da diese persönlich, unbeschränkt und gesamtschuldnerisch für die Verbindlichkeiten der EWIV haften (vgl. dazu Rn. 204 ff.).[126] Die entsprechenden Informationen sind daher ebenfalls Bestandteil des Mindestinhalts. Art. 5 lit. e) EWIV-VO nennt außerdem die **Dauer** der Vereinigung als Muss-Gründungsvertragsbestimmung. Im Gegensatz zum französischen GIE, dem französischen Pendant zur EWIV und Vorbild für die Schaffung dieser supranationalen Rechtsform,[127] der auf Zeit gegründet wird (Art. L. 251-1 I aE Code de commerce),[128] muss für die EWIV keine bestimmte Dauer angegeben werden. Die Kommission schlug ursprünglich noch eine entsprechende Vorschrift vor, setzte sich damit aber im Gesetzgebungsverfahren nicht durch.[129] Einigen sich jedoch die Gründer auf eine begrenzte Dauer, dann muss diese Angabe als Mindestangabe auch im Gründungsvertrag aufgenommen werden (zur Auflösung aufgrund von Zeitablauf s. Rn. 238 f.).[130] Diese Angabe dient ebenfalls dem Schutz des Rechtsverkehrs.[131] Enthält der Gründungsvertrag keine Angabe zur Dauer der Vereinigung, so gilt die EWIV als auf unbestimmte Zeit gegründet.[132]

37 Die Auflistung in Art. 5 EWIV-VO ist **abschließend**. Die Mitgliedstaaten dürfen somit zB im Rahmen der Ausführungs-Gesetze keine weiteren Mindestangaben (Muss-Gründungsvertragsbestimmungen) für den Gründungsvertrag festlegen.[133] Die Verordnung enthält allerdings keine explizite Sanktion für den Fall eines Verstoßes des Gründungsvertrages gegen die Mindestangaben.[134] Insofern greift nationales Recht.[135] Naheliegend wäre die Verweigerung der Eintragung (zur etwaigen Prüfungspflicht der Registerbehörden s. Rn. 87 f.)[136] bzw. die Anwendung ordnungsrechtlichen Zwangs zur Durchsetzung der Vorgaben.

38 Die EWIV-Verordnung regelt nicht ausdrücklich, in welcher **Sprache** der Gründungsvertrag zu verfassen ist. Sie enthält insofern eine externe Lücke, die durch nationales Recht zu füllen ist. Die Mitgliedstaaten geben damit die Anforderungen an die Sprache vor, so dass generell die Landessprache gilt.[137]

---

122 *Lutter/Bayer/Schmidt,* Europäisches Unternehmens- und Kapitalmarktrecht, 2017, Rn. 44.27.

123 *Salger/Neye* in: MüHdB GesR, Bd. 1, 2014, § 95 Rn. 5; *Ganske* DB 1985, Beilage 20, 1, 3; *Lentner*, Das Gesellschaftsrecht der EWIV, 1994, S. 63; *Lenz*, Die EWIV mit Sitz in der BRD vor Eintragung, 1997, S. 61.

124 *Schwarz*, Europäisches Gesellschaftsrecht, 2000, Rn. 1016.

125 *Schwarz*, Europäisches Gesellschaftsrecht, 2000, Rn. 1016. Vgl. auch *Bossert* Archiv PF 1990, 236, 237.

126 *Manz* in: Selbherr/Manz (Hrsg.), Kommentar zur EWIV, 1995, Art. 5 Rn. 9; *Lenz*, Die EWIV mit Sitz in der BRD vor Eintragung, 1997, S. 61; *von Rechenberg* in: von der Heydt/von Rechenberg, Die EWIV, 1991, S. 40.

127 Französische Gesellschaften werden generell auf Zeit gegründet. Siehe dazu näher unter § 13 Rn. 86, 150.

128 Der GIE darf auf höchstens 99 Jahre gegründet werden. Die Dauer der Gesellschaft kann abgesehen von dieser Vorgabe frei gewählt werden. Vgl. zur Thematik *Lemeunier*, Groupement d'intérêt économique (GIE), 1999, S. 50; s. auch *Cathiard*, La pratique du droit européen des sociétés, 2017, Rn. 129.

129 Art. 1 I EWIV-VO-KOM. *Niessen* in: Müller-Gugenberger/Schotthöfer (Hrsg.), Die EWIV in Europa, 1995, EU-Recht, Kap. III Rn. 44.

130 *Manz* in: Selbherr/Manz (Hrsg.), Kommentar zur EWIV, Art. 5 Rn. 10.

131 *Lenz*, Die EWIV mit Sitz in der BRD vor Eintragung, 1997, S. 62.

132 *Manz* in: Selbherr/Manz (Hrsg.), Kommentar zur EWIV, 1995, Art. 5 Rn. 10; *van Gerven* in: van Gerven/Aalders (Hrsg.), European Economic Interest Groupings, 1990, S. 5, 9 und 20; *Rinze*, Die Europäische wirtschaftliche Interessenvereinigung im Unternehmensverbund, 1996, S. 57.

133 *Scriba*, Die EWIV, 1987, S. 97.

134 *Lentner*, Das Gesellschaftsrecht der EWIV, 1994, S. 56; *Manz* in: Selbherr/Manz, Kommentar zur EWIV, 1995, Art. 5 Rn. 10.

135 *Manz* in: Selbherr/Manz (Hrsg.), Kommentar zur EWIV, 1995, Art. 5 Rn. 11 kommt zu diesem Ergebnis über Art. 39 III EWIV-VO, der den Mitgliedstaaten vorschreibt, geeignete Maßregeln vorzusehen, für Fälle in denen die Bestimmungen der Art. 7, 8 und 10 EWIV-O bezüglich der Offenlegung bestimmter Informationen nicht beachtet werden. Dasselbe Ergebnis könnte allerdings auch über eine Lücke in der EWIV-Verordnung erzielt werden. Die Sanktionen für eine Nichtoffenlegung und die Nichtbeachtung der Mindestvorgaben werden sich sicherlich unterscheiden.

136 *van Gerven* in: van Gerven/Aalders (Hrsg.), European Economic Interest Groupings, 1990, S. 5, 18, sieht dies ebenso, da es auch beim GIE der gesetzliche Fall ist.

137 So im Ergebnis *Woodland* Sem. Jur. Ed. Entreprise 1985, 281, 284.

Die EWIV-Verordnung möchte den Gründern aber ansonsten einen **großen Gestaltungsspielraum** bezüglich des Gründungsvertrages lassen (vgl. Erwägungsgrund 4 EWIV-VO).[138] Sowohl die **interne Organisation** als auch die **Beziehung der einzelnen Mitglieder untereinander** sollen in weiten Teilen den Gründern überlassen bleiben.[139] Es wird den Mitgliedern durch die Gründungsvertragsfreiheit somit ermöglicht, die EWIV an ihre individuellen Bedürfnisse anzupassen.[140] Denn gerade Kooperationen bedürfen einer hohen Flexibilität und Anpassungsfähigkeit an die Entwicklung.[141] Die Verordnung möchte ihr Ziel durch sogenannte Abändernde- und Kann-Gründungsvertragsbestimmungen erreichen. Teilweise regelt die Verordnung daher einen Aspekt, lässt den Mitgliedern jedoch die Möglichkeit etwas anderes im Gründungsvertrag zu bestimmen (**Abändernde-Gründungsvertragsbestimmungen**, s. Rn. 24). Machen die Mitglieder von dieser Möglichkeit keinen Gebrauch, so greift die Regelung, die die Verordnung bereithält (s. bereits Rn. 26). Darüber hinaus gewährt die EWIV-Verordnung den Mitgliedern an einigen Stellen die Freiheit, bestimmte Aspekte eigenständig zu regeln (zB in Bezug auf fakultative Organe, Art. 16 I 2 EWIV-VO, sog **Kann-Gründungsvertragsbestimmungen**, s. Rn. 188 f.). Das mitgliedstaatliche Recht darf in solchen Fällen nicht beschränkend auf die Kann-Gründungsvertragsbestimmung einwirken. Machen die Mitglieder von dieser Möglichkeit keinen Gebrauch, so greift nationales Recht (siehe bereits Rn. 226). In der Praxis ist es jedoch äußerst schwer festzustellen, ob die Verordnung den Mitgliedern lediglich einen Gestaltungsspielraum gewähren wollte (in Form einer Abändernden-Gründungsvertragsbestimmung) oder bei Nichtregelung im Gründungsvertrag eine Lücke enthält, zu deren Füllung die Heranziehung nationalen Rechts notwendig ist (Kann-Gründungsvertragsbestimmungen). 39

Neben der Verordnung kann auch das nationale Recht den Mitgliedern einen Gestaltungsspielraum bezüglich des Gründungsvertrags eröffnen (dazu auch unter Rn. 17 ff.). Da in Deutschland das Recht der OHG zur Anwendung kommt, wird den Mitgliedern einer „deutschen" EWIV daher ein hohes Maß an Gestaltungsfreiheit gelassen.[142] Es ist Gründern zu empfehlen, von dem **Gestaltungsspielraum** für den Gründungsvertrag Gebrauch zu machen, um zumindest die wichtigsten Fragen zur inneren Verfassung gemäß den eigenen Vorstellungen zu klären.[143] Zu den regelungswürdigen Aspekten zählen zum einen Regelungen zur Finanzverfassung der EWIV. In diesem Zusammenhang bieten sich zB Klauseln an, die sich mit der Finanzierung und der Gewinnverteilung befassen (dazu näher unter Rn. 190 ff.). Auch Regelungen mit Blick auf die Organisationsverfassung sind empfehlenswert. Insofern ist vor allem an die Einrichtung von Beiräten (vgl. Rn. 188) und an die Regelung des Stimmrechts (vgl. Rn. 157 ff.) sowie an allgemeine Vorgaben zur Beschlussfassung (vgl. Rn. 155 ff.) zu denken. Der Mitgliederwechsel ist ebenfalls ein Bereich, bei dem über die Modalitäten im Rahmen des Gründungsvertrags nachgedacht werden sollte (vgl. Rn. 214 ff.). 40

Der Gestaltung des Gründungsvertrags kommt damit eine zentrale Bedeutung zu. Der Verordnungsgeber hat sich insoweit entschieden, **keinen Mustergründungsvertrag** bereitzustellen.[144] Diese Entscheidung ist – wie auch bei den anderen supranationalen Rechtsformen – verständlich, da die EWIV zum einen für ganz unterschiedliche Zwecke und in sehr unterschiedlichen Konstellationen eingesetzt werden kann. Außerdem unterscheiden sich die Traditionen in den Mitgliedstaaten bezüglich der Ausgestaltung bestimmter Aspekte.[145] Hinzu kommt, dass, sofern auf einen Mustergründungsvertrag unter Umsetzung eines weiten Gestaltungsspielraums zurückgegriffen würde, der potenzielle Einfluss nationalen Rechts hinsichtlich der sog Kann-Gründungsvertragsbestimmungen geschmälert würde. 41

---

138 *Manz* in: Selbherr/Manz (Hrsg.), Kommentar zur EWIV, 1995, Art. 1 Rn. 12; *Böhringer* BWNotZ 1990, 129, 130; *Lenz*, Die EWIV mit Sitz in der BRD vor Eintragung, 1997, S. 55; *Lepeltier/Buttet/Lesguillier*, Les Groupements d'intérêt économique, GIE, GEIE: régimes juridique et fiscal, formules, textes, 1990, Rn. 225.

139 *Teichmann* in: MüHdB GesR, Bd. 6, 2013, § 48 Rn. 15 ff.; *Manz* in: Selbherr/Manz (Hrsg.), Kommentar zur EWIV, 1995, Art. 1 Rn. 12; *Wendt* in: Spahlinger/Wegen/Barth (Hrsg.), Gesellschaftsrecht des Auslands, 1. EL 2016, Europäische Union Rn. 157; *Israel* in: Études IRE, G.E.I.E. et G.I.E. – Deux nouvelles formes d'association, 1989, S. 15.

140 *Manz* in: Selbherr/Manz (Hrsg.), Kommentar zur EWIV, 1995, Art. 1 Rn. 12; ähnlich *Lepeltier/Buttet/Lesguillier*, Les Groupements d'intérêt économique, GIE, GEIE: régimes juridique et fiscal, formules, textes, 1990, Rn. 242.

141 Vgl. auch *Israel* in: Études IRE, G.E.I.E. et G.I.E. – Deux nouvelles formes d'association, 1989, S. 15.

142 *Lutter/Bayer/Schmidt*, Europäisches Unternehmens- und Kapitalmarktrecht, 2017, Rn. 44.26; *Manz* in: Selbherr/Manz (Hrsg.), Kommentar zur EWIV, 1995, Art. 1 Rn. 12; *Scriba*, Die EWIV, 1987, S. 51.

143 Vgl. auch *Vague* RMC 1992, 403, 410; *Cathiard*, La pratique du droit européen des sociétés, 2017, Rn. 131; zu regelungsbedürftigen Punkten *Lepeltier/Buttet/Lesguillier*, Les Groupements d'intérêt économique, GIE, GEIE: régimes juridique et fiscal, formules, textes, 1990, Rn. 225 f.; *von Rechenberg* ZGR 1992, 299, 302 empfiehlt eine umfassende und eingehende Regelung. Ebenso *Burkhalter*, Die EWIV und ihre konzernrechtlichen Beziehungen, 1998, S. 61 ff., 253 f.

144 *Anderson*, European Economic Interest Groupings, 1990, S. 49 bedauert dies. *Abell* in: Campbell, The Comparative Law Yearbook of International Business, 1990, S. 171 weist darauf hin, dass die Kommission befürchten würde, dadurch die Flexibilität der Gründer zu schmälern. Da der Mustergründungsvertrag jedoch nur eine Option darstellen würde, werden diese Bedenken hier insofern nicht geteilt.

145 Auf entsprechende praktische Probleme hinweisend *Anderson*, European Economic Interest Groupings, 1990, S. 49 f.

2. Formvorschriften für den Gründungsvertrag

42 Umstritten ist, ob der Gründungsvertrag der **Schriftform** oder lediglich der **Textform** bedarf.[146] Da Art. 5 EWIV-VO die Mindestangaben auflistet und Art. 7 I EWIV-VO die Hinterlegung des Gründungsvertrags verlangt, muss der Gründungsvertrag in jedem Fall der Textform genügen. Ein Schriftformerfordernis im Sinne des deutschen Schriftformverständnisses lässt sich daraus im Ergebnis nicht ableiten.[147] Die Regelungen sind zudem **abschließend**, so dass die Mitgliedstaaten keine strengeren Anforderungen an die Form stellen dürfen.[148] Es liegt hier also insofern keine externe Lücke vor. In der Praxis kann es für EWIV mit Sitz in Deutschland uU jedoch empfehlenswert sein, die Schriftform iSd § 126 BGB zu wählen, um Problemen bei der Eintragung vorzubeugen.

III. Fehlerhafte Gründung

43 Möglich ist eine fehlerhafte Gründung aufgrund eines fehlerhaften Gründungsvertrages. In Betracht kommen vertragliche Fehler zivil- (zB Formmangel (§ 125 BGB); Irrtum (§ 119 BGB)) oder gesellschaftsrechtlicher Natur (zB verbotener Vereinigungszweck (Art. 3 EWIV-VO); verbotener Satzungssitz (Art. 12 EWIV-VO)) (zu den Rechtsfolgen s. unter Rn. 244 f.).[149]

IV. Zweck der EWIV

1. Kooperations- und Förderzweck

44 Art. 3 I EWIV-VO beschreibt abstrakt, welchen Unternehmenszweck die EWIV verfolgen darf. So bestimmt Art. 3 I 1 EWIV-VO, dass der Zweck einer EWIV die **Förderung der wirtschaftlichen Tätigkeit ihrer Mitglieder** ist. Die Mitglieder sollen von dieser Kooperation profitieren können, indem durch die Zusammenarbeit ihre eigenen Ergebnisse verbessert werden. Die EWIV ist damit ein Instrument, das Unternehmenskooperationen im grenzüberschreitenden Bereich erleichtern soll.[150]

45 Erwägungsgrund 5 EWIV-VO stellt klar, dass der Begriff **„wirtschaftliche Tätigkeit"** weitest möglich auszulegen ist. Zudem ist der Begriff europäisch-autonom zu interpretieren (zur europäisch-autonomen Auslegung im Allgemeinen § 2 Rn. 80 ff.).[151] In jedem Fall erfasst sind wohl Tätigkeiten im Handel, Industrie, Handwerk sowie im Bereich der Land- und Forstwirtschaft und auch Tätigkeiten mit Blick auf freie Berufe.[152] Die EWIV muss allerdings nicht dazu dienen, das wirtschaftliche Kerngeschäft der Mitglieder zu fördern.[153] Es kommen gerade auch Kooperationen in Bezug auf spezielle Bereiche, zB im Rahmen von Forschung und Entwicklung oder beim Personalaustausch in Betracht. Da der EWIV allerdings der Fördergedanke zugrunde liegt und die Tätigkeit der EWIV somit in Zusammenhang mit der Tätigkeit ihrer Mitglieder stehen muss, werden in der Regel auch die

---

146 Für Textform: *Lutter/Bayer/Schmidt*, Europäisches Unternehmens- und Kapitalmarktrecht, 2017, Rn. 44.32; *Salger/Neye* in: MüHdB GesR, Bd. 1, 2014,§ 95 Rn. 2. Für Schriftform: *Lentner*, Das Gesellschaftsrecht der EWIV, 1994, S. 56; *Gleichmann* ZHR 149 1985, 633, 641; *Meyer-Landrut*, Die EWIV, 1988, S. 130; *Rinze*, Die Europäische wirtschaftliche Interessenvereinigung im Unternehmensverbund, 1996, S. 60; *Roth* in: Baumbach/Hopt (Hrsg.), HGB, 2016, Anhang nach § 160 Rn. 15; *Lenz*, Die EWIV mit Sitz in der BRD vor Eintragung, 1997, S. 54; *von Rechenberg* in: von der Heydt/von Rechenberg (Hrsg.), Die EWIV, 1991, S. 31; *ders.* ZGR 1992, 299, 302; *Krafka/Kühn*, Registerrecht, 2017, Teil 1, Zweiter Abschnitt, E. Rn. 869; *Burkhalter*, Die EWIV und ihre konzernrechtlichen Beziehungen, 1998, S. 59; *Gleichmann* ZHR 149 (1985), 633, 641; *von Rechenberg* ZGR 1992, 299, 302; siehe zur Schriftform auch *Manz* in: Selbherr/Manz (Hrsg.), Kommentar zur EWIV, 1995, Art. 5 Rn. 2; *Bärwaldt* in: Prinz ua (Hrsg.), Beck'sches Handbuch Personengesellschaften, 2014, § 21 Rn. 22.

147 *Teichmann* in: MüHdB GesR, Bd. 6, 2013, § 48 Rn. 15; aA *Lentner*, Das Gesellschaftsrecht der EWIV, 1994, S. 56; *Hatzig*, Die EWIV, 1990, S. 28, *Vichatzky* RTDEur 1990, 275, 280; *Lenz*, Die EWIV mit Sitz in der BRD vor Eintragung, 1997, S. 54.

148 Europäische Kommission, Mitteilung – Beteiligung von Europäischen Wirtschaftlichen Interessenvereinigungen (EWIV) an öffentlichen Aufträgen und öffentlich finanzierten Programmen, 97/C 285/19 erläutert, dass keine notarielle Beurkundung erforderlich ist. *von Rechenberg* in: von der Heydt/von Rechenberg (Hrsg.), Die EWIV, 1991, S. 31; *Lentner*, Das Gesellschaftsrecht der EWIV, 1994, S. 56; *Meyer-Landrut*, Die EWIV, 1988, S. 130; *Schwarz*, Europäisches Gesellschaftsrecht, 2000, Rn. 1011; *Lenz*, Die EWIV mit Sitz in der BRD vor Eintragung, 1997, S. 54; *Rinze*, Die Europäische wirtschaftliche Interessenvereinigung im Unternehmensverbund, 1996, S. 60; *Salger/Neye* in: MüHdB GesR, Bd. 1, 2014, § 95 Rn. 2. *Vichatzky* RTDEur 1990, 275, 280 führt an, dass der Verordnungsgeber dies sonst explizit vorgegeben hätte; aA *Keutgen* Cahiers de droit européen 1987, 492, 497. Der Autor geht davon aus, dass der nationale Gesetzgeber die Frage der Form zu entscheiden hat.

149 *Meyer-Landrut*, Die EWIV, 1988, S. 147.

150 *Manz* in: Selbherr/Manz (Hrsg.), Kommentar zur EWIV, 1995, Art. 3 Rn. 1; *Ferret* Répertoire du Notaria Defrénois 1989, 407, 407; zum Ziel der Kommission eine effektive grenzüberschreitende Kooperation zu ermöglichen *Lall* BTR 1993, 134, 134; *Funkat* EWS 1998, 122, 122.

151 *Lenz*, Die EWIV mit Sitz in der BRD vor Eintragung, 1997, S. 143.

152 *Lenz*, Die EWIV mit Sitz in der BRD vor Eintragung, 1997, S. 143.

153 *Lenz*, Die EWIV mit Sitz in der BRD vor Eintragung, 1997, S. 144.

bisherigen oder zukünftigen Geschäftsbereiche der Mitglieder einen gewissen Überschneidungsbereich aufweisen. Zwingend ist ein solcher Überschneidungsbereich allerdings dann nicht,[154] wenn die EWIV verschiedene Tätigkeiten ausübt und die Mitglieder eventuell auch nur von einem der Bereiche profitieren.[155] Allerdings muss die Tätigkeit bzw. müssen die Tätigkeiten immer einen Bezug zur Tätigkeit ihrer Mitglieder aufweisen (zur Hilfsfunktion s. Rn. 49).

Für andere Zwecke als die Kooperation und Förderung der Mitglieder darf die EWIV nicht genutzt werden. 46
Aus diesem Grund enthält Art. 3 EWIV-VO verschiedene Einschränkungen für die Nutzung der EWIV.[156] Neben der soeben genannten positiven Umschreibung des Zwecks der EWIV enthält Art. 3 I EWIV-VO Anforderungen, die erfüllt sein müssen, damit ein Kooperationszweck (dazu sogleich unter Rn. 47 f.) vorliegt. Außerdem grenzt Art. 3 I EWIV-VO den Kooperationszweck auch negativ ab. Art. 3 II EWIV-VO listet schließlich ausdrücklich konkrete Verbote auf, denen die EWIV unterliegt (dazu sogleich unter Rn. 50 ff.). Die Zweckbeschränkungen in Art. 3 EWIV-VO verfolgen ua auch das Ziel, Konkurrenz zwischen den Gesellschaftsformen der Mitgliedstaaten für ihre Unternehmen zu verhindern.[157] Um etwaige Schwierigkeiten bei der Eintragung zu verhindern, kann es sinnvoll sein, beim Unternehmensgegenstand Worte wie „Kooperation" oder „Zusammenarbeit" zu verwenden.

2. Zweckbeschränkungen

Wie auch der französische GIE (vgl. Art. L. 251-1 II 2 C. com.) darf die EWIV **nicht** das Ziel verfolgen, **Gewinn** 47
für sich selbst zu erzielen (Art. 3 I 1, 2. Hs. EWIV-VO). Sie soll vielmehr den Mitgliedern helfen, ihre Gewinne zu steigern (vgl. Erwägungsgrund 5 1 EWIV-VO). Dies stellt jedoch kein Verbot der Gewinnerzielung dar.[158] Die EWIV darf somit Gewinne erwirtschaften, sie darf nur nicht zu dem Zweck gegründet bzw. fortgeführt werden, Gewinne für sich selbst zu erzielen.[159] Teilweise wird vertreten, dass auch die Absicht der Gewinnerzielung zulässig ist, soweit die Gewinne den Mitgliedern zugutekommen sollen.[160] Andere Autoren legen dar, dass die Gewinnerzielungsabsicht statthaft sei, sofern sie nicht der einzige Zweck[161] bzw. der Hauptzweck[162] der EWIV sei. Nach hier vertretener Ansicht ergibt sich aus Art. 3 I 1, 2. Hs. EWIV-VO hingegen, dass die EWIV keine Gewinnerzielungsabsicht verfolgen darf, auch nicht als Nebenzweck.[163] Das schränkt zwar den Anwendungsbereich der EWIV ein, grenzt sie damit aber, wie vom Verordnungsgeber gewollt, von Gesellschaften mit Gewinnerzielungsabsicht ab und entspricht dem Fördergedanken.[164] Die EWIV dient damit aus Mitgliedersicht nicht der Gewinnerzielung aus einer Kapitalanlage, sondern der Vorteilsziehung mit Blick auf die eigene wirtschaftliche Tätigkeit.[165] Aus dem Verbot der Gewinnerzielungsabsicht folgt nicht, dass die EWIV ihre Leistungen an die Mitglieder zum Selbstkostenpreis anbieten muss.[166] Die Mitglieder können über den Kapitalzufluss

154 *von Rechenberg* in: von der Heydt/von Rechenberg (Hrsg.), Die EWIV, 1991, S. 14. Für einen zwingenden Überschneidungsbereich wohl *Rinze*, Die Europäische wirtschaftliche Interessenvereinigung im Unternehmensverbund, 1996, S. 63; im Ergebnis wohl auch *Israel* The Company Lawyer 1988, 14, 14.

155 Vgl. auch *Cathiard*, La pratique du droit européen des sociétés, 2017, Rn. 123.

156 Vgl. auch *Keutgen* Cahiers de droit européen 1987, 492, 494.

157 *Manz* in: Selbherr/Manz (Hrsg.), Kommentar zur EWIV, 1995, Art. 3 Rn. 1; *Lentner*, Das Gesellschaftsrecht der EWIV, 1994, S. 64.

158 *Manz* in: Selbherr/Manz (Hrsg.), Kommentar zur EWIV, Art. 3 Rn. 4; *Müller-Gugenberger* in: Müller-Gugenberger/Schotthöfer (Hrsg.), Die EWIV in Europa, 1995, EU-Recht, Kap. IV Rn. 108; *Bramigk*, Der Zweck der EWIV, 2003, S. 198; *Vague* RMC 1992, 403, 406; *von Rechenberg* ZGR 1992, 299, 304; *Schwarz*, Europäisches Gesellschaftsrecht, 2000, Rn. 983; *van Gerven* in: van Gerven/Aalders, European Economic Interest Groupings, S. 10 und 11; *Kerr* BYU L. Rev. 1990, 1743, 1749; *Lall* BTR 1993, 134, 136; *Brindlmayer/Förschle/Hense/Lenhard*, 1989, EWIV, S. 4; *Wendt* in: Spahlinger/Wegen/Barth (Hrsg.), Gesellschaftsrecht des Auslands, 2016, Europäische Union Rn. 156 (Stand: 2012).

159 *Gleichmann* ZHR 149 1985, 633, 635; *Habersack/Verse*, Europäisches Gesellschaftsrecht, 2011, § 12 Rn. 13; *Cathiard*, La pratique du droit européen des sociétés, 2017, Rn. 123; *Müller-Gugenberger* in: Müller-Gugenberger/Schotthöfer (Hrsg.), Die EWIV in Europa, 1995, EU-Recht, 1995, Kap. IV Rn. 108.

160 *Teichmann* in: MüHdB GesR, Bd. 6, 2013, § 48 Rn. 18. *Lentner*, Das Gesellschaftsrecht der EWIV, 1994, S. 72 führt aus, dass ein Gewinnstreben zugunsten der Mitglieder zulässig ist. Ebenso *Cathiard*, La pratique du droit européen des sociétés, 2017, Rn. 123.

161 *Woodland* Sem. Jur. Ed. Entreprise 1985, 281, 283.

162 *Hartard*, Die EWIV im deutschen, englischen und französischen Recht, 1991, S. 13. Für die Zulässigkeit als Nebenzweck *Rinze*, Die Europäische wirtschaftliche Interessenvereinigung im Unternehmensverbund, 1996, S. 67 f.; *Lenz*, Die EWIV mit Sitz in der BRD vor Eintragung, 1997, S. 146.

163 So bereits *Bramigk*, Der Zweck der EWIV, 2003, S. 200.

164 Vgl. *Bramigk*, Der Zweck der EWIV, 2003, S. 199 f.; *Vague* RMC 1992, 403, 407.

165 Vgl. auch *Rinze*, Die Europäische wirtschaftliche Interessenvereinigung im Unternehmensverbund, 1996, S. 67.

166 *Bramigk*, Der Zweck der EWIV, 2003, S. 200 ff.; *Rinze*, Die Europäische wirtschaftliche Interessenvereinigung im Unternehmensverbund, 1996, S. 68 f.; aA *Lentner*, Das Gesellschaftsrecht der EWIV, 1994, S. 72. Auch *Keutgen* Cahiers de droit européen 1987, 492, 495 geht davon aus, dass die Leistungen normalerweise zum Selbstkostenpreis angeboten werden müssen.

an die EWIV frei entscheiden.[167] Das Gewinnerzielungsverbot bezieht sich daher vor allem auf Geschäfte mit Dritten (zu Nichtmitgliedergeschäften s. Rn. 64 ff.).

48 Die Tätigkeit der Vereinigung muss immer einen **Bezug zur Betätigung der Mitglieder** aufweisen (Art. 3 I 2 EWIV-VO). Dies ergibt sich aus dem vorgegebenen Zweck, durch Kooperation die wirtschaftliche Tätigkeit der Mitglieder zu fördern. Denn nur wenn ein Zusammenhang zur wirtschaftlichen Tätigkeit der Mitglieder besteht, kann deren Unternehmertätigkeit gefördert werden (Erwägungsgrund 5 EWIV-VO). Nicht möglich ist somit im Umkehrschluss, dass die EWIV einen Zweck verfolgt, der von der wirtschaftlichen Tätigkeit ihrer Mitglieder losgelöst ist, dh dass sie einen eigenständigen Zweck verfolgt.[168]

49 Die EWIV darf zudem gem. Art. 3 I 2 EWIV-VO nur eine **Hilfstätigkeit/dienende Tätigkeit** im Rahmen der wirtschaftlichen Tätigkeit ihrer Mitglieder ausüben.[169] Erwägungsgrund 5 EWIV-VO führt dazu aus, dass die EWIV die wirtschaftliche Tätigkeit ihrer Mitglieder nicht „ersetzen" darf; insofern wird auch von einem „**Ersetzungsverbot**"[170] gesprochen. Es muss sichergestellt werden, dass die EWIV ihre Mitglieder durch ihre Tätigkeit fördert, aber nicht dauerhaft verdrängt. Das bedeutet aus rechtlicher Sicht, dass die EWIV nicht denselben Unternehmensgegenstand haben darf wie ihre Mitglieder.[171] Aus betriebswirtschaftlicher Sicht darf die EWIV nur Teilfunktionen der unternehmerischen Tätigkeit ihrer Mitglieder ausüben.[172] Allein aus der Tatsache, dass der Geschäftsumfang der EWIV größer ist als der jedes ihrer Mitglieder, lässt sich dagegen nicht unmittelbar schließen, dass die Vereinigung ihre Hilfstätigkeit überschreitet.[173] Denn zB im Fall einer hohen Mitgliederzahl kann auch der Geschäftsumfang der EWIV im Verhältnis zu dem der einzelnen Mitglieder groß sein. Erwägungsgrund 5 EWIV-VO stellt klar, dass die EWIV selbst keinen freien Beruf gegenüber Dritten ausüben darf, den auch ihre Mitglieder praktizieren (näher zur Kooperation von Freiberuflern unter Rn. 142). Die Beschränkung auf Hilfstätigkeiten drückt damit ebenfalls aus, dass die Mitglieder durch die Tätigkeit der EWIV nicht ihre wirtschaftliche Selbständigkeit verlieren dürfen.[174] Für eine beschränkte Dauer kann die EWIV allerdings bestimmte Aktivitäten ihrer Mitglieder übernehmen. So könnte mithilfe einer EWIV zum Beispiel ein Bauvorhaben durchgeführt werden.[175] Zur Wahrung der Selbstständigkeit der Mitglieder durch das Konzernleitungsverbot siehe näher unter Rn. 51 ff. Die Beschränkung auf eine Hilfstätigkeit bedeutet allerdings nicht, dass die ausgeübte Funktion nur unbedeutend sein darf.[176] Im Gegenteil: Die Zusammenarbeit kann im Einzelfall für ein Mitglied sogar existenzielle Bedeutung haben.[177]

50 Im Gegensatz zu Art. 3 I EWIV-VO listet Art. 3 II EWIV-VO keine abstrakten, sondern **konkrete Verbote**[178] bezüglich der Verwendung einer EWIV auf. Dazu zählen das Konzernleitungsverbot (Rn. 51 ff.), das Holdingverbot (Rn. 54 ff.), die Begrenzung der Arbeitnehmerzahl (Rn. 58 ff.), das Kreditgewährungsverbot (Rn. 60 ff.) und das Verbot der Mitgliedschaft einer EWIV an einer anderen EWIV (Rn. 62). Diese konkreten Verbote spiegeln vor allem die individuellen Bedenken einzelner Mitgliedstaaten wider, zum Beispiel die Angst der deutschen

---

167 *Bramigk*, Der Zweck der EWIV, 2003, S. 203.

168 *Manz* in: Selbherr/Manz (Hrsg.), Kommentar zur EWIV, 1995, Art. 3 Rn. 3; vgl. auch *van Gerven*, in: van Gerven/Aalders (Hrsg.), European Economic Interest Groupings, 1990, S. 10; *Vichatzky* RTDEur 1990, 275, 284.

169 Vgl. *Vague* RMC 1992, 403, 406; ähnlich *Wünsch* GesRZ 1994, 157, 162.

170 *Rinze*, Die Europäische wirtschaftliche Interessenvereinigung im Unternehmensverbund, 1996, S. 65; *Lenz*, Die EWIV mit Sitz in der BRD vor Eintragung, 1997, S. 144; *von Rechenberg* in: von der Heydt/von Rechenberg (Hrsg.), Die EWIV, 1991, S. 15; *Brindlmayer/Förschle/Hense/Lenhard*, EWIV, 1989, S. 4 f.

171 *Lentner*, Das Gesellschaftsrecht der EWIV, 1994, S. 65; *Manz* in: Selbherr/Manz (Hrsg.), Kommentar zur EWIV, 1995, Art. 3 Rn. 7.

172 *Gloria/Karbowski* WM 1990, 1313, 1316; *Habersack/Verse*, Europäisches Gesellschaftsrecht, 2011, § 12 Rn. 13; *Müller-Gugenberger* NJW 1989, 1449, 1453 f.; *Ganske* DB 1985, Beilage 20, 1, 3; *Brindlmayer/Förschle/Hense/Lenhard*, EWIV, 1989, S. 4 f.

173 AA *Keutgen* Cahiers de droit européen 1987, 492, 494.

174 *Rinze*, Die Europäische wirtschaftliche Interessenvereinigung im Unternehmensverbund, 1996, S. 65; *Zuck*, NJW 1990, 954, 955 spricht deshalb von einem akzessorischen aber unselbständigen Tätigkeitsbereich der EWIV.

175 Europäische Kommission, Antwort auf die schriftliche Anfrage Nr. 1587/91, ABl. C. 323/33; Europäische Kommission, Mitteilung – Beteiligung von Europäischen Wirtschaftlichen Interessenvereinigungen (EWIV) an öffentlichen Aufträgen und öffentlich finanzierten Programmen, 97/C 285/18.

176 Europäische Kommission, Mitteilung – Beteiligung von Europäischen Wirtschaftlichen Interessenvereinigungen (EWIV) an öffentlichen Aufträgen und öffentlich finanzierten Programmen, 97/C 285/18; *Teichmann* in: Münchener Handbuch des Gesellschaftsrecht, Bd. 6, 2013, § 48 Rn. 18; *Ganske*, Das Recht der EWIV, 1988, S. 28; *Lentner*, Das Gesellschaftsrecht der EWIV, 1994, S. 65; *Vague* RMC 1992, 403, 407; *van Gerven* in: van Gerven/Aalders (Hrsg.), European Economic Interest Groupings, 1990, S. 5, 10; *Rinze*, Die Europäische wirtschaftliche Interessenvereinigung im Unternehmensverbund, 1996, S. 64. Vgl. auch *Lenz*, Die EWIV mit Sitz in der BRD vor Eintragung, 1997, S. 145; *Israel* in: Études IRE, G.E.I.E. et G.I.E. – Deux nouvelles formes d'association, 1989, S. 9.

177 *Lentner*, Das Gesellschaftsrecht der EWIV, 1994, S. 66; *Rinze*, Die Europäische wirtschaftliche Interessenvereinigung im Unternehmensverbund, 1996, S. 64 f.; *Israel* in: Études IRE, G.E.I.E. et G.I.E. – Deux nouvelles formes d'association, 1989, S. 9.

178 *Salger/Neye* in: MüHdB GesR, Bd. 1, 2014, § 94 Rn. 30.

Delegation vor der Aushöhlung der Mitbestimmung (vgl. Rn. 53 und 58). Daneben zeigen vor allem das Holdingverbot, das Konzernleitungsverbot und das Verbot der Mitgliedschaft einer EWIV an einer anderen EWIV, dass die EWIV nicht in Konzernstrukturen eingesetzt werden soll.[179]

a) Konzernleitungsverbot

Art. 3 II lit. a) EWIV-VO statuiert ein Konzernleitungsverbot.[180] Die EWIV darf danach „weder unmittelbar noch mittelbar die **Leitungs- oder Kontrollmacht** über die eigenen Tätigkeiten der Mitglieder oder die Tätigkeiten eines anderen Unternehmens“[181] ausüben. Das Konzernleitungsverbot gilt damit für **alle Gesellschaften**, auch solche, die nicht Mitglieder der EWIV sind.[182] Der EWIV ist es somit generell untersagt, die Rolle einer Konzernleitungsgesellschaft einzunehmen.[183] Die Erläuterung, dass von der Vorgabe insbesondere die Kontrolle in Bezug auf das Finanz-, Personal- und Investitionswesen betroffen ist, ist lediglich beispielhaft und somit nicht erschöpfend, da die Konzernleitung insgesamt, also auch auf anderen Gebieten, ausgeschlossen ist.[184] Es handelt sich allerdings um Regelbeispiele, dh andere Beispiele für Konzernleitungsfunktionen müssen den genannten in ihrer Wertigkeit entsprechen. Die Auflistung soll verdeutlichen, dass sich das Verbot auf alle Entscheidungen im Managementbereich bezieht, welche typischerweise Entscheidungen des Mutterkonzerns sind.[185] Das bedeutet allerdings nicht, dass für die EWIV ein Verbot besteht, in diesen Bereichen generell tätig zu werden. So kann die EWIV zB den Zweck haben, Personal fortzubilden.[186] Sie darf nur grundsätzlich – in diesen sowie allen anderen Bereichen – keine Konzernleitungsfunktion übernehmen. Die Übernahme auch nur einer einzelnen Kompetenz in diesem Bereich schadet. 51

Bezüglich der Formulierung „Leitungs- oder Kontrollmacht“ ist nicht eindeutig geklärt, ob der „Kontrollmacht“ gegenüber der „Leitungsmacht“ eine eigenständige Bedeutung zukommt.[187] Zunächst ist diesbezüglich festzuhalten, dass die Begriffe **europäisch-autonom** auszulegen sind (allgemein zur europäisch-autonomen Auslegung § 2 Rn. 80 ff.).[188] Es sind im Ergebnis durchaus Fälle vorstellbar, zB im Hinblick auf Prüfkompetenzen, die Ausgestaltung von Genehmigungsvorbehalten oder die Zentralisierung der Compliance, bei denen der Begriff „Kontrollmacht“ als solcher Sinn ergibt. Deshalb ist nach der hier vertretenen Ansicht beiden Begriffen eine jeweils eigenständige Bedeutung zuzugestehen.[189] Unabhängig davon ist es der EWIV beispielsweise nicht möglich, Leitungsmacht zB durch einen Beherrschungsvertrag auszuüben.[190] Von der Leitungs- und Kontrollmacht sind **Koordinierungsmaßnahmen** zu unterscheiden. Solche kann die EWIV übernehmen, soweit sie zur Erreichung ihres Zwecks notwendig sind.[191] Im Personalbereich könnte die EWIV beispielsweise Fortbildungsmaßnahmen koordinieren. 52

Die Vorschrift wurde auf Drängen der deutschen Arbeitnehmervertreter eingeführt und hat – ebenso wie die Beschränkung der Arbeitnehmerzahl – den Schutz der Mitbestimmungsrechte der Arbeitnehmer zum Ziel.[192] 53

---

179 Vgl. auch *Hakenberg* in: Ebenroth/Boujong/Joost (Hrsg.), HGB, 2014, EWIV Rn. 8.

180 Ausführlich zum Konzernleitungsverbot *Rinze*, Die Europäische wirtschaftliche Interessenvereinigung im Unternehmensverbund, 1996, S. 107 ff.

181 *Salger/Neye* in: MüHdB GesR, Bd. 1, 2014, § 94 Rn. 31.

182 *Manz* in: Selbherr/Manz (Hrsg.), Kommentar zur EWIV, Art. 3 Rn. 16; *Ganske*, Das Recht der EWIV, 1988, S. 29; *Lentner*, Das Gesellschaftsrecht der EWIV, 1994, S. 68; *Niessen* in: Müller-Gugenberger/Schotthöfer (Hrsg.), Die EWIV in Europa, 1995, EU-Recht, Kap. III Rn. 50; *Keutgen* Cahiers de droit européen 1987, 492, 496.

183 *Keutgen* Cahiers de droit européen 1987, 492, 496.

184 *Ganske*, Das Recht der EWIV, 1988, S. 29.

185 *Manz* in: Selbherr/Manz (Hrsg.), Kommentar zur EWIV, 1995, Art. 3 Rn. 20.

186 Vgl. *Schwarz*, Europäisches Gesellschaftsrecht, 2000, Rn. 984.

187 *Autenrieth* BB 1989, 305, 306; Gem. *Scriba*, Die EWIV, 1987, S. 62 wurde „Kontrollmacht“ lediglich aufgenommen, um Auslegungsschwierigkeiten in anderssprachigen Fassungen vorzubeugen.

188 *Rinze*, Die Europäische wirtschaftliche Interessenvereinigung im Unternehmensverbund, 1996, S. 127.

189 So auch *Rinze*, Die Europäische wirtschaftliche Interessenvereinigung im Unternehmensverbund, 1996, S. 127 ff.

190 *Autenrieth* BB 1989, 305, 306. Ein solcher Vertrag kann nicht wirksam abgeschlossen werden. Dazu *Rinze* Die Europäische wirtschaftliche Interessenvereinigung im Unternehmensverbund, 1996, S. 166.

191 *Lentner*, Das Gesellschaftsrecht der EWIV, 1994, S. 68; *Manz* in: Selbherr/Manz (Hrsg.), Kommentar zur EWIV, 1995, Art. 3 Rn. 19; *Vichatzky* RTDEur 1990, 275, 285; *Keutgen* Cahiers de droit européen 1987, 492, 493; *Lenz*, Die EWIV mit Sitz in der BRD vor Eintragung, 1997, S. 147; *Israel* in: Études IRE, G.E.I.E. et G.I.E. – Deux nouvelles formes d'association, 1989, S. 10; *Burkhalter*, Die EWIV und ihre konzernrechtlichen Beziehungen, 1998, S. 76.

192 *Autenrieth* BB 1989, 305, 306 f.; *Ganske* DB 1985, Beilage 20, 1, 3; *Gleichmann* ZHR 149 1985, 633, 636; *Gloria/Karbowski* WM 1990, 1313, 1316; *Lutter/Bayer/Schmidt*, Europäisches Unternehmens- und Kapitalmarktrecht, 2017, Rn. 44.14; *Schwarz*, Europäisches Gesellschaftsrecht, 2000, Rn. 984; *Lentner*, Das Gesellschaftsrecht der EWIV, 1994, S. 68.

b) Holdingverbot (Art. 3 II lit. b) EWIV-VO)

54 Art. 3 II lit. b) EWIV-VO statuiert neben dem Konzernleitungsverbot ein Holdingverbot.[193] Beide Verbote weisen einen Überschneidungsbereich auf. Ihnen kommt jedoch daneben auch eigenständige Bedeutung zu. Art. 3 II lit. b) EWIV-VO enthält für die EWIV zunächst ein **absolutes Verbot, Anteile an Mitgliedsunternehmen** zu halten (1. Hs.). Um Umgehungen zu vermeiden, verbietet die Vorschrift sowohl die **mittelbare als auch die unmittelbare Beteiligung** und erklärt explizit, dass es keine Gründe gibt, die eine Beteiligung rechtfertigen könnten. Das Verbot bezieht sich damit nicht allein auf den Erwerb einer Leitungsmacht, sondern gilt auch für geringe Beteiligungen, was die gesonderte Regelung des Holdingsverbots rechtfertigt.

55 Das Halten von **Anteilen an Drittunternehmen** unterliegt dagegen keinem absoluten Verbot. Vielmehr darf die EWIV solche Anteile erwerben und halten, sofern dies **auf Rechnung der Mitglieder** geschieht und zur **Zielerreichung notwendig** ist (Art. 3 II lit. b) 2. Hs. EWIV-VO).[194] Dadurch soll es der EWIV beispielsweise ermöglicht werden, sich in Drittstaaten an lokalen Unternehmen zu beteiligen, um dort so aktiv werden zu können.[195] Auch dann müsste die Beteiligung allerdings beide Voraussetzungen erfüllen (kumulatives „und"),[196] also auf Rechnung der Mitglieder erfolgen und zur Zielerreichung notwendig sein. Zudem ist in solchen Zusammenhängen immer auch das absolute Konzernleitungsverbot aus Art. 3 II lit. a) EWIV-VO zu beachten, wodurch die Bedeutung der Ausnahme eingeschränkt wird.[197]

56 In diesem Zusammenhang wird vertreten, dass der Begriff **„Drittunternehmen"** („andere Unternehmen") weit auszulegen ist und so auch Tochter- und Enkelgesellschaften von Mitgliedern darunter fallen.[198] Begründet wird dies damit, dass allein die Verhinderung der unmittelbaren Verflechtung mit den Mitgliedsunternehmen von der Vorschrift bezweckt wird.[199] Die Vorschrift selbst präzisiert nicht, wie der Begriff „andere Unternehmen" zu interpretieren ist. Sie lässt lediglich erkennen, dass er in Abgrenzung zu „Mitgliedsunternehmen" steht. Statt einer differenzierten Lösung gemäß Interessenskonflikten und Verflechtungspotenzial, trifft die Verordnung damit anscheinend eine pauschale Lösung. Im Ergebnis lässt sich somit gut vertreten, dass Tochter- und Enkelunternehmen von diesem Verbot nicht betroffen sind. Für die Gegenauffassung, dass Tochter- und Enkelunternehmen zumindest erfasst sein können, spricht allerdings, dass die pauschale Lösung zu Umgehungskonstruktionen anregen könnte und so der Sinn und Zweck des Verbots bei solchen Konstruktionen keine Berücksichtigung findet.[200]

57 Zweigniederlassungen kann die EWIV dagegen gründen (vgl. zur Eintragung von Zweigniederlassungen Rn. 89).

c) Begrenzung der Arbeitnehmerzahl (Art. 3 II lit. c) EWIV-VO)

58 Art. 3 II lit. c) EWIV-VO beschränkt die Zahl der Arbeitnehmer einer EWIV auf maximal **500**.[201] Auch diese Vorschrift wurde auf Bestreben der Bundesregierung in die Verordnung aufgenommen.[202] Sie verfolgte damit das Ziel, die deutsche Mitbestimmung vor einer Aushöhlung zu schützen, indem die Zahl der Arbeitnehmer einer EWIV aufgrund des Verbots immer unter der Schwelle für die deutsche Mitbestimmung liegen muss.[203] In der Literatur wurde auf die Möglichkeiten des Missbrauchs der EWIV bzw. der Umgehung des Verbots etwa

---

193 Ausführlich zum Holdingverbot *Rinze*, Die Europäische wirtschaftliche Interessenvereinigung im Unternehmensverbund, 1996, S. 109 ff.

194 *Schwarz*, Europäisches Gesellschaftsrecht, 2000, Rn. 985; *Rinze*, Die Europäische wirtschaftliche Interessenvereinigung im Unternehmensverbund, 1996, S. 133 spricht sich für ein weites Verständnis von „notwendig" aus.

195 *Autenrieth* BB 1989, 305, 306; *Gleichmann* ZHR 149 1985, 633, 637; *Lutter/Bayer/Schmidt*, Europäisches Unternehmens- und Kapitalmarktrecht, 2017, Rn. 44.15; *Schwarz*, Europäisches Gesellschaftsrecht, 2000, Rn. 985; *Keutgen* Cahiers de droit européen 1987, 492, 496.

196 Englischer Wortlaut: „and". Französischer Wortlaut: „et". Spanischer Wortlaut: „y". Italienischer Wortlaut: „e". Niederländischer Wortlaut: „en". Polnischer Wortlaut: „i".

197 *Ganske*, Das Recht der EWIV, 1988, S. 30.

198 *Autenrieth* BB 1989, 305, 306; *von Rechenberg* in: von der Heydt/von Rechenberg (Hrsg.), Die EWIV, 1991 S. 22; aA *Müller-Gugenberger* in: Müller-Gugenberger/Schotthöfer (Hrsg.), Die EWIV in Europa, 1995, EU-Recht, Kap. IV Rn. 119.

199 *Manz* in: Selbherr/Manz (Hrsg.), Kommentar zur EWIV, 1995, Art. 3 Rn. 25.

200 Für eine differenzierte Lösung *Rinze*, Die Europäische wirtschaftliche Interessenvereinigung im Unternehmensverbund, 1996, S. 129 f.

201 Art. 2 IV EWIV-VO-KOM sah sogar noch eine Beschränkung auf 250 Arbeitnehmer vor. Die Schwelle wurde somit im Laufe des Verordnungsgebungsprozesses angehoben.

202 *Scriba*, Die EWIV, 1987, S. 66 f.; *Keutgen* Cahiers de droit européen 1987, 492, 496; vgl. auch *van Gerven* in: van Gerven/Aalders (Hrsg.), European Economic Interest Groupings, 1990, S. 5, 12, die darauf verweisen, dass die Vorschrift ohne Kenntnis des deutschen Rechts seltsam erscheinen mag („seemingly rather strange limitation").

203 *Ganske*, Das Recht der EWIV, 1988, S. 30. *Teichmann* in: MüHdB GesR, Bd. 6, 2013. § 48 Rn. 19.

durch die Gründung mehrerer EWIV oder dem Ausleihen von Arbeitnehmern hingewiesen.[204] Die Sinnhaftigkeit der Vorschrift wird daher teilweise bezweifelt.[205] In der Praxis sind bisher allerdings keine Fälle bekannt geworden, in denen die deutsche Mitbestimmung durch die EWIV ausgehebelt wurde. Das liegt wohl auch daran, dass die EWIV unabhängig von dieser Vorschrift auf die Kooperation von kleinen und mittleren Unternehmen ausgerichtet ist, weshalb auch der Geschäftsumfang in der Regel nicht mehr als 500 Arbeitnehmer erforderlich machen dürfte.[206] Für die Mitglieder der EWIV besteht jedoch keine Begrenzung auf eine bestimmte Arbeitnehmerhöchstzahl.[207] Dies hätte den Anwenderkreis der EWIV zu stark eingeschränkt.[208]

Aus politischer Sicht hat diese Beschränkung sicherlich stark dazu beigetragen, dass die EWIV-Verordnung verabschiedet werden konnte. Denn durch die Beschränkung der Arbeitnehmerzahl erübrigte sich – zumindest aus deutscher Sicht – eine Regelung der Arbeitnehmermitbestimmung, wie sie bei der SE notwendig war.[209] 59

d) Kreditgewährungsverbot (Art. 3 II lit. d) EWIV-VO)

Art. 3 II lit. d) EWIV-VO enthält das sogenannte **Kreditgewährungsverbot**, dass sich mit der Gewährung von 60
Darlehen und der Übertragung von Vermögensgegenständen an die Mitglieder der Gesellschaftsorgane bzw. mit diesen verbundenen Personen beschäftigt. Allerdings handelt es sich regelungstechnisch weniger um ein Verbot als einen Verweis auf eventuell bestehende Beschränkungen nach nationalem Recht. Denn das mitgliedstaatliche Recht legt in diesem Fall die Grenzen fest. Art. 3 II lit. d) EWIV-VO verwendet dabei zwei unterschiedliche Verweistechniken: Die Kreditgewährung ist der Vorschrift nach nur dann verboten, wenn entsprechende nationale Gesetze dies unterbinden (***opt-out*** für den nationalen Gesetzgeber). Die Kreditgewährung ist damit nach der Verordnung vorbehaltlich anderslautender mitgliedstaatlicher Regelungen erlaubt. Die Übertragung von Vermögensgegenständen ist dagegen grundsätzlich verboten, es sei denn, das nationale Recht erklärt solche Vorgänge für zulässig (***opt-in*** für den nationalen Gesetzgeber).

Das Verbot soll verhindern, dass die EWIV dazu genutzt wird, um nationale Beschränkungen zu umgehen.[210] 61
Erfasst sind hinsichtlich der Kreditgewährung auch alle Geschäfte ähnlicher Wirkung.[211] Abzustellen ist auf das Recht des Staates, in dem diejenige Gesellschaft ihren Sitz (s. dazu unter Rn. 98 ff.) hat, deren Leiter oder verbundene Person den Kredit oder den Vermögensgegenstand von der EWIV erhalten soll. Die Verordnung stellt damit an dieser Stelle nicht auf das Recht des Sitzstaates der EWIV ab.[212] Bezüglich des betroffenen Vermögensgegenstands kann es sich um ein bewegliches oder unbewegliches Gut handeln.[213] Die Vorschrift wurde auf Wunsch der englischen Regierung eingeführt, die verhindern möchte, dass die EWIV zur Umgehung entsprechender Verbote bei englischen Gesellschaften genutzt wird.[214]

204 Vgl. *Gloria/Karbowski* WM 1990, 1313, 1317; *Lenz*, Die EWIV mit Sitz in der BRD vor Eintragung, 1997, S. 147 f.; *Müller-Gugenberger* in: Müller-Gugenberger/Schotthöfer (Hrsg.), Die EWIV in Europa, 1995, EU-Recht, Kap. IV Rn. 121, der auch keine Rechtfertigung für eine solche Beschränkung sieht. Kritisch zu der Regelung aus systematischen Gründen *Ganske*, Das Recht der EWIV, 1988, S. 30.

205 Vgl. *Gloria/Karbowski* WM 1990, 1313, 1317. *Schwarz*, Europäisches Gesellschaftsrecht, 2000, Rn. 986 zweifelt ebenfalls an der Sinnhaftigkeit, da Personengesellschaften generell mitbestimmungsfrei sind. Bei der EWIV bestand aber wohl eher die Befürchtung, dass Mitglieder der EWIV, die grds. der Mitbestimmung unterliegen würde, Teile ihre Belegschaft auf die EWIV auslagern und damit die Mitbestimmung umgehen würden.

206 Vgl. auch *Keutgen* Cahiers de droit européen 1987, 492, 496.

207 *Abmeier* NJW 1986, 2987; *Lutter/Bayer/Schmidt*, Europäisches Unternehmens- und Kapitalmarktrecht, 2017, Rn. 44.16; *Schwarz*, Europäisches Gesellschaftsrecht, 2000, Rn. 986; *Lentner*, Das Gesellschaftsrecht der EWIV, 1994, S. 69. Das hatte die Bundesregierung gefordert. Vgl. *Ganske*, Das Recht der EWIV, 1988, S. 30.

208 *Ganske*, Das Recht der EWIV, 1988, S. 30; *Lenz*, Die EWIV mit Sitz in der BRD vor Eintragung, 1997, S. 148.

209 *Teichmann* in: MüHdB GesR, Bd. 6, 2013, § 48 Rn. 19 weist darauf hin, dass dadurch das Problem der Mitbestimmung ausgeklammert wurde.

210 *Ganske*, Das Recht der EWIV, 1988, S. 31; *Israel* The Company Lawyer 1988, 14, 15.

211 *Ganske*, Das Recht der EWIV, 1988, S. 30.

212 *Manz* in: Selbherr/Manz (Hrsg.), Kommentar zur EWIV, 1995, Art. 3 Rn. 37.

213 *Manz* in: Selbherr/Manz (Hrsg.), Kommentar zur EWIV, 1995, Art. 3 Rn. 32; vgl. auch *Lutter/Bayer/Schmidt*, Europäisches Unternehmens- und Kapitalmarktrecht, 2017, Rn. 44.17, wonach „Vermögensgegenstand" weit zu verstehen sei.

214 *Ganske* DB 1985, Beilage 20, 1, 3; *Gloria/Karbowski* WM 1990, 1313, 1317; *Gleichmann* ZHR 149 1985, 633, 637 f.; *Lutter/Bayer/Schmidt*, Europäisches Unternehmens- und Kapitalmarktrecht, 2017, Rn. 44.17; *Manz* in: Selbherr/Manz (Hrsg.), Kommentar zur EWIV, 1995, Art. 3 Rn. 33.

e) Verbot der Mitgliedschaft einer EWIV an einer anderen EWIV

62 Art. 3 II lit. e) EWIV-VO untersagt es der EWIV, Mitglied einer anderen EWIV zu sein.[215] Eine sogenannte **„sekundäre Gründung"**, also die Gründung einer EWIV durch zumindest zwei bestehende EWIV, ist somit **nicht möglich**. Die Regelung wurde ebenfalls auf Anregung der britischen Regierung zur Vermeidung „unübersichtlicher Verschachtelungen" eingeführt.[216] Sie ist im Zusammenhang mit dem Konzernleitungsverbot und dem Holdingverbot zu sehen und ergänzt diese Beschränkungen. Für Mitglieder einer EWIV ist es allerdings grundsätzlich möglich, sich an weiteren EWIV zu beteiligen.[217] Dem können jedoch unter Umständen vertragliche Abreden bzw. ein Konkurrenzverbot entgegenstehen.[218]

f) Kapitalmarktsperre (Art. 23 EWIV-VO)

63 Art. 23 EWIV-VO normiert darüber hinaus eine **Kapitalmarktsperre** für die EWIV. Die Anteile an der Vereinigung dürfen daher nicht öffentlich am Kapitalmarkt angeboten werden.[219] Das Verbot gilt nicht nur für Aktien, sondern auch für Schuld- und Wandelschuldverschreibungen sowie Genussscheine etc.[220] Das Verbot lässt sich mit dem personalistischen Charakter der EWIV erklären.[221]

g) Nichtmitgliedergeschäfte

64 Darüber hinaus wird die Zulässigkeit von **Nichtmitgliedergeschäften**, dh Geschäften mit Dritten, die Leistungen umfassen, die die EWIV grundsätzlich für ihre Mitglieder erbringt, diskutiert. Ist die EWIV beispielsweise darauf ausgerichtet, für ihre Mitglieder IT-Leistungen anzubieten, so geht es in diesem Zusammenhang darum, ob auch Dritte in den Genuss dieser IT-Leistungen gelangen können. Es geht also um die Frage, ob ergänzende eigenwirtschaftliche Geschäfte zulässig sind. Es wird im Ergebnis sowohl ein absolutes Verbot[222] solcher Geschäfte als auch eine Abstufung vertreten, welche von Unzulässigkeitsschwellen ausgeht.[223] Nicht von dieser Debatte berührt sind dagegen Geschäfte mit Dritten, die notwendig sind, um die IT-Leistung für die Mitglieder überhaupt anbieten zu können. Die EWIV-Verordnung enthält diesbezüglich **keine explizite Regelung.**[224] Solche Transaktionen sind im Ergebnis gestattet. Bietet die EWIV somit beispielsweise für ihre Mitglieder IT-Leistungen an, kann sie die dafür benötigte Ausstattung von Dritten erwerben (zB PCs, Software etc).

65 Ein in Vorentwürfen (vgl. Art. 2 II EWIV-VO-KOM-1[225]/EWIV-VO-KOM-2[226]) enthaltenes Verbot für Nichtmitgliedergeschäfte wurde im Laufe des Gesetzgebungsprozesses gestrichen.[227] Ein eindeutiger Schluss lässt sich aus dieser Entwicklung nicht ziehen.[228] Da allerdings grundsätzlich gilt, dass alles, was nicht verboten ist, er-

---

215 Sehr kritisch zu diesem Verbot *Müller-Gugenberger* in: Müller-Gugenberger/Schotthöfer (Hrsg.), Die EWIV in Europa, 1995, EU-Recht, Kap. IV Rn. 123. Ebenfalls kritisch *Rinze*, Die Europäische wirtschaftliche Interessenvereinigung im Unternehmensverbund, 1996, S. 85.

216 *Lutter/Bayer/Schmidt*, Europäisches Unternehmens- und Kapitalmarktrecht, 2017, Rn. 44.18; *Schwarz*, Europäisches Gesellschaftsrecht, 2000, Rn. 988; *Scriba*, Die EWIV, 1987, S. 70; *Lentner*, Das Gesellschaftsrecht der EWIV, 1994, S. 71; *Ganske* DB 1985, Beilage 20, 1, 3; *Gloria/Karbowski* WM 1990, 1313, 1317; *Israel* The Company Lawyer 1988, 14, 15; *Manz* in: Selbherr/Manz, Kommentar zur EWIV, Art. 3 Rn. 38.

217 *Ganske*, Das Recht der EWIV, 1988, S. 31; *Schwarz*, Europäisches Gesellschaftsrecht, 2000, Rn. 988; *Lentner*, Das Gesellschaftsrecht der EWIV, 1994, S. 71; *Lenz*, Die EWIV mit Sitz in der BRD vor Eintragung, 1997, S. 149; *Keutgen* Cahiers de droit européen 1987, 492, 497.

218 *Lentner*, Das Gesellschaftsrecht der EWIV, 1994, S. 71.

219 *Lutter/Bayer/Schmidt*, Europäisches Unternehmens- und Kapitalmarktrecht, 2017, Rn. 44.19, *Scriba*, Die EWIV, 1987, S. 115.

220 *Lutter/Bayer/Schmidt*, Europäisches Unternehmens- und Kapitalmarktrecht, 2017, Rn. 44.19; *Lentner*, Das Gesellschaftsrecht der EWIV, 1994, S. 71.

221 *Müller-Gugenberger* in: Müller-Gugenberger/Schotthöfer (Hrsg.), Die EWIV in Europa, 1995, EU-Recht, Kap. IV Rn. 124.

222 *Vague* RMC 1992, 403, 406.

223 *Hartard*, Die EWIV im deutschen, englischen und französischen Recht, 1991, S. 13 f.

224 *Bramigk*, Der Zweck der EWIV, 2003, S. 193.

225 Europäische Kommission, Vorschlag für eine Verordnung des Rates über die Europäische Kooperationsvereinigung (EKV) COM/73/2046 final, ABl. EU v. 15.2.74, C 14/31.

226 Europäische Kommission, geänderter Vorschlag für eine Verordnung des Rates über die Europäische Kooperationsvereinigung (EKV) COM/78/139 final, ABl. EU v. 28.4.78, C 103/4.

227 *Bramigk*, Der Zweck der EWIV, 2003, S. 194; *Rinze*, Die Europäische wirtschaftliche Interessenvereinigung im Unternehmensverbund, 1996, S. 61 f. und 69.

228 Es könnte sein, dass der Verordnungsgeber damit anzeigen wollte, dass solche Geschäfte grundsätzlich gestattet sind (vgl. *Hartard*, Die EWIV im deutschen, englischen und französischen Recht, 1991, S. 13 f.). Es ist allerdings auch denkbar, dass der Verordnungsgeber keine Notwendigkeit für ein solch explizites Verbot aufgrund bereits anderweitiger in der Verordnung enthaltener Einschränkungen sah. In diese Richtung *Vague* RMC 1992, 403, 406, der aus der Hilfstätigkeit eine entsprechende Beschränkung herleitet.

laubt ist, müssten sich Einschränkungen aus der Verordnung ergeben. Insofern hat die Streichung die Begründungslast verschoben.[229]

Grundsätzlich ist zunächst mit der Zweckbegrenzung auf förderwirtschaftliche Tätigkeiten zu argumentieren, welche der EWIV auferlegt worden ist. Der unmittelbare und konkrete Bezug zu den Mitgliederunternehmen fehlt bei den hier diskutierten Nichtmitgliedergeschäften.[230] Außerdem steht die Anbietung von Leistungen an Dritte auch in einem Spannungsverhältnis zum Gewinnerzielungsverbot (s. dazu unter Rn. 47 ff.). Es kann insofern nicht auf die Verrechnung ankommen (beispielsweise das günstigere Anbieten der Leistung an die Mitglieder, wodurch die Gewinnerzielung rechnerisch unterbunden wird). 66

Allerdings könnte ein absolutes Verbot nicht unerhebliche wirtschaftliche Nachteile nach sich ziehen und somit die bezweckte Mitgliederförderung behindern, so etwa im Rahmen von nicht nutzbaren, freien Kapazitäten.[231] Zu bedenken ist außerdem, dass es im Einzelfall sogar aufgrund kartellrechtlicher Vorgaben geboten sein kann, Dritten die Leistung anzubieten (Art. 6 lit. b) FuE GVO, Erwägungsgrund 21 FuE GVO). 67

Im Ergebnis dürfen damit lediglich zeitweilige, ergänzende Nichtmitgliedergeschäfte, die auf Gewinnerzielung ausgerichtet sind, durchgeführt werden, um zB zeitlich begrenzte Schwankungen in der Auslastung aufzufangen.[232] Es erscheint ebenfalls grundsätzlich möglich, dass die EWIV Nichtmitgliedergeschäfte durchführt, bei denen es nicht zu einer Gewinnerzielung kommt. Hier können sich Einschränkungen allerdings dadurch ergeben, dass die EWIV die Belange ihrer Mitglieder zu fördern und diesbezüglich eine Hilfstätigkeit auszuüben hat. In Betracht kommt aber zB das Sponsoring eines Dritten durch die EWIV. Ebenfalls möglich ist es, dass die EWIV beispielsweise einen Vertrag mit einem Dritten über ein Bauvorhaben abschließt, wenn dieses Geschäft direkt den Mitgliedern zu Gute kommt, in dem sie dieses Bauvorhaben ausführen und die EWIV beispielsweise die Zusammenarbeit koordiniert.[233] 68

h) Sanktionen

Die **Rechtsfolge eines Verstoßes** gegen die Zweckbestimmungen gem. Art. 3 EWIV-VO ist gemäß Art. 32 I EWIV-VO die **Auflösung** der EWIV durch gerichtliche Entscheidung (s. dazu näher unter Rn. 237 ff.). Die Auflösung kann nur durch eine rechtzeitige Behebung des Mangels abgewandt werden (Art. 32 I EWIV-VO). Das Gericht „muss"[234] auf Antrag eines Beteiligten bzw. einer zuständigen Behörde tätig werden (Art. 32 I EWIV-VO). Es besteht also kein Eingriffsermessen. Deutsche Behörden sind nach hM wohl nicht zur Stellung eines Auflösungsantrags nach Art. 32 I EWIV-VO befugt.[235] Beteiligter iSd Vorschrift ist jeder, der von dem mit der Antragsstellung gerügten Mangel selbst betroffen ist und ein berechtigtes Interesse nachweisen kann. Dazu können zB Mitglieder und Arbeitnehmer sowie Geschäftsführer zählen. Bloße Konkurrenten oder Kartellbehörden sind dagegen nicht als Beteiligte iSd Art. 32 I EWIV-VO zu werten.[236] Bislang ist jedoch kein Fall bekannt, indem es zur Auflösung einer EWIV aufgrund eines Verstoßes gegen die Zweckbeschränkungen kam. 69

Liegt ein Verstoß gegen die Zweckbestimmungen bereits bei Gründung vor, so muss das zuständige Register die Eintragung versagen.[237] Die Verordnung regelt allerdings nicht die Sanktion für Verstöße gegen Art. 23 EWIV-VO, dh die Kapitalmarktsperre. Insofern kommt daher nationales Recht zur Anwendung.[238] Dabei verpflichtet der *effet utile*-Grundsatz (dazu § 2 Rn. 127 ff.) die Mitgliedstaaten, angemessene und effektive Sanktionen zu 70

---

229 Siehe grundlegend zur Begründungslast *Krebs* AcP 195 (1995) 171, 171 ff.

230 *Bramigk*, Der Zweck der EWIV, 2003, 193 ff., 201; *Rinze*, Die Europäische wirtschaftliche Interessenvereinigung im Unternehmensverbund, 1996, S. 69 f.

231 *Bramigk*, Der Zweck der EWIV, 2003, 195 f.; *Blomeyer* ZfgG 37 (1987) 144, 151; *Kittner* ZGR 1975, 48, 56; *Rinze*, Die Europäische wirtschaftliche Interessenvereinigung im Unternehmensverbund, 1996, S. 70.

232 *Bramigk*, Der Zweck der EWIV, 2003, 197.

233 Europäische Kommission, Antwort auf die schriftliche Anfrage Nr. 1587/91, ABl. C. 323/33.

234 Englischer Wortlaut: „must". Französischer Wortlaut: „doit". Spanischer Wortlaut: „deberá". Italienischer Wortlaut: „deve". Niederländischer Wortlaut: „moet". Polnischer Wortlaut: „musi". *Europäische Union*, Gemeinsamer Leitfaden des Europäischen Parlaments, des Rates und der Kommission für Personen, die an der Abfassung von Rechtstexten der Europäischen Union mitwirken, 2015, DOI 10.2880/836230, S. 12 Punkt 2.3.2. empfiehlt dagegen für aktuelle Gesetzgebungsakte, im Deutschen nur ausnahmsweise die Formulierung „muss" zu verwenden und im Französischen im Indikativ Präsens zu formulieren. In der englischen Fassung soll „shall" plus Infinitiv verwendet werden.

235 *Manz* in: Selbherr/Manz (Hrsg.), Kommentar zur EWIV, 1995, Art. 32 Rn. 35; *Bramigk*, Der Zweck der EWIV, 2003, 211 ff.; *Hamacher* FR 1986, 557, 558; *Kollhosser/Raddatz* JA 1989, 10, 15; aA *Meyer-Landrut*, Die EWIV, 1988, S. 112.

236 *Bramigk*, Der Zweck der EWIV, 2003, 213 ff.; *Scriba*, Die EWIV, 1987, S. 174.

237 *Meyer-Landrut*, Die EWIV, 1988, S. 142 f.; *Lentner*, Das Gesellschaftsrecht der EWIV, 1994, S. 67; *Schwarz*, Europäisches Gesellschaftsrecht, 2000, Rn. 990.

238 *Lentner*, Das Gesellschaftsrecht der EWIV, 1994, S. 72; *Manz* in: Selbherr/Manz (Hrsg.), Kommentar zur EWIV, 1995, Art. 23 Rn. 5; *Ganske*, Das Recht der EWIV, 1988, S. 75; *von Rechenberg* in: von der Heydt/von Rechenberg (Hrsg.), Die EWIV, 1991, S. 24.

schaffen, was über Zwischensanktionen letztlich auf eine Zwangslöschung als letzte Sanktion hinauslaufen könnte.

V. Firma der Gesellschaft

71 Der Wortlaut der Vorschrift zur Firma in der EWIV-Verordnung unterscheidet sich leicht von den entsprechenden Regelungen der im Anschluss entstandenen Verordnungen, wohl, weil die entsprechenden Erfahrungen noch fehlten. Art. 5 lit. a) EWIV-VO regelt lediglich, dass die Gesellschaft den **Rechtsformzusatz** „Europäische wirtschaftliche Interessenvereinigung" bzw. „EWIV" führen muss. Dadurch soll sie vom Rechtsverkehr eindeutig identifiziert und von anderen Rechtsformen unterschieden werden können.[239] Im Gegensatz zu den anderen Rechtsformen gestattet Art. 5 lit. a) EWIV-VO ausdrücklich, dass die EWIV auch die Langform (Europäische wirtschaftliche Interessenvereinigung) wählen darf (zur SCE § 6 Rn. 115, zur SPE § 5 Rn. 83). In der Praxis haben davon einige EWIV auch Gebrauch gemacht.[240] Die meisten EWIV verwenden jedoch die Abkürzung.[241]

72 Art. 5 lit. a) EWIV-VO gibt zudem vor, dass der Rechtsformzusatz voran- oder nachzustellen ist. In der Praxis wird er zumeist nachgestellt.[242] Ist der Zusatz bereits im Namen enthalten, muss er nicht mehr voran- oder nachgestellt werden (Art. 5 lit. a) EWIV-VO).[243] Die Verordnung regelt nicht explizit, dass der Rechtsformzusatz in der Landessprache zu verwenden ist, die am Ort des Registersitzes der EWIV gilt. Da die EWIV-Verordnung sich zur Sprache der Dokumente insgesamt nicht äußert, liegt insofern eine externe Lücke in der Verordnung vor, die durch nationales Recht zu füllen ist. Die Mitgliedstaaten geben damit die Anforderungen an die Sprache vor, so dass generell die Landessprache gilt.[244] In Deutschland wurden allerdings auch einige EWIV mit Doppelzusatz eingetragen („EWIV/EEIG" oder „EWIV/GEIE").

73 Die EWIV hat im Gegensatz zu den anderen supranationalen Gesellschaftsformen (SE und SCE, geplant auch für die SPE und FE) keine europaweit einheitliche Bezeichnung erhalten.[245] Denn für die EWIV wurde noch **keine lateinische Bezeichnung** gewählt. Vielmehr hat jedes Land bzw. jede Landessprache eine eigene Bezeichnung für diese Rechtsform.[246] So trägt die EWIV in England den Rechtsformzusatz „***European Economic Interest Grouping*** (EEIG)", in Frankreich wird sie „***groupement européen d'intérêt économique*** (GEIE)" genannt und in Spanien „***agrupación europea de interés económico*** (AEIE)".[247] Im Gegensatz zu den anderen supranationalen Gesellschaftsformen bietet die EWIV daher nicht den Vorteil des einheitlichen **europäischen Labels**. Ein erfolgreiches, europaweites „corporate branding" wird so nicht erreicht.[248] Für Dritte ist damit auch nicht sofort ersichtlich, dass es sich um eine europäische Rechtsform handelt.[249] Denn selbst wenn ihnen die Bezeichnung der EWIV in ihrer jeweiligen Landessprache bekannt ist, werden Dritte regelmäßig den Firmenzusatz in den anderen Sprachen nicht einordnen können.

74 Außerdem war auch der Name selbst nicht unumstritten. In den Entwürfen wurde die EWIV auch noch als „Europäische Wirtschaftliche Interessengemeinschaft (EWI)"[250] bzw. als „Europäische Kooperationsvereinigung (EKV)"[251] bezeichnet. Um die Verwechslungsgefahr mit „Kooperativen" zu vermeiden, wurde dann trotz

239 EuGH, Rs. C-402/96, ECLI:EU:C:1997:634 = BeckEuRS 1997, 222200.
240 Vgl. LIBERTAS, EWIV Länderliste, Stand: 12.10.2017.
241 Vgl. LIBERTAS, EWIV Länderliste, Stand: 12.10.2017.
242 Vgl. LIBERTAS, EWIV Länderliste, Stand: 12.10.2017.
243 Vgl. dazu *Manz* in: Selbherr/Manz (Hrsg.), Kommentar zur EWIV, 1995, Art. 5 Rn. 4.
244 So im Ergebnis ohne nähere Begründung auch *van Gerven* in: van Gerven/Aalders (Hrsg.), European Economic Interest Groupings, 1990, S. 5, 19.
245 Für alle anderen supranationalen Gesellschaftsformen wurde eine lateinische Bezeichnung gewählt, die in allen Mitgliedstaaten gleich ist (vgl. Societas Europaea (SE), Societas Cooperativa Europaea (SCE); vgl. auch die Bezeichnungen für die gescheiterten Projekte: Societa Privata Europaea (SPE)/Fundatio Europaea (FE)).
246 *Müller-Gugenberger* in: Müller-Gugenberger/Schotthöfer (Hrsg.), Die EWIV in Europa, 1995, EU-Recht, Kap. IV Rn. 88; *Cathiard*, La pratique du droit européen des sociétés, 2017, Rn. 127.
247 Die italienische Bezeichnung lautet: „gruppo europeo di interesse economico (GEIE)". Die niederländische Bezeichnung lautet: „Europese economische samenwerkingsverbanden (EESV)". Die polnische Bezeichnung lautet: „Europejskie ugrupowanie interesów gospodarczych (EUIG)".
248 *Böhringer* BWNotZ 1990, 129, 132; *Fleischer* ZHR 174 (2010) 385, 390; *ders.* CMLR 2010, 1671, 1675.
249 *Fleischer* CMLR 2010, 1671, 1675 spricht aufgrund der fehlenden lateinischen Bezeichnung von „Babylonian confusion of languages in Europe".
250 Vgl. Vorentwurf einer Verordnung zur Schaffung einer Europäischen Wirtschaftlichen Interessengemeinschaft (EWI), Dok. KOM XIV/335-1/71 vom 29.10.1971.
251 Vgl. Geänderte Vorentwurf für eine Verordnung zur Schaffung einer Europäischen Kooperationsvereinigung (EKV), Dok. KOM XIV/316/72; Dok. KOM 73/2046 (EWIV-VO-KOM), veröffentlicht im ABl. Nr. C 14 vom 15.2.1974, S. 30 ff. vgl. zu letzterem Entwurf ausführlich *Lichtenberg* ZHR 138 (1974) 117-140.

ihrer Länge die Bezeichnung Europäische wirtschaftliche Interessenvereinigung gewählt.[252] Im Ergebnis wurde der Rechtsformzusatz für die EWIV somit in Anlehnung an das französische Vorbild, den GIE, gewählt. Hinzugefügt wurde lediglich die Bezeichnung „Europäische“,[253] um auf die supranationale Dimension aufmerksam zu machen.

Im Gegensatz zu einigen nationalen Bezeichnungen für Gesellschaften, lässt sich dem Rechtsformzusatz „Europäische Wirtschaftliche Interessenvereinigung“ wenig über den Charakter der EWIV entnehmen. Es geht daraus beispielsweise nicht hervor, ob es eine beschränkte oder unbeschränkte Haftung der Mitglieder gibt oder ob es sich um eine Handelsgesellschaft handelt oder nicht (zu diesem Aspekt aus genereller Sicht näher unter § 3 Rn. 135 ff.).[254] 75

Weitere Aspekte der Firmenbildung regelt die Verordnung nicht. Insofern kommt daher gem. Art. 2 I EWIV-VO das mitgliedstaatliche Recht zur Anwendung.[255] Umstritten ist, ob der Schutz des Rechtsverkehrs es gebietet, dass die Firmierung der EWIV ausdrücken muss, dass die Vereinigung uU nur aus Kapitalgesellschaften besteht und daher i.E. eine Haftungsbeschränkung besteht. Mit Blick auf die „deutsche“ EWIV wurde vertreten, dass dies geboten sei, da insofern § 19 II HGB zur Anwendung käme.[256] Dies ist jedoch abzulehnen, da die Verordnung den Rechtsformzusatz **abschließend** regelt.[257] 76

Ebenfalls umstritten war früher die Frage, ob eine **Sachfirma** für die EWIV zulässig ist.[258] Der EuGH entschied 1997, dass der Inhalt der Firmenbezeichnung nach nationalem Recht zu bestimmen ist.[259] Für die „deutsche“ EWIV sind allerdings seit dem HRefG 1998 auch Sach- und Fantasienamen zulässig.[260] 77

VI. Registereintragung

Die EWIV muss gem. Art. 6 EWIV-VO zur Gründung in das Register eingetragen werden, welches der Mitgliedstaat, in dem die EWIV ihren Sitz (s. dazu näher unter Rn. 98 ff.) hat, für die Eintragung bestimmt. Der europäische Gesetzgeber hat sich bewusst gegen die Einrichtung eines europäischen EWIV-Registers entschieden.[261] Die Eintragung der EWIV in das zuständige Register hat **konstitutive Wirkung** (Schluss aus Art. 1 I 2 und II EWIV-VO, zur Rechtsfähigkeit näher unter Rn. 127).[262] 78

Gemäß Art. 39 I EWIV-VO bestimmen die Mitgliedstaaten die für die Eintragung geltenden Vorschriften sowie das Register, welches für die Eintragung zuständig ist. In Deutschland bestimmt das Ausführungsgesetz, dass die EWIV ins Handelsregister eingetragen werden muss (vgl. § 2 EWIV-AusfG). Über § 1 EWIV-AusfG sind die Vorschriften über das Handelsregister gemäß den §§ 8-16 HGB anzuwenden.[263] 79

---

252 Vgl. *Manz* in: Selbherr/Manz (Hrsg.), Kommentar zur EWIV, 1995, Vorb. Rn. 9; *Hatzig*, Die EWIV, 1990, S. 4; *Ganske*, Das Recht der EWIV, 1988, S. 15; *Abmeier* NJW 1986, 2987, 2987. Vgl. auch *Keutgen* Cahiers de droit européen 1987, 492, 493; *Schwarz*, Europäisches Gesellschaftsrecht, 2000, Rn. 968.

253 *Keutgen* Cahiers de droit européen 1987, 492, 493. *Guyenot* Fiscalité Européenne 1986, 49, 51 weist ebenfalls auf die identische Bezeichnung beider Rechtsformen hin.

254 Vgl. *Müller-Gugenberger* in: Müller-Gugenberger/Schotthöfer (Hrsg.), Die EWIV in Europa, 1995, EU-Recht, Kap. IV Rn. 89 ff.

255 EuGH, Rs. C-402/96 (EITO), ECLI:EU:C:1997:634 = Slg 1997, I-7515, Rn. 22; *Grundmann*, Europäisches Gesellschaftsrecht, 2011, Rn. 1111; *Habersack*, Europäisches Gesellschaftsrecht, 2011, § 12 Rn. 7; *Lutter/Bayer/Schmidt*, Europäisches Unternehmens- und Kapitalmarktrecht, 2017, Rn. 44.27; *Lenz*, Die EWIV mit Sitz in der BRD vor Eintragung, 1997, S. 58.

256 *Autenrieth*, Die EWIV, 1990, Rn. 66 f.; *Autenrieth* BB 1989, 305, 309; *Böhringer* BWNotZ 1990, 129, 130; *Hatzig*, EWIV, 1990, S. 54; *Lenz*, Die EWIV mit Sitz in der BRD vor Eintragung, 1997, S. 59.

257 *Lentner*, Das Gesellschaftsrecht der EWIV, 1994, S. 75; aA *von Rechenberg* in: von der Heydt/von Rechenberg (Hrsg.), Die EWIV, 1991, S. 38; *Autenrieth* BB 1989, 305, 309; *ders.*, Die EWIV, Rn. 67.

258 Damals für die Zulässigkeit: *Lentner*, Das Gesellschaftsrecht der EWIV, 1994, S. 74; *Jahn*, Die gemeinschaftlich handelnden Mitglieder einer deutschen EWIV, 1996, S. 63 f.; *Müller-Gugenberger* BB 1989, 1922, 1922 f.; aA *Manz* in: Selbherr/Manz (Hrsg.), Kommentar zur EWIV, 1995, Art. 5 Rn. 3. Eine Übersicht über die damalige Streitfrage gebend *Schwarz*, Europäisches Gesellschaftsrecht, 2000, Rn. 1014.

259 EuGH v. 18.12.1997, Rs. C-402/96 (EITO), ECLI:EU:C:1997:634 = Slg 1997, I-7515.

260 *Schwarz*, Europäisches Gesellschaftsrecht, 2000, Rn. 1014; *Lamsa/Ammon* in: Heidel/Schall, HGB 2. Auflage 2015, § 17 Rn. 11.

261 *Lutter/Bayer/Schmidt*, Europäisches Unternehmens- und Kapitalmarktrecht, 2017, Rn. 44.33. Für ein unionsweites Zentralregister plädierend *Burkhalter*, Die EWIV und ihre konzernrechtlichen Beziehungen, 1998, S. 237.

262 *Manz* in: Selbherr/Manz (Hrsg.), Kommentar zur EWIV, 1995, Art. 6 Rn. 3; *Grundmann*, Europäisches Gesellschaftsrecht, 2011, Rn. 1112; *Autenrieth*, Die EWIV, 1990, Rn. 23; *Wendt* in: Spahlinger/Wegen/Barth (Hrsg.), Gesellschaftsrecht des Auslands, 2016, Europäische Union Rn. 158 (Stand: 2012); *Lutter/Bayer/Schmidt*, Europäisches Unternehmens- und Kapitalmarktrecht, 2017, Rn. 44.33; *Rinze*, Die Europäische wirtschaftliche Interessenvereinigung im Unternehmensverbund, 1996, S. 57; *Lenz*, Die EWIV mit Sitz in der BRD vor Eintragung, 1997, S. 62; *Ziegler* RPfleger 1989, 261, 262.

263 *Meyer-Landrut*, Die EWIV, 1988, S. 139. Zur Eintragung in Frankreich *Cathiard*, La pratique du droit européen des sociétés, 2017, Rn. 137 ff.

80 Die Kosten für eine einfache EWIV-Gründung belaufen sich auf ca. 2.000 bis 3.000 Euro.[264] Diese geringen Gründungskosten werden als Vorteil der EWIV genannt.[265] Gerade durch eine detaillierte und stark individuelle Ausgestaltung des Gründungsvertrags können die Kosten allerdings wohl auch schnell darüber hinausgehen.[266]

1. Anmeldung

81 Die Verordnung äußert sich nicht zur Anmeldung der Eintragung, weshalb auch insofern nationales Recht zur Anwendung kommt. Die Anmeldung zur Eintragung wird nach dem deutschen Ausführungsgesetz von den Geschäftsführern vorgenommen (§ 3 I 1 EWIV-AusfG). § 3 I 2 EWIV-AusfG präzisiert, dass die Anmeldung die Mitwirkung **sämtlicher Geschäftsführer** erfordert. Eine Vertretung der Geschäftsführer gemäß § 12 I 2 HGB ist unzulässig, da die Anmeldung zur Eintragung ausdrücklich durch sämtliche Geschäftsführer zu erfolgen hat.[267] Die Zuständigkeitsregel zeigt zugleich, dass die ersten Geschäftsführer in der Praxis im Gründungsvertrag bestimmt werden müssen, da eine Eintragung der EWIV nur durch diese veranlasst werden kann.[268]

82 In Deutschland erfolgt die Anmeldung der EWIV zur Eintragung in das Handelsregister gemäß § 2 I EWIV-AusfG bei dem Gericht, in dessen Bezirk sie ihren im Gründungsvertrag genannten Sitz hat. Auf den Verwaltungssitz kommt es somit nicht an.[269] Die Anmeldung hat gemäß § 2 II EWIV-AusfG die Firma, den Sitz, den Unternehmensgegenstand, Angaben zu den Mitgliedern, Angaben zu den Geschäftsführern und deren Vertretungsbefugnis sowie gegebenenfalls die Dauer der Vereinigung zu enthalten. Dies entspricht weitgehend dem § 106 II HGB, welcher hier allerdings durch § 2 II EWIV-AusfG verdrängt wird (zur Regelungstechnik s. Rn. 13 ff.).[270] Die nach § 2 II EWIV-AusfG erforderlichen Angaben stimmen im Ergebnis mit dem in Art. 5 EWIV-VO genannten Mindestinhalt des Gründungsvertrags (siehe dazu unter Rn. 34 ff.) überein,[271] ergänzt um die Angaben zu den Personalien der Geschäftsführer sowie deren Vertretungsbefugnis (vgl. Art. 7 lit. d) EWIV-VO). Letzteres dient dem Schutz des Rechtsverkehrs.[272]

83 Gemäß § 3 III EWIV-AusfG haben die **Geschäftsführer** (ähnlich § 8 III GmbHG)[273] zu **versichern**, dass keine Umstände vorliegen, die nach Art. 19 I EWIV-VO ihrer Bestellung entgegenstehen und dass sie über ihre unbeschränkte Auskunftspflicht gegenüber dem Gericht belehrt worden sind. Die Versicherung darf nicht pauschal erfolgen, sondern muss alle in Betracht kommenden Ausschlussgründe benennen.[274] Diesbezüglich falsche Versicherungen sind strafbar (§ 13 EWIV-AusfG).

84 Zu berücksichtigen ist, dass gemäß § 2 IV 1 EWIV-AusfG aufgrund des anzuwendenden Rechts der OHG weitere Anmeldungen wie beispielsweise die einer (erteilten) Prokura erforderlich sein können.[275] Weitere anmeldepflichtige Tatsachen, wie beispielsweise Änderungen hinsichtlich der Angaben nach § 2 II EWIV-AusfG oder die Auflösung der EWIV, ergeben sich aus § 2 II EWIV-AusfG (zu eintragungspflichtigen Tatsachen vgl. Rn. 89).

85 Für die Form der Anmeldung gilt in Deutschland § 12 HGB.[276] Der Gründungsvertrag muss gemäß Art. 7 I EWIV-VO beim Registergericht gemäß Art. 6 EWIV-VO hinterlegt werden (zur Hinterlegung vgl. Rn. 89 ff.). Gleiches gilt für die Bestellung der Geschäftsführer, sofern diese nicht durch den Gründungsvertrag erfolgt ist.[277]

---

264 *Zahorka*, Rechtsform mit vielen Freiheiten: Mit einer EWIV europaweit kooperieren, LEADERforum 1 (2005), Stand: 20.2.2006, 35.

265 *Burkhalter*, Die EWIV und ihre konzernrechtlichen Beziehungen, 1998, S. 258.

266 In der Anfangszeit kam es zu Beschwerden bzgl. hoher Eintragungskosten. Die Europäische Kommission verlangte daraufhin von den Mitgliedstaaten Abhilfe zu schaffen. Vgl. *Neye* DB 1997, 861, 862.

267 *Meyer-Landrut*, Die EWIV, 1988, S. 140.

268 Vgl. *Lenz*, Die EWIV mit Sitz in der BRD vor Eintragung, 1997, S. 68.

269 *Lenz*, Die EWIV mit Sitz in der BRD vor Eintragung, 1997, S. 66.

270 *Böhringer* BWNotZ 1990, 129, 131.

271 *Meyer-Landrut*, Die EWIV, 1988, S. 139.

272 *Manz/Zwosta* in: Selbherr/Manz (Hrsg.), Kommentar zur EWIV, 1995, § 3 EWIV-AusfG Rn. 12.

273 *Böhringer* BWNotZ 1990, 77, 82.

274 *Meyer-Landrut*, Die EWIV, 1988, S. 139; *Manz/Zwosta* in: Selbherr/Manz (Hrsg.), Kommentar zur EWIV, 1995, § 3 EWIV-AusfG Rn. 12.

275 *Ganske*, Das Recht der EWIV, 1988, S. 40; *Gloria/Karbowski* WM 1990, 1321; *Teichmann* in: MüHdB GesR, Bd. 6, 2013, § 48 Rn. 24.

276 *Meyer-Landrut*, Die EWIV, 1988, S. 139; *Manz/Zwosta* in: Selbherr/Manz (Hrsg.), Kommentar zur EWIV, 1995, § 3 EWIV-AusfG Rn. 14.

277 *Krafka/Kühn*, Registerrecht, 2017, Teil 1, Zweiter Abschnitt, E. Rn. 875.

2. Eintragung

Die Eintragung erfolgt in Deutschland in Abteilung A des Handelsregisters (§ 3 II HRV).[278] Die Kosten der Eintragung bestimmen sich nach § 58 I Nr. 1 GNotKG iVm § 1 1 HRegGebV. Die Gebühren dürfen die Verwaltungskosten aber gem. Art. 39 I aE EWIV-VO nicht übersteigen. Gem. Art. 15 I 1 EWIV-VO können Mängel des Gründungsvertrags und sonstige Nichtigkeitsgründe nach der Registereintragung nur noch durch gerichtliche Entscheidung festgestellt oder ausgesprochen werden.[279] 86

3. Gründungsprüfung

Die Gründungsprüfung ist in der EWIV-Verordnung nicht ausdrücklich geregelt.[280] Nach hM besteht allerdings hinsichtlich der **formellen Voraussetzungen** durch das Registergericht eine **Prüfungspflicht**.[281] Darauf lässt Art. 39 III EWIV-VO schließen, der vorgibt, dass die Mitgliedstaaten geeignete Vorschriften erlassen müssen, die auf Situationen zugeschnitten sind, in denen Artt. 7, 8 und/oder 10 EWIV-VO, bei denen es um Angaben im Register geht, nicht eingehalten wurden. Es muss daher bestimmte Kontrollen geben.[282] Allerdings ergibt sich daraus nicht zwangsläufig eine Pflicht zur Kontrolle vor Eintragung. 87

Eine Art. 39 III EWIV-VO entsprechende Regelung für die materiellen Eintragungsvoraussetzungen gibt es nicht. Die Verordnung enthält auch keine allgemeine Vorschrift, die angemessene Regelungen von den Mitgliedstaaten zur Durchsetzung der Verordnung fordert. Dem Grundsatz des *effet utile* zufolge (dazu näher unter § 2 Rn. 127 ff.) ist jedoch davon auszugehen, dass es eine generelle Verantwortlichkeit der Mitgliedstaaten gibt, für eine angemessene Durchsetzung zu sorgen, zB durch Sanktionen. Hier könnte das nationale Recht allerdings auch vorgeben, dass zB die materiellen Eintragungsvoraussetzungen gem. Artt. 3, 4 und 12 EWIV-VO präventiv zu prüfen sind. 88

4. Hinterlegung

Gem. Art. 7 EWIV-VO ist nicht allein der **Gründungsvertrag** beim zuständigen Register zu hinterlegen (Art. 7 S. 1 EWIV-VO), sondern auch **weitere Urkunden und Angaben** (Art. 7 S. 2 EWIV-VO). Art. 7 S. 2 EWIV-VO betrifft nachträgliche, eintragungspflichtige Veränderungen bezüglich der Rechtsverhältnisse der EWIV.[283] Dazu zählen:[284] 89

- Änderungen des **Gründungsvertrags** (Art. 7 S. 2 lit. a) EWIV-VO);
- Errichtung und Aufhebung von **Zweigniederlassungen** (Art. 7 S. 2 lit. b) EWIV-VO);
- gerichtliche Entscheidungen der **Nichtigkeit** der EWIV (Art. 7 S. 2 lit. c) EWIV-VO);
- Bestellung (inkl. weiterer Angaben) und Abberufung der **Geschäftsführer** (Art. 7 S. 2 lit. d) EWIV-VO);
- Abtretung einer **Beteiligung** an der EWIV (Art. 7 S. 2 lit. e) EWIV-VO);
- **Auflösung** durch Mitgliederbeschluss (Art. 7 S. 2 lit. f) EWIV-VO);
- Bestellung (inkl. weiterer Angaben) und Abberufung der **Abwickler** (Art. 7 S. 2 lit. g) EWIV-VO);
- Beendigung der **Abwicklung** (Art. 7 S. 2 lit. h) EWIV-VO);
- **Sitzverlegungsplan** (Art. 7 S. 2 lit. i) EWIV-VO) und
- **Haftungsbefreiung** neu eintretender Mitglieder für Altverbindlichkeiten (Art. 7 S. 2 lit. j) EWIV-VO).

Die Mitgliedstaaten legen die Bedingungen für die Hinterlegung der soeben aufgelisteten Dokumente fest (Art. 39 I 2 EWIV-VO). Art. 39 I 4 EWIV-VO statuiert zudem, dass **jedermann** die hinterlegten Dokumente **einsehen** und auf Wunsch **Abschriften** oder **Auszüge** davon erhalten kann. 90

---

278 *Krafka/Kühn*, Registerrecht, 2017, Teil 1, Zweiter Abschnitt, E. Rn. 880; *Meyer-Landrut*, Die EWIV, 1988, S. 142.

279 *Habersack/Verse*, Europäisches Gesellschaftsrecht, 2011, § 12 Rn. 10; *Meyer-Landrut*, Die EWIV, 1988, S. 143.

280 *Teichmann* in: MüHdB GesR, Bd. 6, 2013, § 48 Rn. 29; *Manz* in: Selbherr/Manz (Hrsg.), Kommentar zur EWIV, 1995, Art. 5 Rn. 11. Vgl. zur Debatte auch *Meyer-Landrut*, Die EWIV, 1988, S. 142.

281 *Gloria/Karbowski* WM 1990, 1321; *Krafka/Kühn*, Registerrecht, 2017, Teil 1, Zweiter Abschnitt, E. Rn. 876; *von Rechenberg* in: von der Heydt/von Rechenberg (Hrsg.), Die EWIV, 1991, S. 35; *Manz/Zwosta* in: Selbherr/Manz (Hrsg.), Kommentar zur EWIV, 1995, § 3 EWIV-AusfG Rn. 18; *Lenz*, Die EWIV mit Sitz in der BRD vor Eintragung, 1997, S. 69 spricht von der Befugnis zur Prüfung formeller Aspekte.

282 *Manz* in: Selbherr/Manz (Hrsg.), Kommentar zur EWIV, 1995, Art. 5 Rn. 11.

283 *Teichmann* in: MüHdB GesR, Bd. 6, 2013, § 48 Rn. 26.

284 Zu den einzelnen Punkten näher *Manz* in: Selbherr/Manz (Hrsg.), Kommentar zur EWIV, 1995, Art. 7 Rn. 2 ff.

5. Eintragung von Niederlassungen

91 Der EWIV ist es gestattet, beliebig viele **Niederlassungen** sowohl innerhalb als auch außerhalb der Union zu betreiben.[285] Für die Eintragung von Zweigniederlassungen im Land des Sitzstaates der EWIV gilt das Registerrecht dieses Staates, so dass in Deutschland gemäß § 1 EWIV-AusfG § 13 HGB Anwendung findet.[286] Die Zweigniederlassung ist also beim Gericht des Sitzes der EWIV zur Eintragung anzumelden (§ 13 I HGB). Die EWIV muss zusätzlich an ihrem Registersitz bekanntgeben, dass sie eine Zweigniederlassung eingerichtet hat (Art. 8 1 lit. c) iVm Art. 7 lit. b) EWIV-VO).[287]

92 Nach Art. 10 EWIV-VO sind Niederlassungen außerhalb des Sitzstaates der EWIV aber innerhalb der EU in ein dortiges Register einzutragen und die **Informationen zu hinterlegen**, die auch beim Register des Sitzstaates der EWIV vorgeschrieben sind. Sofern notwendig, sind die entsprechenden Dokumente in die jeweilige **Landessprache** zu übersetzen. Die Regelung dient dazu, Dritten am Ort der Zweigniederlassung die essentiellen Informationen zur Verfügung zu stellen und ihnen so den Aufwand der Ermittlung der Informationen in einem anderen Land zu ersparen.[288] Für Zweigniederlassungen außerhalb der Europäischen Union gilt bezüglich der Eintragung der Niederlassung das dortige Recht.[289]

F. Grenzüberschreitender Bezug

93 Art. 4 II EWIV-VO verlangt einen **grenzüberschreitenden Bezug** (auch Mehrstaatlichkeitserfordernis genannt) für die Errichtung einer EWIV, dh die Mitglieder müssen einen Bezug zu mindestens **zwei verschiedenen Mitgliedstaaten** haben. Dadurch soll sichergestellt werden, dass jede EWIV einen **europäischen Charakter** aufweist[290] und allein der grenzüberschreitenden Kooperation im Binnenmarkt dient. Sie soll nicht für reine Inlandszusammenarbeit genutzt werden. Dafür stehen den Beteiligten die nationalen Gesellschaftsformen zur Verfügung. Das grenzüberschreitende Element dient also, wie bei den anderen supranationalen Gesellschaftsformen auch, unter anderem dazu, eine zu starke Konkurrenz mit nationalen Gesellschaftsformen zu verhindern.[291]

94 Der grenzüberschreitende Bezug muss nicht nur im Zeitpunkt der **Gründung** erfüllt sein, sondern über den gesamten **Lebenszyklus** der EWIV.[292] Er darf also auch später nicht entfallen. Sollte es dennoch dazu kommen, so wird die EWIV durch Beschluss aufgelöst (Art. 31 III iVm Art. 4 II EWIV-VO).

95 Der grenzüberschreitende Bezug in Art. 4 II EWIV-VO knüpft bei Gesellschaften und anderen juristischen Einheiten an den **Sitz der Hauptverwaltung** an. Bei natürlichen Personen ist der **Ort der Haupttätigkeit** der Bezugspunkt. Der **Registersitz** der Gesellschaft und die **Nationalität** der natürlichen Personen spielen bei der Bestimmung des grenzüberschreitenden Bezugs dagegen keine Rolle.[293]

96 Gem. Art. 4 II lit. a) bis c) EWIV-VO müssen die Mitglieder ihren Sitz der Hauptverwaltung bzw. Ort der Haupttätigkeit in **unterschiedlichen Mitgliedstaaten** haben, um den geforderten grenzüberschreitenden Bezug zu erfüllen. Art. 4 II lit. a) bis c) EWIV-VO formuliert diese Vorgabe jeweils für EWIV, deren Mitglieder ausschließlich Gesellschaften bzw. natürliche Personen sind und für EWIV, die sowohl von Gesellschaften als auch natürlichen Personen gegründet werden sollen. Um das Mehrstaatlichkeitserfordernis zu erfüllen, genügt es, wenn alle Mitglieder bis auf eins ihren Hauptverwaltungssitz/Ort der Haupttätigkeit in verschiedenen Mitgliedstaaten haben.

97 Durch die Anknüpfung an die Haupttätigkeit der Gesellschaft bzw. den Ort der Geschäftstätigkeit der natürlichen Person, ist es möglich, dass zwei natürliche bzw. juristische Personen aus demselben Mitgliedstaat (Regis-

---

285 *Manz* in: Selbherr/Manz (Hrsg.), Kommentar zur EWIV, 1995, Art. 10 Rn. 1; *Scriba*, Die EWIV, 1987, S. 109; *Ganske*, Das Recht der EWIV, 1988, S. 76; vgl. auch *Anderson*, European Economic Interest Groupings, 1990, S. 41.

286 *von Rechenberg* in: von der Heydt/von Rechenberg (Hrsg.), Die EWIV, 1991, S. 82; *Scriba*, Die EWIV, 1987, S. 110; *Ganske*, Das Recht der EWIV, 1988, S. 76.

287 *Manz* in: Selbherr/Manz (Hrsg.), Kommentar zur EWIV, 1995, Art. 10 Rn. 3.

288 *Manz* in: Selbherr/Manz (Hrsg.), Kommentar zur EWIV, 1995, Art. 10 Rn. 3.

289 *Manz* in: Selbherr/Manz (Hrsg.), Kommentar zur EWIV, 1995, Art. 10 Rn. 6.

290 *Lutter/Bayer/Schmidt*, Europäisches Unternehmens- und Kapitalmarktrecht, 2017, Rn. 44.58; *Cathiard*, La pratique du droit européen des sociétés, 2017, Rn. 206; *Lentner*, Das Gesellschaftsrecht der EWIV, 1994, S. 61; *Schwarz*, Europäisches Gesellschaftsrecht, 2000, Rn. 996; *Murphy* Vand. J. Transnat'l L. 1990, 65, 71; *Teichmann* in: MüHdB GesR, Bd. 6, 2013, § 48 Rn. 8 spricht von der EWIV „als Instrument der grenzüberschreitenden Zusammenarbeit".

291 Vgl. *Lentner*, Das Gesellschaftsrecht der EWIV, 1994, S. 61. Zur Frage, ob ein grenzüberschreitender Bezug bei supranationalen Rechtsformen mit Blick auf die Kompetenzgrundlage notwendig ist § 3 Rn. 153.

292 Vgl. *Grundmann*, Europäisches Gesellschaftsrecht, 2011, Rn. 1109.

293 *Lentner*, Das Gesellschaftsrecht der EWIV, 1994, S. 61; *Lepeltier/Buttet/Lesguillier*, Les Groupements d'intérêt économique, GIE, GEIE: régimes juridique et fiscal, formules, textes, 1990, Rn. 209 f. Zur Nationalität bei natürlichen Personen vgl. *Teichmann* in: MüHdB GesR, Bd. 6, 2013, § 48 Rn. 14. Zum Registersitz vgl. *Vichatzky* RTDEur 1990, 275, 287.

tersitz bzw. Nationalität) eine EWIV gründen können.[294] Davon abgesehen ist der grenzüberschreitende Bezug allerdings relativ restriktiv ausgestaltet. So lässt die EWIV-VO es beispielsweise nicht genügen, wenn die Mitglieder Tochtergesellschaften in einem anderen Mitgliedstaat haben. Es reicht ebenfalls nicht, dass zumindest die EWIV selbst einen grenzüberschreitenden Bezug, zB einen grenzüberschreitenden Unternehmensgegenstand, aufweist.

G. Sitz der Gesellschaft

I. Register- und Verwaltungssitz

Der in der EWIV-Verordnung verwendete Begriff „Sitz" bezieht sich grundsätzlich allein auf den Registersitz. 98
Der Verwaltungssitz wird in der EWIV-Verordnung dagegen generell als „Hauptverwaltung" bezeichnet. Zu diesem Schluss führt der Wortlaut des Art. 12 EWIV-VO, der zwischen den beiden Begriffen „Sitz" und „Hauptverwaltung" unterscheidet.[295]

Der **Registersitz** der EWIV muss **innerhalb der EU** liegen (vgl. Art. 12 I EWIV-VO). Wo die EWIV ihren Regis- 99
tersitz hat, muss im Gründungsvertrag angegeben werden (Art. 5 lit. b) EWIV-VO). Dabei wird den Gründungsmitgliedern ein gewisser **Gestaltungsspielraum** bzgl. der Wahl des Register- und Verwaltungssitzes gewährt. Der **Registersitz** muss entweder am **Ort der Hauptverwaltung der EWIV** liegen oder am **Ort der Hauptverwaltung** bzw. **-tätigkeit eines ihrer Mitglieder** (vgl. Art. 12 II lit. a) und b) EWIV-VO). Letzteres kann sinnvoll sein, falls die EWIV Räumlichkeiten eines ihrer Mitglieder nutzen kann.[296] Art. 12 II lit. b) EWIV-VO schränkt allerdings ein, dass die EWIV nur dann den Registersitz am Ort der Hauptverwaltung bzw. -tätigkeit eines ihrer Mitglieder wählen kann, sofern sie dort auch tatsächlich zumindest in begrenztem Umfang ihre Tätigkeit ausübt.[297] Die Anforderungen an die tatsächliche Ausübung einer Tätigkeit sind jedoch gering, da weder eine „wirtschaftliche" noch eine „wesentliche" Tätigkeit verlangt wird.[298] Ein bloßer „Briefkasten" ohne wirtschaftliche Tätigkeit dürfte jedoch nicht ausreichen.[299] Einem „forum shopping" (dazu auch Rn. 103) wird damit nur in geringem Maße vorgebeugt.[300]

Für den **Verwaltungssitz**, dh den Ort der Hauptverwaltung der EWIV, enthält die Verordnung keine Vorgabe, 100
wo dieser sich befinden muss. Es stellt sich hier zunächst die Frage, ob der Verwaltungssitz zwangsläufig in der EU liegen muss. Eine ausdrückliche Bestimmung wie für den Registersitz enthält die EWIV-Verordnung insofern nicht. Aus dem Sinn und Zweck des Instruments der EWIV dürfte sich jedoch bereits ergeben, dass der Verwaltungssitz in der EU bzw. im EWR-Raum liegen muss. Denn die EWIV dient der Verwirklichung des Binnenmarktes (Erwägungsgrund 1 EWIV-VO). Gesellschaften und Unternehmen soll die EWIV zur „Anpassung ihrer Tätigkeit an die wirtschaftlichen Gegebenheiten der Gemeinschaft" zur Verfügung stehen (Erwägungsgrund 1 EWIV-VO). Es geht um eine Zusammenarbeit über die EU-internen Grenzen hinweg (Erwägungsgrund 1 EWIV-VO).

Innerhalb der EU müssen Register- und Verwaltungssitz jedoch nicht zwangsläufig am selben Ort und darüber 101
hinaus auch **nicht** zwangsläufig **im gleichen Mitgliedstaat** liegen. Die EWIV-Verordnung ermöglicht somit in gewissem Umfang die Sitzaufspaltung.[301] Mit steigender Anzahl von Mitgliedern mit einer Haupttätigkeit/Hauptverwaltung in verschiedenen Ländern steigt für die EWIV die Flexibilität bezüglich der Festlegung des Registersitzes.[302] Somit gewährt die erste supranationale Gesellschaftsform den Mitgliedern einen signifikant größeren

294 *Lentner*, Das Gesellschaftsrecht der EWIV, 1994, S. 61; *Cathiard*, La pratique du droit européen des sociétés, 2017, Rn. 206.

295 Die englische Fassung spricht von „official address" und „central administration". Französischer Wortlaut: „siège" und „administration centrale". Spanischer Wortlaut: „sede" und „administración central". Italienischer Wortlaut: „sede" und „amministrazione centrale". Niederländischer Wortlaut: „zetel" und „hoofdkantoor". Polnischer Wortlaut: „siedziba" und „zarząd".

296 Vgl. *van Gerven* in: van Gerven/Aalders (Hrsg.), European Economic Interest Groupings, 1990, S. 5, 19.

297 *Man* in: Selbherr/Manz (Hrsg.), Kommentar zur EWIV, 1995, Art. 12 Rn. 5.

298 *Manz* in: Selbherr/Manz (Hrsg.), Kommentar zur EWIV, 1995, Art. 12 Rn. 6. Vgl. auch *van Gerven* in: van Gerven/Aalders (Hrsg.), European Economic Interest Groupings, 1990, S. 5, 19 und *Keutgen* Cahiers de droit européen 1987, 492, 502, die erläutern, dass es sich nicht um den Ort der Haupttätigkeit handeln muss.

299 *Ganske*, Das Recht der EWIV, 1988, S. 38; *Scriba*, Die EWIV, 1987, S. 89; *Salger/Neye* in: MüHdB GesR, Bd. 1, 2014, § 95 Rn. 21; *Schwarz*, Europäisches Gesellschaftsrecht, 2000, Rn. 1001; *Lenter*, Das Gesellschaftsrecht der EWIV, S. 75; *Roth* in: Baumbach/Hopt (Hrsg.), HGB, 2016, Anhang nach § 160 Rn. 20 fordert eine Tätigkeit die „nicht nur von völlig untergeordneter Bedeutung" ist.

300 *Schwarz*, Europäisches Gesellschaftsrecht, 2000, Rn. 1001 gibt an, dass einer Sitzwahl nach sachfremden Erwägungen vorgebeugt werden sollte.

301 Vgl. *Manz* in: Selbherr/Manz (Hrsg.), Kommentar zur EWIV, 1995, Art. 12 Rn. 4; *Lenz*, Die EWIV mit Sitz in der BRD vor Eintragung, 1997, S. 61; *Scriba*, Die EWIV, 1987, S. 88.

302 Vgl. auch *Grundmann*, Europäisches Gesellschaftsrecht, 2011, Rn. 1101.

Spielraum bei der Sitzfrage als die ihr folgenden supranationalen Rechtsformen.[303] Bestimmen die Mitglieder den Sitz der Gesellschaft unter Verstoß gegen die Vorgaben des Art. 12 EWIV-VO, so wird die EWIV durch Gerichtsbeschluss aufgelöst, sofern der Verstoß nicht rechtzeitig behoben wird (Art. 32 I EWIV-VO).

102 Die Sitzfrage wird durch die Verordnung **abschließend** geregelt. Der nationale Gesetzgeber kann keine höheren Anforderungen stellen. Es ist ihm damit beispielsweise nicht möglich, grundsätzlich ein Zusammenfallen von Register- und Verwaltungssitz zu verlangen.

103 Der Sitz der EWIV ist wichtig als Bezugspunkt für das **subsidiär anwendbare innerstaatliche Recht** (vgl. Art. 2 EWIV-VO). Subsidiär anwendbar ist das Recht des Mitgliedstaates in dem die EWIV ihren Registersitz hat (siehe dazu näher unter Rn. 18). Außerdem bestimmt der Registersitz den **Gerichtsstand** und das **zuständige Registergericht**.[304] Aufgrund des soeben beschriebenen Gestaltungsspielraums können die Mitglieder der EWIV auch bzgl. des anwendbaren Rechts relativ weitreichend ein sog „**forum shopping**" betreiben.[305]

II. Sitzverlegung

104 Nach Art. 13 1 EWIV-VO kann der Sitz – also der **Registersitz** – der Gesellschaft innerhalb der EU/des EWR-Gebiets verlegt werden (**Grundsatz der freien Sitzwahl**), was den europäischen Charakter der EWIV unterstreicht.[306] Die EWIV kann sich dabei auf die Niederlassungsfreiheit berufen. Die Verlegung des Sitzes ist **identitätswahrend**, dh der Rechtsträger bleibt bestehen.[307] Bei den Anforderungen an die Sitzverlegung ist zwischen Sitzverlegungen, die nicht zu einem Wechsel des subsidiär anwendbaren nationalen Rechts führen und solchen, bei denen die Sitzverlegung eben diesen Effekt hat, zu unterscheiden. Eine Sitzverlegung in ein Nicht-EU/EWR-Land ist jedoch nicht gestattet (vgl. Art. 12 I EWIV-VO).[308] Da die EWIV-Verordnung explizit von Sitzverlegung spricht, greifen die Vorschriften nicht für die Verlegung der Hauptverwaltung (des Verwaltungssitzes).

105 Auch wenn sich Art. 13 I EWIV-VO nur mit der Verlegung des Registersitzes beschäftigt, bedeutet dies nicht, dass die EWIV ihre **Hauptverwaltung** nicht verlegen darf. Vielmehr ist dies jederzeit möglich und das sogar theoretisch ohne Beschluss der Mitglieder. Denn die Verlegung der Hauptverwaltung muss keine Gründungsvertragsänderung darstellen, da die Angabe darüber nicht zum Mindestinhalt gehört (dazu bereits unter Rn. 35). Wurde die Angabe jedoch freiwillig aufgenommen, haben die Mitglieder durch Beschluss über die Verlegung der Hauptverwaltung zu entscheiden. Außerdem können die Mitglieder die Entscheidung darüber an sich ziehen. Denn sie können „jeden Beschluss zur Verwirklichung des Unternehmensgegensandes der Vereinigung fassen".[309] Zu bedenken ist allerdings, dass eine Verlegung der Hauptverwaltung uU eine Verlegung des Registersitzes notwendig machen kann, da dieser entweder am Sitz der Hauptverwaltung der EWIV oder der Hauptverwaltung einer ihrer Mitglieder liegen muss.

1. Sitzverlegung ohne Rechtswechsel

106 Eine Registersitzverlegung ohne Rechtswechsel ist immer dann gegeben, wenn die Sitzverlegung **innerhalb eines Mitgliedstaats** erfolgt.[310] Denn es bleibt damit weiterhin die EWIV-Verordnung plus das auch bis dahin bereits subsidiär geltende nationale Recht anwendbar (daher „ohne Rechtswechsel"). Die Identität des Rechtsträgers bleibt durch die Sitzverlegung unberührt, weshalb von einer **identitätswahrenden Sitzverlegung** gesprochen werden kann.[311]

107 Für den Fall, dass die Registersitzverlegung keine Änderung des subsidiär anwendbaren nationalen Rechts zur Folge hat, schreibt Art. 13 S. 2 EWIV-VO lediglich vor, dass die Mitglieder darüber durch **Beschluss** entscheiden. Der Beschluss wird nach den im Gründungsvertrag festgelegten Bestimmungen, insbes. bezüglich der Be-

---

303 Zur SE siehe näher unter § 4 Rn. 115 ff. Zur SCE siehe näher unter § 6 Rn. 145 ff. Bei der SPE, der SUP und der FE war bzw. ist die Frage der Sitzaufspaltung umstritten (vgl. § 5 Rn. 88 ff. (SPE), § 9 Rn. 100 ff. (SUP) und § 8 Rn. 114 ff. (FE)).

304 *Manz* in: Selbherr/Manz (Hrsg.), Kommentar zur EWIV, 1995, Art. 12 Rn. 1; *Teichmann* in: MüHdB GesR, Bd. 6, 2013, § 48 Rn. 20; *Schwarz*, Europäisches Gesellschaftsrecht, 2000, Rn. 1001; *Lenz*, Die EWIV mit Sitz in der BRD vor Eintragung, 1997, S. 60 mit Blick auf das Registergericht.

305 Zur generellen Möglichkeit des forum shopping *Quigley/Mercer*, ICCLR 1990, 6, 8. *Cathiard*, La pratique du droit européen des sociétés, 2017, Rn. 128 spricht von „law shopping".

306 Vgl. *Vichatzky* RTDEur 1990, 275, 288, die die Sitzverlegung zugleich als bedeutende Innovation („innovation marquante") bezeichnet.

307 *Teichmann* in: MüHdB GesR, Bd. 6, 2013, § 48 Rn. 65; zur Möglichkeit der identitätswahrenden Sitzverlegung. Ebenso *Lutter/Bayer/Schmidt*, Europäisches Unternehmens- und Kapitalmarktrecht, 2017, Rn. 44.22.

308 *Manz* in: Selbherr/Manz (Hrsg.), Kommentar zur EWIV, 1995, Art. 13 Rn. 1; vgl. auch *Linnane* EBLR 1990, 38.

309 Art. 16 II EWIV-VO.

310 *Manz* in: Selbherr/Manz (Hrsg.), Kommentar zur EWIV, 1995, Art. 13 Rn. 4; *Ganske*, Das Recht der EWIV, 1988, S. 62; *Ferret* Répertoire du Notaria Defrénois 1989, 407, 411; *Wünsch* GesRZ 1994, 280, 286.

311 *Teichmann* in: MüHdB GesR, Bd. 6, 2013, § 48 Rn. 65; *Hakenberg* in: Ebenroth/Boujong/Joost (Hrsg.), HGB, 2014, EWIV Rn. 21.

schlussmehrheiten und der Beschlussfähigkeit, gefasst. Allerdings müssen die Mitglieder im Gründungvertrag keine entsprechenden Regeln aufnehmen (keine Muss-Gründungsvertragsbestimmung). Schweigt der Gründungsvertrag zu diesem Aspekt, so gilt nach Art. 17 II lit. g) EWIV-VO das Prinzip der Einstimmigkeit,[312] da die Sitzverlegung immer zu einer Änderung des Gründungsvertrags führt.[313] Im Ergebnis handelt es sich daher um eine Abändernde-Gründungsvertragsbestimmung (dazu näher unter Rn. 24 ff.).[314]

Weitere Anforderungen stellt die Verordnung nicht. Insbesondere verlangt sie **keinen Verlegungsplan**. Denn im Fall der statutenwahrenden Sitzverlegung besteht weder für die Mitglieder noch für die Gläubiger ein besonderes Risiko.[315] Die Geschäftsführer müssen die Sitzverlegung dann zur **Eintragung** beim zuständigen Register anmelden und dabei die Änderung des Gründungsvertrags beifügen.[316] 108

2. Rechtswechselnde Sitzverlegung

Ein Sitzwechsel in ein anderes Land ist grundsätzlich frei möglich. Allerdings muss die EWIV die allgemeinen Vorgaben beachten, die für ihre Sitzwahl gelten (s. dazu bereits Rn. 99 ff.). Der **Registersitz** kann daher nur an den **Ort der Hauptverwaltung der EWIV** oder an den **Ort der Hauptverwaltung** bzw. **-tätigkeit eines ihrer Mitglieder** (vgl. Art. 12 II lit. a) und b) EWIV-VO) verlegt werden.[317] 109

Art. 14 EWIV-VO regelt das **Verfahren** für die rechtswechselnde Sitzverlegung, also die Verlegung des Registersitzes in einen anderen Mitgliedstaat. Hier lässt sich von einer rechtswechselnden Sitzverlegung sprechen, da zwar weiterhin die EWIV-Verordnung anwendbar ist, aber sich mit der Sitzverlegung das subsidiär anwendbare nationale Recht ändert.[318] Wie auch bei der Sitzverlegung ohne Rechtswechsel, lässt die rechtswechselnde Sitzverlegung die Rechtspersönlichkeit unberührt (**identitätswahrende Sitzverlegung**).[319] 110

Zunächst ist ein **Verlegungsplan** zu erstellen (Art. 14 I 1 EWIV-VO). Die Verordnung äußert sich zum Inhalt jedoch nicht explizit. Daraus wird in der Literatur geschlossen, dass lediglich die Angabe enthalten sein muss, wohin der Sitz verlegt wird.[320] Teilweise wird auch vertreten, dass der Zeitpunkt der Sitzverlegung genannt werden muss.[321] Danach wären zB keine Informationen zu den Konsequenzen für die Gläubiger anzugeben. Im Vergleich zu den anderen supranationalen Rechtsformen wäre die Regelung äußerst ungewöhnlich. Denn sowohl die SE-Verordnung (vgl. § 4 Rn. 222 ff.) als auch die SCE-Verordnung (vgl. § 6 Rn. 154 ff.) sowie die vorgeschlagenen Regelungen zur SPE (vgl. § 5 Rn. 97 ff.) und FE (vgl. § 8 Rn. 117) enthalten Vorgaben zu den **Mindestangaben** des Verlegungsplans. Auch bei der EWIV besteht zB ein Informationsbedürfnis der Gläubiger. Eine externe Lücke und damit die Anwendung nationalen Rechts lässt sich aber dennoch nicht annehmen. Dies liegt an der Regelungstechnik der Verordnung. Art. 2 I EWIV-VO verweist nur für Aspekte des Gründungsvertrags und der inneren Verfassung subsidiär auf nationales Recht (s. dazu Rn. 16 ff.), nicht jedoch für Lücken in Bezug auf andere Bereiche. Nationales Recht könnte damit nur angewandt werden, wenn man annähme, dass der Inhalt des Verlegungsplans unter den Begriff „interne Verfassung" subsumiert werden kann. Dies ist jedoch abzulehnen, da der Verlegungsplan generell gerade der Information der Arbeitnehmer und Gläubiger dient. Daraus muss jedoch nicht zwangsläufig folgen, dass der Verlegungsplan tatsächlich nur die Angabe des neuen Sitzes enthalten muss. Ginge man von einer planwidrigen Lücke in der Verordnung aus, könnte diese mithilfe einer Rechtsfortbildung extra legem geschlossen werden (zur Rechtsfortbildung extra legem § 2 Rn. 177 ff.). Die anderen supranationalen Rechtsformen zeigen, dass der Verordnungsgeber die Mindestangaben für den Verlegungsplan für regelungsbedürftig hält. Der Mindestinhalt könnte daher aus den Vorgaben für die anderen Rechtsformen (dh die SE und die SCE) gewonnen werden. Nach hier vertretener Ansicht müsste der Verlegungsplan der EWIV daher in Anbetracht des Art. 8 II 2 lit. a) bis e) SE-VO und Art. 7 II 2 lit. a) bis e) SCE-VO folgende Angaben enthalten: 111

312 Vgl. *Teichmann* in: MüHdB GesR, Bd. 6, 2013, § 48 Rn. 66; *Manz* in: Selbherr/Manz (Hrsg.), Kommentar zur EWIV, 1995, Art. 13 Rn. 4; *Schwarz*, Europäisches Gesellschaftsrecht, 2000, Rn. 1003; *Ganske*, Das Recht der EWIV, 1988, S. 62; *Lentner*, Das Gesellschaftsrecht der EWIV, 1994, S. 77.

313 *Manz* in: Selbherr/Manz (Hrsg.), Kommentar zur EWIV, 1995, Art. 13 Rn. 4.

314 Würden entsprechende Klauseln als Kann-Gründungsvertragsbestimmungen qualifiziert, käme subsidiär nationales Recht zur Anwendung (s. Rn. 29).

315 Vgl. *Lutter/Bayer/Schmidt*, Europäisches Unternehmens- und Kapitalmarktrecht, 2017, Rn. 44.24; *Manz* in: Selbherr/Manz (Hrsg.), Kommentar zur EWIV, 1995, Art. 13 Rn. 1.

316 *Manz* in: Selbherr/Manz (Hrsg.), Kommentar zur EWIV, 1995, Art. 13 Rn. 4; *von Rechenberg* in: von der Heydt/von Rechenberg (Hrsg.), Die EWIV, 1991, S. 95.

317 Vgl. *van Gerven* in: van Gerven/Aalders (Hrsg.), European Economic Interest Groupings, 1990, S. 5, 28.

318 Vgl. *Ernst*, Die EWIV, 2012, S. 28.

319 *Teichmann* in: MüHdB GesR, Bd. 6, 2013, § 48 Rn. 65.

320 *Ganske*, Das Recht der EWIV, 1988, S. 63; *Manz* in: Selbherr/Manz (Hrsg.), Kommentar zur EWIV, 1995, Art. 14 Rn. 2; *van Gerven* in: van Gerven/Aalders (Hrsg.), European Economic Interest Groupings, 1990, S. 5, 29.

321 *Manz* in: Selbherr/Manz (Hrsg.), Kommentar zur EWIV, 1995, Art. 14 Rn. 2.

- Die bisherige Firma;
- den bisherigen Sitz;
- die bisherige Registernummer;
- den vorgesehenen Sitz;
- der vorgesehene Gründungsvertrag;
- ggf. die neue Firma;
- der Zeitplan der Verlegung und
- „Rechte zum Schutz der Mitglieder, der Gläubiger und der Inhaber anderer Rechte".

Da in der EWIV grundsätzlich keine Arbeitnehmerbeteiligung vorgesehen ist, können Angaben zu diesem Aspekt ausbleiben. Hält man eine Rechtsfortbildung *extra legem* für zu weitreichend, so verbleibt tatsächlich nur die Annahme, dass lediglich der neue Registersitz im Verlegungsplan zu nennen ist.

112 Der Verlegungsplan muss dann beim zuständigen nationalen Register **hinterlegt** und **bekanntgemacht** werden (Art. 14 I 1 EWIV-VO). § 4 I EWIV-AusfG führt dazu für die in Deutschland registrierte EWIV aus, dass der Bekanntmachung durch einen Hinweis auf die Einreichung des Verlegungsplans genüge getan ist. Gem. Art. 14 I 3 EWIV-VO ist darüber hinaus ein **einstimmiger Mitgliederbeschluss** für die Sitzverlegung notwendig. Die Vorschrift ist zwingend. Eine abweichende Regelung im Gründungsvertrag kommt hier zum Schutz der einzelnen Mitglieder nicht in Betracht.[322] Die Beschlussfassung kann allerdings erst frühestens zwei Monate nach der Bekanntmachung des Verlegungsplans erfolgen (Art. 14 S. 2 EWIV-VO). Diese Vorschrift wurde zum Schutz der Gläubiger geschaffen, da ihre Interessen von der rechtswechselnden Sitzverlegung betroffen sind. Die Gläubiger haben durch die Vorschrift zwei Monate Zeit auf die Verlegung des Sitzes zu reagieren.[323] Kommt es zu einer verfrühten Beschlussfassung, so ist der Beschluss nichtig.[324] Über die Zweimonatsfrist hinausgehende, gläubigerschützende Maßnahmen enthält die Verordnung nicht. Sie gibt auch keinen Hinweis darauf, dass nationales Recht hier subsidiär zur Anwendung kommen darf.

113 **Wirksamkeit** erlangt die Sitzverlegung, sobald die EWIV entsprechend Art. 6 EWIV-VO im Register des neuen Sitzes eingetragen ist (Art. 14 I 4 EWIV-VO). Für die **Eintragung** bedarf es des Nachweises über die Bekanntmachung des Verlegungsplans (Art. 14 I 5 EWIV-VO). Umgekehrt verlangt die Löschung der EWIV im alten Register den Nachweis der Eintragung am neuen Sitz (Art. 14 II EWIV-VO).

114 Dritten kann der neue Sitz nur nach den in Art. 9 I EWIV-VO genannten Bedingungen entgegengehalten werden. Die Vorschrift wiederrum bezieht sich auf die ehemalige Publizitätsrichtlinie (jetzt Teil der Kodifizierungs-RL), wodurch für eine in Deutschland registrierte EWIV § 15 HGB zur Anwendung kommt.[325] Danach kann der neue Sitz dem Dritten ab fünfzehn Tagen nach Bekanntmachung entgegengehalten werden, sofern der Dritte nicht nachweisen kann, dass ihm die Verlegung nicht bekannt war und er sie auch nicht kennen musste (§ 15 I 2 HGB).[326] Außerdem schreibt Art. 14 III EWIV-VO explizit vor, dass sich Dritte so lange auf den alten Sitz berufen können, wie die Löschung der EWIV im alten Register nicht bekannt gemacht worden ist. Dies gilt nur dann nicht, wenn die EWIV dem Dritten nachweisen kann, dass ihm der neue Sitz bekannt war.

115 Auf Wunsch der britischen Delegation[327] statuiert Art. 14 IV EWIV-VO ein spezielles Einspruchsrecht für mitgliedstaatliche Behörden des Wegzugslandes. Gestattet ist ein solcher Einspruch nur aus Gründen des öffentlichen Interesses (Art. 14 IV 2 EWIV-VO).

H. Publizität

116 Zum Schutz des Rechtsverkehrs enthält die EWIV-Verordnung umfangreiche **Publizitätsvorschriften**, die weitgehend jenen der ehemaligen 1. (Publizitäts-)Richtlinie (jetzt Teil der Kodifizierungs-Richtlinie, zur handelsrechtlichen Publizität s. § 20) entsprechen.[328] Neben der **Hinterlegung** und **Einsehbarkeit** bestimmter Informationen (vgl. Rn. 89 ff.) verlangt die EWIV-Verordnung darüber hinaus die **Bekanntmachung** bestimmter Aspekte.[329] Art. 39 I 3 EWIV-VO hält die Mitgliedstaaten diesbezüglich an, sicherzustellen, dass die Angaben gem. Art. 8 EWIV-VO im Mitteilungsblatt des zuständigen Mitgliedstaates bekannt gemacht werden. Die Mitgliedstaaten können Einzelheiten bzgl. der Bekanntmachung festlegen (Art. 39 I 3 EWIV-VO).

---

322 Vgl. *Manz* in: Selbherr/Manz (Hrsg.), Kommentar zur EWIV, 1995, Art. 14 Rn. 3; vgl. auch *Vichatzky* RTDEur 1990, 275, 288.

323 *Schwarz*, Europäisches Gesellschaftsrecht, 2000, Rn. 1004.

324 *Ganske*, Das Recht der EWIV, 1988, S. 63; *Manz* in: Selbherr/Manz (Hrsg.), Kommentar zur EWIV, 1995, Art. 14 Rn. 2.

325 *Salger/Neye* in: MüHdB GesR, Bd. 1, 2014, § 95 Rn. 25.

326 Vgl. *Teichmann* in: MüHdB GesR, Bd. 6, 2013, § 48 Rn. 68; aA *Manz* in: Selbherr/Manz (Hrsg.), Kommentar zur EWIV, 1995, Art. 14 Rn. 5.

327 Vgl. *Ganske*, Das Recht der EWIV, 1988, S. 63.

328 *Autenrieth*, Die EWIV, 1990, Rn. 23; *Ganske* DB 1985, Beilage 20, 1, 4; *Lutter/Bayer/Schmidt*, Europäisches Unternehmens- und Kapitalmarktrecht, 2017, Rn. 44.37; *Schwarz*, Europäisches Gesellschaftsrecht, 2000, Rn. 1070.

329 *Schwarz*, Europäisches Gesellschaftsrecht, 2000, Rn. 1072.

Wurde die EWIV eingetragen (zur Registereintragung vgl. Rn. 78 ff.), so müssen zwingend der Mindestinhalt des Gründungsvertrages sowie Nummer, Tag und Ort der Eintragung gemäß Art. 8 1 lit. a) und b) EWIV-VO bekanntgemacht werden. Die **Bekanntmachung** hat jedoch allein eine **deklaratorische Bedeutung** (während die Eintragung selbst konstitutive Wirkung entfaltet).[330] Änderungen der Mindestangaben sowie die Löschung der EWIV sind ebenfalls bekannt zu machen. Die genannten Aspekte sind jeweils in Form einer vollständigen Wiedergabe bekannt zu machen. 117

Die in Art. 7 lit. b) bis j) EWIV-VO bezeichneten Urkunden und Angaben können nach dem Recht des Registerstaates entweder in Form einer vollständigen oder auszugsweisen Wiedergabe oder in Form eines Hinweises auf ihre Hinterlegung beim Register bekanntgemacht werden (Art. 8 S. 3 EWIV-VO). In Deutschland bestimmt § 4 I EWIV-AusfG, dass die Hinterlegung des Verlegungsplans nach Art. 14 I EWIV-VO (Art. 7 S. 2 lit. j) EWIV-VO) sowie die Abtretung der gesamten oder eines Teils der Beteiligung an der EWIV durch ein Mitglied nach Art. 22 I EWIV-VO (Art. 7 S. 2 lit. e) EWIV-VO) durch einen Hinweis auf die Einreichung der Urkunden beim Handelsregister bekanntzumachen ist. Für die Bekanntmachungen gilt ergänzend § 10 HGB.[331] Die Eintragungsmitteilung ist an die Geschäftsführer (§ 383 I FamFG) und an die Industrie- und Handelskammer (§ 37 HRV) zu richten.[332] 118

Die Publizitätswirkung der Eintragungen regelt Art. 9 I EWIV-VO und verweist auf die einzelstaatlichen Umsetzungen der ehemaligen Publizitäts-RL (jetzt Teil der Kodifizierungs-RL). Eine einheitliche Lösung wird dadurch nicht erreicht,[333] allerdings wird zumindest auf harmonisiertes Recht zurückgegriffen. In Deutschland kommt im Ergebnis § 15 HGB zur Anwendung.[334] 119

Briefe, Bestellscheine und **ähnliche Schriftstücke** der EWIV müssen nach Art. 25 EWIV-VO den Namen der EWIV, den Ort des Registers und die Nummer der Registereintragung sowie die Anschrift der EWIV angeben. 120

I. Rechtsnatur der EWIV

Bei der EWIV lassen sich drei Stadien unterscheiden:[335] 121

- Vorgründungsstadium (vor Abschluss des Gründungsvertrags);
- Vorgesellschaft (nach Abschluss des Gründungsvertrags aber vor Registereintragung) und
- eingetragene EWIV.

I. Vorgründungsstadium

Im Vorgründungsstadium, dh noch vor Abschluss des Gründungsvertrags, findet das **nationale Vertragsrecht** Anwendung, welches mithilfe des **IPR** zu bestimmen ist.[336] Die Verordnung regelt den Zeitraum vor Abschluss des Gründungsvertrags nicht.[337] Es ist denkbar, dass die Parteien zu diesem Zeitpunkt einen Vorvertrag abschließen, der auf den Abschluss des Gründungsvertrages abzielt.[338] Auf diesen sollte das nationale Recht, welches mithilfe des IPR ermittelt wurde, ebenso Anwendung finden, auch wenn dann schon eine gewisse Nähe zur Phase nach Vertragsabschluss aber vor Eintragung besteht.[339] 122

330 *Ganske* DB 1985, Beilage 20, 1, 4; *Lutter/Bayer/Schmidt,* Europäisches Unternehmens- und Kapitalmarktrecht, 2017, Rn. 44.38; *Lenz*, Die EWIV mit Sitz in der BRD vor Eintragung, 1997, S. 70.

331 *Teichmann* in: MüHdB GesR, Bd. 6, 2013, § 48 Rn. 26; *Manz/Zwosta* in: Selbherr/Manz (Hrsg.), Kommentar zur EWIV, 1995, § 4 EWIV-AusfG Rn. 22.

332 *Krafka/Kühn,* Registerrecht, 2017, Teil 1, Zweiter Abschnitt, E. Rn. 884.

333 *Manz* in: Selbherr/Manz (Hrsg.), Kommentar zur EWIV, 1995, Art. 9 Rn. 3.

334 *Manz* in: Selbherr/Manz (Hrsg.), Kommentar zur EWIV, 1995, Art. 9 Rn. 3; *Teichmann* in: MüHdB GesR, Bd. 6, 2013, § 48 Rn. 26.

335 *von Rechenberg* in: von der Heydt/von Rechenberg (Hrsg.), Die EWIV, 1991, S. 41 f.; *Manz* in: Selbherr/Manz (Hrsg.), Kommentar zur EWIV, 1995, Art. 2 Rn. 10 ff.; *Köhl*, Einfluss der EWIV, 2001, S. 368 ff.; *Burkhalter*, Die EWIV und ihre konzernrechtlichen Beziehungen, 1998, S. 65 f.

336 *Teichmann* in: MüHdB GesR, Bd. 6, § 48 Rn. 22; *von Rechenberg* in: von der Heydt/von Rechenberg (Hrsg.), Die EWIV, 1991, S. 41; *Meyer-Landrut,* Die EWIV, 1988, S. 128 f.

337 *Manz* in: Selbherr/Manz (Hrsg.), Kommentar zur EWIV, 1995, Art. 2 Rn. 10; *Roth* in: Baumbach/Hopt (Hrsg.), HGB, 2016, Anhang nach § 160 Rn. 17.

338 *Schwarz*, Europäisches Gesellschaftsrecht, 2000, Rn. 1006 spricht insofern von „Vorgründungs-Vereinigung". Zur Zulässigkeit des Vorvertrags auch *Manz* in: Selbherr/Manz (Hrsg.), Kommentar zur EWIV, 1995, Art. 2 Rn. 10; *Meyer-Landrut,* Die EWIV, 1988, S. 129.

339 *Schwarz*, Europäisches Gesellschaftsrecht, 2000, Rn. 1007. *Burkhalter*, Die EWIV und ihre konzernrechtlichen Beziehungen, 1998, S. 66 spricht sich für die Anwendung des Rechts des Sitzstaates aus, sofern ein Sitz gewählt wurde.

II. Vorgesellschaft und Handelndenhaftung

1. Rechtsnatur

123 Die EWIV-Verordnung äußert sich nicht näher zur **Rechtsnatur** der Europäischen Wirtschaftlichen Interessenvereinigung nach Abschluss des Gründungsvertrages aber vor ihrer Registereintragung.[340] Wie mit dieser Problematik umzugehen ist, wird unterschiedlich bewertet.[341] Im Ergebnis ist auf diese sog **„Vor-EWIV"** nationales Recht anzuwenden[342] und zwar das des künftigen Sitzstaats, der im Gründungsvertrag angegeben ist.[343] Der Verweis in Art. 2 I EWIV-VO erfasst auch den Zeitraum vor Eintragung, so dass unmittelbar auf das nationale Sachrecht verwiesen wird.[344] Ergibt sich die Anwendung deutschen Rechts, so gelten die zu § 123 I HGB entwickelten Grundsätze.[345] Tritt die Vor-EWIV insofern nach außen auf, ist sie Träger von Rechten und Pflichten.[346] Die Vor-EWIV ist bis zur Eintragung eine GbR,[347] bzw. bei Aufnahme eines Handelsgeschäfts eine OHG.[348] Erst mit Eintragung entsteht die EWIV (konstitutive Wirkung, s. Rn. 127 ff.). Im **Innenverhältnis**, also zwischen den Mitgliedern, findet die EWIV-Verordnung grundsätzlich auch auf die Vor-EWIV Anwendung, soweit die Verordnung Regelungen vorhält, die die Eintragung nicht voraussetzen.[349] Andere Mitgliedstaaten kennen hingegen die Konstruktion der Vorgesellschaft nicht, sondern regeln entsprechende Fragen allein über die Handelndenhaftung.

2. Handelndenhaftung

124 Aufgrund der fehlenden Registerpublizität entfaltet die Verordnung im **Außenverhältnis** dagegen **nur beschränkte** Wirkung. Zur Anwendung kommt jedoch insbesondere Art. 9 II EWIV-VO, der die **Handelndenhaftung** vor Eintragung in das zuständige Register regelt,[350] so dass diesbezüglich mitgliedstaatliches Recht grundsätzlich nicht zur Anwendung kommt. Die Regelung entspricht weitgehend Art. 8 der ehemaligen Publizitäts-RL (jetzt Art. 7 II Kodifizierungs-RL, s. § 20 Rn. 63 ff.; zur Kodifizierungs-RL § 19) und wurde in ähnlicher Form später auch bei der Europäischen Aktiengesellschaft (Art. 16 II SE-VO, s. dazu § 4 Rn. 220) und der Europäische Genossenschaft (Art. 18 II SCE-VO, s. dazu § 6 Rn. 129 ff.) verwendet.

125 Wurde **im Namen** der (noch) **nicht eingetragenen EWIV gehandelt**, haften gemäß Art. 9 II EWIV-VO die **Handelnden unbegrenzt und gesamtschuldnerisch**. Das gilt sowohl für natürliche als auch juristische Personen. Erforderlich ist allerdings ein Handeln im Namen der EWIV. In Deutschland wird vertreten, dass eine Zustimmung zum Tätigwerden noch kein Handeln darstellt.[351] Der Begriff des Handelns ist allerdings europäisch-autonom auszulegen, weshalb hier aus Sicht der Mitglieder, die zustimmen, ein gewisses Risiko besteht.[352] Nicht unproblematisch ist die Fokussierung auf den Handelnden auch in einem Vertreter-Vertretenen-Verhältnis.[353] Erfasst ist sowohl rechtsgeschäftliches als auch rechtsgeschäftsähnliches Handeln.[354] Es wird vertreten, dass deliktische Ansprüche damit herausfallen. Die Grenze zwischen vertraglichen und deliktischen Ansprüchen dürfte dann allerdings nicht national zu bestimmen sein, sondern europäisch. Damit liegt es nahe, die Grenze der Rom

340 *Habersack/Verse*, Europäisches Gesellschaftsrecht, 2011, § 12 Rn. 18.
341 Ausführlich dazu *Lenz*, Die EWIV mit Sitz in der BRD vor Eintragung, 1997.
342 *Habersack/Verse*, Europäisches Gesellschaftsrecht, 2011, § 12 Rn. 18; *Manz* in: Selbherr/Manz (Hrsg.), Kommentar zur EWIV, 1995, Art. 1 Rn. 14; *Meyer-Landrut*, Die EWIV, 1988, S. 160.
343 *Teichmann* in: MüHdB GesR, Bd. 6, 2013, § 48 Rn. 22; *Lenz*, Die EWIV mit Sitz in der BRD vor Eintragung, 1997, S. 47 ff.; *Lutter/Bayer/Schmidt*, Europäisches Unternehmens- und Kapitalmarktrecht, 2017, Rn. 44.9; vgl. *Habersack/Verse*, Europäisches Gesellschaftsrecht, 2011, § 12 Rn. 18; *Hartard*, Die EWIV im deutschen, englischen und französischen Recht, 1991, S. 127 f.
344 *Teichmann* in: MüHdB GesR, Bd. 6, 2013, § 48 Rn. 22.
345 *Habersack/Verse*, Europäisches Gesellschaftsrecht, 2011, § 12 Rn. 18; *Teichmann* in: MüHdB GesR, Bd. 6, 2013, § 48 Rn. 22.
346 *Habersack/Verse*, Europäisches Gesellschaftsrecht, 2011, § 12 Rn. 18.
347 *Habersack/Verse*, Europäisches Gesellschaftsrecht, 2011, § 12 Rn. 18.
348 *Teichmann* in: MüHdB GesR, Bd. 6, 2013, § 48 Rn. 22; aA *Lenz*, Die EWIV mit Sitz in der BRD vor Eintragung, 1997, S. 84 ff.
349 Vgl. *Manz* in: Selbherr/Manz (Hrsg.), Kommentar zur EWIV, 1995, Art. 1 Rn. 13 f.; *Teichmann* in: MüHdB GesR, Bd. 6, 2013, § 48 Rn. 22; *Schwarz*, Europäisches Gesellschaftsrecht, 2000, Rn. 1020; *Meyer-Landrut*, Die EWIV, 1988, S. 125, 159. Für eine ausführliche Diskussion, welche Bestimmungen auf die Vor-EWIV übertragbar sind *Lenz*, Die EWIV mit Sitz in der BRD vor Eintragung, 1997, S. 140 ff.
350 Vgl. *Manz* in: Selbherr/Manz (Hrsg.), Kommentar zur EWIV, 1995, Art. 1 Rn. 15; *Teichmann* in: MüHdB GesR, Bd. 6, 2013, § 48 Rn. 22.
351 *Manz* in: Selbherr/Manz (Hrsg.), Kommentar zur EWIV, 1995, Art. 9 Rn. 6; *Teichmann* in: MüHdB GesR, Bd. 6, 2013, § 48 Rn. 22.
352 Zur entsprechenden Diskussion bei der SCE s. § 6 Rn. 136.
353 Vgl. *Manz* in: Selbherr/Manz (Hrsg.), Kommentar zur EWIV, 1995, Art. 9 Rn. 8.
354 *von Rechenberg* in: von der Heydt/von Rechenberg (Hrsg.), Die EWIV, 1991, S. 43; *Lutter/Bayer/Schmidt*, Europäisches Unternehmens- und Kapitalmarktrecht, 2017, Rn. 45.74 zur SE.

I-/Rom II-Verordnung zu entnehmen. Die EWIV kann nach ihrer Eintragung die Verpflichtungen jedoch auch **übernehmen.**[355] Im deutschen Schrifttum wird teilweise auf die Lehre der Vorgesellschaft abgestellt, wonach Rechte und Pflichten bei Eintragung automatisch auf die EWIV übergehen.[356] Das widerspricht jedoch Art. 9 II EWIV-VO, der darauf abstellt, dass die EWIV entscheidet, ob sie solche vor Eintragung begründeten Verbindlichkeiten übernimmt.[357]

Im Gegensatz zu den entsprechenden Regelungen bei der SE und der SCE wird die Abwendung der Handelndenhaftung durch „anders lautende(r) Vereinbarungen“[358] nicht explizit genannt. Daraus ein Verbot entsprechender Abmachungen herzuleiten erscheint jedoch zweifelhaft, da kein Grund ersichtlich ist, der eine solche weitreichende Haftung zu rechtfertigen vermag.[359] Ein einfacher Hinweis wie „EWIV in Gründung“ reicht für eine Haftungsbeschränkung allerdings nicht aus.[360] 126

III. Rechtsnatur nach Eintragung

Die Eintragung der EWIV in das zuständige Register hat **konstitutive Wirkung** (Schluss aus Art. 1 I 2 und II EWIV-VO).[361] Art. 1 II EWIV-VO gibt vor, dass die EWIV dann **Träger von Rechten und Pflichten** sein, dass sie Verträge schließen und andere Rechtshandlungen vornehmen und vor Gericht stehen kann, also **partei- und prozessfähig** ist. Die EWIV-Verordnung legt jedoch im Gegensatz zum französischen GIE (vgl. Art. L. 251-4 I Code de commerce) bewusst nicht fest, ob die EWIV auch **Rechtspersönlichkeit** besitzt (dazu bereits Rn. 11).[362] Das bestimmt vielmehr das nationale Recht (Art. 1 III EWIV-VO). Art. 1 III EWIV-VO enthält insofern einen konkreten Regelungsauftrag für die nationalen Gesetzgeber. Die Mitgliedstaaten können diesen Aspekt somit nicht ungeregelt lassen. 127

Diese Vorschrift wurde auf Wunsch Deutschlands eingeführt, um eine rechtliche und steuerliche Gleichstellung der EWIV und der OHG zu ermöglichen,[363] die in Deutschland gemäß § 124 HGB zwar rechtsfähig ist, aber aufgrund der mangelnden vollen Rechtspersönlichkeit keine juristische Person ist. Bis auf Deutschland und Italien haben jedoch alle anderen Mitgliedstaaten der EWIV Rechtspersönlichkeit verliehen.[364] 128

J. Mitglieder

I. Persönlicher Anwendungsbereich

Die EWIV soll einem möglichst **großen Anwenderkreis** zur Verfügung stehen (vgl. Erwägungsgrund 6 der EWIV-VO). Deshalb können sowohl **natürliche Personen als auch Gesellschaften und „andere juristische Einheiten“** gemäß Art. 4 I lit. a) und b) EWIV-VO Mitglieder einer solchen Vereinigung sein. Allerdings können nur solche natürlichen Personen Mitglied einer EWIV sein, „die eine gewerbliche, kaufmännische, handwerkliche, landwirtschaftliche oder freiberufliche Tätigkeit in der Gemeinschaft ausüben oder dort andere Dienstleistungen erbringen“.[365] Die Definition ist sehr weit, so dass im Ergebnis nur reine Privatpersonen nicht die Mitgliedschaft in einer EWIV anstreben können.[366] Auch ein abhängig Beschäftigter ist in diesem Sinn eine Privat- 129

355 *Teichmann* in: MüHdB GesR, Bd. 6, 2013, § 48 Rn. 22.

356 *Meyer-Landrut*, Die EWIV, 1988, S. 161; *Habersack/Verse*, Europäisches Gesellschaftsrecht, 2011, § 12 Rn. 18; *Salger/Neye* in: MüHdB GesR, Bd. 1, 2014, § 95 Rn. 12; *von Rechenberg* in: von der Heydt/von Rechenberg (Hrsg.), Die EWIV, 1991, S. 43; *Lenz*, Die EWIV mit Sitz in der BRD vor Eintragung, 1997, S. 271.

357 *Teichmann* in: MüHdB GesR, Bd. 6, 2013, § 48 Rn. 23.

358 Das gilt auch für die englische, französische, spanische, italienische, niederländische und polnische Fassung.

359 *Lenz*, Die EWIV mit Sitz in der BRD vor Eintragung, 1997, S. 269 ff.; *Manz* in: Selbherr/Manz (Hrsg.), Kommentar zur EWIV, 1995, Art. 9 Rn. 13.

360 *Manz* in: Selbherr/Manz (Hrsg.), Kommentar zur EWIV, 1995, Art. 9 Rn. 13.

361 *Manz* in: Selbherr/Manz (Hrsg.), Kommentar zur EWIV, 1995, Art. 6 Rn. 3; *Grundmann*, Europäisches Gesellschaftsrecht, 2011, Rn. 1112; *Autenrieth*, Die EWIV, 1990, Rn. 23; *Lutter/Bayer/Schmidt*, Europäisches Unternehmens- und Kapitalmarktrecht, 2017, Rn. 44.33; *Rinze*, Die Europäische wirtschaftliche Interessenvereinigung im Unternehmensverbund, 1996, S. 57; *Lenz*, Die EWIV mit Sitz in der BRD vor Eintragung, 1997, S. 62; *Ziegler* RPfleger 1989, 261, 262.

362 *Woodland* Sem. Jur. Ed. Entreprise 1985, 281, 283; *Schwarz*, Europäisches Gesellschaftsrecht, 2000, Rn. 982.

363 *Jahn*, Die gemeinschaftlich handelnden Mitglieder einer deutschen EWIV, 1996, S. 183 f. Auch Italien brauchte diese Flexibilität. Siehe zB *Keutgen* Cahiers de droit européen 1987, 492, 494.

364 *Schwarz*, Europäisches Gesellschaftsrecht, 2000, Rn. 982. Zur Einordnung in Deutschland und Italien auch *Fleischer/Agstner* RabelsZ 81 (2017), 299, 327.

365 Art. 4 I lit. b) EWIV-VO; dazu auch *Autenrieth*; Die EWIV, 1990, Rn. 10; *Berndt/Boin* NJW 1998, 2854, 2861; *Gloria/Karbowski* WM 1990, 1313, 1318; *Kelly et al.*, European Economic Interest Groupings, 1990, S. 36; *van Gerven* in: van Gerven/Aalders (Hrsg.), European Economic Interest Groupings, 1990, S. 5, 16.

366 *Lutter/Bayer/Schmidt*, Europäisches Unternehmens- und Kapitalmarktrecht, 2017, Rn. 44.57; *Schwarz*, Europäisches Gesellschaftsrecht, 2000, Rn. 991; *Cathiard*, La pratique du droit européen des sociétés, 2017, Rn. 205.

person.[367] Der Begriff „**freiberufliche Tätigkeit**" ist europäisch-autonom auszulegen. Aus Art. 3 I EWIV-VO ergibt sich, dass Freiberufler die EWIV nur nutzen können (zur Einschränkung s. Rn. 142), wenn dadurch ihre wirtschaftliche Tätigkeit gefördert werden soll. Selbst wenn es um eine nebenberufliche Tätigkeit geht, kann die EWIV genutzt werden, wenn sie sich auf diese Nebentätigkeit bezieht.

130 Beim französischen GIE gilt Vergleichbares, was aus der Vorgabe abgeleitet wird, dass der GIE der Entwicklung der Aktivitäten ihrer Mitglieder dient.[368] Für den GIE wurde entschieden, dass ein Mitglied, welches diese Bedingung nicht erfüllt, dies Dritten jedoch nicht entgegenhalten kann, wenn es um die Haftung für die Verbindlichkeiten des GIE geht.[369] Dem Motiv des Schutzes von Dritten folgend muss dies auch für die EWIV gelten.

131 Auf die **Nationalität der natürlichen Person** kommt es nicht an. Auch Ausländer aus Drittländern können daher eine EWIV gründen.[370] Allerdings gilt dies nur, sofern sie ihre Tätigkeit in der Gemeinschaft ausüben (EU/EWR). Nach wohl hM reicht es aus, dass sie ihren Tätigkeitsschwerpunkt in der EU/dem EWR haben.[371] Sie müssen also nicht ihre gesamte Tätigkeit im Binnenmarkt ausüben.[372] Es sollte allerdings darüber hinaus wohl auch genügen, wenn natürliche Personen aus Drittstaaten mithilfe der EWIV ihre europäischen Aktivitäten koordinieren möchten.[373]

132 Unter den Begriff „**Gesellschaften**" fallen nur solche iSd Art. 54 II AEUV. Da die Mitglieder der EWIV wirtschaftlich tätig sein müssen,[374] können reine BGB-Innengesellschaften nicht Mitglieder einer EWIV sein.[375] BGB-Gesellschaften, die einen Erwerbszweck verfolgen, ist der Zugang zur EWIV dagegen nicht versperrt.[376] Art. 3 II lit. e) EWIV-VO untersagt es der EWIV allerdings ausdrücklich, Mitglied einer anderen EWIV zu werden (s. dazu Rn. 62).[377] Der EWIV vergleichbare nationale Rechtsformen, wie der GIE in Frankreich, können dagegen Mitglied einer EWIV sein.[378]

133 Auch Gesellschaften aus dem EWR-Raum (Norwegen, Island, Liechtenstein) haben die Möglichkeit sich an einer EWIV zu beteiligen.[379] Gesellschaften aus **Drittstaaten**, wie etwa China, können dagegen generell keine Mitglieder einer EWIV sein.[380] Für sie ist die Beteiligung an einer EWIV nur in abgeschwächter Form, ua durch die Teilnahme als eine Art **assoziiertes Mitglied**, möglich.[381] Unter assoziierten Mitgliedern sind hier Unternehmen aus Drittstaaten zu verstehen, mit denen die EWIV einen Zusammenarbeitsvertrag schließt, der sich inhalt-

367 *Lepeltier/Buttet/Lesguillier*, Les Groupements d'intérêt économique, GIE, GEIE: régimes juridique et fiscal, formules, textes, 1990, Rn. 198 hält fest, dass ein Beschäftigter nicht Mitglied der EWIV sein kann.

368 *Lemeunier*, Groupement d'intérêt économique (GIE), 1999, S. 60.

369 Cass. Com. 9 décembre 1986, Bull. Joly 1987 35.

370 *Teichmann* in: MüHdB GesR, Bd. 6, 2013, § 48 Rn. 14; *Hartard*, Die EWIV im deutschen, englischen und französischen Recht, 1991, S. 72 f.; *Habersack/Verse*, Europäisches Gesellschaftsrecht, 2011, § 12 Rn. 12; *Rinze*, Die Europäische wirtschaftliche Interessenvereinigung im Unternehmensverbund, 1996, S. 86; *van Gerven* in: van Gerven/Aalders (Hrsg.), European Economic Interest Groupings, 1990, S. 5, 16; *Cathiard*, La pratique du droit européen des sociétés, 2017, Rn. 205; aA *Autenrieth* BB 1989, 305, 308 im Hinblick auf Drittländer mit denen Freihandelsverträge bestehen.

371 *Hartard*, Die EWIV im deutschen, englischen und französischen Recht, 1991, S. 55; *Gleichmann* ZHR 149, 633, 640.

372 *Grundmann*, Europäisches Gesellschaftsrecht, 2011, Rn. 1108; *Teichmann* in: MüHdB GesR, Bd. 6, 2013, § 48 Rn. 12.

373 *Lepeltier/Buttet/Lesguillier*, Les Groupements d'intérêt économique, GIE, GEIE: régimes juridique et fiscal, formules, textes, 1990, Rn. 200 geht davon aus, dass nicht der Schwerpunkt der Aktivität in der EU liegen muss, sondern dass eine effektive Tätigkeit ausreicht.

374 Zu der Anforderung für Gesellschaften *Lepeltier/Buttet/Lesguillier*, Les Groupements d'intérêt économique, GIE, GEIE: régimes juridique et fiscal, formules, textes, 1990, Rn. 206.

375 *Bärwaldt* in: Prinz ua (Hrsg.), Beck'sches Handbuch Personengesellschaften, 2014, § 19 Rn. 37; *Teichmann* in: MüHdB GesR, Bd. 6, 2013, § 48 Rn. 9; *Habersack/Verse*, Europäisches Gesellschaftsrecht, 2011, § 12 Rn. 11.

376 *Teichmann* in: MüHdB GesR, Bd. 6, 2013, § 48 Rn. 9; *Salger/Neye* in: MüHdB GesR, Bd. 1, 2014, § 96 Rn. 2; *Rinze*, Die Europäische wirtschaftliche Interessenvereinigung im Unternehmensverbund, 1996, S. 77 f.; *Lenz*, Die EWIV mit Sitz in der BRD vor Eintragung, 1997, S. 160 f.; *Roth* in: Baumbach/Hopt (Hrsg.), HGB, 2016, Anhang nach § 160 Rn. 13.

377 Sehr kritisch zu diesem Verbot *Müller-Gugenberger* in: Müller-Gugenberger/Schotthöfer (Hrsg.), Die EWIV in Europa, 1995, EU-Recht, Kap. IV Rn. 123. Ebenfalls kritisch *Rinze*, Die Europäische wirtschaftliche Interessenvereinigung im Unternehmensverbund, 1996, S. 85; *Lepeltier/Buttet/Lesguillier*, Les Groupements d'intérêt économique, GIE, GEIE: régimes juridique et fiscal, formules, textes, 1990, Rn. 205.

378 Vgl. zum GIE *Cathiard*, La pratique du droit européen des sociétés, 2017, Rn. 204.

379 *Zahorka*, Betrieb und Gründung einer EWIV, 2010, S. 17; *ders.* EuZW 7 (1994) 201, 202 *Rinze*, Die Europäische wirtschaftliche Interessenvereinigung im Unternehmensverbund, 1996, S. 89.

380 *Manz* in: Selbherr/Manz (Hrsg.), Kommentar zur EWIV, 1995, Art. 4 Rn. 13; *Lutter/Bayer/Schmidt*, Europäisches Unternehmens- und Kapitalmarktrecht, 2017, Rn. 44.56; *Teichmann* in: MüHdB GesR, Bd. 6, 2013, § 48 Rn. 10; *Burkhalter*, Die EWIV und ihre konzernrechtlichen Beziehungen, 1998, S. 87 ff. auch zu den Motiven dieser Beschränkung; *Roth* in: Baumbach/Hopt (Hrsg.), HGB, 2016, Anhang nach § 160 Rn. 14.

381 *Manz* in: Selbherr/Manz (Hrsg.), Kommentar zur EWIV, 1995, Art. 4 Rn. 13; *Burkhalter*, Die EWIV und ihre konzernrechtlichen Beziehungen, 1998, S. 90; *Zahorka* EuZW 7 (1994) 201, 202; *Cathiard*, La pratique du droit

lich mit dem Gründungsvertrag der entsprechenden EWIV deckt.[382] Dabei ist auf die Grenzen zu achten, die sich für Geschäfte mit Nichtmitgliedern ergeben (s. dazu Rn. 64 ff.). Es ist zudem zu bedenken, dass das assoziierte Mitglied auch durch so einen Zusammenarbeitsvertrag kein Stimmrecht erhält.[383] In der Praxis kann ihrer Meinung allerdings de facto Gehör geschenkt werden. Sie können dann so ihre Ansichten einbringen.[384] Außerdem ist ein Joint-Venture zwischen einer EWIV und einem Drittland-Unternehmen möglich.[385] Dabei ist wiederum Art. 3 II lit. b) EWIV-VO zu beachten (s. dazu Rn. 54 ff.). Eine andere Möglichkeit für Gesellschaften aus Drittstaaten bestünde darin, eine Tochtergesellschaft in der EU zu gründen, die dann wiederum Mitglied der EWIV werden könnte.[386]

„**Andere juristische Einheiten**" werden in der Bestimmung deshalb ausdrücklich genannt, um auch Einheiten ohne Erwerbszweck, aber mit wirtschaftlicher Tätigkeit, die Gründung einer EWIV zu ermöglichen.[387] Die Rechtsform der EWIV kann daher auch von Forschungs- und Entwicklungshilfeorganisationen,[388] rechtsfähigen Anstalten des öffentlichen Rechts und Stiftungen[389] bzw. gemeinnützigen Unternehmen[390] genutzt werden. So könnte sich beispielsweise ein in Vereinsform organisierter regionaler TÜV in Deutschland an einer F&E EWIV beteiligen. 134

Eine **stille Beteiligung** an einer EWIV kommt in der Praxis praktisch nicht vor.[391] Das liegt daran, dass sie nach Art. 3 I EWIV-VO keinen Gewinnerzielungszweck haben darf (s. dazu näher unter Rn. 47 ff.), was sie für eine stille Beteiligung wenig attraktiv macht. Eine solche würde grundsätzlich nur dann sinnvoll sein, wenn die EWIV selbst Gewinne erwirtschaften würde oder Gewinne der Mitglieder zugewiesen bekäme.[392] Ersteres ist jedoch gerade nicht gestattet. Auch die Gestaltungsform, nach der der stille Gesellschafter statt einer Gewinnbeteiligung die Leistungen erhält, die auch die Mitglieder erhalten, ist praktisch aufgrund der Einschränkungen bei Nichtmitgliedergeschäften (s. dazu unter Rn. 64 ff.) schwierig zu gestalten. Auch in diesem Zusammenhang wäre das Verbot der Gewinnerzielungsabsicht zu berücksichtigen. 135

Nicht nur die „anderen juristischen Einheiten", sondern auch die Gesellschaften müssen nach mitgliedstaatlichem Recht ordnungsgemäß gegründet worden sein und sowohl ihren satzungsmäßigen bzw. gesetzlichen **Sitz** als auch ihren Verwaltungssitz **in der Union** haben (Art. 4 I lit. a) EWIV-VO).[393] Keine Voraussetzung ist, dass sie ihren Register- und Verwaltungssitz im selben Mitgliedstaat haben.[394] 136

Die EWIV kann auch ausschließlich von juristischen Personen gegründet werden. Es ist daher möglich, dass eine EWIV allein **haftungsbeschränkte Gesellschaften** als Mitglieder hat. Personen und Unternehmen, die sich an einer EWIV beteiligen und gleichzeitig ihre Haftung beschränken möchten, können eine Gesellschaft mit beschränkter Haftung zwischenschalten.[395] Eine Einschränkung des persönlichen Anwendungsbereichs enthält Art. 3 II lit. e) EWIV-VO. Die Vorschrift untersagt es der EWIV Mitglied einer anderen EWIV zu sein (s. dazu näher unter Rn. 62). 137

---

européen des sociétés, 2017, Rn. 206; *Europäische Kommission*, Die EWIV als Instrument der grenzüberschreitenden Kooperation, 1999, S. 54. Zu den Nachteilen einer solchen Konstruktion *Zahorka* LEADERforum 1 (2005) 35, 36.

382 *Manz* in: Selbherr/Manz (Hrsg.), Kommentar zur EWIV, 1995, Art. 4 Rn. 13.

383 *Europäische Kommission*, Die EWIV als Instrument der grenzüberschreitenden Kooperation, 1999, S. 54; *Burkhalter*, Die EWIV und ihre konzernrechtlichen Beziehungen, 1998, S. 90.

384 Zu dieser Handhabung in der Praxis *Burkhalter*, Die EWIV und ihre konzernrechtlichen Beziehungen, 1998, S. 91.

385 *Burkhalter*, Die EWIV und ihre konzernrechtlichen Beziehungen, 1998, S. 93; *Zahorka* EuZW 7 (1994) 201, 2034; *Roth* in: Baumbach/Hopt (Hrsg.), HGB, 2016, Anhang nach § 160 Rn. 14.

386 *Vichatzky* RTDEur 1990, 275, 287; *Müller-Gugenberger* NJW 1989, 1449, 1453; *Knoll/Schüppen* WiB 1994, 889, 890; vgl. auch *Burkhalter*, Die EWIV und ihre konzernrechtlichen Beziehungen, 1998, S. 91; *Roth* in: Baumbach/Hopt (Hrsg.), HGB, 2016, Anhang nach § 160 Rn. 14.

387 *Ganske* DB 1985, Beilage 20, 1, 4; *Gleichmann* ZHR 149 1985, 633, 638; *Müller-Gugenberger* NJW 1989, 1449, 1455; *Teichmann* in: MüHdB GesR, Bd. 6, 2013, § 48 Rn. 9; *Niessen* in: Müller-Gugenberger/Schotthöfer (Hrsg.), Die EWIV in Europa, 1995, EU-Recht, 1995, Kap. III Rn. 37.

388 *Gleichmann* ZHR 149 1985, 633, 638; *Habersack/Verse*, Europäisches Gesellschaftsrecht, 2011, § 12 Rn. 14; *Salger/Neye* in: MüHdB GesR, Bd. 1, 2014, § 96 Rn. 3; *Neye* DB 17 (1997) 861, 862 (Forschung und Produktentwicklung); ua zu gemeinsamen Entwicklungsvorhaben auch *Autenrieth* BB 1989, 305, 307.

389 *Müller-Gugenberger* NJW 1989, 1449, 1455.

390 *Salger/Neye* in: MüHdB GesR, Bd. 1, 2014, § 96 Rn. 3.

391 *K. Schmidt* in: MüKoHGB, 2014, § 230 Rn. 33.

392 *K. Schmidt* in: MüKoHGB, 2014, § 230 Rn. 33 ff.

393 *Teichmann* in: MüHdB GesR, Bd. 6, 2013, § 48 Rn. 10; *Cathiard*, La pratique du droit européen des sociétés, 2017, Rn. 204; aA *Rinze*, Die Europäische wirtschaftliche Interessenvereinigung im Unternehmensverbund, 1996, S. 79 ff., der davon ausgeht, dass die Hauptverwaltung auch im Ausland liegen kann.

394 *Keutgen* Cahiers de droit européen 1987, 492, 498.

395 *Cathiard*, La pratique du droit européen des sociétés, 2017, Rn. 236.

138 Da die EWIV die wirtschaftlichen Aktivitäten ihrer Mitglieder fördern muss (s. dazu Rn. 47 ff.) kann eine natürliche Person bzw. Personengesellschaft oder juristische Person nur Mitglied einer EWIV werden bzw. Gründungsmitglied sein, wenn sie vom Unternehmensgegenstand der EWIV mit Blick auf ihre wirtschaftliche Aktivität profitieren kann.[396]

II. Mitgliederzahl

139 Eine EWIV muss aus **mindestens zwei Mitgliedern** bestehen (die Bezeichnung „Mitglieder" ist hier nicht zu verwechseln mit „Vereins-Mitgliedern"),[397] die die oben genannten Anforderungen zu erfüllen haben (Rn. 129 ff.). Eine Einpersonen-EWIV ist nicht möglich (Schluss aus Art. 4 II EWIV-VO, siehe dazu unter Rn. 93 ff.).[398] Das entspricht dem Zweck der EWIV-Verordnung, Kooperationen zwischen Unternehmen zu erleichtern.[399] Hat die EWIV nur noch ein Mitglied, muss sie aufgelöst werden (Art. 31 III EWIV-VO).[400] Auch eine nachträgliche Einpersonen-EWIV ist daher verboten.[401] Zwei Mitglieder sind somit sowohl Gründungsvoraussetzung als auch Voraussetzung für den Fortbestand der EWIV. Scheidet das vorletzte Mitglied aus der EWIV aus, so muss das letzte Mitglied gem. Art. 31 III iVm Art. 4 II EWIV-VO einen Auflösungsbeschluss fassen. Ob es stattdessen die EWIV durch Aufnahme eines neuen Mitglieds wiederbeleben kann, ist nicht geregelt.

140 Die EWIV-Verordnung selbst **beschränkt die Mitgliederzahl** der Vereinigung nach oben hin allerdings **nicht**.[402] Die **Mitgliedstaaten** können jedoch gemäß Art. 4 III 1 EWIV-VO die Mitgliederzahl auf **20** begrenzen. Ihnen wird insofern eine Regelungsoption gewährt, die damals auf Anregen von England eingeführt wurde.[403] Den Mitgliedstaaten wird dabei ermöglicht, diese Obergrenze restriktiv auszugestalten. Denn ihnen ist es erlaubt, die Mitglieder nicht eingetragener Gesellschaften als einzelne Mitglieder der EWIV zu werten (Art. 4 III 2 EWIV-VO).[404] Im Gegensatz zu Deutschland, Frankreich und England (!) hat zB Irland von dieser Regelungsoption Gebrauch gemacht.[405] In der Praxis führt wohl die unbeschränkte und gesamtschuldnerische Haftung dazu, dass die Mitgliederzahl in der Regel relativ niedrig sein wird.[406]

III. Ausschluss bestimmter Gruppen

141 Neben den genannten Beschränkungen können die nationalen Gesetzgeber den **potenziellen Anwenderkreis der EWIV** weiter **einschränken**. Denn Art. 4 IV EWIV-VO gewährt den Mitgliedstaaten die Möglichkeit, „bestimmte Gruppen von natürlichen Personen, Gesellschaften und anderen juristischen Einheiten aus Gründen *ihres* (seines) öffentlichen Interesses von der Beteiligung an einer Vereinigung auszuschließen oder diese Beteiligung Einschränkungen zu unterwerfen".[407] Es steht den Mitgliedstaaten damit frei, zB Banken und Versicherungen, die einer staatlichen Aufsicht unterliegen, die Gründung einer EWIV zu untersagen oder einzuschränken.[408]

---

396 *Van Gerven* in: van Gerven/Aalders (Hrsg.), European Economic Interest Groupings, 1990, S. 5, 14; *Cathiard*, La pratique du droit européen des sociétés, 2017, Rn. 123.

397 *Lepeltier/Buttet/Lesguillier*, Les Groupements d'intérêt économique, GIE, GEIE: régimes juridique et fiscal, formules, textes, 1990, Rn. 196; *Burkhalter*, Die EWIV und ihre konzernrechtlichen Beziehungen, 1998, S. 23 spricht insofern vom „Minimalmitgliederkreis".

398 *Manz* in: Selbherr/Manz (Hrsg.) Kommentar zur EWIV, 1995, Art. 4 Rn. 14; *Rinze*, Die Europäische wirtschaftliche Interessenvereinigung im Unternehmensverbund, 1996, S. 57; *Schwarz*, Europäisches Gesellschaftsrecht, 2000, Rn. 997.

399 Vgl. *Habersack/Verse*, Europäisches Gesellschaftsrecht, 2011, § 12 Rn. 12; *Teichmann* in: MüHdB GesR, Bd. 6, 2013, § 48 Rn. 8.

400 *Autenrieth*, Die EWIV, 1990, Rn. 9; *Gloria/Karbwoski* WM 1990, 1313, 1319; *Scriba*, Die EWIV, 1987, S. 81; *Weimar/Delp* WPg 1989, 89, 95; *Vichatzky* RTDEur 1990, 275, 287.

401 Vgl. *Schwarz*, Europäisches Gesellschaftsrecht, 2000, Rn. 997.

402 *Manz* in: Selbherr/Manz (Hrsg.), Kommentar zur EWIV, 1995, Art. 4 Rn. 17; *Keutgen* Cahiers de droit européen 1987, 492, 499.

403 Vgl. *Manz* in: Selbherr/Manz (Hrsg.), Kommentar zur EWIV, 1995, Art. 4 Rn. 17; *Lutter/Bayer/Schmidt*, Europäisches Unternehmens- und Kapitalmarktrecht, 2017, Rn. 44.59; *Schwarz*, Europäisches Gesellschaftsrecht, 2000, Rn. 999; *Rinze*, Die Europäische wirtschaftliche Interessenvereinigung im Unternehmensverbund, 1996, S. 91.

404 *Abmeier* NJW 1986, 2987, 2989; *Gleichmann* ZHR 149 1985, 633, 640.

405 *Manz* in: Selbherr/Manz (Hrsg.), Kommentar zur EWIV, 1995, Art. 4 Rn. 17; *Lutter/Bayer/Schmidt*, Europäisches Unternehmens- und Kapitalmarktrecht, 2017, Rn. 44.59; *Rinze*, Die Europäische wirtschaftliche Interessenvereinigung im Unternehmensverbund, 1996, S. 91.

406 Vgl. *Lentner*, Das Gesellschaftsrecht der EWIV, 1994, S. 63; *Keutgen* Cahiers de droit européen 1987, 492, 499.

407 Art. 4 IV EWIV-VO.

408 *Manz* in: Selbherr/Manz (Hrsg.), Kommentar zur EWIV, 1995, Art. 4 Rn. 17; *Lutter/Bayer/Schmidt*, Europäisches Unternehmens- und Kapitalmarktrecht, 2017, Rn. 44.61; *Rinze*, Die Europäische wirtschaftliche Interessenvereinigung im Unternehmensverbund, 1996, S. 92.

Deutschland hatte zunächst daran gedacht, Notaren die Beteiligung an einer EWIV zu verbieten,[409] sich aber letztendlich aufgrund von Bedenken im Hinblick auf die Vereinbarkeit eines solchen Ausschlusses mit Art. 12 GG gegen eine entsprechende Beschränkung entschieden.[410] Belgien hat dagegen vorgesehen, dass öffentliche Kreditinstitute nicht Mitglied einer EWIV sein können (Art. 3 Loi portant diverses mesures d'application du Règlement (CEE) n° 2137/85 du Conseil du 25 juillet 1985 relatif à l'institution d'un groupement européen d'intérêt économique).[411]

Auch **Freiberufler** können damit im Ergebnis grundsätzlich eine EWIV gründen. Erwägungsgrund 5 EWIV-VO formuliert diesbezüglich allerdings, dass die EWIV keinen freien Beruf gegenüber Dritten ausüben darf. Der Erwägungsgrund bezieht sich jedoch nicht grundsätzlich auf die Ausübung einer freiberuflichen Tätigkeit, sondern formuliert dies beispielhaft im Zusammenhang mit der Hilfstätigkeit, wonach die EWIV die Tätigkeit ihrer Mitglieder nicht ersetzen darf (vgl. Art. 3 I, II EWIV-VO, s. dazu Rn. 49). Die freiberufliche Tätigkeit ist somit nicht generell unterbunden. Vielmehr könnte ein Zusammenschluss von Freiberuflern beispielsweise die grenzüberschreitende oder fächerübergreifende Beratung ermöglichen, die die jeweiligen Mitglieder alleine nicht durchführen können. Es besteht auch die Möglichkeit Rechtsabteilungen unterschiedlicher Unternehmen zusammenzulegen, um diesen juristischen Rat zu erteilen (wobei allerdings in Deutschland die Grenzen des Rechtsdienstleistungsgesetzes (RDG) zu beachten sind).[412] Die Tätigkeit einer von Freiberuflern gegründeten EWIV muss zudem nicht zwangsläufig ebenfalls freiberuflicher Natur sein. In diesem Zusammenhang lässt sich auch an die Gründung einer EWIV durch Rechtsanwaltskanzleien zum Austausch von Informationen und Mandatsvermittlung denken. Die EWIV kann daneben aber vor allem auch zur Zusammenarbeit bezüglich der Verwaltung, bezüglich der gemeinsamen Nutzung von Arbeitsmitteln (zum Beispiel gemeinsame Bibliothek, Datenbank) und der gemeinsamen Fortbildung (zB durch Seminare) genutzt werden.[413] Gerade mit Blick auf die Mandatsarbeit von Rechtsanwaltskanzleien kann auch eine Kooperation bezüglich Räumlichkeiten interessant sein.[414] Die EWIV darf allerdings nicht zur Umgehung etwaiger bestehender Rechts- oder Standesvorschriften zur Ausübung eines Berufs dienen (vgl. Erwägungsgrund 6 EWIV-VO). 142

IV. Mitgliedschaftsrechte und Mitgliedschaftspflichten

1. Mitgliedschaftsrechte

Die Mitgliedschaft in der EWIV bringt bestimmte Verwaltungsrechte mit sich. Das zentrale Verwaltungsrecht jedes Mitglieds ist das **Teilnahmerecht** an der Mitgliederversammlung („gemeinschaftlich handelnde Mitglieder", Art. 16 EWIV-VO)[415] und das **Stimmrecht** (vgl. Art. 17 EWIV-VO). Siehe zum Stimmrecht und der Beschlussfassung näher unter Rn. 155 ff. Hinzu tritt das Recht eine **Anhörung** der Mitglieder gem. Art. 17 IV EWIV-VO zu veranlassen. Das Herbeiführen einer Anhörung soll es jedem Mitglied ermöglichen, Einfluss auf die Willensbildung auszuüben (s. dazu näher unter Rn. 166).[416] 143

Daneben gewährt Art. 18 EWIV-VO den Mitgliedern ein **Auskunfts- und Einsichtsrecht**. Art. 18 EWIV-VO erkennt damit das Informationsbedürfnis der Mitglieder an. Diese benötigen einen gewissen Informationsstand, um die Geschäftsführung angemessen kontrollieren[417] und ihr Stimmrecht bei der Beschlussfassung interessengerecht ausüben zu können.[418] Da sie unbeschränkt und gesamtschuldnerisch haften (s. dazu unter Rn. 204), jedoch in der EWIV nicht das Prinzip der Selbstorganschaft gilt (s. dazu unter Rn. 31),[419] kommt insbesondere der effektiven Kontrollmöglichkeit und dem damit verbundenen Informationsbedürfnis eine besondere Bedeutung zu. Deshalb hat die Verordnung das Auskunfts- und Einsichtsrecht in Art. 18 EWIV-VO **zwingend** ausgestaltet.[420] Das Auskunfts- und Einsichtsrecht sind individuelle Informationsrechte eines jeden Mitglieds.[421] Eine 144

409 BT-Drs. 11/352, S. 10.
410 BT-Drs. 11/1807, vgl. auch *Lutter/Bayer/Schmidt*, Europäisches Unternehmens- und Kapitalmarktrecht, 2017, Rn. 44.61.
411 Vgl. dazu *Meussen* in: Selbherr/Manz (Hrsg.), Kommentar zur EWIV, 1995, Art. 3 Rn. 18 f.
412 *Gleichmann* ZHR 149 1985, 633, 639; weitere Beispiele gebend *Autenrieth*, Die EWIV, 1990, Rn. 11.
413 *Vague* RMC 1992, 403, 403 ff.
414 *Zuck* NJW 1990, 954, 957.
415 Vgl. *Vichatzky* RTDEur 1990, 275, 291.
416 *Autenrieth*, Die EWIV, 1990, Rn. 57; *Lentner*, Das Gesellschaftsrecht der EWIV, 1994, S. 97.
417 *Manz* in: Selbherr/Manz (Hrsg.), Kommentar zur EWIV, 1995, Art. 18 Rn. 1; *Vichatzky* RTDEur 1990, 275, 296; *Schwarz*, Europäisches Gesellschaftsrecht, 2000, Rn. 1025.
418 *Schwarz*, Europäisches Gesellschaftsrecht, 2000, Rn. 1025.
419 *Schwarz*, Europäisches Gesellschaftsrecht, 2000, Rn. 1025 bezeichnet das Auskunfts- und Informationsrecht gemeinsam mit der Möglichkeit den Geschäftsführer auszuwechseln als „Ausgleich für die fehlende Selbstorganschaft".
420 Zum zwingenden Charakter *Schwarz*, Europäisches Gesellschaftsrecht, 2000, Rn. 1025.
421 Vgl. *Vichatzky* RTDEur 1990, 275, 296.

Stellvertretung ist jedoch möglich.[422] Den Mitgliedern steht es zudem frei, auch einem anderen Organ, wie beispielsweise einem Aufsichtsrat, umfassende Auskunfts- und Einsichtsrechte zu gewähren.[423] Dies ist sinnvoll, um diesem Organ zB eine effektive Kontrolle zu ermöglichen. Aufgrund des zwingenden Charakters kann das Auskunfts- und Einsichtsrecht des Aufsichtsrats allerdings nur neben das Individualrecht der Mitglieder treten.[424]

145 Das Auskunftsverlangen ist an den Geschäftsführer zu richten, welcher dementsprechend auch für die Befriedigung des Informationsbedürfnisses zuständig ist (vgl. Art. 18 EWIV-VO).[425] Schranken sind für das Auskunfts- und Einsichtsrecht nicht vorgesehen. Eines besonderen Interesses an der Information bedarf es daher für ein Auskunftsverlangen nicht.[426] Lediglich aus den allgemeinen Missbrauchsgrundsätzen mag sich eine Einschränkung ergeben.[427] Da somit grundsätzlich keine Schranken für das Auskunftsrecht bestehen, kann der Geschäftsführer die Informationserteilung auch nicht verweigern.[428] Das Recht auf Auskunft richtet sich ganz allgemein auf die **„Geschäfte der Vereinigung“**[429] (Art. 18 EWIV-VO). Das umfasst „alle die Geschäftsführung sowie die rechtlichen und wirtschaftlichen Verhältnisse der Vereinigung betreffenden Tatsachen“.[430] Das Recht auf Einsichtnahme bezieht sich auf die **Bücher und Geschäftsunterlagen** (Art. 18 EWIV-VO).

146 Art. 18 EWIV-VO statuiert nicht ausdrücklich, dass das Auskunfts- und Einsichtsrecht auch das Recht umfasst, Kopien von entsprechenden Unterlagen anzufertigen bzw. entsprechende Kopien verlangen zu können.[431] Ein entsprechendes Recht könnte jedoch hineingelesen werden.[432] Denn die Geschäfte der EWIV können sehr komplex ausgestaltet sein, so dass nur eine Kopie sicherstellen kann, dass das Mitglied die Informationen auch entsprechend aufarbeiten kann.

147 Des Weiteren haben die Mitglieder ein **Gewinnbezugsrecht** (**Vermögensrecht**, s. dazu näher unter Rn. 196 ff.). Außerdem steht jedem Mitglied beim Ausscheiden ein **Auseinandersetzungsanspruch** zu, sofern das Mitglied seinen Anteil nicht abtritt (s. dazu näher unter Rn. 235).[433] Im Fall der Auflösung der EWIV besteht ggf. ein Anspruch auf den **Liquidationserlös**.[434]

148 Darüber hinaus ergibt sich aus Art. 3 I EWIV-VO das Recht jedes Mitglieds an den Kooperationsvorteilen der EWIV zu partizipieren. Insofern wird teilweise von **„Unternehmensanspruch“** gesprochen.[435] Hier wird die Bezeichnung **„Kooperationsnutzungsanspruch"** bevorzugt. Konkret bedeutet dies, dass zB bei Einkaufsgemeinschaften jedes Mitglied die Möglichkeit hat, von den Einkäufen der EWIV zu profitieren.

2. Mitgliedschaftspflichten

149 Für die Mitglieder besteht mit Abschluss des Gründungvertrags eine gewisse **Förderpflicht** mit Blick auf den gemeinsam verfolgten Zweck.[436] Die Verordnung geht darauf nicht explizit ein, dies ergibt sich jedoch aus der Natur des Zusammenschlusses, der auf Kooperation ausgelegt ist[437] sowie im Umkehrschluss aus Art. 27 II EWIV-VO.[438] Außerdem wird eine **Treuepflicht** der Mitglieder der EWIV diskutiert. Teilweise wird diese mit dem personenbezogenen Charakter der EWIV begründet.[439] Andere Autoren gehen davon aus, dass die Treue-

422 Dazu näher *Manz* in: Selbherr/Manz (Hrsg.), Kommentar zur EWIV, 1995, Art. 18 Rn. 2.
423 *Manz* in: Selbherr/Manz (Hrsg.), Kommentar zur EWIV, 1995, Art. 18 Rn. 2.
424 *Manz* in: Selbherr/Manz (Hrsg.), Kommentar zur EWIV, 1995, Art. 18 Rn. 2.
425 *Schwarz*, Europäisches Gesellschaftsrecht, 2000, Rn. 1026.
426 *Schwarz*, Europäisches Gesellschaftsrecht, 2000, Rn. 1025.
427 *Autenrieth*, Die EWIV, 1990, Rn. 33 ff.; *Schwarz*, Europäisches Gesellschaftsrecht, 2000, Rn. 1026; *Grundmann*, Europäisches Gesellschaftsrecht, 2011, Rn. 1119; *Teichmann* in: MüHdB GesR, Bd. 6, 2013, § 48.Rn. 53; *Manz* in: Selbherr/Manz (Hrsg.), Kommentar zur EWIV, 1995, Art. 18 Rn. 10.
428 *Schwarz*, Europäisches Gesellschaftsrecht, 2000, Rn. 1026.
429 Englischer Wortlaut: „grouping’s business“. Französischer Wortlaut: „affaires du groupement“. Der spanische Wortlaut („asuntos de la agrupación“) spricht eher von „Angelegenheiten“. Italienischer Wortlaut: „affari del gruppo“. Der niederländische Wortlaut („gang van zaken in het samenwerkingsverband“) spricht eher von „Stand der Dinge“ Der polnische Wortlaut („działalności ugrupowania“) spricht von „Tätigkeiten“.
430 *Manz* in: Selbherr/Manz (Hrsg.), Kommentar zur EWIV, 1995, Art. 18 Rn. 8.
431 Vgl. *Vichatzky* RTDEur 1990, 275, 296.
432 Zu diesem Ergebnis kommt *Manz* in: Selbherr/Manz (Hrsg.), Kommentar zur EWIV, 1995, Art. 18 Rn. 9.
433 *Autenrieth*, Die EWIV, 1990, Rn. 40 ff.; *Teichmann* in: MüHdB GesR, Bd. 6, 2013, § 48 Rn. 55.
434 Zum Liquidationserlös und dem Abfindungsanspruch *Burkhalter*, Die EWIV und ihre konzernrechtlichen Beziehungen, 1998, S. 103.
435 Vgl. *Burkhalter*, Die EWIV und ihre konzernrechtlichen Beziehungen, S. 103.
436 *Meyer-Landrut*, Die EWIV, 1988, S. 75; *Schwarz*, Europäisches Gesellschaftsrecht, 2000, Rn. 1032.
437 *Meyer-Landrut*, Die EWIV, 1988, S. 75.
438 *Schwarz*, Europäisches Gesellschaftsrecht, 2000, Rn. 1032.
439 *Lutter/Bayer/Schmidt*, Europäisches Unternehmens- und Kapitalmarktrecht, 2017, Rn. 44.63; *Schwarz*, Europäisches Gesellschaftsrecht, 2000, Rn. 1032; *Ganske*, Das Recht der EWIV, 1988, S. 47; *ders.*, DB 1985, Beilage 20, 1, 6.

pflicht zwar nicht explizit in der Verordnung geregelt ist, aber ihren indirekten Niederschlag in der Sanktion des Art. 27 II EWIV-VO gefunden hat.[440] Es gibt dabei Stimmen, die die Treuepflichten eher aus der Verordnung herleiten,[441] während andere sich für die Konkretisierung der Pflichten am subsidiär anwendbaren nationalen Recht orientieren möchten.[442] Letzteres wäre wegen der großen nationalen Unterschiede nicht unproblematisch. Dafür spricht allerdings, dass es aufgrund der erheblichen Divergenzen in den nationalen Rechtsordnungen wohl einer expliziten Regelung in der Verordnung bedurft hätte, um eine einheitliche Lösung zu schaffen. Im Ergebnis können national hergeleitete Treuepflichten vor allem im Rahmen von **Mitwirkungspflichten** eine Rolle spielen, insbesondere dann, wenn es um die Teilnahme an der Beschlussfassung oder sogar um die Zustimmung bei Beschlüssen geht (s. dazu auch Rn. 166).[443]

Im Rahmen der Pflichten der Mitglieder wird auch eine **Beitragspflicht** erörtert, die allerdings an keiner Stelle 150
der Verordnung explizit statuiert wird.[444] Aus Art. 17 II lit. e) EWIV-VO und Art. 21 II EWIV-VO lässt sich nur entnehmen, dass die Mitglieder eine Beitragspflicht festlegen können.[445] Vereinbaren die Mitglieder eine solche, so kann eine anschließende Änderung der Beiträge nur durch einen einstimmigen Beschluss vorgenommen werden (Art. 17 II lit. e) EWIV-VO). Die Beitragspflicht ist für die EWIV eine typische Finanzierungsform. Die Mitglieder sind bei der Ausgestaltung der Beitragspflicht frei; es können Vorabbeiträge, Umlagesysteme etc festgelegt werden. Ihr steht jedoch auch ein breites Spektrum an anderen Finanzierungsmöglichkeiten zur Verfügung. Sie können sich daher für andere Formen der Finanzierung als die Beitragspflicht entscheiden (s. dazu. Rn. 192 ff.).

Die Mitglieder der EWIV trifft eine **Verlusttragungspflicht** (Art. 21 II EWIV-VO, dazu näher unter Rn. 201 ff.). 151
Bezüglich eines **Wettbewerbsverbots** greift nationales Recht (in Deutschland somit §§ 112, 113 HGB), da die Verordnung insofern keine Regelung enthält und daher das nationale Recht subsidiär zur Anwendung kommt.[446]

K. Organisationsverfassung

Art. 16 I 1 EWIV-VO gibt für die EWIV zwei Organe **zwingend** vor. Zum einen besitzt jede EWIV als Organ die 152
„gemeinschaftlich handelnden Mitglieder“,[447] also eine Mitgliederversammlung. Zum anderen hat die EWIV einen oder mehrere **Geschäftsführer** (Art. 16 I 1 EWIV-VO).[448] **Weitere Organe** können **fakultativ** eingerichtet werden (Art. 16 I 2 EWIV-VO). Wie bereits angesprochen (Rn. 39 ff.), besitzen die Mitglieder einen erheblichen Gestaltungsspielraum bezüglich der Binnenorganisation, den sie durch die Gestaltung des Gründungsvertrags ausüben können.

I. Gemeinschaftlich handelnde Mitglieder

1. Kompetenzen

Die gemeinschaftlich handelnden Mitglieder stellen das **oberste Entscheidungsorgan** der Vereinigung dar.[449] Die 153
EWIV-Verordnung regelt bezüglich einiger Aspekte, dass sie in die Zuständigkeit der gemeinschaftlich handeln-

440 Vgl. *Teichmann* in: MüHdB GesR, Bd. 6, 2013, § 48.Rn. 57; *Meyer-Landrut,* Die EWIV, 1988, S. 75.

441 Vgl. *Meyer-Landrut*, Die EWIV, 1988, S. 75 f.

442 Vgl. *Ganske*, Das Recht der EWIV, 1988, S. 47; *Roth* in: Baumbach/Hopt (Hrsg.), HGB, 2016, Anhang nach § 160 Rn. 25.

443 *Schwarz*, Europäisches Gesellschaftsrecht, 2000, Rn. 1033.

444 *Meyer-Landrut*, Die EWIV, 1988, S. 77; *Lutter/Bayer/Schmidt*, Europäisches Unternehmens- und Kapitalmarktrecht, 2017, Rn. 44.63; *Schwarz*, Europäisches Gesellschaftsrecht, 2000, Rn. 1035.

445 *Meyer-Landrut*, Die EWIV, 1988, S. 77 f. folgert daraus und aus der allgemeinen Förderpflicht eine konkrete Pflicht, Beiträge zur Durchführung des Zwecks zu leisten. *Schwarz*, Europäisches Gesellschaftsrecht, 2000, Rn. 1035 schließt daraus ebenfalls auf eine Beitragspflicht.

446 Davon ging auch die Bundesregierung im Gesetzgebungsverfahren aus vgl. BT-Drs. 11/352, S. 22. Vgl. auch *Ganske*, Das Recht der EWIV, 1988, S. 47; *Lutter/Bayer/Schmidt*, Europäisches Unternehmens- und Kapitalmarktrecht, 2017, Rn. 44.63; *Teichmann* in: MüHdB GesR, Bd. 6, 2013, § 48 Rn. 57; *Schwarz*, Europäisches Gesellschaftsrecht, 2000, Rn. 1035.

447 Englischer Wortlaut: „members acting collectively“. Französischer Wortlaut: „membres agissant collégialement“. Spanischer Wortlaut: „miembros actuando de forma colegiada“. Italienischer Wortlaut: „membri che agiscono collegialmente“. Niederländischer Wortlaut: „gezamenlijk handelende leden“. Polnischer Wortlaut: „członkowie działający wspólnie“.

448 *Lenz*, Die EWIV mit Sitz in der BRD vor Eintragung, 1997, S. 168 f.; *Schwarz*, Europäisches Gesellschaftsrecht, 2000, Rn. 1046; *Israel* in: Études IRE, G.E.I.E. et G.I.E. – Deux nouvelles formes d'association, 1989, S. 15; *Burkhalter*, Die EWIV und ihre konzernrechtlichen Beziehungen, 1998, S. 97; *Lepeltier/Buttet/Lesguillier*, Les Groupements d'intérêt économique, GIE, GEIE: régimes juridique et fiscal, formules, textes, 1990, Rn. 264.

449 *Autenrieth*, Die EWIV, 1990, Rn. 56; *Lutter/Bayer/Schmidt*, Europäisches Unternehmens- und Kapitalmarktrecht, 2017, Rn. 44.45; *Teichmann* in: MüHdB GesR, Bd. 6, 2013, § 48 Rn. 32; *Schwarz*, Europäisches Gesellschaftsrecht, 2000, Rn. 1047; *Grundmann*, Europäisches Gesellschaftsrecht, 2011, § 30 Rn. 1114; *Rinze*, Die

den Mitglieder fallen. Art. 17 II EWIV-VO statuiert beispielsweise die Einstimmigkeit für einige Angelegenheiten (dazu sogleich unter Rn. 155), woraus folgt, dass diese Aspekte zwingend der Beschlussfassung der gemeinschaftlich handelnden Mitglieder unterfallen. Eine **Delegation** ist hier **nicht möglich**, da ansonsten der Schutzzweck der Norm, namentlich der Schutz jedes einzelnen Mitglieds, unterlaufen würde. Auch bezüglich der Bestellung der Geschäftsführer weist Art. 19 I EWIV-VO allein den gemeinschaftlich handelnden Mitgliedern Kompetenzen zu (siehe dazu unter Rn. 169 ff.). Weitere Zuständigkeiten dieses Organs werden durch Art. 22, Art. 26 I, Art. 27 I, Art. 28 II, Art. 30, Art. 31 EWIV-VO festgelegt.[450]

154 Darüber hinaus räumt Art. 16 II EWIV-VO diesem Organ **umfassende Entscheidungsbefugnisse** ein. Es darf danach „jeden Beschluss zur Verwirklichung des Unternehmensgegensandes der Vereinigung fassen".[451] Die gemeinschaftlich handelnden Mitglieder können daher Kompetenzen in weitem Umfang an sich ziehen.[452] Dies umfasst auch **Geschäftsführungsmaßnahmen (Devolutivrecht)**.[453] Es bedarf für das Ansichziehen einer Entscheidung durch die Mitglieder grundsätzlich keiner entsprechenden Regelung im Gründungsvertrag. In der deutschsprachigen Literatur wird daher davon gesprochen, dass das Organ der gemeinschaftlich handelnden Mitglieder damit gegenüber den Geschäftsführern **Weisungsbefugnis** besitzt und letztere an die Mitgliederbeschlüsse gebunden sind.[454] Enthält der Gründungsvertrag allerdings Vorgaben zur Kompetenzverteilung, so kann das Ansichziehen der Entscheidung zunächst eine Gründungsvertragsänderung voraussetzen. Allein die Vertretung der EWIV nach außen ist zwingend den Geschäftsführern vorbehalten und kann nicht von den Mitgliedern übernommen werden (siehe dazu Rn. 182 ff.).[455]

2. Beschlussfassung

155 Die Verordnung hat bewusst den Begriff „gemeinschaftlich handelnde Mitglieder"[456] anstatt „Mitgliederversammlung" gewählt, da die Bezeichnung „Versammlung" Einberufungs- und Verfahrensvorschriften impliziert und die Verordnung den Mitgliedern diesbezüglich **Flexibilität** gewähren möchte.[457] Die Beschlussfassung erfordert daher **nicht zwingend eine Versammlung**,[458] sie kann vielmehr in jeder denkbaren Form erfolgen,[459] zB im **Umlaufverfahren**. Da die Mitglieder in verschiedenen Ländern tätig sein werden, ist dies ein praktisch bedeutsamer Regelungsspielraum für die Mitglieder.[460] Die Verordnung regelt daher auch nicht, dass die gemeinschaftlich handelnden Mitglieder in periodischen Abständen Beschlüsse fassen müssen.[461] Die Beschlussfassung ge-

Europäische wirtschaftliche Interessenvereinigung im Unternehmensverbund, 1996, S. 185; *Lenz*, Die EWIV mit Sitz in der BRD vor Eintragung, 1997, S. 175; *Burkhalter*, Die EWIV und ihre konzernrechtlichen Beziehungen, 1998, S. 98.

450 Vgl. zur Zusammenstellung der Vorschriften *Lutter/Bayer/Schmidt*, Europäisches Unternehmens- und Kapitalmarktrecht, 2017, Rn. 44.46.

451 Art. 16 II EWIV-VO.

452 *Salger/Neye* in: MüHdB GesR, Bd. 1, 2014, § 96 Rn. 10; *Meyer-Landrut*, Die EWIV, 1988, S. 36; *Autenrieth*, Die EWIV, 1990, Rn. 56; *Keegan* J.B.L. 1991, 457, 459; aA wohl *Cathiard*, La pratique du droit européen des sociétés, 2017, Rn. 229. Die Autorin sieht darin eher den Beleg, dass die Mitglieder die Leitlinien festlegen, während die Geschäftsführung für das Tagesgeschäft zuständig ist.

453 *Wendt* in: Spahlinger/Wegen/Barth (Hrsg.), Gesellschaftsrecht des Auslands, 2016, Europäische Union Rn. 168 (Stand: 2012); *Lutter/Bayer/Schmidt*, Europäisches Unternehmens- und Kapitalmarktrecht, 2017, Rn. 44.46; *Habersack/Verse*, Europäisches Gesellschaftsrecht, 2011, § 12 Rn. 20; *Meyer-Landrut*, Die EWIV, 1988, S. 36; *Roth* in: Baumbach/Hopt (Hrsg.), HGB, 2016, Anhang nach § 160 Rn. 34 („Allzuständigkeit").

454 *Ernst*, Die EWIV, 2012, 25; *Meyer-Landrut*, Die EWIV, 1988, S. 52; *Rinze*, Die Europäische wirtschaftliche Interessenvereinigung im Unternehmensverbund, 1996, S. 185; *Lutter/Bayer/Schmidt*, Europäisches Unternehmens- und Kapitalmarktrecht, 2017, Rn. 44.46; zur Bindung der Geschäftsführer *Habersack/Verse*, Europäisches Gesellschaftsrecht, 2011, § 12 Rn. 20.

455 *Lutter/Bayer/Schmidt*, Europäisches Unternehmens- und Kapitalmarktrecht, 2017, Rn. 44.46; *Autenrieth*, Die EWIV, 1990, Rn. 56; *Schwarz*, Europäisches Gesellschaftsrecht, 2000, Rn. 1048.

456 Englisch: „members acting collectively"; Französisch: „membres agissant collégialement"; Spanisch: „miembros actuando de forma colegiada"; Niederländisch: „gezamenlijk handelende leden"; Italienisch: „membri che agiscono collegialmente"; Polnisch: „członkowie działający wspólnie".

457 *Jahn*, Die gemeinschaftlich handelnden Mitglieder einer deutschen EWIV, 1996, S. 30 f.; *Lutter/Bayer/Schmidt*, Europäisches Unternehmens- und Kapitalmarktrecht, 2017, Rn. 44.45; *Schwarz*, Europäisches Gesellschaftsrecht, 2000, Rn. 1047; *Lenz*, Die EWIV mit Sitz in der BRD vor Eintragung, 1997, S. 177; *Cathiard*, La pratique du droit européen des sociétés, 2017, Rn. 229.

458 *Lutter/Bayer/Schmidt*, Europäisches Unternehmens- und Kapitalmarktrecht, 2017, Rn. 44.46; *Teichmann* in: MüHdB GesR, Bd. 6, 2013, § 48 Rn. 32; *Hatzig*, Die EWIV, 1990, S. 37; *Kileste* in: Études IRE, G.E.I.E. et G.I.E. – Deux nouvelles formes d'association, 1989, S. 45; *Keutgen* Cahiers de droit européen 1987, 492, 506. *Lepeltier/Buttet/Lesguillier*, Les Groupements d'intérêt économique, GIE, GEIE: régimes juridique et fiscal, formules, textes, 1990, Rn. 265 empfiehlt mit Blick auf den wichtigen Kontakt der Mitglieder untereinander, dass zumindest einmal im Jahr eine Versammlung durchgeführt werden sollte.

459 *Teichmann* in: MüHdB GesR, Bd. 6, 2013, § 48 Rn. 32.

460 *Lenz*, Die EWIV mit Sitz in der BRD vor Eintragung, 1997, S. 177.

461 *Murphy* Vand. J. Transnat'l L. 23 (1990), 65, 75, der allerdings von „meetings" spricht.

hört somit zu den Regelungspunkten, die die Mitglieder über den Mindestinhalt des Gründungsvertrags hinaus regeln sollten. Eine Änderung der Regeln über die Beschlussfassung bedarf zwingend der Einstimmigkeit (Art. 17 II lit. c) EWIV-VO, dazu gleich unter Rn. 158).

Die Mitglieder können zur Beschlussfassung auf alle **modernen Kommunikationsmittel** zurückgreifen,[462] wie zB E-Mail, Video, Telefon, Whatsapp etc. Zu bedenken ist hier, dass je nach Kommunikationsmittel Nachweisprobleme entstehen können. Im Fall einer Präsenzversammlung ist ebenfalls nicht zwingend die Erstellung eines Protokolls vorgesehen, aus Nachweisgründen ist ein solches Protokoll jedoch zu empfehlen.[463] Es wird vertreten, dass das mitgliedstaatliche Recht die Flexibilität der Mitglieder bzgl. der Beschlussfassung nicht einschränken kann, da die Verordnung diesen Aspekt abschließend regelt.[464] Es ließe sich allerdings auch argumentieren, dass die Verordnung hier in erster Linie einen Regelungsspielraum gewähren möchte (vgl. Kann-Gründungsvertragsbestimmungen, dazu Rn. 24 ff.). Danach könnten die Mitglieder Regelungen zur Versammlung im Gründungsvertrag treffen. Es wäre ihnen dadurch möglich, das Verfahren ganz flexibel auszugestalten. Umgekehrt könnten sie auch eine förmliche Versammlung mit Einberufungs- und Verfahrensvorschriften vorsehen.[465] Für den Fall, dass die Mitglieder keine Regelung im Gründungsvertrag treffen, käme – sofern man eine abschließende Regelung ablehnt und stattdessen eine „Kann-Gründungsvertragsbestimmung" bejaht – nationales Recht zur Anwendung. 156

Daneben enthält die Verordnung jedoch einige grundlegende Vorschriften zur Willensbildung in der EWIV. Art. 17 I 1 EWIV-VO regelt zunächst, dass **jedes Mitglied eine Stimme** besitzt. In der Vorschrift spiegelt sich der Zweck der Gesellschaft als Instrument zur Kooperation wider. Die Vorschrift ist allerdings dispositiv. Die Mitglieder können daher im Gründungsvertrag **Mehrstimmrechte** festlegen (Art. 17 I 2 EWIV-VO), zB in Relation zum Kapitalbeitrag,[466] in Relation zur Länge der Mitgliedschaft (Senioritätsprinzip/Anciennitätsprinzip),[467] im Verhältnis zum Umfang des Geschäftsverkehrs mit der EWIV[468] etc. Allerdings ist die Gestaltungsfreiheit insofern beschränkt, als ein Mitglied nicht die Mehrheit der Stimmen erhalten darf (Art. 17 I 2 EWIV-VO). Die Vorschrift zielt darauf ab, zu verhindern, dass ein Mitglied die EWIV beherrscht[469] und ist zugleich Ausdruck des die EWIV prägenden Kooperationsprinzips.[470] Da die Vorschrift die Dispositivität nur im Hinblick auf Mehrstimmrechte vorsieht, ist es im Umkehrschluss unzulässig durch Bestimmungen im Gründungsvertrag **stimmrechtslose Anteile** zu schaffen.[471] Die Unentziehbarkeit des Stimmrechts passt zur personalistischen Struktur der EWIV (s. dazu Rn. 31). Das bedeutet jedoch nicht, dass im Fall von Interessenkonflikten das Stimmrecht nicht beschränkt werden kann. Die EWIV-VO enthält keine speziellen Regeln zu Stimmbindungsverträgen, weshalb vertreten wird, dass sich deren Zulässigkeit nach nationalem Recht bemisst.[472] Allerdings enthält die EWIV-VO keinen speziellen Verweis auf nationales Recht. Die subsidiäre Zuständigkeit könnte sich jedoch aus Art. 2 I EWIV-VO ergeben (dazu Rn. 16 ff.), wonach subsidiär mitgliedstaatliches Recht im Hinblick auf die innere Verfassung und den Gründungsvertrag lückenfüllend heranzuziehen ist. 157

Art. 17 II EWIV-VO listet Angelegenheiten auf, über die die Mitglieder **zwingend einstimmig** beschließen müssen (unabdingbare Einstimmigkeit).[473] Dazu zählen folgende, grundlegende Entscheidungen: 158

---

462 *Lutter/Bayer/Schmidt*, Europäisches Unternehmens- und Kapitalmarktrecht, 2017, Rn. 44.46; *Teichmann* in: MüHdB GesR, Bd. 6, 2013, § 48 Rn. 32; *Schwarz*, Europäisches Gesellschaftsrecht, 2000, Rn. 1047; *Ganske*, Das Recht der EWIV, 1988, S. 48; *Lentner*, Das Gesellschaftsrecht der EWIV, 1994, S. 97; Hatzig, Die EWIV, 1990, S. 37; vgl. auch Companies House, European Economic Interest Grouping, GP04 2014, S. 7 (abrufbar unter: www.gov.uk).

463 Vgl. *Anderson*, European Economic Interest Groupings, 1990, S. 88.

464 *Lutter/Bayer/Schmidt*, Europäisches Unternehmens- und Kapitalmarkrecht, 2017, Rn. 44.46; *Meyer-Landrut*, Die EWIV, 1988, S. 35; aA *Manz* in: Selbherr/Manz (Hrsg.), Kommentar zur EWIV, 1995, Art. 17 Rn. 16.

465 *Ganske*, Das Recht der EWIV, 1988, S. 48.

466 *Grundmann*, Europäisches Gesellschaftsrecht, 2011, § 30 Rn. 1118; *Keutgen* Cahiers de droit européen 1987, 492, 505; *Burkhalter*, Die EWIV und ihre konzernrechtlichen Beziehungen, 1998, S. 101.

467 *Keutgen* Cahiers de droit européen 1987, 492, 505; *Burkhalter*, Die EWIV und ihre konzernrechtlichen Beziehungen, 1998, S. 101.

468 *Lepeltier/Buttet/Lesguillier*, Les Groupements d'intérêt économique, GIE, GEIE: régimes juridique et fiscal, formules, textes, 1990, Rn. 157.

469 *Rinze*, Die Europäische wirtschaftliche Interessenvereinigung im Unternehmensverbund, 1996, S. 187. Dieser auch zur Frage, ob Stimmbindungsverträge möglich sind (S. 187 ff.).

470 *Rinze*, Die Europäische wirtschaftliche Interessenvereinigung im Unternehmensverbund, 1996, S. 187. *Meyer-Landrut*, Die EWIV, 1988, S. 39 sagt, dass dies auch sachgerecht ist, da die Partner der Kooperation grundsätzlich gleichgestellt sein sollen.

471 *Autenrieth*, Die EWIV, 1990, Rn. 31; *Lutter/Bayer/Schmidt*, Europäisches Unternehmens- und Kapitalmarktrecht, 2017, Rn. 44.46; *Lentner*, Das Gesellschaftsrecht der EWIV, 1994, S. 96; *Jahn*, Die gemeinschaftlich handelnden Mitglieder einer deutschen EWIV, 1996, S. 136 f.; *Manz* in: Selbherr/Manz (Hrsg.), Kommentar zur EWIV, 1995, Art. 17 Rn. 1; *Meyer-Landrut*, Die EWIV, 1988, S. 45; *von Rechenberg* in: von der Heydt/von Rechenberg (Hrsg.), Die EWIV, 1991, S. 48; *Autenrieth*, Die EWIV, 1990, Rn. 31.

472 *Schwarz*, Europäisches Gesellschaftsrecht, 2000, Rn. 1024.

473 *Ganske*, Das Recht der EWIV, 1988, S. 49; *Linnane* EBLR 1990, 38, 51.

- Änderung des **Unternehmensgegenstands** (lit. a));
- Änderung der **Stimmrechte** (lit. b));
- Änderung der **Regeln der Beschlussfassung** (lit. c));
- Verlängerung der **Dauer** für die die EWIV ggf. gegründet wurde (lit. d)) und
- Änderung der **Mitgliedsbeiträge** (lit. e)).

159 Bezüglich Art. 17 II lit. e) EWIV-VO weichen die verschiedenen Sprachfassungen voneinander ab. Die deutsche Fassung verwendet den Begriff „Beitrag". Dem entspricht der englische Wortlaut („contribution"). Die beiden Fassungen deuten darauf hin, dass jegliche Änderung der Mitgliedsbeiträge eines einstimmigen Beschlusses bedarf. Die französische („part contributive"), spanische („cuota de contribución") und italienische („quota del contributo") Fassung sprechen dagegen vom „Anteil des Beitrags"/"beitragspflichtiger Anteil". Dies könnte dafür sprechen, dass ein einstimmiger Beschluss nur dann notwendig ist, wenn der Umfang der Beitragspflicht betroffen ist. Die niederländische Fassung spricht nur von „Anteil" („aandeel") an der Finanzierung und nicht von „Anteil des Beitrags zur Finanzierung". Gleiches gilt für die polnische Version („udziału"). Hier wird dafür plädiert, die Vorschrift, wie von der deutschen und englischen Fassung angedeutet, umfassend zu verstehen, so dass jegliche Änderung der Mitgliedsbeiträge unter die Vorschrift zu subsumieren ist. Denn auch andere Änderungen des Mitgliedsbeitrags können für die Mitglieder genauso schwerwiegend sein, wie eine Veränderung der Höhe nach.

160 Darüber hinaus ist ein einstimmiger Beschluss auch bei einer **Sitzverlegung** notwendig, die zu einem Wechsel des **subsidiär anwendbaren nationalen Rechts** führt (Art. 14 I 3 EWIV-VO, rechtswechselnde Sitzverlegung, s. dazu Rn. 109 ff.). Auch über die **Aufnahme neuer Mitglieder** (Art. 26 I EWIV-VO) und über die **Zustimmung zur Abtretung von Beteiligungen** (Art. 22 I EWIV-VO)[474] müssen die Mitglieder mit einstimmigem Beschluss entscheiden.[475]

161 Daneben enthält Art. 17 II EWIV-VO zwei Angelegenheiten, über die die Mitglieder nur dann einstimmig zu beschließen haben, wenn sie nichts anderes im Gründungsvertrag festgelegt haben:

- Änderungen der **Verpflichtungen** der Mitglieder (lit. f)) und
- Änderungen des **Gründungsvertrags** (lit. g)).

162 Eine auf Art. 17 II EWIV-VO basierende Regelung im Gründungsvertrag ist damit als **Abändernde-Gründungsvertragsbestimmung** zu qualifizieren (s. dazu Rn. 24 ff.). Darüber hinaus enthält die Verordnung an einzelnen anderen Stellen Regelungen, die ebenfalls einen einstimmigen Beschluss fordern, insofern aber **dispositiv** sind (Artt. 19 III, 22 II, 27 I, 28 II, 30, 31 I EWIV-VO).[476] In den Fällen, in denen die Einstimmigkeit dispositiv ist, müssen die Mitglieder ausdrücklich die Einstimmigkeit für diesen konkreten Beschlussgegenstand abbedingen.[477] Eine allgemeine Vorschrift, die den konkreten Beschlussgegenstand nicht nennt, reicht nicht aus.[478]

163 **Einstimmigkeit** bedeutet, dass ein Beschluss nicht gefasst ist, wenn sich auch nur ein Mitglied enthält.[479] Sind die Beschlüsse nach Art. 17 II EWIV-VO oder einer anderen Vorschrift einstimmig zu fassen, gilt im Rückschluss aus Art. 17 III EWIV-VO, dass für die Beschlussfähigkeit alle Mitglieder an der Beschlussfassung teilnehmen müssen. Das Einstimmigkeitserfordernis bezieht sich im Ergebnis auf **alle Mitglieder**, nicht nur auf die Anwesenden (im Fall der Präsenzversammlung).[480] Auf andere Verfahren, wie das Umlaufverfahren, bezogen, bedeutet dies, dass ein Beschluss nur wirksam gefasst werden kann, sofern alle Mitglieder ihre Stimme abgeben. Bleibt ein Mitglied der Beschlussfassung fern bzw. stimmt nicht per Email ab etc (je nach Verfahren), kann kein Beschluss wirksam gefasst werden.[481] Gefährdet ein Mitglied durch ein Nichtabstimmen die Funktionsfähigkeit der Gesellschaft, kann sich aus der möglicherweise im nationalen Recht geregelten **Treuepflicht** (dazu auch unter Rn. 149) eine **Abstimmungspflicht** ergeben.[482] In besonders gelagerten Fällen kann sich sogar eine Zustimmungspflicht daraus ergeben.[483] In Situationen, für die die Verordnung die Einstimmigkeit der Mitglieder vor-

474 Hier müssen allerdings nur die übrigen Mitglieder einstimmig beschließen.
475 Vgl. bezüglich der Auflistung der entsprechenden Normen *Autenrieth*, Die EWIV, 1990, Rn. 28; *Linnane* EBLR 1990, 38, 51.
476 Vgl. bezüglich der Auflistung der entsprechenden Normen *Lutter/Bayer/Schmidt*, Europäisches Unternehmens- und Kapitalmarktrecht, 2017, Rn. 44.46; *Autenrieth*, Die EWIV, 1990, Rn. 29; vgl. auch *Vichatzky* RTDEur 1990, 275, 295.
477 *Lentner*, Das Gesellschaftsrecht der EWIV, 1994, S. 98; *Teichmann* in: MüHdB GesR, Bd. 6, 2013, § 48 Rn. 34.
478 *Ganske*, Das Recht der EWIV, 1988, S. 49.
479 *Teichmann* in: MüHdB GesR, Bd. 6, 2013, § 48 Rn. 34; *Rinze*, Die Europäische wirtschaftliche Interessenvereinigung im Unternehmensverbund, 1996, S. 186 f.; *Ganske*, Das Recht der EWIV, 1988, S. 49; *Lentner*, Das Gesellschaftsrecht der EWIV, 1994, S. 99. Differenzierend *Scriba*, Die EWIV, 1987, S. 125. AA *Döring*, Grenzüberschreitende Wirtschaftliche Zusammenarbeit in Europa (EWIV), 1993, S. 50.
480 *Ganske*, Das Recht der EWIV, 1988, S. 48 f.
481 *Teichmann* in: MüHdB GesR, Bd. 6, 2013, § 48 Rn. 34.
482 *Teichmann* in: MüHdB GesR, Bd. 6, 2013, § 48 Rn. 34; *Meyer-Landrut*, Die EWIV, 1988, S. 75; *Ganske*, Das Recht der EWIV, S. 46 f. diskutieren noch weitreichender die „Zustimmungspflicht".
483 *Schwarz*, Europäisches Gesellschaftsrecht, 2000, Rn. 1033.

schreibt, zeigt sich somit, dass die EWIV nicht auf einen sehr großen Mitgliederkreis ausgelegt ist. Denn ein solcher würde dazu führen, dass entsprechende Gründungsvertragsänderungen aus praktischer Sicht sehr selten durchgeführt werden könnten (Voraussetzungen: Anwesenheit aller und die positive einstimmige Beschlussfassung). Die geschätzten Mitgliederzahlen (s. dazu Rn. 6, 246) legen denn auch nahe, dass EWIV grundsätzlich weniger als 10 Mitglieder haben.

Ist die Einstimmigkeit zwingend vorgeschrieben, ist umstritten, ob eine **Stimmrechtsvertretung** möglich ist. Mit Blick auf Art. 17 II EWIV-VO wird dies teilweise abgelehnt.[484] Nach hier vertretener Auffassung steht Art. 17 II EWIV-VO einer Stimmrechtsvertretung dagegen nicht im Wege. Nicht eindeutig ist dann jedoch, ob die Verordnung die Stimmrechtsvertretung grundsätzlich gestattet oder den Mitgliedern insofern Gestaltungsspielraum lässt oder ob eine externe Lücke besteht und nationales Recht zur Anwendung kommt. Mit Blick auf das Ziel, den Mitgliedern die Möglichkeit zu geben, die Beschlussfassung individuell ausgestalten zu können, könnte ihnen hier eine Regelung durch die Mitglieder in Form einer Kann-Gründungsvertragsbestimmung (s. Rn. 24 ff.) gestattet sein. Enthält der Gründungsvertrag jedoch keine Vorgabe, so käme nationales Recht zur Anwendung. 164

In den Fällen, in denen die Verordnung bzgl. der Beschlussmehrheiten dispositiv ist, können die Mitglieder zudem die Anforderungen an die **Beschlussfähigkeit** im Gründungsvertrag herabsenken (Art. 17 III 1 EWIV-VO). Bezüglich aller **weiteren Beschlüsse** gibt Art. 17 III 1 EWIV-VO vor, dass die Mitglieder im Gründungsvertrag sowohl die Anforderungen an die **Beschlussfähigkeit** als auch die **Beschlussmehrheit** festlegen dürfen.[485] Hier reichen allgemeine Klauseln aus, die beispielsweise generell eine einfache Mehrheit für „Weisungen" an die Geschäftsführer festlegen.[486] In diesem Rahmen kann auch geregelt werden, wie im Fall von Patt-Situationen zu verfahren ist.[487] Machen die Mitglieder hiervon keinen Gebrauch, so gilt bezüglich dieser Beschlüsse ebenfalls das Einstimmigkeitserfordernis sowie die strengen Anforderungen an die Beschlussfähigkeit (Art. 17 III 2 EWIV-VO). Es handelt sich damit um sog Abändernde-Gründungsvertragsbestimmungen (s. dazu Rn. 24 ff.). 165

Art. 17 IV EWIV-VO bestimmt, dass jeder Geschäftsführer und jedes Mitglied eine **Anhörung** der Mitglieder durch die Geschäftsführung veranlassen kann, woraufhin dann die Beschlussfassung folgt. Die Anhörung soll jedem Mitglied die Möglichkeit gewähren, Einfluss auf die Willensbildung auszuüben.[488] In welcher Form die Anhörung stattfinden soll (schriftlich, mündlich etc) können die Mitglieder im Gründungsvertrag festlegen.[489] Unterschiedlich bewertet wird, ob Art. 17 IV EWIV-VO im Ergebnis jedem Geschäftsführer und jedem Mitglied die Möglichkeit gewährt, eine Beschlussfassung herbeizuführen[490] oder ob die Vorschrift nur die Anhörung im Rahmen einer zu fassenden Entscheidung betrifft.[491] Für letzteres spricht, dass die Kompetenzen durch den Gründungsvertrag bestimmt werden und nicht jeder Geschäftsführer das Recht haben sollte, davon abweichend die Mitglieder zur Entscheidung zu zwingen. Aus Geschäftsführersicht könnte es dagegen interessant sein, einen Mitgliederbeschluss herbeizuführen, um eine Entscheidung abzusichern.[492] Für die Möglichkeit eine Beschlussfassung initiieren zu können spricht aus Sicht der Mitglieder, dass sie grundsätzlich jede Entscheidung an sich ziehen können (Art. 16 II EWIV-VO). Um von dieser Möglichkeit in vollem Umfang Gebrauch machen zu können, bedürfte es wohl der Option, eine Beschlussfassung herbeizuführen. Diese Möglichkeit müsste aber nicht unbedingt jedem Mitglied einzeln zustehen. 166

II. Geschäftsführer

1. Bestellung und Abberufung

a) Möglicher Personenkreis

Auch das zweite obligatorische Organ nennt Art. 16 I 1 EWIV-VO: **Der/die Geschäftsführer**. Die **Mitglieder** können einen Geschäftsführer oder mehrere Geschäftsführer bestellen. **Natürliche Personen** können grundsätzlich Geschäftsführer einer EWIV sein und zwar unabhängig davon, ob sie Mitglieder, Angestellte oder dritte, 167

484 *Autenrieth*, Die EWIV, 1990, Rn. 32; aA *Ernst*, Die EWIV, 2012, S. 25.

485 *Cathiard*, La pratique du droit européen des sociétés, 2017, Rn. 230 empfiehlt grds. die Festlegung der einfachen Mehrheit für die Beschlussfassung.

486 *Teichmann* in: MüHdB GesR, Bd. 6, 2013, § 48 Rn. 34; *Ganske*, Das Recht der EWIV, 1988, S. 50.

487 Vgl. dazu *Burkhalter*, Die EWIV und ihre konzernrechtlichen Beziehungen, 1998, S. 104.

488 *Autenrieth*, Die EWIV, 1990, Rn. 57; *Lentner*, Das Gesellschaftsrecht der EWIV, 1994, S. 97; *Schwarz*, Europäisches Gesellschaftsrecht, 2000, Rn. 1047.

489 *Ganske*, Das Recht der EWIV, 1988, S. 48; *Lentner*, Das Gesellschaftsrecht der EWIV, 1994, S. 97.

490 *Grundmann*, Europäisches Gesellschaftsrecht, 2011, § 30 Rn. 1118; *Meyer-Landrut*, Die EWIV, 1988, S. 39; *Ernst*, Die EWIV, 2012, S. 25; *Lemeunier*, Groupement d'intérêt économique (GIE), 1999, S. 222; *Cathiard*, La pratique du droit européen des sociétés, 2017, Rn. 233. Wohl auch *Schwarz*, Europäisches Gesellschaftsrecht, 2000, Rn. 1055; *Burkhalter*, Die EWIV und ihre konzernrechtlichen Beziehungen, 1998, S. 102.

491 *Lentner*, Das Gesellschaftsrecht der EWIV, 1994, S. 97.

492 *Murphy* Vand. J. Transnat'l L. 23 (1990), 65, 75.

unabhängige Personen sind.[493] Im Gegensatz zur OHG, aber in Übereinstimmung mit dem französischen Pendant, dem GIE (vgl. Art. L. 251-11 S. 2 C. com.),[494] ist bei der EWIV damit auch die **Fremdorganschaft** gestattet.[495] Art. 19 I 2 EWIV-VO regelt, wann eine Person nicht zum Geschäftsführer bestellt werden kann. Geschäftsführer einer EWIV dürfen daher keine Personen sein, die nach ihrem Personalstatut bzw. nach dem anwendbaren nationalen Recht oder aufgrund eines in einem Mitgliedstaat ergangenen Gerichtsbeschlusses keine Mitglieder von Leitungs- und Verwaltungsorganen sein dürfen bzw. keine Unternehmen leiten dürfen. Bezogen auf den Verweis auf nationales Recht handelt es sich um **Bestellungshindernisse** wie es sie in Deutschland für Geschäftsführer der GmbH (§ 6 I GmbHG) gibt.[496] Art. 19 I 2 EWIV-VO ist seinem Wortlaut nach nicht auf die Bestellung beschränkt. Tritt ein solcher Umstand nach der Bestellung zum Geschäftsführer ein, so müsste dies daher dazu führen, dass der Geschäftsführer sein Amt verliert.

168 **Juristischen Personen** ist es grundsätzlich **nicht gestattet**, Geschäftsführer einer EWIV zu sein. Die Verordnung enthält diesbezüglich jedoch eine **Regelungsmöglichkeit** für die Mitgliedstaaten (Art. 19 II EWIV-VO, zu Regelungsmöglichkeiten siehe näher unter Rn. 21 ff.). Mitgliedstaaten haben demnach die Option, es für EWIV mit Sitz in ihrem Mitgliedstaat auch juristischen Personen zu gestatten, Geschäftsführer einer EWIV zu sein (opt-in Regelungsmöglichkeit). Bedingung dafür ist allerdings, dass die juristische Person eine oder mehrere **natürliche Personen** als **permanente Vertreter** bestimmt. Der permanente Vertreter wird somit von der juristischen Person bestimmt, nicht von der EWIV.[497] Die Angaben dieser Personen sind dann mit Blick auf Art. 7 lit. d) EWIV-VO anzugeben (Art. 19 I 1 EWIV-VO). Darüber hinaus haben diese Vertreter so zu **haften**, als ob sie selbst Geschäftsführer der EWIV wären (Art. 19 II 2 EWIV-VO). Es gelten für sie auch dieselben Bestellungshindernisse wie für natürliche Personen (Art. 19 II 3 EWIV-VO, zu den Ausschlussgründen siehe Rn. 167). Die Vertreter der juristischen Person werden damit wie natürliche Personen, die Geschäftsführer sind, behandelt. Deutschland hat von dieser Regelungsmöglichkeit keinen Gebrauch gemacht. „Deutsche" EWIV können daher nur natürliche Personen als Geschäftsführer haben.[498] Die Vorschrift wurde auf Vorschlag der Engländer eingeführt;[499] neben England haben allerdings auch andere Mitgliedstaaten (zB Frankreich, die Niederlande, Italien und Irland) von der Regelungsmöglichkeit Gebrauch gemacht.[500]

b) Bestellung

169 Die Mitglieder bestellen die Geschäftsführer entweder im **Gründungsvertrag** oder durch **Beschluss** (Art. 19 I 1 EWIV-VO). Wirksamkeit erlangt die Bestellung, wenn der Betroffene diese annimmt.[501] Die **Kompetenzzuweisung** ist **zwingend**. Das zeigt bereits der Wortlaut der Vorschrift, der keinen Handlungsspielraum für die Mitglieder andeutet.[502] Auch die Regelungstechnik zeigt, dass diese Vorgabe nicht dispositiv ist. Die Verordnung kann der Gestaltungsmöglichkeit durch die Mitglieder Grenzen aufzeigen. Möchte die Verordnung den Mitgliedern Regelungsmöglichkeiten eröffnen, gewährt sie diese entweder explizit in den Verordnungsvorschriften oder deutet durch eine Nichtregelung in der Verordnung (mit Blick auf die Binnenorganisation) an, dass dieser Aspekt grundsätzlich der Regelung durch die Mitglieder überlassen bleibt (s. zur Regelungstechnik Rn. 13 ff.). Die Mitglieder können diese Aufgabe daher im Ergebnis an kein anderes Organ, wie zB ein fakulta-

---

493 *Gleichmann* ZHR 149, 633, 643; *Habersack/Verse*, Europäisches Gesellschaftsrecht, § 12 Rn. 21; *Wendt* in: Spahlinger/Wegen/Barth (Hrsg.), Gesellschaftsrecht des Auslands, 2016, Europäische Union Rn. 169 (Stand: 2012); *Salger/Neye* in: MüHdB GesR, Bd. 1, 2014, § 97 Rn. 2; *Ganske*, Das Recht der EWIV, 1988, S. 57.

494 Vgl. Art. L. 251-11 C. com. *Lefebvre*, Mémento Sociétés Commerciales, 2015, Rn. 96901; *Salger/Neye* in: MüHdB GesR, Bd. 1, 2014, § 97 Rn. 3.

495 Vgl. *Ernst*, Die EWIV, 2012, S. 25; *Gleichmann* ZHR 149 (1985), 633, 643; *Habersack/Verse*, Europäisches Gesellschaftsrecht, 2011, § 12 Rn. 21; *Meyer-Landrut*, Die EWIV, 1988, S. 50; *Ganske*, Das Recht der EWIV, 1988, S. 57; *Lutter/Bayer/Schmidt*, Europäisches Unternehmens- und Kapitalmarktrecht, 2017, Rn. 44.49; *Pathe* in: Gummert ua (Hrsg.), Münchener Anwaltshandbuch Personengesellschaftsrecht, 2015, § 28 Rn. 99; *Vague* RMC 1992, 403, 411; *Köhl*, Einfluss der EWIV, 2001, S. 350; *Neye* DB 17 (1997) 861, 861. *Scriba*, Die EWIV, 1987, S. 141 und *Hatzig*, Die EWIV, 1990, S. 45 kritisieren die Möglichkeit der Fremdgeschäftsführung bei gleichzeitiger unbeschränkter Haftung als „Bruch mit den Grundsätzen des deutschen Gesellschaftsrechts".

496 *Teichmann* in: MüHdB GesR, Bd. 6, 2013, § 48 Rn. 36. Für eine sinngemäße Anwendung *Autenrieth*, Die EWIV, 1990, Rn. 61; aA *Meyer-Landrut*, Die EWIV, 1988, S. 56.

497 *Rinze*, Die Europäische wirtschaftliche Interessenvereinigung im Unternehmensverbund, 1996, S. 191.

498 *Teichmann* in: MüHdB GesR, Bd. 6, 2013, § 48 Rn. 36.

499 *Ganske*, Das Recht der EWIV, 1988, S. 57; *Manz* in: Selbherr/Manz (Hrsg.), Kommentar zur EWIV, 1995, Art. 19 Rn. 3.

500 *Manz* in: Selbherr/Manz (Hrsg.), Kommentar zur EWIV, 1995, Art. 19 Rn. 3.

501 *Manz* in: Selbherr/Manz (Hrsg.), Kommentar zur EWIV, 1995, Art. 19 Rn. 21; *Teichmann* in: MüHdB GesR, Bd. 6, 2013, § 48 Rn. 37.

502 Deutsch: „die durch den Gründungsvertrag oder durch Beschluß der Mitglieder bestellt werden"; Englisch: „appointed in the contract for the formation of the grouping or by decision of the members". Französisch: „nommées dans le contrat de groupement ou par une décision des membres".

tiv eingerichtetes Aufsichtsorgan, delegieren.[503] Grund für diese Vorgabe ist wohl der Schutz der Mitglieder. Diese sollen über zentrale Aspekte selbst entscheiden (s. zur Beschlussfassung auch Rn. 155 ff.). Nach der Konzeption der Verordnung haften die Mitglieder unbeschränkt, es wird jedoch keine Selbstorganschaft vorgeschrieben. Ziel der Regelung ist es daher wohl, den Mitgliedern als Ausgleich zumindest die Entscheidung über die Auswahl der Geschäftsführung zwingend zuzuweisen. Ebenfalls nicht möglich ist es, einem Mitglied generell ein Entsendungsrecht zuzusprechen. Die Bestellung einer juristischen Person kann allerdings zu einem ähnlichen Ergebnis führen, da die juristische Person dann den bzw. die permanenten Vertreter bestimmen kann.[504]

Der Gründungsvertrag sieht die Bedingungen für die **Bestellung** vor. Enthält der Gründungsvertrag keine entsprechenden Regelungen, so entscheiden die Mitglieder darüber durch einstimmigen Beschluss (Art. 17 III EWIV-VO). Werden die Geschäftsführer nicht durch den Gründungsvertrag bestimmt, sondern durch Beschluss, können die Mitglieder auch (allerdings durch einstimmigen Beschluss) festlegen, dass die Bestellung keine Einstimmigkeit erfordert.[505] Es bleibt den Mitgliedern zudem unbenommen, im Gründungsvertrag Anforderungen an die Geschäftsführer zB bezüglich ihrer Qualifikation zu stellen.[506] 170

Soll ein Mitglied zum Geschäftsführer bestellt werden, so ist das betreffende Mitglied auch beim Bestellungsbeschluss stimmberechtigt,[507] es sei denn der Gründungsvertrag sieht etwas anderes vor (solche Beschränkungen sind im Fall von Interessenkonflikten zulässig). Von der organschaftlichen Bestellung des Geschäftsführers ist der Anstellungsvertrag zwischen der Gesellschaft und dem Geschäftsführer zu unterscheiden.[508] Das auf den Anstellungsvertrag anwendbare Recht muss mithilfe des IPR ermittelt werden.[509] 171

c) Abberufung

Bezüglich der **Abberufung** der Geschäftsführer enthält die Verordnung keine mit Art. 19 I 1 EWIV-VO vergleichbare Vorschrift. Daraus könnte geschlossen werden, dass die Mitglieder nicht zwingend für die Abberufung zuständig sind, sondern dies auch einem anderen Organ, zB einem eingerichteten Aufsichtsorgan, überlassen können.[510] Vorzugswürdig erscheint es jedoch, die Abberufung als Kehrseite der Bestellung (vgl. Rn. 169 ff.) zu sehen und damit die **Kompetenz** zur Abberufung ausschließlich den **Mitgliedern** zuzuweisen. Es kommt damit weder nationales Recht zur Anwendung noch können die Mitglieder diesen Aspekt im Gründungsvertrag regeln. 172

Die Verordnung unterscheidet nicht explizit zwischen **Abberufungen aus wichtigem Grund** und solchen **ohne wichtigen Grund**. Wie bei der Bestellung können die Mitglieder auch bezüglich der Abberufung die Bedingungen im Gründungsvertrag festschreiben. Enthält der Gründungsvertrag keine entsprechenden Regelungen, so entscheiden die Mitglieder darüber durch einstimmigen Beschluss (Art. 19 III EWIV-VO).[511] In beiden Fällen können sie differenzierte Regeln für Abberufungen aus wichtigem Grund und solchen ohne wichtigen Grund schaffen.[512] Nicht eindeutig geregelt ist, was gilt, wenn die Mitglieder einen Aspekt weder durch den Gründungsvertrag noch durch Beschluss geregelt haben. In Bezug auf die Abberufung geht der deutsche Gesetzgeber davon aus, dass dann subsidiär nationale Vorschriften greifen können (vgl. § 7 EWIV-AusfG). Da die Verordnung diesen Aspekt nicht regelt, entsteht durch die Nichtregelung der Mitglieder eine Lücke, weshalb in der Tat ein nationaler Regelungsbedarf bestehen kann (zur Regelungstechnik s. Rn. 17 ff.). Dementsprechend sieht § 7 EWIV-AusfG (Deutschland) vor, dass die Bestellung der Geschäftsführer jederzeit widerrufen werden kann. Eventuell bestehende Entschädigungsansprüche aus Vertrag bleiben davon unberührt. 173

In Bezug auf die **Mehrheitserfordernisse** entsteht jedoch beispielsweise keine Regelungslücke. Legt der Gründungsvertrag nichts anderes fest bzw. sieht ein Beschluss nichts anderes vor, so bedarf auch die Abberufung des 174

---

503 *Rinze*, Die Europäische wirtschaftliche Interessenvereinigung im Unternehmensverbund, 1996, S. 193; aA *Autenrieth*, Die EWIV, 1990, Rn. 63; *Manz* in: Selbherr/Manz (Hrsg.), Kommentar zur EWIV, 1995, Art. 19 Rn. 20; *Meyer-Landrut*, Die EWIV, 1988, S. 55; *Lentner*, Das Gesellschaftsrecht der EWIV, 1994, S. 105.

504 *Rinze*, Die Europäische wirtschaftliche Interessenvereinigung im Unternehmensverbund, 1996, S. 193.

505 Vgl. *Ganske*, Das Recht der EWIV, 1988, S. 58, *van Gerven* in: van Gerven/Aalders (Hrsg.), European Economic Interest Groupings, 1990, S. 5, 30 f.

506 Vgl. *van Gerven* in: van Gerven/Aalders (Hrsg.), European Economic Interest Groupings, 1990, S. 5, 30.

507 *Manz* in: Selbherr/Manz (Hrsg.), Kommentar zur EWIV, 1995, Art. 19 Rn. 15; *Teichmann* in: MüHdB GesR, Bd. 6, 2013, § 48 Rn. 37.

508 *Manz* in: Selbherr/Manz (Hrsg.), Kommentar zur EWIV, 1995, Art. 19 Rn. 10; *Teichmann* in: MüHdB GesR, Bd. 6, § 48 Rn. 37.

509 *Teichmann* in: MüHdB GesR, Bd. 6, 2013, § 48 Rn. 37.

510 Vgl. *Autenrieth*, Die EWIV, 1990, Rn. 63. So auch *Manz* in: Selbherr/Manz (Hrsg.), Kommentar zur EWIV, 1995, Art. 19 Rn. 20; *Rinze*, Die Europäische wirtschaftliche Interessenvereinigung im Unternehmensverbund, 1996, S. 194.

511 *Ganske*, Das Recht der EWIV, 1988, S. 58; *Rinze*, Die Europäische wirtschaftliche Interessenvereinigung im Unternehmensverbund, 1996, S. 194.

512 Vgl. *Manz* in: Selbherr/Manz (Hrsg.), Kommentar zur EWIV, 1995, Art. 19 Rn. 23; *von Rechenberg* in: von der Heydt/von Rechenberg (Hrsg.), Die EWIV, 1991, S. 58.

Geschäftsführers eines einstimmigen Beschlusses (Art. 17 III EWIV-VO). Gibt es einen Mitglieder-Geschäftsführer, so scheint dieser auch beim Beschluss über seine Abberufung grundsätzlich stimmberechtigt zu sein.[513] Höchst problematisch ist dies, wenn es um eine Abberufung aus wichtigem Grund geht.[514] Hier erscheint es vorzugswürdiger, für diesen starken Interessenkonflikt entweder eine Lösung über eine interne Lücke mit der Lückenfüllung durch ein Stimmverbot[515] oder über eine externe Lücke[516] mit Anwendung der jeweiligen nationalen Rechtsmissbrauchsregeln anzustreben. Um Interessenskonflikte und Blockadesituationen zu vermeiden, können die Mitglieder entsprechende Vorschriften auch im Gründungsvertrag vorsehen. Die Entlassung wird grundsätzlich mit Zugang der Widerrufserklärung beim betroffenen Geschäftsführer wirksam.[517] Zu diesem Zeitpunkt erlischt dann auch die Geschäftsführungsbefugnis des Betroffenen.[518]

d) Weitere Gründe für das Ende des Amtes

175 Darüber hinaus endet das Amt des Geschäftsführers, wenn dieser

- verstirbt;
- nachträglich ein Fall des Art. 19 I 2 EWIV-VO eintritt (dazu Rn. 167) oder
- sein Amt niederlegt.[519]

e) Publizität

176 Gem. Art. 7 S. 2 lit. d) EWIV-VO ist sowohl die Bestellung des oder der Geschäftsführer(s) inklusive weiterer Angaben zur Person des oder der Geschäftsführer(s) sowie die Beendigung des Amts als Geschäftsführer beim zuständigen Register anzugeben (s. zur Hinterlegung allgemein unter Rn. 89 ff.). Die Angaben werden gem. Art. 8 S. 1 lit. c) EWIV-VO bekannt gemacht.

2. Kompetenzen

177 Das Aufgabengebiet des Geschäftsführers ist breit gefächert. Dieses Organ besitzt grundsätzlich **Geschäftsführungsbefugnis und Vertretungsmacht.**[520] Zwischen beiden erfolgt eine klare Trennung. Die Geschäftsführungsbefugnis ergibt sich aus Art. 19 I 1 EWIV-VO. Den Geschäftsführern steht insofern grundsätzlich **Einzelgeschäftsführungsbefugnis** zu.[521] Der Gründungsvertrag kann aber auch vorsehen, dass mehrere Geschäftsführer Entscheidungen als Kollektivorgan treffen.[522] Alternativ kann intern auch vorgeschrieben werden, dass die Geschäftsführer jeweils für verschiedene Bereiche zuständig sind.[523]

178 Wie das **Machtverhältnis** zwischen den Mitgliedern und der Geschäftsführung konkret ausgestaltet ist, wird von den **Mitgliedern** bestimmt. Diese können, wie bereits erwähnt, Kompetenzen in weitem Umfang an sich ziehen (Art. 19 III EWIV-VO, vgl. Rn. 153 ff.).[524] Die Regelung der Kompetenzen der Geschäftsführer gehört allerdings nicht zu den Muss-Gründungsvertragsbestimmungen (dazu Rn. 34 ff.), sondern stellt eine Abändernde-Gründungsvertragsbestimmung dar. Regeln die Mitglieder diesen Aspekt daher nicht im Gründungsvertrag (oder konkret durch einen einstimmigen Beschluss), greift subsidiär die Verordnung und nicht das nationale Recht. Das bedeutet, dass im Ergebnis dann die Geschäftsführung grundsätzlich beim Geschäftsführungsorgan

513 *Manz* in: Selbherr/Manz (Hrsg.), Kommentar zur EWIV, 1995, Art. 19 Rn. 15; *Teichmann* in: MüHdB GesR, Bd. 6, 2013, § 48 Rn. 37.
514 *Manz* in: Selbherr/Manz (Hrsg.), Kommentar zur EWIV, 1995, Art. 19 Rn. 15.
515 *Manz* in: Selbherr/Manz (Hrsg.), Kommentar zur EWIV, 1995, Art. 19 Rn. 16 denkt eine Zustimmung unter Berufung auf die Treuepflichten an.
516 So der EuGH in Bezug auf die Kapital-RL. EuGH 12.3.1996, Rs. C-441/93 (Pafitis), ECLI:EU:C:1996:92= Slg 1996, I-1347. Vgl. dazu *Schön* in: FS Wiedemann, 2002, 1271, 1276 f.
517 *Manz* in: Selbherr/Manz (Hrsg.), Kommentar zur EWIV, 1995, Art. 19 Rn. 24.
518 *Manz* in: Selbherr/Manz (Hrsg.), Kommentar zur EWIV, 1995, Art. 19 Rn. 24.
519 Die Möglichkeit der Amtsniederlegung erwähnend *van Gerven* in: van Gerven/Aalders (Hrsg.), European Economic Interest Groupings, 1990, S. 5, 31.
520 *Salger/Neye* in: MüHdB GesR, Bd. 1, 2014, § 97 Rn. 1 ff.; *Cathiard*, La pratique du droit européen des sociétés, 2017, vor Rn. 285.
521 Vgl. *Salger/Neye* in: MüHdB GesR, Bd. 1, 2014 § 97 Rn. 1; *van Gerven* in: van Gerven/Aalders (Hrsg.), European Economic Interest Groupings, 1990, S. 5, 32.
522 Vgl. *van Gerven* in: van Gerven/Aalders (Hrsg.), European Economic Interest Groupings, 1990, S. 5, 32.
523 *Van Gerven* in: van Gerven/Aalders (Hrsg.), European Economic Interest Groupings, 1990, S. 5, 32.
524 *Scriba*, Die EWIV, 1987, S. 146; *Hatzig*, Die EWIV, 1990, S. 45 empfehlen aufgrund der unbeschränkten Haftung der Mitglieder eine sorgfältige und umfassende Regelung sämtlicher Fragen der Geschäftsführung der EWIV. *Cathiard*, La pratique du droit européen des sociétés, 2017, Rn. 285 geht davon aus, dass eine Klausel, die vorschreibt, dass alle Geschäfte der Genehmigung durch die Mitglieder bedürfen, nichtig wäre.

liegt.[525] Die Mitglieder können allerdings, sofern die Kompetenzen nicht im Gründungsvertrag geregelt sind, jederzeit Beschlüsse an sich ziehen. Dafür bedarf es keiner Gründungsvertragsbestimmung.

Die EWIV-Verordnung enthält bezüglich der Kompetenzverteilung nur sehr **wenige zwingende Vorschriften.** 179
Gem. Art. 20 I EWIV-VO liegt die Vertretungsbefugnis zwingend bei den Geschäftsführern. Art. 17 IV EWIV-VO gewährt jedem Geschäftsführer das Recht eine Anhörung der Mitglieder und anschließende Beschlussfassung zu verlangen (vgl. Rn. 166). Darüber hinaus haben die Geschäftsführer gewisse Pflichten im Fall des Ausscheidens eines Mitglieds und der Auflösung der Gesellschaft (Art. 29, 31 IV EWIV-VO). Diese Pflichten können jedoch auch von jedem anderen Beteiligten erfüllt werden (Art. 29, 31 IV EWIV-VO). Nicht eindeutig durch die Verordnung geregelt ist, inwiefern **nationales Recht** Aufgaben und Pflichten der Geschäftsführer festlegen darf. Die Anwendung nationalen Rechts steht im Spannungsverhältnis zu der von der Verordnung in Art. 19 III EWIV-VO gewährten Gestaltungsfreiheit mit Blick auf den Gründungsvertrag. Eine pauschale Lösung lässt sich nicht finden. Vielmehr muss jeder Einzelfall betrachtet werden. Die Entscheidung hängt dabei ua davon ab, ob die Verordnung den konkreten Aspekt bereits an anderer Stelle aufgreift (und sich daraus Rückschlüsse ziehen lassen). Im Ergebnis wird dem nationalen Recht hier aber ein eher enger möglicher Anwendungsraum verbleiben.

Der **deutsche Gesetzgeber** regelt beispielsweise in § 3 I EWIV-AusfG, dass die Geschäftsführer die **Anmeldung** 180
der EWIV ins zuständige **Handelsregister** vornehmen müssen (und zwar gemeinschaftlich). Gem. § 6 EWIV-AusfG obliegt den Geschäftsführern zudem die **ordnungsgemäße Buchführung** und die **Aufstellung des Jahresabschlusses.** § 10 I EWIV-AusfG enthält ebenfalls eine Zuständigkeitsregel. Danach sind die Geschäftsführer für die Abwicklung der EWIV im Fall der **Auflösung** zuständig, sofern es sich nicht um ein Insolvenzverfahren handelt. Auch einen **Insolvenzantrag** gem. § 15a InsO zu stellen ist Aufgabe der Geschäftsführer (§ 11 2 EWIV-AusfG).[526] Zudem sind die Geschäftsführer verantwortlich für die **Angaben auf Geschäftsbriefen**, Bestellscheinen und ähnlichen Schriftstücken (§ 12 EWIV-AusfG, § 25 EWIV-VO).

Abgesehen von diesen Regelungen unterliegen die Geschäftsführer im **Innenverhältnis** der **Beschränkung durch** 181
den Unternehmensgegenstand sowie allen **weiteren Beschränkungen**, die der Gründungsvertrag festlegt. Hinzu kommt, dass generell vertreten wird, dass die Geschäftsführer **weisungsabhängig** sind (dazu Rn. 154). Sie haben daher entsprechend die Weisungen der gemeinschaftlich handelnden Mitglieder umzusetzen.[527]

Wie bereits erwähnt liegt die Vertretungsbefugnis zwingend bei den Geschäftsführern (Art. 20 I 1 EWIV-VO). 182
Die Mitglieder haben daher keine Vertretungsbefugnis, es sei denn sie sind auch zu Geschäftsführern bestellt worden (vgl. auch Erwägungsgrund 9 aE EWIV-VO).[528] Art. 20 I 1 EWIV-VO schreibt für die Geschäftsführer **Einzelvertretungsbefugnis** vor. Der Gründungsvertrag kann abweichend davon jedoch **Gesamtvertretungsbefugnis** festlegen (Art. 20 II 1 EWIV-VO). Die Gesamtvertretungsbefugnis kann Dritten nur entgegengehalten werden, wenn sie ordnungsgemäß eingetragen und bekannt gemacht wurde (Art. 20 II 2 EWIV-VO). Eine **unechte organschaftliche Gesamtvertretungsbefugnis** (Geschäftsführer und Prokurist) kann dagegen nicht vorgesehen werden. Dafür spricht zum einen der Wortlaut von Art. 20 II 1 EWIV-VO, der ausschließlich auf Geschäftsführer abstellt und die Tatsache, dass die organschaftliche Vertretungsbefugnis gemäß Art. 20 I EWIV-VO ausschließlich den Geschäftsführern zugewiesen ist.[529]

Weitere Einschränkungen der Vertretungsmacht können Dritten gegenüber nicht geltend gemacht werden. Die 183
Vertretungsmacht ist **nach außen unbeschränkt.**[530] Dies gebieten die Sicherung des Rechtsverkehrs und der Vertrauensschutz.[531] Beschränkungen im Innenverhältnis durch den Gründungsvertrag bzw. Beschluss der Mitglieder können Dritten daher nicht entgegengehalten werden.[532] Grundsätzlich binden die Handlungen des Geschäftsführers die Vereinigung selbst dann, wenn sie **über** den **Unternehmensgegenstand hinausgehen** (Art. 20 I 2 EWIV-VO, keine absolute ***ultra vires*-Grenze**).[533] Etwas anderes gilt nur, wenn die EWIV nachweisen kann, „dass dem Dritten bekannt war oder dass er darüber nach den Umständen nicht in Unkenntnis sein konnte, dass die Handlung die Grenzen des Unternehmensgegenstandes der Vereinigung überschritt" (Art. 20 I 2 EWIV-VO). Dies ähnelt nach deutschem Verständnis einem Missbrauch der Vertretungsmacht.[534]

---

525 Im Ergebnis ähnlich *Woodland* Sem. Jur. Ed. Entreprise 1985, 281, 287. Ihm zustimmend *Vichatzky* RTDEur 1990, 275, 297.

526 *Pathe* in: Gummert ua (Hrsg.), Münchener Anwaltshandbuch Personengesellschaftsrecht, 2015, § 28 Rn. 102.

527 Vgl. *Meyer-Landrut*, Die EWIV, 1988, S. 52.

528 *Salger/Neye* in: MüHdB GesR, Bd. 1, 2014, § 97 Rn. 6.

529 *Teichmann* in: MüHdB GesR, Bd. 6, 2013, § 48 Rn. 41; aA *Ganske*, Das Recht der EWIV, 1988, S. 61; *Meyer-Landrut*, Die EWIV, 1988, S. 54 f.

530 *Teichmann* in: MüHdB GesR, Bd. 6, 2013, § 48 Rn. 42.

531 *Böhringer* BWNotZ 1990, 129, 134; *Müller-Gugenberger* NJW 1989, 1449, 1457; *von Rechenberg* ZGR 1992, 299, 314.

532 *Teichmann* in: MüHdB GesR, Bd. 6, 2013, § 48 Rn. 42.

533 Zur Nichtanwendung der ultra vires Doktrin *Wünsch* GesRZ 1990 280, 282; *Woodland* Sem. Jur. Ed. Entreprise 1985, 281, 287; *Hatzig*, Die EWIV, 1990, S. 47.

534 *Hatzig*, Die EWIV, 1990, S. 48.

Die **Darlegungs-** und **Beweislast** liegt somit bei der EWIV.[535] Allein die Tatsache, dass der Unternehmensgegenstand veröffentlicht wurde, genügt nicht, um darzulegen, dass Art. 20 I 2 EWIV-VO erfüllt ist.[536] Im Innenverhältnis haften die Geschäftsführer der EWIV, wenn sie über den Unternehmensgegenstand hinaus handeln (die Haftung richtet sich im Ergebnis nach dem jeweils anwendbaren nationalen Recht, Art. 2 I EWIV-VO, s. dazu Rn. 16 ff.). Aus Mitgliedersicht ist daher die genaue und eventuell auch nicht zu weit reichende Formulierung des Unternehmensgegenstandes von zentraler Bedeutung.[537]

184 Es besteht die Möglichkeit, dass der Geschäftsführer im Namen der EWIV andere Personen bevollmächtigt, die sodann Dritten gegenüber zur Vertretung der EWIV berechtigt sind. Inwieweit dies möglich ist, richtet sich nach nationalem Recht, da die Verordnung nur die organschaftliche Vertretung regelt.[538]

3. Haftung

185 Die EWIV-Verordnung regelt die Sorgfaltspflichten und die Haftung der Geschäftsführer nicht.[539] Dies ist nicht verwunderlich, da die mitgliedstaatlichen Ansichten insofern divergieren und die Haftung der Organmitglieder bei den anderen supranationalen Gesellschaftsformen ebenfalls nicht durch die jeweilige Verordnung geregelt wird (für die SCE s. § 6 Rn. 272, für die SE s. § 4 Rn. 143, gleiches galt für das SPE-Projekt: § 5 Rn. 176).

186 Bezüglich der **gesellschaftsrechtlichen Innenhaftung** der Geschäftsführer gegenüber der Gesellschaft findet nationales Recht über Art. 2 I EWIV-VO Anwendung.[540] Denn die gesellschaftsrechtliche Geschäftsführerhaftung ist insofern als Teil der inneren Verfassung anzusehen, auch wenn sie einen Aspekt betrifft, der auch die Interessen Dritter berühren kann. Für die „deutsche EWIV" hat der deutsche Gesetzgeber eine spezielle Regelung in § 5 EWIV-AusfG geschaffen, die stark an § 93 AktG angelehnt ist.[541] Danach müssen die Geschäftsführer „die Sorgfalt eines ordentlichen und gewissenhaften Geschäftsleiters"[542] anwenden. Zur organschaftlichen Treuepflicht gehört auch, dass die Geschäftsführer Betriebs- und Geschäftsgeheimnisse wahren müssen (§ 5 I 2 EWIV-AusfG). Verletzen die Geschäftsführer ihre Pflichten, so sind sie der EWIV zum Ersatz des daraus resultierenden Schadens verpflichtet (§ 5 II 1 EWIV-AusfG). Sie haften dabei **gesamtschuldnerisch** (§ 5 II 1 EWIV-AusfG). Grundsätzlich wäre im Streitfall die Gesellschaft beweispflichtig. § 5 II 2 EWIV-AusfG statuiert allerdings eine **Beweislastumkehr.** Die Haftung wird so für die Geschäftsführer verschärft. Grund sind die Schwierigkeiten, die die Gesellschaft haben würde, ihrer Beweispflicht nachzukommen, da ihr im Regelfall die notwendigen Materialien fehlen.

187 Bezüglich der zivilrechtlichen Außenhaftung nach allgemeinem Deliktsrecht gegenüber Dritten ist das anwendbare Recht mithilfe des IPR zu bestimmen.[543] Eine gesellschaftsrechtliche Außenhaftung ist nicht geregelt und fällt aufgrund des begrenzten Verweises des Art. 2 I EWIV-VO auch nicht in die Zuständigkeit nationalen Rechts. Deshalb hat der deutsche Gesetzgeber zu Recht die Regelung des § 93 V AktG nicht im Ausführungsgesetz übernommen.

III. Weitere Organe

188 Neben den gemeinschaftlich handelnden Mitgliedern und dem/den Geschäftsführer(n) darf die Vereinigung noch **weitere Organe** im **Gründungsvertrag** bestimmen (Art. 16 I 2 EWIV-VO). Nicht nur die Existenz des Organs, sondern auch die Befugnisse desselben, müssen im Gründungsvertrag festgelegt werden (Art. 16 I 2 EWIV-VO). Als zusätzliche Organe kommen insbesondere **Aufsichts-** und/oder **Kontrollinstanzen**[544]

535 *Siwik* WiRo 2007, 257, 258; *Teichmann* in: Teichmann, MüHdB GesR, Bd. 6, 2013, § 48 Rn. 38 ff.; *von Rechenberg* in: von der Heydt/von Rechenberg (Hrsg.), Die EWIV, 1991, S. 75; vgl. auch *Anderson*, European Economic Interest Groupings, 1990, S. 104; *Dine* Co Law 13 (1992) 10, 13 f.

536 *Cathiard*, La pratique du droit européen des sociétés, 2017, Rn. 286.

537 *Schotthöfer* in: Müller-Gugenberger/Schotthöfer (Hrsg.), Die EWIV in Europa, 1995, EU-Recht, Kap. V Rn. 8.

538 *Ganske*, Das Recht der EWIV, 1988, S. 61; *Manz* in: Selbherr/Manz (Hrsg.), Kommentar zur EWIV, 1995, Art. 20 Rn. 11.

539 Vgl. *Lutter/Bayer/Schmidt*, Europäisches Unternehmens- und Kapitalmarktrecht, 2017, Rn. 44.53.

540 *Lutter/Bayer/Schmidt*, Europäisches Unternehmens- und Kapitalmarktrecht, 2017, Rn. 44.53.

541 Vgl. amtl. Begr. zum Regierungsentwurf, BT-Drs. 11/352, S. 9; *Salger/Neye* in: MüHdB GesR, Bd. 1, 2014, § 97 Rn. 5.

542 § 5 I 1 EWIV-AusfG.

543 *Lutter/Bayer/Schmidt*, Europäisches Unternehmens- und Kapitalmarktrecht, 2017, Rn. 44.53.

544 *Jahn*, Die gemeinschaftlich handelnden Mitglieder einer deutschen EWIV, 1996, S. 33; *von Rechenberg* in: von der Heydt/von Rechenberg (Hrsg.), Die EWIV, 1991, S. 61 f.; *Meyer-Landrut*, Die EWIV, 1988, S. 62 ff.; *Vichatzky* RTDEur 1990, 275, 291; *Rinze*, Die Europäische wirtschaftliche Interessenvereinigung im Unternehmensverbund, 1996, S. 195.

infrage sowie Steering Committees (vorbereitende Ausschüsse),[545] zB (wissenschaftliche) **Beiräte**,[546] ein **Verwaltungsrat**[547] oder ein **Koordinationsorgan.**[548] Kompetenzen, die zwingend einem der beiden anderen Organe (gemeinschaftlich handelnde Mitglieder/Geschäftsführer) zugewiesen sind, können nicht an das fakultativ geschaffene Organ delegiert werden.[549] So müssen die Mitglieder beispielsweise zwingend einige Beschlüsse fassen (siehe dazu Rn. 163) und dem Geschäftsführer kommt die Vertretung der EWIV im Außenverhältnis zu.[550]

Weitere Organe können nicht nur im Sinn einer zusätzlichen Kontrolle sinnvoll sein, sondern gerade auch der Einbeziehung von Experten dienen, die der EWIV bei ihrer Tätigkeit mit Rat zur Seite stehen können.[551] Denn auch hier gilt, wie bei der Geschäftsführung, dass auch Nichtmitglieder in solchen Organen vertreten sein können.[552] 189

L. Finanzverfassung

I. Finanzierung

Bezüglich der Finanzierung gewährt die EWIV-Verordnung den Mitgliedern die größtmögliche Freiheit.[553] Die Anteile an der Vereinigung dürfen nur nicht öffentlich am Kapitalmarkt angeboten werden (s. Rn. 63).[554] Die EWIV-Verordnung sieht für die Vereinigung dementsprechend **kein Mindestkapital** vor.[555] Langwierige Diskussionen um diesen Punkt – wie es bei den anderen Gesellschaftsformen der Fall war – entfielen, da der Verzicht auf ein Mindestkapital mit der persönlichen, unbeschränkten und gesamtschuldnerischen Haftung der Mitglieder korrespondiert.[556] Die neu gegründete EWIV muss somit **nicht über Gesellschaftskapital** verfügen.[557] Das entspricht der Rechtslage beim französischen GIE,[558] der als Vorbild für die EWIV diente (Art. L. 251-3 I C. Com.). Die EWIV muss noch nicht einmal **Vermögen** haben.[559] 190

---

545 *Jahn*, Die gemeinschaftlich handelnden Mitglieder einer deutschen EWIV, 1996, S. 33; *Hatzig*, Die EWIV, 1990, S. 34; *Gleichmann* ZHR 149 1985, 633, 642; *Autenrieth*, Die EWIV, 1990, Rn. 62; *Manz* in: Selbherr/Manz (Hrsg.), Kommentar zur EWIV, 1995, Art. 16 Rn. 9.

546 *Autenrieth*, Die EWIV, 1990, Rn. 62; *Lutter/Bayer/Schmidt*, Europäisches Unternehmens- und Kapitalmarktrecht, 2017, Rn. 44.55; *Vague* RMC 1992, 403, 410; *Vichatzky* RTDEur 1990, 275, 291; *Rinze*, Die Europäische wirtschaftliche Interessenvereinigung im Unternehmensverbund, 1996, S. 195.

547 *Autenrieth*, Die EWIV, 1990, Rn. 62; *Lutter/Bayer/Schmidt*, Europäisches Unternehmens- und Kapitalmarktrecht, 2017, Rn. 44.55.

548 *Jahn*, Die gemeinschaftlich handelnden Mitglieder einer deutschen EWIV, 1996, S. 33.

549 *Rinze*, Die Europäische wirtschaftliche Interessenvereinigung im Unternehmensverbund, 1996, S. 195.

550 Vgl. *Lutter/Bayer/Schmidt*, Europäisches Unternehmens- und Kapitalmarktrecht, 2017, Rn. 44.55. In Bezug auf die Beschlussfassung auch *Autenrieth*, Die EWIV, 1990, Rn. 63.

551 Vgl. auch *Vague* RMC 1992, 403, 410.

552 *Rinze*, Die Europäische wirtschaftliche Interessenvereinigung im Unternehmensverbund, 1996, S. 195.

553 *Keutgen* Cahiers de droit européen 1987, 492, 504; *Burkhalter*, Die EWIV und ihre konzernrechtlichen Beziehungen, 1998, S. 111.

554 *Lutter/Bayer/Schmidt*, Europäisches Unternehmens- und Kapitalmarktrecht, 2017, Rn. 44.19, *Scriba*, Die EWIV, 1987, S. 115.

555 Europäische Kommission, Mitteilung – Beteiligung von Europäischen Wirtschaftlichen Interessenvereinigungen (EWIV) an öffentlichen Aufträgen und öffentlich finanzierten Programmen, 97/C 285/19; *Habersack/Verse*, Europäisches Gesellschaftsrecht, 2011, § 12 Rn. 28; *Wendt* in: Spahlinger/Wegen/Barth (Hrsg.), Gesellschaftsrecht des Auslands, 2016, Europäische Union Rn. 164 (Stand: 2012); *Lutter/Bayer/Schmidt*, Europäisches Unternehmens- und Kapitalmarktrecht, 2017, Rn. 44.70; *Ganske*, Das Recht der EWIV, 1988, S. 25; *Linnane* EBLR 1990, 38; *Fey* DB 1992, 233, 233; *van Gerven* in: van Gerven/Aalders (Hrsg.), European Economic Interest Groupings, S. 5, 23; *Stolowy* J.B.L. 2013, 598, 607; *Cathiard*, La pratique du droit européen des sociétés, 2017, Rn. 126; *Ferret* Répertoire du Notaria Defrénois 1989, 407, 408; *Fey* DB 1992, 233, 233; *Burian* WR 4 (1993) 165, 166.

556 Vgl. *van Gerven* in: van Gerven/Aalders (Hrsg.), European Economic Interest Groupings, 1990, S. 5, 23; vgl. auch *Ganske*, Das Recht der EWIV, 1988, S. 64.

557 *Ernst*, Die EWIV, 2012, 22 f.; *Zahorka*, Gründung und Betrieb einer EWIV, 2010, S. 9; *Lutter/Bayer/Schmidt*, Europäisches Unternehmens- und Kapitalmarktrecht, 2017, Rn. 44.70; *Cathiard*, La pratique du droit européen des sociétés, 2017, Rn. 126; *Linnane* EBLR 1990, 38; *Vague* RMC 1992, 403, 410; *Vichatzky* RTDEur 1990, 275, 298; *Stolowy* J.B.L. 2013, 598, 607; *Lepeltier/Buttet/Lesguillier*, Les Groupements d'intérêt économique, GIE, GEIE: régimes juridique et fiscal, formules, textes, 1990, Rn. 211; so auch *van Gerven* in: van Gerven/Aalders, European Economic Interest Groupings, 1990, S. 23; *Kelly et al.*, European Economic Interest Groupings, 1990, S. 40.

558 Vgl. zum GIE *Lefebvre*, Mémento Sociétés Commerciales, 2017, Rn. 96620; *Lemeunier*, Groupement d'intérêt économique (GIE), 1999, S. 75.

559 *Manz* in: Selbherr/Manz (Hrsg.), Kommentar zur EWIV, 1995, Art. 1 Rn. 19.

191 Die Mitglieder können jedoch im Gründungsvertrag ein Kapital bestimmen, dass dann durch **Bar- und/oder Sacheinlagen oder gar immaterielle Vermögensgegenstände** wie etwa **Know-how** geleistet werden kann.[560] Im Gegensatz zur SPE, der SE und der SCE ist bei der EWIV grundsätzlich auch die Erbringung von **Arbeits- oder Dienstleistungen** als Einlage bzw. Beitrag erlaubt,[561] denn das Problem der Überbewertung zulasten der Gläubiger stellt sich wegen der unbegrenzten Haftung der Mitglieder nicht. Gebräuchlicher als die Festlegung von Einlagen ist allerdings, dass die Mitglieder **Beiträge**[562] in einem bestimmten Turnus, zB monatlich, jedes Quartal, halbjährlich oder jährlich, erbringen.[563] Die Modalitäten können diesbezüglich frei im Gründungsvertrag bestimmt werden. Dort wird auch festgelegt, in welchem Umfang jedes Mitglied zur Finanzierung beiträgt. Einzelne Mitglieder können insofern beispielsweise auch von der Beitragspflicht befreit werden, ohne dass sie dadurch Mitgliedschaftsrechte verlieren.[564] Der Verordnungsgeber ging implizit davon aus, dass die Beitragsfinanzierung das gewöhnliche Finanzierungsmodell sein wird. Deshalb regelt er in Art. 17 II lit. e) EWIV-VO, dass es eines einstimmigen Beschlusses bedarf, wenn die Beitragspflicht geändert werden soll (dazu Rn. 159).[565]

192 Die Mitglieder können sich aber auch für andere Formen der Finanzierung der EWIV entscheiden, zB durch Bankkredite oder in beschränkten Umfang durch die **Einnahmen** aus Rechtsgeschäften mit Dritten (zu Nichtmitgliedergeschäften s. Rn. 64 ff.).[566] Ebenso möglich ist es, dass sich die EWIV finanziert, indem sie bestimmte Leistungen für die Mitglieder anbietet, von denen diese zu festgelegten Preisen profitieren können.[567] Verfügt die EWIV über keinerlei Mittel um ihre Verwaltungskosten zu decken, können die Mitglieder diese auch durch **Vorschüsse** oder **Darlehen** finanzieren.[568]

193 Da die EWIV-Verordnung kein Mindestkapital vorschreibt und die Mitglieder unbegrenzt haften, enthält die Verordnung keine Vorgaben zur Kapitalaufbringung, insbesondere **keine Regelungen** zur **Kapitalaufbringung** und **Kapitalerhöhung.**[569] Die Verordnung ist insofern als abschließend anzusehen, dh nationales Recht kann hier nicht eingreifen und spezielle Anforderungen stellen. Die EWIV-Verordnung macht auch keine Vorschriften bezüglich einer eventuellen **Kapitalherabsetzung** bzw. einem **Entnahmerecht**. Es wird somit einerseits vertreten, dass daher nationales Recht greift.[570] Dagegen spricht jedoch, dass es keinen Verweis auf nationales Recht gibt und ein Entnahmerecht nicht unbedingt zur „inneren Verfassung" gem. Art. 2 I EWIV-VO zählt (dazu Rn. 18). Infolgedessen wird auch argumentiert, dass keine (externe) Lücke vorliegt, die einer Füllung durch nationales Recht bedarf oder auch nur fähig ist, sondern die Verordnung den Mitgliedern vielmehr weitgehende Gestaltungsfreiheit in Bezug auf diese Aspekte lassen wollte.[571] Regelungstechnisch wären diesbezügliche Bestimmungen im Gründungsvertrag daher wohl als **Abändernde-Gründungsvertragsbestimmungen** einzuordnen (dazu Rn. 24 ff.). Letzteres ist anzunehmen, wenn davon ausgegangen wird, dass im Fall (teilweise) fehlender Bestimmungen im Gründungsvertrag die Verordnung diese Aspekte selbst (implizit) regelt. Es müssten sich also Bestimmungen aus der Verordnung herleiten lassen. Die Nichtregelung könnte hier darauf hinweisen, dass Ent-

560 Europäische Kommission, Mitteilung – Beteiligung von Europäischen Wirtschaftlichen Interessenvereinigungen (EWIV) an öffentlichen Aufträgen und öffentlich finanzierten Programmen, 97/C 285/19; *Ganske*, Das Recht der EWIV, 1988, S. 12; *Salger/Neye* in: MüHdB GesR, Bd. 1, 2014, § 96 Rn. 21; *von Rechenberg* in: von der Heydt/von Rechenberg (Hrsg.), Die EWIV, 1991, S. 70; *Cathiard*, La pratique du droit européen des sociétés, 2017, Rn. 126; *van Gerven* in: van Gerven/Aalders (Hrsg.), European Economic Interest Groupings, 1990, S. 5, 24.

561 *Böhringer* BWNotZ 1990, 129, 132.

562 *Scriba*, Die EWIV, 1987, S. 114; vgl. auch *Lemeunier*, Groupement d'intérêt économique (GIE), 1999, S. 69 zum GIE.

563 Ausführlich zu den verschiedenen Finanzierungsmöglichkeiten der EWIV *Kelly et al.*, European Economic Interest Groupings, 1990, S. 41 ff.

564 *Keutgen* Cahiers de droit européen 1987, 492, 504.

565 Die deutsche Fassung verwendet den Begriff „Beitrag". Dem entspricht der englische Wortlaut („contribution"). Die französische („part contributive"), spanische („cuota de contribución") und italienische („quota del contributo") Fassung sprechen dagegen vom „Anteil des Beitrags"/"beitragspflichtiger Anteil". Die niederländische und polnische Fassung sprechen nur von „Anteil" („aandeel") („udział").

566 *Lutter/Bayer/Schmidt*, Europäisches Unternehmens- und Kapitalmarktrecht, 2017, Rn. 44.70; vgl. auch *Vichatzky* RTDEur 1990, 275, 298.

567 *Müller-Gugenberger* in: Müller-Gugenberger/Schotthöfer (Hrsg.), Die EWIV in Europa, 1995, EU-Recht, Kap. IV Rn. 141.

568 Vgl. *Manz* in: Selbherr/Manz (Hrsg.), Kommentar zur EWIV, 1995, Art. 1 Rn. 19; *Ganske*, Das Recht der EWIV, 1988, S. 12. Zu Darlehen auch *Kelly et al.*, European Economic Interest Groupings, 1990, S. 41. Zu Vorschüssen *Cathiard*, La pratique du droit européen des sociétés, 2017, Rn. 126. Zum Anspruch der Gesellschaft auf Zahlung vgl. Rn. 203.

569 *Köhl*, Einfluss der EWIV, 2001, S. 397; zu fehlenden Kapitalschutzvorschriften *Ganske*, Das Recht der EWIV, 1988, S. 25.

570 *Schwarz*, Europäisches Gesellschaftsrecht, 2000, Rn. 1029 geht davon aus, dass über § 1 EWIV-AusfG § 122 HGB greift.

571 *Ganske*, Das Recht der EWIV, 1988, S. 46; *Salger/Neye* in: MüHdB GesR, Bd. 1, 2014, § 96 Rn. 21; *Teichmann* in: MüHdB GesR, Bd. 6, 2013, § 48 Rn. 56; *Manz* in: Selbherr/Manz (Hrsg.), Kommentar zur EWIV, 1995, Art. 21 Rn. 4 (spricht ausschließlich von „völliger Freiheit" für die Mitglieder).

nahmen grundsätzlich möglich sind. Aus Art. 18 EWIV-VO ließe sich zudem ein Gleichbehandlungsgebot herleiten. Der Gründungsvertrag könnte jedoch etwas anderes vorsehen.

II. Gewinne

Da die EWIV zwar nicht zum Zweck der (eigenen) **Gewinnerzielung** gegründet werden darf (s. dazu näher unter Rn. 47), eine Gewinnerzielung jedoch nicht verboten ist, beschäftigt sich Art. 21 I EWIV-VO mit den Konsequenzen einer Gewinnerzielung. Regelmäßig dürfte die EWIV allerdings höchstens geringe Gewinne erwirtschaften. Dies ergibt sich schon aus der beschränkten Möglichkeit, Nichtmitgliedergeschäfte abzuschließen (s. dazu näher unter Rn. 64 ff.). Oftmals werden „Gewinne" daher dadurch entstehen, dass die Mitglieder Beiträge an die EWIV leisten, die diese im Laufe des Geschäftsjahres nicht vollständig für ihre Tätigkeit verbraucht hat.[572] Was ein „Gewinn" ist, lässt sich im Umkehrschluss aus Art. 21 II EWIV-VO definieren. Danach ist ein Gewinn der Betrag, der dadurch entsteht, dass die **Einnahmen die Ausgaben übersteigen.**[573] Nähere Ausführungen enthält die Verordnung nicht. Es wird vertreten, dass sich die Einzelheiten insofern nach nationalem Recht richten.[574] Dafür müsste der Verweis in Art. 2 I EWIV-VO allerdings, wie hier befürwortet (dazu Rn. 18), weit verstanden werden. 194

Art. 21 I EWIV-VO stellt klar, dass der Gewinn nicht der EWIV zugerechnet wird, sondern als **Gewinn der Mitglieder** gilt (zur transparenten Besteuerung s. Rn. 198 ff.).[575] Die **Verteilung** richtet sich dann grundsätzlich nach den **Bestimmungen des Gründungsvertrages** (Art. 21 I EWIV-VO). Möglich ist hier insbesondere auch ein Verteilungsschlüssel, der sich nach der Kapitalbeteiligung richtet. Es können jedoch auch andere Kriterien für die Verteilung herangezogen werden. Fehlt im Gründungsvertrag jedoch eine entsprechende Regelung, so wird der Gewinn **zu gleichen Teilen**, dh nach Köpfen, aufgeteilt (Art. 21 I EWIV-VO, dh es handelt sich um eine Abändernde-Gründungsvertragsbestimmung).[576] 195

Die Mitglieder haben einen **direkten Auszahlungsanspruch** auf den erwirtschafteten Gewinn.[577] Die Verordnung regelt allerdings weder den Gewinnausschüttungszeitpunkt noch das Verfahren zur Geltendmachung.[578] Es wird daher einerseits vertreten, dass das Verfahren zur Geltendmachung des Auszahlungsanspruchs von den Mitgliedern im Gründungsvertrag bestimmt werden kann.[579] Gleiches soll für den Zeitpunkt der Gewinnausschüttung gelten.[580] Andere Autoren befürworten dagegen für den Fall des Fehlens einer Regelung im Gründungsvertrag, dass der Anspruch dann mit Feststellung des Gewinns besteht.[581] Andererseits wird vertreten, dass direkt subsidiär das nationale Recht greift.[582] Art. 21 I EWIV-VO gewährt den Mitgliedern explizit nur die Möglichkeit, die Quoten des Gewinns zu bestimmen. Die Bestimmung des Zeitpunkts und des Verfahrens sind mit den Quoten nicht so stark verbunden, dass davon auszugehen ist, dass Art. 21 I EWIV-VO auch diesbezüglich einen Gestaltungsspielraum eröffnen wollte. Diese sehr begrenzte Gestaltungsfreiheit für die Mitglieder ist zwar inhaltlich nicht überzeugend, ist jedoch de lege lata vorgegeben. Es greift daher gem. Art. 2 I EWIV-VO direkt nationales Recht (auch hier wird ein weites Verständnis des Begriffs „innere Verfassung" zugrunde gelegt), welches den Mitgliedern diesbezüglich wiederum einen Gestaltungsspielraum gewähren könnte. 196

Während der **Auszahlungsanspruch** unproblematisch ist, ist fraglich, ob das Gewinnbezugsrecht durch **Rücklagenbildung** eingeschränkt werden kann. Der Kernbereich des Auszahlungsanspruchs scheint nicht dispositiv zu sein, aber durch die Ausgestaltung der Rücklagenbildung kann der Auszahlungsanspruch eingeschränkt werden. Dies ist wohl im Ergebnis unter Beachtung von Erwägungsgrund 4 EWIV-VO zu bejahen, der den Mitglie- 197

572 Vgl. *Vague* RMC 1992, 403, 407.

573 *Manz* in: Selbherr/Manz (Hrsg.), Kommentar zur EWIV, 1995, Art. 21 Rn. 2.

574 *Manz* in: Selbherr/Manz (Hrsg.), Kommentar zur EWIV, 1995, Art. 21 Rn. 2; *Scriba*, Die EWIV, 1987, S. 119 ergänzt, dass sich im Fall der Unterscheidung zwischen steuerrechtlichen und einem bilanz-, handels- oder gesellschaftsrechtlichen Gewinnbegriff jedenfalls der steuerrechtliche bezüglich der Verteilung der Gewinne nicht zur Anwendung kommen kann.

575 *Manz* in: Selbherr/Manz (Hrsg.), Kommentar zur EWIV, 1995, Art. 21 Rn. 1; *Murphy* Vand. J. Transnat'l L. 23 (1990) 65, 79; *Kerr* BYU L. Rev. 1990, 1743, 1749.

576 *Manz* in: Selbherr/Manz (Hrsg.), Kommentar zur EWIV, 1995, Art. 21 Rn. 3; *Wendt* in: Spahlinger/Wegen/Barth (Hrsg.), Gesellschaftsrecht des Auslands, 2016, Europäische Union Rn. 163 (Stand: 2012).

577 *Manz* in: Selbherr/Manz (Hrsg.), Kommentar zur EWIV, § 21 Rn. 3; *Schwarz*, Europäisches Gesellschaftsrecht, 2000, Rn. 1027.

578 *Schwarz*, Europäisches Gesellschaftsrecht, 2000, Rn. 10272.

579 *Manz* in: Selbherr/Manz (Hrsg.), Kommentar zur EWIV, 1995, Art. 21 Rn. 3; *von Rechenberg* in: von der Heydt/von Rechenberg (Hrsg.), Die EWIV, 1991, S. 66 f.

580 *Manz* in: Selbherr/Manz (Hrsg.), Kommentar zur EWIV, 1995, Art. 21 Rn. 3.

581 *Von Rechenberg* in: von der Heydt/von Rechenberg (Hrsg.), Die EWIV, 1991, S. 66 f.; zustimmend *Burkhalter*, Die EWIV und ihre konzernrechtlichen Beziehungen, 1998, S. 116 f.

582 *Schwarz*, Europäisches Gesellschaftsrecht, 2000, Rn. 1027; *Lentner*, Das Gesellschaftsrecht der EWIV, 1994, S. 125.

dern einen weitgehenden **Gestaltungsspielraum** zuspricht.[583] Das Gewinnbezugsrecht darf jedoch nicht vollständig ausgeschlossen werden,[584] eben da der Kernbereich des Auszahlungsanspruchs nicht dispositiv ist. Die Auslegung entspricht auch der Handhabung beim französischen Vorbild der EWIV, dem GIE.[585] Die französische Regelung kann zwar zur Auslegung des europäischen Rechts nicht herangezogen werden, da die EWIV-Verordnung europäisch-autonom zu interpretieren ist und nicht mit Blick auf das nationale Vorbildrecht.[586] Dennoch ist die Ausgestaltung beim französischen GIE insofern interessant, als dadurch eine Interpretationsmöglichkeit aufgezeigt wird (zur Auslegungsmethodik auch § 2 Rn. 75 ff.).

III. Exkurs: Besteuerung

198 Die EWIV-Verordnung enthält mit Art. 40 EWIV-VO auch eine **steuerrechtliche Regelung,** was ungewöhnlich ist, da steuerliche Aspekte europäischer Rechtsformen bis heute höchst umstritten sind.[587] Art. 40 EWIV-VO stellte die erste materielle, steuerrechtliche Regelung der EU im gesellschaftsrechtlichen Bereich dar.[588] Die Vorschrift schreibt für die EWIV eine **transparente Besteuerung** vor.[589] Die Erträge werden daher nicht bei der EWIV versteuert, sondern ausschließlich bei deren **Mitgliedern** (Art. 40 EWIV-VO). Umgekehrt werden Verluste der EWIV als Verluste der Mitglieder gewertet (Art. 40 EWIV-VO).[590]

199 Eine Regelung in der EWIV-Verordnung war vor allem deshalb notwendig, weil die Mitgliedstaaten gem. Art. 1 III EWIV-VO (s. dazu unter Rn. 11) festlegen können, ob die EWIV **Rechtspersönlichkeit** besitzt und den Körperschaften zugeordnet werden soll. Ohne die Festlegung der transparenten Besteuerung durch die Verordnung hätte dies in den Mitgliedstaaten daher unterschiedlich behandelt werden können.[591]

200 Die EWIV-Verordnung schreibt allerdings nur vor, wo die möglichen Gewinne und Verluste steuerlich berücksichtigt werden, alle anderen Aspekte regelt die Verordnung nicht. Diesbezüglich kommt daher nationales Steuerrecht zur Anwendung (vgl. auch Erwägungsgrund 14 EWIV-VO). Das anwendbare nationale Sachrecht muss dafür anhand des **internationalen Privatrechts** bestimmt werden.[592]

IV. Verluste

201 Bei Verlusten ist zwischen dem Innen- und Außenverhältnis zu unterscheiden. Die Verordnung definiert Verluste in Art. 21 II EWIV-VO. Ein Verlust entsteht demnach, wenn die Ausgaben die Einnahmen übersteigen. Wie bereits iRd Gewinnverteilung angesprochen, enthält die Verordnung keine weiteren Details zur Berechnung des Verlustes, weshalb auch hier das nationale Recht subsidiär zur Anwendung kommt,[593] sofern man Art. 2 I EWIV-VO weit interpretiert.

202 Im **Außenverhältnis** – also gegenüber Dritten – haften die Mitglieder gemäß Art. 24 I EWIV-VO **unbeschränkt und gesamtschuldnerisch** (dazu näher unter Rn. 204 ff.). Art. 21 II EWIV-VO bestimmt dagegen allein die Behandlung von Verlusten im **Innenverhältnis.**[594] Übersteigen die Ausgaben die Einnahmen (= Verlust), so müssen die Mitglieder gemäß dem im Gründungsvertrag bestimmten Verhältnis diesen Verlust ausgleichen. Fehlt eine Regelung im Gründungsvertrag, so steuern die Mitglieder zu gleichen Teilen zum Ausgleich der Verluste bei (Art. 21 II EWIV-VO).

203 Es stellt sich die Frage, ob die EWIV bei **Liquiditätsengpässen** von den Mitgliedern **unmittelbare Deckung** der Verwaltungskosten verlangen kann. Dieser Aspekt wird weder durch die EWIV-Verordnung noch durch das

583 *Autenrieth*, Die EWIV, 1990, Rn. 37; *Bramigk*, Der Zweck der EWIV, 2003, 200 ff.; *Meyer-Landrut*, Die EWIV, 1988, S. 70 f.; *Vichatzky* RTDEur 1990, 275, 285 geht davon aus, dass ein Teil des Gewinns zum Zwecke des Betriebs der EWIV in der Vereinigung verbleiben kann.

584 *Autenrieth*, Die EWIV, 1990, Rn. 37; *Ernst*, Die EWIV, 2012, S. 23.

585 *Lefebvre*, Mémento Sociétés Commerciales, 2017, Rn. 97280.

586 Vgl. etwa *Grundmann*, Europäisches Gesellschaftsrecht, 2011, Rn. 103.

587 Die Europäische Stiftung (FE) scheiterte beispielsweise gerade auch deshalb, weil in Bezug auf steuerliche Aspekte keine Einigung erzielt werden konnte. Siehe dazu näher unter § 8 Rn. 239.

588 *Manz* in: Selbherr/Manz (Hrsg.), Kommentar zur EWIV, 1995, Art. 40 Rn. 1; vgl. auch *Sass* DB 1985, 2266, 2266 (der allerdings von Harmonisierung spricht, wobei die Verordnung gerade nicht auf eine Harmonisierung abzielt).

589 *Manz* in: Selbherr/Manz (Hrsg.), Kommentar zur EWIV, 1995, Art. 40 Rn. 2; *van Gerven* in: van Gerven/Aalders (Hrsg.), European Economic Interest Groupings, 1990, S. 34; *Teichmann* in: MüHdB GesR, Bd. 6, 2013, § 48 Rn. 75; *Kileste* in: Études IRE, G.E.I.E. et G.I.E. – Deux nouvelles formes d'association, 1989, S. 57; *Cathiard*, La pratique du droit européen des sociétés, 2017, Rn. 119; *Sass* DB 1985, 2266, 2266 spricht von Transparenzprinzip; ebenso *Burkhalter*, Die EWIV und ihre konzernrechtlichen Beziehungen, 1998, S. 133.

590 *Van Gerven* in: van Gerven/Aalders (Hrsg.), European Economic Interest Groupings, 1990, S. 5, 34; *Burkhalter*, Die EWIV und ihre konzernrechtlichen Beziehungen, 1998, S. 133 letzterer gestützt auf den englischen Wortlaut.

591 *Manz* in: Selbherr/Manz (Hrsg.), Kommentar zur EWIV, 1995, Art. 40 Rn. 2. *Sass* DB 1985, 2266, 2266.

592 Vgl. *Manz* in: Selbherr/Manz (Hrsg.), Kommentar zur EWIV, 1995, Art. 40 Rn. 3, 8 ff.

593 Vgl. *Manz* in: Selbherr/Manz (Hrsg.), Kommentar zur EWIV, 1995, Art. 21 Rn. 2; *Scriba*, Die EWIV, 1987, S. 19.

594 *Manz* in: Selbherr/Manz (Hrsg.), Kommentar zur EWIV, 1995, Art. 21 Rn. 5.

deutsche Ausführungsgesetz unmittelbar geregelt. Es wird diesbezüglich argumentiert, dass der Verordnungsgeber in Art. 17 II lit. e) EWIV-VO und § 33 II EWIV-VO davon ausgeht, dass die Mitglieder zum Funktionieren der EWIV Beiträge leisten müssten (dazu bereits unter Rn. 150).[595] Eine Beitragspflicht wird jedoch an keiner Stelle der Verordnung explizit statuiert.[596] Aus der mit der Gesellschaftsgründung entstandenen Förderpflicht folge zudem, dass die Mitglieder bis zu einer Entscheidung über eine Auflösung der EWIV auch die notwendigen Mittel aufbringen müssten und die EWIV diese Mittel damit von ihren Mitgliedern einfordern kann.[597] Vereinbaren die Mitglieder eine Beitragspflicht, so kann eine anschließende Änderung der Beiträge allerdings nur durch einen einstimmigen Beschluss vorgenommen werden (Art. 17 II lit. e) EWIV-VO, dazu auch Rn. 159). Dieses Erfordernis spricht gegen eine unmittelbare Deckung über die Mitgliedsbeiträge hinaus.

M. Haftung

I. Haftung der Mitglieder der EWIV

Die EWIV besitzt Rechtsfähigkeit. Sie ist Träger von Rechten und Pflichten (Art. 1 II EWIV-VO) und hat **eigenes Vermögen**, mit welchem sie Gläubigern gegenüber **unbeschränkt** haftet.[598] Daneben haften die **Mitglieder** der EWIV den Gläubigern **unbeschränkt und gesamtschuldnerisch** (Art. 24 I 1 EWIV-VO) für sämtliche Verbindlichkeiten, gleich aus welchem Rechtsgrund (ua vertragliche, deliktische und sonstige Verbindlichkeiten wie zB Steuerschulden und Sozialversicherungsabgaben).[599] Sie haften also mit ihrem **gesamten (aktuellen und zukünftigen) Vermögen** für die Schulden der EWIV. Ein Gläubiger kann sich an jedes Mitglied zur Begleichung seiner ganzen Forderungen oder auch nur eines Teils davon wenden, nachdem zuvor eine Leistung von der EWIV erfolglos verlangt wurde (vgl. Rn. 202). Ein Ausgleich zwischen den Mitgliedern findet dann im **Innenverhältnis** statt (vgl. Art. 21 II EWIV-VO, siehe dazu Rn. 202). Die weitreichende Haftung der Mitglieder korrespondiert mit der umfassenden Freiheit, die ihnen bezüglich der Kapitalaufbringung und -erhaltung gewährt wird (vgl. dazu Rn. 190 ff.).[600] 204

Wie sich aus Erwägungsgrund 10 EWIV-VO ergibt, kann die weitreichende Haftung der Mitglieder nur durch **Vereinbarungen mit den Gläubigern** der EWIV abbedungen werden. Ansonsten ist die Haftung der Mitglieder im Außenverhältnis **nicht beschränkbar**.[601] Abweichende Abreden der Mitglieder untereinander können Dritten somit nicht entgegengehalten werden.[602] 205

Die Haftung der Mitglieder wird als **„subsidiär" zur Haftung der EWIV** (vgl. Art. 24 II EWIV-VO) bezeichnet. Denn die Gläubiger müssen sich gem. Art. 24 II EWIV-VO zunächst an die EWIV zur Begleichung ihrer Forderungen halten, bevor sie sich an die einzelnen Mitglieder wenden können.[603] Damit sich die Gläubiger direkt an die Mitglieder halten können, ist eine vorherige Zahlungsaufforderung gegenüber der EWIV notwendig, der diese nicht innerhalb einer **angemessenen Frist** nachgekommen ist (Art. 24 II EWIV-VO). Wann eine Frist angemessen ist, ergibt sich aus den Umständen des Einzelfalls, wobei insbesondere die vertraglichen Vereinbarungen, die Gepflogenheiten (in der Branche oder zwischen den Vertragspartnern) und die Höhe der Summe in die 206

---

595 *Manz* in: Selbherr/Manz (Hrsg.), Kommentar zur EWIV, 1995, Art. 21 Rn. 4; laut *Lutter/Bayer/Schmidt*, Europäisches Unternehmens- und Kapitalmarktrecht, 2017, Rn. 44.63 wird die Möglichkeit der Beitragspflicht ua in Art. 17 II lit. e), 21 II EWIV-VO vorausgesetzt; siehe zudem *Meyer-Landrut*, Die EWIV, 1988, S. 77 f.; *Autenrieth* DB 1989, 305, 309.

596 *Meyer-Landrut*, Die EWIV, 1988, S. 77; *Lutter/Bayer/Schmidt*, Europäisches Unternehmens- und Kapitalmarktrecht, 2017, Rn. 44.63.

597 *Autenrieth*, Die EWIV, 1990, Rn. 38; *ders.* DB 1989, 305, 309.

598 Vgl. *Lutter/Bayer/Schmidt*, Europäisches Unternehmens- und Kapitalmarktrecht, 2017, Rn. 44.71; *Teichmann* in: MüHdB GesR, Bd. 6, 2013, § 48 Rn. 58; *Schwarz*, Europäisches Gesellschaftsrecht, 2000, Rn. 1062.

599 Vgl. Erwägungsgrund 10 EWIV-VO. *Lutter/Bayer/Schmidt*, Europäisches Unternehmens- und Kapitalmarktrecht, 2017, Rn. 44.72; *Manz* in: Selbherr/Manz (Hrsg.), Kommentar zur EWIV, 1995, Art. 24 Rn. 5; *Schwarz*, Europäisches Gesellschaftsrecht, 2000, Rn. 1063; *Döring*, Grenzüberschreitende wirtschaftliche Zusammenarbeit in Europa, 1993, S. 55 zur Haftung auf Steuerschulden und Sozialversicherungsabgaben. Vgl. auch *Fleischer/Agstner* RabelsZ 81 (2017), 299, 336, die die umfassende Haftung mit Blick auf Personengesellschaften in Europa als "paneuropäische Rechtsauffassung" bezeichnen.

600 Europäische Kommission, Mitteilung – Beteiligung von Europäischen Wirtschaftlichen Interessenvereinigungen (EWIV) an öffentlichen Aufträgen und öffentlich finanzierten Programmen, 97/C 285/20; *Lutter/Bayer/Schmidt*, Europäisches Unternehmens- und Kapitalmarktrecht, 2017, Rn. 44.72; *Manz* in: Selbherr/Manz (Hrsg.), Kommentar zur EWIV, 1995, § 24 Rn. 1; *Schwarz*, Europäisches Gesellschaftsrecht, 2000, Rn. 1063.

601 *Manz* in: Selbherr/Manz (Hrsg.), Kommentar zur EWIV, 1995, Art. 24 Rn. 4; *Teichmann* in: MüHdB GesR, Bd. 6, 2013, § 48 Rn. 58.

602 *Manz* in: Selbherr/Manz (Hrsg.), Kommentar zur EWIV, 2013, Art. 24 Rn. 4; *Lutter/Bayer/Schmidt*, Europäisches Unternehmens- und Kapitalmarktrecht, 2017, Rn. 44.73.

603 *Bärwaldt* in: Prinz ua (Hrsg.); Beck'sches Handbuch Personengesellschaften, 2014, § 19 Rn. 55; *Manz* in: Selbherr/Manz (Hrsg.), Kommentar zur EWIV, 1995, Art. 24 Rn. 9; *Teichmann* in: MüHdB GesR, Bd. 6, 2013, § 48 Rn. 60; *Lutter/Bayer/Schmidt*, Europäisches Unternehmens- und Kapitalmarktrecht, 2017, Rn. 44.75; *Vichatzky* RTDEur 1990, 275, 301.

Abwägung einfließen sollten.[604] Auch die Natur des Geschäfts sollte beachtet werden.[605] Da Gepflogenheiten somit berücksichtigt werden, können bei rein nationalen Geschäften nationale Regelungen „durch die Hintertür" wirken, da sie die Gepflogenheiten prägen (dazu auch § 2 Rn. 80).[606] Die Verordnung konkretisiert die Anforderungen an die Forderung nicht. Eine Vorausklage oder eine erfolglose Vollstreckung können aber keinesfalls verlangt werden.[607] Auch eine bestimmte Form ist nicht vorgeschrieben.[608] Insofern kann auch nicht für eine Konkretisierung auf nationales Recht zurückgegriffen werden. Da die Gläubiger daher im Ergebnis keineswegs zu ernsthaften Versuchen einer Forderungsdurchsetzung gegenüber der Gesellschaft oder gar einer Klage gezwungen sind, ist es sehr fraglich, ob die Bezeichnung „subsidiäre" Haftung hier nicht eher irreführend als zielführend ist.[609]

207 Umstritten ist der Inhalt der Haftung, dh ob die **Erfüllungs- oder Haftungstheorie** gilt bzw. ob diese Frage vom nationalen Recht entschieden werden sollte. Fraglich ist also, ob die Mitglieder für die Erfüllung von Verbindlichkeiten jeglicher Art einzustehen haben (Erfüllungstheorie) oder ob sie anstelle der Erfüllung Schadenersatz wegen Nichterfüllung leisten müssen (Haftungstheorie).[610] Für die Haftungstheorie werden vor allem praktische Erwägungen angeführt, der Wortlaut des Art. 24 II EWIV-VO, der zweimal explizit von „Zahlung" spricht sowie die Überlegungen der Delegationen im Rahmen des Gesetzgebungsprozesses.[611] Auch die Selbstständigkeit der EWIV gegenüber ihren Mitgliedern wird als Argument für die Haftungstheorie genannt.[612] Andere Stimmen in der Literatur bezweifeln, dass sich das Ergebnis aus dem Wortlaut oder auch der Subsidiarität der Haftung herleiten lässt und plädieren für eine Anwendung des nationalen Rechts.[613] Dafür ließe sich ggf. Art. 24 I 2 EWIV-VO anführen, der für die „Folgen"[614] der Haftung auf nationales Recht verweist.

208 Art. 24 I 2 EWIV-VO ergänzt allgemein, dass das mitgliedstaatliche Recht die Folgen der Haftung bestimmt. Umstritten ist, ob es sich hierbei um eine Sach- oder eine Gesamtnormverweisung handelt. Für eine **Sachnormverweisung** spricht, dass es sich um eine gesellschaftsrechtliche Fragestellung handelt, so dass zB in Deutschland direkt das Recht der OHG Anwendung finden sollte.[615] Andererseits verwendet die Vorschrift die Formulierung „einzelstaatliches Recht",[616] die generell auf eine **Gesamtnormverweisung** hindeutet (vgl. Rn. 20).[617] Die Annahme einer Gesamtnormverweisung könnte aufgrund der unterschiedlichen Nationalitäten der Mitglieder jedoch zu Problemen führen.[618] Im Ergebnis sollte daher – trotz des Begriffs „einzelstaatliches Recht" – von einer Sachnormverweisung ausgegangen werden. In der Literatur wird dieses Ergebnis teilweise auf anderem Wege, insbes. durch eine (sehr) extensive Auslegung und Anwendung des Art. 2 I EWIV-VO erzielt.[619] Durch die An-

---

604 *Manz* in: Selbherr/Manz (Hrsg.), Kommentar zur EWIV, 1995, Art. 24 Rn. 11.

605 *Burkhalter*, Die EWIV und ihre konzernrechtlichen Beziehungen, 1998, S. 120.

606 Vgl. auch *Cathiard*, La pratique du droit européen des sociétés, 2017, Rn. 689.

607 *Habersack/Verse*, Europäisches Gesellschaftsrecht, 2011, § 12 Rn. 31; *Lutter/Bayer/Schmidt*, Europäisches Unternehmens- und Kapitalmarktrecht, 2017, Rn. 44.75; *Manz* in: Selbherr/Manz (Hrsg.), Kommentar zur EWIV, Art. 24 Rn. 10; *Teichmann* in: MüHdB GesR, Bd. 6, 2013, § 48 Rn. 60. *van Gerven* in: van Gerven/Aalders (Hrsg.), European Economic Interest Groupings, 1990, S. 5, 35 erläutert, dass nicht zuvor alle Rechtsmittel ausgeschöpft werden müssen.

608 *Habersack/Verse*, Europäisches Gesellschaftsrecht, 2011, § 12 Rn. 31; vgl. auch *Keutgen* Cahiers de droit européen 1987, 492, 507.

609 *Roth* in: Baumbach/Hopt (Hrsg.), HGB, 2016, Anhang nach § 160 Rn. 45 formuliert umgekehrt, dass keine primäre Haftung besteht.

610 *Ganske*, Das Recht der EWIV, 1988, S. 64; *Manz* in: Selbherr/Manz (Hrsg.), Kommentar zur EWIV, 1995, Art. 24 Rn. 6; *Schwarz*, Europäisches Gesellschaftsrecht, 2000, Rn. 1064; *Scriba*, Die EWIV, 1987, S. 160.

611 Vgl. *Manz* in: Selbherr/Manz (Hrsg.), Kommentar zur EWIV, 1995, Art. 24 Rn. 7; *Schwarz*, Europäisches Gesellschaftsrecht, 2000, Rn. 1064; *Teichmann* in: MüHdB GesR, Bd. 6, 2013, § 48 Rn. 60; *Ganske*, Das Recht der EWIV, 1988, S. 64 f.; *Scriba*, Die EWIV, 1987, S. 160.

612 *Schwarz*, Europäisches Gesellschaftsrecht, 2000, Rn. 1064.

613 Vgl. *Habersack/Verse*, Europäisches Gesellschaftsrecht, § 12 Rn. 32; *Lutter/Bayer/Schmidt*, Europäisches Unternehmens- und Kapitalmarktrecht, 2017, Rn. 44.74.

614 Englisch: „consequences". Französisch: „conséquences". Spanisch: „consecuencias". Italienisch: „conseguenze". Niederländisch: „gevolgen". Polnisch: „skutki".

615 *Lutter/Bayer/Schmidt*, Europäisches Unternehmens- und Kapitalmarktrecht, 2017, Rn. 44.76. Für eine Gesamtnormverweisung *Manz* in: Selbherr/Manz (Hrsg.), Kommentar zur EWIV, 1995, Art. 24 Rn. 8.

616 Englischer Wortlaut: „national law". Französischer Wortlaut: „loi nationale". Spanischer Wortlaut: „ley nacional". Italienischer Wortlaut: „legge nazionale". Niederländischer Wortlaut: „nationale recht". Polnischer Wortlaut: „prawo krajowe".

617 Vgl. *van Gerven* in: van Gerven/Aalders (Hrsg.), European Economic Interest Groupings, 1990, S. 5, 35; *Cathiard*, La pratique du droit européen des sociétés, 2017, Rn. 690; *Hartard*, Die EWIV im deutschen, englischen und französischen Recht, 1991, S. 143.

618 Vgl. *Hartard*, Die EWIV im deutschen, englischen und französischen Recht, 1991, S. 143; *Woodland* Sem. Jur. Ed. Entreprise 1985, 281, 288, die sich für eine differenzierte Lösung aussprechen.

619 *Burkhalter*, Die EWIV und ihre konzernrechtlichen Beziehungen, 1998, S. 125 f. spricht sich für eine solche extensive Auslegung aus, sofern ein Bezug zum Innenverhältnis besteht und möchte in allen anderen Fällen die Regeln des IPR zur Anwendung kommen lassen.

wendung nationalen Rechts ist zB die Haftung eines Mitglieds einer deutschen EWIV akzessorisch zur Haftung der EWIV.[620]

Um das Haftungsrisiko zu begrenzen, können die juristischen und natürlichen Personen, die mithilfe der EWIV kooperieren möchten, **beschränkt haftende Tochtergesellschaften** einsetzen (zum persönlichen Anwendungsbereich der EWIV s. Rn. 129 ff.).[621] Die EWIV-Verordnung enthält keine Vorgabe, dass zumindest ein oder mehrere unbeschränkt haftende juristische oder natürliche Personen beteiligt sein müssen. Sind nur beschränkt haftende juristische Personen beteiligt, bedarf es auch **keiner** Kenntlichmachung dieses Umstands in der Firma (s. dazu Rn. 75 ff.).[622] 209

II. Haftung eintretender Mitglieder

Art. 26 II EWIV-VO beschäftigt sich mit der Haftung von eintretenden Mitgliedern. Danach haftet jedes neue Mitglied so **wie bereits vorhandene Mitglieder**, also gem. Art. 24 EWIV-VO (vgl. Art. 26 II 1 EWIV-VO). Das bedeutet, dass sie grundsätzlich auch für die Verbindlichkeiten einstehen müssen, die bereits vor ihrem Eintritt entstanden sind (vgl. Art. 26 II 1, 2. Hs. EWIV-VO). Auch wenn der Wortlaut von „neuen Mitgliedern" spricht, erstreckt sich die Vorschrift in ihrer Anwendung auch auf den Anteilserwerb.[623] 210

Es ist jedoch möglich, die Haftung des beitretenden Mitglieds zu **begrenzen**. Dadurch kann die EWIV verhindern, dass potenzielle neue Mitglieder vom Beitritt abgeschreckt werden.[624] Der Gründungsvertrag oder die Beitrittsvereinbarungen können festlegen, dass das neue Mitglied von der Haftung für Verbindlichkeiten, die vor seinem Eintritt entstanden sind, befreit wird (Art. 26 II 2 EWIV-VO). Der Wortlaut der Vorschrift bezieht sich nur auf generelle Ausschlüsse, dh auf alle Verbindlichkeiten, die vor dem Eintritt des neuen Mitglieds entstanden sind. Es wird daher vertreten, dass ein Haftungsausschluss nur für einige spezielle Verbindlichkeiten gegenüber Dritten nicht möglich ist.[625] Als „Weniger" eines Gesamtausschlusses könnte man allerdings auch das Gegenteil annehmen. Allerdings würde aus Sicht von Gläubigern eine größere Rechtssicherheit geschaffen, wenn nur ein genereller Ausschluss zulässig wäre. Aufgrund des Wortlauts der Vorschrift lässt sich Letzteres gut vertreten. Im Innenverhältnis könnte auch ein partieller Ausschluss Wirkung entfalten.[626] Für Gläubiger bedeutet diese Möglichkeit des Haftungsausschlusses, dass sie darauf besonders achten müssen. Einem unaufmerksamen Gläubiger mag diese Einschränkung leicht entgehen.[627] 211

Der Haftungsausschluss gilt grundsätzlich zunächst im **Innenverhältnis**, kann aber auch **Dritten** entgegengehalten werden, sofern die Begrenzung der Haftung ordnungsgemäß entsprechend Art. 8 EWIV-VO **bekannt gemacht wurde** (Art. 26 II 3 EWIV-VO). Die Wirkung nach außen überrascht zunächst, rechtfertigt sich aber damit, dass sich bei Bekanntgabe kein schützenswertes Vertrauen in einen neuen zusätzlichen Haftenden für die alte Verbindlichkeit entwickeln kann. Außerdem haftet das ausscheidende Mitglied weiter für die Verbindlichkeiten, die vor seinem Austritt entstanden sind (vgl. Rn. 213).[628] Ein Haftungsausschluss des neu eintretenden Mitglieds nach außen (nach innen herrscht Vertragsfreiheit) ist allerdings nur für solche Verbindlichkeiten möglich, die **vor dem Eintritt des Mitglieds** entstanden sind.[629] Der Zeitpunkt der Entstehung der Verbindlichkeit richtet sich nach dem auf sie anwendbaren Recht.[630] Insbesondere bei Dauerschuldverhältnissen entfaltet eine entsprechende Freizeichnungsklausel daher nur begrenzte Wirkung.[631] Ein weiterreichender Haftungsausschluss kann im Innenverhältnis in Form einer im Gründungsvertrag vereinbarten Verlustgestaltung erreicht werden (s. dazu Rn. 24 ff.). 212

620 *Habersack/Verse*, Europäisches Gesellschaftsrecht, 2011, § 12 Rn. 30; *Teichmann* in: MüHdB GesR, Bd. 6, 2013, § 48 Rn. 59.

621 *Müller-Gugenberger* in: Müller-Gugenberger/Schotthöfer (Hrsg.), Die EWIV in Europa, 1995, EU-Recht, Kap. IV Rn. 145; *Cathiard*, La pratique du droit européen des sociétés, 2017, Rn. 236.

622 *Lentner*, Das Gesellschaftsrecht der EWIV, 1994, S. 75; aA *Autenrieth* BB 1989, 305, 309; *Böhringer* BWNotZ 1990, 129, 130.

623 *Habersack/Verse*, Europäisches Gesellschaftsrecht, 2011, § 12 Rn. 33; *Teichmann* in: MüHdB GesR, Bd. 6, 2013, § 48 Rn. 62.

624 *Cathiard*, La pratique du droit européen des sociétés, 2017, Rn. 209.

625 Vgl. *van Gerven* in: van Gerven/Aalders (Hrsg.), European Economic Interest Groupings, 1990, S. 5, 36.

626 Vgl. *van Gerven* in: van Gerven/Aalders (Hrsg.), European Economic Interest Groupings, 1990, S. 5, 36.

627 Ähnlich *Cathiard*, La pratique du droit européen des sociétés, 2017, Rn. 209.

628 Vgl. *Vichatzky* RTDEur 1990, 275, 302.

629 *Manz* in: Selbherr/Manz (Hrsg.), Kommentar zur EWIV, 1995, Art. 26 Rn. 6; *Habersack/Verse*, Europäisches Gesellschaftsrecht, 2011, § 12 Rn. 34: *Döring*, Grenzüberschreitende wirtschaftliche Zusammenarbeit in Europa, 1993, S. 57.

630 *Manz* in: Selbherr/Manz (Hrsg.), Kommentar zur EWIV, 1995, Art. 26 Rn. 6; *Scriba*, Die EWIV, 1987, S. 164.

631 *Habersack/Verse*, Europäisches Gesellschaftsrecht, 2011, § 12 Rn. 34.

III. Haftung des ausscheidenden Mitglieds

213 Korrespondierend zur Haftung neuer Mitglieder ist die **Haftung ausscheidender Mitglieder** zu diskutieren. Geregelt ist dieser Aspekt in Art. 34 EWIV-VO. Die Vorschrift befasst sich allein mit der Haftung im **Außenverhältnis**. Sie sieht vor, dass das ausscheidende Mitglied gem. Art. 24 EWIV-VO für die Verbindlichkeiten haftet, „die sich aus der Tätigkeit der Vereinigung vor seinem Ausscheiden ergeben".[632] Das ausscheidende Mitglied wird daher nicht von der bis dahin begründeten Haftung frei, unabhängig davon, ob es ersatzlos aus der EWIV ausscheidet oder seinen Anteil überträgt.[633] Die Nachhaftung besteht nicht nur für im Zeitpunkt des Austritts fällige Forderungen, sondern auch für solche, deren Rechtsgrund zu diesem Zeitpunkt gelegt war, die aber erst nach dem Ausscheiden fällig werden, einschließlich Verbindlichkeiten aus Dauerschuldverhältnissen.[634] Darauf deutet der weite Wortlaut hin. Art. 37 I EWIV-VO schreibt eine fünfjährige Frist für Ansprüche gegen das ausscheidende Mitglied vor. Das nationale Recht kann auch eine kürzere Frist bestimmen, jedoch keine längere.[635] Die Verordnung möchte so einen Ausgleich zwischen dem Interesse der Gläubiger und dem Interesse des ausscheidenden Mitglieds schaffen. Letzterer hat nach seinem Ausscheiden keinen Einfluss mehr auf die Entwicklung der EWIV und profitiert auch nicht mehr von der Kooperation sowie eventuell anfallenden Gewinnen.[636] Bei Dauerschuldverhältnissen wird für die Verjährung vertreten, dass die Frist erst mit Entstehung des Anspruchs zu laufen beginnt, so dass insofern die Gefahr einer Endloshaftung besteht.[637]

N. Mitgliederwechsel

I. Allgemeines

214 Bezogen auf die Veränderung des Mitgliederbestandes zeigt sich der **personalistische Charakter** der EWIV (vgl. dazu 31)[638] vor allem daran, dass eine Veränderung regelmäßig die **Zustimmung aller Mitglieder** voraussetzt.[639] Diese Einschränkung bzgl. Änderungen des Mitgliederbestandes ist dem Charakter der EWIV als sog geschlossene Gesellschaft geschuldet.[640] Aus französischer Perspektive lässt sich insofern vom *intuitu personae*-Grundsatz sprechen (dazu näher unter § 13 Rn. 78, 121, 176).[641] Die personalistische Struktur bei der EWIV beruht auf dem Gedanken, dass die Mitglieder, die einer nicht lediglich unbeschränkten, sondern auch gesamtschuldnerischen Haftung ausgesetzt sind, über die Veränderung der personellen Besetzung des Mitgliederkreises entscheiden sollen.[642] Mit dem Mitgliederwechsel verbundene strukturelle Risiken sollen so durch die Mitglieder besser kontrolliert werden können und Dritten soll dadurch Stabilität signalisiert werden.[643]

215 Im Einzelfall ist bezüglich des Zustimmungserfordernisses jedoch zwischen den verschiedenen Formen des Mitgliederwechsels zu unterscheiden. Problematisch ist insofern, dass der Wortlaut der verschiedenen Vorschriften

632 Art. 34 EWIV-VO. Englisch: „arising out of the grouping's activities before he ceased to be a member". Französisch: „découlant de l'activité du groupement antérieure à la cessation de sa qualité de membre". Spanisch: „derivadas de la actividad de la agrupación anterior a su cese en su condición de miembro". Italienisch: „derivanti dall'attività del gruppo anteriore alla cessazione della sua qualità di membro". Niederländisch: „die voortvloeien uit de werkzaamheid van het samenwerkingsverband vóór de beëindiging van zijn lidmaatschap". Polnisch: „wynikające z działalności ugrupowania przed ustaniem członkostwa".

633 *Habersack/Verse*, Europäisches Gesellschaftsrecht, 2011, § 12 Rn. 35.

634 *Scriba*, Die EWIV, 1987, S. 164; *Habersack/Verse*, Europäisches Gesellschaftsrecht, 2011, § 12 Rn. 36. Ähnlich auch *van Gerven* in: van Gerven/Aalders (Hrsg.), European Economic Interest Groupings, 1990, S. 5, 36.

635 *Teichmann* in: MüHdB GesR, Bd. 6, 2013, § 48 Rn. 63; *Ganske*, Das Recht der EWIV, 1988, S. 66; *Manz* in: Selbherr/Manz (Hrsg.), Kommentar zur EWIV, 1995, Art. 37 Rn. 3.

636 *Habersack/Verse*, Europäisches Gesellschaftsrecht, 2011, § 12 Rn. 35.

637 *Habersack/Verse*, Europäisches Gesellschaftsrecht, 2011, § 12 Rn. 36. *Scriba*, Die EWIV, 1987, S. 165 geht davon aus, dass die Verjährungsfrist unabhängig vom Fälligkeitszeitpunkt der Verbindlichkeit zu laufen beginnt. *Hartard*, Die EWIV im deutschen, englischen und französischen Recht, 1991, S. 156 ff. hingegen sieht für die Thematik von Dauerschuldverhältnissen im Rahmen der EWIV eine Regelungslücke in der Verordnung und verweist auf die Anwendung nationalstaatlichen Rechts.

638 Europäische Kommission, Mitteilung – Beteiligung von Europäischen Wirtschaftlichen Interessenvereinigungen (EWIV) an öffentlichen Aufträgen und öffentlich finanzierten Programmen, 97/C 285/19; *Teichmann* in: MüHdB GesR, Bd. 6, 2013, § 48 Rn. 43.

639 Europäische Kommission, Mitteilung – Beteiligung von Europäischen Wirtschaftlichen Interessenvereinigungen (EWIV) an öffentlichen Aufträgen und öffentlich finanzierten Programmen, 97/C 285/19 f.; *Teichmann* in: MüHdB GesR, Bd. 6, 2013, § 48 Rn. 43.

640 Vgl. *Lutter/Bayer/Schmidt*, Europäisches Unternehmens- und Kapitalmarktrecht, 2017, Rn. 44.65; *Dine* Co Law 13 (1992) 10, 15.

641 *Woodland* Sem. Jur. Ed. Entreprise 1985, 281, 286; *Vichatzky* RTDEur 1990, 275, 292; *Cathiard*, La pratique du droit européen des sociétés, 2017, Rn. 207 f. Bereits der Kommissionsentwurf sprach vom intuitus personae Charakters des Gründungsvertrags, s. Erwägungsgrund 15 EWIV-VO-KOM.

642 Vgl. auch *Keutgen* Cahiers de droit européen 1987, 492, 508.

643 Europäische Kommission, Mitteilung – Beteiligung von Europäischen Wirtschaftlichen Interessenvereinigungen (EWIV) an öffentlichen Aufträgen und öffentlich finanzierten Programmen, 97/C 285/20.

hier womöglich kein in sich stimmiges System vorgibt. Mit Blick auf die Übertragung der Mitgliedschaft (vgl. Art. 22 I EWIV-VO) scheint der Vorgang zwingend die Zustimmung aller Mitglieder vorauszusetzen, unabhängig davon, ob an einen Dritten oder ein anderes Mitglied bzw. an Verwandte übertragen wird. Gleiches gilt dann wohl auch für die Aufnahme neuer Mitglieder (Art. 26 I EWIV-VO). Im Todesfall kann dagegen der Gründungsvertrag auch vorsehen, dass der Erbe ohne Zustimmung in die Vereinigung eintritt (Art. 28 II EWIV-VO). Im Fall der Kündigung ohne wichtigen Grund besteht ebenfalls ein großer Gestaltungsspielraum (Art. 27 I 1 EWIV-VO). Nun ließe sich zwar argumentieren, dass der Tod im Gegensatz zur Übertragung unfreiwillig eintritt und daher privilegiert werden sollte. Aus Sicht der verbleibenden Mitglieder macht es allerdings keinen Unterschied, ob ein neues Mitglied aufgrund des Todes des alten oder durch Übertragung eintritt. Eine Kündigung ohne wichtigen Grund erfolgt zudem ebenfalls freiwillig, dennoch besteht hier ein Gestaltungsspielraum. Das eine Kündigung zu Verlusten für das kündigende Mitglied führen kann, stellt kein Argument dar, da dies ebenso bei der Übertragung der Fall sein kann.

Nicht eindeutig ist somit im Ergebnis, ob das Einstimmigkeitserfordernis bezüglich der Übertragung der Mitgliedschaft und Aufnahme neuer Mitglieder tatsächlich zwingend ist,[644] oder ob die Mitglieder auch geringere Anforderungen stellen dürfen. Daneben wird vertreten, dass es einer Zustimmung nicht bedarf, wenn der Gründungsvertrag vorgibt, dass die Mitgliedschaft frei übertragen werden kann.[645] Letztere Ansicht trennt zwischen der Regelungsmöglichkeit im Gründungsvertrag bzgl. der Frage, ob überhaupt ein Beschluss zu erfolgen hat und solchen Regelungen, die Mehrheitserfordernisse festlegen. Der Wortlaut der Verordnung spricht nicht direkt gegen eine entsprechende Interpretation. Wertungstechnisch stellt sich allerdings die Frage, warum die Mitglieder ganz auf ein Zustimmungserfordernis verzichten können sollten, aber gleichzeitig nicht die Einstimmigkeit abbedingen dürfen, sofern ein Zustimmungserfordernis gegeben ist. Als mildere Ausgestaltung sollte dies dann auch möglich sein. Dies wiederum stößt auf die im Folgenden zu erörternden Probleme. 216

Gegen die Annahme der Dispositivität von Art. 22 I EWIV-VO und Art. 26 I EWIV-VO spricht zunächst, dass die Vorschrift diese nicht explizit zum Ausdruck bringt. Darüber hinaus zeigt auch die in der Verordnung verwendete Regelungstechnik, dass ein zwingender Charakter naheliegt. Denn möchte die Verordnung die Dispositivität zum Ausdruck bringen, so verwendet sie oftmals die Formulierung „es sei denn, daß der Gründungsvertrag etwas Anderes bestimmt“. Eine entsprechende Passage enthält Art. 22 I EWIV-VO nicht. Aus Art. 27 I EWIV-VO zur Kündigung der Mitgliedschaft lässt sich dagegen schwerer ein Argument für den zwingenden Charakter von Art. 22 I EWIV-VO und Art. 26 I EWIV-VO ziehen, denn die Vorschrift legt die Satzungsgestaltungsfreiheit als Ausgangspunkt fest. Ein Einstimmigkeitserfordernis ergibt sich nur aus einer Nichtregelung. Ein starkes Argument für den zwingenden Charakter von Art. 22 I EWIV-VO und Art. 26 I EWIV-VO liefert Art. 17 III EWIV-VO, der regelt, dass die Mitglieder nur dann geringere Anforderungen an die Beschlussmehrheiten stellen dürfen, wenn die Verordnung nicht die Einstimmigkeit vorgibt. Ein solches Einstimmigkeitsgebot findet sich jedoch gerade in den entsprechenden Vorschriften. Allein Art. 17 II lit. g) EWIV-VO könnte für die Dispositivität sprechen. Danach sind Beschlüsse, die zu einer Änderung des Gründungsvertrags führen einstimmig zu fassen, es sei denn der Gründungsvertrag bestimmt etwas anderes. Eine Gründungsvertragsänderung liegt bei jeder Übertragung der Mitgliedschaft und der Aufnahme neuer Mitglieder vor, da Angaben zu den Personen zwingend im Gründungsvertrag zu machen sind (Teil der Mindestangaben vgl. Art. 5 lit. d) EWIV-VO). Formal erfasst die Regelung daher auch den Mitgliederwechsel. Es könnte jedoch sein, dass der Verordnungsgeber nicht im Blick hatte, dass ein Mitgliederwechsel auch gleichzeitig eine Gründungsvertragsänderung darstellt. Der zwingende Charakter der Vorschrift kann nach hier vertretener Ansicht jedenfalls nicht aus der Voraussetzung des Fördergedankens der EWIV hergleitet werden. Denn der Beitritt neuer Mitglieder führt nicht automatisch zur Zweckänderung.[646] Vielmehr können nur Personen beitreten, die vom Zweck der EWIV profitieren können. Ist ihnen dies nicht möglich, so muss die EWIV zunächst ihren Zweck ändern, bevor die Personen beitreten können. Der personalistische Charakter der EWIV (dazu Rn. 31) spricht zwar für Übertragungsbeschränkungen, aber nicht zwingend für ein Einstimmigkeitserfordernis. Im Ergebnis sprechen wohl die etwas besseren Argumente für einen zwingenden Charakter der Norm, was nach hier vertretener Ansicht allerdings zu Unstimmigkeiten, vor allem mit Blick auf den Übergang im Todesfall führt. 217

Weiteres zentrales Thema beim Mitgliederwechsel sind die **Publikationspflichten** und damit zusammenhängend die **Haftung gegenüber Dritten** (zur Haftung siehe näher unter Rn. 204 ff.). Dabei geht es um die Frage, für welche Verbindlichkeiten ein ausscheidendes Mitglied noch haftet und welche Verbindlichkeiten das ausscheidende 218

644 Dafür *Teichmann* in: MüHdB GesR, Bd. 6, 2013 § 48 Rn. 45 f.; *Grundmann*, Europäisches Gesellschaftsrecht, 2011, Rn. 1116; *Ganske*, Das Recht der EWIV, 1988, S. 55; *Manz* in: Selbherr/Manz (Hrsg.), Kommentar zur EWIV, 1995, Art. 22 Rn. 13 und 26 Rn. 1; *Rinze*, Die Europäische wirtschaftliche Interessenvereinigung im Unternehmensverbund, 1996, S. 94; *Anderson*, European Economic Interest Groupings, 1990, S. 119 zur Aufnahme neuer Mitglieder; aA *Habersack/Verse*, Europäisches Gesellschaftsrecht, 2011, § 12 Rn. 23. Zu seiner Ansicht sogleich im Folgenden.

645 So *Habersack/Verse*, Europäisches Gesellschaftsrecht, 2011, § 12 Rn. 23 mit Blick auf die Übertragung der Mitgliedschaft; *Meyer-Landrut* RIW 1986, 107, 109 f.

646 So *Teichmann* in: MüHdB GesR, Bd. 6, 2013, § 48 Rn. 45.

Mitglied nicht mehr betreffen. Umgekehrt ist zu klären, für welche Verbindlichkeiten ein neues Mitglied einstehen muss und für welche ggf. nicht.

II. Übertragung der Mitgliedschaft

219 Die Übertragung der Mitgliedschaft an ein anderes Mitglied oder Dritte ist möglich, bedarf aber der **Zustimmung aller anderen Mitglieder** unabhängig davon, an wen die Mitgliedschaft übertragen werden soll (Art. 22 I EWIV-VO, zum Streit um die Dispositivität s. Rn. 217). Diese Einschränkung der Übertragbarkeit ist dem Charakter der EWIV als geschlossene Gesellschaft geschuldet.[647] Art. 22 I EWIV-VO erörtert nicht näher, was passiert, wenn die Zustimmung verweigert wird. Die Verordnung gewährt ihm nicht das Recht zB zu verlangen, dass sein Anteil eingezogen und er entsprechend ausgezahlt wird.[648] Das Mitglied, das seine Mitgliedschaft übertragen möchte, könnte zB einen anderen Interessenten finden und erneut um die Zustimmung bitten.[649] Daneben ist eine Kündigung mit oder ohne wichtigen Grund uU möglich (s. dazu Rn. 215). Ein wichtiger Grund liegt aber nicht allein aufgrund der nicht gewährten Zustimmung vor.[650]

220 Im Fall der Übertragung einigen sich Veräußerer und Erwerber auf einen ggf. zu zahlenden Kaufpreis. Der Bestimmung eines Auseinandersetzungsguthabens bedarf es hier nicht. Eine Übertragung der Mitgliedschaft bedingt grundsätzlich eine **Änderung des Gründungsvertrags** gem. Art. 5 lit. d) EWIV-VO,[651] da dadurch ein neues Mitglied in die Vereinigung eintritt, während ein altes ausscheidet. Letzteres ist zumindest im Fall einer Vollübertragung gegeben.[652] Der Mitgliederwechsel führt zu **Publizitätspflichten** gem. Art. 7 und 8 EWIV-VO (s. zu Publizitätspflichten näher unter 116 ff.).[653] Die Übertragung ist grundsätzlich **formfrei** möglich.[654] Neben der vollständigen Übertragung der Mitgliedschaft ist es Mitgliedern auch gestattet, die Beteiligung **„teilweise"**[655] abzutreten. In diesem Fall tritt ein neues Mitglied ein (sofern nicht an ein bereits vorhandenes Mitglied übertragen wird), aber das übertragende Mitglied scheidet nicht aus. Die Verordnung führt nicht aus, was genau unter „teilweise" zu verstehen ist. Der französische GIE enthält keine entsprechende Regelung, so dass das französische Recht hier nicht als Inspiration für die Auslegung dienen kann. Drei verschiedene Interpretationsmöglichkeiten sind vorstellbar:[656]

(1) Zum einen könnte die teilweise Abtretung einen **Bruchteil** der Beteiligung (zB 1/8) betreffen, womit nach der Abtretung immer noch nur eine Mitgliedschaft bestünde, aber mit mehreren **Bruchteilseigentümern.**[657]
(2) Die zweite Möglichkeit wäre die Vollübertragung eines mit der Mitgliedschaft verbundenen Rechts, also die Abspaltung eines Rechtes.[658]
(3) Die letzte Möglichkeit ist, dass durch Übertragung ein neues (vollständiges) Mitgliedschaftsrecht entsteht, womit die teilweise Übertragung der Aufnahme eines neuen Mitglieds in ihrer Wirkung entsprechen würde.[659]

221 Im Ergebnis erscheint die erste Auffassung (Bruchteil) vorzugswürdig. Die **Bruchteilsgemeinschaft** kann dann zB das Stimmrecht nur gemeinsam gegenüber der Vereinigung ausüben. Der Vorbehalt der Zustimmung der anderen Mitglieder erscheint auch hier sinnvoll, da so im Ergebnis mehrere Personen bei der Abstimmung koordiniert werden müssen (und sei es auch nur im Innenverhältnis der Bruchteilsgemeinschaft). Gerade bei einstimmig zu fassenden Beschlüssen kann dies Auswirkungen haben.

647 Vgl. *Lutter/Bayer/Schmidt*, Europäisches Unternehmens- und Kapitalmarktrecht, 2017, Rn. 44.65; *Dine* Co Law 13 (1992) 10, 15; *Cathiard*, La pratique du droit européen des sociétés, 2017, Rn. 211.
648 *Cathiard*, La pratique du droit européen des sociétés, 2017, Rn. 225.
649 Vgl. *Vichatzky* RTDEur 1990, 275, 300.
650 *Cathiard*, La pratique du droit européen des sociétés, 2017, Rn. 225.
651 *Manz* in: Selbherr/Manz (Hrsg.), Kommentar zur EWIV, 1995, Art. 22 Rn. 3.
652 Vgl. *Rinze*, Die Europäische wirtschaftliche Interessenvereinigung im Unternehmensverbund, 1996, S. 94.
653 *von Rechenberg* in: von der Heydt/von Rechenberg (Hrsg.), Die EWIV, 1991, S. 84 f.
654 *Manz* in: Selbherr/Manz (Hrsg.), Kommentar zur EWIV, 1995, Art. 22 Rn. 7; *Lutter/Bayer/Schmidt*, Europäisches Unternehmens- und Kapitalmarktrecht, 2017, Rn. 44.65; aA *Rinze*, Die Europäische wirtschaftliche Interessenvereinigung im Unternehmensverbund, 1996, S. 94. Der Autor geht von einem Schriftformerfordernis aus.
655 Die deutsche Fassung spricht von „teilweise", während die englische die Formulierung „a proportion thereof" verwendet. Die französische Fassung verwendet die Bezeichnung „une fraction de celle-ci" und die spanische Fassung „una fracción de ésta". Die niederländische Fassung formuliert es so: „gedeelte daarvan"; die Polnische wiederum so: „część udziału".
656 *von Rechenberg* ZGR 1992, 299, 307 nennt Nr. 2 und 3 als Interpretationsmöglichkeiten.
657 Dafür *Teichmann* in: MüHdB GesR, Bd. 6, 2013, § 48 Rn. 46.
658 Dafür, dass dies auch zulässig ist: *Lutter/Bayer/Schmidt*, Europäisches Unternehmens- und Kapitalmarktrecht, 2017, Rn. 44.65; aA *Teichmann* in: MüHdB GesR, Bd. 6, 2013, § 48 Rn. 46; *van Gerven* in: van Gerven/Aalders (Hrsg.), European Economic Interest Groupings, 1990, S. 5, 37.
659 Dafür *Manz* in: Selbherr/Manz (Hrsg.), Kommentar zur EWIV, 1995, Art. 22 Rn. 9; wohl auch *van Gerven* in: van Gerven/Aalders (Hrsg.), European Economic Interest Groupings, 1990, S. 5, 37 f.

Unter den Voraussetzungen des Art. 22 II EWIV-VO kann ein Mitglied der EWIV an seiner Beteiligung auch eine **Sicherheit bestellen.** Grundsätzlich ist für die Bestellung einer Sicherheit die einstimmige **Zustimmung** der übrigen Mitglieder notwendig (Art. 22 II 1 EWIV-VO). Allerdings kann das Erfordernis der Einstimmigkeit im Gründungsvertrag abbedungen werden (Art. 22 II 1 EWIV-VO). Art. 22 II 2 EWIV-VO stellt jedoch klar, dass der Sicherungsnehmer „zu keinem Zeitpunkt aufgrund dieser Sicherheit Mitglied der Vereinigung werden" kann. Die Sicherung bezieht sich allein auf Vermögensrechte aus dem Anteil (wobei bedacht werden sollte, dass die EWIV keine Gewinnerzielungsabsicht verfolgen darf, dazu Rn. 47). Denn das Stimmrecht kann dem Mitglied nicht entzogen werden (Art. 17 I 2 EWIV-VO). Das gilt auch für Auskunfts- und Einsichtsrechte nach Art. 18 EWIV-VO.[660] 222

Neben der Bestellung einer Sicherheit an der Beteiligung besteht für die Mitglieder auch die Möglichkeit der **Verpfändung von Beteiligungen** sowie der **Bestellung eines Nießbrauchs** mit Einräumung ausschließlich des Gewinnbezugsrechts (zum Verbot der Gewinnerzielungsabsicht Rn. 47).[661] 223

III. Ausscheiden eines Mitglieds

Artt. 27 und 28 EWIV-VO sehen eine Reihe von Gründen für das ersatzlose Ausscheiden eines Mitglieds vor: 224

- **Kündigung** der Mitgliedschaft (Art. 27 I EWIV-VO);
- **Ausschluss** eines Mitglieds **aus wichtigem Grund** (Art. 27 I EWIV-VO);
- **Ausschluss** eines Mitglieds **aus den im Gründungsvertrag genannten Gründen** (Art. 27 II EWIV-VO);
- **Ausscheiden von Todes wegen** (Art. 28 I 1 EWIV-VO);
- **Ausscheiden wegen Nichterfüllung der Anforderungen des Art. 4 I EWIV-VO** (Art. 28 I 1 EWIV-VO) und
- **Ausscheiden** eines Mitglieds, falls der **Mitgliedstaat** von der **Option** in Art. 28 I 2 EWIV-VO Gebrauch macht.

1. Kündigung

Eine Kündigung der Mitgliedschaft ist in zwei Fällen möglich: 225

- Eine **Kündigung aus wichtigem Grund** durch ein Mitglied ist jederzeit möglich (Art. 27 I 2 EWIV-VO). Eine bestimmte Frist ist hier grundsätzlich nicht einzuhalten.[662] Die Vorgabe ist zwingend und kann nicht durch andere Vereinbarungen im Gründungsvertrag eingeschränkt werden.[663] Eine Kündigung aus wichtigem Grund kann zB dann erfolgen, wenn das Vertrauensverhältnis zu den anderen Mitgliedern nachhaltig und grundlegend gestört ist.[664]
- Eine **Kündigung ohne wichtigen Grund** ist immer dann möglich, wenn dem Ausscheiden alle übrigen Mitglieder zustimmen (Art. 27 I 2 EWIV-VO). Die Vorgabe ist allerdings dispositiv. Die Mitglieder können die Kündigung insgesamt näher im Gründungsvertrag ausgestalten.[665] Sie können daher zum Beispiel auch festlegen, dass ein Mitglied die Mitgliedschaft kündigen darf, sofern die Mitglieder einer Übertragung der Mitgliedschaft nicht zugestimmt haben. Ebenfalls möglich sind Klauseln, die besagen, dass im Fall eines Eigentümerwechsels bzw. eines Kontrollwechsels auf Ebene des Mitglieds (change of owner oder auch change of control), diesem Mitglied ein Kündigungsrecht zusteht.[666] Für natürliche Personen kann es sich anbieten, dass diesen ab einem bestimmten Alter ein Kündigungsrecht zusteht,[667] damit sie ab diesem Zeitpunkt ihre wirtschaftlichen Aktivitäten reduzieren können. Der Gründungsvertrag kann neben Austrittsgründen und der Frage der Zustimmungspflicht der übrigen Mitglieder auch weitere Aspekte, wie zB Fristen für die Kündigung, regeln.

2. Ausschluss

Der Ausschluss eines Mitglieds bedarf grundsätzlich einer **Gerichtsentscheidung**, die aufgrund eines **gemeinsamen Antrags** der Mehrheit der Mitglieder ergeht (Art. 27 II 2 EWIV-VO). Allerdings können die Mitglieder im 226

---

660 *Manz* in: Selbherr/Manz (Hrsg.), Kommentar zur EWIV, 1995, Art. 22 Rn. 9.
661 *Hartard*, Die EWIV im deutschen, englischen und französischen Recht, 1991, 74 f.; *Scriba*, Die EWIV, 1987, S. 116 f.
662 *Manz* in: Selbherr/Manz (Hrsg.), Kommentar zur EWIV, 1995, Art. 27 Rn. 18.
663 *Meyer-Landrut*, Die EWIV, 1988, S. 100 ff.; *Manz* in: Selbherr/Manz (Hrsg.), Kommentar zur EWIV, 1995, Art. 27 Rn. 8; *von Rechenberg* in: von der Heydt/von Rechenberg (Hrsg.), Die EWIV, 1991, S. 91.
664 *Manz* in: Selbherr/Manz (Hrsg.), Kommentar zur EWIV, 1995, Art. 27 Rn. 8.
665 Zur ordentliche Kündigung: *Meyer-Landrut*, Die EWIV, 1988, S. 101; *Jahn*, Die gemeinschaftlich handelnden Mitglieder einer deutschen EWIV, 1996, S. 76.
666 Vgl. *Anderson*, European Economic Interest Groupings, 1990, S. 57.
667 Vgl. *Anderson*, European Economic Interest Groupings, 1990, S. 57.

Gründungsvertrag auch festlegen, dass der Ausschluss durch Beschluss erfolgen kann (Art. 27 II 2 EWIV-VO),[668] dh ohne die Involvierung eines Gerichts.

227 Ein Ausschluss stellt die schwerwiegendste Sanktion für ein Mitglied dar und ist daher als **ultima ratio** nur zulässig, wenn der Fortbestand der EWIV durch das Mitglied gefährdet würde bzw. schweren Schaden nimmt bzw. nehmen würde.[669] Art. 27 II 1 EWIV-VO schreibt daher vor, dass ein Ausschluss nur bei **groben Pflichtverletzungen** in Betracht kommt bzw. immer dann, wenn ein Mitglied **„schwere Störungen** der Arbeit der Vereinigung verursacht oder zu verursachen droht". Der Pflichtverstoß bzw. die Störungen müssen also ein erhebliches Gewicht haben.[670] Aus der Tatsache, dass Art. 27 II 1 EWIV-VO neben Pflichtverletzungen schwere Störungen als Grund anführt, lässt sich schließen, dass ein Ausschluss auch möglich ist, wenn ein Mitglied keine Pflichten verletzt hat, den Fortbestand der Vereinigung jedoch aus anderen Gründen gefährdet.[671] Grundsätzlich werden in der Verordnung verwendete Begriffe europäisch-autonom ausgelegt (zur europäisch-autonomen Auslegung § 2 Rn. 80 ff.). Die Verordnung konkretisiert einige Mitgliedschaftspflichten. Ob subsidiär noch nationales Recht eingreift ist umstritten (s. zB zur Treuepflicht Rn. 149). Was unter einer „groben Pflichtverletzung" bzw. „schweren Störung" zu verstehen ist, müsste im Ergebnis nach hier vertretener Ansicht europäisch-autonom zu bestimmen sein.[672]

228 Die Mitglieder können zudem **weitere Ausschlussgründe im Gründungsvertrag** vorsehen (Art. 27 II 1 EWIV-VO). Die Ausschlussgründe müssen sich nicht auf Pflichtverletzungen oder ein irgend geartetes Fehlverhalten stützen, sondern können beispielsweise mit dem Zweck der EWIV verbunden sein (Ausschluss, wenn ein Mitglied einen bestimmten Beruf nicht mehr ausübt etc).[673] Auch ein Ausschluss aufgrund strafrechtlicher Verurteilungen kommt in Frage.[674] Obgleich die Mitglieder hier einen großen Gestaltungsspielraum besitzen, sollte überlegt werden, ob dieser nicht irgendwo seine Grenzen findet. Die Verordnung beschäftigt sich damit nicht explizit, aber die personalistische Struktur und die Schwere der Konsequenzen könnten für **gewisse Grenzen** sprechen. Besonders problematisch erscheint zB ein Ausschluss aufgrund einer Ermessensentscheidung oder lediglich durch Mehrheitsbeschluss ohne sachlichen Grund (sog **willkürliche Hinauskündigung**).[675] Wobei in diesem Zusammenhang nicht eindeutig ist, ob eine entsprechende Beschränkung aus der Verordnung hergeleitet werden müsste oder ob insofern nationales Recht subsidiär gem. Art. 2 I EWIV-VO zur Anwendung kommen kann. Auch allgemeine, nationale zivilrechtliche Regelungen (wie zB § 138 BGB) könnten maßgeblich sein. Da Art. 27 II 1 EWIV-VO diesen Aspekt grundsätzlich regelt, käme hier höchstens eine Teilregelung in Betracht, die jedoch schwer nachzuweisen ist. Hinzu käme die Frage, ob dieser Aspekt zur inneren Verfassung gem. Art. 2 I EWIV-VO zählt. Im Ergebnis wird hier dafür plädiert, die Grenzen aus der Verordnung herzuleiten. Eventuell könnte dies aus dem übergeordneten Prinzip der personalistischen Struktur der EWIV geschehen. Dazu könnte gehören, dass keines der Mitglieder unter dem ständigen Druck der Möglichkeit der willkürlichen Hinauskündigung stehen darf, denn ein solches Mitglied ist kaum in der Lage, unvoreingenommen entsprechend den Interessen der Gesellschaft zu handeln. Eindeutig lässt sich eine Beschränkung der Gestaltungsfreiheit jedoch aus der Verordnung nicht herleiten, so dass sich auch gut vertreten ließe, dass insofern keine Grenzen bestehen.

229 Grundsätzlich gilt auch für vertragliche Ausschlussgründe, dass es einer **Gerichtsentscheidung** für den Ausschluss bedarf. Der Gründungsvertrag kann allerdings eine Entscheidung durch **Beschluss** vorsehen.[676] Im Fall einer gerichtlichen Klärung muss der Antrag durch die Mehrheit der übrigen Mitglieder erfolgen (Art. 27 II 2 EWIV-VO). Die Mehrheit wird also unter Herausrechnung des Mitglieds berechnet, welches ausgeschlossen werden soll.

---

668 Zur Möglichkeit im Gründungsvertrag anderweitige Bestimmungen zu treffen *Weber-Rey* ICCLR 4 (1993) 183, 185. Gemäß *Meyer-Landrut*, Die EWIV, 1988, S. 105 muss der Mitgliederbeschluss auch nicht zwingend einstimmig sein.

669 Vgl. *Manz* in: Selbherr/Manz (Hrsg.), Kommentar zur EWIV, 1995, Art. 27 Rn. 20; *Teichmann* in: MüHdB GesR, Bd. 6, 2013, § 48 Rn. 50.

670 *Manz* in: Selbherr/Manz (Hrsg.), Kommentar zur EWIV, 1995, Art. 27 Rn. 21. *Anderson*, European Economic Interest Groupings, 1990, S. 55 nimmt an, dass die Vorschrift so weit gefasst ist, dass praktisch jedes pflichtwidrige Verhalten einen Ausschlussgrund darstellt.

671 *Vichatzky* RTDEur 1990, 275, 293.

672 AA *Meyer-Landrut*, Die EWIV, 1988, S. 102 f.; *Jahn*, Die gemeinschaftlich handelnden Mitglieder einer deutschen EWIV, 1997, S. 79.

673 Vgl. *Manz* in: Selbherr/Manz (Hrsg.), Kommentar zur EWIV, 1995, Art. 27 Rn. 24; *Meyer-Landrut*, Die EWIV, 1988, S. 104.

674 Vgl. *Anderson*, European Economic Interest Groupings, 1990, S. 55.

675 *von Rechenberg* in: von der Heydt/von Rechenberg (Hrsg.), Die EWIV, 1991, S. 93; *Manz* in: Selbherr/Manz (Hrsg.), Kommentar zur EWIV, 1995, Art. 27 Rn. 24. *Meyer-Landrut*, Die EWIV, 1988, S. 104 f. sieht in einer Abfindung und der Vertragsfreiheit grds. einen hinreichenden Ausgleich zur Kündigung ohne wichtigen Grund, leitet aber einen gewissen Schutz aus der Treuepflicht her. *Cathiard*, La pratique du droit européen des sociétés, 2017, Rn. 217 spricht sich gegen eine Kündigung ohne wichtigen Grund aus, denn die Involvierung des Gerichts spräche dafür, dass das Gericht nicht jegliche freie Hinauskündigungsklausel akzeptieren müsse.

676 *Manz* in: Selbherr/Manz (Hrsg.), Kommentar zur EWIV, 1995, Art. 27 Rn. 25.

3. Tod des Mitglieds

Natürliche Personen **scheiden** durch ihren **Tod automatisch** aus der EWIV **aus** (Art. 28 I 1 EWIV-VO). Die Mitgliedschaft geht nicht auf die Erben über (Art. 28 II EWIV-VO). Der Gründungsvertrag kann jedoch etwas anderes vorsehen bzw. die Mitglieder können einstimmig entscheiden, den Erben in die EWIV aufzunehmen (Art. 28 II EWIV-VO). In diesem Fall bedingt dann der Tod eines Mitglieds sowohl das Ausscheiden desselben als auch den Eintritt des Erben in die EWIV. Der Tod eines Mitglieds führt grundsätzlich **nicht zur Auflösung** der EWIV (vgl. Art. 30 EWIV-VO).[677] Der Gründungsvertrag kann allerdings etwas anderes vorsehen (vgl. Art. 30 EWIV-VO). 230

Bei juristischen Personen führt die **Auflösung** zum Ausscheiden aus der EWIV.[678] Nicht explizit von der Verordnung erfasst sind dagegen **Gesamtrechtsnachfolgen** im Rahmen einer Verschmelzung oder Spaltung.[679] In diesem Zusammenhang gibt es Konstellationen, in denen sich die Gesellschaft, die Mitglied der EWIV ist, auflöst und ihre gesamten Aktiva und Passiva im Rahmen der Gesamtrechtsnachfolge auf einen oder mehrere bestehende(n) oder neue(n) Rechtsträger übergehen. Nationales Recht kann diesen Fall nicht regeln, da kein expliziter Verweis vorliegt und auch Art. 2 I EWIV-VO nicht greift. Es könnte hier zum einen an eine analoge Anwendung des Art. 28 II EWIV-VO gedacht werden.[680] Zum anderen könnte allerdings auch angenommen werden, dass der Gesamtrechtsnachfolger automatisch in die Mitgliedschaft des ursprünglichen Rechtsträgers nachrückt. Letzteres entspräche dem Sinn und Zweck umwandlungsrechtlicher Regeln. Den übrigen Mitgliedern der EWIV verbliebe zu ihrem Schutz die Möglichkeit, im Gründungsvertrag eine Regel aufzunehmen, nach der sie berechtigt sind, den Gesamtrechtsnachfolger auszuschließen. 231

4. Ausscheiden wegen Nichterfüllung der Anforderungen des Art. 4 I EWIV-VO

Art. 28 I 1 EWIV-VO gibt vor, dass ein Mitglied der EWIV auch dann aus der Vereinigung ausscheiden muss, wenn es die Voraussetzungen des Art. 4 I EWIV-VO nicht mehr erfüllt. Art. 4 I EWIV-VO beschreibt den möglichen **Anwenderkreis** der EWIV (s. dazu Rn. 129). Eine Mitgliedschaft ist danach beispielsweise nicht mehr möglich, wenn eine natürliche Person keine gewerbliche, kaufmännische, handwerkliche, landwirtschaftliche oder freiberufliche Tätigkeit mehr ausübt oder dieser nur noch außerhalb der EU bzw. des EWR nachgeht. Bei Gesellschaften und anderen juristischen Einheiten kommt ein Ausscheiden in Betracht, wenn diese nicht mehr als Gesellschaften oder andere juristische Einheiten zu qualifizieren sind bzw. ihren Register- und Verwaltungssitz nicht mehr in der EU haben.[681] 232

Interessanterweise nennt Art. 28 I 1 EWIV-VO nicht ausdrücklich die **Änderung der Geschäftstätigkeit** als Grund für ein Ausscheiden. Da die EWIV jedoch dafür da ist, die Belange ihrer Mitglieder zu fördern, könnte es ein Grund für ein Ausscheiden sein, wenn ein Mitglied aufgrund der Änderung seiner Tätigkeit nicht mehr von den Aktivitäten der EWIV profitieren kann. Die EWIV-Verordnung hat sich jedoch dazu entschieden, dies nicht als zwingenden Grund für ein Ausscheiden vorzusehen. Die Mitglieder können aber einen entsprechenden Ausschlussgrund im Gründungsvertrag aufnehmen (vgl. dazu auch Rn. 228). 233

5. Ausscheiden eines Mitglieds gem. Art. 28 I 2 EWIV-VO

Art. 28 I 2 EWIV-VO enthält eine **Regelungsmöglichkeit** für die Mitgliedstaaten. Die nationalen Gesetzgeber können vorsehen, dass ein Mitglied im Fall einer Auflösung, Abwicklung, Zahlungsunfähigkeit oder Zahlungseinstellung ab einem in den entsprechenden nationalen Rechtsvorschriften vorgesehenen Zeitpunkt aus der EWIV ausscheidet. Auch ohne entsprechende nationale Rechtsvorschrift scheidet eine juristische Person allerdings mit ihrer Auflösung aus der EWIV aus (entsprechende Anwendung des Art. 28 I 1 EWIV-VO).[682] 234

---

677 *Manz* in: Selbherr/Manz (Hrsg.), Kommentar zur EWIV, 1995, Art. 28 Rn. 6; *Anderson*, European Economic Interest Groupings, 1990, S. 58; *Meyer-Landrut* WPK-Mitteilungen 3 (1989) 56, 58.

678 *Manz* in: Selbherr/Manz (Hrsg.), Kommentar zur EWIV, 1995, Art. 28 Rn. 10; *Teichmann* in: MüHdB GesR, Bd. 6, 2013, § 48 Rn. 48; *Schwarz*, Europäisches Gesellschaftsrecht, 2000, Rn. 1042.

679 *Schwarz*, Europäisches Gesellschaftsrecht, 2000, Rn. 1041.

680 *Schwarz*, Europäisches Gesellschaftsrecht, 2000, Rn. 1041. Der Autor erörtert auch genauer die Rechtslage bei der Spaltung.

681 *Schwarz*, Europäisches Gesellschaftsrecht, 2000, Rn. 1042; *Cathiard*, La pratique du droit européen des sociétés, 2017, Rn. 215. Vgl. allgemein zu dieser Form des Ausscheidens *Vichatzky* RTDEur 1990, 275, 294; auch *van Gerven* in: van Gerven/Aalders (Hrsg.), European Economic Interest Groupings, 1990, S. 5, 40.

682 *Manz* in: Selbherr/Manz (Hrsg.), Kommentar zur EWIV, 1995, Art. 28 Rn. 10; *Teichmann* in: MüHdB GesR, Bd. 6, 2013, § 48 Rn. 48.

6. Rechtsfolgen des Ausscheidens

235 Unabhängig aus welchem Grund ein Mitglied ausscheidet, führt dies grundsätzlich **nicht zur Auflösung** der EWIV (vgl. Art. 30 EWIV-VO).[683] Der Bestand der Vereinigung ist damit unabhängig von ihren Mitgliedern. Der Gründungsvertrag kann allerdings etwas anderes vorsehen (vgl. Art. 30 EWIV-VO). Im Regelfall wird die EWIV somit mit den **verbleibenden Mitgliedern fortgeführt.** Diesen **wächst** dann der Anteil des ausscheidenden Mitglieds **an** (sofern ein Mitglied nicht durch Übertragung des Anteils ausscheidet).[684] Im Gegenzug hat das ausscheidende Mitglied bzw. sein Erbe gem. Art. 33 EWIV-VO einen Anspruch auf das **Auseinandersetzungsguthaben** gegenüber der EWIV, sofern ein positiver Vermögenssaldo gegeben ist. Es handelt sich dabei um einen schuldrechtlichen Anspruch.[685] Folge des Auszahlungsanspruchs kann – je nach Ausgestaltung der Finanzverfassung (dazu Rn. 190) – daher eine Kapitalherabsetzung sein.[686] Im Gesetzgebungsprozess konnten die Mitgliedstaaten allerdings keine Einigung bezüglich der **Bewertungsgrundsätze** und des **Verfahrens der Ermittlung** des Auseinandersetzungsguthabens erzielen.[687] Art. 33 S. 2 EWIV-VO gibt lediglich vor, dass der Anspruch nicht vorher pauschal bestimmt werden darf. Die Festlegung einer Bewertungsmethode im Gründungsvertrag ist jedoch nicht untersagt.[688] Aus Art. 33 S. 2 EWIV-VO ergibt sich im Umkehrschluss vielmehr Gestaltungsfreiheit, sofern der Anspruch nicht pauschal bestimmt wird. Regeln die Mitglieder diesen Aspekt nicht, greift allerdings bezüglich der Bewertung das jeweils gem. Art. 2 I EWIV-VO anwendbare nationale Recht.[689] Art. 33 EWIV-VO greift in allen Fällen des Ausscheidens, es sei denn das Mitglied überträgt seinen Anteil gem. Art. 22 I EWIV-VO. Zu den **Haftungsfolgen** des Ausscheidens siehe näher unter Rn. 213. Auch das Ausscheiden aus der EWIV bedingt eine Änderung des Gründungsvertrags gem. Art. 5 (d) EWIV-VO und unterliegt den **Publizitätspflichten** gem. Art. 7 und 8 EWIV-VO (s. zu Letzterem näher unter Rn. 116).[690]

IV. Neuaufnahme von Mitgliedern

236 Es können auch neue Mitglieder der EWIV beitreten. Der Beitritt entfaltet ebenso wie das Ausscheiden keine Wirkung auf die Existenz der Vereinigung.[691] Ein Beitritt kann entweder durch die **Übertragung** einer Mitgliedschaft geschehen (siehe dazu Rn. 219) oder durch die **Erweiterung** des Mitgliederkreises. Wie auch bei der Übertragung einer Mitgliedschaft ist im Fall der Erweiterung des Kreises die **Zustimmung aller bisherigen Mitglieder** notwendig (Art. 26 I EWIV-VO).[692] Die Vorgabe ist wohl zwingend (zur Streitfrage s. Rn. 215 ff.).[693] Die Aufnahme eines neuen Mitglieds bedingt zudem eine Änderung des Gründungsvertrags gem. Art. 5 (d) EWIV-VO und unterliegt damit den **Publizitätspflichten** gem. Art. 7 und 8 EWIV-VO (s. dazu näher unter Rn. 116 ff.).[694]

O. Beendigung der EWIV

I. Auflösung

237 Die Verordnung regelt die **Auflösungsgründe** für die EWIV abschließend in Art. 31 und 32 EWIV-VO (vgl. Erwägungsgrund 12 EWIV-VO).[695] Die Verordnung differenziert dabei zwischen Auflösung durch Beschluss und Auflösung durch gerichtliche Entscheidung.[696] Art. 31 EWIV-VO befasst sich mit ersterem, Art. 32 EWIV-VO mit letzterem.

---

683 *Manz* in: Selbherr/Manz (Hrsg.), Kommentar zur EWIV, Art. 28 Rn. 6; *Vichatzky* RTDEur 1990, 275, 294; *Keutgen* Cahiers de droit européen 1987, 492, 509; *van Gerven* in: van Gerven/Aalders (Hrsg.), European Economic Interest Groupings, 1990, S. 5, 40; *Brindlmayer/Förschle/Hense/Lenhard*, EWIV, 1989, S. 15.
684 Vgl. *Habersack/Verse*, Europäisches Gesellschaftsrecht, 2011, § 12 Rn. 25.
685 *Teichmann* in: MüHdB GesR, Bd. 6, 2013, § 48 Rn. 55.
686 *Cathiard*, La pratique du droit européen des sociétés, 2017, Rn. 227.
687 *Manz* in: Selbherr/Manz (Hrsg.), Kommentar zur EWIV, 1995, Art. 33 Rn. 7.
688 *Teichmann* in: MüHdB GesR, Bd. 6, 2013, § 48 Rn. 55.
689 *Manz* in: Selbherr/Manz (Hrsg.), Kommentar zur EWIV, 1995, Art. 33 Rn. 9; zur Möglichkeit der Regelung im Gründungsvertrag auch *Teichmann* in: MüHdB GesR, Bd. 6, 2013, § 48 Rn. 55.
690 *von Rechenberg* in: von der Heydt/von Rechenberg (Hrsg.), Die EWIV, 1991, S. 90.
691 *Anderson*, European Economic Interest Groupings, 1990, S. 119.
692 Vgl. *Habersack/Verse*, Europäisches Gesellschaftsrecht, 2011, § 12 Rn. 27; *Teichmann* in: MüHdB GesR, Bd. 6, 2013, § 48 Rn. 46; *Anderson*, European Economic Interest Groupings, 1990, S. 56; *Döring*, Grenzüberschreitende wirtschaftliche Zusammenarbeit in Europa, 1993, S. 50.
693 *Rinze*, Die Europäische wirtschaftliche Interessenvereinigung im Unternehmensverbund, 1996, S. 93.
694 *von Rechenberg* in: von der Heydt/von Rechenberg (Hrsg.), Die EWIV, 1991, S. 84 f.
695 *Ganske*, Das Recht der EWIV, 1988, S. 68. *Lutter/Bayer/Schmidt*, Europäisches Unternehmens- und Kapitalmarktrecht, 2017, Rn. 44.76; *Wünsch* GesRZ 1994, 280, 288; *Brindlmayer/Förschle/Hense/Lenhard*, EWIV, 1989, S. 17 f.
696 *Schwarz*, Europäisches Gesellschaftsrecht, 2000, Rn. 1077.

Die **Auflösungsgründe** für eine EWIV gem. Art. 31 EWIV-VO sind: 238

a) Auflösung durch **Mitgliederbeschluss** ohne besonderen Grund (Art. 31 I EWIV-VO)
b) Auflösung aufgrund des **Ablaufs** der im Gründungsvertrag bestimmten **Dauer** der EWIV (Art. 31 II lit. a) EWIV-VO)
c) Auflösung aufgrund der **Verwirklichung des Unternehmensgegenstands** (bzw. wenn der Unternehmensgegenstand nicht weiterverfolgt werden kann) (Art. 31 II lit. b) EWIV-VO)
d) Auflösung aufgrund sonstiger, **im Gründungsvertrag beschriebener Gründe** (Art. 31 II lit. a) EWIV-VO)
e) **Wegfall von zwingenden Voraussetzungen für das Bestehen** einer EWIV gem. Art. 4 II EWIV-VO (Art. 31 III EWIV-VO)

In den Fällen lit. b) bis e) müssen die Mitglieder einen entsprechenden **Auflösungsbeschluss** fassen, da es im Einzelfall zweifelhaft sein kann, ob ein solcher Auflösungsgrund vorliegt.[697] Der Beschluss bedarf der Einstimmigkeit. Der Gründungsvertrag kann allerdings ein anderes Mehrheitserfordernis vorsehen (Art. 31 I 2 EWIV-VO). Liegt einer der in lit. b) bis d) genannten Gründe vor und fassen die Mitglieder nicht innerhalb von drei Monaten einen entsprechenden Auflösungsbeschluss, kann jedes Mitglied die **gerichtliche Auflösung** verlangen. Für Fall lit. e) („Wegfall von zwingenden Voraussetzungen für das Bestehen einer EWIV") schreibt Art. 31 EWIV-VO keine entsprechende Frist vor. Im Zusammenspiel aus Art. 31 III EWIV-VO und Art. 32 I EWIV-VO ergibt sich, dass bei Vorliegen dieses Grundes jedes Mitglied ohne Einhalten einer bestimmten Frist die Auflösung der EWIV bei Gericht beantragen kann.[698] Haben die Mitglieder einen Auflösungsbeschluss gefasst, so sind die Geschäftsführer dazu verpflichtet, die **Publizitätspflichten** gem. Art. 7 und 8 zu erfüllen (Art. 31 IV 1 EWIV-VO). Allerdings kann auch jeder Beteiligte dies tun (Art. 31 IV 2 EWIV-VO). 239

Art. 32 EWIV-VO regelt die Auflösung der EWIV durch **gerichtlichen Beschluss**. Die Vorschrift befasst sich mit folgenden Gründen: 240

a) Auflösung der EWIV im Fall der **Verletzung des Art. 3, des Art. 12 oder des Art. 31 III EWIV-VO** (Art. 32 II EWIV-VO)
b) Auflösung der EWIV **aus wichtigem Grund** (Art. 32 II EWIV-VO)
c) Auflösung der EWIV, wenn diese **gegen die öffentlichen Interessen des Sitzstaates verstößt** (Art. 32 III EWIV-VO)

Art. 32 I EWIV-VO (Fallgruppe a)) stellt eine **Sanktionsnorm** dar. Die gerichtliche Auflösung ist hier als Sanktion für schwere Verstöße vorgesehen. Das Gericht wird in diesem Fall aufgrund des Antrags eines Beteiligten oder einer zuständigen Behörde tätig. Der Begriff des **Beteiligten** ist weit auszulegen.[699] Beteiligter iSd Vorschrift ist jeder, der von dem mit der Antragsstellung gerügten Mangel selbst betroffen ist und ein berechtigtes Interesse nachweisen kann. Insbesondere zählen dazu Mitglieder, Geschäftsführer und Arbeitnehmervertreter und daneben wohl auch einzelne Arbeitnehmer, Darlehensgeber und beherrschte Unternehmen.[700] Bloße Konkurrenten oder Kartellbehörden fallen allerdings heraus.[701] Die Auflösung kann nur durch eine rechtzeitige Behebung des Mangels abgewandt werden (Art. 32 I EWIV-VO). 241

II. Abwicklung

Die wirksame Auflösung der EWIV führt gemäß Art. 35 I EWIV-VO zur **Abwicklung** der Vereinigung. Art. 35 III EWIV-VO schreibt diesbezüglich explizit vor, dass die EWIV bis zum Ende der Abwicklung **geschäftsfähig** ist, also weiterhin Träger von Rechten und Pflichten sein kann.[702] Ihr **Zweck** ist dann jedoch auf die **Abwicklung** und Vollbeendigung gerichtet.[703] Die Abwicklung richtet sich gemäß Art. 35 II EWIV-VO nach dem jeweils **anwendbaren einzelstaatlichen Recht**. Das subsidiär geltende, nationale Recht ist hier mithilfe des IPR festzustellen.[704] Den Abwicklern obliegt gem. Art. 35 IV EWIV-VO die Erfüllung der Publizitätspflichten gem. Art. 7 und 8 EWIV-VO. Die EWIV erlischt dann mit Beendigung der Abwicklung, wobei die Offenlegung lediglich deklaratorisch wirkt.[705] 242

697 *Ganske*, Das Recht der EWIV, 1988, S. 68.
698 Vgl. *Ganske*, Das Recht der EWIV, 1988, S. 68.
699 *Ganske*, Das Recht der EWIV, 1988, S. 68.
700 *Ganske*, Das Recht der EWIV, 1988, S. 68; *Schwarz*, Europäisches Gesellschaftsrecht, 2000, Rn. 1080; *Wünsch* GesRZ 1994, 280, 289.
701 *Bramigk*, Der Zweck der EWIV, 2003, 213 ff.; *Scriba*, Die EWIV, 1987, S. 174.
702 *Lutter/Bayer/Schmidt*, Europäisches Unternehmens- und Kapitalmarktrecht, 2017, Rn. 44.85; *Wünsch* GesRZ 1994, 280, 289.
703 *Lutter/Bayer/Schmidt*, Europäisches Unternehmens- und Kapitalmarktrecht, 2017, Rn. 44.85.
704 *Manz* in: Selbherr/Manz (Hrsg.), Kommentar zur EWIV, 1995, Art. 35 Rn. 4; *von Rechenberg* in: von der Heydt/von Rechenberg (Hrsg.), Die EWIV, 1991, S. 102; *Meyer-Landrut*, Die EWIV, 1988, S. 117.
705 *Teichmann* in: MüHdB GesR, Bd. 6, 2013, § 48 Rn. 72; *Lutter/Bayer/Schmidt*, Europäisches Unternehmens- und Kapitalmarktrecht, 2017, Rn. 44.85.

III. Insolvenz

243 Die Insolvenz ist ein weiterer möglicher **Auflösungsgrund** für eine EWIV.[706] Art. 36 S. 1 EWIV-VO verweist bezüglich des materiellen und formellen Insolvenzrechts auf das **anwendbare einzelstaatliche Recht,** also auf das nach IPR-Regeln zu ermittelnde Insolvenzrecht (zur Regelungstechnik s. näher unter Rn. 13 ff.).[707] Auch bei diesem Verweis handelt es sich somit um eine **Gesamtnormverweisung.**[708] Das anwendbare Recht bestimmt sich also nach der Europäischen Insolvenzverordnung (EuInsVO) oder, sofern die EuInsVO nicht einschlägig ist, nach dem mitgliedstaatlichen internationalen Insolvenzrecht.[709] Für eine EWIV mit Registersitz in Deutschland stellt § 11 1 EWIV-AusfG fest, dass die Geschäftsführer insolvenzantragsberechtigt sind. Im Fall des § 15a I 2 InsO sind die Geschäftsführer und die Abwickler dazu verpflichtet, den Insolvenzantrag zu stellen.

IV. Nichtigkeit

244 Die Nichtigkeit der EWIV ist in der Verordnung nur ansatzweise geregelt. So wurde zB der zentrale Aspekt der materiellen Nichtigkeitsgründe bewusst nicht in die Verordnung aufgenommen.[710] Die Nichtigkeitsgründe ergeben sich daher aus dem anwendbaren nationalen Recht. Es handelt sich um eine **Sachnormverweisung** (Art. 15 I 1 EWIV-VO bezieht sich ausdrücklich auf Art. 2 I EWIV-VO).[711] Art. 15 I 1 EWIV-VO gibt aber vor, dass die Nichtigkeit durch einen **Gerichtsbeschluss** festgestellt werden muss. Ist eine **Behebung des Mangels,** der sonst zur Nichtigkeit führen könnte, möglich, so muss das Gericht zu dessen Behebung eine Frist setzen (Art. 15 I 2 EWIV-VO). Dadurch erhalten die Mitglieder die Gelegenheit die Nichtigkeit abzuwenden. Die Regelung zielt darauf ab, die Vereinigung, sofern möglich, zu erhalten.[712] Die Nichtigkeit führt zur Abwicklung der EWIV (Art. 15 II EWIV-VO) nach dem durch das IPR zu ermittelnden nationalen Recht (Art. 35 II EWIV-VO; Erwägungsgrund 12 EWIV-VO).[713] Allerdings kommt das nationale Recht auch hier nur subsidiär, dh lediglich dann zur Anwendung, sofern die EWIV-Verordnung nicht eigene Regelungen enthält.[714] Wann die Entscheidung über die Nichtigkeit Dritten entgegen gehalten werden kann, richtet sich nach Art. 9 I EWIV-VO (Art. 15 III 1 EWIV-VO). Die Wirksamkeit der bis dahin entstandenen Rechte und Verpflichtungen der EWIV wird dadurch nicht berührt (Art. 15 III 2 EWIV-VO).

245 Je nach Vollzug werden die allgemeinen nationalen Nichtigkeitsregelungen oder die nationale Lehre von der fehlerhaften Gesellschaft[715] (Vollzug stattgefunden) angewandt.[716] Ist die EWIV in das Handelsregister eingetragen, gilt Art. 15 EWIV-VO.[717] Die Vorschrift hat Vorrang vor den subsidiär heranzuziehenden (nationalen) Regeln über die fehlerhafte Gesellschaft für jene Fälle der Nichtigkeit des Gesamtvertrags ab Eintragung.[718] Unberührt bleibt allerdings die Option der Amtslöschung der EWIV nach §§ 393 ff. FamFG.[719]

706 *Teichmann* in: MüHdB GesR, Bd. 6, 2013, § 48 Rn. 71; *Murphy* Vand. J. Transnat'l L. 23 (1990), 65, 83; *Roth* in: Baumbach/Hopt (Hrsg.), HGB, 2016, Anhang nach § 160 Rn. 48.

707 *Manz* in: Selbherr/Manz (Hrsg.), Kommentar zur EWIV, 1995, Art. 36 Rn. 3; *Salger/Neye* in: MüHdB GesR, Bd. 1, 2014, § 99 Rn. 12; *Quigley/Mercer* ICCLR 1 (1990) 6, 7. *Abmeier* NJW 1986, 2987, 2990 hält den Verweis auf nationales Recht für eine „weise Selbstbeschränkung", da wohl diesbezüglich kein Kompromiss im Rat gefunden worden wäre.

708 *Lutter/Bayer/Schmidt*, Europäisches Unternehmens- und Kapitalmarktrecht, 2017, Rn. 44.87; *Manz* in: Selbherr/Manz (Hrsg.), Kommentar zur EWIV, 1995, Art. 36 Rn. 3; *Ganske*, Das Recht der EWIV, 1988, S. 73; *Burkhalter*, Die EWIV und ihre konzernrechtlichen Beziehungen, 1998, S. 130.

709 *Lutter/Bayer/Schmidt*, Europäisches Unternehmens- und Kapitalmarktrecht, 2017, Rn. 44.87.

710 *Lutter/Bayer/Schmidt*, Europäisches Unternehmens- und Kapitalmarktrecht, 2017, Rn. 44.79; *Ganske*, Das Recht der EWIV, 1988, S. 67; *Lentner*, Das Gesellschaftsrecht der EWIV, 1994, S. 90.

711 *von Rechenberg* in: von der Heydt/von Rechenberg (Hrsg.), Die EWIV, 1991, S. 98; *Lutter/Bayer/Schmidt*, Europäisches Unternehmens- und Kapitalmarktrecht, 2017, Rn. 44.79; *Manz* in: Selbherr/Manz (Hrsg.), Kommentar zur EWIV, 1995, § 15 Rn. 3.

712 *Manz* in: Selbherr/Manz (Hrsg.), Kommentar zur EWIV, 1995, Art. 15 Rn. 7.

713 *Manz* in: Selbherr/Manz (Hrsg.), Kommentar zur EWIV, 1995, Art. 15 Rn. 9.

714 *Manz* in: Selbherr/Manz (Hrsg.), Kommentar zur EWIV, 1995, Art. 35 Rn. 3.

715 *Ganske*, Das Recht der EWIV, 1988, S. 67; *Teichmann* in: MüHdB GesR, Bd. 6, 2013, § 48 Rn. 73; *Pathe* in: Gummert ua (Hrsg.), Münchener Anwaltshandbuch Personengesellschaftsrecht, 2015, § 28 Rn. 85 ff.; *Salger/Neye* in: MüHdB GesR, Bd. 1, 2014, § 99 Rn. 1.

716 *Meyer-Landrut*, Die EWIV, 1988, S. 151.

717 *Meyer-Landrut*, Die EWIV, 1988, S. 149.

718 *Meyer-Landrut*, Die EWIV, 1988, S. 146.

719 *Meyer-Landrut*, Die EWIV, 1988, S. 153.

P. Erfahrungen mit der EWIV

Mit der EWIV als erste supranationale Rechtsform wurden relativ gute Erfahrungen gemacht, insbesondere, wenn man den engen möglichen Anwendungsbereich der EWIV bedenkt. Die mehr als 2100 aktiven EWIV[720] besitzen zusammen geschätzte **15.000 – 17.000 Mitglieder** (näher zu den Gründungsstatistiken unter Rn. 6).[721] Ein – wenn auch nicht sehr großer – Bedarf nach einem entsprechenden Kooperationsinstrument scheint daher zu bestehen, weshalb die EWIV in gewissem Maße auch genutzt wird.[722] 246

Aus Gründersicht positiv zu beurteilen ist sicherlich die **hohe Flexibilität** der EWIV,[723] die sich vor allem in der weitgehenden **Gestaltungsfreiheit** der vertraglichen Beziehungen und der internen Struktur der Vereinigung sowie auch bei den Finanzierungsmöglichkeiten zeigt.[724] So bedarf es zB keines Mindestkapitals und die Organisationsstruktur ist mit dem/den Geschäftsführer(n) und den gemeinschaftlich handelnden Mitgliedern unkompliziert ausgestaltet.[725] Die Flexibilität ermöglicht es den Mitgliedern, die EWIV jederzeit unproblematisch an die Entwicklung ihrer Kooperation anzupassen. Relativ geringe Gründungskosten werden ebenfalls positiv bewertet.[726] Auch die Möglichkeit der Sitzverlegung wird als Vorteil genannt.[727] In diesem Zusammenhang wird zudem der relativ hohe Grad der Flexibilität bezüglich der Sitzwahl positiv erwähnt.[728] Ein Argument für supranationale Gesellschaftsformen stellt auch regelmäßig der Abbau psychologischer Hindernisse in Bezug auf grenzüberschreitende Zusammenarbeit dar.[729] Inwieweit dieser Effekt in der Praxis mit Blick auf die EWIV wirkt, lässt sich nicht feststellen. Es ist aber nicht auszuschließen, dass hier eine positive Wirkung der EWIV vorliegt. Den Vorteil eines „europäischen Labels" bietet die EWIV allerdings im Gegensatz zu den anderen supranationalen Gesellschaftsformen nicht. 247

Im Laufe der Zeit zeigten sich jedoch auch einige Probleme. Zum Teil scheint in der Praxis Unklarheit über die Verwendungsmöglichkeiten und -verbote der EWIV und damit bezüglich ihrer Einsatzmöglichkeiten zu bestehen.[730] Dies liegt an den umfassenden Zweckbeschränkungen, denen die EWIV unterliegt und die den möglichen Anwendungsbereich der EWIV deutlich einschränken.[731] Hinzu kommen Probleme bei der **Verteilung von Gewinnen**, die zumeist dadurch entstehen, dass umfassende **Regelungen im Gründungsvertrag fehlen**.[732] Unsicherheiten bei der **steuerlichen Behandlung** kann nur durch eine intensive Auseinandersetzung mit den betroffenen Rechtsnormen begegnet werden.[733] Die transparente Besteuerung wird allerdings gerade auch als Vorteil 248

720 LIBERTAS, EWIV Statistik des europäischen EWIV-Informationszentrums, Stand: 12.10.2017.

721 *Zahorka*, Gründung und Betrieb einer EWIV, 2010, S. 4; *Bramigk*, Der Zweck der EWIV, 2003, S. 102; LIBERTAS, EWIV und Steuern, Stand: 26.6.2015.

722 Positiv zur EWIV als Gründungsmöglichkeit europäischer Gesellschaften *Funkat* EWS 1998, 122, 128; positiv zur EWIV in der Wirtschaftspraxis *von Rechenberg* in: von der Heydt/von Rechenberg, Die EWIV, 1991, S. 12; zur EWIV als wertvolles Instrument für KMU im außereuropäischen Bereich *Fischer* IHK Zeitschrift mittlerer Neckar 1988, 21, 22; *Burkhalter*, Die EWIV und ihre konzernrechtlichen Beziehungen, 1998, S. 27 bewertet „die anhaltende Entwicklung insgesamt positiv"; *Neye* DB 17 (1997) 861, 863 positiv zur beachtlichen Zahl an gegründeten EWIV; *Schlüter* EuZW 2002, 589, 594 hingegen zweifelt an der zukünftigen Bedeutung der EWIV für unternehmerische Aktivitäten im Europäischen Rechtsraum; skeptisch zur Entwicklung der EWIV auch *Ziegler* RPfleger 1989, 261, 262; der EWIV ebenfalls eine geringe Bedeutung konstatierend *Hopt* ZGR 2013, 165, 198.

723 *Böhringer* BWNotZ 1990, 129, 130; *Cathiard*, La pratique du droit européen des sociétés, 2017, Rn. 765; *Abell* in: Campbell, The Comparative Law Yearbook of International Business, 1990, S. 175; *Heckschen* in: Westermann/Wertenbruch (Hrsg.), Handbuch Personengesellschaften, 2017, § 3 Rn. 88b; *Brindlmayer/Förschle/Hense/Lenhard*, EWIV, 1989, S. 23; *Burkhalter*, Die EWIV und ihre konzernrechtlichen Beziehungen, 1998, S. 258.

724 Europäische Kommission, Mitteilung – Beteiligung von Europäischen Wirtschaftlichen Interessenvereinigungen (EWIV) an öffentlichen Aufträgen und öffentlich finanzierten Programmen, 97/C 285/19; *Müller-Gugenberger* NJW 1989, 1449, 1453; siehe zur Gestaltungsfreiheit auch *Bärwaldt* in: Prinz ua (Hrsg.), Beck'sches Handbuch Personengesellschaften, 2014, § 21 Rn. 41; *Vague* RMC 1992, 403, 408 mit Blick auf Kooperationen von Anwälten und Prüfern.

725 *Brindlmayer/Förschle/Hense/Lenhard*, EWIV, 1989, S. 23.

726 *Burkhalter*, Die EWIV und ihre konzernrechtlichen Beziehungen, 1998, S. 258; *Abell* in: Campbell, The Comparative Law Yearbook of International Business, 1990, S. 175 benennt die einfache Gründung und Registrierung als Vorteil.

727 *Hakenberg* in: Ebenroth/Boujong/Joost (Hrsg.), HGB, 2014, EWIV Rn. 7.

728 *Cathiard*, La pratique du droit européen des sociétés, 2017, Rn. 765.

729 *Teichmann* in: MüHdB GesR, Bd. 6, 2013, § 48 Rn. 1.

730 *Gloria/Karbowski* WM 1990, 1313, 1314; *von Rechenberg* ZGR 1992, 299, 313. Kritisch zu den Zweckbeschränkungen auch *Schlüter* EuZW 2002, 589, 592.

731 Vgl. *Hopt* ZGR 2013, 165, 198; *Abell* in: Campbell, The Comparative Law Yearbook of International Business, 1990, S. 175 f.

732 *Zahorka*, Gründung und Betrieb einer EWIV, 2010, S. 13.

733 Zur zögerlichen Aufnahme der EWIV aufgrund registerrechtlicher und steuerrechtlicher Unsicherheiten *Hakenberg* in: Ebenroth/Boujong/Joost, HGB, 2014, EWIV Rn. 5.

gesehen.[734] Komplex erscheint zudem das **Normanwendungsregime**, bei dem zwischen Verordnung, nationalem Recht, unterteilt in Ausführungsgesetze und nationales Gesellschaftsrecht, sowie verschiedenen Kategorien von Bestimmungen im Gründungsvertrag zu unterscheiden ist.[735] An dieser Stelle kommt hinzu, dass die Regelungstechnik der EWIV wenig ausgereift ist, was im Verhältnis zu anderen supranationalen Rechtsformen zu zusätzlichen Schwierigkeiten führt. Die Unsicherheit bzgl. der verschiedenen Aspekte hat sich im Laufe der Zeit zwar etwas reduziert, dennoch wäre es wünschenswert, wenn die EWIV-Verordnung weniger komplex gestaltet wäre und weniger Verweise auf nationales Recht beinhalten würde.[736]

249 Wie bei allen europäischen Rechtsakten sind auch bei der EWIV die verwendeten Begriffe grundsätzlich europäisch-autonom auszulegen, was im Einzelfall zu Missverständnissen führen kann, da der Rechtsanwender geneigt sein mag, sein nationalrechtliches Verständnis zugrunde zu legen. Dies ist jedoch kein Problem, dass sich speziell auf die EWIV bezieht, sondern generell für Verordnungen (und Richtlinien) gilt (zur europäisch-autonomen Auslegung s. § 2 Rn. 80 ff.). Allerdings liegen bezüglich der EWIV praktisch keine EuGH-Entscheidungen vor, so dass viele Zweifelsfragen bis heute nicht endgültig geklärt sind.[737]

250 Die **unbeschränkte und gesamtschuldnerische Haftung** dürfte zudem einige potenzielle Gründer von der Errichtung einer EWIV abschrecken,[738] wogegen die Flexibilität bezüglich der Finanzierung und das Fehlen von Mindestkapitalanforderungen wohl positiv wirken (so bereits oben). Negativ werden dagegen regelmäßig die **weitreichenden Offenlegungspflichten** beurteilt.[739] Gerade bei der grenzüberschreitenden Kooperation von KMU gibt es zudem Probleme, die unabhängig von der Rechtsform sind, wie zB mögliche Sprachbarrieren.[740]

251 Die Auswirkungen der EWIV auf das **Europäische Gesellschaftsrecht** blieben im Ergebnis begrenzt. Positiv hervorzuheben ist, dass mit der EWIV der Durchbruch bei der Schaffung von supranationalen Rechtsformen gelang. Die EWIV enthält vor allem im Verhältnis zur SE jedoch kaum innovative Elemente. Ihre Regelungsansätze wurden daher bei den folgenden supranationalen Gesellschaftsformen (und auch den gesellschaftsrechtlichen Richtlinien) praktisch nicht aufgegriffen. Der relativ geringe Einfluss auf die Gestaltung der späteren europäischen Rechtsformen lässt sich allerdings auch mit dem besonderen Charakter der EWIV erklären (Personengesellschaft, Zahl der Arbeitnehmer beschränkt, Kooperationszweck etc).[741] Gerade in Bezug auf rechtsformneutrale Aspekte orientiert sich die EWIV an den bereits zuvor erlassenen Richtlinien (insbes. der ehemaligen Publizitätsrichtlinie (jetzt Teil der Kodifizierungs-RL)).[742]

734 Companies House, European Economic Interest Grouping, GP04 2014, S. 6 (abrufbar unter: www.gov.uk); *Abell* in: Campbell, The Comparative Law Yearbook of International Business, 1990, S. 175.
735 Zur komplexen Verweisungstechnik als Hemmnis der Durchsetzung der EWIV *Hartard*, Die EWIV im deutschen, englischen und französischen Recht, 1991, S. 173.
736 *Ferret* Répertoire du Notaria Defrénois 1989, 407, 411 betont, dass die durchaus signifikante Bezugnahme auf nationales Recht Voraussetzung für Verabschiedung der EWIV-Verordnung war.
737 Vgl. *Cathiard*, La pratique du droit européen des sociétés, 2017, Rn. 766.
738 *Böhringer* BWNotZ 1990, 129, 133; *Cathiard*, La pratique du droit européen des sociétés, 2017, Rn. 766; *Kelly et al.*, European Economic Interest Groupings, 1990, S. 4 nennt die unbeschränkte Haftung als Nachteil. Ebenso *Hakenberg* in: Ebenroth/Boujong/Joost (Hrsg.), HGB, 2014, EWIV Rn. 7; *Burkhalter*, Die EWIV und ihre konzernrechtlichen Beziehungen, 1998, S. 258; Companies House, European Economic Interest Grouping, GP04 2014, S. 6 (abrufbar unter: www.gov.uk).
739 *Habersack/Verse*, Europäisches Gesellschaftsrecht, 2011, § 12 Rn. 8 ff.
740 *Scriba*, Die EWIV, 1987, S. 179.
741 Vgl. *Grundmann*, Europäisches Gesellschaftsrecht, 2011, Rn. 1099.
742 Vgl. *Niessen* in: Müller-Gugenberger/Schotthöfer (Hrsg.), Die EWIV in Europa, 1995, EU-Recht, Kap. III Rn. 26.

§ 8 Projekt Europäische Stiftung (FE – Fundatio Europaea)[1]

Literatur (Auswahl): *Behrmann/Sassen*, Analyse des Vorschlags für eine Verordnung zum Statut einer Europäischen Stiftung, ZCG 2014, 20; *Breen*, The European Foundation Statute Proposal: Striking the Balance between Supervising and Supporting European Philanthropy?, Nonprofit Policy Forum 2014, 5; *Cranshaw*, Fundatio Europaea, Europäische Stiftung. Förderung grenzüberschreitender gemeinnütziger Tätigkeit durch ein neues europäisches Rechtsinstrument, DZWiR 2013, 299; *Hemels*, The European Foundation Proposal: an effective, efficient and feasible solution for tax issues related to cross border charitable giving and fundraising? (abrufbar bei SSRN unter: https://ssrn.com/abstract=2046993); *Hemels/Stevens*, The European Foundation Proposal: A Shift in the EU Tax Treatment of Charities?, EC Tax Review 6 (2012) 293; *Hopt*, Die Europäische Stiftung – Gedanken zu einer europäischen Rechtsform und zur Corporate Governance von Nonprofit-Organisationen und Stiftungen, in: P. Jung (Hrsg.), Stärkung des Stiftungswesens, 2017; *Hopt/von Hippel*, Die Europäische Stiftung – Zum Vorschlag der Europäischen Kommission für eine Verordnung über das Statut der Europäischen Stiftung (FE), ZEuP 2013, 255; *Hopt/Walz/von Hippel/Then* (Hrsg.), The European Foundation. A New Legal Approach, 2006; *Hüttemann*, Die EU entdeckt die Zivilgesellschaft – zum Vorschlag der Kommission für eine Europäische Stiftung, EuZW 2012, 441; *Jakob/Studen*, Die European Foundation – Phantom oder Zukunft des europäischen Stiftungsrechts?, ZHR 174 (2010) 61; *Jakob*, Rechtliche Entwicklungen im schweizerischen und europäischen Stiftungswesen in: Jakob (Hrsg.), Stiften und Gestalten, 2013, S. 3; *ders.*, Der Kommissionsvorschlag für eine Europäische Stiftung (Fundatio Europaea) – Streifzug durch eine europäische Kulissenlandschaft?, npoR 2013, 1; *Jochum*, Die Besteuerung gemeinnütziger Einrichtungen in Europa – zwischen host country control approach und Europäischer Stiftung, npoR 2012, 177; *Jung*, Die Europäische Stiftung als Innovationsfeld des Europäischen Gesellschaftsrechts?, BB 2012, 1743; *dies.*, European Foundation – The latest Developments, Trusts and Trustees 2015, 625; *dies.*, European Foundation (FE) – main points of discussion, Trusts and Trustees 2014, 529; *dies.*, Grundlegende Aspekte der Europäischen Stiftung (FE), PSR 2013, 104; *dies.*, Gründung einer Europäischen Stiftung (FE), PSR 2014, 22; *dies.*, Organisationsverfassung der Europäischen Stiftung (FE), PSR 2014, 56; *dies.*, Die Entwicklung der Europäischen Stiftung, ZStV 2014, 7; *dies.*, Grundlegende Aspekte der Europäischen Stiftung (FE), PSR 2013, 104; *Korving/Wijtvliet*, A Consideration of the European Foundation. Alle Menschen werden Spender, Bulletin for International Taxation 82 (2013) 491; *Melzer*, Die Europäische Stiftung (Fundatio Europaea – „FE"), PSR 2012, 61; *Omlor*, Das europäische Grundrecht auf Stiftung, EuR 2015, 91; *Richter/Gollan*, Fundatio Europaea – Der Kommissionsvorschlag für eine Europäische Stiftung (FE), ZGR 2013, 562; *Richter/Wachter* (Hrsg.), Handbuch des internationalen Stiftungsrechts, 2007; *Rizzi/Schicho*, Fundatio Europaea – Die gemeinnützige Europäische Stiftung, ecolex 2012, 698; *Santiago*, Quelques remarques sur la proposition de règlement relatif au statut de la fondation européenne in: Govaere/Hanf (Hrsg.), Scrutinizing Internal and External Dimensions of European Law. Liber Amicorum Paul Demaret, 2013, S. 297; *Schlüter/Stolte*, Stiftungsrecht, 3. Aufl. 2016, Kapitel 8: Internationales Stiftungsrecht; *Steiner*, Europäische Stiftung – Neue Perspektiven durch den Verordnungsentwurf der Europäischen Kommission, GeS 2014, 56; *Stöber*, Die geplante Europäische Stiftung, DStR 2012, 804; *Trstenjak*, Die Europäische Stiftung: eine neue supranationale Rechtsform? ecolex, 2014, 484; *von Hippel/Vahlpahl*, The European Foundation Statute – as things currently stand, Trust & Trustees 19 (2013) 511; *Weitemeyer*, Der Kommissionsvorschlag zum Statut der Europäischen Stiftung, NZG 2012, 1001; *dies.*, Fundatio Europaea – risk of abuse by tax shopping?, ERA Forum 14 (2013) 277.

A. Einführung

1 Die Einführung einer Europäischen Stiftung (FE) wurde auf europäischer Ebene lange intensiv diskutiert.[2] Bereits 2001 wurde ein entsprechendes Projekt (European Foundation Project) zusammen von der Bertelsmann Stiftung, der Compagnia di San Paolo, der ZEIT-Stiftung Ebelin und Gerd Bucerius gestartet, indem ein Vorschlag über die Regelung einer Europäischen Stiftung erarbeitet wurde.[3] Auch das European Foundation Centre (EFC) entwickelte 2005 einen Verordnungsentwurf.[4] Vier Jahre später, im Jahr 2009, wurde das Thema dann von institutioneller Seite aufgegriffen, indem die Kommission in einem ersten Schritt eine Konsultation[5] zur Frage der Einführung einer europäischen Stiftung durchführte. Noch im selben Jahr ließ sie dann eine entsprechende Machbarkeitsstudie[6] erstellen. Die Konsultation ergab, dass die grenzüberschreitende Tätigkeit von Stiftungen bislang durch ungelöste **zivil- und steuerrechtliche** Probleme erschwert wird. Insbesondere eine **Sitzverlegung** und die **Anerkennung** als Stiftung bereiten im zivilrechtlichen Bereich Schwierigkeiten.[7] Die daraus resultierenden Folgen sind, dass nationale Stiftungen aufgrund der fehlenden Harmonisierung dazu tendieren, ihre

1 Dieser Beitrag ist aus folgenden Aufsätzen entwickelt worden: *Jung*, Die Europäische Stiftung als Innovationsfeld des Europäischen Gesellschaftsrechts?, BB 2012, 1743; *dies.*, Grundlegende Aspekte der Europäischen Stiftung (FE), PSR 2013, 104; *dies.*, Gründung einer Europäischen Stiftung (FE), PSR 2014, 22; *dies.*, Organisationsverfassung der Europäischen Stiftung (FE), PSR 2014, 56; *dies.*, European Foundation (FE) – main points of discussion, Trusts & Trustees 2014, 529; *dies.*, Die Entwicklung der Europäischen Stiftung, ZStV 2014, 7; *dies.*, European Foundation – The latest Developments, Trusts & Trustees 21 (2015) 625. Auf diese Aufsätze wird im Folgenden nicht separat hingewiesen. Dieser Beitrag erörtert zusätzlich auch den Entwurf des Europäischen Parlaments und den italienischen Kompromissvorschlag.

Die Autorin möchte sich an dieser Stelle herzlich bei *Steffen Mäusezahl, LL.M.* (Wiss. Mitarbeiter, Universität Siegen) für seine wertvolle Unterstützung bei der Erstellung dieses Beitrags bedanken.

2 Siehe zur Entwicklung *von Hippel* in: Richter/Wachter (Hrsg.), HdB des internationalen Stiftungsrechts, 2007, § 16 Rn. 1 ff.

3 Zu diesem Vorschlag siehe *Hopt/Walz/von Hippel/Then* (Hrsg.), The European Foundation, 2006; siehe hierzu ebenso *von Hippel* in: Richter/Wachter (Hrsg.), HdB des internationalen Stiftungsrechts, 2007, § 16 Rn. 1 ff.

4 EFC, Proposal for a regulation on a European statute for foundations, Januar 2005, zuletzt geändert November 2010, Version 19, abrufbar unter: https://www.rwi.uzh.ch/dam/jcr:00000000-4917-dbfa-ffff-ffffbd8d54e0/EFC_Entwurf_updated.pdf.

5 European Commission, Consultation on a possible statute for a European Foundation, 16.2.2009; European Commission, Synthesis of the comments on the consultation document of the internal market and services directorate-general on a possible statute for a European foundation, November 2009.

6 Universität Heidelberg/CSI/Max Planck Institute for Comparative and International Private Law, Feasibility Study on a European Foundation Statute – Final Report, abrufbar unter: http://ec.europa.eu/internal_market/company/docs/eufoundation/feasibilitystudy_en.pdf.

7 European Commission, Synthesis of the comments on the consultation document of the internal market and services directorate-general on a possible statute for a European foundation, November 2009, S. 4; vgl. *Omlor* EuR 2015, 91, 93. Zu den Problemen, die sich für nationale Stiftungen stellen auch *Santiago* in: Govaere/Hanf (Eds.), Scrutinizing Internal and External Dimensions of European Law, 2013, S. 297, 299 ff.

Tätigkeit auf ihr Gründungsland zu beschränken.[8] Zudem scheuen Geldgeber aus anderen EU-Mitgliedstaaten aufgrund der teilweise bestehenden Unsicherheit bzgl. der steuerlichen Behandlung Zuwendungen an Stiftungen, die nach dem Recht eines anderen Mitgliedstaates gegründet wurden.[9] Im Ergebnis zeigte die Konsultation der Kommission, dass viele Befragte eine Europäische Stiftung als ein **wirksames Instrument** zur Bekämpfung der Probleme ansehen würden.[10]

Am 8.2.2012 unterbreitete die **Kommission** daraufhin einen **Verordnungsvorschlag**[11] für eine (gemeinnützige) Europäische Stiftung (hier abgekürzt mit **FE-VO-KOM**) zusammen mit einer Folgenabschätzung.[12] Ein Jahr später (2013) veröffentlichte das **Europäische Parlament** seinen **Zwischenbericht**[13] zur FE (im Folgenden: **FE-VO-EP**). Auch im Rat wurde die FE intensiv diskutiert. Ebenfalls im Laufe des Jahres 2013 präsentierten sowohl die irische als auch die litauische Ratspräsidentschaft Kompromissvorschläge,[14] die jedoch keine Einigung brachten. Doch die Diskussionen im Rat gingen weiter und insbesondere die **italienische Ratspräsidentschaft** arbeitete in der zweiten Jahreshälfte 2014 intensiv an der Ausgestaltung eines tragfähigen Kompromisses (hier abgekürzt mit **FE-VO-IT**).[15] Doch trotz aller Bemühungen konnten die Mitgliedstaaten nicht die für die Verabschiedung der Verordnung notwendige Einstimmigkeit erreichen. Berichten zufolge verweigerten vor allem acht Mitgliedstaaten die Zustimmung zum Verordnungsentwurf, namentlich Großbritannien, Deutschland, Österreich, Dänemark, Niederlande, Slowakei, Portugal und Estland.[16] 2

Am 16.12.2014 gab die Europäische Kommission daraufhin bekannt, dass die Pläne zur Einführung eines Statuts einer europäischen Stiftung aufgrund der mangelnden Fortschritte im Verordnungsgebungsprozess nicht weiterverfolgt würden.[17] Der Entwurf wurde dann entsprechend ein paar Monate später **offiziell zurückgezogen.**[18] Die FE war damit nach der SPE die zweite europäische Rechtsform, die aufgrund des Erfordernisses der Einstimmigkeit im Rat (vgl. Art. 352 I AEUV) scheiterte (zur Entwicklungsgeschichte europäischer Rechtsformen § 3 Rn. 2 ff.). Bezogen auf die SPE dachte die Kommission an Alternativen und legte einen Richtlinienvorschlag für die SUP, eine Ein-Personen-GmbH (s. dazu näher unter § 9) vor. Mit Blick auf die FE wurden jedoch keine weiteren Optionen geprüft. Eine Richtlinie stellte insofern aufgrund des breiten Widerstands keine realistische Option dar. Aber auch die Nutzung des Instruments der **verstärkten Zusammenarbeit**[19] wurde nicht in Erwägung gezogen.[20] 3

Die folgenden Ausführungen basieren auf dem Kommissionsentwurf; sie werden allerdings um die wichtigsten Änderungen des Parlamentsentwurfs und des Kompromissvorschlags der italienischen Ratspräsidentschaft ergänzt. 4

B. Grundlagen

Wie die anderen europäischen Rechtsformen sollte auch die Europäische Stiftung durch eine Verordnung ausgestaltet werden, die sich auf **Art. 352 AEUV** stützt. Die gewählte **Rechtsgrundlage** ist in Bezug auf die FE allerdings nicht ganz unumstritten,[21] denn die Zuständigkeit nach Art. 352 AEUV setzt die Verfolgung eines Ziels 5

8 *Behrmann/Sassen* ZCG 2014, 20, 20.

9 *Behrmann/Sassen* ZCG 2014, 20, 20; vgl. *Stöber* DStR 2012, 804, 804 f.; vgl. zu den steuerlichen Hindernissen *Weitemeyer* ERA Forum 14 (2013) 277, 278; Zur Bedeutung der steuerlichen Behandlung von Spenden im Verhältnis zur Bereitschaft zu spenden siehe schon EuGH, Rs. C-318/07 (Persche), ECLI:EU:C:2009:33 = DStR 2009, 207, Rn. 38; auch *Hemels/Stevens* EC Tax Review 6 (2012) 293, 303; vgl. *Jochum* npoR 2012, 177, 178.

10 European Commission, Synthesis of the comments on the consultation document of the internal market and services directorate-general on a possible statute for a European foundation, November 2009, S. 4.

11 Europäische Kommission, Vorschlag für eine Verordnung des Rates über das Statut der Europäischen Stiftung (FE) vom 8.2.2012, COM(2012) 35 final.

12 European Commission, Commission Staff Working Paper – Impact Assessment – Accompanying the Document – Proposal for a Council Regulation on the Statute for a European Foundation (FE), SWD (2012) 1 final.

13 European Parliament, Interim Report on the proposal for a Council regulation on the Statute for a European Foundation (FE), 18.6.2013, A7-0223/2013.

14 Council of the European Union, Guidance for Future Work, 30.10.2013, 15221/13, DRS 189 SOC 857, S. 2.

15 Ergebnis dieser Bemühung war ein sog „*compromise package*" (Kompromisspaket). Council of the European Union, 'Proposal for a Council Regulation on the Statute for a European Foundation (FE) – Agreement in Principle', DRS 145 SOC 753.

16 EFC, 'Press Release—European Commission halts negotiations on the European Foundation Statute—What's next?', 2014, abrufbar unter: http://www.fondazionecharlemagne.org/European%20Commission.pdf.

17 European Commission, Annex to the Communication from the Commission to the European Parliament, the Council, the European Economic and Social Committee and the Committee of the Regions, Commission Work Programme 2015, A New Start, COM (2014) 910 final, Annex II, no. 61.

18 Official Journal of the European Union, 7.3.2015, C 80/21.

19 Die verstärkte Zusammenarbeit wird durch Art. 20 EUV und Art. 326-334 AEUV geregelt.

20 Zu der Idee einer verstärkten Zusammenarbeit mit Blick auf die FE *Jung* Trust & Trustees 21 (2015) 625, 629.

21 Vgl. zu dieser Thematik BR-Drs. 74/12, S. 1 ff.; *Weitemeyer* NZG 2012, 1001, 1002; *Jakob/Studen* ZHR 174 (2010) 61, 71; *Steiner* GeS 2014, 56, 59; *Rizzi/Schicho* Ecolex 2012, 698, 699.

der europäischen Verträge voraus.[22] Mit Blick auf die FE wurde insofern bezweifelt, dass diese sich auf die Niederlassungsfreiheit stützten kann, da sie einen gemeinnützigen Zweck verfolgen muss.[23] Allerdings ist zu bedenken, dass es der Europäischen Stiftung zumindest in gewissem Umfang gestattet ist, auch eine wirtschaftliche Tätigkeit auszuüben (s. dazu näher unter Rn. 202 ff.).[24] Vereinzelt wurden zudem Bedenken in Bezug auf die Erfüllung des **Subsidiaritätsgrundsatzes** geäußert.[25] Es ist nach hier vertretener Ansicht allerdings unwahrscheinlich, dass der EuGH im Fall einer Verabschiedung der Verordnung, auf diese Bedenken eingegangen wäre.[26]

6 Mit der Eintragung in das zuständige Register bzw. das zuständige Speichersystem (*specific storage system*, Änderung durch FE-VO-IT, s. dazu Rn. 82 ff.) erwirbt die FE **Rechtspersönlichkeit** (Art. 9 S. 2 FE-VO-KOM, s. Rn. 84). Eine FE kann nur für **gemeinnützige Zwecke** gegründet werden (vgl. Art. 5 I FE-VO-KOM, s. Rn. 118 ff.). Man hätte diese Rechtsform daher auch **„Gemeinnützige Europäische Stiftung"**[27] nennen können, um diese Eigenschaft einer jeden FE für den Rechtsverkehr hervorzuheben. Die FE wird grundsätzlich auf **unbestimmte Zeit** gegründet (Art. 12 II FE-VO-KOM, s. Rn. 31). Die europäische Stiftung **hat keine Mitglieder** (Art. 5 I FE-VO-IT, s. Rn. 148) und wird vom Vorstand sowie ggf. mithilfe **geschäftsführender Direktoren geleitet** (s. Rn. 149 ff.). Eine gewisse Kontrollfunktion über europäische Stiftungen wird durch die jeweils zuständigen nationalen **Aufsichtsbehörden** sichergestellt (s. Rn. 228 ff.).

C. Regelungstechnik

7 Die Regelungstechnik stellt bei supranationalen Rechtsformen immer ein Herzstück der Verordnung dar (zu einer Gesamtbetrachtung § 3 Rn. 86 ff.).[28] Verordnung, Satzung und nationales Recht bilden dabei die Ebenen, die durch die Regelungstechnik in Einklang zu bringen sind. Auf nationaler Ebene ist dann noch zwischen dem anwendbaren Recht der vergleichbaren Rechtsform, den Ausführungsgesetzen und Vorschriften außerhalb des Stiftungsrechts zu unterscheiden. Zur Regelungstechnik gehört auch das Rangverhältnis der verschiedenen Vorschriften. Um Konkurrenz- und Lückenfüllungsprobleme lösen zu können, müssen im Ergebnis alle inhaltlichen Fragen eindeutig einer der genannten Regelungsebenen zugeordnet werden. Im Rahmen der Europäischen Stiftung wird die Regelungstechnik primär durch Art. 3 FE-VO-KOM bestimmt. Die Vorschrift wurde im Laufe des Verordnungsgebungsprozesses überarbeitet und ua um eine Einschränkung des Anwendungsbereichs des Statuts ergänzt (vgl. Art. 3 FE-VO-IT, dazu Rn. 29).

I. Die Verordnung

8 Für die Europäische Stiftung sind zunächst die **FE-Verordnung** und ihre jeweilige Satzung maßgeblich (vgl. Art. 3 I FE-VO-KOM). Der Kommissionsentwurf regelte die Fundatio Europaea in 55 Artikeln, die sich auf acht Kapital verteilten. Hinzu kamen 28 Erwägungsgründe. Der italienische Kompromissentwurf ergänzt zwei Vorschriften (Art. 23a und Art. 48a FE-VO-KOM) und acht Erwägungsgründe. Wie bei neuen Gesetzgebungsakten üblich, sind verteilen sich die Vorschriften auf Kapitel und Abschnitte, die jeweils Überschriften tragen. Auch die einzelnen Artikel selbst enthalten zur besseren Lesbarkeit Überschriften.

9 Der **Anwendungsbereich** der Verordnung beschränkt sich auf das Stiftungsrecht. Teil der Verordnung sind im Ergebnis sowohl explizit als auch implizit geregelte Aspekte. Punkte sind beispielsweise dann implizit geregelt, wenn das Ergebnis durch verordnungsimmanente Rechtsfortbildung gewonnen werden kann. Entsprechende verordnungsimmanente Rechtsfortbildungen können vorgenommen werden, wenn die Verordnung einen Bereich umfassend regeln, dh ein in sich geschlossenes Regelwerk schaffen wollte. Der Verordnungsgeber muss insofern Widerspruchsfreiheit angestrebt haben.[29] Insofern lässt sich auch von **internen** und **externen Lücken** sprechen. Interne Lücken werden verordnungsimmanent geschlossen, während externe Lücken zur Füllung der Anwendung nationalen Rechts bedürfen (dazu Rn. 20 ff.). Themenbereiche wie das Arbeits- und Steuerrecht

---

22 Vgl. dazu *Steiner* GeS 2014, 56, 59; *Rizzi/Schicho* Ecolex 2012, 698, 699; *Weitemeyer* NZG 2012, 1001, 1002; *Jakob/Studen* ZHR 174 (2010) 61, 71.

23 BR-Drs. 74/12, S. 1 ff.

24 Vgl. *Jakob/Studen* ZHR 174 (2010) 61, 71; auch *Weitemeyer* NZG 2012, 1001, 1002 f., die jedoch zu bedenken gibt, dass rein vermögenverwaltende FE dann „im Windschatten der wirtschaftlich tätigen Stiftungen segeln" würden. Der Bundesrat, BR-Drs. 74/12 (2012), S. 2 kritisiert, dass die FE „kraft Definition nicht das Ziel, einer erwerbswirtschaftlichen Betätigung nachzugehen verfolgt, sondern „ihrem gemeinnützigen Zweck verpflichtet" ist.

25 Vgl. zur Kritik an der europäischen Zuständigkeit BR-Drs. 74/12 (2012), S. 1 ff.

26 *Jakob/Studen* ZHR 174 (2010) 61, 72 gehen im Ergebnis ebenfalls davon aus, dass Art. 352 AEUV wohl eine tragfähige Rechtsgrundlage darstellt. Für *Weitemeyer* NZG 2012, 1001, 1002 f. hängt dies davon ab, ob die FE der Steuervereinheitlichung dienen kann.

27 *Korving/Wijtvliet* BIT 2013, 491, 491 schlagen „European Charity" als passendere Bezeichnung vor.

28 Für einen Überblick über die Regelungstechnik europäischer Rechtsformen s. § 3 Rn. 86 ff. Vgl. konkret zur Regelungstechnik der SE § 4 Rn. 10 ff.; vgl. zur Regelungstechnik der SPE vgl. § 5 Rn. 9 ff.; vgl. zur Regelungstechnik der SCE § 6 Rn. 10 ff. und der EWIV § 7 Rn. 13 ff.

29 Vgl. zur verordnungsinternen Lückenfüllung bei der SPE *Jung*, Die Kapitalverfassung der SPE, 2014, S. 68 ff.

sind hingegen nicht Gegenstand der Verordnung. Allerdings ist auch das Stiftungsrecht nicht umfassend geregelt, so dass subsidiär nationales Recht zur Anwendung kommt (vgl. Art. 3 II FE-VO-KOM).

II. Die Satzung

Neben der Verordnung kommt den Satzungsbestimmungen der FE eine zentrale Bedeutung zu. Im Gegensatz zum Kommissionsentwurf schreibt der italienische Kompromissvorschlag vor, dass die FE nur dann von eigenen Satzungsbestimmungen geregelt werden kann, wenn die Verordnung dies explizit zulässt (Art. 3 I FE-VO-IT). Zusätzlich wurde ein Absatz eingefügt, gemäß dem die Satzungsbestimmungen mit der Verordnung und dem nationalen Recht des Heimatmitgliedstaates in Einklang stehen müssen (Art. 3 III FE-VO-IT). Diese Überarbeitung des Art. 3 FE-Verordnung hätte entscheidende Änderungen im Verhältnis zum Kommissionsentwurf bewirkt. Im Folgenden wird auf den Kommissionsentwurf abgestellt. Dort, wo der italienische Kompromissvorschlag zu Änderungen geführt hätte, wird darauf hingewiesen. 10

Wie bei den anderen europäischen Rechtsformen (vgl. zur EWIV § 7 Rn. 24, zur SCE § 6 Rn. 26 ff., zur SPE § 5 Rn. 13 ff.) sind bei der FE verschiedene Kategorien von Satzungsbestimmungen zu unterscheiden. 11

1. Muss-Satzungsbestimmungen

Art. 19 I FE-VO-KOM benennt die Mindestangaben der Satzung. Inhaltlich, aber auch aufgrund des Wortlautes von Art. 19 FE-VO-KOM, können sie als **Muss-Satzungsbestimmungen** bezeichnet werden.[30] Insgesamt dreizehn Punkte, wie zB der Name der FE und ihre gemeinnützigen Zwecke, gehören zu diesen Muss-Satzungsbestimmungen, womit dieser Bereich recht umfangreich ist. An dieser Satzungskategorie hält auch der italienische Kompromissentwurf fest (Art. 19 I FE-VO-IT). 12

Bemerkenswert ist, dass Art. 19 I FE-VO-KOM nicht lediglich grundlegende Angaben umfasst.[31] Die Auflistung enthält vielmehr auch **obligatorische Regelungsaufträge** zu zentralen Aspekten.[32] Der Satzungsgeber wird so in die Pflicht genommen, einige wichtige Punkte zu entscheiden und zu regeln. So muss der Satzungsgeber beispielsweise das Verfahren zur Änderung der Satzung vorgeben (vgl. Art. 19 I lit. j) FE-VO-KOM). Die Verordnung enthält dazu zwar einige zwingende Vorgaben (vgl. Art. 20 FE-VO-KOM); darüber hinaus ist der Satzungsgeber jedoch bei der Ausgestaltung des Verfahrens frei. Art. 19 I lit. j) FE-VO-KOM gibt lediglich vor, dass sich der Satzungsgeber mit der Thematik zu befassen hat. Einen ähnlichen Regelungsaufwand schaffen Art. 19 I lit. h) (Ernennung und Entlassung des Vorstandes) und lit. i) (weitere Organe der FE) FE-VO-KOM. Im Einzelfall könnte es im Ergebnis schwierig zu ermitteln sein, ob die gemachten Angaben, den Anforderungen iSd Art. 19 I FE-VO-KOM genügen. Aufgrund der weitgefassten **Prüfungspflicht** des Registers bzw. der zuständigen Einrichtung (vgl. Art. 23 I 3 und II FE-VO-KOM/FE-VO-IT, zur Erweiterung auf „Einrichtungen" durch den italienischen Kompromissentwurf s. Rn. 98 ff.) hätte dies unter Umständen zu Problemen bei der Eintragung führen können. 13

2. Abändernde-Satzungsbestimmungen

Aus Art. 19 I FE-VO-KOM ergibt sich im Umkehrschluss, dass in der Satzung neben Muss-Satzungsbestimmungen weitere statuarische Regelungen aufgenommen werden können. Dazu zählen zB Bestimmungen, die zur Kategorie „Abändernde-Satzungsbestimmungen" gehören. Entsprechende dispositive Regelungen der FE-Verordnung zeichnen sich dadurch aus, dass sie **ausdrücklich Abweichungen** durch Satzungsbestimmungen zulassen (siehe zB Art. 10 I 2 FE-VO-KOM, Art. 10 III FE-VO-KOM, Art. 11 I FE-VO-KOM, Art. 27 III FE-VO-KOM). Die Verordnung enthält somit satzungsdispositives Recht. Art. 3 I FE-VO-IT stellt klar, dass eine Regelung nur dann dispositiv ist, wenn die Vorschrift dies **explizit** zum Ausdruck bringt. 14

---

30 Diese Satzungskategorie existiert auch in der SPE. Vgl. dazu § 5 Rn. 15.

31 Vgl. auch *Schlüter/Stolte* in: Schlüter/Stolte (Hrsg.), Stiftungsrecht, 2016, Kap. 8 Rn. 24, die darauf aufmerksam machen, dass die Mindestangaben nach FE-VO-KOM über die deutschen Vorschriften hinausgehen.

32 Obligatorische Regelungsaufträge wurden im Kommissionsentwurf für die Europäische Privatgesellschaft in Form des Anhangs I SPE-VO-KOM als Regelungsinstrument gewählt.

3. Dominante-Satzungsbestimmungen bzw. Kann-Satzungsbestimmungen

15 Der SPE-Verordnung kennt darüber hinaus Kann-Satzungsbestimmungen[33] bzw. Weitere-Satzungsbestimmungen.[34] Der Kommissionsentwurf hätte insofern allerdings wohl eine neue Satzungskategorie in Bezug auf die interne Organisation eingeführt, die sogenannte Kategorie der „Dominanten-Satzungsbestimmungen". Auf die Satzungsdominanz lässt Erwägungsgrund 15 FE-VO-KOM schließen:

„Damit eine FE ihre interne Organisation auf ihre Bedürfnisse, ihre Größe und die Entwicklung ihrer Tätigkeit abstimmen kann, sollte sie in ihrer Satzung die für sie am besten geeignete Struktur frei festlegen können. Gewisse Regeln für die Verwaltung der FE, insbesondere in Bezug auf die Aufgaben und Pflichten des Vorstands und die Mindestzahl seiner Mitglieder, sollten in dieser Verordnung jedoch verbindlich festgelegt werden."

16 Die Kommission gibt in Erwägungsgrund 15 FE-VO-KOM an, dass sie bezüglich der **internen Organisation** der FE Satzungsfreiheit gewähren möchte. Der Bereich, in dem die Satzung eigenständige Regeln treffen darf, ist ausdrücklich auf die interne Organisation beschränkt. Das Außenverhältnis ist grundsätzlich nicht Gegenstand dieser Satzungsgestaltungsfreiheit und damit dieser Satzungskategorie. Der Verordnungsentwurf der Kommission zeigt der Gestaltungsfreiheit in Bezug auf die interne Organisation durch Dominante-Satzungsbestimmungen jedoch gewisse Grenzen auf und schafft damit einen Ordnungsrahmen, innerhalb dessen die Satzung alle weiteren Aspekte regeln darf. Das nationale Recht wird dagegen **nicht** als Schranke für die Schaffung von Satzungsbestimmungen genannt. Der Einfluss nationalen Rechts auf die interne Organisation würde damit ua vom Umfang der Satzung abhängen und könnte bei einer weitreichenden statuarischen Gestaltung stark reduziert werden.[35] Insofern lässt sich mit Blick auf die interne Verfassung der FE gem. dem Kommissionsentwurf von **Satzungsdominanz** sprechen.[36] Schon im Konsultationsprozess zur Europäischen Stiftung wurde der Wunsch nach einer möglichst autonomen Verordnung und damit wahrhaft europäischen Stiftung geäußert.[37] Dem kam die Kommission mit dieser Regelung scheinbar nach. Diese Regelungstechnik ist für das europäische Gesellschaftsrecht innovativ und sehr weitreichend. Eine vergleichbare Satzungskategorie findet sich weder bei den europäischen Rechtsformen noch bei den anderen gescheiterten Projekten zur Einführung weiterer Rechtsformen.

17 Außerhalb des Bereichs der internen Organisation wären nach dem Kommissionsentwurf Satzungsklauseln nur möglich gewesen, wenn sie in eine der anderen beiden Satzungskategorien gefallen wären oder der Verordnungsgeber sie ausdrücklich gestattet hätte (diese Satzungsbestimmungen hätten dann als Kann-Satzungsbestimmungen bezeichnet werden können). Darüber hinaus hätte der nationale Gesetzgeber Satzungsbestimmungen zulassen können, soweit nationales Recht zur Anwendung kommt (Nationale-Satzungsbestimmungen, dazu sogleich im Folgenden unter Rn. 19).

18 Die italienische Ratspräsidentschaft schaffte die Kategorie der „Dominanten-Satzungsbestimmungen" allerdings ab, obwohl Erwägungsgrund 18 FE-VO-IT weiterhin die hohe Bedeutung der Gestaltungsfreiheit im Innenverhältnis betont. Art. 3 I FE-VO-IT stellt allerdings klar, dass die Satzung nur dann Regelungen enthalten darf, sofern die Verordnung dies **explizit** zulässt. Nach der italienischen Ratspräsidentschaft gibt es daher statt der Kategorie „Dominante-Satzungsbestimmungen" ausschließlich **Kann-Satzungsbestimmungen.**[38] Damit wird die Regelungssystematik umgekehrt: Statt das im Bereich der internen Organisation grundsätzlich Satzungsgestaltungsfreiheit besteht (Dominante-Satzungsbestimmungen), ist die Satzungsgestaltungsfreiheit nun die Ausnahme und muss daher explizit gestattet werden (Kann-Satzungsbestimmung). Art. 3 III FE-VO-IT betont, dass die Satzung in Einklang mit der Verordnung und dem jeweils anwendbaren nationalen Recht stehen muss. Die Vorschrift ist in diesem Zusammenhang allerdings wohl nicht so zu verstehen, dass nationales Recht Einfluss auf Kann-Satzungsbestimmungen hat. Dies dürfte sich aus der Normenhierarchie ergeben. Für diese Interpreta-

33 Anhang I SPE-VO (ungarischer Entwurf) listet verschiedene Aspekte auf, die die Gesellschafter in der Satzung regeln können, aber nicht regeln müssen. Sofern die Anteilseigner sich dazu entschließen, einen entsprechenden Punkt in die Satzung aufzunehmen, wird die Anwendung nationalen Rechts diesbezüglich ausgeschlossen. Vgl. dazu § 5 Rn. 16 f.

34 „Weitere-Satzungsbestimmungen" stellen eine Art „Auffang-Kategorie" dar. Sie werden in der SPE-Verordnung negativ abgegrenzt. Handelt es sich nicht um eine andere Satzungskategorie, ist die Klausel als „Weitere-Satzungsbestimmung" zu kategorisieren. Vgl. dazu § 5 Rn. 20.

35 Nationales Recht käme allerdings weiterhin im Fall von Nicht- oder Teilregelungen in Betracht, die insbesondere immer dann vorliegen, wenn die Verordnung auf das anwendbare nationale Recht verweist.

36 Vgl. zur Satzungsdominanz in der FE schon *Jung* BB 2012, 1743, 1744 und später *dies.* PSR 2013, 104, 107. Diesen Begriff übernehmend *Weitemeyer* NZG 2012, 1001, 1003; *Jakob* in: Jakob (Hrsg.), Stiften und Gestalten, 2013, S. 3, 22 ebenso veröffentlicht in *Jakob* npoR 2013, 1 ff. *Santiago* in: Govaere/Hanf (Eds.), Scrutinizing Internal and External Dimensions of European Law, 2013, S. 297, 310 leitet eine vergleichbare Interpretation aus dem Wortlaut des Art. 3 II FE-VO-KOM her und schlägt im Ergebnis eine Änderung der Vorschrift vor.

37 European Commission, Synthesis of the comments on the consultation document of the internal market and services directorate-general on a possible statute for a European Foundation, November 2009, S. 13.

38 Im Unterschied zur SPE, wo der Begriff geprägt wurde, enthält die FE-Verordnung allerdings keinen Anhang, der alle Satzungsregelungsmöglichkeiten auflistet. Vielmehr müssen diese Gestaltungsspielräume direkt durch die Verordnungsvorschriften gewährt werden. Zu Kann-Satzungsbestimmungen bei der SPE siehe § 5 Rn. 16 f.

tion spricht auch Erwägungsgrund 18 FE-VO-IT, der ebenfalls lediglich mögliche Grenzen, die sich aus der Verordnung ergeben, nennt.

4. Nationale-Satzungsbestimmungen

Weist die Verordnung eine (externe) Lücke auf und kommt daher mitgliedstaatliches Recht zur Anwendung, so kann dieses ebenfalls einen Satzungsgestaltungsspielraum eröffnen. Solche Satzungsbestimmungen ließen sich als **„Nationale-Satzungsbestimmungen"** bezeichnen. Da der nationale Gesetzgeber ebenfalls verschiedene Kategorien schaffen kann, könnten Nationale-Satzungsbestimmungen noch weiter untergliedert werden. 19

III. Nationales Recht

Im Fall von **externen Lücken** (zu internen Lücken bereits Rn. 9) in der Verordnung, also solchen, die nicht verordnungsimmanent zu füllen sind, greift nationales Recht, sofern auch die Satzung diesen Aspekt nicht regelt bzw. nicht regeln darf. Es ist allerdings im Einzelfall nicht immer leicht festzustellen, ob eine solche **Nicht- bzw. Teilregelung**[39] vorliegt.[40] Einzelne Hinweise auf entsprechende externe, vom nationalen Gesetzgeber zu füllende Lücken lassen sich unmittelbar der Verordnung entnehmen. So verweist sie an einigen Stellen zB explizit auf das nationale Recht und zeigt damit an, dass eine externe Lücke vorliegt (vgl. ua Art. 26 FE-VO-KOM, Art. 19 II FE-VO-KOM, Art. 14 III 1 FE-VO-KOM), welche auch nicht durch eine Satzungsbestimmung geschlossen werden kann. Daneben lassen die einige Erwägungsgründe Rückschlüsse auf Nicht- bzw. Teilregelungen zu (vgl. zB Erwägungsgrund 15 S. 6 FE-VO-KOM).[41] Externe Lücken, dh Nicht- bzw. Teilregelungen in der Verordnung, sind nachzuweisen und können somit nicht vermutet werden. Das ergibt sich aus Erwägungsgrund 3 S. 2 FE-VO-KOM, der zeigt, dass die Verordnungsvorschriften die Europäische Stiftung möglichst umfassend regeln wollen. Die Begründungslast[42] trifft daher denjenigen, der eine Lücke behauptet. 20

Im Fall einer Unvollständigkeit der Verordnung, die durch nationales Recht zu schließen ist, greifen zunächst die nationalen **Ausführungsgesetze**, die der Mitgliedstaat *„zur wirksamen Anwendung"*[43] der Verordnung für die FE erlassen hat (vgl. Art. 3 II lit. a) FE-VO-KOM). Der Kommissionsentwurf verdeutlichte diesbezüglich allerdings nicht, welches mitgliedstaatliche Recht zur Anwendung kommen sollte. Der italienische Ratsentwurf präzisiert insofern, dass auf das Recht des Heimatstaates, dh des Registersitzes der FE, verwiesen wird (näher mit Blick auf das anwendbare einzelstaatliche Recht Rn. 23 f.). 21

Erwägungsgrund 24 FE-VO-KOM[44] erläutert, was Vorschriften „zur wirksamen Anwendung" sind: Die Europäische Stiftung darf danach durch die Ausführungsgesetze **keinen unverhältnismäßigen Beschränkungen** unterworfen werden. Die Ausführungsgesetze dürfen auch nicht zu einer **Ungleichbehandlung** der FE gegenüber der nationalen Stiftung führen.[45] Da Ausführungsgesetze jedoch gerade dazu dienen, auf die FE angepasste Vorschriften zu erlassen, ist die Unterbindung von Ungleichbehandlungen eng auszulegen. Sie bedeutet in diesem Zusammenhang lediglich, dass die Ausführungsgesetze die FE im Verhältnis zur nationalen Stiftung nicht benachteiligen dürfen. Die erwägungsgrundkonforme Auslegung führt somit im Ergebnis zu einer Eingrenzung der Gestaltungsfreiheit für die Mitgliedstaaten. 22

Das **nationale Recht** für die **vergleichbare nationale gemeinnützige Einrichtung** findet dann Anwendung, wenn auch das nationale Ausführungsrecht einen bestimmten Aspekt nicht regelt (vgl. Art. 3 II lit. b) FE-VO-KOM).[46] Der hier postulierte Anwendungsvorrang der Ausführungsgesetze innerhalb des nationalen Rechts lässt sich aus Art. 3 II lit. b) FE-VO-KOM ableiten. Denn das nationale Stiftungsrecht soll nur dann eingreifen, wenn der Be- 23

39 Zu diesen Kategorien und ihrer Behandlung in Bezug auf die SPE *Jung*, Die Kapitalverfassung der SPE, 2014, S. 117 ff.

40 Das European Law Institute plädiert daher dafür, dass die Verordnung deutlicher zu erkennen geben sollte, welche Bereiche sie vollständig oder nur teilweise bzw. gar nicht regelt. ELI, Statement on the proposal for a Statute for a European Foundation (FE) (draft), 2013, S. 12; ebenso EFC, Revised legal analysis of the European Commission proposal for a Council Regulation on the Statute for a European Foundation (FE), 2013, S. 5.

41 Zur Berücksichtigungsfähigkeit von Erwägungsgründen bei der Auslegung *Jung*, Die Kapitalverfassung der SPE, 2014, S. 57 ff. Vgl. auch in diesem Werk § 2 Rn. 110 ff.

42 Vgl. allgemein zur Begründungslast *Krebs* AcP 195 (1995) 171.

43 Art. 3 II (a) FE-VO-KOM. Englischer Wortlaut: „in order to ensure the effective application". Französischer Wortlaut: „en vue d'assurer l'application effective". Die deutsche Fassung ist zwar leicht abweichend formuliert, was sich jedoch nicht auf die Auslegung auswirkt.

44 Die Nummerierung der Erwägungsgründe hat sich im Laufe des Verordnungsgebungsprozesses verschoben. Darauf wird im Folgenden nicht durchgehend hingewiesen. Im genannten Beispiel befindet sich die entsprechende Passage in Erwägungsgrund 26 FE-VO-IT.

45 Englischer Wortlaut: „(...) do not result in disproportionate regulatory restrictions with respect to the FE or in discriminatory treatment of the FE as compared with public benefit purpose entities governed by national law". Französischer Wortlaut: „n'aboutissent pas à des restrictions réglementaires disproportionnées pour la FE ou à un traitement discriminatoire de la FE par rapport aux entités d'utilité publique régies par le droit national".

46 *Weitemeyer* NZG 2012, 1001, 1003; *Melzer* PSR 2012, 61, 62 und 65.

reich nicht durch die Ausführungsgesetze geregelt wurde. Der Kommissionsentwurf konkretisierte allerdings auch in diesem Fall nicht, welches nationale Recht im Fall von externen Lücken Anwendung findet.[47] Es fehlte auch insofern ein expliziter Verweis auf die Anwendbarkeit des nationalen Rechts des Registersitzes der FE.[48] Dies war ungewöhnlich, da die bestehenden europäischen Rechtsformen sonst eindeutig den Registersitz als Bezugspunkt wählen (vgl. Art. 9 I lit. c) (ii) SE-VO; Art. 8 I lit. c) (ii) SCE-VO; Art. 2 I EWIV-VO) und sich auch die geplante (und dann gescheiterte) SPE-Verordnung auf den Registersitz bezieht (vgl. Art. 4 II lit. b) SPE-VO). Der italienische Kompromissentwurf nimmt daher auch eine entsprechende Präzisierung vor, indem er in Art. 3 II lit. b) FE-VO-IT explizit auf das Recht des **„Heimatmitgliedstaates"** verweist, welches sich nach Art. 2 Nr. 4 FE-VO-IT nach dem **Registersitz** richtet.

24 Im Rahmen der FE wäre, sofern die Verordnung verabschiedet worden wäre, vermutlich die Diskussion geführt worden, ob Art. 3 II FE-VO-KOM eine **Gesamtnorm-** oder eine **Sachnormverweisung** darstellt.[49] Bei einer Gesamtnormverweisung findet nationales Recht inklusive des IPR Anwendung. Bei einer Sachnormverweisung wird hingegen direkt auf die Sachnorm Bezug genommen und das IPR nicht vorgeschaltet.[50] Im Kommissionsentwurf hätte für eine Gesamtnormverweisung sprechen können, dass die in der Verordnung häufig verwendete Verweistechnik „anwendbares einzelstaatliches Recht"[51] nicht definiert wurde. Der italienische Kompromissentwurf verwendet dagegen den Begriff „anwendbares nationales Recht des Heimatmitgliedstaats" und nimmt damit eindeutig eine **Sachnormverweisung** auf das Recht des Mitgliedstaats vor, in dem die FE ihren Registersitz hat (Art. 2 Nr. 4 FE-VO-IT).

IV. Das Normanwendungsregime

25 Die Verordnung stellt mit Blick auf die FE das ranghöchste Recht dar. In Bezug auf den Anwendungsvorrang, also im Normanwendungsregime, geht die Verordnung **Satzungsbestimmungen** grundsätzlich vor. Die Verordnungsvorschriften stellen in der Regel zwingendes Recht dar. Das lässt sich aus der Regelungstechnik schließen, wonach einige Bestimmungen explizit Abweichungen durch statuarische Klauseln erlauben (vgl. zB Art. 10 I 2 FE-VO-KOM, Art. 10 III FE-VO-KOM, Art. 1 I FE-VO-KOM, Art. 27 III FE-VO-KOM).[52] Da der Verordnungsgeber diese Regelungstechnik bewusst gewählt hat, ergibt sich daraus im Umkehrschluss, dass der zwingende Charakter der Vorschriften der Regelfall ist. Allein solche Vorschriften, die die Dispositivität in der Norm explizit zum Ausdruck bringen, lassen damit statuarische Abweichungen zu (dazu auch Rn. 14).

26 Regeln die Verordnung und die Satzung einen Aspekt nicht oder lediglich teilweise, greift **subsidiär nationales Recht** (vgl. Art. 3 II FE-VO-KOM).[53] Nationales Recht kommt also im Fall von **externen Lücken** der Verordnung zur Anwendung, sofern auch die Satzung diesen Aspekt nicht erfasst. Die Satzung steht damit wie die Verordnung generell über dem nationalen Recht. In Bezug auf die einzelnen Satzungskategorien muss allerdings differenziert werden (s. dazu Rn. 27). Die nationalen **Ausführungsgesetze** sind wiederum grundsätzlich über dem anwendbaren einzelstaatlichen Recht anzusiedeln. Die Verordnung entwirft damit von der Grundstruktur her eine **vierstufige Normanwendungspyramide:**

47 Vgl. dazu *Stöber* DStR 2012, 804, 806.

48 *Stöber* DStR 2012, 804, 806 plädierte für eine entsprechende (und eindeutige) Regelung in der endgültigen Verordnung. In diese Richtung wohl auch *Jakob* in: Jakob (Hrsg.), Stiften und Gestalten, 2013, S. 3, 21 f.

49 Eine entsprechende Diskussion wurde vor allem mit Blick auf die SE (vgl. § 4 Rn. 12) und auch bezüglich der SPE geführt (vgl. dazu § 5 Rn. 34).

50 Vgl. auch *Omlor* EuR 2015, 91, 95, wonach es Art. 3 II FE-VO dem anwendbaren *Kollisionsrecht* überlasse; welches Stiftungsstatut maßgeblich ist (was für eine Gesamtnormverweisung einschließlich des IPR sprechen könnte).

51 Englischer Wortlaut: „applicable national law". Französischer Wortlaut: „droit national applicable".

52 Das ELI kritisiert, dass es an vielen Stellen der Verordnung unklar bleibt, ob die Vorschriften zwingend oder dispositiv sind: ELI, Statement on the proposal for a Statute for a European Foundation (FE) (draft), 2013, S. 12.

53 EFC, Revised legal analysis of the European Commission proposal for a Council Regulation on the Statute for a European Foundation (FE), 2013, S. 5 fordert eine möglichst umfassende Verordnung und damit wenig Verweise auf das nationale Recht. *Jakob* in: Jakob (Hrsg.), Stiften und Gestalten, 2013, S. 3, 21 f. kritisiert, dass gerade an entscheidenden Stellen auf stark divergierendes nationales Recht zurückgegriffen wird.

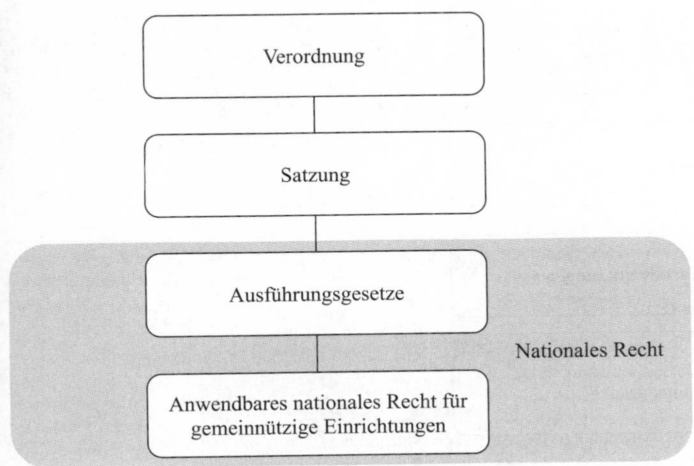

Abb. 1: Normanwendungsregime der FE[54]

Im Einzelnen ist darüber hinaus allerdings zwischen den **verschiedenen Satzungskategorien** zu unterscheiden. Der Kategorie „Dominante-Satzungsbestimmungen" steht im Normanwendungsregime über dem nationalen Recht, da ihr durch nationales Recht grundsätzlich keine Schranken gesetzt werden können. Die Verordnung begrenzt dagegen durch zwingendes Recht die Satzungsgestaltungsfreiheit mittels solcher statuarischer Klauseln, so dass die Verordnung über der Kategorie „Dominante-Satzungsbestimmungen" anzusiedeln ist. Die Besonderheit dieser Satzungskategorie besteht darin, dass sie auf den Bereich der internen Organisation beschränkt ist. Kann-Satzungsbestimmungen, die nach dem italienischen Entwurf die Kategorie Dominante-Satzungsbestimmungen ersetzen, sind auf der gleichen Stufe einzuordnen. Gleiches gilt auch für Muss-Satzungsbestimmungen. Abändernde-Satzungsbestimmungen sind dagegen oberhalb der Verordnung einzustufen, da sie wirksam von den Verordnungsbestimmungen abweichen können. 27

Abgesehen von der Kategorie „Dominante-Satzungsbestimmungen" im Bereich der internen Organisation, erlaubt die Verordnung meist ausdrücklich die Aufnahme von statuarischen Klauseln. Enthält die Verordnung keinen entsprechenden Vermerk, ist die Aufnahme weiterer Satzungsbestimmungen grundsätzlich nicht gestattet. Sind die Verordnung und/oder die Satzung lückenhaft und kommt nationales Recht zur Anwendung, kann dieses wiederum einen Satzungsgestaltungsspielraum gewähren. Entsprechende Satzungsbestimmungen lassen sich als „Nationale-Satzungsbestimmungen" bezeichnen. Aus Vereinfachungsgründen wird diese Kategorie nicht weiter untergliedert (vgl. bereits Rn. 19). Im Folgenden wird das Normanwendungsregime der FE inklusive Satzungskategorien dargestellt, wobei auf den italienischen Verordnungsentwurf eingegangen sind (weshalb Dominante-Satzungsbestimmungen nicht aufgeführt sind): 28

54 Von einem entsprechenden Normanwendungsregime geht *Melzer* PSR 2012, 61, 65 aus. Das Normanwendungsregime stimmt in seiner Grundstruktur mit dem der SPE-Verordnung überein; die Abbildung stammt aus *Jung* PSR 2013, 104, 106.

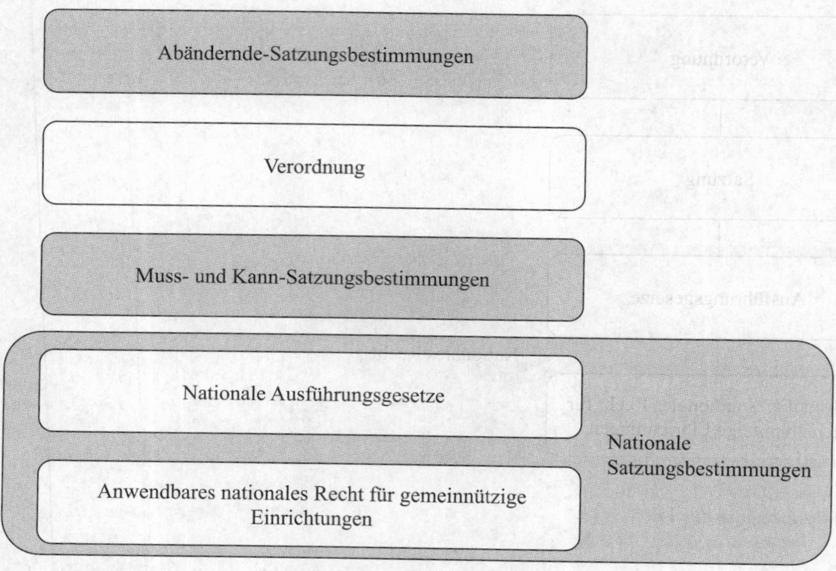

Abb. 2: Normanwendungsregime der FE inklusive Satzungskategorien[55]

D. Gründung

29 Die **Gründungsmöglichkeiten** (s. Rn. 30 ff.) und der **Gründungsprozess** inklusive des **Eintragungsverfahrens** (s. Rn. 82 ff.) werden in der FE-Verordnung ausführlich geregelt. Im Laufe des Verordnungsgebungsprozesses kamen noch Vorgaben zum **Anwendungsbereich** der Verordnung hinzu, die – systematisch nicht ganz stimmig – in Art. 3 FE-VO-IT aufgenommen wurden (Art. 3 IVa FE-VO-IT), der sich mit der Regelungstechnik beschäftigt. Die italienische Ratspräsidentschaft wollte mit diesem Vorstoß sicherstellen, dass **bestimmte nationale Stiftungen**, insbesondere solche mit Bezug zum Finanzsektor, nicht die Form der FE nutzen können.[56]

I. Die Gründungsmöglichkeiten einer FE

30 Art. 12 I FE-VO-KOM kennt **vier Gründungsmöglichkeiten.** Die Gründung **„ex nihilo"** („aus dem Nichts") ist dabei zum einen in Form der **Verfügung von Todes wegen** vorgesehen. Zum anderen besteht für **lebende natürliche oder juristische Personen** die Möglichkeit, eine Fundatio Europaea ex nihilo zu errichten, dh neu zu gründen. Eine Europäische Stiftung kann dem Grunde nach auch durch **Verschmelzung** oder durch **Formwechsel** errichtet werden. Art. 12 I FE-VO-KOM enthält eine enumerative Auflistung. Dort nicht genannte Gründungsmöglichkeiten, wie zB die **Spaltung**, stehen daher **nicht zur Verfügung.** Sie können auch vom nationalen Gesetzgeber nicht gestattet werden. Der italienische Kompromissentwurf hat an diesen vier (abschließenden) Gründungsmöglichkeiten festgehalten.

31 Gemäß Art. 12 II FE-VO-KOM darf die Europäische Stiftung unabhängig von der Gründungsart grundsätzlich nur auf **unbegrenzte Zeit** gegründet werden. Der Satzungsgeber hat jedoch die Option, durch eine entsprechende Satzungsklausel eine FE auf Zeit zu errichten. Art. 12 II FE-VO-KOM legt diesbezüglich eine **Mindestdauer** von **zwei Jahren** fest. Dieser kurze Mindestzeitraum stieß jedoch im Verordnungsgebungsprozess auf Kritik.[57] Das Europäische Parlament trug dieser Kritik in seinem Zwischenbericht Rechnung und regte eine grundsätzliche Anhebung der Mindestdauer auf **vier Jahre** an (vgl. Art. 12 II 1 FE-VO-EP). Gleichzeitig gestattete es jedoch in Ausnahmefällen eine Gründung für zwei Jahre (Art. 12 II 2 FE-VO-EP).[58] Der italienische Kompromissentwurf geht darüber hinaus und hebt die Mindestdauer auf **sechs Jahre** an und schränkt zusätzlich eine kurze

55 Die Stellung von Nationalen-Satzungsbestimmungen hängt vom nationalen Recht ab. Die Abbildung stammt aus *Jung* PSR 2013, 104, 108.

56 FE-VO-IT, S. 7.

57 BR-Drs. 74/12 (2012), S. 5; *Jakob* in: Jakob (Hrsg.), Stiften und Gestalten, 2013, S. 3, 20. EFC, Revised legal analysis of the European Commission proposal for a Council Regulation on the Statute for a European Foundation (FE), 2013, S. 9, plädiert für einen längeren Zeitraum von mindestens 5 Jahren; ebenso *Cranshaw* DZWIR 2013, 299, 305.

58 Siehe dazu näher *Jung* ZStV 2014, 7, 9.

Dauer durch die Vorgabe ein, dass dies nur gestattet ist, sofern ein solch kurzer Zeitraum im Verhältnis zum Zweck der FE angemessen ist (Art. 12 II FE-VO-IT).

Die FE-Verordnung kennt sowohl spezielle Gründungsvorschriften für die einzelnen Formen der Gründung als auch gründungsformunabhängige Vorgaben bezüglich des Gründungsprozesses und des Eintragungsverfahrens (s. Rn. 33 ff.). Im Folgenden soll zunächst auf die speziellen Gründungsvoraussetzungen eingegangen werden, bevor der Gründungsprozess erläutert wird. 32

1. Gründung ex nihilo

Da die zwei Formen der Gründung ex nihilo gewisse Gemeinsamkeiten aufweisen, hält die FE-Verordnung für beide Gründungsvarianten gemeinsam geltende Regelungen bereit (vgl. Art. 13 FE-VO-KOM, s. Rn. 34 ff.). Daneben kennt die Verordnung jeweils spezielle Vorschriften für die Gründung durch eine Verfügung von Todes wegen (dazu Rn. 37 f.) und die Gründung unter Lebenden (dazu Rn. 39 ff.). 33

a) Allgemeine Vorgaben für die Gründung ex nihilo

Art. 13 FE-VO-KOM regelt den **Mindestinhalt** der Verfügung von Todes wegen, der notariellen Urkunde und der schriftlichen Erklärung. Die Norm gilt somit für beide Formen der Gründung ex nihilo und verdeutlicht, dass in die Verfügung neben den genannten Mindestangaben **weitere Aspekte** aufgenommen werden dürfen.[59] 34

Inhaltlich verlangt Art. 13 lit. a) und b) FE-VO-KOM, dass der Stifter (bzw. die Stifter, dazu Rn. 40) die **Absicht** hat (haben), eine FE zu gründen und dieser FE **Vermögen zuzuwenden.** Darüber hinaus muss das entsprechende Schriftstück das **Ausgangsvermögen** und den **Zweck der FE** aufführen. Das Dokument, das den Willen zur Gründung einer FE bekundet, ist nicht mit der Satzung zu verwechseln. Das Schriftstück kann als **„Gründungsurkunde"** bezeichnet werden.[60] Die **Satzung** ist davon zu unterscheiden und stellt ein **gesondertes Dokument** dar, für welches die FE-VO-KOM ebenfalls einen Mindestinhalt vorsieht (vgl. Art. 19 FE-VO-KOM, s. dazu näher unter Rn. 12 f.). Die Angaben in der Gründungsurkunde genügen daher nicht, um die Mindestanforderungen des Art. 19 I FE-VO-KOM in Bezug auf die Satzung zu erfüllen. Diese Aufteilung der Gründungsdokumente in eine „Gründungsurkunde" und eine Satzung ist in Deutschland nicht üblich. In anderen Mitgliedstaaten ist diese Aufteilung bei der Gründung von Gesellschaftsformen jedoch der Normalfall (vgl. beispielsweise das italienische Gesellschaftsrecht § 14 Rn. 174). 35

Weitere ausdrückliche Vorgaben zum Ablauf einer Gründung ex nihilo sieht die Verordnung nicht vor.[61] Die Verordnung stellt allerdings Regeln für die **Eintragung** der FE in das zuständige Register bzw. das besondere Speichersystem (vgl. Art. 21, Art. 22 und Art. 23 FE-VO-KOM/FE-VO-IT) sowie zur **Erlangung der Rechtspersönlichkeit** auf (Art. 9 FE-VO-KOM). 36

b) Errichtung von Todes wegen

Nur eine **natürliche Person** kann mittels einer **„Verfügung von Todes wegen"**[62] eine FE gründen (vgl. Art. 12 I lit. a) FE-VO-KOM). Der Begriff wird in Art. 2 III FE-VO-KOM definiert. Danach ist eine Verfügung von Todes wegen „jedes rechtsverbindliche Schriftstück (...), aus dem hervorgeht, wie das Vermögen des Erblassers nach dessen Tod verwaltet und verteilt werden soll".[63] Unter welchen Voraussetzungen ein entsprechendes Schriftstück als rechtsverbindlich anzusehen ist, regelt gem. Art. 2 III FE-VO-KOM das nationale Recht. Das anwendbare nationale Recht bestimmt sich hier nach dem (ersten) Wohnsitz des Erblassers (vgl. Art. 2 III FE-VO-KOM). Im italienischen Kompromissentwurf ist die **Definition nicht** mehr enthalten. Grundsätzlich würde sich dadurch zunächst nichts ändern, da Begriffe, die der Verordnungsgeber verwendet, grundsätzlich europäisch autonom[64] auszulegen sind. Hier hat der Verordnungsgeber allerdings wohl intendiert, dass dieser Aspekt vom **nationalen Recht** geregelt werden soll. Darauf weist Art. 12 I lit. a) FE-VO-IT hin, der explizit die Vereinbarkeit 37

---

59 Vgl. EFC, Revised legal analysis of the European Commission proposal for a Council Regulation on the Statute for a European Foundation (FE), 2013, S. 9.

60 Das ELI wünscht sich eine Klarstellung zum Verhältnis des Gründungsdokuments und der Satzung: ELI, Statement on the proposal for a Statute for a European Foundation (FE) (draft), 2013, S. 27.

61 Das ELI wünscht sich eine Klarstellung über die anwendbaren Vorschriften für den Prozess: ELI, Statement on the proposal for a Statute for a European Foundation (FE) (draft), 2013, S. 27.

62 Englischer Wortlaut: „testamentary disposition ". Französischer Wortlaut: „disposition testamentaire".

63 Englischer Wortlaut: „'testamentary disposition' means any legal document, (...) which describes how the testator's property is to be managed and distributed after his/her death". Französischer Wortlaut: „«disposition testamentaire»: tout document juridique, qui décrit la façon dont le patrimoine du testateur doit être géré et réparti après sa mort".

64 Vgl. EuGH, Rs. C-360/90 (Arbeiterwohlfahrt Berlin/Bötel), ECLI:EU:C:1992:246 = NZA 1992, 687, Rn. 23; EuGH, Rs C-287/98 (Linster), ECLI:EU:C:2000:468 = NVwZ 2001, 421, Rn. 43; EuGH, Rs. 327/82 (Ekro), ECLI:EU:C:1984:11 = BeckEuRS 1984, 111705, Rn. 11.

mit nationalem Recht fordert. Der Vorschlag, die Definition des Begriffs „Verfügung von Todes wegen" an Art. 3 I lit. d) der Verordnung 650/2012[65] anzupassen, wurde somit nicht aufgegriffen.[66] Art. 12 I lit. a) FE-VO-IT spricht sogar noch weitreichender davon, dass das nationale Recht eine entsprechende Verfügung von Todes wegen gestatten muss. Wegen der in freiheitlichen Rechtsordnungen grundsätzlichen Zulässigkeit von Verfügungen auf den Todesfall soll dies aber wohl nur heißen, dass nationale Beschränkungen insoweit Wirksamkeit entfalten.

38 Das nationale Recht hat hingegen keinen Einfluss auf die Anforderungen, die an den Erblasser hinsichtlich der Verdeutlichung seines Willens zur Verwaltung und Verteilung seines Vermögens gestellt werden. Die Verordnung beschäftigt sich mit dieser Frage vielmehr in Art. 13 FE-VO-KOM für beide Formen der Gründung ex nihilo (dazu gleich unter Rn. 87 ff.).

c) Errichtung unter Lebenden

39 Die Errichtung der FE unter Lebenden soll die Fundatio Europaea einem möglichst **großen Anwenderkreis** öffnen. Denn die Gründung einer Stiftung unter Lebenden ist der Regelfall, weshalb die Ausgestaltung dieser Möglichkeit wesentlich für den Erfolg ist. Der europäische Gesetzgeber erlaubt daher nicht nur **natürlichen Personen**, sondern **auch juristischen Personen und öffentlichen Einrichtungen**, eine FE auf diesem Wege zu errichten (vgl. Art. 12 I lit. b) FE-VO-KOM). Der Begriff „öffentliche Einrichtung" wird in Art. 2 IV FE-VO-KOM definiert: Unter die Bezeichnung fällt daher jede Einrichtung „unabhängig davon, ob sie rechtlich Teil der Exekutive auf staatlicher, nationaler, regionaler oder lokaler Ebene ist oder eine eigenständige Behörde, die öffentliche Dienstleistungen erbringt oder auf gesetzlicher Grundlage hoheitliche Aufgaben wahrnimmt".[67] Das European Law Institute (ELI) spricht sich dafür aus, in einem gesonderten Anhang die juristischen Personen und öffentlichen Einrichtungen aufzuzählen, die eine FE gründen dürfen.[68] Bei 28 Mitgliedstaaten und der damit korrespondierenden Vielzahl der juristischen Personen und öffentlichen Einrichtungen in jedem Land dürfte eine abschließende Auflistung allerdings problematisch sein. Ein entsprechender Anhang wäre auch grundsätzlich statisch, würde also dynamische Entwicklungen in den Mitgliedstaaten nicht mitvollziehen. Exemplarische Aufzählungen aber helfen nicht in den problematischen Fällen. Aus diesem Grund ist die italienische Ratspräsidentschaft der Empfehlung wohl auch nicht gefolgt.

40 Der Kommissionsentwurf verwendete in der deutschen Fassung bezüglich der möglichen Gründer den Singular, woraus hätte geschlossen werden können, dass es einer Mehrheit von Personen nicht gestattet gewesen wäre, eine FE gemeinsam zu gründen (vgl. Art. 12 I lit. b) FE-VO-KOM). Bereits die englische Fassung des Kommissionsentwurfs sowie der italienische Kompromissentwurf (in englischer Sprache, vgl. Art. 12 I lit. b) FE-VO-IT)[69] verwenden jedoch den Plural. Gleiches gilt für die französische Fassung des Kommissionsentwurfs („*d'une ou de plusieurs personnes physiques et/ou morales ou d'un ou de plusieurs organismes publics*"). Eine FE kann damit auch von mehreren natürlichen und/oder juristischen Personen gegründet werden.

41 Die Errichtung unter Lebenden bedarf einer **notariellen Urkunde** oder **schriftlichen Erklärung** (vgl. Art. 12 I lit. b) FE-VO-KOM). Da die Begriffe europäisch-autonom auszulegen sind, ist mit „schriftlich" wohl auch hier – wie generell im europäischen Gesellschaftsrecht – nach deutschem Verständnis die Textform gemeint. Die Verordnung eröffnet damit im Ergebnis zwei Möglichkeiten:

- Gründung durch notarielle Urkunde und
- Gründung durch schriftliche Erklärung.

65 VO (EU) Nr. 650/2012 des Europäischen Parlaments und des Rates vom 4.7.2012 über die Zuständigkeit, das anzuwendende Recht, die Anerkennung und Vollstreckung von Entscheidungen und die Annahme und Vollstreckung öffentlicher Urkunden in Erbsachen sowie zur Einführung eines Europäischen Nachlasszeugnisses, ABl. EU v. 27.7.2012, L 201/107.

66 So die Forderung des ELI, Statement of the European Law Institute on the Proposal for a Council Regulation on the Statute for a European Foundation (FE) (draft), 2013, S. 25. Auch EFC, Revised legal analysis of the European Commission proposal for a Council Regulation on the Statute for a European Foundation (FE), 2013, S. 10 und ebenso Deutscher Notarverein, Stellungnahme zum Vorschlag über das Statut der Europäischen Stiftung (FE), 2012, S. 2.

67 Englischer Wortlaut: „whether or not legally part of the state, national, regional or local government, or other legally constituted public authority, which provides public services or carries out public functions on a statutory basis". Französischer Wortlaut: „faisant ou non juridiquement partie de l'administration nationale, régionale ou locale, ou toute autre autorité publique légalement constituée, qui fournit des services publics ou exerce des fonctions publiques sur une base légale".

68 Vgl. ELI, Statement on the proposal for a Statute for a European Foundation (FE) (draft), 2013, S. 26 allgemein zu den Gründungsmöglichkeiten.

69 Der italienische Kompromissentwurf liegt nur auf Englisch, nicht jedoch auf Französisch und Deutsch vor.

Wer aber darf von diesem **Wahlrecht** in Bezug auf die Gründung unter Lebenden Gebrauch machen?[70] Art. 12 I lit. b) FE-VO-KOM gibt eine Antwort auf diese Frage. Die Vorschrift regelt, dass die notarielle Urkunde bzw. schriftliche Erklärung nach Maßgabe des nationalen Rechts erstellt werden muss. Damit entscheidet der **nationale Gesetzgeber** diese Frage. Diesem Ergebnis entspricht, dass auch die Satzung den Formerfordernissen des jeweils anwendbaren nationalen Rechts unterliegt (vgl. Art. 19 II FE-VO-KOM). 42

2. Verschmelzung

Die Gründung einer FE ist auch durch **Verschmelzung gemeinnütziger Einrichtungen** möglich. Zulässig ist sowohl eine Verschmelzung von gemeinnützigen Einrichtungen mit Registersitz[71] im selben Mitgliedstaat, als auch die Verschmelzung von gemeinnützigen Einrichtungen aus unterschiedlichen Mitgliedstaaten (vgl. Art. 12 I lit. c) FE-VO-KOM). Die innerstaatliche und die grenzüberschreitende Verschmelzung sind jeweils zur Aufnahme oder zur Gründung einer neuen FE möglich (Umkehrschluss aus Art. 16 FE-VO-KOM).[72] Es stehen somit vier Varianten der Verschmelzung zur Verfügung: 43

- **Innerstaatliche Verschmelzung zur Aufnahme;**
- **innerstaatliche Verschmelzung zur Neugründung;**
- **grenzüberschreitende Verschmelzung zur Aufnahme** und
- **grenzüberschreitende Verschmelzung zur Neugründung.**

Nur gemeinnützige Einrichtungen dürfen eine FE durch Verschmelzung gründen. Art. 2 V FE-VO-KOM versteht unter dem Begriff „gemeinnützige Einrichtung"[73] nationale Stiftungen mit gemeinnützigem Zweck ebenso wie nationale stiftungsähnliche Körperschaften, die keine Mitglieder haben. Maßgeblich ist die Anerkennung in dem Land, aus dem die Stiftung oder stiftungsähnliche Einrichtung kommt. In Bezug auf Letzteres änderte sich im Laufe des Verordnungsgebungsprozesses die Formulierung von *„similar public benefit purpose corporate body without membership"* (Kommissionsentwurf) zu *„other non profit legal entities"* (italienischer Kompromissentwurf). Dadurch will die italienische Ratspräsidentschaft den **Anwendungsbereich** auf alle Einrichtungen ausdehnen, die ähnliche Funktionen wie Stiftungen erfüllen.[74] Es ist danach **keine Voraussetzung** mehr, dass die nationale Einrichtung **keine Mitglieder** hat.[75] Voraussetzung bleibt allerdings, dass die zu gründende FE keine Mitglieder hat (Art. 5 I FE-VO-IT, s. auch Rn. 6). Die Verordnung hält allerdings keine besonderen Vorschriften für den Fall bereit, dass sich eine Einrichtung mit Mitgliedern mit einer anderen Einrichtung zu einer mitgliederlosen FE verschmelzen möchte. Die Entstehung einer FE durch eine **rechtsformumwandelnde Verschmelzung** aus sonstigen Rechtsformen ist aber weder vom Kommissionsentwurf noch vom italienischen Kompromissentwurf vorgesehen.[76] 44

Die FE selbst wird nicht als **verschmelzungsfähiger Rechtsträger** genannt. Nimmt man keine generell konkludente Ablehnung der Beteiligungsfähigkeit der FE an (dazu Rn. 47), könnte die Verordnung insofern eine Regelungslücke enthalten und nationales Recht zur Anwendung kommen. Das nationale Recht würde dann bestimmen, ob die FE bei einer Verschmelzung nationalen gemeinnützigen Einrichtungen gleichgestellt ist. Das nationale Recht wäre allerdings bei seiner Entscheidung nicht ganz frei, da Erwägungsgrund 24 FE-VO-KOM mit Blick auf die Ausführungsgesetze konkretisiert, dass die nationalen Vorschriften „keine unverhältnismäßigen Beschränkungen gegenüber der FE und keine Ungleichbehandlung im Verhältnis zu den nach einzelstaatlichem Recht errichteten gemeinnützigen Einrichtungen zur Folge haben"[77] dürfen. Die Nichtanerkennung der FE als 45

---

70 Hierzu ELI, Statement on the proposal for a Statute for a European Foundation (FE) (draft), 2013, S. 26. Das Institut schlägt vor, dem nationalen Gesetzgeber insofern einen Regelungsspielraum zu gewähren.

71 Die Formulierung sowohl in Art. 14 I FE-VO-KOM als auch in Art. 14 III 1 FE-VO-KOM ist etwas unglücklich. Die englische Fassung spricht von „legally established" ebenso wie die französische Fassung „également établies", während die deutsche Fassung von „Rechtssitz" spricht. Ein klarer Verweis auf den Registersitz wäre hier wünschenswert gewesen. Das ELI plädiert in Bezug auf Art. 14 III FE-VO-KOM für folgende Formulierung: „by the provisions of the law of the Member State to which the public benefit purpose entity is legally established". ELI, Statement on the proposal for a Statute for a European Foundation (FE) (draft), 2013, S. 28; *Stöber* DStR 2012, 804, 806 kritisiert ebenfalls die verwendete Terminologie. Der italienische Kompromissentwurf behält die gewählte Formulierung trotz der geäußerten Kritik bei.

72 ELI, Statement on the proposal for a Statute for a European Foundation (FE) (draft), 2013, S. 34 schlägt eine entsprechende Änderung des Art. 16 FE-VO vor, um dies deutlicher zu machen.

73 Die Begrifflichkeit wurde im Laufe des Gesetzgebungsprozesses geändert. Der Kommissionentwurf in englischer Sprache spricht von „public benefit purpose entity" während der italienische Kompromissentwurf die Bezeichnung „general interest entity" verwendet.

74 FE-VO-IT, S. 6.

75 FE-VO-IT, S. 6.

76 Vereine oder gemeinnützige GmbH müssten sich zuerst in eine nationale gemeinnützige Stiftung umwandeln, bevor sie an der Gründung einer FE im Rahmen einer Verschmelzung teilnehmen könnten. Vgl. *Weitemeyer* NZG 2012, 1001, 1004.

77 Englischer Wortlaut: „(…) disproportionate regulatory restrictions with respect to the FE or in discriminatory treatment of the FE as compared with public benefit purpose entities governed by national law". Französischer Wort-

verschmelzungsfähigen Rechtsträger könnte allerdings durchaus eine „unverhältnismäßige Beschränkung" darstellen, wenn sich hierfür nicht ein besonderer legitimer Grund findet. Ein solcher ist jedoch grundsätzlich nicht ersichtlich.

46 Die fehlende Nennung der FE könnte allerdings auch eine bewusste Entscheidung gegen die Verschmelzungsfähigkeit der FE nahelegen. Dafür lässt sich anführen, dass die Auflösung durch Verschmelzung nicht als Beendigungsmöglichkeit der FE in Art. 40 FE-VO-KOM genannt wird, wohingegen die Umwandlung dort explizit aufgeführt wird. Der Zwischenreport des Europäischen Parlaments versteht die Nichterwähnung der FE bei den verschmelzungsfähigen Rechtsträgern wohl in diesem Sinne als konkludente Unzulässigkeit.[78] Der italienische Kompromissvorschlag enthält insofern gegenüber dem Kommissionentwurf keine Neuerung.

47 Der FE könnte somit die Beteiligung an der Verschmelzung untersagt sein.[79] Allerdings gibt es keinen erkennbaren Grund dafür, der FE die Teilhabe an entsprechenden Strukturmaßnahmen zu verwehren. Zu erwägen ist daher, der FE die Verschmelzung durch die analoge Anwendung des Art. 12 I lit. c) FE-VO-KOM[80] zu ermöglichen.[81] Die Gesetzgebungskompetenz der EU ist für die Gründung einer FE durch Verschmelzung, also den nicht geregelten Bereich, gegeben.[82] Da der Verordnungsgeber die Gründung möglichst umfassend regeln möchte, strebt er insofern auch Widerspruchsfreiheit an. Dies ist bei europäischen Rechtsakten nicht selbstverständlich, aber für den die Analogie tragenden Grundsatz der Gleichbehandlung erforderlich. Dem Verordnungsgeber kommt es vor allem darauf an, die Gründungsformen und die Rechtsträger zu bestimmen, denen diese Gründungsformen zur Verfügung stehen. Nimmt man an, dass der Verordnungsgeber die FE grundsätzlich nicht gegenüber nationalen Einrichtungen benachteiligen möchte, könnte man im Ergebnis eine Lücke ermitteln. Der geregelte und der ungeregelte Fall sind sich zudem rechtlich so ähnlich, dass eine unterschiedliche Behandlung nicht gerechtfertigt erscheint. Aufgrund des Zwischenberichts des Europäischen Parlaments fiele allerdings der Nachweis der Planwidrigkeit der Lücke sehr schwer, denn das Europäische Parlament erwähnt diesen Umstand ausdrücklich.[83] Es schlägt aber gerade nicht vor, die FE in den Kreis der verschmelzungswilligen Rechtsträger aufzunehmen.

48 Die Verordnung gibt mit Art. 14 FE-VO-KOM die Grundzüge einer Verschmelzung zur FE vor. Art. 16 FE-VO-KOM erläutert die Rechtsfolgen einer Verschmelzung. Die Norm differenziert zwischen Verschmelzungen zur Aufnahme und zur Neugründung. Zugleich enthält die Verordnung auch Vorgaben, die sich lediglich auf grenzüberschreitende Verschmelzungen beziehen (vgl. Art. 15 FE-VO-KOM).

a) Allgemeine Verschmelzungsvoraussetzungen

49 Eine Verschmelzung bedarf zumindest **zweier verschmelzungswilliger Rechtsträger**. Es dürfen sich allerdings auch mehr als zwei Rechtsträger beteiligen. Damit eine Verschmelzung durchgeführt werden kann, müssen zunächst zwei Voraussetzungen kumulativ[84] vorliegen (vgl. Art. 14 I lit. a) und b) FE-VO-KOM): Zum einen muss die Verschmelzung von **nationalen gemeinnützigen Stiftungen** nach dem einzelstaatlichen Recht zulässig sein (vgl. Art. 14 I lit. a) FE-VO-KOM).[85] Wenn der Mitgliedstaat entsprechende Transaktionen erlaubt, muss er auch gestatten, dass diese nationalen Stiftungen sich zu einer FE verschmelzen.[86] Damit stellt die Verordnung das Instrument der Verschmelzung als Gründungsform bereit, soweit die Gründung durch Verschmelzung dem nationalen Recht bekannt ist. Das bedeutet, dass die Mitgliedstaaten diese Form der Gründung nicht einführen müssen, wenn sie diese nationalen gemeinnützigen Einrichtungen nicht gestatten. Die italienische Ratspräsidentschaft erweitert die Vorschrift auf der **Verschmelzung äquivalente Verfahren** (Art. 12 I lit. c) und Art. 14 I lit. a) FE-VO-IT). Ein Beispiel für ein äquivalentes Verfahren wird nicht gegeben.

---

laut: „(...) des restrictions réglementaires disproportionnées pour la FE ou à un traitement discriminatoire de la FE par rapport aux entités d'utilité publique régies par le droit national".

78 FE-VO-EP, S. 6.

79 Im Ergebnis so auch *Weitemeyer* NZG 2012, 1001, 1006. Ähnlich *Richter/Gollan* ZGR 2013, 551, 565.

80 Eine analoge Anwendung der Definition „gemeinnützige Einrichtung" gem. Art. 2 (5) FE-VO-KOM wird nicht angedacht, da der Begriff in der Verordnung mehrfach aufgegriffen wird und sich grundsätzlich nur auf nationale gemeinnützige Einrichtungen beziehen soll.

81 Zu den besonderen Voraussetzungen der Europäischen Analogie *Jung*. Die Kapitalverfassung der SPE, 2014, S. 67. Vgl. auch *Jung* in: Clavora/Garber (Hrsg.), Das Vorabentscheidungsverfahren in der Zivilgerichtsbarkeit, 2014, S. 30 f. In diesem Werk vgl. § 2 Rn. 167 ff.

82 Dies gilt, sofern man der EU nicht generell die Gesetzgebungskompetenz für die Europäische Stiftung abspricht.

83 FE-VO-EP, S. 6.

84 Vgl. *Weitemeyer* NZG 2012, 1001, 1004; EFC, Revised legal analysis of the European Commission proposal for a Council Regulation on the Statute for a European Foundation (FE), 2013, S. 10.

85 Diesbezüglich zur Situation in Deutschland vgl. *Richter/Gollan* ZGR 2013, 551, 562 f.

86 Siehe zu den Problemen, die sich aus dem deutschen Recht für die Verschmelzung ergeben *Weitemeyer* NZG 2012, 1001, 1004.

Gemäß Art. 14 I lit. b) FE-VO-KOM müssen die **Satzungen** (bzw. Gründungsdokumente)[87] der verschmelzungswilligen Rechtsträger eine Verschmelzung **zulassen**. Was aber bedeutet im Sinne der Norm „zulässig"?[88] Art. 14 I lit. b) FE-VO-KOM könnte so zu verstehen sein, dass die Satzung des verschmelzungswilligen Rechtsträgers die Verschmelzung ausdrücklich gestatten muss.[89] Es könnte aber auch genügen, dass die Satzung keine der Verschmelzung entgegenstehende Klausel enthält.[90] Auch der englische und französische Wortlaut tragen wie der deutsche Wortlaut nicht zur Beantwortung dieser Frage bei.[91] Der Wortlaut blieb im Verordnungsgebungsprozess unverändert, so dass auch der italienische Kompromissentwurf keinen Aufschluss liefert. 50

Nähme man an, dass die Satzung eine Verschmelzung **ausdrücklich gestatten** muss (*opt-in*), wäre die Gründungsform der Verschmelzung (zunächst) nahezu ausgeschlossen, da praktisch keine bestehende gemeinnützige Einrichtung einen entsprechenden Vorgang expressis verbis erlauben wird.[92] Die Vorschriften über die Verschmelzung würden damit zumindest für einige Zeit weitgehend leerlaufen. Dies würde sich nur dann ändern, wenn gemeinnützige Einrichtungen zukünftig entsprechende Klauseln in ihre Satzungen aufnähmen. Verschmelzungen wären hingegen in weitem Umfang gestattet, wenn man es für ausreichend hielte, dass die Satzung **keine** der Verschmelzung **entgegenstehende Klausel** beinhaltet (*opt-out*). Denn bestehende gemeinnützige Einrichtungen werden nur selten eine Klausel umfassen, die ein entsprechendes Vorgehen verbietet. 51

Vorzugswürdig scheint eine **vermittelnde Ansicht**. Es ist weder überzeugend die Gründungsform der Verschmelzung durch ein *opt-in* Erfordernis zunächst weitgehend leerlaufen zu lassen noch umgekehrt durch eine Interpretation als bloße *opt-out*-Regelung die Verschmelzung zunächst fast immer zuzulassen. Man könnte es daher zwar einerseits genügen lassen, wenn die Satzung keine entgegenstehende Klausel enthält (*opt-out*), aber zusätzlich fordern, dass eine entsprechende Strukturmaßnahme dem Willen des Stifters entsprechen muss. Für Letzteres könnte es ausreichen, dass mit dem Stifterwillen Verschmelzungen überhaupt vereinbar sind (abgemildertes *opt-out*). 52

Liegen alle Voraussetzungen des Art. 14 I lit. a) und b) FE-VO-KOM vor, ist die Verschmelzung grundsätzlich gestattet. Zur Wirksamkeit müssen die Vorstände der verschmelzungswilligen Rechtsträger jeweils einen **Verschmelzungsbeschluss** fassen (Art. 14 II 1 FE-VO-KOM). Der italienische Kompromissentwurf weist die Entscheidung **nicht mehr zwingend dem Vorstand** zu (vgl. Art. 14 II 1 FE-VO-IT), woraus geschlossen werden kann, dass sich das zuständige Organ nach dem nationalen Recht richtet. Die FE-Verordnung stellt keine Anforderungen an die **Beschlussfähigkeit** und die **erforderlichen Mehrheiten** für entsprechende Beschlüsse, sondern verweist insofern auf das für die verschmelzungswilligen Rechtsträger geltende nationale Recht. Enthält dieses für nationale gemeinnützige Einrichtungen keine speziellen Vorschriften für Verschmelzungsbeschlüsse, kommen die nationalen Regelungen für **Satzungsänderungen** bei den nationalen gemeinnützigen Einrichtungen subsidiär zur Anwendung (Art. 14 II 2 FE-VO-KOM). Der italienische Kompromissvorschlag ergänzt, dass auch etwaige weitergehende statuarische bzw. in den Gründungsdokumenten genannte Anforderungen zu beachten sind (Art. 14 II 2 FE-VO-IT). 53

b) Innerstaatliche Verschmelzungsvorgänge

Die FE-Verordnung sieht für die grenzüberschreitende Verschmelzung neben den Rechtsfolgen einer Verschmelzung (s. dazu näher unter Rn. 68 f.) weitere Vorgaben vor (vgl. Art. 14 III 2 FE-VO-KOM iVm Art. 15 FE-VO-KOM). Bei einer rein **nationalen Verschmelzung** zur Gründung einer FE verweist sie hingegen weitgehend auf das jeweils **anwendbare nationale Recht** (Art. 14 III 1 FE-VO-KOM). Damit richten sich beispielsweise sowohl der **Gläubiger**schutz als auch der **Arbeitnehmerschutz** grundsätzlich nach dem anwendbaren nationalen Recht. Anzuwenden ist hier das Recht der verschmelzungswilligen Rechtsträger, denn auch die zu gründende FE muss ihren Registersitz in diesem Mitgliedstaat haben (vgl. Art. 21 II FE-VO-KOM bzw. Art. 21 III FE-VO-IT). Eine innerstaatliche Verschmelzung zu einer FE **unter gleichzeitiger Sitzverlegung** in einen anderen Mitgliedstaat ist damit **nicht möglich**. 54

Das Zusammenspiel aus Art. 14 III 1 FE-VO-KOM und Art. 14 II FE-VO-KOM wirft bei innerstaatlichen Verschmelzungen Fragen auf. Art. 14 II FE-VO-KOM regelt im Rahmen der Verordnung den **Verschmelzungsbeschluss** der verschmelzungswilligen Rechtsträger. Art. 14 III 1 FE-VO-KOM hingegen verweist auf nationales Recht. Die beiden Normen stehen in einem Spannungsverhältnis: Es wird vertreten, dass die Vorgaben über den 55

87 Entsprechend präzisiert durch Art. 14 I lit. b) FE-VO-IT.

88 Deutscher Wortlaut: „Die Verschmelzung ist nach der Satzung der sich verschmelzenden Einrichtungen zulässig".

89 Ein entsprechendes Verständnis legt wohl das ELI zugrunde und fordert daraufhin eine Anpassung des Artikels. ELI, Statement on the proposal for a Statute for a European Foundation (FE) (draft), 2013, S. 28. Ebenfalls in diese Richtung *Richter/Gollan* ZGR 2013, 551, 563 f., die daraufhin die Möglichkeit der Satzungsänderung der deutschen Stiftung diskutieren.

90 Die Frage, ob dem so ist, hat bereits *Weitemeyer* NZG 2012, 1001, 1004 aufgeworfen.

91 Englischer Wortlaut: „the merger is permitted under the statutes of each of the merging entities". Französischer Wortlaut: „la fusion est autorisée par les statuts de chacune des entités qui fusionnent".

92 *Richter/Gollan* ZGR 2013, 551, 563.

Verschmelzungsbeschluss in Art. 14 II FE-VO-KOM nicht auf innerstaatliche Verschmelzungen anwendbar seien.[93] Alternative Deutung ist, dass Art. 14 II FE-VO auch auf innerstaatliche Verschmelzungen anwendbar ist. Der Wortlaut der Vorschrift ist neutral und könnte in beide Richtungen interpretiert werden. Die Systematik der Verordnung weist jedoch in die Richtung der universellen Anwendbarkeit des Art. 14 II FE-VO. Art. 14 FE-VO-KOM enthält grundsätzlich allgemeingültige Vorgaben für beide Arten der Verschmelzung (eindeutig zB in Art. 14 I FE-VO-KOM). Für eine Ausnahme von diesem Grundsatz gibt es weder systematisch noch teleologisch eine Rechtfertigung. Die Regelung des Art. 14 II FE-VO-KOM ist daher auch im Rahmen von innerstaatlichen Verschmelzungen zu berücksichtigen.[94]

56 Trotz des grundsätzlichen Verweises auf nationales Recht, regelt die Verordnung die **Rechtfolgen der innerstaatlichen Verschmelzung** (Art. 14 III 1 FE-VO-KOM iVm Art. 16 FE-VO-KOM). Gleiches gilt für spezielle **Eintragungsvorgaben**, wenn eine FE durch Verschmelzung entsteht (vgl. Art. 23 I 1 lit. i) FE-VO-KOM). Art. 23 I 1 lit. i) FE-VO-KOM nennt die **Dokumente**, die bei dieser Art der Gründung zusätzlich **einzureichen** sind. Art. 23 I lit. i) ii) FE-VO-KOM, der auf Art. 15 IV FE-VO-KOM verweist, ist jedoch nicht auf innerstaatliche Verschmelzungen anzuwenden, denn Art. 15 FE-VO-KOM bezieht sich allein auf grenzüberschreitende Verschmelzungen.

c) Grenzüberschreitende Verschmelzungsvorgänge

57 Art. 14 III FE-VO-KOM schließt die Anwendbarkeit **nationalen Rechts** bei der **grenzüberschreitenden Verschmelzung** grundsätzlich **aus**. Art. 15 FE-VO-KOM regelt daher die relevanten Aspekte. Dem entspricht auch Erwägungsgrund 13 S. 2 FE-VO-KOM, der ausdrücklich erklärt, dass die Verordnung die grenzüberschreitende Verschmelzung weitgehend selbständig regeln möchte. Diese Passage wurde im italienischen Kompromissentwurf in Erwägungsgrund 16 FE-VO-IT übernommen, der damit weiterhin die Niederlegung von Vorgaben für grenzüberschreitende Verschmelzungen in der Verordnung anspricht, aber gleichzeitig vorgibt, dass den Mitgliedstaaten **ein großer Spielraum** gelassen werden soll, die Gründung von Europäischen Stiftungen im Einzelfall zu verhindern:

„Member States should have a broad discretion to refuse requests for a cross-border merger or a conversion into an FE, for a cross-border transfer of an FE or a conversion from an FE into a national general interest entity on the basis of grounds specified in the Regulation, including where such procedures would be contrary to public policy."[95]

Umsetzung findet der Erwägungsgrund dann beispielsweise in Art. 15 III 2 FE-VO-IT. Zudem sieht Art. 14 III 2 FE-VO-IT ausdrücklich vor, dass bezüglich des Gläubiger- und Arbeitnehmerschutzes nationales Recht zur Anwendung kommt (s. dazu auch unter Rn. 63).

58 Die Europäische Privatgesellschaft (SPE) enthält für die Verschmelzung einen ausschließlichen Verweis auf nationales Recht (s. dazu näher unter § 5 Rn. 48, 80).[96] Die Situation ist jedoch nicht mit der bei der FE vergleichbar, denn das somit anwendbare nationale Recht wurde durch die ehemalige Richtlinie 2005/56/EG für grenzüberschreitende Verschmelzungen (s. dazu näher unter § 24, jetzt Teil der Kodifizierungs-Richtlinie dazu § 19) angeglichen. Diese Richtlinie gilt jedoch nicht für Stiftungen (vgl. Art. 118 Kodifizierungs-Richtlinie, ex. Art. 1 RL 2005/56/EG). Wohl deshalb sah es der europäische Verordnungsgeber wahrscheinlich für notwendig an, die grenzüberschreitende Verschmelzung zumindest in Grundzügen in der Verordnung selbst zu regeln und nicht ausschließlich auf das nationale Recht zu verweisen. Umgekehrt wollten sich die Mitgliedstaaten aufgrund der fehlenden Harmonisierung aber auch die Freiheit nehmen, solche Verschmelzungen im Einzelfall zu unterbinden (vgl. Erwägungsgrund 16 FE-VO-IT).

59 Bei der grenzüberschreitenden Verschmelzung ist ebenfalls ein **Verschmelzungsbeschluss** der beteiligten Rechtsträger Grundlage der Verschmelzung (vgl. Art. 15 I FE-VO-KOM iVm Art. 14 II FE-VO-KOM). Die verschmelzungswilligen Rechtsträger reichen unter Vorlage des Beschlusses in ihrem Land bei der jeweils zuständigen **Behörde** einen **Antrag auf Verschmelzung** ein. Ob der Antrag zu veröffentlichen ist, richtete sich gem. dem Kommissionsentwurf nach nationalem Recht (vgl. Art. 15 I FE-VO-KOM). Der italienische Kompromissvorschlag schreibt hingegen verbindlich vor, dass der Antrag gem. Art. 4 FE-VO-IT zu **veröffentlichen** ist (Art. 15 IIa FE-VO-IT). Die Regelung dient vor allem dem informationellen Schutz von Gläubigern und Arbeitnehmern (vgl. Art. 15 IIa FE-VO-IT).

93 EFC, Revised legal analysis of the European Commission proposal for a Council Regulation on the Statute for a European Foundation (FE), 2013, S. 10.

94 Art. 14 II 1 FE-VO-KOM. Deutscher Wortlaut: „Über die Verschmelzung ergeht ein Beschluss des Vorstands jeder an der Verschmelzung beteiligten Einrichtungen". Englischer Wortlaut: „The governing board of each of the merging entities shall decide on the merger". Französischer Wortlaut: „Le conseil d'administration de chacune des entités qui fusionnent se prononce sur la fusion".

95 Erwägungsgrund 16 S. 3 FE-VO-IT.

96 Vgl. Art. 5 lit. c) SPE-VO (ungarischer Präsidentschaftsentwurf).

60 Dem Antrag auf Verschmelzung ist nicht nur der Verschmelzungsbeschluss beizufügen, sondern auch ein **Verschmelzungsplan**. Die Verordnung orientiert sich damit am bekannten europäischen **Modell für Strukturmaßnahmen** (dazu § 18 Rn. 74, § 22 Rn. 3). Da die FE allerdings keine Mitglieder hat, erfüllt der Verschmelzungsplan an dieser Stelle keinen entsprechenden Zweck. Er dient hier ausschließlich der Information von Gläubigern und Arbeitnehmern. Den **Mindestinhalt** des Verschmelzungsplans bestimmt Art. 15 II lit. a) bis d) FE-VO-KOM. Zu den Mindestangaben zählen Informationen über die sich verschmelzenden Rechtsträger, Angaben zur FE und deren Satzungsentwurf sowie Informationen über Schutzmaßnahmen für Gläubiger und Arbeitnehmer, welche die sich verschmelzenden Rechtsträger ergriffen haben. Art. 15 II FE-VO enthält keine konkreten Vorgaben zur Form des Verschmelzungsplans. Aus der Gesamtschau der Vorgaben ergibt sich, dass er zumindest die Textform erfüllen muss. Wie bei anderen europäischen Rechtsformen auch (vgl. § 5 Rn. 73, § 6 Rn. 67) könnte die Vorschrift jedoch nicht abschließend sein, so dass die Mitgliedstaaten höhere Anforderungen an die Form stellen dürften. Dasselbe könnte für die Sprache gelten, in der der Verschmelzungsplan zu erstellen ist.

61 Die Verordnung spricht von einem „**Mindestinhalt**". Damit stellt sich die Frage, ob die Mitgliedstaaten weitere Angaben im Verschmelzungsplan fordern dürfen. Art. 23 I 1 lit. i) i) FE-VO-KOM iVm Art. 23 I 2 FE-VO-KOM schreibt vor, dass die Mitgliedstaaten nur die in Art. 23 I 1 FE-VO-KOM genannten Angaben und Dokumente für die Eintragung verlangen dürfen. Unter Punkt lit. i) i) wird dort der Verschmelzungsplan genannt. Dies würde aber noch nicht ausschließen, dass die Mitgliedstaaten Einfluss auf den Inhalt des Verschmelzungsplans nehmen dürfen.

62 Art. 14 III 2 FE-VO-KOM enthält einen Rückgriff auf nationales Recht für innerstaatliche und gerade nicht für grenzüberschreitende Verschmelzungen. Ein Verweis auf nationales Recht würde bedeuten, dass jeder Mitgliedstaat eigene Anforderungen an den Verschmelzungsplan stellen könnte. Diese Anforderungen könnten sich im Einzelfall sogar widersprechen. Da die Verordnung keinen ausdrücklichen Verweis auf nationales Recht vornimmt, könnte man in Bezug auf den Kommissionsentwurf einen entsprechenden Rückgriff auf nationales Recht daher ablehnen. Die Formulierung „Mindestinhalt" würde dann lediglich darauf hinweisen, dass die verschmelzungswilligen Parteien (und nicht der nationale Gesetzgeber) weitere Angaben dort aufnehmen dürfen. Bezogen auf den italienischen Kompromissentwurf könnte der generell stärkere Einfluss des nationalen Rechts auf den grenzüberschreitenden Verschmelzungsvorgang einen Rückgriff rechtfertigen. Ein vergleichender Blick auf andere europäische Rechtsformen mit sehr ähnlichen Vorschriften deutet allerdings eher darauf hin, dass auch hier – trotz entgegenstehender Argumente – nationales Recht keine weiteren Anforderungen stellen können soll (aus methodischer Sicht zur Heranziehung der Regelungen der anderen europäischen Rechtsformen s. § 2 Rn. 97).

63 Die Art. 14 FE-VO-KOM, Art. 15 FE-VO-KOM und Art. 16 FE-VO-KOM iVm Art. 23 I 1 lit. i) iii) FE-VO-KOM ergaben schon für den Kommissionsentwurf, dass sich bei der grenzüberschreitenden Verschmelzung **Gläubigerschutz und Arbeitnehmerschutz** nach **nationalem Recht** richten.[97] Der italienische Kompromissentwurf stellt dies in Art. 14 III 2 FE-VO-IT sogar ausdrücklich klar.

64 Der Antrag auf grenzüberschreitende Verschmelzung ist von den nationalen Behörden so zu behandeln wie einen Antrag auf Verschmelzung, aus der eine nationale Stiftung hervorgehen soll (Art. 15 III FE-VO-KOM). Die Verordnung sichert damit die **diskriminierungsfreie Behandlung** der FE im Verhältnis zu einem nationalen Verschmelzungsvorgang. Der italienische Kompromissentwurf räumt den Mitgliedstaaten explizit einen relativ großen Spielraum ein, die Gründung von Europäischen Stiftungen im Einzelfall nicht zu genehmigen. Die Verschmelzung kann nach Art. 15 III 2 FE-VO-IT immer dann abgelehnt werden, wenn

- die erforderlichen Dokumente nicht in Einklang mit der Verordnung stehen;
- die Rechte insbes. der Gläubiger und Arbeitnehmer nicht angemessen geschützt werden;
- die Gründung der FE gegen den Willen des Stifters erfolgen würde, wie er in der Satzung oder den Gründungsdokumenten zum Ausdruck kommt;
- die Gründung der FE gegen die öffentliche Ordnung (*ordre public*) verstoßen würde;
- es dem Zweck der Stiftung nicht förderlich wäre;
- eine der gründungswilligen Stiftungen einer Aufsicht unterliegt oder
- sich eine der gründungswilligen Stiftungen in Auflösung, einem Insolvenzverfahren oder ähnlichem Verfahren befindet.

65 Auch ohne diese ausführliche Auflistung hätten die Behörden bereits nach dem Kommissionsentwurf in vielen Fällen die Verschmelzung ablehnen können (zB wenn die Dokumente nicht in Einklang mit der Verordnung stünden). Zu Rechtsunsicherheit könnte allerdings die ausdrückliche Erlaubnis in Art. 15 III 2 FE-VO-IT führen, die Verschmelzung aufgrund des **ordre public** ablehnen zu dürfen. Erwägungsgrund 16 FE-VO-IT formuliert mit Blick darauf, dass den Mitgliedstaaten ein weitreichendes Ermessen („*broad discretion*") gewährt werden soll, während nach hier vertretener Auffassung eher eine restriktive Interpretation angebracht wäre. Aller-

97 Vgl. dazu auch *Jung* PSR 2014, 22, 26.

dings verweist Erwägungsgrund 16 FE-VO-IT selbst auf die EuGH-Rechtsprechung,[98] so dass im Ergebnis durch den Verweis auf die öffentliche Ordnung zumindest kein allzu weites Ermessen bestehen dürfte. Überraschend ist auch die Vorgabe, dass nationale Behörden den Antrag auf Verschmelzung ablehnen dürfen, wenn die Verschmelzung dem **Zweck der Stiftung nicht förderlich wäre**. Nicht ganz eindeutig ist, welche weiterreichende Bedeutung diese Regelung haben sollte, da bereits Voraussetzung der Verschmelzung ist, dass ein solcher Vorgang mit der Satzung in Einklang steht. Zudem muss bei den einzureichenden Dokumenten die Vorteilhaftigkeit der Verschmelzung mit Blick auf den Zweck nicht dargelegt werden. Unklar bleibt auch, welche Kriterien bei der Vorteilhaftigkeit zu berücksichtigen wären.

66 Sind die erforderlichen Rechtshandlungen ausgeführt und die Formalitäten für eine grenzüberschreitende Verschmelzung berücksichtigt worden, so sind die zuständigen Behörden verpflichtet, darüber **„unverzüglich"**[99] eine **Bescheinigung** auszustellen (Art. 15 IV FE-VO-KOM).[100] Die Vorschrift im Kommissionsentwurf zielt darauf ab, sicherzustellen, dass die nationalen Behörden die Gründung einer FE durch grenzüberschreitende Verschmelzung nicht bewusst hinauszögern, obwohl alle Voraussetzungen erfüllt wurden. Die Sanktion bei einem Verstoß der Mitgliedstaaten gegen diese Pflicht wäre dann eine Staatshaftung gewesen. Der italienische Kompromissentwurf könnte dieses Ziel allerdings teilweise unterlaufen, da dort nur das unverzügliche Ausstellen einer Bescheinigung gefordert wird, sobald die Behörde den Antrag genehmigt hat (vgl. Art. 15 IV FE-VO-IT). Nach Art. 15 V FE-VO-KOM haben die zuständigen Behörden die **erlöschenden Rechtsträger** aus den entsprechenden Registern **zu löschen**. Die Rechtsfolgen der grenzüberschreitenden Verschmelzung bestimmt Art. 16 FE-VO-KOM (s. dazu Rn. 68 f.).

67 Die verschmelzungswilligen Rechtsträger können bei der grenzüberschreitenden Verschmelzung den **Registersitz** der zu gründenden FE bestimmen. Dieser muss in einem der Mitgliedstaaten der verschmelzungswilligen Rechtsträger liegen. Das ergibt sich aus Art. 21 III FE-VO-KOM (bzw. Art. 21 IV FE-VO-IT) und gilt aufgrund des umfassenden Wortlauts sowohl für die Verschmelzung zur Aufnahme als auch für die Verschmelzung zur Neugründung. Verschmelzen sich beispielsweise eine deutsche und eine französische Stiftung, kann der Registersitz daher in Frankreich oder in Deutschland gewählt werden, nicht jedoch in einem dritten Mitgliedstaat.

d) Rechtsfolgen einer Verschmelzung

68 Die Rechtsfolgen einer Verschmelzung werden in Art. 16 FE-VO geregelt. Die Vorschrift differenziert dabei zwischen **Verschmelzungen zur Neugründung und Verschmelzungen zur Aufnahme**. Sie unterscheidet jedoch nicht zwischen innerstaatlichen und grenzüberschreitenden Vorgängen.

69 Vorbild für die Rechtsfolgen sind die ehemalige Fusionsrichtlinie (90/434/EWG) (vgl. § 22 Rn. 12) und die vormalige Richtlinie zur grenzüberschreitenden Verschmelzung (2005/56/EG) (vgl. § 24 Rn. 1, jetzt beide Teil der Kodifizierung-Richtlinie dazu § 19). Bei einer **Verschmelzung zur Neugründung** geht das gesamte Aktiv- und Passivvermögen der sich verschmelzenden Rechtsträger auf die neugegründete FE über. Die übertragenden Rechtsträger erlöschen (vgl. Art. 16 I FE-VO-KOM). Im Fall einer **Verschmelzung zur Aufnahme** geht dagegen das gesamte Aktiv- und Passivvermögen der übertragenden nationalen Stiftung auf die aufnehmende gemeinnützige Einrichtung über. Konsequenz ist das Erlöschen der übertragenden Stiftung (Art. 16 II FE-VO-KOM). Die aufnehmende gemeinnützige Einrichtung nimmt die Rechtsform der Fundatio Europaea (FE) an (vgl. Art. 16 II FE-VO-KOM).[101]

3. Gründung durch formwechselnde Umwandlung

70 Art. 17 FE-VO-KOM und Art. 18 FE-VO-KOM regeln die formwechselnde Umwandlung. Der Kommissionsentwurf gewährte den Mitgliedstaaten in Bezug auf den Formwechsel nicht die Möglichkeit, diese **Gründungsform auszuschließen**.[102] Das ließ sich aus Art. 17 I FE-VO-KOM schließen, der einen entsprechenden Spielraum

98 Nach der Rechtsprechung des EuGH sind ordre public-Klauseln stets eng auszulegen und kommen nur in Ausnahmefällen zur Anwendung: EuGH, Rs. 145/86 (Hoffmann/Krieg), ECLI:EU:C:1988:61 = NJW 1989, 663, Rn. 21; EuGH, Rs. C-38/98 (Renault), ECLI:EU:C:2000:225 = NJW 2000, 2185, Rn. 26; EuGH, Rs. C-559/14 (Meroni), ECLI:EU:C:2016:349 = EuZW 2016, 713, Rn. 38.

99 Englischer Wortlaut: „without undue delay". Französischer Wortlaut: „dans les meilleurs délais". Die französische Fassung verwendet einen eher untechnischen Begriff, der auch mit „schnellstmöglich" oder „so bald wie möglich" übersetzt werden könnte.

100 ELI, Statement on the proposal for a Statute for a European Foundation (FE) (draft), 2013, S. 31 kritisiert, dass nicht eindeutig ist, was das Ziel der Kontrolle ist.

101 Das ELI fordert auch einen Absatz aufzunehmen, der Art. 131 III der Kodifizierungs-Richtlinie (ex-Art. 14 III Int. Verschmelzungs-RL) entspricht und auf besondere Formalitäten bei der Übertragung von Vermögensgegenständen eingeht. Darüber hinaus verlangt das Institut eine Art. 134 der Kodifizierungs-RL (ex-Art. 17 int. Verschmelzungs-RL) entsprechende Vorschrift, die sich mit der Wirksamkeit einer grenzüberschreitenden Verschmelzung beschäftigt. Vgl. *ELI*, Statement on the proposal for a Statute for a European Foundation (FE) (draft), 2013, S. 34.

102 AA *Cranshaw* DZWIR 2013, 299, 306 ohne nähere Ausführungen.

für die Mitgliedstaaten nicht erwähnte. Dieser Vorschlag war im Rat wohl nicht konsensfähig, denn der italienische Kompromissentwurf enthält nun ausdrücklich eine Einschränkung, nach der eine Umwandlung nur möglich ist, sofern ein entsprechender oder ähnlicher Vorgang nach nationalem Recht gestattet ist (Art. 17 I FE-VO-IT). Der Mitgliedstaat kann also scheinbar frei entscheiden, ob er diese Gründungsvariante zulassen möchte. In diesem Fall könnte jedoch auch der Grundsatz der Nichtdiskriminierung der FE gegenüber nationalen Stiftungen nicht. Allerdings zeigt der Wortlaut, dass der nationale Gesetzgeber hier ohne Einschränkungen agieren kann. Außerdem gibt es auch keine direkt vergleichbaren Vorgänge auf nationaler Ebene, da eine nationale Stiftung sich nicht in eine andere Form von Stiftung umwandeln kann (die Möglichkeit des Formwechsels in eine FE besteht nur für nationale gemeinnützige Einrichtungen, dazu Rn. 71). Es könnte lediglich geschaut werden, ob sich nach nationalem Recht andere Rechtsträger in eine Stiftung umwandeln können.

Die Umwandlung in eine FE kann nach Art. 17 I FE-VO-KOM nur aus der **Rechtsform einer nationalen gemeinnützigen Einrichtung** (vgl. Art. 2 Nr. 5 FE-VO-KOM) erfolgen. Wie bei der Verschmelzung auch (s. Rn. 44) dehnte die italienische Ratspräsidentschaft den **Anwendungsbereich** insofern auf alle Einrichtungen aus, die ähnliche Funktionen wie Stiftungen erfüllen.[103] Es ist danach **keine Voraussetzung** mehr, dass die nationale Einrichtung **keine Mitglieder** hat (vgl. Art. 2 Nr. 3 FE-VO-IT).[104] Besondere Vorschriften für den Fall, dass sich eine Einrichtung mit Mitgliedern in eine FE umwandeln möchte, hält die FE allerdings nicht bereit. 71

Außerdem ist der Rechtsformwechsel nur erlaubt, sofern die **Satzung** bzw. die **Gründungsdokumente** der nationalen Stiftung dies zulassen (Art. 17 I FE-VO-KOM/FE-VO-IT). Wie im Rahmen der Verschmelzung (dazu Rn. 51 f.) stellt sich die Frage, ob eine ausdrückliche Ermächtigung in der Satzung enthalten sein muss oder ob die Satzung lediglich nicht entgegenstehen darf.[105] Hier kann die Argumentation zur Verschmelzung übernommen werden (dazu Rn. 52). Es reicht daher aus, wenn die Satzung dem Formwechsel nicht entgegensteht, aber dem Willen des Stifters entspricht (abgemildertes *opt-out*).[106] Das Europäische Parlament schlägt eine ähnliche, allerdings negativ formulierte *opt-out*-Lösung vor. Der Formwechsel soll danach gestattet sein, solange die Satzung und der Stifterwille dem nicht entgegenstehen (Art. 17 I FE-VO-EP). Die negative Formulierung würde der Behörde, die Begründungslast für ein Verbot auferlegen. Das Europäische Parlament macht diesen Vorschlag nur für den Formwechsel und nicht jedoch für die parallele Problematik bei der Verschmelzung, vielleicht, weil man gerade die Formumwandlung fördern wollte. 72

Der italienische Kompromissentwurf ergänzt die Vorgaben noch um die Anforderung, dass die Umwandlung für den **Zweck der nationalen Stiftung förderlich** sein muss (Art. 17 I FE-VO-IT). Im Gegensatz zur Verschmelzung wird dieser Aspekt ausdrücklich als Gründungsvoraussetzung genannt. Seine Bedeutung bleibt jedoch auch in diesem Zusammenhang unklar (s. zu den Problemen bereits Rn. 65). In Bezug auf die einzureichenden Dokumente wird hier ebenfalls kein Bezug genommen. Die Verordnung führt nicht aus, welche Aspekte bei der Ermittlung der Vorteilhaftigkeit zu berücksichtigen sind. Ein Beispiel für eine Situation in der die Umwandlung einer nationalen Stiftung in eine FE „förderlich" (englisch: „*conducive*") sein könnte, ist, wenn die Stiftung international auftreten möchte. 73

a) Umwandlungsprozess

Parallel zur Verschmelzung gab der Kommissionsentwurf auch in Bezug auf die Umwandlung vor, dass der **Vorstand** über diese Strukturmaßnahme zu entscheiden hat (vgl. Art. 17 II FE-VO-KOM). Der italienische Kompromissentwurf weist die Entscheidung dagegen nicht mehr zwingend dem Vorstand zu (vgl. Art. 17 II 1 FE-VO-IT). Das zuständige Organ richtet sich daher nach dem nationalen Recht. Der Kommissionsentwurf nahm keinen expliziten Verweis auf nationales Recht bzgl. der **Beschlussfähigkeit** und der **erforderlichen Mehrheit** vor. Im Ergebnis hätte daher vertreten werden können, dass die Beschlussfähigkeit und die erforderlichen Mehrheiten für den Umwandlungsbeschluss aus den Vorschriften zur Satzungsänderung in der FE-Verordnung herzuleiten waren (verordnungsintern zu füllende Lücke, vgl. dazu Rn. 9).[107] Der italienische Kompromissentwurf stellt allerdings klar, dass eine entsprechende Lösung nicht gewünscht ist und ergänzt die Vorschrift daher um Regelungen, die denen bei der Verschmelzung entsprechen (Art. 17 II 2 FE-VO-IT). Die Anforderungen an die Beschlussfähigkeit und erforderlichen Mehrheiten legt die FE-Verordnung daher nicht selbst fest, sondern verweist dafür auf das für die verschmelzungswilligen Rechtsträger geltende **nationale Recht**. Enthält das jeweils an- 74

103 FE-VO-IT, S. 6.

104 FE-VO-IT, S. 6.

105 Das Problem wurde bislang nicht diskutiert. Zur parallelen Diskussion bei der Verschmelzung vgl. *Weitemeyer* NZG 2012, 1001, 1004.

106 Im Ergebnis plädiert dafür auch das EFC, Revised legal analysis of the European Commission proposal for a Council Regulation on the Statute for a European Foundation (FE), 2013, S. 11. Eine entsprechende Klarstellung wünscht sich zudem das ELI, Statement on the proposal for a Statute for a European Foundation (FE) (draft), 2013, S. 36; aA *Richter/Gollan* ZGR 2013, 551, 566; ähnlich auch *Jakob/Studen* ZHR 174 (2010) 61, 85, die auch für „Alt-Stiftungen" eine Umwandlung dem Grunde nach für zulässig erachten, wenn Andeutungen für eine europäische Dimension bestehen.

107 Dazu ausführlich *Jung* PSR 2014, 22, 27 f.

wendbare nationale Recht für nationale gemeinnützige Einrichtungen keine Vorschriften für Verschmelzungsbeschlüsse, so ist auf die nationalen Regelungen für Satzungsänderungen bzw. Änderungen der Gründungsdokumente zurückzugreifen (Art. 17 II 2 FE-VO-IT). Im Gegensatz zur Gründung durch Verschmelzung verweist der italienische Kompromissentwurf an dieser Stelle nicht explizit darauf, dass auch etwaige statuarische bzw. in den Gründungsdokumenten genannte Anforderungen zu beachten sind.

75 Art. 18 FE-VO-KOM regelt den **Antrag** auf den Rechtsformwechsel einer nationalen gemeinnützigen Einrichtung in eine FE. Die Einzelheiten entsprechen weitgehend denen bei der grenzüberschreitenden Verschmelzung. Der sich umwandelnde Rechtsträger reicht nach der **Beschlussfassung** bei der zuständigen Behörde einen Antrag auf Rechtsformwechsel ein (Art. 18 I FE-VO-KOM). Ob dieser Antrag zu veröffentlichen ist, sollte sich gem. dem Kommissionsentwurf nach dem anwendbaren nationalen Recht richten (Art. 18 I FE-VO-KOM). Der italienische Kompromissvorschlag schreibt hingegen verbindlich vor, dass der Antrag gem. Art. 4 FE-VO-IT zu **veröffentlichen** ist (Art. 18 IIa FE-VO-IT). Die Regelung dient vor allem dem informationellen Schutz von Gläubigern und Arbeitnehmern (vgl. Art. 18 IIa FE-VO-IT).

76 Wie bei der Verschmelzung ist dem Antrag auf Umwandlung neben dem Beschluss ein **Umwandlungsplan** beizufügen, für den Art. 18 II FE-VO-KOM **Mindestangaben** aufführt. Die Mindestangaben entsprechen denen bei der Verschmelzung (vgl. Art. 18 II lit. a) bis d) FE-VO-KOM, dazu Rn. 60). In diesem Zusammenhang wurde vertreten, dass sich eine nationale Stiftung, die auf unbestimmte Zeit gegründet wurde, nicht in eine auf eine begrenzte Dauer angelegte FE umwandeln kann.[108] Die Verordnung enthält jedoch kein entsprechendes Verbot. Ein Formwechsel könnte dann allerdings nicht möglich sein, wenn man davon ausgeht, dass die Satzung einem solchen Formwechsel zwar nicht entgegensteht, aber wohl nicht dem Willen des Stifters entsprechen würde (abgemildertes *opt-out*, dazu Rn. 52).

77 Auch in Bezug auf den Rechtsformwechsel stellt sich die Frage, wie der Hinweis auf die **Mindestangaben** zu verstehen ist. Im Sinne einer einheitlichen und übereinstimmenden Interpretation innerhalb der Verordnung kann an dieser Stelle auf die Ausführungen zur grenzüberschreitenden Verschmelzung verwiesen werden (vgl. Rn. 61 f.), auch wenn die Interessenlage sich etwas unterscheidet. Denn im Rahmen der Verschmelzung hätte ein Rückgriff auf nationales Recht zur Kollision der Rechtsordnungen verschiedener Mitgliedstaaten führen können. Das ist im Fall der Umwandlung nicht zu befürchten. Trotz gleichlautender Bestimmung kann es auch hier Unterschiede bei der Interpretation des Kommissionsentwurfs und des Kompromissvorschlags der italienischen Ratspräsidentschaft geben. Im Ergebnis lässt der Kommissionsentwurf wohl keine weiteren Anforderungen durch nationales Recht zu, während dies im Fall des italienischen Kompromissentwurfs zumindest eine Interpretationsmöglichkeit wäre. Mit Blick auf die anderen Rechtsformen, wo teilweise ein ähnliches Problem besteht, könnte allerdings auch bzgl. des italienischen Entwurfs eine Interpretation bevorzugt werden, die keine zusätzlichen Angaben durch die Mitgliedstaaten zulässt.

78 Die Verordnung erreicht durch Art. 18 III FE-VO-KOM, genau wie bei der grenzüberschreitenden Verschmelzung, die Gleichstellung des Umwandlungsverfahrens in eine FE mit der Umwandlung in eine Stiftung. Der italienische Kompromissentwurf ergänzt die Vorschrift – wie im Rahmen der Verschmelzung auch – um eine Regelung, die festlegt, unter welchen Umständen die Mitgliedstaaten den **Antrag auf Umwandlung ablehnen können** (Art. 18 III 2 FE-VO-IT). Die **Auflistung** entspricht der im Rahmen der Verschmelzung (vgl. Rn. 64 f.). Es ergeben sich insofern die gleichen Interpretationsschwierigkeiten insbesondere mit Blick auf die Ablehnung aus Gründen der öffentlichen Ordnung (*ordre public*) und der mangelnden Vorteilhaftigkeit der Umwandlung in eine FE (vgl. Rn. 65).

79 Eine weitere Parallele zu den Vorschriften bezüglich der grenzüberschreitenden Verschmelzung findet sich in Art. 18 IV FE-VO-KOM. Die Regel gibt vor, dass die **Bescheinigung** über die Einhaltung der Umwandlungsformalitäten **unverzüglich** ausgestellt werden muss. Der italienische Kompromissentwurf fordert dagegen nur das unverzügliche Ausstellen einer Bescheinigung, sobald die Behörde den Antrag genehmigt hat (vgl. Art. 18 IV FE-VO-IT).

b) Grenzüberschreitender Formwechsel?

80 Der Wortlaut des Art. 12 I lit. d) FE-VO-KOM wirft die Frage auf, ob der **Formwechsel** zugleich mit einer **Sitzverlegung** in einen anderen Mitgliedstaat verbunden werden kann („Umwandlung gemeinnütziger einzelstaatlicher Einrichtungen (…) mit Rechtssitz in demselben Mitgliedstaat oder in verschiedenen Mitgliedstaaten“).[109] Die Formulierung „in verschiedenen Mitgliedstaaten“ in der deutschen Fassung, die Grundlage dieser Überlegungen ist, beruht allerdings auf einem Übersetzungsfehler.[110] Die anderen Sprachfassungen sprechen nur von

108 Vgl. EFC, Revised legal analysis of the European Commission proposal for a Council Regulation on the Statute for a European Foundation (FE), 2013, S. 11.
109 Vgl. dazu *Stöber* DStR 2012, 804, 807; *Weitemeyer* NZG 2012, 1001, 1004.
110 Darauf weist *Stöber* DStR 2012, 804, 807 hin.

einem Formwechsel einer in einem Mitgliedstaat gegründeten gemeinnützigen Einrichtung.[111] Art. 21 IV FE-VO-KOM (bzw. Art. 21 V FE-VO-IT) zeigt zudem, dass der Registersitz der nationalen Stiftung auch den Mitgliedstaat bestimmt, indem die FE ihren Registersitz hat. Ein grenzüberschreitender Formwechsel ist damit ausgeschlossen.[112] Die FE kann ihren Sitz jedoch gem. Art. 36 FE-VO-KOM und Art. 37 FE-VO-KOM im Anschluss verlegen.[113]

c) Rechtsfolgen einer Umwandlung

Art. 17 III FE-VO-KOM befasst sich mit den Rechtsfolgen einer Umwandlung, indem die Vorschrift negativ abgrenzt, welche **Konsequenzen** die Umwandlung **nicht** hat. Ein Formwechsel bedingt daher weder eine Abwicklung der nationalen Stiftung noch führt er zum Verlust der Rechtspersönlichkeit bzw. der Rechte und Pflichten des sich umwandelnden Rechtsträgers. Art. 17 III FE-VO-KOM gibt somit einen **identitätswahrenden Formwechsel** vor.[114] 81

II. Der Gründungsprozess, insbesondere das Eintragungsverfahren

Zur wirksamen Gründung der FE bedarf es, ungeachtet der Gründungsart, der Eintragung in das zuständige Register (vgl. Art. 21 I FE-VO-KOM). Jeder Mitgliedstaat bestimmt das jeweils zuständige Register (vgl. Art. 22 I FE-VO-KOM). Der Entwurf versucht daher nicht, ein europäisches Register für die Europäische Stiftung zu schaffen,[115] zwingt Mitgliedstaaten jedoch dazu ein nationales Register zu benennen. Das deutsche Stiftungsrecht kennt allerdings bisher nur die Stiftungsverzeichnisse der einzelnen Bundesländer.[116] Der italienische Kompromissentwurf verwendet aus diesem Grund nicht mehr die Bezeichnung „Register", sondern stattdessen „*bodies*"[117] (vgl. Art. 22 I FE-VO-IT), um den Mitgliedstaaten mehr Freiraum zu lassen, eine **Einrichtung** zu wählen, die auch für nationale Stiftungen zuständig ist. In anderen Vorschriften wird auch die Bezeichnung **„*specific storage system*"**[118] verwendet.[119] Die Vorschrift verdeutlicht, dass es den Mitgliedstaaten möglich sein soll, mehrere „*bodies*" zu benennen. 82

Der italienische Kompromissentwurf etabliert zudem ein **„*common repository*"**, also ein **gemeinsames Speichersystem**. Gem. Art. 22 II FE-VO-IT werden die nationalen Register bzw. „*bodies*" verpflichtet, in Bezug auf den Dokument- und Informationsaustausch zu kooperieren. Dazu wird ein gemeinsames Speichersystem eingerichtet (vgl. Art. 22 III FE-VO-IT). Art. 22 III FE-VO-IT listet die Angaben auf, die dort mindestens angeführt werden müssen (s. dazu Rn. 139). Die mitgliedstaatlichen Register sind dafür zuständig, dem *common repository* die notwendigen Angaben zu übermitteln (Art. 22 IV FE-VO-IT). 83

Mit der Eintragung erwirbt die FE **Rechtspersönlichkeit** (Art. 9 S. 2 FE-VO-KOM). Art. 23 III 2 FE-VO-KOM verdeutlicht, dass **keine weiteren Genehmigungen** des jeweiligen Mitgliedstaates zur Erlangung der Rechtspersönlichkeit notwendig sind.[120] Erwägungsgrund 17 S. 3 FE-VO-IT verdeutlicht, dass damit nur Genehmigungen für die Gründung der FE gemeint sind, nicht jedoch Genehmigungen für spezielle Tätigkeiten wie das Führen eines Waisenhauses oder eines Krankenhauses. Die Verordnung hat sich damit im Ergebnis für ein **Normativsystem/Registrierungssystem** (und gegen ein System der Konzessionierung) entschieden.[121] Der Bundesrat lehnt die Vorgaben zur Einführung eines Registrierungssystems aus dem Entwurf hingegen ab, da er keine Vorteile im Vergleich zu dem bisherigen Genehmigungs- und Anerkennungsverfahren sieht.[122] Dem Bundesrat könnte vor- 84

111 Englischer Wortlaut: „conversion of a national public benefit purpose entity legally established in a Member State into the FE". Französischer Wortlaut: „transformation en FE d'une entité nationale d'utilité publique légalement établie dans un État membre".

112 Vgl. *Cranshaw* DZWIR 2013, 299, 306, *Richter/Gollan* ZGR 2013, 551, 566.

113 *Weitemeyer* NZG 2012, 1001, 1004.

114 Im Ergebnis so auch *Weitemeyer* NZG 2012, 1001, 1004; *Stöber* DStR 2012, 804, 807; *Cranshaw* DZWIR 2013, 299, 306, *Richter/Gollan* ZGR 2013, 551, 566.

115 Vgl. *Jakob* in: Jakob (Hrsg.), Stiften und Gestalten, 2013, S. 3, 16.

116 *Behrmann/Sassen* ZCG 2014, 20, 26; *Stöber* DStR 2012, 804, 807; vgl. *Richter/Gollan* ZGR 2013, 551, 569 f.; *Weitemeyer* in: MüKo BGB, Bd. 1, 7. Aufl. 2015, § 80 Rn. 59; *Schlüter/Stolte* in: Schlüter/Stolte (Hrsg.), Stiftungsrecht, 2016, Kap. 6 Rn. 29; *Hüttemann/Rawert* in: Staudinger, 2017, Vorb. §§ 80 bis 88 Rn. 162; *Mecking* in: MüHdB GesR, Bd. 5, 4. Aufl. 2016, § 90 Rn. 11, mit weiteren Ausführungen zum Inhalt der einzelnen Verzeichnisse der Länder.

117 Der Begriff könnte zB auf Deutsch mit „Einrichtung" übersetzt werden.

118 Der Begriff könnte zB auf Deutsch mit „bestimmtes Speichersystem" übersetzt werden.

119 Vgl. zum Motiv dieser Änderung FE-VO-IT, S. 9.

120 Vgl. ua *Melzer* PSR 2012, 61, 63; *Cranshaw* DZWIR 2013, 299, 306; *Hemels*, The European Foundation Proposal, S. 15.

121 Vgl. *CEPS Forschung und Praxis*, Der Schweizer Stiftungsreport (2012), 22; *Stöber* DStR 2012, 804, 807; *Behrmann/Sassen* ZCG 2014, 20, 26.

122 *Bundesrat* BR-Drs. 74/12, S. 5 f., Rn. 12; siehe auch *Behrmann/Sassen* ZCG 2014, 20, 26; *Cranshaw* DZWIR 2013, 299, 303; aA *Behrmann/Sassen* ZCG 2014, 20, 26.

gehalten werden, mit ähnlichen illiberalen Argumenten im 19. Jahrhundert das obrigkeitliche Konzessionierungssystem für Aktiengesellschaften verteidigt zu haben. Die liberale Herangehensweise der FE-Verordnung hätte im Ergebnis einen Erfolgsfaktor der FE darstellen können.[123]

85 Die Verordnungsentwürfe enthalten einen gesonderten Abschnitt, der sich mit der Eintragung befasst („Abschnitt 3 – Eintragung"). Die ausführliche Beschäftigung mit der Thematik in einem eigenen Abschnitt deutet darauf hin, dass die Verordnung diesen Bereich grundsätzlich selbst regeln möchte und prinzipiell kein nationales Recht eingreifen soll. Mit Blick auf den Kommissionsentwurf zeigt Erwägungsgrund 14 S. 1 FE-VO-KOM (bzw. Erwägungsgrund 17 FE-VO-IT) zudem, dass die Kommission ein möglichst unbürokratisches Verfahren schaffen möchte, um „gemeinnützige Einrichtungen nicht unnötig zu belasten".[124] Parallel dazu verfolgt die Kommission das Ziel, ein rechtssicheres Verfahren zu etablieren. Beide Regelungsziele sind bei der Auslegung der entsprechenden Vorschriften zu beachten.

1. Erforderliche Dokumente und Angaben

86 Art. 23 I 1 FE-VO-KOM führt die **Dokumente und Angaben** auf, die dem **Antrag auf Eintragung** beigefügt werden müssen. Aus der Art der Aufzählung folgt, dass es sich um eine **abschließende** Aufzählung handelt. Hinsichtlich der Mitgliedstaaten hält Art. 23 I 2 FE-VO-KOM eindeutig fest, dass es diesen nicht gestattet ist, weitere Dokumente oder Angaben zu verlangen.[125] Der italienische Kompromissentwurf hält an dieser Vorgabe fest (Art. 23 I 2 FE-VO-IT).

a) Gründungsurkunde und Satzung

87 Art. 23 I 1 FE-VO-KOM regelt die Eintragungsformalitäten. Neben verschiedenen Einzelangaben in Bezug auf die FE sind insbesondere die **Gründungsurkunde** und die Satzung vorzulegen. Der Begriff Gründungsurkunde ist weit zu verstehen. Bei einer Gründung **ex nihilo** können die Verfügung bzw. die schriftliche Erklärung oder die notarielle Beurkundung die Gründungsurkunde darstellen.

88 Da die Verordnung die Gründungsurkunde bei der **Verschmelzung** und der **Umwandlung** nicht explizit nennt, bleibt unklar, welche Dokumente dort als „Gründungsurkunden" einzureichen sind. In den einschlägigen Vorschriften wird kein eigenständiges Dokument verlangt, welches die Gründungsurkunde darstellen könnte. Diese scheinbare Nichtregelung lässt drei verschiedene Auslegungsmöglichkeiten zu:

89 Eine mögliche Interpretation wäre, dass die Anforderungen an die Gründungsurkunde nur für die Gründung ex nihilo gelten. Zweite Auslegungsmöglichkeit wäre, auf das nationale Recht abzustellen. Allerdings sperrt zumindest der Kommissionsentwurf bei der Verschmelzung und Umwandlung zum Teil einen Rückgriff auf nationales Recht (vgl. Art. 14 III 2 FE-VO-KOM iVm Art. 15 FE-VO-KOM). Außerdem ist nicht allen Mitgliedstaaten die Unterscheidung zwischen Gründungsurkunde und Satzung bekannt. Dritte und wohl vorzugswürdige Interpretation wäre daher, auch bei der Gründung einer FE durch Verschmelzung bzw. Formwechsel eine entsprechende Urkunde zu verlangen. Für deren Inhalt könnte Art. 13 FE-VO-KOM analog herangezogen werden.[126] Diese Lösung würde sich auch in die Verordnungssystematik einfügen. Dieser Auslegung sollte daher gefolgt werden.

b) Originärer Satzungsgeber

90 Neben der Gründungsurkunde ist eine Satzung für die Gründung notwendig. Art. 19 I FE-VO-KOM enthält die **Mindestangaben** („Muss-Satzungsbestimmungen", s. dazu Rn. 12 f.), die in die **Satzung** aufgenommen werden müssen. Die Mindestangaben beziehen sich auf grundlegende Angaben, wie die Namen der Stifter und den Namen der FE, den Satzungssitz, den gemeinnützigen Zweck, das Gründungskapital etc Auch das Verfahren bezüglich Satzungsänderungen gehört zum Katalog der Muss-Satzungsbestimmungen.

123 Deutscher Notarverein, Stellungnahme zum Vorschlag über das Statut der Europäischen Stiftung (FE), 2012, S. 1 und 6.

124 Erwägungsgrund 14 S. 1 FE-VO-KOM.

125 Vgl. *Cranshaw* DZWIR 2013, 299, 306; *Hemels*, The European Foundation Proposal, 2012, S. 14. Das EFC stellt fest, dass die Vorgaben teilweise auch über nationales Recht hinausgehen mögen. EFC, Revised legal analysis of the European Commission proposal for a Council Regulation on the Statute for a European Foundation (FE), 2013, S. 12.

126 Zur Analogie im europäischen Sekundärrecht unter Bezugnahme auf die SPE vgl. *Jung*, Die Kapitalverfassung der SPE, 2014, S. 62 ff. und auch *dies.* in: Clavora/Garber (Hrsg.), Das Vorabentscheidungsverfahren in der Zivilgerichtsbarkeit, 2014, S. 30 f. In diesem Werk vgl. § 2 Rn. 167 ff.

Als Mindestformstandard gibt die Verordnung das Schriftformerfordernis vor (vgl. Art. 19 II FE-VO-KOM). Zugleich sind die Formerfordernisse des mitgliedstaatlichen Rechts zu wahren (vgl. Art. 19 II FE-VO-KOM), die somit über die Schriftform hinausgehen können.[127] 91

Die Zuständigkeit zur Satzungsänderung (**sekundäre Satzungsgebungskompetenz**) liegt beim **Vorstand** (Art. 20 I FE-VO-KOM). Nicht konkret vorgegeben wird allerdings, wem die **originäre Satzungsgebungskompetenz** bei Gründung obliegt. Insofern kann nach den Gründungsformen unterschieden werden: Der Stifter kommt sowohl bei der Gründung **ex nihilo** unter Lebenden[128] als auch im Fall einer Verfügung von Todes als Satzungsgeber in Betracht. Fehlt bei einer Verfügung von Todes wegen eine Satzung, könnte man die Gründung der FE daran scheitern lassen. Soll die Gründung dagegen auch ohne entsprechende Satzung wirksam sein, kommen nur die Aufsichtsbehörde oder der Vorstand als Satzungsgeber in Betracht. Allerdings wird diese Aufgabe der Aufsichtsbehörde nicht durch Art. 46 FE-VO-KOM übertragen, womit eine zu rechtfertigende ungeschriebene rechtsfortbildende Zuständigkeit vorliegen müsste. Theoretisch könnte auch der Vorstand die Erstellung der Satzung übernehmen. Doch wäre dies aus Sicht der Governance sehr problematisch und es fehlt zudem insoweit eine Regelung. Da beide Kompetenzzuweisungen nicht überzeugen und Gründungsvorgänge häufig zwingende Inhalte für ihre Wirksamkeit voraussetzen, ist vielleicht doch der Möglichkeit der Vorzug zu geben, die ohne Satzungsgebung durch den Stifter die FE-Gründung als unwirksam ansieht. 92

Bei der Gründung durch **Umwandlung** soll lediglich die Rechtsform gewechselt werden. Art. 17 II FE-VO-KOM verleiht hier dem Vorstand die Kompetenz über notwendige Satzungsänderungen zu beschließen. Der italienische Kompromissentwurf besagt dagegen nur, dass der umwandlungswillige Rechtsträger darüber zu entscheiden hat. Welches Organ zuständig ist, lässt der Kompromissvorschlag dagegen offen (vgl. Art. 17 II 1 FE-VO-IT). 93

Für nationale **Verschmelzungen** verweist die Verordnung auf das anwendbare nationale Recht (vgl. 14 III 1 FE-VO-KOM). Dieses muss daher auch den originären Satzungsgeber festlegen. Für die grenzüberschreitende Verschmelzung ist dem Antrag auf Verschmelzung auch der Entwurf der Satzung beizufügen (vgl. Art. 15 II lit. c) FE-VO-KOM). Eine Zuständigkeitsregelung fehlt jedoch. In Bezug auf den Kommissionsentwurf wäre es vertretbar gewesen, analog Art. 17 II FE-VO-KOM für die Umwandlung anzuwenden und damit dem Vorstand die Satzungsänderungskompetenz zuzuweisen. Dies hätte dem generellen Willen des Verordnungsgebers, eine umfassende Regelung der grenzüberschreitenden Verschmelzung zu schaffen, entsprochen. Für den italienischen Kompromissentwurf ist jedoch eher eine externe Lücke (dazu Rn. 9, 20 ff.) anzunehmen und dem nationalen Recht die Lückenfüllung zu überlassen. 94

c) Weitere notwendige Angaben

Dem zuständigen Register sind ua die Namen[129] der **Vorstandsmitglieder** (vgl. Art. 23 I 1 lit. e) (i) FE-VO-KOM) und „aller anderen Personen, die befugt sind, die FE gegenüber Dritten sowie gerichtlich zu vertreten“[130] (Art. 23 I 1 lit. e) (ii) FE-VO-KOM), zu nennen. Die letztgenannte Anforderung ist, wenn man sie nicht auf organschaftliche Vertreter beschränkt, sehr weit. Sie stieß daher auf Kritik,[131] wurde im Verordnungsgebungsprozess jedoch nicht geändert (vgl. Art. 23 I 1 lit. e) (i) FE-VO-IT). Wahrscheinlich dachte der Verordnungsgeber hier nur an die geschäftsführenden Direktoren, denn nach der Grundkonzeption der FE dürfen auch geschäftsführende Direktoren die FE leiten und diese nach außen vertreten (vgl. Art. 30 FE-VO-KOM). Zum Schutz des Rechtsverkehrs hätte dieser Personenkreis dann auch im Register verzeichnet werden sollen. Wegen ihrer originären Leitungsaufgabe haben diese Direktoren auch **originäre (organschaftliche) Vertretungsmacht.** Diese konkretisierende Begrenzung der Vorschrift hätte sich daher auch teleologisch rechtfertigen lassen. 95

Der Kommissionsentwurf forderte zudem die Angabe der Namen der Prüfer der FE (Art. 23 I 1 lit. e) (iii) FE-VO-KOM). Diese Vorschrift wurde im italienischen Kompromissentwurf jedoch ersatzlos gestrichen.[132] Zusätz- 96

127 Eine dementsprechende sprachliche Klarstellung fordert der Deutsche Notarverein, Stellungnahme zum Vorschlag über das Statut der Europäischen Stiftung (FE), 2012, S. 9.

128 So *Weitemeyer* NZG 2012, 1001, 1004.

129 Das EFC, Revised legal analysis of the European Commission proposal for a Council Regulation on the Statute for a European Foundation (FE), 2013, S. 12 f. äußert Bedenken gegenüber der Aufnahme dieser Angaben in Art. 23 FE-VO-KOM.

130 Englischer Wortlaut: „any other person who is authorised to represent the FE in dealings with third parties and in legal proceedings“. Französischer Wortlaut: „toute autre personne autorisée à représenter la FE dans ses relations avec des tiers et en justice“.

131 Bezüglich des letztgenannten Personenkreises empfiehlt das ELI, die Vorschrift ersatzlos zu streichen, da ihrer Ansicht nach der Personenkreis zu weit gefasst ist. ELI, Statement on the proposal for a Statute for a European Foundation (FE) (draft), 2013, S. 44. Ebenfalls in diese Richtung Deutscher Notarverein, Stellungnahme zum Vorschlag über das Statut der Europäischen Stiftung (FE), 2012, S. 10; *Behrmann/Sassen* ZCG 2014, 20, 27 wollen nur die organschaftlichen Vertreter und nicht die rechtsgeschäftlichen erfassen.

132 Das EFC, Revised legal analysis of the European Commission proposal for a Council Regulation on the Statute for a European Foundation (FE), 2013, S. 13, hatte diese Anforderung zuvor kritisiert.

lich muss beim Register eine **Aufstellung des Vermögens** eingereicht (vgl. Art. 23 I 1 lit. c) FE-VO-KOM) werden. Der italienische Kompromissentwurf präzisiert diesbezüglich, dass in diesem Zusammenhang auch Informationen zum Nettovermögen gegeben werden müssen (Art. 23 I 1 lit. c) FE-VO-IT). Darüber hinaus sind Angaben zu den **Gründungsorganisationen** (vgl. Art. 23 I 1 lit. g) FE-VO-KOM) und zu eventuell **bestehenden Niederlassungen der FE** (vgl. Art. 23 I 1 lit. h) FE-VO-KOM) notwendig. Nach dem italienischen Kompromissentwurf müssen bei der Gründung zudem die weiteren Mitgliedstaaten neben dem Heimatmitgliedstaat genannt werden, in denen die FE **plant tätig zu werden** (Art. 23 I 1 lit. l) FE-VO-IT, dazu auch Rn. 139).

d) Zusätzliche Dokumente bei einer Gründung durch Umwandlung oder Verschmelzung

97 Art. 23 I 1 lit. i) und j) FE-VO-KOM benennt als Dokumente, die bei einer Umwandlung bzw. einer Verschmelzung eingereicht werden müssen, unter anderem den **Verschmelzungs-** bzw. **Umwandlungsplan**. Diese Dokumente sind neben den anderen in Art. 23 I 1 FE-VO-KOM genannten Angaben einzureichen. Dies folgt schon daraus, dass andernfalls zB die persönlichen Angaben zu den Vorstandsmitgliedern, den vertretungsberechtigten Personen etc nicht angegeben würden. Sonst müsste auch nur ein Entwurf der Satzung eingereicht werden und nicht die Satzung selbst (vgl. Art. 23 I 1 lit. d) FE-VO-KOM, Art. 18 II lit. c) FE-VO-KOM, Art. 15 II lit. c) FE-VO-KOM).

2. Prüfung der Dokumente und Angaben

98 Die Verordnung schreibt in Art. 23 I 3 FE-VO-KOM zwingend eine registergerichtliche **Überprüfung** bzw. eine Überprüfung durch eine zuständige Behörde/Einrichtung[133] vor. Der in Art. 23 I 3 FE-VO-KOM verwendete Begriff „Anforderungen" bezieht sich nicht nur auf **formelle**, sondern auch auf **materielle Vorgaben**. Dies folgt aus einem sprachlichen Vergleich mit Art. 23 II FE-VO-KOM. Dort nimmt die Bezeichnung „Anforderungen" ebenfalls auf materielle Vorgaben Bezug.[134] Das Register überprüft daher nicht nur, die Vollständigkeit der Unterlagen und die Einhaltung der vorgeschriebenen Form. Erforderlich ist auch eine materielle Prüfung, ob zB die Muss-Satzungsbestimmungen in der Satzung enthalten sind.

99 Die nationalen Gesetzgeber haben die Möglichkeit, **Formerfordernisse** wie zB eine notarielle Beurkundung vorzuschreiben. Das jeweils anwendbare nationale Recht kann daher auch eine **Doppelkontrolle** (registergerichtliche Überprüfung plus notarielle Beurkundung) der in Art. 23 I 1 lit. a) bis k) FE-VO-KOM aufgelisteten Dokumente vorsehen. Art. 23 II FE-VO-KOM sieht zudem eine Kontrolle des Vorliegens der durch die Verordnung vorgegebenen **Gründungsvoraussetzungen** vor. Damit hat das Register (oder eine andere zuständige Behörde/Einrichtung) beispielsweise auch zu kontrollieren, ob ein **grenzüberschreitende Bezug** vorliegt und ob die Satzung des umwandlungswilligen Rechtsträgers einen entsprechenden Formwechsel zulässt.

100 Eine Gesamtschau der Art. 23 I 3, III 1 FE-VO-KOM ergibt, dass die Kontrollen durch das Register **vor der Eintragung** durchgeführt werden müssen. Gemäß Art. 23 III 1 FE-VO-KOM ist die FE verpflichtet, innerhalb von 12 Wochen nach Antragstellung alle in Art. 23 I FE-VO-KOM genannten Dokumente und Angaben beim zuständigen Register vorzulegen. Eine **Sanktion** für den Fall eines Verstoßes enthält die Verordnung nicht.[135] Art. 53 FE-VO-KOM verlangt vielmehr vom nationalen Gesetzgeber, Sanktionen für Verstöße gegen die Verordnung festzulegen, die „wirksam, verhältnismäßig und abschreckend"[136] sein müssen (Art. 53 FE-VO-KOM). Im italienischen Kompromissentwurf findet sich diese Vorschrift nicht mehr. Da die Verordnung jedoch weiterhin keine Konsequenzen vorsieht, kommt auch nach dem italienischen Entwurf insofern nationales Recht zur Anwendung. Allerdings wurde durch die Streichung der Vorschrift der Gestaltungsspielraum für die Mitgliedstaaten vergrößert.

101 Gemäß Art. 9 S. 2 FE-VO-KOM erlangt die FE Rechtspersönlichkeit durch die **Eintragung** in das zuständige Register bzw. bestimmte Speichersystem (Art. 9 S. 2 FE-VO-KOM/FE-VO-IT, näher zur Rechtsnatur unter Rn. 144 ff.).

3. Eintragung von offices in anderen Mitgliedstaaten

102 Im Gegensatz zum Kommissionsentwurf eröffnet der italienische Kompromissentwurf Mitgliedstaaten die Möglichkeit, von in ihrem Land tätigen, dort aber nicht registrierten (kein Registersitz) FE, die Eintragung eines sog „*offices*", in das zuständige Register zu verlangen (Art. 21 VI FE-VO-IT). Damit ein Mitgliedstaat eine solche Registrierung verlangen kann, muss die FE in diesem Land allerdings eine stabile, kontinuierliche Tätigkeit aus-

133 Der italienische Kompromissvorschlag verwendet den weiten Begriff „bodies". Dazu bereits unter Rn. 82.
134 Die englische Fassung spricht sowohl in Art. 23 I 3 FE-VO-KOM als auch in Art. 23 II FE-VO-KOM von „requirements". Die französische Fassung verwendet im selben Zusammenhang den Begriff „exigences".
135 Nach der Rechtsfolge fragend Deutscher Notarverein, Stellungnahme zum Vorschlag über das Statut der Europäischen Stiftung, 2012, S. 10.
136 Englischer Wortlaut: „effective, proportionate and dissuasive". Französischer Wortlaut: „effectives, proportionnées et dissuasives".

üben, die zudem noch einen substantiellen Teil ihrer Gesamttätigkeit ausmachen muss. (Art. 21 VI FE-VO-IT). Die verwendeten Begriffe („stabil", „kontinuierlich", „substantiell") werden von der Verordnung nicht definiert und sind europäisch-autonom auszulegen. Gleiches gilt für den Begriff „Tätigkeit", der auch in anderem Zusammenhang in der Verordnung verwendet wird (dazu Rn. 107). Gerade die Anforderung, dass die Tätigkeit einen substantiellen Teil der Gesamttätigkeit ausmachen muss, zeigt allerdings, dass die Anforderungen relativ hoch sind. Dafür spricht auch die Tatsache, dass ein sog *„office"* eingetragen wird, was für eine gewisse Präsenz vor Ort spricht (Räumlichkeiten, Personal). Die Formalitäten einer entsprechenden Registrierung, inklusive der Angabe der Dokumente, die der Mitgliedstaat verlangen kann, finden sich in Art. 23a FE-VO-IT.

III. Name der FE

Art. 25 FE-VO-KOM regelt den **Rechtsformzusatz** der Europäischen Stiftung. Die Regelung befasst sich allerdings nicht mit dem Namensrecht der FE. Aufgrund dieser (externen) Lücke greift insofern das jeweils anwendbare nationale Recht (Art. 3 II FE-VO-KOM). Art. 25 I FE-VO-KOM befasst sich jedoch mit dem Rechtsformzusatz und verlangt, dass jede Europäische Stiftung in ihren Namen die Abkürzung „FE" aufnimmt. Die Aufnahme der Langform „Fundatio Europaea" ist nicht ausdrücklich vorgesehen und im Ergebnis wohl auch nicht zulässig. Diese Interpretation würde in Einklang mit der Auslegung entsprechender Vorschriften bei anderen supranationalen Rechtsformen stehen, die ebenfalls nur die Abkürzung als Rechtsformzusatz vorsehen (zur SE vgl. § 4 Rn. 87; zur SCE vgl. § 6 Rn. 114; zum gescheiterten SPE-Projekt vgl. § 5 Rn. 82; anders jedoch die EWIV-VO, dazu § 7 Rn. 71). Der italienische Kompromissvorschlag sieht hier keine Änderungen vor (vgl. Art. 25 FE-VO-IT). Die Verordnung gewährt der Fundatio Europaea damit, wie der SE und der SCE auch, durch die lateinische Bezeichnung ein **europäisches Label**, wodurch die FE im Markt als „europäische" Stiftung wahrgenommen wird (zu den Vorteilen eines europäischen Labels § 3 Rn. 133). Art. 25 II FE-VO-KOM verdeutlicht, dass es grundsätzlich ausschließlich der FE gestattet ist, diese Abkürzung zu verwenden. 103

E. Grenzüberschreitender Bezug

Im Vorfeld des Verordnungsgebungsprozesses wurde der Verzicht auf einen grenzüberschreitenden Bezug der FE gefordert.[137] Einer entsprechenden Ausgestaltung der Verordnung stehen jedoch traditionell Bedenken in Bezug auf das **Subsidiaritäts- und das Verhältnismäßigkeitsprinzip** entgegen.[138] Die vollumfängliche Konkurrenz zur nationalen Alternative ist zudem meist ebenfalls unerwünscht.[139] 104

Im Ergebnis verzichtet der Kommissionsentwurf zwar nicht vollständig auf die Anforderung an einen grenzüberschreitenden Bezug, gestaltet ihn jedoch so aus, dass er leicht zu erfüllen ist (dazu sogleich Rn. 106 ff.).[140] Der italienische Kompromissentwurf stellt dagegen höhere Anforderungen an den grenzüberschreitenden Bezug (dazu Rn. 110 f.). Die Rechtsfolgen eines Verstoßes gegen den grenzüberschreitenden Bezug werden unter Rn. 112 f. erläutert. 105

I. Der Kommissionsentwurf

Die FE kann nach dem Kommissionsentwurf gewählt werden, wenn die Europäische Stiftung im **Zeitpunkt ihrer Eintragung** in wenigstens zwei Mitgliedstaaten Tätigkeiten ausübt (Art. 6 FE-VO-KOM). Diese Anforderung führt allerdings je nach Gründungsart zu Problemen. Der Zeitpunkt der Eintragung als Bezugspunkt ist zunächst stimmig, weil gemäß Art. 23 III FE-VO-KOM der Registerverantwortliche prüfen soll, ob die **Gründungsvoraussetzungen** erfüllt sind. Eine **ex nihilo** gegründete FE kann die grenzüberschreitende Tätigkeit im Zeitpunkt der Gründung allerdings nicht erfüllen, denn sie wird regelmäßig erst nach der Eintragung ihre Aktivität aufnehmen. Da die zu gründende FE allerdings die **alternative Anforderung** erfüllen kann (Ziel einer 106

---

137 Universität Heidelberg/CSI/Max Planck Institute for Comparative and International Private Law, Feasibility Study on a European Foundation Statute – Final Report, S. 200; der Vorschlag für eine Europäische Stiftung vom European Foundation Project verzichtete auf die Voraussetzung eines grenzüberschreitenden Bezugs, *von Hippel* in: Richter/Wachter (Hrsg.), HdB des internationalen Stiftungsrecht, 2007, § 16 Rn. 14; ebenso *Jakob/Studen* ZHR 174 (2010) 61, 77.

138 Dahingehend anscheinend *Stöber* DStR 2012, 804, 806; *Richter/Gollan* ZGR 2013, 551, 572; *Weitemeyer* ZGA 2012, 1001, 1006.

139 Vgl. zu den Bedenken auf den Verzicht eines grenzüberschreitenden Bezugs bei der SPE ua *Teichmann* in: MüHdB GesR, Bd. 6, 4. Aufl. 2013, § 50 Rn. 22; *Lutter/Bayer/Schmidt*, Europäisches Unternehmens- und Kapitalmarktrecht, 6. Aufl. 2017, 47.20.

140 *Jakob* in: Jakob (Hrsg.), Stiften und Gestalten, 2013, S. 3, 19 wirft einige Fragen in Bezug auf den grenzüberschreitenden Bezug auf und fordert im Ergebnis einen Verzicht auf diese Gründungsvoraussetzung. Eine Zugangsbarriere könnte durch ein höheres Mindestvermögen statuiert werden. *Korving/Wijtvliet* BIT 2013, 491, 493 bezeichnen das Kriterium des grenzüberschreitenden Bezugs eher als formales Kriterium und befürchten einen Missbrauch durch die FE; ähnlich zur Annahme eines formalen Kriteriums *Hopt* in: P. Jung (Hrsg.), Stärkung des Stiftungswesens, 2017, S. 67, 76.

grenzüberschreitenden Tätigkeit in der Satzung), erfordert die teilweise Unmöglichkeit im Zeitpunkt der Eintragung nicht zwingend eine Modifikation der Prüfung. Alternativ könnte das Registergericht im Fall einer Gründung ex nihilo allerdings auch verlangen, dass die zu gründende FE **glaubhaft darlegt**, dass sie nach der Eintragung ihrer Tätigkeit in mindestens zwei Mitgliedstaaten nachgehen wird. Diese Interpretation passte zum Ziel des Verordnungsgebers, der sich gründenden FE zwei Möglichkeiten zur Verfügung zu stellen, die Anforderungen an den grenzüberschreitenden Bezug zu erfüllen. Der Kommission scheint es auch lediglich darauf anzukommen, dass die Europäische Stiftung auf eine **grenzüberschreitende Tätigkeit ausgerichtet** ist. Im Fall der grenzüberschreitenden Verschmelzung oder der Umwandlung einer bereits grenzüberschreitend agierenden nationalen Stiftung ergeben sich durch diese Deutung keine Probleme. Bei nationalen Verschmelzungen und Umwandlungen müsste die Anforderung dann jedoch so wie im Fall der Gründung ex nihilo verstanden werden. Die **zukünftige Tätigkeit** in mindestens zwei Mitgliedstaaten müsste somit (lediglich) glaubhaft nachgewiesen werden.

107 Daneben wurde kritisiert, dass der Begriff „Tätigkeit" in der Verordnung nicht definiert wird und somit auch in Bezug auf Art. 6 FE-VO-KOM zu Auslegungsschwierigkeiten führt.[141] Eine Definition von „Tätigkeit" in Art. 2 FE-VO-KOM wäre in der Tat zu begrüßen, allerdings lässt bereits Art. 10 I 2 FE-VO-KOM Rückschlüsse darauf zu, was die Verordnung unter „Tätigkeit" versteht. Die Vorschrift zeigt, dass die Verordnung grundsätzlich einen **umfassenden Ansatz** wählt, der jedoch **Einschränkungen durch die Satzung** erfahren kann. Unter Tätigkeit versteht die Verordnung demnach in jedem Fall die Gewährung finanzieller Unterstützung sowie das Einwerben und Entgegennehmen von Mitteln.[142] Neben einer Konkretisierung des Begriffs „Tätigkeit" wäre auch eine Definition des Begriffs „Wirtschaftstätigkeit" wünschenswert gewesen.

108 Alternativ reicht es allerdings, wenn die FE lediglich das Ziel verfolgt, in mindestens zwei Mitgliedstaaten tätig zu werden (Art. 6 2. Alternative FE-VO-KOM). Diese Voraussetzung ist weitaus leichter zu erfüllen. Auch sie wirft jedoch Fragen auf. Die Formulierung „Ziel" in der deutschen Fassung überrascht, denn von einer Zielfestlegung ist sonst nicht die Rede. Die englische Fassung „*statutory purpose*" und die französische Fassung „*objectif statutaire*" deuten an, dass im Rahmen der Beschreibung des gemeinnützigen Zwecks (englisch: „*description of its public benefit purposes*", französisch: „*description de ses objectifs d'utilité publique*") in der Satzung deutlich werden muss, dass die FE diese **Zwecke grenzüberschreitend verfolgt**. Eine tatsächliche Aktivität in zwei Mitgliedstaaten wird im Ergebnis nicht gefordert. Auch rein national tätige Stiftungen könnten so im Ergebnis die Rechtsform der FE wählen. Bereits die Machbarkeitsstudie schlug vor, auf einen grenzüberschreitenden Bezug zu verzichten, erkannte jedoch auch, dass dies zu der Zeit politisch nicht durchsetzbar war.[143] Die Kommission hoffte durch den schwach ausgestalteten grenzüberschreitenden Bezug eine politisch akzeptanzfähige, aber dennoch „weiche" Regel zu schaffen.

109 Dazu passt, dass die FE-VO-KOM nur die Erfüllung des grenzüberschreitenden Bezugs „zum Zeitpunkt der Eintragung"[144] verlangt, nicht jedoch darüber hinaus während des Bestehens der FE.[145] Bei der SPE-VO ist der grenzüberschreitende Bezug ebenfalls auf den Zeitpunkt der Eintragung bezogen (s. § 5 Rn. 58), während die EWIV allerdings die Erfüllung des Mehrstaatlichkeitserfordernisses über den **Lebenszyklus** erfordert (s. § 7 Rn. 94). Der Verordnungsgeber kennt die Problematik daher aus anderen Regelungsvorhaben, so dass es hier schwerfällt, eine planwidrige Lücke zu begründen, die eine analoge Anwendung des Art. 6 FE-VO-KOM rechtfertigen würde. Da dem grenzüberschreitenden Bezug allerdings bereits durch die Aufnahme des Ziels der grenzüberschreitenden Tätigkeit in der Satzung genüge getan wird, ist die Anforderung an die Mehrstaatlichkeit sehr leicht über den gesamten Lebenszyklus zu erfüllen.

II. Der italienische Kompromissentwurf

110 Der italienische Kompromissentwurf verschärft die Anforderungen an den grenzüberschreitenden Bezug deutlich. Statt alternativ fordert der Entwurf **kumulativ**, dass die FE einen **grenzüberschreitenden Zweck** in die Sat-

---

141 EFC, Revised legal analysis of the European Commission proposal for a Council Regulation on the Statute for a European Foundation (FE), 2013, S. 2, 4.

142 Vgl. *Hemels/Stevens* EC Tax Review 6 (2012) 293, 305 die vertreten, dass das Einwerben in einem anderen Mitgliedstaat ausreichend ist.

143 Die Machbarkeitsstudie, Universität Heidelberg/CSI/Max Planck Institute for Comparative and International Private Law, Feasibility Study on a European Foundation Statute – Final Report, S. 199 f. schlägt vor, auf die Voraussetzung des grenzüberschreitenden Bezugs zu verzichten, macht jedoch auch deutlich, dass eine derartige Umsetzung politisch schwierig ist.

144 Englischer Wortlaut: „At the time of registration". Französischer Wortlaut: „Au moment de l'enregistrement".

145 Kritisch dazu *Santiago* in: Govaere/Hanf (Eds.), Scrutinizing Internal and External Dimensions of European Law, 2013, S. 297, 307; ebenso ablehnend und für das Vorliegen der Grenzüberschreitung über die gesamte Dauer Europäischer Ausschuss der Regionen, Stellungnahme des Ausschusses der Regionen: „Statut der Europäischen Stiftung", ABl. EU v. 19.1.2013, C 17/13, S. 85; *Richter/Gollan* ZGR 2013, 551, 573 plädieren allerdings dafür, „die endgültige Aufgabe des grenzüberschreitenden Bezugs (aber) als Verletzung des Statuts anzusehen, das die Behörde zu Aufsichtsmaßnahmen ermächtigt". Für *Jakob* in: Jakob (Hrsg.), Stiften und Gestalten, 2013, S. 3, 19 ist unklar, wann und wie lange der grenzüberschreitende Bezug vorliegen muss.

zung aufnehmen und grundsätzlich über ihren Lebenszyklus (dazu Rn. 111) auch eine **grenzüberschreitende Tätigkeit** aufweisen muss (Art. 6 S. 1 FE-VO-IT). Ausnahmen von Letzterem lässt die Verordnung nur in gut begründeten Sonderfällen und für einen **begrenzten Zeitraum** zu (Art. 6 S. 1 FE-VO-IT). Darüber hinaus fordert der italienische Entwurf, dass ein Teil der Tätigkeit auch immer im „Heimatland" der FE, dh dem Land des Registersitzes (Art. 2 Nr. 4 FE-VO-IT), ausgeübt wird (Art. 6 S. 2 FE-VO-IT). Die Vorschrift fordert allerdings nicht, dass ein substantieller Teil oder gar der Schwerpunkt der Tätigkeit im Heimatland zu erfolgen hat, was die Wirkung der Regelung reduziert. Dennoch stellt diese Anforderung im Verhältnis zu den anderen Rechtsformen ein Novum dar (dazu § 3 Rn. 146). Dass die FE auch eine Tätigkeit in dem Land entfalten soll, in dem sie registriert ist (vgl. Art. 6 S. 2 FE-VO-IT), entspricht wohl dem Wunsch der Ratspräsidentschaft, das Risiko von sog *„Briefkasten-Stiftungen"* und damit ein *„forum-shopping"* zumindest zu reduzieren.

Der italienische Kompromissentwurf nimmt im Gegensatz zum Kommissionsentwurf nicht mehr explizit Bezug auf den Zeitpunkt der Eintragung. Dies ändert jedoch nichts daran, dass die grenzüberschreitende Tätigkeit grundsätzlich auch im Zeitpunkt der Eintragung gegeben sein muss, da die Vorschrift auf den gesamten Lebenszyklus und damit den Bogen von Gründung bis Auflösung spannt. Daraus ergeben sich vor allem bei Neugründungen und nationalen Verschmelzungen sowie der Umwandlung einer bislang allein national tätigen Stiftung die bereits mit Blick auf den Kommissionsentwurf angesprochenen Schwierigkeiten. Diese können hier allerdings durch die Ausnahme *„except in well justified and time-limited cases"* aufgefangen werden. Gerade in der **Anfangsphase** mag eine solche **Ausnahme** gut begründet werden können. 111

III. Rechtsfolgen eines Verstoßes

Die Rechtsfolgen eines Verstoßes gegen Art. 6 FE-VO-KOM/FE-VO-IT sind nicht explizit angesprochen. Die Verordnung überträgt die Sanktionsfestlegung mit Art. 53 FE-VO-KOM generell auf die Mitgliedstaaten, wobei die Sanktionen „wirksam, verhältnismäßig und abschreckend" sein müssen. Art. 53 FE-VO-KOM findet sich im italienischen Kompromisstext nicht mehr. Da auch dieser Verordnungsentwurf jedoch keine Konsequenzen vorsieht, kommt nach dem italienischem Vorschlang ebenfalls nationales Recht zur Anwendung. Nach Art. 43 II lit. b) FE-VO-KOM/FE-VO-IT kann die FE allerdings grundsätzlich auf Initiative der Aufsichtsbehörde aufgelöst werden, wenn die FE ernsthaft (diese Möglichkeit wurde im italienischen Entwurf eingefügt) und/oder kontinuierlich gegen die Verordnung verstößt, was bei einem Verstoß gegen den grenzüberschreitenden Bezug gegeben sein könnte.[146] Bejaht man dies, hat Art. 43 II lit. b) FE-VO-KOM Vorrang gegenüber Art. 53 FE-VO-KOM (der general approach kennt keine vergleichbare Regelung). Allerdings ist zu berücksichtigen, dass das Mehrstaatlichkeitserfordernis nach hier vertretener Ansicht nur nach dem italienischen Kompromissentwurf über den Lebenszyklus hinweg zu erhalten. 112

Neben den Sanktionen ist in Art. 23 II FE-VO-KOM eine präventive Kontrolle des Vorliegens der **Gründungsvoraussetzungen** und somit auch des **grenzüberschreitenden Bezugs** vorgesehen. 113

F. Sitz der FE

I. Register- und Verwaltungssitz

Der Kommissionsentwurf schrieb in Art. 35 FE-VO-KOM vor, dass sowohl der Register- als auch der Verwaltungssitz der Europäischen Stiftung innerhalb der Europäischen Union liegen mussten. Es fehlte jedoch eine Regelung, die vorgab, dass Register- und der Verwaltungssitz sich darüber hinaus **im selben Mitgliedstaat befinden** müssen. Im Ergebnis hätte für die Europäische Stiftung daher die **Möglichkeit der Sitzaufspaltung** bestanden.[147] Mit dieser Haltung konnte sich die Kommission allerdings in den anstehenden Verhandlungen nicht durchsetzen.[148] In seinem Zwischenbericht sprach sich bereits das Europäische Parlament für die **Zusammenlegung von Register- und Verwaltungssitz** aus (vgl. Art. 35 FE-VO-EP).[149] Die italienische Ratspräsidentschaft schloss sich dem Europäischen Parlament an und **unterbindet** mit Art. 35 S. 1 FE-VO-IT die **Sitzaufspaltung**. Darüber hinaus gestattet der italienische Kompromissentwurf den Mitgliedstaaten festzulegen, dass sich Register- und Verwaltungssitz am selben Ort befinden müssen (Art. 35 S. 2 FE-VO-IT). Die Vorgabe entspricht damit, den ver- 114

146 *Santiago* in: Govaere/Hanf (Eds.), Scrutinizing Internal and External Dimensions of European Law, 2013, S. 297, 307 befürwortet (im Rahmen der Diskussion des Kommissionsentwurfs) eine Zwangsumwandlung in eine nationale Stiftung.

147 Vgl. zu diesem Aspekt *Jung* BB 2012, 1743; *dies.* PSR 2013, 104, 108; *dies.* ZStV 2014, 7, 8. Zustimmend *Jakob* in: Jakob (Hrsg.), Stiften und Gestalten, 2013, S. 3, 22; Stöber DStR 2012, 804, 806 erkennt eine Sitzaufspaltung nach Registersitzverlegung an; *Steiner* GeS 2014, 56, 60; *Korving/Wijtvliet* BIT 2013, 491, 493. Kritisch zur Sitzaufspaltung *Weitemeyer* NZG 2012, 1001, 1006.

148 Vgl. hierzu Europäische Kommission, Stellungnahme zum Beschluss BR-Drs. 74/12 (B), COM(2012) 6922 final, S. 3, in der die Europäische Kommission die schwierige Frage der Sitzaufspaltung dem nationalen Recht überlassen möchte; siehe auch *Richter/Gollan* ZGR 2013, 551, 574.

149 Ebenso ablehnend gegenüber der Sitzaufspaltung der Bundesrat, BR-Drucks 74/12, S. 6 (Rn. 14); auch *Hopt/von Hippel* ZEuP 2013, 235, 257 f. aufgrund der zwingenden Stiftungsaufsicht.

gleichbaren Regelungen bei der SE (Art. 7 SE-VO, dazu § 4 Rn. 26) und der SCE (Art. 6 SCE-VO, dazu § 6 Rn. 145).

II. Sitzverlegung

115 Die Verordnung regelt auch die Möglichkeit der Sitzverlegung einer FE. Eine **Sitzverlegung** ist der FE **grundsätzlich gestattet** (Art. 36 I 1 FE-VO-KOM). Der Kommissionsentwurf bezieht sich allein auf die Registersitzverlegung.[150] Da beide Sitze im selben Sitzmitgliedstaat liegen müssen, muss jedoch auch eine Verwaltungssitzverlegung möglich sein. Der italienische Kompromissentwurf stellt dies in Art. 36 I 1 FE-VO-KOM ausdrücklich klar. Nur in besonderen Situationen wie der Auflösung oder einem Insolvenzverfahren unterbindet die Verordnung die Verlegung des Sitzes (vgl. Art. 36 III FE-VO-KOM). Die Wahl des neuen Sitzes ist frei und wird nicht durch die Verordnung eingeschränkt. Ein entsprechender Vorgang **berührt** die **Identität** des Rechtsträgers **nicht**. Rechtsfolge ist daher weder die Auflösung noch die Gründung einer neuen FE (Art. 36 I 2 FE-VO-KOM). Mit Eintragung in das neue Register wird die Sitzverlegung wirksam (Art. 36 II FE-VO-KOM).

116 Verlegt die FE ihren Sitz in einen anderen Mitgliedstaat, so trägt die Registerbehörde des Aufnahmemitgliedstaates die FE ein und benachrichtigt die Registerbehörde des Herkunftsmitgliedstaates unverzüglich von der Eintragung (Art. 37 VI 1 und 2 FE-VO-KOM). Anschließend löscht die Registerbehörde des Herkunftsmitgliedstaates die FE aus ihrem Register (Art. 37 VI 3 FE-VO-KOM). Neueintragung und Löschung sind gem. Art. 36 IV FE-VO-KOM offenzulegen. Die Offenlegung dient dem Schutz der Gläubiger der FE.[151] Verlegt die FE ihren Sitz in einen anderen Mitgliedstaat, bedeutet dies, dass sich das subsidiär auf die FE anwendbare Recht ändert, da sich dieses nach dem Registersitz der FE bestimmt (dazu Rn. 23).

117 Art. 37 FE-VO-KOM/FE-VO-IT befasst sich näher mit dem Verfahren der Sitzverlegung und regelt zum Beispiel die **Mindestangaben**, die der **Verlegungsplan** enthalten muss (Art. 37 II FE-VO-KOM), welcher der Behörde im Sitzmitgliedstaat vorzulegen ist. Darüber hinaus regelt Art. 37 IV FE-VO-KOM, die Dokumente die der Behörde im Aufnahmestaat vorzulegen sind.

G. Gemeinnützigkeit

I. Gemeinnütziger Zweck

118 Eine FE erfordert einen gemeinnützigen Zweck (vgl. Art. 5 I FE-VO-KOM), weshalb diese Rechtsform auch als **„Gemeinnützige Europäische Stiftung"**[152] hätte bezeichnet werden können, um diesen Aspekt für den Rechtsverkehr stärker hervorzuheben. Dadurch wäre klar geworden, dass privatnützige Stiftungen diese Rechtsform nicht nutzen können und man hätte zugleich das Vertrauen des Rechtsverkehrs in die FE gestärkt. Der italienische Kompromissentwurf verwendet den Begriff *„public benefit purpose"* (deutsch: „gemeinnütziger Zweck") nicht mehr, sondern beschränkt sich in Art. 5 FE-VO-IT auf *„purpose"* („Zweck"). In anderen Regelungen wird die Bezeichnung *„general interest purpose"* (vgl. Art. 11 I FE-VO-IT) verwendet. Erwägungsgrund 7 FE-VO-IT erläutert, dass dieser Begriff europäisch-autonom auszulegen ist und nicht an bestimmte nationale zivil- oder steuerrechtliche Regelungen anknüpft (zur europäisch-autonomen Auslegung s. § 2 Rn. 80 ff.).[153]

119 Die FE darf gemäß Art. 5 I FE-VO-KOM iVm Art. 5 II FE-VO nur die dort aufgeführten Zwecke verfolgen.[154] Die in Art. 5 II 2 FE-VO-KOM genannten **gemeinnützigen Zwecke** müssen bei Gründung der FE (**Zugangsbeschränkung**) vorliegen, gelten aber konsequenterweise auch für die Beibehaltung des Status einer FE.

II. Abschließende Auflistung

120 Art. 5 II 2 lit. a) bis (s) FE-VO-KOM enthält eine abschließende[155] Auflistung der zulässigen gemeinnützigen Zwecke. Der italienische Kompromissentwurf ergänzt einen Punkt.[156] Die in Auftrag gegebene Machbarkeits-

150 Art. 36 I 1 FE-VO-KOM spricht eindeutig von „Satzungssitz". Englischer Wortlaut: „registered office". Französischer Wortlaut: „siège social".
151 *Cranshaw* DZWIR 2013, 299, 307.
152 *Korving/Wijtvliet* BIT 2013, 491, 491 schlagen „European Charity" als passendere Bezeichnung vor.
153 Art. 5 FE-VO-IT hat zudem eine andere Überschrift erhalten, die sich nicht mehr allein auf den Zweck der FE bezieht, sondern auch darauf hinweist, dass diese Vorschrift allgemeine Charakteristiken der FE regelt.
154 Die Nummerierung der Vorschrift in der italienischen Fassung scheint nicht geglückt, da es nur einen Absatz 1 jedoch keinen Absatz 2 gibt.
155 *Santiago* in: Govaere/Hanf (Eds.), Scrutinizing Internal and External Dimensions of European Law, 2013, S. 297, 302; *Korving/Wijtvliet* BIT 2013, 491, 492; *Richter/Gollan* ZGR 2013, 551, 570; *von Hippel/Vahlpahl* Trust & Trustees 19 (2013) 511, 512; *Behrmann/Sassen* ZCG 2014, 20, 22 *Stöber* DStR 2012, 804, 805; *Hemels/Stevens* EC Tax Review 6 (2012) 293, 398 f.; *Trstenjak* ecolex 2014, 484, 484.
156 Aufgrund der falschen Durchnummerierung endet die Auflistung allerdings mit zwei Punkten, die mit „s" bezeichnet werden.

studie diskutierte noch die Möglichkeit, einen **offenen Katalog** von **gemeinnützigen Zwecken** zu erstellen.[157] Erwägungsgrund 7 FE-VO-KOM gibt jedoch an, dass eine **abschließende Aufzählung** der gemeinnützigen Zwecke aus Gründen der **Rechtssicherheit** vorzuziehen ist. Der italienische Kompromissentwurf übernahm diese Entscheidung. Auch eine Generalklausel bzw. ein Auffangtatbestand findet sich weder im Kommissionentwurf noch im italienischen Kompromissentwurf.[158]

Beanstandet wurde zudem die Tatsache, dass die zivilrechtlichen, gemeinnützigen Zwecke aus den Steuerrechten der Mitgliedstaaten übernommen wurden und damit auf eine **steuerrechtliche Privilegierung** zugeschnitten sind.[159] Für die FE wird dieser steuerrechtlich begünstigende Tatbestand zum **generellen Gründungskriterium,**[160] dh eine Gründung ist nur dann möglich, wenn die FE einen der genannten gemeinnützigen Zwecke verfolgt. Es wurde befürchtet, dass dieses Zusammenspiel von Zivil- und Steuerrecht zu Problemen geführt hätte. Kritisch gesehen wurde auch die Tatsache, dass Europäische Stiftungen keinen gemischten Zweck verfolgen können.[161] Mit seinen 19 Punkten (bzw. 20 Punkten gem. der italienischen Ratspräsidentschaft) ist Art. 5 II 2 FE-VO-KOM zudem etwas kürzer gefasst als § 52 II AO. 121

In der Literatur wurde darauf aufmerksam gemacht, dass durch Art. 5 II 2 FE-VO-KOM einige Punkte des deutschen § 52 II AO nicht erfasst werden.[162] Zudem besteht die Möglichkeit, nach § 52 II 2 AO, Zwecke die nicht in Satz 1 aufgelistet sind, aber die besonderen Anforderungen aus Satz 2 erfüllen, für gemeinnützig zu erklären. Die Liste nach § 52 II AO ist demnach im Gegensatz zu Art. 5 II 2 FE-VO-KOM nicht abschließend.[163] Trotz der vorgebrachten Kritikpunkte eröffnet die umfassende Liste der Europäischen Stiftung einen **weiten Anwendungsbereich.** Die Differenzen zum nationalen Recht sind gerade eine Konsequenz der Unterschiede der nationalen Rechtsordnungen. Eine (Voll-)Harmonisierung des Stiftungssteuerrechts und des Stiftungszivilrechts in der EU hätte das Projekt überfordert und ist auch generell nicht Ziel der Schaffung europäischer Rechtsformen. Die enumerative Auflistung in Art. 5 II FE-VO-KOM führt zu Rechtssicherheit und verhindert eine sonst mögliche Rechtszersplitterung. Stifter können die Unterschiede zur nationalen Rechtsordnung ausnutzen, wenn sie einen nur für die FE anerkannten gemeinnützigen Zweck anstreben. 122

Speziell europäisch ist der Zweck, die europäische (und internationale) Verständigung zu fördern (Art. 5 II 2 lit. n) FE-VO-KOM). Erwägungsgrund 7 FE-VO-IT stellt zudem ausdrücklich fest, dass die aufgelisteten Zwecke weit zu verstehen sind und jeweils damit verwandte Bereiche ebenfalls abdecken. So soll „Hilfe und Schutz für schutzbedürftige und benachteiligte Personen" zB weit interpretiert werden und generell Hilfe für diese Personen umfassen, wozu ua auch das Anbieten von touristischen Aktivitäten gehören würde (vgl. Erwägungsgrund 7 FE-VO-IT). Religiöse Aktivitäten sind dagegen in Art. 5 II FE-VO-KOM/FE-VO-IT beispielsweise nicht genannt, wodurch die FE für solche Zwecke nicht genutzt werden kann.[164] 123

III. Gemeinwohl

Art. 5 II 1 FE-VO-KOM (bzw. Art. 5 I 1 FE-VO-IT) gibt vor, dass die FE dem Gemeinwohl dienen soll und regelt auch, dass der Begriff „Gemeinwohl"[165] weit auszulegen ist. Die Verordnung definiert zwar den Begriff nicht näher, präzisiert die Bedeutung jedoch in Erwägungsgrund 7 S. 1 FE-VO-KOM. Dieser erläutert, dass die Tätigkeit von Europäischen Stiftungen **„einem breiten Adressatenkreis zugutekommen"**[166] soll. Erwägungsgrund 7 S. 2 FE-VO-KOM ergänzt, dass dahinter die Überlegung steht, dass dies den größten Nutzen in den Bereichen „Gesellschaft, Wirtschaft und Umwelt" für die europäischen Bürger und die europäische Wirtschaft herbeiführen würde. Im Ergebnis schränkt Art. 5 II 1 FE-VO-KOM die FE somit insofern ein, als ihr Vermögen 124

157 Universität Heidelberg/CSI/Max Planck Institute for Comparative and International Private Law, Feasibility Study on a European Foundation Statute – Final Report, S. 197 f.; vgl. auch *Behrmann/Sassen* ZCG 2014, 20, 22; *Jakob/Studen* ZHR 174 (2010) 61, 76.

158 Kritisch dazu *Jakob* in: Jakob (Hrsg.), Stiften und Gestalten, 2013, S. 3, 18; Das ELI macht darauf aufmerksam, dass die Aufzählung von gemeinnützigen Zwecken nicht mit dem Zivil- und Steuerrecht vieler Mitgliedstaaten übereinstimmt. Zum Teil wurde aus diesem Grund gefordert, einen Auffangtatbestand in Art. 5 II FE-VO aufzunehmen oder eine Generalklausel voranzustellen und nur einige gemeinnützige Zwecke beispielhaft zu nennen. ELI, Statement on the proposal for a Statute for a European Foundation (FE) (draft), 2013, S. 16 f.

159 *Jakob* in: Jakob (Hrsg.), Stiften und Gestalten, 2013, S. 3, 18.

160 Vgl. *Jakob* in: Jakob (Hrsg.), Stiften und Gestalten, 2013, S. 3, 18; *Richter/Gollan* ZGR 2013, 551, 570 f.

161 *Jakob* in: Jakob (Hrsg.), Stiften und Gestalten, 2013, S. 3, 18.

162 Siehe *Behrmann/Sassen* ZCG 2014, 20, 22 (Fn. 11); *Weitemeyer* ERA Forum 14 (2013) 277, 281.

163 *Stöber* DStR 2012, 804, 805; *Behrmann/Sassen* ZCG 2014, 20, 22 (Fn. 11).

164 Vgl. *Hemels/Stevens* EC Tax Review 6 (2012) 293, 305.

165 Englisch: „public interest". Französisch: „l'intérêt général".

166 Englisch: „benefiting a broadly defined group of beneficiaries". Französisch: „est utile à un groupe de bénéficiaires entendu dans une acception très large".

nicht nur einem sehr eng gefassten Kreis von Begünstigten, wie einer einzelnen Familie, zu Gute kommen darf.[167]

125 Der aus der deutschen Abgabenordnung bekannte Grundsatz der **Selbstlosigkeit** findet sich in Art. 5 FE-VO-KOM nicht. Deshalb wird vertreten, dass ein solches Verbot in der FE-Verordnung nicht existiert.[168] Allerdings behandelt Art. 32 III FE-VO-KOM/FE-VO-IT Interessenkonflikte und verbietet direkte oder indirekte Vergünstigungen für Stifter, Vorstands- oder Aufsichtsratsmitglieder, geschäftsführende Direktoren, Prüfer oder andere Organmitglieder. Ebenfalls nicht begünstigt werden dürfen Personen mit einem **Näheverhältnis** zum genannten Personenkreis. Eine solche schädliche Nähe liegt bei **familiären Bindungen** und auch bei **geschäftlichen Beziehungen** vor (Art. 32 III FE-VO-KOM). Von der gesamten Regelung ausdrücklich ausgenommen sind Vergütungen für Tätigkeiten in der Europäischen Stiftung (näher dazu unter Rn. 165 ff.).

H. Satzungsänderungen

I. Allgemeine Anforderungen

126 Gerade bei einer auf Dauer angelegten Europäischen Stiftung kann ein Anpassungsbedarf für die Satzung entstehen. Regelungen für **Satzungsänderungen** enthält die Verordnung in Art. 20 FE-VO-KOM. Das Satzungsänderungsverfahren muss danach die **Satzung** selbst festlegen (vgl. Art. 19 I lit. j) FE-VO-KOM). Nationales Recht findet keine Anwendung. Von denen in Art. 20 FE-VO-KOM aufgeführten, grundlegenden Vorgaben kann mittels Satzungsbestimmungen allerdings nicht abgewichen werden. Der italienische Kompromissentwurf enthält dagegen mit Art. 20 IV FE-VO-IT explizit eine satzungsdispositive Regelung (mit Blick auf die Mehrheitsanforderung).

127 Gemäß Art. 20 I FE-VO-KOM kann allein der Vorstand Satzungsänderungen vornehmen.[169] Dem **Stifter** wird trotz originärer Satzungskompetenz bei Gründung **keine Einflussmöglichkeit** auf Satzungsänderungen gewährt.[170] Art. 20 I FE-VO-KOM erlaubt eine Satzungsänderung nur, wenn „die Satzung für die Arbeitsweise der FE nicht länger geeignet"[171] ist.[172] Die Satzungsänderung hat nach den in der Satzung festgelegten Vorgaben zu erfolgen (Art. 19 I lit. j) FE-VO-KOM). Der italienische Kompromissentwurf stellt klar, dass auch im Rahmen von Satzungsänderungen die Formerfordernisse des Art. 19 II FE-VO-IT gelten.

128 Beschlüsse über Satzungsänderungen fasst der Vorstand **grundsätzlich** mit **einfacher Mehrheit**, es sei denn, die Satzung oder die Verordnung schreiben etwas Anderes vor (vgl. Art. 27 III FE-VO-KOM iVm Art. 20 I FE-VO-KOM).[173] Die Aufsichtsbehörde muss eine entsprechende Satzungsänderung grundsätzlich nicht genehmigen.[174]

II. Zweckänderungen und Zweckberührungen

129 Die **Zweckänderung** stellt einen **besonderen Fall der Satzungsänderung** dar und wird von Art. 20 FE-VO-KOM erfasst. Die Vorschrift regelt darüber hinaus auch Satzungsänderungen, die den Zweck berühren. Damit sind **zwei Fälle** zu unterscheiden:

- Zweckänderungen[175] (vgl. insbesondere Art. 20 II und IV FE-VO-KOM) und
- Zweckberührungen[176] (vgl. insbesondere Art. 20 III FE-VO-KOM).

130 Jede Zweckänderung ist auch als eine Zweckberührung zu qualifizieren. Umgekehrt gilt dies jedoch nicht, da der Begriff Zweckberührung weiter als die Bezeichnung Zweckänderung ist. Unter *Zweckberührung* sind solche Satzungsänderungen zu fassen, die den **gemeinnützigen Zweck unverändert lassen**, aber auf ihn einwirken.

---

167 Das ELI schlägt vor, dieses Ergebnis durch eine beispielhafte Negativdefinition zu verdeutlichen. ELI, Statement on the proposal for a Statute for a European Foundation (FE) (draft), 2013, S 17. Diesem Vorschlag folgt der italienische Kompromissentwurf allerdings nicht.

168 *Weitemeyer* NZG 2012, 1001, 1008.

169 Vgl. *Cranshaw* DZWIR 2013, 299, 311.

170 Vgl. *Melzer* PSR 2012, 61, 63.

171 Art. 20 I FE-VO-KOM.

172 Das European Law Institute (ELI) kritisiert, dass dadurch Satzungsänderungen in zu großem Umfang ermöglicht werden. Zum Schutz des Stifters schlägt das ELI daher vor, nur dann Satzungsänderungen zu gestatten, wenn die Satzung keine sinnvolle Organisation der FE mehr zulässt. ELI, Statement on the proposal for a Statute for a European Foundation (FE) (draft), 2013, S. 40.

173 AA *Cranshaw* DZWIR 2013, 299, 311. Der Autor geht davon aus, dass Art. 20 III FE-VO-KOM auf alle Satzungsänderungen anwendbar ist.

174 Vgl. *Cranshaw* DZWIR 2013, 299, 311.

175 Art. 20 IV FE-VO. Deutscher Wortlaut: „Änderungen des Zwecks". Englischer Wortlaut: „change to the purpose". Französischer Wortlaut: „changement d'objectif".

176 Art. 20 III FE-VO. Deutscher Wortlaut: „Jede Satzungsänderung, die den Zweck der FE berührt". Englischer Wortlaut: „Any amendment of the statutes, insofar it affects the purpose". Französischer Wortlaut: „Toute modification des statuts, dans la mesure où elle a une incidence sur l'objectif ".

Beispiel: Der Zweck einer FE könnte sehr weit gefasst und generell auf „Tierschutz " (vgl. Art. 5 II lit. k) FE-VO-KOM) ausgerichtet sein. In der Satzung wird dann präzisiert, dass insbesondere der Schutz afrikanischer Elefanten verfolgt wird, da die Bestände bedroht sind. Nach zwanzig Jahren haben sich die afrikanischen Elefantenbestände jedoch auch dank der Arbeit der FE erholt und sind nicht mehr auf der Liste der bedrohten Tierarten verzeichnet, während afrikanische Nashörner zu diesem Zeitpunkt kurz vor der Ausrottung stehen. Der Vorstand könnte dann eine Satzungsänderung beschließen und die Arbeit der FE auf den Schutz von Nashörnern fokussieren. Eine entsprechende Satzungsänderung würde eine Zweckberührung darstellen, jedoch keine Zweckänderung.

Für Zweckberührungen verlangt Art. 20 III FE-VO-KOM zunächst aus materieller Sicht, dass jede entsprechende Satzungsänderung dem **Willen des Stifters entsprechen** muss. Nach dem Kommissionsentwurf war nicht ganz eindeutig, wie der „Wille des Stifters"[177] ermittelt werden sollte.[178] Neben der Ermittlung aus den Gründungsdokumenten kamen andere Erkenntnisquellen aus der Zeit der Gründung in Betracht. Man hätte sogar daran denken können, eine nachträgliche Änderung des Stifterwillens zu berücksichtigen. Dies war jedoch im Ergebnis bereits nach dem Kommissionsentwurf abzulehnen, da der Stifter nach der Gründung keinen Einfluss mehr haben soll, weshalb ihm auch keine Kompetenzen im Verfahren zukommen. Der italienische Kompromissentwurf präzisiert nun, dass der Stifterwille aus der Satzung bzw. den Gründungsdokumenten zu ermitteln ist (Art. 20 III FE-VO-IT). Damit sind nicht nur ein späterer Stifterwille, sondern auch Äußerungen außerhalb der Gründungsdokumente unbeachtlich. 131

Nach den **allgemeinen Regeln** für Satzungsänderungen bedarf es für entsprechende Vorstandsbeschlüsse lediglich der einfachen Mehrheit, soweit die Satzung nicht etwas Anderes vorgibt (vgl. Art. 27 III FE-VO-KOM). Die Satzungsänderung mit Zweckberührung erfordert materiell, dass die Satzung nicht mehr für die Arbeitsweise der FE geeignet ist (vgl. Art. 20 I FE-VO-KOM). Weitere Vorgaben können sich aus der Satzung ergeben (vgl. Art. 19 I lit. j) FE-VO-KOM). 132

Aus einem **Erst-Recht-Schluss** folgt, dass jede Zweckänderung auch eine Zweckberührung ist. Daher gelten für Zweckänderungen die Regelungen zur Zweckberührung soweit nicht eine speziellere Regelung zur Zweckänderung existiert. Art. 20 II und IV FE-VO-KOM enthalten konkrete Vorgaben für Zweckänderungen. Art. 20 II FE-VO-KOM zählt **abschließend** die Fälle auf, in denen der Zweck der Europäischen Stiftung abgeändert werden darf: 133

- Wenn der Zweck erfüllt ist;
- wenn die Zweckerfüllung nicht möglich ist und
- wenn „der Zweck eindeutig keine geeignete, effektive Verwendung des Vermögens mehr erlaubt".[179]

Liegt einer der Fälle des Art. 20 II FE-VO-KOM vor, kann eine Zweckänderung durch den Vorstand beschlossen werden. Bezüglich Zweckberührungen muss jede Änderung grundsätzlich dem Willen des Stifters entsprechen (vgl. Art. 20 III FE-VO-KOM). Dies lässt sich auf Zweckänderungen nicht eins-zu-eins übertragen. In abgeschwächter Form könnte gefordert werden, dass die Zweckänderung dem Willen des Stifters nicht zuwiderlaufen darf und der Vorstand sich bei der Zweckänderung am Stifterwillen zu orientieren hat. Je enger der Stifter seinen Willen fasst, desto weniger Spielraum bleibt für Zweckänderungen.[180] Ist der Zweck erfüllt oder die Zweckerfüllung nicht möglich und sieht der Vorstand keine sinnvolle Möglichkeit den Zweck zu ändern, bleibt nur die Möglichkeit einen Abwicklungsbeschluss zu fassen (vgl. Art. 43 I lit. a) FE-VO-KOM). Die Abwicklungsmöglichkeiten werden enumerativ aufgezählt. Art. 43 I FE-VO-KOM enthält aber nicht den Fall, in dem „eindeutig keine geeignete, effektive Verwendung des Vermögens mehr erlaubt ist" und eine sinnvolle Zweckänderung aufgrund des Stifterwillens nicht möglich erscheint. Hier wäre dann keiner der Regelungsmechanismen für die Bewältigung von schwerwiegenden Störungen einschlägig, was zumindest problematisch ist. 134

Eine Zweckänderung bedurfte nach dem Kommissionsentwurf eines **einstimmigen Beschlusses des Vorstands** (Art. 20 IV FE-VO-KOM). Der italienische Kompromissentwurf senkt diese Anforderung ab und fordert grundsätzlich **nur eine 2/3-Mehrheit**, gestattet es dem Satzungsgeber jedoch statuarisch eine **andere Mehrheit** (*different majority*) **vorzuschreiben.** Es überrascht, dass der Kompromissvorschlag scheinbar auch die **Festlegung geringerer Mehrheitsanforderungen** zulässt. Zum Schutz des Stifterwillens sollten nur höhere Anforderungen sta- 135

177 Englischer Wortlaut: „will of the founder". Französischer Wortlaut: „volonté du fondateur".

178 So auch Deutscher Notarverein, Stellungnahme zum Vorschlag über das Statut der Europäischen Stiftung (FE), 2012, S. 9.

179 Art. 20 II FE-VO-KOM. ELI, Statement on the proposal for a Statute for a European Foundation (FE) (draft), 2013, S. 40 beklagt, dass die Bedeutung dieser Formulierung unklar bleibt. Englischer Wortlaut: „where the current purpose(s) have clearly ceased to provide a suitable and effective method of using the FE's assets". Französischer Wortlaut: „lorsque le ou les objectifs actuels ne permettent manifestement plus d'utiliser de façon adéquate et efficace les actifs de la FE". Ein Vergleich der Sprachfassungen zeigt, dass die deutsche Fassung einen Übersetzungsfehler enthält, indem sie nur die Formulierung „der Zweck" und nicht „der Zweck oder die Zwecke" enthält.

180 Diese Frage werfen *Hopt/von Hippel* ZEuP 2013, 235, 256 auf.

tuarisch festgelegt werden dürfen. Es bliebe zu prüfen, ob sich dieses Ergebnis durch eine teleologische Reduktion des Art. 20 IV FE-VO-IT erreichen ließe.

136 Für die Zweckänderung ist anders als für eine einfache Zweckberührung zudem die Genehmigung der zuständigen Aufsichtsbehörde erforderlich (vgl. Art. 20 IV FE-VO-KOM iVm Art. 46 II 1 FE-VO-KOM).

I. Publizität

137 Nach dem Kommissionsentwurf unterliegt die FE einer **Publizitätspflicht.** Neben den Angaben, die die FE dem Register für die Eintragung zur Verfügung stellen muss,[181] sind einige der Informationen gem. Art. 23 IV FE-VO-KOM auch zu **veröffentlichen.** Zu diesen Angaben gehören insbesondere

- der **Name** und die Anschrift **der FE** (Art. 23 I lit. a) FE-VO-KOM),
- die **Satzung** der FE (Art. 23 I lit. d) FE-VO-KOM),
- die **Namen** und Anschriften der **Vorstandsmitglieder** und der Personen, die die FE vertreten dürfen, sowie die Namen der **Prüfer** (Art. 23 I lit. e) FE-VO-KOM),
- Angaben darüber, ob den Vertretern **Einzel- oder Gesamtvertretungsmacht** zusteht (Art. 23 I lit. f) FE-VO-KOM),
- Namen, Zweck und Anschrift der **Gründungsorganisation** (Art. 23 I lit. g) FE-VO-KOM) und
- Name und Anschriften der **Niederlassungen** (Art. 23 I lit. h) FE-VO-KOM).

138 Bezüglich Art. 23 I lit. g) FE-VO-KOM sieht das Europäische Parlament in seinem Zwischenbericht zur FE eine Anpassung vor. Danach soll auch der vollständige Name und die Adressen von Gründern, die natürliche Personen sind, dem Register mitgeteilt und auch veröffentlicht werden (vgl. Art. 23 I lit. g) FE-VO-EP). Da die FE durch testamentarische Verfügung gegründet werden kann, kann bei einer verstorbenen Person allerdings keine aktuelle Adresse genannt werden. Die Angabe könnte entfallen oder es könnte die letzte Adresse des Stifters angegeben werden. Außerdem schlug das Parlament eine begriffliche Änderung bezüglich der Angaben von juristischen Personen von „*addresses*" (Adressen) zu „*company seat*" (Sitz) vor. **Änderungen** bezüglich der aufgelisteten Angaben sind ebenfalls zu veröffentlichen (Art. 24 III iVm Art. 23 IV FE-VO-KOM).

139 Der italienische Kompromissentwurf verweist für die offenzulegenden Informationen im Gegensatz zum Kommissionsentwurf nicht auf einzelne Angaben des Art. 23 I FE-VO-KOM/FE-VO-IT. Nach dem italienischen Kompromissentwurf hat die FE den Beschluss des Registers (oder „*body responsible for registration*") sowie die Angaben aus dem **gemeinsamen Speichersystem** (s. dazu Rn. 83) zu veröffentlichen (vgl. Art. 23 IV FE-VO-IT). Für die Angaben aus dem gemeinsamen Speichersystem verweist Art. 23 IV FE-VO-IT auf Art. 22 III FE-VO-IT. Nach Art. 22 III FE-VO-IT sind dort zumindest folgende Angaben aufzunehmen und damit dann auch zu veröffentlichen:

- **Name** der FE,
- die **Adresse** des Registersitzes und der Hauptverwaltung,
- Name und Adresse des **zuständigen Registers** bzw. *bodies*,
- ggf. die **Eintragungsnummer**,
- der **gemeinnützige Zweck** und
- die weiteren Mitgliedstaaten neben dem Heimatmitgliedstaat, in denen die **FE plant tätig zu werden.**

140 Weitere Angaben werden vom nationalen Register so verwaltet, dass sie auf Nachfrage eingesehen werden können (Art. 23 IV 2 FE-VO-IT). Der Entwurf spricht in Art. 22 III FE-VO-IT von **Mindestangaben**, die das gemeinsame Speichersystem enthalten soll. In Zusammenspiel mit Art. 22 IV FE-VO-IT scheint es daher möglich zu sein, dass das nationale Recht vorsieht, dass weitere Angaben an das *common repository* zu übermitteln sind. Dabei kann es sich aber nur um solche zusätzlichen Angaben handeln, die in Art. 23 I FE-VO-IT genannt sind. Denn weitere Angaben dürfen die Mitgliedstaaten nicht verlangen (vgl. Rn. 86).

141 Der italienische Kompromissentwurf lockert damit einerseits die zu veröffentlichenden Angaben, indem er auf die Veröffentlichung der Satzung sowie der Namen und Anschriften des Vorstands, der vertretungsberechtigten Personen und der Prüfer sowie der Art der Vertretungsbefugnis grundsätzlich verzichtet. Andererseits verlangt der Kompromissentwurf jedoch, dass im gemeinsamen Speichersystem anzugeben ist, in welchen Mitgliedstaaten die FE plant tätig zu werden. Im Gegensatz dazu sind nach dem Kommissionsentwurf Namen und Anschriften der Niederlassungen zu veröffentlichen. Somit sind insofern lediglich bereits existierende Tätigkeiten der FE veröffentlicht und nicht, wie vom Kompromissentwurf vorgesehen, auch geplante Tätigkeiten.

142 Außerdem hat die FE ihren Jahresabschluss, zusammen mit dem Prüfungsbericht zu veröffentlichen (vgl. Art. 34 V FE-VO-KOM).[182] Zudem hat die FE auf **Brief- und Bestellungsbögen**, sowie auf ihrer **Internetseite** Angaben zum zuständigen Register, zusammen mit der Registernummer der FE (Art. 4 II lit. a) FE-VO-KOM), den Namen und der Anschrift des Satzungssitzes der FE (lit. b) und gegebenenfalls Informationen über eine Insolvenz oder ein anderes Verfahren, das die Beendigung der FE zur Folge hat (lit. c), zu machen. Der italienische

181 Vgl. ausführlicher zur Eintragung der FE Rn. 82 ff.
182 Siehe ausführlicher zum Jahresabschluss Rn. 223 ff.

Kompromissentwurf behält die Angaben auf Brief- und Bestellungsbögen sowie im Internet grundsätzlich bei, ersetzt jedoch den Begriff des Registers (vgl. Art. 4 II FE-VO-IT) durch „*body*" bzw. „*specified storage system*" (dazu bereits Rn. 82)

Die Anforderungen an die Veröffentlichung der Informationen richten sich gem. Art. 4 I FE-VO-KOM nach dem **einzelstaatlichen Recht**. Art. 4 I FE-VO-KOM verlangt jedoch, dass die Angaben der **Öffentlichkeit leicht zugänglich** zu machen sind. 143

J. Rechtsnatur der FE

I. Vorgründungsstadium

Die Phase noch vor Abschluss des Gründungsvertrags lässt sich als Vorgründungsstadium bezeichnen. In diesem Zeitraum ist das **nationale Vertragsrecht** anzuwenden, welches mithilfe des **IPR** zu bestimmen ist. Die Verordnung findet auf das Vorgründungsstadium dagegen nach hier vertretener Auffassung keine Anwendung. Schließen die Parteien in dieser Phase einen Vorvertrag ab, so regelt auch in diesem Fall das nationale Recht, welches mithilfe des IPR ermittelt wurde, diesen Aspekt, auch wenn dann schon eine gewisse Nähe zur Phase nach Vertragsabschluss aber noch vor Eintragung besteht. 144

II. Vor-FE

Weder der Kommissionsentwurf noch der italienische Kompromissvorschlag enthalten Regeln bezüglich des Status einer „Vor-FE" oder bezüglich einer möglichen **Handelndenhaftung**. Die Verordnung verweist in Art. 26 FE-VO-KOM für die Handelndenhaftung vielmehr auf das jeweils anwendbare nationale Recht. Aber auch bezüglich der Vor-FE liegt eine externe Lücke (dazu Rn. 9, 20 ff.) vor, weshalb nationales Recht zur Anwendung kommt. Dass die Verordnung keine Regelungen zur Handelndenhaftung vorsieht, ist für eine europäische Rechtsform durchaus ungewöhnlich. So regelt beispielsweise die EWIV-VO die Handelndenhaftung selbst (Art. 9 II EWIV-VO). Gleiches gilt für die SE (Art. 16 II SE-VO) und die SCE (Art. 18 II SCE-VO). Die SPE-VO enthielt dagegen ebenfalls keine Vorgaben zur Handelndenhaftung (s. dazu § 5 Rn. 116). 145

III. Rechtsnatur nach Eintragung

Gemäß Art. 9 S. 1 FE-VO-KOM besitzt die FE in allen Mitgliedstaaten **Rechtspersönlichkeit**. Maßgeblicher Zeitpunkt für die Erlangung der Rechtspersönlichkeit ist die **Eintragung** in das zuständige Register bzw. bestimmte Speichersystem (Art. 9 S. 2 FE-VO-KOM/FE-VO-IT, vgl. zur Eintragung Rn. 82 ff.). 146

Die FE ist gemäß Art. 10 I 1 FE-VO-KOM in jedem Mitgliedstaat voll handlungsfähig. Art. 10 I 2 FE-VO-KOM konkretisiert anhand einiger Beispiele, was von der Handlungsfähigkeit erfasst ist.[183] Sie kann daher insbesondere Eigentum erwerben, sich Mittel beschaffen und in diesem Zusammenhang Zuwendungen erhalten (vgl. Art. 10 I 2 FE-VO-KOM). In Art. 10 I 3 FE-VO-KOM stellt die Verordnung noch einmal ausdrücklich klar, dass sie sich zur Ausübung ihrer Tätigkeit in jedem Mitgliedstaat niederlassen und ihre Tätigkeit auch in jedem Drittstaat ausüben darf (in Bezug auf letzteres Art. 10 III FE-VO-KOM). Die Handlungsfähigkeit kann allerdings durch die Satzung eingeschränkt werden. Das verdeutlichen Art. 10 I 2, II und III FE-VO-KOM.[184] Der italienische Kompromissentwurf hat an dieser Vorschrift keine Änderung vorgenommen. 147

K. Keine Mitgliedschaft

Wie bereits an mehreren Stellen erwähnt, hat die europäische Stiftung **keine Mitglieder** (Art. 5 I FE-VO-IT). Allerdings lässt der italienische Kompromissentwurf die Gründung durch Verschmelzung und Formwechsel aus nationalen Einrichtungen zu, die ähnliche Funktionen wie eine Stiftung erfüllen, aber Mitglieder haben. Das ändert jedoch nichts daran, dass die FE selbst keine Mitglieder haben darf. 148

L. Organisationsverfassung

I. Aufgabe der Wahl zwischen monistischer und dualistischer Struktur?

Bei der SE (vgl. § 4 Rn. 128) und der SCE (vgl. § 6 Rn. 161) stellen die jeweiligen Verordnungen eine monistische und eine dualistische Leitungs- und Aufsichtsstruktur offen zur Wahl für die Gründer. Die FE-VO-KOM sieht dagegen grundsätzlich **nur einen Vorstand** (englisch: „*governing board*"; französisch: „*conseil d'adminis-* 149

183 *Cranshaw* DZWIR 2013, 299, 308.
184 Zur Frage, ob und wenn ja, wie sich dies im Zusammenhang mit der Regelung der Vertretung auswirkt siehe näher unter Rn. 198.

tration") verpflichtend vor (vgl. Art. 27 FE-VO-KOM iVm Art. 31 FE-VO-KOM).[185] Die Satzung kann jedoch einen **Aufsichtsrat** (englisch: „*supervisory board*"; französisch: „*conseil de surveillance*") oder einen **Beirat** etablieren (vgl. Art. 31 FE-VO-KOM). Die Regelung ähnelt der in der EWIV-Verordnung (Art. 16 I EWIV-VO, vgl. dazu § 7 Rn. 188). Wird ein Aufsichtsrat eingerichtet (vgl. Art. 31 FE-VO-KOM), wird eine Struktur erreicht, die der dualistischen Organisationsverfassung weitgehend entspricht.[186]

150 Die Geschäftsführung kann vom Vorstand an **geschäftsführende Direktoren** (englisch: „*managing directors*"; französisch: „*directeurs exécutifs*") übertragen werden (vgl. Art. 30 FE-VO-KOM).[187] Diese Struktur wurde mit der monistischen Organisationsverfassung verglichen.[188] Die **geschäftsführenden Direktoren** sind gegenüber den Vorstandsmitgliedern **weisungsgebunden** (vgl. Art. 30 I FE-VO-KOM) und gehören nicht notwendigerweise dem Organ „Vorstand" an. Vorstandsmitglieder können allerdings zu geschäftsführenden Direktoren ernannt werden. Die Mehrzahl der Vorstandsmitglieder darf jedoch nicht zusätzlich eine entsprechende Funktion übertragen bekommen (dazu näher unter Rn. 183). Daneben können auch Personen, die nicht Mitglieder des Vorstands sind, geschäftsführende Direktoren werden (Schluss aus Art. 30 FE-VO-KOM).[189] Der Vorstand ähnelt dann eher einem Überwachungsorgan.

II. Vorstand

1. Satzung

151 Gem. Art. 27 I FE-VO-KOM obliegt **dem Vorstand** (englisch: „*governing board*"; französisch: „*conseil d'administration*") die Leitung der FE. Aus Art. 19 I lit. g) FE-VO-KOM folgt, dass die Nennung der Zahl der Vorstandsmitglieder eine Muss-Satzungsbestimmung ist (dazu Rn. 12 f.).[190] Dem Satzungsgeber wird diesbezüglich jedoch nicht völlige Freiheit gewährt. Gemäß Art. 27 I FE-VO-KOM muss ein ordnungsgemäßer **Vorstand zumindest drei Mitglieder** haben und immer eine **ungerade Anzahl** von Vorstandsmitgliedern gegeben sein. In der Literatur wurde die Mindestanzahl von drei Mitgliedern kritisiert, da es auch sehr kleine Europäische Stiftungen geben kann und für diese ein Vorstand mit **drei Personen zu aufwendig** erscheine.[191] Allerdings reduziert die Mindestzahl **eine sonst bestehende Missbrauchsgefahr** und sichert gleichzeitig die funktionale Handlungsfähigkeit des Gesamtorgans. Die **Gefahr des Missbrauchs** wäre bei einem Einpersonenvorstand groß, da es nicht notwendigerweise ein Kontrollorgan gibt. Die Aufsichtsbehörde könnte zwar theoretisch diese Funktion übernehmen.[192] Das setzt allerdings effektiv arbeitende Aufsichtsbehörden in allen Mitgliedstaaten voraus. Zwei Vorstandsmitglieder als Alternativgröße könnten sich blockieren und die Handlungsunfähigkeit der FE herbeiführen. Die Mindestanzahl von drei Vorstandsmitgliedern ist somit angemessen. Der italienische Kompromissvorschlag ergänzt, dass die Satzung auch lediglich eine Mindest- und/oder Höchstzahl für den Vorstand festlegen kann (Art. 19 I lit. g) FE-VO-IT). Sie kann zudem Vorgaben bezüglich der Kompetenzverteilung enthalten (Art. 19 I lit. g) FE-VO-IT).

152 Gem. Art. 19 I lit. h) FE-VO-KOM bzw. Art. 19 I lit. i) FE-VO-IT muss die Satzung außerdem die Ernennung von Vorstandsmitgliedern regeln.[193] Hier sind verschiedene Optionen denkbar. Es ist zB möglich, diese **Aufgabe** einem **eingerichteten Aufsichtsrat zukommen** zu lassen. Die Vorstandsmitglieder können daneben aber aufgrund fehlender Verbotsregel wohl auch durch **Kooptation** bestellt werden oder die Satzung könnte einen Amtsträger (geborenes Vorstandsmitglied) benennen (zB „Bürgermeister der Stadt X").[194]

185 *Cranshaw* DZWIR 2013, 299, 311.
186 Vgl. *Richter/Gollan* ZGR 2013, 551, 580.
187 Zum Verhältnis von Vorstand und geschäftsführenden Direktoren siehe näher unter Rn. 158 f., 180 ff.
188 *Weitemeyer* NZG 2012, 1001, 1005. Der Deutsche Notarverein geht ganz generell davon aus, dass die Verordnung das monistische System vorschreibt. Deutscher Notarverein, Stellungnahme zum Vorschlag über das Statut der Europäischen Stiftung (FE), 2012, S. 10.
189 Zu den geschäftsführenden Direktoren siehe näher unter Rn. 180 ff.
190 Der Deutsche Notarverein, Stellungnahme zum Vorschlag über das Statut der Europäischen Stiftung (FE), 2012, S. 8 plädiert insofern anstatt für eine Muss-Satzungsbestimmung für eine dispositive Vorschrift in der Verordnung.
191 Vgl. *Hüttemann* EuZW 2012, 441, 441; *Hopt* in: P. Jung (Hrsg.), Stärkung des Stiftungswesens, 2017, S. 67, 80. Das ELI fordert eine Differenzierung bei den Anforderungen gemäß der Größe der Stiftung. ELI, Statement on the proposal for a Statute for a European Foundation (FE) (draft), 2013, S. 19; aA *Jakob* in: Jakob (Hrsg.), Stiften und Gestalten, 2013, S. 3, 20, der die Mindestanzahl von drei Mitgliedern begrüßt.
192 *Melzer* PSR 2012, 61, 63.
193 Vgl. *Melzer* PSR 2012, 61, 63.
194 Zu den sich daraus ergebenden Möglichkeiten vgl. *Melzer* PSR 2012, 61, 63. Zu Bestellungsoptionen ebenfalls *Richter/Gollan* ZGR 2013, 551, 580.

2. Anforderungen an Vorstandsmitglieder

Gemäß Art. 28 I FE-VO-KOM müssen Vorstandsmitglieder uneingeschränkt **„rechts- und geschäftsfähig"** sein. Ausschlussgrund ist die Aberkennung des Rechts auf Ausübung der Vorstandstätigkeit nach dem Recht eines Mitgliedstaates oder aufgrund eines Gerichts- oder Verwaltungsbeschlusses. Die Regelung ist ihrem Wortlaut nach umfassend ausgestaltet und bezieht sich auf das Recht aller Mitgliedstaaten,[195] also auch auf Länder, in denen die FE nicht eingetragen ist. Das ist insofern stimmig, als die FE auf eine grenzüberschreitende Tätigkeit in der gesamten EU ausgelegt ist. 153

Neben den gesetzlichen Einschränkungen bei der Auswahl der Vorstandsmitglieder darf auch die **Satzung Zulassungsvoraussetzungen** festlegen (vgl. Art. 28 II 2 lit. b) FE-VO-KOM). Nicht explizit vorgegeben ist dagegen, ob auch **juristische Personen** Vorstandsmitglieder sein dürfen.[196] Klar für eine Zulässigkeit juristischer Personen für die Vorstandstätigkeit spricht der Wortlaut des Art. 28 I FE-VO-KOM, der als Voraussetzung die Rechtsfähigkeit anspricht. Die Frage der Rechtsfähigkeit kann nur auf juristische Personen abzielen. Die Verordnung nimmt auch keine Einschränkung vor, die für ein anderes Ergebnis sprechen könnte.[197] Die Voraussetzungen in Art. 28 I FE-VO-KOM sind zwar eher auf natürliche Personen zugeschnitten, daraus lässt sich jedoch nicht zwingend schließen, dass es juristischen Personen verwehrt ist, Vorstandsmitglied einer FE zu werden. Auch die Tatsache, dass die Verordnung keine Regelung enthält, die vorgibt, dass eine juristische Person eine natürliche Person als permanenten Vertreter zu bestimmen hat und diese Person haftet wie ein Vorstandsmitglied, das eine natürliche Personen ist (zur entsprechenden Regelung bei der EWIV, § 7 Rn. 168), stellt wohl kein zwingendes Argument dar. Aufgrund des Wortlauts ließe sich daher vertreten, dass die Verordnung juristische Personen grundsätzlich als Vorstandsmitglieder zulässt. Fraglich ist, ob nationales Recht zur Anwendung kommen und zu einem anderen Ergebnis führen kann. Eine implizite Regelungslücke lässt sich im Ergebnis wohl nicht annehmen.[198] Der Verweis in Art. 28 I FE-VO-KOM könnte jedoch weit zu verstehen sein und es den Mitgliedstaaten ermöglichen, etwas Anderes vorzusehen.[199] Hier scheinen beide Ergebnisse gut vertretbar zu sein. 154

3. Vorstandsbeschlüsse

Gem. Art. 27 III FE-VO-KOM fasst der Vorstand Beschlüsse mit der **Mehrheit seiner Mitglieder**. Dadurch, dass Art. 27 I FE-VO-KOM eine ungerade Anzahl an Vorstandsmitgliedern fordert, garantiert die Verordnung gleichzeitig die Handlungsfähigkeit der Stiftung. Art. 27 III FE-VO-KOM stellt satzungsdispositives Recht dar und legt gleichzeitig einen Mindeststandard (Mehrheit) fest. Dem Satzungsgeber bleibt es somit unbenommen, höhere Mehrheitserfordernisse vorzuschreiben. Auch die Verordnung fordert für bestimmte Beschlüsse **höhere Mehrheiten** (vgl. Art. 20 IV FE-VO-KOM).[200] Die Verordnung statuiert in Art. 27 III FE-VO-KOM somit ein **Regel-Ausnahme-Verhältnis.** 155

Nach Art. 27 II FE-VO-KOM besitzt **jedes Vorstandsmitglied** bei der Beschlussfassung **zwingend eine Stimme.**[201] Die Satzung kann einzelnen Mitgliedern weder **Mehrstimmrechte** zugestehen (auch dem Vorstandsvorsitzenden nicht) noch einzelnen Mitgliedern das Stimmrecht entziehen und sie damit allein zu beratenden Mitgliedern machen.[202] 156

195 *Richter/Gollan* ZGR 2013, 551, 581.

196 *Hopt/von Hippel* ZEuP 2013, 235, 255; ELI, Statement on the proposal for a Statute for a European Foundation (FE) (draft), 2013, S. 51; EFC, Revised legal analysis of the European Commission proposal for a Council Regulation on the Statute for a European Foundation (FE), 2013, S. 14.

197 Zur fehlenden Einschränkung *Weitemeyer* NZG 2012, 1001, 1005; *Stöber* DStR 2012, 804, 807. Das ELI, Statement on the proposal for a Statute for a European Foundation (FE) (draft), 2013, S. 52 fordert eine Klarstellung.

198 Diese letztgenannte Interpretationsmöglichkeit ansprechend *Hopt/von Hippel* ZEuP 2013, 235, 256.

199 Vgl. zur Argumentation *Jung* PSR 2014, 56, 58.

200 Bei drei Vorstandsmitgliedern ändert sich in der Praxis allerdings nichts, wenn statt einer einfachen Mehrheit eine 2/3-Mehrheit verlangt wird, da in beiden Fällen zumindest zwei Vorstandsmitglieder zustimmen müssen.

201 Nach Ansicht des ELI, Statement on the proposal for a Statute for a European Foundation (FE) (draft), 2013, S. 49 ist nicht klar, ob Art. 27 FE-VO-KOM zwingendes oder dispositives Recht enthält; ebenso Deutscher Notarverein, Stellungnahme zum Vorschlag über das Statut der Europäischen Stiftung (FE), 2012, S. 11; EFC, Revised legal analysis of the European Commission proposal for a Council Regulation on the Statute for a European Foundation (FE), 2013, S. 13 weist auf mögliche Probleme bei der Umwandlung einer nationalen Stiftung in eine FE hin.

202 EFC, Revised legal analysis of the European Commission proposal for a Council Regulation on the Statute for a European Foundation (FE), 2013, S. 13 weist darauf hin, dass das Mehrstimmrechtsverbot zu Problemen führen kann, wenn sich eine nationale gemeinnützige Einrichtung, in der Mehrstimmrechte vorgesehen sind, in eine FE umwandeln möchte.

157 Der Wortlaut[203] des Art. 27 III FE-VO-KOM gibt vor, dass auf die Mehrheit der Mitglieder abgestellt wird.[204] Ob die Mitglieder anwesend sind, ist daher für die Berechnung nicht entscheidend. Die Mehrheit wird also nach der Gesamtzahl der Mitglieder bestimmt. Das führt dazu, dass sich eine Enthaltung bzw. die Nichtanwesenheit als Neinstimme auswirkt. Die Verordnung verhindert so Zufallsmehrheiten durch die Nicht-Teilnahme eines Vorstandsmitglieds.

4. Aufgaben und Pflichten von Vorstandsmitgliedern

158 Der Vorstand hat **zwei Aufgabenfelder**. Er ist einerseits gem. Art. 29 I lit. a) FE-VO-KOM für die **„ordnungsgemäße Verwaltung und Leitung** der FE und für die **Durchführung ihrer Tätigkeiten** verantwortlich".[205] Andererseits hat der Vorstand gemäß Art. 29 I lit. b) FE-VO-KOM für die Einhaltung von Satzungsvorgaben, Verordnungsvorschriften und anwendbaren nationalen Regelungen zu sorgen.

159 In Bezug auf Art. 29 I lit. a) FE-VO-KOM wurde eine Klarstellung gefordert, dass der Vorstand die Geschäfte der FE nicht tatsächlich führen soll.[206] Dies wäre allerdings keine Klarstellung der Rechtslage, sondern eine Änderung. Denn Art. 30 I 1 FE-VO-KOM zeigt, dass die „laufende Geschäftsführung"[207] an **geschäftsführende Direktoren** übertragen werden kann. Die persönliche Geschäftsführungspflicht besteht daher nur, wenn eine Delegation unzulässig ist oder nicht vorgenommen wurde. Art. 30 I 1 FE-VO-KOM verdeutlicht, dass nur die laufende Geschäftstätigkeit delegiert werden kann. **Grundlagenentscheidungen** können **nicht** den geschäftsführenden Direktoren übertragen werden. Zu den Grundlagenentscheidungen gehören insbesondere Satzungsänderungen einschließlich der Verlegung des Satzungssitzes sowie die Abwicklung und die Beendigung durch Umwandlung.

160 Art. 29 I lit. b) FE-VO-KOM weist dem Vorstand die Verantwortung für die Einhaltung der Satzung, der Verordnung und des nationalen Rechts zu. Gemäß Art. 46 I FE-VO-KOM muss die Aufsichtsbehörde sicherstellen, „dass der Vorstand im Einklang mit der Satzung der FE, dieser Verordnung sowie mit dem anwendbaren einzelstaatlichen Recht handelt".[208] Dadurch verdeutlicht der Kommissionsentwurf die Bedeutung, die er der Einhaltung der Vorgaben des Art. 29 I lit. b) FE-VO-KOM beimisst. Die Erwägungsgründe und auch die Begründung des Entwurfs konkretisieren zwar nicht, wie Art. 29 I lit. b) FE-VO-KOM zu verstehen ist. Der Wortlaut der Vorschrift und die Kontrolle durch die Aufsichtsbehörde deuten allerdings auf eine Pflicht zu einem **angemessenen Compliance-System** hin, weil es auch um die Verantwortlichkeit für Pflichtverletzungen von Mitarbeitern geht. Diese Regelung wäre **sehr weitreichend** und ein **Novum** im Recht der supranationalen Rechtsformen der EU.[209] Der italienische Kompromissentwurf verdeutlicht in Erwägungsgrund 18 FE-VO-IT, dass dadurch inhaltlich auch die Berücksichtigung des Willens des Stifters erreicht werden soll.

161 Der Vorstand hat gemäß Art. 29 II FE-VO-KOM **„im besten Interesse"**[210] der Europäischen Stiftung und ihres gemeinnützigen Zwecks zu handeln. Der italienische Kompromissentwurf ergänzt, dass dies mit angemessener Sorgfalt, Sachkunde sowie in gutem Glauben zu erfolgen hat (Art. 29 III FE-VO-IT). Art. 29 II FE-VO-KOM statuiert darüber hinaus **Loyalitätspflichten** gegenüber der Stiftung. Dies dürfte als Kompensation für das nicht erforderliche Aufsichtsorgan gedacht sein.

5. Amtsniederlegung bzw. Entlassung

162 Vorstandsmitglieder dürfen ihr Amt **jederzeit** und auch ohne wichtigen **Grund** niederlegen (Art. 28 II 1 FE-VO-KOM). Selbst ein Komplettrücktritt des Vorstands ist daher rechtlich ohne Weiteres möglich. Der Satzungsgeber sollte deswegen darauf achten, dass ein System gewählt wird, dass zB auch im Fall des Rücktritts des gesamten Vorstands funktioniert. Die Tätigkeit als Vorstandsmitglied endet auch, wenn ein **Mitglied sein Amt** aus

203 Deutscher Wortlaut: „Der Vorstand beschließt mit der Mehrheit seiner Mitglieder (...)". Englischer Wortlaut: „(...) the board shall decide by the majority of its members". Französischer Wortlaut: „(...) le conseil statue à la majorité de ses membres".

204 Das ELI, Statement on the proposal for a Statute for a European Foundation (FE) (draft), 2013, S. 49 schlägt eine Differenzierung nach Quorum und Mehrheit vor.

205 Englischer Wortlaut: „take responsibility for the proper administration, management and conduct of the FE's activities". Französischer Wortlaut: „il est responsable de la bonne administration, de la bonne gestion et de la bonne conduite des activités de la FE".

206 ELI, Statement on the proposal for a Statute for a European Foundation (FE) (draft), 2013, S. 52.

207 Englischer Wortlaut: „day-to-day management". Französischer Wortlaut: „gestion quotidienne".

208 Englischer Wortlaut: „The supervisory authority shall ensure that the governing board acts in accordance with the statutes of the FE, this Regulation and the applicable national law". Französischer Wortlaut: „L'autorité de surveillance veille à ce que le conseil d'administration agisse dans le respect des statuts de la FE, du présent règlement et du droit national applicable".

209 Zweifelnd zur Herleitung der Pflicht zur Erstellung eines Compliance-Systems *Weitemeyer* NZG 2012, 1001, 1005.

210 Englischer Wortlaut: „in the best interest". Französischer Wortlaut: „au mieux des intérêts".

den in Art. 28 II 2 lit. a) bis d) FE-VO-KOM genannten Gründen **niederlegt** oder wenn ein **Mitglied** entweder vom Vorstand bzw. dem Aufsichtsrat oder von der Aufsichtsbehörde bzw. dem zuständigen Gericht aus denselben Gründen **entlassen** wird (vgl. Art. 28 III 1 und 2 FE-VO-KOM).[211] Die **Entlassungsgründe**, von denen jeder für sich ausreichend ist, werden in Art. 28 II 2 lit. a) bis d) FE-VO-KOM/FE-VO-IT **abschließend**[212] aufgezählt:

- Das Mitglied erfüllt die in Art. 28 I FE-VO-KOM genannten Voraussetzungen nicht (Art. 28 II 2 lit. a) FE-VO-KOM);
- das Mitglied erfüllt die in der Satzung/Gründungsurkunde genannten Voraussetzungen nicht (Art. 28 II 2 lit. b) FE-VO-KOM);
- das Mitglied hat sich eines unlauteren Finanzgebarens schuldig gemacht und wurde dafür gerichtlich verurteilt (Art. 28 II 2 lit. c) FE-VO-KOM) oder
- das Mitglied ist ungeeignet für die Tätigkeit als Vorstandsmitglied. Die Ungeeignetheit muss sich aus seinem Handeln oder Unterlassen ergeben (Art. 28 II 2 lit. d) FE-VO-KOM).

Die jeweilige **Aufsichtsbehörde** bzw. das zuständige **Gericht** können Vorstandsmitglieder aus den genannten Gründen grundsätzlich entlassen. Vorstand und Aufsichtsrat können dies nur, wenn die **Satzung** ein entsprechendes Vorgehen gestattet.[213] Warum der Entlassung durch den Vorstand bzw. den Aufsichtsrat nicht grundsätzlich der Vorrang eingeräumt wird und warum die Satzung eine Entlassung durch die anderen Vorstandsmitglieder beim Vorliegen einer der wichtigen Gründe aus Art. 28 II 2 FE-VO-KOM erst gestatten muss, ist fraglich. Für diese Regelung könnte sprechen, dass die Vorstandsmitglieder im Streitfall versuchen könnten, sich gegenseitig zu entlassen. Eine Gerichtsentscheidung würde in solchen Fällen zu höherer Rechtssicherheit beitragen. 163

Die Regelungstechnik ist mit Blick auf die Regelungsmöglichkeit der Satzung ungewöhnlich, da es sich um den seltenen Fall einer „***opt-in***"-Regelung handelt.[214] Allerdings besteht hier die weitere Besonderheit, dass aus dem Zusammenspiel von Art. 19 I lit. h) FE-VO-KOM mit Art. 28 III 1 FE-VO-KOM folgt, dass in der Satzung eine Aussage darüber getroffen werden muss, ob von der *opt-in* Möglichkeit Gebrauch gemacht wird (Art. 19 I lit. h) FE-VO-KOM iVm Art. 28 III 1 FE-VO-KOM). Bezüglich der Entlassung eines Vorstandsmitglieds sind zudem die in der Satzung festgelegten Vorgaben zu beachten (vgl. Art. 19 I lit. j) FE-VO-KOM). 164

6. Vergütung

Der Kommissionsentwurf enthielt keine Vorschriften zur Vergütung von Vorstandsmitgliedern, sondern ausschließlich Regelungen zu Vergünstigungen (s. Rn. 177 ff.), die Vergütungen für die Erfüllung von Aufgaben gerade nicht umfassen. Der italienische Kompromissentwurf schließt diese Lücke durch Art. 29 II 2 FE-VO-IT. Aus der Vorschrift ergibt sich zunächst, dass die **Satzung eine Vergütung gestatten muss**. Die Verordnung geht damit davon aus, dass die Vorstandsmitglieder in der Regel keine Vergütung für die Erfüllung ihrer Arbeit verlangen können. Die Möglichkeit einer Vergütung wird nicht im Katalog der Mindestangaben der Satzung in Art. 19 I FE-VO-IT genannt (keine Muss-Satzungsbestimmung, vgl. dazu Rn. 12 f.). Vielmehr handelt es sich um eine Abändernde-Satzungsbestimmungen (s. dazu Rn. 14), denn die Formulierung des Art. 29 II 2 FE-VO-IT zeigt, dass ohne die explizite Gestattung in der Satzung die Zahlung von Vergütungen verboten ist. 165

Gestattet die Satzung die Zahlung einer Vergütung an die Vorstandsmitglieder, so muss diese Vergütung gemäß Art. 29 II 2 FE-VO-IT **angemessen und verhältnismäßig** sein, wobei es eine unangemessen niedrige Vergütung nicht geben dürfte. Das zeigt sich daran, dass es sogar den Regelfall darstellt, dass keine Vergütung gezahlt wird. Zudem muss die Höhe im Jahresabschluss der FE ausgewiesen werden. 166

III. Interessenkonflikte

Art. 32 FE-VO-KOM regelt Interessenskonflikte innerhalb der Europäischen Stiftung. Die Vorschrift wurde in der Literatur und von Interessengruppen intensiv diskutiert.[215] 167

---

211 Diese Regelung ist nicht dispositiv, dh die Abberufung kann nicht dem Stifter oder anderen Begünstigten überlassen werden. Vielmehr nennt die Verordnung abschließend die zuständigen Organe/Behörden. *Melzer* PSR 2012, 61, 64 geht wohl davon aus, dass dieser Punkt noch ungeklärt ist.

212 Hier wird davon ausgegangen, dass die Satzung nach beiden Entwürfen keine weiteren Entlassungsgründe aufnehmen kann. *Melzer* PSR 2012, 61, 64 hält diesen Punkt für durch den Kommissionsvorschlag nicht geregelt. Da der italienische Kompromissentwurf Satzungsbestimmungen nur zulässt, sofern die Verordnung dies ausdrücklich vorsieht, ist zumindest nach diesem Entwurf eine statuarische Regelung eindeutig nicht möglich.

213 In diese Richtung auch der Deutsche Notarverein, Stellungnahme zum Vorschlag über das Statut der Europäischen Stiftung (FE), S. 11.

214 Im Rahmen der Gründung durch Verschmelzung und Umwandlung ist streitig, ob Art. 14 I lit. b) FE-VO-KOM und Art. 17 I FE-VO-KOM eine *opt-in* oder eine *opt-out*-Regelung darstellt.

215 Vgl. zu Art. 32 FE-VO-KOM *Jung* PSR 2014, 56, 59 ff.; ELI, Statement on the proposal for a Statute for a European Foundation (FE) (draft), 2013, S. 56; EFC, Revised legal analysis of the European Commission proposal for

1. Besetzungsverbot nach dem Kommissionsentwurf

168 In Art. 32 I FE-VO-KOM heißt es:

„Der Stifter und andere Vorstandsmitglieder, die untereinander oder zum Stifter in einer geschäftlichen, familiären oder sonstigen Beziehung stehen, die einen tatsächlichen oder möglichen Interessenkonflikt begründen könnte, der ihr Urteilsvermögen beeinflusst, dürfen nicht die Mehrheit des Vorstands bilden.“[216]

Erfasst von dieser Regelung sind somit sowohl Vorstandsmitglieder, die in einer besonderen **Beziehung zum Stifter** stehen, als auch **Vorstandsmitglieder**, die untereinander **geschäftliche, familiäre oder sonstige Beziehungen haben**. Dieser weite Anwendungsbereich erfährt allerdings durch den zweiten Teil der Vorschrift eine Einschränkung. Danach sind nur solche Beziehungen relevant, die zu einem **tatsächlichen oder potenziellen Interessenkonflikt** führen, welcher das Urteilsvermögen beeinflussen könnte. Die Vorschrift verlangt nicht, dass eine konkrete Beeinflussung des Urteilsvermögens nachgewiesen wird, sondern dass ein Interessenkonflikt vorliegt, der zu einer entsprechenden Beeinträchtigung der unabhängigen Willensbildung führen könnte.[217] Für diese Interpretation spricht Erwägungsgrund 16 S. 2 FE-VO-KOM, nachdem auch bereits der **Anschein von Interessenkonflikten** vermieden werden soll.

169 Zu ermitteln ist, wie weit oder eng der Begriff „Beziehung“ (englisch: „*relationship*“, französisch: „*relations*“) ausgelegt werden muss.[218] Fraglich erscheint beispielsweise, ob entfernte Verwandte, wie Cousinen zweiten Grades, von der Vorschrift erfasst sein sollten. Da die Beziehung dergestalt sein muss, dass sie einen tatsächlichen oder potenziellen Interessenkonflikt herbeizuführen vermag, welcher das Urteilsvermögen beeinflussen kann, dürfte eine **sehr weite Auslegung** des Begriffs „Beziehung“ nicht in Frage kommen. Allerdings wird auch nicht – wie in Art. 32 III FE-VO-KOM – eine „enge familiäre Beziehung“[219] verlangt. Eine zu enge Interpretation ist damit ebenfalls nicht im Sinne des Verordnungsgebers. Der somit auch nicht zu eng zu fassende Beziehungsgrad bestimmt sich im Ergebnis nach den tatsächlichen (gelebten) Beziehungen der Beteiligten, wobei formale Verwandtschaftsgrade geeignet sein können, eine Vermutung zu begründen.

170 Stehen die Vorstandsmitglieder in einer Beziehung, die einen tatsächlichen bzw. möglichen Interessenkonflikt begründet, so dürfen diese Mitglieder nach dem Kommissionsentwurf „nicht die Mehrheit des Vorstands bilden“.[220] Die Tatsache, dass danach Personen mit Interessenkonflikten, die auch ihr Urteilsvermögen beeinflussen, im Vorstand vertreten sein und abstimmen dürfen, solange sie nicht die Mehrheit stellen, bedarf der Erklärung. Hintergrund dürfte sein, dass Stifter generell den Stiftungsvorstand mit Vertrauten besetzen und dies zur Wahrung des Stifterwillens bis zu einem gewissen Grad auch als legitim angesehen wird.[221] Dennoch führt die Regelung dazu, dass die Möglichkeit des Stifters, über den Vorstand Einfluss auf die FE zu nehmen, reduziert wird. Im Verhältnis **Vorstandsmitglied-Vorstandsmitglied** erschwert die Regelung es einem Vorstandsmitglied, durch die Besetzung der Vorstandsposten einen **„Stimmenblock“** zu bilden, der die Mehrheit im Vorstand besitzt.

171 Streitig war in Bezug auf den Kommissionsentwurf, ob Art. 32 I FE-VO-KOM ein **Besetzungsverbot** oder ein bloßes **Stimmverbot** statuierte.[222] Für eine Einordnung als bloßes Stimmverbot kann allerdings nicht angebracht werden, dass die Regelung anderenfalls im Rahmen des Art. 28 I FE-VO-KOM erfasst worden wäre.[223] Dies mag aus systematischer Sicht befürwortet werden. Jedoch befasst sich zB auch Art. 32 II FE-VO-KOM mit

---

a Council Regulation on the Statute for a European Foundation (FE), 2013, S. 14; *Hopt/von Hippel* ZEuP 2013, 235, 248 ff.; *Weitemeyer* NZG 2012, 1001, 1005.

216 Englischer Wortlaut: „The founder and any other board members who may have a business, family or other relationship with the founder or with each other, that could create an actual or potential conflict of interest such as to impair his/her judgment, shall not constitute the majority of the governing board.“. Französischer Wortlaut: „Le fondateur et les autres membres du conseil d'administration susceptible d'entretenir avec le fondateur, ou entre eux, des relations d'affaires, familiales ou autres, qui pourraient créer un conflit d'intérêts réel ou potentiel de nature à altérer leur jugement, ne constituent pas la majorité du conseil d'administration“.

217 Zur einschränkenden Wirkung dieser Ausgestaltung siehe *Hopt/von Hippel* ZEuP 2013, 235, 249. Vgl. auch EFC, Revised legal analysis of the European Commission proposal for a Council Regulation on the Statute for a European Foundation (FE), 2013, S. 14. Der Deutsche Notarverein, Stellungnahme zum Vorschlag über das Statut der Europäischen Stiftung (FE), 2012, S. 11 plädiert dafür, den Zusatz „der ihr Urteilsvermögen beeinflusst“ zu streichen.

218 EFC, Revised legal analysis of the European Commission proposal for a Council Regulation on the Statute for a European Foundation (FE), 2013, S. 14 kritisiert den Auslegungsspielraum, den die Vorschrift lässt.

219 Englischer Wortlaut: „close family relationship“. Französischer Wortlaut: „liens familiaux étroits“.

220 Art. 32 FE-VO-KOM am Ende. Englisch: „shall not constitute the majority of the governing board“. Französisch: „ne constituent pas la majorité du conseil d'administration“.

221 Kritisch dazu *Jakob* in: Jakob (Hrsg.), Stiften und Gestalten, 2013, S. 3, 21.

222 In Richtung bloßes Stimmverbot tendierend *Hopt/von Hippel* ZEuP 2013, 235, 249 f.; aA EFC, Revised legal analysis of the European Commission proposal for a Council Regulation on the Statute for a European Foundation (FE), 2013, S. 14. Die Argumentation des EFC lässt darauf schließen, dass es von einem Besetzungsverbot ausgeht.

223 So *Hopt/von Hippel* ZEuP 2013, 235, 250.

einem **weiteren Besetzungsverbot** (niemand darf gleichzeitig Mitglied des Aufsichtsrats und des Vorstands sein). Die Verordnung bündelt daher Besetzungsverbote nicht grundsätzlich in Art. 28 I FE-VO-KOM. Im Ergebnis sprechen die besseren Argumente dafür, dass der Kommissionsentwurf ein Besetzungsverbot statuiert.

Gemäß Erwägungsgrund 16 S. 2 FE-VO-KOM soll – wie bereits erwähnt – der **Anschein von Interessenkonflikten** vermieden werden. Der Anschein eines Interessenkonflikts entstünde jedoch, wenn der Vorstand zB mehrheitlich aus nahen Verwandten zusammengesetzt wäre (auch wenn diese dann einem Stimmrechtsverbot unterliegen würden). Außerdem käme es zu Problemen, wenn alle Mitglieder einem Interessenkonflikt ausgesetzt wären und dadurch kein Mitglied an der Abstimmung teilnehmen dürfte. Ein Besetzungsverbot würde dagegen nicht zu einer entsprechenden Problemlage führen.[224] Darüber hinaus spricht auch der Wortlaut der Norm eher für ein Besetzungsverbot, da er auf die Personen abstellt und nicht auf Stimmrechte. 172

Die Annahme eines Besetzungsverbots führt allerdings zu technischen und praktischen Problemen, die die Verordnung nicht löst. In der Literatur wird angemerkt, dass Art. 32 I FE-VO-KOM aus praktischer Sicht die Besetzung der Vorstandsposten erschweren wird.[225] Im Regelfall dürfte es allerdings Personen mit hinreichend intrinsischer Motivation geben, die keinem Interessenkonflikt unterliegen. Aus technischer Sicht ergeben sich weitere Schwierigkeiten: Werden zB in einem Vorstand, bestehend aus drei Mitgliedern, in einem einzigen Beschluss zwei nahe Verwandte des Stifters als Vorstandsmitglieder berufen, ist unklar, wen das Besetzungsverbot aus Art. 32 I FE-VO-KOM treffen sollte. Ein grundsätzliches Rangverhältnis (zB nach Alter, Geschlecht oder Qualifikation) lässt sich der Verordnung nicht entnehmen. Im Zweifel wird daher das Besetzungsverbot wohl für beide betroffene Mitglieder gelten. 173

Schwierigkeiten werfen nachträglich entstehende Interessenkonflikte auf, dh Konflikte, die bei der Bestellung noch nicht bestehen, sondern sich erst nachträglich herausbilden. Eine mögliche Lösung würde das Ausscheiden der vom Interessenkonflikt betroffenen Mitglieder darstellen. Der nachträgliche Interessenkonflikt wird jedoch nicht als Entlassungsgrund in Art. 28 III FE-VO-KOM iVm Art. 28 II FE-VO-KOM genannt. Art. 28 II lit. a) FE-VO-KOM enthält insofern einen Verweisfehler, da sich die Vorschrift wohl generell auf die Anforderungen an Vorstandsmitglieder beziehen möchte, allerdings nur auf die in Art. 28 I FE-VO-KOM genannten Voraussetzungen Bezug nimmt. Die für eine **analoge Anwendung** des Art. 28 II lit. a) FE-VO-KOM notwendige planwidrige Lücke könnte gegeben sein, da der Verordnungsgeber mit Art. 28 II FE-VO-KOM zeigt, dass er die Entlassungsgründe umfassend regeln möchte und Art. 28 II lit. a) FE-VO-KOM zu eng gefasst ist und dadurch nicht alle Verstöße gegen die gesetzlichen Anforderungen an Vorstandsmitglieder erfasst. Somit wäre dann im Ergebnis eine Entlassung möglich. Dies ist auch wertungsmäßig stimmig, da als einziges milderes Mittel das Stimmverbot vorstellbar wäre. Dieses funktioniert jedoch nicht, wenn alle Mitglieder des Vorstands einem Interessenkonflikt unterliegen. 174

2. Stimmrechtsverbot nach dem italienischen Kompromissentwurf

Der italienische Kompromissentwurf wählt für Interessenkonflikte eine andere Lösung. Keine Änderung nimmt der Vorschlag in Bezug auf die Frage vor, wann ein Interessenkonflikt vorliegt. Doch **statt einem Besetzungsverbot** statuiert der italienische Kompromissentwurf **ein Stimmrechtsverbot** (vgl. Art. 32 I FE-VO-IT). Von einem Interessenkonflikt betroffene Vorstandmitglieder (oder ggf. Aufsichtsratsmitglieder) dürfen demnach ihre Stimme bei solchen Beschlüssen nicht abgegeben, bei denen ein Bezug zum Interessenkonflikt besteht (Art. 32 I FE-VO-IT). Dies führt zunächst zu **Rechtsunsicherheit** bezüglich welcher Beschlüsse ein betroffenes Mitglied nicht mit abstimmen darf. Darüber hinaus ergeben sich Probleme, da der italienische Kompromissvorschlag kein Besetzungsverbot vorsieht. Es könnten daher beispielsweise ausschließlich Kinder des Stifters im Vorstand sitzen. Bei einer Entscheidung, bei der ein Interessenskonflikt bestünde, wäre dann **kein Vorstandsmitglied stimmberechtigt** und die FE damit **handlungsunfähig**. Selbst in weniger dramatischen Fällen ergeben sich Governance-Probleme. Diese können zB daraus resultieren, dass regelmäßig nur zwei von drei Vorstandsmitgliedern stimmberechtigt sind und somit die von der Verordnung getroffene Entscheidung, eine ungerade Anzahl von Mitgliedern vorzuschreiben, de facto unterlaufen wird. Auch der italienische Kompromissentwurf löst das Problem von Interessenkonflikten daher nicht in zufriedenstellender Weise. 175

3. Verbot der Personengleichheit im Vorstand und Aufsichtsrat

Eine Person darf **nicht gleichzeitig Vorstands- und Aufsichtsratsmitglied** sein (vgl. Art. 32 II FE-VO-KOM).[226] **Ein Wechsel** vom Vorstand in den Aufsichtsrat **ist** allerdings **möglich**. Eine Karenzzeit schreibt die Verordnung dafür nicht vor. Der italienische Kompromissentwurf ergänzt die Vorschrift um die Vorgabe, dass kein Mitglied des Aufsichtsrats gleichzeitig geschäftsführender Direktor der FE sein darf (Art. 32 II 2 FE-VO-KOM). 176

224 Auf diese Problematik weisen *Hopt/von Hippel* ZEuP 2013, 235, 250 hin.

225 Vgl. *Hopt/von Hippel* ZEuP 2013, 235, 250.

226 ELI, Statement on the proposal for a Statute for a European Foundation (FE) (draft), 2013, S. 56 fordert in Bezug auf diese Vorschrift eine klarere Unterscheidung der beiden Organe. Zu den Aufgaben des Aufsichtsrats näher unter Rn. 185 ff.

4. Vergünstigungen

177 Art. 32 III FE-VO-KOM verbietet direkte und indirekte Vergünstigungen an Personen, die der FE nahestehen.[227] Zum Adressatenkreis der Norm zählen

- Stifter;
- Vorstandsmitglieder;
- Aufsichtsratsmitglieder;
- geschäftsführende Direktoren und
- Prüfer.

178 Um Umgehungen zu verhindern, **erweitert** die Vorschrift **den Adressatenkreis** auf alle Personen, die mit den genannten Adressaten in einer geschäftlichen oder engen familiären Beziehung stehen. Dies ist objektiv zu konkretisieren.

179 Direkte und indirekte „**Vergünstigungen**" sind verboten. Hinweise zur Konkretisierung dieser Begriffe fehlen allerdings. Art. 32 III am Ende FE-VO-KOM macht jedoch deutlich, dass Vergünstigungen, die für die „Erfüllung ihrer Aufgaben in der FE gewährt"[228] werden, nicht in den Anwendungsbereich der Norm fallen. Somit sind alle anderen Vergünstigungen an diesen Personenkreis untersagt. So wären Austauschgeschäfte, die einem **Drittvergleich** nicht standhalten, beispielsweise nicht gestattet. Die Adressaten der Vorschrift dürfen auch nicht vom Vermögen profitieren, welches iSd gemeinnützigen Zwecks verwendet wird. Der Typus der familiennützigen Stiftung ist danach nicht zulässig.

IV. Geschäftsführende Direktoren

180 Art. 30 FE-VO-KOM befasst sich mit den geschäftsführenden Direktoren (englisch: „*managing directors*"; französisch: „*directeurs exécutifs*"). Der Vorstand kann gem. Art. 30 I 1 FE-VO-KOM **einen oder mehrere geschäftsführende Direktoren** bestellen und ihnen die laufende Geschäftsführung übertragen. Aus Art. 29 I lit. a) FE-VO-KOM iVm Art. 30 I 1 FE-VO-KOM ergibt sich der Umfang der Delegationsmöglichkeiten vom Vorstand an die geschäftsführenden Direktoren. Danach ist der Vorstand zwingend für alle Aspekte der Leitung, Verwaltung und Durchführung der Tätigkeit, die nicht von der laufenden Geschäftsführung umfasst sind, zuständig (s. dazu auch Rn. 158 f.). Darüber hinaus steht dem Vorstand mit Blick auf die laufende Geschäftsführung gegenüber den geschäftsführenden Direktoren **zwingend ein Weisungsrecht** zu (vgl. Art. 30 I 1 FE-VO-KOM).

181 Gem. Art. 30 II FE-VO-KOM haben die geschäftsführenden Direktoren **im besten Interesse** der FE zu handeln. Der italienische Kompromissentwurf ergänzt, dass dies mit **angemessener Sorgfalt, Sachkunde sowie in gutem Glauben** zu erfolgen hat (Art. 29 III FE-VO-IT). Der Verweis auf die Sachkunde könnte bedeuten, dass die geschäftsführenden Direktoren auch dazu verpflichtet sein können, fachkundigen Rat einzuholen, wenn sie selbst nicht genügend Sachkunde besitzen. Gleichzeitig bestimmt die Vorschrift **Loyalitätspflichten** gegenüber der Stiftung.

182 Die Verordnung enthält **keine allgemeinen Anforderungen** an die Person des geschäftsführenden Direktors. Gegen eine Analogie zu der für Vorstandsmitglieder geltenden Regelung des Art. 28 I FE-VO-KOM sprechen deutliche Unterschiede hinsichtlich der Bedeutung der Aufgaben wie auch die Tatsache, dass der Kommission die Nichtkonkretisierung nicht entgangen sein dürfte. Art. 30 I 2 FE-VO-KOM gibt allerdings vor, dass der Vorsitzende des Vorstands nicht gleichzeitig geschäftsführender Direktor der FE sein darf. Diese Vorschrift findet sich im italienischen Entwurf in Art. 32 II 2 FE-VO-IT. Dieser ergänzt zudem, dass kein Mitglied des Aufsichtsrats gleichzeitig geschäftsführender Direktor der FE sein darf (Art. 32 II 2 FE-VO-KOM).

183 Zum anderen darf nach dem Kommissionsentwurf auch nicht die Mehrzahl der Vorstandsmitglieder zu geschäftsführenden Direktoren bestimmt werden. Die entsprechende Vorschrift findet sich im italienischen Kompromissentwurf in Art. 32 II 3 FE-VO-IT, der umgekehrt formuliert, dass weniger als die Hälfte der Vorstandsmitglieder gleichzeitig geschäftsführende Direktoren sein dürfen. Im Umkehrschluss ergibt sich aus Art. 30 I 2 FE-VO-KOM, dass ein (einfaches) Vorstandsmitglied durch die Bestellung zum geschäftsführenden Direktor mit der laufenden Geschäftsführung betraut werden kann (sofern nicht insgesamt die Mehrzahl der Vorstandsmitglieder geschäftsführende Direktoren sind).[229]

184 Der italienische Kompromissvorschlag ergänzt auch mit Bezug auf die geschäftsführenden Direktoren Regeln zu Vergütung (vgl. Art. 30 II 2 FE-VO-IT). Im Gegensatz zur Vergütung von Vorstandsmitgliedern fordert die Vor-

227 EFC, Revised legal analysis of the European Commission proposal for a Council Regulation on the Statute for a European Foundation (FE), 2013, S. 14 schlägt vor, diesen Aspekt in einer gesonderten Vorschrift zu behandeln, um die Vermischung von Interessenkonflikten und non-distribution constraints zu verhindern.

228 Englischer Wortlaut: „unless it is for the performance of their duties within the FE". Französischer Wortlaut: „à moins qu'il ne soit lié à l'accomplissement de leur mission au sein de la FE".

229 Im Ergebnis ist davon auszugehen, dass bei der Berechnung der Mehrheit der Vorstandsmitglieder gem. Art. 30 I 2 FE-VO-KOM der Vorsitzende zu berücksichtigen ist.

schrift allerdings nicht, dass solche Zahlungen einer Gestattung durch die Satzung bedürfen. Die Verordnung zeigt damit an, dass die **Vergütung von geschäftsführenden Direktoren** wohl den Normalfall darstellen wird. Wie auch bezüglich der Vergütung der Vorstandsmitglieder fordert der Verordnungsentwurf, dass die Vergütung der geschäftsführenden Direktoren angemessen und verhältnismäßig ausfällt. Zudem muss die Höhe im Jahresabschluss der FE ausgewiesen werden.

V. Aufsichtsrat

Art. 31 FE-VO-KOM eröffnet explizit[230] die Möglichkeit, einen Aufsichtsrat (englisch: „supervisory board", französisch: „conseil de surveillance") durch eine entsprechende Satzungsbestimmung einzurichten (vgl. Art. 31 FE-VO-KOM).[231] Da dieser Aspekt auch in Art. 19 I lit. i) FE-VO-KOM aufgeführt ist, handelt es sich sogar um eine Muss-Satzungsbestimmung (s. dazu Rn. 12 f.). Zur Ausgestaltung der Aufgaben und Pflichten des Aufsichtsrats äußert sich der Kommissionsentwurf dagegen nicht.[232] Aufgrund der Satzungsdominanz und da Art. 31 FE-VO-KOM keinen ausdrücklichen Verweis auf nationales Recht enthält, ist für den Kommissionsentwurf im Ergebnis anzunehmen, dass die Satzung die Aufgaben des Aufsichtsorgans bestimmen darf.[233] Die Satzungsgestaltungsfreiheit wird jedoch durch die nicht dispositiven Aufgabenzuweisungen an den Vorstand und andere Regelungen zur Organisationsverfassung begrenzt. Diese zwingend vorgesehenen organisationalen Grundstrukturen darf die Satzung durch die Ausgestaltung der Aufgaben des Aufsichtsorgans nicht verändern. 185

Der italienische Kompromissentwurf schafft insofern Klarheit. In Art. 31 I FE-VO-IT stellt er ausdrücklich fest, dass die Satzung einen **Aufsichtsrat oder ein anderes Organ** nicht nur einrichten darf, sondern auch die **Kompetenzen und Aufgaben** derselben bestimmen darf. Durch den Hinweis, dass dies unbeschadet des Art. 29 FE-VO-IT gilt, stellt Art. 31 I FE-VO-IT klar, dass der Satzungsgeber bei der Ausgestaltung die zwingenden Vorgaben bezüglich der Organisationsverfassung zu beachten hat. 186

Die Verordnung hält allerdings verstreut einige Regelungen für einen etwaigen Aufsichtsrat bereit: So gibt Art. 32 II FE-VO-KOM vor, dass Vorstand und Aufsichtsrat personenverschieden sein müssen (dazu auch Rn. 171). Zudem gelten die Regeln über Interessenkonflikte (vgl. Art. 32 III FE-VO-KOM) auch für Aufsichtsratsmitglieder.[234] Gemäß Art. 28 III 1 FE-VO-KOM kann außerdem vorgesehen werden, dass der Aufsichtsrat für die Bestellung[235] oder Abberufung von Vorstandsmitgliedern zuständig ist. Letztere Regelung ist wichtig, weil aufgrund des zwingenden Charakters der Organisationsverfassung sonst diese Kompetenzzuweisung unzulässig gewesen wäre. 187

Im Kommissionsentwurf fehlte eine Regelung zur Bestellung und Abberufung von Aufsichtsratsmitgliedern. Die Regelung wurde insofern – auch ohne ausdrückliche Erwähnung – in erster Linie dem Satzungsgeber überlassen.[236] Der italienische Kompromissentwurf enthält ebenfalls keine Vorgabe, stellt allerdings durch Art. 19 I lit. i) FE-VO-IT klar, dass auch dieser Aspekt vom Satzungsgeber geregelt werden muss. Diese explizite Nennung der Möglichkeit ist notwendig, da der italienische Kompromissentwurf die Regelungstechnik verändert (s. dazu Rn. 10). 188

Problematisch wäre es, wenn dem Vorstand die Bestellung oder die Abberufung von Aufsichtsratsmitgliedern überlassen werden könnte. Ein explizites Verbot eines entsprechenden **Bestellungs- und Abberufungsmechanismus** enthält die Verordnung nicht. Man könnte dieses Ergebnis aber aus der Funktion des Aufsichtsrats ableiten. Denn ein Aufsichtsrat, dessen Stellung vom Wohlwollen des Vorstandes abhängt, ist nicht zur unabhängigen Aufsicht fähig. Dem entspricht, dass Art. 32 II FE-VO-KOM die Personengleichheit in diesen Organen untersagt. Stattdessen könnte die Satzung bspw. ein Kooptationsverfahren andenken oder „geborene Mitglieder" (zB Bürgermeister der Stadt XY) vorschreiben. Denkbar erscheint es auch, die Bestellung einem neutralen Dritten zu übertragen. Bezogen auf die Kooptation und andere Mechanismen ist allerdings immer an ein mögliches Scheitern zu denken, weshalb die Bestellung durch einen neutralen Dritten zumindest hilfsweise existieren sollte. 189

230 Deutscher Wortlaut: „Die Satzung der FE kann einen Aufsichtsrat (…) vorsehen". Englischer Wortlaut: „The statutes of the FE may provide for a supervisory board (…)". Französischer Wortlaut: „Les statuts de la FE peuvent prévoir un conseil de surveillance (…)".

231 Der Deutsche Notarverein, Stellungnahme zum Vorschlag über das Statut der Europäischen Stiftung (FE), 2012, S. 11 spricht sich gegen diese Möglichkeit aus.

232 Vgl. *Melzer* PSR 2012, 61, 64.

233 *Cranshaw* DZWIR 2013, 299, 312 geht davon aus, dass die Funktionen des Aufsichtsrats „in der Satzung zu bestimmen sind". Festzuhalten bleibt an dieser Stelle, dass hier angenommen wird, dass die Satzung die Funktionen ausgestalten *kann*, aber nicht *muss*. Enthält die Satzung keine abschließenden Vorgaben greift nationales Recht, wozu auch entsprechende nationale Umsetzungsvorschriften zählen. Werden jedoch statuarische Klauseln aufgenommen, gehen diese den nationalen Bestimmungen vor.

234 Siehe zu Interessenkonflikten und dem dort ebenfalls behandelten Verbot der Personengleichheit in Vorstand und Aufsichtsrat näher unter Rn. 167 ff.

235 Zur Bestellung der Vorstandsmitglieder siehe näher unter Rn. 152.

236 Vgl. dazu näher *Jung* PSR 2014, 56, 63.

190 Der italienische Kompromissentwurf ergänzt wie schon in Bezug auf die Vorstandsmitglieder und die geschäftsführenden Direktoren eine Vorgabe zur Vergütung (vgl. Art. 31 II FE-VO-IT). Die Vorschrift ist nahezu wortgleich mit Art. 29 II 2 FE-VO-IT (s. Rn. 165). Die Satzung muss dementsprechend eine Vergütung gestatten. Ermöglicht die Satzung die Zahlung einer Vergütung an die Vorstandsmitglieder, so soll die Vergütung gemäß Art. 31 II FE-VO-IT angemessen und verhältnismäßig sein, wobei es eine unangemessen niedrige Vergütung nicht geben dürfte. Das zeigt sich daran, dass es sogar den Regelfall darstellt, dass keine Vergütung gezahlt wird. Zudem muss die Höhe im Jahresabschluss der FE ausgewiesen werden.

VI. Andere Organe

191 Art. 31 FE-VO-KOM gestattet pauschal, dass neben dem Aufsichtsrat „andere Organe“[237] geschaffen werden dürfen. Der Kommissionsentwurf regelt nicht, welche Aufgaben und Pflichten solche, eventuell bestehenden Organe treffen sollten. Der italienische Kompromissentwurf stellt klar, dass auch insofern im Rahmen der FE **Satzungsgestaltungsfreiheit** besteht (Art. 31 I FE-VO-IT iVm Art. 19 I lit. h) und i) FE-VO-IT), die jedoch ihre **Grenze in zwingenden Vorschriften** der FE-Verordnung **bzw. konkreten Verweisen** auf das nationale Recht findet. Die FE kann damit im Ergebnis vor allem Beiräte, zB mit Beratungsfunktion, schaffen. Bezüglich der Vergütung gilt das zum Aufsichtsrat Gesagte (s. Rn. 190).

VII. Vertretung der FE

192 Gemäß Art. 33 FE-VO-KOM besitzen der **Vorstand** und weitere, von ihm **bevollmächtigte Personen Vertretungsbefugnis**. Dieser Zusatz ist nicht überflüssig,[238] drückt er doch aus, dass alle anderen Personen eine abgeleitete Vertretungsbefugnis haben und der Weisungsbefugnis des Vorstands unterstehen (vgl. Art. 33 FE-VO-KOM). Die Vorschrift deckt insbesondere die Vertretungsbefugnis der geschäftsführenden Direktoren, die gem. Art. 30 I 1 FE-VO-KOM der Weisung des Vorstands unterstehen. Dem entspricht auch, dass der Vorstand die abgeleitete Vertretungsbefugnis wieder entziehen kann. Unklar ist, ob dem **Aufsichtsrat Vertretungsbefugnis** iSd Art. 33 FE-VO-KOM **zustehen kann**, da er nicht an die Weisungen des Vorstandes gebunden ist. Grundsätzlich ist dies wohl abzulehnen. Die Funktionsfähigkeit des Aufsichtsrates könnte allerdings gebieten, im Rahmen der Aufsichtsfunktion eine (eng) begrenzte Vertretungsmacht, zB für Schadensersatzpflichten des Vorstands gegenüber der FE, anzuerkennen.

1. Gesamt- und Einzelvertretungsbefugnis

193 Art. 33 FE-VO-KOM regelt nicht explizit, ob die Vorstandsmitglieder **Gesamt- oder Einzelvertretungsbefugnis** besitzen.[239] Aus Art. 33 FE-VO-KOM iVm Art. 23 I lit. f) FE-VO-KOM lässt sich jedoch entnehmen, dass die Verordnung der FE beide Möglichkeiten eröffnet. Art. 23 I lit. f) FE-VO-KOM verlangt daher, dass im **Rahmen der Anmeldung festgelegt wird**, ob die Vorstandsmitglieder Einzel- oder Gesamtvertretungsbefugnis besitzen. Überraschend ist, dass diese **Angabe nicht zum Mindestinhalt der Satzung** gem. Art. 19 I FE-VO-KOM zählt. Da die Angabe allerdings eine Mindestangabe für die Anmeldung der FE darstellt, wird die Satzung grundsätzlich entsprechende Regeln enthalten müssen, wenn man nicht dem Gesamtvorstand das Entscheidungsrecht hierüber zubilligen möchte.

194 Es wird vertreten, dass die Verordnung nur eine **Alleinvertretung** und die **Gesamtvertretung durch alle Vorstandsmitglieder** bzw. **alle geschäftsführenden Direktoren gemeinsam**, nicht jedoch eine gemeinschaftliche Vertretung von jeweils zwei Vorstandsmitgliedern bzw. zwei geschäftsführenden Direktoren gestattet.[240] Eine Berufung auf die Tradition in den verschiedenen Mitgliedstaaten ist in diesem Zusammenhang allerdings nicht zulässig, denn die beiden Begriffe sind europäisch-autonom auszulegen.[241] Da es an Hinweisen auf eine restriktive Auslegung der Begriffe mangelt und ein praktisches Bedürfnis für ein Vieraugenprinzip besteht, kann nach hier

237 Englischer Wortlaut: „other bodies“. Französischer Wortlaut: „d’autres organes“.
238 Vgl. ELI, Statement on the proposal for a Statute for a European Foundation (FE) (draft), 2013, S. 59 f.
239 Vgl. ELI, Statement on the proposal for a Statute for a European Foundation (FE) (draft), 2013, S. 59.
240 Deutscher Notarverein, Stellungnahme zum Vorschlag über das Statut der Europäische Stiftung (FE), 2012, S. 10. Auf die deutsche Problematik der unechten Gesamtvertretung wird hier nicht näher eingegangen. Art. 23 I lit. f) FE-VO-KOM könnte allerdings so verstanden werden, dass er sich jeweils nur auf die Gesamt- bzw. Einzelvertretung des Vorstands bzw. der Geschäftsführung bezieht und daher keine übergreifende (unechte) Gesamtvertretung möglich ist.
241 Der EuGH hat in mehreren Entscheidungen bestätigt, dass die europäisch-autonome Auslegung der Regelfall ist. Vgl. EuGH, Rs C-360/90 (Arbeiterwohlfahrt Berlin/Bötel), ECLI:EU:C:1992:246 = NZA 1992, 687, Rn. 23; EuGH, Rs C-287/98 (Linster), ECLI:EU:C:2000:468 = NVwZ 2001, 421, Rn. 43; EuGH, Rs. 327/82 (Ekro), ECLI:EU:C:1984:11 = BeckEuRS 1984, 111705, Rn. 11. Vgl. zur autonomen Auslegung ua *Riesenhuber* in: Riesenhuber (Hrsg.), Europäische Methodenlehre, 3. Aufl. 2015, § 10 Rn. 6; *Langenbucher* in: Langenbucher (Hrsg.), Europäisches Privat- und Wirtschaftsrecht, 4. Aufl. 2017, § 1 Rn. 8.

vertretener Auffassung auch zwei Vorstandsmitgliedern bzw. zwei geschäftsführenden Direktoren Gesamtvertretungsbefugnis erteilt werden.[242]

2. Beschränkung der Vertretungsbefugnis im Außenverhältnis

Mit Blick auf Art. 33 FE-VO-KOM wird beanstandet, dass nicht eindeutig sei, ob die Vertretungsbefugnis des Vorstands und der geschäftsführenden Direktoren gegenüber Dritten, dh im **Außenverhältnis**, beschränkbar sei.[243] Es käme nicht hinreichend deutlich zum Ausdruck, dass dies auch nicht durch Satzungsbestimmungen gem. Art. 10 FE-VO-KOM zulässig sei.[244] Dazu soll wie folgt Stellung genommen werden: 195

Die Vertretungsmacht des Vorstands ist inhaltlich gegenüber Dritten nicht beschränkbar; sie kann lediglich durch Gesamtvertretungsmacht begrenzt werden (Art. 23 I lit. f) FE-VO-KOM). Die Unzulässigkeit einer inhaltlichen Beschränkung folgt aus Art. 33 FE-VO-KOM iVm Art. 23 I lit. f) FE-VO-KOM. Denn Art. 33 FE-VO-KOM sieht keine Beschränkungsmöglichkeiten vor: „Der Vorstand (…) darf die FE gegenüber Dritten sowie gerichtlich vertreten".[245] Der italienische Kompromissentwurf ließ diese Vorschrift unberührt. Art. 23 I lit. f) FE-VO-KOM nennt als eine Ausnahme von der Unbeschränkbarkeit die Gesamtvertretungsbefugnis. Die Verordnung statuiert damit ein Regel-Ausnahme-Verhältnis: Die Vertretungsmacht gegenüber Dritten ist nicht beschränkbar, es sei denn, die Verordnung sieht explizit etwas anderes vor. 196

Art. 33 FE-VO-KOM kommt auch mit Blick auf geschäftsführende Direktoren zur Anwendung. In Verbindung mit Art. 23 I lit. f) FE-VO-KOM lässt sich ableiten, dass auch die geschäftsführenden Direktoren umfassende Vertretungsbefugnis besitzen. Diese kann im **Außenverhältnis** wiederum **nicht eingeschränkt werden**, zB auf eine bestimmte Art von Geschäften oder der Höhe nach. Art. 23 I lit. f) FE-VO-KOM erwähnt explizit, dass auch bezüglich dieser Vertreter angegeben werden muss, ob ihnen Gesamt- oder Einzelvertretungsbefugnis zusteht. 197

Es gibt weitere, gewichtige Gründe für die grundsätzlich nicht beschränkbare Vertretungsmacht im Außenverhältnis: Art. 10 FE-VO-KOM enthält Regeln zur „Handlungsfähigkeit" der Europäischen Stiftung, die allerdings durch Satzungsbestimmung eingeschränkt werden kann. Auch innerhalb des für die FE vorgesehenen Zwecks darf die Satzung die Tätigkeit der FE begrenzen (vgl. Art. 10 II FE-VO-KOM). Es ist dem Rechtsverkehr jedoch nicht zumutbar, den häufig komplizierten Zweck plus die ebenfalls komplexen Einschränkungen durch die Satzung zu analysieren, um die Reichweite der Vertretungsbefugnis festzustellen. Auch aus diesem Grund sollte die Vertretungsbefugnis im Außenverhältnis grundsätzlich unbeschränkbar sein. Dies schließt nicht aus, dass es eine Begrenzung in Fällen des Missbrauchs der Vertretungsmacht, insbesondere in Fällen der Kollusion, gibt. 198

Die **Haftungsregeln** und die **Kontrolle der Aufsichtsbehörden** sollen die Vertreter der FE dazu anhalten, die **Satzungsbeschränkungen** einzuhalten. Dieser Druck ist wichtig, gerade weil ihre Vertretungsmacht im Außenverhältnis nicht beschränkbar ist. Die Haftung richtet sich nach nationalem Recht (dazu sogleich unter Rn. 200). Art. 46 FE-VO-KOM beschreibt die Aufgaben der zuständigen Aufsichtsbehörde, zu denen auch die Überwachung der Einhaltung der Satzungsbestimmungen gehört. 199

VIII. Haftung der Vorstandsmitglieder und der geschäftsführenden Direktoren

Der Kommissionsentwurf beschäftigt sich weder mit der **Haftung** der **Vorstandsmitglieder** noch mit der Haftung der **geschäftsführenden Direktoren**, so dass lückenfüllend gem. Art. 3 II FE-VO-KOM[246] **nationales Recht** zur Anwendung kommt. Dieses Ergebnis wird von Erwägungsgrund 15 FE-VO-KOM gestützt, der verdeutlicht, dass hier eine bewusste Entscheidung des Verordnungsgebers vorliegt. Erwägungsgrund 15 FE-VO-KOM rechtfertigt den Rückgriff auf nationales Recht mit den großen Unterschieden in den mitgliedstaatlichen Rechtsordnungen.[247] Gerade dies zeigt jedoch eher einen erhöhten Bedarf nach einer einheitlichen europäischen Lösung.[248] Doch der italienische Kompromissentwurf hielt an dieser Lösung fest und ergänzte Art. 29 III FE-VO-IT[249] sogar um einen expliziten Verweis auf nationales Recht. 200

---

242 AA Deutscher Notarverein, Stellungnahme zum Vorschlag über das Statut der Europäischen Stiftung (FE), 2012, S. 10 mit der Begründung, dass „nur allgemein von „Gesamtvertretungsmacht" die Rede" ist.

243 Der Deutsche Notarverein, Stellungnahme zum Vorschlag über das Statut der Europäischen Stiftung (FE), 2012, S. 6 fordert eine klare Trennung zwischen Innen- und Außenverhältnis.

244 ELI, Statement on the proposal for a Statute for a European Foundation (FE) (draft), 2013, S. 59 und 22; *Cranshaw* DZWIR 2013, 299, 308 geht davon aus, dass Art. 10 FE-VO-KOM die ultra-vires-Lehre in Bezug auf die FE etabliert.

245 Englischer Wortlaut: „The governing board (…) may represent the FE in relations with third parties and in legal proceedings". Französischer Wortlaut: „Le conseil d'administration (…) peut représenter la FE dans ses relations avec des tiers et en justice".

246 Vgl. *Weitemeyer* NZG 2012, 1001, 1005; *Stöber* DStR 2012, 804, 807, *Richter/Gollan* ZGR 2013, 551, 582.

247 Erwägungsgrund 15 S. 6 FE-VO.

248 Vgl. *Jakob* in: Jakob (Hrsg.), Stiften und Gestalten, 2013, S. 3, 21.

249 Eine entsprechende Einfügung findet sich überraschenderweise nicht in Art. 30 FE-VO-IT.

IX. Diversität im Vorstand und Aufsichtsrat

201 Die Diversität im Vorstand und Aufsichtsrat wird auf europäischer Ebene als ein wichtiger Aspekt von **Corporate Governance** intensiv diskutiert (s. dazu näher unter § 33 Rn. 52 ff.). Im Vordergrund stand diesbezüglich in den letzten Jahren eine Verbesserung der Repräsentation von Frauen im Aufsichts- bzw. Verwaltungsrat (Stichwort „Frauenquote", s. § 33 Rn. 54). Die Kommission greift das Thema im Rahmen verschiedener Projekte immer wieder auf.[250] Daher verwundert es nicht unbedingt, dass sich auch innerhalb der FE-Verordnung ein Bezug zur Diversität finden lässt. Zwar wird der Aspekt nicht unmittelbar in der Verordnung geregelt. Erwägungsgrund 15 FE-VO-KOM (bzw. Erwägungsgrund 18 FE-VO-IT) führt allerdings aus, dass „der Vorstand und der Aufsichtsrat der FE (...) in Bezug auf Alter, Geschlecht, Bildung und beruflichen Hintergrund ein **ausreichend breites Spektrum** aufweisen (sollten), um eine **unabhängige Meinungsbildung** und eine **kritische Grundhaltung** zu erleichtern." Der Erwägungsgrund betont hier die besondere Bedeutung eines ausgewogenen Geschlechterverhältnisses.[251] Da der Erwägungsgrund nicht explizit an eine Vorschrift in der Verordnung anknüpft, schreibt die FE-Verordnung im Ergebnis allerdings keine Quote vor.

M. Wirtschaftstätigkeit

202 Die FE darf einer **wirtschaftlichen Tätigkeit** bzw. einer **Handelstätigkeit** nachgehen (vgl. Art. 11 I FE-VO-KOM). Dies wird damit gerechtfertigt, dass der Europäischen Stiftung diese Finanzquelle zur Verfügung stehen sollte, um das Vermögen zu mehren, damit dieses dann dem festgelegten gemeinnützigen Zweck zugutekommen kann (vgl. Erwägungsgrund 11 FE-VO-KOM/Erwägungsgrund 13 FE-VO-IT).

203 Art. 11 I FE-VO-KOM schränkt dieses generelle Prinzip in zweierlei Weise ein. Erstens ermöglicht es die Verordnung dem **Satzungsgeber**, durch eine entsprechende Bestimmung die **Zulässigkeit** der wirtschaftlichen Tätigkeit der FE zu **begrenzen** (vgl. Art. 11 I am Anfang FE-VO-KOM). Zweitens ist es der Europäischen Stiftung nur dann gestattet, einer wirtschaftlichen Tätigkeit nachzugehen, wenn der daraus erzielte Gewinn ausschließlich für die **Verfolgung des gemeinnützigen Zwecks** eingesetzt wird (vgl. Art. 11 I FE-VO-KOM). Der Begriff „Gewinn" sollte in diesem Zusammenhang eng verstanden werden und allein den Betrag meinen, der nach notwendigen Investitionen in die Wirtschaftstätigkeit, zB zum Erhalt oder zum Ausbau derselben, verbleibt.

204 Art. 11 II FE-VO-KOM unterscheidet nicht ausdrücklich, dafür aber implizit **zwei Formen** von Wirtschaftstätigkeiten.[252] Der italienische Kompromissentwurf trennt diese beiden Formen klar in Art. 11 I und II FE-VO-IT:

- Zwecknahe Wirtschaftstätigkeiten und
- zweckfremde Wirtschaftstätigkeiten.

205 Nach dem Kommissionsentwurf sind prinzipiell beide Aktivitäten zulässig, allerdings nur unter der in Art. 11 I FE-VO-KOM genannten Einschränkung, die unabhängig von der Form der Wirtschaftstätigkeit greift. Der italienische Kompromissentwurf ist dagegen so formuliert, dass Art. 11 I FE-VO-IT nur für **zwecknahe Wirtschaftstätigkeiten** gilt, während Art. 11 II FE-VO-IT in Bezug auf **zweckfremde Wirtschaftstätigkeiten** anwendbar ist. Der einzige größere Unterschied, der sich daraus ergibt, ist, dass Art. 11 II FE-VO-IT nicht explizit erwähnt, dass die Satzung zweckfremde Wirtschaftstätigkeiten einschränken kann. Das ist mit Blick auf den italienischen Kompromissvorschlag durchaus problematisch, da die Regelungstechnik vorgibt, dass Satzungsbestimmungen nur zulässig sind, wenn die Verordnung dies explizit vorsieht (s. dazu Rn. 10). Dieses Ergebnis war von der italienischen Ratspräsidentschaft vermutlich nicht intendiert. Der Wortlaut und das Zusammenspiel der Normen lassen allerdings keine andere Interpretation zu.

206 **Zweckfremde Wirtschaftstätigkeiten** werden in Art. 11 II FE-VO-KOM weiter eingeschränkt. Sie sind nur „im Umfang von **höchstens 10% des Jahresnettoumsatzes** der FE zulässig".[253] Der italienische Kompromissentwurf statuiert eine zweite Schranke, in dem er festlegt, dass mit zweckfremden Tätigkeiten **höchstens bis zu 50.000 EUR** erwirtschaftet werden dürfen. Das Ergebnis ist zudem gesondert in den Geschäftsbüchern auszuweisen (Art. 11 II FE-VO-KOM/FE-VO-IT). Der Bezug zum „Jahresnettoumsatz" in der ersten Schranke wird als missglückt angesehen.[254] Gemeint sind damit vermutlich die **(Netto-)Erträge des Stiftungsvermögens** (inklu-

250 Vgl. *Jung* BB 2012, 1743, 1744.

251 Englischer Wortlaut: „In order to facilitate independent opinions and critical challenge, the governing board and the supervisory board of the FE should be sufficiently diverse as regards age, gender, educational and professional background. Gender balance is of particular importance to ensure adequate representation of population". Französischer Wortlaut: „Afin d'encourager l'indépendance de vues et la contestation critique, la composition du conseil d'administration et du conseil de surveillance de la FE devrait être suffisamment diversifiée, du point de vue de l'âge, du sexe et du parcours éducatif et professionnel. L'équilibre hommesfemmes est particulièrement important pour assurer une représentation adéquate de la réalité démographique".

252 Vgl. auch *Cranshaw* DZWIR 2013, 299, 309.

253 Art. 11 II FE-VO-KOM.

254 *Jakob* in: Jakob (Hrsg.), Stiften und Gestalten, 2013, S. 3, 20.

sive zwecknaher Wirtschaftstätigkeiten).[255] Der Kommissionsentwurf ließ zudem offen, auf welches Jahr sich der „Jahresnettoumsatz" bezieht. Der italienische Kompromissentwurf stellt insofern klar, dass auf den Jahresabschluss des Vorjahres abzustellen ist (Art. 11 II FE-VO-IT). Die **rechtssichere Planung** zweckfremder Wirtschaftstätigkeiten könnte zudem aufgrund der Volatilität der Umsätze erschwert werden.[256] Es wäre zu erwägen gewesen, Schwankungen im Rahmen einer Bandbreite über einen gewissen Zeitraum zu gestatten. Entsprechende Regelungen existieren auf europäischer Ebene zB im Rahmen von kartellrechtlichen Gruppenfreistellungsverordnungen, bei denen für die Überschreitung von Anteilsschwellen Übergangsfristen bestehen. Eine Bandbreitenregelung wurde jedoch auch im italienischen Kompromissentwurf nicht aufgenommen. Die Kommission und auch die italienische Ratspräsidentschaft begründen die Einschränkung von zweckfremden Wirtschaftstätigkeiten sowohl mit dem Gläubigerschutz als auch mit dem Streben nach einer angemessenen Verwendung des Stiftungsvermögens (vgl. Erwägungsgrund 11 FE-VO-KOM/FE-VO-IT).

Art. 2 Nr. 2 FE-VO-KOM bzw. Art. 2 Nr. 1 FE-VO-IT enthält eine Definition des Begriffs „zweckfremde Tätigkeit". Nach der Vorschrift ist darunter jede wirtschaftliche Tätigkeit zu fassen, „die **nicht unmittelbar** dem gemeinnützigen Zweck der Einrichtung dient". Der italienische Kompromissentwurf präzisiert, dass es sich um eine **Hilfs- bzw. Nebentätigkeit** („*ancillary economic activities*") handeln muss und ergänzt, dass damit nicht die normale Managementtätigkeit bzgl. des Stiftungsvermögens gemeint ist. Die bloße Vermögensverwaltung fällt daher nicht unter den Begriff der zweckfremden Tätigkeit, ist also uneingeschränkt gestattet. 207

Aus Art. 2 Nr. 2 FE-VO-KOM bzw. aus Art. 2 Nr. 1 iVm Art. 11 I FE-VO-IT lässt sich im Umkehrschluss entnehmen, dass zwecknahe Wirtschaftstätigkeiten **unmittelbar dem gemeinnützigen Zweck** der Einrichtung **dienen**. Sie müssen im Abschluss nicht gesondert erfasst werden. Zwecknahe Wirtschaftstätigkeiten unterliegen im Gegensatz zu zweckfremden Tätigkeiten auch keinen gesetzlichen Umfangsbeschränkungen.[257] Erwägungsgrund 13 FE-VO-IT nennt jeweils ein Beispiel für eine zwecknahe und eine zweckfremde Tätigkeit. Eine Stiftung, die im Bereich Bildung angesiedelt ist und Schulungen anbietet, erbringt bspw. eine zwecknahe Tätigkeit. Würde diese Stiftung dagegen ein Konzert ausrichten, um finanzielle Mittel zu erwerben, handelt es sich um eine zweckfremde Tätigkeit. 208

Mit Blick auf Art. 11 II FE-VO-KOM wird die Frage aufgeworfen, ob auch zweckfremde wirtschaftliche Aktivitäten, die nicht von der FE selbst ausgeführt werden, sondern von einer **Tochter** der FE, unter die Zulässigkeitsgrenzen des Art. 11 II FE-VO-KOM fallen. Teilweise wird befürwortet, die Aktivitäten von Tochtergesellschaften der FE nicht zuzurechnen.[258] Für eine Erfassung spräche allerdings, dass ansonsten die Gefahr bestünde, dass Art. 11 II FE-VO-KOM aufgrund von Umgehungen leer liefe. 209

In der Literatur werden gegen Art. 11 FE-VO-KOM Bedenken aus steuerlicher Sicht und mit Blick auf die Wettbewerbsregeln geäußert, da einige nationale Regelungen stärkere Einschränkungen der wirtschaftlichen Tätigkeit von gemeinnützigen Stiftungen vorsehen.[259] Es wurden daher weitere Einschränkungen der Ausübung wirtschaftlicher Tätigkeiten der FE gefordert, zB um Unternehmensselbstzweckstiftungen[260] zu verhindern.[261] Letzteres könnte in Bezug auf die FE allerdings bereits durch Art. 5 FE-VO-KOM verhindert werden, da die FE danach zwingend einen gemeinnützigen Zweck verfolgen muss, dessen Vorteile einem breiten Adressatenkreis zugutekommen müssen. 210

N. Das Vermögen der FE

I. Mindestvermögen

Der Kommissionsentwurf enthält in Art. 7 II FE-VO-KOM lediglich die Vorgabe, dass die FE mit einem Vermögen von mindestens **25.000 EUR** ausgestattet werden muss. Dieser Wert wurde vielfach als zu niedrig kritisiert. Gerade mit Blick auf die Verfolgung eines **grenzüberschreitenden Zwecks** wurde vorgebracht, dass ein höherer Betrag sinnvoll wäre.[262] Das Europäische Parlament versuchte in seinen Änderungsvorschlägen, auf anderem Wege die Vermögenssituation der FE zu sichern. Danach sollte die FE das Mindestvermögen über ihren **gesamten Lebenszyklus** erhalten (Art. 7 II 2 FE-VO-EP), es sei denn, sie wird für einen bestimmten Zeitraum gegründet (Art. 7 II 2 FE-VO-EP). Der Typus der Verbrauchsstiftung wäre damit erheblich eingeschränkt worden. 211

Der Kommissionsentwurf äußert sich nicht, zu **welchem Zeitpunkt** das Mindestvermögen der FE zufließen muss. Wann der Stifter darüberhinausgehende Beträge an die FE zu leisten hat, wird ebenfalls nicht geregelt. 212

255 *Jakob* in: Jakob (Hrsg.), Stiften und Gestalten, 2013, S. 3, 20.
256 *Jakob* in: Jakob (Hrsg.), Stiften und Gestalten, 2013, S. 3, 20.
257 Vgl. *Cranshaw* DZWIR 2013, 299, 309.
258 ELI, Statement on the proposal for a Statute for a European Foundation (FE) (draft), 2013, S. 23.
259 Vgl. *Weitemeyer* ERA Forum 14 (2013) 277, 286.
260 Unter Unternehmensselbstzweckstiftungen werden Stiftungen verstanden, deren Zweck die Erhaltung und Weiterentwicklung des Unternehmens selbst ist.
261 *Weitemeyer* ERA Forum 14 (2013) 277, 286.
262 *Jakob* in: Jakob (Hrsg.), Stiften und Gestalten, 2013, S. 3, 20.

Aufgrund der insofern bestehenden (externen) Lücken in der Verordnung müsste **nationales Recht** herangezogen werden (vgl. Art. 3 II FE-VO-KOM).

213 Art. 5 II 2 FE-VO-KOM listet die Zwecke auf, zu denen die FE gegründet werden kann (s. dazu bereits Rn. 119 ff.). Die Vorschrift formuliert in diesem Zusammenhang, dass das Vermögen diesen Zwecken „*unwiderruflich gewidmet*“[263] ist. Daraus wird in der Literatur geschlossen, dass das Vermögen, das erbracht wurde, nicht wieder an den Stifter zurückgezahlt werden kann.[264]

214 Der italienische Kompromissentwurf entwickelt ein neues Konzept bezüglich des Vermögens der FE. Zunächst stellt er klar, dass nicht auf das Vermögen im Sinne von Aktiva abzustellen ist, sondern dass sich Art. 7 I FE-VO-IT auf das **Nettovermögen** bezieht.[265] Definiert wird dieser Begriff zwar in der Verordnung nicht.[266] Er ist jedoch europäisch-autonom auszulegen. Im Ergebnis ermittelt sich das Nettovermögen wohl aus **Vermögen abzüglich Verbindlichkeiten.**[267] Erwägungsgrund 8 FE-VO-IT erläutert, dass mit Vermögen alle materiellen und immateriellen Gegenstände gemeint sind. Art. 7 I FE-VO-IT schreibt vor, dass eine FE ein Nettovermögen von **mindestens 20.000 EUR** aufweisen muss. Der Entwurf lässt noch erkennen, dass ein höheres Mindestvermögen diskutiert wurde. Letztendlich wurde jedoch eine leichte Absenkung auf 20.000 EUR aufgenommen, da einige Delegationen zu bedenken gaben, dass Stifter in ihren Ländern sonst in geringerem Umfang von der FE profitieren könnten.[268]

215 Darüber hinaus gewährt Art. 7 II FE-VO-IT den Mitgliedstaaten allerdings die Möglichkeit, von in ihrem Land registrierten FE zu verlangen, dass sie ein bestimmtes Vermögen für ihren Zweck **„bei Seite legen“** („*set aside*“) müssen. Die Anforderung des Mitgliedstaates **darf 100.000 EUR nicht übersteigen.** Ergänzt wird dieser Gestaltungsspielraum für Mitgliedstaaten um Kriterien, die bei der eventuellen Festsetzung eines solchen Betrags berücksichtigt werden sollen. Art. 7 II FE-VO-IT nennt zwei Kriterien:

- *“If this is considered necessary to ensure that they can honour their obligations as they fall due in the normal course of activities and”*
- *“fulfil their purpose(s) in a lasting and sustainable manner”*.

216 Art. 7 III FE-VO-IT ergänzt in Anlehnung an das europäische Parlament, dass das Mindestnettovermögen sowie der ggf. nach Art. 7 II FE-VO-IT festgesetzte Betrag über den **Lebenszyklus** der FE erhalten bleiben sollen, es sei denn, die FE wird für einen bestimmten Zeitraum gegründet.

217 Art. 7 II und III FE-VO-IT werfen zahlreiche Fragen auf. So ist zB nicht eindeutig, was mit der **Erhaltung und dem Bei-Seite-legen der Beträge** genau gemeint ist, inwiefern mit dem Vermögen gearbeitet werden darf und inwiefern die Gelder, beispielsweise im Fall von **Liquiditätsengpässen** zur Begleichung von Forderungen verwendet werden dürfen. Zumindest bezüglich temporären und kleineren Schwankungen stellt Erwägungsgrund 10a FE-VO-IT fest, dass die Aufsichtsbehörden im Sinne der Praktikabilität insofern keinen Verstoß gegen die Verordnung feststellen sollen.[269]

218 Unklar ist ebenfalls, inwiefern die Mitgliedstaaten die Kriterien zur Festsetzung eines Betrags (Rn. 215) berücksichtigen müssen. Die Kriterien scheinen zu verlangen, dass auf die individuelle Situation der Europäischen Stiftungen einzugehen ist. Das könnte darauf hindeuten, dass Mitgliedstaaten keine festen Beträge, wie beispielsweise 70.000 EUR, festlegen dürfen, sondern ein **flexibles System** schaffen müssen, welches die Finanzlage und den Zweck berücksichtigt. Dies hätte in der Praxis vermutlich zu Rechtsunsicherheit geführt.

219 Wie der Kommissionsentwurf gibt der italienische Entwurf zudem vor, dass das Vermögen den in Art. 5 FE-VO-IT genannten Zwecken „*unwiderruflich gewidmet*“ ist (s. dazu Rn. 213).

II. Vermögensverwendung

220 Der Kommissionsentwurf enthielt keine Vorgaben für die FE bezüglich der **Vermögensverwendung.**[270] In diesem Zusammenhang ergänzte bereits der Parlamentsentwurf, dass die FE dazu verpflichtet sein sollte, 70% ihrer Einkünfte innerhalb der folgenden vier Jahre nach Einwerbung auszugeben (Art. 7 II Unterparagraph 1 a FE-VO-EP). Nicht eindeutig war, ob von dem Begriff „Einkünfte“ auch solche aus der Wirtschaftstätigkeit umfasst sein sollten. Sollten spezielle Projekte anstehen, durfte die FE die Einkünfte auch innerhalb der nächsten sechs Jahre ausgeben, sofern dieses Projekt in der Satzung genannt wurde (Art. 7 II Unterparagraph 1 a FE-VO-EP).

263 Englischer Wortlaut: „irrevocably dedicated“. Französischer Wortlaut: „irrévocablement affectés“.
264 *Santiago* in: Govaere/Hanf (Eds.), Scrutinizing Internal and External Dimensions of European Law, 2013, S. 297, 303.
265 Nach der vorangestellten Erläuterung stellt dies keine Änderung, sondern lediglich eine Klarstellung dar. FE-VO-IT, S. 4.
266 Die italienische Ratspräsidentschaft hielt dies nicht für notwendig. Vgl. FE-VO-IT, S. 4.
267 So der Wille des Verordnungsgebers. Vgl. FE-VO-IT, S. 4.
268 Vgl. FE-VO-IT, S. 4. Vgl. dazu auch *Jung* Trust & Trustees 21 (2015) 625, 626.
269 Vgl. auch *Jung* Trust & Trustees 21 (2015) 625, 627.
270 Kritisch dazu *Santiago* in: Govaere/Hanf (Eds.), Scrutinizing Internal and External Dimensions of European Law, 2013, S. 297, 309.

Die Vorgabe hätte Stiftungen erschwert, die erst nach und nach durch Zustiftungen, ein Vermögen erreichen sollen, welches es erlaubt, den Zweck dauerhaft zu verfolgen.

Der italienische Kompromissentwurf zielt in eine ähnliche Richtung, ist jedoch flexibler ausgestaltet. Statt eines konkreten Betrags fordert er, dass ein **erheblicher Teil des Einkommens** („*considerable proportion*") eines Jahres in den vier darauffolgenden Jahren ausgegeben werden soll (Art. 7 III 1 FE-VO-IT). Der Begriff „Einkommen" wird nicht definiert. Er umfasst allerdings alle Einkünfte („*overall income*"). Die FE hat jedoch die Möglichkeit finanzielle Mittel für ein Projekt anzusparen, sofern das notwendig ist (Art. 7 III 1 FE-VO-IT). Einen konkreten Zeitpunkt gibt der italienische Vorschlag dafür nicht vor. Er verlangt auch nicht, dass dieses Projekt in der Satzung bezeichnet wird. Im Sinne der Transparenz fordert die Vorschrift lediglich, dass die Ansparungen im Jahresabschluss ausgewiesen werden (Art. 7 III 2 FE-VO-IT). Im Vergleich mit dem Parlamentsentwurf erhöht der italienische Kompromissentwurf damit die Funktionsfähigkeit der FE. 221

Eine Begrenzung der Verwendung der Mittel für Verwaltungsausgaben legt keiner der drei Vorschläge fest.[271] Die Entwürfe sehen auch davon ab, die Ausweisung des Anteils für Verwaltungsausgaben vorzuschreiben. 222

O. Rechnungslegung

Der Verordnungsentwurf verpflichtet die FE in Art. 34 FE-VO-KOM dazu, ihre **Finanzlage jährlich zu ermitteln** und diese in Form eines Jahresabschlusses dem nationalen Register und der Aufsichtsbehörde vorzulegen (Art. 34 II 1 FE-VO-KOM).[272] Neben dem **Jahresabschluss** muss die FE zudem einen Tätigkeitsbericht verfassen (Art. 34 II 1 FE-VO-KOM). Die Mindestangaben des Tätigkeitsberichts sind in Art. 34 III FE-VO-KOM aufgelistet. Danach hat die FE Informationen 223

- zu ihrer Tätigkeit bereitzustellen (Art. 34 III lit. a) FE-VO-KOM),
- Angaben zu machen, auf welche Weise die FE ihren gemeinnützigen Zweck im betreffenden Geschäftsjahr gefördert hat (Art. 34 III lit. b) FE-VO-KOM) und
- eine Aufstellung der vergebenen Stiftungsleistungen[273] anzufertigen (Art. 34 III lit. c) FE-VO-KOM).

Die im FE-Verordnungsentwurf aufgelisteten Angaben sind nicht abschließend, weshalb vertreten wird, dass die Mitgliedstaaten zusätzliche Informationen im Tätigkeitsbericht verlangen können.[274] Es könnte allerdings auch sein, dass die Verordnung insofern abschließend ist und nur den Berichterstellern die Möglichkeit gewähren wollte, weitere Aspekte aufzunehmen. 224

Der Verordnungsentwurf enthält keine Angaben, nach welchen **Rechnungslegungsstandards** der Jahresabschluss zu erstellen ist. Hier scheint es erforderlich, dass Recht des jeweiligen Mitgliedstaates anzuwenden.[275] Dennoch geht die FE-Verordnung mit der Pflicht zur Erstellung eines Jahresabschlusses über die Anforderungen nach deutschem Stiftungsrecht hinaus.[276] Das deutsche Stiftungsrecht verlangt grundsätzlich nur eine Jahresrechnung und eine Vermögensübersicht.[277] Problematisch ist jedoch, dass die Anforderungen **unabhängig von der Größe** der FE gelten.[278] Insbesondere für kleine Stiftungen würde der Aufwand der Erstellung und Prüfung des Jahresabschlusses zu **erheblichen Kosten** führen.[279] Außerdem nennt der Entwurf keine Konsequenzen für den Fall, dass eine FE ihrer Pflicht zur Erstellung, Prüfung und Offenlegung nicht nachkommt.[280] Gem. Art. 53 FE-VO-KOM muss daher der nationale Gesetzgeber **Sanktionen** für entsprechende Verstöße festlegen. Diese müssen „wirksam, verhältnismäßig und abschreckend"[281] sein (Art. 53 FE-VO-KOM). Im italienischen Kompromissentwurf findet sich keine entsprechende Vorgabe. Da der Kompromissentwurf jedoch ebenfalls keine Konsequenzen für den Fall der Nichtbeachtung der Vorschrift vorsieht, kommt auch nach dem italienischen Entwurf insofern nationales Recht zur Anwendung. 225

271 Insofern kritisch *Santiago* in: Govaere/Hanf (Eds.), Scrutinizing Internal and External Dimensions of European Law, 2013, S. 297, 309.
272 Art. 34 I FE-VO-KOM enthält in der deutschen Fassung einen Übersetzungsfehler. Danach hat die FE sechs Monate **vor** Ablauf des Geschäftsjahres den Jahresabschluss anstatt **nach** Ablauf des Geschäftsjahres zu erstellen.
273 Die Vorschrift weist ausdrücklich darauf hin, dass die „Privatsphäre" der Begünstigten gewahrt werden soll. Die Regelung ist so zu interpretieren, dass die Aufstellung nur unter Beachtung des Datenschutzes erfolgen kann.
274 *Breen* Nonprofit Policy Forum 1 (2014) 5, 26.
275 *Behrmann/Sassen* ZCG 2014, 20, 23; *Hemels/Stevens* EC Tax Review 6 (2012) 293, 301; *Sassen/Führer/Behrmann* BB 2014, 619, 621.
276 Vgl. *Behrmann/Sassen* ZCG 2014, 20, 23; vgl. *Hüttemann* EuZW 2012, 441, 441; *Weitemeyer* NZG 2012, 1001, 1006 f.
277 *Behrmann/Sassen* ZCG 2014, 20, 23.
278 *Hemels/Stevens* EC Tax Review 6 (2012) 293, 301; vgl. *Richter/Gollan* ZGR 2013, 551, 584.
279 *Behrmann/Sassen* ZCG 2014, 20, 24; vgl. *Hüttemann* EuZW 2012, 441, 441; *Richter/Gollan* ZGR 2013, 551, 584; vgl. hierzu auch *Weitemeyer* NZG 2012, 1001, 1007.
280 *Breen* Nonprofit Policy Forum 1 (2014) 5, 24.
281 Englischer Wortlaut: „effective, proportionate and dissuasive". Französischer Wortlaut: „effectives, proportionnées et dissuasives".

226 Das Europäische Parlament schlägt in seinem Zwischenbericht eine Änderung der strengen Abschlussprüfung vor, indem es eine **größenabhängige Voraussetzung** mit aufnimmt (vgl. Art. 34 IV FE-VO-EP). Der italienische Kompromissentwurf hat sich schließlich ebenfalls der Kritik angenommen, dass der Verordnungsentwurf sehr hohe Anforderungen an die Erstellung und mit Blick auf die Prüfung des Jahresabschlusses durch einen Abschlussprüfer stellt. Mit Rücksicht auf kleinere Stiftungen sieht Art. 34 IV FE-VO-IT deshalb vor, dass nur noch solche Stiftungen ihren Jahresabschluss von einem Abschlussprüfer prüfen lassen müssen, die eine bestimmte Größe aufweisen. Damit übernimmt der italienische Kompromissentwurf im Grunde die Anpassungen des Parlamentsentwurfs. Gem. Art. 34 IV FE-VO-IT unterliegt die FE danach nur dann der Pflicht zur Prüfung durch einen Abschlussprüfer, wenn zumindest eines der drei im Folgenden genannten Kriterien erfüllt wird:[282]

(1) die FE hat in dem betroffenen Jahr ein **jährliches Einkommen von mindestens 2.000.000 EUR**,
(2) ein **durchschnittliches Vermögen von über 500.000 EUR** oder
(3) **durchschnittlich mehr als 50 Arbeitnehmer** beschäftigt.

227 Erfüllt eine Stiftung diese Vorgaben nicht, so ist sie jedoch nicht gänzlich von der Prüfung des Jahresabschlusses befreit. Art. 34 V FE-VO-IT sieht für solche FE vielmehr vor, dass der Abschluss dann von einem **unabhängigen Dritten** zu prüfen ist. Die Begründung des Entwurfs erläutert, dass damit jeder mit hinreichenden Kenntnissen und Erfahrung bei der Prüfung von Abschlüssen gemeint ist.[283] Falls diesbezüglich nationale Regeln bestehen, greifen allerdings diese (Art. 34 V FE-VO-IT). Der genehmigte Jahresabschluss, der Bericht der Abschlussprüfung und der Tätigkeitsbericht sind offenzulegen (Art. 34 V FE-VO-KOM).

P. Aufsichtsbehörde

228 In den Vorarbeiten zum FE-Entwurf bestand die Überlegung, die Aufsicht aller FE einer **europäischen Aufsichtsbehörde** zu übertragen.[284] Der Kommissionsentwurf entschied sich letztendlich jedoch dagegen. Art. 45 FE-VO-KOM sieht vielmehr vor, dass die Mitgliedstaaten eine Aufsichtsbehörde benennen, die für die Überwachung der FE zuständig ist. Der Kommissionsentwurf schreibt damit zwingend eine Behörde pro Mitgliedstaat vor. Die Regelung stieß jedoch im Rat auf Kritik, weshalb Art. 45 FE-VO-IT regelt, dass die Mitgliedstaaten auch mehrere Behörden benennen und damit zum Beispiel die Zuständigkeiten regional aufteilen können. Für Deutschland bestünden daher nach dem italienischen Kompromissentwurf prinzipiell drei Modelle für die Umsetzung der Aufsicht der FE.[285] Die erste Möglichkeit bestünde darin, den Landesbehörden, die die nationalen Stiftungen beaufsichtigen, auch die Zuständigkeit für die FE zu übertragen.[286] Auch die Schaffung einer jeweils eigenen Landesbehörde, die ausschließlich für die Aufsicht der FE zuständig ist, wäre denkbar.[287] Eine eigene Landesbehörde hätte wiederum den Vorteil, dass sie direkt nach den Anforderungen des Kommissionsentwurfs ausgestaltet werden könnte.[288] Die letzte Möglichkeit bestünde in der Schaffung einer Bundesbehörde als Aufsichtsbehörde.[289]

229 Bei der Aufsichtsbehörde handelt es sich zwar nicht um ein Organ der FE, ihr kommt allerdings eine entscheidende Bedeutung bei ihrer Überwachung zu. Die Aufsichtsbehörde soll sicherstellen, dass der Vorstand der FE **satzungs-, verordnungs- und gesetzeskonform handelt** (Art. 46 I FE-VO-KOM). Der italienische Kompromissentwurf ergänzt, dass sie insofern sowohl auf eigene Initiative als auch auf Hinweise hin agieren kann. Hierzu stehen ihr Befugnisse zur Nachforschung zu, die uU auch die Bestellung eines Sachverständigen umfassen (Art. 46 II 2 lit. a) und b) FE-VO-KOM). Sie kann den Vorstand dann im Fall von festgestellten Verstößen zB **verwarnen** (Art. 46 II 2 lit. c) FE-VO-KOM). Der italienische Kompromissentwurf stellt klar, dass dies eine Möglichkeit von mehreren für die Behörde ist auf Verstöße zu reagieren (Art. 46 II 2 lit. c) FE-VO-IT). Sie kann den Vorstand auch anweisen die entsprechenden Vorschriften einzuhalten (Art. 46 II 2 lit. c) FE-VO-KOM/FE-VO-IT) oder Anweisung erteilen, dass der Vorstand innerhalb einer bestimmten Zeit personell auszutauschen ist (Art. 46 II 2 lit. c) FE-VO-IT). Zudem kann sie **Vorstandsmitglieder entlassen** oder dem zuständigen Gericht die Entlassung vorschlagen (Art. 46 II 2 lit. d) FE-VO-KOM)[290] (zur Entlassung s. allgemein unter Rn. 162 f.) und die **FE abwickeln** oder die Abwicklung dem zuständigen Gericht vorschlagen (Art. 46 II 2 lit. e) FE-VO-KOM). Die Aufsichtsbehörde ist zudem für die **Genehmigung von Zweckänderungen zuständig** (Art. 46 II 1 iVm Art. 20 IV FE-VO-KOM, s. dazu Rn. 136). Nach Art. 46 III FE-VO-KOM darf die Aufsichtsbehörde jedoch nicht über die in Abs. 2 genannten Befugnisse hinaus in die Verwaltung der FE eingreifen. Der italienische

282 Nach dem Parlamentsentwurf bestand die Pflicht zur Prüfung durch einen Abschlussprüfer nur, wenn die FE ein jährliches Einkommen von über 2.000.000 EUR oder ein Vermögen von über 200.000 EUR hat oder durchschnittlich mehr als 50 Arbeitnehmer in dem Finanzjahr beschäftigt.
283 FE-VO-IT, S. 25: „*with sufficient knowledge and experience to review accounts*".
284 Siehe hierzu *Behrmann/Sassen* ZCG 2014, 20, 25.
285 Hierzu *Behrmann/Sassen* ZCG 2014, 20, 25.
286 *Stöber* DStR 2012, 804, 807; *Behrmann/Sassen* ZCG 2014, 20, 25.
287 *Behrmann/Sassen* ZCG 2014, 20, 25.
288 *Behrmann/Sassen* ZCG 2014, 20, 25.
289 *Behrmann/Sassen* ZCG 2014, 20, 25.
290 Die zulässige Vorgehensweise richtet sich nach nationalem Recht.

Kompromissentwurf präzisiert allerdings insofern, dass es der Aufsichtsbehörde durchaus gestattet ist, zeitweise einzelne Maßnahmen anzuordnen, die in Zusammenhang mit der Verwaltung der FE stehen.

Art. 47 FE-VO-KOM sieht eine **Zusammenarbeit der Aufsichtsbehörden** der Mitgliedstaaten vor, in denen die FE ihren Sitz hat bzw. tätig ist. Die Aufsichtsbehörden werden dazu verpflichtet, Informationen über mögliche Zuwiderhandlungen der FE gegen die Satzung, die Verordnung oder die gesetzlichen Bestimmungen mit den Aufsichtsbehörden der Mitgliedstaaten zu teilen (Art. 47 II FE-VO-KOM). Art. 47 III FE-VO-KOM berechtigt die Aufsichtsbehörden der Mitgliedstaaten, in denen die FE tätig ist, dazu, einen Antrag an die Aufsichtsbehörde des Mitgliedstaates, in dem die FE ihren Satzungssitz hat, zu stellen, wonach die Aufsichtsbehörde Anhaltspunkte einer Zuwiderhandlung gegen die Verordnung, Satzung oder nationales Recht zu untersuchen hat. Art. 48 FE-VO-KOM sieht zudem eine Zusammenarbeit der Aufsichtsbehörden mit den Steuerbehörden der Mitgliedstaaten vor. Die Effektivität der Überwachung von Stiftungen in den verschiedenen Mitgliedstaaten ist jedoch nicht überall gleich.[291] Zudem gibt es keine konkreten Verfahren, durch die eine Aufsichtsbehörde zum Handeln gezwungen werden könnte.[292] Kritisiert wurde daher, dass im Fall mangelnder Aufsicht durch die Behörde eines Mitgliedstaates die anderen Mitgliedstaaten, in denen die FE tätig ist, diese trotz möglicher Verstöße weiterhin uneingeschränkt gemäß der Verordnung behandeln müssten, bis die Aufsichtsbehörde des Sitzstaates über den möglichen Verstoß entschieden hat.[293] 230

Q. Beendigung der FE

Die Möglichkeiten der Beendigung einer FE zählt Art. 40 FE-VO-KOM abschließend auf.[294] Danach wird eine FE entweder durch **Umwandlung in eine nationale Stiftung**[295] (vgl. Art. 40 lit. a) FE-VO-KOM) oder **Abwicklung** (vgl. Art. 40 lit. b) FE-VO-KOM) beendet. Eine Beendigung durch Verschmelzung einer FE mit einer anderen FE oder ggf. einer nationalen Stiftung ist in der Vorschrift dagegen nicht genannt. Dies könnte eine bewusste Entscheidung des Verordnungsgebers gegen die Beteiligung der FE an solchen Vorgängen sein (s. dazu bereits Rn. 45 ff.). Folgte man jedoch der anderen Ansicht und nähme an, dass auch eine FE ein verschmelzungsfähiger Rechtsträger sein kann (dazu Rn. 45), so müsste Art. 40 FE-VO-KOM implizit auch diesen Fall erfassen. 231

Die Beendigung durch Umwandlung regelt die Verordnung näher in Art. 41 FE-VO-KOM und stellt dabei klar, dass diese Beendigungsmöglichkeit der FE frühestens **zwei Jahre** nach ihrer Eintragung zur Verfügung steht (vgl. Art. 41 I 2 FE-VO-KOM). Bis dahin kann die FE nur abgewickelt werden. Der Abwicklungsbeschluss und die Abwicklung sind in Art. 43 FE-VO-KOM und Art. 44 FE-VO-KOM geregelt. 232

R. Europäischer Betriebsrat

Die Artt. 38 und 39 FE-VO-KOM sehen vor, dass unter bestimmten Umständen ein **europäischer Betriebsrat** zu bilden ist, der die Arbeitnehmer und ihre Belange vertritt. Gem. Art. 39 I FE-VO-KOM stehen diesem jedoch keine mitbestimmenden Kompetenzen zu, es wird somit ausschließlich die betriebliche Mitbestimmung geregelt. Der europäische Betriebsrat soll die Arbeitnehmer vorrangig über die Situation, die Entwicklung, die Organisation und die Beschäftigungslage der FE informieren und zu diesen Themen konsultieren (Art. 39 I FE-VO-KOM). Gem. Art. 39 II FE-VO-KOM können der Betriebsrat und der Vorstand (bzw. die geschäftsführenden Direktoren) eine Vereinbarung treffen, die die Modalitäten der Information und Konsultation umfasst. Bezüglich aller dort nicht geregelter Aspekte verweist Art. 39 III FE-VO-KOM auf das aufgrund der Richtlinie 2009/38/EG umgesetzte Recht. 233

Wann ein europäischer Betriebsrat nach der FE-Verordnung zu bilden ist, richtet sich nach Art. 38 I und II FE-VO-KOM. Die Vorschrift des Kommissionsentwurfs ließ viele Fragen offen und wurde deshalb von der italienischen Ratspräsidentschaft angepasst. Es werden nach dem italienischen Kompromissentwurf verschiedene Schwellenwerte festgelegt, bei deren Vorliegen ein Betriebsrat zu bilden ist: 234

- Beschäftigung von mindestens 50 Arbeitnehmern und mindestens 10 Arbeitnehmern in jedem von mindestens zwei Mitgliedstaaten (Art. 38 I FE-VO-IT);
- Beschäftigung von bis zu 200 Arbeitnehmern und auf Antrag von mindestens 20 ihrer Arbeitnehmer in mindestens zwei Mitgliedstaaten (Art. 38 II 1 FE-VO-IT);
- Beschäftigung von über 200 bis 999 Arbeitnehmern und auf Antrag von mindestens 10% ihrer Arbeitnehmer in mindestens zwei Mitgliedstaaten (Art. 38 II 2 FE-VO-IT) und

291 *Breen* Nonprofit Policy Forum 1 (2014) 5, 22.

292 Vgl. *Breen* Nonprofit Policy Forum 1 (2014), 5, 22.

293 *Hüttemann* EuZW 2012, 441, 442; *Santiago* in: Govaere/Hanf (Eds.), Scrutinizing Internal and External Dimensions of European Law, 2013, S. 297, 309.

294 Vgl. zur Beendigung der FE Deutscher Notarverein, Stellungnahme zum Vorschlag über das Statut einer Europäischen Stiftung (FE), 2012, S. 12 f.

295 Zu einem darauf abzielenden, sprachlichen Anpassungsvorschlag der Vorschrift in Bezug auf Art. 41 FE-VO-KOM siehe ELI, Statement on the proposal for a Statute for a European Foundation (FE) (draft), 2013, S. 73.

- Beschäftigung von mindestens 1000 Arbeitnehmern und auf Antrag von mindestens 100 ihrer Arbeitnehmer in mindestens zwei Mitgliedstaaten (Art. 38 II 3 FE-VO-IT).

235 Sowohl im Kommissionsentwurf als auch beim italienischen Kompromissentwurf bleibt das Verhältnis von Art. 38 I zu II FE-VO-KOM/FE-VO-IT unklar. Absatz 1 erwähnt zB die Einrichtung auf Antrag nicht und auch die Verteilung der Arbeitnehmer ist anders geregelt als bei den folgenden Schwellenwerten. Außerdem ist nicht eindeutig, in welchem Verhältnis die erste Schwelle zu den anderen Schwellenwerten steht. Man könnte die Vorschrift daher so verstehen, dass es zwei Situationen gibt: **die automatische Einrichtung** eines europäischen Betriebsrats (Abs. 1) und **die Einrichtung auf Antrag** (Abs. 2). Es wäre allerdings auch denkbar, dass Art. 38 I FE-VO-KOM/FE-VO-IT lediglich eine Mindestschwelle für die Einrichtung eines Betriebsrats festlegen möchte und es somit bei weniger als 50 Beschäftigten grundsätzlich keiner Einrichtung bedarf.

236 Der Kommissionsentwurf bezieht zusätzlich ehrenamtliche Beschäftigte mit ein. Die **ehrenamtlichen Beschäftigten** werden im europäischen Betriebsrat durch einen Vertreter repräsentiert. Nach Art. 38 III 1 FE-VO-KOM erhalten diese Vertreter im Betriebsrat einen **Beobachterstatus**. Es müssen allerdings nur ehrenamtliche Beschäftigte berücksichtigt werden, die *„auf längere Zeit einer formalen ehrenamtlichen Beschäftigung“*[296] in der FE nachgehen (vgl. Art. 38 III 1 FE-VO-KOM). Der Verweis auf die **formale Beschäftigung** scheint darauf hinzudeuten, dass eine vertragliche Grundlage bzw. ein formeller Akt die Beschäftigung genauer definieren muss. Der unbestimmte Rechtsbegriff **„auf längere Zeit“** wird nicht definiert. Einmalige Tätigkeiten sind dadurch jedenfalls auszuschließen. Auch kurze Beschäftigungszeiträume, von wenigen Wochen oder Monaten erfüllen die Voraussetzung „auf längere Zeit“ wohl nicht, da diese die Bestellung eines Vertreters im Betriebsrat nicht rechtfertigen würde und es zudem aufwändig wäre, solche kurzfristigen Schwankungen zu berücksichtigen.

237 Art. 38 III 2 FE-VO-KOM sieht vor, dass mindestens ein Vertreter in jedem Mitgliedstaat zu benennen ist, in dem mindestens zehn ehrenamtliche Beschäftigte tätig sind. Die Vorschrift enthält somit eine Mindestvorgabe. Nicht ganz eindeutig ist, inwiefern und durch wen, höhere Anforderungen gesetzt werden können. Vermutlich besteht insofern ein Gestaltungsspielraum für die Mitgliedstaaten. Die Regelungen zu den ehrenamtlichen Beschäftigten wirken sich nicht auf die Bildung des europäischen Betriebsrats aus. Das heißt, auch wenn es mindestens zehn ehrenamtliche Beschäftigte gibt, muss kein Betriebsrat eingerichtet werden, wenn dies nach der Arbeitnehmeranzahl nicht erforderlich ist.

238 Der Parlamentsentwurf streicht Art. 38 III 1 FE-VO-KOM und damit den Beobachterstatus von ehrenamtlichen Beschäftigten und auch der italienische Kompromissentwurf enthält keine entsprechende Regelung mehr.

S. Steuerliche Behandlung

239 Der Kommissionsvorschlag enthält auch Regelungen zur steuerlichen Behandlung der Europäischen Stiftung, die hier jedoch nicht detailliert behandelt werden sollen. Die Vorschriften führten zu kontroversen Diskussionen im Rat und stellten einen der **Hauptstreitpunkte** dar. Die italienische Ratspräsidentschaft entschied sich dafür die Vorschriften zu steuerlichen Aspekten zu streichen.[297] Damit wäre für alle steuerlichen Aspekte bezogen auf die FE, ihre Spender und ihre Begünstigten nationales Recht inklusive der entsprechenden EuGH-Rechtsprechung zur Anwendung gekommen (Erwägungsgrund 24 FE-VO-IT).

240 Der Kommissionsentwurf versuchte dagegen noch, die steuerlichen Aspekte ansatzweise durch Artt. 49 bis 51 FE-VO-KOM zu regeln. Art. 49 FE-VO-KOM sah vor, dass eine gegründete FE, die gleiche steuerliche Behandlung genießt wie **gemeinnützige Einrichtungen** in dem jeweiligen Mitgliedstaat. Danach wäre die FE **mit ihrer Gründung** in den Genuss der gleichen steuerlichen Vorteile wie eine nationale gemeinnützige Einrichtung gekommen.[298] Der Kommissionsentwurf wollte so einen Rückgriff auf das nationale Recht zur Beurteilung der steuerlichen Behandlung unterbinden.[299]

241 Diese Regelung wäre über das hinausgegangen, was der EuGH in seinen Urteilen zur diskriminierungsfreien steuerlichen Behandlung festgelegt hat.[300] Nach Ansicht des EuGH bleibt die Feststellung der direkten Steuern im Zuständigkeitsbereich der Mitgliedstaaten, allerdings müssen die Mitgliedstaaten ihre Befugnis in Übereinstimmung mit dem Unionsrecht ausüben.[301] Das Gemeinschaftsrecht schreibt jedoch nicht vor, dass eine im

296 Englisch: „volunteers engaged in formal volunteering activities in the FE for a sustained period“, französisch: “volontaires engagés dans un cadre formel et sur une longue période pour des activités de volontariat au sein de la FE”.

297 FE-VO-IT, S. 2.

298 *Jakob* in: Jakob (Hrsg., Stiften und Gestalten, 2013, S. 3, 18; *Weitemeyer* ERA Forum 14 (2013) 277, 289.

299 *Jakob* in: Jakob (Hrsg.), Stiften und Gestalten, 2013, S. 3, 18; *Stöber* DStR 2012, 804, 807; *Weitemeyer* ERA Forum 14 (2013) 277, 280.

300 *Jakob* in: Jakob (Hrsg.), Stiften und Gestalten, 2013, S. 3, 18; *Hüttemann* EuZW 2012, 441, 442; *Weitemeyer* ERA Forum 14 (2013) 277, 280; *Rizzi/Schicho* Ecolex 2012, 698, 700 f.

301 Vgl. Art. *58 III* EGV; EuGH, Rs. C-386/04 (Stauffer), ECLI:EU:C:2006:568 = DStR 2006, 1736, Rn. 15; EuGH, Rs. C80/94 (Wielockx), ECLI:EU:C:1995:271 = BeckRS 2004, 77812, Rn. 16; EuGH, Rs. C-39/04 (Laboratoires Fournier), ECLI:EU:C:2005:161 = EuZW 2005, 249, Rn. 14; EuGH, Rs. C-513/03 (van Hilten – van der Heij-

Ausland anerkannte gemeinnützige Stiftung auch automatisch im Inland die gleiche Anerkennung erhält.[302] So hätten sich insbesondere in den Fällen Konflikte ergeben können, in denen nach der Verordnung eine FE zu einem gemeinnützigen Zweck gegründet werden kann, der jedoch in einem der Mitgliedstaaten nicht steuerlich begünstigt wird.[303] Die FE-Verordnung sah mit Art. 49 FE-VO-KOM vor, dass durch die Gründung der FE auch die steuerliche Behandlung festgelegt wird. Dies hätte in einzelnen Fällen zu einer **Schlechterstellung** nationaler Stiftungen führen können, die einen vergleichbaren Zweck mit gleichzeitiger Steuervergünstigung in der nationalen Stiftungsform nicht verfolgen können. Daher wurde mit Blick auf den Kommissionsentwurf kritisiert, dass mit der Regelung keine Gleichbehandlung mit nationalen gemeinnützigen Einrichtungen geschaffen worden wäre, sondern ein **eigenes Gemeinnützigkeitsrecht**, das an die Gründung der FE gekoppelt ist.[304] Das beschriebene Konfliktpotenzial führte zur Streichung der entsprechenden Vorschriften im Kompromissentwurf der italienischen Ratspräsidentschaft.

T. Ausblick

Wie bereits in der Einleitung erwähnt (s. Rn. 3), hat die Kommission ihren Entwurf für eine FE-Verordnung zurückgezogen und damit das **Verordnungsgebungsverfahren** (vorläufig) **beendet**. Die Einführung der FE im Rahmen der verstärkten Zusammenarbeit wurde nicht in Erwägung gezogen (s. Rn. 3). Insgesamt blieben die Rufe nach einer Wiederbelebung verhalten. Auf kurze sowie mittlere Sicht ist daher wohl nicht damit zu rechnen, dass die Einführung einer FE wieder ernsthaft diskutiert wird. Auch konkrete Alternativen zur FE wurden bislang nicht angedacht. 2017 stellte das Europäische Parlament zwar eine Studie zu **Sozialunternehmen** (*social enterprises*) vor,[305] worin verschiedene Förderungsmöglichkeiten solcher Unternehmen angesprochen werden. Die Einführung einer neuen Rechtsform wäre insofern allerdings nur eine Option, wobei dies zudem nicht unbedingt in der Form einer Stiftung geschehen müsste.[306] Aufgrund der in den letzten Jahren nicht durchführbaren Projekte (SPE, FE und auch SUP) im Bereich der supranationalen Rechtsformen erscheint ein entsprechendes Unterfangen jedoch derzeit politisch aussichtslos.[307] Selbst im Rahmen einer nächsten Vertiefungswelle des Binnenmarktes scheint es absehbar, dass wirtschaftlich bedeutendere Projekte wie die SPE (dazu § 5), zuerst angegangen würden. Mit Blick auf „*social enterprises*“ besteht allerdings die Möglichkeit, dass die EU in der Zwischenzeit eventuell punktuelle Maßnahmen oder *soft law* andenken wird. 242

den), ECLI:EU:C:2006:131 = DStRE 2006, 851, Rn. 36; vgl. ebenso zur Kontrolle nationaler steuerrechtlicher Sachverhalte mit der Vereinbarkeit des EU-Rechts EuGH, Rs. C-318/07 (Persche), ECLI:EU:C:2009:33 = EuZW 2009, 139 (steuerliche Abzugsfähigkeit von Spenden); *Bahns/Brinkmann/Gläser/Sedlaczek* in: von der Groeben/Schwarze/Hatje (Hrsg.), Europäisches Unionsrecht, Bd. 3, 2015, Vorb. Art. 110 bis 113 AEUV Rn. 8; vgl. *Hindelang/Köhler* JuS 2014, 405, 405.

302 EuGH, Rs. C-386/04 (Stauffer), ECLI:EU:C:2006:568 = DStR 2006, 1736, Rn. 39.

303 Siehe zu diesem Beispiel *Jakob* in: Jakob (Hrsg.), Stiften und Gestalten, 2013, S. 3, 19.

304 *Jakob* in: Jakob (Hrsg.), Stiften und Gestalten, 2013, S. 3, 23; *Hüttemann* EuZW 2012, 441, 442.

305 *Fici*, A European Statute for Social and Solidarity-Based Enterprises – Study for the JURI Committee, 2017.

306 Zu den Optionen und deren Bewertung *Fici*, A European Statute for Social and Solidarity-Based Enterprises – Study for the JURI Committee, 2017, S. 15.

307 *Fici*, A European Statute for Social and Solidarity-Based Enterprises – Study for the JURI Committee, 2017, S. 7, 36.

§ 9 Projekt Europäische Einpersonen-Gesellschaft (SUP – Societas Unius Personae)[1]

Literatur (Auswahl): *Bayer/J. Schmidt*, BB-Gesetzgebungs- und Rechtsprechungsreport Europäisches Unternehmensrecht 2013/14, BB 2014, 1219; *Beurskens*, „Societas Unius Personae" – der Wolf im Schafspelz?, GmbHR 2014, 738; *Conac*, The Societas Unius Personae (SUP): A „Passport" for Job Creation and Growth, ECFR 2015, 139; *Deutscher Anwaltsverein-Handelsrechtsausschuss*, Stellungnahme zum Vorschlag für eine Richtlinie des Europäisches Parlaments und des Rates über Gesellschaften mit beschränkter Haftung mit einem einzigen Gesellschafter, NZG 2014, 1372; *Dreher*, Der Richtlinienvorschlag über die Societas Unius Personae und seine Regelungen zur faktischen Geschäftsführung, NZG 2014, 967; *Drygala*, What's SUP? Der Vorschlag der EU-Kommission zur Einführung einer europäischen Einpersonengesellschaft (Societas Unius Personae, SUP), EuZW 2014, 491; *Grunewald*, Die Societas Unius Personae (SUP) – wohin mit der 2. Person? in: Festschrift Müller-Graff, 2015, S. 290; *Habighorst* in: in: MüHdb. GesR, Bd. 3 (Gesellschaft mit beschränkter Haftung), 5. Aufl. 2018, § 76; *Hansen*, The SUP Proposal: Registration and Capital (Articles 13-17), ECFR 2015, 177; *Harbarth*, From SPE to SMC: The German Political Debate on the Reform of the "Small Company", ECFR 2015, 230; *Hommelhoff*, Die Societas Unius Personae: als Konzernbaustein momentan noch unbrauchbar, GmbHR 2014, 1065; *ders.*, Die vereinfachte Einmann-Gesellschaft (SMC): Eine Alternative zur SPE?, AG 2013, 211; *Jung*, Die Societas Unius Personae – Ein Hybrid aus nationalem und europäischem Recht, GesRZ 2014, 363; *dies.*, Societas Unius Personae (SUP) – The new corporate element in company groups, EBLR 2015, 645; *dies*, Societas Unius Personae (SUP), Der neue Konzernbaustein, GmbHR 2014, 579; *Kalss/Klampfl*, Europäisches Gesellschaftsrecht, 2015, Rn. 475 ff.; *Kindler*, Die Einpersonen-Kapitalgesellschaft als Konzernbaustein – Bemerkungen zum Kompromissvorschlag der italienischen Ratspräsidentschaft für eine Societas Unius Personae (SUP), ZHR 179 (2015) 330; *ders.*, The Single-Member Limited Liability Company (SUP), 2016; *Knapp*, Directive on Single-Member Private Limited Liability Companies: Distributions, ECFR 2015, 191; *Kögel*, Vereinheitlichungsbestrebungen im Europäischen Gesellschaftsrecht, Rpfleger 2016, 1; *Koster*, EU Legal Entities: New Options?, ECL 12 (2015) 5; *Krauß/Meichelbeck*, Die Societas Unius Personae (SUP) – insbesondere steuerliche Aspekte, BB 2015, 1562; *Krejci*, Hokuspokus um die SUP, GeS 2015, 105; *Lanfermann/Maul*, Maßnahmenpaket der Europäischen Kommission zum Gesellschaftsrecht und Corporate Governance, BB 2014, 1283; *Lucini Mateo*, El proyecto de Directiva Europea acerca de la Sociedad Limitada Unipersonal: un proyecto polémico y un futuro incierto, El Notario de Siglo XXI 2015, 54; *Lutter/Bayer/Schmidt*, Europäisches Unternehmens- und Kapitalmarktrecht, 6. Aufl. 2017, § 47; *Lutter/Koch* (Hrsg.), Societas Unius Personae (SUP): Beiträge aus Wissenschaft und Praxis (2015); *Malberti*, The relationship between the Societas Unius Personae proposal and the acquis: Creeping Toward an Abrogation of EU Company Law?, ECFR 2015, 238; *Moench*, Die Societas Unius Personae (SUP), 2016; *Omlor*, Die Societas Unius Personae – eine supranationale Erweiterung der deutschen GmbH-Familie, NZG 2014, 1137; *ders.*, Die Societas Unius Personae (SUP) mit mehreren Gesellschaftern – ein Paradoxon?, GPR 2015, 158; *ders.*, Die gemeinnützige Societas Unius Personae („gSUP"). Eine zukünftige Protagonistin der europäischen Zivilgesellschaft?, NZG 2015, 665; *Reflection Group (former) on the Future of EU Company Law*, Response to the European Commission's Action Plan on Company Law and Corporate Governance, ECFR 2013, 304; *Ries*, Societas Unius Personae – ciu bono?, NZG 2014, 569; *Rammeloo*, The 2015 Proposal for an EU Directive on the Societas Unius Personae (SUP), DQ 2015, 54; *Reimer/Waldhoff*, Societas Unius Personae und deutsches Steuerrecht, DB 2015, 2106; *Roth*, Unionsrechtliche Kompetenzen im Gesellschaftsrecht: Die SUP-Richtlinie in: Festschrift 200 Jahre Carl Heymanns Verlag (2015), S. 229; *J. Schmidt*, Europäisches Konzernrecht – Retroperspektive und Perspektiven, DK 2017, 1; *dies.*, Der Vorschlag für eine Societas Unius Personae (SUP) – super oder suboptimal?, GmbHR 2014, R129; *dies.*, Die Societas Unius Personae (SUP) – eine neue „europäische" Option für Familienunternehmen?, FuS 2014, 232; *Schoenemann*, Bauen am Baustein für einen europäischen Konzern – Der Richtlinienvorschlag der Kommission zur SUP, EWS 2014, 241; *Seibert*, SUP – Der Vorschlag der EU-Kommission zur Harmonisierung der Einpersonen-Gesellschaft, GmbHR 2014, R209; *Steinwendter*, Der Richtlinienvorschlag der Europäischen Kommission für eine Societas Unius Personae – Die SUP als gesellschaftsrechtlicher Substandard?, NZ 2014, 262; *Straube*, Gedanken zur geplanten „Societas Unius Personae" (SUP) in: Festschrift Nowotny, 2015, S. 469; *Teichmann*, Europäische GmbH am Scheideweg: Supranationale Rechtsform oder harmonisierte Einpersonengesellschaft?, ZRP 2013, 169; *ders.*, Europäische Harmonisierung des GmbH-Rechts. Der Beitrag der Societas Unius Personae (SUP) zur grenzüberschreitenden Niederlassungsfreiheit, NJW 2014, 3561; *ders.*, Corporate Groups within the Legal Framework of the European Union: The Group-Related Aspects of the SUP Proposal and the EU Freedom of Establishment, ECFR 2015, 202; *Teichmann/Fröhlich*, Societas Unius Personae (SUP): Facilitating Cross-Border Establishment, MJ 21 (2014) 536; *ter Brake/van Duuren*, The Societas UNIUS Personae: A Welcome European Vehicle, ECL 12 (2015), 270; *Thannisch*, Bedrohung für die Mitbestimmung!, Arbeitsrecht im Betrieb 2015, 30; *Velasco*, in: Rojo/Campuzano (Coord.), Estudios Jurídicos en Memoria del Profesor Emilio Beltrán, T. I, 2015, S. 909; *ders.*, La propuesta de Directiva sobre la "Societas Unius Personae" (SUP): las cuetiones más polémicas, El Notario de Siglo XXI 2015, 148; *Viera González/Teichmann*, Private Company Law Reform in Europe: the race for flexibility, 2015; *Viera González/Teichmann* (Eds.), Private Companies in Europe: The Societas Unius Personae (SUP) and the recent developments in the EU member states, 2016; *Weller/Bauer*, Europäisches Konzernrecht: vom Gläubigerschutz zur Konzernleitungsbefugnis via Societas Unius Personae, ZEuP 2015, 6; *Wicke*, Societas Unius Personae – SUP: eine äußerst wackelige Angelegenheit, ZIP 2014, 1414; *Wuisman*, The Societas Unius Personae (SUP), ECL 12 (2015) 34.

A. Einleitung

I. Gesetzgebungsprozess

Ursprung der Idee für eine europäische Einpersonen-Gesellschaft (SUP) ist das Scheitern der Einigungsversuche 1
bezüglich der **Europäischen Privatgesellschaft** (**Societas Privata Europaea – SPE**) (siehe zur SPE § 5). Die SPE wurde als „Europäische Alternative" zu den nationalen Gesellschaften mit beschränkter Haftung, wie der englischen limited (§ 12 Rn. 254 ff.), der spanischen SRL (s. § 15 Rn. 467 ff.), der italienischen s.r.l. (dazu § 14 Rn. 399 ff.) oder der französischen SARL bzw. SAS (dazu § 13 Rn. 246 ff. bzw. Rn. 633 ff.) konzipiert. Die Rechtsgrundlage des Art. 352 AEUV erforderte für die Verordnung Einstimmigkeit im Rat, welche sich jedoch auch nach intensiven Verhandlungen nicht erzielen ließ (s. zum Gesetzgebungsprozess der SPE § 5 Rn. 7). Bereits 2012 gab die Kommission im „Aktionsplan: Europäisches Gesellschaftsrecht und Corporate Governance" deshalb ihre Absicht bekannt, **Alternativen zur SPE** zu prüfen.[2] Nach dem (vorläufigen) Aus für das SPE-Projekt Ende 2013 präsentierte die Kommission daraufhin im April 2014 die **„Societas Unius Personae"** (**SUP**) (im

1 Dieser Beitrag wurde aus den folgenden Aufsätzen der Autorin zu diesem Thema entwickelt: *Jung* GmbHR 2014, 579-591; *dies.* GesRZ 2014, 363-369; *dies.* EBLR 2015, 645-692. Auf die einzelnen Beiträge wird im folgenden Text nicht separat hingewiesen.
Die Autorin bedankt sich herzlich bei *Steffen Mäusezahl, LL.M.* (Universität Siegen) und *Gerrit Terhorst, LL.M.* (Universität Siegen) für die wertvolle Unterstützung.

2 Europäische Kommission, Aktionsplan Europäisches Gesellschaftsrecht und Corporate Governance – ein moderner Rechtsrahmen für engagiertere Aktionäre und besser überlebensfähige Unternehmen, 12.12.2012, COM(2012) 740 final, S. 15 f.

Folgenden „**SUP-RL-KOM**")[3] als neues Koordinationsinstrument.[4] Ziel der Kommission war es, eine harmonisierte **Einpersonen-Gesellschaft mit beschränkter Haftung** (Einpersonen-GmbH) einzuführen und zu regulieren, die vor allem die Gründung und Organisation von im Ausland ansässigen Tochtergesellschaften für mittlere und größere Unternehmen vereinfachen sollte (näher zu den Zielen der Richtlinie unter Rn. 6 ff.).[5]

2 Auch diesem Kommissionsvorschlag begegnete der Rat jedoch zunächst mit Widerstand. So präsentierte beispielsweise die italienische Präsidentschaft am 14. November 2014 einen Kompromisstext (im Folgenden „SUP-RL-IT"),[6] der zwar bereits starke Änderungen gegenüber dem ursprünglichen Kommissionsvorschlag aufwies, aber dennoch zu keiner Übereinkunft im Rat führte. Es folgten weitere Kompromissvorschläge, die jedoch ebenfalls keine Einigung brachten.[7] Am 28. Mai 2015 schien dann unter der lettischen Präsidentschaft allerdings ein Durchbruch erreicht. Denn die Mitgliedstaaten konnten sich ua gegen den Widerstand der deutschen Bundesregierung[8] auf eine „**allgemeine Ausrichtung**" (*general approach*) bezüglich der SUP (im Folgenden „**SUP-RL-GA**") verständigen.[9] Eine allgemeine Ausrichtung stellt eine informelle Übereinkunft des Rates dar, die getroffen wird, noch bevor das Europäische Parlament nach erster Lesung eine eigene Position entwickelt hat. Typischerweise zielt eine solche allgemeine Ausrichtung darauf ab, den legislativen Prozess zu erleichtern und zu beschleunigen.[10]

3 Bei der SUP realisierte sich die Hoffnung auf eine schnelle Verabschiedung der Richtlinie indes nicht. Vielmehr stieß das Projekt vor allem in Deutschland, aber auch in anderen Ländern auf viel[11] Kritik[12] und der Gesetzgebungsprozess kam im **Europäischen Parlament** ins Stocken. Der Ausschuss für Beschäftigung und soziale Angelegenheiten (EMPL) des Europäischen Parlaments forderte Ende Juni 2015 den federführenden Ausschuss

3 Europäische Kommission, Vorschlag für eine Richtlinie des Europäischen Parlaments und des Rates über Gesellschaften mit beschränkter Haftung mit einem einzigen Gesellschafter, 9.4.2014, COM(2014) 212 final 2014/0120 (COD).

4 Siehe zum Gesetzgebungsprozess der SUP *Lutter/Bayer/Schmidt*, Europäisches Unternehmens- und Kapitalmarktrecht, 2017, Rn. 47.91 f.; *Teichmann/Götz* in: Viera González/Teichmann (Eds.), Private Companies in Europe, 2016, S. 29 ff.

5 Erwägungsgrund 7 SUP-RL-KOM, s. auch SUP-RL-KOM, S. 6.

6 Council of the European Union, Proposal for a Directive of the European Parliament and the Council on single-member private limited liability companies, 14.11.2014, Presidency compromise text, 14648/14 DRS 133 CODEC 2073; siehe zum Entwurf der italienischen Ratspräsidentschaft *Kindler* ZHR 179 (2015) 330 ff.; vgl. auch *Kindler*, The Single-Member Limited Liability Company (SUP), 2016, der auf dem Beitrag aus der ZHR 179 (2015) 330 ff. basiert; siehe auch *Teichmann/Götz* in: Viera González/Teichmann (Eds.), Private Companies in Europe, 2016, S. 29 ff. ua zum italienischen Entwurf.

7 Proposal for a Directive of the European Parliament and of the Council on single-member private limited liability companies, 16010/14 vom 1. Dezember 2014, DRS 160 CODEC 2353; 17018/14 vom 18. Dezember 2014, DRS 176, CODEC 2537 und 7626/15 vom 7. April 2015, DRS 30, CODEC 440. Zur Entwicklung der Diskussionen im Rat *Teichmann/Götz* in: Viera González/Teichmann (Eds.), Private Companies in Europe, 2016, S. 29, 31 f.

8 Siehe hierzu *Müller* AG 2015, R172, R172; *Bayer/J. Schmidt* BB 2015, 1731, 1733; *Lutter/Bayer/Schmidt*, Europäisches Unternehmens- und Kapitalmarktrecht, 2017, Rn. 47.92.

9 Der Vorschlag stammt vom 21. Mai 2015 (8811/15, DRS 39, CODEC 706), die angenommene Fassung vom 29. Mai. 2015. Council of the European Union, Outcome of the proceedings: Proposal for a Directive of the European Parliament and the Council on single-member private limited liability companies – general approach, 9050/15, DRS 41, CODEC 751.

10 http://www.consilium.europa.eu/en/council-eu/decision-making/.

11 *Kindler*, The Single-Member Limited Liability Company (SUP), 2016, Rn. 4 bezeichnet die Kritik als "strong and occasionally bitter" und vor allem aus Deutschland stammend.

12 Bundesrat, Beschluss, BR-Drs. 165/14 (Beschluss 2), 11.7.2014, S. 1 ff., der neben der Rechtsgrundlage auch Bedenken zum Gründungsverfahren äußert; Senat des Parlaments der Tschechischen Republik, Beschluss 583 vom 27.8.2014, Senate Press no. N 134/09; Nationalrat Österreich, Stellungnahme vom 27.6.2014, Doc. Nr. NP/1030643, S. 2, der die Rechtsgrundlage kritisiert. Kritische Stimmen finden sich v.a. auch in der deutschen Literatur: Vgl. *J. Schmidt* GmbHR 2014, R129, R130 vor allem im Verhältnis zur SPE, *dies.* in: Lutter/Koch (Hrsg.), SUP, 2015, S. 1, 21, die in der SUP das Potential eines „trojanischen Pferds" sieht und befürchtet, dass eine Harmonisierung des gesamten GmbH-Rechts droht; ähnlich auch *Bayer/J. Schmidt* BB 2014, 1219, 1223; ebenfalls auf die SUP als trojanisches Pferd hinweisend *Beurskens* GmbHR 2014, 738, 747; *Sánchez* in: Viera González/Teichmann (Eds.), Private Companies in Europe, 2016, S. 199, 220; bewertet die SUP als „trojanischen Virus"; aA *Opalski/Oplustil* in: Viera González/Teichmann (Eds.), Private Companies in Europe, 2016, S. 175, 197, die in der SUP keine Gefahr eines „trojanischen Pferdes" sehen, jedoch der SUP in Polen eine „Schattenexistenz" („shadowy existence") voraussagen. Ebenfalls diesbezüglich aA *Moench*, Die SUP, 2016, S. 31 f. Allgemein kritisch *Ries* NZG 2014, 569, 569 f.; *Bormann* in: Lutter/Koch (Hrsg.), SUP, 2015, S. 23 ff.; *Wicke* ZIP 2014, 1414, 1417. Kritik kam auch von deutschen Verbänden vgl. Deutscher Notarverein, Stellungnahme zum Vorschlag über das Statut einer Gesellschaft mit beschränkter Haftung mit einem einzigen Gesellschafter (SUP), 2014, S. 12; BRAK, Stellungnahme zur SUP, Nr. 31/2014, S. 3; BDA/BDI/DIHK, Gemeinsame Stellungnahme zum SUP-Vorschlag, S. 2 f. zieht eine geregelte SPE der SUP vor. Auch die österreichischen Verbände äußerten sich kritisch. Vgl. Bundesarbeitskammer Österreich, Stellungnahme zum SUP-Vorschlag, Juni 2014, S. 4 ff.; Österreichische Rechtsanwaltskammertag, Stellungnahme zur SUP, 21/ 14/59, S. 2 ff.; Österreichische Notariatskammer, Stellungnahme zum SUP Vorschlag vom 15.5.2014, Az. 532.30, S. 1 ff.

Recht (JURI) gar schlicht dazu auf, den Kommissionsvorschlag zurückzuweisen.[13] Konstruktive Arbeit leistete der Ausschuss indes nicht.[14] Der Ausschuss für Binnenmarkt und Verbraucherschutz schlug dagegen in seiner Stellungnahme vom 23.7.2015 insgesamt 43 Änderungen vor.[15] Der Berichterstatter des zuständigen Rechtsausschusses, *Luis de Grandes Pascual*, legte bereits im Februar 2015 ein erstes Arbeitsdokument vor, in dem zahlreiche Problembereiche erörtert wurden und in dem der Berichterstatter die weitreichende Kritik an dem Entwurf der Kommission darlegte.[16] Ein **zweites Arbeitsdokument** folgte Anfang 2016.[17] Das Dokument enthält nicht lediglich eine Stellungnahme, sondern konkrete Änderungsvorschläge (im Folgenden **SUP-RL-JURI**). Der Berichterstatter verdeutlicht darin, dass er an das Potenzial des Vorschlags glaubt, aber weder den Kommissionsvorschlag noch den *general approach* des Rates für akzeptabel hält.[18] Seinen endgültigen Bericht hat der Rechtsausschuss bislang nicht vorgelegt, weshalb das Europäische Parlament auch noch nicht über eine legislative Entschließung entscheiden konnte. Seit Anfang 2016 ist der Gesetzgebungsprozess damit zum **Stillstand** gekommen.[19] Im Herbst 2017 kündigte die Kommission an, den Vorschlag zur SUP innerhalb von sechs Monaten (dh bis April 2018) zurückzuziehen.[20] Auch dieses Projekt ist damit gescheitert.[21] Gleichzeitig kündigte die Kommission an, neue Vorschläge unterbreiten zu wollen,[22] was sie mit Blick auf die Digitalisierung des Gesellschaftsrecht dann im April 2018 auch tat (s. dazu kurz Rn. 190).[23] In diesem Beitrag werden der Kommissionsvorschlag zur SUP sowie der *general approach* und die Änderungsvorschläge des Rechtsausschusses erörtert.

II. Politischer Hintergrund

Wie bereits angesprochen (Rn. 1) war der Kommissionsvorschlag zur SUP (SUP-RL-KOM) eine Reaktion auf 4
das Scheitern des Einigungsprozesses zur SPE. Die Kommission wollte die hinter der SPE stehende Idee der Vollendung des Binnenmarktes im Gesellschaftsrecht nicht aufgeben und suchte deshalb nach Alternativen zum SPE-Projekt.[24] Die SUP als Produkt dieser Überlegungen wird hinsichtlich ihrer Regelungsinhalte jedoch nicht zu Unrecht als „zweitbeste" Lösung gegenüber der SPE angesehen.[25] Der SUP-Vorschlag zeichnet sich mit Blick auf den Gesetzgebungsprozess aber durch einen entscheidenden Vorteil aus: Die Kommission schlug statt einer

---

13 European Parliament, Committee on Employment and Social Affairs, Opinion on the proposal for a directive of the European Parliament and of the Council on single-member private limited liability companies, 29.6.2015, 2014/0120 (COD): "*The Committee on Employment and Social Affairs calls on the Committee on Legal Affairs, as the committee responsible, to propose rejection of the Commission proposal.*".

14 Gem. dem Berichterstatter zeigt dies, wie ideologisch aufgeladen die Debatte ist. Europäisches Parlament, Rechtsausschuss, Arbeitsdokument über den Vorschlag für eine Richtlinie des Europäischen Parlaments und des Rates über Gesellschaften mit beschränkter Haftung mit einem einzigen Gesellschafter, 26.1.2016, PE 575.031v 02-00 JURI_DT(2016)575031, S. 2.

15 European Parliament, Committee on the Internal Market and Consumer Protection, Opinion on the proposal for a directive of the European Parliament and of the Council on single-member private limited liability companies, 23.7.2015, PE 546.844v 02-00 IMCO_AD(2015)546844.

16 Europäisches Parlament, Rechtsausschuss, Arbeitsdokument zum Vorschlag für eine Richtlinie des Europäischen Parlaments und des Rates über Gesellschaften mit beschränkter Haftung mit einem einzigen Gesellschafter, 6.2.2015, PE 549.150v 01-00 JURI_DT(2015)549150.

17 Europäisches Parlament, Rechtsausschuss, Arbeitsdokument zum Vorschlag für eine Richtlinie des Europäischen Parlaments und des Rates über Gesellschaften mit beschränkter Haftung mit einem einzigen Gesellschafter, 26.1.2016, PE 575.031v 02-00 JURI_DT(2016)575031.

18 Europäisches Parlament, Rechtsausschuss, Arbeitsdokument zum Vorschlag für eine Richtlinie des Europäischen Parlaments und des Rates über Gesellschaften mit beschränkter Haftung mit einem einzigen Gesellschafter, 26.1.2016, PE 575.031v 02-00 JURI_DT(2016)575031, S. 2.

19 Das Gesetzgebungsverfahren ist „on hold".

20 European Commission, Annex to the Communication from the Commission the the European Parliament, the Council, the European Economic and Social Committee and the Committee of the Regions – Commission Work Programme 2018, Annex IV, COM(2017) 650 final, 24.10.2017, Punkt 10. Am 4.7.2018 wurde dann die Zurückziehung des Vorschlags im Amtsblatt bekannt gemacht, Abl. EU v. 4.7.2018, C 233/7.

21 Am 25. April 2018 bestätigte die Kommission noch einmal, dass sie den Entwurf über die SUP zurückziehen wird. European Commission – Fact Sheet, IP/18/3508.

22 European Commission, Annex to the Communication from the Commission the the European Parliament, the Council, the European Economic and Social Committee and the Committee of the Regions – Commission Work Programme 2018, Annex IV, COM(2017) 650 final, 24.10.2017, Punkt 10.

23 Europäische Kommission, Vorschlag für eine Richtlinie des Europäischen Parlaments und des Rates zur Änderung der Richtlinie (EU) 2017/1132 im Hinblick auf den Einsatz digitaler Werkzeuge und Verfahren im Gesellschaftsrecht, COM(2018) 239 final. Dazu *Knaier* GmbHR 2018, 560, 560 ff.; *Noack* DB 2018, 1324, 1324 ff.

24 Europäische Kommission, Aktionsplan: Europäisches Gesellschaftsrecht und Corporate Governance – ein moderner Rechtsrahmen für engagiertere Aktionäre und besser überlebensfähige Unternehmen, 12.12.2012, COM(2012) 740 final, S. 15 f.

25 *Former Reflection Group* ECFR 2013, 304, 321; *Jung* GesRZ 2014, 363, 365; aA *de Kluiver* in: Viera Gonzàlez/Teichmann (Eds.), Private Company Law Reform in Europe, 2015, Netherlands, S. 437, der die SUP im Verhältnis zur SPE als bessere Option ansieht.

Verordnung eine **Richtlinie** als Regelungsinstrument vor. Rechtsgrundlage soll **Art. 50 II lit. f) AEUV** sein.[26] Statt der für eine Verordnung erforderlichen Einstimmigkeit reicht für die Richtlinie im Rat eine **qualifizierte Mehrheit** aus.[27] Einzelne Länder haben somit keine Vetoposition, weshalb bei diesem Verfahren erhöhte Einigungschancen bestehen sollten.[28] Ein einheitliches Label, die Sitzaufspaltung und die teilweise Vollharmonisierung stellen zugleich Elemente dar, die der Annäherung an die Inhalte der SPE-Verordnung dienen (zu den Zielen näher unter Rn. 6 ff.).[29] Es vermag daher auch nicht zu überraschen, dass viele Regeln des Kommissionsvorschlags denen der SPE-Verordnung ähneln. Da die SUP durch diese Regelungskonstruktion an der Grenze zwischen nationalem und europäischem Recht liegt, kann sie auch als **„Hybrid"** eingeordnet werden (näher zu hybriden Formen unter § 3 Rn. 50 ff.).[30] Damit ist im Gesellschaftsrecht von einer Dreiteilung auszugehen (nationale, europäische und hybride Formen). Gleichzeitig zeigt die SUP auch, wie Verordnungen und Richtlinien so ausgestaltet werden können, dass sie sich in ihren Wirkungen annähern.

5 In einem ersten Schritt ging das politische Kalkül der Kommission auch auf, da durch die Wahl der Rechtsgrundlage im Rat gegen den Widerstand Deutschlands eine Einigung auf den ***general approach*** erzielt werden konnte. Heftiger Widerstand kam vor allem von Seiten der (deutschen) Notare.[31] Diese und andere Interessengruppen, die gegen die Einführung der SUP sind, konzentrierten daraufhin ihre Lobbyarbeit auf das Europäische Parlament, wo der Entwurf bislang (und wahrscheinlich auch endgültig) in eine **Sackgasse** geriet. Da auch das Europäische Parlament eine Vetoposition hält, kann das SUP-Projekt damit als ebenfalls gescheitert angesehen werden. Insofern zeigt sich, dass auch durch eine strategische Wahl des Rechtsinstruments Hindernisse beim Gesetzgebungsprozess nur bis zu einem gewissen Grad überwunden werden können. Das ändert jedoch nichts daran, dass die Kommission für das Gesellschaftsrecht eine neuartige Gesellschaftsform (ein Hybrid) erdacht hat, auf deren Grundkonzeption in anderem Zusammenhang zukünftig wieder zurückgegriffen werden könnte.

III. Ziele der Richtlinie

6 Hauptanliegen der SUP-Richtlinie ist es, die **grenzüberschreitende Gründung und Führung von Gesellschaften** zu vereinfachen (vgl. Erwägungsgrund 7 SUP-RL-KOM).[32] Obwohl die vorgeschlagenen Regelungen keine Beschränkungen vorsehen, geben der Kommissionsentwurf und der *general approach* zur SUP an, insbesondere auf die Erleichterung der grenzüberschreitenden Tätigkeit von **KMU** in der EU abzuzielen (Erwägungsgrund 7

26 Die Frage, ob die Rechtsgrundlage trägt, wird in diesem Beitrag nicht thematisiert. Kurz dazu in diesem Werk unter § 3 Rn. 20 f. Siehe dazu insbes. *Moench*, Die SUP, 2016, S. 15 ff.; *Roth* in: FS 200 Jahre Carl Heymanns Verlag, 2015, S. 229 ff.; *Velasco* in: Rojo/Campuzano (Coord.), Estudios Jurídicos en Memoria del Profesor Emilio Beltrán, 2015, S. 920 f.; *Mateo* El Notario del Siglo XXI 2015, 54, 56 f.; *Teichmann* ECFR 2015, 202, 220 f.; *Conac* ECFR 2015, 139, 152 ff.; siehe für eine Analyse zur Rechtsgrundlage auch *Malberti* ECFR 2015, 238, 241 ff.; *Teichmann* in: Lutter/Koch (Hrsg.), SUP, 2015, S. 37, 54 ff.; *Ahern* in: Viera González/Teichmann (Eds.), Private Companies in Europe, 2016, S. 55, 67 ff.; davon ausgehend, dass die Rechtsgrundlage trägt: Rat der Europäischen Union, Juristischer Dienst, Dok. Nr. 14423/14, JUR 731, DRS 131, CODEC 2042; die Rechtsgrundlage ablehnend Österreichische Rechtsanwaltskammertag, Stellungnahme zur SUP, 21/ 14/59, S. 2 f.; Österreichische Notariatskammer, Stellungnahme zum SUP Vorschlag vom 15.5.2014, Az. 532.30, S. 8 ebenso cep, cepAnalyse – Societas Unius Personae, Nr. 31/2014 (SUP), S. 4; kritisch zur Rechtsgrundlage auch EWSA, Stellungnahme des Europäischen Wirtschafts- und Sozialausschusses zu dem Vorschlag für eine Richtlinie des Europäischen Parlaments und des Rates über Gesellschaften mit beschränkter Haftung mit einem einzigen Gesellschafter, Abl. EU v. 19.12.2014, C/458/04, 1.2.

27 *J. Schmidt* in: Lutter/Koch (Hrsg.), SUP, 2015, S. 1, 6; *Wicke* ZIP 2014, 1414, 1414; *Beurskens* GmbHR 2014, 738, 739; *Bayer/J. Schmidt* BB 2014, 1219, 1223; *Moench*, Die SUP, 2016, S. 15; vgl. *Hommelhoff* AG 2013, 211, 212 bereits zum frühen Stadium der SUP; vgl. auch *J. Schmidt* GmbHR 2014, R129, R130; *Teichmann* ZRP 2013, 169, 170 f.; *Omlor* GPR 2015, 158, 158.

28 *J. Schmidt* in: Lutter/Koch (Hrsg.), SUP, 2015, S. 1, 6; *Straube* in: FS Nowotny, 2015, 469, 475; *Lutter/Bayer/Schmidt*, Europäisches Unternehmens- und Kapitalmarktrecht, 2017, Rn. 47.93 zum Kalkül im Hinblick auf die Realisierungschancen; siehe zur Umgehung des Einstimmigkeitserfordernisses bereits *Hommelhoff* AG 2013, 211, 212; vgl. auch *Engert* in: Langenbucher (Hrsg.), Europäisches Privat- und Wirtschaftsrecht, 2017, § 5 Rn. 53; *Habighorst* in: MüHdB GesR, Bd. 3, 2018, § 76 Rn. 16; *Teichmann* ZRP 2013, 169, 171 zur Idee einer Einpersonen-GmbH; *Neville* in: Viera Gonzàlez/Teichmann (Eds.), Private Company Law Reform in Europe, 2015, Denmark, S. 154.

29 *Lutter/Bayer/Schmidt*, Europäisches Unternehmens- und Kapitalmarktrecht, 2017, Rn. 47.94 führen an, dass die SUP einer europäischen Rechtsform „bedenklich nahe" kommt.

30 Vgl. dazu ausführlich *Jung* GesRZ 2014, 363, 365 ff. Zustimmend *Straube* in: FS Nowotny, 2015, 469, 476, der die SUP als „Zwitterwesen" beschreibt.

31 Vgl. zB Deutscher Notarverein, Stellungnahme zum Vorschlag über das Statut einer Gesellschaft mit beschränkter Haftung mit einem einzigen Gesellschafter (SUP), 2014, S. 1 ff.; kritisch zum Kommissionsvorschlag auch *Wicke* ZIP 2014, 1414, 1414 ff. und *Bormann* in: Lutter/Koch (Hrsg.), SUP, 2015, S. 23, 23 ff.

32 Vgl. ua auch *Bayer/J. Schmidt* BB 2014, 1219, 1222; *Leuering* in: Lutter/Koch (Hrsg.), SUP, 2015, S. 89, 90.

SUP-RL-KOM/SUP-RL-GA).[33] Der Rechtsausschuss erklärt dagegen, die Förderung von Kleinst- und Kleinunternehmen im Blick zu haben (Art. 7 II SUP-RL-JURI, dazu näher unter Rn. 25 ff.).

Im Grunde verfolgt der Vorschlag zwei verschiedene Ziele: In der Praxis hätte die SUP insbesondere für Gruppen ein interessantes Instrument darstellen können.[34] Denn gerade Konzerne nutzen Einpersonen-Gesellschaften als **Tochtergesellschaften**. Die Gründung und Führung von ausländischen Tochtergesellschaften ist in der EU jedoch noch immer deutlich zeit- und kostenintensiver als dies bei inländischen Tochtergesellschaften der Fall ist. Ursache sind auch die unterschiedlichen gesellschaftsrechtlichen Regelungen.[35] Die SUP hätte durch eine spürbare Harmonisierung diese Kosten reduzieren und damit die grenzüberschreitende Tätigkeit im Binnenmarkt fördern können.[36] Zentrales Element hierfür wäre die Zulässigkeit der **Sitzaufspaltung** (von Register- und Verwaltungssitz) gewesen (vgl. Art. 10 SUP-RL, dazu Rn. 100 f.). Dadurch hätten zB deutsche Unternehmensgruppen die Registersitze ihrer Tochtergesellschaften in Deutschland bündeln können, während die Verwaltungssitze jeweils im Land der tatsächlichen Tätigkeit der Vertriebsgesellschaften gelegen hätten.[37] Dann hätte auf alle Tochtergesellschaften das Recht der „deutschen" SUP Anwendung gefunden (vgl. Art. 7 IV SUP-RL). Das **einheitliche europäische Label** (SUP) der Tochtergesellschaften wäre im Ausland zudem ein Vorteil gegenüber dem Auftreten als nationale Gesellschaft, zB als deutsche GmbH, gewesen, für die die Sitzaufspaltung ebenfalls zulässig ist. Begünstigte wären somit insbesondere Konzerne mit mehreren Tochtergesellschaften und damit Großunternehmen, große mittelständische[38] und mittelständische Unternehmen. Zusätzlich hätten **regulative Vorteile**, wie zB die Online-Gründung, eine Rolle spielen können. Verbesserungen wurden auch mit Blick auf die Anerkennung des Gruppeninteresses gefordert (dazu näher unter Rn. 115).[39] Die Chancen, das Ziel der erleichterten Gründung und des Betriebs von Konzerntochtergesellschaften durch die Einführung der SUP-Richtlinie zu erreichen, sanken jedoch im Laufe des Gesetzgebungsprozesses. Der *general approach* des Rats enthielt bereits keine Regelung zur Sitzaufspaltung mehr (s. dazu näher unter Rn. 101). Zudem nennt der *general approach*, im Gegensatz zum Kommissionsentwurf, die Förderung von Unternehmensgruppen nicht länger als verfolgtes Ziel der Richtlinie.[40] Unterstrichen wird die geänderte Zielrichtung durch die Streichung des Art. 23 SUP-RL-GA zu den Weisungen des Gesellschafters (dazu Rn. 112 ff.).[41] Der Rechtsausschuss des Europäischen Parlaments untersagte in seinem Vorschlag gar die Sitzaufspaltung (Art. 10 SUP-RL-JURI) und sah vor, dass lediglich Klein- und Kleinstunternehmen die SUP nutzen dürfen (Art. 7 II SUP-RL-JURI, s. dazu Rn. 25 ff.). Eine Nutzung als Konzernbaustein wäre damit nach dem Entwurf des Rechtsausschusses des Europäischen Parlaments ausgeschlossen gewesen. 7

Durch das Fehlen eines grenzüberschreitenden Bezugs hätte die SUP außerdem in voller Konkurrenz zu den nationalen Rechtsformen gestanden, insbesondere wenn ein Mitgliedstaat die SUP als gesonderte Form eingeführt 8

33 Vgl. auch Europäische Kommission SUP-RL-KOM, S. 3. Dazu auch *Velasco* El Notario del Siglo XXI 2015, 148, 149.

34 Europäische Kommission, SUP-RL-KOM, S. 9, nennt die SUP als Instrument für Konzerne. Vgl. auch *Former Reflection Group* ECFR 2013, 304, 322; *Teichmann* in: Lutter/Koch (Hrsg.), SUP, 2015, S. 37, 47 f.; *Hommelhoff* in: Lutter/Koch (Hrsg.), SUP, 2015, S. 69, 77; *Kalss/Klampfl*, Europäisches Gesellschaftsrecht, 2015, Rn. 478; *Teichmann/Götz* in: Viera González/Teichmann (Eds.), Private Companies in Europe, 2016, S. 29, 49; *Opalski/Oplustil* in: Viera González/Teichmann (Eds.), Private Companies in Europe: The SUP, 2016, S. 175, 194; *Beurskens* GmbHR 2014, 738, 738 sieht die Einbindung der SUP als Konzernbaustein als primären Zweck der Richtlinie an; ähnlich *Omlor* NZG 2015, 665, 665; *J. Schmidt* FuS 2014, 232, 233; *Seibert* GmbHR 2014, R209, R209; *Habighorst* in: MüHdB GesR, Bd. 3, 2018, § 76 Rn. 49. *Hommelhoff* GmbHR 2014, 1065 ff. hält die SUP nach dem Kommissionsentwurf als Konzernbaustein für nicht besonders geeignet und fordert Nachbesserungen. Österreichische Rechtsanwaltskammertag, Stellungnahme zur SUP, 21/ 14/59, S. 3, sieht nur für Konzerne einen Vorteil in der Einführung der SUP; gegen eine derartige Ausrichtung der SUP EWSA, Stellungnahme des Europäischen Wirtschafts- und Sozialausschusses zu dem Vorschlag für eine Richtlinie des Europäischen Parlaments und des Rates über Gesellschaften mit beschränkter Haftung mit einem einzigen Gesellschafter, Abl. EU v. 19.12.2014, C/ 458/04, 1.8.

35 Europäische Kommission, SUP-RL-KOM, S. 2. Zu den Rechtshindernissen auch *Teichmann* NJW 2014, 3561, 3562. *Leuering* in: Lutter/Koch (Hrsg.), SUP, 2015, S. 89, 89 ff. erläutert in seinem Beitrag, dass es viele Hindernisse gibt, diese aber nicht vornehmlich im Gesellschaftsrecht begründet liegen.

36 Europäische Kommission, SUP-RL-KOM, S. 3; Europäische Kommission, Impact Assessment Accompanying the Document – Proposal for a Directive on single-member private limited liability companies, SWD(2014) 124 final, S. 40 f.

37 Vgl. *Weller/Bauer* ZEuP 2015, 6, 29; *Deutscher Anwaltsverein* NZG 2014, 1372, Rn. 39; *Moench*, Die SUP, 2016, S. 49 ff. Zum Problem der doppelten Kosten für die Rechnungslegung im Fall der Sitzaufspaltung *Leuering* in: Lutter/Koch (Hrsg.), SUP, 2015, S. 89, 99 ff.

38 Zu dem Begriff der großen mittelständischen Unternehmen siehe *Krebs/Jung* DB 2013, Heft 51/52, 1, 1 f.

39 *Hommelhoff* GmbHR 2014, 1065, 1070 ff.

40 *Kindler*, The Single-Member Limited Liability Company (SUP), 2016, Rn. 5.

41 *Kindler*, The Single-Member Limited Liability Company (SUP), 2016, Rn. 5. Vgl. auch *J. Schmidt* DK 2017, 1, 9, die daher die SUP nicht als attraktiven Konzernbaustein ansieht.

hätte (dazu Rn. 19 f.). Vor allem Gründer hätten die SUP daher ebenfalls nutzen können.[42] In der Praxis hätten sich rein national angelegte **Start-ups** (dh ohne grenzüberschreitenden Bezug) wohl vor allem dann zur Gründung einer SUP entschlossen, wenn diese im Vergleich zur nationalen Alternative (vorausgesetzt der Mitgliedstaat entscheidet sich für Umsetzungsoption 2, s. dazu Rn. 19 f.) **regulative Vorteile** geboten hätte. In diesem Zusammenhang hätte vor allem die Online-Gründung als „Plus" angesehen werden können, aber zB auch ein niedrigeres Mindestkapital.[43] Allerdings ist der Anwendungsbereich für Gründer insofern eingeschränkt, als die SUP grundsätzlich nur einen Alleingesellschafter haben kann (dazu Rn. 133 ff.).[44]

B. Grundlagen

9 Mit der SUP-Richtlinie möchte der europäische Gesetzgeber nach eigenen Angaben keine europäische Gesellschaftsform, sondern eine **nationale Rechtsform** schaffen.[45] Dennoch wird die SUP häufig als „Europäische Rechtsform"[46] bezeichnet. Die verschiedenen Klassifizierungen zeigen bereits, dass die Einordnung der SUP entweder als „nationale" oder „supranationale" Rechtsform nicht leichtfällt. Wie bereits erwähnt zielt der Kommissionsvorschlag nach hier vertretener Ansicht auf die Einführung einer **hybriden Gesellschaftsform** ab, die auf der Grenze zwischen nationalem und europäischem Recht liegt (s. dazu näher unter § 3 Rn. 50 ff.).[47] Der Harmonisierungsgrad des *general approach* ist dagegen so gering,[48] dass die SUP in dem Fall wohl als „nationale" Rechtsform zu bewerten ist. Im Gegensatz zu den supranationalen Rechtsformen stützt sich der SUP-Vorschlag auch nicht auf Art. 352 AEUV, sondern auf **Art. 50 II lit. f) AEUV**.[49] Die Einführung der SUP soll daher nicht durch eine Verordnung geschehen, sondern durch eine Richtlinie.

10 Die SUP-Richtlinie ist auf die Schaffung von nationalen, aber durch die Richtlinie europäisch geprägten **Einpersonen-Gesellschaften mit beschränkter Haftung** ausgerichtet. Entsprechend ist es der SUP lediglich erlaubt, einen einzigen Anteil herauszugeben (Rn. 133). Gem. Art. 7 I SUP-RL-KOM/SUP-RL-GA/SUP-RL-JURI müssen die Mitgliedstaaten die nationalen SUP mit **voller Rechtspersönlichkeit** ausstatten. Zentraler Aspekt ist zudem die Möglichkeit der **Online-Gründung** der SUP (Rn. 72 ff.). Ein grenzüberschreitender Bezug ist nicht vorgesehen. Strittig ist jedoch der **Anwendungsbereich** der Rechtsform (Rn. 24 ff.). Während die Kommission und der

42 Zur Konkurrenzsituation *Velasco* in: Rojo/Campuzano (Coord.), Estudios Jurídicos en Memoria del Profesor Emilio Beltrán, 2015, S. 927. Kritisch zum Konkurrenzdruck aufgrund des fehlenden grenzüberschreitenden Bezugs *Bormann* in: Lutter/Koch (Hrsg.), SUP, 2015, S. 23, 26.

43 Vgl. *Moench*, Die SUP, 2016, S. 29, der darauf hinweist, dass die Online-Gründung aufgrund der angedachten Standardsatzung für Konzerne wohl nicht geeignet gewesen wäre. *Hommelhoff* in: Lutter/Koch (Hrsg.), SUP, 2015, S. 69, 79 bezeichnet die Online-Gründung als „krönenden Eckstein". *Habighorst* in: MüHdB GesR, Bd. 3, 2018, § 76 Rn. 47 sieht im niedrigen Mindestkapital keinen großen Vorteil.

44 Gegen diese Beschränkung der SUP *Grunewald* in: FS Müller-Graff, 2015, S. 290, 294.

45 Europäische Kommission, Vorschlag für eine Richtlinie des Europäischen Parlaments und des Rates über Gesellschaften mit beschränkter Haftung mit einem einzigen Gesellschafter, 9.4.2014, COM(2014) 212 final 2014/0120 (COD), S. 3 und 6. *J. Schmidt* in: Lutter/Koch (Hrsg.), SUP, 2015, S. 5; *J. Schmidt* FuS 2014, 232, 233; *J. Schmidt* GmbHR 2014, R129, R129 („Subtyp der jeweiligen nationalen Privatkapitalgesellschaftsform"); *Omlor* NZG 2014, 1137, 1138; *Wicke* ZIP 2014, 1414, 1414; *Straube* in: FS Nowotny, 2015, 469, 475 f.; *Ries* NZG 2014, 569, 569; *Kalss/Klampfl*, Europäisches Gesellschaftsrecht, 2015, Rn. 480; *Malberti* ECFR 2015, 238, 243; *Wuisman* ECL 12 (2015) 34, 35; *ter Brake/van Duuren* ECL 12 (2015) 270, 275; *Weller/Bauer* ZEuP 2015, 6, 27; *Velasco* in: Rojo/Campuzano (Coord.), Estudios Jurídicos en Memoria del Profesor Emilio Beltrán, 2015, S. 917; *Guidotti/Bartolacelli* in: Viera González/Teichmann (Eds.), Private Companies in Europe, 2016, S. 89, 92; *Opalski/Oplustil* in: Viera González/Teichmann (Eds.), Private Companies in Europe, 2016, S. 175, 176; *Seibert* GmbHR 2014, R209, R209; vgl. auch *Krejci* GeS 2015, 105, 105, der die SUP als europäisch oktroyierte nationale Gesellschaftsform ansieht. *Velasco* El Notario del Siglo XXI 2015, 148, 149 plädiert statt der Einführung der SUP für eine Harmonisierung des Gesellschaftsechts.

46 *Drygala* EuZW 2014, 491 macht dies bereits in der Überschrift deutlich: „What's SUP? Der Vorschlag der EU-Kommission zur Einführung einer europäischen Einpersonen-Gesellschaft (Societas Unius Personae, SUP)". *Beurskens* GmbHR 2014, 738, 738 spricht von einer „vereinheitlichten europäischen Rechtsform". Auch *Wicke* ZIP 2014, 1414, 1414 verwendet die Bezeichnung „europäische Einpersonen-Gesellschaft". Vgl. weiter ÖRAK, Stellungnahme zur SUP-RL (2014), S. 2 („soll ... faktisch eine supranationale Rechtsform geschaffen werden"); AK Europa, Positionspapier zur SUP-RL (Juni 2014), S. 3 („europäische Rechtsform"); Österreichische Notariatskammer, Stellungnahme zur SUP-RL (2014), S. 1 („europäische Gesellschaftsform"). Der Deutsche Bundesrat, Beschluss, BR-Drs. 165/14 (Beschluss 2), 11.7.2014, S. 9 verwendet die Bezeichnung „teilharmonisiertes ‚europäisches Produkt'".

47 Ausführlich zur SUP als Hybrid *Jung* GesRZ 2014, 363, 365 ff. Den hybriden Charakter bezeugend *Ghetti*, Unification, Harmonisation and Competition in European Company Forms, 2016, S. 19 (abrufbar unter: https://www.ssrn.com/en/). *Omlor* NZG 2015, 665, 665 bezeichnet die SUP als Mischwesen aus nationalem und europäischem Gesellschaftsrecht.

48 *Teichmann* in: Gebauer/Teichmann (Hrsg.), Europäisches Privat- und Unternehmensrecht, 2014, § 6 Rn. 207 spricht von einem reduzierten Standardisierungseffekt.

49 In diesem Beitrag wird nicht diskutiert, ob die Rechtsgrundlage trägt. Für Nachweise s. Fn. 24. Eine kurze Diskussion dieses Aspekts findet sich in diesem Werk unter § 3 Rn. 20 ff.

Rat die SUP einem möglichst großen Anwenderkreis zur Verfügung stellen möchten, möchte der Rechtsausschuss lediglich Klein- und Kleinstunternehmen gestatten, die Rechtsform der SUP zu wählen (Art. 7 II SUP-RL-JURI).[50]

C. Richtlinienstruktur

Die SUP soll nicht Teil einer separaten „SUP-Richtlinie", sondern Teil der bereits **existierenden Einpersonen-Gesellschafts-Richtlinie (2009/102/EU)** werden. Entsprechend den Vorschlägen der Kommission, des Rats und des europäischen Parlaments ist die Richtlinie daher in drei Abschnitte untergliedert. Im **ersten Teil** findet sich die „alte" Richtlinie (2009/102/EU) wieder. Dementsprechend befassen sich die dortigen Regelungen vor allem mit Veröffentlichungspflichten und den Entscheidungsprozessen im Rahmen der Hauptversammlung (siehe dazu näher unter § 28 Rn. 49 ff.). Gem. Art. 1 I lit. b) SUP-RL-KOM/SUP-RL-GA/SUP-RL-JURI sollen diese Vorgaben auch für die SUP gelten. 11

Die **speziellen SUP-Regelungen** finden sich im **zweiten Teil** des Richtlinienvorschlages (Art. 6 ff. SUP-RL-KOM/SUP-RL-GA/SUP-RL-JURI). Diese Vorschriften gelten einzig für die SUP, nicht jedoch für die nationalen Unternehmensformen, die in Anhang I genannt sind, wie zB die deutsche GmbH.[51] Während diese Tatsache im Kommissionsvorschlag aus dem Titel des zweiten Teils („Societas Unius Personae") entnommen werden konnte, statuiert die allgemeine Ausrichtung des Rates dies explizit in Art. 6 I SUP-RL-GA (ebenso das Arbeitsdokument des Rechtsausschusses, vgl. Art. 6 I SUP-RL-JURI). 12

Der zweite Teil ist, wie bei modernen Richtlinien üblich, in Kapitel unterteilt. Nach dem *general approach* gibt es folgende Untergliederung: 13

1. Kapitel: Allgemeine Grundsätze und Rechtsform
2. Kapitel: Errichtung
3. Kapitel: Der/die Errichtungsakt(e) einer SUP

3a. Kapitel: Dem Gründer zugängliche Informationen

4. Kapitel: Eintragung
5. Kapitel: Einziger Anteil
6. Kapitel: Stammkapital
7. Kapitel: Organisation

Der **dritte Teil** der Richtlinie enthält die Schlussbestimmungen. Während der Kommissionsentwurf und auch der JURI-Entwurf keine Anhänge enthalten, finden sich im *general approach* zudem zwei Anhänge: Annex I SUP-RL-GA umfasst eine Liste mit Rechtsformen gem. Art. 1 Ia SUP-RL-GA. Annex II SUP-RL-GA ist eine Entsprechenstabelle. 14

D. Nationale Umsetzungsoptionen

Die **Umsetzung** der SUP-Vorschläge wird im Richtlinientext selbst nicht angesprochen. In der Richtlinienbegründung (*explanatory memorandum*) stellt die Kommission allerdings klar, dass die Mitgliedstaaten im Zuge der Umsetzung eine eigene **„nationale" Rechtsform** schaffen sollen (dazu näher unter Rn. 20). Weitere Hinweise ergeben sich aus Erwägungsgrund 10 SUP-RL-KOM, welcher auch durch die allgemeine Ausrichtung des Rates kaum verändert wurde (vgl. Erwägungsgrund 10 SUP-RL-GA).[52] Gleiches gilt für den Entwurf des Rechtsausschusses, der lediglich die Fokussierung auf Klein- und Kleinstunternehmen darin zusätzlich aufnimmt (Erwägungsgrund 10 SUP-RL-JURI). Erwägungsgrund 10 SUP-RL-KOM/SUP-RL-GA/SUP-RL-JURI bringt zum Ausdruck, dass die besonderen Rechtstraditionen der Mitgliedstaaten bei den Umsetzungsanforderungen zu berücksichtigen sind. Weiterhin sei den Mitgliedstaaten große Flexibilität sowohl bei der Art und Weise der Umsetzung als auch dem Anwendungsbereich der harmonisierten Regelungen zu gewähren (zum geänderten Anwendungsbereich nach dem JURI-Entwurf s. Rn. 25 ff.). Erwägungsgrund 10 des Vorschlages zeigt folglich, wie der Richtliniengeber sich die Umsetzung vorstellt. Konkret werden zwei unterschiedliche Umsetzungsmöglichkeiten zur Wahl gestellt. 15

I. Erste Umsetzungsmöglichkeit

Die Mitgliedstaaten können sich dazu entschließen, die Vorgaben der Richtlinie mit Blick auf **alle Einpersonen-Gesellschaften mit beschränkter Haftung** umzusetzen (Erwägungsgrund 10 SUP-RL-KOM/SUP-RL-GA). Vor- 16

50 Auch die Reflection Group setzte sich mit Gründungsanforderungen der SUP in Bezug auf Größeneinschränkungen auseinander, lehnt diese jedoch im Ergebnis ab. Siehe *Former Reflection Group* ECFR 2013, 304, 323; eine derartige Einschränkung bezüglich einer maximalen Zahl von Arbeitnehmern vertretend *Opalski/Oplustil* in: Viera González/Teichmann (Eds.), Private Companies in Europe, 2016, S. 175, 178.

51 Sowohl der Kommissionsentwurf als auch das JURI-Arbeitsdokument enthalten keinen Anhang I.

52 Der Rechtsausschuss passt den Erwägungsgrund seiner Einschränkung auf Klein- und Kleinstunternehmen an (vgl. Erwägungsgrund 10 SUP-RL-JURI).

aussetzung für eine entsprechende Vorgehensweise ist, dass die Mitgliedstaaten bereits zwischen Mehrpersonen- und Einpersonen-Gesellschaften mit beschränkter Haftung differenzieren und die Vorschriften für die Einpersonen-Gesellschaften mbH entsprechend der Richtlinien anpassen (s. Abb. 1).

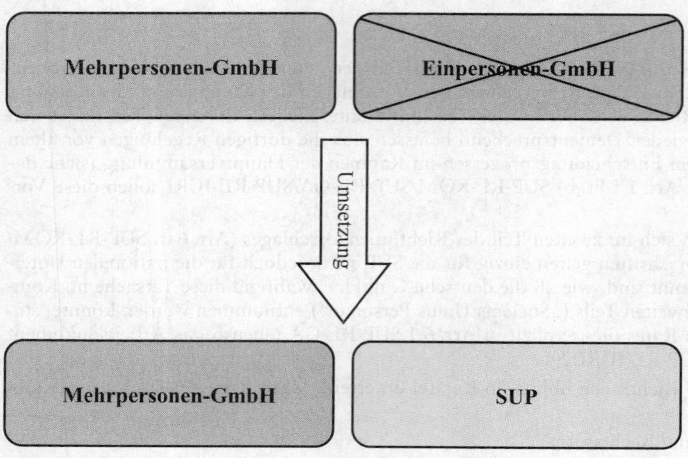

Abb. 1: Umsetzungsmöglichkeit 1a)[53]

17 Die meisten Mitgliedstaaten kennen allerdings keine spezielle Einpersonen-Variante für Gesellschaften mit beschränkter Haftung. In diesen Mitgliedstaaten können Gesellschaften mit beschränkter Haftung einen oder mehrere Anteilseigner haben. Entsprechend hätten diese Mitgliedstaaten nur die Möglichkeit, festzulegen, dass Gesellschaften mit beschränkter Haftung mit nur einem Anteilseigner künftig generell den Regeln der SUP unterfallen (s. Abb. 2).

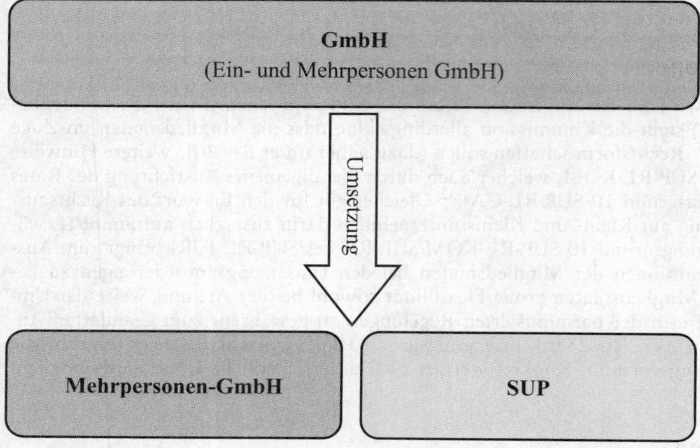

Abb. 2: Umsetzungsmöglichkeit 1b)[54]

53 Die Graphik stammt aus *Jung* GmbHR 2014, 579, 580.
54 Die Graphik stammt aus *Jung* GmbHR 2014, 579, 580.

Diese beiden Umsetzungsvarianten sind jedoch nicht besonders attraktiv.[55] Denn es bestehen keine guten Gründe für die Mitgliedstaaten entweder ihre bisher bestehenden Einpersonen-Gesellschaften abzuschaffen oder ihre bestehenden Gesellschaften mbH umzustrukturieren. Eingriffsintensität und Vorteil stünden in keinem angemessenen Verhältnis. Nach dem JURI-Entwurf ist diese Umsetzungsoption zudem nicht mehr uneingeschränkt möglich, da eine Beschränkung der Nutzung der SUP auf Klein- und Kleinstunternehmen zu erfolgen hat. Eine Abschaffung nationaler Einpersonen-Gesellschaften mbH scheidet danach von vornherein aus. 18

II. Zweite Umsetzungsmöglichkeit

Die zweite Option ist die Einführung der SUP als eine **neue** (zusätzliche) **„nationale" Rechtsform** (vgl. Erwägungsgrund 10 SUP-RL-KOM/SUP-RL-GA). Alleingründer könnten dann die SUP oder **alternativ** die bereits bestehende nationale Form für ihre Aktivitäten wählen (vgl. Erwägungsgrund 10 SUP-RL-KOM/SUP-RL-GA).[56] Da der Entwurf des Rechtsausschusses eine Eingrenzung auf Kleinst- und Kleinunternehmen vornimmt, konkretisiert Erwägungsgrund 10 SUP-RL-JURI, dass die Mitgliedstaaten die SUP als eigenständige Rechtsform einführen sollten. 19

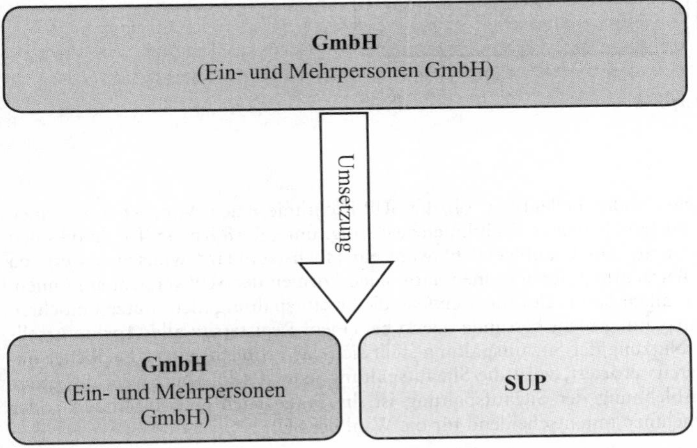

Abb. 3: Umsetzungsoption 2[57]

In Mitgliedstaaten, in denen bei Gesellschaften mit beschränkter Haftung nicht zwischen solchen mit einem oder mehreren Anteilseignern unterschieden wird, könnten Unternehmensgründer weiterhin eine (Einpersonen-)Gesellschaft mit beschränkter Haftung gründen. Andererseits könnten sie jedoch auch die neue Rechtsform der SUP wählen. Erwägungsgrund 10 SUP-RL-KOM/SUP-RL-GA/SUP-RL-JURI verwendet bzgl. dieser Option ausdrücklich die Bezeichnung „eigene Gesellschaftsrechtsform".[58] Diese Formulierung könnte gegen die Ausgestaltung der SUP als sog **„Unterform"** bzw. „Variante" einer bestehenden Gesellschaftsform vom Typus der UG (Unternehmergesellschaft) in Deutschland sprechen.[59] Allerdings handelt es sich nur um eine Formulierung innerhalb eines Erwägungsgrundes. Erwägungsgründe haben jedoch nicht den gleichen Regelungscharakter wie eine Norm (dazu auch § 2 Rn. 110). Außerdem will eben dieser Erwägungsgrund den Mitgliedstaaten 20

55 *Teichmann* ZRP 2013, 169, 171 betont, dass die Mitgliedstaaten gewöhnlich keine Eingriffe in ihr nationales GmbH-Recht befürworten. *Koster* ECL 12 (2015) 5 glaubt beispielsweise, dass die Niederlande eine zusätzliche Rechtsform einführen würden. Gegen die Einführung der SUP als einzige nationale Einpersonen mbH auch *Velasco* in: Rojo/Campuzano (Coord.), Estudios Jurídicos en Memoria del Profesor Emilio Beltrán, 2015, S. 909, 925 f. Der Autor sieht jedoch gleichzeitig die Möglichkeit, dass das nationale Recht mit Blick auf die SUP uU modernisiert werden könnte.

56 *Straube* in: FS Nowotny, 2015, 469, 475 als „Zweiklassen-Einpersonen-GmbH".

57 Die Graphik stammt aus *Jung* GmbHR 2014, 579, 581.

58 Englischer Wortlaut: „seperate company law form". Deutscher Wortlaut: „eigene Gesellschaftsrechtsform". Französischer Wortlaut: „une forme juridique distincte". Spanischer Wortlaut: „una forma de sociedad específica". Italienischer Wortlaut: „forma di diritto societario distinta". Niederländischer Wortlaut: „onderscheiden vennootschapsrechtsvorm".

59 *Fleischer* NZG 2014 1081, 1088 ff. gibt einen Überblick über neue Gesellschaftsrechtformen und Unterformen in Europa.

bezüglich der Umsetzung größtmögliche Freiheit gewähren (Erwägungsgrund 10 SUP-RL-KOM/SUP-RL-GA/SUP-RL-JURI). Daher sollte auch die Ausgestaltung der SUP als Unterform der nationalen Gesellschaftsform zulässig sein.[60] Dabei sind allerdings die Regelungen der Richtlinie beispielsweise über die Gründung, Auflösung oder Umwandlung einer SUP vom nationalen Gesetzgeber zu beachten. Dieses Verständnis der zweiten Umsetzungsoption passt auch zur ersten Umsetzungsoption, für die ebenfalls keine vollständig verselbstständigte Gesellschaftsform von Erwägungsgrund 10 SUP-RL-KOM/SUP-RL-GA/SUP-RL-JURI vorausgesetzt wird. Die zweite Umsetzungsmöglichkeit ist insgesamt attraktiver, da sie keinen Eingriff in bestehende nationale Rechtsformen erfordert.[61]

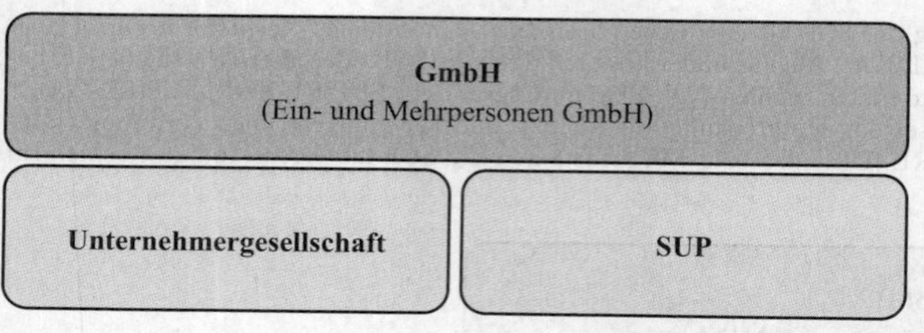

Abb. 4: Umsetzung im Fall einer Unterform

E. Harmonisierungsgrad

21 Für die Mitgliedstaaten ist von entscheidender Bedeutung, ob die SUP-Richtlinie einen **Mindest-** oder einen **Höchststandard**[62] festsetzt (zu diesen unterschiedlichen Richtlinienzielen allg. unter § 18 Rn. 45 ff.), da dies den nationalen Umsetzungsspielraum bestimmt. Aus Gläubigersicht wäre ein Höchststandard wünschenswert, da diese nur dann auf eine differenzierte Betrachtung der einzelnen nationalen Formen der SUP verzichten können. Für Unternehmen wäre diese Frage vor allem dann relevant, wenn sie die Sitzaufspaltung nicht nutzen möchten oder wenn die Möglichkeit der Sitzaufspaltung nicht bestünde. Denn bei einem Registersitz aller Tochtergesellschaften in einem Mitgliedstaat unter Nutzung der Sitzaufspaltung stellt sich das Problem unterschiedlicher nationaler Umsetzungen nicht.[63] Wie bereits erörtert, wird die Sitzaufspaltung jedoch sehr kontrovers diskutiert (s. Rn. 7 und 100 f.). Im Falle der Ablehnung der Sitzaufspaltung ist die Frage nach einem Mindest- oder Höchststandard daher auch für Unternehmen mitentscheidend für die Wahl der SUP.

22 Weder der Kommissionsvorschlag noch die allgemeine Ausrichtung des Rates noch das Arbeitsdokument des Rechtsausschusses des Europäischen Parlaments äußern sich explizit zum Harmonisierungsgrad der Richtlinie.[64] Grundsätzlich ist damit für jede Regelung einzeln festzustellen, ob diese einen Mindest- oder Höchststandard vorschreibt (s. § 18 Rn. 46).[65] Fraglich ist jedoch, welcher Standard anzunehmen ist, wenn konkrete Hinweise fehlen. Hier ist insbesondere zu klären, wo die **Begründungslast** liegt.[66] Eine vollständige und zwingende Harmonisierung würde den Interessen der Kommission im Hinblick auf die Ersatzfunktion der SUP für die SPE entsprechen.[67] Daher ließe sich argumentieren, dass die Begründungslast demjenigen obliegen sollte, der einen

60 *J. Schmidt* GmbHR 2014, R129, R129 nennt diese Umsetzungsmöglichkeit ebenfalls. *Lutter/Bayer/Schmidt*, Europäisches Unternehmens- und Kapitalmarktrecht, 2017, Rn. 47.95 („Subtyp der jeweiligen nationalen Privatgesellschaftsform"). *Velasco* in: Rojo/Campuzano (Coord.), Estudios Jurídicos en Memoria del Profesor Emilio Beltrán, 2015, S. 909, 926 (Fn. 32) geht für Spanien von einer Subform aus. *Seibert* GmbHR 2014, R209, R209 nimmt an, dass Deutschland diese Umsetzungsmöglichkeit wählen würde.

61 Zustimmend *Moench*, Die SUP, 2016, S. 30.

62 Unter Höchststandard wird hier eine Regelung verstanden, von der der nationale Gesetzgeber weder nach unten noch nach oben abweichen darf.

63 Unternehmen werden die SUP jedoch nur wählen, wenn der Rechtsverkehr diese Rechtsform auch annimmt. Dies hängt wiederum davon ab, wie Gläubiger die Gesellschaft wahrnehmen. cep, cepAnalyse – Societas Unius Personae, Nr. 31/2014 (SUP), S. 3 befürchtet, dass die SUP aufgrund der Rechtsunsicherheit als Rechtsform nicht akzeptiert werden könnte. Ähnlich *Teichmann/Götz* in: Viera González/Teichmann (Eds.), Private Companies in Europe, 2016, S. 29, 34 f.

64 *Omlor* NZG 2014, 1137, 1139 zum Kommissionsentwurf; *Moench*, Die SUP, 2016, S. 33, der in seiner Arbeit sowohl den Kommissionsentwurf als auch die allgemeine Ausrichtung des Rates berücksichtigt. Vgl. auch *Kindler*, The Single-Member Limited Liability Company (SUP), 2016, Rn. 7.

65 *Kindler* ZHR 179 (2015) 330, 380.

66 Siehe grundlegend zur Begründungslast *Krebs* AcP 195 (1995) 171, 171 ff.

67 Vgl. Europäische Kommission, SUP-RL-KOM, S. 3; vgl. auch *Omlor* NZG 2014, 1137, 1139, der aufgrund der Zielsetzung eine Vollharmonisierung annimmt; s. auch *Moench*, Die SUP, 2016, S. 33 f.

bloßen Mindeststandard befürwortet.[68] Die im Kommissionsentwurf verwendete Regelungstechnik könnte allerdings umgekehrt ein Argument für einen Mindeststandard mit einzelnen Ausnahmen (einzelnen Höchststandards) und damit für eine Verschiebung der Begründungslast liefern. Denn der Kommissionsentwurf gibt in einigen Fällen vor, was die Mitgliedstaaten nicht regeln dürfen („Member States shall not").[69] An anderen Stellen wird der Maximalstandard durch eine begrenzte Handlungsermächtigung der Mitgliedstaaten ausgedrückt (zB „Member States may only").[70] Auch einzelne Erwägungsgründe zeigen, dass eine Vollharmonisierung angestrebt wird (vgl. Erwägungsgrund 12 SUP-RL-KOM, s. auch Erwägungsgrund 13 S. 1 SUP-RL-KOM). Nach normaler Regelungstechnik stehen diese Vollharmonisierungsregeln allerdings für die Ausnahmen und nicht für die Grundregel. Das würde dafür sprechen, dass die SUP-Richtlinie als Mindeststandardrichtlinie mit zahlreichen Ausnahmen angelegt ist.[71] Wäre die Richtlinie so verabschiedet worden, hätte sie aber in jedem Fall viele Zweifelsfragen aufgeworfen.

Wird ein **Mindeststandard** bezüglich des **Kommissionsvorschlages** angenommen, so muss dies gleichermaßen auch für den **Kompromisstext des Rates** gelten, da dieser weniger Aspekte regelt[72] und den Mitgliedstaaten größere Freiheiten bei der Umsetzung lässt, als der Richtlinienvorschlag der Kommission.[73] Das **Arbeitsdokument des Rechtsausschusses** strebt im Vergleich zum *general approach* des Rats eine höhere Regulierungsdichte an und spricht insofern selbst von einem „ausreichenden Grad der Harmonisierung".[74] Gleichzeitig streicht der Entwurf aber zB auch alle Vorgaben zur Organisationsverfassung (Rn. 132). Ob die Regelungsdichte des JURI-Entwurfs ausreicht, um im Zweifel eine Maximalharmonisierung anzunehmen, lässt sich nicht leicht abschätzen, ist aber wohl eher zu verneinen. 23

F. Anwenderkreis

Der **Kommissionsentwurf** und die allgemeine Ausrichtung des **Rates** zielen darauf ab, die SUP für einen möglichst großen Anwenderkreis zu öffnen. Aus diesem Grund sehen die beiden Vorschläge sowohl die Möglichkeit der Neugründung als auch der Gründung durch Umwandlung vor. Die Neugründung kann dabei durch natürliche als auch juristische Personen erfolgen. Zudem ist kein grenzüberschreitender Bezug vorgesehen.[75] Damit eignet sich die SUP nach diesen beiden Entwürfen potenziell sowohl für die Gründung von (auch rein national tätigen) **Klein- und Kleinstunternehmen** als auch als **Konzernbaustein** (Tochtergesellschaft, s. dazu Rn. 7 f.). Im Verhältnis zur SPE ist die Reichweite der Richtlinie dagegen eingeschränkt, da sie nur eine Einpersonen-Gesellschaft einführt und somit für mehrere Gesellschafter keine Option darstellt (zum Halten eines Anteils durch mehrere Personen s. Rn. 134 ff.).[76] 24

Das **Arbeitsdokument des Rechtsausschusses** des Europäischen Parlaments sieht hingegen gleich eine **doppelte Einschränkung** des Anwendungsbereichs vor. Art. 7 II SUP-RL-JURI gibt vor, dass die Mitgliedstaaten nur Klein- und Kleinstunternehmen die SUP zugänglich machen dürfen und greift dafür auf die Definitionen in Art. 3 I und II der Richtlinie 2013/34/EU zurück. Als Kleinstunternehmen sind alle Unternehmen zu klassifizieren, die zwei der drei folgenden Merkmale nicht überschreiten (Art. 3 I 2013/34/EU): 25

- Bilanzsumme: 350.000 EUR
- Nettoumsatzerlös: 700.000 EUR
- Durchschnittliche Beschäftigtenzahl: 10

Ein **Kleinunternehmen** liegt vor, wenn ein Unternehmen zwei der drei folgenden Merkmale nicht überschreitet (Art. 3 II 2013/34/EU): 26

68 *Moench*, Die SUP, 2016, S. 34 geht von einer Vollharmonisierung aus.

69 Vgl. Art. 6 II SUP-RL-KOM, Art. 9 II SUP-RL-KOM, Art. 14 VI SUP-RL-KOM, Art. 16 III und IV SUP-RL-KOM. *Moench*, Die SUP, 2016, S. 33 sieht darin weniger ein Regelungsverbot für die Mitgliedstaaten als eine Ausgestaltung durch die Kommission.

70 Vgl. Art. 13 I SUP-RL-KOM.

71 Zustimmend *Kindler*, The Single-Member Limited Liability Company (SUP), 2016, Rn. 7. AA *Moench*, Die SUP, 2016, S. 33 f., der grundsätzlich von einer Vollharmonisierung ausgeht. Vgl. auch *Omlor* NZG 2014, 1137, 1139.

72 Verschiedene Regelungen wurden gestrichen, zB Art. 19 SUP-RL-GA, Art. 20 SUP-RL-GA, Art. 21 SUP-RL-GA, Art. 23 SUP-RL-GA, Art. 24 SUP-RL-GA.

73 Kritisch dazu SUP-RL-JURI, S. 2. Im Arbeitsdokument wird kritisiert, dass „der Mehrwert des Entwurfs praktisch verschwindet". Ein Mindeststandard ist häufig an dem Begriff „Member States may" zu erkennen. Vgl. Art. 6 II 2 SUP-RL-GA, Art. 7 III 2 SUP-RL-GA, Art. 11 V SUP-RL-GA, Art. 13 III und IV SUP-RL-GA, Art. 16 IV 1 SUP-RL-GA, Art. 18 II SUP-RL-GA.

74 SUP-RL-JURI, S. 2.

75 Vgl. ua *Straube* in: FS Nowotny, 2015, S. 469, 476, *Wuisman* ECL 12 (2015) 34, 36; *Velasco* in: Rojo/Campuzano (Coord.), Estudios Jurídicos en Memoria del Profesor Emilio Beltrán, 2015, S. 909, 926.

76 Vgl. auch *Ahern* in: Viera González/Teichmann (Eds.), Private Companies in Europe, 2016, S. 55, 65 („scope of the SUP is undoubteldy far less ambitious").

- Bilanzsumme: 4.000.000 EUR
- Nettoumsatzerlös: 8.000.000 EUR
- Durchschnittliche Beschäftigtenzahl: 50

27 Art. 7a I 2 SUP-RL-JURI regelt entsprechend dieser Einschränkung, dass eine bestehende SUP eine **andere Rechtsform** annehmen muss, sobald sie nicht mehr als Klein- bzw. Kleinstunternehmen zu qualifizieren ist (s. dazu auch Rn. 185).[77] Doch nicht nur der Geschäftsumfang der SUP wirkt sich auf die Beschränkung aus. Hinzu kommt, dass juristische Personen, die selbst keine Klein- bzw. Kleinstunternehmen sind, keine SUP neu gründen dürfen (Art. 8 lit. a) und b) SUP-RL-JURI). Damit können nur Klein- bzw. Kleinstunternehmen SUP als Tochtergesellschaften einsetzen und auch nur solange diese einen gewissen Geschäftsumfang nicht überschreiten. Die Einschränkung der Gründung ließe sich noch relativ leicht umgehen, die Beschränkung auf den Geschäftsumfang dagegen nicht.

28 Erwägungsgrund 3 SUP-RL-JURI führt dazu aus, dass die Gründung von **Tochtergesellschaften** im Ausland aufgrund der unterschiedlichen gesellschaftsrechtlichen Vorschriften zeit- und kostenintensiv ist. Besonders betroffen davon sind nach dem JURI-Entwurf Kleinunternehmen. In Erwägungsgrund 6a SUP-RL-JURI führt der Vorschlag weiter aus, dass große und mittlere Unternehmen nicht mit den gleichen Problemen belastet sind, weshalb gerade Klein- und Kleinstunternehmen eines entsprechenden Regelungsinstruments bedürfen. Konsequenz dieser Überlegungen sind dann die Einschränkungen des Art. 7 II SUP-RL-JURI. Überzeugend ist dies jedoch nicht. Kleinstunternehmen gründen keine Tochtergesellschaften im Ausland, und auch Kleinunternehmen werden nicht vornehmlich aufgrund der unterschiedlichen Gesellschaftsrechte nicht grenzüberschreitend tätig, sondern aus anderen Gründen. Im Gegensatz dazu treffen diese Kosten sehr wohl gerade mittelständische Unternehmen, denen das Instrument insofern hätte helfen können. Darüber hinaus hätten davon auch große Unternehmen profitiert. Die Beschränkung würde im Ergebnis dazu führen, dass die SUP ausschließlich eine Alternative zu den nationalen Gesellschaftsformen für **Start-ups** wäre. Das würde sicherlich die Frage verschärfen, ob die EU für ein solches Projekt die Regelungskompetenz besitzt. Ein anderes Streitthema, namentlich die Arbeitnehmermitbestimmung (s. Rn. 187 f.), würde allerdings entschärft.

G. Regelungstechnik

29 Die in das nationale Recht umzusetzende SUP-Richtlinie befasst sich nicht mit allen Aspekten des Gesellschaftsrechts. Das zeigt sich bereits daran, dass der Kommissionsentwurf die SUP in nur 20 speziellen Vorschriften regelt (Artt. 6 bis 25 SUP-RL-KOM). Der *general approach* umfasst sogar nur 16 Artikel. Die supranationalen Rechtsformen sind dagegen eindeutig umfangreicher durch die jeweilige Verordnung geregelt (s. jeweils ebendort).[78] Folglich ist zu untersuchen, welche Regelungen Anwendung finden, wenn die SUP-Richtlinie **Lücken** aufweist. Dabei geht es insbesondere auch um die Frage, ob die Mitgliedstaaten die nationale SUP außerhalb der SUP-Richtlinienvorgaben verselbstständigen dürfen, indem sie für sie andere Regelungen als für die nationalen GmbH schaffen.

30 Die Basisregel des Kommissionsentwurfes ist Art. 7 IV SUP-RL-KOM. Danach ist das nationale **Recht des Mitgliedstaates des Registersitzes** anzuwenden. Der Entwurf spricht nur vom „anwendbaren nationalen Recht",[79] konkretisiert jedoch nicht, auf welche nationalen Rechtsvorschriften dadurch Bezug genommen wird. Die Anwendung nationalen GmbH-Rechts ist somit zumindest nicht explizit vorgeschrieben. Gem. dem Wortlaut scheint es vielmehr möglich, dass die Mitgliedstaaten **Sonderrecht** allein für die SUP schaffen. Die Zielsetzung der Richtlinie[80] würde diesbezüglich zwar eine äußere Grenze ziehen, weshalb zB die Festlegung eines grenzüberschreitenden Bezugs problematisch wäre, da die SUP dadurch gerade kleinen Unternehmern nicht mehr offen stünde.[81] Das nationale Recht hätte jedoch erhebliche Spielräume, die SUP speziell und damit – falls gewünscht – auch im Vergleich zur nationalen Rechtsform unattraktiv auszugestalten. Gewollt war dieses Ergebnis vermutlich nicht, da dadurch der Erfolg der SUP hätte beeinträchtigt werden können. Daher wurde auch an die Herleitung eines Diskriminierungsverbots gedacht.[82] Das Arbeitsdokument des Rechtsausschusses des Europäischen Parlaments übernimmt die Vorschrift des Kommissionsentwurfs jedoch ohne diesbezüglich einen Änderungsvorschlag zu unterbreiten (Art. 7 IV SUP-RL-JURI) und ist daher ähnlich problematisch.

---

77 *Former Reflection Group* ECFR 2013, 304, 323 forderte bereits für den Fall einer Größenbeschränkung, klare Regelungen bezüglich der Umwandlung der SUP in andere Gesellschaftsformen vorzusehen. Im Ergebnis lehnte die Gruppe eine solche Beschränkung jedoch ab.

78 *Beurskens* GmbHR 2014, 738, 739 weist auf die schlanke Ausgestaltung gegenüber den supranationalen Rechtsformen hin.

79 Englischer Wortlaut: „applicable national law". Französischer Wortlaut: „droit national applicable". Spanischer Wortlaut: „la legislación nacional aplicable". Italienischer Wortlaut: „diritto nazionale applicabile". Niederländischer Wortlaut: „toepasselijk nationaal recht". Polnischer Wortlaut: „mającym zastosowanie prawem krajowym".

80 Zustimmend *Beurskens* GmbHR 2014, 738, 739.

81 Zustimmend *Beurskens* GmbHR 2014, 738, 739.

82 *Straube* in: FS Nowotny, 2015, 469, 479 überlegt daher, ob das Diskriminierungsverbot der SE-VO analog angewandt werden oder ob ein solches aus dem Primärrecht hergeleitet werden könnte.

Im Gegensatz zum Kommissionsentwurf befasst sich die **allgemeine Ausrichtung des Rates** allerdings ausdrücklich mit der Frage, welche Regelungen im Fall von Lücken in der Richtlinie Anwendung finden (Art. 7 IV SUP-RL-GA). Art. 7 IV 2 und 3 SUP-RL-GA stellt klar, dass sich diese Vorschrift nur auf den Regelungsbereich der Vorschrift bezieht, dh auf gesellschaftsrechtliche Punkte. Alle Aspekte, die außerhalb des Regelungsbereichs liegen, wie das Arbeitsrecht, die Arbeitnehmermitbestimmung, die Rechnungslegung und die Besteuerung,[83] werden nicht von der Vorschrift erfasst, weshalb insofern nationales Recht inklusive des **IPR** Anwendung findet. Das Arbeitsdokument des Rechtsausschusses enthält diese Vorschrift zwar nicht in Art. 7 IV SPE-RL-JURI, nimmt diese Vorgabe jedoch in Art. 1 IIIa SUP-RL-JURI auf, so dass sie nicht nur für die SUP gilt, sondern auch für die in Anhang I genannten Rechtsformen. 31

Art. 7 IV 1 lit. a) SPE-RL-GA gibt vor, dass die SUP zunächst durch das entsprechende Umsetzungsrecht reguliert ist. Die Mitgliedstaaten können zur Umsetzung, wenn sie es wünschen, Sonderrecht schaffen. Wird ein Mindeststandard vorgegeben, muss es den Mitgliedstaaten entsprechend erlaubt sein, darüber hinausgehende Regelungen in Form von Spezialgesetzen zu erlassen, da ansonsten die Festschreibung eines Mindeststandards zwecklos wäre. Gem. Art. 7 IV 1 lit. b) SPE-RL-GA finden „im Fall von nicht durch die[se] Richtlinie geregelten Angelegenheiten die nationalen Rechtsvorschriften, die für die in **Anhang I aufgeführten Gesellschaften** mit beschränkter Haftung (private limited liability companies limited by shares) in dem Mitgliedstaat gelten, in dem die SUP in ein Register eingetragen ist“, Anwendung. Infolgedessen ist es den Mitgliedstaaten nur erlaubt, die SUP mithilfe von **Sondergesetzen** zu regulieren, soweit der *general approach* einen Aspekt erfasst oder dies explizit gestattet. Im Hinblick auf Lücken (wie sie bspw. bei der Kapitalherabsetzung bestehen) gilt somit das **Recht der Gesellschaft mit beschränkter Haftung.** Dies lässt den Mitgliedstaaten weniger Gestaltungsspielraum, um die SUP ins nationale Recht einzubetten. Gleichzeitig nimmt es ihnen die Möglichkeit, die SUP gegenüber den nationalen Gesellschaften mit beschränkter Haftung zu benachteiligen und gewährt der SUP damit einen gewissen Diskriminierungsschutz. Die Regelung ist so zu verstehen, dass sie es Mitgliedstaaten untersagt, auf das Recht einer anderen Gesellschaft mit beschränkter Haftung oder auf das Recht einer Unterform oder Variante der korrespondierenden Rechtsform (wie bspw. der Unternehmergesellschaft (UG) in Deutschland) zu verweisen. Nur das Recht der in Anhang I SUP-RL-GA genannten Rechtsformen kann im Fall einer Lücke gem. Art. 7 IV 1 lit. b) SUP-RL-GA zur Anwendung kommen. 32

Nach hier vertretener Auffassung ist es im Grundsatz eine gute Idee, die Einführungsmöglichkeiten von Spezialgesetzen durch die Mitgliedstaaten zu limitieren. Es ist dann jedoch geboten, den entsprechenden Richtlinienvorschlag zu überprüfen, um festzustellen, ob die vom Rat verfolgten Ziele im Einzelfall erreicht werden. Besonders problematisch sind dabei Regelungen, die auf das „nationale Recht“ oder das „anwendbare Recht“ verweisen.[84] Hier ist fraglich, ob dies einen Verweis auf nationales Recht zu Gesellschaftsformen des Privatrechts mit beschränkter Haftung meint, wie sie in Anhang I aufgelistet sind, oder ob dieser Verweis den Mitgliedstaaten die Möglichkeit einräumt, Spezialgesetze für die SUP zu erlassen. Im Ergebnis wäre dies gem. der Fassung des Rates für jeden Einzelfall zu entscheiden. 33

H. Gründung

Die Regelung des Gründungsprozesses stellt das Herzstück der SUP-Vorschläge dar. Im Kommissionsvorschlag und dem Arbeitsdokument des Rechtsausschusses des Europäischen Parlaments behandeln das zweite, dritte und vierte Kapitel des zweiten Teils der Richtlinie dieses Thema. Die allgemeine Ausrichtung des Rates führt zusätzlich noch ein weiteres Kapital ein (Kapitel 3a SUP-RL-GA). 34

Der Kommissionsvorschlag regelt diverse Aspekte, wie die **Neugründung** (siehe Rn. 37 ff.), die **Umwandlung** in eine SUP (siehe Rn. 40 ff.), den **Sitz** der Gesellschaft (siehe Rn. 100 ff.), die **Satzungsregelungen** (siehe 53 ff.) und die **Registereintragung** (siehe 72 ff.). Bezüglich der Registrierung hat sich der Kommissionsvorschlag insbesondere auf die **Online-Registrierung** fokussiert. Der Kompromisstext des Rates nimmt jedoch weitreichende Änderungen an dem ursprünglichen Vorschlag vor und auch das Arbeitsdokument des Rechtsausschusses des Europäischen Parlaments enthält bedeutsame Abweichungen gegenüber dem Kommissionsentwurf. 35

I. Gründungsmöglichkeiten

Die Richtlinie beschreibt zwei Möglichkeiten der Gründung einer SUP, namentlich die **Neugründung** (Gründung *ex nihilo*) und die Gründung durch **Umwandlung**, dh Formwechsel. Die Begründung des Kommissionsvorschlages (*explanatory memorandum*) erläutert, dass der SUP keine weiteren Gründungsmöglichkeiten offen- 36

83 *ter Brake/van Duuren* ECL 12 (2015) 270, 276 halten das Fehlen von steuerrechtlichen Regeln für den größten Nachteil der SUP. Zu steuerlichen Aspekten mit Blick auf die SUP s. auch *Reimer/Waldhoff* DB 2015, 2106, 2106 ff.

84 S. zB Art. 8, Art. 9 I, Art. 11 I, IV, Art. 13 I SUP-RL-GA.

stehen[85] und auch die anderen Vorschläge, dh insbesondere der *general approach* und das Arbeitsdokument des Rechtsausschusses des Europäischen Parlaments, sprechen weitere Gründungsmöglichkeiten nicht an. Da Gründungsmöglichkeiten bei supranationalen Gesellschaftsformen grundsätzlich abschließend aufgezählt werden, wird man im Ergebnis somit von einer Enumeration und Maximalharmonisierung ausgehen müssen, auch wenn die Richtlinienentwürfe selbst diese Beschränkung nicht explizit aufgenommen haben. Die Mitgliedstaaten können daher **keine weiteren Gründungsmöglichkeiten** zulassen.[86]

II. Neugründung

37 Entsprechend dem Kommissionsvorschlag müssen die Mitgliedstaaten sowohl **natürlichen** als auch **juristischen Personen** die Gründung einer SUP ermöglichen (vgl. Art. 8 SUP-RL-KOM). Der Begriff der juristischen Person, den Art. 8 SUP-RL-KOM verwendet, ist europäisch-autonom auszulegen (dazu § 2 Rn. 80 ff.),[87] weshalb im Ergebnis auch Personengesellschaften eine SUP nutzen können.[88] Der *general approach* fügt durch Art. 8 S. 2 SUP-RL-GA hinzu, dass Mitgliedstaaten auch **Rechtsträgern ohne Rechtspersönlichkeit** erlauben können, eine SUP zu gründen. Dadurch werden letzte Zweifel bzgl. der Möglichkeit der Gründung einer SUP durch Personengesellschaften behoben.[89] Entsprechend der Einschränkung des Anwenderkreises durch das Arbeitsdokument von JURI sieht Art. 8 lit. a) und b) SUP-RL-JURI vor, dass im Fall einer Gründung durch eine juristische Person nur Klein- und Kleinstunternehmen eine solche Gesellschaft gründen dürfen (s. zur Einschränkung des Anwendungsbereichs näher unter Rn. 25 ff.).

38 Art. 6 II SUP-RL-KOM schreibt vor, dass die Mitgliedstaaten es nicht untersagen dürfen, dass eine SUP die einzige Gesellschafterin einer anderen SUP ist.[90] Dieser allgemeinen Regel setzt der Kompromisstext des Rates allerdings gewisse Grenzen. Gem. Art. 6 II 2 SUP-RL-GA können Mitgliedstaaten Neugründungen im Falle von **Kreuz- oder Kreisbeteiligungen** einschränken, wobei Erwägungsgrund 11 S. 2 SUP-RL-GA erläutert, was der Rat unter Kreuz- und Kreisbeteiligungen versteht. Der Vorschlag des Rechtsausschusses schließt sich der Änderung des Rates an (vgl. Art. 6 II SUP-RL-JURI).

39 Art. 6 II und Art. 8 SUP-RL-KOM/SUP-RL-GA garantieren somit im Zusammenspiel, dass die SUP als **Organisationselement in Unternehmensgruppen** verwendet werden kann. Das Arbeitsdokument des Rechtsausschusses schränkt diese Möglichkeit durch den reduzierten Anwendungsbereich dagegen ein (s. Rn. 25). Die Vorschläge enthalten keine weiteren spezifischen Neugründungsvorschriften, so dass die allgemeinen Gründungsvorgaben insbesondere zur Satzung (s. Rn. 53 ff.) und zum Eintragungsverfahren (s. Rn. 72 ff.) greifen.

III. Umwandlung

1. Umwandlung gem. dem Kommissionsentwurf

40 Die **Definition** der Umwandlung in Art. 2 Ziff. (2) SUP-RL-KOM (1. Teil) (jeder „Vorgang, durch den eine bestehende Gesellschaft zu einer SUP wird oder aufhört, eine SUP zu sein") ist für sich betrachtet sehr weit. Denn diese Norm thematisiert nur eine Eigenschaft der Umwandlung, namentlich, dass eine bestehende SUP aufhört, eine solche zu sein.[91] Die Auflösung einer SUP wäre insofern noch als „Umwandlung" zu verstehen. Art. 2 Ziff. (2) SUP-RL-KOM ist jedoch nicht isoliert, sondern iVm Art. 25 SUP-RL-KOM zu sehen. Daraus folgt, dass eine Herausumwandlung nur vorliegt, wenn aus einer existierenden SUP eine andere Gesellschaft wird.

41 Eine SUP kann im Ergebnis im Wege der Umwandlung aus einer nationalen Gesellschaft mit beschränkter Haftung gegründet werden (Art. 9 I SUP-RL-KOM). Die **umwandlungsfähigen Rechtskörper** sollten in Anhang I

85 Vgl. Europäische Kommission, Vorschlag für eine Richtlinie des Europäischen Parlaments und des Rates über Gesellschaften mit beschränkter Haftung mit einem einzigen Gesellschafter, 9.4.2014, COM(2014) 212 final 2014/0120 (COD), S. 7 („nur"); vgl. auch *Kalss/Klampfl*, Europäisches Gesellschaftsrecht, 2015, Rn. 484; *Wuisman* ECL 12 (2015) 34, 36; zustimmend auch *Moench*, Die SUP, 2016, S. 40.

86 AA *Kalss/Klampfl*, Europäisches Gesellschaftsrecht, 2015, Rn. 484.

87 *Kalss/Klampfl*, Europäisches Gesellschaftsrecht, 2015, Rn. 481; *Moench*, Die SUP, 2016, S. 41; vgl. auch *Beurskens* GmbHR 2014, 738, 739.

88 Vgl. *Beurskens* GmbHR 2014, 738, 739; *Moench*, Die SUP, 2016, S. 41 f.

89 Vgl. auch *Moench*, Die SUP, 2016, S. 42.

90 *Velasco* in: Rojo/Campuzano (Coord.), Estudios Jurídicos en Memoria del Profesor Emilio Beltrán, 2015, S. 927 sieht darin aus spanischer Perspektive kein Problem. Art. 6 II SUP-RL-KOM ergänzt Art. 8 SUP-RL-KOM. Aus systematischer Sicht gehören Art. 6 II SUP-RL-KOM und Art. 8 SUP-RL-KOM zusammen.

91 Deutscher Wortlaut: „Umwandlung' jeden Vorgang, durch den eine bestehende Gesellschaft (…) aufhört, eine SUP zu sein". Englischer Wortlaut: „conversion' means any process by which an existing company (…) ceases to be an SUP". Französischer Wortlaut: „"transformation": tout processus par lequel une société existante (…) cesse d'être une SUP". Spanischer Wortlaut: „«transformación»: todo proceso por el cual una sociedad existente (…) deja de serlo". Italienischer Wortlaut: „"conversione", un processo attraverso il quale una società esistente (…) cessa di essere una SUP". Niederländischer Wortlaut: „"omzetting": een proces waardoor een bestaande onderneming een SUP (…) ophoudt een SUP te zijn". Polnischer Wortlaut: „„przekszta ł cenie" oznacza każdy proces, w wyniku którego istniejąca spółka (…) przestaje być SUP".

aufgelistet werden. Ein solcher fehlt jedoch bis heute. Nicht ausdrücklich geregelt ist, ob die Mitgliedstaaten weiteren Rechtsformen die Umwandlung in eine SUP erlauben können. Weder Art. 9 SUP-RL-KOM noch die Erwägungsgründe enthalten einen Ansatzpunkt für die Auslegung. Das *explanatory memorandum* erläutert hingegen: „*Nur* die in Anhang I aufgeführten Gesellschaften mit beschränkter Haftung können sich in eine SUP umwandeln".[92] Art. 9 I SUP-RL-KOM als **Höchststandard** zu verstehen, würde somit zumindest in Einklang mit dem Willen der Kommission stehen.[93]

Art. 9 II SUP-RL-KOM schreibt zudem einen **identitätswahrenden Formwechsel** vor.[94] Die Gesellschaft verliert also nicht ihre Rechtspersönlichkeit, was für die Reibungslosigkeit der Umwandlung wichtig ist. Der Umwandlungsprozess selbst bleibt weitgehend der Anwendung des nationalen, nicht harmonisierten Rechts überlassen.[95] Eine Ausnahme dazu stellt die Vorgabe der Richtlinie dar, dass die Umwandlung eines **Gesellschafterbeschlusses** bedarf (Art. 9 III lit. a) SUP-RL-KOM). Die diesbezüglichen Mehrheitsanforderungen regelt die Richtlinie jedoch nicht, weshalb insofern nationales Recht zur Anwendung kommt.[96] Der Kommissionsvorschlag geht wohl davon aus, dass der Gesellschafterbeschluss bei mehreren Gesellschaftern festlegt, wer ausscheidet und wer Gesellschafter bleibt, schreibt dies aber nicht ausdrücklich vor. Ob – sofern dies das nationale Recht zulässt[97] – die Gesellschafter auch beschließen können, den einen Anteil in der SUP gemeinsam zu halten, ist ebenfalls nicht explizit geregelt.[98] Gestattet ein Mitgliedstaat das Miteigentum, müsste diese Gestaltungsoption aber bei der Umwandlung einer Mehrpersonen-Gesellschaft in eine SUP auch genutzt werden können. 42

Im Rahmen der Umwandlung ist zudem darauf zu achten, dass die **Satzungsbestimmungen** nicht gegen anwendbares nationales Recht verstoßen (Art. 9 III lit. b) SUP-RL-KOM). Das **Nettovermögen** muss zudem mindestens dem gezeichneten Stammkapital zuzüglich der Rücklagen entsprechen, die entsprechend den statuarischen Bestimmungen nicht ausgekehrt werden dürfen (Art. 9 III lit. c) SUP-RL-KOM). Der Kommissionsvorschlag enthält in anderen Zusammenhängen noch vereinzelte Regelungen, die nur für die Umwandlung Geltung beanspruchen. Neben den speziellen Umwandlungsvorschriften finden die **allgemeinen Gründungsvorgaben** insbesondere zur Satzung (s. Rn. 53) und zum Eintragungsverfahren (s. Rn. 72) Anwendung. 43

Nicht explizit geregelt ist hingegen, wie zu verfahren ist, wenn die SUP als **Unterform** bzw. Variante der nationalen Gesellschaft mbH ausgestaltet wird. Hier stellt sich die Frage, ob dann überhaupt eine „Umwandlung" im Sinne der Richtlinie vorliegt.[99] Es könnte daran gedacht werden, für so einen Prozess lediglich eine Umfirmierung und Satzungsänderung zu fordern.[100] Dagegen spricht allerdings die Definition der Umwandlung gem. Art. 2 Ziff. (2) SUP-RL-KOM (1. Teil). Die Begriffsbestimmung umfasst auch Prozesse, in denen eine als Unterform ausgestaltete SUP aus der nationalen GmbH heraus entstehen soll.[101] Wie bereits oben gezeigt, ist die Definition allerdings nicht gänzlich geglückt. Es könnte daher bzgl. der hiesigen Fragestellung an eine teleologische Reduktion gedacht werden (dazu allg. unter § 2 Rn. 174 f.). Allerdings fällt hier der eindeutige Nachweis, dass der Richtliniengeber diesen Fall nicht erfassen wollte, schwer. 44

Teilweise wurde vorgeschlagen, Art. 9 III SUP-RL-KOM vollkommen zu streichen, um diese Aspekte dem nationalen Recht zu überlassen.[102] Diese Meinung wird hier jedoch nicht geteilt. Auch wenn der Kommissionsvorschlag viele wichtige Regelungsinhalte nicht behandelt, so bietet er dennoch zumindest eine grundlegende Harmonisierung für Umwandlungsvorgänge einer Rechtsform in eine SUP. Keine gesonderten Regeln enthält der Richtlinienvorschlag zur grenzüberschreitenden Umwandlung in eine SUP. Es sind insofern die nationalen Be- 45

---

92 SUP-RL-KOM, S. 7.

93 Vgl. auch *Moench*, Die SUP, 2016, S. 42.

94 *Kalss/Klampfl*, Europäisches Gesellschaftsrecht, 2015, Rn. 484; *Guidotti/Bartolacelli* in: Viera González/Teichmann (Eds.), Private Companies in Europe, 2016, S. 89, 111; *Moench*, Die SUP, 2016, S. 43.

95 Vgl. Europäische Kommission, Vorschlag für eine Richtlinie des Europäischen Parlaments und des Rates über Gesellschaften mit beschränkter Haftung mit einem einzigen Gesellschafter, 9.4.2014, COM(2014) 212 final 2014/0120 (COD), S. 7.

96 Vgl. *Moench*, Die SUP, 2016, S. 43 generell zur subsidiären Anwendbarkeit nationalen Rechts. *Hommelhoff* GmbHR 2014, 1065, 1069 geht davon aus, dass allein das nationale Umwandlungsrecht zur Anwendung kommen darf.

97 Davon wohl ausgehend *Omlor* NZG 2015, 665, 668.

98 *Omlor* NZG 2014, 1137, 1139 f.; *ders.* NZG 2015, 665, 668 zu den Problemen mit Blick auf deutsches Recht; ebenso *Deutscher Anwaltsverein* NZG 2014, 1372, Rn. 34. *Guidotti/Bartolacelli* in: Viera González/Teichmann (Eds.), Private Companies in Europe, 2016, S. 89, 112 verlangen, dass die Gesellschaft, die in eine SUP umgewandelt werden soll, bereits lediglich einen Gesellschafter hat.

99 Dagegen *Moench*, Die SUP, 2016, S. 43; *Seibert* GmbHR 2014, R209, R209. Für die Anwendung der Umwandlungsvorschriften *Hommelhoff* GmbHR 2014, 1065, 1070.

100 *Seibert* GmbHR 2014, R209, R209; *Moench*, Die SUP, 2016, S. 43.

101 *Hommelhoff* GmbHR 2014, 1065, 1070. *Moench*, Die SUP, 2016, S. 43 geht dagegen davon aus, dass das nationale Recht, welches bzgl. der „Umwandlung" zur Anwendung kommt, erst noch festgestellt werden muss, also noch nicht vorgegeben ist.

102 Jesper Lau Hansen, Mitglied der "informal company law expert group" (ICLEG), auf dem ECFR Symposium in Berlin (7. November 2014).

stimmungen anwendbar, die die diesbezügliche Rechtsprechung des EuGH berücksichtigen müssen (dazu § 10, zur angedachten grenzüberschreitenden Sitzverlegungsrichtlinie § 32).[103] Die Umwandlung einer **SUP in eine andere Gesellschaftsform** regelt Art. 25 SUP-RL-KOM (s. dazu Rn. 180 ff.).

2. Umwandlung gem. dem Ratsentwurf

46 Der Kompromisstext des Rates entfernt zwar einige der spezifischen Regelungen betreffend die Umwandlung in eine SUP, lässt andere jedoch bestehen. So stellt Art. 9 I 1 SUP-RL-GA explizit klar, dass der **Umwandlungsprozess** selbst dem nationalen Recht unterliegt. Da grundsätzlich alle Materien, die nicht von der Richtlinie geregelt werden, dem anwendbaren nationalen Recht unterfallen, stellt sich die Frage nach dem Sinn und Zweck der Norm. Sie könnte zum einen eine klarstellende Funktion haben. Um ihr einen Sinn und Zweck beizumessen, der darüber hinaus reicht, könnte die Formulierung allerdings auch als Indiz dafür gewertet werden, dass die Richtlinie den Mitgliedstaaten einen größeren Handlungsspielraum bezüglich der Umsetzung des Umwandlungsprozesses zugestehen will. Andererseits stellt sich insoweit die Frage, warum die Gründungsgesellschafter einer SUP anders behandelt werden sollten als die Gründungsgesellschafter der nationalen Gesellschaften mit beschränkter Haftung. Wie mit Blick auf den Kommissionsentwurf erläutert, könnten vom Umwandlungsrecht abweichende Regeln im Fall einer Ausgestaltung der SUP als Unterform eventuell sinnvoll sein. Beide Auffassungen erscheinen daher vertretbar.

47 Für den Fall einer Umwandlung, die zu einer **Verlegung des Unternehmenssitzes in einen anderen Mitgliedstaat** führt, stellt Art. 9 I 2 SUP-RL-GA klar, dass die Umwandlung nur zulässig ist, wenn der Änderungsvorgang mit dem anwendbaren Recht beider beteiligter Mitgliedstaaten vereinbar ist.

48 Die allgemeine Ausrichtung (*general approach*) **definiert** den Begriff der „Umwandlung" **nicht** mehr. Darüber hinaus wurde Art. 9 III SUP-RL-KOM, der sich mit der Beschlussfassung, der Satzung und dem notwendigen Nettovermögen beschäftigte (s. Rn. 42 f.), aus dem Kompromisstext des Rates gelöscht. Allerdings stellt Art. 9 SUP-RL-GA weiterhin sicher, dass Unternehmen, die in Anhang I aufgelistet sind, sich in eine SUP umwandeln können. Wie bereits dargestellt, (s. Rn. 22) ist – soweit sich keine besonderen Hinweise für einen Höchststandard ergeben – vom Vorliegen eines **Mindeststandards** auszugehen. Zieht man das *explanatory memorandum* des Kommissionsentwurfs iSe. historischen Auslegung heran, könnte dieses allerdings für einen Höchststandard sprechen (s. Rn. 41). Geht man allerdings vom Vorliegen eines Mindeststandards aus, müsste es den Mitgliedstaaten erlaubt sein, Spezialgesetze zu erlassen (s. Rn. 30).

49 Wie der Kommissionsvorschlag schreibt auch Art. 9 II SUP-RL-GA vor, dass die Umwandlung in eine SUP nicht zu einem Verlust der Rechtspersönlichkeit führen darf. Der *general approach* bleibt damit beim Ansatz eines **identitätswahrenden Formwechsels**. Neben den speziellen Umwandlungsvorschriften finden die allgemeinen Gründungsvorgaben insbesondere zur Satzung (s. Rn. 58 ff.) und zum Eintragungsverfahren (s. Rn. 82 ff.) Anwendung. Mit der Umwandlung einer SUP in eine andere Rechtsform befasst sich Art. 25 SUP-RL-GA (s. dazu Rn. 184).

3. Umwandlung gem. dem JURI-Entwurf

50 Wie schon bei der Neugründung schränkt der JURI-Entwurf die Umwandlung in eine SUP zunächst auf **Klein- und Kleinstunternehmen** ein, die zusätzlich bereits ein Jahr bestehen müssen (Art. 9 I SUP-RL-JURI). Einen Bezug zur Rechtsform enthält die Vorschrift nicht mehr. Daraus könnte geschlossen werden, dass die Mitgliedstaaten allen Klein- und Kleinstunternehmen unabhängig von der Rechtsform die Umwandlung ermöglichen müssen. Erwägungsgrund 11b SUP-RL-JURI bezieht sich mit Blick auf die Umwandlung allerdings nur auf Gesellschaften mit beschränkter Haftung und spricht daher für eine engere Auslegung des Art. 9 I SUP-RL-JURI. Im Anschluss daran ist dann wie beim *general approach* zu überlegen, ob die Vorschrift einen Mindest- oder einen Höchststandard setzt.

51 Art. 9 I SUP-RL-JURI stellt in Übereinstimmung mit dem *general approach* explizit klar, dass der **Umwandlungsprozess** selbst dem nationalen Recht unterliegt. Im Gegensatz zum *general approach* gibt Art. 9 Ia SUP-RL-JURI allerdings vor, dass die Umwandlung nicht zur grenzüberschreitenden Verlegung des Sitzes führen darf. Eine Ausnahme sieht die Vorschrift nur zu dem Zweck der Zusammenführung von Register- und Verwaltungssitz (entsprechend der Vorgabe des Art. 10 SUP-RL-JURI) vor. Insofern ist nicht eindeutig, ob es zwingend notwendig ist, dass der Verwaltungssitz an den Ort des Registersitzes verlegt wird oder ob umgekehrt auch eine Verlegung des Registersitzes an den Ort des Verwaltungssitzes möglich ist. Da die Vorschrift vornehmlich auf die Zusammenführung von Register- und Verwaltungssitz ausgerichtet und sie offen formuliert ist, dürften im Ergebnis beide Möglichkeiten offenstehen.

52 Ebenso wie die beiden anderen Entwürfe schreibt Art. 9 II SUP-RL-JURI vor, dass die Umwandlung in eine SUP nicht zu einem Verlust der Rechtspersönlichkeit führen darf und es sich somit um einen **identitätswahrenden Formwechsel** handelt. Art. 9 III SUP-RL-KOM wurde durch den Rechtsausschuss des Europäischen Parlaments

103 Vgl. *Kalss/Klampfl*, Europäisches Gesellschaftsrecht, 2015, Rn. 484.

gestrichen. Neben den speziellen Umwandlungsvorschriften finden die **allgemeinen Gründungsvorgaben** insbesondere zur Satzung (s. Rn. 61 ff.) und zum Eintragungsverfahren (s. Rn. 89 ff.) Anwendung. Mit der Umwandlung einer SUP in eine andere Gesellschaftsform befasst sich der Entwurf des Rechtausschusses im Gegensatz zu den beiden anderen Vorschlägen nicht in Art. 25 SUP-RL-JURI, sondern in Art. 7a SUP-RL-JURI.

IV. Satzung und Satzungsänderungen

1. Kommissionsentwurf

In Art. 2 Ziff. (4) SUP-RL-KOM stellt die Kommission zunächst fest, dass der Begriff „Satzung" alle Gründungsdokumente umfasst. Art. 11 und 12 SUP-RL-KOM regeln daraufhin die Ausgestaltung der Satzung der SUP. Grundsätzlich ist zwischen **individuell gestalteten Satzungen** und der **Mustersatzung** (*template of articles of association*) zu differenzieren.[104] Mitgliedstaaten müssen individuell gestaltete Satzungen nicht zulassen, sondern besitzen lediglich die Möglichkeit, einen Gründungsprozess mithilfe individueller Satzungen zu gestatten (zum Eintragungsverfahren unter Rn. 72 ff.).[105] Art. 11 II 1 SUP-RL-KOM listet die **Mindestangaben** auf, die in allen Satzungen aufgenommen werden müssen und zwar unabhängig davon, ob es sich um Mustersatzungen oder individuell gestaltete Satzungen handelt (vgl. Art. 11 I SUP-RL-KOM).[106] Zwingend erforderlich sind gem. der Vorschrift Angaben zu folgenden Punkten: 53

- Zur Gründung,
- zur Organisationsverfassung,
- zu den Anteilen,
- zum Stammkapital,
- zur Buchführung und
- zur Auflösung.

Diese Begriffe sind sehr allgemein gehalten.[107] Unklar ist, ob die nationalen Gesetzgeber mit Blick auf die individuell gestalteten Satzungen die Möglichkeit haben, über Art. 11 II 1 SUP-RL-KOM hinausgehende Anforderungen zu stellen bzw. auch nur die vorhandenen Anforderungen zu konkretisieren. Auf der einen Seite könnte man eine gewisse Regelungsfreiheit des nationalen Gesetzgebers mit Blick auf Ergänzungen befürworten, da die Mitgliedstaaten individuell gestaltete Satzungen nicht gestatten müssen, sondern vielmehr die Wahl haben, einen Gründungsprozess mithilfe individueller Satzungen zu gestatten.[108] Andererseits zeigt Art. 13 I SUP-RL-KOM, dass die Richtlinie die Vereinheitlichung der zur Gründung notwendigen Angaben und Dokumente anstrebt.[109] Unterschiede zwischen den Satzungsvarianten sind zudem insbesondere bei der Änderung der Satzung nicht unproblematisch (s. dazu Rn. 56). Kein eindeutiger Schluss lässt sich aus Art. 11 I SUP-RL-KOM ziehen, der die Formulierung „mindestens" verwendet.[110] Der Wortlaut könnte auch lediglich dafür sprechen, dass es dem Gesellschafter gestattet ist, weitere Aspekte aufzunehmen. Die Anforderungen in Art. 11 II SUP-RL-KOM sind allerdings sehr allgemein gehalten,[111] so dass es für das nationale Recht mit Blick auf **individuell gestaltete Satzungen** ein Konkretisierungsbedürfnis gibt.[112] Eine vermittelnde Ansicht könnte somit darin bestehen, Konkretisierungen durch den nationalen Gesetzgeber zu gestatten, ihm aber gleichzeitig zu untersagen, Angaben zu Aspekten zu verlangen, die in Art. 11 II 1 SUP-RL-KOM nicht genannt sind.[113] Dadurch würde allerdings das daraus resultierende Problem der Satzungsänderungen nicht gelöst. Es wäre daher auch denkbar, dass der natio- 54

104 Auf die Möglichkeit von individuell gestalteten Satzungen weist bereits Erwägungsgrund 19 S. 2 SUP-RL-KOM hin; so auch *Hommelhoff* in: Lutter/Koch (Hrsg.), SUP, 2015, S. 69, 70; *Teichmann* in: Lutter/Koch (Hrsg.), SUP, 2015, S. 37, 41; *Kalss/Klampfl*, Europäisches Gesellschaftsrecht, 2015, Rn. 487; *Moench*, Die SUP, 2016, S. 59; vgl. *Guidotti/Bartolacelli* in: Viera González/Teichmann (Eds.), Private Companies in Europe, 2016, S. 89, 100; vgl. auch *Steinwendter* NZ 2014, 262, 265.

105 Zustimmend *Moench*, Die SUP, 2016, S. 60.

106 *Deutscher Anwaltsverein* NZG 2014, 1372, Rn. 40; *Moench*, Die SUP, 2016, S. 59; vgl. auch cep, cepAnalyse Nr. 31/2014 (SUP), S. 2.

107 Kritisch dazu *Velasco* El Notario del Siglo XXI 2015, 148, 149. Der Autor fordert präzise Mindestvorgaben in der Richtlinie selbst.

108 *Velasco* El Notario del Siglo XXI2015, 148, 150 fordert, dass auch Mitgliedstaaten weitere Angaben verlangen dürfen.

109 Für die Möglichkeit für die nationalen Gesetzgeber weitere Anforderungen zu stellen *Deutscher Anwaltsverein* NZG 2014, 1372, Rn. 40; *Kalss/Klampfl*, Europäisches Gesellschaftsrecht, 2015, Rn. 487 ausdrücklich für individuell gestaltete Satzungen und nicht für Mustersatzungen; *Moench*, Die SUP, 2016, S. 59 f.

110 Dies als Argument anführend *Moench*, Die SUP, 2016, S. 60; *Kalss/Klampfl*, Europäisches Gesellschaftsrecht, 2015, Rn. 487.

111 Art. 11 II SUP-RL-KOM formuliert folgendermaßen: „In der einheitlichen Vorlage für die Satzung werden die Errichtung, die Anteile, das Stammkapital, die Organisation, die Buchführung und die Auflösung einer SUP behandelt.".

112 *Deutscher Anwaltsverein* NZG 2014, 1372, Rn. 40.

113 So noch *Jung* GmbHR 2014, 579, 585.

nale Gesetzgeber die Angaben nicht konkretisieren darf, sondern vielmehr die Mindestanforderungen, die die Kommission für die Mustersatzung spezifizieren wird, übernehmen muss.

55 In Bezug auf die **Mustersatzung** ist eindeutig, dass die **Mindestanforderungen europaweit einheitlich** sein sollen. Das nationale Recht darf insofern keine zusätzlichen Mindestangaben fordern.[114] Auch Konkretisierungsanforderungen müssten unzulässig sein. Art. 11 III SUP-RL-KOM zeigt, dass die Kommission die Mustersatzung im Rahmen eines **Durchführungsrechtsaktes** schaffen möchte. Die einheitliche Mustersatzung würde dann in allen Amtssprachen vorliegen und müsste von den Mitgliedstaaten online zugänglich gemacht werden (Art. 11 II 2 SUP-RL-KOM). Auch wenn im jeweiligen Land Dokumente in der jeweiligen Landessprache eingereicht werden müssen, wären die anderen Sprachversionen für die Nicht-Muttersprachler beim Ausfüllen der Mustersatzung eine wertvolle Hilfe.

56 Aus Art. 12 I SUP-RL-KOM lässt sich erkennen, dass **Satzungsänderungen** sowohl für individuell gestaltete Satzungen als auch für Mustersatzungen[115] nach der Eintragung in das zuständige nationale Register grundsätzlich möglich sind (zur Zuständigkeit für Satzungsänderungen s. Rn. 104 f.). Die allgemeine Formulierung, die keine Beschränkung auf individuelle Satzungen enthält,[116] und die Bezugnahme auf das elektronische Eintragungsverfahren (vgl. Art. 12 I SUP-RL-KOM), indem grundsätzlich die Mustersatzung verwendet werden muss (vgl. Art. 14 IV lit. a) SUP-RL-KOM), rechtfertigen insofern die Erfassung auch der Mustersatzungen.

57 Gem. Art. 12 II SUP-RL-KOM dürfen Satzungsänderungen nicht nachträglich einen der in Art. 11 II SUP-RL-KOM aufgelisteten **Mindestinhalte** entfallen lassen. Mindestangaben, die die Mustersatzung verlangt, können daher nach der Eintragung geändert, aber nicht gestrichen werden. Weitere Aspekte können hingegen in die ursprüngliche Mustersatzung integriert werden. Für individuell gestaltete Satzungen kommt es darauf an, ob man ein Konkretisierungsrecht durch den nationalen Gesetzgeber bejaht oder nicht (s. o. Rn. 54). Lehnt man ein solches wie oben vorgeschlagen ab, ergeben sich aufgrund der Parallelität der Mindestangaben keine Schwierigkeiten. Anderenfalls hängt die Änderung der Satzung vom gewählten Registrierungsprozess (mit oder ohne Mustersatzung) ab.[117] Satzungsänderungen vom Registrierungsprozess abhängig zu machen, erscheint im Ergebnis jedoch wenig sinnvoll, weshalb die Konkretisierungsmöglichkeit für den nationalen Gesetzgeber entgegen guter Argumente abgelehnt werden sollte. Art. 12 I SUP-RL-KOM regelt zudem, dass Änderungen nicht gegen das anwendbare nationale Recht (*applicable national law*) verstoßen dürfen.

2. Ratsentwurf

58 Die allgemeine Ausrichtung des Rates (*general approach*) stellt ein völlig anderes System auf. Schon der Titel des Kapitels war einer Anpassung unterworfen und änderte sich von „Kapitel 3: Satzung" zu „Kapitel 3: Der (die) **Errichtungsakt(e) einer SUP**".[118] Diese neutrale Formulierung soll alle Gründungsdokumente einer SUP umfassen. Dementsprechend wurde im Kompromisstext auch die Definition der Satzung (Art. 2 (4) SUP-RL-KOM) gestrichen. Im Sinne einer höheren sprachlichen Präzision hätte der Titel des Kapitels mit dem Zusatz „bezüglich Online-Registrierungen" komplementiert werden können, da die Regelungen dieses Kapitels nur die nationalen Vorlagen (*templates*) für die Nutzung bei der Online-Registrierung betreffen. Diese Auslegung wird durch eine Gesamtwürdigung von Art. 11 und 12 SUP-RL-GA gestützt.

59 Art. 11 I 1 SUP-RL-GA betont, dass grundsätzlich die Mitgliedstaaten die **Errichtungsakte** regulieren. Der Artikel zählt diesbezüglich Aspekte auf, die typischerweise durch das nationale Recht geregelt werden, wie zum Beispiel „Inhalt, Form, Name und Zahl solcher Akte". Art. 11 SUP-RL-GA selbst fokussiert sich darauf, die Online-Vorlagen („*on-line templates*") für die jeweiligen Errichtungsakte zu regulieren. Gem. Art. 11 I 2 SUP-RL-GA müssen die Mitgliedstaaten derartige Online-Vorlagen bereitstellen. Anstelle einer EU-weiten Online-Vorlage (wie ursprünglich von der Kommission vorgeschlagen, s. Rn. 55) erlaubt die allgemeine Ausrichtung des Rates allerdings 28 **mitgliedstaatlich erstellte Online-Vorlagen** für die Satzung (und ggf. weitere Gründungsdokumente).[119] Dies führt zu **Rechtszersplitterung**. Darüber hinaus sind Mitgliedstaaten nicht dazu verpflichtet, die

114 *Deutscher Anwaltsverein* NZG 2014, 1372, Rn. 40; *Kalss/Klampfl*, Europäisches Gesellschaftsrecht, 2015, Rn. 487; *Moench*, Die SUP, 2016, S. 58.

115 Vgl. auch *Deutscher Anwaltsverein* NZG 2014, 1372, Rn. 42; *Beurskens* GmbHR 2014, 738, 741; *Schoenemann* EWS 2014, 241, 242; *Moench*, Die SUP, 2016, S. 61.

116 Auch SUP-RL-KOM, S. 8 unterstützt eine entsprechende Interpretation.

117 *Jung* GmbHR 2014, 579, 585.

118 Englischer Wortlaut: „Chapter 3: The instrument(s) of constitution for an SUP". Französischer Wortlaut: „Chapitre 3: Acte(s) constitutif(s) d'une SUP". Niederländisch: „Hoofdstuk 3: De oprichtingsakte(n) van een SUP". Polnischer Wortlaut: „Akt założycielski (akty założycielskie) spółki SUP". Der spanische Wortlaut, hat sich hingegen kaum verändert. Er spricht weiterhin von „escritura de constitución" („Capítulo 3: la(s) escritura(s) de constitución de la SUP"). Gleiches gilt für den italienischen Wortlaut („Capo 3: Gli atti costitutivi di una SUP").

119 *Lutter/Bayer/Schmidt*, Europäisches Unternehmens- und Kapitalmarktrecht, 2017, Rn. 47.99. *Kindler*, The Single-Member Limited Liability Company (SUP), 2016, Rn. 42 befürwortet nationale Online-Vorlagen. AA *Moench*, Die SUP, 2016, S. 59, der diese Entwicklung bedauert.

Online-Formulare in anderen als ihrer eigenen **offiziellen Landessprache** anzubieten,[120] Art. 11 I 4 SUP-RL-GA ermutigt sie lediglich dazu. Immerhin listet Art. 11 III SUP-RL-GA **abschließend** die Informationen auf, die Mitgliedstaaten im Rahmen der nationalen Online-Vorlage verlangen können, wobei das nationale Recht Unternehmensgründern erlauben kann, weitere Informationen bereitzustellen oder individualisierte Entscheidungen in den Errichtungsakten zu treffen (Art. 11 IV SUP-RL-GA). Aus dem Wortlaut der Vorschrift kann geschlossen werden, dass es den Mitgliedstaaten erlaubt ist, nicht alle der in Art. 11 III SUP-RL-GA genannten Angaben zu verlangen.[121] Art. 11 III SUP-RL-GA nennt folgende Informationen, die die Mitgliedstaaten im Rahmen der Online-Vorlage verlangen können:[122]

- Name der Gesellschaft (lit. a));
- Angaben zur Identifizierung des einzigen Gesellschafters (lit. b));
- Angaben zur Identifizierung der Organmitglieder (lit. ba));
- Größe der Organe (Leitung und ggf. Aufsichtsrat, lit. c));
- Unternehmensgegenstand (lit. ca));
- Register- und Verwaltungssitz (lit. d) und e));
- Dauer der Gesellschaft (lit. f), dazu Rn. 63);
- Angaben zum Kapital (lit. g));
- „Bestimmungen für den Fall, dass die Mitglieder des Leitungsorgans abwesend oder nicht handlungsfähig sind“ (lit. i));
- Angaben zum „rechtlichen Stellenwert der Beschlüsse einer in der Errichtung befindlichen Gesellschaft“ (lit. j)) und
- Geschäftsjahr (lit. k)).

SUP können sich dann unter Verwendung der jeweiligen nationalen Vorlagen **online registrieren** lassen (vgl. Art. 11 II 1 SUP-RL-GA, zur Eintragung s. Rn. 82 ff.). Der Kompromisstext des Rates regelt lediglich die nationalen Vorlagen, die für die Online-Registrierung benötigt werden. Andere Errichtungsakte, wie zum Beispiel individuelle Satzungen, die in Offline-Registrierungen verwendet werden, sind von den beschriebenen Bestimmungen nicht betroffen. Solche Satzungen können ebenfalls zugelassen werden. Der *general approach* enthält im Gegensatz zum Kommissionsentwurf auch keine Vorgaben zu Satzungsänderungen, weshalb dieser Aspekt vollständig dem nationalen Recht überlassen bleibt. 60

3. JURI-Entwurf

Der Entwurf des Rechtsausschusses des Europäischen Parlaments ähnelt eher dem *general approach* als den Vorgaben des Kommissionsentwurfs. Art. 11 I SUP-RL-JURI beschäftigt sich mit der **„Einheitlichen Vorlage für die Satzung“** und listet in diesem Zusammenhang auf, welche Angaben die Vorlage zu enthalten hat. Die Satzungsinhalte nach dem JURI-Entwurf stimmen praktisch mit Art. 11 III SUP-RL-GA überein. Die Vorschrift formuliert allerdings deutlich, dass die Mitgliedstaaten diese Angaben auch verlangen müssen. Ein Abweichen nach unten, wie beim *general approach*, ist somit nicht möglich. Wie auch der *general approach* schreibt Art. 11 Ia 1 SUP-RL-JURI vor, dass die Mitgliedstaaten entsprechende Vorlagen bereitstellen müssen. Es werden somit von jedem nationalen Gesetzgeber solche Vorlagen erstellt und nicht eine europaweit einheitliche durch die EU. Die Mitgliedstaaten werden vergleichbar der Situation beim *general approach* zudem nicht dazu verpflichtet, die Vorlage in anderen Sprachen als der eigenen Amtssprache zur Verfügung zu stellen (vgl. Art. 11 Ia 2 SUP-RL-JURI), sondern lediglich dazu aufgefordert. Im Gegensatz zum *general approach* lässt sich aus Art. 11 I SUP-RL-JURI allerdings nicht eindeutig ablesen, ob die Mitgliedstaaten **weitere Angaben** in die Vorlage aufnehmen dürfen. Da Art. 11 SUP-RL-JURI die Überschrift „Einheitliche Vorlage (…)“[123] trägt, ist im Ergebnis insofern jedoch auch hier nicht von einem Spielraum für die Mitgliedstaaten auszugehen. 61

Andere Errichtungsakte, wie zum Beispiel **individuell gestaltete Satzungen**, die in Offline-Registrierungen verwendet werden können, werden von Art. 11 SUP-RL-JURI nicht erfasst. Die Bestimmungen zur Satzungsänderung (Art. 12 SUP-RL-JURI) stimmen indes mit denen des Kommissionsentwurfs (Art. 12 SUP-RL-KOM) überein (s. dazu Rn. 56 f.). 62

---

120 Dies ebenfalls kritisierend *Moench*, Die SUP, 2016, S. 59.

121 Deutscher Wortlaut: „einige oder alle der folgenden Angaben“. Englischer Wortlaut: „some or all of the following information“. Französischer Wortlaut: „certaines ou l'ensemble des informations ci-après“. Spanischer Wortlaut: „parte o la totalidad de la información siguiente“. Italienischer Wortlaut: „tutte o alcune delle seguenti informazioni“. Niederländischer Wortlaut: „sommige of alle onderstaande gegevens“. Polnischer Wortlaut: „niektóre lub wszystkie z poniższych informacji“. *Teichmann/Götz* in: Viera González/Teichmann (Eds.), Private Companies in Europe, 2016, S. 29, 40.

122 *Kindler*, The Single-Member Limited Liability Company (SUP), 2016, Rn. 41 konstatiert, dass die Angaben über § 3 I GmbHG hinausreichen.

123 Englischer Wortlaut: „Standard template (…)“. Französischer Wortlaut: „Modèle uniforme (…)“. Spanischer Wortlaut: „Modelo uniforme“. Italienischer Wortlaut: „Modello uniforme“. Niederländischer Wortlaut: „Uniform model“. Polnischer Wortlaut: „Jednolity wzór (…)“.

V. Dauer

63 Der **Kommissionsentwurf** und das Arbeitsdokument des **Rechtsausschusses** des Europäischen Parlaments sehen in Art. 7 V SUP-RL-KOM/SUP-RL-JURI vor, dass die Mitgliedstaaten nicht vorschreiben dürfen, dass die SUP auf Zeit zu gründen ist. Darüber, ob die SUP für einen bestimmten Zeitraum gegründet wird oder nicht, dürfen vielmehr allein die Gesellschafter entscheiden. Der ***general approach*** des Rates enthält keine entsprechende Regelung, weshalb der nationale Gesetzgeber danach wohl die Möglichkeit besitzt, eine Gründung auf Zeit vorzuschreiben. Die Streichung der Vorschrift könnte zumindest so interpretiert werden (zur historischen Auslegung näher unter § 2 Rn. 123 ff.). Gem. Art. 11 III lit. f) SUP-RL-GA ist die Dauer der Gesellschaft in jedem Fall Bestandteil der Vorlage für die Satzung.

VI. Firma

64 Der Rechtsformzusatz stellte bei den anderen europäischen Gesellschaftsformen und den gescheiterten Projekten keinen entscheidenden Diskussionspunkt dar.[124] Nicht so bei der SUP. Nach dem Kommissionsentwurf muss die neue nationale Rechtsform (oder die Variante einer bestehenden Rechtsform) in jedem Mitgliedstaat den **Rechtsformzusatz „SUP"** verwenden (Art. 6 I 2, Art. 7 III SUP-RL-KOM).[125] Aus Art. 7 III 1 SUP-RL-KOM lässt sich herauslesen, dass nur die **Abkürzung** verwendet werden darf, nicht jedoch die Langform.[126] Der Rechtsformzusatz ist außerdem **nachzustellen** (Art. 7 III 1 SUP-RL-KOM). Er darf im Gegensatz zur Regelung bei der EWIV (s. § 7 Rn. 72) und der SCE (s. § 6 Rn. 117) damit zB nicht vorangestellt werden. Anderen Gesellschaftsformen ist die Verwendung der Abkürzung „SUP" ganz generell untersagt (Art. 7 III 2 SUP-RL-KOM).

65 Die Kommission schlägt folglich eine **europäische Bezeichnung** für die neue „nationale" Rechtsform vor, die durch die Richtlinie eingeführt werden soll. Ein europäisches Label (dazu allgemein unter § 3 Rn. 130 ff.) mag damit gerechtfertigt werden, dass der europäische Gesetzgeber diese Rechtsform harmonisiert.[127] Umgekehrt stieß die einheitliche Bezeichnung allerdings auch auf Kritik und wurde mit Blick darauf, dass es sich um eine europäische Bezeichnung für eine „nationale" Rechtsform handelt,[128] sogar als „Etikettenschwindel"[129] bezeichnet.

66 Der **lateinische Name** „SUP" (Societas Unius Personae) reflektiert dabei die Intention der Kommission, in jedem Mitgliedstaat eine **Einpersonen-Gesellschaft** einzuführen.[130] Kritisiert wurde der Kommissionsvorschlag jedoch insofern, als der Name keinen Hinweis darauf gibt, dass es sich um eine Rechtsform **mit beschränkter Haftung** handelt.[131] Zwar stimmt es, dass die Abkürzungen vieler bereits bestehender nationaler Gesellschaften mit beschränkter Haftung auf diesen Aspekt hindeuten (vgl. nur die GmbH in Deutschland, die SARL in Frankreich (s. dazu § 13 Rn. 246 ff.), die s.r.l. in Italien (s. dazu § 14 Rn. 399 ff.), die S.R.L. in Spanien (s. dazu § 15 Rn. 467 ff.) oder die sp. z o.o. in Polen (s. dazu § 17 Rn. 140 ff.)), aber universal ist dieses Charakteristikum nicht. Beispielsweise zeigt die Abkürzung „BV" der niederländischen Gesellschaft mit beschränkter Haftung Gläubigern nicht an, dass es sich hierbei um eine Gesellschaft mit beschränkter Haftung handelt.[132] Auffällig ist, dass die „SUP" im Gegensatz zu den bereits existierenden europäischen Rechtsformen (SE – Societas Europaea, SCE – Societas Cooperativa Europaea, EWIV – Europäische Wirtschaftliche Interessenvereinigung) nicht den Zusatz **„Europäisch"** (**Europaea**) enthält. Dies ist allerdings insoweit nicht überraschend, als die Kommission nicht das Ziel verfolgt, eine weitere „europäische" Rechtsform, sondern vielmehr 28 ähnlich strukturierte, nationale Rechtsformen einzuführen. Nach hier vertretenem Verständnis liegt die SUP damit jedoch an der

124 Zur Diskussion um den Rechtsformzusatz der EWIV siehe allerdings § 7 Rn. 73.

125 Die Abkürzung „SUP" hat teilweise auch humoristische Kommentare hervorgerufen, da die Abkürzung auch für „Stand Up Paddling" steht. Vgl. Noack, Ist die SUP super?, http://blog.handelsblatt.com/rechtsboard/tag/einpersonengesellschaft/. Auf Schwedisch bedeutet „en sup" „einen Schnapps". So Jesper Lau Hansen, Mitglied der "informal company law expert group" (ICLEG), auf dem ECFR Symposium in Berlin (7. November 2014). Auch Wortspiele mit „super" und „suboptimal" kommen vor. Vgl. *J. Schmidt* GmbHR 2014, R129.

126 *Beurskens* GmbHR 2014, 738, 742; *Moench*, Die SUP, 2016, S. 38. Die Autorin revidiert insofern ihre in *Jung* GmbHR 2014, 579, 580 f. vertretene Ansicht.

127 Positiv zum einheitlichen Label *Beurskens* GmbHR 2014, 738, 742; *Moench*, Die SUP, 2016, S. 38 f.

128 Österreichische Rechtsanwaltskammertag, Stellungnahme zur SUP, 21/ 14/59, S. 3 f.; ebenso kritisch *Wicke* ZIP 2014, 1414, 1417 („Privatgesellschaften höchst unterschiedlicher nationaler Prägung"); ebenso *Krauß/Meichelbeck* BB 2015, 1562, 1564.

129 *Wicke* ZIP 2014, 1414, 1417.

130 Zur Problematik, dass mehrere Personen den Anteil halten können unter Rn. 134 ff. Insofern wurde auch angemerkt, dass es sich vielmehr um eine „Ein-Anteils-Gesellschaft" handelt. *Kindler*, The Single-Member Limited Liability Company (SUP), 2016, Rn. 49 ("single-share company").

131 Bundesrat, Beschluss, BR-Drs. 165/14 (Beschluss 2), 11.7.2014, S. 11; vgl. auch *Deutscher Anwaltsverein* NZG 2014, 1372, Rn. 28.

132 Im Gegensatz zur SUP verdeutlicht die Langfassung der niederländischen Gesellschaft mit beschränkter Haftung – „besloten vennootschap met beperkte aansprakelijkheid" – allerdings dem Rechtsverkehr, dass es sich hierbei um eine Gesellschaft mit beschränkter Haftung handelt. S. zur BV näher unter § 16 Rn. 264 ff.

Grenze zwischen nationalem und europäischem Recht, weshalb von einer hybriden Gesellschaftsform gesprochen werden könnte (s. zur dieser Kategorisierung näher unter § 3 Rn. 50 ff.).

Die Kommission schreibt nicht vor, dass der Name der Gesellschaft auf das **Herkunftsland** hinzuweisen hat (bspw. SUP-FR für eine französische SUP).[133] Dies ist für Unternehmen ein wichtiger Gesichtspunkt bei der SUP, weil die nationalen SUP dadurch ein wahrhaft europäisches Label erhalten. In Verbindung mit der Sitzaufspaltung (s. dazu Rn. 100 f.), würde dies die einheitliche Strukturierung der Tochtergesellschaften erlauben, bei gleichzeitiger Nutzung der europäischen Bezeichnung im In- und Ausland. 67

Gläubiger könnten hingegen ein Interesse haben, schon am Namen der Gesellschaft durch einen nationalen Zusatz zu erkennen, woher die Gesellschaft stammt, denn davon hängen die anwendbaren nationalen Regelungen ab. Der europäische Gesetzgeber hat sich jedoch generell bei supranationalen Rechtsformen dazu entschieden, keine nationalen Firmierungszusätze vorzuschreiben oder auch nur zu gestatten. Auch wenn die SUP formal als „nationale" Gesellschaftsform deklariert wird, ist sie insofern wie die anderen europäischen Rechtsformen ausgestaltet worden. Die Interessen der Gläubiger werden hier daher generell nicht so hoch gewichtet, dass schon die Firmierung die nationale Herkunft offenbaren müsste. Das gilt im Übrigen teilweise auch bei rein nationalen Gesellschaftsformen, bei denen Gläubiger auch nicht immer das Herkunftsland anhand der abgekürzten Rechtsform erkennen können.[134] Darüber hinaus müssen der Unternehmenssitz sowie das zuständige Register auf **Briefen** und **Auftragsformularen** gem. den Vorgaben der ehemaligen Publizitätsrichtlinie (jetzt Teil der Kodifizierungs-RL) angegeben werden (vgl. dazu auch § 20 Rn. 25 ff.).[135] Dennoch führt eine einheitliche Bezeichnung für die angedachten nationalen Einpersonen-Gesellschaften im Ergebnis dazu, dass sich die Gläubiger darüber informieren müssen, welches nationale Recht auf die SUP anwendbar ist und in der Folge, wie dieses ausgestaltet ist (was wiederum an der nicht generell angestrebten Vollharmonisierung liegt).[136] 68

Aufgrund der am Kommissionsentwurf geäußerten Kritik unterlag die Regelung des Rechtsformzusatzes im Laufe des Richtliniengebungsprozesses substantiellen Änderungen.[137] Der **Kompromisstext des Rates** (SUP-RL-GA) gewährt in Abkehr vom Kommissionsentwurf den Mitgliedstaaten bezüglich dieses Aspektes größere Freiheiten bei der Umsetzung. Gem. Art. 7 III 2 SUP-RL-GA können die nationalen Regelungsgeber den Rechtsformzusatz der SUP modifizieren.[138] Sie müssen es aber nicht (Art. 7 III 2 SUP-RL-GA, dazu auch Rn. 70).[139] Mitgliedstaaten haben zum Beispiel die Möglichkeit, festzulegen, dass der Rechtsform ein Zusatz hinzuzufügen ist, der auf den **Herkunftsstaat** hindeutet (bspw. SUP-FR für Frankreich oder SUP-ES für Spanien).[140] Insofern wird befürchtet, dass es zu Verwirrungen aufgrund der vielen möglichen Rechtsformzusätze kommen könnte.[141] Dieses Argument ist auch nicht von der Hand zu weisen. Mitgliedstaaten können allerdings nicht nur ein Länderkürzel anhängen, ihnen wird auch die Möglichkeit gewährt, die SUP zu verpflichten, dem Rechtsformzusatz die **Abkürzung der nationalen privatrechtlichen Gesellschaftsform mit beschränkter Haftung** hinzuzufügen (vgl. Art. 7 III 3 SUP-RL-GA). Eine in Italien registrierte SUP könnte folglich dazu gezwungen sein, die Abkürzung „SUP-s.r.l." zu nutzen. In diesem Falle würde die Firma der SUP eindeutig darauf hindeuten, dass es sich bei der Rechtsform um eine solche mit beschränkter Haftung handelt. Art. 7 III 3 SUP-RL-GA könnte so auszulegen sein, dass Mitgliedstaaten nur die Abkürzungen solcher privatrechtlichen Gesellschaften mit beschränkter Haftung dem Rechtsformzusatz hinzufügen dürfen, die in **Anhang I** aufgelistet sind. Hierfür spricht sowohl der 69

133 Einen solchen Bezug fordernd *Krauß/Meichelbeck* BB 2015, 1562, 1564; *Straube* in: FS Nowotny, 2015, S. 469, 476; ebenso *Conac* ECFR 2015, 139, 154 f., *Wuisman* ECL 12 (2015) 34, 44; *Teichmann/Götz* in: Viera González/Teichmann (Eds.), Private Companies in Europe, 2016, S. 29, 33 f. (alternativ plädieren die Autoren für die Abschaffung des europäischen Labels); kritisch zum fehlenden Bezug auf das Herkunftsland *Steinwendter* NZ 2014, 262, 264; auch für einen nationalen Zusatz bereits im Rahmen des Kommissionsentwurfs BDA/BDI/DIHK, Gemeinsame Stellungnahme zum SUP-Vorschlag, S. 4; ebenso einen Zusatz fordernd Österreichische Notariatskammer, Stellungnahme zum SUP Vorschlag vom 15.5.2014, Az. 532.30, S. 5.

134 Vgl. auch *Moench*, Die SUP, 2016, S. 38. So ist zum Beispiel vielen Teilnehmern des Rechtsverkehrs nicht klar, dass sich hinter dem Rechtsformzusatz „d.o.o." eine kroatische GmbH verbirgt (die Bezeichnung wird außerdem in anderen Ländern Südosteuropas verwendet). Außerdem werden in verschiedenen Ländern zum Teil diesselben Rechtsformzusätze verwendet.

135 *Moench*, Die SUP, 2016, S. 39.

136 cep, cepAnalyse – Societas Unius Personae, Nr. 31/2014 (SUP), S. 3 befürchtet, dass die SUP aufgrund der Rechtsunsicherheit, die auch aufgrund des europäischen Labels entsteht, welches keinen Hinweis auf den Sitz liefert, als Rechtsform nicht akzeptiert werden könnte. Ähnlich *Teichmann/Götz* in: Viera González/Teichmann (Eds.), Private Companies in Europe, 2016, S. 29, 34 f.

137 Zum Vorschlag der italienischen Präsidentschaft verpflichtend einen Hinweis auf das Herkunftsland aufzunehmen *Teichmann/Götz* in: Viera González/Teichmann (Eds.), Private Companies in Europe, 2016, S. 29, 33.

138 Kritisch dazu *Moench*, Die SUP, 2016, S. 39.

139 Kritisch dazu *Teichmann/Götz* in: Viera González/Teichmann (Eds.), Private Companies in Europe, 2016, S. 29, 33.

140 Art. 7 III 2 SUP-RL-GA, vgl. auch Erwägungsgrund 9 SUP-RL-GA.

141 So *Teichmann/Götz* in: Viera González/Teichmann (Eds.), Private Companies in Europe, 2016, S. 29, 34 f.

Wortlaut[142] als auch die Tatsache, dass die Regelungen dieser Unternehmensformen Geltung erlangen, wenn die Richtlinie einen Aspekt nicht regelt (vgl. Art. 4 lit. b) SUP-RL-GA). Nach dieser Auslegung könnte Deutschland nationale SUP zum Beispiel nicht dazu verpflichten, die Abkürzung „SUP-UG (haftungsbeschränkt)“ zu verwenden, sondern könnte nur den Rechtsformzusatz „SUP-GmbH“ vorgeben. Dadurch, dass die Mitgliedstaaten nicht nur Länderkürzel, sondern auch nationale Rechtsformzusätze an das Label „SUP“ anhängen dürfen, steigert sich noch einmal die Vielfalt möglicher Gestaltungen und damit das Risiko einer Verwirrung des Rechtsverkehrs.

70 Während der Mitgliedstaat des Registersitzes die Möglichkeit hat, die Firma dergestalt zu modifizieren, kann der **Mitgliedstaat des Verwaltungssitzes** (im Fall einer zulässigen Sitzaufspaltung, s. dazu Rn. 100 f.) diesbezüglich **keinerlei Voraussetzungen** festlegen. Art. 7 III 2 SUP-RL-GA stellt jedoch explizit klar, dass Mitgliedstaaten nicht dazu verpflichtet sind, von SUP zu verlangen, dem Rechtsformzusatz eine Konkretisierung hinzuzufügen. Diese Regelungsfreiheit wurde teils kritisch gesehen. So entstünden im Rechtsverkehr Situationen, in denen (stark national geprägte) SUP mit und ohne Herkunftszusatz agieren würden.[143] Gerade Mitgliedstaaten, die ihre nationale SUP fördern wollen, könnten darauf verzichten, einen nationalen Hinweis zu verlangen und es dadurch ihren SUP erleichtern, ihren Register- und Verwaltungssitz zu trennen. Die Kombination aus einer europäischen Bezeichnung und der Möglichkeit der **Sitzaufspaltung** könnte Unternehmensgruppen dazu befähigen, ihre Tochtergesellschaften (im In- und Ausland) mithilfe der nationalen SUP zu strukturieren. Dieses Szenario wäre allerdings auf einer Linie mit den oben erklärten Zielen der Richtlinie und daher grundsätzlich nicht besonders problematisch (sondern im Gegensatz sogar wünschenswert), sofern das Ziel der allgemeinen Ausrichtung des Rates, eine möglichst weitgehende Harmonisierung bezüglich aller für Gläubiger relevanten Aspekte zu erreichen, hätte realisiert werden können. Die Mitgliedstaaten konnten jedoch über die bedeutsamsten Aspekte keine Einigung erzielen und folglich verwarf die allgemeine Ausrichtung viele für die Gläubiger wichtige Regelungen (zum Beispiel zur Kapitalverfassung). Dieser **geringe Grad an Harmonisierung** könnte im Zusammenhang mit einer „europäischen“ Bezeichnung daher für Gläubiger durchaus problematisch sein.[144] Eine „europäische“ Bezeichnung deutet für Stakeholder grundsätzlich einen relativ hohen Harmonisierungsgrad an, welcher jedoch faktisch von der allgemeinen Ausrichtung des Rates nicht erreicht wird. Dies hätte die Reputation von europäischen Rechtsformbezeichnungen im Gesellschaftsrecht insgesamt gefährden können. Zu bedenken ist allerdings auch, dass im Fall der Nutzung von Hinweisen auf die Herkunftsstaaten der Rechtsverkehr mehr Vertrauen in die eine als in die andere nationale SUP entwickeln könnte und dadurch die Unternehmer im Ergebnis doch wieder gezwungen würden, mit jeweils lokalen SUP zu agieren.[145]

71 Entsprechend der wiederum am *general approach* geäußerten Kritik entwirft das **Arbeitsdokument des Rechtsausschusses** des Europäischen Parlaments ein drittes Konzept. JURI hält dabei grundsätzlich am Rechtsformzusatz SUP fest (Art. 7 III 1 SUP-RL-JURI), verpflichtet die Mitgliedstaaten allerdings dazu, dieser Bezeichnung einen **Zusatz** hinzuzufügen, der auf den **Herkunftsmitgliedstaat** hinweist (Art. 7 III 2 SUP-RL-JURI). Beispielhaft nennt die Vorschrift die Ergänzung um den Rechtsformzusatz der vergleichbaren nationalen Rechtsform (Art. 7 III 3 SUP-RL-JURI). Aus der Formulierung der Vorschrift lässt sich jedoch erkennen, dass auch **andere Zusätze möglich** sind. Erwägungsgrund 9 S. 2 SUP-RL-JURI erläutert, dass dieser Zusatz notwendig ist, um zu verdeutlichen, dass es sich zwar um eine harmonisierte (SUP), aber dennoch nationale Gesellschaftsform handelt (daher bspw. SUP-GmbH, nach Art. 7 III SUP-RL-JURI wäre wohl auch SUP-UG möglich). Der JURI-Entwurf trägt somit den Bedenken gegen ein europäisches Label für eine nationale Gesellschaftsform Rechnung, löst allerdings das Problem der Vielfalt der Rechtsformzusätze und die dadurch möglicherweise entstehende Verwirrung nicht. Da die SUP nach dem JURI-Entwurf aber nicht als Konzernbaustein gedacht ist (s. Rn. 28), ist die Frage des europäischen Labels im Ergebnis jedoch auch weniger drängend.

VII. Eintragung in das zuständige Register

1. Kommissionsentwurf

72 Die Richtlinie regelt das Eintragungsverfahren in Artt. 13 und 14 SUP-RL-KOM. Die Kommission misst diesen Vorgaben eine besondere Bedeutung zu, „da sie für die Erleichterung der Gründung von Tochtergesellschaften in anderen Mitgliedstaaten der Union als dem Sitzland der Gesellschaft von entscheidender Bedeutung sind“[146] (zum Anwenderkreis Rn. 24 ff.). Zu unterscheiden sind das rein elektronische Eintragungsverfahren (Online-Verfahren) für Neugründungen, das Eintragungsverfahren für Gründungen durch Umwandlung und ein etwai-

142 Art. 7 III 3 SUP-RL-GA benutzt die Formulierung „Gesellschaften mit beschränkter Haftung“, die in der Richtlinie verwendet wird, um auf Gesellschaften des Anhang I zu verweisen.
143 Vgl. *Teichmann/Götz* in: Viera González/Teichmann (Eds.), Private Companies in Europe, 2016, S. 29, 33 f.
144 Kritisch zum europäischen Label in Verbindung mit einem geringen Harmonisierungsgrad auch *Teichmann/Götz* in: Viera González/Teichmann (Eds.), Private Companies in Europe, 2016, S. 29, 34.
145 Vgl. *Moench*, Die SUP, 2016, S. 39.
146 SUP-RL-KOM, S. 8.

ges anderweitiges (nicht rein elektronisches) Verfahren für Neugründungen.[147] Europäisch innovativ ist dabei die Einführung eines vollständig elektronischen Eintragungsverfahrens für Neugründungen, welches möglichst einfach, kostengünstig und wenig zeitintensiv sein soll (vgl. Art. 14 III SUP-RL-KOM).[148] Dieses **Online-Verfahren** ist für die SUP **zwingend** vorgesehen, dh die Mitgliedstaaten müssen ein entsprechendes Verfahren einführen.[149] Sie dürfen aber zusätzlich auch „andere"[150] Eintragungsverfahren für die Neugründung vorsehen (vgl. Erwägungsgrund 19 SUP-RL-KOM). Die „anderen" Eintragungsverfahren werden zwar in Artt. 13 und 14 SUP-RL-KOM nicht direkt angesprochen. Eine Gesamtschau der Artt. 11 bis 14 SUP-RL-KOM bestätigt allerdings die diesbezüglichen Ausführungen des Erwägungsgrunds 19 SUP-RL-KOM. Einige Vorgaben in Artt. 13 und 14 SUP-RL-KOM sind daher sogar unabhängig von der Art des Eintragungsverfahrens durch die Mitgliedstaaten umzusetzen. Mehrere Vorschriften befassen sich jedoch ausdrücklich speziell mit dem Online-Registrierungsverfahren für Neugründungen, wie zB Art. 14 III und IV SUP-RL-KOM.

Die Richtlinie schreibt zudem die Möglichkeit der Gründung durch Umwandlung zwingend vor (vgl. Art. 9 I SUP-RL-KOM, dazu auch Rn. 41). Da die Richtlinie den Eintragungsprozess jedoch grundsätzlich nicht regelt, muss der nationale Gesetzgeber dies tun.[151] Die **allgemeinen Vorgaben** der Artt. 13 und 14 SUP-RL-KOM gelten insofern auch für den Eintragungsprozess im Fall einer Umwandlung.[152] Ein Online-Verfahren muss es für die Umwandlung hingegen nicht geben. Die diesbezüglichen Regelungen muss der nationale Gesetzgeber daher nicht beachten. 73

Zentrale Bestandteile des Online-Registrierungsverfahrens sind die **Mustersatzung** (*template of articles of association*, vgl. Rn. 53 ff.) und das **Registrierungsformular** (*registration template*), die deutlich voneinander zu unterscheiden sind.[153] Das **EU-weit einheitliche Registrierungsformular** wird die Kommission (wie auch die Mustersatzung) durch einen Durchführungsrechtsakt erlassen (vgl. Art. 13 II SUP-RL-KOM). Ein entsprechendes Registrierungsformular erfordert grundsätzlich Einheitlichkeit hinsichtlich der Frage, welche **Angaben und Dokumente** die Mitgliedstaaten im Rahmen der Eintragung verlangen dürfen. Art. 13 I SUP-RL-KOM enthält hierzu eine **abschließende Aufzählung.**[154] Die Vorschrift stellt insofern einen **Höchststandard** dar,[155] als er dem nationalen Gesetzgeber nicht die Möglichkeit gewährt weitere Angaben zu fordern. Sie müssen allerdings gleichzeitig auch nicht alle aufgelisteten Informationen verlangen.[156] Zu den relevanten Informationen zählen ua: 74

- Die Firma der SUP (Art. 13 I lit. a) SUP-RL-KOM);
- ihr Unternehmensgegenstand (Art. 13 I lit. c) SUP-RL-KOM);
- Angaben zu den Gründungsgesellschaftern und ggf. dem wirtschaftlichen Eigentümer (Art. 13 I lit. d) SUP-RL-KOM);
- das gezeichnete Kapital (Art. 13 I lit. f) SUP-RL-KOM) und
- die Satzung (Art. 13 I lit. h) SUP-RL-KOM) etc.

Beachtenswert ist, dass Art. 13 I lit. d) SUP-RL-KOM auch Angaben zum **wirtschaftlichen Eigentümer** (*beneficial owner*), also zB zum Treugeber, fordert.[157] In der politischen Diskussion um die Missbrauchsanfälligkeit der SUP, die vor allem auf Basis der elektronischen Gründungsmöglichkeit geführt wird, wurde diese Regelung bis- 75

147 Vgl. auch *Hommelhoff* in: Lutter/Koch (Hrsg.), SUP, 2015, S. 69, 69.

148 Vgl. Erwägungsgrund 13 SUP-RL-KOM sowie SUP-RL-KOM, S. 8. Siehe auch *J. Schmidt* GmbHR 2014, R129 f. *Ries* in: Lutter/Koch (Hrsg.), SUP, 2015, S. 65, 65 hält das bisherige Verfahren weder für zeit- noch kostenintensiv und sieht daher keinen Bedarf für die SUP.

149 Vgl. auch *Moench*, Die SUP, 2016, S. 62.

150 Englischer Wortlaut: „another". Französischer Wortlaut: „autre". Spanischer Wortlaut: „otra". Italienischer Wortlaut: „altra". Niederländischer Wortlaut: „andere". Polnischer Wortlaut: „Inną".

151 So auch *Moench*, Die SUP, 2016, S. 83.

152 *Wuisman* ECL 12 (2015) 34, 44 wirft die Frage auf, welche Vorschriften auf die Eintragung im Fall einer Umwandlung Anwendung finden sollten.

153 Siehe hierzu auch *Deutscher Anwaltsverein* NZG 2014, 1372, Rn. 46; *Hommelhoff* in: Lutter/Koch (Hrsg.), SUP, 2015, S. 69, 72; *Moench*, Die SUP, 2016, S. 63; *Guidotti/Bartolacelli* in: Viera González/Teichmann (Eds.), Private Companies in Europe, 2016, S. 89, 101.

154 Auch den abschließenden Charakter erwähnend *Teichmann* in: Lutter/Koch (Hrsg.), SUP, 2015, S. 37, 42; *Deutscher Anwaltsverein* NZG 2014, 1372, Rn. 46; *Kalss/Klampfl*, Europäisches Gesellschaftsrecht, 2015, Rn. 488. Der abschließende Charakter ergibt sich aus dem Wortlaut. Deutscher Wortlaut: „(…) dürfen die Mitgliedstaaten *nur* die folgenden (…); Englischer Wortlaut: "Member States may *only* (…) the following (…)"; Französischer Wortlaut: „(…) les États membres peuvent *uniquement* (…) suivants". Spanischer Wortlaut: „(…) los Estados miembros *solo* podrán exigir la información o documentación siguiente". Italienischer Wortlaut: „(…) gli Stati membri possono richiedere *soltanto* le informazioni o i documenti che seguono". Niederländischer Wortlaut: „De lidstaten (…) *uitsluitend* om de volgende gegevens of documenten". Polnischer Wortlaut: „państwa członkowskie mogą wymagać (…) wyłącznie następujących (…)".

155 Bundesrat, Beschluss, BR-Drs. 165/14 (Beschluss 2), 11.7.2014, S. 2.

156 Bundesrat, Beschluss, BR-Drs. 165/14 (Beschluss 2), 11.7.2014, S. 2.

157 Vgl. *Wuisman* ECL 12 (2015) 34, 37, die darauf hinweist, dass eine Definition des wirtschaftlichen Eigentümers fehlt; dazu, dass durch die Aufnahme des wirtschaftlichen Eigentümers die Anforderungen bereits strenger sind als nach dem deutschen Recht siehe *Beurskens* GmbHR 2014, 738, 739 (Fn. 28). *Kalss/Klampfl*, Europäisches

her zu wenig gewürdigt.[158] Art. 13 I SUP-RL-KOM ist zudem nicht speziell auf die Online-Gründung zugeschnitten, sondern ist vielmehr auch auf die Umwandlung bzw. ein eventuell zugelassenes anderes Verfahren für die Neugründung anzuwenden.

76 Weitere Einzelheiten des Eintragungsverfahrens ergeben sich aus Art. 14 SUP-RL-KOM. Art. 14 I SUP-RL-KOM stellt klar, dass sich jede SUP unabhängig vom Eintragungsverfahren in dem Mitgliedstaat registrieren muss, in dem sie ihren **Registersitz** hat. Gem. Art. 14 III SUP-RL-KOM muss das gesamte Online-Eintragungsverfahren für Neugründungen dann **elektronisch** durchgeführt werden können. Eine **physische Präsenz** des Gründungsgesellschafters darf nicht verlangt werden (vgl. Art. 14 III SUP-RL-KOM). Für die Kommission ist der Verzicht auf eine persönliche Präsenz der Gründer wichtig, um Auslandsgründungen zu erleichtern.[159] Die Kommission dachte hierbei vor allem an Konzerne, die im Ausland eine Tochtergesellschaft gründen wollen (vgl. Erwägungsgrund 13 SUP-RL-KOM). Allerdings haben Konzerne in der Regel Personal vor Ort, so dass die physische Präsenz wohl auch derzeit für diese kein unüberwindliches Hindernis darstellt. Ein Online-Verfahren würde aber für alle Gründer im Allgemeinen eine Erleichterung darstellen. Zur Absicherung der reinen Online-Gründung stellt das *„explanatory memorandum"* explizit klar, dass die Anforderungen an die vollumfängliche elektronische Eintragung auch mit Blick auf die **Kommunikation** zwischen dem **Gründer** und dem **zuständigen Register** gelten.[160] Die Kommission will somit Umgehungsversuche der Mitgliedstaaten durch eine nationalstaatliche Pflicht zum persönlichen Erscheinen o.ä. von vornherein unterbinden.

77 Die Abwicklung des Online-Verfahrens muss über eine **Internetseite** erfolgen. Diese Seite ist mit den entsprechenden Internetseiten der anderen Mitgliedstaaten zu verlinken (vgl. Art. 14 IV SUP-RL-KOM). Die Online-Registrierung erfordert dann die Nutzung der **Mustersatzung**[161] und des **Registrierungsformulars** (Art. 14 IV lit. a) und b) SUP-RL-KOM).

78 Erwägungsgrund 15 SUP-RL-KOM lässt zu, dass das Registrierungsverfahren nur in der **Landessprache** durchgeführt werden kann.[162] Die Kommission äußert in Erwägungsgrund 15 SUP-RL-KOM lediglich den Wunsch, dass auch andere Amtssprachen im Rahmen der Eintragung akzeptiert werden. **Mehrsprachigkeit** bei der Eintragung würde insbesondere Gründungen aus dem Ausland erleichtern und könnte daher dem Mitgliedstaat, der dies erlaubt, nutzen. Die Mustersatzung und das Registrierungsformular sollen im Hinblick auf das **Layout** und den **Inhalt** jedoch in allen Sprachen gleich sein. Gründer können daher in Zweifelsfällen andere Sprachfassungen als Vorlage verwenden.[163]

79 Mit Abschluss des Registrierungsverfahrens wird dem Gründer eine **Eintragungsbescheinigung** ausgestellt (vgl. Art. 14 IV 3 SUP-RL-KOM). Die Vorschrift ist unglücklich formuliert, da der Wortlaut den Eindruck erweckt, der Mitgliedstaat selbst und nicht die zuständige Behörde müsste diese Bescheinigung ausstellen.[164] Ungewöhnlich ist die zeitliche Begrenzung des Eintragungsverfahrens auf nicht mehr als **drei Tage** nach ordnungsgemäßer Einreichung aller notwendigen Dokumente (vgl. Art. 14 IV 4 SUP-RL-KOM). Auch hier ist der Wortlaut wenig geglückt, da die Vorschrift davon spricht, dass die „Eintragungsbescheinigung" spätestens nach drei Tagen auszustellen ist. Diese kann jedoch erst nach der Eintragung ausgestellt werden, woraus sich indirekt ergibt, dass das Eintragungsverfahren nicht länger als drei Tage dauern darf.[165] Die Regelungen zur Eintragungsbescheinigung und zur Frist sind allgemeingültig formuliert, so dass sie dem Wortlaut nach auch für die Gründung durch

---

Gesellschaftsrecht, 2015, Rn. 488 erläutern, dass damit zB Treugeber und Stiftungsbegünstigte gemeint sind. Vgl. auch *Moench*, Die SUP, 2016, S. 63; *Deutscher Anwaltsverein* NZG 2014, 1372, Rn. 46 sieht dies als Anzeichen, dass die Kommission davon ausgeht, dass treuhänderische Modelle genutzt würden.

158 Eine Ausnahme bildet *Conac* in: Viera González/Teichmann (Eds.), Private Companies in Europe, 2016, S. 159, 169, der darin eine Transparenzregelung sieht, die bei der Bekämpfung von Geldwäsche und Steuerhinterziehung hilfreich sein könnte.

159 Zu den bereits bestehenden Möglichkeiten für Gründer aus dem Ausland *Ries* in: Lutter/Koch (Hrsg.), SUP, 2015, S. 65, 65. IG Bau, Pressemitteilung, 21.11.2014, befürchtet, dass dadurch Anreize zur Scheinselbständigkeit gesetzt würden (abrufbar unter: https://www.igbau.de/IG_BAU_warnt_vor_neuer_Zumutung_aus_Bruessel_fuer_Arbeitnehmer.html, zuletzt abgerufen am 9.3.2018).

160 SUP-RL-KOM, S. 7.

161 Zur daraus resultierenden mangelnden Flexibilität im Zeitpunkt der Gründung *Hommelhoff* in: Lutter/Koch (Hrsg.), SUP, 2015, S. 69, 73.

162 Kritisch dazu *Wuisman* ECL 12 (2015) 34, 42.

163 Vgl. auch *Teichmann/Götz* in: Viera González/Teichmann (Eds.), Private Companies in Europe, 2016, S. 29, 39.

164 Deutscher Wortlaut: "Die Mitgliedstaaten stellen eine Eintragungsbescheinigung aus (…)"; Englischer Wortlaut: „Member States shall issue a certificate of registration (…)"; Französischer Wortlaut: „Les Ètats membres dèlivrent un certificat d'immatriculation (…)". Spanischer Wortlaut: „Los Estados miembros deberán expedir un certificado de registro (…)". Italienischer Wortlaut: „Gli Stati membri rilasciano un certificato di registrazione (…)". Niederländischer Wortlaut: „De lidstaten geven een bewijs van inschrijving af (…)". Polnischer Wortlaut: „Państwa członkowskie wydają poświadczenie rejestracji".

165 *Wuisman* ECL 12 (2015) 34, 43 verdeutlicht, dass die Richtlinie bzgl. der verschiedenen Schritte (Eintragung, Veröffentlichung, Eintragungsbescheinigung) Verwirrung stiftet.

Umwandlung und andere Verfahren Anwendung finden.[166] Erwägungsgrund 16 SUP-RL-KOM sieht es bei einer Umwandlung jedoch als „naturgemäß“ (*by nature*) an, dass der Eintragungsvorgang länger dauern kann. Ein dem Erwägungsgrund entsprechendes Ergebnis ließe sich im Wege einer teleologischen Reduktion rechtfertigen (vgl. § 2 Rn. 174 f.). Im Fall der Gründung durch Umwandlung ist daher zwar auch eine Eintragungsbescheinigung auszustellen, die zeitliche Vorgabe für den Eintragungsprozess greift dann aber nicht.[167] Die Richtlinie selbst schreibt keine Sanktionen für den Verstoß gegen die Eintragungsfrist fest, sieht in Art. 28 SUP-RL-KOM jedoch vor, dass die Mitgliedstaaten entsprechende wirksame Sanktionen festlegen müssen.

Insbesondere das Online-Registrierungsverfahren ist in Deutschland von den Notaren und Teilen der Politik und Literatur[168] zT scharf kritisiert worden. Denn eine notarielle Beurkundung ist in der SUP-Richtlinie selbst nicht vorgesehen, weshalb deutsche Notare entsprechende Mindereinnahmen fürchten. Hinzu kommt die wirtschaftliche Bedeutung, die diese Entscheidung hätte entfalten können. So wäre es nicht ausgeschlossen gewesen, dass die Online-Gründung im Fall einer erfolgreichen SUP auch auf die GmbH ausgedehnt worden wäre.[169] Diese Bedenken wurden jedoch nicht immer offen diskutiert. Im Mittelpunkt der Diskussion stand vielmehr die Gefahr des **Missbrauchs der Online-Gründung**, die im Parlament durch das Auftauchen der Panamapapers besondere Brisanz gewann. Für die Akzeptanzfähigkeit in Deutschland ist daher wichtig, ob und inwiefern die **Einbindung der Notare** in das System erfolgen kann. Art. 14 V 1 SUP-RL-KOM erlaubt den Mitgliedstaaten insofern, Bestimmungen zur **Überprüfung** der **Identität** der Gründer (und etwaiger anderer Personen) sowie Vorgaben zur Überprüfung der **Ordnungsmäßigkeit der eingereichten Dokumente** vorzusehen. Kritisch vermerkt wurde insofern, dass die Identitätsprüfung vom Kommissionsentwurf nicht zwingend vorgeschrieben wird.[170] Eine **Doppelkontrolle**, wie sie in Deutschland vorgegeben ist, scheidet gem. Art. 14 V SUP-RL-KOM zumindest in Bezug auf die einzureichenden Dokumente nicht von vornherein aus.[171] Allerdings wäre die Kontrolle wohl Gegenstand einer bloßen Beglaubigung, womit vielleicht dem Sicherheitsaspekt Rechnung getragen werden könnte, aber nicht unbedingt den Einnahmeinteressen der Notare. Bezüglich der Identität von Personen kommt noch hinzu, dass die von anderen Mitgliedstaaten ausgestellten Ausweise anerkannt werden müssen (Art. 14 V 2 SUP-RL-KOM).[172] Auch müsste die Einbindung der Notare insgesamt unter Beachtung der Vorgaben für das elektronische Eintragungsverfahren erfolgen (vgl. Erwägungsgrund 18 SUP-RL-KOM). Ob und in wieweit die Notare technisch eingebunden werden können, bleibt daher letztlich fraglich.[173] Den Einnahmeinteressen durch echten Beurkundungszwang Rechnung zu tragen, erscheint allerdings kaum möglich.[174] 80

Gem. Art. 14 II SUP-RL-KOM erlangt die SUP mit ihrer **Eintragung** in das zuständige nationale Register **Rechtspersönlichkeit**. Die Eintragung wirkt also **konstitutiv**. Die Vorschrift ist allgemeingültig formuliert. Für die Umwandlung ist zu bedenken, dass es sich um einen identitätswahrenden Formwechsel handelt und dort die Rechtspersönlichkeit somit nie verloren geht. Die Eintragung begründet in dem Fall allerdings die Rechtspersönlichkeit als SUP. 81

---

166 BDA/BDI/DIHK, Gemeinsame Stellungnahme zum SUP-Vorschlag, S. 7 verlangen insofern eine Klarstellung, dass die Frist zumindest nicht für Umwandlungen gelten soll.

167 Vgl. *Moench*, Die SUP, 2016, S. 65 f., der die Frist von drei Tagen nur im Rahmen der Online-Gründung mit den Musterprotokollen für anwendbar hält; so auch *Drygala* EuZW 2014, 491, 493. Auch *Guidotti/Bartolacelli* in: Viera González/Teichmann (Eds.), Private Companies in Europe, 2016, S. 89, 101, halten diese kurze Eintragungsfrist scheinbar nur bei der Verwendung der Satzungs- und Eintragungsmuster für anwendbar; so wohl auch *J. Schmidt* in: Lutter/Koch (Hrsg.), SUP, 2015, S. 1, 2. *Teichmann/Götz* in: Viera González/Teichmann (Eds.), Private Companies in Europe, 2016, S. 29, 42 gehen dagegen darauf ein, dass die Frist für Umwandlungen nicht gilt.

168 Kritisch in der spanischsprachigen Literatur *Velasco* El Notario del Siglo XXI 2015, 148, 150 f.

169 *Kögel* Rpfleger 2016, 1, 4 erwähnt die Möglichkeit des „Dammbruchs“, hält aber für offen, ob dieser eintreten würde.

170 Vgl. *Hommelhoff* GmbHR 2014, 1065, 1068, weist darauf hin, dass die Identitätskontrolle und Prüfung der Ordnungsmäßigkeit der Dokumente nicht zwingend vorgegen ist; ebenso *Wuisman* ECL 12 (2015) 34, 37; kritisch zur Freiwilligkeit Bundesrat, Beschluss, BR-Drs. 165/14 (Beschluss 2), 11.7.2014, S. 3, *Ries* NZG 2014, 569, 569; *Wicke* ZIP 2014, 1414, 1415; allg. differenziert zur Einbindung der Notare *Beurskens* GmbHR 2014, 738, 745 f.; *Hommelhoff* in: Lutter/Koch (Hrsg.), SUP, 2015, S. 69, 79 f.; vgl. ebenso zur Einbeziehung von Notaren *Kindler*, The Single-Member Limited Liability Company (SUP), 2016, Rn. 35 zum *general approach*; *Hansen* ECFR 2015, 177, 179 und *Conac* ECFR 2015, 139, 166 gehen davon aus, dass die SUP-RL-KOM mit Blick auf die Einbindung von Notaren neutral ist.

171 AA *Hommelhoff* in: Lutter/Koch (Hrsg.), SUP, 2015, S. 69, 75 f.

172 Kritisch dazu zB Bundesrat, Beschluss, BR-Drs. 165/14 (Beschluss 2), 11.7.2014, S. 3. Eher positiv hingegen *Moench*, Die SUP, 2016, S. 74. Allgemein zum Problem der Anerkennung *Wuisman* ECL 12 (2015) 34, 37 ff.

173 *Kalss/Klampfl*, Europäisches Gesellschaftsrecht, 2015, Rn. 490 hält die tatsächliche Möglichkeit der Einbindung der Notare für fraglich. *ter Brake/van Duuren* ECL 12 (2015) 270, 277 nennen eine „notarial portal website“ als eine Möglichkeit für die Einbindung.

174 Den Beurkundungszwang kritisch betrachend *Kögel* Rpfleger 2016, 1, 4.

2. Ratsentwurf

82 Im Gegensatz zum Kommissionsvorschlag regelt die allgemeine Ausrichtung des Rates **nur** das **Online-Verfahren.** Der Kompromisstext beinhaltet keinerlei Bestimmungen über denkbare anderweitige Prozesse, lässt den Mitgliedstaaten aber im Ergebnis die Möglichkeit, weitere Registrierungsformen neben der Online-Registrierung zu erlauben (vgl. Art. 14 III 2 SUP-RL-GA).

83 Für den Fall, dass die Mitgliedstaaten **anderweitige Registrierungsprozesse** erlauben, stellt sich die Frage, ob sie für diese Prozesse besondere Regelungen erlassen können, oder ob sie diesbezüglich auf das Recht für Gesellschaften mit beschränkter Haftung verweisen müssen. Da weder die Bestimmungen noch die Erwägungsgründe den Mitgliedstaaten ausdrücklich die Option eröffnen, dafür besondere Regelungen zu erlassen, ist davon auszugehen, dass das anwendbare Recht der in Anhang I aufgelisteten Gesellschaften mit beschränkter Haftung einschlägig ist (vgl. Art. 7 IV lit. b) SUP-RL-GA). Erwägungsgrund 13 SUP-RL-GA macht das Ziel der Registrierungsbestimmungen deutlich: Danach soll die Möglichkeit einer kostengünstigen Gründung von Tochtergesellschaften in anderen Mitgliedstaaten gewährt werden, weshalb das Eintragungsverfahren elektronisch abzuwickeln sein soll, ohne dass ein persönliches Erscheinen vor einer Behörde des Mitgliedstaates erforderlich wird (vgl. auch Art. 14 III 1 SUP-RL-GA).

84 Kapitel 4 des SUP-RL-GA behandelt das Verfahren der Online-Registrierung. Wie Art. 14 des Kommissionsvorschlages, legt auch die allgemeine Ausrichtung fest, dass die SUP in dem Mitgliedstaat eingetragen werden muss, indem der **Registersitz** liegen soll. Im Gegensatz zum Kommissionsvorschlag regelt der Kompromisstext jedoch nicht, wann die SUP ihre **Rechtspersönlichkeit** erlangt (vgl. Art. 14 II SUP-RL-GA). Das Online-Verfahren muss zudem über eine **Website** ausgeführt werden (vgl. Art. 12 III 1 SUP-RL-GA). Um eine SUP online zu registrieren muss der Unternehmensgründer die vom Mitgliedstaat des gewünschten Registersitzes angebotene Online-Vorlage für die Registrierung verwenden (vgl. Art. 13 II SUP-RL-GA), da sich der Rat nicht auf eine europaweit einheitliche Online-Vorlage einigen konnte.[175] Folge der in Art. 13 II SUP-RL-GA gefundenen Lösung ist eine weitere Rechtszersplitterung. Zu berücksichtigen ist, dass, wie auch im Kommissionsentwurf, strikt zwischen der **Satzungsvorlage** (Mustersatzung) und der **Online-Registrierungsvorlage** zu unterscheiden ist.

85 Art. 13 II lit. a) bis g) SUP-RL-GA listet die **Informationen** auf, die die Mitgliedstaaten von den Unternehmensgründern im Rahmen des Registrierungsprozesses erfragen dürfen. Die Liste ist grundsätzlich **abschließend**, was bedeutet, dass die Mitgliedstaaten keine weiteren Informationen verlangen dürfen. Allerdings erlaubt Art. 11 V SUP-RL-GA den Mitgliedstaaten, die gleichen Informationen zweifach abzufragen, einmal im Rahmen der Errichtungsakte und einmal im Rahmen des Registrierungsverfahrens. Darüber hinaus dürfen Mitgliedstaaten weitere Informationen von den Unternehmensgründern erfragen, soweit sie in Einklang mit Art. 11 IV SUP-RL-GA von der Möglichkeit der Satzungsgestaltungsfreiheit Gebrauch gemacht haben (vgl. Art. 13 III SUP-RL-GA). Darüber hinaus können Mitgliedstaaten weitere Angaben oder Belegstücke von Unternehmensgründern verlangen, soweit dies Anforderungen betrifft, die nicht in den Regelungsbereich der Richtlinie fallen, beispielsweise mit Blick auf steuerrechtlich relevante Informationen (vgl. Art. 13 V SUP-RL-GA). Art. 13 VI SUP-RL-GA stellt dabei klar, dass die Informationspflichten, die die Mitgliedstaaten gem. Art. 13 II, III, IV SUP-RL-GA einführen, jedoch nicht dazu führen dürfen, dass es Unternehmensgründern unmöglich ist, das Registrierungsverfahren rein elektronisch abzuschließen. Fraglich ist, warum Art. 13 VI SUP-RL-GA nicht auch Art. 13 V SUP-RL-GA umfasst, da Mitgliedstaaten auch nach dieser Regelung weitergehende Informationen von Unternehmensgründern verlangen können.

86 Mitgliedstaaten können verlangen, dass Unternehmensgründer geeignete **Belegstücke** zum Nachweis bzw. zur Untermauerung der im Rahmen des Registrierungsprozesses einzureichenden Informationen überbringen (Art. 13 IV, V SUP-RL-GA). Bezüglich der in Art. 13 II, III SUP-RL-GA gelisteten Informationen ist dies jedoch nur zulässig, wenn auch die nationalen, in Anhang I gelisteten Gesellschaften mit beschränkter Haftung dazu verpflichtet sind, in diesen Fällen Beweise vorzulegen. Die Vorschrift stellt somit die **Gleichbehandlung** der SUP mit den in Anhang I genannten Gesellschaftsformen sicher und verhindert so eine Benachteiligung der SUP.

87 Falls ein Unternehmensgründer die nationalen Vorlagen für den Errichtungsakt und die Registrierung verwendet, müssen die Mitgliedstaaten sicherstellen, dass die neu geschaffene SUP grundsätzlich innerhalb von **fünf Werktagen** eingetragen wird (Art. 14 III 3 SUP-RL-GA). Im Vergleich zum Kommissionsentwurf verlängert der *general approach* die Frist damit um zwei Tage. Gem. Art. 14 III 3 SUP-RL-GA kann die Eintragung in besonderen Fällen zudem mehr Zeit in Anspruch nehmen. Die Frist hat keine Geltung für SUP, die im Wege der Umwandlung entstehen (vgl. Erwägungsgrund 16a SUP-RL-GA und den Umkehrschluss aus Art. 14 II 3 SUP-RL-GA).

88 Die viel diskutierte Frage der Überprüfung der Identität des einzigen Gesellschafters wird in Art. 14a I SUP-RL-GA und Art. 14b I SUP-RL-GA behandelt, wobei letzterer am 28. Mai 2015 vom Rat für Wettbewerbsfähigkeit geändert wurde. Der Entwurf des *general approach* erfasst jedoch nicht nur die Prüfung der Identität. Art. 14a I SUP-RL-GA unterstellt das **Eintragungsverfahren** vielmehr dem nationalen Recht, wobei die Mitgliedstaaten eine Online-Eintragung gem. Art. 14 III SUP-RL-GA vorsehen müssen. Zu den erfassten Bereichen zählt der

175 Diese Änderung ebenso bedauernd *Moench*, Die SUP, 2016, S. 83.

Entwurf ausdrücklich die **Legalitätsprüfung.** Diese Prüfung ist umfangreicher als die Identitätsprüfung nach dem Kommissionsentwurf. Der Begriff der Legalitätsprüfung wird in Art. 14a I 2. Hs. SUP-RL-GA in einer nicht abschließenden Liste, als die Überprüfung der Identität und der Rechts-, Handlungs- und Geschäftsfähigkeit des Gründers und des Vertreters, der die Gesellschaft einträgt, konkretisiert. Erwägungsgrund 18 SUP-RL-GA erwähnt beispielsweise Video-Konferenzen als eine angemessene Maßnahme zur Überprüfung.[176] Art. 14b SUP-RL-GA behandelt die Frage der *„Anerkennung von Identifizierungsmitteln für die Zwecke der Online-Eintragung"*. Art. 14b I SUP-RL-GA spezifiziert insoweit, welche Arten der elektronischen Identifikation Mitgliedstaaten akzeptieren müssen (Art. 14b I lit. a) und b) SUP-RL-GA). Dazu zählen zunächst elektronische Identifizierungsmittel, die für die Eintragung der SUP im jeweiligen Registerland zugelassen sind (Art. 14b I lit. a) SUP-RL-GA). Darüber hinaus verlangt der Kompromissvorschlag, dass zumindest die elektronische Signatur im Sinne der eIDAS-Verordnung anerkannt wird (Art. 14b I lit. b) SUP-RL-GA).[177] Art. 14b II SUP-RL-GA regelt die Anerkennung weiterer elektronischer und nicht elektronischer Identifizierungsmittel, wobei in Bezug auf letzteres eine Gleichstellung mit den in Anhang I gelisteten Gesellschaften gesichert wird. Art. 14b III und IV SUP-RL-GA regeln weitere Details. Art. 14b V SUP-RL-GA betont, dass keine von den Mitgliedstaaten innerhalb des Registrierungsprozesses vorgenommenen Maßnahmen die Online-Registrierung behindern dürfen. Die Änderungen des Rates stießen jedoch auf Kritik, da durch sie die Vorzüge der SUP in Form einer elektronischen, schnellen, einheitlichen und kostengünstigen Gründung aufgehoben würden.[178] Und der *general approach* formuliert selbst: „Any further change to the on-line registration system would devoid it of its substance."[179]

3. JURI-Entwurf

Wie die allgemeine Ausrichtung des Rates regelt der JURI-Entwurf allein das **Online-Eintragungsverfahren,** welches darauf ausgerichtet ist, dass der Gründer grundsätzlich nicht physisch am Ort der Eintragung präsent sein muss (Art. 14 III 1 SUP-RL-JURI). Eine Ausnahme davon ist nur im Fall eines Betrugsverdachts zulässig (Art. 13 IIb SUP-RL-JURI). Art. 14 I SUP-RL-JURI gibt wie bei den anderen Entwürfen vor, dass die SUP in dem Mitgliedstaat, indem ihr **Registersitz** liegen soll, einzutragen ist. **Rechtspersönlichkeit** erlangt die SUP am Tag ihrer Eintragung (vgl. Art. 14 II SUP-RL-JURI, zur vergleichbaren Vorschrift beim Kommissionsentwurf Rn. 81). 89

Anders als der Kommissionsentwurf verweist Art. 13 I SUP-RL-JURI auf die Angaben aus der Satzung und listet anschließend zusätzliche Informationen und Unterlagen auf, die die Mitgliedstaaten im Rahmen des Eintragungsprozesses verlangen dürfen. Das Verhältnis der zu gebenden Informationen und der Ort an den sie gehören werden dadurch deutlicher. Die in Art. 13 I lit. a) bis e) SUP-RL-JURI genannten Angaben entsprechen weitgehend den Informationen, die auch die allgemeine Ausrichtung des Rates in Art. 13 II SUP-RL-GA auflistet. Aus der Formulierung des Art. 13 I SUP-RL-JURI wird deutlich („dürfen"), dass die Mitgliedstaaten diese Angaben verlangen können, aber nicht müssen. Die Angaben, die die nationalen Gesetzgeber im Rahmen der Online-Gründung verlangen können, sind wohl grundsätzlich abschließend in Art. 13 I SUP-RL-JURI aufgelistet. Darüber hinaus können Mitgliedstaaten allerdings weitere Angaben oder Belegstücke von Unternehmensgründern fordern, soweit dies Anforderungen betrifft, die nicht in den Regelungsbereich der Richtlinie fallen, also zB steuerrechtlich relevante Informationen (vgl. Art. 13 Ia SUP-RL-JURI). Im Gegensatz zum *general approach* haben die Mitgliedstaaten zudem nicht lediglich die Möglichkeit, geeignete **Belegstücke** zum Nachweis der im Rahmen des Registrierungsprozesses einzureichenden Informationen zu fordern (Art. 13 IV, V SUP-RL-GA), sondern müssen es scheinbar (Art. 13 I 2 SUP-RL-JURI). 90

Wie der *general approach* gewährt Art. 14 III 1 SUP-RL-JURI der zuständigen Registrierungsstelle **fünf Werktage** für die Eintragungen im Rahmen eines Online-Verfahrens, sofern der Behörde alle erforderlichen Dokumente vorliegen. Die Vorschrift gleicht dem Ratsentwurf auch insofern, als die Eintragung in besonderen Fällen mehr Zeit in Anspruch nehmen darf (Art. 14 III 1 SUP-RL-JURI). 91

Mit Blick auf die Identitätsprüfung geht der JURI-Entwurf auf die Kritik am Kommissionsentwurf ein und gewährt den Mitgliedstaaten in Art. 14 V SUP-RL-JURI nicht lediglich das Recht, eine solche Kontrolle vorzunehmen, sondern verpflichtet sie vielmehr dazu. Art. 14a SUP-RL-JURI über die zulässigen Identifizierungsmittel für die Online-Eintragung stimmt mit Art. 14b SUP-RL-GA überein (s. dazu Rn. 88). 92

---

176 Durchaus kritisch zur "webcam-based" authentication *Kindler*, The Single-Member Limited Liability Company (SUP), 2016, Rn. 36. Eher positiv *Lutter/Bayer/Schmidt*, Europäisches Unternehmens- und Kapitalmarktrecht, 2017, Rn. 47.101.

177 *Lutter/Bayer/Schmidt*, Europäisches Unternehmens- und Kapitalmarktrecht, 2017, Rn. 47.101 sehen kritisch, dass Art. 6 eIDAS-VO auch das Sicherheitsniveau „substantiell" genügen lässt. Zu möglichen Problemen mit Blick auf die Bezugnahme auf die eIDAS-VO im Rahmen der SUP-RL *Wuisman* ECL 12 (2015) 34, 37 f.

178 *Teichmann/Götz* in: Viera González/Teichmann (Eds.), Private Companies in Europe, 2016, S. 29, 43.

179 SUP-RL-GA, S. 4 (8811/15, LIMITE, DRS 39, CODEC 706).

VIII. Verfügbare Informationen für Gründer

93 Im Gegensatz zum Kommissionsvorschlag zielt der Kompromisstext des Rates nicht darauf ab, einen hohen Grad an **Harmonisierung** zu erreichen. Folglich werden sich Unternehmensgründer mit dem Problem auseinandersetzen müssen, dass zum Teil sehr verschiedene nationale Regelungen der Mitgliedstaaten Geltung erlangen. Die allgemeine Ausrichtung versucht daher zumindest, es Unternehmensgründern zu erleichtern, sich selbst über die **anwendbaren Bestimmungen zu informieren.** Art. 12 I 1 SUP-RL-GA verlangt von den Mitgliedstaaten aus diesem Grund, den Gründern von SUP vor der Eintragung „aktuelle, klare, präzise und benutzerfreundliche Informationen“[180] zu den nationalen Rechtsvorschriften über gewisse Aspekte des Funktionierens und der Eintragung einer SUP zugänglich zu machen. Insbesondere müssen die Mitgliedstaaten Informationen über anwendbare Regeln auf das Leitungsorgan (und soweit zutreffend auf den Aufsichtsrat), auf den Entscheidungsprozess, die Kompetenzen des einzigen Gesellschafters, Gewinnausschüttungen und wenn einschlägig über gesetzliche Rückstellungen sowie das Eintragungsverfahren (vgl. Art. 12 I lit. a) bis f.) SUP-RL-GA) bereitstellen. Eine Erweiterung der Liste wäre insofern zu diskutieren, als Informationen beispielsweise über Kapitalherabsetzungen, über die Haftung des einzigen Gesellschafters und der Mitglieder des Leitungsorgans sowie über konzernrechtliche Regelungen gleichermaßen bedeutend erscheinen.

94 Unglücklicherweise hält die allgemeine Ausrichtung die Mitgliedstaaten lediglich dazu an, die gesammelten Informationen auch in **anderen Sprachen** als der offiziellen Landessprache bereitzustellen (Art. 12 II 3 SUP-RL-GA). Eine Verpflichtung statuiert die Vorschrift jedoch nicht. In diesem Zusammenhang hätte auch angedacht werden können, den Mitgliedstaaten vorzuschreiben, ein sogenanntes „*law screening*“ einzuführen. Mit *law screening* ist hier eine Art **Informationsfilter** gemeint, der Unternehmensgründern helfen könnte, Informationen über die Gründung und den Betrieb einer SUP zu finden. Ein solches *law screening* könnte über eine Datenbank mit qualifizierten Suchmöglichkeiten durchgeführt werden.[181]

95 Das Arbeitsdokument des **Rechtsausschusses** des Europäischen Parlaments übernahm den Vorschlag des Rates zur Bereitstellung von Informationen für potenzielle Gründer, ohne entscheidende Änderungen vorzunehmen (vgl. Art. 12a SUP-RL-JURI).

I. Publizität

I. Eintragungsunterlagen und Eintragung

96 Die Publizitätspflichten der SUP unterscheiden sich bei den drei hier diskutierten Richtlinien-Entwürfen. So sehen Art. 14 VI 2 SUP-RL-KOM bzw. Art. 14 VI 3 SUP-RL-JURI vor, dass alle Unterlagen, die im Rahmen der Eintragung eingereicht wurden sowie die Eintragung selbst offengelegt werden müssen. Die Vorschrift erweitert die Offenlegungspflicht dann noch auf später an den Dokumenten vorgenommene Änderungen. Die Stellung der Vorschrift ist aus systematischer Sicht wenig geglückt.[182] Die allgemeine Ausrichtung des Rates enthält keine ausdrückliche Offenlegungspflicht, dh Art. 14 VI 2 SUP-RL-KOM findet sich dort so nicht. Aufgrund der fehlenden Regelung findet für diese Informationen die Registerpublizität der Mitgliedstaaten Anwendung.

II. Stammkapital

97 Nach Art. 16 V 1 SUP-RL-KOM hat die SUP ihr gezeichnetes und eingezahltes Kapital auf ihren Brief- und Auftragsunterlagen anzugeben. Unerheblich ist, ob die Unterlagen in Papierform oder in einer anderen Form (zB als Email) vorliegen. Weiterhin hat die Gesellschaft, wenn sie einen Internetauftritt unterhält, diese Angaben auch auf ihrer Webseite zugänglich zu machen (Art. 16 V 2 SUP-RL-KOM). Die Vorschrift greift also nur, sofern die Gesellschaft einen Internetauftritt hat. Es wird durch Art. 16 V 2 SUP-RL-KOM keine Pflicht zur Einrichtung einer Internetseite statuiert. Art. 16 SUP-RL-KOM möchte Transparenz bezüglich der finanziellen Ausstattung erreichen. So verzichtet der Kommissionsentwurf zwar auf die Vorgabe eines Mindestkapitals (dazu Rn. 139), gibt aber mit der Offenlegungspflicht über das Stammkapital dem Rechtsverkehr gleichzeitig die Möglichkeit, sich hierüber zu informieren und folglich selbst zu entscheiden, ob mit der SUP Geschäfte abgeschlossen werden.[183] Es wird insofern ein informationeller Gläubigerschutz geschaffen.[184] Die Publizität mag

---

180 Art. 12 I S. 1 SUP-RL-GA. Englischer Wortlaut: „up-to-date, clear, concise and user-friendly information“. Französischer Wortlaut: „des informations actualisées, claires, concises et aisément utilisables“. Spanischer Wortlaut: „información actualizada, clara, concisa y de fácil utilización“. Italienischer Wortlaut: „informazioni aggiornate, chiare, concise e di facile fruizione riguardo“. Niederländischer Wortlaut: „actuele, duidelijke, beknopte en gebruiksvriendelijke informatie“. Polnischer Wortlaut: „aktualne, jasne, zwięzłe i zrozumiałe informacje“.

181 *Krebs/Jung* BB 2014, 3081, 3082.

182 *Moench*, Die SUP, 2016, S. 80 fordert im Sinn der Übersichtlichkeit einen eigenen Absatz für die Vorschrift.

183 Vgl. *Schoenemann* EWS 2014, 241, 243; *Moench*, Die SUP, 2016, S. 96 f.

184 *Omlor* NZG 2014, 1137, 1140 bezeichnet dies als Gläubigerschutz durch „Selbstschutz“.

iSe. „*nudging*“ dazu führen, dass Gründer ein nicht unerhebliches Stammkapital wählen, um dadurch einen Vertrauensgewinn im Rechtsverkehr zu erreichen.[185]

Die allgemeine Ausrichtung des Rates und der Entwurf des Rechtsausschusses der Europäischen Union sehen keine vergleichbare Regelung vor, weshalb insofern nationales Recht greift. Zwar harmonisiert Art. 26 Kodifizierungs-RL (ex-Art. 5 Publizitätsrichtlinie, s. dazu § 20 Rn. 25 ff.) bestimmte Angaben, die auf der geschäftlichen Korrespondenz gemacht werden müssen, bezüglich des Kapitals konnte jedoch keine Einigung erzielt werden, weshalb entsprechende Angaben nicht zwingend gemacht werden müssen.[186] 98

III. Solvenzbescheinigung

Im Rahmen des vom Kommissionsentwurf vorgeschriebenen Solvenztests (dazu näher unter Rn. 155) hat der Geschäftsführer eine Solvenzbescheinigung zu erstellen (Art. 18 III SUP-RL-KOM). Gem. Art. 18 IV 1 und 2 SUP-RL-KOM ist die Gesellschaft dazu verpflichtet, die Solvenzbescheinigung offenzulegen und, falls die SUP eine Website besitzt, auch dort zugänglich zu machen. Gleiches gilt für den Entwurf des Rechtsausschusses (Art. 18 IV 1 und 2 SUP-RL-JURI) Auch Art. 18 III 2 SUP-RL-GA enthält eine vergleichbare Regelung, wobei der *general approach* allerdings den Solvenztest nicht verpflichtend vorschreibt (s. dazu näher unter Rn. 163). 99

J. Sitz der Gesellschaft

I. Register- und Verwaltungssitz

Art. 10 SUP-RL-KOM des **Kommissionsvorschlages** verlangt, dass nicht nur der Registersitz, sondern auch entweder der Verwaltungssitz oder die Hauptniederlassung in einem Mitgliedstaat der EU gelegen sein müssen.[187] Die Vorschrift stellt im Ergebnis einen Höchststandard dar und lässt somit eine **Sitzaufspaltung** zwingend zu. Die Mitgliedstaaten können daher nicht verlangen, dass sich der Registersitz und der Verwaltungssitz in demselben Mitgliedstaat befinden müssen.[188] Das ergibt sich aus Erwägungsgrund 12 SUP-RL-KOM. Dies wird damit gerechtfertigt, dass anderenfalls eine vollumfängliche Nutzung der Vorteile des Binnenmarktes nicht möglich wäre (vgl. Erwägungsgrund 12 SUP-RL-KOM, zu den Vorteilen einer Sitzaufspaltung Rn. 7). 100

Der Vorschlag der Kommission sah sich jedoch – wie zu erwarten war – starken Widerständen (vor allem auch aus Deutschland) ausgesetzt.[189] Interessenvertreter äußerten Bedenken bezüglich der Möglichkeit der Sitzaufspaltung und im Rat lehnen einige Mitgliedstaaten diese Idee traditionell ab.[190] Letzteres zeigt sich vor allem daran, dass die bestehenden supranationalen Rechtsformen mit Ausnahme der EWIV keine Sitzaufspaltung zulassen (zur SE s. § 4 Rn. 115 ff., zur SCE § 6 Rn. 145, zur EWIV § 7 Rn. 101). Die Sitzfrage war zudem einer der Hauptstreitpunkte, an dem die SPE gescheitert ist (§ 5 Rn. 7). Anstatt eine Sitzaufspaltung jedoch explizit zu untersagen, löschte die allgemeine Ausrichtung des Rates die Regelungen schlicht.[191] Da der **Kompromiss-** 101

---

185 Kritisch zur Vorschrift *Omlor* NZG 2014, 1137, 1140, der ua anbringt, dass die Bedeutung des Stammkapitals nicht für jedermann erkennbar ist und die Angaben auf den Unterlagen und ggf. auf der Internetseite des Unternehmens zu einer Fehlvorstellung hierüber führen könnten. Diesen Einwand entkräftend *J. Schmidt* in: Lutter/Koch (Hrsg.), SUP, 2015, S. 1, 10 mit Verweis darauf, dass eine solche Publizitätspflicht bereits seit Jahren in anderen Mitgliedstaaten existiert. Ähnlich *Kindler*, The Single-Member Limited Liability Company (SUP), 2016, Rn. 55.

186 Vgl. *Lutter/Bayer/Schmidt*, Europäisches Unternehmens- und Kapitalmarktrecht, 2017, Rn. 18.26; *Schwarz*, Europäisches Gesellschaftsrecht, 2000, Rn. 318; *Edwards*, EC Company Law, 1999, S. 24.

187 *Deutscher Anwaltsverein* NZG 2014, 1372, Rn. 38 weist darauf hin, dass nach dem Kommissionsentwurf entweder die Hauptverwaltung oder die Hauptniederlassung auch außerhalb der EU liegen können. Ebenso *Rameloo* DQ 2015, 54, 57.

188 Vgl. *Drygala* EuZW 2014, 491, 492; *J. Schmidt* in: Lutter/Koch (Hrsg.), SUP, 2015, S. 3 bezeichnet den Kommissionsentwurf daher als „progressiv-liberal“; ihre Ansicht wiederholend *Lutter/Bayer/Schmidt*, Europäisches Unternehmens- und Kapitalmarktrecht, 2017, Rn. 47.103. Ebenfalls positiv zur Sitzaufspaltung *Habighorst* in: MüHdB GesR, Bd. 3, 2018, § 76 Rn. 29. Zum Problem der doppelten Kosten für die Rechnungslegung im Fall der Sitzaufspaltung *Leuering* in: Lutter/Koch (Hrsg.), SUP, 2015, S. 89, 99 ff.

189 Vgl. *Kindler*, The Single-Member Limited Liability Company (SUP), 2016, Rn. 118 ff.; *Wicke* ZIP 2014, 1414, 1416 f.; kritisch mit dem Argument der Umgehung von nationalen Schutzstandards *Bormann* in: Lutter/Koch (Hrsg.), SUP, 2015, S. 23, 33. Kritisch auch *Mateo* El Notario del Siglo XXI 2015, 54, 55. Positiv hingegen *J. Schmidt*in: Gesellschaftsrechtliche Vereinigung (Hrsg.), Gesellschaftsrecht in der Diskussion 2014, 2015, S. 39; *Moench*, Die SUP, 2016, S. 49 ff. (conclusio auf S. 56).

190 Bundesrat, Beschluss, BR-Drs. 165/14 (Beschluss 2), 11.7.2014, S. 1 f.; DNotV, Stellungnahme – SUP, 2014, S. 8 (abrufbar unter: http://www.dnotv.de/_files/Dokumente/Stellungnahmen/2014-04-30_STN_RL_EinmannGesellschaften.pdf); Österreichische Rechtsanwaltskammertag, Stellungnahme zur SUP, 21/14/59, S. 3, 7; ähnlich Bundesarbeitskammer Österreich, Stellungnahme zum SUP-Vorschlag, Juni 2014, S. 5 f. Weniger kritisch *Deutscher Anwaltsverein* NZG 2014, 1372, Rn. 39.

191 SUP-RL-GA, S. 5. Nach Art. 9 SUP-RL-GA folgt Art. 11 SUP-RL-GA. Art. 10 SUP-RL-GA wurde ohne Hinweis gelöscht.

text des Rates bezüglich des Sitzes der SUP somit keinerlei Regelungen enthält, findet insoweit das jeweilige nationale Recht der Gesellschaften mit beschränkter Haftung Anwendung (vgl. Art. 7 IV lit. b) SUP-RL-GA).[192] Art. 7 IV lit. b) SUP-RL-GA untersagt den Mitgliedstaaten somit, eine Sitzaufspaltung bei der SUP zu unterbinden, diese gleichzeitig jedoch der nationalen Gesellschaft mit beschränkter Haftung zu ermöglichen. Die Nichtregelung führt aufgrund des Art. 7 IV lit. b) SUP-RL-GA damit zu einer **Gleichbehandlung** der SUP mit der jeweiligen nationalen Gesellschaft mbH. Dies ist politisch betrachtet eine interessante Lösung, da die Bundesregierung beispielsweise im Rat grundsätzlich gegen die Idee der Sitzspaltung votiert, gleichzeitig aber der deutschen GmbH erlaubt, ihren Verwaltungssitz in einen anderen europäischen Mitgliedstaat zu verlegen (vgl. § 4a GmbHG). Doch der Kompromissvorschlag des Rates ging dem **Rechtsausschuss** des Europäischen Parlaments nicht weit genug, weshalb das Arbeitsdokument explizit das **Zusammenfallen von Register- und Verwaltungssitz** verlangt (Art. 10 SUP-RL-JURI).

II. Sitzverlegung

102 Alle bestehenden supranationalen Rechtsformen regeln die grenzüberschreitende Sitzverlegung (vgl. zur SE § 4 Rn. 222 ff.; zur SCE § 6 Rn. 151 ff.; zur EWIV § 7 Rn. 104 ff.) und auch die geplanten (und gescheiterten) Projekte wie die SPE (vgl. § 5 Rn. 94 ff.) und die FE (§ 8 Rn. 115 ff.) äußerten sich dazu. Im Gegensatz dazu enthalten weder der **Kommissionsentwurf**, noch der ***general approach*** des Rates, noch das Arbeitsdokument des **Rechtsausschusses** des Europäischen Parlaments Vorgaben zur Sitzverlegung.[193] Dies wird daran liegen, dass das SUP-Projekt nach eigenen Angaben darauf ausgerichtet ist, eine „nationale" Rechtsform (s. dazu Rn. 9) zu schaffen. Bezüglich der grenzüberschreitenden Sitzverlegung von nationalen Gesellschaftsformen besteht bisher allerdings nur das Projekt, diesen Vorgang durch eine sog **„Sitzverlegungsrichtlinie"** zu regeln (s. dazu § 32). Aufgrund der Nichtregelung kommt somit nicht harmonisiertes mitgliedstaatliches Recht zur Anwendung.

K. Organisationsverfassung

103 Im Gesetzgebungsverfahren der SUP waren nahezu alle Aspekte umstritten, so auch die Organisationsverfassung. Alle Entwürfe enthalten gewisse allgemeine Vorgaben zur Organisationsverfassung, die sich im ersten Teil der Richtlinie finden und damit für alle Gesellschaften mbH gelten. Der **Kommissionsentwurf** sah darüber hinaus verschiedene Regeln insbesondere zu Entscheidungen des Alleingesellschafters (s. Rn. 104 ff.), zu Weisungen desselben an die Geschäftsführung (s. Rn. 112 ff.) sowie zur Geschäftsführung und Vertretungsbefugnis (s. Rn. 116 ff.) vor. Die **allgemeine Ausrichtung** des Rates dünnte diese Regelungen bereits signifikant aus[194] und befasste sich allein mit der Geschäftsführung der Gesellschaft. Das Arbeitsdokument des **Rechtsausschusses des Europäischen Parlaments** ging noch einen Schritt weiter und löschte alle SUP-spezifischen Regelungen zur Organisationsverfassung (*„Kapitel 7 Organisation:* ***entfällt****"*).

I. Entscheidungen des Alleingesellschafters

1. Kompetenzen

a) Kommissionsentwurf

104 Die Beschlussfassung des Alleingesellschafters wird sowohl durch die für alle Einpersonen-Gesellschaften geltende Regelung des Art. 4 SUP-RL-KOM (Erster Teil) als auch durch die SUP-spezifische Regelung des Art. 21 SUP-RL-KOM (Zweiter Teil) erfasst. Zur Vereinfachung gibt Art. 4 I SUP-RL-KOM vor, dass der Alleingesellschafter „die Befugnisse der Gesellschafterversammlung (ausübt)". Um Transparenz zu gewinnen[195] und die nachträgliche Manipulationsgefahr zu verringern,[196] sieht Art. 4 II SUP-RL-KOM die schriftliche Niederlegung vor. Art. 21 I 1 SUP-RL-KOM wiederholt die Bestimmung des Art. 4 II SUP-RL.[197] Hier ist, wie in vergleichbaren europäischen Rechtsakten, nach deutschem Verständnis statt der Schriftform die Textform (§ 126b BGB)

192 Vgl. *Lutter/Bayer/Schmidt*, Europäisches Unternehmens- und Kapitalmarktrecht, 2017, Rn. 47.104; *Teichmann/Götz* in: Viera González/Teichmann (Eds.), Private Companies in Europe, 2016, S. 29, 36. Kritisch dazu *Kindler*, The Single-Member Limited Liability Company (SUP), 2016, Rn. 121 f.

193 *Beurskens* GmbHR 2014, 738, 740 konstatiert die fehlenden Regelungen mit Blick auf den Kommissionsentwurf.

194 *Lutter/Bayer/Schmidt*, Europäisches Unternehmens- und Kapitalmarktrecht, 2017, Rn. 47.116; *Rammeloo* DQ 2015, 54, 59.

195 Vgl. Erwägungsgrund 21 SUP-RL-KOM.

196 Vgl. *Lutter/Bayer/Schmidt*, Europäisches Unternehmens- und Kapitalmarktrecht, 2017, Rn. 47.60. *Ahern* in: Viera González/Teichmann (Eds.), Private Companies in Europe, 2016, S. 55, 73 hält das Formerfordernis ganz allgemein für sinnvoll.

197 *Moench*, Die SUP, 2016, S. 118 sieht die Wiederholung als überflüssig an, da sie den gleichen Anwendungsbereich haben.

gemeint.[198] Fraglich ist, ob Art. 21 I 1 SUP-RL-KOM einen Mindest- oder einen Höchststandard setzt. Für letzteres könnte die Wiederholung der Vorgabe sowie Art. 21 III 2 SUP-RL-KOM sprechen. Allerdings könnte die Wiederholung auch so verstanden werden, dass, wie auch in Art. 4 II SUP-RL-KOM, ein Mindeststandard gesetzt werden soll. Eine Wiederholung der Regelung in Art. 21 I 1 SUP-RL-KOM lässt allerdings vermuten, dass der Anwendungsbereich der Vorschrift weiter ist als Art. 4 II SUP-RL-KOM, da es andernfalls keiner Aufnahme in Art. 21 I SUP-RL-KOM bedurft hätte (anwendungsfreundliche Auslegung, s. dazu § 2 Rn. 100).[199] Im Ergebnis sprechen deshalb und aufgrund des Art. 21 III 2 SUP-RL-KOM die etwas besseren Argumente wohl für einen Höchststandard. Art. 21 I 2 SUP-RL-KOM statuiert zudem eine fünfjährige Aufbewahrungsfrist. Die Formulierung der Vorschrift („mindestens")[200] könnte darauf hindeuten, dass es sich bei der **Aufbewahrungsdauer** um einen Mindeststandard handelt, der es den Mitgliedstaaten erlaubt, einen längeren Aufbewahrungszeitraum festzulegen.[201] Es erscheint an dieser Stelle nicht wirklich überzeugend, dass die Vorschrift lediglich der Gesellschaft die Möglichkeit lassen möchte, die Beschlüsse länger aufzubahren, da dies eine Selbstverständlichkeit darstellt. Praktische Bedeutung erlangt die Aufbewahrungspflicht insbesondere im Insolvenzfall und für die Geschäftsführerhaftung.

Art. 21 II 1 SUP-RL-KOM führt Punkte auf, die in die Entscheidungskompetenz des Alleingesellschafters fallen und bei denen er die Entscheidung **nicht** wirksam **delegieren** kann (Art. 21 II 2 SUP-RL-KOM). Der Wortlaut des Art. 21 II 2 SUP-RL-KOM bezieht sich zwar nur auf die Übertragung der Befugnisse auf das Leitungsorgan, aber im Erst-recht-Schluss dürfen diese bedeutenden Entscheidungen auch nicht an andere Personen oder Organe wie zB einen ggf. bestehenden Aufsichtsrat delegiert werden.[202] Zu den Aspekten, über die der Alleingesellschafter zwingend zu entscheiden hat, gehören zB allgemein Satzungsänderungen, Kapitalmaßnahmen, die Sitzverlegung und die Auflösung der Gesellschaft. 105

Art. 21 SUP-RL-KOM regelt nicht ausdrücklich die Entscheidungskompetenz des Gesellschafters jenseits der dort genannten Themen. Aus Art. 23 SUP-RL-KOM, der ein umfassendes **Weisungsrecht** des Alleingesellschafters enthält, folgt jedoch, dass der Gesellschafter weitere Entscheidungen an sich ziehen kann.[203] Dieses Weisungsrecht kann allerdings durch nationales Recht auch eingeschränkt werden (s. dazu Rn. 112). Allerdings bestätigt das *explanatory memorandum* die zuvor genannte Interpretation: „Der einzige Gesellschafter sollte auch andere als die in der Richtlinie genannten Beschlüsse fassen können, unter anderem zur Übertragung seiner Befugnisse auf das Leitungsorgan, sofern dies nach nationalem Recht zulässig ist."[204] Die Begründung zeigt nicht nur, dass der Gesellschafter die Möglichkeit haben sollte, über weitere Aspekte zu entscheiden, sie verdeutlicht auch, dass der Gesellschafter diese Befugnisse delegieren darf. Dem Alleingesellschafter kommt somit eine äußerst starke Position zu, weshalb teilweise auch von „Alleinherrschaft" des Gesellschafters gesprochen wird.[205] 106

Gesellschafterversammlungen sind aufwändig und ergeben bei einem Alleingesellschafter auch keinen rechten Sinn. Daher ermöglicht Art. 21 III 1 SUP-RL-KOM es dem Alleingesellschafter, Beschlüsse zu fassen, **ohne** eine **Gesellschafterversammlung** einberufen zu müssen. Eine Muttergesellschaft kann so unbürokratisch die Ausrichtung der SUP bestimmen. Zur Absicherung dieses wichtigen praktischen Aspektes untersagt es Art. 21 III 2 SUP-RL-KOM den Mitgliedstaaten, Regelungen zu erlassen, die **formale Anforderungen** an die Beschlussfassungsbefugnis oder Vorgaben zur Zeit bzw. dem Ort der Beschlussfassung aufstellen (vgl. Art. 21 III 2 SUP-RL-KOM). Die Formulierung des Art. 21 III 2 SUP-RL-KOM zeigt, dass Ort und Zeit der Beschlussfassungen nur Beispiele für mögliche formale Anforderungen sind.[206] 107

---

198 *J. Schmidt* in: Lutter/Koch (Hrsg.), SUP, 2015, S. 1, 3 f.; *Moench*, Die SUP, 2016, S. 116.

199 Für einen Höchststandard: *Kalss/Klampfl*, Europäisches Gesellschaftsrecht, 2015, Rn. 495; *J. Schmidt* in: Lutter/Koch (Hrsg.), SUP, 2015, S. 1, 3 f.; *Lutter/Bayer/Schmidt*, Europäisches Unternehmens- und Kapitalmarktrecht, 2017, Rn. 47.113. Ebenfalls einen Höchststandard befürchtend und diesen kritisierend *Bormann* in: Lutter/Koch (Hrsg.), SUP, 2015, S. 23, 30 f. Für einen Mindeststandard *Moench*, Die SUP, 2016, S. 116.

200 Englischer Wortlaut: „at least". Französischer Wortlaut: „au moins". Spanischer Wortlaut: „al menos". Italienisch: „almeno". Niederländischer Wortlaut: „ten minste". Polnischer Wortlaut: „co najmniej".

201 So *Moench*, Die SUP, 2016, S. 118.

202 Vgl. *Beurskens* GmbHR 2014, 738, 743; *Kalss/Klampfl*, Europäisches Gesellschaftsrecht, 2015, Rn. 495; *Teichmann* in: Lutter/Koch (Hrsg.), SUP, 2015, S. 37, 48; *Moench*, Die SUP, 2016, S. 123; aA *Schoenemann* EWS 2014, 241, 244, der eine Delegation an den Aufsichtsrat für möglich hält.

203 Für eine umfassende Kompetenz *Moench*, Die SUP, 2016, S. 123.

204 SUP-RL-KOM, S. 8 f.

205 *Schoenemann* EWS 2014, 241, 244.

206 Deutscher Wortlaut: „auch nicht hinsichtlich". Auch wenn die anderen Sprachfassung teils leicht abweichend formuliert sind, haben sie dieselbe Bedeutung. Englischer Wortlaut: „including as regards". Französisch Wortlaut: „compris en ce qui concerne". Spanischer Wortlaut: „ni siquiera por lo que respecta". Italienischer Wortlaut: „comprese quelle relative". Niederländischer Wortlaut: „ook niet ten aanzien". Polnischer Wortlaut: „w tym".

b) Ratsentwurf

108 Der Kompromisstext des Rates gibt das im Kommissionsvorschlag niedergelegte System auf, indem er Art. 21 SUP-RL-KOM **löscht**. Folglich reguliert der Kompromisstext weder speziell für die SUP, wie der Einzelgesellschafter Entscheidungen zu treffen hat, noch verhindert er, dass die Mitgliedstaaten formelle Voraussetzungen für den Entscheidungsprozess erlassen. Vielmehr stellt Erwägungsgrund 11a S. 2 SUP-RL-GA explizit klar, dass es den Mitgliedstaaten erlaubt ist, Einschränkungen der Art und Weise, in der Beschlüsse gefasst werden, vorzunehmen. Eine Beschränkung der Gestaltungsfreiheit für die Mitgliedstaaten enthält allerdings Art. 7 V SUP-RL-GA. Die Vorschrift verhindert, dass die Mitgliedstaaten den Ort der Beschlussfassung einschränken können.

109 Außerdem regelt Art. 4 SUP-RL-GA (erster Teil) nach wie vor einige Aspekte des Prozesses der Entscheidungsfindung. Die Vorschrift gilt sowohl für die in Anhang I SUP-RL-GA aufgeführten Rechtsformen als auch für die SUP (vgl. Art. 1 I lit. a) und b) SUP-RL-GA). Wie auch der Kommissionsvorschlag regelt Art. 4 SUP-RL-GA, dass der einzige Gesellschafter die Befugnisse der Hauptversammlung ausübt (Art. 4 I SUP-RL-GA). Art. 4 II 1 SUP-RL-GA gibt vor, dass die Beschlüsse des einzigen Gesellschafters in eine **Niederschrift aufzunehmen** oder **schriftlich** abzufassen sind. Diese Niederschriften sind für **mindestens fünf Jahre aufzubewahren** (Art. 4 II 1 SUP-RL-GA), wobei die Mitgliedstaaten die Möglichkeit haben, längere Aufbewahrungsfristen vorzusehen (Art. 4 II 3 SUP-RL-GA).[207] Die Bestimmung ist durch Art. 21 I 2 SUP-RL-KOM inspiriert, gilt aufgrund der Verortung im ersten Teil der Richtlinie jedoch nicht nur für die SUP, sondern auch für die in Anhang I genannten Rechtsformen.

c) Rechtsausschuss des Europäischen Parlaments

110 Das Arbeitsdokument des Rechtsausschusses des Europäischen Parlaments schließt sich der Regelungsidee des Rates an und sieht ebenfalls keine speziellen Vorgaben zur Beschlussfassung durch den Alleingesellschafter im zweiten Teil der Richtlinie vor. Auch hier greift lediglich Art. 4 SUP-RL-JURI, der Art. 4 SUP-RL-GA weitgehend nachgebildet ist. Das bedeutet, dass nach Art. 4 I SUP-RL-JURI der einzige Gesellschafter die Befugnisse der Hauptversammlung ausübt. Die Beschlüsse des einzigen Gesellschafters sind ebenfalls in eine **Niederschrift aufzunehmen** oder **schriftlich** abzufassen (Art. 4 II 1 SUP-RL-JURI). Diese Niederschriften sind für **mindestens fünf Jahre aufzubewahren** (Art. 4 II 1 SUP-RL-JURI), wobei Art. 4 II SUP-RL-JURI im Gegensatz zum *general approach* den Mitgliedstaaten nicht explizit die Möglichkeit gibt, diese Frist zu verlängern. Die Streichung dieses Zusatzes im Verhältnis zum *general approach* könnte darauf hindeuten, dass es sich bei Art. 4 II 1 SUP-RL-JURI insofern um einen Höchststandard handelt. Möglich ist jedoch auch, dass der Rechtsausschuss die Formulierung („mindestens")[208] auch ohne den Zusatz als hinreichend deutlich ansah (s. entsprechende Interpretation beim Kommissionsentwurf, Rn. 104) und somit ebenfalls von einem Mindeststandard ausgeht.

111 Eine Einschränkung der Mitgliedstaaten bezüglich möglicher Bestimmungen zum Ort der Beschlussfassung enthält das Arbeitsdokument weder im ersten noch im zweiten Teil der Richtlinie und auch nicht in den Erwägungsgründen. Die Mitgliedstaaten können daher auch insofern der SUP Vorgaben machen.

2. Weisungen des Alleingesellschafters an die Geschäftsführung

112 Art. 23 SUP-RL-KOM des Kommissionsvorschlages beinhaltet eine Bestimmung, die insbesondere für Konzerngruppen von großer Bedeutung ist. Danach besteht ein **Weisungsrecht** des einzigen Gesellschafters gegenüber dem Leitungsorgan (Art. 23 I SUP-RL-KOM). Eine konkrete Einschränkung des Weisungsrechts enthält Art. 23 II SUP-RL-KOM. Geschäftsführer sind danach an Weisungen, die gegen das **anwendbare nationale Recht** („*applicable national law*", s. dazu Rn. 30) verstoßen, nicht gebunden. Dasselbe gilt für Anordnungen, die nicht den **Vorgaben der Satzung** entsprechen. Diskutiert wird insofern, ob das Weisungsrecht durch die Satzung auch vollständig ausgeschlossen werden kann.[209] Gegen einen solchen Ausschluss des Weisungsrechts könnte der Wortlaut des Art. 23 I SUP-RL-KOM sprechen.[210] Für die Möglichkeit für den einzigen Gesellschafter das Weisungsrecht in der Satzung auszuschließen, könnte allerdings sprechen, dass nicht alle Mitgliedstaaten ein Weisungsrecht kennen.[211] Zudem soll das Weisungsrecht dem Interesse des einzigen Gesellschafters gerecht werden. Dient es in erster Linie seinen Interessen, könnte der Telos darauf hinweisen, dass Art. 23 I SUP-RL-KOM doch satzungsdispositiv ist, zumal der einzige Gesellschafter diese Entscheidung jederzeit wieder revidieren kann.

113 Eine Verweigerung der Ausführung der Weisung allein aufgrund der **Nachteilhaftigkeit** derselben für die SUP (ohne ein entsprechendes, im nationalen Recht verankertes Verbot) ist nicht möglich. Denn diese Option wird nicht als mögliche Schranke in Art. 23 II SUP-RL-KOM genannt. Entsprechendes kann sich nur aus nationalem

---

207 *Moench*, Die SUP, 2016, S. 118, begrüßt die Vereinheitlichung der Aufbewahrungsfristen im Allgemeinen Teil der Richtlinie.

208 Siehe für einen Sprachvergleich bereits Fn. 198.

209 Für einen Ausschluss *Schoenemann* EWS 2014, 241, 244; dagegen *Moench*, Die SUP, 2016, S. 125.

210 *Moench*, Die SUP, 2016, S. 125.

211 Siehe zum Beispiel zur französischen SARL § 13 Rn. 278 und zur englischen limited § 12 Rn. 353.

Recht bzw. der Satzung ergeben. Durch die Verwendung der Bezeichnung „anwendbares nationales Recht“[212] findet das Recht des **Registersitzes** der SUP Anwendung (Art. 7 IV SUP-RL-KOM, s. dazu Rn. 30). Dies gilt also auch bezüglich der Anerkennung bzw. Nichtanerkennung des Gruppeninteresses.[213] Aus dem Recht des **Verwaltungssitzes** können sich hingegen keine Grenzen ergeben.[214] Teilweise wird Art. 23 II SUP-RL-KOM so verstanden, dass die Mitgliedstaaten aufgrund des *effet utile*-Grundsatzes (dazu § 2 Rn. 127 ff.) jedenfalls das Weisungsrecht nicht vollständig ausschließen können.[215] Dies ist jedoch insofern nicht unproblematisch, als der Entwurf nationalem Recht keine erkennbare Grenze setzt. Es wird umfassend auf nationales Recht verwiesen und die Mitgliedstaaten werden gleichzeitig nicht explizit angehalten, einen bestimmten Standard zu erfüllen.

Das Recht der Mitgliedstaaten variiert erheblich mit Blick auf die Frage, welche Weisungen rechtmäßig sind und welche nicht. Der einzige Gesellschafter müsste sich darüber informieren,[216] da die Richtlinie diesen Aspekt nicht harmonisiert.[217] Die sich daraus ergebenden Probleme – insbesondere für Konzernstrukturen – hätten aus deren Sicht allerdings reduziert werden können, da der Kommissionsentwurf gleichzeitig die Sitzaufspaltung gestattet und ein europäisches Label gewährt (s. Rn. 65 f., 100). Durch die Zentrierung der Registersitze in einem Mitgliedstaat hätte der Alleingesellschafter sich den Aufwand der Information über die verschiedenen nationalen Vorschriften somit ersparen können.[218] Der Geschäftsführer müsste sich in diesem Fall allerdings über das Recht des Registersitzes informieren, um seinen Pflichten nachkommen zu können. Die mangelnde Harmonisierung wäre somit in jedem Fall für die Akteure mit Aufwand verbunden gewesen. 114

Einige Wissenschaftler hatten die Hoffnung, dass im Rahmen des Gesetzgebungsprozesses weitere Regelungen betreffend Konzerngruppen der Richtlinie hinzugefügt würden.[219] Insbesondere wurde für eine Regelung (innerhalb oder außerhalb der SUP-Richtlinie) bezüglich des **Konzerninteresses** plädiert.[220] Der italienische Entwurf hätte durch Erwägungsgrund 23 SUP-RL-IT noch als ein Schritt in diese Richtung interpretiert werden können,[221] da der Erwägungsgrund von den Geschäftsführern auch die Berücksichtigung anderer Interessen als die Eigenen forderte. Dazu zählte explizit unter anderem auch das Gruppeninteresse. Die Hoffnungen auf eine entsprechende Regulierung wurden im Ergebnis jedoch nicht erfüllt.[222] Im Gegenteil, die **allgemeine Ausrichtung des Rates** entfernte vielmehr die Bestimmungen über das Weisungsrecht des einzigen Gesellschafters[223] und das 115

212 Englischer Wortlaut: „applicable national law“. Französischer Wortlaut: „droit national applicable“. Spanischer Wortlaut: „la legislación nacional aplicable“. Italienischer Wortlaut: „diritto nazionale applicabile“. Niederländischer Wortlaut: „toepasselijk nationaal recht“. Polnischer Wortlaut: „mającym zastosowanie prawem krajowym“.

213 Vgl. *Drygala* EuZW 2014, 491, 495; *Conac* ECFR 2015, 139, 163; vgl. *Kalss/Klampfl*, Europäisches Gesellschaftsrecht, 2015, Rn. 497; BDA/BDI/DIHK, Gemeinsame Stellungnahme zum SUP-Vorschlag, S. 10; kritisch zur „Leerstelle“ *Teichmann* in: Lutter/Koch (Hrsg.), SUP, 2015, S. 37, 51 f.; s. auch *Teichmann/Götz* in: Viera González/Teichmann (Eds.), Private Companies in Europe, 2016, S. 29, 50.

214 Anders der italienische Ratsentwurf. Dieser erklärte explizit auch das Recht der Mitgliedstaaten für anwendbar, in denen die SUP operiert, vgl. Art. 23 II SUP-RL-IT; dazu *Kindler* ZHR 179 (2015) 330, 359; *ders.*, The single-member limited liability company (SUP), 2016, Rn. 92.

215 *Moench*, Die SUP, 2016, S. 127; *Schoenemann* EWS 2014, 241, 244.

216 Vgl. *Deutscher Anwaltsverein* NZG 2014, 1372, Rn. 90; *Hommelhoff* GmbHR 2014, 1065, 1071.

217 Vgl. dazu *Drygala* EuZW 2014, 491, 495; *Teichmann* NJW 2014, 3561, 3564; *Lanfermann/Maul* BB 2014, 1283, 1293; *Kalss/Klampfl*, Europäisches Gesellschaftsrecht, 2015, Rn. 497; *Moench*, Die SUP, 2016, S. 125 f.; *Tröger*, Corporate Groups – A German's European Perspective, Safe Working Paper No. 66, 2014, S. 38; *Weller/Bauer* ZEuP 2015, 6, 28 f.; *Conac* ECFR 2015, 139, 163; siehe bspw. für die Zulässigkeit von „Weisungen“ nach dem irischen Recht *Ahern* in: Viera González/Teichmann (Eds.), Private Companies in Europe, 2016, S. 55, 73; vgl. *Conac* in: Viera González/Teichmann (Eds.), Private Companies in Europe, 2016, S. 159, 166 zur Rechtslage in Frankreich.

218 *Hommelhoff* GmbHR 2014, 1065, 1074 merkt mit Blick auf die Pflichten von Geschäftsführern an, dass dies nur die zweitbeste Lösung ist; positiver hingegen *Moench*, Die SUP, 2016, S. 127 sowie *Weller/Bauer* ZEuP 2015, 6, 29.

219 Vgl. *Hommelhoff* GmbHR 2014, 1065, 1071; *Teichmann/Fröhlich* MJ 21 (2014) 536, 541; *Teichmann* in: Lutter/Koch (Hrsg.), SUP, 2015, S. 37, 50. *Moench*, Die SUP, 2016, S. 126 erhofft sich weitere Regelungen insbesondere zum Gruppeninteresse in einer separaten Richtlinie. *Kindler*, The Single-Member Limited Liability Company (SUP), 2016, Rn. 105 hält eine Regelung für sinnvoll, vermutet jedoch fehlenden politischen Willen. Kritisch zum Weisungsrecht mit Blick auf die fehlende Harmonisierung des Konzernrechts hingegen *Velasco* El Notario del Siglo XXI 2015, 148, 151.

220 *Hommelhoff* GmbHR 2014, 1065, 1071; *Drygala* EuZW 2014, 491, 495; *Teichmann* in: Lutter/Koch (Hrsg.), SUP, 2015, S. 37, 52; *ders.* ECFR 2015, 202, 228; *Teichmann/Fröhlich* MJ 21 (2014) 536, 541. *Ahern* in: Viera González/Teichmann (Eds.), Private Companies in Europe, 2016, S. 55, 81, merkt an, dass die Regelung eines Weisungsrechts ohne eine harmonisierte Anerkennung eines Gruppeninteresses unzweckmäßig wäre und forderte daher vielmehr die Streichung der Vorschrift.

221 So *Teichmann/Götz* in: Viera González/Teichmann (Eds.), Private Companies in Europe, 2016, S. 29, 50.

222 *Moench*, Die SUP, 2016, S. 126 erwartet keine stärkere Regulierung in der Richtlinie dafür jedoch eine gesonderte Normierung dieses Aspekts in einer separaten Richtlinie.

223 *Moench*, Die SUP, 2016, S. 128. Vgl. auch *J. Schmidt* DK 2017, 1, 9, die daher die SUP nicht als attraktiven Konzernbaustein ansieht.

Arbeitsdokument des **Rechtsausschusses** des Europäischen Parlaments orientiert sich insofern am *general approach*. Somit kommt nach diesen Entwürfen ebenfalls nationales Recht zur Anwendung.[224] In der Praxis kann der einzige Gesellschafter unabhängig von einem Weisungsrecht allerdings durch das Druckmittel der Abberufung des Geschäftsführers faktisch Einfluss auf die Geschäftsführung nehmen.[225] Diese Handhabung ist jedoch weder rechtssicher noch praktikabel. Auch wenn die Regelung des Gruppeninteresses somit wünschenswert wäre, ist derzeit wohl der politische Wille zur Regelung dieses Aspektes nicht ausreichend stark.[226]

II. Geschäftsführung

1. Kommissionsentwurf

a) Allgemeines

116 Das Leitungsorgan wird aus **einem oder mehreren Geschäftsführern** gebildet (vgl. Art. 22 I SUP-RL-KOM). Nach dem Kommissionsvorschlag soll die Anzahl der Mitglieder des Leitungsorgans in der **Satzung** geregelt werden (Art. 22 II SUP-RL-KOM). Die Vorschrift spricht insofern nicht explizit an, ob in der Satzung auch lediglich Mindest- und Höchstzahlen festgesetzt werden können und der Alleingesellschafter dann die genaue Anzahl bestimmen darf. Der Wortlaut deutet allerdings nicht darauf hin. Art. 11 II SUP-RL-KOM lässt dabei vermuten, dass die einheitliche Vorlage für Satzungsbestimmungen (Mustersatzung) diesen Aspekt behandelt hätte (ein entsprechendes *template* wurde jedoch nicht veröffentlicht).

117 Art. 2 Ziff. (5) SUP-RL-KOM macht deutlich, dass unter Geschäftsführer jedes Mitglied des Leitungsorgans zu verstehen ist, das entweder förmlich zum Geschäftsführer bestellt wurde oder de facto als Geschäftsführer agiert. Folglich werden **de facto Geschäftsführer** und förmlich bestellte Geschäftsführer gleich behandelt (zu den Konsequenzen gem. Art. 22 VII SUP-RL-KOM unter Rn. 124 f.). Bezüglich der Pflichten und der Verantwortung ist dies überzeugend, bezüglich der Kompetenzen jedoch nicht. Die Vorschrift könnte dementsprechend eng ausgelegt werden.

118 Nicht in allen Mitgliedstaaten können neben **natürlichen Personen** zwingend auch **juristische Personen** Geschäftsführer sein. Denn für die SUP delegiert Art. 22 IV 1 SUP-RL-KOM die Entscheidung über die Zulässigkeit juristischer Personen als Geschäftsführer auf die Mitgliedstaaten. Gleichzeitig billigt Art. 22 IV 3 SUP-RL-KOM jedoch, dass der einzige Gesellschafter auch Geschäftsführer der SUP sein kann. Insbesondere in Konzernstrukturen wird der einzige Gesellschafter regelmäßig eine juristische Person sein. Damit stellt sich die Frage, ob auch ohne nationale Regelung eine juristische Person Geschäftsführer sein dürfte. Die Vorschrift des Art. 22 IV 3 SUP-RL-KOM wird durch Art. 22 IV 1 SUP-RL-KOM im Ergebnis allerdings eingeschränkt. Wie auch Erwägungsgrund 22 SUP-RL-KOM verdeutlicht, dürfen ohne nationalstaatliche Regelung grundsätzlich nur natürliche Personen Geschäftsführer sein. Die Mitgliedstaaten haben auf Basis dieser Grundregelung, wonach juristische Personen keine Geschäftsführer sein können, somit lediglich die Möglichkeit eines nationalstaatlichen *opt-in* zugunsten der juristischen Personen als Geschäftsführer. Diese Einschränkung ist in Art. 22 IV 3 SUP-RL-KOM hineinzulesen.

b) Bestellung und Entlassung

119 Art. 21 II lit. e) SUP-RL-KOM gibt vor, dass der **Alleingesellschafter** zwingend für die Bestellung und Entlassung von Geschäftsführern zuständig ist. Zu berücksichtigen ist diesbezüglich, dass der Kommissionsvorschlag vorschreibt, dass die Bestellung von Geschäftsführern zeitlich unbegrenzt ist, sofern im Beschluss des einzigen Gesellschafters zu ihrer Bestellung oder in der Satzung nichts anderes bestimmt wurde (Art. 22 IV 2 SUP-RL-KOM). Der einzige Gesellschafter kann den Geschäftsführer allerdings **jederzeit, auch ohne wichtigen Grund,** durch Beschluss abberufen (vgl. Art. 22 V 1 SUP-RL-KOM). Der Geschäftsführer verliert dabei mit seiner Entlassung die Befugnis, als Geschäftsführer im Namen der SUP zu handeln (Art. 22 V 2 SUP-RL-KOM). Zu beachten ist, dass die Abberufung ohne wichtigen Grund jedoch Schadensersatzansprüche verursachen kann, da bezüglich der sonstigen Rechte und Pflichten das nicht harmonisierte nationale Recht unberührt bleibt (vgl. Art. 22 V 3 SUP-RL-KOM).[227] Die nationalen Vorschriften dürfen allerdings aufgrund des *effet utile*-Grundsatzes nicht prohibitiv wirken und damit eine Abberufung faktisch unterbinden.[228]

---

224 *Moench*, Die SUP, 2016, S. 128.

225 Zu den Nachteilen diesbezüglich *Hommelhoff* GmbHR 2014, 1065, 1070; zu dieser Möglichkeit *Teichmann* in: Lutter/Koch (Hrsg.), SUP, 2015, S. 37, 50 (Fn. 58); *Moench*, Die SUP, 2016, S. 128.

226 *Kindler*, The Single-Member Limited Liability Company (SUP), 2016, Rn. 105 ("lack (…) the political maturity necessary").

227 *Moench*, Die SUP, 2016, S. 129.

228 *Moench*, Die SUP, 2016, S. 129 f.

c) Geschäftsführung

Die SUP wird von dem Geschäftsführer bzw. den **Geschäftsführern geleitet** (Art. 22 I SUP-RL-KOM). Entsprechend des Kommissionsvorschlages kann das Leitungsorgan dabei **alle Befugnisse** der SUP ausüben, soweit diese nicht dem einzigen Gesellschafter oder ggf. dem Aufsichtsrat zukommen (Art. 22 III SUP-RL-KOM). Dabei handelt es sich um die einzige Erwähnung des Aufsichtsrates, so dass der Kommissionsvorschlag weder die Bestellung des Aufsichtsrates noch seine Kompetenzen regelt. Insoweit gilt nationales Recht. 120

Die Richtlinie regelt die **Kompetenzverteilung** zwischen Geschäftsführung und Alleingesellschafter nicht en detail. Die Gesamtbetrachtung zeigt allerdings, dass der Alleingesellschafter weitreichende Kompetenzen besitzen soll. Er entscheidet zwingend über die in Art. 21 II SUP-RL-KOM genannten Aspekte durch Beschluss und hat darüber hinaus ein ggf. durch nationales Recht und die Satzung beschränktes Weisungsrecht gegenüber der Geschäftsführung (Art. 23 SUP-RL-KOM, s. dazu Rn. 106). Hinzu kommt die Möglichkeit der Gestaltung des Innenverhältnisses durch die Satzung. Art. 22 I SUP-RL-KOM beschreibt die Kompetenz des Geschäftsführungsorgans dagegen als subsidiär.[229] Das Leitungsorgan kann Befugnisse nur ausüben, wenn nicht ein anderes Organ dafür zuständig ist (Auffangkompetenz).[230] Da sich insbesondere die Grenzen des Weisungsrechts allerdings aus nationalem Recht ergeben, zieht im Ergebnis mitgliedstaatliches Recht die Grenze zwischen den Befugnissen des Alleingesellschafters und der Geschäftsführung. Der Kommissionsentwurf schreibt auch nicht vor, wie das Leitungsorgan Entscheidungen trifft. Es kommt daher insofern nationales Recht zur Anwendung, welches wiederum dem Satzungsgeber die Regelungskompetenz übertragen kann. 121

d) Disqualifikation von Geschäftsführern

In Art. 22 SUP-RL-KOM des Kommissionsvorschlages finden sich zudem Regelungen über die **Disqualifikation natürlicher Personen** für den Posten des Geschäftsführers (vgl. Art. 22 VI SUP-RL-KOM). Zunächst sind alle Personen ausgeschlossen, die nach dem Recht des Eintragungsmitgliedstaats oder einer Gerichts- oder Verwaltungsentscheidung desselben als ungeeignet eingestuft wurden (Art. 22 VI 1 SUP-RL-KOM). Die Feststellung der Ungeeignetheit in einem anderen Mitgliedstaat führt nicht automatisch zur Ablehnung der Bestellung der Person im Eintragungsmitgliedstaat. Eine entsprechende Gerichts- oder Verwaltungsentscheidung muss allerdings in einem ersten Schritt offengelegt werden (Art. 22 VI 2 SUP-RL-KOM). Der Kommissionsentwurf setzt insofern auf Transparenz.[231] Der Eintragungsmitgliedstaat hat dann die Möglichkeit, die Eintragung der SUP aus Gründen der öffentlichen Ordnung abzulehnen (Art. 22 VI 3 SUP-RL-KOM). Die Ablehnung der Eintragung steht somit im Ermessen des Mitgliedstaates.[232] Es überrascht, dass sich die Ablehnung dem Wortlaut des Art. 22 VI 3 SUP-RL-KOM nach auf die Eintragung der Gesellschaft bezieht und nicht auf die Eintragung der Bestellung des Geschäftsführers.[233] Für den Fall das ein unqualifizierter Geschäftsführer nach Eintragung bestellt wird, sieht die Vorschrift keine explizite Handlungsoption für den Mitgliedstaat vor. Die Möglichkeit, seine Eintragung als Geschäftsführer unter Hinweis auf die öffentliche Ordnung zu unterbinden wird wohl fehlerhafterweise nicht ausdrücklich vorgegeben, weshalb auch eine entsprechende Anpassung der Vorschrift gefordert wurde.[234] Außerdem ist fraglich, ob die Mitgliedstaaten auch andere Konsequenzen vorsehen dürfen. Der Wortlaut der Vorschrift spricht nicht dafür. Angeführt werden könnte allenfalls die allgemeine Kompetenz und Pflicht der Mitgliedstaaten angemessene Sanktionen zu schaffen (Art. 25 SUP-RL-KOM). Art. 22 VI SUP-RL-KOM ist dazu allerdings *lex specialis* und könnte die Konsequenzen eines disqualifizierten Geschäftsführers abschließend regeln. 122

Es ist zudem nicht eindeutig, ob im Fall mehrerer Geschäftsführer die Ungeeignetheit eines Geschäftsführers ausreicht, um der SUP die Eintragung zu verweigern.[235] Hiergegen könnte angeführt werden, dass der Kommissionsentwurf in der deutschen Fassung von „dem Geschäftsführer" spricht und somit den Singular verwendet. Dies könnte darauf hindeuten, dass die Richtlinie auf den Fall der Ungeeignetheit des einzigen Geschäftsführers abstellt. Dies hätte zur Folge, dass die Gesellschaft ohne diesen keine Geschäftsführung hat[236] und daher nicht 123

229 *Schoenemann* EWS 2014, 241, 244 spricht von einer Unterordnung des Geschäftsführungsorgans. *Moench*, Die SUP, 2016, S. 128 verwendet die Formulierung „subsidiäre Aufgabenzuweisung".

230 *Kalss/Klampfl*, Europäisches Gesellschaftsrecht, 2015, Rn. 496.

231 Vgl. dazu auch *Conac* ECFR 2015, 139, 170.

232 *Deutscher Anwaltsverein* NZG 2014, 1372, Rn. 86; positiv auch *Moench*, Die SUP, 2016, S. 134.

233 Darauf hinweisend, dass ein ungeeigneter Geschäftsführer nur bei Neugründung der Gesellschaft verweigert werden kann *Deutscher Anwaltsverein* NZG 2014, 1372, Rn. 87; s. auch *Moench*, Die SUP, 2016, S. 134.

234 *Deutscher Anwaltsverein* NZG 2014, 1372, Rn. 87; *Moench*, Die SUP, 2016, S. 135.

235 Vgl. *Deutscher Anwaltsverein* NZG 2014, 1372, 1380, Rn. 87; allgemein zu dieser Problematik *Moench*, Die SUP, 2016, S. 135.

236 *Moench*, Die SUP, 2016, S. 135.

eingetragen werden kann.[237] Die anderen Sprachfassungen sprechen allerdings von „einem Geschäftsführer“.[238] Danach scheint es so zu sein, dass im Fall mehrerer Geschäftsführer die Ungeeignetheit eines Einzelnen von ihnen ausreicht, um die Eintragung zu verhindern. Das Ergebnis überzeugt allerdings rechtspolitisch nicht, da die Rechtsfolge überschießend ist.

e) Schattendirektoren

124 In Art. 22 VII SUP-RL-KOM enthält der Kommissionsentwurf zudem eine Vorschrift zu **Schattendirektoren.** Art. 22 VII SUP-RL-KOM scheint insofern sec. 251 I und II Companies Act 2006 nachgebildet worden zu sein (ohne allerdings den dort enthaltenen Absatz 3 zu übernehmen;[239] s. zur Vorschrift näher unter § 13 Rn. 423 ff.).[240] Ein Schattendirektor ist demnach eine „Person, deren Anordnungen oder Weisungen die Geschäftsführer der Gesellschaft für gewöhnlich befolgen“.[241] Davon nicht erfasst sind lediglich Personen, die dem Geschäftsführungsorgan fachlichen Rat erteilen (Art. 22 VII 2 SUP-RL-KOM). Die Vorschrift bezieht sich zum Beispiel auf Steuerberater und Rechtsanwälte.[242] Eine einmalige Einflussnahme soll ebenfalls nicht ausreichend sein, um die Voraussetzungen zu erfüllen.[243] Dies ergibt sich bereits aus dem Wortlaut („Anordnungen oder Weisungen“).[244][245] Die Vorschrift gibt nicht explizit eine quantitative Schwelle vor. Daraus ergibt sich jedoch nicht direkt ein Regelungsspielraum für die Mitgliedstaaten.[246] Vielmehr ist die Vorschrift europäisch-autonom auszulegen (dazu § 2 Rn. 80 ff.). Die Formulierung der Vorschrift zeigt zudem, dass es nicht darauf ankommt, dass die Geschäftsführer jede Weisung des Schattendirektors befolgt haben („für gewöhnlich“).[247][248]

125 Nach der Formulierung des Kommissionsentwurfs besteht die Gefahr, dass auch der **Alleingesellschafter** als *„shadow director“* qualifiziert wird, sofern er von dem ihm gewährten **Weisungsrecht** in Art. 23 SUP-RL-KOM Gebrauch macht.[249] Dadurch würde er denselben Pflichten unterliegen wie ein Geschäftsführer (Art. 22 VII

---

237 *Deutscher Anwaltsverein* NZG 2014, 1372, Rn. 87 fordert eine entsprechende Klarstellung; vgl. auch *Moench*, Die SUP, 2016, S. 135.

238 Englischer Wortlaut: „a director“. Französischer Wortlaut: „un dirigeant“. Spanischer Wortlaut: „un administrador“. Italienischer Wortlaut: „un amministratore“. Niederländischer Wortlaut: „een directeur“. Polnischer Wortlaut: „członka zarządu“.

239 *Schoenemann* EWS 2014, 241, 245 hält dies für eine bewusste Entscheidung.

240 Vgl. *Dreher* NZG 2014, 967, 969; *Schoenemann* EWS 2014, 241, 245; *Moench*, Die SUP, 2016, S. 136 f. *Teichmann/Fröhlich* MJ 21 (2014) 536, 541; *Teichmann* NJW 2014, 3561, 3565; *ders.* ECFR 2015, 202, 227, der auch für die Aufnahme der Ausnahmereglung nach dem Companies Act im SUP-Vorschlag plädiert.

241 Art. 22 VII S. 1 SUP-RL-KOM. Englischer Wortlaut: „Any person, whose directions or instructions the directors of the company are accustomed to follow“. Französischer Wortlaut: „Toute personne dont les dirigeants de la société sont habitués à suivre les ordres ou les instructions“. Spanischer Wortlaut: „Cualquier persona, cuyas directrices o instrucciones estén acostumbrados a seguir los administradores de la sociedad“. Italienischer Wortlaut: „Qualsiasi persona che, impartisce indicazioni e istruzioni che gli amministratori della società sono abituati“. Niederländischer Wortlaut: „Iedereen van wie de directeuren van de vennootschap gewoon zijn aanwijzingen of instructies op te volgen“. Polnischer Wortlaut: „Każdą osobę udzielającą wskazówek lub wydającą polecenia, do których zwykle stosują się członkowie zarządu spółki“.

242 *Deutscher Anwaltsverein* NZG 2014, 1372, Rn. 88.

243 *Dreher* NZG 2014, 967, 969; *Schoenemann* EWS 2014, 241, 245; *Moench*, Die SUP, 2016, S. 138; ähnlich auch BRAK, Stellungnahme zur SUP, Nr. 31/2014, S. 9.

244 Die deutsche Fassung verwendet wie auch die anderen Sprachfassungen den Plural. Englischer Wortlaut: „directions or instructions“. Französischer Wortlaut: „les ordres ou les instructions“. Spanischer Wortlaut: „directrices o instrucciones“. Italienischer Wortlaut: „indicazioni e istruzioni“. Niederländischer Wortlaut: „ “. Polnischer Wortlaut: „wskazówek (…) polecenia“.

245 *Dreher* NZG 2014, 967, 969; *Schoenemann* EWS 2014, 241, 245 leiten dieses Ergebnis aus der Formulierung „gewöhnlich“ her.

246 BRAK, Stellungnahme zur SUP, Nr. 31/2014, S. 9 verlangt hier eine einheitliche Präzisierung für die Mitgliedstaaten; *Moench*, Die SUP, 2016, S. 138 spricht sich für eine Konkretisierung durch die Mitgliedstaaten aus.

247 So auch der polnische Wortlaut: „zwykle“. Die anderen Sprachfassungen sprechen stattdessen von „sind gewöhnt“. Englischer Wortlaut: „are accustomed“. Französischer Wortlaut: „sont habitués“. Spanischer Wortlaut: „estén acostumbrados“. Italienischer Wortlaut: „sono abituati“. Niederländischer Wortlaut: „gewoon zijn“.

248 Vgl. auch *Moench*, Die SUP, 2016, S. 138.

249 Ebenso *Deutscher Anwaltsverein* NZG 2014, 1372, Rn. 88; vgl. auch *Kalss/Klampfl*, Europäisches Gesellschaftsrecht, 2015, Rn. 498; *Schoenemann* EWS 2014, 241, 245; vgl. auch *Drygala* EuZW 2014, 491, 495, der eine quantitative Komponente verlangt („(…) Weisungsrecht häufig ausübt“); *Dreher* NZG 2014, 967, 971 im Ergebnis ablehnend; *Teichmann* in: Lutter/Koch (Hrsg.), SUP, 2015, S. 37, 51, äußert den Wunsch nach einer Klarstellung; ebenso *ders.* NJW 2014, 3561, 3565; vgl. auch *Teichmann/Götz* in: Viera González/Teichmann (Eds.), Private Companies in Europe, 2016, S. 29, 51; zu dieser Frage auch *Moench*, Die SUP, 2016, S. 139 f. sowie *Conac* in: Viera González/Teichmann (Eds.), Private Companies in Europe, 2016, S. 159, 166.

SUP-RL-KOM).[250] Das würde allerdings zu einer Konzernhaftung „durch die Hintertür“[251] führen.[252] Dieses Ergebnis ließe sich nur verhindern, wenn (wie oben bereits angesprochen) relativ hohe quantitative und qualitative Schwellen angenommen werden.[253] Zu Diskussionen hat auch das Verhältnis von Art. 22 VII SUP-RL-KOM („Schattendirektor“) zu Art. 2 Ziff. (5) SUP-RL-KOM („de facto Geschäftsführer) geführt. Fraglich ist insofern, ob zwei unterschiedliche Aspekte geregelt werden[254] oder ob mit Art. 22 VII SUP-RL-KOM ein Fall des *de facto* Geschäftsführers gem. Art. 2 Ziff. (5) SUP-RL-KOM erfasst ist.[255]

f) Vertretungsbefugnis

Der Geschäftsführer hat gem. Art. 24 I SUP-RL-KOM die Befugnis, die SUP gegenüber Dritten zu vertreten. 126
Hat die SUP mehr als einen Geschäftsführer, so besitzt jeder von ihnen grundsätzlich Einzelvertretungsbefugnis (Art. 24 II 1 SUP-RL-KOM). Die Satzung der SUP kann jedoch auch eine Gesamtvertretung vorsehen (Art. 24 II 1 SUP-RL-KOM). Weitere Einschränkungen der Vertretungsbefugnis können gegenüber Dritten nicht geltend gemacht werden (Art. 24 II 2 SUP-RL-KOM). Unechte Gesamtvertretungsbefugnis kann damit nicht festgelegt werden.[256] Nach Art. 24 II 3 SUP-RL-KOM ist die Vertretungsbefugnis auch nicht auf den Unternehmensgegenstand der SUP beschränkt. Die ***ultra vires***-Doktrin findet folglich keine Anwendung. Nicht eindeutig ist, ob die Satzung auch die Vertretung von einer bestimmten Zahl von Geschäftsführern vorschreiben kann (zB zwei von vier Geschäftsführern).[257] Der Wortlaut weist darauf zwar nicht explizit hin, scheint aber einer solchen Interpretation auch nicht grundsätzlich entgegenzustehen.[258]

Art. 24 III 1 SUP-RL-KOM erfasst schließlich die Erteilung von Prokura und Handlungsvollmachten.[259] Ge- 127
schäftsführer der SUP können diese erteilen, soweit die Satzung der SUP dies zulässt (vgl. Art. 24 III 1 Hs. 2 SUP-RL-KOM). Die Pflicht eine Insolvenz anzumelden oder ein Insolvenzverfahren einzuleiten kann gem. Art. 24 III 2 SUP-RL-KOM allerdings nicht übertragen werden.

2. Ratsentwurf

Auch Art. 22 SUP-RL-GA beinhaltet Regelungen über die Leitung der SUP. Allerdings sind diese bereits weniger 128
umfassend als noch im Kommissionsentwurf.[260] Art. 22 I 1 SUP-RL-GA bestimmt, dass die **Leitung** der SUP dem **Geschäftsführungsorgan** obliegt und dieses ein oder mehrere Geschäftsführer haben kann. Die Anzahl der Geschäftsführer darf gem. Art. 11 III lit. c) SUP-RL-GA zu den erforderlichen Angaben des Online-Satzungsformulars gehören.

Der Kompromisstext des Rates löscht allerdings die Regelung des Kommissionsentwurfs zur **Kompetenz** der 129
Geschäftsführer (vgl. Art. 22 III SUP-RL-KOM). Der Rat hat vielmehr entschieden, es dem nationalen Recht zu überlassen, die Kompetenzverteilung innerhalb der SUP zu regeln. Dafür enthält der *general approach* eine explizite Vorschrift zum **Aufsichtsrat**: Nach Art. 22 I 2 SUP-RL-GA können die Mitgliedstaaten regeln, dass die Einmanngesellschaft ein Aufsichtsorgan haben darf. Erwägungsgrund 22 S. 1 SUP-RL-GA verdeutlicht, dass die Mitgliedstaaten auch die Möglichkeit haben sollen, die SUP zu verpflichten, einen Aufsichtsrat einzurichten. Außerdem beziehen sich die Regeln zur **Disqualifikation** von Organpersonen (Art. 22 III, IV SUP-RL-GA, s. Rn. 131) auch auf Aufsichtsratsmitglieder.

Die allgemeine Ausrichtung des Rates (*general approach*) behandelt nicht die Frage, ob es nur **natürlichen Per-** 130
sonen erlaubt ist, Geschäftsführer zu werden, oder ob auch **juristische Personen** diese Aufgaben übernehmen können. Folglich wird hier das nationale anwendbare Recht der in Anhang I genannten Gesellschaften mit beschränkter Haftung Geltung erlangen (vgl. Art. 7 IV lit. b) SUP-RL-GA, s. dazu Rn. 32). Der Kompromisstext des Rates behandelt zudem weder, wer die Geschäftsführer **bestellen** oder **abberufen** soll, noch den Zeitraum

250 Vgl. *Drygala* EuZW 2014, 491, 495; *Moench*, Die SUP, 2016, S. 139 f.

251 *Davies/Rickford* ECFR 2008, 48, 64 (Fn. 70).

252 Vgl. auch *Drygala* EuZW 2014, 491, 495; *Teichmann/Fröhlich* MJ 21 (2014) 536, 541 f.; *Teichmann* NJW 2014, 3561, 3565, der eine vergleichbare Klarstellung ähnlich dem englischen Vorbild auch für die SUP verlangt; vgl. auch *Moench*, Die SUP, 2016, S. 140; aA *Schoenemann* EWS 2014, 241, 245 f.

253 *Deutscher Anwaltsverein* NZG 2014, 1372, Rn. 88 verlangt beim Alleingesellschafter zusätzlich eine nach außen tretende Tätigkeit und eine Begrenzung auf wesentliche Geschäftsvorgänge; vgl. auch *Moench*, Die SUP, 2016, S. 140.

254 *Dreher* NZG 2014, 967, 969. *Teichmann/Götz* in: Viera González/Teichmann (Eds.), Private Companies in Europe, 2016, S. 29, 51 (Fn. 113) weist daraufhin, dass im englischen Recht die Unterscheidung langsam verschwimmt und mit Blick auf die SUP unklar ist, ob der Richtliniengeber dies berücksichtigt hat.

255 *Moench*, Die SUP, 2016, S. 140 f.

256 *Schoenemann* EWS 2014, 241, 246; *Moench*, Die SUP, 2016, S. 131.

257 Vgl. *Schoenemann* EWS 2014, 241, 246; *Moench*, Die SUP, 2016, S. 131.

258 AA *Moench*, Die SUP, 2016, S. 131.

259 *Beurskens* GmbHR 2014, 738, 744; *Moench*, Die SUP, 2016, S. 133.

260 Vgl. auch *Moench*, Die SUP, 2016, S. 142.

der Bestellung von Geschäftsführern, noch unter welchen Umständen ein Geschäftsführer entlassen werden kann.[261] Allerdings lässt der *general approach* eine andere Regelung unverändert, namentlich jene zur **Rechtsfolge einer Entlassung des Geschäftsführers**, die darin besteht, dass dieser durch Entlassung die Befugnis verliert, als Geschäftsführer im Namen der SUP zu handeln (Art. 22 II 1 SUP-RL-GA). Wie schon der Kommissionsvorschlag lässt die generelle Ausrichtung das nationale anwendbare Recht bezüglich der sonstigen Rechte und Pflichten des Geschäftsführers im Fall seiner Entlassung, insbesondere also bezüglich der Schadensersatzfrage, zur Anwendung kommen (vgl. Art. 22 II 2 SUP-RL-GA). Da der Artikel den Mitgliedstaaten insoweit nicht explizit einen Handlungsspielraum bei der Umsetzung zugesteht, ist davon auszugehen, dass hier das nationale anwendbare Recht der in Anhang I gelisteten Gesellschaften mit beschränkter Haftung des Registersitzes Anwendung findet (Art. 7 IV lit. b) SUP-RL-GA).

131 In Art. 22 SUP-RL-KOM des Kommissionsvorschlages finden sich außerdem Regelungen über die **Disqualifikation** natürlicher Personen für den Posten des Geschäftsführers (vgl. Art. 22 VI SUP-RL-KOM, s. dazu Rn. 122 f.), welche die allgemeine Ausrichtung des Rates (*general approach*) grundsätzlich übernommen hat (vgl. Art. 22 III, IV SUP-RL-GA). Allerdings stellt Art. 22 IV SUP-RL-GA klar, dass die Ungeeignetheitserklärung in einem anderen Mitgliedstaat den Eintragungsmitgliedstaat dazu berechtigt, die **Berufung** einer Person zum Geschäftsführer (bzw. Aufsichtsratsmitglied) zu unterbinden. Die Aktionsmöglichkeit für den Mitgliedstaat bezieht sich damit nicht mehr auf die Eintragung der SUP, sondern konkret auf die Bestellung. Die Eintragung kann damit wohl nur abgelehnt werden, wenn der disqualifizierte Geschäftsführer Alleingeschäftsführer ist. Die Offenlegung der Information über die Disqualifikation ist nicht mehr explizit enthalten. Dafür hat der Rat eine Regelung bezüglich des Informationsaustausches zwischen den Mitgliedstaaten präzisiert. Die Vorgaben zu Schattendirektoren bzw. zu *de facto* Direktoren, wie sie der Kommissionsentwurf kennt, wurde durch den *general approach* gelöscht.

3. JURI-Entwurf

132 Wie bereits erwähnt löschte der Rechtsausschuss des Europäischen Parlaments alle Regelungen zur Organisationsverfassung („*Kapitel 7 Organisation: entfällt*"), weshalb das Arbeitsdokument **keine Vorschriften zur Leitung** enthält. Allerdings definiert der Entwurf weiterhin den Begriff „Geschäftsführer" wie im Kommissionvorschlag und vereinzelt werden Pflichten des Leitungsorgans angesprochen (zB mit Blick auf die Ausschüttung, Art. 18 SUP-RL-JURI). Überraschend ist allerdings Erwägungsgrund 22 SUP-RL-JURI, der festhält, dass das Leitungsorgan sowohl einen als auch mehrere Geschäftsführer umfassen können sollte. Der Erwägungsgrund ergänzt, dass es grundsätzlich nur natürlichen Personen gestattet sein sollte, Geschäftsführer einer SUP zu werden, es sei denn, die nationalen Vorschriften sehen etwas Anderes vor. Der Erwägungsgrund findet jedoch keinen Anknüpfungspunkt im Richtlinientext. Es handelt sich damit um einen **eigenständig weiterreichenden Erwägungsgrund** (s. dazu § 2 Rn. 119). Zu bedenken ist insofern, dass Erwägungsgründe keine Normqualität besitzen und deshalb Anhaltspunkte für die Aussage des Erwägungsgrundes in der Richtlinie gefunden werden müssen. In der Richtlinie finden sich jedoch keine Anhaltspunkte, weshalb der nationale Gesetzgeber den Erwägungsgrund lediglich als Empfehlung ansehen kann.

L. Mitgliedschaft

133 Der SUP ist es lediglich gestattet, **einen einzigen Anteil** auszugeben (vgl. Art. 15 I 1 SUP-RL-KOM/SUP-RL-GA/SUP-RL-JURI). Dieser Anteil darf auch **nicht geteilt** werden (vgl. Art. 15 I 2 SUP-RL-KOM/SUP-RL-GA/SUP-RL-JURI). Der SUP selbst ist es nicht erlaubt, den Anteil zu erwerben (Art. 15 II SUP-RL-KOM/SUP-RL-GA/SUP-RL-JURI), da dadurch eine Gesellschaft kreiert würde, die sich selbst gehört und keinen externen Anteilseigner besitzt. Die Ausgestaltung als Einpersonen-Gesellschaft führt dazu, dass im Vergleich zu Mehrpersonen-Gesellschaften einige Regelungsbereiche wegfallen.[262] So bedarf es beispielsweise keiner Regelungen zum Schutz von Minderheitsgesellschaftern oder detaillierter Vorgaben zur Beschlussfassung und zur Anfechtung von Beschlüssen.[263]

261 Kritisch dazu *Teichmann/Götz* in: Viera González/Teichmann (Eds.), Private Companies in Europe, 2016, S. 29, 53.

262 Vgl. hierzu Reflection Group, Report of the Reflection Group on the future of EU Company Law, 5.4.2011, S. 66 (abrufbar unter: http://ec.europa.eu/internal_market/company/docs/modern/reflectiongroup_report_en.pdf, zuletzt abgerufen am 23.6.2017); *Former Reflection Group* ECFR 2013, 304, 322; *Teichmann* ZRP 2013, 169, 171.

263 Vgl. weiter Reflection Group, Report of the Reflection Group on the future of EU Company Law, 5.4.2011, S. 66; *Beurskens* GmbHR 2014, 738, 739; vgl. auch zum Wegfall des Minderheitsgesellschafterschutz *Hansen* ECFR 2015, 177, 185.

Nationales Recht[264] kann allerdings zulassen, dass der einzige Anteil durch **mehrere Personen** gehalten wird (vgl. Art. 15 III SUP-RL-KOM/SUP-RL-GA/SUP-RL-JURI).[265] Das deutsche Recht kennt mit § 18 GmbHG beispielsweise eine solche Bestimmung.[266] Dies ist eine interessante Möglichkeit, die dazu genutzt werden könnte, eine ursprüngliche Mehrpersonen-Gesellschaft ohne Ausscheiden von Gesellschaftern in eine SUP umzuwandeln.[267] Denn dadurch ist es möglich, dass sämtliche Gesellschafter der alten Mehrpersonen-Gesellschaft gemeinsam den einen unteilbaren SUP-Anteil halten und damit an der SUP beteiligt sind.[268] Eine weitere Anwendung findet sich im Erbfall bei mehreren Erben.[269] Denkbar wäre zB auch, dass im Rahmen einer Kapitalerhöhung ein neuer „Gesellschafter" die Zahlung leistet und hierdurch eine „geteilte Beteiligung" an dem Anteil entsteht.[270] 134

Allerdings ergeben sich dadurch auch Bedenken, dass die Richtlinie nicht nur eine Einpersonen-Gesellschaft, sondern faktisch eine Mehrpersonen-Gesellschaft einführt. Insofern wird auch von „Eingesellschafterfiktion"[271] gesprochen. Kritisiert wird auch, dass der Firmenzusatz „SUP" (übersetzt: „Einpersonen-Gesellschaft") irreführend sei.[272] Es ließe sich vielmehr lediglich von einer „Ein-Anteils-Gesellschaft" sprechen.[273] Daher wird teilweise gefordert, dass die Konstellation des Art. 15 III SUP-RL-KOM/SUP-RL-GA/SUP-RL-JURI nur im Einzelfall und dann auch nur zeitlich beschränkt Anwendung finden sollte.[274] Andere wiederum fordern die Aufhebung der Einschränkung, dh die Zulassung von mehreren Gesellschaftern.[275] 135

Steht ein Anteil im Eigentum mehrerer, so werden diese wie **ein Eigentümer** behandelt (Art. 15 III 1 SUP-RL-KOM/SUP-RL-GA/SUP-RL-JURI). Sie müssen ihre Rechte über einen **gemeinsamen Vertreter** ausüben (Art. 15 III 2 SUP-RL-KOM/SUP-RL-GA/SUP-RL-JURI). Dem Leitungsorgan ist mitzuteilen, wer der gemeinsame Vertreter ist sowie alle diesbezüglichen Änderungen (Art. 15 III 2 SUP-RL-KOM/SUP-RL-GA/SUP-RL-JURI). Der *general approach* ergänzt, dass dem Leitungsorgan auch Angaben zu den Eigentümern mitzuteilen sind (Art. 15 III 2 SUP-RL-GA). Erst nach Mitteilung kann der gemeinsame Vertreter die Rechte für die Eigentümer ausüben, dh deren Rechte ruhen bis zur Mitteilung (Art. 15 III 3 SUP-RL-KOM/SUP-RL-JURI). Der *general approach* mildert die Vorgabe etwas ab, indem er formuliert, dass die Rechte „im Einklang mit dem nationalen Recht ausgesetzt werden"[276] *können* (Art. 15 III 3 SUP-RL-GA). Die Identität des gemeinsamen Vertreters ist außerdem eine eintragungspflichtige Information (Art. 15 III 5 (bzw. 4) SUP-RL-KOM/SUP-RL-GA/SUP-RL-JURI). Art. 15 III 5 und IV SUP-RL-JURI fordert ferner eine Bestätigung der Identität des Vertreters sowie im Fall des Eigentümerwechsels, des Eigentümers. Als Alternative zur Eintragung ins Handelsregister nennt der *general approach* die Eintragung in einem von der Gesellschaft geführten und öffentlich zugänglichen Register (Art. 15 III 4 SUP-RL-GA). Allerdings wird die Ausübung der Rechte nicht an die Eintragung ins Handelsregister, sondern an die Mitteilung der Identität an das Leitungsorgan geknüpft. Für die Verpflichtungen, die sich aus dem Ge- 136

264 Bezüglich des Kommissionsentwurfs könnte insofern eine spezialgesetzliche Regelung geschaffen werden. Mit Blick auf den *general approach* ist dies hingegen zweifelhaft.

265 Siehe zur SUP mit mehreren Gesellschaftern und deren Umsetzung nach deutschem Recht ausführlich *Omlor* GPR 2015, 158, 158 ff. und *Grunewald* in: FS Müller-Graff, 2015, S. 290 ff.; s. auch *Lanfermann/Maul* BB 2014, 1283, 1291 f.; *Kindler*, The Single-Member Limited Liability Company (SUP), 2016, Rn. 49 zum *general approach*, der diese Möglichkeit einschränken möchte; *Krejci* GeS 2015, 105, 106, der durch Art. 15 III SUP-RL nur noch eine juristische Fiktion der Einpersonen-Gesellschaft sieht; ebenso *Deutscher Anwaltsverein* NZG 2014, 1372, Rn. 51; aA *Schoenemann* EWS 2014, 241, 246, der hierin keine praktikable Mehrpersonen-Gesellschaft sieht; auch skeptisch aus praktischen Gründen *Moench*, Die SUP, 2016, S. 92, der die Gründung einer Personengesellschaft, die anschließend Gesellschafterin der SUP wird, vorzieht.

266 *Grunewald* in: FS Müller-Graff, 2015, S. 290, 291; *Lanfermann/Maul* BB 2014, 1283, 1292; *Moench*, Die SUP, 2016, S. 91 f.; vgl. auch dazu, dass eine solche Regelung in den meisten Mitgliedstaaten existiert *Hansen* ECFR 2015, 177, 185. Die deutsche Vorschrift (§ 18 GmbHG) setzt eine Mehrheit von Berechtigten voraus, weshalb unter die Vorschrift zB keine selbständigen Rechtsträger fallen. Vgl. zum Anwendungsbereich ua *Reichert/Weller* in: MüKo GmbHG, Bd. 1, 2. Aufl. 2015, § 18 Rn. 6 ff.

267 Vgl. auch *Kindler*, The Single-Member Limited Liability Company (SUP), 2016, Rn. 49; *Moench*, Die SUP, 2016, S. 92; *Omlor* NZG 2015, 665, 668; DAV, Stellungnahme zur SUP, 2014 S. 15.

268 Siehe *Omlor* NZG 2015, 665, 668, der darauf hinweist, dass die Beteiligungsstruktur der Altgesellschaft im Rahmen des § 202 I Nr. 2 S. 1 UmwG in der neuen Gesellschaft möglichst beibehalten werden soll.

269 *Omlor* NZG 2015, 665, 668; *Moench*, Die SUP, 2016, S. 92; *Lanfermann/Maul* BB 2014, 1283, 1292.

270 Vgl. *Grunewald* in: FS Müller-Graff, 2015, S. 290, 294.

271 *Deutscher Anwaltsverein* NZG 2014, 1372, Rn. 51; *Kindler*, The Single-Member Limited Liability Company (SUP), 2016, Rn. 49 ("fiction of a single shareholder"); vgl. auch *Krejci* GeS 2015, 105, 106.

272 *Kindler*, The Single-Member Limited Liability Company (SUP), 2016, Rn. 49.

273 *Kindler*, The Single-Member Limited Liability Company (SUP), 2016, Rn. 49 ("single-share company"); *Deutscher Anwaltsverein* NZG 2014, 1372, Rn. 48; *Omlor* GPR 2015, 158, 163.

274 Vgl. *Deutscher Anwaltsverein* NZG 2014, 1372, Rn. 51.

275 Vgl. *Grunewald* in: FS Müller-Graff, 2015, S. 290 ff.

276 Englischer Wortlaut: „suspended in accordance with national law". Französischer Wortlaut: „suspendu conformément à la législation nationale". Spanischer Wortlaut: „suspendido (…) conformidad con el Derecho nacional". Italienischer Wortlaut: „sospeso conformemente al diritto nazionale". Niederländischer Wortlaut: „opgeschort overeenkomstig het nationale recht". Polnischer Wortlaut: „zawieszone zgodnie z prawem krajowym".

schäftsanteil ergeben, **haften** sie **gesamtschuldnerisch** (Art. 15 III 4 SUP-RL-KOM/SUP-RL-JURI). Die Vorschrift ist wohl weit auszulegen, denn Art. 15 III 4 SUP-RL-KOM spricht seinem Wortlaut nach nur von Verpflichtungen, die der Vertreter eingeht. Die allgemeine Ausrichtung des Rates trifft keine explizite Aussage zur Haftung, weshalb insofern nationales Recht zur Anwendung kommt. Das Verhältnis zwischen den Beteiligten „Gesellschaftern" wird hingegen nicht durch das Gesellschaftsrecht geregelt, sondern unterfällt den zivilrechtlichen Bestimmungen, auf denen sie basieren.[277]

M. Kapitalverfassung

137 Die **Kommission** strebte bezüglich der Kapitalverfassung möglichst umfassende Regelungen, dh eine **möglichst weitreichende Harmonisierung**, an. Das zeigt sich an den relativ detaillierten Regelungen zum Mindestkapital (dazu Rn. 139 ff.), der Kapitalaufbringung (dazu Rn. 143 ff.) und den Kapitalerhaltungsregeln (dazu Rn. 152 ff.). Diese Bestimmungen regeln die bedeutsamsten Stellschrauben des Kapitalsystems und gewähren den Mitgliedstaaten nur bezüglich einiger Detailfragen Umsetzungsspielräume.

138 Das Arbeitsdokument des **Rechtsausschusses** des Europäischen Parlaments orientiert sich am Kommissionsentwurf und übernimmt viele der dortigen Aspekte unverändert. Insbesondere bezüglich des Mindestkapitals setzt er jedoch eigene Regeln, wogegen andere Aspekte wie beispielsweise die Rückforderung zu Unrecht ausgeschütteter Gewinne sowie die Kapitalherabsetzung weniger intensiv durch die Richtlinie geregelt werden. Noch weiter geht der ***general approach***, der die Kapitalverfassung **kaum harmonisiert**.[278] Wo er einen Aspekt regelt, zB das Mindestkapital, lässt er den Mitgliedstaaten einen großen Gestaltungsspielraum.

I. Das Kapital, insbesondere das Mindestkapital

139 Alle drei diskutierten Vorschläge schreiben für die SUP ein **europaweites Mindestkapital** von **einem Euro** vor (vgl. Art. 16 I 1 SUP-RL-KOM/SUP-RL-GA/SUP-RL-JURI). So sollen die Gründungskosten gering gehalten werden und dadurch Entrepreneurship gestärkt werden.[279] Die Kommission bleibt damit ihrer schon bei der SPE (vgl. § 5 Rn. 180) gezeigten Haltung treu, die auch den Trend in der EU widerspiegelt (dazu § 3 Rn. 166).[280] Bezüglich des Mindestkapitals liegt eine **Vollharmonisierung** vor. Den Mitgliedstaaten ist es folglich nicht erlaubt, ein höheres Mindestkapital festzusetzen. Im Gegensatz zum Kommissionsvorschlag und dem Arbeitsdokument des Rechtsausschusses statuiert die allgemeine Ausrichtung des Rates dies sogar explizit (vgl. Art. 16 I 3 SUP-RL-GA). Auch Art. 16 II und III SUP-RL-KOM/SUP-RL-GA/SUP-RL-JURI sind bei den Vorschlägen einheitlich geregelt. Art. 16 II SUP-RL (alle Vorschläge) stipuliert, dass der einzige Anteil in voller Höhe zu zeichnen ist. Art. 16 III SUP-RL (alle Vorschläge) **verbietet** den Mitgliedstaaten ein **Höchstkapital** für die SUP, wie dies zB bei der deutschen UG existiert, vorzuschreiben. Die Richtlinienvorschläge der Kommission und des Rates wollen damit sicherstellen, dass die SUP auch für größere, kapitalintensive Tochtergesellschaften genutzt werden kann.[281] Interessanterweise enthält selbst der JURI-Entwurf insofern keine Einschränkung, dabei nimmt er diese auf anderer Ebene vor, indem er die SUP nur **Klein- und Kleinstunternehmen** zugänglich macht und sie auch lediglich von Klein- und Kleinstunternehmen gegründet werden kann (s. dazu Rn. 25 ff.).

140 Art. 16 IV 1 SUP-RL-KOM des Kommissionsvorschlages will vereiteln, dass Mitgliedstaaten auf indirekte Weise ein höheres Mindestkapital verlangen.[282] Gemäß der Vorschrift sind daher nationale Bestimmungen über **gesetzlich vorgeschriebene Rücklagen** für die SUP nicht möglich.[283] Ausgeschlossen sollten damit Regelungen wie jene bei der deutschen „Unternehmergesellschaft" (UG) (vgl. § 5a III GmbHG)[284] oder vergleichbare Regelun-

---

277 Ausführlicher *Omlor* GPR 2015, 158, 159 f. und 162; vgl. auch *Lanfermann/Maul* BB 2014, 1283, 1292, die auf das nationale Recht verweisen; vgl. auch *Schoenemann* EWS 2014, 241, 246, der von einer Auslagerung auf eine schuldrechtliche Abrede spricht.

278 Vgl. auch *Rameloo* DQ 2015, 54, 58 f. zur beschränkten Regelung der Kapitalverfassung im *general approach* im Verhältnis zum Kommissionsentwurf.

279 Zur Bedeutung eines niedrigen Mindestkapitals auf Entrepreneurship *Neville/Sørensen* EBOR 15 (2014) 545, 559.

280 Vgl. zu Letzterem mit Blick auf die SUP *Conac* ECFR 2015, 139, 149 f.; *Lutter/Bayer/Schmidt*, Europäisches Unternehmens- und Kapitalmarktrecht, 2017, Rn. 47.105.

281 So auch *Drygala* EuZW 2014, 491, 492; *J. Schmidt* in: Lutter/Koch (Hrsg.), SUP, 2015, S. 1, 7; *Kalss/Klampfl*, Europäisches Gesellschaftsrecht, 2015, Rn. 492; *Lutter/Bayer/Schmidt*, Europäisches Unternehmens- und Kapitalmarktrecht, 2017, Rn. 47.105.

282 Zustimmend *Moench*, Die SUP, S. 95.

283 *Teichmann/Götz* in: Viera González/Teichmann (Eds.), Private Companies in Europe, 2016, S. 29, 45 bezeichnen dies als „negative harmonization".

284 Vgl. *J. Schmidt* in: Lutter/Koch (Hrsg.), SUP, 2015, S. 1, 9.

gen anderer Länder sein.[285] Art. 16 IV 1 SUP-RL-KOM verbietet daher jegliche gesetzliche Bestimmung über die Akkumulation von Rücklagen unabhängig vom dahinterstehenden Ziel, erlaubt jedoch den Anteilseignern statuarisch eine Rücklagenbildung vorzusehen.

Das Mindestkapital war von Anfang an – wie zu erwarten – ein kontrovers diskutierter Punkt im Gesetzgebungsprozess.[286] Einige Delegationen sind traditionell der Ansicht, dass ein sehr niedriges Mindestkapital notwendig ist, um Start-ups zu fördern, während andere Delegationen die damit verbundenen Risiken fürchten.[287] Als Kompromiss schlug die allgemeine Ausrichtung des Rates (*general approach*) daher vor, an einem Mindestkapital von einem Euro festzuhalten, gleichzeitig jedoch das Verbot des Kommissionsentwurfs zu den gesetzlichen Rücklagen aufzuheben. Den Mitgliedstaaten wäre es danach erlaubt, einer SUP vorzuschreiben, im Laufe der Zeit durch **gesetzliche Rücklagen** Kapital aufzubauen (vgl. Art. 16 I, IV SUP-RL-GA).[288] Dies kann gem. des *general approach* in Form eines prozentualen Anteils am Gewinn erfolgen und/oder bis zur Höhe des Mindestkapitals der in Anhang I SUP-RL-GA genannten Gesellschaftsformen (Art. 16 IV SUP-RL-GA). Entsprechend der allgemeinen Ausrichtung des Rates wäre es Deutschland daher erlaubt, vorzuschreiben, dass die Regelungen der Unternehmergesellschaft zu gesetzlichen Rücklagen (vgl. § 5a III GmbHG) auch auf die SUP angewendet werden. Erwägungsgrund 19b SUP-RL-GA regt Mitgliedstaaten dabei dazu an, bezüglich der Voraussetzungen zu gesetzlichen Rücklagen einen sektorspezifischen Ansatz zu verfolgen. Hier wird hingegen die Meinung vertreten, dass es – falls überhaupt – angemessener wäre eine Unterscheidung anhand der Unternehmensgröße vorzunehmen. Der Entwurf des **Rechtsausschusses** des Europäischen Parlaments geht sogar noch einen Schritt weiter und gewährt den Mitgliedstaaten nicht nur die Möglichkeit eine entsprechende Rücklagenbildung vorzuschreiben, sondern ordnet vielmehr an, dass die Mitgliedstaaten entsprechende Regeln schaffen müssen (Art. 19 IV SUP-RL-JURI). Aus Erwägungsgrund 19 SUP-RL-JURI ergibt sich, dass der Rechtsausschuss dies aufgrund des notwendigen Gläubigerschutzes für geboten hält. 141

Art. 19 V SUP-RL-KOM regelt außerdem, dass die SUP das **gezeichnete und eingezahlte Kapital auf ihren Geschäftspapieren** (auch solchen in elektronischer Form) und ggf. der **Website** angeben muss. Sowohl der *general approach* als auch das Arbeitsdokument des Rechtsausschusses haben diese Regelung allerdings nicht übernommen, weshalb insofern nationales Recht greift (näher zu diesem Aspekt und der Publizität im Allgemeinen Rn. 96 ff.). Dies überrascht vor allem mit Blick auf den JURI-Entwurf, da dieser ansonsten den Gläubigerschutz betont, ihn an dieser Stelle jedoch de facto reduziert. 142

II. Kapitalaufbringung

1. Kommissionsentwurf und JURI-Entwurf

Art. 17 SUP-RL-KOM regelt die Grundzüge der Kapitalaufbringung. Der JURI-Entwurf hat Art. 17 SUP-RL-KOM unverändert übernommen (vgl. Art. 17 SUP-RL-JURI), weshalb im Folgenden beide Entwürfe gemeinsam diskutiert werden. Neben stets geltenden Regelungen gibt es solche, die nur für ein bestimmtes Verfahren oder einen bestimmten Zeitpunkt oder eine bestimmte Einlageform Geltung beanspruchen. Auf diese Weise entsteht ein komplexes Regelungsgebilde.[289] 143

285 So kennt beispielsweise Italien eine gesetzliche Kapitalrücklagenbildung für die s.r.l.s. (s. § 14 Rn. 496). Vgl. zur SUP und der Unvereinbarkeit mit der italienischen Regelung zur gesetzlichen Kapitalrücklage *Guidotti/Bartolacelli* in: Viera González/Teichmann (Eds.), Private Companies in Europe, 2016, S. 89, 107 f.

286 Kritisch zum von der Kommission vorgestellten Regime *Bormann* in: Lutter/Koch (Hrsg.), SUP, 2015, S. 23, 32; *Steinwendter* NZ 2014, 262, 267; *Ries* NZG 2014, 569, 570; *Teichmann/Götz* in: Viera González/Teichmann (Eds.), Private Companies in Europe, 2016, S. 29, 48; Österreichische Notariatskammer, Stellungnahme zum SUP Vorschlag vom 15.5.2014, Az. 532.30, S. 6; BRAK, Stellungnahme zur SUP, Nr. 31/2014, S. 3; WKO, Newsletter der rechtspolitischen Abteilung, 2014, S. 10; ÖRAK, Stellungnahme – SUP, 2014, S. 4; AK Europa, Stellungnahme – SUP, 2014, S. 6. Vgl. aber *J. Schmidt* in: Lutter/Koch (Hrsg.), SUP, 2015, S. 1, 8, die aufgrund des Trends der Herabsetzung des Mindestkapitals in den Mitgliedstaaten den Verzicht auf ein Mindestkapital für gerechtfertigt hält. Siehe auch *Lutter/Bayer/Schmidt*, Europäisches Unternehmens- und Kapitalmarktrecht, 2017, Rn. 47.105; ebenfalls positiv zum fehlenden Mindestkapital *Conac* ECFR 2015, 139, 148 f.

287 Zur deutschen Position zum Mindestkapital: Bundesrat, Beschluss, BR-Drs. 165/14 (Beschluss 2), 11.7.2014, S. 6 ff. (Punkte 12-16); vgl. auch Bundestag, Schriftliche Fragen, BT-Drs. 18/3616, vom 19.12.2014, S. 14 f. (Frage 22). Zur österreichischen Position: Bundesministerium für Justiz, Schriftliche Information, vom 27.5.2014, S. 2 (Punkt 4) (abrufbar unter: https://www.parlament.gv.at/PAKT/VHG/BR/SINF-BR/SINF-BR_00104/fname_352038.pdf, zuletzt abgerufen am 15.3.2018). Vgl. zur Bedeutung des Mindestkapitals von 1 EUR für die Start-ups auch die Begründung zum „*general approach*", Council of the European Union, Proposal for a Directive of the European Parliament and the Council on single-member private limited liability companies – general approach, 8811/15, DRS 39, CODEC 706, vom 21.5.2015, S. 4 f. Das Mindestkapital stellte auch im Rahmen der SPE einen der Hauptstreitpunkte dar. Dazu § 5 Rn. 7, 180.

288 Eine derartige Regelung befürwortend *Opalski/Oplustil* in: Viera González/Teichmann (Eds.), Private Companies in Europe, 2016, S. 188.

289 *Lutter/Bayer/Schmidt*, Europäisches Unternehmens- und Kapitalmarktrecht, 2017, Rn. 47.107 bezeichnen die Vorschrift als „legislativtechnisch total verunglückt".

144 Gemäß Art. 17 I SUP-RL-KOM/SUP-RL-JURI müssen die **Einlagen im Zeitpunkt der Eintragung vollständig** geleistet sein. Eine Differenzierung nach der Art der Einlage oder nach der Art des Eintragungsverfahrens sehen die beiden Richtlinienentwürfe hier nicht vor.[290] Die Erbringung eines Teils der Einlage zu einem späteren Zeitpunkt ist damit nicht möglich.

145 Art. 17 II 1 SUP-RL-KOM/SUP-RL-JURI enthält eine wichtige Einschränkung für das **Online-Eintragungsverfahren**, für welches lediglich Bareinlagen gestattet werden;[291] Sacheinlagen sowie Dienstleistungen und Know-How sind im Rahmen der Online-Gründung somit nicht zulässig. Die beiden Richtlinienentwürfe geben nicht explizit vor, dass Sacheinlagen oder andere Einlagen (Dienstleistungen, Know-How) im Rahmen eines eventuell bestehenden **Nicht-Online-Eintragungsverfahrens** von den Mitgliedstaaten zugelassen werden müssen (zur Sacheinlage im Rahmen der Kapitalerhöhung s. Rn. 149).[292] Sie können sie aber in jedem Fall gestatten.[293] Darauf deutet auch der Wortlaut des Art. 17 III SUP-RL-KOM hin („im Falle von Barzahlungen (…)").[294] Der Entwurf geht damit davon aus, dass es auch andere Einlageformen geben kann.[295] Kritisiert wird, dass die Richtlinienentwürfe keine Angaben bezüglich der Bewertung machen oder auch nur die Pflicht statuieren, eine Bewertung von Sacheinlagen, Dienstleistungen oder Know-How vorzuschreiben.[296]

146 Gemäß Art. 17 III SUP-RL-KOM/SUP-RL-JURI müssen die Mitgliedstaaten für Bareinlagen unabhängig von der Art des Eintragungsverfahrens und der Tatsache, ob es sich um eine Gründung oder eine Kapitalerhöhung handelt, die Einzahlung von Geld auf ein Bankkonto als Nachweis der Erbringung der Bareinlage genügen lassen. Ob der Nachweis einer besonderen Form bedarf oder ob das nationale Recht entsprechende Vorgaben vorsehen darf und wie die Vorlage zu erfolgen hat, regelt die Vorschrift nicht ausdrücklich.[297] Die Mitgliedstaaten dürfen in jedem Fall nicht die Einführung weiterer Kontrollen vorsehen. Dem nationalen Recht verbleibt jedoch die Regelung der weiteren, nicht harmonisierten Fragen.

2. Ratsentwurf

147 Der Rat war nicht in der Lage, einen Kompromiss bezüglich der Einlagenerbringung zu finden. Daher hat die allgemeine Ausrichtung den entsprechenden Artikel des Kommissionsentwurfs **faktisch gelöscht** (vgl. Art. 17 SUP-RL-GA). Der Kompromisstext bearbeitet keinen Aspekt der Einlage mit Ausnahme von einem: Art. 17 SUP-RL-GA legt fest, dass Mitgliedstaaten es dem einzigen Gesellschafter ermöglichen müssen, die Einlage von Barmitteln bei jedem Kreditinstitut, welchem das Recht gewährt wurde, innerhalb der Europäischen Union tätig zu sein, einzuzahlen. Der Effekt dieser Regelung ist jedoch beschränkt. Sie verbietet Mitgliedstaaten lediglich, die Einzahlung der Bareinlage bei nationalen Kreditinstituten zu verlangen. Da der Kompromisstext des Rates die Einlage nicht reguliert, gilt insoweit das nationale Recht für die in Anhang I gelisteten Gesellschaften mit beschränkten Recht (vgl. Art. 7 IV lit. b) SUP-RL-GA),[298] was garantiert, dass die Regelungen für Gegenleistungen der SUP nicht strenger sind als die entsprechenden nationalen Regelungen für Gesellschaften mit beschränkter Haftung. Damit ist es im Gegensatz zum Kommissionsentwurf aber beispielsweise auch denkbar, dass im Rahmen einer Online-Gründung in Übereinstimmung mit dem nationalen Recht Sacheinlagen oder Dienstleistungen erbracht werden können.[299]

III. Kapitalerhöhung

148 Der Kommissionsentwurf regelt zunächst in Art. 21 II lit. c) SUP-RL-KOM, dass der **Alleingesellschafter** durch **Beschluss** über Kapitalerhöhungen bestimmt. Diese Kompetenzverteilung ist nach dem Kommissionsentwurf

290 *Guidotti/Bartolacelli* in: Viera González/Teichmann (Eds.), Private Companies in Europe, 2016, S. 89, 97 f.
291 Ebenso *Lutter/Bayer/Schmidt*, Europäisches Unternehmens- und Kapitalmarktrecht, 2017, Rn. 47.107; vgl. auch *Kindler*, The Single-Member Limited Liability Company (SUP), 2016, Rn. 54.
292 AA *Beurskens* GmbHR 2014, 738, 742, der eine Pflicht zur Anerkennung von Sacheinlagen annimmt, ebenso *Lutter/Bayer/Schmidt*, Europäisches Unternehmens- und Kapitalmarktrecht, 2017, Rn. 47.107; *Kalss/Klampfl*, Europäisches Gesellschaftsrecht, 2015, Rn. 492.
293 Vgl. *Moench*, Die SUP, 2016, S. 98, der sich gleichzeitig kritisch dazu äußert, dass dem nationalen Gesetzgeber ein Ermessen bzgl. der Überprüfung zusteht; *Hansen* ECFR 2015, 177, 188; s. auch *Schoenemann* EWS 2014, 241, 243.
294 Englischer Wortlaut: „In case of cash payment". Französischer Wortlaut: „En cas de versement en espèces". Spanischer Wortlaut: „En caso de pago en efectivo". Italienischer Wortlaut: „In caso di versamento in contanti". Niederländischer Wortlaut: „In geval van contante betaling". Polnischer Wortlaut: „W przypadku płalności gotówkowej".
295 Auch in diese Richtung argumentierend *Hansen* ECFR 2015, 177, 188.
296 *Moench*, Die SUP, 2016, S. 100.
297 Vgl. *Moench*, Die SUP, 2016, S. 99 der anmerkt, dass im Rahmen der Online-Gründung der Nachweis elektronisch erfolgen muss; vgl. auch *Beurskens* GmbHR 2014, 738, 742.
298 Vgl. auch *Lutter/Bayer/Schmidt*, Europäisches Unternehmens- und Kapitalmarktrecht, 2017, Rn. 47.108.
299 Vgl. *Kindler*, The Single-Member Limited Liability Company (SUP), 2016, Rn. 54.

zwingend (s. dazu bereits Rn. 105).[300] Entsprechende Kompetenzregeln enthält weder der *general approach* noch das Arbeitsdokument des Rechtsausschusses (näher zur Kompetenzverteilung Rn. 104 ff.). Im Gegensatz zum *general approach* enthalten der Kommissionsentwurf und der JURI-Entwurf darüber hinaus noch einige wenige Regeln zur Kapitalerhöhung. Bezogen auf den *general approach* gilt lediglich Art. 17 SUP-RL-GA (Einlage von Barmitteln bei jedem Kreditinstitut, s. Rn. 147) auch für Kapitalerhöhungen.

Nach dem Kommissions- und dem JURI-Entwurf müssen die Mitgliedstaaten im Rahmen von **Kapitalerhöhungen** zumindest **Bar- und Sacheinlagen** gestatten (Art. 17 II 2 SUP-RL-KOM/SUP-RL-JURI). Dieses Recht kann nicht eingeschränkt werden. Im Zusammenhang mit dem Arbeitsdokument von JURI dürfen Mitgliedstaaten daher beispielsweise nicht festlegen, dass Sachkapitalerhöhungen erst dann möglich sind, wenn die Gesellschaft durch Rücklagen gem. Art. 16 IV SUP-RL-JURI ein bestimmtes Kapital gebildet hat. Bezüglich der Kapitalaufbringung im Rahmen der Kapitalerhöhung wird dem Alleingesellschafter daher ein größerer Spielraum gewährt als mit Blick auf die Gründung. 149

Art. 17 II 2 SUP-RL-KOM/SUP-RL-JURI scheint seiner Stellung und seiner Formulierung nach in Zusammenhang mit dem Online-Eintragungsverfahren zu stehen. Eine entsprechende Auslegung erscheint jedoch zweifelhaft, da kein Grund ersichtlich ist, warum die Art der Einlage bei einer Kapitalerhöhung vom Eintragungsverfahren abhängen sollte. Art. 17 II 2 SUP-RL-KOM/SUP-RL-JURI enthält somit vielmehr eine Vorgabe, die generell für Kapitalerhöhungen Geltung beansprucht. Aus dem Wortlaut („*mindestens*“)[301] ergibt sich außerdem, dass insofern ein **Mindeststandard** vorliegt. Die Mitgliedstaaten können daher auch **Dienstleistungen** oder **Know-How** als Einlagen bei Kapitalerhöhungen gestatten.[302] 150

Die Richtlinienentwürfe regeln nicht, wie Bar- und Sacheinlagen sowie ggf. weitere Einlagen zu erbringen sind. Es wird damit beispielsweise auch der Aufbringungszeitpunkt nicht geregelt.[303] Insofern greift daher **nationales Recht**, welches zB auch ein Sachverständigengutachten für die Erbringung von Sacheinlagen im Rahmen einer Kapitalerhöhung vorschreiben kann. Da Art. 17 III SUP-RL-KOM/SUP-RL-JURI allerdings auch für Kapitalerhöhungen gilt, müssen die Mitgliedstaaten die Einzahlung von Geld auf ein **Bankkonto** als Nachweis der Erbringung der Bareinlage genügen lassen (s. Rn. 146). 151

IV. Kapitalerhaltung

1. Ausschüttungen

a) Kommissionsentwurf und JURI-Entwurf

Die Regeln zur Ausschüttung im JURI-Entwurf stimmen mit denen im Kommissionsentwurf überein, weshalb hier beide Entwürfe gemeinsam behandelt werden. Inhaltlich bestehen erhebliche Übereinstimmungen zu den entsprechenden Regelungen in der **SPE-Verordnung** (s. dazu § 5 Rn. 206 ff.).[304] Zunächst definiert Art. 2 Ziff. (3) SUP-RL-KOM/SUP-RL-JURI Gewinnausschüttungen als „jeden finanziellen Vorteil, den der einzige Gesellschafter aufgrund des einzigen Anteils direkt oder indirekt aus der SUP zieht, einschließlich einer Übertragung von Geld oder Immobilien. Gewinnausschüttungen können in Form einer Dividende, durch Immobilienerwerb oder -verkauf oder auf jedem anderen Wege erfolgen“. Die Definition wurde fast wörtlich aus dem SPE-Vorschlag (Art. 2 I lit. c) SPE-VO-U (ungarischer Entwurf)) übernommen (s. dazu § 5 Rn. 206 ff.).[305] Unerheblich ist an dieser Stelle, ob die deutsche Fassung mit Blick auf den Begriff „Immobilien“ einen Übersetzungsfehler enthält oder nicht, da es sich um eine nicht abschließende Auflistung handelt.[306] 152

Damit eine Ausschüttung vorliegt, müssen somit nach Art. 2 Ziff. (3) SUP-RL-KOM/SUP-RL-JURI drei Tatbestandsmerkmale vorliegen: 153

300 *J. Schmidt* in: Lutter/Koch (Hrsg.), SUP, 2015, S. 1, 19.

301 Englischer Wortlaut: „at least“. Französischer Wortlaut: „au moins“. Spanischer Wortlaut: „como mínimo“. Italienischer Wortlaut: „almeno“. Niederländischer Wortlaut: „ten minste“. Polnischer Wortlaut: „przynajmniej“.

302 *J. Schmidt* in: Lutter/Koch (Hrsg.), SUP, 2015, S. 1, 19; *Lutter/Bayer/Schmidt*, Europäisches Unternehmens- und Kapitalmarktrecht, 2017, Rn. 47.107; zustimmend *Moench*, Die SUP, 2016, S. 100.

303 *J. Schmidt* in: Lutter/Koch (Hrsg.), SUP, 2015, S. 1, 12.

304 Vgl. auch *J. Schmidt* in: Lutter/Koch (Hrsg.), SUP, 2015, S. 1, 13 f.

305 Der deutsche Wortlaut ist jedoch im Vergleich zu dem französischen und englischen Wortlaut etwas missverständlich formuliert. Die beiden anderen Sprachfassungen verwenden den Begriff „distributions“ und sprechen somit nicht ausschließlich von Gewinnausschüttungen. Darauf aufmerksam machend *J. Schmidt* in: Lutter/Koch (Hrsg.), SUP, 2015, S. 1, 13. Die spanische Fassung („distributión de beneficios“) spricht dagegen wie die deutsche Fassung von Gewinnausschüttung.

306 Die englische („property“) und französische („propriété“) Fassungen sind diesbezüglich nicht eindeutig formuliert, da in beiden Fällen sowohl Sacheigentum als auch Immobiliareigentum gemeint sein kann. Anders jedoch die spanische („bienes“) und die niederländische („goedern“) Sprachfassung, die eher mit Sacheigentum übersetzt werden können. Zum möglichen Übersetzungsfehler *Deutscher Anwaltsverein* NZG 2014, 1372, Rn. 17; *Moench*, Die SUP, 2016, S. 35; *Kindler*, The Single-Member Limited Liability Company (SUP), 2016, Rn. 66.

- ein **Gesellschafter**
- ein **finanzieller Vorteil**
- **aufgrund des einzigen Anteils.**

Als Beispiele für einen „finanziellen Vorteil" führt die Verordnung selbst beispielhaft die Übertragung von Geld und Immobilien an. Außerdem nennt die Definition typische Formen einer Gewinnausschüttung. Daraus wird deutlich, dass eine Gewinnausschüttung nicht nur bei einer Dividende vorliegt, sondern zB auch durch Immobiliengeschäfte sowie „auf jedem anderen Wege"[307] erfolgen kann. Unter einem finanziellem Vorteil ist damit im Ergebnis jeder **Vermögenstransfer** an den Gesellschafter zu verstehen. Ob der Gesellschafter den finanziellen Vorteil „aufgrund des einzigen Anteils"[308] erhält, lässt sich mithilfe eines **Drittvergleichs** ermitteln.[309] Eine Transaktion hält nur dann einem Drittvergleich stand, wenn die SUP die Transaktion auch mit einem beliebigen Dritten vorgenommen hätte. Es ist daher insbesondere zu ermitteln, ob die Transaktion zu **marktüblichen** bzw. für die SUP sogar **vorteilhaften Konditionen** durchgeführt wurde (vgl. zur parallelen Definition bei der SPE § 5 Rn. 208).

154 Art. 18 I SUP-RL-KOM/SUP-RL-JURI lässt sich auf den Kommissionsentwurf zur SPE zurückführen (vgl. Art. 21 I 1 SPE-VO-KOM). Schon dort wurden **Empfehlungen der Geschäftsführung** als Basis der Ausschüttung statuiert.[310] Der Kommissionsentwurf legt weder an dieser Stelle noch im Zusammenhang mit der Regelung des Leitungsorgans fest, wie das Leitungsorgan Entscheidungen trifft, weshalb insofern nationales Recht zur Anwendung kommt. Gleiches gilt für den Entwurf des Rechtsausschusses.

155 Wie schon im aktuellsten SPE-Entwurf der ungarischen Ratspräsidentschaft (Art. 21 I und IV SPE-VO-U, siehe dazu ausführlich unter § 5 Rn. 211 ff.) schreibt Art. 18 II und III SUP-RL-KOM/SUP-RL-JURI zwingend einen **Bilanz**- und einen **Solvenztest** vor jeder Ausschüttung vor. Anders als bei der SPE-VO-U (ungarischer Entwurf) sollen allerdings weder den Mitgliedstaaten noch dem Gesellschafter bezüglich des Solvenztests Entscheidungsbefugnisse gewährt werden. Der **Solvenztest** wird vielmehr **zwingend** und kumulativ zum Bilanztest vorgeschrieben (vgl. Art. 18 III SUP-RL-KOM/SUP-RL-JURI).[311] Die Kommission sieht, gerade weil sie kein Mindestkapital verlangt, den Schutz der Gläubiger im Bereich des Kapitalabflusses als besonders wichtig an. Die Gläubiger sollen daher durch den Bilanz- und Solvenztest vor übermäßigen Ausschüttungen geschützt werden (vgl. Erwägungsgrund 19 SUP-RL-KOM, ebenso der JURI-Entwurf).[312] Die Pflicht, einen Solvenztest durchzuführen, könnte in einer unabhängigen (kleineren) Privatgesellschaft aufgrund des Aufwandes als sehr belastend empfunden werden. Die SUP ist jedoch vom Kommissionsentwurf insbesondere als **Konzernbaustein** gedacht. Unternehmensgruppen ermitteln häufig unabhängig von einem etwaigen gesetzlich vorgeschriebenen Test die entsprechenden Kennzahlen. Ihnen ist der Solvenztest somit leichter zumutbar als einem Kleinunternehmer, der die SUP als Rechtsform wählt. Der Entwurf des Rechtsausschusses des Europäischen Parlaments beschränkt den Anwendungsbereich der SUP allerdings auf **Klein- und Kleinstunternehmen** (s. dazu Rn. 25 ff.), für die die SUP durch die Doppelanforderung (Bilanz- und Solvenztest) unter Umständen weniger attraktiv sein kann als die vergleichbare nationale Rechtsform (die diese Anforderung möglicherweise nicht stellt).

156 Gem. Art. 18 II 1 SUP-RL-KOM/SUP-RL-JURI darf im Ergebnis nicht an den Gesellschafter ausgeschüttet werden, „wenn das im Jahresabschluss der SUP ausgewiesene Nettovermögen bei Abschluss des letzten Geschäftsjahres den Betrag des Stammkapitals zuzüglich der Rücklagen, die nach der Satzung der SUP nicht ausgeschüttet werden dürfen, unterschreitet oder durch eine solche Gewinnausschüttung unterschreiten würde". Dies ist der **Bilanztest**. In Bezug auf den JURI-Entwurf fällt auf, dass ein Hinweis auf die Nichtausschüttung der **gesetzlichen Rücklagen**, die Art. 16 IV SUP-RL-JURI vorschreibt, fehlt. Da die Vorschrift im JURI-Entwurf allerdings nur einen **Mindeststandard** darstellt (s. Rn. 23), können die Mitgliedstaaten hier dennoch eine stimmige Regelung schaffen. Für den Kommissionsentwurf hingegen ist die Vorschrift bereits jetzt sinnhaft, da Art. 16 IV 1 SUP-RL-KOM explizit gesetzliche Rücklagen nach nationalem Recht unterbindet. Art. 18 II 2 SUP-RL-KOM/SUP-RL-JURI gibt vor, dass der Bilanztest auf Basis des letzten festgestellten Jahresabschlusses durchzuführen

307 Englischer Wortlaut: „by any other means". Französischer Wortlaut: „par tout autre moyen". Spanischer Wortlaut: „por cualquier otro medio". Italienischer Wortlaut: „con qualsiasi altro mezzo". Niederländischer Wortlaut: „op enige andere wijze". Polnischer Wortlaut: „w każdy inny sposób".

308 Englischer Wortlaut: „in relation to the single share". Französischer Wortlaut: „lié à la part unique". Spanischer Wortlaut: „en relación con la acción única". Italienischer Wortlaut: „in relazione alla quota unica". Niederländischer Wortlaut: „in verband met het enkele aandeel". Polnischer Wortlaut: „w związku z jedynym udziałem".

309 *Kindler*, The Single-Member Limited Liability Company (SUP), 2016, Rn. 67 geht davon aus, dass der Kommissionsentwurf Transaktionen, die einem Drittvergleich standhalten nicht hinreichend berücksichtigt hat.

310 Kritisch zu dieser Regelung bei der SUP *de Kluiver* in: Viera Gonzàlez/Teichmann (Eds.), Private Company Law Reform in Europe, 2015, Netherlands, S. 437.

311 Vgl. auch Erwägungsgrund 19 SUP-RL-KOM; *J. Schmidt* in: Lutter/Koch (Hrsg.), SUP, 2015, S. 1, 14; *Lutter/Bayer/Schmidt*, Europäisches Unternehmens- und Kapitalmarktrecht, 2017, Rn. 47.109; *Kalss/Klampfl*, Europäisches Gesellschaftsrecht, 2015, Rn. 493.

312 Vgl. dazu auch Europäische Kommission, Arbeitsunterlage der Kommisionsdienststellen – Zusammenfassung der Folgenabschätzung zur SUP, SWD(2014) 123 final, 9.4.2014, S. 5 f.

ist.[313] Nachträgliche Veränderungen des Stammkapitals bzw. der ausschüttungsgesperrten Rücklagen sind zusätzlich zu berücksichtigen (Art. 18 II 3 SUP-RL-KOM/SUP-RL-JURI).

Erwägungsgrund 19 SUP-RL-KOM konkretisiert den in Art. 18 II SUP-RL-KOM/SUP-RL-JURI geregelten Bilanztest und überrascht dabei in zweifacher Hinsicht: Soweit im Erwägungsgrund von „Mindestanforderungen an die Bilanz"[314] die Rede ist, ist wohl der Bilanztest gemeint. Darauf deutet die sich an diese Formulierung anschließende Klammer hin („die Verbindlichkeiten dürfen nicht höher sein als die Vermögenswerte").[315] Wenn Erwägungsgrund 19 SUP-RL-KOM von „**Mindestanforderungen**" spricht, deutet dies zunächst darauf hin, dass Art. 18 II SUP-RL-KOM einen Mindeststandard setzen soll. Zugleich begrenzt Erwägungsgrund 19 SUP-RL-KOM jedoch ausdrücklich den Gestaltungsspielraum für die Mitgliedstaaten: „*Weitere Beschränkungen in Bezug auf die Verwendung des Kapitals sollten dem einzigen Gesellschafter nicht auferlegt werden*". Hinsichtlich dieses Kernpunktes der Ausschüttungsvorgaben handelt es sich daher bei der Vorschrift vielmehr um einen Höchststandard. Fraglich ist somit, welcher Gestaltungsspielraum den Mitgliedstaaten dann mit Blick auf Art. 18 II SUP-RL-KOM verbleibt. Die nähere Ausgestaltung des Bilanztests könnte zum Beispiel dazuzählen. Da der Bilanztest aber sehr detailliert beschrieben wird, wäre der Gestaltungsspielraum insofern jedoch gering. Zusätzliche Ausschüttungssperren kann der nationale Gesetzgeber in jedem Fall nicht vorsehen. 157

Der Entwurf des **Rechtsausschusses** des Europäischen Parlaments scheint dagegen ein anderes Konzept zu entwerfen. Er enthält die auslegungsbedürftigen Formulierungen in Erwägungsgrund 19 SUP-RL-JURI nicht mehr. Stattdessen formuliert Erwägungsgrund 19c SUP-RL-JURI jedoch: „Zum Schutz von Gläubigern und anderen Beteiligten sollten die Mitgliedstaaten sicherstellen, dass im nationalen Recht Mechanismen vorgesehen sind, die verhindern, dass eine SUP nach der Ausschüttung von Gewinnen ihre Schulden nicht mehr zurückzahlen kann. Die **Form** und die **Methoden** zur Gewährleistung der Erfüllung dieser Anforderung bleiben **im Ermessen der Mitgliedstaaten**". Der Erwägungsgrund wurde aus dem *general approach* übernommen, der jedoch wiederum ein anderes Regelungskonzept enthält (s. dazu Rn. 162 ff.). Der Erwägungsgrund suggeriert daher im JURI-Entwurf einen größeren **Gestaltungsspielraum** als er in Realität besteht. Denn die Richtlinie legt mit Art. 18 SUP-RL-JURI einen Mindeststandard für Ausschüttungen an den Anteilseigner fest. Unterschreiten können die Mitgliedstaaten diesen nicht. Die Vorschrift wird nicht zur vollständigen Disposition der Mitgliedstaaten gestellt. Der Erwägungsgrund deutet allerdings darauf hin, dass die Mitgliedstaaten darüber hinaus weitere Ausschüttungssperren festlegen sowie den Bilanztest und den Solvenztest näher ausgestalten können. 158

Im Rahmen des Solvenztests (vgl. aufgrund der übereinstimmenden Regelung auch die Ausführungen zur SPE § 5 Rn. 216 ff.) hat das **Leitungsorgan** vor jeder Ausschüttung in der **Solvenzbescheinigung** zu bestätigen, dass es aufgrund einer umfassenden Prüfung der Auffassung ist, dass die SUP im auf die Ausschüttung folgenden Jahr in der Lage sein wird, ihre Schulden bei Fälligkeit „im normalen Geschäftsgang"[316] zu begleichen (Art. 18 III SUP-RL-KOM/SUP-RL-JURI). Die Vorschrift regelt damit wichtige **inhaltliche Eckpunkte** der Solvenzbescheinigung, wie zB, dass der Solvenztest einen Liquiditätstest darstellt und der Prognosezeitraum ein Jahr beträgt. Zu berücksichtigen sind im Rahmen des Solvenztests allerdings nur gewöhnliche Geschäfte, dh im Umkehrschluss, dass alle außergewöhnlichen Geschäfte nicht in die Betrachtung einfließen müssen. Außerdem muss die Solvenzbescheinigung zwingend vom Leitungsorgan ausgestellt und von dessen Mitgliedern unterzeichnet werden (Art. 18 III 2 und 3 SUP-RL-KOM/SUP-RL-JURI). Die Bescheinigung ist dem Alleingesellschafter dann in Kopie spätestens 15 Tage vor seiner Beschlussfassung vorzulegen (Art. 18 III 3 SUP-RL-KOM/SUP-RL-JURI). Dieser soll dadurch in die Lage versetzt werden, eine informierte Entscheidung zu fällen.[317] Gleichzeitig wird damit festgelegt, bis wann die Solvenzbescheinigung spätestens erstellt sein muss. Die Solvenzbescheinigung ist zudem **offenzulegen** (s. zur Publikation näher unter Rn. 99) und falls die SUP eine Website besitzt auch dort zugänglich zu machen (Art. 18 IV 1 und 2 SUP-RL-KOM/SUP-RL-JURI). Insofern gibt der Entwurf einen informationellen Gläubigerschutz vor.[318] 159

313 Kritisch dazu *Deutscher Anwaltsverein* NZG 2014, 1372, Rn. 65; anders hingegen *Moench*, Die SUP, 2016, S. 103.

314 Erwägungsgrund 19 S. 7 SUP-RL-KOM. Englischer Wortlaut: „minimum balance sheet requirements". Französischer Wortlaut: „exigences minimales relatives au bilan". Spanischer Wortlaut: „requisitos mínimos de balance". Italienischer Wortlaut: „requisiti minimi di bilancio". Niederländischer Wortlaut: „minimumeisen aan de balans". Polnischer Wortlaut: „minimalnych wymogów bilansowych".

315 Erwägungsgrund 19 SUP-RL-KOM. Englischer Wortlaut: „liabilities not exceeding assets". Französischer Wortlaut: „des passifs n'excédant pas les actifs". Spanischer Wortlaut: „pasivos que no excedan de los activos". Italienischer Wortlaut: „passività non superiori alle attività". Niederländischer Wortlaut: „de passiva mogen de activa niet te boven gaan". Polnischer Wortlaut: „zobowiązania nie mogąprzekraczać wysokości aktywów".

316 Englischer Wortlaut: „in the normal course of business". Französischer Wortlaut: „dans le cours normal des activités". Spanischer Wortlaut: „en el curso normal de la actividad". Italienischer Wortlaut: „nel corso normale dell'attività commerciale". Niederländischer Wortlaut: „tijdens de normale bedrijfsvoering". Polnischer Wortlaut: „w ramach prowadzenia normalnej działalności".

317 *J. Schmidt* in: Lutter/Koch (Hrsg.), SUP, 2015, S. 1, 14.

318 *J. Schmidt* in: Lutter/Koch (Hrsg.), SUP, 2015, S. 1, 14.

160 Im Gegensatz zur SPE-Verordnung (vgl. Art. 21 III SPE-VO-U (ungarischer Entwurf), s. dazu § 5 Rn. 220 ff.) enthalten der Kommissions- und der JURI-Entwurf keine Vorgaben zu **Zwischendividenden**. Auch die Erwägungsgründe erwähnen Zwischendividenden mit keinem Wort. Der Kommissionsentwurf möchte aber wohl im Prinzip alle Aspekte der Ausschüttung regeln (vgl. Erwägungsgrund 19 SUP-RL-KOM), weshalb es sich um eine richtlinieninterne Lücke handeln könnte. Das Arbeitsdokument des Rechtsausschusses macht hingegen deutlich, dass Art. 18 SUP-RL-JURI lediglich einen Mindeststandard darstellt, weshalb hier nationales Recht zur Anwendung kommen kann.

161 Innerhalb von Konzernen könnte Art. 18 SUP-RL-KOM zu Problemen mit Blick auf Cash-Pooling-Systeme führen.[319] In Bezug auf das Arbeitsdokument des Rechtsausschusses ergibt sich diese Schwierigkeit hingegen nicht, da die SUP aufgrund der Beschränkung der Einsatzmöglichkeiten nicht als Konzernbaustein in Betracht kommt (s. dazu Rn. 25 ff.).

b) Ratsentwurf

162 Im Gegensatz zum Kommissionsvorschlag und dem Entwurf des Rechtsausschusses strebt die **allgemeine Ausrichtung des Rates** nicht danach, die nationalen Regelungen zur Gewinnausschüttung an den alleinigen Gesellschafter zwangsweise zu harmonisieren. Eine Definition des Begriffs „Ausschüttung" enthält der Entwurf nicht.[320] Art. 18 I SUP-RL-GA verlangt lediglich, „dass die Mitgliedstaaten [sicherstellen], dass im nationalen Recht Mechanismen vorgesehen sind, die verhindern, dass eine SUP nach der Ausschüttung von Gewinnen ihre Schulden nicht mehr zurückzahlen kann", wobei der Kompromisstext des Rates die Regelungen zu Gewinnausschüttungen nicht weiter spezifiziert.

163 Erwägungsgrund 19a SUP-RL-GA erklärt, dass Mitgliedstaaten die Mechanismen, mit denen sie Art. 18 I SUP-RL-GA umsetzen, frei wählen können. Art. 18 II SUP-RL-GA macht insofern deutlich, dass ein **Bilanztest** und/oder ein **Solvenztest** die Voraussetzungen des Art. 18 I SUP-RL-GA beispielsweise erfüllen.[321] Art. 18 II lit. a) SUP-RL-GA erläutert dabei näher, wie der Bilanztest ausgestaltet werden könnte, während Art. 18 II lit. b) iVm III SUP-RL-GA sich mit dem Solvenztest befasst, den Mitgliedstaaten einführen können. Der Bilanztest, wie er in Art. 18 II lit. a) SUP-RL-GA niedergelegt ist, ist vergleichbar mit dem Test, der auch im Kommissionsvorschlag enthalten ist, mit dem Unterschied, dass **gesetzliche Rücklagen** nicht ausgeschüttet werden dürfen. Das ist stimmig, da der *general approach* den Mitgliedstaaten die Festlegung von gesetzlichen Rücklagen gestattet (vgl. Art. 16 IV SUP-RL-GA). Der Solvenztest des Kompromisstextes (Art. 18 II lit. b) iVm III SUP-RL-GA) lehnt sich gleichermaßen an den Kommissionsvorschlag an. Der Hauptunterschied liegt hier darin, dass die allgemeine Ausrichtung des Rates lediglich einen **Prognosezeitraum von 6 Monaten** vorsieht (Art. 18 III SUP-RL-GA), während der Kommissionsvorschlag einen Prognosezeitraum von 12 Monaten vorgibt (Art. 18 III 1 SUP-RL-KOM).[322]

164 Allerdings sind die Mitgliedstaaten nicht dazu verpflichtet, einen Bilanztest und/oder einen Solvenztest nach den Vorgaben des Art. 18 II, III SUP-RL-GA vorzuschreiben, um ihrer Pflicht aus Art. 18 I SUP-RL-GA nachzukommen. Art. 18 IV SUP-RL-GA macht vielmehr deutlich, dass es den Mitgliedstaaten erlaubt ist, Art. 18 II, III SUP-RL-GA an ihre innerstaatlichen Bedürfnisse anzupassen. So könnten die Mitgliedstaaten, zum Beispiel, einen **längeren Prognosezeitraum** beim Solvenztest vorsehen (Art. 18 IV 2 SUP-RL-GA). Der erste Teil von Art. 18 V SUP-RL-GA gibt den Mitgliedstaaten sogar noch mehr Freiräume in Bezug auf die Umsetzung der Regelungen über Gewinnausschüttungen an den Alleingesellschafter. So gestattet es die Regelung den Mitgliedstaaten, neben den Gewinnausschüttungssperren in Art. 18 II, III SUP-RL-GA weitere Einschränkungen mit Blick auf Auskehrungen einzuführen.

165 Der zunächst weit erscheinende **Handlungsspielraum** wird jedoch durch Art. 18 V SUP-RL-GA zugleich deutlich **eingeschränkt**. Denn die Vorschrift verbietet es den Mitgliedstaaten, die Ausschüttungsvorschriften der SUP restriktiver zu gestalten als die vergleichbaren Regelungen für die in Anhang I genannten Gesellschaften mit beschränkter Haftung. Folglich ist es den Mitgliedstaaten lediglich möglich, weniger strenge Anforderungen für die Gewinnausschüttungen von SUP vorzuschreiben oder die nationalen Regelungen für Gesellschaften mit beschränkter Haftung anzuwenden.

---

319 Vgl. zur Thematik *Kindler*, The Single-Member Limited Liability Company (SUP), 2016, Rn. 69 f., der Regelungen für das *cash-pooling* im Entwurf vermisst, aA *Schoenemann* EWS 2014, 241, 243, der beim *cash-pooling* keine Gewinnausschüttung sieht, da kein finanzieller Vorteil vorliegt und Art. 18 SUP-RL-KOM somit nicht anzuwenden ist; *Moench*, Die SUP, 2016, S. 113 ff. macht dies davon abhängig, wie das *cash-pooling*-System ausgestaltet ist.

320 Art. 2 SUP-RL-KOM, der die Begriffsbestimmungen enthielt, wurde gestrichen.

321 *Kindler*, The Single-Member Limited Liability Company (SUP), 2016, Rn. 58. Kritisch zum möglichen Alternativverhältnis von Solvenz- und Bilanztest *Teichmann/Götz* in: Viera González/Teichmann (Eds.), Private Companies in Europe, 2016, S. 29, 48; vgl. auch *Sánchez* in: Viera González/Teichmann (Eds.), Private Companies in Europe, 2016, S. 199, 215.

322 *Kindler*, The Single-Member Limited Liability Company (SUP), 2016, Rn. 60 befürwortet aus Gläubigerschutzgründen einen Solvenztest.

Insgesamt scheint die Harmonisierungswirkung des Art. 18 II, III, IV SUP-RL-GA damit sehr limitiert. Die fehlende Harmonisierung des Gläubigerschutzes führt dazu, dass die Anforderungen und das Schutzniveau sich von Mitgliedstaat zu Mitgliedstaat unterscheiden würden. Gläubiger würden dadurch dazu gezwungen, sich über die Gläubigerschutzstandards des Landes zu informieren, in dem die SUP eingetragen ist.[323] 166

2. Haftung für unrechtmäßige Ausschüttungen

a) Kommissionsentwurf und JURI-Entwurf

Die Regelungen zu den Ausschüttungen bei der SUP sind sowohl bzgl. des Kommissionsentwurfs als auch mit Blick auf den JURI-Entwurf – wie bereits erwähnt – stark von den entsprechenden SPE-Regeln beeinflusst. Ein deutlicher Unterschied besteht jedoch bei der **Haftung für unrechtmäßige Ausschüttungen. Geschäftsführer** (vgl. Art. 18 V 1 SUP-RL-KOM/SUP-RL-JURI) und **Gesellschafter** (vgl. Art. 18 V 2 SUP-RL-KOM/SUP-RL-JURI) haften grundsätzlich dann, wenn sie wussten oder hätten wissen müssen, dass eine unrechtmäßige Ausschüttung erfolgt ist (Art. 18 V 1 SUP-RL-KOM/SUP-RL-JURI bzw. Art. 18 V 2 SUP-RL-KOM/SUP-RL-JURI iVm Art. 18 V 2 SUP-RL-KOM/SUP-RL-JURI). Die Vorschrift stellt ausdrücklich nur auf Verstöße gegen Art. 18 II und III SUP-RL-KOM/SUP-RL-JURI ab. Für eine Haftung nicht ausreichend ist damit zB ein Verstoß gegen die Offenlegungspflichten gem. Art. 18 V SUP-RL-KOM/SUP-RL-JURI.[324] 167

Der Kommissionsentwurf regelt nicht, ob bei **mehreren Haftenden** (zB der Alleingesellschafter und der Geschäftsführer) die Haftung gesamtschuldnerisch ist.[325] Der Entwurf des Rechtsausschusses präzisiert dies und schreibt in Art. 18 V 1 SUP-RL-JURI vor, dass Geschäftsführer **gesamtschuldnerisch** haften. Über Art. 18 V 2 SUP-RL-JURI gilt dies auch für den Alleingesellschafter. Diskutiert wird außerdem, ob es sich bei der Haftung für unrechtmäßige Ausschüttungen um eine Innenhaftung oder eine Außenhaftung handelt.[326] Für eine Außenhaftung wird angebracht, dass die Solvenzbescheinigung zu veröffentlichen ist.[327] Im Ergebnis ist jedoch von einer Innenhaftung auszugehen. Dafür sprechen die Dogmatik des Gesetzes und der Gleichbehandlungsgrundsatz der Gläubiger im Insolvenzfall.[328] Zudem ist die **Höhe** der Haftung nicht klar geregelt. In Bezug auf den Kommissionsentwurf muss die Vorschrift im Verhältnis zu Art. 19 SUP-RL-KOM gesehen werden (dazu Rn. 170 f.), in Bezug auf den JURI-Entwurf in Zusammenhang mit Art. 18 VI SUP-RL-JURI. 168

b) Ratsentwurf

Der Kompromisstext des Rates beinhaltet hingegen **keine Regelungen** über die Haftung für unrechtmäßige Ausschüttungen, gibt den Mitgliedstaaten aber die Möglichkeit, **Ansprüche** für entsprechend geschädigte Personen zu schaffen (Art. 18 VII SUP-RL-GA). Folglich sind die Mitgliedstaaten nicht gezwungen, die nationalen Regelungen anzuwenden, die für die in Anhang I genannten Gesellschaften mit beschränkter Haftung gelten. Sie können insofern vielmehr **„Spezialgesetze"** für die SUP erlassen (im Umkehrschluss aus Art. 7 IV lit. b) SUP-RL-GA). Der *general approach* schafft insofern keinen einheitlichen Standard.[329] 169

3. Rückforderung unrechtmäßiger Ausschüttungen

Art. 19 SUP-RL-KOM sieht in Ergänzung zur Haftung gem. Art. 18 V SUP-RL-KOM eine Pflicht des Gesellschafters zur **Rückerstattung der unrechtmäßigen Ausschüttungen** vor. Die Voraussetzungen des Art. 19 SUP-RL-KOM spiegeln die Anforderungen des Art. 18 V SUP-RL-KOM wider, weshalb beide Regeln bei der Auslegung im Zusammenhang gesehen werden sollten.[330] Der Anspruch aus Art. 19 SUP-RL-KOM richtet sich wohl grundsätzlich auf eine gegenständliche Rückgabe (vgl. zur vergleichbaren Regelung bei der SPE § 5 Rn. 224 ff.). 170

Auch die allgemeine Ausrichtung des Rates sieht für die Rückzahlung von unrechtmäßigen Ausschüttungen eine Regelung in Art. 18 VI SUP-RL-GA vor. Das überrascht insofern, als der Entwurf die Ausschüttung sonst kaum harmonisiert (dazu bereits Rn. 162 ff.). Art. 18 VI SUP-RL-GA verpflichtet die Mitgliedstaaten dazu, Vorschriften einzuführen, die dazu führen, dass unrechtmäßige Ausschüttungen an den einzigen Gesellschafter von diesem an die SUP zurückgezahlt werden. Die Mitgliedstaaten dürfen insofern wohl „Spezialgesetze" schaffen 171

323 *Moench*, Die SUP, 2016, S. 107.
324 *J. Schmidt* in: Lutter/Koch (Hrsg.), SUP, 2015, S. 1, 15.
325 Für eine Gesamtschuld plädierend *J. Schmidt* in: Lutter/Koch (Hrsg.), SUP, S. 1, 16.
326 Vgl. zur Thematik *J. Schmidt* in: Lutter/Koch (Hrsg.), SUP, 2015, S. 1, 15 (Fn. 73); *Deutscher Anwaltsverein* NZG 2014, 1372, Rn. 71; *Beurskens* GmbHR 2014, 738, 743; *Moench*, Die SUP, 2016, S. 108 f.
327 *Beurskens* GmbHR 2014, 738, 743; so auch *Kalss/Klampfl*, Europäisches Gesellschaftsrecht, 2015, Rn. 493 (Fn. 1498). Gem. *Deutscher Anwaltsverein* NZG 2014, 1372, Rn. 71 spricht der effektivere Gläubigerschutz für eine Außenhaftung.
328 Siehe hierzu *J. Schmidt* in: Lutter/Koch (Hrsg.), SUP, 2015, S. 1, 15; *Moench*, Die SUP, 2016, S. 108 f.
329 Kritisch dazu *Moench*, Die SUP, 2016, S. 109.
330 Kritisch zu dieser Regelung im Kommissionsentwurf *Kindler*, The Single-Member Limited Liability Company (SUP), 2015, Rn. 79.

(ähnlich wie bzgl. der Haftung, Rn. 169). Anders als der Kommissionsentwurf nimmt der *general approach* allerdings nicht explizit eine **Einschränkung der Rückzahlung** mit Blick auf den gutgläubigen Gesellschafter vor. Insofern stellt sich die Frage, ob die Richtlinie dadurch die Rückforderung auch auf gutgläubige Alleingesellschafter erstrecken möchte[331] oder insofern einen Rückgriff auf nationales Recht zulässt. Aus der Streichung der entsprechenden Formulierung des Kommissionsentwurfs lässt sich kein eindeutiger Schluss ziehen. Der JURI-Entwurf übernimmt die Regelung des *general approach* in Art. 18 Va SUP-RL-JURI.

4. Verhältnis von Haftung und Rückforderung

172 Das Verhältnis von Haftung und Rückforderung ist mit Blick auf den Kommissionsentwurf unklar. Hierbei stellt sich auch wegen der Spiegelbildlichkeit der Voraussetzungen zunächst die Frage, ob eine Haftung neben der Rückerstattung in Betracht kommt. Die Haftung aus Art. 18 V SUP-RL-KOM könnte auch Folgeschäden umfassen, die durch die Ausschüttung hervorgerufen wurden (zB Produktionsausfälle für den Fall das eine Maschine ausgeschüttet wurde).[332] Die Haftung aus Art. 18 V SUP-RL-KOM ist zudem dann wirtschaftlich von Interesse, wenn gegenüber dem Gesellschafter weder die Haftung noch die Rückerstattung geltend gemacht werden kann. In diesen Fällen besteht gem. Art. 18 V SUP-RL-KOM immer noch die Option, Ersatz des Schadens von einem der Geschäftsführer zu erlangen. Auch wenn der Kommissionsentwurf das Verhältnis von Haftung und Rückerstattung nicht klärt, wird man wegen der fehlenden natürlichen Spezialität, dem eigenständigen Bedürfnis für die Haftung sowie einem fehlenden Wertungskonflikt von einer Parallelität der Ansprüche ausgehen müssen.

5. Kapitalherabsetzungen

173 Der Kommissionsentwurf regelt zunächst in Art. 21 II lit. d) SUP-RL-KOM, dass der **Alleingesellschafter** durch **Beschluss** über Kapitalherabsetzungen bestimmt. Entsprechende Kompetenzregeln enthält weder der *general approach* noch das Arbeitsdokument des Rechtsausschusses (näher zur Kompetenzverteilung Rn. 104 ff.). Weitere Regelungen zu Kapitalherabsetzungen enthält der Kommissionsentwurf allein mit Blick auf **Kapitalherabsetzungen zur Ausschüttung** (vgl. Art. 20 SUP-RL-KOM). Die **Kapitalherabsetzung zur Verlustdeckung** regelt somit das nicht harmonisierte nationale Recht.[333] Mit Kapitalherabsetzungen zur Ausschüttung, sind wohl Reduzierungen gemeint, die zu **Kapitalfreisetzungen** führen. Der freiwerdende Betrag kann dann an den Alleingesellschafter ausgekehrt werden. Solche Kapitalherabsetzungen unterliegen den Vorgaben des Art. 18 II und III SUP-RL-KOM (so Art. 20 SUP-RL-KOM), der grundsätzlich Auskehrungen an den Gesellschafter regelt. Die Ausschüttungsvorschriften des Art. 18 II und III SUP-RL-KOM über den Bilanztest (s. Rn. 155 f.) und den Solvenztest (s. Rn. 155) sind somit entsprechend auf die Kapitalherabsetzung zur Ausschüttung anzuwenden.

174 Art. 20 SUP-RL-KOM nimmt scheinbar einen **enumerativen Verweis** auf nur einige Regeln des Art. 18 SUP-RL-KOM, dh konkret Art. 18 II und III SUP-RL-KOM, vor.[334] Eine entsprechende Interpretation führt dazu, dass Art. 18 I, IV und V SUP-RL-KOM sowie Art. 19 SUP-RL-KOM nicht auf die Kapitalherabsetzung zur Ausschüttung anzuwenden sind. Das würde konkret bedeuten, dass die **Haftungs- und Rückerstattungsregeln** des Entwurfs nicht zu berücksichtigen sind (vgl. Art. 18 V und Art. 19 SUP-RL-KOM). Auch die **Solvenzbescheinigung** muss daher wohl **nicht veröffentlicht** werden (vgl. Art. 18 IV SUP-RL-KOM).[335] Zudem ist damit mit Blick auf Kapitalherabsetzungen zur Ausschüttung **keine Empfehlung des Leitungsorgans** vorgeschrieben (vgl. Art. 18 I SUP-RL-KOM).

175 Der **Kompromisstext des Rates** zielt dagegen nicht darauf ab, die nationalen Gesetze über Kapitalherabsetzungen zu harmonisieren, weshalb Art. 20 SUP-RL-KOM gelöscht wurde. Gem. Art. 7 IV lit. b) SUP-RL-GA gilt dann grundsätzlich das anwendbare nationale Recht der in Anhang I genannten Gesellschaften mit beschränkter Haftung. Dies könnte jedoch problematisch sein, da Art. 18 SUP-RL-GA den Mitgliedstaaten eine gewisse Flexibilität bei der Umsetzung der Ausschüttungsregelungen zugesteht und Ausschüttungsregelungen und die Regelungen zur Kapitalherabsetzung oftmals Hand in Hand arbeiten. Ist es den Mitgliedstaaten nur bei einem dieser Aspekte erlaubt, **Spezialgesetze** für die SUP zu schaffen, könnte dies zu Unstimmigkeiten führen. Zudem schreibt Art. 18 VI SUP-RL-GA vor, dass die Mitgliedstaaten die **Rückerstattung** für Fälle festlegen müssen, in denen der Alleingesellschafter im Rahmen einer Kapitalherabsetzung eine Ausschüttung erhält, sofern diese gegen die Ausschüttungsregeln verstößt. Damit legt die Vorschrift im Grunde fest, dass die Mitgliedstaaten ein kohärentes System für Ausschüttungen und Kapitalherabsetzungen zur Ausschüttung schaffen müssen.

331 *Moench*, Die SUP, 2016, S. 111; so wohl auch *Kindler*, The Single-Member Limited Liability Company (SUP), 2015, Rn. 80.
332 Zustimmend *J. Schmidt* in: Lutter/Koch (Hrsg.), SUP, 2015, S. 1, 16.
333 Ebenso *J. Schmidt* in: Lutter/Koch (Hrsg.), SUP, 2015, S. 1, 20.
334 Vgl. auch *Deutscher Anwaltsverein* NZG 2014, 1372, Rn. 76; *J. Schmidt* in: Lutter/Koch (Hrsg.), SUP, 2015, S. 1, 20; aA *Moench*, Die SUP, 2016, S. 111 f.
335 Dies auch anmerkend *J. Schmidt* in: Lutter/Koch (Hrsg.), SUP, 2015, S. 1, 20.

Das **Arbeitsdokument des Rechtsausschusses** enthält ebenfalls keine Art. 20 SUP-RL-KOM vergleichbare Vorschrift. Es schreibt aber wie der *general approach* vor, dass die Mitgliedstaaten eine Rückerstattung der Ausschüttung aufgrund der Kapitalherabsetzung vorschreiben müssen, sofern die Auskehrung an den Alleingesellschafter entgegen den Vorgaben des Art. 18 SUP-RL-JURI erfolgt (Art. 18 Va SUP-RL-JURI). Da die Ausgestaltung der Ausschüttungsregeln im Gegensatz zum *general approach* hier zumindest bezüglich des Mindeststandards nicht zur Disposition der Mitgliedstaaten steht, gibt die Vorschrift im Ergebnis im Fall der Kapitalherabsetzung die entsprechende Anwendung des Art. 18 SUP-RL-JURI (und im Gegensatz zum Kommissionsentwurf nicht nur einzelner Absätze) vor. 176

N. Haftung

Die SUP zeichnet sich durch die beschränkte Haftung des Alleingesellschafters aus (vgl. Art. 6 I SUP-RL-KOM/ SUP-RL-GA/SUP-RL-JURI). Eine präzisere Vorschrift enthält die Richtlinie nicht. Da die SUP Rechtspersönlichkeit besitzt, wird sie allerdings gegenüber Dritten selbst für ihre Verbindlichkeiten haften. Der Anteilseigner haftet für diese Verbindlichkeiten **nicht persönlich**, sondern vielmehr beschränkt in Höhe des von ihm gezeichneten Anteils. 177

O. Wechsel des Alleingesellschafters

Vorschriften über den Wechsel des Alleingesellschafters enthält die Richtlinie nicht. Dieses Thema ist im Zusammenhang mit der SUP allerdings auch weniger regelungsbedürftig, da sich die Gesellschaft gerade dadurch auszeichnet nur einen Alleingesellschafter zu haben. Viele Interessenskonflikte, die in Bezug auf den Mitgliederwechsel bei Mehrpersonen-Gesellschaften auftauchen, bestehen daher so bei der SUP nicht. Allerdings können uU mehrere Personen einen Anteil halten (s. dazu Rn. 134 ff.). Außerdem ist zu beachten, dass die SUP den Anteil nicht selbst erwerben darf (s. dazu Rn. 133). Aufgrund der fehlenden Regelung zum Wechsel des Alleingesellschafters richtet sich diese Frage im Ergebnis nach dem nationalen Recht.[336] 178

P. Auflösung

I. Allgemeines

Die SUP-Richtlinie ist auch bezüglich der Auflösung lückenhaft ausgestaltet. Eine Vorschrift, die sich mit der Thematik umfassend beschäftigt, kennt der Kommissionsentwurf nicht. Es greift insofern nationales Recht. Außerdem bestimmt Art. 11 II 1 SUP-RL-KOM, dass Bestimmungen zur Auflösung zum Mindestinhalt der Verordnung zählen (s. zur Vorschrift auch Rn. 53). Auch der *general approach* enthält keine spezielle Vorschrift. Im Gegensatz zum Kommissionsentwurf gehört die Auflösung allerdings nicht pauschal zum möglichen Inhalt des Online-Templates (vgl. Art. 11 III SUP-RL-GA). Art. 11 III lit. f) SUP-RL-GA nennt nur die Dauer des Bestehens der SUP als Mindestangabe. Der Entwurf des europäischen Parlaments entspricht insofern dem Ratsentwurf (Art. 11 I lit. g) SUP-RL-JURI). 179

II. Kommissionsentwurf zur Auflösung und Umwandlung

In Art. 25 SUP-RL-KOM finden sich dann allerdings doch einige spezielle Bestimmungen zur Beendigung der SUP. Art. 25 I SUP-RL-KOM sieht beispielsweise die **zwangsweise Auflösung** der SUP oder deren Umwandlung in eine andere Gesellschaftsform vor, wenn die Voraussetzungen der Richtlinie für die konkrete SUP nicht länger vorliegen. Die Vorschrift greift zB dann, wenn die SUP die Vorgabe des Art. 10 SUP-RL-KOM nicht mehr erfüllt, da sie ihren Verwaltungssitz und ihre Hauptniederlassung in einen Nicht-EU-Staat verlagert hat.[337] Auch eine Mehrheit von Gesellschaftern würde wohl darunter fallen.[338] Darüber hinaus ist allerdings nicht klar abzugrenzen, welche Vorgaben der Richtlinie als „Voraussetzungen“ anzusehen sind, die die Umwandlung bzw. Auflösung bedingen.[339] 180

Nach Art. 25 I SUP-RL-KOM richtet sich das Verfahren für die Umwandlung bzw. die Auflösung nach dem nationalen Recht der Mitgliedstaaten. Erfüllt die SUP nicht länger die Voraussetzungen der Richtlinie, so hat sie zunächst die Möglichkeit, im Einklang mit dem nationalen Recht eine Umwandlung in eine andere Gesellschaftsform zu betreiben (Art. 25 I 2 SUP-RL-KOM). Welcher Zeitraum ihr dafür zur Verfügung steht, regelt 181

336 *Drygala* EuZW 2014, 491, 494; *Omlor* NZG 2014, 1137, 1141; *Krauß/Meichelbeck* BB 2015, 1562, 1564; *Moench*, Die SUP, 2016, S. 144.

337 *Beurskens* GmbHR 2014, 738, 740.

338 Vgl. *Grunewald* in: FS Müller-Graff, 2015, S. 290, 296; *Beurskens* GmbHR 2014, 738, 740; *Moench*, Die SUP, 2016, S. 149.

339 *Moench*, Die SUP, 2016, S. 149 plädiert insofern für einen konkreten Katalog von relevanten Verstößen.

die Richtlinie nicht, weshalb insofern nationales Recht greift.[340] Erfolgt die Umwandlung innerhalb der national gesetzten Frist nicht, so hat die für die SUP zuständige Behörde der Mitgliedstaaten die Befugnis, die SUP aufzulösen (Art. 25 I 2 SUP-RL-KOM). Obwohl Art. 25 I SUP-RL-KOM nur die Pflicht zur Umwandlung vorsieht, muss dem Gesellschafter auch die Möglichkeit offenstehen, die SUP sofort aufzulösen.[341]

182 Weiterhin wird vorgebracht, dass die Mitgliedstaaten auch die Möglichkeit haben, SUP zwangsweise umzuwandeln.[342] Eine derartige Befugnis ergibt sich jedoch nicht aus dem Wortlaut der Richtlinie. Gemäß Art. 25 I SUP-RL-KOM liegt die Befugnis/Pflicht zur Umwandlung der SUP vielmehr bei der Gesellschaft selbst. Diese hat die geeigneten Schritte zur Umwandlung in eine andere Gesellschaftsform zu unternehmen. Unternimmt sie diese nicht, kann nur eine Auflösung von der zuständigen Behörde verlangt werden.

183 Art. 25 II SUP-RL-KOM regelt schließlich auch die **freiwillige Umwandlung** der SUP in eine andere Gesellschaftsform (Herausumwandlung). Auch hier verweist die Richtlinie für das Verfahren auf das jeweils anwendbare nationale Recht. Vorgaben wie für die Hineinumwandlung (s. Rn. 40 ff.) enthält sie nicht.[343] Art. 25 III SUP-RL-KOM regelt lediglich, dass eine umgewandelte oder aufgelöste SUP nicht länger den Rechtsformzusatz „SUP“ tragen darf.

III. General approach zur Umwandlung

184 Der *general approach* des Rates ändert Art. 25 SUP-RL-GA dahin gehend ab, dass nur noch die freiwillige Umwandlung der SUP in eine andere Gesellschaftsform erfasst ist. Art. 25 SUP-RL-GA ist dabei an Art. 25 II SUP-RL-KOM angelehnt. Die Vorschrift konkretisiert allerdings, dass sich die Umwandlung nicht nur nach dem nationalen Verfahren, sondern auch den entsprechenden nationalen Voraussetzungen richtet. Die im Vergleich zum Kommissionsentwurf auch an dieser Stelle reduzierte Regelungsdichte führt zu Rechtszersplitterung.[344]

IV. JURI-Entwurf zur Auflösung und Umwandlung

185 Der Entwurf des Rechtsausschusses des Europäischen Parlaments hat die Frage der Auflösung und Umwandlung in Art. 7a SUP-RL-JURI verschoben. Die Vorschrift gehört damit dem Kapitel 1 („Rechtsform und allgemeine Grundsätze“) an, was aus systematischer Sicht nicht ganz stimmig erscheint. Die Regelungen stimmen inhaltlich weitestgehend mit denen des Kommissionsentwurfs überein. Art. 7a I 2 SUP-RL-JURI konkretisiert allerdings explizit, dass eine zwangsweise Umwandlung der SUP vorzunehmen ist, wenn diese die Einschränkungen zur Größe (dazu Rn. 27) überschreitet. Die Vorschrift hat jedoch lediglich klarstellende Funktion. Im Gegensatz zum Kommissionsentwurf würde auch ein Auseinanderfallen von Register- und Verwaltungssitz wohl in den Anwendungsbereich des Art. 7a I 2 SUP-RL-JURI fallen, da Art. 10 SUP-RL-JURI das Zusammenfallen voraussetzt (dazu Rn. 101).

186 Zusätzlich enthält Art. 28 SUP-RL-JURI eine Regelung, die es den Mitgliedstaaten gestattet, eine SUP aufzulösen, wenn diese „keine Wirtschaftstätigkeit ausübt (Briefkastengesellschaft)“. Unklar ist insofern der Anwendungsbereich der Vorschrift. Denn das Arbeitsdokument verlangt explizit das **Zusammenfallen** von **Register- und Verwaltungssitz** (Art. 10 SUP-RL-JURI). Das Risiko von Briefkastengesellschaften wird dadurch bereits stark reduziert. Außerdem bezieht sich der Wortlaut allgemein auf das Fehlen einer Wirtschaftstätigkeit in der gesamten EU und nicht konkret auf die fehlende Wirtschaftstätigkeit am Registersitz. Damit würde sie das Problem von Briefkastengesellschaften aber gar nicht angehen. Vielmehr müssten Vorratsgesellschaften fürchten, aufgelöst zu werden. Allerdings ist der Bedarf an Vorratsgesellschaften wohl gering.

Q. Arbeitnehmerbeteiligung

187 Die SUP-Richtlinie enthält keine Regeln zur Arbeitnehmerbeteiligung.[345] Formal gerechtfertigt werden mag dies mit der Tatsache, dass die SUP eine „nationale“ Rechtsform darstellt und der europäische Gesetzgeber insofern keine Vorgaben machen möchte. Aus politischer Perspektive scheute der Regelungsgeber sicherlich auch deshalb vor einer Regelung zurück, da die unternehmerische Mitbestimmung wohl der Hauptgrund für das Scheitern des SPE-Projektes war (dazu § 5 Rn. 7, 265).

188 Aufgrund der Nichtregelung der Thematik in der Richtlinie greift somit das Recht des Staates, in dem die SUP ihren Sitz hat.[346] Der *general approach* nennt die Arbeitnehmerbeteiligung auch explizit in Art. 7 IV 2 SUP-RL-

340 *Moench*, Die SUP, 2016, S. 149.
341 *Moench*, Die SUP, 2016, S. 148.
342 Dazu *Moench*, Die SUP, 2016, S. 148 f.
343 *Moench*, Die SUP, 2016, S. 147.
344 Kritisch auch *Moench*, Die SUP, 2016, S. 150.
345 *Lutter/Bayer/Schmidt*, Europäisches Unternehmens- und Kapitalmarktrecht, 2017, Rn. 47.117; *Habighorst* in: MüHdB GesR, Bd. 3, 2018, § 76 Rn. 22.
346 *Lutter/Bayer/Schmidt*, Europäisches Unternehmens- und Kapitalmarktrecht, 2017, Rn. 47.117.

GA als Aspekt, bzgl. dessen die Richtlinie nicht auf die anwendbaren nationalen Rechtsvorschriften einwirkt. Die Nichtregelung stieß erwartungsgemäß auf Kritik.[347] Um Diskussionen um die Ausgestaltung der Arbeitnehmerbeteiligung dennoch zu verhindern, schlug das **Arbeitsdokument des Rechtsausschusses** des Europäischen Parlaments eine **doppelte Einschränkung** des Anwendungsbereichs vor (vgl. Rn. 25). Außerdem verlangt der JURI-Entwurf das Zusammenfallen von Register- und Verwaltungssitz (Art. 10 SUP-RL-JURI). Der Kommissionsentwurf, der eine Sitzaufspaltung zwingend gestattete (Art. 10 SUP-RL-KOM, s. dazu Rn. 100), wurde gerade mit Blick auf die Mitbestimmung insofern stark kritisiert. Es wurde befürchtet, dass die Nichtregelung der Arbeitnehmerbeteiligung im Zusammenspiel mit der Sitzaufspaltung zu einer Umgehung nationaler Standards geführt hätte.[348] Der *general approach* verwies bezüglich der Sitzfrage auf das anwendbare Recht der nationalen Rechtsformen aus Anhang I und positionierte sich damit zwischen dem Kommissions- und dem JURI-Entwurf.

R. Ausblick

Aufgrund des großen Widerstands – vor allem auch aus Deutschland – ist nach der SPE auch das **SUP-Projekt** gescheitert (zum Gesetzgebungsprozess Rn. 1 ff.).[349] Der Mehrwert eines solchen Instruments mag aufgrund der Ausgestaltung, die sich im Laufe des Gesetzgebungsprozesses abzeichnete, auch bezweifelt werden. Insbesondere der zu enge Anwendungsbereich (siehe Entwurf des Rechtsausschusses des Europäischen Parlaments), die zu vielen Rückgriffe auf nationales Recht[350] sowie die Abschaffung der Sitzaufspaltung und eines tatsächlich einheitlichen europäischen Labels hätten nach hier vertretener Ansicht dazu geführt, dass die angestrebten Vorteile nicht mehr hätten erreicht werden können. Gerade auf deutscher Seite wird daher bis heute stattdessen die Wiederbelebung der SPE gefordert (vgl. auch § 5 Rn. 286 f.).[351] 189

Was bleiben könnte, sind allerdings Überlegungen zum **Online-Registrierungsverfahren**. Denn die **Digitalisierung** ist eine Priorität der Europäischen Kommission.[352] Die **Informal Company Law Expert Group (ICLEG)** verfasste dementsprechend einen Bericht zur Digitalisierung im Gesellschaftsrecht, in dem sie ua die Möglichkeit der Online-Registrierung (Empfehlung 5) sowie – damit verbunden – standardisierte Gründungsunterlagen, insbesondere Mustersatzungen (Empfehlung 6), empfiehlt.[353] Der im April 2018 unterbreitete Vorschlag der Kommission zur Digitalisierung im Bereich des Gesellschaftsrechts[354] greift dementsprechend auch die Online-Registrierung auf. Die Kommission möchte damit, wie auch mit dem SUP-Projekt, die Kosten für die Eintragung und den Zeitaufwand senken.[355] Art. 13f des Vorschlags sieht vor, dass die Mitgliedstaaten die Möglichkeit der Online-Eintragung etablieren müssen. Eine physische Präsenz des Gründungsgesellschafters sollen die Mitgliedstaaten, wie auch bei der SUP, regelmäßig nicht verlangen dürfen (Art. 13f I 1). Allerdings wurde die Kritik aus dem SUP-Gesetzgebungsverfahren aufgegriffen und besondere Sicherungen gegen Missbrauchsgefahren eingefügt (zur Ausnahme vom Verbot der physischen Präsenz s. Art. 13b IV). Auch die Idee der Verwendung von Mustern für die Eintragung findet sich im Entwurf (Art. 13g). 190

347 ETUC, Pressemitteilung v. 8.4.2014 (https://www.etuc.org/press/company-directive-tax-and-labour-rules-avoidance-charter#.Wqkp-Ocxk2y, zuletzt abgerufen am: 14.3.2018) („charter for avoiding tax and national labour rules"). Kritisch auch *Wicke* ZIP 2014, 1414, 1417; *Thannisch* Arbeitsrecht im Betrieb 2015, 30, 30 ff. European Parliament, Committee on Employment and Social Affairs, Opinion on the proposal for a directive of the European Parliament and of the Council on single-member private limited liability companies, 29.6.2015, 2014/0120 (COD) nennt allerdings keine Gründe für die generelle Ablehnung. Aufgrund der Ausrichtung des Ausschusses ist jedoch davon auszugehen, dass die Ablehnung gerade auch mit der Arbeitnehmerbeteiligung zu tun hat.

348 Bundesrat, Beschluss, BR-Drs. 165/14 (Beschluss 2), 11.7.2014, S. 8 f.; *Wicke* ZIP 2014, 1414, 1417; *Thannisch* Arbeitsrecht im Betrieb 2015, 30, 30 ff. („Öffnen der Büchse der Pandora"); *Teichmann/Götz* in: Viera González/Teichmann (Eds.), Private Companies in Europe, 2016, S. 29, 36 f. fordern hingegen eine allgemeine Lösung auf europäischer Ebene und daher keine besonderen Restriktionen für die SUP.

349 European Commission, Annex to the Communication from the Commission the the European Parliament, the Council, the European Economic and Social Committee and the Committee of the Regions – Commission Work Programme 2018, Annex IV, COM(2017) 650 final, 24.10.2017, Punkt 10.

350 Dazu auch kritisch *Rammeloo* DQ 2015, 54, 63.

351 Für die Wiederbelebung *Lutter/Bayer/Schmidt*, Europäisches Unternehmens- und Kapitalmarktrecht, 2017, Rn. 47.118; *Bayer/Schmidt* BB 2016, 1923, 1924; *Hommelhoff/Teichmann* GmbHR 2014, 177, 177 ff.; vgl. auch *Harbarth* ECFR 2015, 230, 234 f., der die SPE gegenüber der SUP für vorzugswürdig hält.

352 Vgl. Europäische Kommission, EU-eGovernment-Aktionsplan 2016-2020 Beschleunigung der Digitalisierung der Digitalisierung der öffentlichen Verwaltung, 19.4.2016, COM(2016) 179 final.

353 Informal Company Law Expert Group (ICLEG), Report on digitalisation in company law, March 2016.

354 Europäische Kommission, Vorschlag für eine Richtlinie des Europäischen Parlaments und des Rates zur Änderung der Richtlinie (EU) 2017/1132 im Hinblick auf den Einsatz digitaler Werkzeuge und Verfahren im Gesellschaftsrecht, COM(2018) 239 final. Dazu *Knaier* GmbHR 2018, 560, 560 ff.; *Noack* DB 2018, 1324, 1324 ff.

355 Europäische Kommission, Vorschlag für eine Richtlinie des Europäischen Parlaments und des Rates zur Änderung der Richtlinie (EU) 2017/1132 im Hinblick auf den Einsatz digitaler Werkzeuge und Verfahren im Gesellschaftsrecht, COM(2018) 239 final, S. 4.

Stichwortverzeichnis Teil 2: Supranationale Rechtsformen der EU

Fette Zahlen bezeichnen die Paragraphen, magere die Randnummern.

Teil 3
Grenzüberschreitende Mobilität von Gesellschaften

§ 10 Rechtsprechung zur Niederlassungsfreiheit und deren Konsequenzen

Literatur (Auswahl): *Altmeppen*, Anwendung deutschen Gläubigerschutzrechts auf die EU-Scheinauslandsgesellschaft. Auswirkungen des Kornhaas-Urteils des EuGH, IWRZ 2017, 107; *Ego* in: Münchener Kommentar zum AktG, Bd. 7, 4. Aufl. 2017, Europäische Niederlassungsfreiheit; *Armour/Ringe*, European Company Law 1999-2010: Renaissance and Crisis, CMLR 48 (2011) 125; *Baert*, Crossing Boarders: Exploring the Need for a Fourteenth EU Company Law Directive, EBLR 2015, 581; *Bayer/Schmidt*, Grenzüberschreitende Sitzverlegung und grenzüberschreitende Restrukturierungen nach MoMiG, Cartesio und Trabrennbahn, ZHR 173 (2009) 735; *Behme*, Rechtsformwahrende Sitzverlegung und Formwechsel von Gesellschaften über die Grenze, 2015, S. 42-65; *Behrens/Hoffmann* in: Ulmer/Habersack/Löbbe (Hrsg.), GmbHG Großkommentar, Bd. 1, 2. Aufl. 2013, Einleitung, Rn. 140 ff.; *Bergmann*, Niederlassungsfreiheit: Wegzug und Zuzug von Gesellschaften in der EU, ZEuS 2012, 233; *Biermeyer/Meyer*, Corporate Mobility in Europe: An Empirical Perspective, ECL 15 (2018) 64; *Ehricke* in: Hirte/Mülbert/Roth (Hrsg.), Aktiengesetz (Großkommentar), Bd. 2/2, 5. Aufl. 2016, § 45 Rn. 62 ff.; *Franz*, Grenzüberschreitende Sitzverlegung und Niederlassungsfreiheit – eine systematische Betrachtung offener und geklärter Fragen, EuZW 2016, 930; *Gajjar*, Your dominion or mine? A critical evaluation of the case law on freedom of establishment for companies and the restrictions, ICCLR 24 (2013) 50; *Gelter*, Centros, the Freedom of Establishment for Companies, and the Court's Accidential Vision for Corporate Law, ECGI Working Paper Nr. 287/2015; *Gerner-Beuerle et. al.*, Why do Businesses Incorporate in other EU Member States? An Empirical Analysis of the Role of Conflict of Laws Rules, ECGI Law Working Paper 361/2017; *Grundmann*, Europäisches Gesellschaftsrecht, 2. Aufl. 2011, Rn. 776 ff.; *Habersack/Verse*, Europäisches Gesellschaftsrecht,

4. Aufl. 2011, § 3 Rn. 11 ff.; *Hausmann* in: Reithmann/Martiny (Hrsg.), Internationales Vertragsrecht, 8. Aufl. 2015, 7. Teil, Rn. 7.13 ff.; *Kainer* in: Müller-Graff (Hrsg.), Europäisches Wirtschaftsordnungsrecht, 2015, § 4 (Die binnenmarkrechttliche Niederlassungsfreiheit der Unternehmen), Rn. 40 ff.; *Kalss/Klampfl*, Europäisches Gesellschaftsrecht, 2015, Rn. 68 ff.; *Khan*, Corporate mobility, market access and the internal market, E.L.Rev. 40 (2015) 371; *Kindler* in: Münchener Kommentar zum BGB, Bd. 11 (Internationales Gesellschaftsrecht), 6. Aufl. 2015, Rn. 98 ff.; *Koppensteiner*, Grenzüberschreitende Sitzverlegung von Kapitalgesellschaften in der EU samt einem Ausblick in die Schweiz, in: Law & Economics. Festschrift für Peter Nobel, 2015, S. 235; *Leible* in: Michalski ua (Hrsg.), GmbHG, Bd. 1, 3. Aufl. 2017, Syst. Darst. 2 (Internationales Gesellschaftsrecht); *Lieder* in: Oetker (Hrsg.), HGB, 5. Aufl. 2017; § 105 Rn. 139 ff.; *Limmer* (Hrsg.), Handbuch der Unternehmensumwandlung, 5. Aufl. 2016, Teil 6, Rn. 5 ff.; *Lutter/Bayer/Schmidt*, Europäisches Unternehmens- und Kapitalmarktrecht, 6. Aufl. 2017, §§ 4, 7; *Mitterecker*, Grenzüberschreitende Sitzverlegungen, 2015; *Paschalidis*, Freedom of Establishment and Private International Law for Corporations, 2012, Chapter 3 (Rn. 3.06-3.205); *Raiser/Veil*, Recht der Kapitalgesellschaften, 6. Aufl. 2015, § 8 Rn. 27 ff.; *Roth*, Vorgaben der Niederlassungsfreiheit für das Kapitalgesellschaftsrecht, 2010; *Schmidt*, Grenzüberschreitende Mobilität von Gesellschaften – Vergangenheit, Gegenwart und Zukunft, ZVglRWiss 116 (2017) 313; *Stiegler*, Grenzüberschreitende Sitzverlegungen nach deutschem und europäischem Recht, 2017; *Stiegler*, Grenzüberschreitende Mobilität von Personengesellschaften, ZGR 2017, 312; *Teichmann*, Gesellschaftsrecht im System der Europäischen Niederlassungsfreiheit, ZGR 2011, 639; *Teichmann*, Gesellschaften und natürliche Personen im System der Europäischen Niederlassungsfreiheit, in: Festschrift für Peter Hommelhoff, 2012, S. 1213; *Teichmann*, Die GmbH im europäischen Wettbewerb der Rechtsformen, ZGR 2017, 543; *Tiedje* in: von der Groeben/Schwarze/Hatje (Hrsg.), Europäisches Unionsrecht, Bd. 1, 7. Aufl. 2015, Art. 54 AEUV, Rn. 49 ff.; *Wall* in: Hausmann/Odersky (Hrsg.), Internationales Privatrecht in der Notar- und Gestaltungspraxis, 3. Aufl. 2016, § 18 Rn. 30 ff.; *Weller* in: Gebauer/Wiedmann (Hrsg.), Zivilrecht unter europäischem Einfluss, 2. Aufl. 2010, Kapitel 21 (Handels- und Gesellschaftsrecht)

[Eine Auswahl weitergehender Literatur wird zu Beginn jeder EuGH-Entscheidung vorangestellt.]

A. Grundlagen

I. Ausgangspunkt grenzüberschreitender Mobilität von Gesellschaften

1 Die grenzüberschreitende Mobilität der mitgliedstaatlichen Gesellschaften[1] ist maßgeblich von den **Entscheidungen des EuGH zur Niederlassungsfreiheit** geprägt. Dies gilt umso mehr, da bislang noch keine europäischen Harmonisierungsvorschriften bezüglich der Sitzverlegung von Gesellschaften in einen anderen Mitgliedstaat erlassen wurden (zum Projekt einer Sitzverlegungsrichtlinie s. § 32; speziell zum Richtlinienvorschlag vom April 2018 s. auch § 32 Rn. 77; ferner im Rahmen grenzüberschreitender Spaltungen Rn. 180 ff.).[2] Auch mangels einheitlicher kollisionsrechtlicher Beurteilung der Anknüpfung von Gesellschaften aus anderen Mitgliedstaaten sind die EuGH-Entscheidungen zur Mobilität und zu grenzüberschreitenden Umstrukturierungen von Gesellschaften von zentraler Bedeutung.[3] Vor allem bei den Gestaltungsmaßnahmen, bei denen bislang keine sekundärrechtliche Rechtsangleichung erfolgt ist, kommt der Rechtsprechung des EuGH zur Niederlassungsfreiheit maßgebliches Gewicht bei der Beurteilung grenzüberschreitenden Mobilität von Gesellschaften zu.[4]

II. Motive für grenzüberschreitende Sitzverlegungen[5]

2 Es bestehen verschiedene **rechtliche** und **ökonomische Beweggründe** eine grenzüberschreitende Verlegung des Verwaltungssitzes oder des Satzungs- bzw. Registersitzes einer Gesellschaft zu erwägen. Hauptzweck ist dabei stets, dass die Identität des Rechtsträgers im Zuge der Sitzverlegung erhalten bleibt, dh dass es zu keiner zwangsweisen Auflösung und Liquidation der betroffenen Gesellschaft kommt.

1. Verlegung des Verwaltungssitzes

3 Die Beibehaltung der bisherigen Rechtsform stellt eines der Hauptmotive einer grenzüberschreitenden Verwaltungssitzverlegung dar.[6] Hintergrund hierfür sind in aller Regel **Standortvorteile**. So können zB durch eine Ver-

1 Ein Überblick zu den empirischen Studien zur grenzüberschreitenden Mobilität von Gesellschaften in Europa findet sich bei *Gerner-Beuerle et al.*, Why do Businesses Incorporate in other EU Member States? ECGI Law Working Paper 361/2017, S. 4 ff.

2 Vgl. EuGH, Rs. C-378/10 (Vale), ECLI:EU:C:2012:440 = NJW 2012, 2715, Rn. 38; EuGH, Rs. C-411/03 (Sevic), ECLI:EU:C:2005:762 = NJW 2006, 425, Rn. 26. Bereits im Jahr 1997 wurde zwar ein Vorentwurf zu einer Sitzverlegungsrichtlinie erstellt, der jedoch bis heute nicht erlassen wurde, vgl. Vorentwurf einer vierzehnten Richtlinie des Europäischen Parlaments und des Rates über die Verlegung des Sitzes einer Gesellschaft in einen anderen Mitgliedstaat mit Wechsel des für die Gesellschaft maßgebenden Rechts vom 20.4.1997, KOM XV/6002/97 endg.

3 Vgl. nur *Hopt* EuZW-Sonderheft 2017, 1.

4 *Borg-Barthet*, The Governing Law of Companies in the EU Law, 2012, S. 172 f.; *Ehricke* in: Hirte/Mülbert/Roth (Hrsg.), AktG, 2016, § 45 Rn. 62; ferner auch *Gerner-Beuerle et al.*, Why do Businesses Incorporate in other EU Member States? ECGI Law Working Paper 361/2017, S. 25.

5 Dieser Abschnitt beruht auf *Stiegler*, Grenzüberschreitende Sitzverlegungen nach deutschem und europäischem Recht, 2017, S. 50 ff.

6 *Ege/Klett* DStR 2012, 2442, 2446.

legung des Verwaltungssitzes aufgrund von Unterschieden in den Besteuerungssystemen und Steuersätzen in den Mitgliedstaaten eine geringere Gewinnbesteuerung erreicht,[7] oder standortbezogene Faktoren wie Infrastruktur, räumliche Nähe zu Absatzmärkten sowie zu anderen Unternehmen besser genutzt oder Produktionskosten verringert werden.[8]

Weiterhin kann durch eine rechtsformwahrende „Verlegung" des Verwaltungssitzes ins Ausland indirekt eine **Rechtswahl der Gesellschaftsgründer** ermöglicht werden, wodurch Vorteile ausländischer Rechtsformen genutzt werden können.[9] Dadurch kann das durch die Gründer beabsichtigte wirtschaftliche Tätigwerden in deren Heimatstaat mit der Nutzung einer aus deren Sicht vorteilhaften ausländischen Rechtsform verbunden werden. Mit der Gründung einer ausländischen Rechtsform mit Verwaltungssitz im Inland zusammenhängend ist vor allem aus deutscher Sicht auch das Motiv der **Vermeidung** der nationalen **Mitbestimmungsregelungen**.[10] Die Regelungen über die unternehmerische Mitbestimmung knüpfen nach hM an das Gesellschaftsstatut, dh an die inländische Rechtsform des Unternehmensträgers, an.[11] Wiederum aus deutscher Sicht bedient man sich hierfür zumeist einer inländischen Kommanditgesellschaft als Unternehmensträger, deren einzige Komplementärin eine geschlossene Kapitalgesellschaft ausländischen Rechts ist.[12] 4

Weiterhin ist durch eine rechtsformwahrende Verwaltungssitzverlegung eine **vereinfachte Konzernstruktur** möglich.[13] Es können mehrere inländische Tochtergesellschaften am Registersitz der Muttergesellschaft gegründet und dann deren Verwaltungssitz in einen anderen Mitgliedstaat (durch Errichtung einer ausländischen Zweigniederlassung durch die jeweilige Tochtergesellschaft) verlegt werden.[14] Die Vorteile einer solchen Konzernstrukturierung bestehen insbesondere in einem erhöhten Maß an Standardisierung und Parallelisierung und einer Kostensenkung sowie Verringerung sowohl der Gründungs- als auch Organisationskosten der Tochtergesellschaften.[15] 5

Schließlich eröffnet eine grenzüberschreitende Verwaltungssitzverlegung **insolvenzrechtliche Gestaltungsmöglichkeiten**. Nach der – alten wie neuen – Europäischen Insolvenzverordnung (EuInsVO) besteht ggf. die Möglichkeit, durch eine Änderung des Verwaltungssitzes die territoriale Zuständigkeit des Insolvenzgerichts und das anwendbare nationale Insolvenzrecht zu bestimmen.[16] Die internationale Zuständigkeit für das Hauptinsolvenzverfahren bestimmt sich gem. Art. 3 I EuInsVO dabei danach, in welchem Mitgliedstaat der Mittelpunkt der hauptsächlichen Interessen (*center of main interests* – **COMI**) des Schuldners liegt (ausführlich dazu § 36 Rn. 48 ff.). Der Anknüpfungspunkt an den Mittelpunkt der hauptsächlichen Interessen ist daher grundsätzlich für Veränderungen der bestehenden Unternehmensstruktur zugänglich,[17] insbesondere also auch für die Verlegung des Verwaltungssitzes ins Ausland.[18] 6

7 *Gerner-Beuerle et al.*, Why do Businesses Incorporate in other EU Member States? ECGI Law Working Paper 361/2017, S. 2; siehe ferner zur Ausgangslage bei der entsprechenden Strukturmaßnahme EuGH, Rs. 81/87 (Daily Mail), ECLI:EU:C:1988:456 = NJW 1989, 2186, Rn. 6 f., EuGH, Rs. C-371/10 (National Grid Indus), ECLI:EU:C:2011:785 = NZG 2012, 114, Rn. 11 ff.

8 *Rammeloo* MJ 2008, 359, 362; *Bücker* in: Hirte/Bücker (Hrsg.), Grenzüberschreitende Gesellschaften, 2. Aufl. 2006, § 3 Rn. 13 f.; *Stiegler*, Grenzüberschreitende Sitzverlegungen nach deutschem und europäischem Recht, 2017, S. 50.

9 *Teichmann* in: Gebauer/Teichmann (Hrsg.), Europäisches Privat- und Unternehmensrecht, 2016, § 6 Rn. 77; *Klöhn/Schaper* ZIP 2013, 49 f.; weiterhin kritisch auch *Kindler* ZHR 179 (2015) 330, 368 f.

10 *Kindler* in: MüKo BGB, 2015, IntGesR, Rn. 369; *Ebke* SMU Law Review 68 (2015) 1021, 1030 f.; *Teichmann* ZIP 2016, 899; *Bücker* in: Hirte/Bücker, Grenzüberschreitende Gesellschaften, § 3 Rn. 27; *Looijestijn-Clearie* ICLQ 49 (2000) 621, 635.

11 Vgl. OLG Stuttgart ZIP 1995, 1004, 1005; *Behrens/Hoffmann* in: Ulmer/Habersack/Löbbe (Hrsg.), GmbHG, 2013, Einl. B Rn. 121; *Hoffmann* in: Hk-BGB, 3. Aufl. 2016, Anhang Art. 12 EGBGB Rn. 122a; *Mayer* in: MüKo GmbHG, 2. Aufl. 2015, § 4a Rn. 70; *Schanze* AG 2017, 573, 574; *Hohloch* in: Erman, 14. Aufl. 2014, BGB, Anh. II Art. 12 EGBGB Rn. 16b; zT auch *Teichmann* ZIP 2016, 899; *Weller* in: FS Hommelhoff, 2012, S. 1275, 1285; *Kindler* ZHR 179 (2015) 330, 373.

12 *Klöhn/Schaper* ZIP 2013, 49; *Nentwig* GmbHR 2015, 1145.

13 *Weller* in: FS Blaurock, 2013, S. 497, 505; *H.-P. Westermann* in: Scholz, GmbHG, 11. Aufl. 2011, Anh. § 4a Rn. 73; *Stiegler*, Grenzüberschreitende Sitzverlegungen nach deutschem und europäischem Recht, 2017, S. 53.

14 *W.-H. Roth* ZGR 2014, 168, 187; *Ulmer/Löbbe* in: Ulmer/Habersack/Löbbe (Hrsg.), GmbHG, 2. Aufl. 2013, § 4a Rn. 15; *Frank*, Formwechsel im Binnenmarkt, 2016, S. 92; zur Bedeutung der Gründung ausländischer Tochtergesellschaften als Konzernbaustein *Lutter/Bayer/Schmidt*, Europäisches Unternehmens- und Kapitalmarktrecht, 2017, Rn. 4.16.

15 *Frank*, Formwechsel im Binnenmarkt, 2016, S. 92.

16 *Weller* in: FS Blaurock, 2013, S. 497, 506; *ders.* ZGR 2008, 835, 862; vgl. auch *Paschalidis*, Freedom of Establishment and Private International Law for Corporations, 2012, Rn. 7.84, 7.88; *Aasaru* EBLR 2011, 349, 362.

17 *Eidenmüller* EBOR 6 (2005) 423; *Weller* ZGR 2008, 835, 848; *Mucciarelli* ECFR 2016, 1, 14.

18 Vgl. EuGH, Rs. C-396/09 (Interedil), ECLI:EU:C:2011:671 = ZIP 2011, 2153, Rn. 53; *Eidenmüller* NJW 2004, 3455, 3457; *Hübner* IPRax 2015, 134.

2. Verlegung des Satzungssitzes

7 Aufgrund eines geänderten Unternehmensumfeldes kann es erforderlich sein, dass die bislang von der nationalen Rechtsordnung zur Verfügung gestellten Rechtsformen keinen wirtschaftlich effizienten und sachgerechten Rahmen für bestimmte Betätigungen der Gesellschaft mehr darstellen.[19] Unter der Prämisse, dass eine grenzüberschreitende Verlegung des Satzungs- bzw. Registersitzes mit einer **identitätswahrenden Umwandlung** in eine ausländische Rechtsform verbunden ist (s. auch Rn. 123), sind die Motive und Beweggründe für eine entsprechende Sitzverlegung mit denen eines grenzüberschreitenden Formwechsels (dazu Rn. 123 ff.) gleichzusetzen.[20] Kennzeichen eines (grenzüberschreitenden) Formwechsels ist die Änderung des Rechtskleides bei gleichzeitiger Wahrung der Identität des Rechtsträgers. Es handelt sich somit um eine **nachträgliche Rechtsformwahl.** Durch die formwechselnde Sitzverlegung kann somit (mittelbar) die Wahl eines attraktiveren, auf den Rechtsträger anwendbaren Gesellschaftsrechts ermöglicht werden.[21]

8 Gründe für die (nachträgliche) Wahl einer ausländischen Rechtsform sind zB bessere Corporate Governance- oder Haftungsstrukturen im Vergleich zur inländischen Rechtsordnung,[22] Strukturvereinfachungen im Konzern oder die Gestaltung der unternehmerischen Mitbestimmung.[23] Die Vorteile einer grenzüberschreitenden Satzungssitzverlegung können auch in einer **besseren Kapitalbeschaffung** durch Gewinn neuer Kapitalgeber, einer flexibleren Organisationsstruktur, einer Verkleinerung des Aufsichtsrates[24] und der Einsparung von Verwaltungskosten sowie anderweitigen Begünstigungen im Vergleich zur bisherigen Rechtsform liegen.[25] Darüber hinaus ist der Wechsel der **steuerlichen Anknüpfung** zentrales Motiv einer grenzüberschreitenden Satzungssitzverlegung.[26] Zu beachten ist dabei jedoch, dass – zumindest aus derzeitiger deutscher Perspektive – nach Ansicht einiger Finanzbehörden ein grenzüberschreitender Formwechsel aus Deutschland ggf. zu einer Liquidationsbesteuerung führt. Faktisch wäre dies, in Abhängigkeit von der Unternehmens- und Gesellschafterstruktur, aus praktischer Sicht durchaus ein Ausschlusskriterium für die Durchführung einer entsprechenden Satzungssitzverlegung ins Ausland. Ferner sieht auch der Richtlinienvorschlag vom April 2018 betreffend der Regulierung eines grenzüberschreitenden Formwechsels (s. dazu auch § 32 Rn. 77 ff.) einen Missbrauchsvorbehalt im Hinblick auf die Umgehung nationaler Schutzbestimmungen vor und auch im Deutschen Bundestag steht die Gefahr der Steuervermeidung durch einen grenzüberschreitenden Formwechsel auf der aktuellen Agenda.[27]

9 Gerade für ausländische Gesellschaften mit hauptsächlicher Tätigkeit und/oder Hauptverwaltung in einem anderen Staat kann auch die **„Rückkehr"** zum eigenen Recht von Interesse sein. Dies gilt insbesondere bei den allein in einem anderen Mitgliedstaat wirtschaftlich tätigen englischen Limiteds. Deren Bestandsschutz auch nach **Austritt Großbritannien aus der EU** ist derzeit (Juni 2018) noch nicht hinreichend absehbar und es droht schlimmstenfalls eine Zwangsauflösung oder -umwandlung in eine nationale Personengesellschaft.[28] Um dies rechtszeitig zu verhindern, kann ein grenzüberschreitender Formwechsel zurück in den Heimatstaat der Gründer die Fortdauer des Rechtsträgers auch nach dem „Brexit" sicherstellen (dazu Rn. 113 sowie § 12 Rn. 5). Gleichwohl zeigt sich derzeit in der Praxis, dass sich überwiegend vielmehr einer grenzüberschreitenden Verschmelzung hierbei bedient wird (s. auch § 24 Rn. 8).

III. Gesellschaftskollisionsrecht

10 Die Möglichkeiten der grenzüberschreitenden Mobilität und Umstrukturierungen von Gesellschaften werden zu einem weiterhin hohen Maß vom nationalen **Gesellschaftskollisionsrecht** iSd Internationalen Privatrechts (IPR) der einzelnen Mitgliedstaaten für Gesellschaften beeinflusst (zu den Einzelaspekten s. auch § 11). Hierbei sind

19 *Weller* in: FS Blaurock, 2013, S. 497, 505; *Grundmann*, Europäisches Gesellschaftsrecht, 2011, Rn. 837; *Knaier/Pfleger* GmbHR 2017, 859.

20 *Stiegler*, Grenzüberschreitende Sitzverlegungen nach deutschem und europäischem Recht, 2017, S. 56.

21 *Weller* in: FS Blaurock, 2013, S. 497, 505; *Grundmann*, Europäisches Gesellschaftsrecht, 2011, Rn. 837; *Stiegler*, Grenzüberschreitende Sitzverlegungen nach deutschem und europäischem Recht, 2017, S. 59.

22 *Weller* in: FS Blaurock, 2013, S. 497, 511; *Baert* EBLR 2015, 581; *Frank*, Formwechsel im Binnenmarkt, 2016, S. 50 f.

23 *Szydło* ECFR 2010, 414, 416; *Weller* in: FS Blaurock, 2013, S. 497, 511; *Eidenmüller* ZGR 2007, 168, 175; speziell zur Vermeidung der deutschen Mitbestimmung durch „Rechtsform-Shopping" *Weller* in: FS Hommelhoff, 2012, S. 1275, 1279 ff.; *Morgenroth/Salzmann* NZA-RR 2013, 449, 455; *Behme*, Rechtsformwahrende Sitzverlegung und Formwechsel, 2016, S. 285.

24 *Eidenmüller* ZGR 2007, 168, 175.

25 *Messenzehl/Schwarzfischer* BB 2012, 2072; *Weller* in: FS Blaurock, 2013, S. 497, 511 f.; *Grundmann*, Europäisches Gesellschaftsrecht, 2011, Rn. 837, Fn. 17; *Szydło* ECFR 2010, 414, 416; *Ferran* MLR 79 (2016) 813, 830.

26 *Eckert*, Internationales Gesellschaftsrecht, 2010, S. 542; *Nentwig* GWR 2015, 447; *Benrath/König* DK 2012, 377, 378; *Knaier/Pfleger* GmbHR 2017, 859.

27 Siehe BT-Drucks. 19/1346 v. 21.3.2018.

28 *Bayer/Schmidt* BB 2016, 1923, 1933; *Freitag/Korch* ZIP 2016, 1361, 1363; *Weller/Thomale/Benz* NJW 2016, 2378, 2379; *Hübler* NZI 2016, 622, 623; *Stiegler* ZIP 2016, 1808, 1809; *Lieder/Bialluch* NotBZ 2017, 209.

im IPR für Gesellschaften im Grundsatz zwei Anknüpfungstheorien zu unterscheiden, die in den Mitgliedstaaten (ggf. modifiziert) angewandt werden: Die Sitztheorie und die Gründungstheorie.

Nach der **Sitztheorie** (*real seat theory*)[29] knüpft das nationale Gesellschaftsrecht an den effektiven Verwaltungssitz der Gesellschaft an.[30] Plant daher eine Gesellschaft, die in einem Sitztheoriestaat ansässig ist, ihren Verwaltungssitz ins Ausland zu verlegen, verliert sie grundsätzlich die Anerkennung als Gesellschaft dieses Staates.[31] Die Sitztheorie bestimmt indes zunächst nur die kollisionsrechtliche Gerichtszuständigkeit des Staates, an dem sich der „reale Sitz“ der Gesellschaft befindet.[32] Welche rechtlichen Konsequenzen sich hieraus ergeben, bestimmt sich – vorbehaltlich eines sog renvoi – grundsätzlich nach dem mittels Anwendung der Sitztheorie berufenen materiellen Recht des Verwaltungssitzstaates. Inwiefern eine grenzüberschreitende Sitzverlegung möglich ist, ergibt sich aus der Sitztheorie somit grundsätzlich noch nicht, jedoch geht damit in der Regel auch eine materiellrechtliche Grundentscheidung im Hinblick auf die Zulässigkeit grenzüberschreitender Sitzverlegungen einher. 11

Im Rahmen der Sitztheorie müssen sich der Verwaltungs- und der Satzungssitz grundsätzlich **im gleichen Staat** befinden.[33] Das Erfordernis eines inländischen Satzungssitzes für die Beurteilung der Rechtsfähigkeit ergibt sich dabei zwar nicht aus den kollisionsrechtlichen Vorgaben der Sitztheorie; jedoch knüpfen zumindest alle Mitgliedstaaten der EU, die der Sitztheorie oder einer abgewandelten Form dieser folgen, ihr materiellrechtliches Gesellschaftsrecht an das Vorhandensein eines inländischen Satzungssitzes an. Die Sitztheorie ist als „Schutztheorie“ konzipiert.[34] Durch sie sollen die Schutzinteressen desjenigen Staates sichergestellt werden, dessen wirtschaftlichen, sozialen und politischen Interessen am stärksten von der Sitzverlegung betroffen sind.[35] Zur Verwirklichung dieses Schutzzweckes soll mit Blick auf eine Sitzverlegung ins Ausland ebenfalls ein sog ***race to the bottom*** verhindert werden, also die Verwendung eines mit weniger strengen Regelungen behafteten ausländischen Gesellschaftsrechts, aber überwiegendem Tätigwerden im Inland.[36] 12

Anders als bei der Sitztheorie beurteilt sich bei der sog **Gründungstheorie** (*incorporation theory*) das auf die Gesellschaft anwendbare Recht in der Regel und praktischen Anwendung danach, wo sie gegründet wurde.[37] Eine Gesellschaft kann demnach ihren Verwaltungssitz ins Ausland verlegen, ohne dass sie die Eigenschaft als Rechtsträger ihres Gründungsstaates verliert. Insofern haben die Gründer grundsätzlich die Wahl, in welchem Staat und nach welcher nationalen Rechtsordnung sie ihre Gesellschaft gründen wollen.[38] Im Gegensatz zur Sitztheorie kommt es bei der Gründungstheorie damit nicht darauf an, wo sich der wirtschaftliche Mittelpunkt der Gesellschaft oder deren Hauptverwaltung befindet.[39] Traditionell findet die Gründungstheorie vor allem im anglo-amerikanischen Rechtskreis Anwendung (vgl. zu England nur § 12 Rn. 25).[40] Die Vorteile der Gründungstheorie werden vor allem in der eindeutigen Ermittlung des auf die Gesellschaft anwendbaren Gesell- 13

---

29 Zu den Ursprüngen der Sitztheorie vgl. *Kindler* in: MüKo BGB, 2015, IntGesR, Rn. 420; *Ebke* Int. Lawyer 2002, 1015, 1021; *Zimmer* ZHR 168 (2004) 355, 357; aus deutscher Sicht s. auch § 11 Rn. 26 ff.

30 Vgl. nur *Jasper/Wollbrink* in: MüHdB GesR, IntGesR, 4. Aufl. 2013, § 75 Rn. 16 f.; *Schmidt* ZVglRWiss 116 (2017) 313, 315; *Thölke* in: MüHdB GesR, IntGesR, 4. Aufl. 2013, § 1 Rn. 73; *Heckschen* in: Widmann/Mayer (Hrsg.), Umwandlungsrecht, 169. EL 2018, § 1 UmwG Rn. 102.

31 *Grohmann* DZWiR 2009, 322, 323; *Wymeersch* CMLR 2003, 661, 667 f.; *Erk* EBLR 2010, 413, 416.

32 Vgl. *Paschalidis*, Freedom of Establishment and Private International Law for Corporations, Rn. 3.128.

33 *Kindler* in: MüKo BGB, 2015, IntGesR, Rn. 420.

34 BayObLG ZIP 1992, 842; OLG Hamm ZIP 2014, 1426, 1427; *Thölke* in: MüHdB GesR, IntGesR, 4. Aufl. 2013, § 1 Rn. 65; *Ringe* in: Schmidt/Lutter (Hrsg.), AktG, 3. Aufl. 2015, IntGesR, Rn. 6; *Weller* in: MüKo GmbHG, 3. Aufl. 2018, Einl. Rn. 320; *Hellwig* ECFR 2017, 252, 256.

35 BGH NJW 1967, 36, 38; OLG Nürnberg WM 1985, 259, 260; BayObLG ZIP 1992, 842; *Gelter*, EU Company Law Harmonization Between Convergence and Varieties of Capitalism, ECGI Law Working Paper 355/2017, S. 6 f.; *Kindler* in: MüKo BGB, 2015, IntGesR, Rn. 421; *Ebke* Int. Lawyer 2002, 1015, 1028; *Baert* EBLR 2015, 581, 587; *Thölke* in: MüHdB GesR, IntGesR, 4. Aufl. 2013, § 1 Rn. 65; *Ringe* in: Schmidt/Lutter (Hrsg.), AktG, 3. Aufl. 2015, IntGesR, Rn. 6; *Roth* in: Roth/Altmeppen (Hrsg.), GmbHG, 8. Aufl. 2015, § 4a Rn. 13; *Borg-Barthet* ICLQ 62 (2013) 503, 504; *Stürner* in: Langenbucher (Hrsg.), Europäisches Privat- und Wirtschaftsrecht, 4. Aufl. 2017, § 8 Rn. 104.

36 *Weller* in: MüKo GmbHG, 3. Aufl. 2018, Einl. Rn. 320; *Fastrich* in: Baumbach/Hueck (Hrsg.), GmbHG, 21. Aufl. 2017, Einl. Rn. 63; in diesem Sinne auch *Roth/Kindler*, The Spirit of Corporate Law, 2013, S. 38.

37 Vgl. nur *Grasmann*, System des Internationalen Gesellschaftsrechts, 1970, Rn. 413; *Großfeld*, Internationales und Europäisches Unternehmensrecht, 2. Aufl. 2995, S. 44.

38 *Eckert*, Internationales Gesellschaftsrecht, 2010, S. 33 f.; *Brasseur/Vermeylen* in: Vermeylen/Vande Velde (Eds.), European Cross-Border Mergers and Reorganization, 2012, S. 39 Rn. 2.17; *Behrens* in: FS Magnus, 2014, 353, 356; *Stolowy* J.B.L. 2015, 620, 629.

39 Vgl. OLG Hamburg NZG 2007, 597; *Thölke* in: MüHdB GesR, IntGesR, 4. Aufl. 2013, § 1 Rn. 88; *Spahlinger* in: Spahlinger/Wegen (Hrsg.), Internationales Gesellschaftsrecht, 2006, Rn. 59; *Knobbe-Keuk* ZHR 154 (1990) 325 f.; *Michalski* NZG 1998, 762.

40 *Ventoruzzo et al.*, Comparative Corporate Law, 2015, S. 36; *Kieninger*, Wettbewerb der Privatrechtsordnungen, 2002, S. 106; *Hoffmann* in: Nomos BGB, 3. Aufl. 2016, Anhang Art. 12 EGBGB Rn. 37; *Schmidt* ZVglRWiss 116 (2017) 313, 316.

schaftsstatuts und damit in der Rechtssicherheit der Anknüpfung gesehen.[41] Mit Blick auf die Mobilität von Gesellschaften wird ein weiterer Vorteil der Gründungstheorie darin ausgemacht, dass nachträgliche Umstrukturierungen in Form der Verlegung der tatsächlichen Hauptverwaltung die Rechtsfähigkeit der Gesellschaft nicht berühren.[42]

IV. Sitzbegriff

14 Für das Verständnis der jeweiligen EuGH-Entscheidungen zur Niederlassungsfreiheit von Gesellschaften ist die Unterscheidung zwischen Satzungssitz und Verwaltungssitz einer Gesellschaft von entscheidender Bedeutung. Die Beurteilung des EuGH über die Ausprägungen der Niederlassungsfreiheit hängt maßgeblich davon ab, ob von einer Gesellschaft die Verlegung des Satzungssitzes, des Verwaltungssitzes oder die gemeinsame Sitzverlegung geplant ist. Bei Kapitalgesellschaften ist der **Satzungssitz** grundsätzlich – vereinfacht – der Sitz, wo die Gesellschaft registriert ist. In allen Mitgliedstaaten der EU ist für Kapitalgesellschaften ein inländischer Satzungssitz daher Voraussetzung für die Anwendung des nationalen Gesellschaftsrechts.[43] Der **Verwaltungssitz** einer Gesellschaft stellt hingegen den Sitz der hauptsächlichen Geschäftstätigkeit dar, von der aus die maßgebliche wirtschaftliche Aktivität des Unternehmens ausgeht. Auch Art. 54 I AEUV unterscheidet insofern zwischen dem Satzungs- und Verwaltungssitz, indem er statuiert, dass sich Gesellschaften, die entweder ihren satzungsmäßigen Sitz, ihre Hauptverwaltung oder ihre Hauptniederlassung innerhalb der EU haben, grundsätzlich auf die Niederlassungsfreiheit berufen können (s. auch Rn. 24).

V. Wegzugs- und Zuzugsfreiheit

15 Die EuGH-Entscheidungen zur Niederlassungsfreiheit von Gesellschaften legen eine Unterscheidung zwischen Wegzugsfällen und Zuzugsfällen nahe. Es besteht zT eine differenzierte Betrachtung aus Sicht des Gerichtshofs in Abhängigkeit davon, ob es sich um eine Frage des Wegzugs einer inländischen Gesellschaft oder um eine Frage des Zuzugs einer ausländischen Gesellschaft in einen anderen Mitgliedstaat handelt. **Wegzugsfälle** betreffen Maßnahmen seitens des Heimatstaates (Gründungsstaat), in dem die wegzugswillige Gesellschaft gegründet wurde und die Frage, ob und inwiefern sich die betroffene Gesellschaften bei Interventionen seitens des Wegzugsstaates auf die Niederlassungsfreiheit berufen kann.[44] **Zuzugsfälle** betreffen hingegen Maßnahmen seitens des Gaststaates, in den der Verwaltungs- und/oder Satzungssitz einer aus einem anderen Mitgliedstaat stammende Gesellschaft verlegt werden soll.

B. Europäische Niederlassungsfreiheit

I. Grundlagen und Konzeption der Niederlassungsfreiheit für Gesellschaften

16 Die europäische Niederlassungsfreiheit dient der Förderung und Verwirklichung eines einheitlichen Binnenmarktes ohne Binnengrenzen in der EU.[45] Der europäische Binnenmarkt umfasst dabei nach Art. 26 II AEUV einen Raum ohne Binnengrenzen, in dem der Verkehr von Waren, Personen, Dienstleistungen sowie Kapital gewährleistet wird. Natürlichen Personen und Gesellschaften soll es ermöglicht werden, sich ohne Beschränkungen in einem anderen Mitgliedstaat dauerhaft anzusiedeln.[46] Für Gesellschaften ist die Niederlassungsfreiheit in **Art. 49, 54 AEUV** statuiert und garantiert das Recht der freien Niederlassung von Unternehmen eines Staates in einen anderen.[47] Das Ziel der Niederlassungsfreiheit besteht dabei vor allem darin, es den Gesellschaften der Mitgliedstaaten zu ermöglichen, in einem anderen Mitgliedstaat eine Haupt- oder Zweigniederlassung zu errichten und sich an grenzüberschreitenden Strukturmaßnahmen zu beteiligen, um dort ihren wirtschaftlichen

41 *Drury* C.L.J. 57 (1998) 165, 168; *Hadari* Duke Law Journal 23 (1974) 1, 10; *Heckschen* in: Widmann/Mayer (Hrsg.), Umwandlungsrecht, 169. EL 2018, § 1 UmwG, Rn. 101; *Lutter/Bayer/Schmidt*, Europäisches Unternehmens- und Kapitalmarktrecht, 2017, Rn. 7.6; *Bayer* BB 2003, 2357, 2358.

42 *Spahlinger* in: Spahlinger/Wegen (Hrsg.), Internationales Gesellschaftsrecht, 2006, Rn. 60; *Hausmann* in: Reithmann/Martiny (Hrsg.), Internationales Vertragsrecht, 2015, Rn. 7.6; *Grigoleit* in: ders. (Hrsg.), AktG, 2013, Einl. Rn. 10.

43 *Hoffmann* in: MüHdB GesR, IntGesR, 4. Aufl. 2013, § 54 Rn. 1; *Schönhaus/Müller* IStR 2013, 174, 175.

44 Vgl. nur *Schmidt* ZVglRWiss 116 (2017) 313, 333.

45 *Schlag* in: Schwarze (Hrsg.), EU-Kommentar, Art. 49 AEUV Rn. 1, 4; *Korte* in: Callies/Ruffert (Hrsg.), EUV/AEUV, 5. Aufl. 2016, Art. 49 AEUV Rn. 1 f.

46 Vgl. *Müller-Graff* in: Streinz (Hrsg.), EUV/AEUV, 2. Aufl. 2012, Art. 49 Rn. 2; *Tiedje* in: von der Groeben/Schwarze/Hatje (Hrsg.), Europäisches Unionsrecht, 2015, Art. 49 AEUV Rn. 1 ff.; *Korte* in Calliess/Ruffert (Hrsg.), EUV/AEUV, 5. Aufl. 2016, Art. 49 AEUV Rn. 2; bezogen auf Gesellschaften *Kainer* in: Müller-Graff (Hrsg.), Europäisches Wirtschaftsordnungsrecht, 2015, § 4 Rn. 2.

47 Vgl. nur *Schlag* in: Schwarze (Hrsg.), EU-Kommentar, 3. Aufl. 2012, Art. 49 AEUV Rn. 1.

Tätigkeiten nachzugehen.[48] Zu diesem Zweck soll es ermöglicht werden, in stabiler und kontinuierlicher Weise am Wirtschaftsleben eines anderen Mitgliedstaates teilzunehmen.[49] Die Niederlassungsfreiheit umfasst demnach die „Aufnahme und Ausübung selbstständiger Erwerbstätigkeiten sowie die Gründung und Leitung von Unternehmen" (Art. 49 II AEUV). Dabei ist die Unterscheidung zwischen der Niederlassungsfreiheit der (Gesellschafts-) Gründer und der Niederlassungsfreiheit der Gesellschaft als eigenes Rechtssubjekt von Bedeutung. Betrifft Art. 49 II AEUV die Freiheit zur Gründung von Unternehmen durch natürliche oder juristische Personen, geht es in Art. 49 I 1 AEUV in erster Linie um die tatsächliche Freiheit zur Niederlassung einer Gesellschaft in einem anderen Mitgliedstaat.

Bei Art. 49, 54 AEUV wird grundsätzlich zwischen der primären und der sekundären Niederlassungsfreiheit von Gesellschaften unterschieden.[50] Die **primäre Niederlassungsfreiheit** (Art. 49 I 1 AEUV) ist einschlägig, wenn eine nach mitgliedstaatlichem Recht gegründete Gesellschaft ihren Verwaltungssitz bzw. ihre Hauptniederlassung in einen anderen Mitgliedstaat zu verlegen beabsichtigt.[51] Sie gewährt daher das Recht, den wirtschaftlichen Schwerpunkt eines Unternehmens in einem anderen Mitgliedstaat zu etablieren.[52] Die **sekundäre Niederlassungsfreiheit** (Art. 49 I 2 AEUV) erlaubt es einer mitgliedstaatlichen Gesellschaft, Nebenniederlassungen in Form von unselbstständigen Zweigniederlassungen oder selbstständigen Tochtergesellschaften zu errichten und zu unterhalten.[53] Das durch die Niederlassungsfreiheit statuierte Beschränkungsverbot (s. Rn. 27) gilt dabei unabhängig von der Art der Niederlassung, umfasst also sowohl die Etablierung einer primären als auch einer sekundären Niederlassung gemäß Art. 49 AEUV. Einzig bei der Beurteilung der Verhältnismäßigkeit einer beschränkenden Maßnahme kann die Abgrenzung zwischen primärer und sekundärer Niederlassungsfreiheit relevant werden.[54] 17

II. Anwendungsbereich der Niederlassungsfreiheit

1. Persönlicher Anwendungsbereich

Die Niederlassungsfreiheit ist **unmittelbar anwendbar**.[55] Bei Beschränkungen seitens eines Mitgliedstaates kann sich die betroffene Gesellschaft direkt auf sie berufen. Anders als beim europäischen Richtlinienrecht (s. dazu § 18 Rn. 24) bedarf es daher keiner Transformation in nationales Recht. Nach Art. 54 AEUV sind die nach den Vorschriften eines Mitgliedstaates gegründeten Gesellschaften natürlichen Personen gleichgestellt und können in gleicher Weise von dem Recht der freien Niederlassung Gebrauch machen.[56] Erforderlich dafür ist jedoch, dass sie die **Voraussetzungen** des Art. 54 AEUV erfüllen, dh dass sie zu den von Art. 54 II AEUV erfassten Gesellschaftsformen gehören, die im Sinne von Art. 54 I AEUV nach den Rechtsvorschriften eines Mitgliedstaaten gegründet wurden und **alternativ** ihren Satzungssitz, Verwaltungssitz oder ihre Hauptniederlassung innerhalb der EU haben.[57] Diese Kriterien dienen – vergleichbar mit der Staatsangehörigkeit bei natürlichen Personen – 18

48 EuGH, Rs. 2/74 (Reyners), ECLI:EU:C:1974:68 = BeckEuRS 1974, 40233, Rn. 21; EuGH, Rs. C-196/04 (Cadbury Schweppes), ECLI:EU:C:2006:544 = NZG 2006, 835, Rn. 53.

49 EuGH, Rs. C-55/94 (Gebhard), ECLI:EU:C:1995:411 = NJW 1996, 579, Rn. 25; EuGH, Rs. C-196/04 (Cadbury Schweppes), ECLI:EU:C:2006:544 = NZG 2006, 835, Rn. 53.

50 *Habersack/Verse*, Europäisches Gesellschaftsrecht, 2011, § 3 Rn. 2; *Ego* in: MüKo AktG, 2017, Europäische Niederlassungsfreiheit, Rn. 3, 5; *Ludwigs* in: Dauses/Ludwigs (Hrsg.), EU-Wirtschaftsrecht, 44. EL 2018, E I Rn. 58 f.

51 *Bröhmer* in: Calliess/Ruffert (Hrsg.), EUV/AEUV, 4. Aufl. 2011, Art. 49 AEUV Rn. 17; *P. Jung* in: Schwarze (Hrsg.), EU-Kommentar, 3. Aufl. 2012, Art. 54 AEUV Rn. 33; *W.-H. Roth* in: Dauses/Ludwigs (Hrsg.), EU-Wirtschaftsrecht, 41. EL 2017, E I Rn. 53.

52 *Weller* in: Gebauer/Wiedmann (Hrsg.), Zivilrecht unter europäischen Einfluss, 2010, S. 996; *Kalss/Klampfl*, Europäisches Gesellschaftsrecht, 2015, Rn. 52.

53 *Grundmann*, Europäisches Gesellschaftsrecht, 2011, Rn. 52; *Habersack/Verse*, Europäisches Gesellschaftsrecht, 2011, § 3 Rn. 2; *Weller* in: Gebauer/Wiedmann (Hrsg.), Zivilrecht unter europäischen Einfluss, 2010, S. 996; *Teichmann* ZGR 2014, 45, 48; *ders.* in: Gebauer/Teichmann (Hrsg.), Europäisches Privat- und Unternehmensrecht, 2016, § 6 Rn. 22; *Ludwigs* in: Dauses/Ludwigs (Hrsg.), EU-Wirtschaftsrecht, 44. EL 2018, E I Rn. 59; vgl. auch EuGH, Rs. C-196/04 (Cadbury Schweppes), ECLI:EU:C:2006:544 = NZG 2006, 835, Rn. 41.

54 *Bröhmer* in: Calliess/Ruffert (Hrsg.), EUV/AEUV, 4. Aufl. 2011, Art. 49 AEUV Rn. 18.

55 Allgemein zum europäischen Primärrecht EuGH, Rs. 26/62 (van Gend&Loos), ECLI:EU:C:1963:1 = BeckEuRS 1963, 3705, Rn. 3 ff.; grundlegend zur Niederlassungsfreiheit EuGH, Rs. 2/74 (Reyners), ECLI:EU:C:1974:68 = BeckEuRS 1974, 40233, Rn. 29/31; *Müller-Graff* in: Streinz (Hrsg.), EUV/AEUV, 2. Aufl. 2012, Art. 49 AEUV Rn. 2.

56 *P. Jung* in: Schwarze (Hrsg.), EU-Kommentar, 3. Aufl. 2012, Art. 54 AEUV Rn. 19; *W.-H. Roth* in: Dauses/Ludwigs (Hrsg.), EU-Wirtschaftsrecht, 41. EL 2017, E I Rn. 69.

57 Zum Alternativverhältnis der Anknüpfungskriterien *Teichmann* in: Gebauer/Teichmann (Hrsg.), Europäisches Privat- und Unternehmensrecht, 2016, § 6 Rn. 44; *Forsthoff* in: Grabitz/Hilf/Nettesheim (Hrsg.), Das Recht der Europäischen Union, 61. EL 2017, Art. 54 AEUV Rn. 15; *Ludwigs* in: Dauses/Ludwigs (Hrsg.), EU-Wirtschaftsrecht, 44. EL 2018, E I Rn. 78.

der Zuordnung der Gesellschaft zum Recht eines Mitgliedstaates.[58] Der Begriff einer „Gesellschaft" im Rahmen der Niederlassungsfreiheit ist dabei europäisch-autonom zu bestimmen.[59]

19 Kann sich eine Gesellschaft auf die Niederlassungsfreiheit berufen, ist diese als europäisches Primärrecht vorrangig vor entgegenstehenden Bestimmungen des nationalen Rechts anwendbar.[60] Nationales Recht wird dabei durch die europäischen Vorgaben **überlagert**, sodass es im konkreten Fall von der Niederlassungsfreiheit verdrängt wird (s. generell auch § 2 Rn. 26 ff.).[61]

20 Die Niederlassungsfreiheit gem. Art. 49, 54 AEUV ist nur anwendbar, wenn deren persönlicher Schutzbereich eröffnet ist. Nur Gesellschaften im Sinne des Art. 54 II AEUV können sich auf die Niederlassungsfreiheit berufen.[62] Der unionsrechtliche Begriff einer Gesellschaft umfasst dabei alle rechtlich verselbstständigten Gebilde, die (1) keine natürlichen Personen sind, (2) einen **Erwerbszweck** verfolgen und (3) **keine Hoheitsrechte** ausüben.[63] Erfasst werden somit sowohl alle juristischen Personen des Privatrechts (Kapitalgesellschaften, Genossenschaften, Vereine) als auch nicht- bzw. teilrechtsfähige Personengesellschaften (Außen-GbR, OHG, KG, PartG), solange sie im Rechtsverkehr tätig sind. Auch die derzeitigen supranationalen Gesellschaftsformen der EU (SE, SCE, EWIV) sind vom Schutzbereich der Niederlassungsfreiheit umfasst.[64] Insofern liegt Art. 54 II AEUV ein weiter Gesellschaftsbegriff zugrunde.[65] Nicht von Art. 54 AEUV erfasst sind hingegen reine Innengesellschaften (stille Gesellschaft, Innen-GbR) und juristische Personen des öffentlichen Rechts, die hoheitliche Rechte wahrnehmen. Weiterhin muss die Gesellschaft einem Erwerbszweck nachgehen, dh eine **entgeltliche, wirtschaftliche Tätigkeit** verfolgen, wodurch karitative, religiöse und soziale Zwecksetzungen von der wirtschaftlich geprägten Niederlassungsfreiheit ausgenommen werden sollen.[66] Auf eine Gewinnerzielungsabsicht kommt es dabei jedoch nicht an.[67]

21 Art. 54 AEUV erfasst nur solche Gesellschaften, die nach den Rechtsvorschriften eines Mitgliedstaates gegründet worden sind. Die Existenz der Gesellschaft muss sich also aus dem Recht eines Mitgliedstaates herleiten.[68] Erst wenn nach dem Recht des Gründungsstaates der Gesellschaft feststeht, dass sie wirksam gegründet wurde und besteht, kann sie sich auf die Niederlassungsfreiheit gem. Art. 49, 54 AEUV berufen. Ob eine wirksam in einem Mitgliedstaat gegründete Gesellschaft existiert, kann dabei grundsätzlich allein durch den entsprechenden Gründungsstaat bestimmt werden.[69] Als Anknüpfungsmerkmal zum Recht eines Mitgliedstaates kommen nach Art. 54 I AEUV der **satzungsmäßige Sitz**, die **Hauptverwaltung** oder die **Hauptniederlassung** der Gesellschaft in Betracht (s. bereits Rn. 17). Diese Anknüpfungsmerkmale sind dabei gleichwertig,[70] sodass insbesondere keine kollisionsrechtliche Wertung für eine bestimmte Anknüpfungsmethode (zB Sitz- oder Gründungstheorie; dazu Rn. 11 ff.) damit verbunden ist.[71] Die Verwendung der Gesellschaftsform eines Staates kann insofern grundsätzlich sowohl von einem inländischen Satzungs- als auch Verwaltungssitz abhängig gemacht werden.

58 EuGH, Rs. C-330/91 (Commerzbank), ECLI:EU:C:1993:303 = NJW 1994, 35, Rn. 13; *Bröhmer* in: Calliess/Ruffert (Hrsg.), EUV/AEUV, 4. Aufl. 2011, Art. 54 AEUV Rn. 5; *W.-H. Roth* in: Dauses/Ludwigs (Hrsg.), EU-Wirtschaftsrecht, 41. EL 2017, E I Rn. 18; vgl. auch *Kalss/Klampfl*, Europäisches Gesellschaftsrecht, 2015, Rn. 43 f.

59 Vgl. nur *Gössl* RabelsZ 80 (2016) 579, 594 f.

60 *Köndgen* in: Riesenhuber (Hrsg.), Europäische Methodenlehre, 3. Aufl. 2015, § 6 Rn. 25; *Teichmann* in: Gebauer/Teichmann (Hrsg.), Europäisches Privat- und Unternehmensrecht, 2016, § 6 Rn. 22; *Kainer* in: Müller-Graff (Hrsg.), Europäisches Wirtschaftsordnungsrecht, 2015, § 4 Rn. 24; *Müller-Graff* in: Streinz (Hrsg.), EUV/AEUV, 2. Aufl. 2012, Art. 49 AEUV Rn. 104 f.

61 *Müller-Graff* in: Streinz (Hrsg.), EUV/AEUV, 2. Aufl. 2012, Art. 49 AEUV Rn. 105.

62 Ferner zur Anwendung auf Netzverträge *Gössl* RabelsZ 80 (2016) 579, 597 f.

63 *Müller-Graf* in: Streinz (Hrsg.), EUV/AEUV, 2. Aufl. 2012, Art. 54 AEUV Rn. 2; *P. Jung* in: Schwarze (Hrsg.), EU-Kommentar, 3. Aufl. 2012, Art. 54 AEUV Rn. 2.

64 *P. Jung* in: Schwarze (Hrsg.), EU-Kommentar, 3. Aufl. 2012, Art. 54 AEUV Rn. 3 f., 13; *Ego* in: MüKo AktG, 2017, Europäische Niederlassungsfreiheit, Rn. 26.

65 *Drinhausen* in: Habersack/Drinhausen (Hrsg.), SE-Recht, 2. Aufl., 2016, Einl. SE-VO Rn. 2; *Gössl* RabelsZ 80 (2016) 579, 596; *Sattler* ZfRV2010, 52, 54; *Sørensen* CMLR 52 (2015) 85, 89; *Stiegler* ZGR 2017, 312, 330.

66 *Müller-Graff* in: Streinz (Hrsg.), EUV/AEUV, 2. Aufl. 2012, Art. 54 AEUV Rn. 3; *Ludwigs* in: Dauses/Ludwigs (Hrsg.), EU-Wirtschaftsrecht, 44. EL 2018, E I Rn. 76.

67 *W.-H. Roth* in: Dauses/Ludwigs (Hrsg.), EU-Wirtschaftsrecht, 41. EL 2017, E I Rn. 71; *P. Jung* in: Schwarze (Hrsg.), EU-Kommentar, 3. Aufl. 2012, Art. 54 AEUV Rn. 7.

68 *Bröhmer* in: Callies/Ruffert (Hrsg.), EUV/AEUV, 4. Aufl. 2011, Art. 54 AEUV Rn. 5.

69 Vgl. EuGH, Rs. C-210/06 (Cartesio), ECLI:EU:C:2008:723 = NJW 2009, 569, Rn. 108 ff.

70 *W.-H. Roth* in: Dauses/Ludwigs (Hrsg.), EU-Wirtschaftsrecht, 41. EL 2017, E I Rn. 73; *P. Jung* in: Schwarze (Hrsg.), EU-Kommentar, 3. Aufl. 2012, Art. 54 AEUV Rn. 14.

71 *Stiegler* ZGR 2017, 312, 330; *Wiśniewski/Opalski* EBOR 10 (2009) 595, 606.

2. Räumlicher Anwendungsbereich

Der räumliche Schutzbereich der Niederlassungsfreiheit ergibt sich aus dem territorialen Anwendungsbereich der Verträge gem. Art. 52 EUV und Art. 355 AEUV.[72] Danach gilt die Niederlassungsfreiheit in allen derzeit noch 28 Mitgliedstaaten[73] und den Überseegebieten, die dem Hoheitsrecht eines Mitgliedstaates unterliegen. Weiterhin gilt die Niederlassungsfreiheit auch für Gesellschaften aus den **EWR-Staaten** (Norwegen, Island und Liechtenstein).[74] Sie gilt nicht für die Schweiz und für andere Nicht-EU/EWR-Staaten. Die Beurteilung der Anerkennung einer ausländischen Gesellschaft aus diesen Staaten hängt allein von der von dem Mitgliedstaat verfolgten Anknüpfungstheorie beziehungsweise den anderweitigen staatsvertraglichen Verpflichtungen ab. 22

Damit die Niederlassungsfreiheit Anwendung findet, muss die Umstrukturierungsmaßnahme der Gesellschaft grenzüberschreitend stattfinden.[75] Es bedarf somit eines **grenzüberschreitenden Elements**, dh dass neben dem Gründungsstaat der Gesellschaft ein weiterer Mitgliedstaat betroffen sein muss. Reine Inlandssachverhalte, die in keiner Weise über das nationale Recht hinausgehen, sind nicht von der Niederlassungsfreiheit erfasst.[76] Eine Inländerdiskriminierung nationaler Gesellschaften gegenüber ausländischen Rechtsträgern fällt somit nicht in den Anwendungsbereich der Niederlassungsfreiheit.[77] 23

3. Sachlicher Anwendungsbereich

Der sachliche Anwendungs- und Schutzbereich der Niederlassungsfreiheit ist geprägt vom Begriff der Niederlassung. Der Begriff der Niederlassung im Sinne der Art. 49, 54 AEUV wird in den Verträgen nicht näher definiert.[78] Gemäß der Auslegung des EuGH ist unter einer Niederlassung die tatsächliche Ausübung einer wirtschaftlichen Tätigkeit mittels einer festen Einrichtung in einem anderen Mitgliedstaat auf unbestimmte Zeit zu verstehen.[79] Merkmale einer Niederlassung und damit Voraussetzungen für die Anwendbarkeit der Niederlassungsfreiheit sind demnach eine (1) **auf Dauer angelegte** sowie (2) **wirtschaftliche Tätigkeit** und das Bestehen einer (3) **festen Einrichtung** im Aufnahmestaat. Das Element der Dauerhaftigkeit dient der Abgrenzung zur Dienstleistungsfreiheit nach Art. 56 AEUV, die nur vorübergehende Tätigkeiten erfasst.[80] Unter Dauerhaftigkeit ist dabei die stetige bzw. stabile und kontinuierliche Teilnahme am Wirtschaftsleben in einem anderen Mitgliedstaat zu verstehen.[81] Ist die Dauer der Tätigkeit hingegen absehbar und zeitlich begrenzt, sind vielmehr die Regeln über die Dienstleistungsfreiheit anzuwenden.[82] Eine Niederlassung liegt weiterhin nur vor, wenn die dauerhafte Tätigkeit über eine feste Einrichtung im Aufnahmestaat ausgeübt wird. Als Einrichtung genügt zB bereits ein Büro, Geschäft, Lager oder eine Produktionsstätte.[83] Die bloße Eintragung der Gesellschaft ist allerdings 24

72 *Ego* in: MüKo AktG, 2017, Europäische Niederlassungsfreiheit, Rn. 14; *W.-H. Roth* in: Dauses/Ludwigs (Hrsg.), EU-Kommentar, 41. EL 2017, E I Rn. 16.

73 Zum EU-Austritt des Vereinigten Königreichs im Hinblick auf die Anwendbarkeit der Niederlassungsfreiheit s. Rn. 113; ferner § 12 Rn. 5.

74 Vgl. Art. 31-35 EWR-Abkommen, ABl. EG 1994 L 1/1.

75 EuGH, Rs. C-186/12 (Impacto Azul), ECLI:EU:C:2013:412 = EuZW 2013, 664, Rn. 19; *Teichmann* ZGR 2014, 45, 47.

76 Siehe zB EuGH, Rs. C-186/12 (Impacto Azul), ECLI:EU:C:2013:412 = EuZW 2013, 664, Rn. 19; EuGH, Rs. 20/87 (Gauchard), ECLI:EU:C:1987:532 = BeckEuRS 1987, 133289, Rn. 10 ff.; EuGH, Rs. C-204/87 (Bekaert), ECLI:EU:C:1988:192 = BeckEuRS 1988, 142409, Rn. 11 f.

77 EuGH, Rs. C-186/12 (Impacto Azul), ECLI:EU:C:2013:412 = EuZW 2013, 664, Rn. 35 f.; EuGH, Rs. C-378/10 (Vale), ECLI:EU:C:2012:440 = NJW 2012, 2715, Rn. 54; *Ego* in: MüKo AktG, 2017, Europäische Niederlassungsfreiheit, Rn. 31; *W.-H. Roth* in: Dauses/Ludwigs (Hrsg.), EU-Wirtschaftsrecht, 41. EL 2017, E I Rn. 31 f.; *P. Jung* in: Schwarze (Hrsg.), EU-Kommentar, 3. Aufl. 2012, Art. 54 AEUV Rn. 18; vgl. zu einer unionsrechtlich zulässigen Inländerdiskriminierung *Teichmann* ZGR 2014, 45, 48 f.; *Lehmann* LMK 2013, 352735; *Schmidt* GPR 2014, 40.

78 *Ego* in: MüKo AktG, 2017, Europäische Niederlassungsfreiheit, Rn. 27; *Schlag* in: Schwarze (Hrsg.), EU-Kommentar, 3. Aufl. 2012, Art. 49 AEUV Rn. 15; *W.-H. Roth* in: Dauses/Ludwigs (Hrsg.), EU-Wirtschaftsrecht, 41. EL 2017, E I Rn. 52.

79 EuGH, Rs. C-378/10 (Vale), ECLI:EU:C:2012:440 = NJW 2012, 2715, Rn. 34; EuGH, Rs. C-196/04 (Cadbury Schweppes), ECLI:EU:C:2006:544 = NZG 2006, 835, Rn. 54; EuGH, Rs. C-221/89 (Factortame I), ECLI:EU:C:1991:320 = BeckEuRS 1991, 176652, Rn. 20.

80 *Müller-Graff* in: Streinz (Hrsg.), EUV/AEUV, 2. Aufl. 2012, Art. 56 AEUV Rn. 27; *Kluth* in: Callies/Ruffert (Hrsg.), EUV/AEUV, 5. Aufl. 2016, Art. 57 AEUV Rn. 15; *Tiedje* in: von der Groeben/Schwarze/Hatje (Hrsg.), Europäisches Unionsrecht, 2015, Art. 49 AEUV Rn. 17.

81 EuGH, Rs. C-70/95 (Sodemare), ECLI:EU:C:1997:301 = BeckEuRS 1997, 221797, Rn. 24; EuGH, Rs. C-55/94 (Gebhard), ECLI:EU:C:1995:411 = NJW 1996, 579, Rn. 25.

82 *Schlag* in: Schwarze (Hrsg.), EU-Kommentar, 3. Aufl. 2012, Art. 49 AEUV Rn. 16.

83 EuGH, Rs. C-55/94 (Gebhard), ECLI:EU:C:1995:411 = NJW 1996, 579, Rn. 27, 31; EuGH, Rs. C-145/99 (Kommission/Italien), ECLI:EU:C:2002:142 = BeckEuRS 2002, 357616, Rn. 22.

noch nicht ausreichend.[84] Insgesamt sind an das Erfordernis einer festen Einrichtung zur Etablierung einer Niederlassung keine zu hohen Anforderungen zu stellen.[85] Ferner muss eine wirtschaftliche Tätigkeit im Aufnahmestaat ausgeübt werden. Dies ergibt sich aus der wirtschaftlichen Natur der Niederlassungsfreiheit.[86] Eine Tätigkeit ist grundsätzlich nur dann wirtschaftlich, wenn mit ihr auch ein **Erwerbszweck verfolgt wird** (s. bereits Rn. 20).[87]

III. Beschränkungen der freien Niederlassung

1. Diskriminierungsverbot

25 Nach Art. 49 I 1 AEUV iVm Art. 54 AEUV sind „Beschränkungen der freien Niederlassung" von Gesellschaften verboten. Kern der Niederlassungsfreiheit bildet die sog **Inländergleichbehandlung.**[88] Dies ergibt sich aus Art. 49 II AEUV, wonach das Recht zur Niederlassung nach den Bestimmungen des Aufnahmestaates für seine eigenen Gesellschaften ausgestaltet werden soll. Insbesondere zuziehende Gesellschaften aus einem anderen Mitgliedstaat dürfen daher gegenüber nationalen Gesellschaften nicht grundlos benachteiligt werden. Das Diskriminierungsverbot wird dabei grundsätzlich weit verstanden.[89]

26 Mit Blick auf die Rechtfertigung eines Eingriffs in den Schutzbereich der Niederlassungsfreiheit (dazu Rn. 28 ff.) ist zwischen verschiedenen Formen eines Eingriffs zu differenzieren. Es kommen offene Diskriminierungen, versteckte Diskriminierungen und Beschränkungen ieS in Betracht. Um eine **offene Diskriminierung** handelt es sich, wenn die Diskriminierung unmittelbar an die Eigenschaft der Gesellschaft als ausländischen Rechtsträger anknüpft.[90] Werden aufgrund der Staatszugehörigkeit einer Gesellschaft vergleichbare Sachverhalte rechtlich unterschiedlich bzw. unterschiedliche Sachverhalte rechtlich gleich behandelt, liegt eine offene Diskriminierung vor.[91] **Versteckte Diskriminierungen** sind solche, wonach der Wortlaut der entsprechenden Regelung zwar unterschiedslos für in- und ausländische Gesellschaften gilt, tatsächlich jedoch ausschließlich Gesellschaften aus einem anderen Mitgliedstaat benachteiligt werden.[92] Durch eine nationale Regelung werden also ausländische Gesellschaften faktisch schlechter behandelt, dh dass sie sich besonders zum Nachteil für diese auswirkt.[93]

2. Niederlassungsfreiheit als allgemeines Beschränkungsverbot

27 Neben unmittelbaren und mittelbaren Diskriminierungen ausländischer Gesellschaften gegenüber inländischen Rechtsformen sind generell **Beschränkungen** der Niederlassungsfreiheit, vorbehaltlich etwaiger Rechtfertigungsgründe, verboten.[94] Die Niederlassungsfreiheit ist im Ergebnis daher als **allgemeines Beschränkungsverbot** zu interpretieren.[95] Adressaten des Beschränkungsverbots sind dabei die Mitgliedstaaten, die verpflichtet sind, ihre nationalen Rechtsvorschriften im Einklang mit den Vorgaben der Niederlassungsfreiheit auszugestalten und anzuwenden. Beschränkungen sind alle Maßnahmen, die die Ausübung der Niederlassungsfreiheit behindern (unmittelbare Beschränkung) oder weniger attraktiv machen (mittelbare Beschränkung).[96] Erfasst werden solche nationalen Regelungen, die in ihrer Wirkung den Marktzugang oder die Wettbewerbsgleichheit von Gesell-

84 EuGH, Rs C-221/89 (Factortame I), ECLI:EU:C:1991:320 = BeckEuRS 1991, 176652, Rn. 31; s. insofern zur isolierten Satzungssitzverlegung Rn. 128.

85 *Forsthoff* in: Grabitz/Hilf/Nettesheim (Hrsg.), Das Recht der Europäischen Union, 61. EL 2017, Art. 49 AEUV Rn. 38; *Schlag* in: Schwarze (Hrsg.), EU-Kommentar, 3. Aufl. 2012, Art. 49 AEUV Rn. 17.

86 Vgl. nur *Müller-Graff* in: Streinz (Hrsg.), EUV/AEUV, 2. Aufl. 2012, Art. 49 AEUV Rn. 5.

87 *Ego* in: MüKo AktG, 2017, Europäische Niederlassungsfreiheit, Rn. 28 f.; *Schlag* in: Schwarze (Hrsg.), EU-Kommentar, 3. Aufl. 2012, Art. 49 AEUV Rn. 18.

88 Vgl. EuGH, Rs. 2/74 (Reyners), ECLI:EU:C:1974:6868 = BeckEuRS 1974, 40233, Rn. 24; GA *Jääskinen*, Schlussanträge v. 15.12.2011, Rs. C-378/10, ZIP 2012, 465, Rn. 59.

89 *Ludwigs* in: Dauses/Ludwigs (Hrsg.), EU-Wirtschaftsrecht, 44. EL 2018, E I Rn. 87.

90 *Ego* in: MüKo AktG, 2017, Europäische Niederlassungsfreiheit, Rn. 102; siehe auch EuGH, Rs. C-254/97 (Société Baxter), ECLI:EU:C:1999:368 = BeckEuRS 1999, 234776, Rn. 10.

91 *Bröhmer* in: Calliess/Ruffert (Hrsg.), EUV/AEUV, 4. Aufl. 2011, Art. 49 AEUV Rn. 19.

92 *Ego* in: MüKo AktG, 2017, Europäische Niederlassungsfreiheit, Rn. 106 f.

93 *Bröhmer* in: Calliess/Ruffert (Hrsg.), EUV/AEUV, 4. Aufl. 2011, Art. 49 AEUV Rn. 20; siehe auch EuGH, Rs. C-237/94 (O'Flynn), ECLI:EU:C:1996:206 = BeckEuRS 1996, 212286, Rn. 17 ff.

94 EuGH, Rs. 107/83 (Klopp), ECLI:EU:C:1984:270 = NJW 1985, 1275 Slg 1984, Rn. 19; EuGH, Rs. C-19/92 (Kraus), ECLI:EU:C:1993:125 = NVwZ 1993, 661, Rn. 36; EuGH, Rs. C-55/94 (Gebhard), ECLI:EU:C:1995:411 = NJW 1996, 579, Rn. 39.

95 EuGH, Rs. C-186/12 (Impacto Azul), ECLI:EU:C:2013:412 = EuZW 2013, 664, Rn. 33; EuGH, Rs. C-371/10 (National Grind Indus), ECLI:EU:C:2011:785 = 785 = NZG 2012, 114, Rn. 35 f.; EuGH, Rs. C-84/11 (Susisalo), ECLI:EU:C:2012:374 = GRUR Int. 2012, 1035, Rn. 31.

96 EuGH, Rs. C-55/94 (Gebhard), ECLI:EU:C:1995:411411 = NJW 1996, 579, Rn. 39; EuGH, Rs. C-442/02 (Caixa-Bank France), ECLI:EU:C:2004:586 = EuZW 2004, 701, Rn. 11; EuGH, Rs. C-371/10 (National Grid Indus), ECLI:EU:C:2011:785785 = NZG 2012, 114, Rn. 36.

schaften innerhalb der EU beeinträchtigen.[97] Ob dabei auch die Grundsätze der Keck-Entscheidung[98] Geltung erlangen, ist umstritten und vom EuGH bislang nicht geklärt.[99]

IV. Rechtfertigung von Beschränkungen

28 Beschränkungen der Niederlassungsfreiheit sind nicht per se verboten. Vielmehr können sie im Grundsatz durch das Vorliegen eines **legitimen Grundes** gerechtfertigt werden.[100] Danach können Beschränkungen sowohl mittels eines geschriebenen Rechtfertigungsgrundes gem. Art. 52 I AEUV, dh aus Gründen der öffentlichen Ordnung, Sicherheit und Gesundheit, gerechtfertigt sein,[101] als auch durch Vorliegen eines ungeschriebenen Rechtfertigungsgrundes. Ungeschriebene Rechtfertigungsgründe sind zwingende Gründe des Allgemeininteresses.[102] Als zwingende Gründe des Allgemeininteresses bezüglich der Niederlassungsfreiheit hat der EuGH insbesondere den Schutz der Interessen von Gläubigern, Minderheitsgesellschaftern und Arbeitnehmern anerkannt.[103] Diese Gründe können jedoch nur dann eine Beschränkung der Niederlassungsfreiheit rechtfertigen, wenn sie nach den Kriterien der sog **Gebhard-Formel** angewandt werden, dh verhältnismäßig iwS sind.[104] Sie müssen (1) geeignet sein, die Verwirklichung des mit ihr verfolgten Zieles zu gewährleisten, (2) inhaltlich so ausgestaltet sein, dass das geltend gemachte Ziel dadurch erreicht werden kann und (3) sie dürfen nicht über das hinausgehen, was zur Erreichung dieses Ziels erforderlich ist.[105] Aus der bisherigen Rechtsprechung des EuGH zu grenzüberschreitenden Sitzverlegungen (s. Rn. 32 ff.) lässt sich entnehmen, dass die Voraussetzungen der Gebhard-Formel überwiegend restriktiv gehandhabt werden,[106] mithin **eng auszulegen** sind.[107]

29 Hinsichtlich der Rechtfertigungsmöglichkeit ist zwischen den Arten des Eingriffs in den Schutzbereich zu unterscheiden. Offene Diskriminierungen können nur mittels eines **geschriebenen Rechtfertigungsgrundes** nach Art. 52 I AEUV gerechtfertigt werden.[108] Danach kann eine Sonderregelung für ausländische Gesellschaften zulässig sein, sofern sie aus Gründen der öffentlichen Ordnung, Sicherheit und Gesundheit gerechtfertigt ist.[109] Die Rechtfertigungsgründe nach Art. 52 I AEUV sind eng auszulegen, da sie eine Ausnahme vom Diskriminierungsverbot darstellen.[110] Ungleichbehandlungen aus wirtschaftspolitischen Gesichtspunkten können nicht gerechtfertigt werden, da dies sonst der Schutzrichtung der Niederlassungsfreiheit zuwider laufen würde.[111]

---

97 *W.-H. Roth* in: Dauses/Ludwigs, (Hrsg.) EU-Wirtschaftsrecht, 41. EL 2017, E I Rn. 86; *Eidenmüller* RabelsZ 70 (2006) 474, 479; bezogen auf die Zielrichtung der Niederlassungsfreiheit auch *Sattler* ZfRV 2010, 52, 55.

98 EuGH, Rs. C-267/91 (Keck und Mithouard), ECLI:EU:C:1993:905 = NJW 1994, 121.

99 Vgl. dazu *Forsthoff* in: Grabitz/Hilf/Nettesheim (Hrsg.), Das Recht der Europäischen Union, 61. EL 2017, Art. 49 AEUV Rn. 96 ff.; *Schlag* in: Schwarze (Hrsg.), EU-Kommentar, 3. Aufl. 2012, Art. 49 AEUV Rn. 45 ff.; *Schön* in: FS Hommelhoff, 2012, S. 1037, 1045; *Müller-Graff* in: Streinz (Hrsg.), EUV/AEUV, 2. Aufl. 2012, Art. 49 AEUV Rn. 57 ff.; *Verse* in: Fleischer ua (Hrsg.), 50 Jahre AktG, 2016, S. 304, 318 f.; *Weller*, Europäische Rechtsformwahlfreiheit, 2004, S. 38 f.; im Zusammenhang mit einer grenzüberschreitenden Sitzverlegung auch *Behme*, Rechtsformwahrende Sitzverlegung und Formwechsel, 2015, S. 103 ff.

100 Vgl. nur *Forsthoff* in: Grabitz/Hilf/Nettesheim (Hrsg.), Das Recht der Europäischen Union, 61. EL 2017, Art. 49 AEUV Rn. 122.

101 EuGH, Rs. 79/85 (Segers), ECLI:EU:C:1986:308 = NJW 1987, 571, Rn. 17; EuGH, Rs. C-114/97 (Kommission/Spanien), ECLI:EU:C:1998:519 = EuZW 1999, 125, Rn. 40 ff.

102 *Forsthoff* in: Grabitz/Hilf/Nettesheim (Hrsg.), Das Recht der Europäischen Union, 61. EL 2017, Art. 49 AEUV Rn. 122.

103 EuGH, Rs. C-208/00 (Überseering), ECLI:EU:C:2002:632 = NZG 2002, 1164, Rn. 92; EuGH, Rs. C-212/97 (Centros), ECLI:EU:C:1999:126 = NZG 1999, 298, Rn. 34.

104 EuGH, Rs. C-55/94 (Gebhard), ECLI:EU:C:1995:411411 = NJW 1996, 579, Rn. 37; die Rechtfertigungsprüfung stellt im Kern daher eine Verhältnismäßigkeitsprüfung dar, *Teichmann* ZGR 2014, 45, 67; *ders.*, Binnenmarktkonformes Gesellschaftsrecht, 2006, S. 143 ff.; *ders.* in: Gebauer/Teichmann (Hrsg.), Europäisches Privat- und Unternehmensrecht, 2016, § 6 Rn. 27; vgl. auch *Wall* in: Hausmann/Odersky (Hrsg.), Internationales Privatrecht in der Notar- und Gestaltungspraxis, 2016, § 18 Rn. 73 ff.

105 Vgl. EuGH, Rs. C-371/10 (National Grid Indus), ECLI:EU:C:2011:785785 = NZG 2012, 114, Rn. 42; EuGH, Rs. C-196/04 (Cadbury Schweppes), ECLI:EU:C:2006:544 = NZG 2006, 835, Rn. 47; EuGH, Rs. C-524/04 (Test Claimants), ECLI:EU:C:2007:161 = BeckRS 2007, 70189, Rn. 64; EuGH, Rs. C-262/09 (Meilike ua), ECLI:EU:C:2011:438 = ZIP 2012, 24, Rn. 42; GA *Jääskinen*, Schlussanträge v. 15.12.2011, Rs. C-378/10, ZIP 2012, 465, Rn. 61.

106 *Mitterecker*, Grenzüberschreitende Sitzverlegungen, 2015, S. 139; *Forsthoff* in: Hirte/Bücker (Hrsg.), Grenzüberschreitende Gesellschaften, 2. Aufl. 2006, § 2 Rn. 55.

107 *Grundmann* in: Riesenhuber (Hrsg.), Europäische Methodenlehre, 3. Aufl. 2015, § 9 Rn. 57; im Hinblick auf Art. 52 AEUV auch *Tiedje* in: von der Groeben/Schwarze/Hatje (Hrsg.), Europäisches Unionsrecht, 2015, Art. 52 AEUV Rn. 15.

108 *Ego* in: MüKo AktG, 2017, Europäische Niederlassungsfreiheit, Rn. 147.

109 EuGH, Rs. 79/85 (Segers), ECLI:EU:C:1986:308 = NJW 1987, 571, Rn. 17; EuGH, Rs. C-114/97 (Kommission/Spanien), ECLI:EU:C:1998:519 = EuZW 1999, 125, Rn. 40 ff.

110 *Müller-Graff* in: Streinz (Hrsg.), EUV/AEUV, 2. Aufl. 2012, Art. 52 AEUV Rn. 2; *Korte* in: Callies/Ruffert (Hrsg.), EUV/AEUV, 5. Aufl. 2016, Art. 52 AEUV Rn. 2.

111 *Ego* in: MüKo AktG, 2017, Europäische Niederlassungsfreiheit, Rn. 148.

30 Verdeckte Diskriminierungen und Beschränkungen können zudem durch **ungeschriebene Rechtfertigungsgründe**, dh durch zwingende Gründe des Allgemeininteresses, gerechtfertigt werden. Als zwingende Gründe des Allgemeininteresses bezüglich der Niederlassungsfreiheit von Kapitalgesellschaften hat der EuGH insbesondere den Schutz der Interessen von Gläubigern, Minderheitsgesellschaftern und Arbeitnehmern,[112] die Wirksamkeit der Steueraufsicht[113] und die Lauterkeit des Handelsverkehrs anerkannt.[114] Neben diesen zwingenden Gründen des Allgemeininteresses ist auch die wirksame Bekämpfung von Missbrauch und Betrug als Rechtfertigungsgrund anerkannt.[115] Bei der **Geeignetheit** der Maßnahme wird den Mitgliedstaaten ein gewisser Beurteilungsspielraum eingeräumt.[116] Es genügt, wenn die Maßnahme den angestrebten Zweck fördert, ohne ihn jedoch bestmöglich zu erreichen. Eine Maßnahme ist nur dann erforderlich, wenn kein milderes Mittel zur Verfügung steht, um das angestrebte Ziel gleichermaßen zu erreichen.[117] Die Beweislast liegt dabei bei den Mitgliedstaaten. Die Rechtfertigung einer Beschränkung der Niederlassungsfreiheit scheiterte bislang zumeist an der mangelnden **Erforderlichkeit** der nationalen Maßnahme.[118] Die Abwägung, ob eine Maßnahme weiterhin auch angemessen ist, wird vom EuGH zumeist gemeinsam im Rahmen der Prüfung der Erforderlichkeit vorgenommen.

31 Sowohl geschriebene als auch ungeschriebene Rechtfertigungsgründe können eine mitgliedstaatliche Maßnahme jedoch nicht legitimieren, wenn durch diese Maßnahme gleichfalls ein Verstoß gegen geltendes **EU-Sekundärrecht** vorliegt.[119] Insbesondere kann ein Verhalten, das nicht mit einer der gesellschaftsrechtlichen Richtlinien vereinbar ist, nicht durch europäisches Primärrecht in Form der Niederlassungsfreiheit gerechtfertigt werden.[120]

C. EuGH-Rechtsprechung zum Wegzug von Gesellschaften

I. Daily Mail (1988)

Literatur (Auswahl): *Behrens*, Die grenzüberschreitende Sitzverlegung von Gesellschaften in der EWG, IPRax 1989, 354; *Campbell*, EEC approach on corporate fiscal policy, Co. Lawyer 10 (1989) 186; *Drobnig*, Gemeinschaftsrecht und internationales Gesellschaftsrecht: „Daily Mail" und die Folgen, in: v. Bar (Hrsg.), Europäisches Gemeinschaftsrecht und Internationales Privatrecht, 1991, S. 185; *Ebenroth/Eyles*, Die innereuropäische Verlegung des Gesellschaftssitzes als Ausfluß der Niederlassungsfreiheit? (Teil I), DB 1989, 363, 372, (Teil II) 413; *Ebke/Gockel*, European Corporate Law, International Lawyer 24 (1990) 239, 245 ff.; *Frommel*, EEC Companies and Migration: A Setback for Europe, Intertax 16 (1988) 409; *Gill*, Migration of Companies and the Right of Establishment in E.C. Law, Irish Law Times and Solicitors' Journal 1989, 59; *Großfeld/König*, Das Internationale Gesellschaftsrecht in der Europäischen Gemeinschaft, RIW 1992, 433; *Großfeld/Luttermann*, Anmerkung zu EuGH, Urteil v. 27.9.1988 – Rs 81/87, JZ 1989, 386; *Habersack/Verse*, Europäisches Gesellschaftsrecht, 4. Aufl. 2011, § 3 Rn. 11 ff.; *Klinke*, Europäisches Unternehmensrecht und EuGH. Die Rechtsprechung in den Jahren 1991-1992, ZGR 1993, 1, 6 f.; *Knobbe-Keuk*, Niederlassungsfreiheit: Diskriminierungs- oder Beschränkungsverbot, DB 1990, 2573, 2577 ff.; *Knobbe-Keuk*, Umzug von Gesellschaften in Europa, ZHR 154 (1990) 325, 332 f.; *Lever*, Case 81/87, The Queen v. H. M. Treasury exparte Daily Mail and General Trust PLC, CMLR 26 (1989) 327; *Lutter/Bayer/Schmidt*, Europäisches Unternehmens- und Kapitalmarktrecht, 6. Aufl. 2017, Rn. 7.14 ff.; *Meilicke*, Sitztheorie und EWG-Vertrag nach Handels- und Steuerrecht, RIW 1990, 449; *Sandrock*, Sitztheorie, Überlagerungstheorie und der EWG-Vertrag – Wasser, Öl und Feuer, RIW 1989, 505, 511; *Sandrock/Austmann*, Das Internationale Gesellschaftsrecht nach der Daily Mail-Entscheidung des Europäischen Gerichtshofs: Quo vadis?, RIW 1989, 249; *Schmitthoff*, Daily Mail Loses in the European Court, J.B.L. 1988, 454; *Van Thiel*, Daily Mail Case. Tax Planning and the European Right of Establishment. A Setback, European Taxati-

112 EuGH, Rs. C-208/00 (Überseering), ECLI:EU:C:2002:632 = NJW 2002, 3614, Rn. 92; EuGH, Rs. C-212/97 (Centros), ECLI:EU:C:1999:126 = NZG 1999, 298, Rn. 34.

113 Keinen Rechtfertigungsgrund stellt hingegen die notwendige Vermeidung eines Steuerausfalls in einem Mitgliedstaat infolge einer grenzüberschreitenden Sitzverlegung dar; vgl. EuGH, Rs. C-196/04 (Cadbury Schweppes), ECLI:EU:C:2006:544 = NZG 2006, 835, Rn. 49; EuGH, Rs. C-136/00 (Danner), ECLI:EU:C:2002:558 =BeckEuRS 2002, 264028, Rn. 56; EuGH, Rs- C-422/01 (Skandia und Ramstedt), ECLI:EU:C:2003:380 = BeckEuRS 2003, 277912, Rn. 53.

114 EuGH, Rs. C-167/01 (Inspire Art), ECLI:EU:C:2003:512 = NJW 2003, 3331, Rn. 132; vgl. zur Warenverkehrsfreiheit EuGH, Rs. 120/78 (Cassis de Dijon), ECLI:EU:C:1979:42 = GRUR Int. 1979, 468, Rn. 8.

115 EuGH, Rs. C-196/04 (Cadbury Schweppes), ECLI:EU:C:2006:544 = NZG 2006, 835, Rn. 34 f.; EuGH, Rs. C-524/04 (Test Claimants), ECLI:EU:C:2007:161 = BeckRS 2007, 70189, Rn. 72; nach der Cadbury Schweppes-Entscheidung kann die Rechtfertigung von beschränkenden Maßnahmen ua in der Bekämpfung missbräuchlicher Praktiken mit dem Ziel der Verhinderung rein künstlicher Gestaltungen liegen; EuGH, Rs. C-196/04 (Cadbury Schweppes), ECLI:EU:C:2006:544 = NZG 2006, 835, Rn. 55.

116 *Forsthoff* in: Hirte/Bücker (Hrsg.), Grenzüberschreitende Gesellschaften, 2. Aufl. 2006, § 2 Rn. 68; *Ego* in: MüKo AktG, 2017, Europäische Niederlassungsfreiheit, Rn. 160; *Ludwigs* in: Dauses/Ludwigs (Hrsg.), EU-Wirtschaftsrecht, 44. EL 2018, E I Rn. 106.

117 *W.-H. Roth* in: Dauses/Ludwigs (Hrsg.), EU-Wirtschaftsrecht, 41. EL 2017, E I Rn. 105; *Schlag* in: Schwarze (Hrsg.), EU-Kommentar, 3. Aufl. 2012, Art. 49 AEUV Rn. 57.

118 Vgl. EuGH, Rs. C-378/10 (Vale), ECLI:EU:C:2012:440 = NJW 2012, 2715, Rn. 40; die Anforderungen an die Erforderlichkeit einer nationalen Maßnahme sind dabei durchaus hoch, vgl. *Engert* in: Langenbucher (Hrsg.), Europäisches Privat- und Wirtschaftsrecht, 4. Aufl. 2017, § 5 Rn. 26; *Teichmann* ZGR 2011, 639, 668.

119 Vgl. nur *Ego* in: MüKo AktG, 2017, Europäische Niederlassungsfreiheit, Rn. 143.

120 EuGH, Rs. C-167/01 (Inspire Art), ECLI:EU:C:2003:512 = NJW 2003, 3331, Rn. 106.

on 1988, 357; *Wouters*, The Case-Law of the European Court of Justice on Direct Taxes: Variations upon a Theme, MJ 1994, 179.

1. Sachverhalt

Bei der EuGH-Entscheidung in der Rechtssache Daily Mail[121] ging es um eine **Verlegung des Verwaltungssitzes** der britischen Aktiengesellschaft Daily Mail and General Trust plc in die Niederlande. Die Daily Mail wurde nach britischem Recht gegründet und besaß sowohl ihren Satzungssitz (registered office) als auch ihren Verwaltungssitz (head office) im Vereinigten Königreich. Um für eine geplante Veräußerung ihrer Geschäftsanteile der englischen Wertzuwachssteuer zu entgehen, beabsichtigte Daily Mail den Sitz ihrer Geschäftsleitung ohne Liquidation der Gesellschaft von London in die Niederlande zu verlegen.[122] Grund hierfür war, dass bei britischen Gesellschaften mit Verwaltungssitz im Ausland in der Regel nur das inländische Einkommen besteuert wird. Der Wertzuwachs unterliegt hingegen nicht der britischen Besteuerung.[123] Im Fall der Daily Mail wäre eine Wertzuwachsbesteuerung folglich nur in den Niederlanden als Zuzugsstaat angefallen. 32

Nach britischem Gesellschaftskollisionsrecht wird die Verlegung des Verwaltungssitzes einer Gesellschaft ins Ausland nach der **Gründungstheorie** beurteilt, dh dieser ist es ohne Verlust ihrer Rechtspersönlichkeit oder Eigenschaft als Gesellschaft britischen Rechts möglich, ihren Verwaltungssitz in einen anderen Staat zu verlegen (s. dazu auch § 12 Rn. 27).[124] Daily Mail hätte ihren Verwaltungssitz also ohne Weiteres ins Ausland verlegen können, ohne dabei gesellschaftsrechtliche Konsequenzen fürchten zu müssen.[125] Das Problem war jedoch nicht die Verwaltungssitzverlegung aus gesellschaftsrechtlichen Gründen, sondern vielmehr wegen der daraus folgenden **steuerlichen Anknüpfung.**[126] Denn nach sec. 482 (1) des britischen Income and Corporation Taxes Act 1970 ist die Aufgabe des Verwaltungssitzes im Vereinigten Königreich nur mit Zustimmung des Finanzministeriums möglich. Wird die Zustimmung nicht eingeholt, ist dies nach sec. 482 (5) strafbar und die Verlegung des Verwaltungssitzes wird nicht gestattet. Daraufhin erhob Daily Mail Klage beim High Court of Justice auf Feststellung, dass sie nach Art. 52, 58 EWG-Vertrag (Art. 49, 54 AEUV) berechtigt sei, auch ohne vorherige Zustimmung des Finanzministeriums ihren Verwaltungssitz in einen anderen Mitgliedstaat zu verlegen.[127] Der High Court of Justice setzte das Verfahren aus und legte dem EuGH die Frage zur Klärung vor. 33

2. Entscheidung

Zunächst stellte der EuGH allgemein fest, dass die Niederlassungsfreiheit für Gesellschaften im Grundsatz ebenso für Maßnahmen des Aufnahme- als auch des Herkunftsstaates gilt.[128] Er sah in sec. 482 (1) und (5) des britischen Income and Corporation Taxes Act 1970 – entgegen der Auffassung von Daily Mail – jedoch keinen Verstoß gegen die Niederlassungsfreiheit. Er führte aus, dass die Art. 52, 58 EWG-Vertrag (Art. 49, 54 AEUV) „beim derzeitigen Stand des Gemeinschaftsrechts einer Gesellschaft, die nach dem Recht eines Mitgliedstaates gegründet ist […], **nicht das Recht gewähren,** den Sitz ihrer Geschäftsleitung in einen anderen Mitgliedstaat zu verlegen."[129] Die Niederlassungsfreiheit umfasse nicht das Recht einer Gesellschaft, ihren Verwaltungssitz unter Wahrung ihrer vom Wegzugsstaat verliehenen Rechtspersönlichkeit und Eigenschaft als Gesellschaft dieses Rechts in einen anderen Mitgliedstaat zu verlegen.[130] Der Gerichtshof begründete dies damit, dass Gesellschaften aufgrund einer mitgliedstaatlichen Rechtsordnung gegründet werden und somit ihre **Existenz allein aufgrund dieser herleiten.**[131] Jenseits dieser nationalen Rechtsordnung, die ihre Gründung und Existenz regelt, habe die Gesellschaft „keine Realität".[132] Ab wann eine Gesellschaft wirksam gegründet wurde und vor allem bis wann sie als Gesellschaft nationalen Rechts zu klassifizieren ist, beurteilt sich somit allein nach dem nationalen (Kollisions- oder Sach-) Recht der einzelnen Mitgliedstaaten. Anders als natürliche Personen sind Gesellschaften damit „Geschöpfe" einer nationalen Rechtsordnung. Dieser sog **„Geschöpftheorie"**[133] kommt damit auch bei 34

121 EuGH, Rs. 81/87 (Daily Mail), ECLI:EU:C:1988:456 = NJW 1989, 2186.
122 EuGH, Rs. 81/87 (Daily Mail), ECLI:EU:C:1988:456 = NJW 1989, 2186, Rn. 7.
123 Vgl. EuGH, Rs. 81/87 (Daily Mail), ECLI:EU:C:1988:456 = NJW 1989, 2186, Rn. 7.
124 EuGH, Rs. 81/87 (Daily Mail), ECLI:EU:C:1988:456 = NJW 1989, 2186, Rn. 3.
125 Vgl. nur *Behrens* IPRax 1989, 353, 356.
126 *Roth*, Vorgaben der Niederlassungsfreiheit für das Kapitalgesellschaftsrecht, 2010, S. 10.
127 EuGH, Rs. 81/87 (Daily Mail), ECLI:EU:C:1988:456 = NJW 1989, 2186, Rn. 8.
128 EuGH, Rs. 81/87 (Daily Mail), ECLI:EU:C:1988:456 = NJW 1989, 2186, Rn. 16.
129 EuGH, Rs. 81/87 (Daily Mail), ECLI:EU:C:1988:456 = NJW 1989, 2186, Rn. 25.
130 EuGH, Rs. 81/87 (Daily Mail), ECLI:EU:C:1988:456 = NJW 1989, 2186, Rn. 24 f.
131 EuGH, Rs. 81/87 (Daily Mail), ECLI:EU:C:1988:456 = NJW 1989, 2186, Rn. 19.
132 EuGH, Rs. 81/87 (Daily Mail), ECLI:EU:C:1988:456 = NJW 1989, 2186, Rn. 19.
133 *Lutter/Bayer/Schmidt*, Europäisches Unternehmens- und Kapitalmarktrecht, 2017, Rn. 7.16; *Bayer/Schmidt* ZHR 173 (2009) 735, 742; *Becker/Uxa* in: Maulbetsch/Klumpp/Rose (Hrsg.), UmwG, 2. Aufl. 2017, Vor §§ 122a ff. Rn. 13; *Heckschen/Strnad* notar 2018, 83.

der Interpretation der Niederlassungsfreiheit von Gesellschaften durch den EuGH grundlegende Bedeutung zu.[134]

35 Weiterhin führt der EuGH aus, dass der EWG-Vertrag (AEUV) den Unterschieden im nationalen (Gesellschafts-) Recht der einzelnen Mitgliedstaaten Rechnung trägt und dass bei der Definition der Gesellschaften, auf die die Niederlassungsfreiheit Anwendung findet, die in Art. 58 II EWG-Vertrag (Art. 54 II AEUV) genannten Anknüpfungsmerkmale (satzungsmäßiger Sitz, Hauptverwaltung und Hauptniederlassung) als gleichwertig zu betrachten sind.[135] Diese Unterschiede und die verschiedenen nationalen Modalitäten bei einer grenzüberschreitenden Verlegung des Satzungs- oder des Verwaltungssitzes einer Gesellschaft in einen anderen Mitgliedstaat sind nach Auffassung des EuGH „Probleme, die durch die Bestimmungen über die Niederlassungsfreiheit nicht gelöst", sondern nur im Wege europäischer Rechtssetzung oder durch den Abschluss von Übereinkommen zwischen den Mitgliedstaaten ausgeräumt werden können, was bislang jedoch noch nicht erfolgt sei.[136] Als europäischen Gesetzgebungsakt sieht der EuGH insbesondere den Erlass von Richtlinien zur Koordinierung des Gesellschaftsrechts aufgrund Art. 54 III lit. g) EWG-Vertrag (Art. 50 II lit. g) AEUV) an.[137] Eine mögliche Sitzverlegungsrichtlinie (dazu § 32) war zum Zeitpunkt der Daily Mail-Entscheidung jedoch nicht ersichtlich und auch bis heute wurde (noch) (s. zum Richtlinienvorschlag vom April 2018 § 32 Rn. 77) keine entsprechende Richtlinie erlassen.[138]

II. Cartesio (2008)

Literatur (Auswahl): *Armour/Ringe*, European Company Law 1999-2010: Renaissance and Crisis, CMLR 48 (2011) 125, 138 ff.; *Autenne/Navez*, Cartesio – Les contours incertains de la mobilité transfrontalière des sociétés revisités, RTD com. 2009, 91; *Barthel*, Die Niederlassungsfreiheit der Gesellschaften nach EuGH „Cartesio" – Suche nach dem Gleichgewicht zwischen Wettbewerb im Binnenmarkt und nationalstaatlicher Regelungsautonomie, EWS 2010, 316; *Bayer/Schmidt*, Grenzüberschreitende Sitzverlegung und grenzüberschreitende Restrukturierungen nach MoMiG, Cartesio und Trabrennbahn, ZHR 173 (2009) 735; *Bollacher*, Keine Verletzung der Niederlassungsfreiheit durch nationale Beschränkungen des Wegzugs, RIW 2009, 150; *Borg-Barthet*, European Private International Law for companies after Cartesio, ICLQ 58 (2009) 1020; *Brakalova/Barth*, Nationale Beschränkungen des Wegzugs von Gesellschaften innerhalb der EU bleiben zulässig, DB 2009, 213; *Campos Nave*, Das Ende der gegenwärtigen Wegzugsbesteuerung – Der zweite Blick auf Cartesio, BB 2009, 870; *Cerioni*, The cross-border mobility of companies within the European Community aftert the Cartesio ruling oft he ECJ, JBL 2010, 311; *Däubler/Heuschmid*, Cartesio und MoMiG – Sitzverlegung ins Ausland und Unternehmensmitbestimmung, NZG 2009, 493; *Eckert*, Sitzverlegung von Gesellschaften nach der Cartesio-Entscheidung des EuGH, GesRZ 2009, 139; *Frenzel*, Immer noch keine Wegzugsfreiheit für Gesellschaften im Europäischen Binnenmarkt – die Cartesio-Entscheidung des EuGH, EWS 2009, 158; *Frobenius*, „Cartesio": Partielle Wegzugsfreiheit für Gesellschaften in Europa, DStR 2009, 487; *García*, Cuestión prejudicial comunitaria y autonomía procesal nacional: a propósito del asunto Cartesio, STJCE de 16 de diciembre de 2008 (C-210/06), Revista española de derecho europeo 2009, 197; *Gerner-Beuerle/Schillig*, The mysteries of freedom of establishment after Cartesio, ICLQ 59 (2010) 303; *Grohmann*, Grenzüberschreitende Mobilität von Gesellschaften nach der Rechtsprechung des EuGH – von Daily Mail bis Cartesio, DZWiR 2009, 322; *Hellgardt/Illmer*, Wiederauferstehung der Sitztheorie?, NZG 2009, 94; *Hennrichs ua*, Die Niederlassungsfreiheit von Gesellschaften in Europa – Eine Analyse der Rechtsprechung des EuGH und ein Plädoyer für eine Neuorientierung, WM 2009, 2009; *Herrler*, Gewährleistung des Wegzugs von Gesellschaften durch Art. 43, 48 EG nur in Form der Herausumwandlung, DNotZ 2009, 484; *Johnston/Syrpis*, Regulatory competition in European Company Law after Cartesio, E. L. Rev. 34 (2009) 378; *Kieninger*, The Law Applicable to Corporations in the EC, RabelsZ 73 (2009) 607; *Kindler*, Ende der Diskussion um die so genannte Wegzugsfreiheit, NZG 2009, 130; *Knof/Mock*, Niederlassungsfreiheit und Wegzugsbeschränkungen, ZIP 2009, 30; *Knop*, Die Wegzugsfreiheit nach dem Cartesio-Urteil des EuGH, DZWiR 2009, 147; *Korom/Metzinger*, Freedom of Establishment for Companies: the European Court of Justice confirms and refines its Daily Mail decision in the Cartesio Case C-210/06, ECFR 2009, 125; *Kuipers*, Cartesio and Grunkin Paul: Mutual Recognition as a Vested Rights Theory Based on Party Autonomy in Private Law, EJLS 2 (2009) 66; *Leible/Hoffmann*, Cartesio – fortgeltende Sitztheorie, grenzüberschreitender Formwechsel und Verbot materiellrechtlicher Wegzugsbeschränkungen, BB 2009, 58; *Meilicke*, Zur Wegzugsfreiheit von Gesellschaften, GmbHR 2009, 92; *Mörsdorf*, Beschränkung der Mobilität von EU-Gesellschaften im Binnenmarkt – eine Zwischenbilanz, EuZW 2009, 97; *Nemessányi*, Cartesio ergo sum?, ZfRV 2008, 264; *Nolting*, Wegzugsbeschränkungen für Gesellschaften in Deutschland nach Cartesio, NotBZ 2009, 109; *Otte/Rietschel*, Freifahrschein für den grenzüberschreitenden Rechtsformwechsel nach „Cartesio"?, GmbHR 2009, 983; *Paefgen*, „Cartesio": Niederlassungsfreiheit minder Güte, WM 2009, 529; *Paredes*, Alcance del derecho de establecimiento primario en la Unión Europea, Revista de Derecho Mercantil 2009, 261; *Petronella*, The cross-border transfer of the seat after Cartesio and the non-portable nationality of the company, EBLR 2010, 245; *Ratka/Rauter*, Cartesio und das ius vitae necisque des Wegzugsstaates, wbl. 2009, 62; *Ratka/Wolfbauer*, Daily Mail: „I am not dead yet", ZfRV 2009, 57; *Richter/Heyd*, Die Bedeutung des EuGH-Urteils in der Rs. Cartesio für die deutsche Wegzugsbesteuerung unter besonderer Be-

134 *Lutter/Bayer/Schmidt*, Europäisches Unternehmens- und Kapitalmarktrecht, 2017, Rn. 7.16; *Bayer/Schmidt* ZHR 173 (2009) 735, 742.

135 EuGH, Rs. 81/87 (Daily Mail), ECLI:EU:C:1988:456 = NJW 1989, 2186, Rn. 21.

136 EuGH, Rs. 81/87 (Daily Mail), ECLI:EU:C:1988:456 = NJW 1989, 2186, Rn. 21, 23.

137 EuGH, Rs. 81/87 (Daily Mail), ECLI:EU:C:1988:456 = NJW 1989, 2186, Rn. 22.

138 Vgl. Vorentwurf einer vierzehnten Richtlinie des Europäischen Parlaments und des Rates über die Verlegung des Sitzes einer Gesellschaft in einen anderen Mitgliedstaat mit Wechsel des für die Gesellschaft maßgebenden Rechts vom 20.4.1997, KOM XV/6002/97 endg.

achtung des grenzüberschreitenden Rechtsformwechsels, StuW 2010, 367; *Rivas*, Traslado international de sede social en la Unión Europea: Del caso Daily Mail al caso Cartesio. Veinte años no son nada, CDT 1 (2009) 132; *Ruhm/Toms*, EuGH Rechtssache Cartesio – Noch ein steiniger Weg zur gesellschaftsrechtlichen Niederlassungsfreiheit, GeS 2009, 48; *Schmidt-Kessel*, Niederlassungsfreiheit statt Wegzugsbeschränkungen, GPR 2009, 26; *Sethe/Winzer*, Der Umzug von Gesellschaften in Europa nach dem Cartesio-Urteil, WM 2009, 536; *Storm*, Cartesio: Stapjes in de Processie van Echternach, Ondernemingsrecht 2009, 335; *Szudoczky*, How Does the European Court of Justice Treat Precedents in Its Case Law? Cartesio and Damseaux from a Different Perspective: Part I, Intertax 37 (2009) 346; *Szydło*, Case C-210/06, CARTESIO Oktató és Szolgáltató bt, Judgment of the Grand Chamber of the Court of Justice of 16 December 2008, CMLR 46 (2009) 703; *Teichmann*, Die Freiheit zum formwechselnden Wegzug, ZIP 2009, 393; *Trüten*, „Cartesio" – oder die unvollendete Revolution im Europäischen Internationalen Gesellschaftsrecht, EuZ 2009, 68; *Valk*, Increasing corporate mobility through outbound establishment, ULR 6 (2010) 151; *Vossestein*, Cross-border transfer of seat and conversion of companies under the EC Treaty Provisions on freedom of establishment, ECL 6 (2009) 115; *Wilhelmi*, Anwendbarkeit der Niederlassungsfreiheit auf Gesellschaften bei Sitzverlegung, JZ 2009, 411; *Wooldridge*, The Advocate General's submission in Cartesio: further doubts on the Daily Mail case, Co. Lawyer 30 (2009) 145; *Zimmer/Naendrup*, Das Cartesio-Urteil des EuGH: Rück- oder Forschritt für das internationale Gesellschaftsrecht, NJW 2009, 545.

1. Sachverhalt

Ebenso wie in der Daily Mail-Entscheidung ging es auch im Fall **Cartesio**[139] um die **Verlegung des Verwaltungssitzes** einer Gesellschaft vom Wegzugsstaat in einen anderen EU/EWR-Mitgliedstaat. Allerdings handelte es sich hierbei, im Vergleich zur Daily Mail-Entscheidung, um eine rein gesellschaftsrechtliche Fragestellung ohne steuerrechtliche Implikationen. Die Cartesio bt. (ungarische Kommanditgesellschaft) wurde am 20.4.2004 ordnungsgemäß nach ungarischem Recht gegründet und am 11.6.2004 in das zuständige ungarische Handelsregister eingetragen. Im Folgenden beabsichtigte Cartesio ihren tatsächlichen Sitz (Verwaltungssitz)[140] von Ungarn nach Italien zu verlegen, jedoch weiterhin im ungarischen Handelsregister registriert zu bleiben und als ungarische Gesellschaftsform fortzubestehen. Dazu beantragte sie am 11.11.2005 beim zuständigen Registergericht die Verlegung ihres Verwaltungssitzes nach Italien zu bestätigen und die Änderung der Sitzangabe im Handelsregister entsprechend zu ändern.[141] Das ungarische Registergericht verweigerte jedoch die Eintragung der Sitzverlegung. Als Begründung führte sie an, dass eine in Ungarn gegründete Gesellschaft nach geltendem ungarischem Recht ihren Sitz nicht unter Beibehaltung des nationalen Gesellschaftsstatuts ins Ausland verlegen könne.[142] Da Ungarn schon zur damaligen Zeit der Gründungstheorie folgte,[143] handelte es sich insofern um eine materiellrechtliche Wegzugsbeschränkung.[144] Cartesio legte gegen diese Entscheidung Berufung beim Regionalgericht Szeged[145] ein. Sie machte geltend, dass das ungarische Recht, soweit es Gesellschaften unterschiedlich behandle, je nachdem, in welchem Mitgliedstaat sich ihr (Verwaltungs-) Sitz befindet, gegen die Art. 43, 48 EGV (Art. 49, 54 AEUV) verstoße.[146] Hieraus ergäbe sich, dass es ungarischen Gesellschaftsformen nicht vorgeschrieben werden könne, Ungarn als Sitz ihrer Verwaltungstätigkeit zu bestimmen. Das Regionalgericht Szeged legte den Sachverhalt schließlich dem EuGH zur Klärung vor. 36

2. Entscheidung

Bevor sich der EuGH zu den aufgeworfenen Fragen äußerte, sah bereits der Generalanwalt in seinen Schlussanträgen zum Cartesio-Fall in dem ungarischen Vorgehen eindeutig einen Verstoß gegen die Niederlassungsfreiheit.[147] Er war der Auffassung, dass sich die Rechtsprechung des Gerichtshofs zur Niederlassungsfreiheit von Gesellschaften seit der Daily Mail-Entscheidung erheblich weiterentwickelt habe und dass demzufolge ein Mitgliedstaat nicht mehr den Wegzug einer Gesellschaft durch Auflösung und Liquidation dieser verweigern könne.[148] 37

Der EuGH entschied jedoch anders und teilte die Auffassungen des Generalanwalts nicht. Nach Ansicht des Gerichtshofs besitzen die in der Daily Mail-Entscheidung getroffenen Aussagen grundsätzlich auch für den 38

139 EuGH, Rs. C-210/06 (Cartesio), ECLI:EU:C:2008:723 = NZG 2009, 61.

140 *Roth*, Vorgaben der Niederlassungsfreiheit für das Kapitalgesellschaftsrecht, 2010, S. 14; *Bayer/Schmidt* ZHR 173 (2009) 735, 755 f.

141 EuGH, Rs. C-210/06 (Cartesio), ECLI:EU:C:2008:723 = NZG 2009, 61, Rn. 23.

142 EuGH, Rs. C-210/06 (Cartesio), ECLI:EU:C:2008:723 = NZG 2009, 61, Rn. 24.

143 *Oplustil*, Grenzüberschreitende Umwandlungen, Donau-Institut Working Papers 27/2014, S. 20; *Braner* in: Süß/Wachter (Hrsg.), Handbuch des internationalen GmbH-Rechts. 3. Aufl. 2016, Ungarn, Rn. 267; *Korom/Metzinger* ECFR 2009, 125, 143; aA *Däubler/Heuschmid* NZG 2009, 493.

144 *Kindler* in: MüKo BGB, 2015, IntGesR, Rn. 509, Fn. 2092; *Grundmann*, Europäisches Gesellschaftsrecht, 2011, Rn. 788, Fn. 77; *Behme*, Rechtsformwahrende Sitzverlegung und Formwechsel, 2016, S. 48.

145 Szegedi Ítélőtábla (Regionalgericht Szeged) v. 20.4.2006, ABl. EG v. 15.7.2006, C-165/97, ZIP 2006, 1536.

146 EuGH, Rs. C-210/06 (Cartesio), ECLI:EU:C:2008:723 = NZG 2009, 61, Rn. 26.

147 GA *Maduro*, Schlussanträge v. 22.8.2008 zur Rs. C-210/06, Rn. 27 ff.

148 GA *Maduro*, Schlussanträge v. 22.8.2008 zur Rs. C-210/06, Rn. 31.

Sachverhalt im Fall Cartesio noch Gültigkeit.[149] Es bestehen immer noch erhebliche Unterschiede im Recht der Mitgliedstaaten bei der Frage, ob sich für die gesellschaftsrechtliche Anknüpfung einer Gesellschaft zum Recht des Gründungsstaates lediglich der Satzungssitz der nationalen Gesellschaft in diesem Mitgliedstaat befinden muss oder sich zusätzlich auch der Verwaltungssitz im Inland zu befinden hat.[150] Diese Unterschiede seien nach Auffassung des Gerichtshofs „Probleme, die durch die Bestimmungen der Niederlassungsfreiheit nicht gelöst sind, sondern einer Lösung im Wege der Rechtssetzung oder des Vertragsschlusses bedürfen"; dazu sei es bisher jedoch noch nicht gekommen.[151] Aufgrund dieser fehlenden gemeinschaftsrechtlichen Harmonisierungsvorschriften und einheitlichen Regelungen, nach denen sich die Anknüpfung einer Gesellschaft bestimmt, ist die Berufung einer nach dem Recht eines Mitgliedstaates gegründeten Gesellschaft „eine **Vorfrage,** die beim gegenwärtigen Stand des Gemeinschaftsrechts **nur nach nationalem Recht** beantwortet werden kann".[152] Nur wenn der Gesellschaft nach dem nationalen Verständnis des Wegzugsstaates auch tatsächlich die Niederlassungsfreiheit zugutekommt, stellt sich überhaupt die Frage, ob eine Beschränkung der Niederlassungsfreiheit iSd Art. 43, 48 EGV (Art. 49, 54 AEUV) seitens des Wegzugsstaates vorliegt.[153] Auch dem von der Europäischen Kommission in den Verhandlungen vorgebrachten Argument, dass seit der Daily Mail-Entscheidung Regelungen über die grenzüberschreitende Sitzverlegung supranationaler Gesellschaftsformen, insbesondere der Societas Europaea (SE) (dazu § 4), geschaffen wurden, die das Fehlen europäischer Harmonisierungsmaßnahmen für nationale Gesellschaften auf diesem Gebiet ausgleichen würden, erteilte der EuGH eine Absage.[154] Er führte aus, dass sehr wohl eine Verlegung des Satzungs- und Verwaltungssitzes von supranationalen Gesellschaftsformen der EU möglich ist, diese jedoch nicht mit der bloßen Verwaltungssitzverlegung einer mitgliedstaatlichen Rechtsform in einen anderen Mitgliedstaat vergleichbar sei, da es hierbei zwingend zu einer Änderung des subsidiär auf die supranationale Gesellschaftsform anwendbaren nationalen Rechts kommt.[155]

39 Neben den in der Cartesio-Entscheidung getroffenen Kernaussagen bezüglich der Verwaltungssitzverlegung in einen anderen Mitgliedstaat äußerte sich der EuGH darüber hinaus in Form eines **obiter dictums,**[156] wie sich die Situation darstellen würde, wenn von der wegziehenden Gesellschaft sowohl der **Satzungs- als auch der Verwaltungssitz** in einen anderen Mitgliedstaat verlegt werden soll. Der EuGH führte aus, dass die bloße Verlegung des Verwaltungssitzes einer Gesellschaft in einen anderen Mitgliedstaat davon zu unterscheiden ist, dass die wegziehende Gesellschaft beabsichtigt ihren Satzungssitz „unter Änderung des anwendbaren nationalen Rechts" zu verlegen, also in eine nationale Gesellschaftsform des Zuzugsstaates formwechselnd umzuwandeln.[157] Denn in diesem Fall beabsichtigt die Gesellschaft gerade im Zuge der Sitzverlegung die Rechtsform einer ausländischen Gesellschaft anzunehmen (s. ferner zur Polbud-Entscheidung aus dem Jahr 2017 Rn. 46 ff.). Die Regelungsautonomie des Wegzugsstaates ist jedoch grundsätzlich auf seine nationalen Gesellschaftsformen begrenzt und es bestimmt vielmehr der Zuzugsstaat, unter welchen Voraussetzungen der Zielrechtsträger die neue Rechtsform annimmt,[158] weshalb sich beschränkende Maßnahmen bei einem insofern vorliegenden grenzüberschreitenden Formwechsel an der Niederlassungsfreiheit zu messen lassen haben.[159]

III. National Grid Indus (2011)

Literatur (Auswahl): *Arendonk*, National Grid Indus and Its Aftermath, EC Tax Review 22 (2013) 170; *Bergmann*, Niederlassungsfreiheit: Wegzug und Zuzug von Gesellschaften in der EU, ZEuS 2012, 233; *Biermeyer/Elsener/Timba*, The Compatibility of Corporate Exit Taxation with European Law, ECFR 2012, 101; *Bron*, Besteuerung der grenzüberschreitenden Sitzverlegung im Lichte der Niederlassungsfreiheit, EWS 2012, 32; *Cejie*, Emigration Taxes – Several Questions, Few Answers: From Lasteyrie to National Grid Indus and beyond, Intertax 40 (2012) 382; *Ege/Klett*, Praxisfragen der grenzüberschreitenden Mobilität von Gesellschaften, DStR 2012, 2442; *Esskandari/Bick*, Wegzugsbesteuerung bei Sitzverlegung in einen anderen Mitgliedstaat, StBW 2012, 179; *Hahn*, Überlegungen zum Urteil des EuGH in der Rechtssache National Grid Indus, BB 2012, 681; *Heckschen* in: Widmann/Mayer (Hrsg.), Umwandlungs-

149 EuGH, Rs. C-210/06 (Cartesio), ECLI:EU:C:2008:723 = NZG 2009, 61, Rn. 108.
150 EuGH, Rs. C-210/06 (Cartesio), ECLI:EU:C:2008:723 = NZG 2009, 61, Rn. 105, 108.
151 EuGH, Rs. C-210/06 (Cartesio), ECLI:EU:C:2008:723 = NZG 2009, 61, Rn. 108, mit Verweis auf EuGH, Rs. 81/87 (Daily Mail), ECLI:EU:C:1988:456 = NJW 1989, 2186, Rn. 21 ff.; EuGH, Rs. C-208/00 (Überseering), ECLI:EU:C:2002:632 = NZG 2002, 1164, Rn. 69.
152 EuGH, Rs. C-210/06 (Cartesio), ECLI:EU:C:2008:723 = NZG 2009, 61, Rn. 109.
153 EuGH, Rs. C-210/06 (Cartesio), ECLI:EU:C:2008:723 = NZG 2009, 61, Rn. 109.
154 EuGH, Rs. C-210/06 (Cartesio), ECLI:EU:C:2008:723 = NZG 2009, 61, Rn. 119 f.
155 EuGH, Rs. C-210/06 (Cartesio), ECLI:EU:C:2008:723 = NZG 2009, 61, Rn. 117; vgl. zB Art. 7 f. SE-VO.
156 Obiter dicta sind Rechtsausführungen eines Gerichts, die für den konkret vorliegenden Sachverhalt nicht entscheidungserheblich sind. Aufgrund ihrer sachlichen Überzeugungskraft sind jedoch auch sie für die Mitgliedstaaten verbindlich. vgl. nur *Hager*, Rechtsmethoden in Europa, 2009, S. 97, Rn. 29.
157 EuGH, Rs. C-210/06 (Cartesio), ECLI:EU:C:2008:723 = NZG 2009, 61, Rn. 111.
158 *Roth*, Vorgaben der Niederlassungsfreiheit für das Kapitalgesellschaftsrecht, 2010, S. 15; *Hoffmann* in: MüHdB GesR, IntGesR, 4. Aufl. 2013, § 54 Rn. 4.
159 Vgl. EuGH, Rs. C-210/06 (Cartesio), ECLI:EU:C:2008:723 = NZG 2009, 61, Rn. 117; insofern auf die Zulässigkeit eines Herausformwechsels (s. dazu Rn. 123 ff.) schließend *Bayer/Schmidt* ZHR 173 (2009) 735, 756; *Schmidt-Kessel* GPR 2009, 26, 29; *Teichmann* ZIP 2009, 983, 985; *Zimmer/Naendrup* NJW 2009, 545, 547.

recht, 169. EL 2018, § 1 UmwG Rn. 173.11; *Kessler/Philipp*, Rechtssache National Grid Indus BV – Ende oder Bestätigung der Entstrickungsbesteuerung?, DStR 2012, 267; *Khan*, Corporate mobility, market access and the internal market, E. L. Rev. 40 (2015) 371, 377 f.; *Körner*, Europarechtliches Verbot der Sofortbesteuerung stiller Reserven beim Transfer ins EU-Ausland, IStR 2012, 1; *Kraft/Gebhardt*, Das Postulat der Kapitalinhaberschaftsneutralität im Kontext der EuGH-Judikatur zu National Grid Indus, FR 2012, 403; *Lutter/Bayer/Schmidt*, Europäisches Unternehmens- und Kapitalmarktrecht, 6. Aufl. 2017, Rn. 7.44 f.; *Meussen/van den Broek*, National Grid Indus Case. Re-Thinking Exit Taxation, European Taxation 52 (2012) 190; *Mitschke*, Das EuGH-Urteil „National Grid Indus" vom 29.11.2011 – Eine Bestandsaufnahme und eine Bewertung aus Sicht der Finanzverwaltung, DStR 2012, 629; *Momen*, Auswirkungen des EuGH-Urteils in der Rs. National Grid Indus auf die deutsche Entstrickungsbesteuerung, RIW 2012, 302; *Mörsdorf*, Was von Daily Mail übrig blieb – Die Wegzugsbesteuerung von EU-Gesellschaften nach dem EuGH-Urteil National Grid Indus, EuZW 2012, 296; *Panayi*, National Grid Indus BV: Exit Taxes in the European Union Revisited, British Tax Review 1 (2012) 41; *Pantazatou*, National Grid Indus: The First Case on Companies' Exit Taxation, EBLR 2012, 945; *Rautenstracher/Seitz*, National Grid Indus: Europarechtliche Implikationen für den Wegzug und die nationale Umwandlung von Gesellschaften, Ubg 2012, 14; *Rohler*, Wegzugsbesteuerung und Funktionsverlagerung, GmbHR-StB 2012, 54; *Schall/Barth*, Stirbt Daily Mail langsam? Zu den Folgen von EuGH C-371/10 (National Grid Indus) für Kollisionsrecht und Wegzugsbesteuerung, NZG 2012, 414; *Schaper*, Besteuerung nicht realisierter Wertzuwächse bei Sitzverlegung einer Gesellschaft („National Grid Indus"), EWiR 2012, 505; *Sieker*, Folgerungen aus „National Grid Indus" für die Besteuerung der Betriebsverlegung ins Ausland nach nationalem Recht, FR 2012, 352; *Stöber*, Grenzüberschreitende Umwandlungen und ihre Besteuerung im Lichte der Niederlassungsfreiheit, ZIP 2012, 1273; *Thömmes/Linn*, Deferment of Exit Taxes after National Grid Indus: Is the Requirement to Provide a Bank Guarantee and the Charge of Interest Proportionate?, Intertax 40 (2012) 485; *Verse*, Niederlassungsfreiheit und grenzüberschreitende Sitzverlegung – Zwischenbilanz nach „National Grid Indus" und „Vale", ZEuP 2013, 458; *Wattel*, Exit taxation in the EU/EEA before and after National Grid Indus, Tax Notes International Weekly 65 (2012), 371; *Wöhlert/Degen*, Die neue Mobilität von Gesellschaften in Europa nach „Vale" und „National Grid Indus", GWR 2012, 432.

1. Sachverhalt

Im Jahr 2011 äußerte sich der EuGH in seiner National Grid Indus-Entscheidung[160] erneut ua zu Fragen einer grenzüberschreitenden Verwaltungssitzverlegung von Gesellschaften. Wie schon im Daily Mail-Urteil ging es jedoch auch hier primär um die Vereinbarkeit steuerlicher Regelungen eines Mitgliedstaates mit der Niederlassungsfreiheit. Das Urteil besitzt jedoch ebenfalls Auswirkungen auf die gesellschaftsrechtliche Beurteilung einer **rechtsformwahrenden Verwaltungssitzverlegung** in einen anderen Mitgliedstaat. Mit den steuerrechtlichen Implikationen der National Grid Indus-Entscheidung soll sich daher im Folgenden neben den gesellschaftsrechtlichen Gesichtspunkten nur hintergründig befasst werden. 40

Die National Grid Indus BV, eine Gesellschaft mit beschränkter Haftung niederländischen Rechts (dazu § 16 Rn. 264 ff.), wurde ordnungsgemäß in den Niederlanden gegründet und besaß zunächst sowohl ihren Satzungs- als auch ihren Verwaltungssitz dort. Später verlegte die National Grid Indus BV ihren **tatsächlichen Verwaltungssitz** in das Vereinigte Königreich.[161] Dies war ihr nach niederländischem Recht auch möglich, da die Niederlande der Gründungstheorie folgt (vgl. § 16 Rn. 10) und auch sachrechtlich lediglich einen inländischen Satzungssitz für niederländische Gesellschaftsformen vorschreibt.[162] Durch die Verwaltungssitzverlegung in das Vereinigte Königreich fiel aufgrund eines bestehenden Doppelbesteuerungsabkommens zwischen den Niederlanden und dem Vereinigten Königreich die Besteuerung des Unternehmensgewinns nun allein letzterem zu. Die niederländische Finanzverwaltung nahm den Umstand der Sitzverlegung jedoch zum Anlass, einen in diesem Zeitpunkt schon entstandenen, allerdings noch nicht realisierten Wertzuwachs des Vermögens der National Grid Indus BV zu besteuern, also die gebildeten **stillen Reserven** der Gesellschaft einer **Wegzugsbesteuerung** zu unterwerfen.[163] Gegen die Festsetzung der Wegzugssteuer durch die niederländische Finanzverwaltung erhob die Gesellschaft Klage und der Gerichtshof Amsterdam legte den Sachverhalt dem EuGH zur Klärung vor. Aus gesellschaftsrechtlicher Sicht war insbesondere die erste Vorlagefrage von Interesse, in der das vorlegende Gericht wissen wollte, ob sich eine Gesellschaft, die nach dem Recht eines Mitgliedstaates gegründet wurde und ihren Verwaltungssitz in gesellschaftsrechtlich zulässiger Weise in einen anderen Mitgliedstaat verlegt hat, auf die Niederlassungsfreiheit nach Art. 49, 54 AEUV berufen kann.[164] 41

2. Entscheidung

Hierzu brachten mehrere Mitgliedstaaten zunächst vor, dass nach der Cartesio-Entscheidung Wegzugsbeschränkungen seitens des Gründungsstaates generell nicht vom Anwendungsbereich der Niederlassungsfreiheit erfasst wären.[165] Die Auslegung des Art. 49 AEUV betreffe diesbezüglich nicht nur das nationale Gesellschaftsrecht, 42

160 EuGH, Rs. C-371/10 (National Grid Indus), ECLI:EU:C:2011:785 = NZG 2012, 114.
161 EuGH, Rs. C-371/10 (National Grid Indus), ECLI:EU:C:2011:785 = NZG 2012, 114, Rn. 13.
162 EuGH, Rs. C-371/10 (National Grid Indus), ECLI:EU:C:2011:785 = NZG 2012, 114, Rn. 19.
163 EuGH, Rs. C-371/10 (National Grid Indus), ECLI:EU:C:2011:785 = NZG 2012, 114, Rn. 14.
164 EuGH, Rs. C-371/10 (National Grid Indus), ECLI:EU:C:2011:785 = NZG 2012, 114, Rn. 21.
165 EuGH, Rs. C-371/10 (National Grid Indus), ECLI:EU:C:2011:785 = NZG 2012, 114, Rn. 23.

sondern lasse auch die Zuständigkeit der Mitgliedstaaten aus steuerlicher Hinsicht unberührt.[166] Auch im vorliegenden Fall sei es dem Wegzugsstaat daher gestattet, negative (steuerliche) Maßnahmen mit einer rechtsformwahrende Verlegung des Verwaltungssitzes einer nach seinem Recht gegründeten Gesellschaft zu verbinden. Die Niederlassungsfreiheit sei mit Blick auf die Entscheidungen Daily Mail sowie Cartesio nicht tangiert.[167]

43 Dieser Auffassung widersprach der EuGH.[168] Zwar **bestätigte** er die Kernaussage des **Cartesio-Urteils**, dass die Anknüpfung, nach der sich das auf eine Gesellschaft anwendbare Recht bestimmt, eine Vorfrage sei, die beim gegenwärtigen Stand des Unionsrechts[169] nur nach nationalem Recht beantwortet werden kann.[170] Ein Mitgliedstaat habe daher weiterhin grundsätzlich das Recht einer nach seiner nationalen Rechtsordnung gegründeten Gesellschaft Beschränkungen bezüglich der Verlegung des Verwaltungssitzes in einen anderen Mitgliedstaat aufzuerlegen.[171] In **Weiterentwicklung** des Cartesio-Urteils begrenzt der EuGH jedoch ausdrücklich die Befugnisse der Mitgliedstaaten zur Beschränkung der Verlegung des Verwaltungssitzes aus Sicht des Wegzugsstaates. Lässt eine Verlegung des Verwaltungssitzes einer Gesellschaft in einen anderen Mitgliedstaat die Eigenschaft der Gesellschaft als Rechtsform des Wegzugsstaates unberührt, ist es aus gesellschaftskollisionsrechtlicher Sicht des Wegzugsstaates also möglich, dass nationale Gesellschaften rechtsformwahrend ihren Verwaltungssitz ins Ausland verlegen können, so ist dieser Vorgang gleichwohl **von der Niederlassungsfreiheit** nach Art. 49, 54 AEUV **erfasst.**[172] Das bedeutet, dass sich die betroffene Gesellschaft bei Beschränkungen seitens des Wegzugsstaates auf die Niederlassungsfreiheit berufen kann, wenn der Gründungsstaat der wegzugswilligen Gesellschaft der Gründungstheorie folgt.[173] Dies ergibt sich daraus, dass hierbei die im Cartesio-Urteil definierte Vorfrage zur Anwendbarkeit der Niederlassungsfreiheit[174] positiv beantwortet wurde, da durch die Anwendung der Gründungstheorie die (isolierte) Verlegung des Verwaltungssitzes in einen anderen Mitgliedstaat nicht die Änderung der nationalen Rechtsform bzw. die Auflösung und Liquidation der wegziehenden Gesellschaft zwingend zur Folge hat.

44 Dies steht auch **nicht im Widerspruch** zu den Aussagen des EuGH in der Cartesio-Entscheidung.[175] Hierin wurde festgestellt, dass es den Mitgliedstaaten dann zusteht, der nach ihrem Recht gegründeten Gesellschaft Beschränkungen aufzuerlegen, wenn es sich um die Beantwortung der Vorfrage einer nach ihrem Recht wirksam gegründet und bestehenden Gesellschaft nach Art. 54 AEUV handelt. Wurde diese Vorfrage durch Anwendung der Gründungstheorie bzw. durch entsprechende national-sachrechtliche Regelungen mit kollisionsrechtlichem Gehalt[176] im Wegzugsstaat bejaht, sind die Art. 49, 54 AEUV grundsätzlich einschlägig und die betroffene Gesellschaft kann sich auf diese berufen. Beschränkungen (gesellschaftsrechtlicher sowie steuerrechtlicher Art) sind dann an den Vorgaben der Niederlassungsfreiheit zu messen. Verfolgt der Gründungsstaat der wegziehenden Gesellschaft jedoch die **Sitztheorie**, dh ist die Anknüpfung zum nationalen Gesellschaftsrecht des Heimatstaates von einem inländischen Verwaltungssitz abhängig, bleibt es weiterhin bei den in der Cartesio-Entscheidung aufgestellten Grundsätzen. Im vorliegenden Fall der National Grid Indus BV folgt die Niederlande der

166 EuGH, Rs. C-371/10 (National Grid Indus), ECLI:EU:C:2011:785 = NZG 2012, 114, Rn. 23.
167 EuGH, Rs. C-371/10 (National Grid Indus), ECLI:EU:C:2011:785 = NZG 2012, 114, Rn. 23 f.
168 EuGH, Rs. C-371/10 (National Grid Indus), ECLI:EU:C:2011:785 = NZG 2012, 114, Rn. 29 ff.
169 Vgl. zur Terminologie des „gegenwärtigen Stand des Unionsrechts" als dynamische Auslegung *Martens*, Methodenlehre des Unionsrechts, 2013, S. 474 ff.
170 EuGH, Rs. C-371/10 (National Grid Indus), ECLI:EU:C:2011:785 = NZG 2012, 114, Rn. 26, EuGH, Rs. C-210/06 (Cartesio), ECLI:EU:C:2008:723 = NZG 2009, 61, Rn. 109.
171 EuGH, Rs. C-371/10 (National Grid Indus), ECLI:EU:C:2011:785 = NZG 2012, 114, Rn. 27; EuGH, Rs. C-208/00 (Überseering), ECLI:EU:C:2002:632 = NZG 2002, 1164, Rn. 70; vgl. auch EuGH, Rs. C-210/06 (Cartesio), ECLI:EU:C:2008:723 = NZG 2009, 61, Rn. 110.
172 EuGH, Rs. C-371/10 (National Grid Indus), ECLI:EU:C:2011:785 = NZG 2012, 114, Rn. 32.
173 *Verse* ZEuP 2013, 458, 463 f.; *Mörsdorf* EuZW 2012, 296, 297 ff.; *Schall/Barth* NZG 2012, 414, 418; *Stiegler*, Grenzüberschreitende Sitzverlegungen nach deutschem und europäischem Recht, 2017, S. 105; *Pantazatou* EBLR 2012, 945, 965; *Biermeyer* CMLR 50 (2013) 571, 578.
174 Vgl. EuGH, Rs. C-210/06 (Cartesio), ECLI:EU:C:2008:723 = NZG 2009, 61, Rn. 109.
175 *Verse* ZEuP 2013, 458, 463 f.; *Stiegler*, Grenzüberschreitende Sitzverlegungen nach deutschem und europäischem Recht, 2017, S. 104; teilweise aA *Bergmann* ZEuS 2012, 233, 244; *Schall/Barth* NZG 2012, 418; *Schaper* EWiR 2012, 506.
176 Im deutsches Recht zB wird den Regelungen des § 4a GmbHG bzw. § 5 AktG nach überwiegender Meinung solch ein kollisionsrechtlicher Gehalt zugesprochen, vgl. *Bayer/Schmidt* ZHR 173 (2009) 735, 747 ff.; *Wicke* GPR 2010, 238, 239 f.; *Hüffer/Koch*, AktG, 13. Aufl. 2018, § 5 Rn. 3; *Servatius* in: MüHdB GesR, IntGesR, 4. Aufl. 2013, § 10 Rn. 12; *Fastrich* in: Baumbach/Hueck (Hrsg.), GmbHG, 21. Aufl. 2017, § 4a Rn. 38; *Tebben* RNotZ 2008, 441, 447; *Hoffmann* ZIP 2007, 1581, 1582; *Paefgen* WM 2009, 529, 530; *Goette* DStR 2009, 128; *Ehricke* in: Hirte/Mülbert/Roth (Hrsg.), AktG, 2016, § 45 Rn. 51a; *Kieninger* in: MüHdB GesR, IntGesR, § 52 Rn. 20; eine ausdrückliche Kollisionsnorm stellen diese nach Aussage des BGH allerdings nicht dar, vgl. BGH NJW 2009, 289, 291; gegen einen kollisionsrechtlichen Gehalt *Weller* in: MüKoGmbHG, 3. Aufl. 2018, Einl. Rn. 384; *Kindler* NJW 2008, 3249, 3251; *Hirte* NZG 2008, 761, 766; *Heckschen* DStR 2009, 166, 169.

Gründungstheorie[177] und auch sachrechtlich war eine Verlegung des Verwaltungssitzes einer niederländischen Gesellschaft ins Ausland zulässig, sodass der Schutzbereich der Niederlassungsfreiheit eröffnet war.

Ferner stellt die niederländische Maßnahme der Wegzugsbesteuerung stiller Reserven eine Beschränkung der Niederlassungsfreiheit dar, da eine grenzüberschreitende Verlegung des Verwaltungssitzes zu einer sofortigen Besteuerung nicht realisierter Wertzuwächse führt, während eine entsprechende Besteuerung bei einer rein inländischen Sitzverlegung grundsätzlich nicht besteht.[178] Diese unterschiedliche Behandlung bei der Besteuerung der Wertzuwächse ist geeignet, nationale Gesellschaften davon abzuhalten, ihren Verwaltungssitz in einen anderen Mitgliedstaat zu verlegen.[179] Solch eine **Besteuerung stiller Reserven** kann jedoch aus zwingenden Gründen des Allgemeininteresses gerechtfertigt sein. Diese müssen allerdings zu ihrer Wirksamkeit verhältnismäßig angewendet werden.[180] Insbesondere muss die nationale Maßnahme erforderlich sein, um eine Beschränkung rechtfertigen zu können. Dies war im vorliegenden Sachverhalt jedoch nicht der Fall. Da die Besteuerung der stillen Reserven der National Grid Indus BV sofort nach ihrem Wegzug, also der Verlegung ihres Verwaltungssitzes ins Vereinigte Königreich, eingriff und nicht erst im Zeitpunkt der tatsächlichen Realisierung des Wertzuwachses, erlitt die Gesellschaft dadurch einen erheblichen Liquiditätsnachteil.[181] Im konkreten Fall verstieß die niederländische Maßnahme daher gegen die Niederlassungsfreiheit aus Art. 49, 54 AEUV. 45

IV. Polbud (2017)

Literatur (Auswahl): *Barsan*, Que reste-t-il du critère du siège social réel après l'arrêt Polbud?, Actualité du droit communautaire 2018, 6; *Bärwaldt/Hoefling*, Grenzüberschreitender Formwechsel: Das Urteil des EuGH in der Rs. „Polbud" in der praktischen Anwendung, DB 2017, 3051; *Bayer/Schmidt*, Grenzüberschreitende Mobilität von Gesellschaften. Formwechsel durch isolierte Satzungssitzverlegung, ZIP 2017, 2225; *Corbisier*, L'arrêt Polbud de la C.J.U.E. ou le Luxembourg à la croisée des chemins: maintien d'un critère de rattachement appliqué de manière ambiguë ou choix franc d'un libéralisme rendu possible par la Cour de justice?, Journal des Tribunaux Luxembourg 2018, 33; *Domańska*, Orzecznictwo Trybunału Konstytucyjnego, Sądu Najwyższego i Naczelnego Sądu Administracyjnego, Europejski Przegląd Sądowy 2016, 56; *Feldhaus*, Das Erfordernis wirtschaftlicher Inlandstätigkeitbeim grenzüberschreitenden (Herein-) Formwechsel nach „Polbud", BB 2017, 2819; *Heckschen/Strnad*, Aktuelles zum grenzüberschreitenden Formwechsel und seiner praktischen Umsetzung, notar 2018, 83, 85 ff.; *Kieninger*, Niederlassungsfreiheit als Freiheit der nachträglichen Rechtswahl. Die Polbud-Entscheidung des EuGH, NJW 2017, 3624; *Kieninger*, Internationales Gesellschaftsrecht zwischen Polbud, Panama und Paradies, ZEuP 2018, 309; *Kindler*, Unternehmensmobilität nach „Polbud": Der grenzüberschreitende Formwechsel in Gestaltungspraxis und Rechtspolitik, NZG 2018, 1; *Korch/Thelen*, Von der Niederlasssungsfreiheit zur Freiheit der Rechtsformwahl – Die praktischen Folgen der Polbud-Entscheidung des EuGH, IPRax 2018, 248; *Kumpan/Pauschinger*, Entwicklung des europäischen Gesellschaftsrechts 2016, EuZW-Sonderheft 2017, 3 f.; *Mateo*, Derecho societario europeo: a vueltas con la sentencia del caso Polbud y la Directiva que viene, Revista del Colegio Notarial de Madrid 2018, 36; *Meeusen*, Het Polbud-arrest van het Hof van Justitie: Europese vennootschapsmobiliteit op nieuwe wegen, Rechtskundig weekblad 2017, 1782; *Mörsdorf*, Nun also doch! – Die überraschende Umdeutung der Niederlassungsfreiheit zur Rechtswahlfreiheit durch den EuGH im Urteil Polbud, ZIP 2017, 2381; *Mucha*, Przeniesienie siedziby polskiej spółki z o.o. za granicę (uwagi na tle pytań prejudycjalnych Sądu Najwyższego do Trybunału Sprawiedliwośći), Przegląd Prawa Gospodarczego 2016, 40; *Mutter*, EU-rechtswidrige Pflicht der Liquidation und Auflösung vor Löschung im Herkunftsstaat bei grenzüberschreitender Umwandlung („Polbud – Wykonawstwo"), EWiR 2017, 491; *Nentwig*, Schlussantrag Generalanwalt beim EuGH: Grenzüberschreitender Formwechsel innerhalb der EU ohne Verlegung des tatsächlichen Verwaltungssitzes, GWR 2017, 261; *Oplustil*, Grenzüberschreitende Umwandlung der Gesellschaft nach dem europäischen und nationalen Recht, Donau-Institut Working Papers 27/2014, S. 26 ff.; *Oplustil/Sikora*, Grenzüberschreitende Verlegung des statutarischen Gesellschaftssitzes aus der Perspektive des Gründungsstaates: Vorlagefragen des polnischen Obersten Gerichts an den EuGH, EWS 2017, 134; *Oplustil/Włudyka*, Grenzüberschreitender Herausformwechsel einer polnischen Kapitalgesellschaft im Lichte der neuesten Rechtsprechung des EuGH, in: Privatrecht, Wirtschaftsrecht, Verfassungsrecht. Festschrift für Peter-Christian Müller-Graff, 2015, S. 298; *Paefgen*, „Polbud": Niederlassungsfreiheit als Sitzspaltungsfreiheit – Zum Urteil des EuGH vom 25.10.2017 in der Rechtssache „Polbud", WM 2018, 981, 1029; *Royo-Villanova*, El traslado internacional de domicilio: novedades de la Sentencia del TJUE Polbud, Revista Lex Mercatoria 2017, 1; *Schulte*, EuGH Rs. C-106/16 – „Polbud": Vor dem Gesetz steht immer ein Türhüter, GmbHR 2017, R177; *Schollmeyer*, Das „Polbud"-Urteil des Europäischen Gerichtshofs vom 25. Oktober 2017, ZGR 2018, 186; *Soegaard*, Cross-border Transfer and Change of Lex Societatis After Polbud, ECL 15 (2018) 21; *Stiegler*, Verweigerung der Löschung einer Gesellschaft im Handelsregister vor ihrer Liquidation nach Umwandlung, GmbHR 2017, 650; *Stiegler*, Zulässigkeit eines Herausformwechsels. Die Polbud-Entscheidung und ihre Konsequenzen, AG 2017, 846; *Ulrich*, „Polbud" und was bisher ge-

---

177 EuGH, Rs. C-371/10 (National Grid Indus), ECLI:EU:C:2011:785 = NZG 2012, 114, Rn. 28.

178 EuGH, Rs. C-371/10 (National Grid Indus), ECLI:EU:C:2011:785 = NZG 2012, 114, Rn. 37; vgl. auch *Rautenstrauch/Seitz* Ubg 2012, 14, 15 ff.; *Cejie* Intertax 40 (2012) 382 ff.; *Kessler/Philipp* DStR 2012, 267 ff.; *Meussen/van den Broek* European Taxation 52 (2012) 190 ff.

179 EuGH, Rs. C-371/10 (National Grid Indus), ECLI:EU:C:2011:785 = NZG 2012, 114, Rn. 37; vgl. auch EuGH, Rs. C-9/02 (Lasteyrie du Saillant), ECLI:EU:C:2004:138 = NJW 2004, 2439, Rn. 46; EuGH, Rs. C-470/04, (N) ECLI:EU:C:2006:525 = IStR 2006, 702, Rn. 35.

180 Vgl. EuGH, Rs. C-55/94 (Gebhard), ECLI:EU:C:1995:411 = NJW 1996, 579, Rn. 37 ff.

181 EuGH, Rs. C-371/10 (National Grid Indus), ECLI:EU:C:2011:785 = NZG 2012, 114, Rn. 86; EuGH, Rs. C-38/10 (Kommission/Portugal), ECLI:EU:C:2012:521 = EuZW 2012, 947, Rn. 31 ff.; EuGH, Rs. C-301/11 (Kommission/Niederlande), ECLI:EU:C:2013:47 = BeckRS 2013, 80253; EuGH, Rs. C-64/11 (Kommission/Spanien), ECLI:EU:C:2013:264 = BeckRS 2013, 80877.

schah: Ein Überblick, GmbHR 2017, R358; *Szumański*, Recht der Verschmelzung, Spaltung und Umwandlung einer Handelsgesellschaft in Polen unter der besonderen Berücksichtigung der letzten Änderungen, in: Festschrift für Peter Hommelhoff, 2012, S. 1197; *Teichmann*, Der Fall Polbud: Formwechsel in die Briefkastengesellschaft, GmbHR 2017, R356; *Teichmann/Knaier*, Grenzüberschreitender Formwechsel nach „Polbud". Die neue Umwandlungsfreiheit im Binnenmarkt, GmbHR 2017, 1314; *Teichmann/Ptak*, Die grenzüberschreitende Sitzverlegung aus deutsch-polnischer Perspektive, RIW 2010, 817; *van Veen*, Grensoverschrijdende omzetting, fusie en splitsing: Waar ligt de grens? : Hof van Justitie EU 25 oktober 2017, zaak C-106/16 (Polbud), Weekblad voor privaatrecht, notariaat en registratie 2017, 905; *Wicke*, Grenzüberschreitender Formwechsel innerhalb der EU ohne Verlegung des tatsächlichen Sitzes, NZG 2017, 702.

1. Sachverhalt

46 Den bisherigen Höhepunkt bei Wegzugsentscheidungen im Rahmen der grenzüberschreitenden Mobilität von Gesellschaften bildet die EuGH-Entscheidung in der Rechtssache Polbud vom 25. Oktober 2017.[182] Anders als bei den bisherigen Entscheidungen geht es hierbei jedoch nicht um eine grenzüberschreitende Verlegung des Verwaltungssitzes der Gesellschaft, sondern primär um eine **Verlegung des Satzungssitzes** einer polnischen GmbH (*spółka z ograniczoną odpowiedzialnością* – sp. z o.o.; dazu § 17 Rn. 140 ff.), dh um die Reichweite der Zulässigkeit eines grenzüberschreitenden Formwechsels in einen anderen Mitgliedstaat unter Beibehaltung der rechtlichen Identität des Rechtsträgers.

47 Basierend auf einem Beschluss der Gesellschafter, in dem ua die Verlegung des Satzungssitzes der Gesellschaft[183] nach Luxemburg beschlossen wurde, beantragte die Polbud-Wykonawstwo sp. z o.o. (Polbud) im Oktober 2011 die Eintragung eines Liquidationsverfahrens beim zuständigen Registergericht in Polen.[184] Die beabsichtigte Sitzverlegung ins Ausland wurde dabei auf Art. 270 Nr. 2 des polnischen Handelsgesellschaftsgesetzes (KSH)[185] gestützt und es sollte im Zuge der Verlegung des Satzungssitzes nach Luxemburg auch zu einem **grenzüberschreitenden Formwechsel** in eine luxemburgische S.à r.l. kommen.[186] Der Verwaltungssitz („tatsächliche Sitz)[187] der Gesellschaft sollte allerdings nicht verlegt werden und auch der tatsächliche wirtschaftliche Tätigkeitsort sollte unverändert beibehalten werden.[188] Im Juni 2013 wurde der formgewechselte Rechtsträger unter Wahrung der Identität dann auch in Luxemburg als eine Gesellschaft luxemburgischen Rechts im Register **eingetragen**. Sodann beantragte die nach polnischem Recht immer noch existierende und sich in Liquidation befindende Polbud die Löschung der Gesellschaft aus dem polnischen Handelsregister, da die Sitzverlegung und damit der grenzüberschreitende Formwechsel wirksam vollzogen wurden seien.[189] Somit zeigt sich im vorliegende Sachverhalt diesbezüglich eine erstaunliche Parallelität zum Ausgangsfall des aus deutscher Sicht vom OLG Frankfurt aM zu Beginn des Jahres 2017[190] entschiedenen Problematik (s. dazu Rn. 135 f.).[191] Das polnische Registergericht verweigerte die Eintragung der Löschung, da die gesetzlich vorgeschriebenen Unterlagen für den Abschluss des Liquidationsverfahrens iS von Art. 270 KSH nicht eingereicht wurden.[192] Auch die Berufungsgerichte haben der darauf erhobenen Beschwerde der Gesellschaft nicht abgeholfen. Insbesondere wurde ergänzt, dass es sich unter Bezugnahme auf die Vale-Entscheidung (Rn. 81 ff.) um einen grenzüberschreitenden Formwechsel handelt, jedoch insofern die nationalen **Formwechselbestimmungen** des polnischen Rechts

182 EuGH, Rs. C-106/16 (Polbud), ECLI:EU:C:2017:804 = BeckRS 2017, 128964.
183 *Oplustil/Sikora* EWS 2017, 134, 135.
184 EuGH, Rs. C-106/16 (Polbud), ECLI:EU:C:2017:804 = BeckRS 2017, 128964, Rn. 9.
185 Übersetzt: „Die Auflösung der Gesellschaften bewirkt […] ein Gesellschafterbeschluss über die Verlegung des Sitzes der Gesellschaft ins Ausland".
186 EuGH, Rs. C-106/16 (Polbud), ECLI:EU:C:2017:804 = BeckRS 2017, 128964, Rn. 10.
187 Etwas inkonsequent spricht die deutsche Sprachfassung nur an einer Stelle (Rn. 8) vom „Verwaltungssitz" und ansonsten durchgehend vom „tatsächlichen Sitz" der Gesellschaft. Eine entsprechende Abweichung findet sich zB auch in der englischen Sprachfassung: „the place where Polbud's business is managed" (Rn. 8) und „real head office".
188 EuGH, Rs. C-106/16 (Polbud), ECLI:EU:C:2017:804 = BeckRS 2017, 128964, Rn. 8. Im Nachhinein argumentierte die Gesellschaft jedoch, dass sie beabsichtigte sowohl ihren Satzungssitz als auch ihren tatsächlichen Sitz („real head office") nach Luxemburg zu verlegen, vgl. EuGH, Rs. C-106/16 (Polbud), ECLI:EU:C:2017:804 = BeckRS 2017, 128964, Rn. 20.
189 EuGH, Rs. C-106/16 (Polbud), ECLI:EU:C:2017:804 = BeckRS 2017, 128964, Rn. 11.
190 OLG Frankfurt NZG 2017, 423.
191 In diesem Zusammenhang kritisch zur Entscheidung des OLG Frankfurt *Hushahn* RNotZ 2017, 257, 264; *Stiegler* GmbHR 2017, 392, 395; *Teichmann* ZIP 2017, 1190; *Winter/Marx/De Decker* DStR 2017, 1664, 1667; *Heckschen/Strnad* notar 2018, 83, 84.
192 *Oplustil/Sikora* EWS 2017, 134, 135; *Mucha*, Case C-106/16, Polbud-Wykonawstwo: The Polish Supreme Court Requests the CJEU for a Preliminary Ruling on the Outbound Limited Company Seat Transfer, S. 6, abrufbar unter: https://ssrn.com/abstract=2954639.

(Art. 551 ff. KSH) **nicht eingehalten** wurden.[193] Die Gesellschaft ist jedoch der Auffassung, dass die nationalen Bestimmungen über einen innerstaatlichen Formwechsel nicht anwendbar sind.

Der oberste polnische Gerichtshof legte dem EuGH den Sachverhalt aufgrund des bestehenden Unionsbezugs somit im Oktober 2015 zur Vorabentscheidung vor, ob die entsprechenden Maßnahmen des polnischen Rechts im Hinblick auf einen **Herausformwechsel** mit der Niederlassungsfreiheit im Einklang stehen und, sofern der Anwendungsbereich der Art. 49, 54 AEUV eröffnet ist, inwiefern etwaige Beschränkungen der Niederlassungsfreiheit sodann einer Rechtfertigung zugänglich seien. Weiterhin wollte das polnische Gericht wissen, ob auch dann eine Beschränkung der Niederlassungsfreiheit vorliegen würde, wenn im Zuge des Herausformwechsels nur der Satzungssitz der Gesellschaft in den Aufnahmestaat verlegt würde und eine Verlegung des Verwaltungssitzes bzw. der Hauptverwaltung nicht beabsichtigt sei (zur Problematik einer entsprechenden **isolierten Satzungssitzverlegung** s. Rn. 126 ff.) 48

2. Entscheidung

Zunächst lehnte der EuGH das Ersuchen von Polbud auf **Wiedereröffnung des mündlichen Verfahrens** ab.[194] 49
Polbud stützt ihren Antrag auf Wiedereröffnung des mündlichen Verfahrens dabei insbesondere darauf, dass sie entgegen den Ausführungen im Vorabentscheidungsersuchen beabsichtigt habe, sowohl ihren Satzungssitz als auch ihren tatsächlichen Sitz nach Luxemburg zu verlegen.[195] Nach Ansicht des EuGH hatte die Gesellschaft jedoch bereits hinreichend Gelegenheit, dies im Vorfeld aufzuklären, weshalb er dem Antrag nicht nachgekommen ist.

Der EuGH beginnt mit der Beantwortung der dritten Vorlagefrage im Hinblick auf die Notwendigkeit auch den Verwaltungssitz („**tatsächlichen Sitz**") im Rahmen des Herausformwechsels zu verlegen.[196] Er stellt zunächst fest, dass sich Polbud als (noch) bestehende Gesellschaft polnischen Rechts gem. Art. 54 AEUV auf die Niederlassungsfreiheit berufen kann und von deren persönlichen Anwendungsbereich umfasst ist.[197] Dies war indes schon in Folge des obiter dictums in der Cartesio-Entscheidung (s. Rn. 39) herrschende Meinung.[198] Polbud steht dabei das Recht auf grenzüberschreitende Umwandlung zu, „soweit" sie aus Sicht des luxemburgischen Rechts als Zuzugsstaat des Formwechsels die dortigen Voraussetzungen und Kriterien für die Gründung einer luxemburgischen Gesellschaft erfüllt.[199] Aus Sicht Polens als Wegzugsstaat darf dieser den grenzüberschreitenden Formwechsel nicht aufgrund dessen unterbinden, dass nur der Satzungssitz und nicht auch der tatsächliche Sitz der Gesellschaft ins Ausland verlegt werden soll.[200] Damit die Umwandlung von der Niederlassungsfreiheit geschützt ist, muss daher **nicht auch der Verwaltungssitz** der Gesellschaft **verlegt werden**. Der Zuzugsstaat als zukünftiger „Gründungsstaat" der formwechselnden Gesellschaft ist jedoch berechtigt, die Anknüpfungsmodalitäten und Gründungsvoraussetzung für den insofern seinem Recht unterfallenden Rechtsträger festzulegen.[201] 50

Die praktisch bedeutsame Frage der Zulässigkeit einer sog **isolierten Satzungssitzverlegung**, bei der nicht nur nicht der Verwaltungssitz, sondern keinerlei wirtschaftliche Tätigkeit im Zuzugsstaat begründet werden soll, beantwortet der EuGH jedoch nicht unmittelbar bzw. nicht in der gebotenen Ausgiebigkeit.[202] Im Schrifttum ist bislang umstritten, ob ein in dieser Gestalt bestehender Herausformwechsel in einen anderen Mitgliedstaat von der Niederlassungsfreiheit geschützt ist (s. dazu Rn. 126). Da auch die Generalanwältin keine abschließend klare Stellung hierzu genommen hat, wurde die Frage auch im Zuge deren Schlussanträge weiterhin **uneinheitlich beurteilt**.[203] Zwar ist der EuGH sachverhaltsbezogen richtigerweise der Auffassung, dass der Schutzbereich der Niederlassungsfreiheit auch dann eröffnet ist, wenn eine (Kapital-) Gesellschaft nur ihren Satzungssitz ins Ausland verlegt und der Verwaltungssitz (tatsächliche Sitz) sich weiterhin im Wegzugsstaat befinden soll.[204] Er ver- 51

193 *Oplustil/Sikora* EWS 2017, 134, 135; *Mucha*, Case C-106/16, Polbud-Wykonawstwo: The Polish Supreme Court Requests the CJEU for a Preliminary Ruling on the Outbound Limited Company Seat Transfer, S. 6, abrufbar unter: https://ssrn.com/abstract=2954639.

194 EuGH, Rs. C-106/16 (Polbud), ECLI:EU:C:2017:804 = BeckRS 2017, 128964, Rn. 22 f.

195 EuGH, Rs. C-106/16 (Polbud), ECLI:EU:C:2017:804 = BeckRS 2017, 128964, Rn. 20.

196 EuGH, Rs. C-106/16 (Polbud), ECLI:EU:C:2017:804 = BeckRS 2017, 128964, Rn. 29 ff.

197 EuGH, Rs. C-106/16 (Polbud), ECLI:EU:C:2017:804 = BeckRS 2017, 128964, Rn. 33 f.

198 Vgl. nur *Bayer/Schmidt* ZHR 173 (2009) 735, 756; *Teichmann* ZIP 2009, 983, 985; *Schmidt-Kessel* GPR 2009, 26, 29.

199 EuGH, Rs. C-106/16 (Polbud), ECLI:EU:C:2017:804 = BeckRS 2017, 128964, Rn. 35.

200 EuGH, Rs. C-106/16 (Polbud), ECLI:EU:C:2017:804 = BeckRS 2017, 128964, Rn. 41, 44.

201 EuGH, Rs. C-106/16 (Polbud), ECLI:EU:C:2017:804 = BeckRS 2017, 128964, Rn. 43.

202 AA jedoch die bislang hM im Schrifttum zur Polbud-Entscheidung, vgl. nur *Bayer/Schmidt* ZIP 2017, 2225, 2228 f.; *Kieninger* ZEuP 2018, 309, 314; *Bärwaldt/Hoefling* DB 2017, 3051; *Heckschen/Strnad* notar 2018, 83, 85.

203 Für eine Erfassung von der Niederlassungsfreiheit *Bayer/Schmidt*, BB 2016, 1923, 1932; *Mutter*, EWiR 2017, 491, 492; aA *Oplustil/Sikora*, EWS 2017, 134, 141; *Stiegler*, GmbHR 2017, 649, 650; *Wicke*, NZG 2017, 702, 703.

204 EuGH, Rs. C-106/16 (Polbud), ECLI:EU:C:2017:804 = BeckRS 2017, 128964, Rn. 41, 44.

säumt jedoch explizit Stellung zu nehmen, inwiefern hier der **Begriff der Niederlassung** gem. Art. 49 I 1 AEUV von Bedeutung ist. Das ist umso misslicher, da der Begriff des Verwaltungssitzes nicht mit dem einer Niederlassung gemäß ständiger EuGH-Rechtsprechung deckungsgleich ist.[205] Der Niederlassungsbegriff ist in einem weiteren Sinne zu verstehen.[206] Er setzt zwar eine feste Einrichtung auf unbestimmte Zeit voraus, jedoch nicht die Etablierung der Hauptverwaltung im geplanten Zuzugsstaat des Formwechsels.[207] Das Erfordernis einer tatsächlichen wirtschaftlichen Betätigung im Zuzugsstaat impliziert daher nicht die Verlegung bzw. Begründung des Verwaltungssitzes in diesem.[208] Der Aussage des EuGH, dass es nicht zwingend der Verlegung des tatsächlichen Sitzes bedarf, begründet daher noch nicht notwendigerweise, dass auch eine isolierte Satzungssitzverlegung, dh ohne „Verlegung" bzw. Ausübung einer auf Dauer angelegten wirtschaftlichen Tätigkeit im Mitgliedstaat des geplanten Zielrechtsträgers, von der Niederlassungsfreiheit geschützt ist. Faktisch könnte man eine solche Tendenz auch dem Richtlinienvorschlag der Europäischen Kommission zur Regulierung eines grenzüberschreitenden Formwechsels vom April 2018 entnehmen.[209] Denn dort kommt bei den entsprechenden Vorschlägen an verschiedenen Stellen zum Ausdruck, dass eine wie hier verstandene isolierte Satzungssitzverlegung ggf. nicht von den neuen Verfahrensbestimmungen erfasst wäre. Verstünde man die Polbud-Entscheidung anders, wäre der Richtlinienvorschlag zwar nicht primärrechtswidrig, allerdings würde er aus praktischer Sicht hinten den Vorgaben des EuGH (bewusst) zurück bleiben, was wohl nur bedingt nachvollziehbar wäre. Andererseits wird zT auch vermutet, dass der EuGH ganz bewusst eine isolierte Satzungssitzverlegung als von der Niederlassungsfreiheit erfasst sehen will, um im Zuge des anstehenden Brexit (s. dazu Rn. 113 ff.) die Rückumwandlung aus dem Vereinigten Königreichs auch aus Sicht Großbritanniens zu ermöglichen.[210] Dies erscheint im Hinblick auf die hier verfolgte Sichtweise jedoch unwahrscheinlich.[211]

52 Einzig an einer Stelle seines Urteils könnte man den EuGH so interpretieren, dass auch eine isolierte Satzungssitzverlegung von der Niederlassungsfreiheit umfasst ist. Er führt aus, dass ein Sachverhalt auch dann unter die Niederlassungsfreiheit fällt, „wenn diese Gesellschaft ihre **Geschäftstätigkeit im Wesentlichen oder ausschließlich** im ersten Mitgliedstaat [Wegzugsstaat] ausüben soll".[212] Obgleich man dieser Aussage durchaus beimessen kann, dass damit Bezug auf eine isolierte Satzungssitzverlegung genommen wird, fehlt es in diesem Zusammenhang an einer – notwendigen – Auseinandersetzung mit dem obiter dictum der Vale-Entscheidung und dessen Begriffsbestimmung einer Niederlassung im Rahmen grenzüberschreitenden Umwandlungen. Auch mangelt es den Ausführungen des EuGH diesbezüglich an einer methodischen sowie teleologischen Herleitung, wie mit dem Begriff der Niederlassung in Art. 49 I 1 AEUV und dessen Bedeutung umzugehen ist, wenn er für die Eröffnung des Schutzbereiches der Niederlassungsfreiheit keine Relevanz haben sollte. Insofern ist gerade umstritten, ob der Begriff der Niederlassung als Tatbestandmerkmal und damit Anwendungsvoraussetzung für die Geltung der Niederlassungsfreiheit zu verstehen ist,[213] oder vielmehr als missbrauchsbezogene Rechtsfertigungsmöglichkeit eines Mitgliedstaates[214] (s. dazu auch Rn. 126). Hätte der EuGH bewusst diese Frage der Zulässigkeit einer isolierten Satzungssitzverlegung klären wollen, hätte er für eine überzeugende Argumentation seinerseits zwingend auf diese Problempunkte eingehen müssen.[215]

53 Hinsichtlich der ersten und der zweiten Vorlagefrage stellte der EuGH im vorliegenden Fall eindeutig eine **Beschränkung der Niederlassungsfreiheit** fest.[216] Wie schon überwiegend aus der Sevic-Entscheidung gefolgert (s. Rn. 77), genießen die nach dem Recht eines Mitgliedstaates wirksam gegründeten und bestehenden Gesellschaften[217] **Umwandlungsfreiheit** und können sich bei einem Herausformwechsel grundsätzlich auf die Niederlassungsfreiheit berufen.[218] Der EuGH begründet dies vor allem damit, dass die Gesellschaft zwar prinzipiell

205 *Kalss/Klampfl*, Europäisches Gesellschaftsrecht, 2015, Rn. 127; *Verse* ZEuP 2013, 458, 479; *Roth* in: Roth/Altmeppen (Hrsg.), GmbHG, 8. Aufl. 2015, § 4a Rn. 43a; *W.-H. Roth* ZGR 2014, 168, 208; aA *Jaensch* EWS 2012, 353, 357; *Schönhaus/Müller*, IStR 2013, 174, 176.
206 *Stiegler*, Grenzüberschreitende Sitzverlegungen nach deutschem und europäischem Recht, 2017, S. 167 f.
207 *Verse* ZEuP 2013, 458, 479; *Prelič/Prostor* ZfRV 2014, 32; *Krebs* GWR 2014, 144, 146.
208 *Schopper/Skarics* NZ 2012, 321, 327; *W.-H. Roth* ZGR 2014, 168, 208; *Szabó/Sørensen* ICCLJ 10 (2013) 43, 57 f.; *Vossius* in: Widmann/Mayer (Hrsg.), Umwandlungsrecht, 169. EL 2018, § 191 UmwG Rn. 50.
209 *Europäische Kommission*, Vorschlag für eine Richtlinie des Europäischen Parlaments und des Rates zur Änderung der Richtlinie (EU) 2017/1132 in Bezug auf grenzüberschreitende Umwandlungen, Verschmelzungen und Spaltungen, COM(2018) 241 final.
210 So *Mörsdorf* ZIP 2017, 2381, 2387.
211 Thematisierend auch *Kieninger* ZeuP 2018, 309, 316.
212 EuGH, Rs. C-106/16 (Polbud), ECLI:EU:C:2017:804 = BeckRS 2017, 128964, Rn. 38.
213 So *Verse* ZEuP 2013, 458, 478; *Teichmann* DB 2012, 2085, 2087; *Wohlrab* GPR 2012, 316, 317; *Jaensch* EWS 2012, 353, 357.
214 So *Bayer/Schmidt* ZHR 173 (2009) 735, 753 f.; *dies.* ZIP 2012, 1481, 1486 f.; *Drygala* EuZW 2013, 569, 570.
215 *Stiegler* AG 2017, 846, 849; in diese Richtung auch *Kindler* NZG 2018, 1, 3.
216 EuGH, Rs. C-106/16 (Polbud), ECLI:EU:C:2017:804 = BeckRS 2017, 128964, Rn. 51.
217 Dies bemisst sich insofern nach den materiell-rechtlichen oder kollisionsrechtlichen Regelungen des entsprechenden Wegzugsstaates, vgl. EuGH, Rs. C-106/16 (Polbud), ECLI:EU:C:2017:804 = BeckRS 2017, 128964, Rn. 34.
218 *Bayer/Schmidt* ZHR 173 (2009) 735, 756; *Teichmann* ZIP 2009, 983, 985.

ihren Satzungssitz ins Ausland verlegen kann, jedoch ein damit verbundener liquidationsloser, identitätswahrender Formwechsel in die Rechtsform eines anderen Mitgliedstaates nicht möglich ist.[219] Ein grenzüberschreitender Formwechsel wird daher nach polnischem Recht gerade nicht ermöglicht. Der EuGH stützt sich jedoch offenbar allein darauf, dass das polnische Recht eine identitätswahrende Satzungssitzverlegung ins Ausland verbietet. Im Hinblick auf einen Herausformwechsel liegt eine Beschränkung der Niederlassungsfreiheit allerdings bereits dann vor, wenn der Wegzugsstaat das Rechtsprinzip eines identitätswahrenden Formwechsel kennt, jedoch im grenzüberschreitenden Kontext im Abweichung zum innerstaatlichen Fall nicht anwendet.[220] Es handelt sich daher vielmehr um eine **Diskriminierung** als eine die Niederlassungsfreiheit beschränkende Maßnahme[221] als um das (hilfsweise) Eingreifen des allgemeinen Beschränkungsverbots (s. dazu Rn. 27). Auch aus der Vale-Entscheidung (Rn. 81 ff.) wird deutlich, dass, wenn ein Mitgliedstaat einen innerstaatlichen Formwechsel zulässt, er dies ebenfalls für einen grenzüberschreitenden Formwechsel tun muss.[222] In Polen bestehen mit den Art. 551 ff. KSH ausdrückliche Regelungen für einen identitätswahrenden Formwechsel.[223] Die Beschränkung der Niederlassungsfreiheit basiert daher vielmehr auf der Ungleichbehandlung eines Herausformwechsels mit einem innerstaatlichen Formwechsel.

Diese Beschränkung der Niederlassungsfreiheit ist nach Ansicht des EuGH auch **keiner Rechtfertigung** zugänglich.[224] Zwar können Beschränkungen der Niederlassungsfreiheit im Grundsatz durch die allgemein anerkannten Rechtfertigungsgründe legitimiert werden (s. Rn. 28).[225] Dies jedoch im Sinne der sog Gebhard-Formel nur, wenn die insofern vorgenommene Maßnahme eines Mitgliedstaates geeignet ist, die Verwirklichung des mit ihr verfolgten Zieles zu gewährleisten, inhaltlich so ausgestaltet ist, dass das geltend gemachte Ziel dadurch erreicht werden kann und sie nicht über das hinausgeht, was zur Erreichung dieses Ziels erforderlich ist. Jedoch wird der Herausformwechsel im vorliegenden Fall unabhängig vom Vorliegen etwaiger Schutzinteressen von Gläubigern, Minderheitsgesellschaftern oder Arbeitnehmer unterbunden, sodass die polnische Maßnahme **nicht das mildeste zur Verfügung stehende Mittel** darstellt.[226] Vielmehr unterbindet das polnische Recht mit Art. 270 Nr. 2 KSH unabhängig vom Schutz der genannten Interessen einen identitätswahrenden Herausformwechsel.[227] 54

Im Zusammenhang mit einem Herausformwechsel lassen sich den Ausführungen des EuGH in der Polbud-Entscheidung auch Aussagen hinsichtlich eines **Hereinformwechsels** ableiten, dh eine grenzüberschreitende Satzungssitzverlegung aus Sicht des Zuzugsstaates, dessen Recht die formgewechselte Gesellschaft unterfallen soll (s. dazu auch Rn. 127). Bereits in der Vale-Entscheidung (Rn. 81 ff.) hatte der EuGH die Zulässigkeit und Niederlassungsrelevanz eines solchen Hereinformwechsels bestätigt.[228] Im Polbud-Urteil bringt er nun an mehreren Stellen zum Ausdruck, dass die von ihm so verstandene Wegzugsfreiheit bei einem Herausformwechsel im Grundsatz unabhängig von den vom Zuzugsstaat zu stellenden Anforderungen an einen Hereinformwechsel sind.[229] Im Ergebnis begründet der EuGH dies mit seinen ehemaligen Aussagen zur Herausverlegung des Verwaltungssitzes und damit unter Bezugnahme vor allem auf die Cartesio-Entscheidung (Rn. 36 ff.). Die sich aus der Zulässigkeit eines grenzüberschreitenden Formwechsels ergebende Möglichkeit eines Hereinformwechsels hängt damit von der Anwendung des nationalen Rechts ab.[230] Daher kann der Zuzugsstaat die **Anknüpfungsmodalitäten festlegen**, nach denen die (nationale) Gesellschaftsform gegründet wird und fortbesteht.[231] Unter Bezugnahme auf Art. 54 I AEUV drückt der EuGH dies als „Verbundenheit einer Gesellschaft" zur Rechtsordnung des Zuzugsstaates aus.[232] Hieraus lassen sich im Prinzip zwei Konsequenzen entnehmen. Zum einen kann der Zuzugsstaat sein **materielles Gründungsrecht** auf die formwechselnd zuziehende Gesellschaft anwenden, denn aus seiner Sicht handelt es sich um die Gründung einer inländischen Gesellschaftsform. Zum anderen kann er auch weiterhin an der Geltung seiner kollisionsrechtlichen Bestimmungen für die formwechselnd zuziehende Gesellschaft festhalten. 55

219 EuGH, Rs. C-106/16 (Polbud), ECLI:EU:C:2017:804 = BeckRS 2017, 128964, Rn. 49.
220 Entsprechend für den Zuzugsstaat EuGH, Rs. C-210/06 (Cartesio), ECLI:EU:C:2008:723 = NZG 2009, 61, Rn. 112.
221 Siehe entsprechend für eine grenzüberschreitende Verschmelzung im Rahmen der Sevic-Entscheidung Rn. 78.
222 EuGH, Rs. C-378/10 (Vale), ECLI:EU:C:2012:440 = NJW 2012, 2715, Rn. 32, 36.
223 So ist praktisch in allen Mitgliedstaaten das Prinzip des identitätswahrenden Wechsel der Rechtsform zumindest bekannt, vgl. *Szabó/Sørensen* ICCLJ 10 (2013) 43, 52; *Stiegler*, Grenzüberschreitende Sitzverlegungen nach deutschem und europäischem Recht, 2017, S. 147 f.
224 EuGH, Rs. C-106/16 (Polbud), ECLI:EU:C:2017:804 = BeckRS 2017, 128964, Rn. 58 ff.
225 EuGH, Rs. C-106/16 (Polbud), ECLI:EU:C:2017:804 = BeckRS 2017, 128964, Rn. 54.
226 EuGH, Rs. C-106/16 (Polbud), ECLI:EU:C:2017:804 = BeckRS 2017, 128964, Rn. 58.
227 So bereits *Kumpan/Pauschinger* EuZW-S 2017, S. 3, 4. *Oplustil/Sikora* EWS 2017, 134, 138; *Stiegler* GmbHR 2017, 649, 650; *Schulte* GmbHR 2017, R177, R178.
228 Vgl. EuGH, Rs. C-378/10 (Vale), ECLI:EU:C:2012:440 = NJW 2012, 2715, Rn. 41.
229 EuGH, Rs. C-106/16 (Polbud), ECLI:EU:C:2017:804 = BeckRS 2017, 128964, Rn. 35, 38, 43.
230 EuGH, Rs. C-378/10 (Vale), ECLI:EU:C:2012:440 = NJW 2012, 2715, Rn. 49.
231 EuGH, Rs. C-106/16 (Polbud), ECLI:EU:C:2017:804 = BeckRS 2017, 128964, Rn. 35.
232 EuGH, Rs. C-106/16 (Polbud), ECLI:EU:C:2017:804 = BeckRS 2017, 128964, Rn. 34 f., 38.

56 Schließlich äußerte sich der EuGH mittelbar auch zu Fragen des auf einen grenzüberschreitenden Formwechsel **anwendbaren Rechts.** Aus Sicht des Zuzugsstaates stellt der EuGH zunächst wieder auf die Maßgeblichkeit der nationalen Gründungsvorschriften ab.[233] Weiterhin lässt sich der Aussage des EuGH, dass die „**Einhaltung der dort geltenden Bestimmungen**" durch den Zuzugsstaat verlangt werden können, in dem Sinne und im Hinblick auf die Ausführungen in der Vale-Entscheidung verstehen, dass der Zuzugsstaat des Hereinformwechsels seine nationalen Formwechselbestimmungen auf den zuziehenden Rechtsträger niederlassungskonform anwenden kann. Ein gewisses Zugeständnis zu einer darüber hinaus gehende Anwendung, beispielsweise der nationalen Umsetzungsbestimmungen zur ehemaligen IntVersch-RL (= Art. 118 ff. Kodifizierungs-RL) (dazu § 24), kann man zudem der Aussage entnehmen, dass – aus Sicht des Wegzugsstaates – die Anwendung gläubiger-, minderheitsgesellschafter- oder arbeitnehmerschützender Vorschriften eine etwaige Beschränkung der Niederlassungsfreiheit rechtfertigen können.[234] Dies steht jedoch unter dem Vorbehalt, dass deren Interessen durch den Herausformwechsel „übermäßig beeinträchtigt werden".[235] Der Wegzugsstaat darf daher auch nicht pauschal die freie Niederlassung beschränkende Maßnahmen anwenden, sondern nur dann, wenn die bestehenden Schutzinteressen negativ tangiert werden.

D. EuGH-Rechtsprechung zum Zuzug von Gesellschaften

I. Centros (1999)

Literatur (Auswahl): *Becht/Enriques/Korom*, Centros and the Cost of Branching, JCLS 9 (2009) 171; *Behrens*, Anerkennung, internationale Sitzverlegung und grenzüberschreitende Umstrukturierung von Gesellschaften nach dem Centros-Urteil des EuGH, JBl. 2001, 341; *Behrens*, Das Internationale Gesellschaftsrecht nach dem Centros-Urteil des EuGH, IPRax 1999, 323; *Behrens*, International Company Law in View of the Centros decision of the ECJ, EBOR 1 (2000) 125; *Behrens*, Reactions of Member State Courts to the Centros Ruling by the ECJ, EBOR 2 (2001) 159; *Borges*, Die Sitztheorie in der Centros-Ära – Vermeintliche Probleme und unvermeidliche Änderungen, RIW 2000, 167; *Bungert*, Konsequenzen der Centros-Entscheidung des EuGH für die Sitzanknüpfung des deutschen internationalen Gesellschaftsrechts, DB 1999, 1841; *Carruthers/Villiers*, Company Law in Europe – Condoning the Continental Drift?, EBLR 2000, 91; *Dammann*, The future of codetermination after Centros: Will German corporate Law move closer to the U.S. model?, Fordham Journal of Corporate and Financial Law 8 (2003) 607; *Ebke*, Das Centros-Urteil des EuGH und seine Relevanz für das deutsche Internationale Gesellschaftsrecht, JZ 1999, 656; *Ebke*, Centros – Some Realities and Some Mysteries, American Journal of Comparative Law 48 (2000) 623; *Edwards*, Case-law of the European Court of Justice on Freedom of Establishment after Centros, EBOR 1 (2000) 147; *Freitag*, Der Wettbewerb der Rechtsordnungen im Internationalen Gesellschaftsrecht, EuZW 1999, 267; *Gelter*, Centros, the Freedom of Establishment for Companies and the Court's Accidential Vision for Corporate Law, ECGI Working Paper 287/2015; *Halbhuber*, National Doctrinal Structures and European Company Law, CMLR 38 (2001) 1385, 1395 ff.; *Hansen*, From C 212 to L 212 – Centros Revisited, EBOR 2 (2001) 141; *Holst*, European Company Law after Centros, Colum. J. Eur. L. 8 (2002) 323; *Kieninger*, Niederlassungsfreiheit als Rechtswahlfreiheit, ZGR 1999, 724; *Kindler*, Niederlassungsfreiheit für Scheinauslandsgesellschaften?, NJW 1999, 1993; *Koblenzer*, Die Auswirkungen der „Centros"-Entscheidung des EuGH auf das deutsche Körperschaftsteuerrecht, EWS 1999, 418; *Kuehrer*, Cross-border company establishment, EBLR 2001, 110; *Lange*, Zur Niederlassungsfreiheit im Zusammenhang mit der Eintragung einer inländischen Zweigniederlassung einer ausländischen Gesellschaft, DNotZ 1999, 599; *Lau Hansen*, A New Look at Centros – From a Danish Point of View, EBLR 13 (2002) 85; *Lauterfeld*, "Centros" and the EC Regulation, EBLR 2001, 79; *Leible*, Niederlassungsfreiheit und Verweigerung der Eintragung einer Zweigniederlassung, NZG 1999, 300; *Looijestijn-Clearie*, Centros Ltd – A Complete U-Turn in the Right of Establishment for Companies?, ICLQ 49 (2000) 621; *Micheler*, The impact of the Centros case on Europe's company laws, Co Lawyer 21 (2000) 179; *Mülbert/Schmolke*, Die Reichweite der Niederlassungsfreiheit von Gesellschaften – Anwendungsgrenzen der Artt. 43 ff. EGV bei kollisions- und sachrechtlichen Niederlassungshindernissen, ZVglRWiss 100 (2001) 233; *Roth, G.*, Gründungstheorie – Ist der Damm gebrochen?, ZIP 1999, 861; *Roth*, „Centros": Viel Lärm um Nichts?, ZGR 2000, 311; *Roussos*, Realising the Free Movement of Companies, EBLR 2001, 7; *Sandrock*, Centros: ein Etappensieg für die Überlagerungstheorie, BB 1999, 1337; *Sonnenberger/Großerichter*, Konfliktlinien zwischen internationalem Gesellschaftsrecht und Niederlassungsfreiheit, RIW 1999, 721; *Sørensen*, The fight against letterbox companies in the internal market, CMLR 52 (2015) 85; *Steindorff*, Centros und das Recht auf die günstigste Rechtsordnung, JZ 1999, 1140; *Thorn*, Das Centros-Urteil des EuGH im Spiegel der deutschen Rechtsprechung, IPRax 2001, 102; *Ulmer*, Das Centros-Urteil des EuGH und seine Relevanz für das deutsche Internationale Gesellschaftsrecht, JZ 1999, 662; *Werlauff*, Ausländische Gesellschaft für inländische Aktivität, ZIP 1999, 867; *Wouters*, Private International Law and Companies' Freedom of Establishment, EBOR 2 (2001) 101; *Xanthaki*, Centros: is this really the end for the theory of the siege reel?, Co Lawyer 22 (2001) 2; *Zimmer*, Mysterium „Centros", ZHR 164 (2000) 23.

1. Sachverhalt

57 In der **Centros-Entscheidung**[236] befasste sich der EuGH erstmals mit Fragen der **Zuzugsfreiheit** von Gesellschaften in der damaligen Europäischen Gemeinschaft. Centros wurde zu Beginn des Jahres 1992 von zwei däni-

233 EuGH, Rs. C-106/16 (Polbud), ECLI:EU:C:2017:804 = BeckRS 2017, 128964, Rn. 43.
234 EuGH, Rs. C-106/16 (Polbud), ECLI:EU:C:2017:804 = BeckRS 2017, 128964, Rn. 55.
235 EuGH, Rs. C-106/16 (Polbud), ECLI:EU:C:2017:804 = BeckRS 2017, 128964, Rn. 55.
236 EuGH, Rs. C-212/97 (Centros), ECLI:EU:C:1999:126 = NZG 1999, 298.

schen Staatsangehörigen mit einem Gesellschaftskapital von 100 britischen Pfund als englische *Private Company Limited by Shares* (Ltd.) (dazu § 12 Rn. 254 ff.) gegründet und am 18.5.1992 in das zuständige Register (das Companies House in Cardiff) eingetragen. Da das britische Recht keine Einzahlung eines Mindestkapitals für eine Ltd. vorschreibt, wurde das angegebene Gesellschaftskapital in der Folge weder eingezahlt noch zur Verwendung individualisiert.[237] Bei Gründung befand sich der Satzungssitz der Centros Ltd. im Vereinigten Königreich, jedoch entfaltete die Gesellschaft dort **keine Geschäftstätigkeit.**[238] Anschließend beabsichtigte die Centros Ltd. eine Zweigniederlassung in Dänemark zu gründen, über die die hauptsächliche Geschäftstätigkeit des Unternehmens ausgeübt werden sollte.

Das englische Recht stand diesem Vorhaben nicht entgegen.[239] Im Sommer 1992 beantragte die Direktorin und 58
Gesellschafterin der Centros Ltd. die Eintragung der Zweigniederlassung der Centros in Dänemark bei der zuständigen dänischen Zentralverwaltung. Nach § 117 I des dänischen GmbH-Gesetzes können ausländische Gesellschaften mit beschränkter Haftung, die in einem Mitgliedstaat niedergelassen sind, in Dänemark über Zweigniederlassungen tätig werden. Nach dänischem Recht ist die Centros Ltd. als Gesellschaft mit beschränkter Haftung des englischen Rechts als solch eine ausländische Gesellschaft anzusehen und eine Zweigniederlassung dieser grundsätzlich einzutragen. Dennoch lehnte die dänische Zentralverwaltung die Eintragung einer Zweigniederlassung ab. Sie begründete dies damit, dass die Centros Ltd. seit ihrer Gründung keinerlei Geschäftstätigkeit im Vereinigten Königreich entfaltet habe und dass es sich deswegen faktisch nicht um die Errichtung einer Zweigniederlassung, sondern vielmehr um die Etablierung einer Hauptgeschäftstätigkeit in Dänemark handelt, also um die Verlegung des Hauptverwaltungssitzes der Gesellschaft.[240] Mit diesem Vorhaben würden die dänischen Gesellschafter der Centros Ltd. die **Umgehung der nationalen Vorschriften** über die Gründung einer dänischen Gesellschaft mit beschränkter Haftung beabsichtigen, insbesondere die der Einzahlung des Mindestkapitals iHv 200.000 dänischen Kronen. Aufgrund dessen sei eine Zweigniederlassung der Centros Ltd. nicht in Dänemark einzutragen. Zudem sei die Verweigerung der Eintragung zum Schutz von Gläubigern und zur „Bekämpfung betrügerischen Bankrotts“ erforderlich.[241]

Daraufhin erhob Centros Klage gegen den ablehnenden Bescheid beim zuständigen Berufungsgericht. Dieses 59
folgte jedoch der Argumentation der Zentralverwaltung, so dass Centros, mit Berufung auf Art. 52, 58 EGV (Art. 49, 54 AEUV), Rechtsmittel beim nächst höheren dänischen Gericht einlegte. Im Rahmen dieses Verfahrens machte die Gesellschaft geltend, dass sie vollumfänglich die Anforderungen des dänischen GmbH-Gesetzes bezüglich der Eintragung einer Zweigniederlassung einer ausländischen Gesellschaft erfülle. Dass sie bisher keine Geschäftstätigkeit entfaltet habe, sei für die Beurteilung eines niederlassungsrelevanten Vorgangs irrelevant.[242] Das dänische Gericht setzte das Verfahren aus und legte es dem EuGH zur Vorabentscheidung vor.

2. Entscheidung

Zu Beginn seiner Entscheidung stellte der EuGH fest, dass die geplante Errichtung einer ausländischen Zweig- 60
niederlassung in Dänemark durch die dänischen Gesellschafter der Centros Ltd. unter den Anwendungsbereich der Niederlassungsfreiheit fällt und damit vom europäischen Gemeinschaftsrecht erfasst ist.[243] Art. 52 I 2 EGV (Art. 49 I 2 AEUV) erfasst ausdrücklich auch die Gründung von Zweigniederlassungen durch Angehörige eines anderen Mitgliedstaates bzw, in Verbindung mit Art. 58 EGV (Art. 54 AEUV), durch eine Gesellschaft eines anderen Mitgliedstaates. Dass die Gesellschaft in einem anderen Mitgliedstaat nur deswegen gegründet wurde, um sich im Zuzugsstaat niederzulassen und dort mittels einer Zweigniederlassung ihre vollständige Geschäftstätigkeit auszuüben, ist dabei ohne Bedeutung.[244] Auch das mit der Gründung einer Zweigniederlassung in einem anderen Mitgliedstaat verbundene „Zurücklassen“ lediglich einer sog **Briefkastengesellschaft** (Scheininlandsgesellschaft) im Gründungsstaat ist daher **von der Niederlassungsfreiheit erfasst.**[245] Dass die Centros Ltd. in England nur zu dem Zweck gegründet wurde, das dänische Recht für Gesellschaften mit beschränkter Haftung, insbesondere über die Einzahlung eines Mindestkapitals, zu vermeiden, ändert ebenfalls nichts daran, dass die Gründung einer Zweigniederlassung in Dänemark durch eine britische Gesellschaft von der Niederlassungsfrei-

237 EuGH, Rs. C-212/97 (Centros), ECLI:EU:C:1999:126 = NZG 1999, 298, Rn. 3.
238 EuGH, Rs. C-212/97 (Centros), ECLI:EU:C:1999:126 = NZG 1999, 298, Rn. 4, 8.
239 Unabhängig davon, ob es sich um die Gründung einer ausländischen Zweigniederlassung handelt, wäre auch eine Verwaltungssitzverlegung aus Sicht des britischen Gesellschaftskollisionsrechts zulässig, da England der Gründungstheorie folgt (vgl. dazu § 12 Rn. 25).
240 EuGH, Rs. C-212/97 (Centros), ECLI:EU:C:1999:126 = NZG 1999, 298, Rn. 7.
241 EuGH, Rs. C-212/97 (Centros), ECLI:EU:C:1999:126 = NZG 1999, 298, Rn. 12.
242 EuGH, Rs. C-212/97 (Centros), ECLI:EU:C:1999:126 = NZG 1999, 298, Rn. 10 ff.
243 EuGH, Rs. C-212/97 (Centros), ECLI:EU:C:1999:126 = NZG 1999, 298, Rn. 17.
244 EuGH, Rs. C-212/97 (Centros), ECLI:EU:C:1999:126 = NZG 1999, 298, Rn. 17.
245 Vgl. nur *Teichmann* ZGR 2011, 639, 643. Dies gilt allerdings nicht für die originäre Gründung einer ausländischen Briefkastengesellschaft; dazu *Teichmann* ZGR 2011, 639, 662 f.; *Ego* in: MüKo AktG, 2017, Europäische Niederlassungsfreiheit, Rn. 19.

heit nach Art. 52, 58 EGV (Art. 49, 54 AEUV) erfasst ist.[246] Der EuGH entschied, dass die Verweigerung der Eintragung einer Zweigniederlassung einer Gesellschaft, die ihren Satzungssitz in einem anderen Mitgliedstaat besitzt, eine Beschränkung der Niederlassungsfreiheit darstellt, da die ausländische Gesellschaft dadurch an der Wahrnehmung ihrer nach Art. 52, 58 EGV garantierten Rechte gehindert werde.[247]

61 Bezüglich einer etwaigen Rechtfertigung der festgestellten Beschränkung führte der EuGH aus, dass, wie von den dänischen Behörden geltend gemacht, die missbräuchliche oder betrügerische Berufung auf Gemeinschaftsrecht (Unionsrecht) nicht gestatten ist und dies in gleicher Weise für die Reichweite der Niederlassungsfreiheit gilt.[248] Das Recht, eine Gesellschaft nach den Vorschriften eines anderen Mitgliedstaates zu gründen und dann in einem anderen Mitgliedstaat eine Zweigniederlassung durch diese zu errichten, folge jedoch **unmittelbar** aus der vom EGV (AEUV) gewährleisteten Niederlassungsfreiheit.[249] Eine missbräuchliche Ausnutzung der Niederlassungsfreiheit durch die Centros Ltd. liegt somit nicht vor.[250] Die Staatsangehörigen eines Mitgliedstaates können eine Gesellschaft in dem Mitgliedstaat gründen, dessen nationales Gesellschaftsrecht ihnen die **größte Freiheit lässt**, und dann in einem anderen Mitgliedstaat eine Zweigniederlassung dieser Gesellschaft errichten.[251] Dies gilt auch dann, wenn es sich bei der Zweigniederlassung faktisch um die Etablierung der Hauptverwaltung der ausländischen Gesellschaft handelt. Hierbei ist es auch unerheblich, dass das Europäische Gesellschaftsrecht in diesem Punkt (bisher) nicht durch eine entsprechende Richtlinie harmonisiert wurde.[252] Weiterhin macht der EuGH deutlich, dass, sofern die ausländische Gesellschaft in ihrem Gründungsstaat bislang keine Geschäftstätigkeit entfaltet hat und sie beabsichtigt, diese vollständig durch eine Zweigniederlassung im Zuzugsstaat auszuüben, es noch **kein missbräuchliches** oder **betrügerisches Verhalten** darstellt, das es dem Zuzugsstaat erlauben würde, ausländische Gesellschaften von ihrem Niederlassungsrecht auszuschließen.[253]

62 Die im vorliegenden Fall bestehende Beschränkung der Niederlassungsfreiheit ist weiterhin auch nicht durch zwingende Gründe des Allgemeininteresses, insbesondere durch den Schutz der Interessen zukünftiger Gesellschaftsgläubiger, zu rechtfertigen.[254] Nach der sog **Gebhard-Formel** kann ein etwaiger Rechtfertigungsgrund nämlich nur dann eine Beschränkung rechtfertigen, wenn er zur Erreichung des mit ihm verfolgten Ziels **geeignet** ist und nicht über das hinausgeht, was zur Erreichung dieses Ziels **erforderlich** ist (s. bereits Rn. 30).[255] Das dänische Vorgehen im Fall Centros ist jedoch gerade nicht geeignet, das mit der Maßnahme verfolgte Ziel insbesondere des Gläubigerschutzes zu erreichen, da eine dänische Zweigniederlassung auch dann eingetragen worden wäre, wenn nicht die vollständige Geschäftstätigkeit über diese stattfinden sollte und die Centros Ltd. auch in England geschäftlich tätig gewesen wäre, obwohl in dieser Konstellation die dänischen Gläubiger in gleicher Weise potenziell gefährdet wären.[256] Außerdem ist es den dänischen Gläubigern bekannt, dass es sich bei der durch eine dänische Zweigniederlassung tätig werdende Centros Ltd. um eine ausländische Gesellschaftsform britischen Rechts handelt, auf die die Vorschriften des dänischen Gesellschafsrechts keine Anwendung finden. Da es sich bei der Centros Ltd. um eine Gesellschaftsform eines anderen EU-Mitgliedstaates handelt, können sich die dänischen Gläubiger des Weiteren auf die zu ihrem Schutz bestehenden Vorschriften in den entsprechenden gesellschaftsrechtlichen Richtlinien berufen, wie zB der Bilanzrichtlinie (dazu § 25) und der (ehemaligen) Zweigniederlassungsrichtlinie (= Art. 29 ff. Kodifizierungs-RL) (dazu § 27).[257] Im Übrigen ist das Vorgehen der dänischen Behörden auch nicht erforderlich, da durchaus auch mildere Maßnahmen, wie die Einräumung eines Anspruchs auf Sicherheitsleistung für die Gesellschaftsgläubiger, denkbar wären.[258] Auch wenn die entsprechenden Behörden des Zuzugsstaates durchaus berechtigt sind, Maßnahmen zu ergreifen, um betrügerische Handlungen zu verhindern und zu bekämpfen, kann diese Intention grundsätzlich nicht die gänzliche Verweigerung der Eintragung einer durch eine ausländische Gesellschaft gegründete Zweigniederlassung rechtfertigen.[259]

---

246 EuGH, Rs. C-212/97 (Centros), ECLI:EU:C:1999:126 = NZG 1999, 298, Rn. 18; vgl. auch EuGH, Rs. C-167/01 (Inspire Art), ECLI:EU:C:2003:512 = NJW 2003, 3331, Rn. 98; EuGH, Rs. C-196/04 (Cadbury Schweppes), ECLI:EU:C:2006:544 = NZG 2006, 835, Rn. 38.
247 EuGH, Rs. C-212/97 (Centros), ECLI:EU:C:1999:126 = NZG 1999, 298, Rn. 21 f.
248 EuGH, Rs. C-212/97 (Centros), ECLI:EU:C:1999:126 = NZG 1999, 298, Rn. 24.
249 EuGH, Rs. C-212/97 (Centros), ECLI:EU:C:1999:126 = NZG 1999, 298, Rn. 27.
250 Vgl. EuGH, Rs. C-212/97 (Centros), ECLI:EU:C:1999:126 = NZG 1999, 298, Rn. 27; siehe auch EuGH, Rs. C-167/01 (Inspire Art), ECLI:EU:C:2003:512 = NJW 2003, 3331, Rn. 96; EuGH, Rs. C-196/04 (Cadbury Schweppes), ECLI:EU:C:2006:544 = NZG 2006, 835, Rn. 37.
251 EuGH, Rs. C-212/97 (Centros), ECLI:EU:C:1999:126 = NZG 1999, 298, Rn. 27.
252 EuGH, Rs. C-212/97 (Centros), ECLI:EU:C:1999:126 = NZG 1999, 298, Rn. 28.
253 EuGH, Rs. C-212/97 (Centros), ECLI:EU:C:1999:126 = NZG 1999, 298, Rn. 29.
254 EuGH, Rs. C-212/97 (Centros), ECLI:EU:C:1999:126 = NZG 1999, 298, Rn. 35.
255 EuGH, Rs. C-55/94 (Gebhard), ECLI:EU:C:1995:411 = NJW 1996, 579, Rn. 37.
256 EuGH, Rs. C-212/97 (Centros), ECLI:EU:C:1999:126 = NZG 1999, 298, Rn. 35.
257 EuGH, Rs. C-212/97 (Centros), ECLI:EU:C:1999:126 = NZG 1999, 298, Rn. 36.
258 EuGH, Rs. C-212/97 (Centros), ECLI:EU:C:1999:126 = NZG 1999, 298, Rn. 37.
259 EuGH, Rs. C-212/97 (Centros), ECLI:EU:C:1999:126 = NZG 1999, 298, Rn. 38 f.

II. Überseering (2002)

Literatur (Auswahl): *Adenas*, Free movement of companies, LQR 119 (2003) 221; *Behrens*, Das Internationale Gesellschaftsrecht nach dem Überseering-Urteil des EuGH und den Schlussanträgen zu Inspire Art, IPRax 2003, 193; *Birkmose*, A Market for Company Incorporations in the European Union? Is Überseering the Beginning of the End?, 13 Tul. J. Int'l & Comp. L. 13 (2005) 55; *Deiniger*, Körperschaftsteuerrechtliche Auswirkungen der Überseering-Entscheidung des EuGH, IStR 2003, 214; *Dubovizkaja*, „Überseering"-Rechtsprechung: Gerichtliche Klarstellung zur Niederlassungsfreiheit von Gesellschaften, GmbHR 2003, 694; *Dyrberg*, Full free movement of companies in the European Community at last?, ELR 28 (2003) 528; *Ebke*, Überseering: Die wahre Liberalität ist Anerkennung, JZ 2003, 927; *Eidenmüller*, Wettbewerb der Gesellschaftsrechte in Europa, ZIP 2002, 2233; *Großerichter*, Ausländische Kapitalgesellschaften im deutschen Rechtsraum – Das deutsche Internationale Gesellschaftsrecht und seine Perspektiven nach der Entscheidung Überseering, DStR 2003, 159; *Halbhuber*, Das Ende der Sitztheorie als Kompetenztheorie – Das Urteil des Europäischen Gerichtshofs in der Rechtssache C-208/00 (Überseering), ZEuP 2003, 418; *Heidenhain*, Ausländische Kapitalgesellschaften mit Verwaltungssitz in Deutschland, NZG 2002, 1141; *Heiss*, „Überseering" – Klar Schiff im internationalen Gesellschaftsrecht?, ZfRV 2003, 90; *Hirte*, Die Auswirkungen der grenzüberschreitenden Sitzverlegung, EWS 2002, 573; *Kallmeyer*, Tragweite des Überseering-Urteils des EuGH vom 5.11.2002 zur grenzüberschreitenden Sitzverlagerung, DB 2002, 2521; *Kersting*, Rechtswahlfreiheit im Europäischen Gesellschaftsrecht nach Überseering, NZG 2003, 9; *Kindler*, Auf dem Weg zur Europäischen Briefkastengesellschaft?, NJW 2003, 1073; *Leible/Hoffmann*, „Überseering" und das deutsche Gesellschaftskollisionsrecht, ZIP 2003, 925; *Leible/Hoffmann*, Überseering und das (vermeintliche) Ende der Sitztheorie, RIW 2002, 925; *Lombardo*, Conflict of Law Rules in Company Law after Überseering: An Economic and Comparative Analysis of the Allocation of Policy Competence in the European Union, EBOR 4 (2003) 301; *Lutter*, Überseering und die Folgen, BB 2003, 7; *Meilicke*, Die Niederlassungsfreiheit nach Überseering, GmbHR 2003, 793; *Merkt*, Die Gründungstheorie gewinnt an Einfluss, RIW 2003, 458; *Micheler*, Recognition of Companies Incorporated in Other EU Member States, ICLQ 52 (2003) 521; *Omar*, Centros, Ueberseering and Beyond: A European Recipe for Corporate Migartion: Part 1, ICCLR 15 (2004) 398; *Omar*, Centros, Ueberseering and Beyond: A European Recipe for Corporate Migartion: Part 2, ICCLR 16 (2005) 18; *Paefgen*, Gezeitenwechsel im Gesellschaftskollisionsrecht, WM 2003, 561; *Rehberg*, Internationales Gesellschaftsrecht im Wandel: Das Überseering-Urteil des EuGH und seine Folgen, IPRax 2003, 175; *Robertson*, Überseering: nailing the coffin on Sitztheorie?, Co Lawyer 24 (2003) 184; *Roth*, From Centros to Ueberseering: Free Movement of Companies, Private International Law, and Community Law, ICLQ 52 (2003) 177; *Roth*, Internationales Gesellschaftsrecht nach Überseering, IPRax 2003, 117; *Schanze/Jüttner*, Anerkennung und Kontrolle ausländischer Gesellschaften – Rechtslage und Perspektiven nach der Überseering-Entscheidung des EuGH, AG 2003, 30; *Schindler*, „Überseering" und Societas Europaea: Vereinbar oder nicht vereinbar, das ist hier die Frage, RdW 2003, 122; *Schulz*, (Schein-) Auslandsgesellschaften in Europa – Ein Schein-Problem?, NJW 2003, 2705; *von Halen*, Das internationale Gesellschaftsrecht nach dem Überseering-Urteil des EuGH, WM 2003, 571; *Wertenbruch*, Der Abschluss des „Überseering"-Verfahrens durch den BGH – Folgerungen, NZG 2003, 618; *Zimmer*, Wie es Euch gefällt? Offene Fragen nach dem Überseering-Urteil des EuGH, BB 2003, 1.

1. Sachverhalt

Ebenfalls ein „Zuzugsfall" war die EuGH-Entscheidung in der Rechtssache **Überseering.**[260] Die Überseering BV 63 wurde als eine niederländische Gesellschaft mit beschränkter Haftung (dazu § 16 Rn. 264 ff.) gegründet und am 22.8.1990 ordnungsgemäß in das Handelsregister von Amsterdam und Haarlem als eine Gesellschaft niederländischen Rechts eingetragen. Im Oktober 1990 kaufte die Überseering BV ein Grundstück in Düsseldorf und beauftragte die deutsche Nordic Construction Company Baumanagement GmbH (NCC) im November 1992 mit der Sanierung von sich auf diesem Grundstück befindlichen Gebäuden. Im Dezember 1994 erwarben zwei ebenfalls in Düsseldorf lebende deutsche Staatsangehörige sämtliche Geschäftsanteile an der niederländischen Überseering BV. Nachdem die Überseering BV die NCC vergeblich aufgefordert hatte, die bei den Sanierungsarbeiten entstandenen Mängel zu beheben, erhob sie 1996 Klage beim LG Düsseldorf als zuständigem Gericht auf Zahlung von Kostenersatz für die Beseitigung der angeblichen Mängel und etwaigen Folgeschäden. Daraufhin wiesen sowohl das LG Düsseldorf als auch das OLG Düsseldorf die Klage zurück bzw. die Berufung ab.[261]

Das LG Düsseldorf bzw. OLG Düsseldorf begründeten ihre Entscheidungen damit, dass die Überseering BV als 64 eine Rechtsform niederländischen Rechts in Deutschland nicht rechtsfähig und demnach auch nicht parteifähig sei. Deswegen könne sie nicht klagende Partei eines vor einem deutschen Gericht zu entscheidenden Rechtsstreites sein, denn nach § 50 I ZPO ist parteifähig, wer rechtsfähig ist und damit Träger von Rechten und Pflichten sein kann. Ist eine Partei nicht parteifähig, ist die Klage als unzulässig abzuweisen. Der Mangel an **Rechts- und Parteifähigkeit** der Überseering BV wurde daraus abgeleitet, dass im deutschen Gesellschaftskollisionsrecht sowohl für wegziehende als auch für zuziehende Gesellschaften die **Sitztheorie** maßgeblich ist.[262] Die Verlegung des Verwaltungssitzes einer ausländischen Gesellschaft nach Deutschland könne demnach verweigert werden bzw. ist die ausländische Gesellschaft dann nicht als solche anzuerkennen (insofern zur Sitztheorie bereits Rn. 11). Nach Auffassung der deutschen Gerichte besteht die Verlegung des Verwaltungssitzes der Überseering BV von den Niederlanden nach Deutschland darin, dass alle Geschäftsanteile auf zwei in Deutschland ansässige deutsche Staatsangehörige übertragen wurden. Es sei daher davon auszugehen, dass sich die Hauptgeschäftstä-

260 EuGH, Rs. C-208/00 (Überseering), ECLI:EU:C:2002:632 = NZG 2002, 1164.

261 LG Düsseldorf v. 5.11.1997 – 5 O 132/96; OLG Düsseldorf JZ 2000, 203.

262 Vgl. OLG Düsseldorf JZ 2000, 203; *Altmeppen* DStR 2000, 1061, 1063; *Kindler* RIW 2000, 649.

tigkeit und damit auch der Verwaltungssitz der Überseering BV nun in Deutschland befinde. Aufgrund der in Deutschland für ausländische Gesellschaften geltenden Sitztheorie folge für die Überseering BV mit Verwaltungssitz in Deutschland, dass diese nicht rechts- und damit parteifähig sein kann, womit eine Klage ihrerseits als unzulässig abzulehnen sei.[263] Gegen diese Entscheidung legte die Überseering BV Revision beim BGH ein, welcher den Sachverhalt aufgrund seines Gemeinschaftsbezugs dem EuGH zur Vorabentscheidung vorlegte.[264]

2. Entscheidung

65 Der EuGH führte zu Beginn seiner Entscheidung ausführlich auf, welche Argumente der Parteien, der Mitgliedstaaten und der Europäischen Kommission für und gegen die Vereinbarkeit der deutschen Maßnahme mit der Niederlassungsfreiheit nach Art. 43, 48 EGV (Art. 49, 54 AEUV) sprechen.[265] In der anschließenden Würdigung der vorgebrachten Sichtweisen ging der EuGH, im Unterschied zur Centros-Entscheidung (Rn. 57 ff.), ausdrücklich auch auf die Abgrenzung des vorliegenden Sachverhaltes zur Daily Mail-Entscheidung (Rn. 32 ff.) ein. Zuerst stellte er klar, dass die in Daily Mail noch vorgebrachten Harmonisierungsvorhaben, wie dem Erlass von gesellschaftsrechtlichen Richtlinien zur Verwirklichung der Niederlassungsfreiheit, diese zwar gewiss erleichtern können, jedoch **keine Vorbedingung** für die Ausübung der Niederlassungsfreiheit sind.[266]

66 Im **Unterschied zu Daily Mail** handelt es sich beim vorliegenden Sachverhalt um die Anerkennung einer nach dem Recht eines anderen Mitgliedstaates gegründeten Gesellschaft durch den Zuzugsstaat und nicht um die Beziehung einer Gesellschaft zu dem Mitgliedstaat, in dem sie gegründet worden ist und aus dem sie unter Wahrung ihrer Identität als Rechtsträger ihren Verwaltungssitz ins Ausland verlegen will.[267] Aufgrund dieser unterschiedlichen Sachverhaltskonstellationen behielten die in der Daily Mail-Entscheidungen getroffenen Ausführungen auch ihre Gültigkeit. Die nach einer nationalen Rechtsordnung gegründeten Gesellschaften leiten ihre Existenz daher allein aus dieser ab, dh der Gründungsstaat (Wegzugsstaat) ist berechtigt, Beschränkungen bezüglich einer Sitzverlegung ins Ausland aufzuerlegen.[268] Dies ist für die Überseering-Entscheidung jedoch nicht maßgebend, so dass sich die Überseering BV zu Recht auf die Niederlassungsfreiheit beruft, um sich gegen die deutsche Maßnahme zur Wehr zu setzen.

67 Die nach niederländischem Recht gegründete Überseering BV genießt somit das Recht, in Deutschland von ihrer nach dem Gemeinschaftsrecht (Unionsrecht) garantierten Niederlassungsfreiheit Gebrauch zu machen. Die Verweigerung der Rechts- und Parteifähigkeit einer ausländischen Gesellschaft bei Verlegung deren Verwaltungssitzes nach Deutschland stellt somit eine **Beschränkung der Niederlassungsfreiheit** dar.[269] Strenggenommen handelte es sich nach dem vorgelegten Sachverhalt gleichwohl nicht direkt um eine Frage betreffend die Hereinverlegung des Verwaltungssitzes unter Beibehaltung der ausländischen Gesellschaftsform.[270] In Diskussion stand vielmehr die Anerkennung der Rechts- und Parteifähigkeit des nach ausländischem Recht gegründeten Rechtsträgers in Deutschland.[271] Zumindest eine unmittelbare Aussage darüber, ob die identitätswahrende Verwaltungssitzverlegung auch rechtsformwahrend zuzulassen ist, lässt sich daraus grundsätzlich nicht herleiten.[272] Dennoch entschied der EuGH, dass die Verweigerung der Rechts- und Parteifähigkeit als Beschränkung auch nicht durch zwingende Gründe des Allgemeininteresses, wie dem Schutz der Interessen von Gläubigern, Minderheitsgesellschaften und Arbeitnehmern, gerechtfertigt werden kann.[273] Einer Gesellschaft, die in einem anderen Mitgliedstaat ordnungsgemäß gegründet wurde sowie dort ihren Satzungssitz hat und ihren Verwaltungssitz in einen anderen Mitgliedstaat verlegt, kann somit **nicht** die Rechts- und Parteifähigkeit seitens des Zuzugsstaates **versagt werden.**[274] Damit, und dies machte der EuGH explizit deutlich, verlangt die Niederlassungsfreiheit die Anerkennung einer in einem anderen Mitgliedstaat gegründeten Gesellschaft durch den Zuzugsstaat[275] und etablierte auf diese Weise nach überwiegender Auffassung, zumindest bezüglich der Anerkennung der Rechts- und Parteifähigkeit, die (europäische) **Gründungstheorie** (kritisch zum Begriff § 11 Rn. 27).[276]

263 Vgl. BGH NZG 2000, 926, Rn. 9.
264 BGH NZG 2000, 926.
265 EuGH, Rs. C-208/00 (Überseering), ECLI:EU:C:2002:632 = NZG 2002, 1164, Rn. 23 ff.
266 EuGH, Rs. C-208/00 (Überseering), ECLI:EU:C:2002:632 = NZG 2002, 1164, Rn. 55.
267 EuGH, Rs. C-208/00 (Überseering), ECLI:EU:C:2002:632 = NZG 2002, 1164, Rn. 62 ff.
268 EuGH, Rs. 81/87 (Daily Mail), ECLI:EU:C:1988:456 = NJW 1989, 2186, Rn. 19.
269 EuGH, Rs. C-208/00 (Überseering), ECLI:EU:C:2002:632 = NZG 2002, 1164, Rn. 92.
270 *Kindler* NJW 2003, 1073, 1077; *Leible/Hoffmann* ZIP 2003, 925, 928 f.
271 EuGH, Rs. C-208/00 (Überseering), ECLI:EU:C:2002:632 = NZG 2002, 1164, Rn. 78.
272 *Stiegler* ZGR 2017, 312, 331.
273 EuGH, Rs. C-208/00 (Überseering), ECLI:EU:C:2002:632 = NZG 2002, 1164, Rn. 93.
274 EuGH, Rs. C-208/00 (Überseering), ECLI:EU:C:2002:632 = NZG 2002, 1164, Rn. 94.
275 EuGH, Rs. C-208/00 (Überseering), ECLI:EU:C:2002:632 = NZG 2002, 1164, Rn. 95.
276 *Behrens* IPRax 2003, 193, 206; *Eidenmüller* ZIP 2002, 2233, 2244; *Lutter* BB 2003, 7, 9; so auch BGH NJW 2003, 1461.

III. Inspire Art (2003)

Literatur (Auswahl): *Altmeppen*, Schutz vor europäischen Kapitalgesellschaften; NJW 2004, 97; *Bayer*, Auswirkungen der Niederlassungsfreiheit nach den EuGH-Entscheidungen Inspire Art und Überseering auf die deutsche Unternehmensmitbestimmung, AG 2004, 534; *Bayer*, Die EuGH-Entscheidung Inspire Art und die deutsche GmbH im Wettbewerb der europäischen Rechtsordnungen; BB 2003, 2357; *Behrens*, Gemeinschaftliche Grenzen der Anwendung inländischen Gesellschaftsrechts auf Auslandsgesellschaften nach Inspire Art, IPRax 2004, 20; *Binge/Thölke*, Everything goes!? Das deutsche Internationale Gesellschaftsrecht nach Inspire Art, DNotZ 2004, 21; *Campos Nave*, Die Wegzugsbesteuerung als Einschränkung der europäischen Niederlassungsfreiheit, NZG 2004, 897; *de Kluiver*, Inspiring a New European Company Law? – Observations on the ECJs Decision in Inspire Art from a Dutch Perspective and the Imminent Competition for Corporate Charters between EC Member States, ECFR 2004, 121; *Eidenmüller/Rehm*, Niederlassungsfreiheit versus Schutz des inländischen Rechtsverkehrs: Konturen des Europäischen Internationalen Gesellschaftsrechts, ZGR 2004, 159; *Hirt*, Freedom of Establishment, International Company Law and the Comparison of European Company Law Systems after the ECJ's Decision in Inspire Art Ltd, EBLR 2004, 1189; *Horn*, Deutsches und europäisches Gesellschaftsrecht und die EuGH-Rechtsprechung zur Niederlassungsfreiheit – Inspire Art, NJW 2004, 893; *Kieninger*, Internationales Gesellschaftsrecht nach „Centros", „Überseering" und „Inspire Art" – Antworten, Zweifel und offene Fragen, ZEuP 2004, 685; *Kindler*, „Inspire Art" – Aus Luxemburg nichts Neues zum internationalen Gesellschaftsrecht, NZG 2003, 1086; *Leible/Hoffmann*, Wie inspiriert ist Inspire Art?, EuZW 2003, 677; *Looijestijn-Clearie*, Have the dikes collapsed? Inspire Art a further breakthrough in the freedom of establishment of companies, EBOR 5 (2004) 389; *Meilicke*, Errichtung einer Zweigniederlassung einer ausländischen GmbH in einem anderen EU-Mitgliedsstaat, GmbHR 2003, 1271; *Menjucq*, L'arrét Inspire Art de la Cour de justice c16t une trilogie jurisprudentielle relative au droit d'e'tablissement communautaire des sociétés, J.D.I. 2004, 923; *Muir Watt*, Arrêt Inspire Art, Rev. crit. DIP 2004, 173; *Paefgen*, Wider die gesellschaftsrechtliche Ausländerphobie, ZIP 2004, 2253; *Rehberg*, Inspire Art – Freedom of establishment for companies in Europe between „abuse" and national regulatiory concerns, The European Legal Forum 2004, 1; *Riegger*, Centros – Überseering – Inspire Art: Folgen für die Praxis, ZGR 2004, 510; *Sandrock*, Nach Inspire Art – Was bleibt vom deutschen Sitzrecht übrig?, BB 2003, 2588; *Schanze/Jüttner*, Die Entscheidung für Pluralität: Kollisionsrecht und Gesellschaftsrecht nach der EuGH-Entscheidung „Inspire Art", AG 2003, 661; *Schmidt*, Verlust der Mitte durch „Inspire Art"? – Verwerfungen im Unternehmensrecht durch Schreckreaktionen der Literatur, ZHR 168 (2004) 493; *Spindler/Berner*, Inspire Art – Der europäische Wettbewerb um das Gesellschaftsrecht ist endgültig eröffnet, RIW 2003, 949; *Wachter*, Auswirkungen des EuGH-Urteils in Sachen Inspire Art Ltd. auf Beratungspraxis und Gesetzgebung, GmbHR 2004, 88; *Weller*, Inspire Art – Weitgehende Freiheiten beim Einsatz ausländischer Briefkastengesellschaften, DStR 2003, 1800; *Wetzler*, Nationales Gesellschaftsrecht im Wettbewerb, GPR 2004, 84; *Ziemons*, Freie Bahn für den Umzug von Gesellschaften nach Inspire Art?!, ZIP 2003, 1913; *Zimmer*, Nach „Inspire Art" – Grenzenlose Gestaltungsfreiheit für deutsche Unternehmen?, NJW 2003, 3585.

1. Sachverhalt

Die dritte EuGH-Entscheidung bezüglich des Zuzugs einer ausländischen Gesellschaft durch Verlegung ihres Verwaltungssitzes in einen anderen Mitgliedstaat ist das Urteil in der Rechtssache Inspire Art.[277] Die Inspire Art wurde am 28.7.2000 als private company limited by shares (Ltd.) englischen Rechts mit Satzungssitz in Folkstone (Vereinigtes Königreich) gegründet. Sie nahm ihre Geschäftstätigkeit am 17.8.2000 durch eine vorher gegründete **Zweigniederlassung** der Inspire Art in den Niederlanden auf.[278] Sie wurde allein durch diese Zweigniederlassung in Amsterdam tätig. Der Sachverhalt ist somit im Ansatz mit der der Centros-Entscheidung zugrundeliegenden Fallgestaltung vergleichbar. Tatsächlich verlegte die Inspire Art Ltd. also ihren Verwaltungssitz von England in die Niederlande. In den Niederlanden bestand zu dieser Zeit ein Gesetz, dass speziell für „formal ausländische Gesellschaften", galt (WFBV).[279] In diesem werden solchen Gesellschaften bestimmte **Offenlegungspflichten** auferlegt. Nach Art. 1 des WFBV ist eine „formal ausländische Gesellschaft" die „nach einem anderen als dem niederländischen Recht gegründete Kapitalgesellschaft mit eigener Rechtspersönlichkeit, die ihre Tätigkeit vollständig oder nahezu vollständig in den Niederlanden ausübt und daneben keine tatsächliche Bindung an den Staat hat, in dem das Recht gilt, nach dem sie gegründet wurde." Bei formal ausländischen Gesellschaften nach dem WFBV handelte es sich somit um sog **Briefkastengesellschaften** (Scheinauslandsgesellschaft aus Sicht der Niederlande), die in ihrem Gründungsstaat (zB im Vereinigten Königreich) keine wirtschaftliche Tätigkeit ausüben. In Art. 2-5 des WFBV wurden diesen Gesellschaften zusätzlich verschiedene Pflichten auferlegt, wie die Angabe als formal ausländische Gesellschaft, die Einzahlung des Mindestkapitals wie für die vergleichbare niederländische Gesellschaftsform und die Erstellung sowie Offenlegung der Jahresabschlüsse der ausländischen Gesellschaft. 68

Die Handels- und Industriekammer Amsterdam war der Auffassung, dass es sich bei der Inspire Art Ltd. um eine formal ausländische Gesellschaft handeln würde und es dadurch erforderlich sei, dass die Eintragung der Gesellschaft im niederländischen Handelsregister durch einen entsprechenden Vermerk gem. Art. 1 WFBV vervollständigt wird.[280] Dies würde dann die entsprechenden bereits genannten Verpflichtungen für die Inspire Art Ltd. nach sich ziehen. Werde diesen nicht nachgekommen, sollen die Geschäftsführer der Gesellschaft persön- 69

277 EuGH, Rs. C-167/01 (Inspire Art), ECLI:EU:C:2003:512 = NJW 2003, 3331.

278 EuGH, Rs. C-167/01 (Inspire Art), ECLI:EU:C:2003:512 = NJW 2003, 3331, Rn. 34.

279 Wet op de formeel buitenlandse vennootschappen (Gesetz über formal ausländische Gesellschaften) v. 17.12.1997 (Staatsblad 1997, Nr. 697); dazu auch § 16 Rn. 10.

280 EuGH, Rs. C-167/01 (Inspire Art), ECLI:EU:C:2003:512 = NJW 2003, 3331, Rn. 36.

lich für alle Gesellschaftsverbindlichkeiten haften. Die Inspire Art Ltd. machte hiergegen beim zuständigen Kantongerecht Amsterdam geltend, dass sie die Voraussetzungen des Art. 1 WFBV nicht erfülle und deshalb ihre Eintragung im Handelsregister vollständig sei. Zudem führte sie an, dass das niederländische WFBV gegen das geltende Gemeinschaftsrecht verstoße, da es sowohl mit der (damaligen) Zweigniederlassungsrichtlinie (dazu § 27)[281] als auch mit der Niederlassungsfreiheit nach Art. 43, 48 EGV (Art. 49, 54 AEUV) nicht vereinbar sei. Das Kantongerecht Amsterdam stellte daraufhin fest, dass die Inspire Art Ltd. eine formal ausländische Gesellschaft nach Art. 1 WFBV ist.[282] Bezüglich der Vereinbarkeit des niederländischen WFBV mit dem Gemeinschaftsrecht hat es das Verfahren ausgesetzt und dem EuGH zur Vorabentscheidung vorgelegt.

2. Entscheidung

70 Der EuGH entschied zunächst, dass die im niederländischen WFBV vorgesehenen Offenlegungspflichten für ausländische Gesellschaften mit den Vorgaben der damaligen Zweigniederlassungsrichtlinie (dazu § 27) **nicht vereinbar** sind.[283] Die in der Richtlinie statuierten Harmonisierungsmaßnahmen bezüglich der Offenlegungspflichten sind abschließend. Mitgliedstaatliche Vorschriften, die Zweigniederlassungen einer nach dem Recht eines anderen Mitgliedstaates gegründeten Gesellschaft zusätzliche, in der (damaligen) Zweigniederlassungsrichtlinie nicht vorgesehene Offenlegungspflichten auferlegen, sind verboten.[284] Mitgliedstaatliche Vorschriften, die bereits gegen geltendes europäisches Sekundärrecht in Form einer Richtlinie verstoßen, können ebenfalls **nicht** durch etwaige Rechtfertigungsgründe iSd Niederlassungsfreiheit **gerechtfertigt werden** (s. auch Rn. 28 ff.).[285] Die Regelungen des WFBV, die nicht von der (ehemaligen) Zweigniederlassungsrichtlinie (= Art. 29 ff. Kodifizierungs-RL) erfasst sind, wie die Aufbringungen eines Mindestkapitals und die Anordnung der persönlichen Haftung der Geschäftsführer der ausländischen Gesellschaftsform, sind jedoch in einem weiteren Schritt anhand der Art. 43, 48 EGV (Art. 49, 54 AEUV) zu prüfen.

71 Hierzu führte der EuGH aus, dass – im Hinblick auf die Centros-Entscheidung (Rn. 57 ff.) – auch solche Vorgänge von den Vorschriften der Niederlassungsfreiheit erfasst sind, in/bei denen eine Gesellschaft nur in einem anderen Mitgliedstaat gegründet wurde, um in den Genuss dessen Rechtsvorschriften zu kommen und im Zuzugsstaat seine gesamte Geschäftstätigkeit auszuüben.[286] Demnach ist auch die Sitzverlegung von sog **Briefkastengesellschaften** im Gründungsstaat (Scheininlandsgesellschaft aus Sicht des Wegzugsstaates) von der Niederlassungsfreiheit erfasst.[287] Ob und inwiefern dem mit Blick auf den Begriff einer „Niederlassung" nach der Vale-Entscheidung[288] noch in diesem Umfang zuzustimmen ist, ist mittlerweile jedoch wieder streitig (s. dazu Rn. 101 ff.).[289]

72 Nachdem der Schutzbereich der Niederlassungsfreiheit eröffnet war, stellten die Vorschriften des WFBV nach Ansicht des EuGH auch einen Eingriff in diesen, also eine Beschränkung der Art. 43, 48 EGV (Art. 49, 54 AEUV), dar. Die niederländischen Regelungen über die Aufbringung eines bestimmten Mindestkapitals und die uU eintretende persönliche Haftung der Geschäftsführer, führen dazu, dass die Ausübung der vom Gemeinschaftsrecht (Unionsrecht) garantierten Niederlassungsfreiheit der Inspire Art Ltd. behindert wird.[290] Vorschriften eines Mitgliedstaates, welche die **Freiheit zur Verlegung des Verwaltungssitzes** einer EU-ausländischen Ge-

281 Elfte Richtlinie 89/666/EWG des Rates vom 21. Dezember 1989 über die Offenlegung von Zweignie-derlassungen, die in einem Mitgliedstaat von Gesellschaften bestimmter Rechtsformen errichtet wurden, die dem Recht eines anderen Staates unterliegen (ZweigniederlassungsRL), ABl. EWG v. 30.12.1989, L 395/36. Die Zweigniederlassungsrichtlinie wurde mit Wirkung zum 20.7.2017 durch die Richtlinie „über bestimmte Aspekte des Gesellschaftsrechts (Richtlinie 2017/1132/EU) (dazu § 19) aufgehoben und deren Regelungen sind in dieser neuen Kodifizierungs-Richtlinie aufgegangen.

282 EuGH, Rs. C-167/01 (Inspire Art), ECLI:EU:C:2003:512 = NJW 2003, 3331, Rn. 38.

283 EuGH, Rs. C-167/01 (Inspire Art), ECLI:EU:C:2003:512 = NJW 2003, 3331, Rn. 71.

284 EuGH, Rs. C-167/01 (Inspire Art), ECLI:EU:C:2003:512 = NJW 2003, 3331, Rn. 69, 72.

285 EuGH, Rs. C-167/01 (Inspire Art), ECLI:EU:C:2003:512 = NJW 2003, 3331, Rn. 106.

286 EuGH, Rs. C-167/01 (Inspire Art), ECLI:EU:C:2003:512 = NJW 2003, 3331, Rn. 95 f., mit Verweis auf EuGH, Rs. C-212/97 (Centros), ECLI:EU:C:1999:126 = NZG 1999, 298, Rn. 17 f.

287 *Roth*, Vorgaben der Niederlassungsfreiheit für das Kapitalgesellschaftsrecht, 2010, S. 11; *Bayer* BB 2003, 2357, 2363; *Weller* DStR 2003, 1800, 1804.

288 EuGH, Rs. C-378/10 (Vale), ECLI:EU:C:2012:440 = NJW 2012, 2715, Rn. 34.

289 Für eine Abkehr von der Centros-Entscheidung *G. Roth* ZIP 2012, 1744 f.; *Kindler* EuZW 2012, 888, 891 f.; *König/Bormann* NZG 2012, 1241, 1242 f.; *Ehricke* in: Hirte/Mülbert/Roth (Hrsg.), AktG, 2016, § 45 Rn. 76; *Böttcher/Kraft* NJW 2012, 2701, 2703; *Jaensch* EWS 2012, 353, 357; *Wöhlert/Degen* GWR 2012, 432, 433; *Werdnik* RWZ 2012, 317, 318; *Pabst* GPR 2013, 171, 173 f.; *Kruis/Widmayer* CFL 2012, 349, 350; gegen eine solche *Schön* ZGR 2013, 333, 353 f.; *W.-H. Roth* in: FS Hoffmann-Becking, 2013, S. 965, 968; *Teichmann* DB 2012, 2085; *Verse* ZEuP 2013, 458, 472 f.; *Schaper* ZIP 2014, 810, 813 ff.; *Bayer/Schmidt* ZIP 2012, 1481, 1486 f.; *Behme* NZG 2012, 936, 939; *Drygala* EuZW 2013, 569, 570 ff.; *Schönhaus/Müller* IStR 2013, 174, 176.

290 EuGH, Rs. C-167/01 (Inspire Art), ECLI:EU:C:2003:512 = NJW 2003, 3331, Rn. 101, 104.

sellschaftsform in einen anderen Mitgliedstaat von bestimmten Voraussetzungen abhängig machen, sind daher mit der Niederlassungsfreiheit grundsätzlich nicht in Einklang zu bringen.[291]

Der EuGH verneinte auch das Vorliegen der von den Niederlanden vorgebrachten **Rechtfertigungsgründe.** Es liegen weder geschriebene Rechtfertigungsgründe nach Art. 46 EGV (Art. 52 AEUV) noch zwingende Gründe des Allgemeininteresses vor.[292] Insbesondere der Schutz niederländischer Gläubiger der Inspire Art. Ltd als Rechtfertigungsgrund liegt schon deshalb nicht vor, da die potenziellen Gläubiger bereits durch das Führen einer ausländischen Firma der Inspire Art Ltd. hinreichend darüber unterrichtet werden, dass es sich bei der betreffenden Gesellschaft um einen ausländischen Rechtsträger handelt, der anderen mitgliedstaatlichen Rechtsvorschriften als denen des niederländischen Rechts unterliegt.[293] Weiterhin sind sie durch die bereits bestehenden **Schutzbestimmungen** in der Bilanz- und Zweigniederlassungsrichtlinie hinreichend geschützt und können sich auf diese berufen.[294] 73

Mit Bezug zur Centros-Entscheidung stellte der EuGH weiterhin ausdrücklich klar, dass der mit der Wahl der Gründung der Inspire Art nach englischem Recht verfolgte Zweck, der Anwendung der als strenger geltenden Vorschriften des niederländischen Gesellschaftsrechts zu entgehen, ebenfalls **nicht** als Rechtfertigung einer Beschränkung der Niederlassungsfreiheit iS eines **Missbrauchs** dieser herangezogen werden könne. In diesem Zusammenhang ist es gerade das Ziel der Art. 43, 48 EGV (Art. 49, 54 AEUV), es den Gesellschaften, die ordnungsgemäß nach dem Recht eines Mitgliedstaates gegründet wurden, zu ermöglichen, mittels Agenturen, Zweigniederlassungen oder Tochtergesellschaften (vgl. Art. 49 I 2 AEUV) in einem anderen Mitgliedstaat tätig zu werden.[295] Darüber hinaus stellt die Entfaltung der ausschließlichen bzw. hauptsächlichen wirtschaftlichen Tätigkeit im Zuzugsstaat mittels einer hierzu gegründeten Zweigniederlassung nach Auffassung des EuGH noch **kein missbräuchliches oder betrügerisches Verhalten** seitens der ausländischen Gesellschaft dar, sofern im konkreten Fall kein Missbrauch nachgewiesen ist.[296] 74

IV. Sevic (2005)

Literatur (Auswahl): *Angelette*, The revolution that never came and the revolution coming – De Lasteyrie du Saillant, Marks & Spencer, Sevic Systems and the changing corporate law in Europe, Virginia L. Rev. 92 (2006) 1189; *Bayer/Schmidt*, Der Schutz der grenzüberschreitenden Verschmelzung durch die Niederlassungsfreiheit, ZIP 2006, 210; *Behrens*, Case C-411/03, SEVIC Systems AG, CMLR 43 (2006) 1669; *Bungert*, Grenzüberschreitende Verschmelzungsmobilität – Anmerkung zur Sevic-Entscheidung des EuGH, BB 2006, 53; *Decher*, DK Grenzüberschreitende Umstrukturierungen jenseits von SE und Verschmelzungsrichtlinie, 2006, 805, 809 ff.; *Doralt*, Sevic: Traum und Wirklichkeit – die grenzüberschreitende Verschmelzung ist Realität, IPRax 2006, 572; *Dötsch/Pung*, Das EuGH-Urteil in der Rs. SEVIC: Mögliche Auswirkungen auf das Umwandlungssteuerrecht, DK 2006, 258; *Hansen*, Merger, Moving and Division Across National Borders – When Case Law Breaks through Barriers and Overtakes Directives, EBLR 2007, 181, 187 ff.; *Kallmeyer/Kappes*, Grenzüberschreitende Verschmelzungen und Spaltungen nach SEVIC Systems und der EU-Verschmelzungsrichtlinie, AG 2006, 224; *Kieninger*, Grenzüberschreitende Verschmelzungen in der EU – das SEVIC-Urteil des EuGH, EWS 2006, 49; *Koppensteiner*, Zur grenzüberschreitenden Verschmelzung, GesRZ 2006, 111; *Krause/Kulpa*, Grenzüberschreitende Verschmelzungen – Vor dem Hintergrund der „Sevic"-Entscheidung und der Reform des deutschen Umwandlungsrechts, ZHR 171 (2007) 38; *Leible/Hoffmann*, Grenzüberschreitende Verschmelzungen im Binnenmarkt nach „Sevic", RIW 2006, 161; *Limmer*, Grenzüberschreitende Umwandlungen nach dem Sevic-Urteil des EuGH und den Neuregelungen des UmwG (Teil 1), ZNotP 2007, 242; *Lutter/Drygala*, Internationale Verschmelzungen in Europa, JZ 2006, 770; *Oechsler*, Die Zulässigkeit grenzüberschreitender Verschmelzungen – Die Sevic-Entscheidung des EuGH, NJW 2006, 812; *Pieper*, European cross-border merger after SEVIC, Co Lawyer 30 (2009) 169; *Priemayer*, Zur Zulässigkeit der Eintragung einer grenzüberschreitenden Verschmelzung von Gesellschaften ins Handelsregister, wbl. 2006, 117; *Rieder*, EuGH-Rechtssache Sevic: Grenzüberschreitende Verschmelzung zulässig, GeS 2006, 4; *Rønfeldt/Werlauff*, Merger as a Method of Establishment: on Cross-border Mergers, Transfer of Domicile and Divisions, Directly Applicable under the EC Treaty's Freedom of Establishment, ECL 3 (2006) 125; *Schindler*, Cross-Border Mergers in Europe – Company Law is catching up! – Commentary on the ECJ's Decision in SEVIC Systems AG, ECFR 2006, 109; *Schön*, The Mobility of Companies in Europe and the Organizational Freedom of Company Founders, ECFR 2006, 122, 140 ff.; *Sedemund*, EU-weite Verschmelzungen: Gesellschaftsrechtliche Vorgaben und steuerliche Implikationen des SEVIC-Urteils des EuGH vom 13.12.2005, BB 2006, 519; *Siems*, SEVIC: Beyond Cross-Border Mergers, EBOR 8 (2007) 307; *Storm*, Cross-border Mergers, the Rule of Reason and Employee Participation, ECL 3 (2006) 130; *Teichmann*, Binnenmarktmobilität von Gesellschaften nach „Sevic", ZIP 2006, 355; *Ugliano*, The New Cross-Border Merger Directive: Harmonisation of European Company Law and Free Movement, EBLR 2007, 585, 592 ff.

---

291 EuGH, Rs. C-167/01 (Inspire Art), ECLI:EU:C:2003:512 = NJW 2003, 3331, Rn. 105; hingegen zur Anwendung der Gründungsvorschriften beim grenzüberschreitenden Hereinformwechsel EuGH, Rs. C-378/10 (Vale), ECLI:EU:C:2012:440 = NJW 2012, 2715, Rn. 49.

292 EuGH, Rs. C-167/01 (Inspire Art), ECLI:EU:C:2003:512 = NJW 2003, 3331, Rn. 131, 142.

293 EuGH, Rs. C-167/01 (Inspire Art), ECLI:EU:C:2003:512 = NJW 2003, 3331, Rn. 135.

294 EuGH, Rs. C-167/01 (Inspire Art), ECLI:EU:C:2003:512 = NJW 2003, 3331, Rn. 135.

295 EuGH, Rs. C-167/01 (Inspire Art), ECLI:EU:C:2003:512 = NJW 2003, 3331, Rn. 137; EuGH, Rs. C-212/97 (Centros), ECLI:EU:C:1999:126 = NZG 1999, 298, Rn. 26.

296 EuGH, Rs. C-167/01 (Inspire Art), ECLI:EU:C:2003:512 = NJW 2003, 3331, Rn. 139; EuGH, Rs. C-212/97 (Centros), ECLI:EU:C:1999:126 = NZG 1999, 298, Rn. 29.

1. Sachverhalt

75 Nach den Entscheidungen Centros (Rn. 57 ff.), Überseering (Rn. 63 ff.) und Inspire Art (Rn. 68 ff.) rückten auch andere Zuzugsfälle, wie grenzüberschreitende Umwandlungsvorgänge, in den Blickpunkt der Ausgestaltung der europäischen Niederlassungsfreiheit. Im Fall **Sevic**[297] ging es um die Frage, ob eine **grenzüberschreitende Verschmelzung zur Aufnahme** vom Schutzbereich der Niederlassungsfreiheit erfasst ist. Diese Frage stellte sich, da zum Zeitpunkt der EuGH-Entscheidung die damalige 10. gesellschaftsrechtliche Richtlinie über die grenzüberschreitende Verschmelzung von Kapitalgesellschaften (dazu § 24)[298] noch nicht verabschiedet war.

76 Im Jahr 2002 schlossen die luxemburgische Security Vision Concept SA und die deutsche Sevic Systems AG einen Verschmelzungsvertrag. Dieser sah die Auflösung ohne Abwicklung der Security Vision SA und die Übertragung ihres ganzen Vermögens auf die Sevic AG vor. Beabsichtigt war also eine Verschmelzung zur Aufnahme zwischen zwei Aktiengesellschaften aus unterschiedlichen Mitgliedstaaten. Nach § 19 I 1 des deutschen Umwandlungsgesetzes (UmwG) muss eine Verschmelzung in das entsprechende Handelsregister des übernehmenden Rechtsträgers eingetragen werden. Demzufolge beantragten die Mitglieder des Vertretungsorgans der Sevic AG als übernehmenden Rechtsträger die Eintragung der grenzüberschreitenden Verschmelzung in das zuständige Handelsregister beim Amtsgericht Neuwied. Das AG Neuwied wies den Antrag auf Eintragung der Verschmelzung jedoch zurück und begründete dies damit, dass § 1 I UmwG nur die Verschmelzung von **Rechtsträgern mit Sitz in Deutschland** vorsehe.[299] Es erfasse daher nur innerstaatliche Umwandlungsvorgänge und nicht eine grenzüberschreitende Verschmelzung von Rechtsträgern mit Sitz in verschiedenen Mitgliedstaaten. Das AG Neuwied führte weiterhin aus, dass es in Deutschland keine Vorschriften gibt, die auf eine grenzüberschreitende Verschmelzung anwendbar wären.[300] Hiergegen erhob die Sevic AG Beschwerde beim zuständigen LG Konstanz. Dieses legte daraufhin dem EuGH die Frage vor, ob diese Auslegung des § 1 I UmwG mit der Niederlassungsfreiheit vereinbar sei.[301]

2. Entscheidung

77 Der EuGH beschäftigte sich zunächst mit der Frage, ob grenzüberschreitende Verschmelzungen überhaupt von der Niederlassungsfreiheit gem. Art. 43, 48 EGV (Art. 49, 54 AEUV) erfasst sind. Diesbezüglich brachten sowohl Deutschland als auch die Niederlande vor, dass der übertragende ausländische Rechtsträger durch die Verschmelzung nicht mehr bestünde und sich daher überhaupt nicht niederlassen könne und sich dieser Umstand, mit Verweis auf die Daily Mail-Entscheidung (Rn. 32 ff.), unmittelbar auf die Existenz der übertragenden Gesellschaft auswirke.[302] Diese Auffassung wies der EuGH jedoch entschieden zurück und führte aus, dass grenzüberschreitende Verschmelzungen „besondere, für das reibungslose Funktionieren des Binnenmarktes **wichtige Modalitäten** der Ausübung der Niederlassungsfreiheit" darstellen und damit zu den wirtschaftlichen Tätigkeiten gehören, bei denen die Niederlassungsfreiheit beachtet werden müsse.[303] Hiernach fallen unter den Anwendungsbereich der Niederlassungsfreiheit alle Maßnahmen, die die Ausübung einer wirtschaftlichen Tätigkeit dadurch ermöglichen oder erleichtern, dass sie die **tatsächliche Teilnahme** einer Gesellschaft am Wirtschaftsleben eines anderen Mitgliedstaates gestatten.[304]

78 In der deutschen Maßnahme der Verweigerung der Eintragung einer grenzüberschreitenden Verschmelzung in das nationale Handelsregister sah der EuGH dann auch eindeutig eine **Beschränkung** der Niederlassungsfreiheit. Durch die auf § 1 I UmwG gestützte deutsche Vorgehensweise werden Gesellschaften in Abhängigkeit da-

297 EuGH, Rs. C-411/03 (Sevic), ECLI:EU:C:2005:762 = NZG 2006, 112.
298 Richtlinie 2005/56/EG des Europäischen Parlaments und des Rates vom 26. Oktober 2005 über die Ver-schmelzung von Kapitalgesellschaften aus verschiedenen Mitgliedstaaten, ABl. EG v. 26.11.2005, L 310/1. Die Int-Versch-RL wurde mit Wirkung zum 20.7.2017 durch die Richtlinie „über bestimmte Aspekte des Gesellschaftsrechts" (Richtlinie 2017/1132/EU) (dazu § 19) aufgehoben und deren Regelungen sind in dieser neuen Kodifizierungs-Richtlinie aufgegangen.
299 EuGH, Rs. C-411/03 (Sevic), ECLI:EU:C:2005:762 = NZG 2006, 112, Rn. 7.
300 EuGH, Rs. C-411/03 (Sevic), ECLI:EU:C:2005:762 = NZG 2006, 112, Rn. 12 f.
301 LG Konstanz NZG 2003, 1124.
302 EuGH, Rs. C-411/03 (Sevic), ECLI:EU:C:2005:762 = NZG 2006, 112, Rn. 16; schon vom GA *Tizzano* wurde diese Auffassung bereits verworfen, da der übertragende Rechtsträger einer (grenzüberschreitenden) Verschmelzung erst ab der Eintragung dieser endgültig erlischt. Bis dahin bleibt er als Rechtsträger bestehen, welcher sich auf die Niederlassungsfreiheit berufen kann, vgl. GA *Tizzano*, Schlussanträge v. 7.7.2005 zur Rs. C-411/03 (Sevic), ECLI:EU:C:2005:437, Rn. 24 ff.
303 EuGH, Rs. C-411/03 (Sevic), ECLI:EU:C:2005:762 = NZG 2006, 112, Rn. 19.
304 EuGH, Rs. C-411/03 (Sevic), ECLI:EU:C:2005:762 = NZG 2006, 112, Rn. 18; GA *Tizzano* hielt den Schutzbereich aus Sicht auch deswegen für eröffnet, weil durch den Wegzug des übertragenden Rechtsträgers mittels grenzüberschreitender Verschmelzung uU eine Zweigniederlassung des aufnehmenden Rechtsträgers im Wegzugsstaat des übertragenden Rechtsträgers etabliert wurde, was nach Art. 49 I 2 AEUV von der Niederlassungsfreiheit erfasst ist, vgl. GA *Tizzano*, Schlussanträge v. 7.7.2005 zur Rs. C-411/03 (Sevic), ECLI:EU:C:2005:437, Rn. 35 ff.

von ungleich behandelt, ob sie eine innerstaatliche oder grenzüberschreitende Verschmelzung durchzuführen beabsichtigen.[305] Diese unterschiedliche Behandlung ist geeignet, die betreffenden Gesellschaften von der Ausübung ihrer Niederlassungsfreiheit abzuhalten. Das Vorgehen Deutschlands stellt dabei nicht nur eine Beschränkung der Niederlassungsfreiheit, sondern vielmehr eine **Diskriminierung** dar, da eine Auslandsgesellschaft gerade aufgrund ihrer ausländischen Herkunft benachteiligt wird.[306] Der EuGH spricht im vorliegenden Fall wohl deswegen lediglich von einer Beschränkung, da in Art. 43 I EGV (Art. 49 I AEUV) ebenfalls nur von Beschränkungen die Rede ist. Mit Blick auf das Vorliegen etwaiger Rechtfertigungsgründe wird jedoch deutlich, dass der Gerichtshof dennoch vielmehr von einer Diskriminierung als von einer, auch durch ungeschriebene Rechtfertigungsgründe zu legitimierenden, Beschränkung ausgeht.[307]

Bezüglich einer Rechtfertigung der diskriminierenden deutschen Maßnahme führte der EuGH zunächst aus, 79 dass, obwohl grenzüberschreitende Verschmelzungen „spezifische Probleme mit sich bringen", deren Lösung europäische Vorschriften zur Harmonisierung des Gesellschaftsrechts voraussetzen, diese Tatsache dennoch keine „Vorbedingung für die Durchführung [...] der Niederlassungsfreiheit" ist.[308] Die vorliegende Beschränkung iS einer Diskriminierung kann ebenfalls nicht durch **zwingende Gründe des Allgemeininteresses** gerechtfertigt werden. Auch wenn solche hier einschlägig sind, wie zB der Schutz der Interessen der Gläubiger, Minderheitsgesellschafter oder Arbeitnehmer, wären sie nach der Gebhard-Formel (s. Rn. 28) nicht verhältnismäßig angewandt worden. Denn die generelle Verweigerung der Eintragung einer grenzüberschreitenden Verschmelzung ist jedenfalls **nicht erforderlich**, also nicht das geringste zur Verfügung stehenden Mittel, da eine grenzüberschreitende Verschmelzung auch verhindert werden würde, wenn keine der genannten Interessen beeinträchtigt wären.[309] Ferner wäre eine Diskriminierung wegen der ausländischen Gesellschaftsform des Rechtsträgers auch nur durch die geschriebenen Rechtfertigungsgründe des Art. 46 EGV (Art. 52 AEUV) zu rechtfertigen. Gleichwohl ist davon auszugehen, dass, gerade weil grenzüberschreitende Umwandlungsvorgänge spezifische Probleme mit sich bringen, Beschränkungen der Niederlassungsfreiheit tendenziell eher von den Mitgliedstaaten gerechtfertigt werden können als Zuzugsfälle, bei denen (lediglich) der Verwaltungssitz ins Ausland verlegt werden soll.[310] Dies erlangt vor allem im Hinblick auf die (noch) nicht sekundärrechtlich geregelten Umwandlungsvarianten (zB einen grenzüberschreitenden Formwechsel) (s. dazu Rn. 123 ff.) Bedeutung.

Insofern ist die Sevic-Entscheidung für grenzüberschreitende Umwandlungen heute in der Praxis grundsätzlich 80 nur noch dort von Bedeutung, wo die damalige Internationale Verschmelzungsrichtlinie (= Art. 118 ff. Kodifizierungs-RL) tatbestandlich nicht hinreicht;[311] insbesondere also für die grenzüberschreitende Verschmelzung einer **Personengesellschaft** (dazu Rn. 157 f.), die Zulässigkeit einer grenzüberschreitenden Spaltung (dazu Rn. 159 ff.) und – abgesehen von den primär einschlägigen EuGH-Entscheidungen – die Zulässigkeit eines grenzüberschreitenden Formwechsels.

V. Vale (2012)

Literatur (Auswahl): *Arenas García*, Una sociedad de otro estado miembro puede transformarse en una sociedad nacional si semejante transformación es posible en supuestos puramente internos, Anuario español de derecho internacional privado 2012, 1074; *Bayer/Schmidt*, Das Vale-Urteil des EuGH: Die endgültige Bestätigung der Niederlassungsfreiheit als „Formwechselfreiheit", ZIP 2012, 1481; *Behme*, Der grenzüberschreitende Formwechsel von Gesellschaften nach Cartesio und Vale, NZG 2012, 936; *Behrens*, Kommt der grenzüberschreitende Formwechsel von Gesellschaften?, EuZW 2012, 121; *Benrath/König*, Nicht überraschend doch erforderlich: Die Rechtsprechung des EuGH zur grenzüberschreitenden Umwandlung durch Formwechsel, DK 2012, 377; *Biermeyer*, Shaping the space of cross-border conversions in the EU. Between right and autonomy: VALE, CMLR 50 (2013) 571; *Bollacher*, Niederlassungsfreiheit – Grenzüberschreitende Umwandlung einer Kapitalgesellschaft, RIW 2012, 717; *Borg-Barthet*, Free at last? Choice of corporate law in the EU following the judgment in Vale, ICLQ 62 (2013) 503; *Böttcher/Kraft*, Grenzüberschreitender Formwechsel und tatsächliche Sitzverlegung – Die Entscheidung VALE des EuGH, NJW 2012, 2701; *Braun*, Der grenzüberschreitende Rechtsformwechsel von Gesellschaften im Lichte des Konzepts und der Dogmatik der Niederlassungsfreiheit, DZWiR 2012, 411; *Cerioni*, The "Final Word" on the Free Movement of Companies in Euro-

305 EuGH, Rs. C-411/03 (Sevic), ECLI:EU:C:2005:762 = NZG 2006, 112, Rn. 22 f.

306 Zum diesbezüglichen Vorliegen einer Diskriminierung auch *Lutter/Bayer/Schmidt*, Europäisches Unternehmens- und Kapitalmarktrecht, 2017, Rn. 7.33, *Roth*, Vorgaben der Niederlassungsfreiheit für das Kapitalgesellschaftsrecht, 2010, S. 12; *Engert* in Langenbucher (Hrsg.), Europäisches Privat- und Wirtschaftsrecht, 4. Aufl. 2017, § 5 Rn. 13.

307 EuGH, Rs. C-411/03 (Sevic), ECLI:EU:C:2005:762 = NZG 2006, 112, Rn. 30.

308 EuGH, Rs. C-411/03 (Sevic), ECLI:EU:C:2005:762 = NZG 2006, 112, Rn. 24 ff.; so auch EuGH, Rs. C-378/10 (Vale), ECLI:EU:C:2012:440 = NJW 2012, 2715, Rn. 38.

309 EuGH, Rs. C-411/03 (Sevic), ECLI:EU:C:2005:762 = NZG 2006, 112, Rn. 30; vgl. auch *Lutter/Bayer/Schmidt*, Europäisches Unternehmens- und Kapitalmarktrecht, 2017, Rn. 7.34.

310 *Engert* in: Langenbucher (Hrsg.), Europäisches Privat- und Wirtschaftsrecht, 4. Aufl. 2017, § 5 Rn. 13; speziell zur Herausumwandlung vgl. nur *Teichmann* ZIP 2009, 393, 402.

311 *Forst* in: Gaul/Ludwig/Forst (Hrsg.), Europäisches Mitbestimmungsrecht, 2015, § 5 Rn. 5, 11; insofern auch für die Durchführung einer grenzüberschreitenden Verschmelzung gem. §§ 122a ff. UmwG *Limmer* in: Limmer (Hrsg.), Handbuch der Unternehmensumwandlung, 2016, Teil 6 Rn. 18.

pean Following the ECJ's VALE Ruling and a Further Exit Tax Case?, European Taxation 53 (2013) 329; *Conac*, La CJUE reconnaît le transfert international de siège et ouvre la voie à une directive, Dalloz 2012, 3009; *Drygala*, Europäische Niederlassungsfreiheit vor der Rolle rückwärts?, EuZW 2013, 569; *Ege/Klett*, Praxisfragen der grenzüberschreitenden Mobilität von Gesellschaften, DStR 2012, 2442; *Frenzel*, Grenzüberschreitender Formwechsel auch ohne Sitzverlegungsrichtlinie möglich, NotBZ 2012, 349; *Garcimartín*, El cambio de lex societatis: una forma especial de transformación societaria, Diario La ley 2012, 26; *Hammen*, Anmerkung zur Entscheidung des EuGH vom 12.7.2012 – „Zu Fragen des grenzüberschreitenden Rechtsformwechsels", WuB II. Q. Art. 49 AEUV 2.13; *Ho-Dac*, Un pas supplémentaire en faveur de la mobilité européenne des sociétés: le droit au transfert de siège social avec changement de droit applicable, Revue des affaires européennes 2012, 653; *Houet*, Cross-Border Mobility Within the EU: the Saga Continues…, ELR 2012, 206; *Jaensch*, Der grenzüberschreitende Formwechsel: Das EuGH-Urteil VALE, EWS 2012, 353; *Jakubowski/Ondreja*, EuGH: Rs VALE – Grenzüberschreitende Umwandlung von Gesellschaften, RdW 2012, 704; *Kindler*, Der reale Niederlassungsbegriff nach dem VALE-Urteil des EuGH, EuZW 2012, 888; *Klett*, Gleichbehandlung inländischer und grenzüberschreitender Umwandlungen, GWR 2012, 319; *König/Bormann*, „Genuine Link" und freie Rechtsformwahl im Binnenmarkt. Trendwende bei der Anerkennung von „Scheinauslandsgesellschaften" durch die VALE-Entscheidung des EuGH?, NZG 2012, 1241; *Kruis/Widmayer*, Grenzüberschreitende Umstrukturierungen nach der „VALE"-Entscheidung des EuGH – Gesellschafts- und steuerrechtliche Perspektiven, CFL 2012, 349; *Lau Hansen*, The Vale Decision and the Court's Case Law on the Nationality of Companies, ECFR 2013, 1; *Mansel/Thorn/Wagner*, Europäisches Kollisionsrecht 2012: Voranschreiten des Kodifikationsprozesses – Flickenteppich des Einheitsrechts, IPRax 2013, 1; *Messenzehl/Schwarzfischer*, Der EuGH macht den Weg frei für den grenzüberschreitenden Formwechsel, BB 2012, 2072; *Mördorf/Jopen*, Anmerkung zum EuGH-Urteil VALE (ZIP 2012, 1394), ZIP 2012, 1398; *Mörsdorf*, The Legal Mobility of Companies within the European Union through Cross-Border Conversion, CMLR 49 (2012) 629; *Mörsdorf-Schulte*, Grenzüberschreitende Mobilität von Gesellschaften in der EU nach dem Vale-Urteil des EuGH, KSzW 2014, 117; *Mutter/Kruchen*, Grenzüberschreitender Formwechsel einer Gesellschaft („Vale"), EWiR 2012, 541; *Myszke-Nowakoska*, The Role of Choice of Law Rles in Shapping Free Movement of Companies (2013), Rn. 213 ff.; *Nagy*, Grenzüberschreitende Umwandlung in einem rechtlichen Vakuum: die Folgeentscheidung desungarischen Obersten Gerichtshofs im Fall VALE, IPRax 2013, 582; *Prelič/Prostor*, Grenzüberschreitender Statutenwechsel und Änderung der rechtlichen Organisationsform der Gesellschaft in der EU, ZfRV 2014, 27; *Rammeloo*, Freedom of establishment: cross-border transfer of company "seat" – The last piece of the puzzle?, MJ 2012, 563; *Ringe*, Corporate Mobility in the European Union – a Flash in the Pan? An empirical study on the success of lawmaking and regulatory competition, ECFR 2013, 230; *Roth, G.*, Das Ende der Briefkastengründungen? – Vale contra Centros, ZIP 2012, 1744; *Roth, G.*, Die Sitztrennung im europäischen Gesellschaftsrecht nach Vale, in: Festschrift für Hellwig Torggler, 2013, S. 1023; *Roth, W.-H.*, Grenzüberschreitender Rechtsformwechsel nach VALE, in: Festschrift für Michael Hoffmann-Becking, 2013, S. 965; *Rubner/Leurering*, Grenzüberschreitende Verlegung des Satzungssitzes, NJW-Spezial 2012, 527; *Ruiner*, Fortentwicklung des EuGH-Urteils in der Rs. Cartesio durch die Schlussanträge des GA Jääskinen in der Rs. Vale Építési kft., IStR 2012, 257; *Schmidt*, Grenzüberschreitender Formwechsel im „Bermuda-Dreieck" von Sevic, Cartesio und VALE, GPR 2012, 144; *Schön*, Das System der gesellschaftsrechtlichen Niederlassungsfreiheit nach VALE, ZGR 2013, 333; *Schönhaus/Müller*, Grenzüberschreitender Formwechsel aus gesellschafts- und steuerrechtlicher Sicht, IStR 2013, 174; *Schopper/Skarics*, Grenzüberschreitende Umwandlungen nach der Entscheidung des EuGH in der Rs. VALE, NZ 2012, 321; *Schulte*, Innereuropäische Sitzverlegungen nach der VALE-Entscheidung des EuGH, IWRZ 2016, 3; *Sibony*, La transformation transfrontalière d'une société est une modalité d'établissement, RTD. eur. 2013, 181; *Szabó/Sørensen*, Cross-Border Conversion of Companies in the EU: The Impact of the Vale Judgment, ICCLJ 10 (2013) 43; *Teichmann*, Der grenzüberschreitende Formwechsel ist spruchreif: das Urteil des EuGH in der Rs. Vale, DB 2012, 2085; *Thiermann*, „Grenzüberschreitende Neugründung einer Gesellschaft" – ein neues Rechtsinstitut innerhalb der Europäischen Union?, EuZW 2012, 209; *Thömmes*, Grenzüberschreitende Umwandlung von Gesellschaften, NWB 2012, 3018; *Van Eck/Roelofs*, Vale: Increasing Corporate Mobility from Outbound to Inbound Cross-Border Conversion?, ECL 9 (2012), 319; *Vermeylen*, VALE Építési: la mobilité transfrontalière du siège statutaire est-elle un droit?, JDE 2012, 276; *Verse*, Niederlassungsfreiheit und grenzüberschreitende Sitzverlegung – Zwischenbilanz nach „National Grid Indus" und „Vale", ZEuP 2013, 458; *Weller*, EuGH: Grenzüberschreitende Umwandlung einer Gesellschaft – VALE, LMK 2012, 336113; *Weller/Rentsch*, Die Kombinationslehre beim grenzüberschreitenden Rechtsformwechsel –Neue Impulse durch das Europarecht, IPRax 2013, 530; *Werdnik*, Zur Niederlassungsfreiheit und grenzüberschreitenden Mobilität von Gesellschaften – EuGH Rs. Vale, RWZ 2012, 317; *Wicke*, Zulässigkeit des grenzüberschreitenden Formwechsels Rechtssache „Vale" des Europäischen Gerichtshofs zur Niederlassungsfreiheit, DStR 2012, 1756; *Wilhelmi*, Die Freizügigkeit von Gesellschaften in der Europäischen Union – von Daily Mail bis VALE, in: Grenzüberschreitendes Recht – Crossing Frontiers: Festschrift für Kay Hailbronner, 2013, S. 531; *Wöhlert/Degen*, Die neue Mobilität von Gesellschaften in Europa nach „Vale" und „National Grid Indus", GWR 2012, 432; *Wohlrab*, Der grenzüberschreitende Formwechsel als Mittel der Mobilität im Binnenmarkt, GPR 2012, 316.

1. Sachverhalt

81 In der bislang aktuellsten EuGH-Entscheidung zur Zuzugsfreiheit von Gesellschaften ging es, wie auch beim Sevic-Urteil (Rn. 75 ff.), im Grundsatz um Fragen der Zulässigkeit einer grenzüberschreitenden Umwandlung. Diese Entscheidung betraf jedoch nicht eine Verschmelzung, sondern – nach Ansicht des Gerichtshofs – einen Formwechsel in einen anderen Mitgliedstaat. Die Vale Costruzioni Srl wurde am 27.9.2000 als italienische GmbH (dazu § 14 Rn. 399 ff.) gegründet und am 16.11.2000 wirksam in das zuständige Handelsregister in Rom eingetragen. Im Februar 2006 beantragte die Gesellschaft ihre Löschung im italienischen Handelsregister mit Hinweis auf die Absicht, ihren **Satzungssitz** und ihre Geschäftstätigkeit nach Ungarn verlegen zu wollen

und daher ihre Tätigkeiten in Italien einzustellen.[312] Daraufhin wurde die Vale Costruzioni Srl von der Registerbehörde in Rom mit dem Vermerk „Löschung und Sitzverlegung" aus dem Handelsregister gelöscht. Da die italienische Vale Costruzioni Srl ursprünglich beabsichtigte, ihren (Satzungs-) Sitz nach Ungarn zu verlegen und dort als Gesellschaft ungarischen Rechts tätig zu werden, schlossen der Geschäftsführer der Vale Costruzioni Srl und eine weitere natürliche Person im November 2006 einen Gesellschaftsvertrag zur Gründung der Vale Építési kft als eine ungarische Gesellschaft mit beschränkter Haftung (ungarische GmbH), um diese in das entsprechende ungarische Handelsregister einzutragen.[313] Im Januar 2007 beantragten die Mitglieder des Vertretungsorgans der gegründeten Vale Építési kft die Eintragung der ungarischen Gesellschaft beim Handelsregister in Budapest. In der Anmeldung zur Eintragung der Gesellschaft wurde die italienische Vale Costruzioni Srl als **Rechtsvorgängerin** der neuen Vale Építési kft angegeben. Die Angabe des Rechtsvorgängers bei einer formwechselnden Umwandlung ist im ungarischen Recht nach § 25 I lit. g, § 57 IV des ungarischen Gesetzes über die Firmenpublizität, das handelsrechtliche Verfahren und die Liquidation[314] vorgeschrieben.

Das Handelsregister wies den Antrag auf Eintragung der Vale Építési kft jedoch zurück. Das Bezirksgericht Budapest als zweite Instanz bestätigte den Zurückweisungsbeschluss.[315] Es begründete dies damit, dass „eine in Italien gegründete und eingetragene Gesellschaft aufgrund der in Ungarn geltenden Rechtsvorschriften [...] ihren (Satzungs-) Sitz nicht nach Ungarn verlegen" könne.[316] Eine nicht-ungarische Gesellschaft könne demzufolge nicht als Rechtsvorgängerin ins Handelsregister eingetragen werden.[317] Die gegründete, jedoch noch nicht eingetragene Vale Építési kft legte daraufhin Beschwerde beim Obersten Gerichtshof von Ungarn ein und forderte die Aufhebung des Zurückweisungsbeschlusses sowie die Eintragung der Gesellschaft in das ungarische Handelsregister. Die Gesellschaft begründete dies damit, dass der Zurückweisungsbeschluss die Bestimmungen der Niederlassungsfreiheit nach Art. 49, 54 AEUV verletze, da der grundlegende **Unterschied** zwischen einer grenzüberschreitenden Sitzverlegung ohne Änderung des auf die Gesellschaft anwendbaren Rechts[318] und einer grenzüberschreitenden Umwandlung in Form eines Rechtsformwechsels verkannt werde.[319] 82

Das Oberste Gericht Ungarns bestätigte indes die Auffassungen der Instanzgerichte indem es ausführte, dass die Verlegung des (Satzungs-) Sitzes einer ausländischen Gesellschaft zusammen mit einer **Neugründung** einer einheimischen Gesellschaft nach ungarischem Recht nicht als formwechselnde Umwandlung vorgenommen werden könne, da die nationalen Umwandlungsvorschriften nur auf innerstaatliche Sachverhalte anwendbar seien.[320] Das Gericht zweifelte jedoch auch an der Vereinbarkeit derartiger nationaler Vorschriften mit der Niederlassungsfreiheit. Daher setzte es das laufende Verfahren aus und legte dem EuGH die Frage vor, ob die Zulässigkeit einer grenzüberschreitenden formwechselnden Umwandlung von den Art. 49, 54 AEUV erfasst ist und wenn ja, ob auf einen solchen Vorgang die nationalen Vorschriften über innerstaatliche Umwandlungsmaßnahmen angewandt werden können.[321] 83

2. Entscheidung

Nachdem der EuGH den Vorgang als grenzüberschreitenden Formwechsel qualifiziert hatte, führte er mit Verweis auf die Sevic-Entscheidung aus, dass Umwandlungen iS eines Formwechsels grundsätzlich zu den wirtschaftlichen Tätigkeiten von Gesellschaften gehören, bei denen die Mitgliedstaaten die Niederlassungsfreiheit beachten müssen.[322] Der Gerichtshof stellt auch nochmals klar, dass die Einschränkung des obiter dictums der Cartesio-Entscheidung („soweit dies nach diesem Recht möglich ist")[323] dieser Aussage nicht entgegen steht, da diese nicht dahingehend verstanden werden kann, dass damit die innerstaatlichen Umwandlungsvorschriften des Zuzugsstaates der Niederlassungsfreiheit entzogen werden können.[324] Der **Anwendungsbereich** der Niederlassungsfreiheit war für den grenzüberschreitenden Rechtsformwechsel im Fall Vale daher **eröffnet**. 84

Da die ungarischen Vorschriften nur den Formwechsel einer Gesellschaft erlauben, die schon ihren Satzungssitz in Ungarn hat, es sich also bereits um eine ungarische Gesellschaftsform handelt, stellen diese Regelungen eine unterschiedliche Behandlung von Gesellschaften in Abhängigkeit davon dar, ob es sich um einen innerstaatli- 85

312 EuGH, Rs. C-378/10 (Vale), ECLI:EU:C:2012:440 = NJW 2012, 2715, Rn. 9.
313 EuGH, Rs. C-378/10 (Vale), ECLI:EU:C:2012:440 = NJW 2012, 2715, Rn. 10.
314 Das Gesetz Nr. V von 2006 über die Firmenpublizität, das handelsgerichtliche Verfahren und die Liquidation (A cégnyilvánosságról, a bírósági cégeljárásról és a végelszámolásról szóló 2006. évi V. törvény).
315 EuGH, Rs. C-378/10 (Vale), ECLI:EU:C:2012:440 = NJW 2012, 2715, Rn. 12.
316 EuGH, Rs. C-378/10 (Vale), ECLI:EU:C:2012:440 = NJW 2012, 2715, Rn. 12.
317 EuGH, Rs. C-378/10 (Vale), ECLI:EU:C:2012:440 = NJW 2012, 2715, Rn. 12.
318 Vgl. EuGH, Rs. C-210/06 (Cartesio), ECLI:EU:C:2008:723 = NZG 2009, 61, Rn. 109.
319 EuGH, Rs. C-378/10 (Vale), ECLI:EU:C:2012:440 = NJW 2012, 2715, Rn. 13 f.
320 EuGH, Rs. C-378/10 (Vale), ECLI:EU:C:2012:440 = NJW 2012, 2715, Rn. 15.
321 EuGH, Rs. C-378/10 (Vale), ECLI:EU:C:2012:440 = NJW 2012, 2715, Rn. 15 f.
322 EuGH, Rs. C-378/10 (Vale), ECLI:EU:C:2012:440 = NJW 2012, 2715, Rn. 14; mit Verweis auf EuGH, Rs. C-411/03 (Sevic), ECLI:EU:C:2005:762 = NZG 2006, 112, Rn. 19.
323 EuGH, Rs. C-210/06 (Cartesio), ECLI:EU:C:2008:723 = NZG 2009, 61, Rn. 112.
324 EuGH, Rs. C-378/10 (Vale), ECLI:EU:C:2012:440 = NJW 2012, 2715, Rn. 32.

chen oder einen grenzüberschreitenden Rechtsformwechsel handelt. Diese unterschiedliche Behandlung ist auch geeignet, Gesellschaften, die nach dem Recht eines anderen Mitgliedstaates gegründet wurden, davon abzuhalten, von der ihr zustehenden Niederlassungsfreiheit Gebrauch zu machen.[325] Durch die ungarischen Regelungen wird die Niederlassungsfreiheit iSd Art. 49, 54 AEUV daher **beschränkt.**

86 Bezüglich einer Rechtfertigung der vorliegenden Beschränkung betonte der EuGH mit Verweis auf die Sevic-Entscheidung zunächst erneut, dass eine unterschiedliche Behandlung von innerstaatlichen und grenzüberschreitenden Umwandlungsvorgängen nicht schon durch das Fehlen europäischer Harmonisierungsvorschriften gerechtfertigt werden kann. Auch wenn solche Vorschriften gewiss hilfreich wären, könne deren Existenz keine Vorbedingung für die Ausgestaltung der Niederlassungsfreiheit von Gesellschaften sein.[326] Die im Vale-Sachverhalt bestehende Beschränkung könne somit nur durch zwingende Gründe des Allgemeininteresses, wie zB den Schutz der Interessen von **Gläubigern, Minderheitsgesellschaften** oder **Arbeitnehmern** gerechtfertigt werden. Nach der Gebhard-Formel müssen diese jedoch auch zur Erreichung der damit verfolgten Ziele geeignet sein und dürfen nicht über das hinausgehen, was zu ihrer Erreichung erforderlich ist.[327] Eine Rechtfertigung der Beschränkung greift im vorliegenden Fall allerdings nicht ein, denn das ungarische Recht schließt einen grenzüberschreitenden Rechtsformwechsel **generell** aus. Ein solcher könne also auch dann nicht durchgeführt werden, wenn die genannten Schutzinteressen nicht beeinträchtigt wären. Neben der fehlenden Geeignetheit gehen die ungarischen Regelungen auch über das hinaus, was zum Schutz dieser Interessen erforderlich ist, stellen also nicht das mildeste zur Verfügung stehende Mittel dar.[328] Nationale Vorschriften, die zwar die Möglichkeit eines innerstaatlichen Rechtformwechsels vorsehen, einem entsprechenden grenzüberschreitenden Rechtsformwechsel jedoch die Eintragung in das einheimische Handelsregister verweigern und ihn damit generell nicht zulassen, sind mit der Niederlassungsfreiheit nach Art. 49, 54 AEUV nicht vereinbar.[329] Wie bei einer grenzüberschreitenden Verschmelzung ist jedoch auch bei einem grenzüberschreitenden Formwechsel davon auszugehen, dass bei der Rechtfertigung von Beschränkungen der Niederlassungsfreiheit ein grundsätzlich weiterreichender Beurteilungsspielraum für die Mitgliedstaaten besteht.[330]

87 Für den Fall, dass die in Rede stehenden ungarischen Vorschriften gegen die Niederlassungsfreiheit verstoßen, wollte das vorlegende ungarische Gericht weiterhin wissen, ob die Festlegung des innerstaatlichen Rechts und die Anwendung der nationalen Umwandlungsvorschriften, insbesondere der über die Gründung einer ungarischen Gesellschaft, auf einen grenzüberschreitenden Formwechsel, mit der Niederlassungsfreiheit vereinbar sind. Hierzu führte der EuGH zunächst aus, dass derzeit keine speziellen unionsrechtlichen Vorschriften für die Durchführung eines grenzüberschreitenden Rechtsformwechsels bestehen. Folglich können anwendbare Bestimmungen **nur im nationalen Recht** zu finden sein. Da die Durchführung eines grenzüberschreitenden Formwechsels aber die „sukzessive Anwendung von zwei nationalen Rechtsordnungen" erfordert,[331] sind für die Bestimmung eines solchen Vorgangs sowohl die nationalen Regelungen des Wegzugsstaates als auch die des Zuzugsstaates heranzuziehen (s. dazu auch Rn. 137).[332] Die sich aus der Zulässigkeit eines grenzüberschreitenden Formwechsels ergebende Möglichkeit der Durchführung eines solchen hängt damit – mangels unionsrechtlicher Verfahrensvorschriften – von der Anwendung des nationalen **(Umwandlungs-) Rechts** ab.[333] Der EuGH spricht hierbei allerdings nur generell von der Anwendung nationaler Vorschriften auf einen grenzüberschreitenden Formwechsel und erläutert, dass der Mitgliedstaat befugt ist, das maßgebliche innerstaatliche Recht festzulegen,[334] so dass unklar ist, welche konkreten Vorschriften des nationalen Rechts zur Geltung kommen.

88 Die Ausgestaltung der Anwendung des nationalen Rechts auf einen grenzüberschreitenden Formwechsel muss jedoch ihrerseits mit den in den Art. 49, 54 AEUV enthaltenen Zielsetzungen vereinbar sein. Insbesondere muss dem Äquivalenz- und Effektivitätsgrundsatz genüge getan werden.[335] Nach dem **Äquivalenzgrundsatz** darf die Durchführung eines grenzüberschreitenden Rechtsformwechsels im Vergleich zu einem entsprechenden innerstaatlichen Formwechsel nicht ungünstiger behandelt werden. Die Weigerung des ungarischen Handelsregisters, eine ausländische Gesellschaftsform als Rechtsvorgängerin einzutragen, war jedoch mit diesem Grundsatz nicht

325 EuGH, Rs. C-378/10 (Vale), ECLI:EU:C:2012:440 = NJW 2012, 2715, Rn. 36.
326 EuGH, Rs. C-378/10 (Vale), ECLI:EU:C:2012:440 = NJW 2012, 2715, Rn. 38; EuGH, Rs. C-411/03 (Sevic), ECLI:EU:C:2005:762 = NZG 2006, 112, Rn. 26; vgl. diesbezüglich zu konzernrechtlichen Fragen auch *Teichmann* ZGR 2014, 45, 67.
327 EuGH, Rs. C-378/10 (Vale), ECLI:EU:C:2012:440 = NJW 2012, 2715, Rn. 39.
328 EuGH, Rs. C-378/10 (Vale), ECLI:EU:C:2012:440 = NJW 2012, 2715, Rn. 40.
329 EuGH, Rs. C-378/10 (Vale), ECLI:EU:C:2012:440 = NJW 2012, 2715, Rn. 41.
330 Generell *Ego* in: MüKo AktG, 2017, Europäische Niederlassungsfreiheit, Rn. 160; für Wegzugskonstellationen s. auch Rn. 125.
331 EuGH, Rs. C-378/10 (Vale), ECLI:EU:C:2012:440 = NJW 2012, 2715, Rn. 37, 44.
332 EuGH, Rs. C-378/10 (Vale), ECLI:EU:C:2012:440 = NJW 2012, 2715, Rn. 43.
333 EuGH, Rs. C-378/10 (Vale), ECLI:EU:C:2012:440 = NJW 2012, 2715, Rn. 49.
334 EuGH, Rs. C-378/10 (Vale), ECLI:EU:C:2012:440 = NJW 2012, 2715, Rn. 62.
335 EuGH, Rs. C-378/10 (Vale), ECLI:EU:C:2012:440 = NJW 2012, 2715, Rn. 48.

vereinbar, weshalb auch diesbezüglich das ungarische Vorgehen gegen die Niederlassungsfreiheit verstieß.[336] Nach dem **Effektivitätsgrundsatz** darf die Anwendung des nationalen Rechts auf einen grenzüberschreitenden Formwechsel auch die Ausübung der durch die Unionsrechtsordnung verliehenen Rechte, nämlich die Durchführung eines Hereinformwechsels, nicht praktisch unmöglich machen oder übermäßig erschweren.[337] Der durch den EuGH vorgegebenen Zulässigkeit eines grenzüberschreitenden Formwechsels in einen anderen Mitgliedstaat muss mittels dessen **Durchführbarkeit** somit auch praktische Wirksamkeit[338] verliehen werden. Dies bedeutet insbesondere, dass der Zuzugsstaat den von der Behörde des Wegzugsstaats ausgestellten Dokumenten, die zB bestätigen, dass dessen nationalen Vorgaben bezüglich eines grenzüberschreitenden Formwechsels eingehalten wurden, gebührend Rechnung zu tragen hat.[339] Nur wenn sowohl der Äquivalenz- als auch der Effektivitätsgrundsatz bei der Ausgestaltung des auf einen grenzüberschreitenden Rechtsformwechsel anzuwendenden nationalen Rechts angemessen berücksichtigt wurde, ist dessen Anwendung, zB bezüglich der Gründungsvorschriften der entsprechenden nationalen Gesellschaftsform auf den durch den grenzüberschreitenden Rechtsformwechsel entstehenden inländischen Zielrechtsträger, mit den Vorgaben der Niederlassungsfreiheit konform.

Insbesondere der Äquivalenzgrundsatz sollte **nicht** dahingehend interpretiert werden, dass ein grenzüberschreitender und ein innerstaatlicher Formwechsel **vollkommen gleich** behandelt werden müssen.[340] Dort, wo die strenge Anwendung des Äquivalenzprinzips im Ergebnis dazu führen würde, dass die Niederlassungsfreiheit bezüglich eines grenzüberschreitenden Formwechsels faktisch vereitelt würde, zwingt der Effektivitätsgrundsatz zur Anpassung des nationalen Formwechselrechts auf den grenzüberschreitenden Sachverhalt.[341] Auch der Effektivitätsgrundsatz impliziert indes nicht, dass jede mitgliedstaatliche Regelung, die das geltende Unionsrecht (potenziell) behindert, als unzulässig anzusehen ist. Gewisse Besonderheiten des nationalen Rechts können durchaus bestehen bleiben.[342] Es ist vielmehr zu beurteilen, ob eine mitgliedstaatliche Vorschrift die Wirksamkeit des Unionsrechts im Hinblick auf den ***effet utile*** praktisch unmöglich macht bzw. eine derart faktische Wirkung entfaltet.[343] Insofern setzt die Anwendung des Effektivitätsgrundsatzes eine Abwägung zwischen der Gestaltungsautonomie der Mitgliedstaaten und dem europäischen Interesse an der Verwirklichung des Primärrechts voraus.[344] 89

E. Auswirkungen auf grenzüberschreitende Mobilität und Strukturmaßnahmen

Die dargestellte Rechtsprechung zur Niederlassungsfreiheit von Gesellschaften bei grenzüberschreitenden Sitzverlegungen und Umwandlungen ist im Ausgangspunkt **einzelfallbezogen**. Die jeweiligen Aussagen des EuGH sind daher in erster Linie im Lichte des vorgelegten Sachverhalts zu verstehen.[345] Gleichwohl nimmt der EuGH in seinen Ausführungen immer wieder Bezug zu vorangegangenen Entscheidungen in ähnlich gelagerten Fällen, so dass ihm durchaus eine **systematische Kohärenz** im Hinblick auf die Ausgestaltung der Niederlassungsfreiheit für Gesellschaften unterstellt werden kann. Hieraus lassen sich wiederum sachverhaltsübergreifende Konsequenzen für die Behandlung von grenzüberschreitenden Sitzverlegungen und Umwandlungen ableiten, die insbesondere für die Betrachtung des nationalen Rechts auf Basis der primärrechtlichen Vorgaben von Bedeutung sind. 90

I. Identitäts- und statuswahrende Verwaltungssitzverlegung

1. Kapitalgesellschaften

a) Europäisches Recht

Die aus praktischer Sicht größte Bedeutung grenzüberschreitender Sitzverlegungen kommt bislang einer **identitäts- und statuswahrenden** Verlegung des Verwaltungssitzes einer Kapitalgesellschaft in einen anderen Mitglied- 91

336 EuGH, Rs. C-378/10 (Vale), ECLI:EU:C:2012:440 = NJW 2012, 2715, Rn. 54 ff.
337 EuGH, Rs. C-378/10 (Vale), ECLI:EU:C:2012:440 = NJW 2012, 2715, Rn. 48.
338 Vgl. allgemein zum effet utile im Unionsrecht *Martens*, Methodenlehre des Unionsrechts, 2013, S. 463 ff., 472 ff.; s. auch § 2 Rn. 127 ff.
339 EuGH, Rs. C-378/10 (Vale), ECLI:EU:C:2012:440 = NJW 2012, 2715, Rn. 61 f.
340 *Schaper* ZIP 2014, 810, 812; *Stiegler*, Grenzüberschreitende Sitzverlegungen nach deutschem und europäischem Recht, 2017, S. 156.
341 *Szabó/Sørensen* ICCLJ 10 (2013) 43, 51; *Stiegler*, Grenzüberschreitende Sitzverlegungen nach deutschem und europäischem Recht, 2017, S. 156.
342 *Weller/Rentsch* IPRax 2013, 530, 535; *Stiegler*, Grenzüberschreitende Sitzverlegungen nach deutschem und europäischem Recht, 2017, S. 156; problematisierend auch *Biermeyer* CMLR 50 (2013) 571, 581 f.
343 *Nettesheim* in: GS Grabitz, 1995, S. 447, 449 f.; *Brinker* in: FS Schwarze, 2014, S. 536, 540.
344 *Stiegler*, Grenzüberschreitende Sitzverlegungen nach deutschem und europäischem Recht, 2017, S. 156.
345 *Stiegler*, Grenzüberschreitende Sitzverlegungen nach deutschem und europäischem Recht, 2017, S. 435; vgl. auch *Borg-Barthet* ICLQ 62 (2013) 503, 511 f.; *Baert* EBLR 2015, 581, 582; *Stolowy* J.B.L. 2015, 620, 629.

staat zu. So betrafen auch die meisten bisher ergangenen EuGH-Entscheidungen (faktisch) eine grenzüberschreitende Verwaltungssitzverlegung unter Beibehaltung der nationalen Gesellschaftsform.[346] Für die Durchführung einer solchen identitätswahrenden Sitzverlegung, dh ohne Auflösung und Liquidation der Gesellschaft, bedarf es sowohl der Zulässigkeit aus Sicht des Wegzugsstaates (Herkunftsstaates) als auch des Zuzugsstaates (Ziel- bzw. Aufnahmestaat), in den der Verwaltungssitz verlegt werden soll.[347] Beim „**Zuzug**" in einen Mitgliedstaat geht es dabei primär um die Anerkennung der im Wegzugsstaat gegründeten und bestehenden Gesellschaft als solche; beim „**Wegzug**" hingegen in erster Linie darum, ob der Gründungsstaat der Gesellschaft die Verlegung des Verwaltungssitzes unter Wahrung der Identität und Rechtsform des nationalen Rechtsträgers zulässt und ob sich insofern die betroffene Gesellschaft als vom persönlichen Anwendungsbereich der Niederlassungsfreiheit erfasstes Rechtssubjekt auf diese berufen kann.[348] Aus mitgliedstaatlicher Sicht ist in diesem Zusammenhang vor allem auch das **Zusammenspiel** von nationalem (Gesellschafts-) Kollisionsrecht und materiellem Recht sowie deren Verhältnis zur durch den EuGH geprägten Niederlassungsfreiheit von Gesellschaften von Bedeutung.

aa) Wegzug

92 Denklogisch stellt sich die Frage nach der zulässigen Durchführung einer grenzüberschreitenden Verwaltungssitzverlegung zunächst auf Ebene des Rechts des Herkunftsmitgliedstaates der Gesellschaft. Nur wenn dieser den identitäts- und statuswahrenden Wegzug der Gesellschaft zulässt, ist in einem zweiten Schritt deren Anerkennung durch den Zuzugsstaat festzustellen. Für eine entsprechende Wegzugsfreiheit kommt es dabei entscheidend darauf an, ob sich die Gesellschaft überhaupt auf die Niederlassungsfreiheit berufen kann und insbesondere von **Art. 54 I AEUV** erfasst ist.

93 Nach Ansicht des EuGH stehen Gesellschaften natürlichen Personen dabei nur insofern gleich, wenn sie nach den Rechtsvorschriften des **Herkunftsstaates wirksam gegründet** wurden und ihren Satzungssitz, Verwaltungssitz oder ihre Hauptniederlassung in der EU (bzw. dem EWR) haben.[349] Als „**Vorfrage**" der Anwendbarkeit der Niederlassungsfreiheit gem. Art. 49 AEUV stellt der EuGH in den bisherigen Wegzugsentscheidungen für die Berufung auf die Niederlassungsfreiheit jeweils auf das Bestehen einer Gesellschaft iS von Art. 54 I AEUV ab.[350] Die Beantwortung dieser Vorfrage richtet sich dabei grundsätzlich autonom nach nationalem Recht.[351] Es liegt somit in der Kompetenz der Mitgliedstaaten, über die Zugehörigkeit einer Gesellschaft zu ihrer Rechtsordnung zu befinden und damit im Ergebnis, ob sich diese insofern auf die Niederlassungsfreiheit berufen können.[352] Die entsprechende Gestaltungshoheit eines Mitgliedstaates beschränkt sich dabei nicht nur auf das materielle Gesellschaftsrecht, sondern umfasst grundsätzlich auch die **kollisionsrechtlichen Wertungen** und Vorgaben des jeweiligen Wegzugsstaates.[353] Die Mitgliedstaaten können daher auch die kollisionsrechtliche Anknüpfung bestimmen, die eine Gesellschaft aufweisen muss, um als nationaler Rechtsträger anerkannt zu werden und damit in den Genuss der Niederlassungsfreiheit zu kommen.[354] Knüpft der Wegzugsstaat daher die Verwendung einer nationalen Gesellschaftsform kollisions- oder sachrechtlich an das Vorhandensein eines sich im Inland befindlichen Verwaltungssitzes an, verliert die Gesellschaft im Rahmen einer grenzüberschreitenden Verwaltungssitzver-

---

346 Vgl. chronologisch EuGH, Rs. 81/87 (Daily Mail), ECLI:EU:C:1988:456 = NJW 1989, 2186 (dazu Rn. 32 ff.); EuGH, Rs. C-212/97 (Centros), ECLI:EU:C:1999:126 = NZG 1999, 298 (dazu Rn. 56 ff.); EuGH, Rs. C-208/00 (Überseering), ECLI:EU:C:2002:632 = NZG 2002, 1164 (dazu Rn. 63 ff.); EuGH, Rs. C-167/01 (Inspire Art), ECLI:EU:C:2003:512 = NJW 2003, 3331 (dazu Rn. 68 ff.); EuGH, Rs. C-210/06 (Cartesio), ECLI:EU:C:2008:723 = NZG 2009, 61 (dazu Rn. 36 ff.); EuGH, Rs. C-371/10 (National Grid Indus), ECLI:EU:C:2011:785 = NZG 2012, 114 (dazu Rn. 40 ff.); EuGH, Rs. C-378/10 (Vale), ECLI:EU:C:2012:440 = NJW 2012, 2715 (dazu Rn. 81 ff.); EuGH, Rs. C-106/16 (Polbud), ECLI:EU:C:2017:804 = BeckRS 2017, 128964 (dazu Rn. 46 ff.).

347 *Weller* in: FS Blaurock, 2013, S. 497, 500 f.

348 *Stiegler*, Grenzüberschreitende Sitzverlegungen nach deutschem und europäischem Recht, 2017, S. 104.

349 Vgl. EuGH, Rs. C-210/06 (Cartesio), ECLI:EU:C:2008:723 = NZG 2009, 61, Rn. 109; EuGH, Rs. C-371/10 (National Grid Indus), ECLI:EU:C:2011:785 = NZG 2012, 114, Rn. 26; EuGH, Rs. 81/87 (Daily Mail), ECLI:EU:C:1988:456, Rn. 19.

350 Vgl. EuGH, Rs. C-210/06 (Cartesio), ECLI:EU:C:2008:723 = NZG 2009, 61, Rn. 109; EuGH, Rs. C-371/10 (National Grid Indus), ECLI:EU:C:2011:785 = NZG 2012, 114, Rn. 26.

351 Mit Bezug auf Art. 54 I AEUV vgl. *Müller-Graff* in: Streinz (Hrsg.), EUV/AEUV, 2. Aufl. 2012, Art. 54 AEUV Rn. 8; *Tiedje* in: von der Groeben/Schwarze/Hatje (Hrsg.), Europäisches Unionsrecht, 2015, Art. 54 AEUV Rn. 45.

352 *Teichmann* in: FS Hommelhoff, 2012, S. 1213, 1218; *ders.* in: Gebauer/Teichmann (Hrsg.), Europäisches Privat- und Unternehmensrecht, 2016, § 6 Rn. 42; *Stiegler*, Grenzüberschreitende Sitzverlegungen nach deutschem und europäischem Recht, 2017, S. 100; *Wilhelmi* in: FS Hailbronner, 2013, S. 531, 543.

353 *Kindler* NZG 2009, 130, 131; *Stiegler*, Grenzüberschreitende Sitzverlegungen nach deutschem und europäischem Recht, 2017, S. 100; *Teichmann* in: FS Hommelhoff, 2012, S. 1213, 1219 f.

354 In diesem Sinne EuGH, Rs. C-210/06 (Cartesio), ECLI:EU:C:2008:723 = NZG 2009, 61, Rn. 110; EuGH, Rs. C-371/10 (National Grid Indus), ECLI:EU:C:2011:785 = NZG 2012, 114, Rn. 27.

legung grundsätzlich ihre Eigenschaft als inländischer Rechtsträger dieses Staates.[355] In diesem Fall besteht dann auch **kein Rechtssubjekt,** dass sich gem. Art. 54 I AEUV auf die Niederlassungsfreiheit berufen kann.[356]

Auch wenn diese vom EuGH verfolgte Sichtweise zT erheblicher **Kritik** ausgesetzt ist,[357] sind dessen Aussagen im Hinblick auf den Wortlaut des Art. 54 I AEUV und dessen Bedingung als Voraussetzung für die Anwendbarkeit der Niederlassungsfreiheit gem. Art. 49 I AEUV jedoch im Ergebnis **konsequent.**[358] Dass der EuGH diese insbesondere in der Cartesio-Entscheidung (s. Rn. 36) aufgestellten Grundsätze auch weiterhin verfolgt, wurde vor allem durch die National Grid Indus-Entscheidung (s. Rn. 40 ff.) ersichtlich, wo jedoch mit der Abgrenzung zur Daily Mail-Entscheidung (s. Rn. 32 ff.) gleichzeitig eine für die Praxis wichtige Konkretisierung erfolgte: Lässt der Wegzugsstaat aus gesellschaftsrechtlicher Sicht sowohl kollisions- als auch materiellrechtlich eine identitäts- und statuswahrende Verwaltungssitzverlegung in einen anderen Mitgliedstaat zu, so besteht ein Rechtssubjekt, das von Art. 54 I AEUV erfasst ist und sich bei Beschränkungen des Wegzugsstaates auf die Niederlassungsfreiheit berufen kann.[359] Die „Vorfrage" im Sinne der Cartesio-Entscheidung wurde insofern **positiv beantwortet,** so dass beschränkende Maßnahmen des Herkunftsstaates sich in diesem Fall an der Niederlassungsfreiheit zu messen haben.[360] Sanktioniert der Wegzugsstaat jedoch die identitätswahrende Verwaltungssitzverlegung ins Ausland als solche, kann sich die betroffene Gesellschaft grundsätzlich nicht **auf die Niederlassungsfreiheit berufen.**[361] Das gilt insbesondere, wenn der Wegzugsstaat der Sitztheorie folgt und/oder nach materiellem Gesellschaftsrecht einen sich im Inland befindlichen Verwaltungssitz fordert.[362] 94

bb) Zuzug

Lässt der Wegzugsstaat (Herkunftsmitgliedstaat) die grenzüberschreitende Verlegung des Verwaltungssitzes identitäts- und statuswahrend zu, gilt zu klären, ob und inwieweit der Aufnahmemitgliedstaat der zuziehenden Gesellschaft deren Anerkennung als ausländischen Rechtsträger aufgrund der Niederlassungsfreiheit zu gewährleisten hat. Maßgebend für eine entsprechende Anerkennungspflicht des Zuzugsstaates sind die Aussagen des EuGH in seinen um die Jahrtausendwende ergangenen Entscheidungen **Centros** (Rn. 57 ff.), **Überseering** (Rn. 63 ff.) und **Inspire Art** (Rn. 68 ff.). Ein Unterschied zwischen den Entscheidungen im Hinblick auf die jeweils einschlägige Zuzugskonstellation besteht jedoch dergestalt, dass es im Sachverhalt der Überseering-Entscheidung um die tatsächliche Verlegung des Verwaltungssitzes und insofern um die Ausübung der primären Niederlassungsfreiheit gem. Art. 49 I 1 AEUV ging, während bei den Entscheidungen Centros und Inspire Art faktisch vielmehr die erstmalige Begründung einer Hauptverwaltung in einem anderen Mitgliedstaat in Gestalt einer durch die Gesellschaft im Ausland gegründeten Zweigniederlassung in Rede stand, also zumindest formal die sekundäre Niederlassungsfreiheit gem. 49 I 2 AEUV betroffen war. Der EuGH legt in diesem Zusammenhang jedoch einen **weiten Zweigniederlassungsbegriff** zugrunde und setzt insofern nicht zwingend das tatsächliche Bestehen einer Hauptniederlassung im Gründungsstaat voraus, damit sich die Gesellschaft auf die Niederlassungsfreiheit berufen kann (s. bereits Rn. 71).[363] 95

Die grundsätzliche **Anerkennungspflicht des Zuzugsstaates** kann dabei sowohl Einfluss auf dessen nationales Gesellschaftskollisionsrecht als auch dessen materielles Gesellschaftsrecht haben. Aus Perspektive der Nieder- 96

355 *Stiegler*, Grenzüberschreitende Sitzverlegungen nach deutschem und europäischem Recht, 2017, S. 101.

356 *Armour/Ringe* CMLR 48 (2011) 125, 139; *Pantazatou* EBLR 2012, 945, 965; *Kalss/Klampfl*, Europäisches Gesellschaftsrecht, 2015, Rn. 102.

357 Vgl. *Kieninger* in: MüHdB GesR, IntGesR, 4. Aufl. 2013, § 52 Rn. 15; *Bayer/Schmidt* ZHR 173 (2009) 735, 743; *Frenzel* EWS 2009, 158, 160; *Grohmann/Gruschinske* EuZW 2008, 463, 464; *Mörsdorf* EuZW 2009, 97, 98; *Otte* EWS 2009, 38, 39; *Brakalova/Barth* DB 2009, 213, 217; *Lutter/Bayer/Schmidt*, Europäisches Unternehmens- und Kapitalmarktrecht, 2017, Rn. 7.41; *Paefgen* WM 2009, 529, 533 f.; *Zimmer/Naendrup* NJW 2009, 545, 538; *Leible/Hoffmann* BB 2009, 58, 59 f.; *Szydlo* CMLR 46 (2009) 703, 714 ff.; *Ludwigs* in: Dauses/Ludwigs (Hrsg.), EU-Wirtschaftsrecht, 44. EL 2018, E I Rn. 62; *Wiśniewski/Opalski* EBOR 10 (2009) 595, 606 f.

358 *Grundmann*, Europäisches Gesellschaftsrecht, 2011, Rn. 789; *Schall* ZfPW 2016, 407, 415; *Stiegler*, Grenzüberschreitende Sitzverlegungen nach deutschem und europäischem Recht, 2017, S. 104; trotz Vorbehalt im Ergebnis auch *Lutter/Bayer/Schmidt*, Europäisches Unternehmens- und Kapitalmarktrecht, 2017, Rn. 7.41; aA *Ludwigs* in: Dauses/Ludwigs (Hrsg.), EU-Wirtschaftsrecht, 44. EL 2018, E I Rn. 62.

359 *Verse* ZEuP 2013, 458, 463 f.; *W.-H. Roth* in: FS Hoffmann-Becking, 2013, S. 965, 970 f.; *Mörsdorf* EuZW 2012, 296, 297 ff.; *Schall/Barth* NZG 2012, 414, 418; *Stiegler*, Grenzüberschreitende Sitzverlegungen nach deutschem und europäischem Recht, 2017, S. 105; *Pantazatou* EBLR 2012, 945, 965; *Biermeyer* CMLR 50 (2013) 571, 578; wohl aA *Wall* in: Hausmann/Odersky, Internationales Privatrecht in der Notar- und Gestaltungspraxis, 2016, § 18 Rn. 71.

360 Überzeugend GA *Kokott*, Schlussanträge v. 8.9.2011, Rs. C-371/10, ECLI:EU:C:2011:563, Rn. 36 f.

361 *Bergmann* ZEuS 2012, 233, 243 f.; *Pantazatou* EBLR 2012, 945, 964 f.; *Stiegler*, Grenzüberschreitende Sitzverlegungen nach deutschem und europäischem Recht, 2017, S. 108.

362 So zB in Österreich mit § 4 I öGmbHG oder vormals in Deutschland mit § 4a II GmbHG aF.

363 Vgl. EuGH, Rs. C-167/01 (Inspire Art), ECLI:EU:C:2003:512 = NJW 2003, 3331, Rn. 95; kritisch dazu *Roth* in: Roth/Hilpold (Hrsg.), Der EuGH und die Souveränität der Mitgliedstaaten, 2008, S. 427, 445 f.

lassungsfreiheit – und dessen Ausgestaltung durch den EuGH – spielt es dem Grunde nach keine Rolle, ob eine die Zuzugsfreiheit einer ausländischen Gesellschaft beschränkende Maßnahme aufgrund der **kollisionsrechtlichen** Wertungen erfolgt oder auf den Bestimmungen des materiellen Rechts eines Mitgliedstaates basiert.[364] Der EuGH entscheidet insofern auf Basis der Wertungen des europäischen Rechts und damit unabhängig von der Kategorisierung einer nationalen Maßnahme als kollisionsrechtlich begründet oder sachrechtlich determiniert (vgl. zur Wegzugsfreiheit auch Rn. 93).[365] Die bestehende Ausgestaltung der Zuzugsfreiheit impliziert daher auch, dass die Mitgliedstaaten bereits auf kollisionsrechtlicher Ebene verpflichtet sind, eine zuziehende Auslandsgesellschaft als Rechtsform ihres Gründungs- bzw. Herkunftsstaates als solche anzuerkennen.[366] Insofern kommt der Niederlassungsfreiheit zumindest eine faktisch kollisionsrechtliche Wirkung zu. Die Niederlassungsfreiheit verhindert damit in Zuzugsfällen, dass es aufgrund gesellschaftskollisionsrechtlicher Wertungen eines Mitgliedstaates im Rahmen einer Verlegung des Verwaltungssitzes zu einer vom Aufnahmestaat angeordneten Zwangsauflösung oder -umwandlung des zuziehenden Rechtsträgers kommt. Im Ergebnis stellt die Niederlassungsfreiheit daher zumindest bei Zuzugsfällen eine **„versteckte Kollisionsnorm“** dar.[367] Im Sinne eines kollisionsrechtlichen „Herkunftslandprinzips“ sind ausländische Gesellschaften gemäß ihrer Gründungsrechtsordnung als solche anzuerkennen und auch ihre gesellschaftsrechtlichen Verhältnisse grundsätzlich hiernach zu beurteilen (zum Verhältnis mit der Kornhaas-Entscheidung s. Rn. 101).[368]

97 Dass insofern die an die Sitztheorie anknüpfenden Konsequenzen in gewissen Konstellationen gegen die Niederlassungsfreiheit verstoßen, bedeutet jedoch nicht, dass die **Sitztheorie** bzw. vergleichbare Anknüpfungskonzepte der Mitgliedstaaten insgesamt unionswidrig sind.[369] Der EuGH hat mit seiner Rechtsprechung zur Zuzugsfreiheit die Sitztheorie somit nicht als solche verworfen, sondern lediglich die damit zT einhergehenden Auswirkungen der Anknüpfung an den Verwaltungssitz für unvereinbar mit der Niederlassungsfreiheit erklärt. Hierauf bezogen wird im Hinblick auf die Gewährleistung eines identitäts- und statuswahrenden Zuzugs ausländischer Gesellschaften anstatt von Niederlassungsfreiheit oftmals auch von der sog **„europäischen Gründungstheorie“** gesprochen.[370] Aus der damit einhergehenden Anerkennungspflicht lässt sich daher auch ableiten, dass eine Konzeption wie die nach deutschem Recht für Gesellschaften aus Drittstaaten geltende sog „modifizierte Sitztheorie“ (dazu Rn. 110 f.) nicht mit der Niederlassungsfreiheit in Einklang zu bringen ist.[371]

98 Mit Blick auf die Überseering-Entscheidung des EuGH ergibt sich damit, dass der Zuzugsstaat im Rahmen seiner Anerkennungspflicht vor allem die **Rechts- und Parteifähigkeit** der ausländischen Gesellschaft als solche im Inland zu gewährleisten hat.[372] In Kombination mit den Wertungen des Inspire Art-Urteils wird jedoch erkennbar, dass auch **materiellrechtliche Überlagerungen** des ausländischen Gesellschaftsstatuts grundsätzlich eine Beschränkung der Niederlassungsfreiheit darstellen.[373] Denn auch die sekundäre Niederlassungsfreiheit verweist auf das Beschränkungsverbot der freien Niederlassung gem. Art. 49 I 1 AEUV.[374] In diesem Sinne gilt aufgrund der prinzipiellen Einheitlichkeit des Gesellschaftsstatuts die Anerkennungspflicht des Zuzugsstaates grundsätz-

---

364 *Leible* ZGR 2004, 531, 534; *ders.* in: Michalski ua (Hrsg.), GmbHG, 2017, Syst. Darst. 2, Rn. 51.

365 *Altmeppen* NJW 2004, 97, 100; *ders.* IWRZ 2017, 107, 109; *Gerner-Beuerle et al.*, Why do Businesses Incorporate in other EU Member States? ECGI Law Working Paper 361/2017, S. 3; *Krolop* in: Riesenhuber (Hrsg.), Europäische Methodenlehre, 3. Aufl. 2015, § 19 Rn. 51; *Zwirlein* GPR 2017, 182, 186 f.

366 Vgl. nur *Lutter/Bayer/Schmidt*, Europäisches Unternehmens- und Kapitalmarktrecht, 2017, Rn. 7.64; *Grundmann*, Europäisches Gesellschaftsrecht, 2011, Rn. 785; *Leible* in: Michalski ua (Hrsg.), GmbHG, 2017, Syst. Darst. 2, Rn. 51; *Schmidt* ZVglRWiss 116 (2017) 313, 320.

367 *Weller* in: FS Hommelhoff, 2012, S. 1275, 1282; *Kienle* in: MüHdB GesR, IntGesR, 4. Aufl. 2013, § 19 Rn. 7; *Leible/Hoffmann* RIW 2002, 925, 928; *Thomale* NZG 2011, 1290 ff.; *Eidenmüller* ZIP 2002, 2233, 2241; *ders.* RabelsZ 70 (2006) 474, 480; *Stiegler*, Grenzüberschreitende Sitzverlegungen nach deutschem und europäischem Recht, 2017, S. 112; *Zwirlein* GPR 2017, 182, 187; aA *Kindler* NJW 2003, 1073, 1076 f.

368 *Bayer/Schmidt* in: Lutter/Bayer (Hrsg.), Holding-Handbuch, 5. Aufl. 2015, Rn. 19.77; *Lutter/Bayer/Schmidt*, Europäisches Unternehmens- und Kapitalmarktrecht, 2017, Rn. 7.64; *Grundmann*, Europäisches Gesellschaftsrecht, 2011, Rn. 785; *Eidenmüller* JZ 2004, 24, 25; *Leible* RIW 2004, 531, 534; *Kienle* in: MüHdB GesR, IntGesR, 4. Aufl. 2013, § 19 Rn. 7; *Behrens/Hoffmann* in: Ulmer/Habersack/Löbbe (Hrsg.), GmbHG, 2013, Einl. B Rn. 41; *Ebke* SMU Law Review 68 (2015) 1021, 1037 f.; kritisch im Hinblick auf die Kornhaas-Entscheidung des EuGH *Schall* ZIP 2016, 289, 292.

369 *Altmeppen* DStR 2000, 1061; *Hirte* EWS 2003, 521, 522; *Eidenmüller* ZIP 2002, 2233, 2241; *W.-H. Roth* ZGR 2000, 311, 317.

370 *Kindler* in: MüKo BGB, 2015, IntGesR, Rn. 361, 363; *Grundmann*, Europäisches Gesellschaftsrecht, 2011, Rn. 785; *Bayer/Schmidt* ZHR 173 (2009) 735, 739; *Bayer* in: Lutter/Hommelhoff (Hrsg.), GmbHG, 19. Aufl. 2016, § 4a Rn. 10; *Leible/Hoffmann* ZIP 2003, 925, 926; *Schmidt* in: Michalski ua (Hrsg.), GmbHG, 3. Aufl. 2017, § 4a Rn. 15; *Weller* in: FS Goette, 2011, S. 583, 587 f.

371 *Ebke* JZ 2003, 927, 929; *Wertenbruch* NZG 2003, 618, 619; *Zimmer* ZHR 168 (2004) 355, 360; *Stiegler*, Grenzüberschreitende Sitzverlegungen nach deutschem und europäischem Recht, 2017, S. 113; *Wall* in: Hausmann/Odersky (Hrsg.), Internationales Privatrecht in der Notar- und Gestaltungspraxis, 2016, § 18 Rn. 79.

372 Vgl. EuGH, Rs. C-208/00 (Überseering), ECLI:EU:C:2002:632 = NZG 2002, 1164, Rn. 93 f.

373 Vgl. EuGH, Rs. C-167/01 (Inspire Art), ECLI:EU:C:2003:512 = NJW 2003, 3331, Rn. 73.

374 Insofern zur Gleichstellung von kollisionsrechtlichen und materiell-rechtlichen Beschränkungen *Stiegler*, Grenzüberschreitende Sitzverlegungen nach deutschem und europäischem Recht, 2017, S. 115.

lich für die mit dem ausländischen Gesellschaftstatuts des zuziehenden Rechtsträgers verbundenen Aspekte,[375] so dass sich auch Sonderanknüpfungen an das inländische (Gesellschafts-) Recht des Aufnahmestaates insofern an den Wertungen der Niederlassungsfreiheit messen lassen müssen.[376] Dies gilt insbesondere für Vorgaben zur Haftungsverfassung oder zum Mindeststammkapital.[377]

Die Gewährleistung dieser entsprechenden Zuzugsfreiheit für Auslandsgesellschaften hatte zu Beginn des Jahrtausends zur Folge, dass es (mittelbar) zu einem sog **Wettbewerb der Gesellschaftsrechte** zwischen den einzelnen Mitgliedstaaten kam.[378] Um in diesem Wettbewerb (vor allem im Vergleich zur britischen Limited) zu bestehen, beabsichtigten zahlreiche Mitgliedstaaten ihr nationales Gesellschaftsrecht anwendungs- und finanzierungsfreundlicher für ausländische Gesellschaftsgründer zu gestalten.[379] So wurde beispielsweise in einer Vielzahl von Mitgliedstaaten das Mindeststammkapital für die nationale Gesellschaft mit beschränkter Haftung abgesenkt oder gänzlich darauf verzichtet.[380] In Deutschland wurde durch die Einführung der UG (haftungsbeschränkt) ohne dem Erfordernis eines formalen Mindestkapitals entsprechend reagiert. Ferner wurde teilweise die **„Exportfähigkeit"**[381] der jeweiligen nationalen Gesellschaftsformen gestärkt, indem direkt oder indirekt, normativ oder mittels entsprechender Änderung der Rechtsprechung ein Wechsel zur Gründungstheorie vollzogen wurde (aus deutscher Sicht s. auch Rn. 108). 99

Trotz dessen sind verschiedene Aspekte der Reichweite der Zuzugsfreiheit von Gesellschaften bislang noch nicht abschließend geklärt. Dies gilt insbesondere für die Vereinbarkeit einzelner **Sonderanknüpfungen** an das Recht des Zuzugsstaates, wo sich der Verwaltungssitz im Zuge der Sitzverlegung befindet, mit der Niederlassungsfreiheit (in diesem Zusammenhang zu Qualifikationsfragen des Internationalen Gesellschaftsrechts auch § 11 Rn. 56 ff.).[382] Thematisiert wird dabei insbesondere die Anknüpfung der Behandlung von Gesellschafterdarlehen, der Existenzvernichtungshaftung, der Insolvenzverschleppungshaftung (dazu § 36 Rn. 30 ff.), der Haftung für masseschmälernde Zahlungen (dazu § 36 Rn. 26 ff.) sowie der unternehmerischen Mitbestimmung.[383] 100

Für Aufsehen bezüglich der umfassenden Geltung eines europäischen **Herkunftslandprinzips** in Verbindung mit der beschränkten Zulässigkeit von (gesellschaftsrechtlichen) Sonderanknüpfungen haben die Aussagen des EuGH in der **Kornhaas-Entscheidung**[384] gesorgt.[385] Betrifft danach eine auf (Schein-) Auslandsgesellschaften angewandte Bestimmung des nationalen Rechts des Aufnahmestaates „weder die Gründung einer Gesellschaft in einem bestimmten Mitgliedstaat noch ihre spätere Niederlassung in einem anderen Mitgliedstaat", ist die Niederlassungsfreiheit nicht beeinträchtigt.[386] Dieser Aussage wird zT entnommen, dass neben der Anerkennung der Rechts- und Parteifähigkeit der Auslandsgesellschaft im Zuzugsstaat gemäß der Überseering-Entscheidung und der Gründungsmodalitäten (zB Mindeststammkapital) gemäß der Inspire Art-Entscheidung, die Anwendung gesellschaftsrechtlicher Normen des allgemeinen Verkehrsrechts keine Niederlassungsrelevanz (mehr) 101

375 *Kieninger* in: MüHdB GesR, IntGesR, 4. Aufl. 2013, § 52 Rn. 6; *H.-P. Westermann* in: Scholz, GmbHG, 11. Aufl. 2012, Anh. § 4a Rn. 1; *Stiegler*, Grenzüberschreitende Sitzverlegungen nach deutschem und europäischem Recht, 2017, S. 111.

376 *Grundmann*, Europäisches Gesellschaftsrecht, 2011, Rn. 785; *Kieninger* ZEuP 2004, 685, 690; *Schmidt* ZVglRWiss 116 (2017) 313, 320; *Zimmer* NJW 2003, 3585, 3588; *Bayer* BB 2003, 2357, 2363; *Kalss/Klampfl*, Europäisches Gesellschaftsrecht, 2015, Rn. 109; im Hinblick auf die Kornhaas-Entscheidung des EuGH auch *Altmeppen* IWRZ 2017, 107, 111 ff.

377 EuGH, Rs. C-167/01 (Inspire Art), ECLI:EU:C:2003:512 = NJW 2003, 3331, Rn. 98 ff.

378 *Eidenmüller* ZIP 2002, 2233, 2235 ff.; *Kalss/Klampfl*, Europäisches Gesellschaftsrecht, 2015, Rn. 68; *Armour/Ringe* CMLR 48 (2011) 125, 127; *Lutter/Bayer/Schmidt*, Europäisches Unternehmens- und Kapitalmarktrecht, 2017, Rn. 7.69; *Knaier/Pfleger* GmbHR 2017, 859; *Schmidt* ZVglRWiss 116 (2017) 313, 322; *Teichmann* ZGR 2017, 543, 545 ff.

379 Rechtvergleichend vgl. nur *González/Teichmann* (Hrsg.), Private Company Law reform in Europe: The race for flexibility, 2015; *Gerner-Beuerle et al.*, Why do Businesses Incorporate in other EU Member States? ECGI Law Working Paper 361/2017, S. 16; kompakt auch *Lutter/Bayer/Schmidt*, Europäisches Unternehmens- und Kapitalmarktrecht, 2017, Rn. 7.69; *Teichmann* ZGR 2017, 543, 555 ff.

380 *Armour et al.* EBOR 18 (2017) 225, 230; *Lutter/Bayer/Schmidt*, Europäisches Unternehmens- und Kapitalmarktrecht, 2017, Rn. 7.69; *Sørensen* CMLR 52 (2015) 85, 94; *Roth/Kindler*, The Spirit of Corporate Law, 2013, S. 39 f.

381 *Eidenmüller* ZGR 2007, 168, 204.

382 Vgl. hierzu *Weller* in: MüKo GmbHG, 3. Aufl. 2018, Einl. Rn. 444 ff.; *Behrens/Hoffmann* in: Ulmer/Habersack/Löbbe (Hrsg.), GmbHG, 2013, Einl. B Rn. 63 ff.; *Ringe* in: Schmidt/Lutter (Hrsg.), AktG, 3. Aufl. 2015, IntGesR, Rn. 59 ff.

383 Siehe aus jüngerer Zeit hierzu jeweils *Altmeppen* IWRZ 2017, 107, 108 ff.

384 EuGH, Rs. C-594/14 (Kornhaas), ECLI:EU:C:2015:806 = NZG 2016, 115.

385 Vgl. *Ego* in: MüKo AktG, 2017, Europäische Niederlassungsfreiheit, Rn. 238; *Kindler* EuZW 2016, 139; *Schall* ZIP 2016, 289, 291 ff.; *Scholz* ZEuP 2016, 959, 971 f.; *Stiegler* GWR 2016, 39; *Wansleben* EWS 2016, 72, 77.

386 EuGH, Rs. C-594/14 (Kornhaas), ECLI:EU:C:2015:806 = NZG 2016, 115, Rn. 28.

besitzen würden.[387] Nach dieser Lesart würden solche Regelungen betreffend die **Tätigkeitsausübung** („*business-related arrangements*") der Auslandsgesellschaft im Inland nicht gegen die Niederlassungsfreiheit verstoßen. Richtig daran ist zunächst, dass dies insofern dem Wortlaut des Art. 49 I 1, 2 AEUV entspricht, der sprachlich ebenfalls nur vom Vorgang der „Niederlassung" und der „Gründung" spricht. Zweckbezogen umfasst jedoch vor allem die **Niederlassung** in einem anderen Mitgliedstaat, dass die betroffene Gesellschaft dort ungehindert wirtschaftlich tätig werden kann und die Gesellschaftsgründer im Sinne der Centros-Entscheidung die „gesellschaftsrechtlichen Vorschriften [wählen, die] ihnen die größte Freiheit lassen".[388] Das bestätigt insofern auch der nach ständiger Rechtsprechung bestehende Begriff einer Niederlassung als feste Einrichtung auf unbestimmte Zeit und einer wirklichen wirtschaftlichen Tätigkeit.[389] Eine Niederlassung und damit auch die Niederlassungsfreiheit gem. Art. 49 I AEUV bezieht sich somit ebenfalls auf die spätere Tätigkeit der Gesellschaft im Aufnahmestaat, da andernfalls die praktische Wirksamkeit der Grundfreiheit spürbar durch die Mitgliedstaaten beeinträchtigt werden könnte.[390] Eine zu wortlautgetreue Interpretation der entsprechenden Aussage des EuGH in der Kornhaas-Entscheidung sollte daher vermieden werden und entspricht nicht dem bestehenden Gewährleistungsgehalt der Zuzugsfreiheit für Gesellschaften.[391] Gleichwohl hat der Gerichtshof mit seinen Aussagen unnötigerweise für Rechtsunsicherheit gesorgt;[392] ihre praktische Relevanz dürfte jedoch gering bleiben.

102 Das bedeutet jedoch nicht, dass etwaige (gesellschaftsrechtliche) **Sonderanknüpfungen** zwingend mit der Niederlassungsfreiheit unvereinbar sind. Beschränkungen der Niederlassungsfreiheit können vielmehr durch verhältnismäßig angewandte zwingende Gründe des Allgemeininteresses **gerechtfertigt werden** (s. Rn. 30). Der EuGH ist bislang jedoch eher zurückhaltend was eine Rechtfertigung von Beschränkungen anbelangt.[393] Mit Blick auf die Centros- und Inspire Art-Entscheidung gilt dies auch für einen potenziellen **Schutz der Gläubiger** als einen zwingenden Grund des Allgemeininteresses. Der EuGH betrachtet die insofern bestehenden Unterschiede in den mitgliedstaatlichen Gesellschaftsrechten als Gegebenheiten, über die sich die Gesellschaftsgläubiger mittels Informationserlangung auch selbst schützen können,[394] so dass darüber hinausgehende Sonderanknüpfungen grundsätzlich nicht erforderlich iSd mildesten zur Verfügung stehenden Mittels sind. So wird nach wohl überwiegender Meinung im Schrifttum beispielsweise eine Sonderanknüpfung bei existenzvernichtenden Eingriffen oder für die Kapitalerhaltungsbestimmungen der §§ 30 f. GmbHG als unvereinbar mit der Niederlassungsfreiheit betrachtet.[395] Nach der hier vertretenen Auffassung (s. Rn. 101) hat dies in gleicher Weise auch im Zuge der Kornhaas-Entscheidung zu gelten.[396] Aufgrund dessen, dass zumindest aus deutscher Perspektive die nationalen Vorgaben zur unternehmerischen **Arbeitnehmermitbestimmung** nach hM an das Gesellschaftsstatut anknüpfen,[397] ist eine Sonderanknüpfung einer (Schein-) Auslandsgesellschaft an das deutsche Mitbestimmungsregime in der Praxis bislang ohne größere Bedeutung.[398] Auch eine analoge Anwendung der deutschen Mitbestimmungsregelungen auf ausländische Gesellschaften mit Verwaltungssitz in Deutschland wird insofern abgelehnt (zur anderen Auffassung s. auch § 11 Rn. 62 ff.).[399]

387 So *Schall* ZIP 2016, 289, 292; in der Tendenz wohl auch *Kindler* EuZW 2016, 136, 139; *Stiegler* GWR 2016, 39; dezitiert aA *Ringe*, Kornhaas and the Limits of Corporate Establishment, OBLB v. 25.5.2016; *Scholz* ZEuP 2016, 959, 972; *Wansleben* EWS 2016, 72, 77 f.

388 EuGH, Rs. C-212/97 (Centros), ECLI:EU:C:1999:126 = NZG 1999, 298, Rn. 27.

389 Vgl. nur EuGH, Rs. C-378/10 (Vale), ECLI:EU:C:2012:440 = NJW 2012, 2715, Rn. 34.

390 *Scholz* ZEuP 2016, 959, 972; wohl auch *Teichmann* ZGR 2017, 543, 565 f.

391 Im Hinblick vor allem auf die Cartesio-Entscheidung beharrt der EuGH in Wegzugsfällen jedoch an einer überwiegend wortlautgetreuen Auslegung, jedoch des Art. 54 I AEUV und nicht Art. 49 AEUV, sodass auch insofern keine systematischen Unstimmigkeiten bestehen.

392 *Stiegler* GWR 2016, 39.

393 *Brasseur/Vermeylen* in: Vermeylen/Vande Velde (Eds.), European Cross-Border Mergers and Reorganization, 2012, Rn. 2.77; *Stiegler*, Grenzüberschreitende Sitzverlegungen nach deutschem und europäischem Recht, 2017, S. 149 f.

394 EuGH, Rs. C-212/97 (Centros), ECLI:EU:C:1999:126 = NZG 1999, 298, Rn. 36; EuGH, Rs. C-167/01 (Inspire Art), ECLI:EU:C:2003:512 = NJW 2003, 3331, Rn. 135.

395 Für existenzvernichtende Eingriffe vgl. nur *Kindler* in: MüKo BGB, 2015, IntGesR, Rn. 623; *Weller* in: MüKo GmbHG, 3. Aufl. 2018, Einl. Rn. 469 ff.; für die §§ 30 f. GmbHG vgl. BGH NJW 2011, 844, 845 f.; *Habersack/Verse*, Europäisches Gesellschaftsrecht, 2011, § 3 Rn. 36.

396 AA *Schall* ZIP 2016, 289, 292; wohl auch *Altmeppen* IWRZ 2017, 107, 111 ff.

397 Vgl. OLG Stuttgart ZIP 1995, 1004, 1005; *Behrens/Hoffmann* in: Ulmer/Habersack/Löbbe (Hrsg.), GmbHG, 2013, Einl. B Rn. 121; *Mayer* in: MüKo GmbHG, 2. Aufl. 2016, § 4a Rn. 70; *Teichmann* ZIP 2016, 899; *Weller* in: FS Hommelhoff, 2012, S. 1275, 1285; *Kindler* ZHR 179 (2015) 330, 373; in diesem Sinne wohl auch EuGH, Rs. C-566/15 (TUI/Erzberger), ECLI:EU:C:2017:562 = ZIP 2017, 1413, Rn. 38.

398 Aus jüngerer Zeit hierfür jedoch *Bayer* NJW 2016, 1930, 1935.

399 *Merkt* ZIP 2011, 1237, 1239; *Zimmer* NJW 2003, 3585, 3590; *Thüsing* ZIP 2004, 381, 382; aA *Franzen* RdA 2004, 257, 260; *Forsthoff* DB 2002, 2471, 2477.

Die Reichweite der Zuzugsfreiheit von Auslandsgesellschaften wurde in jüngerer Zeit zudem durch ein obiter dictum in der **Vale-Entscheidung** (Rn. 81 ff.)[400] und dessen Verweis auf das Cadbury Schweppes-Urteil des EuGH aus dem Jahr 2006[401] teilweise in Frage gestellt. Konkret geht es dabei um die Behandlung von sog **Scheinauslandsgesellschaften**[402] und deren Anerkennung durch den Zuzugsstaat. Solche in Deutschland oftmals auch als „Briefkastengesellschaften" (*letterbox companies*) bezeichneten Unternehmen werden im Herkunftsmitgliedstaat ordnungsgemäß gegründet, werden aber ausschließlich im Aufnahmestaat wirtschaftlich tätig.[403] Obwohl noch vor allem in der Centros-Entscheidung (Rn. 57 ff.) die Gewährleistung der Anerkennung solcher Scheinauslandsgesellschaften von der Niederlassungsfreiheit ausdrücklich bestätigt wurde,[404] wird die Geltung dieser Aussagen nunmehr zT wieder **bezweifelt.**[405] Aus verschiedenen Gründen wird dabei die entsprechende Aussage des EuGH in der Vale-Entscheidung, dass „die Niederlassungsfreiheit die tatsächliche Ausübung einer wirtschaftlichen Tätigkeit mittels einer festen Einrichtung im Aufnahmemitgliedstaat auf unbestimmte Zeit impliziert" und daher eine „tatsächliche Ansiedlung der betreffenden Gesellschaft und die Ausübung einer wirklichen wirtschaftlichen Tätigkeit" voraussetzt (dazu auch Rn. 131),[406] als eindeutige Abkehr von den bisher geltenden Grundsätzen betreffend die Gründung und Anerkennung von Scheinauslandsgesellschaften betrachtet.[407] 103

Zu Recht wird dieser Auffassung jedoch widersprochen.[408] Im Hinblick auf die Errichtung einer Scheinauslandsgesellschaft im Gründungsstaat durch ausländische natürliche oder juristische Personen ergibt sich dies unmittelbar bereits aus Art. 49 II AEUV, der die **„Gründung** und Leitung **von Unternehmen**" unter den Schutz der Niederlassungsfreiheit stellt.[409] Es müssen lediglich die „Bestimmungen des Aufnahmestaates" (dh aus Sicht der ausländischen Gründer des Gründungsstaates der Gesellschaft) beachtet werden. Aus Sicht der Niederlassungsfreiheit der Gesellschaft selbst handelt es sich in diesem ersten Schritt somit noch gar nicht um einen niederlassungsrelevanten Vorgang, womit insofern auch keine Diskrepanz zu den Aussagen der Centros-Entscheidung hervorgerufen wird. Der Gründungsstaat der Gesellschaft kann indes selbst darüber entscheiden, ob er die Gründung einer Mantel- iS von Briefkastengesellschaft in seinem Hoheitsgebiet zulässt; muss dabei gleichwohl die gleiche Wertung wie bei einer Gründung durch inländische (natürliche oder juristische) Personen ansetzen (vgl. Art. 49 II AEUV aE). Aber auch was die Verwaltungssitzverlegung einer Briefkastengesellschaft und deren Anerkennung durch den Zuzugsstaat anbelangt, kam es zu keiner Abkehr der bestehenden Rechtsprechung und deren Konsequenzen.[410] Vor allem bezogen auf das obiter dictum der Vale-Entscheidung (Rn. 81 ff.) war bereits vorher das Bestehen einer Niederlassung im Aufnahmestaat (Zuzugsstaat der Gesellschaft) eine **Tatbestandsvoraussetzung** und damit eine Frage des sachlichen Anwendungsbereichs der Niederlassungsfreiheit gem. Art. 49 I, 104

---

400 EuGH, Rs. C-378/10 (Vale), ECLI:EU:C:2012:440 = NJW 2012, 2715, Rn. 34.

401 EuGH, Rs. C-196/04 (Cadbury Schweppes), ECLI:EU:C:2006:544 = NZG 2006, 835.

402 Zum Begriff vgl. nur *Altmeppen* IWRZ 2017, 107.

403 Zum Begriff einer „Briefkastengesellschaft" vgl. *Teichmann* ZGR 2011, 639, 642; *Kindler* in: FS Jayme, 2004, S. 409, 410; *K. Schmidt* in: Lutter (Hrsg.), Europäische Auslandsgesellschaften in Deutschland, 2004, S. 15, 16 ff.; *Gerner-Beuerle et al.*, Why do Businesses Incorporate in other EU Member States? ECGI Law Working Paper 361/2017, S. 6 f.

404 Vgl. EuGH, Rs. C-212/97 (Centros), ECLI:EU:C:1999:126 = NZG 1999, 298, Rn. 26; darauf Bezug nehmend auch EuGH, Rs. C-167/01 (Inspire Art), ECLI:EU:C:2003:512 = NJW 2003, 3331, Rn. 138 f.

405 So *Roth* ZIP 2012, 1744 f.; *Kindler* EuZW 2012, 888, 891 f.; *König/Bormann* NZG 2012, 1241, 1242 f.; *Böttcher/Kraft* NJW 2012, 2701, 2703; *Mörsdorf-Schulte* KSzW 2014, 117, 126 f.; *Jaensch* EWS 2012, 353, 357; *Wöhlert/Degen* GWR 2012, 432, 433; *Werdnik* RWZ 2012, 317, 318; *Pabst* GPR 2013, 171, 173 f.; *Wicke* DStR 2012, 1756, 1758; *Schopper/Skarics* NZ 2012, 321, 326; *Mayer* in: MüKo GmbHG, 2. Aufl. 2016, § 4a Rn. 17a.

406 EuGH, Rs. C-378/10 (Vale), ECLI:EU:C:2012:440 = NJW 2012, 2715, Rn. 34.

407 Vgl. *Roth* ZIP 2012, 1744 f.; *Kindler* EuZW 2012, 888, 891 f.; *König/Bormann* NZG 2012, 1241, 1242 f.; *Böttcher/Kraft* NJW 2012, 2701, 2703; *Mörsdorf-Schulte* KSzW 2014, 117, 126 f.; *Jaensch* EWS 2012, 353, 357; *Wöhlert/Degen* GWR 2012, 432, 433; *Werdnik* RWZ 2012, 317, 318; *Pabst* GPR 2013, 171, 173 f.; *Wicke* DStR 2012, 1756, 1758; *Schopper/Skarics* NZ 2012, 321, 326; *Mayer* in: MüKo GmbHG, 2. Aufl. 2016, § 4a Rn. 17a.

408 Vgl. *Schön* ZGR 2013, 333, 353 f.; *W.-H. Roth* in: FS Hoffmann-Becking, 2013, S. 965, 968; *Verse* ZEuP 2013, 458, 472 f.; *Schaper* ZIP 2014, 810, 813 ff.; *Bayer/Schmidt* ZIP 2012, 1481, 1486 f.; *Ludwigs* in: Dauses/Ludwigs (Hrsg.), EU-Wirtschaftsrecht, 44. EL 2018, E I Rn. 125; *Ege/Klett* DStR 2012, 2442, 2447; *Behme* NZG 2012, 936, 939; *Drygala* EuZW 2013, 569, 570 ff.; *Stiegler*, Grenzüberschreitende Sitzverlegungen nach deutschem und europäischem Recht, 2017, S. 126 ff.; *Wall* in: Hausmann/Odersky (Hrsg.), Internationales Privatrecht in der Notar- und Gestaltungspraxis, 2016, § 18 Rn. 84, 89.

409 In diesem Zusammenhang vgl. *Paschalidis*, Freedom of Establishment and Private International Law for Corporations, 2012, Rn. 4.72; zur Herleitung auch *Stiegler*, Grenzüberschreitende Sitzverlegungen nach deutschem und europäischem Recht, 2017, S. 130 ff.

410 *Habersack/Verse*, Europäisches Gesellschaftsrecht, 2011, § 3 Rn. 18; *Armour/Ringe* CMLR 48 (2011) 125, 138; *Teichmann* in: Süß/Wachter (Hrsg.), Handbuch des internationalen GmbH-Rechts, 3. Aufl. 2016, § 4 Rn. 38; *Stiegler*, Grenzüberschreitende Sitzverlegungen nach deutschem und europäischem Recht, 2017, S. 135; aA *Kindler* in: MüKo BGB, 2015, IntGesR, Rn. 128; *Roth* EuZW 2010, 607, 609.

54 AEUV.[411] Da mit der Verlegung des Verwaltungssitzes in den Zuzugsstaat genau dies jedoch in Konstellationen der Centros- und Inspire Art-Entscheidungen der Fall war, kann im Ergebnis **kein Wertungswiderspruch** ausgemacht werden. Für den Einfluss des obiter dictums der Vale-Entscheidung auf die Behandlung von Scheinauslandsgesellschaften hat dies zur Folge, dass – wie bisher – eine Niederlassung in diesem Staat iS der Ausübung einer wirklichen wirtschaftlichen Tätigkeit auf unbestimmte Zeit vorliegen oder zumindest erkennbar beabsichtigt sein muss.[412] Das war jedoch auch schon bisher der Status quo, so dass es auch für Scheinauslandsgesellschaften bei der oben dargestellten Anerkennungspflicht (s. Rn. 96) bleibt. Diese Sichtweise lässt sich im Ansatz auch einer Aussage der Polbud-Entscheidung (Rn. 46 ff.) entnehmen, wonach bestätigt wurde, dass sich eine zuziehende Gesellschaft auch dann auf die Niederlassungsfreiheit berufen kann, wenn sie in dem beabsichtigten Aufnahmestaat ihre „Geschäftstätigkeit im Wesentlichen oder ausschließlich" auszuüben beabsichtigt.[413]

b) Deutsches Recht

aa) Wegzug

105 Für die Beurteilung einer grenzüberschreitenden Verlegung des Verwaltungssitzes einer deutschen Kapitalgesellschaft ins Ausland ist in erster Linie der Bedeutungsgehalt von **§ 4a GmbHG** bzw. **§ 5 AktG** entscheidend. Eine eindeutige, gesetzlich fixierte Kollisionsnorm für grenzüberschreitende Sitzverlegungen fehlt bislang und eine im Jahr 2008 vorgeschlagene Novellierung des Gesellschaftskollisionsrechts[414] wird derzeit nicht weiter verfolgt. Nach § 4a GmbHG bzw. § 5 AktG ist der Sitz der Gesellschaft der Ort, den der Gesellschaftsvertrag bzw. die Satzung bestimmt. Für deutsche Kapitalgesellschaften bedarf es daher eines sich **im Inland** befindlichen **Satzungssitzes.**[415] Anders als noch vor der Reform durch das MoMiG aus dem Jahr 2008 bedarf es jedoch keines sich im Inland befindlichen Verwaltungssitzes mehr. Materiellrechtlich steht einer Herausverlegung des Verwaltungssitzes daher grundsätzlich nichts im Wege.[416]

106 Da sich die Gesetzesänderung durch das MoMiG jedoch nur auf der Ebene des materiellen Rechts vollzogen hat, ist bis heute umstritten, ob ihr auch ein kollisionsrechtlicher Gehalt zukommt.[417] Ungeachtet europäischer sowie völkervertraglicher Verpflichtungen galt bis dahin zumindest für Nicht-EU- bzw. -EWR-Gesellschaften sowohl für die Herein- als auch die Herausverlegung des Verwaltungssitzes kollisionsrechtlich die Sitztheorie. Die Verlegung des Verwaltungssitzes aus Deutschland in einen anderen Staat war daher identitätswahrend grundsätzlich nicht möglich.[418] Die Tatsache, dass sich § 4a GmbHG und § 5 AktG jedoch im Ergebnis als **„versteckte Kollisionsnorm"**[419] kategorisieren lassen, wird vor allem aufgrund der durch das MoMiG diesbezüglich verfolgten Zielsetzung des Gesetzgebers erkennbar, wonach es deutschen Gesellschaften möglich sein soll, rechtsformwahrend ihren Verwaltungssitz ins Ausland zu verlegen.[420] Würde indes streng an der Sitztheorie festgehalten, hinge die Anwendbarkeit deutschen Rechts faktisch von der im ausländischen Zuzugsstaat anwendbaren Anknüpfungstheorie ab.[421] Die Verwirklichung der mit dem MoMiG intendierten Gesetzesänderung läge damit in der Hand des im Aufnahmestaat geltenden Rechts. Dies kann vom deutschen Gesetzgeber so

411 AA *Bayer/Schmidt*, ZIP 2012, 1481, 1486 f.; *Drygala*, EuZW 2013, 569, 570; *Schmidt* in: Michalski ua (Hrsg.), GmbHG, 3. Aufl. 2017, § 4a Rn. 20; *dies.* ZVglRWiss 116 (2017) 313, 330. Auch die Polbud-Entscheidung konnte diesbezüglich keine abschließende Klarheit schaffen.

412 *Verse* ZEuP 2013, 458, 473; *Schön* ZGR 2013, 333, 353.

413 EuGH, Rs. C-106/16 (Polbud), ECLI:EU:C:2017:804 = BeckRS 2017, 128964, Rn. 38.

414 Referentenentwurf für ein Gesetz zum Internationalen Privatrecht von Gesellschaften, Vereinen und juristischen Personen v. 7.1.2008.

415 Vgl. nur *Leible* in: Michalski ua (Hrsg.), GmbHG, 2017, Syst. Darst. 2, Rn. 197; *Bayer* in: Lutter/Hommelhoff (Hrsg.), GmbHG, 19. Aufl. 2016, § 4a Rn. 5; *Schmidt* in: Michalski ua (Hrsg.), GmbHG, 3. Aufl. 2017, § 4a Rn. 5; *Heinze* in: MüKo GmbHG, 3. Aufl. 2018, § 4a Rn. 87.

416 Vgl. nur *Mayer* in: MüKo GmbHG, 2. Aufl. 2016, § 4a Rn. 69; *Dauner-Lieb* in: KK-AktG, 3. Aufl. 2012, § 5 Rn. 29; *Bachmann* in: Hirte/Mülbert/Roth (Hrsg.), AktG, 5. Aufl. 2017, § 5 Rn. 11.

417 Für eine kollisionsrechtliche Betrachtung *Bayer/Schmidt* ZHR 173 (2009) 735, 747 ff.; *Hüffer/Koch*, AktG, 13. Aufl. 2018, § 5 Rn. 3; *Wicke* GPR 2010, 238, 239 f.; *Fastrich* in: Baumbach/Hueck (Hrsg.), GmbHG, 21. Aufl. 2017, § 4a Rn. 38; aA *Weller* in: MüKo GmbHG, 3. Aufl. 2018, Einl. Rn. 384; *Kindler* NJW 2008, 3249, 3251.

418 Vgl. OLG Düsseldorf NJW 2001, 2184 f.; OLG Hamm NJW 2001, 2183 f.

419 *Tebben* RNotZ 2008, 441, 447; *Hoffmann* ZIP 2007, 1581, 1582; *Paefgen* WM 2009, 529, 530; *Bayer* in: Lutter/Hommelhoff, GmbHG, § 4a Rn. 15; *Goette* DStR 2009, 128; *Leible/Hoffmann* BB 2009, 58, 62.

420 *Schmidt* in: Michalski ua (Hrsg.), GmbHG, 3. Aufl. 2017, § 4a Rn. 14; *Stiegler*, Grenzüberschreitende Sitzverlegungen nach deutschem und europäischem Recht, 2017, S. 218 f.

421 *Hoffmann* ZIP 2007, 1581, 1583; *Kieninger* in: MüHdB GesR, IntGesR, 4. Aufl. 2013, § 52 Rn. 20; *Behrens/Hoffmann* in: Ulmer/Habersack/Löbbe (Hrsg.), GmbHG, 2013, Einl. B Rn. 56.

nicht beabsichtigt gewesen sein,[422] so dass man aus praktischer Sicht im Ergebnis dazu gelangt, dass den §§ 4a GmbHG, 5 AktG insofern auch ein kollisionsrechtlicher Gehalt zukommt.[423] Eine deutsche Kapitalgesellschaft kann daher identitätswahrend ihren **Verwaltungssitz in einen anderen Staat verlegen**, ohne dass sie dadurch ihre Anknüpfung an das deutsche Recht und damit ihre nationale Rechtsform verliert.[424] Dies gilt in gleicher Weise für eine nach deutschem Recht gegründete Kapitalgesellschaft, die im Sinne einer Scheinauslands- bzw. Briefkastengesellschaft bereits seit ihrer Errichtung allein in einem anderen Staat mittels einer ausländischen Zweigniederlassung wirtschaftlich tätig wird.[425]

Die dargestellten Wertungen für eine identitätswahrende Herausverlegung des Verwaltungssitzes einer deutschen Kapitalgesellschaft gelten gleichermaßen für den Zuzug in einen anderen EU/EWR-Mitgliedstaat sowie in einen anderen **Drittstaat**.[426] Eine Differenzierung im Hinblick auf den Aufnahmestaat der Sitzverlegung sieht das deutsche Recht nicht vor. Zudem spielt es für die Zulässigkeit der Sitzverlegung grundsätzlich keine Rolle, ob der Verwaltungssitz der Gesellschaft faktisch verlegt wird oder ihm ein Gesellschafterbeschluss zugrunde liegt.[427] 107

bb) Zuzug

(1) EU/EWR-Gesellschaften

Aufgrund der bestehenden – und auch durch die Kornhaas-Entscheidung nicht spürbar geänderte (s. Rn. 101) – EuGH-Rechtsprechung zur **Zuzugsfreiheit** von Auslandsgesellschaften hat die deutsche Rechtsordnung die identitäts- und statuswahrende Hereinverlegung der Verwaltungsgesellschaft umfassend anzuerkennen. Im Zuge der insofern als eindeutig erachteten europäischen Vorgaben geht die deutsche Rechtsprechung[428] und Lehre,[429] zumindest was den Zuzug aus einem anderen EU-Mitgliedstaat anbelangt, von der Geltung der (europäischen) **Gründungstheorie** aus.[430] Dies gilt im Hinblick auf die Centros und Inspire Art-Entscheidungen gleichermaßen, wenn die zuziehende Auslandsgesellschaft keinerlei wirtschaftliche Tätigkeit in ihrem Gründungsstaat ausübt bzw. ausgeübt hat. Hierauf basierend kam es zu Beginn des Jahrtausends bis etwa zum Jahr 2006 zu einem beachtlichen Anstieg von vor allem durch deutsche natürliche Personen gegründeten englischen *Private Limited Companies* (Ltd.) mit ausschließlicher wirtschaftlicher Betätigung in Deutschland.[431] 108

Anders als deutsche Kapitalgesellschaften waren und sind ausländische Gesellschaftsformen im Handelsregister nicht eintragungsfähig,[432] so dass sich die deutschen Gesellschaftsgründer der Auslandsgesellschaft der Errichtung einer **Zweigniederlassung in Deutschland** durch die zuvor gegründete Gesellschaft ausländischen Rechts bedienten. Aus europäischer Sicht kommen hierbei die nationalen Umsetzungsbestimmungen zur (damaligen) Zweigniederlassungsrichtlinie (dazu § 27) zur Anwendung. Im Rahmen einer richtlinienkonformen Auslegung ist dabei die Gründung von Zweigniederlassungen auch dann zulässig, wenn es sich mangels Vorliegens einer tatsächlichen Hauptniederlassung im Gründungsstaat faktisch um die Begründung der Hauptverwaltung han- 109

---

422 *Kieninger* in: MüHdB GesR, IntGesR, 4. Aufl. 2013, § 52 Rn. 20; *Mülsch/Nohlen* ZIP 2008, 1358, 1359, 1360 f.; *Fingerhuth/Rumpf* IPRax 2008, 90, 92; *Stiegler*, Grenzüberschreitende Sitzverlegungen nach deutschem und europäischem Recht, 2017, S. 218.

423 *Bayer/Schmidt* ZHR 173 (2009) 735, 747 ff.; *Hüffer/Koch*, AktG, 13. Aufl. 2018, § 5 Rn. 3; *Kieninger* in: MüHdB GesR, IntGesR, 4. Aufl. 2013, § 52 Rn. 20; *Wicke* GPR 2010, 238, 239 f.; *Fastrich* in: Baumbach/Hueck (Hrsg.), GmbHG, 21. Aufl. 2017, § 4a Rn. 38.

424 Vgl. statt vieler *Teichmann* ZIP 2009, 393, 401; *Ulmer/Löbbe* in: Ulmer/Habersack/Löbbe (Hrsg.), GmbHG, 2. Aufl. 2013, § 4a Rn. 14.

425 *Ulmer/Löbbe* in: Ulmer/Habersack/Löbbe (Hrsg.), GmbHG, 2. Aufl. 2013, § 4a Rn. 14 f.; *Otte* BB 2009, 344; *Stiegler*, Grenzüberschreitende Sitzverlegungen nach deutschem und europäischem Recht, 2017, S. 221.

426 *Möhrle* in: Happ/Groß (Hrsg.), Aktienrecht, 4. Aufl. 2015, Kapitel 1.07 Rn. 4.8; *Stiegler*, Grenzüberschreitende Sitzverlegungen nach deutschem und europäischem Recht, 2017, S. 221.

427 Ein entsprechender Verlegungsbeschluss ist jedoch für die Wirksamkeit grundsätzlich nicht erforderlich, ausführlich dazu *Stiegler*, Grenzüberschreitende Sitzverlegungen nach deutschem und europäischem Recht, 2017, S. 219 ff.

428 Vgl. BGH NJW 2005, 1648; BGH NJW 2005, 3351; BGH NJW 2003, 1461; OLG Hamm ZIP 2014, 1426, 1427; KG NJW 2014, 2737; BayObLG NZG 2003, 290; OLG Hamburg NZG 2007, 415; OLG Celle GmbHR 2003, 532; OLG Zweibrücken NZG 2003, 537; OLG Frankfurt IPRax 2004, 56; OLG Naumburg GmbHR 2003, 533.

429 Vgl. nur *Habersack/Verse*, Europäisches Gesellschaftsrecht, 2011, § 3 Rn. 24; *Leible/Hoffmann* ZIP 2003, 925, 926; *Lutter/Bayer/Schmidt*, Europäisches Unternehmens- und Kapitalmarktrecht, 2017, Rn. 7.65 f.; *Weller* in: MüKo GmbHG, 3. Aufl. 2018, Einl. Rn. 355; *Eidenmüller* ZGR 2007, 168, 204 f.; aA *Kindler* NZG 2003, 1086; *Altmeppen* NJW 2004, 97; im Zuge der Kornhaas-Entscheidung wohl auch *Schall* ZIP 2016, 289, 292.

430 Vgl. nur *Wall* in: Hausmann/Odersky (Hrsg.), Internationales Privatrecht in der Notar- und Gestaltungspraxis, 2016, § 18 Rn. 95 ff.

431 Vgl. nur *Lutter/Bayer/Schmidt*, Europäisches Unternehmens- und Kapitalmarktrecht, 2017, Rn. 7.69.

432 *Kieninger* in: MüHdB GesR, IntGesR, 4. Aufl. 2013, § 52 Rn. 7; *Blasche* GWR 2012, 169, 170; *Riegger* ZGR 2004, 510, 514.

delt.[433] Der sich in Deutschland befindende Verwaltungssitz der Auslandsgesellschaft ist insofern als Zweigniederlassung zu behandeln,[434] so dass die nach den Vorgaben der (damaligen) Zweigniederlassungsrichtlinie im deutschen Recht durch die **§§ 13d ff. HGB** umgesetzten Vorschriften für die Errichtung einer ausländischen Zweigniederlassung zu beachten sind.[435] Im Unterschied zur Errichtung einer inländischen Zweigniederlassung hat dabei insbesondere die Eintragung der ausländischen Zweigniederlassung in das deutsche Register zu erfolgen, in dessen Bezirk die Zweigniederlassung besteht (§ 13 I HGB). Ferner ist bei der Anmeldung zur Eintragung der Zweigniederlassung das Bestehen der ausländischen Gesellschaft als solche nachzuweisen (§ 13e II 2 HGB). Dabei genügt jedoch in der Regel bereits die Vorlage einer Gründungsbescheinigung (zB ein *certificate of incorporation*) der Auslandsgesellschaft.[436]

(2) Nicht-EU/EWR-Gesellschaften

110 Vom Zuzug aus der EU bzw. dem EWR stammenden Gesellschaften ist die Beurteilung von Gesellschaften aus **Drittstaaten** zu unterscheiden.[437] Es erfolgt keine Überlagerung des deutschen Rechts durch die europäischen Vorgaben der Niederlassungsfreiheit. Vorbehaltlich etwaiger Sonderbestimmungen über die Anerkennung ausländischer Gesellschaften durch völkervertragliche Abkommen zwischen Deutschland und dem jeweiligen Drittstaat (dazu Rn. 112) ist das Gesellschaftsstatut daher **autonom nach deutschem Recht** zu bestimmen.[438] Traditionell gilt in Deutschland dabei im Grundsatz weiterhin die Sitztheorie,[439] dh es ist das Recht des Staates anzuwenden, in dem sich der Verwaltungssitz der Gesellschaft befindet. Dabei kommt es jedoch nicht mehr zu einer strikten Anwendung der Sitztheorie, sondern wird vielmehr infolge der Jersey-[440] sowie Trabrennbahn-Entscheidung[441] des BGH die sog **modifizierte Sitztheorie**[442] (zT auch Wechselbalgtheorie)[443] angewandt. Danach kommt es infolge der Verwaltungssitzverlegung aus deutscher Zuzugsperspektive zur Anwendung deutschen Rechts, welches die zugezogenen Gesellschaft aufgrund des sich im Inland befindlichen Verwaltungssitzes als nationale Personengesellschaft (GbR oder OHG) qualifiziert.[444] Der BGH stützt die so von ihm entwickelte modifizierte Sitztheorie darauf, dass er keinen Grund dafür sieht, einen umfassenden Wechsel zur Gründungstheorie vorzunehmen.[445] Die Änderung der §§ 4a GmbHG und 5 AktG infolge des MoMiG würden in diesem Zusammenhang lediglich die Möglichkeit der Herausverlegung des Verwaltungssitzes in einen anderen Staat und nicht die Frage der Anerkennung einer zuziehenden Auslandsgesellschaft betreffen.[446]

111 Die Anwendung der durch den BGH bestimmten modifizierten Sitztheorie bzw. Wechselbalgtheorie wird im Schrifttum überwiegend **kritisch beurteilt.**[447] Grund hierfür ist ua, dass es durch deren Anwendung in der Regel zu einer „Statutendopplung" der Gesellschaft kommen wird.[448] Unterliegt die Gesellschaft nach dem Recht des

433 *K. Schmidt* in: Lutter (Hrsg.), Europäische Auslandsgesellschaften in Deutschland, 2005, S. 15, 18; *Hoffmann* in: Hk-BGB, 3. Aufl. 2016, Anhang Art. 12 EGBGB Rn. 105; *Süß* DNotZ 2005, 180, 181; insofern zum formalen Zweigniederlassungsbegriff auch *Grundmann*, Europäisches Gesellschaftsrecht, 2011, Rn. 825; *Rehm* in: Eidenmüller (Hrsg.), Ausländische Kapitalgesellschaften, 2004, § 5 Rn. 18.

434 Vgl. OLG Frankfurt ZIP 2008, 1286, 1288; *Blasche* GWR 2012, 169; *Preuß* in: Oetker (Hrsg.), HGB, 5. Aufl. 2017, § 13d Rn. 21; *Roth* in: Roth/Altmeppen (Hrsg.), GmbHG, 8. Aufl. 2015, § 4a Rn. 66; *Süß* DNotZ 2005, 180, 181; *Riegger* ZGR 2004, 510, 513.

435 *Leible/Hoffmann* EuZW 2003, 677, 680; *Stiegler*, Grenzüberschreitende Sitzverlegungen nach deutschem und europäischem Recht, 2017, S. 224; *Wachter* GmbHR 2004, 88, 93; aA *Ebert/Levedag* GmbHR 2003, 1337, 1338.

436 OLG Zweibrücken DNotZ 2008, 795; BayObLGZ 1985, 272, 276; LG Berlin ZIP 2004, 2380; zweifelnd im Hinblick auf eine Englische Gesellschaft jedoch OLG Nürnberg ZIP 2014, 2033, 2034 f.

437 Ferner zur Beurteilung von „EU-Überseegesellschaften" *Zwirlein* GPR 2017, 182 ff.

438 Vgl. aus jüngerer Zeit nur BGH NZG 2017, 347, 349.

439 BGH NZG 2017, 347, 349; BGH NZG 2016, 1187, 1188; KG NZG 2005, 758, *Hohloch* in: Erman (Hrsg.), BGB, 14. Aufl. 2014, BGB, Anh. II Art. 12 EGBGB Rn. 11; *Thorn* in: Palandt, BGB, 77. Aufl. 2018, Anh. Art. 12 EGBGB Rn. 10; *Blasche* GWR 2012, 169, 170; *Leuering* ZRP 2008, 73, 74; *Schall* ZfPW 2016, 407, 408 f.; *Zwirlein* GPR 2017, 182, 187.

440 BGH NJW 2002, 3539.

441 BGH NJW 2009, 289; siehe auch BGH NZG 2009, 1106; BGH ZIP 2009, 2385; BGH NZG 2010, 712; OLG Düsseldorf GmbHR 2010, 591, 593; OLG Hamburg NZG 2007, 597.

442 Zum Begriff der modifizierten Sitztheorie *Gottschalk* ZIP 2009, 948 ff.; *Bartels* ZHR 176 (2012) 412, 416 f.

443 Zum Begriff *Forsthoff* DB 2002, 2471, 2476; *Paefgen* DZWiR 2003, 441, 444; *Weller* in: FS Goette, 2011, S. 583.

444 Vgl. BGH NJW 2009, 289, 291; BGH NJW 2002, 3539, 3540; BGH NZG 2017, 347, 349.

445 Vgl. BGH NJW 2009, 289, 291.

446 Vgl. BGH NJW 2009, 289, 291.

447 *Bayer/Schmidt* ZHR 173 (2009) 735, 741; *Gottschalk* ZIP 2009, 948, 950 f.; *Lieder/Kliebisch* BB 2009, 338, 343; *Thölke* DNotZ 2009, 389, 390 f.; *Kieninger* NJW 2009, 292; *Weller* in: MüKo GmbHG, 3. Aufl. 2018, Einl. Rn. 331; *Bartels* IPRax 2013, 153, 156; positiv hingegen *Kindler* IPRax 2009, 189, 190.

448 *Lutter/Bayer/Schmidt*, Europäisches Unternehmens- und Kapitalmarktrecht, 2017, Rn. 7.68; *Bayer/Schmidt* ZHR 173 (2009) 735, 741; *Gottschalk* ZIP 2009, 948, 950; *W.-H. Roth* ZGR 2014, 168, 202; *Hellgardt/Illmer*

Gründungsstaates auch nach der Sitzverlegung weiterhin dem eigenen Recht, weil dieser Staat der Gründungstheorie folgt, kommt es nur aus Sicht Deutschlands zu einem Statutenwechsel. Für den Wegzugsstaat existiert die Gesellschaft weiterhin als Rechtsträger in ihrer Gründungsrechtsform.[449] Hieran knüpfen eine Reihe von bisher noch nicht abschließend geklärten Fragen an. Aus Sicht der Gründer ist vor allem die dann mit der Verwaltungssitzverlegung nach Deutschland verbundene **persönliche Haftung** der Gesellschafter gem. § 128 HGB (analog) nachteilig.[450] Darüber hinaus könnte die Behandlung einer ausländischen Einpersonen-Kapitalgesellschaft problematisch sein, da eine deutsche Personengesellschaft zwingend mindestens zwei Gesellschaften haben muss und somit im Zweifel alle Rechte und Pflichten beim Alleingesellschafter selbst entstehen würden.[451] Schon aus Rechtssicherheitsgründen sowie einer einheitlichen Anknüpfung im deutschen Gesellschaftskollisionsrecht wäre daher ein Wechsel zur Gründungstheorie vorzugswürdig.[452]

Besonderheiten bei der Anerkennung zuziehender Auslandsgesellschaften aus Drittstaaten können aufgrund **bilateraler Staatsverträge** zwischen Deutschland und dem entsprechenden Drittstaat bestehen. Regelungen in solchen Staatsverträgen, die die Anerkennung aus diesem Staat stammender Gesellschaften betreffen, gehen häufig gem. Art. 3 Nr. 2 EGBGB dem deutschen (Gesellschafts-) Kollisionsrecht vor (s. zur deklaratorischen Wirkung von Art. 3 EGBGB jedoch auch § 11 Rn. 2).[453] In der Praxis ist diesbezüglich vor allem der Freundschafts-, Handels- und Schifffahrtsvertrag zwischen Deutschland und der **USA**[454] von Bedeutung. Ist danach zB eine Gesellschaft nach US-amerikanischem Recht wirksam gegründet worden, ist sie als ausländischer Rechtsträger in Deutschland als solcher anzuerkennen (vgl. Art. 25 V 2 FHSV).[455] Kollisionsrechtlich kommt es somit faktisch zur Anwendung der Gründungstheorie für aus den USA stammende Gesellschaften.[456] Die Anerkennung beschränkt sich dabei auch nicht nur auf die Rechts- und Parteifähigkeit der zuziehenden Gesellschaft, sondern umfasst grundsätzlich das gesamte Gesellschaftsstatut,[457] so dass eine vergleichbare Rechtslage wie beim Zuzug von EU/EWR-Kapitalgesellschaften besteht.[458] Dabei spielt es wiederum keine Rolle, ob sich der Verwaltungssitz von Anfang an in Deutschland befindet oder erst nachträglich von den USA nach Deutschland verlegt werden soll.[459] Diskutiert wird in diesem Zusammenhang jedoch, ob es für die Anerkennung der Auslandsgesellschaft in Deutschland einer gewissen Verknüpfung („***genuine link***") zur USA als Gründungsrechtsordnung bedarf.[460] Der BGH hat sich hierzu bislang nicht ausdrücklich geäußert, jedoch weist er darauf hin, dass, sofern ein solches genuine link-Erfordernis bestehen sollte, nur sehr geringe Anforderungen daran zu stellen sein könnten.[461] Aus praktischer Sicht hat die Frage nach einer entsprechenden Verknüpfung zur Gründungsrechtsordnung nur eine begrenzte Bedeutung, da insbesondere auch die bestehende deutsche Rechtsprechung davon ausgeht, dass die staatsvertraglich vorgesehene Anerkennung von ausländischen Gesellschaften insofern nur in „extrem gelagerten Ausnahmefällen" versagt werden könne.[462] 112

NZG 2009, 94; *Bartels* ZHR 176 (2012) 412, 415; *Schmidt* in: Michalski ua (Hrsg.), GmbHG, 3. Aufl. 2017, § 4a Rn. 15; *dies.* ZVglRWiss 116 (2017) 313, 333.

449 *Stiegler*, Grenzüberschreitende Sitzverlegungen nach deutschem und europäischem Recht, 2017, S. 230.

450 *Lutter/Bayer/Schmidt*, Europäisches Unternehmens- und Kapitalmarktrecht, 2017, Rn. 7.68; *Bayer/Schmidt* ZHR 173 (2009) 735, 741; *Gottschalk* ZIP 2009, 948, 950; *Hellgardt/Illmer* NZG 2009, 94; *Lamsa* BB 2009, 16, 17; *Lieder/Kliebisch* BB 2009, 338, 341; *Weller* IPRax 2009, 202, 207 f.; *Bartels* IPRax 2013, 153, 156.

451 *Bischoff* in: Kölner Handbuch zum Gesellschaftsrecht, 2. Aufl. 2014, Kapitel 7, Rn. 20; *Binz/Meyer* GmbHR 2003, 252 ff.; *Stiegler*, Grenzüberschreitende Sitzverlegungen nach deutschem und europäischem Recht, 2017, S. 232.

452 Vgl. statt vieler *Ringe* in: Schmidt/Lutter (Hrsg.), AktG, 3. Aufl. 2015, IntGesR, Rn. 69.

453 *Spahlinger* in: Spahlinger/Wegen (Hrsg.), Internationales Gesellschaftsrecht, 2006, Rn. 230; *Rehm* in: Eidenmüller (Hrsg.), Ausländische Kapitalgesellschaften, 2004, § 2 Rn. 10; *Kindler* in: MüKo BGB, 2015, IntGesR, Rn. 326; *Kieninger* in: MüHdB GesR, IntGesR, 4. Aufl. 2013, § 52 Rn. 10.

454 Freundschafts-, Handels- und Schifffahrtsvertrag zwischen Deutschland und den USA vom 29.10.1954, BGBl. 1956, Teil II, S. 487.

455 Vgl. auch BGH NJW 2003, 1607; BGH ZIP 2004, 2230.

456 Vgl. BGH NJW 2003, 1607; BGH NJW-RR 2004, 1618; BGH ZIP 2004, 2230; BGH NZG 2004, 863; OLG München GRUR-RR 2008, 400.

457 Vgl. BGH NJW-RR 2004, 1618; BGH NJW-RR 2002, 1359 f.; OLG München GRUR-RR 2008, 400.

458 Auch insofern ist eine die Niederlassungsfreiheit faktisch einschränkende Interpretation der Kornhaas-Entscheidung (dazu Rn. 101) aus deutscher Sicht abzulehnen.

459 Vgl. BGH NJW 2003, 1607; BGH ZIP 2004, 2230.

460 Gegen eine Anerkennung beim Fehlen eines solchen genuine link OLG München NJW-RR 2004, 1618; *Ebenroth/Bippus* DB 1988, 842, 844 ff.; *Ebenroth/Kemner/Willburger* ZIP 1995, 972, 975; *Kindler* in: MüKo BGB, 2015, IntGesR, Rn. 342; aA *Dammann* RabelsZ 68 (2004) 607, 645; *Bungert* ZVglRWiss 93 (1994) 117, 154 f.; *Stiegler*, Grenzüberschreitende Sitzverlegungen nach deutschem und europäischem Recht, 2017, S. 235.

461 Vgl. BGH ZIP 2004, 2230; BGH NJW-RR 2004, 1618; *Hausmann* in: Reithmann/Martiny (Hrsg.), Internationales Vertragsrecht, 2015, Rn. 5073; *Ringe* in: Schmidt/Lutter (Hrsg.), AktG, 3. Aufl. 2015, IntGesR, Rn. 17.

462 BGH NJW-RR 2004, 1618; BGH ZIP 2004, 2230, 2232.

(3) Exkurs: Anerkennung britischer Gesellschaften nach dem „Brexit"[463]

113 Obgleich die Zahl britischer Gesellschaften (insbes. von Limiteds), die als Zweigniederlassungen in Deutschland eingetragen sind, seit Jahren rückläufig ist, gibt es derzeit immer noch annähernd 9.000 solcher in Deutschland tätigen Gesellschaften.[464] Es stellt sich daher zum einen die Frage, welche Konsequenzen der anstehende **Austritt des Vereinigten Königreichs aus der EU** im Hinblick auf deren Anerkennung als Auslandsgesellschaften in Deutschland haben wird. Zum anderen ist bislang offen, inwieweit britische Gesellschaften nach dem Brexit ihren Verwaltungssitz identitäts- und statuswahrend nach Deutschland verlegen können und insofern – wie bisher – eine umfassende Zuzugsfreiheit genießen. Im Zuge des EU-Austritts könnten sich britische Gesellschaften mangels Geltung des Primärrechts **nicht** mehr auf die **Niederlassungsfreiheit berufen**; der Anwendungsbereich des Art. 54 I AEUV („nach den Rechtsvorschriften eines Mitgliedstaates") wäre nicht mehr einschlägig.[465] Anderes würde grundsätzlich nur gelten, wenn – was aus derzeitiger Sicht jedoch unwahrscheinlich erscheint – Großbritannien den Status eines EWR-Mitgliedstaates erhält und britischen Gesellschaften aufgrund Art. 31, 34 EWR-Abkommen in gleicher Weise ein Recht auf freie Niederlassung in Deutschland zustehen würde.[466] Abgesehen davon würde indes **keine** europäische Verpflichtung mehr bestehen, sowohl die Rechts- und Parteifähigkeit der bereits in Deutschland ansässigen Gesellschaften britischen Rechts weiterhin zu gewährleisten, als auch die zukünftige Anerkennung zuziehender Auslandsgesellschaften iS einer europäischen Gründungstheorie sicherzustellen.[467] Im November 2017 veröffentlichte die Generaldirektion Justiz und Verbraucher der Europäischen Kommission eine Mitteilung an Stakeholder und machte dabei auf die potenziellen Konsequenzen des EU-Austritts Großbritanniens auf das Gesellschaftsrecht aufmerksam.[468] Darin wird insbesondere betont, dass britische Gesellschaften nach dem Brexit als Drittstaaten zu charakterisieren sind. Der im März 2018 veröffentliche (vor-)finale Entwurf der Austrittsvereinbarung zwischen der EU und Großbritannien sowie Nordirland enthielt hingegen etwas überraschend keinerlei Aussagen über gesellschaftsrechtsbezogene Aspekte des EU-Austritts.[469] Auch derzeit (Juni 2018) ist insbesondere die Behandlung von britischen Briefkastengesellschaften in Deutschland daher weiterhin unklar.

114 Im schlimmsten Fall („*hard Brexit*")[470] würde die deutsche Rechtsordnung bei den bereits in Deutschland ansässigen britischen Gesellschaften damit eine **Zwangsauflösung** des ausländischen Rechtsträgers anordnen oder im Sinne der modifizierten Sitztheorie zu einem **Formwechsel** *ex lege* (dh ohne die sukzessionsrechtlichen Vorteile des UmwG) in eine deutsche Personengesellschaft erzwingen.[471] Aus europäischer Sicht wäre dies durchaus zulässig, wenn diesbezüglich nicht anderslautende Nachfolgebestimmungen zwischen der EU und Großbritanni-

463 Dieser Abschnitt basiert auf *Stiegler* in: Kramme/Baldus/Schmidt-Kessel (Hrsg.), Brexit und die juristischen Folgen, 2017, S. 129, 130 ff.; siehe zur Thematik auch *Armour et al.*, Brexit and Corporate Citizenship, ECGI Law Working Paper 340/2017 = EBOR 18 (2017) 225; *Atta* GmbHR 2017, 567; *Bode/Bron*, GmbHR 2016, R129; *Bronger/Scherer/Söhnchen*, EWS 2016, 131; *Cummings/Zahra* British Journal of Management 27 (2016) 687; *Hagemann/von der Höh* DB 2017, 830; *Heckschen* in: Westermann/Wertenbruch (Hrsg.), HdB Personengesellschaften, 70. Lieferung 2018, § 3 Rn. 87 ff.; *Hellwig* ECFR 2017, 252, 256 ff.; *Freitag/Korch* ZIP 2016, 1361, 1362; *Kokkinis* EBLR 2016, 959; *Lehmann/Zetzsche* JZ 2017, 62; *Leible/Galner/Wißling* RIW 2017, 718; *Lieder/Bialluch* NotBZ 2017, 209; *Lutter/Bayer/Schmidt*, Europäisches Unternehmens- und Kapitalmarktrecht, 2017, Rn. 7.118 f.; *Manz/Mayer* BB 2016, 1731; *Mäsch/Gausing/Peters* IPRax 2017, 49; *Mentzel* IWRZ 2017, 248; Mohamed ZVglRWiss 117 (2018) 189; *Seeger*, DStR 2016, 1817; *Seggewiße/Weber* GmbHR 2016, 1302; *Teichmann/Knaier* IWRZ 2016, 243; *Vossius* notar 2016, 314; *Wachter* in: Gesellschaftsrecht in der Diskussion 2016, 2017, S. 189; *Weller/Thomale/Benz*, NJW 2016, 2378; *Wright et al.* British Journal of Management 27 (2016) 682; *Zwirlein/Großerichter/Gätsch* NZG 2017, 1041.

464 Vgl. *Kornblum* GmbHR 2016, 691, 692; *Freitag/Korch* ZIP 2016, 1361, 1362.

465 *Stiegler* in: Kramme/Baldus/Schmidt-Kessel (Hrsg.), Brexit und die juristischen Folgen, 2017, S. 129, 131; *Leible* in: Michalski ua (Hrsg.), GmbHG, 2017, Syst. Darst. 2, Rn. 52; *Hellwig* ECFR 2017, 252, 255; *Rinze/Lehmann* DB 2016, 2946, 2948.

466 Zum entsprechenden EWR-Status Großbritanniens in diesem Zusammenhang auch *Armour et al.* EBOR 18 (2017) 225, 233 f.; *Bode/Bron* GmbHR 2016, R129; *Seeger* DStR 2016, 1817 f.; *Stiegler* in: Kramme/Baldus/Schmidt-Kessel (Hrsg.), Brexit und die juristischen Folgen, 2017, S. 129, 136; *Weller/Thomale/Benz* NJW 2016, 2378, 2380.

467 *Bronger/Scherer/Söhnchen* EWS 2016, 131, 135; *Manz/Mayer* BB 2016, 1731, 1733; *Hess* IPRax 2016, 409, 418; *Stiegler* ZIP 2016, 1808, 1809; *ders.* in: Kramme/Baldus/Schmidt-Kessel (Hrsg.), Brexit und die juristischen Folgen, 2017, S. 129, 131; *Zwirlein/Großerichter/Gätsch* NZG 2017, 1041, 1042.

468 *Europäische Kommission*, Notice to Stakeholders. Withdrawal of the United Kingdom and EU Rules on Company Law, November 2017.

469 Draft Agreement on the withdrawal of the United Kingdom of Great Britain and Northern Ireland from the European Union and the European Atomic Energy Community, 19 March 2018, TF50 (2018) 35 – Commission to EU27.

470 Vgl. nur *Armour et al.* EBOR 18 (2017) 225, 238; *Kainer* GPR 2017, 157; *Zwirlein/Großerichter/Gätsch* NZG 2017, 1041.

471 Vgl. nur *Mäsch/Gausing/Peters* IPRax 2017, 49, 52; *Schall* ZfPW 2016, 407, 411 ff.; *Vossius* notar 2016, 314; *Wachter* in: Gesellschaftsrecht in der Diskussion 2016, 2017, S. 189, 208 f.

en vereinbart werden.[472] Aber auch aus Perspektive des Schutzes betroffener Share- und Stakeholder einer britischen Gesellschaft mit Verwaltungssitz in Deutschland ist ein (vorübergehender) **Bestandsschutz** nicht unwahrscheinlich und auch wünschenswert.[473] Gesichert ist diese Herangehensweise aus praktischer Sicht jedoch bislang nicht. Um den etwaigen Konsequenzen eines EU-Austritts Großbritanniens aus gesellschaftsrechtlicher Sicht daher zuvorzukommen, empfiehlt sich bereits während der andauernden Austrittsverhandlungen Strukturmaßnahmen in Betracht zu ziehen, die im Ergebnis vor allem eine Umwandlung in eine deutsche Kapitalgesellschaft vorsehen. Aus derzeitiger Sicht sind dabei primär eine **grenzüberschreitende Verschmelzung** (dazu § 24) auf eine – ggf. zuvor gegründete – deutsche Kapitalgesellschaft[474] oder ein **grenzüberschreitender Formwechsel** nach Deutschland (dazu Rn. 141 ff.) denkbar. Bei Letzterem liegt jedoch, trotz bereits bestehender Rechtsprechung in Deutschland,[475] noch ein tendenziell höheres Maß an Rechtsunsicherheit vor als bei einer, über die damalige Richtlinie 2005/56/EG harmonisierten, grenzüberschreitenden Verschmelzung. Zudem wird bei britischen Companies House derzeit offenbar noch die – europarechtswidrige – Auffassung vertreten, dass eine identitätswahrende rechtsformwechselnde Registersitzverlegung einer englischen Gesellschaft in einen anderen EU-Mitgliedstaat nicht zulässig ist (siehe in diesem Zusammenhang zur angeblichen Intension der Polbud-Entscheidung auch Rn. 51).[476] Ferner ist der Hereinformwechsel beispielsweise einer Limited in eine UG (haftungsbeschränkt) aufgrund des Sacheinlageverbots des § 5a II 2 GmbHG nicht möglich.[477] Bei einer grenzüberschreitenden Verschmelzung kann eine UG (haftungsbeschränkt) hingegen zumindest bei einer Verschmelzung zur Aufnahme im Grundsatz übernehmender Rechtsträger sein.[478] Derzeit (noch) vorzugswürdig ist daher wohl eine Hereinverschmelzung insbesondere auf eine deutsche GmbH.[479] Dies zeigt sich auch in der Praxis, wo diese Gestaltungsvariante bislang bevorzugt wird. Hierbei wäre auch die Verschmelzung auf eine zu kaufende Vorratsgesellschaft in Deutschland oder auf eine unmittelbar vorherige Neugründung einer GmbH statthaft.[480] Vor allem wenn die englische Gesellschaft Grundeigentum in Deutschland besitzt, kann aus steuerlicher Sicht gesamtbetrachtet jedoch auch ein Hereinformwechsel im Ergebnis vorzuziehen sein. Ein gewisses praktisches Hindernis besteht bei einer grenzüberschreitenden Verschmelzung auch insofern, als sich die Gesellschaft bei der erforderlichen Anhörung vor dem englischen High Court durch britische Anwälte vertreten lassen muss.[481]

Entsprechendes gilt grundsätzlich auch für die derzeit in Deutschland ansässigen **Limited Liability Partnerships** 115 (LLP) englischen Rechts (s. dazu § 12 Rn. 181 ff.).[482] Diese vor allem vor Einführung der Partnerschaft mbB von deutschen Anwaltskanzleien genutzte Rechtsform trifft der Brexit dabei ebenso bzw. hat die gleichen Konsequenzen aus gesellschaftsrechtlicher Sicht wie für britische Kapitalgesellschaften. Rechtspraktische Optionen zur Vermeidung der beschriebenen Gefahren sind hierbei sogar von einer tendenziell noch größeren Rechtsunsicherheit geprägt. Obgleich sich auch (britische wie deutsche) Personengesellschaften auf die Niederlassungsfreiheit berufen können, ist die Durchführung eines grenzüberschreitenden Formwechsels einer bzw. in eine Personengesellschaft sowie die grenzüberschreitende Beteiligung einer Personengesellschaften an einer grenzüber-

472 *Stiegler* in: Kramme/Baldus/Schmidt-Kessel (Hrsg.), Brexit und die juristischen Folgen, 2017, S. 129, 133.

473 *Bayer/Schmidt* BB 2016, 1923, 1933; *Stiegler* in: Kramme/Baldus/Schmidt-Kessel (Hrsg.), Brexit und die juristischen Folgen, 2017, S. 129, 133; *Weller/Thomale/Benz* NJW 2016, 2378, 2381 f.; wohl auch *Wachter* in: Gesellschaftsrecht in der Diskussion 2016, 2017, S. 189, 224; aA *Heckschen* in: Westermann/Wertenbruch (Hrsg.), HdB Personengesellschaften, 70. Lieferung 2018, § 3 Rn. 87e; *Teichmann/Knaier* IWRZ 2016, 243, 245.

474 Zur Eröffnung des Anwendungsbereich der §§ 122a ff. UmwG auch für eine Limited mit Verwaltungssitz in Deutschland vgl. *Lutter/Bayer/Schmidt*, Europäisches Unternehmens- und Kapitalmarktrecht, 2017, Rn. 22.27; *Bayer* in: Lutter (Hrsg.), UmwG, 5. Aufl. 2014, § 122b Rn. 23; *Drinhausen* in: Semler/Stengel (Hrsg.), UmwG, 4. Aufl. 2017, § 122a Rn. 10; *Marsch-Barner* in: Kallmeyer (Hrsg.), UmwG, 6. Aufl. 2017, § 122a Rn. 2; *Simon/Rubner* in: KK-UmwG, 2009, § 122b Rn. 5.

475 Vgl. OLG Nürnberg NZG 2014, 349; KG NZG 2016, 834.

476 So die Aussage von *Heckschen* (NotBZ 2017, 315, 316) unter Verweis auf ein Schreiben des Companies House.

477 *Drygala* in: Lutter (Hrsg.), UmwG, 5. Aufl. 2014, § 1 Rn. 23; *Heckschen* ZIP 2015, 2049, 2058; *Wachter* GmbHR 2016, 738, 741; *Wicke* DStR 2012, 1756, 1758; *Lieder/Bialluch* NotBZ 2017, 209, 213; *Heckschen* in: Westermann/Wertenbruch (Hrsg.), HdB Personengesellschaften, 70. Lieferung 2018, § 3 Rn. 87f; *Ege/Klett*, DStR 2012, 2442, 2445; aA *Schall* GmbHR 2017, 25, 28; *ders.* ZfPW 2016, 407, 442.

478 *Bayer* in: Lutter (Hrsg.), UmwG, 5. Aufl. 2014, § 122b Rn. 3; *Hörtnagl* in: Schmitt/Hörtnagl/Stratz (Hrsg.), UmwG, 7. Aufl. 2016, § 122b Rn. 5; *Kiem* in: Habersack/Drinhausen (Hrsg.), SE-Recht, 2. Aufl. 2016, § 122b Rn. 6; *Marsch-Barner* in: Kallmeyer (Hrsg.), UmwG, 6. Aufl. 2017, § 122b Rn. 3.

479 *Schall* ZfPW 2016, 407, 438; *Freitag/Korch* ZIP 2016, 1361, 1364; *Teichmann/Knaier* IWRZ 2016, 243, 247; *Wachter* in: Gesellschaftsrecht in der Diskussion 2016, 2017, S. 189, 217.

480 *Hagemann/von der Höh* DB 2017, 830, 831.

481 *Vossius* notar 2016, 314.

482 *Stiegler* in: Kramme/Baldus/Schmidt-Kessel (Hrsg.), Brexit und die juristischen Folgen, 2017, S. 129, 134; *Zwirlein/Großerichter/Gätsch* NZG 2017, 1041, 1042.

schreitenden Verschmelzung (zumindest aus deutscher Sicht)[483] in vielen Aspekten **unklar** (s. auch Rn. 158) und noch nicht abschließend geklärt.[484]

116 Die im Grundsatz vergleichbare Problematik stellt sich im Hinblick auf die **zukünftige Anerkennung** aus dem Vereinigten Königreich zuziehender Rechtsträger. Die Zulässigkeit einer identitäts- und statuswahrenden Verwaltungssitzbegründung in Deutschland hängt hierbei maßgebend vom zukünftigen „Status" Großbritanniens im Verhältnis zur EU bzw. zu Deutschland ab.[485] Vor allem eine Anerkennungsregelung **wie mit den USA** gemäß dem Freundschafts- Handels- und Schifffahrtsvertrag (dazu Rn. 112) oder eine entsprechende europäische bilaterale Vereinbarung scheint dabei wahrscheinlich.[486] Auch dies kann derzeit jedoch nicht mit Sicherheit festgestellt werden, so dass man aus praktischer Sicht von der Gründung einer englischen Gesellschaft als Briefkastengesellschaft mit Verwaltungssitz in Deutschland abraten sollte. Vor allem aufgrund der Einführung der UG (haftungsbeschränkt) besteht hierfür auch kein zwingendes Bedürfnis mehr.

2. Personengesellschaften[487]

a) Europäisches Recht

117 Personengesellschaften können sich grundsätzlich in dem gleichen Maß und unter den gleichen Bedingungen (s. Rn. 20) **auf die Niederlassungsfreiheit berufen** wie Kapitalgesellschaften.[488] Aus Art. 54 II AEUV ergibt sich insofern, dass auch „Gesellschaften des bürgerlichen Rechts und des Handelsrechts" vom persönlichen Anwendungsbereich der Niederlassungsfreiheit erfasst sind, solange sie einen **Erwerbszweck** verfolgen. Dies umfasst unter dieser Voraussetzung auch die mitgliedstaatlichen Personengesellschaften.[489] Hierbei ist es grundsätzlich ohne Bedeutung, ob der Personengesellschaft nach nationalem Verständnis Rechtspersönlichkeit zukommt und/oder sie in einem (Handels-) Register eingetragen ist.[490]

118 Somit kommen zumindest die konzeptionellen Grundaussagen des EuGH zur grenzüberschreitenden Verwaltungssitzverlegung zur Geltung. Dies wurde zT schon der Sevic-Entscheidung (Rn. 75 ff.) entnommen, wo allgemein von „Gesellschaften" gesprochen wurde.[491] Auch handelte es sich bei dem der Cartesio-Entscheidung (Rn. 36 ff.) zugrundeliegenden Sachverhalt um eine Frage der Sitzverlegung einer ungarischen KG als Personengesellschaft.[492] Insbesondere hieraus wird ersichtlich, dass auch bei der grenzüberschreitenden **Herausverlegung des Verwaltungssitzes** einer Personengesellschaft der sachliche Anwendungsbereich der Niederlassungsfreiheit gem. Art. 49 AEUV dann nicht eröffnet ist, wenn der Wegzugsstaat entweder auf kollisionsrechtlicher oder materiellrechtlicher Ebene die statuswahrende Verwaltungssitzverlegung in einen anderen Mitgliedstaat unterbindet.[493] Im Sinne der Cartesio-Entscheidung können die Mitgliedstaaten für ihre nationalen Personengesellschaften daher autonom bestimmen, ob sie eine rechtsformwahrende Verlegung des Verwaltungssitzes ins Ausland **zulassen oder verbieten.**[494]

119 Die Wertungen der EuGH-Entscheidungen zur **Zuzugsfreiheit** von Kapitalgesellschaften (Rn. 95 ff.) gelten darüber im Grundsatz auch für Personengesellschaften. Denklogische Voraussetzung dafür ist jedoch zunächst, dass schon der Wegzugsstaat eine identitäts- und rechtsformwahrende Verwaltungssitzverlegung seiner nationalen Personengesellschaften weder kollisions- noch materiellrechtlich unterbindet. Aus Sicht des Zuzugsstaates

483 Nach britischen Recht sind hingegen über reg. 46 (1) Limited Liability Partnerships (Application of Companies Act 2006) Regulations 2009 die Companies (Cross-Border Mergers) Regulations 2007 (modifiziert) auch auf die LLP anwendbar.

484 Im Zusammenhang mit dem Brexit auch *Zwirlein/Großerichter/Gätsch* NZG 2017, 1041, 1044.

485 *Stiegler* in: Kramme/Baldus/Schmidt-Kessel (Hrsg.), Brexit und die juristischen Folgen, 2017, S. 129, 135 f.

486 *Stiegler* in: Kramme/Baldus/Schmidt-Kessel (Hrsg.), Brexit und die juristischen Folgen, 2017, S. 129, 137; vgl. auch *Gerner-Beuerle et al.*, Why do Businesses Incorporate in other EU Member States? ECGI Law Working Paper 361/2017, S. 26.

487 Dieser Abschnitt basiert auf *Stiegler* ZGR 2017, 312, 325 ff.

488 *Krolop* in: Riesenhuber (Hrsg.), Europäische Methodenlehre, 3. Aufl. 2015, § 19 Rn. 1; *Lieder* in: Oetker (Hrsg.), HGB, 2017, § 105 Rn. 139; *Lutter/Bayer/Schmidt*, Europäisches Unternehmens- und Kapitalmarktrecht, 2017, Rn. 4.13; *Siems* ZVglRWiss 107 (2008) 60, 64; *Stiegler* ZGR 2017, 312, 330; *W.-H. Roth* ZGR 2014, 168, 180.

489 *Heckschen* ZIP 2015, 2049, 2052; *Kalss/Klampfl*, Europäisches Gesellschaftsrecht, 2015, Rn. 39; *Schön* EBOR 17 (2016) 229, 246; *Stiegler* ZGR 2017, 312, 330.

490 *Stiegler* ZGR 2017, 312, 330; *Teichmann* in: Gebauer/Teichmann (Hrsg.), Europäisches Privat- und Unternehmensrecht, 2016, § 6 Rn. 35; *Tiedje* in: von der Groeben/Schwarze/Hatje (Hrsg.), Europäisches Unionsrecht, 2015, Art. 54 AEUV Rn. 19.

491 Vgl. EuGH, Rs. C-411/03 (Sevic), ECLI:EU:C:2005:762 = NZG 2006, 112, Rn. 19.

492 *Grundmann*, Europäisches Gesellschaftsrecht, 2011, Rn. 788; *Leible/Hoffmann* BB 2009, 58 f.; *Lutter/Bayer/Schmidt*, Europäisches Unternehmens- und Kapitalmarktrecht, 2017, Rn. 7.38; *Stiegler* ZGR 2017, 312, 328.

493 *Stiegler* ZGR 2017, 312, 328; in diesem Sinne auch *Göthel* in: ders. (Hrsg.), Grenzüberschreitende M&A-Transaktionen, 4. Aufl. 2015, § 28 Rn. 63; *Kieninger* in: MüHdB GesR, IntGesR, 4. Aufl. 2013, § 52 Rn. 24.

494 Siehe EuGH, Rs. C-210/06 (Cartesio), ECLI:EU:C:2008:723 = NZG 2009, 61, Rn. 109 f.

besteht daher auch im Hinblick auf ausländische Personengesellschaften eine **Anerkennungspflicht.**[495] Praktisch zeigt sich dies zB bei den im Vorfeld der Einführung der deutschen Partnerschaftsgesellschaft mbB häufig von Anwaltskanzleien genutzten britischen LLP mit Hauptverwaltung in Deutschland. Die Anerkennungspflicht des Zuzugsstaates verbietet dabei auch eine Zwangsumwandlung (*ex lege*) der zuziehenden Personengesellschaften in eine nationale Gesellschaftsform.[496] Vor allem kommen in diesem Zusammenhang die Wertungen der Inspire Art-Entscheidung (Rn. 68 ff.) zur Geltung. Übertragen auf zuziehende Personengesellschaften bedeutet dies, dass ein faktisches Verbot des rechtsformwahrenden Zuzugs erst recht rechtfertigungsbedürftig ist, wenn schon einzelne Sonderanknüpfungen eine Beschränkung der Niederlassungsfreiheit darstellen.[497] Eine Verweigerung der zwar identitäts-, jedoch nicht statuswahrenden Verwaltungssitzverlegung stellt dabei jedenfalls nicht das mildeste zur Verfügung stehende Mittel dar und verstößt folglich gegen die Niederlassungsfreiheit.[498]

b) Deutsches Recht

120 Bei einer **Herausverlegung des Verwaltungssitzes** einer Personengesellschaft entscheidet das deutsche Recht daher grundsätzlich autonom über die Zulässigkeit einer entsprechenden identitäts- und rechtsformwahrenden Sitzverlegung ins Ausland.[499] Die Verwaltungssitzverlegung muss dabei sowohl aus deutscher kollisions- als auch materiellrechtlicher Sicht zulässig sein. Aus kollisionsrechtlicher Perspektive kommt für Personengesellschaften weiterhin die **Sitztheorie** zur Geltung.[500] Anders als zT für Kapitalgesellschaften (s. Rn. 105) hat sich im Zuge des MoMiG für Personengesellschaften keine Abweichung hiervon ergeben.[501] Die Geltung der Sitztheorie führt aufgrund deren Konzeption jedoch aus kollisionsrechtlicher Sicht noch nicht zwingend zur Auflösung der Gesellschaft im Zuge der beabsichtigten Verwaltungssitzverlegung. Vielmehr kommt es, wenn der geplante Zuzugsstaat der Gründungstheorie folgt, zu einer **Rückverweisung** zum deutschen Recht, welches den Verweis annimmt (vgl. Art. 4 I EGBGB), wodurch deutsches Recht insofern weiterhin anwendbar bleiben würde.[502]

121 Auch in diesem Fall muss die Sitzverlegung jedoch mit den **materiellrechtlichen** Gegebenheiten des deutschen Rechts konform sein. Hierbei ist insbesondere die Sitzbestimmung bei Personenhandelsgesellschaften ausschlaggebend. Unter dem **Sitzbegriff** gem. §§ 106 f. HGB ist dabei, wenngleich in den letzten Jahren immer öfter bestritten,[503] der Verwaltungssitz der Gesellschaft zu verstehen.[504] Ein sich im Inland befindlicher **Verwaltungssitz** ist daher für die Eintragung der Personengesellschaft konstitutiv, weshalb eine Verwaltungssitzverlegung ins Ausland nicht statuswahrend, dh unter Beibehaltung der deutschen Gesellschaftsform (OHG, KG) vollzogen werden kann.[505] Dies ist zumindest die (derzeitige) Auffassung wohl der meisten Registergerichte, so dass aus praktischer Sicht eine Herausverlegung des Verwaltungssitzes in den meisten Fällen unterbunden werden wird. Da sich die Bestimmung des Verwaltungssitzes jedoch nach objektiven Kriterien bestimmt,[506] ist es denkbar, dass eine Verwaltungssitzverlegung ins Ausland auch ohne Wissen des zuständigen Registergerichts vollzogen wird bzw. vollzogen wurde. Wie die Registergerichte hiermit umgehen würden, ist bislang nicht abschließend

495 *Lieder* in: Oetker (Hrsg.), HGB, 2017, § 105 Rn. 139, 142; *Mitterecker*, Grenzüberschreitende Sitzverlegungen, 2012, S. 456; *Paefgen* in: Westermann/Wertenbruch (Hrsg.), HdB Personengesellschaften, 70. Lieferung 2018, § 60 Rn. 4118.

496 *Stiegler* ZGR 2017, 312, 332.

497 *Hoffmann* in: Nomos BGB, 3. Aufl. 2016, Anh. Art. 12 EGBGB Rn. 171; *Paefgen* in: Westermann/Wertenbruch (Hrsg.), Handbuch Personengesellschaften, 70. Lieferung 2018, § 60 Rn. 4118; *Stiegler* ZGR 2017, 312, 332; *W.-H. Roth* ZGR 2014, 168, 203; aA *Schall* in: Heidel/Schall (Hrsg.), HGB, 2. Aufl. 2015, Anh. 3 zu § 177a Rn. 87.

498 *Stiegler* ZGR 2017, 312, 332.

499 Wohl aA *Lieder* in: Oetker (Hrsg.), HGB, 2017, § 105 Rn. 144.

500 *Hausmann* in: Reithmann/Martiny (Hrsg.), Internationales Vertragsrecht, 2015, Rn. 7.147; *Leitzen* NZG 2009, 728; *Mülsch/Nohlen* ZIP 2008, 1358; *Schall* in: Heidel/Schall (Hrsg.), HGB, 2. Aufl. 2015, Anh. 3 zu § 177a Rn. 455; *Stiegler* ZGR 2017, 312, 325; *Teichmann* ZGR 2014, 220, 229; *W.-H. Roth* ZGR 2014, 168, 185.

501 *Stiegler* ZGR 2017, 312, 325 f.

502 *Hoffmann* in: Nomos BGB, 3. Aufl. 2016, Anhang Art. 12 EGBGB Rn. 47; *Kindler* in: MüKo BGB, 2015, IntGesR, Rn. 823; *Koch* ZHR 173 (2009) 101, 114; *Nentwig* GmbHR 2015, 1145, 1146; *Stiegler* ZGR 2017, 312, 327.

503 *Schäfer* in: Staub, HGB, 5. Aufl. 2009, § 106 Rn. 19; *Koch* ZHR 173 (2009) 101, 118; *ders.* in: Staub, HGB, 5. Aufl. 2009, § 13 Rn. 44; *Paefgen* in: Westermann/Wertenbruch (Hrsg.), HdB Personengesellschaften, 70. Lieferung 2018, § 60 Rn. 4124; *Marsch-Barner* in: FS Haarmann, 2015, S. 118, 141; *Lieder* in: Oetker (Hrsg.), HGB, 2017, § 106 Rn. 23.

504 Vgl. nur BGH NJW 1957, 999, 1000; BGH WM 1969, 293, 294; KG NJW 1955, 1442, 1443; KG FGPrax 2012, 172, 173; *Krafka/Kühn*, Registerrecht, 10. Aufl. 2017, Rn. 611; *Ries* in: Röhricht/Graf von Westhalen/Haas (Hrsg.), HGB, 4. Aufl. 2014, § 13h Rn. 14; ausführlich zum Streitstand *Stiegler* ZGR 2017, 312, 314 ff.

505 OLG Hamm EWS 1998, 470 f.; *Hermanns* MittBayNot 2016, 297, 304; *Kieninger* in: MüHdB GesR, IntGesR, 4. Aufl. 2013, § 52 Rn. 24; *Stiegler* ZGR 2017, 312, 328.

506 Vgl. nur *Sandrock* in: FS Beiztke, 1979, S. 669, 684; zu weiteren Kriterien der Verwaltungssitzbestimmung siehe ferner BayObLG NZG 2002, 828, 829; OLG Celle IPRax 2003, 252, 258.

gesichert. Nach derzeitiger Sitzinterpretation wäre es zumindest nicht ausgeschlossen, dass, sofern das Registergericht Kenntnis von dem Umstand erlangt, es die Zwangsauflösung der Gesellschaft anordnet. Der sachgerechtere Weg wäre indes eine vorherige Verfügung, dass der Sitz nachweisbar innerhalb einer bestimmten Frist (zB drei Monate) zurück nach Deutschland verlegt wird. Aus praktischer Sicht sollte dennoch darauf geachtet werden, dass ua die Umsetzung von Geschäftsentscheidungen, die die Bestimmung des Verwaltungssitzes determinieren können, nicht faktisch über einen längeren Zeitraum vom Ausland aus erfolgen. Dies gilt insbesondere bei den – im Grundsatz zulässigen[507] – **Auslandsgesellschaften & Co. KG**, bei denen die geschäftsführenden Tätigkeiten der ausländischen Komplementärin ggf. der deutschen KG als Sitz der Hauptverwaltung zugerechnet werden und sich damit der Verwaltungssitz faktisch im Ausland befinden könnte.[508] Eine abweichende, liberalere Beurteilung wäre indes dann angezeigt, wenn, wie zu Recht (de lege ferenda) gefordert,[509] der für Personengesellschaften maßgebende Sitz als gesellschaftsvertraglich bestimmter Sitz verstanden würde.

122 Anders stellt sich die Situation hingegen bei der **Hereinverlegung des Verwaltungssitzes** einer EU/EWR-ausländischen Personengesellschaft nach Deutschland dar. Aufgrund der durch die Niederlassungsfreiheit diesbezüglich garantierten **Zuzugsfreiheit** (s. Rn. 96 ff.) darf das deutsche Recht eine entsprechende identitäts- und rechtsformwahrende Sitzverlegung nicht verbieten.[510] Dies gilt sowohl auf kollisions- als auch materiellrechtlicher Ebene, so dass der Etablierung des Verwaltungssitzes einer aus der EU stammenden Personengesellschaft weder die Sitztheorie noch die Sitzbestimmung für nationale Personengesellschaften entgegenstehen darf.[511] Auch eine etwaige Übertragung der sog Wechselbalgtheorie (s. Rn. 110 f.) ist nicht möglich und würde gegen die Niederlassungsfreiheit verstoßen. Abweichendes gilt jedoch für zuziehende Personengesellschaften aus Drittstaaten, so dass für diese, vorbehaltlich anderslautender bilateraler Vereinbarungen mit Deutschland, eine rechtsformwahrende Hereinverlegung des Verwaltungssitzes grundsätzlich nicht möglich ist und die Gesellschaft iS insbesondere der Trabrennbahn-Entscheidung[512] als deutsche Personengesellschaft umqualifiziert werden würde.[513]

II. Identitätswahrende formwechselnde (Satzungs-) Sitzverlegung

1. Kapitalgesellschaften

a) Europäisches Recht

123 Wie bei einer grenzüberschreitenden Verlegung des Verwaltungssitzes bestimmt sich auch die **Zulässigkeit** der Satzungssitzverlegung einer mitgliedstaatlichen Kapitalgesellschaft in erster Linie nach europäischem Recht, insbesondere der Reichweite der Niederlassungsfreiheit in diesem Fall. Die Möglichkeit der Berufung auf die Niederlassungsfreiheit wird jedoch wiederum von der Interpretation von Art. 54 I AEUV durch den EuGH determiniert, dh für die ihrem Recht unterfallenden Gesellschaften können die Mitgliedstaaten grundsätzlich autonom über die Gründungs- und Bestehensmodalitäten bestimmen.[514] Im Zusammenhang mit einer grenzüberschreitenden Sitzverlegung gilt dies ua auch für das Erfordernis eines sich im Inland befindlichen Satzungs- bzw. Registersitzes nationaler Kapitalgesellschaftsformen. Da in allen EU-Mitgliedstaaten ein inländischer Satzungssitz Voraussetzung für die Nutzung des nationalen Gesellschaftsstatuts ist,[515] ist daher aus praktischer Sicht eine Satzungssitzverlegung in einen anderen Mitgliedstaat (materiellrechtlich) zwingend **mit einem Rechtsformwechsel verbunden.**[516] Mit Blick auf die Cartesio-Entscheidung steht dem auch die Niederlassungsfreiheit nicht

507 Vgl. OLG Frankfurt ZIP 2008, 1286; *Grunewald* in: MüKo HGB, 3. Aufl. 2012, § 161 Rn. 105; *Kalss/Klampfl*, Europäisches Gesellschaftsrecht, 2015, Rn. 90; *Nentwig* GmbHR 2015, 1145 ff.; *Mülsch/Nohlen* ZIP 2008, 1358 f.; *Teichmann* ZGR 2014, 220, 224.

508 Eine praktisch-rational andere Frage ist jedoch, inwiefern das zuständige deutsche Registergericht hiervon überhaupt Kenntnis erlangen würde. Letzlich ist dies daher eine Abwägungsentscheidung. Vor allem bei Due Diligence-Prüfung könnte hierauf jedoch gestoßen werden.

509 So ausdrücklich die Beschlussfassung beim 71. Deutschen Juristentag 2016, vgl. Beschluss 26 der Abteilung Wirtschaftsrecht beim 71. DJT 2016 (38:6:7); dazu auch *Stiegler* ZGR 2017, 312, 313 ff.

510 *Paefgen* in: Westermann/Wertenbruch (Hrsg.), HdB Personengesellschaften, 70. Lieferung 2018, § 60 Rn. 4118; *Saenger* in: FS Pöllath + Partners, 2008, S. 303; *Stiegler* ZGR 2017, 312, 333; *W.-H. Roth* ZGR 2014, 168, 203.

511 *Stiegler* ZGR 2017, 312, 333.

512 Zur Geltung dieser auch für zuziehende Personengesellschaften aus Drittstaaten *Hoffmann* in: Hk-BGB, 3. Aufl. 2016, Anhang Art. 12 EGBGB Rn. 170; *W.-H. Roth* ZGR 2014, 168, 201 f.

513 *Stiegler* ZGR 2017, 312, 333.

514 Vgl. EuGH, Rs. C-210/06 (Cartesio), ECLI:EU:C:2008:723 = NZG 2009, 61, Rn. 110; EuGH, Rs. C-378/10 (Vale), ECLI:EU:C:2012:440 = NJW 2012, 2715, Rn. 29.

515 *Bachmann* in: Hirte/Mülbert/Roth (Hrsg.), AktG, 5. Aufl. 2017, § 5 Rn. 14; *Hoffmann* ZVglRWiss 101 (2002) 283, 306; *Ego* in: MüKo AktG, 2017, Europäische Niederlassungsfreiheit, Rn. 61; *Weller* in: FS Blaurock, 2013, S. 497, 510; *Thölke* in: MüHdB GesR, IntGesR, 4. Aufl. 2013, § 1 Rn. 90.

516 *Bayer/Schmidt* ZIP 2012, 1481; *Bayer* in: Lutter/Hommelhoff (Hrsg.), GmbHG, 19. Aufl. 2016, § 4a Rn. 17; *Heckschen* ZIP 2015, 2049; *Kiem* ZHR 180 (2016) 289, 300 f.; *Schmidt* in: Michalski ua (Hrsg.), GmbHG, 3. Aufl. 2017, § 4a Rn. 18; *Talos/Arzt* in: Talos/Winner (Hrsg.), EU-VerschG, 2. Aufl. 2016, § 1 Rn. 12a.

entgegen.[517] In der Regel ist mit einer grenzüberschreitenden Satzungssitzverlegung jedoch ohnehin ein identitätswahrender Formwechsel in eine ausländische Gesellschaftsform beabsichtigt, so dass insofern eine Satzungssitzverlegung ins Ausland einem **grenzüberschreitenden Formwechsel** gleichgesetzt werden kann. Ein solcher Formwechsel über die Grenze bei Beibehaltung der rechtlichen Identität des Rechtsträgers ist gemäß den dargestellten EuGH-Entscheidungen in den Rs. Cartesio (Rn. 36 ff.), Vale (Rn. 81 ff.) und Polbud (Rn. 46 ff.) grundsätzlich vom Schutzbereich der Niederlassungsfreiheit umfasst.[518] Ferner stellte der EuGH in der Sevic-Entscheidung fest, dass auch grenzüberschreitende (formwechselnde) Umwandlungen zu den wirtschaftlichen Betätigungen gehören, bei denen die Art. 49, 54 AEUV beachtet werden müssen.[519] Hierzu zählen auch ein Herausformwechsel aus einem Mitgliedstaat sowie ein Hereinformwechsel in einen anderen Mitgliedstaat.

Betreffend eines **Herausformwechsels** wird sowohl aus der Cartesio- als auch aus der Polbud-Entscheidung deutlich, dass ein solches Vorhaben von der Niederlassungsfreiheit erfasst ist und der Wegzugsstaat die umwandlungswillige Gesellschaft daher grundsätzlich nicht daran hindern darf, sich durch Verlegung ihres Satzungssitzes identitätswahrend in eine Gesellschaftsform eines anderen Mitgliedstaates umzuwandeln.[520] Eine **Beschränkung** der Niederlassungsfreiheit besteht jedoch nur dann, wenn sowohl nach der Rechtsordnung des Ausgangsrechtsträgers als auch nach der Rechtsordnung des Zielrechtsträgers das Konzept eines identitätserhaltenden Formwechsels bekannt ist.[521] Für eine Beschränkung der Niederlassungsfreiheit seitens des Wegzugsstaates ist es somit im Prinzip ausreichend, dass in diesem nationale Regelungen bestehen, die einen innerstaatlichen Formwechsel regeln und ein entsprechender grenzüberschreitender Sachverhalt demgegenüber schlechter behandelt wird.[522] In diesem Zusammenhang muss der Wegzugsstaat allerdings nur dann einen Herausformwechsel gestatten, wenn er für die konkret umwandlungswillige Gesellschaftsform auch nach nationalem Recht die Möglichkeit eines innerstaatlichen Formwechsels ohne Auflösung des Rechtsträgers vorsieht.[523] So muss es sich auch bei einem grenzüberschreitenden Formwechsel um eine nach nationalem Recht **formwechselfähige Gesellschaftsform** handeln.[524] Andernfalls liegt keine Beschränkung der Niederlassungsfreiheit vor. Selbst wenn die betroffene Rechtsform vom persönlichen Anwendungsbereich der Niederlassungsfreiheit erfasst ist und sich als solche auf Art. 49 AEUV berufen kann, liegt grundsätzlich noch keine Beschränkung der Niederlassungsfreiheit vor und die Verhinderung eines Herausformwechsels kann in diesem Fall vom Wegzugsstaat unterbunden werden.[525] 124

Liegt insofern jedoch eine Schlechterstellung eines Herausformwechsels mit einem vergleichbaren innerstaatlichen Sachverhalt vor, darf die formwechselnde Gesellschaft im Zuge der grenzüberschreitenden Satzungssitzverlegung **nicht zwangsaufgelöst** oder liquidiert werden.[526] Gleichwohl lässt sich sowohl der Sevic- als auch der Vale-Entscheidung entnehmen, dass bei grenzüberschreitenden Umwandlungen vor allem im Wegzugsfall Beschränkungen der Niederlassungsfreiheit einer weitreichenden **Rechtfertigungsmöglichkeit** zugänglich sind.[527] Für die Mitgliedstaaten besteht daher durchaus die Möglichkeit, insbesondere zum Schutz der Anteilseigner, Gläubiger und Arbeitnehmer, spezielle Anforderungen an einen Herausformwechsel zu stellen.[528] So sieht auch der Richtlinienvorschlag der Europäischen Kommission vom April 2018 jeweils entsprechende Schutzbestimmungen vor. (s. ferner zum Richtlinienvorschlag der Europäischen Kommission im Hinblick auf einen grenzüberschreitenden Formwechsel § 32 Rn. 77 ff.)[529] 125

517 Vgl. EuGH, Rs. C-210/06 (Cartesio), ECLI:EU:C:2008:723 = NZG 2009, 61, Rn. 109 f.

518 *Bayer/Schmidt* ZHR 173 (2009) 735, 756; *Teichmann* ZIP 2009, 983, 985; *Rammeloo* ECL 14 (2017) 177; *Rock et al.* in: Kraakman et al. (Eds.), The Anatomy of Corporate Law, 3. Aufl. 2017, S. 197; *Bungert/de Raet* DB 2014, 761, 764; *Hoffmann* in: MüHdB GesR, IntGesR, 4. Aufl. 2013, § 54 Rn. 3; *Schmidt-Kessel* GPR 2009, 26, 29; *Zimmer/Naendrup* NJW 2009, 545, 547.

519 EuGH, Rs. C-411/03 (Sevic), ECLI:EU:C:2005:762 = NZG 2006, 112, Rn. 19.

520 EuGH, Rs. C-210/06 (Cartesio), ECLI:EU:C:2008:723 = NZG 2009, 61, Rn. 112; EuGH, Rs. C-106/16 (Polbud), ECLI:EU:C:2017:804 = BeckRS 2017, 128964, Rn. 49 ff.

521 Zur Zielrechtsordnung EuGH, Rs. C-210/06 (Cartesio), ECLI:EU:C:2008:723 = NZG 2009, 61, Rn. 112.

522 *Stiegler*, Grenzüberschreitende Sitzverlegungen nach deutschem und europäischem Recht, 2017, S. 147.

523 *Stiegler*, Grenzüberschreitende Sitzverlegungen nach deutschem und europäischem Recht, 2017, S. 148.

524 Vgl. aus deutscher Sicht *Heckschen* ZIP 2015, 2049, 2051 f.; *Hushahn* RNotZ 2014, 137, 141.

525 *Stiegler*, Grenzüberschreitende Sitzverlegungen nach deutschem und europäischem Recht, 2017, S. 148.

526 Vgl. EuGH, Rs. C-210/06 (Cartesio), ECLI:EU:C:2008:723 = NZG 2009, 61, Rn. 113; EuGH, Rs. C-106/16 (Polbud), ECLI:EU:C:2017:804 = BeckRS 2017, 128964, Rn. 58.

527 *Brasseur/Vermeylen* in: Vermeylen/Vande Velde (Hrsg.), European Cross-Border Mergers and Reorganization, 2012, Rn. 2.77; *Stiegler*, Grenzüberschreitende Sitzverlegungen nach deutschem und europäischem Recht, 2017, S. 149 f.

528 *Engert* in: Langenbucher (Hrsg.), Europäisches Privat- und Wirtschaftsrecht, 4. Aufl. 2017, § 5 Rn. 13; *Kalss/Klampfl*, Europäisches Gesellschaftsrecht, 2015, Rn. 134; wohl auch *Oplustil/Sikora* EWS 2017, 134, 139.

529 Europäische Kommission, Vorschlag für eine Richtlinie des Europäischen Parlaments und des Rates zur Änderung der Richtlinie (EU) 2017/1132 in Bezug auf grenzüberschreitende Umwandlungen, Verschmelzungen und Spaltungen, COM(2018) 241 final.

126 Ein Spezialproblem bei einem Herausformwechsel stellt die Zulässigkeit einer sog **isolierten Satzungssitzverlegung** dar, bei der im Zuge der Umwandlung keine wirtschaftlichen Aktivitäten in den Aufnahmestaat (Zuzugsstaat) verlagert werden sollen.[530] Ausgangspunkt eines solchen Vorgangs ist in der Regel eine nachträgliche Rechtswahl eines ausländischen Gesellschaftsstatuts, um das Unternehmen an die rechtlichen Gegebenheiten anzupassen, während der wirtschaftliche Standort beibehalten werden soll. Ob die Niederlassungsfreiheit auch bei einer solchen Satzungssitzverlegung betroffen ist, läuft daher auf die Frage hinaus, inwieweit Art. 49 I AEUV eine umfassende Rechtswahlfreiheit der Gesellschaft oder „nur" eine freie wirtschaftliche Standortwahl gewährleisten. Das Ergebnis ergibt sich dabei aus dem Wortlaut der Norm, wonach – nach hier vertretener Auffassung (s. Rn. 104) – das Vorliegen einer **Niederlassung eine Tatbestandsvoraussetzung** und damit eine Frage des sachlichen Anwendungsbereichs der Niederlassungsfreiheit ist.[531] Übergeordnetes Ziel der Niederlassungsfreiheit ist dabei die Förderung eines gemeinsamen EU-Binnenmarktes, womit aufgrund der diesbezüglichen Zweckrichtung in erster Linie die Gewährleistung grenzüberschreitender Wirtschaftstätigkeit in einem freien Binnenmarkt erreicht werden soll.[532] Auch der Niederlassungsfreiheit geht es daher primär um die Ermöglichung und Absicherung eines realwirtschaftlichen Standortwettbewerbs in der EU.[533] Dies gilt in diesem Sinne auch für einen grenzüberschreitenden Formwechsel als Satzungssitzverlegung ins Ausland. Sowohl aus dem Wortlaut des Art. 49 I 1 AEUV als auch aus dessen Zielrichtung ergibt sich daher, dass der mit der Niederlassungsfreiheit verfolgte Zweck nur in der Gewährleistung einer **freien wirtschaftlichen Standortwahl** besteht.[534] Daraus folgt, dass eine isolierte (nachträgliche) Rechtswahlfreiheit grundsätzlich nicht darunter subsumiert werden kann.[535] Die Zulässigkeit einer isolierten Satzungssitzverlegung, die faktisch zu einer Rechtswahlfreiheit der formwechselnden Gesellschaft führen würde, ist aus Sicht des Wegzugsstaates daher mangels wirtschaftlicher Betätigung im Aufnahmestaat grundsätzlich **nicht** von Art. 49 I AEUV **erfasst.**[536] Die Beurteilung einer isolierten Satzungssitzverlegung wird demzufolge dem autonomen Recht des Wegzugsstaates überlassen.[537] Dieser kann daher, sofern auch der Aufnahmestaat dies vorsieht, einen Herausformwechsel von der Aufnahme bzw. Begründung einer wirtschaftlichen Betätigung im Zuzugsstaat abhängig machen. Auch die Rechtswahlfreiheit der Gründer bei einer Begründung des Verwaltungssitzes im Zuzugsstaat (s. Rn. 96 ff.)[538] steht dem nicht entgegen, da es dort insofern um die Freiheit der Gesellschaftsgründer iS von Art. 49 II AEUV ging und nicht um die nachträgliche Rechtswahl der Gesellschaft als Begünstige der Niederlassungsfreiheit gem. Art. 49 I, 54 AEUV.[539]

127 Im Zuge der Vale-Entscheidung aus dem Jahr 2012 ist die Zulässigkeit eines **Hereinformwechsels**, dh der formwechselnden Satzungssitzverlegung in den Aufnahmestaat der Gesellschaft, weitgehend gewährleistet und die

---

530 *Schön* ZGR 2013, 333, 358; *Rammeloo* MJ 2008, 359, 363; *W.-H. Roth* in: FS Hoffmann-Becking, 2013, S. 965, 994; *Bayer/Schmidt* ZIP 2012, 1481, 1486.

531 *Verse* ZEuP 2013, 458, 478; *W.-H. Roth* in: FS Hoffmann-Becking, 2013, S. 965, 977; *Teichmann* DB 2012, 2085, 2087; *Kindler* in: MüKo BGB, 2015, IntGesR, Rn. 832; *Schall* ZfPW 2016, 407, 417; *Stiegler* GmbHR 2017, 650, 651; *Wohlrab* GPR 2012, 316, 317; *Ludwigs* in: Dauses/Ludwigs (Hrsg.), EU-Wirtschaftsrecht, 44. EL 2018, E I Rn. 124; aA *Bayer/Schmidt* ZHR 173 (2009) 735, 753 f.; *dies.* ZIP 2012, 1481, 1486 f.; *Drygala* EuZW 2013, 569, 570 f.; *Schmidt* in: Michalski ua (Hrsg.), GmbHG, 3. Aufl. 2017, § 4a Rn. 20; *dies.* ZVglRWiss 116 (2017) 313, 330.

532 *Stiegler*, Grenzüberschreitende Sitzverlegungen nach deutschem und europäischem Recht, 2017, S. 175.

533 *W.-H. Roth* in: FS Hoffmann-Becking, 2013, S. 965, 991; *Stiegler*, Grenzüberschreitende Sitzverlegungen nach deutschem und europäischem Recht, 2017, S. 175.

534 *W.-H. Roth* in: FS Hoffmann-Becking, 2013, S. 965, 991 f.; *Ludwigs* in: Dauses/Ludwigs (Hrsg.), EU-Wirtschaftsrecht, 44. EL 2018, E I Rn. 124.

535 *Ecktert* GesRZ 2009, 139, 147; *W.-H. Roth* in: FS Hoffmann-Becking, 2013, S. 965, 992; *Stiegler*, Grenzüberschreitende Sitzverlegungen nach deutschem und europäischem Recht, 2017, S. 179; vgl. auch *Teichmann* DB 2012, 2085, 2087; *Wohlrab* GPR 2012, 316, 317; aA *Grundmann*, Europäisches Gesellschaftsrecht, 2011, Rn. 798, Fn. 125; *Schön* ZGR 2013, 333, 358 ff.

536 *Kainer* in: Müller-Graff (Hrsg.), Europäisches Wirtschaftsordnungsrecht, 2015, § 4 Rn. 106; *Kindler* in: MüKo BGB, 2015, IntGesR, Rn. 150; *Oplustil/Sikora* EWS 2017, 134, 141; *W.-H. Roth* in: FS Hoffmann-Becking, 2013, S. 965, 992; *Ludwigs* in: Dauses/Ludwigs (Hrsg.), EU-Wirtschaftsrecht, 44. EL 2018, E I Rn. 124; jeweils im Ergebnis auch *Mörsdorf* CMLR 49 (2012) 629, 668; *Wicke* DStR 2012, 1756, 1758; *ders.* NZG 2017, 702, 703; *Böttcher/Kraft* NJW 2012, 2701, 2703; *Wohlrab* GPR 2012, 316, 317; *Hushahn* RNotZ 2014, 137, 147.

537 Insofern bereits mit Blick auf die Cartesio-Entscheidung *Szydło* ECFR 2010, 414, 425; *Mörsdorf* CMLR 49 (2012) 629, 643; *Zimmer/Naendrup* NJW 2009, 545, 548; *Leible/Hoffmann* BB 2009, 58, 62; *Däubler/Heuschmid* NZG 2009, 493, 494.

538 Vgl. dazu *Armour/Ringe* CMLR 48 (2011) 125, 135 f.; *Kieninger* ZGR 1999, 724; *Eidenmüller* ZIP 2002, 2233, 2243 f.; *Zimmer* NJW 2003, 3585, 3587; *Drygala* ZEuP 2004, 337, 347; *Ringe* in: Schmidt/Lutter (Hrsg.), AktG, 3. Aufl. 2015, IntGesR, Rn. 48.

539 *Verse* ZEuP 2013, 458, 478; *Stiegler*, Grenzüberschreitende Sitzverlegungen nach deutschem und europäischem Recht, 2017, S. 177; wohl aA *Schön* ZGR 2013, 333, 359; *Oplustil/Sikora* EWS 2017, 134, 141.

Betroffenen können sich bei beschränkenden Maßnahmen auf die Niederlassungsfreiheit berufen.[540] Auch ein Hereinformwechsel darf daher **nicht grundlos schlechter** behandelt werden als ein rein innerstaatlicher Formwechsel. Kennt ein Mitgliedstaat lediglich den Formwechsel von Gesellschaften, die ihren Satzungs- bzw. Registersitz im Inland haben, und werden dadurch Gesellschaften in Abhängigkeit davon, ob es sich um einen innerstaatlichen oder grenzüberschreitenden Formwechsel handelt, unterschiedlich behandelt, stellt dies eine Beschränkung der Niederlassungsfreiheit dar.[541] Lässt ein Mitgliedstaat einen innerstaatlichen Formwechsel zu, muss er diese Möglichkeit korrespondierend auch bei einem grenzüberschreitenden Formwechsel in den entsprechenden Zielrechtsträger tun.[542] Eine Beschränkung der Niederlassungsfreiheit steht jedoch wie bei einem Herausformwechsel unter dem **Vorbehalt**, dass die Rechtsordnung des Zuzugsstaates einen identitätswahrenden Formwechsel in den entsprechenden Zielrechtsträger überhaupt zulässt.[543] Insofern ist mit der EuGH-Rechtsprechung zum grenzüberschreitenden Formwechsel nicht beabsichtigt, das Prinzip einer formwechselnden Umwandlung mitgliedstaatlicher Gesellschaften einzuführen.[544] Die nationalen Beschränkungen möglicher Formwechselkombinationen kommen insofern auch auf europäischer Ebene zum Tragen.[545]

Sowohl aus Sicht des Wegzugsstaates eines Herausformwechsels als auch des Zuzugsstaates eines Hereinformwechsels bedeutet dies jedoch nicht, dass es sich beim Ausgangs- bzw. Zielrechtsträger nicht um das funktionale Äquivalent zur inländischen Gesellschaftsform handeln muss. Die Niederlassungsfreiheit lässt sich nicht darauf beschränken, dass beispielsweise nur ein grenzüberschreitender Formwechsel einer Gesellschaft mbH in eine Aktiengesellschaft eines anderen Mitgliedstaates zuzulassen ist. Die Niederlassungsfreiheit schützt vielmehr ebenso einen rechtsforminkongruenten grenzüberschreitenden Formwechsel wie einen **rechtsformkongruenten Heraus-** bzw. **Hereinformwechsel.**[546] Abzustellen ist insofern auf den tatsächlichen Wechsel der Rechtsform in eine Gesellschaftsform eines anderen Mitgliedstaates, also zB von einer deutschen GmbH in eine österreichische GmbH oder eine italienische *s.r.l.* (dazu § 14 Rn. 399 ff.). 128

Wie beim Herausformwechsel (s. Rn. 126) verdient auch bei einem grenzüberschreitenden Formwechsel aus Sicht des Aufnahmestaates die Behandlung einer sog **isolierten Satzungssitzverlegung** eine gesonderte Betrachtung. Zwar besteht auch im Zuzugsfall bislang keine unmittelbare Aussage zu deren Niederlassungsrelevanz, jedoch ist mit Bezug zur Vale-Entscheidung auch in diesem Fall die Charakterisierung des Niederlassungsbegriffs als wirtschaftliche Tätigkeit im Aufnahmestaat auf unbestimmte Zeit maßgebend.[547] In gleicher Weise handelt es sich dabei um eine Frage des sachlichen Schutzbereichs von Art. 49 I AEUV als Voraussetzung für die Anwendbarkeit der Niederlassungsfreiheit (s. bereits Rn. 24).[548] Im Ergebnis ist auch aus Sicht des Aufnahmestaates des zuziehenden Rechtsträgers eine isolierte Satzungssitzverlegung daher grundsätzlich **nicht von der Niederlassungsfreiheit erfasst**. Bei einer Verlegung allein des Satzungssitzes, bei der es nicht zu einer Verlagerung oder Begründung wirtschaftlicher Aktivitäten in den Zuzugsstaat kommt, besteht insofern keine Niederlassung, die aus europäischer Sicht im grenzüberschreitenden Kontext schützenswert wäre. Zwar ist in diesem Zusammenhang eine ggf. teleologische (zweckgebundene) Reduktion von Art. 49 I 1 AEUV durch den EuGH – in Zukunft – nicht vollkommen auszuschließen, jedoch lassen sich entsprechende Tendenzen bislang nicht er- 129

540 Vgl. EuGH, Rs. C-378/10 (Vale), ECLI:EU:C:2012:440 = NJW 2012, 2715, Rn. 32 f.; *Bayer/Schmidt* BB 2013, 3, 9; *Verse* EuZW 2013, 336, 337; *Teichmann* ZIP 2006, 355, 362; *Wicke* DStR 2012, 1756, 1757; *Zimmer/Naendrup* NJW 2009, 545, 548; im Zuge der Sevic-Entscheidung bereits *Teichmann* ZIP 2009, 393, 402; *Wiśniewski/Opalski* EBOR 10 (2009) 595, 615.

541 EuGH, Rs. C-378/10 (Vale), ECLI:EU:C:2012:440 = NJW 2012, 2715, Rn. 36; vgl. auch EuGH, Rs. C-411/03 (Sevic), ECLI:EU:C:2005:762 = NZG 2006, 112, Rn. 22 f.

542 *Lutter/Bayer/Schmidt*, Europäisches Unternehmens- und Kapitalmarktrecht, 2017, Rn. 7.43; *Bayer/Schmidt* BB 2013, 3, 9; *Frenzel* NotBZ 2012, 349, 350; *Biermeyer* CMLR 50 (2013) 571, 579; *Stiegler*, Grenzüberschreitende Sitzverlegungen nach deutschem und europäischem Recht, 2017, S. 152.

543 *Leible* in: Michalski ua (Hrsg.), GmbHG, 2017, Syst. Darst. 2, Rn. 40; *Schopper/Skarics* NZ 2012, 321, 323 f.; *Eckert* GesRZ 2009, 139, 154; *Stiegler*, Grenzüberschreitende Sitzverlegungen nach deutschem und europäischem Recht, 2017, S. 152; aA *Verse* ZEuP 2013, 458, 487; *W.-H. Roth* in: FS Hoffmann-Becking, 2013, S. 965, 982 f.

544 Vgl. *Thiermann* EuZW 2012, 209, 210.

545 *Stiegler*, Grenzüberschreitende Sitzverlegungen nach deutschem und europäischem Recht, 2017, S. 152.

546 *Lutter/Bayer/Schmidt*, Europäisches Unternehmens- und Kapitalmarktrecht, 2017, Rn. 7.43; *Bayer/Schmidt* ZHR 173 (2009) 735, 760; *dies.* ZIP 2012, 1481, 1489; *Schall* ZfPW 2016, 407, 421; *Schön* ZGR 2013, 333, 345; *Stiegler*, Grenzüberschreitende Sitzverlegungen nach deutschem und europäischem Recht, 2017, S. 153; *Knaier/Pfleger* GmbHR 2017, 859, 862 f.; aus deutscher Sicht vgl. auch OLG Frankfurt NZG 2017, 423, 426.

547 Vgl. EuGH, Rs. C-378/10 (Vale), ECLI:EU:C:2012:440 = NJW 2012, 2715, Rn. 34.

548 *Kalss/Klampfl*, Europäisches Gesellschaftsrecht, 2015, Rn. 127; *Leible* in: Michalski ua (Hrsg.), GmbHG, 2017, Syst. Darst. 2, Rn. 41; *W.-H. Roth* in: FS Hoffmann-Becking, 2013, S. 965, 977; *Stiegler*, Grenzüberschreitende Sitzverlegungen nach deutschem und europäischem Recht, 2017, S. 162; *Teichmann* DB 2012, 2085, 2087; *Verse* ZEuP 2013, 458, 478; aA *Bayer/Schmidt*, ZIP 2012, 1481, 1486 f.; *Drygala*, EuZW 2013, 569, 570; *Schmidt* in: Michalski ua (Hrsg.), GmbHG, 3. Aufl. 2017, § 4a Rn. 20.

kennen. Auch eine etwaige sekundärrechtliche Regulierung eines grenzüberschreitenden Formwechsels geht wohl in diese Richtung (zum Projekt einer Sitzverlegungsrichtlinie s. § 32).[549]

130 Wie bei einem „normalen" grenzüberschreitenden Hereinformwechsel ist jedoch auch bei einer isolierten Satzungssitzverlegung in den Zuzugsstaat **Art. 49 II AEUV** (iVm Art. 54 AEUV) zu beachten. Das heißt, dass der Aufnahmestaat für die Gründung von Gesellschaften durch ausländische natürliche oder juristische Personen die Bestimmungen für die **Gründung** durch inländische Personen anzuwenden hat. Nach der Vale-Entscheidung ist dabei ein grenzüberschreitender Formwechsel mittels Satzungssitzverlegung ein aus materieller Sicht mit der Neugründung einer Gesellschaft vergleichbarer Vorgang.[550] Der Aufnahmestaat des formwechselnden Rechtsträgers hat daher sowohl das Recht,[551] als auch die Pflicht im Sinne des Äquivalenzprinzips, die gleichen Bedingungen für eine im Inland gegründete und nach dem nationalen Recht bestehende Gesellschaft und eine formwechselnd zuziehende Gesellschaft zu gewährleisten. Speziell im Hinblick auf eine isolierte Satzungssitzverlegung bedeutet das, dass wenn ein Mitgliedstaat für einen inländischen Formwechsel seiner nationalen Gesellschaftsformen keine Ansiedlung im Sinne einer wirtschaftlichen Betätigung im Inland verlangt, er dies auch nicht von einer formwechselnd zuziehenden Auslandsgesellschaft fordern kann.[552] In diesem Sinne ist die europäisch determinierte Zulässigkeit einer isolierten Satzungssitzverlegung von der materiellrechtlichen und ggf. kollisionsrechtlichen Ausgestaltung des nationalen Rechts des Zuzugsstaates des Hereinformwechsels abhängig. Aufgrund des **Diskriminierungsverbots** des Art. 49 II AEUV darf ein Mitgliedstaat einen isolierten Hereinformwechsel somit nicht grundlos schlechter behandeln als einen vergleichbaren innerstaatlichen Formwechsel.[553]

131 Entscheidend ist insofern auch, was – aus europäischer Sicht – unter einer auf Dauer angelegten **wirtschaftlichen Tätigkeit im Zuzugsstaat** iS einer Niederlassung gem. Art. 49 I 1 AEUV zu verstehen ist. An konkreten (und abschließenden) Aussagen des EuGH mangelt es dabei bisher. Aus praktischer Sicht bedarf es jedoch zumindest nachprüfbarer Anhaltspunkte, die auf das Ausmaß einer wirtschaftlichen Aktivität schließen lassen.[554] Nach der Cadbury Schweppes-Entscheidung kann dabei zumindest das Vorhandensein von „Geschäftsräumen, Personal und Ausrüstungsgegenständen" ein Indiz für die Ausübung einer wirtschaftlichen Tätigkeit im Aufnahmestaat sein.[555] Sie gelten gleichwohl nicht als zwingende Voraussetzungen für das Bestehen einer wirtschaftlichen Tätigkeit auf unbestimmte Zeit.[556] Ebenfalls ein Indiz für das Bestehen einer Niederlassung im Zuzugsstaat kann die Verlegung auch des Verwaltungssitzes in diesen sein. Der **Begriff der Niederlassung** als wirtschaftliche Tätigkeit auf unbestimmte Zeit ist dabei jedoch nicht mit dem Begriff des Verwaltungssitzes bzw. der Hauptverwaltung nach europäischem oder deutschem Recht gleichzusetzen.[557] Das Erfordernis einer tatsächlichen wirtschaftlichen Betätigung im Aufnahmestaat impliziert nicht die Verlegung bzw. Begründung des Hauptverwaltungssitzes in diesen.[558] Damit der Schutzbereich der Niederlassungsfreiheit beim Hereinformwechsel eröffnet ist, muss somit nicht zwingend auch der Verwaltungssitz in den Aufnahmestaat verlegt werden.[559] Ferner muss die tatsächliche wirtschaftliche Ansiedlung im Zuzugsstaat nicht zwingend zugleich mit der Satzungssitzverlegung erfolgen.[560] Der formwechselnde Rechtsträger kann sich somit auch dann auf die Nieder-

549 Siehe in diesem Zusammenhang auch *Europäische Kommission*, Feedback Statement Summary of responses of the public consultation of Cross-border transfer of registered offices of companies, September 2013.

550 Vgl. EuGH, Rs. C-378/10 (Vale), ECLI:EU:C:2012:440 = NJW 2012, 2715, Rn. 51; nach deutschem Recht vgl. insofern auch § 197 S. 1 UmwG.

551 Vgl. EuGH, Rs. C-378/10 (Vale), ECLI:EU:C:2012:440 = NJW 2012, 2715, Rn. 52.

552 *Teichmann* DB 2012, 2085, 2088; *Drygala* EuZW 2013, 569, 570 f.; *Kindler* EuZW 2012, 888, 891.

553 *Kindler* in: MüKo BGB, 2015, IntGesR, Rn. 839; *Szydło* ECFR 2010, 414, 437; *Heckschen* in: Widmann/Mayer (Hrsg.), Umwandlungsrecht, 169. EL 2018, § 1 UmwG Rn. 186; *Stiegler*, Grenzüberschreitende Sitzverlegungen nach deutschem und europäischem Recht, 2017, S. 165; *Weller/Rentsch* IPRax 2013, 530, 534; aA *Sørensen* CMLR 52 (2015) 85, 89, Fn. 14; *Wohlrab* GPR 2012, 316, 317.

554 *Sørensen* CMLR 52 (2015) 85, 87.

555 Vgl. EuGH, Rs. C-196/04 (Cadbury Schweppes), ECLI:EU:C:2006:544 = NZG 2006, 835, Rn. 67.

556 *Drygala* EuZW 2013, 569, 570; *Stiegler*, Grenzüberschreitende Sitzverlegungen nach deutschem und europäischem Recht, 2017, S. 170; aA *Verse* ZEuP 2013, 458, 479.

557 *Kalss/Klampfl*, Europäisches Gesellschaftsrecht, 2015, Rn. 127; *Krebs* GWR 2014, 144, 146; *Prelič/Prostor* ZfRV 2014, 32; *Stiegler*, Grenzüberschreitende Sitzverlegungen nach deutschem und europäischem Recht, 2017, S. 167 f.; *Verse* ZEuP 2013, 458, 479; *W.-H. Roth* in: FS Hoffmann-Becking, 2013, S. 965, 990; *ders.* ZGR 2014, 168, 208; aA *Jaensch* EWS 2012, 353, 357; *Schönhaus/Müller* IStR 2013, 174, 176.

558 *Schopper/Skarics* NZ 2012, 321, 327; *W.-H. Roth* ZGR 2014, 168, 208; *Szabó/Sørensen* ICCLJ 10 (2013) 43, 57 f.; *Vossius* in: Widmann/Mayer (Hrsg.), Umwandlungsrecht, 169. EL 2018, § 191 UmwG Rn. 50.

559 *W.-H. Roth* in: FS Hoffmann-Becking, 2013, S. 965, 990; *ders.* ZGR 2014, 168, 208; *Mörsdorf/Jopen* ZIP 2012, 1398; *Wicke* DStR 2012, 1756, 1758; *Stiegler*, Grenzüberschreitende Sitzverlegungen nach deutschem und europäischem Recht, 2017, S. 168; *Vossius* in: Widmann/Mayer (Hrsg.), Umwandlungsrecht, 169. EL 2018, § 191 UmwG, Rn. 50.

560 *Verse* ZEuP 2013, 458, 480; *W.-H. Roth* in: FS Hoffmann-Becking, 2013, S. 965, 990; *Sørensen* ECFR 2014, 53, 67; *Kalss/Klampfl*, Europäisches Gesellschaftsrecht, 2015, Rn. 127.

lassungsfreiheit berufen, wenn er sich schon im Vorfeld im Aufnahmestaat und neuem Registerstaat niedergelassen hat und erst nachträglich eine identitätswahrende Satzungssitzverlegung vollzieht.[561]

b) Deutsches Recht[562]

aa) Herausformwechsel

Die Zulässigkeit eines Herausformwechsels ist im Zuge der Cartesio- und Polbud-Entscheidung im Grundsatz unumstritten. Das gilt auch für das deutsche Recht als die für den Wegzug einschlägige Rechtsordnung des Ausgangsrechtsträgers.[563] Materiellrechtlicher Ausgangspunkt nach deutschem Recht ist dabei für Kapitalgesellschaften § 4a GmbHG bzw. § 5 AktG, denen sich entnehmen lässt, dass sich der Satzungssitz einer deutschen GmbH bzw. AG in Deutschland befinden muss.[564] Das bedeutet, dass der Herausformwechsel einer deutschen Kapitalgesellschaft stets mit einer **Verlegung des Satzungssitzes ins Ausland** verbunden ist.[565] Auch aus deutscher Sicht stellt ein grenzüberschreitender Formwechsel daher eine identitätswahrende statusändernde Satzungssitzverlegung in einen anderen (Mitglied-) Staat dar.[566] Aufgrund der primärrechtlichen Vorgaben der Niederlassungsfreiheit darf ein deutsches Registergericht daher grundsätzlich nicht die formwechselnde Satzungssitzverlegung in einen anderen EU-Mitgliedstaat per se unterbinden. Die materiellen Bestimmungen des deutschen Rechts dürfen diesem Vorhaben entgegenstehen. Dies gilt insbesondere für § 4a GmbHG und § 5 AktG[567] sowie § 1 I UmwG. Letztere Norm ist insofern **europarechtskonform** dergestalt **auszulegen,**[568] dass ein grenzüberschreitender Formwechsel iS einer identitätswahrenden Satzungssitzverlegung ins Ausland dann vom Anwendungsbereich des UmwG erfasst ist, wenn entweder der Ausgangs- oder der Zielrechtsträger des Formwechsels seinen Satzungssitz in Deutschland hat.[569] 132

Dies gilt jedoch nicht für einen grenzüberschreitenden Formwechsel aus oder in einen **Drittstaat.** Die Niederlassungsfreiheit ist hierbei nicht einschlägig.[570] Aufgrund des Inlandserfordernisses des Satzungssitzes würde einem entsprechenden Verlegungsbeschluss die Eintragung ins Handelsregister verwehrt werden und eine identitätswahrende Sitzverlegung wäre nicht möglich.[571] Gleiches gilt für eine **rechtsformwahrende Satzungssitzverlegung** ins Ausland (unabhängig ob in einen EU- oder Drittstaat).[572] Auch hier wird nach bisheriger Gerichtspraxis die 133

---

561 *Kalss/Klampfl*, Europäisches Gesellschaftsrecht, 2015, Rn. 127; *Stiegler*, Grenzüberschreitende Sitzverlegungen nach deutschem und europäischem Recht, 2017, S. 169; eine bloße Absicht einer wirtschaftlichen Tätigkeit für nicht als ausreichend erachtend *Oplustil/Sikora* EWS 2017, 134, 11 f.

562 Speziell zur Durchführung eines grenzüberschreitenden Formwechsels aus bzw. nach Deutschland *Bayer/Schmidt* ZIP 2012, 1481; *Behme* in: MüHdb. GesR, Bd. 8 (Umwandlungsrecht), 5. Aufl. 2018, § 39 Rn. 30 ff.; *Bungert/de Raet* DB 2014, 761; *Heckschen* ZIP 2015, 2049; *Hoffmann* in: MüHdB GesR, IntGesR, 4. Aufl. 2013, § 54; *Hushahn* RNotZ 2014, 137; *Krafka/Kühn*, Registerrecht, 10. Aufl. 2017, Rn. 1211a ff.; *Melchior* GmbHR 2014, R305; *Otte/Rietschel* GmbHR 2009, 983; *Schaper* ZIP 2014, 810; *Seibold* ZIP 2017, 456; *Stiegler* KSzW 2014, 107; *ders.* GmbHR 2016, 392; *Teichmann* ZIP 2017, 1190; *Teichmann/Ptak* RIW 2010, 817; *Verse* ZEuP 2013, 458; *Wachter* GmbHR 2014, 99; *ders.* GmbHR 2016, 738.

563 Vgl. nur OLG Frankfurt NZG 2017, 423, 425.

564 BGH NJW 1957, 1433, 1434; BGH NJW 1959, 1126, 1127; OLG München DNotZ 2008, 397; BayObLG ZIP 2004, 806; OLG Brandenburg ZIP 2005, 489; KG FGPrax 2012, 33.

565 *Lutter/Bayer/Schmidt*, Europäisches Unternehmens- und Kapitalmarktrecht, 2017, Rn. 7.96; *Schaper* ZIP 2014, 810, 812; *Thiermann* EuZW 2012, 209, 211; *Weller* in: FS Blaurock, S. 497, 500; *Stiegler*, Grenzüberschreitende Sitzverlegungen nach deutschem und europäischem Recht, 2017, S. 241; *Hoffmann* in: MüHdB GesR, IntGesR, 4. Aufl. 2013, § 54 Rn. 5; *Sparfeld* in: BeckOGK UmwG (Stand 1.1.2017), § 226 Rn. 16; *Winter/Marx/De Decker* DStR 2017, 1664, 1665.

566 *Hoffmann* in: MüHdB GesR, IntGesR, 4. Aufl. 2013, § 54 Rn. 1, 5; *Bayer/Schmidt* ZHR 173 (2009) 735, 752; *Thiermann* EuZW 2012, 209, 211; *Weller* in: FS Blaurock, 2013, S. 497, 500; *Böttcher/Kraft* NJW 2012, 2701, 2703; *Hübner* IPRax 2015, 134, 135; *Stiegler*, Grenzüberschreitende Sitzverlegungen nach deutschem und europäischem Recht, 2017, S. 241.

567 *Ego* in: MüKo AktG, 2017, Europäische Niederlassungsfreiheit, Rn. 72; *Bayer/Schmidt* ZHR 173 (2009) 735, 762; *Zimmer/Naendrup* NJW 2009, 545, 549; *Otte/Rietschel* GmbHR 2009, 983, 985.

568 OLG Düsseldorf BeckRS 2017, 124136; *Bayer/Schmidt* ZIP 2012, 1481, 1491; *Drinhausen/Keinath* in: BeckOGK UmwG (Stand 1.1.2017), § 1 Rn. 23; *Hörtnagl* in: Schmitt/Hörtnagl/Stratz (Hrsg.), UmwG, 7. Aufl. 2016, § 1 Rn. 24. *Drygala* in: Lutter (Hrsg.), UmwG, 5. Aufl. 2014, § 1 Rn. 5, 31; *Hushahn* RNotZ 2014, 137, 139; *Stöber* ZIP 2012, 1273, 1275.

569 OLG Nürnberg NZG 2014, 349, 350; *Drinhausen* in: Semler/Stengel (Hrsg.), UmwG, 4. Aufl. 2017, Einl. C Rn. 23; *Drygala* in: Lutter (Hrsg.), UmwG, 5. Aufl. 2014, § 1 Rn. 31; *Bayer/Schmidt* ZIP 2012, 1481, 1491; *Hushahn* RNotZ 2014, 137, 139; *Stöber* ZIP 2012, 1273, 1275; *Stiegler*, Grenzüberschreitende Sitzverlegungen nach deutschem und europäischem Recht, 2017, S. 247.

570 Dies könnte ggf. auch im Zuge des Brexit für Gesellschaften aus Großbritannien gelten, s. dazu Rn. 113.

571 *Stiegler*, Grenzüberschreitende Sitzverlegungen nach deutschem und europäischem Recht, 2017, S. 248.

572 *Mayer* in: MüKo GmbHG, 2. Aufl. 2016, § 4a Rn. 66; *Bayer* in: Lutter/Hommelhoff (Hrsg.), GmbHG, 19. Aufl. 2016, § 4a Rn. 17; *Ringe* in: Schmidt/Lutter (Hrsg.), AktG, 3. Aufl. 2015, § 5 Rn. 8, § 45 Rn. 38; *Dauner-Lieb* in: KK-AktG, 3. Aufl. 2012, § 5 Rn. 24.

Eintragung der Sitzverlegung ins Handelsregister verweigert.[573] Entgegen teilweiser Auffassung deutscher Instanzgerichte[574] stellt ein entsprechender Verlegungsbeschluss ins Ausland jedoch einen nichtigen Beschluss gem. § 241 Nr. 3 AktG (analog) dar und ist nicht als Auflösungsbeschluss der Gesellschaft zu werten.[575]

134 Ist also für einen identitätswahrenden Herausformwechsel iS einer grenzüberschreitenden Satzungssitzverlegung einer deutschen Kapitalgesellschaft ins EU/EWR-Ausland der sachliche Anwendungsbereich des UmwG eröffnet, stellt sich die Frage, welche Normen aus praktischer Sicht konkret auf einen solchen Vorgang anzuwenden sind. Eine unmittelbare Anwendung ist dabei nicht möglich, da sich die Vorschriften des UmwG nicht unmittelbar auf einen grenzüberschreitenden Formwechsel beziehen. Die entsprechenden Regelungen sind daher in **analoger Anwendung** heranzuziehen.[576] Eine hierfür erforderliche planwidrige Regelungslücke wird vor allem dadurch begründet, dass die europäischen Vorgaben mittlerweile die Zulässigkeit und Durchführung eines grenzüberschreitenden Formwechsels in den Mitgliedstaaten fordern und Deutschland zur Umsetzung dieser Gegebenheiten sein nationales Recht so auszugestalten hat, dass diesen Vorgaben auch praktische Wirksamkeit verliehen wird. Dies ist jedoch nur mit der entsprechenden Anwendung der **umwandlungsrechtlichen Bestimmungen** des deutschen Rechts effektiv möglich, so dass iS einer Überlagerung durch das Primärrecht eine Lücke im deutschen UmwG entstanden ist.[577]

135 Folglich sind in erster Linie die Regelungen des deutschen Umwandlungsgesetzes in analoger Anwendung auf einen grenzüberschreitenden Formwechsel aus Deutschland in einen anderen Mitgliedstaat anzuwenden. Eine analoge Anwendung der Vorgaben des **Art. 8 SE-VO** (dazu § 4 Rn. 222 ff.) kommt grundsätzlich **nicht** in Betracht.[578] Für einen Hereinformwechsel in eine deutsche GmbH entschied auch das Kammergericht Berlin in diesem Sinne.[579] Zumindest was den Herausformwechsel einer deutschen GmbH betrifft, dürfte die Anwendung von Art. 8 SE-VO analog ebenfalls ausscheiden.[580] Abschließend geklärt ist dies bislang jedoch nicht, so dass auch diesbezüglich eine frühzeitige Kommunikation mit dem zuständigen Registerrichter anzuraten ist.

136 Innerhalb des deutschen Umwandlungsrechts kommen zwei Normenkomplexe in Betracht, die in analoger Anwendung auf einen grenzüberschreitenden Formwechsel aus Deutschland zur Geltung kommen können:[581] Die nationalen Formwechselbestimmungen der **§§ 190 ff. UmwG** und die Regelungen über die grenzüberschreitenden Verschmelzungen gem. **§§ 122a ff. UmwG**. Aufgrund der überwiegenden Nähe sowie dem im Grundsatz geltenden Äquivalenzprinzip beim grenzüberschreitenden Formwechsel (s. Rn. 88),[582] kommen die Vorgaben für den innerstaatlichen Formwechsel **primär** für einen Herausformwechsel aus Deutschland zum Tragen.[583] Im

573 Vgl. OLG Düsseldorf NJW 2001, 2184; OLG Hamm NJW 2001, 2183; BayObLG ZIP 1992, 842.

574 Vgl. OLG München DNotZ 2008, 397; OLG Düsseldorf NJW 2001, 2184; OLG Hamm NJW 2001, 2183; BayObLG ZIP 1992, 842.

575 *Hüffer/Koch*, AktG, 13. Aufl. 2018, § 5 Rn. 13; *Ringe* in: Schmidt/Lutter (Hrsg.), AktG, 3. Aufl. 2015, § 45 Rn. 37; *Drescher* in: Spindler/Stilz (Hrsg.), AktG, 3. Aufl. 2015, § 5 Rn. 10; *Solveen* in: Hölters (Hrsg.), AktG, 3. Aufl. 2017, § 5 Rn. 16 f.; *Pentz* in: MüKo AktG, 4. Aufl. 2016, § 45 Rn. 24; *Fastrich* in: Baumbach/Hueck (Hrsg.), GmbHG, 21. Aufl. 2017, § 4a Rn. 2; *Jaspers/Kötteritzsch* in: MüHdb GesR, Bd. 3 (GmbH), 5. Aufl. 2018, § 75 Rn. 99; zur Nichtigkeit eines inländischen Verlegungsbeschlusses vgl. auch BGH NJW 2008, 2914; KG FGPrax 2012, 33.

576 *Schön* ZGR 2013, 333, 349; *Heckschen* ZIP 2015, 2049, 2050; *Stiegler*, Der grenzüberschreitende Rechtsformwechsel in der EU, 2013, S. 65.

577 *Heckschen* in: Widmann/Mayer (Hrsg.), Umwandlungsrecht, 169. EL 2018, § 1 UmwG Rn. 109; *Stiegler*, Grenzüberschreitende Sitzverlegungen nach deutschem und europäischem Recht, 2017, S. 269; vgl. auch *Teichmann* ZIP 2009, 393, 403; *Hennrichs ua* WM 2009, 2009, 2015.

578 Streitig; gegen eine analoge Anwendung auch *Otte/Rietschel* GmbHR 2009, 983, 986; *Stiegler* KSzW 2014, 107, 110; *Stöber* ZIP 2012, 1273, 1277; *Klett* in: BeckOGK UmwG (Stand 1.1.2017), § 122a Rn. 16; *Kindler* NZG 2009, 130, 131; aA *Hushahn* RNotZ 2014, 137, 140; *Hermanns* MittBayNot 2016, 297, 298; *Teichmann* ZIP 2009, 393, 403 f.; *Paefgen* WM 2009, 529, 533; *Behme* NZG 2012, 936, 939; *ders.* in: MüHdb. GesR, Bd. 8 (Umwandlungsrecht), 5. Aufl. 2018, § 39 Rn. 48;*Melchior* GmbHR 2014, R311 ff.; *Seibold* ZIP 2017, 456, 459; *Knaier/Pfleger* GmbHR 2017, 859, 862; für eine „vorsichtige partielle Analogie" *Bayer/Schmidt* ZIP 2012, 1481, 1488, 1491; *dies.* ZHR 173 (2009) 735, 757.

579 Vgl. KG NZG 2016, 834, 835.

580 In der Tendenz wohl auch OLG Frankfurt NZG 2017, 423, das Art. 8 SE-VO gar nicht erst thematisiert; weiterhin aA *Hermanns* MittBayNot 2016, 297, 298; *Heckschen* ZIP 2015, 2049, 2061; *Hushahn* RNotZ 2016, 620, 621.

581 *Bayer/Schmidt* ZHR 173 (2009) 735, 757; *Stiegler*, Grenzüberschreitende Sitzverlegungen nach deutschem und europäischem Recht, 2017, S. 266; *W.-H. Roth* in: FS Hoffmann-Becking, 2013, S. 965, 978.

582 Siehe EuGH, Rs. C-378/10 (Vale), ECLI:EU:C:2012:440 = NJW 2012, 2715, Rn. 48.

583 *Quass* in: Maulbetsch/Klumpp/Rose (Hrsg.), UmwG, 2. Aufl. 2017, § 190 Rn. 14; *Teichmann* ZIP 2017, 1190, 1191; *Drinhausen/Keinath* in: BeckOGK UmwG (Stand 1.1.2017), § 1 Rn. 39; *Nentwig* GWR 2015, 447, 448; *Stiegler*, Grenzüberschreitende Sitzverlegungen nach deutschem und europäischem Recht, 2017, S. 272; *Winter/Marx/De Decker* DStR 2017, 1664, 1665; *Knaier/Pfleger* GmbHR 2017, 859, 862; wohl auch OLG Frankfurt NZG 2017, 423 ff.; *Drygala* in: Lutter (Hrsg.), UmwG, 5. Aufl. 2014, § 1 Rn. 37 f.; *Wicke* DStR 2012, 1757, 1759; *Hörtnagl* in: Schmitt/Hörtnagl/Stratz (Hrsg.), UmwG, 7. Aufl. 2016§ 1 Rn. 60; für eine alleinige Anwendung der §§ 122 ff. UmwG jedoch *Kruis/Widmayer* CFL 2012, 349, 351; *Benrath/König* DK 2012, 377, 380 f.

Rahmen des grenzüberschreitenden Charakters der Umwandlungsmaßnahme können jedoch vor allem ergänzend auch einzelne Bestimmungen der §§ 122a ff. UmwG auf einen Herausformwechsel Geltung erlangen.[584] Nur auf diese Weise ist es im Ergebnis möglich den grenzüberschreitenden Gegebenheiten und Besonderheiten angemessen gerecht zu werden.[585]

Das **Verfahren eines Herausformwechsels** aus Deutschland folgt damit weitgehend dem Procedere eines innerstaatlichen Formwechsels. Zu beachten ist jedoch, dass hinsichtlich der Modalitäten betreffend den ausländischen Zielrechtsträger (zB Satzungsgestaltung beim Zielrechtsträger, Gründungsprüfung etc)[586] das Recht des entsprechenden Aufnahmestaates und grundsätzlich nicht deutsches Recht zur Anwendung kommt. Das bedeutet aber auch, dass sich im Sinne der **Kombinationslehre** bzw. Vereinigungstheorie bei transnationalen Strukturmaßnahmen[587] Fragen betreffend den deutschen Ausgangsrechtsträger nach deutschem Recht beurteilen, dh insbesondere die nationalen Formwechsel beachtet werden müssen.[588] Insofern wird auch ein Beschluss des OLG Frankfurt aM zum Herausformwechsel,[589] in dem ein grenzüberschreitender Formwechsel auch ohne Einhaltung nahezu aller Bestimmungen des deutschen Formwechselrechts per Eintragung im Register des Zielrechtsträgers Wirksamkeit erlangte, zu Recht abgelehnt.[590] 137

Neben der aus materieller Sicht vordergründigen **Anwendung der §§ 192 ff. UmwG** auf einen grenzüberschreitenden Formwechsel (s. überblicksartig auch Rn. 139) sind bei verschiedenen Aspekten des Formwechselverfahrens **ergänzend** einzelne Bestimmungen der Vorgaben für grenzüberschreitende Verschmelzungen gem. §§ 122c ff. UmwG zu beachten. Dies betrifft ua den Inhalt des erforderlichen **Verlegungsplans** gem. § 194 I UmwG analog.[591] Zusätzlich gem. § 122c II Nr. 1 UmwG analog anzugeben ist dabei die Rechtsform, die Firma und der (Register-) Sitz der neuen ausländischen Gesellschaft, die Zielrechtsträger des Formwechsels sein soll. [592] Zudem empfehlen sich ausführliche Angaben zu den Folgen des Formwechsels für die Arbeitnehmer und insofern vorzusehende Maßnahmen (§ 194 I Nr. 7 UmwG analog), insbesondere zu einem etwaigen Arbeitnehmermitbestimmungsverfahren. Ferner sollte zum Schutz vor allem der Anteilseigner und Gläubiger der Verlegungsplan gem. § 122d UmwG analog einen Monat vor der beschließenden Anteilseignerversammlung beim Registergericht eingereicht werden.[593] Beim **Verlegungsbericht** gem. § 192 I UmwG analog empfiehlt sich ebenfalls eine Erweiterung des Pflichtinhalts um die „Auswirkungen auf die Gläubiger und Arbeitnehmer" der Gesellschaft gem. § 122e S. 1 UmwG analog.[594] Ein vollständiger Ausschluss der Verzichtsmöglichkeit, wie er in 138

584 *Bayer/Schmidt* ZIP 2012, 1481, 1488; *Göthel* in: ders. (Hrsg.), Grenzüberschreitende M&A-Transaktionen, 4. Aufl. 2015; § 28 Rn. 33; *Lieder/Bialluch* NotBZ 2017, 209, 212; *Stiegler*, Grenzüberschreitende Sitzverlegungen nach deutschem und europäischem Recht, 2017, S. 272; *Teichmann* ZIP 2017, 1190, 1191; *Wicke* DStR 2012, 1756, 1759; aA *Klett* in: BeckOGK UmwG (Stand 1.1.2017), § 122a Rn. 16; *Knaier/Pfleger* GmbHR 2017, 859, 862.

585 Vgl. auch *Schmidt* in: Michalski ua (Hrsg.), GmbHG, 3. Aufl. 2017, § 4a Rn. 25; *Winter/Marx/De Decker* DStR 2017, 1664, 1666.

586 § 197 S. 1 UmwG und dessen Verweis auf das Gründungsrecht kommt bei einem Herausformwechsel aus Deutschland daher nicht zur Geltung.

587 Zur Anwendung vgl. *Hoffmann* in: MüHdB GesR, IntGesR, 4. Aufl. 2013, § 54 Rn. 10; *Lieder/Bialluch* NotBZ 2017, 209 ff.; *Weller/Rentsch* IPRax 2013, 530; *Hübner* IPRax 2015, 134; *Schall* ZfPW 2016, 407, 421; *Mayer* in: MüKo GmbHG, 2. Aufl. 2016, § 4a Rn. 17a; *Becker/Uxa* in: Maulbetsch/Klumpp/Rose (Hrsg.), UmwG, 2. Aufl. 2017, Vor §§ 122a ff. Rn. 41; *Heinze* in: MüKo GmbHG, 3. Aufl. 2018, § 4a Rn. 89.

588 *Hushahn* RNotZ 2017, 257, 264; *Stiegler* GmbHR 2017, 392, 394 f.; *Teichmann* ZIP 2017, 1190, 1191 f.; *Knaier/Pfleger* GmbHR 2017, 859, 861; *Schmidt* ZVglRWiss 116 (2017) 313, 329.

589 OLG Frankfurt NZG 2017, 423; dazu *Enders* BB 2017, 1234; *Heckschen* NotBZ 2017, 315; *Hushahn* RNotZ 2017, 263; *Klett* NZG 2017, 428; *Leonard/Wüllner* jurisPR-HaGesR 4/2017 Anm. 1; *Nentwig* GWR 2017, 118; *Stiegler* GmbHR 2017, 392; *Teichmann* ZIP 2017, 1190.

590 *Hushahn* RNotZ 2017, 257, 264; *Stiegler* GmbHR 2017, 392, 395; *Teichmann* ZIP 2017, 1190; *Knaier/Pfleger* GmbHR 2017, 859, 867; kritisch auch *Heckschen* NotBZ 2017, 315 f.; im Hinblick auf der Sachverhalt der Polbud-Entscheidung (Rn. 46) wohl auch *Oplustil/Sikora* EWS 2017, 134, 139.

591 Zur Anwendung des § 194 I UmwG auf einen Herausformwechsel *Hoffmann* in: MüHdB GesR, IntGesR, 4. Aufl. 2013, § 54 Rn. 12; *Lutter/Bayer* in: Lutter (Hrsg.), UmwG, 5. Aufl. 2014, Einl. I Rn. 46; *Heckschen* ZIP 2015, 2049, 2060; *Nentwig* GWR 2015, 447, 449; *Stiegler*, Grenzüberschreitende Sitzverlegungen nach deutschem und europäischem Recht, 2017, S. 278; *Winter/Marx/De Decker* DStR 2017, 1664, 1667; *Knaier/Pfleger* GmbHR 2017, 859, 863; hingegen für eine alleinige Anwendung des § 122c II UmwG *Vossius* in: Widmann/Mayer (Hrsg.), Umwandlungsrecht, 169. EL 2018, § 191 UmwG Rn. 95.

592 *Stiegler*, Grenzüberschreitende Sitzverlegungen nach deutschem und europäischem Recht, 2017, S. 280; zur Angabe des künftigen Sitzes auch *Marsch-Barner* in: FS Haarmann, 2015, S. 118, 137.

593 *Stiegler*, Grenzüberschreitende Sitzverlegungen nach deutschem und europäischem Recht, 2017, S. 288; *Teichmann* in: Herrler, (Hrsg.) Aktuelle gesellschaftsrechtliche Herausforderungen 2015, 2016, S. 111, 125; wohl aA *Wachter* GmbHR 2016, 738, 740.

594 *Stiegler*, Grenzüberschreitende Sitzverlegungen nach deutschem und europäischem Recht, 2017, S. 296; *Vossius* in: Widmann/Mayer (Hrsg.), Umwandlungsrecht, 169. EL 2018, § 191 UmwG Rn. 114.

§ 122e S. 3 UmwG vorgesehen ist, ist hingegen nicht sachgerecht.[595] So kann den Besonderheiten der Umwandlung aufgrund des grenzüberschreitenden Charakters hinreichend gerecht werden. Eine weitere Besonderheit ergibt sich insbesondere bei der (unternehmerischen) **Beteiligung der Arbeitnehmer**. Bei einem grenzüberschreitenden Formwechsel bestehen im Prinzip vergleichbare Gefahren für die Arbeitnehmer wie bei einer grenzüberschreitenden Verschmelzungen, nämlich dass im Zuge der Annahme einer ausländischen Gesellschaftsform die mitbestimmungsbezogenen Rechte nicht mehr aufrechtzuerhalten wären und damit zB eine Repräsentation der Arbeitnehmer im Aufsichtsrat gesetzlich nicht mehr verpflichtend wäre. Sofern es sich bei der herausformwechselnden Gesellschaft um ein mitbestimmtes Unternehmen handelt, kommen daher – trotz der eigentlichen Anwendungsbeschränkung auf die Zielgesellschaft der Umwandlung[596] – die Vorgaben des MgVG analog zur Anwendung.[597] Um wiederum dem grenzüberschreitenden Charakter des Formwechsels gerecht zu werden, ist aus registergerichtlicher Sicht nach der Anmeldung des Herausformwechsels und dessen Prüfung[598] eine **Wegzugsbescheinigung** gem. § 122k II 1 UmwG analog auszustellen.[599]

139 Schematisch lassen sich die auf einen Herausformwechsel aus Deutschland anwendbaren Normen des UmwG damit **überblicksartig** wie folgt darstellen:[600]

Formwechselaspekt	**analog anzuwenden Norm(en)**
Verlegungsplan	§§ 194 I, 243 I 1 UmwG zzgl § 122c II Nr. 1 UmwG[601]
Bekanntmachung des Verlegungsplans	§ 122d UmwG[602]
Verlegungsbericht	§ 192 I UmwG zzgl § 122e S. 1, 2 UmwG
Verzicht auf den Verlegungsbericht	§ 192 II UmwG[603]
Beschlussfassung	§§ 193, 238 ff. UmwG
Zustimmungserfordernisse	§§ 193 II, 241 f. UmwG; § 122g I UmwG
Anteilseignerschutz	§§ 195 f., 207 ff. UmwG[604]
Gläubigerschutz	§ 204 iVm §§ 22 f. UmwG
Arbeitnehmerschutz	§§ 5 ff. MgVG
Anmeldung des Herausformwechsels	§§ 198 II 2, 3, III, 199 UmwG
Eintragung des Herausformwechsels	§ 198 II 4, 5 UmwG, § 122k II 1-3 UmwG

595 Wohl auch *Hoffmann* in: MüHdB GesR, IntGesR, 4. Aufl. 2013, § 54 Rn. 12; *Drygala* in: Lutter (Hrsg.), UmwG, 5. Aufl. 2014, § 1 Rn. 38; aA *Hushahn* RNotZ 2014, 137, 145; *Knaier/Pfleger* GmbHR 2017, 859, 864.

596 Dies in diesem Zusammenhang vorbringend *Verse* ZEuP 2013, 458, 485; *Bungert/de Raet* DB 2014, 761, 765; *Hübner* IPRax 2015, 134, 138.

597 *Teichmann/Ptak* RIW 2010, 817, 820; *Teichmann* ZIP 2009, 393, 403; *ders.* ZIP 2017, 1190, 1191; *Kindler* in: MüKo BGB, 2015, IntGesR, Rn. 835; *Stiegler*, Grenzüberschreitende Sitzverlegungen nach deutschem und europäischem Recht, 2017, S. 324; wohl auch *Bayer* in: Bergmann et al. (Hrsg.), 10 Jahre SE, 2015, S. 230, 247; wohl auch *Winter/Marx/De Decker* DStR 2017, 1664, 1667; aA *Verse* ZEuP 2013, 458, 485, *Bungert/de Raet* DB 2014, 761, 765; *Marsch-Barner* in: FS Haarmann, 2015, S. 118, 140; *Drinhausen/Keinath* in: BeckOGK UmwG (Stand 1.1.2017), § 1 Rn. 44.

598 Insofern ist insbesondere der Beschluss des OLG Frankfurt (NZG 2017, 423) abzulehnen, wo der Verweis des § 202 II UmwG ua auf § 198 II 3 UmwG offenbar missachtet wurde, vgl. auch *Stiegler* GmbHR 2017, 392, 395; *Teichmann* ZIP 2017, 1190, 1192; positiver hingegen *Enders* BB 2017, 1234; wohl auch *Quass* in: Maulbetsch/Klumpp/Rose (Hrsg.), UmwG, 2. Aufl. 2017, § 190 Rn. 14.

599 *Hoffmann* in: MüHdB GesR, IntGesR, 4. Aufl. 2013, § 54 Rn. 21; *Stiegler* KSzW 2014, 107, 116; *Lieder/Bialluch* NotBZ 2017, 209, 212; *Teichmann/Ptak* RIW 2010, 817, 820; *Teichmann* ZIP 2017, 1190, 1191; *Vossius* in: Widmann/Mayer (Hrsg.), Umwandlungsrecht, 169. EL 2018, § 191 UmwG Rn. 163; *Paefgen* WM 2009, 529, 533; *Piehler* in: Kölner Handbuch zum Gesellschaftsrecht, 2. Aufl. 2014, Kapitel 5, Rn. 482; *Schaper* ZIP 2014, 810, 812; *Winter/Marx/De Decker* DStR 2017, 1664, 1668; im Rahmen des European Model Companies Act (EMCA) auch *Teichmann* ECFR 2016, 277, 292.

600 Bei den hier nicht aufgeführten Aspekten kommt das nationale Formwechselrecht der §§ 190 ff. UmwG analog zur Anwendung.

601 Aufgrund der bestehenden Rechtsunklarheit empfiehlt sich zudem die Angabe eines Zeitplans iS von Art. 8 II 2 lit. d) SE-VO; so explizit auch *Knaier/Pfleger* GmbHR 2017, 859, 864. Eine Verpflichtung besteht nach hier vertretener Auffassung jedoch nicht.

602 Durch die Bekanntmachungspflicht wird die die Zuleitung an einen etwaigen Betriebsrat der Gesellschaft gem. § 194 II UmwG analog nicht entbehrlich, vgl. *Hushahn* RNotZ 2014, 137, 145; *Stiegler*, Grenzüberschreitende Sitzverlegungen nach deutschem und europäischem Recht, 2017, S. 290; *Winter/Marx/De Decker* DStR 2017, 1664, 1668.

603 Aufgrund der derzeit bestehenden Rechtsunklarheit im Hinblick auf die Verzichtsmöglichkeit auf den Verlegungsbericht sollte – nach Absprache mit dem zuständigen Registerrichter – ggf. dennoch die Erstellung des Berichts erwogen werden, auch wenn dies nach der hier vertretenen Auffassung bei Einhaltung der Voraussetzungen für eine Verzichtsmöglichkeit nicht erforderlich ist.

604 Die Einschränkung des Spruchverfahrens gem. § 122h I UmwG analog kommt bei einem Herausformwechsel aus Deutschland daneben nicht zur Anwendung, vgl. *Hoffmann* in: MüHdB GesR, IntGesR, 4. Aufl. 2013, § 54 Rn. 14; *Stiegler* KSzW 2014, 107, 114.

Der **zeitliche Ablauf** bzw. Zeitplan eines Herausformwechsels aus Deutschland lässt sich darauf beruhend (grob) etwa wie folgt darstellen: 140

1. Vorbereitung des grenzüberschreitenden Formwechsels[605]
2. Erstellung des Entwurfs des Verlegungsplans[606]
3. Erstellung des Verlegungsberichts[607]
4. Einleitung des Arbeitnehmerbeteiligungsverfahrens[608]
5. Versendung des Entwurfs des Verlegungsplans an den Betriebsrat[609]
6. Offenlegung/Bekanntmachung des Verlegungsplans bzw. dessen Entwurf[610]
7. Durchführung des Arbeitnehmerbeteiligungsverfahrens[611]
8. Einberufung und Ladung zur Anteilseignerversammlung[612]
9. Auslage der erforderlichen Unterlagen im Vorfeld der Anteilseignerversammlung
10. Beschluss über den Herausformwechsel bzw. die Sitzverlegung ins Ausland[613]
11. Anmeldung des Herausformwechsels beim deutschen Registergericht[614]
12. Wegzugskontrolle und Ausstellung einer Wegzugsbescheinigung[615]
13. Anmeldung zur Eintragung des Hereinformwechsel und der neuen Rechtsform im Aufnahmestaat[616]

bb) Hereinformwechsel

Ein Hereinformwechsel nach Deutschland fällt im Zuge der Vale-Entscheidung des EuGH in den Schutzbereich der Niederlassungsfreiheit und ist daher im Grundsatz **zuzulassen.**[617] Sofern jedoch eine etwaige beschränkende Maßnahme Deutschlands als Zuzugsstaat im Sinne zwingender Gründe des Allgemeininteresses gerechtfertigt ist, könnte ein deutsches Registergericht die Eintragung eines Hereinformwechsels eines aus dem Ausland stammenden Rechtsträgers dennoch (vorübergehend) verweigern. Trotz der Vorgaben der Niederlassungsfreiheit be- 141

605 Im Rahmen der Planung des Herausformwechsels sollten bereits die Gesellschafter/Investoren über das Vorhaben (informell) informiert und sich mit diesem ausgetauscht werden. Vor allem für im Ausland sitzende Gesellschafter sollten ggf. Vollmachten erstellt und versandt werden. Es empfiehlt sich zudem, die (notwendigen) Änderungen/Anpassungen von Bestandsdokumenten (zB Satzung, Geschäftsordnungen, Gesellschaftervereinbarungen) mit den Gesellschaftern zu kommunizieren.

606 Da der Verlegungsplan als Grundlagendokument des Formwechsels ua dem Verlegungsbericht beizufügen ist (§ 192 I 3 UmwG analog), sollte zumindest der Entwurf des Plans frühzeitig erstellt werden.

607 Sofern hierauf – bestenfalls nach Absprache mit dem zuständigen Registerrichter – verzichtet werden kann. In diesem Fall bedarf es jedoch notariell beurkundeter Verzichtserklärungen aller Gesellschafter.

608 Die Einleitung des Arbeitnehmerbeteiligungsverfahrens erfolgt gem. § 6 MgVG analog mit der Information der Arbeitnehmervertretung bzw. Arbeitnehmer und der Aufforderung zur Bildung des besonderen Verhandlungsgremiums.

609 Gemäß § 194 II UmwG analog mindestens einen Monat vor der beschließenden Anteilseignerversammlung, jedoch nur sofern ein Betriebsrat bei der formwechselnden Gesellschaft besteht.

610 Einreichung des (Entwurfs des) Verlegungsplans mindestens einem Monat vor der beschließenden Anteilseignerversammlung (§ 122d S. 1 UmwG analog).

611 Gemäß den Vorgaben des MgVG (insbes. §§ 7 ff. MgVG analog), jedoch nur sofern mindestens zehn Arbeitnehmer bei der Gesellschaft beschäftigt sind. Es ist gleichwohl dringend eine vorherige Absprache mit dem zuständigen Registerrichter zu empfehlen.

612 Sofern die Anteileigner der Gesellschaft hierauf im Rahmen der Beschlussfassung nicht wirksam verzichtet haben.

613 Zuzüglich Beachtung der rechtsformspezifischen Vorgaben sowie etwaigen Sonderzustimmungsrechten. In der Regel können im Rahmen der Beschlussfassung auch die entsprechenden Verzichtserklärungen (zB Verzicht auf den Verlegungsbericht oder das Angebot auf Barabfindung) abgegeben werden, die jedoch zusammen mit dem Verlegungsbeschluss notariell beurkundet werden können.

614 Inklusive der nach § 199 UmwG analog erforderlichen Anlagen, Erklärungen und Nachweise.

615 Über § 198 II 3 UmwG analog bedarf es einer Kontrolle des Herausformwechsels durch das deutsche Registergericht, vgl. *Stiegler* GmbHR 2017, 392, 395; *Teichmann* ZIP 2017, 1190, 1192; offenbar aA OLG Frankfurt NZG 2017, 423, 427. Gemäß § 122k II 1 UmwG analog ist vom Registergericht nach positiver Prüfung eine „Wegzugsbescheinigung" auszustellen; mit Bezug zu Art. 8 VIII SE-VO auch *Knaier/Pfleger* GmbHR 2017, 859, 865; *Becker/Uxa* in: Maulbetsch/Klumpp/Rose (Hrsg.), UmwG, 2. Aufl. 2017, Vor §§ 122a ff. Rn. 41; *Heinze* in: MüKo GmbHG, 3. Aufl. 2018, § 4a Rn. 89.

616 Dabei sind dortigen Anforderungen und Modalitäten für den Zielrechtsträger zu berücksichtigen sowie die vom deutschen Registergericht ausgestellte Wegzugsbescheinigung vorzulegen. Im Hinblick auf die Kontinuität des Rechtsträgers hat die Vorlage der Bescheinigung innerhalb von sechs Monaten nach deren Ausstellung zu erfolgen, vgl. *Stiegler*, Grenzüberschreitende Sitzverlegungen nach deutschem und europäischem Recht, 2017, S. 49 f.

617 Vgl. OLG Nürnberg NZG 2014, 349; KG NZG 2016, 834; OLG Düsseldorf ZIP 2017, 2057; siehe ferner die „Checkliste" des AG Charlottenburg, GmbHR 2014, R311, R312.

steht **keine allumfassende Pflicht**, eine statusändernde Hereinverlegung des Satzungssitzes einzutragen.[618] Dies zeigt sich auch mit Blick auf die Gerichtspraxis in anderen Mitgliedstaaten. So wurde beispielsweise die Eintragung eines Hereinformwechsels nach Österreich verweigert, weil ua eine Anpassung des Gesellschaftsvertrags für den österreichischen Zielrechtsträger nach den entsprechenden nationalen Vorgaben nicht erfolgte.[619] Das OLG Nürnberg führte als erstes deutsches Instanzgericht in diesem Zusammenhang aus, dass ein Hereinformwechsel in eine deutsche GmbH zulässig ist, sofern die materiellen Vorgaben des deutschen GmbH- und entsprechenden Umwandlungsrechts beachtet werden.[620] Dabei ist es auch unerheblich, dass derzeit noch keine gesetzlichen Regelungen bestehen.[621] Eine **statuswahrende** Satzungssitzverlegung nach Deutschland ist hingegen nicht mit den materiellrechtlichen Vorgaben des deutschen Kapitalgesellschaftsrechts vereinbar und daher nicht möglich.[622] Dies gilt sowohl für Gesellschaften aus EU- bzw. EWR-Staaten als auch aus Drittstaaten.

142 Diese – europäisch determinierte – Ansicht gilt derzeit im Zweifel jedoch nicht für eine formwechselnde Hereinverlegung des Satzungssitzes einer Gesellschaft eines **Nicht-EU-** bzw. Nicht-EWR-Staates. Dem Rechtsträger aus einem entsprechenden Drittstaat würde auch bei einer formwechselnden Umwandlung weiterhin die Eintragung ins deutsche Handelsregister verweigert werden.[623] Eine Änderung der Gerichtspraxis würde wohl erst durch eine Änderung des § 1 I UmwG und/oder des deutschen Gesellschaftskollisionsrechts betreffend grenzüberschreitende Umwandlungen erfolgen.

143 Obgleich ein sog **isolierter Hereinformwechsel**, dh eine Verlegung nur des Satzungssitzes in den Aufnahmestaat, wohl auch im Zuge der Polbud-Entscheidung (Rn. 46 ff.) nicht von der Niederlassungsfreiheit nach Art. 49 I AEUV umfasst ist (s. Rn. 126), stellt sich die Frage, inwiefern aus deutscher Sicht solch eine isolierte Satzungssitzverlegung nach Deutschland zuzulassen ist. Von Teilen des Schrifttums wird gefordert, dass bei der Anmeldung zur Eintragung des Hereinformwechsels in Deutschland ein Nachweis über die tatsächliche Ausübung einer **wirtschaftlichen Tätigkeit im Inland** einzureichen ist;[624] einer isolierten Satzungssitzverlegung daher in zulässiger Weise die Eintragung verweigert werden könne. Diese Sichtweise ist jedoch abzulehnen. Dies ergibt sich daraus, dass auch § 197 S. 1 UmwG und damit die Gründungvorschriften des Zielrechtsträgers bei einem Hereinformwechsel zur Anwendung gelangen. Für den Formwechsel in eine GmbH bzw. AG kommen somit auch die Vorgaben des § 4a GmbHG bzw. § 5 AktG zur Geltung, wonach es im Zuge des MoMiG keines sich im Inland befindlichen Verwaltungssitzes in Deutschland mehr bedarf.[625] Auch sonst können Gesellschaften ins Handelsregister eingetragen werden, die keine wirtschaftliche Aktivität entfalten, also Vorrats- bzw. Mantelgesellschaften sind.[626] Bezogen auf das deutsche Umwandlungsrecht stellt zudem § 1 I UmwG lediglich auf einen inländischen Satzungssitz als maßgeblichen Sitz einer Kapitalgesellschaft ab.[627] Insofern würde sich Deutschland dem Vorwurf der Diskriminierung aussetzen, wenn es von einem formwechselnd zuziehenden Rechtsträger eine wirtschaftliche Betätigung im Inland fordern, von in Deutschland gegründeten Kapitalgesellschaften eine solche hingegen nicht fordern würde.[628] Die Forderung einer wirtschaftlichen Betätigung des zuziehenden Rechtsträgers in Deutschland[629] wäre demnach **europarechtswidrig.** Insofern ist ein entsprechender Tätigkeitsnachweis bei der Anmeldung zur Eintragung des Hereinformwechsels nach Deutschland nicht erforderlich.[630]

144 Hinsichtlich der praktischen **Durchführung eines Hereinformwechsels** nach Deutschland bestehen, wie bei einem Herausformwechsel, bislang keine unmittelbar anwendbaren Vorschriften des deutschen Umwandlungs-

618 *Stiegler*, Grenzüberschreitende Sitzverlegungen nach deutschem und europäischem Recht, 2017, S. 337.
619 Vgl. OGH ecolex 2014, 714, 716; vgl. dazu *Artmann* GesRZ 2014, 317; *Brugger* ecolex 2014, 714; *Kallab* ÖZW 2014, 101; *Rohrer/Rauter* EvBl 2014, 917; *Stiegler* EWiR 2015, 107; *Varo/Würrer* RdW 2014, 551.
620 OLG Nürnberg NZG 2014, 349, 350.
621 OLG Düsseldorf ZIP 2017, 2057.
622 Vgl. OLG Zweibrücken NJW 1990, 3092; OLG Zweibrücken NJW-RR 2006, 42, 43.
623 Im Zusammenhang mit der Beschränkung des § 1 I UmwG *Kindler* in: MüKo BGB, 2015, IntGesR, Rn. 842.
624 So *Hushahn* RNotZ 2014, 137, 151 f.; *Piehler* in: Kölner Handbuch zum Gesellschaftsrecht, 3. Aufl. 2016, Kapitel 5, Rn. 481; *Krafka/Kühn*, Registerrecht, 10. Aufl. 2017, Rn. 1211f; *Melchior* GmbHR 2014, R311, R312.
625 *Bayer* in: Lutter/Hommelhoff (Hrsg.), GmbHG, 19. Aufl. 2016, § 4a Rn. 7; *Emmerich* in: Scholz, GmbHG, 11. Aufl. 2012, § 4a Rn. 28; *Hüffer/Koch*, AktG, 12. Aufl. 2016, § 5 AktG, Rn. 12.
626 Zur Zulässigkeit von Vorratsgründungen siehe BGH NJW 2003, 892; BGH NJW 1992, 1824.
627 In diesem Zusammenhang *Heckschen* in: Beck Notar Handbuch, 6. Aufl. 2015, Kapitel D Rn. 203; *Kindler* in: MüKo BGB, 2015, IntGesR, Rn. 839.
628 *Drygala* in: Lutter (Hrsg.), UmwG, 5. Aufl. 2014, § 1 Rn. 14; *Heckschen* in: Widmann/Mayer (Hrsg.), Umwandlungsrecht, 169. EL 2018, § 1 UmwG Rn. 186.
629 Anders zB in Österreich, vgl. OGH ecolex 2014, 714, 716; *Eckert*, Internationales Gesellschaftsrecht, 2010, S. 651; *Kalss/Klampfl*, Europäisches Gesellschaftsrecht, 2015, Rn. 132, Fn. 326; *Talos/Arzt* in: Talos/Winner (Hrsg.), EU-VerschG, 2. Aufl. 2016, § 1 Rn. 12e.
630 *Drygala* in: Lutter (Hrsg.), UmwG, 5. Aufl. 2014, § 1 Rn. 14; *Teichmann* DB 2012, 2085; *Schaper* ZIP 2014, 810, 813; *Behrens/Hoffmann* in: Ulmer/Habersack/Löbbe (Hrsg.), GmbHG, 2013, Einl. B Rn. 164; *Heckschen* in: Beck Notar Handbuch, 6. Aufl. 2015, Kapitel D Rn. 203; aA *Hushahn* RNotZ 2014, 137, 151 f.; *Piehler* in: Kölner Handbuch zum Gesellschaftsrecht, 3. Aufl. 2016, Kapitel 5, Rn. 481; *Melchior* GmbHR 2014, R311, R312; *Krafka/Kühn*, Registerrecht, 10. Aufl. 2017, Rn. 1211f.

rechts. Aufgrund des zum Herausformwechsel aus Deutschland Gesagten (s. Rn. 132 ff.) bedarf es daher der analogen Anwendung einzelner Bestimmungen der §§ 190 ff. UmwG bzw. §§ 122a. ff. UmwG.[631] Insbesondere bei einem Hereinformwechsel in eine GmbH kommen die Bestimmungen des Art. 8 SE-VO analog **nicht** zur Anwendung.[632] Insofern besteht daher nach den hier beschriebenen Darstellungen Kongruenz zum Herausformwechsel hinsichtlich der analog anwendbaren Normenkomplexe. Hinsichtlich der konkret anzuwendenden Normen auf einen Hereinformwechsel konnten durch bislang zwei instanzgerichtliche Beschlüsse bereits Einzelfragen (vermeintlich) geklärt werden.[633] Zahlreiche Aspekte sind jedoch noch offen, so dass weiterhin ein gewisses Maß an Rechtsunsicherheit besteht und eine vorherige Konsultation mit dem für den zukünftigen Zielrechtsträger zuständigen Registergericht unabdingbar ist.[634] Aus den bisherigen Gerichtsentscheidungen lässt sich jedoch entnehmen, dass auch bei einem Hereinformwechsel wohl die **§§ 190 ff. UmwG analog primär** zu Anwendung kommen sollen.[635]

Im Hinblick auf diese vorrangige, nicht jedoch zwingend alleinige,[636] Anwendung der §§ 190 ff. UmwG analog auf einen Hereinformwechsel sind auf vor allem aufgrund des grenzüberschreitenden Charakters der Umwandlungsmaßnahme jedoch einzelne Besonderheiten beziehungsweise Abweichungen im Vergleich zum nationalen Formwechselrecht zu beachten. Festzuhalten ist dabei zunächst, dass es grundsätzlich **keiner** (erneuten) **Beschlussfassung** der Gesellschafter des Rechtsträgers nach deutschem Recht bedarf.[637] Fragen der Beschlussfassung über die Satzungssitzverlegung und den grenzüberschreitenden Formwechsel beurteilen sich nach der Rechtsordnung des Herkunftsmitgliedstaates und nicht nach der des Aufnahmestaates des Zielrechtsträgers. Dies gilt in gleicher Weise für die Erstellung des Verlegungsplans.[638] Auch dieser ist nicht erneut iS von § 194 I UmwG zu formulieren und muss insofern auch nicht notariell beurkundet werden.[639] 145

Von besonderer Wichtigkeit für die Durchführung eines Hereinformwechsels ist die Anwendung des § 197 S. 1 UmwG analog.[640] Wie bei einem nationalen Formwechsel kommen daher auch bei einem grenzüberschreitenden Formwechsel nach Deutschland im Grundsatz die **Gründungsvorschriften** des gewählten Zielrechtsträgers zur Geltung. Das bedeutet vor allem, dass eine mit dem deutschen Recht im Einklang stehende Satzung für die deutsche Kapitalgesellschaft als Zielrechtsform des Formwechsels zu erstellen ist. Inhalt des neuen Gesellschaftsvertrags bzw. der neuen Satzung ist zumindest der Inhalt gem. § 3 GmbHG bzw. § 23 III-V AktG.[641] Zu den zur Anwendung gelangenden Gründungsvoraussetzungen gehört insofern auch, dass der Gesellschaftsvertrag bzw. die Satzung der neuen deutschen Kapitalgesellschaftsform **notariell zu beurkunden** ist (§ 197 S. 1 UmwG analog iVm § 2 I 1 GmbHG bzw. § 23 I 1 AktG).[642] Die mangelnde (erneute) Pflicht zur Beurkundung 146

631 Wie sich aus den Aussagen des Generalanwalts *Jääskinen* zur Vale-Entscheidung herauslesen lässt („grenzüberschreitenden Situation auch spezifische Regeln anwenden kann, soweit dies durch die Besonderheit der Situation gerechtfertigt ist"), ist die – teilweise – Anwendung der §§§ 122a ff. UmwG auf einen Hereinformwechsel grundsätzlich auch europarechtskonform, vgl. GA *Jääskinen*, Schlussanträge v. 15.12.2011, Rs. C-378/10, ZIP 2012, 465, Rn. 76.

632 KG NZG 2016, 834.

633 Siehe OLG Nürnberg NZG 2014, 349; KG NZG 2016, 834.

634 Vgl. nur *Verse/Schölles* WuB 2017, 86, 88; *Behme* in: MüHdb. GesR, Bd. 8 (Umwandlungsrecht), 5. Aufl. 2018, § 39 Rn. 47; allgemein auch *Rock et al.* in: Kraakman et al. (Eds.), The Anatomy of Corporate Law, 3. Aufl. 2017, S. 197.

635 Vgl. insbesondere OLG Nürnberg NZG 2014, 349, 350 f.; wohl auch OLG Düsseldorf ZIP 2017, 2057, 2058.

636 Vor allem bezogen auf den grenzüberschreitenden Charakter des Formwechsels ist an einzelnen Stellen des Umwandlungsverfahrens eine Anwendung bzw. Orientierung der/an den §§ 122a ff. UmwG geboten.

637 Streitig, wie hier *Bayer* in: Bergmann et al. (Hrsg.), 10 Jahre SE, 2015, S. 230, 245; *Stiegler* NZG 2014, 351, 352; *ders.* Grenzüberschreitende Sitzverlegungen nach deutschem und europäischem Recht, 2017, S. 344; wohl aA OLG Nürnberg NZG 2014, 349, 350; *Hushahn* RNotZ 2014, 137, 150; *Wachter* GmbHR 2014, 99, 100; *Seibold* ZIP 2017, 456, 460.

638 Streitig, wie hier *Teichmann/Ptak* RIW 2010, 817, 822; *Stiegler* NZG 2014, 351, 352; *ders.* Grenzüberschreitende Sitzverlegungen nach deutschem und europäischem Recht, 2017, S. 340; aA OLG Nürnberg NZG 2014, 349, 350; *Heckschen* ZIP 2015, 2049, 2057.

639 Streitig, wie hier *Stiegler*, Grenzüberschreitende Sitzverlegungen nach deutschem und europäischem Recht, 2017, S. 341; indem auf § 122c IV UmwG abstellend wohl aA *Teichmann* in: Herrler (Hrsg.), Aktuelle gesellschaftsrechtliche Herausforderungen 2015, 2016, S. 111, 125; *Hermanns* MittBayNot 2016, 297, 299.

640 Zur Anwendung von § 197 S. 1 UmwG auf einen Hereinformwechsel OLG Nürnberg NZG 2014, 349, 350; *Hoffmann* in: MüHdB GesR, IntGesR, 4. Aufl. 2013, § 54 Rn. 13; *W.-H. Roth* in: FS Hoffmann-Becking, 2013, S. 965, 983; *Kindler* in: MüKo BGB, 2015, IntGesR, Rn. 842; *Behrens/Hoffmann* in: Ulmer/Habersack/Löbbe (Hrsg.), GmbHG, 2013, Einl. B Rn. 165; *Teichmann/Ptak* RIW 2010, 817, 822; *Verse* EuZW 2013, 336; *Schön* ZGR 2013, 333, 348, 360; *Hübner* IPRax 2015, 134, 137; *Wicke* DStR 2012, 1756, 1759; *Hushahn* RNotZ 2014, 137, 150; *Krafka/Kühn*, Registerrecht, 10. Aufl. 2017, Rn. 1211e.

641 KG NZG 2016, 834, 835; *Wachter* GmbHR 2016, 738, 740; *Ringe* in: Schmidt/Lutter (Hrsg.), AktG, 3. Aufl. 2015, § 45 Rn. 30.

642 *Heckschen* ZIP 2015, 2049, 2058; *Hushahn* RNotZ 2014, 137, 150; *Schall* ZfPW 2016, 407, 430; *Wachter* GmbHR 2016, 738, 740; *Teichmann* in: Süß/Wachter (Hrsg.), Handbuch des internationalen GmbH-Rechts, 3. Aufl. 2016, § 4 Rn. 60; *Melchior* GmbHR 2014, R305.

des Verlegungsplans und -beschlusses (s. Rn. 145) befreit insofern nicht von der notariellen Fassung des Grundlagendokuments des deutschen Rechtsträgers, da die Beurkundung ua die Gewähr für dessen Richtigkeit abbilden soll. Zusätzlich ist wie beim innerstaatlichen Formwechsel vor allem ein **(Sach-) Gründungsbericht** zu erstellen.[643] Beim Hereinformwechsel in eine GmbH kommt § 245 IV UmwG zur Entbehrlichkeit des Sachgründungsberichts nicht zur Anwendung,[644] da diese Norm auf eine deutsche AG als formwechselnden Rechtsträger und dessen Kapitalschutzregime abstellt. Ferner bedarf es beim Hereinformwechsel in eine deutsche AG der Bestellung eines den Gründungsbericht prüfenden, gerichtlich bestellten Gründungsprüfers.[645] Beim Hereinformwechsel in eine AG ist weiterhin zu beachten, dass – sofern nicht bereits entsprechend beachtet – auch die nationalen Regelungen über die **Zusammensetzung des Aufsichtsrates** einzuhalten sind, dh wenn die Schwellenwerte des DrittelbG bzw. MitbestG erreicht sind, ein mitbestimmter Aufsichtsrat zu bilden ist. Sowohl für die AG als auch die GmbH sind zudem ggf. die Vorgaben der „Geschlechterquote" nach § 52 II GmbHG bzw. § 96 II, III AktG zu beachten.[646]

147 Wurden die entsprechenden Vorgaben beachtet, ist der Hereinformwechsel und damit der neue deutsche Zielrechtsträger beim Registergericht **zur Eintragung anzumelden.** Hier sind neben den zielrechtsträgerspezifischen Dokumenten (insbesondere die Satzung und der (Sach-) Gründungsbericht) der Verlegungsplan und die ggf[647] ausgestellte Wegzugsbescheinigung aus dem Herkunftsmitgliedstaat einzureichen. Vor allem die **eingereichte Wegzugsbescheinigung** (vgl. auch § 122l I 2 UmwG) entfaltet dabei eine Bindungswirkung für das deutsche Registergericht,[648] so dass eine materielle Prüfung der im Wegzugsstaat vorgenommenen Handlungen allerhöchstens bei groben und offensichtlichen Rechtsverstößen statthaft ist.[649] Aus Rechtssicherheitsaspekten ist die einzureichende Wegzugsbescheinigung jedoch in Anlehnung an § 122l I 3 Hs. 1 UmwG nur **sechs Monate** „gültig", so dass innerhalb dieser Frist nach Ausstellung der Bescheinigung durch die Registerbehörde des Wegzugsstaates die Anmeldung zur Eintragung des Hereinformwechsels in Deutschland zu erfolgen hat.[650]

148 Sofern alle erforderlichen Unterlagen und Dokumente in deutscher Sprache ordnungsgemäß eingereicht wurden,[651] hat das für den deutschen Zielrechtsträger zuständige Registergericht nach Prüfung dieser den Hereinformwechsel und damit die neue Kapitalgesellschaftsform deutschen Rechts im Handelsregister **einzutragen.** Unter Berücksichtigung des grenzüberschreitenden Charakters des Formwechsels ist hierbei jedoch insbesondere zu beachten, dass die in § 198 II 3-5 UmwG beschriebene Eintragungsreihenfolge in dieser Form **nicht** zur Geltung kommt,[652] da sich die Eintragungsmodalitäten des ausländischen Ausgangsrechtsträgers insofern nach dem Recht des Wegzugsstaates beurteilen und das unmittelbare Festhalten an § 198 II 3-5 UmwG andernfalls faktisch zu einer Verweigerung des Hereinformwechsels führen würde.[653] Mit der Eintragung des Hereinformwechsels entsteht sodann der deutsche Zielrechtsträger. Die **Wirkung** der Eintragung bestimmt sich dabei nach § 202 I UmwG analog.[654] Nach der Eintragung hat das Registergericht zudem gem. § 9b II 3 Nr. 4 HGB analog die Tatsache des Wirksamwerdens des grenzüberschreitenden Formwechsels an die Europäische Justizplattform zu melden.[655]

---

643 *Heckschen* ZIP 2015, 2049, 2058 f.; *Seibold* ZIP 2017, 456, 462; *Stiegler*, Grenzüberschreitende Sitzverlegungen nach deutschem und europäischem Recht, 2017, S. 355 f.

644 KG NZG 2016, 834, 835; *Piehler* in: Kölner Handbuch zum Gesellschaftsrecht, Kapitel 5, Rn. 483; *Heckschen* ZIP 2015, 2049, 2059; *Wachter* GmbHR 2014, 99, 100; *ders.* GmbHR 2016, 738, 741; *Hushahn* RNotZ 2014, 137, 151; *Melchior* GmbHR 2014, R311, R312; *Stiegler* NZG 2016, 835, 836; differenzierend *Schall* ZfPW 2016, 407, 434 f.; *Verse/Schölles* WuB 2017, 86, 89; *Heinze* in: MüKo GmbHG, 3. Aufl. 2018, § 4a Rn. 32.

645 Aus praktischer Sicht sollte der Antrag auf Bestellung eines Gründungsprüfers gem. § 33 II AktG möglichst frühzeitig erfolgen.

646 Vgl. auch *Stiegler*, Grenzüberschreitende Sitzverlegungen nach deutschem und europäischem Recht, 2017, S. 364 f.

647 Ob eine solche Bescheinigung ausgestellt wurde, hängt mangels europäischer Harmonisierungsbestimmungen grundsätzlich vom Recht des Wegzugsstaates ab. Wurde keine Wegzugsbescheinigung ausgestellte, sodass dies frühzeitig mit dem deutschen Registergericht kommuniziert werden, welches sich sodann mit dem Register des Wegzugsstaates in Verbindung setzten zu setzen hat.

648 *Bayer/Schmidt* ZIP 2012, 1481, 1490; *Seibold* ZIP 2017, 456, 459.

649 *Stiegler*, Grenzüberschreitende Sitzverlegungen nach deutschem und europäischem Recht, 2017, S. 376 f.

650 *Stiegler*, Grenzüberschreitende Sitzverlegungen nach deutschem und europäischem Recht, 2017, S. 376 f.; *Vossius* in: Widmann/Mayer (Hrsg.), Umwandlungsrecht, 169. EL 2018, § 191 UmwG Rn. 172.

651 Zur Einreichung in deutscher Sprache vgl. *Bayer/Schmidt* ZIP 2012, 1481, 1490; *Heckschen* in: Widmann/Mayer (Hrsg.), Umwandlungsrecht, 169. EL 2018, § 1 UmwG Rn. 203; *Wachter* GmbHR 2016, 738, 740.

652 OLG Nürnberg NZG 2014, 349, 351; *Heckschen* ZIP 2015, 2049, 2057; *Stiegler* NZG 2014, 351, 352; *Wachter* GmbHR 2014, 99, 100; *Schaper* ZIP 2014, 810, 813; *Hushahn* RNotZ 2014, 137, 152; *Ego* in: MüKo AktG, 2017, Europäische Niederlassungsfreiheit, Rn. 339; wohl aA *Mörsdorf/Jopen* ZIP 2012, 1398, 1401.

653 *Wachter* GmbHR 2014, 99, 100; *Heckschen* ZIP 2015, 2049, 2057; *Stiegler*, Grenzüberschreitende Sitzverlegungen nach deutschem und europäischem Recht, 2017, S. 367.

654 *Behrens/Hoffmann* in: Ulmer/Habersack/Löbbe (Hrsg.), GmbHG, 2013, Einl. B Rn. 164; *Hushahn* RNotZ 2014, 137, 154; *Schall* ZfPW 2016, 407, 427.

655 *Stiegler*, Grenzüberschreitende Sitzverlegungen nach deutschem und europäischem Recht, 2017, S. 386.

2. Personengesellschaften[656]

a) Europäisches Recht

Das Bedürfnis nach grenzüberschreitenden Strukturmaßnahmen in Gestalt einer formwechselnden Umwandlung besteht in Europa für Personengesellschaften grundsätzlich in gleichem Maße wie für Kapitalgesellschaften. Aufgrund der im Prinzip bestehenden primärrechtlichen Gleichstellung von Kapital- und Personengesellschaften können sich Letztere im Hinblick auf die Zulässigkeit eines grenzüberschreitenden Formwechsels daher in gleicher Weise **auf die Niederlassungsfreiheit berufen**. Dies ergibt sich bereits unmittelbar aus der Sevic- iVm der Cartesio-Entscheidung und den dortigen Ausführungen des EuGH.[657] Was einen identitätswahrenden **Herausformwechsel** einer Personengesellschaft anbelangt, ist der Schutzbereich der Niederlassungsfreiheit daher grundsätzlich eröffnet und der Wegzugsstaat darf die grenzüberschreitende Umwandlung nicht verbieten.[658] Wie bei Kapitalgesellschaften gilt dies jedoch nur soweit, wie der Wegzugsstaat auch die Möglichkeit eines innerstaatlichen Formwechsels der entsprechenden Personengesellschaft zulässt.[659] 149

Gleiches gilt für einen **Hereinformwechsel** in eine mitgliedstaatliche Personengesellschaft. Hierbei sind vor allem die Wertungen der Vale-Entscheidung (Rn. 81 ff.) maßgebend, aus der sich insofern von der inhaltlichen Reichweite her keine Beschränkungen auf Kapitalgesellschaften entnehmen lassen.[660] Unter der Bedingung, dass der Aufnahmestaat auch den innerstaatlichen Formwechsel in die entsprechende Personengesellschaftsform gestattet, ist ein Hereinformwechsel in eine Personengesellschaft daher von der Niederlassungsfreiheit geschützt und grundsätzlich von den Mitgliedstaaten zuzulassen. Im Hinblick wiederum auf die Vale-Entscheidung umfasst diese Zuzugsfreiheit dabei ebenso wie bei Kapitalgesellschaften einen **rechtsformkongruenten** sowie rechtsforminkongruenten grenzüberschreitenden Formwechsel.[661] Maßgebend ist insofern allein der tatsächliche Wechsel der Rechtsform im Zuge des Formwechsels. 150

b) Deutsches Recht

Ist ein identitätswahrender **Herausformwechsel einer Personengesellschaft** von der Niederlassungsfreiheit geschützt, sind die aus deutscher Perspektive maßgebenden Bedingungen hierfür zu bestimmen. Anders als bei Kapitalgesellschaften (s. Rn. 132) ist ein Herausformwechsel aufgrund der (noch) bestehenden Begriffsbestimmung des für Personengesellschaften maßgebenden Sitzes als Verwaltungssitz der Gesellschaft (s. Rn. 120 f.) zwingend mit der **Verlegung des Verwaltungssitzes** in den entsprechenden Zuzugsstaat verbunden, da der Verwaltungssitz insofern der Anknüpfungspunkt für die Verwendung einer deutschen Personengesellschaft ist.[662] Zudem sind die umwandlungsrechtlichen Vorgaben des UmwG auf den Herausformwechsel zu beachten.[663] Auch stellt sich indes die Frage, welche Normen bzw. Normenkomplexe des deutschen UmwG auf den Herausformwechsel einer deutschen Personengesellschaft in analoger Anwendung zur Geltung kommen. Im Grundsatz kommen hierbei wie beim Herausformwechsel einer Kapitalgesellschaft die **§§ 190 ff. UmwG analog** und die §§ 122a ff. UmwG analog in Betracht. Bei der Anwendung der §§ 122a ff. UmwG besteht jedoch darüber hinaus die Einschränkung, dass die dortigen Normen gem. § 122b I UmwG nur für Kapitalgesellschaften gelten und auch funktional sind die entsprechenden Regelungen für die grenzüberschreitende Verschmelzung an einigen Stellen direkt auf Kapitalgesellschaften zugeschnitten.[664] Eine analoge Anwendung auf einen grenzüberschreitenden Formwechsel einer Personengesellschaft ist daher nur äußerst eingeschränkt möglich und sollte sich allenfalls auf Fragen der Registerkommunikations- und Eintragungsmodalitäten beschränken.[665] Primär ist daher auf die Anwendung der §§ 190 ff., 214 ff. UmwG abzustellen. Um den damit ggf. bestehenden Durchführungsproblemen und Unklarheiten zu begegnen, würde aus rechtspraktischer Sicht insbesondere eine **grenzüberschreitende** 151

656 Der folgende Abschnitt basiert auf *Stiegler* ZGR 2017, 312, 333 ff.
657 *Bayer/Schmidt* ZHR 173 (2009) 735, 761 f.; *Barthel* EWS 2010, 316, 325 f.; *Lieder/Hoffmann* BB 2009, 58, 60 f.; *Stiegler* ZGR 2017, 312, 334; *Stöber* ZIP 2012, 1273, 1274.
658 *Lutter/Bayer/Schmidt*, Europäisches Unternehmens- und Kapitalmarktrecht, 2017, Rn. 7.101; *Leible/Hoffmann* BB 2009, 58, 60; *Stiegler* ZGR 2017, 312, 335; *Vossius* in: Widmann/Mayer (Hrsg.), Umwandlungsrecht, 169. EL 2018, § 191 UmwG Rn. 64; *W.-H. Roth* ZGR 2014, 168, 205.
659 *Bayer/Schmidt* ZHR 173 (2009) 735, 759; *Stiegler* ZGR 2017, 312, 335; *Teichmann* ZIP 2009, 393, 402.
660 *Mitterecker*, Grenzüberschreitende Sitzverlegungen (2015), S. 457; *Stiegler* ZGR 2017, 312, 341.
661 Vgl. *Kruis/Widmayer* CFL 2012, 349, 350; *Stiegler* ZGR 2017, 312, 343; wohl auch *Schall* ZfPW 2016, 407, 429.
662 *Stiegler* ZGR 2017, 312, 333.
663 Insofern zur europarechtskonformen Auslegung des UmwG und dessen Öffnung auch für grenzüberschreitende Sachverhalte siehe Rn. 143.
664 *Stiegler* ZGR 2017, 312, 336 f.
665 Vgl. in diesem Sinne *Kindler* in: MüKo BGB, 2015, IntGesR, Rn. 845; *Stiegler* ZGR 2017, 312, 337; *Thümmel/Hack* DK 2009, 1, 5.

Anwachsung gem. § 738 I BGB in Betracht kommen.[666] Eine solche würde im Ergebnis ebenfalls zum Entstehen einer ausländischen Gesellschaftsform bei liquidationsloser Auflösung der deutschen Personengesellschaft führen.[667]

152 Aufgrund europäischer Vorgaben (s. Rn. 149 f.) hat Deutschland einen **Hereinformwechsel** in eine deutsche Personengesellschaft grundsätzlich zuzulassen.[668] Obgleich auch hierbei die zulässigen Formwechselkombinationen zu berücksichtigen sind, ist auf den tatsächlichen Wechsel der Rechtsform im Zuge des grenzüberschreitenden Formwechsels abzustellen, so dass vor allem die Anwendungsbeschränkung des § 214 I UmwG für einen Hereinformwechsel nicht zum Tragen kommt.[669] Zu beachten ist jedoch, dass aufgrund der derzeitigen (materiellrechtlichen) Maßgeblichkeit eines inländischen Verwaltungssitzes für deutsche Personenhandelsgesellschaften (s. Rn. 121) ein Hereinformwechsel zwingend mit der **Verlegung des Verwaltungssitzes** nach Deutschland im Zuge des Formwechsels einherzugehen hat.[670] Dies ist auch europarechtskonform, da für im Inland gegründete Personengesellschaften das gleiche Erfordernis besteht.[671]

III. Grenzüberschreitende Verschmelzung[672]

1. Kapitalgesellschaften

153 Grenzüberschreitende Verschmelzungen von Kapitalgesellschaften sind mittlerweile fest in der Rechtspraxis angekommen. Aufgrund der Sevic-Entscheidung des EuGH (Rn. 75 ff.) sowie dem Erlass der (damaligen) **Internationalen Verschmelzungsrichtlinie** (dazu § 24) jeweils aus dem Jahr 2005 (= Art. 118 ff. Kodifizierungs-RL) kann eine umfassende Zulässigkeit sowohl einer Hereinverschmelzung als auch einer Herausverschmelzung nicht mehr bestritten werden.[673] Durch die entsprechende Pflicht der Mitgliedstaaten, grenzüberschreitende Verschmelzungen zumindest für Kapitalgesellschaften grundsätzlich zuzulassen,[674] wird innerhalb Europas die weitgehend **rechtssichere Möglichkeit** zur Durchführung einer grenzüberschreitenden Verschmelzung sichergestellt (s. ferner zum Richtlinienvorschlag der Europäischen Kommission vom April 2018[675] betreffend die Änderung der Art. 118 ff. Kodifizierungs-RL § 24 Rn. 138).[676] Basierend auf der Umsetzung der damaligen Richtlinie 2005/56/EG wurden europaweit insofern bereits mehr als 2.000 grenzüberschreitende Verschmelzungen vollzogen.[677] Aus gesellschaftsrechtlicher Sicht liegt – trotz einzelner (dogmatischer) Streitpunkte und Unklar-

666 Zur grenzüberschreitenden Anwachsung *Hoger/Lieder* ZHR 180 (2016) 613 ff.; *Hoffmann* in: MüHdB GesR, IntGesR, 4. Aufl. 2013, § 55 Rn. 1 ff.; *Lieder/Bialluch* NotBZ 2017, 209, 214 f.; *Vossius* in: Widmann/Mayer (Hrsg.), Umwandlungsrecht, 169. EL. 2018, § 191 UmwG Rn. 40 ff.

667 *Stiegler* ZGR 2017, 312, 338.

668 *Paefgen* in: Westermann/Wertenbruch (Hrsg.), Handbuch Personengesellschaften, 70. Lieferung 2018, § 60 Rn. 4118; *Schall* in: Heidel/Schall (Hrsg.), HGB, 2. Aufl. 2015, Anh. 3 zu § 177a Rn. 91 f.; *Stiegler* ZGR 2017, 312, 342.

669 *Heckschen* ZIP 2015, 2049, 2054; *Frank*, Formwechsel im Binnenmarkt, 2016, S. 275 f.; *Stiegler* ZGR 2017, 312, 343.

670 *Frank*, Formwechsel im Binnenmarkt, 2016, S. 290; *Stiegler* ZGR 2017, 312, 339 f.; *W.-H. Roth* ZGR 2014, 168, 204.

671 *Stiegler*, Grenzüberschreitende Sitzverlegungen nach deutschem und europäischem Recht, 2017, S. 403 f.; *ders.* ZGR 2017, 312, 340.

672 Speziell zur Durchführung einer grenzüberschreitenden Verschmelzung bzw. zu einzelnen Aspekten dieser *Adolff* ZHR 173 (2009) 67; *Bauckhage-Hoffer/Rupietta* EWS 2011, 417; *Brocker* BB 2010, 971; *Drinhausen/Keinath* AG 2010, 398; *Forst* AG 2013, 588; *Freundorfer/Festner* GmbHR 2010, 195; *Fritz*, Ermittlung von Umtauschverhältnissen im Rahmen von grenzüberschreitenden Verschmelzungstatbeständen, 2015; *Geyrhalter/Weber* DStR 2006, 146; *Grunewald* DK 2007, 106; *Herrler/Schneider* DStR 2009, 2433; *Hoffmann* in: MüHdB GesR, IntGesR, 4. Aufl. 2013, § 53; *Holzborn/Mayston* ZIP 2012, 2380; *Kallmeyer* AG 2007, 472; *Kiem* ZGR 2007, 542; *Klein* RNotZ 2007, 565; *Kolb/Rothenfußer* GmbHR 2014, 130; *Kraft/Poley* FR 2014, 1; *Krauel/Mensel/Wind* DK 2010, 541; *Krause/Janko* BB 2007, 2194; *Krause/Kulpa* ZHR 171 (2007) 38; *Kruse/Kruse* BB 2010, 3035; *Kußmaul/Richter/Heyd* IStR 2010, 73; *Lunk/Hinrichs* NZA 2007, 773; *Lutter/Drygala* JZ 2006, 770; *Lutz* BWNotZ 2010, 23; *Müller-Bonanni/Müntefering* NJW 2009, 2347; *Oppenhoff* in: MüHdb. GesR, Bd. 8 (Umwandlungsrecht), 5. Aufl. 2018, § 18; *Passarge/Stark* GmbHR 2007, 803; *Pfeifer/Heilmeyer* GmbHR 2009, 1317; *Raaijmakers/Olthoff* ULR 4 (2008) 34; *Sieja* NWB 2013, 1820; *Simon* NZA 2008, 391; *Tebben/Tebben* DB 2007, 2355; *Teicke* DB 2012, 2675; *Weppner* RIW 2011, 144; *Winter* DK 2008, 24.

673 Vgl. nur *Ludwigs* in: Dauses/Ludwigs (Hrsg.), EU-Wirtschaftsrecht, 44. EL 2018, E I Rn. 128.

674 *Grohmann*, Das Informationsmodell im Europäischen Gesellschaftsrecht, 2006, S. 351; *Nohlen*, Binnenmarktkonformer Minderheitenschutz bei der grenzüberschreitenden Verschmelzung, 2012, S. 22.

675 Europäische Kommission, Vorschlag für eine Richtlinie des Europäischen Parlaments und des Rates zur Änderung der Richtlinie (EU) 2017/1132 in Bezug auf grenzüberschreitende Umwandlungen, Verschmelzungen und Spaltungen, COM(2018) 241 final; s. im Hinblick auf grenzüberschreitende Spaltungen auch bereits *Bungert/Wansleben* DB 2017, 2591, 2592 f.

676 *Stiegler* GmbHR 2016, 406, 409.

677 Vgl. nur *Stiegler* GmbHR 2016, 406.

heiten bei den nationalen Umsetzungsbestimmungen[678] – der **Vorteil** einer grenzüberschreitenden Verschmelzung von Kapitalgesellschaften im Vergleich zu anderen grenzüberschreitenden Strukturmaßnahmen damit vor allem in der rechtssicheren Durchführungsmöglichkeit der Umwandlung.

Im Hinblick auf den bevorstehenden **Brexit** und die ggf. aus gesellschaftsrechtlicher Sicht damit verbundenen Konsequenzen könnte dies auch ein entscheidender Aspekt sein, warum sich zB eine Vielzahl der als Scheinauslands- bzw. Briefkastengesellschaften in Großbritannien registrierten Limiteds vielmehr für eine grenzüberschreitende Verschmelzung auf einen deutschen Rechtsträger als für einen grenzüberschreitenden Formwechsel (s. Rn. 114) entscheiden werden, um einer etwaigen Zwangsauflösung oder -umwandlung in eine deutsche Personengesellschaft zu entgehen. Dies hat zudem den Vorteil, dass auch im Vereinigten Königreich mit den **Companies (Cross Border Mergers) Regulations 2007** explizite Durchführungsbestimmungen für eine grenzüberschreitende Verschmelzung bestehen, wohingegen das auf einen Herausformwechsel aus Großbritannien anwendbare Recht bislang weitgehend unklar ist und einer intensiven Auseinandersetzung mit der Registerbehörde bedarf.[679] Zudem hat der britische Court of Appeal zu Beginn 2018 ausdrücklich entschieden, dass sich auch solche Gesellschaften britischen Rechts an einer grenzüberschreitenden Verschmelzungen gemäß den Companies (Cross Border Mergers) Regulations 2007 beteiligen können, die keiner wirtschaftlichen Tätigkeit im Vereinigten Königreich nachgehen.[680] 154

In **Deutschland** wurden die Vorgaben der damaligen Internationalen Verschmelzungsrichtlinie im Jahr 2007 durch das Zweite Gesetz zur Änderung des Umwandlungsgesetzes[681] umgesetzt und die **§§ 122a-122l** in das Umwandlungsgesetz eingefügt.[682] Die mitbestimmungsrechtlichen Aspekte der ehemaligen Richtlinie wurden im Rahmen des **MgVG** nachvollzogen. Für die Einzelheiten der entsprechenden Normen kann jeweils auf die einschlägige Kommentarlitertur verwiesen werden. Gemäß dem europäischen Modell für Strukturmaßnahmen (vgl. § 22 Rn. 3 sowie § 24 Rn. 11) regeln die §§ 122a ff. UmwG neben dem Anwendungsbereich des entsprechenden Abschnitts des UmwG und den erfassten verschmelzungsfähigen Rechtsträgern, den Verschmelzungsplan (§ 122c UmwG) und dessen Bekanntmachung (§ 122d UmwG), den Verschmelzungsbericht (§ 122e UmwG), die Verschmelzungsprüfung (§ 122f UmwG), die Zustimmung der Anteilseigner (§ 122g UmwG), Minderheitenschutzinstrumente (§§ 122h f. UmwG), den Gläubigerschutz (§ 122j UmwG) sowie das Registerverfahren inkl. den Eintragungsmodalitäten (§§ 122k f. UmwG). Die Durchführungsbestimmungen der §§ 122c ff. UmwG gelten dabei als **Sonderbestimmungen** für grenzüberschreitende Verschmelzungen und im Sinne der Baukastentechnik des deutschen UmwG kommen für die nicht geregelten Aspekte die allgemeinen Bestimmungen für innerstaatliche Verschmelzungen von Kapitalgesellschaften (vgl. §§ 4 ff., 46 ff. UmwG) zur Anwendung (§ 122a II UmwG). 155

Für grenzüberschreitende Verschmelzungen mit Beteiligung von **Gesellschaften aus Drittstaaten** finden die §§ 122a ff. UmwG keine Anwendung. Auch die damalige Internationale Verschmelzungsrichtlinie sowie die Sevic-Entscheidung beschränken sich auf innereuropäische grenzüberschreitende Verschmelzungen, so dass allein das autonom nationale Recht maßgebend ist. Aufgrund der weiterhin bestehenden sachrechtlichen **Beschränkung des § 1 I UmwG** (Rechtsträger mit „Sitz im Inland") sind daher aus gesellschaftsrechtlicher Sicht entsprechende Verschmelzungsvorgänge nicht vom UmwG erfasst und genießen nicht dessen sukzessionsrechtliche Vorteile.[683] Die Betroffen müssen sich daher anderen Hilfskonstruktionen außerhalb des UmwG bedienen.[684] Aus kollisionsrechtlicher Sicht kommt hierbei nach hM die sog Vereinigungstheorie zur Geltung.[685] 156

2. Personengesellschaften[686]

Nicht vom persönlichen Anwendungsbereich der Regelungen in der Kodifizierungs-Richtlinie über grenzüberschreitende Verschmelzungen erfasst sind die mitgliedstaatlichen Personengesellschaften (vgl. § 24 Rn. 18). Grenzüberschreitende Verschmelzungen unter Beteiligung von Personengesellschaften werden gleichwohl durch 157

678 Insbesondere im Hinblick auf den Schutz der Gläubiger, den Zustimmungsvorbehalt gem. Art. 126 II Kodifizierungs-RL (ex-Art. 9 II IntVersch-RL) sowie der Verzichtsmöglichkeit auf den Verschmelzungsbericht.

679 Insofern zum „Weg aus der Limited" *Tebben/Tebben* DB 2007, 2355 ff.

680 Vgl. *Easynet Global Services Ltd, Re* [2018] EWCA Civ 10; s. dazu *Stiegler* EWiR 2018, 173 f.

681 Zweites Gesetz zur Änderung des Umwandlungsgesetzes v. 19. April 2007, BGBl. 2007, I, S. 542.

682 Rechtsvergleichend zur Umsetzung siehe Study on the Application oft he Cross-Border Mergers Directive, 2012, S. 236 ff.

683 *Dauner-Lieb* in: KK-UmwG, 2009, § 1 Rn. 29; *Böttcher* in: Böttcher/Habighorst/Schulte (Hrsg.), Umwandlungsrecht, 2015, § 1 UmwG Rn. 29.

684 Insbesondere eine Einzelrechtsübertragung bei nachgelagerter Auflösung des übertragenden Rechtsträgers.

685 *Kindler* in: MüKo BGB, 2015, IntGesR, Rn. 856, 874; *Hoffmann* in: MüHdB GesR, IntGesR, 4. Aufl. 2013, § 53 Rn. 5; *Drinhausen* in: Semler/Stengel (Hrsg.), UmwG, 4. Aufl. 2017, Einl. C Rn. 16; *Paefgen* GmbHR 2004, 463; *Spahlinger/Wegen* NZG 2006, 721; *Leible* in: Michalski ua (Hrsg.), GmbHG, 2017, Syst. Darst. 2, Rn. 223; *Lieder/Bialluch* NotBZ 2017, 209; *Kallmeyer/Kappes* AG 2006, 224, 230.

686 Dieser Abschnitt basiert auf *Stiegler* ZGR 2017, 312, 345 ff.

die Beschränkung des Anwendungsbereichs **nicht verboten.**[687] Viele Mitgliedstaaten beschränken jedoch auch in ihren nationalen Umsetzungsbestimmungen zur damaligen Richtlinie die Anwendbarkeit auf Kapitalgesellschaften.[688] In jüngerer Zeit finden sich (auf europäischer) Ebene jedoch leichte Tendenzen, den Anwendungsbereich der Richtlinienbestimmungen auch auf Personengesellschaften zu erstrecken.[689] Dies würde auch mit dem europäischen Primärrecht, dh insbesondere der Niederlassungsfreiheit im Einklang stehen. Vor allem aus der Sevic-Entscheidung wurde in diesem Zusammenhang geschlussfolgert, dass die Niederlassungsfreiheit auch für Personengesellschaften das Recht umfasst, sich an einer grenzüberschreitenden Verschmelzung zu beteiligen.[690] Personengesellschaften können sich bei mitgliedstaatlichen Beschränkungen von grenzüberschreitenden Verschmelzungen daher grundsätzlich **auf die Niederlassungsfreiheit berufen.**[691] Welche Normen des nationalen Rechts hierbei zur Geltung kommen, obliegt in den Grenzen der praktischen Verwirklichung der Niederlassungsfreiheit jedoch mangels europäischer Verfahrensbestimmungen weitgehend den Mitgliedstaaten.

158 In **Deutschland** bestehen derzeit keine expliziten Durchführungsbestimmungen für eine grenzüberschreitende Verschmelzung unter Beteiligung von Personengesellschaften. Der Anwendungsbereich der §§ 122a ff. UmwG ist explizit auf Kapitalgesellschaften beschränkt (§ 122b I UmwG). Aufgrund der primärrechtlichen Vorgaben (s. Rn. 153) darf eine solche grenzüberschreitende Verschmelzung gleichwohl nicht generell verboten werden. Verfahrensmäßig kommen aus kollisionsrechtlicher Sicht die Vorgaben der sog **Vereinigungstheorie** zur Geltung, so dass es grundsätzlich zu einer Kumulation der an der Verschmelzung beteiligten Rechtsordnungen kommt, wobei sich das strengere Recht durchsetzt.[692] Materiell ist bislang weitgehend ungeklärt, welche Vorschriften des deutschen UmwG in analoger Anwendung auf eine grenzüberschreitende Verschmelzung mit Beteiligung einer Personengesellschaft zur Geltung kommen. Zum Teil wird eine analoge Anwendung allein der §§ 122a ff. UmwG befürwortet,[693] teilweise eine bloße Anwendung der §§ 2 ff., §§ 39 ff. UmwG,[694] teilweise eine primäre Anwendung der §§ 2 ff., §§ 39 ff. UmwG zzgl hilfsweiser Heranziehung der §§ 122a ff. UmwG[695] oder auch anders herum.[696] Die grundsätzlich **primäre Anwendbarkeit** der Vorschriften zur innerstaatlichen Verschmelzung von Personengesellschaften und die nur hilfsweise Berücksichtigung der §§ 122a ff. UmwG analog ist aus derzeitiger Sicht die wohl sachgerechteste Lösung bei der Durchführung einer grenzüberschreitenden Verschmelzung unter Beteiligung einer deutschen Personengesellschaft.[697] Eine intensive Kommunikation mit dem zuständigen Registergericht ist jedoch im Vorfeld der Umwandlungsmaßnahme unabdingbar.

IV. Grenzüberschreitende Spaltung[698]

1. Zulässigkeit

a) Europäisches Recht

159 Anders als eine grenzüberschreitende Verschmelzung ist die grenzüberschreitende Spaltung bislang auf europäischer Ebene sekundärrechtlich **nicht geregelt.** Mit den Regelungen in der Kodifizierungs-Richtlinie über Spaltungen (= ehemalige Spaltungsrichtlinie) (dazu § 23) bestehen zwar ein Regelungsakt betreffend diese Umwand-

687 *Ego* in: MüKo AktG, 2017, Europäische Niederlassungsfreiheit, Rn. 64; *Stiegler* ZGR 2017, 312, 346.
688 Vgl. Study on the Application oft he Cross-border Merger Directive, 2013, S. 115.
689 *Schmidt*, Study on Cross-border mergers and divisions, transfers of seat: Is there a need to legislate?, PE 556.960, 2016, S. 17; *Reynolds/Scherrer*, Ex-post analysis of the EU framework in the area of cross-border mergers and divisions, European Implementation Assessment, PE 593.796, 2016, S. 35 f.; vgl. auch *Drygala/von Bressensdorf* NZG 2016, 1161, 1164 f.
690 *Kiem* in: Habersack/Drinhausen (Hrsg.), SE-Recht, 2. Aufl. 2016, § 122b Rn. 2; *Paefgen* WM 2009, 529, 531; *Stiegler* ZGR 2017, 312, 346; *Thümmel/Hack* DK 2009, 1, 3; *Marsch-Barner* in: Kallmeyer (Hrsg.), UmwG, 6. Aufl. 2017, Vor §§ 122a-122l Rn. 9; *Lieder/Bialluch* NotBZ 2017, 209, 210.
691 *Bayer/Schmidt* ZIP 2006, 210, 212; *Habersack/Verse*, Europäisches Gesellschaftsrecht, 2011, § 8 Rn. 59; *Kallmeyer/Kappes* AG 2006, 224, 228; *Krause/Kulpa* ZHR 171 (2007) 38, 48; *Vetter* AG 2006, 613, 616.
692 *Lutter/Bayer/Schmidt*, Europäisches Unternehmens- und Kapitalmarktrecht, 2017, Rn. 7.103; *Bayer/Schmidt* ZHR 173 (2009) 735, 766 f.; *Bungert/Schneider* in: GS Gruson, 2009, S. 37, 38; *Stiegler* ZGR 2017, 312, 348; *Drinhausen/Keinath* in: BeckOGK UmwG (Stand 1.1.2017), § 1 Rn. 45.
693 So *Drygala* in: Lutter (Hrsg.), UmwG, 5. Aufl. 2014, § 1 Rn. 35; *Drygala/von Bressensdorf* NZG 2016, 1161, 1165; *Thümmel/Hack* DK 2009, 1, 5.
694 So *Spahlinger/Wegen* NZG 2006, 721, 727.
695 So vor allem *Lutter/Bayer/Schmidt*, Europäisches Unternehmens- und Kapitalmarktrecht, 2017, Rn. 7.104; *Bayer/Schmidt* ZHR 173 (2009) 735, 767.
696 So *Marsch-Barner* in: Kallmeyer (Hrsg.), UmwG, 6. Aufl. 2017, Vor §§ 122a-122l UmwG Rn. 12.
697 *Stiegler* ZGR 2017, 312, 348; wohl auch *Leible* in: Michalski ua (Hrsg.), GmbHG, 2017, Syst. Darst. 2, Rn. 237; *Lieder/Bialluch* NotBZ 2017, 209, 210.
698 Zur Zulässigkeit bzw. Durchführung einer grenzüberschreitenden Spaltung *Bakos-Kovács* in: Attila/Belling/János/Péter (Hrsg.), Internationale Konferenz zum zehnjährigen Bestehen des Instituts für Rechtsvergleichung der Universität Szeged, 2014, S. 51; *Ebenroth/Offenloch* RIW 1997, 1; *Hansen* EBLR 2007, 181, 191 ff.; *Hoffmann* in: MüHdB GesR, IntGesR, 4. Aufl. 2013, § 56; *Kallmeyer* ZIP 1996, 535; *Kallmeyer/Kappes* AG 2006, 224; *Kindler* in: MüKo BGB, 2015, IntGesR, Rn. 855 ff.; *Kleba* RNotZ 2016, 273; *Kraft/Redenius-Hövermann* in: MüHdb

lungsform, jedoch gelten diese ausdrücklich nur für innerstaatliche Spaltungen von Aktiengesellschaften. Annähernd die Hälfte der Mitgliedstaaten hat gleichwohl – mittelbar oder unmittelbar – den Anwendungsbereich der nationalen Umsetzungsbestimmungen zur damaligen Internationalen Verschmelzungsrichtlinie (= Art. 118 ff. Kodifizierungs-RL) (dazu § 24) auf grenzüberschreitende Spaltungen erweitert.[699] Dies erscheint im Grundsatz auch nachvollziehbar, da das Modell der Spaltung europaweit als **Pendant zur Verschmelzung** von Gesellschaften betrachtet wird und auch die zahlreichen Verweise innerhalb der damaligen Spaltungsrichtlinie (= Art. 136 ff. Kodifizierungs-RL) auf die nur wenige Jahre vorher verabschiedete ehemalige Verschmelzungsrichtlinie (= Art. 87 ff. Kodifizierungs-RL) (dazu § 22) eine entsprechende Sichtweise nahelegen.

Aus europäischer Sicht ist es mittlerweile jedoch herrschende Meinung, dass eine grenzüberschreitende Spaltung 160 **vom Schutzbereich der Niederlassungsfreiheit umfasst** und damit grundsätzlich von den Mitgliedstaaten zuzulassen ist.[700] Dies ergibt sich insbesondere aus der Sevic-Entscheidung des EuGH (Rn. 75 ff.).[701] Danach entsprechen auch „andere Gesellschaftsumwandlungen den Zusammenarbeits- und Umgestaltungsbedürfnissen von Gesellschaften mit Sitz in verschiedenen Mitgliedstaaten" und stellen „besondere, für das reibungslose Funktionieren des Binnenmarktes wichtige Modalitäten der Ausübung der Niederlassungsfreiheit dar".[702] Nach dieser Lesart sind daher auch grenzüberschreitende Spaltungen von den Art. 49, 54 AEUV geschützt. Auch im Hinblick auf die anderen, transnationale Umwandlungsmaßnahmen betreffenden EuGH-Urteile (Cartesio, Vale) kann die europäische Zulässigkeit einer grenzüberschreitenden Spaltung kaum noch bezweifelt werden.[703] Dies gilt grundsätzlich gleichermaßen für **Kapital-** und **Personengesellschaften** als beteiligte Rechtsträger an einer grenzüberschreitenden Spaltung. Wie bereits dargestellt (s. Rn. 117), differenziert Art. 54 II AEUV hinsichtlich des persönlichen Anwendungsbereiches gerade nicht zwischen Kapital- und Personengesellschaften. Auch für Personengesellschaften besteht ein wirtschaftliches Bedürfnis, sich in gleicher Weise an grenzüberschreitenden Umwandlungen zu beteiligen.[704]

Dies gilt grundsätzlich für **alle Arten der Spaltung**, dh sowohl für eine Aufspaltung, Abspaltung als auch Aus- 161 gliederung.[705] Entscheidend sind insofern jeweils die umwandlungsrechtliche (partielle) Universalsukzession des Vorgangs und die damit verbundene Vermögensübertragung auf einen anderen Rechtsträger.[706] Dabei ist es im

---

GesR, Bd. 8 (Umwandlungsrecht), 5. Aufl. 2018, § 30 Rn. 5 ff.; *Koster*, De Nederlandse Juridische Splitsing in Europees en Rechtsvergelijkend Perspectief, 2009, S. 37 ff.; *Kusserow/Prüm* WM 2005, 633; *Marsch-Barner* in: FS Haarmann, 2015, S. 118, 141; *Limmer*, Handbuch der Unternehmensumwandlung, 5. Aufl. 2016, Teil 6 Rn. 21 ff.; *Ottenwälder*, Grenzüberschreitende Spaltungen von Kapitalgesellschaften, 2014; *Paefgen* in: Westermann/Wertenbruch (Hrsg.), HdB Personengesellschaften, 70. Lieferung 2018, § 60 Rn. 4202 ff.; *ders.* GmbHR 2004, 463; *Prinz/Hütig* in: Beck'sches Hanbduch der GmbH, 5. Aufl. 2014, § 19 Rn. 76 ff.; *Prüm*, Die grenzüberschreitende Spaltung, 2006; *Roelofs* Weekblad voor Privaatrecht, Notariaat en Registratie 2009, 272; *Rønfeldt/Werlauff* ECL 3 (2006) 125, 127; *Siems* EBOR 8 (2007) 307, 314 f.; *Teichmann* in: Gebauer/Teichmann (Hrsg.), Europäisches Privat- und Unternehmensrecht, 2016, § 6 Rn. 267 f.; *Verse* in: BeckOGK UmwG (Stand 1.1.2017), § 123 Rn. 21 ff.; *Wöhlert*, Gestaltungsfreiheit und Gläubigerschutz bei Spaltungen, 2010, S. 39 ff.

699 Vgl. *Europäische Kommission*, Study on the Application oft he Cross-Border Merger Directive, 2013, S. 96.

700 *Bayer/Schmidt* ZHR 173 (2009) 735, 768; *dies.* in: Lutter/Bayer (Hrsg.), Holding-Handbuch, 5. Aufl. 2015, Rn. 19.83; *Lutter/Bayer/Schmidt*, Europäisches Unternehmens- und Kapitalmarktrecht, 2017, Rn. 7.105; *Marsch-Barner* in: Kallmeyer (Hrsg.), UmwG, 6. Aufl. 2017, Vor §§ 122a-122l Rn. 11; *Decker* in: Henssler/Strohn (Hrsg.), Gesellschaftsrecht, 3. Aufl. 2016, § 1 UmwG, Rn. 13; *Drygala* in: Lutter (Hrsg.), UmwG, 5. Aufl. 2014, § 1 Rn. 20; *Drygala/von Bressensdorf* NZG 2016, 1161, 1165; *Heckschen* in: Widmann/Mayer (Hrsg.), Umwandlungsrecht, 169. EL 2018, § 1 UmwG Rn. 261.1; *Rønfeldt/Werlauff* ECL 3 (2006) 125, 127; *Leible/Hoffmann* RIW 2006, 161, 165; *Schmidt* ZVglRWiss 116 (2017) 313, 332; *Decher* DK 2006, 805, 810; *Teichmann* in: Gebauer/Teichmann (Hrsg.), Europäisches Privat- und Unternehmensrecht, 2016, § 6 Rn. 267; *Weiss/Wöhlert* WM 2007, 580, 584; *Kusserow/Prüm* WM 2005, 633, 639; *Geyrhalter/Weber* DStR 2006, 146, 150; *Kalss/Klampfl*, Europäisches Gesellschaftsrecht, 2015, Rn. 136; *Krause/Kulpa* ZHR 171 (2007) 38, 46; *Kraft/Redenius-Hövermann* in: MüHdb GesR, Bd. 8 (Umwandlungsrecht), 5. Aufl. 2018, § 30 Rn. 11.

701 *Bayer/Schmidt* NZG 2006, 841; *Drinhausen/Keinath* BB 2006, 725, 732; *dies.* in: BeckOGK UmwG (Stand 1.1.2017), § 1 Rn. 25; *Heckschen* in: Widmann/Mayer (Hrsg.), Umwandlungsrecht, 169. EL 2018, § 1 UmwG Rn. 261.1; *Herrler* EuZW 2007, 295; *Kallmeyer/Kappes* AG 2006, 224, 234; *Kleba* RNotZ 2016, 273, 275; *Teichmann* in: Gebauer/Teichmann (Hrsg.), Europäisches Privat- und Unternehmensrecht, 2016, § 6 Rn. 267; *Sagasser* in: Sagasser/Bula/Brünger (Hrsg.), Umwandlungen, 5. Aufl. 2017, § 18 Rn. 201 f.; *Roelofs* ECL 4 (2010) 142, 144.

702 EuGH, Rs. C-411/03 (Sevic), ECLI:EU:C:2005:762 = NZG 2006, 112, Rn. 19.

703 Vgl. nur *Verse* in: BeckOGK UmwG (Stand 1.1.2017), § 123 Rn. 24; *Kleba* RNotZ 2016, 273, 275; *Schmidt* ZVglRWiss 116 (2017) 313, 332; *Kraft/Redenius-Hövermann* in: MüHdb GesR, Bd. 8 (Umwandlungsrecht), 5. Aufl. 2018, § 30 Rn. 13 f.

704 *Paefgen* in: Westermann/Wertenbruch (Hrsg.), HdB Personengesellschaften, 70. Lieferung 2018, § 60 Rn. 4202.

705 *Drygala/von Bressensdorf* NZG 2016, 1161, 1168; *Kleba* RNotZ 2016, 273, 275 f.; *Paefgen* in: Westermann/Wertenbruch (Hrsg.), HdB Personengesellschaften, 70. Lieferung 2018, § 60 Rn. 4202; *ders.* GmbHR 204, 463, 468; *Prüm*, Die grenzüberschreitende Spaltung, 2006, S. 156.

706 *Drygala/von Bressensdorf* NZG 2016, 1161, 1165; vgl. auch *Drygala* in: Lutter (Hrsg.), UmwG, 5. Aufl. 2014, § 1 Rn. 7; *Kalss/Klampfl*, Europäisches Gesellschaftsrecht, 2015, Rn. 136; *Kuntz* IStR 2006, 224, 225 f.; so bereits *Behrens* JBl. 2001, 341, 354.

Hinblick auf die bestehende EuGH-Rechtsprechung zudem ohne Bedeutung, ob es sich um eine „Herausspaltung" aus einem Mitgliedstaat oder um eine „Hereinspaltung" handelt. Bei einer jeweiligen **Spaltung zur Neugründung** einer Gesellschaft in einem anderen Mitgliedstaat lässt sich die Zulässigkeit bereits aus Art. 49 II AEUV herleiten. Zu beachten ist hierbei jedoch, dass der entsprechende Zuzugsstaat des Hereinformwechsels in diesem Fall grundsätzlich unbenommen die Anwendung seiner Gründungsvorschriften verlangen kann. Insofern ist eine Hereinspaltung zur Neugründung mit einem grenzüberschreitenden Formwechsel nach der Vale-Entscheidung vergleichbar und unterliegt diesbezüglich den gleichen Wertungen.[707] Spiegelbildlich sind bei einer Herausspaltung zur Neugründung vor allem die Aussagen der Polbud-Entscheidung (Rn. 46 ff.) heranzuziehen und dem Vorgang zugrunde zu legen.

162 Wie sich insbesondere aus der Vale-Entscheidung (Rn. 81 ff.) und dem Gebot der niederlassungsrechtlichen Inländergleichbehandlung (s. Rn. 25 f.) ableiten lässt, gewährleistet die Niederlassungsfreiheit jedoch nur dann die Zulässigkeit einer grenzüberschreitenden Spaltung, wenn das **Konzept** der umwandlungsrechtlichen Spaltung mit einer partiellen Gesamtrechtsnachfolge als solche in dem betreffenden Mitgliedstaaten **bekannt ist.**[708] Eine Schlechterstellung eines grenzüberschreitenden Vorgangs kann insofern überhaupt nur dann in Betracht kommen, wenn das nationale Recht eine innerstaatliche Spaltung bzw. die jeweils in Rede stehende Spaltungsvariante kennt und von der entsprechenden Gesellschaftsform zulässt. Die Regelungen in der Kodifizierungs-Richtlinie über innerstaatliche Spaltungen können hierbei keine Abhilfe schaffen, da diese die Mitgliedstaaten nicht verpflichtet, das Konzept einer Spaltung überhaupt einzuführen (s. dazu § 23 Rn. 6). Auch im grenzüberschreitenden Kontext ergibt sich die **Spaltungsfähigkeit** eines Rechtsträgers daher nach nationalem Recht.[709]

163 Obgleich sich die Zulässigkeit einer grenzüberschreitenden Spaltung derzeit allein aus dem Primärrecht (insbes. der Niederlassungsfreiheit) ergibt, ist auf europäischer Ebene seit einiger Zeit eine spürbare Tendenz zu erkennen, neben einer grenzüberschreitenden Verschmelzung vor allem grenzüberschreitende Spaltungen sekundärrechtlich im Rahmen der neuen Kodifizierungs-Richtlinie gemeinsam mit den bestehenden Vorgaben für (internationale) Umwandlungen in Form einer Richtlinie **zu regeln.**[710] Derzeit bestehen allerdings noch keine verfahrensrechtlichen Regelungen auf unionaler Ebene.[711] Basierend auf dem Aktionsplan zum Gesellschaftsrecht aus dem Jahr 2012 wurden in den letzten Jahren mehrere, insbesondere vom Europäischen Parlament veranlasste **Studien** durchgeführt, die sich auch mit dem Bedürfnis sekundärrechtlicher Vorgaben für eine grenzüberschreitende Spaltung befassen.[712] Zudem führte die Europäische Kommission im Frühjahr 2017 eine öffentliche Konsultation durch, in der maßgeblich auf die Erforderlichkeit europaweit harmonierter Regelungen für grenzüberschreitende Spaltungen und deren Ausgestaltung eingegangen wurde. Ein baldiges Tätigwerden seitens der Europäischen Kommission in Form eines Richtlinienvorschlags für die Durchführung einer grenzüberschreitenden Spaltung ist derzeit daher **wahrscheinlich**. Zuletzt hat auch das Europäische Parlament in einer Entschließung vom Juni 2017 das Bedürfnis nach europäischen Harmonisierungsbestimmungen herausgestellt.[713] Eine Regulierung grenzüberschreitender Spaltungen würde dabei im Rahmen einer entsprechenden Erweiterung der neuen Kodifizierungs-Richtlinie (s. dazu § 19) vollzogen werden (müssen). In diesem Zusammenhang ist es auch überwiegend wahrscheinlich, dass man sich bei einem entsprechenden Harmonisierungsvorhaben auf Kapitalgesellschaften beschränken wird. **Personengesellschaften** daher weiterhin zumindest die Zulässigkeit einer Beteiligung an grenzüberschreitenden Spaltungen allein aus der Niederlassungsfreiheit herleiten werden müssen.

b) Deutsches Recht

164 Dem deutschen Recht bzw. der nationalen Rechtsprechung lassen sich bislang **keine** eindeutigen Aussagen zur Ermöglichung einer grenzüberschreitenden Spaltung unter Beteiligung eines deutschen Rechtsträgers entneh-

---

707 Vgl. auch *Stiegler*, Grenzüberschreitende Sitzverlegungen nach deutschem und europäischem Recht, 2017, S. 447.

708 *Prinz/Hütig* in: Beck'sches Handbuch GmbH, 5. Aufl. 2014, § 19 Rn. 77; *Veith* in: Beck'sches Handbuch Umwandlungen international, 2013, 3. Teil Rn. 29; *Prüm*, Die grenzüberschreitende Spaltung, 2016, S. 76.

709 *Kraft/Redenius-Hövermann* in: MüHdb GesR, Bd. 8 (Umwandlungsrecht), 5. Aufl. 2018, § 30 Rn. 15.

710 Vgl. nur *Drygala/von Bressensdorf* NZG 2016, 1161, 1168; s. auch Report of the Reflection Group on the Future of Company Law, 2011, S. 76.

711 Dies jedoch ua seit längerem fordernd *Lutter/Bayer/Schmidt*, Europäisches Unternehmens- und Kapitalmarktrecht, 2017, Rn. 21.11; *Bayer/Schmidt* ZHR 171 (2009), 735, 771.

712 Siehe *Schmidt*, Study on Cross-border mergers and divisions, transfers of seat: Is there a need to legislate?, 2016; *Reynolds/Scherrer*, Ex-post analysis of the EU framework in the area of cross-border mergers and divisions, 2016; damit zusammenhängend auch *Europäisches Parlament*, Entwurf eines Berichts über die Durchführung grenzüberschreitender Unternehmensverschmelzungen und -spaltungen, 15.12.2016, 2016/2065(INI); wohl zweifelnd an einem entsprechenden Bedürfnis *Kalss/Klampfl*, Europäisches Gesellschaftsrecht, Rn. 73.

713 *Europäisches Parlament*, Entschließung des Europäischen Parlaments vom 13. Juni 2017 zur Durchführung grenzüberschreitender Unternehmensverschmelzungen und -spaltungen (2016/2065(INI)), P8_TA-PROV(2017)0248.

men. Auch auf kollisionsrechtlicher Ebene fehlen bislang unmittelbar einschlägige Bestimmungen.[714] Insbesondere fehlt eine wie im Referentenentwurf für ein Gesetz zum Internationalen Privatrecht von Gesellschaften, Vereinen und juristischen Personen von 2008[715] vorgesehene Regelung zum Kollisionsrecht für transnationale Umwandlungen weiterhin. Zudem wird in diesem Zusammenhang die Regelung des **§ 1 I UmwG** („Sitz im Inland") nach mittlerweile nahezu einhelliger Auffassung nicht als eine Kollisionsnorm, sondern vielmehr als „selbstbeschränkte Sachnorm" des deutschen Umwandlungsrechts verstanden.[716]

Dies ändert jedoch im Grundsatz nichts an den sich aus der Niederlassungsfreiheit herleitenden Vorgaben des europäischen Rechts. Aufgrund der primärrechtlichen Zulässigkeit einer grenzüberschreitenden Spaltung (s. Rn. 160) darf das deutsche Recht bzw. die nationale Rechtsprechung eine grenzüberschreitende Spaltung daher **nicht vorbehaltlos verbieten** bzw. nur dann im Vergleich zu einer entsprechenden innerstaatlichen Spaltung faktisch benachteiligen, wenn dies durch verhältnismäßig angewandte zwingende Allgemeininteressen gerechtfertigt ist (allg. zur Rechtfertigungsmöglichkeit s. Rn. 28 ff.).[717] Insofern kann auch § 1 I UmwG mit dem inländischen (Satzungs-) Sitzerfordernis der Zulässigkeit einer grenzüberschreitenden Spaltung nicht entgegenstehen und ist **europarechtskonform auszulegen.**[718] Dies lässt sich bereits unmittelbar aus der Sevic-Entscheidung entnehmen, wo im Hinblick auf eine grenzüberschreitende Verschmelzung ebenfalls die – seit dem nicht geänderte – Beschränkung des § 1 I UmwG in Rede stand. Unter der Prämisse, dass das deutsche Recht die Beteiligung der betreffenden Gesellschaft an einer innerstaatlichen Spaltung als übertragenden bzw. aufnehmenden/entstehenden Rechtsträger gestattet, darf das deutsche Recht eine grenzüberschreitende Spaltung – sowohl eine Herausspaltung als auch Hereinspaltung – nicht per se untersagen. Vor allem die Einzelheiten hinsichtlich des auf einen solchen Vorgang anzuwenden Rechts sind bislang jedoch unklar, so dass aus praktischer Sicht eine (vorläufige) Ablehnung der Eintragung der Spaltung ins Handelsregister aufgrund der Nicht- bzw. Falschbeachtung der umwandlungsrechtlichen Bestimmungen nicht ausgeschlossen werden kann. Es empfiehlt sich daher auf jeden Fall eine frühzeitige **Kommunikation** mit dem zuständigen deutschen **Registergericht.**[719] 165

Bei einer grenzüberschreitenden Spaltung aus oder in einen **Drittstaat** kann die europäische Niederlassungsfreiheit jedoch keine Abhilfe für die materiellrechtliche Beschränkung des deutschen Umwandlungsgesetzes schaffen. Die Voraussetzung des § 1 I UmwG, dass alle an der Umwandlung beteiligten Rechtsträger ihren (Satzungs-) Sitz[720] im Inland, dh in Deutschland haben müssen, erlangt umfassende Geltung.[721] Aus gesellschaftsrechtlicher Sicht ist folglich eine grenzüberschreitende Spaltung mit den umwandlungsrechtlichen Sukzessionsvorteilen grundsätzlich **nicht möglich.** Aus praktischer Sicht müsste man sich daher mit einer Einzelrechtsübertragung ausgewählter Assets begnügen, was im grenzüberschreitenden Kontext jedoch ggf. auch steuerrechtlich im Vergleich zu einer Gesamtrechtsnachfolge nachteilig sein kann.[722] 166

2. Durchführung einer grenzüberschreitenden Spaltung

Um eine grenzüberschreitende Spaltung rechtssicher in der Praxis durchführen zu können, bedarf es neben deren grundsätzlichen Legitimation durch die Niederlassungsfreiheit auch entsprechend anwendbarer Verfahrens- 167

---

714 *Leible* in: Michalski ua (Hrsg.), GmbHG, 2017, Syst. Darst. 2, Rn. 225; *Kindler* in: MüKo BGB, 2015, IntGesR, Rn. 791; *Spahlinger/Wegen* NZG 2006, 721.

715 Referentenentwurf für ein Gesetz zum Internationalen Privatrecht von Gesellschaften, Vereinen und juristischen Personen v. 7.1.2008.

716 *Drinhausen* in: Semler/Stengel (Hrsg.), UmwG, 4. Aufl. 2017, Einl. C, Rn. 5; *Dorr/Stukenborg* DB 2003, 647, 648; *Kindler* in: MüKo BGB, 2015, IntGesR, Rn. 791; *Leible* in: Michalski ua (Hrsg.), GmbHG, 2017, Syst. Darst. 2, Rn. 225; *Spahlinger/Wegen* NZG 2006, 721; *Decker* in: Henssler/Strohn (Hrsg.), Gesellschaftsrecht, 3. Aufl. 2016, § 1 UmwG Rn. 10. *Siems* EuZW 2006, 135, 137.

717 *Sagasser* in: Sagasser/Bula/Brünger (Hrsg.), Umwandlungen, 5. Aufl. 2017, § 18 Rn. 201; *Kleba* RNotZ 2016, 273, 276.

718 *Bayer/Schmidt* ZHR 173 (2009) 735, 769; *Lutter/Bayer/Schmidt*, Europäisches Unternehmens- und Kapitalmarktrecht, 2017, Rn. 7.107; *Drinhausen* in: Semler/Stengel (Hrsg.), UmwG, 4. Aufl. 2017, Einl. C Rn. 38; *Kleba* RNotZ 2016, 273, 276; *Kraft/Redenius-Hövermann* in: MüHdb GesR, Bd. 8 (Umwandlungsrecht), 5. Aufl. 2018, § 30 Rn. 7 f.; aA *Kindler* in: MüKo BGB, 2015, IntGesR, Rn. 860 ff.

719 So auch *Kleba* RNotZ 2016, 273, 277.

720 Zumindest bei Kapitalgesellschaften handelt es sich insofern um den Satzungssitz; Rechtsträgerübergreifend jedoch generell um den materiell-rechtlich an das Gesellschaftsstatut anzuknüpfenden Sitz; bei Personengesellschaften daher – derzeit noch – um den Verwaltungssitz, vgl. auch *Prüm*, Die grenzüberschreitende Spaltung, 2006, S. 30.

721 *Hoffmann* in: MüHdB GesR, IntGesR, 4. Aufl. 2013, § 56 Rn. 35 f.; positiver hingegen *Kallmeyer* ZIP 1996, 535.

722 Zur steuerrechtlichen Gestaltung einer grenzüberschreitenden Spaltung vgl. *Prinz/Hütig* in: Beck'sches Handbuch GmbH, 5. Aufl. 2014, § 19 Rn. 81 ff.; *Schimmele* in: Beck'sches Handbuch Umwandlungen international, 2013, 3. Teil Rn. 122 ff.; *Ottenwälder*, Grenzüberschreitende Spaltungen von Kapitalgesellschaften, 2014, S. 43 ff.; *Herzig/Förster* BB 1992, 1251 ff.

regelungen, um der durch den EuGH vorgegebenen Zulässigkeit auch tatsächlich Wirkung zu verleihen.[723] Diese sind dabei mangels sekundärrechtlicher Regelungen im nationalen Recht der Mitgliedstaaten zu suchen.[724] Im deutschen Recht bestehen bislang keine expliziten Durchführungsbestimmungen für eine grenzüberschreitende Spaltung mit Beteiligung eines deutschen Rechtsträgers. Wie dargestellt (s. Rn. 132), beschränkt dies jedoch grundsätzlich nicht die Zulässigkeit einer entsprechenden Strukturmaßnahme – zumindest innerhalb der EU bzw. des EWR. Aus der bisherigen EuGH-Rechtsprechung sowie im Hinblick auf die Regelungen in der Kodifizierungs-Richtlinie über grenzüberschreitende Verschmelzungen lässt sich jedoch weitgehend nur entnehmen, dass es bei grenzüberschreitenden Umwandlungen der Beteiligung mehrerer Rechtsordnungen und deren nationalen Umwandlungsvorschriften bzw. der **„sukzessiven Anwendung der nationalen Rechtsordnungen"**[725] bedarf. Eine stückweise – mittelbare – Harmonisierung und damit Vereinfachung können in diesem Zusammenhang allenfalls die (überschießend) in nationales Recht umgesetzten Vorgaben der damaligen Spaltungsrichtlinie bieten.[726] Dennoch ist die praktische Durchführung einer grenzüberschreitenden Spaltung derzeit noch mit zahlreichen ungeklärten Fragen behaftet und damit nicht unerheblich von **Rechtsunsicherheit** geprägt.[727] Oftmals wird daher in der Praxis derzeit das Modell einer innerstaatlichen Abspaltung mit anschließender grenzüberschreitender Verschmelzung des übernehmenden bzw. neuen Rechtsträgers bevorzugt.[728]

a) Ermittlung der anwendbaren Rechtsordnung

168 In einem ersten Schritt ist das **kollisionsrechtlich** zur Anwendung gelangende materielle Recht bei einer grenzüberschreitenden Spaltung zu ermitteln. Wie bei anderen grenzüberschreitenden Umwandlungsvorgängen kann auch bei einer grenzüberschreitenden Spaltung grundsätzlich nicht nur auf das Sachrecht eines der an der Strukturmaßnahme beteiligten Rechtsordnungen abgestellt werden.[729] Dies gilt auch, wenn wie beispielsweise bei einer Spaltung zur Neugründung eines Rechtsträgers erst im Zuge des Umwandlungsvorgangs der grenzüberschreitende Bezug zur Rechtsordnung eines anderen Staates hergestellt wird.[730]

169 Für die kollisionsrechtliche Anknüpfung einer grenzüberschreitenden Spaltung ist die ursprünglich für grenzüberschreitende Verschmelzungen entwickelte **Vereinigungstheorie** (bzw. Kombinationslehre)[731] maßgebend.[732] Hiernach sind die Rechtsordnungen aller an der Umwandlung (bestehenden und ggf. zukünftig) beteiligten Rechtsträger in die Beurteilung des Umwandlungsvorgangs einzubeziehen.[733] Nach der kollisionsrechtlichen Vereinigungstheorie sind für jeden an der Umwandlung beteiligten Rechtsträger die nach seinem Gesellschaftsstatut maßgeblichen Vorschriften heranzuziehen.[734] Soweit hinsichtlich des konkreten Verfahrensabschnittes eine Mitwirkung aller beteiligten Rechtsträger erforderlich ist oder die Umwandlung alle beteiligten Rechtsträ-

723 *Schön* ZGR 2013, 333, 339; *Mörsdorf/Jopen* ZIP 2012, 1398, 1401; *W.-H. Roth* in: FS Hoffmann-Becking, 2013, 965, 979.

724 Vgl. EuGH, Rs. C-378/10 (Vale), ECLI:EU:C:2012:440 = NJW 2012, 2715, Rn. 43, 49.

725 EuGH, Rs. C-378/10 (Vale), ECLI:EU:C:2012:440 = NJW 2012, 2715, Rn. 37, 44.

726 In diesem Sinne *Hoffmann* in: MüHdB GesR, IntGesR, 4. Aufl. 2013, § 56 Rn. 25.

727 *Bayer/Schmidt* ZHR 173 (2009) 735, 768; *Lutter/Bayer/Schmidt*, Europäisches Unternehmens- und Kapitalmarktrecht, 2017, Rn. 7.105; *Verse* in: BeckOGK UmwG (Stand: 1.1.2017), § 123 Rn. 27.4; *Sagasser* in: Sagasser/Bula/Brünger (Hrsg.), Umwandlungen, 5. Aufl. 2017, § 18 Rn. 203; speziell zu Haftungsfragen auch *Bakos-Kovács* in: Attila/Belling/János/Péter (Hrsg.), Internationale Konferenz zum zehnjährigen Bestehen des Instituts für Rechtsvergleichung der Universität Szeged, 2014, S. 51, 67 f.

728 *Kleba* RNotZ 2016, 273, 274; *Marsch-Barner* in: FS Haarmann, 2015, S. 118, 141 *Veith* in: Beck'sches Handbuch Umwandlungen international, 2013, 3. Teil Rn. 25; *Kalss/Klampfl*, Europäisches Gesellschaftsrecht, 2015, Rn. 73.

729 *Drygala* in: Lutter (Hrsg.), UmwG, 5. Aufl. 2014, § 1 Rn. 44; *Paefgen* IPRax 2004, 132 f.

730 *Stiegler*, Grenzüberschreitende Sitzverlegungen nach deutschem und europäischem Recht, 2017, S. 250.

731 Vgl. zum Begriff *Zimmer*, Internationales Gesellschaftsrecht, 1996, S. 232 ff.; *Hoffmann* in: MüHdB GesR, IntGesR, 4. Aufl. 2013, § 56 Rn. 11; *Kraft/Redenius-Hövermann* in: MüHdb GesR, Bd. 8 (Umwandlungsrecht), 5. Aufl. 2018, § 30 Rn. 22.

732 *Kindler* in: MüKo BGB, 2015, IntGesR, Rn. 856, 874; *Hoffmann* in: MüHdB GesR, IntGesR, 4. Aufl. 2013, § 56 Rn. 11; *Bayer/Schmidt* ZHR 173 (2009) 735, 769; *Lutter/Bayer/Schmidt*, Europäisches Unternehmens- und Kapitalmarktrecht, 2017, Rn. 7.107; *Bungert/Schneider* in: GS Gruson, 2009, S. 37 f.; *Drinhausen* in: Semler/Stengel (Hrsg.), UmwG, 4. Aufl. 2017, Einl. C Rn. 16; *Drinhausen/Keinath* in: BeckOGK UmwG (Stand 1.1.2017), § 1 Rn. 46; *Paefgen* GmbHR 2004, 463; *Spahlinger/Wegen* NZG 2006, 721; *Leible* in: Michalski ua (Hrsg.), GmbHG, 2017, Syst. Darst. 2, Rn. 223; *Kallmeyer/Kappes* AG 2006, 224, 230; *G. Roth* GesRZ 1995, 1 ff.; *Eckert* ecolex 2002, 97 ff.; *Wöhlert*, Gestaltungsfreiheit und Gläubigerschutz bei Spaltungen, 2010, S. 48; zur im Grundsatz ähnlich gelagerten „Konkordanzlehre" *Prüm*, Die grenzüberschreitende Spaltung, 2006, S. 74 ff.

733 Vgl. zur grenzüberschreitenden Verschmelzung *Leible* in: Michalski ua (Hrsg.), GmbHG, 2017, Syst. Darst. 2, Rn. 225; *Kindler* in: MüKo BGB, 2015, IntGesR, Rn. 874, 882; *Spahlinger/Wegen* NZG 2006, 721, 722; *Drinhausen* in: Semler/Stengel (Hrsg.), UmwG, 4. Aufl. 2017, Einl. C, Rn. 16.

734 *Leible* in: Michalski ua (Hrsg.), GmbHG, 2017, Syst. Darst. 2, Rn. 225; *Kindler* in: MüKo BGB, 2015, IntGesR, Rn. 874, 882; *Spahlinger/Wegen* NZG 2006, 721, 722; *Drinhausen* in: Semler/Stengel (Hrsg.), UmwG, 4. Aufl. 2017, Einl. C, Rn. 16; *Limmer* ZNotP 2007, 242, 247.

ger betrifft, sind die jeweiligen Rechtsordnungen **kumulativ anzuwenden.**[735] Kommt es dabei zu Abweichungen, setzt sich im Grundsatz die strengste Rechtsordnung durch.[736] Widersprüche zwischen den einzelnen nationalen Regelungen sind dabei durch das kollisionsrechtliche Institut der Anpassung zu lösen, dh durch die Formulierung neuer, auf den jeweiligen internationalen Sachverhalt zugeschnittener materiellrechtlicher Normen.[737] Bei der Vornahme einer eventuellen **Anpassung** ist jedoch mit Blick auf die europäische Niederlassungsfreiheit stets darauf zu achten, dass die dadurch entstehenden Resultate für die beteiligten Rechtsträger zumutbar und erfüllbar bleiben.[738]

b) Materiell anwendbares Recht

Nachdem kollisionsrechtlich das auf den Spaltungsvorgang anwendbare materielle Recht eines Mitgliedstaates ermittelt wurde, stellt sich die Frage welche konkreten **Normen des deutschen Umwandlungsrechts** auf eine grenzüberschreitende Spaltung zur Anwendung kommen. Explizite Normen für eine grenzüberschreitende Spaltung enthält das UmwG dabei nicht, weshalb nur eine **analoge** Anwendung einzelner Bestimmungen des UmwG in Betracht kommt.[739] Aufgrund der dargestellten, im Grundsatz bestehenden Ermöglichungspflicht einer grenzüberschreitenden EU-Spaltung (s. Rn. 160 f.) darf auch das Analogieverbot des § 1 II UmwG dem nicht entgegenstehen.[740] Obgleich der im Zuge der damaligen Umsetzung der IntVersch-RL vom Gesetzgeber bewusst ausgelassenen Öffnung des UmwG auch für andere grenzüberschreitende Umwandlungsarten[741] liegt im Fall einer grenzüberschreitenden Spaltung eine **planwidrige Regelungslücke** vor.[742] Dies folgt daraus, dass die ergangene EuGH-Rechtsprechung mittlerweile die Zulässigkeit einer grenzüberschreitenden Spaltung impliziert und das deutsche Recht aufgrund der Verleihung praktischer Wirksamkeit bestehenden Primärrechts sowie der grundsätzlichen Gleichbehandlungsprämisse zu einer innerstaatlichen Spaltung die sukzessionsrechtlichen Vorteile des UmwG auch rechtsmethodisch insofern zu gewährleisten hat. 170

Offen und bislang nicht abschließend geklärt ist jedoch, welche materiellen Vorschriften des deutschen UmwG genau in analoger Anwendung zur Anwendung kommen. Es empfiehlt sich daher beim jetzigen Stand auf jeden Fall eine intensive **Absprache** mit dem für die Strukturmaßnahme zuständigen Registergericht, die im Hinblick auf den geplanten Ablauf des Umwandlungsverfahrens zwingend bereits an einer frühen Stelle der Vorbereitungen für die grenzüberschreitende Spaltung stehen sollte. Bei der Ermittlung des materiellen Umwandlungsrechts kommen prinzipiell zwei Regelungskomplexe in Betracht, die in analoger Anwendung herangezogen werden könnten. Zum einen liegt aufgrund der Umwandlungsform der Spaltung die entsprechende Anwendung der (einzelnen) Vorschriften der **§§ 123 ff. UmwG** nahe; zum anderen ist im Hinblick auf den grenzüberschreitenden Charakter der Umwandlungsmaßnahme eine analoge Anwendung der **§§ 122a ff. UmwG** für grenzüberschreitende Verschmelzungen denkbar.[743] Dem steht auch § 125 S. 1 UmwG nicht entgegen, der zwar die §§ 122a ff. UmwG explizit als für eine Spaltung anzuwenden Vorschriften ausnimmt, jedoch – ebenso wie § 1 I 171

735 *Kindler* in: MüKo BGB, 2015, IntGesR, Rn. 882; *Drinhausen* in: Semler/Stengel (Hrsg.), UmwG, 4. Aufl. 2017, Einl. C, Rn. 16; *Spahlinger/Wegen* NZG 2006, 721, 722; *dies.*, Internationales Gesellschaftsrecht, 2005, Rn. 506; *Limmer*, Handbuch Unternehmensumwandlungen, 5. Aufl. 2016, Teil 6 Rn. 27.

736 *Drinhausen* in: Semler/Stengel (Hrsg.), UmwG, 4. Aufl. 2017, Einl. C, Rn. 16; *Kindler* in: MüKo BGB, 2015, IntGesR, Rn. 874, 882; *Koppensteiner*, Internationale Unternehmen im deutschen Gesellschaftsrecht, 1971, S. 269; *Engert* in: Eidenmüller (Hrsg.) Ausländische Kapitalgesellschaften im deutschen Recht, 2004, § 4 Rn. 104; *Spahlinger/Wegen* NZG 2006, 721, 722; *Jaensch* EWS 2012, 353, 357; *Achatz/Kofler* in: Achatz ua (Hrsg.), Internationale Umgründungen, 2005, S. 25, 27; *Drygala* in: Lutter (Hrsg.), UmwG, 5. Aufl. 2014, § 1 Rn. 46.

737 *Behrens* ZGR 1994, 1, 14; *Engert* in: Eidenmüller (Hrsg.), Ausländische Kapitalgesellschaften im deutschen Recht, 2004, § 4 Rn. 111 *Drinhausen* in: Semler/Stengel (Hrsg.), UmwG, 4. Aufl. 2017, Einl. C, Rn. 16; *Leible* in: Michalski ua (Hrsg.), GmbHG, 2017, Syst. Darst. 2, Rn. 230; *Kindler* in: MüKo BGB, 2015, IntGesR, Rn. 874, 892; *Drygala* in: Lutter (Hrsg.), UmwG, 5. Aufl. 2014, § 1 Rn. 47; *Koppensteiner* DK 2006, 44.

738 *Drygala* in: Lutter (Hrsg.), UmwG, 5. Aufl. 2014, § 1 Rn. 47; vgl. auch EuGH, Rs. C-378/10 (Vale), ECLI:EU:C:2012:440 = NJW 2012, 2715.

739 *Verse* in: BeckOGK UmwG (Stand: 1.1.2017), § 123 Rn. 25.

740 *Hoffmann* in: MüHdB GesR, IntGesR, 4. Aufl. 2013, § 56 Rn. 12 f.; *Kleba* RNotZ 2016, 273, 276; *Paefgen* in: Westermann/Wertenbruch (Hrsg.), HdB Personengesellschaften, 70. Lieferung 2018, § 60 Rn. 4204; *ders.* GmbHR 2004, 463, 465; zum grenzüberschreitenden Formwechsel auch OLG Frankfurt NZG 2017, 423, 427.

741 Vgl. Begr. RegE zur Änderung des UmwG, BT-Drucks 16/2919, S. 11.

742 *Kleba* RNotZ 2016, 272, 276 f.; im Hinblick auf §§ 122a ff. UmwG wohl aA *Wöhlert*, Gestaltungsfreiheit und Gläubigerschutz bei Spaltungen, 2010, S. 40.

743 *Kleba* RNotZ 2016, 273, 276; *Verse* in: BeckOGK UmwG (Stand: 1.1.2017), § 123 Rn. 27; *Hoffmann* in: MüHdB GesR, IntGesR, 4. Aufl. 2013, § 56 Rn. 44; *ders.* in: Nomos BGB, 3. Aufl. 2016, Anh. Art. 12 EGBGB Rn. 192; *Marsch-Barner* in: Kallmeyer (Hrsg.), UmwG, 6. Aufl. 2017, Vor §§ 122a-122l Rn. 12; *Winter* DK 2007, 24, 31; *Drinhausen/Keinath* in: BeckOGK UmwG (Stand 1.1.2017), § 1 Rn. 46; *Kraft/Redenius-Hövermann* in: MüHdb GesR, Bd. 8 (Umwandlungsrecht), 5. Aufl. 2018, § 30 Rn. 24.

UmwG (s. Rn. 165) – insofern europarechtskonform zu interpretieren ist und damit einer entsprechenden Anwendung nicht entgegensteht.[744]

172 Insbesondere aufgrund der bisherigen Aussagen deutscher Gerichte zum grenzüberschreitenden Formwechsel sowie der in diesem Zusammenhang vorgebrachten Gleichbehandlung zum entsprechenden inländischen Pendant[745] ist aus praktischer Sicht jedoch eine primäre Anwendung der **§§ 123 ff. UmwG analog** auf eine grenzüberschreitende Spaltung vorzugswürdig.[746] Bei Aspekten, die einen konkreten Bezug zum grenzüberschreitenden Charakter der Umwandlungsmaßnahme aufweisen, ist jedoch ergänzend eine analoge Anwendung einer der Einzelnormen der §§ 122a ff. UmwG angebracht.[747] Nur so ist es möglich, der grenzüberschreitenden Besonderheit und insbesondere der Beteiligung mehrerer Registerbehörden an dem Spaltungsvorgang hinreichend gerecht zu werden. Auch die Niederlassungsfreiheit steht einer insofern ggf. abweichenden Behandlung einer grenzüberschreitenden Spaltung im Vergleich zu einer innerstaatlichen Spaltung grundsätzlich nicht entgegen. Zum einen lassen es die Aussagen der bestehenden EuGH-Rechtsprechung bislang offen, welche konkreten Vorschriften des nationalen Rechts anzuwenden sind, zum anderen bedarf es zur Durchführung einer grenzüberschreitenden Umwandlung zwingend einer **Koordination der mitgliedstaatlichen Register**, was bei einem rein innerstaatlichen Sachverhalt naturgemäß nicht der Fall ist. Zudem besteht insbesondere für Arbeitnehmer und Gläubiger bei einer grenzüberschreitenden Spaltung zumindest eine potenziell höhere Gefahrenlage, so dass sich eine Beschränkung der Niederlassungsfreiheit tendenziell eher rechtfertigen lassen würde.[748]

173 Grundlage einer grenzüberschreitenden Spaltung ist wie bei ihrem innerstaatlichen Pendant die Erstellung eines **Spaltungsvertrags** bzw. **Spaltungsplans.**[749] Aus deutscher Wegzugsperspektive beurteilt sich dessen Inhalt zunächst nach § 126 I UmwG analog.[750] Um dem grenzüberschreitenden Charakter der Umwandlungsmaßnahme gerecht zu werden, sollte der Spaltungsvertrag bzw. -plan darüber hinaus zumindest bei einer Ab- oder Aufspaltung gem. § 122c II Nr. 9 UmwG analog auch die Satzung der übernehmenden bzw. neu zu gründenden Gesellschaft ausländischen Rechts enthalten. Zweckbezogen dient die Beifügung der Satzung der Information vor allem der Anteilseigner,[751] die im Zuge der Spaltung ebenfalls (partiell) Gesellschafter des ausländischen Rechtsträgers werden und somit durch die Satzung hinreichend die Organisationsstruktur „ihrer" neuen Gesellschaft in ihre Entscheidung über die grenzüberschreitende Spaltung berücksichtigen können sollen. Etwas problematisch ist in diesem Zusammenhang jedoch die **Sprache der Satzung.** Da es sich um den Organisationsakt eines ausländischen Rechtsträgers handelt, wird das Recht dieses Mitgliedstaates idR nur eine Satzung in der dortigen Landessprache oder ggf. nicht in englischer Sprache zulassen. Da jedoch die – im Zweifel deutschen – Gesellschafter des deutschen Rechtsträgers diese auch inhaltlich verstehen und nachvollziehen können sollten, empfiehlt sich insofern eine von vornherein zweisprachige Abfassung der dem Spaltungsvertrag bzw. -plan als Anlage beigefügten Satzung des ausländischen übernehmenden bzw. neuen Rechtsträgers. Ergänzend zur zusätzlichen Beifügung der Satzung ist im Hinblick auf **§ 122c II Nr. 10 UmwG** weiterhin ratsam, in den Spaltungsvertrag bzw. -plan auch einen expliziten Punkt über ein etwaiges Arbeitnehmerbeteiligungsverfahren im übernehmen bzw. neuen Rechtsträger aufzuführen.[752] Sofern keine Arbeitnehmer vorhanden sind, reicht insofern auch eine entsprechende Negativerklärung aus. Zwar kann man ein etwaiges Arbeitnehmerbeteiligungsverfahren durchaus auch als von der inhaltlichen Ausgestaltung des § 126 I Nr. 11 UmwG analog („Folgen der Spaltung für die Arbeitnehmer und ihre Vertretungen sowie die insoweit vorgesehenen Maßnahmen") umfasst sehen, um Missverständnisse gegenüber dem Registergericht zu vermeiden empfiehlt sich jedoch ein eindeutiger Regelungspunkt innerhalb des Spaltungsvertrags bzw. -plans. Da zumindest bei einer grenzüberschreitenden Spaltung zur Aufnahme der Spaltungsvertrag von allen beteiligten Rechtsträgern abzuschließen und in gleicher

---

744 Im Ergebnis auch *Bayer/Schmidt* ZHR 173 (2009) 735, 769; *Lutter/Bayer/Schmidt*, Europäisches Unternehmens- und Kapitalmarktrecht, 2017, Rn. 7.107.

745 Vgl. OLG Nürnberg NZG 2014, 349, 350; OLG Frankfurt NZG 2017, 423, 427.

746 *Bayer/Schmidt* ZHR 173 (2009) 735, 769; *Lutter/Bayer/Schmidt*, Europäisches Unternehmens- und Kapitalmarktrecht, 2017, Rn. 7.107; *Veith* in: Beck'sches Handbuch Umwandlungen international, 2013, 3. Teil Rn. 24.

747 Für eine primäre Anwendung der §§ 122a ff. UmwG analog hingegen *Kleba* RNotZ 2016, 273, 277; *Verse* in: BeckOGK UmwG (Stand: 1.1.2017), § 123 Rn. 27; *Marsch-Barner* in: Kallmeyer (Hrsg.), UmwG, 6. Aufl. 2017, Vor §§ 122a-122l Rn. 12; *Hörtnagl* in: Schmitt/Hörtnagl/Stratz (Hrsg.), UmwG, 7. Aufl. 2016, § 1 Rn. 60.

748 Allgemein *Engert* in: Langenbucher (Hrsg.), Europäisches Privat- und Wirtschaftsrecht, 4. Aufl. 2017, § 5 Rn. 13; zum grenzüberschreitenden Formwechsel *Stiegler*, Grenzüberschreitende Sitzverlegungen nach deutschem und europäischem Recht, 2017, S. 272.

749 *Verse* in: BeckOGK UmwG (Stand: 1.1.2017), § 123 Rn. 27.1.

750 *Veith* in: Beck'sches Handbuch Umwandlungen international, 2013, 3. Teil Rn. 37 f.; *Hoffmann* in: MüHdB GesR, IntGesR, 4. Aufl. 2013, § 56 Rn. 40; *Kraft/Redenius-Hövermann* in: MüHdb GesR, Bd. 8 (Umwandlungsrecht), 5. Aufl. 2018, § 30 Rn. 30; lediglich für eine Ergänzung um den Inhalt des § 126 I UmwG neben der Anwendung des § 122c II UmwG *Kleba* RNotZ 2016, 273, 278; *Verse* in: BeckOGK UmwG (Stand: 1.1.2017), § 123 Rn. 27.2.

751 Zur grenzüberschreitenden Verschmelzung vgl. nur *Bayer* in: Lutter (Hrsg.), UmwG, 5. Aufl. 2014, § 122c Rn. 24; *Drinhausen* in: Semler/Stengel (Hrsg.), UmwG, 4. Aufl. 2017, § 122c Rn. 30.

752 Für eine analoge Anwendung *Kraft/Redenius-Hövermann* in: MüHdb GesR, Bd. 8 (Umwandlungsrecht), 5. Aufl. 2018, § 30 Rn. 48.

Form den Anteilseigner aller beteiligten Rechtsträgern **zur Abstimmung vorzulegen** ist (s. Rn. 175), ergibt sich der Mindestinhalt des Dokuments im Sinne der Vereinigungstheorie sowohl aus dem deutschen als auch dem einschlägigen ausländischen Recht.[753] Zudem wird insofern ggf. auch eine zweisprachige Abfassung des Spaltungsvertrags notwendig.[754]

Weiteres Element des Verfahrens einer grenzüberschreitenden Spaltung aus Deutschland ist die Erstellung eines **Spaltungsberichts.** Dessen Ausgestaltung beurteilt sich zunächst nach § 127 S. 1 UmwG analog.[755] Um dem grenzüberschreitenden Charakter der Strukturmaßnahme gerecht zu werden, ist er jedoch im Hinblick auf § 122e S. 1 UmwG um die Auswirkungen der Umwandlung auf die **Gläubiger** und **Arbeitnehmer** der beteiligten Gesellschaft[756] zu erweitern und sodann auch einem etwaigen Betriebsrat bzw. den Arbeitnehmern zuzuleiten (§ 122e S. 2 UmwG analog).[757] Dies ist auch mit dem in der Vale-Entscheidung statuierten Äquivalenzgrundsatz zu vereinbaren, da ein entsprechender Arbeitnehmerschutz einer Rechtsfertigungsprüfung wohl standhalten würde. Problematisch und in der Praxis von besonderer Bedeutung ist eine etwaige **Verzichtsmöglichkeit** auf den Spaltungsbericht. Nach § 127 S. 2 UmwG, der auch auf § 8 III UmwG verweist, ist ein Verzicht auf den Bericht zulässig, wenn alle Gesellschafter aller beteiligten Rechtsträger hierauf verzichten.[758] Nach § 122e S. 3 UmwG ist diese Möglichkeit jedoch explizit ausgeschlossen. Vermittelnd sprechen im Ergebnis die besten Gründe jedoch dafür, dass ein Verzicht auf den Spaltungsbericht – nur, aber auch zulässiger Weise – dann möglich ist, wenn alle Gesellschafter aller an der Spaltung beteiligten Rechtsträger wirksam (dh es bedarf gem. § 8 III 2 analog notariell beurkundeter Verzichtserklärungen) auf die Erstellung verzichtet haben und die Gesellschaft(en) entweder keine Arbeitnehmer besitzen oder alle Arbeitnehmer ebenfalls ihren Verzicht erklären.[759] Eine notarielle Verzichtserklärung auch der Arbeitnehmer ist in diesem Fall jedoch nicht erforderlich und würde durchaus Bedenken im Hinblick auf die Vereinbarkeit mit dem Äquivalenzprinzip hervorrufen. 174

Hinsichtlich der Prüfung des Spaltungsvertrags bzw. -plans durch einen sachverständigen Prüfer (§ 125 S. 1 iVm § 9 UmwG) sowie für Fragen der **Beschlussfassung der Anteilseigner** der dem deutschen Recht unterliegenden, an der Spaltung beteiligten Gesellschaft (insbes. § 125 S. 1 iVm § 13 UmwG) kommt das Recht für die innerstaatliche Spaltung analog zur Anwendung. Eines Rückgriffs auf die Regelungen der §§ 122a ff. UmwG bedarf es grundsätzlich nicht.[760] Abweichend hiervon können die Anteilseigner jedoch auch bei einer grenzüberschreitenden Spaltung gem. **§ 122g I UmwG** analog die „Art und Weise der Mitbestimmung der Arbeitnehmer in der übernehmenden oder neuen Gesellschaft" von ihrer Bestätigung abhängig machen.[761] Zweck dieses Zustimmungsvorbehalts bezüglich der Arbeitnehmermitbestimmung ist eine diesbezüglich verbesserte Entscheidungsgrundlage der über die Spaltung beschließenden Gesellschafter.[762] Insofern besteht bei Durchführung eines Arbeitnehmerbeteiligungsverfahrens im Rahmen einer grenzüberschreitenden Spaltung die grundsätzlich gleiche Interessenlage wie bei einer grenzüberschreitenden Verschmelzung. 175

Vor allem im Hinblick auf die Eintragung der grenzüberschreitenden Spaltung und auf das **Registerverfahren** wird der grenzüberschreitende Charakter der Strukturmaßnahme offensichtlich. Bei Umwandlungen mit Beteiligung mehrerer Rechtsordnungen bedarf es des Zusammenwirkens vor allem der Registergerichte der verschiedenen Mitgliedstaaten. Diese Problematik besteht bei rein innerstaatlichen Umwandlungsmaßnahmen regelmäßig nicht. Insofern können auch die entsprechenden Regelungen für die innerstaatliche Spaltung den Besonderheiten des grenzüberschreitenden Charakters der Spaltung nicht hinreichend gerecht werden. In Anlehnung an das auf der damaligen Internationalen Verschmelzungsrichtlinie (= Art. 118 ff. Kodifizierungs-RL) basierende Konzept einer **zweistufigen Rechtmäßigkeitskontrolle** (s. dazu § 24 Rn. 99) sind daher – in Abhängigkeit, ob es sich um eine Herausspaltung aus Deutschland oder um eine Hereinspaltung nach Deutschland handelt – die 176

---

753 *Hoffmann* in: MüHdB GesR, 4. Aufl. 2013, IntGesR, § 56 Rn. 47; *Prüm*, Die grenzüberschreitende Spaltung, 2006, S. 82.

754 In diese Richtung auch *Kleba* RNotZ 2016, 273, 280 f.; *Veith* in: Beck'sches Handbuch Umwandlungen international, 2013, 3. Teil Rn. 41.

755 *Hoffmann* in: MüHdB GesR, IntGesR, 4. Aufl. 2013, § 56 Rn. 47; *Veith* in: Beck'sches Handbuch Umwandlungen international, 2013, 3. Teil Rn. 65.

756 Bei einer Spaltung zur Neugründung betrifft dies freilich nur den übertragenden (deutschen) Rechtsträger.

757 *Kleba* RNotZ 2016, 273, 282; *Verse* in: BeckOGK UmwG (Stand: 1.1.2017), § 123 Rn. 27.2.

758 Bei einer Spaltung zur Neugründung betrifft dies gem. § 135 I UmwG wiederum nur den übertragenden (deutschen) Rechtsträger.

759 So auch die mittlerweile hM zur grenzüberschreitenden Verschmelzung, vgl. *Bayer* in: Lutter (Hrsg.), UmwG, 5. Aufl. 2014, § 122e Rn. 13; *Drinhausen* in: Semler/Stengel (Hrsg.), UmwG, 4. Aufl. 2017, § 122e Rn. 13; *Marsch-Barner* in: Kallmeyer (Hrsg.), UmwG, 6. Aufl. 2017, § 122e Rn. 11; *Althoff* in: Böttcher/Habighorst/Schulte (Hrsg.), Umwandlungsrecht, 2016, § 122e UmwG Rn. 13; für eine teleologische Reduktion nur für den Fall, dass keine Arbeitnehmer vorhanden sind *Simon/Rubner* in: KK-UmwG, 2009, § 122e Rn. 11.

760 So wohl auch *Hoffmann* in: MüHdB GesR, IntGesR, 4. Aufl. 2013, § 56 Rn. 47.

761 *Kleba* RNotZ 2016, 273, 283 f.; *Verse* in: BeckOGK UmwG (Stand: 1.1.2017), § 123 Rn. 27.2; *Kraft/Redenius-Hövermann* in: MüHdb GesR, Bd. 8 (Umwandlungsrecht), 5. Aufl. 2018, § 30 Rn. 35.

762 Vgl. nur *Bayer* in: Lutter (Hrsg.), UmwG, 5. Aufl. 2014, § 122g Rn. 2; *Lutter/Bayer/Schmidt*, Europäisches Unternehmens- und Kapitalmarktrecht, 2017, Rn. 22.93.

§§ 122k f. UmwG analog auf eine grenzüberschreitende Spaltung anzuwenden.[763] Das bedeutet insbesondere, dass bei einer Herausspaltung aus Deutschland das für den übertragenden deutschen Rechtsträger zuständige Registergericht gem. § 122k II analog eine sog **Spaltungsbescheinigung** auszustellen hat, aus der die Einhaltung der nationalen Vorschriften für das ausländische Registergericht des/der übernehmenden bzw. neu zu gründenden Gesellschaft(en) erkennbar werden.[764] Hinsichtlich einer Hereinspaltung nach Deutschland ist hingegen § 122l UmwG analog von Bedeutung, jedoch mit dem Unterschied, dass die Eintragung noch nicht zwingend unmittelbar an das Wirksamwerden der Spaltung gekoppelt ist.[765] Vielmehr ist Voraussetzung für das Wirksamwerden der grenzüberschreitenden Spaltung, dass diese in den Registern **aller** übernehmenden bzw. zu gründenden (ausländischen) Gesellschaften eingetragen ist. Maßgebend für die Wirksamkeit ist damit die zeitlich letzte Eintragung bei den übernehmenden Rechtsträgern.[766] Dies ist insbesondere bei einer grenzüberschreitenden Aufspaltung von Bedeutung. Damit spiegelt sich letztlich der Charakter der Spaltung als „Gegenstück" zur Verschmelzung wider. Zwar sieht § 130 I 1 UmwG anders als bei einer (grenzüberschreitenden) Verschmelzung bei der innerstaatlichen Spaltung vor, dass die Spaltung in das Register des Sitzes des übertragenden Rechtsträgers „erst eingetragen werden darf, nachdem sie im Register des Sitzes jedes der übernehmenden Rechtsträger eingetragen worden ist", woran auch die Wirkung der Spaltung (§ 131 I UmwG) gekoppelt ist. Jedoch entspricht dies in geringerem Maße dem bestehenden (europäischen) Konzept einer getrennten, zweistufigen Rechtsmäßigkeitskontrolle.

177 Aus Sicht der **Stakeholder** eines Unternehmens spielen bei einer grenzüberschreitenden Spaltung vor allem die bestehenden Schutzinstrumente eine entscheidende Rolle. Besonders betroffen können die Gläubiger und die Arbeitnehmer einer übertragenden (deutschen) Gesellschaft sein. Bezogen auf den **Schutz der Gesellschaftsgläubiger** geht die bislang überwiegende Auffassung von einer Anwendung des § 122j UmwG analog auf eine grenzüberschreitende Spaltung und damit auf einen vorgelagerten Gläubigerschutz aus.[767] Mit Blick sowohl auf die nachvollziehbare Kritik an einem vorgelagerten Gläubigerschutz bei einer grenzüberschreitenden Verschmelzung im Vergleich zu ihrem innerstaatlichen Pendant[768] sowie in diesem Zusammenhang auf die KA Finanz-Entscheidung des EuGH[769] sprechen im Ergebnis die besseren Gründe für eine Anwendung des innerstaatlichen Spaltungsrechts und damit für einen nachgelagerten Gläubigerschutz gem. **§ 125 S. 1 iVm § 22 UmwG** analog auf eine Herausspaltung aus Deutschland.[770] Aus deutscher Sicht wird den Gläubigern zudem über § 133 UmwG analog Schutz gewährt. Da es sich bei einer grenzüberschreitenden Spaltung hierbei jedoch um eine Rechtsdurchsetzung gegen einen ausländischen Rechtsträger handeln würde,[771] hängt die praktische Bedeutung der Norm auch vom Kollisionsrecht des Mitgliedstaates ab, in dem sich der übernehmende bzw. neue Rechtsträger befindet.[772] Inwieweit hierbei ggf. die Brüssel Ia-Verordnung hilfreich sein kann, ist bislang ungeklärt; gute Gründe sprechen jedoch dafür.

178 Der **Schutz der Arbeitnehmer** bei einer grenzüberschreitenden Spaltung ist, wie auch bei anderen grenzüberschreitenden Umwandlungen (vgl. Rn. 138; § 24 Rn. 89 ff.; § 32 Rn. 69 ff.), ein praktischer Problempunkt. Auf individualarbeitsrechtlicher und betrieblicher Ebene sollten indes wenige Streitpunkte bestehen, da auf europäischer Ebene kollisionsrechtlich die Art. 3, 8 Rom I-VO und materiellrechtlich die verschiedenen Arbeitsrechtsrichtlinien (s. dazu § 37 Rn. 1) für eine weitreichende Harmonisierung sorgen. Auf deutscher Ebene kommen zudem insbesondere die §§ 322 ff. UmwG – soweit einschlägig – analog zur Anwendung. Probleme bestehen vielmehr auf Ebene der unternehmerischen Mitbestimmung. Hierzu regelt für eine innerstaatliche Spaltung lediglich **§ 325 I 1 UmwG**, dass wenn bei einer Abspaltung oder Ausgliederung die gesetzlichen Voraussetzungen für die Arbeitnehmerbeteiligung im Aufsichtsrat entfallen, die vor der Wirksamkeit der Spaltung bestehenden Vorschriften noch fünf Jahre weiter gelten. Da hierbei kein Bezug zum bzw. zu den übernehmenden (ausländi-

763 *Verse* in: BeckOGK UmwG (Stand: 1.1.2017), § 123 Rn. 27.2; *Kleba* RNotZ 2016, 273, 287; *Kraft/Redenius-Hövermann* in: MüHdb GesR, Bd. 8 (Umwandlungsrecht), 5. Aufl. 2018, § 30 Rn. 38.
764 *Verse* in: BeckOGK UmwG (Stand: 1.1.2017), § 123 Rn. 27.2; *Kleba* RNotZ 2016, 273, 287; *Kraft/Redenius-Hövermann* in: MüHdb GesR, Bd. 8 (Umwandlungsrecht), 5. Aufl. 2018, § 30 Rn. 38.
765 So wohl auch *Hoffmann* in: MüHdB GesR, IntGesR, 4. Aufl. 2013, § 56 Rn. 55; in der Tendenz aA *Kleba* RNotZ 2016, 273, 287 f.; *Verse* in: BeckOGK UmwG (Stand: 1.1.2017), § 123 Rn. 27.2.
766 Indem auf § 130 I UmwG Bezug nehmend aA *Hoffmann* in: MüHdB GesR, IntGesR, 4. Aufl. 2013, § 56 Rn. 55; *Veith* in: Beck'sches Handbuch Umwandlungen international, 2013, 3. Teil Rn. 86.
767 So *Hoffmann* in: MüHdB GesR, IntGesR, 4. Aufl. 2013, § 56 Rn. 52; *Kleba* RNotZ 2016, 273, 285; *Verse* in: BeckOGK UmwG (Stand: 1.1.2017), § 123 Rn. 27.2; *Kraft/Redenius-Hövermann* in: MüHdb GesR, Bd. 8 (Umwandlungsrecht), 5. Aufl. 2018, § 30 Rn. 44.
768 *Bayer* in: Lutter (Hrsg.), UmwG, 5. Aufl. 2014, § 122j Rn. 4 f.; *Bayer/Schmidt* NJW 2006, 401, 405; *dies.* ZIP 2016, 841, 846 f.; *Simon/Rubner* in: KK-UmwG, 2009, § 122j Rn. 17 f.; *Drinhausen/Keinath* BB 2006, 725, 733; *Grunewald* DK 2007, 106, 107.
769 Vgl. EuGH, Rs. C-483/14 (KA Finanz), ECLI: EU:C:2016:205 = ZIP 2016, 712, Rn. 60 f.
770 So auch *Veith* in: Beck'sches Handbuch Umwandlungen international, 2013, 3. Teil Rn. 101 ff.
771 *Verse* in: BeckOGK UmwG (Stand: 1.1.2017), § 123 Rn. 27.2.
772 Vgl. dazu auch *Kleba* RNotZ 2016, 273, 286; *Veith* in: Beck'sches Handbuch Umwandlungen international, 2013, 3. Teil Rn. 107.

schen) Rechtsträger(n) besteht, kann auch diese Norm auf eine Herausspaltung aus Deutschland angewandt werden.[773] Einige Mitbestimmungsfragen können daher schon hierüber angemessen gelöst werden; gleichwohl jedoch nicht alle. Zum einen stellt sich das Problem einer Mitbestimmungsverringerung nach Ablauf der fünfjährigen „Sperrfrist". In diesem Fall mag man durchaus an eine **Anwendung des MgVG** für eine Herausspaltung aus Deutschland denken.[774] Anders als bei einem grenzüberschreitenden Formwechsel, bei dem zum einen keine mit § 325 I UmwG vergleichbare Regelung besteht und zum anderen zwingend die bisherige deutsche Gesellschaft „gelöscht" wird, ist zumindest bei einer grenzüberschreitenden Abspaltung oder Ausgliederung die Vereinbarkeit mit der Niederlassungsfreiheit einer zu § 325 I UmwG analog ergänzenden Anwendung des MgVG **zweifelhaft**. Aus praktischer Sicht sollte man diesen Aspekt jedoch auf jeden Fall im Vorfeld mit dem zuständigen deutschen Registergericht abklären und – im Zweifel – ein Arbeitnehmerbeteiligungsverfahren gem. dem MgVG durchführen. Dies kann dabei durchaus auch ein gewisser „Ausgleich" für die in den übernehmenden bzw. neuen ausländischen Rechtsträgern „wegziehenden" Arbeitnehmer sein, da diesen im Hinblick auf die TUI-Entscheidung des EuGH grundsätzlich kein aktives und passives Wahlrecht für die Arbeitnehmervertretung im Aufsichtsrat des deutschen Konzernunternehmens zusteht (sofern nicht privatautonom abweichend geregelt).[775]

Anders stellt sich die Situation bei einer grenzüberschreitenden **Aufspaltung** dar. § 325 I UmwG findet hier keine Anwendung, da der übertragende Rechtsträger untergeht und insofern kein Anknüpfungspunkt für eine fortwährende Mitbestimmung in diesem besteht.[776] Durch eine Aufspaltung zum Beispiel einer nach deutschem Recht mitbestimmten Gesellschaft auf eine deutsche Gesellschaft, die unter dem mitbestimmungsrelevanten Schwellenwert liegt sowie auf eine ausländische Gesellschaft, auf die das deutsche DrittelbG oder das MitbestG keine Anwendung findet, könnte daher die bestehende unternehmerische Mitbestimmung im Aufsichtsrat auch nachträglich vermieden bzw. rückgängig gemacht werden. Um dies zu verhindern und damit einer etwaigen Verringerung der Arbeitnehmerrechte vorzubeugen, erscheint eine analoge **Anwendung des MgVG** durchaus sachgerecht.[777] Dies jedoch wiederum nur unter dessen sachlichen Anwendungsbereich (insbes. § 5 MgVG).[778] 179

Am 25. April 2018 legte die Europäische Kommission im Rahmen ihres „Company Law Package"[779] schließlich einen Richtlinienvorschlag zur Ergänzung der Richtlinie über bestimmte Aspekte des Gesellschaftsrechts (s. dazu § 19) vor, der erstmals auch explizite Durchführungsbestimmungen für eine grenzüberschreitende Spaltung („*cross-border division*") beinhaltet.[780] In den einzufügenden Art. 160a ff. Kodifizierungs-RL sollen demnach Regelungen betreffend das Verfahren einer grenzüberschreitenden Spaltung und der damit verbundene Schutz von Share- und Stakeholder geschaffen werden. 180

Der Regelungsvorschlag bezieht sich dabei auf eine Spaltung von Kapitalgesellschaften, bei denen mindestens zwei der beteiligten Gesellschaften[781] dem Recht unterschiedlicher Mitgliedstaaten unterliegen (Art. 160a I RL-Vorschlag). Das Spaltungsverfahren nach dem Richtlinienvorschlag ist grundsätzlich dem europäisachen Modell für Strukturmaßnahmen (s. dazu § 18 Rn. 74) und insbesondere den Bestimmungen der Art. 118 ff. Kodifizierungs-RL für grenzüberschreitende Verschmelzungen (s. dazu § 24) nachgebildet. Geregelt werden sollen die Erstellung eines Spaltungsplans (Art. 160e RL-Vorschlag), die Erstellung eines Spaltungsberichts durch das Leitungs- bzw. Verwaltungsorgan der sich spaltenden Gesellschaft (Art. 160g RL-Vorschlag), die grundsätzliche Pflicht zur Spaltungsprüfung durch einen unabhängigen Sachverständigen (Art. 160i RL-Vorschlag), die Zustimmung der Anteileigner der sich spaltenden Gesellschaft mit qualifizierter Mehrheit (Art. 160k III RL-Vorschlag), Maßnahmen zum Schutz der Gesellschafter, Gläubiger und Arbeitnehmer (Art. 160l ff. RL-Vorschlag) sowie die Prüfung der Spaltung und die Austellung einer sog Vorabbescheinigung (Spaltungsbescheinigung) (Art. 160o ff. RL-Vorschlag). Insofern decken sich die Regelungspunkte des Richtlinienvorschlags im Grundsatz dem hier (Rn. 167 ff.) dargestellten Durchführungsmodalitäten einer grenzüberschreitenden Spaltung. Neu und 181

773 So auch *Prüm*, Die grenzüberschreitende Spaltung, 2006, S. 184.

774 Insgesamt zur analogen Anwendung des MgVG auf eine Herausspaltung *Verse* in: BeckOGK UmwG (Stand: 1.1.2017), § 123 Rn. 27.3; wohl auch *Kraft/Redenius-Hövermann* in: MüHdb GesR, Bd. 8 (Umwandlungsrecht), 5. Aufl. 2018, § 30 Rn. 48; aA *Veith* in: Beck'sches Handbuch Umwandlungen international, 2013, 3. Teil Rn. 116.

775 EuGH, Rs. C-566/15 (TUI/Erzberger), ECLI:EU:C:2017:562 = ZIP 2017, 1413, Rn. 35 ff.

776 Vgl. auch BGH NZG 2015, 438, 439.

777 In der Konsequenz offenbar aA *Prüm*, Die grenzüberschreitende Spaltung, 2006, S. 184.

778 Vgl. *Verse* in: BeckOGK UmwG (Stand: 1.1.2017), § 123 Rn. 27.3.

779 Siehe auch Europäische Kommission, Pressemitteilung v. 25. April 2018, Gesellschaftsrecht: Neue Regeln sollen Unternehmen den Schritt ins Ausland erleichtern und mehr Online-Kontakte mit Verwaltungen ermöglichen, IP/18/3508.

780 Europäische Kommission, Vorschlag für eine Richtlinie des Europäischen Parlaments und des Rates zur Änderung der Richtlinie (EU) 2017/1132 in Bezug auf grenzüberschreitende Umwandlungen, Verschmelzungen und Spaltungen, COM(2018) 241 final; s. im Hinblick auf grenzüberschreitende Spaltungen auch bereits *Bungert/Wansleben* DB 2017, 2591, 2593 f.

781 Dies umfasst auch eine ggf. neu zu gründende Gesellschaft im Rahmen einer Spaltung durch Neugründung.

nicht unumstritten ist jedoch die Pflicht zur Berichterstattung des Leitungs- bzw. Verwaltungsorgans der sich spaltenden Gesellschaft gegenüber den Arbeitnehmern der Gesellschaft (vgl. Art. 160h RL-Vorschlag).

182 Derzeit (Juni 2018) befindet sich der Richtlinienvorschlag der Europäischen Kommission noch im Entwurfsstadium; Anmerkungen, Ergänzungen und Kritik der Mitgliedstaaten, des Europäischen Parlaments und des Rates sind bislang nicht veröffentlicht. Bis eine entsprechende Änderung der Kodifizierungs-Richtlinie verabschiedet wird, kann es daher durchaus noch 1-2 Jahre dauern. Dies auch zumal noch der nicht unumstrittene grenzüberschreitende Formwechsel ebenfalls im Rahmen der Änderungsrichtlinie geregelt werden und auch gewichte Aspekte der bisherigen Art. 118 ff. Kodifizierungs-RL für grenzüberschreitende Verschmelzungen ergänzt werden sollen.

§ 11 Internationales Privat- und Gesellschaftsrecht

Literatur (Auswahl): *Altmeppen*, Abschied vom „Durchgriff“ im Kapitalgesellschaftsrecht, NJW 2007, 2657; *Arenas García*, Suing directors in international litigation in: Festschrift für Klaus J. Hopt, 2010, S. 321; *Baratta*, Qualificazioni in: Baratta (Ed.), Diritto internazionale privato, 2010, S. 315; *Bärmann*, Supranationale Aktiengesellschaften?, AcP 156 (1957) 156; *Bartels*, Zuzug ausländischer Kapitalgesellschaften unter der Sitztheorie, ZHR 176 (2012) 412; *Basedow*, Qualifikation, Vorfrage und Anpassung im Internationalen Zivilverfahrensrecht in: Schlosser (Hrsg.), Materielles Recht und Prozeßrecht und die Auswirkungen der Unterscheidung im Recht der internationalen Zwangsvollstreckung, 1992, S. 131; *Bayer*, Übertragung von GmbH-Geschäftsanteilen im Ausland nach der MoMiG-Reform, GmbHR 2013, 897; *Bayer/Schmidt*, Grenzüberschreitende Sitzverlegung und grenzüberschreitende Restrukturierungen nach MoMiG, Cartesio und Trabrennbahn, ZHR 173 (2009) 735; *Beckmann/Fabricius*, „Beurkundungstourismus“ – Gleichwertigkeit der Beurkundung gesellschaftsrechtlicher Dokumente im Ausland, GWR 2016, 375; *Behme*, Die Mitbestimmung der Arbeitnehmer bei der britischen Limited mit Verwaltungssitz in Deutschland, ZIP 2008, 351; *Behrens*, Das Internationale Gesellschaftsrecht nach dem Überseering-Urteil des EuGH und den Schlussanträgen zu Inspire Art, IPRax 2003, 193; *Benecke*, Auslandsbeurkundung im GmbH-Recht, RIW 2002, 280; *Binge/Thölke*, Everything goes – Das deutsche Internationale Gesellschaftsrecht nach Inspire Art, DNotZ 2004, 21; *Binz/Mayer*, Die ausländische Kapitalgesellschaft & Co.KG im Aufwind?, GmbHR 2003, 249; *Borsutzky*, Die international-privatrechtliche Anknüpfung des Rechts der Unternehmensmitbestimmung, EuZA 2014, 437; *Cafaggi/Clavel*, Interfirm Networks Across Europe in: *Cafaggi* (Ed.), Contractual networks, inter-firm cooperation and economic growth, 2011, S. 201; *Dreissig*, Verlegung der Geschäftsleitung einer deutschen Kapitalgesellschaft ins Ausland, DB 2000, 893; *Ebke*, Der Einfluss des US-amerikanischen Rechts auf das Internationale Gesellschaftsrecht in Deutschland und Europa, ZVglRWiss 110 (2011) 2; *Ebke*, Gesellschaften aus Delaware auf dem Vormarsch: Der BGH macht es möglich, RIW 2004, 730; *Ebke*, Gesellschaften aus nicht privilegierten Drittstaaten im Internationalen Privatrecht: „Utopia Limited, oder: Die Blüten des Fortschritts“ in: Festschrift für Hans-Jürgen Hellwig, 2010, S. 117; *Eidenmüller*, § 1 Theorien zur Bestimmung des Gesellschaftsstatuts und Wettbewerb der Gesellschaftsrechte, in: Eidenmüller (Hrsg.), Ausländische Kapitalgesellschaften im deutschen Recht, 2004; *Eidenmüller/Rehberg*, Rechnungslegung bei Auslandsgesellschaften, ZVglRWiss 105 (2006) 427; *Eidenmüller/Rehm*, Gesellschafts- und zivilrechtliche Folgeprobleme der Sitztheorie, ZGR 1997, 89; *Ferid*, Im Ausland erfüllte Tatbestandsmerkmale inländischer Sachnormen, GRUR Int. 1973, 472; *Ferrari*, From Rome to Rome via Brussels, RabelsZ 73 (2009) 750; *Franzen*, Niederlassungsfreiheit, internationales Gesellschaftsrecht und Unternehmensmitbestimmung, RdA 2004, 257; *Freitag*, Die Rom-Verordnungen und die §§ 25-28 HGB, ZHR 174 (2010) 429; *Frobenius*, „Cartesio“: Partielle Wegzugsfreiheit für Gesellschaften in Europa, DStR 2009, 487; *Gätsch/Schulte*, Notarielle Beurkundung bei im Ausland erfolgenden GmbH-Anteilsveräußerungen, ZIP 1999, 1954; *Gerner-Beuerle et al.*, Study on the Law Applicable to Companies – Final Report, 2016; *Gerner-Beuerle/Schillig*, The mysteries of freedom of establishment after Cartesio, ICLQ 59 (2010) 303; *Gössl*, Die Vorfrage im Internationalen Privatrecht der EU, ZfRV 2011, 65; *Gössl*, Internetspezifisches Kollisionsrecht?, 2014; *Gössl*, Italian network contracts (Contratti di rete), Freedom of Establishment and the Applicable Law, RabelsZ 80 (2016) 579; *Gössl*, Regelungslücken und Analogien im Kollisionsrecht, IPRax 2018, (im Erscheinen); *Gössl*, Zur Anwendung ausländischen Rechts im Zivil- und Strafprozess in: Effer-Uhe/Hoven ua (Hrsg.), Einheit der Prozessrechtswissenschaft, 2016, S. 128; *Grobe*, Die Geschlechterquote für Aufsichtsrat und Vorstand, AG 2015, 289; *Großfeld/Berndt*, Die Übertragung von deutschen GmbH-Anteilen im Ausland, RIW 1996, 625; *Großfeld/Erlingshagen*, Internationales Unternehmensrecht und deutsche unternehmerische Mitbestimmung, JZ 1992, 217; *Großfeld/Hoeltzenbein*, CyberLex als Unternehmensrecht, NZG 2001, 779; *Grundmann*, Deutsches Anlegerschutzrecht in internationalen Sachverhalten, RabelsZ 54 (1990) 283; *Grunewald*, Die Privatrechtsgesellschaft im Bereich des Gesellschafts- und Kapitalmarktrechts in: Riesenhuber (Hrsg.), Privatrechtsgesellschaft, 2007, S. 311; *Gutzler*, Anmerkung zu LG Hamburg, Zwischen-Urteil vom 10.10.1947, NJW 1949, 154; *Hanke*, Das Internationale Gesellschaftsrecht im Lichte völkerrechtlicher Vereinbarungen, 2010; *Hellgardt/Illmer*, Wiederauferstehung der Sitztheorie?, NZG 2009, 94; *Hoger/Lieder*, Die grenzüberschreitende Anwachsung, ZHR 180 (2016) 613; *Hübner*, Kollisions- und europarechtliche Einordnung von § 64 S. 1 GmbHG, IPRax 2015, 297; *Hübner*, Kollisionsrechtliche Behandlung von Gesellschaften aus „nicht-privilegierten“ Drittstaaten, 2011; *Isay*, Die Staatsangehörigkeit der juristischen Personen, 1907; *Jaeger*, Kapitalgesellschaften in der EU – dauerhaft Niederlassungsberechtigte zweiter Klasse?, NZG 2000, 918; *Junker*, Empfiehlt es sich, Art. 7 EVÜ zu revidieren oder aufgrund der bisherigen Erfahrungen zu präzisieren?, IPRax 2000, 65; *Junker*, Sechsundsiebzig verweht – Die deutsche Mitbestimmung endet in Europa, NJW 2004, 728; *Kahn*, Abhandlungen aus dem internationalen Privatrecht, Jherings Jb 39 (1898) 1; *Kahn*, Gesetzeskollisionen, Jherings Jb 30 (1891) 1; *Kegel*, Internationales Privatrecht, 4. Aufl. 1977; *Kegel/Schurig*, Internationales Privatrecht, 9. Aufl. 2004; *Kieninger*, Anmerkung zu BGH, Urteil vom 27. 10. 2008 – II ZR 158/06 (Trabrennbahn), NJW 2009, 292; *Kierstein*, Niederlassungsfreiheit contra Unternehmensmitbestimmung, 2006; *Kindler*, Auf dem Weg zur Europäischen Briefkastengesellschaft?, NJW 2003, 1073; *Kindler*, Die Einpersonen-Kapitalgesellschaft als Konzernbaustein, ZHR 179 (2015) 330; *Kindler*, Internationales Gesellschaftsrecht 2009: MoMiG, Trabrennbahn, Cartesio und die Folgen, IPRax 2009, 189; *Kleinschmidt*, Eröffnung des Insolvenzverfahrens über das Vermögen einer außereuropäischen Kapitalgesellschaft (hier: aus Serbien) als juristische Person nach Sitzverlegung ins Inland, EWiR 2007, 207; *Knobbe-Keuk*, Umzug von Gesellschaften in Europa, ZHR 154 (1990) 325; *Köhler*, Eingriffsnormen – Der unfertige Teil des europäischen IPR, 2013; *Kropholler*, Auslandsbeurkundungen im Gesellschaftsrecht, ZHR 140 (1976) 394; *Kropholler*, Internationales Privatrecht, 6. Aufl. 2006; *Kruchen*, Artikel 19 Absatz III GG und die Sitztheorie – Konvergenzen von Verfassungs- und Internationalem Gesellschaftsrecht?, NZG 2012, 377; *Kühne*, Die Entsavignysierung des Internationalen Privatrechts insbesondere durch sog. Eingriffsnormen in: Festschrift Andreas Heldrich, 2005, S. 815; *Kühnle/Otto*, „Neues“ zur kollisionsrechltichen Qualifikation Gläubiger schützender Materien in der Insolvenz der Scheinauslandsgesellschaft, IPRax 2009, 117; *Land*, Rechtsfragen des internationalen Unternehmenskaufs, BB 2013, 2697; *Lange*, Virtuelle Unternehmen, 2001; *Larenz*, Methodenlehre der Rechtswissenschaft, 6. Aufl. 1991; *Lehmann*, Auf der Suche nach dem Sitz des Rechtsverhältnisses: Savigny und die Rom I-Verordnung in: Festschrift Ulrich Spellenberg, 2010, S. 245; *Leible/Hoffmann*, „Überseering“ und das (vermeintliche) Ende der Sitztheorie, RIW 2002, 925; *Leible/Hoffmann*, Vom Nullum zur Personengesellschaft – Die Metamorphose der Scheinauslandsgesellschaft im deutschen Recht, DB 2002, 2203; *Leible/Lehmann*, Die Verordnung über das auf vertragliche Schuldverhältnisse anzuwendende Recht („Rom I“), RIW 2008, 528; *Lorenzen*, Huber's De conflictu legum in: Lorenzen (Ed.), Selected Articles on the Conflict of Laws, 1947, S. 136 = 13 Illinois Law Review 375 (1918-1919); *Lüttringhaus*, Eingriffsnormen im internationalen Unionsprivat- und Prozessrecht, IPRax 2014, 146; *Mankowski*, Änderungen bei der Auslandsbeurkundung von Anteilsübertragungen durch das MoMiG oder durch die Rom I-VO?, NZG 2010, 201; *Mankowski*, Art. 34 EGBGB erfaßt § 138 BGB nicht!, RIW 1996, 8; *Mansel*, Substitution im deutschen Zwangsvollstreckungsrecht in: Festschrift Werner Lorenz, 1991, S. 689; *Mansel/Thorn/Wagner*, Europäisches Kollisionsrecht 2015: Neubesinnung, IPRax 2016, 1; *Mansel/Thorn/Wagner*, Europäisches Kollisionsrecht 2016: Brexit ante portas!, IPRax 2017, 1; *Martiny*, Neue Impulse im Europäischen Internationalen Vertragsrecht, ZEuP 2006, 60; *Mauch*, Vorsorgende Rechtspflege in Europa am Beispiel der GmbH – Lateinisches Notariat und seine Entsprechungen im common law, ZVglRWiss 106 (2007) 272; *Möslein*, Dispositives Recht, 2011; *Müller*, Internationale Anwendbarkeit des handelsvertreterrechtlichen Ausgleichsanspruchs – Vom Intervall Ingmar und Unamar zum Dreiklang mit Agro, GPR 2017, 203; *Nussbaum*, Deutsches internationales Privatrecht, 1932; *Nussbaum*, Grundzüge des internationalen Privatrechts, 1952; *Odendahl*, Die Abtretung von GmbH-Geschäftsanteilen vor ausländischen Notaren, RIW 2014, 189; *Oetker*, Die zwingende Geschlechterquote für den Aufsichtsrat – vom historischen Schritt zur Kultivierung einer juristischen terra incognita, ZHR 179 (2015) 707; *Ott*, Die Errichtung von (zweispaltig-)zweisprachigen Niederschriften und die damit im Zusammenhang stehenden Verfahrensfragen, RNotZ 2015, 189; *Paefgen*, „Deutsche“ Corporations im System des Gesellschaftskollisionsrechts, DZWiR 2003, 441; *Pagenstecher*, Werden die Partei- und Prozessfähigkeit eines Ausländers nach seinem Personalstatut oder nach den Sachnormen der lex fori beurteilt?, ZZP 64 (1951) 249; *Paulus*, Außervertragliche Gesellschafter- und Organwalterhaftung im Lichte des Unionskollisionsrechts, 2013; *Pfeiffer*, EuGH: Fortgeltung der „Ingmar“-Rechtsprechung unter der Rom I-VO, LMK 2017, 388796; *Rabel*, The conflict of laws: a comparative study, Vol. 2, 2. Aufl. 1960; *Rehberg*, § 5 Zivil-, Handels- und Verfahrensrecht, in: Eidenmüller (Hrsg.), Ausländische Kapitalgesellschaften im deutschen Recht, 2004; *Remien*, Außenwirtschaftsrecht in kollisionsrechtlicher Sicht, RabelsZ 54 (1990) 431; *Rödl*, Diskriminierende Mitbestimmung?, JZ 2016, 980; *Roth*, Internationalprivatrechtliche Aspekte der Personengesellschaften, ZGR 2014, 168; *Rüthers/Fischer/Birk*, Rechtstheorie, 9. Aufl. 2016; *Sandrock*, Die Konkretisierung der Überlagerungstheorie in einigen zentralen Einzelfragen in: Festschrift für Günther Beitzke, 1979, S. 669; *Sandrock*, Sitztheorie, Überlagerungstheorie und der EWG-Vertrag – Wasser, Öl und Feuer, RIW 1989, 505; *Savigny*, System des heutigen römischen Rechts, Band VIII, 1849; *Schack*, Internationales Zivilverfahrensrecht, 6. Aufl. 2016; *Schaub*, Ausländische Handelsgesellschaften und deutsches Registerverfahren, NZG 2000, 953; *Schön*, Zwingendes Recht oder informierte Entscheidung – zu einer (neuen) Grundlage unserer Zivilrechtsordnung in: Festschrift für Claus Wilhelm Canaris, Bd. I, 2007, S. 1191; *Schünemann*, Die Firma im internationalen Rechtsverkehr, 2016; *Schurig*, „Ingmar“ und die „international zwingende“ Handelsvertreter-Richtlinie oder: Die Urzeugung einer Kollisionsnorm in: Festschrift für Erik Jayme, 2004, S. 837; *Schurig*, Kollisionsnorm und Sachrecht, 1981; *Schurig*, Unilateralistische Tendenzen im europäischen Gesellschaftskollisionsrecht, oder: Umgehung als Regelungsprinzip in: Liber amicorum Gerhard Kegel, 2002, S. 199; *Schwartze*, Die „Ingmar“-Entscheidung des Europäischen Gerichtshofs in: Festschrift für Wolfgang Kilian, 2004, S. 783; *Schwintowski*, Grenzen der Anerkennung fehlerhafter Gesellschaften, NJW 1988, 937; *Sonnenberger*, Eingriffsrecht – Das trojanische Pferd im IPR oder notwendige Ergänzung?, IPRax 2003, 104; *Sonnenberger/Bauer*, Vorschlag des Deutschen Rates für Internationales Privatrecht für eine Regelung des Internationalen Gesellschaftsrechts auf europäischer/nationaler Ebene, RIW 2006, 2; *Spahlinger/Wegen* (Hrsg.), Internationales Gesellschaftsrecht in der Praxis, 2005; *Spickhoff*, Kodifikation des Internationalen Privatrechts der Stellvertretung, RabelsZ 80 (2016) 481; *Stauch*, Die Geltung ausländischer notarieller Urkunden in der Bundesrepublik Deutschland, 1983; *Teichmann*, Binnenmarktkonformes Gesellschaftsrecht, 2006; *Teichmann*, Mitbestimmungserstreckung auf Auslandsgesellschaften, ZIP 2016, 899; *Theiselmann*, Aussenwirtschaftsrecht und corporate investments in Germany – new hurdles for foreign investors, German Law Journal 10 (2009) 1495; *Trautrims*, Das Kollisionsrecht der Personengesellschaften, 2009; *Trautrims*, Geschichte und Bedeutung von Sitz- und Gründungstheorie im deutschen Recht, ZHR 176 (2012) 435; *Trüten*, Die Mobilität von Gesellschaften in der Europäischen Gemeinschaft, 2005; *L. von Bar*, Das Internationale Privat- und Strafrecht, 1862; *L. von Bar*, Theorie und Praxis des internationalen Privatrechts, 1889; *C. von Bar/Mankowski*, Internationales Privatrecht, Bd. 1, 2. Aufl. 2003; *von der Seipen*, Zur Bestimmung des effektiven Verwaltungssitzes im Internationalen Gesellschaftsrecht, IPRax 1986, 91; *Wagner*, Die neue Rom II-VO, IPRax 2008, 1; *Wedemann*, Der Begriff der Gesellschaft im Internationalen Privatrecht. Neue Herausforderungen durch den entrepreneur individuel à responsabilité limitée, RabelsZ 75 (2011) 541; *Weller*, Das autonome Unternehmenskollisionsrecht, IPRax 2017, 167; *Weller*, Die „Wechselbalgtheorie“ in: Festschrift für Wulf Goette, 2011, S. 583; *Weller*, Die Rechtsquellendogmatik des Gesellschaftskollisionsrechts, IPRax

2009, 202; *Weller*, Europäische Rechtsformwahlfreiheit und Gesellschafterhaftung, 2004; *Weller*, GmbH-Anteilsabtretungen in Basel, ZGR 2014, 865; *Weller*, Unternehmensmitbestimmung für Auslandsgesellschaften in: Festschrift für Peter Hommelhoff, 2012, S. 1275; *Weller*, Wind of Change im Gesellschaftsrecht, ZEuP 2016, 53; *Weller ua*, Der internationale Anwendungsbereich der Geschlechterquote für Großunternehmen, ZGR 2015, 361; *Weller/Thomale/Benz*, Englische Gesellschaften und Unternehmensinsolvenzen in der Post-Brexit-EU, NJW 2016, 2378; *Wendehorst*, Kollisionsnormen im primären Europarecht? in: Festschrift Andreas Heldrich, 2005, S. 1071; *Wiedemann*, Internationales Gesellschaftsrecht in: Festschrift für Gerhard Kegel, 1977, S. 187; *Zimmer*, Nach „Inspire Art": Grenzenlose Gestaltungsfreiheit für deutsche Unternehmen?, NJW 2003, 3585.

A. Einführung und Ausgangspunkt

1 Der folgende Abschnitt widmet sich dem Internationalen Gesellschaftsrecht (Gesellschaftskollisionsrecht). Dieser Teil des Internationalen Privatrechts (IPR) regelt, welches nationale Recht auf die Kernfragen des Gesellschaftsrechts anwendbar ist (sog Gesellschaftsstatut). Daneben geht er auf Fragen ein, die nicht zum Kern des Gesellschaftsrechts zählen, aber gesellschaftsrechtliche Bezugspunkte aufweisen können. Das IPR ist zu einem großen Teil autonom-nationales Recht. Diese Darstellungen fokussieren daher auf die deutsche Sichtweise (zum englischen Internationalen Gesellschaftsrecht siehe zB § 12 Rn. 22 ff.; zum französischen Internationalen Gesellschaftsrecht § 13 Rn. 27-30; oder zum niederländischen Internationalen Gesellschaftsrecht § 16 Rn. 10 f.).

2 **Vorrangig** vor national-autonomen Regelungen ist stets zu prüfen, ob **Kollisionsnormen völker- oder unionsrechtlicher Herkunft** bestehen. Dies ergibt sich nicht aus Art. 3 EGBGB, sondern aus den allgemeinen Grundsätzen zum Verhältnis verschiedener Rechtssätze zueinander: Unmittelbar geltendes Unionsrecht geht dem nationalen (autonomen) Recht in seinem Anwendungsbereich vor (Art. 288 II AEUV). Spezialregelungen verdrängen allgemeine Regelungen, somit verdrängen auch Spezialregelungen völkerrechtlicher Herkunft allgemeine Regelungen. Darüber hinaus gilt für völkerrechtliche Regelungen üblicherweise der Grundsatz, dass sie als neuere Regelungen vorgehen (*lex posterior derogat legi priori*). Art. 3 EGBGB stellt dieses Ergebnis nur deklaratorisch oder als „Erinnerung" für den Rechtsanwender fest,[1] ohne konstitutiv für die Geltung des vorrangigen Rechts zu sein oder konstitutiv sein zu wollen.[2]

3 Im Folgenden wird zunächst der allgemeine Anwendungsbereich des Gesellschaftsstatuts konkretisiert (Rn. 7 ff.) und dieser dann bestimmt (Rn. 25 ff.), soweit nicht die Niederlassungsfreiheit die Bestimmung des anwendbaren Rechts modifiziert (hierzu gesondert § 10 Rn. 91 ff.). Schließlich werden Aspekte kollisionsrechtlich näher untersucht, die im gesellschaftsrechtlichen Zusammenhang auftreten, aber nicht zwangsläufig in den Anwendungsbereich des Gesellschaftsstatuts fallen müssen oder deren Verhältnis zum Gesellschaftsstatut umstritten ist (Rn. 56 ff.). Abschließend wird ein kurzer Überblick über gesetzgeberische Vorhaben im Internationalen Gesellschaftsrecht gegeben (Rn. 174 ff.).

4 Bevor etwaige Kollisionsnormen für das Gesellschaftsstatut erarbeitet werden können, ist der **Umfang des Gesellschaftsstatuts** zu bestimmen, dh welche Rechtsfragen in welchem Kontext einheitlich gesellschaftsrechtsbezogen angeknüpft werden. Zwar gibt es keine unmittelbar das Gesellschaftsstatut regelnden völker- oder unionsrechtlichen Kollisionsnormen (Rn. 5 ff.). Allerdings kann das Gesellschaftsstatut in Einzelfragen verdrängt werden, insbesondere wenn unionsrechtliche Kollisionsnormen diese Einzelfragen nicht als gesellschaftsrechtlich qualifizieren (Rn. 8 ff.). Erst die hiervon nicht berührten gesellschaftsrechtlichen Fragen können von den nationalen Kollisionsnormen erfasst werden (Rn. 17 ff.). Bei diesen ist zu beachten, dass das Unionsrecht bei der Auslegung des nationalen Rechts bestimmten Ergebnissen im Weg stehen kann, wenn diese gegen das Primärrecht, insbesondere die Grundfreiheiten, verstoßen würden. Bei der Diskussion, inwieweit die Niederlassungsfreiheit das nationale Internationale Gesellschaftsrecht mitprägt, wird zum Teil von einer zumindest „faktischen" kollisionsrechtlichen Wirkung gesprochen (ausführlich zum Einfluss der Niederlassungsfreiheit § 10 Rn. 90 ff.).[3]

I. Rechtsquellen

5 Es gibt keine unmittelbar geltenden vorrangigen Kollisionsnormen zur Bestimmung des Gesellschaftsstatuts in Deutschland (vgl. hierzu Art. 3 EGBGB), sei es völkerrechtlicher, sei es unionsrechtlicher Natur (zum Einfluss der Grundfreiheiten auf das Internationale Gesellschaftsrecht siehe § 10 Rn. 96 f.). Bevor im automen deutschen Recht, in dem auch keine ausdrücklich kodifizierte Kollisionsnorm existiert, die Anknüpfung bestimmt werden kann, ist zu prüfen, ob andere **vorrangige Normen das Gesellschaftsstatut** jedenfalls teilweise **verdrängen.** Die EU-Verordnungen zum auf vertragliche und außervertragliche Schuldverhältnisse anwendbaren Recht, die Rom

1 Ausdrücklich BT-Drs. 10/504, S. 35 f. zum damaligen Art. 3 II EGBGB; BT-Drs. 16/9995, S. 7 und BT-Drs. 16/12104, S. 8 zum Unionsrecht.

2 BT-Drs. 10/504, S. 36; BT-Drs. 16/9995, S. 7; BT-Drs. 16/12104, S. 8.

3 Vgl. dazu *Grundmann*, Europäisches Gesellschaftsrecht, 2. Aufl. 2011, Rn. 785; *Kienle* in: MüHdB GesR, IntGesR, 4. Aufl. 2013, § 19 Rn. 7; *Eidenmüller* RabelsZ 70 (2006) 474, 480.

I-VO[4] und die Rom II-VO,[5] schließen Fragen des Gesellschaftsrechts ausdrücklich aus ihrem Anwendungsbereich aus (ausführlich sogleich in Rn. 9 ff.).[6]

Allerdings ergeben sich aus dem AEUV, dem EWR-Abkommen[7] und zB dem Freundschafts-, Handels- und Schifffahrtsvertrags zwischen der Bundesrepublik Deutschland und den Vereinigten Staaten von Amerika vom 29.10.1954[8] Besonderheiten bei der Bestimmung des Gesellschaftsstatuts. Aus diesen Rechtsakten ergibt sich, dass Gesellschaften in Deutschland Niederlassungsfreiheit genießen, die in einem anderen EU- oder EWR-Mitgliedstaat oder in den Vereinigten Staaten von Amerika (USA) gegründet wurden.[9] Aus der Niederlassungsfreiheit (Art. 49, 54 AEUV) leitet der EuGH zwar keine Kollisionsnorm zum Gesellschaftsrecht her,[10] doch prägt seine Rechtsprechung die Auslegung des nationalen Kollisionsrechts (ausführlich § 10 Rn. 95 ff.).[11] Nach Art. 31, 34 EWR-Abkommen gilt die Niederlassungsfreiheit für Gesellschaften in der Form wie in der EU auch für die EWR-Mitgliedstaaten.[12] Art. XXV (5) (2) des Freundschafts-, Handels-, und Schifffahrtsvertrags zwischen der Bundesrepublik Deutschland und den Vereinigten Staaten von Amerika legt fest, dass Gesellschaften, die nach den Gesetzen des einen Vertragsteils errichtet wurden, als Gesellschaften dieses Vertragsteils vom anderen Vertragsteil anerkannt werden müssen.[13] Dies hat für die Behandlung von in den USA gegründeten Gesellschaften in Deutschland kollisionsrechtlich praktisch die gleichen Folgen wie die Niederlassungsfreiheit, die Gesellschaften in der EU genießen, auch wenn der Staatsvertrag ebenfalls keine unmittelbare Kollisionsnorm enthält.[14] Die kollisionsrechtlichen Folgen für Gesellschaften, die EU-Niederlassungsfreiheit genießen, können daher grundsätzlich auf US-Gesellschaften übertragen werden. Sie werden hier nicht vertieft (s. dazu § 10 Rn. 112). Der Fokus dieses Kapitels liegt auf der Behandlung aller „sonstigen" Gesellschaften, die in Deutschland keine Niederlassungsfreiheit und keine vergleichbare Begünstigung genießen. 6

II. Anknüpfungsgegenstand

Kollisionsnormen beschäftigen sich mit der Zuordnung von Anknüpfungsgegenständen mithilfe eines Anknüpfungspunkts oder -merkmals zu bestimmten nationalen Regelungen. Anknüpfungsgegenstand ist die Rechtsfrage, die sich aus einem konkreten Lebenssachverhalt ergibt.[15] Bezogen auf das Gesellschaftsstatut ist zu untersuchen, welche gesellschaftsrechtlichen Fragen von diesem gesellschaftsrechtlichen Anknüpfungsgegenstand erfasst werden und welche einem anderen Anknüpfungsgegenstand zuzuordnen sind. Bevor das Gesellschaftsstatut nach autonom-deutschem Recht bestimmt werden kann, muss also sein Anwendungsbereich von dem vorrangiger anderer Kollisionsnormen abgegrenzt werden, insbesondere von denen unionsrechtlicher Herkunft. 7

4 Verordnung (EG) Nr. 593/2008 des Europäischen Parlaments und des Rates vom 17. Juni 2008 über das auf vertragliche Schuldverhältnisse anzuwendende Recht (Rom I), ABl. EG 2008, L 177/6, ber. ABl. EG 2009, 309/87.

5 Verordnung (EG) Nr. 864/2007 des Europäischen Parlaments und des Rates vom 11. Juli 2007 über das auf außervertragliche Schuldverhältnisse anzuwendende Recht (Rom II), ABl. EG 2007, L 199/40.

6 Art. 1 II lit. f) Rom I-VO; Art. 1 II lit. d) Rom II-VO.

7 Abkommen über den Europäischen Wirtschaftsraum (EWR-Abkommen) vom 2.5.1992, ABl. EG 1994, L 1/3.

8 BGBl. 1956 II, 487, 763.

9 BGH NZG 2005, 44; BGH NJW-RR 2004, 1618; *Ebke* RIW 2004, 730 ff.; *Teichmann*, Binnenmarktkonformes Gesellschaftsrecht, 2006, S. 404; *Trüten*, Die Mobilität von Gesellschaften in der Europäischen Gemeinschaft, 2005, S. 243.

10 ZB EuGH, Rs. C-212/97 (Centros), ECLI:EU:C:1999:126 = NZG 1999, 298; EuGH, Rs. C-208/00 (Überseering), ECLI:EU:C:2002:632 = NZG 2002, 1164; EuGH, Rs. C-167/01 (Inspire Art), ECLI:EU:C:2003:512 = NJW 2003, 3331; EuGH, Rs. C-411/03 (Sevic), ECLI:EU:C:2005:762 = NZG 2006, 112; EuGH, Rs. C-210/06 (Cartesio), ECLI:EU:C:2008:723 = NZG 2009, 61; EuGH, Rs. C-371/10 (National Grid Indus), ECLI:EU:C:2011:785 = NZG 2012, 114; EuGH, Rs. C-378/10 (Vale), ECLI:EU:C:2012:440 = NJW 2012, 2715; EuGH, Rs. C-106/16 (Polbud), ECLI:EU:C:2017:804 = BeckRS 2017, 128964.

11 ZB BGH ZIP 2009, 2385; *Kindler* in: MüKo BGB, Bd. 11, 6. Aufl. 2015, IntGesR, Rn. 110 ff.; *Leible/Hoffmann* RIW 2002, 925, 934 f.; *Teichmann*, Binnenmarktkonformes Gesellschaftsrecht, 2006, S. 413, 432; *Wendehorst* in: FS Heldrich, 2005, S. 1071, 1086.

12 EFTA-Gerichtshof, Rs. E-03/98 (Rainford-Towing), [1998] EFTA Ct. Rep. 205 Rn. 33; BGH EuZW 2005, 733; *Trüten*, Die Mobilität von Gesellschaften in der Europäischen Gemeinschaft, 2005, S. 243; *Hausmann* in: Reithmann/Martiny (Hrsg.), Internationales Vertragsrecht, 8. Aufl. 2015, 7. Teil Vertretungsmacht und Verfügungsbefugnis Rn. 7.38.

13 BGH NJW-RR 2004, 1618.

14 BGH NZG 2005, 44; BGH NJW-RR 2004, 1618; *Hoffmann* in: Heidel ua (Hrsg.), NomosKommentar: Allgemeiner Teil, EGBGB, 3. Aufl. 2016, Anh. Art. 12 EGBGB Rn. 153; *Kindler* in: MüKo BGB, Bd. 11, 6. Aufl. 2015, IntGesR, Rn. 334; *Teichmann*, Binnenmarktkonformes Gesellschaftsrecht, 2006, S. 404.

15 ZB *Kropholler*, Internationales Privatrecht, 2006, § 3 I S. 16.

1. Abgrenzung zu vorrangigem EU-Kollisionsrecht

8 Vorrang vor nationalem IPR genießen, insbesondere im gesellschaftsrechtlichen Kontext, die beiden ersten Rom-Verordnungen[16] und die Europäische Insolvenzverordnung (EuInsVO)[17] (s. dazu § 36 Rn. 35 ff.). Bevor eine Bestimmung des Gesellschaftsstatuts nach nationalem Verständnis möglich ist, ist zu prüfen, inwieweit diese Rechtsakte bereits Fragen des Gesellschaftsrechts erfassen und keinen Raum für autonom-nationale Regelungen lassen.

a) Rom I und Rom II

9 Gem. Art. 1 II lit. f) Rom I-VO und Art. 1 II lit. d) Rom II-VO sind „Fragen betreffend das Gesellschaftsrecht [...]" und „außervertragliche Schuldverhältnisse, die sich aus dem Gesellschaftsrecht [...] ergeben," vom Anwendungsbereich der beiden Verordnungen ausgenommen. Beide Verordnungen verzichten jedoch auf eine Definition des Begriffs „Gesellschaft". Sie umschreiben nur konkrete Rechtsfragen, die vom Gesellschaftsstatut erfasst werden. Erfasst sind „die Errichtung durch Eintragung oder auf andere Weise, die Rechts- und Handlungsfähigkeit, die innere Verfassung und die Auflösung [...] sowie die persönliche Haftung der Gesellschafter und der Organe für die Verbindlichkeiten einer Gesellschaft [...]" (beide Verordnungen) und „die persönliche Haftung der Rechnungsprüfer gegenüber einer Gesellschaft oder ihren Gesellschaftern bei der Pflichtprüfung der Rechnungslegungsunterlagen" (Rom II-VO). Von Bedeutung ist die Abgrenzung vor allem bei allgemeinen Vorschriften des BGB und HGB, welche auch im gesellschaftsrechtlichen Kontext relevant werden (s. u., insbesondere Rn. 130 ff.).

10 Die Begriffe „Gesellschaft" bzw. „Fragen des Gesellschaftsrechts" müssen **verordnungsautonom** ausgelegt werden, dh ein Rückgriff auf nationale Begrifflichkeiten scheidet aus. Dabei ordnen die beiden jeweiligen Erwägungsgründe 7 einen rechtsaktübergreifenden Auslegungszusammenhang zwischen den beiden Rom-Verordnungen und der Brüssel I-VO[18] (heute: Brüssel Ia-VO)[19] an, was den sachlichen Anwendungsbereich der Verordnungen betrifft. Auch in der Brüssel I- und Brüssel Ia-VO ist der Begriff der Gesellschaft nicht definiert, sondern wird vorausgesetzt (vgl. etwa Art. 60 Brüssel I-VO bzw. Art. 63 Brüssel Ia-VO).

11 Der Begriff der „Gesellschaft" iSd EU-IPR ist somit notwendig, um den Anwendungsbereich des Gesellschaftsstatuts von dem der Rom-Verordnungen abgrenzen zu können. Es geht hierbei noch nicht um die Bildung einer Kollisionsnorm, sondern die Frage, welchen Gegenstand eine nationale (autonome) Kollisionsnorm überhaupt behandeln kann, ohne dass vorrangiges Unionsrecht einer solchen Norm im Wege steht. Hierbei ist zunächst zentral, wann eine „Gesellschaft" iSd Unionsrechts vorliegt, da das Unionsrecht Fragen des Gesellschaftsrechts aus dem Anwendungsbereich ausdrücklich ausklammert (s. 9 f.). Hinweise zur Bestimmung des Anwendungsbereichs der Verordnungen ergeben sich aus den Materialien zu den ebenfalls aufeinander abgestimmten[20] Vorgängerrechtsakten, die von der Rom I-VO und Brüssel I-VO fortgeführt wurden, nämlich dem Europäischen Vertragsrechtsübereinkommen (EVÜ)[21] und dem Europäischen Gerichtsstands- und Vollstreckungs-Übereinkommen (EuGVÜ).[22] In dem im Auftrag des Rats angefertigten *Giuliano/Lagarde*-Bericht[23] zum EVÜ wird die Ausklammerung des Gesellschaftsrechts aus dem Anwendungsbereich des EVÜ damit begründet, dass gerade das wirtschaftlich hochrelevante Internationale Gesellschaftsrecht Bereiche berührt, die in anderen aktuell in Arbeit befindlichen Rechtsakten bearbeitet werden oder bereits verabschiedet wurden. Als solche Rechtsakte

---

16 Oben Fn. 3 und 4.

17 Verordnung (EU) 2015/848 des Europäischen Parlaments und des Rates vom 20. Mai 2015 über Insolvenzverfahren, Abl. 2015, L 141/19, ersetzt die Verordnung (EG) Nr. 1346/2000 des Rates vom 29. Mai 2000 über Insolvenzverfahren, ABl. EG v. 30.6.2000, L 160/1.

18 Verordnung (EG) 44/2001 des Rates vom 22.12.2000 über die gerichtliche Zuständigkeit und die Anerkennung und Vollstreckung von Entscheidungen in Zivil- und Handelssachen, ABl. EG 2001, L 12/1, ber. ABl. EG 2001, L 307/28.

19 Verordnung (EU) 1215/2012 des Europäischen Parlaments und Rates vom 12.12.2012 über die gerichtliche Zuständigkeit und die Anerkennung und Vollstreckung von Entscheidungen in Zivil- und Handelssachen, ABl. EU 2012, L 351/1, zuletzt geändert durch delegierte Verordnung (EU) 2015/281 der Kommission vom 26. November 2014 zur Ersetzung der Anhänge I und II der Verordnung (EU) Nr. 1215/2012 des Europäischen Parlaments und des Rates über die gerichtliche Zuständigkeit und die Anerkennung und Vollstreckung von Entscheidungen in Zivil- und Handelssachen vom 26.11.2014 (ABl. EU v. 25.2.2015, L 54) mWv 26.2.2015.

20 *Giuliano/Lagarde*, Report on the Convention on the law applicable to contractual obligations, ABl. EWG 1980, C 282/1, S. 5.

21 Übereinkommen über das auf vertragliche Schuldverhältnisse anzuwendende Recht vom 19. Juni 1980, ABl. EWG, L 226/1, BGBl. 1986 II S. 809; zuletzt geändert durch Art. 2 Übereinkommen vom 29. 11. 1996, ABl. EG 1997, C 15/10.

22 Übereinkommen über die gerichtliche Zuständigkeit und die Vollstreckung gerichtlicher Entscheidungen in Zivil- und Handelssachen vom 27. September 1968, BGBl. 1972 II S. 774; zuletzt geändert durch Titel II Übereinkommen vom 29. 11. 1996 vom 16. 7. 1998 (BGBl. II S. 1411).

23 *Giuliano/Lagarde*, Report on the Convention on the law applicable to contractual obligations, ABl. EWG 1980, C 282/1.

werden die verschiedenen Arbeiten zur sachrechtlichen Harmonisierung des Gesellschaftsrechts genannt.[24] Der Ausschluss im EVÜ sollte Überschneidungen mit diesen weiteren Rechtsakten und darüber hinaus dem Haager Übereinkommen von 1956 (s. Rn. 183) vermeiden.[25] Aus dieser Genese ergibt sich, dass der **Begriff der Gesellschaft unionsrechtlich weit** und in Einklang mit den sachrechtlichen Harmonisierungsbemühungen im Gesellschaftsrecht **zu verstehen** ist. Dies wiederum spricht dafür, den Begriff der „Gesellschaft" in Einklang mit dem Gesellschaftsbegriff der Niederlassungsfreiheit zu lesen, die der „Motor" dieser Harmonisierungsbemühungen im Gesellschaftsrecht ist (s. auch § 10 Rn. 1).[26] Eine solche Deutung wird bestätigt durch eine systematische Betrachtung der einzelnen in Rom I-, Rom II- und Brüssel Ia-VO vorhandenen Regelungen zu Gesellschaften. Art. 63 Brüssel Ia-VO geht davon aus, dass eine Gesellschaft neben einem satzungsmäßigen Sitz regelmäßig eine Hauptverwaltung oder Hauptniederlassung hat, also typischerweise über ein Mindestmaß an Organisation verfügt. Auch Art. 19 I Rom I-VO setzt bei Gesellschaften eine Hauptverwaltung voraus. Beide Regelungen gehen also davon aus, dass eine Gesellschaft iSd Verordnungen ein gewisses Mindestmaß an eigenständiger Organisation aufweist.[27] Ebenso verlangt Art. 54 II AEUV ein weites Verständnis des Gesellschaftsbegriffs und erfasst alle Marktakteure, die über eine eigene rechtlich verfestige Struktur verfügen und eigenständige Verpflichtungen eingehen können.[28] Dies setzt voraus, dass die Organisationseinheit im Rechtsverkehr nach außen als wirtschaftlich hinreichend von seinen Mitgliedern verselbstständigt auftritt, also ein Mindestmaß an Organisation aufweist.[29] Im Ergebnis entspricht daher jedenfalls faktisch der Begriff der „Gesellschaft" in der Rom I- und der Rom II-VO dem des Art. 54 II AEUV.[30]

Welche „Fragen des Gesellschaftsrechts" für diese so zu verstehenden Gesellschaften (Rn. 11) wiederum vom Anwendungsbereich der Rom-Verordnungen ausgenommen sind, ist eng zu lesen. Die Rom-Verordnungen sind grundsätzlich darauf ausgelegt, einen weiten Anwendungsbereich zu haben, so dass Ausnahmen von diesem Anwendungsbereich eng zu verstehen sind.[31] „Fragen des Gesellschaftsrechts" sind daher auf all jene Fragen zu beschränken, die sich **unmittelbar aus der Existenz der** (weit verstandenen) **Gesellschaft** und den damit verknüpften Rechtsfragen ergeben. Damit sind insbesondere solche Fragen nicht nach den EU-Verordnungen anzuknüpfen, die maßgeblich für die innere Verfassung der Gesellschaft sind[32] oder so mit diesen Regelungen in Zusammenhang stehen, dass sie sich nicht sinnvoll von diesen trennen lassen und daher einheitlich mit diesen angeknüpft werden müssen.[33] 12

Eindeutig nicht unter das Vertragsstatut fallen: Rechtsbeziehungen zwischen den Gesellschaftern untereinander in ihrer Eigenschaft als Gesellschafter, Rechtsbeziehungen zwischen Gesellschaftern und der Gesellschaft, Rechtsbeziehungen zwischen einem Geschäftsführer und der Gesellschaft, die sich originär aus dem Gesellschaftsrecht ergeben,[34] die Übertragung von Gesellschaftsanteilen (Verfügungsgeschäft)[35] sowie Ansprüche aus Regelungen, die die interne Leitung einer Gesellschaft betreffen. **Vertragsrechtlich** iSd Art. 1 Rom I-VO zu qualifizieren sind demgegenüber Rechtsfragen zu den Verpflichtungen solcher Gesellschaften, die keine derartige verstetigte Struktur aufweisen und hierunter im Rechtsverkehr auftreten, dh im deutschen Recht insbesondere der **Gründungsvorvertrag, Joint-Venture-Verträge**, die **stille Gesellschaft** (§§ 230 ff. HGB) und allgemein reine 13

24 *Giuliano/Lagarde*, Report on the Convention on the law applicable to contractual obligations, ABl. EWG 1980, C 282/1, S. 48 f., Fn. 12.

25 *Giuliano/Lagarde*, Report on the Convention on the law applicable to contractual obligations, ABl. EWG 1980, C 282/1, S. 12.

26 *Roth* ZGR 2014, 168, 175 f.; *Gössl* RabelsZ 80 (2016) 579, 597 f.; vgl. auch *Lutter/Bayer/Schmidt*, Europäisches Unternehmens- und Kapitalmarktrecht, 5. Aufl. 2012, § 4 Rn. 1.

27 *Roth* ZGR 2014, 168, 176, 178; *Trautrims*, Das Kollisionsrecht der Personengesellschaften, 2009, S. 137; ähnlich *Köhler*, Eingriffsnormen – Der unfertige Teil des europäischen IPR, 2013, S. 96 iVm Fn. 462.

28 *Khan/Eisenhut* in: Vedder/Heintschel von Heinegg (Hrsg.), Europäisches Unionsrecht, 2012, Art. 54 AEUV Rn. 1, 4; *Kotzur* in: Geiger/Khan/Kotzur (Hrsg.), EUV, AEUV, 6. Aufl. 2017, Art. 54 AEUV Rn. 2; *Roth* ZGR 2014, 168, 177 f.; *Wedemann* RabelsZ 75 (2011) 541, 573.

29 ZB: *Müller-Graff* in: Streinz (Hrsg.), EUV/AEUV, 2. Aufl. 2012, Art. 54 AEUV Rn. 2; *Forsthoff* in: Grabitz/Hilf/Nettesheim (Hrsg.), Das Recht der Europäischen Union, 61. EL 2017, Art. 54 AEUV Rn. 3; *Wedemann* RabelsZ 75 (2011) 541, 576; *Gössl* RabelsZ 80 (2016) 579, 598; ähnlich ohne Begründung *Gerner-Beuerle/Schillig*, ICLQ 59 (2010) 303, 304, Fn. 6.

30 *Gössl* RabelsZ 80 (2016) 579, 598; *Wedemann* RabelsZ 75 (2011) 541, 580; *Martiny* in: MüKo BGB, Bd. 10, 6. Aufl. 2015, Art. 1 Rom I-VO Rn. 63; ähnlich *Roth* ZGR 2014, 168, 175 f.

31 *Martiny* in: Reithmann/Martiny (Hrsg.), Internationales Vertragsrecht, 8. Aufl. 2015, 1. Teil Grundlagen und Vertragsgestaltung Rn. 1.68.

32 BGH NZG 2005, 41.

33 *Europäische Kommission*, Vorschlag für eine Verordnung des Europäischen Parlaments und des Rates über das auf außervertragliche Schuldverhältnisse anzuwendende Recht („Rom II"), KOM(2003) 427 endg., S. 10.

34 *Base Metal Trading LTD* [2004] EWCA 1316.

35 OGH v. 23.2.1989 – 6 Ob 525/89, unalex AT-766.

Innengesellschaften oder **Gelegenheitsgesellschaften.**[36] Ebenfalls vom Vertragsstatut erfasst sind die Verpflichtungsgeschäfte zur Übertragung von Gesellschaftsanteilen (dazu Rn. 80 ff.).[37]

14 Nicht von der Rom II-VO erfasst sind nach Art. 1 II lit. d) außervertragliche Schuldverhältnisse, in denen es um die persönliche gesetzliche Haftung der Gesellschafter und der Organe für die Verbindlichkeiten einer Gesellschaft geht.[38] Ebenfalls ausgeschlossen ist die persönliche (gesetzliche) Haftung der Personen, die mit der Pflichtprüfung von Gesellschaften beauftragt sind, also von Abschlussprüfern oder Prüfungsgesellschaften (Art. 1 II lit. d) Rom II-VO aE). Als Abgrenzungskriterium ist nach Begründung der Kommission darauf abzustellen, ob es sich um Haftungsfragen handelt, die so mit denen des Gesellschaftsrechts und insbesondere der Gesellschaftsform verzahnt sind, dass eine sinnvolle Trennung von Gesellschafts- und Haftungsstatut nicht möglich ist.[39] Dies führt zu einigen im gesellschaftsrechtlichen Zusammenhang relevanten Abgrenzungsfragen, insbesondere bei der sog Existenzvernichtungshaftung nach deutschem Verständnis (s. Rn. 130 ff.).

b) EuInsVO

15 Überschneidungen mit dem Gesellschaftsstatut können sich auch beim Insolvenzstatut iSd EuInsVO[40] ergeben. Insolvenzverfahren sind dabei als Verfahren zu verstehen, „welche die Insolvenz des Schuldners voraussetzen und den vollständigen oder teilweisen Vermögensbeschlag gegen den Schuldner sowie die Bestellung eines Verwalters zur Folge haben" (Art. 1 I EuInsVO). „Insolvenzrechtlich" iSd EuInsVO ist nach der Rechtsprechung des EuGH weit zu verstehen und unabhängig davon, ob die Vorschrift speziell in einem insolvenzrechtlichen nationalen Rechtsakt steht.[41] Notwendig ist aber eine **inhaltliche Verankerung im Insolvenzrecht** bzw. eine **speziell insolvenzrechtliche Prägung** der Norm (ausführlich § 36 Rn. 25 ff., ferner kurz Rn. 124 ff.). Wichtig wird die Abgrenzung bei Vorschriften, die im nationalen Recht formal dem Gesellschaftsrecht zugeordnet werden und dem Schutz des (Insolvenz-) Gläubigers dienen (s. Rn. 124 ff., 132, ferner § 36 Rn. 26 ff.).

2. Gesellschaftsstatut nach autonom-nationalem Verständnis

16 Erst nachdem festgestellt wurde, dass keine vorrangig anzuwendenden Rechtsakte einschlägig sind, kann und muss auf das autonome deutsche Kollisionsrecht zurückgegriffen werden. Hier stellt sich erneut die Frage, wie das Gesellschaftsstatut zu bestimmen ist. Dies erfasst einerseits wie bei Anwendung der unionsrechtlichen Instrumente die Frage, wann eine „Gesellschaft" iSd Kollisionsrechts vorliegt. Andererseits stellt sich die Frage, welcher Anknüpfungsgegenstand vom Gesellschaftsstatut erfasst wird, also welche Rechtsfragen bezogen auf eine Gesellschaft einheitlich gesellschaftsrechtlich angeknüpft werden. Im Gegensatz zu den vorhergehenden Ausführungen ist nun auf die Wertungen und die Methodik des nationalen autonomen Rechts zurückzugreifen, also auf deutsches Kollisionsrecht.

a) „Gesellschaftsrecht" iSd deutschen Kollisionsrechts

17 Die in der Rom I- und Rom II-VO ausgeklammerten Fragen entsprechen denen, die in Deutschland nach hM vom Gesellschaftsstatut erfasst werden. Das Gesellschaftsstatut umfasst nach einer bekannten Formel, **nach welchen Regeln eine Gesellschaft „entsteht, lebt und vergeht"**.[42] Der Begriff des „Gesellschaftsrechts" ist somit

36 ZB (noch zum EVÜ): BGH NJW 2015, 2581; BGH NJW 2009, 1482; BGH NJW 2004, 3706; OLG Hamburg NJW-RR 2001, 1012; OLG Frankfurt RIW 1998, 807; OLG Bamberg NJW-RR 1989, 371; *Giuliano/Lagarde*, Report on the Convention on the law applicable to contractual obligations, ABl. EWG 1980, C 282/1, S. 12; allgemein: *Hausmann* in: Reithmann/Martiny (Hrsg.), Internationales Vertragsrecht, 8. Aufl. 2015, Rn. 5184; *Kieninger* in: Ferrari/Kieninger/Mankowski (Hrsg.), Internationales Vertragsrecht, 2. Aufl. 2012, Art. 1 Rom I-VO Rn. 21; *Martiny* in: MüKo BGB, Bd. 10, 6. Aufl. 2015, Art. 1 Rom I-VO Rn. 64; *ders.* ZEuP 2006, 60, 64; *Spickhoff* in: Bamberger/Roth/Hau/Poseck (Hrsg.), BeckOK BGB, 43. Ed., Stand: 15.6.2017, Art. 1 VO (EG) 593/2008 Rn. 40.

37 Zum EVÜ: BGH NZG 2005, 41; Corte d'Appello Milano v. 18.7.2000 – Lasinter Holding A.G. C. Laspro N.V. et al./. Laspro N.V. et al., unalex IT-530; OGH v. 23.2.1989 – 6 Ob 525/89, unalex AT-766; *Kindler* in: Budzikiewicz/Weller/Wurmnest (Hrsg.), BeckOGK, Stand: 1.8.2017, Art. 1 Rom I-VO Rn. 61.

38 *Debt Collect London Limited and others v. SK Slavia Praha – Fotbal A S* [2010] EWHC 57 (QB); *Kindler* in: Budzikiewicz/Weller/Wurmnest (Hrsg.), BeckOGK, Stand: 1.8.2017, Art. 1 Rom I-VO Rn. 60.

39 *Europäische Kommission*, Vorschlag für eine Verordnung des Europäischen Parlaments und des Rates über das auf außervertragliche Schuldverhältnisse anzuwendende Recht („Rom II"), KOM(2003) 427 endg., S. 10; *Junker* in: MüKo BGB, Bd. 10, 6. Aufl. 2015, Art. 1 Rom I-VO Rn. 38; ähnlich („Grund der Haftung im Gesellschaftsrecht") *Spickhoff* in: MüKo BGB, Bd. 10, 6. Aufl. 2015, Art. 1 Rom II-VO Rn. 15.

40 Verordnung (EU) 2015/848 des Europäischen Parlaments und des Rates vom 20. Mai 2015 über Insolvenzverfahren, ABl. EU v. 5.6.2015, L 141/19, ersetzt die Verordnung (EG) Nr. 1346/2000 des Rates vom 29. Mai 2000 über Insolvenzverfahren, ABl. EG v. 30.6.2000, L 160/1.

41 *Weller* in: MüKo GmbHG, Bd. 1, 2. Aufl. 2015, Einl. Rn. 407.

42 BGH NJW 1957, 1433, 1434; Formulierung aufgegriffen etwa von *Kropholler*, Internationales Privatrecht, 2006, § 55 II.

weit zu verstehen und erfasst die Entstehung und Beendigung, die Rechtsform und ihre Folgen, die Regelungen zur Organisation, Rechtsfähigkeit und Haftung der Gesellschaft und die Stellung der Gesellschafter innerhalb der Gesellschaft.[43]

b) „Gesellschaft" iSd deutschen Kollisionsrechts

Das Internationale Privatrecht hat die Funktion, auch ausländische, dem deutschen Recht unbekannte Rechtsgebilde zu erfassen. Daher werden Begriffe in Kollisionsnormen typischerweise weit verstanden.[44] Aus diesem Grund ist der kollisionsrechtliche Gesellschaftsbegriff weiter als der nach nationalem Sachrecht,[45] ähnlich wie der unionsrechtliche Gesellschaftsbegriff der Niederlassungsfreiheit (dazu auch § 10 Rn. 20 f.). Er umfasst prinzipiell alle auf hinreichende Dauer organisierten, nach außen im Rechtsverkehr in Erscheinung tretenden Personenzusammenschlüsse oder Vermögenseinheiten,[46] unabhängig davon, ob sie wirtschaftlich oder ideell tätig werden[47] und unabhängig davon, ob sie auch sachrechtlich als Gesellschaften angesehen werden.[48] Vorgesellschaften und Vereine nach deutschem Verständnis oder auch ihre Pendants im ausländischen Recht fallen ebenfalls darunter, solange sie im Rechtsverkehr nach außen als selbstständige Gebilde in Erscheinung treten.[49] Ein Rechtsgebilde, welches demgegenüber nicht verselbstständigt in Erscheinung tritt, zB eine reine Innengesellschaft, ist nicht erfasst, sondern ist Teil der Schuldvertragsstatut nach der Rom I-VO (s. Rn. 13).[50] Beispielsweise in Spanien, Slowenien und dem Vereinigten Königreich fallen auch Vorgesellschaften nach ihrem Verständnis nicht unter das Gesellschafts-, sondern das Schuldvertragsstatut.[51] 18

3. Einheitliches Gesellschaftsstatut

In der Literatur wird teilweise zwischen der Anknüpfung von Kapital- und Personengesellschaften oder auch juristischen Personen und sonstigen Personenvereinigungen unterschieden, ähnlich wie der Gesetzgeber im materiellen Recht unterschiedliche Gesellschaftsformen unterschiedlich regelt.[52] Typischerweise erfordert die Gründung von Kapitalgesellschaften oder die Errichtung einer juristischen Person einen besonderen offiziellen 19

---

43 ZB *Kindler* in: MüKo BGB, Bd. 11, 6. Aufl. 2015, IntGesR, Rn. 2 ff.; *Kronke/Mazza* in: Kronke/Melis/Schnyder (Hrsg.), Handbuch Internationales Wirtschaftsrecht, 2005, S. 1167 f.; *Nussbaum*, Grundzüge des internationalen Privatrechts, 1952, S. 138; *Rabel*, The conflict of laws: a comparative study, Vol. 2, 1960, S. 74 f.; *Raiser/Veil* in: Recht der Kapitalgesellschaften, 6. Aufl. 2015, § 8 Rn. 9-14; ähnlich in den übrigen EU-Mitgliedstaaten, vgl. *Gerner-Beuerle et al.*, Study on the Law Applicable to Companies – Final Report, 2016, S. 144 ff., 154 f.

44 Vgl. etwa *Kegel/Schurig*, Internationales Privatrecht, 2004, § 7 III, S. 345-346, S. 349-350; *von Bar/Mankowski*, Internationales Privatrecht, Bd. 1, 2003, § 7 Rn. 163-170; *Baratta* in: *Baratta* (Ed.), Diritto internazionale privato, Milano, 2010, S. 315, 319-320; *Clarkson/Hill*, The conflict of laws, 4. Aufl. 2011, S. 27-29; *Rabel*, The conflict of laws: a comparative study, Vol. 2, 1960, S. 59-60, 66.

45 Vgl. etwa ausdrücklich in Italien: Legge 218/1995, Art. 25 comma 1: „Le società, le associazioni, le fondazioni ed ogni altro ente, pubblico o privato, anche se privo di natura associativa, […]". ZB fällt ein Joint Venture unter die italienische lex societatis gem. App Milano, 14.1.2000, Riv. dir. int. priv. proc. 2000, 172; *Focarelli*, Lezioni di diritto internazionale privato, 2005, Rn. 236-283; ähnlich Österreich § 10 IPRG: „Das Personalstatut einer juristischen Person oder einer sonstigen Personen- oder Vermögensverbindung, die Träger von Rechten und Pflichten sein kann, ist […]".

46 ZB BGH NJW 1967, 36, 38 f.; *Großfeld* in: Staudinger, Internationales Gesellschaftsrecht, 1998, Rn. 750; *Hübner*, Kollisionsrechtliche Behandlung von Gesellschaften aus „nicht-privilegierten" Drittstaaten, 2011, S. 156 f.; *Kegel/Schurig*, Internationales Privatrecht, 2004, § 17 III S. 590 f.; *Kindler* in: MüKo BGB, Bd. 11, 6. Aufl. 2015, IntGesR, Rn. 285 f.; *Nussbaum*, Deutsches internationales Privatrecht, 1932, S. 206; *Schwintowski* NJW 1988, 937, 937, 941 f.; *Spahlinger* in: Spahlinger/Wegen (Hrsg.), Internationales Gesellschaftsrecht in der Praxis, 2005, Rn. 111.

47 *Kegel/Schurig*, Internationales Privatrecht, 2004, § 17 III 1 S. 590; *Kindler* in: MüKo BGB, Bd. 11, 2015, IntGesR, Rn. 3; *Kropholler*, Internationales Privatrecht, 2006, § 55 I 2 a; *Trüten*, Die Mobilität von Gesellschaften in der Europäischen Gemeinschaft, 2005, S. 73.

48 *Grundmann* RabelsZ 54 (1990) 283, 295 f.; *Hausmann* in: Reithmann/Martiny (Hrsg.), Internationales Vertragsrecht, 8. Aufl. 2015, Rn. 5184; *Kegel/Schurig*, Internationales Privatrecht, 2004, § 17 III 1 S. 590; *Kindler* in: MüKo BGB, Bd. 11, 6. Aufl. 2015, IntGesR, Rn. 3, Rn. 282-287.

49 OLG Frankfurt RIW 1998, 807 f.; *Kindler* in: MüKo BGB, Bd. 11, 2015, IntGesR, Rn. 2; *Kegel/Schurig*, Internationales Privatrecht, 2004, § 17 III S. 590 f.; *Gerner-Beuerle et al.*, Study on the Law Applicable to Companies – Final Report, 2016, S. 168 f.

50 OLG Frankfurt RIW 1998, 807; *Hausmann* in: Reithmann/Martiny (Hrsg.), Internationales Vertragsrecht, 8. Aufl. 2015, Rn. 5187; *Kegel/Schurig*, Internationales Privatrecht, 2004, § 17 III 1 S. 590; *Kindler* in: MüKo BGB, Bd. 11, 6. Aufl. 2015, IntGesR, Rn. 287; *Spahlinger* in: Spahlinger/Wegen (Hrsg.), Internationales Gesellschaftsrecht in der Praxis, 2005, Rn. 115; *Weller* in: MüKo GmbHG, Bd. 1, 2. Aufl. 2015, Einl. Rn. 319; kritisch: *Schücking* in: MüHdB GesR, Bd. 1, § 1 Rn. 29 ff.; *Wall* in: Hausmann/Odersky (Hrsg.), Internationales Privatrecht in der Notar- und Gestaltungspraxis, 3. Aufl. 2016, § 19 Rn. 30.

51 *Gerner-Beuerle et al.*, Study on the Law Applicable to Companies – Final Report, 2016, S. 169.

52 *Leible/Hoffmann* RIW 2002, 925, 933; differenzierend auch *Hoffmann* in: Heidel ua, NomosKommentar: Allgemeiner Teil, EGBGB, 3. Aufl. 2016, Anh. Art. 12 EGBGB Rn. 151 ff.

Akt,[53] auch sind die Regelungen zu Personengesellschaften häufig flexibler als solche für Kapitalgesellschaften.[54] Diese sachrechtliche Unterscheidung könnte sich auf die kollisionsrechtliche Ebene durch zwei unterschiedliche Kollisionsnormen auswirken. Kapitalgesellschaften könnten dem Recht des Ortes der Registrierung unterworfen werden oder juristische Personen dem Recht des Ortes der Inkorporierung und andere Gesellschaften dem Recht des Ortes des zentralen Handelns der Gesellschafter (zu den möglichen Anknüpfungen an den Gründungs- oder zentralen Handlungsort s. Rn. 25 ff.).[55]

20 Die Frage, ob eine solche Unterscheidung überhaupt möglich ist, stellt sich bei Gesellschaften, die in Deutschland keine Niederlassungsfreiheit genießen. Bei Gesellschaften, die in Deutschland Niederlassungsfreiheit genießen, stellt sich die Frage einer Differenzierung nicht, da die in Deutschland vorherrschende Meinung im Anwendungsbereich der Niederlassungsfreiheit eine einheitliche Anknüpfung im Sinne der Gründungstheorie befürwortet (ausführlich § 10 Rn. 108 f.). Die Niederlassungsfreiheit wiederum unterscheidet nicht nach der Gesellschaftsform, so dass die gleichen Schlussfolgerungen für das Kollisionsrecht unabhängig von der Gesellschaftsform getroffen werden müssen.

21 Bei allen übrigen Gesellschaften ist eine differenzierte kollisionsrechtliche Anknüpfung je nach Gesellschaftstyp ebenfalls nicht opportun: Die aktuelle Praxis in Deutschland führt bereits zu einer Anknüpfung, die danach unterscheidet, ob eine Gesellschaft in Deutschland Niederlassungsfreiheit genießt oder nicht (s. u. Rn. 26 und § 10 Rn. 110). Würde die Bestimmung des anwendbaren Rechts für letztere Gruppe weiter nach Gesellschaftsformen ausdifferenziert, müssten die Gerichte bereits auf der Ebene der Abgrenzung der in Betracht kommenden Kollisionsnormen primär sachrechtlich abgrenzen – (1): Wurde die Gesellschaft in einem Staat rechtswirksam gegründet, dem gegenüber Deutschland Niederlassungsfreiheit gewähren muss? (2): Handelt es sich um eine Personen- oder Kapitalgesellschaft?. Es müsste daher das auf die Gesellschaft potenziell anwendbare Recht bestimmt werden, nur um zu ermitteln, welche Kollisionsnorm einschlägig ist, um das in der Sache anwendbare Recht zu finden. Dies würde die Prüfung bereits auf der kollisionsrechtlichen Ebene verkomplizieren und mit sachrechtlichen Wertungen aufladen, obwohl es erst darum geht, die das Sachrecht bestimmenden Kollisionsnormen zu finden. Es ist sinnvoller, bei der Bestimmung des konkreten Anknüpfungspunkts, dh der Konkretisierung der engsten Verbindung (ausführlich unten Rn. 33 ff.), zu berücksichtigen, wie die Gesellschaft konkret organisatorisch geformt ist, nicht aber bereits bei der Frage, was der Anknüpfungsgegenstand der Kollisionsnorm ist.[56]

22 Das Kollisionsrecht versucht nicht nur der Einfachheit halber, sachrechtliche Wertungen in der kollisionsrechtlichen Prüfung dadurch zu vermeiden, dass es Anknüpfungsgegenstände weit fasst und vom Sachrecht abstrahiert (s. Rn. 18). Dies geht auf den Gedanken zurück, dass Kollisionsnormen das gesetzgeberische Ziel verfolgen, nicht nur nationale, sondern auch ausländische Rechtsinstitute oder -formen zu erfassen.[57] Aus diesem Grund stellt das IPR bei der Bestimmung des Anknüpfungsgegenstands funktional auf die Merkmale ab, die aus Sicht des deutschen Sachrechts strukturrelevant sind, und verallgemeinert diese Strukturmerkmale für die kollisionsrechtliche Ebene.[58] Ein kollisionsrechtliches Begriffsverständnis von Kapitalgesellschaft und Personengesellschaft würde aber zu weiteren Friktionen führen, wenn dann das in der Sache anwendbare materielle Recht zu einem anderen Ergebnis käme, also zB die nach deutschem kollisionsrechtlichem Verständnis als Kapitalgesellschaft anzuknüpfende Gesellschaft nach dem Gesellschaftsstatut eine Personengesellschaft wäre, also gar keinen Inkorporationsort aufwiese, und *vice versa*. Abgrenzungs- oder Einordnungsprobleme im deutschen

53 Überblick über einige nationale Regelungen: *Schaub* NZG 2000, 953 f.

54 ZB *Flume*, Allgemeiner Teil des Bürgerlichen Rechts, Bd. 1, Erster Teil. Die Personengesellschaft, 1977, § 7 III; *Flume*, Allgemeiner Teil des Bürgerlichen Rechts, Bd. 1, Zweiter Teil. Die juristische Person, 1983, § 7; zur Graden der Autonomie abhängig von der Gesellschaftsform *Binder*, Regulierungsinstrumente und Regulierungsstrategien im Kapitalgesellschaftsrecht, 2012, S. 213 f.; *Grunewald* in: Riesenhuber (Hrsg.), Privatrechtsgesellschaft, 2007, S. 311, 313-320; *Möslein*, Dispositives Recht, 2011, S. 24 f., 70-37, 111 f.; *Schön* in: FS Canaris, 2007, S. 1191, 1197.

55 I. E. ablehnend *Hoger/Lieder* ZHR 180 (2016) 613, 621 f.; *Hübner*, Kollisionsrechtliche Behandlung von Gesellschaften aus „nicht-privilegierten" Drittstaaten, 2011, S. 156; *Kindler* in: MüKo BGB, Bd. 11, 6. Aufl. 2015, IntGesR, Rn. 282 ff.

56 Ähnlich auch *Großfeld* in: Staudinger, Internationales Gesellschaftsrecht, 1998, Rn. 747-752; *Hübner*, Kollisionsrechtliche Behandlung von Gesellschaften aus „nicht-privilegierten" Drittstaaten, 2011, S. 156 f.; *Kindler* in: MüKo BGB, Bd. 11, 6. Aufl. 2015, IntGesR, Rn. 282-287; *Kegel/Schurig*, Internationales Privatrecht, 2004, § 17 III S. 590 f.

57 *Von Bar/Mankowski*, Internationales Privatrecht, Bd. 1, 2003, § 7 Rn. 163-170; *Kegel/Schurig*, Internationales Privatrecht, 2004, § 7 III S. 346; aus Sicht anderer Rechtsordnungen: *Baratta* in: Baratta (Hrsg.), Diritto internazionale privato, 2010, S. 315, 319 ff.; *Clarkson/Hill*, The conflict of laws, 4. Aufl. 2011, S. 27-29; *Rabel*, The conflict of laws: a comparative study, Vol. 2, 1960, S. 59 f., 66.

58 *Grundmann* RabelsZ 54 (1990) 283, 295; *Kegel/Schurig*, Internationales Privatrecht, 2004, § 7 III S. 345 f., 349 f.; *von Bar/Mankowski*, Internationales Privatrecht, Bd. 1, 2003, § 7 Rn. 163-170; *Trautrims*, Das Kollisionsrecht der Personengesellschaften, 2009, S. 128; aus Sicht anderer Rechtsordnungen *Baratta* in: Baratta (Hrsg.), Diritto internazionale privato, 2010, S. 315, 319 ff.; *Clarkson/Hill*, The conflict of laws, 4. Aufl. 2011, S. 27-29; *Rabel*, The conflict of laws: a comparative study, Vol. 2, 1960, S. 59 f., 66.

Sachrecht, etwa bezogen auf die Rechtsnatur der Vorgesellschaft und die Haftung bei der gescheiterten Vorgesellschaft, zeigen, dass eine strikte Trennung schwierig ist und die Grenzen zwischen Kapital- und Personengesellschaften fließend sein können.[59] Dies gilt ebenfalls für die sachrechtliche Bewertung in anderen Rechtsordnungen.

Dies alles spricht für eine einheitliche Betrachtung, die an die oben dargestellten Strukturmerkmale einer Gesellschaft im autonom-nationalen IPR (und dem Unionsrecht und Unionskollisionsrecht) anknüpft. Diese Strukturmerkmale unterscheiden gerade nicht danach, wie die Gesellschaft sachrechtlich ausgeformt ist: Es geht darum, ob ein von der Rechtsordnung anerkanntes Gebilde ein Mindestmaß an Organisation aufweist und als eine solche Organisationseinheit im Rechtsverkehr, dh gegenüber Dritten, auftreten und Rechtsverhältnisse begründen kann.[60] 23

Das **Gesellschaftsstatut** nach autonom-nationalem Verständnis erfasst daher Gesellschaften **unabhängig von ihrer Rechtsform,**[61] ähnlich wie sich auch die Niederlassungsfreiheit von Gesellschaften nach Art. 49, 54 II AEUV auf Personen- und Kapitalgesellschaften, juristische Personen und sonstige Personenvereinigungen gleichermaßen bezieht (s. § 10 Rn. 20, 149). 24

B. Nationales (Gesellschafts-)Kollisionsrecht

I. Überblick über die aktuelle Rechtslage in Deutschland

1. Einführung

Das Internationale Gesellschaftsrecht ist in Deutschland bislang nicht kodifiziert (zu Reformbestrebungen auf nationaler und Unionsebene s. Rn. 174 ff. und 184). Seit Beginn des Jahrtausends hat sich in Deutschland eine weitgehend konsistente Rechtsprechung herausgebildet. Seit Beginn des modernen Kollisionsrechts[62] wurde im In- und Ausland diskutiert, ob eine Gesellschaft dem **Recht ihres Gründungsstaats** oder dem Recht des **Staats ihres tatsächlichen Aktivitätenschwerpunkts** unterworfen werden soll.[63] Der Kern der Diskussion hat sich in Deutschland in den letzten Dekaden etwas verlagert: Durch den Einfluss insbesondere des Unionsrechts unterstehen in Deutschland „privilegierte" Gesellschaften dem Recht ihres Gründungsstaats (ausführlich hierzu § 10 Rn. 108 f.). Es wird daher vermehrt infrage gestellt, ob die früher richterrechtlich, gegebenenfalls sogar gewohnheitsrechtlich[64] anerkannte Sitztheorie, die an den effektiven Verwaltungssitz anknüpft, auch für „nicht-privilegierte"[65] Gesellschaften aufgegeben und ein einheitliches Gesellschaftsstatut mit Anknüpfung an den Gründungs- oder Registersitz gebildet werden soll (s. auch § 10 Rn. 111). 25

---

59 ZB BGH NZG 2000, 926, 927; zum Meinungsstand *Merkt* in: MüKo GmbHG, 2. Aufl. 2015, § 11 Rn. 8 ff., 95.

60 *Kindler* in: MüKo BGB, Bd. 11, 2015, IntGesR, Rn. 285 f.; *Großfeld* in: Staudinger, Internationales Gesellschaftsrecht, 1998, Rn. 746-752; *Hübner*, Kollisionsrechtliche Behandlung von Gesellschaften aus „nicht-privilegierten" Drittstaaten, 2011, S. 156 f.; *Kegel/Schurig*, Internationales Privatrecht, 2004, § 17 III S. 590 f.; *Hausmann* in: Reithmann/Martiny (Hrsg.), Internationales Vertragsrecht, 8. Aufl. 2015, Rn. 5183 f.; OLG Zweibrücken NJW 1987, 2168; LG Marburg NJW-RR 1993, 222.

61 ZB BGH NJW 1967, 36; 38 f.; BGH NJW 2009, 289, 290 f.; *Großfeld* in: Staudinger, Internationales Gesellschaftsrecht, 1998, Rn. 747-752; *Hausmann* in: Reithmann/Martiny (Hrsg.), Internationales Vertragsrecht, 8. Aufl. 2015, Rn. 5127; *Kegel/Schurig*, Internationales Privatrecht, 2004, § 17 III S. 590 f.; *Kindler* in: MüKo BGB, Bd. 11, 6. Aufl. 2015, IntGesR, Rn. 284 f.; *Kronke/Mazza* in: Kronke/Melis/Schnyder (Hrsg.), Handbuch Internationales Wirtschaftsrecht, 2005, S. 1178; *Nussbaum*, Deutsches internationales Privatrecht, 1932, S. 206; *Schwintowski* NJW 1988, 937, 941 f.; *Spahlinger* in: Spahlinger/Wegen (Hrsg.), Internationales Gesellschaftsrecht in der Praxis, 2005, Rn. 111.

62 Traditionell wird der Beginn bei *Savigny*, System des heutigen römischen Rechts, Bd. VIII, 1849, angenommen.

63 Ausführlich *Trautrims* ZHR 176 (2012) 435 ff.; rechtsvergleichend zu den EU-Mitgliedstaaten *Gerner-Beuerle et al.*, Study on the Law Applicable to Companies – Final Report, 2016, S. 27; zB *Savigny*, System des heutigen römischen Rechts, Bd. VIII, 1849, S. 65 ff.; *L. von Bar*, Das Internationale Privat- und Strafrecht, 1862, § 41 S. 134-137; *L. von Bar*, Theorie und Praxis des internationalen Privatrechts, 1889, S. 162 f.; *Isay*, Die Staatsangehörigkeit der juristischen Personen, 1907.

64 ZB *Hausmann* in: Reithmann/Martiny (Hrsg.), Internationales Vertragsrecht, 8. Aufl. 2015, Rn. 5066; *Wall*, in: Hausmann/Odersky (Hrsg.), Internationales Privatrecht in der Notar- und Gestaltungspraxis, 3. Aufl. 2016, § 18 Rn. 9; *Weller* IPRax 2009, 202, 203; vorsichtiger als „Grundregel" *Kindler* IPRax 2009, 189, 190.

65 Begriff nach *Hübner*, Kollisionsrechtliche Behandlung von Gesellschaften aus „nicht-privilegierten" Drittstaaten, 2011 und *Ebke* in: FS Hellwig, 2010, S. 117.

2. Grundregeln im deutschen Internationalen Gesellschaftsrecht

a) Überblick über die Diskussion im 19. und 20. Jahrhundert

26 Es haben sich zwei Ansätze zur Bestimmung des Gesellschaftsstatuts in Deutschland entwickelt, die Sitz- und die Gründungstheorie, entweder in Reinform oder in vermittelnden Mischformen (hierzu gleich Rn. 28 f.).[66] Beide Ansätze gelangen im Regelfall, nämlich dass eine Gesellschaft sich dort gründet, wo sie hauptsächlich agiert, zum selben anwendbaren Recht.[67] Relevant wird die Unterscheidung zumeist in zwei Fällen: Wenn eine Gesellschaft expandiert und den Schwerpunkt ihrer Tätigkeit ins Ausland verlegt, oder wenn sie bewusst in einem anderen Staat gegründet wird als dem Staat ihrer wirtschaftlichen Tätigkeit. Dies kann zB der Fall sein, wenn die Gründer bestimmten Regelungen entfliehen möchten, etwa dem Steuerrecht, der unternehmerischen Mitbestimmung oder sonstiger national besonderer Regulierung.[68]

b) Partieller Wechsel zur Gründungstheorie

27 Gesellschaften, die in Deutschland unter den Schutz der Niederlassungsfreiheit fallen, werden nach hM der sog „europäischen Gründungstheorie" unterstellt, dh dem Recht, nach dem die Gesellschaften gegründet wurden (ausführlich § 10 Rn. 97 ff.).[69] Hierbei sollte darauf geachtet werden, dass die „Europäische Gründungstheorie" sich nicht in allen EU-Mitgliedstaaten als kollisionsrechtliche Lösung wie in Deutschland entwickelt hat. Andere Rechtsordnungen, etwa die belgische oder die griechische, haben bisher keinen kollisionsrechtlichen Wechsel zur Gründungstheorie vollzogen, sondern knüpfen weiterhin an den effektiven Verwaltungssitz iSd Sitztheorie an und passen gegebenenfalls auf sachrechtlicher Ebene das Ergebnis an die Anforderungen des EU-Rechts an.[70] Da der Begriff „Europäische Gründungstheorie" (fälschlicherweise) eine EU-weit einheitliche Bestimmung des Gesellschaftsstatuts implizieren kann, wird er hier nicht verwendet.

c) Fortgeltung der „modifizierten" Sitztheorie für „nicht-privilegierte" Gesellschaften

28 Für Gesellschaften, die in Deutschland **keine Niederlassungsfreiheit** genießen, ist nach höchstrichterlicher Rechtsprechung und einem Großteil der Literatur die Rechtsordnung des Ortes einschlägig, an dem sich der **tatsächliche Verwaltungssitz der Gesellschaft befindet** (Sitztheorie).[71] Anknüpfungspunkt ist der faktische oder effektive Verwaltungssitz, dessen konkrete Bestimmung wiederum umstritten ist (ausführlich Rn. 48 ff.).

29 Problematisch waren bis 2002 Fälle, in denen eine Gesellschaft in einem Staat wirksam inkorporiert worden war, deutsche Gerichte aber der Beurteilung ihrer Haftung (oder der Haftung ihrer Gesellschafter) oder Rechtsfähigkeit deutsches Recht zugrunde legten. Die Rechtsprechung ging nach der sog „strengen Sitztheorie" davon aus, dass eine solche „Gesellschaft" mangels wirksamer Gründung nach deutschem Sachrecht nicht rechts- oder parteifähig sei und daher von der deutschen Rechtsordnung vorbehaltlich einer Neugründung in Deutschland

66 *Hübner*, Kollisionsrechtliche Behandlung von Gesellschaften aus „nicht-privilegierten" Drittstaaten, 2011, S. 48-56; *Kegel/Schurig*, Internationales Privatrecht, 2004, § 17 II 1 S. 572-576; *Kindler* in: MüKo BGB, Bd. 11, 6. Aufl. 2015, IntGesR, Rn. 5; *Knobbe-Keuk* ZHR 154 (1990) 325, 326; *Spahlinger* in: Spahlinger/Wegen (Hrsg.), Internationales Gesellschaftsrecht in der Praxis, 2005, Rn. 31-33; *Wall* in: Hausmann/Odersky (Hrsg.), Internationales Privatrecht in der Notar- und Gestaltungspraxis, 3. Aufl. 2016, § 18 Rn. 5 ff.; *Weller*, Europäische Rechtsformwahlfreiheit und Gesellschafterhaftung, 2004, S. 13.

67 Daher zB gar keine Diskussion bei BGH NJW 1981, 522, 525 f.

68 Zuletzt zB *Weller* IPRax 2017, 167.

69 BGH EuZW 2005, 733; BGH ZIP 2009, 2385; BGH NJW 2005, 1648, 1650; BayObLG NZG 2003, 290, 291; *Kegel/Schurig*, Internationales Privatrecht, 2004, § 17 II 1 S. 575 f.; *Körber* in: Bürgers/Körber (Hrsg.), Aktiengesetz, 4. Aufl. 2017, Einl. AktG Rn. 24a; *Wöhlert* GWR 2009, 161, 161; *Eidenmüller/Rehm* ZGR 1997, 89, 99; *Hausmann* in: Reithmann/Martiny (Hrsg.), Internationales Vertragsrecht, 8. Aufl. 2015, Rn. 5036 ff.; *Kropholler*, Internationales Privatrecht, 2006, § 55 I S. 568; *Wöhlert* GWR 2009, 161, 161.

70 Ausführlicher Überblick *Gerner-Beuerle et al.*, Study on the Law Applicable to Companies – Final Report, 2016, S. 117 f.; 119 ff.

71 ZB BGH NJW 1967, 36; OLG Hamburg BB 2007, 1519, 1521; *Binge/Thölke* DNotZ 2004, 21, 28; *Ebke* in: FS Hellwig, 2010, S. 117, 139 f.; *Frobenius* DStR 2009, 487, 491; *Gössl*, Internetspezifisches Kollisionsrecht?, 2014, S. 166-188; *Hausmann* in: Reithmann/Martiny (Hrsg.), Internationales Vertragsrecht, 8. Aufl. 2015, Rn. 5066; *Kindler* in: MüKo BGB, Bd. 11, 6. Aufl. 2015, IntGesR, Rn. 420 ff., 455; *Kleinschmidt* EWiR 2007, 207, 208; *Weller*, Europäische Rechtsformwahlfreiheit und Gesellschafterhaftung, 2004, S. 73-75; für einen Wechsel zur Gründungstheorie *Behrens* IPRax 2003, 193; *Bartels* ZHR 176 (2012) 412, 414 ff.; *Eidenmüller* in: Eidenmüller (Hrsg.), Ausländische Kapitalgesellschaften im deutschen Recht, 2004, § 1 Rn. 4-8; *Hübner*, Kollisionsrechtliche Behandlung von Gesellschaften aus „nicht-privilegierten" Drittstaaten, 2011, S. 326 f.; *Kieninger* NJW 2009, 292, 293; *Kronke/Mazza* in: Kronke/Melis/Schnyder (Hrsg.), Handbuch Internationales Wirtschaftsrecht, 2005, S. 1152; *Knobbe-Keuk* ZHR 154 (1990) 325; *Kropholler*, Internationales Privatrecht, 2006, § 55 I S. 568; *Leible/Hoffmann* RIW 2002, 925, 935; *Teichmann*, Binnenmarktkonformes Gesellschaftsrecht, 2006, S. 405 f.; *Trautrims*, Das Kollisionsrecht der Personengesellschaften, 2009, S. 144 ff.

nicht anerkannt werden könne.[72] Inzwischen werden nach ausländischem Recht gegründete, aber deutschem Sachrecht unterstehende Gesellschaften in Deutschland als rechtsfähige Personengesellschaften anerkannt und in die Gesellschaftsform transponiert, dh umgedeutet, die der *numerus clausus* der *lex causae* (also häufig, aber nicht zwangsläufig das deutsche Gesellschaftsrecht) vorhält.[73] Man bezeichnet diese kollisionsrechtliche Behandlung auch als **„modifizierte" Sitztheorie** oder, etwas unfreundlicher als „Wechselbalgtheorie" (dazu auch § 10 Rn. 110 f.).[74] Der Wechsel in der Rechtsprechung muss vor dem Hintergrund der Rechtsprechungsentwicklung zur Anerkennung der Rechts- und Parteifähigkeit der GbR im sachrechtlichen Personengesellschaftsrecht gesehen werden: Seit 2001 ist die GbR als (teil-) rechtsfähig anerkannt.[75] Findet deutsches (Verwaltungssitz-) Sachrecht auf eine gemeinschaftliche Unternehmung verschiedener Personen mit einem gemeinsamen Ziel Anwendung, handelt es sich aus Sicht des deutschen Rechts zumindest um eine Gesellschaft bürgerlichen Rechts, unabhängig davon, wie sie im Recht ihrer Gründung rechtlich erfasst wird. Sie kann daher selbst dann (teil-) rechtsfähig sein, wenn sie nach deutschem Sachrecht nicht die Qualität einer OHG aufweist. Eine Umqualifikation in eine Kapitalgesellschaft scheidet aus, solange diese Kapitalgesellschaft die Gründungsvoraussetzungen nach dem deutschen Sachrecht nicht erfüllt. Dies hat zur Folge, dass die Gesellschaft – ähnlich wie bei einer gescheiterten GmbH-Gründung – auch im Inland unter deutschem Recht als GbR (oder OHG) rechts- und parteifähig ist,[76] aber auch die Gesellschafter entsprechend persönlich haften (§§ 128, 130 HGB bzw. § 128 HGB analog).[77] Konsequenterweise wendete der BGH etwa auf eine in Singapur gegründete Limited § 11 II GmbHG an, da sie sich aus Sicht des deutschen Rechts als Kapitalgesellschaft iSd GmbH-Gesetzes darstellte, ihr aber die Eintragung fehlte.[78] Eine im Ausland eingetragene Einpersonen-Kapitalgesellschaft wird, da das deutsche Recht keine Einpersonen-Personengesellschaft kennt, so behandelt, als habe der einzelne Gesellschafter selbst gehandelt und sich selbst verpflichtet (ausführlich dazu auch § 10 Rn. 111).[79]

Folgt das Recht des Staats, in dem die Gesellschaft gegründet wurde, der Gründungstheorie, dann wird diese in ihrem Gründungsstaat und den Rechtsordnungen, welche der Gründungstheorie folgen, weiterhin als Gesellschaft ihres Gründungsstatuts behandelt, während sie in Deutschland, soweit sie dort ihren faktischen Hauptsitz hat, als Gesellschaft nach deutschem Recht gilt. Es entsteht eine sog **„hinkende Gesellschaft"**. „Hinkende" Rechtsverhältnisse bezeichnen im IPR Rechtsverhältnisse, die aufgrund des unterschiedlichen Kollisionsrechts in unterschiedlichen Staaten unterschiedlich rechtlich bewertet werden.[80] Dies ist im Kollisionsrecht eine häufige und grundsätzlich, aber manchmal erwünschte Konsequenz der internationalen Vielzahl von möglichen Anknüpfungspunkten (ausführlich unten Rn. 43 ff.). 30

d) Art der Verweisung

Die Kollisionsnorm zur Behandlung der „nicht-privilegierten" Gesellschaften ist eine Gesamtweisung iSd Art. 4 I EGBGB. Dies bedeutet, dass ein Verweis des deutschen Kollisionsrechts auf das ausländische Recht auch dessen Kollisionsrecht umfasst. Befindet sich der effektive Verwaltungssitz einer in Deutschland gegründeten Gesellschaft in einem Staat, dessen Kollisionsrecht der Gründungstheorie folgt, führt dies zu einer **Rückverweisung** oder einem ***renvoi*** auf das deutsche Sachrecht. Ebenfalls kann es zu einer Rück- oder Weiterverweisung kommen, wenn das deutsche Kollisionsrecht den Verwaltungssitz des Gesellschaft im Ausland verortet, das dortige Kollisionsrecht den Sitz aber nach anderen Gesichtspunkten beurteilt und ihn in Deutschland oder einem dritten Staat verortet (Art. 4 I 2 EGBGB). Ausländisches Gesellschaftsrecht wird also angewendet, wenn die Verweisung unmittelbar oder durch Weiterverweisung zu einer Rechtsordnung führt, die sich kollisionsrechtlich ebenfalls für einschlägig erachtet (sog „Annahme" oder „Abbruch" der Verweisung).[81] 31

72 BGH NJW 1986, 2194; OLG München NJW-RR 1995, 703 f.; ähnlich auch BayObLGZ 1992, 113, 115; *Großfeld* in: Staudinger, Internationales Gesellschaftsrecht, 1998, Rn. 85, 537; *Jaeger* NZG 2000, 918, 919 f.; *Weller* ZEuP 2016, 53, 57; aus steuerrechtlicher Sicht *Dreissig* DB 2000, 893 ff.

73 BGH NJW 2002, 3539, 3540; BGH BeckRS 2009, 28205; BGH NZG 2010, 712; OLG Hamburg BB 2007, 1519; *Weller/Thomale/Benz* NJW 2016, 2378, 2380 f.; ausführlich bereits *Leible/Hoffmann* DB 2002, 2203, 2203 ff.

74 Zu den beiden Begriffen zB *Bartels* ZHR 176 (2012) 412, 416 ff.; *Paefgen* DZWIR 2003, 441, 443 f.; *Weller* in: FS Goette, 2011, S. 583 ff.

75 BGH NJW 2001, 1056.

76 BGH NJW 2002, 3539; BGH NJW 2009, 289, 290 f.

77 BGH NJW 2009, 289, 291; *Weller* in: MüKo GmbHG, Bd. 1, 2. Aufl. 2015, Einl. Rn. 328 f.; *Hellgardt/Illmer* NZG 2009, 94, 95; dies unklar als „Substitution" bezeichnend *Raiser/Veil*, Recht der Kapitalgesellschaften, 6. Aufl. 2015, § 8 Rn. 21.

78 BGH BeckRS 2009, 28205.

79 *Binz/Mayer* GmbHR 2003, 249, 252 f.

80 *Kegel/Schurig*, Internationales Privatrecht, 2004, § 2 II S. 140; *von Bar/Mankowski*, Internationales Privatrecht, Bd. 1, 2003, § 1 Rn. 16 aE.

81 Zum „Abbruch" etwa *Kegel/Schurig*, Internationales Privatrecht, 2004, § 10 III S. 396; „Annahme" etwa *von Bar/Mankowski*, Internationales Privatrecht, Bd. 1, 2003, § 7 Rn. 216; beide Begriffe *von Hein* in: MüKo BGB, Bd. 10, 6. Aufl. 2015, Art. 4 EGBGB Rn. 9.

3. Sitzverlegung ins Ausland

32 Besondere Probleme können sich ergeben, wenn eine Gesellschaft im Inland wirksam gegründet wurde und ihren effektiven Verwaltungssitz in Deutschland hat, dann aber ihren **Verwaltungssitz ins Ausland verlegen** möchte. Auch hier stellt sich die Frage, wie mit einem **Statutenwechsel** umzugehen ist, also insbesondere wenn Verwaltungssitz und Gründungssitz (dh typischerweise Satzungs- oder Registersitz) auseinanderfallen und sowohl der Wegzugs- als auch der Zuzugsstaat besondere Anforderungen an den Umzug stellen, damit die Gesellschaft ihre Rechtsform bewahrt oder in einer neuen Rechtsform aufgehen kann. Diese besondere Schwierigkeit der Sitzverlegung ins Ausland wird gesondert und ausführlich bei § 10 Rn. 105 ff., 120 f. behandelt.

II. Diskussion zur Sitz- und Gründungstheorie im autonomen Recht

33 Der Streit zwischen Sitz- und Gründungstheorie hat eine lange Tradition (s. Rn. 25 ff.) und ist durch die Rechtsprechung des EuGH zur Niederlassungsfreiheit, die einen teilweisen Wechsel zur Gründungstheorie verursachte, neu belebt worden (ausführlich § 10 Rn. 95 ff.). Rechtsprechung und Teile der Literatur lehnen einen solchen vollständigen Wechsel zur Gründungstheorie ab,[82] aus teleologischen Gründen[83] und unter Hinweis auf gesetzgeberische Aktivitäten auf nationaler und europäischer Ebene[84] und die gewohnheitsrechtliche Anerkennung der Sitztheorie.[85] Umgekehrt wird gefordert, die unterschiedliche Anknüpfung von „privilegierten" und „nichtprivilegierten" Gesellschaften aufzugeben und somit eine klare Rechtsanwendung zu garantieren.[86] Bevor die Hintergründe der hM und die dazu geführte Diskussion dargestellt werden (Rn. 34 f.), wird erläutert, wie das Kollisionsrecht an ungeregelte Sachverhalte herangeht. Hieraus lassen sich die Gründe, die für und gegen die einzelnen Anknüpfungspunkte sprechen, besser erschließen (Rn. 37 ff.).

1. Regelungslücken im Kollisionsrecht

34 Rechtsfragen bedürfen häufig einer gesonderten Anknüpfung, ohne dass eine kodifizierte Kollisionsnorm existiert. Die Praxis ist es daher gewohnt, ungeschriebene Verweisungsnormen zu bilden.[87] Bis zur Reform des IPR 1986[88] waren weite Teile des deutschen Kollisionsrechts nicht kodifiziert und die Reform hat diesem Umstand nur begrenzt abgeholfen.[89] Neben dem Internationalen Gesellschaftsrecht sind das Internationale Prozess- und Verfahrensrecht (Rn. 141), das Internationale Firmenrecht (Rn. 160 ff.), das Internationale Urheberrecht[90] und die Anknüpfung der Geschlechtsbestimmung nicht ausdrücklich geregelt.[91] Die Praxis hilft sich damit, dass eine Kollisionsnorm gebildet, dh das Rechtsverhältnis „angeknüpft"[92] wird. Methodisch handelt es sich dabei um eine Rechtsfortbildung im Wege der Gesamtanalogie.[93]

35 Typischerweise liegt im deutschen Kollisionsrecht eine ungeplante Regelungslücke vor, sobald ein separater Anknüpfungsgegenstand (hier: die aus dem jeweiligen Fall resultierenden Rechtsfragen, die dem Gesellschaftsstatut zugerechnet werden) existiert, nicht aber eine korrespondierende Kollisionsnorm. Dies hängt mit dem in Deutschland vorherrschenden Verständnis des Kollisionsrechts zusammen: Nach dem auf *Savigny* zurückgehen-

82 Für einen Wechsel hingegen *Eidenmüller* in: Eidenmüller (Hrsg.), Ausländische Kapitalgesellschaften im deutschen Recht, 2004, § 1 Rn. 8; *Knobbe-Keuk* ZHR 154 (1990) 325, 336, 353-356; *Kronke/Mazza* in: Kronke/Melis/Schnyder (Hrsg.), Handbuch Internationales Wirtschaftsrecht, 2005, S. 1155, 1159; *Kropholler*, Internationales Privatrecht, 2006, § 55 I 6 S. 581; *Looschelders*, Internationales Privatrecht – Art. 3-46 EGBGB, 2004, Anh. Art. 10 Rn. 16; *Sonnenberger/Bauer* RIW 2006, 2 Beilage 1 zu Heft 4, 1, 2, 6.

83 Ausführlich zB *Kindler* in: MüKo BGB, Bd. 11, 6. Aufl. 2015, IntGesR, Rn. 9 ff.; *Weller*, Europäische Rechtsformwahlfreiheit und Gesellschafterhaftung, 2004, S. 73-75.

84 Dazu ausführlich unten Rn. 184, ebenso etwa *Sonnenberger/Bauer* RIW 2006, 2 Beilage 1 zu Heft 4, 1, 2.

85 BGH NJW 2009, 289, 290 f.; BGH ZIP 2009, 2385; OLG Hamburg BB 2007, 1519, 1521; *Frobenius* DStR 2009, 487, 491; *Kropholler*, Internationales Privatrecht, 2006, § 55 I. 6. S. 581.

86 ZB *Bayer/Schmidt* ZHR 173 (2009) 735 ff.; *Kieninger* NJW 2009, 292, 293; *Körber* in: Bürgers/Körber (Hrsg.), Aktiengesetz, 4. Aufl. 2017, Einl. AktG, Rn. 25a; *Bartels* ZHR 176 (2012) 412.

87 *Gössl* IPRax 2018, im Erscheinen; *Köhler*, Eingriffsnormen – Der unfertige Teil des europäischen IPR, 2013, Rn. 97 ff.; *Kegel/Schurig*, Internationales Privatrecht, 2004, § 6 III S. 317; *Schurig*, Kollisionsnorm und Sachrecht, 1981, S. 176 ff.; 197 ff.

88 Gesetz zur Neuregelung des Internationalen Privatrechts vom 25. Juli 1986, BGBl. I 1986 Nr. 37 vom 30.7.1986, S. 1142 ff.

89 Vgl. BT-Drucksache 10/504, S. 20; *Gössl* IPRax 2018, im Erscheinen.

90 *Schack*, Zur Anknüpfung des Urheberrechts im internationalen Privatrecht, 1979; *Ulmer*, Immaterialgüterrechte im internationalen Privatrecht, 1975.

91 *Kegel/Schurig*, Internationales Privatrecht, 2004, § 17 I 3 S. 565 f.; siehe dazu *Althoff/Schabram/Follmar-Otto*, Gutachten Geschlechtervielfalt im Recht. Status Quo & Entwicklung von Regelungsmodellen zur Anerkennung und zum Schutz von Geschlechtervielfalt, 2017, im Auftrag des BMFSFJ und *Gössl* IPRax 2017, 339 ff.

92 Begriff des „Anknüpfens" zuerst verwendet von *Kahn*, Gesetzeskollisionen, Jherings Jb 30 (N.F. 18), 1891, S. 1, 55; dazu *Kahn*, Abhandlungen aus dem internationalen Privatrecht, Jherings Jb 39, 1898, S. 1, 2; *von Bar/Mankowski*, Internationales Privatrecht, Bd. 1, 2003, § 7 Rn. 3.

93 Dazu etwa *Larenz*, Methodenlehre der Rechtswissenschaft, 1991, S. 373-375.

den Verweisungsrecht kann **jedes Rechtsverhältnis abstrakt lokalisiert** und einem nationalen Recht zugeordnet werden. Sobald ein eigenständiger Anknüpfungsgegenstand vorliegt, sollte auch eine korrespondierende Kollisionsnorm vorhanden sein.[94] Ist diese **nicht kodifiziert**, liegt eine **ungeplante Regelungslücke** vor. Typischerweise wird diese Lücke im Wege der Gesamt- oder Rechtsanalogie geschlossen, dh es wird dem gesamten Kollisionsrecht ein Grundprinzip entnommen und dieses auf den Fall angewendet.[95] Ausgangspunkt ist das allgemeine Regelungsprinzip des deutschen Kollisionsrechts, nämlich den Anknüpfungsgegenstand der Rechtsordnung zu unterwerfen, zu der er die engste räumliche Verbindung aufweist.[96] Konkretisiert wird dieses Prinzip der engsten Verbindung durch die sog kollisionsrechtlichen Interessen, die in Parteiinteressen, Verkehrsinteressen und Ordnungsinteressen unterteilt werden und (deutsche) sachrechtliche Interessen auf kollisionsrechtlicher Ebene widerspiegeln.[97]

2. Keine verfassungsrechtliche Pflicht zum Wechsel zur Gründungstheorie

Die Unterscheidung zwischen Gesellschaften aus Staaten, für die in Deutschland Niederlassungsfreiheit gilt oder nicht gilt, führt zu einer Ungleichbehandlung iSd Art. 3 I GG. Dieser Art. 3 I GG ist über Art. 19 III GG auf inländische juristische Personen[98] und aufgrund des Diskriminierungsverbots in Art. 18 AEUV auch auf Gesellschaften des EU-Auslands anwendbar, die in Deutschland Niederlassungsfreiheit genießen.[99] Eine mögliche Ungleichbehandlung dieser Gesellschaften im Verhältnis zu denen, die keine Niederlassungsfreiheit genießen, ist sachlich gerechtfertigt gerade durch die Niederlassungsfreiheit und durch die sachrechtliche Harmonisierung des Gesellschaftsrechts in der EU.[100] Umgekehrt können im Drittstaatenausland gegründete und tätige Gesellschaften sich weder auf Art. 18 AEUV noch Art. 3 I GG iVm Art. 19 III GG berufen.[101] Verfassungsrechtlich ist damit eine Gleichstellung nicht geboten.[102] 36

3. Hintergründe der Rechtsprechung in Deutschland

Beide Ansätze, also Sitz- und Gründungsanknüpfung, gehen auf den Gedanken zurück, dass eine Gesellschaft (im Sinn des weiten kollisionsrechtlichen Verständnisses, s. Rn. 18) rechtlich einer Person gleichgestellt werden soll (zu einem anderen Ansatz zB in England vgl. § 12 Rn. 24 ff.).[103] Personen werden in personenbezogenen Fragen kollisionsrechtlich üblicherweise ihrem **Personalstatut** unterstellt, dh entweder ihrem Heimatrecht (Staatsangehörigkeit) oder dem Recht ihres gewöhnlichen Aufenthalts (vgl. zu beiden Anknüpfungspunkten etwa Art. 5, 7, 8, 10, 19 EGBGB). Beide Anknüpfungspunkte legen den Schwerpunkt auf die kollisionsrechtlichen Parteiinteressen, wobei die Staatsangehörigkeit eher die staatlichen Ordnungsinteressen des Herkunftsstaats stützt, der gewöhnliche Aufenthalt die Interessen des Rechtsverkehrs.[104] Das **„Personalstatut" einer Gesellschaft**[105] kann parallel hierzu konzipiert werden: Während die im 18. Jahrhundert in England entwickelte 37

---

94 „Für beide Arten der Collision läßt sich nunmehr die gemeinsame Aufgabe dahin bestimmen, daß bei jedem Rechtsverhältniß dasjenige Rechtsgebiet ausgesucht werde, welchem dieses Rechtsverhältnis seiner eigenthümlichen Natur nach angehört oder unterworfen ist", *Savigny*, System des heutigen römischen Rechts, Bd. VIII, 1849, S. 27 f.; „können wir sagen, daß in der Folge für jede Klasse der Rechtsverhältnisse ein bestimmter Sitz ausgesucht werden soll.", ebd. S. 108; *Kahn*, Jherings Jb 39, 1898, 1, 110 § 24: hierauf aufbauend *Schurig*, Kollisionsnorm und Sachrecht, 1981, S. 106, 166, 169-176; *Kegel/Schurig*, Internationales Privatrecht, 2004, § 6 II S. 313-316; *Kropholler*, Internationales Privatrecht, 2006, § 1 IV („Das Kollisionsrecht umfaßt logisch *alle* privatrechtlichen Sachverhalte […]").

95 Methodisch allgemein zB: *Larenz*, Methodenlehre der Rechtswissenschaft, 1991, S. 381, 386; ähnlich mit den Begriffen „Gesetzesanalogie" und „Rechtsanalogie": *Rüthers/Fischer/Birk*, Rechtstheorie, 2016 Rn. 891 f.

96 *Gössl* IPRax 2018, im Erscheinen; ähnlich auch zB *Kegel/Schurig*, Internationales Privatrecht, 2004, § 6 I 4 S. 303-308; differenzierend *Kropholler*, Internationales Privatrecht, 2006, § 4 II 2, 3 S. 27 f.

97 Grundlegend: *Kegel/Schurig*, Internationales Privatrecht, 2004, § 2II S. 134-145.

98 Bereits BVerfG BeckRS 1954, 00064; BVerfG NJW 1954, 1235; BVerfG NJW 1967, 1411, 1412.

99 BVerfG, NJW 2011, 3428, 3429, 3430 f., Rn. 73-79.

100 *Ebke* ZVglRWiss 110 (2011) 2, 30; ähnlich *Schurig* in: Krüger/Mansel (Hrsg.), Liber amicorum Kegel, 2002, S. 199, 214.

101 *Kruchen* NZG 2012, 377, 379 f.

102 *Ebke* RIW 2004, 730, 744; skeptisch bezogen auf die Grundfreiheiten allgemein, aber Folgen offen lassend *Michaels*, Anerkennungspflichten im Wirtschaftsverwaltungsrecht der Europäischen Gemeinschaft und der Bundesrepublik Deutschland, 2004, S. 307-315.

103 *Kegel/Schurig*, Internationales Privatrecht, 2004, § 17 II 1 S. 572; bereits zur juristischen Person *Savigny*, System des heutigen römischen Rechts, Bd. VIII, 1849, 65 ff.

104 Ausführlich zu den personenbezogenen Anknüpfungsmöglichkeiten *Kegel/Schurig*, Internationales Privatrecht, 2004, § 13 II S. 437-466; zur juristischen Person bereits *Isay*, Die Staatsangehörigkeit der juristischen Personen, 1907.

105 So ausdrücklich BGH NJW 1981, 522, 525; OLG Brandenburg BeckRS 2004, 18328, Rn. 40; *Raiser/Veil*, in: Recht der Kapitalgesellschaften, 6. Aufl. 2015, § 8 Rn. 3.

Gründungstheorie[106] eher die „Staatsangehörigkeit" einer Gesellschaft widerspiegelt, ähnelt die Sitztheorie eher der Anknüpfung an den gewöhnlichen Aufenthalt einer Person, der zwar eine gewisse Beständigkeit aufweist, aber leichter gewechselt werden kann als die Staatsangehörigkeit.[107] Hinzu kommt, und dies war Grund für eine Favorisierung der Sitztheorie, dass die Sitztheorie die Interessen der Rechtsordnung repräsentiert, auf welche die Gesellschaft am stärksten einwirkt, so dass diese Rechtsordnung ein besonderes Interesse an einer Regulierung haben kann.[108] In Deutschland nahm die Rechtsprechung zunächst keine eindeutige Stellung zum Anknüpfungspunkt, abgesehen davon, dass die Gesellschaft dem Recht ihres Sitzes zu unterstellen sei.[109] Die kollisionsrechtliche Bestimmung dieses Sitzes (Satzungs-/Gründungsort oder faktischer Tätigkeitsort) schwankte.[110] In der zweiten Hälfte des 20. Jahrhunderts setzte sich in der Rechtsprechung der **Bundesrepublik Deutschland** die **Sitztheorie** durch, die auf den **effektiven Verwaltungssitz** abstellt (ausführlich zur Bestimmung des effektiven Verwaltungssitzes unten Rn. 48 ff.).[111]

4. Kollisionsrechtliche Argumente

38 Zu überlegen ist, ob die kollisionsrechtlichen Überlegungen, die ursprünglich für die modifizierte Sitztheorie und ihre richterrechtliche Entwicklung sprachen, überholt sind oder noch nie überzeugten.[112] **Ausgangspunkt des deutschen Kollisionsrechts** und der Bildung einer Kollisionsnorm ist, die **engste Verbindung** zwischen Rechtsverhältnis und einer Rechtsnorm abzubilden (s. Rn. 35).

a) Räumlich engste Verbindung

39 Stellt man hierbei auf rein räumliche Kriterien ab, lässt sich nicht verallgemeinern, dass eine engere räumliche Verbindung eher zur Rechtsordnung am Verwaltungssitz einer Gesellschaft bestünde oder zur Rechtsordnung, unter der die Gesellschaft gegründet wurde. Die Sitztheorie betont als räumliche Merkmale, dass der Schwerpunkt der Tätigkeit der Gesellschaft am Ort des faktischen Tätigkeitsschwerpunkts liegt (zur Konkretisierung des Sitzes s. Rn. 48 ff.).[113] Die Gründungstheorie betont die räumliche Nähe, die zu der Rechtsordnung besteht, welche die für die Existenz der Gesellschaft verantwortlich ist und deren Rechtsform sie erfüllt. Durch die zunehmende Globalisierung unternehmerischer Tätigkeit (zB Outsourcing bestimmter Tätigkeiten oder erleichterte Kommunikation über weite Entfernung), hat sich die Unternehmenskultur zum Teil geändert, ohne eine stärkere räumliche Nähe zum Gründungsort herbeizuführen. Im Gegenteil kann eine Gesellschaft ohne großen Aufwand nahezu überall gegründet werden. Der Gründungsort kann daher weitgehend keine räumliche Nähe zu dem Ort haben, an dem die geschäftsführenden Gesellschafter (bei Personengesellschaften) oder die Geschäftsleitung (bei Kapitalgesellschaften) tätig werden, vor allem wenn die Gesellschafter bewusst eine Gründungsrechtsordnung wählen, um einer anderen Rechtsordnung auszuweichen, die Gesellschaft aber vorrangig im Territorium der letzteren handelt.[114]

40 Demgegenüber kann die Bestimmung des effektiven Verwaltungssitzes gerade Veränderungen in der Gesellschaftstätigkeit berücksichtigen, welche eine geografische Verlagerung der Gesellschaft mit sich bringt. Mit geo-

106 Siehe *Dutch West India Co. v. Moses* [1724] 1 Str. 612; *Henriques v. Dutch West India Co* [1728] 2 LD Raym 1532, 92 ER 494; Überblick zB *Hausmann* in: Reithmann/Martiny (Hrsg.), Internationales Vertragsrecht, 8. Aufl. 2015 Rn. 5036.

107 ZB *Kegel/Schurig*, Internationales Privatrecht, 2004, § 17 II 1 S. 572 f.; *von Bar/Mankowski*, Internationales Privatrecht, Bd. 1, 2003, § 7 Rn. 16, 31; Savigny demgegenüber unterstellte Personen dem Recht ihres Wohnsitzes und fingierte den „Wohnsitz" einer Gesellschaft an ihrem Satzungssitz, ausführlich hierzu auch *Trautrims* ZHR 176 (2012) 435, 438-440.

108 *Trautrims* ZHR 176 (2012) 435, 440; *Weller* ZEuP 2016, 53, 57, der diese Regulierungsgedanken bereits auf Gedanken des Niederländers *Ulrik Huber* in: Praelectiones iuris civilis, 1689 (abgedruckt bei *Lorenzen*, Huber's De conflictu legum, in: *Lorenzen* (Hrsg.), Selected Articles on the Conflict of Laws, 1947, S. 136, 162-181) zurückführt.

109 RGZ 92, 73, 75 f.; BGH NJW 1957, 1433.
ZB auch *Isay*, Die Staatsangehörigkeit der juristischen Personen, 1907, S. 79 f.

110 Ausführlich etwa zur Rechtsprechung des RG *Schwittek*, Internationales Gesellschaftsrecht in Japan, 2015, S. 48-50; *Trautrims* ZHR 176 (2012) 435, 442-451.

111 BGH NJW 1970, 998, 999; BGH NJW 1981, 522, 525; BGH NJW 1986, 2194.

112 So zB *Gössl*, Internetspezifisches Kollisionsrecht?, 2014, S. 181; *Weller* in: MüKo GmbHG, Bd. 1, 2. Aufl. 2015, Einl. Rn. 315, 455; *Knobbe-Keuk* ZHR 154 (1990) 325, 356.

113 *Behrens* IPRax 2003, 193, 194; *Eidenmüller* in: Eidenmüller (Hrsg.), Ausländische Kapitalgesellschaften im deutschen Recht, 2004, § 1 Rn. 6; *Großfeld* in: Staudinger, Internationales Gesellschaftsrecht, 1998, Rn. 72; *Hoffmann* in: Heidel ua (Hrsg.), NomosKommentar: Allgemeiner Teil, EGBGB, 3. Aufl. 2016, Anh. Art. 12 EGBGB Rn. 30-35; *Kindler* in: MüKo BGB, Bd. 11, 6. Aufl. 2015, IntGesR, Rn. 422; *Knobbe-Keuk* ZHR 154 (1990) 325, 325, 356; *Leible* in: Michalski ua (Hrsg.), GmbHG, 3. Aufl. 2017, Bd. 1, Systematische Darstellung 2, Internationales Gesellschaftsrecht, Rn. 4; *Nussbaum*, Grundzüge des internationalen Privatrechts, 1952, S. 141; *Teichmann*, Binnenmarktkonformes Gesellschaftsrecht, 2006, S. 403.

114 *Gössl*, Internetspezifisches Kollisionsrecht?, 2014, S. 182.

grafischer Verlagerung ist der Fall gemeint, dass eine Gesellschaft zunächst in einem Staat tätig wird, dort also ihren effektiven Verwaltungssitz hat, aber dann auch in einem anderen Staat tätig wird, bis die Tätigkeit dort einen größeren Umfang als im ersten Staat annimmt. Die Sitztheorie stellt dann auf den zweiten Ort ab, an dem sich der tatsächliche Schwerpunkt der Gesellschaft befinde. So wird gewährleistet, dass auch weiterhin zwischen effektivem Sitz und rechtlichem Schwerpunkt jedenfalls in Zweifelsfällen eine engere Verbindung besteht als zwischen Gründungssitz und rechtlichem Schwerpunkt. Somit spricht der Ausgangspunkt des Kollisionsrechts, nämlich die engste räumliche Verbindung zwischen Lebenssachverhalt, Rechtsfrage und Rechtsordnung zu finden, zunächst dafür, die Sitztheorie beizubehalten.[115]

b) Kollisionsrechtliche Interessen

Die engste Verbindung wird durch die kollisionsrechtlichen Interessen konkretisiert (s. Rn. 34 f.). Parteiinteressen der Gesellschaft selbst werden bei der Bestimmung des Gesellschaftsstatuts dadurch berücksichtigt, dass der Anknüpfungspunkt das Personalstatut der Gesellschaft (kollisionsrechtlich weit verstanden, s. Rn. 18) ist. Beim Konkretisieren des Personalstatuts kommt es darauf an, welche Verkehrs- und Ordnungsinteressen aus Sicht des deutschen Kollisionsrechts vorherrschen. Die Gründungstheorie schützt die Verkehrsinteressen der Gesellschafter, da das Gesellschaftsstatut für sie klar erkennbar feststeht.[116] Weiterhin unterstützt die Anknüpfung an den Ort der Gründung das staatliche Interesse, die Zahl von Gesellschaftsgründungen im eigenen Staatsgebiet zu erhöhen und die Mobilität einer Gesellschaft zu fördern.[117] Im Gegensatz dazu ist die Sitztheorie, die daran anknüpft, wo der tatsächliche Sitz der Gesellschaft und der Schwerpunkt ihrer Tätigkeit ist (zur genauen Bestimmung s. Rn. 48 ff.), eher mobilitätshindernd und stellt die Verkehrsinteressen der Gläubiger und des sonstigen Rechtsverkehrs in den Vordergrund.[118] Für Dritte kann es schwierig sein, das Gründungsrecht eindeutig zu bestimmen: Dieses hängt, im Gegensatz zu einer Anknüpfung an den effektiven Verwaltungssitz, weniger von faktischen, objektiv erkennbaren Kriterien ab, während der effektive Verwaltungssitz gerade objektiv feststellbar ist.[119] 41

Um festzustellen, welche kollisionsrechtlichen Interessen für die Anknüpfung in Deutschland ausschlaggebend sind, ist auf das deutsche Sachrecht zurückzugreifen und auf die Interessen, die dieses (sachrechtlich) verfolgt.[120] Das deutsche Gesellschaftsrecht baut auf dem privaten Entschluss der Gründer auf, eine Gesellschaft zu errichten. Insbesondere steht ihnen die Freiheit zu, die Gesellschaftsform zu wählen (Wahlfreiheit) und die Freiheit, keine Gesellschaft zu gründen oder sich keiner Gesellschaft anzuschließen (negative Vertragsfreiheit). Bezogen auf diese Entscheidungen und, abhängig von der Gesellschaftsform, auch bezogen auf das Verhältnis der Gesellschafter untereinander, herrscht im Ausgangspunkt Privatautonomie.[121] Legt man also den Schwerpunkt der gesetzgeberischen Interessen darauf, die Autonomie der Gesellschafter und ihre Interaktion im Rechtsverkehr zu betonen und zu fördern, ist eine Anknüpfung an den Ort der Gründung vorzuziehen, da diese ebenfalls auf subjektive, gesellschafterbezogene Merkmale abstellt.[122] Die Gründungstheorie berücksichtigt die Autonomie der Gründungsgesellschafter und bietet ihnen Rechtssicherheit, da das einmal von ihnen mitbestimmte Gründungsstatut nicht gegen ihren Willen wechseln kann, auch wenn die Gesellschaft international tätig ist.[123] Allerdings wird die Privatautonomie der Gesellschafter durch den gesellschaftsrechtlichen Typenzwang eingeschränkt, aus dem sich verschiedene zwingende Folgeregelungen ergeben. Insbesondere bei den 42

---

115 *Weller* IPRax 2017, 167, 177.

116 *Leible/Hoffmann* RIW 2002, 925, 935; *Hübner*, Kollisionsrechtliche Behandlung von Gesellschaften aus "nicht-privilegierten" Drittstaaten, 2011, 163; *Eidenmüller* in: Eidenmüller (Hrsg.), Ausländische Kapitalgesellschaften im deutschen Recht, 2004, § 1 Rn. 6; *Trüten*, Die Mobilität von Gesellschaften in der Europäischen Gemeinschaft, 2005, S. 79 f.; *Behrens* IPRax 2003, 193, 196.

117 BGH NZG 2000, 926; *Ebke* ZVglRWiss 110 (2011) 2, 33; *Leible/Hoffmann* RIW 2002, 925, 935; *Wiedemann* in: FS Kegel, 1977, S. 187, 197; *Binge/Thölke* DNotZ 2004, 21, 29; *Teichmann*, Binnenmarktkonformes Gesellschaftsrecht, 2006, 403; *Weller* ZEuP 2016, 53, 68.

118 *Ebke* ZVglRWiss 110 (2011) 2, 30 f.; *Eidenmüller* in: Eidenmüller (Hrsg.), Ausländische Kapitalgesellschaften im deutschen Recht, 2004, § 1 Rn. 6; *Großfeld* in: Staudinger Internationales Gesellschaftsrecht, 1998, Rn. 72; *Knobbe-Keuk* ZHR 154 (1990) 325, 356; *Leible* in: Michalski ua (Hrsg.), GmbHG, 3. Aufl. 2017, Bd. 1, Systematische Darstellung 2, Internationales Gesellschaftsrecht, Rn. 4 f.; *Trüten*, Die Mobilität von Gesellschaften in der Europäischen Gemeinschaft, 2005, S. 79 f.; *Wiedemann* in: FS Kegel, 1977, S. 187, 196.

119 *Wiedemann* in: FS Kegel, 1977, S. 187, 197; AG Ludwigsburg ZIP 2006, 1507, 1508 f.

120 *Kegel/Schurig*, Internationales Privatrecht, 2004, § 2 I S. 130 ff.; *von Bar/Mankowski*, Internationales Privatrecht, Bd. 1, 2003, § 1 Rn. 10-13, § 4 Rn. 16.

121 Etwa §§ 706-709 BGB, §§ 112 f., 122 HGB; §§ 1, 26, 37 GmbHG; *Flume*, Allgemeiner Teil des Bürgerlichen Rechts, Bd. 1, Erster Teil. Die Personengesellschaft, 1977, § 13 I; *Flume*, Allgemeiner Teil des Bürgerlichen Rechts, Bd. 1, Zweiter Teil. Die juristische Person, 1983, § 7; zur Grad der Autonomie abhängig von der Gesellschaftsform *Binder*, Regulierungsinstrumente und Regulierungsstrategien im Kapitalgesellschaftsrecht, 2012, S. 213 f.

122 ZB *Hübner*, Kollisionsrechtliche Behandlung von Gesellschaften aus „nicht-privilegierten" Drittstaaten, 2011 S. 163; *Wiedemann* in: FS Kegel, 1977, S. 187, 196.

123 *Raiser/Veil* in: Recht der Kapitalgesellschaften, 6. Aufl. 2015, § 8 Rn. 17.

Rechtsbeziehungen der Gesellschaft nach außen, dem Schutz von Minderheitsgesellschaftern und den Regelungen zur Mitbestimmung schränkt das deutsche Sachrecht die Privatautonomie der Gesellschafter in vielerlei Hinsicht ein, um Sicherheit im Rechtsverkehr und den Schutz der Gläubiger bzw. Minderheitsgesellschafter zu erreichen, etwa durch Publizitätspflichten, Kapitalerfordernisse, Haftungs- oder Entschädigungsregelungen.[124] Dem entspricht im Kollisionsrecht eine Anknüpfung an objektive, faktische Kriterien, welche für den Rechtsverkehr leicht erkennbar sind.[125] Hinzu kommt, dass besondere Regelungen zum Schutz der Mitbestimmung und der Minderheitsgesellschafter konkrete ordnungspolitische Ziele des Gesetzgebers verfolgen und solche Ziele, dh staatliche Interessen, auch üblicherweise territorial angeknüpft werden (dazu ausführlich Rn. 57 ff.).[126] Die Sitztheorie spiegelt daher kollisionsrechtlich die deutsche Rechtslage wider, die stärker auf den Verkehrsschutz und die Interessen des inländischen Rechtsverkehrs und der Arbeitnehmer abstellt als auf die Autonomie der Gesellschafter und bestimmte staatliche Interessen durchsetzen möchte.[127]

c) Vermeidung einer dépeçage

43 Das IPR möchte vermeiden, dass auf einen einheitlichen Sachverhalt mehrere unterschiedliche nationale Rechtsordnungen anwendbar sind und somit ein Sachverhalt kollisionsrechtlich zerschnitten wird.[128] Dieses rechtliche „Zerschneiden" eines einheitlichen Sachverhalts in verschiedene anwendbare Rechte wird als *dépeçage* bezeichnet.[129] Nachteil der **Sitztheorie** ist, dass sie zu sog „hinkenden" Rechtsverhältnissen, insbesondere **„hinkenden" Gesellschaften führen kann** (s. Rn. 29). Eine „hinkende" Gesellschaft entsteht zum Beispiel, wenn eine im Ausland gegründete Kapitalgesellschaft ihren Verwaltungssitz iSd Sitztheorie im Inland hat und im Gründungsstaat die Gründungstheorie gilt. Folgt man der (modifizierten) Sitztheorie, wird die Gesellschaft im Inland als Gesellschaft deutschen Rechts behandelt, die mangels wirksamer inländischer Inkorporation als Personengesellschaft eingeordnet wird. In ihrem Gründungsstaat wird die Gesellschaft weiterhin ihrem Gründungsstatut unterstellt, dh sie wird bei wirksamer dortiger Inkorporation als Kapitalgesellschaft behandelt. Als Folge hat die Gesellschaft im Inland eine andere Rechtsform als im Ausland und wird etwa in Bezug auf Gesellschaftsform, Rechtsfähigkeit und Haftung unterschiedlich behandelt – sie „hinkt" (s. Rn. 29, dies auch als Grund für einen Wechsel zur Gründungstheorie § 10 Rn. 110).[130]

44 Probleme können sich auch bei Fragen der **Vertretung der Gesellschaft** ergeben, da die organschaftliche Vertretung nach hM dem Gesellschaftsstatut untersteht und die nach der modifizierten Sitztheorie nach deutschem Verständnis Personengesellschaft dem **Gebot der Selbstorganschaft** unterliegt (s. Rn. 158 f.). Weitere Probleme ergeben sich bei Gesamtvertretungen nach ausländischem Recht, bei Insich-Geschäften und bei nicht-geschäftsführenden Organen,[131] die nach dem einen Statut wirksam, nach dem anderen unwirksam bestellt sein können.

45 Eine solche *dépeçage* soll im Kollisionsrecht vermieden werden. Sie ist aber hier ausnahmsweise **rechtspolitisch gewollt** und dient dem **Schutz des Rechtsverkehrs:** Im Ausland gegründete Gesellschaften sollen sich aus ordnungspolitischen Erwägungen heraus dem inländischen Rechtsverkehr anpassen, wenn der Schwerpunkt der Tätigkeit im Inland liegt, um rechtliche Friktionen zu vermeiden.[132] Bei in der EU gegründeten Gesellschaften ist dieser Schutz weniger notwendig, da durch die verschiedenen gesellschaftsrechtlichen Richtlinien (dazu § 20 ff.) das Sachrecht gerade bezogen auf verschiedene Schutzmechanismen, die das deutsche Gesellschaftsrecht kennt, angeglichen wurde und somit das im EU-Ausland geltende Gesellschaftsrecht einen gewissen Mindestschutz bietet.[133] Bei Gesellschaften aus Drittstaaten gibt es diesen Mindeststandard grundsätzlich nicht.

46 Die Sitztheorie **vermeidet** auf der anderen Seite häufig eine *dépeçage* in Verbindung mit anderen Fragen **im „Dunstkreis" des Gesellschaftsrechts,** etwa des Firmen- (Rn. 160 ff.), Insolvenz- (Rn. 124 ff.), Rechnungslegungs- und Steuerrechts und eventuell auch des Rechts der Vertretungsmacht (als Ort des Vollmachtgebrauchs,

---

124 Etwa §§ 720, 735 BGB; §§ 106 ff., 162 HGB; §§ 2 f., 7, 14, 21-24, 27 f. GmbHG; BGH NZG 2000, 926, 927; *Weller/Thomale/Benz* NJW 2016, 2378, 2380.

125 *Teichmann*, Binnenmarktkonformes Gesellschaftsrecht, 2006, S. 403; *Weller* ZEuP 2016, 53, 67 f.

126 *Kegel/Schurig*, Internationales Privatrecht, 2004, § 2 IV 1. S. 148 ff.; ähnlich BGH NZG 2000, 926, 927.

127 *Kegel/Schurig*, Internationales Privatrecht, 2004, § 2 IV 1. S. 148 ff.; *Ebke* in: FS Hellwig, 2010, S. 117, 136; BGH NZG 2000, 926, 927.

128 *Kegel/Schurig*, Internationales Privatrecht, 2004, § 2 II S. 141 f.

129 *Kegel/Schurig*, Internationales Privatrecht, 2004, § 2 II S. 141.

130 Zum gesamten Absatz: *Behrens* IPRax 2003, 193, 194; *Binge/Thölke* DNotZ 2004, 21, 21, 28 f.; *Ebke* ZVglRWiss 110 (2011) 2, 28 f.; *Bayer/Schmidt* ZHR 173 (2009) 735, 772; *Kindler* in: MüKo BGB, Bd. 11, 6. Aufl. 2015, IntGesR, Rn. 361, 367; *Leible/Hoffmann* RIW 2002, 925 935; *Sandrock* RIW 1989, 505, 507 f.; *Rabel*, The conflict of laws: a comparative study, Vol. 2, 1960, S. 38 f.

131 *Hellgardt/Illmer* NZG 2009, 94, 95.

132 *Eidenmüller/Rehm* ZGR 1997, 89, 95, 113; *Kindler* ZHR 179 (2015) 330, 369 f.; kritisch *Behrens* IPRax 2003, 193, 194 f., 200; *Weller* IPRax 2017, 167, 177; *Wiedemann* in: FS Kegel, 1977, S. 187, 197; kritisch *Körber* in: Bürgers/Körber (Hrsg.), Aktiengesetz, 4. Aufl. 2017, Einl. AktG, Rn. 25a.

133 *Weller* ZEuP 2016, 53, 59 f.

Rn. 146 ff.).[134] Diese Fragen unterstehen ebenfalls in der Regel dem Ort, an dem die Gesellschaft ihren Tätigkeitsschwerpunkt hat und den Rechtsverkehr beeinflusst.[135] Somit ist ein Vorteil der Sitztheorie, dass viele (wenn auch nicht alle) Rechtsfragen, die mit gesellschaftsrechtlichen Fragen eng verbunden sind, einheitlich einem Recht unterstehen und eine *dépeçage* vermieden wird.[136] Ebenso führt die Anwendung der Sitztheorie dazu, dass in den Fällen, in denen die deutsche Rechtsordnung Interesse hat, einzelne gesellschaftlichen Fragen selbst zu regeln, diese Teile des Gesellschaftsrecht nicht international zwingend erklärt werden müssen, um staatliche Interessen durchzusetzen, dh Normen unabhängig vom anwendbaren Recht anzuwenden (dazu Rn. 57 ff.). Dies wird etwa bei Fragen der Mitbestimmung (Rn. 62 f.) oder der Besetzung der Aufsichtsräte mit bestimmten Geschlechterquoten (Rn. 67 ff.) relevant. Die Diskussion zu Sonderanknüpfungen (Rn. 57 ff.) wird nur geführt, wenn kein deutsches Recht anwendbar ist, aber ein bestimmter Bezug zur deutschen Rechtsordnung besteht. Es handelt sich also um Fälle, in denen eine nicht-privilegierte Gesellschaft ihren effektiven Verwaltungssitz nicht in Deutschland hat, oder als privilegierte Gesellschaft ihren Gründungssitz außerhalb Deutschlands. Der Bedarf, bestimmte Wertungen des deutschen Gesellschaftsrechts durchzusetzen, besteht also gerade bei Geltung der Gründungstheorie. Die Sitztheorie vermeidet im Großteil der in Deutschland anhängigen Verfahren eine *dépeçage*, die sonst unausweichlich wäre (ausführlich unten Rn. 57 ff.). Auch in Staaten, die traditionell der Gründungstheorie folgen, wird die zwingende Geltung von Normen der *lex fori* vermehrt diskutiert.[137]

5. Zwischenergebnis

Die Erwägungen, die für die Sitztheorie sprechen, überwiegen den Vorteil eines Wechsels zur Gründungstheorie, nämlich eine einheitliche Anknüpfung von „privilegierten" und „nicht-privilegierten" Gesellschaften. Gerade aus den Erwägungen heraus, dass das Gesellschaftsrecht weder auf Sachrechts- noch auf Kollisionsrechtsebene nur die Interessen von Gesellschaft und Gesellschaftern im Blick hat, sondern auch die Interessen des Rechtsverkehrs, der Gläubiger und Arbeitnehmer.[138] 47

III. Bestimmung und Konkretisierung des Verwaltungssitzes iSd Sitztheorie

Der Verwaltungssitz wird, soweit die Kollisionsnorm sich aus autonomem deutschem Recht ergibt, auch aus Sicht dieses Rechts (*lex fori*) bestimmt, in Deutschland also aus Sicht des deutschen Rechts.[139] Hier wird nicht untersucht, wie etwa die „Hauptverwaltung" iSv Art. 54 I AEUV zu konkretisieren ist, sondern es wird nur der Anknüpfungspunkt zur Bestimmung des Gesellschaftsstatuts bestimmt. 48

1. Effektiver Verwaltungssitz

Die Sitztheorie geht ursprünglich auf dem Gedanken zurück, dass eine Gesellschaft vor allem territorial[140] agiert. Die Rechtsordnung, auf die sie faktisch einwirkt, ist auch die Rechtsordnung, welche am stärksten von 49

134 BGH IPRax 2008, 42, 43; dazu *Brinkmann* IPRax 2008, 30, 35; *Eidenmüller/Rehberg* ZVglRWiss 105 (2006) 427, 433-435; *Großfeld* in: FS Sandrock, 2000, S. 217, 228 f.; *Hübner*, Kollisionsrechtliche Behandlung von Gesellschaften aus „nicht-privilegierten" Drittstaaten, 2011, S. 182 f., 275 f.; *Kindler* ZHR 179 (2015) 330, 370 f.; zum Vollmachtsstatut s. unten Punkt C VII.

135 *Teichmann*, Binnenmarktkonformes Gesellschaftsrecht, 2006, S. 445 f.; zB BGH IPRax 2008, 42, 43; dazu *Brinkmann* IPRax 2008, 30, 35.

136 *Teichmann*, Binnenmarktkonformes Gesellschaftsrecht, 2006, S. 445 f.; zB BGH IPRax 2008, 42, 43; dazu *Brinkmann* IPRax 2008, 30, 35.

137 Mit Beispielen zu solchen Entwicklungen in England, Schweiz und USA: *Hanke*, Das Internationale Gesellschaftsrecht im Lichte völkerrechtlicher Vereinbarungen, 2010, S. 38, Fn. 52-54.

138 BGH NJW 2009, 289, 290 f.; BGH BeckRS 2009, 28205; BGH NZG 2010, 712; OLG Hamburg BB 2007, 1519; *Gössl*, Internetspezifisches Kollisionsrecht?, 2014, S. 181; *Hausmann* in: Reithmann/Martiny (Hrsg.), Internationales Vertragsrecht, 8. Aufl. 2015, Rn. 5039; *Kindler* ZHR 179 (2015) 330, 369 f.; *Weller* in: MüKo GmbHG, 2015, Einl. Rn. 315, 455; *ders.* IPRax 2017, 167, 177; *ders.* ZEuP 2016, 53, 67 f.

139 *Hausmann* in: Reithmann/Martiny (Hrsg.), Internationales Vertragsrecht, 8. Aufl. 2015, Rn. 5039; *Großfeld* in: Staudinger, Internationales Gesellschaftsrecht, 1998, Rn. 226; *von der Seipen* IPRax 1986, 91, 93.

140 Laut *Weller* ZEuP 2016, 53, 57, geht dies auf den Niederländer *Ulrik Huber* zurück und seinen Beitrag De conflictu legum, in: Praelectiones iuris civilis, 1689 (abgedruckt bei *Lorenzen*, Huber's De conflictu legum, in: *Lorenzen* (Ed.), Selected Articles on the Conflict of Laws, S. 136, 162-181). Auch heute noch wird die Sitztheorie mit Hinweis auch auf territoriale Interessen beibehalten, vgl. etwa *Wall* in: Hausmann/Odersky (Hrsg.), Internationales Privatrecht in der Notar- und Gestaltungspraxis, 3. Aufl. 2016, § 18 Rn. 10; *Kindler* in: MüKo BGB, Bd. 11, 6. Aufl. 2015, IntGesR, Rn. 423.

den Aktivitäten der Gesellschaft betroffen ist[141] und die Dritte gerade deswegen leicht feststellen können.[142] Der effektive Verwaltungssitz bestimmt sich daher danach, wo die **Hauptverwaltung ihren faktischen Sitz**, ihre Zentrale, hat.[143] Nach der sog „Sandrock'schen Formel"[144] wird dieser Ort dadurch konkretisiert, dass der Schwerpunkt der Tätigkeiten der Geschäftsführung zu finden ist, dh der Ort an dem die grundlegenden Unternehmensleitentscheidungen effektiv in laufende Geschäftsführungsakte umgesetzt werden.[145] Diese Formel ist für die Fälle, in denen eine Gesellschaft an einem Ort organisiert ist und auch physisch die Geschäftsleitung vor Ort agiert und Entscheidungen trifft, gut zu handhaben. Problematisch wird in Zeiten der Globalisierung und Digitalisierung, wie Fälle zu handhaben sind, in denen die Geschäftsleitung sich nicht mehr zentral trifft oder per Fernkommunikation entscheidet.

50 Problematische Fälle werden mit mehreren Hilfskriterien konkretisiert. Diesen Kriterien kommt Indizfunktion zu, um den effektiven Verwaltungssitz in Zweifelsfällen festzulegen. Die konkrete Bestimmung der „Zentrale" der Gesellschaft findet in einer **Gesamtschau der verschiedenen Indizien** statt. Dabei ist insbesondere auf den Ort abzustellen, an dem die für die laufende Verwaltung zuständigen (Leitungs-) Organe typischerweise für die Verwaltung tätig werden und wo auf der anderen Seite die Gesellschaft nach außen in Erscheinung tritt, also für den Rechtsverkehr erkennbar tätig ist.[146] In vielen Fällen sind diese Orte einfach festzustellen. Zu Schwierigkeiten kommt es, wenn die zuständigen Organmitglieder an verschiedenen Orten tätig werden oder eben an anderen Orten als an denen, an denen die Gesellschaft im Rechtsverkehr in Erscheinung tritt. In solchen Fällen wird der Streit zwischen Sitz- und Gründungstheorie dadurch entschärft, dass dem Gründungsort einer Gesellschaft oder dem Recht, nach dem die Gesellschaft erkennbar organisiert ist, ebenfalls eine starke Indiz- oder Auffangfunktion zukommen kann.[147]

51 Hilfskriterien sind insbesondere, ob Gesellschafter bei der Gründung eine Rechtswahl getroffen haben,[148] wo die Gesellschaft gegründet wurde, wo der Zweck der Gesellschaft primär verfolgt wird[149] und welche Rechtsordnung aus dem Verlauf der gesellschaftlichen Aktivitäten eine besondere Beziehung zur Gesellschaft aufweist.[150] Muss man sich zwischen verschiedenen Kriterien entscheiden, sollte zunächst auf die Rechtsordnung abgestellt werden, auf welche die Gesellschaft faktisch einwirkt, da sie am stärksten von den Aktivitäten der Gesellschaft betroffen ist[151] und von Dritten gerade deswegen leicht festzustellen ist.[152] Diese Kriterien entspre-

141 *Eidenmüller* in: Eidenmüller (Hrsg.), Ausländische Kapitalgesellschaften im deutschen Recht, § 1 Rn. 6; *Großfeld* in: Staudinger, Internationales Gesellschaftsrecht, 1998, Rn. 72; *Knobbe-Keuk* ZHR 154 (1990) 325 356; *Leible* in: Michalski et al. (Hrsg.), GmbHG, 3. Aufl. 2017, Bd. 1, Systematische Darstellung 2, Internationales Gesellschaftsrecht, Rn. 4-6.

142 *Großfeld* in: Staudinger, Internationales Gesellschaftsrecht, 1998, Rn. 41; *Kronke/Mazza* in: Kronke/Melis/Schnyder (Hrsg.), Handbuch Internationales Wirtschaftsrecht, 2005, S. 1152 f.; *Lüderitz* in: Soergel, BGB, Bd. 10, 12. Aufl. 1996, Anh. zu Art. 10 EGBGB Rn. 8.

143 BGH NJW 1970, 998, 999; BGH NZG 2000, 926; *Weller* in: FS Goette, 2011, S. 583, 590; *Servatius* in: Henssler/Strohn (Hrsg.), Gesellschaftsrecht, 3. Aufl. 2016, IntGesR, Rn. 5; *Wall* in: Hausmann/Odersky (Hrsg.), Internationales Privatrecht in der Notar- und Gestaltungspraxis, 3. Aufl. 2016, § 18, Rn. 6-9.

144 Benannt nach der ausführlichen Entwicklung bei *Sandrock* in: FS Beitzke, 1979, S. 669, 683-688.

145 ZB BGH NJW 1986, 2194, 2195; OLG Hamburg BB 2007, 1519, 1520; *Behrens* IPRax 2003, 193 193 f.; *Kegel/Schurig*, Internationales Privatrecht, 2004, § 17 II S. 576, § 17 II 3. a) S. 583 f.; *Kropholler*, Internationales Privatrecht, 2006, § 55 I 2, S. 571; *Kronke/Mazza* in: Kronke/Melis/Schnyder (Hrsg.), Handbuch Internationales Wirtschaftsrecht, 2005, S. 1153; *Lüderitz* in: Soergel, BGB, Bd. 10, 12. Aufl. 1996, Anh. zu Art. 10 EGBGB Rn. 15; *von Bar/Mankowski*, Internationales Privatrecht, Bd. 1, 2003, § 7 Rn. 31; *Weller* in: MüKo GmbHG, Bd. 1, 2. Aufl. 2015, Einl. Rn. 321 f.; siehe aber auch bereits früher *Bärmann* AcP 156 (1957) 156, 162, 168.

146 *Wall* in: Hausmann/Odersky (Hrsg.), Internationales Privatrecht in der Notar- und Gestaltungspraxis, 3. Aufl. 2016, § 18 Rn. 8.

147 Ausführlich: *Lüderitz* in: Soergel, BGB, Bd. 10, 12. Aufl. 1996, Anh. zu Art. 10 EGBGB Rn. 9; kürzer: *Großfeld* in: Staudinger, Internationales Gesellschaftsrecht, 1998, Rn. 227 f.; *Kropholler*, Internationales Privatrecht, 2006, § 55 I 2 S. 571; *von Bar/Mankowski*, Internationales Privatrecht, Bd. 1, 2003, § 7 Rn. 31; *von der Seipen* IPRax 1986, 91, 93; *Weller*, Europäische Rechtsformwahlfreiheit und Gesellschafterhaftung, 2004, S. 15 f.; *Weller* in: MüKo GmbHG, Bd. 1, 2. Aufl. 2015, Einl. Rn. 322; als Auffangfunktion jedenfalls OLG Frankfurt RIW 1999, 783, 784; OLG Brandenburg BeckRS 2004, 18328, Rn. 42; vgl. auch ein ähnliches Vorgehen in anderen Rechtsordnungen *Gerner-Beuerle et al.*, Study on the Law Applicable to Companies – Final Report, 2016, S. 119 ff., 134 ff.

148 OLG Frankfurt RIW 1999, 783 f.; *Kegel/Schurig*, Internationales Privatrecht, 2004, § 17 II S. 576; tendenziell *Großfeld/Hoeltzenbein* NZG 2001, 779, 780 f.

149 Ähnlich: *Lange*, Virtuelle Unternehmen, 2001, Rn. 575.

150 *Kegel*, Internationales Privatrecht, 1977, § 17 II 3. a) S. 583 f.

151 *Eidenmüller* in: Eidenmüller (Hrsg.), Ausländische Kapitalgesellschaften im deutschen Recht, 2004, § 1 Rn. 6; *Großfeld* in: Staudinger, Internationales Gesellschaftsrecht, 1998, Rn. 72; *Knobbe-Keuk* ZHR 154 (1990) 325, 356; *Leible* in: Michalski ua (Hrsg.), GmbHG, 3. Aufl. 2017, Bd. 1, Systematische Darstellung 2, Internationales Gesellschaftsrecht, Rn. 4 f.

152 *Großfeld* in: Staudinger, Internationales Gesellschaftsrecht, 1998, Rn. 41; *Kronke/Mazza* in: Kronke/Melis/Schnyder (Hrsg.), Handbuch Internationales Wirtschaftsrecht, 2005, S. 1152 f.; *Lüderitz* in: Soergel, BGB, Bd. 10, 12. Aufl. 1996, Anh. zu Art. 10 EGBGB Rn. 8.

chen den Überlegungen zugunsten der Sitztheorie, wonach die Anknüpfung darauf abstellt, dass der Rechtsverkehr geschützt werden und das Gesellschaftsstatut für Dritte erkennbar sein soll (s. Rn. 41 f.). Gibt es keine Anhaltspunkte für einen einheitlichen Tätigkeitsort oder ist ein Stichentscheid zwischen mehreren Orten notwendig, spricht dies dafür, auf den Gründungsort der Gesellschaft abzustellen oder das Recht anzuwenden, unter welchem die Gesellschaft (nach außen) auftritt.[153] Bei Unsicherheiten über den Ort des effektiven Sitzes findet dann faktisch wieder eine gewisse Annäherung an die Gründungstheorie statt, so dass der Streit zwischen den beiden Anknüpfungspunkten etwas an Bedeutung verliert.[154]

2. Konkretisierung bei mehreren Tätigkeitsschwerpunkten

Es ist umstritten, ob mehrere gleichwertige Schwerpunkte der Verwaltungstätigkeit und damit auch mehrere Verwaltungssitze einer Gesellschaft existieren können, etwa wenn mehrere hauptverantwortliche Personen aus verschiedenen Ländern gleichermaßen dazu beitragen, die Gesellschaft zu organisieren und zu verwalten.[155] Der wohl überwiegenden Teil der Literatur nimmt an, es gäbe immer nur einen Ort, der den Schwerpunkt der Verwaltungstätigkeit ausmacht,[156] ähnlich wie auch angenommen wird, es gäbe immer nur einen gewöhnlichen Aufenthalt einer Person.[157] 52

Diese Auffassung ist anzuzweifeln. Arbeit wird zunehmend über Staatsgrenzen hinweg verteilt. Durch moderne Kommunikation ist es möglich, weltweit zeitgleich gemeinsam zu entscheiden und zu handeln, ohne sich je am selben Ort getroffen zu haben.[158] Aus einer Streitentscheidung ergibt sich kein großer Unterschied. Geht man von mehr als einem effektiven Verwaltungssitz aus, müsste eine Hilfsanknüpfung gefunden werden, die den Schwerpunkt des Gesellschaftsstatuts bestimmt.[159] Nimmt man nur einen effektiven Verwaltungssitz an, müsste man ebenfalls Kriterien herausarbeiten, die diesen Schwerpunkt suchen. Die Diskussion unterscheidet sich daher in der Begründung, aber im Ergebnis führen die zu Rate gezogenen Kriterien nach beiden Meinungen zum gleichen Gesellschaftsstatut, das sich wieder aus der oben genannten (Rn. 49 f.) Gesamtschau ergibt. Es ist also wieder darauf abzustellen, wo die zentralen Entscheidungen getroffen und nach außen getragen werden. Dies gilt unabhängig davon, ob man den theoretischen Streit führt, ob die Gesellschaft zwei Verwaltungsschwerpunkte hat und einer ausgewählt werden muss, oder ob man davon ausgeht, dass es nur einen Verwaltungssitz geben kann, dieser aber schwierig festzustellen ist. Versagen diese Kriterien, weil sie zu unterschiedlichen Orten führen, ist darauf abzustellen, wo die Gesellschaft gegründet wurde und unter welchem Recht sie nach außen auftritt (s. Rn. 51).[160] 53

IV. Bestimmung des Gründungsrechts

Die Gründungstheorie wird insbesondere im anglo-amerikanischen Rechtsraum und zB in Dänemark, Russland (Art. 1201 russ. ZGB Teil 3), Liechtenstein, Rumänien, den Niederlanden (s. dazu § 16 Rn. 10), Ungarn und der Schweiz[161] zur Bestimmung des Gesellschaftsstatuts verwendet.[162] Hinter den Begriffen „Gründungstheorie“ oder „Gründungsrecht“ verbergen sich **verschiedene Anknüpfungspunkte**, nämlich der in der Satzung festgelegte Sitz, das im Gründungsvertrag gewählte Recht, der Ort der Gründung oder Registrierung sowie der Ort, 54

153 *Kronke/Mazza* in: Kronke/Melis/Schnyder (Hrsg.), Handbuch Internationales Wirtschaftsrecht, 2005, S. 1152; *Lüderitz* in: Soergel, BGB, Bd. 10, 12. Aufl. 1996, Anh. zu Art. 10 EGBGB Rn. 8.

154 Zu dieser praktischen Entwicklung vgl. OLG Frankfurt RIW 1999, 783, 784; OLG Brandenburg BeckRS 2004, 18328 Rn. 42; ähnliche Tendenzen in anderen Rechtsordnungen laut *Gerner-Beuerle et al.*, Study on the Law Applicable to Companies – Final Report, 2016, 119 ff., 134 ff.

155 Dafür *Bärmann* AcP 156 (1957) 156, 162, 168; *Kegel/Schurig*, Internationales Privatrecht, 2004, § 17 II S. 576, § 17 II 3. a) S. 583 f.; *Kronke/Mazza* in: Kronke/Melis/Schnyder (Hrsg.), Handbuch Internationales Wirtschaftsrecht, 2005, S. 1153; *Lange*, Virtuelle Unternehmen, 2001, Rn. 574; im Enteignungsrecht: *von Hoffmann*, in: Soergel, BGB, 12. Aufl. 1996, Anh. III Art. 38 EGBGB Rn. 68.

156 *Großfeld* in: Staudinger, Internationales Gesellschaftsrecht, 1998, Rn. 235, 754; *Wall* in: Hausmann/Odersky (Hrsg.), Internationales Privatrecht in der Notar- und Gestaltungspraxis, 3. Aufl. 2016, § 18 Rn. 8; *Hausmann* in: Reithmann/Martiny (Hrsg.), Internationales Vertragsrecht, 8. Aufl. 2015, Rn. 5088; *Kindler* in: MüKo BGB, Bd. 11, 6. Aufl. 2015, IntGesR, Rn. 462; anders ohne Problembewusstsein: OLG Frankfurt RIW 1999, 783, 784; OLG Brandenburg BeckRS 2004, 18328, Rn. 42.

157 *Von Bar/Mankowski*, Internationales Privatrecht, Bd. 1, 2003, § 7 Rn. 24; *Gutzler* NJW 1949, 154, 154; *Thorn* in: Palandt, Bürgerliches Gesetzbuch, 76. Aufl. 2017, Art. 5 EGBGB Rn. 10; *von Hein* in: MüKo BGB, Bd. 10, 6. Aufl. 2015, Art. 5 EGBGB Rn. 160-162; differenzierend *Kropholler*, Internationales Privatrecht, 2006, § 39 II S. 287 f.

158 ZB *Gössl*, Internetspezifisches Kollisionsrecht?, 2014, S. 190 f.

159 *Kegel*, Internationales Privatrecht, 1977, § 17 II 3. a) S. 583 f.

160 *Kronke/Mazza* in: Kronke/Melis/Schnyder (Hrsg.), Handbuch Internationales Wirtschaftsrecht, 2005, S. 1152; *Lüderitz* in: Soergel, BGB, Bd. 10, 12. Aufl. 1996, Anh. zu Art. 10 EGBGB Rn. 8.

161 Art. 154 IPRG (Schweiz).

162 ZB *Weller* in: MüKo GmbHG, Bd. 1, 2. Aufl. 2015, Einl. Rn. 336; *Großfeld* in: Staudinger, Internationales Gesellschaftsrecht, 1998, Rn. 31.

durch dessen Recht die Gesellschaft rechtsfähig wird.[163] Im Gegensatz zur Sitztheorie ist das Gesellschaftsstatut nicht durch faktische Aktivitätsverlagerung wandelbar.[164] Auch überlässt es den Gesellschaftern mehr Autonomie, da sie den Gründungssitz und das Gründungsrecht wählen können, ohne später im Staat dieses Rechts den effektiven Verwaltungssitz haben zu müssen.[165]

55 Ist ein Errichtungsakt oder eine Registrierung konstitutive Voraussetzung, um die Gesellschaft zu errichten, dann ist typischerweise dessen bzw. deren Ort ausschlaggebend (Inkorporationsort).[166] Ist stattdessen nur ein (Gesellschafts-) Vertragsschluss ausschlaggebend, dann ist das Gründungsrecht schwierig zu bestimmen, da einerseits an den Ort des (Gesellschafts-) Vertragsschlusses, andererseits an ein im Gesellschaftsvertrag gewähltes Recht oder den Inhalt des Vertrags bzw. dessen örtlichen Schwerpunkt angeknüpft werden kann. Wird im Gründungsvertrag eine Rechtswahl getroffen oder ein Ort genannt oder nimmt der Vertrag Bezug auf eine bestimmte Rechtsordnung, dann wird angenommen, dass dieses einschlägig ist.[167] Im Einzelfall ist jedes nationale Kollisionsrecht darauf zu konsultieren, wie es die Anknüpfung konkretisiert.

C. Kollisionsrechtliche Einzelfragen

56 Wie bereits beschrieben, ist das Gesellschaftsstatut weit zu verstehen und umfasst grundsätzlich alle Regeln, nach denen eine Gesellschaft „entsteht, lebt und vergeht",[168] dh vor allem Regeln zur Entstehung und Beendigung, zur Rechtsform und ihrer Folgen, die Regelungen zur Organisation, Rechtsfähigkeit und Haftung der Gesellschaft und zur Stellung der Gesellschafter innerhalb der Gesellschaft (Rn. 17 f.).[169] Allerdings gibt es Normen, die aus dem Gesellschaftsstatut herausfallen, weil sie besondere nationale oder unionsrechtliche Interessen verfolgen, die eine Sonderanknüpfung notwendig machen. Da sie dem Gesellschaftsstatut vorgehen, werden sie hier als nächstes behandelt (s. Rn. 57 ff.). Danach wird sich dem Vertragsstatut iSd Rom I-VO gewidmet, da hier einige Abgrenzungsfragen relevant werden (Rn. 81 ff.). Weiterhin fallen im gesellschaftsrechtlichen Kontext häufig auch besondere Formerfordernisse an. Formerfordernisse unterstehen dem vom Hauptstatut zu trennenden Formstatut. Formfragen werden daher anschließend gesondert behandelt. Auch hier sind die Vorgaben der Rom I-VO vorrangig zu prüfen (Rn. 92 ff.). Schließlich gibt es eine Reihe von Rechtsfragen, bei denen umstritten oder unklar ist, ob sie gesellschaftsrechtlich zu qualifizieren sind, da sie zwar gesellschaftsrechtliche Bereiche berühren, aber auch in andere Rechtsgebiete fallen, insbesondere das Insolvenz- (Rn. 124 ff.) und Deliktsrecht (Rn. 130 ff.), sowie das Vertretungs- (Rn. 146 ff.) und Firmenrecht (Rn. 160 ff.).

I. International und unionsrechtlich zwingende Normen

1. Deutsche international zwingende Normen (Eingriffsnormen)

57 Unabhängig davon, ob ausländisches Sachrecht angewendet wird, bleiben die sog „international zwingenden Normen" oder „Eingriffsnormen" der *lex fori* weiterhin anwendbar. Es handelt sich hierbei nicht um (sog „einfaches") zwingendes Recht in dem Sinn, dass die Normen nicht zur Parteidisposition stehen, sondern um Normen, die besondere staatliche Interessen des Gerichtsstaats verfolgen.[170] Sie fallen aus dem Anwendungsbereich des Gesellschaftsstatuts heraus, da sie **andere kollisionsrechtliche Interessen** als die *lex causae* verfolgen und daher typischerweise der *lex fori* unterstehen.[171] Ein Gericht muss sie daher aufgrund eines **eigenen kollisions-**

163 *Eidenmüller* in: Eidenmüller (Hrsg.), Ausländische Kapitalgesellschaften im deutschen Recht, 2004, § 1 Rn. 3; *Eidenmüller/Rehm* ZGR 1997, 89, 98-114, 99; *Sonnenberger/Bauer* RIW 2006, Beilage 1 zu Heft 4, 1-24, 8; *Weller* in: MüKo GmbHG, Bd. 1, 2. Aufl. 2015, Einl. Rn. 333.

164 *Binge/Thölke* DNotZ 2004, 21, 29; *Ebke* ZVglRWiss 110 (2011) 2, 33; *Leible/Hoffmann* RIW 2002, 925, 935; *Teichmann*, Binnenmarktkonformes Gesellschaftsrecht, 2006, S. 403; *Wiedemann* in: FS Kegel, 1977, S. 187, 197.

165 ZB *Hübner*, Kollisionsrechtliche Behandlung von Gesellschaften aus „nicht-privilegierten" Drittstaaten, 2011, S. 163; *Wiedemann* in: FS Kegel, 1977, S. 187, 196.

166 *Leible/Hoffmann* RIW 2002, 925, 934; *Hoffmann* in: Heidel ua (Hrsg.), NomosKommentar: Allgemeiner Teil, EGBGB, 3. Aufl. 2016, Anh. Art. 12 EGBGB Rn. 159 f.

167 *Leible* in: Michalski ua (Hrsg.), GmbHG, 3. Aufl. 2017, Systematische Darstellung 2, Internationales Gesellschaftsrecht, Rn. 7; zB Art. 154 IPRG (Schweiz).

168 BGH NJW 1957, 1433, 1434; Formulierung aufgegriffen etwa von *Kropholler*, Internationales Privatrecht, 2006, § 55 II.

169 ZB *Kindler* in: MüKo BGB, Bd. 11, 6. Aufl. 2015, IntGesR, Rn. 2 ff.; *Kronke/Mazza* in: Kronke/Melis/Schnyder (Hrsg.), Handbuch Internationales Wirtschaftsrecht, 2005, S. 1167 f.; *Nussbaum*, Grundzüge des internationalen Privatrechts, 1952, S. 138; *Rabel*, The conflict of laws: a comparative study, Vol. 2, 1960, S. 74 f.

170 *Schurig*, Kollisionsnorm und Sachrecht, 1981, S. 320; *Kegel/Schurig*, Internationales Privatrecht, 2004, § 6 III S. 317 f.; *Junker* IPRax 2000, 65, 70; *Köhler*, Eingriffsnormen – Der unfertige Teil des europäischen IPR, 2013, S. 93 f.; *von Bar/Mankowski*, Internationales Privatrecht, Bd. 1, 2003, § 4 Rn. 86 f.

171 *Schurig*, Kollisionsnorm und Sachrecht, 1981, S. 320; *Köhler*, Eingriffsnormen – Der unfertige Teil des europäischen IPR, 2013, S. 93-97.

rechtlichen Anwendungsbefehls anwenden (oft als „Inlandsbezug" bezeichnet),[172] unabhängig davon, welches Sachrecht in der Hauptsache anzuwenden ist (daher auch als „Sonderanknüpfung" bezeichnet).[173]

Grundsätzlich regelt das Gesellschaftsstatut das auf die gesellschaftsrechtlichen Rechtsverhältnisse anzuwendende Recht (s. Rn. 16 ff.). Eingriffsnormen nehmen einzelne Rechtsfragen ausnahmsweise aus dem allgemeinen Anknüpfungssystem heraus. Bei der Frage, ob eine Norm nicht nur innerhalb ihrer Rechtsordnung, sondern darüber hinaus **international zwingend** gelten „möchte", ist daher **restriktiv** vorzugehen.[174] Es muss ein besonderer Grund vorliegen, warum von der allgemeinen kollisionsrechtlichen Entscheidung zugunsten des Gesellschaftsstatuts abgewichen wird. Die Norm fällt daher nur dann aus dem Gesellschaftsstatut heraus, wenn ihr eine Funktion zukommt, die darüber hinausgeht, die Rechtsbeziehungen zwischen den Gesellschaftern, der Gesellschaft und deren Gläubigern zu regeln. Sie muss stattdessen **konkrete kollisionsrechtliche Allgemein- oder Ordnungsinteressen** des *forum* verfolgen, die so gewichtig sind, dass sie die **allgemeinen Interessen des Gesellschaftskollisionsrechts überwiegen**.[175] Aus diesem besonderen Interesse des *forum* an der Geltung der Norm ergibt sich, dass der Sachverhalt einen hinreichenden Bezug zum *forum* aufweisen muss, der Anknüpfungspunkt der gesonderten Anknüpfung bildet.[176] Im Folgenden werden einige Regelungen des deutschen Sachrechts exemplarisch dargestellt, die als Eingriffsnormen zu qualifizieren sind. 58

a) AWG (Außenwirtschaftsgesetz)

Im Außenwirtschaftsgesetz (AWG) wird der Erwerb bestimmter, politisch-strategisch wichtiger Güter geregelt, insbesondere der von Waren, die zu militärischen oder verbotenen Zwecken benutzt werden können oder versorgungs- und gesundheitspolitisch für die Gesellschaft relevant werden (vgl. auch § 4 AWG).[177] Gesellschaftsrechtlich relevant wird dies bezogen auf den Erwerb von bestimmten Unternehmen oder Unternehmensanteilen (§§ 5 II, III, 11 III 2 AWG).[178] Nach dem AWG kann die Bundesregierung bestimmte Rechtsgeschäfte beschränken, etwa durch staatliche Genehmigungserfordernisse, Veräußerungsverbote oder Erlaubnisvorbehalte, um **wesentliche Sicherheitsinteressen** oder die **öffentliche Ordnung** Deutschlands zu schützen. Nach § 5 II, III AWG fallen hierunter auch Rechtsgeschäfte, bei denen es um den **Erwerb inländischer Unternehmen(santeile)** durch unionsfremde Erwerber geht (§§ 5 II, 4 I AWG). Besonders betroffen ist der Erwerb inländischer Unternehmen, die in der Rüstungsindustrie oder bezogen auf IT-Sicherheitsfragen tätig sind (§ 5 III AWG). Um die Funktionsfähigkeit des Gesetzes durchzusetzen, ermöglicht § 11 AWG, durch Rechtsverordnung Meldepflichten über Zahlungsströme im Außenwirtschaftsverkehr und Vermögen von Inländern im Ausland und Ausländern im Inland, ua bezogen auf Beteiligungen an Unternehmen (§ 11 III 2 AWG), vorzusehen. 59

Die Normen des AWG in Kombination mit einer gemäß § 12 AWG erlassenen Außenwirtschaftsverordnung werden als klassische Eingriffsnormen angesehen. Sie verfolgen **staatliche und territoriale Interessen zum Schutz des Gemeinwohls**, zum Staatsschutz und zum „Schutz des friedlichen Zusammenlebens der Völker".[179] Sie greifen aufgrund dieser übergeordneten Ziele in privatrechtliche Verträge ein und erklären diese bei Verstoß gegen das Gesetz für unwirksam (§ 15 I 1 AWG), unabhängig davon, welches Recht auf den Vertrag anwendbar ist.[180] Bestätigt wird diese öffentlich-rechtliche Komponente dadurch, dass ein Verstoß strafrechtlich verfolgt 60

---

172 ZB BGH NJW 1997, 1697, 1698; ähnlich in Frankreich Cour de Cassation v. 27.4.2011 – N° 09-13524, unalex FR-2320; Cour de Cassation v. 25.2.2009 – N° 07-20096, unalex FR-2371.

173 *Junker* IPRax 2000, 65, 70; *Kegel/Schurig*, Internationales Privatrecht, 2004, § 6 III S. 317 f.; *Köhler*, Eingriffsnormen – Der unfertige Teil des europäischen IPR, 2013, S. 93 f.; *Schurig*, Kollisionsnorm und Sachrecht, 1981, S. 320; *Sonnenberger* IPRax 2003, 104, 105.

174 *Weller* in: MüKo GmbHG, Bd. 1, 2. Aufl. 2015, Einl. Rn. 456, 459-465; *Freitag* in: Reithmann/Martiny (Hrsg.), Internationales Vertragsrecht, 8. Aufl. 2015, Rn. 510 f.; *Kahn*, Jherings Jb 39 (1898), 1, 17; *Körber* in: Bürgers/Körber (Hrsg.), Aktiengesetz, 4. Aufl. 2017, Einl. AktG, Rn. 29.

175 BGH NJW 2003, 2020, 2021; BAG NZA 2012, 1152; *Köhler*, Eingriffsnormen – Der unfertige Teil des europäischen IPR, 2013, S. 94-97; *Freitag* in: Reithmann/Martiny (Hrsg.), Internationales Vertragsrecht, 8. Aufl. 2015, Rn. 511; *Junker* IPRax 2000, 65, 70; *Kühne* in: FS Heldrich, 2005, S. 815, 820; *von Bar/Mankowski*, Internationales Privatrecht, Bd. 1, 2003, § 4 Rn. 91; *Weller* in: MüKo GmbHG, Bd. 1, 2. Aufl. 2015, Einl. Rn. 465, ähnlich in Österreich: OGH v. 25.9.2001 – 1 Ob 164/01a, unalex AT-760; OGH v. 8.3.2012 – 2 Ob 122/11x, unalex AT-790.

176 *Freitag* in: Reithmann/Martiny (Hrsg.), Internationales Vertragsrecht, 8. Aufl. 2015, Rn. 511; *Junker* IPRax 2000, 65, 71; *Köhler*, Eingriffsnormen – Der unfertige Teil des europäischen IPR, 2013, S. 94-97; *Kühne* in: FS Heldrich, 2005, S. 815, 820; *Sonnenberger* IPRax 2003, 104, 115; *von Bar/Mankowski*, Internationales Privatrecht, Bd. 1, 2003, § 4 Rn. 91.

177 Ausführlich *Remien* RabelsZ 54 (1990) 431, 434-437 (zum Vorgängergesetz).

178 *Weller* IPRax 2017, 167, 174.

179 BVerfG NJW 1999, 3325 f.; OLG Düsseldorf NStZ 1987, 565, 566; *Diemer*, in: Erbs/Kohlhaas (Hrsg.), Strafrechtliche Nebengesetze, 2017, A 217. AWG – Vorbemerkungen Rn. 4; *von Bar/Mankowski*, Internationales Privatrecht, Bd. 1, 2003, Rn. 80.

180 *Remien* RabelsZ 54 (1990) 431, 462-464; *Freitag* in: Reithmann/Martiny (Hrsg.), Internationales Vertragsrecht, 8. Aufl. 2015, Rn. 583 f.

werden kann und darüber hinaus eine behördliche, dh verwaltungsrechtlicher Durchsetzung stattfindet, indem die Geschäfte melde- oder genehmigungspflichtig sind (meist beim Bundesministerium für Wirtschaft und Energie).[181]

61 Eingriffsnormen der *lex fori* sind nur bei hinreichendem Bezug zwischen Anknüpfungsgegenstand und *forum* anwendbar (s. Rn. 57 f.). Aus der behördlichen Ausgestaltung des AWG ergibt sich der **internationale Anwendungsbereich des Gesetzes** selbst. Sobald der Wirtschaftsverkehr derart betroffen ist, dass die Behörde tätig werden muss oder ansonsten ein Rechtsgeschäft unwirksam ist, besteht der räumliche Bezug zum *forum*, der das AWG, soweit es sachlich anwendbar ist, räumlich zur Anwendung bringt. Dies ist der Fall, wenn es nach §§ 5, 15 II, III AWG um den Erwerb inländischer Unternehmen oder der Beteiligung an einem inländischen Unternehmen geht. Eine Gesellschaft ist eine inländische, wenn sie gemäß § 2 XV Nr. 2-4 AWG ihren Verwaltungssitz[182] oder den Ort der Leitung im Inland hat. Ferner ist das AWG bereits anwendbar, wenn eine ausländische Gesellschaft eine Zweigniederlassung mit Leitung und gesonderter Buchführung oder eine Betriebsstätte mit selbstständiger Verwaltung im Inland hat.[183]

b) Unternehmerische Mitbestimmung

62 Die Regelungen zur unternehmerischen Mitbestimmung, dh der zwingenden Vertretung der Arbeitnehmer insbesondere im Aufsichtsorgan einer Gesellschaft, können als international zwingend und daher abweichend vom Gesellschaftsstatut zu qualifizieren sein.[184] Die Regelungen zur unternehmerischen Mitbestimmung im MitbestG und DrittelbG verfolgen keine nur gesellschaftsrechtlichen, sondern **sozialpolitische Ordnungsvorstellung des deutschen Staats**, da sie darauf zielen, die Fremdbestimmung von Arbeitnehmern in Unternehmen ab einer bestimmten Größe zu mildern.[185] Sie nehmen aus Sicht des BVerfG eine über die Interessen des Einzelnen hinausgehende gesellschaftspolitische Stellung ein, die insbesondere die Marktwirtschaft politisch sichern und daher dem Wohl der Allgemeinheit dienen soll.[186] Damit kommen sie grundsätzlich als Eingriffsnormen in Betracht, die vom Gesellschaftsstatut abweichende kollisionsrechtliche Interessen verfolgen.[187] Auch in der österreichischen und spanischen Literatur wird diskutiert, die Regelungen zur Arbeitnehmerbeteiligung als Eingriffsnormen zu qualifizieren (zur konkreten internationalen Anwendung der deutschen Regelungen s. Rn. 65).[188]

63 Neben diesem überindividuellen Zweck sprechen auch die Gesetzgebungsmaterialien für eine international zwingende Ausgestaltung in bestimmten Konstellationen. Nach dem Bericht des Arbeits- und Sozialausschusses zum Regierungsentwurf des MitbestG 1976[189] kann das Gesetz keine Geltung „für Unternehmensorgane ausländischer Gesellschaften […] beanspruchen". Es sei auf solche Gesellschaften beschränkt, die „ihren Sitz im Geltungsbereich des Grundgesetzes haben" und im Inland „mehr als 2.000 Arbeitnehmer beschäftigen". Die Mitbestimmungsrechte stünden „nur den Arbeitnehmern der in der Bundesrepublik belegenen Betriebe dieser Unternehmen zu".[190] „Sitz" ist nach damaligem Verständnis (1976) als effektiver Verwaltungssitz iSd Sitztheorie zu lesen.[191] Dies spricht dafür, dass der **Gesetzgeber** sich grundsätzlich mit dem internationalen Anwendungsbereich der Normen beschäftigt hat, die Regelungen also **als Eingriffsnormen** qualifiziert und hierbei die

181 ZB *Martiny* ZEuP 2006, 60, 87; *Remien* RabelsZ 54 (1990) 431, 455.
182 *Diemer* in: Erbs/Kohlhaas (Hrsg.), Strafrechtliche Nebengesetze, 2017, § 4 AWG Rn. 4 (zur Vorgängervorschrift).
183 *Theiselmann*, German Law Journal 10 (2009) 1495, 1496.
184 ZB *Kindler* in: MüKo BGB, Bd. 11, 6. Aufl. 2015, IntGesR, Rn. 575; *ders.* ZHR 179 (2015) 330, 373, 374-376; *Franzen* RdA 2004, 257, 259; *Großfeld* in: Staudinger, Internationales Gesellschaftsrecht, 1998, Rn. 510 ff.; *Land* BB 2013, 2697, 2704; *Weller* in: MüKo GmbHG, Bd. 1, 2. Aufl. 2015, Einl. Rn. 475; im Grundsatz zustimmend *Teichmann* ZIP 2016, 899, 901 f.; kritisch bezogen auf den Inlandsbezug 902 ff. und *de lege ferenda* für eine andere Regelung; die Substitution übersehend und daher *de lege ferenda Kierstein*, Niederlassungsfreiheit contra Unternehmensmitbestimmung, 2006, S. 100 ff.; differenziert *Behme* ZIP 2008, 351, 354 f., 356; *Rödl* JZ 2016, 980 f.; dagegen *Oetker* ZHR 179 (2015) 707, 712 f.; *Raiser/Veil* in: Recht der Kapitalgesellschaften, 6. Aufl. 2015, § 8 Rn. 16; *Körber* in: Bürgers/Körber (Hrsg.), Aktiengesetz, 4. Aufl. 2017, Einl. AktG, Rn. 29; für eine akzessorische (Sonder-) Anknüpfung an das Gesellschaftsstatut *Behrens/Hoffmann* in: Ulmer/Habersack/Löbbe (Hrsg.), GmbHG, Bd. 1, 2. Aufl. 2013, Einleitung B I. Rn. B 121.
185 BVerfG NJW 1979, 699, 705, sich berufend auch auf Mitbestimmungsbericht, BT-Drs. VI/334, S. 68 f.; *Borsutzky* EuZA 2014, 437, 438; *Großfeld* in: Staudinger, Internationales Gesellschaftsrecht, 1998, Rn. 510; *Teichmann* ZIP 2016, 899, 901.
186 BVerfG NJW 1979, 699, 705, sich berufend auch auf den Mitbestimmungsbericht, BT-Drs. VI/334, S. 68 f.
187 *Großfeld* in: Staudinger, Internationales Gesellschaftsrecht, 1998, Rn. 510; *Teichmann* ZIP 2016, 899, 901; *Kierstein*, Niederlassungsfreiheit contra Unternehmensmitbestimmung, 2006, S. 102; *Kindler* ZHR 179 (2015) 330, 373, 374-376; *Franzen* RdA 2004, 257, 259. Unklare Begriffsverwendung bei *Borsutzky* EuZA 2014, 437, 439 f., 443 f., der i. E. aber für eine Sonderanknüpfung plädiert.
188 Siehe dazu *Gerner-Beuerle et al.*, Study on the Law Applicable to Companies – Final Report, 2016, S. 208.
189 BT-Drs. 7/4845.
190 Alle Zitate: BT-Drs. 7/4845 S. 4.
191 *Kindler* in: MüKo BGB, Bd. 11, 6. Aufl. 2015, IntGesR, Rn. 575; *Großfeld* in: Staudinger, Internationales Gesellschaftsrecht, 1998, Rn. 511-513; ähnlich auch OLG Stuttgart NJW-RR 1995, 1067, 1068.

Beziehung zum *forum* beschränken wollte.[192] Sowohl der ursprüngliche Zweck als auch die gesetzgeberische Absicht sprechen daher für eine Qualifikation als Eingriffsnorm.[193]

An diesem Zweck hat sich nichts geändert. Das DrittelbG 2004 fällt in einen Zeitraum, in dem der Wechsel zur Gründungstheorie im Anwendungsbereich der Niederlassungsfreiheit bereits diskutiert wurde.[194] In den Gesetzgebungsmaterialien finden sich aber keine Anhaltspunkte, dass der Gesetzgeber den internationalen Anwendungsbereich des Gesetzes anders als den des MitbestG fassen will oder den des MitbestG ändern möchte.[195] Stattdessen wird an die bereits bestehende Rechtslage angeknüpft, diese soll fortgeführt und im Verfahren vereinfacht und modernisiert werden, ohne dass hiermit ein geringerer Schutzumfang ausgedrückt werden soll.[196] Dieser ursprüngliche Zweck wurde nicht aufgegeben durch die Ablehnung einer jüngeren Gesetzesinitiative zur Stärkung des Mitbestimmungsrechts in Auslandssachverhalten. Die Gesetzesinitiative wurde abgelehnt, weil die konkrete Ausformung der Stärkung der Mitbestimmung keine Mehrheit im Rechtsausschuss fand. Dies lag aber nicht daran, dass die Einordnung als Eingriffsnorm infrage gestellt wurde, sondern dass Uneinigkeit darüber bestand, in welcher Weise der Anwendungsbereich des geltenden Rechts im internationalen Kontext erweitert werden soll. Die hinter dem Gesetz stehenden Erwägungen, welche den Regierungsentwurf 1976 begleiteten, wurden nicht infrage gestellt.[197] 64

Da Eingriffsnormen nur bei hinreichendem Bezug zwischen Anknüpfungsgegenstand und *forum* anwendbar sind (s. Rn. 57 f.), ist die Beziehung einer Gesellschaft zum deutschen *forum* zu konkretisieren, bei deren Vorliegen das MitbestG angewendet werden „möchte". Wie bereits ausgeführt, ergibt sich aus den oben genannten Gesetzgebungsmaterialien, dass der **Anwendungsbereich des Gesetzes** auf solche **Gesellschaften** beschränkt ist, die „ihren Sitz im Geltungsbereich des Grundgesetzes haben", was den **„Sitz" iSd Sitztheorie** darstellt (s. Rn. 63 f.).[198] Dies zeigt, dass der Gesetzgeber für diese Gesellschaften das Gesetz zwingend für anwendbar erklären wollte, in Einklang mit dem Gedanken, dass die Sitztheorie auch der Durchsetzung staatlicher Interessen dient.[199] Der internationale Anwendungsbereich des MitbestG ist also parallel zum Gesellschaftsstatut iSd Sitztheorie konzipiert. Gilt nun die Gründungstheorie, bleibt der Anwendungsbereich des MitbestG weiterhin auf Gesellschaften mit effektivem Verwaltungssitz in Deutschland eröffnet.[200] Gesellschaften, die ihren effektiven Verwaltungssitz im Inland haben, aber der Gründungstheorie unterstehen, können daher vom MitbestG und DrittelbG erfasst werden.[201] Hinzu tritt die Voraussetzung nach § 1 I Nr. 2 MitbestG, dass eine Gesellschaft mehr als 2.000 Arbeitnehmer beschäftigt bzw. nach § 1 I DrittelbG die Zahl von 500 Arbeitnehmern ausschlaggebend ist. Liest man diese Voraussetzungen zusammen mit den oben zitierten Gesetzgebungsmaterialien, besteht ein hinreichender Inlandsbezug nur, wenn **Arbeitnehmer im Inland beschäftigt sind**, welche die Zahl von 2.000 (MitbestG) respektive 500 (DrittelbG) überschreiten.[202] Die Regelungen sind daher nur (räumlich) anwendbar, wenn der effektive Verwaltungssitz der Gesellschaft in Deutschland liegt und im Inland mehr als 2.000 bzw. 500 Arbeitnehmer beschäftigt sind. 65

192 *Kindler* in: MüKo BGB, Bd. 11, 6. Aufl. 2015, IntGesR, Rn. 575; *Franzen* RdA 2004, 257, 259; *Land* BB 2013, 2697, 2704; unklar *Behme* ZIP 2008, 351, 354 f., der Anwendungsbereich und Geltungsbereich des Gesetzes nicht sauber trennt.

193 *Franzen* RdA 2004, 257, 259; *Großfeld/Erlingshagen* JZ 1992, 217, 222; *Kindler* in: MüKo BGB, Bd. 11, 6. Aufl. 2015, IntGesR, Rn. 575; *ders.* NJW 2003, 1073, 1079; *ders.* ZHR 179 (2015) 330, 375-377; *Weller* in: FS Hommelhoff, 2012, S. 1275, 1289; *ders.* IPRax 2017, 167, 174; aA *Hübner*, Kollisionsrechtliche Behandlung von Gesellschaften aus „nicht-privilegierten" Drittstaaten, 2011, S. 241 f.; *Wall* in: Hausmann/Odersky (Hrsg.), Internationales Privatrecht in der Notar- und Gestaltungspraxis, 3. Aufl. 2016, § 19 Rn. 28; *Behme* ZIP 2008, 351, 354 f., *Oetker* ZHR 179 (2015) 707, 712 f.; offen lassend *Junker* NJW 2004, 728, 729 f.

194 *Behme* ZIP 2008, 351.

195 BT-Drs. 15/2542, 10 f.

196 BT-Drs. 15/2542, 10 f.; aA *Behme* ZIP 2008, 351.

197 BT-Drs. 17/7696, 4 f.; ausführlich *Borsutzky* EuZA 2014, 437, 438-440; aA *Oetker* ZHR 179 (2015) 707, 713, (im Kontext der Geschlechterquote), der sich aber nicht inhaltlich mit dem Beschluss auseinandersetzt.

198 *Kindler* in: MüKo BGB, Bd. 11, 6. Aufl. 2015, IntGesR, Rn. 575; *Großfeld* in: Staudinger, Internationales Gesellschaftsrecht, 1998, Rn. 511-513; ähnlich auch BGH NJW 1982, 933, 934; OLG Stuttgart NJW-RR 1995, 1067, 1068; *Kierstein*, Niederlassungsfreiheit contra Unternehmensmitbestimmung, 2006, S. 103; *Rödl* JZ 2016, 980, 981.

199 Im Ergebnis ähnlich *Borsutzky* EuZA 2014, 437, 444.

200 Ähnlich bereits *Großfeld* in: Staudinger, Internationales Gesellschaftsrecht, 1998, Rn. 516, 523.

201 Ähnlich auch *Kindler* in: MüKo BGB, Bd. 11, 6. Aufl. 2015, IntGesR, Rn. 575; *Franzen* RdA 2004, 257, 259; *Großfeld* in: Staudinger, Internationales Gesellschaftsrecht, 1998, Rn. 510 ff.; *Land* BB 2013, 2697, 2704; *Weller ua* ZGR, 2015, 361, 384; GA *Saugmannsgaard Øe*, Schlussanträge v. 4.5.2017 zur Rs. C-566/15 (Erzberger), ECLI:EU:C:2017:347 = NZG 2017, 703, Rn. 101-112; für eine Anknüpfung an den zentralen Arbeitsort der Belegschaft *Teichmann* ZIP 2016, 899, 903.

202 BT-Drs. 7/4845 S. 4; ähnlich *Großfeld* in: Staudinger, Internationales Gesellschaftsrecht, 1998, Rn. 526-529; *Franzen* RdA 2004, 257, 259; *Teichmann* ZIP 2016, 899, 903; *Weller ua* ZGR, 2015, 361, 384; ähnlich *Rödl* JZ, 2016, 980, 981; weitergehend *Borsutzky* EuZA 2014, 437, 446, der allgemein auf 500 als Schwelle abzielt; unklar LG Frankfurt BeckRS 2015, 05715; unionsrechtskonform nach EuGH, Rs. C-566/15 (Erzberger), ECLI:EU:C:2017:562 = NJW 2017, 2603.

66 Sachlich wiederum ist Voraussetzung, dass die ausländische Gesellschaft einer Gesellschaft des MitbestG funktionsäquivalent ist und daher den Tatbestand von § 1 I MitbestG bzw. § 1 I DrittelbG erfüllt (sog **„Substitution"**, ausführlich dazu Rn. 105). Hierzu ist (sachlich) erforderlich, dass die ausländische Gesellschaft **funktional ein Äquivalent** zur inländischen Gesellschaftsform darstellt,[203] dh vergleichbar organisiert ist mit einer der in § 1 I Nr. 1 MitbestG bzw. § 1 I DrittelbG genannten Gesellschaftsformen und in der oben beschriebenen Weise in der Regel mehr als 2.000 bzw. 500 Arbeitnehmer beschäftigt.[204] Um praktisch zu bestimmen, welche ausländischen Gesellschaftsformen vergleichbar sind, lässt sich auf den Anhang II der Kodifizierungs-Richtlinie (ex-Art. 1 Publizitäts-RL) abstellen, der verschiedene sich in etwa entsprechende nationale Gesellschaftsformen aufführt. Die dort genannten Gesellschaftsformen ausländischen Rechts können als funktionale Äquivalente zur AG, KGaA und GmbH angesehen und deren Regeln unterworfen werden.[205] Die entsprechende Liste der mitgliedstaatlichen Kapitalgesellschaftsformen gibt aber stets nur Anhaltspunkte, im konkreten Einzelfall muss auf die Funktion und Struktur der jeweiligen Gesellschaftsform abgestellt werden, um festzustellen, ob eine Vergleichbarkeit iSd Substitution zu bejahen ist (ausführlich Rn. 107 f.)

c) Geschlechterquoten und Zielgrößen

67 Parallel zur Diskussion um den internationalen Anwendungsbereich der Mitbestimmung gestaltet sich die Diskussion zum Anwendungsbereich des Gesetzes für die gleichberechtigte Teilhabe von Frauen und Männern in Führungspositionen[206].[207] Das Gesetz statuiert eine Pflicht zu einer **30-Prozent-Quote** des unterrepräsentierten Geschlechts im Aufsichtsrat, sobald eine Gesellschaft börsennotiert ist und die Pflicht zur paritätischen Mitbestimmung hat (§ 96 II 1 AktG bzw. § 17 II, 24 III SEAG für die SE). Ist eine Gesellschaft börsennotiert oder mitbestimmungspflichtig, muss sie daneben bestimmte **Zielgrößen für den Frauenanteil** in Vorstand (bzw. Geschäftsführung), Aufsichtsrat sowie den beiden Führungsebenen unterhalb des Vorstands festlegen, sowie Fristen um diese zu erreichen, und die Zielgrößen und Fristen veröffentlichen (§§ 76 IV, 96 II, 111 V 1 AktG, § 52 II GmbHG).[208] Strafen oder gesetzliche Sanktionen sind, für den Fall, dass das gesetzte Ziel nicht erreicht wurde, nicht vorgesehen. Liegt der Frauenanteil bei Festlegung der Zielgrößen unter 30 Prozent, so dürfen die Zielgrößen den jeweils erreichten Anteil nicht mehr unterschreiten (§§ 76 IV, 111 V 2 AktG).

68 Beide Regelungen wurden durch dasselbe Gesetz geschaffen. Der Gesetzgeber sieht sie als notwendig an, um langfristig Geschlechterparität unter Führungskräften in der Privatwirtschaft (und Bundesverwaltung) zu erreichen oder anzusteuern. Vorhergehende nicht-verpflichtende Maßnahmen wie Empfehlungen im Deutschen Corporate Governance Kodex (DCGK) hatten keine oder nur sehr geringe Wirkung gezeigt.[209] Der Gesetzgeber sieht sich als verpflichtet an, zu zwingenden Maßnahmen zu greifen, um den **„verfassungsrechtliche[n] Auftrag** zur gleichberechtigten Teilhabe von Frauen und Männern an Führungspositionen" zu erfüllen.[210] Beide Maßnahmen, dh die verbindlichen Geschlechterquoten und die Verpflichtung, Zielvorgaben zu veröffentlichen (neben Regelungen für den öffentlichen Dienst des Bundes), werden als in derselben Weise notwendig und wichtig angesehen, um dieses Ziel zu erreichen.[211] Einmal sollen durch das Gesetz das Ziel der Nachhaltigkeitsstrategie der Bundesregierung gestärkt werden, die Entgeltlücke zwischen Männern und Frauen zu verringern.[212] Darüber hinaus verfolgt das Gesetz einen **erzieherischen Zweck**, indem es Frauen ermutigen soll, eine Karriere auch in den Führungsebenen von großen Unternehmen anzustreben, und Männer und Frauen, sich stärker für eine partnerschaftliche Aufteilung von Familie und Beruf einzusetzen.[213] Weiterhin soll das Gesetz auch den betroffenen Gesellschaften und der Gesamtwirtschaft zugute kommen, da eine stärkere Gleichstellung die Legitimation der Gesellschaft und ihrer Entscheidungen erhöht und bei Unternehmen mit höherer Anzahl weiblicher Beschäftigter „positiver Performance-Effekt" wissenschaftlich belegt ist.[214] Das Gesetz dient damit neben allge-

---

203 *Kindler* ZHR 179 (2015) 330, 376 f.; bzgl. der grundsätzlichen Offenheit der Begriffe des Aktiengesetzes: BAG NZA 2007, 999, 1003; den Begriff der Substitution unklar verwendend und (wohl) daher ablehnend *Behme* ZIP 2008, 351, 354 f.; ohne Problembewusstsein *Behrens/Hoffmann* in: Ulmer/Habersack/Löbbe (Hrsg.), GmbHG, Bd. 1, 2. Aufl. 2013, Einleitung B I. Rn. B 121.

204 *Franzen* RdA 2004, 257, 259; *Großfeld* in: Staudinger, Internationales Gesellschaftsrecht, 1998, Rn. 543.

205 *Kindler* ZHR 179 (2015) 330, 376 f.

206 In Kraft getreten am 1.5.2015, BGBl. 2015 I 642.

207 *Grobe* AG 2015, 289, 303; für eine Sonderanknüpfung *Weller* IPRax 2017, 167, 174; *Weller ua* ZGR 2015, 361 ff.; dagegen *Oetker* ZHR 179 (2015) 707, 712 f.; *Seibt* ZIP 2015, 1193, 1195.

208 Überblick zB bei *Oetker* ZHR 179 (2015) 707, 711 f.; *Seibt* ZIP 2015, 1193, 1194 ff.

209 BT-Drs. 18/3784, S. 1 f., 40-42.

210 BT-Drs. 18/3784, S. 2, 48.

211 BT-Drs. 18/3784, S. 2, 48.

212 BT-Drs. 18/3784, S. 42.

213 BT-Drs. 18/3784, S. 42, 52.

214 BT-Drs. 18/3784, S. 42.

meinen Zielen des Gesellschaftsrechts vor allem gesamtgesellschaftlichen[215] bzw. „**explizit gleichstellungspolitischen**“ Zielen.[216] Es besteht also ein **besonderes, öffentliches Interesse** daran, dass diese Pflichten befolgt werden.

Auch bei der Festlegung der **Zielgrößen** gelten die oben beschriebenen Erwägungen, dass keine Ziele des Gesellschaftsrechts verfolgt werden, sondern darüber hinausgehende, **sozialpolitische und erzieherische**, und dies nicht nur bezogen auf die individuelle Gesellschaft, sondern auch die **Gesamtwirtschaft und die Bevölkerung** (s. Rn. 68). Diese besondere Funktion lässt sich etwa daran erkennen, dass die Pflicht dem Aufsichtsrat bzw. Vorstand auferlegt wird und nicht an die Hauptversammlung delegiert werden kann, also in den Entscheidungsebenen die Sensibilität für das Thema gestärkt werden soll.[217] Dies spricht ebenfalls dafür, dass die Regelung keine genuin gesellschaftsrechtlichen Ziele verfolgt und damit nicht dem Gesellschaftsstatut unterfallen soll, sondern gesondert anzuknüpfen ist. 69

Beide Regelungen, sowohl die Pflicht zur 30-Prozent-Quote als auch die zur Festlegung von Zielgrößen, werden also gesondert angeknüpft.[218] Als international zwingende Norm kann die Regelung auch dann anwendbar sein, wenn eine Gesellschaft nicht dem deutschen Gesellschaftsstatut untersteht. Zum einen ist dies zu prüfen, wenn sie im Ausland gegründet wurde, aber für sie die **Gründungstheorie** gilt (§ 10 Rn. 108). Zum anderen kann sie auf Gesellschaften anwendbar sein, die im Inland agieren, aber aus deutscher Sicht ihren **effektiven Verwaltungssitz** im Ausland haben und das Recht des Sitzstaats ebenfalls **nicht auf deutsches Recht zurückverweist** (s. Rn. 31). Die konkrete Anknüpfung bedarf der weiteren Spezifizierung (Rn. 73 ff.). 70

Sachlich stellt sich die Frage, welche ausländischem Recht unterstehenden Gesellschaftsformen überhaupt unter das Gesetz fallen. Hierzu ist erforderlich, dass die infrage stehende Gesellschaftsform einer in Deutschland unter das Gesetz fallenden Gesellschaftsform **funktional entspricht** (zur **Substitution** allgemein s. Rn. 105 ff., zur parallelen Frage iRd unternehmerischen Mitbestimmung s. Rn. 65 f.). Eine Gesellschaft muss börsennotiert sein und bzw. oder der Mitbestimmungspflicht unterliegen, wobei die Börsennotierung sprachlich nicht auf die Notierung an der deutschen Börse festgelegt ist.[219] Das Gesetz beabsichtigt auch keine derartige Festlegung, sondern stellt auf die Börsennotierung ab, um Gesellschaften zu erfassen, denen eine besondere Größe oder Bedeutung wirtschaftlicher Art zukommt. Um einzugrenzen, welchen ausländischen Gesellschaften evtl. eine mit den inländischen funktionsäquivalente Bedeutung zukommt, ist auf die **Notierung an einer** (nicht unbedingt der deutschen) **Börse** abstellen, soweit das Gesetz dies verlangt.[220] Bezogen auf die Mitbestimmungspflicht gilt das gleiche wie oben zur unternehmerischen Mitbestimmung ausgeführt (Rn. 66). Bei einer Gesellschaft, die einer Rechtsordnung mit monistischem System untersteht oder diese Rechtsordnung das monistische System als mögliche Organisationsform anbietet (dazu zB § 12 Rn. 576; § 13 Rn. 484), dh bei der keine vergleichbare Aufteilung in Aufsichtsrat und Vorstand existiert, wird die Substitution bzw. die Funktionsäquivalenz regelmäßig bezogen auf die feste 30-Prozent-Quote scheitern, so dass das Gesetz nicht auf solche Gesellschaftsformen anwendbar ist. Was die Festsetzung der Zielgrößen betrifft, ist die Substitution eher möglich, da es organisatorisch nicht notwendigerweise auf ein dualistisches System ankommt, sondern auch andere Ebenen der Geschäftsführung ausreichen, um den Anwendungsbereich des Gesetzes zu eröffnen. Auch hier ist stets eine Einzelfallbetrachtung notwendig und darauf abzustellen, ob die ausländische Gesellschaftsform funktionell den vom Gesetz vorausgesetzten entspricht.[221] 71

Weiterhin sind Eingriffsnormen nur anwendbar, wenn ihr Anknüpfungsgegenstand einen hinreichenden **Bezug zum *forum*** aufweist (s. Rn. 57 f.). Es ist also weiter danach zu differenzieren, welche Beziehung eine Gesellschaft, die nicht dem deutschen Geellschaftstatut unterfällt, zum deutschen *forum* haben muss, damit die Geschlechterquotenregelung angewendet werden „möchte“. Hierbei ergeben sich aus dem sachlichen Anwendungsbereich auch Hinweise auf den internationalen. Das Gesetz hat zwei Anknüpfungspunkte: Die Börsennotierung einer Gesellschaft und die gesetzliche Mitbestimmungspflicht. Soweit die Regelungen auf die Börsennotierung abstellen, ist der Inlandsbezug jedenfalls gegeben, wenn die **Gesellschaft an der der deutschen Börse zugelassen** ist, da die Gesellschaften aus Sicht des Gesetzes eine ausreichende Bedeutung auf dem deutschen Markt und damit für die deutsche gesellschaftspolitische Zielrichtung einnehmen. Sind darüber hinaus auf diese Gesellschaft die Regelungen zur Mitbestimmung anwendbar (s. Rn. 74 f.), ist die Geschlechterquotenregelung anwendbar, sonst nur die Zielgrößenfestlegungspflicht. 72

---

215 BT-Drs. 18/3784, S. 42 f.; 52; 123; *Weller ua* ZGR 2015, 361, 364, 375-378; *Seibt* ZIP 2015, 1193, 1195; *Teichmann/Rüb* BB 2015, 898.

216 BT-Drs. 18/3784, S. 52.

217 BT-Drs. 18/3784, S. 46; 123; *Weller* IPRax 2017, 167, 174; aA *Seibt* ZIP 2015, 1193, 1195; *Oetker* ZHR 179 (2015) 707, 713.

218 Wohl *Weller* IPRax 2017, 167, 174; *Weller ua* ZGR 2015, 361, 382.

219 *Teichmann/Rüb* BB 2015, 898; aA ohne Begründung *Grobe* AG 2015, 289, 291.

220 *Teichmann/Rüb* BB 2015, 898.

221 Ausführlich zur Substitution *Weller ua* ZGR 2015, 361, 382 ff.

73 Wie oben bei Fragen der unternehmerischen Mitbestimmung ausgeführt, behält sich der deutsche Staat allgemein eine gewisse territoriale Einflussmöglichkeit dann vor, wenn der **effektive Verwaltungssitz einer Gesellschaft im Inland** ist und diese darüber hinaus eine Mindestanzahl an Arbeitnehmern im Inland beschäftigt (Rn. 65). Dieser Gedanke hilft auch bei der Bestimmung des Anwendungsbereichs der Geschlechterquotenregelung bei Geltung der Gründungstheorie.[222] Soweit das Gesetz auf die Regelungen zur Mitbestimmung abstellt, kumulativ für die feste Quote, alternativ für die Zielvorgaben, lassen sich die oben geführten Überlegungen zum **internationalen Anwendunsbereich** der Regelungen zur unternehmerischen Mitbestimmung fruchtbar machen. Soweit wie oben ausgeführt das DrittelbG und des MitbestG auf eine Gesellschaft anwendbar sind, die ausländischem Recht unterliegt, besteht ein ausreichender Bezug zum *forum*.[223]

74 Das MitbestG ist anwendbar ab einer regelmäßigen Arbeitnehmerzahl von 2.000 (§ 1 I Nr. 2 MitbestG); das DrittelbG ab 500 Arbeitnehmern (§ 1 DrittelbG). Sobald eine Gesellschaft im Inland **2.000 Arbeitnehmer** iSd MitbestG beschäftigt und darüber hinaus **börsennotiert** ist, besteht daher die Pflicht zur **30-Prozent-Quote.**[224] Hierbei ist gerade nicht erforderlich, dass die Gesellschaft an der inländischen Börse zugelassen wurde, sondern auch die Zulassung an einer ausländischen genügt.[225] Die Pflicht zu **Zielgrößen** besteht bereits, wenn gem. § 52 II GmbHG, § 1 DrittelbG die Gesellschaft im Inland mehr als 500 Arbeitnehmer hat und damit ein Aufsichtsrat zu bilden ist (s. Rn. 65). Daneben besteht die Pflicht, soweit die Gesellschaft an der deutschen Börse zugelassen ist (Rn. 74). Die Pflichten gelten aber nur, soweit die Gesellschaft funktionsäquivalent zu einer der deutschen Gesellschaftsformen ist, von denen das Gesetz ausgeht (s. Rn. 71).

d) Existenzvernichtungshaftung

75 Das schweizerische Recht sieht für die schweizerischen Haftungsvorschriften, die ähnlich gelagert sind wie die sog **„Existenzvernichtungshaftung“** in Deutschland (s. Rn. 131 ff.), eine Sonderanknüpfung vor, behandelt sie also als international zwingende Normen.[226] Auch in Deutschland wird eine ähnliche Auffassung vertreten, nämlich dass die Durchgriffshaftung vor deutschen Gerichten **als international zwingende Norm** immer deutschem Recht unterfällt.[227] Dogmatisch ist dies zweifelhaft, weil die Haftung aus dem allgemeinen Haftungsrecht (§ 826 BGB) entwickelt wurde. International zwingende Normen sind aber nur solche Regelungen, die spezifische Sonderregelungen darstellen, die gerade eine Sonderanknüpfung abweichend von der allgemein geltenden *lex causae* rechtfertigen.[228] Es muss sich um eine konkrete Sachnorm handeln, die besondere, von den allgemeinen Regelungen abweichende, ebenfalls konkrete Zwecke und Gemeinwohlinteressen verfolgt, da sie sonst Teil der Hauptfrage wäre.[229] Ein Fall einer Generalklausel ist nicht gesondert vom Rest der Generalklausel anzuknüpfen, so dass auch eine Sonderanknüpfung von § 826 BGB ausscheidet.[230] Dies gilt ganz besonders, da der Begriff der „guten Sitten“ sehr weit und der Tatbestand zu wenig konturiert ist, um den klar umgrenzten Sachbereich einer Eingriffsnorm herausarbeiten zu können.[231] Die Existenzvernichtungshaftung kann nur gesondert angeknüpft werden, wenn sie vom deutschen Gesetzgeber in einer konkreten Spezialnorm ausdrücklich geregelt wurde und sie nicht Teil des Gesellschaftsstatuts sein soll (ausführlich zur Existenzvernichtungshaftung Rn. 131 ff.). Dies ist im deutschen Recht bisher nicht der Fall. Nach der hier vertretenen Auffassung ist die Existenzvernichtungshaftung nach deutschem Verständnis deliktsrechtlich iSd Rom II-VO zu qualifizieren, wobei sie über Art. 4 III Rom II-VO dem Gesellschaftsstatut überantwortet wird (ausführlich Rn. 131 ff.).

2. Unionsrechtlich international zwingende Normen („Ingmar“-Rechtsprechung des EuGH)

76 Im Unionsrecht ergibt sich über die Anwendung von Eingriffsnormen der *lex fori* hinaus aus der „Ingmar“-[232]- und „Unamar“ [233]-Rechtsprechung des EuGH, dass die **Normen, welche auf Unionsrecht zurückgehen, international zwingenden Charakter** haben können. Dies gilt vor allem für national umgesetzte Richtlinien, die der Niederlassungsfreiheit dienen und die einen unverfälschten Wettbewerb im Binnenmarkt schützen.[234] Während autonom-national international zwingende Normen einen bestimmten Bezug zum *forum* aufweisen müssen, um

222 Ähnlich *Weller ua* ZGR 2015, 361, 384; *Weller* IPRax 2017, 167, 174, ebd. auch zur Unionsrechtskonformität der Regelung.
223 Ähnlich, daher i. E. ablehnend *Oetker* ZHR 179 (2015) 707, 712 f.; *Grobe* AG 2015, 289, 291.
224 Ähnlich *Weller ua* ZGR 2015, 361, 382, 384; insofern irreführend LG Frankfurt aM BeckRS 2015, 05715.
225 *Weller* IPRax 2017, 167, 174.
226 Art. 159 IPG (Schweiz).
227 *Weller* in: MüKo GmbHG, Bd. 1, 2. Aufl. 2015, Einl. Rn. 469-472.
228 ZB *von Bar/Mankowski*, Internationales Privatrecht, Bd. 1, 2003, § 4 Rn. 91-100.
229 *Sonnenberger* IPRax 2003, 104, 107 f., 110.
230 *Mankowski* RIW 1996, 8, 9 (zu der parallelen Frage bei § 138 BGB).
231 *Mankowski* RIW 1996, 8, 10 f.
232 EuGH, Rs. C-381/98 (Ingmar), ECLI:EU:C:2000:605 = NJW 2001, 2007.
233 EuGH, Rs. C-184/12 (Unamar), ECLI:EU:C:2013:663 = EuZW 2013, 956.
234 *Pfeiffer* LMK 2017, 388796; ausführlich *Lüttringhaus* IPRax 2014, 146, 148.

vom Gericht zwingend angewendet zu werden, reicht es für diese unionsrechtlich international zwingenden Normen aus, dass der Sachverhalt einen starken Binnenmarktbezug aufweist.[235] Normen, die auf gesellschaftsrechtlichen Richtlinien beruhen (dazu §§ 20 ff.), erfüllen sachlich (wohl) gänzlich diese Voraussetzungen. Sie sind somit zwingend anzuwenden, wenn die dritte Voraussetzung, **der hinreichende Binnenmarktbezug**, gegeben ist. Die Rechtsprechung des EuGH schafft leider jedoch gewisse Rechtsunsicherheiten: Einerseits ist unklar, unter welchen Umständen bereits der Binnenmarktbezug im Gesellschaftsrecht bejaht werden kann. Andererseits steht nicht fest, welche nationalen Umsetzungsregelungen als international zwingend angewendet werden sollen, sollten mehrere davon in Betracht kommen.[236]

Hat eine Gesellschaft in der EU ihren für das Gesellschaftsstatut maßgebenden Sitz, stellt sich nicht die Frage des Binnenmarktbezugs, weil bereits nach der unionsrechtlichen Gründungstheorie die Richtlinienvorschriften über das Recht des Gründungsstaats anwendbar sind. Sieht eine Richtlinie abweichend eine Anknüpfung an den Verwaltungssitz vor, hat das Unionsrecht den Binnenmarktbezug ebenfalls deutlich gemacht. Bei in Drittstaaten gegründeten Gesellschaften gilt: Bei Vorschriften, die keine vom Gründungssitz abweichende Anknüpfung ausdrücklich vorsehen, ist ein solcher Bezug stark genug, wenn die infrage stehende Gesellschaft ihren Hauptverwaltungssitz in einem Mitgliedstaat hat, wie er in Art. 54 I AEUV vorgesehen ist.[237] In diesem Fall stellt sich die Frage allerdings nur, wenn der Anknüpfungspunkt des Gesellschaftsstatuts nicht der Verwaltungssitz iSd Sitztheorie, sondern der Gründungs- oder Registersitz iSd Gründungstheorie ist. Folgt man der in Deutschland herrschenden (modifizierten) Sitztheorie bei Drittstaatengesellschaften, wird bereits entweder deutsches Recht oder das Recht eines EU-Mitgliedstaats angewendet, so dass das umgesetzte Richtlinienrecht bereits anwendbar ist. Etwas anderes gilt nur für den Fall, dass eine Gesellschaft im EU-Ausland gegründet wurde und ihren Sitz in einem EU-Mitgliedstaat hat, der der Gründungstheorie folgt. In diesem Fall verweist das deutsche Recht auf das Kollisionsrecht dieses Staats und folgt gem. Art. 4 I EGBGB der Verweisung auf das Recht des Drittstaats. In diesem Fall besteht einerseits ein hinreichender Binnenmarktbezug, um das unionsrechtlich potenziell international zwingende Recht zu berufen, andererseits ist eine international zwingende Ausgestaltung auch notwendig, da das Sachrecht eines Drittstaats anwendbar ist, welches unter den Mindeststandards des Unionsrechts zurückbleiben kann.[238] 77

Darüber hinaus könnte ein solcher Binnenmarktbezug für Gesellschaften, die weder ihren Gründungs- noch Hauptverwaltungssitz in einem EU-Mitgliedstaat haben, auch angenommen werden, wenn die Gesellschaft den Schwerpunkt ihrer wirtschaftlichen Aktivitäten auf die EU oder einen EU-Mitgliedstaat ausrichtet und somit als Marktakteur von einem gewissen Gewicht mitwirkt, also zB Filialen in EU-Mitgliedstaaten hat oder über den elektronischen oder Postweg mit Kunden in der EU interagiert.[239] Dies kann etwa nach dem Austritt des Vereinigten Königreichs aus der EU mit zahlreichen im Vereinigten Königreich gegründeten Gesellschaften geschehen (zu den Folgen des „Brexit" auf das Gesellschaftsrecht s. § 10 Rn. 113 ff., § 12 Rn. 5 f.).[240] Der EuGH legt sich in den Entscheidungen nicht weiter fest, wenn er einen **„starken Unionsbezug"**[241] fordert. Daher ist schwer vorherzusagen und nicht auszuschließen, dass er diese Aktivität ausreichen lassen würde. Dafür spricht, dass der EuGH bei der Bestimmung des Unionsbezugs auf die Verwirklichung des Binnenmarkts abstellt, so dass der Bezug bereits gegeben sein sollte, wenn der Binnenmarkt betroffen ist, also die entscheidende Aktivität im Binnenmarkt stattfindet.[242] Aus diesem Grund lehnte er etwa eine Ausdehnung der Ingmar-/Unamar-Rechtsprechung auf einen Handelsvertreter ab, der in der Türkei tätig war, mit der Begründung, dass das Assoziierungsabkommen mit der Türkei[243] gerade nicht auf die Verwirklichung des Binnenmarkts ausgerichtet sei.[244] Ist eine Entscheidung zwischen mehreren mitgliedstaatlichen Umsetzungsvorschriften erforderlich, ist daher auf die Normen abzustellen, die diesen Binnenmarktbezug vermitteln.[245] Alternativ kann auf die Umsetzungsvorschriften 78

235 EuGH, Rs. C-381/98 (Ingmar), ECLI:EU:C:2000:605 = NJW 2001, 2007, Rn. 26; *Kindler* in: MüKo BGB, IntGesR, 6. Aufl. 2015, Rn. 10; *Kühne* in: FS Heldrich, 2005, S. 815, 825; *Schwartze* in: FS Kilian, 2004, S. 783, 789 f.

236 *Schurig* in: FS Jayme, 2004, S. 837, 838 f.; *Schwartze* in: FS Kilian, 2004, S. 783, 785, 800.

237 *Kindler* in: MüKo BGB, Bd. 11, 6. Aufl. 2015, IntGesR, Rn. 10.

238 Allgemein zur Problematik: *Kindler* in: MüKo BGB, Bd. 11, 6. Aufl. 2015, IntGesR, Rn. 10; *Pfeiffer* LMK 2017, 388796.

239 *Weller* IPRax 2017, 167 mit Verweis auf die Offenbarungen der Panama Papers.

240 *Weller* IPRax 2017, 167.

241 EuGH, Rs. C-507/15 (Agro Foreign Trade), ECLI:EU:C:2017:129 = IWRZ 2017, 229, Rn. 30-33; EuGH, Rs. C-381/98 (Ingmar), ECLI:EU:C:2000:605 = NJW 2001, 2007, Rn. 25.

242 *Müller* GPR 2017, 202, 204 f.

243 Abkommen zur Gründung einer Assoziation zwischen der Europäischen Wirtschaftsgemeinschaft und der Türkei, unterzeichnet von der Republik Türkei und den Mitgliedstaaten der EWG am 12. September 1963 in Ankara, gebilligt durch den Beschluss 64/732/EWG des Rates vom 23. Dezember 1963.

244 EuGH, Rs. C-507/15 (Agro Foreign Trade) ECLI:EU:C:2017:129 = IWRZ 2017, 229, Rn. 33 f.; 43 f.; dazu etwa *Müller* GPR 2017, 202 ff.

245 Ähnlich zur Handelsvertreter-Richtlinie *Schurig*, FS Jayme, 2004, 837, 846; *Köhler*, Eingriffsnormen – Der unfertige Teil des europäischen IPR, 2013, S. 161.

der *lex fori* abgestellt werden, soweit diese abweichend sind und den gleichen oder weitergehenden Schutz gewähren.[246] Dies ergibt sich aus der Besonderheit des Vorlageverfahrens: Da der EuGH nur das Ergebnis der Rechtsanwendung und auch seine Vereinbarkeit mit dem Unionsrecht kontrolliert, aber das methodische Vorgehen der Mitgliedstaaten nicht nachvollzieht, ist er mit beiden Vorgehensweisen zufrieden, soweit sie im Ergebnis den Schutzzweck der Richtlinien verwirklichen.

II. Vertragsstatut nach Rom I: Innengesellschaft, Vorgründungsrecht, Joint-Venture-Verträge

79 Das Vertragsstatut nach der Rom I-VO erfasst grundsätzlich materiellrechtliche Fragen in Verbindung mit dem Vertrag. Formfragen werden im Kollisionsrecht grundsätzlich von den materiellrechtlichen Fragen gesondert angeknüpft, sowohl im Vertrags- wie im Gesellschaftsrecht. Der folgende Abschnitt widmet sich daher nicht der Formwirksamkeit, sondern auf diese wird in einem eigenen Abschnitt eingegangen (Rn. 92 ff.)

1. Anwendungsbereich

80 Von der Rom I-VO erfasst werden alle Verträge, die nicht dazu führen, dass eine verstetigte Organisationseinheit entsteht, die als solche im Rechtsverkehr auftritt und damit als „Gesellschaftsvertrag“ vom Anwendungsbereich der Verordnung ausgeschlossen ist (s. Rn. 9 ff.). Dies erfasst **Vertragsbeziehungen** innerhalb eines Rechtsgebildes, das **nicht verselbstständigt** in Erscheinung tritt, zB die stille Gesellschaft (nach deutschem Verständnis gem. §§ 230 ff. HGB), allgemein reine Innengesellschaften oder Gelegenheitsgesellschaften, Joint-Venture-Verträge, Netzverträge ohne Außenwirkung[247] oder nach hM die Vorgründungsgesellschaft und Vereinbarungen der Gesellschafter untereinander.[248] Die Verträge, denen diese Rechtsgebilde zugrunde liegen, und Ansprüche aus Verletzung dieser Vertragspflichtverletzungen unterstehen dem Schuldvertragsstatut nach der Rom I-VO.[249]

81 Das Vertragsstatut erfasst ebenfalls die Verpflichtungsgeschäfte zur Übertragung von Gesellschaftsanteilen und Unternehmenskäufe.[250] Die Verfügung über Gesellschaftsanteile wird vom Gesellschaftsstatut erfasst. Bei Unternehmenskäufen werden auch die Forderungsabtretung (Verfügungsgeschäft) gem. Art. 14 Rom I-VO und der gesetzliche Forderungsübergang (Art. 15 Rom I-VO) erfasst.

2. Grundsätze der Anknüpfung: Art. 3 und Art. 4 I, II Rom I-VO

82 Zentraler Ausgangspunkt der Rom I-VO ist die Parteiautonomie.[251] Sie wird primär durch die Möglichkeit einer **Rechtswahl** (vgl. Art. 3 Rom I-VO) verwirklicht.[252] Treffen die Parteien keine Rechtswahl, legt Art. 4 I Rom I-VO eine Reihe von festen Anknüpfungspunkten für bestimmte Vertragstypen fest, die aber vorliegend nicht einschlägig sind. **Ansonsten** ist nach Art. 4 II Rom I-VO das Recht des Staats anwendbar, in dem die Vertragspartei **ansässig** ist, welche die **vertragscharakteristische Leistung erbringt**. Die vertragscharakteristische

246 EuGH, Rs. C-184/12 (Unamar), ECLI:EU:C:2013:663 = EuZW 2013, 956, Rn. 52.

247 *Gössl* RabelsZ 80 (2016) 579, 597 ff.

248 ZB (noch zum EVÜ): BGH NJW 2015, 2581; BGH NJW 2009, 1482; BGH NJW 2004, 3706; OLG Hamburg NJW-RR 2001, 1012; OLG Frankfurt RIW 1998, 807; OLG Bamberg NJW-RR 1989, 371; *Giuliano/Lagarde*, Report on the Convention on the law applicable to contractual obligations, ABl. EWG 1980, C 282/1, S. 12; allgemein auch *Hausmann* in: Reithmann/Martiny (Hrsg.), Internationales Vertragsrecht, 8. Aufl. 2015, Rn. 5184; *Kieninger* in: Ferrari/Kieninger/Mankowski (Hrsg.) Internationales Vertragsrecht, 2. Aufl., 2012, Art. 1 Rom I-VO Rn. 21; *Martiny* in: MüKo BGB, Bd. 10, 6. Aufl. 2015, Art. 1 Rom I-VO Rn. 64; *ders.* ZEuP 2006, 60, 64; *Spickhoff* in: Bamberger/Roth/Hau/Poseck (Hrsg.), BeckOK BGB, 43. Ed., Stand: 15.6.2017, Art. 1 VO (EG) 593/2008 Rn. 40; *Wall* in: Hausmann/Odersky (Hrsg.), Internationales Privatrecht in der Notar- und Gestaltungspraxis, 3. Aufl. 2016, § 19 Rn. 30.

249 OLG Frankfurt RIW 1998, 807; *Hausmann* in: Reithmann/Martiny (Hrsg.), Internationales Vertragsrecht 8. Aufl. 2015, Rn. 5184; *Kegel/Schurig*, Internationales Privatrecht, 2004 § 17 III 1 (S. 590); *Kindler* in: MüKo BGB, Bd. 11, 6. Aufl. 2015 IntGesR, Rn. 287; *Spahlinger* in: Spahlinger/Wegen (Hrsg.), Internationales Gesellschaftsrecht in der Praxis, 2005, Rn. 115; *Weller* in: MüKo GmbHG, Bd.1, 2. Aufl. 2015. Einl. Rn. 319.

250 *Spickhoff* in: Bamberger/Roth/Hau/Poseck (Hrsg.), BeckOK BGB, 43. Ed., Stand: 15.6.2017, Art. 1 VO (EG) 593/2008 Rn. 40; *Kindler* in: Budzikiewicz/Weller/Wurmnest (Hrsg.), BeckOGK, Stand: 1.8.2017, Art. 1 Rom I-VO Rn. 61; *Wall* in: Hausmann/Odersky (Hrsg.), Internationales Privatrecht in der Notar- und Gestaltungspraxis, 3. Aufl. 2016, § 19 Rn. 31; zum EVÜ: BGH NZG 2005, 41; BGH NJW 1987, 1141, 1141 f.; Corte d'Appello Milano v. 18.7.2000 – Lasinter Holding A.G. C. Laspro N.V. et al./. Laspro N.V. et al, unalex IT-530; OGH v. 23.2.1989 – 6Ob525/89, unalex AT-766.

251 ZB *Lehmann* in: FS Spellenberg, 2010, S. 245, 247 f.; grundlegend zur Parteiautonomie im Hinblick (auch) auf die Rom I-VO.

252 *Spahlinger* in: Spahlinger/Wegen (Hrsg.), Internationales Gesellschaftsrecht in der Praxis, 2005, Rn. 131, auch Rn. 264 f.

Leistung ist die, die dem Vertrag sein besonderes Gepräge gibt und üblicherweise nicht nur in einer Geldzahlungspflicht besteht.[253]

a) Übertragung von Gesellschaftsanteilen und Unternehmenskauf (Verpflichtungsgeschäfte)

Beim Verpflichtungsgeschäft zur Übertragung von Gesellschaftsanteilen und beim Unternehmenskaufvertrag ist typischerweise der Veräußerer derjenige, der die vertragscharakteristische Leistung erbringt, so dass mangels Rechtswahl auf den Staat abzustellen ist, in dem jener ansässig ist (zur ausnahmsweise abweichenden Anknüpfung nach Art. 4 III Rom I-VO sofort Rn. 88).[254] 83

b) Stille Gesellschaft

Bei der stillen Gesellschaft ist auf die konkrete Ausgestaltung des Rechtsverhältnisses abzustellen. Räumt der Vertrag zwischen stillem Gesellschafter und Inhaber diesem keine Kontroll- und Mitbestimmungsrechte ein, sondern erhält dieser aufgrund seiner Einlage nur eine Gewinnbeteiligung, ähnelt der Vertrag dem Darlehensvertrag, es steht die Hingabe des Geldes im Vordergrund.[255] Somit ist auf das Recht des Staats abzustellen, in dem der **stille Gesellschafter ansässig** ist. In den Fällen, in denen die Vertragsbeziehungen zwischen stillem Gesellschafter und Geschäftsinhaber komplexer sind und beide Parteien vertragsprägende Leistungen erbringen, lässt sich keine vertragscharakteristische Leistung ausmachen.[256] Es ist daher subsidiär auf Art. 4 IV Rom I-VO abzustellen (dazu Rn. 89 ff.). 84

c) Vorgründungsgesellschaft, sonstige Kooperations- und Austauschverträge

Ebenso schwierig ist die Feststellung der vertragscharakteristischen Leistung bei den übrigen hier infrage stehenden Kooperationsverträgen, ua der Vorgründungsgesellschaft, da die Vereinbarungen häufig mehrere nichtgeldwerte Leistungsverpflichtungen auf Seiten aller Parteien enthalten.[257] Es ist hier stets der **Einzelfall** zu betrachten, abhängig davon, ob eine Leistung den Schwerpunkt des Vertrags bildet[258] oder **eine Person** besonders markante, koordinierende oder inhaltlich relevante Funktionen übernimmt.[259] Gibt es keine eindeutig festzustellende einzelne charakteristische Leistung, sondern mehrere derselben **oder** keinen **versagt Art. 4 II Rom I-VO.** Dies ist regelmäßig bei Kooperations- und Austauschverträgen anzunehmen, so dass sich das anwendbare Recht nach Art. 4 IV Rom I-VO bestimmt (sofort Rn. Rn. 89 ff.).[260] 85

3. Ausweichklausel gemäß Art. 4 III Rom I-VO

Ausnahmsweise ist das anwendbare Recht abweichend von Art. 4 I, II Rom I-VO zu bestimmen, wenn der Vertrag bei einer Gesamtbetrachtung eine offensichtlich engere Verbindung zu einem anderen Staat aufweist (Art. 4 III Rom I). Es wird vertreten, dass Unternehmenskaufverträge hiernach abweichend angeknüpft und dem Recht des Staats unterstellt werden sollen, in dem das zu veräußernde Unternehmen seine Hauptverwaltung hat.[261] Der Streit wird relevant, wenn der Veräußerer seine Niederlassung nicht im selben Staat hat. Gegen eine Nutzung der Ausweichklausel spricht, dass primär Praktikabilitätsgründe vorgebracht werden, nämlich Einklang mit dem Gesellschaftsstatut herzustellen.[262] Dagegen spricht, dass Art. 4 III Rom I-VO als Ausweichklausel konzipiert wurde, die nur dann einschlägig ist, wenn eine besonders enge Verbindung nicht zum Recht der Grundanknüpfung besteht, sondern zu einer anderen Rechtsordnung. Erwägungsgrund 20 der Rom I-VO limitiert die Fälle, in denen Art. 4 III Rom I-VO einschlägig ist, daher auf Konstellationen, in denen der Vertrag eine „offensichtlich engere Verbindung" zu einem anderen als nach der Regelanknüpfung genannten Staat aufweist. Bloße Praktikabilitätserwägungen reichen nicht aus, sondern es müssen faktisch außergewöhnliche Umstände 86

253 ZB *Leible* in: Hüßtege/Mansel (Hrsg.), Rom-Verordnungen, Bd. 6, 2. Aufl. 2015, Art. 4 Rn. 63; *Giuliano/Lagarde*, Report on the Convention on the law applicable to contractual obligations, ABl. EWG 1980, C 282/1, S. 33, 52 f.; *Martiny* in: Reithmann/Martiny (Hrsg.), Internationales Vertragsrecht, 8. Aufl. 2015, Rn. 122.

254 *Magnus* in: Staudinger, Internationales Vertragsrecht, 2016, Art. 4 Rom I-VO Rn. 221; *Mankowski* NZG 2010, 201, 205 f.; *Land* BB 2013, 2697, 2699; ähnlich bereits BGH NJW 1987, 1141 f.

255 *Martiny* in: MüKo BGB, Bd. 10, 6. Aufl. 2015, Art. 4 Rom I-VO Rn. 213.

256 *Martiny* in: MüKo BGB, Bd. 10, 6. Aufl. 2015, Art. 4 Rom I-VO Rn. 345; *von Thunen*, BeckOGK, 2017, Internationales Personengesellschaftsrecht, Rn. 155 f.

257 *Gössl* RabelsZ 80 (2016) 579, 597 ff.

258 Erwägungsgrund 19 S. 3 Rom I-VO, vgl. auch *Magnus* in: Staudinger, Internationales Vertragsrecht, 2016, Art. 4 Rom I-VO Rn. 103.

259 ZB *Gössl* RabelsZ 80 (2016) 579, 601 ff.; *Lange*, Virtuelle Unternehmen, 2001 Rn. 542; 572 f.

260 *Leible* in: Hüßtege/Mansel (Hrsg.), NomosKommentar: Rom-Verordnungen, Bd. 6, 2. Aufl. 2015, Art. 4 Rn. 67; *Magnus* in: Staudinger, Internationales Vertragsrecht, 2016, Art. 4 Rom I-VO Rn. 119 und 144 f.; *Martiny* in: MüKo BGB, Bd. 10, 6. Aufl. 2015, Art. 1 Rom I-VO Rn. 71.

261 *Land*, BB 2013, 2697 2699; *Thorn* in: Palandt, Bürgerliches Gesetzbuch, 76. Aufl. 2017, Art. 4 Rom I Rn. 23.

262 *Großfeld* in: Staudinger, Internationales Gesellschaftsrecht, 1998, Rn. 340.

vorliegen, um diese „offensichtlich" engere Verbindung zu etablieren. Um die Rechtsunsicherheit zu vermeiden, die daraus resultiert, dass noch keine etablierte Rechtsprechung zur Konkretisierung von Art. 4 III Rom III-VO existiert, sollte darauf geachtet werden, eine eindeutige Rechtswahl zu treffen.

4. Verträge ohne eine charakteristische Leistung: Art. 4 IV Rom I-VO

87 Nach Art. 4 IV Rom I-VO ist in Fällen, in denen Abs. 1 und 2 nicht anwendbar sind, das Recht des Staats anwendbar, zu welchem der Vertrag die engste Verbindung aufweist. Die hier infrage stehenden Vereinbarungen, die mehrere wechselseitige Verpflichtungen zum Inhalt haben, fallen typischerweise unter Art. 4 IV Rom I-VO. Erwägungsgrund 21 S. 2 der Rom I-VO führt an, dass eine engere Verbindung des Art. 4 Rom I-VO insbesondere zu einer bereits bestehenden Vertragsbeziehung aufweisen kann, welche eine Verbindung zum infrage stehenden Vertrag zeigt. Ansonsten deutet die Verordnung nur an, wie diese engste Verbindung zu konkretisieren ist. Es ist in einer objektiven Gesamtschau darauf abzustellen, welche Berührungspunkte und Parteiinteressen zu allen in Betracht kommenden Rechtsordnungen bestehen, sie sind zu gewichten[263] und anschließend miteinander abzuwägen.[264] Hierbei ist insbesondere zu beachten, dass die Verordnung das Ziel hat, den grenzüberschreitenden Rechtsverkehr durch klare, vorhersehbare Regeln für die Parteien effizienter werden lassen.[265]

a) Vorgründungsgesellschaft

88 Insbesondere in Fällen, in denen das Ziel die Gründung einer Gesellschaft ist, sprechen die Vorhersehbarkeit und die Regel von Erwägungsgrund 21 S. 2 der Rom I-VO dafür, akzessorisch an das (potenzielle) Gesellschaftsstatut anzuknüpfen, dh an den Ort, an dem die Gesellschaften ihren zentralen Verwaltungssitz habe, wo sie gegründet oder inkorporiert werden soll (ausführlich zur Konkretisierung des Verwaltungssitzes Rn. 49 ff.).[266] Hierbei ist nicht die Ausweichklausel gem. Art. 4 III Rom I-VO zu gebrauchen,[267] sondern von Art. 4 IV Rom I-VO, da bereits im Vorfeld keine charakteristische Leistung festzustellen ist und somit Art. 4 II Rom I-VO versagt.

b) Stille Gesellschaft/sonstige Innengesellschaft/Kooperationsverträge

89 Fehlt es an einem solchen erkennbaren zweiten Vertragsverhältnis, etwa bei der stillen Gesellschaft oder weiteren Kooperationsverträgen wie der Ehegatteninnengesellschaft, ist darauf abzustellen, wo der Zweck des Kooperationsvertrags primär verfolgt wird, also ob dieser Zweck erkennbar auf eine Rechtsordnung oder einen konkreten Markt ausgerichtet ist. [268] Bei der stillen Gesellschaft ist dies typischerweise der Ort, an dem sich die Niederlassung des Geschäftsinhabers befindet,[269] bei der Ehegatteninnengesellschaft der Ort des Ehelebens.[270]

III. Formfragen rechtlicher Erklärungen im gesellschaftsrechtlichen Kontext

90 Im gesellschaftsrechtlichen Kontext sind häufig bestimmte Formvorgaben einzuhalten. Kollisionsrechtlich relevant werden Fälle, in denen die formbedürftigen Vorgänge in einem Staat stattgefunden haben, der nicht der Staat des Gesellschaftsstatuts ist. Nach deutschem Recht ist etwa die notarielle Form erforderlich für den Gründungsvertrag einer GmbH (§ 2 GmbHG) oder seine Änderung (§ 53 II GmbHG), die Übertragung von Gesellschaftsanteilen (§ 15 III GmbHG), umwandlungsrechtliche Maßnahmen, den Abschluss konzernrechtlicher Unternehmensverträge, die Feststellung der Satzung einer Aktiengesellschaft oder Kommanditgesellschaft auf Aktien oder die Vollmachten der hierzu Bevollmächtigten (§§ 23 I, 280 I AktG), die Bestellung des Aufsichtsrats

263 Allgemein *Koziol/Thiede* ZVglRWiss 106 (2007) 235, 239; *Kropholler*, Internationales Privatrecht, 2006, § 4 II 2 c) (28); *von Hein* in: FS Kropholler, 2008, S. 553, 564 f.

264 ZB *Leible* in: Hüßtege/Mansel (Hrsg.), Rom-Verordnungen, Bd. 6, 2. Aufl. 2015, Art. 4 Rom I-VO Rn. 80; *Magnus* in: Staudinger, Internationales Vertragsrecht, 2016, Art. 4 Rom I-VO Rn. 142, 147-151; allgemein *Lehmann* in: FS Spellenberg, 2015, S. 245, 252 f., 258 f.

265 Erwägungsgrund 16 S. 1; *Ferrari* RabelsZ 73 (2009) 750, 758 f.; *Gössl*, Internetspezifisches Kollisionsrecht?, 2014, S. 133 f.; *Leible/Lehmann* RIW 2008, 528-535, 534; *Spickhoff* in: Bamberger/Roth/Hau/Poseck (Hrsg.), BeckOK BGB, 43. Ed., Stand: 15.6.2017, Art. 1 VO (EG) 593/2008 Rn. 20.

266 *Magnus* in: Staudinger, Internationales Vertragsrecht, 2016, Art. 4 Rom I-VO Rn. 159.

267 So aber *Wall* in: Hausmann/Odersky (Hrsg.), Internationales Privatrecht in der Notar- und Gestaltungspraxis, 3. Aufl. 2016, § 19 Rn. 31.

268 *Cafaggi/Clavel*, Interfirm Networks Across Europe, in: *Cafaggi* (Ed.), Contractual networks, inter-firm cooperation and economic growth, 2011, S. 201, 242 f.; *Magnus* in: Staudinger, Internationales Vertragsrecht, 2016, Art. 4 Rom I-VO Rn. 573; *Martiny* in: Reithmann/Martiny (Hrsg.), Internationales Vertragsrecht, 8. Aufl. 2015, Rn. 143, 164; *ders.* in: MüKo BGB, Bd. 10, 6. Aufl. 2015, Art. 1 Rom I-VO Rn. 71.

269 *Von Thunen* in: Budzikiewicz/Weller/Wurmnest (Hrsg.), BeckOGK, Stand: 1.12.2016, Internationales Personengesellschaftsrecht, Rn. 156.

270 BGH NJW 2015, 2581.

und des Abschlussprüfers nach § 30 I AktG oder die Niederschrift über die Verhandlung der Hauptversammlung iSd § 130 I AktG.

Andere Rechtsordnungen sehen ebenfalls Formvorschriften vor, etwa ist für die Anteilsübertragung die notarielle Beurkundung auch erforderlich in Österreich, Spanien, Portugal, Griechenland, den Niederlanden und Estland. In Italien, Polen, Tschechien und der Slowakei ist eine notarielle Beglaubigung der Unterschrift unter der Übertragungsurkunde notwendig.[271] In einigen Ländern wird nur die Schriftform verlangt, zB in England (§ 12 Rn. 534), Irland, auf Malta[272] und in der Schweiz (Art. 785 I OR). Es stellt sich bei Berührung zu diesen Rechtsordnungen stets die Frage, nach welchem Recht sich richtet, ob die Form gewahrt wurde. Das autonome deutsche Recht sieht in **Art. 11 EGBGB** eine eigene Kollisionsnorm vor, allerdings wird vertreten, dass stattdessen einige Formfragen dem Gesellschaftsstatut unterfallen (dazu sogleich Rn. 97 f.). Vorrangig ist zu prüfen, inwieweit Art. 11 Rom I-VO eine Kollisionsnorm für Formvorgaben enthält, da die Verordnung dem autonom-nationalen Recht vorgeht. 91

1. Art. 11 Rom I-VO: Form von Verpflichtungsgeschäften (Anteilsübertragung und Unternehmenskauf)

Für die schuldvertragliche Verpflichtung über die Übertragung von gesellschaftsrechtlichen Positionen ist in formeller Hinsicht Art. 11 Rom I-VO ebenso einschlägig, wie sich das materielle Recht nach Art. 3 ff. Rom I-VO richtet (Rn. 80 f.).[273] Somit bestimmt sich die Formgültigkeit von Verpflichtungen zur Übertragung von Gesellschaftsanteilen und Unternehmenskäufen nach Art. 11 Rom I-VO (s. Rn. 80 ff.).[274] Die Formwirksamkeit des Verfügungsgeschäfts fällt demgegenüber aus dem Statut nach Art. 11 Rom I-VO heraus, wie auch Fragen des materiellen Rechts nicht von der Rom I-VO erfasst werden, sondern dem Gesellschaftsstatut unterstehen (Rn. 81 f.). Die Frage, ob diese Übertragungen besonderen Formvorschriften unterliegen, ist gesondert und nach autonom-nationalem IPR anzuknüpfen (dazu Rn. 96 ff.).[275] Ebenfalls richten sich die Formfragen bei Vertragsbeziehungen innerhalb eines Rechtsgebildes, das nicht verselbstständigt in Erscheinung tritt, nach Art. 11 Rom I-VO. Dies betrifft reine Innengesellschaften oder Gelegenheitsgesellschaften, Joint-Venture-Verträge, Netzverträge ohne Außenwirkung[276] oder nach hM auch die Vorgründungsgesellschaft und Vereinbarungen der Gesellschafter untereinander.[277] 92

Art. 11 Rom I-VO ist vom Gedanken geprägt, dass die Formgültigkeit eines Rechtsgeschäfts erleichtert werden soll. Aus diesem Grund hält die Norm eine Reihe von Alternativanknüpfungen vor. Für die Formwirksamkeit eines Rechtsgeschäfts reicht aus, dass nach einer der hiernach bestimmten Rechtsordnungen die Form gewahrt wurde. Nach Art. 11 I Rom I-VO ist ein Vertrag über die Übertragung von Gesellschaftsanteilen demnach bereits **formgültig, wenn entweder die Formanfordernisse** des in der Hauptsache anwendbaren Rechts (*lex causae*, dh das gewählte Recht gem. Art. 3 I Rom I-VO bzw. das Recht des Staats, an dem der Veräußerer ansässig ist, s. Rn. 83 ff.) oder des Rechts des Ortes erfüllt, an dem das Rechtsgeschäft zustande gekommen ist (sog Grundsatz des *locus regit formam actus*). Für Distanzgeschäfte, bei denen der Vertrag etwa per Telefon oder E-Mail geschlossen wird, reicht für die zweite Anknüpfung, dass das Recht eines der Orte erfüllt ist, an dem sich die Erklärenden oder deren Vertreter befinden (Art. 11 II Rom I-VO). Dadurch, dass neben der *lex causae* auf den Ort der Handelnden abgestellt wird, wird die Formgültigkeit internationaler Transaktionen erleichtert, da mehrere Formstatute zur Wahl stehen und nur das „schwächere" Recht erfüllt sein muss. 93

---

271 Laut *Mauch* ZVglRWiss 106 (2007) 272, 289.

272 Laut *Mauch* ZVglRWiss 106 (2007) 272, 290 für Geschäftsanteilsübertragungen.

273 *Spellenberg* in: MüKo BGB, Bd. 10, 6. Aufl. 2015, Art. 11 EGBGB Rn. 173.

274 *Spickhoff* in: Bamberger/Roth/Hau/Poseck (Hrsg.), BeckOK BGB, 43. Ed., Stand: 15.6.2017, Art. 1 VO (EG) 593/2008 Rn. 40; *Kindler* in: Budzikiewicz/Weller/Wurmnest (Hrsg.), BeckOGK, Stand: 1.8.2017, Art. 1 Rom I-VO Rn. 61; *Land* BB 2013, 2697, 2700. Zum EVÜ: BGH NZG 2005, 41; BGH NJW 1987, 1141 f.; Corte d'Appello Milano v. 18.7.2000 – Lasinter Holding A.G. C. Laspro N.V. et al./. Laspro N.V. et al., unalex IT-530; *OGH* v. 23.2.1989 – 6Ob525/89, unalex AT-766.

275 *Mankowski* NZG 2010, 201, 203, 205 f.

276 *Gössl* RabelsZ 80 (2016) 579, 597 ff.

277 ZB (noch zum EVÜ) BGH NJW 2015, 2581; BGH NJW 2009, 1482; BGH NJW 2004, 3706; OLG Hamburg NJW-RR 2001, 1012; OLG Frankfurt RIW 1998, 807; OLG Bamberg NJW-RR 1989, 371; *Giuliano/Lagarde*, Report on the Convention on the law applicable to contractual obligations, ABl. EWG 1980, C 282/1, S. 12; allgemein auch *Hausmann* in: Reithmann/Martiny (Hrsg.), Internationales Vertragsrecht, 8. Aufl. 2015, Rn. 5184; *Kieninger* in: Ferrari/Kieninger/Mankowski (Hrsg.), Internationales Vertragsrecht, 2. Aufl. 2012, Art. 1 Rom I-VO Rn. 21; *Martiny* in: MüKo BGB, Bd. 10, 6. Aufl. 2015, Art. 1 Rom I-VO Rn. 64; *ders.* ZEuP 2006, 60, 64; *Spickhoff* in: Bamberger/Roth/Hau/Poseck (Hrsg.), BeckOK BGB, 43. Ed., Stand: 15.6.2017, Art. 1 VO (EG) 593/2008 Rn. 40; *Wall* in: Hausmann/Odersky (Hrsg.), Internationales Privatrecht in der Notar- und Gestaltungspraxis, 3. Aufl. 2016, § 19 Rn. 30.

2. Art. 11 EGBGB

94 Soweit die Rom I-VO nicht einschlägig ist, ist das Formstatut nach autonom-nationalem Kollisionsrecht zu bestimmen. Relevant im gesellschaftlichen Kontext ist das Formstatut insbesondere bei Abschluss und Änderung von Gesellschaftsverträgen oder Satzungen nach dem AktG sowie bei Anteilsübertragungen (s. Rn. 82, 94).

a) Qualifikation – Gesellschaftsstatut vs. Formstatut

95 Die Frage der formellen Wirksamkeit einer rechtsgeschäftlichen Erklärung richtet sich in Deutschland allgemein nach Art. 11 EGBGB, der ähnlich wie Art. 11 Rom I-VO Alternativanknüpfungen zugunsten einer Formwirksamkeit vorhält. Eine Ausnahme sieht Art. 11 IV EGBGB vor: Das Formstatut richtet sich ausschließlich nach dem Recht der Hauptsache (*lex causae*) bei Geschäften, durch die Rechte an einer Sache begründet werden oder über sachenrechtliche Rechte verfügt wird.

96 Umstritten ist, ob die formellen Anforderungen an die Gründung einer Gesellschaft, Feststellung einer Satzung oder die Verfügung von Gesellschaftsanteilen als „Formvorschriften" im Sinne des Art. 11 EGBGB anzusehen sind oder stattdessen dem Gesellschaftsstatut unterstehen.[278] Es wird angenommen, die Regelungen, zB des § 15 III GmbHG, seien derart eng mit der Struktur der Gesellschaft und damit dem Kernbereich des Gesellschaftsstatuts verknüpft, dass sie nicht als Formfrage iSd Art. 11 EGBGB qualifiziert und stattdessen dem Gesellschaftsstatut zugeordnet werden müssen, etwa über eine Analogie zu Art. 11 IV EGBGB.[279] Die höchstrichterliche Rechtsprechung hat eine eindeutige Entscheidung dieser Frage bisher vermieden und die Entscheidung offen gelassen, wenn nach dem Gesellschaftsstatut die formalen Anforderungen erfüllt waren.[280] Andere Gerichte und Stimmen in der Literatur[281] lassen die Ortsform nicht ausreichen, sondern erklären (nur) das Gesellschaftsstatut für einschlägig.[282]

97 Gegen eine Anknüpfung an das Gesellschaftsstatut, sei es über Art. 11 IV analog oder durch teleologische Reduktion von Art. 11 I-III EGBGB und Qualifikation als Teil des Gesellschaftsstatuts, spricht, dass beide Vorgehensweisen eine Form der Rechtsfortbildung darstellen (zu Regelungslücken im Kollisionsrecht s. Rn. 34 ff.) und daher eine planwidrige Regelungslücke voraussetzen.[283] Eine solche ist aber nicht ersichtlich: Art. 11 EGBGB dient insgesamt der Anknüpfung von Formfragen zur Vereinfachung des Rechtsverkehrs, vorbehaltlich vorrangigem Unions- und Völkerrecht.[284] Der Gesetzgeber hat sich mit Art. 11 EGBGB, spätestens als er sich mit der Frage bei der Entwicklung des MoMiG erneut beschäftigte,[285] bewusst dafür entschieden, diese Verkehrsinteressen vorrangig zu behandeln gegenüber bestimmten Schutzvorschriften des materiellen Rechts.[286] Dies betrifft nicht nur das Gesellschaftsrecht, sondern auch andere Rechtsgebiete wie etwa das Familienrecht (und vor Inkrafttreten der EuErbVO[287] das Erbrecht).[288] Diese Regelungen verlangen ebenfalls sachrechtlich bestimmte Formvorgaben und verfolgen bestimmte Verkehrs- und Schutzgedanken, ohne dass es eine Ausnahme von Art. 11 EGBGB gibt.[289] Auch war sich der Gesetzgeber der Notwendigkeit bestimmter Ausnahmerege-

278 Gesellschaftsstatut: *Großfeld/Berndt* RIW 1996, 625 ff.; *Bayer* GmbHR 2013, 897 ff.; differenziert: *Kindler* in: MüKo BGB, Bd. 11, 6. Aufl. 2015, IntGesR, Rn. 536 ff.; *Wall* in: Hausmann/Odersky (Hrsg.), Internationales Privatrecht in der Notar- und Gestaltungspraxis, 3. Aufl. 2016, § 19 Rn. 42; *Servatius* in: Henssler/Strohn (Hrsg.), Gesellschaftsrecht, 3. Aufl. 2016, IntGesR, Rn. 32.

279 *Kindler* in: MüKo BGB, Bd. 11, 6. Aufl. 2015, IntGesR, Rn. 536 ff.; *Wall* in: Hausmann/Odersky (Hrsg.), Internationales Privatrecht in der Notar- und Gestaltungspraxis, 3. Aufl. 2016, § 19 Rn. 42; *Servatius* in: Henssler/Strohn (Hrsg.), Gesellschaftsrecht, 3. Aufl. 2016, IntGesR, Rn. 32.

280 BGH NJW 1981, 1160; BGH NJW-RR 1989, 1259, 1261; BGH NZG 2005, 41, 42 f.; BayObLG NJW 1978, 500, 501; ebenso OLG Düsseldorf NJW 2011, 1370.

281 ZB Nachweise in Fn. 279 mwN.

282 AG Charlottenburg BeckRS 2016, 02475 (Errichtung der Gesellschaft und Geltung von § 2 II GmbHG); ohne kollisionsrechtliches Problembewusstsein OLG München NJW-RR 1993, 998 f.; *Großfeld/Berndt* RIW 1996, 625 ff.; *Bayer* GmbHR 2013, 897 ff.; *Wall* in: Hausmann/Odersky (Hrsg.), Internationales Privatrecht in der Notar- und Gestaltungspraxis, 3. Aufl. 2016, § 18 Rn. 47 f.

283 *Rüthers/Fischer/Birk*, Rechtstheorie, 2016, Rn. 883.

284 *Mankowski* NZG 2010, 201, 206; *Mäsch* in: Bamberger/Roth/Hau/Poseck (Hrsg.), BeckOK BGB, 43. Ed., Stand: 15.6.2017, Art. 11 EGBGB Rn. 60.

285 *Land* BB 2013, 2697, 2702; zum Hintergrund der Norm vor Inkrafttreten des MoMiG: *Kropholler* ZHR 140 (1976) 394, 404; *Benecke* RIW 2002, 280, 283.

286 *Mankowski* NZG 2010, 201, 206; *Wall* in: Hausmann/Odersky (Hrsg.), Internationales Privatrecht in der Notar- und Gestaltungspraxis, 3. Aufl. 2016, § 19 Rn. 47.

287 VO (EU) Nr. 650/2012 des Europäischen Parlaments und des Rates vom 4. Juli 2012 über die Zuständigkeit, das anzuwendende Recht, die Anerkennung und Vollstreckung von Entscheidungen und die Annahme und Vollstreckung öffentlicher Urkunden in Erbsachen sowie zur Einführung eines Europäischen Nachlasszeugnisses, ABl. EU 2012, L 201/107 (EuErbVO).

288 *Mankowski* NZG 2010, 201, 206; *Spellenberg* in: MüKo BGB, Bd. 10, 6. Aufl. 2015, Art. 11 EGBGB Rn. 22.

289 *Mankowski* NZG 2010, 201, 206; *Wall* in: Hausmann/Odersky (Hrsg.), Internationales Privatrecht in der Notar- und Gestaltungspraxis, 3. Aufl. 2016, § 19 Rn. 47.

lungen bewusst, wie sich an Art. 11 IV EGBGB zeigt, der für Immobilienverträge und -verfügungen die Ortsform ausschließt.[290]

Hinzu kommt, dass auch durch die alternative Anknüpfung Verkehrsinteressen gedient wird, nämlich den Interessen, leichter die Formwirksamkeit eines Rechtsgeschäfts feststellen zu können.[291] Es ist daher nicht überzeugend, dass Art. 11 EGBGB gerade bezogen auf gesellschaftsrechtliche Vorgänge lückenhaft sein soll und einer Korrektur durch teleologische Reduktion oder Analogie bedarf. Daher richtet sich das auf die Wirksamkeit von gesellschaftsrechtlichen Formfragen anwendbare Recht nach Art. 11 EGBGB, soweit nicht Art. 11 Rom I-VO vorrangig ist (s. Rn. 94).[292] Eine Formwirksamkeit beschränkt auf die Anforderungen der *lex causae* ist nur *de lege ferenda* möglich und wurde etwa vom nicht weiter verfolgte Referentenentwurf in einem neu geschaffenen Art. 11 VI EGBGB angedacht (zum Referentenentwurf s. Rn. 184). 98

b) Bestimmung des Formstatuts

Art. 11 EGBGB geht, ebenso wie zu großen Teilen Art. 11 Rom I-VO, auf das Römische Vertragsrechtsübereinkommen (EVÜ)[293] zurück, so dass die Anknüpfung sehr ähnlich ausgestaltet ist wie die der Rom I-VO als der Nachfolgerin des EVÜ. Auch Art. 11 I-III EGBGB ist davon geprägt, dass die Norm die Formgültigkeit eines Rechtsgeschäfts erleichtern möchte, dh **alternativ** verschiedene anwendbare Rechtsordnungen für anwendbar erklärt und neben der ***lex causae* das Ortsrecht** ausreichen lässt (s. Rn. 97 ff.). Die *lex causae* ist das Statut, welches die Hauptfrage umfasst, deren Formwirksamkeit infrage steht, dh bei der Anteilsübertragung das Gesellschaftsstatut, bezogen auf die Verfügung (zum Vertragsstatut bezogen auf die Verpflichtung s. Rn. 84). Weil neben der *lex causae* auf die Ortsform abgestellt wird, wird die Formgültigkeit internationaler Transaktionen erleichtert, da mehrere Formstatute zur Wahl stehen und nur die Formanforderungen eines derselben vorliegen müssen.[294] 99

Nach Art. 11 I EGBGB ist ein Rechtsgeschäft bereits formgültig, wenn es entweder die Formanforderungen des in der Hauptsache anwendbaren Rechts (*lex causae*) oder des Rechts des Ortes erfüllt, an dem das Rechtsgeschäft zustande gekommen ist (sog Grundsatz des *locus regit formam actus*). Für **Distanzgeschäfte** (zB Vereinbarung per Telefon oder E-Mail) ist es für die zweite Anknüpfung ausreichend, dass das Recht eines der beiden Orte erfüllt ist, an dem sich die Erklärenden befinden (Art. 11 II EGBGB). Bei Vertragsschluss unter Einsatz von Vertretern ist auf den Ort abzustellen, wo sich die Vertreter, nicht die Vertretenen, befinden (Art. 11 III EGBGB). 100

3. Beispiel: Formstatut bei der Übertragung von Geschäftsanteilen

Etwa bei der Übertragung von Gesellschaftsanteilen, die in Deutschland zB gemäß § 15 III GmbHG bezogen auf das Verfügungsgeschäft und gem. § 15 IV GmbH bezogen auf das Verpflichtungsgeschäft der notariellen Form bedarf, stellt sich nun die Frage, wann diese Formvorschriften einzuhalten sind. Das Verpflichtungsgeschäft richtet sich nach Art. 11 Rom I-VO. Es reicht nach Art. 11 I Rom I-VO aus, dass entweder die Formvorschriften der *lex causae* erfüllt sind, dh das auf den Vertrag anwendbare Recht (Rechtswahl gem. Art. 3 I Rom I-VO oder das Recht des Staats, an dem der Veräußerer ansässig ist, s. Rn. 83 ff.) oder das Recht des Staats, an dem das Geschäft abgeschlossen wurde. Deutsches Recht ist also stets anwendbar, wenn der Vertrag deutschem Recht unterliegt und die Vereinbarung in Deutschland geschlossen wurde. Wird der Vertrag in einem anderen Staat geschlossen, genügt es, dass entweder deutsche Formvorschriften oder die des anderen Staats gewahrt sind. Nach Art. 11 II Rom I-VO reicht darüber hinaus aus, dass sich bei Vertragsschlüssen über Entfernung nur einer der beiden Vertragsschließenden seinen gewöhnlichen Aufenthalt in einem anderen Staat hat, um das Recht dieses Staats ebenfalls zu berufen. Ausreichend ist, dass nach einer dieser in Betracht kommenden Rechtsordnungen die Formvorschriften gewahrt wurden. 101

Das Verfügungsgeschäft richtet sich für die formelle Wirksamkeit nach Art. 11 EGBGB, wonach es – ähnlich wie bei Art. 11 Rom I-VO – ausreicht, dass das Rechtsgeschäft entweder nach der *lex causae* erfüllt ist, dh dem Gesellschaftsstatut (Sitz- oder Gründungstheorie, s. Rn. 25 ff.), oder dem Ort, an dem die Vereinbarung geschlossen wurde. Auch hier ist bei Distanzgeschäften auf beide Aufenthaltsorte der Vereinbarenden abzustellen und es genügt, wenn die Formvorschriften einer der korrespondierenden Rechtsordnungen gewahrt wurden 102

290 *Mankowski* NZG 2010, 201, 206.

291 *Benecke* RIW 2002, 280, 282; ähnlich *Gätsch/Schulte* ZIP 1999, 1954, 1958 f.; *Wall* in: Hausmann/Odersky (Hrsg.), Internationales Privatrecht in der Notar- und Gestaltungspraxis, 3. Aufl. 2016, § 19 Rn. 32.

292 Ausführlich zB *Spellenberg* in: MüKo BGB, Bd. 10, 6. Aufl. 2015, Art. 11 EGBGB Rn. 173-181; *Kegel* in: Soergel, BGB, 12. Aufl. 1996, Art. 11 Rn. 19; *Land* BB 2013, 2697, 2702; *Mankowski* NZG 2010, 201; *Kropholler* ZHR 140 (1976) 394; *Weller* ZGR 2014) 865, 873; ähnlich mit rechtsvergleichendem Überblick auch zu anderen Rechtsordnungen *Gerner-Beuerle et al.*, Study on the Law Applicable to Companies – Final Report, 2016, 157 ff.

293 Römisches Vertragsrechtsübereinkommen vom 19.6.1980 (EVÜ), BGBl. 1986 II S. 810.

294 ZB reine Schriftform nach Art. 785 I OR (Schweiz).

(Rn. 102). § 15 III GmbHG wird daher nur zwingend angewendet, wenn eine Übertragung in Deutschland vereinbart wurde und die Gesellschaft deutschem Recht unterliegt. Ansonsten ist ausreichend, dass die Formvorgaben einer der übrigen in Betracht kommenden Rechtsordnungen gewahrt wurden.

4. Auslandsbeurkundung und Substitution

103 Verschiedene Vereinbarungen des deutschen Gesellschaftsrechts setzen die notarielle Form voraus (s. Rn. 92), so dass bei der Geltung eines deutschen Formstatuts (Rn. 94 f. und Rn. 101 f.) diese Anforderungen gewahrt sein müssen. Zwar verweist die notarielle Form grundsätzlich auf einen deutschen Notar iSd BNotO,[295] doch ist anerkannt, dass auch eine Vereinbarung, die ohne Mitwirkung eines solchen Notars im Ausland geschlossen wurde, unter bestimmten Umständen (s. Rn. 106 ff.) die Form des deutschen Sachrechts wahren kann.[296] Dies ist eine Frage der Substitution. „**Substitution**“ bezeichnet das Rechtsinstitut, welches regelt, ob ein ausländisches Rechtselement den Tatbestand eines inländischen erfüllen und diesen „ersetzen“ kann. Es handelt sich um eine besondere Form der Auslegung einer inländischen Norm.[297] Damit eine Substitution möglich ist, müssen zwei Voraussetzungen erfüllt sein: Die infrage stehende Vorschrift muss **der Substitution offen stehen** (Rn. 106) und die im Ausland die Form erfüllende Urkundsperson muss **funktionsäquivalent** zum deutschen Notar sein (Rn. 107 ff.).

a) Substituierbarkeit der notariellen Beurkundung

104 Zunächst muss bei jeder Norm einzeln geprüft werden, ob der Begriff der „notariellen Beurkundung“ oder „notariellen Form“ überhaupt der Substitution offen steht.[298] Nach ganz hM ist eine Nicht-Substituierbarkeit nur sehr zurückhaltend und in begründeten Ausnahmefällen anzunehmen.[299] **Ausnahmsweise abgelehnt** wird sie in Fällen, wenn (auch) öffentliche Interessen wie die des Staats oder des Grundbuchverfahrens sowie evtl. der Baubehörden berührt werden, wie dies bei der Auflassung der Fall ist.[300] Im Gesellschaftsrecht geht die deutsche Rechtsprechung traditionell großzügig von einer Substituierbarkeit aus.[301] Durch das MoMiG, welches das Ziel verfolgte, das deutsche GmbH-Recht stärker zum Ausland hin zu öffnen,[302] wird diese Tendenz gestärkt.[303]

b) Funktionsäquivalenz

105 Die Beurkundung der Rechtswahl im Ausland muss der notariellen Beurkundung nach § 128 BGB gleichwertig sein.[304] Es ist weder eine völlige Identität der Bezeichnung noch des Rechtsinhalts zu verlangen. Eine Übereinstimmung der wesentlichen Merkmale genügt, wobei primär auf Funktion und beabsichtigte Wirkung der Beurkundung abzustellen ist (sog **Funktionsäquivalenz**).[305] Die Rechtsprechung geht davon aus, dass eine solche Funktionsäquivalenz für die notarielle Beurkundung iSd § 128 BGB zu bejahen ist, „wenn die ausländische Ur-

295 Zur Beschränkung der notariellen Amtsgewalt auf das deutsche Territorium vgl. *Preuß* in: Armbrüster/Preuß/Renner (Hrsg.), Beurkundungsgesetz und Dienstordnung für Notarinnen und Notare, 7. Aufl. 2015, § 2 Rn. 19.

296 BGH MDR 2002, 1142 L; *Ferid* GRUR Int. 1973, 477 f.; *Beckmann/Fabricius* GWR 2016, 375, 375; *Kropholler* ZHR 140 (1976) 394, 406-410; *ders.*, Internationales Privatrecht, 2006, § 33 II 1, S. 231; *Mankowski* NZG 2010, 201, 202 f.; *Mansel* in: FS W. Lorenz, 1991, S. 689; *Stauch*, Die Geltung ausländischer notarieller Urkunden in der Bundesrepublik Deutschland, 1983, S. 69 ff.

297 Ausführlich zur Substitution *Stauch*, Die Geltung ausländischer notarieller Urkunden in der Bundesrepublik Deutschland, 1983, S. 69 ff.; *Ferid* GRUR Int. 1973, 472 ff.; *Mansel* in: FS W. Lorenz, 1991, S. 689.

298 Vgl. *Ferid* GRUR Int. 1973, 475 f.; *Mansel* in: FS W. Lorenz, 1991, S. 689, 697; *Kropholler*, Internationales Privatrecht, 2006, § 33 II 1, S. 232; von der Rechtsprechung etwa bejaht bei § 15 III GmbHG, s. OLG Karlsruhe FamRZ 2016, 1790; verneint bei § 925 I 2 BGB KG MDR 1987, 56.

299 Für alle *Kropholler*, Internationales Privatrecht, 2006, § 33 II 1, S. 231.

300 OLG Karlsruhe FamRZ 2016, 1790; *Stauch*, Die Geltung ausländischer notarieller Urkunden in der Bundesrepublik Deutschland, 1983, S. 121; *Odendahl* RIW 2014, 189; ähnlich *Kropholler* ZHR 140 (1976) 394, 401; laut *Armbrüster/Preuß/Renner* (Hrsg.), Beurkundungsgesetz, 7. Aufl. 2015, § 1 Rn. 68 f. erfordern Eintragungen nach § 29 GBO als Teil des deutschen Verfahrensrechts immer eine deutsche notarielle Beurkundung. Sogar hierzu kritisch aufgrund zunehmender internationaler Verflechtungen und EU-Integration *Kropholler* ZHR 140 (1976) 394, 411.

301 ZB BGH NJW 2014, 2026 f.; BGH NJW 1981, 1160; zuletzt OLG Karlsruhe FamRZ 2016, 1790; Ausgangspunkt ebenfalls AG Charlottenburg BeckRS 2016, 02475.

302 BT-Drs. 16/6140, S. 29.

303 *Mankowski* NZG 2010, 201, 204 f.; *Weller* ZGR 2014, 865, 876 f.

304 ZB BGH MDR 2002, 1142 L; *Ferid* GRUR Int. 1973, 477 f.; *Beckmann/Fabricius* GWR 2016, 375; *Kropholler* ZHR 140 (1976) 394, 406-410; *Mankowski* NZG 2010, 201, 202 f.; *Mansel* in: FS W. Lorenz, 1991, S. 689, 697, 699; *Stauch*, Die Geltung ausländischer notarieller Urkunden in der Bundesrepublik Deutschland, 1983, S. 73 f.

305 ZB BGH MDR 2002, 1142 L; *Ferid* GRUR Int. 1973, 477 f.; *Beckmann/Fabricius* GWR 2016, 375, 375; *Kropholler* ZHR 140 (1976) 394, 406-410; *Mankowski* NZG 2010, 201, 202 f.; *Mansel* in: FS W. Lorenz, 1991,

kundsperson nach Vorbildung und Stellung im Rechtsleben eine der Tätigkeit des deutschen Notars entsprechende Funktion ausübt und für die Errichtung der Urkunde ein Verfahrensrecht zu beachten hat, das den tragenden Grundsätzen des deutschen Beurkundungsrechts entspricht".[306] Darüber hinaus reicht nach § 127a BGB aus, dass ein Richter an dem Zustandekommen der Vereinbarung mitgewirkt hat. Dies spricht dafür, dass für die Funktionsäquivalenz die beurkundende Person ein gewisses öffentliches Vertrauen bezogen auf Kompetenz und Neutralität genießen muss.[307]

Die Frage, ob eine Urkundsperson **gleichwertig zum deutschen Notar** ist, ist gesondert bei jeder Regelung und jeder Urkundsperson im Einzelfall zu konkretisieren und hängt davon ab, welche Hauptfunktion der Beurkundung in Bezug auf diese Norm zukommt. Die Gleichwertigkeitsanforderungen steigen daher abhängig davon, wie komplex das Beurkundungsverfahren nach deutschem Recht ausgestaltet ist und wie stark es inhaltliche Anforderungen stellt, dh ob es sich um eine „einfache Beurkundung" gem. § 36 ff. BeurkG oder eine qualifizierte Beurkundung gem. §§ 8 ff. BeurkG handelt.[308] Es ist bei ersterem primär darauf abzustellen, ob auch die ausländische Beurkundungsperson gewährleistet, dass die Erklärungen in besonders glaubwürdiger Weise dokumentiert werden.[309] Die Aufklärungspflichten sind somit deutlich abgeschwächt.[310] Bei zweitem steht zusätzlich im Vordergrund, dass die Parteien die Rechtswahl in Kenntnis der Konsequenzen dieser Rechtswahl und die Tragweite der Entscheidung treffen.[311] Hier kommt insbesondere den Vertretern des sog „lateinischen Notariats" eine Stellung zu, die mit der des deutschen vergleichbar ist, da das Institut ähnlich ausgestaltet ist, es sich also um ein öffentliches Amt handelt, die Notare besondere juristische Qualifikationen aufweisen und damit betraut sind, beurkundend und gestaltend öffentliche Urkunden zu errichten und deren Aufbewahrung, Beweiskraft und Vollstreckbarkeit sicherzustellen.[312] Laut dem Europäischen Notarverzeichnis der Bundesnotarkammer weisen folgende Länder ein Notariat dieser Prägung auf: Belgien, Deutschland, Estland, Frankreich, Italien, Kroatien, Lettland, Litauen, Luxemburg, Niederlande, Österreich, Polen, Rumänien, Slowakische Republik, Slowenien, Spanien, Tschechien, Ungarn,[313] daneben auch einige Gebiete der Schweiz,[314] etwa Zürich-Altstadt[315] und Basel-Stadt,[316] nicht aber der Kanton Bern (zur Entscheidung aber auch Rn. 113).[317] 106

c) Einzelfälle

Bei §§ 15 III GmbHG bejaht die Rechtsprechung die Funktionsäquivalenz unter dem Gesichtspunkt, dass die Beteiligten bewusst auf die notariellen Belehrungspflichten verzichtet hätten dadurch, dass sie einen ausländischen Notar aufsuchten, von dem sie keine Belehrung über das deutsche Recht erwarten konnten.[318] § 15 III GmbHG soll vor übereilten Entscheidungen schützen.[319] Es stehen Beweissicherungs- und Übereilungsschutzfunktionen im Vordergrund und es soll der Verfahrensökonomie gedient werden.[320] Die Belehrungspflichten zu reduzieren, ist insoweit konsequent, da auch der deutsche Notar nur auf die mögliche Geltung ausländischen Rechts hinweisen und Zweifel äußern muss, dass in der Folge ausländisches Recht anwendbar ist, ohne dessen Inhalt zu erforschen.[321] 107

Bezogen auf die Einreichung der Gesellschafterliste durch einen Notar (§ 40 II GmbHG), geht die Rechtsprechung ebenfalls davon aus, dass ein ausländischer Notar diese Pflicht erfüllen kann.[322] Dies ist ebenfalls konse- 108

S. 689, 697-699; *Stauch*, Die Geltung ausländischer notarieller Urkunden in der Bundesrepublik Deutschland, 1983, S. 73 f.

306 BGH NJW 1981, 1160; BGH NJW 2014, 2026 f.; BGH DNotZ 2015, 207, 210.

307 *Gössl* in: Budzikiewicz/Weller/Wurmnest (Hrsg.), BeckOGK, Stand: 2.10.2017, Art. 46d EGBGB Rn. 15.

308 Ähnlich *Beckmann/Fabricius* GWR 2016, 375, 376 f.; *Mayer* in: MüKo GmbHG, Bd. 1, 2. Aufl. 2015, § 2 Rn. 52.

309 *Beckmann/Fabricius* GWR 2016, 375, 377.

310 *Beckmann/Fabricius* GWR 2016, 375, 377.

311 *Weller* ZGR 2014, 865, 878.

312 *Mauch* ZVglRWiss 106 (2007) 272, 276.

313 http://www.bnotk.de/Bundesnotarkammer/Internationales/Notarsuche/index.php; weitere Liste auch bei *Mauch* ZVglRWiss 106 (2007) 272, 276.

314 BGH NJW 1981, 1160; BGH DNotZ 2015, 207, 210.

315 BGH NJW 1981, 1160; *Land* BB 2013, 2697, 2702.

316 BGH NJW 2014, 2026; OLG München NJW-RR 1998, 758; *Weller* ZGR 2014, 865, 877.

317 AG Charlottenburg BeckRS 2016, 02475.

318 BGH NJW 2014, 2026, 2026; BGH NJW 1981, 1160; aA AG Charlottenburg BeckRS 2016, 02475 (zum Notar im schweizerischen Kanton Bern); offen lassend LG Frankfurt aM NZG 2009, 1353, 1354.

319 LG Frankfurt aM NZG 2009, 1353, 1354; *Weller* ZGR 2014, 865, 879 f.

320 ZB BGH NJW 2014, 2026, 2027, *Kropholler*, Internationales Privatrecht, 2006, § 33 II 2, 233; *Stauch*, Die Geltung ausländischer notarieller Urkunden in der Bundesrepublik Deutschland, 1983, 75 ff.

321 *Kropholler* ZHR 140 (1976) 394, 409; *Spickhoff*, Symposium Privatautonomie im Europäischen Internationalen Privatrecht, 2014, S. 93, 105.

322 BGH NJW 2014, 2026, 2027; OLG Düsseldorf NJW 2011, 1370.

quent, da dieselbe Pflicht grundsätzlich auch ein Geschäftsführer erfüllen kann (§ 40 I GmbHG) und die notarielle Tätigkeit nur als Annex zu vorausgehender notarieller Beurkundungstätigkeit angesehen wird.[323] Somit stellt § 40 II GmbHG weniger auf die materiellrechtliche Qualifikation im deutschen Recht oder die öffentliche Bestellung des Notars ab, sondern vielmehr auf die vorausgehende Einbeziehung der Urkundsperson zB nach § 15 III GmbHG (Rn. 109 f.).[324]

109 Auch bei der Beurkundung einer Satzungsänderung nimmt der BGH an, dass eine Substitution durch einen ausländischen Notar möglich ist.[325] Hier großzügig eine Gleichwertigkeit anzunehmen, wird unterstützt durch den Gedanken, dass für das Verfahren nach § 53 GmbHG das einfache Protokollverfahren (§ 36 BeurkG) ausreicht, wonach keine Rechtsbelehrung und keine Verlesung der Niederschrift notwendig ist.[326] Weiterhin ging der BGH in einem obiter dictum davon aus, dass die Beurkundung der Niederschrift gem. § 130 AktG ebenfalls durch eine ausländische funktionsäquivalente Urkundsperson vorgenommen werden kann.[327]

110 Geht man von den Verfahrensanforderungen aus, kann eine Urkundsperson ebenfalls leichter als gleichwertig zum deutschen Notar angesehen werden bei den Protokollverfahren nach § 55 I GmbHG und dem Umwandlungsbeschluss gem. § 193 III 1 UmwG.[328] Höhere Anforderungen gelten zB für die gesonderten Zustimmungserfordernisse gem. §§ 192 II 2, 193 III 1 UmwG, da hier ein Beurkundungsverfahren gem. §§ 6 ff. BeurkG auch die Möglichkeit der Beratung und Belehrung bieten soll.[329] Dies bedeutet nicht, dass eine Substitution per se ausscheidet. Es ist bei der Gleichwertigkeitsprüfung genauer zu untersuchen, ob die ausländische Urkundsperson diesen Anforderungen genügt. Dies ist bei Notaren im deutschsprachigen Ausland und aufgrund der zunehmenden sachrechtlichen Harmonisierung allgemein im EU-Ausland nicht ausgeschlossen.[330] Sollten Zweifel bestehen, ist es empfehlenswert, die Zustimmungserklärung vor einem deutschen Notar vorzunehmen. Wird diese beim Umwandlungsbeschluss in einer Notarurkunde abgegeben, ist es praktisch sinnvoll, diesen Umwandlungsbeschluss insgesamt von einem deutschen Notar beurkunden zu lassen.

111 Das AG Charlottenburg (Berlin) nahm an, dass § 2 GmbHG zwar der Substitution offen stehe, aber eine Gleichwertigkeit zu einem ausländischen Notar im Kanton Bern verneint werden müsse, da das dort vorgesehene Verfahren abstrakt nicht die gleiche Sicherheit biete wie das deutsche, insbesondere keine Verlesungspflicht bestehe und ein ausländischer Notar nicht die bezweckte materiellrechtliche Richtigkeitsgewähr bieten könne.[331] Diese Entscheidung stellt keinen allgemeinen Grundsatz auf, wonach ein ausländischer Notar diese Voraussetzungen niemals erfüllen könnte, dies wäre eine Frage der Substituierbarkeit (s. Rn. 106). Von einer grundsätzlichen Substituierbarkeit geht das Gericht aber aus und verneint nur die Funktionsäquivalenz.[332] Auch ansonsten kann die Entscheidung nicht verallgemeinert werden, da sie nicht den konkreten Einzelfall der Beurkundung, sondern abstrakt die Verfahrensregeln des ausländischen Staats betrachtet. Sie stellt darüber hinaus nicht darauf ab, ob der ausländische Notar gerade im Hinblick auf den Auslandssachverhalt die Verfahrensregeln etwa des deutschen Beurkundungsverfahrens eingehalten hat.[333] Auch kommt es bei Fragen der Substitution gerade nicht darauf an, dass die ausländische Urkundsperson Rechtskenntnisse exakt wie ein inländischer Notar hat (s. Rn. 108).[334] Die Substitution abstrakt aus diesen Gründen abzulehnen, steht daher in Widerspruch zu den gesamten Grundsätzen des Rechtsinstituts und der höchstrichterlichen Rechtsprechung im Gesellschaftsrecht. Die Entscheidung zeigt, dass Gerichte die Frage der Substitution durch ausländische Notare uneinheitlich beurteilen und nicht alle Gerichte den vom BGH aufgestellten großzügigen Grundsätzen folgen, dass gerade keine Kenntnisse des deutschen Gesellschaftsrechts notwendig sind. Um Rechtssicherheit zu haben, sollte daher in den bisher höchstrichterlich nicht entschiedenen Fällen wie etwa der Formwirksamkeit nach § 2 GmbHG ein deutscher Notar die Beurkundung durchführen.

5. Nachweis bei ausländischen/fremdsprachigen Urkunden im Verfahren

112 Fallen *lex fori* und *lex causae* auseinander, können ausländische (private und öffentliche) Urkunden vorliegen, mit denen im Verfahren bestimmte Tatsachen nachzuweisen sind, etwa die Einhaltung der Formvorschriften oder die wirksame Bevollmächtigung einer Person (zur Anknüpfung der Vertretungsmacht s. Rn. 146 ff.). In sol-

323 BGH NJW 2014, 2026, 2027; *Mankowski* NZG 2010, 201, 203 f.; *Odendahl* RIW 2014, 189, 192.
324 *Mankowski* NZG 2010, 201, 202 f.; *Odendahl* RIW 2014, 189, 192.
325 BGH NJW 1981, 1160.
326 *Mayer* in: MüKo GmbHG, Bd. 1, 2. Aufl. 2015, § 2 Rn. 52.
327 BGH DNotZ 2015, 207, 210.
328 Ähnlich *Mayer* in: MüKo GmbHG, Bd. 1, 2. Aufl. 2015, § 2 Rn. 52.
329 *Mayer* in: MüKo GmbHG, Bd. 1, 2. Aufl. 2015, § 2 Rn. 52; *Stratz* in: Schmitt/Hörtnagl/Stratz (Hrsg.), UmwG, 7. Aufl. 2016, § 193 Rn. 22; *Ihrig* in: Reichert (Hrsg.), GmbH & Co. KG, 7. Aufl. 2015, § 56 Rn. 10.
330 *Stratz* in: Schmitt/Hörtnagl/Stratz (Hrsg.), UmwG, 7. Aufl. 2016, § 6 Rn. 18.
331 AG Charlottenburg BeckRS 2016, 02475.
332 AG Charlottenburg BeckRS 2016, 02475.
333 *Arnold* in: KK-AktG, Bd. 1, 3. Aufl. 2012, § 23 Rn. 38 f.; *Schmidt* in: Michalski ua (Hrsg.), GmbHG, Bd. 1, 3. Aufl. 2017, § 2 Rn. 58; *Pentz* in: MüKo AktG, Bd. 1, 4. Aufl. 2016, § 23 Rn. 33.
334 BGH NJW 1981, 1160.

chen Situationen stellt sich die Frage, ob sich beim Nachweis von Tatsachen oder Erklärungen im grenzüberschreitenden Rechtsverkehr Besonderheiten ergeben, insbesondere wenn die Urkunden nicht in deutscher Sprache verfasst wurden.

a) Gerichtverfahren

Gemäß § 293 ZPO muss ein Gericht ausländisches Recht von Amts wegen ermitteln und anwenden, wobei es Beweise im Weg des **Freibeweises** erheben kann. Dies geschieht häufig durch das Einholen eines **Sachverständigengutachtens.**[335] Die Frage, ob und unter welchen Voraussetzungen das ausländische anwendbare Sachrecht eine Vertretung zulässt oder welche Formerfordernisse eingehalten sein müssen, ist vom Gericht auf diese Weise zu ermitteln. 113

Hiervon zu trennen ist die Frage, wie nachgewiesen wird, dass die Voraussetzungen der Vertretung oder der Formwahrung gegeben sind. Dies richtet sich nach dem Beweisverfahren der ZPO. Im streitigen Verfahren ist ein Nachweis notwendig, wenn die nachzuweisende Tatsache streitig ist. Eine Zeugenvernehmung iSd §§ 373 ff. ZPO kann ausreichen, um eine Tatsache zu beweisen. Bei ausländischen öffentlichen Urkunden steht es gem. § 438 I ZPO im Ermessen des Gerichts, ob es die Echtheit der Urkunde annimmt. Es handelt sich dabei um Urkunden, die von einer ausländischen Behörde oder einer mit öffentlichem Glauben versehenen ausländischen Urkundsperson, insbesondere also einem Notar oder einer vergleichbaren Urkundsperson (zur Vergleichbarkeit siehe Rn. 107 ff.), errichtet wurden (§ 438 ZPO). Der Beweis kann bereits durch Legalisation durch einen Konsul oder Gesandten des Bundes erbracht werden. Die Legalisation wiederum kann durch die Apostille ersetzt werden, dh eine amtliche Bestätigung der zuständigen Behörde des Herkunftslands (in Deutschland dem Landgerichtspräsidenten), wenn dieses ein Mitgliedstaat des Haager Apostillen-Übereinkommens ist.[336] Alle EU-Mitgliedstaaten sind Vertragsstaaten dieses Haager-Übereinkommens, so dass es innereuropäisch keiner Legalisation zur Echtheitsprüfung bedarf.[337] 114

Nicht Mitglied des Übereinkommens sind derzeit noch ua Ägypten, Albanien, Brasilien, Chile, Iran, Katar, Singapur und die Vereinigten Arabischen Emirate. Vor allen in einigen afrikanischen und asiatischen Ländern legalisieren deutsche Auslandsvertretungen aufgrund Erfahrungen mit Urkundenfälschungen derzeit keine Urkunden.[338] Die deutschen Konsularbeamten führen eine Anerkennung der ausländischen Urkunde in Deutschland aufgrund einer Einzelfallprüfung auf Bitte des Gerichts, der Behörde oder des Notars im Wege der Amtshilfe durch. Die ausländische Urkunde muss dem Amtshilfegesuchen im Original beiliegen und das Gesuchen den Umfang der Überprüfung angeben. Die Kosten der Auslandsvertretung zur Echtheitsprüfung werden meist dem Antragsteller in Rechnung gestellt, so dass bei der Anfrage die Übernahme der Auslagen zugesagt werden sollte.[339] Wird der Nachweis erbracht, erhält die Urkunde den gleichen Beweiswert wie eine inländische öffentliche Urkunde nach §§ 415, 417 f. ZPO.[340] 115

Umgekehrt nehmen die Auslandsvertretungen des Staats, in dem die Urkunde den Beweiswert entfalten muss, die Legalisation einer deutschen Urkunde für den Gebrauch im Ausland vor. Die Urkunde muss vorher durch den Landgerichtspräsidenten vorbeglaubigt oder durch das Auswärtige Amt endbeglaubigt werden. Diese Endbeglaubigung nimmt durch das Bundesverwaltungsamt im Auftrag des Auswärtigen Amts vor.[341] 116

335 ZB *Gössl*, Zur Anwendung ausländischen Rechts im Zivil- und Strafprozess, in: *Effer-Uhe/Hoven ua* (Hrsg.), Einheit der Prozessrechtswissenschaft, 2016, S. 128, 129-131.

336 Haager Übereinkommen zur Befreiung öffentlicher Urkunden von der Legalisation vom 15.10.1961, BGBl. 1965 II, S. 875.

337 Siehe Statustabelle des Übereinkommen unter https://www.hcch.net/de/instruments/conventions/status-table/?cid=41; Überblick auch bei *DNotI*, Kurzübersicht Apostille und Legislation, letzte Aktualisierung vom 13. März 2017, 1 f.; abrufbar unter: https://www.dnoti.de/gutachten/pdf/17122ee1-065f-4890-b97a-429d7fe1a292/2000-Stand_2017-03-13.pdf.

338 Siehe *DNotI*, Kurzübersicht Apostille und Legislation, letzte Aktualisierung vom 13. März 2017, 1-4, 19; abrufbar unter: https://www.dnoti.de/gutachten/pdf/17122ee1-065f-4890-b97a-429d7fe1a292/2000-Stand_2017-03-13.pdf.

339 *DNotI*, Kurzübersicht Apostille und Legislation, letzte Aktualisierung vom 13. März 2017, 19 f.; abrufbar unter: https://www.dnoti.de/gutachten/pdf/17122ee1-065f-4890-b97a-429d7fe1a292/2000-Stand_2017-03-13.pdf.

340 BGH NJW-RR 2007, 1006.

341 Ausführliche Anleitung unter http://www.bva.bund.de/DE/Organisation/Abteilungen/Abteilung_ZMV/Legalisation/merkblatt_endbeglaubigung.html; kürzer *DNotI*, Kurzübersicht Apostille und Legislation, letzte Aktualisierung vom 13. März 2017, 20; abrufbar unter: https://www.dnoti.de/gutachten/pdf/17122ee1-065f-4890-b97a-429d7fe1a292/2000-Stand_2017-03-13.pdf.

117 Aufgrund bilateral geschlossener Abkommen zwischen Deutschland und Frankreich,[342] Belgien,[343] Dänemark, Italien und Österreich sind öffentliche oder öffentlich beglaubigte Urkunden aus diesen Ländern wie inländische öffentliche Urkunden zu behandeln.[344]

118 Die ZPO regelt nicht, wie der Inhalt einer fremdsprachigen Urkunde nachgewiesen wird. § 184 GVG legt die deutsche Sprache als Gerichtssprache fest. Die Norm gilt nur für mündliche und schriftliche Erklärungen des Gerichts und vor dem Gericht, nicht aber bei der Vorlage von Beweismitteln. Es steht nach § 142 III ZPO auch bei Urkunden im Ermessen des Gerichts, wie der Nachweis erbracht wird. Durch gerichtliche Anordnung kann eine beglaubigte Übersetzung erforderlich sein (§ 142 III 1 ZPO), wenn das Gericht allerdings der fremden Sprache kundig ist, kann es hiervon absehen.[345] Die Kosten der Übersetzung durch eine sprachunkundige Partei sind gem. § 91 ZPO erstattungsfähig, zumindest wenn die Kenntnisnahme der Urkunde für das Recht auf wirksame Verteidigung notwendig ist.[346] Auch kann die Übersetzung von sprachkundigen Anwälten oder Parteien angefertigt werden, wenn das Gericht dies ausreichen lässt. Ebenso kann das Gericht gemäß § 144 I 1 ZPO selbst eine Übersetzung anfertigen lassen.[347]

b) Grundbuchverfahren

119 Gem. § 29 I 2 GBO kann eine Eintragung nur erfolgen, wenn der Nachweis der wesentlichen Tatsachen durch öffentliche oder öffentlich beglaubigte Urkunden erbracht wird, wozu auch der Nachweis der Vertretungsmacht zählt. Die Anforderungen an eine ausländische öffentliche Urkunde entsprechen denen des § 415 ZPO. Auch kann der Rechtspfleger des Grundbuchamts wie der Richter eine Übersetzung verlangen, wenn er selbst sprachunkundig ist.[348]

c) Verfahren vor dem Notar

120 Ein Notar kann gem. §§ 5 II BeurkG Urkunden nicht nur in Deutsch, sondern auch in einer zweiten Sprache errichten, wenn er dieser fremden Sprache hinreichend mächtig ist. Er kann eine korrespondierende deutsche Übersetzung mit der Bescheinigung der Richtigkeit und Vollständigkeit versehen (§ 50 BeurkG), ist aber nicht hierzu verpflichtet (§ 15 I 2 BNotO).[349]

121 Es gibt im Verfahren vor dem Notar keine ausdrücklichen Beweisregeln, dh auch der Notar kann von der Erforderlichkeit einer Übersetzung eines ausländischen Dokuments absehen, wenn er sprachkundig ist, aber auch eine (beglaubigte) Übersetzung verlangen. Da sein Haftungsrisiko (§ 19 BNotO) schärfer ist als das der Gerichte (§ 839 BGB), wird in der Praxis häufiger eine amtliche Übersetzung verlangt.

IV. Insolvenzstatut

122 Weitere vorrangig vor autonom-nationalem Kollisionsrecht zu prüfende, hier möglicherweise relevante unionsrechtliche Kollisionsnormen finden sich in der Rom II-VO und in der EuInsVO.[350] Die EuInsVO verdrängt in ihrem Anwendungsbereich als lex specialis die allgemeinen Kollisionsnormen.[351] Daher wird hier kurz auf den Anwendungsbereich der EuInsVO eingegangen, um später ihren Anwendungsbereich vom Anwendungsbereich der Rom II-VO abgrenzen zu können. Ausführlich behandelt werden die EuInsVO und ihr Anwendungsbereich bei § 36 Rn. 35 ff.

1. Insolvenzstatut

123 Insolvenzverfahren sind Verfahren, „welche die Insolvenz des Schuldners voraussetzen und den vollständigen oder teilweisen Vermögensbeschlag gegen den Schuldner sowie die Bestellung eines Verwalters zur Folge ha-

---

342 Abkommen zwischen der Bundesrepublik Deutschland und der Französischen Republik über die Befreiung öffentlicher Urkunden von der Legalisation vom 13.9.1971, BGBL. II 1974, 1074 ff.).

343 In Belgien wird das entsprechende Bilaterale Abkommen mit Deutschland jedoch zT nicht anerkannt (vgl. *Süß* in: Beck Notar-Handbuch, 6. Aufl. 2015, Teil H Rn. 344B), so dass vorsorglich eine Apostille verlangt werden sollte.

344 http://www.bnotk.de/Notar/Urkunde/Verwendung.php.

345 ZB BGH NJW-RR 2007, 1006.

346 OLG Koblenz BeckRS 2017, 107007.

347 BVerwG BeckRS 1996, 30431707; OLG Koblenz BeckRS 2017, 107007; *von Selle* in: Vorwerk/Wolf (Hrsg.), BeckOK ZPO, 25. Ed., Stand: 15.6.2017, § 142 ZPO Rn. 19.

348 KG BeckRS 2011, 07547.

349 Ausführlich *Ott* 2015, 189 ff.

350 Verordnung (EU) 2015/848 des Europäischen Parlaments und des Rates vom 20. Mai 2015 über Insolvenzverfahren, Abl. EU Nr. L 141, 5.6.2015, 19-72, ersetzt die Verordnung (EG) Nr. 1346/2000 des Rates vom 29. Mai 2000 über Insolvenzverfahren, ABl. EG v. 30.6.2000, L 160/1.

351 *Kindler* in: MüKo BGB, Bd. 11, 6. Aufl. 2015, IntGesR, Vor Art. 4-15 EuInsVO Rn. 1; *ders.* IPRax 2009, 189, 192.

ben" (Art. 1 I EuInsVO). Der Anwendungsbereich der Verordnung ist weit zu verstehen, solange die infrage stehenden Normen eine spezielle **insolvenzrechtliche Prägung** aufweisen.[352] Relevant wird die Abgrenzung insbesondere bei Vorschriften, die im nationalen Recht formal dem Gesellschaftsrecht zugeordnet werden und dem Schutz des (Insolvenz-) Gläubiger dienen (siehe unten Rn. 127 ff., ferner ausführlich § 36 Rn. 22 ff.).

2. Anknüpfung nach der EuInsVO (COMI)

Die EuInsVO sieht bezüglich der Internationalen Zuständigkeit des Hauptinsolvenzverfahrens eine Anknüpfung an den Mittelpunkt der hauptsächlichen Interessen des Schuldners vor (Art. 3 I UAbs. 1 EuInsVO, ***center of main interest* – COMI**). Das im Verfahren anwendbare Insolvenzrecht richtet sich überlicherweise ebenfalls nach dem Recht des Verfahrensorts (Art. 7 EuInsVO, sog ***lex fori concursus***). Mittelpunkt der hauptsächlichen Interessen ist der Ort, an dem der Schuldner gewöhnlich der Verwaltung seiner Interessen nachgeht und der für Dritte feststellbar ist (ausführlich § 36 Rn. 48 ff.). Für Gesellschaften wird (widerlegbar) vermutet, dass der Mittelpunkt der hauptsächlichen Interessen der Ort ihres Sitzes ist (Art. 3 I UAbs. 2 EuInsVO). In der EuInsVO aus dem Jahr 2000 wurde hierbei ausdrücklich Bezug auf den satzungsmäßigen Sitz genommen. Die reformierte EuInsVO verzichtet in der deutschen Fassung auf den Begriff „satzungsmäßig", was den Eindruck erwecken könnte, es wäre eine inhaltliche Änderung beabsichtigt. Die Formulierungsänderung findet sich aber nicht in anderen Sprachfassungen,[353] daher ist von einem Übersetzungsversehen auszugehen, der juristisch keine Veränderung bringen soll. Es ist daher weiterhin primär auf den satzungsmäßigen Sitz abzustellen (s. auch § 36 Rn. 52).[354] 124

3. Insolvenzrechtliche Qualifikation

Die Abgrenzung von Delikts- und Insolvenzstatut hat der EuGH bereits in einigen Bereichen (mittelbar) vorgenommen. Die Insolvenzantragspflicht, oder eine Haftung wegen ihrer Verletzung gem. § 15a InsO (iVm § 823 II BGB), ist insolvenzrechtlich iSd EuInsVO und nicht gesellschaftsrechtlich oder deliktisch zu qualifizieren (ausführlich § 36 Rn. 30 ff.).[355] Das Gleiche gilt für die Haftung für masseschmälernde Zahlungen wie die in § 64 GmbHG, § 92 II AktG vorgesehene.[356] 125

Ebenfalls insolvenzrechtlich zu qualifizieren sind nationale Rechtsvorschriften, die die Verwirkung des Rechts regeln, eine Forderung als Gläubiger geltend zu machen, wenn dieser am Verfahren teilgenommen hat.[357] Umstritten ist die Qualifikation der Existenzvernichtungshaftung nach deutschem Recht. Nach der hier vertretenen Auffassung ist diese nicht insolvenzrechtlich, sondern deliktsrechtlich iSd Rom II-VO zu qualifizieren, wobei sie über Art. 4 III Rom II-VO dem Gesellschaftsstatut überantwortet wird. (ausführlich Rn. 131 ff.). 126

4. Folgefragen

Findet deutsches Insolvenzrecht und damit etwa § 15a InsO[358] auf eine Gesellschaft Anwendung, die nach ausländischem Recht organisiert ist, kann es erneut notwendig sein, die im ausländischen Gesellschaftsrecht verwendeten Systembegriffe im Wege der Substitution an die Erfordernisse des deutschen Rechts anzupassen. Geschäftsführer wäre dann mit dem entsprechenden Leitungsorgan der ausländischen Gesellschaft (zB dem „director" einer Gesellschaft nach englischem Recht) zu substituieren (zur Substitution oben Rn. 105 ff.).[359] 127

V. Deliktstatut nach der Rom II-VO

1. Überblick

Von der Rom II-VO werden gemäß Art. 1 I „außervertragliche Schuldverhältnisse" erfasst. Dieser Begriff ist verordnungsautonom auszulegen, dh ohne Rückgriff auf nationale Begrifflichkeiten (vgl. etwa Erwägungsgründe 7 ff. der Rom II-VO). Ein Rückgriff auf die Rechtsprechung des EuGH zu den Zuständigkeitsregelungen der 128

---

352 *Weller* in: MüKo GmbHG, Bd. 1, 2. Aufl. 2015, Einl. Rn. 407.
353 ZB England, Frankreich, Italien und Spanien, siehe auch *Mansel/Thorn/Wagner* IPRax 2016, 1, 4.
354 *Mansel/Thorn/Wagner* IPRax 2016, 1, 4.
355 EuGH, Rs. C-594/14 (Kornhaas), ECLI:EU:C:2015:806 = NJW 2016, 223, Rn. 15; *Kühnle/Otto* IPRax 2009, 117 f.; *Wall* in: Hausmann/Odersky (Hrsg.), Internationales Privatrecht in der Notar- und Gestaltungspraxis, 3. Aufl. 2016, § 19 Rn. 35-37; *Mäsch* in: Bamberger/Roth/Hau/Poseck (Hrsg.), BeckOK BGB, 43. Ed., Stand: 15.6.2017, Art. 12 EGBGB Anh. II Rn. 82; *Paulus*, Außervertragliche Gesellschafter- und Organwalterhaftung im Lichte des Unionskollisionsrechts, 2013, S. 269 ff.; *Reinhart* in:MüKo InsO, 3. Aufl. 2016, Art. 4 EuInsVO Rn. 8. Zur Diskussion zu § 64 GmbHG vor der Entscheidung siehe etwa *Hübner* IPRax 2015, 297 ff.
356 EuGH, Rs. C-594/14 (Kornhaas), ECLI:EU:C:2015:806 = NJW 2016, 223, Rn. 19.
357 EuGH, Rs. C-212/15 (ENEFI), ECLI:EU:C:2016:841 = NJW 2017, 144.
358 Das Gleiche gilt für die anderen oben genannten Normen.
359 ZB *Hübner* IPRax 2015, 297, 301; ähnlich BGH NZG 2007, 592.

Brüssel I/Brüssel Ia-VO ist allerdings möglich, da für die Bestimmung des sachlichen Anwendungsbereichs der Rom II-VO dieser Auslegungszusammenhang in Erwägungsgrund 7 der Rom II-VO ausdrücklich vorgesehen ist. Nach einer Formel des EuGH liegt ein Delikt iSd Brüssel Ia-VO vor, wenn eine Schadenshaftung geltend gemacht wird, die nicht an einem Vertrag anknüpft, dh einer freiwillig eingegangenen, wechselseitigen Verpflichtung.[360] Wie bereits oben angesprochen, sind Fragen des Gesellschaftsrechts ausdrücklich vom Anwendungsbereich der VO ausgenommen (Art. 1 II d Rom II-VO, s. Rn. 10 ff.), dh bezogen auf das Deliktstatut solche Haftungsfragen, die mit dem Gesellschaftsstatut und den an besondere Unternehmensformen anknüpfenden Haftungsregeln in Zusammenhang stehen, so dass sie sich nicht sinnvoll von diesem trennen lassen und daher einheitlich mit diesem angeknüpft werden müssen.[361] Weiterhin abzugrenzen ist das Deliktstatut vom Insolvenzstatut nach der EuInsVO, das einschlägig ist, wenn eine Haftungsfrage inhaltlich im Insolvenzrecht verankert ist oder die Norm eine speziell insolvenzrechtliche Prägung aufweist.[362] Das Deliktstatut greift somit nur subsidiär ein, wenn die beiden anderen EU-Verordnungen nicht einschlägig sind.[363]

2. Existenzvernichtungshaftung

129 Bei der Frage, ob und in welchen Fällen auch bei einer Kapitalgesellschaft ein Durchgriff auf das Gesellschaftervermögen möglich ist, also insbesondere der Frage einer Existenzvernichtungshaftung nach deutschem Recht oder einer vergleichbaren Haftung der Gesellschafter einer Kapitalgesellschaft für Schulden der Gesellschaft nach ausländischem Recht (vgl. auch § 10 Rn. 100 ff.), ist es umstritten, ob sie deliktisch, gesellschaftsrechtlich oder insolvenzrechtlich zu qualifizieren ist.[364] In den übrigen EU-Mitgliedstaaten ist die Einordnung einer ähnlichen Haftung einerseits sachrechtlich sehr unterschiedlich ausgestaltet, andererseits ebenso kontrovers diskutiert, so dass sich kein einheitliches Meinungsbild ausmachen lässt.[365] Zur hier abgelehnten, aber ebenfalls vertretenen Anknüpfung als international zwingende Regelung s. Rn. 76.

a) EuInsVO

130 Eine insolvenzrechtliche Qualifikation wird befürwortet, da die Existenzvernichtungshaftung auch als „Insolvenzverursachungshaftung" verstanden werden kann.[366] Insolvenzrechtlich iSd EuInsVO benötigt eine Verankerung im Insolvenzrecht oder eine spezielle insolvenzrechtliche Prägung der Norm (s. Rn. 125).[367] Die Haftung nach § 826 BGB zeichnet sich – anders als spezielle Haftungsregelungen in anderen Mitgliedstaaten – nicht durch eine spezielle insolvenzrechtliche Prägung aus, auch wenn ihre Voraussetzungen häufig faktisch mit einem Insolvenzverfahren einhergehen und daher die Massegläubiger betreffen.[368] Auch genügt es nicht für eine insolvenzrechtliche Qualifikation, dass die Haftung auch in Hinblick auf den Schutz der Insolvenzmasse richterlich entwickelt wurde.[369] Stattdessen muss sie speziell am Tatbestand einer Insolvenz anknüpfen und nicht auch auf andere Fälle anwendbar sein.[370] Dennoch wurde die Haftung aus deutscher Sicht als eine allgemeine delikti-

---

360 EuGH, Rs. C-189/87 (Athanasios Kalfelis), ECLI:EU:C:1988:459 = NJW 1988, 3088, Rn. 17; EuGH, Rs. C-334/00 (Tacconi), ECLI:EU:C:2002:499 = NJW 2002, 3159, Rn. 27; EuGH, Rs. C-375/13 (Kolassa), ECLI:EU:C:2015: 37 = NJW 2015, 1581, Rn. 44; EuGH, Rs. C-196/15 (Granarolo), ECLI:EU:C:2016:559 = NJW 2016, 3087, Rn. 20; EuGH, Rs. C-548/12 (Brogsitter), ECLI:EU:C:2014:148 = NJW 2014, 1648, Rn. 20.

361 *Europäische Kommission*, Vorschlag für eine Verordnung des Europäischen Parlaments und des Rates über das auf außervertragliche Schuldverhältnisse anzuwendende Recht („Rom II"), 22.7.2003, KOM(2003) 427 endg., S. 10.

362 *Weller* in: MüKo GmbHG, Bd. 1, 2. Aufl. 2015, Einl. Rn. 407.

363 *Kindler* in: MüKo InsO, 3. Aufl. 2016, Vor Art. 4-15 EuInsVO Rn. 1; *Kindler* IPRax 2009, 189, 192.

364 ZB *Kühnle/Otto* IPRax 2009, 117, 120; *Kindler* IPRax 2009, 189, 193; *Kindler* ZHR 179 (2015) 330, 372; *Mäsch* in: Bamberger/Roth/Hau/Poseck (Hrsg.), BeckOK BGB, 43. Ed., Stand: 15.6.2017, Art. 12 EGBGB Anh. II Rn. 82; Reinhart in: MüKo InsO, 3. Aufl. 2016, Art. 4 EuInsVO Rn. 13; *Zimmer* NJW 2003, 3585, 3589; *Servatius* in: Henssler/Strohn (Hrsg.), Gesellschaftsrecht, 3. Aufl. 2016, IntGesR, Rn. 109 ff.; *Junker* in: MüKo BGB, Bd. 10, 6. Aufl. 2015, Art. 1 Rom II-VO Rn. 39; *Wagner* IPRax 2008, 1, 3; *Weller* IPRax 2017, 167, 176; *ders.* in: MüKo GmbHG, Bd. 1, 2. Aufl. 2015, Einl. Rn. 415 f.; *Raiser/Veil*, Recht der Kapitalgesellschaften, 6. Aufl. 2015, § 8 Rn. 13.

365 Ausführlich *Gerner-Beuerle et al.*, Study on the Law Applicable to Companies – Final Report, 2016, S. 182 ff.

366 *Kühnle/Otto* IPRax 2009, 117, 120; *Kindler* IPRax 2009, 189, 193; *ders.* ZHR 179 (2015) 330, 372; *Mäsch* in: Bamberger/Roth/Hau/Poseck (Hrsg.), BeckOK BGB, 43. Ed., Stand: 15.6.2017, Art. 12 EGBGB Anh. II Rn. 82; *Reinhart* in: MüKo InsO, 3. Aufl. 2016, Art. 4 EuInsVO Rn. 13; *Zimmer* NJW 2003, 3585, 2589; im Ergebnis ablehnend *Weller* IPRax 2017, 167, 176; *ders.* in: MüKo GmbHG, Bd. 1, 2. Aufl. 2015, Einl. Rn. 415 f.

367 *Weller* in: MüKo GmbHG, Bd. 1, 2. Aufl. 2015, Einl. Rn. 407.

368 AA *Paulus*, Außervertragliche Gesellschafter- und Organwalterhaftung im Lichte des Unionskollisionsrechts, 2013, 262 ff.

369 AA *Reinhart* in: MüKo InsO, 3. Aufl. 2016, Art. 4 EuInsVO Rn. 13.

370 Vgl. *Arenas García*, Suing directors in international litigation, in: FS Hopt, 2010, S. 321, 331 f., 334.

sche in einer speziellen gesellschaftsrechtlichen Ausformung entwickelt und ist daher delikts- oder gesellschaftsrechtlich zu qualifizieren, aber nicht insolvenzrechtlich iSd EuInsVO.[371]

b) Rom II-VO

Vorrangig vor dem autonom-nationalen Kollisionsrecht ist die Rom II-VO zu prüfen. Grundsätzlich wäre der Anwendungsbereich der Rom II-VO eröffnet, da die Durchgriffshaftung als allgemeine Schadenshaftung, die nicht an einem Vertrag, dh einer freiwillig eingegangenen, wechselseitigen Verpflichtung, anknüpft, anzusehen ist.[372] Ausnahmsweise wäre sie nicht einschlägig, wenn ein außervertragliches Schuldverhältnis iSd Art. 1 II lit. d) Rom II-VO vorläge, das sich aus dem Gesellschaftsrecht ergibt. Hierbei ist grundsätzlich von einem weiten Anwendungsbereich der Rom II-VO auszugehen. Eine Norm, die den Anwendungsbereich einschränkt, ist folglich als enge Ausnahme zu lesen (s. Rn. 10 ff.). Es spricht gegen einen Ausschluss der Existenzvernichtungshaftung, dass Art. 1 II lit. d) Rom II-VO zwar eine Reihe von konkreten Konstellationen nennt, die gesellschaftsrechtlich im Sinn der Ausnahme anzusehen sind, etwa die persönliche Haftung der Gesellschafter für die Verbindlichkeiten einer Gesellschaft und auch die persönliche Haftung eines Rechnungsprüfers gegenüber einer Gesellschaft oder ihren Gesellschaftern, nicht aber die sonstige persönliche außervertragliche Haftung eines Gesellschafters oder Geschäftsführers gegenüber Gläubigern oder der Gesellschaft. Als Abgrenzungskriterium ist nach der Begründung der Kommission darauf abzustellen, ob es sich um Haftungsfragen handelt, die so mit denen des Gesellschaftsrechts und insbesondere der Gesellschaftsform verzahnt sind, dass eine sinnvolle Trennung von Gesellschafts- und Haftungsstatut nicht möglich ist.[373] Unterstellt man die Einordnung des BGH als richtig, spricht es für eine deliktsrechtliche Einordnung iSd Rom II-VO, dass die Existenzvernichtungshaftung nach deutschem Recht heute – in Abkehr zu einer gesellschaftsrechtlich einzustufenden gesonderten Haftung[374] – dogmatisch an § 826 BGB anknüpft. Es handelt sich nach diesem Verständnis um einen Sonderfall der vorsätzlichen sittenwidrigen Schädigung, dh eine allgemeine deliktische Haftung in besonders krassen Fällen, die einen kompensationslosen „Eingriff" in das im Gläubigerinteresse zweckgebundene Gesellschaftsvermögen voraussetzt.[375] Eine allgemeine gesellschaftsrechtliche Haftung des Gesellschafters durch Analogie wird demgegenüber mangels planwidriger Regelungslücke höchstrichterlich abgelehnt.[376] Die Haftung wird somit ausdrücklich als allgemein-zivilrechtliche Ausnahme zu den Regelungen des Gesellschaftsrechts im Deliktsrecht und gerade nicht im Gesellschaftsrecht verortet.[377] Für eine gesellschaftsrechtliche Qualifikation spricht demgegenüber, dass dieser Unterfall der allgemeinen Deliktsnorm in der Rechtsprechung des BGH eine speziell gesellschaftsrechtliche Ausprägung angenommen hat: Die Haftung bleibt nach dem Konzept des BGH auf das Innenverhältnis beschränkt, während die allgemeine Deliktsnorm des § 826 BGB keine solche Beschränkung kennt, sondern der Geschädigte immer unmittelbar gegen den Schädiger vorgehen kann.[378] 131

Bei der kollisionsrechtlichen Einordnung, ob etwas primär gesellschaftsrechtlich oder primär deliktsrechtlich zu qualifizieren ist, ist es vorzugswürdig, auf den Grund der Haftung abzustellen und diesen einer Kollisionsnorm zuzuordnen, denn der Umfang der Haftung oder allgemein die Rechtsfolge ergibt sich als Folgefrage aus dem anwendbaren Sachrecht. Das anwendbare Sachrecht erfordert aber zunächst die Bestimmung des Grunds und der Grund der Haftung liegt im allgemeinen Deliktsrecht.[379] 132

371 *Altmeppen* NJW 2007, 2657 ff.; *Junker* in: MüKo BGB, Bd. 10, 6. Aufl. 2015, Art. 1 Rom II-VO Rn. 39; *Wall* in: Hausmann/Odersky (Hrsg.), Internationales Privatrecht in der Notar- und Gestaltungspraxis, 3. Aufl. 2016, § 19 Rn. 24.

372 EuGH, Rs. C-189/87 (Athanasios Kalfelis), ECLI:EU:C:1988:459 = NJW 1988, 3088, Rn. 17; EuGH, Rs. C-334/00 (Tacconi), ECLI:EU:C:2002:499 = NJW 2002, 3159, Rn. 27; EuGH, Rs. C-375/13 (Kolassa), ECLI:EU:C:2015: 37 = NJW 2015, 1581, Rn. 44; EuGH, Rs. C-196/15 (Granarolo), ECLI:EU:C:2016:559 = NJW 2016, 3087, Rn. 20; EuGH, Rs. C-548/12 (Brogsitter), ECLI:EU:C:2014:148 = NJW 2014, 1648, Rn. 20; ähnlich *Arenas García* in: FS Hopt, 2010, S. 321, 328, 330.

373 *Europäische Kommission*, Vorschlag für eine Verordnung des Europäischen Parlaments und des Rates über das auf außervertragliche Schuldverhältnisse anzuwendende Recht („Rom II"), 22.7.2003, KOM(2003) 427 endg., S. 10; *Junker* in: MüKo BGB, Bd. 10, 6. Aufl. 2015, Art. 1 Rom II-VO Rn. 38; ähnlich („Grund der Haftung im Gesellschaftsrecht") *Spickhoff*, in: Bamberger/Roth/Hau/Poseck (Hrsg.), BeckOK BGB, 43. Ed., Stand: 15.6.2017, Art. 1 Rom II-VO Rn. 15.

374 BGH NJW 2001, 3622; ausführlich etwa *Wagner* in: MüKo BGB, Bd. 6, 7. Aufl. 2017, § 826 Rn. 166.

375 BGH NZG 2008, 547; BGH NJW 2007, 2689.

376 BGH NZG 2008, 547.

377 BGH NJW 2007, 2689, 2690; BGH NZG 2008, 547; *Kühnle/Otto* IPRax 2009, 117, 119 f.; ausführlich etwa *Wagner* in: MüKo BGB, Bd. 6, 7. Aufl. 2017, § 826 Rn. 167-173. Auch bereits davor deliktsrechtliche Vorortung BGH NJW 2002, 3024, 3025; BGH NJW 2001, 3622.

378 *Altmeppen* NJW 2007, 2657 ff.; *Junker* in: MüKo BGB, Bd. 10, 6. Aufl. 2015, Art. 1 Rom II-VO Rn. 39; *Wall* in: Hausmann/Odersky (Hrsg.), Internationales Privatrecht in der Notar- und Gestaltungspraxis, 3. Aufl. 2016, § 19 Rn. 24.

379 Ähnlich *Spickhoff* in: Bamberger/Roth/Hau/Poseck (Hrsg.), BeckOK BGB, 43. Ed., Stand: 15.6.2017, Art. 1 Rom II-VO Rn. 15.

133 Diese Einordnung steht in Einklang mit dem Vorgehen des EuGH bei der Qualifikation. Er stellt nicht darauf ab, wo eine Norm sich systematisch befindet, sondern darauf, welche Funktion sie verfolgt.[380] In der **Rechtsprechung des BGH zu § 826 BGB** verfolgt die Haftung ausdrücklich keine gesellschaftsrechtliche, sondern eine **allgemein deliktsrechtliche Funktion.**[381] Solange der deutsche Gesetzgeber die Haftung nicht, wie in anderen Rechtsordnungen geschehen, speziell kodifiziert und dabei als Regelungen speziell für gesellschafts- oder insolvenzrechtliche Konstellationen ausgestaltet und die Rechtsprechung auf § 826 BGB und nicht spezielle Regelungen aus den genannten Gebieten zurückgreift, ist daher bei der Rom II-VO nicht von einer gesellschaftsrechtlichen, sondern einer allgemeinen deliktsrechtlichen Qualifikation iSd Rom II-VO auszugehen. Die Probleme, die sich aus unterschiedlichen Gesellschafts- und Deliktstatuten ergeben können, können aber auf der **Anknüpfungsebene** entschärft werden (s. Rn. 136).[382]

c) Anknüpfung: Art. 4 I, III Rom II-VO iVm dem Gesellschaftsstatut

134 Art. 4 Rom II-VO knüpft primär an den Ort des Schadenseintritts an, es sei denn, Gläubiger und Schuldner sind in demselben Staat ansässig (Art. 4 I, II Rom II-VO). Allerdings sieht Art. 4 III Rom II-VO eine Ausweichanknüpfung vor, wenn die infrage stehende unerlaubte Handlung bei einer **Gesamtbetrachtung** eine offensichtlich engere Verbindung zu einem anderen Staat aufweist. Diese engere Verbindung kann sich insbesondere aus einem bestehenden Rechtsverhältnis zwischen den Parteien ergeben, das mit der unerlaubten Handlung in enger Verbindung steht. Diese Ausweichklausel, die eine akzessorische Anknüpfung nahelegt, soll verhindern, dass die Haftungskonkretisierung sich aus dem genannten Rechtsverhältnis ergibt oder mit diesem in engem Zusammenhang steht und daher zwei Rechtsordnungen nebeneinander anwendbar sind.[383] Ein derartiges Rechtsverhältnis ist gerade das, welches sich aus dem Gesellschaftsvertrag ergibt und damit die Rechte und Pflichten der Gesellschafter, Gesellschaftsorgane und der Gesellschaft konkretisiert.[384] Somit ist ein typischer Fall des Art. 4 III Rom II-VO gegeben und die Haftung untersteht bei einer deliktischen Qualifikation durch **akzessorische Anknüpfung dem Gesellschaftsstatut.**[385]

3. Rechtschein wegen weggelassenem Rechtsformzusatz

135 Potenziell in den Anwendungsbereich des Deliktstatuts fällt auch die Haftung wegen einer firmenrechtlichen Pflicht, einen Rechtsformzusatz zu führen. Die Problematik wird ausführlich im Zusammenhang mit dem Firmenrecht beschrieben (Rn. 169 f.). Es ist zu differenzieren, ob der Handelnde speziell gegenüber der Gesellschaft und den einzelnen Gesellschaftern haftet oder gegenüber einem Dritten. Ersterer Fall wird gesellschaftsrechtlich qualifiziert und untersteht dem Gesellschaftsstatut (s. Rn. 14). Gegenüber einem Dritten ist nach der hier vertretenen Auffassung die Rom II-VO einschlägig (s. Rn. 169 f.).[386] Schadensort ist der Ort, an dem der Rechtsschein gewirkt hat oder wahrgenommen wurde.[387]

4. Haftung für masseschmälernde Zahlungen / Verletzung der Insolvenzantragspflicht

136 Wie bereits oben ausgeführt, sind die Haftung wegen Verletzung einer Insolvenzantragspflicht gem. § 15a InsO iVm § 823 II BGB und die Haftung für masseschmälernde Zahlungen wie die in § 64 II 1 GmbHG, § 92 II AktG vorgesehene nicht deliktisch zu qualifizieren, sondern fallen in den Anwendungsbereich des Insolvenzstatuts iSd der EuInsVO (ausführlich § 36 Rn. 26 ff. und Rn. 127 f.).[388]

VI. Rechts-, Partei- und Prozessfähigkeit

137 Weder zur Rechts- noch der Partei- oder Prozessfähigkeit einer Gesellschaft existieren in Deutschland kodifizierte Kollisionsnormen. Bei natürlichen Personen sieht Art. 7 I EGBGB für Rechts- und Geschäftsfähigkeit eine

380 Vgl. etwa das Vorgehen bei EuGH, Rs. C-147/12 (ÖFAB), ECLI:EU:C:2013:490 = NZG 2013, 1073, Rn. 33 ff., ausdrücklich *Wedemann* ZEuP 2014, 861, 874.

381 BGH NJW 2007, 2689, 2690; BGH NZG 2008, 547; ähnlich etwa *Wagner* in: MüKo BGB, Bd. 6, 7. Aufl. 2017, § 826 Rn. 167-173.

382 Ähnlich auch *Gerner-Beuerle et al.*, Study on the Law Applicable to Companies – Final Report, 2016, S. 318 f., 322 f.

383 *Thorn* in: Palandt, Bürgerliches Gesetzbuch, 76. Aufl. 2017, Art. 4 Rom II Rn. 11.

384 Ähnlich zur Fahrgemeinschaft *Junker* in: MüKo BGB, Bd. 10, 6. Aufl. 2015, Art. 4 Rom II Rn. 52.

385 Ähnlich auch LG Hamburg BeckRS 2016, 06355; ähnlich im Ergebnis *Raiser/Veil*, Recht der Kapitalgesellschaften, 6. Aufl. 2015, § 8 Rn. 13.

386 Noch zum alten Recht BGH NJW 2007, 1529; offen lassend *Junker* in: MüKo BGB, Bd. 10, 6. Aufl. 2015, Art. 1 Rom II-VO Rn. 38; ähnlich, aber als Eingriffsnorm auch Vorschlag *Gerner-Beuerle et al.*, Study on the Law Applicable to Companies – Final Report, 2016, S. 331.

387 Ähnlich bereits BGH NJW 2007, 1529; vgl. auch *Hausmann* in: Reithmann/Martiny (Hrsg.), Internationales Vertragsrecht, 8. Aufl. 2015, Rn. 5177.

388 Explizit zur Haftung wegen masseschmälernder Zahlung EuGH, Rs. C-594/14 (Kornhaas), ECLI:EU:C:2015:806 = NZG 2016, 115, Rn. 19 ff.

Anknüpfung an das Personalstatut in Form der Heimatrechtsanknüpfung vor, was auch beim Gesellschaftsrecht eine Anknüpfung an das Personalstatut nahelegt (Rn. 140, Rn. 141 f., Rn. 143).

1. Rechtsfähigkeit

Die Rechtsfähigkeit bei Gesellschaften untersteht ihrem Personalstatut, also dem Gesellschaftsstatut.[389] Wonach sich dieses bestimmt, ist nach den oben aufgeführten Anknüpfungstheorien zu bestimmen (Rn. 25 ff., § 10 Rn. 10 ff.). 138

2. Parteifähigkeit

Bei der Parteifähigkeit ist umstritten, ob sie gesellschaftsrechtlich oder verfahrensrechtlich zu qualifizieren ist. 139 Fragen des Prozess- und sonstigen Verfahrensrechts und damit auch die Frage, wer vor Gericht auftreten kann, unterstehen dem Recht des Gerichtsorts, der *lex fori*.[390] Diese Kollisionsnorm ist in Deutschland nicht kodifiziert, aber allgemein im In- und Ausland anerkannt.[391]

Für eine verfahrensrechtliche Qualifikation spricht, dass die Parteifähigkeit, also die Fähigkeit, Partei eines Ver- 140 fahrens zu sein, eine Kernfrage des Prozessrechts ist. Eine solche Kollisionsnorm kann aber nur angenommen werden, wenn kein vorrangiges unionsrechtliches Kollisionsrecht einschlägig ist. Die Rechtsprechung des EuGH wird für Gesellschaften aus dem EU-Ausland als eine gesellschaftsrechtliche Qualifikation gelesen.[392] Tatsächlich sieht der EuGH es nur als eine Beschränkung der Niederlassungsfreiheit an, wenn eine nach ihrem Gründungsrecht parteifähige Gesellschaft in Deutschland nicht als parteifähig behandelt wird und ihr hieraus Nachteile entstehen, ohne dass unmittelbar kollisionsrechtliche Vorgaben gemacht werden.[393] Auch eine verfahrensrechtliche Qualifikation nach deutschem Recht führt zu diesem Ergebnis, da die Parteifähigkeit an der materiellrechtlichen Rechtsfähigkeit (§ 50 I ZPO) anknüpft und die Rechtsfähigkeit als selbstständig anzuknüpfende Vorfrage dem Personalstatut, dh bei natürlichen Personen dem Heimatrecht gem. Art. 7 I EGBGB, bei juristischen Personen und sonstigen Gesellschaften iSd Kollisionsrechts dem Gesellschaftsstatut untersteht.[394] Darüber hinaus können Verkehrsschutzerwägungen für eine Erweiterung der Parteifähigkeit sprechen (s. Rn. 145).

3. Prozess- und Geschäftsfähigkeit

Ähnliches wie für die Parteifähigkeit gilt für die Prozessfähigkeit. Sie richtet sich nach der *lex fori*, dh die 141 §§ 51 ff. ZPO sind in einem deutschen Verfahren anwendbar. Allerdings macht § 51 I ZPO die Parteifähigkeit von der materiellrechtlichen Geschäftsfähigkeit abhängig. Auch diese selbstständig anzuknüpfende Vorfrage richtet sich nach dem Personalstatut, dh dem Heimatrecht einer Person gem. Art. 7 I EGBGB oder dem Gesellschaftsstatut bei Gesellschaften.[395]

Darüber hinaus sieht § 55 ZPO für ausländische Parteien vor, dass sie, obwohl sie nach ihrem Heimatrecht 142 nicht prozessfähig sind, dennoch als prozessfähig gelten, wenn sie dies nach der *lex fori* sind. Die Regelung geht auf den Gedanken zurück, dass Personen, die vom Rechtsverkehr als prozessfähig angesehen werden, aus Verkehrsschutzgründen im inländischen *forum* auch so behandelt werden sollen.[396]

---

389 *Kegel/Schurig*, Internationales Privatrecht, 2004, § 17 II (S. 578); *Kindler* in: MüKo BGB, Bd. 11, 6. Aufl. 2015, IntGesR, Rn. 2 ff.; *Kronke/Mazza* in: Kronke/Melis/Schnyder (Hrsg.), Handbuch Internationales Wirtschaftsrecht, 2005, S. 1167 f.; *Nussbaum*, Grundzüge des internationalen Privatrechts, 1952, 138; *Raiser/Veil*, Recht der Kapitalgesellschaften, 6. Aufl. 2015, § 8 Rn. 10; rechtsvergleichend *Rabel*, The conflict of laws: a comparative study, Vol. 2, 1960, S. 74 f.; ähnlich im englischen Recht *Continental Enterprises Limited v. Shandong Zhucheng Foreign Trade Group Co.* [2005] EWHC 92.

390 BGH NJW 1965, 1666; *Pagenstecher* ZZP 64 (1951) 249, 250 f.

391 *Von Bar/Mankowski*, Internationales Privatrecht, Bd. 1, 2003, § 5 Rn. 2, 86; *Basedow* in: Schlosser (Hrsg.), Materielles Recht und Prozeßrecht, 1992, S. 131, 147; *Kegel/Schurig*, Internationales Privatrecht, 2004, § 22 III, S. 1055 f.; *Pagenstecher* ZZP 64 (1951), 249, 250 f.

392 EuGH, Rs. C-208/00 (Überseering), ECLI:EU:C:2002:632 = NJW 2002, 3614, Rn. 94 f.; *Schütze* in: Wieczorek/Schütze (Hrsg.), Zivilprozessordnung und Nebengesetze Großkommentar, Bd. 12, 4. Aufl. 2013, III. Internationale Zuständigkeit Rn. 86; ähnlich in Österreich OGH v. 14.2.2008 – 2 Ob 238/07z, unalex, AT-877.

393 Ausdrücklich EuGH, Rs. C-208/00 (Überseering), ECLI:EU:C:2002:632 = NJW 2002, 3614.

394 BGH NJW 1965, 1666; BGH NJW 2003, 1461; *Lindacher* in: MüKo ZPO, 5. Aufl. 2016, § 55 Rn. 1; *von Bar/Mankowski*, Internationales Privatrecht, Bd. 1, 2003, § 5 Rn. 2, 86; *Basedow* in: Schlosser (Hrsg.), Materielles Recht und Prozeßrecht, 1992, S. 131, 147; *Kegel/Schurig*, Internationales Privatrecht, 2004, § 17 I (S. 545), II (S. 578); ähnlich im Englischen Recht *Continental Enterprises Limited v. Shandong Zhucheng Foreign Trade Group Co.* [2005] EWHC 92; zur Anknüpfung von Vorfragen aus Perspektive des EU-Rechts zB *Gössl* ZfRV 2011, 65, 65 ff.

395 *Schütze* in: Wieczorek/Schütze (Hrsg.), Zivilprozessordnung und Nebengesetze Großkommentar, Bd. 12, 4. Aufl. 2013, III. Internationale Zuständigkeit, Rn. 88.

396 *Lindacher* in: MüKo ZPO, 5. Aufl. 2016, § 55 Rn. 2; *Schütze* in: Wieczorek/Schütze (Hrsg.), Zivilprozessordnung und Nebengesetze Großkommentar, Bd. 12, 4. Aufl. 2013, III. Internationale Zuständigkeit Rn. 89.

4. Verkehrsschutzerwägungen bei der Parteifähigkeit: § 55 ZPO analog

143 Dieser Gedanke des Verkehrsschutzes des § 55 ZPO, dass die Prozessfähigkeit fingiert wird, sollte im *forum* der Eindruck erweckt werden, eine Gesellschaft oder Person sei prozessfähig, ist auch auf die Parteifähigkeit zu übertragen. Wird eine Person oder Gesellschaft nach deutschem Recht als partei- oder rechtsfähig angesehen und tritt im deutschen Rechtsverkehr auf, ist sie über ihr Personalstatut hinaus nach § 55 ZPO analog (oder auch § 50 II ZPO analog)[397] so zu behandeln, als ob sie rechtsfähig und damit parteifähig sei.[398]

VII. Recht der Vertretungsmacht

144 Das Kollisionsrecht der Vertretungsmacht war in Deutschland bis Mitte 2017 nicht kodifiziert. Nach ganz hM wurden Voraussetzungen und Wirkungen der Vertretungsmacht aber selbstständig angeknüpft, dh es wurde eine eigene Kollisionsnorm entwickelt und insbesondere nicht akzessorisch an das abzuschließende Rechtsgeschäft angeknüpft.[399] Seit dem 17.6.2017 ist ein neu geschaffener Art. 8 EGBGB[400] in Kraft, der das auf die gewillkürte Stellvertretung anzuwendende Recht bestimmt. Es gibt in Deutschland keine vorrangigen verbindlichen völkerrechtlichen Regelungen, da das Haager Stellvertretungsabkommen von 1978[401] in Europa nur für Frankreich, Portugal und die Niederlande in Kraft getreten und daher aus Sicht des deutschen Rechts unbeachtlich ist.

145 Vorrangiges Unionsrecht besteht nicht: Art. 1 I lit. g) Rom I-VO schließt ausdrücklich sowohl die Frage, ob ein Vertreter eine Person Dritten gegenüber verpflichten kann, als auch die Frage, ob ein Organ einer Gesellschaft oder sonstigen juristischen Person diese gegenüber Dritten verpflichten kann, vom Anwendungsbereich der Rom I-VO aus. Nicht von der Rom I-VO ausgenommen sind die Vertragsbeziehung zwischen Vertreter und Vertretenem und die Rechtsbeziehung zwischen Prinzipal und Drittem. Beide Statute richten sich nach Art. 3 f. Rom I-VO (s. Rn. 83 ff.) und nur bei der Frage, ob eine wirksame Einigung zwischen dem Drittem und dem Prinzipal über den Vertreter zustande gekommen ist, stellt sich innerhalb des Vertragsstatuts die Vorfrage, ob eine wirksame Vertretung vorlag.[402]

1. Deutsches Kollisionsrecht

145a Art. 8 EGBGB erfasst nur die rechtsgeschäftliche Vollmacht, dh weder die gesetzliche (hier ausgeklammert) noch die organschaftliche Vertretungsmacht (Rn. 155).[403] Ebenfalls gesondert zu bestimmen ist die Vertretung vor Gericht (Rn. 157).[404] Ausgeklammert sind gemäß Art. 8 VI, VII die gewillkürte Vertretung bei Verfügungsgeschäften über Immobilien (Rn. 156) und die gewillkürte Stellvertretung bei Börsengeschäften und Versteigerungen. Hier sind die bisherigen richterrechtlich entwickelten Grundsätze weiter anzuwenden (zu diesen Grundsätzen Rn. 153 ff.).

a) Art. 8 EGBGB

146 Art. 8 EGBGB gilt gemäß Art. 229 § 41 EGBGB für alle Fälle, in denen eine Vollmacht ab dem 17.6.2017 erteilt wurde, und für alle Fälle, in denen eine Erklärung ab diesem Tag durch den Vertreter abgegeben oder dem Dritten zugegangen ist. Für vor diesem Tag erteilte Vollmachten oder abgegebene/zugegangene Erklärungen durch einen Vertreter bleibt die alte, richterrechtlich entwickelte Rechtslage intakt.

147 Art. 8 EGBGB spricht Sachnormverweisungen aus, dh es ist nicht wie nach Art. 4 I EGBGB sonst üblich darauf zu achten, ob das ausländische Kollisionsrecht ein anderes Recht beruft, sondern direkt das Sachrecht anzuwenden. Eine interessante Neuerung bringt auch Art. 8 VIII EGBGB: Soweit Art. 8 EGBGB auf den „gewöhnlichen Aufenthalt" einer Person abstellt, verweist die Norm auf die Konkretisierung des „gewöhnlichen Aufenthalts" in Art. 19 Rom I-VO. Der deutsche Gesetzgeber hat also ausdrücklich einen Auslegungszusammenhang mit dem Unionsrecht angeordnet, der nicht unionsrechtlich notwendig ist, da das Unionsrecht Fragen des Interna-

397 *Von Bar/Mankowski*, Internationales Privatrecht, Bd. 1, 2003, § 5 Rn. 86 f.

398 *Von Bar/Mankowski*, Internationales Privatrecht, Bd. 1, 2003, § 5 Rn. 86 f.; *Schütze* in: Wieczorek/Schütze (Hrsg.), Zivilprozessordnung und Nebengesetze Großkommentar, Bd. 12, 4. Aufl. 2013, III. Internationale Zuständigkeit Rn. 87.

399 *Spickhoff* RabelsZ 80 (2016) 481, 484.

400 Eingeführt durch das Gesetz zur Änderung von Vorschriften im Bereich des Internationalen Privat- und Zivilverfahrensrechts vom 11.6.2017, BGBl. I, S. 1607.

401 Haager Übereinkommen über das auf die Vollmacht anzuwendende Recht vom 14.3.1978, abrufbar unter http://www.hcch.net/de/instruments/conventions/full-text/?cid=89.

402 *Kieninger* in: Ferrari/Kieninger/Mankowski (Hrsg.) Internationales Vertragsrecht, 2. Aufl. 2012, Art. 1 Rom I-VO Rn. 23; *Martiny* in: MüKo BGB, Bd. 10, 6. Aufl. 2015, Art. 1 Rom I-VO Rn. 73; *Spickhoff* RabelsZ 80 (2016) 481, 487.

403 BT-Drs. 18/10714, 24.

404 BT-Drs. 18/10714, 24.

tionalen Stellvertretungsrechts ausdrücklich nicht regelt (s. Rn. 147). Eine Ausnahme gilt nur für Art. 19 II Var. 1 Rom I-VO, nach der bei Vertragsschluss bei Betrieb einer Zweigniederlassung deren Ort als Ort des gewöhnlichen Aufenthalts gilt. War für den Dritten nicht erkennbar, dass der Vertragsschluss im Rahmen des Betriebs einer Zweigniederlassung stattfand, bleibt es bei der allgemeinen Anknüpfung an die Hauptniederlassung (Art. 8 VIII 2 EGBGB).

Statt einer allgemeinen Anknüpfung an das bis dahin nach hM einschlägige Wirkungsstatut (s. 153 ff.) ist eine ausdifferenzierte Anknüpfung vorgesehen, welche die Parteiautonomie des Vollmachtgebers – solange Prinzipal, Dritter und Vertreter davon Kenntnis haben und die Rechtswahl vor Gebrauch der Vollmacht getroffen wurde – stärker berücksichtigt als die aktuelle Praxis (Art. 8 I EGBGB).[405] Sollte von der Möglichkeit einer Rechtswahl Gebrauch gemacht werden, ist stets darauf zu achten, dass alle Beteiligten Kenntnis von ihr erhalten, da sie sonst gegenüber der jeweilig kenntnislosen Person unwirksam ist. Liegt keine Rechtswahl vor oder versagt diese, da Bevollmächtigter oder Dritter keine Kenntnis von ihr haben, ist objektiv anzuknüpfen. Nach Art. 8 II EGBGB (Bevollmächtigter handelt in Ausübung seiner unternehmerischen Tätigkeit iSd § 14 BGB)[406] und Art. 8 III EGBGB (Bevollmächtigter handelt als Arbeitnehmer des Vollmachtgebers) ist auf den gewöhnlichen Aufenthaltsort des Bevollmächtigten abzustellen, es sei denn, dieser war für den Dritten nicht erkennbar. 148

Handelte der Bevollmächtigte weder in Ausübung seiner unternehmerischen Tätigkeit noch als Arbeitnehmer des Vollmachtgebers und ist die Vollmacht auf Dauer angelegt, so ist auf den Ort abzustellen, in dem von der Vollmacht üblicherweise Gebrauch gemacht wird (Art. 8 IV EGBGB). Auch diese Anknüpfung steht unter dem Vorbehalt, dass der Ort des gewöhnlichen Gebrauchs der Vollmacht als solcher für den Dritten erkennbar ist. 149

Subsidiär ist auf den Ort abzustellen, an dem die Vollmacht im konkreten Einzelfall gebraucht wurde, wo also der Vertreter für den Vertretenen mit dem Dritten interagierte (Gebrauchsort, Art. 8 V 1 EGBGB), wenn dies dem Dritten erkennbar war. Ansonsten ist auf den gewöhnlichen Aufenthalt des Vollmachtgebers abzustellen (Art. 8 V 2 EGBGB). Etwas anderes gilt, wenn Vertreter und Vertretener sich vorher darauf verständigt haben, dass die Vollmacht in nur einem Staat gebraucht werden soll und der Vertreter abredewidrig in einem anderen Staat handelt. Ist die Abrede auch dem Dritten bekannt, ist nicht auf den Gebrauchsort abzustellen, sondern auf den vereinbarten Gebrauchsort (Art. 8 V 3 EGBGB).[407] 150

b) Rechtsgeschäftliche Vertretungsmacht vor Inkrafttreten des Art. 8 EGBGB

Die rechtsgeschäftliche Vollmacht, die etwa Fragen der Prokura, Handlungsbevollmächtigung sowie Anscheins- und Duldungsvollmacht und ähnliche Instrumente nach ausländischem Recht umfasst,[408] wurden auch vor Inkrafttreten von Art. 8 EGBGB selbstständig angeknüpft, dh insbesondere nicht akzessorisch an das abzuschließende Rechtsgeschäft.[409] Die Vollmacht richtete sich nach dem sog „**Wirkungsstatut**". Anknüpfungspunkt ist demnach der Ort, an dem die Vollmacht tatsächlich gebraucht wurde, sie also ihre Wirkung entfaltete. Dies dient der Vorhersehbarkeit für den Prinzipal und darüber hinaus der Erkennbarkeit des betroffenen und damit schützenswerten Rechtsverkehrs.[410] Ob eine Rechtswahl möglich war, wurde uneinheitlich beurteilt und nur dann bejaht, wenn alle Beteiligten (Vertreter, Vertretener und möglicher Vertragspartner) hiervon Kenntnis hatten.[411] Aus den Gesetzesmaterialien zu Art. 8 EGBGB lässt sich entnehmen, dass der Gesetzgeber davon ausgeht, dass eine Rechtswahl vor Inkrafttreten der Norm nicht möglich war.[412] Durch die Regelungen des Art. 8 I 2 EGBGB ist eine **Rechtswahl nun ausdrücklich ermöglicht** worden. 151

Wurde die Vollmacht noch nicht gebraucht, lief die Anknüpfung leer. Es war daher subsidiär auf den Ort abzustellen, an dem von der Vollmacht aus Sicht des Prinzipals Gebrauch gemacht werden sollte oder hätte werden sollen.[413] Bei der Prokura oder Handlungsbevollmächtigung ist in diesem Fall auf den Ort abzustellen, an dem sich die Hauptniederlassung oder der Hauptverwaltungssitz der Gesellschaft befindet, es sei denn, die Prokura wurde ausdrücklich auf eine Zweigniederlassung oder andersweitig räumlich begrenzt.[414] 152

405 BT-Drs. 18/10714, 25.
406 BT-Drs. 18/10714, 25.
407 BT-Drs. 18/10714, 26.
408 BGH NJW 1982, 2733; BGH GRUR Int. 1975, 361, 364.
409 *Spickhoff* RabelsZ 80 (2016) 481, 484.
410 ZB BGH GRUR Int. 1975, 361, 364; BGH NJW 1982, 2733; BGH NJW 1990, 3088; BGH NJW 2004, 1315, 1316; *Mansel* in: Staudinger, Internationales Sachenrecht, 2015, Art. 43 EGBGB Rn. 1090; *Spickhoff* RabelsZ 80 (2016) 481, 515-517; *Wall* in: Hausmann/Odersky (Hrsg.), Internationales Privatrecht in der Notar- und Gestaltungspraxis, 3. Aufl. 2016, § 19 Rn. 38 f.
411 *Spellenberg* in: MüKo BGB, Bd. 10, 6. Aufl. 2015, Art. 11 EGBGB Rn. 97; Überblick bei *Spickhoff* RabelsZ 80 (2016) 481, 497 f.
412 BT-Drs. 18/10714, 24.
413 *Spickhoff* RabelsZ 80 (2016) 481, 516.
414 *Wall* in: Hausmann/Odersky (Hrsg.), Internationales Privatrecht in der Notar- und Gestaltungspraxis, 3. Aufl. 2016, § 19 Rn. 39.

c) Organschaftliche Vertretungsmacht

153 Das Recht der organschaftlichen Vertretung einschließlich der Rechtsscheinhaftung und des Umfangs der Vertretungsmacht sowie einer Überschreitung derselben (*ultra vires*) unterliegt dem Gesellschaftsstatut als eine Frage, die untrennbar mit dem Gesellschaftsvertrag und der Gesellschaftsverfassung verbunden ist (zum Wegfall der „ultra vires-Doktrin" durch die ehemalige Publizitätsrichtlinie (= Art. 14 ff. Kodifizierungs-RL; s. § 20 Rn. 69).[415] Auch für die „begrenzte" Vertretungsmacht iSd § 13e II 5 Nr. 3 HGB gilt nichts anderes,[416] da die Pflicht der Eintragung auf der materiellrechtlichen Befugnis aufbaut und die Befugnis sich wiederum aus dem Gesellschaftsstatut als dem Statut der organschaftlichen Vertretungsmacht ergibt.[417] Nicht als organschaftlich, sondern rechtsgeschäftlich ist hingegen die Vollmacht einzuordnen, die das Organ einem Mitarbeiter erteilt. Für diese Vertretungsmacht ist selbstständig nach den Grundsätzen der rechtsgeschäftlichen Vertretungsmacht anzuknüpfen, Art. 8 EGBGB ist anwendbar (s. Rn. 148 ff.).[418]

d) Sonderfälle: Verfügungsgeschäft bei Immobilien und Prozessvollmacht

154 Bei Immobilien spielen bei den Voraussetzungen des Verfügungsgeschäfts Ordnungsinteressen des Staats eine Rolle, in dem sich die Immobilie befindet. Aus diesem Grund ist gemäß Art. 8 VI EGBGB die Verfügung (nicht die Verpflichtung) an den Belegenheitsort der Immobilie gem. Art. 43 I EGBGB anzuknüpfen (*lex rei sitae*) oder ausnahmsweise an das Sachenrechtsstatut nach Art. 46 EGBGB (wesentlich engere Verbindung). Dies spiegelt die hM vor der Kodifizierung des Internationalen Stellvertretungsrechts wider.[419] Art. 46 EGBGB wird in diesem Kontext vom Gesetzgeber als „kaum jemals praktisch relevant" angesehen,[420] so dass die Norm hier nicht weiter vertieft wird.

155 Ob eine Prozessvertretung notwendig oder möglich ist, bestimmt sich als prozessuale Frage nach der *lex fori* (s. Rn. 141). Die hierbei auftretende Vorfrage, ob eine wirksame Vertretung vorliegt, ist wieder selbstständig und nach dem Vollmachtsstatut anzuknüpfen.[421] Eine *dépeçage*, dh dass zwei Rechtsordnungen anwendbar sind, kann in Fällen der Rechtswahl und in Fällen der organschaftlichen Vertretung auftreten, wenn eine ausländische Gesellschaft im inländischen Forum Partei ist oder vice versa.[422]

2. Probleme bei Anwendung der modifizierten Sitztheorie

156 Bei Anwendung der Sitztheorie kann es bei im EU-Ausland gegründeten Kapitalgesellschaften mit effektivem Verwaltungssitz im Inland zu Friktionen kommen, wenn für die ausländische Kapitalgesellschaft ein Fremdgeschäftsführer handelt. Die Gesellschaft wird nach deutschem Gesellschaftsstatut iSd Sitztheorie als eine Personengesellschaft behandelt, solange sie nicht die Gründungserfordernisse einer Kapitalgesellschaft des inländischen Rechts erfüllt (ausführlich Rn. 28 ff.). Eine organschaftliche Vertretung durch andere als persönlich haftende Gesellschafter ist nach deutschem Personengesellschaftsrecht nicht möglich (Grundsatz der Selbstorganschaft, vgl. § 125 HGB). Es stellt sich somit die Frage, ob alle Verträge als ohne wirksame Vertretungsmacht geschlossen angesehen werden müssen, die ein Fremdgeschäftsführer (oder sein ausländisches Gegenstück) geschlossen hat, obwohl er nach dem Gründungsrecht mit Vertretungsmacht handelte.[423]

157 In diesem Fall muss unterschieden werden: Nach dem in der Sache anwendbaren Gesellschaftsrecht (also dem Recht, in dessen Staat sich der effektive Verwaltungssitz befindet) liegt keine wirksame organschaftliche Vertretung vor, da eine solche für Nicht-Gesellschafter nicht möglich ist (vgl. etwa § 125 HGB).[424] Allerdings kann eine Personengesellschaft einen Dritten mit Geschäftsführungsaufgaben betrauen und mit umfassenden Vollmachten ausstatten.[425] Kommt das Gesellschafsstatut zum Ergebnis, dass eine Fremdvertretung nicht möglich ist, ist daher in einem nächsten Schritt danach zu fragen, ob eine rechtsgeschäftliche Vertretung vorliegen kann. Ausgeschlossen ist dies in Fällen, in denen das Gesellschaftsstatut verlangt, dass eine Erklärung von einem or-

---

415 BGH NJW 1992, 618; BGH NZG 2012, 1192, 1195; *Bartels* ZHR 176 (2012) 412, 429 f.; *Hausmann* in: Reithmann/Martiny (Hrsg.), Internationales Vertragsrecht, 8. Aufl. 2015, Rn. 5174 f.
416 So aber *Wall* in: Hausmann/Odersky (Hrsg.), Internationales Privatrecht in der Notar- und Gestaltungspraxis, 3. Aufl. 2016, § 19 Rn. 39.
417 Vgl. auch BT-Drs. 18/10714, 24.
418 Zur richterrechtlich entwickelten Kollisionsnorm vor Inkrafttreten des Art. 8 EGBGB BGH NJW 2004, 1315, 1316.
419 BGH NJW 1963, 46, 47; *Mansel* in: Staudinger, Internationales Sachenrecht, 2015, Art. 43 EGBGB Rn. 1090-1093; *Spickhoff*, RabelsZ 80 (2016), 481, 494.
420 BT-Drs. 18/10714, 27.
421 *Schack*, Internationales Zivilverfahrensrecht, 2016, Rn. 616 f., 627; *Spickhoff* RabelsZ 80 (2016) 481, 495.
422 *Spickhoff* RabelsZ 80 (2016) 481, 495.
423 *Bartels* ZHR 176 (2012) 412, 430; *Hellgardt/Illmer* NZG 2009, 94, 95.
424 BGH NJW 1982, 1817; *Boesche* in: Oetker (Hrsg.), HGB, 5. Aufl. 2017, § 125 HGB Rn. 6.
425 BGH NJW 1982, 1817; *Boesche*, § 125 HGB Rn. 7; *K. Schmidt* in: MüKo HGB, 4. Aufl. 2016, § 125 Rn. 10.

ganschaftlichen Vertreter vorgenommen werden muss, etwa nach deutschem Recht bei den sog „Grundlagengeschäften".[426] Liegt nach dem Gesellschaftsstatut keine organschaftliche Vertretung vor, erfolgte die Erklärung ohne Vertretungsmacht und ist entsprechend unwirksam. Handelt es sich um sonstige Geschäfte, bei denen eine rechtsgeschäftliche Vertretung zulässig ist, ist das Statut der rechtsgeschäftlichen Vertretungsmacht nach Art. 8 EGBGB (oder dem Wirkungsstatut in Altfällen, Rn. 153 f.) zu bestimmen. Bestand hiernach eine wirksame Vertretungsmacht, sei sie organschaftlich oder rechtsgeschäftlich, sollte diese als wirksame Vertretung anerkannt werden, da das Wirkungsstatut und der dort betroffene Rechtsverkehr im Vertrauen auf die Vollmacht schützenswert sind. [427] Aus Sicht des deutschen Rechts liegt dann keine organschaftliche Vertretung vor, sondern eine Vertretung wie durch einen Prokuristen oder Handlungsbevollmächtigten.[428] In Fällen, in denen Unsicherheiten über die Wirksamkeit einer rechtsgeschäftlichen Erklärung durch einen Vertreter bestehen, sollten die Gesellschafter, soweit weiterhin die Sitztheorie anwendbar ist, darauf achten, im Zweifel per Gesellschafterbeschluss Geschäfte zu bestätigen oder noch einmal, diesmal mit entsprechender Vertretungsmacht, abzuschließen.

VIII. Firmenrecht

Es gibt keine ausdrückliche Regelung zum auf das Firmenrecht einer Gesellschaft oder einer sonstigen juristischen Person anwendbaren Recht, so dass die kollisionsrechtliche Vorgehensweise von Rechtsprechung und Literatur entwickelt wurde. Es muss wieder zwischen Anknüpfungsgegenstand und Anknüpfungspunkt unterschieden werden. Schließlich wird der Frage nachgegangen, welche Normen im firmenrechtlichen Zusammenhang einer Sonderanknüpfung unterliegen. 158

1. Anknüpfungsgegenstand

Der kollisionsrechtliche Begriff der „Firma" ist weiter zu verstehen als der nach deutschem Sachrecht und insbesondere nicht vom Vorliegen einer sachrechtlichen Kaufmannseigenschaft abhängig (zur Kaufmannseigenschaft s. Rn. 172). „Firma" ist vom Begriff „Name" im nationalen Internationalen Namensrecht (Art. 10 EGBGB) abzugrenzen. Während Art. 10 EGBGB sich auf den bürgerlichen Namen einer natürlichen Person bezieht,[429] kann sich das Firmenstatut zwar auf natürliche Personen beziehen, aber auch auf juristische oder Gesellschaften im kollisionsrechtlichen Sinn. Das Firmenstatut bestimmt daher die Rechtsordnung, welche die Zulässigkeit bzw. die Bildung des im Geschäftsverkehr geführten Handelsnamens regelt.[430] 159

2. Anknüpfungspunkt

Aus der Parallele zu Art. 10 EGBGB wird auch das Firmenstatut dem Personalstatut des Betroffenen unterworfen.[431] Dies bedeutet, dass beim Einzelkaufmann auf dessen gewerbliche Hauptniederlassung abzustellen ist,[432] bei Gesellschaften auf ihr Personalstatut nach der jeweils einschlägigen Gründungs- oder Sitztheorie (Rn. 26 ff. und § 10 Rn. 10 ff.).[433] Uneinheitlich wird beurteilt, ob die Firma einer Gesellschaft vom Gesellschaftsstatut erfasst wird oder ein separates Namens- oder Firmenstatut zu bilden ist, das sich zB nach dem Ort der gewerblichen Niederlassung richtet.[434] Begründet wird diese Auffassung insbesondere mit den Verkehrsschutzerwägungen hinter einzelnen firmenrechtlichen Normen.[435] Die Begründung stellt daher primär auf Erwägungen ab, die für eine Qualifikation und Sonderanknüpfung als international zwingende Norm im Einzelfall sprechen,[436] und sollte daher als solche verwendet werden. Das Firmenstatut einer Gesellschaft ist grundsätzlich einheitlich nach 160

426 Ausführlich *Krebs* in: MüKo HGB, 4. Aufl. 2016, § 49 Rn. 23 ff.
427 Tendenziell ähnlich *Hellgardt/Illmer* NZG 2009, 94, 95.
428 *Hellgardt/Illmer* NZG 2009, 94, 95.
429 *Lipp* in: MüKo BGB, Bd. 10, 6. Aufl. 2015, Art. 10 EGBGB Rn. 1-4.
430 *Schünemann*, Die Firma im internationalen Rechtsverkehr, 2016, S. 49 f.
431 *Schünemann*, Die Firma im internationalen Rechtsverkehr, 2016, S. 128 f.
432 BGH NZG 2014, 511, 513; *Kindler* in: MüKo BGB, Bd. 11, 6. Aufl. 2015, IntGesR, Rn. 213; *Spahlinger* in: Spahlinger/Wegen (Hrsg.), Internationales Gesellschaftsrecht in der Praxis, 2005, Rn. 133.
433 BGH NJW 1971, 1522, 1524; BGH NJW 1958, 17, 18; *Schünemann*, Die Firma im internationalen Rechtsverkehr, 2016, S. 130; *Gerner-Beuerle et al.*, Study on the Law Applicable to Companies – Final Report, 2016, S. 161, auch mit rechtsvergleichendem Überblick vorher und nachher.
434 *Spahlinger* in: Spahlinger/Wegen (Hrsg.), Internationales Gesellschaftsrecht in der Praxis, 2005, Rn. 132; für eine solche Anknüpfung *Kindler* in: MüKo BGB, Bd. 11, 6. Aufl. 2015, IntGesR, Rn. 237.
435 *Kindler* in: MüKo BGB, Bd. 11, 6. Aufl. 2015, IntGesR, Rn. 237.
436 *Kindler* in: MüKo BGB, Bd. 11, 6. Aufl. 2015, IntGesR, Rn. 237; dazu *Schünemann*, Die Firma im internationalen Rechtsverkehr, 2016, S. 93.

dem Gesellschaftsstatut zu beurteilen. Dies schließt aber nicht aus, einzelne firmenrechtliche Normen gesondert anzuknüpfen (dazu sogleich bei Rn. 163 ff.).[437]

3. Sonderanknüpfung/Eingriffsnormen

161 Da das deutsche Firmenrecht auch ordnungspolitische Ziele verfolgt, wird eine Reihe von firmenrechtlichen Normen gesondert angeknüpft. Das oben bestimmte Firmenstatut bleibt dennoch relevant für die bei der gesonderten Anknüpfung auftauchende Vorfrage, ob die geführte Firma zulässig ist bzw. welche Firmenbildungen rechtlich möglich sind (Anknüpfungsgegenstand, Rn. 161).

a) Eintragungspflicht (§§ 12 ff. HGB)

162 Aus §§ 12 ff. und insbesondere §§ 13d ff. HGB ergibt sich, dass der deutsche Gesetzgeber auch bestimmte Registrierpflichten für Auslandssachverhalte regeln wollte bzw. musste. Es kann offen bleiben, ob es sich bei der Registrierungspflicht um eine verfahrensrechtliche Regelung handelt, die aus diesem Grund der *lex fori* unterliegt,[438] oder die Regelung als inländische international zwingende Norm einzuordnen ist, die ihren Anwendungsbereich selbst bestimmt (zu international zwingenden Normen Rn. 57 ff.).[439] Hiernach richtet sich die Eintragungspflicht für inländische Zweigniederlassungen von Gesellschaften mit Sitz oder Hauptniederlassung im Ausland nach inländischem Recht, wie es sich aus §§ 13d ff. HGB ergibt. Für eine derartige Sonderanknüpfung spricht darüber hinaus, dass das besonders schützenswerte Interesse der Rechtsordnung darin besteht, die aus inländischer Sicht verkehrswesentlichen Verhältnisse des Kaufmanns identifizierbar und kontrollierbar zu machen, nämlich dann, wenn die Niederlassung oder Zweigniederlassung des Kaufmanns oder der Sitz der Gesellschaft sich im Inland befinden.[440]

b) Firmenwahrheit und Firmenunterscheidbarkeit (§ 18 I, II HGB)

163 Bei der Bildung des Namens einer Gesellschaft ist auch bei § 18 I, II HGB eine gesonderte Anknüpfung erforderlich. Denn sowohl der Grundsatz der Firmenwahrheit als auch der der Firmenunterscheidbarkeit verfolgen den Zweck, die Verkehrsinteressen zu schützen und den betroffenen Verkehrskreisen eine eindeutige Zuordnung und Unterscheidung der Firma zu ermöglichen.[441] Diese Zwecke sind ordnungspolitischer Natur und verfolgen daher andere Zwecke der *lex fori*, als die reine Bildung eines gewerblichen Namens.[442] Sie sind daher gesondert iS einer Eingriffsnorm der *lex fori* anzuknüpfen. [443]

164 Bei der Bestimmung des konkreten Inlandsbezugs ist darauf abzustellen, ob die Firma aus Sicht des deutschen Gesetzgebers für die betroffenen Verkehrskreise relevant wird. Dabei hat das deutsche Handelsgesetzbuch in den §§ 12 ff. HGB bereits eine Entscheidung getroffen, wann ausländische Unternehmen für den deutschen Rechtsverkehr relevant werden. Die Firma muss daher den Anforderungen von § 18 HGB genügen, wenn die Gesellschaft eine Zweigniederlassung im Inland[444] oder ein inländisches Firmenstatut (s. Rn. 162) hat.

437 OLG Frankfurt FGPrax 2008, 165; BayObLG NJW 1986, 3029, 3030 f.; *Großfeld* in: Staudinger, Internationales Gesellschaftsrecht, 1998, Rn. 319; *Schünemann*, Die Firma im internationalen Rechtsverkehr, 2016, S. 44; wohl auch BGH NJW 1971, 1522.

438 *Rehberg* in: Eidenmüller (Hrsg.), Ausländische Kapitalgesellschaften im deutschen Recht, 2004, § 5 Rn. 72 f.; *Schünemann*, Die Firma im internationalen Rechtsverkehr, 2016, S. 94; allgemein zur *lex fori* und anwendbarem Recht im Verfahren *von Bar/Mankowski*, Internationales Privatrecht, Bd. 1, 2003, § 5 Rn. 2, 86; *Basedow* in: Schlosser (Hrsg.), Materielles Recht und Prozeßrecht, 1992, S. 131, 147; *Kegel/Schurig*, Internationales Privatrecht, 2004, § 22 III (S. 1055 f.); *Pagenstecher* ZZP 64 (1951) 249, 250 f.

439 *Schünemann*, Die Firma im internationalen Rechtsverkehr, 2016, S. 93; ähnlich wohl BayObLG NJW 1986, 3029, 3032.

440 *Schünemann*, Die Firma im internationalen Rechtsverkehr, 2016, S. 123 f.

441 OLG Frankfurt FGPrax 2008, 165, 166 f.; *Großfeld* in: Staudinger, Internationales Gesellschaftsrecht, 1998, Rn. 320; *Rehberg* in: Eidenmüller (Hrsg.), Ausländische Kapitalgesellschaften im deutschen Recht, 2004, § 5 Rn. 30; ähnlich aber mit anderer Schlussfolgerung *Kindler* in: MüKo BGB, Bd. 11, 6. Aufl. 2015, IntGesR, Rn. 235; aA *Krafka* in: MüKo HGB, 4. Aufl. 2016, § 13d Rn. 20.

442 *Kindler* NJW 2003, 1073, 1079; *Großfeld* in: Staudinger, Internationales Gesellschaftsrecht, 1998, Rn. 320 f.; *Rehberg* in: Eidenmüller (Hrsg.), Ausländische Kapitalgesellschaften im deutschen Recht, 2004, § 5 Rn. 31, 36.

443 *Kindler* NJW 2003, 1073, 1079; *Großfeld* in: Staudinger, Internationales Gesellschaftsrecht, 1998, Rn. 320 f.; *Rehberg* in: Eidenmüller (Hrsg.), Ausländische Kapitalgesellschaften im deutschen Recht, 2004, § 5 Rn. 31, 36.

444 *Rehberg* in: Eidenmüller (Hrsg.), Ausländische Kapitalgesellschaften im deutschen Recht, 2004, § 5 Rn. 31, 36; *Schünemann*, Die Firma im internationalen Rechtsverkehr, 2016, S. 143; weiter noch: bei Firmengebrauch im Inland: *Kindler* in: MüKo BGB, Bd. 11, 6. Aufl. 2015, IntGesR, Rn. 255.

c) Firmenzusätze, Rechtsform und Haftung (§§ 4 GmbHG, 4, 279 AktG, 19 HGB)

Die Pflicht, einen Rechtsformzusatz iSd §§ 4 GmbHG, 4, 279 AktG, 19 HGB zu führen, ist unter den gleichen Gesichtspunkten gesondert anzuknüpfen, da auch diese Norm den Schutz des inländischen Rechtsverkehrs bezweckt und eine eindeutige Identifizierbarkeit der Firma sicherstellen möchte.[445] Die Anknüpfung bestimmt sich ebenfalls danach, ob ein inländisches Firmenstatut oder eine Zweigniederlassung im Inland vorhanden sind.[446] 165

Problematisch ist, in welcher Form diese Eintragung erfolgen soll, da es weiter verwirren würde, wenn die in § 19 I Nr. 2, 3, II HGB vorgesehenen Zusätze auf eine Gesellschaft ausländischen Rechts verwiesen, deren Haftungsregime anders ausgestaltet ist. Es ist eine Anpassung der inländischen Norm erforderlich dahin gehend, dass aus der Eintragung das ausländische Gesellschaftsstatut deutlich wird. Dies kann dadurch geschehen, dass die im Heimatland übliche Abkürzung übernommen,[447] aber zugleich angeführt wird, nach welchem Recht sich das Gesellschaftsstatut richtet oder in welchem Land die Gesellschaft ihren effektiven Verwaltungssitz oder Gründungssitz hat.[448] Welchen Inhalt der Zusatz haben muss, richtet sich nach dem Firmenstatut, dh bei Gesellschaften nach dem Gesellschaftsstatut, das wiederum unterschiedlich bestimmt wird, abhängig davon, ob die Gesellschaft in Deutschland Niederlassungsfreiheit genießt oder nicht (s. Rn. 25 ff. und § 10 Rn. 108 ff.). Problematisch an einer solchen Eintragungspflicht ist für Gesellschaften, die unter die Niederlassungsfreiheit fallen, dass diese Pflicht sie in ihrer Niederlassungsfreiheit beschränken kann, soweit eine Angabepflicht sich nicht aus den Art. 29 ff. Kodifizierungs-RL (ehemalige Zweigniederlassungsrichtlinie) (dazu § 27) ergeben (etwa gem. §§ 35 IV GmbHG, 80 IV AktG).[449] Inwieweit das nationale Recht hier dennoch Anforderungen stellen darf, ist umstritten und wird mit Hinweis auf die EuGH-Entscheidung Inspire Art[450] als Beschränkung der Niederlassungsfreiheit verneint, andererseits mit Hinweis auf den Schutz des Rechtsverkehrs vor verwirrenden Bezeichnungen bejaht.[451] Dabei geht es nicht um den Inhalt der Eintragung, dh wie die Gesellschaft zu bezeichnen ist. Dies richtet sich nach dem Firmenstatut, dh dem Gesellschaftsstatut (s. Rn. 161 f.) und daher bei ausländischem Gesellschaftsstatut etwa iSd Gründungstheorie nach dem ausländischen Recht. Gemäß § 13e II 5 Nr. 2 HGB ist die Rechtsform der Gesellschaft bei Errichtung einer Zweigniederlassung einer AG, KGaA oder GmbHG oder ihrer ausländischen Gegenstücke insbesondere iSd Anhang II der neuen Kodifizierungs-Richtlinie (dazu § 19)[452] stets einzutragen.[453] Um wenigstens die Rechtsunsicherheit zu vermeiden, ob bei doppeldeutigen Rechtsformen (wie etwa der AG nach österreichischem statt deutschem Recht) zusätzlich ein Hinweis notwendig ist, aus welcher Rechtsordnung die Gesellschaftsrechtsform stammt,[454] empfiehlt es sich, bei der Eintragung auf einen klärenden Zusatz hinzuwirken, selbst wenn keine Pflicht bestehen sollte.[455] 166

4. Rechtsscheinhaftung wegen weggelassenem Rechtsformzusatz

Was die Folgen eines fortgelassenen Rechtsformzusatzes sind, richtet sich nach den allgemeinen Vorschriften. Ist eine Haftung speziell zwischen Gesellschaft und dem Handelnden vorgesehen oder zwischen einzelnen Gesellschaftern und diesem, so handelt es sich um einen speziell gesellschaftsvertragsrechtlichen Tatbestand, der sich aus dem Gesellschaftsvertrag oder der Gesellschaftsform ergibt und dem Gesellschaftsstatut untersteht, da der Anwendungsbereich der Rom I-VO nicht eröffnet ist (s. Rn. 8 ff.). 167

Streitig ist die Frage, wie eine Rechtsscheinhaftung anzuknüpfen ist, die Dritte gegen den Handelnden (zB den Vertreter iSd § 4 GmbHG) geltend machen können.[456] Hierbei ist der Vorrang der Rom II-VO zu beachten (s. Rn. 130 ff.), der darauf abstellt, ob ein Anspruch auf Schadensausgleich ausgerichtet ist und nicht an einer freiwilligen Verpflichtung zwischen Anspruchsteller und Anspruchsgegner anknüpft (s. Rn. 130). Die Führung 168

445 *Rehberg* in: Eidenmüller (Hrsg.), Ausländische Kapitalgesellschaften im deutschen Recht, 2004, § 5 Rn. 52; ähnlich auch BGH NJW 1958, 17 f.

446 *Rehberg* in: Eidenmüller (Hrsg.), Ausländische Kapitalgesellschaften im deutschen Recht, 2004, § 5 Rn. 44; *Krafka* in: MüKo HGB, 4. Aufl. 2016, § 13d Rn. 21.

447 BayObLG NJW 1986, 3029, 3032.

448 *Krafka* in: MüKo HGB, 4. Aufl. 2016, § 13d Rn. 21 f.

449 *Roth* in: Altmeppen/Roth (Hrsg.), GmbHG, 8. Aufl. 2015, § 4 Rn. 55-56.

450 EuGH, Rs. C-167/01 (Inspire Art), ECLI:EU:C:2003:512 = NJW 2003, 3331.

451 Dafür: *Krafka* in: MüKo HGB, 4. Aufl. 2016, § 13d Rn. 21 f., *Gerner-Beuerle et al.*, Study on the Law Applicable to Companies – Final Report, 2016, S. 331; ähnlich und mit Hinweis auf ähnliche Praktiken in Zypern, Estland, Litauen, Luxemburg und den Niederlanden ebd., S. 169; dagegen Roth in: Altmeppen/Roth (Hrsg.), 8. Aufl. 2015, § 4 Rn. 55.

452 *Krafka* in: MüKo HGB, 4. Aufl. 2016, § 13d Rn. 4-6 mit ausführlicher Liste der vergleichbaren Gesellschaften.

453 Ähnlich *Kindler* in: MüKo BGB, Bd. 11, 6. Aufl. 2015, IntGesR, Rn. 245.

454 *Krafka* in: MüKo HGB, 4. Aufl. 2016, § 13d Rn. 21 f.; *Kindler* in: MüKo BGB, Bd. 11, 6. Aufl. 2015, IntGesR, Rn. 245; dagegen *Roth* in: Altmeppen/Roth (Hrsg.), GmbHG, 8. Aufl. 2015, § 4 Rn. 55.

455 Ähnlich *Kindler* in: MüKo BGB, Bd. 11, 6. Aufl. 2015, IntGesR, Rn. 245.

456 Ausführlich zB *Paulus*, Außervertragliche Gesellschafter- und Organwalterhaftung im Lichte des Unionskollisionsrechts, 2013, S. 174 ff.

eines bestimmten Firmenzusatzes, etwa bei ausländischen Gesellschaften, bezogen auf ihre Haftung oder Vertretungsmöglichkeit, ist keine speziell gesellschaftsrechtliche Frage, sondern kann sich auch für eine natürliche Person stellen, die ein Handelsgewerbe betreibt (§ 19 I HGB). Dies spricht dafür, die Haftung deliktisch zu qualifizieren.[457] Nach Art. 4 I Rom I-VO ist damit an den Ort anzuknüpfen, an dem der Schaden entstanden ist, dh an dem der Rechtsschein gewirkt hat oder wahrgenommen wurde.[458]

5. Firmenfortführung und Erwerberhaftung

169 Ob bei der Übernahme eines Handelsgeschäfts mit Firmenfortführung eine gesetzliche Haftung des Erwerbers für Verbindlichkeiten aus Zeiten vor Erwerb besteht (§ 25 HGB), wird weder von der Rom I- noch der Rom II-VO erfasst[459] und wird nach hM einheitlich angeknüpft an den Ort, an dem die **Vermögensinteressen der Gläubiger typischerweise belegen** sind, nämlich dem Ort, an dem das veräußerte und fortgeführte Unternehmen seinen tatsächlichen Sitz oder seine effektive Hauptverwaltung hat.[460]

IX. Kaufmannseigenschaft

170 Es ist umstritten, ob die Vorfrage der Kaufmannseigenschaft einer Gesellschaft (oder einer natürlichen Person) einem gesonderten Statut unterworfen wird. Anhänger einer solchen Anknüpfung diskutieren eine selbstständige Anknüpfung an den Ort der Niederlassung, an das Recht der Niederlassungsgründung oder an das Personalstatut des (potenziellen) Kaufmanns (Niederlassung).[461] Durchgesetzt hat sich, von einer separaten Anknüpfung abzusehen und die Kaufmannseigenschaft als Teilfrage des sog „Wirkungsstatut" oder der *lex causae* einzuordnen.[462] Stellt sich die Frage also im Vertragsrecht, richtet sich die Kaufmannseigenschaft **nach dem für die Hauptfrage relevanten Vertragsstatut.**[463] Für eine solche Anknüpfung spricht, dass die Kaufmannseigenschaft auch im deutschen Sachrecht nie selbstständig relevant wird, sondern stets in einem konkreten Kontext eines konkreten Rechtsverhältnisses.[464] Hinzu kommt, dass der Gesetzgeber bei der Novellierung des Börsengesetzes 1989 implizit davon ausging, dass die Kaufmannseigenschaft stets mit dem Statut der Hauptsache (*lex causae*) zusammenfällt, sich also keine separate Vorfrage stellt.[465]

171 Ist danach deutsches Sachrecht anwendbar, richtet sich nach den Grundsätzen der Substitution, ob ein ausländischer Handelnder unter den Begriff „Kaufmann" subsumiert werden kann, dieser also eine zum deutschen Kaufmann funktionsäquivalente Stellung einnimmt (s. Rn. 105 ff.). Bei einem im Inland als Gesellschaft anzuerkennenden Gebilde ist dies gem. § 1 HGB der Fall, wenn § 5 HGB (Eintragung im Handelsregister) erfüllt ist oder die ausländische Gesellschaft einer inländischen Kapitalgesellschaft iSd Substitution entspricht und somit der Tatbestand von §§ 6 I HGB, 3 I AktG, 13 III GmbHG erfüllt ist.

D. Ausblick

I. Planungen der EU

172 In ihrem Stockholmer Programm sollte die Kommission einen Vorschlag zur Harmonisierung des Internationalen Gesellschaftsrechts vorlegen. Dies ist bislang noch nicht geschehen, allerdings wurde **2016 eine Studie** zum

---

457 Noch zum alten Recht BGH NJW 2007, 1529; offen lassend *Junker* in: MüKo BGB, Bd. 10, 6. Aufl. 2015, Art. 1 Rom II-VO Rn. 38.

458 Ähnlich bereits BGH NJW 2007, 1529; vgl. auch *Hausmann* in: Reithmann/Martiny (Hrsg.), Internationales Vertragsrecht, 8. Aufl. 2015, Rn. 5177.

459 *Freitag* ZHR 174 (2010) 429, 434-436; *Martiny* in: MüKo BGB, Bd. 10, 6. Aufl. 2015, Art. 15 Rom I-VO Rn. 30.

460 ZB *Land* BB 2013, 2697, 2703; *Martiny* in: MüKo BGB, Bd. 10, 6. Aufl. 2015, Art. 15 Rom I-VO Rn. 3 ff.; *Rehberg* in: Eidenmüller (Hrsg.), Ausländische Kapitalgesellschaften im deutschen Recht, 2004, § 5 Rn. 5 f.

461 *Kindler* in: MüKo BGB, Bd. 11, 6. Aufl. 2015, IntGesR, Rn. 156-193; *Martiny* in: Reithmann/Martiny (Hrsg.), Internationales Vertragsrecht, 8. Aufl. 2015, Rn. 315.

462 *Martiny* in: Reithmann/Martiny (Hrsg.), Internationales Vertragsrecht, 8. Aufl. 2015, Rn. 316; *Spahlinger* in: Spahlinger/Wegen (Hrsg.), Internationales Gesellschaftsrecht in der Praxis, 2005, Rn. 132 f., 572 ff.

463 *Kindler* in: MüKo BGB, Bd. 11, 6. Aufl. 2015, IntGesR, Rn. 190-193.

464 *Rehberg* in: Eidenmüller (Hrsg.), Ausländische Kapitalgesellschaften im deutschen Recht, 2004, § 5 Rn. 12 f.

465 BR-Drs. 11/4177, 19: „Da es in vielen ausländischen Rechtsordnungen den Begriff des Kaufmanns nicht gibt, soll [*iRd § 53 Abs. 1 Nr. 3 BörsenG, Anm. Verf.*] maßgeblich sein, ob es sich aus der Sicht des deutschen Rechts um eine Person oder Gesellschaft handelt, die entweder eine vollkaufmännische Tätigkeit ausübt oder als Formkaufmann im Sinne des § 6 HGB anzusehen ist"; *Kindler* in: MüKo BGB, Bd. 11, 6. Aufl. 2015, IntGesR, Rn. 188 f.

Internationalen Gesellschaftsrecht im Auftrag der Kommission abgeschlossen, die zur Vorbereitung für den Vorschlag dienen soll.[466]

II. GEDIP

Die *Groupe européen de droit international privé* (GEDIP) entwarf 2016 einen **Vorschlag zu einer Kodifikation** des Internationalen Privatrechts im Gesellschaftsrecht, wobei dieser Vorschlag sich formal an die bereits existierenden EU-Verordnungen im Internationalen Privatrecht anpasst. 173

1. Gesellschaftsstatut

Das Gesellschaftsstatut wird – mit Ausnahme arbeitsrechtlicher und mitbestimmungsrechtlicher Regelungen – sehr weit verstanden (Art. 1, 5). „Gesellschaft" wird weit verstanden und erfasst allgemein „*companies and other bodies*", so dass von einer ähnlichen Qualifikation als im Rechtsverkehr auftretende Einheit auszugehen ist wie nach geltendem Recht (s. Rn. 18 ff.) 174

Das Gesellschaftsstatut erfasst neben den Fragen, die auch nach deutschem Verständnis eindeutig dem Gesellschaftsstatut unterstehen (s. Rn. 17 ff.), etwa Gründungsvorgang, Rechtsfähigkeit und Rechtspersönlichkeit, Organisation, Stellung der Gesellschafter oder Aktionäre gegenüber der Gesellschaft und den übrigen Gesellschaftern (Art. 5 lit. a), c), d), f.), h), i), j)), auch Fragen der Firma einer Gesellschaft (Art. 5 lit. b) und der Handelndenhaftung (Art. 5 lit. g), h). Letztere wird in Art. 7 ergänzt durch eine quasi-sachrechtliche Mitteilungspflicht an die Gläubiger, unter welchem Recht die Gesellschaft gegründet wurde, es sei denn diese wussten dies oder hätten es wissen müssen. Bei Verstoß gegen diese Mitteilungspflicht ist statt des Gesellschaftsstatuts das Recht des Ortes anwendbar, an dem gehandelt wurde. Letztere Anknüpfung stellt einen Bruch mit dem allgemeinen Deliktstatut in Art. 4 Rom II-VO dar, welches gerade nicht an den Handlungsort, sondern den Ort des Schadenseintritts anknüpft. 175

Nicht erfasst werden gem. Art. 1 II insbesondere in Einklang mit dem oben herausgearbeiteten Grundsätzen (Rn. 8) die Fragen, die bereits von der Rom I- und Rom II-VO sowie der EuInsVO erfasst werden (lit. a) und c) sowie arbeitsrechtliche Fragen und Fragen der Mitbestimmung (lit. e). Letztere werden in Deutschland damit weiterhin als international zwingende Normen angewendet (s. Rn. 62 ff.). Schließlich regelt das Gesellschaftsstatut ausdrücklich nicht, inwieweit eine corporate social responsibility (CSR) zu erfüllen ist (Art. 1 III). 176

2. Anknüpfung: Gründungssitz

Die Grundanknüpfung geht von der Geltung der Gründungstheorie aus, wobei der Inkorporationsort der Gründungsort ist. Fehlt dieser, ist das Recht anwendbar, unter dem die Gesellschaft gegründet wurde (Art. 3). Ist dieses Gründungsstatut nicht feststellbar, wird auf den effektiven Verwaltungssitz oder eine sonstige enge Verbindung zurückgegriffen (Art. 4). 177

3. Verkehrsschutz

Fragen des Verkehrsschutzes werden zusätzlich berücksichtigt bei der Geschäftsfähigkeit einer Gesellschaft. Diese untersteht grundsätzlich dem Gesellschaftsstatut (Rn. 177). Gemäß Art. 6 kann die Gesellschaft sich damit gegenüber Dritten nicht auf Beschränkungen in der Geschäftsfähigkeit berufen, wenn die Vertragsschließenden sich in einem Staat als dem des Gesellschaftsstatuts befinden, das dortige Recht die Gesellschaft als voll geschäftsfähig einstuft und die Partei nicht mit der beschränkten Geschäftsfähigkeit rechnen musste. Dies erinnert an die Verkehrsschutzerwägungen, welche in Deutschland für Partei- und Prozessfähigkeit gelten (Rn. 144 f.). 178

4. Statutenwechsel

Weiterhin regelt Art. 8 die Fälle eines rechtsformwahrenden Statutenwechsels und sieht vor, dass eine Gesellschaft ihre Rechtsform beibehält, wenn das neue Statut eine solche Rechtsform ebenfalls vorsieht (Art. 8 II). Eine Neugründung unterliegt aber dem neuen Statut (Art. 8 IV). Weiterhin bleibt das „alte" Statut anwendbar bezogen auf Vorschriften zum Minderheiten- oder Gläubigerschutz (Art. 8 III). Für Gesellschaften aus anderen EU-Mitgliedstaaten sieht Art. 9 I vor, dass ein rechtsformwahrender Statutenwechsel möglich ist, bei einem Wechsel in einen Drittstaat richtet sich dies nach dem Recht des Drittstaats (Art. 9 II, III). 179

5. Allgemeine IPR-Fragen

Wie alle EU-IPR-Verordnungen sieht auch der GEDIP-Vorschlag zum Internationalen Gesellschaftsrecht Regelungen für International zwingendes Recht (s. Rn. 57 ff., Art. 10), den *ordre public*-Vorbehalt (Art. 11) sowie 180

466 *Gerner-Beuerle et al.*, Study on the Law Applicable to Companies – Final Report, 2016; dazu auch *Mansel/Thorn/Wagner* IPRax 2017, 1, 11.

sonstige allgemeine kollisionsrechtliche Fragen, etwa die universelle Anwendung (Art. 2), die Behandlung interlokaler Weiterverweisungen (Art. 12), den Grundsatz der Sachnormverweisung (Art. 13), Vorrang internationaler Übereinkommen (Art. 14) und speziellem EU-Recht (Art. 15) vor, parallel zu den bestehenden Rom-Verordnungen.

III. Haager Übereinkommen

181 Die Haager Konferenz für Internationales Privatrecht[467] entwarf die 1956 verabschiedete, aber mangels genügender Beitritte nie in Kraft getretene „Convention of 1 June 1956 concerning the recognition of the legal personality of foreign companies, associations and institutions".[468] Das Übereinkommen sieht eine großzügige rechtsformwahrende Anerkennung von Gesellschaften und anderen juristischen Personen zwischen den (potenziellen) Vertragsstaaten vor. Das Übereinkommen ist **ohne praktische Relevanz**, da es von den Entwicklungen in der EU überholt wurde.

IV. Vorschlag des Deutschen Rats für IPR 2006 / Referentenentwurf

182 2006 schlug der Deutsche Rat für Internationales Privatrecht eine Kodifizierung des Internationalen Gesellschaftsrechts vor, welche die Grundlage für einen Referentenentwurf (Art. 10 II EGBGB-Entwurf) bildete.[469] Die **Reformvorhaben scheinen**, insbesondere auch im Hinblick auf ähnliche Bemühungen auf EU-Ebene, **nicht weiterverfolgt** zu werden, weshalb nur ein kurzer Überblick gegeben werden soll.[470] Vorgeschlagen wurde ein Wechsel von der Sitz- zur Gründungstheorie derart, dass bei einer Anknüpfung des Gesellschaftsstatuts nicht primär auf den effektiven Sitz (Verwaltungssitz), sondern den Ort der Registrierung abgestellt werden sollte. Auf nicht-registrierte Gesellschaften sei die Rechtsordnung anzuwenden, nach der die Gesellschaft organisiert sei. Subsidiär sei die anzuwendende Rechtsordnung wie beim allgemeinen Vertragsstatut zu bestimmen,[471] also nach Art. 3 f. Rom I-VO. Auch Fragen der Firma einer Gesellschaft sollten sich ähnlich wie nach der heute hM (s. Rn. 162) nach dem Gesellschaftsstatut richten,[472] wobei eine Sonderanknüpfung für firmenordnungsrechtliche Anforderungen des Registerstaats vorgesehen war.[473] Das Formstatut sollte, anders als nach der hier vertretenen Meinung, in einem neu in Art. 11 einzufügenden Abs. 6 auf das Gesellschaftsstatut beschränkt werden (s. Rn. 97 ff.).

---

467 https://www.hcch.net.

468 https://www.hcch.net/en/instruments/conventions/full-text/?cid=36.

469 *Sonnenberger/Bauer* RIW 2006, 2, Beilage 1 zu Heft 4, 1-24.

470 *Kindler* in: MüKo BGB, Bd. 11, 6. Aufl. 2015, IntGesR, Rn. 64; *Körber* in: Bürgers/Körber (Hrsg.), Aktiengesetz, 4. Aufl. 2017, Einl. AktG, Rn. 29a.

471 *Sonnenberger/Bauer* RIW 2006, Beilage 1 zu Heft 4, 1, 8.

472 *Schünemann*, Die Firma im internationalen Rechtsverkehr, 2016, S. 44 f.

473 *Sonnenberger/Bauer* RIW 2006, 2, Beilage 1 zu Heft 4, S. 10 f.; *Schünemann*, Die Firma im internationalen Rechtsverkehr, 2016, S. 201 f.

Stichwortverzeichnis Teil 3: Grenzüberschreitende Mobilität von Gesellschaften

Fette Zahlen bezeichnen die Paragraphen, magere die Randnummern.

Teil 4
Gesellschaftsrecht ausgewählter Mitgliedstaaten

§ 12 England

Literatur (Auswahl) – Partnership Law: *Banks*, Lindley & Banks on Partnership, 19. Ed. 2013; *Berry*, Partnership and LLP Law, 2010; *Berry*, Death by a thousand cuts or storm in a teacup? The reform of limited partnership law, J.B.L. 2011, 578; *Berry*, Limited partnership law in the United States and the United Kingdom: teaching an old dog new tricks?, J.B.L. 2013, 160; *Berry*, The criminal liability of partnerships and partners: increasing the divergence between English and Scottish partnership law?, J.B.L. 2014, 585; *Berry/Parry*, Law of Insolvent Partnerships and Limited Liability Partnerships, 2015; *Bettinger*, Englische LLP und Anwaltshaftung in Deutschland, 2009; *Blackett-Ord/Haren*, Partnership Law, 5. Ed. 2015; *Blake*, Profit sharing in a partnership, Co. Acc. 1997, 19; *Böttger*, Mitwirkungs- und Kontrollrechte des englischen Limited Partners im Rahmen der Reform des englischen Partnership Law, 2006; *Bubb*, Choosing the Partnership: English Business Organization During the Industrial Revolution, Seattle Univ. L. Rev. 38 (2015) 337; *Burgess/Morse*, Partnership Law and Practise in England and Scotland, 1980; *Collings*, Accounts and Audit of Limited Liability Partnerships, 5. Ed. 2017; *Drake*, Law of Partnership, 3. Ed. 1983; *Finch/Freedman*, The limited liability partnership: pick and mix or mix-up?, J.B.L. 2002, 475; *Gower*, Pollok on the law of partnership, 15. Ed. 1952; *Hasenheit*, Die deutsche Personenhandelsgesellschaft und die englische partnership, 2010; *Heinemann*, Die englische Partnership, 2002; *Henning*, The origins of the distinction between loan and partnership enshrined in Partnership Act 1890, Co. Lawyer 2001, 75; *Henning*, Partnership law review: the joint consultation papers and the Limited Liability Partnership Act in brief historical and comparative perspective, Co. Lawyer 25 (2004) 163; *McCahery/Vermeulen*, Limited Partnership Reform in the United Kingdom: A Competitive, Venture Capital Oriented Business Form, EBOR 5 (2004) 61; *Milman*, Continuity and change in partnership law, C.L.N. 2015, Issue 375; *Morse*, Partnership and LLP Law, 8. Ed. 2015; *Morse et al.*, Palmer's Limited Liability Partnership Law, 2. Ed. 2011; *Prime/Scanlan*, The law of Partnership, 1995; *Repiquet*, Report from the United Kingdom: UK Private Fund Limited Partnership 2017 – Preserving UK Reputation Post-Brexit?, ECL 15 (2018) 97; *Reynolds/Davies*, Partnership Disputes, 2013; *Ringe/Otte*, in: Triebel ua, Englisches Handels- und Wirtschaftsrecht, 3. Aufl. 2012, V. Kapitel; *Scanlan*, Partnership and quasi-partnership private limited company actions: some limitation issues, Co. Lawyer 26 (2005) 111; *Schnittker/Bank*, Die LLP in der Praxis, 2008; *Sheikh*, Partnership reform: legal and practical implications, ICCLR 12 (2001) 89; *Siems*, Regulatory competition in partnership law, ICLQ 58 (2009) 767; *Smith*, Limited Liability Partnerships Handbook, 3 Ed. 2012; *Twomey*, The interpretation of section 1(1) of the Partnership Act 1890 in Ireland, ICCLR 7 (1996) 297; *Walker*, Limited liability partnerships: true partnerships?, Jersey L. R. 2 (1998) 1; *West*, Limited partnerships and limited liability partnerships: an overview, Corp. Brief. 14 (2000) 19; *Whittaker/Machell*, The Law of Limited Liability Partnerships, 4. Ed. 2016; *Young*, Limited Liability Partnership – A Chance for Peace of Mind, BLR 2000, 257; *Zhang*, The Limited of Fiduciary Duties in Business Organizations: The Evidence from Limizted Partnerships in the US and UK, ECL 15 (2018) 83.

Literatur (Auswahl) – Company Law: *Ahern*, Directors' duties, dry ink and the accessibility agenda, LQR 128 (2012) 114; *Apfelbaum*, Der gesellschaftsrechtliche Gläubigerschutz im Recht der englischen private limited company, NotBZ 2007, 153; *Attenborough*, How directors should act when owing duties to the companies' shareholders: why we need to stop applying Greenhalgh, ICCLR 20 (2009) 339; *Bourne*, Bourne on Company Law, 7. Ed. 2016; *Boxell* (Ed.), A Practioner's Guide to Directors' Duties and Responsibilities, 5. Ed. 2013; *Boyle/Birds*, Company Law, 9. Ed. 2014; *Brinkmann*, Schutz von Minderheitsgesellschaftern in der englischen private limited company: Ein Rechtsvergleich mit dem Recht der GmbH, 2011; *Brocker*, „In the Line of Fire" – Die Pflichten des Directors und die vereinfachte Kapitalherabsetzung nach dem Companies Act 2006, GmbHR 2009, 477; *Buchanan et al.*, Shareholder Proposal Rules and Practice: Evidence from a Comparison of the United States and the United Kingdom, American Business Law Journal 49 (2012) 739; *Cardale*, A Practical Guide to Corporate Governance, 5. Ed. 2014; *Cheffins*, The Undermining of UK Corporate Governance, Oxford Journal of Legal Studies 33 (2013) 503; *Cheng-Han*, Veil piercing – a fresh start, J.B.L. 2015, 20; *Chiu*, The role of a company's constitution in corporate governance, J.B.L. 2009, 697; *Chiu*, The

Foundation and Anatomy of Shareholder Activism, 2010; *Chiu*, A Confidence Trick: Ex Ante versus Ex Post Frameworks in Minority Investor Protection in the UK, ECL 11 (2014) 6; *Clark*, UK company law reform and directors' exploration of "corporate opportunities", ICCLR 17 (2006) 231; *Collins/Mapesbury* (Eds.), Dicey/Morris/Collins, Conflict of Laws (Part 6: Corporations and Insolvency), 15. Ed. 2016; *Cordes et al.*, Shackleton on the Law and Practice of Meetings, 14. Ed. 2017; *Cumming/Zahra*, International Business and Entrepreneurship Implications of Brexit, British Journal of Management 27 (2016) 687; *Dähnert*, Der Eiserne Vorhang der Gesellschaft – Zum Haftungsdurchgriff im englischen Recht, NZG 2015, 258; *Dammann*, Indeterminacy in Corporate Law: A Theoretical and Comparative Analysis, Stan. J. Int'l Law 54 (2013) 54; *Davies*, Corporate Boards in the United Kingdom, in: Davies et al. (Hrsg.), Corporate Boards in Law and Practise, 2013; *Davies/Rickford*, An Introduction to the New UK Companies Act, ECFR 2008, 48, 219; *Davies/Worthington*, Gower's Principles of Modern Company Law, 10. Ed. 2016; *Davis-White/Walters*, Directors' Disqualification & Insolvency Restrictions, 3. Ed. 2009; *Dignam/Lowry*, Company Law, 9. Ed. 2016; *Dine*, UK company law and company governance in a warming world, in: Gonzáles/Teichmann (Ed.), Private Company Law Reform in Europe: The Race for Flexibility, 2015; *Doralt*, Managerpflichten in der englischen Limited, 2011; *Farnsworth*, The Residence and Domicil of Corporations, 1939; *Feldman/Meisel* (Ed.), Corporate and Commercial Law, 1996; *Ferran*, Directors' liability for unlawful dividends, CLJ 70 (2011) 321; *Ferran*, Corporate Mobility and Company Law, MLR 79 (2016) 813; *Fisher*, The enlightened shareholder: leaving stakeholders in the dark, ICCLR 20 (2009) 10; *Fitzgerald/Muth*, Shareholders' Agreements, 6. Ed. 2012; *Fleischer*, Deliktische Geschäftsführerhaftung gegenüber außenstehenden Dritten im englischen Gesellschaftsrecht, ZGR 2000, 152; *Fleischer/Strothotte*, Anteils- und Unternehmensbewertung im englischen Kapitalgesellschaftsrecht, RIW 2012, 2; *Fornauf/Jobst*, Die Untreuestrafbarkeit von GmbH-Geschäftsführer und Limited-Director im Vergleich, GmbHR 2013, 125; *Girvin/Frisby/Hudson*, Charlesworth's Company Law, 18. Ed. 2010; *Griffin*, Shareholder remedies and the no reflective loss principle – problems surrounding the identification of a membership interest, J.B.L. 2010, 461; *Habersack/Verse*, Wrongful Trading – Grundlage einer europäischen Insolvenzverschleppungshaftung?, ZHR 168 (2004) 174; *Hannigan*, Drawing boundaries between derivative claims and unfairly prejudicial petition, J.B.L. 2009, 606; *Hannigan*, Wedded to Solomon: evasion, concealment and confusion on piercing the veil of the one-man company, Irish Jurist 50 (2013) 11; *Hannigan*, Company Law, 4. Ed. 2015; *Hannigan/Prentice* (Ed.), The Companies Act 2006 – A Commentary, 2. Aufl. 2009; *Hawamdeh et al.*, The interpretation of director's duty under section 172 Companies Act 2006: insights from complexity theory, J.B.L. 2013, 417; *Heinz/Hartung*, Die englische Limited, 3. Aufl. 2011; *Höfling*, Das englische internationale Gesellschaftsrecht, 2002; *Hollington* (Ed.), Hollington on Shareholders' Rights, 8. Ed. 2017; *Hood*, Directors' Duties under the Companies Act 2006: Clarity or Confusion?, JCLS 13 (2013) 1; *Johnston*, After the OFR: Can UK Shareholder Value Still Be Enlightened?, EBOR 7 (2006) 817; *Johnston*, Reforming English Company Law to Promote Sustainable Companies, ECL 11 (2014) 63; *Just*, Die englische Limited in der Praxis, 4. Aufl. 2012; *Kahan/Rock*, On Improving Shareholder Voting, in: Armour/Payne (Eds.), Rationality in Company Law. Essays in Honour of DD Prentice, 2009, S. 257; *Keay*, Tackling the Issue of the Corporate Objective: An Analysis of the United Kingdom's Enlightened Shareholder Value Approach, Sydney Law Review 29 (2007) 577; *Keay*, Directors' duties and creditors' interests, LQR 130 (2014) 443; *Keay*, The Shifting of Directors' Duties in the Vicinity of Insolvency, INSOL 24 (2015) 140; *Keay/Adamopoulou*, Shareholder Value and UK Companies: A Positivist Inquiry, EBOR 13 (2012) 1; *Keay/Loughrey*, Derivative proceedings in a brave new world for company management and shareholders, J.B.L. 2010, 151; *Kershaw*, Company Law in Context, 2. Ed. 2012; *Kershaw*, The rule in Foss v Harbottle is dead: long live the rule in Foss v Harbottle, J.B.L. 2015, 274; *Kosmin/Roberts*, Company Meetings: Law, Practise and Procedure, 2. Ed. 2013; *Ladiges/Pegel*, Neue Pflichten für directors einer limited durch den Companies Act 2006, DStR 2007, 2069; *Lederer*, A Comparative Analysis of the Liability of Non-executive Directors in the UK and of Members of the Supervisory Board in Germany, EBLR 2006, 1575; *Lee*, Shareholders' derivative claims under the Companies Act 2006: market mechanism or asymmetric paternalism, ICCLR 18 (2007) 378; *Lembeck*, Pflichten und Haftung des Vorstands einer englischen Limited Company, in: Kalss (Hrsg.), Vorstandshaftung in 15 europäischen Ländern, 2005; *Lim*, Directors' fiduciary duties: a new analytical framework, LQR 129 (2013) 242; *Lo*, Liability of directors as joint tortfeasors, J.B.L. 2009, 109; *Loughrey/Keay/Cerioni*, Legal Practitioners, Enlightened Shareholder Value and the Shaping of Corporate Governance, JCLS 8 (2008), 79; *Mayson/French/Ryan*, Company Law, 34. Aufl. 2017; *McQueen*, A Social History of Company Law, 2009; *Micheler*, Länderbericht England, in: Lutter (Hrsg.), Das Kapital der Aktiengesellschaft in Europa, 2006; *Mitchell*, Shareholders' claims for reflective loss, LQR 120 (2004) 457; *Moore*, Shareholder primacy, labour and the historic ambivalence of UK company law, Cambridge LSR Paper No. 40/2016; *Morse* (Ed.), Palmer's Company Law, 150. Lieferung, Juli 2016; *Mortimore*, Company Directors: Duties, Liabilities and Remedies, 3. Ed. 2017; *Möser*, Die Vertretung der britischen „company" nach Inkrafttreten des Companies Act 2006, RIW 2010, 850; *Mukwiri*, Myth of Shareholder primacy in English Law, EBOR 24 (2013) 217; *Ng*, Directors' duty not to prefer one creditor to another, CLJ 74 (2015) 20; *Nolan*, Shareholder Rights in Britain, EBOR 7 (2006) 549; *Noonan/Watson*, Examing company directors through the lens of de facto directorship, J.B.L. 2008, 587; *Nyombi*, The gradual erosion of the ultra vires doctrine in English company law, IJLM 56 (2014) 347; *Otte*, Das Kapitalschutzsystem der englischen private limited company im Vergleich zur deutschen GmbH, 2006; *Payne*, Legal Capital and Creditor Protection in UK Private Companies, ECL 5 (2008) 220; *Payne*, Legal Capital in the UK following the Companies Act 2006, in: Armour/Payne (Eds.), Rationality in Company Law. Essays in Honour of DD Prentice, 2009, S. 123; *Prentice*, The Incorporation Theory – The United Kingdom, EBLR 14 (2003) 631; *Raja*, Majority shareholders' control of minority shareholders' use and abuse of power: a judicial treatment, ICCLR 25 (2014) 162; *Reisberg*, Derivative Claims under the Companies Act 2006. Much Ado About Nothing?, in: Armour/Payne (Ed.), Rationality in Company Law. Essays in Honour of DD Prentice, 2009, S. 17; *Ringe*, Das Beschlussmängelrecht in Großbritannien, RabelsZ 81 (2017) 249; *Ringe/Otte*, Gesellschaftsrecht, in: Triebel ua (Hrsg.), Englisches Handels- und Wirtschaftsrecht, 3. Aufl. 2012, V. Kapitel; *Rothenburg/Walter/Platts*, Länderteil Vereinigtes Königreich, in: Wegen/Spahlinger/Barth (Hrsg.), Gesellschaftsrecht des Auslands, 2. EL 2018; *Röver*, Die Haftung der Gesellschafter und directors der Limited, 2011; *Scanlan et al.*, Companies Act 2006, 2007; *Schall*, Englischer Gläubigerschutz bei der Limited in Deutschland, ZIP 2005, 965; *Schall* (Hrsg.), Companies Act (Kommentar), 2014; *Schall*, The New Law of Piercing the Corporate Veil in the UK, ECFR 2016, 549; *Sealy/Worthington*, Text, Cases & Materials in Company Law, 11. Ed. 2016; *Servatius*, Die englische Limited, in: Henssler/Strohn (Hrsg.), Gesellschaftsrecht, 3. Aufl. 2016; *Söhner*, UK Companies Act „under construction", RIW 2016, 489; *Stiegler*, Der britische Small Business, Enterprise and Employment Act 2015, ZIP 2016, 1808; *Süß*, Gesellschaftsformen ausgewählter Staaten – GB, in: Leible/Reichert (Hrsg.), Münchener Handbuch des Gesellschaftschaftsrechts, Bd. 6 (Internationales Gesellschaftsrecht, Grenzüberschreitende Umwandlungen), 4. Aufl. 2013; *Tolley* (Ed.), Tolley's Company Secretary's Handbook, 26. Aufl. 2016; *Walmsley*, Butterworths Company Law Handbook, 31. Aufl. 2017; *Walters/Davis-White*, Director's Disqualification & Insolvency Restrictions, 3. Ed. 2010; *Wells*, Executive remuneration: regulatory reforms in the UK company law, IJLM 57 (2015) 300; *Wild/Weinstein*, Smith and Keenan's Company Law, 16. Aufl. 2013; *Williams*, Disqualifying Directors: A Remedy Worse than the Disease?, JCLS 7 (2007) 213; *Winner*, Der UK Corporate Governance Code. Grundsätze und Funktionsweise, ZGR 2012, 246; *Yap*, De facto directors and corporate directorship, J.B.L. 2012, 579; *Zwinge*, An analysis of the duty of care in the United Kingdom in comparison with the German duty of care, ICCLR 22 (2011) 31.

A. Einführung

I. Bedeutung des Englischen Gesellschaftsrechts

1. Der Begriff „Englisches Gesellschaftsrecht"

1 Großbritannien besteht aus England, Wales, Schottland und Nordirland. Wenn hier also wie üblich aus sprachlichen Gründen vom „Englischen Gesellschaftsrecht" die Rede ist, ist dies eine Simplifizierung. Nur **England** und **Wales** bilden gesellschaftsrechtlich eine vollständige Einheit, sieht man von der Möglichkeit ab, in Wales für Unternehmen mit ausschließlicher Registrierung in Wales auch die walisische Übersetzung der jeweiligen englischen Gesellschaftsform zu benutzen (vgl. ssec. 58 (2), 59 (2) CA 2006). Das Gesellschaftsrecht in Schottland und Nordirland entspricht im Wesentlichen dem in England und Wales, ist aber in Einzelpunkten durchaus eigenständig, da es sich um **formal eigenständige Jurisdiktionen** handelt. Inhaltlich gilt dies vor allem für Schottland, dessen Rechtsvorstellungen etwas mehr in Richtung kontinentaleuropäisches Recht gehen, auch wenn die Unterschiede zum Englischen Recht im Ergebnis gering sind. Diese Unterschiede werden hier nicht generell, sondern nur exemplarisch angesprochen. Weitere für Gesellschaftsgründungen zB aus steuerlichen Gründen interessante Gebiete, vor allem die englischen Kanalinseln (Jersey, Guernsey, Alderney, Sark, Herm), gehören nicht zu Großbritannien und damit auch nicht zur Europäischen Union, sondern unterstehen der Königin als Rest des (englischen) Herzogtums der Normandie. Auf das dortige Gesellschaftsrecht wird hier ebenfalls nicht eingegangen, obwohl es mit der Limited Liability Partnership (LLP) eine Rechtsform gibt, die aus den USA kommend über Jersey in das Englische Gesellschaftsrecht gelangt ist.

2. Bedeutung des Englischen Gesellschaftsrechts

2 Das **Englische Gesellschaftsrecht** hat eine über die heutige Bedeutung der englischen Volkswirtschaft hinausgehende praktische Bedeutung für das Gesellschaftsrecht in Europa.[1] Dies hat zunächst historische Gründe. **Großbritannien** hatte von etwa 1600 bis 1900 die am weitesten entwickelte Wirtschaft in Europa. Von ihr gingen gewichtige Innovationen des Gesellschaftsrechts aus. So verhalf das Englische Gesellschaftsrecht der Idee der **rechtsfähigen Gesellschaft kraft Eintragung** zum Durchbruch, während bis dahin die Rechtsfähigkeit an ein staatliches Privileg im Einzelfall geknüpft war. Auch die moderne Genossenschaftsbewegung entstand in Großbritannien, wenn es auch das deutsche Recht war, das als Erstes hierfür eine eigene Gesellschaftsform schuf. Das Englische Gesellschaftsrecht hat bis heute Ausstrahlungswirkung auf das Gesellschaftsrecht der anderen Common Law-Staaten, wobei auch das Englische Gesellschaftsrecht selbst Anregungen aus anderen Common Law-Jurisdiktionen, insbesondere im Personengesellschaftsrecht übernimmt. Der Verzicht auf ein Mindestkapital bei der Limited (eingeführt 1907) hatte im Gefolge der jüngeren Rechtsprechung des EuGH zur **Niederlassungsfreiheit** (s. dazu § 10 Rn. 32 ff.) und damit zur Zulässigkeit von Scheinauslandsgesellschaften erhebliche Ausstrahlungswirkung auf zahlreiche nationale Gesellschaftsrechtsordnungen in Europa. Entsprechendes gilt für die englische LLP als „hybride" Rechtsform zwischen Personen- und Kapitalgesellschaft (s. Rn. 181).[2] Auch hat die LLP insofern zu einem gewissen Wettbewerb im (Personen-) Gesellschaftsrecht der Mitgliedstaaten (s. Rn. 32) geführt.[3] In Deutschland zB durch Einführung der PartG mbB.[4] Die Wirkmächtigkeit des Englischen Gesellschaftsrechts gerade auf dem europäischen Kontinent wird dadurch begünstigt, dass der Kodifizierungsgrad anders als sonst im Common Law sehr hoch ist. Zumindest im Kapitalgesellschaftsrecht liegt er über dem

1 Vgl. *Süß* in: MüHdB GesR, Bd. 6 IntGesR, 4. Aufl. 2013, § 47 Rn. 155; zur Geschichte und Entwicklung des Englischen Gesellschaftsrechts *McQueen*, A Social History of Company Law, 2009; *Harris* Oxford J. Legal Stud. 33 (2013) 339 ff.; *Watson* J.B.L. 2015, 120, 127 ff.; kompakt auch *Talbot*, Critical Company Law, 2007, S. 3 ff.; *Girvin/Frisby/Hudson*, Charlesworth's Company Law, 2010, Rn. 1-005 ff.; das erste Werke zum Englischen Körperschaftsrecht datiert aus dem Jahr 1659 (*Shepherd*, Of Corporations, Fraternities, and Guilds); grundlegend zum Partnership Law auch *Lindley*, A Treatise on the Law of Partnership, 1860.

2 Monografisch zur LLP als hybride Rechtsform *Kühn*, PartGmbB und UK-LLP als hybride Gesellschaftsformen, 2017.

3 Dazu *Siems* ICLQ 58 (2009) 767 ff.; *ders.* ZVglRWiss 107 (2008) 60, 77 f.

4 Vgl. Begr. RegE, BT-Drs. 17/10487, S. 1, 11, 15 f. („deutsche Alternative zur LLP"); *Schäfer* in: MüKo BGB, Bd. 6, 7. Aufl. 2017, § 8 PartGG Rn. 41.

Kodifizierungsgrad des deutschen Gesellschaftsrechts und ist damit leichter zugänglich. Ein wesentlicher Faktor der leichten Zugänglichkeit ist auch die englische Sprache als solche. Auch ist das Englische Kapitalgesellschaftsrecht in seiner Gesamtkonzeption strukturell moderner als die kontinentaleuropäischen Rechtsordnungen. Das Gesellschaftsrecht wird als **Standortfaktor für Investoren** verstanden und regelmäßig in diesem Sinne optimiert. In Europa dürfte das Englische Kapitalgesellschaftsrecht augenblicklich daher führend sein. Insofern sind auch einige der jüngeren europäischen Gesetzgebungsakte im Gesellschaftsrecht deutlich vom Englischen Recht geprägt (so insbesondere die Übernahmerichtlinie; s. dazu § 29).[5]

Auch für das **Europäische Gesellschaftsrecht** im engeren Sinne hat das materielle Gesellschafts- und Unternehmensrecht Englands großen Einfluss. Aufgrund einer starken Lobbyarbeit Englands bei den europäischen Institutionen, aber auch der inhaltlichen Qualität der Regelungen, sind vor allem die jüngeren gesellschaftsrechtlichen Richtlinien (dazu §§ 18 ff.) zu einem nicht unerheblichen Teil vom Englischen Gesellschaftsrecht geprägt.[6] Zudem wird nicht nur auf mitgliedstaatlicher, sondern zT auch auf europäischer Ebene das anglo-amerikanische Unternehmensrecht als modern und zukunftsweisend angesehen. 3

Neben dem generellen Hemmnis zur gerichtlichen Durchsetzung **gesellschaftsrechtlicher Streitigkeiten**, führt aus praktischer Sicht auch das mehr als 6.000 Seiten umfassende Englische Zivilprozessrecht und die damit verbundenen Rechtsberatungskosten zu einer gewissen Aversion innergesellschaftliche Streitfragen gerichtlich entscheiden zu lassen. Bevor man sich hierfür entscheidet, sollte daher eine ausführliche Kosten-Nutzen-Abwägung vollzogen werden. In diesem Zusammenhang werden gesellschaftsrechtliche Streitigkeiten nicht selten bereits außergerichtlich geklärt. Insgesamt spielen Fragen der **Corporate Litigation** im Englischen Gesellschaftsrecht eine nicht zu unterschätzende Rolle.[7] 4

3. Brexit und die möglichen Auswirkungen auf das Englische Gesellschaftsrecht

Voraussichtlich Ende März 2019 wird Großbritannien nach Ablauf der Zweijahresfrist aus der Europäischen Union ausgetreten sein.[8] Ein sog **Brexit** kann dabei auch aus gesellschaftsrechtlicher Sicht Konsequenzen für englische Unternehmen hervorrufen.[9] Welche Folgen der EU-Austritt Großbritanniens dabei tatsächlich haben wird, ist derzeit noch nicht mit hinreichender Gewissheit absehbar. Es gibt jedoch verschiedene Aspekte, wo sich ein Brexit potenziell auf das Englische Gesellschaftsrecht auswirken könnte (s. dazu auch § 10 Rn. 113 ff.). Zunächst besteht im Zuge des EU-Austritts die Gefahr, dass gegenüber englischen Gesellschaften die europäische **Niederlassungsfreiheit** keine Anwendung mehr findet („*Hard Brexit*").[10][11] Dies könnte insbesondere zur Folge haben, dass sich in England gegründete Gesellschaften nicht mehr der identitäts- und rechtsformwahrenden Anerkennung in einem EU/EWR-Mitgliedstaat sicher sein können.[12] Vorbehaltlich bilateraler Verpflichtungen wäre der Aufnahmestaat gegenüber Großbritannien nicht mehr an die Niederlassungsfreiheit gebunden und könnte daher sowohl britischen Gesellschaften den Zuzug verweigern, als auch insbesondere bestehenden Ltd. mit Verwaltungssitz im Inland nachträglich die Anerkennung versagen.[13] 5

Weitere Unklarheiten bestehen bei den derzeit ca. 50 Europäischen Aktiengesellschaften (SE) und ca. 280 EWIV (*EEIG*) mit Sitz in England. Bei diesen **supranationalen Gesellschaftsformen** der EU würde im Zuge eines Brexit 6

---

5 *Habersack/Verse*, Europäisches Gesellschaftsrecht, 4. Aufl. 2011, § 4 Rn. 9; *Hopt* ZHR 171 (2007) 199, 201 f.; *Verse* in: Fleischer ua (Hrsg.), 50 Jahre Aktiengesetz, 2016, S. 303, 312 f.

6 So basiert beispielsweise die Übernahmerichtlinie (dazu § 29) zu einem erheblichen Teil auf dem damaligen UK City Code on Takeovers and Mergers.

7 Deutschsprachig dazu *Schall* in: MüHdB GesR, Bd. 7, Corporate Litigation, 5. Aufl. 2016, § 110.

8 Eine Verlängerung der Zweijahresfrist würde Einstimmigkeit erfordern. Ob ein einseitiger Rücktritt vom Austritt durch Großbritannien gem Art. 50 EUV zulässig ist, ist streitig. Wenn entgegen allen bisherigen Äußerungen Großbritannien allerdings einen Rücktritt vom Austritt wünschen würde, wäre unabhängig von der rechtlichen Lage zu erwarten, dass die EU-Mitgliedstaaten dies billigen würden.

9 Dazu ua *Armour et al.*, Brexit and Corporate Citizenship, ECGI Law Working Paper 340/2017= EBOR 18 (2017) 225 ff.; *Bronger/Scherer/Söhnchen* EWS 2016, 131; *Cummings/Zahra* British Journal of Management 27 (2016) 687; *Freitag/Korch* ZIP 2016, 1361, 1362; *Hellwig* ECFR 2017, 252, 256 ff.; *Kokkinis* EBLR 2016, 959; *Mentzel* IWRZ 2017, 248; 2017 *Mohamed* ZVglRWiss 117 (2018) 189, 196 f., 200 ff.; *Teichmann/Knaier* IWRZ 2016, 243; *Weller/Thomale/Benz* NJW 2016, 2378; *Wright et al.* British Journal of Management 27 (2016) 682.

10 *Armour et al.* EBOR 18 (2017) 225, 233; vgl. auch *Zwirlein/Großerichter/Gätsch* NZG 2017, 1041.

11 *Bronger/Scherer/Söhnchen* EWS 2016, 131, 135; *Hellwig* ECFR 2017, 252, 255; *Leible/Galneder/Wißling* RIW 2017, 718; *Manz/Mayer* BB 2016, 1731, 1733; *Hess* IPRax 2016, 409, 418; *Stiegler* ZIP 2016, 1808, 1809; siehe auch Europäische Kommission, Notice to Stakeholders. Withdrawal of the United Kingdom and EU Rules on Company Law, November 2017.

12 Vorausgesetzt Großbritannien erhält nicht (übergangsweise) den Status eines EWR-Landes (sog Norwegen-Modell).

13 Näher *Stiegler* in: Kramme/Baldus/Schmidt-Kessel (Hrsg.), Brexit und die juristischen Folgen, 2017, S. 129, 135 ff.

die primäre Regelungsgrundlage (dh die jeweilige Verordnung) wegfallen.[14] Ohne entsprechende Anerkennungs- oder Fortgeltungsvereinbarungen müssten daher insbesondere englische SE zwangsaufgelöst oder -umgewandelt werden. Ein weiterer Aspekt könnte die mangelnde **Fortgeltung europäischen Richtlinienrechts** mit Bezug zum Gesellschaftsrecht sein.[15] Im Augenblick wird allerdings davon ausgegangen, dass der sog Great Repeal Bill sämtliche europäische Rechtsakte in nationales britisches Recht überführen wird. Dann wären auch alle Richtlinien in Großbritannien britische Gesetze. Selbst wenn dies nicht passieren sollte, wären damit nicht unmittelbar normative Änderungen verbunden. Da Richtlinien in nationales Recht umgesetzt werden müssen, würde das auf europäischen Richtlinien basierende Gesellschaftsrecht zunächst unangetastet bleiben. Allerdings könnte mangels Erfordernis einer richtlinienkonformen Auslegung und Begriffsbestimmung die Möglichkeit vom europäischen Recht abweichender Interpretationen des angeglichenen Englischen Gesellschaftsrechts bestehen.[16] Bei Aufnahme der Richtlinien in den Great Repeal Bill bliebe eine richtlinienkonforme Auslegung hingegen dem Grunde nach geboten. Inwieweit darüber hinaus im Zuge des Brexit und damit zusammenhängend der ggf mangelnden Geltung europäischen Sekundärrechts **Änderungen des Englischen Gesellschaftsrechts** verknüpft sein werden, hängt zum einen von den anstehenden Austrittsverhandlungen mit der EU ab und zum anderen, in welchem Ausmaß sich der englische Gesetzgeber bewusst dafür entscheiden wird, Unterschiede zum Gesellschaftsrecht der EU-Mitgliedstaaten im Sinne von Wettbewerbsvorteilen zu schaffen. Dies gilt vor allem für das weitgehend europäisch geprägte Aktienrecht,[17] dh aus englischer Sicht das Recht der plc (zum persönlichen Anwendungsbereich europäischer Richtlinienharmonisierung s. § 18 Rn. 59 ff.).

II. Überblick über die Gesellschaftsformen im Rechtsverkehr

7 Wie in anderen Mitgliedstaaten kennt auch das Englische Recht **verschiedene Formen** unternehmerischer Betätigung.[18] Anders als im deutschen „Gesellschaftsrecht", das Personen- und Kapitalgesellschaften insgesamt umfasst, besteht im Englischen Recht auch sprachlich eine explizite Trennung zwischen Personen- und Kapitalgesellschaften.[19] Das **Company Law** bezieht sich auf das Recht der Kapitalgesellschaften, während das **Partnership Law** als spezielle Rechtsmaterie das Personengesellschaftsrecht nach deutschem Verständnis umfasst. So ist auch im Companies Act (CA 2006) allein das Kapitalgesellschaftsrecht geregelt; das Recht der Personengesellschaften in dem jeweiligen Partnership Act. **Historisch** galt der Begriff der *Company* hingegen als Oberbegriff sowohl für Personen- als auch für Kapitalgesellschaften.[20] Aufgrund der getrennten Regelung in unterschiedlichen Gesetzestexten und der teilweise stark divergierenden Bestimmungen im Partnership Law und Company Law hat sich im Laufe der Zeit jedoch eine eindeutige Differenzierung zwischen beiden durchgesetzt. Zudem wird, anders als in Deutschland, die durch den Gesellschaftsvertrag bestimmte, gemeinsame Zweckverfolgung der Gesellschafter nicht als wesentliches Charakteristikum und Bindeglied zwischen allen Gesellschaftsformen betrachtet.[21] In Abweichung davon geht der für Kapitalgesellschaften geltende CA 2006 vom Prinzip

---

14 *Armour et al.* EBOR 18 (2017) 225, 244; *Bronger/Scherer/Söhnchen* EWS 2016, 131, 135; *Freitag/Korch* ZIP 2016, 1361, 1367; *Manz/Mayer* BB 2016, 1731, 1735; *Wachter* in: Gesellschaftsrechtliche Vereinigung (Hrsg.), Gesellschaftsrecht in der Diskussion 2016, 2017, S. 189, 227; s. auch *Moore* Cambridge LSR Paper No. 40/2016, S. 26; Europäische Kommission, Notice to Stakeholders. Withdrawal of the United Kingdom and EU Rules on Company Law, November 2017.

15 Vgl. *Manz/Mayer* BB 2016, 1731, 1735; *Lieder/Bialluch* NotBZ 2017, 165, 166; *Stiegler* in: Kramme/Baldus/Schmidt-Kessel (Hrsg.), Brexit und die juristischen Folgen, 2017, S. 129, 141 ff.

16 *Hellwig* ECFR 2017, 252, 255; *Stiegler* in: Kramme/Baldus/Schmidt-Kessel (Hrsg.), Brexit und die juristischen Folgen, 2017, S. 129, 141 f.

17 Hierbei insbesondere auch das Finanz- und Kapitalmarktrecht; zum Europäischen Kapitalmarktrecht im Hinblick auf den Brexit s. auch *Armour* Oxf. Rev. Econ. Pol. 33 (2017) (suppl. 1), S. 54 ff.; *Poelzig/Bärnreuther* in: Kramme/Baldus/Schmidt-Kessel, Brexit und die juristischen Folgen, 2017, S. 153 ff.; *Ferran*, The UK as a Third Country Actor in EU Financial Services Regulation, Cambridge LSR Paper No. 47/2016; *Mugarura* IJLMA 58 (2016) 468 ff.; *Ringe*, The Irrelevance of Brexit for the European Financial Market, Oxford Legal Research Paper No. 10/2017; *Zetsche/Lehmann* AG 2017, 651 ff.

18 Überblicksartig zu den englischen Gesellschaftsformen auch *Hannigan*, Company Law, 2015, Rn. 1-14 ff.; *Mayson/French/Ryan*, Company Law, 2017, S. 9 ff.; *Just*, Die englische Limited in der Praxis, 2012, Rn. 5 ff.; *Rothenburg/Walter/Platts* in: Wegen/Spahlinger/Barth (Hrsg.), Gesellschaftsrecht des Auslands, 2. EL 2018, Vereinigtes Königreich, Rn. 1 ff.; bezogen auf companies auch *Davies/Worthington*, Gower's Principles of Modern Company Law, 2016, Rn. 1-13 ff.; *Bourne*, Company Law, 2016, S. 5 ff.

19 Vgl. auch *Ringe/Otte* in: Triebel ua (Hrsg.), Englisches Handels- und Wirtschaftsrecht, 2012, Kap. V Rn. 1; *Just*, Die englische Limited in der Praxis, 2012, Rn. 6; *Schall* in: Schall (Hrsg.), Companies Act, 2014, sec. 1 Rn. 16.

20 *Davies/Worthington*, Gower's Principles of Modern Company Law, 2016, Rn. 1-2 mit Hinweis auf die Firmierung von Partnerships als „X & Company"; *Wedderburn* C.L.J. 16 (1957) 194, 195; *Teichmann* in: Gebauer/Teichmann (Hrsg.), Europäisches Privat- und Unternehmensrecht, 2016, § 6 Rn. 7; historisch zur Verbindung von Company Law und Partnership Law auch *Harris* Oxford J. Legal Stud. 33 (2013) 339, 369 ff.; *Grantham* C.L.J. 57 (1998) 554, 557 ff.

21 *Schall* in: Schall (Hrsg.), Companies Act, 2014, sec. 1 Rn. 18.

der **einheitlichen Kapitalgesellschaft** aus.[22] Eine Unterscheidung findet nur hinsichtlich private companies und public companies statt (vgl. sec. 4 CA 2006).

Ende 2016 gab es im Vereinigten Königreich etwa **3,7 Millionen** registrierte Gesellschaften;[23] davon waren mehr als 3,4 Millionen in England registriert.[24] Im Durchschnitt wurden in den letzten Jahren ca. 45.000 Gesellschaften je Monat und damit mehr als eine halbe Million Gesellschaften pro Jahr im Vereinigten Königreich gegründet.[25] Die absolute Mehrheit der gegründeten Gesellschaften sind private limited companies (Ltd.). Von ihnen gab es im Jahr 2016 über 3,4 Millionen im Vereinigten Königreich.[26] Dem stehen lediglich ca. 7.000 public limited companies (plc) gegenüber. Am zweitstärksten ist die LLP vertreten (ca. 60.000), ihr folgt die LP (ca. 33.000).[27] Diese drei Gesellschaftsformen machen somit 99% der im Vereinigten Königreich registrierten Gesellschaften aus. Vor allem die Anzahl an Limited (Ltd.) ist im Vergleich zu Deutschland erstaunlich. Trotz der volkswirtschaftlichen Größe Deutschlands gibt es hier nur etwas mehr als eine Million GmbH.[28] In Großbritannien gibt es in Relation zum Bruttosozialprodukt daher grob vereinfacht viermal so viele Kapitalgesellschaften wie in Deutschland. Die Ltd. hat im Englischen Recht damit eine noch deutlich größere Bedeutung als die GmbH in Deutschland. Auch die große Zahl von LLPs als quasi-Personengesellschaft ist beachtlich. Die im Ansatz vergleichbare und dem englischen Vorbild folgende deutsche PartG mbB[29] hat sich hingegen seit ihrem Erlass im Jahr 2013 mit der Gründung von ca. 2.000 Gesellschaften ebenfalls fest etabliert.[30] Insofern lässt sich ein gewisser Trend zugunsten haftungsbeschränkter Personengesellschaften erkennen, der auch für die anstehenden Reformüberlegungen zum deutschen Personengesellschaftsrecht eine Rolle spielen könnte. 8

Wie in allen Rechtsordnungen ist die nicht näher zu regelnde Grundform unternehmerischer Tätigkeit die natürliche Person als Unternehmer (***Sole Trader***).[31] Der Sole Trader entspricht dem deutschen Einzelkaufmann. Mit etwa 480.000 Sole Tradern[32] ist diese Form allerdings deutlich seltener als in Deutschland. Die Personengesellschaft (Partnership) existiert in drei verschiedenen Ausprägungen. Die einfache (**General**) **Partnership** (dazu Rn. 40 ff.) ist eine nicht-rechtsfähige (mit Ausnahme Schottlands), nicht registrierte Personenvereinigung, bei der alle Gesellschafter unbeschränkt haften. Sie ist im Partnership Act 1890 geregelt und folgt im Übrigen den allgemeinen Regeln des Common Law. Die **Limited Partnership** (LP) (dazu Rn. 149 ff.) ist eine Sonderform der Partnership bestehend aus den unbeschränkt haftenden und geschäftsführungsbefugten General Partners und den nur mit ihrer Einlage haftenden von der Geschäftsführung ausgeschlossenen Limited Partners. Die gesetzlichen Regelungen finden sich im Limited Partnership Act 1907 und im Partnership Act 1890. Die **Limited Liability Partnership** (LLP) (dazu Rn. 181 ff.) wurde erst durch den Limited Liability Partnership Act 2000 eingeführt und ist eine Mischform zwischen einer personengesellschaftlichen Partnership und einer kapitalgesellschaftlichen Ltd.[33] Von letzterer stammen die Rechtsfähigkeit, die Registerpflicht und die beschränkte Haftung, während sich die Verhältnisse zwischen den Gesellschaftern weitgehend nach allgemeinem Partnership Recht richten. Die (englische) LLP gilt als Antwort auf das Verlangen großer Partnerships nach Haftungsbeschränkung bei Beibehaltung der steuerlichen Vorteile und der internen Flexibilität einer Personengesellschaft.[34] Priva- 9

---

22 Vgl. *Davies/Worthington*, Gower's Principles of Modern Company Law, 2016, Rn. 1-2; *Schall* in: Schall (Hrsg.), Companies Act, 2014, sec. 1 Rn. 28; *Just*, Die englische Limited in der Praxis, 2012, Rn. 11.

23 Hierunter zählen neben private und public limited companies auch ua die LLP und LP sowie die supranationalen Gesellschaftsformen (SE, EWIV). Die (General) Partnership ist mangels Eintragung nicht erfasst.

24 *Companies House*, Incorporated companies in the United Kingdom – March 2016; die aktuellen Daten sind abrufbar unter: https://www.gov.uk/government/statistics.

25 *Companies House*, Incorporated companies in the United Kingdom – March 2016, S. 4.

26 *Companies House*, Companies Register Activities 2016/17; siehe auch *Hannigan*, Company Law, 2015, Rn. 1-21; *Just*, Die englische Limited in der Praxis, 2012, Rn. 13; davon waren derzeit weniger als 10.000 Ltd. mit Verwaltungssitz in Deutschland tätig, vgl. *Kornblum* GmbHR 2017, 739, 747. Dies ist eine deutliche Verringerung im Vergleich zu mehr als 50.000 Ltd. noch im Jahr 2006, vgl. *Lutter/Bayer/Schmidt*, Europäisches Untnehmens- und Kapitalmarktrecht, 6. Aufl. 2017, Rn. 7.69; *Fleischer* in: MüKo GmbHG, Bd. 1, 3. Aufl. 2018, Einl. Rn. 219 f.; zur plc mit Verwaltungssitz in Deutschland vgl. auch *Lieder/Hoffmann* AG 2017, R83, R84.

27 *Companies House*, Companies Register Activities 2016/17.

28 Vgl. *Kornblum* GmbHR 2017, 739, 746.

29 Zum Vorbildcharakter der LLP für die deutsche PartG mbB vgl. Begr. RegE, BT-Drs. 17/10487, S. 1, 11, 15 f. („deutsche Alternative zur LLP"); *Schäfer* in: MüKo BGB, Bd. 6, 7. Aufl. 2017, § 8 PartGG Rn. 41.

30 Vgl. *Lieder/Hoffmann* NJW 2015, 897 f.

31 Dazu *Palmer's Company Law*, 2016, Rn. 1.202 f.; *Girvin/Frisby/Hudson*, Charlesworth's Company Law, 2010, Rn. 2-002; *Hannigan*, Company Law, 2015, Rn. 1-15; *Sheikh et al.* in: v. Busekist (Ed.), International Compliance, 2016, § 31, S. 718; anschaulich auch *Kershaw*, Company Law in Context, 2012, S. 3 ff.

32 *Office for National Statistics* (Ed.), Business demography, UK 2015.

33 *Morse*, Partnership and LLP Law, 2015, Rn. 10.07; *Schnittker/Bank*, Die LLP in der Praxis, 2008, Rn. 27; *Hannigan*, Company Law, 2015, Rn. 1-18; *Young* B.L.R. 2000, 257; *Henssler/Mansel* NJW 2007, 1393, 1394.

34 *Davies/Worthington*, Gower's Principles of Modern Company Law, 2016, Rn. 1-34; *Morse*, Partnership and LLP Law, 2015, Rn. 10.01.

te Trusts (private Sondervermögen)[35] sind zwar keine primären Organisationsformen des Unternehmensrechts, finden hier jedoch ebenfalls Verwendung. Insbesondere der Unit Trust,[36] bei dem die Berechtigten in keinem persönlichen Verhältnis stehen, kann funktional an die Stelle einer Gesellschaft treten und wird zB für Mitarbeiterbeteiligungsprogramme genutzt. Daneben erhalten die ssec. 832 ff. CA 2006 Sonderregelungen für Investmentgesellschaften, die regelmäßig als sog Investment Trust Companies (ITC) agieren.[37]

10 Außerhalb des unternehmerischen Bereichs gibt es noch **Unincorporated Associations,**[38] dh nicht körperschaftlich organisierte Vereinigungen zur Wahrung der Interessen ihrer Mitglieder. Wie im deutschen Recht werden rechtsfähige Verbände, die von den dahinterstehenden Personen losgelöst sind, als Körperschaften (Corporations) bezeichnet. Im nicht-unternehmerischen Bereich gibt es die Figur der **Sole Corporation** (bzw. Corporation Sole),[39] bei der eine bestimmte, einer einzelnen Person zugewiesene Funktion zugleich eine Körperschaft ist (zB der Erzbischof von Canterbury). Im Vereinigten Königreich existiert auch noch die historisch älteste Form einer Körperschaft, die Körperschaft kraft königlichem Privileg (**Chartered Corporation**).[40] Historisch berühmt ist die English East India Company, der 1600 die Rechtsfähigkeit durch königlichen Charter verliehen wurde und die einschließlich ihrer Nachfolgegesellschaft bis 1873 nicht nur den Handel mit Ostasien und Südostasien kontrollierte, sondern insbesondere in Indien als private Kolonialmacht auftrat.[41] Auch die Kolonialisierung Südafrikas geschah zunächst durch eine Chartered Corporation, die British South Africa Company. Eng verwandt mit den Chartered Corporations sind die **Statutory Corporations,** bei denen die Rechtsfähigkeit durch Gesetz verliehen wird.[42] Nach Zulassung von Körperschaften kraft Registrierung (registered companies) ist die Bedeutung der Chartered Corporations stark zurückgegangen und beschränkt sich im Wesentlichen auf den nichtwirtschaftlichen Bereich. Seit 2013 gibt es zudem die **Charitable Incorporated Organisation** (CIO), die vor allem der (nicht-unternehmerischen) Betätigung von kleineren Hilfsorganisationen dienen soll. Bislang wurden bereits ca. 7.000 CIOs gegründet bzw. bestehende Gesellschaften in eine solche umgewandelt.

11 Bei den heute dominierenden **Registered Companies** (Gesellschaften kraft Eintragung) kann einerseits nach der Haftung der Gesellschafter und andererseits nach der privaten oder öffentlichen Kapitalaufbringung unterschieden werden. Hinsichtlich der persönlichen Haftung unterscheidet man Companies Limited by Shares (Gesellschaften mit einem über Gesellschaftsanteile aufgebrachten Eigenkapital), Companies Limited by Guarantee (Gesellschaften mit einer bei Bedarf fälligen zahlenmäßig bestimmten Garantiehaftung der Gesellschafter)[43] und **Unlimited Companies** (Gesellschaften mit unbeschränkter Haftung).[44] Letztere sind sehr selten. Sie erinnern jedoch daran, dass historisch gesehen die Verleihung der Rechtsfähigkeit zunächst nicht mit der Haftungsbeschränkung verbunden war. Auch Gesellschaften mit Garantiefond sind eher selten. Es dominieren die companies limited by shares. **Public Companies Limited by Shares** (plc) (dazu Rn. 560 ff.), die Aktiengesellschaften entsprechen, haben ein gesetzliches Mindestkapital (£ 50.000), dürfen ihre Anteile öffentlich anbieten und börsennotiert sein. Die börsennotierten Gesellschaften (listed companies) weisen verschiedene Besonderheiten gegenüber nicht-börsennotierten Gesellschaften (non-listed companies) auf. **Private Companies Limited by Shares** (Ltd.) (dazu Rn. 254 ff.) bedürfen keines Mindestkapitals und dürfen ihre Anteile nicht öffentlich anbieten. Die registered companies sind im CA 2006 geregelt. Ein Großteil der gesetzlichen Regelungen gilt für alle companies gleichermaßen, womit ein Auseinanderdriften der verschiedenen Formen verhindert wird.

35 Dazu *Hudson*, Equity and Trusts, 8. Ed. 2016; *Virgo*, The Principles of Equity & Trusts, 2. Ed. 2016; *Pettit*, Equity and the Law of Trusts, 11. Ed. 2009; *Hayton* LQR 117 (2001) 96 ff.; *Kalss/Nicolussi* GesRZ 2015, 221, 222 ff.

36 Dazu *Ford* MLR 23 (1960) 129 ff.; *Palmer's Company Law*, 2016, Rn. 1.237 f.

37 Dazu *Mayson/French/Ryan*, Company Law, 2017, S. 290; *Thole* in: Schall (Hrsg.), Companies Act, 2014, sec. 832 Rn. 1 ff.

38 Dazu *Stewart/Campbell/Baughen*, The Law of Unincorporated Associations, 2011; zur amerikanischen Unincorporated Association *Sturges* Yale Law Journal 33 (1924) 383 ff.; *Wrightington*, The Law of Unincorporated Associations and Similar Relations, 1916.

39 Dazu *Wild/Weinstein*, Smith and Keenan's Company Law, 2013, S. 5 f.; *Palmer's Company Law*, 2016, Rn. 1.214.

40 Dazu *Mayson/French/Ryan*, Company Law, 2017, S. 7; *Davies/Worthington*, Gower's Principles of Modern Company Law, 2016, Rn. 1-31 ff.; *Palmer's Company Law*, 2016, Rn. 1.215 ff.

41 Zur Bedeutung der East India Company für das „moderne" Gesellschaftsrecht *Stern* Seattle Univ. L. Rev. 39 (2016) 423 ff.

42 Dazu *Davies/Worthington*, Gower's Principles of Modern Company Law, 2016, Rn. 1-31 ff.; *Bourne*, Company Law, 2016, S. 5 f.; *Just*, Die englische Limited in der Praxis, 2012, Rn. 8.

43 Dazu *Mullen/Lewis*, Companies Limited by Guarantee, 2014; *Davies/Worthington*, Gower's Principles of Modern Company Law, 2016, Rn. 1-8 ff.; *Wild/Weinstein*, Smith and Keenan's Company Law, 2013, S. 27 f.; *Heckschen/Strnad* GmbHR 2016, 469 ff.; siehe auch *Schall* in: Schall (Hrsg.), Companies Act, 2014, sec. 5 Rn. 1; OLG Dresden GmbHR 2016, 484.

44 Dazu *Hannigan*, Company Law, 2015, Rn. 1-20; *Wild/Weinstein*, Smith and Keenan's Company Law, 2013, S. 28 f.; *Girvin/Frisby/Hudson*, Charlesworth's Company Law, 2010, Rn. 3-004.

III. Rechtsquellen und Charakteristika

1. Rechtsquellen des Englischen Gesellschaftsrechts

Anders als das traditionelle Common Law und die Equity Law-Grundsätze[45] ist das Englische Gesellschaftsrecht nahezu vollständig kodifiziert. Für die einzelnen „Gesellschaftsformen" gibt es jeweils einen separaten Gesetzestext (*Act*). Allein aus der Zahl von **1300 Paragraphen** (*Sections*) und 16 Anhängen im Companies Act 2006[46] lässt sich erahnen, dass das Englische Kapitalgesellschaftsrecht die wichtigsten Fragen im Gesetz (*Statute*) regelt. Ähnliches gilt für das Englische Personengesellschaftsrecht. Schon aufgrund der Anzahl von Limited im Vergleich zu den anderen Rechtsformen (s. Rn. 8) kommt aus unternehmerischer Sicht vor allem dem **Companies Act 2006** (CA 2006) maßgebende Bedeutung zu. Nach der umfangreichen Reform des Englischen Kapitalgesellschaftsrechts traten die letzten Vorschriften des CA 2006 im Oktober 2009 in Kraft.[47] Ziel war es, insbesondere die private company noch attraktiver gegenüber ausländischen Gesellschaftsformen zu machen. Basierend auf den verschiedenen Typen englischer „Personengesellschaften", unterliegenden die (General) Partnership, die LP sowie die LLP grundsätzlich eigenständigen Rechtsquellen. Es gelten somit primär die entsprechenden Regelungen des Partnership Act 1890 (PA 1890), des Limited Partnership Act 1907 (LPA 1907) und des Limited Liability Partnership Act 2000 (LLPA 2000). 12

Das Gesetzesrecht wird durch **Regulations** und **Orders** der Regierung, genauer des zuständigen Staatssekretärs, zT umfassend ergänzt. Diese bedürfen ähnlich deutscher Verordnungen der gesetzlichen Ermächtigung. Regulations können, anders als deutsche Verordnungen, auch gesetzliche Regelungen abändern. Man spricht in England insoweit von Secondary Legislation.[48] Insbesondere der Companies Act 2006 hat die Regierung mit umfangreichen Ermächtigungen ausgestattet (vgl. ssec. 468, 657, 1288-1292 CA 2006). Daneben gibt es noch generelle Ermächtigungen, zB zur Umsetzung von EU-Richtlinien. Aber auch die LLP ist maßgeblich von den Limited Liability Partnership Regulations 2001 (LLPR 2001) und den Limited Liability Partnerships (Application of Companies Act 2006) Regulations 2009 geprägt. Für Spezialbereiche existieren sogar private Regelsetzer wie die Financial Conduct Authority (FCA) mit ihren Listing Rules (LR) (s. dazu auch Rn. 608). 13

Probleme bei der **Gesetzesauslegung** (*Statutory Interpretation*)[49] stellen sich im Englischen (Gesellschafts-) Recht in deutlich geringerem Maße als beispielsweise in Deutschland, da der Auslegungs- und Rechtsfortbildungsspielraum geringer ist. Maßgeblich für die Bedeutung einer Norm ist grundsätzlich allein deren Wortlaut (sog ***Plain Meaning Rule*** bzw. *Literal Rule*). Die wörtliche Auslegung hat insofern Vorrang vor anderen Auslegungsmethoden.[50] Sie ist Ausdruck der uneingeschränkten Souveränität des Parlaments, welches das Gesetz in der so verkündeten Fassung „geschaffen" hat.[51] Die starke Bindung an den Wortlaut einer Norm hat dazu geführt, dass richterliche **Rechtsfortbildungen** Recht sehr selten sind.[52] Dies gilt auch für das Gesellschaftsrecht. In den letzten Jahrzehnten hat indes eine gewisse Aufweichung der Literal Rule hin zu einem mehr zweckorientierten Ansatz (zB Analogien) im Englischen (*Purposive Approach*) stattgefunden.[53] Eine Abweichung von der Literal Rule unterliegt jedoch weiterhin engen Grenzen[54] und ist grundsätzlich nur dann zulässig, wenn der konkrete Wortlaut einer Norm mit der eindeutig feststellbaren Intention des Gesetzgebers unvereinbar ist.[55] 14

Vor allem des Englische Kapitalgesellschaftsrecht ist nicht abschließend im CA 2006 geregelt. Für die praktische Handhabung einer Ltd. oder plc sind weiterhin **spezialgesetzliche Regelungen** zu berücksichtigen, die Einfluss auf das company law haben. Entsprechendes gilt im Grundsatz für die englischen Personengesellschaften. Zu 15

---

45 Jüngst zum Equity-Law *Harding* LQR 132 (2016) 278 ff.; deutschsprachig auch *Kischel*, Rechtsvergleichung, 2015, § 5 Rn. 72 ff.

46 Damit handelt es sich beim Companies Act 2006 um das längste jemals in Großbritannien erlassene Gesetz.

47 Zur Reform des englischen Kapitalgesellschaftsrechts im Rahmen des CA 2006 *Prentice* in: Hannigan/Prentice (Eds.), The Companies Act 2006, 2009, Rn. 1.1 ff.; *Davies/Rickford* ECFR 2008, 48 ff., 239 ff.; *Omar* ICCLR 20 (2009) 44 ff.; *Just*, Die englische Limited in der Praxis, 2012, Rn. 22 ff.; *Witt* ZGR 2009, 872, 886 ff.; *Ebert* NotBZ 2006, 81 ff.; *Torwegge* GmbHR 2006, 919 ff.; *Lembeck* NZG 2003, 956 ff.; partiell auch *Reisberg* ECFR 2009, 219 ff.

48 Vgl. *Davies/Worthington*, Gower's Principles of Modern Company Law, 2016, Rn. 3-5.

49 Allgemein zur Gesetzesauslegung im englischen Recht *Cross*, Statutory Interpretation, 3. Ed. 1995; *Graham* Statute Law Review 23 (2002) 91 ff.; *Styles* Oxford J. Legal Stud. 14 (1994) 151 ff.

50 Eine Ausnahme stellt selbstverständlich der Zwang zur richtlinienkonformen Auslegung angeglichen Rechts (dazu § 2 Rn. 192 ff.) dar.

51 Deutschsprachig zur Entstehung von Gesetzen in England *Scherpe* RabelsZ 78 (2014) 361 ff.

52 Vgl. *Hager*, Rechtsmethoden in Europa, 2009, S. 98; *Vogenauer* in: Triebel ua (Hrsg.), Englisches Handels- und Wirtschaftsrecht, 2012, Kap. II, Rn. 38.

53 *Vogenauer* in: Triebel ua (Hrsg.), Englisches Handels- und Wirtschaftsrecht, 2012, Kap. II, Rn. 38; *Suhr*, Richtlinienkonforme Auslegung im Privatrecht, 2011, S. 98 f.; vgl. auch *Kischel*, Rechtsvergleichung, 2015, § 5 Rn. 167.

54 *Jones v. Wrotham Park Settled Estates* [1980] AC 74, 104.

55 Vgl. *Inco Europe Ltd. and Others v. First Choice Distribution and Others* [2000] 1 WLR 586, 592; siehe jedoch auch die Aussage von Lord Toulson in *Cambell v. Gordon (Scotland)* [2016] UKSC 38 at [34]: „If the legislation is silent […], the judges' role is to fill the gaps".

nennen sind hierbei insbesondere die gesellschaftsrechtlichen Bestimmungen im **Insolvency Act 1986** (IA 1986), die ua die Regelungen zum Fraudulent Trading (sec. 213 IA 1986) (s. Rn. 465 ff.) und Wrongful Trading (sec. 214 IA 1986) (s. Rn. 469 ff.) enthalten. Daneben sind auch die Vorschriften des Company Directors Disqualification Act 1986 (CDDA 1986), des Financial Service Markets Act 2000 (FSMA 2000), des Enterprise Act 2002 sowie im Bereich von (grenzüberschreitenden) Strukturmaßnahmen der Londoner City Code on Takeovers and Mergers[56] und die Cross-Border Mergers Regulations 2007 (CBMR 2007) zu beachten. Hinzu kommen der UK Corporate Governance Code 2016[57] und der **UK Stewardship Code 2012**[58] als (freiwillige) Regelungen zur guten Unternehmensführung.

16 Von besonderer Bedeutung sind zudem die jüngsten Änderungen und Erweiterungen des Companies Act 2006 durch den **Small Business, Enterprise and Employment Act 2015** (SBEEA 2015).[59] Dieser stellt die bisher umfangreichste Änderung des Companies Act 2006 dar. Er selbst ist mit 165 Artikeln und 11 Anhängen von erheblichem Ausmaß (275 Seiten). Dies zeigt umso mehr die Tendenz zu einer **weitreichenden Kodifizierung** des Englischen (Kapital-)Gesellschaftsrechts. Auch materiell kam es durch den SBEEA 2015 zu bemerkenswerten Neuerungen. So wurde ua eine Pflicht zur Führung einer Liste von Personen mit wesentlicher Beteiligung an der Gesellschaft geschaffen, die Abschaffung von Inhaberanteilen forciert und sog Corporate Directors verboten. Übergeordnetes Ziel des SBEEA 2015 ist die Fortentwicklung Großbritanniens als vertrauenswürdiger und verlässlicher Wirtschaftsstandort. Hierzu sollen insbesondere eine Verbesserung der **Transparenz** im Rechtsverkehr und des Eintragungsverfahrens sowie eine Bekämpfung von Fehlverhalten von Geschäftsführern vorangetrieben werden.[60] Neben Änderungen im Companies Act 2006 führte der SBEEA 2015 zu weitreichenden Ergänzungen ua des Insolvency Act 1986 und des Company Directors Disqualification Act 1986. Dazu sind verschiedene Regelungen auf die LLP in entsprechender oder modifizierter Form anzuwenden (zB hinsichtlich des Register of People with Significant Control (s. Rn. 337 ff.)). Die auf dem SBEEA 2015 basierenden Neuregelungen in den einzelnen Gesetzen sind überwiegend ab April-Juni 2016 gültig und von den Betroffenen zu beachten. Es ist möglich, dass Großbritannien trotz des Brexit mit dem SBEEA 2015 einmal mehr Vorreiter und Initiator für künftige Rechtsentwicklungen auch im Europäischen Gesellschaftsrecht sein könnte.[61]

17 Seit dem Beitritt Großbritanniens zur Europäischen Gemeinschaft im Jahr 1972 ist das Englische Gesellschaftsrecht auch von **europäischen Einflüssen** mitgeprägt.[62] Rechtsquelle der in England registrierten supranationalen Gesellschaftsformen ist primär die jeweils zugrundeliegende EU-Verordnung (für die Europäische Aktiengesellschaft zB die SE-VO). Auch das auf **Richtlinien** basierende Gesellschaftsrecht ist europäisch-autonom und damit unabhängig vom englischen Begriffsverständnis auszulegen. Da das Richtlinienrecht in England jedoch häufig wörtlich in nationales Recht umgesetzt wurde, stellt sich diese Problematik nur in geringem Maße.[63] Zudem gebietet das Primärrecht (insbes. die Niederlassungs- und Kapitalverkehrsfreiheit) die Beachtung europäischer Vorgaben. Soweit diese Regelungen nach dem Brexit nicht geändert werden, dürfte die Methode der englischen Gesetzesauslegung mit ihrer strengen Ausrichtung auf den Wortlaut und den Willen des historischen Gesetzgebers dafür sorgen, dass sich die Auslegung dieser Regelungen nicht ändert.

18 Trotz der umfangreichen Kodifizierung des Englischen Gesellschaftsrechts (s. Rn. 241), spielt das **Fallrecht** (*Case Law*) eine weiterhin gewichtige Rolle. Auch beruht der CA 2006 in weiten Teilen auf altem Fallrecht bzw. auf Vorläufergesetzen, die ihrerseits das damalige *Case Law* normierten.[64] Obgleich nur noch wenige Rechtsgebiete im Englischen Gesellschaftsrecht allein von der Common Law-Rechtsprechung gebildet werden,[65] wird das einer Regelung zugrundeliegende Fallrecht weiterhin für die **Auslegung** der Gesetzesnorm herangezogen

---

56 Die aktuelle Fassung (11. Auflage) datiert vom Mai 2013; abrufbar unter: http://www.thetakeoverpanel.org.uk/wp-content/uploads/2008/11/code.pdf.; siehe auch ssec. 942 ff. CA 2006.

57 Die aktuelle Fassung (2016) ist abrufbar unter: https://www.frc.org.uk/Our-Work/Codes-Standards/Corporate-governance/UK-Corporate-Governance-Code.aspx.

58 Die aktuelle Fassung (2012) ist abrufbar unter: http://www.avonpensionfund.org.uk/financeandinvestments/ docs/FRC-UKStewardshipCode2012.pdf.; ausführlich zum UK Stewardship Code *Reisberg* JCLS 15 (2015) 217 ff.; *Roach* JCLS 11 (2011) 463 ff.; *Arsalidou* ECFR 2012, 342 ff.; *Chiu* ZVglRWiss 114 (2015) 121, 147 ff.; deutschsprachig auch *Fleischer/Strothotte* AG 2011, 221 ff.

59 Dazu *Brennan* S.J. 159 (2015) 38 ff.; *Palmer's Company Law*, 2016, Rn. 1.164; *Bailey* Co. N.L. 2015, 370, 1 ff.; *Johnson* Insolv. Int. 28 (2015) 117 ff.; *Gompertz* Cov. L.J. 20 (2015) 49 ff.; *Shori* P.L.C. 2015, 26 (4), 8 f.; *Chuah* F. & C.L. 2015, 6 ff.; *Stiegler* ZIP 2016, 1808 ff.; *Söhner* RIW 2016, 489 ff.; *J. Schmidt* AG 2015, R228 f.

60 Im Zusammenhang mit Großbritannien als wettbewerbsfähiger Wirtschaftsstandort vgl. auch *Ferran* MLR 79 (2016) 813, 823.

61 *Stiegler* ZIP 2016, 1808, 1817.

62 Zum Einfluss des europäischen Rechts auf das Englische Gesellschaftsrecht *Girvin/Frisby/Hudson*, Charlesworth's Company Law, 2010, Rn. 1-021 ff.; *Ringe/Otte* in: Triebel ua (Hrsg.), Englisches Handels- und Wirtschaftsrecht, 2012, Kap. V Rn. 10 ff.

63 Vgl. *Schall* in: Schall (Hrsg.), Companies Act, 2014, Einleitung, S. LXXII; *Vogenauer* in: Triebel ua (Hrsg.), Englisches Handels- und Wirtschaftsrecht, 2012, Kap. I Rn. 36.

64 *Vogenauer* in: Triebel ua (Hrsg.), Englisches Handels- und Wirtschaftsrecht, 2012, Kap. I Rn. 35.

65 *Just*, Die englische Limited in der Praxis, 2012, Rn. 17.

und anhand der darauf basierenden Zweckrichtung beurteilt, soweit das Gesetzesrecht nicht mit dieser Rechtsprechung brechen wollte, was zu begründen wäre. Die Bedeutung älterer Rechtsprechung für neue Gesetze ist in der Intensität daher etwas stärker als im deutschen Gesellschaftsrecht. Beispielsweise spielt trotz der umfassenden Kodifikation der Directors Duties in ssec. 170 ff. CA 2006 (s. Rn. 436 ff.) das hierzu vor dem Companies Act 2006 ergangene Fallrecht eine erhebliche Rolle.[66] Insofern ist das **Richterrecht** auch weiterhin eine bedeutende Rechtsquelle im Englischen Gesellschaftsrecht.

In diesem Zusammenhang kommt – wie generell im britischen Recht und auch sonst im Common Law-Rechtskreis – **Präjudizien** ein besonderes Gewicht zu. Die Heranziehung früherer Präzedenzfälle als Rechtsquelle für zukünftig zu entscheidende Sachverhalte ist essentiell für das Verständnis des Englischen (Gesellschafts-)Rechts. Urteile englischer Gerichte entfalten dabei eine ungleich höhere **Bindungswirkung** als kontinentaleuropäische Gerichtsentscheidungen. Die Gerichte sind an die Entscheidungen der jeweils höheren Gerichte gebunden (*Rule of Precedent*). Änderungen sind nur durch den Gesetzgeber, eine abweichende Entscheidung eines noch höheren Gerichts (*Overruling*) oder eine Änderung der Rechtsprechung des Supreme Courts (bis 2009 House of Lords (HL)) möglich. In der Praxis wird diese strenge Bindung an Präjudizien allerdings etwas relativiert. So sind schottische Gerichte nicht an englische Gerichtsentscheidungen und englische Gerichte nicht an schottische Gerichtsentscheidungen gebunden. Vor allem neigen englische Gerichte anders als kontinentaleuropäische Gerichte weitaus seltener zum Aufstellen allgemeiner Rechtssätze. Meist wird eine Regel nur für eine eng beschriebene Fallkonstellation aufgestellt. Dies ermöglicht ein Unterscheiden der Fälle (*Distinguishing*) und damit eine gewisse Relativierung der Bindung. Als Rechtsquelle kann im Hinblick auf das Fallrecht auch die (obergerichtliche) Rechtsprechung aus **anderen Common Law-Jurisdiktionen** Beachtung finden.[67] Kraft faktischer Überzeugung (*Persuasive Authority*) können entsprechende Entscheidungen, die eine materielle Kongruenz mit den in Rede stehenden Sachverhalten aufweisen, für die Beurteilung herangezogen werden.[68] 19

2. Charakteristika des Englischen Gesellschaftsrechts

Das Englische Gesellschaftsrecht ist inhaltlich vergleichsweise **homogen** und damit gut verständlich. Das gilt im besonderen Maße für das umfassend und modern geregelte Kapitalgesellschaftsrecht, das in Europa qualitativ führend ist. Es gibt nur relativ wenige für die Praxis relevante Rechtsformen. Diese sind gesetzlich geregelt. Vor allem bauen die gesetzlichen Regeln aufeinander auf. Das Englische Gesellschaftsrecht ist aufgrund seiner umfassenden Kodifikation daher auch für kontinentale Rechtsanwender verhältnismäßig **leicht zugänglich**. Allenfalls die Verteilung auf mehrere Statutes (Gesetze) und die zusätzlichen Regulations (Verordnungen) erschweren den Zugang zum normativen Gesellschaftsrecht. Auch die Bindungswirkung zum Teil jahrhundertealter Gerichtsentscheidungen kann aus deutscher Sicht gelegentlich abschreckend wirken. 20

Grundmodell der Personengesellschaften ist die **Partnership**, während bei den Kapitalgesellschaften die **Corporation** als einheitlicher Rahmen Ausgangspunkt ist. Eine Mischform zwischen Partnership und Company stellt die LLP dar. Trotz ihrer personengesellschaftsrechtlichen Elemente wird diese nicht als „echte" Personengesellschaft angesehen, sondern vielmehr als hybride Rechtsform zwischen Personen- und Kapitalgesellschaft. Das wohl prägendste Prinzip im Englischen Kapitalgesellschaftsrecht ist der Grundsatz der eigenen Rechtspersönlichkeit einer company (*Seperate Legal Personality*) (s. Rn. 523). Nach der ***Salomon*-Doktrin** ist das Vermögen der Gesellschaft strikt von dem der Gesellschafter zu trennen.[69] Eine Durchgriffshaftung (*Piercing the Corporate Veil*)[70] ist nur in sehr wenigen Ausnahmefällen anerkannt.[71] Dies wurde jüngst erneut in der Supreme Court-Entscheidung *Petrodel Resources Ltd. v. Prest*[72] bestätigt.[73] 21

Das Englische Gesellschaftsrecht ist sehr liberal. Dies betrifft in erster Linie die **vertragliche Gestaltungsfreiheit**.[74] Gerade aus deutscher Sicht lässt sich ein geringerer Stellenwert des Schutzes der Minderheitsgesellschafter, der Gläubiger und der Arbeitnehmerinteressen feststellen. Die Einzelfallgerechtigkeit der Rechtsanwendung hat entsprechend dem **liberalen Grundverständnis** einen geringen Stellenwert. Jeder Beteiligte ist für sich selbst verantwortlich. Nach englischem Verständnis kann es nicht Aufgabe der Richter sein, unternehmerische Ent- 22

66 Vgl. *Davies/Worthington*, Gower's Principles of Modern Company Law, 2016, Rn. 3-10.

67 Vgl. *Schall* in: Schall (Hrsg.), Companies Act, 2014, Einleitung, S. LXXI; *Vogenauer* in: Triebel ua (Hrsg.), Englisches Handels- und Wirtschaftsrecht, 2012, Kap. I Rn. 8.

68 Beispielhaft *Fulham Football Club (1987) Ltd. v. Richards and other* [2010] EWHC 3111 (Ch).

69 *Salomon v. Salomon & Co. Ltd.* [1896] UKHL 1.

70 Zum Begriff *Boyle/Birds*, Company Law, 2014, Rn. 3.2.2, Rn. 3.3, mit Verweis auf *VTB Capital plc v. Nutritek International Corp.* [2013] UKSC 5 at [118 f.], [124]; *Mujih* Co. Lawyer 37 (2016) 39, 41; rechtsvergleichend auch *Vandekerckhove*, Piercing The Corporate Veil, 2007.

71 Siehe zB *Gilford Motor Co. Ltd. v. Horne* [1933] Ch 935; *Smith, Stone & Knight Ltd. v. Birmingham Corp.* [1939] 4 All ER 116; *Harold Holdsworth & Co. (Wakefield) Ltd. v. Caddies* [1955] 1 WLR 352; *Jones v. Lipman* [1962] 1 WLR 832.

72 *Petrodel Resources Ltd. v. Prest* [2013] UKSC 34.

73 Siehe *VTB Capital plc v. Nutritek International Corp. and others* [2013] UKSC 5.

74 Im Hinblick auf den Companies Act 2006 *Davies/Rickford* ECFR 2008, 48, 51 f.

scheidungen zu überprüfen. Anders als nach deutschem Verständnis geht es nicht nur um ein Ermessen bei der Geschäftsführung. Die Rechtsprechung soll sich hier vielmehr vollkommen heraushalten.[75] Auch deshalb hat die Vertragsgestaltung einen höheren Stellenwert als im deutschen Recht. Dies zeigt sich auch dadurch, dass zahlreiche Regelungen im CA 2006 als **dispositives Recht** (*Default Rules*) ausgestaltet sind,[76] womit den Parteien ein hohes Maß an Selbstbestimmung bei der Ausgestaltung ihrer Gesellschaft zukommt. Im Englischen Recht besteht generell kein großes Interesse an dogmatischen Streitfragen. Dies kommt auch dadurch zum Ausdruck, dass andere Werke bzw. Autoren kaum zitiert werden, man vielmehr primär nach **praktischen Lösungen** sucht. Ein gutes Beispiel ist die Überwindung der praktischen Probleme der fehlenden Rechtsfähigkeit bei der Partnership (s. Rn. 44). Insgesamt ist der Komplexitätsgrad des Englischen Gesellschaftsrechts trotz der hohen Zahl von Paragraphen deutlich geringer als im deutschen Gesellschaftsrecht.

23 Das Englische Gesellschaftsrecht enthält einige **wenige Atavismen**. Hierzu zählen ua die Chartered Corporations (Gesellschaften, deren Rechtsfähigkeit auf königlichem Privileg beruht), wobei ein solches königliches Privileg seit etwa Mitte des 19. Jahrhunderts fast nur noch an nicht-kommerzielle Vereinigungen verliehen wird. Solche Atavismen, zu denen zB auch die company limited by guarantee gehört, können zu einem besseren Verständnis des heute Üblichen führen.

IV. Internationales Gesellschaftsrecht

24 Weder der Companies Act 2006 noch andere gesetzliche Bestimmungen befassen sich ausdrücklich mit der Frage des auf Gesellschaften anwendbaren Rechts. Dies gilt sowohl für die Anerkennung ausländischer Rechtsformen in England als auch für die grenzüberschreitende Mobilität in Form von Sitzverlegungen von englischen Gesellschaften. Nach sec. 9 (2) (b) CA 2006 hat eine Company bei der Gründung lediglich anzugeben, ob sie ihren **Registersitz** (*Registered Office*) in England, Wales, Schottland oder Nordirland hat (s. Rn. 267).[77] Materiellrechtlich ist eine rechtsformwahrende Verlegung des Registersitzes außerhalb des Vereinigten Königreichs damit nicht möglich.[78] Dies sagt jedoch grundsätzlich noch nichts über das Englische Gesellschaftskollisionsrecht aus. Das Internationale Gesellschaftsrecht wird vielmehr von der Rechtsprechung und zT Jahrhunderte zurückliegenden Entscheidungsgrundsätzen geprägt.

25 Für die Beurteilung des auf eine Unternehmensform anwendbaren Rechts stellt das Englische Gesellschaftskollisionsrecht traditionell auf das **Domicile** einer Gesellschaft ab.[79] Dies gilt gleichermaßen für Personen- und Kapitalgesellschaften. Das domicile befindet sich in dem Land, in dem die Gesellschaft gegründet wurde.[80] Davon abzugrenzen ist die **Residence** einer Gesellschaft, welche sich grundsätzlich am Ort der Geschäftsleitung (*Central Management*) befindet[81] und damit im weitesten Sinne mit dem Verwaltungssitz einer Gesellschaft nach deutschem Verständnis zu vergleichen ist. Für die Beurteilung des Gesellschaftsstatuts spielt die residence jedoch keine Rolle. Maßgebend für die kollisionsrechtliche Einordnung der gesellschaftsrechtlichen Verhältnisse ist vielmehr das am domicile der Gesellschaft geltende Recht. In England gilt damit die **Gründungstheorie** (*Incorporation Theory*).[82] Das Statut einer Gesellschaft und deren Rechtsfähigkeit werden folglich vom Gründungsrecht bestimmt.

75 In Bezug auf die Ablehnung der Business Judgement Rule im Englischen Gesellschaftsrecht siehe Rn. 410.

76 *Davies/Worthington*, Gower's Principles of Modern Company Law, 2016, Rn. 3-2; *Mayson/French/Ryan*, Company Law, 2017, S. 29 f.

77 Siehe auch *Davies/Worthington*, Gower's Principles of Modern Company Law, 2016, Rn. 6-18; *Palmer's* Company Law, 2016, Rn. 2.501; *Mayson/French/Ryan*, Company Law, 2017, S. 67 f.; *Hannigan*, Company Law, 2015, Rn. 1-24.

78 Vgl. *Re Baby Moon Ltd.* [1985] 1 BCC 99, 298; *Prentice* EBLR 2003, 631, 633; *Davies/Worthington*, Gower's Principles of Modern Company Law, 2016, Rn. 6-18 f.; *Palmer's Company Law*, 2016, Rn. 2.507; *Levedag* in: Süß/Wachter (Hrsg.), HdB des internationalen GmbH-Rechts, 2016, England, Rn. 612; in Bezug auf das domicile auch *Lewis* Co. Lawyer 16 (1995) 295.

79 Prägend zum Begriff des domicile einer Gesellschaft *Dicey*, The Law of Domicile as a Branch of the Law of England, 1879; *Farnsworth*, The Residence and Domicile of Corporations, 1939, S. 201 ff.; siehe auch *Heinrich* RabelsZ 25 (1960) 456 ff.; *Panthen*, Der Sitz-Begriff im Internationalen Gesellschaftsrecht, 1988, S. 145 ff.

80 *Gasque v. Commissioners of Inland Revenue* [1940] 2 KB 80; *Dicey/Morris/Collins*, Conflict of Laws, 2016, Rule 173 (1); *Briggs*, The Conflict of Laws, 3. Ed. 2013, S. 372; *Farnsworth*, The Residence and Domicile of Corporations, 1939, S. 205; *Palmer's Company Law*, 2016, Rn. 2.515; *Smart* J.B.L. 1990, 126, 129; *Lewis* Co. Lawyer 16 (1995) 295.

81 *Dicey/Morris/Collins*, Conflict of Laws, 2016, Rule 173 (2); *Farnsworth*, The Residence and Domicile of Corporations, 1939, S. 200; vgl. auch *Just*, Die englische Limited in der Praxis, 2012, Rn. 283.

82 *Davies/Worthington*, Gower's Principles of Modern Company Law, 2016, Rn. 6-18; *Girvin/Frisby/Hudson*, Charlesworth's Company Law, 2010, Rn. 34-002; *Wild/Weinstein*, Smith and Keenan's Company Law, 2013, S. 97; *Mayson/French/Ryan*, Company Law, 2017, S. 68 f.; *Stolowy* J.B.L. 2015, 620, 629; *Süß* in: MüHdB GesR, Bd. 6, IntGesR, 4. Aufl. 2013, § 47 Rn. 161; *Levedag* in: Süß/Wachter (Hrsg.), HdB des internationalen GmbH-Rechts, 2016, England, Rn. 611; die Sitztheorie (*real seat-theory*) wird im Englischen Recht hingegen abgelehnt, vgl. *Baelz v. PT* [1926] 1 Ch 863; *International Credit and Investment Co (Overseas) Ltd. v. Adham* [1994] 1

Bereits **Anfang des 18. Jahrhunderts** wurden im Ausland wirksam gegründete Gesellschaften als solche vor englischen Gerichten anerkannt und damit de facto auf die Gründung der Gesellschaft als maßgeblicher Anknüpfungspunkt abgestellt.[83] Die Anknüpfung auch englischer Gesellschaften an den Ort der Gründung beruhte dabei auf den wirtschaftlichen Interessen des „Empire". Ziel war es, die überseeischen Wirtschaftsaktivitäten zu fördern und die englische Kapitalmacht in diesen Gebieten zu stärken, indem Kolonialgesellschaften nach Englischem Recht gegründet und betrieben werden konnten, obwohl sie ausschließlich in den überseeischen Gebieten wirtschaftlich tätig waren.[84] Unter der Gründungstheorie knüpft das Gesellschaftsstatut an den **Willen der Gründer** an. Diese haben die Wahl, in welchem Staat und damit nach welcher Rechtsordnung sie ihre Gesellschaft gründen wollen (s. dazu auch § 10 Rn. 13).[85] Zum Teil abweichende (fremdenrechtliche) Bestimmungen gelten für die vom Anwendungsbereich der Overseas Companies Regulations 2009 erfassten Gesellschaften.[86] Bei diesen geht es primär um Veröffentlichungspflichten. 26

Die Anknüpfung an das Gründungsrecht der Gesellschaft ist umfassend.[87] Das Gründungsrecht ist maßgeblich für die Gründungsmodalitäten und die **Verleihung der Rechtspersönlichkeit,**[88] das Innenverhältnis der Gesellschaft,[89] die Bestellung und Abberufung der Organmitglieder[90] oder den Umfang der Vertretungsmacht.[91] Dies gilt sowohl für die Anerkennung ausländischer Gesellschaftsformen als auch für die Verwaltungssitzverlegung englischer Gesellschaften ins Ausland. Davon gleichermaßen erfasst sind Gesellschaften, die im Gründungsstaat keine wirtschaftlichen Aktivitäten ausüben. Es ist daher sowohl möglich, eine englische Briefkastengesellschaft zu errichten, die ausschließlich in einem anderen Staat wirtschaftlich tätig wird,[92] als auch durch eine sog **Pseudo Foreign Corporation** (Scheinauslandsgesellschaft) nur in England wirtschaftlich tätig zu werden.[93] Entscheidend für die Nutzung einer englischen Gesellschaftsform ist damit, dass das Unternehmen eine formale Verbindung zum Vereinigten Königreich aufweist; im Rahmen der Gründungstheorie geschieht dies allein durch die Inkorporation der Gesellschaft in England. Eine tatsächliche Verbindung iS einer wirtschaftlichen Betätigung ist ohne Bedeutung für das englische Gesellschaftsstatut. 27

Von der gesellschaftsrechtlichen Gründungsanknüpfung ist die **steuerrechtliche Ansässigkeit** einer Gesellschaft zu unterscheiden. Für die Erhebung der Körperschaftsteuer (*Corporation Tax*) gegen die Gesellschaft ist im Grundsatz dessen residence maßgebend (sec. 5 (1) CTA 2009).[94] Aus steuerrechtlichen Gesichtspunkten war der Begriff der residence bis 1988 allein von der Rechtsprechung geprägt und befand sich dort, wo das „central management and control" der Gesellschaft war.[95] Basierende auf sec. 66 des Financial Act 1988 sieht die heutige Regelung des sec. 14 (1) CTA 2009 vor, dass eine Gesellschaft UK-resident ist, wenn sie im Vereinigten Kö- 28

BCLC 66, 77; kritisch zur reinen Anwendung der Gründungstheorie *Drury* CLJ 57 (1998) 165, 194; wohl auch *Williams/Chrussachi* LQR 49 (1933) 334, 336 ff.

83 Grundlegend *Dutch West India Co. v. Moses* [1724] 1 Str 612; *Henriques v. Dutch West India* Co. [1728] 2 LD Raym 1532; siehe auch *Newby v. Van Oppen and The Colt Fire Arms* Co. (1872) LR 7 QB 293; *Bank of Ethiopia v. National Bank of Egypt and Liguori* [1937] 3 All ER 8.

84 *Kindler* in: MüKo BGB, Bd. 11, 6. Aufl. 2015, IntGesR, Rn. 359; *Eidenmüller* in: Eidenmüller (Hrsg.), Ausländische Kapitalgesellschaften, 2004, § 1 Rn. 2; *Paschalidis*, Freedom of Establishment and Private International Law for Corporations, 2012, Rn. 1.01.

85 Vgl. nur *Borg-Barthet*, The Governing Law of Companies in the EU Law, 2012, S. 51.

86 Dazu *Davies/Worthington*, Gower's Principles of Modern Company Law, 2016, Rn. 6-2 ff.; deutschsprachig auch *Höfling*, Das englische internationale Gesellschaftsrecht, 2002, S. 161 ff.; *Müller-Driver*, Grenzüberschreitende Restrukturierungen zwischen Deutschland und England, 2002, S. 21 ff.

87 Vgl. *Prentice* EBLR 2003, 631, 634; *Dicey/Morris/Collins*, Conflict of Laws, 2016, Rule 175 (2); *Paschalidis*, Freedom of Establishment and Private International Law for Corporations, 2012, Rn. 1.02; *Stolowy* J.B.L. 2015, 620, 629; *Rothenburg/Walter/Platts* in: Wegen/Spahlinger/Barth (Hrsg.), Gesellschaftsrecht des Auslands, 2. EL 2018, Vereinigtes Königreich, Rn. 360 f.

88 *Lazard Bros v. Midland Bank* [1933] AC 289, 297; *National Trust Co Ltd. v. Elso Irrigation & Power Co Ltd.* [1954] 3 DLR. 326, 341; *Presentaciones Musicales SA v. Secunda* [1994] Ch 271 (CA).

89 *Pickering v. Stephenson* [1892] LR 14 Eq 322; vgl. auch *Briggs*, The Conflict of Laws, 3. Ed. 2013, S. 379; *Drury* CLJ 57 (1998) 165, 170; *Smart* J.B.L. 1990, 126, 127.

90 *Sierra Leone Telecommunications Co Ltd. v. Barclays Bank plc* [1998] 2 All ER 821 (QB).

91 *Banco de Bilbao v. Sancha and Rey* [1938] 2 KB 176 (CA); *Presentaciones Musicales SA v. Secunda* [1994] Ch 271 (CA).

92 Vgl. nur den dem Centros-Fall des EuGH zugrundeliegenden Sachverhalt (dazu § 10 Rn. 57 ff.), EuGH, Rs. C-212/97 (Centros), ECLI:EU:C:1999:126 = NZG 1999, 298, Rn. 3; *Prentice* EBLR 2003, 631, 634; *Edwards*, EC Company Law, 1999, S. 335; *Süß* in: MüHdB GesR, Bd. 6, IntGesR, 4. Aufl. 2013, § 47 Rn. 161; bezogen auf die LLP auch *Siems* ICLQ 58 (2009) 767, 791.

93 Vgl. *Davies/Worthington*, Gower's Principles of Modern Company Law, 2016, Rn. 6-18; *Höfling*, Das englische internationale Gesellschaftsrecht, 2002, S. 122.

94 Vgl. auch *Dicey/Morris/Collins*, Conflict of Laws, 2016, Rn. 30-005; *Palmer's Company Law*, 2016, Rn. 2.517; *Behrens* in: FS Magnus, 2015, S. 353, 362; *Höfling*, Das englische internationale Gesellschaftsrecht, 2002, S. 124; *Zimmer* RabelsZ 67 (2003) 298, 305.

95 *De Beers Consolidated Mines Ltd. V. Howe* [1906] AC 455; im Hinblick auf die Besteuerung einer Gesellschaft auch *Williams/Chrussachi* LQR 49 (1933) 334, 337.

nigreich gegründet wurde (sog *Incorporation Rule*). Vorbehaltlich einzelner Ausnahmen (vgl. Schedule 2, Part 5 CTA 2009), bemisst sich nunmehr auch die körperschaftsteuerliche Anknüpfung nach dem **Gründungsort der Gesellschaft.**[96] Anders als nach dem der Daily Mail-Entscheidung[97] zugrundeliegenden Sachverhalt (dazu § 10 Rn. 32 f.), führt eine Verwaltungssitzverlegung ins Ausland zwar auch zum Wegfall der Körperschaftsteuerpflicht, jedoch bedarf es keiner Zustimmung der englischen Finanzverwaltung mehr. Der Wegfall der Körperschaftsteuerpflicht führt jedoch ggf zu einer Liquiditätsbesteuerung. Eine Schlussbesteuerung nicht realisierter Wertzuwächse ist dabei zumindest dann niederlassungskonform, wenn der wegziehenden Gesellschaft ein Besteuerungsaufschub bis zur tatsächlichen Realisation ermöglicht wird.[98] Für Gesellschaften, die von einer Ausnahme der incorporation rule des sec. 14 (1) CTA 2009 erfasst sind oder nicht im Vereinigten Königreich gegründet wurden, gilt für die steuerrechtliche Ansässigkeit weiterhin der sog **Case Law-Test**, dh dass für die Beurteilung der Residence im Rahmen der vor 1988 ergangenen Rechtsprechung grundsätzlich auf den **Verwaltungssitz** abgestellt wird. Befindet sich dieser im Vereinigten Königreich, ist die (Auslands-)Gesellschaft in England unbeschränkt körperschaftsteuerpflichtig.[99] Insbesondere wenn eine Auslandsgesellschaft daher faktisch von England aus gesteuert und kontrolliert wird, ist sie „tax resident“ im Vereinigten Königreich.[100] Dagegen ist eine nicht im Vereinigten Königreich ansässige (non-resident) Gesellschaft nur beschränkt körperschaftsteuerpflichtig, sofern sie eine dauerhafte (Zweig-) Niederlassung (*Permanent Establishment*) in England hat (vgl. ssec. 19 ff. CTA 2009).[101] Abweichungen können sich jedoch jeweils aus geltenden Doppelbesteuerungsabkommen zwischen dem betroffenen Staat und Großbritannien ergeben.

V. Englisches Gesellschaftsrecht im Wettbewerb der Rechtsordnungen

29 Das im Companies Act 2006 geregelte Kapitalgesellschaftsrecht, aber auch schon das im LLPA 2000 normierte Recht der Limited Liability Partnership (LLP) wurde konzipiert, um den britischen Unternehmen einen einfachen, effizienten und kostengünstigen Rahmen für ihre Betätigung zur Verfügung zu stellen. **Konsistenz, Vorhersehbarkeit** und **Transparenz** waren zentrale Reformziele. Das Gesellschaftsrecht wurde primär auf kleine und mittlere Unternehmen mit Ausnahmeregelungen für die Großunternehmen ausgerichtet.[102] Dieser Ansatz ist tatsächlich bemerkenswert, denn zB die deutschen Diskussionen und gesetzgeberischen Aktivitäten beschäftigen sich häufig primär mit (börsennotierten) Großunternehmen und es wird lediglich versucht, zu starke Belastungen für kleinere und mittelständische Unternehmen zu verhindern.

30 Die Wahl des Englischen Gesellschaftsrechts ist grundsätzlich kein offenes rechtspolitisches Ziel in Großbritannien. In diesem Sinne wurde das Englische Gesellschaftsrecht in England selbst bislang nicht als besonderer Standortvorteil gesehen.[103] In den letzten Jahren und auch im Hinblick auf den bevorstehenden Brexit (s. Rn. 5 ff.) hat die britische Regierung jedoch immer häufiger die Vorzüge des Englischen Gesellschaftsrechts bei (geplanten) Gesetzesänderungen hervorgehoben. Es besteht daher durchaus das Bewusstsein, dass das Englische Gesellschaftsrecht ein relevanter Standortfaktor ist und zB mit dazu beigetragen hat, dass viele internationale Konzerne ihre Europazentrale in Großbritannien errichtet haben.[104] Auch der Small Business, Enterprise and Employment Act 2015 (s. Rn. 16) zielt erneut auf die Wettbewerbsfähigkeit des Englischen Gesellschaftsrechts gerade für kleinere und mittelständische Unternehmen ab. Da für die Private Limited Companies ein **Mindestkapital** nicht erforderlich ist (s. Rn. 489), die Eintragung schnell und ohne bürokratische Hürden durchlaufen wird und aufgrund der Gründungstheorie (s. Rn. 25) eine englische Gesellschaft schon seit jeher ihren Verwaltungssitz auch im Ausland haben kann (**Exportfähigkeit der Gesellschaft**), führte die auf die Niederlassungsfreiheit gestützte Freigabe von „Scheinauslandsgesellschaften“ zur Gründung zahlreicher Limited mit ausschließlicher Betätigung außerhalb Großbritanniens.[105] Anstelle des Gesellschaftsrechts des Landes, in

96 Also nach dem Satzungssitz (*registered office*) der Gesellschaft, vgl. *Lewis* Co. Lawyer 16 (1995) 295; *Levedag* in: Süß/Wachter (Hrsg.), HdB des internationalen GmbH-Rechts, 2016, England, Rn. 619; *Just*, Die englische Limited in der Praxis, 2012, Rn. 282; *Rothenburg/Walter/Platts* in: Wegen/Spahlinger/Barth (Hrsg.), Gesellschaftsrecht des Auslands, 2. EL 2018, Vereinigtes Königreich, Rn. 363.

97 EuGH, Rs. 81/87 (Daily Mail), ECLI:EU:C:1988:456 = NJW 1989, 2186.

98 Vgl. EuGH, Rs. C-371/10 (National Grid Indus), ECLI:EU:C:2011:785 = NZG 2012, 144, Rn. 73.

99 Gleiches gilt, wenn einer der Fälle des sec. 15 (2), (3) CTA 2009 einschlägig ist. Abweichendes kann jedoch aufgrund gesonderter Doppelbesteuerungsabkommen der Fall sein.

100 Vgl. *Hughes*, Corporate Residence, 2013, Chapter 4.

101 Vgl. auch *Rothenburg/Walter/Platts* in: Wegen/Spahlinger/Barth (Hrsg.), Gesellschaftsrecht des Auslands, 2. EL 2018, Vereinigtes Königreich, Rn. 156.

102 *Mayson/French/Ryan*, Company Law, 2017, S. 28 f.; *Davies/Rickford* ECFR 2008, 48, 51; *Omar* ICCLR 20 (2009) 44 f.; *Ebert* NotzBZ 2006, 81, 86 f.

103 *Wachter* in: Süß/Wachter (Hrsg.), HdB des internationalen GmbH-Rechts, 2016, § 2 Rn. 10.

104 Dies könnte sich im Zuge des bevorstehenden Brexit jedoch ändern, vgl. *Ferran* MLR 79 (2016) 813, 831; *Moloney* German Law Journal 17 (2016) (Brexit Supplement), S. 75; *Hagemann/von der Höh* DB 2017, 830, 834.

105 Aus deutscher Sicht war/ist zudem eine Vermeidung der deutschen Unternehmensmitbestimmung sowie der starren Geschlechterquote im Aufsichtsrat von mitbestimmten und börsennotierten Großunternehmen tragendes Motiv für die Gründung einer englischen Rechtsform; vgl. nur *Weller/Thomale/Benz* NJW 2016, 2378, 2379.

dem die primäre Geschäftstätigkeit des Unternehmens erfolgen sollte, wählten die Gründer Englisches Gesellschaftsrecht. Faktisch bestand damit eine **freie Rechtswahl** der Unternehmensgründer hinsichtlich des anwendbaren Gesellschaftsrechts.[106] Die Befürchtungen, dass sich England dadurch zu einem „European Delaware" entwickeln könnte,[107] haben sich in dieser Form nicht bestätigt.

In den meisten Mitgliedstaaten hat die Anzahl englischer Ltd. mit ausschließlicher Tätigkeit im Inland in den letzten Jahren wieder abgenommen. In diesem Zusammenhang hat auch die liberale Haltung des EuGH zur Niederlassungsfreiheit von Auslandsgesellschaften **andere Gesetzgeber** (zB Deutschland, Spanien, Frankreich) veranlasst, ihr nationales Gesellschaftsrecht **zu reformieren**, um ein konkurrenzfähiges Gesellschaftsrecht anzubieten (s. dazu auch § 10 Rn. 99 ff.) und damit englische Scheinauslandsgesellschaften einzudämmen. Ob auch die Reformen des Companies Act 2006 eine vergleichbare Wirkung auf andere nationale Gesellschaftsrechte in Europa haben können, bleibt abzuwarten. Die Vorteile des Englischen Kapitalgesellschaftsrechts nach der Reform haben jedenfalls in Deutschland noch keinen größeren Widerhall erreicht. Der **Brexit** dürfte den Einfluss des Englischen Gesellschaftsrechts wahrscheinlich auch eher abschwächen, obwohl er an der Qualität des Englischen Gesellschaftsrechts nichts ändert.[108] 31

Das Englische Gesellschaftsrecht nimmt auch selbst **Einflüsse von außen** auf. Zu nennen ist beispielsweise die Schaffung der Limited Liability Partnership nach amerikanischem Vorbild, wenn auch in einer sehr eigenständigen Weise. Aufgrund der flexiblen Ausgestaltung der LLP hat sich mittlerweile auch im Personengesellschaftsrecht ein gewisser Regulierungswettbewerb entwickelt.[109] Im Hinblick auf das deutsche Recht lässt sich die im Jahr 2013 eingeführte Partnerschaftsgesellschaft mit beschränkter Berufshaftung (PartG mbB) nennen, die im Zuge der wachsenden „Konkurrenz" von in Deutschland tätigen US-amerikanischen und englischen LLP eingeführt wurde. 32

B. Personengesellschaften (Partnership Law)

I. Grundlagen

Das Englische Personengesellschaftsrecht kennt im Grundsatz folgende generelle Erscheinungsformen: 33

- (**General**) Partnership[110] (keine Abkürzung üblich);
- Limited Partnership (**LP**);
- Limited Liability Partnership (**LLP**).

Zurzeit gibt es im Vereinigten Königreich ca. 460.000 Partnerships ((General) Partnership, LP, LLP).[111] Diese machen etwa 8% der Gesamtzahl britischer Unternehmen aus.[112] Die meisten Partnerships sind naturgemäß kleine Unternehmen. 90% der Partnerships haben **drei oder weniger Partner** und weniger als 1% haben mehr als 50 Partner, wobei dies in aller Regel größere LLP sind.[113] Weniger als 5% haben dabei eine Gesellschaft als Partner.[114] 34

Wie in den meisten Mitgliedstaaten lässt sich im Englischen Gesellschaftsrecht eine (formale) Trennung zwischen dem Personengesellschaftsrecht (*Partnership Law*) und dem Kapitalgesellschaftsrecht (*Company Law*) festmachen. Nach britischem Rechtsverständnis zählt das Personengesellschaftsrecht nicht zum Gesellschaftsrecht im engeren Sinne, welches nur das Company Law als Recht der Kapitalgesellschaften (dazu Rn. 237 ff.) umfasst. Auch die gelegentlich vorzufindende Firmierung als „Partnership & Co." (Company) bezieht sich nur auf die namentlich nicht in der Firma der Partnership genannten Partner und hat keine rechtliche Bedeutung iS 35

---

106 *Ringe/Otte* in: Triebel ua (Hrsg.), Englisches Handels- und Wirtschaftsrecht, 2012, Kap. V Rn. 5.

107 Zu England als „European Delaware" in Bezug auf das Gesellschaftsrecht *Wymeersch* EBOR 8 (2007) 161, 164; *Gajjar* ICCLR 24 (2013) 50, 55; *Teichmann*, Binnenmarktkonformes Gesellschafsrecht, 2006, S. 435; gleichwohl handelt es sich beim Gesellschaftsrecht des US-Bundesstaates Delaware nicht nur um das liberalste Gesellschaftsrecht, sondern aus Sicht der Gründer auch tatsächlich um das Attraktivste in seiner Ausgestaltung, vgl. nur *Gelter* JCLS 5 (2005) 247, 253; *Mucciarelli* Tul. J. Int. & Comp. L. 20 (2011-2012) 421, 448; *Dammann* Stan. J. int. L. 49 (2013) 54, 57.

108 *Stiegler* in: Kramme/Baldus/Schmidt-Kessel (Hrsg.), Brexit und die juristischen Folgen, 2017, S. 129, 143.

109 *Siems* ICLQ 58 (2009) 767 ff.; *ders.* ZVglRWiss 107 (2008) 60, 77 f.; *Henssler/Mansel* NJW 2007, 1393 f.; generell auch *Rammeloo* MJ 9 (2002) 3 ff.

110 Teilweise findet sich auch die Bezeichnung als (Ordinary) Partnership; gemeinhin hat sich zudem die bloße Bezeichnung Partnership eingebürgert.

111 Siehe *Companies House*, Companies Register Activities 2014/15, S. 8 iVm *Office of Tax Simplification*, Review of partnerships: interim report, January 2014, Annex A (S. 61).

112 Siehe auch *Berry* in: Hillman/Loewenstein (Eds.), Research Handbook on Partnerships, LLCs and Alternative Forms of Business Organizations, 2015, S. 357.

113 Siehe *Office of Tax Simplification*, Review of partnerships: interim report, January 2014, Annex A (S. 62).

114 Siehe *Office of Tax Simplification*, Review of partnerships: interim report, January 2014, Annex A (S. 63).

der Annäherung an das Kapitalgesellschaftsrecht.[115] Das Partnership Law[116] stellt ein grundsätzlich **eigenständiges Rechtsgebiet** dar. Materiell kommt es im weitesten Sinne dem deutschen Personengesellschaftsrecht nahe.[117] Indes besteht keine explizite Unterscheidung zwischen zivilen Personengesellschaften (BGB-Gesellschaft) und Personenhandelsgesellschaften (OHG, KG) wie im deutschen Recht.[118] Vielmehr hat im Partnership Law bereits die (General) Partnership (dazu Rn. 40 ff.) als Grundform des Englischen Personengesellschaftsrechts eine **unternehmerische Tätigkeit** auszuüben (vgl. sec. 1 (1) PA 1890). Es erfolgt also im Sinne deutschen Verständnisses eine Zusammenfassung von unternehmenstragender BGB-Gesellschaft (GbR) und OHG.

36 Die Trennung zwischen Partnership Law und Company Law beruht einerseits auf einem traditionellen Unternehmensbild, nach dem sich die Partnership vor allem für **kleine Unternehmen** mit wenigen Gesellschaftern eignet,[119] die in einem gegenseitigen Vertrauensverhältnis stehen, eine Company dagegen für große Unternehmen mit anonymerem Gesellschafterkreis.[120] So hatte bis 2002 eine Partnership eine gesetzlich festgeschriebene Obergrenze von maximal 20 Gesellschaftern (ssec. 716 f. CA 1985).[121] Im Companies Act 2006 bestehen keine entsprechenden Regelungen mehr.

37 Noch heute formal prägend für das (englische) Partnership Law ist die grundsätzlich **fehlende Rechtspersönlichkeit** und nach englischem Verständnis damit auch Rechtsfähigkeit[122] der Partnership (s. Rn. 44),[123] die konstruktiv ein schuldrechtliches Gebilde mit gewissen Außenwirkungen ist. In gewissem Sinn ist hier immer noch die Agency als historische Wurzel der Personengesellschaften erkennbar. Als ein zentraler Unterschied zur rein vertraglichen Beziehungen sind die für die Partnership typischen **gesellschaftsrechtlichen Treuepflichten** (*Good Faith, Fiduciary Duty*) seit langem anerkannt.[124] Dies gilt sowohl für die General und Limited Partnership als auch für die LLP. Die Treuepflichten der Partner gegenüber den anderen Partnern bzw. bei der LLP der Gesellschaft selbst sind trotz des weitgehend dispositiven Charakters der jeweiligen Gesetzestexte grundsätzlich auch nicht abdingbar.[125] Die fehlende Rechtsfähigkeit sollte jedoch nicht überbewertet werden, da das Englische Personengesellschaftsrecht in einer ganzen Reihe von Fragen zu Lösungen gekommen ist, die nach deutschem Verständnis nur bei einer rechtsfähigen Gesellschaftsform zu erwarten wären. Dies ist ein Beispiel für den eher undogmatischen Pragmatismus des Englischen Gesellschaftsrechts. Faktisch, wenngleich auch nicht so bezeichnet, kommt den englischen Personengesellschaften trotz fehlender Rechtspersönlichkeit daher eine (praktische) Teilrechtsfähigkeit zu, so dass insbesondere die LP (dazu Rn. 149 ff.) ua Vertragspartner sein kann.

38 Allen Personengesellschaftsformen liegt im Grundsatz eine vertragliche Basis zugrunde. Sie sind daher von einem höheren Maß an **individueller Vertragsgestaltungsfreiheit** geprägt als Kapitalgesellschaften. Dies gilt für die (General) Partnership als Grundform der Personengesellschaften umfassender als für die LLP als Mischform zwischen Personen- und Kapitalgesellschaft (s. Rn. 181). Wie im deutschen Personengesellschaftsrecht bedarf es indes nicht zwingend einer schriftlichen Vereinbarung iS eines Gesellschaftsvertrags (s. Rn. 51). In diesem Fall kommen die Bestimmungen des jeweiligen Acts (PA 1890, LPA 1907, LLPA 2000) zur Anwendung. Schon aufgrund der Nachweisbarkeit und Rechtssicherheit ist gleichwohl ein schriftlich fixiertes **Partnership Agreement** zu empfehlen. Insgesamt steigt die Komplexität sowie der Gründungs- und Führungsaufwand mit der Wahl der Gesellschaftsform. Ist eine (General) Partnership relativ schnell und unkompliziert zu gründen, ist die Gründung und Führung einer LLP mit tendenziell höherem Aufwand verbunden.[126] Allerdings wird mit ihr auch eine Haftungsbeschränkung der Gesellschafter ermöglicht (s. Rn. 224).

39 Englische Gesellschaftsrechtler empfinden das Partnership Law in konstruktiver Hinsicht vor allem im Hinblick auf die Art der gesetzlichen Regelung als **antiquiert** und **reformbedürftig**. Die von der Law Comission of England and Wales und der Law Comission of Scotland im Jahr 2003 gemeinsam gemachten Reformvorschläge haben sich gleichwohl nicht durchsetzen können.[127] Das Englische Personengesellschaftsrecht – speziell das Recht

---

115 *Morse*, Partnership and LLP Law, 2015, Rn. 1.04.

116 Nicht zu verwechseln mit der im PartGG geregelten deutschen Partnerschaftsgesellschaft.

117 *Ringe/Otte* in: Triebel ua (Hrsg.), Englisches Handels- und Wirtschaftsrecht, 2012, Kap. V Rn. 323; *Schnittker/Bank*, Die LLP in der Praxis, 2008, Rn. 15.

118 *Lindley & Banks* on Partnership, 2013, Rn. 2-49.

119 Etwa 90% der Englischen Partnerships haben nur 2-3 Gesellschafter, vgl. *Office of Tax Simplification*, Review of partnerships: interim report, January 2014, Annex A (S. 62).

120 Vgl. aus historischer Perspektive *Bubb* Seattle Univ. L. Rev. 38 (2015) 337, 338 f.

121 Diese Regelungen wurden mit Wirkung zum 21.12.2002 ersatzlos gestrichen, vgl. The Regulatory Reform (Removal of 20 Member Limit in Partnerships etc) Order 2002.

122 Insofern ist im Englischen Gesellschaftsrecht die Rechtspersönlichkeit Voraussetzung für die Rechtsfähigkeit, obwohl dies in der Praxis nicht streng umgesetzt wird.

123 Die schottische Partnership besitzt hingegen nach sec. 4 (2) PA 1890 Rechtspersönlichkeit (*Legal Person*).

124 Siehe nur *Thompson's Trustee v. Heaton* [1974] 1 WLR 605; *Floydd v. Cheney* [1970] Ch 602; *Hoger Estates Ltd. in Trust v. Shebron Holdings Ltd.* [1979] 25 OR (2d) 543.

125 *Const v. Harris* (1924) 37 ER 1191; *Berry*, Partnership and LLP Law, 2010, S. 43.

126 *Berry*, Partnership and LLP Law, 2010, S. 3.

127 *Morse*, Partnership and LLP Law, 2015, Rn. 1.03; *ders.* [2002] Sing. J.L.S. 455 ff.; *Blackett-Ord/Haren*, Partnership Law, 2015, Rn. 1.9; ferner *McCahery/Vermeulen* EBOR 5 (2004) 61 ff.

der (General) Partnership – mag konstruktiv und mit der fehlenden Rechtspersönlich- und Rechtsfähigkeit antiquiert sein, es ist jedoch, was die praktischen Bedürfnisse angeht, durchaus **funktionsfähig**. Dies zeigen nicht zuletzt die insgesamt fast **400.000** General und Limited Partnerships.[128] Innovativ ist zudem das Modell einer haftungsbeschränkten „Personengesellschaft" in Form der LLP, mit weiteren 60.000 Gesellschaften.[129] Wie man in Deutschland mit der Einführung der Partnergesellschaft mbB sehen konnte,[130] hatte diese auch Einfluss auf das kontinentaleuropäische Gesellschaftsrecht.

II. Partnership

1. Grundlagen

Die Partnership ist die älteste, **einfachste** und **bedeutendste** Form der Personengesellschaft des Englischen Rechts.[131] Ursprünglich als vertragliche Konstruktion allein dem Common Law und dem Equity Law unterworfen, wurde die Partnership im Partnership Act von 1890 (**PA 1890**) in 50 Paragraphen kodifiziert. Diese sind bis heute weitgehend unverändert geblieben. Mit Blick auf die Limited Partnership (LP) und die Limited Liability Partnership (LLP) kann die Partnership auch als **General Partnership** bezeichnet werden, zumal sich in der Limited Partnership eingebürgert hat, die dortigen unbeschränkt haftenden Gesellschafter als General Partner zu bezeichnen. Üblich ist die Bezeichnung General Partnership allerdings nicht. Auch die Bezeichnung Ordinary Partnership wird nur selten gebraucht. Vielmehr ist fast immer von der Partnership die Rede. 40

Der Partnership Act 1890 gilt unmittelbar für **England**, **Wales** und **Schottland**. Er galt zunächst auch für das heutige Nordirland und die Republik Irland, mittlerweile hat sich insbesondere für Irland jedoch ein weitgehend eigenständiges Partnership Law herausgebildet.[132] Irische Gerichtsentscheidungen zum dortigen Personengesellschaftsrecht sind für das Englische Partnership Law daher grundsätzlich nicht bindend. 41

Ergänzend zu den Regelungen des PA 1890 wird auf die allgemeinen Regeln des **Common Law** und **Equity Law** verwiesen (sec. 46 PA 1890), die sich beide schon vor Verabschiedung des PA 1890 seit längerem mit der Partnership beschäftigt haben. Hinzu kommen verschiedene Spezialgesetze, die auf die Partnership Anwendung finden. Dies sind insbesondere Kapitel 41 des Companies Act 2006 (ssec. 1192 ff. CA 2006)[133] für die Firmierung und Regelungen der Insolvent Partnership Order 1994 mit den dort in Bezug genommenen Vorschriften des Insolvency Act 1986 auf Insolvenzen der Firma bzw. der Partner. 42

Der PA 1890 selbst ist weitgehend **dispositiv** (vgl. sec. 19 PA 1890). Es gilt daher ein hohes Maß an Vertragsautonomie. Die Partner können ihre Rechtsverhältnisse im Innenverhältnis grundsätzlich frei ausgestalten. Die **Vertragsfreiheit** ist insofern sogar noch weiter ausgeprägt als im deutschen Personengesellschaftsrecht. Ihre Grenze findet die Vertragsfreiheit insbesondere in den Bereichen des Public Interest (öffentliches Interesse), also bei Illegalität, aber zB auch bei Wettbewerbsverboten nach Verlassen der Gesellschaft.[134] **Gerichtsentscheidungen vor 1890** sind weiterhin autoritativ für die heutigen Richter, es sei denn sie sind unvereinbar mit der klaren Entscheidung des Gesetzes (sec. 46 PA 1890).[135] Das Recht der Partnership findet sich ähnlich auch in anderen Common Law-Jurisdiktionen (zB Kanada, Australien, Neuseeland, Indien, Singapur, Malaysia), weshalb es in Großbritannien üblich ist, Entscheidungen aus diesen Jurisdiktionen ebenfalls heranzuziehen (s. Rn. 19). 43

Die Partnership ist ein (außerhalb Schottlands) **nicht-rechtsfähiger Zusammenschluss** von zwei oder mehr (natürlichen und/oder juristischen) Personen. Sie handelt allein durch ihre Partner und kann insofern selbst beispielsweise keine Straftaten begehen. Eine Partnership ist die Rechtsbeziehung zwischen Personen, die mit **Gewinnerzielungsabsicht** gemeinsam ein Geschäft betreiben (sec. 1 (1) PA 1890) (s. Rn. 58 ff.). Diese Definition als solche würde auch andere Unternehmensformen umfassen. Nach sec. 1 (2) PA 1890 sind alle anderweitig geregelten Gesellschaftsformen (insbes. Companies, LP, LLP) nicht vom PA 1890 erfasst. Es handelt sich somit um eine Kombination von positiver und negativer Definition. Keine Partnership stellen zudem (Fußball-)Vereine 44

128 Siehe *Office of Tax Simplification*, Review of partnerships: interim report, January 2014, Annex A (S. 61).

129 *Companies House*, Companies Register Activities 2016/17.

130 Zur PartG mbB als „Alternative" zur LLP *Grunewald* GWR 2013, 393; *Korch* NZG 2015, 1425; siehe auch *Schumacher* GmbHR 2016, 732, 734.

131 Vgl. auch *Berry* in: Hillman/Loewenstein (Eds.), Research Handbook on Partnerships, LLCs and Alternative Forms of Business Organizations, 2015, S. 357 f.

132 Vgl. *Blackett-Ord/Haren*, Partnership Law, 2015, Rn. 1.11; *Böttger*, Mitwirkungs- und Kontrollrechte des englischen Limited Partners im Rahmen der Reform des englischen Partnership Law, 2006, S. 37; ferner zum irischen Personengesellschaftsrecht *Twomey*, Partnership Law, 2000.

133 Die Regelungen der ssec. 1192 ff. CA 2006 haben den bis dahin geltende und auf die Partnership anwendbaren Business Names Act 1985 ersetzt.

134 *Morse*, Partnership and LLP Law, 2015, Rn. 3.06.

135 *Taylor v. Grier (No 3)*, Case No 1995/8125 (CH), May 12, 2003; *Geisel v. Geisel* [1990] 72 DLR (4th) 245.

und gemeinnützige Organisationen dar.[136] Damit sind, anders als im Kapitalgesellschaftsrecht, gemeinnützige Zwecke als Gegenstand einer Partnership ausgeschlossen. Zudem sind einige Berufe aus berufsständischen Gründen von der Partnership ausgeschlossen. **Barrister** (Prozessanwälte) können jedoch im Rahmen von sec. 66 (5), (6) Courts and Legal Services Act 1990 inzwischen grundsätzlich auch Gesellschafter einer Partnership sein.[137]

45 Sind alle Partner Corporations (Kapitalgesellschaften) entsteht etwas, was entfernt an die deutsche GmbH & Co. KG erinnert, nur dass es an Kommanditisten fehlt. Im Unterschied zur englischen und walisischen Partnership besitzt die **schottische Partnership** Rechtspersönlichkeit (*Legal Person*) und ist damit **rechtsfähig** (sec. 4 (2) PA 1890).[138] Daneben bestehen einige andere Sonderregelungen im PA 1890 für die schottische Partnership bzw. Regelungen, die ausdrücklich nur für England und Wales gelten (zB ssec. 9, 23 (2), 47 PA 1890).

46 Jeder Partner hat das Recht, den oder die anderen Partner im Rahmen des gewöhnlichen Geschäftsverkehrs **zu vertreten** (sec. 5 PA 1890). Dies ist die deutlichste Reminiszenz an das agency-Recht (Vertretungs-/Auftragsrecht), aus dem das Personengesellschaftsrecht ursprünglich entstammt. Bei der Partnership gibt es, anders als bei der Limited Partnership (LP) und der Limited Liability Partnership (LLP), **keine Haftungsbegrenzung**. Für die Außenhaftung gilt nicht die auf das Innenverhältnis beschränkte interne Vertragsfreiheit. Gerade die Kombination dieser beiden Eigenschaften (umfassende Einzelvertretungsmacht und unbegrenzte Haftung) prägt und beschränkt die Einsatzfähigkeit der Partnership.

47 Die Partnership ist dann als geeignete Rechtsform anzusehen, wenn eine kleine Anzahl von Personen in einem gegenseitigen treuhänderischen **Vertrauensverhältnis** steht, das Geschäft gemeinsam betrieben wird, die Gewinne geteilt werden sollen und eine gemeinsame Verantwortung für alle Verbindlichkeiten aufgrund geringer Risiken hinnehmbar bzw. wegen des Verhaltens der Gläubiger ohnehin nicht vermeidbar ist. Etwa 62% der Partnerships haben keinen einzigen Angestellten.[139] Teilweise gibt es steuerliche, versicherungsrechtliche sowie publizitätsrechtliche **Vorteile**, die eine Wahl dieser Gesellschaftsform begünstigen. (Größere) Freiberuflerpartnerschaften, die früher häufig als Partnerships organisiert waren, nutzen heute eher die Limited Liability Partnership (LLP). Dafür spricht auch, dass in letzter Zeit die Anzahl der Klagen und die Höhe der Klagesumme wegen fahrlässiger Berufsfehler (*Professional Negligence*) zugenommen haben und die unbeschränkte Haftung für Handlungen der Mitgesellschafter daher zunehmen problematisch gesehen wird.[140]

48 Grundlage für die Partnership ist eine (ausdrücklich oder konkludente) **vertragliche Vereinbarung** zwischen den Partnern.[141] Die Partnership wird häufig für eine bestimmte Zeit eingegangen, zB für ein Großprojekt. Fehlt eine solche Regelung, handelt es sich um eine **Partnership auf Widerruf** (*at Will*) (s. Rn. 174), die von jedem Gesellschafter jederzeit gekündigt werden kann (sec. 26 (1) PA 1890). Die Partnership endet bei fehlender abweichender Vereinbarung durch Tod oder Austritt einer der Partner (s. Rn. 136).

49 Wenngleich die englische Partnership mangels Rechtsfähigkeit grundsätzlich als „transparent" gilt, dh für Zwecke des Rechtsverkehrs lediglich die Mitglieder (Partner) relevant sind, gibt es zahlreiche **Durchbrechungen** dieses Grundsatzes, durch welche die praktische Funktionsfähigkeit der Partnerships sichergestellt wird. Dies gilt zB hinsichtlich insolvenzrechtlicher Regelungen sowie dem Prozess- und Zwangsvollstreckungsrecht.[142] Insofern kommt der Partnership in verschiedenen Aspekten zumindest eine Teilrechtsfähigkeit zu, wie sie bei der deutschen GbR bekannt ist (s. bereits Rn. 37).

50 Die Partnership wird in Deutschland teilweise mit der **Offenen Handelsgesellschaft** (OHG) verglichen. Im praktischen Anwendungsbereich umfasst die Partnership sowohl die OHG als auch die **Gesellschaft bürgerlichen Rechts** (GbR), wobei sie strukturell der GbR entspricht und zwar in der nicht rechtlich verselbstständigten Form, wie sie in Deutschland bis 2001 praktiziert wurde. Die praktische Funktionsfähigkeit der Partnership weckt nachträgliche Zweifel, ob die deutsche Rechtsfortbildung contra legem für die GbR, mit der diese weitgehend an die OHG angenähert wurde, wirklich wirtschaftlich zwingend geboten war. Das zeigt doch, dass die englische Partnership, die trotz formal fehlender Rechtsfähigkeit, in Teilen die Funktion eines rechtsfähigen Gebildes einnimmt und die Verleihung der Rechtsfähigkeit nicht der einzige Weg zur Schaffung einer nach außen funktionsfähigen Gesellschaft ist.

---

136 *Re Witney Town Football and Social Club* [1994] BCLC 487; *Wise v. Perpetual Trustee Co.* [1903] AC 139; *Lindley & Banks* on Partnership, 2013, Rn. 2-45; *Blackett-Ord/Haren*, Partnership Law, 2015, Rn. 2.46; *Morse*, Partnership and LLP Law, 2015, Rn. 1.17.

137 *Blackett-Ord/Haren*, Partnership Law, 2015, Rn. 3.13.

138 Zu den damit einhergehenden Differenzierungen *Morse*, Partnership und LLP Law, 2015, Rn. 1.07.

139 Siehe *Office of Tax Simplification*, Review of partnerships: interim report, January 2014, Annex A (S. 62); zur (General) Partnership als typische Rechtsform insbesondere für kleine Unternehmen auch *Heinemann*, Die englische Partnership, 2002, S. 8 f.

140 *Cross* J.B.L. 2003, 268, 269 f.; *Bettinger*, Englische LLP und Anwaltshaftung in Deutschland, 2009, S. 52; im Zusammenhang mit der Einführung einer LLP *Finch/Freedman* J.B.L. 2002, 475, 495.

141 *Philips v. Symes* [2002] 1 WLR 853 at [43].

142 *Morse*, Partnership and LLP Law, 2015, Rn. 1.04; *Schnittker/Bank*, Die LLP in der Praxis, 2008, Rn. 15.

2. Gründung

a) Gründungsform

Die Partnership wird durch **vertragliche Vereinbarung** der Gesellschafter (Partner) gegründet. Für den Vertragsschluss gelten die allgemeinen Regeln des Common Law. Dabei ist **keine besondere Form** zu beachten. Es wird sogar vertreten, dass selbst dann keine schriftliche Vereinbarung erforderlich sei, wenn Immobilien betroffen sind, obwohl sec. 2 Law of Property (Miscellaneous Provisions) Act 1989 für Immobiliengeschäfte zumindest Schriftform verlangt. 51

Die Gründung der Partnership kann auch **konkludent** erfolgen. Voraussetzung ist nur, dass eine ausdrückliche oder implizierte Vereinbarung getroffen wird.[143] Es müssen jedoch eindeutige Anzeichen und der Wille der Beteiligten zur Gründung einer Gesellschaft erkennbar werden.[144] Eine Eintragung in das Gesellschaftsregister oder ein ähnliches Register ist weder erforderlich noch möglich,[145] weshalb keine öffentlichen Informationen über die Partnership vorliegen. Auch eine konkludente **Gründung ohne formale Vereinbarung** zwischen den Gründern als künftige Partner ist daher möglich. In diesem Fall kommen mangels vertraglicher Regelungen die Bestimmungen des PA 1890 zur Anwendung. 52

Üblicherweise wird zwischen „**Intentional Partnerships**" (also solchen, deren Gründung ausdrücklich und willentlich erfolgt ist) und „**Partnerships by Association**" (also kraft faktischer Betätigung) (s. Rn. 64 ff.) unterschieden. Üblich ist die ausdrückliche Gründung einer Partnership durch Deed (Gründungsurkunde). Meist sind in einer solchen Urkunde auch formale Voraussetzungen für spätere Akte festgelegt. Aufgrund der weitgehenden Vertragsfreiheit des Englischen Personengesellschaftsrechts und der überwiegend dispositiven Regelungen des PA 1890, sind die Gründer einer Partnership in **hohem Maße frei** die organisatorische Ausgestaltung der Gesellschaft und die Rechtsverhältnisse untereinander zu regeln. Sie unterliegen nur in geringen Grenzen zwingenden Normen, zB hinsichtlich des Firmenrechts der Partnership (s. Rn. 67 ff.) oder den gesellschaftsrechtlichen Treuepflichten (s. Rn. 103 ff.). 53

b) Gründer einer Partnership

Die Gründung einer Partnership hat durch mindestens **zwei natürliche** und/oder **juristische Personen** zu erfolgen. Auch im Englischen Gesellschaftsrecht gibt es keine Einmann-Personengesellschaft. Dies wird schon aus der Definition einer Partnership gem sec. 1(1) PA 1890 ersichtlich, die sich auf die Rechtsverhältnisse zwischen (mehreren) Personen („*between persons*") bezieht. Personen iS von sec. 1(1) PA 1890 können neben natürlichen Personen auch **Kapitalgesellschaften** oder andere Organisationsformen[146] sein.[147] Dies gilt gleichermaßen für ausländische Kapitalgesellschaften.[148] Für EU/EWR-Gesellschaften gebietet dies schon Art. 49 II, 54 AEUV (s. dazu § 10 Rn. 16 f. zu den Folgen des Brexit s. auch Rn. 5 ff.). Eine Partnership kann daher auch zwischen natürlichen Personen und einer Gesellschaft oder zwischen mehreren Kapitalgesellschaften bestehen. Sog **Corporate Partnerships,** bei denen alle Partner juristische Personen sind, sind in den letzten Jahren immer beliebter geworden (zB zur Ressourcenbündelung innerhalb eines Unternehmensnetzwerkes oder für bestimmte Einzelprojekte).[149] 54

Eine **Partnership selbst kann hingegen kein Partner** und damit Gründer einer Partnership sein.[150] Dies gilt indes nicht für die LLP als Quasi-Kapitalgesellschaft mit Rechtspersönlichkeit. Auch die schottische Partnership kann aufgrund ihrer Rechtspersönlichkeit Partner einer englischen Partnership sein. 55

Auch **Minderjährige** können Gesellschafter und damit Gründer einer Partnership sein.[151] Sie haben in gleichen Teilen ein Gewinnbezugsrechts und können die Partnership vertreten.[152] 56

143 *Philips v. Symes* [2002] 1 WLR 853 at [43]; *McPhail v. Bourne* [2008] EWHC 1236 (Ch).

144 *Achom v. Lalic* [2014] EWHC 1888 (Ch).

145 Vgl. *Ringe/Otte* in: Triebel ua (Hrsg.), Englisches Handels- und Wirtschaftsrecht, 2012, Kap. V Rn. 328; *Süß* in: MüHdB GesR, Bd. 6, IntGesR, 4. Aufl. 2013, § 47 Rn. 163.

146 Zum Beispiel eine LLP, vgl. *Patley Wood Farm LLP v. Brake* [2013] EWHC 4035 (Ch).

147 *Lindley & Banks* on Partnership, 2013, Rn. 2-05; *Berry*, Partnership and LLP Law, 2010, S. 9; *Blackett-Ord/Haren*, Partnership Law, 2015, Rn. 3.2; *Ringe/Otte* in: Triebel ua (Hrsg.), Englisches Handels- und Wirtschaftsrecht, 2012, Kap. V Rn. 325.

148 *Hugh Stevenson & Sons Ltd. v. AG für Cartonnagen-Industrie* [1918] AC 239 (HL).

149 *Lindley & Banks* on Partnership, 2013, Rn. 2-05.

150 *Blackett-Ord/Haren*, Partnership Law, 2015, Rn. 3.2; *Lindley & Banks* on Partnership, 2013, Rn. 11-02; *Berry*, Partnership and LLP Law, 2010, S. 9.

151 *Hawkins v. Duché* [1921] 3 KB 226; *Blackett-Ord/Haren*, Partnership Law, 2015, Rn. 3.22.

152 *Lovell & Christmas v. Beauchamp* (1894) AC 607.

57 In England und Schottland, aber zB auch Australien, ist außerdem eine sog **Subpartnership** anerkannt.[153] Bei dieser halten mehrere Personen gemeinsam eine Unterbeteiligung mit Gewinn- und Verlustbeteiligung am Anteil eines Partners. Ihre Haftung soll sich nach der Vereinbarung im Innenverhältnis der Subpartnership richten.[154]

c) Objektive Voraussetzungen einer Partnership

58 Per Definition (sec. 1 (1) PA 1890) ist eine Partnership die Rechtsbeziehung zwischen Personen, die gemeinsam mit **Gewinnerzielungsabsicht** ein Geschäft betreiben.[155] Nur wenn diese Voraussetzungen kumulativ vorliegen, besteht eine vom PA 1890 erfasste Partnership. In diesen Fällen besteht die widerlegbare Vermutung, dass eine Partnership existiert.[156]

59 Es muss ein Unternehmen (*Business*) betrieben werden. Sec. 45 PA 1890 spezifiziert, dass darunter „every trade, occupation or profession" zu verstehen ist. Voraussetzung ist also die **(handels-)geschäftliche Tätigkeit** der Organisationsform. Das bloße Verwalten einer gemeinsam gehaltenen Immobilie reicht hierfür gem sec. 2 (1) PA 1890 nicht aus.[157] Eine tatsächliche Geschäftstätigkeit ist für das Bestehen einer Partnership jedoch nicht notwendig.[158] Gleiches gilt, wenn die Geschäftstätigkeit unterbrochen wird.[159] Dennoch ist bei typischen Vorbereitungshandlungen wie Marktrecherchen große Zurückhaltung für die Annahme eines konkludenten Vertragsschlusses angebracht, da die Beteiligten sich meist zu diesem Zeitpunkt noch nicht binden wollen. Eine Unternehmung besteht im Hinblick auf sec. 32 (b) PA 1890 auch dann, wenn die Geschäftstätigkeit nur ein einzelnes Projekt erfasst und nach dessen Abschluss beendet wird.[160] Der Unternehmensbegriff ist insofern weit auszulegen.[161] Die in Deutschland übliche Gründung auf unbestimmte Zeit hat zur Folge, dass jeder Partner ohne abweichende vertragliche Regelung jederzeit ohne Gründe kündigen kann (sec. 32 (c) PA 1890).

60 Die gemeinsame **Absicht**, eine Kapitalgesellschaft zu errichten, reicht regelmäßig noch **nicht aus**, um eine Partnership iSd PA 1890 zu gründen.[162] Dies gilt, obwohl es keine teilrechtsfähige Vorgesellschaft wie im deutschen Recht gibt und daher der Bedarf für eine Einordnung als Personengesellschaft (Partnership) größer erscheint. Wird hingegen ein Vertrag zur Gründung einer Limited Partnership geschlossen und werden die Geschäfte schon vor Eintragung aufgenommen, handelt es sich zunächst um eine Partnership. Die Tatsache, dass die Geschäftstätigkeit in einem späteren Zeitpunkt durch eine Company oder LLP betrieben wird, verhindert indes nicht zwingend die Gründung einer Partnership.[163] Voraussetzung hierfür ist jedoch, dass bereits eine **geschäftliche Tätigkeit** iS von sec. 1 (1) PA 1890 („*Carrying On a Business*") vollzogen wird.[164] Insbesondere wird die konkludente Gründung einer Partnership dann für möglich gehalten, wenn die Eintragungsabsicht aufgegeben und das Geschäft weiter betrieben wird.

61 Die Geschäftstätigkeit muss zum gemeinsamen Zweck betrieben werden (***Business in Common***). Die Unternehmung muss daher von zwei oder mehreren natürlichen und/oder juristischen Personen vollzogen werden (s. Rn. 54). Das setzt voraus, dass die Parteien ihr Vorhaben im Rahmen eines gemeinsamen Erfolgs betreiben wollen.[165] Zudem bedarf es zumindest im Ansatz einer (ausdrücklichen oder konkludenten) Vereinbarung über die gegenseitigen **Rechte- und Pflichtenverteilung** zwischen den Beteiligten.[166] Gelegentlich wird dies jedoch nicht als zwingende Voraussetzung einer Partnership, sondern nur als Indiz für deren vorliegen, betrachtet.[167]

153 *Morse*, Partnership and LLP Law, 2015, Rn. 1-34.
154 *Conolly J* im Queensland case *Australia & New Zealand Banking Group Ltd. v. Richardson* [1980] QdR 321; *Morse*, Partnership and LLP Law, 2015, Rn. 1-34.
155 „Partnership is the relation which subsists between persons carrying on a business in common with a view of profit".
156 *Dollar Land (Cumbernauld) Ltd. v. CIN Properties Ltd.* [1996] SLT 186 CSOH; *Blackett-Ord/Haren*, Partnership Law, 2015, Rn. 2.15: *Morse*, Partnership and LLP Law, 2015, Rn. 1.11.
157 *Morse*, Partnership and LLP Law, 2015, Rn. 1-17.
158 *Khan v. Miah* [2000] 1 WLR 2123; ferner *Chappell v. Revenue & Customs Commissioners* [2009] STC 11; *Lindley & Banks* on Partnership, 2013, Rn. 2-03; *Morse*, Partnership and LLP Law, 2015, Rn. 1.14; *Berry*, Partnership and LLP Law, 2010, S. 10; *dies.* J.B.L. 2013, 160, 165.
159 *Lindley & Banks* on Partnership, 2013, Rn. 2-04.
160 *Re Abenheim* [1913] 109 LT 219; *Blackett-Ord/Haren*, Partnership Law, 2015, Rn. 2.18.
161 *Heinemann*, Die englische Partnership, 2002, S. 14.
162 *Keith Spicer Ltd. v. Mansell* [1970] 1 All ER 462; *Morse*, Partnership and LLP Law, 2015, Rn. 1.18; *Blackett-Ord/Haren*, Partnership Law, 2015, Rn. 2.16.
163 *Dyment v. Boyden* [2004] BCLC 423; *Rosenberg v. Nazarov* [2008] EWHC 812 (Ch).
164 *Dutia v. Geldof* [2016] EWHC 547 (Ch).
165 *Lindley & Banks* on Partnership, 2013, Rn. 2-06.
166 *Greville v. Venables* [2007] EWCA 878; *Backman v. R.* 3 ITL Rep. 647 (eine Entscheidung des kanadischen Supreme Court); *Lindley & Banks* on Partnership, 2013, Rn. 2-06.
167 So *Momentum Productions v. Leccarne* [2009] 174 FCR 268, Fed. Ct. Aus.; *Blackett-Ord/Haran*, Partnership Law, 2015, Rn. 2.19.

Indes ist es für das Bestehen einer Partnership nicht notwendig, dass jeder Partner am Management beteiligt ist.[168]

Die dritte und umstrittenste Voraussetzung für das Bestehen einer Partnership ist die Gewinnerzielungsabsicht (***With a View of Profit***). Ausreichend ist, dass die Absicht zur Erzielung von Gewinnen besteht;[169] eine tatsächliche Realisierung ist dahingegen nicht notwendig.[170] Ebenfalls bedarf es nicht zwingend einer ausdrücklichen Vereinbarung eines monetären Profits. Auch andere ökonomische Vorteile können eine Gewinnerzielungsabsicht implizieren.[171] Keine Voraussetzung für das Bestehen einer Partnership ist in diesem Zusammenhang jedoch, dass der ggf erzielte Gewinn zwischen allen „Partnern" aufgeteilt wird.[172] Entgegen früherer Rechtsprechung (vor dem PA 1890)[173] ist die Aufteilung des Gewinns nur noch ein **Indiz** für das Vorliegen einer Partnership.[174] Gleiches gilt hinsichtlich der Eigenschaft als Partner, wenn diese Person einen Anteil des Gewinns (faktisch) erhalten hat (vgl. sec. 2 (3) PA 1890).[175] 62

Neben den zwingenden Voraussetzungen für das Vorliegen einer Partnership gem sec. 1 (1) PA 1890 sieht sec. 2 PA 1890 verschiedene **Vermutungsregelungen** hinsichtlich der Ermittlung vor, ob eine Partnership besteht. So ist das bloße Gemeinschaftseigentum (***Co-ownwership***) als solches noch keine Partnership (sec. 2 (1) PA 1890). Gleiches gilt für die Umsatzbeteiligung bei gemeinsamen Projekt (sec. 2 (2) PA 1890). 63

d) Partnership by Association

Bei der Partnership by Association geht es sowohl um die **konkludente Partnership** als auch um die Abgrenzung gegenüber anderen Vereinbarungen. Soweit es nur darum geht, ob eine bestimmte Person Partner ist, soll dies erst im Rahmen der Erörterung der Gesellschafterstellung behandelt werden (s. Rn. 91 ff.). 64

Dreh- und Angelpunkt für die Annahme einer Partnership by Association ist die **prima facie** Regel in sec. 2 (3) PA 1890 bei einer Gewinnteilung. Sec. 2 (2) PA 1890 hält fest, dass aus einer Umsatzbeteiligung keine Schlüsse gezogen werden können. Dies ist methodisch eine **Begründungslastregel**. Finden sich keine entgegenstehenden Indizien, ist bei der Auslegung einer Abrede von der Existenz einer Partnership auszugehen, wenn die Gewinne geteilt werden. Allerdings nennt der Gesetzgeber selbst eine Reihe von Fällen, in denen die Gewinnbeteiligung keine Indizwirkung hat. Die bloße Finanzierung eines Geschäfts ist gem sec. 2 (3) (a) und (d) PA 1890 keine Partnership und zwar auch dann nicht, wenn der Finanzier eine Gewinnbeteiligung erhält. Gleiches gilt für die Gewinnbeteiligung eines Angestellten gem sec. 2 (3) (b) PA 1890, Gewinnbeteiligung einer Witwe oder eines Kindes eines ehemaligen Partners gem sec. 2 (3) (c) PA 1890 und die Gewinnbeteiligung eines ehemaligen Partners, der diese gem sec. 2 (3) (e) PA 1890 für seinen Anteil am **„Goodwill"**[176] erhält. Auch partiarische Darlehen begründen für sich noch nicht die Vermutung einer Partnership (sec. 2 (3) (d) PA 1890). Forderungen aus einem solchen Darlehen werden im Insolvenzfall (s. Rn. 138) gegenüber den Forderungen anderer Gläubiger jedoch nachrangig behandelt (sec. 3 PA 1890).[177] 65

Die **Beteiligung am Verlust** ist ein starkes Indiz für eine Partnership, auch wenn der Court of Appeal in einem Ausnahmefall bei einem Angestellten mit zusätzlichem Festgehalt dies als nicht ausreichend für die Annahme einer Partnership ansah.[178] Als weitere Indizien werden die **Selbstbezeichnung als Partner** nach außen und **parallele Entnahmen** der Beteiligten[179] sowie die fortwährende Bezeichnung als gemeinsames Projekt[180] angesehen. Umgekehrt ist der fehlende Bezug zur Aktivität der Gesellschaft und den gesellschaftsrechtlichen Beteiligungsrechten ein Indiz dafür, dass nur ein Austauschvertrag mit Gewinnbeteiligung vorliegt. Wenn Eheleute Anwälte (*Solicitors*) sind, bedeutet dies, wenn die Ehefrau in der bisherigen Einzelpraxis des Mannes arbeitet, noch nicht automatisch das Vorliegen einer konkludenten Partnership. Andererseits sind zwischen Familienangehörigen weniger Formalitäten zu erwarten, weshalb eine Partnership hier leichter zu bejahen ist. 66

---

168 *Hodson v. Hodson and others* [2009] EWHC 430 (Ch); *Berry*, Partnership and LLP Law, 2010, S. 10.

169 *Franich v. Harrison* [2006] NZHC 1059; *Morse*, Partnership and LLP Law, 2015, Rn. 1.24; *Lindley & Banks* on Partnership, 2013, Rn. 2-07.

170 *Lindley & Banks* on Partnership, 2013, Rn. 2-07; *Morse*, Partnership and LLP Law, 2015, Rn. 1.24; *Berry*, Partnership and LLP Law, 2010, S. 10.

171 *Blackett-Ord/Haran*, Partnership Law, 2015, Rn. 2.22.

172 *M Young Legal Associates Ltd. v. Zahid* [2006] 1 WLR 2562; *Rowlands v. Hodson* [2009] EWCA Civ 1025.

173 *Pooley v. Driver* (1876) 5 Ch D 458; *Mollwo, March & Co. v. Court of Wards* [1872] LR 4 PC 419.

174 *Lindley & Banks* on Partnership, 2013, Rn. 2-11.

175 In Abkehr von *Waugh v. Carver* (1793) 2 HBI 235 bereits vor dem PA 1890 *Cox v. Hickman* [1860] 8 HL Cas 268.

176 Zum Begriff des Goodwill *Trego v. Hunt* (1896) AC 7, 24; *IRC v. Muller & Co's Margarine Ltd.* [1901] AC 217, 223; *Warnink Erven BV v. J. Townsend & Sons (Hull)* [1979] AC 731, 741C; ferner *Blackett-Ord/Haren*, Partnership Law, 2015, Rn. 8.52 ff.

177 Vgl. auch *Ringe/Otte* in: Triebel ua (Hrsg.), Englisches Handels- Wirtschaftsrecht, 2012, Kap. V Rn. 327.

178 *Walker v. Hirsch* [1884] 27 Ch D 460.

179 *Davis v. Davis* [1894] 1 Ch 393.

180 *Walker West Development Ltd. v. FJ Emmett Ltd.* [1979] 252 EG 1171 (CA).

e) Firmierung und Angaben auf Geschäftsdokumenten

67 Das Firmenrecht und die Firmierung der Partnership sind nicht im PA 1890 sondern im Companies Act 2006 geregelt. Part 41 des Companies Act 2006 (ssec. 1192-1208 CA 2006) gilt nicht nur für Kapitalgesellschaften, sondern für alle Unternehmensformen in Großbritannien. Insofern stellt Part 41 des Companies Act 2006 eine Art allgemeines Englisches Firmenrecht dar.[181] Der Begriff der „**Firm**" in sec. 4 (1) PA 1890 stellt nicht wie im deutschen Recht den Namen des Unternehmens dar, sondern die Bezeichnung als Partnership. Der Name der Partnership wird als „Firm Name" bezeichnet. Die Firma beschreibt dabei die Partner, die zum entsprechenden Zeitpunkt an der Partnership beteiligt sind.[182]

68 Gem sec. 1192 (2) (b) CA 2006 kann eine Partnership ohne Einschränkung die **Nachnamen aller Partner** führen. Uneingeschränkt zulässige Ergänzungen sind gem sec. 1192 (3) (b) CA 2006 Vornamen oder Initialen von Vornamen und gem sec. 1192 (3) (c) CA 2006 Hinweise auf die Fortführung eines Unternehmens. Dies allein gilt noch nicht als **Business Name** (Firmierung) (vgl. sec. 1200 (2) (3) CA 2006). Nur darüber hinausgehende Bezeichnungen gelten als Business Names und unterfallen den für alle Unternehmen gleichen Regeln. Hierzu gehören das Verbot einer Firmierung, die auf einen bestimmten nicht-zutreffenden Gesellschaftstyp hinweist (sec. 1197 CA 2006), ein Verbot der Irreführung über die Art der Aktivität des Unternehmens (sec. 1198 CA 2006) und besondere Regeln für Unternehmensbezeichnungen, die auf eine Nähe zur Regierung oder eines Teils der öffentlichen Verwaltung hindeuten (sec. 1193 CA 2006).

69 Die bloße **Änderung der Firma** hat, sofern damit nicht gleichsam ein Mitgliederwechsel (s. Rn. 127) einhergeht, grundsätzlich keine Auswirkungen auf die Rechte und Pflichten innerhalb der Partnership.

70 Gegen die Verwendung einer gleichlautenden oder ähnlichen Firma enthält das Firmenrecht keine Regelung. Auch ssec. 66 ff. CA 2006 sind für die nicht-registrierungspflichtige Partnership nicht einschlägig. Die Partnership ist hier auf die allgemeine deliktsrechtliche **Passing off-Klage** angewiesen.[183] Die Anforderungen hinsichtlich einer beabsichtigten Verwechslung oder auch nur der Verwechslungsgefahr sind nicht klar. Die Regelung scheint jedoch insgesamt sehr **zurückhaltend angewandt** zu werden. Eine Passing off-Klage hat dann keine Aussicht auf Erfolg, wenn die Firma nicht mehr von der ehemaligen Partnership genutzt werden kann, zB weil diese erloschen ist.[184] Ferner darf ein einzelner Partner die Firma der Partnership nicht zum eigenen, privaten Vorteil nutzen (sec. 29 PA 1890).

71 Gemäß ssec. 1201-1204 CA 2006 ist jede Partnership verpflichtet, auf den **Geschäftsdokumenten** die Namen aller Partner und eine oder mehrere Zustelladressen in Großbritannien anzugeben. Hat die Partnership mehr als 20 Partner, müssen nicht alle namentlich auf den Geschäftsdokumenten aufgeführt werden, sofern die Partnership an ihrem Geschäftssitz eine Liste aller Gesellschafter bereithält und diese auf Anfrage eingesehen werden kann (sec. 1203 (1), (2) CA 2006). Wird diese Pflicht verletzt, kann das gegenüber einem Geschäftspartner zum **Verlust der Ansprüche** führen, wenn dieser eigene Ansprüche deswegen nicht geltend machen konnte. Es kann auch der **Rechtsschein** entstehen, dass nicht die Partnership sondern eine einzelne Person Vertragspartei ist. Duldet umgekehrt jemand seine Nennung als Partner, obwohl er dies nicht ist, haftet er für den entstehenden Rechtsschein (sec. 14 (1) PA 1890) (s. Rn. 86).

f) Unwirksamkeitsgründe

72 Ein Gesellschaftsvertrag ist **nichtig**, wenn er auf einen **illegalen Zweck** gerichtet ist oder wenn die Art der Ausübung der Partnership selbst illegal ist (vgl. sec. 34 PA 1890).[185] Zum Schutz gutgläubiger Dritter kann es den Partnern jedoch verwehrt sein, sich selbst auf die illegale Ausübung zu berufen, um den Gläubigern nicht haften zu müssen.[186] Illegal ist eine Partnership insbesondere dann, wenn es, wie bei zahlreichen Freiberuflern üblich, gesetzliche (berufsrechtliche) Vorschriften gibt, nach der alle Beteiligten eine bestimmte Qualifikation oder Lizenz haben müssen und diese nicht vorliegt.

73 Die Partnership kommt **nicht wirksam zustande**, wenn ein Partner von den anderen durch „**Undue Influence**" (Drohung, Nötigung) zum Vertragsschluss veranlasst wurde. Bei mehr als zwei Partnern gilt dies nicht, wenn nur mindestens zwei Partner übrig bleiben, bei denen der Vertrag wirksam war. Ähnliches gilt für die Beteiligung Minderjähriger, die allerdings primär dadurch geschützt werden, dass sie zwar am Gewinn teilhaben können, aber nicht selbst persönlich haften. Der Abschluss eines Gesellschaftsvertrags aufgrund **Misrepresentation** (Irreführung) führt nicht zur Unwirksamkeit sondern zu einem Auflösungsrecht gem sec 41 PA 1890.

---

181 *Schall* in: Schall (Hrsg.), Companies Act, 2014, ssec. 1192-1208 Rn. 1; dazu auch *Lindley & Banks* on Partnership, 2013, Rn. 3-27.
182 *Lindley & Banks* on Partnership, 2013, Rn. 3-10.
183 *Lindley & Banks* on Partnership, 2013, Rn. 3-19 f.
184 *Byford v. Oliver* [2003] EMLR 20; *Gill v. Frankie Goes To Hollywood Ltd.* [2008] ETMR 4.
185 Vgl. auch *Blackett-Ord/Haran*, Partnership Law, 2015, Rn. 4.20; *Morse*, Partnership and LLP Law, 2015, Rn. 7.07.
186 *Phoenix General Insurance Co. of Greece SA v. Halvanon Insurance Co. Ltd.* [1988] QB 216; *Newland v. Simons and Willer (Hairdresser) Ltd.* [1981] ICR 521.

Häufig ist unklar, ob eine bestimmte Person **Partner** oder **Angestellter** ist (s. Rn. 92 ff.). Solange mindestens zwei zweifelsfreie Partner übrig bleiben, berührt dies nicht die Existenz der Partnership. Einzelne unwirksame Klauseln (zB wettbewerbsbeschränkende Klauseln) führen grundsätzlich nur zur Unwirksamkeit der Klausel und nicht der gesamten Partnership. 74

3. Ansätze zur Verselbstständigung der Partnership

Obwohl die Partnership im Englischen Gesellschaftsrecht anders als in Schottland keine Rechtspersönlichkeit besitzt (s. Rn. 44), wird sie doch in verschiedener Weise **verselbstständigt** behandelt, ohne dass dies zu einer Grundsatzdiskussion über eine Teilrechtsfähigkeit führen würde.[187] Dies zeigt eine gegenüber Deutschland deutlich pragmatischere Herangehensweise. Hierzu gehören die Firmierung als einheitliches, gesellschaftsrechtliches Gebilde (sec. 1192 CA 2006), die Möglichkeit der Führung von Prozessen gegen die Partnership selbst (Civil Procedure Rules 7.2), die Bejahung eines eigenständigen Partnership Property (sec. 20 (1) PA 1890) als Gemeinschaftseigentum der Gesellschafter, das vom Privatvermögen der Gesellschafter losgelöst ist, die Möglichkeit der Vollstreckung in das Vermögen der Partnership aus Urteilen gegen die Partnership und die Möglichkeit der Vollstreckung in das persönliche Vermögen der Partner bei einem Urteil gegen die Partnership (Quasi-Akzessorietät). Zudem gehören dazu die **Zurechnung deliktischen Handelns** eines Partners im Rahmen des gewöhnlichen Geschäftsbetriebs gem sec. 10 PA 1890 und die Behandlung der Partnership als **eigenständiges Schadensersatzsubjekt**. Auch bekommt der Privatgläubiger eines Partners nur Zugriff auf die Erträge des Gesellschafters, kann aber nicht die Betätigung der Gesellschaft selbst stören oder auch nur die Beteiligung kündigen. Auch im Insolvenzrecht wird die Partnership trotz fehlender Rechtsfähigkeit als **separat insolvenzfähig** behandelt (s. Rn. 148). 75

4. Partnership Property

Aufgrund der fehlenden Rechtsfähigkeit der Partnership können Probleme bei der Zuordnung und dem Erwerb bzw. der Einbringung von **Eigentum** entstehen. Die betrifft insbesondere die Frage, welche Gegenstände oder Immaterialgüter im Eigentum der Partnership stehen und welche allein den einzelnen Partnern gehören. Diese Problematik erkennend, sieht auch der Partnership Act mit ssec. 20 f. PA 1890 Regelungen zum Eigentum der Partnership (***Partnership Property***) vor. Nach sec. 20 (1) PA 1890 gehören zum Partnership Property alle Gegenstände und Rechte, die als Einlage durch die Partner oder nachträglich in die Gesellschaft eingebracht wurden. Das Partnership Property darf nur für und zum Nutzen der Partnership verwendet werden. Nach einer jüngeren Entscheidung des High Court ist sec. 20 (1) PA 1890 jedoch zumindest beim nachträglichen Erwerb von Eigentum nicht zwingend, so dass davon iS von sec. 19 PA 1890 durch die Partner per Vereinbarung auch abgewichen werden kann.[188] 76

Wie aus ssec. 20 f. PA 1890 ersichtlich wird, kann eine Partnership trotz fehlender Rechtsfähigkeit „Eigentümer" von Gegenständen und Rechten sein. Das Partnership Property ist dabei vom individuellen Eigentum der Partner zu trennen. Gehören Gegenstände oder Rechte zum Eigentum der Partnership, können – abgesehen von einer Co-ownership – die einzelnen Partner grundsätzlich nicht ebenfalls Eigentümer sein.[189] Vielmehr halten die Partner als **Agents** das Partnership Property für die Gesellschaft und verwalten treuhänderisch deren Landeigentum (vgl. sec. 20 (2) PA 1890).[190] Praktisch empfiehlt es sich, bereits im Partnership Agreement Bestimmungen zu treffen, welche Gegenstände und Rechte der Partnership gehören sollen (Einbringung quad sortem) und welche – trotz Nutzung durch die Gesellschaft – im Eigentum der Partner verbleiben (Einbringung quad usum). So kann im Zweifel eindeutig identifiziert werden, in wessen Eigentum, mit den damit verbundenen Rechten und Pflichten, diese stehen. Entsprechendes gilt bei erst später von der Partnership genutzten Gegenständen und Rechten. Zwar ist eine schriftliche Vereinbarung hier nicht zwingend notwendig,[191] gleichwohl jedoch zu empfehlen. 77

In diesem Zusammenhang kann das Eigentum eines Partners grundsätzlich auch von der Partnership gemeinschaftlich und damit von den anderen Partnern zum Wohle der Gesellschaft **genutzt werden**. Die Nutzung des Eigentums eines Partners durch die Partnership macht diese jedoch nicht zum (Mit-)Eigentümer an diesem.[192] Umgekehrt darf das Partnership Property gem sec. 20 (1) PA 1890 nur für und zum Nutzen der Gesellschaft verwendet werden. Schon aus dem Gesichtspunkt der Treuepflicht (s. Rn. 103) dürfen die Partner das Eigentum der Partnership nicht zum ausschließlichen Eigeninteresse nutzen. Bei Gegenständen, die aus den **Mitteln der** 78

187 Ferner zur Grundbuchfähigkeit der Englischen Partnership im deutschen Recht *Kruis* IPRax 2006, 98 ff.

188 *Coward v. Phaestos Ltd.* [2013] EWHC 1292 (Ch).

189 *Re Fullers' Contract* [1933] Ch 652, 656; aus jüngerer Zeit auch *Hancock Prospecting Pty. Ltd. v. Wright Prospecting Pty.* [2012] WASCA 216; *Sze Tu v. Lowe* [2014] NSWCA 462.

190 *Morse*, Partnership and LLP Law, 2015, Rn. 6.05; *Blackett-Ord/Haren*, Partnership Law, 2015, Rn. 8.1; *Berry*, Partnership and LLP Law, 2010, S. 37.

191 *Blackett-Ord/Haren*, Partnership Law, 2015, Rn. 8.20.

192 *Berry*, Partnership and LLP Law, 2010, S. 38; *Morse*, Partnership and LLP Law, 2015, Rn. 6.13.

Partnership bezahlt wurden, besteht die **Vermutung**, dass diese zum Eigentum der Partnership und nicht zu dem der bzw. des Partner(s) gehören (sec. 21 PA 1890). Dies gilt auch, wenn der in Rede stehende Gegenstand nicht für die Zwecke der Partnership genutzt wird.[193] Die Vermutung ist grundsätzlich widerlegbar.[194] Gleiches gilt im umgekehrten Fall, wenn Gegenstände vom Geld eines Partners bezahlt wurden (auch wenn sie allein von der Partnership genutzt werden), es sei denn etwas Anderes wurde zwischen den Partnern vereinbart.

79 Auch in der **Insolvenz** wird zwischen dem Partnership Property und dem persönlichen Eigentum eines Gesellschafters unterschieden. Wie im deutschen Recht ist daher zu entscheiden, ob ein Vermögensgegenstand der Gesellschaft nur zum Gebrauch zur Verfügung gestellt wird – dann bleibt er im Privateigentum des Gesellschafters – oder ob er in die Gesellschaft eingebracht wird und damit als Partnership Property **Miteigentum der Gesellschafter** wird.

5. Organisationsverfassung

a) Innere Struktur

80 Die innere Struktur der Partnership ist **frei gestaltbar**. Der Partnership Act von 1890 ist bezüglich des Innenverhältnisses im Ganzen dispositives Recht (vgl. sec. 19 PA 1890). Das Gesetz versteht sich weitgehend als Auffangregelung, wenn die Partner nichts vereinbaren. Daher werden auch keine besonders hohen Anforderungen an stillschweigende vertragliche Regelungen (*implied terms*) gestellt.[195] Die Partnership unterliegt im Grundsatz keinerlei öffentlichen Kontrolle und Beschränkungen. Allerdings unterliegt sie drei nennenswerten Einschränkungen: Da die Partnership vom Wesen her eine **vertragliche Vereinbarung** darstellt (s. Rn. 48), ist ihre Gestaltungsfreiheit zum einen durch die allgemeinen, für sämtliche Verträge anzuwendenden, (liberalen) Regelungen des Common Law begrenzt. Weiterhin ist ihre Zusammensetzung für bestimmte Berufsgruppen wie Ärzte und Rechtsanwälte besonders geregelt. Schließlich gilt für Partnerships mit Part 41 des Companies Act 2006 ein spezielles Firmenrecht (s. Rn. 67 ff.), wobei es sich aufgrund der Außenwirkung der Firmierung nicht um eine Beschränkung der inneren Struktur im engeren Sinne handelt. Hinzu kommen die zT nicht-abdingbaren **Sorgfalts- und treuhänderischen Pflichten** der Partner (s. Rn. 103 ff.).

81 Bestimmungen zur **inneren Struktur der Gesellschaft** finden sich regelmäßig im Partnership Agreement als Gesellschaftsvertrag, der die maßgebenden Rechte und Pflichten der Partner untereinander und zur Partnership als solches regelt. Die dispositiven Regelungen des Partnership Act 1890 kommen daher in der Praxis nur in geringem Maße bei der innergesellschaftlichen Organisation der Partnership zum Tragen. Typischerweise sind im Partnership Agreement Regelungen hinsichtlich der Gewinn- und Verlustverteilung, zur Geschäftsführung des befugten Partners (s. Rn. 82 ff.) und zur **Entscheidungsfindung** (s. Rn. 99 ff.) enthalten.

b) Geschäftsführung und Vertretung

aa) Geschäftsführung

82 Basierend auf dem Grundsatz, dass die Gesellschafter in einem gegenseitigen Vertrauensverhältnis (*Mutual Trust*) zueinander stehen, ist gem sec. 24 (5) PA 1890 **jeder Partner zur Geschäftsführung** berechtigt.[196] Das verwaltete Miteigentum und die Führung des Geschäftsbetriebs haben dabei so zu erfolgen, als seien alle Partner Treuhänder des/der jeweils anderen, weshalb eine treuhänderische Pflicht (*Fiduciary Duty*) (s. Rn. 104) besteht. Es liegt jedoch **keine** generelle (gesetzliche) Pflicht zur Beteiligung eines Partners an der Geschäftsführung vor. Sog „**Sleeping Partner**" (oder „Silent Partner" bzw. „Dormant Partner"), die nicht am Management der Gesellschaft mitwirken, sind anerkannt und vor allem bei größeren Partnerships mit mehreren Gesellschaftern weit verbreitet. Die entsprechenden Bezeichnungen werden teilweise allerdings noch enger verstanden und zwar in dem Sinne, dass der „Silent Partner" oder „Dormant Partner" von außen nicht erkennbar ist, also anonym bleibt.

83 Sec. 24 (5) PA 1890 ist **dispositiv** und durch eine (ausdrückliche oder konkludente) Vereinbarung abdingbar. In der Praxis geschieht dies in aller Regel bereits durch entsprechend anderslautende Bestimmungen im Partnership Agreement. Einzelne Partner können daher nur beschränkt an der Geschäftsführung beteiligt sein oder **gänzlich vom Management** der Gesellschaft **ausgeschlossen** werden (sog *Dormant Partner*). Möglich ist auch, dass einem Partner die Leitung nur eines einzelnen Geschäftsbereichs gestattet wird.[197] Ein nachträglich (vereinbarter) Ausschluss eines Partners von der Geschäftsführung kann jedoch zur Auflösung der Partnership oder

193 *Murtagh v. Costello* (1881) 7 LR Ir 428.
194 *Morse*, Partnership and LLP Law, 2015, Rn. 6.16; *Blackett-Ord/Haren*, Partnership Law, 2015, Rn. 8.23.
195 Vgl. *Morse*, Partnership and LLP Law, 2015, Rn. 5.20; jüngst zu den (allgemeinen) Voraussetzungen schlüssiger Vertragsbedingungen *Marks & Spencer plc v. BNP Paribas Securities Services Trust Co. Ltd.* [2015] UKSC 72; dazu ua *O'Sullivan* CLJ 75 (2016) 199 ff.
196 So bereits *Rowe v. Wood* (1822) 2 Jac. & W. 553; *Peacock v. Peacock* (1809) 16 Ves 49.
197 *Schmith v. Mules* (1852) 9 Hare 556.

zum **Austrittsrecht** des Partners mit einer entsprechenden Entschädigung führen.[198] Wird keine (ausdrückliche oder konkludente) Regelung über die Teilnahme eines Partners an der Geschäftsführung getroffen, gilt sec. 24 (5) PA 1890. Dieser hat dann weiterhin das Recht, am Management der Gesellschaft mitzuwirken. Die anderen Partner können ihn hiervon grundsätzlich nur dann ausschließen, wenn er eine Pflichtverletzung begeht und gegen eine Bestimmung des Gesellschaftsvertrags oder eine andere Vereinbarungen verstößt,[199] oder wenn ihm seine Stellung als Partner von den anderen Gesellschaftern „abgekauft" wird (was regelmäßig sehr teuer ist). Es empfiehlt sich daher stets eine explizite Regelung, welche Partner zur Geschäftsführung berechtig sind und welche(r) nicht.

Kommt ein Partner seinen vereinbarten oder aufgrund sec. 24 (5) PA 1890 bestehenden Geschäftsführungspflichten nicht in angemessener Weise nach, kann er zur Zahlung einer **Entschädigung** gegenüber den anderen Partnern verpflichtet sein.[200] Zudem kann ein Partner bei Verstößen gegen das Partnership Agreement oder sonstige Vereinbarungen bis zum Abstellen des pflichtwidrigen Verhaltens von der Geschäftsführung entbunden werden.[201] 84

Grundsätzlich besteht **kein gesonderter Vergütungsanspruch** eines geschäftsführenden Partners für die Übernahme der Geschäftsführung (sec. 24 (6) PA 1890). Auch die Rechtsprechung hat keine Befugnis, ohne vertragliche Regelung eine spezielle Geschäftsführervergütung festzulegen.[202] Davon unbenommen bleibt der allen Partnern gem sec. 24 (2) PA 1890 zustehende **Aufwendungsersatzanspruch**. Vielmehr stellen die Gewinne aus den Geschäftsanteilen die Vergütung eines (geschäftsführenden) Gesellschafters dar. Regelmäßig finden sich jedoch **abweichende Regelungen** im Partnership Agreement, so dass geschäftsführende Partner entweder eine gesonderte Vergütung für ihre Managementtätigkeit erhalten oder ihnen im Vergleich zu nicht-geschäftsführenden Partnern ein höherer Aufwandsersatz zugestanden wird.[203] So bekommen beispielsweise geschäftsführende Senior Partner in der Regel eine höhere Vergütung aus Gesellschaftsmitteln gezahlt als „normale" Partner. Das bloße Argument eines Partners, er habe mehr Arbeit geleistet als andere (geschäftsführende) Partner, führt indes noch nicht zur Nichtanwendung von sec. 24 (6) PA 1890.[204] 85

bb) Vertretung

Die Partnership selbst kann als solche nicht handeln, sondern wird von ihren Partnern vertreten, durch deren Handlungen sie verpflichtet wird.[205] Insofern ist für die Organisation einer Partnership prägend, dass **sämtliche Partner** alle anderen Partner vertreten können (sec. 5 PA 1890) und diese für die eingegangenen Verbindlichkeiten **gesamtschuldnerisch haften**. Der gesetzliche Grundfall des Partnership Law sieht also eine (organschaftliche) Einzelvertretungsmacht vor. Daneben kennt das Englische Recht, wie die meisten Staaten, das Modell der rechtsgeschäftlichen Vertretungsmacht und der Rechtsscheinvollmacht. Hierfür gelten die allgemeinen Regelungen des **Stellvertretungsrechts**. Hinsichtlich einer Rechtsscheinvollmacht (*ostensible authority*)[206] trennt das Englische Vertretungsrecht zwischen Trading Partnerships und Non-trading Partnerships. Für die Partner einer Trading Partnership, die Waren an- und verkauft, gilt eine weitere Rechtsscheinvollmacht als für die Partner einer Non-trading Partnership.[207] 86

Die Gesellschafter sind **Agents** gegenüber der Partnership und den anderen Partnern. Sofern die Vertretungsmacht eines Partners nicht eingeschränkt wurde und die Vertretungshandlung **innerhalb des gewöhnlichen Geschäftsbetriebs** („*in the usual way of business*")[208] stattfindet, wird die Gesellschaft gebunden und durch die Handlung des jeweiligen Partners verpflichtet (sec. 6 PA 1890). In der Praxis wird die Vertretungsmacht einzel- 87

198 *Morse*, Partnership and LLP Law, 2015, Rn. 5.21; *Ringe/Otte* in: Triebel ua (Hrsg.), Englisches Handels- und Wirtschaftsrecht, 2012, Kap. V Rn. 332 (Fn. 702); entsprechend zum Company Law *Ebrahimi v. Westbourne Gallaries Ltd.* [1973] AC 360 (HL); *O'Neill v. Phillips* [1999] 1 WLR 1092 (HL).

199 *Green v. Howell* [1910] 1 Ch 495; *Standard Life Health Care v. Gormon* [2010] IRLR 233 (CA); *SG & R Valuation Service v. Boudrais* [2008] IRLR 770 (HL).

200 *Airey v. Borham* [1861] 29 Beav 620; *Blackett-Ord/Haren*, Partnership Law, 2015, Rn. 12.24; *Ringe/Otte* in: Triebel ua (Hrsg.), Englisches Handels- und Wirtschaftsrecht, 2012, Kap. V Rn. 332 (Fn. 702).

201 Vgl. *Standard Life Health Care v. Gormon* [2010] IRLR 233 (CA); *SG & R Valuation Service v. Boudrais* [2008] IRLR 770 (HL).

202 *Medcalf v. Mardell and others* [2000] EWCA Civ 63; *Blackett-Ord/Haren*, Partnership Law, 2015, Rn. 12.24.

203 *Morse*, Partnership and LLP Law, 2015, Rn. 5.22; *Heinemann*, Die englische Partnership, 2002, S. 33.

204 *Moore v. Moore*, Feb. 27, 1998, HC (NI); *Morse*, Partnership and LLP Law, 2015, Rn. 5.22.

205 Vgl. *British Homes Assurance Corporation Ltd. v. Paterson* [1902] 2 Ch 404.

206 Zum Begriff der ostensible authority vgl. *Hely-Hutchinson v. Brayhead Ltd.* [1968] 1 QB 549, 583: "the authority of an agent as it appears to others".

207 *Blackett-Ord/Haren*, Partnership Law, 2015, Rn. 19.3; *Morse*, Partnership and LLP Law, 2015, Rn. 4.03; *Ringe/Otte* in: Triebel ua (Hrsg.), Englisches Handels- und Wirtschaftsrecht, 2012, Kap. V Rn. 337; *Heinemann*, Die englische Partnership, 2002, S. 35.

208 Im Gegensatz zu § 126 I HGB ist der Umfang der Vertretungsmacht insofern geringer, vgl. *Ringe/Otte* in: Triebel ua (Hrsg.), Englisches Handels- und Wirtschaftsrecht, 2012, Kap. V Rn. 336.

ner Partner oftmals per Vereinbarung oder bereits im Partnership Agreement eingeschränkt.[209] Im Umkehrschluss zu sec. 8 PA 1890 („*with respect to persons having notice*") sind entsprechende Beschränkungen der Vertretungsmacht jedoch nur dann außenwirksam und die Gesellschaft wird nicht gebunden, wenn der betreffende **Dritte keine Kenntnis** von der Vereinbarung hatte. Die Gesellschaft wird ferner dann nicht gebunden, wenn dem handelnden Partner keine Vertretungsmacht eingeräumt wurde und der Dritte nicht gutgläubig hinsichtlich dessen Vertretungsmacht („*not believe him to be a partner*") ist (sec. 5 PA 1890). Dies gilt auch unabhängig davon, ob der Partner innerhalb des gewöhnlichen Geschäftsbetriebs handelte oder nicht.[210] **Überschreitet** ein Partner die ihm durch seine Mitgesellschafter eingeräumte Vertretungsmacht und ist diese Überschreitung seiner internen Befugnisse nicht von einem Dritten erkennbar, zB weil der in Rede stehende Partner den Anschein der Vertretungsbefugnis erweckt[211] oder bisher immer mit entsprechender Vertretungsmacht handelte,[212] werden die Gesellschaft und die übrigen Partner an das abgeschlossene Rechtsgeschäft gebunden. Dritte können insofern auf den gesetzlichen Grundfall des sec. 5 PA 1890 vertrauen.

88 Auch bei Handlungen **außerhalb des üblichen Geschäftszwecks** kann kraft besonderer Bevollmächtigung Vertretungsmacht vorliegen (vgl. sec. 7 PA 1890). In welchen Fällen die Vorrausetzung des Handelns in üblicher Weise die Vertretungsmacht einschränkt, ist dabei Gegenstand einer differenzierten Rechtsprechung.

89 Allgemein akzeptiert wird, dass es einen Bedarf für eine außervertragliche, insbesondere **deliktische Haftung** der nicht-handelnden Partner für die **unternehmensbezogenen** Schädigungshandlungen ihrer Mitgesellschafter gegenüber Dritten geben muss. Der Gesetzgeber hat dies in ssec. 10, 11, 13 PA 1890 jedoch nur unvollkommen geregelt. Streitig ist, ob auch Delikte innerhalb der Gesellschaft dazu führen, dass alle anderen Gesellschafter für den deliktisch handelnden Partner haften müssen.[213] Der Court of Appeal scheint dies in einer jüngeren Entscheidung zu befürworten, soweit die Handlung im Rahmen der Geschäftstätigkeit der Gesellschaft erfolgt ist.[214]

90 Ist die Partnership aufgrund einer der genannten Aspekte nicht an die Außenhandlungen eines Partners gebunden, ist das Rechtsgeschäft gleichwohl nicht endgültig unwirksam. Vielmehr ist es einer **Genehmigung** durch die anderen Partner zugänglich und damit nur schwebend unwirksam im deutschen Rechtssinne.[215] Die Genehmigung kann ausdrücklich oder konkludent durch Vollzug des Rechtsgeschäfts durch die Gesellschaft erfolgen.[216]

c) Mitglieder (Partner)

aa) Status als Partner

91 Soweit es um die **Abgrenzung** von Austauschverträgen gegenüber Beteiligungen als Partner einer Partnership geht, kann auf die Ausführungen zur Gründung einer Partnership verwiesen werden (s. Rn. 51 ff.).

92 Besondere Bedeutung hat die Abgrenzung zwischen **Arbeitnehmerstellung** und der Stellung als Partner der Gesellschaft.[217] Ausgangspunkt ist, dass für die Partnership im Innenverhältnis eine **strenge Alternativität** zwischen der Stellung als Partner und der als Arbeitnehmer der Partnership angenommen wird.[218] Man kann also entweder nur Partner oder Arbeitnehmer der Gesellschaft sein. Mithin ist es nicht möglich, für manche Zwecke der Gesellschaft Partner und für andere Arbeitnehmer zu sein.[219] Zentrale Begründung hierfür ist, dass mangels Rechtsfähigkeit der Partnership beim Fehlen solch einer Alternativität ein Gesellschafter, der zugleich Arbeitnehmer wäre, sein eigener Arbeitgeber sein müsste, was als logisch ausgeschlossen angesehen wird.

93 Im **Außenverhältnis** kann hingegen jemand, der eindeutig als Arbeitnehmer der Gesellschaft zu qualifizieren ist, den Gläubigern aufgrund seines Auftretens als Partner wie ein Gesellschafter gem sec. 14 (1) PA 1890 haften[220] und wenn dieses Auftreten von den Partnern geduldet wird, auch die anderen Partner wirksam vertreten und

209 *Blackett-Ord/Haren*, Partnership Law, 2015, Rn. 19.3; *Vorpeil/Wieder* RIW 1995, 285, 289.
210 *Hogarth v. Latham & Co.* [1878] 3 QBD 643 (CA).
211 *First Energy (UK) Ltd. v. Hungarian International Bank Ltd.* [1993] 2 Lloyd's Rep 194 (CA); *Mercantile Credit Co. Ltd. v. Garrod* [1962] 3 All ER 1103.
212 *SEB Trygg Liv. v. Manches* [2006] 1 WLR 2276 (CA).
213 Dazu *Mitchell* LQR 119 (2003) 364 ff.; *Berry* J.B.L. 2014, 585, 591 ff.
214 *Northampton Regional Livestock Centre Ltd. v. Cowling* [2015] EWCA Civ 651.
215 *Willis v. Dyson* (1816) 1 Stark 164.
216 *Blackett-Ord/Haren*, Partnership Law, 2015, Rn. 19.5.
217 Allgemein zum Abeitnehmerstatus im Englischen Recht *Bowers*, A Practical Approach to Employment Law, 9. Ed. 2017, Chaper 2; *Böttcher* EuZA 2017, 370 ff.
218 *MacKinlay v. Arthur Young McCleeland Moores & Co.* [1990] 2 AC 239; hieran jedoch jüngst gewisse Zweifel hegend *Clyde & Co. LLP v. Bates Van Winkelhof* [2014] UKSC 32.
219 *Ryan v. Mason* [2011] 3 NZLR 791.
220 Generell auch *Kirkwood v. Cheetham* (1862) 10 WR 670.

damit verpflichten.[221] Behauptet der Arbeitnehmer jedoch allein von sich aus, dass er Partner sei, wird die Gesellschaft in der Regel nicht verpflichtet.[222]

Aufgrund der strengen Unterscheidung zwischen der Stellung als Arbeitnehmer und der als Partner im Innenverhältnis ist die Abgrenzung zT schwierig, da einzelne Merkmale, die normalerweise eindeutig für eine bestimmte Einordnung sprechen (zB Beteiligung am Verlust für Gesellschafterstellung; Fixvergütung für Arbeitnehmerstellung), gleichzeitig gegenläufig in einer Person auftreten können. Aufgrund der Schutzwirkungen des Arbeitsrechts würde an sich eine sehr **zurückhaltende Bejahung des Partnerstatus** naheliegen, insbesondere da häufig Arbeitsgerichte mit den entsprechenden Fragen befasst sind. Dies lässt sich so jedoch nicht feststellen. Allenfalls wenn jemand vorher eindeutig Arbeitnehmer war und sein Status (i.e. die Vertragsbedingungen) sich nicht vollständig ändert, besteht eine **Tendenz zur Beibehaltung** des Arbeitnehmerstatus.[223] 94

Die auch aus in Deutschland tätigen internationalen Anwaltskanzleien bekannte Kategorie der **Salaried Partner** steht gewöhnlich auf dem Briefkopf der Gesellschaft und **haften** damit unabhängig von ihrer Einordnung wie ein Partner (vgl. sec. 14 (1) PA 1890).[224] Salaried Partner erhalten meist ein Fixgehalt plus einen gewinnabhängigen Bonus anstatt allein eines monetären Anteils am erzielten Gewinn der Partnership.[225] Insofern grenzen sie sich vom „normalen" Equity Partner ab. Dennoch vermögen sie die Partnership grundsätzlich genauso vertraglich zu binden, wie ein Equity Partner.[226] Selbst das Fixgehalt kann indes unter einem Gewinnvorbehalt stehen. Sie haben meist **keine** gesellschaftsrechtlichen **Mitwirkungs-** und **Mitentscheidungsrechte**.[227] 95

Soweit ein solcher Fall vorliegt, wie er vor allem bei großen freiberuflichen Partnerships aber auch LLPs (dazu Rn. 181 ff.) üblich ist, erfolgt regelmäßig eine **Einordnung als Arbeitnehmer**,[228] wobei eine abweichende Vertragsgestaltung zB hinsichtlich der Beteiligung am Auseinandersetzungsguthaben und an den gesellschaftsrechtlichen Mitwirkungsrechten zu einer anderen Beurteilung führen kann. Die **Teilhabe am Gewinn** der Partnership kann gem 2 (3) PA 1890 zwar ein Indiz für die Stellung als Partner und damit nicht als Arbeitnehmer sein, begründet für sich aber noch keine Gesellschafterstellung. Auch wenn die übrigen Partner das Auftreten eines Salaried Partners als gewöhnlichen Gesellschafter dulden, ist eine Einordung als Arbeitnehmer nicht ausgeschlossen.[229] Jedoch wird ein vermeintlicher Salaried Partner, dem keine Gewinnbeteiligung zusteht, nicht automatisch zu einem Arbeitnehmer der Gesellschaft.[230] 96

Zum Zwecke der **Besteuerung** werden Salaried Partner jedoch regelmäßig als Selbstständige und nicht als Arbeitnehmer der Gesellschaft behandelt. Insbesondere in diesem Zusammenhang hat die Bezeichnung als „Fixed Share Partner" in den letzten Jahren Bedeutung erlangt. Diese haben nur eingeschränkte Mitentscheidungsrechte und ihnen obliegt zumeist **keine Einlagepflicht** wie einem Equity Partner. Wie Salaried Partner (s. Rn. 95) haben Fixed Share Partner grundsätzlich keinen Anspruch auf Gewinnteilhabe, sondern erhalten lediglich ein Festgehalt.[231] Aus gesellschaftsrechtlicher Sicht werden beide daher auch als Synonym verwendet. 97

Aus deutscher Sicht bemerkenswert ist, dass die englischen Gerichte die Frage, ob es sich um einen Salaried Partner handelt, **objektiv entscheiden** und nicht – wie man es vom Common Law vordergründig erwarten würde – die Parteientscheidung maßgeblich ist.[232] Die bloße (subjektive) Bezeichnung einer Person als Salaried Partner ist grundsätzlich ohne Bedeutung.[233] Würde man allerdings die Entscheidung der Beteiligten über die Einordnung für maßgeblich halten, müsste man wohl deutlich stärker im Wege der **Inhaltskontrolle** Regelungen, die mit dem gewählten Rechtsstatus nicht vereinbar sind, als unwirksam verwerfen. Auf diese Weise erreicht das Englische Recht im Ergebnis doch den von ihm erwarteten maximalen Freiheitsgrad für die Beteiligten. 98

bb) Entscheidungsfindung

Die Entscheidungsfindung der Partner innerhalb der Gesellschaft ist **weitgehend frei**. Die Partner können grundsätzlich alle Rechte und Pflichten zur Abstimmung stellen und selbst über deren Umfang und Ausgestal- 99

221 Vgl. *Blackett-Ord/Haren*, Partnership Law, 2015, Rn. 5.1, 11.10.
222 *Hardman v. Booth* (1863) 1 H&C 803; *Armagas Ltd. v. Mundogas SA* [1986] AC 717; vgl. auch *Dubai Aluminium Co. Ltd. v. Salaam* [2002] UKHL 48.
223 In diesem Sinne *Horner v. Hasted* [1995] STC 766.
224 *Briggs v. Oates* [1990] ICR 473.
225 *Nationwide Building Society v. Lewis* [1998] Ch 482; *Re Hill* [1934] Ch 623.
226 *United Bank of Kuwait Ltd. v. Hammoud* [1988] 1 WLR 1051.
227 *Morse*, Partnership and LLP Law, 2015, Rn. 2.37.
228 Grundlegend *Stekel v. Ellice* [1973] 1 WLR 191; aus jüngerer Zeit auch *Walsh v. Needleman Treon* [2014] EWHC 2554.
229 So bespielsweise in *Casson Beckmann & Partners v. Papi* [1990] 1 CR 473.
230 *M Young Legal Associates Ltd. v. Zahid* [2006] 1 WLR 2562; *Rowlands v. Hodson* [2009] EWCA Civ 1025.
231 Zum Charakter eines Fixed Share Partner *Tiffin v. Lester Aldrigde LLP* [2012] EWCA Civ 35, 59.
232 In diesem Sinne *Stekel v. Ellice* [1973] 1 WLR 191.
233 *Morse*, Partnership and LLP Law, 2015, Rn. 2.40.

tung bestimmen.[234] Der dispositive Charakter des Partnership Act 1890 setzt dem nur geringfügige Grenzen. Maßgeblich sind demnach vor allem die Regelungen in dem bei Gründung der Gesellschaft abgeschlossenen Partnership Agreement. Fehlen entsprechende Regelungen und ergibt sich auch aus etwaigen stillschweigenden Vereinbarungen nichts anderes, kommen die einschlägigen Bestimmungen des Partnership Act 1890 zu Geltung, insbesondere die „**Generalklausel**" des sec. 24 (8) PA 1890. In der Praxis ergeben sich Probleme zumeist bei Fragen der konkreten Reichweite einer vereinbarten Klausel im Partnership Agreement.

100 Nach sec. 24 (8) PA 1890 entscheidet für gewöhnliche Geschäfte die **einfache Mehrheit** der Gesellschafter (Kopfmehrheit) über die Geschäftsführung, ohne dass es auf die Höhe der Beteiligung ankommt. Welche Maßnahmen welcher Mehrheit bedürfen, wird gleichwohl in der Regel im Partnership Agreement bestimmt. Es empfiehlt sich daher zumindest die Maßnahmen festzulegen, die einer qualifizierten Mehrheit oder Einstimmigkeit durch die Partner bedürfen und welche Mehrheit (Stimmen- oder Kopfmehrheit) maßgeblich ist.[235] Zudem sollte geklärt werden, unter welchen Voraussetzungen eine (außergewöhnliche) Gesellschafterversammlung (*Partnership Meeting*) einberufen und abgehalten werden kann.

101 Bestehen keine Vereinbarungen zwischen den Partnern, kommen die Regelungen des Partnership Act 1890 zur Anwendung. Dieser sieht bei verschiedenen Maßnahmen das Erfordernis der Zustimmung aller Partner vor. **Einstimmigkeit** (*consent of all partners*) ist gem sec. 24 (8) PA 1890 bei Änderungen und Erweiterungen[236] des Unternehmensgegenstandes und anderen Maßnahmen erforderlich, die die Eigenschaft der Partnership als solche tangieren. Hierzu gehört insbesondere die Auflösung der Gesellschaft. Der Zustimmung aller Partner bedarf es ferner bei der Änderung der Rechte und Pflichten eines oder aller Partner (sec. 19 PA 1890), dem **Ausschluss eines Partners** aus der Gesellschaft (sec. 25 PA 1890) und der Hinzunahme eines neuen Partners (sec. 24 (7) PA 1890). Eine einstimmige Beschlussfassung kann zudem per Vereinbarung auf andere Maßnahmen erweitert oder beschränkt werden.

102 Sofern keine abweichenden Vereinbarungen (insbes. im Partnership Agreement) bestehen, gilt für alle anderen Maßnahmen die einfache Mehrheit der Gesellschafter (s. Rn. 100), zB für sonstige **Änderungen des Gesellschaftsvertrags.**[237] Für Kapitalmaßnahmen reicht eine einfache Mehrheit indes nicht aus.[238] Außerordentliche Maßnahmen von hoher Tragweite bedürfen iS von 24 (8) PA 1890 weiterhin der Zustimmung aller Partner. Bei Stimmengleichheit in der Abstimmung besteht keine Mehrheit und eine Zustimmung der Gesellschafter ist nicht erfolgt.[239]

d) Sorgfalts- und Treuepflichten

103 Jeder Partner ist gegenüber den anderen Gesellschaftern zur Treue und Sorgfalt hinsichtlich der gemeinsamen Unternehmenstätigkeit verpflichtet. Dies ist Ausfluss des Grundsatzes, dass die Gesellschafter in einem **gegenseitigen Vertrauensverhältnis** (*Mutual Trust*) stehen. Ausgegangen wird von einer persönlichen Bindung der Partner untereinander. Das verwaltete Miteigentum und die Führung des Geschäftsbetriebs haben so zu erfolgen, als seien alle Gesellschafter Treuhänder des/der jeweils anderen, weshalb eine treuhänderische Pflicht besteht. Diese **treuhänderische Pflichtenbindung** soll Missbräuche verhindern und das Funktionieren der Gesellschaft gewährleisten. Abweichend zum deutschen Personengesellschaftsrecht basieren die gegenseitigen Treuepflichten der Gesellschafter zueinander aber weniger auf der gemeinsamen Zweckverfolgung der Vertragspartner,[240] sondern vielmehr auf der wechselseitigen Vertretungsmacht (*Agency*) (s. Rn. 87) der Partner.[241]

104 Sorgfaltspflichten (***Duty of Care***) sind im Partnership Act 1890 selbst nicht beschrieben. Sie ergeben sich vielmehr aus dem gegenseitigen Vertrauensverhältnis der Partner untereinander (s. Rn. 82). Deren genauer Umfang und Intensität bemisst sich nach dem Partnership Agreement oder konkludent durch stillschweigende Vereinbarungen (*implied terms*) unter Berücksichtigung der gemeinsamen Zweckverfolgung.[242] Auch die Sorgfaltshaftung zwischen den Partnern sowie der Sorgfaltsmaßstab gegenüber Dritten sind nicht gesetzlich geregelt. Die Treuepflichten (***Fiduciary Duty***)[243] der Partner untereinander werden durch die ssec. 28-30 PA 1890 konkreti-

234 *Blackett-Ord/Haren*, Partnership Law, 2015, Rn. 12.6. Sorgfalts- und Treuepflichten gegenüber Minderheitsgesellschaftern sind indes nicht abdingbar, vgl. *Blisset v. Daniel* [1853] 10 Hare 493; *Morse*, Partnership and LLP Law, 2015, Rn. 5.24.

235 Vgl. *Berry*, Partnership and LLP Law, 2010, S. 55.

236 *Bissell v. Cole* [1997] LTL, Dec. 5, 1991.

237 *Blackett-Ord/Haren*, Partnership Law, 2015, Rn. 12.5.

238 *Re Bridgewater Navigation Co.* [1891] 2 Ch 317, 327.

239 *Harris v. Black* [1983] 46 P & CR 366.

240 Vgl. nur *Ulmer/Schäfer* in: MüKo BGB, Bd. 6, 7. Aufl. 2017, § 705 Rn. 222; *Schöne* in: BeckOK BGB, 43. Ed. 2017, § 705 Rn. 101.

241 *Schall* in: Schall (Hrsg.), Companies Act, 2014, sec. 1 Rn. 23.

242 *Blackett-Ord/Haren*, Partnership Law, 2015, Rn. 11.1; *Morse*, Partnership and LLP Law, 2015, Rn. 5.04.

243 Kritisch zur Bezeichnung der fiduciary duty als (gesellschaftsrechtliche) „Treuepflicht" *Bachner*, Creditor Protection in Private Companies, 2009, S. 149 f.

siert. Sie umfassen die Pflicht zur vollständigen Informationsweitergabe (s. Rn. 109), das Verbot der persönlichen Vorteilsnahme zulasten der Gesellschaft (s. Rn. 111) und ein Wettbewerbsverbot (s. Rn. 114). Diese Regelungen stellen gleichwohl keinen abschließenden Pflichtenkatalog dar.[244] Vielmehr können insbesondere im Partnership Agreement **weitere Treuepflichten** statuiert sein bzw. die Vorgaben der ssec. 28-30 PA 1890 auch teilweise abbedungen und/oder konkretisiert werden.[245] Aufgrund der zT unklaren Bestimmungen des genauen Pflichtenmaßstabes ist eine entsprechende Konkretisierung auch dringend zu empfehlen. Das Maß und der **Umfang der Treuepflichten** sind dann im Hinblick auf diese Vereinbarungen und dem jeweiligen Unternehmenscharakter einer Partnership zu bestimmen.[246]

Hinsichtlich des Verhältnisses der Partner untereinander ist unstreitig, dass, wie in jedem Vertrag, eine **Sorgfaltspflicht** für die vertraglichen Pflichten besteht. Der Sorgfaltsmaßstab wird grundsätzlich von den Fähigkeiten, die ein Partner besitzt oder auch nur behauptet zu besitzen, bestimmt.[247] Gleichwohl müssen zumindest die Standards eines ordentlichen Geschäftsmannes beachtet werden.[248] Zumindest in England lässt sich nach einer jüngeren Entscheidung des High Court eine allgemeine Tendenz zur **Objektivierung des Sorgfaltsmaßstabes** der Partner ausmachen.[249] Anders als in Deutschland (§ 708 BGB) gilt zwischen den Partnern daher nicht primär die eigenübliche Sorgfalt. Gleichwohl wird der Sorgfaltsmaßstab auch von der Ausgestaltung des Partnership Agreements und dem Geschäftsbetrieb der Gesellschaft mitgeprägt. 105

Von der Sorgfaltspflicht sind allgemein das Handeln zum **Wohle der Gesellschaft** und nicht zum bloßen Eigeninteresse,[250] die Förderung des Gesellschaftsinteresses und das Unterlassen von eigennützigen Maßnahmen,[251] Ehrlichkeit und Offenheit gegenüber den anderen Partnern in Gesellschaftsangelegenheiten[252] und die Nicht-Benachteiligung von **Minderheitsgesellschaftern** erfasst.[253] Aus einer jüngeren Entscheidung des Supreme Court lässt sich entnehmen, dass hiervon auch eine Pflicht zur Beseitigung einer (fahrlässigen) Irreführung eines Dritten, die vor dessen Stellung als Partner gegenüber seinen künftigen Mitgesellschafters begangen wurde, besteht, sobald dieser Gesellschafter geworden ist.[254] 106

Aus dem umfassenden Recht eines Partners, die **Geschäftsunterlagen** der Gesellschaft **einzusehen** (sec. 24 (9) PA 1890), kann sich zudem die Pflicht eines Partners ergeben, diese bei begründeten Zweifeln zum Wohle der Gesellschaft zu besorgen und zu überprüfen.[255] Um ihrer Sorgfaltspflicht nachzukommen, muss sich ein Partner daher ggf die notwendigen Informationen beschaffen. Gleichwohl ist sec. 24 (9) PA 1890 abdingbar und ist insofern kein zwingender Pflichtenverstoß. 107

Neben den Sorgfaltspflichten sind die **Treuepflichten** (*Fiduciary Duty*) eines jeden Partners in der Praxis ein häufiges Streitthema, vor allem, wenn diese nicht im Partnership Agreement ausführlich beschrieben und konkretisiert sind. Im Allgemeinen können die treuhänderischen Pflichten der Gesellschafter im Vergleich zum Kapitalgesellschaftsrecht in einem höheren Maße durch gegenseitige Vereinbarungen **begrenzt oder erweitert** werden.[256] Auch sind die Treuepflichten eines Equity Partners in der Regel weiter als die eines Salaried Partners, da dieser aufgrund seiner fehlenden bzw. eingeschränkten Mitwirkungs- und Mitentscheidungsrechte in der Gesellschaft in geringerem Maße gegenüber den anderen Partnern verpflichtet ist. 108

Von den grundlegenden treuhänderischen Pflichten ist in sec. 28 PA 1890 die Pflicht zur vollständigen **Informationsweitergabe** an die Mitgesellschafter verankert (*duty to render true accounts and full information*). Bei Verstoß gegen diese Unterrichtungspflicht kann der Gesellschaftsvertrag nachträglich angefochten werden.[257] Ungefragt müssen alle für die Partnership relevanten und diese betreffenden Informationen an die anderen Partner weitergegeben werden.[258] Dies beinhaltet weitgehende **Aufklärungspflichten**, und zwar insbesondere für den Fall des Kaufs von Gesellschaftsanteilen eines Mitgesellschafters für den sonst nach allgemeinem Englischem 109

244 *Morse*, Partnership and LLP Law, 2015, Rn. 5.05.
245 Deutschsprachig dazu *Fleischer/Harzmeier* NZG 2015, 1289, 1293.
246 Vgl. *O'Donnell v. Shanahan* [2009] EWCA Civ 751, 768; *Coward v. Phaestos Ltd.* [2013] EWHC 1292 (Ch).
247 *Morse*, Partnership and LLP Law, 2015, Rn. 5.04; *Lindley & Banks* on Partnership, 2013, Rn. 20-13.
248 *Winsor v. Schroeder* [1979] 129 (NLJ) 1266.
249 Siehe *Tann v. Herrington* [2009] EWHC 445 (Ch); abweichend in anderen Common Law-Staaten, vgl. *Gallagher v. Schultz* [1998] 2 NZBLC 103 (Neuseeland); *Lane v. Bushby* [2000] NSWSC 1029 (Australien); *Ross Harper and Murphy v. Banks* [2000] SLT 699 CSOH (Schottland); rechtsvergleichend siehe auch *Fleischer/Danninger* NZG 2016, 481, 485 ff.
250 *DB Rare Books Ltd. v. Antiqbooks* [1995] 2 BCLC 306.
251 *Burton v. Wookey* [1822] 6 Madd 367; *Aberdeen Rly Co. v. Blaikie Bros.* [1854] 1 Macq 461, 471.
252 *Cameron v. Murdoch* [1986] 63 ALR 575; *Walters v. Bingham* [1988] 1 FTLR 260; *Fleischer/Harzmeier* NZG 2015, 1289, 1292 f.
253 *Const. v. Harris* [1824] Turn & R 496; *Blisset v. Daniel* [1853] 10 Hare 493.
254 *Cramaso LLP v. Viscount Reidhaven's Trustees* [2014] UKSC 9; dazu *Macgregor* Edin. L.R. 19 (2015) 112 ff.
255 *Blackett-Ord/Haren*, Partnership Law, 2015, Rn. 11.22.
256 *O'Donnell v. Shanahan* [2009] EWCA Civ 751, 769.
257 *Ringe/Otte* in: Triebel ua (Hrsg.), Englisches Handels- und Wirtschaftsrecht, 2012, Kap. V Rn. 331.
258 *Blackett-Ord/Haren*, Partnership Law, 2015, Rn. 11.16; *Morse*, Partnership and LLP Law, 2015, Rn. 5.10.

Kaufrecht das Caveat Emptor-Prinzip (Eigenverantwortung des Käufers) gelten würde.[259] Gleichwohl statuiert sec. 28 PA 1890 keine Pflicht alle Informationen über das, was in der Gesellschaft passiert, bis ins letzte Detail an die anderen Partner ungefragt mitzuteilen.[260] Dies wäre unpraktisch und würde eine Differenzierung zwischen geschäftsführenden und lediglich kapitalgebenden Partnern stückweise auflösen.

110 Die Informations- und Rechenschaftspflicht aus sec. 28 PA 1890 kann im Sinne von sec. 19 PA 1890 iVm sec. 24 PA 1890 durch die Partner mittels **Vereinbarung** (bei Gründung oder nachträglich) variiert, konkretisiert und beschränkt werden. In der Praxis geschieht dies in aller Regel bereits bei Gründung der Gesellschaft im Rahmen des Partnership Agreements. Es ist vor allem eine **Konkretisierung zu empfehlen**, welche Informationen in welcher Form an die Mitgesellschafter zu kommunizieren sind. So können Unklarheiten und innergesellschaftliche Streitigkeiten bereits im Vorfeld verringert werden, indem der Pflichtenmaßstab und Pflichtenumfang näher bestimmt werden.

111 Von den Fällen des Interessenkonflikts in treuhänderischen Rechtsbeziehungen, für die nach allgemeinem Englischen Recht sowohl eine **„No Conflict-Rule"** als auch eine **„No Profit-Rule"** anerkannt ist, ist für die Partnership in sec. 29 PA 1890 nur die no profit-rule geregelt. Ein Partner darf ohne die Zustimmung der Mitgesellschafter nicht das Gesellschaftsvermögen, deren Geschäftsverbindungen oder den Namen der Gesellschaft zum bloßen Eigeninteresse verwenden. Er darf die Stellung der Gesellschaft und deren Geschäftstätigkeit also nicht zu seinem individuellen Vorteil, zu dem von Familienangehörigen oder einer von ihm beherrschten anderen Gesellschaft nutzen.[261] In welchem Umfang daneben die im Company Law geregelte No Conflict-Rule (vgl. sec. 170 CA 2006; dazu Rn. 440 ff.) auch ohne gesetzliche Regelung auf die Partnership Anwendung findet, ist unklar,[262] weshalb eine vertragliche Regelung des Konflikts zu empfehlen ist. Hinsichtlich der Konkretisierung der No Profit-Rule in sec. 29 PA 1890 wird hingegen die im Company Law vorzufindende Rechtsprechung auch für das Personengesellschaftsrecht herangezogen, soweit eine objektive Vergleichbarkeit zum Kapitalgesellschaftsrecht besteht.[263]

112 Jeder Gesellschafter muss gem sec. 29 PA 1890 den **Gewinn herausgeben**, den er dadurch erzielt hat, dass er statt für die Gesellschaft auf eigene Rechnung gehandelt bzw. den er dadurch erzielt hat, oder er Vermögen der Partnership zu eigenen Gunsten verwendet hat. Sec. 29 PA 1890 liegt dabei ein weites Verständnis zugrunde.[264] Die Herausgabepflicht umfasst **jeglichen Vorteil**, der von dem Partner aufgrund seiner treuhänderischen Stellung und seines Wissensvorvorsprungs gegenüber Dritten erzielt wurde.[265]

113 Die Treuepflicht gem sec. 29 PA 1890 und die daraus resultierende Gewinnherausgabe bei einem Verstoß hiergegen gilt insbesondere in Bezug auf die **Beeinträchtigung von Geschäftschancen** der Gesellschaft (*Partnership Opportunities*). Werden die Geschäftschancen der Gesellschaft durch eigennütziges Handeln eines Partners (ohne Zustimmung der Mitgesellschafter) geschmälert oder abgezweigt, ist der erzielte Vorteil an die Gesellschaft herauszugeben. Unklar sind indes die Grenzen hinsichtlich der Verwertung des Gesellschaftsvermögens, wenn ein Partner mit Informationen aus der Partnership in einem anderen Geschäftszweig Gewinne erzielt. Sec. 29 PA 1890 gilt grundsätzlich nur für Vorgänge, die den konkreten Geschäftsbereich der Partnership betreffen („*Concerning the Partnership*"). Hier stellt sich die Frage, ob diese Informationen allein der Gesellschaft gehören und gegen jede Art von Verwertung geschützt sind. Der Court of Appeal hat eine Haftung abgelehnt, weil im entschiedenen Fall die Verwertung nicht die Geschäftschancen der Partnership betraf.[266] Es liegt demnach **kein Verstoß** gegen sec. 29 PA 1890 vor, wenn zwar das Gesellschaftsvermögen und die gesellschaftsinternen Informationen für eigene Zwecke genutzt wurden, jedoch keine (unmittelbare) Verbindung zum Unternehmensbereich und damit den Geschäftschancen der Gesellschaft besteht.[267] Unklar ist, ob insoweit auf die tatsächliche praktizierten Unternehmensbereiche oder einen weiter formulierten Geschäftszweck abzustellen ist.

114 Als Ausdruck der Treuepflicht kodifiziert sec. 30 PA 1890 schließlich ein **Wettbewerbsverbot**. Im Falle der Verletzung ist der so erzielte Gewinn herauszugeben. Ohne die Zustimmung der anderen Gesellschafter darf ein Partner oder eine von ihm kontrollierte Gesellschaft keine Wettbewerbshandlungen zulasten der Partnership vornehmen.[268] Ausschlaggebend ist dabei regelmäßig die Frage, ob eine Wettbewerbsstellung **im selben Geschäftsbereich** besteht („*business of the same nature* […] *and competing with*"). Nach der bereits genannten

259 *Law v. Law* [1905] 1 Ch 140; im Hinblick auf das Caveat Emptor-Prinzip auch *Morse*, Partnership and LLP Law, 2015, Rn. 5.10.
260 *Sim v. Howat* [2012] CSOH 171.
261 *Woodfull v. Lindsley* [2004] EWCA Civ 165; *Broadhurst v. Broadhurst* [2006] EWHC 2727 (Ch).
262 Für eine Anwendung *Morse*, Partnership and LLP Law, 2015, Rn. 5.11.
263 Aus jüngerer Zeit *Richmond Pharmacology Ltd. v. Chesters Oversear Ltd.* [2014] EWHC 2692.
264 *Morse*, Partnership and LLP Law, 2015, Rn. 5.11.
265 *Don King Productions Inc. v. Warren* [1999] 2 All ER 218 (CA); *John Taylor v. Mason* [2001] EWCA Civ 2106.
266 *Aas v. Benham* [1891] 2 Ch 244.
267 *Aas v. Benham* [1891] 2 Ch 244 at [258]; *Boardman v. Phipps* [1967] 2 AC 46, 110.
268 *Woodfull v. Lindsley* [2004] EWCA Civ 165; *Trustor AB v. Smallbone (No. 2)* [2001] 2 BCLC 436.

Entscheidung des Court of Appeal (s. Rn. 113) begründet die Tätigkeit in einem anderen Geschäftszweig keinen Verstoß gegen die treuhänderischen Pflichten eines Partners.[269]

Sowohl die Sorgfalts- als auch die Treuepflicht sind als solche grundsätzlich nicht vom wirksamen Bestehen der Partnership abhängig. Sie können auch schon vor Abschluss des Partnership Agreement und der Schaffung der Gesellschaft Geltung erlangen.[270] Dies gilt auch in dem Fall, dass die Partnership nicht zur Entstehung gelangt.[271] Die Sorgfalts- und Treuepflichten bestehen zudem im Zeitraum zwischen der **Auflösung der Gesellschaft** und deren Vollbeendigung unbenommen fort (vgl. sec. 29 (2) PA 1890). Sie können auch auf einen designierten (künftigen) Partner zur Anwendung kommen.[272] Ferner können sie innerhalb eines gewissen Zeitraums über die Stellung als Partner hinausgehen, dann aber in geringerem Ausmaß, da ein vertragliches Vertrauensverhältnis zu den Mitgesellschaftern nicht mehr besteht. Der zwangsweise **Ausschluss eines Partners** aus der Gesellschaft befreit diesen in der Regel vom Wettbewerbsverbot gegenüber der Partnership.[273] 115

6. Kapitalverfassung

Der Natur der fehlenden Haftungsbeschränkung entsprechend sind **keine Mindestkapitalanforderungen** zu beachten. Aufgrund der nicht vorhandenen Rechtspersönlichkeit der englischen Partnership existiert zwar kein Gesellschaftsvermögen, das der Gesellschaft als Rechtssubjekt gehört. Allerdings kennt das Englische Recht das Konstrukt des **Partnership Property**, das allen Partnern gemeinsam als Miteigentum zusteht (s. Rn. 76 ff.). Das Gesellschaftskapital ist indes strikt vom Partnership Property zu trennen.[274] Das Gesellschaftskapital der Partnership – sofern ein solches besteht – ergibt sich aus der Höhe der vereinbarten Einlagen der Partner.[275] 116

Das Partnership Agreement regelt gewöhnlich das **Gesellschaftskapital** und die **Kapitalbeteiligung** der Gesellschafter. Geschieht dies nicht, sind die Gesellschafter unabhängig vom Wert ihrer Einlage zu gleichen Teilen am Gesellschaftsvermögen beteiligt (sec. 24 (1) PA 1890). Das bedeutet jedoch nicht zwingend, dass gleichwertige Anteile ausgegeben werden müssen oder die Gewinnbeteiligung der Partner stets die Gleiche ist.[276] Ist keine gleichmäßige Beteiligung am Gewinn von den Partnern beabsichtigt, muss dies aus der Vereinbarung erkennbar sein.[277] 117

Für **spätere Einlagen** kann der Gesellschaftsvertrag vorsehen, dass sich hierdurch das Gesellschaftskapital und die Kapitalbeteiligung des Gesellschafters erhöhen. Geschieht dies nicht, führen weitere Leistungen an die Gesellschaft nicht zu einer Veränderung des Gesellschaftskapitals. Sie werden vielmehr als (Gesellschafter-)Darlehen behandelt, das mangels besonderer Regelung mit 5% fix (also unabhängig von der Gewinnlage) zu verzinsen ist (sec. 24 (3) PA 1890). Dies gilt jedoch nicht während der Auflösung oder in der Insolvenz der Gesellschaft.[278] Der Anteil am Gesellschaftskapital wird gem sec. 24 (1) PA 1890 grundsätzlich nicht verzinst. Eine abweichende Regelung ist zulässig, darf jedoch nur für die Fälle gelten, in denen ein **ausreichender Gewinn** erzielt wurde. 118

Nicht ausdrücklich geregelt ist, was bei **Wertveränderungen** eines als Partnership Property eingebrachten Vermögensgegenstandes passiert. Grundsätzlich wirkt sich diese Änderung nur im Firmenvermögen aus. Beruht eine Wertsteigerung oder eine Wertminderung auf dem Verhalten des Gesellschafters, der den Vermögensgegenstand als Kapitaleinlage eingebracht hat, so wird dies bei der Höhe seiner Kapitaleinlage berücksichtigt. Bei einer Wertsteigerung eines Vermögensgegenstandes, den ein Partner nur zum Gebrauch (quad usum) einbringt und der durch die Anstrengungen der Gesellschaft bzw. der Mitgesellschafter entsteht (oder der Verhinderung oder Abmilderung eines Vermögensverlustes), bleibt der Gegenstand **im Eigentum des Partners**. Die Gesellschaft erhält allerdings einen Ausgleichsanspruch. 119

Es gibt keine gesetzliche Regelung, die die **Art der Einlage** konkretisiert. Maßgeblich für die Einlagefähigkeit einer Leistung/eines Gegenstandes ist somit die Gesellschaftervereinbarung. Bei einer bloßen Wertangabe wird grundsätzlich von der vertraglichen Pflicht zur Bareinlage auszugehen sein, wobei der Gesellschafter bei Beste- 120

---

269 Siehe *Aas v. Benham* [1891] 2 Ch 244.

270 *LAC Minerals Ltd. v. International Corona Resources Ltd.* [1989] 61 DLR (4th) 14; *Hitchens v. Congreve* (1828) 1 Russ. & M 150.

271 *United Dominions Corporation Ltd. v. Brian Pty Ltd.* [1985] 60 ALR 741.

272 *Conlon v. Simms* [2006] EWHC 401 (Ch); *Re Metropolis Motorcycles Ltd.* [2007] 1 BCLC 520.

273 *Eaton v. Caullfield (No. 2)* [2013] EWHC 2214.

274 *Popat v. Schonchhatra* [1997] 3 All ER 800 (CA); *Emerson v. Emerson* [2004] 1 BCLC 575 (CA); *McClelland v. Hyde* [1942] NI 1, 7.

275 *Morse*, Partnership and LLP Law, 2015, Rn. 5.26; *Blackett-Ord/Haren*, Partnership Law, 2015, Rn. 9.3.

276 *Morse*, Partnership and LLP Law, 2015, Rn. 5.27; *Blackett-Ord/Haren*, Partnership Law, 2015, Rn. 9.9; *Berry*, Partnership and LLP Law, 2010, S. 75.

277 *Joyce v. Morissey and Others* [1999] EMLR 233; eine mündliche Vereinbarung steht dem nicht zwingend entgegen, vgl. *Bottrill v. Harling* [2015] EWCA Civ 564.

278 *Klaue v. Bennett* [1989] 62 DLR (4th) 367, mit Verweis auf *Richardson v. Bank of England* (1838) 4 My & Cr 165.

hen einer Forderung gegen die Gesellschaft auch aufrechnen kann.[279] Es können auch Sacheinlagen vereinbart werden. Möglich ist zudem die Einbringung von Rechten (zB Patente oder Lizenzen) oder Dienstleistungen (sec. 20 PA 1890).

121 Ein **Vermögensgegenstand**, der Teil des Partnership Property geworden ist, kann bei entsprechender Vereinbarung entnommen werden, indem der Gesellschafter den Gegenstand entweder entgeltlich erwirbt oder seine Beteiligung am Gesellschaftskapital entsprechend herabgesetzt wird. Erfolgt die Entnahme jedoch zu einem Zeitpunkt, in dem die Partnership zahlungsunfähig ist, so ist die Entnahme gegenüber den Gläubigern unwirksam, wenn dadurch das Vermögen der Partnership vermindert wurde.

7. Haftung für Verbindlichkeiten der Gesellschaft

122 Vertragliche Ansprüche gegen die Gesellschafter in ihrer **gesellschaftsrechtlichen Verbundenheit** entstehen durch wirksames Vertreterhandeln. Gemäß sec. 5 PA 1890 ist jeder Partner Vertreter (*Agent*) des Unternehmens und vertritt als solcher alle anderen Gesellschafter für den Geschäftszweck der Partnership (s. Rn. 87).

123 Gemäß sec. 9 PA 1890 ist die Haftung aller Partner für alle Verbindlichkeiten eine **„Joint Liability“** (Haftung jedes Gesellschafters). Im Bereich der deliktischen Haftung der ssec. 10, 11 PA 1890 (s. Rn. 89) ordnet sec. 12 PA 1890 eine „Joint and Several Liability“ an. Nur dies entspricht nach traditionellem Common Law der deutschen **gesamtschuldnerischen Haftung**. Bei einer einfachen Joint Liability besteht dagegen nach dem traditionellen Verständnis des House of Lords, des heutigen Supreme Courts, nur einmal eine Klagemöglichkeit gegen einen Gesellschafter,[280] womit die Gefahr für den Gläubiger, hier einen Verlust zu erleiden, weitaus größer wäre. Der Gesetzgeber hat allerdings in sec. 3 Civil Liability (Contribution) Act 1978 entschieden, dass entgegen der Entscheidung des House of Lords die erste Klage keine Sperre einer weiteren Klage gegenüber einem anderen Schuldner beinhaltet,[281] womit die einfache Joint Liability im Ergebnis doch zu einer gesamtschuldnerischen Haftung führt. Die Mitglieder der Partnership haften gegenüber Dritten damit grundsätzlich gesamtschuldnerisch und unbeschränkt für sämtliche Verbindlichkeiten.

124 Ein Partner haftet grundsätzlich nur für solche Verbindlichkeiten, die während seiner Zugehörigkeit zur Gesellschaft entstanden sind.[282] Ein verkürzte Haftungsfrist wie in § 159 I HGB gibt es im Englischen Recht nicht.[283] Die gesamtschuldnerische und unbeschränkte Haftung für sämtliche Verbindlichkeiten der Gesellschaft gilt bei später eintretenden Gesellschaftern – in Abweichung zu § 130 I HGB für die deutsche OHG – nur für **Neuschulden** (sec. 17 (1) PA 1890). Neu eintretende Gesellschafter können allerdings ausdrücklich oder konkludent eine **Haftung für Altschulden** übernehmen. Dies versteht man als eine Novation, da aus der gesamtschuldnerischen Haftung der Altgesellschaft die Haftung aller jetzigen Gesellschafter wird. Eine solche konkludente Novation (***Implied Novation***) wird bei sich ändernder Firmierung nach Neueintritt angenommen, wenn der Gläubiger die neue Gesellschaft erkennbar als Schuldner betrachtet, die Altschulden in der Bilanz der neuen Gesellschaft ausgewiesen werden und die neuen Gesellschafter Zugang zur Bilanz haben.[284] Die bloße Änderung der Firma[285] oder interne Vereinbarungen zwischen den Partnern[286] reichen jedoch regelmäßig noch nicht aus, um auf eine konkludente Novation zu schließen. Gleichwohl kann bei einer fehlenden Änderung der Firmierung eine Implied Novation in Betracht kommen, zumal der Gläubiger hier generell davon ausgeht, dass ihm alle Gesellschafter haften.[287] Für Neugesellschafter, die nicht bereit sind, die Haftung für Altschulden zu übernehmen, besteht hier ein erhebliches Risiko.

125 Das **Ausscheiden eines Gesellschafters** ändert nichts an seiner **Haftung für Altschulden** (sec. 17 (2) PA 1890). Für Neuschulden haftet der ausgeschiedene Gesellschafter nur dann nicht, wenn das Ausscheiden bekanntgegeben wurde (sec. 36 (1) PA 1890), wobei es für die Haftung keines konkreten Vertrauens, ja nicht einmal der Kenntnis des Gläubigers von der Existenz des bisherigen Gesellschafters bedarf. Die **Enthaftung** erfolgt durch unmittelbare Bekanntgabe gegenüber dem Geschäftspartner oder durch Mitteilung in den entsprechenden Amtsblättern (*Gazette*) in London bzw. Edinburgh. Für eine Enthaftung auch für Altschulden verweist das Gesetz in sec. 17 (3) PA 1890 den Altgesellschafter auf die Möglichkeit einer ausdrücklichen oder konkludenten Vereinbarung mit den anderen Gesellschaftern und den Gläubigern in Form eines Drei-Parteien-Vertrages.

126 Problematisch ist die **Abgrenzung** zwischen Neuschulden und Altschulden. Bei einem Sukzessivliefervertrag, der vor dem Ausscheiden geschlossen wurde, wurde eine Haftung als Altverbindlichkeit nur für die **vor dem Aus-**

279 *Blackett-Ord/Haren*, Partnership Law, 2015, Rn. 9.8.
280 *Kendall v. Hamilton* [1879] 4 App Cas 504 (HL).
281 Einschränkend jedoch *Morris v. Wentworth-Stanley* [1999] 2 QB 1004.
282 Aus jüngerer Zeit *Kommalage v. Sayathakumar* [2015] EWCA Civ 1832.
283 *Ringe/Otte* in: Triebel ua (Hrsg.), Englisches Handels- und Wirtschaftsrecht, 2012, Kap. V Rn. 340.
284 *Rolfe v. Flower Saltering & Co.* (1866) LR 1 PC 27.
285 *Arden v. Roy* (1883) 1 NZLR 365.
286 *HF Pension Trustee Ltd. v. Ellison* [1999] PNLR 894 at [898].
287 *Marsden v. Guide Dogs for the Blind Association* [2004] 3 All ER 222.

scheiden gelieferten Waren bejaht.[288] Die deutsche Dauerschuldproblematik, die letztlich das Einschreiten des deutschen Gesetzgebers nötig machte, dürfte in Großbritannien daher nicht bestehen. Allerdings hat der Court of Appeal bei einem einmaligen anwaltlichen Beratungsvertrag, der vor dem Ausscheiden begonnen wurde und wo der Anwalt ohne die Mitwirkung der Gesellschaft den Auftrag nach dem Aus-scheiden vollendete, eine Altverbindlichkeit angenommen.[289] In diesem Fall war allerdings eine Teilung in einen Altabschnitt und einen Neuabschnitt auch kaum möglich.

8. Mitgliederwechsel

Neue Gesellschafter können grundsätzlich nur mit der **Zustimmung aller bisherigen Partner** aufgenommen werden (sec. 24 (7) PA 1890). Auch hier sind abweichende Satzungsbestimmungen uneingeschränkt möglich. Es gibt insoweit auch keinen gesicherten Vermögensschutz der Altgesellschafter gegen eine Verwässerung des Anteilswertes durch Aufnahme von Neugesellschaftern, weshalb die Vereinbarung eines **einseitigen Aufnahmerechts** zugunsten eines Partners für die Mitgesellschafter problematisch ist. Zudem können die Mitgesellschafter bei einem im Partnership Agreement vereinbarten einseitigen Aufnahmerecht nicht im Nachhinein doch den Eintritt des neuen Partners verhindern.[290] Vielmehr sind sie gegenüber diesem in vollem Umfang zur Treue- und Sorgfalt verpflichtet (s. Rn. 103). 127

Im Regelfall betreffen die Satzungsbestimmungen nicht die Neuaufnahme sondern die **Übertragung einer Beteiligung**. Die Spannbreite der üblichen Regelungen reicht von freier Übertragbarkeit über eine grundsätzlich freie Übertragbarkeit in Kombination mit **Vetorechten** von Mitgesellschaftern aus vorher festgelegten Gründen über eine zulässige Übertragung nur an eine bestimmte Klasse von Personen (zB Kinder oder andere Partner) bis zu einer Übertragungsmöglichkeit an eine bestimmte Person.[291] Auch Mehrheitsentscheidungen (s. Rn. 101 f.) können vertraglich geregelt sein. 128

Im Englischen Recht gibt es keinen generellen Anspruch auf „**Specific Performance**" (Erfüllung in Natur). Vielmehr besteht der Schutz einer Vertragspartei meist nur im Schutz ihres Vermögens, womit die Rechtsfolge einer Verletzung regelmäßig nur Schadensersatz in Geld ist. Bei freien Bestimmungsrechten nimmt die englische Rechtsprechung jedoch einen Trust an und gewährt darauf aufbauend „in Equity" Specific Performance, womit der Bestimmte tatsächlich einen durchsetzbaren Anspruch hat, Gesellschafter zu werden.[292] Als „Bestimmung" reicht nicht aus, dass jemand **Universalerbe** wird.[293] Das Englische Recht trennt hier scharf zwischen dem das Vermögen betreffenden Erbrecht und der Gesellschafterstellung. Ist eine Übertragungsklausel schwächer ausgestaltet, zB indem der Partner nur bei vernünftigen Gründen der Übertragung widersprechen können soll, besteht, solange die Unvernünftigkeit nicht nachgewiesen ist, kein Trust und damit kein Erfüllungsanspruch.[294] Den Beteiligten, die ein effektives Eintrittsrecht sicherstellen wollen, ist daher ein **unbedingtes Bestimmungsrecht** in Kombination mit einem Entziehungsrecht der Gesellschafterstellung durch die Mitgesellschafter anzuraten. 129

Statt eines Gesellschafterwechsels kann der Gesellschafter auch ohne Zustimmung seinen **Anteil** am Gesellschaftsvermögen **abtreten** bzw. **verpfänden** (*Assignment*).[295] Durch diese nur vermögensbezogene Handlung wird der Erwerber nicht Gesellschafter sondern sog Assignee of a Share, und der Übertragende verliert seine Gesellschafterstellung nicht (sec. 31 (1) PA 1890). Der Erwerber (*Assignee*) erhält lediglich den **Gewinnanspruch** und den Anspruch auf das Auseinandersetzungsguthaben, sollte es zur Auflösung kommen (vgl. sec. 31 (2) PA 1890).[296] Erzwingen kann der Erwerber die Auflösung nicht (die Auflösung wegen Insolvenz eines Partners gem sec. 33 (1) PA 1890 wird regelmäßig ausgeschlossen). Während der Assignee bei der Auseinandersetzung Rechnungslegung verlangen kann, bekommt er aus den laufenden Gewinnen nur den Anteil wie er sich ergibt, womit die Partner zumindest bis zur Grenze des Rechtsmissbrauchs die Gewinnermittlung gestalten können. 130

Vorbehaltlich einer Zwangsvollstreckung führt der Titel eines Gläubigers gegen einen Partner nicht zur Vollstreckung in das Vermögen der Gesellschaft (sec. 23 (1), (2) PA 1890). Sec. 23 (1) PA 1890 wird dabei vom Court 131

288 *Bagel v. Miller* [1903] 2 KB 212; zum (teils abweichenden) schottischen Recht siehe *Dyke v. Brewer* [2011] CSOH 115.

289 *Court v. Berlin* (1897) 2 QB 396.

290 *Byrne v. Reid* [1902] 2 CH 735 (CA).

291 Vgl. *Re Franklin and Swaythking's Arbitration* [1929] 1 Ch 238.

292 *Page v. Cox* (1852) 10 Hare 163.

293 *Martin v. Thompson* [1962] SC (HL) 28; vgl. auch *Lancaster v. Allsup* (1887) 57 LT 53.

294 *Morse*, Partnership and LLP Law, 2015, Rn. 5.34.

295 *Blackett-Ord/Haren*, Partnership Law, 2015, Rn. 10.4; *Morse*, Partnership and LLP Law, 2015, Rn. 5.42; *Berry*, Partnership and LLP Law, 2010, S. 20; *Ringe/Otte* in: Triebel ua (Hrsg.), Englisches Handels- und Wirtschaftsrecht, 2012, Kap. V Rn. 335.

296 Siehe auch *Hadlee v. Commissioner of Inland Revenue* [1993] AC 524 (PC).

of Appeal grundsätzlich **weit ausgelegt.**[297] Die Regelung ist allerdings nicht auf die schottische Partnership anwendbar (sec. 23 (5) PA 1890).

132 Ein **freiwilliger Gesellschafteraustritt** ist gesetzlich nicht vorgesehen, kann aber unproblematisch geregelt werden. Gibt es nur zwei Gesellschafter, führt dies zur **Auflösung** der Gesellschaft (s. Rn. 136 ff.). Es gibt kein Kündigungs- bzw. Austrittsrecht aus wichtigem Grund, wie ihn das deutsche Recht in § 723 BGB kennt. Im Regelfall kann ein Gesellschafter aber in solchen Fällen die Auflösung der Gesellschaft erzwingen.

133 Ein Ausschluss eines Gesellschafters gegen seinen Willen ist nur bei einer **ausdrücklichen Ausschlussklausel** (*Express Agreement*) möglich (sec. 25 PA 1890). Eine stillschweigende Vereinbarung zwischen den Mitgesellschaftern ist regelmäßig nicht ausreichend. Zumindest bei einer Partnership at Will (s. Rn. 48) kann eine Ausschlussklausel auch über die zeitliche Gültigkeit des abgeschlossenen Partnership Agreements hinausgehen.[298] Insgesamt wird der Gültigkeit solch einer ausdrücklichen Ausschlussklausel ein weiter Spielraum zugestanden. So ist beispielsweise auch eine Klausel wirksam, die den Ausschluss eines Partners vorsieht, wenn dieser straffällig geworden ist oder andere Gesetzesverstöße begangen hat, auch wenn diese außerhalb der Geschäftstätigkeit des Partners und ohne Verbindung zur Gesellschaft begangen wurden.[299] Die **Zurückhaltung des Gesetzgebers** erklärt sich mit den zahlreichen gesetzlichen Auflösungsgründen. Die Abbedingung gesetzlicher Auflösungsgründe kann damit einen Bedarf für eine Ausschlussregelung schaffen. Zu beachten ist, dass ein Ausschluss nur dann zu einer Auflösung führt, wenn die Gesellschaft nur zwei Gesellschafter hat oder dies entsprechend geregelt ist. Ferner müssen die Mitgesellschafter beim Ausschluss eines Partners stets im Rahmen ihrer Sorgfalts- und Treuepflichten (s. Rn. 103 ff.) gegenüber dem auszuschließenden Partner handeln.[300] Dies gilt in verstärktem Maße beim Ausschluss eines Minderheitsgesellschafters.

134 Ein **Ausschluss** auf Basis einer ausdrücklichen Ausschlussregelung wird in vier Stufen geprüft. Der erklärte Ausschluss muss zunächst unter eine ausdrückliche Ausschlussklausel fallen. Der Ausschluss Mehrerer soll nicht von einer Klausel gedeckt sein, die nur im Singular vom Ausschluss eines Partners spricht.[301] Generell dürfte hier eine Tendenz zur engen Auslegung bestehen. Die in der Ausschlussklausel vorgesehen Verfahrensregeln müssen eingehalten worden sein.[302] Umstritten ist, inwieweit die Ausschlusshandlungen **„Natural Justice"** entsprechen müssen, worunter eine Fairness zu verstehen ist, wie sie ähnlich einem Richter bei seiner Entscheidung obliegt.[303] Als letztes steht der Ausschluss noch unter einem **Missbrauchsvorbehalt** (*Abuse of Power*).[304] Insbesondere dürfen mit dem Ausschluss daher keine anderen Primärzwecke verfolgt werden.[305] Das Vorliegen von Sekundärzwecken führt jedoch nicht notwendigerweise zum Missbrauch.[306]

135 Besondere praktische Bedeutung beim Ausscheiden hat die **Abfindung** des ausscheidenden Gesellschafters bzw. seiner Erben. In England gibt es keinen Grundsatz, nachdem der aus-scheidende Gesellschafter einer Partnership bzw. seine Erben Anspruch auf den wahren Wert der Beteiligung hat. Eine **Buchwertabfindung** zu Anschaffungswerten ist daher auch bei größerer Diskrepanz zum wahren Wert zulässig und kann sogar stillschweigend durch zweimalige einvernehmliche Praxis begründet werden.[307] Die einvernehmliche Benutzung der Buchwerte für laufende Ausschüttungen enthält allerdings noch keine Regelung für die Abfindung im Ausscheidensfall, da hier unterschiedliche Interessen betroffen sind. Dem Grundsatz nach müsste auch ein völliger Abfindungsausschluss zumindest in den Fällen eines versterbenden Gesellschafters möglich sein. Wettbewerbsverbote für die Zeit nach einem Ausscheiden bedürfen vertraglicher Vereinbarung. Ihre Zulässigkeit ist allerdings begrenzt, da hier die öffentlichen Interessen (*Public Interests*) an der Berufsfreiheit des Ausscheidenden berührt werden.[308] In der Entscheidung *Espley v. Williams*[309] hat der Court of Appeal drei Wirksamkeitsvoraussetzungen für ein wirksames Wettbewerbsverbot für die Zeit nach dem Ausscheiden aufgestellt: (1) Das Unternehmen muss ein legitimes Interesse an dem Wettbewerbsverbot haben, (2) das Verbot muss verhältnismäßig sein und (3) es muss erforderlich sein, um die Interessen der Partnership durchzusetzen.

297 *Peake v. Carter* [1916] 1 KB 652 (CA); *Brown, Janson & Co. v. Hutchinson (No. 2)* [1895] 2 QB 126 (CA).
298 *Walters v. Bingham* [1988] 1 FTLR 260.
299 *Carmichael v. Evans* [1904] 1 Ch 486.
300 *Blisset v. Daniel* [1853] 10 Hare 493; *Morse*, Partnership and LLP Law, 2015, Rn. 5.41.
301 *Re a Solicitor's Arbitration* [1962] 1 WLR 353; *Russell v. Clarke* [1995] 2 QdR 310.
302 *Morse*, Partnership and LLP Law, 2015, Rn. 5.39.
303 Dazu *Morse*, Partnership and LLP Law, 2015, Rn. 5.40; klarer hingegen die Rechtslage in Schottland, wo die Ausschlusshandlungen der Natural Justice entsprechen muss, vgl. *Fairman v. Scully* [1997] GWD 29-1942.
304 *Blisset v. Daniel* [1853] 10 Hare 493; *Kerr v. Morris* [1987] Ch 90 (CA).
305 *Walters v. Bingham* [1988] 1 FTLR 260.
306 *Kelly v. Denman* [1996] LTD, Sep. 17, 1996.
307 *Re White* [2001] Ch 393 (CA); *Drake v. Harvey* [2011] EWCA Civ 838.
308 *Morse*, Partnership and LLP Law, 2015, Rn. 3.06.
309 *Espley v. Williams* [1997] 08 EG 137 (CA).

9. Auflösung und Insolvenz

Die Partnership kann durch **vertragliche Auflösungsgründe**, durch **gerichtliche Auflösung** oder durch Abschluss eines Insolvenzverfahrens beendet werden. Da die Partnership keine Rechtspersönlichkeit besitzt, würde die Gesellschaft bei Ausscheiden eines Partners (s. Rn. 132 ff.) oder Hinzunahmen eines neuen Partners im Prinzip aufgelöst und zur Gründung einer neuen Partnership führen. Auch bei der schottischen Partnership würde es zur Auflösung der Gesellschaft kommen, wenn zB ein Partner verstirbt.[310] Bei solch einer „**technischen Auflösung**" tritt indes keine wirkliche Beendigung der Gesellschaft ein; vielmehr wird der „Anteil" des verstorbenen Partners eingezogen oder vererbt.[311] 136

Die Partnership kann aufgrund vertraglicher Regelungen enden. Üblich sind ausdrückliche Regelungen (*Express Clauses*) im Partnership Agreement. Konkludent vereinbarte Auflösungsgründe (*Implied Agreement*) kann es im Prinzip geben,[312] doch ist die Rechtsprechung eher zurückhaltend bei deren Anerkennung.[313] Mangels Vereinbarung kann die Auflösung der Gesellschaft nur mit **Zustimmung aller Partner** erklärt werden (s. Rn. 127). Um eine Nachhaftung aufgrund Unternehmensfortführung durch die anderen Partner zu vermeiden, ist es ratsam, iS von sec. 37 PA 1890 die Auflösung der Gesellschaft (bzw. seinen Austritt) in der entsprechenden Gazette zu publizieren.[314] 137

Mangels abweichender vertraglicher Regelungen sieht der Partnership Act 1890 weiterhin verschiedene **gesetzliche Auflösungsgründe** vor. Die Auflösung einer Partnership erfolgt 138

- bei einer Partnership auf eine bestimmte Zeit durch Ablauf der Zeit (sec. 32 (a) PA 1890);[315]
- bei einer Partnership für ein bestimmtes Geschäft mit Ablauf dieses Geschäfts (sec. 32 (b) PA 1890);
- durch eine jederzeit mögliche Kündigung eines Partners einer auf unbestimmten Zeit eingegangenen Partnership (sec. 32 (c) PA 1890);[316]
- bei Bankrott oder Tod eines Partners (sec. 33 (1) PA 1890) (s. Rn. 139);
- auf Antrag bei Gericht bei Vorliegen eines Auflösungsgrundes im Sinne von sec. 35 PA 1890 (s. Rn. 140);
- bei illegaler Tätigkeit der Partnership kraft Gesetzes (sec. 34 PA 1890);[317]
- durch Rücktritt aufgrund Irreführung (*Misrepresentation*) im Sinne von sec. 41 PA 1890 (s. Rn. 142).

Nach sec. 33 (1) PA 1890 führt mangels abweichender Vereinbarung der **Bankrott eines Partners** zur Auflösung der Partnership. Offen ist, ob darunter auch die Insolvenz einer Kapitalgesellschaft als Partner fällt. Englische Gerichtentscheidungen hierzu sind nicht ersichtlich. Bezogen auf den Wortlaut von sec. 33 (1) PA 1890 („*Bankruptcy*") wird überwiegend davon ausgegangen, dass die **Insolvenz einer Company** als Partner **nicht zur Auflösung der Partnership führt.**[318] Neben dieser Begründung anhand des Wortlauts lässt sich dies auch damit begründen, dass früher der „Bankrott" einer natürlichen Person als dessen tatsächliches wirtschaftliches „Ende" gesehen wurde, während die Insolvenz einer Kapitalgesellschaft vor allem im angelsächsischen Recht vielmehr als Restrukturierungsmöglichkeit und nicht als Beendigung des Unternehmens betrachtet wird (s. Rn. 550 ff.). Insofern erscheint eine Nicht-Erfassung von Corporate Partnern bei sec. 33 (1) PA 1890 nachvollziehbar. An ihre Stelle müsste dann die Auflösung bei Löschung der Company treten, die Partner ist. 139

Auf Antrag eines Partners kann das **Gericht** die Auflösung insbesondere dann **anordnen,**[319] wenn einer der Partner einen Grund setzt, der ihn als ungeeignet erscheinen lässt, weiter Partner zu sein (vgl. sec. 35 (a) PA 1890, sowie sec. 103 (1) Mental Health Act 2005 für Mental Incapacty und sec. 35 (b) PA 1890 für die **dauerhafte Unfähigkeit** die Aufgaben in der Partnership wahrzunehmen),[320] **schwere Pflichtverletzungen**, die die Fort- 140

310 *Jardine-Paterson v. Fraser* [1974] SLT 93.

311 *Morse*, Partnership and LLP Law, 2015, Rn. 7.01; *Blackett-Ord/Haren*, Partnership Law, 2015, Rn. 16.1.

312 *O'Neill v. Whelan* [1951] 85 ITLR 111.

313 Siehe nur *Chahal v. Mahal* [2005] 2 BCLC 655 (CA); *National Westminster Bank plc v. Jones* [2001] 1 BCLC 98; *Hodson v. Hodson* [2010] EWCA 1042; *Barber v. Rasco International Ltd.* [2012] EWHC 269 (QB).

314 *Ringe/Otte* in: Triebel ua (Hrsg.), Englisches Handels- und Wirtschaftsrecht, 2012, Kap. V Rn. 340.

315 Wird die Gesellschaft trotz Zeitablaufs weitergeführt, kommt eine Partnership at Will zustande, vgl. *Parson v. Hayward* (1862]) 4 De G&J 474.

316 Die „Kündigung" hat durch Bekanntgabe gegenüber den Mitgesellschafter zu erfolgen (*ACC Bank plc v. Johnston* [2011] 1 EHC 108). Der Zeitpunkt der Bekanntgabe bestimmt dabei den Beginn der Auflösung der Gesellschaft, vgl. *Arif v. Yeo* [1989] SLR 849.

317 In diesem Fall wird die Gesellschaft von Gesetzes wegen aufgelöst ohne das es eines Gerichtbeschlusses bedarf, vgl. *Hudgell Yeates & Co. v. Watson* [1978] QB 451 (CA).

318 Zur australischen Partnership *Anderson Group v. Davies* [2001] 53 NSWSC 356; ferner *Morse*, Partnership and LLP Law, 2015, Rn. 7.03; *Blackett-Ord/Haren*, Partnership Law, 2015, Rn. 16.30.

319 Die Auflösung wird idR vom High Court (Chancery Division) angeordnet, kann aber basierend auf einer Vereinbarung der Partner im Gesellschaftsvertrag auch durch den zuständigen County Court ausgesprochen werden (sec. 24 (1) County Courts Act 1984), wenn die Vermögenswerte der Gesellschaft einen Betrag von £ 350.000 (vgl. County Courts Jurisdiction Order 2014, 2014/503) nicht übersteigen.

320 Die (geistige) Unfähigkeit eines Partners führt als solche jedoch noch nicht zur Auflösung, vgl. *Jones v. Lloyd* (1874) LR 18 Eq 265; *Sayer v. Bennet* (1784) 1 Cox Eq. Cas. 107.

führung des Geschäfts gefährden könnten (sec. 35 (c) PA 1890) und vorsätzliche oder dauerhafte Pflichtverletzungen, die die Fortführung unzumutbar machen (sec. 35 (d) PA 1890). Auch wenn das von der Gesellschaft betriebene Unternehmen dauerhaft keine Gewinnaussicht hat, kann die Partnership aufgelöst werden (sec. 35 (e) PA 1890). Da die Partnership als Vertrag eingeordnet wird, müsste auch die Common Law-Doktrin der „**Repudiation**" (Hinnahme eines schwerwiegenden Vertragsbruchs mit der Folge der Auflösung des Vertrags) Anwendung finden. Das House of Lords sah dies jedoch als nicht vereinbar mit sec. 35 (d) PA 1890 an und wandte diese Common Law-Doktrin zumindest für eine Partnership mit mehr als zwei Gesellschaftern nicht an.[321] Das Verhältnis zwischen den Gesellschaftern und der Partnership sei zwar im Prinzip ein vertragliches, es werde jedoch durch eine persönliche und geschäftliche Beziehung der Beteiligten untereinander geprägt. Inwieweit die Doktrin der Repudiation auf eine Zwei-Personen-Partnership Anwendung findet, ist hingegen streitig.[322]

141 Hinzu kommt die Generalklausel des „**Just and Equitable Ground**" (sec. 35 (f.) PA 1890), der sein Gegenstück in sec. 122 (1) (g) IA 1986 hat. Allerdings soll es kein Recht zu einer sog „*No Fault Divorce*" wie im Familienrecht geben, wo die subjektiv fehlende Bereitschaft, die Ehe fortzusetzen, ausreicht.[323] Es bedarf also einer so **schwerwiegenden Störung**, zB hinsichtlich des notwendigen Vertrauensverhältnisses (*Mutual Trust*), dass eine Fortführung nicht sinnvoll ist.[324] Erfasst von dieser Generalklausel sind insbesondere die Fälle, in denen die Gesellschafter so zerstritten sind, dass eine Weiterführung nicht sinnvoll ist.[325] Ein Verschulden ist nicht erforderlich. Diese Regel ist aus deutscher Sicht bemerkenswert, da in Deutschland in einem solchen Fall der Streit entweder bis zur Insolvenz geführt wird oder aber es einem Gesellschafter gelingt, den Anderen wegen Pflichtverletzung heraus zu kündigen. Auch Fälle, die man nach deutschem Verständnis als Fälle des **Wegfalls der Geschäftsgrundlage** zwischen den Gesellschaftern bezeichnen könnte,[326] werden von der Generalklausel erfasst. Die Common Law Doktrin der „frustration", die der Störung der Geschäftsgrundlage ähnlich ist, könnte allerdings aus den gleichen Gründen wie die „repudiation" nicht anwendbar sein, da die Partnership eben doch kein reines Vertragsverhältnis mehr ist und Spezialregeln existieren. Gerichtentscheidungen hierzu bestehen jedoch nicht. Trotz des grundsätzlich weiten Ermessenspielraums der Gerichte kommt sec. 35 (f.) PA 1890 in der Praxis nur selten zur Anwendung und allenfalls dann, wenn keine andere der in sec. 35 PA 1890 aufgeführten Regelungen einschlägig ist.[327]

142 Kommt ein Partnership Agreement aufgrund Irreführung (***Misrepresentation***) gegenüber einem Gesellschafter zu Stande, kann der Vertrag in Form eines Rücktritts (***Rescission***) aufgelöst werden.[328] Sec. 41 PA 1890 setzt dies voraus und ordnet für vorsätzliche und fahrlässige Irreführungen spezielle, den Irregeführten begünstigende Rechtsfolgen an. Dieser hat das ihm zustehende **Rücktrittsrecht** jedoch maximal innerhalb von zwei Monaten geltend zu machen.[329] Da gelegentlich sogar auf eine ein-monatige Frist abgestellt wird,[330] ist zu empfehlen, ohne größeres Zögern den Rücktritt gegenüber den anderen Partner(n) zu erklären. Der „Rücktritt" eines Partners vom Gesellschaftsvertrag lässt die eingegangenen Verpflichtungen gegenüber Dritten gleichwohl unberührt.[331]

143 Die Ausübung von Auflösungsrechten steht unter einem **Treu und Glauben-Vorbehalt.**[332] Schiedsgerichtsklauseln (*Arbitration Clauses*) sind zwar auch in Bezug auf die Auflösung und das Ausscheiden zulässig. Zur Gewährleistung der Gerechtigkeit gibt es hier jedoch einen gerichtlichen (Ermessens-)Vorbehalt hinsichtlich der Anerkennung der Schiedsgerichtsentscheidungen.

144 Im Unterschied zur deutschen Regelung des § 135 HGB können **Privatgläubiger** die Gesellschaft **nicht kündigen.**[333]

145 Die **Abfindung** eines ausscheidenden Gesellschafters bzw. der **Anteil am Auflösungserlös** richtet sich grundsätzlich nach der entsprechenden vertraglichen Vereinbarung. Die Gerichte haben sich in zahlreichen Entscheidun-

321 *Hurst v. Bryk* [2000] 2 WLR 740 (HL); vgl. auch *Mullins v. Laughton* [2003] Ch 250; ferner dazu *Hasenheit*, Die deutsche Personenhandelsgesellschaft und die englische partnership, 2010, S. 109 ff.
322 Dagegen *Goldstein v. Bishop* [2013] EWHC 881; *Bishop v. Goldstein* [2014] EWCA Civ 10; dafür *Blackett-Ord/Haren*, Partnership Law, 2015, Rn. 14.13; wohl auch *Lie v. Mobile* [2015] EWHC 200.
323 *O'Neill v. Phillips* [1999] 1 WLR 1092 (HL).
324 *Cheeseman v. Price* [1865] 35 Beav 142; *Anderson v. Anderson* [1857] 25 Beav 190.
325 *Re Yenidje Tobacco Co. Ltd.* [1916] 2 Ch 426.
326 Dazu *Lettl* AcP 202 (2002) 3, 22 ff.; *Finkenauer* in: MüKo BGB, Bd. 2, 7. Aufl. 2016, § 313 Rn. 175.
327 *Blackett-Ord/Haren*, Partnership Law, 2015, Rn. 17.24.
328 *Rawlins v. Wickham* [1858] 3 De G&J 304; *Betjemann v. Betjemann* [1895] 2 Ch. 474; der Court of Appeal führte jüngst aus, dass bezogen auf den Misrepresentation Act 1967 der Rücktritt vom (Gesellschaft-)Vertrag das primäre Rechtsmittel gegen eine Irreführung sei, vgl. *Salt v. Stratstone Ltd. (t/a Stratstone Cadillac Newcastle)* [2015] EWCA Civ 745; dazu *Davies* C.L.J. 75 (2016) 15 ff.
329 *Riddel v. Smith* (1858) 10 LT 561.
330 So *Senanayake v. Cheng* [1966] AC 63.
331 *Adam v. Newbigging* [1888] 13 AC 308; *Senanayake v. Cheng* [1966] AC 63.
332 Deutschsprachig zum Treu und Glauben-Prinzip im englischen Wirtschftsrecht *Berger/Arntz* ZVglRWiss 115 (2016) 167 ff.
333 *Ringe/Otte* in: Triebel ua (Hrsg.), Englisches Handels- und Wirtschaftsrecht, 2012, Kap. V Rn. 335, 342.

gen mit der Auslegung der jeweiligen Verträge beschäftigt. Eine Tendenz, den Inhalt dieser Verträge zu kontrollieren, besteht nicht. Dies gilt auch bei Sonderfällen und Entwicklungen, die bei Vertragsschluss nicht unbedingt vorhersehbar waren und daher in Deutschland mit einer ergänzenden Vertragsauslegung oder mit der Störung der Geschäftsgrundlage bewältigt würden. Zahlt der Gesellschafter beim Eintritt ein Aufgeld, welches die stillen Reserven repräsentiert (***Premium***), und endet die Gesellschaft anders als durch Tod und nicht aufgrund eines Fehlverhaltens dieses Partners und ist dieses Premium auch noch nicht abgeschrieben, so ist es zurückzuzahlen (sec. 40 PA 1890).

Die Auflösung erfolgt normaler Weise durch Veräußerung der Vermögenswerte.[334] Gerichte können aber auch festlegen, dass der die Auflösung begehrende **Partner ausbezahlt** wird (sog ***Syers v. Syers-Order***).[335] Dies wird indes selten angewendet,[336] am ehesten bei einer kleinen Beteiligung des die Auflösung begehrenden Gesellschafters. 146

Infolge der Auflösung der Partnership ist diese durch die Gesellschafter **abzuwickeln** und zu liquidieren. Dabei sind gem sec. 44 PA 1890 zunächst die noch offenen Gläubigerforderungen zu bedienen, dann eventuelle Nachschüsse der Gläubiger auszugleichen, bevor die geleisteten Einlagen zurückerstattet werden.[337] Etwaige Verluste sind durch die Partner im Verhältnis ihrer Beteiligung an der Gesellschaft auszugleichen (sec. 44 (b) (4) PA 1890). Eine abweichende Regelung im Partnership Agreement ist möglich. 147

Die Partnership kann durch **Insolvenz** aufgelöst und abgewickelt werden. Die Abwicklung in der Insolvenz, aber auch das Verfahren für die **freiwillige Liquidation** ist im Insolvency Act 1986 geregelt, der für die Partnership durch die Insolvent Partnerships Orders 1994 (IPO 1994) und spätere Änderungen konkretisiert wird (Ermächtigungsgrundlage ist sec. 420 IA 1986). Indes wird im angloamerikanischen Recht die Insolvenz einer Gesellschaft nicht primär als Beendigungsverfahren gesehen, sondern zumeist als **Restrukturierungsmöglichkeit** des Unternehmens. Die Insolvenz einer Partnership führt daher nicht zwingend zu deren Vollbeendigung. So besteht beispielsweise im Rahmen der Insolvenz die Möglichkeit freiwilliger Abwicklungsvereinbarungen (*Partnership Voluntary Agreements*) iS von ssec. 1 ff. IA 1986, ssec. 4 f. IPO 1994. Eine Partnership ist insbesondere dann im Rahmen der Insolvenz abzuwickeln, wenn sie ihre Schulden nicht mehr begleichen kann (Schedule 3, sec. 221 (7) (b) IPO 1994). 148

III. Limited Partnership (LP)

1. Grundlagen

Die Limited Partnership (LP), die in Wales auch „partneriaeth cyfyngedig" (PC) genannt werden kann, baut auf der einfachen, nicht-haftungsbegrenzten (General) Partnership (s. Rn. 40 ff.) auf und beinhaltet eine **Haftungsbeschränkung** für einen oder mehrere, jedoch nicht für alle Gesellschafter. Es bedarf also mindestens eines unbeschränkt haftenden Gesellschafters (General Partner) und mindestens eines beschränkt haftenden Gesellschafters (Limited Partner). Im Regelfall gibt es nur einen General Partner und mehrere Limited Partner. Insofern entspricht die LP vom Wesen her am ehesten der deutschen **Kommanditgesellschaft** (KG),[338] auch wenn es gravierende Unterschiede gibt. Die LP ist, anders als die (General) Partnership, in einem Register eingetragen. Außerhalb Schottlands ist sie gleichwohl nicht rechtsfähig. Die LP ist im Limited Partnership Act aus dem Jahre 1907 (**LPA 1907**) geregelt. Ergänzend kommen die Regelungen des Partnership Act 1890 zur Anwendung (sec. 7 LPA). Der LPA selbst enthält nur 17 Paragraphen: das Recht der LP bestimmt sich daher wie bei der (General) Partnership auch zu einem großen Teil aus ergangener Rechtsprechung, sowohl speziell zur LP als auch zur Partnership als Grundform. 149

Unbeschränkt haftender Gesellschafter (***General Partner***) einer LP kann auch eine Company (Ltd. oder plc) oder ausländische Kapitalgesellschaft sein,[339] womit eine Annäherung an die im deutschen Recht bekannte GmbH & Co. KG erfolgt. In der Praxis ist dies auch der Regelfall, um eine unbeschränkte Haftung natürlicher Personen zu vermeiden. Nicht selten steht der ***Corporate General Partner*** dabei im Eigentum der beschränkt haftenden Gesellschafter. Nach sec. 4 (4) LPA 1907 kann eine Körperschaft zudem beschränkt haftender Gesellschafter (***Corporate Limited Partner***) einer LP sein. Limited Partner können auch ausländische juristische Perso- 150

---

334 *Morse*, Partnership and LLP Law, 2015, Rn. 7.36.

335 *Syers v. Syers* (1876) 1 App Cas 174 (HL).

336 *Morse*, Partnership and LLP Law, 2015, Rn. 7.37; vgl. auch *Hammond v. Brearley*, Dec. 10, 1992 (CA) („more frequently cited than applied").

337 Vgl. *Ringe/Otte* in: Triebel ua (Hrsg.), Englisches Handels- und Wirtschaftsrecht, 2012, Kap. V Rn. 344.

338 *Ringe/Otte* in: Triebel ua (Hrsg.), Englisches Handels- und Wirtschaftsrecht, 2012, Kap. V Rn. 345; *Krafka* in: MüKo HGB, Bd. 1, 4. Aufl. 2016, § 13d Rn. 10a; *Böttger*, Mitwirkungs- und Kontrollrechte des englischen Limited Partners im Rahmen der Reform des englischen Partnership Law, 2006, S. 33; *Süß* in: MüHdB GesR, Bd. 6, IntGesR, 4. Aufl. 2013, § 47 Rn. 171; *Siems* ZVglRWiss 107 (2008) 60, 67.

339 *MacCarthaigh v. Daly* [1985] IR 73; vgl. auch *Lindley & Banks* on Partnership, 2013, Rn. 4-19; *Blackett-Ord/Haren*, Partnership Law, 2015, Rn. 24.1; *Böttger*, Mitwirkungs- und Kontrollrechte des englischen Limited Partners im Rahmen der Reform des englischen Partnership Law, 2006, S. 42, 207.

nen[340] und Personengesellschaften mit Rechtspersönlichkeit oder einer vergleichbaren Stellung im Rechtsverkehr wie die englische Partnership sein.[341]

151 Die LP wurde nach dem Vorbild der kanadischen Limited Partnership von 1849 eingeführt, die wiederum auf der französischen Kommanditgesellschaft (*Société en Commandite Simple*) (dazu § 13 Rn. 182 ff.) basiert.[342] Zweck ist vor allem **Investitionen in einen Geschäftsbetrieb** zu ermöglichen, ohne – wie bei der Partnership – Gesellschafter mit unbegrenztem Haftungsrisiko zu werden. Diese Rechtsform ist in Großbritannien seit jeher relativ selten, da die Private Limited Company (Ltd.), die wie die LP ebenfalls im Jahr 1907 geschaffen wurde, den Bedarf weitgehend abdeckt. Während die Ltd. Haftungsbeschränkung, Rechtspersönlichkeit und die Möglichkeit trotz der Haftungsbeschränkung sich an der Geschäftsführung zu beteiligen, vereint (s. Rn. 258), **fehlt** es der LP außerhalb Schottlands an **Rechtspersönlichkeit.**[343] Vor allem wird die beschränkte Haftung mit dem Verbot „erkauft", sich an der Geschäftsführung zu beteiligen.

152 Im Jahr 1998 gab es nur etwa 5.000 LPs. Dann wurde die LP als Rechtsform für **Venture Capital-Projekte** und für andere **Investment-** und **Fondsgesellschaften** entdeckt und genutzt.[344] Hier haben die Initiatoren durchaus ein Interesse daran, dass Investoren nicht an der Geschäftsführung des Unternehmens beteiligt sind. Obwohl die LP mit der Limited Liability Partnership (LLP) (s. Rn. 181 ff.) im Jahr 2000 weitere Konkurrenz bekommen hat, waren 2017 etwa **45.000 LPs** im gesamten Vereinigten Königreich registriert.[345] Die Mehrheit (ca. 30.000) davon ist allerdings in Schottland registriert.[346] Ein Rückgang ist im Vergleich zu den vorherigen Jahren nicht zu verzeichnen.[347] Wieviele LP es jedoch tatsächlich gibt, ist schwer zu sagen, da es keine durchsetzbare Pflicht zur Löschung bei Beendigung der Gesellschaft gibt, sondern es vielmehr nur einer freiwilligen Meldung bedarf. Im Hinblick auf die Gesamtzahl englischer Gesellschaften (s. Rn. 8) spielt die LP insgesamt jedoch nur eine untergeordnete Rolle. Die anderen Gesellschaftsformen des Englischen Rechts erscheinen deutlich attraktiver für Unternehmensgründer. Dies gilt umso mehr für ausländische natürliche oder juristische Personen.

153 Die Law Comission of England and Wales und die Scottish Law Comission hatten im Jahr 2003 weitreichende **Reformen für die LP** vorgeschlagen,[348] um diese attraktiver für Unternehmensgründer und Investoren zu machen.[349] Ihr sollte ua rechtsfähig zugestanden werden. Außerdem sollte die Geeignetheit der LP für größere Gesellschaften verbessert werden. Anders als bei der (General) Partnership wurde die Reform nicht vollständig aufgegeben. Mit einzelnen **Legislative Reform Orders** (LRO) (Reformgesetzen) soll eine schrittweise Reform des LP-Rechts erfolgen. Ende 2009 trat die erste LRO in Kraft,[350] die sec. 8 LPA 1907 (Registrierungsantrag, Firma, Registrierungszertifikat) umgestaltete. 2015 wurde ein weiterer Vorschlag in Form einer LRO gemacht.[351] Damit zusammenhängend erfolgte im März 2016 ein Vorschlag zur Änderung des LPA 1907 hinsichtlich der Attraktivität für Private Equity Investments.[352] Dieser mündete in der (Private Fund Limited Partnership) Order 2017 und der Schaffung der **Privat Fund Limited Parntership** (PFLP) als Unterform der „normalen" LP (dazu Rn. 178 ff.). Weiterhin hat das britische Wirtschaftsministerium (*BEIS*) zunächst im Januar 2017 und dann im April 2018 eine öffentliche Konsultation zur Evaluation des bestehenden LP-Rechts und zu dessen Neugestal-

340 *J. H. Rayner Ltd. v. Department of Trade* [1990] 2 AC 418, 509.
341 *Oxnard Financing SA v. Rahn* [1998] 1 WLR 1465; *Memec v. IRC* [1998] STC 754 (CA).
342 Zur faktisch ersten Personengesellschaft mit teilweise beschränkt haftenden Gesellschaftern im irischen Anonymous Partnership Act 1781 *Henning* Co. Lawyer 36 (2015) 192.
343 Ausdrücklich *Mephistopheles Debt Collection Service v. Lotay* [1995] 1 BCLC 41, 45g; *Kucor Construction & Developments & Associates v. Canada Life Assurance Co.* [1998] 167 DLR (4th) 272; vgl. auch *BEIS*, Limited Partnerships: Reform of Limited Partnership Law, 30 April 2018, Ziff. 3.
344 *Blackett-Ord/Haren*, Partnership Law, 2015, Rn. 24.1, 24.6; *Henning* Co. Lawyer 25 (2004) 163, 166; *Berry* J.B.L. 2013, 160 f.; *Levedag* in: Süß/Wachter (Hrsg.), HdB des internationalen GmbH-Rechts, 2016, England, Rn. 4.
345 *Companies House*, Companies Register Activities 2016/17.
346 *BEIS*, Limited Partnerships: Reform of Limited Partnership Law, 30 April 2018, Ziff. 16.
347 Vgl. auch *BEIS*, Limited Partnerships: Reform of Limited Partnership Law, 30 April 2018, Ziff. 16.
348 Zur entsprechenden Reform des (Limited) Partnership Law *McCahery/Vermeulen* EBOR 5 (2004) 61 ff.; *Böttger*, Mitwirkungs- und Kontrollrechte des englischen Limited Partners im Rahmen der Reform des englischen Partnership Law, 2006, S. 53 ff.; *Morse*, Partnership and LLP Law, 2015, Rn. 1.03; *ders.* in: McCahery/Raaijmakers/Vermeulen (Eds.), The Governance of Close Corporations and Partnerships, 2004, S. 317 ff.; *Henning* Co. Lawyer 25 (2004) 163 ff.; *ders.* Co. Lawyer 26 (2005) 33 ff.; *ders.* Co. Lawyer 28 (2007) 262 ff.; *Barron* Co. Lawyer 25 (2004) 293 ff.; im Zusammenhang mit der LRO 2009 auch *Berry* J.B.L. 2011, 578 ff.; *Henning* Co. Lawyer 32 (2011) 208 ff.
349 Cm 6015 (Law. Com. No. 283; Scot. Law. Com. No. 192); siehe auch die Konsultation des Department of Trade and Industry (DTI), Reform of Partnership Law: The Economic Impact, April 2004.
350 The Legislativ Reform (Limted Partnership) Order 2009, SI 2009/1940; dazu *Morse*, Partnership and LLP Law, 2015, Rn. 9.18 ff.
351 Draft Regulatory Reform: The Legislative Reform (Limited Partnerships) Order 2015.
352 Proposal on using Legislativ Reform Order to change partnership legislation for private equity investments, March 2016; dazu *Morse*, Partnership and LLP Law, 2015, Rn. 9.18 ff.

tung gestartet.[353] Hintergrund ist die zunehmende Bedeutung von schottischen Limited Partnerships im Vergleich insbesondere zur englischen LP. Die schottische LP besitzt (Teil-) Rechtsfähigkeit und kann daher ua in eigenem Namen Eigentum erwerben, Inhaberin von Rechten und Pflichten sein sowie klagen und verklagt werden (s. bereits Rn. 45).[354] Die Rechtsfähigkeit der englischen LP wurde in der Konsultation jedoch nicht thematisiert.[355]

Die (gesetzlichen) Vorgaben für die LP entsprechen weitgehend den **Regeln der** (General) **Partnership**, weshalb bei deren Behandlung nur auf die wesentlichen Besonderheiten eingegangen wird. Diese betreffen insbesondere die Gründung (Registrierung) (s. Rn. 156 ff.), die finanzielle Position und Flexibilität der Limited Partner (s. Rn. 161) sowie die Regeln über die internen Beziehungen einschließlich der Geschäftsführung (s. Rn. 162 f.). 154

Wie bei der (General) Partnership (s. Rn. 43) sind viele der (materiellen) Regelungen des Limited Partnership Act 1907 **dispositiv** und können von den Partnern ausdrücklich im Partnership Agreement oder konkludent abbedungen werden. 155

2. Gründung

Die LP als solche entsteht mit **Eintragung** in das zuständige Register. Sie existiert erst mit Eintragung in das Register durch den Registrar,[356] wobei sie dadurch (außerhalb Schottlands) dennoch **nicht rechtsfähig** wird (s. Rn. 151). Der Zweck der Registrierungspflicht besteht vor allem in der Identifizierung der Limited Partner und der Höhe ihres Haftungskapitals. Sowohl zur erstmaligen Registrierung als auch zur Änderung einer bestehenden Registrierung der LP bestehen authentifizierte Musterformulare.[357] Vor der Registereintragung haften alle (künftigen) Gesellschafter unbeschränkt und bilden – sofern die Voraussetzung des sec. 1 (1) PA 1890 erfüllt sind (s. Rn. 58 ff.) – eine (General) Partnership (vgl. sec. 5 LPA 1907). Aufgrund der Registrierungspflicht kann es eine konkludent errichtete LP insofern nicht geben. Ein schriftlich abgeschlossener Gesellschaftsvertrag ist wie im deutschen Personengesellschaftsrecht[358] indes nicht notwendig und bedarf keiner bestimmten Form. 156

Die Registrierung der LP erfolgt entsprechend dem Kapitalgesellschaftsrecht (s. Rn. 273) beim **Registrar of Companies** (vgl. sec. 15 LPA 1907). Die Eintragung erfolgt durch den Registrar, der hierüber eine dies bezeugende, beweiskräftige Urkunde ausstellt (sec. 8C (1), sec. 13 LPA 1907). Außerdem erfolgt eine Bekanntmachung in der London Gazette für England und Wales (bzw. Edinburgh Gazette für Schottland oder Belfast Gazette für Nordirland) (sec. 10 LPA 1907). Die auszustellende Urkunde (***Certificate of Registration***) gilt für die nach dem 1.10.2009 errichteten LPs als eindeutiger Gründungsnachweis der Gesellschaft gegenüber Dritten im Rechtsverkehr. Ein späterer Existenznachweis ist damit jedoch nicht zwingend verbunden. Dies geht schon deshalb nicht, weil es keine durchsetzbare Löschungspflicht gibt. Für die vor Oktober 2009 errichteten LPs wird dadurch lediglich die Vermutung begründet, dass die Gesellschaft ordnungsgemäß gegründet wurde. Nach einer jüngeren Entscheidung des High Court kann die **Richtigkeit** eines ordnungsgemäß ausgestellten *Certificate of Registration* **nicht angegriffen** werden, selbst dann nicht, wenn es durch Betrug erlangt wurde.[359] 157

Gemäß sec. 8A LPA 1907 muss der **Eintragungsantrag** die Erklärung, dass es sich um eine LP handeln soll, den Firmennamen (s. Rn. 159), den Gesellschaftszweck, die Namen der voll haftenden (General Partner) und der beschränkt haftenden (Limited Partner) Gesellschafter, den Kapitalanteil jedes einzelnen beschränkt Haftenden, die Anschrift der Hauptniederlassung, den Zeitpunkt des Beginns der Gesellschaft sowie – sofern es eine zeitliche Begrenzung gibt – die zeitliche Dauer der LP beinhalten. 158

Die Bezeichnung der „Firm" und der **Firmenname** haben grundsätzlich dieselbe Bedeutung wie im Recht der Partnership (s. Rn. 67 ff.). Die Firma der Gesellschaft muss mit dem **Rechtsformzusatz** „Limited Partnership" bzw. der Abkürzung LP oder dem walisischem Äquivalent enden (sec. 8B (2), (3) LPA 1907). Sofern nicht die Namen aller Partner in der Firma der LP bezeichnet sind, gelten wie für die (General) Partnership die Regelungen der ssec. 1192 ff. CA 2006 zum Firmenrecht der Gesellschaft. 159

3. Organisationsverfassung

Die Gesellschaft muss mindestens einen **unbeschränkt haftenden Partner** und mindestens einen auf seine Kapitaleinlage **beschränkt haftenden Partner** haben (sec. 4 (2) LPA 1907). Der Wegfall des letzten Limited bzw. Ge- 160

353 *BEIS*, Review of Limited Partnership Law. A call for evidence, January 2017; *BEIS*, Limited Partnerships: Reform of Limited Partnership Law, April 2018.

354 Hierzu im Hinblick eine strafrechtliche Verantwortlichkeit der Gesellschaft *Berry* J.B.L. 2014, 585, 587 ff.

355 Dies noch befürwortend *Law Commission*, Consultation Paper 159, Pt. IV; Final Report No. 283; dazu auch *Prime/Scanlan*, Co. Lawyer 28 (2007) 262, 263 ff.

356 Der Registrar ist der zuständige Ministerialbeamte, der das Companies Register beim Companies House führt.

357 Siehe The Limited Partnerships (Forms) Rules 2009, SI 2009/2160, LP5 (Gründungsregistrierung) und LP6 (Änderung der Registrierung).

358 Zur deutschen KG vgl. *Grunewald* in: MüKo HGB, Bd. 3, 3. Aufl. 2012, § 161 Rn. 22; *Oetker* in: Oetker (Hrsg.), HGB, 5. Aufl. 2017, § 161 Rn. 22; *Eberl* in: Heidel/Schall (Hrsg.), HGB, 2. Aufl. 2015, § 161 Rn. 10.

359 *Bank of Beirut SAL v. HRH Prince Adel El-Hashemite* [2015] EWHC 1451 (Ch).

neral Partners führt indes nicht unmittelbar zur Auflösung der Gesellschaft. Der bzw. die übrigen Partner haben vielmehr die Möglichkeit die Fortsetzung der Gesellschaft durch Hinzunahme eines neuen Limited bzw. General Partners zu beschließen. Eine (natürliche oder juristische) Person kann nicht gleichzeitig General Partner und Limited Partner sein. Beide Gesellschafterstellungen schließen sich gegenseitig aus.

161 Der beschränkt haftende Gesellschafter (**Limited Partner**) ist kraft seiner Gesellschafterstellung **nicht vertretungsberechtigt** und nicht zur Geschäftsführung befugt. Über ihn findet auch keine Wissenszurechnung an die Gesellschaft statt (sec. 7 LPA 1907 iVm sec. 16 PA 1890). Der Limited Partner kann ohne an der Geschäftsführung beteiligt zu sein, seine Informationsrechte gegenüber den General Partnern ausüben.[360] Er darf die Bücher einsehen und kann den General Partner beraten (sec. 6 (1) LPA 1907). Managemententscheidungen werden jedoch ausschließlich von den General Partnern getroffen (vgl. sec. 6 (5) LPA 1907). Für diese gilt mangels abweichender Vereinbarungen bei der Entscheidungsfindung das Mehrheitsprinzip. Bei der Aufnahme neuer Gesellschafter haben die Limited Partner ebenfalls grundsätzlich kein Mitspracherecht. **Grundlagengeschäfte** (zB Beendigung oder Verschmelzung der LP)[361] und (sonstige) Satzungsänderungen können indes nur mit Zustimmung der Limited Partner als Anteilseigner vollzogen werden.

162 Wird ein Limited Partner auch nur teilweise **geschäftsführend tätig, haftet er** für die während dieser Zeit entstehenden (vertraglichen und außervertraglichen) Verbindlichkeiten wie ein General Partner unbeschränkt (sec. 6 (2) LPA 1907). Insofern statuiert der Limited Partnership Act 1907 **kein absolutes Verbot** eines Limited Partners, sich an der Geschäftsführung der Gesellschaft zu beteiligten.[362] Vielmehr wird nur während der Zeit seiner Mitwirkung am Management seine beschränkte Haftung ausgesetzt (vgl. sec. 6 (1) S. 3 LPA 1907). Der Limited Partner verliert jedoch nicht seinen Status als solcher oder wird automatisch zum General Partner.[363]

163 Zwischen den General Partnern und den Limited Partnern besteht in geringerem Maße ein **gegenseitiges Vertrauensverhältnis** (*Mutual Trust*), als auch zwischen den General Partnern untereinander bzw. wie es in einer (General) Partnership bejaht wird. Die Limited Partner sind grundsätzlich nicht an der Geschäftsführung beteiligt (s. Rn. 161) und sind aufgrund ihrer beschränkten Mitwirkungsbefugnisse insofern weniger schutzbedürftig. General Partner sind diesen daher nur begrenzt zur Treue und Sorgfalt verpflichtet.[364] Bei einem **Corporate General Partner** schulden die Direktoren der Company der LP grundsätzlich die gleichen Sorgfaltspflichten als wären sie selbst General Partner der Gesellschaft,[365] obgleich der tatsächliche Umfang der Sorgfaltspflichten im Ansatz wohl doch geringer sein dürfte.[366]

164 Auch im Namen der Gesellschaft steht den Limited Partnern grundsätzlich **kein eigenes Klagerecht** gegen gesellschaftsfremde Dritte zu. Eine **Ausnahme** besteht nach Ansicht des High Court dann, wenn der oder die General Partner keiner Klage nachgehen, eine solche aber hinreichend Aussicht auf Erfolg haben würde.[367] Ein mit der **Derivative Action** im Company Law (s. Rn. 374 ff.) vergleichbares Klagerecht der Limited Partner muss jedoch im Namen der Gesellschaft erfolgen. Davon unbenommen bleibt das Recht jedes Limited Partners, gegen einzelne General Partner zu klagen.[368]

4. Kapitalverfassung

165 Kernelement der LP ist die Notwendigkeit, dass mindestens ein beschränkt haftender Gesellschafter existiert, der in die Gesellschaft einen **festgelegten Kapitalanteil** einbringt und dessen Haftung und Risiko darauf beschränkt ist. Die Leistung des zumeist im Partnership Agreement vereinbarten Kapitalanteils ist in diesem Sinne der Preis für die Beteiligung an der LP als beschränkt haftender Gesellschafter. **General Partner** schulden entsprechend den Gesellschaftern einer (General Partnership) (s. Rn. 117 f.) grundsätzlich **keine Einlage.** Abweichende Vereinbarung sind möglich und auch der Regelfall.

166 Für die LP als Personengesellschaft gibt es **kein gesetzliches Mindestkapital.** Die Höhe des Stammkapitals bemisst sich aus der vereinbarten Höhe des Kapitalanteils jedes Limited Partners und der ggf vereinbarten Einla-

360 *Certain Partners in Henderson PFI Secondary Fund II LLP v. Henderson PFI Secondary Fund II LP (a firm)* [2012] EWHC 3259 at [56].
361 *Böttger*, Mitwirkungs- und Kontrollrechte des englischen Limited Partners im Rahmen der Reform des englischen Partnership Law, 2006, S. 91.
362 Vgl. *Certain Partners in Henderson PFI Secondary Fund II LLP v. Henderson PFI Secondary Fund II LP (a firm)* [2012] EWHC 3259.
363 *Blackett-Ord/Haren*, Partnership Law, 2015, Rn. 24.13; *Böttger*, Mitwirkungs- und Kontrollrechte des englischen Limited Partners im Rahmen der Reform des englischen Partnership Law, 2006, S. 78.
364 *Blackett-Ord/Haren*, Partnership Law, 2015, Rn. 24.16.
365 *Eden Refuge Trust and others v. Hohepa* [2010] 3 NZTR 20-009.
366 Vgl. *BBGP Managing General Partner Ltd. v. Babcock & Brown Global Partners* [2011] 2 WLR 496 at [11].
367 *Certain Partners in Henderson PFI Secondary Fund II LLP v. Henderson PFI Secondary Fund II LP (a firm)* [2012] EWHC 3259; vgl. auch *Watson v. Imperial Servives Limited* [1994] 111 DLR (4th) 643.
368 *Certain Partners in Henderson PFI Secondary Fund II LLP v. Henderson PFI Secondary Fund II LP (a firm)* [2012] EWHC 3259 at [28], [31].

gepflicht der/des General Partner(s), die zum Stammkapital der Gesellschaft und nicht zum Partnership Property zählen soll.

Der zu leistende **Kapitalanteil** des Limited Partners kann als **Bar- oder Sacheinlage** erbracht werden (vgl. sec. 8A (2) (d) LPA 1907).[369] Er ist bei Eintritt zu erbringen. Besondere Prüfvorschriften existieren nicht. Doch dürfte bei zu niedrigem Wert weiterhin die Differenz geschuldet sein. Wer keine Einlage erbringt, wird als General Partner behandelt. Über diesen Betrag hinaus gibt es für den beschränkt haftenden Gesellschafter keine Haftung für Gesellschaftsverbindlichkeiten. In der Praxis ist der **vereinbarte Kapitalanteil** der Limited Partner zumeist sehr gering. Der Großteil der Investition eines Limited Partners in die Gesellschaft wird vielmehr über ein **Darlehen** an die LP erbracht.[370] Insofern hatte das damalige Department for Business, Innovation & Skills im Rahmen der Reform des Englischen Personengesellschaftsrechts erwogen, für die LP gänzlich auf das Erfordernis einer Kapitaleinlage der Limited Partner zu verzichten. Eine entsprechende Änderung von sec. 4 (2) LPA 1907 steht derzeit jedoch weiterhin aus. 167

5. Haftung für die Verbindlichkeiten der Gesellschaft

Aufgrund des Charakters der LP ist hinsichtlich der Haftung der Partner für die Verbindlichkeiten der Gesellschaft zwischen den General Partnern und den Limited Partnern zu differenzieren. Die **General Partner** haften wie die Gesellschafter einer (General) Partnership unbeschränkt und gesamtschuldnerisch für die Verbindlichkeiten der Gesellschaft. Insofern kann auf dortigen Ausführungen verwiesen werden (s. Rn. 122 ff.). Die **Limited Partner** haften nur in Höhe der vereinbarten Kapitaleinlage. Maßgeblich ist die Höhe des vereinbarten Kapitalanteils und nicht der tatsächlich (bisher) erbrachte Teil der Einlageverpflichtung. Für den noch nicht erbrachten Teil trifft sie eine **Differenzhaftung**. Da regelmäßig jedoch nur eine äußerst geringe Kapitaleinlage vereinbart wird (s. Rn. 167), spielt dies in der Praxis zumeist keine Rolle. Die Limited Partner haften für keine über ihren vereinbarten Kapitalanteil hinausgehenden Verbindlichkeiten der Gesellschaft. Dies gilt auch in der Insolvenz der LP. Der Limited Partner darf seine Kapitaleinlage jedoch nicht entnehmen. Geschieht dies doch, haftet er nach sec. 4 (3) LPA 1907 auf die Einlagenverpflichtung. 168

Davon unbenommen bleibt die Anwendbarkeit von sec. 14 (1) PA 1890 (s. Rn. 93). Gibt sich ein Limited Partner daher gegenüber Dritten als vertretungsberechtigter General Partner aus, haftet er auch wie ein solcher unbeschränkt für die eingegangene Verbindlichkeit. 169

6. Mitgliederwechsel

Hinsichtlich des **Ausscheidens** eines Partners und der Hinzunahme eines neuen (General oder Limited) Partners gelten weitgehend die Regelungen für die (General) Partnership (s. Rn. 127 ff.). Der beschränkt haftende Gesellschafter kann **nur mit Zustimmung** der unbeschränkt haftenden Gesellschafter seinen Gesellschaftsanteil veräußern. Der neue Gesellschafter übernimmt dann dessen Stellung in der Gesellschaft. Ein **Kündigungsrecht** gibt es für Limited Partner grundsätzlich nicht. Ihm bleibt nur das Assignment (die Übertragung seiner Vermögensrechte an der Beteiligung). Die Veräußerung hat jedoch mit Zustimmung der General Partner zu erfolgen (sec. 6 (5) (b) LPA 1907). 170

Abweichend zu sec. 24 (7) PA 1890 (s. Rn. 127) kann gem sec. 6 (5) (d) LPA 1907 ein **neuer** (General oder Limited) **Partner** auch ohne die Zustimmung der beschränkt haftenden Gesellschaft in die Gesellschaft aufgenommen werden. Die Entscheidung zur Aufnahme eines neuen Gesellschafters obliegt mangels abweichender Vereinbarungen allein den General Partnern. Sofern nichts anderes geregelt ist, haben diese iS von sec. 24 (7) PA 1890 jedoch **einstimmig** über die Hinzunahmen eines neuen Partners zu entscheiden. 171

Jede **Änderung** (Hinzunahme eines neuen oder Austritt eines alten Partners) in der Mitgliedschaft bei der Gesellschaft ist gem sec. 9 (1) LPA 1907 innerhalb von **sieben Tagen** dem zuständigen Registrar mitzuteilen. Der Eintritt eines neuen Partners in eine bestehende LP ist jedoch auch ohne Eintragung im Register wirksam. 172

Der **Wechsel** eines Limited Partners in einen unbeschränkt haftenden Gesellschafter und umgekehrt ist grundsätzlich möglich. Beim Wechsel eines General Partners in einen beschränkt haftenden Gesellschafter haftet dieser erst für die nach seinem Wechsel eingegangenen Verbindlichkeiten der Gesellschaft unbeschränkt. Ein entsprechender Wechsel ist neben der Mitteilung an den Registrar innerhalb von sieben Tagen in der London Gazette für England und Wales (bzw. Edinburgh Gazette für Schottland und Belfast Gazette für Nordirland) **zu publizieren** (sec. 10 (1) LPA 1907). Gleiches gilt für die Übertragung der Vermögensrechte eines Limited Partners. 173

7. Auflösung und Insolvenz

Die Auflösung folgt weitgehend den Regelungen der (General) Partnership (s. Rn. 136 ff.). **Auf vertraglicher Basis** kann sowohl den unbeschränkt als auch beschränkt haftenden Gesellschaftern ein Recht zur Auflösung der 174

369 Vgl. auch *Blackett-Ord/Haren*, Partnership Law, 2015, Rn. 24.26; *Berry*, Partnership and LLP Law, 2010, S. 78.
370 *Morse*, Partnership and LLP Law, 2015, Rn. 9.09; *Blackett-Ord/Haren*, Partnership Law, 2015, Rn. 24.6.

LLP zustehen. Mangels entsprechender Vereinbarung kann ein Limited Partner die Gesellschaft nicht kündigen (sec. 6 (5) (e) LPA 1907). Bei einer Limited Partnership at Will kann ein General Partner jederzeit die Gesellschaft durch Bekanntgabe gegenüber den Mitgesellschaftern kündigen. Hinsichtlich einer **gerichtlichen Auflösung** der Gesellschaft gilt sec. 35 PA 1890 (s. Rn. 140 f.) für die LP entsprechend. Ein Antrag auf gerichtliche Auflösung wegen den dortigen Gründen kann sowohl von einem General als auch Limited Partner gestellt werden.[371]

175 Der **Tod** oder die **Insolvenz** eines Limited Partners führt nicht zur Auflösung der Gesellschaft (sec. 6 (2) LPA 1907).[372] Gleiches gilt im Grundsatz für die gerichtliche Auflösung wegen Geisteskrankheit (*lunacy*) eines beschränkt haftenden Gesellschafters. Dies gilt auch dann, wenn dies der letzte Limited Partner der Gesellschaft ist und die übrigen General Partner beabsichtigen, diesen aus der LP auszuschließen. Die General Partner können dann innerhalb eines angemessenen Zeitraums die Hinzunahmen eines neuen Limited Partners und damit die **Fortsetzung** der Gesellschaft beschließen.[373]

176 Die **Liquidation** erfolgt außerhalb der Insolvenz durch die General Partner (sec. 6 (3) LPA 1907). Bei der Liquidation werden die Limited Partner vor den General Partnern befriedigt. Verbleibt ein Überschuss, wird dieser mangels abweichender Vereinbarung nur unter den General Partnern verteilt.

177 Für die **Insolvenz** der LP gilt das zur (General) Partnership Gesagte (s. Rn. 148). Die dortigen Bestimmungen gelten für die LP in entsprechender Form.[374] In der Insolvenz haften die Limited Partner nur in Höhe der vereinbarten Kapitaleinlage. Geleistete Gesellschafterdarlehen werden gem sec. 3 PA 1890 nachrangig befriedigt.

8. Die Private Fund Limited Partnership

178 Um die LP (weiterhin) vor allem für **Private Equity-** und **Fondsunternehmen** attraktiv zu halten und damit letztlich in diesem Zusammenhang den englischen Wirtschaftsstandort zu fördern, führte der englische Gesetzgeber im Rahmen der (Private Fund Limited Partnership) Order 2017 eine neue Unter- bzw. Spezialform der bestehenden LP ein: Die Private Fund Limited Partnership (PFLP).[375] Diese soll insbesondere Investmentfondsgesellschaften eine auf ihre Bedürfnisse zugeschnittene Personengesellschaftsform Englischen Rechts anbieten. Das bestehende LP-Recht konnte deren Bedürfnissen nach Ansicht des Gesetzgebers nicht mehr hinreichend gerecht werden.[376] Auch die Rechtsprechung hatte bisher grundsätzlich keine (rechtsfortbildenden) Abweichungen vom gesetzgeberischen Leitbild im Englischen LP-Recht zugunsten von Private Equity und Venture Capital Fonds entwickelt. In diesem Zusammenhang entschloss man sich schließlich, verschiedene **Erleichterungen** für (in- und ausländische) Investmentfonds einzuführen, um den Verwaltungs- und finanziellen Aufwand bei einer LP als Organisationsform für Fondsaktivitäten zu verringern.[377]

179 Bei der PFLP handelt es sich nicht um eine eigenständige Gesellschaftsform. Vielmehr ist sie sowohl dem Namen nach als auch materiell „nur" eine **Sonderform** der „normalen" LP. Vorbehaltlich der gesetzlichen Erleichterungen für die PFLP kommt daher das Recht der LP sowie ergänzend das Recht der (General) Partnership zur Anwendung. Die PFLP kann dabei sowohl originär als solche gegründet werden oder nachträglich aus einer LP hervorgehen. Es bedarf jedoch in jeden Fall einen schriftlich abgeschlossenen Gesellschaftsvertrag (sec. 8D (3) (a) LPA 1907). Zudem muss die Gesellschaft als PFLP firmiert sein und, im Falle einer vorher bestehenden normalen LP, die entsprechende Neubezeichnung dem zuständigen Registrar melden (sec. 8D (1) LPA 1907). Dieser stellt sodann eine Bescheinigung über die ordnungsgemäße Bezeichnung (***Certificate of Designation***) als PFLP aus, die als unwiderlegbarer Nachweis gilt, dass die Gesellschaft die Voraussetzungen für eine PFLP erfüllt (sec. 8 (5), (8) LPA 1907).

180 Die Erleichterungen für die PFLP im Vergleich zur LP betreffen in erster Linie die innergesellschaftliche Organisation. Aber auch einzelne Mitteilungs- und Bekanntmachungspflichten sind bei der PFLP nicht verpflichtend. So müssen Änderungen beim Unternehmensgegenstand, der Laufzeit bzw. dem Zweck der Gesellschaft sowie der eingebrachten Kapitalsumme der Limited Partner nicht mehr dem Registrar mitgeteilt werden (sec. 9 (1A) (b) LPA 1907). Zudem sind grundsätzlich nur noch Änderungen bei den General Partnern in der Gazette bekannt zu machen (vgl. sec. 10 (1A) LPA 1907). Von Bedeutung ist ferner, dass die Limited Partner einer PFLP **nicht verpflichtet** sind, eine obligatorische **Kapitaleinlage** als Haftsumme zu erbringen oder anderweitig Eigentum an die Gesellschaft zu übertragen. Im Zusammenhang mit der fehlenden (gesetzlichen) Verpflichtung zur Erbringung einer (Kapital-)Einlage steht die ebenfalls neu eingefügte Bestimmung, dass die Limited Partner grundsätzlich nicht für die über das Geschäftskapital hinausgehenden Schulden und Verbindlichkeiten der Ge-

371 *Re Hughes & Co.* [1911] 1 Ch 342.
372 Vgl. auch *Berry* J.B.L. 2013, 160, 180; *Ringe/Otte* in: Triebel ua (Hrsg.), Englisches Handels- und Wirtschaftsrecht, 2012, Kap. V Rn. 348.
373 *Blackett-Ord/Haren*, Partnership Law, 2015, Rn. 24.43.
374 *Re Barnard* [1932] 1 Ch 269, 274.
375 Vgl. dazu auch *Repiquet* ECL 15 (2018) 97 ff.
376 *Impact Assessment* (RPC-3325(1)-HMT), Limited Partnership Reform, 20.7.2016, S. 1.
377 *Impact Assessment* (RPC-3325(1)-HMT), Limited Partnership Reform, 20.7.2016, S. 1.

sellschaft haftbar gemacht werden können (sec. 4 (2B) (b) LPA 1907). Innerorganisatorisch ist vor allem von Bedeutung, dass mit sec. 6A (2) LPA 1907 eine nicht abschließende Liste[378] von Handlungen benannt ist, bei deren Vorliegen nicht davon auszugehen ist, dass sich ein Limited Partner, obgleich des weiterhin bestehenden Gebots, dass Managemententscheidungen nur von den General Partnern getroffen werden (s. Rn. 161), **an der Geschäftsführung beteiligt** hat und damit unbeschränkt haftet. Dies umfasst zB die Entscheidungsbeteiligung über die Abänderung des Gesellschaftervertrags oder der Aufnahme neuer Gesellschafter. Weiterhin sind die Limited Partner einer PFLP von der bisher bestehenden Pflicht zur vollständigen Informationsweitergabe (*duty to render true accounts and full information*) an die Mitgesellschafter (vgl. sec. 28 PA 1890) befreit.[379] Zudem findet sec. 30 PA 1890 zum **Wettbewerbsverbot** eines Gesellschafters (s. Rn. 114) keine Anwendung (sec. 6 (5) (f.) LPA 1907). Ein Investor darf daher auch ohne die Zustimmung der Mitgesellschafter Wettbewerbshandlungen vornehmen, die ggf nicht im Interesse der PFLP liegen.[380]

IV. Limited Liability Partnership (LLP)

1. Grundlagen

a) Vorgeschichte und Verbreitung der LLP

Bei der Limited Liability Partnership (LLP)[381] handelt es sich um eine **Mischform** (hybride Form) aus Partnership und Limited Company.[382] Die LLP wurde mit dem Limited Liability Partnership Act 2000 (LLPA 2000) für England, Wales und Schottland geschaffen und kann seit April 2001 verwendet werden. Seit Oktober 2009 gilt der LLPA 2000 in weiten Teilen auch für Nordirland. Ausgangspunkt war der Wunsch von **Freiberuflern** (insbesondere Wirtschaftsprüfern und Buchprüfern), die Haftungsbeschränkung der Ltd. (s. Rn. 523) mit der informellen inneren Struktur einer Partnership zu verbinden. Bereits Anfang der Neunziger Jahre war hierfür in einigen US-Bundesstaaten die LLP als neue Rechtsform geschaffen worden. Als 1997 der (lokale) Gesetzgeber der (englischen) Kanalinsel Jersey, die nicht Teil Großbritanniens ist, die Einführung einer „Personengesellschaft" mit Haftungsbeschränkung aller Gesellschafter, also einer LLP nach US Vorbild, plante, entschloss sich der englische Gesetzgeber zur Schaffung einer LLP auch für Großbritannien,[383] wobei es sich anders als beim amerikanischen Vorbild von der Kapitalverfassung und äußeren Struktur um eine Corporation (Kapitalgesellschaft) handelt.[384] 181

Ende 2015 existierten ca. **60.000 LLP** in Großbritannien.[385] Neben den Private Limited Companies (by share oder guarantee) ist die LLP damit die am **zweitstärksten** vertretene registrierungspflichtige Gesellschaftsform. Insbesondere Freiberufler, deren Lobbyisten die Einführung dieser Gesellschaftsform gefordert hatten, sind von der (General) Partnership in die LLP gewechselt. Im Verhältnis zur Limited Partnership, dem ersten Versuch (1907) des Englischen Gesellschaftsrechts eine Partnership mit beschränkter Haftung als Rechtsform zur Verfügung zu stellen (dazu Rn. 149 ff.), ist die Anzahl an Gesellschaften ein bemerkenswerter Erfolg. Einem noch größeren Erfolg steht möglicher Weise noch entgegen, dass bei diesem hybriden Gebilde vieles noch unklar ist. Insbesondere bestehen **steuerliche Risiken.**[386] Die Besteuerung erfolgt wie bei einer Partnership (vgl. sec. 10 LL- 182

---

378 *Impact Assessment* (RPC-3325(1)-HMT), Limited Partnership Reform, 20.7.2016, S. 4; Explanatory Note zur Legislative Reform (Private Fund Limited Partnerships) Order 2017.

379 Entsprechendes bereits fordernd *McCahery/Vermeulen* EBOR 5 (2004) 61, 82.

380 Anders bei der LP, vgl. *Woodfull v. Lindsley* [2004] EWCA Civ 165; *Trustor AB v. Smallbone (No. 2)* [2001] 2 BCLC 436.

381 Deutschsprachig zur LLP *Schnittker/Bank*, Die LLP in der Praxis, 2008; *Bank*, Die britische Limited Liability Partnership, 2006; *Bettinger*, Englische LLP und Anwaltshaftung in Deutschland, 2009; *Eilers* IStR 2008, 22 ff.; *Henssler/Mansel* NJW 2007, 1393 ff.; *Kilian* NZG 2000, 1008 ff.; *Triebel/Karsten* RIW 2001, 1 ff.; *Triebel/Otte/Kimpel* BB 2005, 1233 ff.; *Weller/Kienle* DStR 2005, 1060 ff., 1102 ff.

382 Vgl. *Finch/Freedman* J.B.L. 2002, 475, 481 f.; *Blackett-Ord/Haren*, Partnership Law, 2015, Rn. 25.1; *Morse*, Partnership and LLP Law, 2015, Rn. 10.01; *ter Brake/van Duuren* ECL 12 (2015) 270, 271; *Ringe/Otte* in: Triebel ua (Hrsg.), Englisches Handels- und Wirtschaftsrecht, 2012, Kap. V Rn. 349; *Schnittker/Bank*, Die LLP in der Praxis, 2008, Rn. 3, 27; *Henssler/Mansel* NJW 2007, 1393, 1394; *Kühn*, PartGmbB und UK-LLP als hybride Gesellschaftsformen, 2017; ferner zu den partnerschaftlichen Elementen einer LLP *Hilton v. D IV LLP* [2015] EWHC 2 (Ch).

383 Vgl. *DTI*, Consultation Paper on Limited Liability Partnership, February 1997, Rn. 1.3; *Finch/Freedman* J.B.L. 2002, 475, 481.

384 *Finch/Freedman* J.B.L. 2002, 475, 481 f.; *Henning* Co. Lawyer 28 (2007) 161; vgl. auch *Ringe/Otte* in: Triebel ua (Hrsg.), Englisches Handels- und Wirtschaftsrecht, 2012, Kap. V Rn. 355; *Triebel/Otte/Kimpel* BB 2005, 1233; zur Anwendung von Company Law-Prinzipien auf die LLP siehe *Cabvision v. Feetum* [2005] EWCA Civ 1601; ferner *Capital Partners LLP* [2003] EWHC 2790.

385 *Companies House*, Companies Register Activities 2016/17.

386 Vgl. *Berry* in: Hillman/Loewenstein (Eds.), Research Handbook on Partnerships, LLCs and Alternative Forms of Business Organizations, 2015, S. 357, 371; *Cross*, Lords call for delay to LLP tax changes, Law Society Gazette 2014 (12.3.2014).

PA 2000), dh es werden grundsätzlich nur die Gesellschafter und nicht die LLP als Steuersubjekt besteuert.[387] Steuerlich ist die LLP also eine Personengesellschaft.

183 Die LLP ist in Deutschland vor allem als Rechtsform von großen **Anwaltsgesellschaften** und Wirtschaftsprüfungsgesellschaften bekannt. Nur soweit sie ihren (Register-)Sitz in Großbritannien (also insbesondere nicht in den USA) haben, handelt es sich um LLPs im hier zu konkretisierenden Sinn. Basierend auf einem **Wettbewerb der Rechtsordnungen** im Personengesellschaftsrecht (s. Rn. 32),[388] wurde als Reaktion des deutschen Gesetzgebers auf die immer häufiger werdenden US-amerikanischen und britischen LLPs im Jahr 2013 die Partnerschaftsgesellschaft mit beschränkter Berufshaftung (PartG mbB) eingeführt. Dass ein entsprechendes Modell einer Quasi-Personengesellschaft mit Haftungsbeschränkung aller Gesellschafter erfolgreich ist, zeigen auch die zu Beginn des Jahres 2016 fast 3.000 PartG mbB in Deutschland.[389] Die Anzahl der in den deutschen Partnerschaftsregistern (als Zweigniederlassung) eingetragenen LLPs ist mit nur ca. 60 solcher Gesellschaften hingegen gering.[390]

b) Rechtsquellen

184 Die LLP für England, Wales und Schottland ist primär im Limited Liability Partnerships Act 2000 geregelt. Dieser umfasst lediglich 19 Artikel und wurde durch die LLP Regulations 2009 leicht modifiziert. Lückenfüllend ist für das Außenverhältnis primär das Recht der Kapitalgesellschaften, also der Companies Act 2006 heranzuziehen (vgl. sec. 15 (a), (b) LLPA 2000). **Regelungen der Partnership** finden nur bei ausdrücklicher Regelung Anwendung (vgl. sec. 1 (5) LLPA 2000). Eine solche Verweisung auf das Recht der Partnership besteht allerdings in sec. 5 (1) (b) in Verbindung mit sec. 15 (c) LLPA 2000 für das Innenverhältnis der Gesellschafter zueinander bzw. das Verhältnis der Gesellschafter zur Gesellschaft, wobei auch hier spezielle Regulations zur LLP vorrangig sind. Dies sind die LLP Regulations 2001 (LLPR 2001), die von der Insolvenz über Untersuchungen durch das zuständige Ministerium bis zu Sonderregelungen betreffend die internen Beziehungen der Gesellschafter reichen. Für die praktische Behandlung der LLP sind die LLPR 2001 von maßgebender Bedeutung, da sie neben dem LLPA 2000 die primäre Rechtsquelle dieser Gesellschaftsform darstellen.[391]

185 Jüngste Änderungen im Recht der LLP brachten der **Small Business, Enterprise and Employment Act 2015** (SBEEA 2015) (s. Rn. 16), der auch für diese wichtige Neuerungen mit sich brachte (zB die Einführung eines Register of People with Significant Control (ssec. 790A CA 2006)).[392] Auch die Company, Limited Liability Partnership and Business (Names and Trading Disclosures) Regulations 2015 brachten für die LLP kleinere Anpassungen hinsichtlich des Firmenrechts mit sich.

186 Aufgrund der überwiegend gesetzlichen Normierung der LLP ist sie in tendenziell **geringerem Maße** von der **Rechtsprechung geprägt** als beispielsweise die (General) Partnership. Da die LLP jedoch erst seit 2001 existiert, sind in der Praxis noch verschiedene Einzelfragen bei deren rechtlichen Behandlung offen, weshalb die wenigen Gerichtsentscheidungen speziell zum LLP-Recht von großer Bedeutung sind.

c) Wesensmerkmale

187 Die LLP hat im Gegensatz zur (General) Partnership (dazu Rn. 40 ff.) und Limited Partnership (dazu Rn. 149 ff.) auch in England und Wales eine **eigene Rechtspersönlichkeit** (*Body Corporate*) (sec. 1 (2) LLPA 2000) und ist unbegrenzt geschäftsfähig (*Unlimited Capacity*) (sec. 1 (3) LLPA). Die Gesellschafter unterliegen einer **Haftungsbeschränkung** auf die Höhe ihrer Einlage (sec. 1 (4) LLPA 2000). Daneben ist die LLP jedoch – wie Partnership und Limited Partnership – durch die persönlichen Entscheidungen und die Geschäftsleitung der Gesellschafter (Partner) geprägt (Gedanke der Selbstorganschaft)[393] und ist formal im Personengesellschaftsrecht angesiedelt,[394] auch wenn sie materiell eher eine Corporation mit Anteilen aus dem Recht der Partnership ist.

---

387 Dazu *Schnittker/Bank*, Die LLP in der Praxis, 2008, Rn. 290 ff.; *Eilers* IStR 2008, 22 ff.; *Henssler/Mansel* NJW 2007, 1393, 1399 f.; *Whittaker/Machell*, The Law of Limited Liability Partnerships, 2016, Rn. 23.7 ff.; *Young* BLR 2000, 257, 259.

388 Englische LLP werden dabei über eine (Zweig-) Niederlassung gem § 13d HGB in Deutschland tätig; zur Eintragungspflicht vgl. *Henssler* NJW 2009, 3136, 3137 f.; *Seibert* DB 2013, 1710, 1714; *Preuß* in: Oetker (Hrsg.), HGB, 5. Aufl. 2017, § 13d Rn. 10.

389 Vgl. *Lieder/T. Hoffmann* NZG 2016, 287; siehe auch *dies.* NJW 2015, 897 ff.

390 Vgl. *Lieder/T. Hoffmann* NZG 2014, 127, 130.

391 Vgl. auch *Whittaker/Machell*, The Law of Limited Liability Partnerships, 2016, Rn. 1.17.

392 Siehe auch Limited Liability Partnerships (Register of People with Significant Control) Regulations 2016/340.

393 Ein strenges Prinzip der Selbstorganschaft wie nach deutschem Personengesellschaftsrecht gibt es englischen Partnership Law hingegen nicht, vgl. *Hasenheit*, Die deutsche Personenhandelsgesellschaft und die englische partnership, 2010, S. 159 f.

394 Vgl. *Lindley & Banks* on Partnership, 2013, Rn. 2-41; *Finch/Freedman* J.B.L. 2002, 475, 482; ferner *Bode/Bron* GmbHR 2016, R129 („haftungsbeschränkte Personengesellschaft").

Aufgrund der eigenen Rechtspersönlichkeit der LLP kann diese selbst uneingeschränkte **Eigentümerin** von Gegenständen und Rechten sein. In der Regel verleihen oder vermieten die Gesellschafter der LLP zB Immobilien jedoch nur, damit außenstehende Gläubiger vor allem im Insolvenzfall keinen Zugriff darauf als Teil des **LLP-Property** haben. Als juristische Person kann die LLP in eigenem Namen klagen und verklagt werden. Insofern wird sie auch prozessual wie eine Kapitalgesellschaft behandelt. 188

Entsprechend dem eher der **Kapitalgesellschaft ähnlichen Wesen** der LLP werden ihre Gesellschafter gem sec 1 (4) LLPA 2000 als Member (nicht Partner wie bei der Partnership) bezeichnet.[395] Die LLP erfordert anders als eine Corporation mindestens zwei Gesellschafter und muss bei der Gründung auf den Betrieb eines Unternehmens mit **Gewinnerzielungsabsicht** gerichtet sein (sec. 2 (1) (a) LLPA 2000). Diese Erfordernisse entsprechen dem Personengesellschaftsrecht. Die LLP kann auch im Innenverhältnis so ausgestaltet werden, dass sie einer Partnership angenähert wird. Die Gesellschafter haben insofern die alternative Möglichkeit, die LLP wie eine Kapital- oder eher wie eine Personengesellschaft auszugestalten.[396] Größere LLPs mit einer Mehrzahl an Mitgliedern sind rechtstatsächlich tendenziell wie eine Kapitalgesellschaft ausgestaltet; kleinere LLP mit wenigen Mitgliedern eher wie eine Partnership.[397] Diese **Flexibilität** ist eine der Erfolgsgründe für die Wahl der LLP als Rechtsform. 189

Die mindestens **zwei Gesellschafter**[398] können (in- oder ausländische) natürliche und/oder juristische Personen sein.[399] Mangels Rechtspersönlichkeit kann die englische Partnership kein Gesellschafter der LLP, die LLP selbst kann als juristische Person Gesellschafter einer anderen LLP, Partnership oder einer Company sein. Im Zuge des Small Business, Enterprise and Employment Act 2015 kann sie allerdings **kein Direktor einer Kapitalgesellschaft** mehr sein (vgl. sec. 156A CA 2006). Wird die Gesellschaft nach Wegfall des vorletzten Gesellschafters wissentlich fortgeführt, haftet der verbliebene Gesellschafter nach sechs Monaten gesamtschuldnerisch mit der LLP für die während dieser Zeit entstandenen Verbindlichkeiten (sec. 4A (2) LLPA 2000). 190

Die LLP kann zu **jedem unternehmerischen Zweck** (s. Rn. 193) gegründet werden, ist also insbesondere nicht auf bestimmte freie Berufe begrenzt, obwohl diese Gesellschaftsform ihre Existenz der Lobbyarbeit der Wirtschafts- und Buchprüfer verdankt. Die LLP entsteht wie die Limited Partnership (LP) durch **Registrierung** (vgl. sec. 3 LLPA 2000). 191

2. Gründung

Die Gründung einer LLP vollzieht sich im Wesentlichen ähnlich zur Gründung einer Kapitalgesellschaft (vgl. sec. 2, 3 LLPA 2000) (s. Rn. 260 ff.). Sie erfordert die Übermittlung bestimmter Dokumente an den Registrar des Unternehmensregisters, die **Registrierung** durch den Registrar und endet mit der Ausfertigung eines „Certificate of Incorporation“. Wer vor der Registrierung handelt, wird persönlich verpflichtet bzw. berechtigt und **haftet unbeschränkt.**[400] Ein im Namen der künftigen LLP eingegangene Verpflichtung erlangt nach deren Eintragung jedoch grundsätzlich Bindungswirkung für diese als juristische Person (sec. 5 (2) LLPA 2000). 192

Die LLP muss **unternehmerisch tätig** sein. Karitative oder gemeinnützige Vorhaben können nicht in der Rechtsform einer LLP verfolgt werden. Wird die Gesellschaft nicht innerhalb eines Jahres nach ihrer Gründung geschäftlich tätig, ist sie (gerichtlich) aufzulösen (sec. 122 (1) (b) IA 1986). Die Geschäftsausübung der LLP darf nicht illegal sein. Insofern gilt das zur (General) Partnership Gesagte (s. Rn. 72). In diesem Fall kommt es jedoch nicht zur sofortigen Zwangsauflösung der Gesellschaft. Vielmehr besteht die LLP fort bis sie abwickelt wurde.[401] 193

Bereits mit Eintragung ins zuständige Register ist die Gesellschaft als juristische Person **existent und rechtsfähig** (vgl. sec. 3 (1) LLPA 2000). Das vom Registrar ausgestellte *Certificate of Incorporation* dient dabei als **Gründungsnachweis** und versichert die ordnungsgemäße Entstehung der LLP als juristische Person (sec. 3 (4) LLPA 2000). 194

Für eine **Registrierung** bedarf es der Erfüllung verschiedener **Voraussetzungen:** 195

- Es bedarf eines von den Gesellschaftern unterzeichneten Gründungsdokumentes (***Incorporation Document***). Hierin erklären die Gesellschafter, dass sie ein rechtmäßiges, gewinnorientiertes Unternehmen betreiben wollen (vgl. sec. 2 (1) (a) LLPA 2000);

395 Die eigene Bezeichnung als „Partner“ anstatt als Member der LLP ist dabei ohne Bedeutung, vgl. *Dutia v. Geldof* [2016] EWHC 547 (Ch).

396 *Blackett-Ord/Haren*, Partnership Law, 2015, Rn. 25.4.

397 *Finch/Freedman* J.B.L. 2002, 475, 490.

398 Eine Einpersonen-LLP ist daher nicht möglich.

399 *Blackett-Ord/Haren*, Partnership Law, 2015, Rn. 25.46; *Morse*, Partnership and LLP Law, 2015, Rn. 10.11; *Whittaker/Machell*, The Law of Limited Liability Partnerships, 2016, Rn. 2.2; *Bettinger*, Englische LLP und Anwaltshaftung in Deutschland, 2009, S. 56.

400 *Brand Farran Buxbaum LLP v. Samuel-Rozenbaum Diamond Ltd.* [2005] HKLRD 342; *Lindley & Banks* on Partnership, 2013, Rn. 2-31.

401 *Blackett-Ord/Haren*, Partnership Law, 2015, Rn. 25.19.

- dem Register muss entweder das Original des Gründungsdokumentes oder eine autorisierte und vom Register anerkannte Kopie vorgelegt werden (sec. 2 (1) (b) LLPA);
- außerdem bedarf es der Vorlage einer Konformitätsbescheinigung (***Statement of Compliance***), aus der hervorgeht, dass alle rechtlichen Bestimmungen bei der Gründung eingehalten wurden. Diese Bescheinigung kann anwaltlich oder durch einen der Gründungsgesellschafter ausgestellt werden (sec. 2 (1) (c) LLPA). Falschangaben können strafrechtlich geahndet werden (sec. 2 (3), (4), sec. 2 (1) (c) LLPA 2000).

196 Für die **Registrierung** einer LLP gibt es ein offizielles Musterformular (LL INO1)[402] mit dem die Anmeldung zur Eintragung der Gesellschaft (auch online) vollzogen werden kann. Bei Verwendung dieses Musterformulars kostet die Eintragung einer LLP derzeit £ 40 und dauert nach Angaben des Registrar of Companies in der Regel nicht länger als einen Tag.[403] Hinsichtlich des Gesellschaftsvertrags (s. Rn. 197) gibt es anders als zB bei der Ltd. kein offiziell autorisiertes Musterformular. Die Verwendung eines entsprechenden Formulars würde sich aufgrund des hybriden Charakters der LLP und der Verzahnung sowohl mit dem Personen- als auch dem Kapitalgesellschaftsrecht auch nicht empfehlen.[404]

197 Die Vorlage eines **Gesellschaftsvertrags** (*LLP-Agreement*) wird – im Unterschied zum Gründungsdokument (s. Rn. 198) – vom Gesetz nicht verlangt und ist damit zur Registrierung und zum Erreichen der Rechtsfähigkeit nicht erforderlich. Die Regelung der **internen organisatorischen Verhältnisse** in einem LLP-Agreement bleibt den Gesellschaftern überlassen und bedarf nicht der Veröffentlichung, weshalb es auch nicht vorgelegt werden muss. Darüber hinaus kommen mangels abweichender Vereinbarungen die **dispositiven Regelungen** (*Default Rules*) (s. Rn. 220 f.) der reg. 7 f. LLPR 2001 zur Anwendung, sofern diese nicht ausgeschlossen wurden. Grundsätzlich frei von gesetzlichen Beschränkungen kann das Innenverhältnis der LLP in einem Gesellschaftsvertrag daher äußerst flexibel geregelt werden. Da das LLP-Agreement nur die interne Organisation der Gesellschaft regelt, sind ferner auf dieses die Bestimmungen des Contracts (Rights of Third Parties) Act 1999 nicht anwendbar. Ansonsten kommt jedoch weitgehend das allgemeine Englische Vertragsrecht auf das LLP-Agreement zur Anwendung.[405]

198 Zu den Anforderungen an das in Kopie oder im Original vorzulegende **Gründungsdokument,** das im Register einsehbar ist, gehören gem sec. 2 (2) LLPA 2000 die Einhaltung der vom Registrar vorgegebenen **Form**, die **Firma** der LLP, die Angabe, ob der **Registersitz** (*Registered Office*) der LLP,[406] der maßgeblich für die Zustellung der amtlichen Dokumente ist, in England und Wales oder nur in Wales oder in Schottland sein soll, die Adresse des Registersitzes, Namen und Adressen der Gesellschafter und welche der Gesellschafter als **„Designated Member"** (besonders verantwortliche Gesellschafter) eine besondere Verantwortung in Registerangelegenheiten, bezüglich der Bilanz und dem Schriftverkehr gegenüber dem Registrar, tragen.

199 Daneben ist die Gesellschaft verpflichtet, ein mit der Gesellschafterliste gem § 40 GmbHG materiell vergleichbares **„Register of Members"** zu führen (sec. 113 (1) CA 2006, reg. 18 LLPR 2009). Im Zuge des Small Business, Enterprise and Employment Act 2015 muss auch die LLP seit Mitte 2016 zudem ein **„Register of People with Significant Control"** führen (vgl. ssec. 790A ff. CA 2006, reg. 5 LLPR 2016).[407] Personen mit bedeutender Kontrolle sind dabei ua alle (natürlichen oder juristischen) Personen, die mehr als 25% der Kapitalanteile oder Stimmrechte (direkt oder indirekt) besitzen.[408]

200 Die LLP hat eine Firma zu wählen, für die die für Companies geltenden Vorschriften anzuwenden sind (sec. 1 (6) LLPA 2000). So gibt es beispielsweise Genehmigungsvorbehalte für Firmen mit Verwechslungspotenzial[409] zu staatlichen Einrichtungen und Verbote für straf-rechtlich erhebliche Bezeichnungen. Vorgeschriebener **Rechtsformzusatz** ist Limited Liability Partnership (LLP). Hat die LLP ihren Registersitz nur in Wales, kann sie auch als „partneriaeth atebolrwydd cyfyngedig" abgekürzt „PAC" bezeichnet werden.

402 Abrufbar unter: https://www.gov.uk/government/uploads/system/uploads/attachment_data/file/479379/LL_IN01_v 6.0.pdf.

403 Vgl. *Berry*, Partnership and LLP Law, 2010, S. 25; *Ringe/Otte* in: Triebel ua (Hrsg.), Englisches Handels- und Wirtschaftsrecht, 2012, Kap. V Rn. 353.

404 *Blackett-Ord/Haren*, Partnership Law, 2015, Rn. 25.26.

405 *Whittaker/Machell*, The Law of Limited Liability Partnerships, 2016, Rn. 10.5.

406 Jüngst zur Änderung des Registersitzes einer LLP siehe Companies (Address of Registered Office) Regulations 2016.

407 The Limited Liability Partnerships (Register of People with Significant Control) Regulations 2016, SI 2016 No. 340; ferner *BIS*, Guidance on the register of people with significant control.

408 Siehe auch *Whittaker/Machell*, The Law of Limited Liability Partnerships, 2016, Rn. 8.40.

409 Insbesondere Füllwörter oder der Rechtsformzusatz bilden dabei kein hinreichendes Unterscheidungsmerkmal, vgl. The Company, Limited Liability Partnership and Business (Names and Trading Disclosures) Regulations 2015, reg. 11.

3. Organisationsverfassung

a) Innere Struktur

Grundlage für die innere Struktur der LLP ist (soweit vorhanden) der **Gesellschaftsvertrag** (LLP-Agreement).[410] 201
In der Praxis gibt es häufig nicht einen einheitlichen Gesellschaftsvertrag zwischen den Gesellschaftern, sondern eine zweigeteilte Struktur mit einem knappen Gesellschaftsgründungsvertrag und sog Shareholders' Agreements, also Verträgen zwischen den Gesellschaftern und ggf der Gesellschaft zur Ausgestaltung der inneren Struktur. Insgesamt haben die Gesellschafter bei der Ausgestaltung des Innenverhältnisses der LLP weitgehende Freiheit und Flexibilität.

Ein formaler Gesellschaftsvertrag kann auch ganz fehlen. Die Frage, welche Regeln dann zur Anwendung ge- 202
langen sollten, war im Rahmen des Gesetzgebungsprozesses strittig und wurde so gelöst, dass in diesem Fall jeder Gesellschafter **zu gleichen Teilen** am Vermögen beteiligt ist und **gleiches Gewinnbezugsrecht** hat (vgl. sec. 5 (1) (b) iVm sec. 15 (c) LLPA 2000).

Für die **Rechnungslegung** der LLP gilt weitgehend das Recht der Kapitalgesellschaften.[411] Gemäß der LLP (Ac- 203
counts and Audit) Regulations 2008 und der diese ergänzenden Companies and LLP (Accounts and Audit Exemptions and Change of Accounting Framework) Regulations 2012 kommen mit einzelnen Ausnahmen und Modifikationen die entsprechenden Bilanzierungs- und Berichtsvorschriften des Companies Act 2006 (Part 23, 24A) zur Anwendung. So müssen die Designated Member der LLP (s. Rn. 214 f.) insbesondere einen Jahresabschluss (*Annual Account*) erstellen und beim Registrar einreichen. Zudem muss im Zuge des Small Business, Enterprise and Employment Act 2015 anstatt eines Jahresberichts (*Annual Return*) eine **jährliche Bestätigung über die Richtigkeit** (*Confirmation Statement*) der beim Registrar hinterlegten Informationen eingereicht werden (sec. 853A CA 2006).[412]

Nicht eindeutig geklärt ist bislang, ob die Gesellschafter auch selbst im Namen der LLP Klagen gegen Dritte 204
erheben können. Die Regelungen zur **Derivative Action** in ssec. 260 ff. CA 2006) (s. Rn. 374 ff.) sind nicht unmittelbar auf die LLP anwendbar. Da jedoch im Recht der Partnership eine **Gesellschafterklage** unter bestimmten Umständen möglich ist (s. Rn. 164) und grundsätzlich nichts zwingend dagegen spricht, die eigentlich für das Kapitalgesellschaftsrecht ergangene *Foss v. Harbottle*-Regel[413] auch auf die LLP als juristische Person anzuwenden, ist wohl auch den Gesellschaftern einer LLP im Namen der Gesellschaft ein Klagerecht zuzugestehen.[414]

b) Geschäftsführung und Vertretung

aa) Geschäftsführung

Aus dem Verweis auf das Recht der Partnership (sec. 15 (c) LLPA 2000) für die Gesellschafter untereinander 205
folgt, dass die Gesellschafter grundsätzlich und vorbehaltlich abweichender Vereinbarungen **gleichermaßen** und **gemeinsam** geschäftsführungsbefugt sind. Dabei werden die Geschäftsführungsbeschlüsse mit einfacher Mehrheit getroffen. Für Grundsatzentscheidungen gilt ein **Einstimmigkeitserfordernis**. Die LLP hat die Gesellschafter von jeder Haftung freizustellen, die aus der ordnungsgemäßen Wahrnehmung ihrer Geschäftsführertätigkeit herrührt, und entsprechende Aufwendungen zu ersetzen. Im Ganzen entsprechen diese Regelungen den für die (General) Partnership geltenden Regeln und sind nur teilweise eigenständig im LLPA 2000 kodifiziert.

Die Geschäftsführung der LLP wird in der Regel von den im Gesellschaftsvertrag benannten **Designated Mem-** 206
ber (s. Rn. 214 f.) erbracht. Diese habe im Vergleich zu „normalen" Gesellschaftern erhöhte Pflichten gegenüber der Gesellschaft. Beziehen sich gesetzliche Pflichten jedoch auf die „Member" einer LLP als Ganzes, kann ein Gesellschafter die Entscheidungsfindung nicht einfach den Designated Member überlassen, sondern muss sich zumindest hinreichend über die vorzunehmende Geschäftshandlung **informieren**.[415]

---

410 Die Bezeichnung als „Limited Liability Partnership Agreement" findet sich zwar nicht im LLPA 2000, jedoch in der Präambel zu reg. 7 LLPR 2001; vgl. auch *Schnittker/Bank*, Die LLP in der Praxis, 2008, Rn. 77 ff.

411 *Morse*, Partnership and LLP Law, 2015, Rn. 10.22; *Blackett-Ord/Haren*, Partnership Law, 2015, Rn. 25.80; *Berry*, Partnership and LLP Law, 2010, S. 80; *Schnittker/Bank*, Die LLP in der Praxis, 2008, Rn. 261.

412 Part 24 des Companies Act 2006 über die jährliche Berichtspflicht wurde im Zuge des SBEEA 2015 durch den neuen Part 24A des Companies Act 2006 (Annual confirmation of accuracy of information on register) (ssec. 853A-853L CA 2006) ersetzt; dazu *Palmer's Company Law*, 2016, Rn. 9.026; *Stiegler* ZIP 2016, 1808, 1810.

413 *Foss v. Harbottle* (1843) 2 Hare 461.

414 *Morse*, Partnership and LLP Law, 2015, Rn. 11.17; *Whittaker/Machell*, The Law of Limited Liability Partnerships, 2016, Rn. 3.2; zurückhaltend hingegen *Universal Project Management Servives Ltd. v. Gilliker Ltd.* [2013] EWHC 348 (Ch).

415 *Whittaker/Machell*, The Law of Limited Liability Partnerships, 2016, Rn. 37.19, mit Verweis auf ua auf *Weavering v. Capital Ltd. (in liquidation) v. Dabhia* [2013] EWCA Civ 71.

bb) Vertretung

207 Die Gesellschaft wird vertraglich wie Companies gem sec. 43 CA 2006 durch einen mit dem **Gesellschaftssiegel** (*common seal*) gesiegelten Vertrag oder durch einen ausdrücklich oder konkludent Bevollmächtigten vertreten. Nach sec. 6 (1) LLPA 2000 ist grundsätzlich jeder Gesellschafter als „Agent" der LLP vertretungsberechtigt. Diese Regelung kann und wird regelmäßig durch eine entsprechende Vereinbarung abbedungen. Sprachlich abweichend zur Regelung für die (General) Partnership (sec. 5 PA 1890) (s. Rn. 86 f.) beschränkt sich sec. 6 (1) LLPA 2000 nicht auf unternehmensbezogene Handlungen („*for the purpose of the business*"). Im Prinzip ist die Vertretungsmacht eines Gesellschafters daher weiter als im originären Personengesellschaftsrecht.[416] Gleichwohl wird die LLP nur bei **geschäftlichen Handlungen** ihrer Gesellschafter verpflichtet.

208 Die LLP wird nicht gebunden, wenn dem betreffenden Gesellschafter aufgrund interner Vereinbarungen keine Vertretungsmacht zusteht und der außenstehende Dritte hiervon wusste oder nicht gutgläubig hinsichtlich der behaupteten Vertretungsmacht des Gesellschafters ist (sec. 6 (2) LLPA 2000). Im Umkehrschluss wird die LLP jedoch dann an die geschäftlichen Handlungen ihrer Member gebunden, wenn trotz interner Vertretungsbeschränkungen der Dritte gutgläubig ist. Insofern ist die **Vertretungsmacht** eines Gesellschafters **unbeschränkbar.** Die ultra vires-Lehre erlangt für die LLP keine Geltung.[417] Ein ausgeschiedener Gesellschafter gilt aus Sicht eines Dritten weiterhin als (vertretungsberechtigter) Gesellschafter, sofern der Dritte weder von der beendeten Mitgliederstellung des ehemaligen Gesellschafters Kenntnis hat, noch die entsprechende Änderung in der Gesellschafterstellung von der LLP beim Registrar eingereicht wurde (sec. 6 (3) LLPA 2000). Sec. 6 (4) LLPA 2000 erstreckt eine deliktische Haftung eines Gesellschafters, der als solcher oder mit Vertretungsmacht handelt, auf die Gesellschaft.

209 Hinsichtlich der **Rechtsscheinhaftung** kommen die allgemeinen Regelungen des Englischen Vertretungsrechts (s. Rn. 86) zur Anwendung.

c) Gesellschafterstatus

aa) Gesellschafter- und Arbeitnehmerstellung

210 Der Gesellschaftsanteil eines Member wird vom High Court als „ein Bündel finanzieller und administrativer **Rechte** und **Pflichten**, die sich aus der internen Organisation der LLP ergeben", bezeichnet.[418]

211 Im Regelfall ist der **Gesellschafterstatus** und die damit verbundenen Rechte und Pflichten **eindeutig.** Es gibt jedoch einige Fälle, die weniger klar sind und die die jüngere Rechtsprechung beschäftigten. In einer (General) Partnership kann eine Person nur entweder Gesellschafter (Partner) oder Arbeitnehmer sein. In einer Corporation ist es hingegen normal, dass ein leitender Angestellter oder satzungsmäßiger Direktor zugleich Gesellschafter ist. Es stellt sich also die Frage, wie bei der LLP hinsichtlich der Gesellschafter- und Arbeitnehmerstellung einer Person zu verfahren ist. Der Gesetzgeber hat das Problem zwar gesehen und mit sec. 4 (4) LLPA 2000 eine entsprechende Regelung geschaffen. Diese ist jedoch nicht eindeutig und lässt einen Interpretationsspielraum.

212 Nach sec. 4 (4) LLPA 2000 kann ein **Gesellschafter nicht als Angestellter** der LLP und damit als Arbeitnehmer betrachtet werden. Ein Gesellschafter kann jedoch dann als Angestellter eingeordnet werden, wenn er auch in einer Partnership trotz (scheinbarer) Partnerstellung als Angestellter der Partnership behandelt würde. Nach der in zwei Entscheidungen vertretenen Ansicht des Court of Appeal macht diese Passage nur Sinn, wenn sie so interpretiert wird, dass die LLP als **„hypothetische Partnership"** und nicht die Gesellschafter (Member) der LLP als hypothetische Partner betrachtet würden.[419] Der Supreme Court ist jedoch der Ansicht, dass keine Notwendigkeit für eine solche Konstruktion bestehe.[420] Zumindest nach schottischem Recht, wo die (General) Partnership Rechtspersönlichkeit besitzt, sei es alles andere als eindeutig, dass ein Angestellter nicht zugleich Gesellschafter der LLP ist. **Aus englischer Sicht** ist hingegen etwas klarer, dass der Gesellschafter einer LLP vielmehr ein Partner wie bei einer (General) Partnership sei als deren Arbeitnehmer.[421] Insgesamt ist diese Thematik noch nicht abschließend geklärt und stellt derzeit eine der Hauptstreitpunkte im Recht der britischen LLP dar.

213 Sec. 4 (4) LLPA 2000 bezieht sich nur auf die gesellschaftsrechtliche Einordnung einer Person als Gesellschafter oder Arbeitnehmer einer LLP. Die **Qualifikation** eines Gesellschafters auch als Angestellter in anderen Rechtsge-

---

416 *Blackett-Ord/Haren*, Partnership Law, 2015, Rn. 25.63.

417 *Morse*, Partnership and LLP Law, 2015, Rn. 10.08; vgl. auch *Whittaker/Machell*, The Law of Limited Liability Partnerships, 2016, Rn. 5.15 ff.

418 *Reinhard v. Ondra LLP* [2015] EWHC 26 (Ch), 57; *Flanagan v. Liontrust Investment Partners LLP* [2015] EWHC 2171 (Ch) at [59].

419 *Tiffin v. Lester Aldridge LLP* [2012] EWCA Civ 35; *Clyde & Co. LLP v. Bates Van Winkelhof* [2012] EWCA Civ 1207.

420 *Clyde & Co. LLP v. Bates Van Winkelhof* [2014] UKSC 32; kritisch dazu *Morse*, Partnership and LLP Law, 2015, Rn. 11.02; *Sutschet* EuZA 2016, 171, 176 f.; stückweise auch *Whittaker/Machell*, The Law of Limited Liability Partnerships, 2016, Rn. 9.18 f.

421 *Reinhard v. Ondra LLP* [2015] EWHC 26 (Ch); *Altus Group v. Baker Tilly* [2015] EWHC 12 (Ch); wohl auch *Kovats v. TFO Management LLP* [2009] ICR 1140.

bieten bleibt davon grundsätzlich unberührt. So kann ein Gesellschafter insbesondere aus bilanz- und arbeitsschutzrechtlicher Sicht (formal) zugleich als Arbeitnehmer der Gesellschaft eingeordnet werden. Erhält zB ein Gesellschafter aufgrund seiner Geschäftsführertätigkeiten ein gesondertes Gehalt (*Salaried Remuneration*), wird er aus **bilanzierungstechnischer Sicht** als Angestellter der Gesellschaft behandelt.[422] Zudem kann ein Gesellschafter als Arbeiter (*Worker*) iS von sec. 230 (3) (b) Employment Rights Act 1996 (Whistleblower-Schutz) charakterisiert werden.[423] Die Regelungen in sec. 4 (4) LLPA ist hinsichtlich einzelner **Arbeitnehmerschutzrechte** nicht einschlägig.[424]

bb) Designated Member

Jede LLP muss **mindestens zwei** Designated Member haben (sec. 8 (2) LLPA). Diese sind Gesellschafter, die gegenüber dem Registergericht und in Bezug auf die Rechnungslegung und Bilanzierung der Gesellschaft zur Handlung/Unterzeichnung verpflichtet sind.[425] Sie werden im Gründungsdokument bestimmt, wobei spätere Änderungen jederzeit möglich sind (sec. 8 (4) LLPA). Hat die LLP nicht mindestens zwei Designated Member, wird jeder Gesellschafter wie ein Designated Member mit den entsprechenden Pflichten behandelt. Ferner können durch **gesellschaftsvertragliche Vereinbarung** auch mehrere oder alle Gesellschafter Designated Member sein. Die Aufgabe des Status als Designated Member ist nur mit **Zustimmung der Mitgesellschafter** (sec. 8 (1) (b) LLPA) zulässig. Verliert ein Gesellschafter seine Stellung aus solcher (s. Rn. 230 f.), verliert er automatisch seinen Status als Designated Member (sec. 8 (6) LLPA 2000). 214

Die **Pflichten** sind nicht in sec. 8 LLPA 2000 selbst, sondern in einer Vielzahl von Provisions und anderen Regelungen festgelegt. Diese ergeben sich auch (in modifizierter) Form aus den einschlägigen Bestimmungen des Companies Act 2006 und Insolvency Act 1986.[426] Diese Pflichten betreffen die Bestellung und Entlassung von Prüfern, die Unterzeichnung der Bilanz, den Schriftverkehr mit dem Registrar (zB bei einem Mitgliederwechsel (s. Rn. 229 ff.) gem sec. 9 (3) LLPA 2000) und den Antrag auf Löschung einer LLP.[427] Zudem sind Designated Member haftbar, wenn der Jahresabschluss (*Annual Account*) nicht eingereicht wird. Diesen Pflichten entsprechen wegen des persönlichen Interesses auch **Klagerechte**, wenn die Erfüllung der Pflichten durch Handlungen Dritter gefährdet wird.[428] 215

cc) Shadow Member

Shadow Member einer LLP sind in Analogie zu den gesetzlichen Vorschrift zu **mittelbaren Geschäftsführern** (*Shadow Director*) einer Kapitalgesellschaft (vgl. sec. 251 CA 2006)[429] faktische Gesellschafter, die, obwohl sie keine Geschäftsführer sind, eine solche Stellung haben, dass die anderen Gesellschafter gewohnt sind, entsprechend ihren Weisungen zu handeln (reg. 2 LLPR 2001). Diesen Shadow Member sind sog **„de facto Member"** gleichzustellen. Das heißt ein nicht ordnungsgemäß bestellter Gesellschafter, der von den anderen Gesellschaftern wie ein Gesellschafter behandelt wird, könnte auf diese Weise wie ein ordnungsgemäß bestellter Gesellschafter hinsichtlich seiner Verantwortlichkeit gem ssec. 213, 214, 214A IA 1986 behandelt werden. 216

d) Sorgfalts- und Treuepflichten

Es gibt **keine gesetzlich normierten** Sorgfalts- und Treuepflichten zwischen den Gesellschaftern einer LLP. Mangels abweichender Vereinbarungen sind die Gesellschafter daher grundsätzlich nicht zur gegenseitigen Sorgfalt und/oder Treue verpflichtet.[430] Entsprechende Pflichten bestehen jedoch zwischen den Gesellschaftern und der LLP, da die Gesellschafter gem sec. 6 (1) LLPA 2000 als deren Agents fungieren und damit einer gewissen 217

---

422 *Blackett-Ord/Haren*, Partnership Law, 2015, Rn. 25.72.

423 Auch nach europäischem Recht kann ein geschäftsführender Gesellschafter uU als Arbeitnehmer betrachtet werden und damit unter den Schutz arbeitnehmerschützende Richtlinien fallen, vgl. EuGH, Rs. C-232/09 (Danosa), ECLI:EU:C:2010:674 = NJW 2011, 2343.

424 *Clyde & Co. LLP v. Bates Van Winkelhof* [2012] EWCA Civ 1207; bestätigt in *Clyde & Co. LLP v. Bates Van Winkelhof* [2014] UKSC 32.

425 Daher auch zT die Bezeichnung als "Urkundsbeamter der Gesellschaft", vgl. *Schnittker/Bank*, Die LLP in der Praxis, 2008, Rn. 96.

426 *Morse*, Partnership and LLP Law, 2015, Rn. 10.20; *Lindley & Banks* on Partnership, 2013, Rn. 2-40.

427 *Ringe/Otte* in: Triebel ua (Hrsg.), Englisches Handels- und Wirtschaftsrecht, 2012, Kap. V Rn. 359; *Triebel/Karsten* RIW 2001, 1, 4; siehe auch *Whittaker/Machell*, The Law of Limited Liability Partnerships, 2016, Rn. 12.9, 12.14.

428 *Feetum v. Levy* [2006] Ch 585.

429 Siehe auch die (zT durch den Small Business, Enterprise and Employment Act 2015 abgeänderten) Definitionen in sec. 251 IA 1986 und sec. 22 (5) Company Directors Disqualification Act 1986; ferner *Whittaker/Machell*, The Law of Limited Liability Partnerships, 2016, Rn. 37.12 f.

430 *Alternative Investments (Holding) Ltd. v. Barthelmy* [2011] EWHC 1731 (Ch); *Brown v. Innovatorone plc* [2012] EWHC 1321; *Lindley & Banks* on Partnership, 2013, Rn. 2-41; *Young* BLR 2000, 257, 258.

Pflichtbindung unterliegen.[431] Vor allem die Sorgfaltspflichten gegenüber der Gesellschaft sind dabei in vergleichbarer Weise wie bei der (General) Partnership (s. Rn. 103 ff.) ausgestaltet.[432] Die gegenseitigen Rechte und Pflichten, sowohl zwischen den Gesellschaftern als auch im Hinblick auf die LLP, können und werden in aller Regel **durch Vereinbarung** entweder im Gesellschaftsvertrag oder in einzelnen Shareholders' Agreements bestimmt (vgl. sec. 5 (1) LLPA 2000). Dies gilt auch hinsichtlich der Konkretisierung oder Beschränkung der pflichtenbegründenden Default Rules (s. Rn. 220 f.) gem reg. 7 LLPR 2001. Darüber hinaus wird teilweise angenommen, dass die Gesellschafter, unbenommen von einer vertraglichen Pflichtenbindung, zumindest ihre die Gesellschaft betreffenden Entscheidungen in guten Glauben zu treffen haben.[433]

218 Gesellschaftsvertragliche Regelungen bezüglich der Sorgfalts- und Treuepflichten zwischen den Gesellschaftern werden von den Gerichten grundsätzlich **eng ausgelegt,**[434] so dass nicht explizit vom Wortlaut einer Bestimmung erfasste Maßnahmen in der Tendenz nicht als Pflichtenverstoß anzusehen sind. Auch für eine **ergänzende Vertragsauslegung** ist im Recht der LLP daher kaum Raum.

219 Die gesetzlichen Regelungen zur LLP beschäftigen sich nur wenig mit dem Schutz einzelner Gesellschafter. Vor allem Fragen des Minderheitenschutzes sind daher nur teilweise geklärt. So ist zB unklar, ob **vertragliche Hinauskündigungsklauseln** bei der Ausübung unter dem Vorbehalt der Fiduciary Duty stehen. Will der Minderheitsgesellschafter selbst ausscheiden, so kann er dies gegen den Willen der anderen nur, wenn seine Minderheitsrechte verletzt wurden. Anwendbar sind beispielsweise die Regeln zur **Unfair Prejudice** (unlautere Benachteiligung) gem sec. 994 CA 2006. Diese ist nach reg. 48 LLPR 2009 ausdrücklich auf die LLP anwendbar.[435] Die Anwendbarkeit von sec. 994 (1) CA 2006 kann jedoch durch eine Schlichtungsklausel (*Arbitration Clause*) im Gesellschaftsvertrag teilweise abbedungen werden.[436] Zudem stellt sich die Frage, was für die Rechtsverhältnisse in der LLP unter einem unfairen Verhalten („*unfairly prejudicial to the interests of members*") zu verstehen ist. Kann eine Maßnahme „unfair" im Hinblick auf die Interessen einzelner Gesellschafter sein, obwohl – mit deren Zustimmung – nach dem Gesellschaftsvertrag solch ein vermeidliches Fehlverhalten nicht ausdrücklich verboten ist?[437] In der Praxis besteht daher weiterhin gewisse Unsicherheit.

e) Default Rules

220 In reg. 7 und 8 LLPR 2001 sind verschiedene **dispositive Regelungen** (*Default Rules*) für die interne Organisation einer LLP und die gegenseitigen Rechte und Pflichten zwischen den Gesellschaftern statuiert. Diese kommen nur dann zur Geltung, insofern sie nicht durch die Gesellschafter ausgeschlossen wurden. Die Default Rules können dabei nur durch eine Vereinbarung zwischen allen Gesellschaftern modifiziert, beschränkt oder ausgeschlossen werden. Die Default Rules der reg. 7 LLPR 2001 sind weitgehend den Regelungen im Partnership Act 1890 nachgebildet.[438]

221 Die dispositiven Regelungen der reg. 7 f. LLPR 2001 sind:

- Alle Gesellschafter werden hinsichtlich Kapitalbeteiligung und Gewinnen gleichbeteiligt.[439]
- Die LLP muss ihren Gesellschaftern die Aufwendungen für eine ordnungsgemäße Geschäftsführung ersetzen.
- Jeder Gesellschafter darf sich am Management beteiligen.
- Kein Gesellschafter wird für die Tätigkeit für die LLP vergütet.
- Die Gesellschafterbeteiligung einschließlich des Assignment bedarf der Zustimmung aller Gesellschafter.
- In normalen Angelegenheiten entscheidet die Gesellschaftermehrheit (nach Köpfen).
- In Grundlagenangelegenheiten bedarf es eines einstimmigen Beschlusses.
- Jeder Gesellschafter hat ein Einsichtsrecht in die Gesellschaftsbücher und darf sie kopieren.
- Jeder Gesellschafter ist zur vollen Aufklärung gegenüber der LLP und den Mitgesellschaftern verpflichtet.
- Wer gegen das gesellschaftsrechtliche Konkurrenzverbot verstößt, muss dies ab-rechnen und alle Gewinne herausgeben.

431 *Young* BLR 2000, 257, 259; *Whittaker/Machell*, The Law of Limited Liability Partnerships, 2016, Rn. 13.17; *Schnittker/Bank*, Die LLP in der Praxis, 2008, Rn. 108 ff.; *Ringe/Otte* in: Triebel ua (Hrsg.), Englisches Handels- und Wirtschaftsrecht, 2012, Kap. V Rn. 361.

432 *Morse*, Partnership and LLP Law, 2015, Rn. 11.06; *Blackett-Ord/Haren*, Paertnership Law, 2015, Rn. 25.69; in diesem Sinne auch *Re Rogers (Deceased)* [2006] 753 (Ch).

433 So *Whittaker/Machell*, The Law of Limited Liability Partnerships, 2016, Rn. 17.28, mit Verweis auf *Braganza v. Braganza v. BP Shipping Limited* [2015] 1 WLR 1661.

434 *Archer v. Nubuke Investments LLP* [2014] EWHC 3425 (Ch).

435 Siehe auch *Rubin v. Parsons* [2016] EWHC 237 (Ch).

436 *Fulham Football Club (1987) Ltd. v. Richards* [2011] EWCA Civ 855; dazu *McVea* MLR 75 (2012) 1123 ff.

437 *Blackett-Ord/Haren*, Partnership Law, 2016, Rn. 25.41; im Ansatz differenzierend auch *Re Osea Camp Sites Ltd.* [2005] 1 WLR 760.

438 *Finch/Freedman* J.B.L. 2002, 475, 488.

439 Reg. 7 (1) LLPR 2001 gilt jedoch nicht in Bezug auf etwaige Ansprüche gegen ehemalige Gesellschafter oder deren Rechtsnachfolger, vgl. *Hoiles v. Hood* [2007] EWHC 1616 (Ch).

- Wer auf eigene Rechnung Geschäfte einer Gesellschaft betreibt, ist zur Herausgabe des Erlangten verpflichtet.
- Der Ausschluss eines Gesellschafters kann nur auf Basis einer ausdrücklichen Vereinbarung zwischen den Gesellschaftern stattfinden.[440]

4. Kapitalverfassung

Trotz der beschränkten Haftung auf das Gesellschaftsvermögen gibt es **keine Regeln** zu Mindestkapital, Kapitalaufbringung und auch nicht zur Kapitalerhaltung. Gleichwohl gehen zumindest die LLPR 2001 davon aus, dass die LLP über ein eigenständiges, sich aus den Kapitaleinlagen der Gesellschafter zusammensetzendes Gesellschaftskapital verfügt. Einen – wenngleich schwachen – Schutz für ein fehlendes Mindestkapitalerfordernis bieten Veröffentlichungspflichten und die insolvenzrechtlichen Haftungen wegen **Fraudulent Trading** (sec. 213 IA 1986) (dazu Rn. 465 ff.) und **Wrongful Trading** (sec. 214 IA 1986) (dazu Rn. 469 ff.). Obwohl beide Haftungen formal nur auf die Mitgliedschaftsstellung abstellen, wird es für möglich gehalten, dass die Gerichte die Haftung wegen Wrongful Trading auf die geschäftsführenden Gesellschafter beschränken. Gem sec. 214A IA 1986 kommt eine der Höhe nach in das Ermessen des Gerichts gestellte Haftung eines Gesellschafters in Betracht, wenn ein Gesellschafter binnen zwei Jahren vor der Insolvenz Kapital abgezogen hat und der Gesellschafter zu diesem Zeitpunkt wusste oder wissen musste, dass die Gesellschaft als Resultat der Auszahlung zahlungsunfähig werden würde oder bereits war. Auch diese Haftung greift jedoch selten. 222

Vorgaben zur **Kapitalverfassung** der LLP und zur Einlagepflicht der Gesellschafter sind in aller Regel im Gesellschaftsvertrag enthalten. Mangels gesetzlicher Regelungen sind die dortigen Bestimmungen allein maßgeblich hinsichtlich der Kapitalverfassung, der Höhe sowie der Modalitäten der Gesellschaftereinlagen.[441] Dies gilt auch im Hinblick auf dispositive Regelung der reg. 7 (1) LLPR 2001, wonach alle Gesellschafter hinsichtlich Kapitalbeteiligung gleich beteiligt werden. Einlagefähig sind sowohl Bareinlagen als auch Sacheinlagen. Gesellschafter oder ehemalige Mitglieder haften in Höhe der vereinbarten Einlage. Ist diese noch nicht vollständig erbracht, haften sie in Höhe des noch ausstehenden Fehlbetrags. Wie bei der Limited Partnership (s. Rn. 167) wird zumeist nur eine geringe Kapitaleinlage vereinbart und der finanzielle Hauptzufluss erfolgt über Gesellschafterdarlehen.[442] Anders als bei der (General) Partnership können Darlehen dabei auch durch mit sog **Floating Charges** abgesichert werden,[443] wodurch die Finanzierung der Geschäftstätigkeit einer LLP erleichtert wird. 223

5. Haftung für die Verbindlichkeiten der Gesellschaft

Bei der LLP als juristische Person haftet grundsätzlich nur diese für die eingegangenen Verbindlichkeiten. Die Gesellschafter haften **nur in Höhe ihrer vereinbarten Kapitaleinlage**. Sie haften auch in der Insolvenz nicht für die Schulden der LLP. Diese Haftungsbeschränkung der Gesellschafter gilt als tragender Aspekt der Annäherung an das Company Law im Außenverhältnis und stellt einen der Hauptbeweggründe für die Wahl der LLP als geeignete Rechtsform dar. Anders als in Deutschland bei der PartG mbB gilt die Haftungsbeschränkungen für alle Haftungen und erzeugt daher ein weniger kompliziertes Haftungsregime. Steht ein Gesellschafter jedoch (freiwillig) für die Schulden der Gesellschaft ein, hat er einen **Anspruch auf Entschädigung** aus den Gesellschaftsmitteln (reg. 7 (2) LLPR 2001). 224

Die Gesellschafter können eine gerade für den Fall der Insolvenz vereinbarte **Nachschusspflicht** haben (sec. 1 (4) LLPA 2000 iVm sec. 74 IA 1986). Eine solche Nachschusspflicht muss jedoch nicht bestehen. 225

Die vom Supreme Court 2013 in der Entscheidung *Petrodel Resources Ltd. v. Prest* (dazu Rn. 526 ff.)[444] aufgestellten Voraussetzungen für eine **Durchgriffshaftung** der Gesellschafter gelten wohl auch entsprechend für die Member einer LLP.[445] Eine Durchgriffshaftung und ein „veil piercing“ sind daher grundsätzlich nur in extrem gelagerten Fällen denkbar. 226

440 Vgl. auch *Eaton v. Caulfield* [2011] EWHC 173 (Ch).

441 *Blackett-Ord/Haren*, Partnership Law, 2015, Rn. 25.57; *Whittaker/Machell*, The Law of Limited Liability Partnerships, 2016, Rn. 16.6; *Berry*, Partnership and LLP Law, 2010, S. 79; *Lindley & Banks* on Partnership, 2013, Rn. 2-42; *Young* BLR 2000, 257, 258.

442 *Blackett-Ord/Haren*, Partnership Law, 2015, Rn. 25.59; vgl. auch *Whittaker/Machell*, The Law of Limited Liability Partnerships, 2016, Rn. 16.7.

443 Sog Floating Charges sind „schwebende“, sich laufend entwickelnde Belastungen des aktuellen und künftigen Vermögens oder einzelner Vermögensteile der Gesellschaft; anschaulich dazu *Pennington* MLR 23 (1960) 630 ff.; siehe aus deutscher Perspektive auch *Kleweta*, Die Sicherungsfunktion der Floating Charge in Deutschland, 2018, S. 115 ff.

444 *Petrodel Resources Ltd. v. Prest* [2013] UKSC 34.

445 *Morse*, Partnership and LLP Law, 2015, Rn. 10.09; bezogen auf die Salomon-Doktrin (*Salomon v. Salomon & Co. Ltd.* [1896] UKHL 1) auch *Schnittker/Bank*, Die LLP in der Praxis, 2008, Rn. 120 f.

227 Davon unbenommen bleibt die **persönliche Haftung** eines Gesellschafters wegen (Professional) **Negligence.** Dies ist vor allem bei Freiberufler-LLP (sowohl in Deutschland als auch England) stets eine zu beachtende Problematik, die noch nicht abschließend geklärt ist.[446]

228 Ferner kann ein Gesellschafter wie der Geschäftsführer einer Kapitalgesellschaft gemäß dem **Company Directors Qualification Act 1986** sein Recht zur Wahrnehmung einer Gesellschafterstellung bei schwerwiegenden Verfehlungen verlieren (vgl. reg. 4 (2) LLPR 2001). In diesem Zusammenhang sei auch nochmals an die Anwendbarkeit insbesondere der Regelungen zum Fraudulent und Wrongful Trading gem sec. 213 f. IA 1986 erinnert (s. Rn. 222). Aufgrund der Änderungen durch den Small Business, Enterprise and Employment Act 2015 ist eine noch schnellere und einfachere Disqualifikation eines Direktors bzw. geschäftsführenden Member bei nachgewissem Fehlverhalten möglich. Sowohl die einschlägigen Bestimmungen des Company Directors Qualification Act 1986 als auch des Insolvency Act 1986 gelten auch für **Shadow Member** (s. Rn. 216) der LLP iS von reg. 2 LLPA 2001.[447]

6. Mitgliederwechsel

229 **Neue Gesellschafter** können durch eine entsprechende Vereinbarung mit den bisherigen Gesellschaftern in die LLP aufgenommen werden (sec. 4 (2) LLPA 2000). Nach reg. 7 (5) LLPR 2001 kann die Aufnahme eines neuen Gesellschafters nur mit Zustimmung aller bisherigen Gesellschafter erfolgen. Als dispositive Regelung ist reg. 7 (5) LLPR 2001 durch den Gesellschaftsvertrag oder sonstige Vereinbarung der Gesellschafter jedoch abdingbar. Es empfiehlt sich daher, sowohl die Hinzunahme als auch den Ausschluss eines Gesellschafters **ausdrücklich im Gesellschaftsvertrag** zu regeln. Ein neuer Gesellschafter kann bei Zustimmung der bestehenden Mitglieder von der LLP als juristische Person selbst aufgenommen werden, ohne dass es eines separaten Vertrages zwischen dem neuen und den existierenden Gesellschaftern bedarf.[448] Der Status als neuer Gesellschafter der LLP wird – wie bei der LP (s. Rn. 171) – unabhängig von der Registrierung wirksam.[449]

230 Der **Austritt eines Gesellschafters** ist entweder durch Abschluss eines entsprechenden Vertrages mit den anderen Gesellschaftern oder – soweit ein solcher nicht getroffen wurde – durch **Kündigung** gegenüber diesen möglich, die mit einer angemessenen Frist zu erfolgen hat (sec. 4 (3) LLPA 2000). In der Regel wird für einen austrittswilligen Gesellschafter im LLP-Agreement eine Kündigungsfrist (*Notice Period*) von ca. 3-6 Monaten vereinbart.[450] Durch die relative offene Formulierung von sec. 4 (3) LLPA 2000 kann den Gegebenheiten in der jeweiligen LLPs Rechnung getragen werden. Die Gesellschafterstellung endet durch Tod, Bankrott, durch eine Treuhandurkunde zugunsten der Gläubiger oder durch ein Assignment des ganzen Gesellschaftsanteils (sec. 7 (1) LLPA 2000). Wie die Aufnahme eines neuen Gesellschafters (s. Rn. 229) sind auch die Beendigung der Mitgliedschaft und damit der Austritt aus der Gesellschaft bereits vor Mitteilung bei Registrar wirksam. Nach dem Austritt aus der LLP hat der ehemalige Gesellschafter oder seine Rechtsnachfolger kein Recht mehr, am Management der LLP mitzuwirken (sec. 7 (2) LLPA 2000). Ein freiwillig ausgeschiedener Gesellschafter hat zudem **keinen Anspruch** den über den Buchwert seines Anteils hinausgehenden Vermögenswert zu verlangen, soweit vertraglich nichts anderes bestimmt ist.[451]

231 Ein **Ausschluss** von Gesellschaftern ist in den dispositiven Regelungen des LLPA 2000 nicht explizit vorgesehen, kann aber im Gesellschaftsvertrag vereinbart werden. Reg. 8 LLPR 2001 bestimmt lediglich, dass der Ausschluss eines Gesellschafters nur auf Basis einer **ausdrücklichen Vereinbarung** (*Express Agreement*) zwischen den Gesellschaftern vollzogen werden kann.[452] Eine konkludente Vereinbarung reicht nicht aus. Vielmehr bedarf es einer eindeutigen Regelung im Gesellschaftsvertrag oder einem diesbezüglichen Shareholders' Agreements. Besteht eine entsprechend ausdrückliche Vereinbarung, können die Gesellschafter selbst die für den Ausschluss notwendigen Gründe und Mehrheiten festlegen. Hinsichtlich der Ausschlussgründe sind jedoch, sofern nicht ausgeschlossen, die Vorgaben zur **Unfair Prejudice** (s. Rn. 360 ff.) zu beachten. Zudem muss der Vollzug einer bestehenden Ausschlussklausel in gutem Glauben und zum Nutzen der Gesellschaft ausgeübt werden.[453]

232 Änderungen in der Gesellschafterstellung (Aufnahme oder Austritt bzw. Ausschluss) müssen innerhalb von 14 Tagen dem zuständigen **Registrar mitgeteilt werden** (sec. 9 (1) LLPA 2000). Diese Mitteilung muss eine Erklärung erhalten, dass die Designated Member der Gesellschaft der Aufnahme bzw. dem Austritt/Ausschluss zuge-

446 Ausführlich dazu *Bettinger*, Englische LLP und Anwaltshaftung in Deutschland, 2009, S. 85 ff.; *Finch/Freedman* J.B.L. 2002, 475, 483 ff.; siehe auch *Henssler/Mansel* NJW 2007, 1393, 1394.

447 *Lindley & Banks* on Partnership, 2013, Rn. 2-42; *Morse*, Partnership and LLP Law, 2015, Rn. 12.05; *Whittaker/Machell*, The Law of Limited Liability Partnerships, 2016, Rn. 8.33 f.

448 *Reinhard v. Ondra LLP* [2015] EWHC 26 (Ch).

449 *Blackett-Ord/Haren*, Partnership Law, 2015, Rn. 25.73.

450 *Whittaker/Machell*, The Law of Limited Liability Partnerships, 2016, Rn. 11.40.

451 *Hailes v. Hood* [2007] EWHC 1616 (Ch).

452 Siehe auch *Eaton v. Caulfield* [2011] EWHC 173 (Ch).

453 *Whittaker/Machell*, The Law of Limited Liability Partnerships, 2016, Rn. 19.13, mit Verweis auf *Williams v. Wilsons Solicitors LLP* (unreported, June 29, 2012); *Schnittker/Bank*, Die LLP in der Praxis, 2008, Rn. 88.

stimmt haben. Obgleich die geänderte Gesellschafterstellung bereits vor der Registrierung wirksam ist (s. Rn. 229), kann sich der betreffende (ehemaliger) Gesellschafter im Außenverhältnis nicht auf seine neue Stellung berufen, bis die entsprechende Änderung beim Registrar eingereicht wurde (sec. 1079 (2) CA 2006, reg. 63 LLPR 2009).

7. Auflösung und Insolvenz

Für die Auflösung einer LLP verweist sec. 14 LLPA 2000 auf die Regelungen des **Insolvency Act 1986.** Anders als eine (General) Partnership bleibt die LLP infolge der Auflösung zunächst bestehen, bis das Abwicklungsverfahren abgeschlossen und die Gesellschaft vollbeendigt ist. Die Löschung einer LLP ist **freiwillig** möglich; kann bei einer „totgeweihten Gesellschaft" aber auch durch den Registrar **von Amts wegen** erfolgen (vgl. ssec. 1001, 1003 CA 2006, reg. 50 f. LLPR 2009). Möglich ist zudem eine spätere Wiederherstellung der Gesellschaft entsprechend ssec. 1024-1028 CA 2006. 233

Die LLP wird bei einer **freiwilligen Auflösung** drei Monate, nachdem die Liquidatoren ihre Abschlussrechnung an den Registrar übermittelt haben, aufgelöst (sec. 201 IA, reg. 5, Schedule 3 LLPA 2001). Entsprechendes gilt im Grundsatz für eine zwangsweise Auflösung. Sollte bei einer Auflösung Vermögen übrig bleiben, fällt dies grundsätzlich der Krone, also dem englischen Staat zu. 234

Die Regelung der **Repudiation** (Hinnahme eines schwerwiegenden Vertragsbruchs mit der Folge der Auflösung des Vertrags) gilt – wie bei der (General) Partnership (s. Rn. 140) – für die LLP **nicht.**[454] Dies gilt, trotz dass im Recht der LLP keine Regelung wie sec. 35 (d) PA 1890 (vorsätzliche oder dauerhafte Pflichtverletzungen, die die Fortführung unzumutbar machen) besteht. 235

Für Zwecke der **Insolvenz** wird die LLP wie eine Kapitalgesellschaft behandelt.[455] Gemäß sec. 14 LLPA 2000 und reg. 5, Schedule 3 LLPR 2001 kommen (zT modifiziert) in weiten Teilen die Vorgaben des Insolvency Act 1986 zur Anwendung. Dies betrifft auch Spezialinstrumente wie das **Voluntary Arrangement** (Plan- und Vergleichsverfahren).[456] Eine Restrukturierung einer LLP erfolgt zudem zumeist mittels eines **Scheme of Arrangement** (ssec. 895 ff. CA 2006) wie im Company Law. Im Rahmen der Insolvenz werden im Gegensatz zum Recht der (General) Partnership Gesellschaftergläubiger gegenüber gesellschaftsfremden Gläubigern nicht nachrangig behandelt.[457] Haftungsmäßig kommen jedoch die Regelungen der ssec. 213 f. IA 1986 (Fraudulent und Wrongful Trading) (s. Rn. 465 ff.) sowie speziell für die LLP sec. 214A IA 1986 zur Anwendung.[458] 236

C. Kapitalgesellschaften (Company Law)

I. Einführung

Neben dem Recht der englischen Personengesellschaften (Partnership Law) tritt das sowohl rechtspraktisch als auch volkwirtschaftlich weitaus bedeutendere **Company Law.** Dieses entspricht dem deutschen **Kapitalgesellschaftsrecht.**[459] Die Trennung zwischen Personen- und Kapitalgesellschaftsrecht ist dabei – zumindest im modernen Englischen Gesellschaftsrecht – sogar um einiges schärfer als im deutschen Gesellschaftsrecht. 237

Gegenstand des Company Law sind die englischen Kapitalgesellschaften. **Companies** zeichnen sich durch ihre Rechtsfähigkeit und die bestimmende Rolle der Direktoren aus. Diese ist insbesondere für einen wechselnden Gesellschafterkreis und Gesellschafter, die sich nicht an der Geschäftsführung beteiligen wollen, wichtig. Companies sind nicht auf unternehmerische Geschäfte beschränkt, können also auch für karitative Zwecke, zB an Stelle eines Trusts, eingesetzt werden. Auch wenn sich Companies insbesondere bei einer Vielzahl von Beteiligten Vorteile gegenüber einer Partnership oder einem Trust aufweisen, reicht ein einziger Gesellschafter bei der Gründung aus. Der Regelfall der Verwendung der Companies betrifft die geschäftliche Verwendung zur Förderung der wirtschaftlichen Interessen der Gesellschafter. Zentraler Vorteil der Companies ist ihre flexible und kostengünstige Möglichkeit, Risiken und Finanzierungen zu isolieren.[460] 238

Maßgebende Rechtsgrundlage des Englischen Kapitalgesellschaftsrechts ist der **Companies Act 2006** (CA 2006), der im Rahmen einer umfassenden Reform den bis dahin geltenden Companies Act 1985 (CA 1985) ablöste. Die letzten Regelungen des CA 2006 traten im Oktober 2009 in Kraft. Der Companies Act 2006 gilt im gesamten **Vereinigten Königreich**, also in England und Wales, Nordirland und Schottland (sec. 1299 CA 2006). 239

---

454 *Flanagan v. Liontrust Investment Partners LLP* [2015] EWHC 2171 (Ch).

455 *Lindley & Banks* on Partnership, 2013, Rn. 2-43; *Blackett-Ord/Haren*, Partnership Law, 2015, Rn. 25.86; *Berry*, Partnership and LLP Law, 2010, S. 137 f.; *Henning* Co. Lawyer 28 (2007) 161; *Young* BLR 2000, 257, 260.

456 Dazu *Weisgard/Griffiths/Doyle*, Company Voluntary Arrangements and Administrations, 2. Ed. 2010; *Whittaker/Machell*, The Law of Limited Liability Partnerships, 2016, Rn. 31.1 ff.

457 *Blackett-Ord/Haren*, Partnership Law, 2015, Rn. 25.61.

458 Vgl. auch *Schnittker/Bank*, Die LLP in der Praxis, 2008, Rn. 152 ff.

459 *Schall* in: Schall (Hrsg.), Companies Act, 2014, sec. 1 Rn. 16; vgl. auch *Just*, Die englische Limited in der Praxis, 2012, Rn. 11; *Ringe/Otte* in: Triebel ua (Hrsg.), Englisches Handels- und Wirtschaftsrecht, 2012, Kap. V Rn. 6.

460 *Davies/Worthington*, Gower's Principles of Modern Company Law, 2016, Rn. 1-13.

Soweit es Besonderheiten, insbesondere für Schottland, seltener für Wales, gibt, sind diese im Regelfall ausdrücklich festgehalten. Neben dem Companies Act 2006 sind **spezialgesetzliche Regelungen** zu beachten. Von Bedeutung sind vor allem der Insolvency Act 1986 und der Company Directors Disqualification Act 1986. Hinzu kommen vor allem für die (ggf börsennotierte) Public Company (plc) weitere kapital- und finanzmarktrechtliche Bestimmungen. Eine erste größere Reform des Companies Act 2006 erfolgte durch den Small Business, Enterprise and Employment Act 2015. Ziel der entsprechenden Neuerungen ist insbesondere die Verbesserung der Beteiligungstransparenz (s. Rn. 16) und die Bekämpfung des Fehlverhaltens von Geschäftsführern.[461]

240 Zentrales Ziel der umfassenden Reform des Englischen Kapitalgesellschaftsrechts[462] durch den Companies Act 2006 war die **Deregulierung** des Rechts der Private Company Limited by Shares (Ltd.) (dazu Rn. 254 ff.). Dem Kapitalgesellschaftsrecht sollte der **„think small first"-Ansatz** zu Grunde gelegt werden. Anders als noch im Companies Act 1985 sollte die Ltd. im Mittelpunkt des Kapitalgesellschaftsrechts stehen und nicht mehr die der Aktiengesellschaft entsprechende plc. Tendenziell führt dies zu einer deutlicheren Trennung zwischen Ltd. und plc.

241 Angesichts des Deregulierungsziels und der generellen Zurückhaltung des Englischen Rechts gegenüber Gesetzen überrascht die Zahl von 1.300 Paragraphen für das gesamte Kapitalgesellschaftsrecht. Der Companies Act 2006 ist damit das umfangreichste aller englischen Gesetze. Der Gesetzgeber hat ganz „unenglisch" einen **umfassenden Kodifizierungsansatz** gewählt und die vorhandene Rechtsprechung und zahlreiche Nebenfragen kodifiziert. So sind unter anderem auch Bilanzierung (ssec. 380 ff. CA 2006), Prüfung (ssec. 475 ff. CA 2006) und Übernahmen (ssec. 942 ff. CA 2006) ganz oder teilweise im Companies Act 2006 geregelt. Hier zeigt sich der englische Pragmatismus. Da ausländische Kapitalanleger und Investoren und ihre Anwälte ein hohes Interesse haben, die zentralen Regelungen gut verständlich und möglichst in einem Dokument zu finden, kommt man ihnen durch die umfassende Kodifizierung im Companies Act 2006 entgegen. Von Deregulierung kann man auch trotz der vielen Paragraphen sprechen, da es im Companies Act 2006 nur noch relativ **wenige zwingende Regeln** gibt. So hängt heute sogar die Abhaltung der jährlichen Gesellschafterversammlung (*Annual General Meeting*) (s. Rn. 387) vom Willen der Gesellschafter ab. Auch der traditionsreiche Company Secretary ist für die Ltd. nicht mehr verpflichtend (s. Rn. 484 ff.).

242 Im Zuge der Kodifizierung des Englischen Kapitalgesellschaftsrechts spielt das Common Law-typische **Fallrecht** im Company Law eine faktisch geringere Rolle als im Englischen Personengesellschaftsrecht. Durch die gesetzliche Normierung weiter Teile der Rechtsprechung ist deren Bedeutung stückweise zurückgedrängt worden.[463] In verschiedenen (praktisch bedeutsamen) Bereichen ist das Fallrecht jedoch weiterhin überaus präsent, zB für die Geschäftsleiterhaftung für Pflichtverstöße (s. Rn. 436 ff.), Gesellschafterkonflikte oder Haftungsfragen der Gesellschafter (s. Rn. 523 ff.). Trotz der weitreichenden Kodifizierung des Kapitalgesellschaftsrechts sind daher vor allem **höchstrichterliche Entscheidungen** weiterhin autoritativ und umfassend zu berücksichtigen.[464]

243 Neu und möglicherweise richtungsweisend – auch für das deutsche Gesellschaftsrecht – könnte das Konzept des **Enlightened Shareholder Value** (vgl. sec. 172 (1) CA 2006) sein (dazu Rn. 443 ff.).[465] Es handelt sich um eine Art aufgeklärtes Shareholder Value-Konzept, das dafür sorgen will, dass die Geschäftsführer auch die langfristigen Auswirkungen von Entscheidungen, wie die Interessen der Arbeitnehmer, die Auswirkungen auf die Beziehungen zu Lieferanten und zum Gemeinwesen, auf die Umwelt und auf den Ruf der Gesellschaft mit in ihre Entscheidungen einbeziehen.

244 Hintergrund für die umfassende Kodifizierung bei gleichzeitiger Deregulierung im Companies Act 2006 dürfte ua ein **Wettbewerb der Rechtsordnungen** sein.[466] Das Beispiel des US-Bundesstaates Delaware hat gezeigt, dass ein attraktives Gesellschaftsrecht durchaus ein Grund sein kann, den Registersitz an einem bestimmten Ort zu führen. Es geht dabei nicht nur um die aus englischer Sicht bisher wirtschaftlich uninteressanten sog **Scheinauslandsgesellschaften**, sondern auch um die Frage, in welchem Land die Europazentrale eines außereuropäischen Konzerns ihren Sitz nimmt. Sollte es zu einem harten Brexit kommen(s. auch Rn. 5), wird allerdings gerade das Ziel der Gewinnung und Beibehaltung von Europazentralen kaum erreichbar sein, da dann von England kein ungehinderter Zugang zum Europäischen Binnenmarkt bestände.[467] Als Mutterland des Common Law gibt es

461 Deutschsprachig zum SBEEA 2015 *Stiegler* ZIP 2016, 1808 ff.; *Söhner* RIW 2016, 489 ff.; *J. Schmidt* AG 2015, R228 f.

462 Dazu *Girvin/Frisby/Hudson*, Charlesworth's Company Law, 2010, Rn. 1-014 ff.; *Boyle/Birds*, Company Law, 2014, Rn. 1.7.

463 Vgl. *Levedag* in: Süß/Wachter (Hrsg.), HdB des internationalen GmbH-Rechts, 2016, England, Rn. 34; *Witt* ZGR 2009, 872, 885.

464 *Girvin/Frisby/Hudson*, Charlesworth's Company Law, 2010, Rn. 1-020.

465 Dazu *Keay*, The Enlightened Shareholder Value Principle and Corporate Governance, 2013; *ders.* Sydney Law Review 29 (2007) 577 ff.; *Fisher* ICCLR 20 (2009) 10 ff.; *Johnston* EBOR 7 (2006) 817 ff.; *Loughrey/Keay/Cerioni* JCLS 8 (2008) 79 ff.; *Yap* Co. Lawyer 31 (2010) 35 ff.

466 In diesem Sinne *Ferran* MLR 79 (2016) 813, 829.

467 Vgl. auch *Crafts* The Politcal Quarterly 87 (2016) 262 ff.; *Cumming/Zahra* British Journal of Management 27 (2016) 687, 690; *Moloney* German Law Journal 17 (2016) Brexit Supplement, S. 75.

in Großbritannien darüber hinaus ein gewisses **Sendungsbewusstsein** gegenüber anderen Common Law-Jurisdiktionen. Schließlich beeinflusst die Ausgestaltung des Gesellschaftsrechts die Verwaltungskosten, die Flexibilität und Stabilität der Gesellschaften, aber auch deren Kreditwürdigkeit und vor allem die Neigung, sich an solchen Gesellschaften zu beteiligen.

Die Neujustierung des Englischen Kapitalgesellschaftsrechts im Companies Act 2006 blieb auch in **anderen Common Law-Jurisdiktion** nicht ohne Folgen. In den letzten Jahren haben sich viele Staaten, die vom britischen Rechtswesen beeinflusst waren und sind, ebenfalls für eine Reform ihres Gesellschaftsrechts entschieden (zB in Irland mit dem Companies Act 2014; in Indien mit dem Companies Act 2013; in Pakistan mit dem Companies Bill 2016). Entsprechende Tendenzen lassen sich auch im Hinblick auf einen Wettbewerb der Rechtsordnungen und dem Englischen Gesellschaftsrecht mit gewisser Vorreiterrolle in anderen europäischen Staaten erkennen.[468] 245

Unternehmensgründer und Kapitalanleger (insbesondere Gesellschafter und teilweise auch Geschäftspartner) wollen wissen, worauf sie sich gesellschaftsrechtlich einlassen. Eine umfassende Kodifikation ist insoweit weitaus transparenter als das traditionelle Common Law-Richterrecht und wird mithin von Gründern und Investoren bevorzugt. Die klaren und **transparenten** Regelungen verringern Transaktionskosten sowohl auf Gesellschaftsseite als auch auf Seiten der Geschäftspartner. Die **Dispositivität** sorgt dafür, dass die notwendige **Flexibilität** erhalten bleibt.[469] 246

Im Sinne einer zu fördernden Transparenz des Englischen Kapitalgesellschaftsrechts sieht auch der **Small Business, Enterprise and Employment Act 2015** (SBEEA 2015) verstärkte Transparenzvorschriften vor. So zB die Pflicht zur Führung einer Liste von Personen mit wesentlicher Beteiligung an der Gesellschaft, die Abschaffung von Inhaberanteilen oder das Verbot juristischer Personen als Geschäftsführer. Insgesamt stellte der SBEEA 2015 die bislang weitreichendste Änderung und Ergänzung des Companies Act 2006 dar. 247

Das Englische Kapitalgesellschaftsrecht geht in der Theorie von einer **Grundform**, der Incorporated Company (*Corporation*), aus, die für sich genommen jedoch noch keine Gesellschaft, sondern vielmehr das „Gerüst“ darstellt, das unterschiedlich ausgestaltet werden kann. Eine explizite Trennung zwischen der GmbH als geschlossene und der AG als Publikumsgesellschaft wie im deutschen Recht verfolgt das Englische Kapitalgesellschaftsrecht nicht. Vielmehr wird vom Grundkonzept der **Einheitsgesellschaft** ausgegangen.[470] So gilt die ergangene Rechtsprechung zum Company Law grundsätzlich gleichermaßen für die Ltd. wie für die plc. Im Zuge des Companies Act 2006 ist gleichwohl eine immer tiefergehende Trennung zwischen beiden zu beobachten.[471] Während das Recht der Ltd. einer fortschreitenden Deregulierung und Flexibilität unterworfen ist, nimmt die Regelungsdichte im kapitalmarktorientierten Recht der plc eher zu. 248

Das moderne Englische Kapitalgesellschaftsrecht kennt folgende **Erscheinungsformen**: 249

- **Private Company Limited by Shares** (Ltd.) (s. Rn. 254 ff.);
- **Public Company by Shares** (plc) (s. Rn. 560 ff.);
- **Private Company Limited by Guarantee**;[472]
- (Private) **Unlimited Company**.

Der (generelle) **Anwendungsbereich** des Companies Act 2006 wird in sec. 1 CA 2006 konkretisiert. Die Wesensmerkmale einer Company (s. Rn. 251) werden darin jedoch nicht bestimmt. Auch hat der Begriff einer Company als solcher noch keine strikte rechtliche Bedeutung.[473] Vielmehr wird in sec. 1 CA 2006 der nationale und internationale Anwendungsbereich des Gesetzes bestimmt.[474] Erfasst werden daher (Kapital-) Gesellschaften, die nach Maßgabe des Companies Act 2006 oder des Companies Act 1985 gegründet wurden. Auslandsgesellschaften werden gem sec. 1 (3) CA 2006 grundsätzlich ausgeschlossen; für sie erlangen jedoch die Vorschriften der ssec. 1044 ff. CA 2006 (***Overseas Companies***) Geltung, die hingegen weitgehend die Behandlung von Zweigniederlassungen ausländischer Gesellschaften betreffen. 250

Obgleich sec. 1 CA 2006 die materiellen **Wesensmerkmale** einer Company nicht beschreibt, haben sich diese aufgrund der Natur als Kapitalgesellschaft seit Jahrhunderten herausgebildet. Charakteristisch insbesondere für 251

---

468 Siehe *González/Teichmann* (Eds.), Private Company Law Reform in Europe, 2015; *Navez/De Cordt* (Eds.), Simplification of Private Company Law among the EU Member States, 2015; *McCahery/Timmerman/Vermeulen* (Eds.), Private Company Law Reform, 2010; *Witt* ZGR 2009, 872 ff.

469 Vgl. auch *Fleischer* in: MüKo GmbHG, Bd. 1, 3. Aufl. 2018, Einl., Rn. 248 („hands off approach“).

470 *Davies/Worthington*, Gower's Principles of Modern Company Law, 2016, Rn. 1-17; *Bourne*, Company Law, 2016, S. 7; *Ringe/Otte* in: Triebel ua (Hrsg.), Englisches Handels- und Wirtschaftsrecht, 2012, Kap. V Rn. 28; *Schall* in: Schall (Hrsg.), Companies Act, 2014 sec. 1 Rn. 28 f.; *Teichmann* ECFR 2016, 277, 284.

471 *Ringe/Otte* in: Triebel ua (Hrsg.), Englisches Handels- und Wirtschaftsrecht, 2012, Kap. V Rn. 30; *Schall* in: Schall (Hrsg.), Companies Act, 2014, sec. 1 Rn. 29.

472 Zur Eintragung einer private company limited by guarantee als Zweigniederlassung in Deutschland siehe OLG Dresden GmbHR 2016, 484; *Heckschen/Strnad* GmbHR 2016, 469 ff.

473 *Davies/Worthington*, Gower's Principles of Modern Company Law, 2016, Rn. 1-1, mit Verweis auf *Re Stanley* [1906] 1 Ch. 131 at 134.

474 *Schall* in: Schall (Hrsg.), Companies Act, 2014, sec. 1 Rn. 1.

eine Company (Limited) by Shares ist demnach die eigene Rechtspersönlichkeit (s. Rn. 258), die Haftungsbeschränkung der Gesellschafter auf ihre Kapitaleinlage (s. Rn. 523), die grundsätzliche Fungibilität der Anteile (s. Rn. 530) und die Möglichkeit der Fremdorganschaft (s. Rn. 416). Einer gemeinsamen Zweckverfolgung wie im Englischen Personengesellschaftsrecht (vgl. sec. 1 (1) PA 1890) bedarf es hingegen nicht. So bedarf es auch keiner expliziten Beschreibung eines bestimmten Gesellschaftszwecks (*Company's Objects*).[475] Im Vergleich zum deutschen Kapitalgesellschaftsrecht sind zudem die mangelnden Treuepflichten zwischen den Anteilsinhabers bzw. Aktionären nennenswert. Treuepflichten (*Fiduciary Duties*) bestehen grundsätzlich nur hinsichtlich der Geschäftsführung gegenüber der Gesellschaft. Anders als im deutschen Recht[476] werden mitgliedschaftliche **Treuepflichten** zwischen den Gesellschaftern bislang nicht bzw. nur in deutlich geringerem Umfang anerkannt.[477] Eine teilweise Ausnahme besteht nur im Rahmen der **Unfair Prejudice** gem sec. 994 CA 2006 (s. Rn. 360 ff.).

252 Im Folgenden werden nur die **Private Company Limited by Shares** (Ltd.) und die **Public Company Limited by Shares** (plc) näher betrachtet, da ihnen die **größte Bedeutung** im Englischen Kapitalgesellschaftsrecht zukommt. Bei beiden Gesellschaftsformen handelt es sich um Gesellschaften mit einer auf das Kapital beschränkten Haftung, weshalb sie auch beide den Begriff „limited" im Namen führen. Wenn jedoch nur von der „Limited" oder kurz „Ltd." die Rede ist, ist in der Praxis die Private Company Limited by Shares, also das Gegenstück zur deutschen GmbH gemeint. Ihr ist der Zugang zum Kapitalmarkt grundsätzlich versperrt (sec. 755 (1) CA 2006). Sie hat einen geschlossenen Gesellschafterkreis, was das Adjektiv „private" rechtfertigt. Die Public Company Limited by Shares (plc.) ist das Gegenstück zur deutschen Aktiengesellschaft. Sie ist kapitalmarktfähig, obwohl, wie generell bei Aktiengesellschaften, keine Pflicht zur Börsennotierung (*Listing*) besteht. Diese Möglichkeit, sich zur Gewinnung von Gesellschaftern an die Öffentlichkeit zu wenden, rechtfertigt das Adjektiv „public". Der Preis für die Fähigkeit, an den Kapitalmarkt zu gehen, sind ein Mindestkapital von £ 50.000 und deutlich aufwändigere und strengere Strukturen. Bei der **Private Company Limited by Guarantee** ist die Haftung auf den Umfang der vereinbarten Garantie (Nachschusspflicht) bei der Liquidation bzw. Insolvenz beschränkt (sec. 3 (3) CA 2006),[478] während die **Private Unlimited Company** keine Haftungsbeschränkung enthält (sec. 3 (4) CA 2006). Nur selten anzutreffende Gestaltungsvarianten sind **Partnership Companies** (Mitarbeiterbeteiligungsgesellschaften), die aber keine eigene Gesellschaftsform sind, sondern sich der ltd. oder der plc. bedienen.

253 Ende 2016 gab es ca. **3,74 Million** Companies im gesamten Vereinigten Königreich.[479] Davon ist mit ca. **3,3 Millionen** der ganz überwiegende Teil Private Companies Limited by Shares (Ltd.). Dem stehen lediglich ca. **7.000** Public Companies Limited by Shares (plc) gegenüber. Bezogen auf die Gesamtanzahl englischer Gesellschaften (s. Rn. 8) spielt damit die Ltd. die absolut überragende Rolle im englischen Wirtschaftsleben. Die Anzahl an Ltd. ist dabei auch im Vergleich zu Deutschland erstaunlich hoch. Trotz der volkswirtschaftlichen Größe Deutschlands gibt es im Verhältnis wesentlich weniger GmbH in Deutschland als Ltd. in England.

II. Private Company Limited by Shares (Ltd.)

1. Grundlagen

254 Die Private Company Limited by Shares (*Limited* oder *Ltd.*) ist im **Companies Act 2006** vor allem in den ssec. 3, 4, 755 ff. CA 2006 speziell geregelt, liegt aber sonst den Normalfallregelungen des Companies Act 2006 zu Grunde. Funktional entspricht sie im weitesten Sinne der deutschen GmbH.[480] Sie weist jedoch in der rechtlichen Struktur auch deutliche Unterschiede zu dieser auf. Die Tatsache, dass es mehr als 3-mal so viele Ltd. wie GmbH, bei einer im Verhältnis zu Deutschland deutlich geringeren Wirtschaftsleistung in Großbritannien, gibt, spricht für eine deutlich **höhere Attraktivität** der Ltd. gegenüber der GmbH. Die unkomplizierte Gründung und das fehlende Eigenkapitalerfordernis sowie die bei der Ltd. fehlenden komplexen Gläubigerschutzvorschriften dürften Ursache dafür sein, dass viele, die in Deutschland als Einzelkaufmann, Kleingewerbetreibender oder selbstständiger Freiberufler aktiv sind, in England die Rechtsform der Ltd. nutzen. Auch für einen **Teilgeschäftszweig** ist es attraktiv zur Risikominimierung eine zusätzliche Ltd. zu gründen, während in Deutschland die GmbH-Gründungskosten abschrecken. Hinzu kommt, dass Banken und andere Kreditgeber in Großbritannien

475 *Palmer's Company Law*, 2016, Rn. 2.602; *Schall* in: Schall (Hrsg.), Companies Act, 2014, sec. 1 Rn. 18 f.

476 Für die GmbH BGH NJW 1976, 191 (*ITT*); für die AG BGH NJW 1988, 1579 (*Linotype*); BGH NJW 1992, 3167 (*IBH*); BGH NJW 1995, 1739 (*Girmes*).

477 Vgl. *Northern Counties Securities Ltd. v. Jackson & Steeple Ltd.* [1974] 1 WLR 1133; *Davies*, Introduction to Company Law, 2. Ed. 2010, S. 238; *Schall* in: Schall (Hrsg.), Companies Act, 2014, sec. 1 Rn. 22.

478 Dazu auch *Girvin/Frisby/Hudson*, Charlesworth's Company Law, 2010, Rn. 3-003; *Heckschen/Strnad* GmbHR 2016, 469, 471.

479 *Companies House*, Companies Register Activities 2016/17.

480 *Levedag* in: Süß/Wachter (Hrsg.), HdB des internationalen GmbH-Rechts, 2016, England, Rn. 27; *Ringe/Otte* in: Triebel ua (Hrsg.), Englisches Handels- und Wirtschaftsrecht, 2012, Kap. V Rn. 1; *Just*, Die englische Limited in der Praxis, 2012, Rn. 14; *Wedemann*, Gesellschafterkonflikte in geschlossenen Kapitalgesellschaften, 2013, S. 26 f.; *Borges* ZIP 2004, 733, 734; *Bode/Bron* GmbHR 2016, R129.

Wert auf das Vorliegen einer Corporation und damit auf eine körperschaftliche Struktur legen, da sog **Floating Charges**, also Sachsicherheiten, die bis zum Eintritt des Sicherungsfalles keinem konkreten Gegenstand zugeordnet sind, nur bei Corporations, nicht aber – abgesehen von der LLP (s. Rn. 223) – bei Personengesellschaften möglich sind. In Deutschland wird das gleiche Problem bei den Sachsicherheiten bekanntlich durch extreme Großzügigkeit der Rechtsprechung beim sachenrechtlichen Bestimmtheitsgrundsatz für zukünftige und revolvierende Sicherheiten gelöst. Neben Kleingewerbetreiben wird die Ltd. oftmals als **englische Konzernholding** installiert. Die Attraktivität der Ltd. wird zudem durch die Vielzahl an einschlägigen Gerichtsentscheidungen abgesichert, die eine hohe Rechtssicherheit gewährleistet.[481]

Die **Unterschiede** in der Attraktivität zwischen der Ltd. und der deutschen GmbH waren so groß, dass es unter Nutzung der Rechtsprechung des EuGH zur **Niederlassungsfreiheit** (dazu § 10 Rn. 32 ff.) und speziell zur Zulässigkeit von sog Scheinauslandsgesellschaften zeitweise zur massenhaften Gründung von Ltd. in England mit alleiniger Geschäftstätigkeit in Deutschland kam (s. Rn. 30). Der deutsche Gesetzgeber und die Rechtsprechung haben darauf in dreifacher Weise reagiert. Zum einen hat man versucht, die GmbH zu entschlacken. Zum anderen wurde die UG (haftungsbeschränkt) als Sonderform der GmbH unter Verzicht auf ein Mindestkapital als Konkurrenz zur Ltd. geschaffen und schließlich wurde, insbesondere durch **Verlagerung von Gläubigerschutzregeln** in das Insolvenz- und Deliktsrecht, versucht, diese auf die in Deutschland tätigen Ltd. zu erstrecken und daher weniger attraktiv zu machen.[482] In Verbindung mit der negativen Grundhaltung vieler deutscher Banken gegenüber in Deutschland tätiger Ltd. und Nachteilen wie zB der Buchführung in Deutschland und England nach unterschiedlichen Standards, haben die genannten Abwehrmaßnahmen des deutschen Gesetzgebers Erfolg gehabt. Scheinauslandsgesellschaften in Form der Ltd. spielen in Deutschland heute kaum noch eine Rolle.[483] 255

Zentrale **Rechtsgrundlage** für die Ltd. ist der Companies Act 2006. Der Companies Act 1985 bleibt für die nach diesem Gesetz gegründeten Gesellschaften insbesondere für alle Althandlungen von Bedeutung. Diese Gesellschaften haben den Status „registered but not formed under CA 2006" (sec. 1 (2) (a) CA 2006). Der Insolvency Act 1986 und der Enterprise Act 2002 enthalten gesetzliche Regelung des Insolvenzrechts. Ergänzungen finden sich in den verordnungsähnlichen Statutory Instruments, zB den Insolvency Rules 2016.[484] Weiterhin enthält der Companies Directors Disqualification Act 1986 Regelungen zur Aberkennung der generellen Geschäftsführerfähigkeit wegen schwerer Verfehlungen. 256

Zudem spielen die von der Regierung herausgegebenen **Mustersatzungen** (s. Rn. 277) eine große praktische Rolle, wobei sie nur Gegenstände regeln, die nicht gesetzlich geregelt sind. Zentral sind die Companies (Model Articles) Regulations 2008. Praktische Bedeutung haben auch die Companies (Forms) Regulations 1985 zur Form verschiedener beim Companies House einzureichender Dokumente und der Electronic Communication Order 2000 zur elektronischen Kommunikation zwischen Gesellschaft und Gesellschaftern. Bemerkenswert ist, dass das Englische Kapitalgesellschaftsrecht insgesamt stark durch **gesetzliche Regelungen** geprägt ist und dass das den Rechtskreis des Common Law prägende Richterrecht so wenig Einfluss hat, dass der Kodifizierungsgrad bei der Ltd. und insgesamt beim Company Law sogar über dem des deutschen Kapitalgesellschaftsrechts liegt.[485] 257

Die **Hauptcharakteristika** der Ltd. sind die beschränkte Haftung der Gesellschafter auf die vereinbarte (Kapital-) Einlage (s. Rn. 524), das fehlende Erfordernis eines Mindestkapitals (s. Rn. 489), die mit der Eintragung im Register beim jeweiligen Company House erlangte Rechtspersönlichkeit (s. Rn. 262), der fehlende Zugang zum Kapitalmarkt und die im Vergleich zum deutschen Recht, insbesondere bei der Gründung, reduzierten formellen Voraussetzungen. Ähnlich der deutschen GmbH[486] zeichnet sich die Ltd. durch eine zumeist geringe Gesellschafterzahl[487] und eine – obgleich nicht vorgeschriebene – personelle Verflechtung zwischen Geschäftsführung und Gesellschafterstellung[488] aus („*Quasi-Partnership Companies*").[489] Im Hinblick auf den Charakter als „ge- 258

481 *Just*, Die englische Limited in der Praxis, 2012, Rn. 13.

482 Vgl. nur *H.-P. Westermann* in: Scholz, GmbHG, Bd. 1, 12. Aufl. 2018, Einl. Rn. 62 ff.

483 Die Zahl der über eine Zweigniederlassung in Deutschland registrierten Ltd. ist seit Jahren stark fallend, vgl. *Kornblum* GmbHR 2017, 739, 747.

484 Die Insolvency Rules 2016 sind seit April 2017 offiziell in Kraft und erlangen umfassende Geltung.

485 *Just*, Die englische Limited in der Praxis, 2012, Rn. 15 ff.; vgl. auch *Schall* in: Schall (Hrsg.), Companies Act, 2014, Einl. S. LXIX.

486 Siehe nur *Bayer/Hoffmann* GmbHR 2014, 12, 13 f.; *Fleischer* in: MüKo GmbHG, Bd. 1, 3. Aufl. 2018, Einl. Rn. 38.

487 Vgl. *Company Law Review Steering Group*, Modern Company Law for a Competitive Economy – Developing the Framework, 2000, S. 221; *Davies/Worthington*, Gower's Principles of Modern Company Law, 2016, Rn. 1-15, 1-16.

488 *Mayson/French/Ryan*, Company Law, 2017, S. 72 f.

489 Zum Begriff der „quasi-partnership" *Ebrahimi v. Westbourne Gallaries Ltd.* [1973] AC 360 (HL); *Croly v. Good* [2010] EWHC 1 (Ch); *Kershaw*, Company Law in Context, 2012, S. 677; *Boyle/Birds*, Company Law, 2014, Rn. 18.10.4.

schlossene“ Kapitalgesellschaft finden sich häufig satzungsmäßige Anteilsveräußerungsbeschränkungen (Vinkulierung).[490]

259 Das Recht der Ltd. ist sehr **liberal**. Es lehnt einfache Sorgfaltshaftungen der Direktoren und der Gesellschafter im wirtschaftlichen Zusammenhang weitgehend ab. Das englische Company Law kennt zwar keine Business Judgement Rule. Soweit Entscheidungen aber „in good faith“ getroffen werden und nicht offenkundig unvernünftig sind, wird eine Haftung verneint.[491] Bestehen allerdings formale Pflichten, werden diese teilweise mit deutlich **schärferen Sanktionen** (zB Amtslöschung der Gesellschaft oder strafrechtliche Verantwortlichkeit des Geschäftsführers) als im deutschen Recht durchgesetzt.

2. Gründung

a) Materielle Gründungsvoraussetzungen

260 Die Gründung einer englischen Ltd. kann auf verschiedene Arten erfolgen. Aufgrund der einfachen und wenig zeitintensiven Errichtungsbedingungen ist die **Neugründung** einer Ltd. der Regelfall. Ist eine besonders schnelle Gründung erforderlich, ist auch der Erwerb einer vorher von Serviceunternehmen gegründeten **Vorratsgesellschaft** (*Shelf Company*) denkbar.[492] Grund für den Kauf einer Shelf Company kann auch die Vermeidung persönlicher Haftung der Beteiligten im Vorgründungsstadium sein.[493] Aufgrund des fehlenden Mindestkapitalerfordernisses tritt das im deutschen GmbH-Recht bekannte Problem der „wirtschaftlichen Neugründung“ nicht auf,[494] und es ist folglich auch keine mit § 8 II 1 GmbHG vergleichbare Anzeige vorzunehmen. Wegen der schnellen und unkomplizierten Online-Neugründung einer Ltd. (s. Rn. 268) ist in den letzten Jahren jedoch ein Trend weg vom Kauf einer Vorratsgesellschaft zu verzeichnen.[495]

261 Denkbar ist zudem die „Gründung“ durch Umwandlung. Eine Ltd. kann ua durch (grenzüberschreitende) **Verschmelzung zur Neugründung** entstehen. Hierfür gelten die Vorgaben der ssec. 904 ff. CA 2006 bzw. der Companies (Cross-Border Mergers) Regulations 2007. Eine Ltd. kann ferner durch eine **Re-Registration** einer bereits bestehenden Gesellschaft entstehen. Aufgrund des Prinzips der Einheitsgesellschaft (s. Rn. 248) handelt es sich bei einer solchen re-registration (ssec. 89 ff. CA 2006) jedoch nicht um einen Formwechsel im Sinne des deutschen Umwandlungsrechts.[496] Inwiefern die Regelungen zur re-registration dennoch entsprechend auf einen **grenzüberschreitenden Formwechsel** (*Cross-Border Conversion*) in eine englische Gesellschaftsform angewandt werden können, ist bislang ungeklärt.[497] Eine solche Rechtsfortbildung ist im Common Law-Rechtskreis indes eher selten, weshalb eine analoge Anwendung der ssec. 89 ff. CA 2006 zweifelhaft erscheint.[498] Aus praktischer Sicht würde eine (grenzüberschreitende) Strukturmaßnahmen mit Bezug zur englischen Rechtsordnung vor allem in Sanierungsfällen jedoch regelmäßig mittels eines Scheme of Arrangement (ssec. 895 ff. CA 2006) durchgeführt werden.[499] Aus deutscher Perspektive gibt es auch bereits mehrere solcher erfolgreich durchgeführter

490 Vgl. *Davies/Worthington*, Gower’s Principles of Modern Company Law, 2016, Rn. 27-7.

491 *Prentice* in: Hannigan/Prentice (Eds.), The Companies Act 2006, 2009, Rn. 3.19; Minister für Industrie und Regionen, HC Debs, Standing Committee D, Company Law Reform Bill, Fifteenth Sitting, July 11, 2006 (Afternoon).

492 *Davies/Worthington*, Gower’s Principles of Modern Company Law, 2016, Rn. 4-9; *Schall* in: Schall (Hrsg.), Companies Act, 2014, Vor Part 2 Rn. 3; *Just*, Die englische Limited in der Praxis, 2012, Rn. 29; *Levedag* in: Süß/Wachter (Hrsg.), HdB des internationalen GmbH-Rechts, 2016, England, Rn. 97; *Heinz/Hartung*, Die englische Limited, 2011, Kap. 3 Rn. 30 ff.

493 *Hannigan*, Company Law, 2015, Rn. 1-10; *Just*, Die englische Limited in der Praxis, 2012, Rn. 29.

494 *Oshkosh B’Gosh Inc. v. Dan Marbel Inc.* [1988] BCLC 507; *Davies/Worthington*, Gower’s Principles of Modern Company Law, 2016, Rn. 5-24; *Schall* in: Schall (Hrsg.), Companies Act, 2014, ssec. 43-52 Rn. 10.

495 *Mayson/French/Ryan*, Company Law, 2017, S. 50; Anfang des Jahrtausends wurden noch ca. 60% der damaligen Ltd. als Vorratsgesellschaften gegründet, vgl. *Company Law Steering Group*, Modern Company Law for a Competitive Economy – Developing the Framework, Rn. 11.32.

496 Zum Begriff der re-registration *Eckerle/Bertheux/Hallensleben v. DNick Holding* [2013] EWHC 68 (Ch); *Palmer’s Company Law*, 2016, Rn. 2.213; siehe auch *Süß* in: MüHdB GesR, Bd. 6, IntGesR, 4. Aufl. 2013, § 47 Rn. 160 („Formwechsel durch Neu-Registrierung“).

497 Für eine (analoge) Anwendung der ssec. 89 ff. CA 2006 *Schall* in: Schall (Hrsg.), Companies Act, 2014, ssec. 89-111 Rn. 18, 21; *ders.* ZfPW 2016, 407, 436 ff.; *Lieder/Bialluch* NotBZ 2017, 209, 211 f.; *Lieder/T. Hoffmann* AG 2017, R83, R86; *Thaller*, Die deutsche GmbH und die britische Private Limited Company im Vergleich, 2014, S. 477 f.

498 Daher ist vielmehr an eine (hilfsweise) Orientierung an die Vorschriften der Companies (Cross-Border Mergers) Regulations 2007 zu denken, vgl. auch *Frank*, Formwechsel im Binnenmarkt, 2016, S. 315 ff.

499 Vgl. nur *Ferran* MLR 79 (2016) 813, 818 f. Hierfür ist auch nicht erforderlich, dass sich der Mittelpunkt der hauptsächlichen Interessen (COMI) im Vereinigten Königreich befindet, vgl. *Re Van Gansewinkel BV* [2015] EWHC 2151 (Ch); siehe auch *Schulz* ZIP 2015, 1912 ff., mit Verweis auf *In the Matter of Apcoa* [2014] EWHC 3849 (Ch).

Verfahren. Die entsprechende Anerkennung des Scheme of Arrangement-Verfahrens in Deutschland ist dabei wohl auch im Zuge des EU-Austritt Großbritanniens („Brexit") gewährleistet.[500]

Die Ltd. erlangt ihre Rechtsfähigkeit durch **Registrierung** und Ausstellung einer **Gründungsbescheinigung** (*Certificate of Incorporation*) durch den Registrar of Companies. Um diese Gründungsbescheinigung zu erhalten, müssen verschiedene (materielle) Gründungsvoraussetzungen erfüllt und die vorgeschriebenen Dokumente beim zuständigen Registrar eingereicht werden. 262

Eine Ltd. muss mindestens einen **Subscriber** (Unterzeichner oder Übernehmer) (sec. 7 (1) CA 2006) und einen **Director** (Geschäftsführer) (sec. 154 (1) CA 2006) haben. Der oder die Subscriber müssen den Willen zur Gründung einer Ltd. besitzen und gelten als Gründungsgesellschafter der Company (sec. 112 (1) CA 2006).[501] Der traditionsreiche **Company Secretary** („Gesellschaftssekretär"), der als unabhängiges Organ Ansprechpartner des Registers ist, gehört seit dem Companies Act 2006 nicht mehr zu den Pflichtorganen der Gesellschaft (s. Rn. 484). Ob ein Company Secretary vorhanden sein soll, entscheiden die Gesellschafter in der Satzung, oder die Geschäftsführung ist entsprechend zur Bestellung ermächtigt. Sofern vorhanden, kann der Company Secretary jedoch nicht alleiniger Geschäftsführer sein. Die Mehrheit der seit Verabschiedung des Companies Act 2006 gegründeten Ltd. hat demzufolge auch keinen Company Secretary mehr. 263

Obgleich ein bestimmtes Mindestkapital für die Ltd. nicht vorgeschrieben ist (s. Rn. 489), muss jedoch ein Gesellschaftskapital (***Authorised Share Capital***) festgesetzt und bei mehreren Gesellschaftern festgelegt werden, welcher Gesellschafter wie viele Anteile zeichnet. Eine entsprechende Erklärung ist bei der Anmeldung zur Registrierung der Gesellschaft einzureichen (sec. 9 (4) (a) CA 2006). Die regelmäßig sehr kurze Erklärung soll das **vereinbarte Gesellschaftskapital** ersichtlich machen und die damit zusammenhängenden Informationen über die Gesellschafter vermitteln.[502] 264

Die Gesellschaft muss bei der Anmeldung zur Registrierung ihren beabsichtigten **Firmennamen** (*Company's Name*) angeben (sec. 9 (2) (a) CA 2006). Der Firmenname muss dabei mit „Limited", der Abkürzung „Ltd." oder dem walisischem Äquivalent enden (sec. 58 CA 2006). Hinsichtlich der **Firmierung** und der Zulässigkeit der Firma kommen weiterhin die Regelungen der ssec. 1192 ff. CA 2006 zur Anwendung (dazu Rn. 67 f.). Für die Bezeichnung im Geschäftsverkehr gelten die gesonderten Vorschriften der Company, Limited Liability Partnership and Business (Names and Trading Disclosures) Regulations 2015. Danach muss der Firmenname ua am **Registersitz** der Gesellschafter (s. Rn. 267) und an jedem sonstigen Ort, wo Dritte gem dem Companies Act 2006 Einsicht in die Geschäftsdokumente der Gesellschaft nehmen können, angebracht sein (vgl. auch sec. 82 CA 2006). 265

Die Ltd. muss eine **Satzung** (*Articles of Association*) haben (sec. 18 (1) CA 20006). Anders als im Personengesellschaftsrecht müssen die Gründer daher zwingend einen Gesellschaftsvertrag erstellen. Die Satzung ist in Kopie bei der Registrierung der Gesellschaft einzureichen. Eine Ausnahme gilt nur dann, wenn ohne Abweichungen auf die **Mustersatzung** zurückgegriffen wurde (sec. 18 (2); sec. 9 (5) (b) CA 2006). Die Einreichung kann aufgrund der Regelungen der Art. 14 ff. Kodifizierungs-RL (ehemalige Publizitätsrichtlinie (dazu § 20)) auch auf elektronischem Wege erfolgen. 266

Zudem ist bei der Anmeldung zur Registrierung der **Satzungssitz** (*Registered Office*) anzugeben. Dieser muss sich in England, Wales, Schottland oder Nordirland befinden (sec. 9 (2) (b) CA 2006). Aufgrund dieses **Inlandserfordernisses** kann ein identitätswahrender Wechsel des Registersitzes (sec. 87 CA 2006) grundsätzlich nur innerhalb des Vereinigten Königreichs vollzogen werden.[503] Das Registerverfahren für eine entsprechende inländische Sitzverlegung wurde jüngst durch die Companies (Address of Registered Office) Regulations 2016 konkretisiert. Unter anderem werden dadurch infolge einer Registersitzverlegung (*Change of a Company's Registered Office*) verschiedene Einsichtspflichten (zB ssec. 114, 162 CA 2006) für eine Dauer von 28 Tagen ausgesetzt. Der Registersitz der Ltd. ist als verbindliche Anschrift für das Register und die Gläubiger anzusehen. Er dient darüber hinaus jedoch lediglich als **Zustelladresse** der Gesellschaft (vgl. sec. 86 CA 2006).[504] Dies kann auch die Adresse eines Anwalts oder die Privatadresse eines Gesellschafters sein und sich damit auch um eine reine Briefkastenadresse handeln. Nur ein Postfach reicht hingegen nicht aus. Der **Sitz der Geschäftsleitung** kann von vornherein außerhalb des Registergebietes und auch im Ausland liegen. Ein inländischer Verwaltungssitz wird sowohl sach- als auch kollisionsrechtlich nicht gefordert (s. auch Rn. 24 f.). Ein Geschäftskonto in England ist nicht erforderlich. 267

---

500 *Sax/Swierczok* ZIP 2017, 601, 607.

501 Subcriber können dabei auch Ausländer, Minderjährige oder juristische Personen sein, vgl. *Palmer's Company Law*, 2016, Rn. 2.903; siehe auch *Schall* in: Schall (Hrsg.), Companies Act, 2014, sec. 8 Rn. 22 ff. Als ggf geschäftsführende Gründungsgesellschafter unterliegen sie gleichwohl den personellen Beschränkungen als Direktor.

502 *Palmer's Company Law*, 2016, Rn. 2.801.

503 *Davies/Worthington*, Gower's Principles of Modern Company Law, 2016, Rn. 6-18; *Levedag* in: Süß/Wachter (Hrsg.), HdB des internationalen GmbH-Rechts, 2016, England, Rn. 612.

504 *Schall* in: Schall (Hrsg.), Companies Act, 2014, ssec. 86-88 Rn. 2; *Korom/Metzinger* ECFR 2009, 125, 136; *Levedag* in: Süß/Wachter (Hrsg.), HdB des internationalen GmbH-Rechts, 2016, England, Rn. 84.

b) Gründungsprozess

aa) Überblick

268 Die Gründung einer Ltd. zeichnet sich durch ihren **schnellen** und **kostengünstigen** Ablauf aus. Das Gründungsverfahren im Vereinigten Königreich ist unkomplizierter als in den meisten anderen europäischen Staaten. Das Companies House gewährleistet einen weitreichend **elektronischen Zugang** zu Dokumenten und Formularen und macht damit auch eine Online-Gründung ohne größeren Aufwand möglich. Dadurch ist auch eine Gründung einer englischen Ltd. **aus dem Ausland** problemlos möglich. Häufig werden die Anmeldungsmodalitäten beim Registrar of Companies durch spezialisierte Dienstleistungsunternehmen vorgenommen. Dies hat den Vorteil, dass diese zumeist die von Companies House anerkannte Software zur Gründung einer Ltd. besitzen und dort als anerkannte Antragsteller (*Approved Presenter*) verzeichnet sind.[505] Auch beauftrage Rechtsanwälte, Steuerberater und Wirtschaftsprüfer können die Anmeldung vornehmen und die Eintragung der Ltd. besorgen.

269 Die **Kosten der Gründung** sind äußerst gering. Derzeit ist lediglich eine Eintragungsgebühr (*Registration Fee*) iHv £ 15 bei einer **Online-Gründung** und £ 40 bei einer Gründung in Papierform zu entrichten. Bei einer elektronischen Einreichung der Dokumente mithilfe des Mustersatzes und unter Verwendung der vom Companies House herausgegebenen Software betragen die Kosten sogar nur £ 13.[506] Die elektronische Einreichung der Dokumente ist mittlerweile der absolute Regelfall und Gesellschaften werden fast ausschließlich „online" gegründet (ca. 98 %).[507] Soll die Eintragung noch **am selben Tag** erfolgen (*Same-Day Incorporation*), kann auf Antrag und Nutzung der bereitgestellten Software die Gründung schon für £ 30 erfolgen. In Papierform ist die Eintragung noch am selben Tag für derzeit £ 100 möglich. Auch ohne das beschleunigte Gründungsverfahren erfolgt die Eintragung in der Regel innerhalb weniger Tage. Die Zahlung der zu entrichtenden Gründungsgebühr erfolgt grundsätzlich mit gleichzeitiger Einreichung eines Schecks an das Companies House oder per (elektronischem) Nachweis, dass der entsprechende Betrag überwiesen wurde.

270 Zuzüglich sonstiger Aufwendungen liegen die **Gesamtgründungskosten** einer englischen Ltd. bei umgerechnet ca. EUR 100. Dies ist deutlich geringer als die Kosten einer normalen (Standard-) GmbH-Gründung. Selbst eine UG (haftungsbeschränkt) kann in der Regel nicht unter EUR 500 gegründet und eingetragen werden. Bei einer Ltd. mit ausschließlicher Geschäftstätigkeit in Deutschland kommen hingegen die Kosten für die Eintragung einer Zweigniederlassung in Deutschland und die Unterhaltung des Registered Office in England hinzu. Der Kauf einer Vorrats-Ltd. ist ab etwa EUR 300 möglich.

271 Nach der Anmeldung zur Gründung der Ltd. beim Registrar of Companies mit den erforderlichen Dokumenten und Nachweisen trägt dieser – sofern die Gründungsvoraussetzungen erfüllt sind – die Gesellschaft beim Companies House ein. Ab diesem Zeitpunkt gilt die Ltd. als offiziell gegründet und ist als **juristische Person** existent (sec. 16 CA 2006). Die Eintragung hat also konstitutiven Charakter. Der Registrar stellt sodann eine **Gründungsurkunde** (*Certifcate of Incorporation*) aus, welche die erfolgreiche Gründung bestätigt. Diese Gründungsurkunde gilt als grundsätzlich unwiderruflicher Nachweis, dass die Ltd. ordnungsgemäß entstanden ist (sec. 15 (4) CA 2006).[508] Nach Abschluss des Registrierungsverfahrens teilt das Companies House der Ltd. eine individuelle Registernummer (sec. 1066 CA 2006) sowie im Zuge der Umsetzung der Richtlinie 2012/17/EU (dazu § 20 Rn. 17 f.) eine einheitliche europäische Kennung zu. Unter der Registernummer sind gegen eine geringe Bearbeitungsgebühr die wichtigsten Gesellschaftsdokumente für Dritte einsehbar (ssec. 1085 ff. CA 2006).

272 Im Anschluss an die Gründung der Ltd. durch Eintragung ist von dem bzw. den bestellten Geschäftsführer(n) ein „Gesellschaftsbuch" (***Statutory Register***) anzulegen.[509] In diesem müssen verschiedene Listen bzw. Verzeichnisse enthalten sein, wie zB eine/die[510]

- Liste aller Gesellschafter (*Register of Members*) (sec. 113 (1) CA 2006);
- Liste der Geschäftsführer (*Register of Directors*) (sec. 162 (1) CA 2006);
- Liste von Personen mit wesentlicher Kontrolle über die Gesellschaft (*Register of People with Significant Control*) (sec. 790M (1) CA 2006);
- ggf Liste der *Company Secretaries* (sec. 275 (1) CA 2006);
- Protokolle der Sitzungen der Geschäftsführer (*Minutes of Directors' Meetings*) (sec. 248 CA 2006);
- Niederschriften von Gesellschafterbeschlüssen (*Records of Resolutions and Meetings*) (sec. 358 (1) CA 2006);
- ggf Liste der Inhaber von Schuldverschreibungen (*Register of Debenture Holders*) (sec. 743 (1) CA 2006);

505 *Levedag* in: Süß/Wachter (Hrsg.), HdB des internationalen GmbH-Rechts, 2016, England, Rn. 95.
506 Siehe https://www.gov.uk/government/organisations/companies-house/about/about-our-services#co-inc.
507 *Mayson/French/Ryan*, Company Law, 2017, S. 44.
508 Vgl. auch *Schall* ZfPW 2016, 407, 426.
509 Diese besteht zumeist in (gebundener) Buchform oder einer Looseblatt-Sammlung. Möglich ist jedoch auch eine elektronische Führung eines „Gesellschaftsbuchs".
510 Eine komplette Liste der am Registersitz der Gesellschaft zu hinterlegenden Unterlagen und Dokumenten findet sich bei *Girvin/Frisby/Hudson*, Charlesworth's Company Law, 2010, Rn. 3-031.

- Verzeichnis von Sicherheiten zugunsten einzelner Gläubiger im Rahmen von Vermögenslasten (*Register of Charges*) (sec. 876 CA 2006).

bb) Registrierung

Die Gründung einer Ltd. erfolgt durch Registrierung (Eintragung) im Companies House als britisches „Handelsregister". Es bedarf folglich der **Anmeldung zur Eintragung** der Gesellschaft beim zuständigen **Registrar of Companies**. Soll die Gesellschaft in England und Wales registriert werden, ist der englische Registrar zuständig, für eine in Schottland registrierte Gesellschaft ist der schottische Registrar und für eine in Nordirland zu registrierende Ltd. der nordirische Registrar (sec. 9 (6) CA 2006). Das für England und Wales zuständige Companies House befindet sich im walisischen Cardiff. Die Registrierung für Schottland erfolgt in Edinburgh und die für Nordirland in Belfast. Bei einer Registrierung in Cardiff kommt auch eine Beschränkung der Registrierung auf Wales in Betracht, womit das Recht verbunden ist, die walisische Namensform der Ltd. („*cyfyngedig*" oder „*cyf*") zu führen. 273

Die Anforderungen an eine wirksame Registrierung sind in ssec. 9-13 CA 2006 geregelt. Zur Gründung einer Ltd. müssen zumindest folgende Dokumente beim zuständigen Registrar eingereicht werden: 274

- Registrierungsantrag (*Application for Registration*);
- *Memorandum of Association* (Gründungsurkunde);
- *Articles of Association* (Satzung).

Im Zuge des Companies Act 2006 handelt es sich beim **Memorandum of Association** nur noch um eine rein formale Erklärung.[511] Ihm kommt eine wesentlich geringere Bedeutung als unter dem vormaligen Companies Act 1985 zu. Das heutige Memorandum of Association (ab 1.10.2009) ist lediglich eine kurze (offizielle) Erklärung, dass die Gründung einer Gesellschaft beabsichtigt ist. Es muss den formalen Anforderungen von reg. 2 (a), Schedule 1 Companies (Registration) Regulations 2008 entsprechen. Das Memorandum of Association beinhaltet eine Übereinkunft der künftigen Gesellschafter zur Gründung einer gemeinsamen Gesellschaft und deren Verpflichtung, wenigstens je einen Anteil am vereinbarten Gesellschaftskapital zu übernehmen (sec. 8 (1) CA 2006). Es muss von jedem Gründungsgesellschafter (***Subscriber***) unterschrieben werden (sec. 8 (2) CA 2006).[512] Die Subscriber werden nach Eintragung und Gründung der Ltd. deren ersten Gesellschafter (sec. 16 (2) CA 2006). Das heutige Memorandum of Association benötigt zumindest einen solchen Unterzeichner (sec. 7 (1) CA 20006). 275

Das Memorandum of Association des ehemaligen Companies Act 1985 (heute auch als „**Old Style Memorandum**" bezeichnet)[513] musste gem sec. 2 CA 1985 die auf das Außenverhältnis gerichteten Pflichtangaben wie Namen der Gesellschaft, Rechtsformzusatz, Satzungssitz, Geschäftsgegenstand, Höhe des Kapitals, Anzahl der Anteile, die von den Gründungsgesellschaftern gezeichnet wurden und zur Haftungsbeschränkung, enthalten. Hinzu konnten weitere Angaben und Regelungen treten. Für die nach dem Companies Act 1985 gegründeten **Altgesellschaften** sorgt sec. 28 CA 2006 iVm sec. 8 (1) CA 2006 und sec. 22 CA 2006 dafür, dass alle Regelungen, die heute nicht mehr Teil des Memorandums of Association sind, als „Provisions of the Company's Articles" (Bestimmungen der Satzung) gelten und zwar unabhängig, ob sie zum notwendigen Satzungsrecht gehören. 276

Die **Articles of Association** stellen im Wesentlichen die (materielle) Satzung der Gesellschaft dar (s. Rn. 305 ff.).[514] Sofern die vom Companies House angebotene **Mustersatzung** die Basis für die innere Gesellschaftsstruktur bilden soll und keine Abweichungen davon gewählt werden, besteht **keine Notwendigkeit**, die Articles of Association bei der Gründung einzureichen (sec. 9 (5) (b) CA 2006). Vor allem bei kleineren, personalistisch strukturierten Ltd. ist die Verwendung einer solchen Mustersatzung üblich. Aufgrund des überwiegend einfachen Procedere einer (nachträglichen) Änderung der Articles of Association (vgl. ssec. 21 ff. CA 2006) und der Möglichkeit der schnellen und kostengünstigeren Registrierung bei Verwendung der Mustersatzung wird hiervon oftmals Gebrauch gemacht und folglich keine Gesellschaftssatzung bei der Anmeldung zur Eintragung einer Ltd. eingereicht. 277

Einzureichen ist ferner der **Registrierungsantrag** als eine Art Anmeldeformular zur Gründung der Gesellschaft. Hierfür ist ein offizielles Formblatt (IN01) zu verwenden. Das Formular IN01 hat die ehemaligen Formblätter Form 10 und Form 12 ersetzt, in denen ua Angaben über den/die ersten Geschäftsführer und Company Secreta- 278

---

511 *Hannigan*, Company Law, 2015, Rn. 1-23; *Boyle/Birds*, Company Law, 2014, Rn. 5.1; *Kershaw*, Company Law in Context, 2012, S. 14.

512 Gründungsgesellschafter (*Subscriber*) können auch ausländische Personen sein, vgl. *Princess of Reuss v. Bos* (1871) LR 5 HL 176.

513 Siehe *Mayson/French/Ryan*, Company Law, 2017, S. 45.

514 *Rothenburg/Walter/Platts* in: Wegen/Spahlinger/Barth (Hrsg.), Gesellschaftsrecht des Auslands, 2. EL 2018, Vereinigtes Königreich, Rn. 29; *Schall* in: Schall (Hrsg.), Companies Act, 2014, sec. 18 Rn. 1; *Ringe/Otte* in: Triebel ua (Hrsg.), Englisches Handels- und Wirtschaftsrecht, 2012, Kap. V Rn. 61; *Levedag* in: Süß/Wachter (Hrsg.), HdB des internationalen GmbH-Rechts, 2016, England, Rn. 133.

ry sowie zum Registersitz der Gesellschaft zu machen waren. Im heutigen Formular IN01 als Registerantrag bzw. dessen Anlagen müssen verschiedene Angaben gemacht bzw. Erklärungen abgegeben werden. Gemäß sec. 9 (2) CA 2006 müssen im Registerformular angegeben werden: Die künftige Firma der Gesellschaft; ob sich der Registersitz in England und Wales, in Schottland oder in Nordirland befinden soll; dass die Haftung der Gesellschafter durch Anteile auf diese beschränkt ist und dass es sich um eine Private Company (also eine Ltd.) handeln soll. Als Anlage zum Registerantrag sind gem sec. 9 (4) CA 2006 ferner eine Erklärung über das vereinbarte Gesellschaftskapital und die Anteilsstruktur (***Statement of Capital and Initial Shareholdings***) (sec. 10 CA 2006)[515] und eine Erklärung der/des Geschäftsführer(s) sowie – sofern vorhanden – dem/der Company Secretary zur Übernahme der jeweiligen Ämter ab erfolgreicher Registrierung und damit Gründung der Gesellschaft (sec. 12 CA 2006) einzureichen. Das Statement of Capital and Initial Shareholdings muss zudem Angaben über die Anzahl der bei Gründung ausgegebenen Anteile, den Nominalwert dieser Anteile, die mit den Anteilen verbundenen Rechten, die Anzahl der Anteile einer Klasse und die Höhe des Kapitals dieser Klasse enthalten. Darüber hinaus sind die Höhe der Anteilszeichnung und die noch ausstehende Einlage anzugeben.

279 Weiterhin ist eine Erklärung einzureichen, dass sämtliche rechtlichen Anforderungen zur Gründung eingehalten wurden (***Statement of Compliance***) (ssec. 9 (1), 13 (1) CA 2006).[516] Diese Erklärung muss von einem Anwalt (*Solicitor*), den ersten Geschäftsführern oder (sofern vorhanden) vom Company Secretary abgegeben werden. Bei einer schriftlichen Anmeldung der Gesellschaft muss dies mittels eidesstattlicher Versicherung geschehen; nicht jedoch bei der elektronischen Anmeldung.[517] Das Statement of Compliance ist Bestandteil des Formblattes IN01 und ist von den Gründungsgesellschaftern zu unterzeichnen. Die Abgabe einer bewusst falschen oder irreführenden Erklärung, dass die rechtlichen Gründungsanforderungen gem dem Companies Act 2006 eingehalten wurden, stellt eine **Straftat** dar (sec. 1112 CA 2006). Diese strafrechtlichen Sanktionen sollen auch verhindern, dass die elektronische Anmeldung mit ihren weitgehend fehlenden Überprüfungsmechanismen von unseriösen Beteiligten missbraucht wird. Dennoch hat das Englische Gesellschaftsrecht hier weiterhin praktische Probleme.

280 Eine **Prüfung der zur Gründung** der Ltd. eingereichten Dokumente erfolgt vom Registrar nur in formeller (administrativer) Hinsicht, dh insbesondere, ob die erforderlichen Angaben und Erklärungen gem sec. 9 CA 2006 vorhanden sind.[518] Eine **materielle Überprüfung** erfolgt anders als im deutschen Recht[519] grundsätzlich nicht. Eine Ablehnung des Eintragungsantrags erfolgt – wenn alle erforderlichen Dokumente eingereicht wurden – in der Regel nur dann, wenn die Firma der Gesellschaft unzulässig ist oder die Gründung zur Verfolgung eines gesetzwidrigen Zwecks dienen soll (sec. 7 (2) CA 2006). Gegen eine Zurückweisung des Eintragungsersuchens können zwar Rechtsmittel eingelegt werden (*Judicial Review*),[520] deren Aussicht auf Erfolg ist jedoch gering.[521]

281 Fällt die (formale) Gründungsprüfung durch den zuständigen Registrar positiv aus, stellt dieser eine **Gründungsbescheinigung** (*Certificate of Incorporation*) aus (sec. 15 CA 2006). Diese ist als Grundlagendokument der Gesellschaft (*Constitutional Document*) den Gesellschaftern stets verfügbar zu halten (sec. 32 (1) (f) CA 2006). Das Ausstellungsdatum auf der Gründungsbescheinigung ist das Gründungsdatum der Gesellschaft.[522] Als juristische Person mit eigener Rechtspersönlichkeit kann die wirksam entstandene Ltd. nun am Rechtsverkehr teilnehmen. Mit der Ausstellung (und Zusendung) der Gründungsbescheinigung werden etwaige Mängel in den Gründungsdokumenten geheilt. Das Certificate of Incorporation stellt den grundsätzlich **unwiderlegbaren Nachweis** der ordnungsgemäßen Gründung der Gesellschaft dar (sec. 15 (4) CA 2006). Im Gegensatz zum deutschen GmbH-Recht kennt das Englische Kapitalgesellschaftsrecht damit nicht das Rechtsinstitut der **fehlerhaften Gesellschaft**.[523] Insofern steht aus englischer Sicht der Schutz des Rechtsverkehrs im Vordergrund. Eine spätere **Annullierung** der eingetragenen Gesellschaft („*Quash the Registration*") ist zwar nicht vollends ausgeschlossen, nach Ausstellung der Gründungsbescheinigung kann im Rahmen eines gerichtlichen Überprüfungsverfahrens jedoch grundsätzlich nur die englische Krone (die englische Regierung) die erfolgte Gründung an-

---

515 Das Erfordernis einer solchen Erklärung wurde erst im Zuge des Companies Act 2006 eingeführt, vgl. *Hannigan*, Company Law, 2015, Rn. 1-26.

516 Generell zur Compliance im Vereinigten Königreich *Sheikh et al.* in: v. Busekist (Ed.), International Compliance, 2016, § 31.

517 *Levedag* in: Süß/Wachter (Hrsg.), HdB des internationalen GmbH-Rechts, 2016, England, Rn. 85.

518 Vgl. *Davies/Worthington*, Gower's Principles of Modern Company Law, 2016, Rn. 4-34; *Boyle/Birds*, Company Law, 2014, Rn. 4.5; *Just*, Die englische Limited in der Praxis, 2012, Rn. 35.

519 Siehe nur *Wicke* in: MüKo GmbHG, Bd. 1, 3. Aufl. 2018, § 9c Rn. 7; *Veil* in: Scholz, GmbHG, Bd. 1, 12. Aufl. 2018, § 9c Rn. 8; *Tebben* in: Michalski/Heidinger/Leible/J. Schmidt (Hrsg.), GmbHG, Bd. 1, 3. Aufl. 2017, § 9c Rn. 9.

520 *R. v. Registrar of Joint Stock Companies, ex parte More* [1931] 2 KB 197; *R. v. Registrar of Companies, ex parte Bowen* [1914] 3 KB 1161.

521 *Mayson/French/Ryan*, Company Law, 2017, S. 49.

522 *Palmer's Company Law*, 2016, Rn. 2.1302; *Boyle/Birds*, Company Law, 2014, Rn. 4.6.

523 *Just*, Die englische Limited in der Praxis, 2012, Rn. 35; *Schall* in: Schall (Hrsg.), Companies Act, 2014, sec. 15 Rn. 1.

fechten.[524] Für Dritte ist es damit faktisch ausgeschlossen, nach Erteilung des Certificate of Incorporation gegen eine unrechtmäßige Gründung einer Ltd. vorzugehen.[525] Aber auch der Englische Staat geht nur in äußerst seltenen Fällen gegen Gründungen vor, vor allem jedoch wenn erhebliche öffentliche Interessen durch die Gesellschaftsgründung verletzt werden. Zur Austragung aus dem Register und damit zur Auflösung der Gesellschaft (s. dazu Rn. 537 ff.) kann ferner eine zwangsweise **Registerlöschung** von Amts wegen (*Striking Off*) gem ssec. 1000 ff. CA 2006 führen.

Nach Ausstellung der Gründungsbescheinigung und dem Erhalt der Rechtsfähigkeit erfolgt die **Bekanntmachung** (*Official Notification*) der Eintragung der entstanden Ltd. in der maßgebenden **Gazette** (sec. 1064 CA 2006). In Abhängigkeit vom Ort des Registersitzes also in der London, Edinburgh oder Belfast Gazette. Es erfolgt lediglich eine **Mitteilung**, dass die Gesellschaft gegründet wurde; die zur Registrierung einzureichenden Dokumente werden nicht bekannt gegeben.[526] Die Bekanntmachung in den einschlägigen Amtsblättern erfolgt nach Beitritt Großbritanniens zur damaligen Europäischen Gemeinschaft aufgrund der Vorgaben der Art. 14 ff. Kodifizierungs-RL (ehemalige Publizitätsrichtlinie (dazu § 20 Rn. 20)) und ist in ihrer derzeitigen Ausgestaltung nicht frei von Kritik.[527] Zu denken wäre beispielsweise an eine rein elektronische Bekanntmachung durch das Companies House, dass eine Gesellschaft wirksam gegründet wurde. 282

Nach Abschluss des Registrierungsverfahrens hat der Registrar als Ministerialbeamter des Companies House der gegründeten Gesellschaft eine **individuelle Registernummer** zuzuteilen (sec. 1066 (1) CA 2006). Die wichtigsten Gesellschaftsunterlagen sind für den Rechtsverkehr unter dieser Nummer beim Companies House einsehbar. Die Registernummer dient der **Identifizierung** der Gesellschaft unabhängig von deren Firma und Änderungen des Geschäftsmittelpunktes.[528] 283

c) Rechtsfähigkeit

Mit Eintragung und Ausstellung der Gründungsbescheinigung erlangt die Ltd. **Rechtspersönlichkeit** (*Legal Personality* bzw. *Legal Capacity*) und ist als **juristische Personen** entstanden (sec. 16 (3) CA 2006). Sie ist als selbstständige, von den Gesellschaftern getrennte Einheit (*Body Corporate*) zu betrachten, die rechtlich abstrakt und mit eigener Rechts- und Handlungsfähigkeit ausgestaltet ist. Das Wesen der Ltd. als eigenständige juristische Person wird in Großbritannien dabei eher pragmatisch und weniger theoretisch als im deutschem Recht diskutiert. Prägende Leitentscheidung zur eigenen Rechtspersönlichkeit und zur Trennung zwischen der Gesellschaft und deren Anteilsinhabern ist die berühmte ***Salomon*-Entscheidung** Ende des 19. Jahrhunderts.[529] Das dort zum Ausdruck kommende **Trennungsprinzip** gilt bis heute als tragende Säule des Englischen Kapitalgesellschaftsrechts. Im Zusammenhang mit der eigenen Rechtspersönlichkeit einer Company dient dieses als maßgebendes Abgrenzungskriterium zum Personengesellschaftsrecht. Zudem gehen viele der heutigen Rechtsprinzipien des Englischen Kapitalgesellschaftsrechts auf die *Salomon*-Entscheidung zurück.[530] Die weitgehende Klarheit hinsichtlich der eigenen Rechtspersönlichkeit einer Ltd. brachte für Unternehmer die Sicherheit, dass grundsätzlich nur die Gesellschaft als juristische Person für eingegangene Verbindlichkeiten haftet und nicht die Anteilsinhaber. Auch dies führte letztlich zum überwältigenden Erfolg der Ltd.[531] 284

Aus der eigenständigen Rechtspersönlichkeit der Ltd. leiten sich verschiedene, damit verbundene **Charakteristika** einer englischen Kapitalgesellschaft ab. So ist die Ltd. rechts- und parteifähig, sie kann selbst Eigentümerin von Gegenständen und Rechten sein, sie besteht unabhängig von ihren (Gründungs-) Mitgliedern und kann selbst strafrechtlich zur Verantwortung gezogen werden (zB *Corporate Manslaughter*).[532] 285

Eine frühere Einschränkung der Rechtsfähigkeit von Kapitalgesellschaften betrafen **ultra vires-Handlungen** der Vertretungsorgane, basierend auf der Entscheidung *Ashbury Railway Carriage Company Ltd. v. Riche* aus dem 286

---

524 *Mayson/French/Ryan*, Company Law, 2017, S. 49; vgl. auch *Davies/Worthington*, Gower's Principles of Modern Company Law, 2016, Rn. 4-34 ff.

525 *Bowman v. Secular Society* [1917] AC 406, 435 ff.

526 *Palmer's Company Law*, 2016, Rn. 2.1401.

527 Vgl. *Company Law Review Steering Group*, Final Report, Rn. 11.48; *Palmer's Company Law*, 2016, Rn. 2.1409.

528 *Schall/Günther* in: Schall (Hrsg.), Companies Act, 2014, ssec. 1060-1067 Rn. 8.

529 *Salomon v. Salomon & Co. Ltd.* [1896] UKHL 1; dazu aus dem jüngeren Schrifttum (vor bzw. ohne Bezug zu Prest v. Petrodel Resources Ltd.) *Moore* J.B.L. 2006, 180 ff.; *Lim* Journal of Law and Society 41 (2014) 523 ff.; *Watson* J.B.L. 2015, 120, 133 ff.

530 *Boyle/Birds*, Company Law, 2014, Rn. 3.2.1; *Bourne*, Company Law, 2016, S. 18; *Hannigan*, Company Law, 2015, Rn. 3-13 ff.

531 *Cheng-Han* J.B.L. 2015, 20, 21.

532 Ausführlich zum Ganzen auch *Palmer's Company Law*, 2016, Rn. 2.1515 ff.; Zur Haftung wegen Corporate Manslaughter (neben dem Corporate Manslaughter and Corporate Homicide Act 2007) *R. v. P & O Ferries (Dover) Ltd.* [1991] 93 Cr App R 72; *R. v. Cotswold Geotechnical Holdings Ltd.* [2012] 1 Cr App R 26.

Jahr 1875.[533] Danach besitzt eine Gesellschaft nur dann Rechts- sowie Handlungsfähigkeit und kann gegenüber Dritten an Rechtsgeschäfte gebunden werden, wenn sie im Rahmen ihres im Memorandum festgelegten **Unternehmensgegenstandes** tätig wird. Die zugrundeliegende Vorstellung einer solchen ultra vires-Doktrin bestand somit darin, dass nur in den Grenzen des bezeichneten Unternehmensgegenstandes einer Gesellschaft durch Registrierung das rechtliche Privileg verliehen wird, am Rechtsverkehr teilzunehmen. Dies hatte zur Folge, dass in der Praxis der Unternehmensgegenstand oft seitenlang beschrieben wurde, um die Reichweite der Handlungsfähigkeit der Gesellschaft genau zu bestimmen.[534] In jüngerer Zeit wurde die ultra vires-Lehre (dazu § 20 Rn. 70 f.) jedoch vielmehr als Beschränkung der Vertretungsmacht gesehen. Mittlerweile stellt sec. 39 CA 2006 klar, dass über den Unternehmenszweck hinausgehende Handlungen **keine Auswirkungen** auf die Rechtsfähigkeit einer Ltd. mehr haben. Eine von einer Gesellschaft vorgenommene Handlung kann nicht aus dem Grund angefochten werden, dass diese aufgrund irgendwelcher Bestimmungen ihrer Satzung nicht die dazu erforderliche Rechtsfähigkeit besitzt.[535]

287 Eine Überwindung des Trennungsprinzips und damit eine **Durchbrechung** der eigenständigen Rechtspersönlichkeit der Ltd. gilt in Fällen der Durchgriffshaftung der Gesellschafter (***Piercing the Corporate Veil***). Die Frage der Durchgriffshaftung (s. Rn. 526 ff.) ist dabei eines der meistdiskutierten Themen im Englischen Gesellschaftsrecht. Lange Zeit konnte die Rechtsprechung keine abschließenden und eindeutigen Voraussetzung für einen Haftungsdurchgriff (*veil piering*) auf die Anteilsinhaber für die Verbindlichkeiten der Gesellschaft festmachen. Eine gewisse Klarheit brachte erst die Supreme Court-Entscheidung ***Petrodel Resources Ltd. v. Prest*** aus dem Jahr 2013.[536] Aufgrund ihrer Bedeutung für die mögliche Haftung der Gesellschafter für die Verbindlichkeiten einer Ltd. kann auf die dortigen Ausführungen verwiesen werden (s. Rn. 526 ff.). Insgesamt ist eine Durchbrechung des Trennungsprinzips und der umfassenden Rechtspersönlichkeit der Ltd. als haftungsbeschränkte Kapitalgesellschaft jedoch – auch im Vergleich zur deutschen Durchgriffshaftung – extrem selten. Wenn überhaupt, stellt sich diese Problematik allenfalls noch in **Konzernkonstellationen.**

d) Firmierung und Angaben auf Geschäftsdokumenten

288 Die künftige Firma (***Company's Name***) ist bereits bei der Anmeldung zur Eintragung der Gesellschaft im Registrierungsantrag (s. Rn. 265) anzugeben (sec. 9 (2) (a) CA 2006). Da die Firma nicht die innergesellschaftliche Organisation der Ltd. betrifft, ist sie – anders als nach deutschem Recht[537] – nicht zwingend in der Satzung anzugeben.[538] Möglich und nicht selten ist dies dennoch. Zumal bei vor Inkrafttreten des Companies Act 2006 gegründeten Gesellschaften die Firma im Memorandum of Association (s. Rn. 275 f.) anzugeben war und gemäß der Fiktion von sec. 28 CA 2006 dessen Inhalt als Bestandteil der Satzung gilt. Die Änderung der Firma ist gleichwohl spezialgesetzlich geregelt (sec. 77 ff. CA 2006) und unterfällt nicht den (allgemeinen) Regelungen (sec. 21 ff. CA 2006) zur Änderung der Satzung.[539]

289 Grundsätzlich kann die **Firma** der Gesellschaft frei gewählt werden. Wie in Deutschland sind auch Personen-, Sach- oder Fantasienamen zulässig.[540] Es gibt jedoch verschiedene Beschränkungen bei der Wahl der Firma.[541] Der Wahl des Gesellschaftsnamens sollte daher eine nicht zu unterschätzende Aufmerksamkeit im Vorfeld der Gründung einer Ltd. gegeben werden. Diese gesetzlichen Vorgaben hinsichtlich der Verwendung einer Firma werden durch verschiedene Verordnungen (Regulations) konkretisiert. Von Bedeutung sind insbesondere die neueren Company, Limited Liability Partnership and Business (Names and Trading Disclosures) Regulations

533 *Ashbury Railway Carriage Company and Iron Co. v. Richi* [1875] LR 7 HL 653; vgl. auch *Bell Houses Ltd. v. City Wall Properties Ltd.* [1966] 2 All ER 674; *Rolled Steel Products Ltd. v. British Steel Corporation* [1982] Ch 478.

534 *Just*, Die englische Limited in der Praxis, 2012, Rn. 88; *Ringe/Otte* in Triebel ua (Hrsg.), Englisches Handels- und Wirtschaftsrecht, 2012, Kap. V Rn. 89; *Klebs* BWNotZ 1995, 12; *Shearman* GmbHR 1992, 149 f.

535 *Rothenburg/Walter/Platts* in: Wegen/Spahlinger/Barth (Hrsg.), Gesellschaftsrecht des Auslands, 2. EL 2018, Vereinigtes Königreich, Rn. 26; *Schall* in: Schall (Hrsg.), Companies Act, 2014, Sec. 39 Rn. 14 ff.

536 *Petrodel Resources Ltd. v. Prest* [2013] UKSC 34; dazu *Cheng-Han* J.B.L. 2015, 20 ff.; *Bowen* Bus. L.B. 129 (2014) 1 ff.; *Stocking* Co. Lawyer 35 (2014) 363 ff.; *Grier* Edin. L.R. 18 (2014) 275 ff.; *Mujih* Co. Lawyer 37 (2016) 39 ff.; *Kinsky* P.C.B. 2014, 44 ff.; *Mujih* Co. Lawyer 37 (2016) 39 ff.; *Hannigan* Irish Jurist 50 (2013) 11 ff.; *Alcock* Denning L.J. 2013, 241 ff.; *Kelly* C.L. Pract. 21 (2014) 138 ff.; *Lee* ICCLR 26 (2015) 28 ff.; *Tjio* LMCLQ 2014, 19 ff.; *Lim* LQR 129 (2013) 480 ff.; *Rose* LMCLQ 2013, 566 ff.; *Spencer* N.L.J. 165 (2015) 16 f.; *Stubbins* Trust & Trustees 22 (2016) 516; *Schall* ECFR 2016, 549 ff.; deutschsprachig auch *ders.* in: Schall (Hrsg.), Companies Act, 2014, sec. 1 Rn. 35 ff.

537 Vgl. § 3 I Nr. 1 Var. 1 GmbHG; § 23 III Nr. 1 AktG.

538 *Lamsa* in: Schall (Hrsg.), Companies Act, 2014, ssec. 77-81 Rn. 5, 10.

539 *Boyle/Birds*, Company Law, 2014, Rn. 4.22.3; *Schall* in: Schall (Hrsg.), Companies Act, 2014, sec. 28 Rn. 2.

540 *Just*, Die englische Limited in der Praxis, 2012, Rn. 81; *Ringe/Otte* in: Triebel ua (Hrsg.), Englisches Handels- und Wirtschaftsrecht, 2012, Kap. V Rn. 75.

541 Siehe auch *Rothenburg/Walter/Platts* in: Wegen/Spahlinger/Barth (Hrsg.), Gesellschaftsrecht des Auslands, 2. EL 2018, Vereinigtes Königreich, Rn. 22.

2015 und die Company, Limited Liability Partnership and Business Names (Sensitive Words and Expressions) Regulations 2014.

Jede Private Limited Company hat den **Firmenzusatz** „Limited", die Abkürzung „Ltd." oder das jeweils walisische Äquivalent zu führen (sec. 59 (1), (2) CA 2006). Die möglichen Ausnahmen hiervon sind für die unternehmerisch tätige Limited by Shares ohne Bedeutung. Ferner bestehen besondere Vorschriften für die Verwendung von Sonderzeichen und Symbolen in der Firma der Gesellschaft. Die Einzelheiten der zulässigen Zeichen ergeben sich aus reg. 2, Schedule 1 der Company, Limited Liability Partnership and Business (Names and Trading Disclosures) Regulations 2015. 290

Die Ltd. darf **nicht dieselbe Firma** führen, die bereits für eine andere Gesellschaft eingetragen ist (sec. 66 CA 2006). In diesem Fall wird der Registrar die Eintragung und damit die Gründung der Gesellschaft ablehnen. Ob die beabsichtigte Firma bereits in dieser Form von einer anderen Gesellschaft geführt wird, ergibt sich aus dem beim Companies House geführten **Firmenindex** (*Registrar's Index of Company Names*) (sec. 1099 CA 2006). Erfasst sind dort alle Eintragungen im Vereinigten Königreich. Eine schottische Firma sperrt daher auch eine Englische und umgekehrt. Bei einer neugegründeten Ltd. als Teil einer Unternehmensgruppe ist es allerdings zulässig, die Zugehörigkeit zur Unternehmensgruppe durch eine (weitgehend) gleiche Firma anzuzeigen.[542] Weiterhin ist der zuständige ***Secretary of State*** **ermächtigt**, die Gesellschaft innerhalb eines Jahres nach deren Gründung oder Änderung der Firma aufzufordern, ihre Firma zu ändern, wenn diese einer älteren Gesellschaft gleicht oder hinreichend ähnlich ist (sec. 67 f. CA 2006). Zusätzlich können vor allem Wettbewerber der Gesellschaft einen deliktsrechtlichen **Unterlassungsanspruch** (*Passing Off-Action*) gegen diese vorbringen, wenn die berechtigten Interessen des Konkurrenten durch Nutzung dieser Firma beeinträchtigt werden oder die Möglichkeit der Täuschung hinsichtlich der Unternehmensidentität für die Öffentlichkeit besteht (sec. 69 (1) CA 2006).[543] Voraussetzung ist jedoch, dass der Wettbewerber nachweisen kann, dass die Bezeichnung der Firma für ihn eine ernsthafte Bedrohung seiner Geschäftstätigkeit darstellt.[544] Bei einer reinen Personenfirma und der Verwendung der Namen der Gesellschafter muss zudem eine betrügerische Absicht der handelnden Personen hinzukommen, damit ein Unterlassungsanspruch gerechtfertigt ist.[545] 291

Neben der Möglichkeit des Unterlassungsanspruchs gem sec. 69 CA 2006 kann einem Konkurrenten ein **wettbewerbsrechtlicher Markenschutz** zugutekommen. Weist die Firma Ähnlichkeiten zu einer bestehenden Geschäftsmarke für Waren oder Dienstleistungen eines anderen Unternehmens auf und wird dadurch für den Rechtsverkehr eine Verwechslungsgefahr begründet, kann der Markeninhaber ebenfalls die **Unterlassung** der verwendeten Firma verlangen. Zusätzlich zum Firmenindex beim Companies House ist im Rahmen der Gesellschaftsgründung daher zu empfehlen, das britischem Trademark Registry auf identische oder verwechslungsfähige Marken bzw. Firmen zu untersuchen.[546] 292

Der Gebrauch einer Firma, die eine Straftat darstellen würde oder als **anstößig** zu erachten ist, kann nicht unter diesem Gesellschaftsnamen eingetragen werden (sec. 53 CA 2006). Kann durch die beabsichtigte Firma der Eindruck entstehen, dass eine Verbindung der Gesellschaft zu **öffentlichen Autoritäten** (zB *Her Majesty's Government*) besteht,[547] bedarf es der Zustimmung des zuständigen *Secretary of State*, dass der beabsichtigte Name gesetzeskonform ist (sec. 54 CA 2006). Diese **Erlaubnis** zur Führung der entsprechenden Firma ist dem Registerantrag beizufügen.[548] Gleiches gilt für Firmen, die leicht misszuverstehende Wörter (***sensible words***) enthalten (sec. 55 CA 2006). Die Ähnlichkeit bezieht sich dabei insbesondere auf die Bezeichnung staatlicher Institutionen und Hoheitsbegriffe (zB *royal*, *charity*, *british*).[549] Erlangt der *Secretary of State* im Nachgang der Gründung Kenntnis, dass die Gesellschaft entgegen den Vorgaben der ssec. 54 f. CA 2006 ihre Firma im Rechtsverkehr verwendet, kann er die Gesellschaft auffordern, innerhalb einer bestimmten Frist ihren Namen zu ändern (sec. 75 (1) CA 2006).[550] Entsprechendes gilt, wenn der *Secretary of State* der Ansicht ist, die Firma sei geeignet, über die von der Gesellschaft verfolgte Tätigkeit **irrezuführen** und dadurch einen Schaden für den Rechts- 293

542 *Davies/Worthington*, Gower's Principles of Modern Company Law, 2016, Rn. 4-18.

543 Hierzu bereits *Turton v. Turton* (1889) 42 Ch D. 128 (CA); *Tussaud v. Tussaud* [1890] 44 Ch D. 678; *Aerators Ltd. v. Tollit* [1902] 2 Ch 319; *Ad Lib Club Ltd. v. Granville* [1971] 2 ALL ER 300.

544 *Davies/Worthington*, Gower's Principles of Modern Company Law, 2016, Rn. 4-27.

545 *Croft v. Day* (1843) 7 Beav 84; *Ringe/Otte* in: Triebel ua (Hrsg.), Englisches Handels- und Wirtschaftsrecht, 2012, Kap. V Rn. 330.

546 *Just*, Die englische Limited in der Praxis, 2012, Rn. 82; *Levedag* in: Süß/Wachter (Hrsg.), HdB des internationalen GmbH-Rechts, 2016, England, Rn. 137.

547 Weitere „Public Authorities" finden sich in Schedule 4 der Company, Limited Liability Partnership and Business (Names and Trading Disclosures) Regulations 2015.

548 *Palmer's Company Law*, 2016, R. 2.450; *Levedag* in: Süß/Wachter (Hrsg.), HdB des internationalen GmbH-Rechts, 2016, England, Rn. 136.

549 Die Liste der sensible words and expressions findet sich in Schedule 1 der Company, Limited Liability Partnership and Business Names (Sensitive Words and Expressions) Regulations 2014.

550 *Palmer's Company Law*, 2016, Rn. 2.452; *Lamsa* in: Schall (Hrsg.), Companies Act, 2014, sec. 75 Rn. 2.

verkehr zu bewirken (sec. 76 (1) CA 2006). Dabei kommt es nicht darauf an, dass tatsächlich ein Schaden eingetreten ist oder eine Irreführungsabsicht vorliegt.[551]

294 Eine weitere (faktische) Beschränkung hinsichtlich der Verwendung einer Firma besteht im Hinblick auf sog **Phoenix Companies.** Darunter sind Gesellschaften zu verstehen, die kurz nach der (insolvenzbedingten) Auflösung eines vorherigen Unternehmens unter demselben Management und derselben Firma wie die erloschene Vorgängergesellschaft geschäftlich tätig werden.[552] Obgleich die dazugehörige Regelung des sec. 216 IA 1986 (*„Restriction on Re-Use of Company Names"*) eigentlich nur die Kontinuität der Geschäftsführung zwischen der alten und neuen Gesellschaft betrifft, kommt ihr vor allem bei Einpersonen-Gesellschaften die faktisch beschränkende Wirkung zu, dass die betreffende Person innerhalb der nächsten fünf Jahre nicht unter dem vorherigen Gesellschaftsnamen unternehmerisch tätig werden darf.[553]

295 Die Ltd. kann ihre Firma jederzeit **freiwillig ändern** (*Change of Name*). Für eine Änderung ist ein außerordentlicher Gesellschafterbeschluss (*Special Resolution*) (s. Rn. 398) notwendig (sec. 77 (1) (a) CA 2006). Dies ist jedoch nicht zwingend und kann in der Satzung abweichend geregelt werden. In jedem Fall ist die Änderung der Firma dem zuständigen Registrar mitzuteilen (ssec. 78 (1), 79 (1) CA 2006). Da die Firma nicht in der Satzung zu bezeichnen ist, kommen die Vorgaben für eine Änderung der Satzung (s. Rn. 321 ff.) grundsätzlich nicht zur Anwendung.[554] Insofern bedurfte es spezieller Regelungen im Companies Act 2006, die eine Firmenänderung erfassen. Bei Änderung der Firma durch Gesellschafterbeschluss ist dem Registrar zudem eine **Kopie der Beschlussfassung** zu übersenden. Entspricht die künftige Firma den gesetzlichen Anforderungen, trägt der Registrar den neuen Namen ein und ändert die Angabe im Firmenindex des Companies House entsprechend (sec. 80 (1), (2) CA 2006). Zudem stellt der Registrar ein **neues Certificate of Incorporation** mit Angabe der geänderten Firma aus (sec. 80 (3) CA 2006). Die Änderung der Firma wird mit Ausstellung des Certificates wirksam (sec. 81 (1) CA 2006). Das Datum der Beschlussfassung ist für die Wirksamkeit der Firmenänderung daher ohne Bedeutung. Gleichwohl hat die vorherige Verwendung der geänderten Firma keinen Einfluss auf die Wirksamkeit des abgeschlossenen Rechtsgeschäfts für die Gesellschaft.[555] Da es sich trotz Ausstellung einer neuen „Gründungsbescheinigung" nicht um eine Neugründung der Gesellschaft handelt, kommt in diesem Zusammenhang auch eine Handelndenhaftung gem sec. 51 CA 2006 (s. Rn. 301) des vor Ausstellung des Certificate of Incorporation die neuen Firma nutzenden Geschäftsführers nicht in Betracht.[556] Darüber hinaus hat die Umfirmierungen keinen Einfluss auf die Rechte und Pflichten der Gesellschafter und auf etwaige Gerichtsverfahren (sec. 81 (2), (3) CA 2006).

296 Neben den Vorschriften für die Firma einer Ltd. bestehen spezielle Vorgaben für die **Geschäftsbezeichnung** (*Business Name*) einer Company. Die entsprechenden Regelungen des Part 41 des Companies Act 2006[557] erlangen vor allem dann Bedeutung, wenn sich die Geschäftsbezeichnung einer Gesellschaft von deren Firma **unterscheidet.**[558] Danach darf ua die Unternehmensbezeichnung nicht auf eine falschen Gesellschaftstyp hinweisen (sec. 1197 CA 2006), sie darf nicht irreführend in Bezug auf die Art der Aktivität des Unternehmens sein (sec. 1198 CA 2006) und auf keine Nähe zur Regierung oder eines Teils der öffentlichen Verwaltung hindeuten (sec. 1193 CA 2006). Zudem darf die Unternehmensbezeichnung keine leicht misszuverstehende Wörter bzw. Ausdrücke enthalten (sec. 1194 CA 2006). Die Regelungen der ssec. 1192 ff. CA 2006 werden durch die Bestimmungen der Company, Limited Liability Partnership and Business (Names and Trading Disclosures) Regulations 2015 konkretisiert. Die Vorgaben für die Führung einer speziellen Geschäftsbezeichnung sind weitgehend **vergleichbar** mit denen zur Führung der Firma.

297 Die Firma ist auf verschiedenen Geschäfts- und sonstigen unternehmensbezogen Dokumenten anzugeben (sec. 82 CA 2006). Der materielle Umfang der Angabe und Publizitätspflichten hinsichtlich der Firma wird durch die Company, Limited Liability Partnership and Business (Names and Trading Disclosures) Regulations 2015 bestimmt.[559] Danach ist die Firma auffällig und gut lesbar auf allen **Geschäftsbriefen,** Mitteilungen, **Rechnungen,** Quittungen, Bestellungen und Schecks anzugeben (reg. 24). Zudem muss sie – sofern vorhanden – sichtbar auf der Internetpräsenz der Gesellschaft erkennbar sein.

551 *Palmer's Company Law*, 2016, Rn. 2.454; *Lamsa* in: Schall (Hrsg.), Companies Act, 2014, sec. 76 Rn. 1.
552 *Boxell*, A Practioner's Guide to Directors' Duties and Responsibilities, 2013, S. 140; *Palmer's Company Law*, 2016, Rn. 2.457; *Doralt* in: Schall (Hrsg.), Companies Act, 2014 sec. 154 Rn. 7.
553 *Davies/Worthington*, Gower's Principles of Modern Company Law, 2016, Rn. 4-19; *Palmer's Company Law*, 2016, Rn. 2.458; *Bourne*, Company Law, 2016, S. 84.
554 Dies ergibt sich aus Ziff. 5 der Companies Act 2006 (Consequential Amendments, Transitional Provisions and Savings) Order 2009.
555 *Lin Pac Containers (Scotland) v. Kelly*, 1983 SLT 422; *Oshkosh B'Gosh Inc. v. Dan Marbel Inc.* [1988] BCLC 507.
556 *Palmer's Company Law*, 2016, Rn. 2.463.
557 Ehemals Business Names Act 1985.
558 *Ringe/Otte* in: Triebel ua (Hrsg.), Englisches Handels- und Wirtschaftsrecht, 2012, Kap. V Rn. 80.
559 Diese haben diesbezüglich die Companies (Trading Disclosure) Regulations 2008 ersetzt.

Der auf den **Geschäftskorrespondenzen** und anderen Unterlagen anzugebene Name der Gesellschaft muss mit der beim Companies House geführten Firma identisch sein. Nach sec. 85 CA 2006 haben kleinere Abweichungen (*Minor Variations*) zwischen der eingetragenen und tatsächlich im Rechtsverkehr geführten Firma jedoch keine Konsequenzen und können hinsichtlich der Sanktionierung von Verstößen gegen die Publizitäts- und Angabepflichten außer Acht gelassen werden.[560] Dies betrifft zB die Verwendung von Groß- und Kleinschreibung sowie von Interpunktionszeichen. 298

Wird den entsprechenden Publizitäts- und Angabepflichten nicht in angemessener Weise nachgekommen, drohen der Gesellschaft und ggf den Geschäftsführern sowohl **zivil-** als auch **strafrechtliche Konsequenzen.** Klagt die Gesellschaft ihre Rechte aus einem Vertrag ein, der während eines Verstoßes dieser gegen die Publizitäts- und Angabepflichten zustande gekommen ist, kann die beklagte Partei eine entsprechende Einrede erheben, die, wenn sie begründet ist, zur Abweisung der Klage führt (sec. 83 (2) CA 2006). Die Gesellschaft kann in diesem Fall ihre vertraglichen Rechte nicht geltend machen, wenn der Beklagte den Nachweis erbringt, dass er durch die mangelnde Publizität der Firma benachteiligt wurde.[561] Davon im Prinzip unbenommen bleibt der Anspruch der Gesellschaft auf die **Rückabwicklung** des Vertrags und der bereits erbrachten Leistungen.[562] Auch die beklagte Partei kann nach erfolgreicher Einrede ihre vertraglichen Ansprüche gegen die Gesellschaft vorbringen.[563] 299

Neben dieser zivilprozessrechtlichen Sanktionierung kann die mangelnde Darstellung der Firma auf den Geschäftsdokumenten auch **strafrechtliche Folgen** haben. Nach sec. 84 CA 2006 kann der *Secretary of State* bei Verstößen gegen sec. 82 CA 2006 Verordnungen erlassen, die eine strafrechtliche Sanktionierung bewirken. Gemäß reg. 28 (1) der Company, Limited Liability Partnership and Business (Names and Trading Disclosures) Regulations 2015 stellt ein Verstoß gegen die dortigen Regelungen eine **Straftat** der Gesellschaft sowie der verantwortlichen Geschäftsführer dar. Hiervon ist auch ein Scheingeschäftsführer (*Shadow Director*) (s. Rn. 423 ff.) erfasst (reg. 28 (3)). 300

e) Vorgründungsphase

Eine **Vorgesellschaft** wie im deutschen Recht ist dem Englischen Gesellschaftsrecht fremd.[564] Es gibt sie weder als Company noch als Partnership.[565] Im Namen einer (noch) nicht bestehenden Gesellschaft geschlossene Verträge binden diese nicht und können auch nicht nach der Gründung von ihr genehmigt werden.[566] Insofern beurteilen sich auch Handlungen im Vorfeld der Gründung nach dem Vertragsstatut und nicht nach dem späteren Gesellschaftsstatut. Dem liegt die Vorstellung zugrunde, dass mit einer nicht bestehenden Einheit keine Verträge geschlossen werden können. Dennoch kann das Bedürfnis bestehen, bereits vor der Gründung und Eintragung einer Ltd., Vereinbarungen für diese zu treffen, beispielsweise für den Erwerb von Grundstücken oder IP-Rechten oder für die Anstellung von Arbeitnehmern.[567] Aus diesem Grund kann ein **Bevollmächtigter** Verträge für die noch zu gründende Gesellschaft schließen. Entsprechend bevollmächtigte Personen können designierte Geschäftsführer, Gründungsgesellschafter oder allgemein Personen, die „eine Gesellschaft gründen wollen und die hierfür notwendigen Vorbereitungshandlungen unternehmen" (sog *Promoter*),[568] sein. Dieser wird jedoch persönlich gebunden und haftet somit auch persönlich für die eingegangene Verbindlichkeit (sec. 51 (1) CA 2006)). In Umsetzung der ehemaligen Publizitätsrichtlinie (jetzt Art. 14 ff. Kodifizierungs-RL) trifft diesen Bevollmächtigten daher nach deutschem Verständnis eine **Handelndenhaftung.**[569] Sie richtet sich grundsätzlich auf Erfül- 301

560 Vgl. auch *Lamsa* in: Schall (Hrsg.), Companies Act, 2014, ssec. 82-85 Rn. 4.

561 *Palmer's Company Law*, 2016, Rn. 2.411; *Davies/Worthington*, Gower's Principles of Modern Company Law, 2016, Rn. 9-16.

562 *Cotronic (UK) Ltd. v. Dezonie (t/a Wendaland Builders Ltd.)* [1991] BCC 200.

563 *Lamsa* in: Schall (Hrsg.), Companies Act, 2014, ssec. 82-85 Rn. 10.

564 *Merkt* in: MüKo GmbHG, Bd. 1, 3. Aufl. 2018, § 11 Rn. 255; *Just*, Die englische Limited in der Praxis, 2012, Rn. 30, 35; *Levedag* in: Süß/Wachter (Hrsg.), HdB des internationalen GmbH-Rechts, 2016, England, Rn. 100; *Schall* in: Schall (Hrsg.), Companies Act, 2014, sec. 16 Rn. 5.

565 *Keith Spicer Ltd. v. Mansell* [1970] 1 All ER 462.

566 *Re English and Colonial Produce Co. Ltd.* [1906] 2 Ch 435; *Natal Land Co. Ltd. v. Pauline Syndicate Ltd.* [1904] AC 120.

567 *Boyle/Birds*, Company Law, 2014, Rn. 4.19.

568 *Twycross v. Grant* (1877) 2 CPD 469, 541; *Braymist Ltd. v. Wise Finance Co. Ltd.* [2002] Ch 273; *Phonogram Ltd. v. Lane* [1982] QB 938, 943; siehe auch *Davies/Worthington*, Gower's Principles of Modern Company Law, 2016, Rn. 5-1 ff.; *Merkt* in: MüKo GmbHG, Bd. 1, 3. Aufl. 2018, § 11 Rn. 256.

569 *Schall* in: Schall (Hrsg.), Companies Act, 2014, ssec. 43-52 Rn. 7; *Merkt* in: MüKo GmbHG, Bd. 1, 3. Aufl. 2018, § 11 Rn. 256; *Levedag* in: Süß/Wachter (Hrsg.), HdB des internationalen GmbH-Rechts, 2016, England, Rn. 106; ausführlich zur Handelndenhaftung nach englischem Recht auch *J. Schmidt* RIW 2005, 827, 831 ff.

lung.[570] Die Haftung nach sec. 51 (1) CA 2006 ist jedoch dispositiv („*Subject to any Agreement to the Contrary*"). Wie der High Court bestätigte, bedarf es hierfür eines eindeutigen Haftungsausschlusses.[571]

302 Es ist möglich (und auch üblich), dass die Satzung die **Übernahme** dieser **vorläufigen Verträge** durch die Direktoren oder Gründungsgesellschafter vorsieht.[572] Es ist jedoch zu beachten, dass die Gesellschaft hierdurch nur gebunden wird, wenn sie einen **neuen Vertrag** zu den Konditionen entsprechend des vorläufigen Vertrags schließt (*Novation*).[573] Der Neuabschluss des Vertrags kann dabei ausdrücklich oder konkludent erfolgen, muss aber zumindest bewusst vorgenommen werden.[574] Lediglich ein Beschluss der Geschäftsführer zur Übernahme des vorläufigen Vertrages ist nicht ausreichend, um einen wirksamen Vertrag für die Gesellschaft zu begründen.[575] Gleiches gilt für eine nur einseitige Genehmigung einer Vertragspartei.[576]

303 Wird ein Vertrag ausdrücklich mit der Gesellschaft und nicht mit einem Bevollmächtigten geschlossen, wird der Vertrag normalerweise vor der Gründung der Gesellschaft vorbereitet und von einem oder mehreren Gründungsgesellschaftern oder einem Anwalt unterzeichnet. In der Satzung ist dann hierauf unter dem Verweis auf **„einen bereits vorbereiteten und zu vollziehenden Vertrag"** Bezug zu nehmen. In diesen Fällen muss die Gesellschaft den Vertrag nach der Gründung und eingehender Überprüfung durch die Direktoren abschließen. Sind diese hierbei in einem **Interessenkonflikt**, kann die Gesellschaft den Vertragsschluss ablehnen oder anfechten und den gezahlten Kaufpreis zurückverlangen.[577] Gleiches gilt bei fehlender Offenlegung der persönlich realisierten Gewinne durch den Vertrag. In diesem Fall kann die Gesellschaft auch den nicht-offengelegten Gewinn herausverlangen[578] und/oder den Bevollmächtigten auf **Schadensersatz** wegen treuhänderischer Pflichtverletzung in Anspruch nehmen.[579]

304 Potenzielle Vertragsparteien, die der Gesellschaft **Grundstücke verkaufen** wollen, können uU nicht dazu bereit sein, zu warten, bis die Gesellschaft gegründet worden ist und der Vertrag vollzogen werden kann. In diesen Fällen kann zwischen dem Verkäufer und dem Bevollmächtigten der Gesellschaft ein Vertrag geschlossen werden, der mit dem Vertrag **identisch** ist, den die Gesellschaft dann mit dem Verkäufer schließen wird. Zusätzlich wird in dem Vertrag zwischen dem Verkäufer und dem Bevollmächtigten der Gesellschaft vereinbart, dass der Bevollmächtigte **nur solange persönlich haftet**, bis die Gesellschaft gegründet und der Vertrag mit ihr vollzogen ist.[580] Die geschilderten Probleme und die Einfachheit der Gründung einer Ltd. führen dazu, dass eines solches Vorstadium vermieden wird, die faktische Gründung der Gesellschaft also vor Beginn jeglicher wirtschaftlicher Tätigkeit liegt.

f) Satzung (Articles of Association)

305 Von maßgebender Bedeutung für die Organisation der Ltd. ist deren Satzung (*Articles of Association*). Sie ist Teil der **Verfassung der Gesellschaft**. Der Begriff der Gesellschaftsverfassung (*Constitution*) ist in sec. 17 CA 2006 geregelt. Neben der (materiellen) Satzung gehören dazu die verfassungsrelevanten Gesellschafterbeschlüsse und -vereinbarungen. Nicht mehr zur Gesellschafterverfassung zählt das Memorandum of Association (s. Rn. 275 f.). Früher regelte das **Memorandum** vor allem die Rechtsverhältnisse der Gesellschaft im Außenverhältnis und hatte Angaben zur Firma, zum Sitz, zum Unternehmensgegenstand, zur Haftungsbeschränkung und zur Kapitalausstattung der Gesellschaft zu enthalten. Heute stellt das *Memorandum* nur noch eine Art **schriftliche Absichtserklärung** der Gründer (vgl. sec. 8 CA 2006) dar und hat weitgehend an Bedeutung verloren. Der Inhalt des Memorandum wird für vor Oktober 2009 gegründete Gesellschaften als Teil der Satzung unter dem Companies Act 2006 fingiert (sec. 28 CA 2006). Für ab dem Oktober 2009 gegründete Gesellschaften sind die entsprechenden Angaben jedoch nicht zwingend in den Articles of Association anzugeben. Vielmehr sind sie **Bestandteil des Registrierungsantrags** zur Gründung der Gesellschaft gem sec. 9 (2) CA 2006) und daher getrennt von der Satzung einzureichen. Insbesondere der Unternehmensgegenstand (*Company's Objects*) ist nur noch dann Bestandteil der Gesellschaftsverfassung, wenn er (intern) beschränkt ist (vgl. sec. 31 CA 2006).[581]

---

570 *Pennington* Co. Lawyer 23 (2002) 284; *Merkt* in: MüKo GmbHG, Bd. 1, 3. Aufl. 2018, § 11 Rn. 256.
571 *Royal Mail Estates Ltd. v. Maple Teesdale* [2015] EWHC 1890 (Ch); vorher bereits *Phonogram Ltd. v. Lane* [1982] QB 938, 944; siehe auch *Palmer's Company Law*, 2016, Rn. 3.007.1 („made explicitly […] or must be capable of being clearly and unambiguously").
572 *Palmer's Company Law*, 2016, Rn. 3.009; *Boyle/Birds*, Company Law, 2014, 4.19.
573 *Schall* in: Schall (Hrsg.), Companies Act, 2014, ssec. 43-52 Rn. 7.
574 *Schall* in: Schall (Hrsg.), Companies Act, 2014, ssec. 43-52 Rn. 8.
575 *Boyle/Bird*, Company Law, 2014, Rn. 4.19.
576 *Davies/Worthington*, Gower's Principles of Modern Company Law, 2016, Rn. 5-20.
577 *Erlanger v. New Sombrero Phosphate Co.* [1878] 3 App Cas 1218.
578 *Lagunas Nitrate Co. v. Lagunas Syndicate* (1899) 2 Ch 392.
579 *Re Leeds and Hanley Theatre of Varieties Ltd.* [1902] 2 Ch 809.
580 *Boyle/Birds*, Company Law, 2014, Rn. 4.20.
581 Vgl. auch *Schall* in: Schall (Hrsg.), Companies Act, 2014, sec. 17 Rn. 3.

Jede Ltd. muss eine Satzung haben. Die Satzung der Gesellschaft ist in ssec. 18 ff. CA 2006 geregelt. Sie bestimmt das **Innenverhältnis** der Ltd., dh insbesondere die gegenseitigen Rechte und Pflichten der Gesellschafter untereinander.[582] Insofern handelt es sich bei der Satzung um einen Art „gesetzlicher Vertrag" (***Statutory Contract***), der Kraft des Companies Act 2006 Geltung beansprucht.[583] Im Grundsatz sind die Articles also mit dem Gesellschaftsvertrag einer deutschen GmbH vergleichbar. Jeder Gesellschafter kann jederzeit kostenlos eine Kopie der Satzung verlangen (sec. 32 (1) (a) CA 2006). 306

Bei der Gründung einer Ltd. besteht die Möglichkeit eine **Mustersatzung** (*Model Articles*) zu verwenden. Ihr kommt die gleiche Bedeutung zu wie einem individuell vereinbarten Gesellschaftsvertrag (sec. 20 (1) CA 2006). Die Mustersatzung kommt automatisch dann zur Anwendung, wenn die Gesellschafter keine eigene Satzung erstellt haben oder, was deutlich häufiger ist, nur teilweise von dieser abweichen. Wer also verhindern will, dass die Mustersatzung auch nur partiell lückenfüllend eingreift, muss eine vollständige eigene Satzung erstellen. Basierend auf der Ermächtigungsnorm des sec. 19 (1) CA 2006 findet sich die Mustersatzung für eine Ltd. in Schedule 1 der Companies (Model Articles) Regulations 2008. Eine Einheitsmustersatzung für alle Kapitalgesellschaftsformen wie noch nach Table A des Companies Act 1985 gibt es nicht mehr. Einschlägig ist jedoch immer die gesetzliche Mustersatzung, die zum Zeitpunkt der Gründung der Gesellschaft maßgebend war.[584] Für vor Inkrafttreten des Companies Act 2006 gegründete Gesellschaften ist die Mustersatzung in Table A des Companies Act 1985 daher weiterhin von Bedeutung. Die Gesellschafter, die eine Mustersatzung ganz oder partiell nutzen, können sich daher nicht darauf verlassen, dass diese Mustersatzung an veränderte Erfordernisse angepasst wird. Dies müssen sie selbst tun. Mit 53 Paragraphen ist selbst die Mustersatzung einer Ltd. durchaus umfassend und zumeist umfangreicher als die gewöhnlichen Gesellschaftsverträge von deutschen GmbH.[585] Auch dies spiegelt den weitreichenden Kodifizierungsansatz des Englischen Kapitalgesellschaftsrechts wider. Da die Mustersatzung gesetzlich geregelt ist, kommt hinsichtlich der Auslegung einzelner Bestimmungen methodisch vielmehr eine **Gesetzesauslegung** (*Staturory Interpretation*) nach dem Interpretation Act 1978 als eine Vertragsauslegung im zivilrechtlichen Sinne in Betracht.[586] 307

Die Mustersatzung wird vor allem bei der **Gründung** einer **Vorrats-Gesellschaft** gebraucht oder wenn die Gründung besonders schnell vollzogen werden soll.[587] Geschuldet ihrem Charakter als Musterdokument kann diese jedoch nur bedingt den verschiedenen Intentionen von Mehrpersonengesellschaften gerecht werden. Bei der Verwendung der Mustersatzung ist daher Vorsicht geboten und diese allenfalls in Teilen zu verwenden. Zudem kann die Mustersatzung gemäß den Vorgaben für Satzungsänderungen (s. Rn. 321 ff.) nach Eintragung relativ problemlos und kostengünstig abgeändert werden. 308

Sofern nicht vollständig die Mustersatzung übernommen wurde, muss die Anmeldung zur Gründung der Gesellschaft eine Kopie der Satzung enthalten (sec. 9 (5) (b) CA 2006).[588] Insofern genügt eine schriftliche Erstellung der Satzung. Die Einschaltung eines **Notars** ist für die Erstellung der Satzung (sowie allgemein für die Gründung) **nicht erforderlich**.[589] Allerdings sind Unterschriften ggf durch Zeugen zu bestätigen.[590] Es finden sich jedoch teilweise Bedenken, dass die Gründung ohne die Einholung professionellen Rechtsrats (zB durch einen Notar) unter Umständen dazu führt, dass sich die Gründungsgesellschafter ihrer neuen rechtlichen Rolle nicht bewusst sein und infolgedessen ihren Pflichten nicht nachkommen könnten.[591] Es bestehen **aufbautechnische Anforderungen** an die Satzung. So muss es sich gem sec. 18 (3) CA 2006 um ein einheitliches Dokument handeln,[592] das in durchnummerierte Abschnitte gegliedert ist. Zudem ist die Satzung in englischer Sprache oder ggf in englischer Übersetzung beim Registrar einzureichen (ssec. 1103 ff. CA 2006). 309

---

582 *Mayson/French/Ryan*, Company Law, 2017, S. 77; *Hannigan*, Company Law, 2015, Rn. 5-10; *Kershaw*, Company Law in Context, 2012, S. 89; *Just*, Die englische Limited in der Praxis, 2012, Rn. 75.

583 *Bratton Seymour Service Co. Ltd. v. Oxborough* [1992] BCLC 693 at [475 f.].

584 *Wild/Weinstein*, Smith and Keenan's Company Law, 2013, S. 104; *Levedag* in: Süß/Wachter (Hrsg.), HdB des internationalen GmbH-Rechts, 2016, England, Rn. 161; *Rothenburg/Walter/Platts* in: Wegen/Spahlinger/Barth (Hrsg.), Gesellschaftsrecht des Auslands, 2. EL 2018, Vereinigtes Königreich, Rn. 29; zur ggf notwendigen Anpassung dieser an den Companies Act 2006 wurden verschiedene Verordnungen erlassen, zB The Companies (Tables A to F) (Amendment) Regulations 2007.

585 *Ringe/Otte*, Triebel ua (Hrsg.), Englisches Handels- und Wirtschaftsrecht, 2012, Kap. V Rn. 65.

586 *Fell v. Derby Leather Co. Ltd.* [1931] 2 Ch 252; *Palmer's Company Law*, 2016, Rn. 2.1104; *Mayson/French/Ryan*, Company Law, 2017, S. 81; *Schall* in: Schall (Hrsg.), Companies Act, 2014, ssec. 20, 21 Rn. 3.

587 *Davies/Worthington*, Gower's Principles of Modern Company Law, 2016, Rn. 3-15.

588 Basierend auf der ehemaligen Publizitätsrichtlinie (dazu § 20) kann die Einreichung auch in elektronischer Form erfolgen, vgl. sec. 1068 (5) CA 2006.

589 *Hannigan*, Company Law, 2015, Rn. 1-12; *Just*, Die englische Limited in der Praxis, 2012, Rn. 40; *Levedag* in: Süß/Wachter (Hrsg.), HdB des internationalen GmbH-Rechts, 2016, England, Rn. 164.

590 *Levedag* in: Süß/Wachter (Hrsg.), HdB des internationalen GmbH-Rechts, 2016, England, Rn. 81 f.

591 So *Hannigan*, Company Law, 2015, Rn. 1-12.

592 Wie in Deutschland sind Teilsatzungen daher nicht zulässig.

310 Übliche **Regelungspunkte** in den Articles of Association[593] betreffen die innere Struktur und Organisation der Gesellschaft und die Rechtsverhältnisse zwischen den Gesellschaftern. Die wichtigsten Regelungsinhalte, die bei der Erstellung der Satzung beinhaltet sein sollten, sind Bestimmungen zur Ausgestaltung der Geschäftsführung sowie zur Bestellung und Abberufung der Direktoren, zu den Modalitäten und zur Zusammenkunft der Gesellschafterversammlung, zur Veräußerung und Abtretung von Gesellschaftsanteilen, zu Kapitalmaßnahmen, zu Gesellschafterdarlehen, zur Gewinnausgabe und -verteilung, zu den Modalitäten der Rechnungslegung und Prüfung, zur Vertretungsbefugnis, zur Spezifizierung der Rechte und Pflichten zwischen den Gesellschaftern (zB Konkretisierung von Loyalitäts- und Treuepflichten), zu Nachfolgeangelegenheiten, zum Verfahren bei Gesellschafterstreitigkeiten, zu den Auflösungsgründen der Gesellschaft, zum Liquidations- und Auflösungsverfahren sowie – obgleich nicht mehr erforderlich – zum Unternehmensgegenstand.[594]

311 Obgleich die materielle Gestaltung der Satzung durch die (Gründungs-) Gesellschafter weitgehend frei ist, haben sich vor allem durch das Fallrecht im Laufe der Zeit verschiedene **Beschränkungen** bei der **inhaltlichen Ausgestaltung** der Articles of Association manifestiert. Ähnlich dem deutschen GmbH-Recht ist dabei nicht abschließend geklärt, welche Regelungen des Companies Act 2006 (oder auch spezialgesetzlicher Vorgaben) dispositiv sind und damit durch Bestimmungen in der Satzung abbedungen werden können. Aus praktischer Sicht ist vorsichtshalber daher davon auszugehen, dass die Regelungen des Companies Act 2006 **zwingend** sind und nicht zur Disposition der Parteien stehen, sofern nicht einschlägige Gerichtentscheidungen oder das Gesetz selbst Abweichendes zulässt.[595]

312 Zunächst sind solche Regelungen in der Satzung **unzulässig**, die gegen allgemeines Gesetzesrecht verstoßen.[596] Zudem können tragende Bereiche des Englischen Kapitalgesellschaftsrechts nicht durch die Satzung abbedungen werden. So zB das Recht auf Änderung der Satzung,[597] das Recht zur Durchführung von Kapitalmaßnahmen[598] und Bestimmung zur gerichtlichen Auflösung der Gesellschaft.[599] Besondere Beschränkungen bestehen darüber hinaus bei der Änderung von Satzungsbestimmungen (s. Rn. 321 ff.). Wie weitreichend das Verbot von gegen den **Kernbereich des Gesellschaftsrechts** beschränkende Satzungsbestimmungen ist, kann nicht pauschal beantwortet werden und hängt von der Ausgestaltung der jeweiligen Regelungen in der Satzung ab. Beispielsweise wurde in einer jüngeren Entscheidung die bisherige Rechtsauffassung aufgegeben, dass eine Verzichtsklausel auf gerichtlichen Rechtsbehelf (***Arbitration Clause***) hinsichtlich des Minderheitenschutzinstruments der Unfair Prejudice als unzulässig zu erachten ist.[600] Ein ersatzloser Verzicht auf den Minderheitenschutz der sec. 994 CA 2006 mag damit jedoch noch nicht ausgesprochen sein.[601] Insgesamt bleibt damit der Eindruck, dass die Reichweite möglicher Satzungsbestimmungen in Teilen noch ungewiss ist. Wie bereits erwähnt, sollte aus praktisch-gestalterischer Sicht daher eher davon ausgegangen werden, dass die Regelungen des Companies Act 2006 überwiegend zumindest in ihrem Kern zwingender Natur sind und nicht vollständig abbedungen werden können.

313 Neben den durch das Fallrecht geprägten Beschränkungen von Satzungsinhalten ist die Regelung der sec. 168 (1) CA 2006 von praktischer Bedeutung. Unbenommen von einer entsprechenden Satzungsregelung oder sonstigen Vereinbarungen kann ein **Geschäftsführer** jederzeit und ohne Grund durch einen ordentlichen Gesellschafterbeschluss mit einfacher Mehrheit **abberufen** werden. Dieses dem englischen Corporate Governance-Verständnis zugrundeliegenden Rechtsprinzip der freien Abwahl der Geschäftsführung, auch als Korrelat zum fehlenden Weisungsrecht der Gesellschafter (s. Rn. 353), machte es aus Sicht des Gesetzgebers notwendig, abweichende Vereinbarungen ausdrücklich zu unterbinden.

314 Die verabschiedeten Satzungsbestimmungen binden die Beteiligten wie Vertragspartner an einen privatautonom abgeschlossenen Vertrag (sec. 33 (1) CA 2006). Dies gilt in gleichem Maße für eine registrierte (selbsterstellte) Satzung wie für die Mustersatzung.[602] Die **Bindungswirkung der Satzung** gilt dabei sowohl für die Gesellschaft

593 Entsprechendes gilt im Ansatz auch für den Inhalt der Mustersatzung gemäß Schedule 1 der Companies (Model Articles) Regulations 2008.

594 Siehe auch *Palmer's Company Law*, 2016, Rn. 2.1116; hinsichtlich der Mustersatzung *Mayson/French/Ryan*, Company Law, 2014, S. 80 f.

595 So auch *Schall* in: Schall (Hrsg.), Companies Act, 2014, sec. 18 Rn. 4; ferner *Rothenburg/Walter/Platts* in: Wegen/Spahlinger/Barth (Hrsg.), Gesellschaftsrecht des Auslands, 2. EL 2018, Vereinigtes Königreich, Rn. 30.

596 *Welton v. Saffery* (1897) AC 299, 329.

597 *Allen v. Gold Reefs of West Africa Ltd.* [1900] 1 Ch 656 (CA), 671.

598 *Russel v. Northern Bank Development Corporation Ltd.* [1992] 3 All ER 161.

599 *Re Peveril Gold Mines Ltd.* [1898] 1 Ch 122.

600 *Fulham Football Club (1987) Ltd. v. Richards and other* [2010] EWHC 3111 (Ch); unter Aufgabe von *Exeter City AFC Ltd. v. The Football Conference Ltd. & Anor* [2004] BCC 498.

601 *Boyle/Birds*, Company Law, 2014, Rn. 18.13.2; *Schall* in: Schall (Hrsg.), Companies Act, 2014, sec. 18 Rn. 5.

602 *Palmer's Company Law*, 2016, Rn. 2.1117.

selbst als auch für die einzelnen Gesellschafter.[603] Sprachlich stellt sec. 33 (1) CA 2006 dabei klar, dass es sich bei der Satzung nicht um einen rein zivilrechtlichen Vertrag handelt, sondern diese lediglich wie ein Vertrag („*as if*") behandelt wird.[604] Materiell umfasst sec. 33 (1) CA 2006 insofern nur die **intern-gesellschaftsbezogene Bindung** der Beteiligten an die einzelnen Satzungsbestimmungen und nicht die außergesellschaftlichen Verhältnisse, insbesondere der Gesellschafter untereinander.

Die praktisch relevante sowie im englischen Schrifttum[605] und der Rechtsprechung umfassend diskutierte Bedeutung von sec. 33 (1) CA 2006 liegt jedoch vielmehr in den etwaigen **Konsequenzen eines Verstoß** hiergegen. Grundsätzlich hat jeder Gesellschafter einen Anspruch gegen die Gesellschaft oder die Mitgesellschafter, dass seine satzungsmäßig garantierten Rechte nicht beeinträchtigt werden.[606] Obgleich das Englische Gesellschaftsrecht das Institut der (deutschen) Anfechtungsklage als solches nicht kennt, kann ein Gesellschafter daher in ähnlicher Weise die seine Rechte beeinträchtigenden Gesellschafterbeschlüsse beanstanden.[607] 315

Die auf sec. 33 (1) CA 2006 basierende **Klagemöglichkeit** aus einem Verstoß gegen Satzungsbestimmungen ist jedoch begrenzt. Detailfragen sind dabei bis heute umstritten und (auch aufgrund sich teilweise widersprechender Rechtsprechung) nicht abschließend geklärt.[608] Die Bindungswirkung von sec. 33 (1) CA 2006 beschränkt sich zunächst nur auf solche Rechte und Pflichten, die die Gesellschafter in ihrer Stellung als solche (***Qua Member***) betreffen.[609] Voraussetzung für die Durchsetzung von Satzungsrechten ist daher die Eigenschaft als Gesellschafter. Da die Gesellschaft selbst als „Vertragspartei" der Satzung fingiert wird, ist auch diese formal anspruchsberechtigt iS von sec. 33 (1) CA 2006 und kann den Vollzug satzungsmäßiger Pflichten durch die Gesellschafter verlangen.[610] Außenstehende Dritte können jedoch keine Rechte aus der Satzung herleiten bzw. verpflichtet werden.[611] Derartige **Outsider Rights** können, auch wenn sie in der Satzung bestimmt sind, grundsätzlich nicht vorgebracht werden.[612] Dies wird jedoch nicht immer streng verfolgt und ist im Einzelnen streitig. So kann sich beispielsweise ein Gesellschafter-Geschäftsführer auch in seiner Stellung als Direktor ggf auf die (heutige) Regelung des sec. 33 (1) CA 2006 berufen, obgleich er in seiner Funktion als Anteilsinhaber nicht betroffen ist.[613] Gegen eine weitreichende **Drittbegünstigung** spricht hingegen, dass ein Gesellschafter grundsätzlich nur solche Rechte durchzusetzen vermag, die ihm persönlich in seiner Stellung als solcher zustehen,[614] so zB das Teilnahmerecht an der Gesellschafterversammlung,[615] das Stimmrecht bei der Beschlussfassung[616] und der Anspruch auf Dividendenzahlung.[617] 316

Eine **Einschränkung** erfährt sec. 33 (1) CA 2006 weiterhin dann, wenn es sich bei dem angegriffenen Satzungsverstoß lediglich um eine **interne Unregelmäßigkeit** (*Internal Irregularity*) handelt.[618] Die Anwendung von sec. 33 (1) CA 2006 widerspräche dem Grundsatz, dass entsprechende Unregelmäßigkeiten einer Ratifizierung 317

603 So bereits *Johnson v. Little's Iron Agency* (1877) 5 Ch D 687; *Bradford Banking Co. v. Briggs* (1886) 12 App Cas 29; *Hickman v. Kent or Romney Marsh Sheep Breeders Association* [1915] 1 Ch 881; *Borland's Trustee v. Steel* [1901] Ch 279.

604 *Kershaw*, Company Law in Context, 2012, S. 88.

605 Siehe nur *Wedderburn* CLJ 16 (1957) 194 ff.; *Prentice* Co. Lawyer 1 (1980) 179 ff.; *Smith* MLR 41 (1978) 147 ff.; *Drury* CLJ 45 (1986); *Shirazi* Co. Lawyer 34 (2013) 36 ff.; *Kershaw*, Company Law in Context, 2012, S. 87 ff.; *Davies/Worthington*, Gower's Principles of Modern Company Law, 2016, Rn. 3-21 ff.; *Palmer's Company Law*, 2016, Rn. 2.119 ff.; *Wild/Weinstein*, Smith and Keenan's Company Law, 2013, S. 108 ff.; *Mayson/French/Ryan*, Company Law, 2017, S. 83 ff.; *Moore*, Corporate Governance in the Shadow of the State, 2013, S. 139 ff.

606 *Hickman v. Kent or Romney Marsh Sheep Breeders Association* [1915] 1 Ch 881; speziell bezogen auf die Bindungswirkung zwischen den Gesellschaftern *Wood v. Odessa Waterworks Co.* (1889) 42 Ch D 636, 642; *Welton v. Saffrey* (1897) AC 299, 315; *Rayfield v. Hands* [1915] 1 Ch 881.

607 Vgl. *Schall* in: Schall (Hrsg.), Companies Act, 2014, sec. 33 Rn. 2, 17; *ders.* in: MüHdB GesR, Bd. 7, Corporate Litigation, 5. Aufl. 2016, § 110 Rn. 6; *Cheung* J.B.L. 2011, 290.

608 Siehe auch *Cheung* J.B.L. 2011, 290 ff.

609 *Hickman v. Kent or Romney Marsh Sheep Breeders Association* [1915] 1 Ch 881.

610 *Imperial Hydropathic Hotel Co., Re Blackpool v. Hampson* [1882] 23 Ch D 1; *MacDougall v. Gardiner* (1875) 1 Ch D 13.

611 *Eley v. Positive Life Assurance Co.* [1876] 1 Ex D 20, 88; *Beattie v. E&F Beattie Ltd.* [1938] Ch 708 (CA); *Kanssen v. Rialto (West End) Limited* [1944] Ch 154.

612 *Eley v. Positive Life Assurance Co.* [1876] 1 Ex D 20, 88; *Ringe/Otte* in: Triebel ua (Hrsg.), Englisches Handels- und Wirtschaftsrecht, 2012, Kap. V Rn. 74.

613 *Salomon v. Quin & Axtens Ltd.* [1909] AC 442; in diese Richtung auch *Edwards v. Halliwell* [1950] 2 All ER 1064.

614 *Eley v. Positive Life Assurance Co.* [1876] 1 Ex D 20, 88; *Browne v. La Trinidad* [1887] LR 37 Ch D 1.

615 *Schall* in: Schall (Hrsg.), Companies Act, 2014, sec. 33 Rn. 11.

616 *Pender v. Lushington* (1877) 6 Ch D 70.

617 *Mosely v. Koffyfontein Mines Ltd.* [1904] 2 Ch 108 (CA).

618 *MacDougall v. Gardiner* (1875) 1 Ch D 13; *Prudential Assurance Co. Ltd. v. Newman Industries Ltd. (No 2)* [1982] 1 ALL ER 354 (CA), 357; eingehend auch *Kershaw*, Company Law in Context, 2012, S. 89 ff.; *Davies/Worthington*, Gower's Principles of Modern Company Law, 2016, Rn. 3-25 ff.; deutschsprachig *Schall* in: Schall

durch die Mehrheit der Gesellschafter zugänglich sind. Rein interne Rechtsverletzungen der Gesellschaft können daher mit einfachem Mehrheitsbeschluss (***Majority Rule***) legitimiert werden, ohne das ein Gesellschafter den entsprechenden Gesellschafterbeschluss beanstanden kann.[619] In diesem Zusammenhang wirken auch die Vorgaben der *Foss v. Harbottle*-Entscheidung[620] (s. Rn. 375) beschränkend hinsichtlich der Klagemöglichkeit eines Gesellschafters.[621] Danach ist ein Verletzungsanspruch primär durch die Gesellschaft selbst geltend zu machen und grundsätzlich dann nicht statthaft, wenn der Rechts- (bzw. Satzungs-) Verstoß durch Zustimmung der Gesellschafter geheilt werden kann.

318 Da Grundlage der Rechtedurchsetzung nach sec. 33 (1) CA 2006 stets eine **Verletzung von Satzungsbestimmungen** ist, sind darauf basierende Klagen bzw. Streitfälle auch sonst in der Praxis eher selten. Verletzungshandlungen geschehen zumeist im Rahmen einer fehlerhaften Geschäftsführung und werden daher primär von anderen anspruchsbegründenden Normen erfasst. Zudem werden Fragen des Minderheitenschutzes in der Regel über den **Unfair Prejudice**-Rechtsbehelf gem sec. 994 CA 2006 (s. Rn. 360 ff.) geklärt. Darüber hinaus besteht getrennt von der Anspruchsgrundlage nach sec. 33 (1) CA 2006 die Möglichkeit der Gesellschafterklage (***Derivative Action***) gem ssec. 260 ff. CA 2006 (s. Rn. 374 ff.).

319 Der Blick auf sec. 33 (1) CA 2006, wonach die Satzung grundsätzlich wie ein zivilrechtlicher Vertrag zu behandeln ist, lässt zunächst vermuten, dass die **Auslegung der Articles of Association** sich anhand vertragsrechtlicher Grundsätze bemisst.[622] Es ist jedoch zu berücksichtigen, dass die Satzung aufgrund ihrer gesellschaftsrechtlichen Funktion als eine Art gesetzgeberischer Vertrag (*Statutory Contract*) zu qualifizieren ist, der seine Bindungswirkung aus dem Gesetz herleitet.[623] Diese insofern gespaltene Charakterisierung der Satzung führt dazu, dass hinsichtlich deren Auslegung im Prinzip die Regelungen sowohl der **Vertrags-** als auch der **Gesetzesauslegung** zur Geltung kommen. Gleichwohl hat sich in der Rechtsprechung eine deutliche Tendenz herausgebildet, die grundsätzlich der allgemeinen Gesetzesauslegung den Vorrang einräumt.[624] Die Anwendbarkeit auch der Regelungen der Vertragsauslegung ist indes nicht per se ausgeschlossen.[625] Verschiedene vertragliche Rechtsbehelfe kommen auf eine Gesellschaftssatzung jedoch nicht zur Anwendung (zB wegen Irrtum).[626]

320 Basierend auf dem grundsätzlichen **Vorrang der Gesetzesauslegung** erfolgt die Auslegung der Satzung nach überwiegend objektiven Kriterien; die subjektive Intention der Beteiligten spielt nur eine untergeordnete Rolle.[627] Insofern ist auch die Reichweite einer auf dem Willen der Parteien beruhenden „ergänzenden Vertragsauslegung" (*Implied Terms*) gering.[628] Voraussetzung ist, dass sich die in Rede stehende Vertragsergänzung aus der Satzung herleiten lassen muss[629] und die sich darauf beziehende Partei nachzuweisen hat, dass die Ergänzung nicht nur Satzungsbestandteil hätte sein können, sondern es tatsächlich auch gewesen wäre.[630] Ob sich eine Vertragsergänzung dabei aus der Satzung herleiten lässt, wird wiederum nach überwiegend **objektiven Kriterien** unter Berücksichtigung kaufmännischer Zweckmäßigkeit ermittelt.[631]

321 Die Satzung einer Ltd. ist kein in Stein gemeißeltes Dokument. Vielmehr ist es späteren Änderungen (*Amendments*) zugänglich. Eine **Änderung der Satzung** ist vor allem bei einer vorherigen Verwendung der Mustersatzung im Rahmen der Gründung zu empfehlen. Auch materielle Änderungen der Organisationsstruktur im Laufe der Geschäftstätigkeit der Gesellschaft machen Modifikationen der Satzung in der Regel notwendig. Sat-

---

(Hrsg.), Companies Act, 2014, sec. 33 Rn. 14; *ders.* in: MüHdB GesR, Bd. 7, Corporate Litigation, 5. Aufl. 2016, § 110 Rn. 6; *Ringe/Otte* in: Triebel ua (Hrsg.), Englisches Handels- und Wirtschaftsrecht, 2012, Kap. V Rn. 72 f.; *Levedag* in: Süß/Wachter (Hrsg.), HdB des internationalen GmbH-Rechts, 2016, England, Rn. 331.

619 *Ringe/Otte* in: Triebel ua (Hrsg.), Englisches Handels- und Wirtschaftsrecht, 2012, Kap. V Rn. 73.

620 *Foss v. Harbottle* (1843) 2 Hare 461.

621 *Wedderburn* CLJ 16 (1957) 194, 210 ff.; *Hannigan*, Company Law, 2015, Rn. 5-56.

622 *Wild/Weinstein*, Smith and Keenan's Company Law, 2013, S. 117; *Davies/Worthington*, Gower's Principles of Modern Company Law, 2016, Rn. 3-18; *Fleischer* DB 2013, 1466, 1470.

623 *Bratton Seymour Service Co. Ltd. v. Oxborough* [1992] BCLC 693; *Hannigan*, Company Law, 2015, Rn. 5-47; *Schall* in: Schall (Hrsg.), Companies Act, 2014 sec. 18 Rn. 12.

624 Siehe *Bratton Seymour Service Co. Ltd. v. Oxborough* [1992] BCLC 693; *Scott v. Frank F. Scott (London) Ltd.* [1940] Ch 794 (CA); *Belize v. Belize Telekom* [2009] 2 BCLC 148; *Wild/Weinstein*, Smith and Keenan's Company Law, 2013, S. 118; *Hannigan*, Company Law, 2015, Rn. 5-49 ff.; *Schall* in: Schall (Hrsg.), Companies Act, 2014 sec. 18 Rn. 13.

625 *Bratton Seymour Service Co. Ltd. v. Oxborough* [1992] BCLC 693.

626 *Bratton Seymour Service Co. Ltd. v. Oxborough* [1992] BCLC 693.

627 *Rose v. Lynx Express Ltd.* [2004] EWCA Civ 447; *Scott v. Frank F. Scott (London) Ltd.* [1940] Ch 794 (CA).

628 *Belize v. Belize Telekom* [2009] 2 BCLC 148; so hat in jüngerer Zeit auch der Supreme Court in vergleichbarer Weise eine ergänzende Vertragsauslegung abgelehnt, vgl. *Marks & Spencer plc v. BNP Paribas Securities Services Trust Co. Ltd.* [2015] UKSC 72; zur objektiven Auslegung von Klauseln in einem Anteilskaufvertrag siehe auch *Wood v. Sureterm Direct Ltd.* [2017] UKSC 24.

629 *Equitable Life Assurance Society v. Hyman* [2002] 408, 458 f.; *Folkes Group plc v. Alexander* [2002] 2 BCLC 254.

630 *Marks & Spencer plc v. BNP Paribas Securities Services Trust Co. Ltd.* [2014] EWCA Civ 603 at [26].

631 *Homles v. Keyes* [1959] Ch 199.

zungsänderungen bedürfen eines **qualifizierten Gesellschafterbeschlusses** (*Special Resolution*) (sec. 21 (1) CA 2006). Der Beschluss ist mit einer Stimmenmehrheit von mindestens 3/4 zu fassen (sec. 282 (1) CA 2006). Hierbei handelt es sich um eine zwingende Vorschrift, die nicht zur Disposition der Gesellschafter steht. Die (faktische) Änderung der Satzung wird darüber hinaus durch andere Rechtsinstitute des Englischen Rechts ermöglicht.[632] Eine formlose Satzungsänderung ist möglich als bewusst formlose Zustimmung aller stimmberechtigten Gesellschafter außerhalb der Gesellschafterversammlung (***Unanimous Consent Doctrine***)[633] oder durch langwährende beständige Übung in der Organisationspraxis der Gesellschaft.[634] Ob für ersteren Fall die Benachrichtigung des Registrars unverzichtbar ist,[635] ist noch nicht geklärt. Nähme man dies an, wäre diese Fallgruppe weitgehend auf echte Beschlüsse, wenn auch außerhalb der formalen Gesellschafterversammlung, beschränkt. Unabhängig davon ist eine Änderung der Satzung zumindest im Innenverhältnis bereits mit Beschlussfassung der Gesellschafter wirksam und nicht erst mit Eintragung der neuen Satzung beim Companies House.[636]

Nach einer Satzungsänderung ist innerhalb von 15 Tagen nach deren Inkrafttreten eine Kopie der neuen Satzung an den zuständigen **Registrar zu übersenden** (sec. 26 (1) CA 2006). Der Registrar kann die Gesellschaft zudem speziell auf ihre Einreichungspflicht hinweisen (sec. 27 (1) CA 2006). Kommt die Gesellschaft fristgerecht den Anforderungen des Registrars nach, kommt eine Bestrafung der Gesellschaft und der handelnden Personen nicht in Betracht. Andernfalls liegt eine **Ordnungswidrigkeit** der Gesellschaft und – bei Vorsatz – der Direktoren vor (sec. 26 (3) CA 2006). 322

Wie bei der (inhaltlichen) Erstellung der Satzung sind auch deren Änderungen verschiedene Grenzen gesetzt. Eine **gesetzliche Beschränkung** besteht zunächst mit sec. 25 (1) CA 2006, wonach die Gesellschafter durch eine spätere Satzungsänderung nicht zu einer Erhöhung ihrer (Kapital-) Anteile verpflichtet werden können.[637] Der betreffende Gesellschafter kann einer solchen Verpflichtung jedoch ausdrücklich zustimmen. Daneben sieht sec. 22 CA 2006 die Möglichkeit einer Art „unberührbaren" Satzungsbestimmungen (***Entrenched Provisions***) vor, deren Änderung nur mit erhöhten Voraussetzungen möglich ist. Weitere Beschränkungen bestehen hinsichtlich nicht-dispositiver Regelungen im Companies Act 2006 sowie Verstößen gegen sonstige Gesetze. 323

Grundlegend hinsichtlich der **Grenzen von Satzungsänderungen** ist zudem die Aussage in der Entscheidung *Allen v. Gold Reefs of West Africa Ltd.*[638] Danach muss eine Satzungsänderung stets in gutem Glaube zum Gesamtwohl der Gesellschaft erfolgen („*Bona Fide for the Benefit of the Company as a Whole*") (sog Bona Fide-Test).[639] Damit werden die Gesellschafter bei Satzungsänderungen einer Art Treuebindung gegenüber der Gesellschaft unterworfen.[640] Bislang nicht abschließend geklärt ist jedoch, unter welchen Prämissen das **„Wohl der Gesellschaft"** zu bestimmen ist.[641] Die Kodifizierung eines Enlightened Shareholder Value (sec. 172 CA 2006) (s. Rn. 443 ff.) als maßgebend zu verfolgendes Gesellschaftsinteresse, das auch sonstige Stakeholder einschließt, sollte auch im Rahmen von Satzungsänderungen zum Gesamtwohl der Gesellschaft maßgeblich sein.[642] Wurde die Vorstellung eines Enlightened Shareholder Value bei der geplanten Satzungsänderung nicht in gutem Glauben zugrunde gelegt, kann der satzungsändernde Beschluss auf Basis von sec. 33 (1) CA 2006 beanstandet werden. Hinsichtlich eines angemessenen **Minderheitenschutzes** kann zudem der Rechtsbehelf wegen Unfair Prejudice (sec. 994 CA 2006) bestehen.[643] Auch dies führte dazu, dass vor allem die englischen Gerichte nur zögernd vom Bona Fide-Test Gebrauch machten.[644] 324

632 *Schall* in: Schall (Hrsg.), Companies Act, 2014, sec. 21 Rn. 3.

633 *Cane v. Jones* [1981] 1 All ER 533; *Davies/Worthington*, Gower's Principles of Modern Company Law, 2016, Rn. 15-15 ff.

634 *Ho Tung v. Man On Insurance Company Limited* [1902] AC 232.

635 *Davies/Worthington*, Gower's Principles of Modern Company Law, 2016, Rn. 15-21.

636 *Gunewardena v. Conran Holdings Ltd* [2016] EWHC 2983 (Ch).

637 Unabhängig von dieser gesetzlichen Regelung zeigt auch die Rechtsprechung eine solche Tendenz, vgl. *Hole v. Garnsey* [1930] AC 472; *Macdonald v. Normanby Co-operative Dairy Factory Co. Ltd.* [1923] NZLR 122.

638 *Allen v. Gold Reefs of West Africa Ltd.* [1900] 1 Ch 656 (CA), 671.

639 Bestätigend auch *Citco Banking Corp. NV v. Pusser's Ltd.* [2007] UKPC 13; *Constable v. Executive Connections Ltd.* [2005] EWHC 3 (Ch).

640 *Schall* in: Schall (Hrsg.), Companies Act, 2014, sec. 21 Rn. 5; siehe auch *Ringe/Otte* in: Triebel ua (Hrsg.), Englisches Handels- und Wirtschaftsrecht, 2012, Kap. V Rn. 157 ff.

641 Siehe insbesondere *Greenhalgh v. Aderne Cinemas Ltd.* [1951] Ch 286.

642 *Schall* in: Schall (Hrsg.), Companies Act, 2014, sec. 21 Rn. 7; dazu auch *Boyle/Birds*, Company Law, 2014, Rn. 5.18 ff.

643 *Hannigan*, Company Law, 2015, Rn. 5-35; *Schall* in: Schall (Hrsg.), Companies Act, 2014, sec. 21 Rn. 9.

644 *Ringe/Otte* in: Triebel ua (Hrsg.), Englisches Handels- und Wirtschaftsrecht, 2012, Kap. V Rn. 160, unter Verweis auf *Citco Banking Corp. NV v. Pusser's Ltd.* [2007] UKPC 13; *Just* in: Laimer/Perathoner (Hrsg.), Gesellschaftsrechtliche Nebenvereinbarungen in Europa, 2013, S. 99, 114.

g) Shareholders' Agreement

325 Neben der regelmäßig zu veröffentlichenden Satzung können die Gesellschafter auch **untereinander bindende Verträge** schließen.[645] Dies geschieht zumeist schon bei Gründung der Gesellschaft.[646] Der Inhalt solcher Gesellschaftervereinbarungen ist **nicht registrierungspflichtig** und auch sonst der Öffentlichkeit in keiner Weise zugänglich. Shareholders' Agreements unterliegen keinen Formanforderungen, können also auch mündlich geschlossen werden.[647] Dies ist jedoch nicht zu empfehlen. Einer Beurkundung, wie es häufig bei Gesellschaftervereinbarungen (aufgrund von Bestimmungen betreffend Anteilsübertragungen) nach deutschem Recht der Fall ist,[648] bedarf ein dem Englischen Recht unterliegendes Shareholders' Agreement hingegen nicht.

326 Als Alternative zu einer zu publizierenden Satzungsregelung können die Gesellschafter daher **individuelle Vereinbarungen** treffen, um ihre gegenseitigen Rechte und Pflichten zueinander schuldrechtlich auszugestalten. Neben kleineren Familienbetrieben, die ein Interesse an entsprechend privaten, nicht offenlegungspflichtigen Vereinbarungen haben, sind Shareholders' Agreements häufig bei Joint Venture-Gesellschaften mit juristischen Personen selbst als Gesellschafter (*Corporate Shareholder*) oder Venture Capital-finanzierten Unternehmen vorzufinden.[649] Trotz ihres Namens können Shareholders' Agreements auch **zwischen der Gesellschaft** und einen oder mehreren (bzw. allen) **ihrer Anteilsinhaber** geschlossen werden.[650] Eine Ltd. kann als selbstständiges Rechtssubjekt daher ebenfalls Vertragspartei einer solchen Vereinbarung sein. Folgend kann ein Shareholders' Agreement zwischen der Gesellschaft und einem Corporate Shareholder als Mehrheitseigner auch als (konzernrechtlicher) **Unternehmensvertrag** ausgestaltet sein und beispielsweise ein Beherrschungsverhältnis vertraglich regeln.[651] In der Praxis ist dies auch deshalb von Bedeutung, da im Zuge des Small Business, Enterprise and Employment Act 2015 das (Mutter-) Unternehmen selbst nicht mehr Geschäftsführer der Ltd. sein kann, da die Direktorenstellung jetzt auf natürliche Personen beschränkt ist (s. Rn. 419).

327 Typische **Regelungsinhalte** solcher Vereinbarungen sind der Vorbehalt der Einstimmigkeit bei wesentlichen Entscheidungen, Beschränkungen der Darlehensaufnahme, Wettbewerbsverbote, die Dividende betreffende Konventionen, die Übertragung von Anteilen, Tag- und Drag-Along-Bestimmungen, die Ernennung von Geschäftsführern, Rechte einzelner Anteilsgattungen (*Class Rights*)[652] sowie allgemeine Regelungen bezüglich Abstimmungsverhalten und Kapitalaufbringung.[653] Praktisch am bedeutendsten sind **Stimmbindungsvereinbarungen** (*Voting Agreements*) zwischen einzelnen Gesellschaftern.[654] Die (materiellen) Auswirkungen eines Shareholders' Agreement zwischen allen Gesellschaftern können dabei ähnlich einer vereinbarten Satzungsklausel in den Articles of Association sein. Handelt es sich um eine **unternehmensverfassungsrelevante** Vereinbarung, die Einfluss insbesondere auf die Pflichten der Gesellschafter hat und die eigentlich einer Beschlussfassung bedurft hätte, ist der Anwendungsbereich der ssec. 29 f. CA 2006 eröffnet, so dass die getroffene Vereinbarung innerhalb von 15 Tagen an den Registrar zu übermitteln ist.[655]

328 Eine entsprechende Gesellschaftervereinbarung wirkt nur für und gegen die Beteiligten. Sie bindet weder die Gesellschaft (wenn sie nicht selbst Vertragspartner ist) noch künftig hinzutretende Anteilsinhaber.[656] Für gewöhnlich enthalten Shareholders' Agreements jedoch eine Klausel, die die **Aufnahme eines neuen Gesellschaf-**

645 Ausführlich zu solchen Gesellschaftervereinbarungen *Fitzgerald/Muth*, Shareholders' Agreements, 2012; *Hollington* on Shareholders' Rights, 8. Ed. 2017, Rn. 3-53 ff.; *Singleton*, Joint Ventures and Shareholders' Agreements, 5. Ed. 2017; *Cheung* J.B.L. 2012, 504 ff.; *McGovern* C.L. Pract. 1995, 2 (5) 113 ff.; rechtsvergleichend auch *Ventoruzzo et al.*, Comparative Corporate Law, 2015, S. 425 ff.

646 *Wild/Weinstein*, Smith and Keenan's Company Law, 2013, S. 119; *Just*, Die englische Limited in der Praxis, 2012, Rn. 121.

647 *Wild/Weinstein*, Smith and Keenan's Company Law, 2013, S. 119; siehe auch *Euro Brokers Holdings Ltd. v. Monecor (London) Ltd.* [2003] 1 BCLC 506 (CA).

648 Vgl. nur *Bank/Möllmann* in: Bank/Möllmann (Hrsg.) Venture Capital Agreements in Germany, 2017, Teil 3 Rn. 21.

649 *Kershaw*, Company Law in Context, 2012, S. 93; *Hannigan*, Company Law, 2015, Rn. 5-69.

650 *Davies/Worthington*, Gower's Principles of Modern Company Law, 2016, Rn. 3-33; *Kershaw*, Company Law in Context, 2012, S. 93.

651 *Schall* in: Schall (Hrsg.), Companies Act, 2014, sec. 18 Rn. 6; siehe ferner *Mackie* JCLS 17 (2017) 1 ff.

652 Siehe *BML Group v. Harman* [1994] 2 BCLC 674.

653 *Kershaw*, Company Law in Context, 2012, S. 93; *Hannigan*, Company Law, 2015, Rn. 5-68; *Wild/Weinstein*, Smith and Keenan's Company Law, 2013, S. 120 f.; *Just*, Die englische Limited in der Praxis, 2012, Rn. 121.

654 Speziell dazu *Just* in: Laimer/Perathoner (Hrsg.), Gesellschaftsrechtliche Nebenvereinbarungen in Europa, 2013, S. 99, 105 ff.; *Rodemann*, Stimmbindungsverträge in den Rechtsordnungen Deutschlands, Englands, Frankreichs und Belgiens, 1998, S. 327 ff.

655 *Schall* in: Schall (Hrsg.), Companies Act, 2014, sec. 29 Rn. 8; *Wild/Weinstein*, Smith and Keenan's Company Law, 2013, S. 118.

656 *Hannigan*, Company Law, 2015, Rn. 5-68; *Davies/Worthington*, Gower's Principles of Modern Company Law, 2016, Rn. 3-31; *Schall* in: Schall (Hrsg.), Companies Act, 2014, sec. 29 Rn. 8.

ters als Vertragspartner vorsieht.[657] Ansonsten finden auf ein Shareholders' Agreement grundsätzlich die Regelungen zum allgemeinen Englischen **Vertragsrecht** Anwendung. Im Gegensatz zu Satzungsänderungen (s. Rn. 321 ff.) kann die Änderung eines Shareholders' Agreement – sofern nichts Abweichendes vereinbart wurde – daher auch nur **einstimmig** durch alle Vertragspartner erfolgen.[658] Die Regelungen des Companies Act 2006 kommen insofern nicht zur Geltung.

Gleichwohl können **nicht alle Aspekte** privatautonom in einem Shareholders' Agreement **geregelt werden.** Ist die Ltd. selbst Vertragspartner, kann sie sich beispielsweise nicht von ihren im Companies Act 2006 statuierten Rechten und Pflichten durch die Vereinbarung befreien oder diese beschränken.[659] In diesem Fall ist die in Rede stehende Klausel unwirksam. Auch dürfen Regelungen im Shareholders' Agreement nicht im Widerspruch zu einer den entsprechenden Aspekt betreffenden Satzungsbestimmung stehen. In diesem Sinne halten auch spezielle Regelungen im Shareholders' Agreement die betreffenden Gesellschafter nicht davon ab, sich auf ihre in der Satzung vereinbarten Rechte zu berufen.[660] Inwieweit sich die Gesellschafter per individueller Vereinbarung generell von **satzungsmäßigen Bestimmungen** befreien können, ist bislang jedoch nicht abschließend geklärt.[661] In einer jüngeren Entscheidung hat der Court of Appeal eine weitreichende Vertragsfreiheit anerkannt und eine Unwirksamkeit einer Regelung im Shareholders' Agreement nur dann angenommen, wenn sie die Rechte Dritter beeinträchtigt oder gegen die öffentliche Ordnung verstößt.[662] 329

3. Organisationsverfassung

a) Gesellschafter

aa) Überblick

Gesellschaft und Gesellschafter sind aufgrund des Trennungsprinzips (s. Rn. 284) jeweils **separate Rechtsträger.** Eine „Verschmelzung" beider Rechtspositionen wie ansatzweise im Englischen Personengesellschaftsrecht besteht nicht. Eine Ltd. muss daher mindestens einen Gesellschafter haben.[663] Bei einer Private Company Limited by Share ist die Gesellschafterstellung grundsätzlich unmittelbar mit dem Halten von Anteilen (*Shares*) der Gesellschaft verbunden.[664] Wie im deutschen Recht werden die Mitglieder einer Ltd. daher als Anteilsinhaber (***Shareholder***) bezeichnet. Die Anteilsinhaberschaft des Gesellschafters berechtigt ihn an der Unternehmung mitzuwirken und in Abhängigkeit seiner Kapitalbeteiligung von den Gewinnen der Gesellschaft zu profitieren. Der mitgliedschaftliche Charakter der Shareholder ist insbesondere bei einer Ltd. mit finanzieller Ausstattung der Gesellschaft mittels Kapitaleinlage verbunden. Verschiedenste Zustimmungsrechte der Gesellschafter leiten sich damit aus deren Stellung als (wirtschaftliche) **„Eigentümer" der Gesellschaft** ab.[665] 330

Gesellschafter einer Ltd. können gleichermaßen **natürliche** und **juristische Personen** sein. Auch eine Gesellschaft kann Mitglied einer Ltd. sein. Dies gilt in gleicher Weise für **ausländische** natürliche oder juristische Personen.[666] Dies ergibt sich schon aus europarechtlichen Vorgaben (Art. 55 AEUV). Voraussetzung für ausländische Gesellschaften als Anteilsinhaber ist hierbei jedoch, dass diese iS von Art. 54 I AEUV nach den Rechtsvorschriften ihres Herkunftsstaates ordnungsgemäß gegründet wurden. Auch **Minderjährige** können Gesellschafter einer Ltd. sein.[667] Die Satzung kann diesbezüglich jedoch Beschränkungen vorsehen.[668] Insbesondere beim nachträg- 331

---

657 *Re Coroin Ltd.* [2011] EWHC 3466; *Hollington* on Shareholders' Rights, 8. Ed. 2017, Rn. 3-56; *Hannigan*, Company Law, 2015, Rn. 5-68.

658 *Hannigan*, Company Law, 2015, Rn. 5-68; *Davies/Worthington*, Gower's Principles of Modern Company Law, 2016, Rn. 3-31; *Kershaw*, Company Law in Context, 2012, S. 94; *Wild/Weinstein*, Smith and Keenan's Company Law, 2013, S. 119.

659 Vgl. *Russell v. Northern Bank Development Co. Ltd.* [1992] BCLC 1016; *Re Greater Beijing Expressways Ltd.* [1999] 3 HKLRD 862 (Ch); *Davies/Worthington*, Gower's Principles of Modern Company Law, 2016, Rn. 3-31.

660 *Jackson v. Dear* [2014] 1 BCLC 186.

661 *Cheung* J.B.L. 2012, 504, 528.

662 *Fulham Football Club (1987) Ltd. v. Richards* [2011] EWCA Civ 855.

663 Die Möglichkeit der Einpersonen-Ltd. wird bereits durch die Einpersonengesellschafts-Richtlinie (dazu § 28) gewährleistet.

664 *Mayson/French/Ryan*, Company Law, 2017, S. 165; *Hannigan*, Company Law, 2015, Rn. 16-6; *Palmer's Company Law*, 2016, Rn. 7.001 f.

665 Hierzu (rechtsvergleichend) auch *Kraakman et al.*, The Anatomy of Corporate Law, 3. Ed. 2017, S. 13 f.; aus deutscher Perspektive *Raiser/Veil*, Recht der Kapitalgesellschaften, 6. Aufl. 2015, § 1 Rn. 3; *Fleischer* in: MüKo GmbHG, Bd. 1, 3. Aufl. 2018, Einl. Rn. 12; siehe auch *Talbot*, Critical Company Law, 2007, S. 112 ff.; *Just*, Die englische Limited in der Praxis, 2012, Rn. 101; *Doralt* in: Schall (Hrsg.), Companies Act, 2014, Vor Part 10 Rn. 4.

666 *Mayson/French/Ryan*, Company Law, 2017, S. 170.

667 *Hannigan*, Company Law, 2015, Rn. 16-16; *Wild/Weinstein*, Smith and Keenan's Company Law, 2013, S. 288; *Boyle/Birds*, Company Law, 2014, Rn. 12.4; *Girvin/Frisby/Hudson*, Charlesworth's Company Law, 2010, Rn. 16-004.

668 *Re Asiatic Banking Co., Symon's Case* (1870) Ch App 298; *Castello's Case* (1869) 8 Eq 504.

lichen Anteilserwerb durch einen Minderjährigen ist der zugrundeliegende Kaufvertrag jedoch nach allgemeinem Englischen Vertragsrecht zumindest bis zur Erreichung der Volljährigkeit grundsätzlich durch diesen anfechtbar. In der Regel bestehen daher Satzungsbestimmungen, die vor allem dem derivativen Erwerb von Geschäftsanteilen durch einen Minderjährigen einschränken. Darüber hinaus bestehen weitere gesetzliche Beschränkungen der Mitgliedschaft in einer Ltd. So kann eine Gesellschaft – anders als in Deutschland – nicht ihr eigener Anteilsinhaber sein (sec. 658 CA 2006).[669] Zudem kann eine **Tochtergesellschaft** (*Subsidiary*) grundsätzlich nicht Anteilsinhaber ihrer Muttergesellschaft sein (sec. 136 CA 2006). Die Zeichnung von Anteilen durch die Tochtergesellschaft oder die spätere Anteilsübertragung auf diese sind nichtig.[670] Für das Abhängigkeitsverhältnis ist dabei grundsätzlich auf die Stimmenmehrheit der Muttergesellschaft abzustellen (vgl. sec. 1159 (1) CA 2006).

332 Die Mitgliedschaft (***Membership***) in einer Ltd. ist in sec. 112 CA 2006 geregelt. Dabei werden die zwei Formen genannt, im Rahmen derer eine Person Gesellschafter werden kann. Bei Gründung der Gesellschaft werden die Unterzeichner (*Subscriber*) des Memorandum of Association (s. Rn. 275 f.) mit Eintragung automatisch Gesellschafter der Ltd. Hierzu wird deren Zustimmung gem sec. 8 (1) (b) CA 2006 fingiert. Die zweite Variante, ein Gesellschafter zu werden, ist der (originäre oder derivative) **Erwerb der Mitgliedschaft** in einer bestehenden Gesellschaft (sec. 112 (2) CA 2006).[671] Hierfür bedarf es zweier Voraussetzungen: Zunächst muss die künftige Mitgliederstellung zwischen den Parteien vereinbart worden sein (*Agreement to Become a Member*).[672] Zum anderen bedarf es der Eintragung des designierten Gesellschafters in die „Gesellschafterliste", dh das **Mitgliederverzeichnis** (*Register of Members*) der Gesellschaft. Für die Begründung der Mitgliedschaft müssen beide Voraussetzungen kumulativ vorliegen.[673] Die Eintragung in das Mitgliederverzeichnis ist daher konstitutiv für die Begründung der Gesellschafterstellung und das bloße Einverständnis des geplanten Mitglieds noch nicht ausreichend.[674] Auch die bloße Nennung eines Namens im Mitgliederverzeichnis macht die betroffene Person – sofern sie dem nicht zugestimmt hat – nicht automatisch zum Gesellschafter. Sind die Voraussetzungen von sec. 112 (2) CA 2006 erfüllt, wird auch bei einer **Falscheintragung** bis zur Berichtung die Gesellschafterstellung der verzeichneten Person angenommen.[675] Weitere Bedingungen für den Erwerb der Mitgliedschaft in einer Ltd. können zudem in der Satzung der Gesellschaft bestimmt sein (zB bestimmte Zustimmungserfordernisse).[676]

333 Im Zuge des Small Business, Enterprise and Employment Act 2015 können sich die Gesellschafter (einstimmig) dafür entscheiden, kein eigenes Mitgliederverzeichnis zu führen, sondern stattdessen die entsprechenden Informationen über die Gesellschafter beim Register des Companies House bereitzustellen (ssec. 128A (1), 128B (2) (a) CA 2006). Der Möglichkeit, die Gesellschafterliste beim zuständigen **Handelsregister vorrätig zu halten**, kommt dabei die gleiche Funktion wie dem Mitgliederverzeichnis nach sec. 112 CA 2006 zu.[677] Der tatsächliche (praktische) Mehrwert kann vor allem für eine Ltd. mit nur wenigen Gesellschaftern[678] jedoch bezweifelt werden, die Mehrzahl der bestehenden Gesellschaften wird daher das bewehrte Mitgliederverzeichnis beibehalten.[679]

334 Nach Zuteilung (*Allotment*)[680] der Geschäftsanteile an den Gesellschafter (s. Rn. 497 ff.) hat die Gesellschaft innerhalb von zwei Monaten diesem einen Anteilsschein (***Share Certificate***) auszustellen (sec. 769 (1) CA 2006).[681] Dies gilt gleichermaßen beim Anteilskauf von einem Gesellschafter und damit einem Wechsel der Inhaberschaft (sec. 776 (1) CA 2006). Ein solcher Anteilsschein stellt lediglich ein **Beweisdokument** für den Ge-

669 So bereits vor der ausdrücklichen Kodifizierung *Trevor v. Whiteworth* (1887) 12 App Cas 409.

670 Hiervon gibt es jedoch verschiedene Ausnahmen, vgl. ssec. 138 ff. CA 2006.

671 Dies kann auf verschiedene Arten geschehen, zB durch originäre Zeichnung von Anteilen, durch derivativen Anteilserwerb bei Rechtsnachfolge eines gestorbenen oder insolventen Gesellschafters, vgl. *Hannigan*, Company Law, 2015, Rn. 16-6; *Palmer's Company Law*, 2016, Rn. 7.004; *Schall/Wiegand* in: Schall (Hrsg.), Companies Act, 2014, sec. 112 Rn. 37 ff.

672 Ein Vertrag zwischen der Gesellschaft und dem künftigen Mitglied ist dabei nicht erforderlich, vgl. *Nuneaton Football Club, Re* [1989] BCLC 454 (CA).

673 *Palmer's Company Law*, 2016, Rn. 7.008; *Davies/Worthington*, Gower's Principles of Modern Company Law, 2016, Rn. 24-21.

674 *Musselwhite v. GH Musselwhite & Son Ltd.* [1962] Ch 964; *International Credit and Investment Co. (Overseas) Ltd. v. Adham* [1994] 1 BCLC 66; *Nuneaton Football Club, Re* [1989] BCLC 454 (CA).

675 *Enviroco Ltd. v. Farstad Supply A/S* [2011] 2 BCLC 165 at [37 f.]; *Eckerle v. Wickeder Westfalenstahl GmbH* [2013] 3 WLR 1316.

676 *Schall/Wiegand* in: Schall (Hrsg.), Companies Act, 2014, sec. 112 Rn. 13, 52.

677 So spricht sec. 112A CA 2006 auch von einer „alternative method of record-keeping"; dazu auch *Stiegler* ZIP 2016, 1808, 1810 f.

678 Im statistischen Regelfall hat eine Ltd. nur zwei Gesellschafter.

679 *Hannigan*, Company Law, 2015, Rn. 16-1.

680 Die Zuteilung (*allotment*) eines Anteils kann im Prinzip mit der Ausgabe (*issuing*) desselben gleichgesetzt werden.

681 Siehe auch Art. 24 der Companies (Model Articles) Regulations 2008.

sellschafter dar und soll dessen Legitimationsnachweis als Anteilsinhaber der Gesellschaft vereinfachen.[682] Er ist Prima Facie-Beweis (Anscheinsbeweis) für die Gesellschafterstellung (sec. 768 (1) CA 2006), der jedoch widerlegt werden kann. Ein Anteilsschein braucht nicht ausgegeben zu werden, wenn der entsprechende Anteil in „uncertificated form" gem reg. 38 (2) der Uncertificated Securities Regulations 2001 ausgegeben wurde. Der Anteilsschein lautet auf dem Namen des Gesellschafters und gibt an, welche und wie viele Anteile dieser an der Gesellschaft besitzt. Er stellt **kein Wertpapier** im deutschen Sinne dar, da er weder das Eigentum am Geschäftsanteil begründet[683] noch damit verbundene Rechte verkörpert.[684]

bb) Registrierung der Gesellschafter

Für den Erwerb der Gesellschafterstellung in einer bestehenden Ltd. ist die konstitutive Eintragung in das **Mitgliederverzeichnis** (*Register of Members*) der Gesellschaft erforderlich. Es bedarf daher einer Registrierung der Gesellschafter. Das Mitgliederverzeichnis gem sec. 113 CA 2006 ist im weitesten Sinne mit der Gesellschafterliste einer GmbH (§ 40 GmbHG) vergleichbar.[685] Typischerweise wird das Mitgliederverzeichnis am Registersitz (*Registered Office*) der Gesellschaft geführt. Es besteht jedoch auch die Möglichkeit es im Einklang mit der Companies (Company Records) Regulations 2008 an einem anderen Ort bereitzuhalten (sec. 114 (1) (b) CA 2006). Seit Juni 2016 besteht zudem die Möglichkeit das Verzeichnis der Gesellschafter über das (Handels-) Register beim **Companies House aufzubewahren** und dort zur Einsicht zur Verfügung zu stellen (sec. 128A CA 2006). Soll anstelle des Mitgliederverzeichnisses eine entsprechende Liste beim Register geführt werden, müssen **alle** Gesellschafter dem zustimmen (sec. 128 (2) (a) CA 2006). In der Praxis ist zumindest bei größeren Gesellschaften eine entsprechende Zugänglichkeit des Mitgliederverzeichnisses aus Sicht der Anteilseigner wohl wenig attraktiv, da Investoren ggf ein Interesse haben, im Verborgenen zu bleiben.[686] Inhaltliche Unterschiede zwischen beiden Formen der Bereitstellung bestehen nicht. Vor allem für kleine Gesellschaften mit nur wenigen Mitgliedern wird daher wohl nur wenig Motivation bestehen, von dieser neuen Möglichkeit Gebrauch zu machen. 335

Die Informationen des Mitgliederverzeichnisses bzw. der beim Register hinterlegten (Gesellschafter-) Liste bilden einen **widerlegbaren Beweis** (*Prima Facie-Evidence*), dass die dortigen Angaben korrekt sind (ssec. 127, 128H CA 2006).[687] Im Verzeichnis müssen zumindest die Namen und Adressen der Gesellschafter sowie das Ein- und ggf Austrittsdatum vermerkt sein (sec. 113 (2) CA 2006). Für Einpersonengesellschaften gelten verschiedene Sonderbestimmungen (vgl. sec. 123 CA 2006). Das Mitgliederverzeichnis muss jedem Gesellschafter **kostenlos** zur **Einsichtnahme** zur Verfügung stehen (sec. 116 (1) (a) CA 2006). Dies kann auch in elektronischer Form geschehen. Entsprechendes gilt jeweils für die Alternativform nach ssec. 112A, 128A CA 2006. 336

Weiterhin wurde im Zuge des Small Business, Enterprise and Employment Act 2015 die Pflicht zur Führung eines Verzeichnisses von Personen mit wesentlicher Kontrolle über die Gesellschaft (***Register of People with Significant Control***) eingefügt (sec. 790M (1) CA 2006).[688] Die Verpflichtung, eine entsprechende Liste zu führen, besteht für alle Kapitalgesellschaften seit April 2016.[689] Für zuvor gegründete Ltd. bedeutet dies, dass diese bis zu diesem Zeitpunkt ein Verzeichnis von Personen mit wesentlicher Kontrolle anzulegen hatten. Ausländische Gesellschaften unterfallen nicht der Pflicht zur Führung eines solchen Verzeichnisses. Neben den neuen Normen (ssec. 790A-790ZG, inkl. Schedule 1A, 1B CA 2006) sind für die praktische Handhabung dieser auch die Register of People with Significant Control Regulations 2016 (PSC-Register Regulations 2016) sowie die vom BEIS veröffentlichten **Leitlinien** (*Guidelines*) zum Begriff der „People with Significant Control" und für die das Verzeichnis zu führenden Gesellschafter sowie Personen, die eine wesentliche Kontrolle über eine Gesellschaft ausüben, zu beachten. Durch die Einführung des PSC-Registers entsprach das Englische Recht bereits weitgehend den Vorgaben der Vierten EU-Geldwäscherichtlinie (Richtlinie 2015/849) im Hinblick auf die Ein- 337

682 *Re Bahia and San Francisco Rly Co.* (1868) LR 3 QB 584; siehe auch *Cadbury Schweppes plc v. Halifax Share Dealing Ltd.* [2007] 1 BCLC 497.

683 *Royal Bank of Scotland plc v. Sandstone Properties Ltd.* [1998] 2 BCLC 429.

684 *Korom* in: Schall (Hrsg.), Companies Act, 2014, sec. 768 Rn. 1.

685 Funktional entspricht das Mitgliederverzeichnis gem sec. 113 CA 2006 jedoch vielmehr dem Aktienregister gem § 67 AktG, da es vor allem nicht notwendigerweise beim Register (Companies House) abrufbar ist.

686 Durch die Neueinführung eines Transparenzregisters („central register") über wirtschaftlich Berechtigte im Zuge der Umsetzung der Vierten EU-Geldwäscherichtlinie ist dies jedoch zumindest bei natürlichen Personen, die einen kontrollierenden Einfluss auf die Gesellschaft haben, nur noch begrenzt möglich.

687 Zur Vermutungswirkung der GmbH-Gesellschafterliste im deutschen Recht *Wiersch* ZGR 2015, 591 ff.; *Altmeppen* ZIP 2009, 345 ff.; *Ebbing* in: Michalski/Heidinger/Leible/J. Schmidt (Hrsg.), GmbHG, Bd. 1, 3. Aufl. 2017, § 16 Rn. 47 ff.

688 Dazu *Hannigan*, Company Law, 2015, Rn. 16-90 ff.; *Turner/Follett* Trust & Trustees 22 (2016) 537; *Palmer's Company Law*, 2016, Rn. 9.029 ff.; *King* S.J. 160(6) 32 f.; *Pearson/Chattle* P.L.C. 2016, 27(2); *Söhner* RIW 2016, 489, 492 ff.; *J. Schmidt* AG 2015, R228 f.; *Bennett* Bus. L.B. 2016, 140, 1 f.; *Gompertz* Cov. L.J. 20 (2015) 49, 51 ff.; *Janik* C.S.R. 39 (2016) 188 f.

689 Die Ausnahme von Emittenten, die bereits kapitalmarktrechtlichen Offenlegungspflichten unterliegen („DTR5 Issuer"), ist für die Ltd. ohne Bedeutung.

führung eines Transparenzregisters,[690] so dass diesbezüglich nur marginale Umsetzungsbestimmungen zu erlassen waren.

338 Die Einführung eines obligatorischen PSC-Registers und damit die **Offenlegung** von Personen mit wesentlicher Kontrolle in der Gesellschaft bezweckt in erster Linie eine Verbesserung der Transparenz der Anteilseignerstruktur von Unternehmen im Rahmen der Bekämpfung von Missbräuchen.[691] Insbesondere sollen durch die Registrierung und Publizität der wirtschaftlichen Eigentümerstellung (***Beneficial Ownership***) Praktiken der Steuerhinterziehung, Geldwäsche und Terrorfinanzierung bekämpft werden. Insofern soll stückweise auch dem treuhänderischen Halten von Beteiligungen und dadurch der Anonymität wirtschaftlichen Eigentums die Attraktivität entzogen werden. Dadurch könnte aus Investorensicht jedoch langfristig auch eine gewisse Schwächung des englischen Wirtschaftsstandorts verbunden sein.

339 Bei dem *Register of People with Significant Control* (**PSC-Register**) handelt es sich aus deutscher Sicht um eine Art Konzernregister, das sowohl den wesentlichen Einfluss und die Kontrolle von natürlichen sowie juristischen Personen umfasst. Materiell könnte man die Vorschriften PSC-Register und der Begründung einer wesentlichen Beteiligung an einer Gesellschaft am ehesten mit den Mitteilungspflichten und deren Bekanntmachung durch die Gesellschaft (§ 20 VI AktG) in Verbindung mit der Führung und Eintragung im Aktienregister gem § 67 AktG vergleichen.[692] § 20 AktG beschränkt sich indes nur auf die wesentlichen Beteiligungen eines Unternehmens an einer Aktiengesellschaft und reicht auch inhaltlich weniger weit[693] als der Begriff der People with Significant Control gem sec. 790C iVm Schedule 1A Part 1 CA 2006.

340 Das PSC-Register kann wie das Mitgliederverzeichnis am **Registersitz** der Gesellschaft geführt oder beim Companies House hinterlegt werden (sec. 790W CA 2006).[694] Es kann sowohl von den Gesellschaftern als auch von Dritten **kostenlos eingesehen** werden (sec. 790O CA 2006). Die Kosten für eine Kopie des PSC-Register betragen derzeit £ 12 (reg. 6 (1) PSC-Register Regulations 2016). Der Inhalt des PSC-Register ist von den geschäftsführenden Direktoren der Gesellschaft jährlich gegenüber dem Registrar zu bestätigen (sec. 853I CA 2006). Kommen die Gesellschaft und ihre Organe der Pflicht zur Führung des PSC-Registers, dessen Aktualitätsanforderungen oder der jährlichen Bestätigung gegenüber dem Registrar nicht hinreichend nach, kommen strafrechtliche Sanktionen gegen beide in Betracht. Zudem kann die Gesellschaft es säumigen (registrierungsfähigen) Personen mit wesentlicher Kontrolle untersagen, Rechte aus ihren Anteilen auszuüben oder ein **Veräußerungsverbot** aussprechen, solange sie ihren Pflichten nicht nachgekommen sind (ssec. 790F, 790I CA 2006).

341 Materiell stellt sich die Frage, wer als **People with Significant Control** („PSC") im Sinne der ssec. 790A ff. CA 2006 zu charakterisieren ist. Obgleich sowohl natürliche Personen mit wesentlicher Kontrolle als auch „relevante" juristische Personen im PSC-Register einzutragen sind (sec. 790M (2), (5) CA 2006), gelten als PSC **nur Individuen** (i. e. natürliche Personen), die eine entsprechende *„significant control"* über die Gesellschaft ausüben können (sec. 790C (2) CA 2006). Daneben können jedoch auch juristische Personen (*Legal Entities*) vom persönlichen Anwendungsbereich der Regelungen erfasst sein. Dies ist der Fall, wenn sie im Hinblick auf die betreffende Gesellschaft eine **Relevant Legal Entity** („RLE") sind (sec. 790C (8) CA 2006). Voraussetzung dafür ist, dass das Unternehmen als Anteilsinhaber, wenn es eine natürliche Person wäre, ein PSC wäre und selbst den nationalen (gesellschaftsrechtlichen oder kapitalmarktrechtlichen) Offenlegungspflichten unterliegt. Ausländische Gesellschaften können daher keine relevanten Legal Entities sein.[695] Dadurch wird indes die transnationale Bedeutung des PSC-Registers gemindert. Um von der Eintragungspflicht im PSC-Register erfasst zu sein, müssen PSC sowie RLE **registrierungsfähig** (*Registerable*) iS von sec. 790C (4), (8) CA 2006 sein. Sie sind nicht registrierungsfähig, wenn sie außer über eine oder mehrere juristische Personen, über die sie wesentliche Kontrolle haben und die ihrerseits ein RLE sind, keine Beteiligung an der Gesellschaft halten. Insofern muss nicht jede PSC oder RLE im PSC-Register vermerkt sein.

342 Beispielhaft lässt sich dies unter der Prämisse, dass jede PSC bzw. RLE eine entsprechende *„Significant Control"* (s. Rn. 346) über das nächste Kettenglied ausüben kann, wie folgt darstellen.

690 *Söhner* RIW 2016, 489, 497.

691 Vgl. *Gompertz* Cov. L.J. 20 (2015) 49, 53; *J. Schmidt* AG 2015, R228; *Stiegler* ZIP 2016, 1808, 1811.

692 Gemäß sec. 790D CA 2006 obliegen den registrierungsfähigen (registerable) PSC gewissen Informationspflichten gegenüber der Gesellschaft.

693 Erfasst sind insbesondere ein Beteiligungserwerb über 25% der Aktien (§ 20 I, II AktG) oder eine Mehrheitsbeteiligung (§ 20 IV AktG iVm § 16 I AktG).

694 Vgl. auch *Palmer's Company Law*, 2016, Rn. 9.034.

695 *Turner/Follett* Trust & Trustees 22 (2016) 537, 540; *Stiegler* ZIP 2016, 1808, 1812; wohl aA *Söhner* RIW 2016, 489, 492.

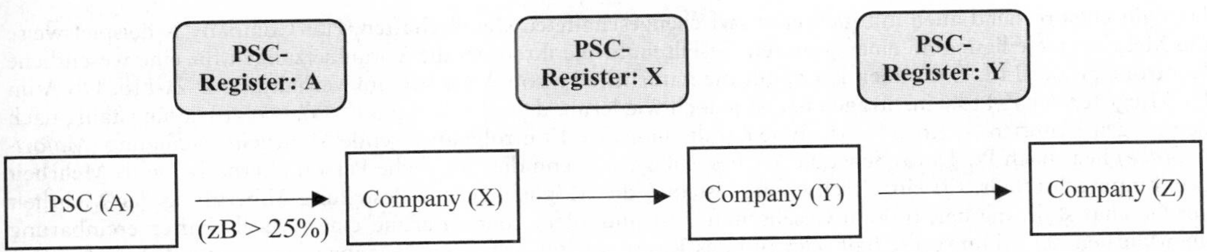

Abb. 1: Charakterisierung als People with Significant Control

Ist jedoch eine der beteiligten *Companies* eine **ausländische Gesellschaft**, entfällt die getrennte Registrierungspflicht. So zB, wenn X im obigen Beispiel eine deutsche GmbH ist.

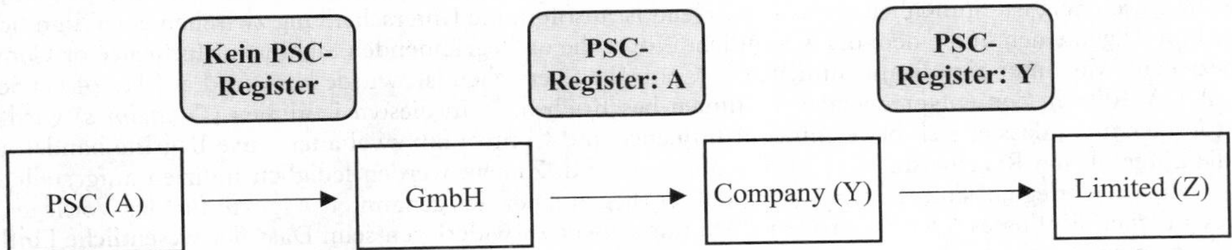

Abb. 2: Charakterisierung als People with Significant Control bei Beteiligung ausländischer Gesellschaften

Es müssen jeweils die **Voraussetzungen** für eine „significant control" erfüllt sein. Was (für natürliche Personen) hierunter zu verstehen ist, ergibt sich aus 790C (3) iVm Schedule 1A Part 1 CA 2006. Eine wesentliche Kontrolle über die Gesellschaft wird demnach begründet, wenn die Person **alternativ** 343

(1) direkt oder indirekt mehr als **25% der Geschäftsanteile** hält;
(2) direkt oder indirekt mehr als **25% der Stimmrechte** hält;
(3) direkt oder indirekt die Möglichkeit zur **Bestellung** oder **Abberufung** der Mehrheit der **Geschäftsführung** hat;
(4) das Recht zur (tatsächlichen) Ausübung von **wesentlichem Einfluss** auf oder **Kontrolle** über die Gesellschaft hat;
(5) eines der Kriterien im Falle der **Zwischenschaltung** eines **Trust**, einer Personengesellschaft oa erfüllt.

Zwei Aspekte dieser eine wesentliche Kontrolle begründenden Voraussetzungen sind aufgrund ihrer praktischen Relevanz und Ermittlungsschwierigkeiten näher zu betrachten. Bei den Voraussetzungen (1) – (3) reicht jeweils bereits die **indirekte Möglichkeit** der Rechteausübung bzw. des Haltens der erforderlichen Anteile bzw. Stimmrechte aus. Fraglich ist, was „indirekt" in diesem Zusammenhang bedeutet. Nach Pt. 18 (1), (2) Schedule 1A CA 2006 liegt eine **indirekte Beteiligung** bzw. die indirekte Möglichkeit der Rechteausübung in Bezug auf eine Gesellschaft vor, wenn die Person eine Mehrheitsbeteiligung (***Majority Stake***) an einer inländischen juristischen Person hält, die ihrerseits an der betreffenden Gesellschaft Anteile hält. Diese Anteile werden der Person zugerechnet, so dass diese, wenn die entsprechende juristische Person wesentliche Kontrolle anhand der obigen Kriterien ausüben kann, im Verhältnis zur Gesellschaft eine (registrierungsfähige) PSC ist.[696] 344

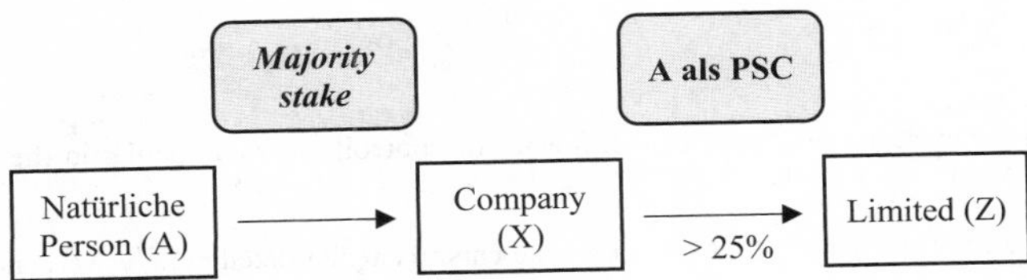

Abb. 3: Ermittlung der People with Significant Control bei Mehrheitsbeteiligungen

696 *Stiegler* ZIP 2016, 1808, 1812.

345 Dies gilt entsprechend auch mit **mehreren zwischengeschalteten Gesellschaften.** Hat Company X beispielsweise die Mehrheitsbeteiligung an einer weiteren Gesellschaft, die ihrerseits die Voraussetzungen für eine wesentliche Kontrolle an der Ltd. Z ausüben kann, gilt die natürliche Person A als PSC im Verhältnis zur Z.-Ltd. Ob A im PSC-Register der Z-Ltd. einzutragen ist, ist jedoch wiederum davon abhängig, ob er/sie registrierungsfähig nach den obigen Kriterien (s. Rn. 341) ist. Eine ggf die indirekte Kontrolle auslösende Mehrheitsbeteiligung (*Majority Stake*) liegt nach Pt. 18 (3) Schedule 1A CA 2006 vor, wenn die natürliche Person alternativ die (i) **Mehrheit der Stimmrechte** hält, (ii) ein Gesellschafter ist und die Möglichkeit zur Bestellung/Abberufung der Mehrheit der Geschäftsführung hat, (iii) ein Gesellschafter ist und allein oder aufgrund einer Gesellschaftervereinbarung die Mehrheit der Stimmrechte hält oder (iv) das Recht zur (tatsächlichen) Ausübung von **wesentlichem Einfluss** auf oder **Kontrolle** über die Gesellschaft hat.

346 Praktische **Probleme** kann weiterhin die Formulierung in Voraussetzung (4) bereiten. Eine wesentliche Kontrolle (*Significant Control*) über die Gesellschaft wird demnach begründet, wenn eine Person das Recht zur (tatsächlichen) Ausübung von wesentlichem Einfluss auf oder die Kontrolle über die Gesellschaft hat. Maßgebend ist dabei, was unter „wesentlichen Einfluss oder Kontrolle" (***Significant Influence or Control***) zu verstehen ist. Diese Frage stellt sich jedoch nur, wenn nicht bereits eine der anderen Voraussetzungen für eine wesentliche Kontrolle einschlägig ist. Sprachlich etwas verwirrend ist insofern die Unterscheidung zwischen einer Significant Control im Allgemeinen und einem die wesentliche Kontrolle ua begründenden Significant Influence or Control im Speziellen. Was unter Significant Influence or Control zu verstehen ist, wurde basierend auf Pt. 24 (1) Schedule 1A CA 2006 in den entsprechenden **Leitlinien** beschrieben.[697] In diesem Leitlinien (*Guidelines*) wird zunächst festgehalten, dass es sich bei Significant Influence und Control um zwei **alternative Begriffe** handelt und dass die aufgeführten Regelbeispiele nicht abschließend sind. Zudem werden lediglich Indizien aufgestellt, die grundsätzlich widerlegbar sind. Faktisch wird das Vorliegen einer der genannten Aspekte für das Vorliegen eines wesentlichen Einflusses oder Kontrolle jedoch nur schwer zu widerlegen sein. Dass der **wesentliche Einfluss** oder die **Kontrolle** tatsächlich ausgeübt wurde, ist unerheblich; es reicht bereits die Möglichkeit der Einflussnahme bzw. Kontrolle aus.[698] Insgesamt ergibt sich die Frage, ob ein wesentlicher Einfluss oder Kontrolle in der Gesellschaft ausgeübt werden kann aus einer Gesamtbetrachtung der einer Person zustehenden Rechte und tatsächlichen Handlungen innerhalb der Gesellschaft. Auch eine Verbindung zwischen verschiedenen, für sich noch keine Significant Influence or Control begründenden Aspekte, können daher im Ergebnis die Voraussetzungen für ein PSC oder RLE begründen. Anhand der Leitlinien liegt ein wesentlicher Einfluss oder Kontrolle insbesondere dann vor, wenn eine Person die absolute Entscheidungsmacht über Fragen des Geschäftsverlaufs bzw. der unternehmerischen Tätigkeit der Gesellschaft hat, zB hinsichtlich der Erstellung oder Änderung des Businessplans, der Änderung des Unternehmensgegenstandes oder der Benennung und Abberufung des leitenden Geschäftsführers. Entsprechendes gilt im Rahmen von Vetorechten, die der Person zustehen.

347 Handelt es sich um eine PSC oder RLT, die zudem registrierungsfähig ist (s. Rn. 341), hat die Gesellschaft verschiedene **Angaben im PSC-Register** aufzunehmen. Dies sind ua Name, Adresse, Wohnort bzw. Geschäftssitz, Nationalität, Art der wesentlichen Kontrolle oder das Geburtsdatum (sec. 790K (1), (3) CA 2006). Im Rahmen datenschutzrechtlicher Bestimmungen in den PSC-Register Regulations 2016 können einzelne Befreiungen beantragt werden. Wichtig ist, dass die Gesellschaft grundsätzlich selbst ermitteln muss, wer in ihrem Umkreis eine registrierungsfähige PSC oder RLE ist (sec. 790D (1) CA 2006).[699] Zudem sollte die Gesellschaft **regelmäßig überprüfen**, ob sich hinsichtlich der Stellung einzelner Personen oder Gesellschafter diesbezüglich etwas geändert hat. Insgesamt werden dadurch die Pflichten der Direktoren noch umfangreicher, womit letztlich auch die Haftungsgefahr steigt. Aufgrund der langen und komplexen Neuregelungen zum PSC-Register stellen diese insbesondere für größere, ggf in einer Unternehmensgruppe eingeflochtene, Gesellschaften einen durchaus zeit- und kostenaufwändigen Aspekt dar.[700] Insofern besteht derzeit noch ein nicht unerhebliches Maß an Rechtsunsicherheit und insbesondere bei größeren Unternehmen wird sich eine rechtliche Beratung kaum vermeiden lassen. Gleichwohl empfiehlt sich ebenso für kleinere Ltd. und deren Gesellschafter eine aufmerksame Studie der vom BEIS veröffentlichten (ausführlichen) Leitlinien.[701]

697 *BIS*, Guidance on the meaning of „Significant Influence or control" over companies in the context of the Register of People with Significant Control.

698 *Stiegler* ZIP 2016, 1808, 1812.

699 Im Unterschied dazu obliegt nach § 20 AktG dem eine entsprechende Beteiligung erwerbende Unternehmen eine Mitteilungspflicht.

700 Vgl. *Turner/Follett* Trust & Trustees 22 (2016) 537 f.; *Hannigan*, Company Law, 2015, Rn. 16-92; *Stiegler* ZIP 2016, 1808, 1813; kritisch im Hinblick auf das bislang unternehmerfreundliche Englische Kapitalgesellschaftsrecht *Gompertz* Cov. L.J. 20 (2015) 49, 53.

701 Speziell für Gesellschaften: *BIS*, Register of People with Significant Control. Guidance for Companies, Societes Europaeae and Limited Liability Partnerships. Speziell für PSC: *BIS*, Register of People with Significant Control. Guidance for People with Significant Control over Companies, Societas Europaea and Limited Liability Partnerships.

Um den Anforderungen an das neue PSC-Register nachzukommen, sollten aus praktischer Sicht die betroffenen Gesellschaften insbesondere die folgenden Dinge beachten bzw. im Sinne einer laufenden Kontrolle **berücksichtigen:** 348

- Ermittlung, ob die Regelungen zum PSC-Register anwendbar sind;
- Identifizierung der PSC der Gesellschaft;[702]
- Kontaktieren der ermittelten PSC und Einholung der erforderlichen Informationen;
- Erstellen des PSC-Registers mit den entsprechenden Angaben;
- (jährliche) Inhaltsbestätigung des PSC-Registers ggü dem Companies House;
- Regelmäßige Kontrolle und ggf Aktualisierung des PSC-Registers.

cc) Rechte der Gesellschafter

Aufgrund ihrer **mitgliedschaftlichen Stellung** stehen den Gesellschaftern einer Ltd. verschiedene (gesetzliche) Rechte zu, die ihnen als wirtschaftliche Eigentümer der Gesellschaft die Mitwirkung und Entscheidungsfindung im Unternehmen ermöglichen sollen.[703] Daneben können – und werden regelmäßig – in der Satzung die Rechte der Gesellschafter erweitert, konkretisiert und (sofern zulässig) beschränkt werden.[704] Auch Gesellschaftervereinbarungen (*Shareholders' Agreement*) (s. Rn. 325 ff.) können den Gesellschaftern bestimmte Rechte gewähren. So können insbesondere auch nur einzelnen Anteilsinhabern besondere Rechte zukommen oder nur bestimmte Anteilsgattung ein spezifisches Recht (***Class Right***) in der Gesellschaft gewähren. Hinzu kommen verschiedene Minderheitenrechten, die vor allem einer ungerechtfertigten Machtausnutzung eines Mehrheitsgesellschafters Einhalt gebieten sollen. 349

Allgemein zu konstatieren ist zunächst, dass im Zuge der Umsetzung der Aktionärsrechterichtlinie (dazu § 30) auch die Rechte der Gesellschafter einer Ltd. in Teilen angeglichen wurden. Das Englische Recht hat mit den Companies (Shareholders' Rights) Regulations 2009 stückweise die Aktionärsrechte bei der Public Limited Company auf die Ltd. übertragen und an diese angeglichen. Aufgrund der strikten Trennung zwischen der Gesellschaft als eigenständiger Rechtsträger und den Gesellschaftern (s. Rn. 330) stehen den Anteilsinhabern grundsätzlich **keine Rechte in Bezug auf das Vermögen der Kapitalgesellschaft** und die in ihrem Eigentum befindlichen Vermögensgegenstände zu.[705] Die (persönlichen) Mitgliedschaftsrechte der einzelnen Gesellschafter können im eigenen Namen (*Personal Action*) gegen die Gesellschaft gerichtlich oder – sofern vorgesehen – in einem anderen Streitbeilegungsverfahren geltend gemacht werden. 350

Dem (designierten) Gesellschafter stehen zunächst die bereits genannten Rechte in Bezug auf seine Stellung als Mitglied der Ltd. zu, wie das Recht einen **Anteilsschein** (*Share Certificate*) ausgestellt zu bekommen (sec. 769 (1) CA 2006), im **Mitgliederverzeichnis** (*Register of Members*) oder deren Alternative (ssec. 112A, 128A CA 2006) eingetragen zu werden und eine kostenlose Kopie von diesem zu erhalten (sec. 116 (1) (a) CA 2006). Weiterhin kann ein Gesellschafter gem sec. 33 (1) CA 2006 gegen die seine Rechte beschränkenden Satzungsverstöße vorgehen (s. Rn. 314 ff.). 351

Das wichtigste Recht eines Gesellschafters ist das **Teilnahme-** und **Stimmrecht** an bzw. in der Gesellschafterversammlung (*Shareholders' Meeting*).[706] Dieses kann auch durch die Einschaltung eines Vertreters (***Proxy***) wahrgenommen werden (sec. 324 (1) CA 2006). Diesem können das Teilnahme-, Rede- und Stimmrecht übertragen werden. Der (Stimmrechts-) Vertreter ist auf vertraglicher Basis an die **Weisungen** des Gesellschafters gebunden (sec. 324A CA 2006); ihm kann aber auch ein Ermessen eingeräumt werden.[707] Weicht der Vertreter von seiner Weisungsgebundenheit mehr als marginal ab, soll die im Namen des Gesellschafters abgegebene Stimme bei der Abstimmung grundsätzlich nicht zu berücksichtigen sein.[708] Das macht Sinn, wenn die Weisung dem Versammlungsvorsitzenden bekannt ist. Sollte die Vollmachtsurkunde die Beschränkung (Weisung) jedoch nicht enthalten, sondern zB in einer zweiten, nicht vorgelegten Urkunde enthalten sein, überzeugt das Ergebnis nicht, da 352

702 Auch die ggf betroffenen natürlichen oder juristischen Personen selbst als Gesellschafter sollten überprüfen, ob sie entsprechende Meldungen an die Gesellschaft zu machen haben und welche Unterlagen hierfür benötigt werden.

703 Ausführlich zu den einzelnen Rechte der Gesellschafter *Hollington* on Shareholders' Rights, 8. Ed. 2017; *Milman* Co. L.N. 2010, 266, 1 ff.; deutschsprachig auch *Just*, Die englische Limited in der Praxis, 2012, Rn. 122 ff.; *Servatius* in Henssler/Strohn (Hrsg.), Gesellschaftsrecht, 2016, IntGesR, Rn. 82 ff.; *Levedag* in: Süß/Wachter (Hrsg.), HdB des internationalen GmbH-Rechts, 2016, England, Rn. 303 ff.

704 *Just*, Die englische Limited in der Praxis, 2012, Rn. 122. Die Ausübung einer satzungsmäßig legitimierten Beschränkung darf jedoch nur bezogen auf den zugrundeliegenden Zweck der Satzungsregelung erfolgen, *Eclairs Group Ltd. v. JKX Oil & Gas plc* [2015] UKSC 71.

705 *Macaura v. Northern Assurance* Co. [1925] AC 619 (HL); ferner ergibt sich dies bereits aus *Salomon v. Salomon & Co. Ltd.* [1896] UKHL 1.

706 *Mayson/French/Ryan*, Company Law, 2017, S. 377; *Boyle/Birds*, Company Law, 2014, Rn. 13.1.

707 *Re Lancaster* (1877) 5 Ch D 911 (CA); *Sadgrove v. Bryden* [1907] 1 Ch 318.

708 *Boyle/Birds*, Company Law, 2014, Rn. 13.7.12; *Siems* in: Schall (Hrsg.), Companies Act, 2014, sec. 324A Rn. 2.

man dann nachträglich mit Beeinträchtigungen der Abstimmung rechnen müsste. Hier erscheint die Gesellschaft in ihrem Vertrauen auf die Vertretungsmacht schutzwürdig.

353 Über das **Stimmrecht** in der Gesellschafterversammlung haben die Anteilsinhaber (bzw. deren Vertreter) die Möglichkeit, an verschiedenen unternehmensrelevanten Entscheidungen mitzuwirken. Neben den gesetzlich vorgesehenen Zustimmungspflichten der Gesellschafterversammlung, zB bei Satzungsänderungen oder Kapitalmaßnahmen, steht den Gesellschaftern das Recht zu, die **Zusammensetzung der Geschäftsführung** und damit insbesondere über die Abberufung der Geschäftsführer (ohne wichtigen Grund) zu entscheiden (sec. 168 (1) CA 2006).[709] Anders als bei der deutschen GmbH (vgl. § 37 I GmbHG) hat die Gesellschafterversammlung jedoch **kein** allgemeines **Weisungsrecht** an die Geschäftsführung und kann sich ein solches auch nicht durch die Satzung einräumen lassen.[710] Möglich ist allerdings eine Satzungsregelung, die für Einzelfälle eine Weisung mit 3/4-Mehrheit vorsieht (vgl. Art. 4 I der Mustersatzung). Durch die Möglichkeit der grundlosen Abberufung der Direktoren kommt insbesondere Mehrheitsgesellschaftern jedoch faktisch ein **weisungsähnlicher Einfluss** auf die Geschäftsführung zu. Inwieweit sie von diesem Gebrauch machen und dadurch ggf die Stellung eines Shadow Direktors (s. Rn. 423 ff.) einnehmen, bleibt ihnen selbst überlassen.

354 Aus dem Recht zur Teilnahme an der Gesellschafterversammlung ergeben sich weitere Rechte für die Gesellschafter. Grundsätzlich muss jedem Anteilsinhaber (bzw. dessen Vertreter) – unter bestimmten Bedingungen – die Möglichkeit eingeräumt werden, eine **förmliche Abstimmung** (*Poll*) in der Gesellschafterversammlung[711] über einzelne Regelungspunkte zu verlangen (sec. 321 CA 2006). Dieses Recht kann nicht durch die Satzung oder andere Vereinbarungen abbedungen oder beschränkt werden.[712] Üblicherweise wird vor allem bei kleineren Gesellschaften das Recht auf förmliche Abstimmung durch die satzungsmäßige Bestimmung sogar noch erweitert.[713] So sieht auch Art. 44 (2) der Mustersatzung eine personenbezogene Erleichterung im Vergleich zu sec. 321 CA 2006 vor. Im Zusammenhang mit dem Verlangen einer förmlichen Abstimmung steht dem Gesellschafter innerhalb dieser auch das Recht zu, eine **„gespaltene Stimmabgabe"** vorzunehmen (sec. 322 CA 2006), wobei hier primär an ein abweichendes Stimmverhalten beim treuhänderischen Halten fremder Anteile parallel zu eigenen Anteilen gedacht wird. Ähnlich dem deutschen GmbH-Recht (vgl. § 51a I GmbHG) hat weiterhin jeder Gesellschafter einer Ltd. das Recht, verschiedene **Gesellschaftsunterlagen kostenlos einzusehen** (sec. 358 (3) CA 2006). Das entsprechende Einsichtsrecht umfasst gem sec. 355 (1) CA 2006 die nicht im Rahmen der Gesellschafterversammlung gefassten Beschlüsse sowie die Protokolle der Gesellschafterversammlung und kann auch gerichtlich durchgesetzt werden (sec. 358 (7) CA 2006).

355 Von Bedeutung ist weiterhin das Recht eines Gesellschafters, im Vorfeld einer Gesellschafterversammlung eine **begründete Stellungnahme** versenden zu lassen (*Circulation of Statements*) (sec. 314 CA 2006).[714] Dieses Recht ist nicht durch die Satzung oder andere Vereinbarungen abdingbar. Voraussetzung für die Versendung einer entsprechenden Stellungnahme ist, dass **mindestens 5%** der stimmberechtigten Gesellschafter oder einhundert Gesellschafter, die durchschnittlich mindestens £ 100 auf ihre Geschäftsanteile eingezahlt haben, dies verlangen (sec. 314 (2) CA 2006). Da eine Ltd. mit einhundert Anteilsinhabern indes weitgehend illusorisch ist, ist für diese in der Regel nur die erstgenannte Voraussetzung von Bedeutung. Vor allem bei kleineren Gesellschaften mit einem geringen Gesellschafterkreis wird die 5%-Hürde gleichwohl kein wirkliches Hindernis darstellen. Der Versendung der Stellungnahme eines Gesellschafters geht ein entsprechendes Begehren an die durch die Geschäftsführer vertretene Gesellschaft voraus. Dieses muss sich auf die zu versendende Stellungnahme beziehen und grundsätzlich einer Woche vor der Gesellschafterversammlung in schriftlicher oder elektronischer Form vorgebracht werden (sec. 314 (1) CA 2006). Wurde ein Begehren erfolgreich an die Gesellschaft gestellt, haben die Geschäftsführer die Stellungnahme an die übrigen Gesellschafter zu übermitteln (sec. 315 (1) CA 2006).

356 Die Gesellschafter haben das Recht, eine (außerordentliche) Gesellschafterversammlung **einzuberufen** (sec. 303 (1) CA 2006). Das Recht zur Einberufung einer Gesellschafterversammlung steht jedoch nur Gesellschaftern zu, deren **Stimmrechtsanteile mindestens 5%** betragen (sec. 303 (2) (a) CA 2006). Die ehemalige 10%-Hürde wurde im Zuge der Companies (Shareholders' Rights) Regulations 2009 auch für die Ltd. entsprechend herabgesetzt.[715] Die Anfrage auf Einberufung der Gesellschafterversammlung durch die Geschäftsführung muss form- und fristgerecht bei den die Gesellschaft vertretenden Direktoren gestellt werden. Der vorgebrachte Beschluss-

---

709 Vgl. auch *Davies/Worthington*, Gower's Principles of Modern Company Law, 2016, Rn. 14-49 f.; *Kershaw*, Company Law in Context, 2012, S. 222; *Just*, Die englische Limited in der Praxis, 2012, Rn. 123.

710 *Just*, Die englische Limited in der Praxis, 2012, Rn. 134.

711 Die Abstimmung selbst ist dabei nicht geheim, vgl. *Haarhaus & Co. GmbH v. Law Debenture Trust Corporation plc* [1988] BCLC 640.

712 *Palmer's Company Law*, 2016, Rn. 7.905.

713 *Mayson/French/Ryan*, Company Law, 2017, S. 402; *Siems* in: Schall (Hrsg.), Companies Act, 2014, sec. 321 Rn. 1.

714 Dazu *Davies/Worthington*, Gower's Principles of Modern Company Law, 2016, Rn. 15-59; *Siems* in: Schall (Hrsg.), Companies Act, 2014, sec. 314 Rn. 1 ff.; *Just*, Die englische Limited in der Praxis, 2012, Rn. 129; *Servatius* in: Henssler/Strohn (Hrsg.), Gesellschaftsrecht, 2016, IntGesR, Rn. 83.

715 Im deutschen GmbH-Recht liegt sie hingegen immer noch bei 10% (§ 50 I GmbHG). Basierend auf der Aktionärsrechterichtlinie (dazu § 30) bei der AG nur bei 5% (§ 122 I 1 AktG).

vorschlag darf nicht unzulässig oder rechtsmissbräuchlich sein (sec. 303 (5) CA 2006). Das Begehren auf Einberufung der Gesellschafterversammlung kann daher ua nicht auf einem Beschlussinhalt basieren, der die Zuständigkeit der Gesellschafterversammlung überschreitet.[716] Wurde ein wirksamer Einberufungsantrag gestellt, haben die Direktoren spätestens **21 Tage nach Eingang** des Antrags die Gesellschafterversammlung einzuberufen (sec. 304 (1) (a) CA 2006). Die Versammlung selbst muss dann innerhalb der nächsten 28 Tage nach deren Einberufung abgehalten werden (sec. 304 (1) (b) CA 2006). Materiell dürfen die Direktoren die Einberufung durch einen Gesellschafter nicht zum Anlass nehmen, eigene Vorschläge auf die Tagesordnung der Versammlung zu setzten.[717] Vielmehr werden sie auf ihr eigenes Einberufungsverlangen gem sec. 302 CA 2006 verwiesen. Haben die Geschäftsführer die Gesellschafterversammlung nicht oder nicht fristgerecht einberufen, können die betroffenen Gesellschafter diese auch **selbst einberufen** (sec. 305 (1) CA 2006). Zudem kann eine mangelnde Einberufung den Tatbestand der Unfair Prejudice begründen.[718]

Ferner können die Gesellschafter einer Ltd. eine **schriftliche Beschlussfassung** beantragen (sec. 292 (1) CA 357
2006). Wurde ein wirksamer Antrag auf schriftliche Beschlussfassung bei den Direktoren der Gesellschaft gestellt, haben diese den Antrag an die übrigen Gesellschafter zu übersenden (sec. 293 (1) CA 2006). Wie bei der Einberufung der Gesellschafterversammlung hat dies innerhalb von 21 Tagen nach Antragstellung zu geschehen. Nur Gesellschafter, die **mindestens 5%** der Stimmrechte in der Gesellschaft halten, können einen entsprechenden Antrag stellen (sec. 292 (5) CA 2006). Die Satzung kann jedoch eine geringere (nicht aber höhere) Hürde vorsehen.

Darüber hinaus hat jeder Gesellschafter das Recht, den **Jahresabschluss** und die **Jahresberichte** des jeweiligen 358
Geschäftsjahres übersandt zu bekommen (sec. 423 (1) (a) CA 2006).[719] Weiterhin steht den Gesellschaftern im Grundsatz ein **Anspruch auf Gewinnbezug** (Dividende) zu, der durch die Satzung näher ausgestaltet werden kann. Art. 30 der Mustersatzung regelt die möglichen Verfahrensmodalitäten, von dem im Rahmen der individuellen Satzungsgestaltung abgewichen werden kann. Gemäß der Mustersatzung können die Gesellschafter jedoch lediglich dem **Dividendenvorschlag** der Geschäftsführung zustimmen, eine Ablehnung in Verbindung mit einem eigenen, höher dotierten Vorschlag der Gesellschafter ist nicht vorgesehen.

dd) Minderheitenschutz

Auch im Englischen Gesellschaftsrecht kommt dem Schutz von Minderheitsgesellschaftern eine besondere Be- 359
deutung zu.[720] Da das Englische Gesellschafsrecht grundsätzlich **keine** mitgliedschaftlichen **Treuepflichten** zwischen den Gesellschafter kennt,[721] wird der Minderheitenschutz auf funktional andere Weise als im deutschen Gesellschaftsrecht gewährleistet.[722] Insbesondere kann jeder (Mehrheits-) Gesellschafter sein Stimmrecht auch allein eigennützig und zulasten anderer Gesellschafter ausüben.[723] Die meisten (prozessualen) Schutzinstrumente gelten zwar nicht explizit und ausschließlich für Minderheitsgesellschafter, kommen in ihrer Funktion aber vor allem diesen zu Gute. Vor allem die Vorgaben gegen ungerechtfertigte Benachteiligungen einzelner Anteilsinhaber (*Unfair Prejudice*) (s. Rn. 360 ff.) erlangen damit auch eine **konzernrechtliche Bedeutung.** Dies umso mehr, da es im Englischen Recht kein Konzernrecht im engeren Sinne gemäß dem deutschen (Aktien-) Konzernrecht gibt. Im Folgenden werden die bedeutendsten Minderheitenschutzinstrumente im Recht der Ltd. dargestellt.

716 *Rose v. McGivern* [1998] 2 BCLC 593; siehe auch *PNC Telecom plc v. Thomas* [2003] BCC 202.

717 *Ball v. Metal Industries Ltd.* [1957] SC 315.

718 *McGuiness v. Bremner plc* [1988] BCLC 673.

719 Vgl. auch *Just*, Die englische Limited in der Praxis, 2012, Rn. 130; *Servatius* in: Henssler/Strohn (Hrsg.), Gesellschaftsrecht, 2016, IntGesR, Rn. 85; *Ringe/Otte* in: Triebel ua (Hrsg.), Englisches Handels- und Wirtschaftsrecht, 2012, Kap. V Rn. 265; *Levedag* in: Süß/Wachter (Hrsg.), HdB des internationalen GmbH-Rechts, 2016, England, Rn. 533.

720 Deutschsprachig zum Minderheitenschutz im Englischen Gesellschaftsrecht *Müller* RIW 1997, 994 ff.; *Schall* ZIP 2005, 965 ff.; *Ringe/Otte* in: Triebel ua (Hrsg.), Englisches Handels- und Wirtschaftsrecht, 2012, Kap. V Rn. 154 ff.; *Just*, Die englische Limited in der Praxis, 2012, Rn. 135 f.; *Servatius* in: Henssler/Strohn (Hrsg.), Gesellschaftsrecht, 2016, IntGesR, Rn. 87 ff.; *Levedag* in: Süß/Wachter (Hrsg.), HdB des internationalen GmbH-Rechts, 2016, Rn. 322 ff.; *Arzt-Mergemeier*, Der gesellschaftsrechtliche Minderheitenschutz in Deutschland, England und Frankreich, 2006; ferner *Fleischer/Strothotte* RIW 2012, 2 ff.; rechtsvergleichend auch *Kraakman et al.*, The Anatomy of Corporate law, 3. Ed. 2017, S. 89 ff.; *Roth/Kindler*, The Spirit of Corporate Law, 2013, S. 113 ff.

721 *Northern Counties Securities Ltd. v. Jackson & Steeple Ltd.* [1974] 1 WLR 1133, 1144.

722 In diesem Sinne *Ringe* in: Schall (Hrsg.), Companies Act, 2014, vor ssec. 994 ff. Rn. 2; im Zusammenhang mit der Unfair Prejudice auch *Fleischer/Strothotte* RIW 2012, 2.

723 *Ringe/Otte* in: Triebel ua (Hrsg.), Englisches Handels- und Wirtschaftsrecht, 2012, Kap. V Rn. 154, mit Verweis auf *Carruth v. ICI Ltd.* [1937] AC 707, 715.

360 Das in der Praxis wichtigste Minderheitenschutzinstrument[724] ist der Rechtsbehelf wegen **Unfair Prejudice** nach ssec. 994 ff. CA 2006. Dieser ist die **zentrale Regelung** des Englischen Kapitalgesellschaftsrechts,[725] um gegen ein unlauteres Fehlverhalten der Gesellschaft oder der Mitgesellschafter vorzugehen. Insbesondere bei personalistisch strukturierten Gesellschaften mit wenigen Anteilsinhabern ist der Rechtsbehelf (*Petition*) aufgrund ungerechtfertigter Benachteiligung von Bedeutung.[726] Aber auch im **konzernrechtlichen Kontext** kann eine Berufung auf Unfair Prejudice statthaft sein.[727] Der Rechtsbehelf wegen Unfair Prejudice kann von jedem Gesellschafter – in seiner mitgliedschaftlichen Stellung – geltend gemacht werden. Eine Mindestquote an Stimmanteilen ist nicht erforderlich. Es handelt sich um ein **persönliches Recht** jedes Gesellschafters, das – im Gegensatz zu einer Derivative Action (s. Rn. 374 ff.) – im eigenen Namen verfolgt werden kann. Die Möglichkeit einer Gesellschafterklage versperrt einem Anteilsinhaber auch nicht das Recht, eine persönliche Abhilfe gem sec. 994 CA 2006 anzustrengen.[728] Zudem kann der Rechtsbehelf wegen Unfair Prejudice nicht durch die Satzung ausgeschlossen werden.[729] Möglich ist jedoch eine Regelung, dass er lediglich schiedsgerichtlich und ohne Zugang zu einem staatlichen Gericht verfolgt werden kann.[730]

361 Sec. 994 CA 2006 sieht sowohl formelle als auch materielle **Antragsvoraussetzungen** vor. Die formellen (prozessualen) Vorgaben für die Geltendmachung einer ungerechtfertigten Benachteiligung bei Gericht werden durch die Companies (Unfair Prejudice Applications) Proceedings Rules 2009 konkretisiert. Diese bringen in modifizierter Form die Regelungen des allgemeinen Englischen Zivilprozessrechts zur Anwendung. Antragsgegner des Rechtsbehelfs wegen Unfair Prejudice ist der- oder diejenige, der/die die ungerechtfertigte Benachteiligung gegenüber dem betroffenen Gesellschafter begangen haben soll. Dies kann sowohl ein Mitglied der Geschäftsführung, ein Mitgesellschafter oder auch ein ehemaliger Gesellschafter[731] sein.[732] Materielle Voraussetzung für einen Anspruch aus sec. 994 (1) CA 2006 ist, dass von der handelnden Person die **Geschäfte der Gesellschaft** in einer Art und Weise geführt wurden oder werden, dass die Interessen der Gesamtheit der Gesellschafter oder eines Teils von ihnen ungerechtfertigt benachteiligt werden (lit. (a)), oder dass ein gegenwärtiges oder künftiges Handeln oder Unterlassen der Gesellschafter die Anteilsinhaber in einer gleichen Weise benachteiligt (lit. (b)). Die jeweilige Handlung bzw. das Unterlassen muss sich auf die Angelegenheiten der Gesellschaft (*Company's Affairs*) beziehen und dieser zurechenbar sein.[733] Rein private Handlungen eines Gesellschafters oder Geschäftsführers sind nicht von sec. 994 (1) CA 2006 erfasst.[734] Die angeblich ungerechtfertigte Benachteiligung muss wirtschaftlicher Natur sein[735] und wird nach objektiven Kriterien vom angerufenen (Schieds-) Gericht beurteilt.[736] Diesem steht dabei ein **Ermessensspielraum** zu.[737]

362 Vom Rechtsbehelf wegen Unfair Prejudice aus sec. 994 CA 2004 werden generell die Interessen der Gesellschafter (*Interest of Members*) geschützt. Die **schützenswerten Interessen** beschränken sich dabei nicht auf die gesetzlich und satzungsmäßig eingeräumten Rechte eines Gesellschafters, sondern erfassen generell die legitimen Erwartungen (*Legal Expectations*) einzelner oder der Gesamtheit (der) Anteilsinhaber.[738] Voraussetzung ist je-

---

724 Ein Antragsrecht zugunsten eines Mehrheitsgesellschafters ist jedoch nicht ausgeschlossen und hat die Gerichte auch verschiedentlich schon beschäftigt, siehe nur *Re HR Harmer Ltd.* [1959] 1 WLR 62; *Re Baltic Real Estate Ltd (No 1)* [1993] BCLC 499; *Parkinson v. Eurofinance Group Ltd.* [2001] BCC 551; aA *Heinz/Hartung*, Die englische Limited, 2011, Kap. 6 Rn. 7.

725 Die Regelungen der Unfair Prejudice sind nach nach reg. 48 LLPR 2009 auch auf die LLP anwendbar, sofern die Gesellschafter dies nicht einstimmig ausgeschlossen haben.

726 *Hannigan*, Company Law, 2015, Rn. 19-3 f.; *Boyle/Birds*, Company Law, 2014, Rn. 18.10.1; *Fleischer/Strothotte* RIW 2012, 2; *Ringe* in: Schall (Hrsg.), Companies Act, 2014, vor ssec. 994 ff. Rn. 3.

727 *Nicholas v. Soundcraft Electronics Ltd.* [1993] BCLC 360; dazu *Kershaw*, Company Law in Context, 2012, S. 680 f.; *Davies/Worthington*, Gower's Principles of Modern Company Law, 2016, Rn. 20-2 f.; *Ringe* in: Schall (Hrsg.), Companies Act, 2014, vor ssec. 994 ff. Rn. 25 f.; siehe auch *Re Migration Solutions Holdings Ltd.* [2016] EWHC 523.

728 *Re a Company (No 005287 of 1985)* [1986] BCLC 68; *Clark v. Cutland* [2003] EWCA Civ 810; *Gross v. Rackind* [2004] EWCA Civ 815.

729 Vgl. nur *McVea* MLR 75 (2012) 1123, 1133.

730 *Fulham Football Club (1987) Ltd. v. Richards and other* [2010] EWHC 3111 (Ch).

731 *Re a Company (No 005287 of 1985)* [1986] BCLC 68.

732 *Ringe* in: Schall (Hrsg.), Companies Act, 2014, sec. 994 Rn. 15.

733 *Ringe* in: Schall (Hrsg.), Companies Act, 2014, sec. 994 Rn. 22.

734 *Re Legal Costs Negotiators Ltd.* [1999] 2 BCLC 171; *Re a Company (No 001761 of 1986)* [1987] BCLC 141; hierzu zählt auch das Stimmverhalten eines Gesellschafters, vgl. *Re Unisoft Group Ltd. (No 3)* [1994] 1 BCLC 609.

735 *Re Unisoft Group Ltd. (No 3)* [1994] 1 BCLC 609, 611.

736 *Re Sam Weller & Sons Ltd.* [1990] Ch. 682; *Ndzi* Co. Lawyer 37 (2016) 3 f.

737 *Armour* in: Armour/Payne (Eds.), Rationality in Company Law, 2009, S. 71, 81; *Just*, Die englische Limited in der Praxis, 2012, Rn. 131, mit Verweis auf *O'Neil v. Phillips* (1999) 1 WLR 1092; *Servatius* in: Henssler/Strohn (Hrsg.), Gesellschaftsrecht, 2016, IntGesR, Rn. 89; *Tang* UCL J.L. and J. 1 (2012) 178, 206.

738 *Re Saul D Harrison and Sons plc* [1995] 1 BCLC 14; vgl. auch *O'Neill v. Phillips* [1999] 1 WLR 1092 („equitable considerations").

doch, dass sich die Interessen aus der mitgliedschaftlichen Stellung des Gesellschafters selbst herleiten.[739] Hierbei reicht indes schon ein hinreichender **Zusammenhang zur Gesellschafterposition** aus.[740] Die mittelbare Beeinträchtigung durch Verluste der Gesellschaft reicht nicht aus.

Im Laufe der Zeit haben sich verschiedene **Fallgruppen** herausgebildet, bei denen der Rechtsbehelf wegen Unfair Prejudice regelmäßig vorgebracht wird.[741] Eine Berufung auf sec. 994 CA 2006 kann zunächst auf die Verletzung der (gesetzlichen) Treuepflichten der Direktoren bezogen sein.[742] Auch hieran sind jedoch gewisse Anforderungen zu stellen, so dass nicht jede Pflichtverletzung eines Geschäftsführers den Tatbestand der Unfair Prejudice auslöst.[743] Denn in der Regel ist ein Geschäftsführer nicht gegenüber einzelnen Gesellschaftern verpflichtet.[744] Tatsächlich werden in der Praxis daher nur wenige Fälle der ungerechtfertigten Benachteiligung allein auf eine Pflichtverletzung der Direktoren (erfolgreich) vorgebracht.[745] Dies vor allem dann, wenn der handelnde Geschäftsführer gleichzeitig Mehrheitsgesellschafter der Ltd. ist.[746] Nicht selten wird eine Unfair Prejudice auch auf einen wiederholten Verstoß eines Gesellschafters gegen Gesetzesrecht,[747] die Vergütungspolitik der Direktoren iVm einer mangelnden Dividendenzahlung,[748] eine (unsachgemäße) Abberufung eines Direktors (s. Rn. 431 ff.)[749] oder auf eine erhebliche finanzielle Schlechterstellung insbesondere eines Minderheitsgesellschafters,[750] gestützt. **Keine** ungerechtfertigte Benachteiligung iSv sec. 994 (1) CA 2006 stellen hingegen das mangelnde Vertrauen zwischen den Gesellschaftern[751] oder die fehlende Unabhängigkeit eines Direktors gegenüber dem Mehrheitsgesellschafter[752] dar. 363

Der Antrag eines Gesellschafters wegen ungerechtfertigter Benachteiligung darf **nicht rechtsmissbräuchlich** sein. Eine rechtsmissbräuchliche Berufung auf sec. 994 CA 2006 ist vom Gericht abzuweisen.[753] Dies ist insbesondere der Fall, wenn mit dem Antrag andere Interessen verfolgt und/oder mit dem Verfahren lediglich die eigene Verhandlungsposition gegenüber dem Antragsgegner verbessert werden soll.[754] Nach gefestigter Rechtsprechung stellt das gleichzeitige Vorbringen einer Gesellschafterklage (*Derivative Action*) noch kein missbräuchliches Verhalten dar.[755] Insgesamt sind die Anforderungen an einen wirksamen Missbrauchseinwand eher hoch.[756] Selbst ein Fehlverhalten des klagenden Gesellschafters („*no clean hands*") schließt die Anwendung von sec. 994 CA 2006 nicht zwangsläufig aus, kann jedoch Einfluss auf gerichtlich bestimmte Rechtsfolgen haben.[757] 364

739 *Re a Company* [1986] BCLC 376; *Re JE Cade and Sons Ltd.* [1992] BCLC 213.

740 *Gamlestaden Fastigheter AB v. Baltic Partners Ltd.* [2007] UKPC 26; vgl. auch *Davies/Worthington*, Gower's Principles of Modern Company Law, 2016, Rn. 20-6; *Boyle/Birds*, Company Law, 2014, Rn. 18.12; *Ringe* in: Schall (Hrsg.), Companies Act, 2014, sec. 994 Rn. 33.

741 Siehe auch *Davies/Worthington*, Gower's Principles of Modern Company Law, 2016, Rn. 20-17 ff.; *Girvin/Frisby/Hudson*, Charlesworth's Company Law, 2010, Rn. 22-032 ff.; *Ringe* in: Schall (Hrsg.), Companies Act, 2014, sec. 994 Rn. 42 ff.

742 Klarstellend *Re Tobian Properties Ltd., Maidment v. Attwood* [2012] EWCA Civ 998; dies mag man insbesondere auch im Hinblick auf sec. 172 (1) (f.) CA 2006 beziehen: „need to act fairly as between members of the company".

743 *Re Saul D Harrison and Sons plc* [1995] 1 BCLC 14; *Keay* C.J.Q. 33 (2014) 76, 82.

744 *Keay* C.J.Q. 33 (2014) 76, 81, mit Verweis auf *Percival v. Wright* [1902] 2 Ch 421; *Peskin v. Anderson* [2001] BCC 874.

745 Vgl. *Davies* in: Davies et al. (Eds.), Corporate Boards in Law and Practice, 2013, S. 713, 769; statistisch auch *Armour*, Enforcement Strategies in UK Corporate Governance, ECGI Working Paper 106/2008, S. 14; *ders.* in: Armour/Payne (Eds.), Rationality in Company Law, 2009, S. 71, 83; dies ist sogar noch geringer bei (börsennotierten) Aktiengesellschaften, vgl. *Armour et al.* Journal of Empirical Legal Studies 6 (2009) 687, 699.

746 *Boyle/Birds*, Company Law, 2014, Rn. 18.10.2; *Davies* in: Davies et al. (Eds.), Corporate Boards in Law and Practice, 2013, S. 713, 768; siehe auch *Fleischer/Strothotte* RIW 2012, 2 f.

747 *Re a Company (No 000789 of 1987)* [1990] BCLC 384; *Re a Company (No 005134 of 1986) ex parte Harris* [1989] BCLC 383; *Ringe* in: Schall (Hrsg.), Companies Act, 2014, sec. 994 Rn. 49.

748 *Grace v. Biagioli* [2006] 2 BCLC 70; *Davies/Worthington*, Gower's Principles of Modern Company Law, 2016, Rn. 20-17 ff.; *Boyle/Birds*, Company Law, 2014, Rn. 18.10.2; siehe auch *Ndzi* Co. Lawyer 37 (2016) 3 ff.

749 *Re Haden Bill Electrical Ltd.* [1995] 2 BCLC 280; *Brownlow v. G H Marshall Ltd.* [2000] 2 BCLC 655.

750 *Re London School of Economics Ltd.* [1986] Ch 211; *Boyle/Birds*, Company Law, 2014, Rn. 18.12; *Ringe* in: Schall (Hrsg.), Companies Act, 2014, sec. 994 Rn. 47.

751 *Re R A Noble & Sons (Clothing) Ltd.* [1983] BCLC 273.

752 *Shah v. Shah* [2010] EWHC 313 (Ch); *Ringe* in: Schall (Hrsg.), Companies Act, 2014, sec. 994 Rn. 50.

753 *Re Ballador Silk Ltd.* [1965] All ER 667.

754 *Re a Company (No 007623 of 1984)* [1986] BCLC 362, 367; *Ringe* in: Schall (Hrsg.), Companies Act, 2014, sec. 994 Rn. 55.

755 In jüngerer Zeit vgl. *Clark v. Cutland* [2003] EWCA Civ 810; *Gross v. Rackind* [2004] EWCA Civ 815; im Umkehrschluss auch *Rubin v. Parsons* [2016] EWHC 237 (Ch). Zum Verhältnis beider siehe auch *Re Charnley Davies (Ltd. (No 2)* [1990] BCC 605; *Reisberg*, Derivative Actions and Corporate Governance, 2007, S. 274 ff.

756 Vgl. aus jüngerer Zeit *Wootliff v. Rushton-Turner* [2016] EWHC 2802 (Ch).

757 *Interactive Technology Corporation Ltd v. Ferster & Ors* [2016] EWHC 2896 (Ch).

365 Die **Rechtsfolgen** einer zulässig und begründeten Berufung auf den Rechtsbehelft wegen Unfair Prejudice sind in sec. 996 CA 2006 geregelt. Bei den in sec. 996 (2) CA 2006 genannten (möglichen) Rechtsfolgen steht dem Gericht ein weiter **Ermessensspielraum** zu.[758] Die Entscheidungskompetenz ist dabei nicht auf die in sec. 996 (2) CA 2006 aufgeführten Rechtsfolgen beschränkt.[759] Auch ist das Gericht nicht an die vom Antragsteller bevorzugte Rechtsfolge gebunden,[760] muss jedoch eine angemessene Rechtsfolge für die Beteiligten wählen.[761] Die am häufigsten von den Gerichten gewählte Rechtsfolge ist die Anordnung einer zu zahlenden **Abfindung** vom Antragsgegner an den Antragsteller (*„Buy Out-Order"*).[762] Die Bewertung eines angemessenen Abfindungspreises erfolgt dabei ebenfalls durch das Gericht.[763] Bis zu einem gewissen Grade wird dadurch die sonst geltende Regel, wonach ein „Reflective Loss" nicht ersatzfähig ist, relativiert.[764]

366 Weiterhin hat jeder Gesellschafter das Recht, einen **Antrag** beim zuständigen Gericht zu stellen, dass die Gesellschaft aufzulösen sei, da dies gerecht und angemessen (***Just and Equitable***) iS einer allgemeinen Gerechtigkeitserwägung erscheint (sec. 122 (1) (g), sec. 125 (2) IA 1986).[765] Hierfür hat der antragstellende Gesellschafter nachzuweisen, dass ihm ein berechtigtes Interesse an der Auflösung der Gesellschaft zusteht, zB dass er nur auf diesem Wege seine erbrachte Investition in die Gesellschaft realisieren kann.[766] Im einschlägigen Schrifttum zum Englischen Gesellschaftsrecht findet sich keine eindeutige Aussage darüber, ob das Antragsrecht eines Gesellschafters auf eine gerecht und angemessen erscheinende Auflösung durch die Satzung beschränkt werden kann. Im Hinblick auf die Charakterisierung dieses Antragsrechts insbesondere als **Minderheitenschutzinstrument** sowie der Tatsache, dass auch die Einrede wegen Unfair Prejudice nicht vollumfänglich durch die satzungsmäßige Bestimmungen abbedungen werden kann, ist in der Tendenz davon auszugehen, dass die Möglichkeit der Berufung auf sec. 122 (1) (g) IA 1986 nicht durch eine entsprechende Satzungsbestimmung abbedungen werden kann.[767] Auch eine Beschränkung auf die Schiedsgerichtsbarkeit im Rahmen einer Arbitration Clause wie beim Rechtsbehelf wegen Unfair Prejudice wird man bei einem gerichtlichen Abwicklungsverfahren wie dem nach ssec. 122 ff. IA 1986 wohl abzulehnen haben.

367 In der Praxis steht die Auflösung „on just and equitable ground" oftmals in gewisser Konkurrenz zur Geltendmachung einer Unfair Prejudice gem sec. 994 CA 2006.[768] Beide schließen sich indes nicht zwingend gegenseitig aus.[769] Gleichwohl sehen die Gerichte die Berufung auf Unfair Prejudice als vorrangig an.[770] Die Bedeutung der Abwicklung nach sec. 122 (1) (g) IA 1986 ist daher immer mehr von der Anwendung der ssec. 994 ff. CA 2006 verdrängt worden.[771] Beide Rechtsbehelfe werden jedoch häufig **kombiniert** vom betreffenden Gesellschafter vorgebracht.[772] Entgegen früherer Rechtsprechung[773] steht es der Berufung auf sec. 122 (1) (g) IA 1986 auch nicht entgegen, dass ein Gesellschafter die ihm satzungsmäßig zustehende Möglichkeit seine Anteile zu veräu-

---

758 *Hawkes v. Cuddy* [2009] EWCA Civ 291; *Re Abbington Hotel Ltd., DieGrado v. D'Angelo* [2012] 1 BCLC 410; *Thomas v. Dawson* [2015] EWCA 706 Civ; ausdrücklich auch *Wishart v. Wishwell Logistics Ltd.* [2016] SC FOR 29 at [23] („widest possible discretion to grant a remedy").

759 *Kershaw*, Company Law in Context, 2012, S. 696; *Ringe* in: Schall (Hrsg.), Companies Act, 2014, sec. 996 Rn. 8; aA *Girvin/Frisby/Hudson*, Charlesworth's Company Law, 2010, Rn. 22-044.

760 *Hawkes v. Cuddy* [2009] EWCA Civ 291.

761 *Re a Company* [1992] BCC 542.

762 *Davies/Worthington*, Gower's Principles of Modern Company Law, 2016, Rn. 20-35; *Armour* in: Armour/Payne (Eds.), Rationality in Company Law, 2009, S. 71, 81; *Hannigan*, Company Law, 2015, Rn. 19-75; *Boyle/Birds*, Company Law, 2014, Rn. 18.14; *Kershaw*, Company Law in Context, 2012, S. 697; *Fleischer/Strothotte* RIW 2012, 2, 3. *Ringe* in: Schall (Hrsg.), Companies Act, 2014 sec. 996 Rn. 4; *Ringe/Otte* in: Triebel ua (Hrsg.), Englisches Handels- und Wirtschaftsrecht, 2014, Kap. V Rn. 174; *Levedag* in: Süß/Wachter (Hrsg.), HdB des internationalen GmbH-Rechts, 2016, England, Rn. 342.

763 Ausführlich dazu *Fleischer/Strothotte* RIW 2012, 2, 3 ff.; *Hannigan*, Company Law, 2015, Rn. 19-82.

764 Näher *Davies/Worthington*, Gower's Principles of Modern Company Law, 2016, Rn. 20-17, 20-19.

765 Dazu *Chesterman* MLR 36 (1973) 129 ff.; *Prentice* LQR 89 (1973) 107 ff.; *Hannigan*, Company Law, 2015, Rn. 19-88 ff.; *Davies/Worthington*, Gower's Principles of Modern Company Law, 2016, Rn. 20-40 ff.; *Corkery*, Directors' powers and duties, 1987, S. 263 ff.

766 *Just*, Die englische Limited in der Praxis, 2012, Rn. 132.

767 So auch *McVea* MLR 75 (2012) 1123, 1133.

768 *Hannigan*, Company Law, 2015, Rn. 19-89; *Davies/Worthington*, Gower's Principles of Modern Company Law, 2016, Rn. 20-43; zum Verhältnis beider Normen auch *Goo* Co. Lawyer 15 (1994) 184 ff.

769 *Re a Company (No 001363 of 1988), ex parte S-P* [1989] BCLC 579; siehe auch *Re Copeland & Craddock Ltd.* [1997] BCC 294.

770 *Re a Company (No 004415 of 1996)* [1997] 1 BCLC 479; ferner *Davies/Worthington*, Gower's Principles of Modern Company Law, 2016, Rn. 20-17; *Ringe* in: Schall (Hrsg.), Companies Act, 2014, vor ssec. 994 ff. Rn. 8.

771 *Davies/Worthington*, Gower's Principles of Modern Company Law, 2016, Rn. 20-41 f.; *Ringe* in: Schall (Hrsg.), Companies Act, 2014, vor ssec. 994 ff. Rn. 8.

772 *Boyle/Birds*, Company Law, 2014, Rn. 18.12.

773 Siehe nur *Re a Company (No 003843 of 1986)* [1987] BCLC 562; *Re a Company (No 004377 of 1986)* [1987] BCLC 94.

ßern, nicht genutzt hat.[774] Insofern stellt der Auflösungsantrag gem sec. 122 (1) (g) IA 1986 ein nicht zu vernachlässigendes Recht eines Gesellschafters dar.[775]

Im Laufe der Zeit hat die Rechtsprechung verschiedene **Gründe** für eine gerecht und angemessen erscheinende Auflösung der Gesellschaft anerkannt. Diese beziehen sich zumeist auf sog Quasi-Partnerships (s. Rn. 258). Es ist daher nicht unumstritten, ob sie zumindest für alle Private Companies gelten.[776] Gründe für eine Berufung auf sec. 122 (1) (g) IA 1986 sind zB die fehlende Entscheidungsfähigkeit der Gesellschaft (*Deadlock*),[777] mangelnde Redlichkeit bei der Unternehmensführung,[778] ein unauflösbarer Zwist zwischen den Gesellschaftern[779] oder wenn es unmöglich oder illegal ist, dass die Gesellschaft ihren Unternehmenszweck verfolgt.[780] Auch ein spürbar **unangemessenes Verhalten** des **Mehrheitsgesellschafters** in einer personalistisch strukturierten Gesellschaft kann uU auf Antrag der Minderheit eine Auflösung der Ltd. rechtfertigen.[781] Obgleich dieser möglichen Antragsgründe gibt es bislang keine generalisierte Charakterisierung, was von dem *Just and Equitable*-Erfordernis erfasst ist. Mithin können grundsätzlich auch weitere Gründe zu den genannten hinzutreten. 368

Ein weiteres (faktisches) Minderheitenschutzinstrument stellt die Möglichkeit einer **Gesellschafterklage** im Namen der Ltd. dar.[782] Die **Derivative Action** eines Gesellschafters wurde mit den ssec. 226 ff. CA 2006 erstmals ausführlich gesetzlich geregelt. War vor der Reform des Englischen Kapitalgesellschaftsrechts die **restriktive Handhabung** von Gesellschafterklagen durch die Gerichte teilweise beklagt worden,[783] hat sich die Anzahl im Zuge des Companies Act 2006 zwar erhöht, ist jedoch im rechtsvergleichenden Kontext (insbesondere bei größeren Kapitalgesellschaften) weiterhin gering.[784] Vor allem bei personalistisch strukturierten Ltd. mit einer geringen Gesellschafterzahl ist die Möglichkeit der Gesellschafterklage gleichwohl ein nicht zu verachtendes Instrument eines Minderheitsgesellschafters, um seine ihm aus der mitgliedschaftlichen Stellung erwachsenden Rechte **im Namen der Gesellschaft** geltend zu machen. 369

Ein weiteres Minderheitenrecht ist in sec. 633 CA 2006 genannt. Dieses bezieht sich auf die **Abänderung** (*Variation*)[785] der mit den – sofern vorhanden – unterschiedlichen Anteilsgattungen (*Class of Shares*) verbundenen Rechte. Die Änderung entsprechender Rechte (*Class Rights*) innerhalb einer **Anteilsgattung** (sec. 630 CA 2006) kann von einer mindestens 15%-igen Minderheit der Anteilsinhaber der in Rede stehenden Gattung verhindert werden. Voraussetzung ist, dass die betreffenden Gesellschafter im Rahmen der Abstimmung gegen eine Rechteänderung gestimmt haben. Praktisch hat das Einspruchsrecht gem sec. 633 CA 2006 nur eine geringe Bedeutung.[786] Bei der Ltd. liegt dies vor allem daran, dass verschiedene und mit Sonderrechten ausgestattete Anteilsgattungen unüblich sind. 370

ee) Pflichten der Gesellschafter

Die Pflichten der Gesellschafter ergeben sich in erster Linie aus der Satzung der Ltd. und ggf zusätzlich abgeschlossenen Gesellschaftervereinbarungen. Gesetzlich normierte Gesellschafterpflichten sieht der Companies Act 2006 nur wenige vor. Sofern eine **Einlagepflicht** besteht, hat der (künftige) Gesellschafter die Zahlung der 371

---

774 *Virdi v. Abbey Leisure Ltd.* [1990] BCLC 342 (CA).

775 *Hawkes v. Cuddy* [2009] 2 BCLC 427; siehe auch *Re Sunrise Radio Ltd., Kohli v. Lit.* [2010] 1 BCLC 387; *Hannigan*, Company Law, 2015, Rn. 19-101.

776 Dafür *Hannigan*, Company Law, 2015, Rn. 19-95; *Clark* S.L.T. 2001, 108, 109; aA *Kershaw*, Company Law in Context, 2012, S. 677; wohl auch *Wild/Weinstein*, Smith and Keenan's Company Law, 2013, S. 46.

777 *Ebrahimi v. Westbourne Galleries Ltd.* [1973] AC 360 (HL) 376.

778 *Loch v. John Blackwood Ltd.* [1924] AC 783; *Re Worldhams Park Golf Courses Ltd., Whidbourne v. Troth* [1998] 1 VCLC 554.

779 *Re R A Noble & Sons (Clothing) Ltd.* [1983] BCLC 273; *Re Full Cup International Trading Ltd.* [1995] BCC 682.

780 *Re Suburban Hotel Co.* (1867) 2 Ch App 737; *Re Kitson & Co. Ltd.* [1946] 1 ALL ER 435.

781 *Ebrahimi v. Westbourne Galleries Ltd.* [1973] AC 360 (HL).

782 Zur *derivative action* als Minderheitschutzinstrument vgl. *Armour* in: Armour/Payne (Eds.), Rationality in Company Law, 2009, S. 71, 79; *Bourne*, Company Law, 2016, S. 234; *Boyle/Birds*, Company Law, 2014, Rn. 18.7; *Schall* in: MüHdB GesR, Bd. 7, Corporate Litigation, 5. Aufl. 2016, § 110 Rn. 26.

783 Aus der Rechtsprechung selbst vgl. *Prudential Assurance Co. Ltd. v. Newman Industries Ltd. (No 2)* [1982] Ch. 257; ferner *Law Commission*, Shareholder Remedies (CP 142, 1996), Rn. 7.8; statistisch auch *Keay/Loughrey* LQR 124 (2008) 469, 473.

784 Bei Public Limited Companies ist nur von etwa 2-3 vorgebrachten Fällen pro Jahr auszugehen, siehe *Armour*, Enforcement Strategies in UK Corporate Governance, ECGI Working Paper 106/2008, S. 14; *ders.* in: Armour/Payne (Eds.), Rationality in Company Law, 2009, S. 71, 83; *Kanzow*, Aktionärsklagen in Deutschland und England, 2016, S. 179.

785 Zum Begriff der „Variation" *Palmer's Company Law*, 2016, Rn. 6.029 ff.; *Davies/Worthington*, Gower's Principles of Modern Company Law, 2016, Rn. 19-32; *Boyle/Birds*, Company Law, 2014, Rn. 8.7.3; *Schall/Günther* in: Schall (Hrsg.), Companies Act, 2014, ssec. 629-640 Rn. 9 f.

786 *Davies/Worthington*, Gower's Principles of Modern Company Law, 2016, Rn. 19-30; *Schall/Günther* in: Schall (Hrsg.), Companies Act, 2014, ssec. 629-640 Rn. 15.

vereinbarten (Kapital-) Einlage zu erbringen.[787] Beispielsweise sieht Art. 21 (1) der Mustersatzung vor, dass die vereinbarte Einlage vollständig zum Nominalwert zu erbringen ist, bevor der Geschäftsanteil von der Gesellschaft ausgegeben wird. Ferner treffen die Gründungsgesellschafter verschiedene Pflichten hinsichtlich der Gründung und Registrierung der Gesellschaft. Spezielle Pflichten bestehen zudem für Gesellschafter-Geschäftsführer (ssec. 170 ff. CA 2006). Diese sind jedoch deutlich mehr von der Stellung als Direktor geprägt als von der als Gesellschafter.

372 Satzungsmäßig oder im Rahmen eines Shareholders' Agreement vereinbarte Pflichten beziehen sich in der Regel auf die Ausgestaltung von **Treuepflichten** gegenüber den Mitgesellschaftern, **Wettbewerbsverbote**, Abstimmungsverhalten bei einzelnen Geschäftsmaßnahmen, Beschränkungen bezüglich der Aufnahme von Darlehen oder dem Verfahren bei Gesellschafterstreitigkeiten. Entsprechend § 26 I GmbHG kann in der Satzung auch eine über die Nennbeträge des Geschäftsanteils hinausgehende **Nachschusspflicht** vereinbart werden.[788] Oftmals finden sich zudem weitere Nebenleistungspflichten in Form von Stimmbindungsvereinbarungen (*Voting Agreements*) zwischen einzelnen Gesellschaftern oder die Andienungspflicht an die Mitgesellschafter bei einer geplanten Anteilsveräußerung.

373 Gesetzliche (nicht-privatautonom vereinbarte) **Treuepflichten** eines Gesellschafters gegenüber der Gesellschaft oder den Mitgesellschaftern kennt das Englische Kapitalgesellschaftsrecht nicht.[789] Unbenommen von der Stellung als Geschäftsführer bestehen daher grundsätzlich auch keine Mitwirkungspflichten der Gesellschafter an der Unternehmensführung und dem täglichen Geschäftsbetrieb. Fraglich ist jedoch, ob sich aus der mitgliedschaftlichen Stellung eines Gesellschafters eine Obliegenheit zur **Geltendmachung von Ansprüchen** (im Namen der Gesellschaft) gegen insbesondere die Geschäftsführung des Unternehmens herleiten lässt. Dies wird man zu verneinen haben, da schon nach der Konzeption des Englischen Kapitalgesellschaftsrechts die Ausgestaltung der Rechte und Pflichten der Gesellschafter weitgehend privatautonomen Vereinbarungen überlassen ist. Es besteht daher keine (gesetzliche) Pflicht treuwidrige Pflichtverstöße der Direktoren geltend zu machen.

ff) Gesellschafterklagen

374 Wie das deutsche Gesellschaftsrecht und die meisten europäischen Rechtsordnungen[790] kennt auch das Englische Kapitalgesellschaftsrecht das Konzept der Klage eines Gesellschafters **im Namen der Gesellschaft**. Bei solch einer Gesellschafterklage (***Derivative Action***) handelt es sich um die Befugnis eines Anteilsinhabers, für die Gesellschaft Rechte gegenüber Dritten geltend zu machen. Anders als der Rechtsbehelf wegen Unfair Prejudice (s. Rn. 360 ff.) oder die Winding Up-Order gem sec. 122 (1) (g) CA 2006 (s. Rn. 366 ff.), handelt es sich somit nicht um ein Individualklagerecht eines Gesellschafters,[791] sondern um die Möglichkeit, dass ein Anspruch für die Gesellschaft ausnahmsweise durch einen einzelnen Gesellschafter wahrgenommen wird. Die englische Derivative Action ist insofern mit der deutschen actio pro socio im GmbH-Recht[792] bzw. der **Aktionärsklage** gem § 148 AktG vergleichbar.[793]

375 Ausgangspunkt einer Gesellschafterklage im Englischen Recht ist die Entscheidung ***Foss v. Harbottle***.[794] Darin wurde zwar die Möglichkeit einer Derivative Action ausdrücklich festgehalten, jedoch (strikte) **Voraussetzungen** für deren Anwendbarkeit formuliert. Eine Gesellschafterklage ist danach nur bei Erfüllung zweier kumulativer

787 *Levedag* in: Süß/Wachter (Hrsg.), HdB des internationalen GmbH-Rechts, 2016, England, Rn. 303.

788 Eine gesetzliche Nachschusspflicht insbesondere in der Insolvenz der Gesellschaft ist aufgrund Haftungs-beschränkung der Gesellschafter auf ihre Einlage jedoch ausgeschlossen.

789 *Davies*, Introduction to Company Law, 2. Ed. 2010, S. 238; *Ringe/Otte* in: Triebel ua (Hrsg.), Englisches Handels- und Wirtschaftsrecht, 2012, Kap. V Rn. 154; *Ringe* in: Schall (Hrsg.), Companies Act, 2014, sec. 994 Rn. 2.

790 Rechtsvergleichend siehe *Siems* ZVglRWiss 104 (2005) 376 ff.; *Latella* ECFR 2009, 307 ff.; *Gelter* Brook. J. Int'l L. 37 (2012) 843 ff.; *Kalss* ECFR 2009, 324 ff.; *Ventoruzzo et al.*, Comparative Corporate Law, 2015, S. 359 ff.; *Dammann* Stan. J. Intl' L. 49 (2013) 54, 92 ff.; speziell aus deutsch-britischer Sicht *Kanzow*, Aktionärsklagen in Deutschland und England, 2016; *Paul* ECFR 2010, 81 ff.; *Hirt*, The enforcement of directors' duties in Britain and Germany, 2004, S. 71 ff.; *Rollin*, Die Aktionärsklage in England und Deutschland, 2001.

791 Auch der Ersatz eines Reflexschadens (*reflective loss*) scheidet grundsätzlich aus, vgl. *Davies/Worthington*, Gower's Principles of Modern Company Law, 2016, Rn. 17-30; *Doralt* in: Schall (Hrsg.), Companies Act, 2014, sec. 260 Rn. 3; *Kasolowsky/Schall* in: Hirte/Bücker (Hrsg.), Grenzüberschreitende Gesellschaften, 2. Aufl. 2006, § 4 Rn. 75a.

792 Zur Zulässigkeit der action pro socio im GmbH-Recht *K. Schmidt* in: Scholz, GmbHG, Bd. 2, 11. Aufl. 2013, § 46 Rn. 161; *Emmerich/Bitter* in: Scholz, GmbHG, Bd. 1, 12. Aufl. 2018, § 13 Rn. 53; *Bayer* in: Lutter/Hommelhoff (Hrsg.), GmbHG, 19. Aufl. 2016, § 13 Rn. 51; *Merkt* in: MüKo GmbHG, Bd. 1, 3. Aufl. 2018, § 13 Rn. 319; *Verse* in: FS U. H. Schneider, 2011, S. 1325.

793 *Ringe/Otte* in: Triebel ua (Hrsg.), Englisches Handels- und Wirtschaftsrecht, 2012, Kap. V Rn. 179; *Heinz/Hartung*, Die englische Limited, 2011, Kap. 6 Rn. 12; *Servatius* in: Henssler/Strohn (Hrsg.), Gesellschaftsrecht, 2016, IntGesR, Rn. 88; *Kanzow*, Aktionärsklagen in Deutschland und England, 2016, S. 28.

794 *Foss v. Harbottle* (1843) 2 Hare 461; dazu aus jüngerer Zeit *Kershaw* J.B.L. 2015, 274 ff.; *Prentice* LQR 104 (1988) 341 ff.; *Doherty* C.L. Pract. 19 (2012) 205 ff.; *Hale* C.F.I.L.R. 1 (1997) 219 ff.; *Baxter* NILQ 38 (1987) 6 ff.; *Osunbor* ICLQ 36 (1987) 1 ff.; prägend auch *Wedderburn* CLJ 15 (1957) 194 ff.

Bedingungen möglich: Ein Anspruch der Gesellschaft kann grundsätzlich nur von dieser geltend gemacht werden (***Proper Plaintiff Principle***). Richtiger Kläger ist daher zunächst die Gesellschaft selbst. Ein Gesellschafter darf nur ausnahmsweise die Pflichten gegenüber der Gesellschaft einklagen. Eine *Derivative Action* ist also nur dann zulässig, wenn ein Vorgehen der Gesellschaft, vertreten durch ihre Direktoren, – obwohl geboten – nicht erfolgte. Zweite Einschränkung ist, dass ein Gesellschafter dann nicht im Namen der Gesellschaft klageberechtigt ist, wenn die in Rede stehende Pflichtverletzung durch eine **Mehrheitsentscheidung der Gesellschafter** (im Rahmen eines einfachen Gesellschafterbeschlusses) genehmigt werden kann (*Majority Principle*). Eine Klage im Namen der Gesellschaft soll demnach grundsätzlich nur mit Zustimmung der Gesellschaftermehrheit zulässig sein.[795]

Im Laufe der Zeit haben sich verschiedene **Ausnahmen** zu den Regeln in *Foss v. Harbottle* herausgebildet. Die prägendsten Ausnahmen und damit stückweisen Vereinfachungen für eine Gesellschafterklage beziehen sich auf Handlungen von Gesellschaftsorganen, die illegal waren, den festgelegten Unternehmensgegenstand überschritten (*ultra vires*),[796] auf Maßnahmen, die zu ihrer Vornahme oder Genehmigung einer qualifizierten Mehrheit bedürfen[797] und Handlungen, die die persönlichen Rechte eines Gesellschafters verletzen und nicht nur unbeachtliche Verletzungen (*Internal Irregularities*) darstellen.[798] Bedeutsam ist zudem die Ausnahme wegen eines **Fraud on the Minority**.[799] Hierunter sind insbesondere Minderungen des Gesellschaftsvermögens infolge eines rechtswidrigen Verhaltens der Direktoren erfasst.[800] Bei Nachweis, dass die Mehrheit unter dem Einfluss der Geschäftsführung stand, ist in diesem Fall eine Zustimmung der Gesellschaftermehrheit kein Ausschlussgrund für eine *derivative action* eines Minderheitsgesellschafters.[801] 376

Obgleich dieser Ausnahmen von den strengen Voraussetzung nach *Foss v. Harbottle* waren Derivative Actions **in der Praxis von geringer Bedeutung**.[802] Die Anforderungen wurden immer noch als zu hoch empfunden und auch die Gerichte verfolgten eine überwiegend restriktive Handhabung von Gesellschafterklagen.[803] Vor der sog ***Wallstein-Order***[804] war zudem nicht eindeutig, inwiefern ein im Namen der Gesellschaft klagender Gesellschafter im Falle eines Klageverlusts einen Anspruch auf Kostenerstattung gegen die Gesellschaft hat. Dies schreckte (Minderheits-) Gesellschafter oftmals ab, einen Anspruch im Namen der Gesellschaft zu verfolgen.[805] Der Schutzgedanke einer Derivative Action konnte sich damit nur bedingt entfalten. Dem zugrundeliegend wurde im Rahmen der Reform des Englischen Kapitalgesellschaftsrechts auch eine Neuregelung zum Recht der Gesellschafterklagen diskutiert.[806] Es sollte ein moderneres, flexibleres und zugänglicheres Procedere für die Geltendmachung von Derivative Claims eingeführt werden.[807] 377

Im Zuge des Companies Act 2006 wurde die Möglichkeit eines abgeleiteten Anspruchs eines Gesellschafters im Namen der Gesellschaft erstmals **kodifiziert**. Die ssec. 260 ff. CA 2006 sehen nun explizite Regelungen für die Behandlung und das Vorbringen von Gesellschafterklagen im Englischen Kapitalgesellschaftsrecht vor. Die Neuregelungen beschränken sich dabei weitgehend auf das Verfahren zur **Geltendmachung von Ersatzansprüchen** im Namen der Gesellschaft. Materiell bleibt es dem Grunde nach bei den Vorgaben der *Foss v. Harbottle*-Entscheidung, so dass diese im Ansatz auch weiterhin Geltung beanspruchen können.[808] Die inhaltlichen Erwä- 378

795 Vgl. *Levedag* in: Süß/Wachter (Hrsg.), HdB des internationalen GmbH-Rechts, 2016, England, Rn. 331; *Just*, Die englische Limited in der Praxis, 2012, Rn. 135.

796 *Edwards v. Halliwell* [1950] 2 All ER 1064; *Australian Agriculture Co. v. Oatmont Pty Ltd.* (1992) 8 ACSR 225 (CA) NT.

797 *Cotter v. National Union of Seamen* [1929] 2 Ch 58; *Bailie v. Telephone Co.* [1915] 1 Ch 503 (CA).

798 *Johnson v. Little's Iron Agency* (1877) 5 Ch D 687; *Wood v. Odessa Waterworks Co.* (1889) 42 Ch D 636.

799 Vgl. *Pavlides v. Jensen* [1956] Ch 565; *Daniels v. Daniels* [1978] Ch 406; *Estmanco v. Greater London Council* [1982] 1 WLR 2; in jüngerer Zeit auch *Harris v. Microfusion 2003-2 LLP* [2016] EWCA Civ 1212; *Abouraya v. Sigmund* [2014] EWHC 277; *Re Fort Gilkicker Ltd., UPMS Ltd. v. Fort Gilicker* [2013] 3 All ER 546.

800 *Levedag* in: Süß/Wachter (Hrsg.), HdB des internationalen GmbH-Rechts, 2016, England, Rn. 336.

801 *Abouraya v. Sigmund* [2014] EWHC 277; *Harris v. Microfusion 2003-2 LLP* [2016] EWCA Civ 1212.

802 *Hannigan*, Company Law, 2015, Rn. 20-7; *Palmer's Company Law*, 2016, Rn. 8.3704; *Ringe/Otte* in: Triebel ua (Hrsg.), Englisches Handels- und Wirtschaftsrecht, 2012, Kap. V Rn. 180.

803 *Davies/Worthington*, Gower's Principles of Modern Company Law, 2016, Rn. 17-4; *Hannigan*, Company Law, 2015, Rn. 20-1; *Doralt* in: Schall (Hrsg.), Companies Act, 2014, sec. 260 Rn. 4.

804 *Wallsteiner v. Moir (No 2)* [1975] 2 WLR 389. Die Möglichkeit die Gesellschaft zur Kostenübernahme zu verpflichten, basiert heute auf sec. 261 (4) CA 2006, vgl. *Davies/Worthington*, Gower's Principles of Modern Company Law, 2016, Rn. 17-24; *Palmer's Company Law*, 2016, Rn. 8.3711; siehe auch *Monichino* C&SLJ 33 (2015) 104, 110 ff.

805 *Reisberg*, Derivative Actions and Corporate Governance, 2007, S. 234; *Armour* in: Armour/Payne (Eds.), Rationality in Company Law, 2009, S. 71, 81.

806 Siehe *Company Law Review Steering Group*, Modern Company Law for a Competitive Economy – Final Report, Rn. 7.46 ff.

807 *Law Commission*, Shareholder Remedies (CP 142, 1996), Rn. 16.20; kritisch zur erfolgten Umsetzung *Keay* JCLS 16 (2016) 39, 67.

808 *Hannigan*, Company Law, 2015, Rn. 20-16; *Kanzow*, Aktionärsklagen in Deutschland und England, 2016, S. 179; aA *Heinz/Hartung*, Die englische Limited, 2011, Kap. 6 Rn. 13.

gungsgründe nach sec. 263 (2) CA 2006 (s. Rn. 382) beziehen sich nur auf die vom Gericht bei seiner Abwägungsentscheidung zu berücksichtigenden Kriterien.[809]

379 Entgegen der Rechtslage vor Kodifizierung ist der Anwendungsbereich der Geltendmachung eines Derivative Claim jedoch auf **Pflichtverletzungen der Geschäftsführung** beschränkt (sec. 260 (3) CA 2006). Gesellschafterklagen sind zudem ausschließlich anhand der ssec. 260 ff. CA 2006 oder entsprechend den Regelungen zur Unfair Prejudice (s. Rn. 360 ff.) möglich. Damit soll vor allem die Gefahr von **missbräuchlicher Einflussnahme** von sog Activist-Shareholder verringert werden. Insbesondere bei einer Handlungsunfähigkeit der Geschäftsführung ist jedoch weiterhin eine actio pro socio-Klage eines Minderheits- gegen einen Mehrheitsgesellschafter denkbar, wenn dieser die Verfolgung von Rechten der Gesellschaft verweigert oder blockiert.[810] Bei der Verletzung eigener Rechte kann ein Gesellschafter zudem unbenommen in eigenem Namen klagen. Der sachliche Anwendungsbereich wird durch die **Legaldefinition** eines Derivative Claims bestimmt.[811] Darunter ist das Verfahren zu verstehen, bei dem ein Anspruch zugunsten einer Gesellschaft besteht, den ein Gesellschafter für diese und in deren Namen verfolgen will (sec. 260 (1) CA 2006).

380 Aktivlegitimiert sind Gesellschafter (i.e. Member iS von sec. 112 CA 2006) einer Ltd. **Anspruchsberechtigt** können darüber hinaus Personen sein, die zwar keine Gesellschafter sind, denen aber von Gesetzes wegen Anteile an der Gesellschaft übertragen wurden (zB Erben) (sec. 260 (5) (c) CA 2006). Zudem kann ausnahmsweise auch ein Gesellschafter des Mutterunternehmens wegen einer Schädigung der Tochtergesellschaft den Anspruch für diese verfolgen.[812] Auch wenn grundsätzlich allen Gesellschaftern ein Klagerecht zusteht, sind es in der Praxis doch fast ausschließlich **Minderheitsgesellschafter**, die ein entsprechendes Verfahren anstrengen.[813] **Anspruchsgegner** ist der mutmaßliche Schädiger der Gesellschaft; im Hinblick auf die Anwendungsbeschränkung von sec. 260 (3) CA 2006 daher typischerweise die pflichtenverletzenden Direktoren. Hiervon sind auch ehemalige Geschäftsführer und Shadow Directors (s. Rn. 423 ff.) erfasst (sec. 260 (5) (a), (b) CA 2006). Im Rahmen der Klageerhebung ist neben dem mutmaßlichen Schädiger auch die **Gesellschaft selbst als Beklagte** anzugeben (r. 19.9 (3) Civil Procedere Rules 1998). Hierbei geht es jedoch lediglich darum, die Gesellschaft (formal) in das Verfahren einzubinden.[814] Im späteren Zulassungsverfahren (s. Rn. 382) ist sie jedoch grundsätzlich nicht einbezogen.[815]

381 Das **Verfahren** einer Gesellschafterklage vollzieht sich dem Grundsatz nach in **zwei Phasen**.[816] Nach formeller **Klageerhebung** muss der Gesellschafter einen Antrag auf Fortsetzung der Klage beim angerufenen Gericht stellen (sec. 261 (1) CA 2006).[817] Dieses vorgeschaltete (gerichtliche) **Zulassungsverfahren** wurde im Rahmen der Kodifizierung der Derivative Claim neu eingefügt. Es soll vor allem einer missbräuchlichen Ausnutzung von Gesellschafterklagen gegen die Geschäftsführung vorbeugen.[818] Das aufgrund des **Fortsetzungsantrags** des Gesellschafters eröffnete Zulassungsverfahren erfolgt wiederum auf zwei Stufen.[819] Zunächst prüft das Gericht, ob die Anspruchsverfolgung des Klägers dem ersten Anschein nach (prima facie) begründet ist (sec. 261 (2) CA 2006). Ist dies nicht der Fall, hat das angerufene Gericht den Fortsetzungsantrag abzuweisen. Das Erfordernis eines Prima Facie Case auf der ersten Stufe soll es den Gerichten ermöglichen, offensichtlich unbegründete Gesellschafterklagen frühzeitig und ohne Einbeziehung der Gesellschaft ablehnen zu können.[820] Inwieweit bereits an dieser Stelle des Verfahrens eine intensive (materielle) Auseinandersetzung des Gerichts mit dem Streitgegenstand erfolgt, ist bislang nicht abschließend geklärt bzw. es lassen sich noch keine eindeutigen Tendenzen in der

---

809 *Doralt* in: Schall (Hrsg.), Companies Act, 2014, sec. 263 Rn. 1; *Reisberg*, Derivative Actions and Corporate Governance, 2007, S. 155.

810 *Schall* in: MüHdB GesR, Bd. 7, Corporate Litigation, 5. Aufl. 2016, § 110 Rn. 27 iVm 39; vgl. zum alten Recht auch *H.-F. Müller* ZVglRWiss 96 (1997) 217, 225 ff.

811 Für schottische Kapitalgesellschaften bestehen mit den ssec. 265 ff. CA 2006 Sonderregelungen; dazu *Cabrelli* Edin. L.R. 13 (2009) 511 ff.; *Palmer's Company Law*, 2016, Rn. 8.3715 ff.

812 *Re Fort Gilkicker Ltd., UPMS Ltd. v. Fort Gilicker* [2013] 3 All ER 546; dazu *Cheng-Han* LQR 129 (2013) 337 ff.; *Mascarenhas* ICCLR 24 (2013) 336 ff.

813 *Hannigan*, Company Law, 2015, Rn. 20-24, mit Verweis auf *Cinematic Finance Ltd. v. Ryder* [2012] BCC 797; *Doralt* in: Schall (Hrsg.), Companies Act, 2014, sec. 260 Rn. 6.

814 *Burland v. Earle* [1902] AC 83, 93; *Palmer's Company Law*, 2016, Rn. 8.3705.

815 *Doralt* in: Schall (Hrsg.), Companies Act, 2014 sec. 261 Rn. 3.

816 *Palmer's Company Law*, 2016, Rn. 8.3708 ff.; *Just*, Die englische Limited in der Praxis, 2012, Rn. 136.

817 Die prozessualen Details bestimmen sich insbesondere nach r. 19.9 Civil Procedere Rules 1998.

818 *Palmer's Company Law*, 2016, Rn. 8.3708.1; *Doralt* in: Schall (Hrsg.), Companies Act, 2014, sec. 261 Rn. 1.

819 Gleichwohl ist eine formalle Trennung nicht zwingend erforderlich und beide Stufen können mit Einverständnis der Parteien auch in einer gemeinsamen Anhörung vollzogen werden, vgl. *Franbar Holdings Ltd. v. Patel* [2008] BCC 885; *Stimpson v. Southern Private Landlords Association* [2010] BCC 387.

820 *Kanzow*, Aktionärsklagen in Deutschland und England, 2016, S. 189; *Doralt* in: Schall (Hrsg.), Companies Act, 2014, sec. 261 Rn. 3.

Gerichtspraxis erkennen. Dies betrifft auch das tatsächliche Glaubhaftmachen des Klägers, dass es sich um einen begründeten Antrag handelt.[821]

Sofern der Antrag des Gesellschafters prima facie für das Gericht als begründet erscheint, hat es auf der **zweiten Stufe** des Zulassungsverfahrens zu beurteilen, ob dem Fortsetzungsantrag auf einen *Deriviative Claim* stattzugeben ist. Bei seiner Entscheidungsfindung hat es die in sec. 263 (2) – (4) CA 2006 aufgeführten Kriterien zu berücksichtigen. Dabei wird zunächst geprüft, ob einer der in sec. 263 (2) CA 2006 genannten Tatbestände vorliegt. Ist dies der Fall, ist der Antrag abzulehnen. Der Antrag ist demnach **abzulehnen, wenn** (a) eine im Einklang mit sec. 172 CA 2006 (s. Rn. 443 ff.) handelnde Person den Anspruch nicht weiterverfolgen würde,[822] (b) bei einem zukünftigen Handeln oder Unterlassen die Gesellschaft diesem bereits eingewilligt hat oder (c) bei einer vergangenen Handlung diese im Voraus autorisiert oder nachträglich durch die Gesellschaft genehmigt wurde.[823] Liegt keiner dieser Abweisungsgründe vor, folgt eine **Ermessensentscheidung** des Gerichts über den Fortsetzungsantrag des Gesellschafters auf eine Gesellschafterklage. Hierbei muss auch den Aussagen der nicht persönlich betroffenen Gesellschaftern Rechnung getragen werden (sec. 263 (4) CA 2006). Bei der Entscheidung, ob der derivative Anspruch eines Gesellschafters zuzulassen ist, hat das Gericht insbesondere zu berücksichtigen, ob der Antrag in gutem Glauben (*Good Faith*) gestellt wurde,[824] welche Bedeutung ein hypothetischer und im Einklang mit sec. 172 CA 2006 handelnder Geschäftsführer der Klage beimessen würde, ob die Gesellschaft[825] entschieden habe, die Klage nicht zu verfolgen, und ob die streitgegenständliche Handlung auch mit einem **persönlichen Rechtsbehelf** hätte verfolgt werden können (sec. 263 (3) CA 2006). 382

Wurde diese Hürde genommen und stehen der Verfolgung des Anspruchs auch sonst keine zwingenden Gründe entgegen, genehmigt das angerufene Gericht den **Fortsetzungsantrag** des bzw. der klagenden Gesellschafter(s) und lässt die Gesellschafterklage zu. Ob diese letztlich erfolgreich ist, ist im (Haupt-) Verfahren gerichtlich zu bestimmen. Der Companies Act 2006 sieht hierfür keine speziellen Regelungen vor, so dass die allgemeinen Regelungen des Englischen Zivilprozessrechts Anwendung finden. 383

Insgesamt sind auch im Zuge der Kodifizierung durch den Companies Act 2006 derivative Ansprüche und Gesellschafterklagen zahlenmäßig weiterhin gering. Sie kommen in aller Regel bei kleinen und personalistisch strukturierten Ltd. in Betracht und dienen dort fast ausschließlich als **Minderheiteninstrument**, um Verletzungshandlungen gegen den Willen der Mehrheit zu verfolgen. Sind Gesellschafter persönlich betroffen, ist der Rechtsbehelf wegen Unfair Prejudice zudem meist vordergründig. Insofern haben sich die teilweisen Befürchtungen, dass es zu einer Klageflut kommen würde, nicht bewahrheitet. Dies liegt neben den (noch teilweise unklaren) prozessualen Hürden auch daran, dass die in der *Foss v. Harbottle*-Entscheidung statuierten Majority Rule weiterhin Anwendung findet.[826] Trotz leicht gestiegener Durchschnittszahlen im Vergleich vor der Kodifizierung in ssec. 260 ff. CA 2006, ist die **praktische Bedeutung** von Derivative Claims daher **überschaubar**.[827] 384

b) Gesellschafterversammlung

Die Gesellschafterversammlung (***General Meeting***) ist das wichtigste „Organ" der Ltd.[828] Sie besteht aus den einzelnen Gesellschaftern der Company. Als **oberstes Willensbildungsorgan** werden in der Gesellschafterver- 385

821 Einen eher strengen Ansatz verfolgend *Iesini v. Westrip Holdings Ltd.* [2010] BCC 420, 440; *Hughes v. Weiss* [2012] EWHC 2363 (Ch) at [33]; geringe Anforderungen stellend hingegen *Kiani v. Cooper* [2010] BCC 463, 466; *Kershaw*, Company Law in Context, 2012, S. 612; *Kanzow*, Aktionärsklagen in Deutschland und England, 2016, S. 191; wohl auch *Doralt* in: Schall (Hrsg.), Companies Act, 2014, sec. 261 Rn. 4; zum Ganzen auch *Boyle/Birds*, Company Law, 2014, Rn. 18.5.2; *Keay/Loughrey* J.B.L. 2010, 151, 154 ff.; *Reisberg* ECFR 2009, 219, 222 f.

822 Durch Bezug auf sec. 172 CA 2006 hat auch eine Abwägung unter Berücksichtigung des enlightened shareholder value stattzufinden.

823 Siehe auch *Re Singh Brothers Contractors (North West) Ltd.* [2014] BCLC 649; speziell zur Ratifizierung gemäß sec. 263 (2) (c) CA 2006 *Brannigan v. Style* [2016] EWHC 512 (Ch); *Keay* JCLS 16 (2016) 39, 51 ff.; *Riley* Legal Studies 34 (2013) 582 ff.

824 Zum Begriff des guten Glaubens in diesem Zusammenhang *Franbar Holdings Ltd. v. Patel* [2008] BCC 885, 894; *Hughes v. Weiss* [2012] EWHC 2363 (Ch) at [47]; *Parry v. Bartlett* [2012] BCC 700, 715.

825 Faktisch also die übrigen Geschäftsführer der Gesellschaft.

826 *Hannigan*, Company Law, 2015, Rn. 20-58; vgl. auch *Kershaw* J.B.L. 2015, 274 ff.; *Raja* ICCLR 25 (2014) 162, 179 f.; wohl aA *Palmer's Company Law*, 2016, Rn. 8.3704.1.

827 *Wild/Weinstein*, Smith and Keenan's Company Law, 2013, S. 316; *Hannigan*, Company Law, 2015, Rn. 20-58; *Raja* ICCLR 25 (2014) 162, 184; *Kasolowsky/Schall* in: Hirte/Bücker (Hrsg.), Grenzüberschreitende Gesellschaften, 2. Aufl. 2006, § 4 Rn. 73.

828 *Rickford* ECFR 2004, 391, 403; *Boyle/Birds*, Company Law, 2014, Rn. 13.1; *Just*, Die englische Limited in der Praxis, 2012, Rn. 97; siehe auch *Kosmin/Roberts*, Company Meetings, 2013, Rn. 1.04 ff.

sammlung die wichtigsten Unternehmensentscheidungen[829] getroffen bzw. ratifiziert.[830] Laufende Geschäftsentscheidungen werden indes von der Geschäftsführung vorgenommen und bedürfen regelmäßig keiner Zustimmung der Gesellschafter im Rahmen einer (außerordentlichen) Versammlung. Anders als nach deutschem GmbH-Recht hat die Gesellschafterversammlung der Ltd. kein Weisungsrecht in Geschäftsführungsangelegenheiten. Der dadurch hervorgerufene Machtkonflikt zwischen beiden Gesellschaftsorganen ist allseits unter der sog ***Principal-Agent*-Problematik** bekannt und soll hier nicht vertieft werden (s. ferner auch § 33 Rn. 7 ff.).[831] Vor allem bei kleinen, personalistisch strukturierten Ltd. ist dieses Spannungsverhältnis jedoch in der Regel wenig ausgeprägt, da der oder die Gesellschafter zumeist auch zur Geschäftsführung berufen sind. Insofern war insbesondere im Vorfeld des Companies Act 2006 die Pflicht zur Abhaltung einer Gesellschafterversammlung bei Private Companies nicht unumstritten.[832]

386 Die Regelungen der **Aktionärsrechterichtlinie** zu den Modalitäten der Hauptversammlung für Aktiengesellschaften (s. dazu § 30 Rn. 88 ff.) wurden überschießend teilweise auch für die Gesellschafterversammlung einer Ltd. in Englisches Recht umgesetzt. Eine europäische Pflicht zur richtlinienkonformen Auslegung besteht für den überschießenden Teil dabei grundsätzlich nicht. Sollte der englische Gesetzgeber allerdings so zu verstehen sein, dass er Ltd. und plc. hier uneingeschränkt gleichbehandeln will, würde dies doch wieder eine richtlinienkonforme Auslegung erforderlich machen, jedenfalls solange Großbritannien Teil der EU bleiben würde oder auf andere Weise an die gesellschaftsrechtlichen Richtlinien gebunden wäre. Dieser Wille zur weitgehend **einheitlichen Behandlung von Kapitalgesellschaften** lässt sich dem Companies Act 2006 durchaus entnehmen. Dadurch erlangen richtlinienbezogene Betrachtungen beim Recht der plc auch für die Ltd. Bedeutung. Gleichwohl differenziert der Companies Act 2006 vor allem im Rahmen der Beschlussfassung (s. Rn. 396 ff.) stückweise auch zwischen Private und Public Companies.

aa) Arten von Gesellschafterversammlungen

387 Im Grundsatz gib es zwei Arten von Gesellschafterversammlungen: Die jährliche Gesellschafterversammlung (*Annual General Meeting* – AGM) und die außerordentliche Gesellschafterversammlung (*Extraordinary General Meeting*[833] – EGM). Obgleich nicht gesetzlich vorgegeben, wird in der jährlichen Gesellschafterversammlung in der Regel über die Feststellung des Jahresabschlusses und andere Pflichtberichte, die Wiederbestellung von Direktoren, die Bestellung des Abschlussprüfers, den aktuellen und vergangenen **Geschäftsverlauf** und die **Auszahlung von Dividenden** getagt.[834] In einer außerordentlichen Gesellschafterversammlung werden hingegen zumeist akute Problemfälle oder – sofern nicht bereits im Rahmen eines AGM – künftige unternehmensrelevante Maßnahmen besprochen. Jede Gesellschafterversammlung, die nicht das Annual General Meeting ist, wird insofern als außergewöhnliche Gesellschafterversammlung bezeichnet. Allgemeine Regelungen für Gesellschafterversammlungen (inkl. Beschlussfassung, Einberufung und Ladung) finden sich in den ssec. 301 ff. CA 2006. Beide Arten der Gesellschafterversammlung werden im Regelfall von der **Geschäftsführung einberufen** (s. Rn. 390).[835] Möglich ist aber auch eine Einberufung durch einen Teil der Gesellschafter (sec. 303 CA 2006). Eine Gesellschafterversammlung einer englischen Ltd. muss nicht zwingend im Vereinigten Königreich abgehalten werden, sondern kann sich auch im Ausland befinden.[836] In der Satzung können jedoch entsprechende Einschränkungen vorgesehen sein.

829 Überblicksartig zu den Mitwirkungsbefugnissen der Gesellschafterversammlung *Mayson/French/Ryan*, Company Law, 2017, S. 378 ff.; *Levedag* in: Süß/Wachter (Hrsg.), HdB des internationalen GmbH-Rechts, 2016, England, Rn. 405; *Siems* in: Schall (Hrsg.), Companies Act, 2014, sec. 282 Rn. 1, sec. 283 Rn. 1; zur Bedeutung des Begriffs „meeting" im gesellschaftsrechtlichen Kontext siehe bereits *Sharp v. Dawes* (1876) 2 QBD 26 (CA).

830 *Davies/Worthington*, Gower's Principles of Modern Company Law, 2016, Rn. 15-1; *Rickford* ECFR 2004, 391, 403 ff.; *Kosmin/Roberts*, Company Meetings, 2013, Rn. 1.01 f.; *Ringe/Otte* in: Triebel ua (Hrsg.), Englisches Handels- und Wirtschaftsrecht, 2012, Kap. V Rn. 192.

831 Dazu rechtsvergleichend *Kraakman et al.*, The Anatomy of Corporate Law, 3. Ed. 2017, S. 35 ff.; *Gelter* Harvard Int. L.J. 50 (2009) 129 ff.; siehe auch *Davies et al.* in: Davies et al. (Eds.), Corporate Boards in Law and Practice, 2013, S. 3, 45 ff.; *Neville* in: Birkmose/Neville/Sørensen (Eds.), Boards of Directors in European Companies, 2013, S. 179, 183 ff.; *Roth/Kindler*, The Spirit of Corporate Law, 2013, S. 71 ff.; im Hinblick auf die Entscheidungsfindung in einer Company auch *Kershaw*, Company Law in Contex, 2012, S. 189 ff.; ferner zum (traditionellen) Verhältnis zwischen beiden im Englischen Gesellschaftsrecht *Caparo plc v. Dickman* [1990] 2 AC 605, 630; *Boyle/Birds*, Company Law, 2014, Rn. 15.15; *Watson* J.B.L. 2015, 120 ff.; *dies.* J.B.L. 2011, 597 ff.

832 *Boyle/Birds*, Company Law, 2014, Rn. 13.1; *Davies/Worthington*, Gower's Principles of Modern Company Law, 2016, Rn. 15-1; *Hannigan*, Company Law, 2015, Rn. 17-2; *Just*, Die englische Limited in der Praxis, 2012, Rn. 103, 105.

833 Der Companies Act 2006 verwendet diesen Begriff jedoch nicht mehr, sondern differenziert nur noch zwischen general meeting und annual general meeting.

834 *Hannigan*, Company Law, 2015, Rn. 17-37; *Just*, Die englische Limited in der Praxis, 2012, Rn. 105.

835 *Boyle/Birds*, Company Law, 2014, Rn. 13.5.1; *Mayson/French/Ryan*, Company Law, 2017, S. 387.

836 *Mayson/French/Ryan*, Company Law, 2017, S. 383; so im Grundsatz auch in Deutschland, vgl. BGH NJW 2015, 336.

Für die Ltd. ist seit dem Companies Act 2006 das Abhalten einer jährlichen Gesellschafterversammlung **optional**. Eine Pflicht zur Einberufung besteht nicht mehr (arg. e sec. 336 CA 2006).[837] Damit wurde den Forderungen vor allem kleinerer Gesellschaften in der Rechtsform einer Ltd. nachgekommen. Für diese stellte das Abhalten einer jährlichen Gesellschafterversammlung oftmals eine reine Formalität dar und wurde daher als überflüssig erachtet. Die Satzung der Gesellschaft kann jedoch (weiterhin) vorsehen, dass ein Annual General Meeting von den Geschäftsführern einzuberufen und abzuhalten ist. Bei Altfällen bleibt eine entsprechende **satzungsmäßige Verpflichtung wirksam.**[838] Insbesondere Gesellschaften mit einem größeren Gesellschafterkreis und/oder Fremdgeschäftsführung werden gleichwohl an einer jährlichen Gesellschafterversammlung festhalten. Wann eine (fakultative) jährliche Gesellschafterversammlung stattfindet, kann frei bestimmt werden. Die Beschränkung für „traded" Privatgesellschaften, dass sie innerhalb von neun Monaten nach dem Bilanzstichtag stattzufinden hat (sec. 336 (1A) CA 2006), gilt nicht für geschlossene Kapitalgesellschaften, denen keine gesetzliche Pflicht zur Abhaltung einer Jahresgesellschafterversammlung obliegt. 388

Sowohl die jährliche als auch die außerordentliche Gesellschafterversammlung werden von einem **Versammlungsvorsitzenden** (*Chairman of Meeting*) geleitet. Dieser Versammlungsleiter führt die Gesellschafterversammlung und nimmt die koordinativen und administrativen Tätigkeiten innerhalb dieser wahr.[839] Er wird in der Regel durch einfachen Beschluss der Gesellschafterversammlung gewählt (sec. 319 (1) CA 2006). Dies ist zumeist der erste Tagesordnungspunkt bei der Versammlung.[840] Jedes Mitglied der Gesellschafterversammlung kann als Vorsitzender gewählt werden. Auch der Vertreter eines Gesellschafters (*Proxy*) kann zum Versammlungsleiter bestimmt werden (sec. 328 (1) CA 2006). Typischerweise wird jedoch der bzw. einer der Direktor(en) der Ltd. zum Versammlungsleiter berufen.[841] Dieser hat dann allein in seiner Funktion als Leiter der Gesellschafterversammlung zu fungieren und nicht bezogen auf seine Stellung als Geschäftsführer.[842] Die Position als Versammlungsleiter wird auch nicht dadurch ausgeschlossen, dass über eine (fehlerhafte oder rechtswidrige) Maßnahme der Geschäftsführung abgestimmt werden soll.[843] Anderweitige Vorgaben zur Person des Versammlungsleiters und dessen Berufung können in der Satzung bestimmt werden (sec. 319 (2) CA 2006). Dies betrifft insbesondere die Frage, ob dem Versammlungsleiter bei Pattsituationen eine entscheidende Stimme (***Cast Vote***) zukommt. Nach Art. 38 der Mustersatzung muss für die Bestellung des Versammlungsleiters zudem ein Quorum (s. Rn. 401) eingehalten werden. 389

bb) Einberufung und Ladung zur Gesellschafterversammlung

Der Companies Act 2006 sieht besondere Vorschriften zur **Einberufung** einer Gesellschafterversammlung (*Calling General Meetings*) vor. Wie in den meisten europäischen Staaten obliegt die Einberufung der Gesellschafterversammlung den Geschäftsführern der Gesellschaft.[844] Diese haben – im Rahmen satzungsmäßiger Bestimmungen – grundsätzlich ein **Ermessen**, ob und wann sie eine Gesellschafterversammlung einberufen. Die Ausübung dieses Rechts hat jedoch stets im Einklang mit den ihnen verliehenen Rechten (sec. 171 (b) CA 2006) zu erfolgen.[845] Eine Pflicht zur Einberufung der Gesellschafterversammlung bei Verlust der Hälfte des (Stamm-) Kapitals wie bei einer Public Company (sec. 656 CA 2006) oder nach deutschem GmbH-Recht (§ 49 III GmbHG) besteht nicht, kann aber in die Satzung bestimmt werden. 390

Eine Pflicht der Geschäftsführung, eine Gesellschafterversammlung einzuberufen, besteht jedoch dann, wenn ein Anteil der Gesellschafter dies fordert (sec. 304 (1) CA 2006). Das Recht der **Gesellschafter**, die Einberufung der Gesellschafterversammlung zu **verlangen** (sec. 303 (1) CA 2006), ist an verschiedene formelle und materielle Voraussetzungen geknüpft. Um die Einberufung einer Gesellschaftersammlung zu fordern, muss/müssen der oder die Gesellschafter **mindestens 5%** des aufgezahlten Gesellschaftskapitals repräsentieren (sec. 303 (2) (a) 391

837 Eine Ausnahme besteht für börsengehandelte Ltd. (sec. 336 (1A) CA 2006). Diese sind in der Praxis jedoch höchst selten und können daher vernachlässigt werden; zu einer Tendenz auch in anderen Common Law-Staaten für private companies von einer verpflichtenden Jahresgesellschafterversammlung abzusehen *Kosmin/Roberts*, Company Meetings, 2013, Rn. 1.02.

838 *Hannigan*, Company Law, 2015, Rn. 17-35; *Siems* in: Schall (Hrsg.), Companies Act, 2014, sec. 302 Rn. 4; *Heinz/Hartung*, Die englische Limited, 2011, Kap. 6 Rn. 24.

839 Vgl. *Palmer's Company Law*, 2016, Rn. 7.620; *Davies/Worthington*, Gower's Principles of Modern Company Law, 2016, Rn. 15-82; *Mayson/French/Ryan*, Company Law, 2017, S. 398; *Siems* in: Schall (Hrsg.), Companies Act, 2014, sec. 319 Rn. 3 ff.; entsprechend zu den Aufgaben des Versammlungsleiters im deutschen GmbH-Recht *Liebscher* in: MüKo GmbHG, Bd. 2, 2. Aufl. 2016, § 48 Rn. 111; *Seibt* in: Scholz, GmbHG, Bd. 2, 11. Aufl. 2013, § 48 Rn. 36; *Römermann* in: Michalski/Heidinger/Leible/J. Schmidt (Hrsg.), GmbHG, Bd. 2, 3. Aufl. 2017, § 48 Rn. 108 ff.

840 *Boyle/Birds*, Company Law, 2014, Rn. 13.7.

841 Vgl. auch Art. 39 der Mustersatzung.

842 *Second Consolidated Trust v. Ceylon Amalgamated Estates* [1943] 2 All ER 567.

843 *Might SA v. Redbus Interhouse plc* [2004] 2 BCLC 449.

844 *Siems* in: Schall (Hrsg.), Companies Act, 2014, sec. 302 Rn. 1.

845 *Palmer's Company Law*, 2016, Rn. 7.506; *Mayson/French/Ryan*, Company Law, 2017, S. 387, mit Verweis auf *Pergamon Press Ltd. v. Maxwell* [1970] 1 WLR 1167.

CA 2006).[846] Zudem darf die entsprechende Anfrage an die Geschäftsführung nicht rechtswidrig,[847] beleidigend oder rechtsmissbräuchlich sein (sec. 303 (5) CA 2006) und muss deutlich machen, was auf der angestrebten Gesellschafterversammlung besprochen werden soll (sec. 303 (4) CA 2006). Die Anfrage auf Einberufung einer Gesellschafterversammlung kann sowohl schriftlich als auch in elektronischer Form gestellt werden (sec. 303 (6) CA 2006). Kommt die Geschäftsführung einem wirksam vorgebrachten Einberufungsverlangen nicht nach, können die **Gesellschafter selbst die Einberufung** der Gesellschafterversammlung **vornehmen** (sec. 305 (1) CA 2006).[848] Dieses Selbstvornahmerecht steht jedoch nur entweder der Gesamtheit der Gesellschafter, die eine Anfrage auf Einberufung gestellt haben, oder jedem eine solche gestellte Gesellschafter, der mindestens die Hälfte der Stimmrechte dieser besitzt, zu. Hinzu kommen verschiedene formale (fristbedingte) Anforderungen. Die Kosten für die Einberufung der Gesellschafterversammlung hat in diesem Fall die Gesellschaft zu tragen, die jedoch bei den säumigen Direktoren Regress nehmen kann (sec. 305 (6), (7) CA 2006).

392 Ferner kann eine Gesellschafterversammlung **gerichtlich einberufen** werden (sec. 306 CA 2006).[849] Voraussetzung dafür ist, dass eine Einberufung auf üblichem Wege nicht möglich (*Impracticable*) ist. Die Unmöglichkeit kann sich sowohl auf die Einberufung der Gesellschafterversammlung als auch auf deren Durchführung beziehen.[850] Die gerichtliche Einberufung kann entweder aus eigenen Beweggründen oder – typischerweise – auf Antrag eines Geschäftsführers oder stimmberechtigten Gesellschafters erfolgen (sec. 306 (2) CA 2006).

393 Die Einberufung der Gesellschafterversammlung bzw. die (offizielle) **Ladung** (*Notice*) der Gesellschafter zu dieser hat für Private Companies **mindestens 14 Tage** vor dem geplanten Versammlungstermin zu erfolgen (sec. 307 (1) CA 2006).[851] Dabei werden der Tag der Zustellung und der Tag, an dem die Gesellschafterversammlung stattfinden soll, nicht mitgerechnet (sog ***Clear Day-Rule***). In der Satzung kann auch eine längere Frist vorgesehen werden (sec. 307 (3) CA 2006). Eine kürze Einberufungsfrist kann dann festgelegt werden, wenn mindestens 90%, aber nicht mehr als 95% der teilnahme- und stimmberechtigten Gesellschafter einer solchen Verkürzung zustimmen (sec. 307 (6) (a) CA 2006). Eine Änderung des Termins der Gesellschafterversammlung nach deren Einberufung ist grundsätzlich nicht möglich.[852] Soll über die Abberufung eines Geschäftsführers oder die Abberufung oder Bestellung eines Abschlussprüfers entschieden werden, muss eine **besondere Ladungsfrist** (*Special Notice*) beachtet werden. Dieser Beschlussgegenstand ist den Gesellschaftern 28 Tage vorher mitzuteilen (sec. 312 CA 2006). Da die entsprechende Mitteilung grundsätzlich zusammen mit der Einberufung der Gesellschafterversammlung zu erfolgen hat, verlängert sich die Ladungsfrist in diesen Fällen ebenfalls auf 28 Tage. Hiervon kann jedoch abgewichen werden, sofern eine 28 Tage-Frist unpraktikabel ist (sec. 312 (3) CA 2006). Ein Verstoß gegen die besondere Ladungsfrist hat zur Folge, dass auf der ansonsten wirksam einberufenen Gesellschafterversammlung der entsprechende Beschluss nicht gefasst werden kann bzw. unwirksam ist.

394 Jeder Gesellschafter und jeder Geschäftsführer ist zur Gesellschafterversammlung zu laden (sec. 310 (1) CA 2006). Auch nicht-stimmberechtigte Gesellschafter sind zu laden.[853] Zudem muss der **Abschlussprüfer** der Gesellschaft über die geplante Gesellschafterversammlung benachrichtigt werden (sec. 502 (2) (a) CA 2006). Für die Ermittlung der Mitgliedschaft in der Gesellschaft ist auf das Mitgliederverzeichnis (sec. 112 CA 2006) oder auf die alternative, beim Companies House zu hinterlegende Liste (s. Rn. 333) abzustellen. Von den genannten Vorgaben kann durch satzungsmäßige Bestimmungen abgewichen werden (sec. 310 (4) (b) CA 2006). Die **versehentliche Nicht-Ladung** eines oder mehrerer teilnahmeberechtigter Personen hat für die Wirksamkeit der Gesellschafterversammlung grundsätzlich **keine Konsequenzen** (sec. 313 (1) CA 2006). Mit Ausnahme in Bezug auf die Regelungen der ssec. 304 f., 309 CA 2006 kann hiervon durch die Satzung abgewichen werden (sec. 313 (2) CA 2006).

395 Der **Inhalt der Einberufung** einer Gesellschafterversammlung ist in sec. 311 CA 2006 geregelt. Danach muss in der Ladung das Datum und die Uhrzeit der geplanten Gesellschafterversammlung, der Veranstaltungsort und das allgemeine Thema der Versammlung enthalten sein. Der genaue Inhalt der zu behandelnden Beschlussvorschläge muss grundsätzlich nicht angegeben werden.[854] Eine entsprechende Pflicht für die Direktoren kann sich jedoch aus der Satzung und/oder deren Treuepflicht gegenüber der Gesellschaft (sec. 170 CA 2006) ergeben.[855]

---

846 Im deutschen GmbH-Recht ist hingegen eine 10%ige Quote notwendig (§ 50 I GmbHG).

847 Zum Beispiel bei einer über die Kompetenz der Gesellschafterversammlung beabsichtigten Beschlussfassung, vgl. *Rose v. McGivern* [1998] 2 BCLC 593.

848 Ein vergleichbares Selbsthilferecht besteht mit § 50 III GmbHG auch im deutschen GmbH-Recht.

849 Siehe dazu *Wheeler v. Ross* [2011] EWHC 2527 (Ch); *Hussain v. Wycombe Islamic Mission and Mosque Trust Ltd.* [2011] EWHC 971 (Ch).

850 *Monnington v. Easier plc* [2006] 2 BCLC 283; *Might SA v. Redbus Interhouse plc* [2004] 2 BCLC 449; zur weiten Interpretation von sec. 306 CA 2006 durch die Gerichte siehe *Gibbs* ICCLR 23 (2012) N5, N7.

851 Im Gegensatz dazu besteht im deutschen GmbH-Recht nur eine Wochenfrist (§ 51 I 2 GmbHG).

852 *Smith v. Paringa Mindes Ltd.* [1906] 2 Ch 193.

853 *Royal Mutual Benefit Building Society v. Sharman* [1963] 1 WLR 581.

854 *Siems* in: Schall (Hrsg.), Companies Act, 2014, sec. 311 Rn. 2.

855 Vgl. *Campbell v. Australien Mutual Provident Society* (1908) 77 LJPC 117; *Wilson v. LMS Rly Co.* [1940] Ch 393(CA).

Formal hat die Ladung zur Gesellschafterversammlung entweder in Papierform (*Hard Copy*), in elektronischer Form oder über die Homepage der Gesellschafter zu erfolgen (sec. 308 CA 2006). Unter welchen Bedingungen eine Ladung zur Gesellschafterversammlung als zugestellt gilt, bestimmt sich nach sec. 1147 CA 2006.[856]

cc) Beschlussformen und Beschlussfassung

Die Gesellschafterversammlung wird durch die von ihr gefassten Beschlüsse tätig. Neben der Beschlussfassung im Rahmen einer Gesellschafterversammlung kann ein Beschluss der Anteilsinhaber im **Umlaufverfahren** per *Written Resolution* (ssec. 288 ff. CA 2006) gefasst werden. Für die Beschlussfassung gelten zunächst die „allgemeinen Bestimmungen" (*General Provisions*) der ssec. 281 ff. CA 2006. Für die Beschlussfassung innerhalb einer Gesellschafterversammlung kommen die bereits angesprochenen Spezialregelungen der ssec. 301 ff. CA 2006 zur Anwendung. Allgemeine **Voraussetzung** für eine wirksame Beschlussfassung ist hierbei zunächst, dass die Gesellschafterversammlung und der Beschluss wirksam einberufen bzw. angekündigt wurden (s. Rn. 390 ff.) und die Gesellschafterversammlung im Einklang mit den gesetzlichen Vorgaben wirksam abgehalten wurde (sec. 301 CA 2006). Wie im deutschen GmbH-Recht können die Gesellschafter jedoch im Rahmen der Beschlussfassung (sowohl bei einer Präsenzveranstaltung als auch bei einer Abstimmung im schriftlichen Umlaufverfahren) hierauf – insofern nachträglich – einstimmig verzichten. 396

Zahlreiche Maßnahmen in der Ltd. bedürfen der **Mitwirkung der Gesellschafter.** Beispielsweise können Änderungen der Satzung, Kapitalmaßnahmen, Strukturmaßnahmen, die Bestellung und Abberufung der Geschäftsführer und Abschlussprüfer oder die freiwillige Auflösung der Gesellschaft nur mit Zustimmung der Gesellschafter vorgenommen werden. In Abhängigkeit von den notwendigen Beschlussmehrheiten wird dabei zwischen einfachen Beschlüssen (***Ordinary Resolutions***) und außerordentlichen Beschlüssen (***Special Resolutions***) unterschieden. Einfache Beschlüsse werden mit einfacher Mehrheit gefasst (sec. 282 (1) CA 2006). Mangels abweichender (gesetzlicher oder satzungsmäßiger) Regelungen werden Beschlüsse immer durch einfache Mehrheit gefasst (sec. 281 (3) CA 2006). Welche Form bei einer einfachen Mehrheit notwendig ist, ist von der Art der Beschlussfassung abhängig. Bei einer (schriftlichen) Beschlussfassung im Umlaufverfahren ist die einfache Mehrheit der stimmberechtigten Gesellschafter ausreichend. Bei einer Abstimmung im Rahmen einer Gesellschafterversammlung bedarf es bei einer Abstimmung per Handzeichen (*Show of Hands*) der Zustimmung der Mehrheit der abstimmenden Mitglieder bzw. deren Vertreter, und bei einer förmlichen Abstimmung (*Poll*) der Zustimmung der Mehrheit der Stimmrechte (sec. 282 (2) bis (4) CA 2006). Sowohl bei einer Written Resolution als auch bei einer Beschlussfassung im Rahmen der Gesellschafterversammlung gilt dabei das Prinzip **„One Share One Vote"** (sec. 284 (1), (3) CA 2006). Bei einer Abstimmung per Handzeichen gilt entsprechend der Grundsatz „one person one vote". 397

Dies gilt ebenso für **außerordentliche Beschlüsse.** Solche bedürfen einer **qualifizierten Mehrheit** von mindestens 75% des vertretenen Kapitals (sec. 283 (1) CA 2006). Hinsichtlich der Form der Mehrheit gilt die gleiche Differenzierung wie bei einfachen Beschlüssen. Einer Special Resolution bedarf es insbesondere bei Satzungsänderungen, dem Verzicht auf Bezugsrechte, einer Kapitalherabsetzung, der Re-Registration in eine andere „Gesellschaftsform", dem ggf ausnahmsweise zulässigen Erwerb eigener Anteile und der freiwilligen Auflösung der Gesellschaft. Darüber hinaus können in der Satzung weitere Maßnahmen, die einer qualifizierten Mehrheit bedürfen, benannt sowie auch höhere Mehrheitserfordernisse (zB Einstimmigkeit) statuiert werden. Diese außerordentlichen Beschlüsse bedürfen zu ihrer Wirksamkeit auch der Ankündigung in der Versammlungseinladung (sec. 283 (6) CA 2006). 398

Die Ausübung des Stimmrechts eines Gesellschafters kann durch einen oder mehrere **Stimmrechtsvertreter** (*Proxies*) ausgeübt werden (ssec. 285, 324 CA 2006). Diesen kommen grundsätzlich die **gleichen Rechte** zu wie dem Gesellschafter. Die Einzelheiten zu der einem Proxy erteilten Stimmrechtsvollmacht bestimmen sich nach sec. 324 ff. CA 2006, wonach dieser insbesondere im Rahmen der ihm erteilten Vollmacht und entsprechend den Bedingungen des Vertreterverhältnisses abzustimmen hat. 399

Die Gesellschafter sind grundsätzlich frei im Rahmen der Beschlussfassung ausschließlich ihre **eigenen Interessen zu vertreten.**[857] Anders als im GmbH-Recht (vgl. § 47 IV GmbHG) besteht grundsätzlich auch die Möglichkeit in eigenen Angelegenheiten abzustimmen.[858] Eine diesbezügliche Einschränkung besteht jedoch für einen Gesellschafter-Geschäftsführer, der mehr als 50% der Anteile hält. Er darf seine Mehrheit nicht dazu verwenden, einen Missbrauch seiner Direktorentätigkeit durch die Gesellschafterversammlung genehmigen zu lassen. 400

856 Bei Aufgabe per Post oder elektronischer Übermittlung gilt die Mitteilung nach 48 Stunden als zugestellt; bei einer Bekanntmachung auf der Homepage der Gesellschaft gilt die Information grundsätzlich im Moment der Bekanntmachung als zugestellt. Für die Berechnung der Stundenfristen wird nur auf Arbeitstage abgestellt (sec. 1147 (5) CA 2006). Die Bestimmungen können jedoch durch die Satzung oder Gesellschaftervereinbarungen abbedungen werden (sec. 1147 (6) CA 2006).

857 *Peters' American Delicacy Co. Ltd. v. Health* [1939] 61 CLR 457; *Pender v. Lushington* (1877) 6 Ch D 70.

858 *North-West Transportation Co. Ltd. v. Beatty* [1887], 12 App Cas 589; *Carruth v. Imperial Chemical Industries Ltd.* [1937] AC 707.

Dies gilt auch für den Fall, dass mehrere Gesellschafter-Geschäftsführer eine Anteilsmehrheit besitzen. Zudem darf das Stimmverhalten eines Mehrheitsgesellschafters keine unangemessene Benachteiligung von Mitgesellschaftern begründen.[859]

401 Besondere Regelungen bestehen für die Beschlussfassung im Rahmen einer Gesellschafterversammlung. Hierbei ist zunächst ein **Mindestquorum** einzuhalten, ohne das Beschlüsse nicht wirksam gefasst werden können.[860] Es müssen mindestens zwei „qualifizierte" Personen bei der Gesellschafterversammlung anwesend sein (sec. 318 (2) CA 2006). Bei diesem muss es sich um stimmberechtige Gesellschafter oder deren Vertreter handeln.[861] Die Satzung kann auch strengere Anforderungen aufstellen. Gemäß Art. 41 (1) der Mustersatzung muss das Mindestquorum spätestens bis eine halbe Stunde nach Beginn der Gesellschafterversammlung erfüllt sein. Auch wenn keine entsprechende Regelung in der Satzung vorhanden ist,[862] kann der Versammlungsleiter den Beginn der Gesellschafterversammlung um eine angemessene Zeit hinauszögern, bis weitere Gesellschafter eingetroffen sind.[863] Das Quorum muss während der **gesamten Dauer** der Gesellschafterversammlung bestehen.[864] Bei einer Einpersonen-Ltd. kann es keine zwei stimmberechtigten Gesellschafter geben, so dass in diesem Fall der einzige Gesellschafter das Quorum erfüllt (sec. 318 (1) CA 2006). Verstöße gegen ein fehlendes bzw. mangelhaftes Quorum können von den Gesellschaftern nur innerhalb einer „angemessenen Zeit" (*Reasonable Time*) beanstandet werden.[865]

402 Wie nach den allgemeinen Bestimmungen kann die **Beschlussfassung** in einer Gesellschafterversammlung entweder **durch Handheben** (*Show of Hands*) oder förmliche Abstimmung (*Poll*) vollzogen werden (ssec. 320 f. CA 2006). Ob bei einer förmlichen Abstimmung nach Köpfen oder nach Anteilen abgestimmt werden soll, kann in der Satzung geregelt werden. Das Recht, eine förmliche Abstimmung zu verlangen, steht neben dem Versammlungsleiter grundsätzlich auch den stimmberechtigten Gesellschaftern sowie deren Vertretern zu (sec. 321 (1) CA 2006). Das Recht von (Minderheits-) Gesellschaftern eine förmliche Abstimmung zu verlangen, kann dabei nur in engen Grenzen durch die Satzung ausgeschlossen werden.

403 Verschiedene Dokumente im Rahmen der Beschlussfassung und einer Gesellschafterversammlung müssen aufbewahrt werden. Mindestens zehn Jahre aufbewahrt werden müssen alle Beschlüsse, die nicht durch die Gesellschafterversammlung beschlossen wurden sowie die **Protokolle** (*Minutes of Meeting*) der abgehaltenen Gesellschafterversammlungen (sec. 355 (1) CA 2006). Einer notariellen Protokollierung bedarf es hingegen nicht. Bei einer Einpersonen-Gesellschaft ist zudem die **schriftliche Niederschrift** der gefassten Beschlüsse (sec. 357 CA 2006) aufzubewahren.

404 Wie für eine Beschlussfassung im Rahmen der Gesellschafterversammlung bestehen auch für die Beschlussfassung im **schriftlichen Umlaufverfahren** besondere Vorgaben. Ausdrücklich nicht Gegenstand einer Beschlussfassung im Umlaufverfahren kann die außerordentliche Abberufung eines Geschäftsführers oder Abschlussprüfers der Gesellschaft sein (sec. 288 (2) CA 2006). Ansonsten können alle Beschlüsse auch im Rahmen einer Written Resolution gefasst werden. Die Satzung kann jedoch Ausnahmen hiervon festlegen. Der **Antrag** auf Beschlussfassung per Umlaufverfahren kann sowohl durch die Geschäftsführer als auch die Gesellschafter gestellt werden (sec. 288 (3) CA 2006). Dabei muss jedem stimmberechtigten Gesellschafter (*Eligible Member*) ein Exemplar des Beschlussvorschlages übermittelt werden (sec. 291 (2) CA 2006). Die Versendung kann in Papierform, elektronischer Form oder über die Homepage der Gesellschaft erfolgen, wobei es bei einer Übermittlung im Rahmen der letzten beiden einer vorherigen Zustimmung der Gesellschafter bedarf. Bei Verstößen gegen diese Vorgaben drohen dem Geschäftsführer strafrechtliche Konsequenzen (sec. 291 (5) CA 2006). Neben den Geschäftsführern können die Gesellschafter eine Beschlussfassung im Umlaufverfahren beantragen, wenn sie mindestens 5% der Stimmrechte halten, der Antrag formgerecht bei der Gesellschaft gestellt wurde und der angestrebte Beschluss genau bezeichnet sowie weder rechtswidrig, beleidigend oder rechtsmissbräuchlich ist (sec. 292 CA 2006). Die Gesellschaft hat einen wirksamen Beschlussantrag den übrigen Gesellschaftern **innerhalb von 21 Tagen zuzusenden** (*Circulation of Written Resolution*) (sec. 293 CA 2006). Die Abstimmung über den gestellten Beschlussinhalt kann schriftlich oder elektronisch erfolgen (sec. 296 (2) CA 2006).

405 Vorbehaltlich gesetzlicher Ausnahmen sind die Bestimmungen über die Beschlussfassung im schriftlichen Umlaufverfahren zwingend und können insbesondere nicht durch die Satzung oder andere Vereinbarungen abbedungen werden (sec. 300 CA 2006). Eine Ausnahme kann jedoch im Rahmen des sog **Duomatic-Principle** bestehen.[866] Danach ist die Nicht-Beachtung gewisser Formalien bei der Einberufung einer Gesellschafterver-

859 *Clemens v. Clemens Bros. Ltd.* (1976) 2 All ER 268.
860 Dazu *Kosmin/Roberts*, Company Meetings, 2013, Rn. 1.24 ff.; zur Nichtigkeit aufgrund fehlendem Quorums *Re Romford Canal Co.* (1883) 25 Ch D 85; *Glencoe Developments Limited v. Sneddon* [2012] CSOH 43.
861 *Henderson v. James Loutitt and Co. Ltd.* [1894] 1 R 674; vgl. auch sec. 318 (3) CA 2006.
862 Dies ist jedoch zu empfehlen, vgl. auch *Kosmin/Roberts*, Company Meetings, 2013, Rn. 1.27.
863 *John v. Rees* [1970] Ch 345, 382-3.
864 *Sharp v. Dawes* (1876) 2 QBD 26 (CA); *Re London Flats Ltd.* [1969] 1 WLR 711.
865 *Hong Kong Rifle Association v. Hong Kong Shotting Association* [2007] 4 HKLRD 121.
866 Benannt nach der Entscheidung *Re Duomatic Ltd.* [1969] 2 Ch 365.

sammlung oder der Beantragung einer Beschlussfassung im Umlaufverfahren unerheblich, wenn die Gesellschafter den betreffenden **Beschluss einstimmig** (*Unanimously*) fassen. Die fortwährende Geltung dieses Prinzips wird durch sec. 281 (4) (a) CA 2006 untermauert.[867] Die Reichweite der Entscheidung wurde mit den Jahren weiter konkretisiert.[868] Nach einer jüngeren Entscheidung des High Court gilt der Duomatic-Grundsatz beispielsweise auch, wenn unabhängig von einem formellen Gesellschafterbeschluss alle stimmberechtigten Gesellschafter einstimmig der in Rede stehenden Angelegenheit zugestimmt haben.[869]

Für die praktische Funktionsfähigkeit einer Gesellschaft, aber auch als Maßstab des Schutzes der Gesellschafter, ist der **Umgang mit Beschlussmängeln** von Bedeutung. Bei formalen Beschlussmängeln stellt sec. 301 CA 2006 die Grundregel der Unwirksamkeit auf. Die Frage, ob und wie Beschlüsse angegriffen werden können, ist hingegen nur in wenigen Spezialfällen geregelt (ssec. 98, 633, 721 CA 2006) bzw. ausdrücklich der Satzungsdispositivität (sec. 287 CA 2006) überlassen. Ein schwerwiegender, insbesondere absichtlicher Verstoß gegen die Einladungsregelung kann zur Unwirksamkeit des Beschlusses führen.[870] Kleinere formale Mängel (vgl. sec. 313 CA 2006, aber auch die Doktrin der **Internal Irregularities**)[871] führen dagegen nicht zur Unwirksamkeit. Mängel, die nicht erkennbar zu einem anderen Abstimmungsergebnis hätten führen können, bleiben unberücksichtigt.[872] Ein materieller Minderheitenschutz ist nur in wenigen Ausnahmen vorgesehen (ssec. 97, 633, 721 CA 2006). Zwar gibt es noch weitere Rechtsschutzmöglichkeiten (zur Derivative Claim s. Rn. 374 ff.; zur Unfair Prejudice gem ssec. 994 ff. CA 2006 s. Rn. 360 ff.). Auch diese haben jedoch relativ enge Voraussetzungen, weshalb schon das Anfechtungspotential bezüglich Gesellschafterbeschlüssen in England weitaus geringer als in Deutschland ist. 406

c) Board of Directors

aa) Überblick

Das zweite „**Gesellschaftsorgan**"[873] neben der Gesellschafterversammlung ist das Board of Directors. Im Hinblick auf das deutsche Recht mag man dieses als das Geschäftsführungsorgan der Gesellschaft bezeichnen. Die **Mitglieder des Boards** sind die einzelnen „Geschäftsführer" ((*Managing*) ***Director***) und damit Organmitglieder. Geschäftsführungsorgan ist vielmehr das Board als Ganzes.[874] Die geschäftsführenden Direktoren leiten die Gesellschaft und erledigen das Tagesgeschäft des Unternehmens. Sie handeln für die Gesellschaft im Rechtsverkehr und vertreten diese nach außen. Die Bedeutung des Boards of Directors und die (gesetzlichen) Rechte und Pflichten der Mitglieder ist für die Ausgestaltung und das Funktionieren einer Ltd. damit kaum zu überschätzen.[875] 407

Die Struktur der Geschäftsführung im Englischen Kapitalgesellschaftsrecht wird durch drei übergeordnete Prinzipen bestimmt:[876] Die Gesellschaft ist **zum Wohle der Gesellschaft** durch die Direktoren zu führen und auszugestalten. Die Ausgestaltung der Rechte und Pflichten der Direktoren wird vom Gläubigerschutz mitbestimmt (zB durch gesellschafts- und insolvenzrechtliche Haftungsregelungen). Die Direktoren haben zudem **zum Wohle des Rechtsverkehrs** zu handeln. Dies wird beispielsweise durch Rechnungslegungs- und Publizitätsbestimmungen gewährleistet.[877] Im Vergleich zu anderen EU-Mitgliedstaaten ist das Englische Kapitalgesellschaftsrecht dennoch weitgehend auf die Interessen der Anteilseigner ausgerichtet („*Shareholder-Centric*"),[878] was auch die primären (Sorgfalts-) Pflichten der Direktoren bestimmt (s. diesbezüglich zum Enlightened Shareholder Value Rn. 443 ff.). 408

---

867 *Siems* in: Schall (Hrsg.), Companies Act, 2014, sec. 281 Rn. 2; vgl. auch *Davies/Worthington*, Gower's Principles of Modern Company Law, 2016, Rn. 15-15 f.

868 Zu den Einzelheiten vgl. *Cane v. Jones* [1981] 1 All ER 533; *Re Torvale Group Ltd.* [1999] 2 BCLC 605; *Euro Brokers Holdings Ltd. v. Monecor (London) Ltd.* [2003] 1 BCLC 506 (CA); *Shakar v. Tsitsekkos* [2004] EWHC 2659 (CA); *Bowthorpe Holdings Ltd. v. Hills* [2003] 1 BCLC 226; *NBH Ltd. v. Hoare* [2006] EWHC 73 (Ch).

869 *Randhawa v. Turpin* [2016] EWHC 2156 (Ch).

870 Näher *Ringe* RabelsZ 81 (2017) 249, 255.

871 *Re Peninsular and Oriental Steam Navigation* Co [2006] EWHC 389 Ch.

872 *Baxter* J.B.L. 1976, 323.

873 Strenggenommen kennt das Englische Gesellschaftsrecht den Begriff des „Organs" nicht, vgl. *Just*, Die englische Limited in der Praxis, 2012, Rn. 156; *Ringe/Otte* in: Triebel ua (Hrsg.), Englisches Handels- und Wirtschaftsrecht, 2012, Kap. V Rn. 223.

874 *Doralt* in: Schall (Hrsg.), Companies Act, 2014, vor Part 10 Rn. 5.

875 *Davies/Worthington*, Gower's Principles of Modern Company Law, 2016, Rn. 14-1; *Mortimore* in: Mortimore (Ed.), Company Directors, 3. Ed. 2017, Rn. 1.02.

876 Vgl. *Company Law Steering Group*, Modern Company Law for a Competitive Economy – Strategic Framework, Rn. 5.1.4 ff.; *Mortimore* in: Mortimore (Ed.), Company Directors, 3. Ed. 2017, Rn. 1.02.

877 Insbesondere das umfangreiche System von Publizitätspflichten iVm den oftmals strafbewährten Konsequenzen einer Nicht-Beachtung, sind ein maßgebender Aspekt des englischen Gläubigerschutzrechts, vgl. *Davies*, Indroduction to Company Law, 2002, S. 72 ff.; *Zimmer/Naendrup* ZGR 2007, 789, 793.

878 *Ferran* MLR 79 (2016) 813, 833; *Moore*, Shareholder primacy, labour and the historic ambivalence of UK company law, Cambridge LSR Paper No. 40/2016, S. 31.

409 Der Companies Act 2006 enthält **ausführliche Bestimmungen** zu den Direktoren einer Gesellschaft (Part 10). Diese zählen zu den wichtigsten Neuerungen im Rahmen der Reform des Englischen Kapitalgesellschaftsrechts und sind in der Praxis von tragender Bedeutung.[879] Vor allem die **Pflichten eines Geschäftsführers** wurden durch dem Companies Act 2006 (ssec. 170 ff.) umfassend **kodifiziert.**[880] Obgleich sie überwiegend auf vorheriger Rechtsprechung basieren, ist eine in dieser Form ausdrückliche und detaillierte Normierung im Englischen Recht eher eine Seltenheit. Dies gilt auch im Vergleich zu anderen (europäischen) Rechtsordnungen, wo sich die konkreten Pflichten der Geschäftsführer überwiegend aus der Rechtsprechung ergeben und keiner umfassenden Kodifizierung unterworfen sind. Um Rechtsklarheit zu schaffen, hat sich der Gesetzgeber jedoch bewusst für eine ausführliche Normierung entschieden. Wie der Small Business, Enterprise and Employment Act 2015 (s. Rn. 16) zeigte, ist der Reformprozess bei den Rechten und Pflichten der Direktoren indes nicht abgerissen. Der Small Business, Enterprise and Employment Act 2015 brachte neben dem Verbot von Gesellschaften als Direktoren (*Corporate Directors*) auch eine Neuerung hinsichtlich der Begriffsbestimmung eines **Shadow Director** und bei den Disqualifikationsanforderungen für Geschäftsführer mit sich. Hierauf ist sich in der Praxis umfassend einzustellen.

410 Trotz ausführlicher Kodifizierung der Geschäftsführerpflichten ist bemerkenswert, dass die aus dem US-amerikanische Gesellschaftsrecht stammende und heute auch in § 93 I 2 AktG geregelte und für die GmbH anerkannte[881] **Business Judgement Rule** keinen Niederschlag im Companies Act 2006 gefunden hat. Die Law Commissions haben die Einführung einer solchen Regel **bewusst abgelehnt.**[882] Man sah einerseits angesichts der großen Zurückhaltung englischer Richter bei der Bejahung einer Sorgfaltspflichtverletzung kein Bedürfnis und befürchtete andererseits sogar, dass die prozeduralen Voraussetzungen für die Anwendung der Business Judgement Rule zB im Bereich der Informationsbeschaffung durch die Direktoren zu einer nicht-gerechtfertigten Haftungsausdehnung führen würden. Das Fehlen einer Business Judgement Rule im Englischen Gesellschaftsrecht ist aus Sicht der Direktoren auch deshalb kein Problem, weil die Beurteilung von Geschäftsführerpflichten auch vom subjektiven Empfinden des Direktors[883] mitbestimmt wird (siehe sec. 172 (1) CA 2006: „*in the way he considers*"). Inwieweit diese Herangehensweise jedoch tatsächlich dem Effekt einer (kodifizierten) Business Judgement Rule gleichwertig ist, bleibt bisweilen umstritten.[884]

411 Das Board of Directors besteht aus der **Gesamtheit der Direktoren.** Für den Fall, dass mehrere Direktoren existieren, ist es jedoch durch eine entsprechende Regelung in der Satzung möglich und in der Praxis auch üblich, einen Managing Director bzw. (nach US-amerikanischem Vorbild) **Chief Executive Officer** (CEO) zu bestellen, der – ähnlich dem Geschäftsführer einer GmbH – die Verantwortung für das Tagesgeschäft trägt.[885] Es ist ebenso möglich, dass das Board sog **non-executive Directors** umfasst, die unter anderem die Kontrolle darüber ausüben, dass das Board und insbesondere die Managing Directors die Interessen der Gesellschaft sorgfältig wahrnehmen und keine Eigeninteressen verfolgen. Auf diese Weise kann das monistische Board System einem **dualistischen System angenähert** werden. Möglich ist auch, das Amt des Geschäftsführers vom Vorsitz im Board zu trennen, was zu einer noch stärkeren Annäherung an das dualistische System führen würde. Der Companies Act 2006 sieht jedoch weder eine formelle noch materielle Unterscheidung zwischen Executive (Managing) Directors und Non-Executive Directors vor.[886] Dies gilt insbesondere auch im Hinblick auf die Direktorenpflichten.[887]

412 Die Stellung als geschäftsführender Direktor und dessen Befugnisse werden grundsätzlich durch die Satzung, den **Anstellungsvertrag** (*Service Contract*) sowie einer etwaigen Geschäftsordnung (*Rules of Procedure*) für das Management bestimmt.[888] Die Befugnisse eines Direktors werden jedoch im Einzelnen durch gesetzliche Vorschriften eingeschränkt. Zudem kann eine allgemeine **Treuepflicht gegenüber der Gesellschaft** die Handlungsfreiheit der Geschäftsführer beschränken (s. Rn. 363). Dennoch sind die den Direktoren eingeräumten Befugnis-

879 Vgl. *Boyle/Birds*, Company Law, 2014, Rn. 16.1; *Boxell*, A Practioner's Guide to Directors' Duties and Responsibilities, 2013, Rn. 1.1; *Doralt* in: Schall (Hrsg.), Companies Act, 2014, vor Part 10 Rn. 1.

880 Historisch zu den Geschäftsführungspflichten im Englischen Kapitalgesellschaftsrecht *Mortimore* in: Mortimore (Ed.), Company Directors, 3. Ed. 2017, Rn. 1.01 ff.

881 BGH NJW 2003, 358; BGH NJW 2008, 3361.

882 Vgl. *Law Commission and Scottish Law Commission*, Company Directors: Regulating Conflicts of Interest and Formulating a Statement of Duties, Cm. 4436, 1999, Pt 5.

883 Siehe auch *Palmer's Company Law*, 2016, Rn. 8.2608 f.; *Davies/Worthington*, Gower's Principles of Modern Company Law, 2016, Rn. 16-68; *Boxell*, A Practioner's Guide to Directors' Duties and Responsibilities, 2013, Rn. 3.6.

884 *Palmer's Company Law*, 2016, Rn. 8.2811, mit Verweis auf die Ausführungen in *ASIC v. Rich* [2009] NSWSC 1229; *ASIC v. Adler* (2002) 168 FLR 253 Fed Ct (Aus.); siehe auch *Quinn* ICCLR 27 (2016) 120, 127 ff.; *Moore*, Corporate Governance in the Shadow of the State, 2013, S. 150 ff.

885 Siehe auch Art. 5 der Mustersatzung.

886 *Attenborough* EBLR 2010, 559, 564; *Sweeney-Baird* Co. Lawyer 27 (2006) 67, 69.

887 *Dorchester Finance Co. Ltd. v. Stebbing* [1989] BCLC 498.

888 Zur Begriffsbestimmung eines Managing Directors siehe *Re Newspaper Proprietary Syndicate Ltd.* [1990] 2 Ch 349; *Anderson v. James Southerland (Peterhead) Ltd.* [1941] SC 203, 217.

se in der Regel weit. Insbesondere sind die Direktoren **nicht weisungsgebunden**. Auch können ihre, auf Grundlage der ihnen eingeräumten Befugnisse, getroffenen Entscheidungen grundsätzlich nicht durch eine Gesellschafterversammlung „überstimmt" werden. Entsprechende Einflussversuche von Gesellschaftern sind rechtswidrig und können diese zu Shadow Directors (s. Rn. 423 ff.) mit einer entsprechenden Verantwortlichkeit machen. Eine (faktische) Gebundenheit der Geschäftsführung an die Vorstellungen der Gesellschafter kann sich in der Praxis jedoch dergestalt nachbilden lassen, dass in einer – intern geltenden – von den Gesellschaftern erlassenen Geschäftsordnung für die Direktoren ein umfangreicher Zustimmungskatalog bestimmt wird, so dass die/der Geschäftsführer bei der Vornahme unternehmensrelevanter Maßnahmen eine vorherige Bestätigung der Gesellschafter einholen muss.

Im Falle von **Pflichtverletzungen** können sich Schadensersatzpflichten sowie Anfechtungs- und Rückabwicklungsrechte der Gesellschaft für eingegangene Geschäfte und/oder eine persönliche **Haftung des Direktors** für der Gesellschaft entgangene Gewinne ergeben (s. Rn. 477). Diese Ansprüche können im Regelfall nur von der Gesellschaft geltend gemacht werden und erfordern grundsätzlich einen Beschluss der Gesellschafterversammlung. Die Direktoren können dabei sowohl im Innen- als auch im Außenverhältnis einer persönlichen Haftung unterliegen. Unter Umständen können sie sich für Verletzungen ihrer Pflichten sogar strafbar machen. 413

Die Entscheidungen des Boards of Directors werden in einer Versammlung (***Board Meeting***) getroffen, die von jedem Mitglied der Geschäftsführung form- und fristlos einberufen werden kann.[889] Sofern die Satzung – wie jedoch üblich[890] – nicht vorsieht, dass eine bestimmte Anzahl ein Quorum bildet, besteht grundsätzlich eine **Teilnahmepflicht** eines jeden Direktors am Board Meeting. In der Praxis wird zudem häufig vorgesehen, dass die Versammlung telefonisch oder auf anderen Kommunikationswegen erfolgen kann. Wie bei Beschlüssen der Gesellschafter (s. Rn. 396) ist ebenfalls eine (schriftliche) Abstimmung im Umlaufverfahren möglich. 414

Erforderlich ist darüber hinaus die Führung eines **Mitgliederverzeichnisses der Direktoren** (sec. 162 CA 2006). Hierin sind verschiedene Informationen über die Geschäftsführer anzugeben. Sofern nicht ausnahmeweise die Möglichkeit eines Corporate Director besteht (s. Rn. 420), erlangen die Vorgaben zum Registrierungsinhalt für diese gem sec. 164 CA 2006 keine Bedeutung mehr. Das Geschäftsführerverzeichnis kann von den Gesellschaftern in der Regel am Registersitz der Gesellschaft kostenlos eingesehen werden. Weiterhin hat die Gesellschaft ein Register zu führen, in das die Privatadressen der Direktoren aufzunehmen sind (sec. 165 CA 2006). Im Gegensatz zum Mitgliederverzeichnis der Direktoren ist dieses jedoch nicht öffentlich zugänglich. 415

bb) Person des Direktors

(1) Anzahl und Qualifikation

Der Companies Act 2006 stellt verschiedene **Anforderungen** an die Person eines Direktors. Für den Begriff eines Direktors legt sec. 250 CA 2006 zunächst fest, dass jede Person als Direktor iSd Companies Act 2006 zu verstehen ist, die die Position eines solchen innehat, gleichgültig, ob er im Einzelfall anders genannt wird. Die individuelle oder satzungsmäßige Bezeichnung (zB als Manager oder Council) ist daher unerheblich. Jede Ltd. muss **mindestens einen Direktor** haben (sec. 154 (1) CA 2006). Die Satzung kann eine höhere Mindestanzahl oder eine Höchstzahl an Geschäftsführern bestimmen.[891] Auch ausländische (natürliche) Personen können Direktoren einer Ltd. sein. Dies ergibt sich aus sec. 163 (1) (d) CA 2006, wonach im Geschäftsführerverzeichnis (s. Rn. 415) auch die Nationalität des Direktors anzugeben ist. Nicht notwendig ist, dass der Direktor gleichzeitig Gesellschafter ist. Wie im deutschen Kapitalgesellschaftsrecht und den meisten anderen Rechtsordnungen ist bei der Ltd. daher eine **Fremdorganschaft** möglich.[892] Bei einer Vielzahl der (personalistisch strukturierten) Ltd. ist der/die Geschäftsführer indes gleichzeitig auch Anteilsinhaber der Gesellschaft. Weiterhin nicht erforderlich ist, dass die Position als Direktor hauptberuflich ausgeübt wird.[893] 416

Das **Mindestalter** jedes Direktors muss **16 Jahre** betragen (sec. 157 (1) CA 2006). Diese Voraussetzung wurde im Zuge des Companies Act 2006 neu eingefügt. Vorher waren von unseriösen Gesellschaften teilweise Minderjährige als Geschäftsführer berufen worden, die für ihr Fehlverhalten nicht (uneingeschränkt) zur Verantwortung gezogen werden konnten. Dem soll das Mindestalter entgegenwirken. Ein Höchstalter besteht nicht mehr, da die Zahl der Ausnahmen beim früheren Höchstalter von 70 Jahren so groß war, dass die Regelung insgesamt als funktionslos angesehen wurde. Die Satzung kann jedoch ein solches bestimmen oder das Mindestalter erhöhen. Möglich ist zudem eine **aufschiebend bedingte Bestellung** zum Direktor bis zum Erreichen des gesetzlichen oder satzungsmäßigen Mindestalters (sec. 157 (2) CA 2006). In diesem Fall wird die in Rede stehende Person erst mit Erreichen der Altersgrenze wirksam zum Geschäftsführer berufen. Wird das Mindestalter bei der Bestellung eines Direktors nicht beachtet, ist diese unwirksam (sec. 157 (4) CA 2006). Wird die Person dennoch 417

889 *Mayson/French/Ryan*, Company Law, 2017, S. 450.
890 Siehe Art. 13 der Mustersatzung.
891 *Palmer's Company Law*, 2016, Rn. 8.102 f.; *Boyle/Birds*, Company Law, 2014, Rn. 15.3.1; *Doralt* in: Schall (Hrsg.), Companies Act, 2014, sec. 154 Rn. 2.
892 Vgl. auch *Stöber* GmbHR 2006, 746, 747.
893 *Doralt* in: Schall (Hrsg.), Companies Act, 2014, ssec. 155, 156 Rn. 3.

als Direktor tätig, können – in Abhängigkeit von deren Geschäfts- und Straffähigkeit – zivil- und strafrechtliche Sanktionen erfolgen.

418 Hinsichtlich der **Qualifikation** bestehen im Companies Act 2006 keine Regelungen, wer Direktor einer Ltd. sein kann.[894] Einzelne Merkmale können jedoch in der Satzung bestimmt werden.[895] Die früher häufig vorzufindende Voraussetzung, dass ein Direktor auch Gesellschafter zu sein hat, findet sich heute eher selten.[896] Spezialgesetzliche Vorgaben gelten zumeist nur für kapitalmarktorientierte Unternehmen in der Rechtsform einer plc. Die satzungsmäßig bestimmten Qualifikationsmerkmale können sich zB auf **berufsqualifizierende Voraussetzungen** oder Management- und Organisationserfahrung beziehen. Zu beachten sind jedoch die britischen und europäischen Diskriminierungsbestimmungen. Häufig finden sich in der Satzung auch bestimmte **Disqualifikationsmerkmale**, die zur Abberufung eines Direktors führen können.[897] Eine „Disqualifikation" eines Geschäftsführers kann ferner aufgrund gerichtlicher Anordnung erfolgen. Die entsprechenden Ausschlussgründe vom Amt des Direktors sind spezialgesetzlich im Company Directors Disqualification Act 1986 geregelt. Ein Ausschluss kommt demnach für ein allgemeines unternehmerisches Fehlverhalten, für (nachgewiesene) Untauglichkeit oder für Wettbewerbsverstöße[898] in Betracht. Eine weitere Einschränkung besteht für die Geschäftsführung von sog **Phoenix Companies** gem sec. 216 IA 1986 (s. Rn. 464). Auch die Regelungen zum Ausschluss nach dem Company Directors Disqualification Act 1986 wurden durch den SBEEA 2015 umfassend geändert. Umfasst sind nunmehr auch im Ausland begangene „relevante" Straftaten (zB im Rahmen des Managements und der Insolvenz des Unternehmens) (sec. 5A CDDA 1986).[899]

(2) **Corporate Director**

419 Nach **früherem Recht** (sec. 155 CA 2006) musste eine Ltd. mindestens eine natürliche Person als Geschäftsführer haben. Im Umkehrschluss sowie mit Blick auf sec. 164 CA 2006 konnte eine Gesellschaft daher auch eine oder mehrere juristische Personen als Direktoren (***Corporate Director***) beschäftigen.[900] Diese Möglichkeit sollte zunächst schon ab Oktober 2016 nicht mehr bestehen und sec. 155 CA 2006 sollte gestrichen werden. Die britische Regierung hat jedoch bekannt gegeben, dass sich die Geltung des neuen Rechts verzögern wird. Ein konkreter Zeitpunkt wurde bislang allerdings noch nicht genannt. Im Zuge des Small Business, Enterprise and Employment Act 2015 muss jeder Geschäftsführer eine **natürliche Person** sein. Juristische Personen und andere Organisationsformen können nicht mehr als Direktor einer Ltd. bestellt werden (sec. 156A (1) CA 2006).[901] Eine dem entgegenstehende Bestellung ist unwirksam (sec. 156A (3) CA 2006). Damit soll die **Transparenz** darüber, wer eine Gesellschaft tatsächlich leitet, verbessert und ein Missbrauch der Geschäftsführerstellung durch juristische Personen verhindert werden.[902] Dies erschien notwendig, da eine Kapitalgesellschaft nicht verpflichtet war, die wirtschaftlichen Eigentümer ihres Corporate Director offenzulegen. Damit einhergehend wurde die Gefahr gesehen, dass durch die Bestellung eines Corporate Directors deren Identität und der tatsächlich entscheidungsverantwortlichen Personen unbekannt blieb.

420 Es gibt jedoch auch **Ausnahmen** vom Verbot des Führens und Bestellens von Corporate Directors. Eine gesetzliche „Ausnahme" besteht zunächst dergestalt, dass eine **Corporation Sole** als Direktor weiterhin zulässig ist (sec. 156A (2) CA 2006). Bei dieser ist eine bestimmte, einer einzelnen Person zugewiesene Funktion zugleich eine Körperschaft (s. Rn. 10). Eine solche Sole Corporation wird wie bereits bei sec. 155 (2) CA 2006 diesbezüglich einer natürlichen Person gleichgestellt. Darüber hinaus wird es weitere Ausnahmen geben.[903] Diese werden jedoch erst in einer künftigen Verordnung spezifiziert (sec. 156B CA 2006). Nach Aussage des Wirtschaftsministeriums sollen die Ausnahmen im Prinzip dann Geltung erlangen, wenn nur eine geringe Wahrscheinlichkeit besteht, dass die Verwendung eines Corporate Directors unerlaubte Aktivitäten begünstigt und einen hohen Mehrwert für die Führung der Gesellschaft bedeutet.[904] Denkbar sind insbesondere **konzernbezogene Ausnahmen**, bei denen die Muttergesellschaft als Geschäftsführer fungiert und ihrerseits kapitalmarktrechtlichen Offenlegungspflichten unterliegt. Dies wäre eine strukturell bedeutende Ausnahme, von denen vor allem börsen-

894 Im deutschen GmbH-Recht gibt es mit § 6 II 2 GmbHG Vorgaben, wer nicht Geschäftsführer sein kann.
895 Dazu *Palmer's Company Law*, 2016, Rn. 8.326 ff.
896 *Palmer's Company Law*, 2016, Rn. 8.307 f.; *Davies/Worthington*, Gower's Principles of Modern Company Law, 2016, Rn. 14-26; *Boxell*, A Practioner's Guide to Directors' Duties and Responsibilities, 2013, Rn. 2.3.4.
897 *Boxell*, A Practioner's Guide to Directors' Duties and Responsibilities, 2013, Rn. 2.3.6.
898 Bei Verstößen gegen das Wettbewerbsrecht kommt zudem ein Ausschluss aufgrund des Enterprise Act 2002 in Betracht.
899 Siehe nach deutschem Recht § 6 II 3 GmbHG.
900 So bereits *Re Bulawayo Market and Offices Co. Ltd.* [1907] 2 Ch 458.
901 Zur aktuellen Diskussion in Deutschland *Gehrlein* NZG 2016, 566 ff.
902 *Stiegler* ZIP 2016, 1808, 1814; *Söhner* RIW 2016, 489, 490.
903 Siehe *BIS*, Corporate Directors, Scope of exceptions to the prohibition of corporate directors (Nov. 2015), BIS/14/1017; *Hannigan*, Company Law, 2015, Rn. 7-6.
904 *BIS*, Small Business, Enterprise and Employment Act 2015, Companies transparency, Fact Sheets, BIS/15/266, S. 4.

notierte Unternehmen umfassend Gebrauch machen könnten, um somit das Verbot eines Corporate Directors bei den Tochtergesellschaften zu vermeiden. Unterfällt die Gesellschaft keiner solchen Ausnahmen, ist der bestehende Corporate Director **innerhalb eines Jahres** zu entfernen (sec. 156C (1) CA 2006). Hierunter fallen ausdrücklich auch sog Shadow Director (sec. 156A (6) CA 2006).

421 Da es sich um ein gesetzliches Verbot zur Beibehaltung eines Corporate Director handelt, wird man einen **Ersatz-** bzw. **Abfindungsanspruch** des (ehemaligen) Corporate Directors wohl verneinen müssen. Der bisherige Corporate Director wird nicht selten ein Interesse an einer Ersatzlösung haben, zB in der Form, dass einer der Mitarbeiter oder Direktoren dieser Corporation als natürliche Person an die Stelle des bisherigen Corporate Directors tritt. Während man nach deutschem Recht hier unter Umständen einen Anspruch auf einen solchen Wechsel konstruieren könnte, erscheint dies nach Englischem Recht nur in Ausnahmekonstellationen vorstellbar. Bei Nicht-Beachtung des Verbotes drohen **strafrechtliche Konsequenzen** für die Gesellschaft und die handelnden Personen.

422 Insgesamt ist jedoch unklar, ob das Verbot von Corporate Directors tatsächlich weitreichende Bedeutung für das Recht der Ltd. erlangen wird.[905] Kleine und selbst mittelgroße Unternehmen besaßen schon bisher überwiegend nur natürliche Personen als Geschäftsführer. Bei großen (kapitalmarktorientierten) Gesellschaften stellte es hingegen zumeist eine **Möglichkeit der direkten Konzernleitung** dar. Im Hinblick auf die beabsichtigten Ausnahmebestimmungen für Muttergesellschaften als Corporate Director wird sich hieran wohl auch nicht viel ändern. Man könnte den Gesetzgeber des Englischen Kapitalgesellschaftsrechts daher insofern als nicht konsequent ansehen. Hat doch die Bestellung der Konzernmutter als Direktor vor allem den Zweck, das **fehlende Weisungsrecht** der Gesellschafter an die Geschäftsführung einer Ltd. abzufedern, für die das deutsche Recht ein offenes Weisungsrecht kennt. Man könnte die englische Lösung aber auch für vorzugswürdig halten, da sie die Autonomie und Eigenverantwortung der Geschäftsführer stärker als das deutsche GmbH-Recht betont und nur dort eine Durchbrechung vorsieht, wo dies funktional geboten ist, insbesondere beim Konzern.

(3) Shadow Director

423 In den letzten Jahren hat die Bedeutung der Figur des Shadow Directors spürbar zugenommen. Legal definiert ist ein Shadow Director als eine Person, auf deren **Anweisungen** hin die eigentlichen Geschäftsführer gewohnt sind, zu handeln (sec. 251 (1) CA 2006). Eine einmalige Befolgung reicht hierfür nicht aus; vielmehr muss sie **regelmäßig** über einen längeren Zeitraum erfolgen.[906] Zudem muss zumindest die Mehrheit der Direktoren die Anweisungen der Person befolgt haben;[907] nicht zwingend aber alle.[908] Grundsätzlich ausgeschlossen als Shadow Director sind in ihrer beruflichen Funktion tätig werdende Berater (zB Rechts- oder Steuerberater) und Muttergesellschaften **im Rahmen eines Konzerns** (sec. 251 (2), (3) CA 2006). Eine Kapitalgesellschaft wird daher nicht schon deshalb zum Shadow Director, weil die Tochtergesellschaft deren (vertraglich bedingten) Anweisungen folgt. Insofern ist das Konzernrecht resistent gegen die Vorgaben zum Shadow Director und die damit verbundenen (sanktionierenden) Konsequenzen.[909]

424 Trotz dieser Ausnahmen ist die Figur des Shadow Directors ein wichtiger Funktionsbestandteil des Englischen Kapitalgesellschaftsrechts und greift aufgrund ihrer durchaus **weiten Anwendungsbereichs** insbesondere bei Ltd. nicht selten ein.[910] Dies gilt auch deswegen, weil die Konzernausnahme nach sec. 251 (3) CA 2006 nur für die Muttergesellschaft und nicht für deren Direktoren als tatsächlich handelnde Personen gilt.[911] Zudem bedarf die doch recht vage Legaldefinition eines Shadow Directors der Konkretisierung durch die Rechtsprechung. Nach einer häufig zitierten Entscheidung ist ein Shadow Director zu charakterisieren als eine Person, die einen **tatsächlichen Einfluss** (*Real Influence*) in die Geschäftsangelegenheiten nimmt, welcher als (An-) Weisung an die Geschäftsführung zu verstehen ist, wobei es nicht zwingend notwendig ist, dass die Direktoren ihr eingeräumtes Ermessen verlieren.[912] Die Rechtsprechung vertritt daher ebenfalls eine durchaus weite Begriffsbestimmung. Auch (mehrmalige) Empfehlungen oder Ratschläge können demnach die Voraussetzungen für einen Shadow Director erfüllen.[913] Der Einordnung als Shadow Director kann man somit nicht dadurch entgehen, dass der Willen formal sehr zurückhaltend geäußert wird. Mit diesem Rechtsinstitut geht indes ein gewisses Maß an

905 Zweifelnd auch *Hannigan*, Company Law, 2015, Rn. 7-6.
906 *Re Unisoft Group Ltd. (No 3)* [1994] 1 BCLC 609, 620; *Ultraframe Ltd. v. Fielding* [2005] EWHC 1638 (Ch).
907 *Ultraframe Ltd. v. Fielding* [2005] EWHC 1638 (Ch); *Vivendi SA v. Richards* [2013] EWHC (Ch).
908 *Re Coroin Ltd. (No 2)* [2012] EWHC 2343; *Lord v. Sinai Securities Ltd.* [2005] 1 BCLC 295.
909 *Davies/Rickford* ECFR 2008, 48, 62; *Doralt* in: Schall (Hrsg.), Companies Act, 2014, sec. 252 Rn. 3.
910 *Palmer's Company Law*, 2016, Rn. 8.215; *Kershaw*, Company Law in Context, 2012, S. 326; *Girvin/Frisby/Hudson*, Charlesworth's Company Law, 2010, Rn. 17-007.
911 *Palmer's Company Law*, 2016, Rn. 8.222, mit Verweis auf *Secretary of State v. Laing* [1996] 2 BCLC 324 und *Clydebank Football Club Ltd. v. Steedman* [2002] SLT 109; siehe jedoch auch *Re Hydrodan (Corby) Ltd.* [1994] BCC 161.
912 *Secretary of State for Trade and Industry v. Deverell* [2001] Ch 340.
913 *Hannigan*, Company Law, 2015, Rn. 7-26.

Rechtsunsicherheit einher.[914] Dies wird dadurch verstärkt, dass es in anderen Gesetzen von sec. 251 (1) CA 2006 **abweichende Definitionen** gibt, die jedoch von ebenso immanenter Bedeutung sein können. Vom Anwendungsbereich sind diese regelmäßig sogar weiter als die Regelung in sec. 251 (1) CA 2006. Zu beachten sind insbesondere die Definitionen in sec. 251 IA 1986 und sec. 22 (5) CDDA 1986, die jeweils durch den SBEEA 2015 modifiziert wurden.

425 Wer als Shadow Director angesehen wird, trägt in den gesetzlich vorgesehenen Fällen die **Verantwortung** eines de iure Directors. Die **persönliche Haftung** des Shadow Directors umfasst beispielsweise auch den Fall der Aufnahme neuer Schulden im absehbaren Insolvenzfall (*Wrongful Trading*) gem sec. 214 IA 1986. Zweck dieser Regelung ist es, die die Gesellschaft kontrollierenden Personen nicht aus der gesetzlichen Verantwortung und Haftung zu entlassen. Nicht abschließend geklärt war bis vor kurzem, wie weit ein Shadow Director auch den **allgemeinen Treuepflichten** eines Directors (ssec. 171 ff. CA 2006) unterliegt.[915] Nach sec. 170 (5) CA 2006 aF war ein Shadow Director nur Adressat des Pflichtenkatalogs, soweit er auch von den Common Law und Equity-Prinzipien erfasst war. Seit Mai 2015 finden die Pflichten jedoch **generell Anwendung**, soweit sie inhaltlich passend sind. Die Treuepflichten eines Geschäftsführers gegenüber der Gesellschaft gelten damit weitgehend auch für den Shadow Director.

(4) De facto Director

426 Vom Shadow Director abzugrenzen ist die Figur des de facto Directors. Hierbei handelt es sich um eine Person, die – ohne formell als Direktor bestellt zu sein – vorgibt, als Direktor zu handeln.[916] Ob und wann eine faktische Geschäftsführung[917] durch eine formal nicht als Direktor bestellte Person vorliegt, ist bislang nicht abschließend geklärt und weiterhin stark vom Einzelfall geprägt.[918] Kriterien sind zB, ob die Person als Direktor nach außen auftrat, ob sie tatsächliche Entscheidungsgewalt ausübte oder ob sie Zugang zu den der Geschäftsführung vorbehaltenen Informationen besaß.[919] Trotz der Ähnlichkeiten zwischen Shadow Director und de facto Director ist zwischen beiden zu unterscheiden.[920] Unterscheidungsmerkmal ist insbesondere die eigenständige **Ausübung** einer Managementtätigkeit (de facto Director) und den **Anweisungen** an die Direktoren in einer bestimmten Weise zu handeln (Shadow Director). Die Differenzierung zwischen beiden ist insofern von Bedeutung, als der Shadow Director nur in den gesetzlich geregelten Fällen haftet, wohingegen ein de facto Director **wie ein bestellter** (de iure) **Director haftet.**[921] Da die allgemeinen Treuepflichten jedoch seit jüngerer Zeit weitgehend auch für einen Shadow Director gelten, ist eine explizite Unterscheidung weniger essentiell geworden.[922] Dies gilt auch deshalb, weil die Rechtsprechung den Anwendungsbereich des Shadow Directors erweitert hat (s. Rn. 423 ff.).

(5) Arbeitnehmerstatus eines Direktors

427 Obgleich sich die Frage des Arbeitnehmerstatuts[923] eines Direktors einer Kapitalgesellschaft weniger dringend stellt als im Englischen Personengesellschaftsrecht (s. Rn. 92 ff., 210 ff.), bedarf es deren Klärung insbesondere im Hinblick auf die **Vergütung** (*Remuneration*) des Geschäftsführers einer Ltd.[924] Die Stellung als Geschäftsführer macht diesen noch nicht zum Arbeitnehmer mit einen Anspruch auf Vergütung.[925] Ein Direktor ist kein Bediensteter der Gesellschaft. Seine Geschäftsführertätigkeit beruht auf der satzungsmäßig bestimmten Organstel-

914 *Palmer's Company Law*, 2016, Rn. 8.218, mit Verweis auf *Smithton Ltd. v. Naggar* [2014] 1 BCLC 602.

915 *Palmer's Company Law*, 2016, Rn. 8.2413; *Boxell*, A Practioner's Guide to Directors' Duties and Responsibilities, 2013, Rn. 3.3; *Hannigan*, Company Law, 2015, Rn. 7-33.

916 *Hannigan*, Company Law, 2015, Rn. 7-13; *Mayson/French/Ryan*, Company Law, 2014, S. 476 f.; *Kershaw*, Company Law in Context, 2012, S. 320 f.; zur Herkunft und Funktion auch *Noonan/Watson* J.B.L. 2008, 587 ff.

917 Der englische de facto Director ist insofern auch mit dem im deutschen Recht bekannten faktischen Geschäftsführer vergleichbar.

918 Siehe nur *Re Idessa Ltd., Burke v. Morisson* [2012] 1 BCLC 80; *Re Paycheck Services 3 Ltd., Revenue and Customs Commisioners v. Holland* [2011] BCLC 141; *Re Mumtaz Prpoerties Ltd., Wetton v. Ahmed* [2012] 2 BCLC 109; ausführlich zum Ganzen *Hannigan*, Company Law, 2015, Rn. 7-13 ff.; *Boyle/Birds*, Company Law, 2014, Rn. 15.2.1; *Watts* LQR 127 (2011) 162 ff.

919 *Boyle/Birds*, Company Law, 2014, Rn. 15.2.1; *Doralt* in: Schall (Hrsg.), Companies Act, 2014, sec. 250 Rn. 2.

920 Zur Unterscheidung beider siehe *Re Hydrodam (Corby) Ltd.* [1994] 2 BCLC 180, 183.

921 *Primelake Ltd. v. Matthews Associates* [2007] 1 BCLC 666.

922 Vgl. *Hannigan*, Company Law, 2015, Rn. 7-30.

923 Allgemein zum Abeitnehmerstatus im Englischen Recht *Bowers*, A Practical Approach to Employment Law, 9. Ed. 2017, Chaper 2; *Böttcher* EuZA 2017, 370 ff.; zum Einfluss des europäischen Rechts auch *Deakin/Morris*, Labour Law, 6. Ed. 2012, S. 103 ff.

924 Die Empfehlungen der Kommission zur Vergütungspolitik (2004/913/EG; 2005/162/EG; 2009/385/EG) (dazu auch § 33 Rn. 68 ff.) gelten nur für die Mitgliedern der Unternehmensleitung börsennotierter Gesellschaften und erlangen für die Ltd. daher grundsätzlich keine Bedeutung; zur aktuellen Vergütungsdebatte im Englischen Gesellschaftsrecht *Wells* IJLM 57 (2015) 300 ff.; *Petrin* MLR 79 (2016) 537, 556 ff.

925 *Guinnes plc v. Saunders* [1990] 2 AC 363; vgl. auch *Hutton v. West Cork Rly Co. Ltd.* [1883] 23 Ch D 654.

lung.[926] Gleichwohl wird zumeist in der Satzung eine angemessene Vergütung (***Quantum Meruit***) für die Tätigkeit als Direktor bestimmt.[927] In größeren Gesellschaften finden sich zudem regelmäßig **Dienstleistungsverträge** mit den einzelnen Geschäftsführern (vgl. ssec. 227 ff. CA 2006),[928] die auch deren Vergütung[929] regeln.[930] Bei kleineren Ltd. bestehen oftmals informelle Vereinbarungen über ein angemessenes „Gehalt" des Geschäftsführers. Ein ausdrücklicher (schriftlicher) Vertrag ist aus Rechtssicherheitsgründen indes zu bevorzugen. Ist eine **feste Vergütung** bereits in der Satzung statuiert, ist diese Vergütung eine Verbindlichkeit der Gesellschaft gegenüber dem Direktor, die dieser auch gerichtlich einklagen kann.[931] Schweigt die Satzung und besteht auch keine (ausdrückliche oder konkludente) Vereinbarung über die Vergütung, kann im Rahmen der Gesellschafterversammlung über die Bezahlung der Direktoren beschlossen werden. Ein solcher Beschluss begründet jedoch keine vertragliche oder gar satzungsmäßige Verbindlichkeit. Geleistete Zahlungen bleiben vielmehr freiwillige Zahlungen der Gesellschaft an den Geschäftsführer, woraus dieser keine Ansprüche auf Zahlung ableiten kann.[932] Dem Geschäftsführer ist daher zu einer klaren vertraglichen Regelung zu raten.

Aufgrund der jüngeren **EuGH-Rechtsprechung**[933] können Direktoren einer Ltd. hinsichtlich verschiedener Arbeitnehmerschutzvorschriften die Stellung eines Arbeitnehmers haben (dazu § 37 Rn. 5 ff.). Da der EuGH den **Arbeitnehmerstatuts eines Geschäftsführers** bislang jedoch nur in Einzelfällen anerkannt hat, ist nicht davon auszugehen, dass alle Vorschriften des Employment Rights Act 1996 gleichermaßen für Direktoren entsprechend Anwendung finden.[934] In verschiedenen Einzelfällen haben englische (Arbeits-) Gerichte jedoch die Qualifizierung eines Geschäftsführers als Arbeitnehmer (*Employee*) anerkannt.[935] Gleichwohl ist die Beurteilung des Arbeitnehmerstatuts eines Direktors weiterhin einzelfallbezogen.[936] 428

cc) Bestellung und Abberufung

Vom Abschluss eines Dienst- oder Anstellungsvertrags mit einem (künftigen) Geschäftsführer ist dessen **Bestellung** (*Appointment*) als Organmitglied des Board of Directors zu unterscheiden. Mit der Bestellung wird die Grundlage für die gesellschaftsrechtliche Geschäftsführertätigkeit geschaffen. Der Companies Act 2006 enthält nur wenige Regelungen in Bezug auf die Bestellung der Direktoren. Die meisten Vorgaben ergeben sich primär aus der Satzung und einschlägiger Rechtsprechung. Die ersten Geschäftsführer einer Ltd. werden im Rahmen der Gründung der Gesellschaft bestellt. Die Anmeldung zur Gründung hat eine Erklärung über die künftigen Direktoren (***Statement of Proposed Officers***) zu enthalten (ssec. 9 (4) (c), 12 CA 2006). Die in dieser Erklärung benannten Personen gelten im Zuge der Registrierung der Gesellschaft als bestellte Direktoren (sec. 16 (6) (a) CA 2006). Die Satzung kann jedoch vorsehen, dass diese durch die erste Gesellschafterversammlung in ihrem Amt zu bestätigen sind.[937] 429

Auch bei einer bestehenden Ltd. macht der Companies Act 2006 keine Vorgaben, wer zur Bestellung der Direktoren berechtigt ist.[938] Eine entsprechende **Kompetenz** ist daher in der Satzung zu bestimmen. Denkbar ist daher auch, dass die Direktoren zB durch einzelne (Mehrheits-) Gesellschafter oder durch einen bestehenden Beirat (*Advisory Board*) gewählt werden.[939] Nach Art. 17 der Mustersatzung kann dieses Recht den Gesellschaftern per Beschluss oder den vorhandenen Direktoren (Selbstergänzung) zukommen. Die Satzung kann darüber hinaus einen oder mehrere Dritte(n) bestimmen, die Direktoren bestellen können. Auch können nur einzelne 430

926 *Boyle/Birds*, Company Law, 2014, Rn. 15.4.

927 Siehe auch Art. 19 der Mustersatzung.

928 Entsprechende Dienstleistungsverträge dürfen dabei nicht länger als zwei Jahre geschlossen warden (sec. 188 CA 2006).

929 Zur „Vergütung" können neben einem vereinbarten Festgehalt (*salary*) und etwaiger Bonuszahlungen auch Bestanteile wie Pensionszulagen (pension benefits) oder Anteilsbeteiligungen (*share schemes*) oder -optionen (*share option schemes*) sein; dazu *Boxell*, A Practioner's Guide to Directors' Duties and Responsibilities, 2013, Rn. 6.7.1 ff.

930 *Palmer's Company Law*, 2016, Rn. 8.902; *Hannigan*, Company Law, 2015, Rn. 7-38; *Boyle/Birds*, Company Law, 2014, Rn. 15.4; vgl. auch *Levedag* in: Süß/Wachter (Hrsg.), HdB des internationalen GmbH-Rechts, 2016, England, Rn. 482 ff.

931 *Nell v. Atlanta Gold and Silver Consol Mines* [1895] 11 TLR 407 (CA); *New British Iron Co., ex parte Beckwith* (1898) 1 Ch 324.

932 *Re Geo Newman & Co.* (1895) 1 Ch 674 (CA).

933 EuGH, Rs. C-232/09 (Danosa), ECLI:EU:C:2010:674 = NJW 2011, 2343; EuGH, Rs. C-229/14 (Balkaya), ECLI:EU:C:2015:455 = NJW 2015, 2481.

934 Dazu auch *Wild/Weinstein*, Smith and Keenan's Company Law, 2013, S. 359 ff.

935 *Secretary of State for Trade and Industry v. Botrill* [1999] IRLR 326; *Sellars Arenascene Ltd. v. Connolly* [2001] IRLR 222.

936 So auch *Stöber* GmbHR 2006, 746, 750.

937 *Palmer's Company Law*, 2016, Rn. 8.505; *Boyle/Birds*, Company Law, 2014, Rn. 15.3.

938 *Davies/Worthington*, Gower's Principles of Modern Company Law, 2016, Rn. 14-24.

939 *Davies/Worthington*, Gower's Principles of Modern Company Law, 2016, Rn. 14-24.

Gesellschafter oder Inhaber einzelner Anteilsgattungen zur Bestellung legitimiert werden.[940] Das Bestellungsrecht kann von den Direktoren nur dann an Dritte **delegiert werden**, wenn die Satzung dies ausdrücklich vorsieht.[941] Sofern die Satzung nur einzelne Personen oder Gruppen zur Bestellung der Direktoren ermächtigt, hat die Gesellschafterversammlung grundsätzlich kein Bestellungsrecht; sie kann indes die Satzung entsprechend zu ihren Gunsten ändern. Bestehen keine satzungsmäßigen Bestimmungen über die Bestellung der Direktoren, obliegt den Gesellschaftern im Rahmen der **Beschlussfassung** das entsprechende Recht.[942] In jedem Fall muss der designierte Geschäftsführer seiner Bestellung **zustimmen.**[943] Die Qualifizierung und „Bestellung" eines Geschäftsführers zu einem Managing Director erfolgt in aller Regel durch die übrigen Geschäftsführer im Rahmen des Board Meetings. Diese Kompetenz kann in der Satzung oder einer etwaigen Geschäftsordnung (*Rules of Procedure*) für das Management bestimmt, aber auch der Gesellschafterversammlung zugewiesen werden.[944] Ohne abweichende Regelung in der Satzung sind alle Direktoren executive Directors (geschäftsführende Direktoren). Diese Bezeichnung wird allerdings vor allem dann verwendet, wenn es auch **non-executive Directors** (nicht-geschäftsführende Direktoren) gibt. Die non-executive Directors sind in der Regel an strategischen Entscheidungen beteiligt und üben eine Aufsichtsfunktion (*Monitoring*) aus.[945] Bei einer Struktur mit non-executive Direktoren und zusätzlich der Schaffung eines Vorsitzenden des Board, der personenverschieden vom CEO ist, sind die Unterschiede dieser monistischen Struktur zu einer dualistischen Struktur, wie sie in Deutschland besteht, weniger groß.

431 Neben dem freiwilligen **Ausscheiden** eines Direktors, dessen Disqualifikation aufgrund gerichtlicher Anordnung (s. Rn. 418), dem Erreichen einer in der Satzung bestimmten Altersgrenze oder dem Ablauf der Bestellperiode, kann ein Geschäftsführer vorzeitig durch die Gesellschaft **abberufen** werden. Die Abberufung kann jeder Zeit per Beschluss der Gesellschafter erfolgen (sec. 168 (1) CA 2006). Es wird weder ein wichtiger Grund noch eine sachliche Rechtfertigung vorausgesetzt.[946] Voraussetzung ist lediglich, dass die Abberufung auf einem Beschluss im Rahmen der **Gesellschafterversammlung** mit **einfacher Mehrheit** beruht. Dabei hat der abzuberufende Direktor einen Anspruch auf Gehör in der Gesellschafterversammlung (sec. 169 (2) CA 2006). Die Abberufung durch einen Beschluss im Umlaufverfahren (s. Rn. 396) ist daher nicht möglich (sec. 288 (2) CA 2006).[947]

432 Die Möglichkeit zur **jederzeitigen** Abberufung eines Direktors **ohne wichtigen Grund** kann weder durch die Satzung noch andere Vereinbarungen ausgeschlossen oder beschränkt werden.[948] Es kann beispielsweise nicht vorgesehen werden, dass es eines wichtigen Grundes oder einer qualifizierten Beschlussmehrheit bedarf. Anders als im deutschen Recht (vgl. § 38 II GmbHG) ist das in sec. 168 (1) CA 2006 gewährte Abberufungsrecht daher stets und vollumfänglich **unabdingbar.**[949] Die Satzung kann jedoch eine spezielle Klausel vorsehen, die einem Gesellschafter-Geschäftsführer ein erhöhtes Stimmrecht bezüglich der Abberufung gewährt (sog ***Weighted Voting***).[950] Zudem wird die vorzeitige Abberufung nicht abschließend in sec. 168 CA 2006 geregelt. Insbesondere in der Satzung können daher auch **anderweitige Gründe** für eine Abberufung bestimmt werden (sec. 168 (5) (b) CA 2006). Denkbar ist zudem, dass alle Gesellschafter im Rahmen eines Shareholders' Agreement (s. Rn. 325) vereinbaren, nicht von ihrem Abberufungsrecht Gebrauch zu machen.[951] Die Anwendbarkeit von sec. 168 CA 2006 als solche bleibt davon unberührt.

433 Der betroffene Geschäftsführer ist jedoch nicht vollkommen schutzlos bei einer vorzeitigen Abberufung durch die Gesellschafter gestellt. Zunächst muss bei der Einberufung der beschließenden Gesellschafterversammlung eine **besondere Ladungsfrist** (*Special Notice*) beachtet werden (sec. 168 (2) CA 2006). Das Abberufungsbegehren muss den Gesellschaftern mindestens **28 Tage** vor der Gesellschafterversammlung mitgeteilt werden (sec. 312 CA 2006). Sobald die Special Notice zugegangen ist, hat die Gesellschaft den betreffenden Direktor umgehen über das Abberufungsbegehren zu informieren (sec. 169 (1) CA 2006). Dieser hat die Möglichkeit zur **schriftlichen Stellungnahme** und kann auf der Gesellschafterversammlung Stellung zu seiner geplanten Abberu-

940 *Davies/Worthington*, Gower's Principles of Modern Company Law, 2016, Rn. 14-24.
941 *British Murac Syndicate v. Alperton Rubber Co.* [1915] 2 Ch 186; *James v. Eve* (1873) LR 6 HL 335.
942 *Worcester Corsetry Ltd. v. Witting* [1936] CH 640 (CA).
943 *Re British Empire Match Co. Ltd.* (1888) 59 LT 291.
944 Dies ergibt sich aus den fehlenden normativen Bestellungskompetenzen für Direktoren im CA 2006, sodass die Gesellschaft bzw. deren Anteileigner insofern frei sind, individuelle Regelungen zu treffen.
945 Vgl. nur *Sweeney-Baird* Co. Lawyer 27 (2006) 67, 69 ff.
946 Ebenso grundsätzlich nach deutschem GmbH-Recht (§ 38 I GmbHG), vgl. *Stephan/Tieves* in: MüKo GmbHG, Bd. 2, 2. Aufl. 2016, § 38 Rn. 7; *Paefgen* in: Ulmer/Habersack/Löbbe (Hrsg.), GmbHG, Bd. 2, 2. Aufl. 2014, § 38 Rn. 9 f.
947 Zu den Gründen *Hannigan*, Company Law, 2015, Rn. 17-24; *Mayson/French/Ryan*, Company Law, 2017, S. 381; *Doralt* in: Schall (Hrsg.), Companies Act, 2014, sec. 168 Rn. 4.
948 *Kershaw*, Company Law in Context, 2012, S. 223; *Stöber* GmbHR 2006, 746, 748; *Doralt* in: Schall (Hrsg.), Companies Act, 2014, sec. 168 Rn. 2.
949 So bereits *Bushell v. Faith* [1970] AC 1099 (HL), 1109.
950 *Bushell v. Faith* [1970] AC 1099 (HL); ferner zu sog Weighted Voting Rights *Moore/Gillyon* JIBFL 30 (2015) 334 ff.
951 *Palmer's Company Law*, 2016, Rn. 8.1319.

fung nehmen (sec. 169 (2), (3) CA 2006). Da die Abberufung regelmäßig mit einer Beendigung des Anstellungsvertrags (*Service Contract*) einhergeht, kann der ausgeschlossene Geschäftsführer grundsätzlich einen **Schadensersatzanspruch** wegen widerrechtlicher Entlassung (*Wrongful Dismissal*) gegen die Gesellschaft vorbringen.[952]

dd) Geschäftsführung

Den **Managing** (executive) **Directors** obliegt die Geschäftsführung der Gesellschaft. Wird keine Differenzierung zwischen executive und non-executive Directors gemacht, obliegt innerhalb des Boards jedem Mitglied die Geschäftsführung. Die **Befugnisse der Geschäftsführer** sind im Companies Act 2006 nicht explizit geregelt und obliegen daher im Grundsatz den satzungsmäßigen Bestimmungen der Gesellschaft. Die Mustersatzung gewährt den Geschäftsführern umfassende Befugnisse.[953] Ihnen stehen sämtliche Befugnisse zu, sofern sie nicht durch das Gesetz oder der Satzung selbst den Gesellschaftern zugewiesen werden. Die Direktoren sind daher umfassend für die **Leitung der Gesellschaft**, die (praktische) **Unternehmensführung** und das tägliche Management sowie die Organisation der Gesellschaft zuständig. Die genaue Reichweite ihrer Aufgaben und Befugnisse wird in der Regel in der Satzung spezifiziert. Sofern es mehrere Geschäftsführer gibt, nehmen diese ihre Aufgaben grundsätzlich durch das **Board Meeting** war (vgl. ssec. 248 f. CA 2006). Die Befugnisse der Direktoren werden zudem durch diverse gesetzliche Vorschriften eingeschränkt. Die gilt für alle Entscheidungen, die den Gesellschaftern (im Rahmen der Gesellschafterversammlung) vorbehalten sind oder deren Zustimmung bedürfen. Insbesondere Grundlagenentscheidungen, die in ihrem Gewicht einer Satzungsänderung entsprechen oder eine solche gar benötigen, fallen nicht in die Kompetenz der Direktoren. 434

Die Pflicht zur Geschäftsleitung[954] umfasst neben dem tatsächlichen Management der Gesellschaft auch deren (rechtsgeschäftliche) Vertretung gegenüber Dritten. Die Aufgaben des Board of Directors bzw. dessen Mitgliedern ergeben sich neben den besonderen Bestimmungen in der Satzung aus den gesetzlich der **Gesellschaft zugewiesenen Pflichten** („*a company must*"). Einzelne Aufgaben können dabei auch delegiert werden.[955] Ähnlich wie im deutschen Recht verstärkt sich dann jedoch die **Überwachungspflicht** des Delegierenden.[956] Neben der Gesellschaft zugewiesenen Aufgaben werden an verschiedenen Stellen des Companies Act 2006 explizit auch die Direktoren als Verpflichtete genannt. So haben die Geschäftsführer insbesondere **rechnungslegungsbezogene Pflichten** zu erfüllen, zB den Jahresabschluss zu erstellen (sec. 394 CA 2006), den jährlichen Lagebericht anzufertigen (sec. 415 CA 2006) oder die erforderlichen Abschlüsse und Berichte fristgerecht beim Companies House einzureichen (sec. 441 CA 2006). Bei der Ausübung der den Direktoren per Gesetz und Satzung zugewiesenen Aufgaben haben sie die allgemeinen, in ssec. 171 ff. CA 2006 konkretisierten, Pflichten einzuhalten (s. Rn. 440 ff.). 435

ee) Geschäftsleiterpflichten und Haftung

(1) Überblick

Die Regelungen zu den (allgemeinen) **Pflichten der Direktoren** einer englischen Kapitalgesellschaft[957] gehören zu dem Herzstück des Companies Act 2006 und sind von essentieller Bedeutung für die Tätigkeit als Geschäftsführer einer Ltd.[958] Sie wurden durch die ssec. 170 ff. CA 2006 umfassend kodifiziert und haben auch für ande- 436

952 *Southern Foundaries Ltd. v. Shirlaw* [1940] 2 All ER 445; *Shindler v. Northern Raincoat Co. Ltd.* [1960] 2 All ER 239.

953 *Davies* in: Davies et al. (Eds.), Corporate Boards in Law and Practice, 2013, S. 713, 724.

954 Eine Konzerleitungspflicht, wie sie teilweise im deutschen Aktienrecht vertreten wird (siehe *Hommelhoff*, Konzernleitungspflicht, 1982, S. 165 ff.; *U. H. Schneider* BB 1981, 249, 256), wird man wegen des eher liberalen Umgangs mit Konzernen im Vergleich zum deutschen Recht verneinen können.

955 *Wild/Weinstein*, Smith and Keenan's Company Law, 2013, S. 704; *Hannigan*, Company Law, 2015, Rn. 11-37; *Boyle/Birds*, Company Law, 2014, Rn. 15.13.

956 Vgl. *Weavering v. Capital Ltd. (in liquidation) v. Dabhia* [2013] EWCA Civ 71; *Davies* in: Davies et al. (Eds.), Corporate Boards in Law and Practice, 2013, S. 713, 724 f.

957 Rechtsvergleichend zu Geschäftsleiterpflichten *Gerrner-Beuerle/Schuster* EBOR 15 (2014) 191 ff.; *Davies et al.* in: Davies et al. (Eds.), Corporate Boards in Law and Practice, 2013, S. 3, 48 ff.; *Birkmose/Neville/Sørensen* (Eds.), Boards of Directors in European Companies, 2013; *Siems/Cabrelli* (Eds.), Comparative Company Law, 2013, Part 1; *Fleischer* ZGR 2016, 36, 77 ff.; siehe auch die für die Europäische Kommission erstellte Study on Directors' Duties and Liability vom April 2013.

958 Dazu monografisch *Boxell*, A Practioner's Guide to Directors' Duties and Responsibilities, 2013; *Mortimore*, Company Directors. Duties, Liabilities and Remedies, 3. Ed. 2017; *Keay*, Directors' Duties, 2. Ed. 2014; *Loose/Griffiths/Impey*, The Company Director, 12. Ed. 2015; *Griffiths/Griffiths*, A Directors' Guide to Duties, 2015; *Bed-Ritchie/Stafford*, Fiduciary Duties, 2. Ed. 2015; *Doralt*, Managerpflichten in der englischen Limited, 2011; *Bedkowski*, Die Geschäftsleiterpflichten – Eine rechtsvergleichende Abhandlung zum deutschen und englischen Kapitalgesellschaftsrecht, 2006; siehe auch *Steffek* GmbHR 2007, 810 ff.; *Brocker* GmbHR 2009, 477 ff.; aus dem jüngeren Schrifttum auch *Hood* JCLS 13 (2013) 1 ff.; *Ahern* LQR 128 (2012) 114 ff.; *Langford* 131 (2015) 635 ff.; *Lim* L.S. 34 (2014) 395 ff.; *Ashraf* IJLM 54 (2012) 125 ff.

re (Common Law-) Staaten Vorbildcharakter.[959] Trotz dieser Kodifizierung bleibt das bestehende Fallrecht zu den Geschäftsleiterpflichten grundsätzlich erhalten.[960] Damit soll insbesondere die Kontinuität der bisherigen Rechtsprechung gewährleistet werden. Für die **Interpretation** der allgemeinen Pflichten sind zudem die entsprechenden Entwicklungen im Common Law und bei den Equity-Prinzipien zu berücksichtigen (sec. 170 (4) CA 2006). Dies gilt auch für (künftige) Veränderungen in der Rechtsprechung. So wird trotz einer (relativ weitgehenden) Kodifizierung eine gewisse **Flexibilität** bei der Anwendung der Geschäftsleiterpflichten ermöglicht.[961]

437 Die sieben, in den ssec. 171-177 CA 2006 aufgeführten, allgemeinen Geschäftsleiterpflichten können auch nebeneinander und damit **kumulativ** zur Anwendung kommen.[962] Eine **Ausnahme** besteht jedoch bei der Pflicht zur Vermeidung von Interessenkonflikten (*Duty to Avoid Conflict of Interests*) (s. Rn. 456 ff.). Diese findet keine Anwendung auf die Offenlegungspflicht des Direktors bei Eigeninteresse an geplanten Geschäften mit der Gesellschaft gem sec. 177 CA 2006 (sec. 175 (3) CA 2006).

438 Die allgemeinen Geschäftsleiterpflichten finden weitgehend auch auf einen **Shadow Director** Anwendung. Die Neufassung von sec. 170 (5) CA 2006 beschränkt sich nicht mehr auf die Anwendung nur wenn eine Pflicht auch nach Common Law und Equity vorläge.[963] Voraussetzung bleibt jedoch, dass ein **mehrmaliger tatsächlicher Einfluss** auf die Geschäftsführung genommen wurde. Auf einen de facto Director finden die allgemeinen Geschäftsleiterpflichten ebenfalls Anwendung. In den Fällen der ssec. 175 f. CA 2006 kommt zudem eine Geltung auf ausgeschiedene Geschäftsführer in Betracht (sec. 170 (2) CA 2006).[964]

439 Die allgemeinen Geschäftsleiterpflichten werden nur **gegenüber der Gesellschaft** geschuldet. Dies stellt sec. 170 (1) CA 2006 ausdrücklich klar. Grundsätzlich kann daher nur diese eine entsprechende Pflichtenverletzung geltend machen.[965] Gegenüber den Gesellschaftern oder Dritten wird ein Direktor in der Regel nicht verpflichtet. Eine Haftungsbegründung gegen Dritte wird dadurch gleichwohl nicht vollständig ausgeschlossen.[966] Voraussetzung dafür ist jedoch eine haftungsbegründende (weitergehende) Pflicht (*Duty*) des Geschäftsführers sowie ein gewisses **Näheverhältnis** zu der betroffenen Person.[967]

(2) General Duties of Directors

440 Der Companies Act 2006 statuiert sieben **allgemeine Geschäftsleiterpflichten** (*General Duties*). Diese werden im Folgenden jeweils für sich beschrieben und erläutert. Die bereits angesprochene Regelung der sec. 170 CA 2006 begründet für sich noch keine Pflicht, sondern beschreibt als einleitende Norm den generellen Umfang und die Art der folgenden Geschäftsleiterpflichten.

■ ***Duty to Act Within Powers***

441 Ein Geschäftsführer darf nur **innerhalb seiner Befugnisse** handeln (sec. 171 CA 2006). Diese Pflicht besteht aus zwei Aspekten. Die Direktoren sind verpflichtet, ihre Befugnisse nur im Rahmen der Gesellschaftsverfassung (lit. a) und der ihnen verliehenen Aufgaben (lit. b) auszuüben. Der Begriff der Gesellschaftsverfassung (*Constitution*) ist weit zu verstehen und beschränkt sich nicht auf die Satzung der Gesellschaft.[968] Neben den satzungsmäßigen Bestimmungen umfasst er insbesondere auch Beschlüsse und verbindliche Entscheidungen der Gesell-

959 Vgl. *BEIS*, Corporate Governance, Third Report of Session 2016-17, April 2017, Ziff. 25; *Doralt* in: Schall (Hrsg.), Companies Act, 2014, vor Chapter 2 Rn. 3; rechtsvergleichend siehe auch *Ventoruzzo et al.*, Comparative Corporate Law, 2015, S. 343 ff.

960 *Davies/Worthington*, Gower's Principles of Modern Company Law, 2016, Rn. 16-4; *Bourne*, Company Law, 2016, S. 175; *Boyle/Birds*, Company Law, 2014, Rn. 16.3; zum Verhätlnis beider auch *Kershaw*, Company Law in Context, 2012, S. 313 f.

961 *Boxell*, A Practioner's Guide to Directors' Duties and Responsibilities, 2013, Rn. 3.2; *Quinn* ICCLR 27 (2016) 120, 121 f.

962 *Girvin/Frisby/Hudson*, Charlesworth's Company Law, 2010, Rn. 17-014; *Boxell*, A Practioner's Guide to Directors' Duties and Responsibilities, 2013, Rn. 3.4; *Hannigan*, Company Law, 2015, Rn. 8-5.

963 Inwieweit die Pflichten aus den ssec. 171 ff. CA 2006 auf Shadow Directors zur Geltung kommen, soll gemäß sec. 89 (2) SBEEA 2015 in einer künftigen Verordnung geregelt werden.

964 Dazu *Foster Bryant Surveying Ltd. v. Bryant* [2007] EWCA Civ 200; *Thermascan Ltd. v. Norman* [2009] EWHC 3694 (Ch); *Harbo Supplies Ltd. v. Hamton* [2014] EWHC 1781 (Ch).

965 Eine Ausnahme besteht ua im Rahmen einer Derivative Action oder auch durch den Unfair Prejudice-Rechtsbehelf einzelner Gesellschafter (dazu Rn. 360 ff.).

966 Rechtsvergleichend zum Anspruchsberechtigten bei Geschäftsleiterpflichten *Gelter/Helleringer* U. Ill. L. Rev. 2015, 1069 ff.

967 Vgl. den auch in England vielbeachteten neuseeländischen Fall *Coleman v. Myers* [1997] 2 NZLR 225 (NZCA); *Doralt* in: Schall (Hrsg.), Companies Act, 2014, sec. 170 Rn. 6 f.

968 *Boxell*, A Practioner's Guide to Directors' Duties and Responsibilities, 2013, Rn. 3.5; *Doralt* in: Schall (Hrsg.), Companies Act, 2014, sec. 171 Rn. 1; *Girvin/Frisby/Hudson*, Charlesworth's Company Law, 2010, Rn. 4-001; *Mayson/French/Ryan*, Company Law, 2017, S. 78; aA *Just*, Die englische Limited in der Praxis, 2012, Rn. 159.

schafter[969] sowie ggf Shareholders' Agreements, die Einfluss auf die Verfassung der Gesellschaft haben.[970] Maßgebend wird die Gesellschaftsverfassung jedoch von der Satzung geprägt. Dort können das **Tätigkeitsfeld** und der Unternehmensgegenstand der Ltd. eingeschränkt werden. Oftmals finden sich Beschränkungen auf einen bestimmten Geschäftszweig oder auf einzelne Handlungen.[971] An entsprechende Beschränkungen ist der Geschäftsführer gem sec. 171 (a) CA 2006 intern gebunden. Dabei kommt es darauf an, ob der Direktor aus **objektiver Sicht** die verfassungsmäßigen Beschränkungen eingehalten hat; ein Verschulden ist unerheblich.[972] Dem Geschäftsführer ist es daher zu empfehlen, sich intensiv mit der Satzung sowie mit einschlägigen Beschlüssen und anderen Vereinbarungen auseinanderzusetzen.

Weiterhin darf ein Geschäftsführer seine Befugnisse nur für die Zwecke ausüben, für die sie ihm verliehen wurden (sec. 171 (b) CA 2006). Vereinfacht ist der Zweck der Kompetenzverleihung generell die Verfolgung der Gesellschaftsinteressen. Die Handlungsmacht der Direktoren ist also auf die Interessen der Gesellschaft beschränkt.[973] Eigennützige Ziele oder die Interessen Dritter dürfen grundsätzlich nicht verfolgt werden.[974] Damit wurde im Wesentlichen die bereits durch die Rechtsprechung etablierte **Proper Purpose Rule** kodifiziert.[975] Dabei bedarf es einer Abwägung im Einzelfall, ob eine Handlung des Geschäftsführers überwiegend dem **Gesellschaftszweck** dient (und damit sachgemäß ist) und wann diese durch andere Interessen überlagert wird.[976] Es ist also auf den Hauptzweck der vorgenommenen Handlung abzustellen.[977] Es spielt jedoch grundsätzlich keine Rolle, dass neben dem primären Gesellschaftszweck faktisch auch andere Interessen begünstigt werden.[978] Insgesamt wird die Rechtsnatur der zugrundeliegenden Handlungsbefugnis von den Gerichten objektiv betrachtet.[979] Der Nachweis einer unsachgemäßen Zweckverfolgung obliegt dabei der Gesellschaft als Antragsteller.[980] Der Anwendungsbereich von sec. 171 (b) CA 2006 ist denkbar weit und umfasst grundsätzlich alle dem Geschäftsführer eingeräumten und gesetzlichen Befugnisse,[981] wie zB die Ausgabe von Anteilen,[982] Empfehlungen zur Gewinnausschüttung,[983] dem Ausschluss eines Gesellschafters[984] bzw. der Abberufung eines Mitgeschäftsführers[985] oder Leistungen an das Mutterunternehmen bei Zahlungsunfähigkeit der Gesellschaft.[986] Wie der Surpreme Court bestätigte, kommt der Proper Purpose Rule und sec. 171 (b) CA 2006 damit eine maßgebende Bedeutung bei der **Kontrolle der Geschäftsführertätigkeit** zu.[987] 442

■ ***Duty to Promote the Success of the Company***

Ein Geschäftsführer hat den **Erfolg der Gesellschaft** zu fördern (sec. 172 CA 2006). Dabei haben die Direktoren zum Wohle aller Gesellschafter auf Grundlage einer subjektiven Betrachtung auf sorgfältiger Basis und in gutem Glaube den Erfolg der Gesellschaft zu fördern. Neben den Interessen der Gesellschafter (*Shareholder Value*) sind dabei auch die Interessen Dritter (*Stakeholder Value*) und andere Bedingungen zu berücksichtigen. Damit wurde der sog **Enlightened Shareholder Value** kodifiziert.[988] Die primäre Ausrichtung der Geschäftsleiterpflichten an den Gesellschafterinteressen wird dadurch auf Stakeholderinteressen und andere Aspekte erweitert iS 443

---

969 Diese müssen dabei nicht zwingend im Rahmen einer Gesellschafterversammlung gefasst wurden sein.
970 *Jackson v. Dear* [2012] EWHC 2060 (Ch).
971 *Palmer's Company Law*, 2016, Rn. 8.2503.
972 *Davies/Worthington*, Gower's Principles of Modern Company Law, 2016, Rn. 16-52; *Doralt* in: Schall (Hrsg.), Companies Act, 2014, sec. 171 Rn. 3.
973 Vgl. nur *Eclairs Group Ltd. v. JKX Oil & Gas plc* [2015] UKSC 71.
974 *Howard Smith Ltd. v. Ampol Petroleum Ltd.* [1974] AC 821 (PC).
975 Vgl. dazu *Shaw-Mellors* J.B.L. 2016, 241 ff.
976 *Howard Smith Ltd. v. Ampol Petroleum Ltd.* [1974] AC 821 (PC).
977 *Palmer's Company Law*, 2016, Rn. 8.2517; *Davies/Worthington*, Gower's Principles of Modern Company Law, 2016, Rn. 16-48; *Boxell*, A Practioner's Guide to Directors' Duties and Responsibilities, 2013, Rn. 3.5.
978 *Hirsche v. Sims* [1894] AC 654, 660; *CAS (Nominees) Ltd. v. Nottingham Forest FC plc* [2002] 1 BCLC 613.
979 *Hannigan*, Company Law, 2015, Rn. 9-49; *Davies/Worthington*, Gower's Principles of Modern Company Law, 2016, Rn. 16-46; *Doralt* in: Schall (Hrsg.), Companies Act, 2014, sec. 171 Rn. 8; *Just*, Die englische Limited in der Praxis, 2012, Rn. 159; siehe auch *Eclairs Group Ltd. v. JKX Oil & Gas plc* [2015] UKSC 71.
980 *Re Coalport China Co.* [1895] 2 Ch 404; *Charles Forte Investment Ltd. v. Amanda* [1964] 1 Ch 240 at [255].
981 *Hannigan*, Company Law, 2015, Rn. 9-49; *Boxell*, A Practioner's Guide to Directors' Duties and Responsibilities, 5. Ed. 2013, Rn. 3.5.
982 *Punt v. Symons & Co. Ltd.* [1903] 2 Ch 506; *Piercy v. Mills & Co. Ltd.* [1920] 1 Ch 77.
983 *Re Company (No. 00370 of 1987), ex parte Glossop* [1988] BCLC 570.
984 *Gemain v. National Association for Mental Health* [1970] 2 All ER 362.
985 *Lee Panavision Ltd. v. Lee Lighting Ltd.* [1992] BCLC 22.
986 *HLC Enviroment Projects Ltd., Hellard v. Carvalho* [2014] BCC 337.
987 *Eclairs Group Ltd. v. JKX Oil & Gas plc* [2015] UKSC 71; teilweise abweichend noch das vorangegangene Verfahren in *Eclairs Group Ltd. v. JKX Oil & Gas plc* [2014] 2 BCLC 164; siehe auch *Shaw-Mellors* J.B.L. 2016, 241 ff.
988 Zur Entwicklung des Prinzips im Englischen Gesellschaftsrecht *Keay*, The Enlightened Shareholder Value Principle and Corporate Governance, 2013, S. 65 ff.; siehe auch *Valsan* Co. Lawyer 37 (2016) 171, 175 f.; ferner bereits *Jensen* European Financial Management 7 (2001) 297 ff.

von „aufgeklärt“. Insofern sind die Geschäftshandlungen eines Direktors grundsätzlich am Unternehmensinteresse als Ganzen auszurichten.[989]

444 Gleichwohl ergibt sich aus sec. 172 (1) CA 2006 eine gewisse **Wertungsreihenfolge** der jeweiligen Interessen.[990] Über allem steht das Primat des Gesellschaftserfolgs. Alle Geschäftshandlungen sind an diesem auszurichten. Da die Company eine eigenständige juristische Person ist, kann dieser auch von den Interessen der Gesamtheit der Anteilsinhaber abweichen. Die Interessen der Gesellschaft haben hierbei Vorrang vor diesen.[991] Diese Interessen der Gesellschafter haben ihrerseits Vorrang vor denen der **Stakeholder.**[992] Denn auch sprachlich soll das Shareholder Value-Prinzip lediglich erweitert und nicht durch einen Stakeholder-Ansatz ersetzt bzw. überlagert werden. Durch die Implementierung des Enlightened Shareholder Value wurde daher im Prinzip nur eine Variante (bzw. Spielart) des **Shareholder Value-Ansatzes** verankert.[993] Der Erfolg der Gesellschaft ist weiterhin primär an den Interessen der Gesellschaft auszurichten. Dabei müssen die Geschäftsführer nun jedoch auch andere, nicht gesellschafterbezogene Aspekte berücksichtigen (*Have to Regard*). Sie müssen diese bei ihrer Entscheidungsfindung indes nur berücksichtigen, nicht jedoch ihre Handlungen danach ausrichten bzw. zum Wohle der in sec. 172 (1) (a) – (f) CA 2006 genannten Interessen vollziehen.[994] Das Maß der Berücksichtigung und dessen Auswirkungen auf die konkrete Geschäftsentscheidung obliegen hierbei weitgehend den subjektiven Einschätzungen des handelnden Direktors.[995] Diese Erweiterung des Shareholder Value bei der Entscheidungsfindung der Direktoren kann jedoch dazu führen, dass diesen faktisch ein **weiterer Spielraum** bei der Ausrichtung ihrer Handlungen zusteht, wodurch Fehlentscheidungen der Geschäftsführung schwerer angreifbar werden.[996] Ein etwaiges Prozessrisiko aufgrund einer Pflichtverletzung ist daher eher gering.[997]

445 Sec. 172 (1) CA 2006 führt eine **Liste** der bei der Bestimmung des Unternehmenserfolgs zu berücksichtigenden Aspekte auf. Diese Liste ist nicht abschließend. Zunächst wird klargestellt, dass bei der Entscheidungsfindung der Direktoren die langfristigen Konsequenzen zu berücksichtigen sind (lit. a). Insofern wird ein Vorrang eines auf **Nachhaltigkeit** ausgerichteten Handelns vor den kurzfristigen Gewinninteressen der Anteilsinhaber statuiert.[998] Eine Ausrichtung allein auf die Förderung kurzfristiger Gewinne konnte dabei schon nach altem Recht zu einer Pflichtverletzung führen.[999] Der diesbezüglich praktische Gewinn durch die Einführung des Enlightened Shareholder Value wird jedoch teilweise bezweifelt.[1000] Weiterhin sind die **Interessen der Arbeitnehmer** (lit. b) sowie die **Kunden-** und **Lieferantenbeziehungen** (lit. c) zu berücksichtigen. Gegenüber diesen Stakeholdern werden dadurch jedoch keine Pflichten des Geschäftsführers begründet, und sie können sich nicht auf die Berücksichtigung ihrer Interessen berufen.[1001] Sec. 172 CA 2006 bezieht sich allein auf die Binnenhaftung gegen-

---

989 Dazu jedoch kritisch *Ferran* MLR 79 (2016) 813, 837. Zur entsprechenden Diskussion in Deutschland *Fleischer* in: Spindler/Stilz (Hrsg.), AktG, Bd. 1, 3. Aufl. 2015, § 76 Rn. 29 ff.; *Spindler* in: MüKo AktG, Bd. 2, 4. Aufl. 2014, § 76 Rn. 71 ff.; *Kort* in: Hirte/Mülbert/Roth (Hrsg.), AktG, Bd. 4/1, 5. Aufl. 2015, § 76 Rn. 68 ff.; rechtsvergleichend auch *Hopt* ZHR 175 (2011) 444, 476 ff.; *Kort* AG 2012, 605, 608 f.

990 In diesem Sinne *Palmer's Company Law*, 2016, Rn. 8.2604 ff.; *Keay*, The Enlightened Shareholder Value Principle and Corporate Governance, 2013, S. 283 f.

991 Vgl. *Mutual Life Insurance Co. of New York v. Rank Organisation Ltd.* [1985] BCLC 11 (Ch) at [21]; *Re BSB Holdings Ltd.* [1996] 1 BCLC 155 (Ch), 251.

992 *Boxell*, A Practioner's Guide to Directors' Duties and Responsibilities, 2013, Rn. 3.6; *Boyle/Birds*, Company Law, 2014, Rn. 11.6; *Dine* in: González/Teichmann (Eds.), Private Company Law Reform in Europe, 2016, S. 733, 756.

993 *Keay*, The Enlightened Shareholder Value Principle and Corporate Governance, 2013, S. 284; *Dine* in: González/Teichmann (Eds.), Private Company Law Reform in Europe, 2016, S. 733, 753; *Fleischer* ZGR 2017, 411, 420; insofern wird davon ausgegangen, dass sich die Interpretation der entsprechenden Geschäftsleiterpflicht nicht bzw. nur marginal zum alten Recht geändert hat, vgl. *Re West Coast Capital Ltd.* [2008] CSOH 72; *Re Southern Counties Fresh Foods Ltd.* [2008] EWHC 2810 (Ch); *Johnston* ECL 11 (2014) 63.

994 Bereits nach sec. 309 CA 1985 *konnten* sie die Interessen der Stakeholder berücksichtigen.

995 *Davies/Worthington*, Gower's Principles of Modern Company Law, 2016, Rn. 16-68; *Palmer's Company Law*, 2016, Rn. 8.2608; *Boyle/Birds*, Company Law, 2014, Rn. 16.5; in diesem Sinne auch bereits *Re Smith & Fawcett Ltd.* [1942] Ch 304, 306]: „bona fide in what they consider – not what the court may consider – is in the interest of the company“.

996 *Keay*, The Enlightened Shareholder Value Principle and Corporate Governance, 2013, S. 286; *Hopt* ZHR 175 (2011) 444, 477; *Johnston* ECL 11 (2014) 63; insofern die kritischen Stellungnahmen zum Enlightened Shareholder Value in *Collins et al.*, Shareholder Primacy in UK Corporate Law, 2011, S. 34.

997 *Palmer's Company Law*, 2016, Rn. 8.2615; *Davies/Worthington*, Gower's Principles of Modern Company Law, 2016, Rn. 16-67; *Keay*, The Enlightened Shareholder Value Principle and Corporate Governance, 2013, S. 283.

998 *Valsan* Co. Lawyer 37 (2016) 171, 175; *Doralt* in: Schall (Hrsg.), Compnaies Act, 2014 sec. 172 Rn. 5.

999 Siehe *Mills v. Mills* (1938) 60 CLR 150.

1000 *Collison et al.*, Shareholder Primacy in UK Corporate Law, 2011, S. 34; *Grant* Enviromental Law Review 17 (2015) 252, 256; *Grier* Juridicial Review 2 (2014) 95, 108; *Williamson* in: Vitols/Heuschmid (Eds.), European company law and the Sustainable Company, 2012, S. 253, 256 ff.

1001 *Davies/Worthington*, Gower's Principles of Modern Company Law, 2016, Rn. 16-67; *Palmer's Company Law*, 2016, Rn. 8.2610.

über der Gesellschaft. Zu berücksichtigen sind ferner **Gemeinde-** und **Umweltbelange** (lit. d). Hier spiegelt sich der nicht nur in England fortschreitende Corporate Social Responsibilty-Ansatz wider.[1002]

In diesem Zusammenhang erlangen auch gemeinnützige Unterstützungen von beispielsweise lokalen Institutionen oder (Sport-) Vereinen, die nicht unerheblich auch den handelnden Geschäftsführer dienen (sog ***Pet Charities***), in den Blickpunkt. Obgleich entsprechende Zuwendungen iS von sec. 172 (1) CA 2006 im Hinblick auf den Erfolg der Gesellschaft eigentlich stets dazu dienen müssen, den (langfristigen) Erfolg des Unternehmens zu fördern, ist man – wie in Deutschland – eher zurückhaltend, was die Beanstandung solcher von einem Geschäftsführer angeordneten Zahlung betrifft.[1003] Soweit es um die Förderung lokaler Vereine etc geht, ist dies auch überzeugend, weil Unternehmen mittel- und langfristig häufig auch einen goodwill der lokalen Bevölkerung oder der lokalen Politik brauchen und sich lokales Engagement daher häufig rechnet, zumal auch die Beliebtheit als Arbeitgeber dadurch beeinflusst werden kann. Problematisch sind aber insbesondere Spenden und ähnliche Leistungen an Institutionen, die nur mit bestimmten Direktoren verbunden sind, aber keine **adäquaten positiven Rückwirkungen** für das Unternehmen vorstellbar sind.[1004] Ganz generell kann man sagen, dass englische Unternehmen es durch den Enlightened Shareholder Value-Ansatz erheblich leichter haben, Mittel für Corporate Social Responsibility (CSR) bereitzustellen, bei denen ein kurz- oder mittelfristig messbarer Return on Investment nicht zu erwarten ist. 446

Die jeweils zu berücksichtigenden Aspekte stehen grundsätzlich in **keinem bestimmten Rangverhältnis** zueinander. Keiner vor ihnen ist vorrangig bei der Entscheidungsfindung zu berücksichtigen. Entsprechend steht dem Geschäftsführer ein **unternehmerisches Ermessen** zu. Dies gilt auch in welchem Maße er diese tatsächliche in seine Bewertung einfließen lässt. Er kann daher manche Aspekte bzw. Interessen höher gewichten als andere, ohne dass dies zwingend zur Anfechtbarkeit seiner Entscheidung führt. Sec. 172 (1) CA 2006 schreibt lediglich eine Berücksichtigungspflicht vor (s. Rn. 443). Für vorsichtige Direktoren kommt eine schriftliche Dokumentation (*Paper Trail*) zur Dokumentation der Abwägungs- und Entscheidungsgründe in Betracht. Erforderlich ist dies jedoch nicht. 447

Nicht im Katalog des sec. 172 (1) CA 2006 enthalten sind die **Interessen der Gesellschaftsgläubiger**. Eine Berücksichtigung der Interessen von Gläubigern bedarf es bei der Beurteilung von Unternehmensentscheidungen daher grundsätzlich nicht. Sec. 172 (3) CA 2006 sieht indes vor, dass unter bestimmten Umständen (*Certain Circumstances*) auch die Gläubigerinteressen im Rahmen der Pflichtenbindung gegenüber der Gesellschaft zu berücksichtigen sind.[1005] Diese Regelung ist insbesondere für Handlungen in der Insolvenz (-nähe) von Bedeutung. Die Geschäftsführer sind daher auch gesellschaftsrechtlich vor allem verpflichtet, die Vorgaben zum **Wrongful Trading** (sec. 214 IA 1986) (s. Rn. 469 ff.) zu beachten.[1006] 448

Wie in anderen Rechtsordnungen und in jüngerer Zeit vermehr auch auf europäischer Ebene (s. auch § 34),[1007] wird die Problematik der Berücksichtigung eines **Konzerninteresses** (*Group Interest*) bei Handlungen der Geschäftsführer diskutiert.[1008] Hierzu hat sich eine differenzierte Rechtsprechung herausgebildet, die gleichermaßen unter dem Regime von sec. 172 (1) CA 2006 zur Geltung kommt. Im Prinzip kennt das Englische Gesellschafsrecht kein der Gesellschaft übergeordnetes Konzerninteresse.[1009] Die Treuepflicht eines Direktors besteht nur gegenüber der Gesellschaft und nicht gegenüber dem Mutterunternehmen im Rahmen eines vorrangigen Konzerninteresses.[1010] Insofern besteht für den Geschäftsführer einer Tochtergesellschaft keine Pflicht zur Be- 449

1002 In diesem Sinne *R. on the application of People and Planet v. HM Treasury* [2009] EWHC 3020; siehe auch *Shan Ho* Co. Lawyer 31 (2010) 207 ff.; *Keay/Adamopoulou* EBOR 13 (2012) 1, 15 ff.; in diesem Zusammenhang nach deutschem Recht auch *Fleischer* in: Spindler/Stilz (Hrsg.), AktG, Bd. 1, 3. Aufl. 2015, § 76 Rn. 42; *Hüffer/Koch*, AktG, 13. Aufl. 2018, § 76 Rn. 35.

1003 Vgl. die Fallanalyse bei *Davies/Worthington*, Gower's Principles of Modern Company Law, 2016, Rn. 16-91; aus deutscher Sicht siehe *Fleischer* in: Spindler/Stilz (Hrsg.), AktG, Bd. 1, 3. Aufl. 2015, § 76 Rn. 48; *Hopt/Roth* in: Hirte/Mülbert/Roth (Hrsg.), AktG, Bd. 4/2, 5. Aufl. 2015, § 93 Rn. 210.

1004 Im Rahmen von Parteispenden vgl. auch den *Political Parties, Election and Referendum Act 2000*, der ua für eine entsprechende Spendenpolitik eine Zustimmung der Gesellschafter vorsieht; vgl. auch *Fleischer* AG 2017, 509, 523.

1005 So bereits *West Mercia Safetywear v. Dodd* [1998] BCLC 250 (CA); zur sog West Mercia-Doctrin vgl. auch *Steffek* in: MüHdB GesR, Bd. 6, IntGesR, 4. Aufl. 2013, § 41 Rn. 13 ff.

1006 *Palmer's Company Law*, 2016, Rn. 8.2624; *Doralt* in: Schall (Hrsg.), Companies Act, 2014, sec. 172 Rn. 17; ausführlich zu sec. 173 (3) CA 2006 *Keay*, The Enlightened Shareholder Value Principle and Corporate Governance, 2013, S. 218 ff.

1007 Siehe *Forum Europaeum Konzernrecht* ZGR 2015, 507, 509 f., 513; *Conac* ECFR 2013, 194 ff.; *Weller/Bauer* ZEuP 2015, 6, 22 ff.; *Teichmann* AG 2013, 184, 188 f.

1008 Jüngst zur Haftung von Direktoren und der Muttergesellschaft im Konzern auch *Central Bank of Ecuador v. Conticorp SA* [2015] UKPC 11; dazu *Harris* F. & C.L. 2015, Nov., 6 f.; *O'Connor/Bateman* P.L.C. 2015, 26 (10).

1009 *Davies/Worthington*, Gower's Principles of Modern Company Law, 2016, Rn. 16-74; *Boxell*, A Practioner's Guide to Directors' Duties and Responsibilities, 2013, Rn. 1.7; *Weller/Bauer* ZEuP 2015, 6, 10; *Doralt* in: Schall (Hrsg.), Companies Act, 2014, sec. 172 Rn. 15.

1010 *Lindgren v. L&P Estates Co. Ltd.* [1968] Ch 572, 595; *Bell v. Lever Bros. Ltd.* [1932] AC 161, 229.

rücksichtigung des Konzerninteresses, die vom Mutterunternehmen als Mehrheitsgesellschafter geltend gemacht werden kann.[1011] Anders als nach § 308 I 2 AktG können Nachteile für die Gesellschafter daher grundsätzlich nicht durch ein Konzerninteresse gerechtfertigt werden. Gleichwohl kann die Ausrichtung einer Geschäftsentscheidung primär am Konzerninteresse unter bestimmten Bedingungen gerechtfertigt sein. Voraussetzung dafür ist jedoch, dass ein „Zusammenbruch" des Mutterunternehmens auch für die Tochtergesellschaft gravierende Folgen haben würde.[1012] Die Ausrichtung am Konzerninteresse ist hierbei nur dann beachtlich, wenn der Geschäftsführer dies bei seiner Abwägung in Betracht zieht und auch eine vernünftige Person in der Stellung eines Direktors, davon ausgehen konnte, dass die entsprechende Entscheidung **zum Wohle der Gesellschaft** erfolgt.[1013] Bei genauerer Betrachtung spielt hier aber das Konzerninteresse im eigentlichen Sinne keine Rolle. Der Fall ist vielmehr vergleichbar einem solchen, wo einem wichtigen Abnehmer oder Lieferanten geholfen wird, weil sein Wegfall zu größeren Verlusten für das Unternehmen führen würde.

450 Aufgrund der schwierigen Durchsetzbarkeit von Ansprüchen aufgrund eines Verstoßes gegen sec. 172 (1) CA 2006 liegt die **tatsächliche** (praktische) **Bedeutung** des kodifizierten Enlightened Shareholder Value in dessen Bewertung durch die Geschäftsführer im Rahmen des **Strategieberichts** (*Strategic Report*) gem sec. 414C (1) CA 2006.[1014][1015] Vorbehaltlich der Ausnahme für kleine Gesellschaften (sec. 414B CA 2006) müssen die Geschäftsführer jährlich einen solchen Bericht erstellen. Damit soll den Gesellschaftern eine Beurteilung ermöglicht werden, ob die Direktoren ihren Pflichten nach sec. 172 CA 2006 zur Förderung des Erfolgs der Gesellschaft erfüllt haben. Insofern obliegt den Geschäftsführern eine gewisse Nachweispflicht, dass sie bei ihrer Entscheidungsfindung auch die Interessen der Stakeholder und andere Aspekte angemessen berücksichtigt haben.[1016] In diesem Zusammenhang ist bislang nicht abschließend geklärt, ob ein Direktor auch über eigene Pflichtverletzungen im Rahmen des Strategieberichts (früher: Geschäftsbericht (*Business Report*)) informieren muss. Hiervon ist jedoch auszugehen.[1017] Um Widersprüchen vorzubeugen, empfiehlt es sich bereits im Anstellungsvertrag mit dem Direktor eine entsprechende **Mitteilungspflicht** festzulegen. In diesem Zusammenhang mehren sich in letzter Zeit sowohl von privater als auch gesetzgeberischer Seite die Stimmen, in Zukunft eine Berichtspflicht über die Einhaltung der Voraussetzungen von sec. 172 CA 2006 vorzusehen.[1018] Dies wurde im August 2017 auch durch die britische Regierung offiziell bestätigt, in dem für Sommer 2018 eine Gesetzesänderung vorgesehen wird, wo alle (private und public) companies von einer bestimmten Größe (*Significant Size*) darzulegen haben, wie sie den Anforderungen nach sec. 172 CA 2006, insbesondere im Hinblick auf die Arbeitnehmer, nachkommen.[1019]

■ ***Duty to Exercise Independent Judgement***

451 Ein Geschäftsführer muss bei der Ausübung seiner Befugnisse **unabhängig handeln** (sec. 173 CA 2006). Dadurch soll eine unbefangene Meinungs- und Entscheidungsbildung des Direktors nach eigenen Überzeugungen und zum Wohle der Gesellschafter gewährleistet werden. Die Pflicht zum unabhängigen Handeln schließt jedoch nicht aus, dass sich der Geschäftsführer bei seiner Entscheidungsfindung entsprechend beraten oder unterstützen lässt.[1020] Er kann auch die Einschätzungen anderer Personen übernehmen, solange er der Auffassung ist, sie dienen dem **Wohle der Gesellschaft.**[1021] Sec. 173 CA 2006 befasst sich nicht mit der Delegation von Befugnissen an (interne) Dritte. Es spricht jedoch nichts für einen Verstoß der Pflicht zum unabhängigen Handeln in diesem Fall.[1022] Voraussetzung ist jedoch, dass eine entsprechende Delegation in der Satzung vorgesehen ist

1011 *Pergamon Press Ltd. v. Maxwell* [1970] 1 WLR 1167; *Palmer's Company Law*, 2016, Rn. 8.2405.

1012 *Charterbridge Corp. v. Lloyds Bank* [1970] Ch 62; *Extrasure Travel Insurances Ltd. v. Scattergood* [2003] 1 BCLC 698.

1013 *Extrasure Travel Insurances Ltd. v. Scattergood* [2003] 1 BCLC 698.

1014 Durch die Companies Act 2006 (Strategic Report and Directors' Report) Regulations 2013 wurde die ehemaligen Regelung der sec. 417 (2) CA 2006 aufgehoben und durch sec. 414C (1) CA 2006 ersetzt.

1015 *Keay*, The Enlightened Shareholder Value Principle and Corporate Governance, 2013, S. 286; *Davies/Worthington*, Gower's Principles of Modern Company Law, 2016, Rn. 16-68.

1016 *Boxell*, A Practioner's Guide to Directors' Duties and Responsibilities, 2013, Rn. 3.6; *Lowry* CLJ 68 (2009) 607, 621.

1017 *Item Software Ltd. v. Fassihi* [2005] 2 BCLC 91; *Palmer's Company Law*, 2016, Rn. 8.2617 ff.; *Doralt* in: Schall (Hrsg.), Companies Act, 2014, sec. 172 Rn. 12; einschränkend hingegen *Davies/Worthington*, Gower's Principles of Modern Company Law, 2016, Rn. 16-78.

1018 Vgl. *BEIS*, Corporate Governance, Third Report of Session 2016-17, April 2017, Ziff. 30; *Purposeful Company Task Force*, The Purposeful Company, Policy Report, February 2017, Recommendation 1.1.

1019 *BEIS*, Corporate Governance Reform. The Government response to the green paper consultation, August 2017, S. 4.

1020 *Hannigan*, Company Law, 2015, Rn. 11-51; *Palmer's Company Law*, 2016, Rn. 8.2701; *Davies/Worthington*, Gower's Principles of Modern Company Law, 2016, Rn. 16-60; *Doralt* in: Schall (Hrsg.), Companies Act, 2014 sec. 173 Rn. 1.

1021 *Madoff Securities International Ltd. v. Raven* [2013] EWHC 3147.

1022 *Palmer's Company Law*, 2016, Rn. 8.2701; *Boyle/Birds*, Company Law, 2015, Rn. 16.6; *Davies/Worthington*, Gower's Principles of Modern Company Law, 2016, Rn. 16-61; *Boxell*, A Practioner's Guide to Directors' Duties and Responsibilities, 2013, Rn. 3.7.

oder eine Delegation aufgrund der (geringen) Bedeutung der Entscheidung sorgfältigem Geschäftsgebaren entspricht.

Sec. 173 (2) CA 2006 sieht zwei „**Ausnahmen**" von der Pflicht zum unabhängigen Handeln der Geschäftsführer vor. Eine Pflichtverletzung liegt nicht vor, wenn die in Rede stehende Handlung von der Gesellschaftsverfassung (*Constitution*) gedeckt ist (lit. b). Von der Gesellschafterverfassung sind neben der Satzung auch Beschlüsse der Gesellschafter und ggf Shareholders' Agreements erfasst (s. Rn. 325 ff.). Insbesondere durch entsprechende Satzungsbestimmungen kann der Handlungsspielraum der Direktoren erweitert oder eingeschränkt werden. Auch im Abschluss eines langfristigen Vertrags für die Gesellschaft, dessen Bindungswirkung deren künftige Handlungsmöglichkeiten einschränkt, liegt keine Pflichtverletzung (lit. b).[1023] Grundsätzlich keine Ausnahme von der Pflicht zur Unabhängigkeit besteht bei Geschäftsführern, deren Stellung auf einem Entsenderecht eines Gesellschafters basiert (sog ***Nominee Directors***).[1024] Die bloße (vertragliche) Gebundenheit eines Nominee Directors an einen Gesellschafter begründet jedoch noch keine Pflichtverletzung, solange der Geschäftsführer dem Gebot unbefangenen Meinungs- und Entscheidungsbildung nachkommt.[1025] 452

■ ***Duty to Exercise Reasonable Care, Skill and Diligence***

Ein Geschäftsführer muss mit **angemessener Sorgfalt** und **Verantwortung** handeln (sec. 174 CA 2006). Gemäß sec. 178 (2) CA 2006 ist hinsichtlich der Rechtsfolgen einer Verletzung hiergegeben dies jedoch keine Verletzung der Treue- bzw. fiduziarischen Pflicht des Geschäftsführers. Nach früherem (Fall-) Recht erfolgte die Bestimmung einer entsprechenden Sorgfaltspflicht überwiegend nach subjektiven Kriterien in der Person des Direktors.[1026] Dies hat sich im Zuge der Kodifizierung im Rahmen des sec. 174 CA 2006 grundlegend geändert. Nunmehr wird zunächst ein **objektiver Maßstab** festgelegt (*Objective Test*). Die Sorgfalt, Fähigkeiten und Verantwortung eines Geschäftsführers werden danach bestimmt, wie sie vernünftigerweise von jemandem zu erwarten sind, der die Tätigkeiten eines Direktors in dieser Gesellschaft ausübt (sec. 174 (2) (a) CA 2006). Insofern hat die frühere Rechtsprechung nur noch eine bedingte Aussagekraft bzw. muss im Lichte des objektivierten Sorgfaltsmaßstabes betrachtet werden.[1027] Das objektive Anforderungsprofil an einen Geschäftsführer ist dabei auch von der Größe und Branche des Unternehmens abhängig. Gleiches gilt hinsichtlich der Differenzierung zwischen geschäftsführenden und Non-Executive Directors sowie zwischen verschiedenen Ressortzuständigkeiten. 453

Bei der Beurteilung der Sorgfaltsanforderungen sind auch **subjektive Elemente** in der Person des Direktors zu berücksichtigen (sec. 174 (2) (b). Der objektive Pflichtenmaßstab kann daher aufgrund individueller Eigenschaften des handelnden Geschäftsführers **verschärft** werden.[1028] Besondere Fähigkeiten, Kenntnisse und/oder Erfahrungen eines Direktors sind bei der Beurteilung eines Pflichtenverstoßes ebenfalls heranzuziehen. Insofern wurde die frühere Rechtsprechung nicht gänzlich aufgegeben. 454

Der sich daraus ergebende **Umfang der Sorgfaltsanforderungen** ist im Ergebnis daher nicht unerheblich vom Einzelfall geprägt. Gleichwohl lassen sich verschiedene Grundlinien ausmachen. Zunächst sind einzelne Geschäftsführungspflichten grundsätzlich an Dritte delegierbar. In diesem Fall trifft den übertragenden Direktor eine gesteigerte Überwachungspflicht.[1029] Die Sorgfaltspflicht umfasst auch die Pflicht eines Direktors, sich im Vorfeld seiner unternehmerischen Entscheidung entsprechend zu informieren.[1030] In diesem Zusammenhang kann die fehlende (notwendige) Einholung von Expertenrat (zB Rechtsberatung) eine Pflichtverletzung begründen.[1031] Ein vernünftiges Vertrauen auf Empfehlungen eines Experten kann indes auch zur Haftungsfreistellung des Geschäftsführers führen.[1032] Ferner kann eine (fahrlässige) Pflichtverletzung durch ein Unterlassen bzw. der Nichterfüllung von Geschäftshandlungen begründet werden.[1033] Ein Verlustgeschäft bzw. mangelnder Erfolg 455

1023 So bereits *Fulham Football Club Ltd. v. Cabra Estates plc* [1994] 1 BCLC 363, mit Verweis auf *Thorby v. Goldberg* [1964] 112 CLR 597.

1024 *Scottish Cooperative Wholesale Society Ltd. v. Meyer* [1959] AC 324 (HL); *Kuwait Asia Bank EC v. National Mutual Life Nominees Ltd.* [1991] 1 AC 187 (PC); *Re Neath Rugby Club Ltd., Hawkes v. Cuddy* [2010] BCC 597 (CA).

1025 *Kregor v. Hollins* [1913] 109 LT 225; *Boulting v. ACTAT* [1963] 2 QB 606.

1026 Siehe *Re City Equitable Fire Insurance Co. Ltd.* [1925] Ch 407.

1027 *Palmer's Company Law*, 2016, Rn. 8.2803, 8.2811.

1028 *Palmer's Company Law*, 2016, Rn. 8.2809; *Boxell*, A Practioner's Guide to Directors' Duties and Responsibilities, 2013, Rn. 3.8; *Steffek* GmbHR 2007, 814; *Doralt* in: Schall (Hrsg.), Companies Act, 2014, sec. 174 Rn. 8.

1029 *Equitable Life Assurance Society v. Bowley* [2003] BCC 829; *Hannigan*, Company Law, 2015, Rn. 11-37 ff.; *Palmer's Company Law*, 2016, Rn. 8.2817 f.; *Doralt* in: Schall (Hrsg.), Companies Act, 2014, sec. 174 Rn. 6; entsprechend nach deutschem GmbH-Recht *Altmeppen* in: Roth/Altmeppen (Hrsg.), GmbHG, 8. Aufl. 2015, § 43 Rn. 21; *Fleischer* in: MüKo GmbHG, Bd. 2, 2. Aufl. 2016, § 43 Rn. 130; *U. H. Schneider/Crezelius* in: Scholz, GmbHG, Bd. 2, 11. Aufl. 2013, § 43 Rn. 41.

1030 *Secretary of State for Trade and Industry v. Baker (No. 5)* [2001] BCC 273.

1031 *Palmer's Company Law*, 2016, Rn. 8.2813.

1032 *Green v. Walking* [2008] BCC 256.

1033 *Dorchester Finance Co. Ltd. v. Stebbing* [1989] BCLC 498, siehe auch *Lexi Holdings plc v. Lugman* [2009] BCC 716; *Finch (UK) plc v. Finch* [2015] EWHC 2340 (Ch).

aufgrund einer Entscheidung eines Direktors führt noch nicht zu einer Pflichtverletzung.[1034] Obwohl diese Kriterien denen des deutschen Gesellschaftsrechts ähneln, ist es wichtig zu betonen, dass die englische Rechtspraxis sehr zurückhaltend bei der Bejahung der Verletzung einer Duty of Care ist. Es sei noch einmal daran erinnert, dass man in England die Business Judgement Rule nicht eingeführt hat, da man in ihr eine erhebliche Gefahr der Haftungsverschärfung sah (s. Rn. 259).

■ *Duty to Avoid Conflicts of Interest*

456 Ein Geschäftsführer muss bei seinen Handlungen **Interessenkonflikte vermeiden** (sec. 175 CA 2006). Es sind Situationen zu vermeiden, in denen mittelbar oder unmittelbar Interessenkonflikte auftreten können. Damit wird überwiegend die bisherige Rechtsprechung vor Kodifikation in sec. 175 CA 2006 beibehalten; letztlich funktional also weitegehend die **No Conlict-Rule** und die **No Profit-Rule** (sog *Equitable Rules*) statuiert.[1035] Individuelle Interessen sind daher hinter denen der Gesellschaft zurückzustellen, und es dürfen keine primär persönlichen Interessen mit unternehmerischen Handlungen für die Gesellschaft bezweckt werden. Anders als bei den Sorgfaltspflichten ist das Englische Gesellschaftsrecht hier streng.

457 Da auch **potenzielle Konflikte** erfasst sind, ist der Anwendungsbereich des sec. 175 CA 2006 weit. Auch die in sec. 175 (2) CA 2006 genannten Aufzählungen, hinsichtlich derer ein erhöhtes Konfliktpotential besteht (Nutzung von Eigentum, Informationen oder Geschäftschancen der Gesellschaft durch den Direktor), sind nicht abschließend. Die Bedeutung wird indes dadurch bestärkt, dass gem sec. 170 (2) CA 2006 zudem **ausgeschiedene Direktoren** von dieser Pflicht erfasst sein können. Die Satzung oder der Anstellungsvertrag mit dem entsprechenden (ehemaligen) Geschäftsführer kann jedoch Ausnahmen hiervon vorsehen.[1036] Ausgenommen vom Anwendungsbereich der sec. 175 CA 2006 sind Geschäfte zwischen dem Geschäftsführer und der Gesellschaft selbst. Diese sind aber nicht freigestellt, sondern gesondert in sec. 177 CA 2006 (s. Rn. 460 ff.) geregelt.[1037] Bedeutendster Anwendungsfall des sec. 175 CA 2006 bzw. der No-Conflict Rule ist die Nutzung von Geschäftschancen. Ähnlich der deutschen „**Geschäftschancenlehre**" (*Corporate Opportunities Doctrin*) gehört zum Kernbereich der Treuepflicht eines Direktors das Gebot, Geschäftschancen nur zugunsten der Gesellschaft wahrzunehmen und nicht für eigene Zwecke oder denen von Dritten[1038] auszunutzen. Dies gilt auch dann, wenn die Gesellschaft eine Geschäftsgelegenheit nicht genutzt hätte oder nicht hätte nutzen können.[1039]

458 Es bestehen verschiedene **Ausnahmen**, bei denen keine Pflichtverletzung bei Handlungen trotz Interessenkonflikten oder der Nutzung von Geschäftschancen vorliegen. Den Geschäftsführern kann bei entsprechenden Interessenkonflikten im Voraus eine Genehmigung durch die Satzung für etwaige Geschäftshandlungen gegeben werden (sec. 180 (4) (a) CA 2006).[1040] Zudem können in der Satzung erleichternde Gestaltungen für die sich aus sec. 175 CA 2006 ergebenden Pflichten vorgesehen werden. Hinzu kommt die generelle Möglichkeit der **nachträglichen Genehmigung** (*Ratification*) der Handlung des Direktors durch die Mehrheit der Gesellschaft per Beschluss (sec. 239 (1) CA 2006). Bei kleineren Gesellschaften ist auch eine informelle Einwilligung möglich, wenn die Gesellschafter umfassend über die in Rede stehende Geschäftshandlung informiert wurden.[1041] Ferner liegt nach sec. 175 CA 2006 keine Pflichtverletzung vor, wenn bei vernünftiger Betrachtung die Handlung nicht geeignet erscheint, einen Interessenkonflikt darzustellen oder eine **vorherige Zustimmung** (*Authorisation*) durch die anderen Direktoren erfolgte. An diese Zustimmung sind jedoch verschiedene Voraussetzungen geknüpft (vgl. sec. 175 (5), (6) CA 2006). Ferner ist eine generelle Haftungsfreistellung für Sorgfaltspflichtverstöße in der Satzung unwirksam (sec. 232 (1) CA 2006).

■ *Duty Not to Accept Benefits From Third Parties*

459 Ein Geschäftsführer darf keine von Dritten gewährten oder in Aussicht gestellten Vorteile annehmen (sec. 176 CA 2006). Wie sec. 175 CA 2006 bezieht sich diese Pflichtenbindung auf **Interessenkonflikte** eines Direktors. Einem Interessenkonflikt wird ebenso ein Konflikt von Interessen mit Pflichten oder zwischen einzelnen Geschäftsleiterpflichten gleichgestellt (sec. 176 (5) CA 2006). Anders als in sec. 175 CA 2006 kann der Geschäftsführer jedoch nicht durch Zustimmung der anderen Direktoren von seiner bevorstehenden Pflichtverletzung be-

1034 *Roberts v. Frohlich* [2011] 2 BCLC 625; *Re Hawkes Hill Publishing Co. Ltd.* [2007] BCC 937.
1035 *Just*, Die englische Limited in der Praxis, 2012, Rn. 163; zur Differenzierung beider Regeln *Regal (Hastings) Ltd. v. Gulliver* [1967] 2 AC 134; Im Verhältnis zu sec. 175 CA 2006 auch *Towers v. Premier Waste Management Ltd.* [2012] BCC 72; *Palmer's Company Law*, 2016, Rn. 8.2904; *Witney* JCLS 16 (2016) 145, 156 ff.; abweichend im Hinblick auf die no-conflict rule *Cheng Wai Tao v. Poon Ka Man Jason* [2016] HKCFA 23; ferner für eine Abschaffung der no profit-rule *Churk* ICCLR 26 (2015) 244 ff.
1036 *Palmer's Company Law*, 2016, Rn. 8.2908.
1037 *Bhullar v. Bhullar & Ors* [2017] EWHC 407 (Ch).
1038 *Haysport Properties Ltd. v. Ackerman* [2016] EWHC 393 (Ch).
1039 *Re Allied Business and Financial Consultants Ltd. v. Shanahan* [2009] EWCA Civ 751; so auch schon *Regal (Hastings) Ltd. v. Gulliver* [1967] 2 AC 134; dazu auch *Witney* JCLS 16 (2016) 145, 180 ff.; *Gibbs* Co. Lawyer 36 (2015) 231, 235 ff.
1040 Vgl. jüngst auch *Bhullar v. Bhullar & Ors* [2017] EWHC 407 (Ch).
1041 *Sharma v. Sharma* [2014] BCC 73.

freit werden.[1042] Materiell statuiert die Norm das **Verbot der Vorteilsannahme** („*Must Not Accept a Benefit*"). Darunter fallen grundsätzlich alle – finanziellen oder nicht-finanziellen – Vorteile, die ein Geschäftsführer aufgrund seiner Stellung als solcher erhält, oder die ihm in seiner Eigenschaft als Direktor von einem Dritten angeboten werden (sec. 176 (1) CA 2006). **„Dritter"** (*Third Party*) ist dabei jede natürliche oder juristische Person außer der Gesellschaft selbst, verbundene Unternehmen sowie Personen, die im Auftrag eines solchen Konzernunternehmens tätig werden (sec.176 (2) CA 2006). Ausgenommen von der Pflicht keine von Dritten gewährten oder in Aussicht gestellten Vorteile anzunehmen, sind Zuwendungen an Geschäftsführer, die von Personen stammen, die der Gesellschaft die Geschäftsführung in Form einer Dienstleistung erbringen (sec. 176 (3) CA 2006)[1043] oder Zuwendungen, die bei vernünftiger Betrachtung nicht geeignet erscheinen, einen Interessenkonflikt darzustellen (sec. 176 (4) CA 2006).

- ***Duty to Declare Interest in Proposed Transaction or Arrangement***

Ein Geschäftsführer muss jedes **persönliche Interesse** an einem Geschäft mit der Gesellschaft **offenlegen** (sec. 460
177 CA 2006). Jedes potenzielle Eigeninteresse eines Geschäftsführers an einem Geschäft (*Arrangement*) mit der Gesellschaft ist den anderen Direktoren **im Vorfeld** mitzuteilen. Insofern wird in der Norm auch die Problematik des Self-Dealing angesprochen. Erfasst ist jedes direkte oder indirekte Interesse des Geschäftsführers an einem Geschäft mit der Gesellschaft. Dabei ist allein auf dessen Interesse abzustellen und nicht, ob er ebenfalls Vertragspartner der in Rede stehenden Vereinbarung ist.[1044] Die Mitteilung über ein entsprechendes Geschäft (nicht zwingend jedoch ein Vertrag) muss gegenüber den Mitgeschäftsführern erfolgen. Folglich bedarf es keiner solchen, wenn die Gesellschaft nur einen Direktor hat. Die Informationspflicht des Direktors gegenüber den anderen besteht vor dem geplanten Geschäft mit der Gesellschaft (sec. 177 (4) CA 2006). Bei einem Eigeninteresse an einem bestehenden, bereits abgeschlossenen Geschäft gelten die ssec. 182 ff. CA 2006.

Die **Mitteilung** im Falle des Eigeninteresses an einem geplanten Geschäft mit der Gesellschaft kann – muss aber 461
nicht – in der Versammlung der Direktoren oder durch eine hinreichend konkretisierte Erklärung bezüglich des Eigeninteresses gegenüber den anderen Geschäftsführern erfolgen. Bei nachträglichen Änderung muss die Mitteilung entsprechend geändert bzw. aktualisiert werden (sec. 177 (3) CA 2006). In sec. 177 (5), (6) CA 2006 werden verschiedene **Ausnahmen** von der Mitteilungspflicht an die übrigen Direktoren vorgesehen, zB, wenn bei vernünftiger Betrachtung kein Interessenkonflikt droht oder die anderen Direktoren bereits Kenntnis von dem Eigeninteresse besitzen.

Im Unterschied zu sec. 177 CA 2006 bezieht sich sec. 182 CA 2006 auf bereits **abgeschlossene Geschäfte** mit 462
der Gesellschaft, an denen ein Geschäftsführer Eigeninteresse hat. Anders als die Informationspflicht bei geplanten Geschäften, hat die Mitteilung an die anderen Direktoren so schnell wie möglich zu erfolgen (sec. 182 (4) CA 2006); grundsätzlich also unverzüglich. Die Arten der Mitteilungspflichten sind in sec. 184 CA 2006 geregelt. Im Unterschied zu sec. 177 CA 2006 ist ein Verstoß gegen diese Pflicht **strafbewährt** (sec. 183 CA 2006).

(3) Weitere Geschäftsleiterpflichten

Die allgemeinen gesetzlichen Pflichten eines Direktors sind **nicht abschließend.**[1045] Den Geschäftsführer einer 463
Ltd. können weitere Pflichten treffen, die er der Gesellschaft schuldet. Neben satzungsmäßigen Pflichtenbestimmungen benennt der Companies Act 2006 weitere Direktorenpflichten, die unmittelbar mit dem Aufgabenbereich des Geschäftsführers einer Ltd. verbunden sind. Hinzu kommen Pflichten- und Haftungsnormen aus anderen Gesetzen. Hierbei sind insbesondere **insolvenzrechtliche Haftungsregelungen** von Bedeutung. Daneben kann sich eine persönliche Haftung eines Geschäftsführers aus anderen Regelungen des Englischen Rechts herleiten. Beispielsweise aus den einschlägigen Vorschriften des Enterprise Act 2002, des Bribery Act 2010, des Criminal Justice Act 1993 oder des Financial Services and Markets Act 2000.[1046] Die Einhaltung von **Corporate Governance**-Empfehlungen haben für Geschäftsführer eher personalistisch strukturierter (kleiner) Ltd. eine deutlich geringere Bedeutung als bei Public Companies. Hinsichtlich der Beachtung der Regelungen des UK Corporate Governance Code 2016 gilt mithin das **Comply or Explain**-Prinzip, so dass Abweichungen davon grundsätzlich einer Begründung bedürfen.

1042 *Doralt* in: Schall (Hrsg.), Companies Act, 2014, sec. 176 Rn. 4.

1043 Zu denken ist insbesondere an Interims-Manangement-Vereinbarungen, vgl. *Doralt* in: Schall (Hrsg.), Companies Act, 2014 sec. 176 Rn. 5.

1044 *Boyle/Birds*, Company Law, 2014, Rn. 16.10; *Hannigan*, Company Law, 2015, 12-75; *Palmer's Company Law*, 2016, Rn. 8.3105.

1045 *Hannigan*, Company Law, 2015, Rn. 8-6; *Boxell*, A Practioner's Guide to Directors' Duties and Responsibilities, 2013, Rn. 3.4; *Davies/Worthington*, Gower's Principles of Modern Company Law, 2016, Rn. 16-7.

1046 Eine persönliche (zivilrechtliche) Haftung eines Geschäftsführers ggü. einem Arbeitnehmer der Gesellschaft hat der Supreme Court jedoch in Bezug auf den Employers' Liability (Compulsory Insurance) Act 1969 jüngst abgelehnt, vgl. *Cambell v. Gordon (Scotland)* [2016] UKSC 38.

464 Aus praktischer Sicht von übergeordneter Bedeutung sind die Geschäftsleiterpflichten im Rahmen der **Insolvenz** bzw. Liquidation der Gesellschaft bzw. in deren Vorfeld. Im Blickpunkt stehen regelmäßig die Haftung wegen betrügerischer Geschäftsleitung (***Fraudulent Trading***) und der mit der deutschen Insolvenzverschleppung vergleichbaren[1047] Haftung wegen unrechtmäßigem bzw. „fälschlichem" Handeln (***Wrongful Trading***). Daneben ist insbesondere das Fortführungsverbot einer sog Phoenix Company zu nennen (sec. 216 IA 1986). Darunter sind Gesellschaften zu verstehen, die kurz nach der (insolvenzbedingten) Auflösung eines vorherigen Unternehmens unter demselben Management und derselben Firma wie die erloschene Vorgängergesellschaft geschäftlich tätig werden, also wie der legendäre Vogel Phoenix wieder auferstehen. Ein Verstoß gegen die Vorgaben aus sec. 216 IA 1986 kann mit einer Geld- oder Freiheitsstrafe des Direktors geahndet werden.[1048] Die Gerichte sind bei der Verhängung einer entsprechenden Strafe durchaus stringent.[1049] Zudem kann sich im Rahmen des Rechtsbehelfs wegen Unfair Prejudice auch ein Gesellschafter auf einen Verstoß gem sec. 216 IA 1986 berufen.[1050]

■ ***Fraudulent Trading***

465 Nach sec. 213 IA 1986 kann das Gericht im Rahmen eines **Insolvenz-** bzw. **Liquidationsverfahren** der Gesellschaft anordnen, dass jeder, der wissentlich an der Fortführung des Unternehmens mit **betrügerischer Absicht** zulasten der Gläubiger oder zu einem sonstigen betrügerischen Zweck beteiligt war, zu Zahlungen an das Gesellschaftsvermögen verpflichtet wird. Es handelt sich um eine **zivilrechtliche Haftung**, die insbesondere – jedoch nicht abschließend[1051] – auf den Geschäftsführer einer Ltd. Anwendung findet. Insofern ist die Haftung wegen betrügerischer Geschäftsleitung (*Fraudulent Trading*) funktional mit der Haftung nach § 823 II BGB iVm § 263 StGB vergleichbar.[1052] Ein Antrag auf Zahlung an das Gesellschaftsvermögen (bzw. die Insolvenzmasse) kann nur vom Insolvenzverwalter beim zuständigen Gericht geltend gemacht werden.[1053] Dieser ist auch beweispflichtig, eine entsprechend betrügerische Absicht (*Intent to Defraud*) beim Geschäftsführer darzulegen. Die Rechtsprechung ist bei der Annahme einer solchen Betrugsabsicht jedoch **zurückhaltend.**[1054] Zudem wird dem befassten Gericht ein weiter Ermessensspielraum bei der Durchsetzung und dem Ausmaß einer Haftung des Geschäftsführers zugestanden (vgl. sec. 215 (2) IA 1986).[1055]

466 Die Voraussetzungen für die Bejahung einer Haftung wegen Fraudulent Trading sind hoch. Es muss eine **subjektive Schädigungsabsicht** des Geschäftsführer oder eine bewusst-betrügerische Täuschung über die Zwecke des Unternehmens vorliegen.[1056] Die bloße Insolvenz der Gesellschaft reicht nicht aus. Vielmehr muss ein vorsätzlich unredliches Verhalten eines Direktors bestehen.[1057] Ein Anspruch kann zudem nur im Zuge der (insolvenzbedingten) Abwicklung der Gesellschaft vorgebracht werden; die haftungsbegründende Handlung kann indes schon im Vorfeld der Insolvenz begangen worden sein.[1058] Sind die Voraussetzungen eines Fraudulent Trading erfüllt, haften der/die Geschäftsführer unbeschränkt persönlich, wobei den Gerichten ein Ermessenspielraum hinsichtlich der Höhe der an die Gesellschaft zu leistenden Zahlung zusteht. Insgesamt ist eine Haftung wegen betrügerischer Geschäftsleitung im Rahmen der Insolvenz gemäß dem Gesagten **selten** und erlangt keine größere praktische Bedeutung.

467 Neben der zivilrechtlichen Haftung aus sec. 213 IA 1986 sieht der Companies Act 2006 in sec. 993 eine **strafrechtliche Haftung** wegen Fraudulent Trading vor. Auch hier bedarf es einer betrügerischen Absicht des Ge-

1047 Vgl. *Stöber* ZHR 176 (2012) 326, 338; *Kindler* in: MüKo BGB, Bd. 11, 6. Aufl. 2015, IntInsR, Art. 4 EuInsVO Rn. 72; *Habersack/Verse* ZHR 168 (2004) 174, 175; *Steffek* NZI 2010, 589, 590.
1048 Zur Haftung wegen solcher „phoenix-activities" *Mayer* Co. Lawyer 27 (2006) 14 ff.; *Milman* J.B.L. 1997, 224 ff.; *Carter* Insolv. Int. 19 (2006) 38 ff.; *Anderson* JCLS 14 (2014) 139, 153 ff.; *Rotem* IIR 22 (2013) 1 ff.; *Steffek* in: MüHdB GesR, Bd. 6, IntGesR, 4. Aufl. 2013, § 41 Rn. 19.
1049 *Sealy/Milman*, Annotated Guide to the Insolvency Legislation, 20. Ed. 2017, sec. 216, General Note, para 1.
1050 *Re Neath Rugby Club Ltd., Hawkes v. Cuddy* [2007] EWHC 1789 (Ch).
1051 Zum Beispiel (Mehrheits-) Gesellschafter, vgl. *Morris v. Bank of India* [2005] 2 BCLC 328.
1052 *Habersack/Verse* ZHR 168 (2004) 174, 178; *Ringe/Otte* in: Triebel ua (Hrsg.), Englisches Handels- und Wirtschaftsrecht, 2012, Kap. V Rn. 249.
1053 Zur Antragstellung eines „administrator" (eine Art gerichtlich oder von der Gesellschaft selbst bestellter Interims-Geschäftsführer in Krisenzeiten (außerhalb der Insolvenz) eines Unternehmens zur Reorganisation siehe die durch sec. 117 SBEEA 2015 eingefügte sec. 246ZA IA 1986; zur Funktion eines solchen „administrator" siehe Schedule B1 zum Insolvency Act 1986; ferner *Ringe/Otte* in: Triebel ua (Hrsg.), Englisches Handels- und Wirtschaftsrecht, 2012, Kap. VI Rn. 39 ff.
1054 Vgl. *Fleischer* DStR 2000, 1015, 1018; *Mellert/Verfürth*, Wettbewerb der Gesellschaftsformen, 2005, S. 114; *Heinz/Hartung*, Die englische Limited, 2011, Kap. 7 Rn. 60.
1055 Siehe auch *Totty/Moss/Segal*, Insolvency, 2017, Rn. F3-06.
1056 Dies gilt auch gegenüber potentiellen Gläubigern der Gesellschaft, vgl. *R. v. Kemp* [1988] 4 BCC 203; *Re L Todd (Schwanscombe) Ltd.* [1990] BCC 125.
1057 *R. v. Cox, R. v. Hodges* [1983] BCLC 169; *Re Patrick and Lyon Ltd.* [1933] Ch 786, 790; *Bernasconi v. Nicholas Bennett & Co.* [2000] BCC 921.
1058 *Davies/Worthington*, Gower's Principles of Modern Company Law, 2016, Rn. 16-179, Fn. 12.

schäftsführers oder jeder hiervon wissenden Person. Materiell sind beide Normen weitgehend identisch.[1059] Dabei sind die Beweisanforderungen einer strafrechtlichen Verantwortlichkeit gem sec. 993 CA 2006 höher als bei einer Haftung nach sec. 213 IA 1986.[1060] Andererseits ist die Haftung aus sec. 993 CA 2006 nicht auf Maßnahmen im Rahmen oder im Vorfeld der Insolvenz beschränkt. Die Strafe für ein Fraudulent Trading gem sec. 993 CA 2006 kann bis zu einer zehnjährigen **Freiheitsstrafe** betragen. Zudem kann sie für den jeweiligen Geschäftsführer zu einer Disqualifikation von seiner Geschäftsführerstellung führen (sec. 4 (1) (a) CDDA 1996).[1061]

Zumindest die strafrechtliche Haftung gem sec. 993 CA 2006 findet nur auf im Vereinigten Königreich registrierte Gesellschaften Anwendung. Eine Tätigkeit in England verlangt sie allerdings nicht. Sie umfasst daher auch Ltd. mit Verwaltungssitz und alleiniger Tätigkeit in Deutschland. **Ausländische Rechtsformen** sind indes nicht erfasst. Deren Geschäftsführer können aber einer vergleichbaren Haftung gem sec. 9 des Fraud Act 2006 unterliegen.[1062] Die zivilrechtliche Haftung gem sec. 213 IA 1986 wird man jedoch nicht gesellschaftsrechtlich, sondern insolvenzrechtlich zu qualifizieren haben, womit aus Perspektive des europäischen Insolvenzkollisionsrechts (Art. 3 f. EuInsVO) diese grundsätzlich nicht auf englische Ltd. mit Verwaltungssitz und alleiniger Tätigkeit in Deutschland Anwendung findet.[1063] Aus deutscher Gläubigersicht ist dies indes wenig misslich, da sie sich auf das funktionale Pendant des § 823 II iVm § 263 StGB berufen können. Aufgrund der insolvenzrechtlichen Qualifikation von sec. 213 IA 1986 kann diese, wie der Surpreme Court jüngst ausdrücklich klarstellte, im Prinzip auch auf ausländische Gesellschaften Anwendung finden und damit einen **extraterritorialen Anwendungsbereich** (*Extra Territorial Effect*) haben.[1064] 468

- ***Wrongful Trading***

Neben einer Haftung des Geschäftsführers wegen betrügerischer Handlungen steht die **Haftung wegen unredlichem Handeln** (*Wrongful Trading*). Diese hat deutlich niedrigere Voraussetzungen. Aus deutscher Sicht kann die Haftung wegen Wrongful Trading mit der zivilrechtlichen Haftung gem § 823 II BGB iVm § 15a I InsO verglichen werden (s. Rn. 547).[1065] Mit Einführung von sec. 214 IA 1986 wurde eine Haftungserweiterung des Geschäftsführers im Rahmen bzw. Vorfeld der Insolvenz beabsichtigt, weshalb die Haftung wegen Wrongful Trading grundsätzlich weiter ist als eine Haftung aufgrund Fraudulent Trading.[1066] Zweck von sec. 214 IA 1986 ist der Schutz von insbesondere unbesicherten[1067] Gläubigern einer überschuldeten Gesellschaft vor sorgfaltswidrigem Verhalten der geschäftsführenden Personen. Dies ist insofern von praktischer Bedeutung, da das Englische Gesellschaftsrecht das (deutsche) Institut der **Insolvenzantragspflicht** als solches **nicht kennt.**[1068] 469

Anwendungsvoraussetzung einer Haftung wegen Wrongful Trading ist zunächst, dass der Anspruch im Rahmen einer **insolvenzbedingten Liquidation** (*Insolvent Liquidation*) geltend gemacht wird. Antragsberechtigt ist daher grundsätzlich nur der Insolvenzverwalter[1069] innerhalb eines Insolvenzverfahrens der Gesellschaft.[1070] Für die Insolvenz der Gesellschaft wird darauf abgestellt, ob ihr Vermögen ausreicht, um die Schulden und sonstige Verbindlichkeiten zu begleichen. Funktional wird daher auf eine **Überschuldung** (*Balanced Sheet Insolvency*) iS 470

1059 Vgl. auch *Steffek* in: MüHdB GesR, Bd. 6 IntGesR, 4. Aufl. 2013, § 41 Rn. 12.

1060 *Totty/Moss/Segal*, Insolvency, 2017, Rn. F3-06; *Hannigan*, Company Law, 2015, Rn. 15-13 ff.; weitergehend zur Differenzierung *Mayson/French/Ryan*, Company Law, 2017, S. 694 ff.

1061 Die praktische Durchsetzung einer Disqualifikation eines Direktors nach dem CDDA 1986 ist mit ca. 1.500 Fällen dabei durchaus häufig und wird von den englischen Behörden insofern streng verfolgt, vgl. *Armour* in: Armour/Payne (Eds.), Rationality in Company Law, 2009, S. 71, 98 f.; *Steffek* in: MüHdB GesR, Bd. 6, IntGesR, 4. Aufl. 2013, § 41 Rn. 21.

1062 *Ringe* in: Schall (Hrsg.), Companies Act, 2014 sec. 993 Rn. 12.

1063 *Kindler* in: MüKo BGB, Bd. 11, 6. Aufl. 2015, IntInsR, Art. 4 EuInsVO Rn. 72.

1064 *Jetivia SA v. Bilta (UK) Limited (in liquidation)* [2015] UKSC 23; dazu *Lim* J.B.L. 2016, 325 ff.; *Fletcher* Insolv. Int. 29 (2016) 12 ff.; *Skene* Bus. L.B. 2015, 137, 3 ff.

1065 Zur Qualifizierung von § 15a I InsO (bzw. § 64 I GmbHG aF) als Schutzgesetz iS von § 823 II BGB vgl. BGH NJW 1959, 623; BGH NJW 1979, 1823, 1825 f.; *Wagner* in: MüKo BGB, Bd. 6, 7. Aufl. 2017, § 823 Rn. 94.

1066 *Sealy/Milman*, Annotated Guide to the Insolvency Legislation, 20. Ed 2017, sec. 213, General Note, para 4; *Totty/Moss/Segal*, Insolvency, 2017, Rn. F3-07, mit Verweis auf *Produce Marketing Consortium Ltd.* [1989] 1 WLR 745.

1067 Aus gesellschaftsrechtlicher Sicht erfolgt ein Schutz der Gläubiger vielmehr auf individualrechtlicher Ebene. Sie können sich privatautonom mit verschiedenen Sicherungsmitteln gegenüber der Gesellschaft absichern; dazu auch *Otte*, Das Kapitalschutzsystem der englischen private limited company im Vergleich zur deutschen GmbH, 2006, S. 136 ff.

1068 Vgl. nur *Bailey* IILR 2015, 344; *Habersack/Verse* ZHR 168 (2004) 174, 177.

1069 Im Zuge von sec. 117 SBEEA 2015 sind auch „administrator" antragsberechtigt (ssec. 246ZA f. IA 1986 nF), vgl. auch *Totty/Moss/Segal*, Insolvency, 2017, Rn. F3-01; *Sealy/Milman*, Annotated Guide to the Insolvency Legislation, 20. Ed. 2017, sec. 213 (1), para 1.

1070 Dieser bedarf zudem der Zustimmung des Liquidationsausschusses oder des Insolvenzgerichts (vgl. ssec. 165, 167 iVm Schedule 4 IA 1986); vgl. auch *Steffek* in: MüHdB GesR, Bd. 6, IntGesR, 4. Aufl. 2013, § 41 Rn. 9.

von § 19 II InsO abgestellt.[1071] Anspruchsgegner einer Haftung aus sec. 214 IA 1986 kann ein derzeitiger oder ehemaliger Geschäftsführer der Gesellschaft[1072] oder auch ein de facto Director[1073] sowie Shadow Director (sec. 214 (7) IA 1986) sein. Der Begriff des Shadow Director wird in der von sec. 90 SBEEA 2015 modifizierten Fassung der sec. 251 IA 1986 legaldefiniert.

471 Materieller Kernpunkt der Wrongful Trading-Haftung ist, dass der Geschäftsführer **wusste** oder **hätte wissen müssen**, dass bei vernünftiger Betrachtung die Abwendung einer insolvenzbedingten Liquidation der Gesellschaft nicht mehr vermieden werden kann und er nicht alle Schritte unternommen hat, um Schaden von den Gläubigern abzuwenden (sog *Moment of Truth*) (sec. 214 (2) (b) IA 1986).[1074] Wann dieser (potenzielle) Wissenszeitpunkt eines Geschäftsführers eintritt, wird anhand **objektiver Sorgfaltskriterien** bestimmt. Entscheidend sind das allgemeine Wissen, die Fähigkeiten und Erfahrungen eines vernünftigen Direktors in dieser Position (sec. 214 (4) (a) IA 1986).[1075] Der bloße Eintritt der Überschuldung ist irrelevant für die Haftungsbegründung des Geschäftsführers.[1076] Aus **subjektiver Sicht** kommt hinzu, dass das allgemeine Wissen, die Fähigkeiten und Erfahrungen des in Rede stehenden Geschäftsführers zu berücksichtigen sind und somit haftungsverschärfend wirken können (sec. 214 (4) (b) IA 1986). Der Nachweis, dass der in Rede stehende Geschäftsführer zum relevanten Zeitpunkt alle erforderlichen Maßnahmen unternommen hat, um den Verlust für die Gläubiger zu minimieren, ist weitgehend einzelfallabhängig.[1077] Die Darlegungs- und Beweislast liegt dabei grundsätzlich beim Direktor als Antragsgegner.[1078] Entlastend können insbesondere ein vernünftiges Sanierungskonzept[1079] sowie der Nachweis aktiver Krisenbewältigungsversuche[1080] wirken.[1081] Auch die Einschaltung eines Sanierungsexperten kann exkulpierend wirken.[1082]

472 Eine Haftung wegen Wrongful Trading kommt nur in Betracht, wenn **keine vernünftige Aussicht** (*No Reasonable Prospect*) auf Vermeidung einer insolvenzbedingten Liquidation der Gesellschaft besteht. Im Rahmen eines Ermessensspielraums sind die Gerichte hierbei eher zurückhaltend und damit in der Tendenz geschäftsführerfreundlich.[1083] Ein Ermessen steht den Gerichten auch bei den **Rechtsfolgen** eines Wrongful Trading zu (sec. 214 (1) IA 1986). Der Geschäftsführer muss nach Anordnung des Gerichts eine angemessene Zahlung an die Gesellschaft leisten. Bei mehrheitlich handelnden Personen besteht grundsätzlich eine Individual- und keine gesamtschuldnerische Haftung.[1084] Grundsätzlich ist dabei der Betrag zu ersetzen, um den sich das Gesellschaftsvermögen aufgrund der unredlichen Handlung des Geschäftsführers verringert hat.[1085] Dies setzt jedoch voraus, dass der Gesellschaft überhaupt ein Schaden entstanden ist.[1086] Weiterhin kann das Gericht anordnen, dass Forderungen des Direktors gegen die Gesellschaft nachrangig gegenüber anderen Gläubigerforderungen behandelt werden (sec. 215 (4) IA 1986). Zudem kann eine Verurteilung wegen unredlichen Handlungen zu einer **Disqualifikation** des Geschäftsführers gem CDDA 1986 führen.[1087]

1071 *Steffek* NZI 2010, 589, 590; *Schilling* in: Kindler/Nachmann (Hrsg.), Handbuch Insolvenzrecht in Europa, 4. EL 2014, England und Wales, Rn. 417; hingegen auf die Zahlungsunfähigkeit abstellend *Kindler* in: MüKo BGB, Bd. 11, 6. Aufl. 2015, IntInsR, Art. 4 EuInsVO Rn. 73.

1072 Dabei sind geschäftsführende Direktoren ebenso wie non-executive director erfasst, vgl. *Re Sherborne Associates Ltd.* [1995] BCC 40; an non-executive director werden indes geringe Sorgfaltsanforderungen gestellt, vgl. *Re Hawkes Hill Publishing Co. Ltd.* [2007] BCC 937, 950.

1073 *Re Richborough Furniture Ltd.* [1996] 1 BCLC 507; *Re Hydrodam (Corby) Ltd.* [1994] 2 BCLC 180, 182.

1074 Speziell dazu vgl. *Steffek* in: MüHdB GesR, Bd. 6 IntGesR, 4. Aufl. 2013, § 41 Rn. 5.

1075 *Grant v. Ralls* [2016] EWHC 243 (Ch).

1076 *Re Cubelock Ltd.* [2001] BCC 523, 540; *Steffek* NZI 2010, 589, 590; *Habersack/Verse* ZHR 168 (2004) 174, 187.

1077 *Davies/Worthington*, Gower‘s Principles of Modern Company Law, 2016, Rn. 9-6; *Ringe/Otte* in: Triebel ua (Hrsg.), Englisches Handels- und Wiertschaftsrecht, 2012, Kap. V Rn. 250; *Schilling* in: Kindler/Nachmann (Hrsg.), Handbuch Insolvenzrecht in Europa, 4. EL 2014, England und Wales, Rn. 420; *Steffek* NZI 2010, 589, 592.

1078 *Philip Anthony Brooks and Julie Elizabeht Willets v. Keiron Armstrong and Ian Walker* [2015] EWHC 2289, mit Verweis auf *Re Idessa Ltd., Burke v. Morisson* [2012] 1 BCLC 80; vgl. auch *Steffek* in: MüHdB GesR, Bd. 6, IntGesR, 4. Aufl. 2013, § 41 Rn. 9.

1079 *Re Purpoint Ltd.* [1991] BCLC 491.

1080 *Re Continental Assurance Co. of London plc* [2007] 2 BCLC 287.

1081 Siehe auch *Steffek* in: MüHdB GesR, Bd. 6 IntGesR, 4. Aufl. 2013, § 41 Rn. 6.

1082 *Grant v. Ralls* [2016] EWHC 243 (Ch).

1083 Siehe nur *Re Sherborne Associates Ltd.* [1995] BCC 40; *Singla v. Hedman* [2010] EWHC 902; *Re Hawkes Hill Publishing Co. Ltd.* [2007] BCC 937, 950.

1084 *Re Continental Assurance Co. of London plc* [2001] BPIR 733, 846 ff.

1085 *Produce Marketing Consortium Ltd.* [1989] 1 WLR 745.

1086 *Grant v. Ralls* [2016] EWHC 243 (Ch).

1087 *Totty/Moss/Segal*, Insolvency, 2017, Rn. F3-02.

Insgesamt ist die **praktische Bedeutung** einer Haftung wegen Wrongful Trading jedoch gering.[1088] Es gibt nur verhältnismäßig wenig berichtete Fälle, in denen ein Anspruch aus sec. 214 IA 1986 erfolgreich durchgesetzt werden konnte. Auch die nunmehrige Möglichkeit des Insolvenzverwalters, eine vorherige Befriedung aus der Insolvenzmasse auch bei Prozessverlust zu erhalten (sec. 176ZA IA 1986), hat hieran wenig geändert. Eine sinkende Bedeutung von sec. 214 IA 1986 wird auch im Zuge der neuen Möglichkeit einer gerichtlichen Ersatzzahlungspflicht eines Direktors an die Gesellschaft auf Antrag des Secretary of State (sec. 15A CDDA 1986)[1089] prognostiziert.[1090] 473

Umstritten ist, ob die Geschäftsführer einer allein **in Deutschland wirtschaftlich tätigen Ltd.** ebenfalls von der Haftung wegen Wrongful Trading erfasst sind. Die Beantwortung dieser kollisionsrechtlichen Frage bemisst sich danach, ob sec. 214 IA 1986 gesellschafts- oder insolvenzrechtlich zu qualifizieren ist. Im Ergebnis handelt es sich um eine insolvenzrechtliche Haftungsnorm.[1091] Hierzu tendiert auch der EuGH, indem er die französische Parallelregelung zur *Action en Comblement du Passif* insolvenzrechtlich qualifiziert hat[1092] und § 64 I GmbHG als Insolvenznorm im Rahmen der EuInsVO begreift.[1093] Entscheidend ist das für die Eröffnung des Insolvenzverfahrens zuständige Gericht, in dessen Land sich der Mittelpunkt der hauptsächlichen Interessen der Gesellschaft befindet (Art. 3, 4 EuInsVO). Bei alleiniger Wirtschaftstätigkeit in Deutschland wird in aller Regel die Registersitzvermutung durchbrochen und an das Recht des Verwaltungssitzes als COMI angeknüpft. Die Geschäftsführer einer allein in Deutschland wirtschaftlich tätigen Ltd. haften daher grundsätzlich nicht nach sec. 214 IA 1986.[1094] Diese Gesellschaften werden jedoch vom deutschen Insolvenzrecht, der Insolvenzverschleppungshaftung und der Haftung wegen masseschmälernder Zahlungen in diesen Fällen erfasst. 474

(4) Haftungsfolgen

Im Falle einer Pflichtverletzung können die Direktoren sowohl im **Innen-** als auch **Außenverhältnis** einer **persönlichen Haftung** ausgesetzt sein. Bei einem Pflichtenverstoß nach spezialgesetzlichen Regeln (zB sec. 214 IA 1986) regelt das entsprechende Gesetz die Rechts- und Haftungsfolgen. Bei einer Verletzung der General Duties beschreibt sec. 178 CA 2006 die zivilrechtlichen Konsequenzen. Anspruchsberechtigt ist die Gesellschaft als Schuldner der Geschäftsleiterpflichten. Die Geltendmachung kann im Ausnahmefall auch im Wege einer Derivative Action (s. Rn. 374 ff.) durch einzelne Gesellschafter geltend gemacht werden. Hinzu kommt der Individualrechtsbehelf wegen Unfair Prejudice (s. Rn. 360 ff.), dem eine entsprechende Pflichtverletzung zugrunde liegen kann. Im Falle einer insolvenzbezogenen Haftung hat der Insolvenzverwalter einen Antrag bei Gericht zu stellen. 475

Die Folgen einer Pflichtverletzung für einen Geschäftsführer können sich zunächst aus der **Satzung** oder auch dem **Anstellungsvertrag** mit der Gesellschaft ergeben. Das Englische Gesellschaftsrecht räumt hier einen weiten Spielraum möglicher Konsequenzen und Rechtsfolgen ein. Das gilt in diesem Zusammenhang auch für eine Verschärfung oder Beschränkung der Geschäftsleiterpflichten sowie einer etwaigen Zustimmung durch die Gesellschafter.[1095] Beispielsweise kann eine nicht genehmigte Pflichtverletzung zur **Abberufung** des Geschäftsführers bzw. zu dessen fristloser Entlassung führen.[1096] Andererseits besteht grundsätzlich die Möglichkeit der nachträglichen Entlastung oder Genehmigung durch die Gesellschafter. Dies gilt indes nicht für strafbewehrte Pflichtenverstöße, wie sie das Englische Gesellschaftsrecht an einigen Stellen vorsieht. Denn das öffentliche Interesse steht hier einer Disposition durch die Gesellschafter entgegen. 476

Sec. 178 CA 2006 beschreibt die möglichen **Rechtsfolgen** eines Verstoßes gegen die ssec. 171 ff. CA 2006 und wie sich diese aus dem Common Law und Equity ergeben. Damit bleibt die grundsätzliche Unterscheidung, ob es sich um eine Verletzung einer Sorgfaltspflicht oder einer (gesellschaftlichen) Treuepflicht handelt, weitgehend 477

1088 *Payne* in: Armour/Payne (Eds.), Rationality in Company Law, 2009, S. 123, 126; *Habersack/Verse* ZHR 168 (2004) 174, 180; *Kindler* in: MüKo BGB, Bd. 11, 6. Aufl. 2015, IntInsR, Art. 4 EuInsVO Rn. 74; *Schall* ZIP 2005, 965, 967; *Tholen*, Europäisches Konzernrecht, 2014, S. 132; *Bicker* GPR 2006, 127, 128.

1089 Eingefügt mit Wirkung zum Oktober 2015 durch sec. 110 SBEEA 2015.

1090 So *Morse*, Partnership and LLP Law, 2015, Rn. 10.30.

1091 Vgl. nur *Kindler* in: MüKo BGB, Bd. 11, 6. Aufl. 2015, IntInsR, Art. 4 EuInsVO Rn. 75; *Habersack/Verse* ZHR 168 (2004) 174, 207; *Thole* in: Leible/Terhechte (Hrsg.), Europäisches Rechtsschutz- und Verfahrensrecht, 2014, § 24 Rn. 80; *Servatius* in: Henssler/Strohn (Hrsg.), Gesellschaftsrecht, 2016, IntGesR, Rn. 173; siehe auch *Re Howard Holdings Inc.* [1998] BCC 549 554.

1092 EuGH, Rs. 133/78 (Gourdain/Nadler), ECLI:EU:C:1979:49 = NJW 1979, 1771, Rn. 5.

1093 EuGH, Rs. C-594/14 (Kornhass), ECLI:EU:C:2015:806 = NJW 2016, 223.

1094 *Schall* ZIP 2005, 965, 972; *Servatius* in: Henssler/Strohn (Hrsg.), Gesellschaftsrecht, 2016, IntGesR, Rn. 173; *Bicker* GPR 2006, 127, 129; *Borges* ZIP 2004, 733, 739 f.; aA *Schumann* DB 2004, 748; *Mock/Schildt* NZI 2003, 444.

1095 *Doralt* in: Schall (Hrsg.), Companies Act, 2014, sec. 180 Rn. 11 ff.

1096 So bereits *Boson Deep Sea Fishing and Ice Co. Ltd. v. Ansell* (1889) 39 Ch D 339.

bestehen.[1097] Mit Ausnahme der Pflicht aus sec. 174 CA 2006 (s. Rn. 453 ff.), sind die allgemeine Geschäftsleiterpflichten entsprechend den Treuepflichten (*Fiduciary Duties*) des Geschäftsführers gegenüber der Gesellschaft durchzusetzen (sec. 178 (2) CA 2006). In Betracht kommen neben (Schadens-) Ersatzansprüchen in Geld daher auch andere Kompensationsansprüche wie Gewinnabschöpfung und Ersatz des entgangenen Gewinns oder dingliche Herausgabeansprüche. Daneben bestehen in Abhängigkeit von der Pflichtverletzung Anfechtungs- und Rückabwicklungsrechte der Gesellschaft.

478 Weitere Haftungsfolgen können sich für einen Direktor aus dem Verkehrs- und Insolvenzrecht anderer Staaten ergeben. So haftet der Geschäftsführer einer Ltd., die ausschließlich in Deutschland tätig ist, ggf nach § 823 II BGB iVm § 15a InsO wegen **Insolvenzverschleppung**[1098] oder **massenschmälernder Zahlungen** (§ 64 S. 1 GmbHG).[1099] Hinzu können haftungsbegründende Vorschriften nach ausländischem Arbeits-, Steuer-, Delikts- und Wettbewerbsrecht kommen, die uU einen extraterritorialen Anwendungsbereich besitzen.

ff) Vertretung

479 Anders als im deutschen Recht kennt das Englische Kapitalgesellschaftsrecht keine **organschaftliche Vertretungsmacht** der Direktoren im engeren Sinne.[1100] Die Stellung als für die Gesellschaft vertretungsberechtigte Person ergibt sich vielmehr aus den allgemeinen Regelungen des Englischen Stellvertretungsrechts (***Agency***). Gleichwohl sieht der Companies Act 2006 verschiedene Bestimmungen vor, die insbesondere einen Rechtsschutz Dritter bei Handlungen im Namen der Gesellschaft gewährleisten sollen. Aufgrund der allgemeinen Regelungen des Vertretungsrechts ergeben sich die Befugnis und der **Umfang** der Vertretungsmacht eines Geschäftsführers primär aus der Satzung. Das Gesetz macht insoweit keine Vorgaben, ob einem Direktor Einzel- oder Gesamtvertretungsmacht zusteht.[1101] Zum Nachweis der Einzelvertretungsmacht eines Direktors zB im Rahmen einer Bevollmächtigung ist es aus deutscher Sicht daher regelmäßig erforderlich, dass eine Kopie der Satzung, ein entsprechendes Secretary's Certficate (sofern die Gesellschaft einen Secretary besitzt) oder ein Boardbeschluss vorlegegt wird, aus dem/der sich die Befugniss des Direktors zur alleinigen Vertretung der Gesellschaft ergibt. Hat die Gesellschaft nur einen Direktor (die Anzahl der Direktoren ergibt sich unmittelbar aus der Registerakte der Gesellschaft beim Companies House), bedarf es eines entsprechenden Nachweises selbstverständlich nichts. Mangels abweichender Bestimmungen in der Satzung ist das Board of Directors grundsätzlich nur als Ganzes vertretungsberechtigt (Gesamtvertretungsmacht). Entscheidungen des **Boards als Kollegialorgan** der Gesellschaft werden gemeinschaftlich getroffen und gegenüber Dritten kommuniziert. Überschreitet ein Geschäftsführer die im Innenverhältnis bestehenden Vertretungsbeschränkungen, stellt dies in der Regel eine Pflichtverletzung dar, da er die ihm betreffenden Satzungsbestimmungen missachtet hat.

480 Davon zu unterscheiden ist der **Verkehrsschutz** Dritter, die mit dem Geschäftsführer im Außenverhältnis kontrahieren. Wie sich aus sec. 40 (1) CA 2006 ergibt, kann aufgrund seiner Stellung jeder Geschäftsführer allein – auch wenn im Innenverhältnis anders vorgegeben – die Gesellschaft wirksam gegenüber Dritten binden, sofern der Dritte gutgläubig ist. Sec. 40 (1) CA 2006 spricht von „directors". Inzwischen anerkannt ist jedoch, dass dies auch beim Handeln eines einzelnen Direktors gilt.[1102] Insofern besteht im Außenverhältnis das Primat einer Einzelvertretungsmacht.[1103] Hierbei ist der Umfang der entsprechenden Vertretungsmacht im Außenverhältnis grundsätzlich unbeschränkt und unbeschränkbar. Die früher vorherrschende, durch die Rechtsprechung entwickelte **ultra vires-Doktrin**[1104] gilt spätestens seit Reform des Companies Act 2006 nicht mehr.[1105] Eine Begrenzung des Unternehmensgegenstandes mit der Wirkung einer auf diesen eingeschränkten Rechtsfähigkeit der Gesellschaft (*Lack of Capacity*), und damit Außenvertretungsmacht eines Geschäftsführers, ist seit Umsetzung der Vorgaben der ehemaligen Publizitätsrichtlinie (= Art. 14 ff. Kodifizierungs-RL) (dazu § 20) ins Englische Recht nicht mehr zulässig. Sec. 39 (1) CA 2006 stellt dies eindeutig klar.

1097 *Davies/Worthington*, Gower's Principles of Modern Company Law, 2016, Rn. 16-179; *Doralt* in: Schall (Hrsg.), Companies Act, 2014, sec. 179 Rn. 2.

1098 Zur Anwendbarkeit auf den Direktor einer englischen Ltd. *Römermann* NZI 2010, 241; *Krieger/Sailer-Coceani* in: K. Schmidt/Lutter (Hrsg.), AktG, Bd. 1, 3. Aufl. 2015, § 15a InsO Rn. 1; *Altmeppen* NZG 2016, 521, 527.

1099 Zur insolvenzrechtlichen Qualifikation und damit Anwendbarkeit auf den Direktor einer englischen Ltd. EuGH, Rs. C-594/14 (Kornhass), ECLI:EU:C:2015:806 = NJW 2016, 223; BGH NZG 2015, 550.

1100 Deutschsprachig vgl. nur *Möser* RIW 2010, 850, 851.

1101 *Schall* in: Schall (Hrsg.), Companies Act, 2014, sec. 40 Rn. 6; *Levedag* in: Süß/Wachter (Hrsg.), HdB des internationalen GmbH-Rechts, 2016, England, Rn. 514.

1102 *Smith v. Henniker-Major* [2002] EWCA Civ 762; *Ford v. Polymer Vision Ltd* [2009] EWHC 945 (Ch); *Payne* ECFR 2004, 235 ff.

1103 *Schall* in: Schall (Hrsg.), Companies Act, 2014, sec. 40 Rn. 21; aus deutscher Sicht aA OLG Nürnberg FGPrax 2015, 124, 125.

1104 Siehe *shbury Railway Carriage Company and Iron Co. v. Richi* (1875) LR 7 HL 653; *Bell Houses Ltd. v. City Wall Properties Ltd.* [1966] 2 All ER 674.

1105 Rechtsvergleichend zur Entwicklung *Stiegler* in: Nueber/Przeszlowska/Zwirchmayr (Hrsg.), Privatautonomie und ihre Grenzen im Wandel, 2015, S. 39 ff.; zum sukzessiven Bedeutungsverlust der ultra vires-Doktrin siehe auch *Nyombi* IJLM 56 (2014) 347 ff.

Die Gesellschaft wird indes nur dann gebunden, wenn der Dritte gutgläubig ist und auch ansonsten die Grenzen eines Missbrauchs der Vertretungsmacht nicht überschritten wurde. Hat ein Geschäftsführer selbst gehandelt, besteht für einen gutgläubigen Dritten daher **umfassender Schutz** und er braucht sich über etwaige Beschränkungen im Innenverhältnis nicht zu kümmern. Umgekehrt ist der Dritte bei einem non-executive director nicht schutzwürdig. Auch unbenommen von sec. 40 CA 2006 müsste sich die Gesellschaft aufgrund des hervorgerufenen Rechtsscheins im Rahmen der Stellung als Direktoren dessen Handlungen zurechnen lassen. Eine **Einschränkung des Verkehrsschutzes** besteht jedoch nach sec. 41 CA 2006, wonach bestimmte Geschäfte zwischen der Gesellschaft und einem ihrer Geschäftsführer, einem Geschäftsführer ihres Mutterunternehmens oder einer mit diesem Direktor in Verbindung stehenden Person, durch die Gesellschaft anfechtbar sind. Bemerkenswert aus deutscher Sicht ist die andersartige und schärfere Regelung, der in Deutschland primär nur als Insichvertretung (§ 35 III GmbHG) behandelten Problematik, die in Großbritannien viel umfassender Interessenkonflikte erfasst. 481

Im Rahmen des Englischen Vertretungsrechts können auch **Dritte zur Vertretung** der Gesellschaft befugt sein. In der Satzung ist regelmäßig vorgesehen, dass ein Geschäftsführer befugt ist, Vollmachten zu erteilen. Diese werden grundsätzlich durch eine schriftlich und unterschriebene Urkunde (*Deed*) bezeugt. Für eine rechtsgeschäftliche Vertretungsmacht gilt das allgemeine Stellvertretungsrechts; mithin die Regelungen zur **Rechtsscheinvollmacht** (*Ostensible Authority*). Eine kaufmännische Vollmacht wie die (eingetragene) Prokura kennt das Englische Recht nicht.[1106] Aus Sicht des Rechtsverkehrs wird daher nicht unmittelbar erkennbar, ob die handelnde Person für die Gesellschaft vertretungsberechtigt ist.[1107] Ähnliches gilt für die (organschaftlichen) Vertretungsverhältnisse der Geschäftsführer einer Ltd. Mit dieser Problematik hatten sich auch deutsche Gerichte schon mehrmals zu beschäftigen. Nach obergerichtlicher Rechtsprechung sei das beim Companies House geführte Register nicht mit dem deutschen Handelsregister vergleichbar und könne damit **nicht als abschließender Nachweis** der Vertretungsbefugnis genügen.[1108] Insbesondere bei Handlungen eines Direktors gegenüber deutschen Behörden (zB bei Anmeldung einer Zweigniederlassung) wird man daher eine Vertretungsbescheinigung eines englischen oder deutschen Notars, die sich auf die Einsichtnahme verfügbarer Gesellschaftsdokumente der Ltd. (zB Satzung, Board-Beschlüsse) bezieht, erstellen müssen (s. bereits Rn. 479).[1109] Ggf ist auch die Vorlage der Satzung iVm mit dem entsprechenden Beschluss des Board of Directors ausreichend.[1110] Da entsprechende Nachweise gegenüber nicht-öffentlichen Dritten jedoch unüblich sind, besteht für den Rechtsverkehr trotz der Gutglaubensvorschrift der sec. 40 (1) CA 2006 – vor allem aus deutscher Sicht – ein gewisses Maß an Rechtsunsicherheit. Teilweise Erleichterung kann indes die Anbringung und Verwendung eines Gesellschaftssiegels (***Common Seal***) bringen, wodurch sich alle schriftlich abgeschlossenen Verträge eines (mutmaßlichen) Vertreters der Gesellschaft zurechnen lassen (sec. 43 (1) (a) CA 2006). 482

Das Konzept des **Insichgeschäfts** und damit das grundsätzliche Verbot des **Selbstkontrahierens** gem § 181 Alt. 1 BGB kennt das Englische Gesellschaftsrecht als solches nicht.[1111] Die Begrenzungen des sec. 41 (2) (3) CA 2006 gehen jedoch in ihren Wirkungen sogar deutlich weiter was Interessenkonflikte und ihre Auswirkungen auf das Vertretungsrecht betrifft. Außerdem muss ein Direktor jedes persönliche Interesse an einem bevorstehenden und abgeschlossenen Geschäft mit der Gesellschaft gem ssec. 177, 182 CA 2006 gegenüber seinen Mitgeschäftsführern offenlegen (s. Rn. 462). Zudem finden sich in der Satzung regelmäßig Bestimmungen, dass der entsprechende Geschäftsführer bei solchen Geschäften nicht stimmberechtigt ist.[1112] Weiterhin bestehen besondere Form- und Dokumentationspflichten, wenn ein Alleingesellschafter gleichzeitig einziger Geschäftsführer ist (sec. 231 CA 2006). Ferner kennt das Englische Recht aus gesellschaftsrechtlicher Perspektive auch keine mit § 181 Alt. 2 BGB vergleiche Regelung zum Verbot der Mehrfachvertretung. Mangels intern abweichender Vereinbarungen bzw. Beschlüssen kann der Vertreter einer Ltd. daher grundsätzlich gleichzeitig auch andere Parteien 483

1106 *Vogenauer* in: Triebel ua (Hrsg.), Englisches Handels- und Wirtschaftsrecht, 2012, Kap. I Rn. 13; *Levedag* in: Süß/Wachter (Hrsg.), HdB des internationalen GmbH-Rechts, 2016, England, Rn. 516.

1107 Problematisierend auch *Sino Chanell Asia Ltd. v. Dana Shipping and Trading Pte Singapore* [2016] EWHC 1118 (Comm). Dies gilt auch im Zusammenhang damit, dass eine unwiderruflich erteilte rechtsgeschäftliche Vollmacht grundsätzlich stets von Natur aus kündbar ist, vgl. *Bailey v. Angove's PTY Ltd.* [2016] UKSC 47.

1108 Vgl. OLG Nürnberg NZG 2015, 401; OLG Düsseldorf NZG 2015, 199; OLG Köln FGPrax 2013, 18; KG DNotZ 2012, 604; bei einer Ltd. mit nur einem Geschäftsführer den Handelsregisterauszug indes als ausreichend erachtend OLG Rostock NZG 2010, 618; zustimmend *Pfeiffer* Rpfleger 2012, 240, 243; anders im Hinblick auf die Vergleichbarkeit des Registers des Companies House mit dem deutschen Handelsregister *Zimmer/Naendrup* ZGR 2007, 789, 793 f.

1109 Vgl. *Hausmann* in: Reithmann/Martiny (Hrsg.), Internationales Vertragsrecht, 8. Aufl. 2015, Rn. 7.211; *Reichard* GWR 2015, 101; siehe auch *Wachter* in: Süß/Wachter (Hrsg.), HdB des internationalen GmbH-Rechts, 2016, § 2 Rn. 111.

1110 So KG NZG 2004, 49; die bloße Vorlage der Satzung reicht jedoch nicht aus, vgl. OLG Dresden GmbHG 2007, 1156.

1111 OLG Frankfurt GmbHR 2009, 214, 215; *Heinz/Hartung*, Die englische Limited, 2011, Kap. 7 Rn. 7; *Levedag* in: Süß/Wachter (Hrsg.), HdB des internationalen GmbH-Rechts, 2016, England, Rn. 515; vgl. auch OLG München GmbHR 2005, 1302; OLG Celle GmbHR 2005, 1303 f.; *Heckschen* NotBZ 2005, 24, 25.

1112 Siehe auch Art. 14 (1) der Mustersatzung.

vertreten. Aus deutscher Sicht wird dies dennoch zT als weniger klar erachtet und, da es keine mit § 181 BGB vergleiche Regelungen im Englischen Recht gibt, auch die Ausschlussmöglichkeit der dortigen Beschränkungen für unzulässig verstanden.[1113] Dies ist allerdings abzulehnen. Interne Beschränkungen im Hinblick auf Insichgeschäfte des Direktors einer Ltd. können sich jedoch aus Treuepflichten, die auf dem besonderen Vertrauensverhältnis zwischen der Gesellschaft und den für sie handelnden Vertretern beruhen, ergeben.[1114]

d) Company Secretary

484 Das Englische Kapitalgesellschaftsrecht kennt die interessante Figur des Company Secretary, die dem deutschen Gesellschaftsrecht unbekannt ist.[1115] Der Company Secretary (bzw. die mit dessen Aufgaben betraute Person) hat eine herausgehobene Stellung im Unternehmen, die mit der bloßen Übersetzung als „Sekretär" der Gesellschaft nicht hinreichend wiederzugeben ist. Ihm kommt eine wichtige **organisatorische Rolle** in der Gesellschaft zu.[1116] Er ist für die Erfüllung formaler Pflichten zuständig, an derer die Rechtsordnung ein besonderes Interesse hat (ordnungsgemäße Anmeldungen, Einladungen, Protokolle, Aktenführung). Im Zuge des Companies Act 2006 ist für die Ltd. seit April 2008 ein Company Secretary **nicht mehr verpflichtend** (sec. 270 (1) CA 2006). Vor allem kleine Gesellschaften sahen in der Führung einer gesonderten Person, die vor allem für die administrativen Tätigkeiten des Unternehmens verantwortlich ist, keinen Mehrwert. Mithin haben Private Companies die Möglichkeit, ob sie einen Company Secretary bestellen oder dessen Aufgaben von einer anderen Person wahrnehmen lassen.

485 In der Praxis haben viele der bestehenden Ltd. ihren Company Secretary beibehalten.[1117] In neueren Gesellschaften, die nur einfach strukturiert sind, werden dessen Aufgaben jedoch in der Regel von der **Geschäftsführung** übernommen. Hierzu sind sie nach sec. 270 (3) CA 2006 ausdrücklich ermächtigt.[1118] Neu zu gründende Ltd. oder bereits bestehenden Ltd. haben gleichwohl weiterhin die Möglichkeit einen Company Secretary zu bestellen. Gibt es einen Company Secretary, finden die gesetzlichen Vorschriften für diesen Anwendung (ssec. 274 ff. CA 2006) und er hat die ihm obliegenden Aufgaben zu erfüllen.

486 Ein Company Secretary kann eine **natürliche** oder **juristische Person** sein (ssec. 277 f. CA 2006). Hieran hat auch das Verbot von Corporate Directors durch den Small Business, Enterprise and Employment Act 2015 (s. Rn. 16) nichts geändert. In der Regel handelt es sich aber um eine natürliche Person, die zumeist Anwalt, Steuerberater oder Wirtschaftsprüfer ist.[1119] Dies ist jedoch nicht zwingend. Im Gegensatz zum Company Secretary einer plc (s. Rn. 597 f.) bestehen grundsätzlich **keine** gesetzlichen **Qualifikationsanforderungen** an diesen. Zudem können mehrere Personen zum Company Secretary bestellt werden. Mangels abweichender Vereinbarungen können sie in diesem Fall ihre Rechte und Pflichten nur gemeinsam ausüben.[1120] Sofern die Führung eines Company Secretary beabsichtigt ist, ist dieser bereits bei der Anmeldung und Gründung der Gesellschaft **zu benennen** (sec. 12 (2) (b) CA 2006). Er wird in der Regel von den Direktoren ernannt und entlassen. Details hierzu finden sich zumeist in der Satzung der Gesellschaft.[1121] Gibt es einen oder mehrere Company Secretary bzw. Secretaries, hat die Gesellschaft ein Verzeichnis über diesen bzw. diese (***Registrar of Secretaries***) zu führen (sec. 275 CA 2006). Hierfür gelten vergleichbare Bedingungen wie für das Verzeichnis der Direktoren (s. Rn. 415).

487 Die Pflichten eines Company Secretary sind nicht einheitlich im Companies Act 2006 kodifiziert. Sie ergeben sich aus der Rechtsprechung und anderen Regelwerken (insbes. hinsichtlich der Corporate Governance).[1122] Verschiedene Aufgaben ergeben sich indes aus Einzelvorschriften des Companies Act 2006. Insgesamt handelt es sich dabei im Wesentlichen um **administrative** und **innerorganisatorische Aufgaben**, wie das Unterzeichnen

1113 So wohl OLG München GmbHR 2005, 1302; *Preuß* in: Oetker (Hrsg.), HGB, 2017, § 8 Rn. 51.

1114 Vgl. *Wachter* ZNotP 2005, 122, 132 f.; *ders.* NZG 2005, 338.

1115 *Ringe/Otte* in: Triebel ua (Hrsg.), Englisches Handels- und Wirtschaftsrecht, 2012, Kap. V Rn. 254; *Doralt* in: Schall (Hrsg.), Companies Act, 2014, sec. 270 Rn. 1; *Just*, Die englische Limited in der Praxis, 2012, Rn. 202; *Heinz/Hartung*, Die englische Limited, 2011, Kap. 8 Rn. 1; *Servatius* in: Henssler/Strohn (Hrsg.), Gesellschaftsrecht, 2016, IntGesR, Rn. 196.

1116 Zur (fortbestehenden) Bedeutung des Company Secretary *Osborne* LSG 111 (2014) 21 f.; *Swabey* C.S.R. 38 (2014) 70 f.; siehe auch den Bericht der *All Party Parliamentary Corporate Governance Group* („Elevating the role of the company secretary") aus dem jahr 2012.

1117 *Boyle/Birds*, Company Law, 2014, Rn. 15.16.2.

1118 Danach gelten auch alle an den Company Secretary addressierten Schriftstücke als an die Gesellschaft addressiert.

1119 Bei größeren Gesellschaften ist der Company Secretary daher nicht selten auch der Leiter der Rechtsabteilung, vgl. Bericht der *All Party Parliamentary Corporate Governance Group* („Elevating the role oft he company secretary") aus dem Jahr 2012.

1120 *Palmer's Company Law*, 2016, Rn. 8.4011.

1121 Hieraus kann der Company Secretary jedoch grundsätzlich keine Rechte geltend machen, vgl. *Eley v. Positive Life Assurance Co.* (1876) 1 Ex D 88.

1122 *Palmer's Company Law*, 2016, Rn. 8.4023; *Cardale* in: Cardale (Ed.), A Practical Guide to Corporate Governance, 2014, Rn. 13-005; *Doralt* in: Schall (Hrsg.), Companies Act, 2014, sec. 270 Rn. 2.

bestimmter Schriftstücke und Dokumente, die Umsetzung der Weisungen der Geschäftsführung, das Führen und Überprüfen von Mitgliederverzeichnissen und Büchern, die Überwachung der Einhaltung gesetzlicher Vorschriften (zB zur ordnungsgemäßen Einberufung der Gesellschafterversammlung) oder die Protokollierung von Beschlüssen und Maßnahmen. Zudem werden Company Secretaries nicht selten beratend für die Geschäftsführung tätig oder nehmen zT selbst Managementaufgaben wahr.[1123] Spezielle Aufgaben können ihnen weiterhin durch die Satzung zugewiesen werden. So ist ein Company Secretary regelmäßig ermächtigt, Schriftstücke im Namen der Gesellschaft anzunehmen oder Personen einzustellen. Insgesamt hängen die Gesamtschau und der Umfang der Pflichten eines Company Secretary daher auch von der Größe und der Struktur des Unternehmens ab.[1124]

Aufgrund der hervorgehobenen Stellung des Company Secretary kommt diesem eine gesteigerte **Treue- und Sorgfaltspflicht** im Vergleich zu „normalen" Angestellten der Gesellschaft zu.[1125] Diese werden jedoch allein gegenüber der Gesellschaft und nicht den Anteilsinhabern geschuldet.[1126] Davon unbenommen bleiben seine Rechte als **Arbeitnehmer** der Gesellschaft (insbes. im Rahmen des Employment Rights Act 1996).[1127] Die Rechtsprechung erkennt dem Company Secretary bisweilen auch eine **Rechtscheinvollmacht** im Rahmen der mit seinen Tätigkeiten im Zusammenhang stehenden Geschäfte zu.[1128] Zudem kann er im Rahmen einer von der Geschäftsführung erteilten Handlungsermächtigung für bestimmte Geschäfte im Namen der Gesellschaft tätig werden.[1129] Vor allem hierbei zeigt sich jedoch das Problem, dass insbesondere bei einer Ltd. mit ausschließlicher Tätigkeit in Deutschland der Company Secretary nicht im Handelsregister zu vermerken und damit dessen tatsächliche Vertretungsbefugnis zuweilen ungewiss ist.[1130] Eine pauschalierte Gleichstellung zB mit einem Prokurist oder einem Handlungsbevollmächtigten ist aufgrund der abweichenden Konzeption und Funktionalität beider Rechtsfiguren grundsätzlich abzulehnen. 488

4. Kapitalverfassung

a) Gesellschaftskapital

Für die englische Ltd. besteht **kein gesetzliches Mindestkapital**. Es muss grundsätzlich kein bestimmtes Gesellschaftskapital bei ihrer Gründung gezeichnet werden. Folglich ist das Gesellschaftskapital einer Ltd. regelmäßig gering und beträgt durchschnittlich bei Gründung nur etwa £ 100.[1131] Das fehlende gesetzliche Mindestkapital sowie die **flexiblen Regelungen** zur Kapitalaufbringung gelten als eine der Hauptvorteile zur Wahl einer englischen Ltd. anstatt einer deutschen GmbH. In diesem Zusammenhang brachte das Englische Kapitalgesellschaftsrecht eine Vielzahl europäischer Staaten dazu, ihre Mindestkapitalanforderungen aufzuheben oder zumindest herabzusetzen. 489

Gleichwohl sieht der Companies Act 2006 verschiedene Bestimmungen zur **Aufbringung** eines privatautonom vereinbarten Gesellschaftskapitals vor. Zunächst ist gem ssec. 9 (4) (a), 10 CA 2006 bei Gründung eine Erklärung über das vereinbarte Gesellschaftskapital und die Anteilsstruktur (***Statement of Capital and Initial Shareholdings***) beim Companies House einzureichen (s. Rn. 278). In dieser Erklärung sind insbesondere die tatsächlich ausgegebenen Kapitalanteile (***Issued Share Capital***) sowie die damit verbundenen Rechte der Gesellschafter anzugeben. Aus den ausgegebenen Geschäftsanteilen ergibt sich die Höhe des vereinbarten Gesellschaftskapitals. Im Zuge des Companies Act 2006 wurde das bisher im Memorandum of Association zu bestimmende Nennkapital (*Nominal* bzw. *Authorised Share Capital*) durch das tatsächlich ausgegebene Kapital ersetzt. Dieses entspricht dem Nominalwert der von den Gesellschaftern übernommenen Anteile und beziffert damit deren Geschäftsbeteiligung an der Gesellschaft. Für unter dem Companies Act 2006 gegründete Gesellschaften müssen Geschäftsanteile einen festen Nennwert (zB £ 1) haben (sec. 542 (1) CA 2006). Die Zuteilung ohne einen solchen Nennwert ist nichtig. 490

Die Gesellschafter sind zur **Zahlung ihrer vereinbarten Einlage** verpflichtet. Anders als im deutschen Recht besteht keine gesetzliche Pflicht, die vereinbarte Einlage (teilweise) bei Gründung der Gesellschaft zu leisten. Der noch ausstehende Betrag auf den gezeichneten Geschäftsanteil (*Unpaid Share Capital*) kann jedoch **jederzeit** 491

1123 *Maidstone Buildings Ltd.* [1971] 1 WLR 1085, 1093; *Palmer's Company Law*, 2016, Rn. 8.4001.
1124 *Cardale* in: Cardale (Ed.), A Practical Guide to Corporate Governance, 2014, Rn. 13-001.
1125 *Palmer's Company Law*, 2016, Rn. 8.4018, 8.4030; *Just*, Die englische Limited in der Praxis, 2012, Rn. 205.
1126 *Kelly (John) v. Kelly (Thomas Macfarlane)* [1986] SLT 101.
1127 *Palmer's Company Law*, 2016, Rn. 8.4027 f.
1128 *Panorama Developments Ltd. v. Fidelis Furnishing Fabrics Ltd.* [1971] 2 QB 711; vgl. auch *Cardale* in: Cardale (Ed.), A Practical Guide to Corporate Governance, 2014, Rn. 13-004.
1129 *Barnet Hoares & Co. v. South London Tramways Co.* (1887) LR 18 QBD 815.
1130 Kritisch auch *Servatius* in: Henssler/Strohn (Hrsg.), Gesellschaftsrecht, 2016, IntGesR, Rn. 198.
1131 Vgl. *Companies House*, Companies Register Activities 2016/17; siehe auch *Hannigan*, Company Law, 2015, Rn. 21-4; *Just*, Die englische Limited in der Praxis, 2012, Rn. 211; *Ringe/Otte* in: Triebel ua (Hrsg.), Englisches Handels- und Wirtschaftsrecht, 2012, Kap. V Rn. 105.

von der Gesellschaft auf Abruf (*Call*), vertreten durch die Direktoren, **eingefordert werden.**[1132] Er beträgt die Differenz zwischen der vereinbarten Einlage und dem bereits eingezahlten Kapital (*Paid-Up Capital*). Bei dieser Aufforderung steht dem Geschäftsführer ein Ermessen zu.[1133] Bei Säumnis eines Gesellschafters, seine Einlagepflicht zu erfüllen, kann in der Satzung die Möglichkeit dessen Kaduzierung (*Forfeiture*) vorgesehen werden.[1134] Denkbar ist auch, dass die vereinbarte Einlage der Gesellschaft in Raten gezahlt wird.[1135] Entsprechende Teilzahlungen sind aufgrund des regelmäßig niedrigen Gesellschaftskapitals jedoch selten.[1136] Trotz fehlendem Mindestkapitalerfordernis dürfen Geschäftsanteile nicht unter ihrem Nominalwert ausgegeben werden (sec. 580 (1) CA 2006). Wie im deutschen Kapitalgesellschaftsrecht besteht daher ein **Verbot der Unterpari-Emission** (*Prohibition on Issue at a Discount*).[1137] Die Ausgabe zu einem höheren Betrag (Agio) als dem Nennwert ist hingegen möglich (*Share Premium*).

492 Die Einlage eines Gesellschafters kann sowohl durch **Barzahlung** als auch durch **Sachleistung** erbracht werden. Die Beschränkung auf eine bestimmte Einlageform kann in der Satzung oder durch anderweitige Vereinbarungen mit dem Inferenten geregelt werden. Bestehen keine ausdrücklichen Regelungen, ist davon auszugehen, dass eine Bareinlage (*Payment in Cash*) geschuldet wird.[1138] **Sacheinlagen** müssen einen nachweisbaren Vermögenswert besitzen. Dieser darf sich nicht auf eine vergangene Leistung beziehen, sondern muss spätestens zum Zeitpunkt der Zuteilung des damit verbundenen Geschäftsanteils bestehen.[1139] Das Problem der verdeckten Sacheinlage kennt das Englische Gesellschaftsrecht grundsätzlich nicht.[1140] Bei der Ltd. sind zudem **Arbeits- und Dienstleistungen** einlagefähig (arg. e sec. 585 (1) CA 2006). Diese werden grundsätzlich wie Sacheinlagen behandelt. Einlagefähig sind jedoch nur solche Dienstleistungen, die zukünftig zu erbringen sind.[1141] Auch sonstige Leistungen, die einen monetären Wert verwirklichen können (*In Money's Worth*), wie **Goodwill** oder **Know-How**, sind einlagefähig (vgl. sec. 582 (1) CA 2006).

493 Sacheinlagen (und andere Nicht-Bareinlagen) werden in der Regel von den Geschäftsführern der Gesellschaft bewertet. Eine gesetzliche Bewertungspflicht besteht, anders als im deutschen Recht, nicht und auch eine Bestätigung durch einen Wirtschaftsprüfer oder eine andere Person ist nicht erforderlich (arg. e sec. 593 (1) CA 2006). Der Registrar prüft grundsätzlich nicht, ob die eingebrachte Sachleistung überwertet ist.[1142] Bei einer Bewertung steht den Geschäftsführern folglich ein Ermessen zu. Sie dürfen jedoch keine offensichtlich zu hohe oder missbräuchliche Überwertung der Sacheinlage vornehmen.[1143] Andernfalls kommt ggf ein Regressanspruch der Gesellschaft auf diese zu (sec. 580 (2) CA 2006).

b) Arten von Anteilen

494 Das Englische Kapitalgesellschaftsrecht kennt verschiedene „Arten" von Geschäftsanteilen (*Classes of Shares*). Eine Ltd. kann unterschiedliche Typen von Anteilen ausgeben, die mit unterschiedlichen Rechten und Befugnissen ausgestattet sind. Bei einfach strukturierten Ltd. wird von dieser Variationsbreite jedoch nur selten in vollem Umfang Gebrauch gemacht. In der Regel werden hier nur „normale" (Stammgeschäfts-) Anteile (*Ordinary/ Common Shares*) an die Gesellschafter ausgegeben. Die Ausgabe mehrerer Anteilsgattungen mit unterschiedlicher Beschaffenheit ist daher überwiegend bei Public Companies vorzufinden. An die verschiedenen Anteile können in Abhängigkeit von satzungsmäßigen Bestimmungen unterschiedliche Rechte geknüpft sein (*Class*

1132 *Siems* in: Schall (Hrsg.), Companies Act, 2014, sec. 547 Rn. 2; *Ringe/Otte* in: Triebel ua (Hrsg.), Englisches Handels- und Wirtschaftsrecht, 2012, Kap. V Rn. 104; dazu auch *Otte*, Das Kapitalschutzsystem der englischen private limited company im Vergleich zur deutschen GmbH, 2006, S. 28 f.

1133 *Odessa Tramways Co. v. Mendel* (1878) 8 Ch D 235; dieses muss jedoch im Interesse der Gesellschaft ausgeübt werden, vgl. *Re National Provincial Marine Insurance Co.* (1870) 5 Ch App 599.

1134 So bereits *Kipong v. Todd* (1878) 3 CPD 350 (CA); vgl. auch *Boyle/Birds*, Company Law, 2014, Rn. 8.14; *Palmer's Company Law*, 2016, Rn. 2.1116.

1135 *Just*, Die englische Limited in der Praxis, 2012, Rn. 211; *Ringe/Otte* in: Triebel ua (Hrsg.), Englisches Handels- und Wirtschaftsrecht, 2012, Kap. V Rn. 101; vgl. auch *Levedag* in: Süß/Wachter (Hrsg.), HdB des internationalen GmbH-Rechts, 2016, England, Rn. 182.

1136 In vergleichbarem Zusammenhang wurde in einer jüngeren Entscheidung festgehalten, dass bei einer (börsennotierten) Aktiengesellschaft der Erwerber einer Aktie idR davon ausgeht, dass die mit dem Anteil verbundene Einlage voll eingezahllt ist, vgl. *Blomqvist v. Zavarco Plc & Ors* [2016] EWHC 1143 (Ch) at [86].

1137 Dazu auch *Otte*, Das Kapitalschutzsystem der englischen private limited company im Vergleich zur deutschen GmbH, 2006, S. 39 ff.

1138 *Governments Stock and Others Securities Investment Co. Ltd. v. Christopher* [1956] 1 WLR 237.

1139 *Re Mercantile Trading Co.* (1871) LT 11 Eq 13; *Re Eddystone Morine Insurance Co.* (1893) 3 Ch 9.

1140 Gleichwohl wurde in der Entscheidung *Re Bradford Investments plc (No. 2)* [1991] BCC 379 ein zur Umgehung der Sacheinlagevoraussetzungen bezwecktes zweigliedriges Bargeschäft nicht akzeptiert.

1141 *Heinz/Hartung*, Die englische Limited, 2011, Kap. 9 Rn. 22.

1142 *Re Wragg Ltd.* (1897) 1 Ch 796.

1143 *Tintin Exploration Syndicate Ltd. v. Sandys* [1947] 177 (LT) 412; *Re White Star Line* [1938] Ch 458.

Rights). Anteile gleicher Klassen sind dabei grundsätzlich gleich zu behandeln.[1144] Die Änderung der Anteilsrechte ist gem sec. 630 CA 2006 nur unter bestimmten Voraussetzungen möglich.

Ähnlich dem deutschen Aktienrecht konnten bis vor kurzem bei der Ltd. sowie plc auch (verbriefte) **Inhaberanteile** (*Share Warrants to Bearer*) ausgegeben werden (sec. 779 (1) CA 2006). Im Zuge des Small Business, Enterprise and Employment Act 2015 besteht diese Möglichkeit nicht mehr (sec. 84 (1) SBEEA 2015). Bis zum Februar 2016 hatten alle Inhaber solcher Anteilsbezugsscheine diese freiwillig zu liquidieren oder gegen „Namensanteile" (*Registered Shares*) einzutauschen. Andernfalls verloren diese alle ihre damit verbundenen Rechte und wurden annulliert (vgl. Schedule 4 zum SBEEA 2015). Mit der Abschaffung von Inhaberanteilen sollte vor allem ein weiterer Schritt in Richtung Transparenz hinsichtlich der tatsächlichen (wirtschaftlichen) Eigentümerstellung von Investoren gemacht werden.[1145] Gleichwohl waren solche Inhaberanteile im Englischen Gesellschaftsrecht (selbst bei Aktiengesellschaften) eher selten (s. Rn. 611). Dies galt insbesondere für die Ltd., so dass sich die Auswirkungen der Reform für diese in Grenzen halten. 495

Die häufigste Anteilsart sind **Ordinary Shares.**[1146] Diese geben seinem Inhaber Stimmrechte, ein Gewinnbeteiligungsrecht und das Recht zur Teilhabe am Liquidationserlös. Die Art und Reichweite der mit solchen „normalen" Anteilen verbundenen Rechte sind zumeist in der Satzung der Gesellschaft näher bestimmt. Ihre Inhaber haben grundsätzlich keinen Anspruch auf eine feste (turnusmäßige) Dividende.[1147] Daneben können auch Vorzugsanteile (***Preference*** oder ***Preferred Shares***) von der Gesellschaft ausgegeben werden. Diese gewähren grundsätzlich kein Stimmrecht und ihren Inhabern wird ein fester, auf den Nominalwert des Anteils bezogener, Betrag oder Prozentsatz ausgezahlt. Sofern nicht anders vereinbart, werden Vorzugsanteile im Rahmen der Abwicklung der Gesellschaft gegenüber Ordinary Shares priorisiert.[1148] Möglich ist auch die Ausgabe von einziehbaren (Vorzugs-) Anteilen (***Redeemable Preference Shares***) (sec. 684 (1) CA 2006). Als Ausnahme vom Verbot des Erwerbs eigener Anteile können diese von der Gesellschaft wieder zurückerworben werden und bieten damit die Möglichkeit einer temporären Mitgliedschaft in der Gesellschaft.[1149] Auch nachgezogene Anteile (***Deferred Shares***) werden bisweilen ausgegeben. Diese gewähren ein Gewinnbezugsrecht erst nach Dividendenausschüttung an die Inhaber von Ordinary und Preference/Preferred Shares. Schließlich können im Rahmen von Mitarbeiterbeteiligungsprogrammen (sec. 1166 CA 2006)[1150] spezielle Arbeitnehmeranteile (***Employees' Shares***) ausgegeben werden, die neben arbeitspsychologischen vor allem steuerliche Vorteile mit sich bringen.[1151] Interessant ist zudem, dass Arbeitnehmer seit neuestem auf verschiedene Arbeitnehmerschutzrechte verzichten können, wenn sie an der von ihr beschäftigten Gesellschaft Anteile im Wert von mindestens £ 2.000 erwerben (sec. 205a Employment Rights Act 1996). Dies soll Unternehmen ermuntern, entsprechende Arbeitnehmerbeteiligungsprogramme (zB ESOPs oder andere bonus schemes) aufzulegen. Wie in Deutschland ist zudem die Aussage „virtueller" Anteile (*Virtual Shares*) an besonders wertvolle Mitarbeiter zulässig und vor allem bei Start-Ups weit verbreitet. 496

c) Zuteilung von Anteilen

Der Zuteilung (***Allotment***) von Geschäftsanteilen an die Anteilsinhaber bedarf es sowohl im Rahmen der Gründung der Gesellschaft als auch im Zuge einer Kapitalerhöhung mit Ausgabe neuer Anteile. Die Zuteilung neuer Anteile erfolgt durch die Geschäftsführer kraft Ermächtigung in der Satzung oder durch einfachen Gesellschafterbeschluss (sec. 551 (1) CA 2006). Diese Ermächtigung muss die maximale Anzahl bzw. Höhe der auszugebenden Anteile sowie den Zeitraum der Ermächtigung (maximal fünf Jahre) angeben (sec. 551 (2), (3) CA 2006). Sie muss von den Geschäftsführern stets zum Wohle der Gesellschaft ausgeübt werden.[1152] Bemerkenswert ist, dass die Ermächtigung an das Board of Directors zur Anteilsausgabe durch einfachen Gesellschafterbeschluss **widerrufen** werden kann, und dies soweit auch, wenn die Ermächtigung aus der Satzung hervorgeht (sec. 551 (4) (b) CA 2006). Keine Ermächtigung zur Zuteilung von Anteilen benötigen die Geschäftsführer einer Ltd., die **nur eine Anteilsklasse** hat, wenn sie Anteile derselben Klasse ausgeben, es sei denn, die Satzung 497

1144 *Birch v. Cropper* (1889) 14 App Cas 525.

1145 Näher *Stiegler* ZIP 2016, 1808, 1813 f.

1146 Gelegentlich werden diese auch einfach als „Equities" bzw. „Equity Shares" oder „Common Shares" bezeichnet.

1147 *Hannigan*, Company Law, 2015, Rn. 16-20.

1148 *Mayson/French/Ryan*, Company Law, 2017, S. 168; *Hannigan*, Company Law, 2015, Rn. 16-24; *Girvin/Frisby/Hudson*, Charlesworth's Company Law, 2010, Rn. 7-004; *Ringe/Otte* in: Triebel ua (Hrsg.), Englisches Handels- und Wirtschaftsrecht, 2012, Kap. V Rn. 124; *Heinz/Hartung*, Die englische Limited, 2011, Kap. 9 Rn. 82.

1149 *Thole* in: Schall (Hrsg.), Companies Act, 2014, vor ssec. 684 ff. Rn. 1.

1150 Zur Förderung entsprechender Employee Ownership-Programme in Europa siehe Study on the promotion of employee ownership and participation vom Oktober 2014.

1151 *Palmer's Company Law*, 2016, Rn. 6.001 ff.; *Davies/Worthington*, Gower's Principles of Modern Company Law, 2016, Rn. 23-10.

1152 *Percival v. Wright* [1902] 2 Ch 421.

verbietet Entsprechendes (sec. 550 CA 2006). Dies gilt nicht, wenn Anteile einer anderen Klasse ausgegeben werden sollen oder wenn die Gesellschaft mehrere Anteilsklassen besitzt.

498 Im Falle der Neuausgabe bzw. Zuteilung von Geschäftsanteilen haben die bisherigen Gesellschafter ein zeitlich befristetes (14 Tage) **Bezugsrecht** (ssec. 561 (1) (a), 562 (5) CA 2006). Dieses kann jedoch nur durch Barleistung wahrgenommen werden (sec. 565 CA 2006). Das Bezugsrecht kann durch die Satzung ausgeschlossen werden. Zudem kann es durch außerordentlichen Gesellschafterbeschluss aufgehoben werden.[1153] Bei der Aufnahme neuer Gesellschafter ist zu beachten, dass eine Ltd. kein öffentliches Angebot abgeben darf (sec. 755 (1) CA 2006). Das Angebot auf Übernahme neu ausgegebener Anteile muss daher grundsätzlich von dem neuen Gesellschafter selbst kommen.

499 Möglich ist auch die Ausgabe von Geschäftsanteilen zu einem Preis, der über dem Nominalwert liegt (***Share Premium***). Der überzahlte Betrag (Agio) ist dann gesondert in einem Aufgeldkonto (*Premium Share Account*) anzulegen (sec. 610 CA 2006). Die Gesellschaft kann dieses separierte Aufgeld ua für die Bezahlung von sog **Bonus Shares** verwenden (sec. 610 (3) CA 2006). Ein Bonus Share (Gratisanteil) ist ein Anteil, der an die Anteilinhaber ausgegeben wird, ohne dass diese dafür bezahlen müssen. Dies dient in der Regel dazu, den Marktpreis für die Anteile zu senken. Die Ausgabe solcher Gratisanteile kann auch dem Zweck dienen, die Gesellschafter vom Erfolg des Unternehmens zu überzeugen, ohne das Kapital abfließen zu lassen. Der Premium Share Account kann auch zur **Finanzierung** der Ausgabe der Anteile verwendet werden, die den Premium Share generiert haben (sec. 610 (2) CA 2006).

d) Kapitalerhaltung

500 Obgleich es bei der Ltd. kein gesetzliches Mindestkapital gibt, bestehen Regelungen, die eine Erhaltung des vereinbarten und eingezahlten Gesellschaftskapitals betreffen. Die damalige Umsetzung der ehemaligen Kapitalrichtlinie (= Art. 2 ff., Art. 43 ff. Kodifizierungs-RL (dazu § 21)) erfolgte in vielen Teilen überschießend auch für die Ltd., so dass ein gewisser Gleichklang mit den Regelungen für Aktiengesellschaften geschaffen wurde.[1154] Eine Änderung des Gesellschaftskapitals darf nicht zulasten der Gläubiger durchgeführt werden. Nach englischem Fallrecht darf zum Schutz der Gläubiger **keine Rückzahlung bereits geleisteter Einlagen** an die Gesellschafter erfolgen, sofern dies nicht ausdrücklich gesetzlich zugelassen ist.[1155] So beschreibt auch sec. 617 CA 2006 abschließend die Möglichkeiten zur Änderung des Gesellschaftskapitals. Im Hinblick auf die Erhaltung des eingezahlten Kapitals sind hierbei insbesondere die Möglichkeiten der **Kapitalherabsetzung** (ssec. 641 ff. CA 2006) (s. Rn. 512), einer Kapitalherabsetzung in Verbindung mit einem Währungswechsel (sec. 626 CA 2006) sowie die Unterteilung oder Zusammenführung von Anteilen (sec. 618 CA 2006) zu beachten.

501 Eine Ltd. darf grundsätzlich **keine eigenen Anteile erwerben** (sec. 658 (1) CA 2006).[1156] Hiervon bestehen jedoch verschiedene Einschränkungen. Das Erwerbsverbot gilt nicht für einen Anteilserwerb im Rahmen einer ordnungsgemäßen Kapitalherabsetzung (sec. 659 (2) (a) CA 2006), dem **Rückerwerb von Anteilen** *(Redemption of Shares)* und dem Erwerb eigener Anteile *(Purchase of Own Shares)* in Übereinstimmung mit den Vorschriften der ssec. 684 ff. bzw. ssec. 690 ff. CA 2006.

502 Eine Ltd. kann einziehbare Anteile (***Redeemable Shares***) ausgeben (s. auch Rn. 604), sofern die Satzung dies nicht beschränkt bzw. ausschließt (sec. 684 CA 2006). Solche rückkaufbaren Anteile sowie eigene Anteile können erworben werden, wenn sie **vollständig einbezahlt** sind (ssec. 686 (1), 691 (1) CA 2006).[1157] Der Erwerb kann durch die Verwendung ausschüttbarer Gewinne, mit dem Erlös aus der zur Finanzierung des Erwerbs neu ausgegebenen Anteilen sowie mit Eigenkapital finanziert werden (ssec. 687 (1) – (3), 692 (1), (2) CA 2006). Letzteres kann durch die Satzung beschränkt oder ausgeschlossen werden. Die **Finanzierung mit Eigenkapital** unterliegt besonderen Regelungen (vgl. ssec. 709 ff. CA 2006), da hierdurch eine Kapitalherabsetzung stattfindet. Sobald die rückkaufbaren Anteile erworben sind, gelten sie als eingezogen und reduzieren damit das gezeichnete Kapital der Gesellschaft (sec. 688 CA 2006). Erworbene eigene Anteile hingegen können entweder eingezogen oder als sog **Treasury Shares** von der Gesellschaft gehalten werden. Dies ist der wohl maßgebende Unterschied zwischen dem Erwerb eigener Anteile und dem Rückkauf von Anteilen.[1158]

503 Sowohl für den Rückkauf von Anteilen als auch für den Fall, dass erworbene eigene Anteile eingezogen werden, muss die Gesellschaft eine **nicht-ausschüttbare Kapitalrücklage** (*Capital Redemption Reserve*) bilden, sofern der Erwerb durch ausschüttbare Gewinne finanziert wurde (sec. 733 CA 2006). Eine solche Capital Redemption Reserve wird gebildet, indem von den ausschüttbaren Gewinnen ein Anteil in Höhe des Betrages abgeführt

1153 *Ringe/Otte* in: Triebel ua (Hrsg.), Englisches Handels- und Wirtschaftsrecht, 2012, Kap. V Rn. 130, mit Verweis auf *Mutual Life Insurance Co. of New York v. Rank Organisation Ltd.* [1985] BCLC 11 (Ch).

1154 *Payne* in: Armour/Payne (Eds.), Rationality in Company Law, 2009, S. 123, 128.

1155 *Trevor v. Whiteworth* (1887) 12 App Cas 409.

1156 So bereits *Trevor v. Whiteworth* (1887) 12 App Cas 409.

1157 Dabei kann die Einzahlung auch in einer Sachleistung bestehen, vgl. *BDG Roff-Bond Ltd. v. Douglas* [2000] 1 BCLC 401.

1158 *Davies/Worthington*, Gower's Principles of Modern Company Law, 2016, Rn. 13-11.

wird, um den das gezeichnete Kapital herabzusetzen ist. Diese Kapitalrücklage ist auf der Soll-Seite zu bilanzieren.[1159] Wurde sie vom bereits eingezahlten Gesellschaftskapital (*Paid-Up Capital*) finanziert, kommen die Regelungen für eine Kapitalherabsetzung (s. Rn. 511 ff.) zur Anwendung (sec. 733 (6) CA 2006).

Innerhalb **eines Monats** ist dem Registrar die Anzahl der zurückgekauften Anteile zusammen mit dem abgeänderten Statement of Capital and Initial Shareholdings **mitzuteilen** (sec. 689 (1), (2) CA 2006). Sowohl hinsichtlich des Erwerbs (ssec. 690 ff. CA 2006) als auch des Haltens von Treasury Shares (ssec. 724 ff. CA 2006) sind zahlreiche Regeln zu beachten. So darf die Gesellschaft nicht ausschließlich nur noch rückkaufbare Anteile oder Treasury Shares besitzen. Der **Erwerb von Treasury Shares** kann nur durch ausschüttbare Gewinne finanziert werden und es dürfen keine Stimmrechte für diese Anteile ausgeübt und keine Ausschüttungen an diese Anteile geleistet werden. Vereinbarungen, die gegen sec. 658 (1) CA 2006 verstoßen, sind nichtig (sec. 658 (2) (b) CA 2006). Die handelnden Personen können dabei mit einer Freiheitsstrafe von bis zu zwei Jahren und/oder einer Geldbuße bestraft werden. 504

Die Regelungen zur **finanziellen Unterstützung** (*Financial Assistance*) beim Erwerb eigener Anteile gelten im Zuge des Companies Act 2006 nur noch für **Public Companies.**[1160] Für plc gehen die ssec. 677 ff. CA 2006 in einem differenzierten System zwar von der grundsätzlichen Zulässigkeit aus. Es gibt jedoch Ausnahmen, in denen eine finanzielle Unterstützung **verboten** ist (vgl. ssec. 678 ff. CA 2006), von denen es wiederum Rückausnahmen gibt (vgl. 681 f. CA 2006). 505

e) Kapitalerhöhung

Neben einer Finanzierung durch Fremdmittel kann sich eine Ltd. durch die Ausgabe und **Zuteilung neuer Geschäftsanteile** und damit einer Erhöhung des Gesellschaftskapitals finanzieren. Zur Stärkung der Eigenkapitalbasis und Kapitalausstattung eines Unternehmens kann es daher sinnvoll sein, eine Kapitalerhöhung aus Eigenmitteln der Gesellschafter vorzunehmen. Anders als im deutschen Recht (vgl. § 55 I GmbHG) ist eine Kapitalerhöhung durch Ausgabe neuer Anteile auch **ohne Änderung der Satzung** möglich (vgl. ssec. 550 f. CA 2006); mithin bedarf es grundsätzlich keines Gesellschafterbeschlusses für die Zuteilung neuer Anteile und damit zur Erhöhung des Gesellschaftskapitals. Das bedeutet jedoch nicht, dass die Gesellschafter ungefragt eine erweiterte bzw. erhöhte Einlageverpflichtung aufgrund Ausgabe neuer Kapitalanteile trifft. Im Vorfeld der Zuteilung neuer Anteile an die Gesellschafter steht weiterhin eine Vertragsbeziehung zwischen der Gesellschaft und dem Erwerber des auszugebenden Anteils.[1161] Das Vertragsangebot zur Zeichnung neuer Anteile und die damit verbundene Einlageleistung muss von dem Gesellschafter angenommen werden. 506

Die **Ermächtigung** über die Ausgabe und Zuteilung neuer Geschäftsanteile und damit einer Kapitalerhöhung steht den Geschäftsführern zu. Bei einer Private Company bestehen dabei zwei Varianten: Hat die Gesellschaft – wie im Regelfall – nur eine Anteilsgattung, haben allein die Direktoren Entscheidungsgewalt über die Zuteilung neuer Anteile (sec. 550 CA 2006). Regelmäßig finden sich jedoch Satzungsbestimmungen, die eine Kapitalerhöhung von der Zustimmung der Gesellschafter im Rahmen einer Beschlussfassung vorsehen.[1162] Fehlt eine solche Satzungsbestimmung jedoch, kann es sein, dass das Angebot zur Kapitalerhöhung bewusst zu einem Zeitpunkt erfolgt, indem ein Teil der Gesellschafter Schwierigkeiten hat, das Angebot wahrzunehmen. Besitzt die Gesellschaft **mehrere Anteilsgattungen,** bedarf es hingegen der Ermächtigung durch die Gesellschaft (sec. 551 CA 2006). Diese Ermächtigung kann entweder in der Satzung bestimmt sein oder auf einem Gesellschafterbeschluss beruhen. Sie kann sowohl zeitlich als auch inhaltlich beschränkt sein, darf sich jedoch maximal auf fünf Jahre beziehen (sec. 551 (2), (3) CA 2006). 507

Von praktischer Bedeutung ist im Rahmen einer Kapitalerhöhung, dass im Grundsatz jedem Gesellschafter ein (gesetzliches) **Bezugsrecht** zusteht (sec. 561 CA 2006).[1163] Bei der Ausgabe von Ordinary Shares hat die durch die Geschäftsführer vertretene Gesellschaft bei einer Kapitalerhöhung zuerst den bisherigen Anteilsinhabern ein Angebot zum Erwerb der neuen Geschäftsanteile zu unterbreiten (*Pre-Emption Right*). Gleichwohl bestehen verschiedene **Ausnahmen** vom Bezugsrecht (vgl. ssec. 564 ff. CA 2006). Das Bezugsrecht kann von Gesetzes wegen (bei Bonusanteilen, Sacheinlagen und Mitarbeiterbeteiligungsprogrammen) sowie privatautonom durch die Satzung ausgeschlossen werden. Ferner besteht für die Gesellschafter die Möglichkeit, die Geschäftsführer zu ermächtigen, dass sie die Zuteilung neuer Anteile in einer Weise vornehmen, als ob das Bezugsrecht nicht oder nur modifiziert zur Anwendung (*Disapplication*) gelangt (ssec. 570 f. CA 2006). Eine entsprechende Ermächtigung kann durch die Satzung oder im Rahmen eines **qualifizierten Gesellschafterbeschlusses** erteilt werden. Die 508

1159 *Boyle/Birds*, Company Law, 2014, Rn. 7.17.9.

1160 Zum Begriff der finanziellen Unterstützung siehe *British and Commonwealth Holding plc v. Barclays Bank* plc [1996] 1 WLR 1; *Robert Chaston v. SWP Group Ltd.* [2002] All ER D 345.

1161 *Davies/Worthington*, Gower's Principles of Modern Company Law, 2016, Rn. 24-18; *Palmer's Company Law*, 2016, Rn. 5.801; *Siems* in: Schall (Hrsg.), Companies Act, 2014, vor ssec. 549 ff. Rn. 3.

1162 Siehe auch Art. 22 der Mustersatzung.

1163 Ob bei der GmbH ein gesetzliches Bezugsrecht besteht, ist umstritten, zum Streitgegenstand vgl. *Lieder* in: MüKo GmbHG, Bd. 3, 2. Aufl. 2016, § 55 Rn. 67 ff.; *Priester* in: Scholz, GmbHG, Bd. 3, 11. Aufl. 2015, § 55 Rn. 40 ff.

Nicht-Anwendung kann dabei generalisiert sein oder sich nur auf einen bestimmten Einzelfall beziehen. Natürlich können die Gesellschafter auch jeweils auf das ihnen zustehende Bezugsrecht verzichtet. Hierbei empfiehlt sich allerdings eine ausdrückliche Verzichtserklärung.

509 Darüber hinaus folgen die Regelungen zu Kapitalerhöhungen im Rahmen der Ausgabe und Zuteilung neuer Geschäftsanteile den **Vorgaben zur Kapitalaufbringung** (bei Gründung der Gesellschaft) (s. Rn. 490 ff.). Dies umfasst auch die entsprechende Änderung des Mitgliederverzeichnisses und ggf PSC-Registers, die Ausstellung eines neuen Anteilsscheins sowie die Übermittlung eines geänderten Statement of Capital and Initial Shareholdings.

510 Neben einer durch Eigenmittel finanzierten Kapitalerhöhung ist eine Fremdfinanzierung durch **Schuldverschreibungen** (*Debentures*) von Bedeutung (vgl. sec. 738 CA 2006). Diese werden in der Regel durch sog **Floating Charges** abgesichert, dh durch Sicherungsmittel am bestehenden und künftigen Gesellschaftskapital.[1164] Solche floating charges sind die typische Unternehmenshypothek im Englischen Gesellschaftsrecht und stellen einen der Vorteile des Company Law gegenüber dem Partnership Law dar, da diese Form der Sicherung für die (General) Partnership und die LP unzulässig ist (s. Rn. 223). Wird – wie regelmäßig – zwischen dem Schuldner und dem Gläubiger einer Debenture ein Treuhänder geschaltet, bedarf es zudem der Ausfertigung einer **Treuhandurkunde** (*Debenture Trust Deed*).[1165] Für die Ausgabe einzelner Arten, wie beispielsweise Wandelschuldverschreibungen, gelten grundsätzlichen die gleichen Regelungen wie für Zuteilung neuer Anteile (ssec. 549 (1) (b), 550 (b) CA 2006).

f) Kapitalherabsetzung

511 Eine Herabsetzung des Gesellschaftskapitals ist grundsätzlich – wenngleich in engen Grenzen – zulässig. Der englische Gesetzgeber steht einer Kapitalherabsetzung dennoch deutlich positiver gegenüber als der europäische bzw. der deutsche Gesetzgeber. Ein System flexiblen Kapitals wird als effizienter als das System festen Eigenkapitals angesehen.[1166] Die Gläubigerinteressen werden durch den solvency test befriedigt. Dieses System konnte der englische Gesetzgeber aufgrund der europäischen Vorgaben allerdings nur für die Ltd. einführen. Sie kann ua durch die bereits angesprochene **Finanzierung** des Erwerbs eigener bzw. rückkaufbarer Anteile erfolgen (s. Rn. 502). Bevor eine derartige Kapitalherabsetzung zulässig ist, muss die Gesellschaft zunächst etwaige ausschüttbare Gewinne oder Erträge aus der Ausgabe von Anteilen zur Finanzierung des Erwerbs aufbrauchen (sec. 710 (1) CA 2006). Hierbei besteht jedoch keine Pflicht zur Bereithaltung ausschüttbarer Gewinne bzw. von Erträgen aus der Ausgabe von Anteilen. Zudem bedarf es einer **Erklärung der Geschäftsführer**, dass die Gesellschaft unmittelbar nach der Kapitalherabsetzung in der Lage sein wird, ihre Verbindlichkeiten zu begleichen und in dem darauffolgenden Jahr ihre Geschäftstätigkeit aufrecht zu erhalten. Hinzu kommt der Bericht eines Wirtschaftsprüfers (*Auditor's Report*), ein außerordentlicher Gesellschafterbeschluss (*Special Resolution*) und eine öffentliche Erklärung bezüglich der vorgesehenen Zahlung (vgl. ssec. 713 ff. CA 2006). Zudem muss die Erklärung des/der Direktoren und der Bericht des Wirtschaftsprüfers zur **Einsicht** ausgelegt werden (sec. 720 CA 2006).

512 Weiterhin kann eine Kapitalherabsetzung gemäß den Vorschriften der ssec. 641 ff. CA 2006 vollzogen werden. In sec. 641 (4) CA 2006 sind praktische relevante Beispiele für eine entsprechende Kapitalherabsetzung aufgelistet (Verzicht auf eine noch nicht eingeforderte Einlage, **Kapitalschnitt**,[1167] Herabsetzung des Paid-Up Capital durch Änderung des Nennwertes einzelner Anteile oder des Nominalkapitals). Für die Zulässigkeit einer Kapitalherabsetzung spielen die zugrundeliegenden Motive gleichwohl keine Rolle.[1168] Sec. 641 (1) CA 2006 sieht zwei Möglichkeiten einer Kapitalherabsetzung vor. Traditionell kann eine Herabsetzung des Gesellschaftskapitals von einem **gerichtlichen Beschluss** (*Court Approval*) abhängig gemacht werden. Für die Ltd. besteht seit dem Companies Act 2006 darüber hinaus die Möglichkeit, auf Grundlage einer **Solvenzerklärung** (*Solvency Statement*) der Geschäftsführer eine Kapitalherabsetzung zu lancieren. Für Privatgesellschaften wurde damit die Durchführung einer Kapitalherabsetzung wesentlich erleichtert.[1169] Für beide Kapitalherabsetzungsmöglichkeiten bedarf es jedoch weiterhin eines außerordentlichen Gesellschafterbeschlusses (*Special Resolution*)

1164 *Walters* Univ. Ill. L. Rev. 2015, 543, 549 f.; *Ringe/Otte* in: Triebel ua (Hrsg.), Englisches Handels- und Wirtschaftsrecht, 2012, Kap. V Rn. 185; *Just*, Die englische Limited in der Praxis, 2012, Rn. 253 f.; vgl. auch *Kleweta*, Die Sicherungsfunktion der Floating Charge in Deutschland, 2018, S. 9 ff.

1165 Jüngst zur (allgemeinen) Behandlung von Trust Deeds *BNY Mellon Corporate Trustee Services Ltd. v. LBG Capital No 1 plc* [2016] UKSC 29.

1166 Vgl. nur *DTI*, Company Law Reform (Cm 6456, March 2005), S. 43; *Ferran* ECFR 2006, 178 ff.

1167 Ein solcher wird zumeist durchgeführt, um die Möglichkeit einer Dividendenausschüttung für die Gesellschafter wiederherzustellen, vgl. *Levedag* in: Süß/Wachter (Hrsg.), HdB des internationalen GmbH-Rechts, 2016, England, Rn. 224.

1168 *Palmer's Company Law*, 2016, Rn. 4.304, mit Verweis auf *Westburn Sugar Refineries Ltd., Petitioners* [1951] 1 All ER 881.

1169 Zum Hintergrund der Neuregelung *Schall/Günther* in: Schall (Hrsg.), Companies Act, 2014, sec. 641 Rn. 2 ff.; siehe auch *Brocker* GmbHR 2009, 477, 479 ff.

(s. Rn. 398) mit einer qualifizierten Stimmenmehrheit. Sofern mehrere Anteilsklassen vorhanden sind, bedarf es zudem eines qualifizierten Beschlusses jeder dieser Klassen (sec. 630 (2) CA 2006).

Bei einer Kapitalherabsetzung durch Special Resolution in Verbindung mit einer **Solvenzerklärung** (sec. 642 CA 2006) darf die entsprechende Erklärung nicht früher als 15 Tage vor dem geplanten Gesellschafterbeschluss von den Geschäftsführern ausgesprochen werden. Inhaltlich haben die Geschäftsführer in der Solvenzerklärung auf Basis eines vorherigen **Solvency Tests** für die folgenden zwölf Monate zu bestätigen, dass die Gesellschaft sämtliche (bedingten) Verpflichtungen erfüllen und im Falle einer Liquidierung innerhalb dieses Zeitraums alle gegen sie bestehenden Forderungen begleichen kann (sec. 643 (1) CA 2006). Aus der Solvenzerklärung muss sich mithin ergeben, dass **keinerlei Anhaltspunkte** (*No Grounds*) für eine eventuelle Zahlungsunfähigkeit der Gesellschaft für das nächste Geschäftsjahr bestehen.[1170] Die (subjektive) Erkenntnis eines jeden Geschäftsführers, dass keine solchen Anhaltspunkte bestehen, ist dabei auf die Situation der Gesellschaft zum Zeitpunkt der Erstellung der Solvenzerklärung unter Berücksichtigung auch der Zahlungsfähigkeit der Gesellschaft für künftige und eventuelle Verbindlichkeiten zu beziehen.[1171] 513

Die Abgabe einer **fehlerhaften Solvenzerklärung** ist strafbewährt (sec. 643 (4) CA 2006). Nach vollzogener Kapitalherabsetzung müssen innerhalb von 15 Tagen zzgl zu dem Beschluss eine Kopie der Solvenzerklärung sowie eine Kapitalbescheinigung (***Capital Statement***) beim zuständigen Registrar eingereicht werden (sec. 644 (1) CA 2006). 514

Zudem besteht die Möglichkeit einer **Kapitalherabsetzung aufgrund Gerichtsbeschluss** (sec. 645 ff. CA 2006). Die zuvor mit qualifizierter Mehrheit beschlossene Herabsetzung des Gesellschaftskapitals wird dabei erst mit einer Zustimmung des Gerichts wirksam. Hierfür muss die von den Direktoren vertretene Gesellschaft einen gerichtlichen Bestätigungsbeschluss (*Court Approval*) beantragen (sec. 645 (1) CA 2006). Dem Gericht steht bei seiner Prüfung der Statthaftigkeit der Kapitalherabsetzung ein Ermessenspielraum zu. In diesem Zusammenhang hat es auch die Möglichkeit, ein **Gläubigerwiderspruchsverfahren** durchzuführen (vgl. sec. 646 CA 2006).[1172] Zudem kann das Gericht in seiner Entscheidung inhaltlich vom Gesellschafterbeschluss abweichen und eine aus seiner Sicht angemessene Herabsetzung des Gesellschaftskapitals anordnen. 515

g) Gewinnausschüttung

Vor allem investierende Mitglieder einer Gesellschaft sind an der Ausschüttung der von der Gesellschaft erzielten Gewinne interessiert. Inhaber Ordinary (Registered) Shares haben grundsätzlich ein legitimes **Interesse an der Gewinnbeteiligung** und Zahlung einer entsprechenden Dividende. Das Englische Gesellschaftsrecht enthält dennoch keinen Anspruch auf Dividende im Falle der Gewinnerzielung. Nur in wenigen Fällen kann die Versagung einer Dividende als Unfairly Prejudical Conduct im Sinne von sec. 994 CA 2006 eingeordnet werden.[1173] Bei dauerhafter Unfähigkeit zur Dividendenzahlung kann dies auch ein Auflösungsgrund für die Gesellschaft sein.[1174] Zum Schutz der Gesellschaftsgläubiger sieht das Gesetz jedoch eine – mit Ausnahmen versehene – gesellschaftsrechtliche **Ausschüttungssperre** vor bzw. regelt die Modalitäten und Voraussetzungen, unter denen eine Ausschüttung von Gesellschaftsmitteln an die Anteilsinhaber zulässig ist (vgl. ssec. 829 ff. CA 2006). Der Begriff der Ausschüttung (*Distribution*) wird in sec. 829 (1) CA 2006) weit verstanden.[1175] Neben Dividenden ist grundsätzlich jede Form der Übertragung von Gesellschaftsvermögen an die Gesellschafter erfasst. Auch **verdeckte Gewinnausschüttungen** (*Hidden Profit Distributions*) fallen hierunter.[1176] Eine beabsichtigte Ausschüttung kann sowohl in einer Bar- als auch Sachleistung der Gesellschaft bestehen. Sachausschüttungen folgen dabei den gleichen Bestimmungen wie Barausschüttungen.[1177] Typisch ist jedoch die Ausgabe einer Bardividende. 516

In sec. 830 CA 2006 wird eine grundsätzliche **Ausschüttungssperre** statuiert und eine Ausschüttung von Gesellschaftsvermögen auf die erwirtschafteten Gewinne beschränkt.[1178] Die Regelung ist daher funktional mit § 30 GmbHG vergleichbar. Die Regelungen zur beschränkten Vermögensausschüttung sind nicht dispositiv und kön- 517

1170 *Boyle/Birds*, Company Law, 2014, Rn. 8.13.1; *Schall/Günther* in: Schall (Hrsg.), Companies Act, 2014, ssec. 642-644 Rn. 2; siehe auch *Cook v. Green* [2009] BCC 204; *BNY Corporate Trustee Services Ltd. v. Eurosail-UK* [2013] 1 BCLC 613.

1171 *BTI 2014 LLC v. Sequana S.A. & Ors* [2016] EWHC 1686 (Ch) at [327].

1172 Hierzu auch *Re Liberty International Ltd.* [2010] 2 BCLC 665.

1173 *Re Sam Weller & Sons Ltd.* [1990] Ch 682.

1174 *Re Company* [1988] 4 BCLC 506.

1175 *Hannigan*, Company Law, 2015, Rn. 22-86; *Girvin/Frisby/Hudson*, Charlesworth's Company Law, 2010, Rn. 12-003; *Thole* in: Schall (Hrsg.), Companies Act, 2014, sec. 829 Rn. 10.

1176 *Thole* in: Schall (Hrsg.), Companies Act, 2014, sec. 829 Rn. 10; *Heinz/Hartung*, Die englische Limited, 2011, Kap. 9 Rn. 43; siehe auch *Re Halt Garage Ltd.* [1982] 3 All ER 1016.

1177 *Levedag* in: Süß/Wachter (Hrsg.), HdB des internationalen GmbH-Rechts, 2016, England, Rn. 241.

1178 Die zusätzliche Ausschüttungsbeschränkung nur aus dem Nettovermögen (*net assets*) der Gesellschaft (sec. 831 CA 2006) gilt nur für Public Companies.

nen nicht durch die Satzung oder einen Gesellschafterbeschluss abbedungen werden.[1179] Ein entsprechender Beschluss ist nichtig. Indes können strengere Vorgaben aufgestellt werden (sec. 852 CA 2006). Ausschüttungsfähige Gewinne (*Distributional Profits*) sind die noch nicht verbrauchten, kumulierten und realisierten Gewinne abzüglich noch nicht angeschriebener, kumulierter und realisierter Verluste der Gesellschaft (sec. 830 (2) CA 2006). Im Prinzip ist daher der erzielte **Bilanzgewinn** ausschüttungsfähig. Dabei ist nicht das Ergebnis des abgelaufenen Geschäftsjahres, sondern die Gesamtbetrachtung des entsprechenden Gesellschaftsvermögens maßgebend.[1180]

518 Die Entscheidung darüber, ob und in welcher Höhe der erzielte Bilanzgewinn an die Gesellschafter ausgeschüttet wird, obliegt den Geschäftsführern. Im Falle einer **Ausschüttung aus Rücklagen** bedarf es der auf einem Vorschlag der Geschäftsführer basierenden Zustimmung der Gesellschafter. Eine entsprechende Ausschüttung erfolgt sodann nach Mehrheitsbeschluss der Gesellschafter durch Empfehlung des Boards. Gemäß der Mustersatzung (Art. 30) können sie jedoch lediglich dem **Dividendenvorschlag** der Geschäftsführung zustimmen. Eine Ablehnung in Verbindung mit einem eigenen, höher dotierten Vorschlag ist nicht vorgesehen. Abweichendes kann indes vereinbart werden. In der Regel erhalten die Gesellschafter eine Gewinn- bzw. Rücklagenauszahlung im Verhältnis zu ihrer vereinbarten Kapitaleinlage.[1181] Sie können jedoch auch auf ihren Anspruch auf Dividendenzahlung verzichten.

519 Dividenden können auch in Form einer Zwischen- bzw. **Vorabausschüttung** (*Interim Dividends*) an die Gesellschafter ausgezahlt werden. Über solche „Sonderausschüttungen" beschließt gemäß der Mustersatzung die Geschäftsführung. Der Zustimmung der Gesellschafter bedarf es grundsätzlich nicht.[1182] Gegebenenfalls ist von den Direktoren jedoch eine **gesonderte Zwischenbilanz** (*Interim Accounts*) zu erstellen, wenn die Bezugnahme auf die Vorjahresbilanz zur Unzulässigkeit einer Gewinnausschüttung führen würde (sec. 838 (1) CA 2006).

520 Sollte ohne Vorliegen eines Gesamtbilanzgewinns eine Dividendenausschüttung an die Gesellschafter erfolgen, machen sich die Geschäftsführer aufgrund eines Pflichtenverstoßes gegenüber der Gesellschaft schadensersatzpflichtig.[1183] Dies gilt auch, wenn die Gesellschaft bereits insolvent ist.[1184] Der Anspruch der Gesellschaft bezieht sich auf die **Rückerstattung** des unrechtmäßig ausgezahlten Geschäftsvermögens; nicht jedoch auf die Kompensation der dadurch faktisch für die Gesellschaft entstandenen Verluste.[1185] Zudem müssen Gesellschafter, denen bekannt war oder hätte bekannt sein müssen (*Has Reasonable Grounds for Believing*), dass die Voraussetzungen für eine Ausschüttung nicht vorlagen, die ausgezahlte Dividende zurückerstatten (sec. 847 (2) CA 2006). Insofern besteht eine vergleichbare Rechtsfolge mit der Erstattungspflicht verbotener Rückzahlungen wie nach deutschem Recht gem § 31 I GmbHG. Ein Anspruch der Gesellschaft besteht dabei entweder in einer Rückzahlung der erlangten Mittel oder in der Zahlung eines entsprechenden Wertausgleichs. Eine Naturalrestitution ist grundsätzlich nicht möglich.

521 Die Voraussetzungen an die **Kenntnis** bzw. das bekannt sein müssen sind nicht endgültig geklärt.[1186] Auf die Fähigkeit zu rechtlichen Schlussfolgerungen bei Kenntnis der zugrundeliegenden Tatsachen soll es dabei nicht ankommen.[1187] Die Existenz einer Erkundigungspflicht ist zwar zu bejahen, die Reichweite dennoch ungewiss.[1188] Ein Ausschluss dieser (zivilrechtlichen) Haftung durch die Satzung oder die Mitgesellschafter ist ebenfalls nicht möglich. Im Falle einer unrechtmäßigen Gewinnausschüttung aufgrund des Vertrauens auf eine fehlerhafte Bilanz kommt zudem eine Haftung des beauftragten Abschlussprüfers in Betracht.[1189]

522 Im Zusammenhang mit der Rechtmäßigkeit von Ausschüttungen sind Geschäfte bzw. Transaktionen zwischen der Gesellschaft und einzelnen Gesellschaftern zu beachten. Diese können eine **verbotene Kapitalrückgewähr** an den betreffenden Anteilsinhaber mit den og Konsequenzen darstellen, wenn ein Vermögensgegenstand zu einem unter dem Marktwert liegenden Buchwert von der Gesellschaft übertragen wurde und keine ausschüttungsfähigen Gewinne vorhanden sind.[1190] Sind jedoch **ausschüttungsfähige Gewinne** vorhanden, bestimmt sec. 845 CA 2006, dass die Übertragung eines Vermögensgegenstandes zum Buchwert nicht als Ausschüttung gilt bzw. der Ausschüttungsbetrag null oder die Differenz zwischen dem Buchwert und dem mit der Übertragung erlangten

1179 *Precision Dippings Ltd. v. Precision Dippings Marketing Ltd.* [1986] Ch 447 (CA), 457; *Bairstow v. Queens Moat Houses plc* [2001] 2 BCLC 531 (CA), 544.
1180 Vgl. *Davies/Worthington*, Gower's Principles of Modern Company Law, 2016, Rn. 12-3; *Boyle/Birds*, Company Law, 2014, Rn. 7.21.2.
1181 *Just*, Die englische Limited in der Praxis, 2012, Rn. 240; vgl. auch sec. 581 (c) CA 2006.
1182 *Levedag* in: Süß/Wachter (Hrsg.), HdB des internationalen GmbH-Rechts, 2016, England, Rn. 238.
1183 *Re National Funds Assurance Co.* (1878) 10 Ch D 118; *Re Exchange Banking Co.* (1882) 21 Ch D 519.
1184 *Bairstow v. Queens Moat Houses plc* [2001] 2 BCLC 531 (CA).
1185 *Commissioners of HM Revenue and Customs v. Holland* [2010] UKSC 51 at [48 f.].
1186 *Precision Dippings Ltd. v. Precision Dippings Marketing Ltd.* [1986] Ch 447 (CA), 457 f.
1187 *It's a Wrap (UK) Ltd (In Liquidation) v. Gula* [2006] EWCA Civ 544.
1188 *It's a Wrap (UK) Ltd (In Liquidation) v. Gula* [2006] EWCA Civ 544.
1189 *Re London and General Bank (No 2)* (1895) 2 Ch 673; *Re Thomas Gerrard and Son Ltd.* [1968] Ch 455.
1190 *Aveling Barford v. Perion* [1989] BCLC 626; siehe auch *Progress Property & Co. Ltd. v. Moorgarth Group Ltd.* [2011] 1 WLR 1.

Gegenwert sei. Dies gilt jedoch nur, wenn es sich nicht um eine Barleistung als Transaktionsgegenstand (*Non-Cash Asset*) handelt.

5. Haftung für die Verbindlichkeiten der Gesellschaft

a) Haftungsbeschränkung der Gesellschafter

Grundsätzlich haften die Gesellschafter einer Ltd. nur beschränkt in Höhe der mit der Gesellschaft vereinbarten Einlage. Dem Prinzip des Kapitalgesellschafsrechts folgend, haften sie darüber hinaus nicht persönlich für die Schulden der Gesellschaft. Dieser Grundsatz basiert im Englischen Gesellschaftsrecht auf der berühmten ***Salomon*-Entscheidung** aus dem 19. Jahrhundert.[1191] Danach ist das Vermögen der Gesellschaft strikt von dem der Gesellschafter zu trennen. Mit Registrierung erlangt eine Ltd. **eigene Rechtspersönlichkeit** (*Separate Legal Personality*) und stellt ein eigenständiges Rechtssubjekt (*Legal Entity*) dar (vgl. sec. 16 (2) CA 2006). Sie hat unabhängig von ihren Mitgliedern selbstständige Rechte und Pflichten. Dritte haben sich an die Gesellschaft als juristische Person (*Body Corporate*) zu halten und können grundsätzlich keinen Rückgriff auf die dahinterstehenden Anteilsinhaber nehmen. Die Grundsätze der *Salomon*-Entscheidung zählen zu den Kernprinzipen des Englischen Company Law und wurden sowohl im Hinblick auf die Rechtspersönlichkeit einer Ltd. als auch die Haftungsbeschränkung der Gesellschafter zahlreiche Male instanz- und höchstgerichtlich bestätigt.[1192] 523

Die Gesellschafter haften nur in Höhe ihrer **vereinbarten Kapitaleinlage.** Bei einer noch nicht vollständig erbrachten Einlage haften sie auf den Differenzbetrag zum verabredeten Nominalwert der Einlage. Die Geschäftsführer können die noch (teilweise) offene Einlage jedoch jederzeit fordern (s. Rn. 491). Die beschränkte Haftung auf die vereinbarte (und idR vollständig erbrachte) Einlage gilt auch in der Insolvenz der Gesellschaft. Ein „Haftungsdurchgriff" auf das persönliche Vermögen einzelner Gesellschafter ist grundsätzlich nicht möglich. Auch (gesetzliche) Nachschusspflichten gibt es nicht. Hiervon unbenommen bleibt eine mögliche **Binnenhaftung** gegenüber der Gesellschaft oder Mitgesellschaftern (zB wegen Unfair Prejudice). Eine Haftung kommt unter Umständen dann in Betracht, wenn der Gesellschafter gleichzeitig Geschäftsführer der Ltd. ist oder wegen deliktischer Handlungen, die einen Straftatbestand erfüllen und nicht zwingend an die Person eines Direktors geknüpft sind. 524

Es bestehen **gesetzliche Ausnahmebestimmungen** (*Statutory Exceptions*) vom Prinzip der Haftungsbeschränkung der Gesellschafter.[1193] Diese setzen grundsätzlich ein unrechtmäßiges Handeln des betroffenen Anteilsinhabers voraus. Typische Fälle finden sich bei insolvenzbezogenen Tatbeständen, wie die des Fraudulent Trading (s. Rn. 465 ff.) und Wrongful Trading (s. Rn. 469) (ssec. 213 f. IA 1986). Diese Haftungsregelungen sind im persönlichen Anwendungsbereich nicht auf de iure Geschäftsführer beschränkt, sondern erfassen neben de facto Directors und Shadow Directors zT auch andere Personen, die an der unrechtmäßigen Handlung mitgewirkt haben (*Any Persons Who Were Knowingly Parties*) (sec. 213 (2) IA 1986).[1194] Zu beachten ist auch die Möglichkeit eines (insolvenzrechtlichen) Haftungsdurchgriffs wegen **betrügerischer Gläubigerbenachteiligung** gem sec. 423 IA 1986.[1195] 525

b) Durchgriffshaftung

Obgleich die Grundsätze der *Salomon*-Entscheidung als prägend für das gesamte Englische Kapitalgesellschaftsrecht gelten, haben sich im Laufe der Zeit verschiedene Situationen und Fallgruppen herausgebildet, in denen die Rechtsprechung eine **Durchbrechung der Haftungsschranke** der eigenständigen Rechtspersönlichkeit anerkannte und damit einen Haftungsdurchgriff auf die Gesellschafter ermöglichte. Die Möglichkeit einer entsprechenden Durchgriffshaftung (***Piercing the Corporate Veil***) ist sowohl in der Dogmatik als auch im Fallrecht überaus umstritten. Nicht eindeutig geklärt ist in diesem Zusammenhang, ob es das Prinzip des Haftungsdurchgriffs und damit eine Überwindung der *Salomon*-Grundsätze als solches geben kann und ob die Gerichte über- 526

1191 *Salomon v. Salomon & Co. Ltd.* [1896] UKHL 1.

1192 Siehe nur *Lee v. Lee's Air Farming* [1961] AC 12; *Macaura v. Northern Assurance Co.* [1925] AC 619 (HL); *Adams v. Cape Industries* [1990] Ch 433 (CA); *Gramophone and Typewriter Ltd. v. Stanley* [1908] 2 KB 89; *Lonrho Ltd. v. Shell Petroleum Co. Ltd.* [1980] QB 358; *Ord v. Belhaven Pubs Ltd.* [1998] 2 BCLC 447; *Re Polly Peck International plc* [1996] 2 All ER 433; *Yukon Lines Ltd. v. Rendsburg Investments Corp.* [1998] 4 All ER 82; jüngst auch *VTB Capital plc v. Nutritek International Corp. and others* [2013] UKSC 5; *Petrodel Resources Ltd. v. Prest* [2013] UKSC 34.

1193 *Boyle/Birds*, Company Law, 2014, Rn. 3.3.2; *Mayson/French/Ryan*, Company Law, 2017, S. 135, mit Verweis auf *Dimbley and Sons Ltd. v. National Union of Journalists* [1984] 1 WLR 427, 435.

1194 In diesem Zusammenhang auch *Boyle/Birds*, Company Law, 2014, Rn. 3.3.2; *Nyombi* IJLM 56 (2014) 66, 74 f.; *Levedag* in: Süß/Wachter (Hrsg.), HdB des internationalen GmbH-Rechts, 2016, England, Rn. 587; *Vandekerckhove*, Piercing The Corporate Veil, 2007, S. 67.

1195 Vgl. dazu *Armour/Bennett*, Vulnerable Transactions in Corporate Insolvency, 2003, Rn. 3.1 f.; *Goode*, Principles of Corporate Insolvency Law, 4. Ed. 2011, 13-12 f.; siehe ferner auch *Dickinson v. NAL Realisations (Staffordshire) Ltd.* [2017] EWHC 28.

haupt befugt sind, einen solchen anzuordnen. Neuen Schwung in die Diskussion und auch teilweise Klärung brachten die beiden Supreme Court-Entscheidungen ***VTB Capital plc v. Nutritek International Corp.***[1196] und ***Petrodel Resources Ltd. v. Prest***[1197] aus dem Jahr 2013. Abschließende Klarheit konnten diese jedoch ebenfalls nicht bewirken.[1198] Insofern ist insbesondere bei den überwiegend relevanten Fällen von Einpersonen-Gesellschaften und in entsprechenden Konzernkonstellationen weiterhin eine gewisse Vorsicht geboten. Dies schon deshalb, weil – wie sich im Vorfeld beider Entscheidungen gezeigt hat und wohl auch zukünftig (wenngleich in abgeschwächter Form) zeigen wird – die Gerichte oftmals uneinheitlich agieren und mit Bezug zur Durchgriffshaftung nicht selten älteren Entscheidungen widersprechen oder diese kritisieren. Vergleichbares zeigte sich auch in der *Prest*-Entscheidung, wo die beteiligten Richter zT unterschiedlicher Auffassungen waren.[1199]

527 Im Vorfeld vor allem der *Prest*-Entscheidung hatten sich **verschiedene Konstellationen** herausgebildet, bei denen ein Haftungsdurchgriff auf die hinter der Gesellschaft stehenden Anteilsinhaber für möglich gehalten wurde.[1200] Auch in diesem Fällen bestand indes eine detaillierte Differenzierung im Hinblick auf die Wirkung und Reichweite einer Durchbrechung (*Piercing*) bzw. Aufdeckung (*Lifting*) des gesellschaftsrechtlichen „Schutzvorhanges". Denkbar war ein Haftungsdurchgriff zunächst dann, wenn der Gesellschafter als **Agent** der Gesellschaft (iSd Englischen Personengesellschaftsrechts (s. Rn. 87)) tätig wurde und damit die formale Trennung zwischen dem Unternehmen und deren handelnden Gesellschaftern als eigenständige Rechtssubjekte aufgehoben wurde.[1201] Gleichwohl waren die tatsächlichen Fälle eines Haftungsdurchgriffs in solchen Konstellationen selten und beschränkten sich überwiegend auf besondere Konzernsachverhalte. In diesem Sinne macht auch die *VTB Capital*-Entscheidung deutlich, dass es sich hierbei um eine deutlich abzugrenzende Ausnahme handelt, die in der Praxis weitgehend irrelevant ist.[1202] Ein zweiter Fall war die eines wirtschaftlichen Einheitsunternehmens (***Single Economic Unit***). Diese Konstellation spielte ebenfalls überwiegen bei Konzernsachverhalten eine Rolle und betraf Aspekte, wo Ansprüche gegen die Tochtergesellschaft beim Mutterunternehmen geltend gemacht werden sollten.[1203] Indes wurde eine solche wirtschaftliche Einheitsbetrachtung bereits mehrfach ausdrücklich abgelehnt und die getrennte Rechtsstellung von Gesellschaften auch in Konzernen bestätigt.[1204] Praktisch gilt sie daher als abgeschafft.[1205] Eine weitere Ausnahme vom Prinzip der Haftungsbeschränkung der Gesellschafter ist die betrügerische Vermeidung bestehender Verbindlichkeiten (***Fraud Exeption***).[1206] Hierbei wird die eigenständige Rechtspersönlichkeit einer Gesellschaft ausgenutzt, um sich bestehenden Verpflichtungen/Verbindlichkeiten zu entziehen. Voraussetzung für einen Haftungsdurchgriff ist hierbei, dass das Fehlverhalten einen Missbrauch der juristischen Person als selbstständiges Haftungssubjekt bezweckt.[1207]

528 Im Zuge der neueren Supreme Court-Rechtsprechung gelten diese Ausnahmen nur noch **eingeschränkt** bzw. sind obsolet geworden.[1208] Ließ sich in der *VTB Capital*-Entscheidung noch eine Tendenz zum weitgehenden Ausschluss der Existenz einer Durchgriffshaftung festmachen, macht die *Prest*-Entscheidung deutlich, dass ein Piercing the Corporate Veil zwar nicht gänzlich ausgeschlossen ist, jedoch überaus **strenge Voraussetzungen** hieran zu stellen sind.[1209] Nach Aussage eines der beteiligten Richter bedarf es einer bewussten Umgehung

---

1196 *VTB Capital plc v. Nutritek International Corp. and others* [2013] UKSC 5; speziell dazu *Aitken* LQR 129 (2013) 21 ff.; *Dähnert* NZG 2015, 258, 263 f.; *Ventoruzzo et al.*, Comparative Corporate Law, 2015, S. 162 ff.; *Vlasov* Co. Lawyer 34 (2013) 248 ff.

1197 *Petrodel Resources Ltd. v. Prest* [2013] UKSC 34.

1198 *Hannigan* Irish Jurist 50 (2013) 11, 39; *dies.*, Company Law, 2015, Rn. 3-39; *Grier* Edin. L.R. 18 (2014) 275, 279; *Stockin* Co. Lawyer 35 (2014) 363, 366; *Mujih* Co. Lawyer 37 (2016) 39, 50.

1199 Speziell hierzu *Kinsky* P.C.B. 2014, 44, 54 f.; *Schall* ECFR 2016, 549, 552 ff.

1200 Zu den Fallgruppen siehe *Adams v. Cape Industries* [1990] Ch. 433 (CA); *Nyombi* IJLM 56 (2014) 66, 68 ff.; *Boyle/Birds*, Company Law, 2015, Rn. 3.3.1; *Schall* in: Schall (Hrsg.), Companies Act, 2014, sec. 1 Rn. 36 ff.; *Dähnert* NZG 2015, 258, 261 f.

1201 *Smith, Stone & Knight Ltd. v. Birmingham Corp.* [1939] 4 All ER 116; *Re FG (Films)* [1953] 1 WLR 483.

1202 *VTB Capital plc v. Nutritek International Corp. and others* [2013] UKSC 5 at [138 ff.].

1203 Vgl. *DHN v. Tower Hamlets London Borough Council* [1976] 1 WLR 852; *Harold Holdsworth & Co. Ltd. v. Caddies* [1955] 1 WLR 352.

1204 Vgl. *Adams v. Cape Industries* [1990] Ch 433 (CA); *Ord v. Belhaven Pubs Ltd.* [1998] 2 BCLC 447; *Lonrho Ltd. v. Shell Petroleum Co. Ltd.* [1980] QB 358; siehe auch *Woolfson v. Strathclyde Regional Council* [1978] SLT 159; *HRH Emere Godwin Bebe Okpabi & Ors v. Royal Dutch Shell Plc & Anor* [2017] EWHC 89 (TCC).

1205 *Boyle/Birds*, Company Law, 2015, Rn. 3.3.1.3; *Schall* in: Schall (Hrsg.), Companies Act, 2014, sec. 1 Rn. 38.

1206 *Gilford Motor Co. Ltd. v. Horne* [1933] Ch 935; *Jones v. Lipman* [1962] 1 WLR 832; *Trustor v. Smallbone (No 2)* [2001] 2 BCLC 436; diesen Fällen wurde jedoch in *VTB Capital plc v. Nutritek International Corp.* [2012] EWCA 808 Civ widersprochen.

1207 *Petrodel Resources Ltd. v. Prest* [2013] UKSC 34 at [35].

1208 *Cheng-Han* J.B.L. 2015, 20, 21 f.; *Mujih* Co. Lawyer 37 (2016) 39, 41; *Aitken* LQR 129 (2013) 21, 24.

1209 Näher zum Verhältnis beider Entscheidungen *Schall* ECFR 2016, 549, 568 ff.

(*Deliberate Evasion*) einer bestehenden Verpflichtung[1210] oder der Haftung durch die Einsetzung einer Gesellschaft als eigenständiges Rechtssubjekt.[1211] Dabei ist zwischen einer rechtlich verwerflichen Umgehungshandlung und einer bloßen Verschleierung bzw. Verdeckung (*Concealment*) des eigentlichen Haftungssubjekts zu differenzieren. Nur bei einer entsprechenden Umgehung, die allein die (missbräuchliche) Ausnutzung der Haftungsabschirmung durch die Gesellschaft bezweckt, ist eine Durchgriffshaftung auf den Gesellschafter zu rechtfertigen.[1212] Hinzu kommt, dass eine Durchbrechung der Haftungsbeschränkung nur dann möglich ist, wenn dem Anspruchssteller **kein anderer Rechtsbehelf** zur Verfügung steht.[1213] Mit anderen Worten: Ist ein Haftungsdurchgriff nicht zwingend notwendig, ist er auch nicht zulässig; er darf mithin nur als ultima ratio von einem Gläubiger herangezogen werden.[1214]

Mit der Differenzierung zwischen einer Haftungsumgehung und einer rechtlich unbedeutenden (*Legally Banal*) **Verdeckung des Haftungssubjekts** eruiert das Gericht auch eine Unterscheidung zwischen der bloßen Anhebung (*Lifting*) und Durchbrechung (*Piercing*) der Haftungsbeschränkung.[1215] Das bloße „Hinter die Fassade-Schauen" der Rechtsträgerschaft einer Gesellschaft (*Lifting the Corporate Veil*) ist grundsätzlich zulässig, da es für sich noch nicht zu einem Haftungsdurchgriff auf die Gesellschafter und damit zu einer Ausnahme von den *Salomon*-Grundsätzen führt.[1216] Hierbei scheint jedoch wiederum die *VTB Capital*-Entscheidung strenger zu sein, da sie keine entsprechende Differenzierung vornimmt und ein Veil Piercing als solches weitgehend ausschließt. Gleichwohl werden sich aufgrund der deutlichen Ausführungen in der *Prest*-Entscheidung die künftigen Fälle einer „Durchgriffshaftung" – zumindest sprachlich – überwiegend nur noch auf ein Lifting the Corporate Veil beziehen.[1217] Insgesamt bleibt jedoch festzuhalten, dass die Fälle eines möglichen Haftungsdurchgriffs auf die Gesellschafter weiter beschränkt wurden und ihnen in der Praxis **kaum noch ein Anwendungsbereich** zukommt.[1218] Dies gilt insbesondere für die Haftung der Hintermänner für Schulden einer insolventen Gesellschaft.[1219] Auch eine Durchgriffshaftung in Fällen materieller Unterkapitalisierung ist grundsätzlich ausgeschlossen.[1220] Gleichwohl ist eine Durchgriffshaftung vor allem in **Betrugsfällen** weiterhin denkbar[1221] und kann darüber hinaus auf deliktischer Grundlage basieren.[1222] Trotz klärender Aussagen in den jüngeren Supreme Court-Entscheidungen scheint die Debatte über eine mögliche Durchgriffshaftung und ihrer Reichweite daher noch nicht abgeschlossen. Klargestellt ist aber, dass sie nur bei einem Rechtsmissbrauch statthaft ist. 529

6. Mitgliederwechsel

Die Gesellschafterstellung kann im Rahmen der **Übertragung von Geschäftsanteilen** der Ltd. auf unterschiedliche Weise erfolgen. Für den originären Erwerb der Mitgliedschaft durch die Unterzeichner des Memorandum of 530

1210 Die Verpflichtung des Gründers bzw. „Gesellschafters" muss dabei allein für diesen unabhängig von der Gesellschaft bestehen, vgl. *Tjio* LMCLQ 2014, 19, 23; *Hannigan*, Company Law, 2015, Rn. 3-28. Die bloße Verdeckung zukünftiger Verpflichtungen reicht daher nicht aus.

1211 *Petrodel Resources Ltd. v. Prest* [2013] UKSC 34 at [35], [60].

1212 Nach diesem Verständnis würde wohl auch die US-amerikanische Leitentscheidung zur Durchgriffshaftung (*Walkovszky v. Carlton*, 223 N.E. 2d 6 (NY 1966)), in der ein Taxiunternehmen für jedes seiner Taxis und dessen Fahrer eine eigene Gesellschaft gegründet hat, um die eigene Rechtsträgerschaft zu verschleiern, nach englischem Recht keinen Haftungsdurchgriff mehr darstellen.

1213 *Petrodel Resources Ltd. v. Prest* [2013] UKSC 34 at [35], [96].

1214 In Folge der *Prest*-Entscheidung vgl. auch *Wood v. Baker* [2015] EWHC 2536 (Ch) at [32].

1215 Zur Differenzierung *Petrodel Resources Ltd. v. Prest* [2013] UKSC 34 at [28]; kritisch dazu *Hannigan*, Company Law, 2015, Rn. 3-32; *dies.* Irish Jurist 2013, 11, 36 f.; siehe auch *Cheng-Han* J.B.L. 2015, 20, 31 ff.; *Lee* ICCLR 26 (2015) 28 f.

1216 Dies illustriert auch der jüngere – nach der *Prest*-Entscheidung – Bechluss des High Courts in *Wood v. Baker* [2015] EWHC 2536 (Ch), wo zum Zwecke der Erlangung von Informationen über Vermögenswerte der Gesellschaft hinter den „Schleicher der Haftungsbeschränkung" geschaut wurde.

1217 *Hannigan*, Company Law, 2015, Rn. 3-37.

1218 *Mujih* Co. Lawyer 37 (2016) 39, 50; *Grier* Edin. L.R. 18 (2014) 275, 279; *Lim* LQR 129 (2013) 480, 485; *Dähnert* NZG 2015, 258, 259; *Schall* ECFR 2016, 549, 573 f.; ausdrücklich bereits vorher *Kershaw*, Company Law in Context, 2012, S. 76 („very rare circumstances"); siehe auch *Steffek* in: MüHdB GesR, Bd. 6, IntGesR, 4. Aufl. 2013, § 41 Rn. 25.

1219 *Schall* in: Schall (Hrsg.), Companies Act, 2014, sec. 1 Rn. 42, mit Verweis auf *VTB Capital plc v. Nutritek International Corp. and others* [2013] UKSC 5 at [131 ff.]; stückweise kritisch dazu *Boyle/Birds*, Company Law, 2014, Rn. 3.3.4.

1220 So bereits *Re Polly Peck International plc* [1996] 2 All ER 433; *Yukon Lines Ltd. v. Rendsburg Investments Corp.* [1998] 4 All ER 82.

1221 Zur fortbestehenden Bedeutung auch *Bowen* Bus. L.B. 129 (2014) 1, 3; *Alcock* Denning L.J. 2013, 241, 254; *Schall* ECFR 2016, 549, 571.

1222 Vgl. *Chandler v. Cape plc* [2012] EWCA 525 Civ; *HRH Emere Godwin Bebe Okpabi & Ors v. Royal Dutch Shell Plc & Anor* [2017] EWHC 89 (TCC); *Thomson v. Renwick Group plc* [2014] 2 BCLC; dazu auch *Petrin* MLR 76 (2013) 603 ff.; *Day* LMCLQ 2014, 454 ff.; speziell zur Chandler v. Cape-Entscheidung auch *Beck* in: Hommelhoff/Lutter/Teichmann (Hrsg.), Corporate Governance im grenzüberschreitenden Konzern, 2017, S. 19, 49 ff.

Association bei Gründung (s. Rn. 275) oder die Ausgabe und Zuteilung neuer Anteile (s. Rn. 497 ff.) kann auf die entsprechenden Ausführungen an obiger Stelle verwiesen werden. Im Mittelpunkt des Interesses steht der (derivative) Anteilserwerb bei einer bestehenden Gesellschaft (sec. 112 (2) CA 2006). Dieser kann durch die rechtsgeschäftliche Übertragung von Geschäftsanteilen (*Transfer and Transmission of Shares*) oder im Rahmen der Erbfolge (*Transmission on Death*) stattfinden. Besonderheiten beim Anteilskauf und der Übertragung von Anteilen bestehen im Rahmen von Strukturmaßnahmen, wie Unternehmensübernahmen und Verschmelzungen (M&A-Maßnahmen). Auf diese soll hier nicht eingegangen werden.

531 Die (privatrechtliche) Anteilsübertragung zwischen Lebenden erfolgt in der Regel durch **Verkauf** eines oder aller **Geschäftsanteile** eines Gesellschafters an einen Dritten oder Mitgesellschafter. Die Möglichkeit der öffentlichen Veräußerung zB über Kapitalmärkte ist für Private Companies wie die Ltd. verschlossen (sec. 755 (1) CA 2006). Sie darf ihre Anteile oder Schuldverschreibung weder an einem öffentlichen Markt anbieten noch diese hierüber zuteilen und kann mithin **nicht börsennotiert** sein. Die Definition eines öffentlichen Angebots in sec. 756 CA 2006 ist denkbar weit, so dass sogar vorstellbar wäre, dass Unternehmensanteilsverkäufe nach dem Auktionsmodell verboten wären. Aus sec. 756 (3) (a) CA 2006 folgt jedoch, dass bei Ansprache konkreter (potenzieller) Interessenten im Regelfall keine öffentliche Veräußerung vorliegt.[1223]

532 Die Geschäftsanteile einer Ltd. sind im Prinzip **frei veräußerbar**.[1224] Der Verkauf erfolgt dabei regelmäßig aufgrund eines vorher abgeschlossenen Anteilskaufvertrags (*Share Purchase Agreement*).[1225] Gleichwohl können gesetzliche und satzungsmäßige Beschränkungen bestehen. Rechtliche **Veräußerungsbeschränkungen** bestehen, wenn der Veräußerer keine Berechtigung zur Anteilsinhaberschaft besitzt (zB bei seinerseits fehlerhaften Erwerb der Mitgliedschaft) oder die Regelungen des Kapitalerhaltungs- oder Insolvenzrechts dadurch missachtet werden.[1226] Aus praktischer Sicht bedeutsamer sind indes die privatautonomen Beschränkungen im Rahmen der Satzung der Gesellschaft (sec. 544 (1) CA 2006). In nahezu allen Ltd. finden sich entsprechende Vinkulierungsklauseln.[1227] Die regelungstechnische Ausnahme ist inhaltlich daher die Regel, womit die Übertragung bei der Ltd. im praktizierten Ergebnis doch der Handhabung der Übertragung entsprechender Gesellschaftsanteile bei ähnlichen Gesellschaftsformen in Europa entspricht. Vinkulierungsklauseln können die Übertragung von Geschäftsanteilen von der Zustimmung bestimmter Personen (zB einer oder aller Gesellschafter oder der Geschäftsführer) abhängig machen, die Veräußerung nur an Mitgesellschafter erlauben oder diesen ein Vorkaufsrecht einräumen, sofern ein Gesellschafter seine Anteile an einen Dritte veräußern will.[1228] Für Letzteres muss der Gesellschafter den Company Secretary oder dem Direktor über seine Verkaufsabsichten informieren, welcher daraufhin die anderen Gesellschafter über das Angebot informiert. Unterbreiten die Mitgesellschafter ein entsprechendes Angebot, kann der veräußernde Gesellschafter es annehmen oder ablehnen. Lehnt er es ab, kann er seine Anteile jedoch nicht an einen Dritten veräußern, sofern die Satzung dies nicht ausdrücklich vorsieht. Kommt von den Mitgesellschaftern hingegen kein Angebot bzw. verzichten diese auf ein solches, kann er seine Anteile auch Nicht-Gesellschaftern anbieten.

533 Häufig wird den **Geschäftsführern** in der Satzung das Recht eingeräumt, nach eigenem Ermessen die Anteilsübertragung unter Angabe von Gründen **zu verweigern**. Dieses Verweigerungsrecht kann entweder allgemein oder auf in der Satzung vorgesehene Fälle beschränkt sein. Die Geschäftsführer können dieses Recht ab dem Datum, an dem der Gesellschaft die Übertragung mitgeteilt wurde, innerhalb von maximal zwei Monaten ausüben und müssen dem Gesellschafter, der die Anteile erwerben möchte, über eine Verweigerung der Registrierung informieren sowie die Gründe hierfür nennen (sec. 771 (1) CA 2006). Eine Nichtbenachrichtigung hat keine Auswirkungen auf die Wirksamkeit der Übertragung. Die Gesellschaft und die säumigen Geschäftsführer begehen jedoch ggf eine bußgeldbewährte Ordnungswidrigkeit (sec. 771 (3), (4) CA 2006). Nach Ablauf dieser Frist kann das Verweigerungsrecht nicht mehr ausgeübt werden und es besteht ein **Anspruch auf Berichtigung des Mitgliederverzeichnisses**, dh auf Eintragung des neuen Gesellschafters in dieses gem sec. 125 CA 2006. Besteht ein allgemeines Verweigerungsrecht, haben die Geschäftsführer ihr Ermessen nach gutem Glauben (*Good Faith*) auszuüben und an den Interessen der Gesellschaft (*Bona Fide in the Best Interest of the Company*)[1229] auszurichten. Besteht ein beschränktes Verweigerungsrecht, müssen die Geschäftsführer zudem ihre Verweigerung auf mindestens einen in der Satzung vorgesehenen Grund stützen. Haben sie von ihrem Ermessen hinsicht-

1223 *Davies/Worthington*, Gower's Principles of Modern Company Law, 2016, Rn. 24-3.

1224 *Hannigan*, Company Law, 2015, Rn. 16-60; *Davies/Worthington*, Gower's Principles of Modern Company Law, 2016, Rn. 27-7; *Boyle/Birds*, Company Law, 2014, Rn. 9.2, mit Verweis auf *Re Smith Knight & Co., Weston's Case* (1868) 4 Ch App. 20; *Re Bede Steam Shipping Co.* [1917] 1 Ch 123 (CA).

1225 Aus jüngerer Zeit zu den dort enthaltenen Garantie- und Gewährleistungsklauseln *Idemitsu Kosan co Ltd. v. Sumitomo Corporation* [2016] EWHC 1909 (Comm) sowie zur Auslegung eines Garantieversprechens *Wood v. Sureterm Direct Ltd.* [2017] UKSC 24.

1226 *Chase Manhatten Equities Ltd. v. Goodman* [1991] BCLC 897.

1227 *Hannigan*, Company Law, 2015, Rn. 16-61; *Mayson/French/Ryan*, Company Law, 2017, S. 222; *Schall* WM 2011, 2249, 2252.

1228 *Just*, Die englische Limited in der Praxis, 2012, Rn. 244; *Levedag* in: Süß/Wachter (Hrsg.), HdB des internationalen GmbH-Rechts, 2016, England, Rn. 372, 378 ff.

1229 *Re Smith & Fawcett Ltd.* [1942] Ch 304.

lich der Eintragung rechtmäßig Gebrauch gemacht und die Eintragung verweigert, bedeutet das für den Verkäufer und Käufer der Anteile, dass die Übertragung nicht abgeschlossen werden kann. Nicht selten wird vom Übertragenden versucht, den satzungsmäßigen Zustimmungsvorbehalt zu vermeiden. Anerkannt ist, dass eine Übertragung nur der Dividenden- und Auflösungsansprüche (*Beneficial Interest in the Shares* (sec. 145 (1) CA 2006)) kombiniert mit dem Versprechen der Übertragung der Anteile erst dann, wenn dem kein Zustimmungserfordernis mehr im Wege steht, möglich ist.[1230]

Die derivative Anteilsübertragung erfolgt durch **Kaufvertrag** (*Share Purchase Agreement*) zwischen dem veräußerungswilligen Gesellschafter und dem Käufer.[1231] Voraussetzung für den Erwerb der Mitgliedschaft in der Gesellschaft ist neben einer solchen Vereinbarung zwischen den Parteien die Eintragung des künftigen Gesellschafters in das Mitgliederverzeichnis (*Register of Members*) (sec. 113 CA) oder einer entsprechenden Änderung des beim Companies House aufbewahrten Verzeichnisses der Gesellschafter (sec. 128A CA 2006). Das Mitgliederverzeichnis bzw. die beim Companies House hinterlegten (Gesellschafter-) Liste bilden sodann den widerlegbaren Beweis, dass die dortigen Angaben korrekt sind. Die Registrierung der Anteilsübertragung und damit des neuen Gesellschafters kann grundsätzlich nur durch Übermittlung des übergebenen **Anteilsschein** (*Share Certificate*) und eines ordnungsgemäßen Übertragungsinstruments (*Proper Instrument of Transfer*) (sec. 770 (1) (a) CA 2006) erfolgen. Bei Letzterem muss es sich um ein schriftliches Dokument handeln, das für die Entrichtung einer Stempelsteuer (*Stamp Duty*) herangezogen werden kann. Der Beteiligung eines Notars bedarf es anders als im deutschen Recht (vgl. § 15 IIII GmbHG) nicht. Der vorangegangene Kaufvertrag als Verpflichtungsgeschäft kann auch formfrei geschlossen wurden sein.[1232] Für ein ordnungsgemäßes Übertragungsinstrument wird in der Regel ein sog **Stock Transfer Form** verwendet.[1233] In diesem Formular sind ua der Name der Gesellschaft, die Gattung und Anzahl der zu übertragenden Anteile, der Name des Veräußerers und Käufers sowie die Art und Höhe der Gegenleistung anzugeben (sec. 1 (1) Stock Transfer Act 1963). Sofern der Kaufvertrag nichts Gegenteiliges vorsieht, garantiert der Verkäufer nicht für die Eintragung des Käufers in das Mitgliederverzeichnis, mit der Folge, dass er auch im Falle einer verweigerten Registrierung nicht schadensersatzpflichtig ist. Allerdings hält er dann die Anteile als Treuhänder für den Käufer.[1234] 534

Nach erfolgreicher Anteilsübertragung hat die durch ihre Geschäftsführer vertretene Gesellschaft dem neuen Gesellschafter innerhalb von zwei Monaten nach Erhalt der Übertragungsdokumente einen auf seinen Namen lautenden (neuen) **Anteilsschein ausstellen** (sec. 776 (1) CA 2006). Dieser gilt als widerlegbarer Beweis für die Gesellschafterstellung (s. Rn. 334). 535

Neben der privatautonomen Anteilsübertragung besteht die Möglichkeit der **gesetzlichen Übertragung** von Geschäftsanteilen zB durch Tod (sec. 773 CA 2006) oder Insolvenz eines Gesellschafters. Die Modalitäten des Erwerbs der Mitgliedschaft, insbesondere durch einen Erben als Rechtsnachfolger, können individuell in der Satzung geregelt werden. Der/die Erben treten jedoch nicht automatisch in die Rechtsstellung des Erblassers ein. Vielmehr haben sie zunächst zu entscheiden, ob sie selbst Gesellschafter in der Ltd. werden wollen oder ihre vererbten Anteile verkaufen wollen. Hierbei sind etwaige Satzungsbeschränkungen zu beachten. Bereits nach Vorlage eines Erbscheins bzw. eines anderweitigen Legitimationsdokuments bei der Gesellschaft, stehen ihnen jedoch bestimmte Gesellschafterrechte wie insbesondere ein **Dividendenbezugsrecht** zu.[1235] 536

7. Auflösung und Insolvenz

a) Auflösung

Wie die meisten Rechtsordnungen kennt das Englische Unternehmensrechts verschiedene Formen der Beendigung einer Gesellschaft sowie unterschiedliche (insolvenznahe) Restrukturierungs- und Sanierungsmöglichkeiten. In aller Regel steht vor der endgültigen **Auflösung** (*Dissolution*) einer Gesellschaft ihre **Liquidation** bzw. Abwicklung (*Winding Up* bzw. *Liquidation*). Die Vollbeendigung tritt mit freiwilliger oder Amtslöschung (*Striking Off*) aus dem Register beim Companies House ein (vgl. ssec. 1000 ff. CA 2006). Die formellen und materiellen Regelungen zur Liquidation und Auflösung einer Ltd. finden sich überwiegend im **Insolvency Act 1986**, die insbesondere durch die Insolvency Rules 2016[1236] ergänzt werden. Eine wichtige Neujustierung des Englischen Liquidations- und Insolvenzrechts erfolgte durch den Enterprise Act 2002.[1237] Hierdurch wurde das 537

1230 *Scotto v. Petch* [2000] All ER 2442 (CA).
1231 Aus Sicht der Gesellschaft stellt der Wechsel der Gesellschafterstellung eine Novation dar, vgl. *Boyle/Birds*, Company Law, 2014, Rn. 9.1.
1232 *Re Paradise Motor Co, Ltd.* [1968] 1 WLR 1125 (CA), 1141; *Nisbet v. Shepherd* [1994] 1 BCLC 300 (CA).
1233 *Boyle/Birds*, Company Law, 2014, Rn. 9.3; *Just*, Die englische Limited in der Praxis, 2012, Rn. 242; *Korom* in: Schall (Hrsg.), Companies Act, 2014 sec. 770 Rn. 5.
1234 *Hannigan*, Company Law, 2015, Rn. 16-65; *Boyle/Birds*, Company Law, 2014, Rn. 9.5.
1235 *Heinz/Hartung*, Die englische Limited, 2011, Kap. 9 Rn. 101; vgl. auch *Rothenburg/Walter/Platts* in: Wegen/Spahlinger/Barth (Hrsg.), Gesellschaftsrecht des Auslands, 2. EL 2018, Vereinigtes Königreich, Rn. 97.
1236 Diese haben die bis dahin geltenden Insolvecy Rules 1986 ersetzt.
1237 Dazu ua *Armour/Hsu/Walters* ECFR 2008, 148 ff.; deutschsprachig auch *Jungmann* RIW 2003, 930 ff.

Institut der Administrative Receivership praktisch abgeschafft.[1238] Lediglich eine Administration steht noch zur Verfügung, die nunmehr auch außergerichtlich durchgeführt werden kann (vgl. Schedule B1 IA 1986). Verschiedene Änderungen für eine freiwillige und zwangsweise (insolvenzbedingte) Liquidation erfolgten zudem durch den Small Business, Enterprise and Employment Act 2015 (vgl. ssec. 117 ff. SBEEA 2015).

538 Das Englische Gesellschaftsrecht unterscheidet zwischen einer **freiwilligen Auflösung** durch die Gesellschafter oder Gläubiger (ssec. 84 ff. IA 1986) und einer (verpflichtenden) Auflösung durch das Insolvenzgericht[1239] (ssec. 117 ff. IA 1986). Eine **gerichtliche Auflösung** (*Winding Up by the Court*) kann auf verschiedenen Gründen basieren (vgl. sec. 122 (1) IA 1986). Der wichtigste **Auflösungsgrund** ist die zwangsweise Liquidation wegen Zahlungsunfähigkeit (lit. f). Dieser ist mit der Insolvenz der Gesellschaft nach deutschem Verständnis vergleichbar (s. Rn. 546). Weitere Gründe für eine gerichtlich kontrollierte Auflösung sind ein außerordentlicher Beschluss der Gesellschafter, dass die Gesellschaft gerichtlich aufgelöst werden soll (lit. a); die Nichtaufnahme bzw. Unterbrechung der Geschäftstätigkeit für mindestens ein Jahr (lit. d); die Beendigung eines Zahlungsaufschubs (*Moratorium*) (sec. 1A IA 1986), ohne dass ein freiwilliger außergerichtlicher Vergleich Wirkung in Bezug auf die Gesellschaft erlangt (lit. fa); das Gericht der Auffassung ist, dass eine Auflösung gerecht und angemessen (*Just and Equitable*) erscheint (lit. g).

539 Bei einer freiwilligen Abwicklung der Gesellschaft (***Voluntary Winding Up***) ist weder bei der Eröffnung noch Durchführung des Liquidationsverfahrens ein Gericht involviert.[1240] Durch eine entsprechende Vermeidung der Beteiligung eines Gerichts können Zeit und Kosten gespart werden, da der Liquidator von den Gesellschaftern oder den Gläubigern und nicht vom Gericht bestellt wird.[1241] Auch aufgrund dessen ist die freiwillige Abwicklung die häufigste Form der Auflösung englischer Gesellschaften.[1242]

540 Das Englische Insolvenzrecht kennt **zwei Arten der freiwilligen Liquidation**, die in ihrer Wirkung grundsätzlich dieselben Rechtsfolgen herbeiführen. Eine freiwillige Liquidation kann entweder von den **Gesellschaftern** (ssec. 91 ff. IA 1986) oder primär von den **Gläubigern** (ssec. 97 ff. IA 1986) betrieben werden. Gründe für eine Auflösung sind bei beiden entweder ein in der Satzung vereinbarter Ablauf einer Befristung oder aufschiebende Bedingung sowie ein mit einfacher Mehrheit gefasster Gesellschafterbeschluss (sec. 84 (1) (a) IA 1986) oder jeder sonstiger mit qualifizierter 3/4-Mehrheit gefasster Gesellschafterbeschluss (sec. 84 (1) (b) IA 1986). Es bedarf also stets eines Beschlusses der Gesellschafter. Eine Abschrift des Gesellschafterbeschlusses ist innerhalb von 15 Tagen an den Registrar zu senden (sec. 84 (3) IA 1986, sec. 30 CA 2006). Zudem ist der Liquidationsbeschluss innerhalb von 14 Tagen in der jeweiligen Gazette öffentlich bekannt zu machen (sec. 85 IA 1986). Nach Beginn des freiwilligen Liquidationsverfahrens darf die Gesellschaft keine Geschäftstätigkeit mehr ausüben, es sei denn, diese ist im Rahmen der Abwicklung erforderlich (sec. 87 (1) IA 1986). Bis zur Auflösung besteht die Gesellschaft jedoch fort (sec. 87 (2) IA 1986).

541 Maßgeblich für die Beurteilung, welches freiwillige Liquidationsverfahren zur Anwendung kommt, ist die fristgerechte **Abgabe einer Solvenzerklärung** (*Declaration of Solvency*) durch die Mehrheit der Geschäftsführer (sec. 89 (1) IA 1986). Eine freiwillige Liquidation durch die Gesellschafter ist nur dann möglich, wenn mindestens fünf Wochen vor der Beschlussfassung die Geschäftsführung eine gesetzliche Erklärung zur Solvenz der Gesellschaft abgibt. Die Geschäftsführer müssen erklären, dass sie nach vollständiger sorgfältiger Überprüfung der Angelegenheiten der Gesellschaft zu der Überzeugung gelangt sind, dass alle Gläubiger innerhalb der nächsten **12 Monate** seit Verfahrensbeginn (dh Beschlussfassung) vollständig befriedigt werden können (sec. 89 (2) IA 1986). Die Erklärung muss eine Aufstellung der Aktiva und Passiva der Gesellschaft auf den letztmöglichen Termin (*Latest Practical Date*) vor ihrer Abgabe enthalten. Die Solvenzerklärung ist innerhalb von 15 Tagen seit dem Liquidationsbeschluss an den Registrar zu übersenden (sec. 89 (3) IA 1986). Die Einreichung einer bewusst falschen Erklärung ist strafbar (sec. 89 (4) IA 1986). Kommt die Gesellschaft innerhalb des angegebenen Zeitraums ihren Zahlungspflichten nicht nach, so wird das Fehlen berechtigter Gründe für die Annahme der Solvenz widerleglich vermutet (sec. 89 (5) IA 1986).

542 Die freiwillige Liquidation durch die Gesellschafter wird durch einen von der Gesellschafterversammlung bestellten **Liquidator überwacht** (sec. 91 IA 1986). Dieser ist für die Verwertung des Gesellschaftsvermögens und die Verteilung des Erlöses an die Gläubiger und eines etwaigen Überschusses an die Gesellschafter zuständig

1238 Dazu *Schilling* in: Kindler/Nachmann (Hrsg.), Handbuch Insolvenzrecht in Europa, 4. EL 2014, England und Wales, Rn. 520 ff.; *Ringe/Otte* in: Triebl ua (Hrsg.), Englisches Handels- und Wirtschaftsrecht, 2012, Kap. VI Rn. 46 ff.; *Rothenburg/Walter/Platts* in: Wegen/Spahlinger/Barth (Hrsg.), Gesellschaftsrecht des Auslands, 2. EL 2018, Vereinigtes Königreich, Rn. 108 f.

1239 Zuständig für Insolvenzen englischer oder walisischer Gesellschaften ist in der Regel der High Court (sec. 117 (1) IA 1986).

1240 *Schilling* in: Kindler/Nachmann (Hrsg.), Handbuch Insolvenzrecht in Europa, 4. EL 2014, England und Wales, Rn. 519.

1241 *Hannigan*, Company Law, 2015, Rn. 24-14; *Girvin/Frisby/Hudson*, Charlesworth's Company Law, 2010, Rn. 30-001.

1242 *Boyle/Birds*, Company Law, 2014, Rn. 21.42; *Hannigan*, Company Law, 2015, Rn. 24-14; *Palmer's Company Law*, 2016, Rn. 15.005.

(sec. 107 IA 1986). Ein späterer Wechsel in eine andere Form der Liquidation ist möglich, wenn der Liquidator davon überzeugt ist, dass die Gesellschaft ihre Gläubiger nicht innerhalb von 12 Monaten befriedigen können wird und sich die Solvenzerklärung folglich als fehlerhaft erwiesen hat. Nach Abwicklung des Gesellschaftsvermögens wird eine letzte Gesellschafterversammlung einberufen, vor der der Liquidator Rechenschaft abzulegen hat (sec. 106 IA 1986).

Wurde keine Solvenzerklärung gem sec. 89 IA 1986 von den Geschäftsführern abgegeben oder erweist sich diese noch während des Liquidationsverfahrens als fehlerhaft, bedarf es der Hinzunahme der Gläubiger der Gesellschaft. Obgleich der Bezeichnung als freiwillige Abwicklung durch die Gläubiger (***Creditors' Voluntary Winding Up***) handelt es sich um eine Liquidation auf Initiative der Gesellschafter, jedoch unter Mitwirkung der Gläubiger.[1243] Bei einer fehlenden bzw. fehlerhaften Solvenzerklärung musste bis vor kurzem die Gesellschaft bzw. der Liquidator eine Gläubigerversammlung einberufen (sec. 95 (2A) (a), sec. 98 (1A) (a) IA 1986). Diese Regelung wurde im Zuge des Small Business, Enterprise and Employment Act 2015 gestrichen (vgl. ssec. 19 (3), 22, Schedule 9 SBEEA 2015). Die Informierung der Gläubiger erfolgt nunmehr durch Anfertigung und Übersendung einer **schriftlichen Erklärung** über die entsprechenden Angelegenheiten der Gesellschaft durch die Geschäftsführer bzw. den Liquidator (ssec. 95 (1A), 99 (1) IA 1986 nF). Diese Erklärung muss jeweils spätestens 7 Tage nach Beschlussfassung der Gesellschafter bzw. nach Überzeugung der Fehlerhaftigkeit der Solvenzerklärung an die Gläubiger versandt werden. Im letzteren Fall wird die freiwillige Abwicklung ab dem Zeitpunkt zu einem Creditors' Voluntary Winding Up, ab dem die Gläubiger eine Person zum Liquidator (neu-) bestellen bzw. in einem hierfür vorgesehenen Verfahren hätten bestellen können (sec. 96 (1) IA 1986 nF). Auch die **Entscheidungen der Gläubiger** müssen nicht mehr zwingend in einer hierfür vorgesehenen Versammlung getroffen werden. Sie können auch durch andere Entscheidungsfindungsverfahren (*Qualifying Decision Procedere*) (sec. 246ZE (2) iVm sec. 8A Schedule 8 IA 1986 nF) oder durch ein anderes als angemessen erachtetes Genehmigungsverfahren (*Deemed Consent Procedere*) (sec. 246ZF IA 1986 nF) getroffen werden. Eine Gläubigerminderheit von 10% oder Gläubiger, deren Forderungen 10% der gesamten Gläubigermasse ausmachen, oder quantitativ zehn Gläubiger können auf schriftlichen Antrag jedoch weiterhin auf eine Gläubigerversammlung bestehen (sec. 246E (3), (7) IA 1986 nF). Durch diese Reform sollte vor allem die Gläubigerbeteiligung bei einem Liquidationsverfahren vereinfacht werden, indem von dem Grundprinzip einer – in der Praxis oftmals schlecht besuchten – physischen Gläubigerversammlung abgerückt und flexiblere Formen der Kommunikation zwischen den Gläubigern und dem Liquidator bzw. Insolvenzverwalter gefunden werden.[1244] 543

Nach Abschluss des Liquidationsverfahrens und nach **Befriedigung der Gläubiger** wird ein etwaiger Überschuss an die Gesellschafter ausgezahlt und die Gesellschaft aus dem Register beim Companies House gelöscht. Späteres Restvermögen fällt der englischen Krone zu (sec. 1012 (1) CA 2006). Dies gilt jedoch aufgrund des Territorialprinzips grundsätzlich nicht für Auslandsvermögen der Gesellschaft. Bezogen auf das in Deutschland belegene Vermögen besteht die Gesellschaft als sog **Restgesellschaft** fort.[1245] Umstritten ist, welches Recht auf eine in Deutschland weiterhin werbende Restgesellschaft Anwendung findet. Die deutsche Rechtsprechung bringt grundsätzlich deutsches Personengesellschaftsrecht zur Anwendung;[1246] die vordringliche Auffassung im Schrifttum erklärt jedoch weiterhin das Englische Gesellschafsrecht für anwendbar.[1247] Obgleich dieser Sichtweise im Ergebnis zuzustimmen ist, bleibt aus rechtspraktischer Sicht die derzeitige Ansicht der oberinstanzlichen Gerichte (noch) maßgebend. Unabhängig davon, ob überhaupt noch verbleibendes Vermögen vorhanden ist und damit, ob die in England gelöscht Gesellschaft in Deutschland ggf als Restgesellschaft fortbesteht, werden, solange nach Englischem Recht die Wiedereintragung noch möglich ist, Gerichtsverfahren in Deutschland ausgesetzt.[1248] 544

Neben den Möglichkeiten der freiwilligen und gerichtlichen Abwicklung kann eine Auflösung der Gesellschaft in der Praxis auch ohne **formelle Liquidation durch Streichung** (*Striking Off*) aus dem Register beim Companies House erfolgen, wenn die Gesellschaft ihre Geschäftstätigkeit eingestellt hat (sec. 1000 CA 2006). Aus deutscher Sicht bemerkenswert ist, dass diese Registerstreichung wegen vermuteter Einstellung der Geschäftstätigkeit insbesondere bei fehlender Meldung des Umsatzes und der Bilanz durchgeführt wird.[1249] Denn hieraus wird automatisch auf die fehlende Geschäftstätigkeit geschlossen. Dem entsprechend ist die Befolgungsrate hinsichtlich der Bilanzpublizität in England weitaus höher als in Deutschland. Zwar besteht gem sec. 1024 ff. CA 2006 die Möglichkeit der Wiedereintragung und damit Wiederherstellung der Gesellschaft in großzügigerer 545

1243 *Ringe/Otte* in: Triebel ua (Hrsg.), Englisches Handels- und Wirtschaftsrecht, 2012, Kap. VI Rn. 54.

1244 *Hannigan*, Company Law, 2015, Rn. 24-2.

1245 BGH NZG 2017, 347; OLG Brandenburg BB 2016, 2899; wohl auch BGH NZG 2017, 394, 397; aus österreichischer Sicht OGH RdW 2015, 644.

1246 Siehe BGH NZG 2017, 347, 349; OLG Hamm NZG 2014, 703; OLG Celle NZG 2012, 738; KG NZG 2010, 310; aA OLG Brandenburg BB 2016, 2899; OLG Jena NZG 2007, 877.

1247 Siehe *Schall/Günther* in: Schall (Hrsg.), Companies Act, 2014, ssec. 1000-1011 Rn. 20; *Lamprecht* ZEuP 2008, 289, 313 f.; *J. Schmidt* ZIP 2008, 2400, 2401; *Stiegler* GWR 2016, 421.

1248 BGH NZG 2017, 394, 396.

1249 *Hannigan*, Company Law, 2015, Rn. 24-92.

Weise als in Deutschland. Nicht selten wird das Unternehmen aber durch die zwischenzeitliche Löschung doch einen spürbaren Schaden erleiden. Dies sollte insbesondere von deutschen Ltd. beachtet werden, die möglicherweise auf die doch sehr langsame und weniger druckvolle Durchsetzung der Bilanzpublizität in Deutschland vertrauen. Jede Gesellschaft kann ferner ihre Löschung im Handelsregister gegen Bezahlung eines geringen Betrags **selbst beantragen** (ssec. 1003 ff. CA 2006), wenn sie in den vorangegangenen drei Monaten ihre Geschäftstätigkeit eingestellt hat.

b) Insolvenz

546 Die in der Praxis wichtigste Form der (zwangsweisen) **gerichtlichen Liquidation** einer Gesellschaft ist die der Insolvenz.[1250] Ähnlich wie im deutschen Insolvenzrecht und teilweise weitergehend, führt eine Insolvenz jedoch nicht zwingend zur Beendigung einer Gesellschaft. Sie kann auch als Sanierungs- bzw. Restrukturierungsinstrument eines Unternehmens angesehen werden, das gerade nicht in der Beendigung der Rechtsträger mündet. Insofern kennt das Englische Recht auch keine Legaldefinition des Insolvenzbegriffs.[1251] Maßgebender Insolvenzgrund ist die **Zahlungsunfähigkeit** der Gesellschaft gem ssec. 122 (1) (f), 123 IA 1986). Eine entsprechende Zahlungsunfähigkeit wird angenommen, wenn mindestens ein Gläubiger mit einer Forderung von mindestens £ 750, dessen Fälligkeit auch nach schriftlicher Aufforderung nicht beglichen wird bzw. wenn die Zwangsvollstreckung fruchtlos verläuft (sec. 123 (1) (a) IA 1986). Eine Vermutung für eine Zahlungsunfähigkeit besteht auch dann, wenn die bilanziellen Verbindlichkeiten der Gesellschaft deren Vermögen übersteigt (sec. 123 (2) IA 1986). Insofern besteht eine gewisse Ähnlichkeit zum Überschuldungsbegriff nach § 19 II 1 InsO.

547 Eine **Insolvenzantragspflicht** wie im deutschem (Insolvenz-) Recht besteht im Englischen Recht nicht. Eine faktische Obliegenheit kann sich jedoch aus der Haftung für unrechtmäßiges Handeln (Wrongful Trading) (s. Rn. 469 ff.) ergeben.[1252] Nach englischer Spruchpraxis hat sich indes herausgebildet, dass eine entsprechende Haftung wegen Wrongful Trading idR erst bei Vorliegen sowohl von Zahlungsunfähigkeit als auch Überschuldung nach angenommen wird.[1253] Die Pflicht zur Stellung eines Insolvenzantrags einer Ltd. mit Verwaltungssitz in Deutschland ergibt sich nach hM zudem aus § 15a I 1 InsO.[1254] Diese Norm ist insolvenzrechtlich zu qualifizieren und daher ggf auch auf die Geschäftsführer einer Auslandsgesellschaft anwendbar.[1255] Davon unbenommen setzt die Eröffnung eines (gerichtlichen) Insolvenzverfahrens einen **Antrag bei Gericht** voraus. Antragsberechtigt sind gem sec. 124 (1) IA 1986 die Gesellschaft selbst als eigenständiges Rechtssubjekt, die Geschäftsführer, ggf einzelne Gesellschafter (als *Contributories*), Gläubiger und (vorläufige) Insolvenzverwalter, die gem Art. 3 I EuInsVO in einem anderen Mitgliedstaat eingesetzt wurden und die Eröffnung eines Sekundärverfahrens im Vereinigten Königreich erreichen wollen.

548 In welchem Staat und damit unter welchem Gerichtsstand ein Insolvenzverfahren zu eröffnen ist, bestimmt sich nach dem einschlägigen **Insolvenzkollisionsrecht**. In der EU gelten dabei (noch) die Bestimmungen der (reformierten) Europäischen Insolvenzverordnung (**EuInsVO**) (§ 36 Rn. 35 ff.). Im Verhältnis zu Drittstaaten kommen für grenzüberschreitende Insolvenzen die Regelungen der Cross-Border Insolvency Regulations 2006 zur Anwendung. Nach Art. 3 f. EuInsVO bestimmt sich der Gerichtsstand für die Eröffnung des Hauptinsolvenzverfahrens nach der Lage des Mittelpunkts der hauptsächlichen Interessen (*centre of main interests* – COMI) der Schuldnergesellschaft. Hierbei besteht zunächst die Vermutung, dass sich dieser am Satzungs- bzw. Registersitz der Gesellschaft befindet (Art. 3 I 2 EuInsVO) (s. dazu auch § 36 Rn. 48 ff.).[1256] Für eine englische Ltd. ist daher grundsätzlich ein englisches Insolvenzgericht zuständig. Diese Vermutungsregelung ist jedoch widerlegbar. Auch wenn nicht gleichbedeutend, ist das COMI dem Verwaltungssitz einer Gesellschaft zumindest ähnlich.[1257] Bei einer Ltd. mit Verwaltungssitz bzw. ausschließlicher Wirtschaftstätigkeit in Deutschland kann daher auch deutsches Insolvenzrecht als maßgebend erklärt werden.

1250 Zum (nicht explizit kodifizierten) Konzerninsolvenzrecht *Bailey* IILR 2015, 344 ff.

1251 *Ringe/Otte* in: Triebel ua (Hrsg.), Englisches Handels- und Wirtschaftsrecht, 2012, Kap. VI Rn. 1; *Heinz/Hartung*, Die englische Limited, 2011, Kap. 17, Rn. 6.

1252 Vgl. *Bailey* IILR 2015, 344.

1253 *Steffek* in: MüHdB GesR, Bd. 6, IntGesR, 4. Aufl. 2013, § 41 Rn. 5, mit Verweis auf *Roberts v. Frohlich* [2011] EWHC 257 (Ch); *Singla v. Hedman* [2010] EWHC 902.

1254 *Mönning* in: Nerlich/Römermann (Hrsg.), Insolvenzverordnung, 32. EL 2017, § 15a Rn. 22; *Römermann* NZI 2010, 241, 242; *Altmeppen* NZG 2016, 521, 527; *Gundlach* in: Gottwald (Hrsg.), Insolvenzrechts-Handbuch, 5. Aufl. 2015, § 7 Rn. 6.

1255 Damit ist ggf auch eine Insolvenzverschleppungshaftung gem § 823 II BGB iVm § 15a I 1 InsO verbunden, die im Zweifel auch neben eine Haftung wegen wrongful trading treten kann.

1256 Nach der Neuregelung des Art. 3 I 3 EuInsVO kommt diese Vermutungsregelung allerdings nur dann zum Tragen, wenn der Satzungssitz nicht in einem Zeitraum von drei Monaten vor dem Antrag auf Eröffnung des Insolvenzverfahrens in einen anderen Mitgliedstaat verlegt wurde.

1257 *Kindler* in: MüKo BGB, Bd. 11, 6. Aufl. 2015, IntInsR, Rn. 14; *Weller* in: FS Blaurock, 2013, S. 497, 506; *Behrens/Hoffmann* in: Ulmer/Habersack/Löbbe (Hrsg.), GmbHG, Bd. 1, 2. Aufl. 2013, Einl. B Rn. 125.

Von Bedeutung sind darüber hinaus die verschiedenen (vorinsolvenzlichen) **Sanierungsmöglichkeiten** des Englischen Insolvenzrechts. Dies mag auch aus Sicht einer deutschen Gesellschaft oder einer Ltd. mit Verwaltungssitz in Deutschland relevant sein.[1258] Insbesondere zur Vorbereitung eines Insolvenzverfahrens oder eines vorinsolvenzlichen Sanierungsplans kann eine identitätswahrende Sitzverlegung vorteilhaft sein. Eine **Sanierungsmigration** im Vorfeld einer (freiwilligen) Insolvenz mittels Verlegung des Satzungssitzes nach England kann insofern Bestandteil eines Sanierungsplans sein, da sich dadurch die regulativen Vorteile des Englischen Insolvenzrechts nutzen und damit die Kosten einer geplanten Unternehmensrestrukturierung verringern lassen.[1259] 549

Aus englischer Sicht kommen insbesondere drei Sanierungs- bzw. **Restrukturierungsmöglichkeiten** in Betracht. Eine vierte Variante besteht aus der Kombination zweier dieser, nämlich eines Scheme of Arrangement (s. Rn. 552) mit einem Administration-Verfahren (s. Rn. 551).[1260] 550

Es besteht zunächst die Möglichkeit eines freiwilligen außergerichtlichen Vergleichs (***Company Voluntary Arrangement*** – CVA) zwischen der Gesellschaft und ihren Gläubigern.[1261] Dieses Verfahren wurde im Rahmen der Insolvenzrechtsreform 1986 eingeführt. Für den Abschluss eines CVA ist es unerheblich, ob die Gesellschaft insolvent oder die Insolvenz bereits absehbar ist. Es kann unabhängig von einem sonstigen Insolvenzverfahren der Gesellschaft bestehen. Es handelt sich um einen Vertrag zwischen der Schuldnergesellschaft und einem oder mehreren bzw. all den Gläubiger(n), wonach diese gegen Zahlung eines bestimmten Geldbetrags oder einer anderweiten Gegenleistung (stückweise) auf ihre Forderung gegen die Gesellschaft verzichten. Die Attraktivität eines solchen Verfahrens besteht insbesondere in dem unkomplizierten und zumeist kostengünstigen Abbau von Gläubigerforderungen.[1262] Das CVA ist so attraktiv, dass Unternehmen in der Krise nach Großbritannien gewechselt sind, um dieses Verfahren zu nutzen. Auch die deutsche Diskussion zur Einführung eines vorinsolvenzlichen Sanierungsverfahrens wird wesentlich durch das CVA befruchtet. Auf europäischer Ebene enthält zudem der Richtlinienvorschlag über präventive Restrukturierungsmaßnahmen von 2016 (dazu § 36 Rn. 7 ff.)[1263] Ähnlichkeiten zum CVA-Verfahren. Daneben besteht in der Krise auch die Möglichkeit eines **Administration-Verfahrens.**[1264] Hierbei kann ein im Grundsatz gesundes Unternehmen, das jedoch über temporäre (finanzielle) Schwierigkeiten klagt, restrukturiert werden. Hierfür wird zumeist ein Administrator eingesetzt, der als eine Art Interims-Manager die Geschäfte der Gesellschaft führt und deren Erhaltung erreichen soll. Im Zuge des Enterprise Act 2002 wurden die einschlägigen Bestimmungen für die Administration in Schedule B1 des Insolvency Act 1986 verschoben. 551

Das in der Praxis bedeutendste Sanierungsinstrument ist das **Scheme of Arrangement** (ssec. 895 ff. CA 2006). Hierbei hat die Gesellschaft die Möglichkeit mit ihren Gläubigern und/oder ihren Gesellschaftern einen Einzel- oder Gesamtvergleich zu vereinbaren. Aus europäischer Sicht zählt ein solches Scheme of Arrangement nicht zum Insolvenzverfahren, womit die kollisionsrechtlichen Bestimmungen der EuInsVO nicht zur Anwendung kommen (s. auch § 36 Rn. 46).[1265] Das Scheme of Arrangement ist insofern vielmehr ein gerichtliches Verfahren zur Abänderung von Verträgen zwischen der Schuldnergesellschaft und seinen Gläubigern/Gläubigergruppen bzw. seinen Anteilseignern. 552

Im Zusammenhang mit der (absehbaren) Insolvenz einer Gesellschaft treffen insbesondere die Geschäftsführer besondere **Verpflichtungen**, bei deren Nichtbefolgung sie zivil- und/oder strafrechtlich herangezogen werden können. Bei Handlungen in Krisensituationen der Gesellschaft, bei denen insbesondere eine Zahlungsunfähigkeit nicht ausgeschlossen werden kann, sollte daher ein besonderer Sorgfalts- und Vorsichtsmaßstab für die Geschäftsführer beachtet werden. Neben den bekannten Fällen der betrügerischen (*Fraudulent*) und unrechtsmäßi- 553

1258 Zu den Motiven für eine Insolvenz in England *Weller* ZGR 2008, 835, 836 ff.; *ders.* in: FS Blaurock, 2013, S. 497, 508 f.; *Eidenmüller* ZIP 2007, 1729, 1733 ff.; *Vallender* NZI 2007, 129, 131.

1259 *Steffek* in: MüHdB GesR, Bd. 6, IntGesR, 4. Aufl. 2013, § 37 Rn. 1; *Vallender* in: K. Schmidt/Uhlenbruck (Hrsg.), Die GmbH in Krise, Sanierung und Insolvenz, 5. Aufl. 2016, Rn. 12.108.

1260 Näher *Payne*, Debt Restructuring in English Law: Lessons from the US and the Need for Reform, Oxford Legal Research Paper No. 89/2013, S. 16 ff., mit Verweis auf *Re Bluebrook Ltd* [2009] EWHC 2114 (Ch).

1261 Speziell dazu *Weisgard/Griffiths/Doyle*, Company Voluntary Arrangements and Administrations, 2. Ed. 2010; *Girvin/Frisby/Hudson*, Charlesworth's Company Law, 2010, Rn. 26-005; *Boyle/Birds*, Company Law, 2014, Rn. 21.4 ff.; siehe auch *Ringe/Otte* in: Triebel ua (Hrsg.), Englisches Handels- und Wirtschaftsrecht, 2012, Kap. VI Rn. 31 ff.; *Schilling* in: Kindler/Nachmann (Hrsg.), Handbuch Insolvenzrecht in Europa, 4. EL 2014, England und Wales, Rn. 277 ff.

1262 *Ringe/Otte* in: Triebel ua (Hrsg.), Englisches Handels- und Wirtschaftsrecht, 2012, Kap. VI Rn. 31.

1263 *Europäische Kommission*, Vorschlag für eine Richtlinie des Europäischen Parlaments und des Rates über präventive Restrukturierungsrahmen, die zweite Chance und Maßnahmen zur Steigerung der Effizienz von Restrukturierungs-, Insolvenz- und Entschuldungsverfahren und zur Änderung der Richtlinie 2012/30/EU, 22.11.2016, COM(2016) 723 final.

1264 Im Zuge des Small Business, Enterprise and Employment Act 2015 kann nun auch der administrator einen Anspruch wegen fraudulent oder wrongful trading während des Administration-Verfahrens gegen einen Geschäftsführer geltend machen (ssec. 246ZA f. IA 1986).

1265 In diesem Zusammenhang zur Anwendung der ssec. 895 ff. CA 2006 *Payne*, Cross-Border Schemes of Arrangement, Oxford Legal Research Paper 68/2013, S. 1, 10 ff.; *dies.* EBOR 14 (2013) 563 ff.; *Bailey* IILR 2015, 344, 353 ff.

gen (*Wrongful*) Geschäftstätigkeit, sind dabei insbesondere die folgenden **Haftungsregelungen** des Englischen Insolvenzrechts zu berücksichtigen.

- Haftung für unerlaubte Handlungen (*Misfeasance*) (sec. 212 IA 1986);
- Haftung für den Vollzug von Rechtsgeschäften unter Wert (sec. 238 IA 1986);[1266]
- Haftung für betrügerisches Verhalten in Erwartung eines Liquidationsverfahrens (sec. 206 IA 1986);
- Haftung für betrügerische Geschäfte zulasten der Gläubiger (sec. 207 IA 1986);
- Haftung für Fehlverhalten während eines Liquidations- bzw. Insolvenzverfahrens (sec. 208 IA 1986);
- Haftung für die Verfälschung von Büchern und Unterlagen der Gesellschaft (sec. 209 IA 1986);
- Haftung für Falschangaben gegenüber Gläubigern (sec. 211 IA 198).

8. Die Ltd. in Deutschland

554 Aufgrund der einschlägigen **EuGH-Rechtsprechung zur Niederlassungsfreiheit** von Gesellschaften (dazu § 10 Rn. 32 ff.) wurden ausländische Rechtsformen in Deutschland zunehmend interessant. In diesem Kontext wurde in hohem Maße auf die englische Ltd. zurückgegriffen, die – wie dargestellt – eine Haftungsbegrenzung auf das Gesellschaftsvermögen bei minimaler Kapitalinvestition und darüber hinaus flexiblere Möglichkeiten der Kapitalaufbringung bereithält und sich insofern von den deutschen Vorgaben für haftungsbegrenzte Gesellschaftsformen (vor allem der GmbH) unterscheidet. Neben der vereinfachten und **kostengünstigen Gründung** im Vergleich zur deutschen GmbH war bei größeren Unternehmen vor allem die Vermeidung der unternehmerischen Mitbestimmung für deutsche Rechtsformen[1267] eines der Motive für die Wahl der Ltd. als geeigneter Rechtsträger.[1268] In diesem Zusammenhang wurde auch die Mischform der Ltd. & Co. KG als geeignete Organisationsform immer beliebter.[1269]

555 Die Verwendung einer Ltd. nach Englischem Recht mit **Verwaltungssitz** und alleiniger wirtschaftlicher Tätigkeit **in Deutschland** wurde für deutsche Unternehmensgründer spätestens seit 2003 immer attraktiver. Zum Höhepunkt im Jahr 2006 gab es ca. 50.000 Ltd. mit Verwaltungssitz in Deutschland.[1270] Aus verschiedenen Gründen (s. Rn. 255, 557) ist ein stetiger Abfall der Zahlen zu erkennen, so dass es seit 2015 konstant weniger als 10.000 englische Ltd. in Deutschland gibt.[1271] Der Ansturm deutscher Unternehmensgründer auf die Ltd. ist beendet. Die Bedeutung der Ltd. im deutschem Wirtschaftsleben ist in den letzten Jahren **spürbar geringer** geworden.

556 Im Zuge des durch die vielfältige Nutzung einer englischen Ltd. in Deutschland hervorgerufenen **Wettbewerbs der Rechtsordnungen** sah sich der deutsche Gesetzgeber veranlasst, die deutschen Regelungen zu überprüfen und Erleichterungen für Unternehmensgründer ins Auge zu fassen. Im Wege des Gesetzes zur Modernisierung des GmbH-Rechts und zur Bekämpfung von Missbräuchen (MoMiG) ist dabei das Konstrukt der **UG (haftungsbeschränkt)** (§ 5a GmbHG), die als Kapitalgesellschaft mit beschränkter Haftung unterhalb der GmbH als direkte Konkurrenz zur englischen Ltd. positioniert werden sollte, entstanden. Dabei deutet bereits die Tatsache, dass die Regelungen zur UG (haftungsbeschränkt) im GmbH-Gesetz angesiedelt wurden, darauf hin, dass diese keine vollständig eigenständige Gesellschaftsform darstellt. Vielmehr vermag die UG (haftungsbeschränkt) einen vereinfachten Gründungsprozess einer Gesellschaft mbH anzubieten, der jedoch über die Verpflichtung zur Ansparung von Eigenkapital (Kapitalaufholungspflicht) im Wege der Gewinnverwendung mit dem Erreichen des Mindeststammkapitals einer GmbH (EUR 25.000) als Voll-GmbH sein Ziel erreicht. In diesem Sinne ist aufgrund des Sacheinlagenverbots lediglich die Neugründung einer UG (haftungsbeschränkt) vorgesehen; eine Umwandlung aus anderen Gesellschaftsformen ist mithin nicht möglich. Ansonsten unterliegt die UG (haf-

---

1266 Speziell zu solchen transactions at an undervalue vgl. *Steffek* in: MüHdB GesR, Bd. 6, IntGesR, 4. Aufl. 2013, § 41 Rn. 33 ff.; rechtsvergleichend mit deutschem Recht *Bork* JCLS 14 (2014) 453 ff.

1267 Die Regelungen über die unternehmerische Mitbestimmung knüpfen nach hM an das Gesellschaftsstatut an, dh an die inländische Rechtsform des Unternehmensträgers, vgl. *Rehberg* in: Eidenmüller (Hrsg.), Ausländische Kapitalgesellschaften, 2004, § 6 Rn. 103; *Weller* in: MüKo GmbHG, Bd. 1, 3. Aufl. 2018, Einl. Rn. 374; *Behrens/Hoffmann* in: Ulmer/Habersack/Löbbe (Hrsg.), GmbHG, Bd. 1, 2. Aufl. 2013, Einl. B Rn. 121; auch eine (analoge) Anwendung der deutschen Mitbestimmungsregelungen auf ausländische Gesellschaften mit Verwaltungssitz in Deutschland wird nach hM abgelehnt, vgl. *Merkt* ZIP 2011, 1237, 1239; *Zimmer* NJW 2003, 3585, 3590; *Thüsing* ZIP 2004, 381, 382; aA *Kindler* in: Bork/Schäfer (Hrsg.), GmbHG, 3. Aufl. 2015, § 4a Rn. 37; *Franzen* RdA 2004, 257, 260; *Forsthoff* DB 2002, 2471, 2477.

1268 Vgl. nur *Kindler* in: MüKo BGB, Bd. 11, 6. Aufl. 2015, IntGesR, Rn. 369; *Bücker* in: Hirte/Bücker (Hrsg.), Grenzüberschreitende Gesellschaften, 2. Aufl. 2006, § 3 Rn. 27.

1269 Dazu *Blaum* in: Westermann/Wertenbruch (Hrsg.), Handbuch Personengesellschaften, 68. EL 2017, § 57 Rn. 3451 ff.; *Binz/Meyer* GmbHR 2003, 249 ff.; *Just*, Die englische Limited in der Praxis, 2012, Rn. 348 ff.; *Kagan*, Handels- und gesellschaftsrechtliche Rechtsverhältnisse der Ltd. & Co. KG, 2013; *Klöhn/Schaper* ZIP 2013, 49 ff.; *Kowalski/Bormann* GmbHR 2005, 1045 ff.; *Schlichte* DB 2006, 87 ff.; *Süß* GmbHR 2005, 673 ff.; *Teichmann* ZGR 2014, 220 ff.; *Wachter* GmbHR 2006, 79 ff.; *Werner* GmbHR 2005, 288 ff.

1270 Vgl. nur *Lutter/Bayer/Schmidt*, Europäisches Unternehmens- und Kapitalmarktrecht, 6. Aufl. 2017 , Rn. 7.69.

1271 Vgl. *Kornblum* GmbHR 2017, 739, 747; eine entsprechende Verringerung lässt sich auch bei der Mischform einer Ltd. & Co. KG ausmachen.

tungsbeschränkt) sämtlichen auf die GmbH anzuwendenden Rechtsvorschriften. Die UG (haftungsbeschränkt) hat als deutsche Rechtsform schließlich bei Kreditgebern ein weniger schlechtes Image als die englische Ltd. Rechtstatsächlich lässt sich die gesteigerte Attraktivität der UG (haftungsbeschränkt) gegenüber der Ltd. eindrücklich durch deren zahlenmäßige Verwendung belegen. Ist der Gebrauch einer Ltd. mit ausschließlicher Wirtschaftstätigkeit in Deutschland stetig rückläufig (s. Rn. 555), ist bei der UG (haftungsbeschränkt) – sowie UG & Co. KG – seit deren Einführung ein konstanter Wachstum dieser Unternehmensform zu verzeichnen. Seit 2015 gibt es mehr als 100.000 UG (haftungsbeschränkt) in Deutschland.[1272]

Weitere Gründe für den **Rückgang der Ltd. in Deutschland** sind die nach Englischem Recht grundsätzlich strengeren Offenlegungs- und Bilanzierungspflichten im Vergleich zur deutschen GmbH,[1273] die auch mittels Zwangslöschung durchgesetzt werden (s. Rn. 545), einem teilweise psychologischen Akzeptanzproblem ausländischer Rechtsformen in Deutschland[1274] sowie eine von deutschen Kreditinstituten angenommene schlechtere Kreditwürdigkeit der Ltd.[1275] In diesem Zusammenhang ist auch der häufig verwendete Begriff einer „**Briefkastengesellschaft**" oder auch „Scheinauslandsgesellschaft" überwiegend negativ behaftet, da man damit die Umgehung, insbesondere von Kapitalaufbringungsvorschriften, nationaler Gesellschaftsformen mbH vor allem durch die Ltd. verband.[1276] Die Attraktivität der Ltd. wurde zudem dadurch verringert, dass im Zuge des MoMiG verschiedene Regelungen aus dem formellen Gesellschaftsrecht **anderen Rechtsmaterien zugeordnet** wurden. Obgleich die formelle Zuordnung zu einem Rechtsgebiet (zB dem Insolvenzrecht) für sich grundsätzlich noch keine Auswirkungen auf das anwendbare Recht hat, sind die verorteten Vorgaben für eigenkapitalersetzende Gesellschafterdarlehen (§ 39 I Nr. 5, § 135 InsO) und die Insolvenzantragspflicht inklusive entsprechender Haftung ((§ 823 II BGB iVm) § 15a I 1 InsO) auch materiell nicht dem Gesellschaftsrecht zuzuordnen. Sie können daher auch auf eine Ltd. mit Verwaltungssitz in Deutschland Anwendung finden.[1277] Inwiefern daneben Regelungen, die an das Gesellschaftsstatut anknüpfen, als darüber hinausgehende „**Sonderanknüpfungen**" (*Outreach Statutes*) auf eine Ltd. Anwendung finden, ist bislang nicht abschließend geklärt.[1278] In jüngerer Zeit ist insbesondere die Frage der Mitbestimmungserstreckung auf Auslandsgesellschaften in den Mittelpunkt des Interesses gerückt. Zumindest die vorbehaltslose Erstreckung des deutschen paritätischen Mitbestimmungsrechts wird man indes als nicht mit der Niederlassungsfreiheit vereinbar anzusehen haben.[1279] Da Ltd. als in der Regel kleinere Gesellschaften jedoch überwiegend nicht vom deutschen MitbestG bzw. DrittbG erfasst wären, stellt sich für diese das Problem in der Praxis nur geringfügig. 557

Eine Ltd. mit Verwaltungssitz in Deutschland ist als **inländische Zweigniederlassung** eines ausländischen Unternehmens ins deutsche Handelsregister einzutragen. Hierbei sind die Vorgaben der §§ 13d f., § 13g HGB zu beachten. Die Ltd. selbst als ausländische Rechtsform kann hingegen nicht ins deutsche Handelsregister eingetragen werden.[1280] Wie sich aus der *Inspire Art*-Entscheidung (dazu § 10 Rn. 68 ff.) ableiten lässt, ist es dabei unerheblich, ob es sich bei der Eintragung der Zweigniederlassung in Deutschland faktisch um die Hauptniederlassung des Unternehmens handelt.[1281] Auch hierfür kommen (noch) die **Umsetzungsbestimmung** zur ehemaligen Zweigniederlassungsrichtlinie (= Art. 29 ff. Kodifizierungs-RL) (dazu § 27) zur Geltung. Die Eintragungsmodalitäten als inländische Zweigniederlassung der englischen Gesellschaft gelten dabei in grundsätzlich gleicher Weise für eine Private Company Limited by Guarantee als Kapitalgesellschaftsform des Englischen Rechts.[1282] 558

Im Unterschied zur Errichtung einer Zweigniederlassung durch einen deutschen Rechtsträger, hat nach § 13d I HGB die **Eintragung der Zweigniederlassung** durch eine Ltd. bei dem deutschen Registergericht zu erfolgen, in 559

1272 Vgl. aktuell *Kornblum* GmbHR 2017, 739, 746.

1273 *Reichert* in: MüHdB GesR, Bd. 6, IntGesR, 4. Aufl. 2013, § 62 Rn. 61; *Teichmann* ECFR 2015, 202, 219; *Ringe* ECFR 2013, 230, 262; *Riegger* ZGR 2004, 510, 517.

1274 *Ringe* in: K. Schmidt/Lutter (Hrsg.), AktG, Bd. 1, 3. Aufl. 2015, IntGesR, Rn. 51; *ders.* ECFR 2013, 230, 260.

1275 *Roth/Kindler*, The Spirit of Corporate Law, 2013, S. 40; *Tebben/Tebben* DB 2007, 2355; speziell zur Zurückhaltung deutscher Banken ggü. englischen Ltd. *Römermann* NJW 2006, 2065.

1276 Dazu *K. Schmidt* in: Lutter (Hrsg.), Europäische Auslandsgesellschaften in Deutschland, 2005, S. 15, 16 ff.

1277 Dazu *Eidenmüller* RabelsZ 70 (2006) 474, 491 ff.

1278 Dazu *Weller* in: MüKo GmbHG, Bd. 1, 3. Aufl. 2018, Einl. Rn. 444 ff.; *Behrens/Hoffmann* in: Ulmer/Habersack/Löbbe (Hrsg.), GmbHG, Bd. 1, 2. Aufl. 2013, Einl. B Rn. 63 ff.; *Grundmann*, Europäisches Gesellschaftsrecht, 2. Aufl. 2011, Rn. 785; *Ringe* in: K. Schmidt/Lutter (Hrsg.), AktG, Bd. 1, 3. Aufl. 2015, IntGesR, Rn. 59 ff.

1279 Vgl. nur *Hellwig/Behme* AG 2015, 333; *Teichmann* ZIP 2016, 899, 902; siehe auch LG Frankfurt aM ZIP 2015, 634; aA LG München I ZIP 2015, 1929.

1280 *Kieninger* in: MüHdB GesR, Bd. 6, IntGesR, 4. Aufl. 2013, § 52 Rn. 7; *Blasche* GWR 2012, 169, 170; *Riegger* ZGR 2004, 510, 514.

1281 Vgl. *K. Schmidt* in: Lutter (Hrsg.), Europäische Auslandsgesellschaften in Deutschland, 2005, S. 15, 18; *Hoffmann* in: Nomos BGB, Bd. 1, 3. Aufl. 2016, Anhang Art. 12 EGBGB Rn. 105; *Süß* DNotZ 2005, 180, 181; siehe auch OLG Frankfurt ZIP 2008, 1286, 1288; AG Duisburg NZG 2003, 1072.

1282 Vgl. OLG Dresden GmbHR 2016, 484, 485; OLG Köln FGPrax 2013, 18, 19; *Heckschen/Strnad* GmbHR 2016, 469, 471 f.

dessen Bezirk sich die Zweigniederlassung befindet. Die Errichtung einer Zweigniederlassung ist ein rein tatsächlicher Vorgang, weshalb der Eintragung ins Handelsregister keine rechtsbegründende (konstitutive), sondern lediglich eine deklaratorische Wirkung zukommt.[1283] Ferner ist bei der Anmeldung zur Eintragung der Zweigniederlassung gem § 13e II 2 HGB das Bestehen der ausländischen Gesellschaft nachzuweisen. Die Frage, ob dieser Nachweis erbracht wurde, richtet sich nach deutschem Recht als *lex fori* der einzutragenden Zweigniederlassung.[1284] Dabei genügt in der Regel die **Vorlage der Gründungsbescheinigung** (*Certificate of Incorporation*).[1285] Da der Ltd. grundsätzlich nicht die Anerkennung und damit das Recht zur Errichtung einer Zweigniederlassung in Deutschland versagt werden darf, wird diese Vorgabe auch unproblematisch sein. Zur Erzwingung der erforderlichen Anmeldung zur Eintragung im Handelsregister der Zweigniederlassung kann gem § 14 HGB iVm §§ 388 ff. FamFG ein Zwangsgeld festgesetzt werden. Dieses beträgt maximal EUR 5.000. Im Hinblick auf die in der Praxis weiterhin zu beobachtende Nicht-Anmeldung einer neu errichteten Zweigniederlassung[1286] stellt dies offenbar keine hinreichend effektive Sanktion dar.

III. Public Company Limited by Shares (plc)

1. Grundlagen

560 Neben den Private Companies (insbesondere der Ltd.) kennt das Englische Kapitalgesellschaftsrecht Public Companies. Hierbei kommt der Public Company Limited by Shares (abgekürzt: plc) die überragende Bedeutung zu. Die plc lässt sich funktional mit der deutschen **Aktiengesellschaft** (AG) vergleichen. Ähnlich wie in Deutschland ist die plc als Aktiengesellschaft im Vergleich zur Ltd. als Gesellschaft mbH zahlenmäßig weitaus weniger präsent. Gegenüber den mehr als 3 Million Ltd. im Vereinigten Königreich gibt es derzeit nur etwa **7.000 plc.**[1287] Jährlich werden nur wenige hundert plc gegründet,[1288] wobei die überwiegende Mehrheit im Rahmen der Re-Registration einer Ltd. (ssec. 90 ff. CA 2006) entsteht und nicht originär als solche gegründet wird. Aufgrund der Größe der meisten plc ist vor allem deren **Finanzkraft** jedoch volkswirtschaftlich von Bedeutung. Indes ist die plc iS eines Wettbewerbs der Gesellschaftsrechtsordnungen kaum beliebt bei deutschen Unternehmensgründern. Es gibt nur wenige plc (bzw. plc & Co. KG) in Deutschland.[1289] Hauptgrund für die Wahl einer solchen ist aus deutscher Sicht vor allem eine Vermeidung deutscher Unternehmensmitbestimmung.

561 Die maßgebenden **Rechtsvorschriften** für die plc finden sich im Companies Act 2006. Gleichwohl ist die plc aufgrund ihrer potenziellen Börsennotierung und Kapitalmarktnähe um einiges mehr von Spezialgesetzen geprägt. Hierbei vor allem von kapital- und finanzmarktrechtlichen Vorgaben, wie beispielsweise den Financial Services and Markets Act 2000. Wichtig sind zudem die Regelungen im jeweils aktuellen UK Corporate Governance Code 2016 und Stewardship Code 2012 zur Unternehmensführung. Im Frühjahr 2017 hat der Erarbeiter des UK Corporate Governance Code, der Financial Reporting Council (FRC), eine umfassende Überarbeitung des geltenden Kodex angekündigt.[1290] In welche Richtung es konkret gehen wird, ist allerdings derzeit noch unklar. Bereits im November 2016 wurde ein Grünbuch zur Corporate Governance britischer Unternehmen veröffentlicht.[1291] Geplant sind dabei sowohl Änderungen des aktuellen UK Corporate Governance Code als auch des materiellen Gesellschaftsrechts im Companies Act 2006.[1292] Darauf aufbauend hat die britische Regierung im August 2017 ihre Vorschläge für eine **Reform der Corporate Governance** veröffentlicht.[1293] Dabei werden sowohl Gesetzesänderungen ins Auge gefasst als auch der FRC empfohlen, den bestehenden UK Cor-

1283 OLG Frankfurt ZIP 2008, 1286; OLG München NZG 2006, 513; KG NZG 2004, 49, 50; *Krafka* in: MüKo HGB, Bd. 1, 4. Aufl. 2016, § 13d Rn. 11; *Koch* in: Staub, HGB, Bd. 1, 5. Aufl. 2009, § 13d Rn. 19; *Preuß* in: Oetker (Hrsg.), HGB, 5. Aufl. 2017, § 13d Rn. 6; *Hoger* NZG 2015, 1219.

1284 OLG München NZG 2011, 157; *Preuß* in: Oetker (Hrsg.), HGB, 5. Aufl. 2017, § 13e Rn. 25; *Wamser* in: Henssler/Strohn (Hrsg.), Gesellschaftsrecht, 3. Aufl. 2016, § 13e HGB Rn. 6.

1285 OLG Zweibrücken DNotZ 2008, 795; BayObLGZ 1985, 272, 276; LG Berlin ZIP 2004, 2380; zweifelnd jedoch OLG Nürnberg ZIP 2014, 2033, 2034 f.

1286 Vgl. *Wachter* in: Süß/Wachter (Hrsg.), HdB des internationalen GmbH-Rechts, 2016, § 2 Rn. 36; *ders.* GmbHR 2006, 793, 794; *Westhoff* GmbHR 2007, 474, 480.

1287 *Companies House*, Companies Register Activities 2016/17; es bestehen daher etwa halb so viele plc in Großbritannien wie AG in Deutschland; rechtstatsächlich zur AG *Kornblum* 2017, 739, 740; *Habersack* in: MüKo AktG, Bd. 1, 4. Aufl. 2016, Einl. Rn. 11; ferner zur plc mit Verwaltungssitz in Deutschland *Lieder/T. Hoffmann* AG 2017, R83, R84.

1288 *Hannigan*, Company Law, 2015, Rn. 1-40.

1289 Die wohl bekannteste ist die (ehemalige) Air Berlin PLC & Co. Luftverkehrs KG; siehe auch *Teichmann* ZGR 2014, 220, 222 f.; um einiges attraktiver ist hingegen die SE & Co. KG.

1290 Vgl. auch *FRC*, Annual Report and Accounts 2016/17, S. 8.

1291 *BEIS*, Corporate Governance Reform. Green Paper, BEIS/16/56, November 2016.

1292 Näher *Stiegler* AG 2017, R4 ff.

1293 *BEIS*, Corporate Governance Reform. The Government response to the green paper consultation, August 2017.

porate Governance Code abzuändern.[1294] Angedacht ist dabei insbesondere dem Vergütungsausschuss (*Remuneration Committee*) noch weitergehend in die Verantwortung bei Börsengesellschaften zu nehmen, eine verbindliche Berichtspflicht über das Vergütungsverhältnis von CEO und den durchschnittlichen Arbeitnehmern einzuführen, eine Berichtspflicht über die Anwendung des Enlightened Shareholder Value (s. Rn. 443 ff.) für größere Unternehmen festzusetzen, Corporate Governance-Leitlinien auf freiwilliger Basis auch für private companies vorzusehen sowie den Anwendungsbereich der Corporate Governance-Erklärung des Managements zu erweitern.[1295] Im Dezember 2017 startet die FRC dann eine entsprechende öffentliche Konsultation.[1296]

Trotz dieser Besonderheiten gilt im Englischen Gesellschaftsrecht weiterhin – zumindest formal – das Prinzip der Einheitskapitalgesellschaft (s. Rn. 248). Die zum Company Law ergangene **Rechtsprechung** gilt daher grundsätzlich **gleichermaßen** für die Ltd. wie für die plc. Dennoch hat sich in den letzten Jahren und insbesondere im Zuge des Companies Act 2006 eine zunehmende Differenzierung zwischen beiden „Gesellschaftsformen" herausgebildet.[1297] Dies liegt zum einen am beabsichtigten Deregulierungsansatz für die Ltd. Zum anderen an der – auch europäisch motivierten – fortschreitenden Komplexität und Regelungsdichte des Kapitalmarktrechts. Eine entsprechende Tendenz lässt sich auch im Small Business, Enterprise and Employment Act 2015 erkennen, der zwar trotz seiner Bezeichnung („*Small Business*") im Grundsatz ebenso für die plc gilt, jedoch verschiedene Befreiungsmöglichkeiten nur für Private Companies vorsieht. Die **Regelungsdichte** ist für die plc als Aktiengesellschaft insofern höher als für die Ltd.[1298] In diesem Zusammenhang spielen auch die bisherigen Harmonisierungsbestrebungen auf Ebene des Europäischen Gesellschaftsrecht (s. dazu § 18 Rn. 17 ff.) eine Rolle. Die Angleichung des mitgliedstaatlichen Gesellschaftsrechts erfolgte überwiegend nur für Aktiengesellschaften. Dies gilt umso mehr für das sich in letzten Jahren vermehrt im Aufwind befindende Börsengesellschafts- und **Kapitalmarktrecht**. Die Unterschiede zwischen der plc und anderen Aktiengesellschaft in Europa sind daher geringer als zwischen den nationalen Gesellschaften mbH. 562

Die folgende Einzeldarstellung des Rechts der englischen plc beschränkt sich weitgehend auf deren **Besonderheiten im Vergleich zur Ltd.** und die zusätzlich sowie ausschließlich auf die plc anwendbaren Vorschriften im Companies Act 2006. Ansonsten kommt grundsätzlich das Recht der Ltd. als Unterform einer Company zur Anwendung. Die speziellen Regelungen des Kapital- und Finanzmarktrechts sollen nicht besprochen werden. Die folgenden Besonderheiten sind daher überwiegend in Ergänzung der Ausführungen zur Ltd. zu betrachten. Gleichwohl ist trotz des grundsätzlich kongruenten Anwendungsbereichs die praktische Bedeutung verschiedener Bestimmungen des Companies Act 2006 für beide Gesellschaftstypen ggf unterschiedlich. Manche Regelungen können in der Praxis für die Ltd. keine Relevanz besitzen, für die plc hingegen weitreichende Konsequenzen haben. 563

Die **wesentlichsten Unterschiede** zwischen dem Regelungsgefüge einer Ltd. und einer plc finden sich neben kapitalbezogenen Bestimmungen im Rahmen der Organisations- und Kapitalverfassung der Gesellschaften. Mit Blick auf das Englische Fallrecht ist von praktischer Bedeutung, dass eine zunehmende Differenzierung bezüglich der Geschäftsführerpflichten zu beobachten ist.[1299] Die maßgebenden Professionalisierungs- und Sorgfaltsanforderungen sind an einen Direktor einer plc tendenziell höher als an den Geschäftsführer einer personalistisch strukturierten, kleineren Ltd. 564

Die wichtigsten (gesetzlichen) **Unterscheidungsmerkmale** sind:[1300] 565

- ein Mindeststammkapital iHv £ 50.000 (sec. 763 CA 2006);
- die Einlageerbringung von mindestens 25% des Nennbetrags (sec. 586 CA 2006);
- die Kapitalmarkt- bzw. Börsenfähigkeit der plc (arg. e sec. 755 CA 2006);
- die Firma mit dem entsprechenden Rechtsformzusatz (sec. 58 CA 2006);
- die Ausstellung eines Trading Certificate (sec. 761 CA 2006);
- mangende Befreiung von Bilanzierungs- und Rechnungslegungsbestimmungen (vgl. ssec. 477 ff. CA 2006);
- die Pflicht zur Abhaltung einer jährlichen Hauptversammlung (sec. 336 CA 2006);
- zusätzliche Vorgaben für die Hauptversammlung einer (börsennotierten) plc (ssec. 336 ff., ssec. 341 ff. CA 2006);

1294 Vor allem Letzteres wirft jedoch durchaus Fragen nach der tatsächlichen Unabhängigkeit der FRC auf.

1295 *BEIS*, Corporate Governance Reform. The Government response to the green paper consultation, August 2017, S. 3 ff.

1296 Financial Reporting Council, Proposed Revision to the UK Corporate Governance Code, December 2017.

1297 *Ringe/Otte* in: Triebel ua (Hrsg.), Englisches Handels- und Wirtschaftsrecht, 2012, Kap. V Rn. 30; *Schall* in: Schall (Hrsg.), Companies Act, 2014, sec. 1 Rn. 29.

1298 *Davies/Worthington*, Gower's Principles of Modern Company Law, 2016, Rn. 1-13; *Hannigan*, Company Law, 2015, Rn. 1-45; *Bourne*, Company Law, 2016, S. 7 f.

1299 *Davies/Worthington*, Gower's Principles of Modern Company Law, 2016, Rn. 16-24; *Schall* in: Schall (Hrsg.), Companies Act, 2014, sec. 1 Rn. 29.

1300 Vgl. auch *Girvin/Frisby/Hudson*, Charlesworth's Company Law, 2010, Rn. 3-006 f.; *Hannigan*, Company Law, 2015, Rn. 1-44 ff.; *Boyle/Birds*, Company Law, 2014, Rn. 4.2; *Mayson/French/Ryan*, Company Law, 2017, S. 59 ff.

- die Pflicht zur Bestellung eines Company Secretary (sec. 271 CA 2006);
- die Mindestanzahl von zwei Direktoren (sec. 154 (2) CA 2006);
- die Dividendenzahlung nur aus dem Nettovermögen (sec. 831 CA 2006);
- das Verbot finanzieller Unterstützung beim Erwerb eigener Aktien (sec. 678 CA 2006);
- die beschränkte Möglichkeit der Abstimmung im schriftlichen Umlaufverfahren (arg. e sec. 288 CA 2006);
- die abweichenden Mustersatzungen bei Ltd. und plc gemäß den Companies (Model Articles) Regulations 2008.

2. Gründung

a) Überblick

566 Die Gründung einer Public Company kann auf verschiedene Arten erfolgen. Von Interesse sind insbesondere die Entstehung durch **originäre Gründung** und die Entstehung mittels **Re-Registration** einer bestehenden Ltd. in eine plc. Denkbar ist zudem die „Gründung" auf Basis einer (grenzüberschreitenden) Verschmelzung (*Merger*) oder Spaltung (*Division* oder *De-merger*) gem ssec. 902 f. CA 2006 bzw. den Cross-Border Mergers Regulations 2007. Die meisten plc werden im Wege einer Re-Registration (ssec. 89 ff. CA 2006) aus einer Ltd. gegründet. Die originäre Gründung einer plc ist die Ausnahme. Auch Verschmelzungen zur Neugründung sind im Vergleich zur deutschen Praxis eher selten.[1301]

567 Eine solche Re-Registration ist am ehesten mit dem Prinzip des identitätswahrenden **Formwechsels** nach deutschem Recht (§§ 190 ff. UmwG) zu vergleichen.[1302] Da es sich bei der Ltd. und plc nach englischem Rechtsverständnis jedoch nicht um zwei unterschiedliche Rechtsformen handelt, hinkt dieser Vergleich ein wenig. Insofern sind auch die materiellen Vorgaben der ssec. 90 ff. CA 2006 weitaus weniger detailreich wie die des deutschen Formwechselrechts. Gleichwohl ist ebenso ein **außerordentlicher Gesellschafterbeschluss** mit qualifizierter Mehrheit (sec. 283 CA 2006) der Anteilsinhaber erforderlich (sec. 90 (1) (a) CA 2006). Zudem müssen die Vorgaben für die Kapitalverfassung einer plc (s. Rn. 599 ff.) beachtet werden. So muss zB – sofern nicht bereits entsprechend vorhanden – das gesetzliche **Mindestkapital** für eine plc (£ 50.000) aufgebracht werden und die ggf in der Ltd. vereinbarten Dienstleistungen als Einlagen bereits erbracht worden sein (sec. 91 (1) CA 2006). Weiterhin muss zwingend ein Company Secretary (ssec. 271 CA 2006) ernannt werden, sofern die Ltd. keinen solchen besaß (sec. 95 CA 2006). Nach ordnungsgemäßer **Antragstellung** mit Einreichung der erforderlichen Unterlagen und Dokumente (sec. 94 CA 2006) beim zuständigen Registrar hat dieser die Re-Registration der Gesellschaft zu vollziehen und den „Formwechsel" im Register des Companies House einzutragen. Die Re-Registration in eine plc wird durch Ausstellung einer neuen Gründungsbescheinigung (*Certificate of Incorporation*) wirksam (sec. 96 (4) CA 2006). Der Ausstellung eines gesonderten Trading Certificate (s. Rn. 573 f.) bedarf es nicht.

568 Bei der **originären Gründung** einer plc sind die im Companies Act 2006 vorgegebenen Gründungsmodalitäten und dessen Verfahren zu beachten (ssec. 7 ff. CA 2006). Hierbei bestehen nur geringfügige Abweichungen im Vergleich zur Gründung einer Ltd. Insofern kann auf die obigen Ausführungen verwiesen werden (s. Rn. 260 ff.). Es ist gleichermaßen eine Gründung durch nur eine (natürliche oder juristische) Person möglich (sec. 7 (1) CA 2006). Denkbar ist daher auch eine **Einpersonen-plc.** Dies ist vor allem im Rahmen der konzerndimensionalen Gründung einer hundertprozentigen Tochtergesellschaft in der Rechtsform einer Aktiengesellschaft von Bedeutung. Eine Besonderheit besteht insofern, dass aufgrund der zwingenden Führung eines Company Secretary ein solcher schon bei der Anmeldung zur Gründung der Gesellschaft zu benennen ist (sec. 12 (1) (c) CA 2006). In diesem Zusammenhang ist auch ein Verzeichnis der Company Secretaries zu erstellen (sec. 275 CA 2006), dessen Inhalt in der Erklärung der künftigen Geschäftsführer beinhaltet sein muss (sec. 12 (2) (b) CA 2006).

569 Das allgemeine **Firmenrecht** des Englischen Gesellschaftsrechts gilt in gleicher Weise für die Ltd. wie die plc. Es kommen daher die obigen Ausführungen zur Geltung (s. Rn. 288 ff.). Abweichend ist gem sec. 9 (2) (d) CA 2006 jedoch bei der Registrierung anzugeben, dass es sich bei der Gesellschaft um eine Public Company handelt. Zudem muss die Firma mit dem Rechtsformzusatz „Public Limited Company", der Abkürzung p.l.c. oder dem jeweils walisischen Äquivalent (Cwmni Cyfyngedig Cyhoeddus bzw. c.c.c.) enden (sec. 58 CA 2006).

b) Gründungskosten

570 Die **Registrierungskosten** für die originäre Gründung einer plc sind die Gleichen wie für eine Ltd. (s. Rn. 269). Das Companies House differenziert innerhalb der Companies nicht zwischen den beiden Ausprägungen der

1301 *Davies/Worthington*, Gower's Principles of Modern Company Law, 2016, Rn. 29-16; *Sealy/Worthington*, Text, Cases & Materials in Company Law, 2016, S. 781; *Teichmann* ECFR 2016, 277, 278.

1302 *Schall* in: Schall (Hrsg.), Companies Act, 2014, ssec. 89-111 Rn. 1; *Levedag* in: Süß/Wachter (Hrsg.), HdB des internationalen GmbH-Rechts, 2016, England, Rn. 448; *Ringe/Otte* in: Triebel ua (Hrsg.), Englisches Handels- und Wirtschaftsrecht, 2012, Kap. V Rn. 46.

Rechtsform. Die Kosten für die Eintragung einer Re-Registration in eine plc betragen derzeit £ 20.[1303] Auch hierbei sind die Eintragungskosten also wesentlich geringer als bei einer deutschen Aktiengesellschaft. Verschiedene Servicegesellschaften bieten die Gründung und Eintragung einer plc ab ca. £ 140 an. Hinzuzurechnen sind selbstverständlich die **Kapitalaufbringungskosten** bei Errichtung der Gesellschaft. Bezogen auf das Mindestkapital iHv £ 50.000 sind im Einklang mit den Art. 2 ff., Art. 43 ff. Kodifizierungs-RL (ehemalige Kapitalrichtlinie) (dazu § 21) mindestens 25% des Nennbetrags der vereinbarten Kapitaleinlage zu erbringen, dh mindestens £ 12.500 (sec. 586 (1) CA 2006). Aus Sicht des Inferenten kommt die vollständige Aufbringung eines vereinbarten Aufgeldes (Agio) hinzu. Da hier die Mustersatzung seltener genutzt wird, sind in die Gründungskosten für den Regelfall auch die Kosten der Erstellung einer Satzung einzurechnen.

c) Satzung (Articles of Association)

Jede plc muss eine Satzung haben (*Articles of Association*), die die **innere Organisation** der Gesellschaft regelt (vgl. sec. 18 (1) CA 2006). Ebenso wie für die Ltd. besteht für die plc eine Mustersatzung. Diese findet sich in Schedule 3 der Companies (Model Articles) Regulations 2008. Im Vergleich zur Ltd.-Mustersatzung ist sie mit 86 Artikeln – schon den Typ einer Aktiengesellschaft geschuldet – um einiges, aber nicht übermäßig, länger. Vor allem bei einer plc empfiehlt es sich jedoch, eine (teilweise) **eigenständige Satzung** der Gesellschaft aufzustellen, die an die Bedingungen und Modalitäten des Unternehmens sowie dessen Geschäftsbereich individuell angepasst ist. Die Mustersatzung einer plc ist im Vergleich zur Ltd.-Mustersatzung insbesondere im Hinblick auf die Entscheidungsfindung der Direktoren, den verschiedenen Aktiengattungen, die Übertragung und Ausgabe von Aktien sowie einer etwaigen Dividendenzahlung ausführlicher. 571

Bei einer plc als Aktiengesellschaft ist von Interesse, ob es eine mit dem deutschem Aktienrecht vergleichbare **Satzungsstrenge** (vgl. § 23 V AktG) gibt. Dies ist bislang nicht abschließend geklärt. Man kann jedoch festhalten, dass solch ein gesetzlich fixiertes Prinzip der Satzungsstrenge dem Englischen Gesellschaftsrecht eigentlich fremd ist.[1304] Zum Teil wird jedoch eine diesbezügliche Vermutung für das Bestehen zwingenden Gesetzesrechts bejaht.[1305] Im Zweifel ist aus Sicht des Rechtsanwenders daher zunächst davon auszugehen, dass, sofern keine abweichenden Bedingungen aufgestellt wurden, die Vorschriften des Companies Act 2006 grundsätzlich **zwingender Natur** sind.[1306] Teilweise sieht dies das Gesetz auch ausdrücklich vor (zB bei verschiedenen Kapitalmaßnahmen). Bei anderen Aspekten ermöglicht die Rechtsprechung jedoch eine (stückweise) Abdingbarkeit gesetzlicher Bestimmungen.[1307] Der Companies Act 2006 enthält somit kein eindeutiges Regel-Ausnahmeverhältnis hinsichtlich des dispositiven bzw. zwingenden Charakters einer Norm. Folglich sind Einzelheiten weiter umstritten und die Frage der Abweichung von gesetzlichen Vorgaben im Rahmen der Satzungsgestaltung bedarf zumindest einer erhöhten Aufmerksamkeit. 572

d) Trading Certificate

Eine Public Company darf ihre Geschäfte **nicht ohne eine Erlaubnis** zur Geschäftsaufnahme (*Trading Certificate*) beginnen (sec. 761 (1) CA 2006). Das Trading Certificate wird auf Antrag ausgestellt, wenn der Nominalwert des Grundkapitals dem Mindeststammkapital (£ 50.000) entspricht (sec. 761 (2) CA 2006). Der Antrag auf Ausstellung eines Trading Certificate muss folgende **Angaben** enthalten: Die Erklärung, dass der Nominalwert des Grundkapitals dem Mindestkapital entspricht; die (geschätzten) Gründungskosten; die (beabsichtigten) Zahlungen an die Promoter der Gesellschafter; das Statement of Compliance, wonach die Gesellschaft allen Voraussetzungen zur Ausgabe eines Trading Certificate genügt. Das Companies House hält ein authentifiziertes Formularblatt (Form SH50) für das Trading Certificate bereit. Erhält die plc das Trading Certificate nicht innerhalb **eines Jahres nach Gründung**, kann sie vom Gericht auf Antrag des Secretary of State aufgelöst werden (sec. 122 (1) (b) IA 1986). 573

1303 Siehe https://www.gov.uk/government/organisations/companies-house/about/about-our-services#co-inc.

1304 *Ringe/Otte* in: Triebel ua (Hrsg.), Englisches Handels- und Wirtschaftsrecht, 2012, Kap. V Rn. 29; *Schall* in: Schall (Hrsg.), Companies Act, 2014, sec. 1 Rn. 28; *Leyens* in: FS Hopt, 2010, S. 3135, 3140; auch in Deutschland wird vor allem für nicht-börsennotierte AG der Grundsatz der Satzungsstrenge teilweise kritisiert, vgl. nur *Seibt* in: K. Schmidt/Lutter (Hrsg.), AktG, Bd. 1, 3. Aufl. 2015, § 23 Rn. 53; *Habersack* AG 2009, 1, 7 ff.; aus europäischer Perspektive auch *Grundmann/Möslein* ZGR 2003, 317, 363 f.; *Fleischer* ZHR 168 (2004) 673, 691 f.

1305 So *Boyle/Birds*, Company Law, 2014, Rn. 5.5; wohl aA *Davies/Worthington*, Gower's Principles of Modern Company Law, 2016, Rn. 3-2; zur Diskussion auch *Girvin/Frisby/Hudson*, Charlesworth's Company Law, 2010, Rn. 4-008 ff.; *Schall* in: Schall (Hrsg.), Companies Act, 2014, sec. 18 Rn. 4 f.

1306 *Schall* in: Schall (Hrsg.), Companies Act, 2014, sec. 18 Rn. 4.

1307 Im Hinblick auf den Rechtsbehelf wegen Unfair Prejudice siehe *Fulham Football Club (1987) Ltd. v. Richards and other* [2010] EWHC 3111 (Ch).

574 Betreibt eine plc Geschäfte **ohne ein Trading Certificate**, macht sich die Gesellschaft sowie ihre Vertreter strafbar (sec. 767 (1), (2) CA 2006).[1308] Zudem können Falschangaben bei Beantragung eine Disqualifikation des handelnden Geschäftsführers nach dem Company Directors Disqualification Act 1986 begründen.[1309] Darüber hinaus kann der Secretary of State die **Auflösung der Gesellschaft** beantragen, wenn seit der Gründung mehr als ein Jahr vergangen und der Gesellschaft noch kein Trading Certificate ausgestellt worden ist (s. Rn. 618). Eine weitere potenzielle Sanktion betrifft die Verbindlichkeiten, die von einer Gesellschaft ohne Trading Certificate eingegangen werden. In sec. 767 (3) CA 2006 ist festgesetzt, dass derartige Verbindlichkeiten wirksam sind. Kommt die Gesellschaft jedoch ihrer Pflicht nicht nach, eine fällige Leistung innerhalb von 21 Tagen zu erbringen, haften die Geschäftsführer der Gesellschaft[1310] gesamtschuldnerisch für entstehende Schäden der anderen Vertragspartei. Insofern stellt sowohl die zivil- als auch die strafrechtliche Haftung einen starken Anreiz dar, die Geschäftstätigkeit nicht ohne Trading Certificate aufzunehmen.[1311] Dieser Vorschrift kann jedoch dadurch entgangen werden, dass die Gesellschaft zunächst als Ltd. gegründet und dann in eine plc mittels einer Re-Registration „umgewandelt" wird. Im Zuge eines solchen Formwechsels wird lediglich die Aufbringung des Mindeststammkapitals erforderlich. Der Beantragung und Ausstellung eines Trading Certificate bedarf es nicht. Dies ist auch der gebräuchliche Weg, weshalb den Regelungen zum Trading Certificate in der Praxis keine größere Bedeutung zukommt.[1312]

3. Organisationsverfassung

a) Überblick

575 Aufgrund der regelmäßigen Größe einer plc als Aktiengesellschaft ist deren innergesellschaftliche Organisation komplexer und von mehreren Regelungswerken mitbestimmt als bei der Ltd. Neben den Bestimmungen des Companies Act 2006 kommen den Regelungen vor allem kapitalmarktrechtlicher Gesetze und des **UK Corporate Governance Code 2018** eine besondere Bedeutung zu.[1313] Teilweise ist die Organisationsverfassung einer plc auch von europäischen Harmonisierungsbestrebungen geprägt. Dies gilt insbesondere für den Bereich der Aktionärsrechte, dem Kapital- und Finanzmarktrecht sowie verschiedenen Corporate Governance-Empfehlungen der Europäischen Kommission.

576 Bei der plc gibt es anders als bei der deutschen AG keine (formale) Trennung zwischen einem Geschäftsführungs- und Überwachungsorgan. Es gibt keine dualistische Organisationsstruktur mit einem Vorstand und einem Aufsichtsrat nach deutschem Verständnis. Vielmehr gibt es im Sinne einer **monistischen Organisationsstruktur** nur ein einheitliches Board of Directors als „Verwaltungsrat" der Gesellschaft. Da der Companies Act 2006 hierzu jedoch schweigt, ist ein Two-Tier Board aber zumindest theoretisch nicht ausgeschlossen.[1314] Gleichwohl erfolgt auch hier eine Unterscheidung zwischen geschäftsführenden Direktoren und überwachenden (non-executive) Direktoren. Zudem besteht für britische Unternehmen zumindest bis zum Wirksamwerden des Brexit die Möglichkeit der Wahl einer **Europäischen Aktiengesellschaft** (SE) (dazu § 4) und damit der Verwendung einer dualistischen Organisationsstruktur.[1315] Derzeit gibt es etwa 50 im Vereinigten Königreich registrierte SE,[1316] wobei diese oftmals als (Finanz-) Holding für nichtbritische Konzerne gebraucht werden und monistisch strukturiert sind.

1308 Ein Verstoß gegen sec. 761 CA 2006 wird idR mit einer Geldbuße belegt (sec. 767 (2) CA 2006).
1309 *Re Kaytech International plc, Secretary of State for Trade and Industry v. Kaczer* [1999] 2 BCLC 351, 353.
1310 Die zur Haftung herangezogenen Direktoren sind diejenigen, die zu der Zeit, als die Gesellschaft die jeweilige Verbindlichkeit einging, Geschäftsführer waren (sec. 767 (4) CA 2006).
1311 *Davies/Worthington*, Gower's Principles of Modern Company Law, 2016, Rn. 11-8.
1312 *Davies/Worthington*, Gower's Principles of Modern Company Law, 2016, Rn. 11-8; *Thole* in: Schall (Hrsg.), Companies Act, 2014, sec. 761 Rn. 1.
1313 In diesem Zusammenhang zur Bedeutung des UK Corporate Governance Code *Keay* J.B.L. 2015, 551 ff.; *Yeoh* BLR 2015, 130, 131 ff.; *Cheffins*, Ther Rise of Corporate Governance in the UK: When and Why, ECGI Law Working Paper 293/2015; *Chiu* ZVglRWiss 114 (2015) 121, 129 ff.; *Winner* ZGR 2012, 246, 258 ff.; siehe auch *Arcot/Bruno*, In Letter but not in Spirit: An Analysis of Corporate Governance in the UK, SSRN-id819784.
1314 *Davies* in: Davies et al. (Eds.), Corporate Boards in Law and Practice, 2013, S. 713, 723; *Attenborough* EBLR 2010, 559, 564; vgl. auch *Leyens* in: FS Hopt, 2010, S. 3135, 340 f.
1315 Deutschsprachig zur britischen SE *Hearnden/Becker* in: Jannott/Frodermann (Hrsg.), Handbuch der Europäischen Aktiengesellschaft, 2. Aufl. 2014, Kap. 15 Rn. 4005 ff.; *J. Schmidt*, „Deutsche" vs. „britische" SE, 2006, S. 93 ff.
1316 Vgl. *Companies House*, Companies Register Activities 2014/15, S. 8; siehe auch http://de.worker-participation.eu/Europa-AG-SE/Facts-Figures.

b) Rechte und Pflichten der Aktionäre

Die **Pflichten der Aktionäre** einer plc sind mit denen der Gesellschafter einer Ltd. vergleichbar. Gegenüber der Gesellschaft erschöpfen sie sich grundsätzlich in der Pflicht zur Erbringung der vereinbarten Kapitaleinlage. Vor allem bei börsennotierten plc (*Quoted Companies*) ist dies jedoch unproblematisch, da zum einen bei der Ausgabe und Zuteilung von (neuen) Aktien der Kaufpreis in aller Regel vollständig erbracht wird[1317] und zum anderen aufgrund der Fungibilität öffentlich gehandelter Wertpapiere die „Mitgliedschaft" in einer kapitalmarktorientierten plc weniger stetig ist. Daher sind individuelle Vereinbarungen zwischen einzelnen Aktionären im Rahmen eines Shareholders' Agreement auch weniger üblich als bei einer Ltd. In diesem Zusammenhang sowie allgemein nach Englischem Kapitalgesellschaftsrecht bestehen daher **keine mitgliedschaftlichen Treuepflichten** zwischen den einzelnen Aktionären als (rein kapitalgebende) Investoren. Weitergehende Rechte und Pflichten der Aktionäre können gleichwohl in der Satzung der Gesellschaft bestimmt werden. In der Praxis bezieht sich diese Möglichkeit vor allem bei größeren plc jedoch grundsätzlich nur auf eine Erweiterung der Aktionärsrechte, da eine Verstärkung von Pflichten kontraproduktiv im Hinblick auf den Erwerb und den Handel von Aktien am Kapitalmarkt wirken könnte. 577

Im Zuge der Umsetzung der Aktionärsrechterichtlinie (dazu § 30) wurden die Rechte der Anteilsinhaber einer plc weitgehend harmonisiert und auch erweitert.[1318] Dies bezieht sich vor allem auf die Aktionärsrechte im Rahmen der Hauptversammlung (zB **Teilnahme-** und **Stimmrecht**) (vgl. ssec. 336 ff. CA 2006). Die Aktionärsrechterichtlinie wurde mit den Companies (Shareholders' Rights) Regulations 2009 in nationales Recht umgesetzt. Sie gilt jedoch nur für börsennotierte Aktiengesellschaften, weshalb auch im Companies Act 2006 eine stückweise Differenzierung zwischen börsennotierten und nicht-börsennotierten Public Companies besteht (vgl. ssec. 341 ff. CA 2006). **Quoted Companies** sind dabei ähnlich wie in Deutschland in der deutlichen Minderheit.[1319] Im Jahr 2014 waren etwa 27% der plc Quoted Companies.[1320] Da eine weitgehend wortlautgetreue Umsetzung der Aktionärsrechterichtlinie in Großbritannien erfolgte, kann inhaltlich auch auf die dortigen Ausführungen verwiesen werden (§ 30 Rn. 115 ff.). 578

In teilweiser Abweichung zum deutschen Aktienrecht sind Bestimmungen in der Satzung betreffend **Stimmrechte** der Aktionäre weitreichend möglich. Beispielsweise sind Mehrstimmrechte, Höchststimmrechte oder Aktien ohne Stimmrechte grundsätzlich ohne Beschränkung vereinbar.[1321] Vor allem für börsennotierte plc ist die Ausgabe solcher Wertpapiere in der Praxis allerdings eher selten, da diese für institutionelle Investoren tendenziell abschreckend wirken,[1322] in dem sie häufig Ausdruck marktunfreundlicher Strukturen sind. 579

Folgend werden kurz die wichtigsten Besonderheiten im Vergleich zu den Gesellschafterrechten bei einer Ltd. dargestellt. Allgemein bestehen zunächst Sonderregelungen für die jährliche Hauptversammlung (ssec. 336 ff. CA 2006) und besondere Bestimmungen zur **Abstimmung** und **Beschlussfassung** der Aktionäre in börsennotierten Gesellschaften (ssec. 341 ff. CA 2006). Für die Aktionäre einer plc besteht im Umkehrschluss zu sec. 288 CA 2006 nicht die Möglichkeit der Abstimmung bzw. Beschlussfassung im Rahmen eines schriftlichen Umlaufverfahrens (*Written Resolution*).[1323] Dies wird jedoch teilweise durch die Möglichkeit abgefedert, dass die Aktionäre weiterreichend das Recht haben, **eigene Beschlussvorschläge** in die jährliche Hauptversammlung einzubringen (sec. 338 (1) CA 2006).[1324] Auch können die Aktionäre sich natürlich vertreten lassen. Die Aktionäre einer börsennotierten Gesellschaft können darüber hinaus weitere Themen in die Hauptversammlung einbringen (sec. 338A CA 2006). Voraussetzung für ein entsprechendes Recht ist jedoch, dass der oder die Aktionär(e) mindestens 5% der für den vorgeschlagenen Beschluss stimmberechtigten Mitglieder oder quantitativ 100 für den vorgeschlagenen Beschluss stimmberechtigten Mitglieder, die in der Summe durchschnittlich mindestens £ 100 auf ihren Geschäftsanteil eingezahlt haben (sec. 338 (3) CA 2006). Zudem muss ein form- und fristgerechtes Begehren bei der Gesellschaft gestellt werden, aus dem zumindest der beabsichtigte Beschlussinhalt hervorgeht (sec. 338 (4) CA 2006). 580

Nach sec. 145 CA 2006 besteht für eine Gesellschaft die Möglichkeit, dass durch Bestimmungen in der Satzung einzelne oder alle **Mitgliedschaftsrechte** dem wirtschaftlichen Eigentümer (*Beneficial Owner*) der Anteile anstelle des formalen Rechteinhabers zugestanden werden. Diese Regelung gilt zwar sowohl für die Ltd. als auch die plc, sie erlangt jedoch außerhalb von Versuchen einer Aushebelung eines Anteilübertragungsverbotes bei der 581

1317 *Blomqvist v. Zavarco Plc & Ors* [2016] EWHC 1143 (Ch) at [86].

1318 Zum Einfluss der Richtlinie auf den britischen Aktionärsschutz vgl. *Nolan* EBOR 7 (2006) 549, 578 ff.

1319 Zur deutschem Recht siehe *Bayer*, Aktienrecht in Zahlen II, 2015, S. 5 ff.

1320 *Hannigan*, Company Law, 2015, Rn. 1-51.

1321 *Siems* in: Schall (Hrsg.), Companies Act, 2014, sec. 284 Rn. 3, ua mit Verweis auf *Bushell v. Faith* [1970] AC 1099 (HL).

1322 *Siems* in: Schall (Hrsg.), Companies Act, 2014, sec. 284 Rn. 3.

1323 *Mayson/French/Ryan*, Company Law, 2017, S. 377 f.; *Hannigan*, Company Law, 2015, Rn. 17-26; *Boyle/Birds*, Company Law, 2014, Rn. 13.3.

1324 Vgl. auch *Rothenburg/Walter/Platts* in: Wegen/Spahlinger/Barth (Hrsg.), Gesellschaftsrecht des Auslands, 2. EL 2018, Vereinigtes Königreich, Rn. 214.

Ltd. (s. Rn. 532) in erster Linie für **institutionelle Investoren** von (börsennotierten) Aktiengesellschaften praktische Bedeutung.[1325] Dies gilt insbesondere für die Übertragung von Informationsrechten an den wirtschaftlichen Eigentümer, die nur für Gesellschaften, deren Anteile an einem regulierten Markt gehandelt werden (*Traded Companies*),[1326] möglich sind (sec. 146 CA 2006).

582 Die **Minderheitenschutzinstrumente** des Rechtsbehelfs wegen Unfair Prejudice (s. Rn. 360 ff.) und einer Aktionärsklage (s. Rn. 374 ff.) kommen zwar ebenso für die Anteilsinhaber einer plc zur Geltung, haben in der Praxis jedoch kaum eine Bedeutung. Die Anwendbarkeit von sec. 994 CA 2006 spielt kaum eine Rolle bei der plc und ist eher theoretischer Natur.[1327] Auch die rechtstatsächliche Anzahl an Aktionärsklagen ist bei Public Companies sehr gering.[1328] Ähnlich dem deutschen Recht[1329] ist die praktische Tragweite daher überschaubar.

c) Hauptversammlung und Beschlussfassung

583 Wie bereits angesprochen, sind Fragen der Hauptversammlung und der Beschlussfassung der Aktionäre in einer plc weitreichend von der Aktionärsrechterichtlinie harmonisiert wurden. Im Gegensatz zur Ltd. (s. Rn. 388) ist für die plc das Abhalten einer **jährlichen Gesellschafterversammlung** (*Annual General Meeting* – AGM) verpflichtend (sec. 336 (1) CA 2006). Diese – in der deutschem Terminologie – Hauptversammlung muss innerhalb von sechs Monaten nach dem Beginn der neuen Rechnungslegungsperiode mit einer Frist von 21 Tagen einberufen werden und zumindest die Vorlage des Jahresabschlusses zum Gegenstand haben. Alle anderen (Haupt-) Versammlungen sind mit einer Frist von mindestens 14 Tagen einzuberufen (sec. 307 (2) (b) CA 2006). Die Satzung kann auch eine längere Frist vorsehen (sec. 307 (3) CA 2006). Eine Beschlussfassung im schriftlichen Umlaufverfahren ist, anders als bei einer Ltd., nicht möglich (s. Rn. 396). Jedoch kann zumindest bei nicht-börsennotierten plc grundsätzlich eine Regelung in der Satzung enthalten sein, die eine rein elektronische Hauptversammlung zulässt; die Abhaltung einer Präsenzversammlung ist insofern satzungsdispositiv.[1330]

584 Basierend auf der ehemaligen Kapitalrichtlinie sieht sec. 656 CA 2006 in Abgrenzung zum Recht der Ltd. vor, dass die Direktoren einer plc zwingend eine **Hauptversammlung** der Aktionäre **einberufen** müssen, wenn das Nettovermögen der Gesellschaft nur noch oder weniger als die Hälfte des eingeforderten gezeichneten Kapitals (*Called-Up Share Capital*) beträgt. Die Einberufung der (außerordentlichen) Hauptversammlung darf in diesem Fall spätestens 28 Tage nach Kenntnis der Direktoren von dem entsprechenden Zustand erfolgen und darf nicht später als 56 Tage nach Kenntniserlangung stattfinden (sec. 656 (2), (3) CA 2006). Jeder wissentlich hiergegen verstoßende Direktor begeht eine Straftat, die mit einer Geldbuße geahndet wird (sec. 656 (4), (5) CA 2006).

d) Unternehmensführung

aa) Direktoren

585 Die Leitung und Führung einer plc erfolgt durch die Direktoren der Gesellschaft. Hierbei wird regelmäßig zwischen geschäftsführen (***executive***) und überwachenden, nicht-geschäftsführenden (***non-executive***) Direktoren unterschieden. Hinsichtlich der Bestellung bzw. Ernennung und der Qualifikation der Personen bestehen keine signifikanten Unterschiede. Hinsichtlich der (fachlichen) **Qualifikation** bestehen im Companies Act 2006 keine Regelungen, wer Direktor einer plc sein kann. Qualifikationsmerkmale und besondere Anforderungen können jedoch in der Satzung bestimmt werden. Die satzungsmäßig bestimmten Qualifikationsmerkmale können sich zB auf berufsqualifizierende Voraussetzungen oder Management- und Organisationserfahrung beziehen. So sieht der UK Corporate Governance Code 2018 ua vor, dass das Board als Ganzes ein „angemessenes Level an Erfahrung, Fähigkeiten und Wissen" haben sollte. Die entsprechenden Anforderungen an die einzelnen Board Mitglieder sollen dabei im Idealfall von einem Nominierungsausschuss (*Nomination Committee*) evaluiert werden.[1331] Für kapitalmarktorientierte Unternehmen gelten spezielle Vorgaben und Anforderungsprofile. So sollen insbesondere die nicht-geschäftsführenden Direktoren grundsätzlich unabhängig sein, dh insbesondere weisungsfrei agieren. Bei größeren Börsenunternehmen soll dabei mindestens die Hälfte der Board Mitglieder aus

1325 *Boyle/Birds*, Company Law, 2014, Rn. 12.12.1; *Schall/Wiegand* in: Schall (Hrsg.), Companies Act, 2014, ssec. 145-153 Rn. 1.

1326 Zum Begriff siehe *Davies* in: Davies et al. (Eds.), Corporate Boards in Law and Practice, 2013, S. 713, 721 f.

1327 Vgl. *Davies* in: Davies et al. (Eds.), Corporate Boards in Law and Practice, 2013, S. 713, 768; *Wild/Weinstein*, Smith and Keenan's Company Law, 2013, S. 334; *Ringe* in: Schall (Hrsg.), Companies Act, 2014, sec. 994 Rn. 37 f.

1328 *Kanzow*, Aktionärsklagen in Deutschland und England, 2016, S. 179; *Davies* in: Davies et al. (Eds.), Corporate Boards in Law and Practice, 2013, S. 713, 768; siehe jedoch auch den – wenngleich im Ergebnis erfolglosen – Antrag in *Bridge v. Daley* [2015] EWHC 2121 (Ch).

1329 Vgl. *Mock* in: Spindler/Stilz (Hrsg.), AktG, Bd. 1, 3. Aufl. 2015, § 148 Rn. 24.

1330 So hat zB die Jimmy Choo plc im Juni 2016 erfolgreich eine rein elektronische Jahreshauptversammlung abgehalten.

1331 Rule B.2.2 UK CGC 2016.

unabhängigen nicht-geschäftsführenden Direktoren bestehen.[1332] Ferner kommen die Ausschlussgründe nach dem Company Directors Disqualification Act 1986 in gleicher Weise für die Direktoren einer plc zur Anwendung wie für eine Ltd.

Für die Direktoren einer plc gelten wie für die Geschäftsführer einer Ltd., dass die Person **mindestens 16 Jahre** alt sein muss (sec. 157 (1) CA 2006) und dass aufgrund des Small Business, Enterprise and Employment Act 2015 keine Gesellschaften mehr als Direktoren (***Corporate Director***) bestellt werden dürfen sowie solche seit Oktober 2017 generell grundsätzlich nicht mehr zulässig sind (sec. 156A CA 2006) (s. Rn. 419 f.). 586

Anders als eine Ltd. muss eine Public Company **mindestens zwei Direktoren** haben (sec. 154 (2) CA 2006). Hat sie nur einen Direktor, ist dieser nicht handlungsermächtigt.[1333] Bei einer plc ist die gleichzeitige Bestellung von zwei oder mehr Personen als Geschäftsführer in einem einzigen Beschluss verboten, es sei denn, die Hauptversammlung hat einem derartigen Vorgehen einstimmig zugestimmt (sec. 160 (1) CA 2006). Ein Beschluss entgegen dieser Vorschrift ist unwirksam (sec. 160 (2) CA 2006). Die Regelung dient in erster Linie dazu, die Aktionäre vor der Situation zu bewahren, dass sie der Wahl nur aller Kandidaten entweder zustimmen oder ablehnen können.[1334] **Bestellungsmängel** schlagen zur Wahrung der Funktionsfähigkeit des Board of Directors nicht auf die Wirksamkeit der Handlungen der Geschäftsführer durch (sec. 161 (1) (a), (2) CA 2006). 587

Art. 21 (1) der **plc-Mustersatzung** sieht vor, dass alle Direktoren bei der ersten Jahreshauptversammlung der Aktionäre vom Amt zurücktreten müssen. Zudem wird bestimmt, dass bei jeder folgenden Jahreshauptversammlung alle seit der letzten Hauptversammlung vom Board of Directors bestimmten Direktoren und alle Direktoren, die nicht bei einer der letzten zwei Jahreshauptversammlungen ernannt bzw. wiedergewählt wurden, vom Amt zurücktreten und sich zur Neuwahl stellen müssen (Art. 21 (2) der plc-Mustersatzung). Somit dauert die **Amtszeit** der Geschäftsführer einer plc grundsätzlich drei Jahre. Sie können wiedergewählt werden.[1335] 588

bb) Board of Directors

Die einzelnen Direktoren einer plc sind im Board of Directors zusammengefasst. Fragen der Zusammensetzung, Funktionalität und Arbeitsweise sind grundsätzlich nicht im Companies Act 2006 geregelt. Der englische Gesetzgeber wollte Gesellschaften bewusst eine gewisse **Flexibilität** bei der Ausgestaltung ihrer unternehmerischen Führungs- und Leitungsstruktur geben. Vor allen in kapitalmarktnahen plc wird dem Board eine fast allumfassende Leitungszuständigkeit eingeräumt.[1336] Der **UK Corporate Governance Code 2018** (UK CGC) sieht ebenfalls eine Reihe von Empfehlungen in diesem Zusammenhang vor.[1337] Diesen liegt jedoch das Prinzip des Comply or Explain zugrunde, dh dass die Gesellschaft nicht verpflichtet ist, die dortigen Vorgaben einzuhalten. Wenn sie dies nicht tut, müssen die erfolgten Abweichungen begründet und gegenüber den Aktionären kommuniziert werden. Die absolute Mehrheit (ca. 90%) der FTSE350-Unternehmen befolgt jedoch umfassend die Empfehlungen des UK CGC.[1338] Die Empfehlungen (*Recommendations*) im UK CGC sehen spezielle Regelungen für die Zusammensetzung des Boards, die Vergütung von Direktoren, zu den einzelnen Ausschüssen bzw. Ressorts (*Committees*) und zur Unabhängigkeit von Mitgliedern des Boards vor. Er sieht jedoch – vorbehaltlich der Mindestanzahl gem sec. 154 (2) CA 2006 – keine Empfehlung hinsichtlich der **Anzahl an Boardmitgliedern** vor. Die Durchschnittszahl von Direktoren größerer plc liegt bei etwa zehn Boardmitgliedern.[1339] Vergleicht man dies mit Vorstand und Aufsichtsrat in Deutschland, dann ist die englische Struktur in der Praxis deutlich schlanker. Im Juli 2018 veröffentlichte die britische Aufsichtsbehörde (Financial Reporting Council) mit dem UK Corporate Governance Code 2018 eine aktualisierte Fassung des Kodex. In Ergänzung zum bisherigen Kodex aus dem Jahr 2016 sieht der neue Kodex insbesondere eine noch stärkere Ausrichtung an die Unabhängigkeit der Direktoren, Diversität des Boards als solches sowie eine gesteigerte Berichtspflicht in Bezug auf die Einhaltung der Bestimmungen des Kodex vor. Die Details des UK Corporate Governance Code 2018 konnten im Folgenden nicht mehr umfassend berücksichtigt werden. 589

Hinsichtlich der Vergütung von geschäftsführenden Direktoren (***Executive Remuneration***) und der zugrundeliegenden Vergütungspolitik gilt seit Oktober 2013 für börsennotierte Gesellschaften, dass zum einen mindestens 590

1332 Rule B.1.2 UK CGC 2016.

1333 *Girvin/Frisby/Hudson*, Charlesworth's Company Law, 2010, Rn. 17-077, mit Verweis auf *Jalmoon Pty Ltd. v. Bow* [1996] QCA 516.

1334 Vgl. *Davies/Worthington*, Gower's Principles of Modern Company Law, 2016, Rn. 14-25, Fn. 65.

1335 Private Companies verzichten hingegen in der Regel auf diese Form der Rotation, weshalb es auch keine entsprechende Vorschrift in deren Mustersatzung gibt.

1336 *Davies*, Shareholders in the United Kingdom, ECGI Law Working Paper 280/2015, S. 12; *Moore*, Corporate Governance in the Shadow of the State, 2013, S. 142.

1337 Dazu auch *Rothenburg/Walter/Platts* in: Wegen/Spahlinger/Barth (Hrsg.), Gesellschaftsrecht des Auslands, 2. EL 2018, Vereinigtes Königreich, Rn. 217 f.

1338 Vgl. *BEIS*, Corporate Governance, Third Report of Session 2016-17, April 2017, Ziff. 17; *FRC*, Developments in Corporate Governance and Stewardship 2016, January 2017, S. 6.

1339 Vgl. *Walker*, A Review of corporate governance in UK banks and other financial industries entities, November 2009, Rn. 3.1; *PIRC*, Corporate Governance Annual Review, 2000.

einmal aller drei Jahre die Gesellschaft verpflichtet ist, eine **verbindliche Aktionärsabstimmung** über die (generelle) Vergütungspolitik abzuhalten (sog *Say on Pay*) (sec. 439A CA 2006).[1340] Zum anderen bekommen die Aktionäre die Möglichkeit einer jährlichen, nicht-bindenden Empfehlung über die laufende Implementierung der aktuellen Vergütungspolitik. Zusätzlich unterliegt eine entsprechende Geschäftsführervergütung einer umfangreichen Publikation und es drohen zivilrechtliche Konsequenzen für die Personen, die entweder nicht-zugestimmte Zahlungen autorisiert oder erhalten haben. Durch diesen neuen Regelungsrahmen hinsichtlich der Vergütung von Boardmitgliedern soll eine angemessenere Verbindung zwischen Vergütung und tatsächlicher Managementperformance sichergestellt und unverhältnismäßige Zahlungen an die Geschäftsführer eingedämmt werden.[1341] Die diesbezügliche Entscheidungsgewalt der Aktionäre wird in diesem Zusammenhang als eine der Kernbestandteile eines effektiven Corporate Governance-Regelungsrahmen angesehen.[1342] Durch die Aktionärsrechterichtlinie entstehen für Say on Pay neue Vorgaben (s. dazu § 30 Rn. 144 ff.), die jedoch im Hinblick auf den Brexit wohl nicht mehr zum Tragen kommen werden.[1343]

591 Wie bereits angesprochen, macht der Companies Act 2006 keine Vorgaben hinsichtlich der Organisationsstruktur einer plc. Zumindest denkbar ist daher sowohl ein monistisches (*One-Tier*) als auch ein dualistisches (*Two-Tier*) System.[1344] Faktisch nutzen aber alle britischen plc das **monistische System.** Traditionell wird dieses als vorteilhafter gegenüber dem (deutschen) dualistischen System mit einer strengen Trennung zwischen Vorstand und Aufsichtsrat gesehen.[1345] Auch der UK CGC ist funktional einem One-Tier Board mit nur einem „Verwaltungsrat" angepasst und bezieht sich an keiner Stelle auf die Organisation im Rahmen eines dualistischen Systems. Dies bedeutet gleichwohl nicht, dass dem Englischen Gesellschaftsrecht eine Differenzierung zwischen geschäftsführenden (*Managing*) Direktoren und überwachenden (*Monitoring*) Direktoren fremd ist. In aller Regel wird entsprechend zwischen executive und non-executive Directors unterschieden. Den **non-executive Directors** kommt dabei die Überwachung und „Kontrolle" der geschäftsführenden Direktoren zu.[1346] Insofern besteht eine gewisse Ähnlichkeit zum deutschen dualistischen System.

592 In den letzten Jahren ist in diesem Zusammenhang immer mehr das Bedürfnis nach (tatsächlich) unabhängigen Direktoren in den Blickpunkt gerückt.[1347] Solche **Independent Directors** sollen in unabhängiger und unvoreingenommener Weise die Geschäftsführer beaufsichtigen und unternehmerisches Fehlverhalten aufdecken. Praktische Bedeutung hat hierbei auch die **Unabhängigkeit einzelner Ausschüsse** und Ressorts innerhalb des Board of Directors (zB des Audit Committee zur Evaluierung der Managementtätigkeit).[1348] Die unabhängige Überwachung durch non-executive Directors spielt daher eine bedeutende Rolle im Hinblick auf den langfristigen Unternehmenserfolg der Gesellschaft. Insofern sieht auch der UK CGC zumindest für kleine börsennotierte Unternehmen vor, dass das Board mindestens zur Hälfte aus independent non-executive Directors bestehen sollte.

593 Hinsichtlich der Zusammensetzung und Organisation des Board of Directors sieht der UK CGC weitere Empfehlungen vor. Zunächst ist jedoch festzuhalten, dass das Englische Gesellschaftsrecht keine Regelungen zur unternehmerischen (ggf paritätischen) **Arbeitnehmermitbestimmung** bereithält.[1349] Es besteht daher auch für Großunternehmen keine Pflicht, Arbeitnehmervertreter in das Board of Directors zu integrieren.[1350] Dies ist den Gesellschaften selbst überlassen. Eine Differenzierung bei den Mitgliedern des Boards besteht im Hinblick auf die Stelle eines vor allem aus dem US-amerikanischen stammenden **Chief Executive Officer** (CEO). Ein solcher

1340 Zur entsprechenden Reform vgl. *Wells* IJLM 57 (2015) 300 ff.; *Petrin* Co. Lawyer 36 (2015) 195 ff.; *ders.* MLR 79 (2016) 537, 556 ff.; *Ndzi* IJLM 58 (2016) 337 ff.; *Chiu* ZVglRWiss 114 (2015) 121, 143 ff.; siehe auch *Gordon* Harvard J. Legis. 46 (2009) 323 ff.

1341 Vgl. *BIS*, Directors' Pay: Consultation on revised remuneration reporting regulations, June 2012, S. 5.

1342 Vgl. *BIS*, Shareholder votes on directors' renumeration – Impact Assessment, May 2012, S. 4; *Petrin* MLR 79 (2016) 537, 557.

1343 Zum Verhältnis der neuen say on pay-Regelungen in der Aktionärsrechterichtlinie (dazu § 30 Rn. 144 ff.) mit bestehendem britischem Recht vgl. *Chiu* ZVglRWiss 114 (2015) 121, 140 ff.

1344 *Davies* in: Davies et al. (Eds.), Corporate Boards in Law and Practice, 2013, S. 713, 723.

1345 Vgl. nur *Davies* ZGR 2001, 268, 285; *Dine* in: Sheikh/Rees (Eds.), Corporate Governance, 1995, S. 199, 201 ff.

1346 Zur Rolle und Bedeutung von non-executive director in börsennotierten Gesellschaften *Kiarie* ICCLR 18 (2007) 17 ff.

1347 Dazu (rechtsvergleichend) *Ringe* in: Birkmose/Neville/Sørensen (Eds.), Boards of Directors in European Companies, 2013, S. 221 ff.; *Nili* Hastings L.J. 68 (2017) 97 ff.; *Ferrarini/Filippelli*, Independent Directors and Controlling Shareholders Around the World, ECGI Law Working Paper 258/2014; *Fogel/Ma/Morck*, Powerful Independent Directors, ECGI Law Working Paper 404/2014; *Le Mire*, Independent Directors: Partnering Expertise with Independence, U. of Adelaide Law Research Paper 2016-11; *Cohen/Frazzini/Malloy* Management Science 58 (2012) 1039 ff.; *Hannigan*, Company Law, 2015, Rn. 6-27.

1348 *Ringe* in: Birkmose/Neville/Sørensen (Eds.), Boards of Directors in European Companies, 2013, S. 221, 227.

1349 *Davies* in: Davies et al. (Eds.), Corporate Boards in Law and Practice, 2013, S. 713, 761; *Rothenburg/Walter/Platts* in: Wegen/Spahlinger/Barth (Hrsg.), Gesellschaftsrecht des Auslands, 2. EL 2018, Vereinigtes Königreich, Rn. 223; *Levedag* in: Süß/Wachter (Hrsg.), HdB des internationalen GmbH-Rechts, 2016, England, Rn. 551.

1350 Gleichwohl hatte Premierministerin *Theresa May* in einer Ansprache vom Juli 2016 angekündigt, eine (verpflichtende) Partizipation von Arbeitnehmern im Board zumindest börsennotierter p.l.c. in Erwägung zu ziehen.

CEO ist für die unternehmerische Führung der Gesellschaft verantwortlich und ist mit dem im deutschen Aktienrecht bekannten Vorstandsvorsitzenden vergleichbar. Größere Unternehmen besitzen für verschiedene Ressorts weitere Chiefs (zB CFO, CTO, COO). Neben dem CEO gibt es oftmals einen Leiter des Boards (***Chair of the Board***). In der Regel ist dieser nicht mit der Person des CEO identisch. Der UK CGC tendiert ebenfalls in diese Richtung.[1351] In Abweichung zum CEO ist der Chair of the Board bzw. Chairman überwiegend für die Leitung und Organisation des Boards verantwortlich und weniger für die tatsächliche Geschäftsführung des Unternehmens.[1352] Auch in der Praxis verfolgt die überwiegende Mehrheit der (börsennotierten) plc eine **personelle Trennung** zwischen CEO und Chair of the Board.[1353] Der Chairman kann in der Praxis im Verhältnis zum CEO eine ähnliche Rolle einnehmen wie ein deutscher Aufsichtsratsvorsitzender zum Vorstandsvorsitzenden.

Interessant hinsichtlich der Zusammensetzung des Board of Directors ist schließlich das in den letzten Jahren sowohl auf nationaler als auch europäischer Ebene aufkommende Konzept einer **Geschlechterdiversität** in Führungsorganen von Großunternehmen. Im Strategiebericht (*Strategic Report*) haben die Direktoren einer börsennotierten Gesellschaft Angaben zur geschlechterspezifischen Zusammensetzung des Boards zu machen (sec. 414C (8) (c) (i) CA 2006). Aus deutscher Sicht wurde bekanntlich im Zuge des Gesetzes für die gleichberechtigte Teilhabe von Frauen und Männern an Führungspositionen im Jahr 2015 eine 30%-Quote für den Aufsichtsrat einer mitbestimmungspflichtigen, börsennotierten Gesellschaft eingeführt (§ 96 II AktG). Auch im Vereinigten Königreich gibt es entsprechende Diskussionen. Hierbei besteht jedoch der Unterschied, dass – derzeit – keine gesetzliche Quote geplant ist, sondern vielmehr **Empfehlungen** für eine entsprechende Diversität ausgesprochen werden.[1354] Bis zum Mai 2020 sollen in diesem Zusammenhang mindestens die Hälfte der neu zu bestellenden geschäftsführenden Direktoren aller börsennotierten und FTSE350-Unternehmen von Frauen besetzt werden.[1355] Im Jahr 2015 wurde im Durchschnitt aller FTSE100-Unternehmen zumindest eine 25%-Quote zwar erfüllt. Jedoch wurde weiterhin bei 45 der FTSE100 und mehr als 60% der FTSE350-Unternehmen weniger als ein Viertel der Mitglieder von Frauen besetzt.[1356] Auch für das Jahr 2016 hat sich hieran wenig geändert.[1357] Im Jahr 2017 war dieser prozentuale Anteil sogar leicht rückläufig.[1358] Zudem werden derzeit nur ca. 10% der Positionen als executive Director der FTSE100-Unternehmen von Frauen begleitet.[1359] Durch die Equity Act 2010 (Gender Pay Gap Information) Regulations 2017 sind Unternehmen mit mehr als 250 Arbeitnehmern seit April 2017 weiterhin verpflichtet, jährliche Informationen über die unterschiedliche Bezahlung von Männern und Frauen darzulegen und einen entsprechenden Bericht zu publizieren. 594

cc) Geschäftsleiterpflichten und Haftung

Die **Treue-** und **Sorgfaltspflichten** der Direktoren einer plc sind im Grundsatz identisch mit denen der Geschäftsführer einer Ltd. Es kann daher auf die obigen Ausführungen verwiesen werden (s. Rn. 436 ff.). Insbesondere die ssec. 170 ff. CA 2006 sowie die insolvenzrechtlichen Regelungen zum Fraudulent und Wrongful Trading (ssec. 213 f. IA 1986) gelten gleichermaßen für eine Company. Eine persönliche Haftung eines Direktors kann sich daneben aus **spezialgesetzlichen Regelungen** herleiten. Beispielsweise aus den Vorschriften des Enterprise Act 2002, des Bribery Act 2010, des Criminal Justice Act 1993 oder des Financial Services and Markets Act 2000. Insbesondere kapital- und finanzmarktrechtliche Pflichten und etwaige Haftungsregelungen sollten daher dringend beachtet werden. Bei Nicht-Einhaltung der Empfehlungen des UK CGC besteht zudem die Pflicht, eine solche zu begründen (Comply or Explain). 595

Gleichwohl kann eine Differenzierung hinsichtlich des anzusetzenden **Pflichtenmaßstabes** bestehen. An die Direktoren eines börsennotierten Großunternehmens werden grundsätzlich höhere Qualifikationsanforderungen gestellt. So besteht in Abhängigkeit von der Größe und dem Umfang der Gesellschaft eine (objektiv wie subjektiv) gesteigerte Sorgfaltspflicht insbesondere gem sec. 178 CA 2006 (s. dazu Rn. 477).[1360] Insofern ist das objektive Anforderungsprofil an einen Direktor einer plc auch von der Größe und Branche des Unternehmens abhängig. 596

1351 *Davies* in: Davies et al. (Eds.), Corporate Boards in Law and Practice, 2013, S. 713, 730.

1352 *Owen/Kirchmaier* EBOR 9 (2008) 187, 198.

1353 Vgl. *SpencerStuart*, UK Board Index 2016, S. 12 (weniger als 1%).

1354 Vgl. *Lord Davies of Abersoch*, Women on Boards, February 2011, URN 11/745; ferner *FRC*, Consultation Document: Gender Diversity on Boards, May 2011.

1355 Vgl. *BEIS*, Corporate Governance, Third Report of Session 2016-17, April 2017, Ziff. 127.

1356 Vgl. *Equality and Human Rights Commission*, Inquiry into fairness, transparency and diversity in FTSE 350 board appointments, April 2016; *FRC*, Developments in Corporate Governance and Stewardship 2015, Annual Report, January 2016, S. 13; siehe auch The Female FTSE Board Report 2016. Women on Boards (2016); *Davies* in: Davies et al. (Eds.), Corporate Boards in Law and Practice, 2013, S. 713, 733 f.; *Dowling/Aribi* International Review of Financial Analysis 29 (2013) 79; *Valsan* Co. Lawyer 37 (2016) 171 ff.; *Hannigan*, Company Law, 2015, Rn. 6-16.

1357 Vgl. *SpencerStuart*, UK Board Index 2016, S. 3.

1358 Vgl. *Green Park*, Leadership 10,000 Report, 4. Ed. 2017, Key Findings No. 3.

1359 Vgl. *BEIS*, Corporate Governance, Third Report of Session 2016-17, April 2017, Ziff. 122.

1360 *Hannigan*, Company Law, 2015, Rn. 11-6.

e) Company Secretary

597 Im Gegensatz zur Ltd. besteht bei der plc die Pflicht, **mindestens einen Company Secretary** zu haben (sec. 271 CA 2006). Größere (börsennotierte) Unternehmen haben regelmäßig sogar mehrere Company Secretaries. Aufgrund ihrer weiteren Aufgabenspanne im Vergleich zum Company Secretary einer Ltd. kommt ihnen auch in der Praxis eine bedeutendere Rolle zu. Neben der Satzung ergeben sich einzelne Aufgaben und Anforderungen an den Company Secretary aus dem UK CGC. Eine Verlagerung der korrespondierenden Pflichten auf eine nicht als Company Secretary bezeichnete Person ist grundsätzlich nicht möglich.

598 Bereits bei der Gründung der Gesellschaft ist mindestens ein Company Secretary zu benennen (sec. 12 (2) (b) CA 2006). Er wird in der Regel von den Direktoren ernannt und entlassen. Soll die Errichtung der plc im Wege einer Re-Registration erfolgen (s. Rn. 567), muss – sofern die Ltd. noch keinen solchen besaß – ein Company Secretary eingestellt werden. Die Gesellschaft hat ein Verzeichnis über Company Secretaries (***Register of Secretaries***) zu führen (sec. 275 CA 2006). Anders als beim fakultativen Company Secretary einer Ltd., bestehen bei einer plc verschiedene (berufliche) **Qualifikationsanforderungen** an die Person des Company Secretary (sec. 273 CA 2006). Im Übrigen kann auf die obigen Ausführungen verwiesen werden (s. Rn. 484 ff.).

4. Kapitalverfassung

599 Bei der Kapitalverfassung einer plc gelten verschiedene Besonderheiten und **strengere Regelungen** im Vergleich zur Kapitalverfassung einer Ltd. Im Folgenden werden die wichtigsten Abweichungen dargestellt. Im Übrigen kann auf die Ausführung zur Ltd. verwiesen werden (s. Rn. 489 ff.). Die Kapitalverfassung einer plc als Aktiengesellschaft ist in erheblichem Maße von europäischen Bestimmungen geprägt. Im Zuge der Umsetzung der damaligen Kapitalrichtlinie musste das bis dahin geltende Recht der plc umfassend an die europäischen Vorgaben angepasst werden. Europäisch überformte Sonderbestimmungen gelten des Weiteren für **börsennotierte Gesellschaften**, wobei es wiederum spezielle Regelungen für Banken und andere Kreditinstitute gibt. Für diese sind insbesondere (noch) die Vorgaben der sog Eigenkapitalanforderungs-Richtlinie (CRD IV)[1361] zu beachten.

a) Kapitalaufbringung

600 Bei der Gründung einer plc muss angegeben werden, wie hoch der Betrag des Grundkapitals der Gesellschaft ist sowie die Höhe des bereits als Einlage erbrachten Betrags. Zum Zeitpunkt der Gründung durch Registrierung beim Companies House bzw. bei Re-Registration in eine plc müssen **mindestens 25%** des gesamten gezeichneten Gesellschaftskapitals **aufgebracht** sein (sec. 586 (1) CA 2006). Andernfalls wird die Gesellschaft nicht registriert bzw. der Formwechsel nicht eingetragen. Zudem ist der Erwerber bei einem Verstoß hiergegen zur sofortigen Zahlung von 25% seiner Einlage nebst Zinsen verpflichtet (sec. 586 (3) CA 2006). Dies gilt nicht für Mitarbeiterbeteiligungsprogramme (*Employees' Share Schemes*) (sec. 586 (2) CA 2006). Ist mit einem oder mehreren Inferenten ein **Aufgeld** (Agio) vereinbart, muss dieses sofort und vollständig erbracht werden (sec. 586 (1) CA 2006). Das sofortige bzw. anteilige Zahlungserfordernis gilt gleichermaßen bei Kapitalerhöhungen.

601 Basierend auf der (ehemaligen) Kapitalrichtlinie besteht – anders als bei der Ltd. – ein **gesetzliches Mindestgrundkapital** (*Authorised Minimum*) bei der plc.[1362] Dieses beträgt £ 50.000 (sec. 763 CA 2006). Rechtsvergleichend liegt das Mindestgrundkapital einer englischen Aktiengesellschaft daher im oberen Bereich im Verhältnis zu den Aktiengesellschaften anderer EU-Mitgliedstaaten. Im Hinblick auf ein fehlendes Mindestkapitalerfordernis bei einer Ltd. überrascht dies etwas. Dies mag auch ein Grund für die mangelnde Beliebtheit der plc in England (und Europa) sein. Sec. 764 CA 2006 ermöglichest es dem Secretary of State, das Mindestgrundkapital zu ändern.

602 Die Erfüllung der Einlagepflicht ist wie bei der Ltd. durch **Bar- oder Sacheinlagen** möglich (s. Rn. 492). Abweichend können jedoch keine Werk- oder Dienstleistung als Bestandteil des Grundkapitals eingebracht werden (sec. 585 (1) CA 2006). Bei einer plc dürfen **Sacheinlagen** nur eingebracht werden, wenn deren (wirtschaftlicher) Wert zuvor von einem unabhängigen Sachverständigen bewertet wurde (sec. 593 (1) CA 2006 iVm sec. 1149 CA 2006).[1363] Dies gilt auch im Rahmen einer Re-Registration in eine plc (sec. 93 CA 2006) sowie der nachträglichen Übertragung von Sacheinlagen an die Gesellschaft (sec. 599 CA 2006). Die Bewertung der Sacheinlage hat durch einen unabhängigen (potenziellen) Wirtschaftsprüfer (*Statutary Auditor*) zu erfolgen, der einen entsprechenden Bericht über den wirtschaftlichen Wert des einzubringenden Sachgegenstandes zu erstellen hat (ssec. 1150 ff. CA 2006). Die Gründungsgesellschafter als Unterzeichner (*Subscriber*) dürfen keine Sacheinlagen erbringen, sondern haben ihre vereinbarte Einlage in bar (*Paid Up in Cash*) zu leisten (sec. 584 CA 2006).

1361 Richtlinie 2013/36/EU des Europäischen Parlaments und des Rates vom 26. Juni 2013 über den Zugang zur Tätigkeit von Kreditinstituten und die Beaufsichtigung von Kreditinstituten und Wertpapierfirmen […], ABl. EU L 176/338.

1362 Dazu *Payne* in: Armour/Payne (Eds.), Rationality in Company Law, 2009, S. 123, 138 ff.; *dies.* ECL 5 (2008) 220 ff.

1363 Im deutschen Aktienrecht vgl. § 27 II AktG.

Die Regeln zur Kapitalaufbringung werden durch detaillierte **Sanktionsmechanismen** unterstützt. Gründungsgesellschafter dürfen in den ersten zwei Jahren ab Ausstellung des *Trading Certificate* (s. Rn. 573 f.) mit der Gesellschaft keine Vereinbarungen treffen, wonach sie dieser eine Sacheinlage für eine Gegenleistung iHv 10% oder mehr des Nominalkapitals übertragen (sec. 598 CA 2006). Dies gilt nicht, wenn eine unabhängige Bewertung der Sacheinlage stattgefunden (ssec. 599 f. CA 2006) und die Hauptversammlung der Aktionäre dem zugestimmt hat (sec. 601 (1) (a) CA 2006). 603

Eine plc kann **rückkaufbare Aktien** (*Redeemable Shares*) nur dann ausgeben, wenn die Satzung dies vorsieht (sec. 684 (3) CA 2006).[1364] Die Finanzierung des Erwerbs eigener bzw. rückkaufbarer Aktien durch Eigenkapital ist nicht zulässig (vgl. ssec. 687 (2), 692 (2) CA 2006). 604

b) Kapitalerhaltung und Kapitalerhöhung

Das für die Ltd. nicht mehr bestehende **Verbot der finanziellen Unterstützung** an Erwerber von Gesellschaftsanteilen gilt für die plc. fort (sec. 678 CA 2006). Dabei ist der Begriff der finanziellen Unterstützung (*Financial Assistance*) weit gefasst und schließt ua bestimmte Formen von Darlehen, Geschenke, werthaltige Garantien, Verzichtserklärungen oder Freistellungen ein, die vor und/oder nach dem Aktienerwerb erfolgt sind (sec. 677 (1) CA 2006). Ferner sind sowohl direkte Unterstützungen an den Erwerber als auch indirekte Formen, etwa durch Leistung an dessen Tochtergesellschaft, umfasst (sec. 679 (1) CA 2006).[1365] 605

Im Zusammenhang mit einem ordnungsgemäßen Kapitalschutz ist auch die Regelung der sec. 656 CA 2006 zu sehen. Danach haben die Direktoren einer plc eine **Hauptversammlung einzuberufen**, wenn das Nettovermögen der Gesellschaft nur noch oder weniger als die Hälfte des eingeforderten gezeichneten Kapitals (*Called-Up Share Capital*) beträgt. Die Einberufung der (außerordentlichen) Hauptversammlung darf in diesem Fall spätestens 28 Tage nach Kenntnis der Direktoren von dem entsprechenden Zustand erfolgen (sec. 656 (2) CA 2006). Eine bewusste Unterlassung der Einberufung stellt eine Straftat der verantwortlichen Direktoren dar. 606

Wie bei der Ltd. (s. Rn. 508) besteht bei einer Kapitalerhöhung der Gesellschaft im Grundsatz ein **Bezugsrecht** der bisherigen Aktionäre iS eines Vorkaufsrechts (*Pre-Emptive Right*) bei der damit verbundenen Ausgabe und Zuteilung neuer Geschäftsanteile (sec. 561 (1) CA 2006). Abweichend besteht jedoch nicht die Möglichkeit eines privatautonomen **Bezugsrechtsausschlusses** (arg. e ssec. 567 f. CA 2006). Dadurch soll sichergestellt werden, dass jeder Aktionär entsprechend seiner bisherigen Beteiligungsquote an einer Kapitalerhöhung beteiligt wird und sein Anteilsverhältnis im Vergleich zum Gesamtgrundkapital wahren kann.[1366] Zudem soll dadurch eine Verwässerung der Anteilsquoten der Aktionäre grundsätzlich unterbunden werden. Die **gesetzlichen „Ausnahmen"** eines Bezugsrechts der Aktionäre gem ssec. 564 ff. CA 2006 für Bonusanteile, Sacheinlagen und Mitarbeiterbeteiligungsprogramme bleiben erhalten. Möglich ist weiterhin eine (teilweise) Nicht-Anwendung der Regelung zum Vorkaufs- und Bezugsrecht der (Alt-) Aktionäre (sec. 570 CA 2006). Voraussetzung dafür ist, dass die zur Ausgabe und Zuteilung von Aktien ermächtigte Geschäftsführung hierzu durch die Satzung oder einen außerordentlichen Beschluss der Aktionäre befugt ist. 607

Vor allem bei **börsennotierten Aktiengesellschaften** findet sich häufig ein entsprechender Verzicht der Aktionäre auf ihr Vorkaufsrecht im Rahmen der jährlichen Hauptversammlung.[1367] Insbesondere institutionelle Investoren[1368] erkennen damit das Bedürfnis nach einer flexiblen Eigenkapitalbeschaffung der Gesellschaft an. Börsennotierte Aktiengesellschaften haben gleichwohl die verpflichtenden Standards der **Listing Rules** der UK Listing Authority zu beachten und sie sind angehalten, die von der Pre-Emption Group herausgegebenen Prinzipien[1369] zur Vorandienung zu berücksichtigen.[1370] Die Prinzipien der ***Pre-Emption Group*** enthalten Leitlinien für eine best practise zur Nicht-Anwendung eines Vorkaufrechts sowie Hinweise für die Aktionäre, wann es vernünftig und angemessen erscheint, auf ihr Bezugsrecht zu verzichten. Weiterhin muss grundsätzlich für jedes öffentliche Aktienangebot nach den Vorgaben für **Emissionsprospekte** (*Prospectus Rules*) ein Emissionsprospekt erstellt werden.[1371] 608

1364 Vgl. auch *Rothenburg/Walter/Platts* in: Wegen/Spahlinger/Barth (Hrsg.), Gesellschaftsrecht des Auslands, 2. EL 2018, Vereinigtes Königreich, Rn. 210.

1365 Vgl. auch *Just*, Die englische Limited in der Praxis, 2012, Rn. 230 f.; *Thole* in: Schall (Hrsg.), Companies Act, 2014, sec. 679 Rn. 2; ferner *Levedag* in: Süß/Wachter (Hrsg.), HdB des internationalen GmbH-Rechts, 2016, England, Rn. 210.

1366 *Hannigan*, Company Law, 2015, Rn. 21-35.

1367 *Kershaw*, Company Law in Context, 2012, S. 726; *Davies/Worthington*, Gower's Principles of Modern Company Law, 2016, Rn. 24-11.

1368 Es wird davon ausgegangen, dass derzeit ca. 2/3 der Stammaktien börsennotierter Gesellschaften in Großbritannien von institutionellen Anlegern gehalten werden.

1369 In diesem Kontext siehe *Pre-Emption Group*, Disapplying Pre-emtion Rights, A Statement of Principles, 2015.

1370 Dazu *Davies/Worthington*, Gower's Principles of Modern Company Law, 2016, Rn. 24-13 f.; *Kershaw*, Company Law in Context, 2012, S. 727 f.; *Hannigan*, Company Law, 2015, Rn. 21-54 f.

1371 Die Prospectus Rules werden von der Financial Services Authority (FSA) als britische Börsenaufsicht herausgegeben.

609 Im Gegensatz zur Ltd. (s. Rn. 512 f.) ist eine **Kapitalherabsetzung** nicht durch einen außerordentlichen Gesellschafterbeschluss in Verbindung mit einer Solvenzerklärung (*Solvency Statement*) möglich (arg. e 642 (1) CA 2006). Für eine plc kann eine Kapitalherabsetzung lediglich durch einen außerordentlichen Beschluss (*Special Resolution*) der Hauptversammlung mit qualifizierter 3/4-Mehrheit und dessen gerichtlicher Bestätigung durchgeführt werden (sec. 641 (1) (b) iVm ssec. 645 ff. CA 2006).

c) Gewinnausschüttung

610 Eine plc kann nur dann Gewinne an ihre Aktionäre ausschütten, wenn sie solche auch **tatsächlich erwirtschaftet** hat. Darüber hinaus kann sie nur dann Gewinne ausschütten, wenn das Nettovermögen nicht geringer ist als die Summe des Grundkapitals und der nicht-ausschüttbaren Rücklagen (zB *Share Premium Account*, *Capital Redemption Reserve*) und wenn die Ausschüttung nicht dazu führt, dass die Summe des Nettovermögens geringer wird als die Summe des Grundkapitals und der nicht-ausschüttbaren Rücklagen (sog ***Net Asset-Test***) (sec. 831 (1) CA 2006). Diese Vorschrift gewährleistet, dass eine plc keine Dividendenzahlungen vornehmen kann, solange sie Defizite bezüglich ihrer Rücklagen hat, selbst wenn sie Gewinne erwirtschaftete.

d) Verbot von Inhaberaktien

611 Bis vor kurzem konnten (verbriefte) Inhaberaktien (***Share Warrants to Bearer***) als Anteilsform ausgegeben werden (sec. 779 (1) CA 2006 aF). Diese stellen im Sinne des deutschen Aktienrechts zwar kein tatsächlich verbriefendes Wertpapier dar, sind jedoch ein das Anteilsrecht transportierendes Inhaberwertpapier.[1372] Es handelt sich also um einen grundsätzlich frei veräußerbaren und handelbaren Anteilsschein, der den Inhaber (*Bearer*) an die damit verbundenen Befugnisse berechtigt.[1373] Wie in Deutschland repräsentieren solche Inhaberanteile nicht die tatsächliche Eigentümerstellung des Besitzers, sondern verkörpern lediglich die damit verbundenen Rechte. Eine Anteilsübertragung war damit auch ohne Ausstellung eines Share Certificate und Eintragung im Register of Members möglich. Gleichwohl waren solche Inhaberanteile in der Praxis des Englischen Aktiengesellschaftsrechts die Ausnahme.[1374] Sie konnten nur dann ausgegeben werden, wenn dies ausdrücklich in der Satzung vorgesehen war (sec. 779 (1) CA 2006 aF; Art. 51 der plc-Mustersatzung).

612 Im Zuge des **Small Business, Enterprise and Employment Act 2015** besteht diese Möglichkeit nicht mehr (sec. 84 (1) SBEEA 2015). Es dürfen keine neuen Inhaberaktien ausgegeben werden (sec. 779 (4) CA 2006 nF).[1375] Bis zum Februar 2016 hatten alle Inhaber solcher Anteilsbezugsscheine diese freiwillig zu liquidieren oder gegen „Namensanteile" (*Registered Shares*) **einzutauschen.** Andernfalls verloren diese alle damit verbundenen Rechte und wurden annulliert (vgl. Schedule 4 SBEEA 2015). Folglich war auch die Regelung über die Ausstellung eines Anteilsscheins (s. Rn. 334) durch die Gesellschaft (sec. 780 CA 2006) im Falle der „Verbriefung" einer Inhaberaktie ersatzlos zu streichen. Die Gesellschaft hatte die Inhaber solcher Anteile über diese Möglichkeiten zu informieren und über die damit verbundenen Konsequenzen bei Nicht-Beachtung in Kenntnis zu setzen.[1376]

613 Grund für das Verbot solcher Inhaberanteile war die Förderung der **Transparenz** von Beteiligungsstrukturen in Aktiengesellschaften sowie die Bekämpfung von Geldwäsche und Terrorfinanzierung durch den Einsatz von Inhaberanteilen ausgebenden Aktiengesellschaften. Insofern besteht eine weitgehende Kongruenz zu den Motiven für die Änderung des § 10 I AktG durch die Aktienrechtsnovelle 2016.[1377] Die rechtspolitische Zielsetzung beider Gesetzesinitiativen geht auf einen Bericht der **Financial Action Task Force** aus dem Jahr 2010 zurück,[1378] das vor allem bei nicht-börsennotierten Aktiengesellschaften keine hinreichende Transparenz hinsichtlich der tatsächlichen Aktionärsstruktur bestehe.[1379] Anders als in Deutschland wurde die Zulässigkeit von Inhaberakti-

1372 Vgl. auch *Schall* WM 2011, 2249, 2250.

1373 So bereits *Webb, Hale & Co. v. Alexandria Water Co.* [1905] 93 (LT) 339.

1374 Vgl. *Davies/Worthington*, Gower's Principles of Modern Company Law, 2016, Rn. 24-22; *Girvin/Frisby/Hudson*, Charlesworth's Company Law, 2010, Rn. 7-051; *Ringe/Otte* in: Triebel ua (Hrsg.), Englisches Handels- und Wirtschaftsrecht, 2012, Kap. V Rn. 126; *Korom* in: Schall (Hrsg.), Companies Act, 2014, sec. 779 Rn. 1; auch in Deutschland war in den letzten Jahre eine Tendenz in Richtung Namensaktien zu erkennen, vgl. nur *Bayer* in: MüKo AktG, Bd. 1, 4. Aufl. 2016, § 67 Rn. 5 f.; *Solveen* in: Hölters (Hrsg.), AktG, 3. Aufl. 2017, § 10 Rn. 9; *Sailer-Coceani* in: MüHdB Gesellschaftsrecht, Bd. 4, AG, 4. Aufl. 2015, § 13 Rn. 3; ferner rechtsvergleichend *Grundmann*, Europäisches Gesellschaftsrecht, 2. Aufl. 2011, Rn. 419.

1375 Die Möglichkeit der Ausgabe und Übertragung von Inhaberschuldverschreibungen (*debentures to bearer*) besteht jedoch unbenommen weiter.

1376 *Palmer's Company Law*, 2016, Rn. 6.338 ff.

1377 Vgl. Begr. RegE Aktienrechtsnovelle 2012, BR-Drs. 852/11, S. 8 f.; Begr. RegE Aktienrechtsnovelle 2014, BT-Drs. 18/4349, S. 15; speziell zur Neuregelung des § 10 I AktG *Böttcher* bzw. *Carl* in: Böttcher ua (Hrsg.), Die Aktienrechtsnovelle, 2016, § 4 Rn. 26 ff., § 5 Rn. 1 ff.; *Mock* AG 2016, 261 ff.; *Hüffer/Koch*, AktG, 13. Aufl. 2018, § 10 Rn. 5 ff.

1378 *Financial Action Task Force*, Mutual Evaluation Report, Anti-Money Laundering and Cobating the Finance of Terrorism, 2010, S. 236 f., S. 244 ff.

1379 *Mock* AG 2016, 261 f.; *Böttcher* in: Böttcher ua (Hrsg.), Die Aktienrechtsnovelle, 2016, § 4 Rn. 31 ff.

en jedoch nicht nur eingeschränkt, sondern gänzlich verboten. Es besteht daher nicht wie nach § 10 I 1 Nr. 2 AktG die Möglichkeit der Ausgabe von Inhaberaktien, wenn die Gesellschaft börsennotiert ist oder eine Verbriefung einer in Sammelurkunde bei einer Wertpapiersammelbank, einem Zentralverwahrer iS der entsprechenden Verordnung oder einem sonstigen qualifizierten ausländischen Verwahrer besteht. Insofern ist das Englische Kapitalgesellschaftsrecht an dieser Stelle konsequenter und griff dabei stückweise sowohl den neuen Regelungen in der Aktionärsrechterichtlinie zur Identifizierung von Aktionären (s. im Zusammenhang mit Inhaberaktien § 30 Rn. 32) als auch der Umsetzung der Vierten Geldwäscherichtlinie (s. dazu auch § 20 Rn. 30)[1380] vor.

Der Vorteil der nunmehr allein zulässigen „**Namensaktien**" (*Registered Shares*) besteht neben der erhöhten Transparenz des tatsächlichen wirtschaftlichen Eigentümers darin, dass insbesondere nicht-börsennotierte Gesellschaften eine vereinfachte Möglichkeit der **Vinkulierung** von Geschäftsanteilen haben. Dies kann vor allem bei Familiengesellschaften in der Rechtsform einer plc erwünscht sein. Dabei gilt ähnlich wie im deutschem Recht (§ 67 II AktG) bei Namensaktien im Verhältnis zur Gesellschaft derjenige als Aktionär, der im Aktien- bzw. Mitgliederregister eingetragen ist. Praktisch kann eine satzungsmäßige Vinkulierungsklausel bei Namensaktien jedoch zB durch (schuldrechtliche) **Treuhandverträge** umgangen werden. Es kann daher tendenziell bezweifelt werden, ob das Verbot solcher Inhaberanteile tatsächlich den gewünschten Erfolg haben wird. Zudem ist keine Ausnahme des Verbots insbesondere für börsennotierte Gesellschaften ersichtlich. Bei diesen könnte der zwingende Wechsel auf registrierte Namensaktien daher auch kontraproduktiv für den britischen Finanzmarkt wirken, da eine freie Handelbarkeit von den mit einen Anteil verbundenen Rechten ggf eingeschränkt oder zumindest erschwert würde. Der Vorteil solcher Inhaberaktien lag gerade in der Anonymität des wirtschaftlichen Eigentümers iVm der unkomplizierten Veräußerbar- und Handelbarkeit.[1381] Insofern besteht ein gewisses Spannungsverhältnis zwischen dem Wunsch vieler wirtschaftlicher Eigentümer nach Anonymität und dem Interesse des Rechtsverkehrs an Transparenz hinsichtlich der (tatsächlichen) Aktionärsstruktur.[1382] In diesem Sinne sieht auch sec. 86 SBEEA 2015 vor, dass das Verbot von Share Warrants to Bearer fünf Jahre nach seinem Inkrafttreten auf seine Praktikabilität hin zu überprüfen ist. Rechtstatsächlich ist der Gesetzgeber aufgrund der geringen praktischen Verbreitung von Inhaberaktien im Englischen Gesellschaftsrecht zudem davon ausgegangen, dass lediglich 1.200 Companies (Ltd. und plc) von der Neuregelung betroffen sind. 614

5. Haftung für die Verbindlichkeiten der Gesellschaft

Bei der **Haftung der Aktionäre** für die Verbindlichkeiten der Gesellschaft gelten die gleichen Bedingungen wie für die Gesellschafter einer Ltd. Es kann daher auf die obigen Ausführungen verwiesen werden (s. Rn. 523 ff.). Das Prinzip der eigenständigen Rechtspersönlichkeit der Kapitalgesellschaft gilt ebenso für die plc. Die Aktionäre haften nur beschränkt in Höhe der vereinbarten Kapitaleinlage. Ein Haftungsdurchgriff auf das persönliche Vermögen der Aktionäre ist darüber hinaus grundsätzlich nicht möglich. Fälle, in denen eine Durchgriffshaftung (***Piercing the Corporate Veil***) denkbar wäre, sind höchst selten und kommen allenfalls in Konzernkonstellationen bei einer möglichen Haftung des Mutterunternehmens für betrügerische und/oder missbräuchliche Handlungen in Betracht. Dies gilt vor allem seit der *Prest*-Entscheidung (s. Rn. 526 ff.) umso klarer. Einer persönliche Haftung der Aktionäre – unabhängig, ob natürliche oder juristische Person – kommt in der Praxis daher kaum noch ein signifikanter Anwendungsbereich zu. 615

6. Mitgliederwechsel

Der maßgebende Unterschied bei einem Mitgliederwechsel und der Übertragung von Geschäftsanteilen bei der Ltd. und einer plc ist die Möglichkeit der **öffentlichen Veräußerung** von Aktien einer plc an einem regulierten Markt. Die plc kann börsennotiert sein und anders als die Ltd. ihre Aktien im Wege der öffentlichen Veräußerung über Kapitalmärkte vertreiben und sie können auf diesen frei gehandelt werden (arg. ex. sec. 755 (1) CA 2006). Es besteht indes kein Zwang zur Börsennotierung. Tatsächlich ist der überwiegende Teil nicht börsennotiert und ihre Anteile werden nicht an einem regulierten Kapitalmarkt gehandelt. Eine **Vinkulierung** von Geschäftsanteilen ist zwar auch bei einer plc als Aktiengesellschaft nicht ausgeschlossen und damit grundsätzlich möglich, in der Praxis ist eine freie Veräußerbarkeit ohne Zustimmung des Board of Directors oder anderer Aktionäre jedoch der Regelfall und satzungsmäßige **Übertragungsbeschränkungen** finden sich grundsätzlich nur 616

1380 Richtlinie (EU) 2015/849 des Europäischen Parlaments und des Rates v. 20.5.2015 zur Verhinderung der Nutzung des Finanzsystems zum Zwecke der Geldwäsche und der Terrorismusfinanzierung, zur Änderung der Verordnung (EU) Nr. 648/2012 des Europäischen Parlaments und des Rates und zur Aufhebung der Richtlinie 2005/60/EG des Europäischen Parlaments und des Rates und der Richtlinie 2006/70/EG der Kommission, ABl. EU v. 5.6.2015, L 141/73.

1381 Vgl. nur *Wild/Weinstein*, Smith and Keenan's Company Law, 2013, S. 244.

1382 Im Rahmen der Aktionärsrechterichtlinie vgl. *Lutter/Bayer/Schmidt*, Europäisches Unternehmens- und Kapitalmarktrecht, 6. Aufl. 2017, Rn. 29.247.

bei kleineren (Familien-) Unternehmen in der Rechtsform einer plc.[1383] Bei börsennotierten Gesellschaften oder anderen kapitalmarktnahen Gesellschaften bestehen aufgrund des Bedürfnisses nach weitreichender Fungibilität von Aktien in aller Regel keine Vinkulierungsklauseln oder vergleichbare Beschränkungen. Denkbar ist jedoch ein (bedingtes) Vorkaufsrecht anderer Aktionäre oder eines bestimmten Aktionärspools.

617 Wie bei der Ltd. kann der derivative Anteilserwerb von Geschäftsanteilen durch rechtsgeschäftliche **Übertragung von Aktien** (*Transfer and Transmission of Shares*) oder im Rahmen der Erbfolge (*Transmission on Death*) stattfinden. Die Anteilsübertragung iSd Aktienhandels erfolgt durch Verkauf eines oder aller Anteile eines Aktionärs an den Käufer bzw. Bieter. Aufgrund der Annahme, dass zumindest bei börsengehandelten Aktien die erforderliche Kapitaleinlage vollständig erbracht wurde, erfolgen Anteilsübertragungen hier regelmäßig in unverbriefter Form.[1384] Die größte und bedeutendste Börse in Großbritannien, an der Aktien britischer und ausländischer Unternehmen gehandelt werden, ist die **London Stock Exchange**. Daneben bestehen verschiede, sektorspezifische Börsen. Der wichtigste britische Aktienindex ist der Financial Times Stock Exchange 100 Index (FTSE100; umgangssprachlich auch „*Footsie*"). Er ist mit dem deutschen DAX30 vergleichbar. Die Aktienübertragung erfolgt hierbei in der Regel über das Certificateless Registry for Electronic Share Transfer (CREST).[1385] Durch dieses elektronische Depot- und Transfersystem wird insbesondere die Ausstellung eines Share Certificate an den neuen Anteilsinhaber entbehrlich.

7. Auflösung und Insolvenz

618 Das Verfahren und die Modalitäten der Auflösung und Insolvenz einer plc sind **im Wesentlichen die Gleichen** wie bei einer Ltd.[1386] Es kann daher auf die obigen Ausführungen verwiesen werden (s. Rn. 537 ff.). Die Vorschriften des Insolvency Act 1986 sowie der Insolvency Rules 2016 sind überwiegend rechtsformneutral auf Companies zugeschnitten und unterscheiden grundsätzlich nicht zwischen Private und Public Companies. Vereinfachte Modalitäten bestehen jedoch vor allem für die Durchführung eines freiwilligen außergerichtlichen Vergleichs (*Company Voluntary Arrangements*) (vgl. Schedule A1 IA 1986). Unterschiede bestehen zudem bei den möglichen Gründen für eine gerichtlich kontrollierte Auflösung gem sec. 122 (1) IA 1986. Für die plc kommt es ebenfalls zu einer gerichtlichen Auflösung, wenn bei der originären Gründung der Gesellschaft kein **Trading Certificate** (s. Rn. 573 f.) ausgestellt wurde und sie bereits mehr als ein Jahr existent ist (lit. b), oder es sich um eine „alte" plc iS von Schedule 3 der Companies Act 2006 (Consequential Amendments, Transitional Provisions and Savings) Order 2009 handelt (lit. c).

1383 Ob die Anteilsübertragung dabei – wie in Deutschland (vgl. LG München I BB 2017, 976) – nur eines Organs, dh entweder des Boards oder der Aktionäre, vorgesehen werden darf, ist bislang nicht thematisiert; vor allem Flexibilitätsgründe sprechen jedoch dafür.

1384 *Blomqvist v. Zavarco Plc. & Ors* [2016] EWHC 1143 (Ch) at [86].

1385 Dazu *Boyle/Birds*, Company Law, 2014, Rn. 9.3.3; *Davies/Worthington*, Gower's Principles of Modern Company Law, 2016, Rn. 27-3 f.; *Tuckley/Schmith* in: Nicholls (Ed.), A Practioner's Guide to the AIM Rules, 7. Ed. 2014, Chaper 15.

1386 *Rothenburg/Walter/Platts* in: Wegen/Spahlinger/Barth (Hrsg.), Gesellschaftsrecht des Auslands, 2. EL 2018, Vereinigtes Königreich, Rn. 232.

Stichwortverzeichnis Teil 4, § 12: England

Fette Zahlen bezeichnen die Paragraphen, magere die Randnummern.

§ 13 Frankreich

Literatur (Auswahl): *Angel/Romain* in: Meyer-Sparenberg/Jäckle, Beck'sches M&A-Handbuch, 2017, § 86; *Arlt*, Die Haftung der Leitungsorgane der französischen *sociétés anonyme* in: Kalss (Hrsg.), Vorstandshaftung in 15 europäischen Ländern, 2005; *ders.* Französische Aktiengesellschaft, 2006; *Basuyaux/Delpech/de Labrouhe* in: Wegen/Spahlinger/Barth (Hrsg.), Gesellschaftsrecht des Auslands, 1. EL 2016, Frankreich (Stand: 2012); *Bauerreis*, Staatliche Überwachung der Geschäftsführung vor Insolvenzeintritt und staatsgeleitete Restrukturierung in Frankreich, ZGR 2006, 294; *Becker*, Die zivilrechtliche Haftung des französischen Geschäftsführers einer S.A.R.L. gegenüber der Gesellschaft, GmbHR 2003, 162; *dies.*, Die Geltendmachung zivilrechtlicher Haftungsansprüche einer französischen S.A.R.L. gegenüber ihrem Geschäftsführer, GmbHR 2003, 220; *Laurin*, La GmbH, un modèle de forme sociale, La Semaine Juridique – Édition Entreprise et Affaires (JCP E) 3 (2012) 19; *Blanchard*, La SCI et le divorce des époux, AJ Famille 4 (2014) 216; *Brillat/Guillaud-Bataille*, La société civile, 3. Aufl. 2013; *Casas*, Die causa-Lehre in der französischen und argentinischen Privatrechtsreform, ZEuP 2017, 68; *Charveriat*, Gestion des conflits d'intérêts: Le paradoxe des conventions réputées libres, BRDA 9 (2016) 16; *Christ*, Englische Private Limited und französische Société à Responsabilité Limitée, 2008; *Conac*, European Corporate Law from a French Perspective, ZVglRWiss 114 (2015) 215; *Couret/Reygro-*

bellet, Le droit des sociétés menacé par le nouvel article 1161 du code civil?, Recueil Dalloz 2016, 1867; *Cozian/Viandier/Deboissy*, Droit des sociétés, 29. Aufl. 2016; *Dalloz*, Fiches d'orientation, Société de fait, 2016; *ders.*, Fiches d'orientation, Société civile, 2016; *ders.*, Fiches d'orientation, Commandite par action (Société en), 2017; *ders.*, Fiches d'orientation, Administrateur de société (Révocation), 2016; *Degenhardt*, Die Reform des französischen Insolvenzrechts vom 12.3.2014, NZI 2014, 433; *Delpech*, Société à responsabilité limitée SARL, 27. Aufl. 2012; *Dondero/Tabourot-Hyest*, Le crédit interentreprises est désormais opérationnel, La Semaine Juridique – Édition Entreprise et Affaires (JCP E) 21 (2016) 9; *Döbereiner*, Länderteil Frankreich in: *Süß/Wachter* (Hrsg.), Handbuch des internationalen GmbH-Rechts, 3. Aufl. 2016; *Dubarry/Flume*, „Asset Partitioning" beyond corporate law – Eine Studie zur Handlungsform des Einzelunternehmers mit beschränkter Haftung, ZEuP 2012, 128; *Dubuisson*, L'entrepreneur individuel à responsabilité limitée, 2010; *Dalloz* (Hrsg.), Répertoire de droit civil, indivision (régime légal), Stand: 2017; *ders.*, Répertoire de droit commercial, Stand: 2017; *ders.*, Répertoire de droit des sociétés, Stand: 2017; *ders.*, Répertoire de droit pénal et de procédure pénale, Stand: 2017; *Eidenmüller*, Wettbewerb der Gesellschaftsrechte in Europa, ZIP 2002, 2233; *Fleischer*, La SAS au regard du droit allemand in: *Conac/Urbain-Parleani* (Hrsg.), La société par actions simplifiée (SAS), bilan et perspectives, 2016, S. 163; *ders.*, Supranationale Gesellschaftsformen in der Europäischen Union, ZHR 174 (2010) 385; *ders.*, Internationale Trends und Reformen im Recht der geschlossenen Kapitalgesellschaft, NZG 2014, 1081; *François-Poncet/Deilmann/Otte*, Frauenquote in französischen Aufsichts- und Verwaltungsräten – ist eine Quote auch in Deutschland zulässig?, NZG 2011, 450; *Fröhlich*, Die SAS – ein französisches Erfolgsmodell, GmbHR 2014, 413; *Germain/Magnier*, Les sociétés commerciales, 21. Aufl. 2014; *Germain/Périn*, SAS – La société par actions simplifiée, 6. Aufl. 2016; *Gräbener*, Der Schutz außenstehender Gesellschafter im deutschen und französischen Kapitalgesellschaftsrecht, 2010; *Gravenstein*, Französisches Gesellschaftsrecht, 3. Aufl. 1988; *Groupe Revue Fiduciaire*, Le mémento de la SAS/SASU, 8. Aufl. 2015; *Guiramand/Héraud*, Droit des sociétés, 10. Aufl. 2016; *Hallouin/Bouteiller*, Centralisation de trésorerie dans les groupes, Actes Pratiques et Ingénierie Sociétaire 88 (2006) 3; *Hirschmann*, Neue Gestaltungsfreiheit im französischen Gesellschaftsrecht: Die Société par actions simplifiée (SAS), 2000; *Karst*, Die GmbH französischen Rechts, NotBZ 2006, 119; *Klein*, Länderreport Frankreich, RIW 2017, 38; *ders.*, Die Vertragsrechtsreform in Frankreich, RIW 2016, 328; *Lamy* (Hrsg.), Le Lamy Droit commercial, Stand: 2018; *ders.*, Le Lamy Droit de la responsabilité, Stand: 2017; *ders.*, Le Lamy Droit des régimes matrimoniaux, successions et libéralités, Stand: 2017; *ders.*, Le Lamy Droit du financement, Stand: 2017; *ders.*, Le Lamy Droit immobilier, Stand: 2017; *ders.*, Le Lamy Droit pénal des affaires, Stand: 2017; *ders.*, Le Lamy Fiscal, Stand: 2017; *ders.*, Le Lamy Optimisation fiscale de l'entreprise, Stand: 2018; *ders.*, Le Lamy Patrimoine, Stand: 2017; *ders.*, Le Lamy Sociétés commerciales, Stand: 2017; *Le Cannu/Dondero*, Droit des sociétés, 6. Aufl. 2015; *Lefebvre* (Hrsg.), *ders.*, Documentation experte, Documentation pratique Fiscale, Série IRPP, Stand: 2018; *ders.*, Documentation experte, Documentation pratique Affaires, Série SARL, Stand: 2018 *ders.*, Documentation experte, Documentation pratique Affaires, Série Dirigeants, Stand: 2018; *ders.*, Formulaire Sociétés, Entreprise individuelle à responsabilité limitée, Stand: 2017; *ders.*, Mémento Assemblées générales, 2016-2017; *ders.*, Mémento Cessions de parts et actions, 2017-2018; *ders.*, Mémento Droit commercial, 2017; *ders.*, Mémento Sociétés civiles, 2018; *ders.*, Mémento Sociétés commerciales, 49. Auflage 2018; *ders.*, Mémento Transmission d'entreprise, 2015-2016; *ders.*, Thèmexpress, Coup d'accordéon, Stand: 2017; *ders.*, JurisClasseur, Bail à loyer, Stand: 2013; *ders.*, JurisClasseur, Banque – Crédit – Bourse, Stand: 2009; *ders.*, JurisClasseur, Civil Code, Stand: 2017; *ders.*, JurisClasseur, Commercial, Stand: 2017; *ders.*, JurisClasseur, Droit international, Stand: 2017; *ders.*, JurisClasseur, Entreprise individuelle, Stand: 2016; *ders.*, JurisClasseur, Ingénierie du patrimoine, Stand: 2009; *ders.*, JurisClasseur, Notarial Formulaire, Stand: 2016; *ders.*, JurisClasseur, Pénal des affaires, Stand: 2017; *ders.*, JurisClasseur, Sociétés Traité, Stand: 2017; *ders.*, JurisClasseur, Sociétés Formulaire, Stand: 2017; *Lienhard*, Delmas Procédures collectives, 6. Aufl. 2015-2016; *Magnier*, Droit des sociétés, 7. Aufl. 2015; *Mäsch/Schulze/Wicker* (Hrsg.), Promotion et protection des petites et moyennes entreprises, 2013; *Melchers*, Die Société civile Immobilière, Qualifizierungsversuch über ein Gestaltungsmittel des französischen Gesellschaftsrechts, BWNotZ 2000, 58; *Menjucq*, Droit international et européen des sociétés, 4. Aufl. 2016; *Merle/Fauchon*, Sociétés commerciales, 19. Aufl. 2016; *Meyer/Ludwig*, Französische GmbH-Reform 2003/2004: Hintergründe und „Ein-Euro-GmbH", GmbHR 2005, 346; *Michel*, L'évolution contrastée de la SAS, Cahiers de droit de l'entreprise, 6 (2008) 22; *Moubsit*, Les clauses d'inaliénabilité en droit des sociétés, RLDA 86 (2013) 91; *Moulin*, Droit des sociétés et des groupes, 10. Aufl. 2016-2017; *Le Nabasque*, Prêt inter-entreprises: le décret est paru!, Revue de Droit bancaire et financier, 3 (2016) 2; *Ngatsing* in: Widmann/Mayer (Hrsg,), Umwandlungsrecht, Stand: 2014, Anhang 3, Frankreich; *Omarjee*, De quelques outils stratéqiques en matière de donation familiale pâr, AJ Famille 2 (2008) 59; *Peifer*, Das Recht der Kapitalgesellschaften in Frankreich, 2009; *ders.*, Gründung und Führung einer Einpersonen-S.A.R.L. französischen Rechts, GmbHR 2009, 1145; *Périn*, Statistiques des formes de sociétés commerciales en France: la SAS dépasse la SARL, RTDF 1 (2016) 35; *Pérochon*, EIRL: un patrimoine peut en garantir un autre – La validité des sûretés constituées au titre d'un patrimoine de l'EIRL en garantie des dettes de l'autre patrimoine, Revue des procédures collectives 2 (2011) 6; *Poracchia*, Dépassement de l'objet social, Droit et Patrimoine, 107 (2002) 113; *ders.*, Abus de majorité – Apport des actifs à une SCA créée ad hoc – Société holding, Droit et Patrimoine 99 (2001) 100; *Rontchevsky*, L'exécution forcée en nature des pactes d'associés et la réforme du droit des contrats, Actes Pratiques et Ingénierie Sociétaire, 148 (2016) 33; *Seseke/Fangmann*, Reform des französischen Gesellschaftsrechts, IStR 2002, 851; *Sonnenberger*, Die Reform des französischen Schuldvertragsrechts, des Regimes und des Beweises schuldrechtlicher Verbindlichkeiten durch Ordonnance Nr. 2016-131 vom 10.2.2016, ZEuP 2017, 6; *Sonnenberger/Dammann*, Französisches Handels- und Wirtschaftsrecht, 3. Aufl. 2008; *Sonnenberger/Classen* (Hrsg.), Einführung in das französische Recht, 4. Aufl. 2012; *Suquet-Cozic*, Les actes de formation des sociétés ont dispensés d'enregistrement… ou presque, BRDA 20 (2015) 16; *De Ternay*, SAS et actions de préférence: modus operandi, La Semaine Juridique – Édition Entreprise et Affaires (JCP E) 14 (2005) 615; *Toth*, Droit allemand des sociétés, Droit et Patrimoine 84 (2000) 63; *De Vries*, Der „Faute détachable" als Vorbild für die deutsche deliktische Organaußenhaftung?, RIW 2014, 105.

A. Einführung[1]

I. Grundlagen des französischen Gesellschaftsrechts

Die grundlegenden Prinzipien des französischen Gesellschaftsrechts ergeben sich mehr oder weniger explizit aus Art. 1832 I bis III des **Code civil** (französisches Zivilgesetzbuch; im Folgenden: **C. civ.**):[2] 1

„Die Gesellschaft besteht aus zwei oder mehreren Personen, die durch Vertrag vereinbaren, Güter oder ihre Arbeitsleistung in ein gemeinsames Unternehmen einzubringen, um den Gewinn zu teilen oder sich die Ersparnisse zu Nutzen zu machen, die sich daraus ergeben können.

In den vom Gesetz vorgesehenen Fällen kann sie durch den Willen einer einzigen Person errichtet werden.

Die Gesellschafter verpflichten sich, die Verluste zu teilen.“[3]

Aus dieser Bestimmung lässt sich ablesen, dass der Vertrag Grundlage der Gesellschaft ist.[4] Die Vorschrift gibt auch Aufschluss über die tragenden **Bestandteile des Gesellschaftsvertrages**, ohne die dieser nichtig sein kann: 2

- Pluralität der Gesellschafter (Art. 1832 I C. civ.),
- Pflicht zur Einlagenerbringung (Art. 1832 I C. civ.),
- Beteiligung am Ergebnis (Art. 1832 I und III C. civ.) und
- die sog *affectio societatis* als den Willen zur Vereinigung im Hinblick auf die gemeinsame Zweckverfolgung.

Obwohl nicht explizit von Art. 1832 C. civ. verlangt, bedarf der Gesellschaftsvertrag zu seiner Wirksamkeit, wie soeben aufgeführt, zwingend der ***affectio societatis***, deren Voraussetzungen von der französischen Rechtsprechung konkretisiert wurden: Unerlässlich für das Vorliegen der *affectio societatis* ist danach der Wille der Gesellschafter zur Zusammenarbeit, die Nutzung der Mittel der Gesellschaft im gemeinsamen Interesse und die grundsätzliche Gleichberechtigung der Gesellschafter.[5] Die *affectio societatis* muss im Zeitpunkt des Vertragsschlusses vorliegen[6] und über die Lebensdauer der Gesellschaft erhalten bleiben.[7]

Zwar gilt gemäß dem Wortlaut des Art. 1832 I C. civ. zudem der Grundsatz der **Pluralität der Gesellschafter**, allerdings erwähnt bereits die Vorschrift selbst (vgl. Art. 1832 II C. civ.), dass der Gesetzgeber Ausnahmen von diesem Prinzip vorsehen kann. Davon hat der französische Gesetzgeber auch Gebrauch gemacht, so dass mittlerweile verschiedene Formen der Einpersonengesellschaft Einzug in das französische Recht gehalten haben, wie etwa die Einpersonengesellschaft mit beschränkter Haftung (*entreprise unipersonnelle à responsabilité limitée* – EURL) (Rn. 458 ff.), die im Jahre 1985 als französisches Pendant zur deutschen Einmann-GmbH[8] geschaffen wurde. Im Jahr 1999 wurde dann die sogenannte SASU (*Société par actions simplifiée unipersonnelle*) als vereinfachte Aktiengesellschaft mit nur einem Gesellschafter infolge des großen Erfolgs der aus mehreren Gesellschaftern bestehenden vereinfachten Aktiengesellschaft (SAS) (Rn. 633 ff.) eingeführt (Rn. 709 ff.).[9] Während bei der Einführung der Ein-Personen-GmbH (EURL) im Jahr 1985 noch das in der französischen Mehrpersonen-GmbH (SARL) enthaltene Wort *société* durch *entreprise* ersetzt wurde, wurde dieser begriffliche Wechsel 14 Jahre später (1999) bei der SAS bereits nicht mehr vollzogen (entsprechend SASU). 3

Neben den Vorgaben des Art. 1832 C. civ. muss der Gesellschaftsvertrag die **allgemeinen Voraussetzungen eines Vertrags** erfüllen, die sich aus Art. 1128 C. civ. ergeben. Danach bedarf es einer Einigung der Parteien (*consen-* 4

---

1 Die Autoren dieses Länderteils möchten sich an dieser Stelle herzlich für die zwischenzeitliche Unterstützung des Redaktionsausschusses der deutsch-französischen Rechtskommission der Anwaltskammer Paris (Christian Klein, Avocat à la Cour/Rechtsanwalt; Christian Roth, Avocat à la Cour Paris/Brüssel; Catherine Stary, Avocat à la Cour und Karl Beltz, Avocat à la Cour/Rechtsanwalt), insbesondere bezüglich der Ausführungen zur SARL, bedanken. Unser besonderer Dank gilt in diesem Zusammenhang Rechtsanwalt Christian Klein.

2 *Guiramand/Héraud*, Droit des sociétés, 2016, S. 3. Die Artikel französischer Gesetze enthalten keine Überschriften, die Absätze werden nicht wie in Deutschland durchnummeriert.

3 Übersetzung aus *Gravenstein*, Französisches Gesellschaftsrecht, 1988, S. 39.

4 *Großerichter* in: Sonnenberger/Classen (Hrsg.), Einführung in das französische Recht, 2012, S. 329 (Tz. 153).

5 Cass. com. 3.6.1986, Nr. 85-12.118; vgl. auch *Lefebvre*, Mémento Sociétés civiles, 2018, Rn. 1600; *ders.*, Mémento Sociétés commerciales, 2018, Rn. 130.

6 In der Praxis wird das Vorliegen der *affectio societatis* zum Zeitpunkt des Vertragsschlusses durch Unterzeichnung der Satzung zum Ausdruck gebracht (*Cozian/Viandier/Deboissy*, Droit des sociétés, 2016, Rn. 105; siehe auch Rn. 83).

7 *Lefebvre*, Mémento Sociétés civiles, 2018, Rn. 1601; *ders.*, Mémento Sociétés commerciales, 2018, Rn. 131. In der Praxis erfolgt eine gerichtliche Prüfung dessen, ob eine *affectio societatis* vorliegt, häufiger mit Bezug auf nicht im Handelsregister eingetragene Gesellschaften, etwa wenn es darum geht, diese als Scheingesellschaften (*sociétés fictives*) oder faktische Gesellschaften (*sociétés créées de fait*, vgl. Rn. 58 ff.) zu qualifizieren (*Cozian/Viandier/Deboissy*, Droit des sociétés, 2016, Rn. 175; *Lefebvre*, Mémento Sociétés civiles, 2018, Rn. 1601 f.; *ders.*, Mémento Sociétés commerciales, 2018, Rn. 131 f.).

8 *Cozian/Viandier/Deboissy*, Droit des sociétés, 2016, Rn. 1399. Kurze Zeit später, 1989, wurde dann auf europäischer Ebene die Einpersonengesellschafts-RL verabschiedet (siehe dazu unter § 28 Rn. 2).

9 *Le Cannu/Dondero*, Droit des sociétés, 2015, Rn. 955.

tement, Art. 1128 Nr. 1 C. civ.), der Geschäftsfähigkeit derselben (*capacité de contracter*, Art. 1128 Nr. 2 C. civ.) und eines zulässigen und bestimmten Vertragsinhalts (*contenu licite et certain*, Art. 1128 Nr. 3 C. civ.).[10] Die *cause* stellt seit der französischen Schuldrechtsreform aus dem Jahr 2016[11] kein Erfordernis mehr für einen wirksamen Vertrag dar.[12] Das Fehlen einer Voraussetzung für das Zustandekommen des Vertrags iSd Art. 1128 C. civ. kann zur Nichtigkeit des Gesellschaftsvertrags führen.

5 Bezüglich der Gründung einer Gesellschaft gilt ganz allgemein, dass **vorvertragliche Verhandlungen** (*pourparlers*) über die Gründung einer Gesellschaft nicht willkürlich abgebrochen werden dürfen. Derjenige, der einen Abbruch zu verantworten hat, muss zivilrechtliche Konsequenzen fürchten (ähnlich denen bei der deutschen c.i.c.).[13] Im Anschluss an die Verhandlungen kann es zu einem **Gründungsversprechen** kommen (*promesse de société*). Beim Gründungsversprechen handelt es sich noch nicht um den Gesellschaftsvertrag, sondern um einen nicht einklagbaren, aber schadensersatzbewehrten **Vorvertrag**. Um rechtliche Wirkungen zu entfalten, muss das Dokument bereits grundlegende Elemente wie die Gesellschaftsform, die Dauer und den Unternehmensgegenstand enthalten. Unterbleibt die Gründung der Gesellschaft trotz eines gegebenen Gründungsversprechens (Vorvertrag), kann nicht auf Abschluss des Gesellschaftsvertrages geklagt werden. Es entstehen jedoch regelmäßig Schadensersatzansprüche.[14]

6 Der mögliche **Zweck** (*objectif*)[15] der Gesellschaft ist relativ weit gefasst, da er nicht nur auf eine Gewinnerzielung, sondern auch auf das Erzielen von Einsparungen ausgerichtet sein kann.[16] Der Gesellschaftsvertrag zeichnet sich zudem – insbesondere bei Personengesellschaften – dadurch aus, dass er dem Grundsatz des ***intuitu personae***[17] unterliegt. Dies bedeutet, dass die persönliche Identität der Gesellschafter und ihr Verhältnis zueinander wesentliche Aspekte für den Vertragsabschluss darstellen. Daraus folgt, dass ein Gesellschafterwechsel häufig nur mit Zustimmung der übrigen Gesellschafter möglich ist. Das Prinzip des *intuitu personae* ist jedoch kein alleiniges Merkmal von Personengesellschaften. So sieht das Gesetz zB auch im Hinblick auf die SARL Zustimmungsrechte der Gesellschafter für den Fall eines Gesellschafterwechsels vor (vgl. Rn. 409). Aus diesem Grund wird die SARL auch als Mischform aus Personen- und Kapitalgesellschaft bezeichnet.[18]

II. Überblick über die Gesellschaftsformen

7 Obwohl das französische Recht, wie soeben beschrieben, auch Mischformen kennt, werden die Gesellschaftsrechtsformen im Wesentlichen in Personen- und Kapitalgesellschaften unterteilt.[19] Im Folgenden sollen die verschiedenen Rechtsformen kurz genannt, in den nachstehenden Kapiteln (B. und C.) jedoch nur die wichtigsten – nachstehend durch **Fettdruck** hervorgehoben – besprochen werden.

1. Personengesellschaften

8
- ***Société en participation*** **(SEP) – stille Gesellschaft**
- ***Société civile*** **– Gesellschaft bürgerlichen Rechts**[20]
- Groupement d'intérêt économique (GIE) – wirtschaftliche Interessenvereinigung
- ***Société en nom collectif*** **(SNC) – OHG**
- ***Société en commandite simple*** **(SCS) – KG**

---

10 Vgl. dazu mit Blick auf die Reform aus deutscher Sicht *Sonnenberger* ZEuP 2017, 6, 30 ff.

11 *Ordonnance* Nr. 2016-131 vom 10.2.2016. Allgemein zur Reform *Klein* RIW 2016, 328, 328 ff.

12 Zur causa-Lehre mit Blick auf die Reform *Casas* ZEuP 2017, 68, 68 ff.

13 Cass. com. 11.7.2000, Nr. 97-18.275; *Sortais* in: Répertoire de droit des sociétés, 2017, Constitution des sociétés, Rn. 20.

14 *Besnard Goudet* in: JurisClasseur, Sociétés Traité, 2015, Fasc. 7-30, Rn. 9; *ders.* in: JurisClasseur, Commercial, 2016, Fasc. 1001, Rn. 13; *Gibirila* in: JurisClasseur, Art. Civil Code, 2017, Art. 1832 bis 1844-17, Fasc. 10, Rn. 10; *Storck* in: JurisClasseur, Civil Code, 2015, Art. 1134 et 1135, Fasc. 30, Rn. 15.

15 Der Zweck (*objectif*) sollte nicht mit dem „*objet social*", dem Unternehmensgegenstand, verwechselt werden.

16 CA Paris 10.5.1995, Defrénois 1995, 954. In dem genannten Fall ging es um die Zusammenlegung von Mitteln, damit die Gesellschafter von Einsparungen bei dem Betrieb von Sportanlagen profitieren konnten.

17 Das Merkmal der besonderen persönlichen Prägung einer Gesellschaft wird im Folgenden stets als *intuitu personae* Grundsatz bezeichnet.

18 *Döbereiner* in: Süß/Wachter (Hrsg.), HdB des internationalen GmbH-Rechts, 2016, Frankreich, Rn. 6; *Ngatsing* in: Widmann/Mayer (Hrsg.), Umwandlungsrecht, 2014, Anhang 3, Frankreich, Erster Teil, Erster Abschnitt, F 12 spricht insofern von «Zwischenform».

19 *Magnier*, Droit des sociétés, 2015, Rn. 4; *Merle/Fauchon*, Sociétés commerciales, 2016, Rn. 18; *Lefebvre*, Mémento Sociétés commerciales, 2018, Rn. 19.

20 *Melchers* BWNotZ 2000, 58, 58, plädiert dafür, die *société civile* auf Deutsch als „zivilrechtliche Gesellschaft" zu bezeichnen, um hervorzuheben, dass nicht unerhebliche Unterschiede zur deutschen GbR bestehen.

2. Kapitalgesellschaften

- *Société anonyme* (SA)[21] – AG 9
- *Société à responsabilité limitée* (SARL)[22] – GmbH
- *Société par actions simplifiée* (SAS)[23] – Vereinfachte AG
- *Société en commandite par actions* (SCA) – KGaA

3. Besondere Gesellschaftsformen

Hinzu kommen Gesellschaftsformen, die sich aufgrund der auf sie angewendeten Vorschriften unterscheiden, 10
wie zB die *Société coopérative* (Genossenschaft). Außerdem hält das französische Gesellschaftsrecht spezielle Vorschriften für Gesellschaften mit **besonderen Gesellschaftszwecken** bereit, zB:

- **Im Immobilienbereich** 11
  - *Société civile immobilière* (SCI) – Immobiliengesellschaft bürgerlichen Rechts
  - *Société civile de construction-vente* (SCCV) – Gesellschaft bürgerlichen Rechts zur Errichtung und Veräußerung von Gebäuden
  - *Société civile immobilière d'attribution* (SCIA) – Gesellschaft bürgerlichen Rechts mit dem Zweck, eine Immobilie zu errichten oder zu erwerben, um diese im Anschluss aufzuteilen
  - *Société civile d'attribution d'immeuble en jouissance à temps partagé*[24] – Gesellschaft bürgerlichen Rechts zur Vergabe von Teilzeitnutzungsrechten an Immobilien
  - *Société civile de placements immobiliers* (SCPI) – Gesellschaft, deren ausschließlicher Zweck darin besteht, zu Mietzwecken ein Immobilienvermögen zu erwerben und zu verwalten
  - *Organisme de placement collectif immobilier* (OPCI) – offener Immobilienfonds
- **Im Landwirtschaftssektor** 12
  - *Coopérative agricole* – Landwirtschaftliche Genossenschaft
  - *Groupement agricole d'exploitation en commun* (GAEC) – landwirtschaftliche Erzeugergemeinschaft
  - *Groupement foncier agricole* (GFA) – Forstwirtschaftsgesellschaft
  - *Exploitation agricole à responsabilité limitée* (EARL) – landwirtschaftliche GmbH
  - *Société civile d'exploitation agricole* (SCEA) – landwirtschaftliche Personengesellschaft
  - *Société civile d'exploitation viticole* – weinbaubetriebliche Personengesellschaft
- **Freie Berufe** 13
  - *Société civile professionnelle* – Sozietät
  - *Société civile de moyens* (SCM) – Gesellschaft bürgerlichen Rechts (durch Zusammenlegung von Betriebsmitteln)
  - *Société d'exercice libéral* (SEL) – Freiberufler-Gesellschaft, die in verschiedenen Ausprägungen genutzt werden kann, zB in Form der SELARL (*société d'exercice libéral à responsabilité limitée*, Freiberufler-GmbH), der SELAFA (*société d'exercice libéral à forme anonyme*, Freiberufler-Aktiengesellschaft) oder der SELAS (*société d'exercice libéral par actions simplifiées*, vereinfachte Freiberufler-Aktiengesellschaft) geführt werden kann
- **Im Banken- und Versicherungssektor** 14
  - *Société d'investissement à capital variable* (SICAV) – Investitionsgesellschaft mit wechselndem Grundkapital
  - *Société de développement regional* – Gesellschaft zur regionalen Entwicklung
  - *Société d'assurance mutuelle* – Versicherungsgesellschaft auf Gegenseitigkeit

---

21 Weitere Formen der SA sind die *société anonyme à participation ouvrière* (AG mit Arbeitnehmerbeteiligung) – Art. L. 225-258 ff. C. com. sowie die *société d'économie mixte* (AG mit staatlicher Beteiligung) – Art. L. 1521-1 ff. *Code général des collectivités territoriales* – CGCT (französisches allgemeines Gesetzbuch der Gebietskörperschaften).

22 Eine Unterform bildet die EURL (*entreprise unipersonnelle à responsabilité limitée*), welche mit der deutschen Einmann-GmbH verglichen werden kann.

23 Mit der *société par actions simplifiée unipersonnelle* (SASU) kennt das französische Recht auch die vereinfachte Einmann-AG.

24 Geregelt durch das Gesetz Nr. 86-18 vom 6.1.1986 betreffend Gesellschaften zur Vergabe von Teilzeitnutzungsrechten an Immobilien (Übersetzung durch die Verfasser, Originaltitel: „*Loi n° 86-18 du 6 janvier 1986 relative aux sociétés d'attribution d'immeubles en jouissance à temps partagé*").

4. Verbreitung der Gesellschaftsformen

15 Trotz der vielen verschiedenen Gesellschaftsformen in Frankreich ist die **SARL**, das Pendant zur deutschen GmbH, mit 1.532.000 Unternehmen zum 1. Januar 2015[25] derzeit noch mit großem Abstand die **verbreitetste Rechtsform.**[26] Die starke Nutzung der SARL in Frankreich ist historisch bedingt. Zum Zeitpunkt ihrer Einführung durch das Gesetz vom 7. März 1925[27] existierte für Unternehmer und Kaufleute, welche ihre Haftung beschränken wollten, lediglich die Möglichkeit, eine Aktiengesellschaft zu gründen.[28] Dies war indes nicht immer möglich bzw. empfehlenswert, da hierfür mindestens sechs Mitgesellschafter benötigt wurden. Durch die Einführung der SARL stand den Unternehmern demgegenüber die Möglichkeit offen, mit lediglich einem weiteren Gesellschafter die Haftung für die eigene Geschäftstätigkeit zu beschränken.

16 Mit der Einführung der *SAS* im Jahr 1994[29] schuf der französische Gesetzgeber dann eine gegenüber der GmbH noch flexiblere Gesellschaftsform, welche ursprünglich jedoch nur juristischen Personen mit einem jeweiligen Eigenkapital von mindestens 225.000 EUR offen stand.[30] Diese Beschränkung wurde jedoch bereits kurz darauf mit dem Gesetz vom 12. Juli 1999[31] aufgehoben, so dass sich ab diesem Zeitpunkt insbesondere auch natürliche Personen der Gesellschaftsform der SAS bedienen konnten. Infolge der Abschaffung des ursprünglichen Mindestkapitals in Höhe von 37.000 EUR durch das Gesetz vom 4. August 2008,[32] welches am 1. Januar 2009 in Kraft trat, hat die SAS gegenüber der SARL, welche ebenfalls mit einem Kapital von 1 EUR ausgestattet werden kann, weiter an Attraktivität gewonnen.

17 Die *SAS* wurde in den vergangenen Jahren vom Gesetzgeber stark weiterentwickelt[33] und hat sich sehr schnell und **erfolgreich** in der französischen Unternehmenslandschaft **etabliert.**[34] Wie eine Untersuchung des *Institut National des Statistiques et des Études Économiques* (INSEE) zeigt, gab es zum Januar 2015 in Frankreich etwa zehn Mal so viele SAS (344.000) wie SA (38.000).[35] Im Jahr 2016 war die SAS dann bei den Neugründungen erstmals die beliebteste Gesellschaftsform,[36] und wird nicht nur für die Gründung von Ein-Personen-Gesellschaften, sondern inzwischen sogar für kleinere Mehrpersonengesellschaften am häufigsten gewählt.[37] Die nachfolgende Graphik verdeutlicht die **Entwicklung der Beliebtheit** der jeweiligen französischen Kapitalgesellschaftsformen anhand der Neugründungen im jeweiligen Jahr (in %):

---

25 Institut National des Statistiques et des Études Économiques (INSEE), Datenbank zur Unternehmenszählung 2014 (*base de données dénombrement d'entreprises* 2014); Insee Première Nr. 1583, Januar 2016.

26 *Cozian/Viandier/Deboissy*, Droit des sociétés, 2016, Rn. 7; *Merle/Fauchon*, Sociétés commerciales, 2016, Rn. 2; *Germain/Périn*, SAS – La société par actions simplifiée, 2016, Rn. 3. Zur Anzahl existierender Kapitalgesellschaften gibt es seit 2015 keine statistischen Erhebungen mehr und damit auch keine aktuelleren Zahlen.

27 Gesetz vom 7.3.1925 zur Einführung von Gesellschaften mit beschränkter Haftung (Übersetzung der Verfasser, Originaltitel: „*Loi du 7 mars 1925 tendant à instituer des sociétés à responsabilité limitée*").

28 *Delpech*, Société à responsabilité limitée SARL, 2012, Rn. 01.15.

29 Gesetz Nr. 94-1 vom 3.1.1994 zur Einführung der vereinfachten Aktiengesellschaft (Übersetzung durch die Verfasser, Originaltitel: „*Loi n° 94-1 du 3 janvier 1994 instituant la société par actions simplifiée*").

30 *Germain/Périn*, SAS – La société par actions simplifiée, 2016, Rn. 6.

31 Gesetz Nr. 99-578 vom 12.7.1999 zur Innovation und Forschung (Übersetzung der Verfasser, Originaltitel: „*Loi n° 99-578 du 12.7.1999 sur l'innovation et la recherche*").

32 Gesetz Nr. 2008-776 vom 4.8.2008 (Übersetzung der Verfasser, Originaltitel: „*Loi n°2008-776 du 4 août 2008*").

33 Vgl. ua Gesetz Nr. 2008-776 vom 4. August 2008 zur Modernisierung der Wirtschaft (Übersetzung der Verfasser, Originaltitel: „*Loi n°2008-776 du 4 août 2008 de modernisation de l'économie*"); Gesetz Nr. 2011-525 vom 17. Mai 2011 zur Vereinfachung und Verbesserung des Rechts (Übersetzung der Verfasser, Originaltitel: „*Loi n° 2011-525 du 17 mai 2011 de simplification et d'amélioration de la qualité du droit*"); Gesetz Nr. 2012-387 vom 22. März 2012 zur Vereinfachung des Rechts und Erleichterung der Verwaltungsverfahren (Übersetzung der Verfasser, Originaltitel: „*Loi n° 2012-387 du 22 mars 2012 relative à la simplification du droit et à l'allègement des démarches administratives*"); Gesetz Nr. 2014-1662 vom 30. Dezember 2014 über verschiedene Regelungen zur Anpassung der Gesetzgebung an das Recht der Europäischen Union im Wirtschafts- und Finanzbereich (Übersetzung der Verfasser, Originaltitel: „*Loi n° 2014-1662 du 30 décembre 2014 portant diverses dispositions d'adaptation de la législation au droit de l'Union européenne en matière économique et financière*").

34 *Cozian/Viandier/Deboissy*, Droit des sociétés, 2016, Rn. 7; *Merle/Fauchon*, Sociétés commerciales, 2016, Rn. 2; *Sonnenberger/Dammann*, Französisches Handels- und Wirtschaftsrecht, 2008, Kap. III Rn. 228.

35 Noch häufiger vertreten war in Frankreich nur die SARL mit 1.532.000 Unternehmen; Insee, base de données dénombrement d'entreprises 2014 und Insee Première Nr. 1583, Januar 2016 (seit 2015 werden in Frankreich statistisch nur noch die Neugründungen erfasst, so dass es keine aktuelleren Erhebungen zu den existierenden Gesellschaften gibt).

36 *Bonnetête/Bignon*, Les créations d'entreprises en 2016 – La plus forte hausse depuis six ans, portée par les transports, Insee Première, Nr. 1631, 2017; 1, 1 f.; vgl. auch *Germain/Périn*, SAS – La société par actions simplifiée, 2016, Rn. 3.

37 *Périn* RTDF 1 (2016) 35, 36.

Jahr	SARL mit einem Ges.	Sonstige SARL	SAS mit einem Ges.	Sonstige SAS	Sonstige Gesellschaften
2012	29 %	48 %	8 %	11 %	4 %
2013	24 %	42 %	15 %	15 %	4 %
2014	22 %	35 %	20 %	19 %	4 %
2015	19 %	29 %	27 %	21 %	4 %
2016	16 %	24 %	33 %	23 %	4 %

Abb. 1: Neugründungen in Frankreich, aufgeteilt nach Gesellschaftsform[38]

Unter den neu gegründeten Unternehmen ist ein hoher Anteil an **Einzelunternehmen** festzustellen.[39] Im Jahr 2016 standen den 188.800 Gesellschaftsgründungen in Frankreich die Neugründung von 142.400 Einzelbetrieben (*entreprise individuelle*) und 222.800 Kleinstunternehmern (*micro-entrepreneur*) gegenüber.[40] Bei dem Begriff des *micro-entrepreneur* (vor dem 19. Dezember 2014: „*auto-entrepreneur*") handelt es sich um einen Sonderstatus zugunsten selbständiger Unternehmer, welcher zum 1. Januar 2009 mit dem LME-Gesetz Nr. 2008-776 vom 4. August 2008 in das französische Recht eingeführt wurde. Hiervon abzugrenzen sind die sog *micro-entreprises* (Kleinstunternehmen), die zu den Kapitalgesellschaften zählen (siehe dazu Rn. 36 ff.). 18

Für die im Geschäftsbetrieb entstandenen Verbindlichkeiten haftet ein Einzelunternehmer, welcher seine Geschäftstätigkeit nicht in Form der Einmann-Gesellschaft (einer GmbH (EURL) oder einer vereinfachten AG (SASU)) ausübt, grundsätzlich mit seinem gesamten Vermögen (Art. 2284 C. civ.). Mit der Einführung des **Einzelunternehmers mit beschränkter Haftung** (*entrepreneur à responsabilité limitée* – **EIRL**, s. dazu näher unter Rn. 207 ff.) im Jahr 2010[41] hat der französische Gesetzgeber Einzelunternehmern allerdings die Möglichkeit eröffnet, das Begleichen von Geschäftsverbindlichkeiten auf eine vom Privatvermögen gesonderte Haftungsmasse, das sog Zweckvermögen (*patrimoine affecté*), zu beschränken. Dieses Zweckvermögen ist jedoch – mangels Rechtspersönlichkeit – keine neue Gesellschaftsform (Art. L. 229-6 I Code de commerce). 19

III. Rechtsquellen des französischen Gesellschaftsrechts

Im Gegensatz zum deutschen Gesellschaftsrecht existieren im französischen Recht weder für größere Gesellschaftsformen noch für besondere gesellschaftsrechtliche Vorgänge Spezialgesetze. Dementsprechend kennt das französische Recht beispielsweise kein GmbH-Gesetz, Aktiengesetz oder Umwandlungsgesetz. Das französische Gesellschaftsrecht ist hauptsächlich im ***Code civil*** (französisches Zivilgesetzbuch) und im ***Code de commerce*** (französisches Handelsgesetzbuch, im Folgenden: **C. com.**) geregelt. ***Légifrance***[42] ist die offizielle Webseite der französischen Regierung, auf der unter anderem die aktuellen Gesetze abrufbar sind. 20

Die Grundzüge des Gesellschaftsvertrags (dazu Rn. 2 ff.) folgen im ***Code civil*** auf die des Ehevertrags, des Kaufvertrags, des Tauschs und des Mietvertrags. Als Vertrag unterliegt der Gesellschaftsvertrag allen Vorschriften zur Gültigkeit, die in Anwendung des *Code civil* für Verträge im Allgemeinen gelten (dazu bereits Rn. 4). Daher hatte auch die im Oktober 2016 in Kraft getretene Reform des französischen Schuldrechts Auswirkungen auf das Gesellschaftsrecht (zB zu Aktionärsvereinbarungen oder den neuen Vertretungsregelungen bei Insichgeschäften oder Mehrfachvertretung), soweit insofern keine Spezialregelungen vorliegen.[43] Darüber hinaus gelten die speziellen Vorschriften, die der *Code civil* für Gesellschaftsverträge vorsieht. So sind beispielsweise die Gründung und die Auflösung von Gesellschaften im *Code civil* für alle Gesellschaften unabhängig von ihrer Rechtsform in den Art. 1832 bis 1844-17 (*dispositions générales*) geregelt (zu Art. 1832 C. civ. bereits unter Rn. 2). Dieser Abschnitt stellt somit eine Art allgemeinen Teil für das französische Gesellschaftsrecht dar.[44] Daran anschließend wird die *société civile* in den Art. 1845-1870-1 C. civ. geregelt. Neben diesen Normen enthält 21

38 *Bonnetête/Bignon*, Les créations d'entreprises en 2016 – La plus forte hausse depuis six ans, portée par les transports, Insee Première, Nr. 1631, 2017; 1, 2.

39 *Bonnetête/Bignon*, Les créations d'entreprises en 2016 – La plus forte hausse depuis six ans, portée par les transports, Insee Première, Nr. 1631, 2017; 1, 1, Januar 2017; vgl. auch *Cozian/Viandier/Deboissy*, Droit des sociétés, 2016, Rn. 7.

40 *Bonnetête/Bignon*, Les créations d'entreprises en 2016 – La plus forte hausse depuis six ans, portée par les transports, Insee Première, Nr. 1631, 2017; S. 1, 1.

41 Gesetz Nr. 2010-658 vom 18.6.2010 zur Einführung des Unternehmers mit beschränkter Haftung (Übersetzung der Verfasser, Originaltitel: „*Loi n° 2010-658 du 16 juin 2010 relative à l'entrepreneur à responsabilité limitée*").

42 https://www.legifrance.gouv.fr/.

43 Das Zusammenspiel zwischen Gesellschaftsrecht und den Änderungen des französischen Zivilrechts wird ausführlicher im Rahmen einzelner Abschnitte erläutert, wo die Änderungen relevant sind oder sein können.

44 *Großerichter* in: Sonnenberger/Classen (Hrsg.), Einführung in das französische Recht, 2012, S. 327 (Tz. 152).

der *Code civil* auch spezielle Regelungen für Gesellschaftsformen, die keiner Eintragung bedürfen bzw. nicht darauf gerichtet sind, wie der **stillen Gesellschaft** (*société en participation*) und der **faktischen Gesellschaft** (*société créée de fait*). Die eintragungspflichtigen Gesellschaften, wie die in diesem Beitrag besprochene *société civile*, die SNC, die SCS, die SARL, die SAS und die SA, unterliegen dagegen den speziellen Regelungen, die der *Code de commerce* enthält. Der ***Code de Commerce*** (französisches Handelsgesetzbuch) regelt in seinem 2. Buch dann die Handelsgesellschaften sowie die französische wirtschaftliche Interessenvereinigung (GIE, zum europäischen Pendant, der EWIV s. § 7). Auch der *Code de Commerce* enthält zunächst einen allgemeinen Teil für Handelsgesellschaften (Art. L. 210-1- bis Art. L. 210-9 C. com. sowie Art. L. 231-1 bis Art. L. 239-5 C. com.), der sich ebenfalls mit allgemeinen Vorgaben befasst. Daneben umfasst der *Code de Commerce* spezielle Regelungen für die einzelnen Gesellschaften (s. jeweils ebendort). Zudem beinhaltet der *Code de commerce* auch einzelne, spezielle Regelungen zu den bereits im *Code Civil* allgemein geregelten Themen (vgl. Art. L. 210-1 bis L. 248-1 C. com.). Die gesetzlichen Bestimmungen des *Code de Commerce* werden wiederum (insbesondere im Hinblick auf praktische Formalitäten) durch **Ausführungsverordnungen** (*décrets*) ergänzt, welche unter anderem in einem verordnungsrechtlichen Teil des *Code de commerce* enthalten sind (dazu sogleich im Folgenden Rn. 22). Dieses komplexe Zusammenspiel von Regelungen kann in der Praxis zu gewissen Anwendungsschwierigkeiten führen.

22 Der *Code de commerce* ist in zwei Teile unterteilt:

- ***Partie législative***
- ***Partie réglementaire***

Der erste Teil (*partie législative*) enthält die gesetzlichen Bestimmungen. Die entsprechenden Vorschriften werden durch das Voranstellen eines „L." gekennzeichnet, welches für *loi* (Gesetz) steht. Der zweite Teil (*partie réglementaire*) umfasst Verordnungsvorschriften. Die entsprechenden Regelungen sind durch ein „R." bzw. ein „D." gekennzeichnet. „R." steht für *décret en Conseil d'État* und „D." für *décret simple*. Der Anhang zum zweiten Teil des *Code de commerce* enthält die Erlasse (*arrêtés*), welche der praktischen Ergänzung anderer Gesetzesartikel dienen. Die Vorschriften zeichnen sich dementsprechend durch ein vorangestelltes „A." aus, welches für „*arrêté*" (Erlass) steht.

23 Neben dem *Code civil* und dem *Code de commerce* sind Bestimmungen zu Gesellschaften noch in zahlreichen **anderen Gesetzbüchern** enthalten. Die Vorschriften zu den Finanzinstrumenten finden sich beispielsweise im ***Code monétaire et financier*** (französisches Währungs- und Finanzgesetzbuch)[45] und bei Reorganisationen wie zB Unternehmensverkäufen oder (grenzüberschreitenden) Verschmelzungen sind auch die Vorschriften des ***Code du travail*** (französisches Arbeitsgesetzbuch)[46] zu beachten.

24 In der Praxis kommt zudem **Quellen administrativen Ursprungs** eine erhebliche Bedeutung zu, da diese häufig eine sicherere Auslegung der gesetzlichen Normen ermöglichen, auch wenn sie keine rechtliche Wirkung entfalten. Beispiele für solche administrativen Quellen sind ministerielle Rundschreiben und Anweisungen sowie diverse Regelungen und Bescheide der Verwaltungsbehörden, wie etwa die der französischen Finanzaufsicht, die sogenannten ***autorité des marchés financiers***. Darüber hinaus spielt auch die einschlägige **Rechtsprechung** eine entscheidende Rolle, da Normen des Gesellschaftsrechts häufig einer richterlichen Auslegung bedürfen.[47]

25 ***Exkurs***: Zum besseren Verständnis des Zusammenspiels der eben genannten Rechtsquellen werden diese im Folgenden kurz erläutert. Ein ***loi*** (Gesetz) wird vom Parlament (*Assemblée Nationale* und *Sénat*) im Gesetzgebungsverfahren beschlossen und entspricht dem deutschen Begriff des formellen Parlamentsgesetzes. Daneben kann auch die Exekutive in den Bereichen, die dem Parlamentsgesetz vorbehalten sind (*domaine de la loi*), gesetzgeberisch tätig werden. Hierfür sieht die französische Verfassung (*Constitution*) in Art. 38 I das Regelungsinstrument der **Verordnung** (*ordonnance*) vor. Auf Anfrage der Regierung kann das Parlament diese durch **Ermächtigungsgesetz** (*loi d'habilitation*) befähigen, in den Bereichen, die dem Parlamentsgesetz vorbehalten sind, normsetzend tätig zu werden. Die von der Regierung erlassene *ordonnance* muss binnen der im Ermächtigungsgesetz vorgesehenen Frist durch ein Gesetz (*loi de ratification*) vom Parlament ausdrücklich genehmigt werden und erwirbt damit den Rang eines Parlamentsgesetzes. Davor ist die *ordonnance* zwar wirksam, hat jedoch nur Verordnungscharakter (*caractère règlementaire*).[48] Das **Dekret** (*décret réglementaire*) enthält als abstrakte Rechtsnorm der Exekutive Anwendungsbestimmungen für ein Parlamentsgesetz oder eine *ordonnance*.[49] Der **Erlass** (*arrêté*) steht in der Normenhierarchie unterhalb des *décret*.

45 Der *Code monétaire et financier* wird im Folgenden mit CMF abgekürzt.
46 Der *Code du travail* wird im Folgenden mit C. trav. abgekürzt.
47 Auch Entscheidungen lassen sich auf Legifrance (https://www.legifrance.gouv.fr/) finden.
48 CE 11.3.2011, *Alexandre A.*, Nr. 341658.
49 *Dalloz*, Fiches d'orientation administratif, Décret, 2016, Rn. 1.

Eine vereinfachte Graphik mag das Zusammenspiel der verschiedenen Normen bei den Gesellschaftsformen verdeutlichen: 26

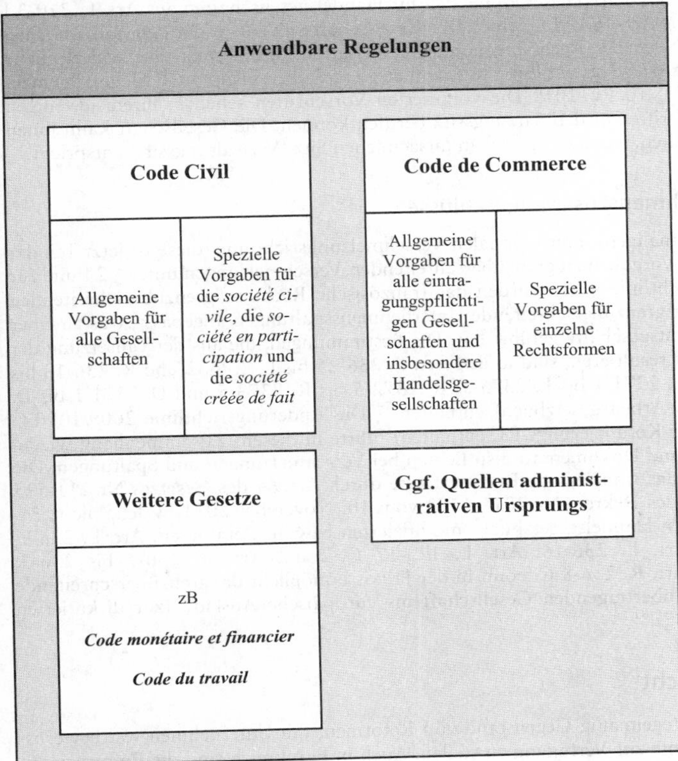

Abb. 2: Anwendbare Normen

IV. Internationales Gesellschaftsrecht

Siehe zum Kollisionsrecht ausführlich § 11.

1. Gerichtliche Zuständigkeit

Die internationale Zuständigkeit der Gerichte der EU-Mitgliedstaaten bestimmt sich nach Art. 4 iVm Art. 63 der **Brüssel-Ia-Verordnung.**[50] Danach können Gesellschaften alternativ im Land ihres Satzungssitzes, dem Sitz ihrer Hauptverwaltung oder dem Ort ihrer Hauptniederlassung verklagt werden, dh dem Kläger steht insofern ein Wahlrecht zu.[51] Daneben bestimmt Art. 7 Nr. 5 Brüssel-Ia-VO für Streitigkeiten aus dem Betrieb einer Zweigniederlassung, einer Agentur oder einer sonstigen Niederlassung, eine besondere Zuständigkeit des Gerichts an dem Ort, an dem sich diese befinden. Voraussetzung ist jedoch, dass der Kläger Ansprüche geltend macht, die untrennbar mit der Zweigniederlassung verbunden sind.[52] Hierzu zählen Ansprüche des in der Zweigniederlassung beschäftigten Personals sowie solche des Pächters aus der Vermietung des wirtschaftlich genutzten Grundstücks.[53] Die örtliche Zuständigkeit richtet sich nach den Art. 42 und 43 des ***Code de procédure civile*** (französische Zivilprozessordnung). 27

50 Verordnung (EU) Nr. 1215/2012 des europäischen Parlaments und des Rates vom 12. Dezember 2012 über die gerichtliche Zuständigkeit und die Anerkennung und Vollstreckung von Entscheidungen in Zivil- und Handelssachen.

51 *Stadler* in: Musielak/Voit (Hrsg.), Kommentar zur ZPO, 13. Aufl. 2016, EuGVVO nF, Art. 63 Rn. 1.

52 *Stadler* in: Musielak/Voit (Hrsg.), Kommentar zur ZPO, 13. Aufl. 2016, EuGVVO nF, Art. 7 Rn. 26.

53 EuGH, Rs. 33/78 (Somafer), ECLI:EU:C:1978:205 = Slg 1978, S. 2195.

2. Nationalität der Gesellschaften

28 Zur Bestimmung des auf eine Gesellschaft anwendbaren materiellen Rechts stellt das französische Recht auf den Ort des **Gesellschaftssitzes** (*siège social*) ab. Dieser ergibt sich für Handelsgesellschaften aus Art. L. 210-3 I C. com., für Personengesellschaften aus Art. 1837 I C. civ.[54] Der Gesellschaftssitz entspricht dem **tatsächlichen Sitz der Gesellschaft**[55] (*siège réel*).[56] Nach der Rechtsprechung des Kassationshofs besteht eine widerlegliche Vermutung dafür, dass der **Satzungssitz** (*siège statutaire*)[57] mit dem *siège réel* übereinstimmt.[58] Siehe allgemein zur Sitz- und Gründungstheorie unter § 10 Rn. 10 ff. Die vorzitierten Vorschriften sehen in ihrem jeweiligen zweiten Absatz zudem vor, dass sich Dritte auf den Satzungssitz berufen können. Die Gesellschaft kann ihnen den Satzungssitz aber nicht entgegenhalten, wenn er nicht dem tatsächlichen Sitz (Verwaltungssitz) entspricht.

3. Grenzüberschreitende Unternehmenszusammenschlüsse

29 Infolge der von der EU erlassenen (vormaligen) internationalen Verschmelzungsrichtlinie (diese ist jetzt Teil der Kodifizierungs-Richtlinie, siehe zu den Vorgaben zu grenzüberschreitenden Verschmelzungen unter § 24 und für einen Überblick zur Kodifizierungs-Richtlinie § 19) wurden das französische Recht zu **grenzüberschreitenden Verschmelzungen** und die Vorgaben für grenzüberschreitende Unternehmensspaltungen angepasst, was zu einer Vereinfachung der entsprechenden Rechtsgeschäfte geführt hat. Die Bestimmungen, die aus der Umsetzung der EU-Vorgaben in das französische Recht resultieren, sind in den Art. L. 236-25 bis L. 236-32 und R. 236-13 bis R. 236-20 C. com. sowie in den Art. L. 2371-1 bis L. 2375-1, R. 2372-5 bis R. 2373-5 und D. 2371-1 bis D. 2373-2 *Code du travail* (französisches Arbeitsgesetzbuch) enthalten.[59] Die Änderungsrichtlinie 2009/109/EG (die Vorgaben sind nun ebenfalls in der Kodifizierungs-RL enthalten) führte in diesem Zusammenhang wiederum zur Modernisierung der Berichts- und Dokumentationspflichten bei Verschmelzungen und Spaltungen. Die Umsetzung der Änderungsrichtlinie in das französische Recht erfolgte durch Art. 64 des Gesetzes Nr. 211-525 vom 11. Mai 2011 sowie die Art. 9 ff. des Dekrets Nr. 2011-1473 vom 10. November 2011, welche die nachfolgenden Vorschriften des französischen Handelsgesetzbuchs modifizierten bzw. neu einfügten: Art. L. 236-9, Art. L. 236-11, Art. L. 236-11-1, Art. L. 236-16, Art. L. 123-17 C. com., Art. R. 236-1 bis 236-3, Art. R. 236-3-1 und Art. R. 236-5-1, Art. R. 236-8 C. com. In der Praxis ermöglicht die grenzüberschreitende Verschmelzung eine **Sitzverlegung der übertragenden Gesellschaft** ins europäische Ausland (zur diskutierten Sitzverlegungsrichtlinie[60] siehe unter § 32).[61]

V. Reformen im Gesellschaftsrecht

30 Das französische Gesellschaftsrecht ist regelmäßig Gegenstand von Reformen, um Unternehmen wettbewerbsfähige und moderne Regelungsinstrumente zur Verfügung zu stellen. Auch in Frankreich sind die Reformen zumindest teilweise auf den (horizontalen) Wettbewerb der Rechtsordnungen in der EU zurückzuführen, welcher mit den drei bekannten Entscheidungen **„Centros"**,[62] **„Überseering"**[63] und **„Inspire Art"**[64] eingeläutet wurde (siehe dazu näher unter § 10).[65] Im Vergleich zu Deutschland zeigt sich das französische Gesellschaftsrecht dabei eindeutig **wandlungs- und anpassungsfähiger**. Die aktuellen Reformen zielen regelmäßig, wie auch schon die vorangegangenen Reformen, darauf ab, zwingende Vorgaben zugunsten einer **höheren Flexibilität** abzuschaffen. Dadurch soll die Attraktivität des Standorts Frankreich für Unternehmen erhöht werden. Gleichzeitig bedingen die wiederholten und durchaus signifikanten Gesetzesreformen jedoch eine gewisse **rechtliche Unbeständigkeit**, die es Rechtsanwendern erschwert, sich einen umfassenden Überblick über die Gesetzgebung zu verschaffen.

---

54 *Menjucq*, Droit international et européen des sociétés, 2016, Rn. 33.
55 Vergleichbar mit dem in Deutschland bekannten Verwaltungssitz.
56 *Menjucq* in: JurisClasseur, Droit international, Synthèse 170 – Commerce international: sociétés, 2017, Rn. 9; *Mestre/Velardocchio/Mestre-Chami*, Le Lamy Sociétés commerciales, 2017, Rn. 525; *Menjucq*, Droit international et européen des sociétés, 2016, Rn. 98; *Conac* ZVglRWiss 114 (2015) 215, 234 f.
57 Der tatsächliche Sitz ist damit mit dem in Deutschland bekannten Registersitz vergleichbar.
58 Cass. Ass. Plén. 21.12.1990, Nr. 88-15.744.
59 *Menjucq*, Droit international et européen des sociétés, 2016, Rn. 350.
60 Die Kommission hat im Mai 2018 dazu und zu anderen Aspekten einen Vorschlag vorgelegt. Europäische Kommission, Vorschlag für eine Richtlinie des Europäischen Parlaments und des Rates zur Änderung der Richtlinie (EU) 2017/1132 in Bezug auf grenzüberschreitende Umwandlungen, Verschmelzungen und Spaltungen, COM(2018) 241 final.
61 *Lefebvre*, Mémento Groupes de Sociétés, 2017-2018, Rn. 4165.
62 EuGH, Rs. C-212/97 (Centros), ECLI:EU:C:1998:380 = NJW 1999, 2027.
63 EuGH, Rs. C-208/00 (Überseering), ECLI:EU:C:2001:655 = NJW 2002, 3614; vgl. auch *Eidenmüller* ZIP 2002, 2233, 2233.
64 EuGH, Rs. C-167/01 (Inspire Art), ECLI:EU:C:2003:57 = NJW 2003, 3331.
65 *Eidenmüller* ZIP 2002, 2233, 2235 ff.

Zu den **jüngsten Reformen** zählen die Verordnung Nr. 2014-863 vom 31. Juli 2014[66] (vgl. Rn. 32 ff.), das sog Macron-Gesetz Nr. 2015-990 vom 6. August 2015[67] (vgl. Rn. 36 ff.), die Verordnung Nr. 2015-1127 vom 10. September 2015[68] (Rn. 41) und das sog Sapin-2-Gesetz („*Loi Sapin II*") vom 09. Dezember 2016[69] (vgl. Rn. 42 ff.). Im Wahljahr 2017 gab es dagegen keine größere Reform. 31

1. Verordnung Nr. 2014-863

Was die Verordnung vom 31. Juli 2014 betrifft, so hat das Justizministerium in einem Bericht an den Präsidenten vom 2. August 2014 dazu erläutert, dass die Reform darauf abziele, bestimmte **Regeln** zur Funktionsweise von Kapitalgesellschaften **zu lockern** und die rechtssichere Gestaltung bestimmter Vorgänge in diesen Gesellschaften zu ermöglichen.[70] Diese Reform wirkte sich vor allem auf die SA (Aktiengesellschaft französischen Rechts) sowie die SARL (Gesellschaft mit beschränkter Haftung französischen Rechts) aus. 32

Was die **SA** betrifft, so wurden die Vorschriften zu den sog **reglementierten Vereinbarungen** (*conventions réglementées*) vereinfacht. Unter reglementierten Vereinbarungen sind Rechtsgeschäfte mit nahestehenden Personen und Unternehmen zu verstehen. In Bezug auf solche Geschäfte drohen Interessenskonflikte und insbesondere eine Vermögensverschiebung zugunsten der verbundenen Partei, weshalb das französische Recht gewisse Kontrollmechanismen (zB Genehmigungen) vorschreibt. Mit der Neufassung des Art. L. 225-39 C. com. wurden neben den bislang bereits befreiten „laufenden Geschäften, die zu normalen Bedingungen abgeschlossen wurden",[71] zusätzlich alle Vereinbarungen ausgenommen, die der Mutterkonzern mit einer Tochtergesellschaft abschließt, an welcher er direkt oder indirekt 100% der Gesellschaftsanteile hält. Als weitere Neuerung sieht Art. L. 225-38 IV C. com. eine qualifizierte Begründungspflicht des **Verwaltungsrats** (*conseil d'administration*) vor, wonach dieser darlegen muss, dass die Zustimmung zum Abschluss der reglementierten Vereinbarung im Interesse des Unternehmens liegt und hierzu insbesondere auch die finanziellen Bedingungen der zu genehmigenden Vereinbarung offenlegen muss. Eine weitere Überarbeitung der *conventions réglementées* ist nun aufgrund der Vorgaben der im Frühjahr 2017 verabschiedeten Aktionärsrechterichtlinie zu erwarten (vgl. zu den dort geregelten Transaktionen mit nahestehenden Personen und Unternehmen § 30 Rn. 256 ff.). 33

Hinsichtlich der *SARL* hat die Reform zwei maßgebliche Änderungen mit sich gebracht. Nach bisherigem Recht waren im Falle einer Abtretung von Anteilen sowohl der Abtretungsvertrag als auch die Satzung bei der Geschäftsstelle des Handelsgerichts (*greffe du tribunal de commerce*) zu hinterlegen, damit die Abtretung von Geschäftsanteilen Dritten gegenüber wirksam war (Art. L. 223-17 C. com. iVm Art. L. 221-14 C. com.). Für die **Drittwirksamkeit der Abtretung von Geschäftsanteilen** reicht es nach der Reform jedoch nunmehr aus, nur noch die entsprechend geänderte Satzung bei der Geschäftsstelle des Handelsgerichts zu hinterlegen. Die Abtretung wird dann gegenüber Dritten mit Veröffentlichung der geänderten Satzung wirksam (Art. L. 221-14 II C. com.). 34

Des Weiteren wurde das bislang geltende Verbot aus Art. L. 223-5 I C. com. für französische Einmann-Unternehmen mit beschränkter Haftung (EURL), eine andere EURL zum **Alleingesellschafter** zu haben, abgeschafft.[72] Dieses Verbot führte bis dahin zu dem praktischen Problem, dass eine Kapitalgesellschaft keine 100%-ige EU-RL gründen konnte, sofern sie selbst nur einen Gesellschafter hatte (namentlich eine Holding). Die EURL eigne- 35

66 Verordnung Nr. 2014-863 vom 31.7.2014 „bezüglich des Gesellschaftsrechts", zur Anwendung des Gesetzes Nr. 2014-1 vom 2.1.2014 „wodurch die Regierung ermächtigt wird, das Leben der Gesellschaften zu vereinfachen und rechtssicher zu gestalten" (Übersetzung der Verfasser, Originaltitel: „*Ordonnance n° 2014-863 du 31 juillet 2014 relative au droit des sociétés, prise en application de l'article 3 de la loi n° 2014-1 du 2 janvier 2014 habilitant le Gouvernement à simplifier et sécuriser la vie des entreprises*").

67 Gesetz Nr. 2015-990 vom 6.8.2015 „für das Wachstum, die Geschäftstätigkeit und die wirtschaftliche Chancengleichheit" (Übersetzung der Verfasser, Originaltitel: „*Loi n° 2015-990 du 6 août 2015 pour la croissance, l'activité et l'égalité des chances économiques*").

68 Verordnung Nr. 2015-1127 vom 10.9.2015 „durch die die Mindestzahl von Aktionären in nicht börsennotierten Aktiengesellschaften herabgesetzt wird" (Übersetzung der Verfasser, Originaltitel: „*Ordonnance n° 2015-1127 du 10 septembre 2015 portant réduction du nombre minimal d'actionnaires dans les sociétés anonymes non cotées*").

69 Gesetz Nr. 2016-1691 vom 9.12.2016 über die Transparenz, die Bekämpfung der Korruption und die Modernisierung der Wirtschaft (Übersetzung der Verfasser, Originaltitel: „*Loi n° 2016-1691 du 9 décembre 2016 relative à la transparence, à la lutte contre la corruption et à la modernisation de la vie économique*"), genannt „*Loi Sapin II*" in Bezug auf den ehemaligen Finanzminister Herrn Michel Sapin).

70 JORF Nr. 0177 vom 2.8.2014 S. 12814 Text Nr. 10: Sachbericht an den Präsidenten der Republik zur Verordnung Nr. 2014-863 vom 31.7.2014 zum Gesellschaftsrecht in Anwendung des Art. 3 des Ermächtigungsgesetzes Nr. 2014-1 vom 2.1.2014 zur Vereinfachung und rechtssicheren Gestaltung der Unternehmenslandschaft (Übersetzung der Verfasser, Originaltitel: „*Rapport au Président de la République relatif à l'ordonnance n. 2014–863 du 31 juillet 2014 relative au droit des sociétés prise en application de l'article 3 de la loi n. 2014–1 du 2 janvier 2014 habilitant le Gouvernement à simplifier et sécuriser la vie des entreprises*").

71 Übersetzung der Verfasser. Originaltext: „*opérations courantes et conclues à des conditions normales*" (vgl. Art. L. 225-39 C. com.).

72 Diese Einschränkung der Nutzung der Einpersonen-GmbH wurde durch die Ausnahmeregelung des Art. 2 II Einpersonengesellschaftsrichtlinie ermöglicht (vgl. dazu. § 28 Rn. 22 ff.).

te sich dadurch vor der Reform nicht unbedingt zur Konzernstrukturierung. Das Verbot zwang Unternehmensgruppen in solchen Fällen, entweder bei Gründung der SARL einen zweiten Gesellschafter aufzunehmen oder aber direkt auf die Gesellschaftsform der SAS auszuweichen, bei der eine solche Kette von Einmann-Gesellschaften schon vor der Reform möglich war. Letzteres dürfte in der Vergangenheit – neben weiteren Vorzügen der SAS – sicherlich zum großen Erfolg der SAS gegenüber der SARL (dazu bereits Rn. 16 f.) beigetragen haben.

2. Macron-Gesetz

36 Im Jahr 2015 wurde das Gesellschaftsrecht in zwei weiteren Bereichen durch das bereits genannte ***Macron*-Gesetz** vom 6. August 2015 reformiert. Durch diese Reform werden Gesellschaften, welche die Anforderungen an sog **Kleinstunternehmen** (*micro-entreprises*) erfüllen und keinem Konzern angehören, von der Pflicht, ihren beim Handelsregister hinterlegten Jahresabschluss (*comptes annuels*) veröffentlichen zu müssen, befreit (Art. L. 232-25 I C. com. iVm Art. L. 123-16-1 II C. com. iVm Art. D. 123-200 I Nr. 1 C. com.).[73] Gemäß der Durchführungsverordnung muss jedes Kleinstunternehmen, welches seine Bilanz nicht veröffentlichen möchte, bei Übersendung seiner Bilanz an das Handelsregister eine sog **Verschwiegenheitserklärung** (*déclaration de confidentialité*) beifügen (Art. L. 232-25 I C. com.).[74] Diese Maßnahme bezieht sich auf Jahresabschlüsse, die ab dem 7. August 2016 hinterlegt werden.[75]

37 Eine ***micro-entreprise*** liegt nach der gesetzlichen Definition in Art. D. 123-200 I C. com. vor, wenn die Gesellschaft zwei der drei folgenden Werte nicht überschritten hat:

- Bilanzsumme iHv 350.000 EUR
- Nettoumsatzerlöse iHv 700.000 EUR
- durchschnittlich 10 oder weniger Arbeitnehmer[76]

Gem. Art. L. 123-16-1 III C. com. verliert ein Unternehmen den Status des Kleinstunternehmens, wenn es in zwei aufeinanderfolgenden Geschäftsjahren, zwei der drei Werte überschreitet.

38 Daneben besteht auch für sog **Kleinunternehmen** (*petites entreprises*) die Möglichkeit, zumindest die Gewinn- und Verlustrechnung (*compte de résultat*) nicht mehr zu veröffentlichen (Art. L. 232-25 II C. com. iVm Art. L. 123-16 II C. com. iVm Art. D. 123-200 II C. com.).[77] Das Gesetz definiert für die *petite entreprise* in Art. D. 123-200 I Nr. 2 C. com. folgende Schwellenwerte, von denen die Gesellschaft lediglich einen überschritten haben darf:

- Bilanzsumme iHv 4 Millionen EUR
- Nettoumsatzerlöse iHv 8 Millionen EUR
- durchschnittlich 50 oder weniger Arbeitnehmer.[78]

Gem. Art. L. 123-16 III C. com. verliert hingegen ein Unternehmen den Status des Kleinunternehmens, wenn es in zwei aufeinanderfolgenden Geschäftsjahren zwei der drei Werte überschreitet.

39 Darüber hinaus wurde durch das *Macron*-Gesetz als weiterer Ausnahmetatbestand zum Bankenmonopol die Möglichkeit geschaffen, unter bestimmten Voraussetzungen **Darlehen zwischen Gesellschaften** die **keine verbundenen Unternehmen** sind (sog *prêts inter-entreprises*).[79] Bis zu diesem Gesetz durften in Frankreich wegen des in Art. L. 511-5 *Code monétaire et financier* (CMF/französisches Währungs- und Finanzgesetzbuch) verankerten **Bankenmonopols** (*monopole bancaire*) nur Kreditinstitute oder Finanzierungsgesellschaften regelmäßig Kreditgeschäfte tätigen. Gemäß Art. L. 511-6 II Ziff. 3bis CMF dürfen nunmehr auch Aktiengesellschaften und Gesellschaften mit beschränkter Haftung, deren Bilanzen von Abschlussprüfern testiert werden, Darlehen an Kleinstunternehmen (*micro-entreprises*), kleine und mittlere Unternehmen (*petites et moyennes entreprises*, PME) und an Midcap-Unternehmen/Große Mittelständische Unternehmen (GMU) (*entreprises de taille intermédiraire*, ETI)[80] gewähren. Voraussetzung dafür ist, dass das Darlehen eine Laufzeit von weniger als zwei

73 Art. 36 I lit. d) Bilanz-RL ermöglicht diese Erleichterung für Kleinstunternehmen. Siehe zu weiteren Erleichterungsmöglichkeiten näher unter § 25 Rn. 30 ff.
74 Dekret Nr. 2014-1189 vom 15. Oktober 2014 bezüglich der Lockerung der Pflichten zur Veröffentlichung des Jahresabschlusses von Kleinstunternehmen (Übersetzung der Verfasser, Originaltitel: *Décret n° 2014-1189 du 15 octobre 2014 relatif à l'allégement des obligations de publicité des comptes annuels des micro-entreprises*).
75 Art. L. 232-25 NOTA C. com.; Artikel 213 III des *Macron*-Gesetzes.
76 Die Schwellenwerte beruhen auf den Vorgaben der Bilanzrichtlinie (Art. 3 I-IV Bilanz-RL). Siehe dazu näher unter § 25 Rn. 24.
77 Der französische Gesetzgeber hat damit den Spielraum genutzt, der ihm durch Art. 31 I Bilanz-RL gewährt wird.
78 Die Schwellenwerte beruhen auf den Vorgaben der Bilanzrichtlinie (Art. 3 I-IV Bilanz-RL). Siehe dazu näher unter § 25 Rn. 24.
79 Darlehen zwischen Gesellschaften, die der gleichen Gruppe angehören, waren gem. Art. 511-7 I Ziff. 3 CMF schon vor dem *Macron*-Gesetz zulässig; *Dondero/Tabourot-Hyest* JCP E 21 (2016) 9, 9 ff.; *Le Nabasque* Revue de Droit bancaire et financier 3 (2016) 2, 2 f.
80 Für die Einführung dieser Kategorie in Deutschland plädierend *Krebs/Jung* DB 51/52 (2013) M. 1.

Jahren hat, die Darlehensvergabe lediglich eine Nebentätigkeit des Darlehensgebers ist[81] und beide Gesellschaften bestimmte wirtschaftliche Beziehungen zueinander haben, die die Darlehensvergabe rechtfertigen.[82]

Der Anwendungserlass[83] zu diesem Gesetz wurde am 24. April 2016 im Gesetzblatt (*journal officiel*) veröffentlicht und ist am 25. April 2016 in Kraft getreten.[84] Der Erlass bestimmt in Art. R. 511-2-1-1 CMF, welche **„wirtschaftlichen Beziehungen"** zwischen beiden Gesellschaften vorausgesetzt werden. So müssen die Unternehmen zB Mitglieder einer Bietergemeinschaft im Rahmen eines öffentlichen Auftrages, bzw. im Rahmen eines Subunternehmervertrages mittelbar oder unmittelbar miteinander verbunden sein, oder aber der Darlehensgeber muss Kunde des Darlehensnehmers sein. Es muss zudem sichergestellt sein, dass der Darlehensnehmer sich nicht in einer wirtschaftlichen Abhängigkeit iSv Art. L. 420-2 II C. com. befindet. In Art. R. 511-2-1-2 CMF wird festgelegt, dass die Darlehensvergabe nur möglich ist, wenn der Darlehensgeber bestimmte Voraussetzungen hinsichtlich seiner finanziellen Lage erfüllt[85] und das Darlehen bestimmte Schwellenwerte nicht überschreitet. Die Anforderungen an die Darlehensvergabe zwischen Unternehmen sind damit so hoch gesetzt worden, dass die französische Lehre schon kurz nach Verkündung des Anwendungserlasses bezweifelte, dass die Darlehensvergabe zwischen Unternehmen durch diese Reform wirklich angekurbelt werden wird.[86] 40

3. Verordnung Nr. 2015-1127

Eine weitere Reform aus dem Jahr 2015 beruht auf den Bestimmungen der Verordnung Nr. 2015-1127 vom 10. September 2015. Ermächtigt durch das Gesetz zur Vereinfachung des Unternehmensbetriebs vom 20. Dezember 2014 hat die französische Regierung per Verordnung die **Mindestanzahl der Aktionäre**, die für die Gründung einer französischen Aktiengesellschaft (SA) erforderlich sind, **herabgesetzt**: Gemäß dem entsprechend geänderten Art. L. 225-1 C. com. bedarf es für die Gründung einer SA daher nunmehr nur noch **zweier Aktionäre** statt bislang sieben. Diese Maßnahme betrifft allerdings lediglich nicht-börsennotierte Aktiengesellschaften. Börsennotierte Aktiengesellschaften müssen hingegen weiterhin eine Mindestanzahl von sieben Aktionären vorweisen. Im Gegensatz zu anderen europäischen Ländern gestattet Frankreich daher – unabhängig von der Börsennotierung – weiterhin nicht die Ein-Personen-AG.[87] 41

4. Sapin-2-Gesetz

Hinsichtlich der jüngsten Reformen ist abschließend auf die durch das **Sapin-2-Gesetz** eingeführten Änderungen hinzuweisen, durch die ein paar wesentliche Neuerungen implementiert wurden. Das Gesetz zielt darauf ab, die französische Gesetzgebung zu aktualisieren und diese den europäischen und internationalen Standards in Bezug auf Korruption und Modernisierung der Wirtschaft anzupassen. Dieses Gesetz beruht auf drei Leitlinien: 42

- Transparenz fördern/verstärken;
- die Bekämpfung von Korruption verbessern und
- die Modernisierung der Wirtschaft.

Der Hauptschwerpunkt des Gesetzes ist die **Bekämpfung von Korruption**. In diesem Bereich gibt es zwei wesentliche Neuerungen. Zum einen werden Unternehmen mit mehr als 500 Angestellten, die einen Umsatz von mehr als 100 Millionen EUR erwirtschaften durch das Gesetz dazu verpflichtet, **Maßnahmen gegen Korruption** zu treffen. Zum anderen wurde die französische Agentur zur Korruptionsbekämpfung („*Agence francaise anticorruption*") geschaffen, die die Unternehmen bei Untätigkeit sanktionieren kann. 43

Als weitere Maßnahme gegen Korruption hat das Gesetz das sog **„gerichtliche Abkommen im allgemeinen Interesse"** (*convention judiciaire d'intérêt public*) geschaffen. Die Idee dazu beruht auf dem amerikanischen „*deferred prosecution agreement*" (Abkommen zur Aussetzung der Strafverfolgung). Danach ist es möglich mit einer Gesellschaft, die wegen Korruption angeklagt ist, eine Vereinbarung zur Zahlung einer Geldbuße und Überwachung gegen Einstellung des Verfahrens zu treffen. Nach dem Sapin-2-Gesetz kann nun auch in Frankreich ein entsprechendes Abkommen zwischen der Staatsanwaltschaft und einer wegen Korruption angeklagten Gesellschaft abgeschlossen werden und zu Geldstrafen von bis zu 30% des jährlichen Umsatzes führen. Im Ge- 44

81 Übersetzung der Verfasser. Im Original: „*A titre accessoire à leur activité principale*".

82 Übersetzung der Verfasser. Im Original: „*Avec lesquelles elles entretiennent des liens économiques le justifiant*".

83 Erlass Nr. 2016-501 vom 22.4.2016 „über Darlehen zwischen Unternehmen" (Übersetzung der Verfasser, Originaltitel: „*Décret n°2016-501 du 22 avril 2016 relatif aux prêts entre entreprises*").

84 Hierzu im Einzelnen *Delpech*, Le prêt interentreprises facilité, Dalloz actualité, Nr. 5 (2016).

85 Unter anderem muss sein Eigenkapital höher sein als das Stammkapital (Ziff. 1) und er muss einen positiven Netto-Cashflow haben (Ziff. 2).

86 *Dondero/Tabourot-Hyest* JCP E 21 (2016) 9, 9 f.; *Le Nabasque* Revue de Droit bancaire et financier 3 (2016) 2, 3.

87 Der Anwendungsbereich der Einpersonengesellschaftsrichtlinie umfasst grundsätzlich nur die GmbH. Art. 6 EPG-RL sieht eine optionale Erstreckung des Anwendungsbereichs der Richtlinie auf die nationalen Aktiengesellschaften vor, statuiert diesbezüglich jedoch keine Umsetzungspflicht. Vgl. dazu § 28 Rn. 13.

genzug werden wie beim amerikanischen Vorbild die Ermittlungen eingestellt. Das *convention judiciaire d'intérêt public* ist somit ein *legal transplant*.

45 Zudem wurden im **Gesellschaftsrecht** einige Regelungen durch die Einführung des Sapin-2-Gesetzes **gelockert**. Diese Lockerungen betreffen insbesondere Regelungen für die Einbringung von Sacheinlagen in eine Einpersonengesellschaft, die Abtretung eines **Geschäftsbetriebs** (sog *„fonds de commerce"*), die sog *„convention réglementée"* und die Pflicht, einen Wirtschafts- oder Sacheinlageprüfer zu ernennen. Dadurch wurde eine Annäherung der Vorschriften für die verschiedenen Gesellschaftsformen erreicht. Zudem wurde die Stellung des Verwaltungsrats (*conseil d'administration*) und des Aufsichtsrats (*conseil de surveillance*) gestärkt. Diese Organe können nun die Verlegung des Gesellschaftssitzes innerhalb des gesamten französischen Staatsgebiets bestimmen. Ein weiterer entscheidender Punkt des Sapin-2-Gesetzes ist die Verpflichtung, dass die Gesellschafterversammlung der börsennotierten Aktiengesellschaft hinsichtlich der Bezahlung des Geschäftsführers sowohl über das ob als auch die Höhe des Schadensersatzes entscheiden muss (sog **say on pay**, zu den Vorgaben der überarbeiteten Aktionärsrechte-Richtlinie s. § 30 Rn. 144 ff.).

46 Letztlich beinhaltet das Sapin-2-Gesetz in Umsetzung der EU-Geldwäscherichtlinie[88] die Pflicht für Gesellschaften, den sog **wirtschaftlich Berechtigten** (*bénéficiaire effectif*) offenzulegen. Dies führte zu Problemen, da eine Verordnung vom 1. Dezember 2016[89] die gleiche Pflicht mit leicht abweichenden Sanktionen beinhaltete und zunächst unklar war, welche Regelungen vorrangig Anwendung finden sollten. Per Dekret vom 12. Juni 2017 wurde schließlich entschieden, dass die Verordnung vom 1. Dezember 2016 Anwendung finden müsse und die Umsetzung dieser Pflicht wurde präzisiert.[90] Gleichzeitig wurde dadurch beschlossen, dass alle ab dem 1. August 2017 neu gegründeten, nicht-börsennotierten Gesellschaften ein Dokument mit der Identität ihres wirtschaftlich Berechtigten beim Handelsregister vorlegen müssen.[91] Diese Offenlegung muss entweder zum Zeitpunkt des Eintragungsantrags beim Handelsregister oder spätestens 15 Tage nach Eintragung erfolgen. Sämtliche in Frankreich schon eingetragenen, nicht-börsennotierten Gesellschaften werden verpflichtet, die Identität ihrer "wirtschaftlich Berechtigten" im Zeitraum vom 1. August 2017 bis zum 1. April 2018 beim Handelsregister offenzulegen (Art. 5 des Dekrets Nr. 2017-1094).

47 Als **wirtschaftlich Berechtigte** werden gemäß Art. R. 561-1 CMF alle natürlichen Personen betrachtet, die eine Gesellschaft direkt oder indirekt wirtschaftlich kontrollieren, dh die direkt oder indirekt entweder mehr als 25% des Kapitals oder der Stimmrechte der Gesellschaft halten oder auf andere Weise Kontrolle über die Verwaltungsorgane, die Geschäftsführung oder die Hauptversammlung der Gesellschaft ausüben. Zur Definition der Kontrolle auf andere Weise verweist Art. R. 61-1 CMF nunmehr auf Art. L. 233-3 Ziff. 1, Nr. 1 und 2, so dass Kontrolle ausübt, wer direkt oder indirekt einen Anteil am Gesellschaftskapital hält, der ihm die Mehrheit der Stimmrechte bei den Gesellschafterversammlungen verleiht oder wer kraft wirksamer Vereinbarung mit den Mitgesellschaftern allein über eine solche Mehrheit verfügt. Das Formular zu den wirtschaftlich Berechtigten muss deren persönliche Daten, die Wohnanschrift und die auf die Gesellschaft ausgeübten Kontrollmodalitäten enthalten (Art. R. 561-56 CMF). Ferner wurde in Art. R. 561-57 CMF eine Liste von Personen aufgenommen, die befugt sind, die Übermittlung der abgegebenen Informationen zu verlangen (zB Richter, Zoll- und Finanzbeamte).

48 Wird die Pflicht zur Offenlegung der wirtschaftlich Berechtigten nicht erfüllt, kann der Präsident des Handelsgerichts auf Anfrage von Personen, die ein entsprechendes „Interesse" daran begründen können oder aber die Staatsanwaltschaft von Amts wegen die Gesellschaft zur Offenlegung auffordern (Art. L. 561-48 und L. 561-59 CMG iVm Art. R. 561-62 und R. 561-63 CMF).

49 Der Begriff des **„Interesses"** wird im französischen Recht mehrfach verwendet, wenn es darum geht, bestimmten Personen eine Antrags- oder Klagebefugnis zuzuschreiben. Insofern kann Art. 31 der französischen Zivilprozessordnung (*Code de procédure civile*) als allgemeine Regelung herangezogen werden. Die Vorschrift bestimmt, dass die Klageantragsbefugnis demjenigen zusteht, der ein legitimes Interesse daran begründen kann, sofern das Gesetz diese Befugnis nicht Personen, die bestimmte Merkmale aufweisen, vorbehält.[92] Wann ein

88 EU-Richtlinie 2015/849 des Europäischen Parlaments und des Rates vom 20. Mai 2015 zur Verhinderung der Nutzung des Finanzsystems zum Zwecke der Geldwäsche und der Terrorismusfinanzierung, zur Änderung der Verordnung (EU) Nr. 648/2012 des Europäischen Parlaments und des Rates und zur Aufhebung der Richtlinie 2005/60/EG des Europäischen Parlaments und des Rates und der Richtlinie 2006/70/EG der Kommission.

89 Art. 8. der Verordnung Nr. 2016-1635 vom 1. Dezember 2016 zur Stärkung der Maßnahmen Frankreichs gegen Geldwäsche und Terrorismusfinanzierung (*Ordonnance n° 2016-1635 du 1er décembre 2016 renforçant le dispositif français de lutte contre le blanchiment et le financement du terrorisme*).

90 Dekret Nr. 2017-1094 vom 12. Juni 2017 über das Register der wirtschaftlich Berechtigten gemäß Artikel L. 561-2-2 des Währungs- und Finanzgesetzbuchs (Übersetzung der Verfasser, Originaltitel: *„Décret n° 2017-1094 du 12 juin 2017 relatif au registre des bénéficiaires effectifs définis à l'article L. 561-2-2 du code monétaire et financier"*).

91 Vgl. Transparenzregister in Deutschland.

92 „L'action est ouverte à tous ceux qui ont un intérêt légitime au succès ou au rejet d'une prétention, sous réserve des cas dans lesquels la loi attribue le droit d'agir aux seules personnes qu'elle qualifie pour élever ou combattre une prétention, ou pour défendre un intérêt déterminé.".

solches legitimes Interesse (*intérêt légitime*) vorliegt, kann hingegen nicht allgemein definiert werden, da die Rechtsprechung stets im Einzelfall prüft und darlegt, ob eine Person oder Personengruppe ein Interesse im Hinblick auf eine bestimmte Handlung hat. Beispiele für Personen(-gruppen), deren Interesse anerkannt wurde oder die im gegebenen Fall ein Interesse an einer bestimmten Handlung haben können, werden im Folgenden in den jeweiligen Abschnitten angeführt.

VI. Bedeutung des französischen Gesellschaftsrechts

Das französische Gesellschaftsrecht hatte in der ersten Hälfte des 19. Jahrhunderts im Personengesellschaftsrecht (OHG, KG) einschließlich der SCA (KGaA) eine dominante Rolle in Europa. Insbesondere die Regeln des ***Code de commerce* von 1808** waren **Vorbild** für entsprechende Gesetze, zB in Spanien, Italien, Portugal, den Niederlanden, Belgien, Luxemburg, Polen und Deutschland.[93] Dabei beruhten zentrale gesellschaftsrechtliche Teile des *Code de commerce* ihrerseits bereits auf der unter Ludwig XIV. und Colbert abgefassten ***ordonnance de commerce* von 1673**.[94] 50

Später wirkte sich das französische Gesellschaftsrecht auch auf die gesellschaftsrechtliche Gesetzgebung auf **europäischer Ebene** aus (Vertikalwirkung).[95] Am deutlichsten ist dies wohl anhand der EWIV zu sehen (vgl. § 7), die vom französischen GIE (*Groupement d'intérêt économique*) inspiriert wurde.[96] Doch auch die vormalige Richtlinie betreffend die Verschmelzung von Aktiengesellschaften[97] (jetzt Teil der Kodifizierungsrichtlinie, dazu § 19, vgl. zu den Vorgaben zur Verschmelzung § 22) wurde stark vom französischen Recht geprägt.[98] Gleiches gilt für die Jahresabschluss-Richtlinie[99] (zur Entwicklung des europäischen Bilanzrechts vgl. § 25 Rn. 1 ff.).[100] Zwar hatten Dänemark (1973) und Deutschland (1980) die Ein-Personen-GmbH bereits vor Frankreich (1985) eingeführt, doch die Diskussionen um die Einpersonengesellschaftsrichtlinie auf europäischer Ebene setzten direkt nach der entsprechenden Gesetzesänderung in Frankreich ein (1986), was auf eine gewisse Katalysatorwirkung der französischen Reform schließen lässt (s. zur entsprechenden Richtlinie § 28). Umgekehrt hat Frankreich einige Projekte auf europäischer Ebene auch erfolgreich blockiert, zumeist mit dem Ziel, einen zu starken Einfluss ausländischen Gesellschaftsrechts auf das französische Gesellschaftsrecht zu verhindern.[101] 51

Insgesamt regt die Innovationskraft des französischen Gesellschaftsrechts auch in neuerer Zeit immer wieder Reformen oder zumindest Diskussionen in anderen **Mitgliedstaaten** an (Horizontalwirkung). So wurde zB in Deutschland aufgrund der Einführung des Einzelunternehmers mit beschränkter Haftung (EIRL) in Frankreich diese Konstruktion in der Wissenschaft – wenn auch eher vereinzelt – diskutiert und reflektiert.[102] Eine viel stärkere Debatte und entsprechende Konsequenzen hat dagegen die SAS ausgelöst, die sich durch ihre hohe Flexibilität bezüglich der Binnenstruktur auszeichnet. Frankreich hat mit dieser Gesellschaftsform eine Trendwende weg von rigideren Strukturen hin zu mehr Vertragsfreiheit für geschlossene Gesellschaften eingeleitet.[103] Einen ebenso starken Einfluss hatte die Abschaffung des Mindestkapitals für die SARL. Frankreich stand mit dieser Reform am Anfang einer europaweiten Reformwelle, die zu einer Absenkung bzw. Flexibilisierung des Mindestkapitals geführt hat.[104] Selbst die Einführung der sog „Frauenquote" für den Aufsichtsrat wurde in Deutschland zur Kenntnis genommen und hat die Diskussion des Themas weiter angeregt,[105] auch wenn Frankreich in diesem Fall nicht Vorreiter dieser Reformbewegung war.[106] 52

93 Näher dazu *Goldschmidt*, Handbuch des Handelsrechts, 1. Aufl. 1864, § 10 S. 41 ff.
94 *Thöl*, Handelsrecht, 1. Bd., 5. Aufl. 1875, § 9 S. 22.
95 Siehe dazu *Conac* ZVglRWiss 114 (2015) 215, 215.
96 *Conac* ZVglRWiss 114 (2015) 215, 220; *Fleischer* ZHR 174 (2010) 385, 409; *Menjucq*, Droit international et européen des sociétés, 2016, Rn. 159; *Manz* in: Selbherr/Manz (Hrsg.), Kommentar zur EWIV, 1995, Vorb. Rn. 1; *Vague* RMC 1992, 403, 404; *Keutgen* Cahiers de droit européen 1987, 492, 493; *Murphy* Vand. J. Trans-nat'l L. 23 (1990) 65, 67; *Guyenot* Fiscalité Européenne 1986, 49, 51; *Kerr* BYU L. Rev. 1990, 1743, 1745 f.; *Schwarz*, Europäisches Gesellschaftsrecht, 2000, Rn. 968; *Lenz*, Die EWIV mit Sitz in der BRD vor Eintragung, 1997, S. 37, 44.
97 Dritte Richtlinie 78/855/EWG des Rates vom 9.10.1978 gemäß Art. 54 Absatz 3 Buchstabe g) des Vertrages betreffend die Verschmelzung von Aktiengesellschaften.
98 *Ganske* DB 1981, 1551, 1552; *Conac* ZVglRWiss 114 (2015) 215, 215.
99 Vierte Richtlinie 78/660/EWG des Rates vom 25.7.1978 aufgrund von Art. 54 III lit. g) des Vertrags über den Jahresabschluss von Gesellschaften bestimmter Rechtsformen.
100 *Conac* ZVglRWiss 114 (2015) 215, 215.
101 Vgl. *Conac* ZVglRWiss 114 (2015) 215, 217.
102 *Dubarry/Flume* ZEuP 2012, 128, 128 ff.; *Portale* in: FS Kaissis, 2012, S. 777, 777 ff.
103 *Fleischer* NZG 2014, 1081, 1087 f.
104 *Fleischer* NZG 2014, 1081, 1086.
105 *François-Poncet/Deilmann/Otte* NZG 2011, 450, 450.
106 So verabschiedeten Norwegen und Spanien vor Frankreich entsprechende Gesetze; vgl. auch *François-Poncet/Deilmann/Otte* NZG 2011, 450, 450.

53 Darüber hinaus setzt die **französische Rechtsprechung** sowohl auf europäischer Ebene als auch in anderen Mitgliedstaaten Anreize, sich mit bestimmten Themen auseinanderzusetzen. In diesem Zusammenhang wird in Europa vor allem die *Rozenblum*-Entscheidung[107] diskutiert, wenn es um die Anerkennung des Konzerninteresses geht.

B. Personengesellschaften

54 Im Folgenden werden vor allem folgende **drei** Personengesellschaften betrachtet:

- *Société civile* (SC),
- *Société en nom collectif* (SNC) und
- *Société en commandite simple* (SCS).

55 Den diesbezüglichen Ausführungen werden zwei Exkurse vorangestellt. Zunächst soll die Abgrenzung der **Gesellschaft in Gründung** (*société en formation*) von der **faktischen Gesellschaft** (*société créée de fait*) erläutert werden (Rn. 56 ff.). Daran schließt sich ein kurzer Exkurs zur ***société en participation*** (**SEP**) an (Rn. 64 ff.). Zudem soll nach der Erörterung der Personengesellschaften der ***entrepreneur individuel à responsabilité limitée*** (sog **EIRL** – Einzelunternehmer mit beschränkter Haftung) erläutert werden (Rn. 207 ff.), auch wenn er keine Gesellschaftsform und daher auch keine Personengesellschaft ist.

I. Société en formation (Gesellschaft in Gründung) und société créée de fait (faktische Gesellschaft)

56 Auch das französische Gesellschaftsrecht trägt dem Umstand Rechnung und befasst sich mit der Problematik, die dadurch entsteht, dass zwischen der Entscheidung zur Gründung einer Gesellschaft und der Eintragung der Gesellschaft ein gewisser Zeitraum liegt, die sog ***période de formation***.[108] Die Gesellschaft „in Gründung" wird ***société en formation*** genannt. Im Gegensatz zum deutschen Recht entsteht die Gesellschaft „in Gründung" in rechtlicher Hinsicht jedoch nicht erst mit Unterzeichnung des Gesellschaftsvertrages.[109] Vielmehr gilt eine Gesellschaft bereits als *en formation*, wenn die Gesellschafter den **konkreten Willen gefasst haben**, die Gesellschaft zu gründen. Wann ein solcher Wille vorliegt, wird aufgrund der Umstände des Einzelfalls ermittelt. So wurde bereits sogar ein Meinungsaustausch zwischen den zukünftigen Gesellschaftern als ein Zeichen für eine Gesellschaft „in Gründung" gewertet.[110] Auch die einfache Aufnahme von Verhandlungsgesprächen zwischen Gesellschaftern wurde schon als ausreichend für das Vorliegen einer Gesellschaft in Gründung erachtet.[111] In einem anderen Fall wurden Maßnahmen zur Organisation der Geschäftstätigkeit, wie die Erkundung von Skigebieten bei einer Gesellschaft, welche die Organisation von akrobatischen Skivorführungen zum Gegenstand hatte, entsprechend interpretiert.[112]

57 In der Praxis kommt der Unterschied zum deutschen Recht insbesondere dadurch zum Ausdruck, dass bereits vor Unterzeichnung der Satzung einer Kapitalgesellschaft ein **Konto** für die Gesellschaft in Gründung eröffnet werden kann und das Gesellschaftskapital bereits vor Unterzeichnung einzuzahlen ist, während dies in Deutschland zwangsläufig erst nach der Beurkundung der Satzung geschehen kann.

58 Die *société en formation* ist nicht zu verwechseln mit der *société créée de fait*, der **faktischen Gesellschaft.**[113] Die *société créée de fait* entsteht, wenn mindestens zwei Personen im Innen- und Außenverhältnis wie Gesell-

---

107 Hierbei handelt es sich um eine strafrechtliche Leitentscheidung des französischen Kassationsgerichts, mit der erstmalig der Begriff des Konzerninteresses, basierend auf einem – unter Berücksichtigung der Konzernpolitik zu betrachtenden – gemeinsamen wirtschaftlichen, sozialen und finanziellen Interesse, anerkannt wurde (Cass. Crim. 4.2.1985, Nr. 84-91.581; *Aulagnier ua*, Le Lamy Patrimoine, 2017, Rn. 220-175; näher dazu auch unter Rn. 322). Siehe dazu auch in deutscher Sprache *Gräbener*, Der Schutz außenstehender Gesellschafter im deutschen und französischen Kapitalgesellschaftsrecht, 2010, S. 105 ff.

108 So etwa *Lefebvre*, Mémento Sociétés commerciales, 2018, Rn. 2550; *Germain/Magnier*, Les sociétés commerciales, 2014, Rn. 1563.

109 Etwas Anderes gilt in steuerlicher Hinsicht, da die Finanzbehörden davon ausgehen, dass der Gründungszeitraum erst beginnt, wenn ein entsprechendes Schriftstück verfasst wurde, das Dritten entgegengehalten werden kann, vgl. *Lefebvre*, Mémento Sociétés commerciales, 2018, Rn. 2556; BOI-ENR-AVS-10-40-Rn. 120 (öffentliches Amtsblatt der Steuerbehörden).

110 *Lefebvre*, Mémento Sociétés civiles, 2018, Rn. 2417 unter Verweis auf CA Rouen 5.7.1974.

111 *Lefebvre*, Mémento Sociétés civiles, 2018, Rn. 2417 unter Verweis auf Cass. com. 23.5.1977, Nr. 75-14804 und 75-14805).

112 *Lefebvre*, Mémento Sociétés civiles, 2018, Rn. 2417 unter Verweis auf CA Paris 26.4.1984, Nr. 03882; zu dieser Entscheidung des CA Paris siehe auch BRDA 13 (1984), 8, 8.

113 In der französischen Literatur werden die Begriffe *société créée de fait* und *société de fait* zum Teil fälschlicherweise synonym verwendet. Die *société de fait* ist jedoch ein von der Rechtsprechung entwickelter Terminus. Dieser beschreibt den Zeitraum, währenddessen eine Gesellschaft, die an einem Nichtigkeitsmangel leidet, bis zur gerichtlichen Feststellung der Nichtigkeit (ex-tunc-Wirkung) existiert hat.

schafter auftreten, ohne ihren Willen zur Gründung einer Gesellschaft zum Ausdruck gebracht zu haben (zB die gemeinschaftliche Bewirtschaftung eines Geschäfts durch Eheleute, Lebenspartner oder Freunde).[114] Aus diesem Grund erschöpft sich die *affectio societatis* bei der faktischen Gesellschaft – als eine der drei zwingenden Voraussetzungen für das Bestehen einer Gesellschaft (s. Rn. 1 f.) – nicht im bloßen Willen zur Zusammenarbeit, sondern wird vielmehr aus der tatsächlichen Zusammenarbeit für gemeinsame Rechnung hergeleitet.[115] Sind sich die Gesellschafter dagegen über die Gründung der Gesellschaft bewusst, so entsteht eine *société en participation*, und zwar auch dann, wenn sie hierüber nichts Schriftliches vereinbart haben (s. dazu und zur Abgrenzung von der *société créée de fait* Rn. 64 ff.).

Im Gegensatz zur *société en formation* strebt die *société créée de fait* **keine Eintragung ins Handelsregister** 59 an.[116] Gerade das Merkmal der nicht beabsichtigten Eintragung bei einer *société créée de fait* ist jedoch zumeist schwer beweisbar. Es muss daher häufig auf Indizien abgestellt werden. Wird eine nicht unerhebliche Geschäftstätigkeit über längere Zeit hinweg ausgeübt, ohne dass es zur Eintragung der Gesellschaft kommt, spricht dies eher für eine *société créée de fait*. Sind die Handlungen für die Gesellschaft dagegen sporadisch und haben sie einen vorbereitenden Charakter für die eigentliche Geschäftstätigkeit, spricht dies eher für eine *société en formation*.[117]

Die **Unterscheidung** zwischen der *société en formation* und der *société créée de fait* spielt eine entscheidende 60 Rolle, da zB die **Haftung** der Gesellschafter unterschiedlich ausgestaltet ist. Art. 1843 C. civ. regelt die Haftung der Gesellschafter einer ***société en formation***. Demnach sind die Gesellschafter, die im Namen der *société en formation* vor ihrer Eintragung gehandelt haben, für die daraus resultierenden Verpflichtungen persönlich verantwortlich (**Handelndenhaftung**). Im Fall einer Gesellschaft, die kaufmännische Tätigkeiten ausübt, haften die Handelnden sogar gesamtschuldnerisch. Verfolgt die Gesellschaft zivile Zwecke, ist eine gesamtschuldnerische Haftung ausgeschlossen.[118] Die Gesellschafter, die nicht für die Gesellschaft gehandelt haben, werden durch die vorgenommenen Transaktionen allerdings grundsätzlich nicht verpflichtet.[119]

Hinsichtlich der **Übernahme dieser Verbindlichkeiten** durch die eingetragene Gesellschaft gilt Folgendes: Ver- 61 bindlichkeiten, die vor Abschluss des Gesellschaftsvertrages ausdrücklich im Namen der Gesellschaft in Gründung eingegangen wurden, können auch in einem Anhang zur Satzung aufgelistet werden (sog *État des actes accomplis pour le compte de la société en formation*). Die dort genannten Verbindlichkeiten werden mit Eintragung der Gesellschaft von Amts wegen übernommen, so dass es keines weiteren Beschlusses bedarf.[120] Sofern bei Unterzeichnung des Gesellschaftsvertrages bereits bekannt ist, welche Verpflichtungen noch vor Eintragung eingegangen werden sollen, besteht für die Gesellschaftsformen SNC, SCS, SARL und die sog *sociétés par actions* (dh insbesondere die SA und die SAS)[121] ebenfalls die Möglichkeit, in der Satzung oder einem separaten Dokument eine **Vollmacht zu erteilen**, und zwar je nach Gesellschaftsform an den Geschäftsführer (der nicht Gesellschafter sein darf) und/oder einen Gesellschafter oder ein Mitglied des Verwaltungs- oder Aufsichtsrats.[122] Sofern die Vollmacht die genauen Bestimmungen der einzugehenden Verbindlichkeit enthält, wird diese bei Eintragung der Gesellschaft ebenfalls **von Amts wegen übernommen**.

Die eingetragene Gesellschaft kann daneben die in ihrem Namen nach Abschluss des Gesellschaftsvertrages 62 aber vor Eintragung eingegangenen **Verpflichtungen übernehmen** (Art. 1843 S. 2 C. civ. oder Art. L. 210-6 C. com.). Deshalb ist darauf zu achten, dass ausdrücklich „im Namen und für Rechnung der Gesellschaft in Gründung" gehandelt wurde.[123] Grundsätzlich erfolgt die Übernahme der jeweiligen Verpflichtung durch einen

114 *Lefebvre*, Mémento Sociétés commerciales, 2018, Rn. 95500 f.; *Legeais* in: JurisClasseur, Commercial, 2015, Fasc. 1019, Rn. 11; *Dalloz* Fiches d'orientation, société de fait, 2016, Rn. 1.2; *Guiramand/Héraud*, Droit des sociétés, 2016, S. 142.

115 *Lefebvre*, Mémento Sociétés commerciales, 2018, Rn. 95511; *Gibirila* in: JurisClasseur, Commercial, 2014, Fasc. 1174, Rn. 8; *Guiramand/Héraud*, Droit des sociétés, 2016, S. 144.

116 *Lefebvre*, Mémento Sociétés commerciales, 2018, Rn. 2523; *ders.*, Mémento Sociétés civiles, 2018, Rn. 2411; *Le Cannu/Dondero*, Droit des sociétés, 2015, Rn. 313; *Legeais* in: JurisClasseur, Commercial, 2015, Société en formation, Fasc. 1019, Rn. 12.

117 *Lefebvre*, Mémento Sociétés commerciales, 2018, Rn. 2517; *ders.*, Mémento Sociétés civiles, 2018, Rn. 2411; *Le Cannu/Dondero*, Droit des sociétés, 2015, Rn. 313; *Legeais* in: JurisClasseur, Commercial, 2015, Société en formation, Fasc. 1019, Rn. 12.

118 *Legeais* in: JuriClasseur, Commercial, 2015, Société en formation, Fasc. 1019, Rn. 16.

119 *Merle/Fauchon*, Sociétés commerciales, 2016, Rn. 97; *Lefebvre*, Mémento Sociétés commerciales, 2018, Rn. 2840.

120 *Merle/Fauchon*, Sociétés commerciales, 2016, Rn. 99.

121 *Lefebvre*, Mémento Sociétés commerciales, 2018, Rn. 2715 f.; *Merle/Fauchon*, Sociétés commerciales, 2016, Rn. 99; Cass. com. 14.11.2006, Nr. 05-16.527; Cass. com. 24.3.1998, Nr. 96-11.366.

122 Verordnung Nr. 78-704 Art. 5 III 3 für die SNC bzw. SCS, Art. R. 210-5 III C. com. für die SARL, Art. R. 210-6 III C. com. für nicht-börsennotierte Aktiengesellschaften und Art. R. 210-7 IV C. com. für börsennotierte Aktiengesellschaften.

123 Cass. com. 11.6.2013, Nr. 11-27.356, RJDA 10/13, 754, 754.

entsprechenden Gesellschafterbeschluss. Die vor Eintragung eingegangenen Verpflichtungen gehen dann rückwirkend auf die Gesellschaft über.

63 Im Rahmen der **faktischen Gesellschaft** (*société créée de fait*) haften alle Gesellschafter für die eingegangenen Verpflichtungen **gesamtschuldnerisch**, auch wenn nur ein Gesellschafter im Namen der Gesellschaft gehandelt hat.[124] Hier kommt es auch nicht darauf an, ob die faktische Gesellschaft einen kaufmännischen oder einen zivilen Zweck verfolgt. Die Haftung ist in dieser Gesellschaft daher **wesentlich strenger** ausgestaltet.

II. Société en participation (SEP) – stille Gesellschaft

64 Eine *société en participation* (SEP), dh eine stille Gesellschaft, wird von **mindestens zwei Gesellschaftern** gegründet, die in der Satzung die Erreichung eines gemeinsamen Gesellschaftszwecks festlegen, welcher zivilrechtlicher oder handelsrechtlicher Natur sein kann,[125] und gleichzeitig beschließen, die Gesellschaft nicht eintragen zu lassen (Art. 1871 I C. civ.).[126] Gesellschafter der *société en participation* können sowohl natürliche als auch juristische Personen sein.[127]

65 Aufgrund der fehlenden Eintragung im Handelsregister besitzt die SEP **keine Rechtspersönlichkeit.**[128] Infolgedessen kann sie weder klagen[129] noch verklagt werden[130] oder als Arbeitgeber[131] auftreten. Zudem bestehen für die stille Gesellschaft **keine Veröffentlichungspflichten.**[132] Die SEP muss auch weder einen Firmennamen noch einen Firmensitz haben.[133] Nichts hindert die Gesellschafter jedoch daran, der Gesellschaft einen Firmennamen oder einen Gesellschaftssitz zu geben.[134]

66 Da die Gesellschafter der *société en participation* beschlossen haben, diese nicht eintragen zu lassen, bleibt deren Existenz Dritten gegenüber zunächst verborgen. Man spricht in diesem Fall von der ***SEP occulte***.[135] Wird ihre Existenz im Laufe des Bestehens aufgedeckt, so liegt eine ***SEP ostensible*** vor.[136] Es ist auch möglich, dass die Gesellschafter grundsätzlich eine *SEP occulte* wünschen, jedoch bezüglich eines bestimmten Projektes nach außen in Erscheinung treten wollen und projektbezogen eine *SEP ostensible* vorliegt.[137]

67 Die **Abgrenzung** der *SEP ostensible* von der *société créée de fait* ist schwierig, da der einzige Unterschied im bewussten Entschluss zur Gründung der Gesellschaft besteht. Denn die *société créée de fait* wird durch die bloße Zusammenarbeit ihrer Gesellschafter und ohne ausdrückliche Willenserklärung gegründet, während die *société en participation* willentlich entsteht.[138] Die Differenzierung zwischen beiden Gesellschaftsformen hat aber keine praktische Relevanz, da die Vorschriften zur *société en participation* auf die *société créée de fait* anwendbar sind (Art. 1873 C. civ.).[139]

68 Die **Geschäftsführung** der *société en participation* obliegt grundsätzlich allen Gesellschaftern, kann in der Satzung aber auf bestimmte Gesellschafter beschränkt oder auch einem Dritten übertragen werden.[140] Nach außen hin handelt der Geschäftsführer, der zugleich Gesellschafter ist, im eigenen Namen (Art. 1872-1 I C. civ.) oder aufgrund der ihm von den Mitgesellschaftern erteilten Bevollmächtigung, jedoch nie im Namen der *société en participation*,[141] da diese mangels Rechtspersönlichkeit weder verpflichtet noch berechtigt werden kann. Han-

124 Cass. com. 26.5.2009, Nr. 08-13.891; *Lefebvre*, Mémento Sociétés commerciales, 2018, Rn. 2513; *Cozian/Viandier/Deboissy*, Droit des sociétés, 2016, Rn. 246, 1592.
125 *Lefebvre*, Mémento Sociétés commerciales, 2018, Rn. 94023.
126 *Le Cannu/Dondero*, Droit des sociétés, 2015, Rn. 1455; *Merle/Fauchon*, Sociétés commerciales, 2016, Rn. 712.
127 *Cozian/Viandier/Deboissy*, Droit des sociétés, 2016, Rn. 1560; *Merle/Fauchon*, Sociétés commerciales, 2016, Rn. 712.
128 *Cozian/Viandier/Deboissy*, Droit des sociétés, 2016, Rn. 1551 f.; *Merle/Fauchon*, Sociétés commerciales, 2016, Rn. 706; *Sonnenberger/Dammann*, Französisches Handels- und Wirtschaftsrecht, 2008, III Rn. 12.
129 CA Versailles 22.9.2010, Nr. 09-5646.
130 *Lefebvre*, Mémento Sociétés commerciales, 2018, Rn. 94020.
131 Cass. com. 10.9.2013, Nr. 12-21.792.
132 *Cozian/Viandier/Deboissy*, Droit des sociétés, 2016, Rn. 1551; *Le Cannu/Dondero*, Droit des sociétés, 2015, Rn. 1448; *Merle/Fauchon*, Sociétés commerciales, 2016, Rn. 706.
133 *Le Cannu/Dondero*, Droit des sociétés, 2015, Rn. 1450.
134 *Lefebvre*, Mémento Sociétés commerciales, 2018, Rn. 94180 f.
135 *Lefebvre*, Mémento Sociétés commerciales, 2018, Rn. 94000 f.; BOFiP, BOI-IS-CHAMP-10-40-20120912, Rn. 30.
136 *Lefebvre*, Mémento Sociétés commerciales, 2018, Rn. 94004; *Mestre/Velardocchio/Mestre-Chami*, Le Lamy Sociétés commerciales, 2017, Rn. 5203; BOFiP, BOI-IS-CHAMP-10-40-20120912, Rn. 20.
137 *Lefebvre*, Mémento Sociétés commerciales, 2018, Rn. 94006; *Le Cannu/Dondero*, Droit des sociétés, 2015, Rn. 1466 ff.; *Merle/Fauchon*, Sociétés commerciales, 2016, Rn. 708.
138 *Merle/Fauchon*, Sociétés commerciales, 2016, Rn. 709.
139 *Mestre/Velardocchio/Mestre-Chami*, Le Lamy Sociétés commerciales, 2017, Rn. 5205; *Merle/Fauchon*, Sociétés commerciales, 2016, Rn. 709.
140 *Le Cannu/Dondero*, Droit des sociétés, 2015, Rn. 1460.
141 *Riasetto* in: JurisClasseur, Commercial, 2014, Fasc. 1179, Rn. 80.

delt ein Gesellschafter allerdings in seiner Funktion als Gesellschafter und ist dies der Vertragspartei auch bekannt, so haften die Mitgesellschafter gesamtschuldnerisch für die daraus entstehenden Verbindlichkeiten, sofern es sich um eine SEP mit handelsrechtlichem Zweck handelt. Die gesamtschuldnerische Haftung entfällt dagegen bei einer zivilen Tätigkeit (Art. 1872-1 II C. civ.).[142]

Sofern die Satzung der stillen Gesellschaft keine Bestimmungen zu den Beziehungen der Gesellschafter untereinander enthält, kommen die Vorschriften der *société civile* (s. Rn. 74 ff.) bzw. die der *société en nom collectif* (s. Rn. 147 ff.) zur Anwendung, je nachdem, ob der Gesellschaftszweck der *société en participation* ziviler oder handelsrechtlicher Natur ist (Art. 1871-1 C. civ.). 69

Die Gesellschafter können die Modalitäten zur **Verteilung** der von der Stillen Gesellschaft erwirtschafteten **Gewinne und Verluste** frei in der Satzung festlegen, was im Ergebnis jedoch nicht dazu führen darf, dass einer der Gesellschafter von der Gewinn- oder Verlustbeteiligung gänzlich ausgenommen wird (sog *clause léonine*) (Art. 1871 II iVm Art. 1844-1 II C. civ.).[143] 70

Trotz ihrer relativen Unbekanntheit ist die SEP ein modernes und anpassungsfähiges Mittel der Zusammenarbeit zur Erreichung eines gemeinsamen Zwecks. Sie wird in der Praxis oft im Bereich der **Unternehmenskooperation** eingesetzt, zB zur Durchführung von Forschungsprojekten oder Marktstudien.[144] Freiberufler wählen die SEP ebenfalls häufig zur gemeinsamen Berufsausübung. Auch Tippgemeinschaften für die Klassenlotterie werden regelmäßig als SEP eingeordnet.[145] Für Gesellschaftszwecke, die mit operativen Risiken behaftet sind, ist die SEP allerdings nicht geeignet. 71

Wollen sich Unternehmen nur zeitweise, zB zur Durchführung eines konkreten Bau- oder Forschungsprojekts, zusammenschließen, kann dies auch über eine ***Groupement momentané d'entreprises*** (Unternehmensgemeinschaft/Bietergemeinschaft) erfolgen. Diese Form der Zusammenarbeit ist im Gesetz nur am Rande geregelt (Art. 51 des französischen *Code des marchés publics* – Gesetzbuch über das öffentliche Beschaffungswesen), so dass die Grundlagen hierzu hauptsächlich durch die Praxis geprägt wurden. 72

Für langfristigere Zusammenschlüsse können neben der SEP auch die GIE (***Groupement d'intérêt économique*** (im Fall einer grenzüberschreitenden Tätigkeit entsprechend die EWIV, vgl. § 7, das europäische Pendant zur GIE)) oder Handelsgesellschaften, wie zB die SARL oder die SAS, in Erwägung gezogen werden. 73

III. Société civile

Die *société civile* ist mit der deutschen Gesellschaft bürgerlichen Rechts (**GbR**) **vergleichbar.**[146] Ihre Verrechtlichung ist allerdings schon weiter fortgeschritten, weshalb sie kraft Gesetzes **Rechtspersönlichkeit** (*personnalité morale*) besitzt (Art. 1842 I C. civ.)[147] und als juristische Person zu klassifizieren ist. 74

Diese Gesellschaftsform kann viele **verschiedene Ausprägungen** annehmen. Für die Grundform der *société civile* gelten zunächst die allgemeinen Regeln über die Gesellschaft (Art. 1832-1844-17 C. civ.) sowie die Vorschriften, die sich speziell mit der *société civile* befassen (Art. 1845-1870-1 C. civ.).[148] Die Sonderformen der *société civile* sind neben den soeben aufgelisteten **Regeln** (allgemeine Regeln und Vorschriften der *société civile*) weiteren **Sondervorschriften** unterworfen.[149] Die wichtigsten Typen der *société civile* wurden bereits oben (siehe hierzu Rn. 11 ff.) aufgeführt. Die SCPI (*société civile de placements immobiliers*) unterliegt beispielsweise zusätzlich den Art. L. 214-86 bis L. 214-120 und Art. R. 214-130 bis R. 214-160 CMF und die SCCV (*société civile de construction-vente*) den Art. L. 211-1 bis L. 211-4 und R. 211-1 bis R. 211-6 des SCCV (französisches Bau- und Wohnungsgesetzbuch). Im Gegensatz zu anderen europäischen Mitgliedstaaten hat die *société civile* in Frankreich auch eine **hohe praktische Bedeutung** (dazu gleich unter Rn. 80). 75

142 Vgl. *Lefebvre*, Mémento Sociétés commerciales, 2018, Rn. 94521.

143 *Lefebvre*, Mémento Sociétés commerciales, 2018, Rn. 94511 und 94514; *Mestre/Velardocchio/Mestre-Chami*, Le Lamy Sociétés commerciales, 2017, Rn. 339.

144 *Merle/Fauchon*, Sociétés commerciales, 2016, Rn. 711; *Lefebvre*, Mémento Sociétés commerciales, 2018, Rn. 94030.

145 Cass. civ. 14.1.2003, Nr. 00-19.984; vgl. dazu *Fleischer/Hahn* NZG 2017, 1, 3.

146 *Pathe* in: Gummert (Hrsg.), MAH Personengesellschaftsrecht, 2. Aufl. 2015, § 28 Rn. 44.

147 Die mit der *société civile* vergleichbare Außen-GbR ist zwar rechtsfähig, jedoch keine eigenständige juristische Person.

148 *Le Cannu/Dondero*, Droit des sociétés, 2015, Rn. 1420; *Lefebvre*, Mémento Sociétés civiles, 2018, Rn. 70; *Sonnenberger/Dammann*, Französisches Handels- und Wirtschaftsrecht, 2008, Kap. III Rn. 9.

149 *Le Cannu/Dondero*, Droit des sociétés, 2015, Rn. 1420; *Magnier*, Droit des sociétés, 2015, Rn. 254; *Lefebvre*, Mémento Sociétés civiles, 2018, Rn. 105; *Cozian/Viandier/Deboissy*, Droit des sociétés, 2016, Rn. 1495.

1. Grundlagen

76 Der **Zweck** (*objet*) einer *société civile* muss **ziviler Natur** sein. Sie darf daher keinen handelsgewerblichen Zweck haben (vgl. Art. 1845 II C. civ.).[150] Doch das Gesetz hält keine Aufzählung bereit, welche Tätigkeiten als **„zivil"** (*activités civiles*) einzuordnen sind. Dafür enthalten Art. L. 110-1 und Art. L. 1102 C. com. eine Aufzählung dessen, was unter einer handelsgewerblichen Tätigkeit zu verstehen ist. Im Umkehrschluss sind all diejenigen Tätigkeiten „ziviler" Natur, die nicht als handelsgewerbliche Tätigkeiten zu qualifizieren sind.[151] Als zivile Tätigkeit werden vor allem Unternehmungen im Bereich Landwirtschaft, Abbau von Rohstoffen (zB Sand und Torf) und Immobilien klassifiziert sowie intellektuelle Aktivitäten und die Ausübung von freien Berufen.[152] Hier können allerdings auch jeweils Ausnahmen vorliegen. So stellt der Bergbau zB keine zivile Tätigkeit dar.[153]

77 Gesetzlich nicht geregelt sind die Rechtsfolgen, die sich ergeben, falls die *société civile* gleichwohl eine **kaufmännische Tätigkeit** ausübt. In diesem Fall besteht ein unauflösbarer Konflikt zwischen der Rechtsform der Gesellschaft und ihrem Zweck.[154] In der Literatur wird mehrheitlich vertreten, dass hierdurch eine faktische Handelsgesellschaft (*société créée de fait*) entsteht. Auf diese sollen dann gem. Art. 1873 C. civ. die Vorschriften zur *société en participation* und – wenn wie vorliegend ein handelsgewerblicher Zweck gegeben ist – diejenigen der *société en nom collectif* (SNC) Anwendung finden (Art. 1871-1 C. civ.).[155] Dies hat insbesondere zur Folge, dass die Gesellschafter dann als Gesamtschuldner unbegrenzt für die eingegangenen Verbindlichkeiten einstehen müssen.[156] Eine Mindermeinung in der Literatur hält die Einordnung der *société civile* als *société en nom collectif* (SNC) für richtig.[157] Für die Mindermeinung spricht, dass die mit der deutschen OHG vergleichbare SNC, wie die *société civile*, eine **juristische Person** ist. Nach der **Rechtsprechung** bleiben jedenfalls die in Ausübung einer kaufmännischen Tätigkeit durch die *société civile* geschlossenen Verträge im Außenverhältnis wirksam.[158]

78 Die *société civile* zeichnet sich durch einen **geschlossenen Gesellschafterkreis** sowie den ***intuitu personae*-Grundsatz** aus. Letzteres bedeutet, dass das Näheverhältnis der Gesellschafter für den Zusammenschluss entscheidend ist,[159] wodurch sich der *intuitu personae*-Grundsatz vor allem im Bereich der Anteilsübertragung auswirkt (dazu allgemein auch unter Rn. 121 ff.).

79 Sobald die *société civile* im Handelsregister eingetragen ist, besitzt sie **Rechtspersönlichkeit** (Art. 1842 I C. civ.). Als juristische Person ist sie Trägerin von Rechten und Pflichten und kann klagen und verklagt werden.[160] In Frankreich ist es zudem mittlerweile anerkannt, dass juristische Personen auch **Persönlichkeitsrechte** für sich in Anspruch nehmen können.[161] Die **Verselbständigung** der *société civile* bedeutet, dass die Gesellschafter nicht Eigentümer der Vermögensgegenstände der Gesellschaft sind; sie haben mithin keinen direkten Zugriff auf diese. Die Gesellschafter sind lediglich Anteilseigner, weshalb sie zB Gewinnrechte haben.

80 Die *société civile* gilt als sehr anpassungsfähige Gesellschaftsform, die den Gesellschaftern ein hohes Maß an Vertragsfreiheit einräumt.[162] Deshalb erstaunt es auch nicht, dass sich diese Rechtsform in Frankreich **großer Beliebtheit** erfreut. 40% aller Unternehmer entscheiden sich zur Ausübung ihrer Tätigkeit für diese Gesellschaftsform.[163] Dabei werden vor allem *sociétés civiles immobilières* (SCI) gegründet; das heißt, es wird die spe-

---

150 *Le Cannu/Dondero*, Droit des sociétés, 2015, Rn. 1421; *Cozian/Viandier/Deboissy*, Droit des sociétés, 2016, Rn. 281, 1495 und 1506; *Basuyaux/Delpech/de Labrouhe* in: Wegen/Spahlinger/Barth (Hrsg.), Gesellschaftsrecht des Auslands, 2016, Frankreich, Rn. 188 (Stand: 2012).

151 *Magnier*, Droit des sociétés, 2015, Rn. 255; *Lefebvre*, Mémento Sociétés civiles, 2018, Rn. 200; *Guiramand/Héraud*, Droit des sociétés, 2016, S. 386. Die *société civile* lässt sich damit nur negativ abgrenzen, vgl. auch *Großerichter* in: Sonnenberger/Classen (Hrsg.), Einführung in das französische Recht, 2012, S. 332 (Tz. 154).

152 *Lefebvre*, Mémento Sociétés civiles, 2018, Rn. 202 ff.

153 *Lefebvre*, Mémento Sociétés civiles, 2018, Rn. 221.

154 *Gibirila* in: JurisClasseur, Art. Civil Code, 2017, Art. 1832 bis 1844-17, Fasc. 10, Rn. 77; *Lefebvre*, Mémento Sociétés civiles, 2018, Rn. 201.

155 *Bahans* in: JurisClasseur, Civil Code, 2011, Art. 1845 bis 1870-1, Fasc. 15, Rn. 97; *Cozian/Viandier/Deboissy*, Droit des sociétés, 2016, Rn. 281; *Vallansan/Azarian* in: JurisClasseur, Commercial, 2017, Fasc. 1130, Rn. 14; *Gibirila* in: JurisClasseur, Civil Code, 2017, Art. 1832 bis 1844-17, Fasc. 10, Rn. 77; so auch CA Rouen 22.11.1995, Nr. 93-4425.

156 *Cozian/Viandier/Deboissy*, Droit des sociétés, 2016, Rn. 281.

157 *Le Cannu/Dondero*, Droit des sociétés, 2015, Rn. 1422.

158 So in Bezug auf die SICA, eine spezialgesetzliche Form der *société civile*, Cass. 1 civ. 14.5.1992, Nr. 89-16.063.

159 *Bougnoux* in: JurisClasseur, Civil Code, 2013, Art. 1845 bis 1870-1, Fasc. 10, Rn. 86 f.; *Vallansan/Azarian* in: JurisClasseur, Commercial, 2017, Fasc. 1130, Rn. 16; *Lefebvre*, Mémento Sociétés civiles, 2018, Rn. 310.

160 Allgemein zur Prozessfähigkeit juristischer Personen *Lefebvre*, Mémento Sociétés commerciales, 2018, Rn. 4200.

161 *Cozian/Viandier/Deboissy*, Droit des sociétés, 2016, Rn. 250 f.; *Lefebvre*, Mémento Sociétés commerciales, 2018, Rn. 4090 ff.

162 *Vallansan/Azarian* in: JurisClasseur, Commercial, 2017, Fasc. 1130, Rn. 17.

163 *Bougnoux* in: JurisClasseur, Sociétés Traité, 2013, Fasc. 48-10, Rn. 3; *Cozian/Viandier/Deboissy*, Droit des sociétés, 2016, Rn. 1495.

zielle Form der ***société civile*** **im Immobilienbereich** genutzt.[164] Diese Gesellschaften machen 30% aller Gesellschaften aus und die Tendenz ist weiter steigend.[165] Die SCI ist in der Geschäftsführung nicht so schwerfällig wie einfaches Miteigentum und bietet zudem steuerliche Vorteile. Gerade für Eheleute und unverheiratete Paare bietet die SCI interessante Gestaltungsmöglichkeiten. Gleiches gilt im Fall von Schenkungen und Erbschaften (vgl. Rn. 142 ff.). Möglich ist daneben auch die Nutzung der *société civile* zur Organisation einer freiberuflichen oder landwirtschaftlichen Tätigkeit.[166] Die Zahlen zeigen, dass die *société civile* in Frankreich im Moment *en vogue*[167] ist und in verschiedenen Situationen ein durchaus attraktives Gestaltungsmittel darstellt, um sich gesellschaftlich zu organisieren.

2. Gründung

a) Gründungsgesellschafter

Die *société civile* muss von **mindestens zwei Gesellschaftern** gegründet werden (Art. 1832 I C. civ.), die sowohl **natürliche** als auch **juristische Personen** sein können.[168] Eine Person alleine kann hingegen keine *société civile* gründen. Die spätere Vereinigung aller Anteile in der Hand einer Person führt zwar nicht automatisch zur Auflösung der Gesellschaft. Wird dieser Zustand jedoch nicht binnen eines Jahres behoben, kann jede Person, die ein berechtigtes Interesse daran hat, die Auflösung der Gesellschaft vor Gericht beantragen (Art. 1844-5 I C. civ.) (zur Auflösung siehe näher unter Rn. 135 ff.). Eine Höchstzahl an Gesellschaftern gibt das Gesetz nicht vor. Aufgrund des ***intuitu*** *personae*-Grundsatzes[169] (und den daraus zB resultierenden Übertragungsbeschränkungen (vgl. Rn. 122 ff.) ist diese Gesellschaftsform jedoch vor allem für einen kleinen Gesellschafterkreis geeignet.[170] An die Person der Gesellschafter werden darüber hinaus keine weiteren Anforderungen gestellt. Das bedeutet auch, dass an einer *société civile* lediglich beschränkt haftende Gesellschaften, wie zB die SARL, beteiligt sein können. Durch den Einsatz solcher Gesellschaftsformen kann das **Haftungsrisiko** in der *société civile* **reduziert** werden. 81

b) Gesellschaftsvertrag und Satzung

Für die ordnungsgemäße Gründung einer *société civile* bedarf es außerdem eines **Gesellschaftsvertrages** (Art. 1832 I C. civ., dazu bereits Rn. 1 f.).[171] Ein Gesellschaftsvertrag muss wie jeder andere französische Vertrag gemäß Art. 1128 C. civ. grundsätzlich drei Voraussetzungen erfüllen:[172] 82

- Übereinstimmung der zukünftigen Gesellschafter (*consentement*, Art. 1128 Nr. 1 C. civ.),
- Rechts- oder Geschäftsfähigkeit (*capacité de contracter*, Art. 1128 Nr. 2 C. civ.) und
- zulässiger und konkreter Vertragsgegenstand (*contenu licite et certain*, Art. 1128 Nr. 3 C. civ.).

Auch wenn Art. 1832 I C. civ. es seinem Wortlaut nach nicht explizit verlangt, bedarf der Gesellschaftsvertrag zu seiner Wirksamkeit zwingend der ***affectio societatis*** („Wille zur Zusammenarbeit innerhalb der Gesellschaft, meistens wirtschaftliche Zielsetzung").[173] Die **Rechtsprechung** hat die Voraussetzungen der *affectio societatis* konkretisiert: Unerlässlich ist der Wille der Gesellschafter zur Zusammenarbeit, die Nutzung der Mittel der Gesellschaft im gemeinsamen Interesse und die grundsätzliche Gleichberechtigung der Gesellschafter.[174] Die *affectio societatis* muss im Zeitpunkt des Vertragsschlusses vorliegen und über die Lebensdauer der Gesellschaft erhalten bleiben.[175] 83

---

164 Vgl. auch *Großerichter* in: Sonnenberger/Classen (Hrsg.), Einführung in das französische Recht, 2012, S. 332 (Tz. 154).
165 *Cozian/Viandier/Deboissy*, Droit des sociétés, 2016, Rn. 1498.
166 *Bougnoux* in: JurisClasseur, Civil Code, 2013, Art. 1845 bis 1870-1, Fasc. 10, Rn. 3; *Vallansan/Azarian* in: JurisClasseur, Commercial, 2017, Fasc. 1130, Rn. 3, 5.
167 *Cozian/Viandier/Deboissy*, Droit des sociétés, 2016, Rn. 1495; *Magnier*, Droit des sociétés, 2015, Rn. 252.
168 *Vallansan/Azarian* in: JurisClasseur, Commercial, 2017, Fasc. 1130, Rn. 24 f.; *Bahans* in: JurisClasseur, Sociétés Traité, 2011, Fasc. 48-20, Rn. 4 f.; *Guiramand/Héraud*, Droit des sociétés, 2016, S. 386.
169 Zum *intuitu personae* Grundsatz in der *société civile Lefebvre*, Mémento sociétés civiles, 2018, Rn. 310.
170 *Lefebvre*, Mémento Sociétés civiles, 2018, Rn. 1010.
171 Zu vorvertraglichen Verhandlungen und einem möglichen Gründungsversprechen siehe Rn. 5.
172 *Lefebvre*, Mémento Sociétés commerciales, 2018, Rn. 96; *ders.*, Mémento Sociétés civiles, 2018, Rn. 516.
173 *Doucet/Fleck*, Dictionnaire juridique et économique, 2009, S. 31.
174 Cass. com. 3.6.1986, Nr. 85-12.118; CA Paris 25.4.1984, Bulletin mensuel d'information des sociétés, Nr. 10 (1984), 1004, 1004; vgl. auch *Lefebvre*, Mémento Sociétés commerciales, 2018, Rn. 130; *ders.*, Mémento Sociétés civiles, 2018, Rn. 1600.
175 *Lefebvre*, Mémento Sociétés commerciales, 2018, Rn. 131; *ders.*, Mémento Sociétés civiles, 2018, Rn. 1601.

84 Die **Satzung** stellt im Grunde den Akt dar, der den Gesellschaftsvertrag materialisiert und in dem die Charakteristika der Gesellschaft und ihrer Organisationsverfassung von den Gesellschaftern beschrieben werden.[176] Die Satzung muss der **Schriftform** genügen (Art. 1835 C. civ.), dh entweder **privatschriftlich** erstellt oder **notariell beurkundet** werden.[177] Eine notarielle Beurkundung ist vor allem dann notwendig, wenn **Immobilien** Gegenstand der Einlage eines Gesellschafters sein sollen.[178] Die Unterzeichnung der Satzung durch die Gründungsgesellschafter ist entscheidend, da sie deren Übereinstimmung (*affectio societatis*) zeigt[179] und damit eine der Voraussetzungen für einen wirksamen Gesellschaftsvertrag ist (s. Rn. 2).[180]

85 Der Gesellschaftsvertrag muss gemäß Art. 1835 C. civ. **mindestens** folgende Angaben enthalten:

- Gesellschaftsform
- Dauer (max. 99 Jahre)
- Firma
- Sitz der Gesellschaft
- Unternehmensgegenstand
- Gesellschaftskapital
- Aufteilung der Anteile
- Organisationsverfassung

86 Im Gegensatz zu deutschen Gesellschaftsformen werden französische Gesellschaftsformen generell und daher auch die *société civile* **auf Zeit** gegründet. Eine Gründung auf unbestimmte Zeit ist **nicht** möglich. Die Gesellschaftsdauer darf maximal 99 Jahre betragen (Art. 1838 C. civ.). In der Regel wird bei der Gründung die Maximaldauer festgelegt.[181] Fehlt eine entsprechende Klausel, kann jeder, der ein Interesse daran begründen kann, bei Gericht innerhalb von drei Jahren ab Eintragung die Bestimmung der Dauer verlangen. Das Gericht kann ein Zwangsgeld (*astreinte*) verhängen, um auf die Festlegung der Dauer hinzuwirken (Art. 1839 I C. civ.). Sofern die Satzung nichts Anderes vorsieht, bedarf der dann erforderliche, entsprechende Beschluss der Gesellschafter über die Dauer der Einstimmigkeit (Art. 1852 C. civ.). Verlangt niemand die Festlegung, so muss grundsätzlich eine Dauer von 99 Jahren angenommen werden, es sei denn der Zweck spricht für eine kürzere Laufzeit.[182] Legen die Gesellschafter eine Dauer von mehr als 99 Jahren fest, gilt die Klausel als *„non écrite"* („nicht geschrieben") und ist somit unwirksam. Aufgrund der zwingenden Festlegung der Dauer der Gesellschaft kann die Auflösung auch aufgrund Zeitablaufs erfolgen (Art. 1844-7 C. civ., siehe zur Auflösung näher unter Rn. 135 ff.). Die Auflösung kann jedoch durch Fassung eines **Fortführungsbeschlusses** der Gesellschafter gem. Art. 1844-7 iVm 1844-6 C. civ. verhindert werden. Dieser Beschluss bedarf grundsätzlich der Einstimmigkeit der Gesellschafter, sofern die Satzung nicht etwas Anderes vorschreibt (Art. 1844-6 I C. civ.). Ob es sinnvoll ist, insofern niedrigere Anforderungen in der Satzung vorzusehen, hängt von der Gesellschaft und ihren Mehrheitsverhältnissen sowie der Perspektive der einzelnen Gesellschafter ab. Wird ein Mehrheitsbeschluss vorgesehen, könnte überlegt werden, ein gesondertes Austrittsrecht für überstimmte Minderheitsgesellschafter vorzusehen.

c) Eintragung und Bekanntmachung

87 Die Gründung ist in einem (dem deutschen Recht fremden) **amtlichen Mitteilungsblatt** (*journal d'annonces légales*) bekannt zu geben (Art. R. 210-3 C. com.). In der Praxis sind dies lokale Zeitschriften, die für die amtliche Mitteilung zugelassen sind. Art. R. 210-4 C. com. regelt den **Mindestinhalt** einer solchen Anzeige. Viele der obligatorischen Angaben stimmen mit dem Mindestinhalt der Satzung überein. Die Mitteilung bedarf der Unterschrift eines Gründungsgesellschafters (Art. R. 210-3 II C. com.), der dazu in der Satzung bevollmächtigt wird.[183] Auch der Notar kann diese Aufgabe übernehmen, wenn der Gesellschaftsvertrag notariell beurkundet

176 *Lefebvre*, Mémento Sociétés commerciales, 2018, Rn. 1600; *Sortais* in: Répertoire de droit des sociétés, 2017, Constitution des sociétés, Rn. 134; *Lecourt* in: Répertoire de droit des sociétés, 2015, Statuts et actes annexes, Rn. 6.

177 *Brillat/Guillaud-Bataille*, La société civile, 2013, S. 31; *Lefebvre*, Mémento Sociétés commerciales, 2018, Rn. 1620; *Sortais* in: Répertoire de droit des sociétés, 2017, Constitution des sociétés, Rn. 135; *Lecourt* in: Répertoire de droit des sociétés, 2015, Statuts et actes annexes, Rn. 29; *Saintourens in:* Répertoire de droit des sociétés, 2017, Société civile, Rn. 47.

178 *Brillat/Guillaud-Bataille*, La société civile, 2013, S. 33; *Lefebvre*, Mémento Sociétés commerciales, 2018, Rn. 1621; *Saintourens in:* Répertoire de droit des sociétés, 2017, Société civile, Rn. 47; *Sortais in:* Répertoire de droit des sociétés, 2017, Constitution des sociétés, Rn. 138.

179 *Cozian/Viandier/Deboissy*, Droit des sociétés, 2016, Rn. 105; *Lefebvre*, Mémento Sociétés commerciales, 2018, Rn. 1690; *Lefebvre*, Mémento sociétés civiles, 2018, Rn. 2255.

180 *Mestre/Velardocchio/Mestre-Chami*, Le Lamy Sociétés commerciales, 2017, Rn. 422 und 344.

181 Zur *société civile* vgl. *Melchers* BWNotZ 2000, 58, 61.

182 *Lefebvre*, Mémento sociétés civiles 2018, Rn. 1706.

183 *Saintourens in:* Répertoire de droit des sociétés, 2017, Société civile, Rn. 49 f.; *Mestre/Velardocchio/Mestre-Chami*, Le Lamy Sociétés commerciales, 2017, Rn. 428 f.; *Lefebvre*, Mémento Sociétés civiles, 2018, Rn. 2678.

wurde.[184] In der Praxis erfolgt diese „Unterzeichnung" mit dem Hinweis auf denjenigen, der für die Veröffentlichung verantwortlich ist.

Nach der Mitteilung im Amtsblatt bedarf es einer **Registrierung** im zuständigen **Handelsregister** (*Registre du Commerce et des Sociétés* – RCS). Denn seit 1978 müssen *sociétés civiles*, wie die anderen Gesellschaftsformen auch, dort eingetragen sein.[185] Die Bekanntgabe im amtlichen Mitteilungsblatt ist allerdings Voraussetzung für die Eintragung im Handelsregister.[186] Nach einer Reform aus dem Jahre 2014[187] muss die Satzung allerdings **nicht** mehr beim **Finanzamt** eingereicht werden.[188] 88

Die **Eintragung** der *société civile* ins Handelsregister wirkt **konstitutiv**, so dass die Gesellschaft erst in diesem Zeitpunkt zur juristischen Person wird (Art. 1842 I C. civ.).[189] Der Antrag auf Eintragung ins Handelsregister muss grundsätzlich beim **CFE** (*Centre de fomalités des entreprises*) gestellt werden, welches dann eine förmliche Prüfung des Antrags vornimmt und den Antrag im Anschluss an das Handelsregister weiterreicht.[190] Wird der Antrag stattdessen direkt bei der zuständigen **Geschäftsstelle des Handelsgerichts** (*greffe du tribunal de commerce*) eingereicht, so leitet diese den Antrag zunächst zur Prüfung an das CFE weiter.[191] In jedem Fall muss die Satzung eingereicht werden, damit die Gesellschaft eingetragen werden kann (Art. R. 123-103 C. com.). Art. R. 123-97 C. com. sieht vor, dass das Handelsregister die *société civile* innerhalb eines Tages einträgt, sofern die eingereichten Unterlagen vollständig sind und auch keine sonstigen Eintragungshindernisse vorliegen.[192] In der Praxis kann dies jedoch trotz der Bestimmung des Art. R. 123-97 C. com. länger dauern (vgl. auch Rn. 258). 89

Zudem ist die Gründung im **BODACC** (*bulletin officiel des annonces commerciales et civiles*) **bekanntzugeben.** Für die Veröffentlichung sind allerdings nicht die Gesellschafter verantwortlich, sondern das Handelsregister (*Registre du Commerce et des Sociétés* – RCS). Das Handelsregister hat die Eintragung der Gesellschaft innerhalb von acht Tagen mit den erforderlichen Angaben im BODACC bekanntzumachen (Art. R. 123-157 und Art. R. 123-161 C. com.).[193] 90

d) Firma

Die Gesellschafter können die **Firma** der *société civile* grundsätzlich **frei wählen**, solange sie dadurch nicht die Rechte Dritter verletzen. Bestimmte Begriffe, wie Bank und Kreditinstitut, dürfen allerdings nicht geführt werden, solange die Gesellschaft nicht auch die spezialgesetzlichen Vorschriften erfüllt. Auch Familiennamen Dritter, dh unbeteiligter Personen, dürfen nur in begrenztem Umfang genutzt werden, um Verwechslungen zu vermeiden. Formulierungen, die mit bereits existierenden Firmen identisch oder fast identisch sind, sind bei bestehender Verwechslungsgefahr untersagt, um die bereits existierende Firma zu schützen.[194] Wenn eine konkrete Verwechslungsgefahr besteht, kann es daher – zB anders als in Deutschland – (vgl. § 30 II HGB) sein, dass die später gegründete Gesellschaft nicht den Familiennamen eines Gesellschafters in ihrer Firma führen darf. 91

184 *Saintourens in:* Répertoire de droit des sociétés, 2017, Société civile, Rn. 49; *Mestre/Velardocchio/Mestre-Chami*, Le Lamy Sociétés commerciales, 2017, Rn. 428; *Lefebvre*, Mémento Sociétés civiles, 2018, Rn. 2678.

185 *Saintourens in:* Répertoire de droit civil, 2017, Société civile, Rn. 57; *Vallansan/Azarian* in: JurisClasseur, Commercial, 2017, Fasc. 1130, Rn. 20; *Lefebvre*, Mémento sociétés civiles, 2018, Rn. 2680; *Beaumont/Laborrier* in: JurisClasseur, Sociétés Formulaire, 2016, Fasc. E-30, Rn. 48.

186 *Saintourens in:* Répertoire de droit des sociétés, 2017, Société civile, Rn. 53; *Sortais in:* Répertoire de droit des sociétés, 2017, Constitution des sociétés, Rn. 154; *Mestre/Velardocchio/Mestre-Chami*, Le Lamy Sociétés commerciales, 2017, Rn. 428.

187 Gesetz Nr. 2014-1545 vom 20.12.2014, Art. 24 (*Loi 2014-1545 du 20-12-2014 Art. 24*).

188 *Suquet-Cozic* BRDA 20 (2015), 16, 16; *Lefebvre*, Mémento Sociétés civiles, 2018, Rn. 2235.

189 *Sortais in:* Répertoire de droit des sociétés, 2017, Constitution des sociétés, Rn. 161 ff.

190 *Brillat/Guillaud-Bataille,* La société civile, 2013, S. 35; *Saintourens in:* Répertoire de droit des sociétés, 2017, Société civile, Rn. 53; *Mestre/Velardocchio/Mestre-Chami*, Le Lamy Sociétés commerciales, 2017, Rn. 442.

191 *Saintourens in:* Répertoire de droit des sociétés, 2017, Société civile, Rn. 53; *Mestre/Velardocchio/Mestre-Chami*, Le Lamy Sociétés commerciales, 2017, Rn. 442; *Lefebvre*, Mémento Sociétés civiles, 2018, Rn. 2681.

192 *Mestre/Velardocchio/Mestre-Chami*, Le Lamy Sociétés commerciales, 2017, Rn. 458 mit weiteren Erläuterungen zum Eintragungsverfahren, insbesondere dem Umgang mit Eintragungshindernissen; *Sortais in:* Répertoire de droit des sociétés, 2017, Constitution des sociétés, Rn. 233; *Döbereiner* in: Süß/Wachter (Hrsg.), HdB des internationalen GmbH-Rechts, 2016, Frankreich, Rn. 12.

193 *Lefebvre*, Mémento Sociétés civiles, 2018, Rn. 2710; *Duval-Stalla* in: D.O. Juridique, J-1220: Sociétés civiles – Conditions de création, 2016, Rn. 35; *Saintourens in:* Répertoire de droit des sociétés, 2017, Société civile, Rn. 53; *Brillat/Guillaud-Bataille*, La société civile, 2013, S. 35.

194 *Lefebvre*, Mémento Sociétés commerciales, 2018, Rn. 1015; *ders.*, Mémento Sociétés civiles, 2018, Rn. 1870; *Mestre/Velardocchio/Mestre-Chami*, Le Lamy Sociétés commerciales, 2017, Rn. 507 ff.

3. Organisationsverfassung

a) Gesellschafterversammlung

aa) Kompetenzen der Gesellschafterversammlung

92 Welche Entscheidungen durch einen Gesellschafterbeschluss getroffen werden können, bestimmt sich in **Abgrenzung** zur **Geschäftsführungskompetenz** der Geschäftsführer (Art. 1852 iVm Art. 1848 I C. civ.). Denn alle Entscheidungen, die nicht von den Geschäftsführern getroffen werden können, bedürfen eines Gesellschafterbeschlusses.[195] Es muss daher im Einzelfall bestimmt werden, wie weit die Kompetenzen des Geschäftsführungsorgans reichen. Das wiederum unterliegt grundsätzlich der **Satzungsgestaltungsfreiheit** der Gesellschafter. Weisungsrechte zugunsten der Gesellschafterversammlung können allerdings nicht in der Satzung vorgesehen werden, weil die Geschäftsführungsbefugnis gemäß Art. 1848 I C. civ. allein dem Geschäftsführer zusteht.[196] Es besteht allenfalls die Möglichkeit, dass die Satzung vorsieht, dass die Gesellschafter ihre Zustimmung für bestimmte Entscheidungen des Geschäftsführers erteilen müssen (zB langfristige Anleihen, Hypothekendarlehen).[197] Nur wenn die Satzung keine Regelung enthält, greift der Grundsatz des Art. 1848 I C. civ.[198] Bei der Festlegung der zustimmungsbedürftigen Rechtsgeschäfte ist allerdings Vorsicht geboten. Denn nach einer Entscheidung des Berufungsgerichts (*cour d'appel*) Paris vom 23. Februar 2016[199] können die zustimmungsberechtigten Organe (im genannten Fall: Aufsichtsratsmitglieder einer SAS) bei allzu weiten Zustimmungserfordernissen als rechtliche Geschäftsführer (sog *dirigeants de droit*) angesehen werden und in dieser Eigenschaft persönlich haften.

93 Daneben stehen den Gesellschaftern gewisse **Entscheidungsbefugnisse** bereits **von Gesetzes wegen** zu:

- Entscheidung über die Verlängerung der Dauer der Gesellschaft (Art. 1844-6 C. civ.),
- Auflösungsbeschlüsse (Art. 1844-13 C. civ. und Art. 1860 C. civ.),
- Entscheidung über das Austrittsgesuch eines Gesellschafters aus der Gesellschaft (Art. 1869 C. civ.),
- Entscheidung über den Eintritt eines Erben in die Gesellschaft (Art. 1870 IV C. civ.),
- Bestimmung der Geschäftsführer (Art. 1846 I C. civ.).

bb) Erforderliche Mehrheiten

94 Entscheidungen bedürfen grundsätzlich der **Einstimmigkeit** aller Gesellschafter (und nicht lediglich aller Anwesenden!), es sei denn die Satzung bestimmt etwas Anderes (Art. 1852 C. civ.).[200] Nehmen nicht alle Gesellschafter an der Beschlussfassung teil oder enthält sich ein Gesellschafter, kann daher kein wirksamer Beschluss gefasst werden. Um die Funktionsfähigkeit der Gesellschaft sicherzustellen, ist es in der Praxis daher sinnvoll, für einige Beschlüsse geringere Mehrheitserfordernisse festzulegen und statutarisch zu regeln, worauf sich der Mehrheitsbegriff bezieht (zB Mehrheit aller oder nur der anwesenden oder vertretenen Gesellschafter, Mehrheit der Anteile, Stimmenmehrheit etc).[201] Im Rahmen der Beschlussfassung darf es weder zu einem **Missbrauch durch die Mehrheit** (*abus de majorité*) noch einem **Missbrauch durch die Minderheit** (*abus de minorité*) kommen (vgl. dazu Rn. 364).[202] Eine Ausnahme vom Grundsatz der Einstimmigkeit stellt die Bestellung und die Abberufung der Geschäftsführer dar. Diese werden grundsätzlich mit **einfacher Mehrheit** der Anteile gewählt (Art. 1846 III C. civ.) und abberufen (Art. 1851 I C. civ.), sofern die Satzung keine höheren Mehrheitserfordernisse stellt.

cc) Verfahren der Beschlussfassung

95 Gesellschafterbeschlüsse werden im Rahmen einer **Gesellschafterversammlung** gefasst (Art. 1853 1 C. civ.). Nur wenn die Satzung der *société civile* es vorsieht, können Beschlüsse auch in einem schriftlichen Verfahren (**Umlaufverfahren** – *consultation écrite*) gefasst werden (Art. 1853 2 C. civ.). Diesbezüglich können die Gesellschafter auch vorgeben, dass nur ein Teil der Beschlüsse (zB Satzungsänderungen) iRd Gesellschafterversammlung beschlossen werden müssen, während andere Entscheidungen im Umlaufverfahren gefasst werden können.[203] Die Beschlussfassung in **elektronischer Form** wird für die *société civile* gesetzlich nicht explizit geregelt.

195 *Bougnoux* in: JurisClasseur, Civil Code, 2016, Art. 1845 bis 1870-1, Fasc. 25, Rn. 2; *Vallansan/Azarian* in: JurisClasseur, Commercial, 2017, Fasc. 1130, Rn. 85.
196 *Lefebvre*, Mémento Sociétés civiles, 2018, Rn. 7400 ff.
197 *Brillat/Guillaud-Bataille*, La société civile, 2013, S. 87.
198 *Bougnoux* in: JurisClasseur, Civil Code, 2016, Art. 1845 bis 1870-1, Fasc. 25, Rn. 2; *Vallansan/Azarian* in: JurisClasseur, Commercial, 2017, Fasc. 1130, Rn. 73; *Lefebvre*, Mémento Sociétés civiles, 2018, Rn. 7405.
199 CA Paris 23.2.2016, Nr. 14/24308.
200 *Lefebvre*, Mémento Sociétés civiles, 2018, Rn. 9101; *Cozian/Viandier/Deboissy*, Droit des sociétés, 2016, Rn. 1543.
201 *Lefebvre*, Mémento sociétés civiles, 2018, Rn. 9100.
202 *Lefebvre*, Mémento sociétés civiles, 2018, Rn. 9071.
203 *Lefebvre*, Mémento sociétés civiles, 2018, Rn. 8500.

Art. 1854 C. civ. sieht lediglich vor, dass sich die Zustimmung der Gesellschafter auch aus einer einheitlichen Urkunde ergeben kann, ohne dass hieran besondere Formerfordernisse geknüpft werden. Daraus wird abgeleitet, dass Gesellschafterbeschlüsse auch in elektronischer Form (*écrit électronique*),[204] dh per E-Mail, die mittels elektronischer Signatur gem. Art. 1367 II C. civ. zu unterzeichnen ist, gefasst werden können.[205]

Wer für die **Einberufung** der Gesellschafterversammlung verantwortlich ist, wird in der Satzung festgelegt. 96
Meist wird diese Aufgabe dem Geschäftsführer übertragen.[206] Jeder Gesellschafter besitzt ein unabdingbares Teilnahmerecht an der Versammlung, welches grundsätzlich rechtsformneutral ausgestaltet ist.

dd) Informationsrechte

Die Gesellschafter haben gemäß Art. 1855 und 1856 C. civ. gewisse **Informationsrechte.** Diese sind vor allem 97
für die nicht-geschäftsführenden Gesellschafter von Bedeutung. Sie können danach zumindest einmal pro Jahr Einsicht in die Bücher der Gesellschaft nehmen (Einsichtsrecht) und der Geschäftsführung dazu schriftlich Fragen stellen (Fragerecht, Art. 1855 C. civ.). Zudem muss die Geschäftsführung sich zumindest einmal pro Jahr gegenüber den Gesellschaftern verantworten und dazu einen schriftlichen Bericht über die Aktivitäten der Gesellschaft vorlegen und sich diesbezüglich insbesondere auch zur finanziellen Lage der Gesellschaft äußern (Gewinn- oder Verlustsituation) (Art. 1856 C. civ.).

b) Geschäftsführungsorgan

aa) Bestellung und Abberufung

Die **Geschäftsführung** einer *société civile* obliegt **einem** oder **mehreren** Geschäftsführern, die sowohl **natürliche** 98
oder **juristische Personen** als auch **Gesellschafter-Geschäftsführer** bzw. **Fremd-Geschäftsführer** sein können (Art. 1846 I C. civ.). Das französische Recht kennt für die *société civile* damit im Gegensatz zum deutschen GbR-Recht nicht das Prinzip der Selbstorganschaft.[207] Es bleibt den Gesellschaftern jedoch unbelassen, das Prinzip der Selbstorganschaft in der Satzung festzuschreiben.[208] Wird eine juristische Person als Geschäftsführer eingesetzt, so haften deren Geschäftsführer wie die Geschäftsführer der *société civile*, die natürliche Personen sind. Daneben haftet die durch sie vertretene juristische Person, welche als Geschäftsführerin der *société civile* eingesetzt wurde, gesamtschuldnerisch (Art. 1847 C. civ.).

Vor Eintragung der *société civile* in das Handelsregister ist zwingend ein Geschäftsführer zu bestellen, da dieser 99
den Antrag auf Eintragung stellen muss.[209] Sieht die Satzung die **Bestellung des Geschäftsführers** nicht vor, muss er gem. Art. 1846 I C. civ. durch Beschluss oder einen separaten Akt (sog *acte distinct*)[210] benannt werden,[211] bevor die Gesellschaft überhaupt eingetragen werden kann. Wird das Amt des Geschäftsführers aus irgendeinem Grund vakant, so bestimmt das Gericht auf Antrag eines Gesellschafters einen Bevollmächtigten, der dazu befugt ist, die Gesellschafterversammlung einzuberufen, in deren Rahmen die Gesellschafter dann einen oder mehrere Geschäftsführer bestimmen können (Art. 1846 V C. civ.).[212]

Die Modalitäten für die Bestellung werden in der Satzung festgelegt (Art. 1846 II C. civ.). Sofern die Satzung 100
nichts Abweichendes bestimmt, wird der Geschäftsführer durch **Gesellschafterbeschluss mit einfacher Mehrheit** gewählt (Art. 1846 III C. civ.). Darüber hinaus kann in der Satzung die Möglichkeit einer Kooptation (Recht der verbleibenden Geschäftsführer zur Ernennung eines Nachfolgers des ausgeschiedenen Geschäftsführers) vorgesehen werden. Die Kooptation hat jedoch unter Vorbehalt einer späteren Genehmigung durch die Gesellschafter zu erfolgen.[213] Eine Entsprechung zum deutschen Entsenderecht kennt das französische Recht dagegen nicht. Neben den Modalitäten der Bestellung kann die Satzung auch bestimmen, wie die Geschäftsführung organisiert werden soll (Art. 1846 II C. civ.).

Die **Dauer** des Geschäftsführeramtes kann durch die Satzung oder durch den Ernennungsbeschluss festgesetzt 101
werden (Art. 1846 IV C. civ.). Zu beachten ist in diesem Zusammenhang, dass das Amt für die Dauer der Ge-

204 *Lucas/Castagné* in: JurisClasseur, Sociétés Formulaire, 2017, Fasc. K-229, Rn. 3.
205 *Azarin/Germain/Périn* in: JurisClasseur, Sociétés Traité, 2017, Fasc. 155-20, Rn. 128.
206 *Lefebvre*, Mémento sociétés civiles, 2018, Rn. 8515.
207 BGHZ 33, 105, 106 ff. = NJW 1960, 1997, 1997 ff.; BGHZ 146, 341, 360 = NJW 2001, 1056, 1056 ff.; BGH WM 1994, 237, 238. Dazu statt vieler *Schöne* in: BeckOK-BGB, 43. EL. 2017, § 709 Rn. 4 ff.; *Schäfer* in: MüKo BGB, 7. Aufl. 2017, § 709 Rn. 5 f.
208 *Lefebvre*, Mémento Sociétés Civiles, 2018, Rn. 7020.
209 *Saintourens in:* Répertoire de droit des sociétés, 2017, Société civile, Rn. 53.
210 Hierbei handelt es sich um ein Schriftstück, das entweder privatschriftlich oder notariell beurkundet die Ernennung des Geschäftsführers zum Gegenstand hat und der Satzung beigefügt ist. Ein Beispiel für einen solchen *acte distinct* findet sich im *Lefebvre*, Mémento Sociétés civiles, 2018, Rn. 7120.
211 *Saintourens in:* Répertoire de droit des sociétés, 2017, Société civile, Rn. 53.
212 *Bergel ua* in: Le Lamy Droit immobilier, 2017, Rn. 2727.
213 *Lefebvre*, Mémento Sociétés Civiles, 2018, Rn. 7125.

sellschaft währt, sofern nichts Anderes in der Satzung bestimmt wurde (Art. 1846 IV C. civ.). Durch Mehrheitsbeschluss der Gesellschafter kann der Geschäftsführer jederzeit wieder abberufen werden. Erfolgt die **Abberufung** jedoch **ohne berechtigten Grund** (*juste motif*),[214] kann der Geschäftsführer grundsätzlich **Schadensersatz** (*dommages-intérêts*) verlangen (Art. 1851 C. civ.). Bei der Vorschrift handelt es sich nach der Rechtsprechung des Kassationshofs um dispositives Recht, so dass die Satzung abweichend hiervon vorsehen könnte, dass die Abberufung jederzeit, auch ohne berechtigten Grund möglich ist, ohne dass der Geschäftsführer einen Schadensersatzanspruch geltend machen kann.[215] Außerdem kann das Gericht den Geschäftsführer aus **wichtigem Grund** (*cause légitime*),[216] auch gegen die Mehrheit der Gesellschafter, seines Amtes entheben, ohne dass die Gesellschafter vorher angehört werden müssen.[217] Anders als die verwendeten Termini vermuten lassen könnten, unterscheidet sich der **wichtige Grund** (*cause légitime*) vom **berechtigten Grund** (*juste motif*) nicht durch den die Abberufung begründenden Sachverhalt und mithin auch nicht durch die Schwere des Abberufungsgrundes. Vielmehr liegt der Unterschied in deren Bezug auf unterschiedliche Ansprüche in unterschiedlichen Kontexten: Während das Vorliegen eines **berechtigten Grundes** (*juste motif*) bestimmt, ob der abberufene Geschäftsführer Anspruch auf Schadensersatz hat, bestimmt sich durch das Vorliegen eines **wichtigen Grundes** (*cause légitime*), ob der Geschäftsführer gerichtlich abberufen werden kann. Der eigentliche Abberufungsgrund kann dabei durchaus derselbe sein.[218]

102 Sowohl die Bestellung als auch die Abberufung werden im Innenverhältnis mit dem im Beschluss bestimmten **Zeitpunkt** bzw. der **Unterzeichnung** des Gesellschaftsvertrags (bzgl. der Bestellung in der Satzung) wirksam. Ab diesem Zeitpunkt kann der Geschäftsführer die *société civile* in einem Gerichtsverfahren vertreten.[219] Dritten kann die Bestellung oder Abberufung allerdings erst mit der Veröffentlichung im *Registre du Commerce et des Sociétés* (RCS) entgegengehalten werden (Art. 1846-2 I C. civ. iVm Art. L. 123-9 I C. com.).[220]

bb) Geschäftsführungs- und Vertretungsbefugnis

103 Den Geschäftsführern obliegt die **Geschäftsführung** (Art. 1848 I C. civ.). Sie müssen jedoch die Satzungsbestimmungen beachten, die die Art und Weise der Verwaltung der Gesellschaft betreffen (Art. 1848 III C. civ.). Die Satzung kann die Befugnisse des Geschäftsführers einschränken. Art. 1848 I C. civ. ist somit dispositiv. In Frankreich sind zB Klauseln üblich, die dem Geschäftsführer generell verbieten, gewisse Geschäfte durchzuführen bzw. das Gebot enthalten, die vorherige Zustimmung der Gesellschafter bzgl. bestimmter Geschäfte einzuholen. Es ist auch möglich, eine summenmäßige Beschränkung einzuführen, dh die Kompetenz des Geschäftsführers einzuschränken, sofern das Geschäft einen bestimmten Betrag (zB 500.000 EUR) überschreitet.[221]

104 Gibt es mehrere Geschäftsführer, so steht ihnen **Einzelgeschäftsführungsbefugnis** zu. Solange eine Handlung noch nicht ausgeführt wurde, haben die anderen Geschäftsführer aber das Recht, sich gegen eine Entscheidung auszusprechen (**Vetorecht**, Art. 1849 II C. civ.). Die Missachtung des Vetos stellt einen Gesetzesverstoß dar, welcher im Falle des Nachweises eines Schadens die Haftung des handelnden Geschäftsführers zur Folge hat (Art. 1850 I C. civ.). Die Nichtbeachtung des Vetos kann unter Umständen auch einen berechtigten Grund (*juste motif*) für eine Abberufung darstellen.[222] Nur wenn bewiesen werden kann, dass der Dritte den Widerspruch kannte, kann ihm dies auch entgegengehalten werden (Art. 1849 II C. civ.). Gem. Art. 1848 III C. civ. kann die Satzung aber von der Einzelgeschäftsführungsbefugnis auch abweichen und beispielsweise eine Aufteilung der Geschäftsführerbefugnisse oder die vorherige Beschlussfassung durch alle Geschäftsführer als Gremium vorsehen. Allerdings gelten derartige Beschränkungen nur im Innenverhältnis.[223]

105 Die **Geschäftsführer vertreten** die Gesellschaft im Rahmen des Unternehmensgegenstandes **gegenüber Dritten** (Art. 1849 I C. civ.). Sie besitzen **Einzelvertretungsbefugnis**. Die Gesellschaft ist jedoch nicht an Geschäfte gebunden, die der Geschäftsführer abschließt, wenn diese außerhalb des Unternehmensgegenstands liegen (***ultra***

214 Ein berechtigter Grund liegt beispielsweise vor, wenn der Geschäftsführer seine Aufgaben nicht mehr wahrnimmt, Vermögen der Gesellschaft veruntreut oder gegen die Satzungsbestimmungen verstößt. Vgl. *Lefebvre*, Mémento Sociétés civiles, 2018, Rn. 7216.

215 Cass. 3 civ. 6.1.1999, Nr. 96-22.249, BJS Nr. 4 (1999), 498, 501 ff., Anm. *Couret*.

216 *Lefebvre*, Mémento sociétés civiles, 2018, Rn. 7225.

217 Cass. com. 15.1.2013, Nr. 11-28.510.

218 *Lefebvre*, Mémento sociétés civiles, 2018, Rn. 7215 ff.

219 Cass. com. 10.7.2012, Nr. 11-21.395; *Lefebvre*, Mémento Sociétés commerciales, 2018, Rn. 85811 iVm 13032; *Bahans* in: JurisClasseur, Sociétés Traité, 2016, Fasc. 27-50, Rn. 117.

220 CA Versailles chambre 13 22.2.2011, Nr. 00/04828, JurisData Nr. 2001-168174.

221 *Bougnoux* in: JurisClasseur, Civil Code, 2013, Art. 1845 bis 1870-1, Fasc. 21, Rn. 5; *Lefebvre*, Mémento Sociétés Civiles 2018, Rn. 7400. Zur möglichen Haftung der Gesellschafter im Zuge von zu stark einschränkenden Satzungsbestimmungen vgl. Rn. 92.

222 Vgl. Verweis Kommentierung Dalloz zu Art. 1851 C. civ. auf Art. L. 223-25 C. com., wonach Unstimmigkeiten zwischen mehreren Geschäftsführern per se nicht ausreichen.

223 *Lefebvre*, Mémento Sociétés civiles, 2018, Rn. 7410 und 7430; *Saintourens in:* Répertoire de droit des sociétés, 2017, Société civile, Rn. 96.

vires-**Doktrin**)[224] (Umkehrschluss aus Art. 1849 I C. civ.). Da die Gesellschafter unbeschränkt für die Verbindlichkeiten haften, erscheinen sie dem französischen Gesetzgeber insoweit schutzwürdig.[225] Im Umkehrschluss ist die Gesellschaft an alle Geschäfte gebunden, die in den Unternehmensgegenstand fallen, und damit auch an etwaige Grundlagengeschäfte. Es ist deshalb zwar theoretisch durchaus möglich, durch einen engen Geschäftsgegenstand die *ultra vires* Lehre zur Risikobegrenzung zu nutzen. In der Praxis ist dies jedoch eher unüblich, weil dadurch Flexibilität verloren geht und ein Geschäftsführer bereits wegen seines persönlichen Haftungsrisikos grundsätzlich davon absehen wird, Beschränkungen im Innenverhältnis zu überschreiten. Etwaige Beschränkungen der Vertretungsbefugnisse im Innenverhältnis haben gem. Art. 1849 III C. civ. keinen Einfluss auf das Außenverhältnis, dh jeder Geschäftsführer vertritt die *société civile* wirksam im Außenverhältnis. **Gesamtvertretungsbefugnis** kann daher im Außenverhältnis nicht wirksam festgelegt werden.[226] Die Nichtbefolgung vorbezeichneter Satzungsbestimmungen stellt jedoch einen wichtigen Grund (*cause légitime*) zur Abberufung des Geschäftsführers dar[227] und setzt die Geschäftsführung Schadensersatzansprüchen aus.

4. Kapitalverfassung

a) Kapitalaufbringung

Das Kapital der *société civile* ist in Anteile zerlegt. Jeder Gesellschafter kann mehrere Anteile halten. 106
Art. 1845-1 I C. civ. schreibt lediglich vor, dass das Gesellschaftskapital in **gleiche Anteile** aufgeteilt ist. Damit möchte das Gesetz ausdrücken, dass die Gesellschafter für alle Anteile einen **einheitlichen Nominalwert** festlegen müssen. Es bleibt ihnen aber unbenommen, die mit den Anteilen verbundenen Rechte zu modifizieren und somit zB Privilegien in Bezug auf Stimm- oder Gewinnrechte zu schaffen.[228]

Für die *société civile* gelten grundsätzlich **keine Mindestkapitalanforderungen**. Einige spezialgesetzlich geregelte 107
Formen der *société civile* unterliegen allerdings entsprechenden Vorschriften. So liegt zB das Mindestkapital einer EARL (*entreprise agricole à responsabilité limitée*) bei 7.500 EUR (Art. L. 324-3 I des *Code rural*). Auch wenn die Höhe der Einlage somit frei festgelegt werden kann, muss jeder Gesellschafter jedoch eine Einlage – und sei sie auch noch so gering – erbringen, um eine Gesellschafterstellung zu erlangen.[229]

Die Gesellschafter können frei darüber entscheiden, ob sie **Bareinlagen** (*apports en numéraire*), **Sacheinlagen** 108
(*apports en nature*), **Dienstleistungen** oder **Know-how** (*apports en industrie*) einbringen möchten. Sacheinlagen sind alle Einlagen, die weder Bareinlagen noch Dienstleistungen sind.[230] Dienstleistungen und Know-how sind zwar einlagefähig, werden allerdings nicht Teil des Stammkapitals (Art. 1843-2 II C. civ.). Werden entsprechende Werte jedoch von den Gesellschaftern eingebracht, so erwerben diese dennoch eine vollwertige Gesellschafterstellung, dh der jeweilige Gesellschafter wird an den Gewinnen und Verlusten beteiligt (Art. 1843-2 II C. civ.) und kann auch an kollektiven Entscheidungen teilnehmen (Art. 1844 I C. civ.). Kommt ein Gesellschafter im Fall der teilweisen Erbringung von Bareinlagen bei Gründung seiner Pflicht zur weiteren Einzahlung nicht innerhalb der vorgegebenen Fristen nach, fallen von Rechts wegen Verzugszinsen an (Art. 1843-3 V C. com.). Die Gesellschaft kann im Übrigen die Zahlung der ausstehenden Einlagen gerichtlich erwirken und gegebenenfalls Schadensersatz verlangen.[231] Kann ein Gesellschafter aus welchem Grund auch immer die Dienstleistung oder das Know-how nicht mehr erbringen, so wird seine Einlageverpflichtung unwirksam und seine Rechte werden nach den Satzungsbestimmungen liquidiert.[232]

Die Kapitalaufbringung unterliegt ansonsten keinen besonderen Bestimmungen. Es gibt **keine konkreten Auf-** 109
bringungsvorschriften für die Einlagen. Die Erbringung der Bareinlagen muss daher beispielsweise nicht innerhalb einer bestimmten Frist erfolgen. Die Modalitäten der Einbringung können in der Satzung bestimmt wer-

224 *Cozian/Viandier/Deboissy*, Droit des sociétés, 2016, Rn. 1516. iVm 345; *Lefebvre*, Mémento Sociétés civiles, 2018, Rn. 7420; *Bougnoux* in: JurisClasseur, Civil Code, 2013, Art. 1845 bis 1870-1, Fasc. 21, Rn. 24; Cass. 3 civ. 23.10.2013, Nr. 12-22.720 (Der Verkauf einer Immobilie ist nicht Teil eines wie folgt beschriebenen Gesellschaftsgegenstands: „Der Erwerb und die Verwaltung von sämtlichen beweglichen und unbeweglichen Gegenständen sowie die Aufnahme von Fremdkapital und die Übernahme von Hypothekarbürgschaften für alle Geschäfte, die in direktem oder indirektem Zusammenhang mit diesem Unternehmensgegenstand stehen und für die Verwirklichung dieser Zwecke erforderlich sind."); Cass. Com 3 civ. 20.3.2002, Nr. 00-17.969.

225 *Cozian/Viandier/Deboissy*, Droit des sociétés, 2016, Rn. 345; *Poracchia* Droit et patrimoine 107 (2002), 113, 113 f.

226 *Lefebvre*, Mémento Sociétés civiles, 2018, Rn. 7430.

227 *Saintourens* in: Répertoire de droit des sociétés, 2017, Société civile, Rn. 96.

228 *Bougnoux* in: JurisClasseur, Civil Code, 2016, Art. 1845 bis 1870-1, Fasc. 40, Rn. 5; *Brillat/Guillaud-Bataille*, La société civile, 2013, S. 87; *Lefebvre*, Mémento Sociétés civiles, 2018, Rn. 21010.

229 *Lefebvre*, Mémento Sociétés civiles, 2018, Rn. 1102.

230 *Merle/Fauchon*, Sociétés commerciales, 2016, Rn. 41.

231 *Lefebvre*, Mémento Sociétés commerciales, 2018, Rn. 34082.

232 *Lefebvre*, Mémento Sociétés civiles, 2018, Rn. 1310.

den. Häufig wird dem Geschäftsführungsorgan die Kompetenz der **Einforderung ausstehender Einlagen** zugesprochen.[233]

b) Kapitalerhöhung

110 Die Gesellschafter beschließen über Kapitalerhöhungen. Die für die Beschlussfassung erforderliche Mehrheit kann in der Satzung geregelt werden. Enthält die Satzung keine entsprechende Bestimmung, so ist der Beschluss einstimmig zu fassen (Art. 1852 C. civ., zum Erfordernis der Einstimmigkeit s. Rn. 94).

111 Da es für die *société civile* keine konkreten Bestimmungen in Bezug auf die Kapitalaufbringung gibt, unterliegt auch die Aufbringung im Rahmen der Kapitalerhöhung keinen besonderen Regelungen. Ein **Emissionsagio** (*prime d'émission/prime d'apport*) kann dazu genutzt werden, eine Verwässerung der Anteile eines Gesellschafters, der nicht an der Kapitalerhöhung partizipiert, zu verhindern.[234]

c) Kapitalherabsetzung

112 Eine Kapitalherabsetzung kann aus den unterschiedlichsten **Gründen** erfolgen. Zum einen kann das Kapital in der Gesellschaft aufgrund einer Reduzierung des Geschäftsumfangs nicht mehr benötigt werden. Zum anderen kann die Kapitalherabsetzung dem Verlustausgleich dienen. Auch der Rückzug eines Gesellschafters aus der Gesellschaft kann Grund für eine Kapitalherabsetzung sein.[235]

113 Kapitalherabsetzungen werden von der Gesellschafterversammlung mit der in der Satzung vorgesehenen Mehrheit beschlossen (Art. 1852 C. civ.). Haben die Gesellschafter kein Mehrheitserfordernis festgelegt, so ist der Beschluss einstimmig zu fassen (Art. 1852 C. civ., zum Einstimmigkeitserfordernis s. Rn. 94). Da die Gesellschafter unbeschränkt für die Verbindlichkeiten der Gesellschaft haften, statuiert das französische Recht **keine** besonderen **gläubigerschützenden Vorschriften.**[236] Da kein Mindestkapital vorgegeben ist (s. Rn. 107), ist die Kapitalherabsetzung grundsätzlich auch ihrer Höhe nach nicht beschränkt. Die Vorgabe des Art. 1845-1 I C. civ., dass das Gesellschaftskapital in gleiche Anteile aufgeteilt sein muss, ist allerdings auch im Rahmen der Kapitalherabsetzung zu beachten.

5. Die Gewinnverteilung in der société civile

114 Alle Gesellschafter einer *société civile* haben gemäß Art. 1832 C. civ. **Anspruch** auf die erzielten Gewinne und tragen auch deren Verluste gemeinsam. Vorbehaltlich einer anderslautenden Regelung in der Satzung können die Gewinne nach dem Willen der Gesellschafterversammlung entweder am Ende des Geschäftsjahres ausgekehrt werden oder aber zum Teil oder sogar insgesamt zur Bildung von Rücklagen verwendet werden.[237] Grundsätzlich haben die Gesellschafter selbst Anspruch auf die Gewinne, es sei denn, es wurde ein Nießbrauch an den Anteilen bestellt. In diesem Fall hat der Nießbrauchsberechtigte Anspruch auf den Gewinn.[238] Werden allerdings Rücklagen ausgeschüttet, so gebühren diese dem Eigentümer (*nue-propriétaire*).[239]

115 Die Gewinn- und Verlustverteilung ist in der Regel in der **Satzung** vorgesehen.[240] Gem. Art. 1844-1 I C. civ. entspricht der Gewinnanteil eines Gesellschafters grundsätzlich seiner Beteiligung an der Gesellschaft, soweit nicht in der Satzung etwas Anderes vorgesehen ist.[241] Eine Besonderheit gilt für Gesellschafter, die Dienstleistungen oder Know-how (*apport en industrie*) als Einlage erbringen: Soweit nichts Abweichendes in der Satzung geregelt wurde, entspricht der Gewinnanteil dieser Gesellschafter dem Anteil des Gesellschafters, der die geringste Beteiligung an der *société civile* hat (Art. 1844-1 I C. civ.).[242] Aufgrund der gewährten Satzungsgestaltungsfreiheit kann die Gewinnverteilung von den Gesellschaftern allerdings letztlich auch einem **Dritten** über-

233 *Lefebvre*, Mémento Sociétés civiles, 2018, Rn. 1111 ff.; *Brillat/Guillaud-Bataille*, La société civile, 2013, S. 63; *Dalloz*, Fiches d'orientation, Société civile, 2016, Rn. 1.4.; *Cozian/Viandier/Deboissy*, Droit des sociétés, 2016, Rn. 1506.

234 *Lefebvre*, Mémento Sociétés civiles, 2018, Rn. 14520.

235 *Lefebvre*, Mémento Sociétés civiles, 2018, Rn. 15000.

236 *Lefebvre*, Mémento Sociétés civiles, 2018, Rn. 15020.

237 *Lefebvre*, Mémento Sociétés civiles, 2018, Rn. 1523; *Brillat/Guillaud-Bataille*, La société civile, 2013, S. 122.

238 *Dalloz*, Fiches d'orientation, Usufruit de droits sociaux, 2016, Rn. 3.2; *Aulagnier ua*, Le Lamy Patrimoine, 2009, Rn. 740-216.

239 *Le Cannu/Dondero*, Droit des sociétés, 2015, Rn. 920; *Aulagnier ua*, Le Lamy Patrimoine, 2015, Rn. 265-105.

240 *Le Cannu/Dondero*, Droit des sociétés, 2015, Rn. 179; *Brillat/Guillaud-Bataille*, La société civile, 2013, S. 42.

241 *Lefebvre*, Sociétés civiles, 2019, Rn. 1520. Wenn nach der Auflösung der Gesellschaft und der Begleichung aller Verbindlichkeiten der Gesellschaft noch Geld übrigbleibt, ist dieser Liquidationserlös (*boni de liquidation*) zu verteilen. Gemäß Art. 1844-9 C. civ. erfolgt diese Verteilung entsprechend dem Gewinnanteil eines jeden Gesellschafters.

242 *Lefebvre*, Mémento Sociétés civiles, 2018, Rn. 20280.

tragen werden, was als Schiedsübereinkommen (sog *convention d'arbitrage*) qualifiziert wird.[243] Es ist auch ohne weiteres möglich, einigen Gesellschaftern günstigere Bedingungen im Hinblick auf die Gewinnbeteiligung einzuräumen. So kann der Gewinnanteil eines Gesellschafters zB größer als seine Beteiligung sein.[244]

Die Gestaltungsfreiheit in der Satzung findet allerdings in Art. 1844-1 II C. civ. ihre Grenzen: Hiernach gelten Vereinbarungen als „nicht geschrieben"[245] (sie sind also unwirksam), wenn einem Gesellschafter alle Gewinne zustehen oder ein Gesellschafter sich nicht an den Verlusten beteiligen muss. Umgekehrt ist es nach dieser Vorschrift ebenfalls nicht möglich, einen Gesellschafter vollständig von der Gewinnbeteiligung auszuschließen oder ihn alle Verluste selbst tragen zu lassen. Dabei spielt es keine Rolle, ob diese auch als ***clauses léonines*** (leoninische Vereinbarungen; in Deutschland auch als societas leonina bekannt) bezeichneten Regelungen[246] in der Satzung selbst stehen oder aber vergleichbare Wirkungen aus anderen Vereinbarungen resultieren.[247] So wurde wegen Verletzung des Art. 1844-1 II C. civ. beispielsweise eine Bestimmung als unwirksam erklärt, wonach einem Gesellschafter das Recht zum Rückkauf zum Nominalwert eingeräumt wurde, wenn die Gesellschaft keine Gewinne ausschüttet.[248] Demgegenüber wurde es aber als zulässig erachtet, dass ein Gesellschafter auf die Gewinne eines abgeschlossenen Geschäftsjahres verzichtet.[249] Derartige *clauses léonines* sind *ex tunc* unwirksam und werden durch verhältnismäßige Regelungen ersetzt (und nicht durch das dispositive Recht). Weil diese Rechtsfolge kaum Sanktionscharakter hat, wird in der französischen Lehre diskutiert, ob die Sanktionen schärfer sein müssten.[250] Eine höhere Sanktionswirkung hätte beispielsweise der Rückgriff auf die dispositiven gesetzlichen Bestimmungen. 116

6. Haftung für die Verbindlichkeiten der Gesellschaft

Die Gesellschafter **haften** für die Verbindlichkeiten der Gesellschaft **persönlich und unbeschränkt** (Art. 1857 I C. civ.). Eine **gesamtschuldnerische Haftung** besteht bei der *société civile* kraft Gesetzes jedoch grundsätzlich nicht.[251] Die Parteien können allerdings gemäß Art. 1310 C. civ. eine gesamtschuldnerische Haftung vertraglich vereinbaren.[252] Ausnahmen vom Ausschluss der gesamtschuldnerischen Haftung können sich zudem für einige spezialgesetzlich geregelten Formen der *société civile* ergeben, so zB früher für die SCP (*société civile professionnelle*).[253] 117

Die Gesellschafter haften **proportional** zu ihren Anteilen (***pro rata*-Haftung**) (Art. 1857 I C. civ.). Bringt ein Gesellschafter lediglich Dienstleistungen ein, so haftet er im selben Umfang wie der Gesellschafter, der im geringsten Maße zum Kapital beigetragen hat (Art. 1857 II C. civ.). Die individuelle Einstandspflicht eines Gesellschafters kann gleichwohl durch eine entsprechende Satzungsbestimmung höher oder niedriger ausgestaltet werden, solange dies nicht im Ergebnis dazu führt, dass er gänzlich von der Pflicht zur anteiligen Zahlung der Gesellschaftsverbindlichkeiten befreit wird (Verbot der *clauses léonines*).[254] Eine entsprechende Klausel wäre unwirksam (*réputées non écrite*, Art. 1844-1 II C. civ.). 118

Art. 1858 C. civ. stellt klar, dass die Gläubiger von den Gesellschaftern erst dann die Begleichung ihrer Forderungen verlangen können, wenn sie **zuvor vergeblich versucht** haben, von der Gesellschaft Befriedigung zu erlangen. Eine einfache Zahlungsaufforderung, der die Gesellschaft nicht nachgekommen ist, reicht dafür nicht aus.[255] Vielmehr müssen die Gläubiger zuvor vergeblich versucht haben, die Befriedigung ihrer Forderungen gegen die Gesellschaft gerichtlich zu erwirken (Art. L. 214-89 I CMF). Die Haftung der Gesellschafter ist somit im Verhältnis zur Gesellschaft **subsidiär**. 119

Scheidet ein Gesellschafter aus der *société civile* aus, so haftet er grundsätzlich nur für diejenigen Gesellschaftsverbindlichkeiten, die vor dem Datum fällig geworden sind, an dem sein **Ausscheiden** gegenüber Dritten wirk- 120

243 *Lefebvre*, Mémento Sociétés civiles, 2018, Rn. 1527.

244 *Lefebvre*, Mémento Sociétés civiles, 2018, Rn. 1526; *Brillat/Guillaud-Bataille*, La société civile, 2013, S. 42.

245 Übersetzung der Verfasser für: „*sont réputées non écrites*".

246 Als *clauses léonines* werden solche Vereinbarungen bezeichnet, die einem Vertragspartner vollkommen unverhältnismäßige Rechte einräumen.

247 *Le Cannu/Dondero*, Droit des sociétés, 2015, Rn. 182; CA Paris 5.12.1983, Recueil Dalloz 1984, 391, 392, Anm. *Bousquet* und *Selinsky*.

248 *Le Cannu/Dondero*, Droit des sociétés, 2015, Rn. 182.

249 Cass. com. 26.5.2004, Nr. 03-11471.

250 *Le Cannu/Dondero*, Droit des sociétés, 2015, Rn. 190; *Cozian/Viandier/Deboissy*, Droit des sociétés, 2016, Rn. 157.

251 Cass. 3 civ. 27.3.1996, Nr. 93-13094; hierzu auch *Lefebvre*, Mémento Sociétés civiles, 2018, Rn. 20415 f.

252 *Bougnoux* in: JurisClasseur, Sociétés Traité, 2016, Fasc. 48-60, Rn. 83; *Lefebvre*, Mémento Sociétés civiles, 2018, Rn. 20416; zu der durch die Gesellschafter in der Praxis gewährten gesamtschuldnerischen Bürgschaft siehe *Bougnoux* in: JurisClasseur, Sociétés Traité, 2016, Fasc. 48-60, Rn. 83, unter Verweis auf die Rechtsprechung (CA Paris 3.2.1999).

253 *Vallansan/Azarian* in: JurisClasseur, Commercial, 2017, Fasc. 1130, Rn. 111.

254 *Valuet/Lienhard/Pisoni* in: Code des sociétés commenté, 2016, Art. 1857 C. civ.

255 *Lefebvre*, Mémento sociétés civiles, 2018, Rn. 20420.

sam wird.[256] Es droht damit nach französischem Recht keine „Endloshaftung" im Fall von Dauerschuldverhältnissen, da der Gesellschafter nur für den Teil haftet, der bis zu seinem Ausscheiden konkret fällig geworden ist. Etwas Anderes gilt gem. Art. 1857 I C. civ. für den Fall der Zahlungsunfähigkeit der Gesellschaft (*cessation des paiements*). Ist der Gesellschafter zu diesem Zeitpunkt noch nicht ausgeschieden, hat er für alle bis zur Zahlungsunfähigkeit begründeten Verbindlichkeiten einzustehen, unabhängig davon, ob diese bereits fällig waren.[257]

7. Mitgliederwechsel

121 Die *société civile* weist das Merkmal ***„intuitu personae"*** auf, dh die Person der Gesellschafter und ihr Verhältnis zueinander ist von besonderer Bedeutung. Die Zugrundelegung eines solchen persönlichen Verhältnisses der Gesellschafter untereinander wirkt sich im Gesetz vor allem auf die Übertragung von Anteilen aus, wobei die Auswirkungen im Laufe der Zeit allerdings abgeschwächt wurden. Aufgrund des *intuitu personae*-Grundsatzes dürfen daher in der *société civile* neue Gesellschafter zB grundsätzlich **nicht ohne** die **Zustimmung** (*agrément*) der bisherigen Gesellschafter aufgenommen werden (siehe dazu und zu den Ausnahmen im Folgenden unter Rn. 122 ff.).[258] Der *intuitu personae*-Grundsatz ist in der *société civile* allerdings weniger stark ausgeprägt als in der *société en nom collectif* (SNC).[259] Denn gem. Art. 1869 I C. civ. kann jeder Gesellschafter beim Vorliegen eines berechtigten Grundes (*motif légitime*) sein Ausscheiden (*retrait*) unabhängig von der Zustimmung der verbleibenden Gesellschafter gerichtlich erwirken (vgl. Rn. 129).

a) Abtretung von Anteilen unter Lebenden

122 Die **Abtretung** von Anteilen unter Lebenden bedarf grundsätzlich der **Zustimmung** (*agrément*) **aller Mitgesellschafter** (Art. 1861 I C. civ.). Die Satzung kann jedoch festlegen, dass die Zustimmung mit einer Mehrheit an abgegebenen Stimmen statt mit Einstimmigkeit erfolgen kann (Art. 1861 II 1 C. civ.). Die Gesellschafter können das Zustimmungserfordernis in der Satzung auch an die Geschäftsführung delegieren (Art. 1861 II 1 C. civ.). Allerdings ist es nicht möglich, per Satzung eine freie Abtretung an Dritte vorzusehen, die gar keiner Zustimmung bedarf.[260] Die Übertragung von Anteilen an Mitgesellschafter und an deren Eheleute ist dagegen ohne Zustimmung möglich, sofern die Satzung dies ausdrücklich vorsieht (Art. 1861 II 2 C. civ., *opt-in*-Möglichkeit). Die Übertragung von Anteilen an Verwandte in auf- oder absteigender Linie ist ohne Zustimmung möglich, sofern die Satzung nicht etwas Anderes bestimmt (Art. 1861 II 3 C. civ., *opt-out*-Möglichkeit).

123 Es ist bei der *société civile* auch gestattet, in der Satzung eine sog ***clause d'inaliénabilité*** vorzusehen, wonach die Anteile erst nach Ablauf einer dort festgelegten Zeit veräußert werden dürfen. Voraussetzung für die Wirksamkeit solcher Bestimmungen ist, dass das Übertragungsverbot zeitlich begrenzt und sachlich gerechtfertigt ist.[261] Eine konkrete zeitliche Begrenzung für ein entsprechendes Übertragungsverbot (wie bei der SAS, s. dazu Rn. 703) ist gesetzlich nicht vorgegeben. Es kommt allein darauf an, dass die Dauer angemessen ist.

124 Der Gesellschafter muss das Vorhaben der **Abtretung** von Gesellschaftsanteilen, gegebenenfalls verbunden mit der Bitte auf Zustimmung dazu, der *société civile* und seinen Mitgesellschaftern **mitteilen** (Art. 1861 III C. civ.). Erteilen die Mitgesellschafter die Zustimmung zur Abtretung, kann das Rechtsgeschäft abgewickelt werden. Die **Zustimmung** zur Veräußerung der Anteile wird auch dann als gegeben angesehen, wenn die Mitgesellschafter zwar nicht ausdrücklich einwilligen, aber keiner von ihnen dem Gesellschafter innerhalb von sechs Monaten ein Kaufangebot unterbreitet und nicht innerhalb gleicher Frist die Auflösung der Gesellschaft durch die übrigen Gesellschafter beschlossen wird (Art. 1863 I C. civ.).

125 Das Gesetz erwähnt demgegenüber die direkte Verweigerung der Zustimmung nicht. Daraus wird in der Literatur geschlossen, dass eine **pauschale Verweigerung der Zustimmung** nicht möglich ist. Vielmehr können die Gesellschafter im Ergebnis die Zustimmung nur verweigern, wenn sie dem betroffenen Gesellschafter eine **andere**

256 *Lefebvre*, Mémento Sociétés civiles, 2018, Rn. 20410; *Le Cannu/Dondero*, Droit des sociétés, 2015, Rn. 1427; Cass. 3 civ. 14.11.1991, Nr. 89-15.507.

257 *Lefebvre*, Mémento Sociétés civiles, 2018, Rn. 20410 f.; *Harel*, Perte de la qualité d'associé en nom et obligation aux dettes sociales (Kommentar zur Entscheidung des CA Paris vom 4.2.2010), BJS 6 (2010) 551, 552 f.

258 *Le Cannu/Dondero*, Droit des sociétés, 2015, Rn. 1429 ff.; *Bougnoux* in: JurisClasseur, Civil Code, 2013, Art. 1845 bis 1870-1, Fasc. 10, Rn. 86 f.; *Vallansan/Azarian* in: JurisClasseur, Commercial, 2016, Société civile, Fasc. 1130, Rn. 16; *Lefebvre*, Mémento Sociétés civiles, 2018, Rn. 310 f.

259 *Le Cannu/Dondero*, Droit des sociétés, 2015, Rn. 1429.

260 *Lefebvre*, Mémento Sociétés civiles, 2018, Rn. 21350 ff.; *Saintourens in:* Répertoire de droit des sociétés, 2017, Société civile, Rn. 137, 142; *Félix/Dannenberger* in: JurisClasseur, Notarial Formulaire, 2016, Fasc. E-45, Rn. 70.

261 *Lefebvre*, Mémento Sociétés civiles, 2018, Rn. 21212.

Ausstiegsmöglichkeit bieten.[262] Die Gesellschafter können somit jederzeit aus der *société civile* ausscheiden, sofern sie einen Erwerber für ihre Anteile gefunden haben.

Verweigern die **Mitgesellschafter** die **Zustimmung**, können sie die Anteile selbst erwerben. Verlangt kein Mitgesellschafter die Abtretung, kann die Gesellschaft mit der Zustimmung aller Mitgesellschafter die Anteile Dritten zum Kauf anbieten (Art. 1862 II C. civ.) oder einen Rückkauf der Anteile initiieren. Im letzteren Fall werden die Anteile im Zuge des Rückkaufs gelöscht (Art. 1862 II C. civ.). Ist der Gesellschafter in einer der erläuterten Situationen mit dem angebotenen Kaufpreis nicht einverstanden, wird der **Preis** gem. Art. 1843-4 C. civ. von einem **Sachverständigen** (*expert*) festgesetzt (Art. 1862 III C. civ.). Der Sachverständige ist bei der Ermittlung des Preises an die Vorgaben gebunden, die ggf. in der Satzung getroffen wurden (Art. 1843-4 I 2 C. civ.). Anders als im deutschen Gesellschaftsrecht sehen Satzungen in Frankreich jedoch noch immer selten entsprechende Bewertungsklauseln vor, obwohl diese ohne weiteres zulässig sind. Dies lässt sich möglicherweise dadurch erklären, dass die Pflicht des Sachverständigen zur Beachtung satzungsmäßiger Bewertungsklauseln erst seit 2014 besteht. Insofern ist davon auszugehen, dass Satzungen in Zukunft in erhöhtem Maße die in Deutschland ebenfalls bekannten Bewertungsklauseln (Buchwert, Ertragswert etc) enthalten werden. 126

b) Übergang der Anteile im Todesfall

Grundsätzlich sind die Gesellschaftsanteile im **Todesfall frei vererbbar.**[263] Die Gesellschaft wird grundsätzlich nicht aufgelöst, wenn ein Gesellschafter verstirbt. Vielmehr wird die *société civile* regelmäßig mit den verbleibenden Gesellschaftern und den rechtmäßigen Erben fortgeführt (Art. 1870 I C. civ.). Die Satzung kann jedoch die Auflösung im Fall des Todes eines Gesellschafters vorsehen (Art. 1870 II C. civ.). Den Satzungsgebern wird bezüglich dieses Aspekts aber auch darüber hinaus ein großer **Regelungsspielraum** eingeräumt. Sie können daher zB bestimmen, dass der Eintritt des Erben in die Gesellschaft der Zustimmung der Mitgesellschafter unterliegt oder dass die Gesellschaft nur mit den verbleibenden Gesellschaftern fortgeführt wird (Art. 1870 II und III C. civ.).[264] In der Satzung kann aber beispielsweise auch festgelegt werden, dass die Gesellschaft nur mit bestimmten Personen weitergeführt wird, zB dem überlebenden Ehepartner oder lediglich einigen Erben oder auch jeder anderen Person (Art. 1870 III C. civ.). Es sind also auch **qualifizierte Nachfolgeklauseln** nach deutschem Verständnis möglich. 127

Ist den Erben aufgrund einer Satzungsbestimmung der Eintritt in die *société civile* versperrt, so können sie die **Zahlung des Wertes des Geschäftsanteils** verlangen. Zur Zahlung verpflichtet ist derjenige, der den Anteil erwirbt bzw. die Gesellschaft, wenn die Anteile von dieser zurückgekauft werden (Art. 1870-1 I C. civ.). Sind die Erben mit dem gebotenen Kaufpreis nicht einverstanden, so wird der Wert der Anteile von einem **Sachverständigen** (*expert*) gem. Art. 1870-1 II iVm Art. 1843-4 C. civ. festgesetzt. Der Sachverständige ist bei der Ermittlung des Preises an die Vorgaben gebunden, die gegebenenfalls diesbezüglich in der Satzung getroffen wurden (Art. 1843-4 I 2 C. civ.). 128

c) Austrittsrecht

Neben den bisher erläuterten Konstellationen kann es auch dann zu einem Mitgliederwechsel kommen, wenn einem Gesellschafter ein **Austrittsrecht** zusteht. Dies ist der Fall, wenn die **Satzung** dem Gesellschafter ein Austrittsrecht gewährt (Art. 1869 I 1 C. civ.). Enthält die Satzung kein entsprechendes Austrittsrecht, können die Mitgesellschafter durch **einstimmig gefassten Beschluss** dem Gesellschafter das Ausscheiden aus der *société civile* ermöglichen (Art. 1869 I 1 C. civ.). Daneben kann das **Gericht** dem Gesellschafter ein **Austrittsrecht** zuerkennen, wenn ein wichtiger Grund dafür vorliegt (Art. 1869 I 2 C. civ.). Hierbei handelt es sich um zwingendes Gesetzesrecht, das nicht durch eine entsprechende Satzungsbestimmung abbedungen werden kann.[265] Als wichtige Gründe wurden dabei die persönliche finanzielle Lage eines Gesellschafters[266] oder der Missbrauch der mehrheitlichen Stellung der anderen Gesellschafter[267] angesehen. Kann über den **Kaufpreis keine Einigung** erzielt werden, bestimmt ein **Sachverständiger** (*expert*) gem. Art. 1869 II C. civ. iVm Art. 1843-4 C. civ. den Wert des Anteils. Der Sachverständige ist bei der Ermittlung des Preises an die Vorgaben gebunden, die gegebenenfalls diesbezüglich in der Satzung getroffen wurden (Art. 1843-4 I 2 C. civ.). 129

262 *Gibirila* in: JurisClasseur, Civil Code, 2015, Art. 1832 bis 1844-17, Fasc. 41, Rn. 38; *Bougnoux* in: JurisClasseur, Civil Code, 2014, Art. 1845 bis 1870-1, Fasc. 40, Rn. 81 ff.; CA Paris 17.2.2003, Nr. 02-15.002.

263 *Lefebvre*, Mémento Sociétés civiles, 2018, Rn. 22000, 22005; *Vallansan/Azarian* in: JurisClasseur, Commercial, 2017, Fasc. 1130, Rn. 164 f.; Cass. 1 civ. 24.3.1998, Nr. 96-11.538.

264 *Vallansan/Azarian* in: JurisClasseur, Commercial, 2017, Fasc. 1130, Rn. 165; *Lefebvre*, Mémento Sociétés civiles, 2018, Rn. 22000; *Bougnoux* in: JurisClasseur, Civil Code, 2014, Art. 1845 bis 1870-1, Fasc. 40, Rn. 95.

265 *Cannu/Dondero*, Droit des sociétés, 2015, Rn. 1435.

266 *Lefebvre*, Mémento Groupes de sociétés, 2017-2018, Rn. 857.

267 CA Nancy 30.1.1991, BJS 10 (1991) 911, 912, Anm. *Sauget*.

d) Exkurs: Mitgliederwechsel bei Erbringung von Dienstleistungen

130 Die **Rechte** eines Gesellschafters, der Dienstleistungen oder Know-how (*apport en industrie*) eingebracht hat, sind **unveräußerlich**, da sie in besonderem Maße an die Person des Gesellschafters gebunden sind.[268] Im Gegensatz zu den anderen Gesellschaftern kann er seine Rechte daher **nicht** gegen Zahlung einer Geldleistung **an Dritte oder Mitgesellschafter abtreten**. Sofern er aus irgendeinem Grund die Gesellschaft verlässt oder die Zusammenarbeit beendet (Austritt, Tod, Ausschluss), müssen seine Anteile eingezogen werden.[269] Mit dem Ausscheiden des Gesellschafters erfüllt dieser nicht länger seine Einlageverpflichtung (bestehend in der Erbringung der Dienstleistung oder des Know-how) und verliert infolgedessen auch die im Gegenzug gewährten Rechte.[270] Seine Rechte werden nach den Satzungsbestimmungen liquidiert.[271] Die Unveräußerlichkeit ist ein **Nachteil** für Gesellschafter, wodurch die Attraktivität der Erbringung von Dienstleistungen geringer ist. Möchte eine Gesellschaft die Einbringung von Dienstleistungen unterstützen, kann sie dafür beispielsweise einen höheren Anteil am Gewinn gewähren als von Art. 1844-1 I C. civ. vorgesehen.

e) Ausschluss aus der Gesellschaft

131 Gemäß Art. 545 C. civ., der dem Schutz des **Eigentumsrechts** dient, darf grundsätzlich niemand zur Abtretung seines Eigentums gezwungen werden, sofern dies nicht durch einen öffentlichen Nutzen begründet ist. Dementsprechend kann grundsätzlich auch niemand gezwungen werden, aus einer Gesellschaft auszuscheiden oder gegen seinen Willen Anteile abzutreten. Der Ausschluss des Gesellschafters aus der *société civile* ist daher nur in den in Art. 1860 C. civ. vorgesehenen **Ausnahmefällen** zulässig. Als Gründe listet die Vorschrift die Situationen, in denen der Gesellschafter offensichtlich zahlungsunfähig wird (*déconfiture*), Privatinsolvenz anmeldet (*faillite personnelle*) oder ein Rettungs-, Sanierungs- oder Liquidationsverfahren[272] hinsichtlich seines Privatvermögens durchgeführt wird.[273] Daneben gilt für den Fall, dass einer der Gesellschafter vor Gericht die Nichtigkeit der Gesellschaft, eines Rechtsgeschäfts oder eines Beschlusses wegen des Willensmangels oder der Geschäftsunfähigkeit eines anderen Gesellschafters beantragt, dass die Gesellschaft bzw. ein Gesellschafter dem Gericht Maßnahmen vorschlägt, durch die das Interesse des klagenden Gesellschafters aufgehoben wird, darunter insbesondere den Kauf seiner Anteile (Art. L. 1844-12 II C. civ.).

132 Ob der Gesellschafter in Ermangelung ausdrücklicher gesetzlicher Bestimmungen zudem auf der Grundlage einer entsprechenden **Satzungsbestimmung** (*clause d'exclusion*) ausgeschlossen werden kann, galt lange Zeit als umstritten. Allerdings hat die französische Rechtsprechung die Zulässigkeit statutarischer Ausschlussklauseln mittlerweile weitgehend anerkannt.[274] Sofern die Ausschlussklausel nicht bereits in der Gründungssatzung enthalten ist, kann diese nur durch einstimmigen Beschluss der Gesellschafter nachträglich aufgenommen werden.[275] Der Anreiz, den Ausschluss eines Gesellschafters in der **Satzung** zu regeln, besteht darin, dass Gerichte laut Rechtsprechung nicht dazu befugt sind, einen Gesellschafter zwangsweise auszuschließen, dh ihn zur Abtretung seiner Gesellschaftsanteile zu verpflichten.[276] So kann bspw. ein Gesellschafter, der gem. Art. 1844-7 Nr. 5 C. civ. die Auflösung der Gesellschaft beantragt, nicht durch Gerichtsbeschluss ausgeschlossen werden, mögen die internen Verwerfungen auch noch so gravierend sein.[277]

133 Die **Satzungsbestimmungen**, die einen Ausschluss ermöglichen, müssen sehr **präzise** gefasst sein und zumindest folgende Bestandteile enthalten:[278]

268 *Lefebvre,* Mémento sociétés civiles, 2018, Rn. 1305 f. und 21213; *Cozian/Viandier/Deboissy*, Droit des sociétés, 2016, Rn. 149.

269 *Cozian/Viandier/Deboissy*, Droit des sociétés, 2016, Rn. 149; *Bougnoux* in: JurisClasseur, Civil Code, 2016, Art. 1845 bis 1870-1, Fasc. 40, Rn. 27, *Lefebvre,* Mémento sociétés civiles, 2018, Rn. 21213.

270 *Lefebvre,* Mémento sociétés civiles, 2018, Rn. 1305 f. und 21213; *Cozian/Viandier/Deboissy*, Droit des sociétés, 2016, Rn. 149.

271 *Lefebvre,* Mémento sociétés civiles, 2018, Rn. 1310.

272 Der in Art. 1860 C. civ. verwendete Ausdruck *règlement judiciaire* entspricht nach heutigem Recht der *sauvegarde*, dem *redressement* und der *liquidation* (*Lefebvre*, Mémento Sociétés civiles, 2018, Rn. 20215).

273 *Cozian/Viandier/Deboissy*, Droit des sociétés, 2016, Rn. 1522 iVm Rn. 1546.

274 Cass. com. 13.12.1994, Nr. 93-11.569; Cass. com. 8.3.2005, Nr. 02-17.692; siehe hierzu auch *Cozian/Viandier/Deboissy*, Droit des sociétés, 2016, Rn. 450.

275 *Cozian/Viandier/Deboissy*, Droit des sociétés, 2016, Rn. 451; CA Paris 27.3.2001, Nr. 00-12.023; CA Grenoble 16.9.2010, Nr. 10-62.

276 *Rousille* Droit des sociétés 6 (2011) 22, 22 f., Komm. zur Entscheidung CA Colmar 1 civ. 18.1.2011 unter Bezugnahme auf Cass. com. 12.3.1996, Nr. 93-17.813. Diese Frage ist demgegenüber in der Literatur allerdings noch umstritten (zu einer Darstellung der verschiedenen Meinungen siehe *Lefebvre*, Documentation experte, Documentation pratique Affaires, Série SARL, 2018, Division IV, Rn. 64300 ff.).

277 Cass. com. 12.3.1996, Nr. 536; *Lefebvre*, Mémento Sociétés civiles, 2018, Rn. 24169.

278 Cass. com. 20.3.2012, Nr. 11-10.855, Anm. *Monsèré-Bon* RTD com. 2 (2012), 355, 356; *Gibirila* in: JurisClasseur, Civil Code, 2015, Art. 1832 bis 1844-17, Fasc. 41, Rn. 55; *Saintourens in:* Répertoire de droit civil, 2017, Société civile, Rn. 158; *Bougnoux* in: JurisClasseur, Civil Code, 2016, Art. 1845 bis 1870-1, Fasc. 30, Rn. 39 f.

- Ausschlussgrund (zB personenbezogene oder verhaltensbezogene Gründe)
- Organ, das über den Ausschluss entscheidet (zB die Gesellschafterversammlung; der Geschäftsführer)
- Modalitäten des Ausschlussverfahrens

Im Übrigen darf das Abfindungsrecht dem Gesellschafter nicht vorenthalten werden. Sieht die Satzung vor, dass das für den Ausschluss zuständige Organ die Gesellschafterversammlung ist, so darf der vom Ausschluss betroffene Gesellschafter weder von der entsprechenden Gesellschafterversammlung noch von der Abstimmung ausgeschlossen werden, da Art. 1844 I C. civ. ausdrücklich vorsieht, dass jeder Gesellschafter das Recht auf Teilnahme an den Gesellschafterbeschlüssen hat und jede anderslautende Klausel nichtig ist.[279] Was den Ablauf des Ausschlussverfahrens betrifft, muss hierbei der Grundsatz des kontradiktorischen Verfahrens eingehalten werden, was bedeutet, dass dem vom Ausschluss betroffenen Gesellschafter die Gelegenheit zur Stellungnahme gegeben werden muss.[280] Der Verlust der Gesellschafterstellung tritt erst mit der **Auszahlung** seiner Gesellschafteranteile gem. Art. 1843-4 C. civ. ein.[281] Hiervon kann durch eine anderslautende Satzungsbestimmung nicht abgewichen werden.[282] 134

8. Auflösung

Die Auflösungsgründe unterteilen sich in solche, die **rechtsformneutral** für alle Gesellschaften gelten und solche, die **speziell** auf die *société civile* zugeschnitten sind. Die acht **allgemeingültigen Auflösungsgründe** sind in Art. 1844-7 C. civ. geregelt: 135

- Ablauf der Zeit, für die die *société civile* gegründet wurde,
- Erreichung oder Erlöschen des Gesellschaftszwecks,
- Nichtigerklärung des Gesellschaftsvertrages,
- Auflösung durch Gesellschafterbeschluss,
- gerichtlich angeordnete Auflösung aufgrund eines Antrags eines Gesellschafters,[283] wenn ein berechtigter Grund vorliegt,[284]
- gerichtlich angeordnete Auflösung im Falle der Vereinigung aller Anteile in der Hand eines Gesellschafters (Art. 1844-5 C. civ.),
- gerichtlicher Liquidationsbeschluss oder bei Übertragung aller Aktiva sowie
- jeder andere in der Satzung genannte Grund.[285]

Besonderer Auflösungsgrund einer *société civile*: Hat die Gesellschaft seit mehr als einem Jahr keinen Geschäftsführer, kann das Gericht die Gesellschaft auf Antrag einer Person, die ein Auflösungsinteresse darlegen kann, auflösen (Art. 1846-1 C. civ.). Personen, die die Auflösung gem. Art. 1846-1 C. civ. beantragen können, sind damit in erster Linie die Gesellschafter. Aber auch Dritte können einen entsprechenden Antrag stellen, wenn sie ein berechtigtes Interesse nachweisen können.[286] Dies dürfte insbesondere regelmäßig für Gläubiger gelten.[287] 136

Kein Auflösungsgrund ist dagegen die **Insolvenz** (Art. 1860 C. civ.) eines **Gesellschafters.** Folge der Insolvenz des Gesellschafters ist vielmehr, dass dieser seine Gesellschafterstellung verliert (vgl. Rn. 131). Die *société civile* wird in diesem Fall aber grundsätzlich mit den verbleibenden Gesellschaftern weitergeführt. Eine Auflösung 137

---

279 *Cozian/Viandier/Deboissy*, Droit des sociétés, 2016, Rn. 454; siehe auch Cass. com. 23.10.2007, Nr. 06-16.537: Dieses Urteil des Kassationshofs bezieht sich auf den Ausschluss des Gesellschafters einer SAS, gilt jedoch in Anbetracht des Wortlautes von Art. L. 1844 I C. civ. analog für die *société civile*.

280 *Cozian/Viandier/Deboissy*, Droit des sociétés, 2016, Rn. 456.

281 Cass. com. 13.12.2011, Nr. 11-11.6667; Cass. 3 civ. 9.12.1998, Nr. 97-10478.

282 Cass. com. 5.5.2015, Nr. 14-10.913, Anm. *Monsièrié-Bon* RTD Com. 2015, 541, 541 f.

283 Jeder Gesellschafter kann die gerichtliche Auflösung beantragen. Der Geschäftsführer ist dazu nicht berechtigt.

284 Beispiele aus der Rechtsprechung für berechtigte Gründe: Cass. 1 civ., Nr. 16-10.2013 – Bestehen eines permanenten Konflikts zwischen einem Minderheitsgesellschafter und den übrigen Gesellschaftern einer *société civile professionnelle*, der dazu führt, dass dringend nowendige Gesellschafterbeschlüsse, die der Einstimmigkeit bedürfen, nicht gefasst werden können (zB Einigung über einen Nachfolger für einen ausscheidenden Mitgesellschafter). Im zu entscheidenden Fall hatten die Zwistigkeiten zu einem beachtlichen Rückgang der Geschäftszahlen geführt. CA Paris 3e chambre, 4.9.2007, Nr. 06-10.964 – Die Unmöglichkeit, Mehrheitsbeschlüsse zu fassen, da einer der beiden Gesellschafter, die je 50% der Anteile halten, seine Zustimmung zu notwendigen Entscheidungen verweigert. Im konkreten Fall hatte sich einer der Gesellschafter mehrere Jahre ins Ausland abgesetzt, ohne dem Mitgesellschafter eine Postanschrift mitzuteilen. Weitere Beispiele in *Lefebvre*, Mémento Sociétés civiles, 2018, Rn. 24162.

285 In der Satzung kann beispielsweise festgelegt werden, dass die Gesellschaft im Fall des Todes eines Gesellschafters aufzulösen ist. Die Gesellschafter haben auch die Möglichkeit, die Auflösung für den Fall anzuordnen, dass die Verluste einen bestimmten Teil des Kapitals angegriffen haben oder für den Fall, dass ein bestimmter Aktivposten nicht mehr der Gesellschaft gehört (zB wichtige Patente). Vgl. *Lefebvre*, Mémento Sociétés civiles, 2018, Rn. 24190.

286 *Lefebvre*, Mémento Sociétés civiles, 2018, Rn. 7135.

287 *Bougnoux* in: JurisClasseur, Sociétés Traité, 2014, Fasc. 30-20, Rn. 67.

kommt nur in Betracht, wenn die Gesellschafter dies einstimmig beschließen oder die Satzung dies als Auflösungsgrund explizit vorsieht (Art. 1860 C. civ.). Auch der **Tod eines Gesellschafters** führt **nicht** zur **Auflösung** (Art. 1870 I C. civ.) (zur Übertragung von Anteilen im Todesfall vgl. Rn. 127 f.).[288] Die Gesellschafter können jedoch statutarisch etwas Anderes bestimmen.

9. Exkurs: Gründe für die Wahl einer SCI

138 Die Gesellschaftsform der *société civile* ist insbesondere im Zusammenhang mit dem Erwerb von Immobilien (sog *société civile immobilière* – SCI) sehr weit verbreitet. Hierfür gibt es gleich mehrere Gründe:[289] Erwerben mehrere Personen Eigentum an einer Immobilie – sei es durch Kauf, sei es durch Vererbung –, so stehen sie nach französischem Recht regelmäßig in einer **ungeteilten Rechtsgemeinschaft** (*indivision*) gem. Art. 815 ff. C. civ. zueinander, die zu erheblichen praktischen Problemen führt. So kann die Immobilie, vorbehaltlich einer anderslautenden vertraglichen Vereinbarung (*convention d'indivision*),[290] gem. Art. 815-3 I Ziff. 1-4 C. civ. nur mit der Zustimmung einer Zweidrittelmehrheit oder sogar gem. Art. 815-3 III C. civ.[291] nur mit Zustimmung aller Mitglieder der Rechtsgemeinschaft verwaltet werden. Demgegenüber kann die operative Handlungsfähigkeit einer SCI einfacher sichergestellt werden, indem ein Geschäftsführer bestellt wird, der die laufenden Geschäfte besorgt und die Gesellschaft nach außen vertritt.[292]

139 Ein weiteres Problem der ungeteilten Rechtsgemeinschaft, welches durch die Einbringung der Immobilie in eine SCI vermieden werden kann, ist, dass jedes Mitglied der ungeteilten Rechtsgemeinschaft, abgesehen von den in Artt. 820 bis 822 sowie Art. 824 C. civ. statuierten Ausnahmen,[293] **jederzeit** und **ohne Begründung** die **Teilung der Rechtsgemeinschaft verlangen** darf (*droit au partage*, Art. 815 C. civ.).[294] Bei der SCI darf ein Gesellschafter die Auflösung der Gesellschaft demgegenüber nur unter den strengen Bedingungen der Auflösung der *société civile* verlangen (vgl. Rn. 135).

140 Ein weiterer Grund, weshalb insbesondere **unverheiratete Paare** in Frankreich Immobilien über eine SCI erwerben, besteht darin,[295] dass etwaige Schwierigkeiten bei der Teilung der Anteile (*partage*) im Falle des Todes eines Lebensgefährten oder bei der Trennung des Paares dadurch vermieden werden. Sie können ihre vermögensrechtlichen Beziehungen im Falle einer Trennung in der Satzung der SCI **vertraglich gestalten** und etwa vorsehen, dass der überlebende Partner nach dem Tod seines Lebensgefährten/Gesellschafters dessen Anteile als Volleigentum oder Nießbrauch erhält. Zudem kann die Satzung für den Fall des Ablebens eines der Lebenspartner ein Rückkaufsrecht des überlebenden Partners vorsehen.[296]

141 Da die Gestaltung der Beziehungen sowie die Anteilsverteilung in der SCI flexibel handhabbar sind, entscheiden sich sogar häufig auch **Eheleute** für diese Gesellschaftsform im Zuge des Erwerbs einer Immobilie.[297] Denn der eheliche Güterstand kann lediglich unter den in Art. 1397 C. civ. genannten Voraussetzungen modifiziert werden.[298] Optieren die Eheleute jedoch für die Einbringung einer Immobilie in eine SCI, bestimmen sich die auf ihre Immobilie anwendbaren Regelungen nach der Gesellschaftssatzung und nicht nach dem ehelichen Güter-

---

288 *Le Cannu/Dondero*, Droit des sociétés, 2015, Rn. 1433; *Cozian/Viandier/Deboissy*, Droit des sociétés, 2016, Rn. 1546; *Azarian* in: JurisClasseur, Notarial Formulaire, 2015, Synthèse – Sociétés civiles de droit commun, Synthèse 1240, Rn. 68.

289 *Aulagnier ua*, Le Lamy Patrimoine, 2014, Rn. 680-15; *Brillat/Guillaud-Bataille*, La société civile, 2013, S. 7.

290 Gem. Art. 1873-1 ff. C. civ.; *Brillat/Guillaud-Bataille*, La société civile, 2013, S. 196; *Bergel ua*, Le Lamy Droit immobilier, 2017, Rn. 122.

291 Die Einstimmigkeit ist nach Art. 815-3 III C. civ. erforderlich, wenn das Rechtsgeschäft nicht zur gewöhnlichen Verwaltung der Immobilie gehört oder aber, wenn das Gemeinschaftseigentum verkauft werden soll, der Erlös aber nicht der Begleichung von Verbindlichkeiten oder Lasten der Rechtsgemeinschaft dient. Übersetzung der Verfasser des Art. 815-3 III C. civ.: „*Toutefois, le consentement de tous les indivisaires est requis pour effectuer tout acte qui ne ressortit pas à l'exploitation normale des biens indivis et pour effectuer tout acte de disposition autre que ceux visés au 3°*"; Art. 815-3 Ziff. 3 C. civ. lautet wie folgt: „*Vendre les meubles indivis pour payer les dettes et charges de l'indivision*".

292 *Saintourens in:* Répertoire de droit civil, 2017, Société civile, Rn. 77; *Aulagnier ua*, Le Lamy Patrimoine, 2014, Rn. 680-25.

293 So kann ein Mitglied etwa nach Art. 820 C. civ. das Ruhen des Teilungsverfahrens um bis zu zwei Jahre beantragen, wenn die sofortige Teilung den Wert des gemeinsamen Eigentums schmälern könnte.

294 *Albiges in:* Répertoire de droit civil, 2017, Indivision (Régime légal), Rn. 10; *Soreau* in: JurisClasseur, Ingénierie du patrimoine, 2009, Fasc. 2800, Rn. 12.

295 *Soreau* in: JurisClasseur, Ingénierie du patrimoine, 2009, Fasc. 2800, Rn. 11; *Marchand* in: Droit notarial et patrimonial, Famille, Nr. 2596, Acquisition par des concubins de leur habitation principale: le recours à la SCI.

296 *Bergel ua*, Le Lamy Droit Immobilier, 2017, Rn. 6237; Zur Aufteilung zwischen Eigentums- und Nießbrauchsrecht an den Anteilen einer SCI: *o. V.*, Démembrement croisé des parts de SCI entre concubins, La revue fiscale du patrimoine Nr. 2 (2015), Rn. 41, 41 f.

297 *Brillat/Guillaud-Bataille*, La société civile, 2013, S. 216; *Blanchard* AJ Famille, Nr. 4 (2014), 216, 216.

298 So kann der Güterstand beispielsweise erst nach zwei Jahren geändert werden und benötigt zudem die notarielle Form (Art. 1397 I C. civ.). Zudem ist die Änderung des Güterstandes gem. Art. 1397 III C. civ. zum Schutze der Gläubiger zu veröffentlichen.

stand, der lediglich bezüglich der Anteile an der SCI zu berücksichtigen ist. Mithin erlaubt die Gründung einer SCI den Status der im gemeinsamen Eigentum befindlichen Immobilien zu modifizieren, ohne zugleich den ehelichen Güterstand zu verändern.[299]

Die SCI kann auch im Rahmen einer **Schenkung** oder **Erbschaft** interessant sein. Der Hauptnachteil der Schenkung besteht darin, dass der Schenker den rechtlichen Zugriff auf das Geschenkte verliert. Das ist insbesondere dann problematisch, wenn die Immobilie etwa zur Nutzung von etwaigen Schenkungssteuerfreibeträgen[300] an Minderjährige verschenkt werden soll.[301] Befindet sich die Immobilie im Vermögen einer SCI und bezieht sich die Schenkung auf das (uneingeschränkte oder nießbrauchbelastete) Eigentum an den Geschäftsanteilen, so können die Eltern die Gesellschaftssatzung derart gestalten, dass ihnen oder aber dem überlebenden Ehepartner bzw. einem Dritten (im Falle ihres Todes) allein die Geschäftsführung zusteht, und damit die Kontrolle über die Immobilie behalten.[302] 142

Die **unentgeltliche Übertragung** (*transmission à titre gratuit*) von Anteilen an einer SCI hat zudem einen **steuerlichen Vorteil** gegenüber der Übertragung der Immobilie selbst. Zwar gilt derselbe Steuersatz wie bei der Schenkung einer Immobilie.[303] Der wesentliche Unterschied besteht jedoch in der Berechnung der Steuerbemessungsgrundlage. Bei der Schenkung der Immobilie selbst wird deren Wert zu Grunde gelegt, bei der schenkungsweisen Übertragung von Gesellschaftsanteilen einer SCI werden demgegenüber – weil hier die Bemessungsgrundlage der Wert der SCI-Anteile ist – alle Verbindlichkeiten der SCI vom Wert der Immobilie abgezogen, wodurch die Schenkungssteuer nicht unerheblich gesenkt werden kann.[304] 143

Einen weiteren **steuerlichen Vorteil** kann der Beschenkte im Einzelfall dadurch erzielen, dass er den Wert der Anteile an der SCI im Rahmen seiner Schenkungssteuererklärung, sofern er dies ausreichend begründen kann,[305] wegen ihrer schwierigeren Verkäuflichkeit um 10% geringer als das Vermögen der SCI selbst angibt (sog *décote sur la valeur des parts*).[306] Die Anerkennung eines solchen **Abschlags**, der nicht im Gesetz geregelt ist und im alleinigen Ermessen der Steuerbehörde steht, ist in der Praxis aber eher selten. 144

Zur **steuerlichen Situation** der SCI kann zudem Folgendes gesagt werden: Gem. Art. 8 *Code géneral des impôts* (französisches Steuergesetzbuch, *CGI*) erfolgt mangels besonderer Wahl der Besteuerungsart keine Besteuerung der SCI selbst. Vielmehr erfolgt die Besteuerung der Einkünfte auf der Ebene der Gesellschafter (sog steuerlich transparente SCI oder ***SCI transparente***). Die laufenden Einkünfte der transparenten SCI sind von den Gesellschaftern im Rahmen ihrer persönlichen Einkommenssteuer (*impôt sur le revenu*, IR) bzw. ihrer Körperschaftssteuererklärung (*impôt sur les sociétés*) zu versteuern und, je nach Tätigkeit der Gesellschaft, einer der folgenden vier Einkunftsarten zuzuordnen: Einkünfte aus Vermietung und Verpachtung (Art. 14 ff. CGI), Einkünfte aus Landwirtschaft (Art. 63 ff. CGI), gewerbliche Einkünfte (Art. 34 ff. CGI) und nichtgewerbliche Einkünfte (Art. 92 ff. CGI).[307] Die Gründung einer SCI ist für ihre Gesellschafter also in der Regel steuerlich neutral, insbesondere unterliegen ihre Gesellschafter nicht der Unternehmensbesteuerung,[308] wenn sie ihr nicht aus anderen Gründen unterliegen. 145

Die Gesellschafter der SCI können auch je nach besonderer Form der SCI für die **Körperschaftssteuer** optieren,[309] sofern die SCI nicht schon wegen ihrer Geschäftstätigkeit der Körperschaftssteuer unterliegt (zB bei möblierter Vermietung).[310] Dann liegt eine sog intransparente SCI (***SCI opaque***) vor.[311] Es erfolgt dann eine Besteuerung der Erträge auf Unternehmensebene sowie bei den Gesellschaftern in Bezug auf die ausgeschütteten 146

299 *Bergel ua*, Le Lamy Droit immobilier, 2017, Rn. 6236; *Storck* in: JurisClasseur, Civil Code, 2017, Art. 1396 bis 1397-1 – Fasc. 20, Rn. 16.
300 Hierzu im Einzelnen *Aulagnier ua*, Le Lamy Patrimoine, 2008, Rn. 680-60; *Omarjee* AJ Famille 2 (2008) 59, 62.
301 *Aulagnier ua*, Le Lamy Patrimoine, 2014, Rn. 680-95; *Brillat/Guillaud-Bataille*, La société civile, 2013, S. 49 ff.
302 *Brillat/Guillaud-Bataille*, La société civile, 2013, S. 214 f.; *Omarjee* AJ Famille 2 (2008) 59, 62.
303 *Lefebvre*, Mémento Sociétés civiles, 2018, Rn. 22180; *Bergel ua*, Le Lamy Droit Immobilier, 2017, Rn. 6317.
304 *Bergel ua*, Le Lamy Droit Immobilier, 2017, Rn. 6317.
305 ZB wegen etwaig bestehender Beschränkungen im Hinblick auf einen Weiterverkauf der Anteile der SCI.
306 Hierzu *Blanchard* AJ Famille 4 (2014) 216, 116 f., mit Verweisen auf die Rechtsprechung: Cass. com. 6.5.2003, Nr. 01-13.118; Cass. com. 23.11.2010, Nr. 09-17.295 und Cass. com. 1.4.1997, Nr. 95-12.723.
307 *Dubost/Allebe*, Le Lamy Fiscal, 2017, Rn. 6613; *Lefebvre*, Documentation experte, Documentation pratique Fiscale, Série IRPP, 2018, Division I, Rn. 9820; *Lefebvre*, Documentation experte, Documentation pratique Fiscale, Série DC (Dispositions Communes), 2018, Division V, Rn. 1 und 670.
308 *Aulagnier ua*, Le Lamy Patrimoine, 2014, Rn. 680-20; BOFiP, BOI-RFPI-CHAMP-30-20-20131007, Rn. 60; *Aimé* in: JurisClasseur, Fiscalité immobilière, Synthèse – Société immobilières, Rn. 5.
309 *Aulagnier ua*, Le Lamy Patrimoine, 2015, Rn. 680-20; *Lefebvre*, Mémento Sociétés civiles, 2018, Rn. 10080; *Brillat/Guillaud-Bataille*, La société civile, 2013, S. 362 und 387.
310 *Kornprobst in:* Répertoire de droit des sociétés, 2017, Sociétés de personnes (régime fiscal), Rn. 269; CAA Lyon 9.2.2016, Nr. 14LY03568; hierzu auch: *Faucher*, Assujetissement à l'IS des SCI, La revue fiscale du patrimoine, Nr. 4 (2016), Rn. 10, 10.
311 *Brillat/Guillaud-Bataille,* La société civile, 2013, S. 361.

Gewinne.[312] Diese Wahl kann mehrere Vorteile haben: Die Gesellschaft unterliegt damit dem Steuerstatus der Industrie-, Handels- und Handwerksbetriebe (*bénéfices industriels et commerciaux*, BIC) und kann damit Bau- und Renovierungskosten abschreiben[313] und Anschaffungskosten[314] (zB die Registersteuer) absetzen.[315] Die Besteuerung erfolgt daneben nur dann, wenn auch Gewinnausschüttungen erfolgt sind.[316] Dies bedeutet, dass eine Besteuerung dann nicht erfolgen würde, wenn der Gewinn nicht ausgeschüttet und stattdessen in Rücklagen verbucht wurde. Die Wahl zugunsten der Körperschaftssteuer ist jedoch unwiderruflich und hat auch Nachteile:[317] So erhöhen etwa die Abschreibungen den zu versteuernden Mehrwert (*plus-value*) im Falle einer Veräußerung.

IV. Société en nom collectif (SNC)

1. Grundlagen

147 Die ***société en nom collectif*** (SNC) kann mit der **Offenen Handelsgesellschaft** (OHG) verglichen werden.[318] Für diese Gesellschaftsform gelten neben den allgemeinen Vorschriften des *Code civil* und den gesellschaftsrechtlichen Normen des *Code de commerce* (Art. L. 210-1 bis Art. L. 210-9 C. com.) insbesondere die speziell auf die SNC zugeschnittenen Vorschriften der Artt. L. 221-1 bis L. 221-17 C. com. sowie die Artt. R. 221-1 bis R. 221-10 C. com. Die erste Vorschrift dieses Abschnitts (Art. L. 221-1 I C. com.) nennt einige grundlegende Eigenschaften der SNC: *„Die Gesellschafter einer SNC besitzen alle die **Kaufmannseigenschaft** und haften **unbeschränkt und gesamtschuldnerisch** für die Verbindlichkeiten der Gesellschaft"*.[319]

148 Der **Zweck** der Gesellschaft kann sowohl handelsgewerblicher als auch ziviler Natur sein. Entscheidend ist, dass die SNC einen erlaubten Zweck verfolgt.[320] Unabhängig davon, welchen Zweck die Gesellschafter bestimmen, handelt es sich bei der SNC gem. Art. L. 210-1 II C. com. immer um eine **Handelsgesellschaft**. Die Gesellschaftsform ist hier entscheidend, nicht der verfolgte Zweck.[321] Die Gesellschaft besitzt **Rechtspersönlichkeit**, ist als **juristische Person** zu qualifizieren und unterliegt ebenfalls dem *intuitu personae*-Grundsatz,[322] der sich bei der SNC jedoch eindeutig stärker auswirkt als bei der *société civile* (dazu weiter unten unter Rn. 173 ff.). Früher war die SNC weit verbreitet. Heutzutage spielt sie in Frankreich lediglich eine stark **untergeordnete Rolle**.

2. Gründung

149 Bezüglich der Gründung kann weitgehend auf das zur *société civile* Gesagte verwiesen werden (Rn. 81 ff.). Zu **vorvertraglichen Verhandlungen** und einem möglichen **Gründungsversprechen** siehe Rn. 5. Es bedarf daher zB auch zur Gründung einer SNC eines **Gesellschaftsvertrages**. Die Satzung muss das **Schriftformerfordernis** erfüllen und von den Gründern handschriftlich **unterzeichnet** werden. Den **Mindestinhalt der Satzung** schreibt Art. L. 210-2 C. com. (einheitlich für alle Handelsgesellschaften) vor:

- Gesellschaftsform
- Unternehmensgegenstand
- Firma

312 *Brillat/Guillaud-Bataille,* La société civile, 2013, S. 388.
313 *Brillat/Guillaud-Bataille,* La société civile, 2013, S. 388; *Allebe*, Le Lamy Optimisation fiscale de l'entreprise, 2016, Rn. 437-26.
314 *Brillat/Guillaud-Bataille*, La société civile, 2013, S. 110.
315 S. *Lefebvre*, Mémento Sociétés civiles, 2018, Rn. 10106.
316 *Lefebvre*, Mémento Sociétés civiles, 2018, Rn. 10105.
317 *Brillat/Guillaud-Bataille*, La société civile, 2013, S. 392-396.
318 *Sonnenberger/Dammann*, Französisches Handels- und Wirtschaftsrecht, 2008, Kap. III Rn. 156; *Großerichter* in: Sonnenberger/Classen (Hrsg.), Einführung in das französische Recht, 2012, S. 329 (Tz. 155); *Talau* in: JurisClasseur, Bail à loyer, 2013, Fasc. 1600, Rn. 128; *Ngatsing* in: Widmann/Mayer (Hrsg.), Umwandlungsrecht, 2014, Anhang 3, Frankreich, Erster Teil, Erster Abschnitt, F 25.
319 Übersetzung der Verfasser des Art. L. 221-1 I C. com.: „Les associés en nom collectif ont tous la qualité de commerçant et répondent indéfiniment et solidairement des dettes sociales".
320 *Gibirila in:* Répertoire de droit des sociétés, 2017, Société en nom collectif, *Rn. 40*; *Le Dily* in: D.O. Juridique, J-1130: Sociétés en nom collectif (SNC) – Conditions de création, 2016, Rn. 19; *Lefebvre*, Mémento Sociétés commerciales, 2018, Rn. 21120.
321 *Vallansan/Azarian* in: JurisClasseur, Commercial, 2017, Fasc. 1139, Rn. 2; *Le Dily* in: D.O. Juridique, J-1130: Sociétés en nom collectif (SNC) – Conditions de création, 2016, Rn. 2; *Lefebvre*, Mémento Sociétés commerciales, 2018, Rn. 21000; *Germain/Magnier*, Les sociétés commerciales, 2014, Rn. 1679.
322 Zu Letzterem *Cozian/Viandier/Deboissy*, Droit des sociétés, 2016, Rn. 1442; *Le Dily* in: D.O. Juridique, J-1130: Sociétés en nom collectif (SNC) – Conditions de création, 2016, Rn. 2; *Lefebvre*, Mémento Sociétés commerciales, 2018, Rn. 21002 f.; *Merle/Fauchon*, Sociétés commerciales, 2016, Rn. 156; *Guiramand/Héraud*, Droit des sociétés, 2016, S. 371; *Moulin*, Droit des sociétés et des groupes, 2016-2017, S. 81.

- Sitz
- Stammkapital
- Dauer (max. 99 Jahre)

Wie bereits im Rahmen der *société civile* erläutert (siehe Rn. 86), werden Gesellschaften in Frankreich im Gegensatz zu Deutschland auf Zeit und zwar max. für 99 Jahre gegründet. In Bezug auf den **Unternehmensgegenstand** bleibt anzumerken, dass dieser **zulässig** sein muss. Dabei ist zu beachten, dass bestimmte Tätigkeiten von einer SNC nicht durchgeführt werden dürfen. So darf zB mithilfe dieser Gesellschaftsform **kein Versicherungsgeschäft** betrieben werden.[323] 150

Mit **Eintragung** erlangt die Gesellschaft **Rechtspersönlichkeit** (Art. L. 210-6 I 1 C. com.). Der Vorgang der Eintragung ist weitgehend **rechtsformunabhängig** ausgestaltet, weshalb bezüglich der Details auf die Ausführungen zur *société civile* verwiesen werden kann (Rn. 87 ff.). 151

Wie die meisten anderen französischen Gesellschaften muss die SNC von mindestens **zwei natürlichen** oder **juristischen Personen** gegründet werden.[324] Gründer einer SNC können aber nur Personen sein, die **Kaufmann** (*commerçant*) im Sinne des *Code de commerce* sein können (Art. L. 221-1 I C. com.) und daher auch **Handelsgeschäfte** abschließen dürfen. Damit können zB auch Gesellschaften mit beschränkter Haftung Gesellschafter der SNC sein, nicht hingegen eine *société civile*, da sie zwar Rechtspersönlichkeit hat, aber keine Kaufmannseigenschaft besitzen kann.[325] Auch bei der SNC ist es daher möglich, das Haftungsrisiko durch den Einsatz von beschränkt haftenden Gesellschaften (zB einer SARL oder SAS) zu reduzieren. Das Erfordernis der Kaufmannseigenschaft führt gleichzeitig dazu, dass zB **Minderjährige** grundsätzlich nicht Gesellschafter einer SNC sein können.[326] Seit 2010 besteht jedoch die Möglichkeit, dass einem Minderjährigen durch Gerichtsbeschluss gestattet wird, die Kaufmannseigenschaft zu besitzen (Art. L. 121-2 C. com.).[327] Er darf dann auch ein vollwertiger Gesellschafter einer SNC werden. 152

Bezüglich der Vorgesellschaft und der **Handelndenhaftung** enthält der *Code de commerce* keine speziellen Bestimmungen für die SNC. Es gilt das zur Gesellschaft in Gründung (*société en formation*) Gesagte (Rn. 60). 153

Die SNC bedarf, wie jede andere französische Gesellschaftsform auch, einer **Firma** (Art. L. 221-2 C. com.). Die Firma darf den Namen eines Gesellschafters oder auch mehrerer Gesellschafter enthalten (Art. L. 221-2 C. com.), sie muss es aber nicht zwingend. Die Firma der SNC kann auch lediglich aus einem Sach- oder Fantasienamen bestehen.[328] Direkt voran- bzw. nachgestellt werden muss der **Rechtsformzusatz** „*société en nom collectif*" (Art. L. 221-2 C. com.). Nach der Vorschrift müsste die Gesellschaftsform eigentlich stets ausgeschrieben sein. Gem. Art. R. 123-238 C. com., der die Angaben auf dem Geschäftspapier näher regelt, ist es jedoch ebenfalls gestattet, lediglich die Abkürzung „SNC" zu verwenden.[329] 154

3. Organisationsverfassung

Das Gesetz enthält zwar einige Regelungen bezüglich der Organisation der Gesellschaft. Viele Vorschriften haben jedoch **keinen zwingenden Charakter** und können daher durch entsprechende **Satzungsbestimmungen** abbedungen werden. Dadurch können die Gesellschafter die Organisation der Gesellschaft ihren Bedürfnissen anpassen.[330] 155

---

323 *Lefebvre*, Mémento Sociétés commerciales, 2018, Rn. 21120.

324 *Le Cannu/Dondero*, Droit des sociétés, 2015, Rn. 1394; *Cozian/Viandier/Deboissy*, Droit des sociétés, 2016, Rn. 1447; *Merle/Fauchon*, Sociétés commerciales, 2016, Rn. 159; *Guiramand/Héraud*, Droit des sociétés, 2016, S. 372.

325 *Guiramand/Héraud*, Droit des sociétés, 2016, S. 372; *Lefebvre*, Mémento Sociétés commerciales, 2018, Rn. 21107.

326 *Le Cannu/Dondero*, Droit des sociétés, 2015, Rn. 1396; *Cozian/Viandier/Deboissy*, Droit des sociétés, 2016, Rn. 1447; *Merle/Fauchon*, Sociétés commerciales, 2016, Rn. 159.

327 Der Artikel wurde im Gesetz über die EIRL in den *Code de commerce* eingefügt. Gesetz Nr. 2010-658 vom 15. Juni 2010 zum Kaufmann mit beschränkter Haftung (Übersetzung der Verfasser, Originaltitel: „*Loi n° 2010-658 du 15 juin 2010 relative à l'entrepreneur individuel à responsabilité limitée*").

328 *Lefebvre*, Mémento Sociétés commerciales, 2018, Rn. 21190; *Merle/Fauchon*, Sociétés commerciales, 2016, Rn. 161; *Besnard-Goudet* in: JurisClasseur, Notarial Formulaire, 2015, Fasc. E-95, Rn. 18.

329 *Lefebvre*, Mémento Sociétés commerciales, 2018, Rn. 21190; *Merle/Fauchon*, Sociétés commerciales, 2016, Rn. 161; *Besnard-Goudet* in: JurisClasseur, Notarial Formulaire, 2015, Fasc. E-95, Rn. 18; *Basuyaux/Delpech/de Labrouhe* in: Wegen/Spahlinger/Barth (Hrsg.), Gesellschaftsrecht des Auslands, 2016, Frankreich, Rn. 155 (Stand: 2012).

330 *Merle/Fauchon*, Sociétés commerciales, 2016, Rn. 163; *Cozian/Viandier/Deboissy*, Droit des sociétés, 2016, Rn. 1450.

a) Geschäftsführung

156 Die Geschäftsführung einer SNC obliegt einem oder mehreren **Geschäftsführern** (*gérant*), die sowohl **natürliche** oder **juristische** Personen als auch **Gesellschafter-Geschäftsführer** bzw. **Fremd-Geschäftsführer** sein können (Art. L. 221-3 I C. com.).[331] Das Prinzip einer zwingenden Selbstorganschaft ist dem französischen OHG-Recht fremd. Enthält die Satzung keine Bestimmungen bezüglich der Geschäftsführung, so ist allerdings jeder Gesellschafter zugleich auch Geschäftsführer (Art. L. 221-3 I C. com.). Treffen die Gesellschafter also keine Regelung, so findet subsidiär das **Prinzip der Selbstorganschaft** Anwendung.

157 Ist eine juristische Person Geschäftsführer der SNC, so ist zu beachten, dass deren **Geschäftsführer** so **haften** wie die Geschäftsführer der SNC, die natürliche Personen sind. Daneben haftet die durch diese vertretene juristische Person, welche als Geschäftsführerin der SNC eingesetzt wurde, mit diesen gesamtschuldnerisch (Art. L. 221-3 II C. com.).[332]

158 Die **Ernennung** des bzw. der ersten Geschäftsführer kann gem. Art. L. 221-3 I C. com. direkt in der Satzung erfolgen oder aber einem separaten Gesellschafterbeschluss (*acte ultérieur*) vorbehalten sein, was in der Praxis häufig der Fall ist.[333] Sind alle Gesellschafter gleichzeitig auch Geschäftsführer oder wurden ein oder mehrere Gesellschafter-Geschäftsführer durch die Satzung bestimmt, so können diese gem. Art. L. 221-12 I 1 C. com. nur durch einen einstimmigen Beschluss der jeweils anderen Gesellschafter **abberufen** werden. Gibt es nur zwei Gesellschafter, kann jedoch der andere den geschäftsführenden Gesellschafter nicht durch seine Entscheidung abberufen. Vielmehr ist in diesen Fällen eine gerichtliche Entscheidung notwendig.[334] Grundsätzlich führt die Abberufung des in der Satzung bestimmten Gesellschafter-Geschäftsführers auch zur Auflösung der SNC (Art. L. 221-12 I 2 C. com.). Die Satzung oder der einstimmige Beschluss der anderen Gesellschafter kann jedoch für diesen Fall die Fortführung der Gesellschaft vorsehen (Art. L. 221-12 I 2 C. com.). Der abberufene Gesellschafter-Geschäftsführer hat die Möglichkeit, daraufhin aus der Gesellschaft auszuscheiden und den Wert seines Anteils ausgezahlt zu bekommen (Art. L. 221-12 I 3 C. com.). Wurden ein oder mehrere Gesellschafter als Geschäftsführer berufen, **ohne** dass dies in der **Satzung** erfolgt ist, so können sie ebenfalls nur durch einstimmigen Beschluss der anderen Gesellschafter (unabhängig davon, ob diese ebenfalls Geschäftsführer sind) abberufen werden, allerdings nur, sofern die Satzung keine anderslautenden Bestimmungen enthält (Art. L. 221-12 II C. com.). In diesem Fall führt die Abberufung jedoch weder zur Auflösung der Gesellschaft, noch hat der abberufene Gesellschafter-Geschäftsführer die Möglichkeit, den Rückkauf seines Anteils zu verlangen.[335] Ein Fremdgeschäftsführer kann demgegenüber nach Art. L. 221-12 III C. com. entsprechend den Satzungsbestimmungen oder durch Mehrheitsbeschluss der Gesellschafter abberufen werden. Eine Abberufung des Geschäftsführers **ohne berechtigten Grund** (*juste motif*) kann einen Schadensersatzanspruch begründen (Art. L. 221-12 IV C. com.). Auch hier ist jedoch eine anderslautende Satzungsbestimmung möglich. Darauf deutet bereits der Wortlaut der Norm hin (Art. L. 221-12 IV C. com.: *„la révocation […] sans juste motif […] peut donner lieu à dommages-intérêts“*). Die Rechtsprechung zur gleichlautenden Vorschrift bei der *société civile* (dazu Rn. 101) kann insofern wohl auf die SNC übertragen werden.

159 Vorbehaltlich anderslautender Satzungsbestimmungen dürfen die Geschäftsführer **alle Geschäftsführungsmaßnahmen** durchführen, die im Interesse der Gesellschaft sind und innerhalb des Unternehmensgegenstandes liegen (Art. L. 221-4 I C. com.).[336] Die Vorschrift ähnelt der entsprechenden Regelung für die *société civile*. Die Gesellschafter haben jedoch die Möglichkeit, die Befugnisse des Geschäftsführers durch die Satzung zu beschränken.[337] Obwohl den Gesellschaftern scheinbar unbeschränkte Satzungsgestaltungsfreiheit bei der Bestimmung der Grenzen der Kompetenz der Geschäftsführer eingeräumt wird, ist es in Frankreich **nicht** möglich, ein **Weisungsrecht**, wie es in Deutschland bekannt ist, zu statuieren. Dem Geschäftsführer wird in Frankreich daher grundsätzlich eine große Eigenständigkeit gewährt. Den Gesellschaftern werden Grenzen bezüglich der Einflussnahme auf die Geschäftsführung gesetzt. Ihre möglichen Befugnisse gegenüber der Geschäftsführung sind daher nicht so weitreichend wie in Deutschland. In der Praxis ist es allerdings üblich, bedeutende Entscheidungen des Geschäftsführers von der **Zustimmung der Gesellschafter** abhängig zu machen (zB Bestellung einer Hypothek

331 *Lefebvre*, Mémento Sociétés commerciales, 2018, Rn. 22000; *Le Cannu/Dondero*, Droit des sociétés, 2015, Rn. 1406; *Merle/Fauchon*, Sociétés commerciales, 2016, Rn. 167; *Sonnenberger/Dammann*, Französisches Handels- und Wirtschaftsrecht, 2008, Kap. III Rn. 157; *Germain/Magnier*, Les sociétés commerciales, 2014, Rn. 1711; *Moulin*, Droit des sociétés et des groupes, 2016-2017, S. 83.

332 Vgl. auch *Moulin*, Droit des sociétés et des groupes, 2016-2017, S. 83.

333 *Monsèrié-Bon* in: JurisClasseur, Notarial Formulaire, Synthèse 1270 – Sociétés de personnes, 2016, Rn. 17.

334 CA Paris 12.9.1995, RJDA 2/96, 173, 173.

335 *Lefebvre*, Mémento Sociétés commerciales, 2018, Rn. 22136.

336 *Cozian/Viandier/Deboissy*, Droit des sociétés, 2016, Rn. 1458 f.; *Merle/Fauchon*, Sociétés commerciales, 2016, Rn. 171; *Guiramand/Héraud*, Droit des sociétés, 2016, S. 373; *Lefebvre*, Mémento Sociétés commerciales, 2018, Rn. 22310.

337 *Moulin*, Droit des sociétés et des groupes, 2016-2017, S. 84.

auf Immobilien der Gesellschaft, Veräußerung von Gesellschaftsvermögen ab einem bestimmten Betrag).[338] Sind die Einschränkungen zu stark, kann die Geschäftsführung faktisch bei den Gesellschaftern liegen. Es besteht dann die Gefahr, dass diese als **faktische Geschäftsführer** (*gérant de fait*) qualifiziert werden und entsprechenden Haftungsrisiken ausgesetzt sind.

Der Geschäftsführer muss bei der Führung der Geschäfte stets das **Gesellschaftsinteresse** (*intérêt social*) beachten, dh die von ihm getroffenen Entscheidungen müssen für die Gesellschaft von Nutzen sein.[339] Gibt es mehrere Geschäftsführer, so steht ihnen im Innenverhältnis **Einzelgeschäftsführungsbefugnis** zu (Art. L. 221-4 II C. com.). In der Satzung kann zwar eine Gesamtgeschäftsführungsbefugnis festgelegt werden, diese wirkt aber nicht gegenüber Dritten. Schließt ein Geschäftsführer unter Verletzung der **Gesamtgeschäftsführungsbefugnis** ein Geschäft im Namen der Gesellschaft ab, bindet dies daher die SNC.[340] Die Nichteinhaltung der internen Beschränkungen führt jedoch zu einer persönlichen Haftung des Geschäftsführers und kann auch seine Abberufung begründen. 160

Solange das Rechtsgeschäft eines Geschäftsführers noch nicht ausgeführt wurde, haben die anderen Geschäftsführer das Recht, sich gegen seine Entscheidung auszusprechen (Art. L. 221-4 II C. com.). Ihnen steht somit eine Art **„Veto-Recht"** zu. Die Satzung kann jedoch nach herrschender Meinung vorsehen, dass dieses „Veto-Recht" **nur von allen** Mitgeschäftsführern gemeinsam ausgeübt werden darf. Auch ein Mehrheitsprinzip kann wohl statuiert werden.[341] Die Missachtung eines im Innenverhältnis ausgeübten „Veto-Rechts" kann Dritten gegenüber in Bezug auf die Wirksamkeit der Vertretungshandlung nur dann entgegengehalten werden, wenn diesen der Widerspruch bekannt war (Art. L. 221-5 II 2 C. com.). Soweit ersichtlich, wird die Frage der persönlichen Haftung und Abberufung des Geschäftsführers bei einem Handeln gegen ein Veto der anderen Geschäftsführer nicht diskutiert. Die Missachtung des gesetzlich vorgeschriebenen Vetorechts dürfte aber eine Pflichtverletzung des Geschäftsführers darstellen und die Haftung des Geschäftsführers auslösen (hierzu Rn. 104). Allerdings stellt ein solches Verhalten nicht zwangsläufig einen berechtigten Grund (*juste motif*) für eine Abberufung iSv Art. L. 221-12 IV C. com. dar, denn das Veto des anderen Geschäftsführers kann sachlich unbegründet sein. Inwieweit ein Handeln einen berechtigten Grund für die Abberufung nach Art. L. 221-12 IV C. com. darstellt, wird insofern davon abhängen, ob das Veto begründet war. 161

Es bleibt festzuhalten, dass die **Vertretungsbefugnis** des oder der Geschäftsführer im Außenverhältnis grundsätzlich nicht beschränkt werden kann. Im Fall von mehreren Geschäftsführern steht jedem von ihnen **Einzelvertretungsbefugnis** zu. Bloße Gesamtvertretungsbefugnis kann Dritten nicht wirksam entgegengehalten werden. Allein der Unternehmensgegenstand (*objet social*) beschränkt jedoch die Vertretungsmacht des Geschäftsführers gegenüber Dritten (Art. L. 221-5 C. com.). Danach kann der Geschäftsführer die Gesellschaft nicht wirksam verpflichten, sofern die Vereinbarung außerhalb des *objet social* liegt (**ultra vires-Doktrin**). Da die Gesellschafter unbeschränkt und gesamtschuldnerisch für die Verbindlichkeiten haften, erscheinen sie dem französischen Gesetzgeber insoweit schutzwürdig.[342] 162

Reglementierte Vereinbarungen (*conventions réglementées*) zwischen der Gesellschaft und ihren Geschäftsführern oder Gesellschaftern unterliegen bei der SNC keinen besonderen Regelungen. Einzig zu beachten ist bei reglementierten Vereinbarungen, die vor dem 1.10.2018 geschlossen werden, dass diese wohl in den Anwendungsbereich des bis dahin geltenden Art. 1161 Abs. 1 C civ fallen und nichtig sein dürften.[343] Hiernach sind **Insichgeschäfte** und aufgrund von **Mehrfachvertretung** abgeschlossene Rechtsgeschäfte – ähnlich dem § 181 BGB – **nichtig**, es sei denn, der Vertreter ist hierzu gesetzlich befugt oder aber der Vertretene stimmt dem Vertrag vorab oder im Nachgang zu. Anders als bei den Kapitalgesellschaften, bei denen die herrschende Lehre davon ausgeht, dass die Regelungen zu den *conventions réglementées* als *lex specialis* dem Art. 1161 C. civ. vorgehen und keine Nichtigkeit eintritt, geht die herrschende Lehre bei der SNC somit davon aus, dass Rechtsgeschäfte zwischen der Gesellschaft und ihrem Geschäftsführer nach Art. 1161 C. civ. nichtig sind.[344] Die Norm ist auf alle Verträge anwendbar, die zwischen dem 1.10.2016 und dem 30.9.2018 geschlossen werden. Mit Gesetz Nr. 2018-287 vom 21.4.2018 wurde diese Regelung mit Wirkung zum 1.10.2018 auf die Vertretung von 163

338 Beispiel aus *Lefebvre*, Mémento Sociétés commerciales, 2018, Rn. 22220 iVm Rn. 13470; *Mestre/Velardocchio/Mestre-Chami*, Le Lamy Sociétés commerciales, 2017, Rn. 2889.

339 *Lefebvre*, Mémento Sociétés commerciales, 2018, Rn. 22240.

340 *Lefebvre*, Mémento Sociétés commerciales, 2018, Rn. 22250; *Merle/Fauchon*, Sociétés commerciales, 2016, Rn. 172; *Cozian/Viandier/Deboissy*, Droit des sociétés, 2016, Rn. 1459.

341 *Lefebvre*, Mémento Sociétés commerciales, 2018, Rn. 22250; *Bougnoux* in: JurisClasseur, Notarial Formulaire, 2015, Fasc. G-50, Rn. 80; *Mestre/Velardocchio/Mestre-Chami*, Le Lamy Sociétés commerciales, 2017, Rn. 2890; *Sonnenberger/Dammann*, Französisches Handels- und Wirtschaftsrecht, 2008, Kap. III Rn. 157.

342 *Cozian/Viandier/Deboissy*, Droit des sociétés, 2016, Rn. 345; *Poracchia* Droit et patrimoine 107 (2002) 113, 113 f.

343 Art. 1161 Abs. 1 C civ lautet: „*Un représentant ne peut agir pour le compte des deux parties au contrat ni contracter pour son propre compte avec le représenté. En ces cas, l'acte accompli est nul à moins que la loi ne l'autorise ou que le représenté ne l'ait autorisé ou ratifié.*"

344 So etwa *Charveriat* BRDA 9 (2016) 16, 16; unsicher *Lefebvre*, Mémento Sociétés commerciales, 2018, Rn. 52672; *Couret/Reygrobellet* Recueil Dalloz 32 (2016) 1867, 1867 f.

natürlichen Personen beschränkt, sodass gesetzliche Vertreter aller Gesellschaftsformen des französischen Rechts davon ausgeschlossen sein werden.

b) Gesellschafterversammlung

164 Über alle Geschäfte, die nicht in den Zuständigkeitsbereich des Geschäftsführers fallen, entscheiden die Gesellschafter (Art. L. 221-6 I 1 C. com.). Durch die Begrenzung der Geschäftsführungsbefugnis der Geschäftsführer können die Gesellschafter daher ihren Entscheidungsspielraum erweitern. Vorbehaltlich einer anderslautenden Satzungsbestimmung muss jeder Gesellschafterbeschluss **einstimmig** gefasst werden (Art. L. 221-6 I 1 C. com.).

165 Die **Beschlussfassung** ist lediglich in drei Fällen zwingend[345] an die **Einberufung** einer **Gesellschafterversammlung** gebunden:

- Zwecks Genehmigung des Geschäftsberichts, der Inventur und Feststellung des Jahresabschlusses (Art. L. 221-7 I C. com.),
- wenn ein Gesellschafter die Einberufung der Gesellschafterversammlung verlangt (Art. L. 221-6 II C. com.) und
- zwecks Zustimmung zu Kapitalveränderungen im Rahmen der Rettung oder Auflösung der SNC (Art. L. 626-3 I, Art. L. 627-3 III und L. Art. 631- 19 I C. com.).

166 In allen anderen Fällen kann die Satzung grundsätzlich vorsehen, dass die Beschlüsse im **Umlaufverfahren** (*consultation écrite*) gefasst werden (vgl. Art. L. 221-6 II C. com.), wobei hieran keine besonderen Formerfordernisse geknüpft werden. Daraus wird in der Literatur geschlussfolgert, dass auch die **elektronische Form** zulässig ist.[346] Verlangt jedoch ein Gesellschafter die Beschlussfassung im Rahmen der Gesellschafterversammlung, so können die anderen Gesellschafter nicht auf ein Umlaufverfahren bestehen (vgl. Art. L. 221-6 II C. com.).

167 Die Modalitäten der **Einberufung** und des **Funktionierens** der Gesellschafterversammlung können weitgehend von den Gesellschaftern in der Satzung festgelegt werden.[347] In der Praxis sollte bei der Gestaltung der Satzung darauf geachtet werden, dass die Gesellschafterversammlung nicht nur durch den (alleinigen) Geschäftsführer, sondern auch durch einen oder mehrere Gesellschafter oder einen Dritten einberufen werden kann. Anderenfalls kann es in Streitfällen mit dem alleinigen und alleine zur Einberufung befugten Geschäftsführer zu Verzögerungen kommen. Dies kann insbesondere der Fall sein, wenn es darum geht, ihn abzuberufen, da er sich in einer Konfliktsituation schlichtweg weigern wird, die Gesellschafterversammlung einzuberufen. In einer derartigen Situation bliebe den Gesellschaftern nur noch der Weg, über ein gerichtliches Eilverfahren (*procédure en référé*) einen Bevollmächtigten (*mandataire ad hoc*) mit dem Auftrag bestellen zu lassen, die Gesellschafterversammlung einzuberufen.[348] In Notfällen kann zudem der Betriebsrat die Einberufung der Gesellschafterversammlung gerichtlich beantragen (Art. L. 2323-67 I C. trav.).[349]

168 Jeder Gesellschafter besitzt ein unabdingbares **Teilnahmerecht** an der Versammlung, welches grundsätzlich rechtsformneutral ausgestaltet ist. Die nicht geschäftsführenden Gesellschafter haben darüber hinaus ein **Informationsrecht**, welches darin besteht, zwei Mal im Jahr die Bücher der Gesellschaft einsehen und schriftlich Fragen an die Geschäftsführung richten zu dürfen (Art. L. 221-8 C. com.). Der Geschäftsführer ist zudem verpflichtet, ihnen den Geschäftsbericht, die Inventur sowie den Jahresabschluss binnen sechs Monaten nach Abschluss des jeweiligen Geschäftsjahres (Art. L. 221-7 I C. com.) vor der Genehmigung in der Gesellschafterversammlung zu übermitteln.

4. Kapitalverfassung

169 Auch die SNC unterliegt **keinen Mindestkapitalanforderungen.**[350] Ihr Gesellschaftskapital kann durch **Bar-** oder **Sacheinlagen** erbracht werden. **Dienstleistungen und technisches Know-how** (*apports en industrie*) dürfen

345 *Lefebvre*, Mémento Sociétés commerciales, 2018, Rn. 23000.

346 *Lucas/Castagné* in: JurisClasseur, Sociétés Formulaire, 2017, Fasc. K-229, Rn. 3. Man könnte dieser Argumentation entgegenhalten, dass der Gesetzgeber diese Möglichkeit der Kommunikation nur für die SARL mit dem *décret* vom 18. Mai 2015 ausdrücklich (Art. R. 223-20 II C. com.) geregelt hat, vergleichbare Normen bei der SNC aber fehlen.

347 *Gibirila in:* Répertoire de droit des sociétés, 2017, Société en nom collectif, Rn. 258; *Lefebvre*, Mémento Sociétés commerciales, 2018, Rn. 23012.

348 Eine gesetzliche Regelung wie bei der SARL gibt es bei der SNC nicht. Auch wird das Thema – soweit ersichtlich – nicht in der Literatur diskutiert. Es ist aber davon auszugehen, dass es zu einer analogen Anwendung der Vorschriften zur SARL (siehe hierzu Rn. 344) iVm Art. 873 *Code de la procédure civile* (französische Zivilprozessordnung) kommt, der dem Richter in Eilfällen eine Sonderbefugnis zuspricht.

349 Die Vorschrift nimmt lediglich auf die Einberufung der Aktionärsversammlung Bezug. Hierbei handelt es sich indes um einen redaktionellen Fehler des französischen Gesetzgebers; s. *Gibirila in:* Répertoire de droit des sociétés, 2017, Société en nom collectif, Rn. 260.

350 *Merle/Fauchon*, Sociétés commerciales, 2016, Rn. 160; *Lefebvre*, Mémento Sociétés commerciales, 2018, Rn. 21140; *Cozian/Viandier/Deboissy*, Droit des sociétés, 2016, Rn. 1449.

ebenfalls eingebracht werden, lassen aber das Gesellschaftskapital unberührt (Art. 1843-2 II C. civ.). Bezüglich der Details kann an dieser Stelle auf die Ausführungen zur *société civile* verwiesen werden (Rn. 108 f.).

5. Haftung für die Verbindlichkeiten der Gesellschaft

Die Gesellschafter haften **unbeschränkt** und **gesamtschuldnerisch** für die Verbindlichkeiten der Gesellschaft (Art. L. 221-1 I C. com.). Damit ist die Haftung in der SNC noch strenger ausgestaltet als bei der *société civile*, wo die Gesellschafter zwar auch unbeschränkt, aber lediglich *pro rata* haften, also entsprechend ihrem Anteil an der Gesellschaft (s. dazu Rn. 118). Durch die strengen Haftungsregeln ist die SNC die **risikoreichste Gesellschaftsform** aus Sicht der Gesellschafter.[351] Das Haftungsrisiko kann aber dadurch minimiert werden, dass anstatt der natürlichen Personen, von ihnen gegründete und beschränkt haftende Gesellschaften Gesellschafter der SNC werden. Darüber hinaus können die Gesellschafter einer SNC aber **nicht** von ihrer Haftung befreit werden.[352] So wirkt der einem Gesellschafter gegenüber erklärte Verzicht eines Gläubigers der SNC nur im Außenverhältnis, dh dieser kann gleichwohl durch den zahlenden Mitgesellschafter im Innenverhältnis in Regress genommen werden.[353] 170

Art. L. 221-1 II C. com. stellt klar, dass die Gläubiger nur dann von den Gesellschaftern Befriedigung ihrer Forderungen verlangen können, wenn sie **zuvor vergeblich** versucht haben, von der Gesellschaft Befriedigung zu erlangen. Die Gesellschafter haften also nur **subsidiär** für die Verbindlichkeiten der Gesellschaft (s. dazu auch Rn. 119).[354] 171

Scheidet ein Gesellschafter aus der SNC **aus**, so haftet er für **danach** entstandene Verbindlichkeiten nicht, wenn sein Austritt ordnungsgemäß bekannt gegeben wurde. Für Verbindlichkeiten, die jedoch **vor** seinem Ausscheiden aus der Gesellschaft eingegangen wurden, haftet der Gesellschafter weiterhin **unbeschränkt** und **gesamtschuldnerisch**; hier droht also mit anderen Worten eine „Endloshaftung".[355] Zu den Altverbindlichkeiten zählen beispielsweise die Mietraten aus einem Immobilienleasingvertrag[356] sowie die Rückzahlung der Darlehensrestsumme nach sofortiger Fälligstellung.[357] Hierin liegt ein maßgeblicher Unterschied zur *société civile*, wo der ausscheidende Gesellschafter nur für die bis zu diesem Zeitpunkt fälligen Forderungen einzustehen hat (Art. 1857 I C. civ., s. dazu Rn. 120). **Tritt** ein neuer Gesellschafter in die Gesellschaft **ein**, so haftet er sowohl für die vor als auch für die nach seinem Eintritt eingegangenen Verbindlichkeiten.[358] 172

6. Mitgliederwechsel

Wie bereits in der Einleitung angesprochen (Rn. 148), ist in der SNC der Grundsatz *intuitu personae* zu beachten, dh die **Anteile** sind grundsätzlich **nicht frei übertragbar**. Die Abtretung der Anteile bedarf zudem der **Schriftform** (Art. L. 221-14 I 1 C. com.). Sie kann der Gesellschaft entgegengehalten werden, wenn ihr die Abtretungsurkunde nach Art. 1690 C. civ. durch den Gerichtsvollzieher zugestellt wurde; diese Zustellung kann nach Art. L. 221-14 I 2 C. com. auch durch die Hinterlegung der Originalurkunde der Abtretung am Gesellschaftssitz gegen Empfangsquittung des Geschäftsführers ersetzt werden. Eine weitere Möglichkeit ist die Annahme der Abtretung durch den Geschäftsführer in einer notariellen Urkunde (Art. L. 221-14 I 1 C. com. iVm Art. 1690 II C. com.). Die notarielle Form, die in der Praxis sehr selten anzutreffen ist, wird letztlich nur dann gewählt, wenn das Datum der Abtretung rechtssicher festgestellt werden muss (*date certaine*). Die Nichtbeachtung der Schriftform führt jedoch **nicht** zur Nichtigkeit des Geschäfts.[359] 173

Für die **Drittwirksamkeit** der Abtretung von Geschäftsanteilen reicht es nach der Reform vom 31. Juli 2014 nun aus, die entsprechend geänderte Satzung, in welcher die Gesellschafter namentlich genannt werden, bei der 174

351 *Basuyaux/Delpech/de Labrouhe* in: Wegen/Spahlinger/Barth (Hrsg.), Gesellschaftsrecht des Auslands, 2016, Frankreich, Rn. 174 (Stand: 2012).

352 *Lefebvre*, Mémento Sociétés commerciales, 2018, Rn. 24081; *Le Dily* in: D.O. Juridique, J-1610: Sociétés en nom collectif – Fonctionnement, 2016, Rn. 41; *Jobert* in: JurisClasseur, Sociétés Traité, 2016, Fasc. 57-10, Rn. 12.

353 *Jobert* in: JurisClasseur, Sociétés Traité, 2016, Fasc. 57-10, Rn. 12.

354 *Cozian/Viandier/Deboissy*, Droit des sociétés, 2016, Rn. 1467; *Basuyaux/Delpech/de Labrouhe* in: Wegen/Spahlinger/Barth (Hrsg.), Gesellschaftsrecht des Auslands, 2016, Frankreich, Rn. 175 (Stand: 2012).

355 *Lefebvre*, Mémento Sociétés commerciales, 2018, Rn. 24082; *Merle/Fauchon*, Sociétés commerciales, 2016, Rn. 185; *Cozian/Viandier/Deboissy*, Droit des sociétés, 2016, Rn. 1473; *Jobert* in: JurisClasseur, Sociétés Traité, 2016, Fasc. 57-10, Rn. 6; *Moulin*, Droit des sociétés et des groupes, 2016-2017, S. 87.

356 Cass. com. 1.10.1996, Nr. 94-16.808 und 94-18.278.

357 Cass. com. 4.1.1994, Nr. 91-19.680. Siehe zu dem Aspekt auch *Gibirila in:* Répertoire de droit des sociétés, 2017, Société en nom collectif, Rn. 373; *Le Cannu/Dondero*, Droit des sociétés, 2015, Rn. 1397.

358 *Cozian/Viandier/Deboissy*, Droit des sociétés, 2016, Rn. 1474; *Merle/Fauchon*, Sociétés commerciales, 2016, Rn. 185; *Jobert* in: JurisClasseur, Sociétés Traité, 2016, Fasc. 57-10, Rn. 5; *Germain/Magnier*, Les sociétés commerciales, 2014, Rn. 1703.

359 *Merle/Fauchon*, Sociétés commerciales, 2016, Rn. 189; *Cozian/Viandier/Deboissy*, Droit des sociétés, 2016, Rn. 1470 iVm 1383.

Geschäftsstelle des Handelsgerichts (*greffe du tribunal de commerce*) zu hinterlegen. Die Abtretung wird dann gegenüber Dritten mit Veröffentlichung der geänderten Satzung wirksam. Im Folgenden sollen verschiedene Konstellationen unterschieden werden.

a) Abtretung von Anteilen unter Lebenden

175 Die Abtretung von Anteilen kann nur mit der **Zustimmung aller Gesellschafter** erfolgen (Art. L. 221-13 I 2 C. com.). Das gilt auch für die Übertragung von Anteilen **innerhalb des Gesellschafterkreises** und der **Verwandtschaft**. Die Regelung kann **nicht** durch eine anderslautende Satzungsbestimmung abbedungen werden (Art. L. 221-13 II C. com.). Die Regelungen über die Abtretung von Anteilen sind daher noch strenger ausgestaltet als bei der *société civile*.

176 Enthält die Satzung keine besonderen Bestimmungen, kann der Gesellschafter bei **Verweigerung** der Zustimmung zur Abtretung zudem **nicht** aus der Gesellschaft ausscheiden. Die Regeln des *Code de commerce* schreiben weder einen Rückkauf durch die Gesellschaft noch einen Aufkauf durch die Mitgesellschafter vor.[360] In der SNC gilt der *intuitu personae*-Grundsatz damit in vollem Umfang. Den Gründern einer solchen Gesellschaft sollte daher bewusst sein, dass sie im schlimmsten Fall in der Gesellschaft **„gefangen"** sind. Um eine solche Situation zu vermeiden, ist es üblich, diesen speziellen Fall bei Abfassung der Satzung so zu regeln, dass die verbleibenden Gesellschafter bei Zustimmungsverweigerung eines oder mehrerer Gesellschafter verpflichtet sind, die Geschäftsanteile des verkaufswilligen Gesellschafters zu übernehmen und zwar im gleichen Verhältnis der von ihnen gehaltenen Beteiligung an der Gesellschaft. Während derartige Übernahmeklauseln nach einem Teil der Lehre und nach einer Entscheidung eines Berufungsgerichts (*cour d'appel*)[361] wirksam in der Satzung vereinbart werden können, hält die herrschende Meinung solche Gestaltungen insbesondere wegen des Interesses der Gesellschaft und der verbleibenden Gesellschafter am Verbleib solventer Mitgesellschafter jedoch für unzulässig.[362]

b) Mitgliederwechsel durch den Tod eines Gesellschafters

177 Der **Tod** eines Gesellschafters bedeutet grundsätzlich die **Auflösung** der SNC (Art. L. 221-15 I C. com.). Die Satzung kann jedoch etwas Anderes vorsehen. So ist es zB möglich, in der Satzung festzuschreiben, dass die Gesellschaft im Todesfall mit den **verbleibenden Gesellschaftern fortgeführt** wird (Art. L. 221-15 II C. com.). Die Erben erwerben in diesem Fall keine Gesellschafterstellung. Sie haben jedoch ein Recht auf die Auszahlung des Wertes der Anteile (Art. L. 221-15 IV 1 C. com.).

178 Außerdem kann die **Satzung** vorsehen, dass die Gesellschaft mit

- einem oder mehreren Erben,
- dem Ehegatten oder
- jeder anderen in der Satzung bestimmten Person

fortgeführt wird (Art. L. 221-15 III C. com.). Auch wenn dies, soweit ersichtlich, in der Literatur nicht diskutiert wird, dürften auch **qualifizierte Nachfolgeklauseln**, in denen die Fortsetzung mit dem Erben beispielsweise von dessen beruflichem Abschluss abhängig gemacht wird, nach französischem Recht zulässig sein. Es besteht auch die Möglichkeit, die konkrete Person nicht zu benennen, sondern dem Erblasser das Benennungsrecht einzuräumen. Das ergibt sich aus Art. L. 221-15 III C. com., der bestimmt, dass der Nachfolger im Testament benannt werden kann, sofern dies nach der Satzung zulässig ist. Die Satzungsbestimmung kann den Übergang der Anteile auch an einen **Zustimmungsvorbehalt** binden.[363]

7. Auflösung

179 Die **rechtsformneutralen Auflösungsgründe**, die Art. 1844-7 C. civ. regelt und die im Rahmen der *société civile* bereits aufgelistet wurden, gelten auch für die SNC, so dass an dieser Stelle nach oben verwiesen werden kann (Rn. 135). Daneben kennt das französische Recht **spezielle Auflösungsgründe** für eine SNC. Eine Auflösung erfolgt in diesen Fällen allerdings dann nicht, wenn in der Satzung der SNC etwas Anderes bestimmt ist oder die Gesellschafter einstimmig die Fortführung beschließen. Spezielle Auflösungsgründe sind:

360 *Merle/Fauchon*, Sociétés commerciales, 2016, Rn. 190; *Gibirila* in: JurisClasseur, Civil Code, 2015, Art. 1832 bis 1844-17, Fasc. 41, Rn. 35.

361 CA Aix-en-Provence 25.5.2007 (*Gérard Nivet c/ Bucco*), Droit des sociétés, Nr. 12 (2007), 33, 33.

362 *Huguet* in: JurisClasseur, Notarial Formulaire, 2016, V° Sociétés, Fasc. G-65, Rn. 69; *Lefebvre*, Mémento Sociétés commerciales, 2018, Rn. 24440; *Le Cannu/Dondero*, Droit des sociétés, 2015, Rn. 1400; *Merle/Fauchon*, Sociétés commerciales, 2016, Rn. 190; In diesem Zusammenhang ist anzumerken, dass der Gläubiger bereits dadurch geschützt wird, dass der ausscheidende (zahlungsfähige) Gesellschafter weiterhin verpflichtet bleibt, die bereits bestehenden Verbindlichkeiten zu bedienen (s. oben Rn. 172).

363 *Azarian* in: JurisClasseur, Commercial, 2017, Fasc. 1115, Rn. 59; *Lefebvre*, Mémento Sociétés commerciales, 2018, Rn. 24532; *Beignier ua*, Le Lamy Droit des régimes matrimoniaux, successions et libéralités, 2017, Rn. 284-75.

- Die Abberufung eines Geschäftsführers, wenn alle Gesellschafter gleichzeit auch Geschäftsführer sind, oder wenn einer oder mehrere Gesellschafter in der Satzung als Geschäftsführer bestimmt wurden (Art. L. 221-12 I C. com.),
- der Tod eines Gesellschafters (Art. L. 221-15 I C. com.) und
- die gerichtlich angeordnete Liquidation (*liquidation judiciaire*), die gerichtlich angeordnete Veräußerung des Unternehmens (in der Regel der Aktiva) im Rahmen eines Insolvenzverfahrens (*plan de cession*), die Entziehung der Kaufmannseigenschaft (*mesure d'interdiction d'exercer une profession commerciale*) oder die Geschäftsunfähigkeit (*mesure d'incapacité*) eines Gesellschafters (Art. L. 221-16 I C. com.).

8. Vorteile einer SNC

Da die SNC bezüglich ihrer Haftungsregeln die **risikoreichste Gesellschaftsform** ist, stellt sich die Frage, warum sich einige, wenn auch wenige Unternehmer dennoch für diese Gesellschaftsform entscheiden. Im Folgenden sollen zwei ausgewählte Gründe genannt werden: 180

- **Geheimhaltung der Finanzlage:** Die SNC muss ihren Jahresabschluss nicht beim Handelsgericht hinterlegen.[364] Das bedeutet, dass Dritte keine Einsicht in diese Unterlagen erhalten. Informationen über die finanzielle Lage der Gesellschaft können Dritten daher vorenthalten werden.
- **Steuerliche Vorteile:** Neben der Diskretion wurde die SNC früher vor allem aus steuerlichen Gründen gewählt. So unterliegt die SNC zB grundsätzlich **nicht der Körperschaftssteuer.**[365] Darüber hinaus wirkte sich die **Anrechnung von Verlusten** bei der Berechnung der Einkommens- oder Körperschaftssteuer positiv aus. Dies hat der französische Gesetzgeber mittlerweile jedoch eingegrenzt.[366] Bei Unternehmensgruppen ermöglicht die Wahl der Rechtsform der SNC für Tochtergesellschaften aufgrund der Transparenz eine steuerliche Konsolidierung der Ergebnisse auf Ebene der Muttergesellschaft.[367]

V. Société en commandite simple (SCS)

1. Grundlagen

Die *société en commandite simple* (**SCS**) kann mit der **deutschen KG** verglichen werden.[368] Insbesondere unterteilen sich die Gesellschafter auch in Komplementäre mit unbeschränkter Haftung (*associés commandités*) und Kommanditisten (*associés commanditaires*), die nur beschränkt für die Verbindlichkeiten der Gesellschaft haften (Art. L. 222-1 I und II C. com.). 181

Mit Blick auf die SNC greifen neben den allgemeinen Vorschriften des *Code civil* und den allgemeinen gesellschaftsrechtlichen Normen des *Code de commerce* (Art. L. 210-1 bis Art. L. 210-9 C. com.) die **speziellen Bestimmungen** des *Code de commerce* für diese Rechtsform (Art. L. 222-1 bis 222-12 C. com. sowie R. 222-1 bis R. 222-3 C. com.). Zudem sind auf die SCS **subsidiär** die **Regeln der SNC** anwendbar (Art. L. 222-2 C. com.), wie das auch bei der deutschen KG der Fall ist (§ 161 II HGB mit Verweis auf die Vorschriften der OHG). Schon daraus lässt sich erkennen, dass die SCS und die SNC gewisse Gemeinsamkeiten aufweisen. In den folgenden Erörterungen wird darauf hingewiesen. 182

Die SCS besitzt **Rechtspersönlichkeit.**[369] Der **Zweck** der Gesellschaft kann sowohl handelsgewerblicher als auch ziviler Natur sein. Entscheidend ist, dass die SCS einen erlaubten Zweck verfolgt. Unabhängig davon, welchen Zweck die Gesellschafter bestimmen, handelt es sich bei der SCS gem. Art. L. 210-1 II C. com. allerdings immer um eine **Handelsgesellschaft.**[370] Die Gesellschaftsform ist insofern entscheidend für die Einordnung, nicht 183

364 *Cozian/Viandier/Deboissy*, Droit des sociétés, 2016, Rn. 1444; *Mestre/Velardocchio/Mestre-Chami*, Le Lamy Sociétés commerciales, 2017, Rn. 2940; *Lefebvre*, Mémento Sociétés commerciales, 2018, Rn. 23032; *Basuyaux/Delpech/de Labrouhe* in: Wegen/Spahlinger/Barth (Hrsg.), Gesellschaftsrecht des Auslands, 2016, Frankreich, Rn. 178 f. (Stand: 2012).

365 *Mestre/Velardocchio/Mestre-Chami*, Le Lamy Sociétés commerciales, 2017, Rn. 2846; *Merle/Fauchon*, Sociétés commerciales, 2016, Rn. 157.

366 So dürfen nur natürliche Personen, die innerhalb der Gesellschaft eine Tätigkeit ausüben, die Verluste der SNC anteilig von ihrem gesamten zu versteuernden Einkommen abziehen, während andere Gesellschafter Verluste der SNC nur insoweit von ihrem eigenen Einkommen abziehen dürfen, wie Verluste und Einkommen derselben Kategorie angehören (*Cozian/Viandier/Deboissy*, Droit des sociétés, 2016, Rn. 49).

367 *Lefebvre*, Mémento Sociétés commerciales, 2018, Rn. 21023.

368 *Süß/Zimmermann* in: Beck'sches Notar-Handbuch, 6. Aufl. 2015, H, Rn. 231; *Toth* Droit et Patrimoine 84 (2000) 63, 65; *Ngatsing* in: Widmann/Mayer (Hrsg.), Umwandlungsrecht, 2014, Anhang 3, Frankreich, Erster Teil, Erster Abschnitt, F 32; *Großerichter* in: Sonnenberger/Classen (Hrsg.), Einführung in das französische Recht, 2012, S. 332 (Tz. 155).

369 *Lefebvre*, Mémento Sociétés commerciales, 2018, Rn. 26010; *Bougnoux* in: JurisClasseur, Sociétés Traité, 2017, Fasc. 62-10, Rn. 4 f.; *Guiramand/Héraud*, Droit des sociétés, 2016, S. 446.

370 *Lefebvre*, Mémento Sociétés commerciales, 2018, Rn. 26120; *Bougnoux* in: JurisClasseur, Sociétés Traité, 2017, Fasc. 62-10, Rn. 10; *Guiramand/Héraud*, Droit des sociétés, 2016, S. 446.

hingegen der verfolgte Zweck.[371] Außerdem ist die SCS, ebenso wie die SNC, eine **geschlossene Gesellschaft**, die durch das Prinzip ***intuitu personae*** gekennzeichnet ist.[372] Die SCS hat immer mehr an **Bedeutung verloren.** Die noch aktuell existierenden SCS sind vor allem Gesellschaften, die vor langer Zeit gegründet wurden.[373]

2. Gründung

184 Bezüglich der Gründung kann weitgehend auf die Ausführungen zur *société civile* verwiesen werden (Rn. 81 ff.). Im Hinblick auf **vorvertragliche Verhandlungen** und ein mögliches **Gründungsversprechen** sei auf die Ausführungen unter Rn. 5 hingewiesen. Die SCS muss mindestens von **zwei Gesellschaftern** gegründet werden, von denen einer eine **Kommanditistenstellung** (*associé commanditaire*) und der andere die **Komplementärstellung** (*associé commandité*) einnehmen muss.[374] An die Gesellschafter werden bestimmte Anforderungen gestellt, wobei zwischen Kommanditisten und Komplementären zu unterscheiden ist.

185 Die Stellung der **Komplementäre** ist mit derjenigen der Gesellschafter einer SNC vergleichbar (Art. L. 222-1 C. com.). Komplementäre einer SCS können aus diesem Grund nur Personen sein, die **Kaufmann** (*commerçant*) im Sinne des *Code de commerce* sein können (Art. L. 221-1 I C. com.) und daher auch **Handelsgeschäfte** abschließen dürfen. Es kommen damit natürliche Personen sowie juristische Personen als Komplementäre in Betracht (dazu gleich unter Rn. 186). Auch im Innenverhältnis der Komplementäre zueinander sind die Regeln der SNC anwendbar,[375] ohne dass diese eine eigene juristische Person bilden. Insofern kann auf die zur SNC gemachten Ausführungen verwiesen werden.

186 Da nicht nur natürliche, sondern auch juristische Personen Komplementär sein können, ist es möglich, dass Gesellschaften mit beschränkter Haftung die Komplementärrolle in der SCS ausfüllen. Damit sind Konstruktionen, wie die in Deutschland sehr verbreitete **GmbH & Co. KG**, grundsätzlich auch in Frankreich zulässig.[376] Allerdings ist diese Konstruktion in der französischen Rechtswirklichkeit **nahezu unbekannt.** Dies mag vor allem damit zusammenhängen, dass die SCS eher einem nachteiligen, denn einem günstigen Steuerregime unterfällt. So unterliegen die Komplementäre mit ihrem Gewinnanteil der Einkommenssteuer (bzw. Körperschaftssteuer, sofern es sich zB um eine SARL handelt, transparente Besteuerung), während der Anteil der Kommanditisten zunächst der Körperschaftssteuer unterliegt und im Falle einer Gewinnausschüttung zusätzlich im Rahmen der Einkommenssteuer besteuert wird. Die Steuerlast für Kommanditisten der SCS entspricht damit der Steuerlast von Gesellschaftern einer SARL oder Aktiengesellschaft.[377] Wie bei der SCI (Rn. 146) können die Gesellschafter der SCS jedoch auch für die Anwendung der Körperschaftssteuer optieren. In diesem Fall unterliegt der Gewinnanteil der Komplementäre der gleichen Besteuerung wie der Anteil der Kommanditisten, dh die Erträge der SCS werden auf Unternehmensebene besteuert und unterliegen der Körperschaftssteuer, während die an Komplementäre und Kommanditisten vorgenommenen Ausschüttungen der Einkommenssteuer unterliegen.[378]

187 Die Anforderungen an den **Kommanditisten** sind geringer. Dieser muss im Unterschied zum Komplementär kein Kaufmann sein. Es reicht daher grundsätzlich aus, wenn der Kommanditist **geschäftsfähig** ist. Damit können auch sog ***mineurs émancipés*** im Sinne der Art. 413-1 ff. C. civ., dh Minderjährige, die das 16. Lebensjahr erreicht haben und durch einen Vormundschaftsrichter für voll geschäftsfähig erklärt worden sind, Gesellschafter einer SCS werden.[379]

188 Wie bei den anderen Personengesellschaften auch, bedarf die Gründung der SCS eines **Gesellschaftervertrages,** der von allen Gesellschaftern zu unterzeichnen ist und die **Schriftform** erfüllen muss, dh er muss entweder **pri-**

371 *Lefebvre*, Mémento Sociétés commerciales, 2018, Rn. 26010; *Bougnoux* in: JurisClasseur, Sociétés Traité, 2017, Fasc. 62-10, Rn. 10.

372 *Cozian/Viandier/Deboissy*, Droit des sociétés, 2016, Rn. 1491; *Bougnoux* in: JurisClasseur, Sociétés Traité, 2017, Fasc. 62-10, Rn. 7.

373 *Cozian/Viandier/Deboissy*, Droit des sociétés, 2016, Rn. 1489; *Merle/Fauchon*, Sociétés commerciales, 2016, Rn. 196; *Bougnoux* in: JurisClasseur, Sociétés Traité, 2017, Fasc. 62-10, Rn. 2; *Germain/Magnier*, Les sociétés commerciales, 2014, Rn. 1734.

374 *Lefebvre*, Mémento Sociétés commerciales, 2018, Rn. 26130; *Bougnoux* in: JurisClasseur, Sociétés Traité, 2017, Fasc. 62-10, Rn. 29; *Merle/Fauchon*, Sociétés commerciales, 2016, Rn. 200; *Guiramand/Héraud*, Droit des sociétés, 2016, S. 446; *Moulin*, Droit des sociétés et des groupes, 2016-2017, S. 91.

375 *Bougnoux* in: JurisClasseur, Sociétés Traité, 2017, Fasc. 62-10, Rn. 57; *Cozian/Viandier/Deboissy*, Droit des sociétés, 2016, Rn. 1490.

376 *Le Cannu/Dondero*, Droit des sociétés, 2015, Rn. 1415; *Cozian/Viandier/Deboissy*, Droit des sociétés, 2016, Rn. 1490.

377 *Kornprobst in:* Répertoire de droit des sociétés, 2017, Sociétés de personnes (Régime fiscal), Rn. 205-206; *Lefebvre*, Mémento Sociétés commerciales, 2018, Rn. 26020.

378 *Lefebvre*, Mémento Sociétés commerciales, 2018, Rn. 26020.

379 *Lefebvre*, Mémento Sociétés commerciales, 2018, Rn. 26101; *Bougnoux* in: JurisClasseur, Sociétés Traité, 2017, Fasc. 62-10, Rn. 83; *Merle/Fauchon*, Sociétés commerciales, 2016, Rn. 200; *Sortais in:* Répertoire de droit des sociétés, 2017, Constitution des sociétés, Rn. 62.

vatschriftlich abgefasst oder notariell beurkundet werden. Bezüglich des **Mindestinhalts der Satzung** kann auf die Rn. 149 verwiesen werden, denn auch bei der Gründung einer SCS muss Art. L. 210-2 C. com., der generell für Handelsgesellschaften gilt,[380] beachtet werden.[381] Darüber hinaus nennt Art. L. 222-4 C. com. weitere Aspekte, die in der Satzung geregelt werden müssen:

- **Wert der Einlage** der Gesellschafter,
- **Anteil,** den der Gesellschafter dafür **an der Gesellschaft** erhält und
- **Anteil,** den **alle Komplementäre gemeinsam** an der SCS halten und den **Anteil,** den die **Kommanditisten** von den **Überschüssen** der SCS erhalten.

Damit die SCS **Rechtspersönlichkeit** erlangt, muss sie ins Handelsregister eingetragen werden (Art. L. 210-6 I C. com.). Bezüglich der Vorgesellschaft und der Handelndenhaftung enthält der *Code de commerce* **keine speziellen Bestimmungen** für die SCS. Es gilt das zur Gesellschaft in Gründung (*société en formation*) Gesagte (Rn. 60 f.). 189

Zwar enthält der *Code de commerce* bezüglich der Firma einer SCS eine eigenständige Regelung (Art. L. 222-3 C. com.), diese ist jedoch mit der entsprechenden Vorschrift bei der SNC fast wortgleich. Wie im Rahmen der SNC bereits erörtert (Rn. 154), muss die SCS eine **Firma** aufweisen, die wahlweise auch den Namen eines Gesellschafters enthalten darf, aber nicht muss. Allerdings muss der SCS die Bezeichnung „*société en commandite simple*" voran- bzw. nachgestellt werden (Art. L. 223-3 C. com.). Auch wenn es Art. L. 223-3 C. com. nicht ausdrücklich festlegt, genügt es auch hier, der Firma lediglich die **Abkürzung „SCS"** hinzuzufügen.[382] 190

3. Organisationsverfassung

a) Geschäftsführung

Vorbehaltlich einer abweichenden Regelung in der Satzung sind alle **Komplementäre** auch gleichzeitig **Geschäftsführer** der SCS. Die Geschäftsführung kann durch die Satzung aber auch lediglich einem oder mehreren Komplementären übertragen werden. Es ist darüber hinaus möglich, die Geschäftsführung **Dritten** anzuvertrauen (Fremdgeschäftsführungsbefugnis).[383] Das Prinzip der Selbstorganschaft steht damit zur Disposition der Gründer. Das französische Recht gewährt auch bezüglich der Person der Geschäftsführer größtmögliche Freiheit, so dass nicht nur **natürliche**, sondern auch **juristische Personen** die Geschäftsführung übernehmen können.[384] 191

Was die **Bestellung** der Geschäftsführer der SCS betrifft, so gelten diesbezüglich die gleichen Bestimmungen wie bei der SNC (Art. L. 222-2 C. com., siehe Rn. 158). Dementsprechend kann die Ernennung des ersten Geschäftsführers der SCS direkt in der Satzung oder im Rahmen eines separaten Gesellschafterbeschlusses (*acte ultérieur*) erfolgen. Allerdings sieht der *Code de commerce* in Abweichung zu den für die SNC geltenden Bestimmungen besondere Mehrheitserfordernisse für den Fall einer Satzungsänderung vor (Art. L. 222-9 II C. com.). Wurde der erste Geschäftsführer der SCS direkt in der Satzung bestellt, so stellt die Ernennung eines neuen Geschäftsführers eine Satzungsänderung dar, welche gem. Art. L. 222-9 II C. com. der Zustimmung aller Komplementäre und der Mehrheit – nach Kopf und Kapital – der Kommanditisten bedarf. Allerdings können geringere Mehrheitserfordernisse in der Satzung vorgesehen werden. Strengere Mehrheitserfordernisse für Satzungsänderungen sind dagegen gem. Art. L. 222-9 III C. com. unzulässig.[385] Ist die Ernennung demgegenüber einem separaten Gesellschafterbeschluss vorbehalten, gelten die hierfür in der Satzung festgelegten Mehrheiten.[386] 192

Den **Kommanditisten** ist es strikt untersagt, **Geschäftsführungsmaßnahmen mit Außenwirkung** (*acte de gestion externe*) durchzuführen. Kommanditisten dürfen die Gesellschaft also nicht gegenüber Dritten vertreten. Dieses Konzept heißt im französischen Recht „***défense d'immixtion***". Der Kommanditist darf aufgrund dessen keine Geschäfte im Namen der Gesellschaft mit Dritten abschließen und zwar auch nicht aufgrund einer Vollmacht 193

380 Die Vorschrift findet auch auf die französische Wirtschaftliche Interessenvereinigung (GIE) Anwendung.

381 *Moulin*, Droit des sociétés et des groupes, 2016-2017, S. 92.

382 *Lefebvre*, Mémento Sociétés commerciales, 2018, Rn. 26190; *Bougnoux* in: JurisClasseur, Sociétés Traité, 2017, Fasc. 62-10, Rn. 44.

383 *Lefebvre*, Mémento Sociétés commerciales, 2018, Rn. 27000; *Bougnoux* in: JurisClasseur, Sociétés Traité, 2016, Fasc. 62-50, Rn. 3; *Merle/Fauchon*, Sociétés commerciales, 2016, Rn. 202, 167; *Guiramand/Héraud*, Droit des sociétés, 2016, S. 447; *Moulin*, Droit des sociétés et des groupes, 2016-2017, S. 92.

384 *Gibirila* in: Répertoire de droit des sociétés, 2016, Société en commandite simple, Rn. 48; *Lefebvre*, Mémento Sociétés commerciales, 2018, Rn. 26014; *Mestre/Velardocchio/Mestre-Chami*, Le Lamy Sociétés commerciales, 2017, Rn. 2986 iVm 2870; *Guiramand/Héraud*, Droit des sociétés, 2016, S. 447.

385 *Lefebvre*, Documentation experte, Documentation pratique Affaires, Série Dirigeants, 2018, Division II, Rn. 1744 f.

386 *Lefebvre*, Documentation experte, Documentation pratique Affaires, Série Dirigeants, 2018, Division II, Rn. 1746.

(Art. L. 222-6 I C. com.).[387] Von dem Verbot sind auch Rechtsgeschäfte erfasst, bei denen der Kommanditist die Vertretungshandlung lediglich vorbereitet und ein Dritter das Rechtsgeschäft letztendlich abschließt.[388] Hierdurch soll eine Umgehung des Vertretungsverbots verhindert werden.

194 Verstößt ein Kommanditist gegen Art. L. 222-6 I C. com., so **haftet** er **unbeschränkt** und **gesamtschuldnerisch** mit den Komplementären (Art. L. 222-6 II C. com.) für die unter seiner Mitwirkung eingegangenen Verbindlichkeiten.[389] Die von ihm für die SCS geschlossenen Rechtsgeschäfte sind folglich nicht nichtig (sondern wirksam) und binden die Gesellschaft.[390] Normzweck ist der Schutz des Vertrauens Dritter, dass ein die SCS vertretender Gesellschafter mit seinem Privatvermögen haftet. Der Normzweck des Art. L. 222-6 I C. com. ist daher nur dann erfüllt, wenn der Dritte tatsächlich nicht wusste, dass der handelnde Kommanditist lediglich in Höhe seiner Einlage für die Verbindlichkeiten der SCS haftet. Dies wird vermutet, kann aber widerlegt werden, wenn der Kommanditist beweist, dass er gegenüber dem Vertragspartner seine Gesellschafterstellung und die damit einhergehende beschränkte Haftung offengelegt hat.[391] Die Haftung des Kommanditisten kann je nach Anzahl und Schwere der von ihm vorgenommenen Geschäftsführungsmaßnahmen gerichtlich auf **sämtliche Gesellschaftsverbindlichkeiten** ausgedehnt werden (Art. L. 222-6 II C. com.).[392]

195 Der Kommanditist **behält** jedoch weiterhin seine **Kommanditistenstellung**. Im Umkehrschluss bedeutet das, dass ein geschäftsführender Kommanditist auch nicht automatisch die Komplementärstellung erwirbt.[393] Es besteht jedoch die Gefahr, dass das Gericht aufgrund der umfassenden Einmischung der Kommanditisten die Gesellschaft nicht mehr als SCS, sondern als SNC behandelt.[394]

196 Dem Kommanditisten ist es jedoch gestattet, Geschäftsführungsmaßnahmen ohne Außenwirkung, dh Maßnahmen, die allein das **Innenverhältnis** betreffen, durchzuführen. Es ist den Kommanditisten daher gestattet, die Geschäftsführung zu **beraten** und zu **überwachen** und an Beschlussfassungen teilzunehmen. Auch wenn die Geschäftsführer in Bezug auf bestimmte Maßnahmen verpflichtet sind, die vorherige Genehmigung der Gesellschafter einzuholen, dürfen die Kommanditisten an der Abstimmung teilnehmen, ohne dadurch gegen Art. L. 222-6 I C. com. zu verstoßen.[395] Im Übrigen kann bezüglich der **Bestellung, Abberufung** und **Machtbefugnisse** des bzw. der Geschäftsführer auf die Ausführungen zur SNC verwiesen werden (Rn. 156 ff.).[396]

b) Gesellschafterversammlung

197 Der *Code de commerce* schreibt nur in wenigen Situationen verpflichtend eine Gesellschafterversammlung vor. Insbesondere ist die Gesellschafterversammlung vor allem dann einzuberufen, wenn ein **Komplementär dies verlangt** oder wenn von den **Kommanditisten** mindestens **ein Viertel** gerechnet nach Zahl und Kapital die Einberufung der Gesellschafterversammlung fordert (Art. L. 222-5 S. 2 C. com.).[397] Im Übrigen kann bezüglich der Regelungen für Gesellschafterversammlungen auf die Ausführungen zur SNC verwiesen werden (vgl. Rn. 164 ff.). Dies gilt insbesondere auch für die Möglichkeit des Umlaufverfahrens.

198 Die Mehrheiten für **einfache Beschlüsse**, die keiner Satzungsänderungen bedürfen, können frei in der Satzung festgelegt werden.[398] **Grundlagenentscheidungen**, wie die Umwandlung der SCS in eine SAS (Art. L. 227-3 C. com.), bedürfen der Einstimmigkeit, während bei einfachen Satzungsänderungen Einstimmigkeit unter den Komplementären erforderlich ist sowie eine Mehrheit nach Kopf und Kapital bei den Kommanditisten (Art. L. 222-9 II C. com.). Nach Art. L. 222-9 III C. com. sind satzungsmäßige Bestimmungen, nach denen höhere Mehrheitserfordernisse notwendig sind, unwirksam (*sont réputées non écrites*), wodurch wieder die Mehr-

387 Siehe dazu auch *Moulin*, Droit des sociétés et des groupes, 2016-2017, S. 93.

388 *Lefebvre*, Mémento Sociétés commerciales, 2018, Rn. 27070, unter Verweis auf die Rechtsprechung; *Merle/Fauchon*, Sociétés commerciales, 2016, Rn. 202.

389 *Lefebvre*, Mémento Sociétés commerciales, 2018, Rn. 27080; *Bougnoux* in: JurisClasseur, Sociétés Traité, 2016, Fasc. 62-50, Rn. 55; *Merle/Fauchon*, Sociétés commerciales, 2016, Rn. 202; *Moulin*, Droit des sociétés et des groupes, 2016-2017, S. 93.

390 *Gibirila* in: Répertoire de droit des sociétés, 2016, Société en commandite simple, Rn. 75.

391 *Gibirila* in: Répertoire de droit des sociétés, 2016, Société en commandite simple, Rn. 77.

392 *Lefebvre*, Mémento Sociétés commerciales, 2018, Rn. 27080; *Merle/Fauchon*, Sociétés commerciales, 2016, Rn. 202; CA Grenoble 6.1.2011, Nr. 09-1686, BRDA 3 (2011), 3, 3.

393 *Lefebvre*, Mémento Sociétés commerciales, 2018, Rn. 27000.

394 S. *Bougnoux* in: JurisClasseur, Sociétés Traité, 2016, Fasc. 62-50, Rn. 29.

395 *Bougnoux* in: JurisClasseur, Sociétés Traité, 2016, Fasc. 62-50, Rn. 33 ff. mit verschiedenen Beispielen aus der Rechtsprechung.

396 Dazu, dass die Regeln der SNC anwendbar sind siehe *Lefebvre*, Mémento Sociétés commerciales, 2018, Rn. 27001; *Lefebvre*, Documentation experte, Documentation pratique Affaires, Série Dirigeants, 2018, Division II, Rn. 1744 ff. und 2874; *Merle/Fauchon*, Sociétés commerciales, 2016, Rn. 202.

397 Zu den anderen Fällen siehe *Lefebvre*, Mémento Sociétés commerciales, 2018, Rn. 27140.

398 *Gibirila* in: Répertoire de droit des sociétés, 2016, Société en commandite simple, Rn. 117; *Lefebvre*, Mémento Sociétés commerciales, 2018, Rn. 27180.

heitserfordernisse des Art. L. 222-9 II C. com. zur Anwendung kommen. Geringere Mehrheitserfordernisse bleiben im Umkehrschluss zulässig.[399]

4. Kapitalverfassung

Für die SCS sieht das Gesetz **kein Mindestkapital** vor.[400] Ihr Gesellschaftskapital kann durch **Bar- oder Sacheinlagen** erbracht werden. **Dienstleistungen** und **technisches Know-how** (*apports en industrie*) dürfen auch eingebracht werden, lassen aber das Gesellschaftskapital unberührt (Art. 1843-2 II C. civ.). Bezüglich der Einzelheiten kann an dieser Stelle auf die Ausführungen zur *société civile* verwiesen werden (Rn. 108 f.). 199

In Bezug auf die **Kommanditisten** ist allerdings zu beachten, dass diese **keine Dienstleistungen** oder **technisches Know-how** einbringen dürfen (Art. L. 222-1 II 2 C. com.). Dies ist damit zu begründen, dass der Kommanditist lediglich in Höhe seiner Einlage für die Gesellschaftsverbindlichkeiten einzustehen hat und technisches Know-how, anders als Bar- oder Sacheinlagen, nicht pfändbar ist.[401] Die Begründung erscheint mittlerweile allerdings nicht mehr ganz stimmig, da sowohl die Gesellschafter einer SARL als auch die Gesellschafter einer SAS trotz beschränkter Haftung Dienstleistung und technisches Know-how einbringen dürfen, welches dann allerdings ebenfalls das Gesellschaftskapital unberührt lässt. Obwohl die Kommanditisten beschränkt haften, gibt es hingegen keine besonderen Aufbringungsvorschriften. Das Gesellschaftskapital muss damit nicht unmittelbar bei der Gründung eingezahlt werden, sondern kann satzungsgemäß auch erst zu einem späteren Zeitpunkt (etwa auf einfachen Abruf durch den Geschäftsführer) erbracht werden.[402] Das entspricht dem Regelungsstand bei der SARL und der SAS, wobei hier jedoch genaue Bedingungen an Höhe und Frist für die gestaffelte Einzahlung des Kapitals bestimmt sind (vgl. Rn. 376 ff. und 696). 200

5. Haftung für die Verbindlichkeiten der Gesellschaft

Bezüglich der Haftung der Gesellschafter für die Verbindlichkeiten der Gesellschaft muss zwischen Komplementären und Kommanditisten unterschieden werden. Wie bereits in der Einleitung geschildert, ist die Stellung der **Komplementäre** mit derjenigen der Gesellschafter einer SNC vergleichbar,[403] dh die Komplementäre haften **unbeschränkt** und **gesamtschuldnerisch**. Bezüglich der Einzelheiten kann auf Rn. 170 ff. verwiesen werden. Die **Kommanditisten haften** dagegen grundsätzlich nur **beschränkt**, nämlich in Höhe ihrer Einlage (Art. L. 222-1 II 1 C. com.). Etwas Anderes gilt nur, wenn ein Kommanditist gegen Art. L. 222-6 I C. com. verstößt, dh Geschäftsführungsmaßnahmen mit Außenwirkung durchführt (s. dazu bereits Rn. 194). 201

6. Mitgliederwechsel

Wie bereits in der Einleitung angesprochen (Rn. 183), ist in der SCS der Grundsatz ***intuitu personae*** (Näheverhältnis zwischen den Gesellschaftern) zu beachten; die Anteile sind daher im Prinzip nicht frei übertragbar (Art. L. 221-13 iVm Art. L. 222-2 C. com.). Die Abtretung der Anteile bedarf der **Schriftform** (Art. L. 221-14 I 1 C. com.). Die Nichtbeachtung der Schriftform führt jedoch **nicht zur Nichtigkeit** des Geschäfts.[404] In der Praxis ist es üblich, dass die übrigen Gesellschafter den Abtretungsvertrag mit unterzeichnen, um so die Einhaltung des Zustimmungserfordernisses nachweisen zu können. Das Gesetz sieht dies jedoch nicht zwingend vor, so dass die Zustimmung bspw. auch durch einen separaten Gesellschafterbeschluss erteilt werden kann, wenn dies von der Satzung vorgesehen ist.[405] Im Folgenden sollen verschiedene Konstellationen dargestellt werden. 202

a) Abtretung von Anteilen unter Lebenden

Die Abtretung von Anteilen unter Lebenden kann gem. Art. L. 222-8 I C. com. grundsätzlich nur mit **Zustimmung aller Gesellschafter** erfolgen. Für den Anteilsverkauf innerhalb des Gesellschafterkreises gelten hier dies- 203

399 *Guiramand/Héraud*, Droit des sociétés, 2016-2017, S. 448; siehe auch *Lefebvre*, Documentation experte, Documentation pratique Affaires, Série Dirigeants, 2018, Division II, Rn. 1745.

400 *Lefebvre*, Mémento Sociétés commerciales, 2018, Rn. 26140; *Bougnoux* in: JurisClasseur, Sociétés Traité, 2017, Fasc. 62-10, Rn. 35; *Merle/Fauchon*, Sociétés commerciales, 2016, Rn. 201; *Guiramand/Héraud*, Droit des sociétés, 2016, S. 446.

401 *Merle/Fauchon*, Sociétés commerciales, 2016, Rn. 201.

402 *Lefebvre*, Mémento Sociétés commerciales, 2018, Rn. 26161.

403 *Lefebvre*, Mémento Sociétés commerciales, 2018, Rn. 28010; *Mestre/Velardocchio/Mestre-Chami*, Le Lamy Sociétés commerciales, 2017, Rn. 2978.

404 *Lefebvre*, Mémento Sociétés commerciales, 2018, Rn. 24410.

405 *Huguet* in: JurisClasseur, Notarial Formulaire, 2016, V° Sociétés, Fasc. G-65, Rn. 66.

bezüglich keine Ausnahmen.[406] Bezüglich der Vorschriften zur Zustimmung der Gesellschafter werden allgemein die Regeln der SNC angewendet.[407] An dieser Stelle soll deshalb auf Rn. 175 f. verwiesen werden.

204 Unabhängig vom soeben Gesagten können die Gesellschafter gem. Art. L. 222-8 II C. com. Folgendes in der **Satzung** festlegen:[408]

- Die freie Übertragbarkeit von Kommanditanteilen innerhalb des Gesellschafterkreises;
- die Übertragbarkeit von Kommanditanteilen an Dritte mit der Zustimmung aller Komplementäre und der Zustimmung der Mehrheit der Kommanditisten, wobei sich die Mehrheit sowohl auf die Anzahl der Kommanditisten als auch auf die Mehrheit des Kapitals bezieht sowie
- die Übertragbarkeit von Anteilen eines Komplementärs an einen Kommanditisten oder Dritten mit Zustimmung aller Komplementäre und der Zustimmung der Mehrheit der Kommanditisten, wobei sich die Mehrheit sowohl auf die Anzahl der Kommanditisten als auch auf die Mehrheit des Kapitals bezieht.

b) Mitgliederwechsel durch den Tod eines Gesellschafters

205 Beim **Tod** eines **Komplementärs** kommt es grundsätzlich zur Auflösung der Gesellschaft (s. auch Rn. 206). Es ist aber in dieser Situation auch ein Mitgliederwechsel möglich, wenn die Satzung eine Klausel enthält, die die Fortführung der Gesellschaft im Fall des Todes eines Komplementärs bestimmt.[409] Ist die Fortführung der Gesellschaft mit den Erben des Verstorbenen vorgesehen und sind diese noch minderjährig, so erwerben sie statt einer Komplementär- eine Kommanditistenstellung (Art. L. 222-10 II C. com.). Zum Sonderfall, dass der einzige Komplementär verstirbt und minderjährige Erben hinterlässt, siehe im Folgenden (Rn. 206). Verstirbt ein **Kommanditist**, so wird die Gesellschaft grundsätzlich fortgeführt (Art. L. 222-10 I C. com.). Die Gesellschafter können in der Satzung vorsehen, dass in diesem Fall die Erben die Stellung des verstorbenen Kommanditisten einnehmen.[410]

7. Auflösung

206 Die **rechtsformneutralen Auflösungsgründe**, die Art. 1844-7 C. civ. regelt und die im Rahmen der *société civile* bereits aufgelistet wurden, gelten auch für die SCS, so dass an dieser Stelle nach oben verwiesen werden kann (Rn. 135). Daneben kennt das französische Recht **spezielle Auflösungsgründe** für die SCS. Eine Auflösung erfolgt auch in folgenden Fällen:[411]

- **Im Fall des Todes eines Komplementärs**, sofern die Satzung nicht die Fortsetzung der Gesellschaft vorschreibt (Art. L. 222-10 II 1 C. com.),
- wenn der **verstorbene Gesellschafter** der **einzige Komplementär** war und seine Erben minderjährig sind oder aus anderen Gründen die Komplementärstellung nicht einnehmen können, wird die Gesellschaft aufgelöst, falls nicht innerhalb eines Jahres ein neuer Komplementär gefunden bzw. die SCS umgewandelt wird (Art. L. 222-10 II 2 und 3 C. com.) und
- im Fall der Eröffnung des Insolvenz- oder Liquidationsverfahrens über das Vermögen eines **Komplementärs** vor dem Handelsgericht (*redressement ou liquidation judiciaire*), **Verbot der Ausübung einer kaufmännischen Tätigkeit** für einen Komplementär, **Rechts-** bzw. **Geschäftsunfähigkeit** eines Komplementärs. In diesen Fällen kann die Auflösung nur abgewendet werden, wenn weitere Komplementäre in der Gesellschaft verbleiben und die Satzung die Fortführung der Gesellschaft unter diesen Umständen vorsieht bzw. die Gesellschafter die Fortführung einstimmig beschließen (Art. L. 222-11 C. com.).

VI. L'Entrepreneur individuel à responsabilité limitée (EIRL)

207 Die EIRL (*l'entrepreneur individuel à responsabilité limitée*) – also der Einzelunternehmer mit beschränkter Haftung – ist die **neueste** französische **Rechtsform** (jedoch keine Gesellschaft im eigentlichen Sinne). Sie wurde erst mit dem Gesetz vom **15. Juni 2010** eingeführt. Die Idee für die Schaffung eines Einzelunternehmers mit beschränkter Haftung stammt indes nicht aus Frankreich, sondern aus Portugal, wo eine entsprechende Form be-

406 *Lefebvre*, Mémento Sociétés commerciales, 2018, Rn. 28121; *Le Cannu/Dondero*, Droit des sociétés, 2015, Rn. 1419; *Merle/Fauchon*, Sociétés commerciales, 2016, Rn. 204; *Mestre/Velardocchio/Mestre-Chami*, Le Lamy Sociétés commerciales, 2017, Rn. 2983.

407 *Lefebvre*, Mémento Sociétés commerciales, 2018, Rn. 28120; *Merle/Fauchon*, Sociétés commerciales, 2016, Rn. 204; *Mestre/Velardocchio/Mestre-Chami*, Le Lamy Sociétés Commerciales, 2017, Rn. 2983.

408 Vgl. auch *Moulin*, Droit des sociétés et des groupes, 2016-2017, S. 94.

409 Die Situation ist der bei einer SNC vergleichbar, *Lefebvre*, Mémento Sociétés commerciales, 2018, Rn. 28130; *Merle/Fauchon*, Sociétés commerciales, 2016, Rn. 206; *Mestre/Velardocchio/Mestre-Chami*, Le Lamy Sociétés Commerciales, 2017, Rn. 3002.

410 *Lefebvre*, Mémento Sociétés commerciales, 2018, Rn. 28131.

411 Siehe auch *Moulin*, Droit des sociétés et des groupes, 2016-2017, S. 94 f.

reits 1986 eingeführt wurde.[412] In Frankreich wurde die EIRL eingeführt, um den **Bedürfnissen der Realwirtschaft** Rechnung zu tragen. Denn viele Unternehmer wählen in Frankreich die Form des Einzelunternehmers zur Ausübung ihrer Tätigkeit.[413] Der Einzelunternehmer hatte jedoch vor der Schaffung der EIRL keine Möglichkeit, sich des Konzepts der beschränkten Haftung zu bedienen. Die Aufnahme einer wirtschaftlichen Aktivität bedeutete daher für ihn auch gleichzeitig immer das **Risiko des Verlusts seines gesamten privaten Vermögens.** Das hohe Risiko (vor allem auch für die mit dem Einzelunternehmer verbundenen Familienmitglieder) konnten und wollten viele Personen nicht tragen und entschieden sich daher gegen diese Form der wirtschaftlichen Betätigung und damit teilweise ganz gegen die Aufnahme einer entsprechenden Tätigkeit. Dies ist auch damit zu erklären, dass die **EURL**, die „Ein-Personen-GmbH" (s. dazu unter Rn. 458 ff.), nicht in jedem Fall eine angemessene Alternative darstellt,[414] da sie mit einem **nicht unerheblichen Aufwand** verbunden ist, der nicht zuletzt aus der Pflicht zur Annahme einer Satzung, den Rechnungslegungsvorschriften[415] und den weiteren finanziellen[416] und administrativen Anforderungen besteht.[417] Darüber hinaus bietet die EURL in der Praxis häufig nur einen scheinbaren Schutz vor dem Zugriff der Gläubiger, da viele Gläubiger – insbesondere Banken – hohe Sicherheiten verlangen, die häufig mithilfe des privaten Vermögens gestellt werden müssen.[418]

Die EIRL soll insofern Abhilfe schaffen und Einzelunternehmern ebenfalls einfach und unkompliziert die Möglichkeit bieten, von einer beschränkten Haftung zu profitieren. Allerdings bietet auch die EIRL nicht nur Vorteile. So kann bei der EURL beispielsweise das Kapital frei bestimmt werden, während bei der EIRL bestimmte Gegenstände eingebracht werden müssen (siehe dazu im Folgenden unter Rn. 222 f.). Auch das Problem, dass Banken Sicherheiten verlangen, wird durch die EIRL nicht gelöst. 208

1. Grundlagen

Die EIRL wird wie die meisten Gesellschaften (obwohl sie selbst keine Gesellschaft ist) im *Code de commerce* geregelt. Der Gesetzgeber hat sich allerdings mit einigen **wenigen Vorschriften** begnügt (Art. L. 526-6 bis L. 526-21 C. com.). Das entsprechende Gesetz wurde am 15. Juni 2010 verabschiedet und trat sechs Monate später in Kraft. Seit Januar 2011 dürfen EIRL gegründet werden. Eine Gesetzesänderung vom 18. Juni 2014[419] hat bereits zu Anpassungen bei der EIRL geführt. Verschiedene Verordnungen (*décrets*) regeln darüber hinaus einzelne Aspekte der EIRL. In der Praxis ist die EIRL gleichwohl nicht so beliebt wie andere Gesellschaftsformen. 209

Eine deutsche Gesellschaftsform bzw. ein deutsches Regelungsinstrument, welches der EIRL entspricht, existiert nicht. Eine entsprechende Diskussion wurde aber auch in Deutschland in der Vergangenheit – wenn auch nicht sehr intensiv – geführt.[420] Wie im Namen bereits zum Ausdruck kommt, wird die EIRL lediglich von **einer Person** und nicht von mehreren Personen gegründet. Die EIRL selbst ist **keine juristische Person** und besitzt damit im Gegensatz zu den Gesellschaftsformen in Frankreich auch **keine Rechtspersönlichkeit** (Art. L. 526-6 I C. com.).[421] Sie ist daher eher als **Mischform** zwischen einem Einzelunternehmen (*entreprise individuelle*) und der EURL als „echter" Gesellschaft anzusehen. 210

412 Decreto-Lei No. 248/96 vom 25.8.1986; dazu *Driesen* GmbHR 1991, 49, 50; *Eckert* EuZW 1990, 54, 56; *Edwards*, EC Company Law, S. 222 f.

413 In 2016 belief sich die Zahl der Neugründungen der Einzelunternehmen (*entreprises individuelles*), ohne Kleinstunternehmen, auf insgesamt 142.400 – *Bonnetête/Bignon*, Les créations d'entreprises en 2016 – La plus forte hausse depuis six ans, portée par les transports, Insee Première, Nr. 1631, 2017, 1, 1.

414 Für einen Vergleich von EURL und EIRL siehe *Lefebvre*, Mémento Sociétés commerciales, 2018, Rn. 35502.

415 Es gibt zwar gewisse Erleichterungen für Kleinstunternehmen (sog *micro-entreprises*). Diese Erleichterungen betreffen aber nur die Möglichkeit, von der Veröffentlichung der Rechnungslegung im Handelsregister ausgenommen zu werden, nicht hingegen von der Pflicht zur Rechnungslegung an sich.

416 Zu den Nachteilen einer „Ein-Euro-EURL" in Bezug auf die Gründungskosten siehe auch *Peifer*, GmbHR 2009, 1145, 1146.

417 *Mestre/Velardocchio/Mestre-Chami*, Le Lamy Sociétés Commerciales, 2017, Rn. 3358; *Merle/Fauchon*, Sociétés commerciales, 2016, Rn. 279; *Lefebvre*, Mémento Sociétés commerciales, 2018, Rn. 35501.

418 *Merle/Fauchon*, Sociétés commerciales, 2016, Rn. 276, 279; *Lefebvre*, Mémento Sociétés commerciales, 2018, Rn. 35501.

419 Loi n°2014-628 du 18 juin 2014 relative à l'artisanat, au commerce et au TPE.

420 Im Jahre 2007 schlug das Bayrische Staatsministerium die Einführung eines Kaufmanns mit beschränkter Haftung vor. Der Entwurf (Stand: 16. Mai 2007) ist weiterhin unter http://www.droitcompare.fr/sources_fr.html abrufbar. Kritisch zum bayrischen Entwurf: *K. Schmidt* DB 2006, 1096, 1096 ff.; vgl. zu der Thematik auch *Braun/Jöckel* ZRP 2011, 149, 149 f., welche die Einführung eines gewerblichen Unternehmens mit beschränkter Haftung befürworten und hinsichtlich der Aktualität der Thematik auf die Einführung der EIRL in Frankreich Bezug nehmen. *Dubarry/Flume* ZEuP 2012, 128, 128 ff.; *Portale* in: FS Athanassios Kaissis, 2012, S. 777, 777 ff.

421 *Lefebvre*, Mémento Sociétés commerciales, 2018, Rn. 35502; *Houtcieff* in: Répertoire de droit commercial, 2017, Entreprise individuelle à responsabilité limitée, Rn. 8; *Quievy* in: Répertoire de droit des sociétés, 2017, Entrepreneur individuel à responsabilité limitée, Rn. 28.

211 Der Einzelunternehmer verfügt über **zwei getrennte Vermögen**, wenn er eine EIRL gründet. Der eine Teil seines Vermögens, der nicht für die geschäftliche Aktivität genutzt werden soll, bleibt **privates Vermögen** (*patrimoine non affecté*). Der andere Teil des Vermögens, der der Ausübung seiner beruflichen Tätigkeit dienen soll, ist eine Art **„Zweckvermögen"**[422] (*patrimoine affecté*). Auch die Schulden des Einzelunternehmers werden in gleicher Weise aufgeteilt. Die privaten Gläubiger dürfen sich nur an das private Vermögen halten, die Gläubiger des Einzelunternehmers, also die Gläubiger, deren Forderungen aufgrund der Geschäftstätigkeit des Einzelunternehmers entstehen, haben gem. Art. L. 526-12 V Nr. 2 C. com. dagegen nur Zugriff auf das Zweckvermögen (*patrimoine affecté*).[423]

2. Gründung

212 Eine EIRL entsteht **nicht automatisch** durch faktisches Handeln. Vielmehr ist auch hier ein gewisser **formeller Gründungsablauf** vorgegeben. Der Personenkreis, dem die Gründung einer EIRL offensteht, ist beschränkt. Grundsätzlich ist es nur natürlichen Personen erlaubt, eine EIRL zu gründen. Juristische Personen können dagegen lediglich auf Ein-Personen-Gesellschaften, wie die EURL oder die SASU, zurückgreifen.[424] Die natürliche Person muss ihre Tätigkeit weisungsunabhängig[425] ausüben. Sie darf auch nicht zugleich Teil einer Gesellschaftstätigkeit sein, dh der Gesellschafter einer SNC kann seine unbeschränkte Einstandspflicht nicht durch die Gründung einer EIRL eingrenzen.[426] Zudem kann die EIRL nur von einem **Einzelunternehmer** (*entrepreneur individuel*) gegründet werden (Art. L. 526-6 I C. com.). Die EIRL steht ansonsten jedoch zur **Ausübung jeglicher Tätigkeiten** zur Verfügung. Sie kann daher insbesondere im Rahmen von kaufmännischen, künstlerischen und landwirtschaftlichen Tätigkeiten, aber auch von Freiberuflern genutzt werden.[427] Es ist dem Einzelunternehmer zudem gestattet, mehrere Zweckvermögen für verschiedene Tätigkeiten zu bilden.[428]

213 Zur ordnungsgemäßen Gründung der EIRL bedarf es einer Erklärung darüber, welche Vermögenswerte dem Zweckvermögen zugewiesen werden. Insofern wird von der **Zuweisungserklärung**[429] (*déclaration d'affectation*) gesprochen (Art. L. 526-7 I C. com.). Die Erklärung sorgt für Transparenz und verfolgt grundsätzlich zwei Ziele: Zum einen zeigt sie den **Willen des Einzelunternehmers**, sich der Form der EIRL zu bedienen und hierfür ein Zweckvermögen zu schaffen. Zum anderen dient sie der **Publizität**. Dritte sollen über die Gründung der EIRL informiert werden. Denn durch die Gründung einer EIRL ändern sich auch die Rechte der Gläubiger, die nur noch Zugriff auf eine der beiden Vermögensmassen haben (Art. L. 526-12 I und II C. com.).[430]

214 Die Zuweisungserklärung ist ein **einseitiger Rechtsakt**. Auch an dieser Stelle zeigt sich deutlich der Unterschied zu den Personengesellschaftsformen des französischen Rechts, welche eines Gesellschaftervertrags bedürfen (Ein-Personen-Kapitalgesellschaften werden allerdings ebenfalls durch einseitigen Rechtsakt gegründet). Die Erklärung muss **schriftlich** verfasst werden, unterliegt aber darüber hinaus grundsätzlich **keinen besonderen Formerfordernissen**.[431] Eine Ausnahme gilt, wenn Immobilien betroffen sind. In diesem Fall hat die Erklärung in notariell beurkundeter Form zu erfolgen und ist beim französischen Hypothekenamt oder (im Elsass und dem *Département Moselle*) im französischen Grundbuch einzutragen (Art. L. 526-9 I C. com.). Die nachträgliche Zuweisung einer Immobilie zu einem bereits bestehenden Zweckvermögen muss zudem gem. Art. L. 426-9 II C. com. der zuständigen Stelle angezeigt werden.

215 Die Zuweisungserklärung muss bei einer **zuständigen Stelle hinterlegt** werden (Art. L. 526-7 I Nr. 1 bis 4 C. com.). Sofern der Einzelunternehmer einer Registrierungspflicht unterliegt, ist die Zuweisungserklärung – je nach Art der ausgeübten Tätigkeit – bei der Handwerksrolle (*répertoire des métiers*) oder der Landwirtschafts-

422 *Houtcieff* in: Répertoire de droit commercial, 2017, Entreprise individuelle à responsabilité limitée, Rn. 7.

423 Das italienische Recht kennt für Aktiengesellschaften die Möglichkeit der Bildung eines Zweckvermögens und der zweckgebundenen Finanzierung. Siehe dazu § 14 Rn. 354 ff. und Rn. 363 ff.

424 *Houtcieff* in: Répertoire de droit commercial, 2017, Entreprise individuelle à responsabilité limitée, Rn. 8; *Lefebvre*, Mémento Sociétés commerciales, 2018, Rn. 35501.

425 *Lebel* in: JurisClasseur, Sociétés Traités, 2017, Fasc. 4, Rn. 14.

426 *Dubuisson/Blin* in: LexisNexis (Hrsg.), Fiches Pratiques, Entreprise individuelle, Nr. 93 – Créer l'EIRL, 2017, 1.2 champs d'application.

427 *Lebel* in: JurisClasseur, Sociétés Traités, 2017, Fasc. 4, Rn. 14; *Houtcieff* in: Répertoire de droit commercial, 2017, Entreprise individuelle à responsabilité limitée, Rn. 8.

428 Art. 14 II des Gesetzes Nr. 2010-658 vom 15. Juni 2010 zum Einzelunternehmer mit beschränkter Haftung (Übersetzung der Verfasser. Originaltitel: *Loi n° 2010-658 du 15 juin 2010 relative à l'entrepreneur individuel à responsabilité limitée*); vgl. auch *Dubuisson* in: JurisClasseur, Entreprise Individuelle, 2016, Fasc. 952-1, Rn. 20; *Lefebvre*, Mémento droit commercial, 2017, Rn. 2130.

429 *Lefebvre*, Mémento Droit commercial, 2017, Rn. 2142; *Merle/Fauchon*, Sociétés commerciales, 2016, Rn. 9; *Cozian/Viandier/Deboissy*, Droit des sociétés, 2016, Rn. 92.

430 *Houtcieff* in: Répertoire de droit commercial, 2017, Entreprise individuelle à responsabilité limitée, Rn. 19; *Lebel* in: JurisClasseur, Sociétés Traités, 2017, Fasc. 4, Rn. 34 f.; *Quievy* in: Répertoire de droit des sociétés, 2017, Entrepreneur individuel à responsabilité limitée, Rn. 54.

431 *Dubuisson* in: JurisClasseur, Entreprise individuelle, 2016, Fasc. 952-1, Rn. 25; *Houtcieff* in: Répertoire de droit commercial, 2014, Entreprise individuelle à responsabilité limitée, Rn. 14 bis 16.

kammer (*chambre d'agriculture*), im Übrigen bei der Geschäftsstelle des Handelsgerichts (*tribunal de commerce*) zu hinterlegen. Eine darüber hinausgehende Veröffentlichung und Bekanntgabe sieht der Gesetzgeber jedoch nicht vor.

Die zuständige Behörde ist dazu verpflichtet, die Erklärung des Zweckvermögens auf die **Vollständigkeit der verlangten Mindestangaben** hin zu prüfen. Art. L. 526-8 I Nr. 1-3 C. com. präzisieren, welche Angaben verlangt werden: 216

- Eine Beschreibung des Vermögens, der Rechte, der Verpflichtungen und der Sicherheiten, die dem Zweckvermögen zugewiesen werden sollen sowie Angaben zu ihrer Art, Qualität, Quantität und ihrem Wert (Art. L. 526-8 I Nr. 1 C. com.) und
- Angabe des Zwecks der Geschäftstätigkeit, dem das Zweckvermögen dienen soll (Art. L. 526-8 I Nr. 2 C. com.); eine Änderung des Zwecks muss der zuständigen Stelle mitgeteilt werden.

Für die Zuweisung folgender Sachen sind außerdem folgende **Unterlagen** beizubringen: 217

- **Immobilien:** Die notarielle Urkunde und der Nachweis über die Veröffentlichung im Grundbuch (Art. L. 526-9 C. com.);
- **Gegenstände mit einem Wert von über 30.000 EUR** (Art. D. 526-5 C. com.): Ein Wertgutachten eines Sachverständigen wie bspw. einem Wirtschaftsprüfer (Art. L. 526-10 C. com.) sowie
- **Gegenstände**, die in **ungeteilter Rechtsgemeinschaft** (*indivision*) stehen oder die Teil des **ehelichen Gemeinschaftseigentums** (*biens communs*) sind: Nachweis über die ausdrücklich erklärte Zustimmung der anderen Personen, die hinsichtlich des einzubringenden Gegenstands in ungeteilter Rechtsgemeinschaft stehen bzw. des Ehepartners sowie über deren vorherige Belehrung zu den Gläubigerrechten am Zweckvermögen (Art. 526-11 C. com.).

Um die Gründung einer EIRL zu erleichtern, wird durch die Ausführungsverordnung vom 29. Dezember 2010[432] interessierten Einzelunternehmern eine **„Modellerklärung"** für das Zweckvermögen zur Verfügung gestellt, deren Verwendung aber fakultativ ist. 218

Die EIRL kann ihre **Firma** nicht frei wählen.[433] Vielmehr muss nach Art. L. 526-6 IV C. com. in der Firma der **Name des Unternehmers** (Vor- und Nachname) enthalten sein. Direkt voran- oder nachgestellt werden muss zudem die Abkürzung **„EIRL"** bzw. die ausgeschriebene Bezeichnung *„Entrepreneur individuel à responsabilité limitée"*. Dazu, ob darüber hinaus die Art der Tätigkeit, für die das Zweckvermögen gebildet wurde, Teil der Firma sein darf, schweigt Art. L. 526-6 IV C. com. Es wäre jedoch sinnvoll, wenn die Tätigkeit in der jeweiligen Firma präzisiert würde, damit Dritte erkennen können, mit welchem Teil des Vermögens gehaftet wird, insbesondere dann, wenn ein Unternehmer für verschiedene Tätigkeiten verschiedene Zweckvermögen gebildet hat.[434] Unabhängig davon muss die Art der Tätigkeit jedoch im Gründungsakt (Art. L. 526-8 Nr. 2 C. com.) und insbesondere auf Rechnungen und der Geschäftskorrespondenz angegeben werden (Art. R. 123-237 Nr. 8 C. com.). Dabei ist es ratsam, die ausgeübte Tätigkeit nicht zu eng zu fassen, um einen Zugriff der Gläubiger auf das nicht zugewiesene Privatvermögen zu vermeiden.[435] 219

3. Kapitalverfassung

Die EIRL ist **keine juristische Person**[436] und somit ist auch ihr **Vermögen nicht verselbstständigt**. Die Besonderheit bei der EIRL besteht darin, dass das Vermögen und die Schulden einer natürlichen Person in **zwei getrennte Massen** untergliedert werden, die Person jedoch gleichzeitig alleiniger Eigentümer beider Vermögensmassen bleibt.[437] Der Unternehmer bildet daher auf der einen Seite ein **Zweckvermögen** (*patrimoine affecté*), das der Ausübung seiner geschäftlichen Tätigkeit dient (Rn. 221).[438] Auf der anderen Seite bleibt sein restliches Vermögen (*patrimoine non affecté*) seiner privaten Sphäre zugeordnet. 220

432 Übersetzung der Verfasser: Erlass vom 29. Dezember 2010 zum Einzelunternehmer mit beschränkter Haftung. Originaltitel: „*Arrêté du 29 décembre 2010 relatif à l'entrepreneur individuel à responsabilité limitée*".

433 *Quievy* in: Répertoire de droit des sociétés, 2017, Entrepreneur individuel à responsabilité limitée, Rn. 81; *Houtcieff* in: Répertoire de droit commercial, 2017, Entreprise individuelle à responsabilité limitée, Rn. 12, 20; *Lebel* in: JurisClasseur, Sociétés Traités, 2017, Fasc. 4, Rn. 8, 31; *Dubuisson* in: JurisClasseur, Entreprise individuelle, 2016, Fasc. 952-1, Rn. 20.

434 *Dubuisson* in: JurisClasseur, Entreprise individuelle, 2016, Fasc. 952-1, Rn. 20.

435 *Dubuisson* in: JurisClasseur, Entreprise individuelle, 2016, Fasc. 952-1, Rn. 21.

436 *Houtcieff* in: Répertoire de droit commercial, 2017, Entreprise individuelle à responsabilité limitée, Rn. 8; *Quievy* in: Répertoire de droit des sociétés, 2014, Entrepreneur individuel à responsabilité limitée, Rn. 11; *Lebel* in: JurisClasseur, Sociétés Traités, 2017, Fasc. 4, Rn. 11.

437 *Houtcieff* in: Répertoire de droit commercial, 2017, Entreprise individuelle à responsabilité limitée, Rn. 24, 31; *Lebel* in: JurisClasseur, Sociétés Traités, 2017, Fasc. 4, Rn. 33.

438 *Houtcieff* in: Répertoire de droit commercial, 2017, Entreprise individuelle à responsabilité limitée, Rn. 6; *Lebel* in: JurisClasseur, Sociétés Traités, 2015, Fasc. 4, Rn. 17; *Quievy* in: Répertoire de droit des sociétés, 2014, Entrepreneur individuel à responsabilité limitée, Rn. 58.

a) Das Zweckvermögen

221 Art. L. 526-6 II 1 C. com. beschreibt das Zweckvermögen (*patrimoine affecté*). Das ***patrimoine affecté*** besteht aus der Gesamtheit der Vermögensgegenstände, der Rechte, der Verpflichtungen und der Sicherheiten des Einzelunternehmers, die **notwendig** sind, um seine geschäftliche Tätigkeit auszuüben. Darüber hinaus können die Einzelunternehmer **weitere Gegenstände** dem Zweckvermögen zuordnen, wenn sie zur Ausübung der Geschäftstätigkeit genutzt werden (Art. L. 526-6 II 2 C. com.). Da es möglich ist, mehrere Zweckvermögen zu bilden,[439] dürfen die oben genannten ausgliederungsfähigen Gegenstände nicht zwei Zweckvermögen gleichzeitig zugeordnet werden (Art. L. 526-6 II 3 C. com.).

222 Die Formulierung des Gesetzes ist nicht unproblematisch, denn sie zeigt, dass es Gegenstände gibt, die eingebracht werden **müssen**, solche, die eingebracht werden **können** und schließlich Gegenstände, die **nicht** eingebracht werden **dürfen**. Eingebracht werden müssen nur solche Gegenstände, die für die Ausübung der Geschäftstätigkeit notwendig sind. Art. R. 526-3-1 C. com. präzisiert, dass unter notwendigen Vermögensgegenständen, Rechten, Verpflichtungen und Sicherheiten solche zu verstehen sind, die ihrer Natur nach nur im Rahmen der jeweiligen Geschäftstätigkeit genutzt werden können. Zwangsläufig werden hier **Abgrenzungsschwierigkeiten** auftreten. In jedem Fall gehört hierzu das Geschäftsvermögen, das sich aus immateriellen (zB Kundenstamm, Miet-/Pachtrecht, Firma, geistiges Eigentum) und materiellen Elementen (Waren und Material)[440] wie zB Arbeitsgeräte und Handwerkszeug zusammensetzt.[441]

223 In Bezug auf Barvermögen mag es dagegen sehr schwer festzustellen sein, wieviel davon einzubringen ist, da die Vorschriften zur EIRL kein „Mindestkapital" (hier also keine „Mindesteinbringung") vorsehen.[442] Generell wird diese Betrachtung dadurch erschwert, dass bestimmte Vermögensgegenstände austauschbar sind (zB Sachgegenstände durch Barvermögen). Der Einzelunternehmer ist gem. Art. L. 526-13 III C. com. verpflichtet, für die Tätigkeit, welche dem Zweckvermögen unterliegt, zumindest ein separates **Geschäftskonto** zu eröffnen. Da Barvermögen der Fluktuation unterliegt, sieht Art. L. 526-14 I 2 C. com. eine Bestandsaktualisierung vor, wonach die Höhe der liquiden Mittel (*liquidités*) mit Einreichung des jeweiligen Jahresabschlusses (*comptes annuels*) immer wieder neu verbindlich festgelegt wird.

224 Ist der Einzelunternehmer **Nießbrauchsberechtigter** an einer Sache, die im Eigentum eines anderen steht (sog *nue-propriété*), so kann auch das Nießbrauchsrecht dem Zweckvermögen zugeordnet werden,[443] wobei hierfür die Zustimmung des Eigentümers erforderlich ist. Sofern der Einzelunternehmer Volleigentümer einer Sache ist, die er zur Ausübung seiner gewerblichen Tätigkeit benötigt, kann er nicht lediglich das Nießbrauchsrecht (*usufruit*) an selbiger dem Zweckvermögen zuordnen.[444]

225 Unproblematischer ist die Einordnung von Gegenständen, die der Einzelunternehmer einbringen kann, aber nicht muss. Hierbei geht es primär um Gegenstände, die sowohl privat als auch geschäftlich genutzt werden und **nicht zwingend** für die Tätigkeit notwendig sind. Hier liegt es beim Einzelunternehmer, zu entscheiden, welchem Vermögen (privat oder geschäftlich) er diesen Gegenstand zuordnen möchte. Doch auch bezüglich der freiwillig eingebrachten Gegenstände scheint der Einzelunternehmer nicht ganz frei in seiner Entscheidung zu sein. Denn der Wortlaut des Gesetzes weist darauf hin, dass der Gegenstand **zur Ausübung der Geschäftstätigkeit genutzt** werden muss (Art. L. 526-6 II 2 C. com.: *„utilisés pour l'exercice de son activité professionnelle"*). Da die EIRL insbesondere auch neugegründeten Einzelunternehmen offen steht, kann es keinen Unterschied machen, ob der Gegenstand bereits vor der Zuordnung zum Zweckvermögen benutzt wurde oder er zum künftigen Gebrauch im Unternehmen bestimmt ist.[445]

226 Im Umkehrschluss ergibt sich aus Art. L. 526-6 II C. com., dass Gegenstände, die nicht zur Ausübung der Geschäftstätigkeit genutzt werden, demgegenüber nicht in die EIRL, dh das Zweckvermögen, eingebracht werden

439 Art. 14 II des Gesetzes Nr. 2010-658 vom 15.6.2010; vgl. auch *Dubuisson* in: JurisClasseur, Entreprise Individuelle, 2016, Fasc. 952-1, Rn. 20; *Lefebvre*, Mémento droit commercial, 2017, Rn. 2130.

440 *Lefebvre*, Mémento Treansmission d'Entreprise 2015-2016, Rn. 56004; zu den Bestandteilen des *fonds de commerce: Lefebvre*, Mémento Droit commercial, 2017, Rn. 2503.

441 *Lefebvre*, Formulaire Sociétés, Entreprise individuelle à responsabilité limitée, Constitution, Avertissement, 2017; *ders.*, Mémento Transmission d'entreprise, 2015-2016, Rn. 90725.

442 *Dubuisson* in: JurisClasseur, Entreprise individuelle, 2016, Fasc. 952-1, Rn. 56.

443 *Dubuisson* in: JurisClasseur, Entreprise individuelle, 2016, Fasc. 952-1, Rn. 41.

444 *Dubuisson* in: JurisClasseur, Entreprise individuelle, 2016, Fasc. 952-1, Rn. 42 unter Hinweis auf Art. 578 und 617 C. civ. Nach Art. 578 C. civ. ist der Nießbrauch das Recht, Nutzungen einer fremden Sache zu ziehen. Der Nießbrauch erlischt nach Art. 617 C. civ., wenn „auf denselben Kopf" (Übersetzung der Verfasser; Wortlaut des Art. 617 C. civ.: *„sur la même tête"*) die Eigenschaft des Nießbrauchsberechtigten und Eigentümers zusammentreffen. Da bei der EIRL der Unternehmer mit der EIRL personenidentisch ist, kann es denklogisch keine Aufteilung zwischen Eigentum und Nießbrauch (sog *démembrement*) geben.

445 *Dubuisson* in: JurisClasseur, Entreprise inidividuelle, 2016, Fasc. 952-1, Rn. 33.

dürfen.[446] Aus Sicht der Gläubiger der EIRL ist dies insofern interessant, als dass dadurch auch keine Verbindlichkeiten dem Zweckvermögen zugeordnet werden können, die nichts mit der Geschäftstätigkeit zu tun haben.

Einige Besonderheiten sind zu beachten, wenn Gegenstände eingebracht werden sollen, bei denen es sich um **Gemeinschaftseigentum** handelt (vgl. Art. L. 526-11 C. com.). Insofern stellt das Gesetz insbesondere auf die Zustimmung der anderen Partei, zB des Ehegatten, ab (siehe Rn. 217). 227

Zur **Abgrenzung** des Zweckvermögens (*patrimoine affecté*) vom privaten Vermögen (*patrimoine non affecté*) ist eine **Auflistung** der eingebrachten Vermögensgegenstände zu erstellen. Fehlt in dieser Liste eine genaue, nach Vermögensgegenständen aufgefächerte Zuweisung, können Gläubiger des Unternehmers auf dessen gesamtes Vermögen zugreifen.[447] In diesem Dokument ist im Übrigen auch der Wert des jeweils eingebrachten Gegenstandes anzugeben. Dieser ist jedoch oftmals nicht leicht bestimmbar. Art. L. 526-10 I iVm Art. D. 526-5 C. com. legt daher fest, dass alle Gegenstände, ausgenommen des Barvermögens, ab einem Wert von **30.000 EUR** eines Wertgutachtens bedürfen. Dieses Wertgutachten ist von einem Wirtschaftsprüfer, einem Steuerberater (*expert-comptable*)[448] oder einer Vereinigung der Betriebswirtschaft und Buchführung (*Association de gestion et de comptabilité*) vorzunehmen. Werden Immobilien eingebracht, kann auch ein Notar das Wertgutachten erstellen (Art. L. 526-10 I C. com.). Lässt der Einzelunternehmer kein Wertgutachten erstellen, so **haftet er Dritten** gegenüber für die Dauer von fünf Jahren mit seinem gesamten Vermögen, also nicht nur mit dem Zweckvermögen, in Höhe der Differenz zwischen dem wahren Wert des Gegenstands im Zeitpunkt der Einbringung und dem in der Erklärung angegebenen Wert (Art. L. 526-10 IV C. com.). Eine Haftung mit seinem gesamten Vermögen trifft den Einzelkaufmann auch, wenn er einen höheren Wert angibt als im Wertgutachten ermittelt wurde (Art. L. 526-10 III C. com.). 228

b) Dynamik des Zweckvermögens

Durchaus problematisch ist die Tatsache, dass der französische Gesetzgeber sich lediglich auf die ursprüngliche Bildung des Zweckvermögens konzentriert hat. Die Entwicklung des Zweckvermögens wird dagegen nur sehr rudimentär erfasst. Lediglich an drei Stellen beschäftigt sich der Gesetzgeber mit der **nachträglichen Einbringung von Gegenständen** (vgl. Art. L. 526-9 III, Art. L. 526-10 II, Art. L. 525-11 II C. com.). Andere wichtige Fragen, wie zB die Grenzen von **Entnahmemöglichkeiten**, werden dagegen nicht explizit geregelt. 229

Aus der strikten Trennung der Vermögensmassen ergibt sich, dass alles, was aus einer der Vermögensmassen heraus erwirtschaftet wird bzw. verloren geht, entsprechend einen **Gewinn** bzw. **Verlust** für die jeweilige Vermögensmasse darstellt.[449] Gewinne aus dem Zweckvermögen sind daher grundsätzlich automatisch dem Zweckvermögen zuzuordnen. Hiervon ausgenommen ist gem. Art. L. 526-18 C. com. die **Vergütung des Einzelunternehmers,** die automatisch dem privaten Vermögen zufließt. Das Gesetz regelt weder explizit eine Grenze für die Vergütung der Höhe nach, noch befasst sich die Regelung mit der Art und Weise, wie diese Entscheidung gefasst werden soll.[450] 230

Aus dem Gesetz ergibt sich, dass auch nach der Bildung der EIRL noch **weitere Gegenstände** dem **Zweckvermögen zugewiesen** werden können (vgl. Art. L. 526-9 III, Art. L. 526-10 II, Art. L. 525-11 II C. com.). Handelt es sich hierbei um Immobilien, Vermögenswerte mit einem Wert von über 30.000 EUR oder Gegenstände, die in ungeteilter Rechtsgemeinschaft stehen oder Teil des ehelichen Gemeinschaftseigentums sind, so gelten die gleichen Formerfordernisse wie bei der Gründung der EIRL (vgl. Rn. 217). Für alle anderen Gegenstände, welche nur mit den Barmitteln des Zweckvermögens erworben werden können, bedarf es keiner nachträglichen Zuweisungserklärung.[451] Dies wird aus der Vorschrift des Art. L. 526-14 I 2 C. com. hergeleitet, wonach die Einreichung des Jahresabschlusses zugleich die Aktualisierung der Zusammensetzung und Bewertung des Zweckvermögens mit Wirkung für die Zukunft zur Folge hat. 231

Diese Regelung verdeutlicht auch, dass es der Person umgekehrt möglich sein muss, bestimmte Gegenstände dem Zweckvermögen wieder zu **entnehmen** (sog *désaffectation*), zB, weil sie dort nicht mehr gebraucht werden. Diesen Aspekt regelt der Gesetzgeber nicht explizit. Nicht entnommen werden können Gegenstände, die gem. Art. L. 526-6 II 1 C. com. eingebracht werden müssen (vgl. dazu Rn. 221). 232

---

446 Vgl. *Wicker* in: Mäsch/Schulze/Wicker (Hrsg.), Promotion et protection des petites et moyennes entreprises, 2013, S. 53. Die Vorschrift hält zudem eine Ausnahmebestimmung für landwirtschaftliche Aktivitäten und Fischerei bereit.

447 Cass. com. 7.2.2018, Nr. 16-24.481.

448 Der Berufsstand des *expert-comptable* in Frankreich entspricht am ehesten dem des Steuerberaters in Deutschland. Allerdings ist darauf hinzuweisen, dass der Tätigkeitsschwerpunkt eines *expert-comptable* eher auf der Buchhaltung und der Erstellung der Jahresabschlüsse liegt. Die eigentliche Beratung in steuerlichen Themen wird im Gegensatz zu Deutschland, wo dem Steuerberater auch häufig diese Funktion zukommt, in Frankreich häufig durch einen Rechtsanwalt (*avocat fiscaliste*) erbracht.

449 Zur Handhabung der Gewinne *Cozian/Viandier/Deboissy*, Droit des sociétés, 2016, Rn. 95.

450 Kritisch dazu *Cozian/Viandier/Deboissy*, Droit des sociétés, 2016, Rn. 95.

451 *Dubuisson* in: JurisClasseur, Entreprise individuelle, 2016, Fasc. 952-1, Rn. 82 und 87.

c) Verhältnis der Vermögensmassen zueinander

233 Wie soeben dargelegt, sind beide Vermögensmassen **strikt** voneinander zu **trennen**. Ein Austausch der Gegenstände zwischen einem Vermögen zum anderen ist zwar möglich, muss aber entsprechend dokumentiert werden. Zudem hat der Einzelunternehmer bestimmte Berichtspflichten, die auch dem Schutz der Gläubiger dienen (vgl. nachstehende Rn. 234). Ferner droht dem Einzelunternehmer im Falle der Nichtbeachtung der Vorschriften zum **Schutz der Gläubiger** nach Art. 526-12 VII C. com. eine Haftung mit seinem gesamten Vermögen (sogleich unter Rn. 236), so dass es ihm unmöglich sein dürfte, bestimmte Vermögensgegenstände durch einen Transfer von der einen in die andere Vermögensmasse vor dem Zugriff der Gläubiger zu schützen. Gleichwohl ergeben sich bezüglich des Verhältnisses der Vermögensmassen zueinander noch viele Fragestellungen, die das Gesetz nicht explizit anspricht. So wird beispielsweise diskutiert, ob die natürliche Person mit ihrem Privatvermögen für Verbindlichkeiten des Zweckvermögens bürgen kann.[452] Diese Frage ist vor allem für die Finanzierung der EIRL interessant.

d) Berichtspflichten

234 Auch der Einzelunternehmer mit beschränkter Haftung muss bestimmte **Berichts-** und **Dokumentationspflichten** erfüllen. So unterliegt das Zweckvermögen **Rechnungslegungsvorschriften** (Art. L. 526-13 I C. com. und Art. R. 526-10-1 C. com.).[453] Aus Gläubigerschutzgründen ist die **Bilanz** auch zu **veröffentlichen** (Art. L. 526-14 C. com. und Art. R. 526-19 C. com.),[454] denn nur so können diese die Entwicklung des Zweckvermögens verfolgen und damit auch die Kreditwürdigkeit des Einzelunternehmers einschätzen. Dies ist aufgrund der gewährten Haftungsbeschränkung notwendig und unterscheidet somit die EIRL klar vom Einzelunternehmer, der mit seinem gesamten Vermögen haftet und daher nicht den Offenlegungspflichten unterliegt.[455]

4. Haftung für die Verbindlichkeiten der Gesellschaft

235 **Geschäftliche Gläubiger** der EIRL, deren Forderungen nach Bildung des Zweckvermögens entstanden sind, haben nur Zugriff auf das Zweckvermögen (Art. L. 526-12 I und VI Nr. 1 C. com.). Ein Rückgriff auf das private Vermögen des Einzelunternehmers ist nicht möglich, wie auch schon die Bezeichnung „*à responsabilité limitée*" (auf Deutsch: „mit beschränkter Haftung") deutlich macht. Umgekehrt betrachtet haben die **privaten Gläubiger** des Einzelunternehmers allerdings auch keine Möglichkeit, ihre Forderungen aus dem *patrimoine affecté* zu befriedigen (Art. L. 526-12 VI Nr. 2 C. com.). Sie müssen vielmehr auf das *patrimoine non affecté* zurückgreifen (Art. L. 526-12 VI Nr. 1 und 2 C. com.). Damit die genannten Rechtsfolgen eintreten, muss das Zweckvermögen ordnungsgemäß gebildet worden sein (dazu Rn. 212 ff.).

236 Außerdem haftet der Einzelunternehmer gem. Art. L. 526-12 VII C. com. mit seinem gesamten Vermögen im Falle des missbräuchlichen Verhaltens (sog *fraude*) oder bei schweren Verstößen gegen Art. L. 526-6 II C. com (Vorschrift zur Bildung des Zweckvermögens) sowie gegen Art. L. 526-13 C. com. (Berichtspflichten, Pflicht zur Eröffnung eines separaten Geschäftskontos).

237 **Vor** Bildung des Zweckvermögens haben sowohl die privaten als auch die geschäftlichen Gläubiger Zugriff auf das **gesamte Vermögen des Einzelunternehmers**. Die Möglichkeit, die Bildung des Zweckvermögens und die beschränkte Haftung unter Berücksichtigung eines bestimmten Publizitätsverfahrens auch Altgläubigern des Einzelunternehmers entgegen zu halten, war ursprünglich vorgesehen, wurde jedoch in Umsetzung des sogenannten Sapin-Gesetzes (»*Loi Sapin II*«)[456] dann wieder abgeschafft.

5. Übertragung des Zweckvermögens

238 Die **Übertragung** des Zweckvermögens auf einen Dritten ist grundsätzlich möglich (vgl. Art. L. 526-17 I C. com.). Es ist dem Einzelunternehmer demnach gestattet, sein Zweckvermögen entweder

- entgeltlich zu veräußern oder
- unentgeltlich zu übertragen oder
- in eine Gesellschaft einzubringen.

452 *Pérochon* Revue des procédures collectives 2 (2011) 6.

453 *Cozian/Viandier/Deboissy*, Droit des sociétés, 2016, Rn. 95; *Quievy* in: Répertoire de droit des sociétés, 2017, Entrepreneur individuel à responsabilité limitée, Rn. 84 ff.

454 *Cozian/Viandier/Deboissy*, Droit des sociétés, 2016, Rn. 95; *Quievy* in: Répertoire de droit des sociétés, 2017, Entreprise individuelle à responsabilité limitée, Rn. 84; *Lefebvre*, Mémento Droit commercial, 2017, Rn. 2163.

455 *Cozian/Viandier/Deboissy*, Droit des sociétés, 2016, Rn. 95; *Quievy* in: Répertoire de droit des sociétés, 2017, Entrepreneur individuel à responsabilité limitée, Rn. 86.

456 *Loi Sapin II relative à la transparence, à la lutte contre la corruption et à la modernisation de la vie économique* (L. n° 2016-1691, 9 déc. 2016, Übersetzung der Verfasser: Gesetz über die Transparenz, die Bekämpfung der Korruption und die Modernisierung der Wirtschaft (Nr. 2016-1691) vom 9. Dezember 2016.

Erfolgt die Übertragung an eine **natürliche Person**, so übernimmt der Käufer oder Beschenkte den Gegenstand mit seiner Zweckgebundenheit (sog *affectation*) (Art. L. 526-17 Ziff. 2, I C. com.). Der Einzelunternehmer hat beim Register, bei dem die Zuweisungserklärung gemeldet wurde, die Übertragung anzumelden und der Übergang wird auch gem. Art. R. 526-13 C. com. innerhalb einer Frist von einem Monat nach der Übertragung im BODACC veröffentlicht. Die Übernahme kann den Gläubigern erst nach Erfüllung der Formalitäten entgegengehalten werden (Art. L. 526-17 Ziff. 2 S. 3 C. com.). Wird das Zweckvermögen einer **juristischen Person** übertragen oder wird es **in eine Gesellschaft eingebracht**, so geht die Zweckbestimmung mit Eigentumsübergang verloren (Art. L. 526-17 Ziff. 2 II C. com.), da nur eine natürliche Person ein entsprechendes Zweckvermögen bilden kann. Die Übertragung ist im BODACC zu veröffentlichen und erst danach gegenüber Dritten wirksam. Der neue Eigentümer des Zweckvermögens tritt den Altgläubigern nach Art. L. 526-12 C. com. gegenüber in die Schuld des Einzelunternehmers ein, ohne dass es zu einer Novation kommt (Art. L. 526-17 Ziff. 3, III C. com.). Sie können aber auch innerhalb einer Frist von einem Monat nach Veröffentlichung im BODACC Widerspruch gegen die Übertragung einlegen (Art. L. 526-17 iVm Art. R. 526-14 C. com.). Die Altgläubiger werden hier nicht durch ein gesondertes Schreiben informiert, sondern können von der Übertragung nur durch die Veröffentlichung im BODACC nach Art. R. 526-13 C. com. erfahren. 239

6. Auflösung des Zweckvermögens

Die Auflösung des Zweckvermögens kann freiwillig oder zwangsweise erfolgen. Eine **freiwillige Auflösung** des Zweckvermögens erfolgt durch entsprechende Erklärung des Einzelunternehmers. Der Wille zur Auflösung des Zweckvermögens muss manifestiert werden (und zwar durch den Einzelunternehmer oder im Todesfall durch seine Erben) und zu seiner Wirksamkeit auch veröffentlicht werden.[457] Seiner **Publikationspflicht** kommt der Einzelunternehmer gem. Art. L. 526-15 II C. com. nach, indem er die Auflösung des Zweckvermögens dem zuständigen **Register mitteilt**. Zuständig ist das Register, bei welchem der Einzelunternehmer auch die Erklärung des Zweckvermögens hinterlegt hat. Die Auflösung des Zweckvermögens führt dazu, dass der Einzelunternehmer **keine zwei getrennten Vermögensmassen** mehr besitzt. 240

Bezüglich der **Konsequenzen** für die Gläubiger ist zu unterscheiden, ob der Einzelunternehmer seine geschäftliche Tätigkeit ebenfalls aufgibt oder dieser weiter nachgeht. Geht er seiner Tätigkeit weiter nach, kommt es nicht zu einer Liquidation und alle Gläubiger des Einzelunternehmers haben Zugriff auf sein gesamtes Vermögen. Gibt der Einzelunternehmer mit der Auflösung des Zweckvermögens auch gleichzeitig seine Geschäftstätigkeit auf, stellt sich die Rechtslage anders dar. In diesem Fall steht den geschäftlichen Gläubigern zur Befriedigung ihrer Forderungen gem. Art. L. 526-15 I 2 C. com. lediglich das aufgelöste Zweckvermögen zur Verfügung. 241

Zur **zwangsweisen Auflösung** der EIRL kommt es in zwei Fällen: 242

- Tod des Einzelunternehmers
- Insolvenzverfahren

457 *Houtcieff* in: Répertoire de droit commercial, 2017, Entreprise individuelle à responsabilité limitée, Rn. 38; *Lebel* in: JurisClasseur, Sociétés Traités, 2017, Fasc. 4, Rn. 53 f.; *Quievy* in: Répertoire de droit des sociétés, 2017, Entrepreneur individuel à responsabilité limitée, Rn. 136 f.

VII. Personengesellschaften im Vergleich

243

	Société civile	SNC	SCS
Vergleichbare deutsche Rechtsform	GbR	OHG	KG
Rechtspersönlichkeit	Ja	Ja	Ja
Zweck	Zivil	Zivil/Kaufmännisch; Handelsgesellschaft aufgrund d. Rechtsform	Zivil/Kaufmännisch; Handelsgesellschaft aufgrund d. Rechtsform
Gründungsgesellschafter	Mind. zwei Gründungsgesellschafter; natürliche und juristische Personen	Mind. zwei Gründungsgesellschafter; natürliche und juristische Personen	Mind. zwei Gründungsgesellschafter; natürliche und juristische Personen
Haftung der Gesellschafter	Unbeschränkt	Unbeschränkt und gesamtschuldnerisch	Kompl. = unbeschränkt und gesamtschuldnerisch Kom. = beschränkt* *Ausnahme: Verstoß gegen Geschäftsführungsmaßnahmen mit Außenwirkung
***Intuitu personae*-Grundsatz**	Ja	Ja (sehr stark ausgeprägt)	Ja
Geschäftsführung	Natürliche und juristische Personen Fremdgeschäftsführung möglich	Natürliche und juristische Personen Fremdgeschäftsführung möglich	Natürliche und juristische Personen Fremdgeschäftsführung möglich
Vertretungsbefugnis der Geschäftsführer	Einzelvertretungsbefugnis; Gesamtvertretungsbefugnis kann Dritten nicht entgegengehalten werden	Einzelvertretungsbefugnis; Gesamtvertretungsbefugnis kann Dritten nicht entgegengehalten werden	Einzelvertretungsbefugnis; Gesamtvertretungsbefugnis kann Dritten nicht entgegengehalten werden
Mindestkapital	Kein Mindestkapital* * Es gibt Ausnahmen für spezialgesetzlich geregelte Formen wie die EARL	Kein Mindestkapital	Kein Mindestkapital
Einlagemöglichkeiten	Alle (dh Bar-, Sacheinlagen, Dienstleistungen und technisches Know-How)	Alle	Kompl. = Alle Kom. = nur Bar- und Sacheinlagen
Mitgliederwechsel	Grds. Zustimmung der Gesellschafter notwendig; bei Vorliegen eines berechtigten Grundes Ausscheiden unabhängig davon möglich	Zustimmung der Gesellschafter notwendig; kein Recht auf Rückkauf der Anteile	Grds. Zustimmung der Gesellschafter notwendig; Satzungsgestaltungsspielraum für Kommanditanteile

Abb. 3: Personengesellschaften im Vergleich

C. Kapitalgesellschaften

I. Einführung

244 Die jüngsten Reformen (vgl. Rn. 30 ff.) und Diskussionen zielen in erster Linie auf eine Vereinfachung des französischen Gesellschaftsrechts ab. Ziel des Gesetzgebers ist zum einen die **Vereinfachung** der Verfahren und Formalitäten bei der Gründung und dem Betrieb von Unternehmen und zum anderen die **Kodifikation**. Die Kodifikation soll dabei die in Frankreich bedeutende Rechtsprechung und ihre Entwicklung widerspiegeln. Des Weiteren verfolgt der Gesetzgeber das ehrgeizige Ziel einer **Lockerung der Vorschriften**, indem er den Gesellschaftern zunehmend **Vertragsfreiheit** gewährt. Die Einführung der SAS im Jahr 1994 ist symptomatisch für diese Ent-

wicklung.[458] Der Trend geht zudem dahin, den **Grundsätzen der *corporate governance***, also guter Unternehmensführung, eine höhere Bedeutung beizumessen. Dies ist in zahlreichen europäischen Rechtssystemen zu beobachten (vgl. auch § 33).[459] Wesentliche Ziele sind insofern die Schaffung von mehr Transparenz und ein Machtgleichgewicht zwischen den verschiedenen Akteuren innerhalb der Gesellschaft. Eine entsprechende Reform erfolgte zB mit dem sog **Gesetz „*NRE*“** von 2001,[460] das unter anderem erweiterte Auskunftspflichten gegenüber Aktionären einer SA – insbesondere zur Vergütung der Geschäftsleiter[461] – vorsieht, genau wie eine Vorbeugung von Interessenkonflikten durch die Ausweitung des Geltungsbereichs der Vorschriften für sog *conventions réglementées* (siehe dazu näher unter Rn. 33).[462] Auch die jüngeren Reformen (vgl. zu den Reformen allgemein Rn. 30 ff.) zeugen vom Willen zur Schaffung von Transparenz und gleichzeitig zur Lockerung des Gesellschaftsrechts.

Die in Frankreich **gängigsten Kapitalgesellschaften** sind die Gesellschaft mit beschränkter Haftung (**SARL**) (Rn. 246 ff.), die Aktiengesellschaft (**SA**) (Rn. 466 ff.) und die vereinfachte Aktiengesellschaft (**SAS**) (Rn. 633 ff.).[463] Im Folgenden werden diese Rechtsformen sowie die Aktienkommanditgesellschaft (**SCA**) (Rn. 715 ff.) näher erläutert. 245

II. Société à responsabilité limitée (SARL)

1. Grundlagen

Die SARL ist eine **Gesellschaft mit beschränkter Haftung** und kann als das Pendant zur **deutschen GmbH** angesehen werden.[464] Teilweise wird allerdings vertreten, dass das wirtschaftliche Pendant zur deutschen GmbH eher die französische *société par actions simplifiée* (SAS) ist.[465] Gegen die pauschale Gleichsetzung der SARL mit der GmbH spricht insbesondere die stärkere Reglementierung der SARL.[466] 246

Die Gesellschaftsform der SARL wurde **1925** ins französische Recht eingeführt und hatte in gewisser Weise die deutsche GmbH als Vorbild.[467] In den Jahren 2004, 2005 und 2008 wurden die Vorschriften der SARL im Zuge verschiedener Gesellschaftsrechtsreformen überarbeitet und modernisiert.[468] Sie ist mit ca. 82% aller Handelsgesellschaften die **verbreitetste Gesellschaftsform** in Frankreich,[469] verliert mittlerweile jedoch zunehmend gegenüber der SAS an Bedeutung. 2016 kam es erstmals zu mehr Gründungen von SAS als von SARL.[470] Nicht selten erfolgen formwechselnde Umwandlungen einer SARL in die Rechtsform der SAS, um in den Genuss der flexibleren Regelungen der SAS zu kommen (siehe dazu Rn. 16). 247

Die SARL wird vornehmlich in den Art. L. 223-1 bis L. 223-43 C. com. und Art. L. 241-1 bis L. 241-9 C. com. sowie Art. R. 223-1 C. com. bis R. 223-36 C. com. geregelt und ist nach französischem Rechtsverständnis eine **Mischform** aus **Personen-** und **Kapitalgesellschaft**,[471] da ihr zum einen eines der Hauptcharakteristika französischer Personengesellschaften, nämlich die **beschränkte Übertragbarkeit der Anteile** (*intuitu personae*) zugrunde liegt und sie andererseits eine auf die Höhe der Einlage beschränkte Haftung der Gesellschafter vorsieht, wie 248

458 *Cozian/Viandier/Deboissy*, Droit des sociétés, 2016, Rn. 635.
459 *Merle/Fauchon*, Sociétés commerciales, 2016, Rn. 293.
460 Gesetz Nr. 2001-420 vom 15. Mai 2001 bezüglich der neuen wirtschaftlichen Regulierungen (Übersetzung der Verfasser, Originaltitel: „*Loi n° 2001-420 du 15 mai 2001 relative aux nouvelles régulations économiques*“).
461 *Le Cannu/Dondero*, Droit des sociétés, 2015, Rn. 631; *Seseke/Fangmann* IStR 2002, 851, 856. Zur Diskussion zu "*say on pay*" auf europäischer Ebene siehe näher unter § 30 Rn. 144 ff.
462 *Merle/Fauchon*, Sociétés commerciales, 2016, Rn. 293; *Seseke/Fangmann* IStR 2002, 851, 858; *Basuyaux/Delpech/de Labrouhe* in: Wegen/Spahlinger/Barth (Hrsg.), Gesellschaftsrecht des Auslands, 2016, Frankreich, Rn. 36 (Stand: 2012). Zur Diskussion zu „*related party transactions*“ auf europäischer Ebene siehe näher unter § 30 Rn. 256 ff.
463 Gemäß einer Untersuchung des INSEE waren 56 % der im Jahr 2016 neu gegründeten Gesellschaften in Frankreich SAS (gegenüber 48% im Vorjahr). Bei 40% der neu gegründeten Gesellschaften handelte es sich um SARL (gegenüber 48% im Vorjahr und 57% in 2014); *Bonnetête/Bignon*, Les créations d'entreprises en 2016 – La plus forte hausse depuis six ans, portée par les transports, Insee Première, Nr. 1631, 2017, 1, 2.
464 *Karst* NotBZ 2006, 119, 126; *Laurin* JCP E 3 (2012) 19, 19; *Storck* in: JurisClasseur, Sociétés Traité, 2015, Fasc. 71-10, Rn. 2.
465 *Le Cannu/Dondero*, Droit des sociétés, 2015, Rn. 1263; *Laurin* JCP E 3 (2012) 19, 20.
466 *Laurin* JCP E 3 (2012) 19, 19 f.; *Storck* in: JurisClasseur, Sociétés Traité, 2015, Fasc. 71-10, Rn. 30.
467 *Delpech*, Société à responsabilité limitée SARL, 2012, Rn. 01.15.; *Le Cannu/Dondero*, Droit des sociétés, 2015, Rn. 1262; *Merle/Fauchon*, Sociétés commerciales, 2016, Rn. 208; *Germain/Magnier*, Les sociétés commerciales, 2014, Rn. 1775.
468 *Le Cannu/Dondero*, Droit des sociétés, 2015, Rn. 1264.
469 Stand zum 1. Januar 2014 (*Germain/Périn*, SAS – La société par actions simplifiée, 2016, S. 599).
470 *Germain/Périn*, SAS – La société par actions simplifiée, 2016, Rn. 3.
471 *Döbereiner* in: Süß/Wachter (Hrsg.), HdB des internationalen GmbH-Rechts, 2016, Frankreich, Rn. 6; *Ngatsing* in: Widmann/Mayer (Hrsg.), Umwandlungsrecht, 2014, Anhang 3, Frankreich, Erster Teil, Erster Abschnitt, F 19.

dies für Kapitalgesellschaften typisch ist.[472] Eine SARL besitzt **Rechtsfähigkeit** und ist von Gesetzes wegen eine **Handelsgesellschaft** (Art. L. 210-1 II C. com.) unabhängig davon, ob sie einen zivilen oder handelsgewerblichen Zweck verfolgt.[473]

2. Gründung

249 Zu vorvertraglichen Verhandlungen und zum Gründungsversprechen s. die allgemeinen Ausführungen unter Rn. 5.

a) Gründungsgesellschafter

250 Die SARL kann sowohl durch **natürliche** als auch **juristische Personen** gegründet werden, die nicht die Fähigkeit haben müssen, Kaufmann zu sein (*capacité de faire du commerce*).[474] Daher können auch **Minderjährige** Gesellschafter einer SARL sein.[475] Für **ausländische** natürliche und juristische **Personen** bestehen ebenfalls keine Beschränkungen; sie können somit unproblematisch Gesellschafter einer SARL sein.[476]

251 Die SARL kann mit Ausnahme des Sonderfalles von landwirtschaftlichen Unternehmen und Handwerkerkooperationen (*coopérative*), die mindestens zwei Gesellschafter haben müssen,[477] auch lediglich einen Gesellschafter haben (Ein-Personen-SARL), der sowohl eine natürliche als auch eine juristische Person sein kann. Das entspricht der Vorgabe der Einpersonengesellschafts-RL (s. dazu § 28). Hat die SARL **nur einen Gesellschafter**, wird sie im Sprachgebrauch auch **EURL** (*entreprise à responsabilité limitée*)[478] genannt.[479] Sie entspricht einer EinPersonen-GmbH, auf die – bis auf ein paar Erleichterungen – die Regeln der SARL anwendbar sind (siehe dazu unter Rn. 458 ff.). Die EURL ist nicht zu verwechseln mit der zuvor beschriebenen EIRL, die ein Einzelunternehmer mit beschränkter Haftung ist (vgl. Rn. 207 ff.). Die EURL ist im Ergebnis nichts Anderes als eine SARL, die nur einen Gesellschafter hat und daher in ihrer Funktionsweise teilweise etwas einfacher zu handhaben ist, als die SARL. Vor Abschaffung des Art. L. 223-5 I C. com. im Jahre 2014[480] durften französische Personen-Unternehmen mit beschränkter Haftung (EURL) allerdings nicht ausschließlich von einer anderen EURL gehalten werden, was die Verwendung dieser Gesellschaftsform in Konzernen nahezu unmöglich machte. Seither ist eine Beteiligung einer EURL an einer anderen EURL jedoch auch zu 100% möglich.[481]

252 Neben der für spezielle Fälle vorgesehenen Untergrenze für die Zahl der Gesellschafter einer SARL gibt es auch eine generelle Höchstgrenze, die für alle SARL gilt (Art. L. 223-3 1 C. com.). So darf eine SARL **maximal 100 Gesellschafter** haben. Hat die SARL mehr Gesellschafter, so muss sie innerhalb eines Jahres ihre Gesellschafteranzahl auf 100 reduzieren. Anderenfalls ist sie mit Ablauf der besagten Einjahresfrist automatisch aufgelöst (Art. L. 223-3 S. 2 C. com.). Die Höchstgrenze ist Ausdruck der Grundidee der geschlossenen Gesellschaft und des Grundsatzes *intuitu personae*.[482]

---

472 *Cozian/Viandier/Deboissy*, Droit des sociétés, 2016, Rn. 1316; *Merle/Fauchon*, Sociétés commerciales, 2016, Rn. 209; *Lefebvre*, Mémento Sociétés commerciales, 2018, Rn. 30000.

473 *Le Cannu/Dondero*, Droit des sociétés, 2015, Rn. 1266, 1296; *Lefebvre*, Mémento Sociétés commerciales, 2018, Rn. 30005.

474 *Le Cannu/Dondero*, Droit des sociétés, 2015, Rn. 1268; *Cozian/Viandier/Deboissy*, Droit des sociétés, 2016, Rn. 1107, 1321; *Merle/Fauchon*, Sociétés commerciales, 2016, Rn. 212; *Lefebvre*, Mémento Sociétés commerciales, 2018, Rn. 30011; *Döbereiner* in: Süß/Wachter (Hrsg.), HdB des internationalen GmbH-Rechts, 2016, Frankreich, Rn. 17; *Guiramand/Héraud*, Droit des sociétés, 2016, S. 155.

475 *Merle/Fauchon*, Sociétés commerciales, 2016, Rn. 212; *Lefebvre*, Mémento Sociétés commerciales, 2018, Rn. 30101.

476 *Döbereiner* in: Süß/Wachter (Hrsg.), HdB des internationalen GmbH-Rechts, 2016, Frankreich, Rn. 20.

477 *Döbereiner* in: Süß/Wachter (Hrsg.), HdB des internationalen GmbH-Rechts, 2016, Frankreich, Rn. 22.

478 Die EURL ist nicht zu verwechseln mit der zuvor beschriebenen EIRL, die ein Einzelunternehmer mit beschränkter Haftung ist (vgl. Rn. 207 ff.). Die EURL ist nichts Anderes als eine SARL, die nur einen Gesellschafter hat und daher in ihrer Funktionsweise teilweise etwas einfacher zu handhaben ist, als die SARL.

479 *Le Cannu/Dondero*, Droit des sociétés, 2015, Rn. 1271; *Cozian/Viandier/Deboissy*, Droit des sociétés, 2016, Rn. 1399 f.; *Lefebvre*, Mémento Sociétés commerciales, 2018, Rn. 30010.

480 Ordonnance Nr. 2014-863.

481 *Döbereiner* in: Süß/Wachter (Hrsg.), HdB des internationalen GmbH-Rechts, 2016, Frankreich, Rn. 17.

482 Gem. *Großerichter* in: Sonnenberger/Classen (Hrsg.), Einführung in das französische Recht, 2012, S. 332 (Tz. 155) zeigt sich daran der im Vergleich zum deutschen Reht stark personenbezogene Charakter der SARL.

b) Gesellschaftsvertrag

Die Gründung der SARL erfolgt durch Abschluss eines **schriftlichen Gesellschaftsvertrages** (Art. 1835 S. 1 C. civ.), der von allen Gesellschaftern zu unterzeichnen ist.[483] Wird eine EURL, also eine Ein-Personen-SARL gegründet, so bedarf der dafür notwendige **einseitige Rechtsakt** der Schriftform und ist entsprechend vom Gründer zu unterzeichnen. Eine **notarielle Beurkundung** des Gründungsvertrages bzw. des einseitigen Rechtsakts gem. Art. 710-1 I C. civ. ist grundsätzlich nicht erforderlich, außer es wird eine Immobilie in die Gesellschaft eingebracht.[484] Der Gesellschaftsvertrag ist im Fall der Einbringung immer dann notariell zu beurkunden, wenn die Einbringungszusage im Gesellschaftsvertrag selbst vorgenommen wird, wie dies in der Praxis regelmäßig der Fall ist.[485] Wird dagegen eine isolierte Einbringungszusage über die Immobilie (*acte d'apport*) aufgesetzt, so ist lediglich diese notariell zu beurkunden.[486] Die Einbringung der Immobilie ist zudem in der Grundstücksdatei (*fichier immobilier*) zu veröffentlichen, damit der Eigentumswechsel Dritten gegenüber wirksam ist.[487] In der Praxis bedarf es **mehrerer Exemplare der Satzung.** Zunächst benötigt jeder Gesellschafter ein Exemplar (Art. R. 223-1 II C. com.), ein Weiteres wird am Sitz der Gesellschaft verwahrt. Schließlich wird ein Exemplar der Satzung für die Eintragungsformalitäten benötigt (Art. R. 223-1 I C. com.). 253

Die Satzung muss **mindestens** folgende **Angaben** enthalten (Art. L. 210-2, Art. L. 223-7, Art. L. 223-9 und Art. R. 223-3 II C. com.):[488] 254

- Gesellschaftsform[489]
- Dauer (max. 99 Jahre)
- Firma
- Sitz der Gesellschaft
- Unternehmensgegenstand
- Gesellschaftskapital
- Bewertung von Sacheinlagen
- Aufteilung der Anteile
- Erbringung der Einlagen
- Hinterlegung der Bareinlagen

In der Satzung der SARL muss ein zulässiger und tatsächlich realisierbarer **Unternehmensgegenstand** (*objet social*) angegeben werden.[490] In einigen Spezialbereichen wie insbesondere bei Versicherungen ist die Verwendung der SARL nicht zulässig. Die französische Rechtsordnung stellt zum Ausgleich spezielle Rechtsformen bereit. 255

Da die SARL nur auf **bestimmte Zeit** und zwar maximal für 99 Jahre gegründet werden kann, ist ihre Dauer wesentlicher Bestandteil der Satzung (s. dazu auch Rn. 254). Im Gegensatz zur deutschen GmbH kann die SARL damit nicht auf unbestimmte Zeit gegründet werden. In der Praxis ist es üblich, die Maximaldauer von 99 Jahren festzulegen. Der Ablauf der in der Satzung angegebenen Zeit stellt einen Auflösungsgrund dar (Art. 1844-7 Nr. 1 C. civ.). Allerdings kann die **Fortführung** der SARL per Gesellschafterbeschluss bestimmt werden (Art. 1844-7 iVm 1844-6 C. civ.), wobei die Gesellschafter wiederum maximal eine Verlängerung der Dauer um 99 Jahre beschließen dürfen (Art. R. 210-2 C. com.). Dieser Beschluss bedarf grundsätzlich der **Einstimmigkeit** der Gesellschafter, sofern die Satzung nicht etwas Anderes vorschreibt (Art. 1844-6 I C. civ.). Fehlt eine entsprechende Klausel zur Dauer in der Satzung, kann jeder, der ein Interesse daran begründen kann, bei Gericht die Präzisierung der Dauer verlangen (Art. 1839 I C. civ.). Das Gericht kann ein Zwangsgeld (*astreinte*) verhängen, um auf die Festlegung der Dauer hinzuwirken (Art. 1839 I C. civ.). Sofern die Satzung nichts Anderes vorsieht, bedarf der dann erforderliche, entsprechende Beschluss der Gesellschafter über die Dauer der Einstimmigkeit (Art. 1852 C. civ.). Legen die Gesellschafter eine Dauer von mehr als 99 Jahren fest, gilt die Klausel als „*non écrite*" („nicht geschrieben") und damit als unwirksam. 256

483 *Lefebvre*, Mémento Sociétés commerciales, 2018, Rn. 30300; *Cozian/Viandier/Deboissy*, Droit des sociétés, 2016, Rn. 1327; *Merle/Fauchon*, Sociétés commerciales, 2016, Rn. 217; *Guiramand/Héraud*, Droit des sociétés, 2016, S. 159.

484 *Lefebvre*, Mémento Sociétés commerciales, 2018, Rn. 1620, 1621. *Christ*, Englische Private Limited und französische Société à Responsabilité Limitée, 2008, S. 36.

485 *Döbereiner* in: Süß/Wachter (Hrsg.), HdB des internationalen GmbH-Rechts, 2016, Frankreich, Rn. 42; *Lefebvre*, Mémento Sociétés commerciales, 2018, Rn. 2144.

486 *Lefebvre*, Mémento Sociétés commerciales, 2018, Rn. 2144.

487 *Delpech*, Société à responsabilité limitée SARL, 2012, Rn. 21.64.

488 *Cozian/Viandier/Deboissy*, Droit des sociétés, 2016, Rn. 1327; *Merle/Fauchon*, Sociétés commerciales, 2016, Rn. 217; *Lefebvre*, Mémento Sociétés commerciales, 2018, Rn. 30301.

489 Zum Formwechsel und anderen Umwandlungsvorgängen siehe ausführlich *Döbereiner* in: Süß/Wachter (Hrsg.), HdB des internationalen GmbH-Rechts, 2016, Frankreich, Rn. 124 ff.

490 *Le Cannu/Dondero*, Droit des sociétés, 2015, Rn. 1296; *Cozian/Viandier/Deboissy*, Droit des sociétés, 2016, Rn. 1320; *Lefebvre*, Mémento Sociétés commerciales, 2018, Rn. 30120; *Guiramand/Héraud*, Droit des sociétés, 2016, S. 156.

257 Bezüglich der **Organisationsverfassung** sollte die Satzung Angaben zur Geschäftsführung, der Übertragbarkeit der Anteile, der Fassung von Gesellschafterbeschlüssen, der Aufnahme und Beendigung der Geschäftstätigkeit, der Gewinnverteilung und der Auflösung der Gesellschaft enthalten. Da das Gesetz zu diesen Themen allerdings bereits einige Regelungen enthält, die zudem nicht dispositiv sind, bilden die Satzungsregelungen der SARL in der Praxis häufig diese gesetzlichen Vorschriften ab. Dies hat den Vorteil, dass sowohl die Gesellschafter als auch der Geschäftsführer ihre jeweiligen Aufgaben und Pflichten direkt der Satzung entnehmen können und nicht gezwungen sind, die einschlägigen Vorschriften im Gesetz nachschlagen zu müssen.[491]

c) Gründungsverfahren

258 Die von den Gesellschaftern bzw. dem Alleingesellschafter unterzeichnete Satzung ist beim **Handelsgericht** (*Tribunal de commerce*) zur Eintragung zu hinterlegen. Die Zeitspanne zwischen Hinterlegung und Eintragung ins Handelsregister hängt von dem jeweiligen Handelsregister ab und beträgt in der Regel 1-2 Wochen, auch wenn Art. R. 123-97 I C. com. vorsieht, dass die Eintragung innerhalb eines Tages zu erfolgen hat. Für die Eintragung ins Handelsregister sind ferner der Nachweis über die Einzahlung des Stammkapitals (förmliche Bankbestätigung), der unterzeichnete Gesellschafterbeschluss über die Bestellung des/der Geschäftsführer/s (sofern diese nicht in der Satzung ernannt sind) sowie eine Kopie des Mietvertrages für den Gesellschaftssitz oder eine Domizilierungsvereinbarung[492] (*contrat de domiciliation*) vorzulegen. Für die Geschäftsführer sind insbesondere eine Kopie des Personalausweises oder Passes sowie eine Abstammungserklärung und Erklärung über das Nichtvorliegen von Verurteilungen (sog *attestation de filiation et de non-condamnation*) einzureichen. In der Praxis werden die Gründungsunterlagen oftmals noch auf dem Postweg übersendet. Mit der Einführung des Art. R. 123-21 C. com. ist jedoch auch eine elektronische Einreichung möglich, sofern man die Voraussetzungen für die elektronische Registrierung und Übermittlung erfüllt.

259 Die **Gründungskosten** (Handelsregistergebühren, Veröffentlichungs- und Registrierungskosten, Anwaltshonorare) belaufen sich bei einfachen Satzungen inklusive anwaltlicher Beratungskosten auf ca. 1.500 bis 3.500 EUR. Die **Eintragung** der SARL wirkt gem. Art. L. 210-6 I C. com. **konstitutiv**, dh die SARL wird erst mit Eintragung in das Handelsregister zur juristischen Person.[493] Vor Eintragung liegt gem. Art. L. 210-6 II C. com. eine *société en formation* vor (s. dazu näher unter Rn. 56 ff.). Wie oben bereits beschrieben (vgl. Rn. 61), werden mit der Eintragung der Gesellschaft die Geschäfte, die für sie in ihrer Gründungsphase abgeschlossen wurden, je nach Konstellation durch die Gesellschaft von Amts wegen oder aufgrund eines Gesellschafterbeschlusses übernommen. Die **weiteren Formalitäten** der Gründung und Veröffentlichung entsprechen im Wesentlichen den Formalitäten der Eintragung der *société civile*, so dass diesbezüglich auf die dortigen Ausführungen verwiesen werden kann (Rn. 87 ff.).

d) Firma

260 Jede SARL (oder EURL) bedarf einer **Firma** (Art. L. 223-1 IV C. com.), die in der Satzung angegeben wird (Art. L. 210-2 C. com.). Die Gesellschafter sind bei der Wahl der Firma relativ frei. Es kann sich sowohl um eine **Sach-** und/oder **Personenfirma** als auch um eine **Phantasiefirma** handeln.[494] Bezüglich der Grenzen bei der Wahl der Firma kann auf die Ausführungen zur *société civile* verwiesen werden (vgl. Rn. 91). Es dürfen insbesondere keine Rechte Dritter verletzt, Bezeichnungen wie „Kreditinstitut" nur in bestimmten Fällen benutzt und Namen unbeteiligter Dritter und existierender Firmen lediglich in Ausnahmefällen verwendet werden.[495] Die Firma einer bereits existierenden Gesellschaft darf gewählt werden, wenn diese ihre Zustimmung dazu erteilt. Eine Konzernzugehörigkeit ist hierfür nicht erforderlich, wenngleich eine entsprechende Zustimmung häufiger Tochtergesellschaften erteilt wird bzw. Gesellschaften, an denen die zustimmende Gesellschaft eine Beteiligung

491 *Delpech*, Société à reponsabilité limitée SARL, 2012, Rn. 16.27.

492 Eine Domizilierungsvereinbarung ist ein Vertrag, mit dem eine Domizilierungsgesellschaft, der für die Ausübung dieser Tätigkeit eine Genehmigung des Präfekten erteilt werden muss (*société domiciliataire*) einer anderen (in diesem Fall der *société domiciliée*) gestattet, ihre Anschrift als Gesellschaftssitz zu nutzen, ohne dass Letztere dort physisch präsent sein muss. Im Zusammenhang mit dieser virtuellen Präsenz bietet die Domizilierungsgesellschaft üblicherweise zusätzliche Dienstleistungen, wie die Annahme von Telefonaten, die Weiterleitung der Post und andere Sekretariatsleistungen an. Dieses Modell ist in Frankreich anerkannt und wird häufig praktiziert.

493 *Cozian/Viandier/Deboissy*, Droit des sociétés, 2016, Rn. 1327; *Lefebvre*, Mémento Sociétés commerciales, 2018, Rn. 30320.

494 *Döbereiner* in: Süß/Wachter (Hrsg.), HdB des internationalen GmbH-Rechts, 2016, Frankreich, Rn. 28; *François* in: Répertoire de droit des sociétés, 2017, Dénomination sociale, Rn. 38 ff., *Lefebvre*, Documentation experte, Documentation pratique Affaires, Série SARL, 2018, Division I, Rn. 11040 ff.; *Christ*, Englische Private Limited und französische Société à Responsabilité Limitée, 2008, S. 36.

495 *François* in: Répertoire de droit des sociétés, 2017, Dénomination sociale, Rn. 61 ff.; *Lefebvre*, Documentation experte, Documentation pratique Affaires, Série SARL, 2018, Division I, Rn. 11070 ff.

hält.[496] Zudem muss jede SARL den **Rechtsformzusatz** *„société à responsabilité limitée“* oder die daraus resultierende Abkürzung „SARL“ tragen (Art. L. 223-1 IV C. com.). Auch die EURL trägt den Zusatz „SARL“ nach ihrer Firma,[497] da sie wie oben beschrieben (Rn. 251) keine eigene Rechtsform darstellt und eine Erweiterung ihres Gesellschafterkreises sonst zu erheblichen praktischen Komplikationen führen würde (s. zur EURL näher unter Rn. 458 ff.). Anhand des Rechtsformzusatzes lässt sich somit nicht erkennen, ob es sich um eine Ein-Personen-GmbH oder um eine Mehr-Personen-GmbH handelt.

3. Organisationsverfassung

a) Geschäftsführung

aa) Anforderungen an die Geschäftsführer

Die SARL wird gem. Art. L. 223-18 I C. com. durch **einen** oder **mehrere Geschäftsführer** (*gérant(s)*)[498] vertreten. Im Gegensatz zur SAS (s. dazu unter Rn. 638 ff.) kann in einer SARL gem. Art. L. 223-18 I C. com. nur eine **natürliche Person** Geschäftsführer sein, wobei weder die französische Staatsangehörigkeit noch ein französischer Wohnsitz erforderlich sind.[499] Sofern der Geschäftsführer **keinen Wohnsitz in Frankreich** hat, sind seit 2014 auch keine weiteren Formalitäten mehr einzuhalten.[500] Hat der Geschäftsführer allerdings seinen Wohnsitz in Frankreich und ist er zudem Bürger eines Nicht-EU-Staats, so muss er für die Ausübung der Geschäftsführertätigkeit im Besitz einer vorläufigen Aufenthaltserlaubnis (*carte de séjour temporaire*) sein (Art. L. 311-1, Art. L. 313-10 2 und Art. R. 313-16 des *Code de l'entrée et du séjour des étrangers et du droit d'asile* – Gesetz zum Eintritt und Aufenthalt von Ausländern und zum Asylrecht).[501] 261

Die Gesellschafterstellung ist keine Voraussetzung für das Geschäftsführeramt, wodurch neben der **Selbstorganschaft** auch eine **Fremdgeschäftsführung** ermöglicht wird (Art. L. 223-18 II 1 C. com.).[502] Allerdings können die Gesellschafter eine Beschränkung in die Satzung aufnehmen, durch die das Amt des Geschäftsführers den Gesellschaftern vorbehalten bleibt.[503] Es ist allerdings zu beachten, dass gewisse Berufe, wie die des Rechtsanwalts[504] und Notars, nicht mit dem Amt des Geschäftsführers vereinbar sind.[505] Steht ein Gesellschafter für das Amt des Geschäftsführers zur Wahl, so hindert ihn nichts daran, an dieser Abstimmung auch teilzunehmen (näher zur Beschlussfassung im Allgemeinen Rn. 342 ff.).[506] 262

Eine gesetzliche Altersgrenze für Geschäftsführer ist nicht vorgeschrieben.[507] Infolgedessen dürfen auch ***mineurs émancipés***, dh **Minderjährige**, die das 16. Lebensjahr erreicht haben und durch einen Vormundschaftsrichter für geschäftsfähig erklärt worden sind (Art. 413-2 C. civ.), dieses Amt übernehmen.[508] In der Satzung kann jedoch bestimmt werden, dass die Geschäftsführer ein bestimmtes Lebensalter nicht unter- oder überschreiten 263

496 Vgl. *Lefebvre*, Documentation experte, Documentation pratique Affaires, Série SARL, 2018, Division I, Rn. 11155 iVm Rn. 12400 ff.

497 *Döbereiner* in: Süß/Wachter (Hrsg.), HdB des internationalen GmbH-Rechts, 2016, Frankreich, Rn. 29; *François* in: Répertoire de droit des sociétés, 2017, Dénomination sociale, Rn. 22; *Azarian* in: JurisClasseur, Commercial, Synthèse 190, 2017, Société à responsabilité limitée, Rn. 32.

498 Hat eine Gesellschaft mehrere Geschäftsführer, wird die Bezeichnung "*collège de gérants*" verwendet.

499 *Le Cannu/Dondero*, Droit des sociétés, 2015, Rn. 1357; *Cozian/Viandier/Deboissy*, Droit des sociétés, 2016, Rn. 1331; *Merle/Fauchon*, Sociétés commerciales, 2016, Rn. 222.

500 Gesetz Nr. 2014-1 vom 2. Januar 2014, welches die Pflicht zur Anmeldung beim Präfekten am Sitz der Gesellschaft abgeschafft hat; *Lefebvre*, Mémento Sociétés commerciales, 2018, Rn. 11320.

501 Übersetzung der Verfasser.

502 *Le Cannu/Dondero*, Droit des sociétés, 2015, Rn. 1357; *Cozian/Viandier/Deboissy*, Droit des sociétés, 2016, Rn. 1331; *Merle/Fauchon*, Sociétés commerciales, 2016, Rn. 222; *Lefebvre*, Mémento Sociétés commerciales, 2018, Rn. 31010.

503 *Lefebvre*, Mémento Sociétés commerciales, 2018, Rn. 31010.

504 Dies ist gem. Art. 111 I b des Dekrets Nr. 91-1197 vom 27. November 1991 zur Organisation des Anwaltsberufs (Übersetzung der Verfasser, Originaltitel: *„Décret n°91-1197 du 27 novembre 1991 organisant la profession d'avocat“*) ausgeschlossen, es sei denn, es handelt sich um die Geschäftsführung einer Rechtsanwalts-SARL oder die SARL dient der Wahrnehmung familiärer Interessen.

505 *Lefebvre*, Mémento Sociétés commerciales, 2018, Rn. 11220.

506 *Lefebvre*, Documentation experte, Documentation pratique Affaires, Série Dirigeants, 2018. Division II, Rn. 3311.

507 *Lefebvre*, Mémento Sociétés commerciales, 2018, Rn. 31051; *Cozian/Viandier/Deboissy*, Droit des sociétés, 2016, Rn. 1331; *Merle/Fauchon*, Sociétés commerciales, 2016, Rn. 222; *Germain/Magnier*, Les sociétés commerciales, 2014, Rn. 1824.

508 *Lefebvre*, Mémento Sociétés commerciales, 2018, Rn. 31020; *Lefebvre*, Documentation experte, Documentation pratique Affaires, Série Dirigeants, 2018, Division II, Rn. 1020.

dürfen.[509] Dementsprechend kann die Satzung vorsehen, dass der Geschäftsführer mit Erreichen der Altersgrenze automatisch aus dem Amt ausscheidet.[510]

264 Die Geschäftsführer müssen keine spezifischen, gesetzlichen **Qualifikationsvorgaben** erfüllen,[511] es sei denn, die Satzung sieht Entsprechendes vor. So kann beispielsweise in der Satzung vorgegeben werden, dass ein Studienabschluss Voraussetzung für die Geschäftsführerstellung ist.[512] Liegen bestimmte Vorstrafen vor, wie Steuerhinterziehung, Betrug und Untreue, ist einer natürlichen Person die Übernahme der Geschäftsführung jedoch uU untersagt.[513]

bb) Bestellung der Geschäftsführer

265 Die Satzung kann die **Anzahl** der Geschäftsführer frei festsetzen. Es gibt weder eine Mindest- noch eine Höchstzahl. Die Geschäftsführer können direkt im Gesellschaftsvertrag oder durch einen separaten Beschluss (*acte postérieur*) bestellt werden (Art. L. 223-18 II 2 C. com.). Die **Bestellung** der Geschäftsführer erfolgt im weiteren Verlauf durch die Gesellschafterversammlung (*assemblées*). Wenn die Satzung nichts Anderes vorsieht, erfolgt die Ernennung für die **Dauer** des Bestehens der Gesellschaft (Art. L. 223-18 III C. com.). Daher ist es ratsam, bei der Bestellung (unabhängig davon, ob diese in der Satzung oder durch separaten Gesellschafterbeschluss erfolgt) eine Befristung vorzusehen.[514] Die Ernennung erfolgt durch einfachen Mehrheitsbeschluss (Art. L. 223-29 C. com.), was auch üblicherweise in Satzungen so vorgesehen wird. Abweichend hiervon kann der Gesellschaftsvertrag aber – etwa zum Schutze eines Gesellschafters – eine darüber hinausgehende qualifizierte Mehrheit statuieren.[515] Art. L. 223-29 I C. com. schreibt vor, dass die Berechnung der Mehrheit im ersten Wahlgang auf Basis der insgesamt in der Gesellschaft auf die Anteile entfallenden Stimmrechte erfolgt. Referenzpunkt sind damit nicht allein die anwesenden Gesellschafter, die abgestimmt haben. Kommt so jedoch keine Mehrheit zustande, reicht beim zweiten Wahlgang die Mehrheit der abgegebenen Stimmen (Art. L. 223-29 II C. com.). Die Bestellung wird durch die Annahme des Gewählten wirksam.[516] Wurde der erste Geschäftsführer in der Satzung ernannt, so kann sein Name bei Gelegenheit einer späteren Satzungsänderung gestrichen werden, sofern in der Zwischenzeit aufgrund eines Beschlusses der Gesellschafterversammlung ein Geschäftsführerwechsel stattgefunden hat (Art. R. 210-10 I C. com.).[517] Dritte müssen insofern wissen, dass sich die Wirksamkeit des Ernennungsbeschlusses ihnen gegenüber nur aus der Eintragung des Geschäftsführers ins Handelsregister sowie der Veröffentlichung im Mitteilungsblatt BODACC (siehe nachfolgender Absatz) ergibt, nicht jedoch aus der Erwähnung in der Satzung oder der Änderung der Satzung. Daher muss die Satzung auch nicht sofort geändert und eingereicht werden.[518]

266 Der ordentlich bestellte Geschäftsführer wird in das **am Sitz der Gesellschaft** örtlich zuständige Handelsregister **eingetragen** und erscheint im Handelsregisterauszug (*extrait Kbis*). Dritten gegenüber wird die Bestellung (gleiches gilt für die Abberufung) erst mit der Eintragung ins Handelsregister sowie der Veröffentlichung im Mitteilungsblatt, dh im BODACC, wirksam (Art. L. 210-9 C. com.).[519]

cc) Verhältnis von Organstellung und Angestelltenverhältnis

267 Ein **Nebeneinander** von **Organstellung und Angestelltenverhältnis** ist im Regelfall ausgeschlossen, da die Organstellung mit dem für das Arbeitsverhältnis notwendigen Über-/Unterordnungsverhältnis unvereinbar ist (sog

509 *Delpech*, Société à responsabilité limitée SARL, 2012, Rn. 61.17; *Lefebvre*, Mémento Sociétés commerciales, 2018, Rn. 31051; *Storck* in: JurisClasseur, Sociétés Traité, 2017, Fasc. 74-10, Rn. 9; *Lefebvre*, Documentation experte, Documentation pratique Affaires, Série Dirigeants, 2018, Division II, Rn. 1225; Storck in: JurisClasseur, Sociétés Traité, 2017, Fasc. 74-10, Rn. 25. Die Vereinbarkeit mit dem europäischen Altersdiskriminierungsverbot wird bisher wohl nicht diskutiert.

510 *Delpech*, Société à responsabilité limitée SARL, 2012, Rn. 61.17.

511 *Christ*, Englische Private Limited und französische Société à Responsabilité Limitée, 2008, S. 74.

512 *Lefebvre*, Mémento Sociétés commerciales, 2018, Rn. 31050.

513 *Döbereiner* in: Süß/Wachter (Hrsg.), HdB des internationalen GmbH-Rechts, 2016, Frankreich, Rn. 140; *Christ*, Englische Private Limited und französische Société à Responsabilité Limitée, 2008, S. 74.

514 Dies ist in der Praxis auch üblich. Vgl. auch *Christ*, Englische Private Limited und französische Société à Responsabilité Limitée, 2008, S. 77.

515 *Le Cannu/Dondero*, Droit des sociétés, 2015, Rn. 1359; *Cozian/Viandier/Deboissy*, Droit des sociétés, 2016, Rn. 1332; *Merle/Fauchon*, Sociétés commerciales, 2016, Rn. 222; *Christ*, Englische Private Limited und französische Société à Responsabilité Limitée, 2008, S. 75.

516 *Christ*, Englische Private Limited und französische Société à Responsabilité Limitée, 2008, S. 75.

517 *Lefebvre*, Mémento Assemblées générales, 2016-2017, Rn. 82190.

518 Vgl. auch *Lefebvre*, Mémento Assemblées générales, 2016-2017, Rn. 82190 iVm 82170 f.

519 *Döbereiner* in: Süß/Wachter (Hrsg.), HdB des internationalen GmbH-Rechts, 2016, Frankreich, Rn. 143; *Le Cannu/Dondero*, Droit des sociétés, 2015, Rn. 1360; *Guiramand/Héraud*, Droit des sociétés, 2016, S. 161.

principe de non-cumul).[520] Mithin hat der Geschäftsführer im Regelfall keinen arbeitsrechtlichen Kündigungsschutz und auch alle sonstigen arbeitsrechtlichen Vorschriften sind auf den Geschäftsführer nicht anwendbar. Wird ein Arbeitnehmer zum Geschäftsführer ernannt, so wird der Arbeitsvertrag in Ermangelung einer anderslautenden Vereinbarung ausgesetzt, bis das Geschäftsführeramt endet. Aus deutscher Sicht mag dies überraschen, da eine Organstellung immer um einen Anstellungsvertrag ergänzt wird oder zumindest einer gesellschaftsrechtlichen Grundlage bedarf (letzteres ist jedoch nicht praktikabel).[521] Das französische Recht hat dies anders geregelt. Das Geschäftsführerverhältnis reicht für sich alleine genommen aus.

Eine Ausnahme zu dem genannten Grundsatz und ein Nebeneinander von Organstellung und Angestelltenverhältnis ist nur unter folgenden Voraussetzungen möglich:[522] 268

- Es muss tatsächlich ein **Arbeitsverhältnis** vorliegen.
- Die dem Geschäftsführeramt und dem Arbeitsverhältnis zugewiesenen Aufgabenbereiche müssen sich deutlich voneinander **unterscheiden.**[523]
- Der Geschäftsführer steht in einem gewissen **Abhängigkeitsverhältnis** zur Gesellschaft. Dies bedeutet, dass ein Nebeneinander von Gesellschaftsmandat und Angestelltenverhältnis nicht möglich ist, wenn der Geschäftsführer Mehrheitsgesellschafter der Gesellschaft ist.[524] Demgegenüber kann ein Minderheitsgesellschafter nach der Rechtsprechung durchaus als Geschäftsführer und Angestellter der Gesellschaft tätig sein.[525]

Liegen diese Voraussetzungen vor, so kann mit dem Geschäftsführer zusätzlich ein Arbeitsvertrag geschlossen werden. Insbesondere Fremdgeschäftsführer wünschen sich neben der eigentlichen Organstellung einen Arbeitsvertrag, um sich entsprechend abzusichern. Eine von der arbeitsvertraglichen Situation zu trennende Frage ist die des sozialrechtlichen Status des Geschäftsführers (hierzu vgl. Rn. 286). 269

dd) Kompetenzen der Geschäftsführer

Die Geschäftsführer können grundsätzlich **alle Geschäftsführungsmaßnahmen** durchführen, die **im Interesse der Gesellschaft** sind (Art. L. 223-18 IV iVm Art. L. 221-4 I C. com.). Dabei müssen sie sich der Gesellschaft gegenüber loyal verhalten und ihre Handlungen müssen der Verwirklichung des Unternehmensgegenstands dienen. Gemäß Art. L. 223-21 I C. com. ist es dem Geschäftsführer untersagt, bei der Gesellschaft ein Darlehen aufzunehmen, sich von dieser einen Überziehungskredit einräumen zu lassen oder diese eine Bürgschaft oder einen Aval übernehmen zu lassen. Umgekehrt ist ua ausdrücklich vorgesehen, dass die Geschäftsführer für die Anmeldung der Gesellschaft zuständig sind. Außerdem obliegt ihnen die Einforderung von Auszahlungen (dazu Rn. 377) sowie die Buchführung und die Erstellung des Jahresabschlusses (Art. L. 232-1 C. com.). Hinzu kommen Informationspflichten, die der Geschäftsführer gegenüber den Gesellschaftern zu beachten hat (dazu Rn. 348).[526] 270

Darüber hinaus bestehen in Frankreich, wie bereits erwähnt, besondere Regelungen zum Abschluss von Vereinbarungen zwischen der Gesellschaft und ihren Geschäftsführern oder Gesellschaftern (sog ***conventions réglementées***). Gemäß Art. L. 223-19 C. com. müssen solche Vereinbarungen, die (direkt oder indirekt) zwischen dem Geschäftsführer bzw. dem Gesellschafter und der Gesellschaft abgeschlossen werden, den (übrigen) Gesellschaftern zur **Zustimmung** bzw. **Genehmigung** gemäß einem definierten Verfahren vorgelegt werden. Hat die SARL einen Abschlussprüfer, erfolgt die Zustimmung im Nachgang zum Abschluss. Hat die SARL keinen Abschlussprüfer, so ist eine vorherige Zustimmung erforderlich. Bei Verstoß gegen dieses Verfahren ist die Vereinbarung gleichwohl **nicht nichtig.** Der Geschäftsführer bzw. Gesellschafter macht sich jedoch **schadensersatzpflichtig,** sofern der Gesellschaft durch das Geschäft ein Schaden entstanden ist (Art. L. 223-19 IV C. com.).[527] 271

---

520 *Gibirila* in: Répertoire de droit des sociétés, 2017, Société à responsabilité limitée, Rn. 204 ff.; *Auzero/Ferrier* in: Répertoire de droit des sociétés, 2016, Cumul d'un contrat de travail et d'un mandat social, Rn. 11 ff.; *Storck* in: JurisClasseur, Sociétés Traité, 2017, Fasc. 74-10, Rn. 35 ff.

521 Zum Verhältnis von Organstellung und Anstellungsvertrag bei der GmbH siehe nur *Lenz* in: Michalski ua (Hrsg.), GmbHG, Bd. 2, 3. Aufl. 2017, § 35 Rn. 118 ff.; *Oetker* in: Henssler/Strohn (Hrsg.), Gesellschaftsrecht, GmbHG, 3. Aufl. 2016, § 35 Rn. 6 f.

522 *Merle/Fauchon*, Sociétés commerciales, 2016, Rn. 223; *Lefebvre*, Mémento Sociétés commerciales, 2018, Rn. 31060; *Christ*, Englische Private Limited und französische Société à Responsabilité Limitée, 2008, S. 76; Cass. soc. 15.6.1994, Nr. 91-42.560, BJS 11 (1994) 1236, 1237, Anm. *Le Cannu*.

523 Cass. soc. 1.12.1993, Nr. 91-42.288.

524 Cass. soc. 8.10.1980, Nr. 79-12.125, Recueil Dalloz 1981, 257, 257 f., Anm. *Reinhard*; *Döbereiner* in: Süß/Wachter (Hrsg.), HdB des internationalen GmbH-Rechts, 2016, Frankreich, Rn. 150; *Moulin*, Droit des sociétés et des groupes, 2016-2017, S. 114.

525 Cass. soc. 10.2.2010, Nr. 09-40.383, BJS 6 (2010) 106, 106 f., Anm. *Auzero*.

526 *Christ*, Englische Private Limited und französische Société à Responsabilité Limitée, 2008, S. 81.

527 *Moulin*, Droit des sociétés et des groupes, 2016-2017, S. 117; *Lefebvre*, Mémento Sociétés commerciales, 2018, Rn. 32003 ff.

272 Sofern der Geschäftsführer oder ein Gesellschafter der SARL zugleich unbeschränkt haftender Gesellschafter, Geschäftsführer, Aufsichtsrats- oder Vorstandsmitglied oder geschäftsführender Direktor einer Drittgesellschaft ist, sind auf die zwischen der SARL und der Drittgesellschaft geschlossenen Verträge die Vorschriften über die *conventions reglementées* anzuwenden (Art. L. 223-19 V C. com.). Der soeben beschriebene Prozess ist jedoch nicht notwendig, wenn es sich um laufende Geschäfte zu **marktüblichen Konditionen** handelt (Art. L. 223-20 C. com.). Ebenso ausgenommen sind Verträge zwischen dem Alleingesellschafter und der EURL (Art. L. 223-19 III C. com.) (s. näher unter Rn. 463).

273 Mit Blick auf die vorgenannten Regelungen wurde bislang in der Literatur diskutiert, inwieweit die Einführung des Art. 1161 C. civ. in das französische Schuldrecht, der jedoch infolge einer Gesetzesänderung in der gegenwärtigen Fassung nur noch bis zum 30. September 2018 gelten wird (vgl. hierzu oben Rn. 163), auch Auswirkungen auf Insichgeschäfte des Geschäftsführers der SARL hat, die bis zu seiner Einführung wirksam waren und lediglich dem Mitteilungsverfahren gegenüber den Gesellschaftern unterlagen. Wendete man Art. 1161 C. civ. in seiner derzeitigen Fassung auf derartige Vereinbarungen an, so könnten auch sie nichtig sein. Nach zutreffender Auffassung sollte Art. 1161 C. civ. aber **nicht** auf Insichgeschäfte des Geschäftsführers der SARL mit der Gesellschaft **anwendbar** sein, die damit auch wirksam sein müssten. In der Tat sieht Art. 1105 III C. civ. vor, dass die Vorschriften des (neuen) Schuldrechts nur vorbehaltlich spezialgesetzlicher Vorschriften Anwendung finden. Mit den Vorschriften über die sog *conventions réglementées* in Art. L. 223-19 C. com. hat der Gesetzgeber für die SARL insofern abschließend den Interessenkonflikt im Falle eines Insichgeschäfts geregelt, so dass nach hier vertretener Ansicht kein Raum für eine Anwendung der allgemeingesetzlichen Regelungen des *Code civil* bleibt. Infolge dieser Diskussion hat der Gesetzgeber nunmehr Klarheit geschaffen und Art. 1161 C. civ. gemäß Gesetz Nr. 2018-287 vom 21. April 2018 mit Wirkung zum 1. Oktober 2018 auf die Vertretung von natürlichen Personen beschränkt, so dass gesetzliche Vertreter von juristischen Personen des französischen Rechts nicht mehr von seinem Anwendungsbereich umfasst sein werden. Insofern dürfte die diskutierte Rechtsfrage allenfalls rechtstheoretischer Natur bleiben.

274 Die Geschäftsführer vertreten die SARL gegenüber Dritten. Ihnen steht **Einzelvertretungsbefugnis** zu, auch wenn mehrere Geschäftsführer bestellt sind (Art. L. 223-18 VII C. com.). Ihre Vertretungsbefugnis gegenüber Dritten kann nicht durch die Satzung eingeschränkt werden (Art. L. 223-18 VI C. com.), auch wenn diese Kenntnis von dieser Beschränkung hatten.[528] Das im deutschen Recht bekannte Institut des Missbrauchs der Vertretungsmacht ist dem französischen Recht unbekannt und wird in der Literatur in diesem Zusammenhang auch nicht diskutiert. Die Gesellschaft ist wirksam vertreten und kann dem Vertragspartner auch keinen Arglisteinwand (Fallgruppe der Evidenz) entgegenhalten. Selbst eine **Gesamtvertretungsbefugnis** kann gegenüber Dritten **nicht** in wirksamer Weise vereinbart werden. Die in Deutschland üblichen Vertretungsformen der „echten" Gesamtvertretung (zwei Geschäftsführer vertreten gemeinsam) und „unechten" Gesamtvertretung (ein Geschäftsführer vertritt zusammen mit einem Prokuristen) sind dem französischen Recht fremd und können daher nicht in nach außen hin wirksamer Weise vereinbart werden.[529]

275 Die Gesellschaft wird auch dann wirksam durch den Geschäftsführer vertreten, wenn er Rechtsgeschäfte **außerhalb des Gesellschaftsgegenstands** abschließt, es sei denn, sie kann beweisen, dass der Dritte wusste, dass das Rechtsgeschäft außerhalb des Gesellschaftszwecks lag, oder dies für ihn anhand der Umstände hätte bekannt sein müssen, wobei die bloße Veröffentlichung der Satzung hierfür nicht ausreicht (Art. L. 223-18 V C. com.).

276 Wird die SARL von mehreren Geschäftsführern vertreten, können die Mitgeschäftsführer vor der Durchführung einer Maßnahme ein **Veto-Recht** einlegen (Art. L. 223-18 VII C. com.). Dies entfaltet jedoch grundsätzlich lediglich Wirkungen im Innenverhältnis und berührt in keiner Weise eventuell gegen den Widerspruch des Mitgeschäftsführers vorgenommene Rechtshandlungen (vgl. auch die Ausführungen zur *société civile* hierzu (Rn. 104), für die vergleichbare Regelungen bestehen). Eine Ausnahme von diesem Prinzip besteht nur in Fällen, in denen dem Dritten nachgewiesen werden kann, dass er vom Veto eines Geschäftsführers Kenntnis hatte (Art. L. 223-18 VII C. com.). Das Veto-Recht ist nicht besonders praxisrelevant, da es im Vorfeld einer Handlung ausgeübt werden muss.[530]

277 Im **Innenverhältnis**, dh gegenüber den Gesellschaftern und der Gesellschaft, kann die Vertretungsbefugnis des Geschäftsführers allerdings insofern beschränkt werden,[531] als sie für die Vornahme bestimmter Rechtsgeschäfte an die **Zustimmung** der Gesellschafterversammlung gebunden wird. Ein entsprechender Katalog **zustimmungsbedürftiger Rechtsgeschäfte** muss grundsätzlich im Gesellschaftsvertrag vorgesehen sein, um wirksam zu sein. Sofern die Beschränkung im Beschluss zur Ernennung des Geschäftsführers von den Gesellschaftern festge-

528 Cass. com. 2.6.1992, Nr. 90-18.313.

529 Cass. com. 3.12.2002, Nr. 99-18.987.

530 *Christ*, Englische Private Limited und französische Société à Responsabilité Limitée, 2008, S. 82.

531 *Le Cannu/Dondero*, Droit des sociétés, 2015, Rn. 1370; *Cozian/Viandier/Deboissy*, Droit des sociétés, 2016, Rn. 1349; *Merle/Fauchon*, Sociétés commerciales, 2016, Rn. 232; *Lefebvre*, Mémento Sociétés commerciales, 2018, Rn. 31240.

legt werden soll, muss dieser mit **satzungsändernder Mehrheit** gefasst werden.[532] In der Praxis wird der Grundsatz einer möglichen Vertretungsbeschränkung in der Satzung festgesetzt, so dass die Gesellschafter auf Grundlage dieser Satzungsbestimmung ihren Beschluss fassen können. Der ohne die erforderliche Zustimmung durch die Gesellschafterversammlung handelnde Geschäftsführer setzt sich möglichen **Schadensersatzansprüchen** gegenüber der Gesellschaft aus. Denn tätigt der Geschäftsführer das Geschäft trotz der verweigerten Zustimmung der Gesellschafter, so stellt dies darüber hinaus einen berechtigten Grund für seine Abberufung dar.[533]

Im Gegensatz zur deutschen GmbH (§ 37 I GmbHG) sieht das französische Recht kein **Weisungsrecht** der Gesellschafterversammlung vor.[534] Ein solches kann auch nicht durch die Satzung festgelegt werden. Die Einflussnahme der Gesellschafter wird in Frankreich über die bereits genannten Zustimmungsvorbehalte ausgeübt, wonach beispielsweise bestimmte Arten von Geschäften genehmigungsbedürftig sind (zB Aufnahme von Darlehen und sonstigen Rechtsgeschäften, die einen bestimmten Betrag übersteigen, Bestellung von Hypotheken auf Immobilien der SARL).[535] Dennoch bleibt die Einflussnahme der Gesellschafter auf die Geschäftsführung begrenzt (zum faktischen Geschäftsführer s. unter Rn. 291). 278

Bei mehreren Geschäftsführern kann eine **Geschäftsordnung** die Zuständigkeiten im Innenverhältnis und die Entscheidungsfassung regeln. So können in der Geschäftsordnung den einzelnen Geschäftsführern unterschiedliche Bereiche (zB Finanzen, Marketing) zugewiesen werden. Der Grundsatz der Einführung einer Geschäftsordnung muss allerdings ebenfalls in der Satzung vorgesehen sein.[536] Im Außenverhältnis führt die Geschäftsordnung nicht dazu, dass die mangelnde Zuständigkeit Dritten entgegengehalten werden kann.[537] 279

ee) Ende der Amtszeit

Das Amt des Geschäftsführers kann **aus vier Gründen enden:**[538] 280

- **Ablauf der Amtszeit**, sofern diese im Gesellschaftsvertrag oder im Ernennungsbeschluss festgelegt wurde. Der Geschäftsführer hat keinen Anspruch auf eine Verlängerung seiner Amtszeit.[539] Wird die Verlängerung jedoch in erniedrigender oder schikanöser Art und Weise verweigert, begründet dies einen Anspruch des Geschäftsführers auf Schadensersatz.[540]
- **Persönlicher Hinderungsgrund** (zB Tod, Insolvenz);[541]
- **Abberufung** des Geschäftsführers und
- **Amtsniederlegung** durch den Geschäftsführer, deren Bedingungen in der Satzung festgelegt werden können (die Nichtbeachtung einer etwaigen Amtsniederlegungsfrist kann Schadensersatzansprüche begründen, hindert jedoch nicht die Wirksamkeit der Amtsniederlegung).[542]

Bezüglich der Abberufung gelten dieselben **Mehrheitserfordernisse** wie bei der Bestellung eines Geschäftsführers (Rn. 265). Gemäß Art. L. 223-25 C. com. können die Gesellschafter jedoch eine höhere Mehrheit in der Satzung vorsehen.[543] Ein Gesellschafter-Geschäftsführer, der abberufen werden soll, darf bei der entsprechenden Abstimmung seine Stimme abgeben.[544] Wenn ein **wichtiger Grund** (*cause légitime*) vorliegt, kann darüber hinaus ein einzelner Gesellschafter auch die gerichtliche Abberufung eines Geschäftsführers beantragen (Art. L. 223-25 II C. com.). Diese Möglichkeit ist insbesondere dann von Bedeutung, wenn der Geschäftsführer zugleich Mehrheitsgesellschafter ist.[545] 281

---

532 *Lefebvre*, Mémento Sociétés commerciales, 2018, Rn. 31240, unter Verweis auf die Rechtsprechung (CA Versailles 31.10.2002, Nr. 2000-071; Cass. com. 28.11.2006, Nr. 03-10.684).

533 *Lefebvre*, Mémento Sociétés commerciales, 2018, Rn. 31240.

534 *Gibirila* in: Répertoire de droit des sociétés, 2017, Société à responsabilité limitée, Rn. 302 ff.; *Storck* in: JurisClasseur, Sociétés Traité, 2017, Fasc. 74-10, Rn. 52 ff.; *Christ*, Englische Private Limited und französische Société à Responsabilité Limitée, 2008, S. 82.

535 *Lefebvre*, Mémento Sociétés commerciales, 2018, Rn. 31240; *Storck* in: JurisClasseur, Notarial Formulaire, Synthèse 1250 – SARL, 2016, Rn. 36; Ein Beispiel für eine Satzungbestimmung, welche die Befugnisse des Geschäftsführers beschränkt, findet sich unter: *Lefebvre*, Mémento Sociétés commerciales, 2018, Rn. 13470.

536 *Cozian/Viandier/Deboissy*, Droit des sociétés, 2016, Rn. 1350; *Delpech*, Société à responsabilité limitée SARL, 2012, Rn. 63.28; *Merle/Fauchon*, Sociétés commerciales, 2016, Rn. 232.

537 *Christ*, Englische Private Limited und französische Société à Responsabilité Limitée, 2008, S. 83.

538 Vgl. auch *Moulin*, Droit des sociétés et des groupes, 2016-2017, S. 114.

539 Cass. com. 8.3.2005, Nr. 02-14.194, Droit des sociétés 92 (2005) 20, 20, Anm. *Monnet*.

540 Cass. com. 17.12.2002, Nr. 98-21.918, BJS 3 (2003) 307, 308, Anm. *Le Cannu*.

541 *Lefebvre*, Mémento Sociétés commerciales, 2018, Rn. 31140.

542 Cass. com. 22.2.2005, Nr. 03-12.902, BJS 7 (2005) 862, 864 ff., Anm. *Saintourens*. Vgl. zur Amtsniederlegung auch *Christ*, Englische Private Limited und französische Société à Responsabilité Limitée, 2008, S. 79.

543 *Guiramand/Héraud*, Droit des sociétés, 2016, S. 163; *Lefebvre*, Mémento Sociétés commerciales, 2018, Rn. 31151.

544 *Christ*, Englische Private Limited und französische Société à Responsabilité Limitée, 2008, S. 79.

545 *Delpech*, Société à responsabilité limitée SARL, 2012, Rn. 62.25.

282 Eines **berechtigten Grundes** (*juste motif*) bedarf es zur Wirksamkeit der Abberufung durch die Gesellschaft grundsätzlich nicht. Ein berechtigter Grund kann beispielsweise bei Zuwiderhandlungen gegen Gesetze oder die Satzung sowie bei einem **Geschäftsführungsfehler** (*faute de gestion*) vorliegen.[546] Liegt jedoch kein solcher Grund vor, so hat der Geschäftsführer gem. Art. L. 223-25 I 2 C. com. Anspruch auf **Schadensersatz.** In der Literatur wird vertreten, dass es sich bei Art. L. 223-25 I 2 C. com. um dispositives Recht handelt. Diese Meinung stützt sich auf die Rechtsprechung zur *société civile*, für die es eine gleichlautende Vorschrift gibt.[547] Bislang gibt es allerdings keine Rechtsprechung zu Fällen, die eine Kapitalgesellschaft betreffen. In der Praxis sehen Satzungen der SARL teilweise vorsorglich vor, dass das Fehlen eines berechtigten Grundes bei der Abberufung nicht zu Schadensersatzansprüchen führen kann. Darüber hinaus ist jede Bestimmung, die dem Geschäftsführer für den Fall der Abberufung eine Abfindung gewährt, dann **nichtig**, wenn die Höhe dieser Abfindung geeignet ist, die Gesellschafter davon abzuhalten, die Abberufung zu beschließen.[548] Wie hoch die Abfindung konkret sein darf, bestimmt sich nach den Umständen des Einzelfalls. Entscheidend ist, in welchem Verhältnis die Abfindungshöhe zur finanziellen Lage der Gesellschaft steht.[549] So hat beispielsweise das Berufungsgericht von Paris entschieden, dass eine Klausel, die für den Präsidenten einer SA eine Abfindung in Höhe eines Jahresgehalts vorsah, in Anbetracht der insgesamt guten finanziellen Lage der Gesellschaft zulässig war.[550] Dagegen befand der Kassationshof in einem anderen Fall, dass die Abfindung des Geschäftsführers einer SARL, welche ebenfalls einem Jahresgehalt entsprach, in Anbetracht der andauernden Verluste der Gesellschaft unverhältnismäßig hoch und daher unzulässig sei.[551]

283 Erfolgt die Abberufung **missbräuchlich**, kann dies ebenfalls einen Anspruch auf **Schadensersatz** begründen.[552] Diesbezüglich sind stets die Umstände des Einzelfalls zu berücksichtigen. Als missbräuchlich gilt im Allgemeinen eine Abberufung, die unter **beleidigenden Umständen** erfolgt (zB bei Anordnung, unmittelbar nach Ende der Abberufungsversammlung die Schlüssel abzugeben,[553] bei unangekündigter Abberufung vor dem ganzen Personal unter Einschaltung der Polizei und eines Gerichtsvollziehers,[554] im Falle der Veröffentlichung des Abberufungsbeschlusses einschließlich der Angabe, dass die Abberufung wegen eines schwerwiegenden Fehlers erfolgt ist)[555] oder wenn das **kontradiktorische Verfahren** (*principe du contradictoire)* nicht eingehalten wurde, so dass dem betroffenen Geschäftsführer keine Gelegenheit zur Stellungnahme gegeben wurde. Der Grundsatz des kontradiktorischen Verfahrens gilt auch dann, wenn eigentlich ein berechtigter Grund (*juste motif*) für die Abberufung vorliegt oder der Geschäftsführer jederzeit abberufen werden kann.[556] Es ist selbst in der Regel dann zu beachten, wenn ein wichtiger Grund (*cause légitime*) vorliegt, wobei sich aus den Umständen etwas anderes ergeben kann.

284 Da die Abberufung ohne berechtigten Grund zu Schadensersatzforderungen führen kann, empfiehlt es sich, die **Geschäftsführer auf Zeit zu bestellen** und vorher die **Satzung** entsprechend auszugestalten oder zum Zeitpunkt der beabsichtigten Abberufung eine Amtsniederlegung zu verhandeln, wobei darauf geachtet werden sollte, dass diese nicht als **verdeckte Abberufung** gewertet werden kann. Eine solche liegt bspw. dann vor, wenn der Geschäftsführer unter Druck gesetzt wurde, sein Gesellschaftsmandat niederzulegen,[557] wobei dieser für das Vorliegen einer solchen Zwangslage darlegungs- und beweispflichtig ist.[558] Kann eine verdeckte Abberufung nachgewiesen werden, so kann dies wiederum zu Schadensersatzansprüchen des Geschäftsführers führen.

ff) Nachvertragliches Wettbewerbsverbot

285 Sofern zwischen der Gesellschaft und dem ehemaligen Geschäftsführer keine Vereinbarung über ein nachvertragliches Wettbewerbsverbot besteht, ist es Letzterem gestattet, in **Wettbewerb** zur Gesellschaft zu treten, indem er die gleiche Tätigkeit ausübt. Lediglich unlauterer Wettbewerb (*concurrence déloyale*) ist ihm untersagt. Möchte die Gesellschaft verhindern, dass ehemalige Geschäftsführer nach ihrem Ausscheiden konkurrierende Tätigkeiten ausüben, kann sie entsprechende **Wettbewerbsverbote** vertraglich vereinbaren. Statutarische Wettbewerbsverbote können ehemaligen Geschäftsführern nur entgegengehalten werden, wenn diese auch gleichzei-

546 *Merle/Fauchon*, Sociétés commerciales, 2016, Rn. 225; *Germain/Magnier*, Les sociétés commerciales, 2014, Rn. 1827.
547 *Lefebvre*, Mémento Sociétés commerciales, 2018, Rn. 12490.
548 *Merle/Fauchon*, Sociétés commerciales, 2016, Rn. 225.
549 *Lefebvre* BRDA 17 (2015), 4, 5.
550 CA Paris 9.6.2015, Nr. 13/25081.
551 Cass. com. 6.11.2012, Nr. 11-20.582.
552 *Lefebvre*, Mémento Sociétés commerciales, 2018, Rn. 31150.
553 Cass. com. 9.11.2010, Nr. 09-71.284.
554 CA Paris 13.10.2006, Nr. 05-23871.
555 CA Paris 30.4.2014, Nr. 13/12230.
556 Cass. com. 14.5.2013, Nr. 11-22.845; *Delpech*, Société à responsabilité limitée SARL, 2012, Rn. 62.19.
557 Cass. com. 30.5.1980, Nr. 78-15.032.
558 Cass. com. 22.2.2005, Nr. 03-12.902: In diesem Fall hatte der Geschäftsführer keinerlei Tatsachen vorgetragen, aus denen hätte geschlussfolgert werden können, dass der Rücktritt unter Zwang geschah.

tig Gesellschafter sind. Voraussetzung für die Gültigkeit eines Wettbewerbsverbots ist, dass dieses nicht unverhältnismäßig ist und dass es insbesondere zeitlich und räumlich beschränkt ist.[559] Eine Entschädigung für die Dauer des Wettbewerbsverbots muss hingegen nicht gewährt werden, es sei denn, der Betreffende ist gleichzeitig Arbeitnehmer und unterliegt insoweit dem Schutz der arbeitsrechtlichen Regelungen.[560]

b) Sozialrechtlicher Status des Geschäftsführers

Hält ein Geschäftsführer mehr als 50% der Anteile an der Gesellschaft, so hat der Geschäftsführer den Status eines **Selbständigen** (sog RSI – *Régime social des indépendants*).[561] Dies gilt auch dann, wenn es mehrere Geschäftsführer gibt und nur einer die Mehrheit der Anteile hält. In diesem Fall spricht man vom ***collège de gérance majoritaire***. Der Geschäftsführer, der eine Mehrheit an Anteilen hält, ist entscheidend und bestimmt den Status der anderen Geschäftsführer mit. Europarechtliche Bedenken gegen dieses Vorgehen werden in der französischen Literatur nicht diskutiert. Sofern der Geschäftsführer den Status eines Selbständigen hat, werden verschiedene **Abgaben für Versicherungen** fällig (Kranken- und Arbeitsunfallversicherung, Altersversicherung, Familienversicherung). Diese sind etwas günstiger als die Abgaben für einen Angestellten, jedoch sind sie im Bereich der Rentenbeiträge nachteilig. 286

Hält ein Geschäftsführer demgegenüber keine oder weniger als 50% der Anteile an einer SARL, so wird er **sozialrechtlich** einem **Arbeitnehmer** gleichgestellt, und zwar unabhängig davon, ob ein Arbeitsverhältnis besteht (siehe zur grundsätzlich unzulässigen Kumulation von organschaftlicher Stellung und Arbeitsverhältnis Rn. 267). Sofern der Geschäftsführer sozialrechtlich den Status eines Angestellten hat, werden ebenfalls Abgaben für verschiedene Versicherungen fällig (Krankenversicherung, Altersversicherung, Vorsorge, Arbeitsunfall-, Familien- und Pflegebeitrag, Zusatzversicherung und Sondersteuer CSG/CRDS). **Keinen Schutz** genießt er im Hinblick auf die **Arbeitslosenversicherung**, sofern er nicht neben dem Geschäftsführermandat zugleich durch einen Arbeitsvertrag bei der SARL angestellt ist.[562] Dieser Umstand bildet daher meist einen Hauptpunkt bei den Gehaltsverhandlungen. In der Praxis wird einem Geschäftsführer, der kein Arbeitnehmer ist und demzufolge auch keinen Arbeitslosenschutz genießt, daher manchmal angeboten, auf Kosten der Gesellschaft eine **private Zusatzversicherung** für ihn abzuschließen. Damit kann das mit der Geschäftsführerstellung verbundene Risiko der Abberufung und damit des Verlustes des Einkommens etwas abgemildert werden. Die Behandlung des Geschäftsführers als Arbeitnehmer würde hingegen den Interessen der Gesellschaft widersprechen. Daneben besteht auch die Möglichkeit, dem Geschäftsführer für den Fall seiner Abberufung großzügige Abfindungen (sog *golden parachute*) zu gewähren, insbesondere wenn er keinen Anspruch auf Arbeitslosengeld hat.[563] Solche Abfindungen können aber nach französischem Recht nichtig sein, wenn sie gegen das Gesellschaftsinteresse verstoßen, zB weil ihre Höhe in Anbetracht der Leistungsfähigkeit und Größe der Gesellschaft ein Hindernis für eine Abberufung darstellt.[564] 287

c) Haftung der Geschäftsleitung

Ein insbesondere für Fremdgeschäftsführer sensibles Thema ist das ihrer **persönlichen Haftung**. Hierbei geht es vorrangig um die Fragen, wann sie für etwaige Fehlentscheidungen mit ihrem privaten Vermögen haften (**zivilrechtliche Haftung**, *responsabilité civile*) und ob ihnen Geld- und Haftstrafen drohen können (**strafrechtliche Haftung**, *responsabilité pénale*). Die folgenden Ausführungen behandeln die wesentlichen Aspekte im Zusammenhang mit der Haftung der Geschäftsleitung (*dirigeant*). Die hier dargestellten Grundsätze sind nicht auf die Geschäftsführer der SARL beschränkt, sondern lassen sich ohne weiteres auf die Geschäftsleiter anderer Kapitalgesellschaften (SA,[565] SAS[566]) übertragen. 288

Neben den im Folgenden dargestellten Haftungstatbeständen kennt das französische Recht eine **steuerrechtliche Haftung** (*responsabilité fiscale*) gem. Art. L. 267 *Livre des Procédures Fiscales*, die (nur) im Falle betrügerischer Handlungen oder einer schwerwiegenden und wiederholten Nichtbeachtung steuerlicher Verpflichtungen[567] (*manoeuvres frauduleuses ou inobservation grave et répétée des obligations fiscales*) greift und eine **Haftung bei Nichtabführung von Sozialversicherungsbeiträgen durch die Gesellschaft** begründet. Führt die Gesellschaft die Sozialversicherungsbeiträge nicht ordnungsgemäß ab, so darf der Geschäftsführer nach einer ständigen Recht- 289

559 Cass. com. 16.12.1997, Nr. 96-10.859; Cass. com. 11.3.2014, Nr. 12-12.074.
560 *Lefebvre*, Mémento Sociétés commerciaes, 2018, Rn. 12774.
561 *Delpech*, Société à responsabilité limitée SARL, 2012, Rn. 67.
562 *Delpech*, Société à responsabilité limitée SARL, 2012, Rn. 67.18 f.
563 *Mestre/Velardocchio/Mestre-Chami*, Le Lamy Sociétés commerciales, 2017, Rn. 698.
564 Cass. soc. 30.3.1999, Nr. 97-42.061; Cass. com. 14.6.2005, Nr. 02-17.719.
565 Verwaltungsratsmitglied (*administrateur*) und Generaldirektor (*directeur général*) gem. Art. L. 225-251 I C. com. sowie Mitglieder des Vorstands (*directoire*) gem. Art. L. 225-251 I C. com. iVm Art. L. 225-256 I C. com.
566 Präsident (*président*) und Generaldirektor (*directeur général*) gem. Art. L. 225-251 I C. com. iVm Art. L. 227-8 C. com.
567 Übersetzung der Verfasser.

sprechung nicht zur Zahlung der Sozialversicherungsbeiträge selbst, sondern nur zur Zahlung von Geldstrafen und zum Ersatz des dem Sozialversicherungsträger verursachten Schadens herangezogen werden.[568] Auf eine gesamtschuldnerische Übernahme der Sozialversicherungsbeiträge neben der Gesellschaft kann der Geschäftsführer gem. Art. L. 243-3-2 I des *Code de la sécurité sociale* (französisches Sozialgesetzbuch) nur dann in Anspruch genommen werden, wenn gegen ihn ein Bescheid wegen Schwarzarbeit (*verbalisation pour travail dissimulé*) ergangen ist oder ihm betrügerische Handlungen bzw. eine schwerwiegende und wiederholte Nichtbeachtung sozialrechtlicher Verpflichtungen[569] (*manoeuvres frauduleuses ou inobservation grave et répétée des obligations sociales*) vorzuwerfen sind.[570]

aa) Zivilrechtliche Haftung des Geschäftsleiters

290 Als **Geschäftsleiter** (*dirigeants*) gelten nach französischem Rechtsverständnis die Personen, die kraft ordentlicher Bestellung durch das zuständige Gesellschaftsorgan ein Gesellschaftsmandat ausüben und gesetzliche Vertretungsbefugnis haben. Neben der Haftung des rechtlichen Geschäftsleiters (***dirigeant de droit***), kennt das französische Recht die Haftung des sog faktischen Geschäftsleiters (***dirigeant de fait***) (s. hierzu sogleich im Folgenden Rn. 291). In der SARL ist der **rechtliche Geschäftsleiter** im haftungsrechtlichen Sinne der Geschäftsführer (*gérant*) nach Art. L. 223-18 I C. com.[571] Der Geschäftsführer haftet gegenüber der Gesellschaft, den Gesellschaftern oder Dritten[572] für Schäden, die kausal auf eine fehlerhafte Ausübung der ihm durch Gesetz oder Satzung zugewiesenen Aufgaben zurückzuführen sind (Art. L. 223-22 I C. com.).[573]

291 Neben dem rechtlich Verantwortlichen kann auch jede faktisch leitende Person haftbar gemacht werden (***dirigeant de fait***). Mangels gesetzlicher Begriffsbestimmung ist nach französischer Rechtsprechung als **faktischer Geschäftsführer** derjenige anzusehen, der, ohne ordentlich zum Mandatsträger bestellt worden zu sein, „in vollkommener Unabhängigkeit eine aktive Geschäftsleitungstätigkeit in der Gesellschaft ausübt“.[574] Erforderlich ist ein aktives Eingreifen in die Geschäftsleitung, beispielsweise durch Erteilung konkreter Weisungen, die über bloße Anregungen und Vorschläge oder die üblichen Konzernrichtlinien hinausgehen. Nach einem aktuellen Urteil des Berufungsgerichts (*cour d'appel*) von Paris kann allerdings bereits ein einmaliges Handeln ausreichen, um als faktischer Geschäftsführer qualifiziert zu werden.[575] Zur Begründung einer faktischen Geschäftsführung reicht damit allein der Umstand einer Mehrheitsbeteiligung jedoch nicht aus.[576] Allerdings kann sich eine bloße mehrheitliche Beteiligung in ein faktisches Geschäftsleitungsverhältnis verkehren, wenn der Mehrheitsgesellschafter dem gesetzlichen Vertreter der Gesellschaft über bloße Aufsichtsmaßnahmen hinaus seinen Willen „aufzwingt“, so dass im Ergebnis der gesetzliche Geschäftsführer lediglich als ausführendes Organ anzusehen ist.[577] Mithin kann ein Mehrheitsgesellschafter nur dann als faktischer Geschäftsführer angesehen werden, wenn zusätzliche Umstände hinzutreten, aus denen folgt, dass er die Gesellschaft tatsächlich leitet, indem er aktiv Geschäftsführungshandlungen für sie vornimmt.[578] Für das Vorliegen eines faktischen Geschäftsführungsverhältnisses besteht keine rechtliche Vermutung, vielmehr ist derjenige, der ein solches geltend macht, dafür beweispflichtig.[579] Die Verjährungsfrist beträgt fünf Jahre und nicht drei Jahre, wie dies beim rechtlichen Geschäftsführer der Fall ist.[580]

---

568 Cass. crim. 15.3.1973, Nr. 72-90.424; Cass. crim. 4.5.1982, Nr. 81-93.809.
569 Übersetzung der Verfasser.
570 Art. L. 243-3-2 I C. séc. soc.
571 *Mestre/Velardocchio/Mestre-Chami*, Le Lamy Sociétés commerciales, 2017, Rn. 3047.
572 *Cozian/Viandier/Deboissy*, Droit des sociétés, 2016, Rn. 1345 iVm Rn. 831; *Merle/Fauchon*, Sociétés commerciales, 2016, Rn. 236; *Lefebvre*, Mémento Sociétés commerciales, 2018, Rn. 31640.
573 Zur Geltendmachung der Haftungsansprüche durch die Gesellschaft und die Gesellschafter vgl. *Becker* GmbHR 2003, 220, 220 ff.
574 Übersetzung der Verfasser, Originalzitat: „*Le dirigeant de fait est celui qui exerce en toute indépendance une activité positive de direction de la société*“ (Cass. com. 10.1.2012, Nr. 10-28.067); so auch CA Paris 22.3.2016, Nr. 15-14.846; *Lefebvre*, Mémento Sociétés commerciales, 2018, Rn. 91480; *Storck* in: JurisClasseur, Sociétés Traité, 2017, Fasc. 74-20, Rn. 58; *Sonnenberger/Dammann*, Französisches Handels- und Wirtschaftsrecht, 2008, Kap. VIII Rn. 89; *Legeais* in: JurisClasseur, Commercial, 2008, Fasc. 1219, Rn. 12 f.; *Arlt* in: Kalss (Hrsg.), Vorstandshaftung in 15 europäischen Ländern, Frankreich, S. 469, 476; Mitglieder eines Aufsichtsorgans, denen die Geschäftsführung alle Geschäfte mit einem Volumen von mehr als 15.000 EUR zur Zustimmung vorlegen muss, wurden ebenfalls als faktische Geschäftsführer der Gesellschaft angesehen, vgl. CA Paris 23.2.2016, Nr. 14-24.308.
575 CA Paris 22.3.2016, Nr. 15/14846, vgl. dazu *Klein* RIW 2017, 38, 40.
576 Cass. com. 12.10.2004, Nr. 03-10.624; CA Paris 7.2.2003, Droit des sociétés 8-9 (2004) 15, 15 f., Anm. *Legros*; *Brun/Pierre/Labasse*, Le Lamy Droit de la responsabilité, 2016, Rn. 480-62.
577 *Vallens/Ledoux*, Le Lamy Droit commercial, 2017, Rn. 4556; Cass. com. 25.1.1994, Nr. 91-20.007.
578 Cass. com. 25.1.2004, Nr. 91-20.007 (Verhandlung des Mietvertrages und von Verträgen mit Lieferanten).
579 *Legeais* in: JurisClasseur, Commercial, 2008, Fasc. 1219, Rn. 12 f.
580 Cass. com. 12.4.2016, Nr. 14-12.894, vgl. dazu *Klein* RIW 2017, 38, 40 und *Lefebvre*, Mémento Sociétés commerciales, 2018, Rn. 14091.

Bei mehreren Geschäftsführern oder bei einem mehrköpfigen Geschäftsführungsorgan sieht Art. L. 223-22 I C. com. die Möglichkeit einer **gesamtschuldnerischen Haftung**[581] vor, wobei allerdings für das einzelne Mitglied der Geschäftsführung eine **Exkulpationsmöglichkeit** besteht, indem es nachweist, an der schadensursächlichen Handlung nicht beteiligt gewesen zu sein oder dieser ausdrücklich widersprochen zu haben.[582] 292

Gemäß Art. L. 223-22 V und L. 225-253 C. com. kann in der Gesellschaftssatzung weder ein wirksamer **Verzicht** auf die Haftungsansprüche gegen die Geschäftsführung noch ein **Zustimmungserfordernis der Gesellschafterversammlung** vor der Geltendmachung von Haftungsansprüchen gegen die Geschäftsführung vorgesehen werden. Auch wird die haftungsrechtliche Inanspruchnahme durch die Gesellschaft oder aber die Gesellschafter **nicht** durch eine der Geschäftsführung im Rahmen der Jahresgesellschafterversammlung erteilte **Entlastung** (*quitus*) eingeschränkt.[583] Nach einer erteilten Entlastung fehlt aber ein berechtigter Grund für die Abberufung, weshalb dann Schadensersatzforderungen durch den abberufenen Geschäftsführer drohen (Art. 1851 I 2 C. civ.).[584] 293

Der Geschäftsführer kann sein Haftungsrisiko neben der noch weiter unten darzustellenden D&O-Versicherung (s. Rn. 334) allenfalls dadurch minimieren, dass er riskante Entscheidungen in enger Abstimmung mit der Gesellschafterversammlung trifft, da durch eine Zustimmung oder Genehmigung der Gesellschafterversammlung im Einzelfall das Verschulden ausgeschlossen oder zumindest die Schadenshöhe reduziert werden kann.[585] 294

Die zivilrechtliche Haftung des Geschäftsführers beruht zum einen auf der **schuldrechtlichen Vertragshaftung** (Art. 1231-1C. civ.) und der **Deliktshaftung** (Art. 1240 C. Civ.) des allgemeinen Zivilrechts sowie zum anderen auf den speziellen **gesellschaftsrechtlichen Haftungsbestimmungen** (Art. L. 223-22 I C. com.).[586] Dabei ist hinsichtlich der haftungsbegründenden Voraussetzungen zu unterscheiden, ob Schadensersatzansprüche gegen den Geschäftsführer von der Gesellschaft oder den Gesellschaftern oder aber von gesellschaftsfremden Dritten geltend gemacht werden.[587] 295

Haftungsbegründend sind nach dem Gesetz folgende Verhaltensweisen:[588] 296

- Verstöße gegen gesetzliche Vorschriften
- Verletzungen von satzungsmäßigen Bestimmungen
- Geschäftsführungsfehler (*faute de gestion*)

(1) Verstoß gegen gesetzliche Vorschriften

Zunächst einmal haftet der Geschäftsführer **zivilrechtlich**, wenn er gegen gesetzliche Vorschriften verstößt und hierdurch einen Schaden verursacht.[589] So kann sich eine Haftung des Geschäftsführers zB in folgenden Fällen ergeben: 297

- Weigerung des Geschäftsführers, die Gesellschafterversammlung einzuberufen,[590]
- Verletzung der gesetzlichen Informationsrechte der Gesellschafter[591] sowie
- unterbliebene Angabe auf den Geschäftspapieren der Gesellschaft, dass diese sich in Liquidation befindet.[592]

581 *Arlt* in: Kalss (Hrsg.), Vorstandshaftung in 15 europäischen Ländern, 2005, Frankreich, S. 469, 479 f.; *Moulin*, Droit des sociétés et des groupes, 2016-2017, S. 117.

582 *Legeais* in: JurisClasseur, Commercial, 2008, Fasc. 1219, Rn. 66; *Merle/Fauchon*, Sociétés commerciales, 2016, Rn. 238.

583 Für die Inanspruchnahme durch die Gesellschaft: CA Rouen 12.1.1973, Recueil Dalloz 1973, 28, S. 28; vgl. auch *Lefebvre*, Mémento Sociétés commerciales, 2018, Rn. 14090; für die Inanspruchnahme durch einen Gesellschafter: Cass. civ. 4.11.1976, Nr. 75-11.366 (das Urteil der Cour de Cassation betrifft eine *Société civile*, ist jedoch auch auf die SARL übertragbar (vgl. *Lefebvre*, Mémento Sociétés commerciales, 2018, Rn. 14220)); so auch *Arlt* in: Kalss (Hrsg.), Vorstandshaftung in 15 europäischen Ländern, 2005, Frankreich, S. 469, 487.

584 CA Paris 27.1.1983, BRDA 13 (1983), 9, 9 f.; CA Paris 26.11.1999, RJDA 3 (2000) 241, 241 f.; zur Notwendigkeit eines berechtigten Grundes für eine Abberufung des Geschäftsführers s. u. Rn. 282 ff.

585 *Arlt* in: Kalss (Hrsg.), Vorstandshaftung in 15 europäischen Ländern, 2005, Frankreich S. 469, 485 ff.

586 Zu den verschiedenen Haftungstatbeständen: *Becker* GmbHR 2003, 162, 162 ff.

587 *Merle/Fauchon*, Sociétés commerciales, 2016, Rn. 236.

588 Art. L. 223-22 I C. com.; *Becker* GmbHR 2003, 162, 162; *Arlt* in: Kalss (Hrsg.), Vorstandshaftung in 15 europäischen Ländern, 2005, Frankreich, S. 469, 481 ff.; *Lefebvre*, Mémento Sociétés commerciales, 2018, Rn. 31640; *Cozian/Viandier/Deboissy*, Droit des sociétés, 2016, Rn. 356; *Merle/Fauchon*, Sociétés commerciales, 2016, Rn. 236; *Guiramand/Héraud*, Droit des sociétés, 2016, S. 167 f.

589 *Becker* GmbHR 2003, 162, 162.

590 Cass. com. 12.3.1974, Nr. 72-14.691.

591 CA Paris 7.6.2012, Nr. 11/11342 (zwar wurde die entsprechende Schadensersatzklage des Gesellschafters in dem Fall zurückgewiesen, jedoch mangels Nachweises eines persönlich erlittenen Schadens).

592 Cass. com. 18.2.1997, Nr. 95-11.248.

298 Auch die Verletzung von strafbewehrten Tatbeständen aus dem Gesellschaftsrecht kann eine zivilrechtliche Haftung auslösen:[593]

- Formale Fehler oder eine unzureichende Kapitalausstattung bei Gründung der Gesellschaft (Art. L. 210-8 C. com.),
- die Ausschüttung fiktiver Dividenden (Art. L. 241-3 Ziff. 2 C. com. bei der SARL und Art. L. 242-6 Ziff. 1 C. com. bei der SA) oder
- der Verstoß gegen die Kapitalerhaltungsvorschriften (Art. L. 242-6 C. com. bei der SARL und Art. L. 242-29 C. com. bei der SA).

(2) Verstoß gegen satzungsmäßige Bestimmungen

299 Ferner haften Geschäftsführer im **Innenverhältnis** gegenüber der Gesellschaft, wenn sie die ihnen **satzungsmäßig festgelegten Beschränkungen** nicht eingehalten haben.[594] In derartigen Fällen wird die Gesellschaft nach Außen wirksam verpflichtet, da derartige Beschränkungen keine Wirkung gegenüber Dritten entfalten.[595] Der Geschäftsführer muss jedoch den durch die Missachtung seiner Beschränkungen entstandenen Schaden erstatten.[596]

(3) Geschäftsführungsfehler (faute de gestion)

300 Mangels einer gesetzlichen Begriffsbestimmung der *faute de gestion* liegt die Beurteilung des Vorliegens eines Geschäftsführungsfehlers im alleinigen Ermessen des Gerichts, das dabei unter Würdigung der Umstände des jeweiligen **Einzelfalls** zu entscheiden hat.[597] Nach der französischen Rechtsprechung ist der Begriff der *faute de gestion* **weit auszulegen**, so dass jedenfalls dann eine *faute de gestion* gegeben ist, wenn ein aktives Tun oder Unterlassen in zumindest **leicht fahrlässiger Weise** nicht den Anforderungen einer für die Geschäftsführung üblichen Sorgfalt entspricht oder den Interessen der Gesellschaft zuwiderläuft.[598] Das französische Recht statuiert damit einen objektivierten Verhaltensmaßstab.[599] Grundsätzlich kann damit die Haftung des Geschäftsführers für jeglichen Geschäftsführungsfehler ausgelöst werden, gleich wie schwer das Verschulden im Einzelfall wiegt. Eine gewisse Relativierung dieser strengen Haftung wird durch Art. 1992 S. 2 C. civ. in den Fällen erreicht, in denen das Amt des Geschäftsführers unentgeltlich ausgeübt wird.[600] So ist gem. Art. 1992 S. 2 C. civ. das Verschulden des Auftragnehmers (*mandataire*) weniger streng zu beurteilen, wenn er den Auftrag unentgeltlich ausführt, als wenn er ihn entgeltlich ausführt.[601] Diese Norm wirkt sich indes lediglich bei der Beurteilung des Verschuldens, nicht hingegen bei der Bemessung der Schadenshöhe aus.[602]

301 Aus der umfangreichen Kasuistik zur *faute de gestion* können als **Beispiele** für haftungsbegründende Geschäftsführungsfehler insbesondere angeführt werden:[603]

- Nichtabschluss einer Haftpflichtversicherung für die Benutzung des Firmenfahrzeugs;[604]
- fehlende Beaufsichtigung des mit Finanzangelegenheiten betrauten Mitgeschäftsführers;[605]
- Bewilligung leichtfertiger Darlehen durch den Geschäftsführer einer Bank;[606]
- unterbliebene Benachrichtigung der Gesellschafterversammlung über die Verwechselungsgefahr mit der Firma einer anderen Gesellschaft;[607]

593 *Brun ua*, Le Lamy, Droit de la responsabilité, 2012, Rn. 483-15.
594 *Becker* GmbHR 2003, 162, 163.
595 Art. L. 223-18 C. com. bei der SARL und Art. L. 225-35 C. com. bei der SA; *Brun/Pierre/Chamourad-El Bakkali*, Le Lamy, Droit de la responsabilité, 2012, Rn. 483-17.
596 Cass. com. 10.3.1976, Nr. 74-14.680, JCP G, 1977, Kommentar Nr. 18566 von *Chartier*; CA Paris 4.2.2000, Nr. 1998/16213.
597 *Lefebvre*, Documentation experte, Documentation pratique Affaires, Série Dirigeants, 2018, Division VI, Rn. 14005.
598 *Becker* GmbHR 2003, 162, 163; *Lefebvre*, Documentation experte, Documentation pratique Affaires, Série Dirigeants, 2018, Division VI, Rn. 14005; Cass. com. 2.5.1984, Nr. 82-15.597; *Mestre/Velardocchio/Mestre-Chami*, Le Lamy Sociétés commerciales, 2017, Rn. 3130.
599 *Christ*, Englische Private Limited und französische Société à Responsabilité Limitée, 2008, S. 186.
600 *Brun/Pierre/Labasse*, Le Lamy Droit de la responsabilité, 2012, Rn. 483-29.
601 *Arlt* in: Kalss (Hrsg.), Vorstandshaftung in 15 europäischen Ländern, 2005, Frankreich, S. 469, 484.
602 Cass. civ. 19.3.1996, Nr. 94-14.934.
603 Dazu siehe auch allgemein *Lefebvre*, Mémento Sociétés commerciales, 2018, Rn. 13952 ff. mit weiteren Nachweisen.
604 TC Seine 8.1.1952, Recueil Dalloz 1952, 192, 192.
605 Cass. com. 9.12.1957, Bull. Civ. 1957, 290, 290 f.; zur Überwachungspflicht von Mitgeschäftsführern siehe auch Cass. com. 11.10.1971, Nr. 69-13.694.
606 CA Paris 4.3.1994, Revue des Sociétés 1994, 336, 336, Anm. *Y. Guyon*.
607 CA Paris 21.3.1984, BRDA 11 (1984) 9, 9.

- der Abschluss von Verträgen, die für die Gesellschaft eindeutig nachteilig sind;[608]
- Bezug unverhältnismäßiger Vergütungen durch den Geschäftsführer;[609]
- unterlassene Erneuerung einer Marke und[610]
- unsichere Investitionen, deren Rentabilität nicht feststand, ohne zuvor eine seriöse Prüfung vorgenommen zu haben.[611]

Auch wenn der Geschäftsführer durchaus schon bei leichter Fahrlässigkeit haften kann, ist das Risiko der Haftung des Geschäftsführers an dieser Stelle zu relativieren: Zum einen führt die Erzielung **schlechter Ergebnisse** isoliert noch **nicht** zu einer Haftung. Lediglich wenn die schlechten Ergebnisse auf ein Desinteresse des Geschäftsführers für die Belange der Gesellschaft zurückzuführen sind, kann dies eine Haftung begründen.[612] So kann auch der Umstand, den gewünschten Umsatz nicht zu erzielen, allein noch nicht zu einer Haftung führen.[613] Die Verursachung eines Verlustes wurde ebenfalls nicht als Verschulden angesehen, sofern die durch das Unternehmen praktizierten Margen nicht unter den im Markt üblichen Margen lagen.[614] Eine kritikwürdige Geschäfts- oder Finanzpolitik führt nur dann zu einer Haftung des Geschäftsführers, wenn sie zum Zeitpunkt ihrer Durchführung dem Gesellschaftsinteresse zuwiderlief.[615] So wurde beispielsweise entschieden, dass die Beibehaltung unterschiedlicher aber defizitärer Geschäftsfelder nicht zu einer Haftung führt, wenn diese Entscheidung eine strategische war, deren Umsetzung nicht offensichtlich unglücklich war und auch dem Gesellschaftsinteresse nicht zuwiderlief.[616] 302

Zum anderen stellt sich die Frage der Haftung des Geschäftsführers in der Praxis primär in Fällen der **Insolvenz** oder zumindest in **Krisenzeiten.** Während des laufenden Geschäftsbetriebs ist das Haftungsrisiko demgegenüber geringer. Wie noch weiter unten zu sehen sein wird (Rn. 305 ff.), statuiert Art. L. 651-2 C. com. einen weiteren Haftungstatbestand des Geschäftsführers im Rahmen eines gerichtlich angeordneten Liquidationsverfahrens, der ebenfalls Geschäftsführungsfehler sanktioniert. Kann dem Geschäftsführer ein Fehler in der Geschäftsleitung vorgeworfen werden, ist dieser zum Ersatz des durch diesen Fehler kausal verursachten Schadens verpflichtet. 303

(4) Geltendmachung von Haftungsansprüchen durch Dritte

Die persönliche Inanspruchnahme des Geschäftsführers auf Schadensersatz durch einen **gesellschaftsfremden Dritten** stellt in der Praxis – jedenfalls außerhalb eines Insolvenzverfahrens – eher die **Ausnahme** dar. Im Regelfall machen Dritte ihre Ansprüche nicht unmittelbar gegen den Geschäftsführer geltend, sondern gehen vielmehr gegen die von dem Geschäftsführer vertretene Gesellschaft vor.[617] Erschwert wird die Inanspruchnahme des Geschäftsführers durch Dritte vor allem dadurch, dass die französischen Gerichte in ständiger Rechtsprechung fordern, dass sich das dem Geschäftsführer vorzuwerfende schadensursächliche Verhalten von der gewöhnlichen Ausübung seiner Amtsfunktionen trennen lässt (*faute détachable des fonctions*).[618] Dies sei dann zu bejahen, wenn „ein vorsätzliches Verhalten von **besonderer Schwere** gegeben sei, das mit der normalen Ausübung der Geschäftsführerfunktion unvereinbar sei".[619] Dies reduziert das Risiko einer Haftung gegenüber Ex- 304

608 CA Aix-en-Provence 22.5.2014, Nr. RG 12/15858.

609 CA Bordeaux 23.4.2007, Nr. 05-04032; Cass. com. 31.5.2016, Nr. 14-24.779; CA Rennes 13.12.1995, Droit des sociétés10 (1996) 13, 13, Anm. *Chaput*.

610 *Brun/Pierre/Labasse*, Lamy Droit de la responsabilité, 2012, Rn. 483-19 unter Verweis auf CA Libourne 14.12.1978.

611 Cass. com. 19.2.2002, Nr. 99-14.906; CA Lyon 3e ch. civ., 12.9.2002, Droit des sociétés 1 (2004) 19, 19 f.; eine Haftung wurde demgegenüber vom Kassationshof in einem Fall verneint, in dem der Geschäftsführer sich zuvor von einer Beratungsgesellschaft eine Machbarkeitsstudie hat anfertigen lassen, vgl. Cass. com. 29.10.2002, Nr. 99-13.882.

612 *Lefebvre*, Mémento Sociétés commerciales, 2018, Rn. 13956, unter Verweis auf Cass. com. 5.6.1961.

613 *Lefebvre*, Mémento Sociétés commerciales, 2018, Rn. 13956, unter Verweis auf CA Paris 21.3.1984 (vgl. auch zu einem anderen Aspekt des Urteils Fn. 613).

614 CA Paris 22.6.2001, Nr. 00-21.262.

615 *Lefebvre*, Mémento Sociétés commerciales, 2018, Rn. 13957.

616 Cass. com. 21.9.2004, Nr. 02-17.559.

617 *Cozian/Viandier/Deboissy*, Droit des sociétés, 2016, Rn. 832 iVm 367; *De Vries* RIW 2014, 105, 106.

618 Cass. com. 3.7.2001, Nr. 99-17.092, BJS 12 (2001) 1258, 1263 f., Anm. *Messai*; *Merle/Fauchon*, Sociétés commerciales, 2016, Rn. 236; *Lefebvre*, Mémento Sociétés commerciales, 2018, Rn. 31641; *Cozian/Viandier/Deboissy*, Droit des sociétés, 2016, Rn. 369; ausführlich zum Verschulden: *De Vries* RIW 2014, 105, 105 ff.

619 Übersetzung der Verfasser; Cass. com. 20.5.2003, Nr. 99-17.092, BJS 7 (2003) 786, 786 ff., Anm. *Le Nabasque*; *Merle/Fauchon*, Sociétés commerciales, 2016, Rn. 236; *Cozian/Viandier/Deboissy*, Droit des sociétés, 2016, Rn. 371; die Position der Rechtsprechung wird in der Literatur zum Teil scharf kritisiert, siehe hierzu *De Vries* RIW 2014, 105, 109 ff.; *Arlt* in: Kalss (Hrsg.), Vorstandshaftung in 15 europäischen Ländern, 2005, Frankreich, S. 469, 496 ff.

ternen für den Geschäftsführer stark. Beispiele für ein von der üblichen Geschäftsführung zu trennendes schuldhaftes Verhalten sind:[620]

- Die vorsätzliche Täuschung eines Lieferanten betreffend die Bonität der Gesellschaft;[621]
- im Namen der Gesellschaft erfolgte Einleitung von Widerspruchsverfahren gegen Bauprojekte, obwohl dies weder im Rahmen des Gesellschaftsgegenstands noch im Interesse der Gesellschaft ist;[622]
- Weigerung des Geschäftsführers einer Diskothek, eine Angelegenheit zu nicht gezahlten Abgaben mit der SACEM (ähnlich der deutschen GEMA) zu regeln;[623]
- unterlassene Zahlung der Kfz-Versicherungsprämie für ein Fahrzeug der Gesellschaft, das der Geschäftsführer einem Arbeitnehmer zur Nutzung überlässt, ohne diesen zu informieren sowie[624]
- unterlassene Forderungsanmeldung durch einen Geschäftsführer, der sowohl Geschäftsführer der Mutter- als auch der Tochtergesellschaft ist und die Forderung Letzterer gegen die Muttergesellschaft hätte anmelden müssen.[625]

(5) Haftung der Geschäftsleitung im Rahmen eines Liquidationsverfahrens

305 Im Rahmen eines gesetzlich angeordneten Liquidationsverfahrens einer Kapitalgesellschaft kann das Gericht bei Vorliegen einer **finanziellen Unterdeckung** (*insuffisance d'actif*)[626] gem. Art. L. 651-2 C. com. die (rechtliche oder faktische) Geschäftsleitung[627] dazu verurteilen, die Fehlbeträge ganz oder teilweise zu übernehmen (*responsabilité pour insuffisance d'actif*), sofern ein Geschäftsführungsfehler (*faute de gestion*) nachgewiesen wird, der mitursächlich für die Unterdeckung war.[628] Anders als bei der Haftung wegen des Geschäftsführungsfehlers im allgemeinen Handelsrecht (Art. L. 223-22 I C. com.) beschränkt sich die Haftung hier nicht auf den kausal durch den Geschäftsführungsfehler verusachten Schaden, sondern kann weit darüber hinausgehen. Die Höhe der Ausfallhaftung ist aber auf die Überschuldung der Masse, dh die Differenz zwischen Aktiva und Passiva des Schuldnerunternehmens begrenzt.[629] Die tatsächliche Festsetzung des Umfangs der Ausfallhaftung unterliegt ausschließlich dem **Beurteilungs-** und **Entscheidungsermessen** des Insolvenzgerichts.[630]

306 Es bestehen grundsätzlich **zwei Voraussetzungen**, die kumulativ für die Bejahung einer entsprechenden Haftung erfüllt sein müssen:

a) **Unzureichende Aktiva** und
b) **Verschulden** des Geschäftsführers, das zu diesem Fehlbetrag geführt hat.

Zwischen a) und b) muss durch den Kläger ein Kausalzusammenhang nachgewiesen werden.[631] Im Gegensatz zur Beurteilung der Zahlungseinstellung als Insolvenzeröffnungsgrund (*cessation de paiements*) (vgl. hierzu Rn. 451 ff.) werden die Aktiva bei der Beurteilung der **unzureichenden Aktiva** erheblich weiter gefasst, da hier das gesamte Betriebsvermögen in Betracht gezogen wird, nicht nur das liquide verfügbare Vermögen.[632] Diese unzureichenden Aktiva müssen ferner durch ein **Verschulden in der Geschäftsführung** verursacht worden sein. Dieses schädigende Verhalten muss zeitlich vor dem Eröffnungsbeschluss erfolgt sein. Es ist erforderlich, aber auch ausreichend, dass es nachweislich zur Unzulänglichkeit der Aktiva beigetragen hat. Die Frage des Verschuldens hängt jeweils vom **Einzelfall** ab und ist Gegenstand einer umfangreichen Kasuistik.[633] Zwar können bereits unternehmerische Fehlentscheidungen eine Haftung begründen, allerdings ist darauf hinzuweisen, dass im Regelfall nur gravierende Fehler zu einer Haftung geführt haben, bei denen das Verschulden des Geschäfts-

620 Vgl. hierzu auch *Lefebvre*, Mémento Sociétés commerciales, 2018, Rn. 14310.
621 Cass. com. 20.5.2003, BJS 7 (2003) 786, 787, Anm. *Le Nabasque*.
622 Cass. com. 10.11.2015, Nr. 14-18.179.
623 Cass. civ. 16.11.2004, Nr. 02-21.615.
624 Cass. com. 4.7.2006 Nr. 05-13.930.
625 Cass. com. 27.5.2014, Nr. 12-28.657.
626 Die finanzielle Unterdeckung (*insuffisance d'actif*) muss dargelegt und bewiesen werden, vgl. Cass. com. 27.6.2006, Nr. 05-14.271; Cass. com. 28.3.2000, Nr. 97-11.533; Cass. com. 28.5.2002, Nr. 98-20.333.
627 Bei einer SARL französischen Rechts ist der Geschäftsführer (*gérant*) der rechtliche Geschäftsleiter.
628 *De Vries* RIW 2014, 105, 111.
629 *Lefebvre*, Mémento Sociétés commerciales, 2018, Rn. 31670 iVm Rn. 91541; *Storck* in: JurisClasseur, Sociétés Traité, 2017, Fasc. 74-20, Rn. 58.
630 Cass. com. 17.7.2001, Nr. 98-12.780; *Brun/Pierre/Labasse*, Le Lamy Droit de la responsabilité, 2016, Rn. 486-85.
631 Cass. com. 28.5.1991, Nr. 89-21.116, Revue des Sociétés 1992, 373, 375, Anm. *Honorat; Merle/Fauchon*, Sociétés commerciales, 2016, Rn. 238; *Cozian/Viandier/Deboissy*, Droit des sociétés, 2016, Rn. 395.
632 *Vallens/Ledoux ua*, Le Lamy Droit Commercial, 2017, Rn. 4586.
633 *De Vries* RIW 2014, 105, 111 spricht zutreffend von einem „sehr großen Ermessenspielraum für den Insolvenzrichter", der zwar eine Einzelfallgerechtigkeit ermögliche, aber auch die „Gefahr von willkürlichen Urteilen" berge.

leiters offensichtlich gegeben war. So kann das Gericht nicht schon aus der Höhe der Unterdeckung auf ein Verschulden des Geschäftsführers schließen, es muss dieses auch konkret bestimmen können.[634]

Ein die Haftung des Geschäftsführers im Liquidationsverfahren begründender Geschäftsführungsfehler wurde etwa in folgenden Konstellationen bejaht: 307

- Die Fortführung der Geschäftstätigkeit einer hoffnungslos überschuldeten Gesellschaft;[635]
- Weiterführung eines defizitären Geschäfts, wodurch das Eigenkapital aufgebraucht wurde;[636]
- Nichtbeantragung eines Insolvenzverfahrens zur missbräuchlichen Weiterführung des Geschäfts im Eigeninteresse des Geschäftsführers;[637]
- „um mehrere Monate" verspätete Beantragung eines Insolvenzverfahrens;[638]
- Unterlassen einer Restrukturierung, obwohl das Unternehmen ständig steigende Finanzkosten verzeichnet hatte;[639]
- Bestellungen, von denen der Geschäftsführer wusste, dass die Gesellschaft die eingegangenen Verbindlichkeiten nicht würde bedienen können;[640]
- Zahlung eines nicht rückzahlbaren Vorschusses an eine Gesellschaft, in der der Geschäftsführer ein Interesse hatte;[641]
- „ungeeignete oder exzessive Investitionen";[642]
- Bestellung von Sicherheiten zugunsten von Tochtergesellschaften ohne Berücksichtigung der eigenen Leistungsfähigkeit;[643]
- „privilegierte Rückzahlung eines Gesellschafterdarlehens zulasten" der anderen Gläubiger;[644]
- Unterlassen einer Wiederherstellung des Eigenkapitals innerhalb der gesetzlichen Frist von zwei Jahren und Unterlassen einer Einberufung der Gesellschafterversammlung zu diesem Zweck und[645]
- Abwerben von Kunden und Übertragung von Aktiva auf eine Gesellschaft, an der der Geschäftsführer Anteile hielt.[646]

Das sog zweite Sapin-Gesetz (»*Loi Sapin II*«) vom 9. Dezember 2016[647] legt nunmehr fest, dass eine **einfache Fahrlässigkeit** (*simple négligence*) eines Geschäftsführers bei der Führung der Gesellschaft nicht mehr als ein die Haftung auslösender Geschäftsführungsfehler im Sinne des Art. L. 651-2 C. com. zu betrachten ist, Art. L. 651-2 C. com. aE Diese neue Regelung gilt für alle ab dem 11. Dezember 2016 begangenen Geschäftsführungsfehler und dürfte dazu führen, dass Geschäftsführer in Zukunft besser vor einer Haftung für die Unterdeckung im Falle einer Liquidation geschützt sind, wenngleich vieles von der Auslegung des Tatbestandsmerkmals „einfache Fahrlässigkeit" durch die Gerichte abhängen wird. 308

Im Rahmen von Insolvenzverfahren **drohen Insolvenzverwalter** sehr häufig mit diesem Haftungstatbestand, insbesondere im Rahmen der ersten Phase des Insolvenzverfahrens (sog *période d'observation*), während derer kurzfristig neue Barmittel benötigt werden. Durch die Drohung mit einer persönlichen Haftung soll der Geschäftsführer und die häufig hinter ihm stehende Muttergesellschaft dazu veranlasst werden, neue Barmittel zur Verfügung zu stellen. 309

Es ist für die Haftung unerheblich, ob die Tätigkeit in der Geschäftsleitung **entgeltlich oder unentgeltlich** ausgeübt wird.[648] **Antragsberechtigt** ist der Liquidator oder die Staatsanwaltschaft (Art. L. 651-3 I C. com.) sowie bei Untätigkeit des Liquidators trotz Mahnung (*mise en demeure*) – und sofern vorhanden – die Prüfer (*con-* 310

634 Cass. com. 19.1.1993, Nr. 91-12.365.

635 Cass. com. 27.4.1993, Nr. 91-14.204; Cass. com. 8.12.1998, Nr. 96-16.339; Cass. com. 14.1.2004, Droit des sociétés 10 (2004) 17, 17, Anm. *Legros*.

636 Cass. com. 6.6.1995, Nr. 93-10.034; Cass. com. 8.12.1998, Nr. 94-22.055.

637 Cass. com. 8.12.1998, Nr. 96-16.339.

638 Cass. com. 14.1.1997, Nr. 94-18.492; Cass. com. 24.11.1998, Nr. 94-14.755; Nach Art. L. 631-4 C. com. muss der Geschäftsführer die Eröffnung des Insolvenzverfahrens innerhalb einer Frist von 45 Tagen nach Feststellung der Zahlungsunfähigkeit beantragen, sofern er nicht ein Vergleichsverfahren (*procédure de conciliation*) innerhalb derselben Frist beantragt hat.

639 Cass. com. 11.7.1995, Nr. 93-14.213.

640 TGI Strasbourg 15.1.1991 (*Firestone c/Fauth*), Revue des sociétés 1991, 605, 605.

641 Cass. com. 9.1.1996, Nr. 94-10.225.

642 Cass. com. 19.3.1996, Nr. 94-12.004.

643 Cass. com. 14.5.2002, Nr. 00-16.326.

644 CA Paris 5.7.1996 (*Sté Vestra Groupe c/Josse*), Nr. 95/20650.

645 Cass. com. 10.7.2001, Nr. 98-12.822.

646 CA Grenoble 24.5.1995 (*Pelligini c/Guyot*), Nr. 94/0914.

647 Gesetz Nr. 2016-1691 vom 9. Dezember 2016 zur Transparenz, zur Bekämpfung der Korruption und zur Modernisierung der Wirtschaft (*Loi Sapin II*) (Übersetzung der Verfasser, Originaltitel: *Loi n° 2016-1691 du 9 décembre 2016 relative à la transparence, à la lutte contre la corruption et à la modernisation de la vie économique*).

648 Cass. com. 5.5.2015, Nr. 14-13.300.

trôleurs).[649] Der Schadensersatzanspruch **verjährt** innerhalb von drei Jahren nach Verkündung des Gerichtsbeschlusses, durch den die Liquidation angeordnet wird (Art. L. 651-2 III C. com.).

311 Nach der Rechtsprechung des französischen Kassationshofes (*cour de cassation*) sind die französischen Gerichte auch dann für Haftungsklagen zuständig, wenn der **Geschäftsleiter** seinen **Wohnsitz im Ausland** hat.[650] Die Niederlegung, Abberufung oder sonstige Beendigung des Amtes vor Verkündung des Urteils, das das Insolvenzverfahren eröffnet, hat auf die Haftung des Geschäftsführers keine Auswirkungen. Da es sich um eine Haftung für persönliches Verschulden handelt, ist ausschließlich die Frage maßgeblich, wann der Fehler in der Geschäftsführung begangen wurde. Der Geschäftsführer kann damit auch dann für seine Geschäftsführungsfehler belangt werden, wenn er aus der Gesellschaft ausgeschieden ist, sofern dieser Fehler während seiner Amtszeit erfolgt ist und zur Unterdeckung beigetragen hat.[651]

bb) Strafrechtliche Haftung des Geschäftsführers

312 Für die von ihm vorgenommenen Handlungen oder Unterlassungen kann der Geschäftsführer auch in strafrechtlicher Hinsicht zur Verantwortung gezogen werden.[652] Dies gilt zunächst für die von ihm persönlich begangenen Straftaten des allgemeinen Strafrechts, wie zB **Veruntreuung, Betrug** oder auch **Urkundenfälschung.**[653] Insoweit handelt es sich aber um allgemeine (auch auf den Geschäftsführer anwendbare) Straftatbestände, die nicht der spezifischen Geschäftsführerhaftung zuzuordnen sind.

313 Den eigentlichen Schwerpunkt der strafrechtlichen Geschäftsführerhaftung bilden vielmehr zahlreiche **Straftatbestände,** insbesondere **im Gesellschafts- und Arbeitsrecht** sowie im **Handels-** und **Wettbewerbsrecht,** die entweder auf eine persönliche Tatbegehung im Rahmen der Geschäftsführerfunktion zugeschnitten sind oder für die der Geschäftsführer allein aufgrund seiner Stellung als für den ordnungsgemäßen Geschäftsablauf verantwortlicher Unternehmensleiter strafrechtlich haftet. Bevor im Folgenden näher auf die einzelnen Straftatbestände eingegangen wird, soll an dieser Stelle kurz das französische System der Strafsanktionen erklärt werden, da es sich vom deutschen System in einigen wichtigen Punkten unterscheidet.

(1) Exkurs: Französisches System der Strafsanktionen

314 Das französische Recht unterscheidet – wie das deutsche auch – zwischen ***contravention*** (Ordnungswidrigkeit), ***délit*** (Vergehen) und ***crime*** (Verbrechen). Bei Geldzahlungssanktionen differenziert das französische Recht nicht wie in Deutschland zwischen Geldbußen für Ordnungswidrigkeiten und Geldstrafen bei Straftaten. Der französische Begriff „***amende***" erfasst vielmehr sowohl Geldbußen als auch Geldstrafen.[654]

315 **Ordnungswidrigkeiten** sind in Art. 131-13 *Code pénal* (französisches Strafgesetzbuch)[655] definiert als Gesetzesverstöße, bei denen das Gesetz eine Geldstrafe anordnet, die 3.000 EUR nicht übersteigt. Die Ordnungswidrigkeiten unterteilen sich in fünf Klassen. Eine Ordnungswidrigkeit erster Klasse (*contravention de la* $1^{\text{ère}}$ *classe*)[656] wird mit einer Geldstrafe von 38 EUR bestraft. Für eine Ordnungswidrigkeit der fünften Klasse (*contravention de la* $5^{\text{ème}}$ *classe*) können bis zu 1.500 EUR verhängt werden, im Wiederholungsfall bis zu 3.000 EUR (Art. 131-13 C. pén.).

316 Gemäß Art. 381 II des *Code de la procédure pénale* (französische Strafprozessordnung)[657] liegt ein **Vergehen** (***délit***) vor, wenn das Gesetz eine Haftstrafe[658] oder eine Geldstrafe von mindestens 3.750 EUR vorsieht. Nach

---

649 Ähnlich den deutschen Gläubigerausschüssen.

650 Cass. com. 5.5.2004, Nr. 01-02.041, Bull. Civ. 2004, IV, Nr. 82; JCP E 36 (2004) 1350, 1350 f., Anm. *Reifegerste.* Im Falle des angeführten Urteils begründete der Kassationshof die Zuständigkeit des französischen Gerichts damit, dass die Haftungsklage und das Insolvenzverfahren in Anbetracht der Bestimmungen des Art. L. 624-3 C. com. untrennbar miteinander verbunden seien und infolgedessen für die Haftungsklage dasselbe Gericht zuständig sei, das auch das Insolvenzverfahren eröffnet hat.

651 Cass. com. 7.3.2006, Nr. 04-16.404; Cass. com. 14.10.2008, Nr. 07-19.000; *Vallens/Ledoux ua,* Le Lamy Droit Commercial, 2017, Rn. 4546.

652 Zu den einzelnen Straftatbeständen siehe *Le Cannu/Dondero,* Droit des sociétés, 2015, Rn. 1376; *Cozian/Viandier/Deboissy,* Droit des sociétés, 2016, Rn. 1345 iVm Rn. 842 ff.; *Merle/Fauchon,* Sociétés commerciales, 2016, Rn. 240; *Lefebvre,* Mémento Sociétés commerciales, 2018, Rn. 31730.

653 *Cozian/Viandier/Deboissy,* Droit des sociétés, 2016, Rn. 1345 iVm Rn. 842 ff.; *Merle/Fauchon,* Sociétés commerciales, 2016, Rn. 240; *Lefebvre,* Mémento Sociétés commerciales, 2018, Rn. 31730; *Germain/Magnier,* Les sociétés commerciales, 2014, Rn. 1840; *Moulin,* Droit des sociétés et des groupes, 2016-2017, S. 117.

654 Im Folgenden wird der Begriff „*amende*" einheitlich mit „Geldstrafe" übersetzt.

655 Im Folgenden mit C. pén. abgekürzt.

656 Übersetzung der Verfasser.

657 Übersetzung der Verfasser.

658 Die angedrohte Haftstrafe bei Vergehen muss geringer als zehn Jahre sein, da sonst ein Verbrechen nach Art. 131-1 I C. pén. vorliegt.

Art. 131-1 C. pén. liegt ein **Verbrechen** (*crime*) vor, wenn der Tatbestand mit einer Höchststrafe von mindestens zehn Jahren Gefängnis sanktioniert ist.[659]

Die für Geschäftsführer relevantesten Straftatbestände sind in aller Regel **Ordnungswidrigkeiten** (*contraventions*), bei denen das Strafmaß vergleichsweise gering ist, so dass auch das strafrechtliche Risiko des Geschäftsführers in Frankreich in aller Regel zu vernachlässigen ist. Wie noch sogleich (s. Rn. 320) zu sehen sein wird, gibt es im französischen Strafrecht aber auch Tatbestände, bei denen dem Geschäftsführer zum Teil ganz empfindliche Geldstrafen drohen. Zudem ist darauf hinzuweisen, dass nach Art. L. 4741-1 I und III C. trav. die Geldstrafe von 10.000 EUR[660] für den Fall eines Verstoßes gegen arbeitsrechtliche Vorschriften zur Arbeitssicherheit mit der Anzahl der betroffenen Arbeitnehmer multipliziert werden kann, was zu ebenfalls drastisch hohen Strafen führen kann. 317

Anders als in Deutschland kennt man in Frankreich ein **Unternehmensstrafrecht**, dh nicht nur natürliche Personen können sich strafbar machen, sondern auch **juristische Personen**. Da für juristische Personen eine Haftstrafe denklogisch ausgeschlossen ist, regelt Art. 131-38 C. pén. die Sanktionen wie folgt: 318

Der Höchstsatz der auf juristische Personen anzuwendenden Geldstrafe entspricht dem Fünffachen des Satzes, der in dem Gesetz, das die Tat unter Strafe stellt, für natürliche Personen vorgesehen ist.

Bei Verbrechen, für welche keine Geldstrafe für die natürlichen Personen vorgesehen ist, beträgt die den juristischen Personen auferlegte ***Geldstrafe 1.000.000 Euro.***[661]

Die Einführung des Unternehmensstrafrechts in Frankreich und ein ministerielles Rundschreiben an alle Staatsanwaltschaften[662] mit der Anweisung, bei Vorliegen von Fahrlässigkeit vorrangig das **Unternehmen** selbst und nicht den Geschäftsführer persönlich zu verfolgen, haben dazu geführt, dass Geschäftsführer in Frankreich trotz der Vielzahl von Straftatbeständen **eher selten** angeklagt werden. Demgegenüber wird das Strafrecht in Zeiten einer Krise des Unternehmens häufiger dazu genutzt, um Druck auf den Geschäftsführer aufzubauen: So drohen **Insolvenzverwalter** und andere Verfahrensbeteiligte im Rahmen eines Insolvenzverfahrens gerne mit strafrechtlichen Sanktionen oder mit insolvenzrechtlichen Haftungstatbeständen, um den Geschäftsführer und die ggf. hinter ihm stehende Gesellschafterin zu veranlassen, neue Liquidität bereitzustellen. Im Rahmen von Restrukturierungsmaßnahmen (vornehmlich Sozialpläne) drohen **Betriebsrat** und **Personal** auch häufiger mit Strafanzeigen wegen der Verletzung der Rechte des Betriebsrats (sog *délit d'entrave*), auch hier um letztlich die eigene Verhandlungsposition zu verbessern.[663] Im Folgenden sollen einige der wesentlichsten Straftatbestände kurz dargestellt werden. 319

(2) Veruntreuung von Gesellschaftsvermögen (abus de biens sociaux)

Der Straftatbestand des *abus de biens sociaux* (Veruntreuung von Gesellschaftsvermögen) ist in der französischen Praxis wohl der **relevanteste Straftatbestand** der Geschäftsführerhaftung.[664] Danach macht sich derjenige Geschäftsführer strafbar, der „zur Verfolgung von persönlichen Zwecken oder um eine Gesellschaft zu bevorteilen, an der er mittelbar oder unmittelbar beteiligt ist, Gesellschaftsvermögen in einer Weise verwendet, die gegen das Gesellschaftsinteresse verstößt"[665] (Art. L. 241-3 I Nr. 4 C. com.). Das Strafmaß beträgt nach Art. L. 241-3 I C. com. bis zu fünf Jahre Haft und 375.000 EUR Geldstrafe und kann nach Abs. III bis zu sieben Jahren Haft und 500.000 EUR Geldstrafe betragen, wenn die Tat mittels ausländischer Konten oder Verträgen mit ausländischen Organisationen oder durch Einschaltung von Mittelsmännern im Ausland begangen oder erleichtert wurde. 320

Gegen das Gesellschaftsinteresse verstoßen Leistungen der Gesellschaft, die **ohne äquivalente wirtschaftliche Gegenleistungen** erfolgen, oder auch das Eingehen von Rechtsgeschäften, die für die Gesellschaft angesichts der wirtschaftlichen Gegebenheiten ein unangemessenes Risiko beinhalten.[666] 321

In einer Entscheidung vom 4. Februar 1985 hatte der französische Kassationshof eine Konzern-Cashpooling-Vereinbarung im Hinblick auf Art. L. 241-3 IV C. com. geprüft. In dieser berühmten ***Rozenblum*-Entscheidung** 322

659 In Art. 131-1 I C. pén. ist von Mindeststrafe die Rede. Das Gericht kann jedoch gemäß Art. 132-18 II. C. pén. eine geringere Haftstrafe anordnen, die allerdings nicht kürzer als ein Jahr sein darf.

660 Im Wiederholungsfall droht nach Art. L. 4741-1 II C. trav. eine Geldstrafe von 30.000 EUR.

661 Übersetzung der Verfasser.

662 Circ. Minis. Nr. 06-3/E8/ vom 13.2.2006, NOR: JUSDO630016C; *Mestre/Velardocchio/Mestre-Chami*, Le Lamy Sociétés commerciales, 2017, Rn. 570.

663 Zu verschiedenen Taktiken im unternehmerischen Bereich, die auf Drohungen beruhen siehe *Jung/Krebs*, Die Vertragsverhandlung, 2016, Themenliste: Druck und Drohungen.

664 Das französische Recht kennt Untreue sowohl als allgemeinen Straftatbestand (zB *abus de confiance*, Art. 314-1 Code pénal) als auch als besonderen Straftatbestand bei Veruntreuung von Gesellschaftsvermögen gegen das Interesse der Gesellschaft im Eigeninteresse (*abus de biens sociaux*, Art. L. 241-3 I Nr. 4 C. com.).

665 Übersetzung der Verfasser; vgl. dazu auch *Cozian/Viandier/Deboissy*, Droit des sociétés, 2016, Rn. 843; *Merle/Fauchon*, Sociétés commerciales, 2016, Rn. 240 iVm Rn. 469.

666 Cass. crim. 8.12.1971, Revue des Sociétés 1972, 514, 517 f., Anm. *Bouloc*.

hat das höchste französische Gericht entschieden, dass Cash-Pooling-Vereinbarungen innerhalb einer Unternehmensgruppe dann nicht den Straftatbestand der Veruntreuung von Gesellschaftsvermögen erfüllten, wenn die folgenden Bedingungen erfüllt sind:[667]

- Die Leistung muss auf Veranlassung des zuständigen Organs von einer Gesellschaft an eine Gesellschaft derselben Unternehmensgruppe veranlasst worden sein,
- die Parteien der Cash-Pooling-Vereinbarung müssen eine **ausreichende Gegenleistung** (marktüblicher Zins) für die Zurverfügungstellung der Liquidität vereinbart haben und das Gleichgewicht der Verpflichtungen darf nicht gestört sein,
- die Konstruktion muss dem **Gruppeninteresse** dienen,
- es muss eine entprechende Unternehmenspolitik für die Gruppe bestehen und
- die abführende Gesellschaft muss in der Lage sein, den jeweiligen **Liquiditätsverlust** zu verkraften, dh sie darf nicht überfordert werden.

323 Auf europäischer Ebene werden seit längerem Überlegungen zum Konzerninteresse angestellt.[668] In diesem Zusammenhang wurde schon oft erörtert, ob die *Rozenblum*-Formel als Vorbild dienen könnte.[669] Die Kommission kündigte in ihrem Aktionsplan zum Europäischen Gesellschaftsrecht und Corporate Governance vom 12. Dezember 2012 (COM(2012) 740/2) eine „bessere Anerkennung des Begriffs „Gruppeninteresse“[670] an. Zuletzt wurde diese Frage auch im Rahmen der SUP (Societas Unius Personae, s. dazu § 9) diskutiert.[671] Vgl. zu der Thematik auch § 35 Rn. 21 f.

(3) Bestechung/Bestechlichkeit

324 Bis zum Jahre 2005 war der Privatsektor in Frankreich von der Strafbarkeit wegen Bestechung ausgenommen. Erst mit dem Gesetz Nr. 2005-750 vom 4. Juli 2005[672] wurde der **strafrechtliche Anwendungsbereich** der aktiven/passiven Bestechung (*corruption active et passive*) auch auf den Kreis von Personen, die keine öffentlichen Ämter oder Amtsfunktionen ausüben, ausgeweitet, indem mit den Art. 445-1 und 445-2 C. pén. entsprechende Straftatbestände in das französische Strafgesetzbuch aufgenommen worden sind.[673]

325 Wenngleich die Bestechung ein allgemeiner Straftatbestand ist, ist sie im Rahmen der Geschäftsführerhaftung insoweit erwähnenswert, als der **persönliche Anwendungsbereich**, der durch den Wortlaut der Art. 445-1 und 445-2 C. pén. definiert wird, insbesondere auch den Geschäftsführer umfasst. Denn strafbar ist gem. Art. 445-1 und 445-2 C. pén. die Bestechung und Bestechlichkeit von Personen, „die eine Führungsaufgabe oder eine Arbeitstätigkeit für eine natürliche Person oder eine Gesellschaft oder irgendeinen privatrechtlichen Organismus ausüb[en]“.[674] Der Tatbestand umfasst die **Zuwendung von Vorteilen**, die im geschäftlichen Verkehr als Gegenleistung angeboten, versprochen oder gewährt werden (oder die gefordert werden, die man sich versprechen lässt oder die angenommen werden), um die Vornahme oder das Unterlassen einer Handlung zu erreichen, die gegen **berufliche, gesetzliche** oder **vertragliche Pflichten** verstößt. Neben den klassischen Fällen

667 Cass. crim. 4.2.1985, Nr. 84-91.581; näher dazu: Recueil Dalloz 1985, 478, 478 ff., Anm. *Ohl*; Revue des Sociétés 1985, 648, 654 f., Anm. *Bouloc*; RTD com. 4 (1985) 827, 827, Anm. *Bouzat*; JCP G 1986, II, Anm. Nr. 20585 von *Jeandidier*. Zur *Rozenblum*-Entscheidung auch *Gräbener*, Der Schutz außenstehender Gesellschafter im deutschen und französischen Kapitalgesellschaftsrecht, 2010, S. 107 ff.

668 Siehe zu diesem Thema überblicksartig § 35.

669 *Forum Europaeum Konzernrecht* ZGR 1998, 672, 704 ff. (Vorschlag in Anlehnung an die *Rozenblum*-Formel) dazu statt vieler *Hopt* ZHR 171 (2007) 199, 222 ff.; *Habersack* NZG 2004, 1, 7 f.; *Schön* RabelsZ 64 (2000) 1, 22 ff.

670 Mitteilung der Kommission an das Europäische Parlament, den Rat, den Europäischen Wirtschafts- und Sozialausschuss und den Ausschuss der Regionen. Aktionsplan: Europäisches Gesellschaftsrecht und Corporate Governance – ein moderner Rechtsrahmen für engagiertere Aktionäre und besser überlebensfähige Unternehmen, 12. Dezember 2012, KOM(2012) 740, S. 117. Zum Aktionsplan ua *Hupka* GWR 2013, 59, 59 ff.; *Roesener* NZG 2013, 241, 241 ff.

671 In Bezug auf die SUP für Regelungen zum Gruppeninteresse *Hommelhoff* GmbHR 2014, 1065, 1071; *Teichmann/Fröhlich* MJ 2014, 536, 541.

672 Übersetzung der Verfasser. Im Original: *Loi n° 2005-750 du 4 juillet 2005 portant diverses dispositions d'adaptation au droit communautaire dans le domaine de la justice.*

673 *Jeandidier* in: Répertoire de droit pénal et de procédure pénale, 2017, Corruption et trafic d'influence, Rn. 305 f.; *Segonds* in: JurisClasseur, Pénal des affaires, 2017, Fasc. 30, Rn. 13 ff.; *Matsopuolou/Mascala/Reverdy,* Le Lamy Droit pénal des affaires, 2017, Rn. 968.

674 Übersetzung der Verfasser.

einer Vermögenszuwendung[675] könnten in Einzelfällen auch Einladungen zum Geschäftsessen oder andere Veranstaltungen oder aber Beschleunigungszahlungen[676] eine Strafbarkeit wegen Bestechung auslösen.[677]

Die Bestechung und Bestechlichkeit wird jeweils mit **bis zu fünf Jahren Haft** und einer **Geldstrafe bis zu 500.000 EUR** bestraft (Art. 445-1 und 445-2 C. pén.). Es sei in diesem Zusammenhang angemerkt, dass die Verwendung von Gesellschaftsvermögen zum Zwecke der Bestechung nach der Rechtsprechung des französischen Kassationshofes ebenfalls den Straftatbestand der Veruntreuung von Gesellschaftsvermögen (Rn. 320 ff.) erfüllt.[678] 326

(4) Vorlage/Veröffentlichung eines unrichtigen Jahresabschlusses

Nach Art. L. 241-3 I Nr. 3 C. com. macht sich der Geschäftsführer strafbar, wenn er „den Gesellschaftern einen Jahresabschluss vorlegt oder veröffentlicht, der das Ergebnis, die finanzielle Situation und die **Vermögenslage unzutreffend ausweist**, um somit die tatsächliche Situation der Gesellschaft zu verschleiern".[679] Es handelt sich hierbei also um ein Vorsatzdelikt. **Unrichtig** ist der Jahresabschluss (Bilanz, Gewinn- und Verlustrechnung nebst Anhang) dann, wenn er nicht nach den geltenden Grundsätzen der Buchführung erstellt worden ist und tatsächlich nicht existierende Posten enthält bzw. bestehende Posten nicht aufführt.[680] Als Strafmaß drohen fünf Jahre Haft und eine Geldstrafe von bis zu 375.000 EUR (Art. L. 241-3 I C. com.). 327

(5) Ausschüttung fiktiver Dividenden

Ferner macht sich die Geschäftsführung gem. Art. L. 241-3 I Nr. 2 C. com. strafbar, „wenn die Gesellschaft **fiktive Dividenden ausschüttet** oder sich die Dividendenansprüche aufgrund eines gefälschten Inventars ergeben".[681] Untersagt ist die in Kenntnis der tatsächlichen Situation durchgeführte Verteilung von Dividenden, die den ausschüttbaren Reingewinn (Jahresgewinn nach Abzug eventueller Verlust- und Gewinnvorträge und nach Bedienung gesetzlicher Rücklagen) überschreiten, so dass das Gesellschaftskapital in unzulässiger Weise angegriffen wird. Auch hier drohen fünf Jahre Haft und eine Geldstrafe von bis zu 375.000 EUR (Art. L. 241-3 I C. com.). 328

(6) Nichtbeachtung von Personalvertretungsrechten (délit d'entrave)

Auf dem Gebiet des **Arbeitsrechts** spielen vor allem die Beachtung der Schutzrechte der Personalvertretung und die Sicherung des ordnungsgemäßen Funktionsablaufs im Unternehmen für die strafrechtliche Verantwortlichkeit der Geschäftsleitung eine wichtige Rolle. Behinderungen bei der freien Ausübung der Aufgaben der Personaldelegierten oder des Betriebsrats oder die Missachtung von Informations- und Konsultationspflichten gegenüber diesen Organen der Belegschaftsvertretung erfüllen den Tatbestand des ***„délit d'entrave"*** nach Art. L. 2328-1 C. trav. und ziehen für die Geschäftsführung strafrechtliche Konsequenzen nach sich.[682] 329

Gemäß Art. L. 2312-1 iVm Art. L. 2314-2 C. trav. ist der Geschäftsführer gesetzlich verpflichtet, **alle vier Jahre** selbst **Wahlen zur Personalvertretung** zu organisieren, wenn das Unternehmen während der letzten zwölf Monate mehr als elf Mitarbeiter beschäftigte. Nach Art. L. 2323-1 C. trav. besteht darüber hinaus die Verpflichtung, den **Betriebsrat** vor Fassung einer Entscheidung zu Vorhaben und Themen zu **konsultieren**, „die die Organisation, die Verwaltung und den allgemeinen Unternehmensablauf betreffen und dessen Stellungnahme zu Vorhaben einzuholen, die die wirtschaftliche oder rechtliche Organisation des Unternehmens verändern".[683] Ausdrücklich gilt das nach Art. L. 2323-6 C. trav. für Restrukturierungs- und Entlassungsmaßnahmen. 330

---

675 CA Amiens 3.9.2008, Nr. 08/00249; Cass. crim. 19.5.2010, Nr. 09-83.685; Cass. crim. 25.2.2015, Nr. 13-88.506; CA Caen 13.9.2010, Nr. 09/00738.

676 *Seasseaud* Revue Juridique de l'Économie Publique 710 (2013) 3, 6; soweit ersichtlich existiert in diesem Bereich aber noch keine Rechtsprechung.

677 Cass. crim. 29.9.1998, Nr. 97-84.164 sowie Cass. crim. 2.12.2009, Nr. 08-88.043; beide Urteile betrafen allerdings Fälle, in denen gleich mehrere Geschäftsessen stattgefunden hatten und bei denen Amtsträger und keine Privatpersonen bestochen wurden; auch wenn bislang – soweit ersichtlich – keine Entscheidungen zum Privatsektor ergangen sind, ist angesichts der Ähnlichkeit der Straftatbestände davon auszugehen, dass auch Einladungen zum Geschäftsessen im privaten Bereich den Tatbestand der Bestechung erfüllen können, jedenfalls sofern die Einladungen von ihrem Umfang und ihrer Häufigkeit eine bestimmte (gesetzlich und von der Rechtsprechung noch nicht definierte) Schwelle überschreiten.

678 Cass. crim. 27.10.1997, Nr. 96-83.698.

679 Übersetzung der Verfasser.

680 *Cozian/Viandier/Deboissy*, Droit des sociétés, 2016, Rn. 865; *Merle/Fauchon*, Sociétés commerciales, 2016, Rn. 240.

681 Übersetzung der Verfasser.

682 *Gogorza* in: JurisClasseur, Pénal des affaires, 2017, Synthèse 120, Travail, Rn. 47 ff.

683 Übersetzung der Verfasser.

331 Die Nichtbeachtung von Personalvertretungsrechten wird allerdings seit der Reform vom 6. August 2015 (sog *loi Macron*)[684] nur noch mit einer Geldstrafe von bis zu 7.500 EUR bestraft (Art. L. 2316-1 C. trav.). Lediglich wenn die Geschäftsführung es unterlässt, überhaupt Personalvertreter wählen zu lassen, droht eine Haftstrafe von bis zu einem Jahr (Art. L. 2328-1. C. trav.). In der Praxis sind Verurteilungen auf der Grundlage dieser Tatbestände **eher selten.**

(7) **Wettbewerbs- und handelsrechtliche Haftungstatbestände**

332 Strafrechtliche Haftungsrisiken bestehen für den Geschäftsführer zudem, wenn sein Unternehmen geschützte geistige oder industrielle Eigentumsrechte vorsätzlich verletzt (*contre-façon*) und er sich an dieser Verletzung beteiligt. Wenn das Unternehmen derartige gewerbliche Schutzrechte verletzt, kann der Geschäftsführer neben der Gesellschaft persönlich haften, aber nach einer Rechtsprechung des französischen Kassationshofes vom 12. Mai 2015 nur, wenn ihm ein „absichtliches Verhalten einer besonderen Schwere" nachgewiesen werden konnte.[685] Insoweit gelten die oben genannten Grundsätze zur beschränkten Haftung des Geschäftsführers gegenüber Dritten (siehe Rn. 304 f.). Weitere Haftungsrisiken bestehen auf dem Gebiet des Wettbewerbsrechts bei **Kartellverstößen** und für Handlungen des **unlauteren Wettbewerbs** (*concurrence déloyale*) nach den Art. L. 121-1 ff. C. cons.[686]

(8) **Sonstige Straftatbestände des Arbeitsrechts**

333 Darüber hinaus enthalten das französische Arbeitsgesetzbuch und die verschiedenen arbeitsrechtlichen Nebengesetze eine Vielzahl von Tatbeständen, für die der Geschäftsführer im Rahmen seiner Unternehmensleitung strafrechtlich zur Verantwortung gezogen werden kann. Ohne diesbezüglich an dieser Stelle auf Einzelheiten eingehen zu können, wäre in diesem Zusammenhang insbesondere auf folgende Straftatbestände hinzuweisen:

- Die **Beschäftigung nicht ordnungsgemäß gemeldeter Arbeitnehmer**[687] (Art. L. 1221-10 und L. 3243-2 C. trav.);
- die unzutreffende oder **fehlende Erfassung von geleisteten Arbeitszeiten**/Überstunden in der Lohn- und Gehaltsbuchführung;[688]
- **sexuelle Belästigung** von Arbeitnehmern (Art. L. 1153-1 C. trav. iVm Art. 222-33 C. pén.);[689]
- **Mobbing** von Arbeitnehmern (Art. L. 1152-1 C. trav. iVm Art. 222-33-2 C. pén.);[690]
- Nichtbeachtung des **Diskriminierungsverbots** im Unternehmen (Art. 225-1 C. pén.);
- Datenschutzverstöße bezüglich Mitarbeiterdaten (Art. 226-16 bis 226-23 C. pén.) sowie
- Verstöße gegen Hygiene- und Schutzvorschriften am Arbeitsplatz (Art. L. 4741-1 und L. 4741-9 C. trav.).

cc) Minimierung der Haftungsrisiken

334 Das zivilrechtliche Haftungsrisiko des Geschäftsführers, für etwaige Schäden oder Fehlbeträge wegen eines Geschäftsführerfehlers finanziell in Regress genommen zu werden, kann im Wesentlichen über eine **D&O-Versicherung** abgefangen werden, wobei jedenfalls bei Geschäftsführern aus dem Ausland stets zu prüfen ist, ob die Versicherung auch Einsätze in Frankreich deckt. Darüber hinaus ist zu bedenken, dass D&O-Versicherungen in Frankreich – wie auch in Deutschland – keinen Deckungsschutz bei Fällen vorsätzlicher Schädigung bieten.[691] Nach der Rechtsprechung des Kassationshofes ist allerdings eine enge Auslegung des Tatbestandsmerkmals der vorsätzlichen Schädigung geboten.[692] Hiernach kann der Deckungsschutz – auch bei einer strafrechtlichen Verurteilung des Versicherungsnehmers – nur versagt werden, wenn der Versicherungsnehmer nicht nur die Handlung vorsätzlich begangen hat, sondern auch vorsätzlich den Schaden herbeigeführt hat. Mit anderen Worten

684 Gesetz Nr. 2015-990 vom 6. August 2015 „für das Wachstum, die Geschäftstätigkeit und die wirtschaftliche Chancengleichheit" (Übersetzung der Verfasser, Originaltitel: „*Loi n° 2015-990 du 6 août 2015 pour la croissance, l'activité et l'égalité des chances économiques*").

685 Cass. com. 12.5.2015, Nr. 14-13.024.

686 Siehe zur Bedeutung von Compliance-Programmen bei der Vorbeugung und Vermeidung derartiger Haftungsrisiken insbes. *Querenet-Hahn/Karg*, CB 2014 221, 221 ff., sowie *dies.* CB 2015, 283, 283 ff.

687 Cass. crim. 5.2.2013, Nr. 12-81.383.

688 Cass. crim. 5.6.2012, Nr. 11-83.319; Cass. crim. 2.9.2014, Nr. 13-80.665.

689 Zwar sind Handlungen im Privatleben grundsätzlich von solchen im Berufsleben zu trennen (Cass. soc. 23.6.2009, Nr. 07-45.256), allerdings hat der Kassationshof in einem Urteil (Cass. soc. 19.10.2011, Nr. 09-72.672) auch entschieden, dass sexuelle Anzüglichkeiten gegenüber Kollegen, auch wenn sie außerhalb des Arbeitsplatzes und der Arbeitszeiten erfolgen, nicht Teil des Privatlebens sind, wenn Täter und Opfer arbeitsbedingt miteinander in Kontakt stehen.

690 Cass. crim. 27.4.2011, Nr. 10-87.458; Cass. crim. 22.9.2015, Nr. 14-82.435. Der Kassationshof hat entschieden, dass die Tatbestandsmerkmale der Norm hinreichend bestimmt sind und damit die Anforderungen der Europäischen Menschenrechtskonvention erfüllen, vgl. Cass. crim. 15.3.2011, Nr. 09-88.627.

691 Art. L. 113-1 II Code des assurances.

692 Cass. civ. 27.5.2003, Nr. 01-10.478 und Nr. 01-10.747 sowie Cass. civ. 6.2.2014, Nr. 13-10.160.

kann der Versicherer damit nur dann die Deckung verweigern, wenn er beweisen kann, dass der Versicherungsnehmer auch sämtliche Konsequenzen seiner Handlung (also die Schäden) herbeiführen wollte, was nur sehr selten möglich ist.

Neben diesem finanziellen Risiko sieht sich der Geschäftsführer mit einer **Vielzahl von strafrechtlichen Normen** konfrontiert, die er einzuhalten hat. Ein Verstoß gegen Straftatbestände kann dabei zu **Haft-** oder **Geldstrafen** führen. Gerade in Fällen, in denen der Geschäftsführer nicht dauerhaft vor Ort tätig ist und damit nicht immer in das operative Geschäft eingebunden ist, wird er die Nichtverletzung der Strafgesetze faktisch nicht immer persönlich überwachen können (Sicherheit am Arbeitsplatz, Umgang mit dem Betriebsrat etc). Für derartige Konstellationen kann sich der Geschäftsführer nach französischer Rechtsprechung[693] insoweit **strafrechtlich „enthaften"**, als er diese Aufgaben und Pflichten einschließlich der damit verbundenen Verantwortung im Rahmen einer sog Befugnisübertragung (*délégation de pouvoirs*) an einen Arbeitnehmer des Unternehmens delegieren kann. Die Wirksamkeit der *délégation de pouvoirs* setzt voraus, dass es sich bei dem Delegaten um einen zur Ausübung der übertragenen Aufgaben befähigten Mitarbeiter handelt (*compétence*),[694] dass dieser über die für die Erfüllung seiner Pflichten erforderliche Autorität (*autorité*), bestehend in seiner Entscheidungs-[695] und Weisungsbefugnis,[696] verfügt und ihm die dafür erforderlichen Mittel (*moyens*)[697] tatsächlich und in ausreichender Form zur Verfügung stehen.[698] Ferner darf der Geschäftsführer auf diese Weise nicht alle, sondern lediglich einen Teil seiner Befugnisse übertragen.[699] Zudem müssen die delegierten Befugnisse genau beschrieben werden.[700] Zwar ist keine Schriftform erforderlich, allerdings empfiehlt sich diese schon zu Beweiszwecken.[701] 335

d) Vergütung der Geschäftsführer

Die Vergütung des Geschäftsführers kann in Ermangelung rechtlicher Vorschriften von der Gesellschaft vollkommen frei festgesetzt werden.[702] Es ist möglich, dass der Geschäftsführer keinerlei Vergütung erhält.[703] Soll er eine Vergütung erhalten, so wird diese durch die Gesellschafter in der Satzung oder aber – wie in der Praxis üblich – in einer Gesellschafterversammlung bestimmt.[704] 336

Im Gegensatz etwa zur SAS, bei der die Vergütung des Präsidenten bzw. der Generaldirektoren bei Fehlen einer anderweitigen Satzungsbestimmung vertraglich vereinbart wird und damit in den Anwendungsbereich der sog **reglementierten Vereinbarungen** fällt (vgl. hierzu Rn. 33), wird die Vergütung des Geschäftsführers einer SARL einseitig durch die Gesellschafter festgelegt, so dass hier die Vorschriften über die **reglementierten Vereinbarungen** nicht greifen und der Geschäftsführer, wenn er zugleich Gesellschafter ist, auch stimmberechtigt ist.[705] 337

e) Abschlussprüfer

Die SARL ist verpflichtet, einen Abschlussprüfer (***commissaire aux comptes***) zu bestellen, wenn sie nach Abschluss des Geschäftsjahres zwei der drei folgenden Kriterien erfüllt: 338

693 Cass. crim. 7.12.1981, Nr. 78-91.633.
694 Cass. com. 8.12.2009, Nr. 09-82.183.
695 Cass. crim. 29.5.1990, Nr. 89-84.177; Cass. com. 26.6.2007, Nr. 06-15.867; Cass. crim. 17.9.2002, Nr. 01-85.891.
696 Cass. crim. 6.5.1996, Nr. 95-83.340.
697 Cass. crim. 11.12.1996, Nr. 95-85.341.
698 *Lefebvre*, Mémento Sociétés commerciales, 2018, Rn. 13640 ff.; *ders.* Thèmexpress, Délégation de povoirs, 2017, Rn. 24 ff.; *Delpech*, Société à responsabilité limitée SARL, 2012, Rn. 63.29 und 72.15. Obwohl dem Delegaten bei der Ausübung der ihm übertragenen Pflichten eine gewisse Entscheidungs- und Handlungsfreiheit zugestanden werden muss (vgl. *Delpech*, Société à responsabilité limitée SARL, 2012, Rn. 72.15; *Lefebvre*, Thèmexpress, Délégation de povoirs, 2017, Rn. 25 f., *ders.*, Mémento Sociétés commerciales, 2018, Rn. 13650), hat der Geschäftsführer eine sog Wachsamkeitspflicht (*obligation de vigilance*). Danach hat der Geschäftsführer darauf zu achten, dass die genannten Wirksamkeitsvoraussetzungen (*compétence, autorité, moyens*) während der gesamten Dauer der *délégation de pouvoir* erfüllt sind und dass der Delegat ordnungsgemäßen Gebrauch von den ihm übertragenen Befugnissen macht (vgl. *Lefebvre*, Thèmexpress, Délégation de povoirs, 2017, Rn. 50).
699 *Delpech*, Société à responsabilité limitée SARL, 2012, Rn. 63.30.
700 Cass. crim. 2.2.1993, Nr. 92-80.672; siehe hierzu auch *Lefebvre*, Thèmexpress, Délégation de povoirs, 2017, Rn. 30.
701 *Delpech*, Société à responsabilité limitée SARL, 2012, Rn. 63.31; *Lefebvre*, Mémento Sociétés commerciales, 2018, Rn. 31540.
702 *Azarian* in: JurisClasseur Commercial, 2017, Synthèse 190 – Société à responsabilité limitée, Rn. 8; *Lefebvre*, Mémento Sociétés commerciales, 2018, Rn. 31540.
703 *Lefebvre*, Mémento Sociétés commerciales, 2018, Rn. 31530.
704 *Lefebvre*, Mémento Sociétés commerciales, 2018, Rn. 31540; Cass. com., 25.9.2012, Nr. 11-22.754.
705 *Azarian* in: JurisClasseur Commercial, 2017, Synthèse 190 – Société à responsabilité limitée, Rn. 8; *Lefebvre*, Mémento Sociétés commerciales, 2018, Rn. 31550; Cass. com., 4.5.2010, Nr. 09-13.205.

- Erreichen einer Bilanzsumme von mehr als 1.550.000 EUR,
- Erreichen eines Nettojahresumsatzes von über 3.100.000 EUR,
- Beschäftigung von durchschnittlich mehr als 50 Angestellten (Art. L. 223-35 II iVm Art. R. 223-27 und R. 221-5 C. com.).

Sofern die genannten Grenzwerte nicht überschritten werden, erfolgt die Bestellung des Abschlussprüfers freiwillig und beruht entweder auf einem Gesellschafterbeschluss oder erfolgt auf Antrag im Rahmen eines Gerichtsbeschlusses. Diese Regelungen beruhen auf den Vorgaben der Bilanz-Richtlinie, wobei Frankreich bezüglich der Bilanzsummen und des Nettojahresumsatzes vom Umsetzungsspielraum Gebrauch gemacht hat und somit nicht nur mittlere Unternehmen nach europäischer Definition umfasst (siehe dazu unter § 25 Rn. 22 ff.).

339 Der Abschlussprüfer kann bei Gründung der Gesellschaft, durch eine entsprechende Bestimmung in der Satzung, oder im Nachhinein durch Beschluss einer ordentlichen Gesellschafterversammlung **bestellt** werden (Art. L. 223-29 iVm Art. L. 223-35 I C. com.). Sofern der bestimmte Abschlussprüfer eine natürliche Person oder eine Einmanngesellschaft ist, ist neben diesem als hauptamtlichem Abschlussprüfer ein stellvertretender Abschlussprüfer zu ernennen (Art. L. 823-1 II C. com.). Der Abschlussprüfer wird für eine **Dauer** von sechs Geschäftsjahren bestellt (Art. L. 823-3 I C. com.), wobei dieser Zeitraum weder durch die Satzung noch im gegenseitigen Einvernehmen verkürzt oder unterbrochen werden kann.[706] Auch gibt die zwischenzeitliche Unterschreitung der oben genannten Schwellenwerte den Gesellschaftern nicht das Recht, den Abschlussprüfer abzuberufen.[707] Gründe für die **Beendigung** des Amtes sind:

- Der Ablauf der Amtszeit,
- die durch Gerichtsbeschluss erfolgende Abberufung aus wichtigem Grund. Das Tatbestandsmerkmal des wichtigen Grundes wird von den Gerichten restriktiv ausgelegt, um die Unabhängigkeit des Abschlussprüfers zu schützen. So wurde etwa entschieden, dass die Abberufung des Abschlussprüfers nur dann begründet ist, wenn „Umstände vorliegen, die ernsthaft die Kompetenz des Abschlussprüfers, seine Ehrwürdigkeit, seine Unparteilichkeit oder aber seine Unabhängigkeit in Frage stellen“,[708]
- die Amtsniederlegung,
- persönliche Hinderungsgründe (zB Tod),
- die gerichtliche Amtsenthebung sowie
- die Auflösung oder die Umwandlung einer Gesellschaft.

In der Praxis endet das Amt damit in der Regel nicht vor Ablauf der regulären Amtszeit von sechs Geschäftsjahren, so dass Unternehmen wohl überlegen sollten, welchen Abschlussprüfer sie wählen.

340 Für Gesellschaften, für die eine Pflicht zur Veröffentlichung eines konsolidierten Abschlusses besteht, sieht das Gesetz im Übrigen vor, dass **von Anfang an zwei Abschlussprüfer** zu ernennen sind (Art. L. 823-2 C. com.). Dies gilt unabhängig davon, ob die oben genannten Schwellenwerte für die Ernennung eines Abschlussprüfers erreicht sind.[709] Die beiden Abschlussprüfer haben den Abschluss dann gemeinsam, entsprechend den Vorgaben einer speziell für diesen Fall geltenden Berufsausübungsnorm[710] zu prüfen (Art. L. 823-15 C. com.).

341 Der **Aufgabenbereich des Abschlussprüfers** umfasst die Überprüfung der Buchhaltung (Art. L. 823-10 I und II C. com.), die Zertifizierung der Jahres- und Konzernabschlüsse (Art. L. 823-9 und R. 823-7 C. com.) sowie Informations- und Warnpflichten (Art. L. 234-2 C. com.). So kann er gem. Art. L. 234-2 C. com. bei Kenntnis über Tatsachen, die die Zukunft der Gesellschaft gefährden könnten, insbesondere ein **Frühwarnverfahren** (*procédure d'alerte*) einleiten, während dessen sich die Geschäftsführung zu diesen Tatsachen äußern muss (siehe dazu näher unter Rn. 427 ff.). Der Präsident des Handelsgerichts wird über das Verfahren und dessen Verlauf informiert. Zur Erfüllung seiner Aufgaben wird dem Abschlussprüfer ein **Investigationsrecht innerhalb der Gesellschaft** (Art. L. 823-13 XIII C. com.), jedoch auch gegenüber Dritten (Art. L. 823-13 XIV C. com.) eingeräumt. Zudem darf der Abschlussprüfer an den Gesellschafterversammlungen und an den Versammlungen der Gesellschaftsorgane **teilnehmen** (Art. L. 823-17 C. com.). Des Weiteren kann er die Gesellschafterversammlung einberufen, wenn dies nicht durch den Geschäftsführer erfolgt ist (Art. L. 223-27 II C. com.).

---

706 *Germain/Périn,* SAS – La société par actions simplifiée, 2016, Rn. 661; *Lefebvre,* Mémento Transmission d'entreprise, 2015-2016, Rn. 23460; *Azarian* in: JurisClasseur Commercial, 2016, Synthèse – Société par actions simplifiée, Rn. 19; *Merle/Fauchon,* Sociétés commerciales, 2016, Rn. 568.

707 *Germain/Périn,* SAS – La société par actions simplifiée, 2016, Rn. 654 mwN; *Azarian* in: JurisClasseur, Commercial, 2017, Fasc. 1534, Rn. 52; *Glotin* in: JurisClasseur, Notarial Formulaire, 2016, Fasc. N-5, Rn. 63; Ministerielle Antwort auf Frage Nr. 51180, Droit des sociétés 11 (2009) 20, 20 ff., Anm. *Gallois-Cochet.*

708 CA Paris 11.7.1969, JCP 1969, II, Nr. 16081; *Mestre/Velardocchio/Mestre-Chami,* Le Lamy sociétés commerciales, 2017, Rn. 1334.

709 *Lefebvre,* Mémento Sociétés commerciales, 2018, Rn. 77550.

710 Sog *norme d'exercice professionnel relative à l'audit des comptes réalisé par plusieurs commissaires aux comptes,* Art. A. 823-3 C. com.

f) Gesellschafterversammlung[711]

aa) Beschlussfassung

(1) Verfahren

Die Beschlussfassung durch die Gesellschafter muss in vier Fällen **zwingend** im Rahmen einer **Gesellschafterversammlung** erfolgen:[712] 342

- Feststellung des Jahresabschlusses (Art. L. 223-27 I C. com.);
- Antrag auf Einberufung der Gesellschafterversammlung, der von einem oder mehreren Gesellschaftern gestellt wird, die zusammen die Hälfte der Geschäftsanteile halten, oder von 10% der Gesellschafter, die gleichzeitig 10% der Gesellschaftsanteile halten (Art. L. 223-27 IV C. com.);
- Änderungen des Gesellschaftskapitals, die anlässlich eines sog Rettungsplans (*plan de sauvegarde*) oder einer Sanierung der Gesellschaft zwecks Verhinderung der Insolvenz (*redressement de la société*) erfolgen (Art. L. 626-3 I, L. 627-3 III und L. 631-19 I C. com.) und
- Ausgabe von Schuldverschreibungen (Art. L. 223-11 II C. com.).

Die Satzung kann in allen anderen Fällen vorsehen, dass Entscheidungen im **Umlaufverfahren** (*consultation écrite*) getroffen werden können, so dass die Beteiligten nicht zusammenkommen müssen und die Beschlussfassung schriftlich durch Gegenzeichnung erfolgen kann (Art. L. 223-27 I 2 C. com.). Das Umlaufverfahren kann jedoch nicht per **E-Mail** durchgeführt werden.[713] Dies ist ein Nachteil gegenüber der SAS, wo das Verfahren für die Beschlussfassung frei ausgestaltet werden und daher auch per E-Mail erfolgen kann (s. dazu Rn. 687). Daneben können gültige Beschlüsse auch durch **Unterzeichnung einer Urkunde** durch alle Gesellschafter gefasst werden (Art. L. 223-27 I 2 C. com.). 343

(2) Einberufung

Das Recht, die **Gesellschafterversammlung einzuberufen**, steht gem. Art. L. 223-27 II C. com. grundsätzlich dem Geschäftsführer zu. Bei ausbleibender Einberufung durch den Geschäftsführer hat der Abschlussprüfer die Versammlung einzuberufen (Art. L. 223-27 II C. com.). Die Gesellschafter können zwar vom Geschäftsführer verlangen, dass dieser eine Versammlung einberuft. Sofern er sich weigert, haben sie jedoch nicht das Recht, die Versammlung selbst einzuberufen.[714] Die Gesellschafter haben in diesem Fall lediglich die Möglichkeit, nach fruchtloser Mahnung des Geschäftsführers bei Gericht die Ernennung eines ad hoc Vertreters (*mandataire ad hoc*) zu beantragen, der die Gesellschafterversammlung anstelle des Geschäftsführers einberuft (Art. L. 223-27 V iVm Art. R. 223-20 V C. com.). Dieser Umstand birgt in der Praxis insbesondere dann erhebliche Probleme, wenn die Gesellschafter den einzigen Geschäftsführer abberufen möchten, da ihm grundsätzlich die Einberufung einer Versammlung obliegt, deren Gegenstand seine eigene Abberufung ist. Es empfiehlt sich daher, einen zweiten Geschäftsführer zu benennen, um Blockadesituationen zu vermeiden. Um dadurch nicht zu hohe Kosten entstehen zu lassen, kann versucht werden, einen zweiten Geschäftsführer zu bestellen, der diese Aufgabe unentgeltlich wahrnimmt. Einem Dritten kann die Einberufungskompetenz dagegen nicht zugesprochen werden. Die Gesellschafter können diese Kompetenz grundsätzlich auch nicht an sich ziehen. 344

Das Gesetz sieht für die Einberufung eine **Mindestfrist von 15 Tagen** vor dem Versammlungsdatum vor (Art. R. 223-20 I 1 C. com.), die jedoch durch entsprechende Satzungsbestimmung verlängert – nicht jedoch verkürzt – werden kann.[715] Eine Ausnahme besteht nur beim Tod des einzigen Geschäftsführers. In diesem Fall kann die Versammlung mit einer Frist von acht Tagen einberufen werden (Art. R. 223-20 I 3 C. com.). Die Frist läuft jeweils ab Versand des **Einberufungsschreibens**, wobei der Versandtag nicht einberechnet wird.[716] Auf Vorschlag des Geschäftsführers kann die Einberufung statt auf dem Postweg auch per E-Mail erfolgen, sofern die Gesellschafter dem zustimmen und diese Entscheidung dem Geschäftsführer mindestens 20 Tage vor der nächsten Einberufung mitteilen (Art. R. 223-20 C. com.).[717] In dem Einberufungsschreiben muss die Tagesordnung klar und deutlich aufgeführt werden (vgl. Art. R. 223-20 I 2 C. com.). Grundsätzlich können lediglich konkret bezeichnete **Tagesordnungspunkte** Gegenstand der Beschlussfassung sein.[718] Eine Ausnahme gilt für den Tagesordnungspunkt „Sonstiges" (*questions diverses*), welcher gem. Art. R. 223-20 IV C. com. gegenüber 345

---

711 Diese Reglungen gelten nicht für die EURL, im Rahmen derer Beschlussfassungen sehr viel einfacher erfolgen können (siehe dazu Rn. 461 ff.).

712 *Lefebvre*, Mémento Sociétés commerciales, 2018, Rn. 32300.

713 *Lefebvre*, Mémento Assemblées générales, 2016-2017, Rn. 97300.

714 *Lefebvre*, Mémento Assemblées générales, 2016-2017, Rn. 9105; Cass. com. 17.1.2006, Nr. 04-14.157 (*Sté Le Prive c/ Desbiolles*).

715 *Lefebvre*, Mémento Sociétés commerciales, 2018, Rn. 32331; *Merle/Fauchon*, Sociétés commerciales, 2016, Rn. 252.

716 Cass. ch. mixte 16.12.2005, Nr. 236; Cass. com. 11.1.2005, Nr. 51.

717 Diese Neuerung basiert auf dem Dekret Nr. 2015-545 vom 18.5.2015.

718 *Delpech*, Société à responsabilité limitée SARL, 2012, Rn. 51.21.

den anderen Punkten der Tagesordnung jedoch nur einen sehr geringen Umfang einnehmen darf. Problematisch ist für die Gesellschafter der Umstand, dass sie nicht die Aufnahme bestimmter Punkte von dem Geschäftsführer verlangen können.[719] Sofern dieser sich weigert, bestimmte Punkte auf die Tagesordnung zu setzen, verbleibt ihnen nur die Möglichkeit, per Gericht die Benennung des oben genannten Vertreters (*mandataire ad hoc*) zu beantragen, der eine Versammlung mit den gewünschten Tagesordnungspunkten einberuft (Art. L. 223-17 V C. com.).

346 Bei **Verstoß** gegen die Regelungen zur Einberufung der Gesellschafterversammlung kann die **Nichtigkeit** der entsprechenden Versammlung geltend gemacht werden. Dies gilt allerdings nicht, wenn alle Gesellschafter anwesend oder vertreten waren (Art. L. 223-27 VII C. com.). Die Nichtigkeit wegen eines entsprechenden Verstoßes kann nur von den Gesellschaftern geltend gemacht werden.[720]

347 Zur Vorbereitung der jährlichen Gesellschafterversammlung zur Feststellung des Jahresabschlusses ist den Gesellschaftern binnen der genannten Frist von 15 Tagen der Jahresabschluss, der Text der Beschlussvorschläge, der Geschäftsführungsbericht des Geschäftsführers und – soweit ein solcher bestellt ist – der Bericht des Abschlussprüfers zu übermitteln (Art. L. 223-26 II C. com.). Hält der Geschäftsführer diese Verfahrensvorschriften zur Einberufung nicht ein, können die entsprechenden Beschlüsse **für nichtig erklärt werden** (Art. L. 223-26 II C. com.). Verstößt der Geschäftsführer gegen seine **Übermittlungspflicht**, können die Gesellschafter deren Einhaltung gerichtlich erwirken (Art. L. 238-1 C. com.).[721]

(3) Fragerecht

348 Im Anschluss an die Übermittlung der Unterlagen können die Gesellschafter dem Geschäftsführer schriftlich **Fragen** zur Tagesordnung stellen, die dieser während der Gesellschafterversammlung zu beantworten hat (Art. L. 223-26 III C. com.). Auf diesem Wege können auch Sachverhalte zur Sprache gebracht werden, die keinen Eingang in die Tagesordnung gefunden haben, ohne dass sie jedoch in eine Beschlussfassung münden.[722] Daneben bleibt es den Gesellschaftern unbenommen, im Rahmen der Gesellschafterversammlung ihr mündliches Fragerecht auszuüben, um vom Geschäftsführer genauere Angaben zu einzelnen Tagesordnungspunkten zu erhalten.[723] Ausnahmsweise kann der Geschäftsführer komplexe Fragestellungen, die unmittelbar vor der Gesellschafterversammlung bei ihm eingehen, mangels ausreichender Vorbereitungszeit auch zu einem späteren Zeitpunkt beantworten.[724]

(4) Teilnahme- und Stimmrecht

349 Jeder **Gesellschafter** hat das Recht, an der **Gesellschafterversammlung** und **Beschlussfassungen teilzunehmen**[725] (Art. L. 223-28 I C. com.).[726] Dieses Recht kann nicht durch Satzungsbestimmung abbedungen werden.[727] Sofern die Satzung es erlaubt, können die Gesellschafter auch per Videokonferenz oder durch andere Mittel der Telekommunikation an der Gesellschafterversammlung teilnehmen, mitdiskutieren und abstimmen (Art. L. 223-27 III C. com.). Um die Identifikation und tatsächliche Teilnahme der mittels Videokonferenz oder Telekommunikationsmitteln teilnehmenden Gesellschafter zu gewährleisten, müssen die eingesetzten Mittel mindestens die Sprache der Teilnehmer übermitteln und die dauerhafte und simultane Übertragung der Entscheidungen ermöglichen (Art. R. 223-20-1 C. com.). Für die Teilnahme an einer Gesellschafterversammlung oder einer anderen Beschlussfassung über eine Telefonkonferenz muss sich jeder Gesellschafter über einen vor der Gesellschafterversammlung übermittelten Code identifizieren (Art. R. 223-20-1 III C. com.). Für eine Stimmabgabe über elektronische Kommunikationsmittel muss die Gesellschaft eine ausschließlich zu diesem Zwecke eingerichtete Internetseite eingerichtet haben, zu der die Gesellschafter nur über ein zuvor mitgeteiltes Passwort Zugang haben (Art. R. 223-20-1 II C. com.). Eine Stimmabgabe per E-Mail ist damit ausgeschlossen. Die Beschlussfassung zur Feststellung des Jahresabschlusses kann nicht über Fernkommunikation abgehalten werden, hier ist eine Präsenz der Gesellschafter zwingend vorgeschrieben (Art. L. 223-27 III 1 C. com.).[728]

719 *Delpech*, Société à responsabilité limitée SARL, 2012, Rn. 51.21.
720 Cass. com. 17.12.2002, Nr. 98-21.918, BJS 3 (2003) 307, 308, Anm. *Le Cannu*; CA Paris 15.2.2008, Nr. 07-14.454; vgl. auch *Lefebvre*, Mémento Sociétés commerciales, 2018, Rn. 32370.
721 *Moulin*, Droit des sociétés et des groupes, 2016-2017, S. 118.
722 *Delpech*, Société à responsabilité limitée SARL, 2012, Rn. 51.35.
723 *Lefebvre*, Mémento Assemblées générales, 2016-2017, Rn. 54210.
724 *Lefebvre*, Mémento Assemblées générales, 2016-2017, Rn. 38530 unter Verweis auf: CA Paris 23.4.1985, Nr. K 05513 (*Cohen c/Kaminer*).
725 Zur Möglichkeit der Vertretung des Gesellschafters durch einen Bevollmächtigten siehe Rn. 350.
726 *Lefebvre*, Mémento Sociétés commerciales, 2018, Rn. 34014; *Guiramand/Héraud*, Droit des sociétés, 2016, S. 172.
727 *Christ*, Englische Private Limited und französische Société à Responsabilité Limitée, 2008, S. 94.
728 Diese Neuerung beruht auf dem Gesetz Nr. 2008-776 vom 4. August 2008 zur Modernisierung der Wirtschaft (Übersetzung der Verfasser, Originaltitel: „*Loi n°2008-776 du 4 août 2008 de modernisation de l'économie*").

Das Teilnahme- und Abstimmungsrecht der Gesellschafter ist zwar ein persönliches Recht (Art. L. 223-28 I und IV C. com.).[729] Art. L. 223-28 II C. com. gestattet es jedoch, dass ein Mitgesellschafter oder der Ehepartner den Gesellschafter **vertreten** kann. Dies gilt jedoch nicht, wenn der Ehepartner der einzige andere Gesellschafter bzw. der Mitgesellschafter der einzige Mitgesellschafter ist (Art. L. 223-28 II C. com.). Die Gesellschafter können jedoch durch eine entsprechende Satzungsbestimmung weitergehende Vertretungsmöglichkeiten erlauben (Art. L. 223-28 III C. com.). 350

(5) **Ablauf der Gesellschafterversammlung inklusive Beschlussfassung**

Art. R. 223-23 C. com. bestimmt, wer den **Vorsitz** in der Gesellschafterversammlung zu übernehmen hat. Grundsätzlich sind dies die Gesellschafter-Geschäftsführer oder im Fall der ausschließlichen Fremdgeschäftsführung, der anwesende Gesellschafter mit den meisten Anteilen (Art. R. 223-23 I C. com.). Besitzen zwei Gesellschafter gleich viele Anteile, so gilt das Senioritätsprinzip (Art. R. 223-23 II C. com.). 351

Jeder Gesellschafter der SARL hat das Recht, an Beschlussfassungen teilzunehmen (dazu soeben Rn. 349), und verfügt hierbei über so viele Stimmen wie er Anteile hält (Art. L. 223-28 I C. com.). Jede anderslautende Bestimmung ist nichtig (Art. L. 223-28 V C. com.). Mehrstimmrechte sind nicht vorgesehen und können in Anbetracht des Artikels L. 223-28 V C. com. auch nicht statutarisch festgelegt werden.[730] Zugleich dürfen die Stimmrechte, die den Gesellschaftern proportional zu ihren gehaltenen Anteilen zustehen, nicht durch Satzungsbestimmung beschnitten werden.[731] Es dürfen somit auch keine Anteile ohne Stimmrecht geschaffen werden.[732] Eine Ausnahme vom Grundsatz des Art. L. 223-28 I C. com. besteht bei Gesellschafterbeschlüssen, die der Genehmigung sog *conventions réglementées* (vgl. Rn. 33) dienen. Hierbei ist derjenige Gesellschafter, der die *convention réglementée* mit der Gesellschaft abgeschlossen hat, von der **Abstimmung ausgeschlossen** (Art. L. 223-19 I 3 C. com.). 352

Die Beschlussfassungen sind jeweils zu **protokollieren** (Art. R. 221-2 I C. com.) und in einem von der Gesellschaft geführten – und in Deutschland so nicht bekannten – **Beschlussregister** festzuhalten (Art. R. 221-3 C. com.). Dies gilt ebenfalls für die EURL (s. dazu unter Rn. 462).[733] 353

Auch in Frankreich wird zudem zwischen ordentlichen und außerordentlichen Gesellschafterversammlungen unterschieden. In diesem Zusammenhang wird allerdings nicht nach dem Termin, an welchem die Versammlung stattfindet, sondern nach dem Gegenstand des Beschlusses differenziert. **Außerordentliche Gesellschafterversammlungen** sind dabei solche, die **Satzungsänderungen** zum Gegenstand haben.[734] 354

Ordentliche Gesellschafterversammlungen betreffen alle anderen Bereiche, etwa die folgenden:[735] 355

- Feststellung des Jahresabschlusses des Vorjahres;
- Bestellung oder Nachfolge eines Geschäftsführers oder des Abschlussprüfers und
- Genehmigung der zwischen der Gesellschaft und einem Gesellschafter oder dem Geschäftsführer abgeschlossenen Verträge.

Sofern im Rahmen einer Versammlung sowohl ordentliche als auch außerordentliche Beschlüsse gefasst werden, spricht man von einer sog *assemblée mixte* (zusammengelegte Versammlung) (vgl. auch Rn. 569).[736] Die jeweils geltenden **Mehrheitserfordernisse** richten sich nach der Art der Gesellschafterbeschlüsse. **Ordentliche Beschlüsse** werden mit der Mehrheit des Kapitals gefasst (Art. L. 223-29 I C. com.). Findet sich bei der Abstimmung jedoch keine entsprechende Mehrheit, so können die Gesellschafter ein zweites Mal abstimmen. Im zweiten Durchgang reicht dann die Mehrheit der abgegebenen Stimmen zur Beschlussfassung aus, sofern die Satzung nicht etwas Anderes vorsieht (Art. L. 223-29 II C. com.).[737] 356

Bei außerordentlichen Beschlüssen ist nach dem **Gründungsdatum** der SARL zu differenzieren. Für nach dem 4. August 2005 gegründete SARL werden Beschlüsse in der Regel mit einer Mehrheit von zwei Dritteln des Kapitals gefasst (Art. L. 223-30 III 3 C. com.), wobei im ersten Durchgang ein Viertel, im zweiten Durchgang ein Fünftel des Kapitals vertreten sein müssen (Art. L. 223-30 III 1 C. com). Etwas Anderes gilt für die Verlegung des Gesellschaftssitzes, welche mit einfacher Mehrheit des Kapitals gefasst wird (Art. L. 223-30 III 3 C. com.). 357

729 *Döbereiner* in: Süß/Wachter (Hrsg.), HdB des internationalen GmbH-Rechts, 2016, Frankreich, Rn. 89.
730 *Christ*, Englische Private Limited und französische Société à Responsabilité Limitée, 2008, S. 89.
731 Dazu auch *Delpech*, Société à responsabilité limitée SARL, 2012, Rn. 47.13; *Lefebvre*, Mémento Sociétés commerciales, 2018, Rn. 32510.
732 *Christ*, Englische Private Limited und französische Société à Responsabilité Limitée, 2008, S. 89.
733 *Peifer*, Das Recht der Kapitalgesellschaften in Frankreich, 2009, Rn. 490; *Peifer* GmbHR 2009, 1145, 1149.
734 *Merle/Fauchon*, Sociétés commerciales, 2016, Rn. 255; *Lefebvre*, Mémento Sociétés commerciales, 2018, Rn. 32860; *Mestre/Velardocchio/Mestre-Chami*, Le Lamy Sociétés commerciales, 2017, Rn. 3237.
735 *Lefebvre*, Mémento Sociétés commerciales, 2018, Rn. 32780; *Merle/Fauchon*, Sociétés commerciales, 2016, Rn. 256; *Mestre/Velardocchio/Mestre-Chami*, Le Lamy Sociétés commerciales, 2017, Rn. 3228; *Guiramand/Héraud*, Droit des sociétés, 2016, S. 173.
736 *Lefebvre*, Mémento Assemblées générales, 2016-2017, Rn. 95000 ff.
737 *Karst* NotBZ 2006, 119, 123.

Den Gesellschaftern bleibt es jedoch unbenommen, strengere Mehrheitserfordernisse vorzusehen, wobei die Einstimmigkeit gem. Art. L. 223-30 III 4 C. com. ausgeschlossen ist. Bei SARL, die vor dem 4. August 2005 gegründet wurden, werden satzungsändernde Entscheidungen in der Regel mit einer Mehrheit von drei Vierteln des Kapitals getroffen (Art. L. 223-30 II C. com.). Damit liegt die Sperrminorität in solchen Fällen bei 25% der Anteile plus eines Geschäftsanteils. Die Satzung kann hier kein höheres Mehrheitserfordernis bestimmen (Art. L. 223-30 II 2 C. com.). In bestimmten Fällen sieht das Gesetz zudem Einstimmigkeit bei der Beschlussfassung vor, wie beispielsweise bei der Verlegung des Gesellschaftssitzes ins Ausland (Art. L. 223-30 I C. com.) oder bei der Umwandlung der Gesellschaft in eine SNC, SCS oder SCA (*société en commandite par actions* – Kommanditgesellschaft auf Aktien) (Art. L. 223-43 I und IV C. com.). Dies gilt unabhängig vom Gründungszeitpunkt der SARL. Durch einstimmigen Gesellschafterbeschluss können die Regelungen zu den nach dem 4. August 2005 gegründeten Gesellschaften auch auf die davor gegründeten SARL für anwendbar erklärt werden (Art. L. 223-30 IV C. com.).

358 Durch das Gesetz zu Gunsten kleiner und mittlerer Unternehmen vom 2. August 2005[738] wurde für die außerordentliche Gesellschafterversammlung der SARL zudem das Quorum der **Beschlussfähigkeit** geändert. Gem. Art. L. 223-30 III 1 C. com. sind diese bei der ersten Einberufung grds. beschlussfähig, wenn mindestens ein Viertel des Kapitals in Form von Gesellschaftern anwesend oder vertreten ist; bei der zweiten Einberufung genügt bereits ein Fünftel des Kapitals. Diese Vorschrift gilt für SARL, welche nach dem 4. August 2005 gegründet wurden, gem. Art. L. 223-30 III 1 C. com. zwingend. Durch einstimmig zu fassenden Gesellschafterbeschluss können sich jedoch auch vor diesem Datum gegründete SARL für die Anwendung der neuen Regeln zur Beschlussfähigkeit entscheiden (Art. L. 223-30 IV C. com.).

<table>
<tr><th></th><th colspan="2">Ordentliche GV</th><th colspan="2">Außerordentliche GV</th></tr>
<tr><th></th><th>Vor 2005</th><th>Nach 2005</th><th>Vor 2005</th><th>Nach 2005</th></tr>
<tr><td>Beschlussfähigkeit</td><td></td><td>1. Ladung:
Ein Viertel des Kapitals
2. Ladung:
Ein Fünftel des Kapitals</td><td></td><td>1. Ladung:
Ein Viertel des Kapitals
2. Ladung:
Ein Fünftel des Kapitals</td></tr>
<tr><td>Beschlussmehrheit</td><td colspan="2">1. Durchgang:
Mehrheit des Kapitals
2. Durchgang:
Mehrheit der abgegebenen Stimmen</td><td>Grds. drei Viertel des Kapitals (in beiden Durchgängen)
Ausnahme:
Verlegung des Satzungssitzes ins Ausland → Einstimmigkeit</td><td>Grds. zwei Drittel des Kapitals (in beiden Durchgängen)
Ausnahme:
Verlegung des Satzungssitzes → Mehrheit des Kapitals
Verlegung des Satzungssitzes ins Ausland → Einstimmigkeit</td></tr>
</table>

Abb. 4: Beschlussfähigkeit und Beschlussmehrheit in der ordentlichen und außerordentlichen Gesellschafterversammlung

359 Satzungsändernde Beschlüsse können nach Art. L. 235-1 I C. com. nur dann für nichtig erklärt werden, wenn das Gesetz die **Nichtigkeit** ausdrücklich vorschreibt (wie zB in Art. L. 223-27 VII C. com.).[739] Alle anderen Beschlüsse können nach Art. L. 235 II C. com. nur dann für nichtig erklärt werden, wenn gegen eine zwingende gesetzliche Regelung des zweiten Buches des *Code de commerce* (Art. L. 210-1 bis L. 252-12 C. com.) (*disposition impérative*) oder des Vertragsrechts verstoßen wurde.

360 Hinzu kommt, dass im französischen Gesellschaftsrecht **zwei allgemeine Grundsätze**[740] gelten, die sich an dieser Stelle auswirken können:

738 Übersetzung der Verfasser, Originaltitel: „*Loi n° 2005-882 du 2 août 2005 en faveur des petites et moyennes entreprises*".

739 Art. L. 223-27 VII C. com. betrifft die Nichtbeachtung der Regeln zur Einberufung der Gesellschafterversammlung.

740 *Mestre/Velardocchio/Mestre-Chami*, Le Lamy Sociétés commerciales, 2017, Rn. 154 f.; Cass. com. 15.11.2011, RTD Com. 1 (2012) 134, 135 ff., Anm. *Constantin*.

- Die Gesellschafter haben gegenüber der **Gesellschaft deren Interessen** zu berücksichtigen und
- die Gesellschafter untereinander haben gewisse **Loyalitätspflichten.**

Diese Prinzipien wirken sich auf die Gesellschafterversammlung insofern aus, als es im Rahmen der Beschlüsse nicht zu einem **Missbrauch durch die Mehrheit** (*abus de majorité*)[741] und nicht zu einem **Missbrauch durch die Minderheit** (*abus de minorité*)[742] kommen darf. Ein Missbrauch durch die Mehrheit liegt nach der Rechtsprechung und der herrschenden Meinung vor, wenn:[743] 361

- Der Beschluss nicht im Einklang mit dem Gesellschaftsinteresse steht und
- der Beschluss allein die Mehrheitsgesellschafter bevorzugt und auf Kosten der Minderheitsgesellschafter geht.

Praktische Anwendung findet das Missbrauchsverbot vor allem im Rahmen der **Rücklagenbildung.** Werden Gewinne laufend in die Rücklage oder in das Vortragskonto eingestellt und liegt diese Vorgehensweise nicht ausschließlich im Interesse der Gesellschaft, kann ein Missbrauch vorliegen. Denn in diesem Fall können die Minderheitsgesellschafter keine Früchte aus ihrer Beteiligung ziehen, während der Mehrheitsgesellschafter ggf. Beträge aus der Gesellschaft abziehen kann (zB wenn er gleichzeitig Geschäftsführer ist).[744] Eine Missbrauchsgefahr kann auch bei **Umwandlungen, Auflösungen, Verschmelzungen** und Bildung einer **Holding-Gesellschaft** gegeben sein.[745] 362

Wird gerichtlich ein Missbrauch durch die Mehrheit festgestellt, führt dies nach der Rechtsprechung in der Regel zur **Nichtigkeit** des gefassten Beschlusses.[746] Dabei ist zu beachten, dass die Nichtigkeit eines Beschlusses nach französischem Recht gerichtlich festgestellt werden muss.[747] Außerdem kommen auch **Schadensersatzzahlungen** in Betracht.[748] 363

Neben einem Missbrauch durch die Mehrheit kann auch ein **Missbrauch durch die Minderheit** vorliegen. Allerdings geht es normalerweise nicht um die Frage der Nichtigkeit eines Beschlusses, sondern vielmehr darum, dass ein Minderheitsaktionär seine Stimme nutzt, um essentielle Beschlüsse, die im Interesse der Gesellschaft liegen, zu blockieren und dies allein dem Zweck dient, seine eigenen Interessen zu verfolgen.[749] Zusätzlich muss der Minderheitsgesellschafter durch sein Verhalten zugleich die Interessen der anderen Gesellschafter schädigen.[750] Allein die Verhinderung eines Beschlusses aus Eigeninteresse reicht daher nicht aus.[751] Ein Missbrauch durch die Minderheit kommt vor allem im Rahmen von **Kapitalerhöhungen** in Betracht. So ist es zB missbräuchlich, wenn ein Minderheitsaktionär die Kapitalerhöhung ablehnt, die dazu führen sollte, dass die Gesellschaft die neuen Mindestkapitalanforderungen erfüllt. Der Gesellschafter setzt die SARL dadurch dem Risiko der Auflösung aus.[752] Gerade wenn die Kapitalerhöhung die einzige Möglichkeit für die Gesellschaft darstellt, 364

---

741 *Le Cannu/Dondero*, Droit des sociétés, 2015, Rn. 157; *Cozian/Viandier/Deboissy*, Droit des sociétés, 2016, Rn. 500 f.; *Lefebvre*, Mémento Assemblées générales, 2016-2017, Rn. 58030 ff.

742 *Le Cannu/Dondero*, Droit des sociétés, 2015, Rn. 160, 1347; *Cozian/Viandier/Deboissy*, Droit des sociétés, 2016, Rn. 506 f.; *Lefebvre*, Mémento Assemblées générales, 2016-2017, Rn. 58940 ff.

743 *Lefebvre*, Mémento Sociétés commerciales, 2018, Rn. 7792, unter Verweis auf Cass. com., 18.4.1961, Nr. 59-11.394, Cass. com. 30.5.1980, Nr. 78-13.836, Cass. com. 24.1.1995, Nr. 93-13.273 und Cass. com. 30.11.2004, Nr. 01-16.581; *Le Cannu/Dondero*, Droit des sociétés, 2015, Rn. 157; *Cozian/Viandier/Deboissy*, Droit des sociétés, 2016, Rn. 501.

744 Cass. com. 1.7.2003, Nr. 99-19.328; *Lefebvre*, Mémento Sociétés commerciales, 2018, Rn. 76293; *Lefebvre*, Mémento Assemblées générales, 2016-2017, Rn. 58190; *Le Cannu/Dondero*, Droit des sociétés, 2015, Rn. 158.

745 Vgl. hierzu *Lefebvre*, Mémento Assemblées générales, 2016-2017, Rn. 58030 und 58150 ff. mit verschiedenen Beispielen aus der Rechtsprechung: CA Paris 18.11.1969, CA Paris 18.11.1969, Recueil Dalloz 1970, 170, 171, Anm. *Guyon*; Cass. com. 8.2.2011, Nr. 10-11.788, JCP E 19 (2011) 27, 27 f., Anm. *Dondero*; Cass. com. 24.1.1995, Nr. 93-13.273, JCP E 31-35 (1995) 282, 282; *Le Cannu/Dondero*, Droit des sociétés, 2015, Rn. 158.

746 Cass. com. 13.11.2003, Nr. 00-20.646; Cass. com. 6.6.1990, Nr. 88-19.420 und Nr. 88-19.783, Revue des Sociétés 1990, 606, 611, Anm. *Chartier*; CA Paris 27.2.1997, JCP E 36 (1997) 179, 179 ff., Anm. *Viandier*; Cass. 3ème civ. 7.2.2012, Nr. 10-17.812; *Lefebvre*, Mémento Sociétés commerciales, 2018, Rn. 7792.

747 Insofern kommt die Nichtigkeit im französischen Recht nach deutschem Verständnis einer Anfechtbarkeit näher. Vgl. im Übrigen zu den Voraussetzungen und Folgen der Nichtigkeit von Beschlüssen, Rn. 571 f.

748 Cass. com. 6.6.1990, Nr. 88-19.420 und Nr. 88-19.783, Revue des Sociétés 1990, 606, 612, Anm. *Chartier*.

749 Cass. com. 31.1.2006, Nr. 04-14.182; Cass. com. 5.5.1998, Nr. 96-15.383; *Le Cannu/Dondero*, Droit des sociétés, 2015, Rn. 160 f.; *Cozian/Viandier/Deboissy*, Droit des sociétés, 2016, Rn. 507; *Lefebvre*, Mémento Sociétés commerciales, 2018, Rn. 7830, mit weiteren Beispielen aus der Rechtsprechung. Siehe auch: *Lefebvre*, Mémento Transmission d'Entreprise, 2015-2016, Rn. 22453; *Lefebvre*, Mémento assemblées générales, 2016-2017, Rn. 58940 ff.

750 Cass. com. 5.5.1998, Nr. 96-15.383. Siehe auch: *Lefebvre*, Mémento Sociétés commerciales, 2018, Rn. 7830, mit weiteren Beispielen aus der Rechtsprechung; *Le Cannu/Dondero*, Droit des sociétés, 2015, Rn. 160, 1347; *Cozian/Viandier/Deboissy*, Droit des sociétés, 2016, Rn. 508.

751 CA Paris 23.11.2001, Nr. 01-3506; vgl. auch: *Lefebvre*, Mémento Sociétés commerciales, 2018, Rn. 7830.

752 Cass. com. 9.3.1993, Nr. 91-14.685.

eine Krise zu überstehen, muss der Minderheitsgesellschafter diesem Beschluss zustimmen. Das gilt selbst dann, wenn er eine Verwässerung seiner Anteile fürchtet.[753]

365 Nach Auffassung des Kassationshofs (*Cour de cassation*) kann die fehlende Zustimmung des Minderheitsgesellschafters nur durch die gerichtliche Bestimmung eines **ad hoc-Vertreters** für diesen Gesellschafter ersetzt werden, der dann in der darauf folgenden Versammlung das Stimmrecht ausübt.[754] Dem Minderheitsgesellschafter bleibt es jedoch unbenommen, an der Gesellschafterversammlung teilzunehmen, um seinen Standpunkt zu erläutern.[755] Lediglich das **Stimmrecht** wird durch den ad hoc-Vertreter ausgeübt. Für Schäden, die aufgrund eines Missbrauchs durch die Minderheit entstehen, können **Schadensersatzansprüche** erwachsen.[756]

bb) Informations- und Überwachungsrechte der Gesellschafter

366 Die Informations- und Überwachungsrechte der Gesellschafter mit Blick auf die Gesellschafterversammlung wurden soeben erörtert. Daneben steht den Gesellschaftern jederzeit das Recht zu, am Sitz der Gesellschaft persönlich **Einsicht** in die Jahresabschlüsse, Inventarverzeichnisse, Geschäftsführungsberichte und Protokolle der Gesellschafterversammlungen der letzten drei Jahre zu nehmen und von den Dokumenten **Kopien** zu erstellen (Art. L. 223-26 IV iVm Art. R. 223-15 I 1 und 2 C. com.). Lediglich Kopien der Inventarverzeichnisse sind den Gesellschaftern nicht gestattet (Art. R. 223-15 I 2 C. com.). Gesellschafter, die keine Geschäftsführerstellung innehaben, haben zudem die Möglichkeit, zweimal im Jahr **schriftlich Fragen** zu den Aktivitäten der SARL zu stellen.[757] Diese Fragen sind dann innerhalb eines Monats von der Geschäftsführung ebenfalls schriftlich zu beantworten und die Antwort ist dem Gesellschafter sowie dem ggf. bestellten Abschlussprüfer weiterzuleiten (Art. L. 223-36 iVm Art. R. 223-29 C. com.).[758]

cc) Wettbewerbsverbot für die Gesellschafter

367 Die Frage, ob die Gesellschafter im Hinblick auf die *affectio societatis* (siehe Rn. 2) von Rechts wegen einem Wettbewerbsverbot unterliegen, ist umstritten.[759] Nach der neueren Rechtsprechung ist es dem Gesellschafter einer SARL jedoch grundsätzlich gestattet, eine Tätigkeit auszuüben, die im Wettbewerb mit der Gesellschaft steht, solange dieser nicht unlauter ist. Ferner ist er nicht verpflichtet, die Gesellschaft über die Ausübung einer solchen Tätigkeit zu informieren.[760] Etwas Anderes kann jedoch gelten, wenn die Satzung entsprechende Vorgaben enthält.[761] Abweichend zu dem vorstehend genannten Grundsatz gibt es jedoch bestimmte Ausnahmefälle, in denen dem Gesellschafter einer SARL die Ausübung einer konkurrierenden Tätigkeit von Rechts wegen untersagt ist. Dies ist etwa der Fall, wenn er einen **Geschäftsbetrieb** (sog *fonds de commerce*) in die Gesellschaft einbringt, da er als Veräußerer von Rechts wegen dazu verpflichtet ist, den Käufer nicht in dessen Inhaberschaft an der verkauften Sache zu stören (Art. 1625 C. civ.). Anderslautende Bestimmungen sind in diesem Fall nichtig (Art. 1628 C. civ.). Daneben unterliegen auch diejenigen Gesellschafter einem gesetzlichen Wettbewerbsverbot, die Dienstleistungen oder Know-how in die Gesellschaft eingebracht haben, da diese gem. Art. 1843-3 VI C. civ. dazu verpflichtet sind, der Gesellschaft sämtliche Gewinne auszuzahlen, die sie mit der Tätigkeit erzielt haben, die Gegenstand ihrer Einlage ist.[762] Darüber hinaus ist es ebenfalls möglich, ein (auch nachvertragliches) Wettbewerbsverbot vertraglich oder statutarisch festzulegen.[763] Wird ein solches Wettbewerbsverbot im Laufe des Bestehens der Gesellschaft in die Satzung aufgenommen, so bedarf dies eines einstimmigen Gesellschafterbe-

---

753 CA Paris 5.9.2013, Nr. 11-08.180; für weitere Beispiele aus der Rechtsprechung, die den Missbrauch durch die Minderheit im Rahmen der Beschlussfassung zu Kapitalerhöhungen betreffen: *Lefebvre*, Mémento Sociétés commerciales, 2018, Rn. 7845.

754 Cass. com. 9.3.1993, 91-14.685; Cass. com. 5.5.1998, Nr. 96-15.383; CA Saint-Denis 19.9.2008, Nr. 07-2027; RJDA 7/09 Nr. 646; vgl. auch: *Lefebvre*, Mémento Sociétés commerciales, 2018, Rn. 7833.

755 *Delpech*, Société à responsabilité limitée SARL, 2012, Rn. 56.33.

756 *Lefebvre*, Mémento Sociétés commerciales, 2018, Rn. 7833; *Merle/Fauchon*, Sociétés commerciales, 2016, Rn. 665.

757 *Moulin*, Droit des sociétés et des groupes, 2016-2017, S. 118.

758 Zu den Informationsrechten *Döbereiner* in: Süß/Wachter (Hrsg.), HdB des internationalen GmbH-Rechts, 2016, Frankreich, Rn. 86 f.

759 *Delpech*, Société à responsabilité limitée SARL, 2012, Rn. 48.16; *Mestre/Velardocchio/Mestre-Chami*, Le Lamy sociétés commerciales, 2017, Rn. 858.

760 Cass. com. 15.11.2011, Nr. 10-15.049; dazu auch *Delpech*, Société à responsabilité limitée SARL, 2012, Rn. 48.16; *Lefebvre*, Mémento Sociétés commerciales, 2018, Rn. 34100.

761 *Delpech*, Société à responsabilité limitée SARL, 2012, Rn. 48.17; *Lefebvre*, Mémento Sociétés commerciales, 2018, Rn. 34100.

762 *Delpech*, Société à responsabilité limitée SARL, 2012, Rn. 48.16; *Lefebvre*, Mémento Sociétés commerciales, 2018, Rn. 34100.

763 *Delpech*, Société à responsabilité limitée SARL, 2012, Rn. 48.17.

schlusses.[764] Voraussetzung für die Gültigkeit einer solchen Klausel ist, dass das Wettbewerbsverbot zeitlich und räumlich beschränkt ist und im Hinblick auf die Wahrung der Interessen der Gesellschaft angemessen ist.[765] Strengere Regelungen gelten, wenn der Gesellschafter zugleich auch Arbeitnehmer der Gesellschaft ist. In diesem Fall ist das Wettbewerbsverbot nur gültig, wenn es zusätzlich zu der vorstehenden Beschränkung unerlässlich für den Schutz der Unternehmensinteressen ist, die Besonderheiten der Tätigkeit des Arbeitnehmers berücksichtigt und die Zahlung einer finanziellen Gegenleistung vorsieht.[766]

4. Kapitalverfassung

a) Kapitalaufbringung

Vor der Gesetzesänderung 2003[767] betrug das Mindestkapital der SARL 7.500 EUR. Nach dem neu gefassten Art. L. 223-2 C. com. können die Gesellschafter nun völlig **frei über die Kapitalausstattung bestimmen.** Ein bestimmtes Mindestkapital muss **nicht** mehr erbracht werden, es wird frei in der Satzung bestimmt.[768] Frankreich stand damit in Europa am Anfang eines Trends hin zur Reduzierung des Mindestkapitals.[769] 368

Eine **Unterkapitalisierung** ist allerdings aus wirtschaftlicher Sicht nicht unbedenklich, da so kein Eigenkapital als Puffer für eventuelle Verluste (gerade in der Anfangsphase) vorhanden ist (siehe dazu Rn. 421 ff.). Zudem kann sie im Insolvenzfall ein erhebliches Haftungsrisiko des oder der Gesellschafter begründen (vgl. Rn. 431, 436). Daneben muss das Stammkapital auf allen Dokumenten, die an Dritte gerichtet sind, angegeben werden (Art. L. 223-1 IV und Art. R. 123-238 Nr. 3 C. com.), so dass mit einem zu geringen Stammkapital auch gegenüber Dritten ein schlechter Eindruck (Reputationsverlust) bewirkt werden kann. Dieses Reputationsmodell ist ein marktorientierter Ansatz zur Gewährleistung einer angemessenen Eigenkapitalausstattung und steht damit insbesondere im Gegensatz zu Vorstellungen von einem Mindestkapital als Seriösitätsschwelle und noch weitergehenden Vorstellungen von einer Pflicht zu einer materiell angemessenen Eigenkapitalausstattung wie sie zB in Deutschland verbreitet sind. Aus den genannten Gründen ist in der Praxis die Festlegung eines nicht zu niedrigen Kapitals (im Verhältnis zum Geschäftsumfang) zu empfehlen. 369

Das Gesellschaftskapital ist in **gleiche Geschäftsanteile** (*parts sociales égales*) aufgeteilt (Art. L. 223-2 I C. com.). In der Satzung müssen zwingend die Anzahl der Geschäftsanteile genannt sowie Angaben dazu gemacht werden, wie viele Anteile die Gesellschafter jeweils halten (Art. L. 223-7 III C. com.). Die Anteile müssen **vollständig** von den Gesellschaftern **gezeichnet** werden (Art. L. 223-7 I C. com.). Im Gegensatz zur deutschen GmbH (§ 5 II 1 GmbHG) müssen die Anteile nicht auf volle Euro lauten, so dass die Anzahl der gehaltenen Anteile auch mittels einer Dezimalzahl ausgedrückt werden kann. In der Praxis sind die Anteile meist sehr klein gestückelt. Es können Geschäftsanteile **mit** oder **ohne Nennwert** ausgegeben werden, denn der Nennwert lässt sich errechnen, da lediglich gleiche Anteile ausgegeben werden (*parts sociales égales*).[770] Ein Gesellschafter hat damit keine einheitliche Beteiligung an der Gesellschaft, sondern er hält eine bestimmte Zahl an Anteilen (zB 5, 10, 13), woraus sich dann sein Anteil am Kapital errechnen lässt. Aus deutscher Sicht mag dies an das Halten von Aktien erinnern. Allerdings kennt die SARL keine verschiedenen Kategorien von Anteilen, wie das im Fall von Aktien möglich ist (vgl. zur SA Rn. 581 und zur SAS Rn. 693). Dass ein Gesellschafter eine bestimmte Anzahl von Anteilen hält, kann bei der nur teilweisen Weitergabe einer Beteiligung an Dritte oder im Erbfall praktisch von Bedeutung sein. Es bedarf dann keiner Teilungsanordnung. Relevant ist dieser Unterschied auch bei Pfändungen oder Nießbrauch, die sich nicht auf die ganze Beteiligung erstrecken müssen. Zudem ist auch das Halten von Bruchteilen an einem Anteil möglich. 370

Der Erwerb **eigener Anteile** ist der SARL grundsätzlich verboten (Art. L. 223-34 IV 1 C. com.; zur Ausnahme im Fall einer Kapitalherabsetzung siehe Rn. 396). 371

764 *Delpech*, Société à responsabilité limitée SARL, 2012, Rn. 48.17; *Mestre/Velardocchio/Mestre-Chami*, Le Lamy sociétés commerciales, 2017, Rn. 858; *Lefebvre*, Mémento Sociétés commerciales, 2018, Rn. 12771.

765 Cass. com. 20.9.2016, Nr. 15-13.263.

766 Cass. com. 15.3.2011, Nr. 10-13.824; dazu auch *Mestre/Velardocchio/Mestre-Chami*, Le Lamy sociétés commerciales, 2017, Rn. 858.

767 Gesetz Nr. 2003-721 vom 1. August 2003 für die wirtschaftliche Initiative (Übersetzung der Verfasser, Originaltitel: *Loi n° 2003-721 du 1 août 2003 pour l'initiative économique*); die Zeitspanne zwischen Entwurf und Verabschiedung des Gesetzes war sehr kurz, weshalb dem Gesetzgeber damals auch hektischer Aktionismus vorgeworfen wurde, *Fleischer* NZG 2014, 1081, 1084 mwN.

768 *Döbereiner* in: Süß/Wachter (Hrsg.), HdB des internationalen GmbH-Rechts, 2016, Frankreich, Rn. 35; *Germain/Magnier*, Les sociétés commerciales, 2014, Rn. 1795; *Guiramand/Héraud*, Droit des sociétés, 2016, S. 157; *Moulin*, Droit des sociétés et des groupes, 2016-2017, S. 112; *Meyer/Ludwig* GmbHR 2005, 346, 348; *Christ*, Englische Private Limited und französische Société à Responsabilité Limitée, 2008, S. 37.

769 *Fleischer* NZG 2014, 1081, 1086.

770 *Döbereiner* in: Süß/Wachter (Hrsg.), HdB des internationalen GmbH-Rechts, 2016, Frankreich, Rn. 36.

372 Folgende Einlagen können im Prinzip in die SARL eingebracht werden:[771]

- **Bareinlagen** (*apports en numéraire*)
- **Sacheinlagen** (*apports en nature*)
- **Dienstleistungen und technisches Know-how** (*apports en industrie*)

aa) Exkurs: Variables Kapital

373 Bevor im Einzelnen auf die unterschiedlichen Einlageformen eingegangen wird, soll zunächst in einem Exkurs die Rechtslage zum variablen Kapital näher erläutert werden. Denn es besteht für die Gesellschafter der SARL auch die Möglichkeit, ein **variables Stammkapital** (*capital variable*) vorzuschreiben.[772] Es gelten dann die speziellen Vorschriften der Art. L. 231-1 bis Art. L. 231-8 C. com., die sich rechtsformneutral mit dieser Thematik beschäftigen.

374 Die Gründung einer SARL mit variablem Stammkapital bringt als wesentlichen Vorteil mit sich, dass Erhöhungen und Reduzierungen des Kapitals **ohne Änderung der Satzung** und damit ohne Einberufung einer außerordentlichen Gesellschafterversammlung möglich sind.[773] Zudem sind Kapitaländerungen gem. Art. L. 231-3 C. com. grundsätzlich von den sonst einzuhaltenden **Bekanntmachungspflichten** ausgenommen.

375 Entscheiden sich die Gesellschafter zur Gründung einer SARL mit variablem Stammkapital, so muss in der Satzung eine entsprechende Bestimmung aufgenommen werden (Art. L. 231-1 II C. com.). Dies ist Dritten gegenüber kenntlich zu machen, indem hinter der Firma und dem Rechtsformzusatz auf allen Geschäftsdokumenten die Formulierung *„à capital variable"* eingefügt wird (Art. L. 231-2 C. com.). Zudem ist in der Satzung zwingend der Wert des **maximalen Stammkapitals** festzulegen, damit Kapitalerhöhungen wirksam außerhalb der Gesellschafterversammlung vorgenommen werden können.[774] Neben dieser Obergrenze muss die Satzung gem. Art. L. 231-5 I C. com. auch einen **Mindestwert** festlegen, den das Stammkapital nicht unterschreiten und welcher seinerseits gem. Art. L. 231-5 II C. com. nicht weniger als ein Zehntel des ursprünglichen Stammkapitals (*capital stipulé dans les statuts*) betragen darf.[775] Bei einer Gesellschaft mit variablem Kapital kann das Kapital damit im Rahmen einer gewissen Spanne fluktuieren. Gesellschafter, welche eine SARL mit variablem Kapital verlassen, können für die zum Austrittszeitpunkt bestehenden Verbindlichkeiten bis zu fünf Jahre nach ihrem Ausscheiden in Anspruch genommen werden (Art. L. 231-6 III C. com.).

bb) Bareinlagen

376 Bareinlagen müssen bei der SARL zu 20% sofort, dh noch vor Unterzeichnung des Gesellschaftsvertrags,[776] geleistet werden (Art. L. 223-7 C. com.). Die Aufbringungsvorschrift gilt für jeden Gesellschafter und nicht lediglich für die Bareinlagen insgesamt.[777] Der Betrag muss bei der *caisse des dépôts et consignations* bzw. einer **Bank** eingezahlt oder bei einem **Notar** hinterlegt werden (Art. L. 223-7 IV und Art. R. 223-3 I C. com.) und darf bis zur Eintragung der Gesellschaft ins Handelsregister **nicht** genutzt werden. Die Gesellschaft wird nicht eingetragen, sofern die Mindesteinlagen nicht erbracht worden sind.

377 Die Auszahlung der Mittel erfolgt erst gegen Vorlage des Handelsregisterauszugs, aus dem die Eintragung der Gesellschaft beim Handelsregister hervorgeht (Art. R. 223-4 C. com.). Die **ausstehenden Einlagen** müssen in den darauffolgenden fünf Jahren erbracht werden. Sie werden von dem/n Geschäftsführer/n auf einmal oder schrittweise eingefordert (Art. L. 223-7 I 4 C. com.). Er/Sie hat/haben dabei den Gleichbehandlungsgrundsatz zu berücksichtigen.[778] Der bzw. die Zeitpunkte für die Aufbringung der Bareinlagen können dabei in der Satzung festgelegt werden, solange diese vorsieht, dass mindestens ein Fünftel der Bareinlagen bei Gründung der Gesellschaft eingezahlt wird (siehe Rn. 376) und solange die vollständige Einzahlung der Einlagen innerhalb der vorstehend genannten Fünfjahresfrist erfolgt.[779]

378 Kommt ein Gesellschafter im Fall der teilweisen Erbringung der Bareinlage bei Gründung seiner Pflicht zur weiteren Einzahlung nicht innerhalb der vorgegebenen Fristen nach, fallen von Rechts wegen **Verzugszinsen** an (Art. 1843-3 V C. com.). Die Gesellschaft kann im Übrigen die Zahlung der ausstehenden Einlagen gerichtlich

---

771 *Cozian/Viandier/Deboissy*, Droit des sociétés, 2016, Rn. 1322.
772 *Le Cannu/Dondero*, Droit des sociétés, 2015, Rn. 1279; *Merle/Fauchon*, Sociétés commerciales, 2016, Rn. 213; *Cozian/Viandier/Deboissy*, Droit des sociétés, 2016, Rn. 1322; *Lefebvre*, Mémento Sociétés commerciales, 2018, Rn. 30141.
773 *Lefebvre*, Documentation experte, Documentation pratique Affaires, Série SARL, 2018, Division II, Rn. 20501; vgl. auch *Christ*, Englische Private Limited und französische Société à Responsabilité Limitée, 2008, S. 133.
774 Cass. com. 6.2.2007, Nr. 05-19.237 (*Socovigap c/ Sica Pyrénéenne de Viande*).
775 *Lefebvre* BRDA 15-16 (2014), 4, 4.
776 *Döbereiner* in: Süß/Wachter (Hrsg.), HdB des internationalen GmbH-Rechts, 2016, Frankreich, Rn. 48.
777 *Christ*, Englische Private Limited und französische Société à Responsabilité Limitée, 2008, S. 134.
778 *Christ*, Englische Private Limited und französische Société à Responsabilité Limitée, 2008, S. 134.
779 *Delpech*, Société à responsabilité limitée SARL, 2012, Rn. 31.29.

erwirken und gegebenenfalls **Schadensersatz** verlangen.[780] Es gibt diesbezüglich jedoch keine gesamtschuldnerische Haftung der Gesellschafter, so dass ein Ausbleiben der restlichen Einlage droht, wenn der Gesellschafter tatsächlich nicht über genügend Mittel verfügt.

Wurden die Bareinlagen bereits geleistet, kommt es jedoch danach nicht innerhalb von sechs Monaten zur Gründung der Gesellschaft, so kann jeder Gesellschafter oder ein von allen Gesellschaftern Bevollmächtigter die **Rückzahlung der Einlagen** verlangen (Art. L. 223-8 II 1, Art. R. 223-5 Nr. 1 bzw. Art. L. 223-8 II 2 C. com.).[781] 379

Neben Bareinlagen ist es üblich, dass Gesellschafter zum Ausgleich eines kurzfristigen, finanziellen Bedarfs der Gesellschaft, dieser einen Kredit gewähren (**Gesellschafterdarlehen**). Sie finden sich diesbezüglich dann in der Rolle des Gläubigers wieder. Entsprechende Kredite zählen daher nicht zu den Bareinlagen und werden generell auf einem speziellen Konto (*Associés-Comptes courants*) verbucht.[782] Da es sich bei einem Gesellschafterdarlehen um ein Geschäft mit einer nahestehenden Person handelt, sind die Vorschriften zu den *conventions réglementées* zu beachten. 380

cc) Sacheinlagen

Sacheinlagen (*apports en nature*) müssen im Gegensatz zur Bareinlage sofort vollständig erbracht werden (Art. L. 223-7 I 2 C. com.) und bedürfen grundsätzlich eines **Wertgutachtens**. Der Wert der Sacheinlage muss in der Satzung erwähnt werden und ein Bericht des **Sacheinlageprüfers** (*commissaire aux apports*) ist der Satzung beizufügen.[783] Den Gesellschaftern steht es allerdings insofern ausdrücklich frei, der Sacheinlage in der Satzung einen anderen als den vom Sachverständigen ermittelten Wert beizumessen.[784] Beträgt der Wert der Sacheinlage nicht mehr als 30.000 EUR (Art. D. 223-6-1 C. com.) und machen die Sacheinlagen weniger als die Hälfte des gesamten Kapitals aus, können die Gesellschafter einstimmig beschließen, auf ein Wertgutachten zu verzichten (Art. L. 223-9 II C. com.). Lassen die Gesellschafter die Sacheinlage nicht von einem Sacheinlageprüfer bewerten oder weichen sie von dem von ihm ermittelten Wert nach oben ab, **haften** sie allerdings für **fünf Jahre gesamtschuldnerisch** für den angegebenen Wert der Sacheinlage gegenüber Dritten (Art. L. 223-9 IV C. com.). 381

Das in Deutschland viel diskutierte Problem der **verdeckten Sacheinlage** besteht so in Frankreich bei der SARL nicht.[785] Die Vorschriften zur Nachgründung, die für die SA (Art. L. 225-101 C. com.) (s. Rn. 588) gelten, finden auf die SARL keine Anwendung. Im Anschluss an die Gründung kann daher mithilfe eingebrachter Bareinlagen vom Gesellschafter ein Gegenstand erworben werden. Allerdings sind in diesem Zusammenhang die Regeln bzgl. reglementierter Vereinbarungen (*conventions réglementées*) zu beachten (siehe dazu näher unter Rn. 33). 382

dd) Diensteinlagen und technisches Know-how

Neben „normalen" Sacheinlagen können seit 2001 unter Umständen auch **Dienstleistungen** und **technisches Know-how** in die Gesellschaft eingebracht werden (*apport en industrie*); sie dürfen jedoch nicht zum Stammkapital beitragen.[786] Diese Vorgabe dient dem Schutz der Gläubiger. Hoch bewertete Dienstleistungen und technisches Know-how können so nicht genutzt werden, um das Stammkapital „aufzublähen". Werden Dienstleistungen oder technisches Know-how eingebracht, erwirbt der Gesellschafter allerdings gleichwohl eine **Gesellschafterstellung**,[787] dh der Gesellschafter wird an den Gewinnen und Verlusten beteiligt (Art. 1843-2 II C. civ.) und kann auch an kollektiven Entscheidungen teilnehmen. Die Satzung muss die näheren Bedingungen für die Einbringung von Dienstleistungen und technischem Know-how festlegen.[788] Die Einbringung von Dienstleistungen führt im Ergebnis zu einer Unterscheidung zwischen dem Haftkapital nach außen und dem Gesellschaftskapital im Innenverhältnis. 383

---

780 *Lefebvre*, Mémento Sociétés commerciales, 2018, Rn. 34082.

781 *Döbereiner* in: Süß/Wachter (Hrsg.), HdB des internationalen GmbH-Rechts, 2016, Frankreich, Rn. 50.

782 *Lefebvre*, Mémento Sociétés commerciales, 2018, Rn. 1935.

783 *Merle/Fauchon*, Sociétés commerciales, 2016, Rn. 215; *Cozian/Viandier/Deboissy*, Droit des sociétés, 2016, Rn. 1325; *Lefebvre*, Mémento Sociétés commerciales, 2018, Rn. 30161.

784 *Merle/Fauchon*, Sociétés commerciales, 2016, Rn. 215; *Lefebvre*, Mémento Sociétés commerciales, 2018, Rn. 30164; *Sonnenberger/Dammann*, Französisches Handels- und Wirtschaftsrecht, 2008, Kap. III Rn. 46.

785 *Döbereiner* in: Süß/Wachter (Hrsg.), HdB des internationalen GmbH-Rechts, 2016, Frankreich, Rn. 52; *Karst* NotBZ 2006, 119, 120.

786 Art. 1843-2 II C. civ.; *Merle/Fauchon*, Sociétés commerciales, 2016, Rn. 216; *Lefebvre*, Mémento Sociétés commerciales, 2018, Rn. 30180; *Sonnenberger/Dammann*, Französisches Handels- und Wirtschaftsrecht, 2008, Kap. III Rn. 45; *Germain/Magnier*, Les sociétés commerciales, 2014, Rn. 1794.

787 *Delpech*, Société à responsabilité limitée SARL, 2012, Rn. 33.15.

788 *Lefebvre*, Mémento Sociétés commerciales, 2018, Rn. 30180; *Cozian/Viandier/Deboissy*, Droit des sociétés, 2016, Rn. 1326; *Merle/Fauchon*, Sociétés commerciales, 2016, Rn. 216; *Döbereiner* in: Süß/Wachter (Hrsg.), HdB des internationalen GmbH-Rechts, 2016, Frankreich, Rn. 53; Cass. 1e civ. 30.3.2004, Nr. 01-15.575, JCP E 23 (2004) 891, 891.

b) Gewinn- und Verlustbeteiligung

384 Die Gesellschafter haben Anspruch auf **Gewinnausschüttung** in Form von Dividenden. Fasst die Gesellschafterversammlung einen entsprechenden Ausschüttungsbeschluss, muss die **Auszahlung** innerhalb von neun Monaten nach Beschlussfassung erfolgen (Art. L. 232-13 II C. com.). Die **Beschlüsse** werden in der ordentlichen Gesellschafterversammlung gefasst, für welche eine einfache Mehrheit genügt (Art. L. 223-29 I C. com.).[789] Die **Gewinnaufteilung** richtet sich normalerweise nach dem Anteil am Gesellschaftskapital unter Berücksichtigung der Anteile, die durch die Erbringung von Dienstleistungen oder technischem Know-how erworben wurden (Art. 1844-1 I C. civ.). Die Satzung kann jedoch ein anderes Verhältnis vorschreiben.[790]

385 Für die **Verbindlichkeiten** der Gesellschaft haften die Gesellschafter nur in Höhe ihrer Einlage (Art. L. 223-1 I C. com.), womit es sich bei der SARL um eine Gesellschaft mit beschränkter Haftung handelt.

c) Rücklagenbildung

386 Sowohl bei der SARL als auch bei Aktiengesellschaften ist die Bildung einer **gesetzlichen Rücklage** (*réserve légale*) vorgeschrieben. Demnach müssen mindestens 5% des Gewinns eines Geschäftsjahres dieser Rücklage zugewiesen werden, bis diese 10% des Stammkapitals beträgt (Art. L. 232-10 I und II C. com.). Im Falle einer Kapitalerhöhung muss diese Zuweisung erfolgen, bis die gesetzliche Rücklage 10% des erhöhten Betrags erreicht.[791] Diese Rücklage dient zusätzlich dem Gläubigerschutz. Das heißt, es ist den Gesellschaftern insbesondere untersagt, **Entnahmen** aus dieser Rücklage in Form von Dividenden zu tätigen (Art. L. 232-12 III C. com.). Entnahmen aus der gesetzlichen Rücklage dürfen lediglich zur Deckung von Verlusten dienen, die nicht durch andere Rücklagen gedeckt werden können.[792] Darüber hinaus ist jedoch auch eine Zuweisung zum Stammkapital möglich. Wurden Entnahmen aus der Rücklage zu einem der beiden vorstehend aufgeführten Zwecke getätigt, so muss die Gesellschaft erneut eine Bildung der Rücklage gemäß den zuvor genannten Modalitäten vornehmen, bis diese wieder 10% des aktuellen Stammkapitals beträgt.[793] Als im Unternehmen gebundenes Eigenkapital muss die gesetzliche Rücklage als Passivposten in der Bilanz ausgewiesen werden. Allerdings gibt es keinerlei gesetzliche Vorschrift dazu, in welcher Form die der gesetzlichen Rücklage zugewiesenen Mittel zu verwahren sind. Es steht der Gesellschaft daher frei, die entsprechenden Mittel etwa im Umlaufvermögen zu belassen oder in jedweden anderen Aktivposten zu investieren.[794]

387 Darüber hinaus kann die Satzung die Bildung weiterer Rücklagen vorsehen (sog *réserves statutaires*). Auch die einer solchen Rücklage zugewiesenen Mittel dürfen nicht ausgeschüttet werden.[795] Wollen die Gesellschafter derartige satzungsmäßige Rücklagen ausschütten, so müssen sie zunächst einen satzungsändernden Beschluss fassen und können die Rücklagen anschließend als Gewinn ausschütten. Da dies umständlich ist und gegebenenfalls sogar an den erforderlichen Mehrheiten scheitern kann, werden in der Praxis in aller Regel freie Rücklagen (*réserves libres*), etwa für die Finanzierung eines Projekts, bevorzugt, die erheblich flexibler sind.[796]

d) Kapitalerhöhung

388 Bei einer **Kapitalerhöhung** gelten grundsätzlich dieselben Vorschriften, die auch bei der Gründung der Gesellschaft, der Bildung des Stammkapitals und der Einzahlung der Einlagen Anwendung finden.[797] Dabei können – etwa im Rahmen einer Nutzung von Rücklagen zur Erhöhung des Gesellschaftskapitals – entweder neue Anteile ausgegeben oder aber der Wert der bisherigen Anteile erhöht werden.[798] Im Hinblick auf den dafür notwendigen **Gesellschafterbeschluss** gelten die Regeln über Satzungsänderungen (s. Rn. 354 ff.). Der **Beschluss** über die Erhöhung des Stammkapitals durch **Umwandlung von Gewinnen** oder **Rücklagen** wird abweichend zu den sonstigen Regelungen jedoch mit einfacher Mehrheit gefasst (Art. L. 223-30 VI C. com.). Da die Kapitalerhö-

---

789 *Delpech*, Société à responsabilité limitée SARL, 2012, Rn. 54.11.

790 *Lefebvre*, Mémento Sociétés commerciales, 2018, Rn. 7040 iVm Rn. 30210; *Cozian/Viandier/Deboissy*, Droit des sociétés, 2016, Rn. 156.

791 *Merle/Fauchon*, Sociétés commerciales, 2016, Rn. 622; *Lefebvre*, Mémento Sociétés commerciales, 2018, Rn. 76273.

792 *Lefebvre*, Mémento Sociétés commerciales, 2018, Rn. 76275 f.

793 *Germain/Magnier*, Les sociétés commerciales, 2014, Rn. 2468; *Lefebvre*, Mémento Sociétés commerciales, 2018, Rn. 76275 f.

794 *Germain/Magnier*, Les sociétés commerciales, 2014, Rn. 2468; *Petot-Fontaine* in: JurisClasseur Sociétés Traité, 2016, Société à responsabilité, Fasc. 78-10, Rn. 54.

795 *Lefebvre*, Mémento Sociétés commerciales, 2018, Rn. 76290 f.; *Cozian/Viandier/Deboissy*, Droit des sociétés, 2016, Rn. 481; *Merle/Fauchon*, Sociétés commerciales, 2016, Rn. 623.

796 *Delpech*, Société à responsabilité limitée SARL, 2012, Rn. 47.38 f.

797 *Merle/Fauchon*, Sociétés commerciales, 2016, Rn. 268; *Le Cannu/Dondero*, Droit des sociétés, 2015, Rn. 1380.

798 *Lefebvre*, Mémento Sociétés commerciales, 2018, Rn. 32980; *Lefebvre*, Documentation experte, Documentation pratique Affaires, Série SARL, 2018, Division II, Rn. 23100 und 23109; *Christ*, Englische Private Limited und französische Société à Responsabilité Limitée, 2008, S. 138.

hung zu einer Satzungsänderung führt, ist sie beim **Handelsregister** anzumelden und muss dort eingetragen werden.[799] Auf **Geschäftsbriefen** muss die Angabe zum Stammkapital entsprechend aktualisiert werden.[800]

Umstritten ist, unter welchen Voraussetzungen ein Erwerb der im Rahmen einer Kapitalerhöhung geschaffenen Geschäftsanteile und der damit verbundene Erwerb der Gesellschafterstellung durch Dritte möglich ist.[801] Diesbezüglich wird zum einen die Auffassung vertreten, dass die Zeichnung neuer Geschäftsanteile durch gesellschaftsfremde Personen den gleichen Bedingungen unterliegt, wie im Falle einer Abtretung bestehender Geschäftsanteile und damit einer **Zustimmung** der Altgesellschafter bedarf.[802] Die Befürworter dieser Meinung führen an, dass dies auch dem der SARL zugrunde liegenden *intuitu personae*-Grundsatz entspricht.[803] Nach anderer Meinung können die Bedingungen für die Abtretung bestehender Geschäftsanteile im Falle der Zeichnung von Geschäftsanteilen im Zuge der Kapitalerhöhung keine Anwendung finden, da es sich bei letzteren nicht um bestehende, sondern um neu geschaffene Geschäftsanteile handelt.[804] Die besseren Argumente sprechen nach hier vertretener Ansicht jedoch dafür, der ersten Ansicht zu folgen und damit die Vorschriften über die Abtretung an Dritte anzuwenden. 389

Die Kapitalerhöhung kann durch **verschiedene Einlageformen** erfolgen: 390

- Bareinlage
- Sacheinlage
- Umwandlung von Gewinnen oder Rücklagen

Eine Kapitalerhöhung mittels Einbringung von Dienstleistungen oder technischem Know-how ist demgegenüber nicht möglich. Zwar ist es gestattet, durch die Einbringung von Dienstleistungen oder technischem Know-how eine Gesellschafterstellung zu erwerben (s. Rn. 372). Da diese Einlagen gem. Art. 1843-2 II C. civ. aber nicht zum Stammkapital beitragen dürfen, ist eine Kapitalerhöhung durch diese Form der Einlagenerbringung ausgeschlossen.[805]

Eine Kapitalerhöhung durch Bareinlage ist nur möglich, sofern keine Einlagen mehr ausstehen (Art. L. 223-7 I 4 C. com.). Bei einer Kapitalerhöhung durch **Bareinzahlung** muss in Abweichung zu den Aufbringungsvorschriften im Rahmen der Gründung die Höhe der Einzahlung mindestens ein Viertel des Nennwerts der gezeichneten Anteile betragen (Art. L. 223-32 I C. com.). Die Mittel können nach Erstellung der Bescheinigung über die Hinterlegung des Betrags durch die Gesellschaft verwendet werden (Art. L. 223-32 II C. com.). Der ausstehende Betrag muss dann vom Geschäftsführer innerhalb von fünf Jahren eingefordert werden.[806] Wie bei der Bareinlagenerbringung im Rahmen der Gründung können die Aufbringungszeitpunkte allerdings auch hier in der Satzung festgelegt werden, solange diese mit den Vorgaben des Art. L. 223-32 I C. com. in Einklang stehen, dh eine Einzahlung von mindestens einem Viertel des Nennwerts der gezeichneten Anteile zum Zeitpunkt der Zeichnung[807] und die Einzahlung der ausstehenden Beträge binnen fünf Jahren erfolgt.[808] 391

Hinsichtlich der **Umwandlung von Gesellschafterdarlehen in Stammkapital** ist zu beachten, dass die Verrechnung einer Einlage mit einem Gesellschafterdarlehen nach französischem Recht nicht wie in Deutschland als Sacheinlage betrachtet wird, sondern als Form der **Leistung im Rahmen der Bareinzahlung** (*libération par compensation avec une créance liquide et exigible*), so dass Gesellschafterdarlehen einfacher in Stammkapital umgewandelt werden können als in Deutschland. Dies wurde durch die Rechtsprechung angenommen, obwohl für die SARL diese Möglichkeit nicht ausdrücklich gesetzlich vorgesehen ist.[809] Umgekehrt bildet diese Lösung auch eine der wenigen Möglichkeiten, Gesellschafterdarlehen unkompliziert umzuwandeln, weil es in Frankreich eine § 272 II Nr. 4 HGB entsprechende Gewinnrücklage, der Einzahlungen der Gesellschafter zugewiesen 392

799 *Döbereiner* in: Süß/Wachter (Hrsg.), HdB des internationalen GmbH-Rechts, 2016, Frankreich, Rn. 63; *Lefebvre*, Documentation experte, Documentation pratique Affaires, Série SARL, 2018, Division VII, Rn. 98430; *Delpech*, Société à responsabilité limitée SARL, 2012, Rn. 121.29.

800 *Döbereiner* in: Süß/Wachter (Hrsg.), HdB des internationalen GmbH-Rechts, 2016, Frankreich, Rn. 63; *Lefebvre*, Documentation experte, Documentation pratique Affaires, Série SARL, 2018, Division I, Rn. 11020; *Delpech*, Société à responsabilité limitée SARL, 2012, Rn. 34-13.

801 *Karst* in: Süß/Wachter (Hrsg.), HdB des internationalen GmbH-Rechts, 2016, Frankreich, Rn. 55.

802 *Le Cannu/Dondero*, Droit des sociétés, 2015, Rn. 1378; *Lefebvre*, Mémento Sociétés commerciales, 2018, Rn. 32940.

803 *Lefebvre*, Mémento Sociétés commerciales, 2018, Rn. 32940.

804 *Hémard/Terré/Mabilat*, Sociétés commerciales, Band 1, 1972, Rn. 540; *Lefebvre*, Mémento Sociétés commerciales, 2018, Rn. 32940; zur Darstellung der verschiedenen Meinungen siehe auch *Karst* in: Süß/Wachter (Hrsg.), HdB des internationalen GmbH-Rechts, 2016, Frankreich, Rn. 55.

805 *Delpech*, Société à responsabilité limitée SARL, 2012, Rn. 121.11.

806 Vgl. *Döbereiner* in: Süß/Wachter (Hrsg.), HdB des internationalen GmbH-Rechts, 2016, Frankreich, Rn. 66; *Delpech*, Société à responsabilité limitée SARL, 2012, Rn. 121.19.

807 *Lefebvre*, Mémento Sociétés commerciales, 2018, Rn. 32960.

808 *Lefebvre*, Mémento Sociétés commerciales, 2018, Rn. 34080.

809 *Lefebvre*, Mémento Sociétés commerciales, 2018, Rn. 32962; *Lefebvre*, Documentation experte, Documentation pratique Affaires, Série SARL, 2018, Division II, Rn. 22690 ff., mit verschiedenen Beispielen aus der Rechtsprechung.

werden können, nicht gibt. Der Geschäftsführer stellt eine **Bescheinigung** über die Höhe und das Bestehen des Gesellschafterdarlehens aus (entgegen den Regelungen zur *société anonyme* ist diesbezüglich kein Testat des Wirtschaftsprüfers erforderlich).

393 Im Hinblick auf Sacheinlagen gelten die Regelungen für die Sachgründung entsprechend (Art. L. 223-33 I 1 C. com. iVm Art. L. 223-9 C. com., vgl. Rn. 381 f.). Dabei ist zu beachten, dass sich die Haftung bei Fehlen eines Sacheinlageberichts oder bei Überbewertung neben den neu übernehmenden Gesellschaftern auch auf die Geschäftsführer erstreckt (Art. L. 223-33 II C. com.). Im Ergebnis haften somit die einbringenden Personen sowie die Geschäftsführer persönlich und gesamtschuldnerisch für fünf Jahre für einen eventuell bestehenden Fehlbetrag.[810]

394 Gewinne können nur insoweit in Stammkapital umgewandelt werden, als sie aus einem abgeschlossenen Geschäftsjahr (und nicht aus einem Zwischenabschluss) resultieren,[811] denn nach einem Zwischenabschluss steht noch nicht fest, ob im Geschäftsjahr tatsächlich Gewinne erzielt werden, die frei verwendet werden können.

e) Kapitalherabsetzung

aa) Allgemeines

395 Für eine Kapitalherabsetzung sind ebenfalls die für Satzungsänderungen geltenden Mehrheitserfordernisse bezüglich der **Beschlussfassung** zu berücksichtigen (Art. L. 223-34 I C. com.). Sofern die Gesellschaft einen **Abschlussprüfer** hat, muss ihm 45 Tage vor Beschlussfassung das Vorhaben der Kapitalherabsetzung mitgeteilt werden, damit er den Gesellschaftern seine Einschätzung über die Gründe und Bedingungen der Herabsetzung übermitteln kann (Art. L. 223-34 II iVm R. 223-33 C. com.). Wie die Kapitalerhöhung ist auch die Kapitalherabsetzung dem **Handelsregister** zu melden und muss dort eingetragen werden.[812] Zudem ist es auch hier notwendig, die Angaben auf den **Geschäftsbriefen** zum Stammkapital zu aktualisieren.[813]

396 Die Kapitalherabsetzung kann grundsätzlich durch eine **Reduzierung der Anzahl der Aktien** oder (wenn der Nennwert für alle Anteile gleich bleibt) einer Herabsetzung **ihres Nennwerts** erreicht werden.[814] Wird eine Kapitalherabsetzung **nicht** zum Ausgleich von Verlusten durchgeführt, besteht zudem die Möglichkeit, dass die Gesellschaft ausnahmsweise **eigene Anteile erwirbt** und diese dann **annulliert** (Art. L. 223-34 IV 2 C. com.).[815] Durch dieses Vorgehen kann Kapital an die Gesellschafter ausgekehrt werden. Die Kapitalherabsetzung kann damit verschiedenen Zwecken dienen, namentlich zum einen dem Ausgleich von Verlusten (dazu Rn. 398) und zum anderen der Auskehrung an die Gesellschafter (dazu Rn. 397).

bb) Kapitalherabsetzung zum Zweck der Auskehrung an die Gesellschafter

397 Sofern die Kapitalherabsetzung nicht durch bestehende Verluste begründet ist, dh zur **Auskehrung an die Gesellschafter** führt, haben die Gläubiger der Gesellschaft, deren Forderungen schon vor der Kapitalherabsetzung bestanden, ein **Widerspruchsrecht**, welches innerhalb eines Monats ab Hinterlegung des Kapitalherabsetzungsbeschlusses beim zuständigen Handelsregister ausgeübt werden muss (Art. L. 223-34 III iVm Art. R. 223-35 I C. com.). Die Herabsetzung darf nicht vor Ende der Widerspruchsfrist umgesetzt werden. Werden Widersprüche der Gläubiger gegen die Herabsetzung eingelegt, so entscheidet ein Gericht darüber (Art. L. 223-34 III 2 C. com.). Das Gericht kann den Widerspruch zurückweisen, weil er nicht innerhalb der gesetzlichen Frist eingelegt oder der Anspruch nicht ausreichend dargelegt wurde. Anderenfalls wird dem Widerspruch stattgegeben. In diesem Fall sind die Forderungen der Gläubiger entweder zu begleichen oder ihnen in angemessener Höher Sicherheiten zu stellen (Art. L. 223-34 III 2 C. com.).

cc) Kapitalherabsetzung zum Zweck des Verlustausgleichs

398 Die Kapitalherabsetzung erfolgt jedoch in der Regel zum **Ausgleich von Verlusten**. In diesem Zusammenhang wird häufig ein sog *coup d'accordéon* (Kapitalerhöhung, gefolgt von einer Kapitalherabsetzung oder umgekehrt) durchgeführt. Diese Maßnahme kommt in der Praxis insbesondere zur Anwendung, wenn die Verluste der Gesellschaft das Eigenkapital stark aufgezehrt haben (s. dazu Rn. 421 ff.). Insofern kann das Kapital in Hö-

---

810 *Döbereiner* in: Süß/Wachter (Hrsg.), HdB des internationalen GmbH-Rechts, 2016, Frankreich, Rn. 68; *Delpech*, Société à responsabilité limitée SARL, 2012, Rn. 121.27 und 48.13; *Lefebvre*, Mémento Sociétés commerciales, 2018, Rn. 32970 f.

811 CA Paris 20.2.1998, BJS 6 (1998) 613, 615, Anm. *Pisani*.

812 *Delpech*, Société à responsabilité limitée SARL, 2012, Rn. 22.22; *Lefebvre*, Mémento Sociétés commerciales, 2018, Rn. 52230 f.

813 *Mestre/Velardocchio/Mestre-Chami*, Le Lamy Sociétés commerciales, 2017, Rn. 3027.

814 *Lefebvre*, Mémento Sociétés commerciales, 2018, Rn. 33060; *Christ*, Englische Private Limited und französische Société à Responsabilité Limitée, 2008, S. 141.

815 Vgl. dazu *Döbereiner* in: Süß/Wachter (Hrsg.), HdB des internationalen GmbH-Rechts, 2016, Frankreich, Rn. 71.

he der festgestellten Verluste (bis auf null) reduziert und **anschließend in gleicher Höhe wieder erhöht** werden. Dies führt dazu, dass das Stammkapital letztlich nicht geändert wird, während das Eigenkapital von den Verlusten bereinigt wurde. Allerdings hat die Reihenfolge von Erhöhung und Herabsetzung (oder umgekehrt) Auswirkungen auf die Beteiligung von Altgesellschaftern, die sich nicht an dieser Maßnahme beteiligen. Solche Altgesellschafter stellen sich besser, wenn zunächst eine Kapitalerhöhung und dann eine Kapitalherabsetzung durchgeführt wird.

Beispiel: Eine Gesellschaft mit einem Stammkapital von 1000 EUR hat zwei Gesellschafter, die jeweils Anteile im Wert von 500 EUR halten. Das Eigenkapital wurde jedoch durch Verluste aufgezehrt, weshalb nur noch 100 EUR vorhanden sind. Im Falle einer Zuführung von 1000 EUR an frischem Eigenkapital wird das Stammkapital auf 2000 EUR und das Eigenkapital auf 1100 EUR erhöht. Hat nur ein Gesellschafter die Kapitalerhöhung finanziert, so hat dieser Anteile im Wert von 1500 EUR. Um auf das ursprüngliche Kapital von 1000 EUR zu gelangen, muss das Kapital um den Faktor zwei herabgesetzt werden. Der Gesellschafter, der die Kapitalerhöhung finanziert hat, hat nach erfolgter Herabsetzung Anteile im Wert von 750 EUR (also 75% der Anteile). Der Altgesellschafter, der sich an dieser Maßnahme nicht beteiligt hat, hat noch einen Anteil im Wert von 250 EUR, mithin hat er nur die Hälfte verloren. Wird jedoch umgekehrt das Stammkapital zunächst um den Faktor zehn auf 100 EUR herabgesetzt, so reduziert sich der Anteil der Gesellschafter zunächst von 500 auf 50 EUR. Wird sodann neues Eigenkapital in Höhe von 900 EUR durch nur einen Gesellschafter zugeführt, so liegt das Stammkapital wieder bei 1000 EUR, was in diesem Fall auch dem Eigenkapital entspricht (1000 EUR). Der Altgesellschafter, der die Kapitalerhöhung alleine finanziert hat, verfügt dann über einen Anteil im Wert von 950 EUR, die Beteiligung des anderen beträgt nur noch 50 EUR, mithin hat er 9/10 seiner Beteiligung verloren.

Je nach den Umständen des Einzelfalls kann die Weigerung eines Gesellschafters, diese Kapitalmaßnahmen zu beschließen, einen Missbrauchstatbestand begründen (vgl. zum Missbrauch durch den Minderheitsgesellschafter Rn. 364 f.). 399

In Deutschland wird in der Praxis grundsätzlich zuerst eine Kapitalherabsetzung und dann eine Kapitalerhöhung vorgenommen. In Frankreich sind beide Reihenfolgen zulässig. In der Praxis wird allerdings die Reihenfolge, in der die Kapitalherabsetzung von einer Kapitalerhöhung gefolgt wird, bevorzugt,[816] insbesondere, wenn damit die Beschaffung von „frischem" Eigenkapital gefördert werden soll. Die vorherige Kapitalerhöhung ist verpflichtend, solange die umgekehrte Reihenfolge zu einem negativen Kapital führen würde.[817] Insgesamt hängt die gewählte Reihenfolge von der jeweiligen Situation ab.[818] 400

dd) Gleichbehandlungsgrundsatz

Art. L. 223-34 I 2 C. com. schreibt zwingend den **Gleichbehandlungsgrundsatz** in Bezug auf die Kapitalherabsetzung vor.[819] Von dem Gleichbehandlungsgrundsatz kann nur in bestimmten Fällen (s. u. Rn. 401) abgewichen werden, wenn es die Gesellschafter einstimmig bestimmen.[820] Bei einer Kapitalherabsetzung durch Herabsetzung des Nennwerts der Anteile (*réduction du nominal des parts*) führt dieser Grundsatz dazu, dass der neue Nennwert aller Anteile der gleiche zu sein hat (Art. L. 223-2 C. com.). Bei einer Kapitalherabsetzung durch Herabsetzung der Anzahl der Anteile (*diminution du nombre de parts*) kann die Pflicht zur Einhaltung des Gleichbehandlungsgrundsatzes zu dem Problem der Entstehung von Bruchteilsanteilen führen, wenn nicht alle Gesellschafter über die für eine volle Anzahl von neuen Anteilen notwendige Anzahl alter Anteile verfügen.[821] In diesem Fall empfiehlt es sich, eine Kapitalherabsetzung durch Herabsetzung des Nennwerts durchzuführen.[822] 401

816 *Lefebvre*, Thèmexpress, Coup d'accordéon, 2017, Rn. 31.
817 *Lefebvre*, Thèmexpress, Coup d'accordéon, 2017, Rn. 31.
818 *Lefebvre*, Mémento Assemblées générales, 2016-2017, Rn. 58490.
819 Art. L. 223-34 I S. 2 C. com.: Die Gleichheit zwischen Gesellschaftern darf in keinem Fall berührt werden. Übersetzung der Verfasser. Im Original: *„En aucun cas, elle ne peut porter atteinte à l'égalité des associés"*.
820 *Lefebvre*, Mémento Sociétés commerciales, 2018, Rn. 33061.
821 *Lefebvre*, Mémento Sociétés commerciales, 2018, Rn. 33060; *Delpech*, Société à responsabilité limitée SARL, 2012, Rn. 122.20.
822 *Lefebvre*, Mémento Sociétés commerciales, 2018, Rn. 33060; *Mestre/Velardocchio/Mestre-Chami*, Le Lamy Sociétés commerciales, 2017, Rn. 3256; *Lecourt* in: Répertoire de droit des sociétés, 2017, Capital social, Rn. 260; *Bougnoux* in: JurisClasseur Banque – Crédit – Bourse, 2009, Fasc. 1815, Rn. 33.

ee) Kapitalherabsetzung mittels Einziehung der Anteile

402 Erfolgt die Kapitalherabsetzung mittels eines Erwerbs der Anteile durch die Gesellschaft und anschließender Annullierung (siehe Rn. 396), so hat die **Einziehung der Anteile** zwecks Einhaltung des Gleichbehandlungsgrundsatzes proportional zur Beteiligung eines jeden Gesellschafters am Stammkapital zu erfolgen[823] und bedarf eines entsprechenden, an jeden Gesellschafter gerichteten Kaufangebotes.[824] Abweichend hiervon können die Gesellschafter jedoch einstimmig beschließen, auf dieses Recht der Gleichbehandlung zu verzichten, wenn die Einziehung nur die Anteile einzelner Gesellschafter betreffen soll, etwa weil diese aus der Gesellschaft ausscheiden möchten und die Gesellschafter ihre Zustimmung zu einem vorgeschlagenen Käufer verweigert haben. Dieses Erfordernis der einstimmigen Zustimmung gilt auch dann, wenn die Einziehung der Anteile eines ausscheidenden Gesellschafters gegen Gewährung von gesellschaftlichem Sachvermögen erfolgt.[825]

5. Haftung für Verbindlichkeiten

403 Im Zeitraum **zwischen der Entscheidung zur Gründung** der SARL und der **Eintragung der Gesellschaft** liegt eine *société en formation* vor. Zur Haftung in der *société en formation* siehe Rn. 60. Nach Eintragung der SARL ins Handelsregister haften die Gesellschafter grundsätzlich beschränkt, dh lediglich in Höhe ihrer Einlage (Art. L. 223-1 I C. com.).

404 Obwohl der Gedanke einer Konzernhaftung in der oben dargelegten Ausfallhaftung bei fehlerhafter faktischer Geschäftsführung (vgl. Rn. 305) zumindest ansatzweise zum Tragen kommt, kennt Frankreich **kein normiertes Konzernrecht.**[826] Das französische Recht stellt grundsätzlich auf eine strikte rechtliche Selbstständigkeit der jeweiligen juristischen Person ab. Diese strenge Trennung verbietet einerseits eine direkte Einflussnahme der Muttergesellschaft oder der Mehrheit der Gesellschafter auf die Geschäftsführung der Tochtergesellschaft (wenngleich die Rechtsprechung im Zusammenhang mit bestimmten gruppeninternen Vorgängen den Grundsatz des **schützenswerten „Gruppeninteresses"** entwickelt hat, vgl. in diesem Zusammenhang die Ausführungen zur Rozenblum-Entscheidung in Rn. 322 f.) und stellt andererseits auch einen „Schutzschild" dar, der einen Haftungsdurchgriff auf die Gesellschafter nur in **engen Ausnahmefällen** zulässt.[827]

405 In Durchbrechung des vorgenannten Trennungsprinzips sieht Art. L. 621-2 II 2 C. com. vor, dass das **Insolvenzverfahren** auf Antrag des Insolvenzverwalters, des gerichtlich bestellten Vertreters (*mandataire judiciaire*), des Schuldners oder der Staatsanwaltschaft auf den **Gesellschafter des Schuldnerunternehmens** erstreckt werden kann, wenn das Vermögen der Muttergesellschaft mit dem des Schuldnerunternehmens **vermischt** worden oder der Schuldner lediglich **fiktiv** als eigenständige juristische Person aufgetreten ist.[828] In diesem Zusammenhang sei indes angemerkt, dass nach Auffassung des EuGH, die Erstreckung des Insolvenzverfahrens auf ausländische Gesellschaften unzulässig ist.[829] Die Möglichkeit einer so gestalteten, **ausnahmsweisen Durchgriffshaftung** des Gesellschafters für Verbindlichkeiten eines verbundenen Unternehmens setzt also voraus, dass eine **missbräuchliche Gestaltung** vorliegt, der zufolge die Tochtergesellschaft als bloße **Scheingesellschaft** (*société fictive*) zu qualifizieren ist, deren Aktiva und Passiva tatsächlich dem Gesellschafter/der Obergesellschaft zuzurechnen sind, oder eine **Vermischung des Vermögens** (*confusion du patrimoine*) des Gesellschafters/der Obergesellschaft und der Tochtergesellschaft gegeben ist.[830] Letztere liegt vor, wenn Aktiva und Passiva der Gesellschaften so vermengt wurden, dass es nicht mehr möglich ist, diese zu unterscheiden und abnormale Geldflüsse zu verzeichnen sind.[831] In der Praxis ist die Feststellung einer haftungsauslösenden Vermögensvermischung allerdings **selten** und setzt im Regelfall das Vorliegen schwerwiegender buchhalterischer oder finanzieller Unregelmäßigkeiten (dh unklare Finanzströme) voraus.

823 *Delpech*, Société à responsabilité limitée SARL, 2012, Rn. 122.20; *Lecourt* in: Répertoire de droit des sociétés, 2017, Capital social, Rn. 261.

824 *Lefebvre*, Mémento Sociétés commerciales, 2018, Rn. 33061; *Azarian* in: JurisClasseur Notarial, Synthèse 1235, 2016, Société anonymes: modifications du capital social et évolution de la société, Rn. 32; *Lecourt* in: Répertoire de droit des sociétés, 2017, Capital social, Rn. 261.

825 *Lefebvre*, Mémento Sociétés commerciales, 2018, Rn. 33060 f.; Delpech, Société à responsabilité limitée SARL, 2012, Rn. 122.20; *Mestre/Velardocchio/Mestre-Chami*, Le Lamy Sociétés commerciales, 2017, Rn. 3256.

826 *Lefebvre*, Mémento Sociétés commerciales, 2018, Rn. 79001; *Le Cannu/Dondero*, Droit des sociétés, 2015, Rn. 1503; *Cozian/Viandier/Deboissy*, Droit des sociétés, 2016, Rn. 1883; *Sonnenberger/Dammann*, Französisches Handels- und Wirtschaftsrecht, 2008, Kap. III Rn. 126.

827 *Lefebvre*, Mémento Sociétés commerciales, 2018, Rn. 79050; *Le Cannu/Dondero*, Droit des sociétés, 2015, Rn. 1507.

828 *Lefebvre*, Mémento Sociétés commerciales, 2018, Rn. 81280 ff.; *Le Cannu/Dondero*, Droit des sociétés, 2015, Rn. 1548; *Cozian/Viandier/Deboissy*, Droit des sociétés, 2016, Rn. 1915 f.

829 EuGH, Rs. C-191/10 (Rastelli Davide), ECLI:EU:C:2011:838 = EWIR 2012, 87, 87 ff.

830 *Cozian/Viandier/Deboissy*, Droit des sociétés, 2016, Rn. 1915 f.

831 *Lefebvre*, Mémento Sociétés commerciales, 2018, Rn. 81282.

Der Kassationshof hat in einer Entscheidung aus dem Jahre 2012[832] ausdrücklich festgestellt, dass eine **Haftung** der Muttergesellschaft für Verbindlichkeiten ihrer Tochtergesellschaft nicht allein aus der **Konzernzugehörigkeit** oder der Kapitalbeteiligung abgeleitet werden kann. Vielmehr bedarf es dafür ua des Nachweises einer bewusst täuschenden Rechtsscheinsetzung aufgrund **einer bewussten „Einmischung"** der Muttergesellschaft in die Angelegenheiten der Tochtergesellschaft, so dass deren Gläubiger in legitimer Weise den Eindruck gewinnen mussten, dass auch die Muttergesellschaft als mithaftender Vertragspartner auftrete. Gemäß der französischen Rechtsprechung liegt eine solche Einmischung beispielsweise vor, wenn die Muttergesellschaft die Verhandlungen über die Höhe der Forderung anstelle der Tochtergesellschaft führt und versucht, eine gütliche Einigung zu erzielen, indem sie dem Gläubiger im Gegenzug für die Reduzierung der Forderung Preisnachlässe auf künftige Bestellungen anbietet und den Gläubiger damit glauben lässt, dass sie an die Stelle der Tochtergesellschaft trete.[833] In einem anderen Fall wurde die Haftung einer Muttergesellschaft bejaht, die dem Gläubiger der Tochtergesellschaft in einem Schreiben mitgeteilt hatte, dass sie sich zur Finanzierung des entsprechenden Betrages bereit erklärt habe. Das Gericht war der Ansicht, dass die Muttergesellschaft damit gegenüber dem Gläubiger den Anschein erweckt habe, für die Verbindlichkeiten der Tochtergesellschaft aufkommen zu wollen.[834] 406

6. Mitgliederwechsel

a) Abtretung unter Lebenden

Die Geschäftsanteile an einer SARL sind **nicht** durch **Urkunden verbrieft** und können durch privatschriftliche Urkunde (dh einen privatschriftlichen Vertrag grds. **ohne** die Mitwirkung eines Notars)[835] oder durch öffentliche (notarielle) Urkunde[836] übertragen werden (Art. L. 221-14 C. com. iVm Art. L. 223-17 C. com.).[837] Die Übertragung bedarf in jedem Fall der **Schriftform** (Art. L. 221-14 C. com. iVm Art. L. 223-17 C. com.). Im Verhältnis zwischen Verkäufer und Käufer geht der Geschäftsanteil mit Vertragsschluss auf den Käufer über und zwar ohne weiteren Übertragungsakt,[838] da dem französischen Recht das Abstraktionsprinzip fremd ist. 407

Die Abtretung wird gegenüber der **Gesellschaft** allerdings erst nach Zustellung durch einen Gerichtsvollzieher (*signification*) oder Hinterlegung einer Vertragsausfertigung am Gesellschaftssitz gegen Empfangsbestätigung durch den Geschäftsführer wirksam (Art. L. 221-14 I C. com.). **Dritten** gegenüber tritt die Wirksamkeit erst nach Hinterlegung der geänderten Satzung (welche Angaben zu den jeweiligen Anteilsinhabern enthält) beim Handelsregister ein (Art. L. 223-17 iVm Art. L. 221-14 II C. com.). Die Übertragung ist durch Hinterlegung eines Exemplars des Abtretungsvertrages beim französischen Finanzamt zu registrieren (Art. 635 2. Nr. 7 *Code général des Impôts* (französisches Steuergesetzbuch – im Folgenden mit **CGI** abgekürzt)). Dabei fällt eine **Registersteuer** (*droits d'enregistrement*) in Höhe von 3% des Preises oder des Marktwertes nach Abschlag eines Betrages von 23.000 EUR (anteilig zu den abgetretenen Anteilen) an, sofern die Aktiva der betreffenden Gesellschaft nicht überwiegend aus Immobilien bestehen – in diesem Fall beträgt die Registersteuer 5% (Art. 726 I Nr. 1 bis und Nr. 2 CGI). 408

Die Anteile an der Gesellschaft sind aufgrund des in der SARL geltenden ***intuitu personae*-Grundsatzes** nicht frei an Dritte übertragbar (Art. L. 223-14 I C. com.).[839] Soll ein Anteil an einen Dritten übertragen werden, muss daher ein Verfahren nach Art. L. 223-14 C. com. beachtet werden. Danach muss der Gesellschafter, der seinen Anteil abtreten möchte, die Gesellschaft und seine Mitgesellschafter davon zunächst per **Einschreiben mit Rückschein** oder durch einen **Gerichtsvollzieher** in Kenntnis setzen (Art. L. 223-14 II 1 iVm Art. R. 223-11 I C. com.). Innerhalb von acht Tagen nach der Meldung muss der Geschäftsführer die Gesellschafter einberufen bzw. ein Umlaufverfahren bezüglich des Antrags auf Übertragung anstrengen (Art. R. 223-12 I C. com.). Die Mehrheit der Gesellschafter, die zusammen auch zumindest die Hälfte des Gesellschaftskapitals halten müssen, muss der Übertragung ausdrücklich zustimmen (Art. L. 223-14 I C. com.). Die Satzung kann höhere Mehrheitserfordernisse vorsehen (Art. L. 223-14 I C. com.). Es ist auch möglich, dass in der Satzung für eine begrenzte 409

832 Cass. com. 12.6.2012, Nr. 11-16.109.
833 Cass. com. 3.2.2015, Nr. 13-24.895.
834 CA Paris 12.1.2010, Nr. 08-19.298.
835 *Angel/Romain* in: Meyer-Sparenberg/Jäckle (Hrsg.), Beck'sches M&A-Handbuch, 2017, § 86 Rn. 16. Eine notarielle Beurkundung ist lediglich im Fall der schenkungsweisen Übertragung notwendig (Art. 931 C. civ.). Vgl. auch *Christ*, Englische Private Limited und französische Société à Responsabilité Limitée, 2008, S. 85.
836 Gemäß der Rechtsprechung kann die notarielle Übertragungsurkunde, wenn sie nicht vom Notar unterschrieben wurde, zwar nicht als öffentliche Urkunde betrachtet werden, allerdings hat sie für die Parteien die gleiche Wirkung wie eine privatschriftliche Übertragungsurkunde (Cass. 1e civ. 28.9.2011, Nr. 10-13.733.).
837 *Lefebvre*, Mémento Sociétés commerciales, 2018, Rn. 34412; *Christ*, Englische Private Limited und französische Société à Responsabilité Limitée, 2008, S. 84 f.
838 Vgl. *Döbereiner* in: Süß/Wachter (Hrsg.), HdB des internationalen GmbH-Rechts, 2016, Frankreich, Rn. 95.
839 *Germain/Magnier*, Les sociétés commerciales, 2014, Rn. 1816; siehe auch *Cozian/Viandier/Deboissy*, Droit des sociétés, 2016, Rn. 1370.

und bestimmte Zeit und einen legitimen Zweck ein **Übertragungsverbot** festgelegt wird.[840] Die Satzung kann dagegen allerdings nicht die freie Übertragbarkeit ohne Zustimmung bestimmen oder geringere Anforderungen an die Mehrheit stellen (Art. L. 223-14 I und VII C. com.).[841] Denn aus Art. L. 223-14 VII C. com. ergibt sich der zwingende Charakter der Vorgaben. Gibt die Gesellschaft innerhalb von drei Monaten, nachdem der Gesellschafter die SARL von der vorgesehenen Übertragung in Kenntnis gesetzt hat, keine Entscheidung bekannt, wird dies als **stillschweigende Zustimmung** gewertet (Art. L. 223-14 II 2 C. com.).

410 **Verweigern** die Mitgesellschafter ihre **Einwilligung** zur Übertragung des Geschäftsanteils, muss dies dem Gesellschafter per Einschreiben mitgeteilt werden (Art. R. 223-12 II C. com.). Hält der Gesellschafter die Anteile seit weniger als zwei Jahren, so kann er die Abtretung nicht durchführen und bleibt in der Gesellschaft „gefangen". Wenn er die Anteile seit mindestens zwei Jahren hält, kann der ausscheidende Gesellschafter verlangen, dass seine Anteile innerhalb einer Frist von drei Monaten durch seine Mitgesellschafter oder einen durch sie bestimmten Dritten gekauft werden (Art. L. 223-14 III, IV und VI C. com.). Auch kann die Gesellschaft in diesem Fall die Anteile einziehen. Wird keine dieser Optionen innerhalb der genannten Frist durchgeführt, ist der Gesellschafter frei, die ursprünglich geplante Anteilsabtretung zu vollziehen (Art. L. 223-14 V C. com.). Kommt es jedoch zB zu einer Übernahme der Anteile durch einen Mitgesellschafter, so wird der **Preis** für die Anteile von einem Sachverständigen bestimmt (Art. L. 223-14 III 1 C. com. iVm Art. 1843-4 C. civ.). Der Sachverständige ist bei der Bestimmung des Preises an eventuell bestehende Regelungen zur Preisberechnung in der Satzung gebunden (Art. 1843-4 I 2 C. civ.), die eigene Bewertungsmethoden (Ertragswert, Buchwert etc) vorsehen können (vgl. hierzu auch Rn. 126).

b) Mitgliederwechsel im Todesfall und anderen Konstellationen

411 Im **Erbfall** sowie bei **Auflösung der Gütergemeinschaft von Ehegatten** ist die Übertragung der Anteile demgegenüber grundsätzlich gestattet. Auch unter den **Gesellschaftern** können die Anteile in der Regel frei übertragen werden. Ebenso verhält es sich bei der Abtretung an **Verwandte** in gerader Linie (Art. L. 223-13 I C. com.). Der Gesellschaftsvertrag kann allerdings etwas Anderes bestimmen (Art. L. 223-13 II C. com.). Insbesondere kann in der Satzung vorgesehen werden, dass die Übertragung in Abweichung vom Gesetz der Zustimmung der anderen Gesellschafter bedarf (vgl. Art. L. 223-13 II C. com.). Gleiches kann für den Eintritt der Erben vorgesehen werden (Art. L. 223-13 II C. com.). Ebenso kann die Satzung vorgeben, dass die Erben nicht in die Gesellschaft eintreten und diese nach dem Tod eines Gesellschafters mit den verbleibenden Gesellschaftern fortgeführt wird (Art. L. 223-13 III C. com.). In diesem Fall wie auch im Falle einer Verweigerung der Zustimmung nach Art. L. 223-13 II C. com. hat der Erbe Anspruch auf eine Abfindung in Höhe des Wertes der von ihm geerbten Geschäftsanteile (Art. L. 223-13 III C. com.). Maßgeblich ist hierbei der Wert, den die Geschäftsanteile zum Zeitpunkt des Todes des Verstorbenen hatten (Art. L. 223-13 V C. com.).[842] Im Zweifelsfall ist dieser Wert von einem gemäß Art. 1843-4 C. civ. bestellten Sachverständigen zu ermitteln (Art. L. 223-13 V C. com. mit Verweis auf Art. 1843-4 C. civ.).

c) Ausschluss aus der Gesellschaft

412 Wie bereits im Rahmen der *société civile* erwähnt (Rn. 122) darf grundsätzlich niemand zur Abtretung seines Eigentums und damit seiner Anteile gezwungen werden. Abweichend hiervon sieht auch das französische Handelsgesetzbuch Ausnahmen vor, in denen eine **Zwangsabtretung** der Anteile eines Gesellschafters erfolgen kann. Dies gilt zum Beispiel für den Fall, dass einer der Gesellschafter vor Gericht die Nichtigkeit der Gesellschaft, eines Rechtsgeschäfts oder eines Beschlusses wegen des Willensmangels oder der Geschäftsunfähigkeit eines anderen Gesellschafters beantragt. In diesem Fall kann die Gesellschaft bzw. ein Gesellschafter dem Gericht Maßnahmen vorschlagen, durch die das Interesse des klagenden Gesellschafters aufgehoben wird, darunter insbesondere den Kauf seiner Anteile (Art. L. 235-6 II C. com.).[843] Vorbehaltlich eines zustimmenden Gesellschafterbeschlusses, welcher mit der für Satzungsänderungen erforderlichen Mehrheit gefasst wird und bei dem die Stimme des vom Ausschluss betroffenen Gesellschafters unberücksichtigt bleibt, kann das Gericht daraufhin die Zwangsabtretung anordnen (Art. L. 235-6 II C. com.). Zudem kann das Gericht unter Umständen anordnen, dass ein Geschäftsführer, der Anteile an einer Gesellschaft hält, diese abtreten muss, wenn er Privatinsolvenz anmelden musste (Art. L. 653-9 II C. com.).

840 Cass. civ. 31.10.2007, Nr. 05-14.238 (*Gallienne c/ Crédit lyonnais*); *Lefebvre*, Mémento Cessions de parts et actions, 2017-2018, Rn. 5310 ff.

841 Vgl. auch *Angel/Romain* in: Meyer-Sparenberg/Jäckle (Hrsg.), Beck'sches M&A-Handbuch, 2017, § 86 Rn. 13.

842 Mémento Transmission d'entreprise, 2015-2016, Rn. 7538; *Delpech*, Société à responsabilité limitée SARL, 2012, Rn. 151-25; *Cozian/Viandier/Deboissy*, Droit des sociétés, 2016, Rn. 1375.

843 *Lefebvre*, Documentation experte, Documentation pratique Affaires, Série SARL, 2018, Division IV, Rn. 64220; *Cozian/Viandier/Deboissy*, Droit des sociétés, 2016, Rn. 449; *Mestre/Velardocchio/Mestre-Chami*, Le Lamy Sociétés commerciales, 2017, Rn. 880.

Während die gesetzlichen Bestimmungen zur SAS ausdrücklich vorsehen, dass ein Gesellschafter auch per **Satzungsbestimmung** zur Abtretung seiner Aktien gezwungen und somit aus der Gesellschaft ausgeschlossen werden kann (Art. L. 227-16 I C. com., vgl. auch Rn. 705), schweigt das Gesetz zu der Möglichkeit des Ausschlusses eines Gesellschafters aus einer SARL.[844] Insofern gelten grundsätzlich die allgemeinen Regeln, die bereits im Rahmen der *société civile* erörtert wurden (vgl. Rn. 131 ff.). An dieser Stelle sei lediglich erneut erwähnt, dass eine solche Satzungsbestimmung inzwischen durch die Rechtsprechung anerkannt wurde. Da es der SARL gemäß Art. L. 223-34 IV C. com. grundsätzlich verboten ist, eigene Anteile zu erwerben, sollte die statutarische Ausschlussklausel hier darüber hinaus auch Angaben zur Zuteilung der Anteile enthalten.[845] 413

Die Frage, ob der Ausschluss eines Gesellschafters in Ermangelung einer statutarischen Ausschlussklausel und abgesehen von den gesetzlichen Ausnahmefällen **gerichtlich erwirkt** werden kann – etwa um eine vorzeitige Auflösung der Gesellschaft im Falle von Meinungsverschiedenheiten zwischen den Gesellschaftern abzuwenden –, ist umstritten,[846] wird jedoch im Ergebnis von der Rechtsprechung verneint.[847] 414

d) Verpachtung von Anteilen

Seit dem Jahr 2005 dürfen Anteile einer SARL grundsätzlich auch **verpachtet** werden (*location de parts sociales*), sofern ein solcher Vorgang in der Satzung vorgesehen ist und der Pächter eine natürliche Person ist (Art. L. 239-1 I C. com.).[848] Art. L. 239-1 III Nr. 1 bis 3 C. com. enthält allerdings eine Auflistung von Ausnahmefällen, in denen ein solcher Vorgang nicht gestattet ist.[849] Art. L. 239-2 I C. com. schreibt vor, dass der Pachtvertrag schriftlich, durch privatschriftliche oder notarielle Urkunde (*acte authentique*) abzuschließen ist. Darüber hinaus muss der Vertrag die in Art. R. 239-1 C. com. genannten Angaben enthalten.[850] Auch die Verpachtung der Anteile bedarf generell der **Zustimmung** der Gesellschafter, da die gesetzlichen und satzungsmäßigen Vorgaben für die Übertragung in Bezug auf die Vermietung entsprechend Anwendung finden (Art. R. 239-3 I C. com.).[851] Der Vorgang muss zudem der zuständigen Finanzbehörde angezeigt werden.[852] Im Rahmen des Pachtvertrags muss der Pächter gewisse **Gesellschafterrechte** erhalten, darunter **Informations-** und **Stimmrechte**. Hiervon ausgenommen ist das Stimmrecht bei Beschlüssen zu Satzungsänderungen und zur Nationalität der Gesellschaft, welches weiterhin dem Verpächter zukommt (Art. L. 239-3 II C. com.). In Bezug auf die Ausübung der **sonstigen Rechte**, die mit dem Geschäftsanteil verbunden sind, wird der Pächter wie ein **Nießbraucher** behandelt (Art. L. 239-3 II C. com.),[853] womit ihm insbesondere auch etwaige Gewinnausschüttungen zustehen.[854] 415

e) Besonderheiten bei Veräußerung von KMU

Eine **Besonderheit** gilt in Frankreich, wenn ein kleines oder mittleres Unternehmen veräußert werden soll. Seit dem 1. November 2014[855] besteht bei Handelsgesellschaften, die weniger als 50 Arbeitnehmer beschäftigen 416

844 Etwas Anderes gilt allerdings für den Ausschluss eines Gesellschafters aus einer SARL mit variablem Kapital (s. dazu den Exkurs unter Rn. 373 ff.). Diesbezüglich sieht Art. L. 231-6 II C. com. explizit die Möglichkeit vor, statutarisch festzulegen, dass der Ausschluss eines Gesellschafters durch einen Beschluss der Gesellschafterversammlung erfolgen kann, welcher mit der für Satzungsänderungen erforderlichen Mehrheit gefasst wird.

845 *Mestre/Velardocchio/Mestre-Chami*, Le Lamy Sociétés commerciales, 2017, Rn. 882; *Lefebvre*, Documentation experte, Documentation pratique Affaires, Série SARL, 2018, Division IV, Rn. 64560.

846 *Mestre/Velardocchio/Mestre-Chami*, Le Lamy Sociétés commerciales, 2017, Rn. 1579; *Lefebvre*, Documentation experte, Documentation pratique Affaires, Série SARL, 2018, Division IV, Rn. 64300 ff.

847 Cass. com. 13.12.1994, Nr. 93-11.569; Cass. com. 12.3.1996, Nr. 93-17.813.

848 *Merle/Fauchon*, Sociétés commerciales, 2016, Rn. 260 und 337; *Cozian/Viandier/Deboissy*, Droit des sociétés, 2016, Rn. 1018 f. und 1379; *Delpech*, Société à responsabilité limitée SARL, 2012, Rn. 112.11 ff.

849 Dazu näher *Döbereiner* in: Süß/Wachter (Hrsg.), HdB des internationalen GmbH-Rechts, 2016, Frankreich, Rn. 106; vgl. auch *Karst* NotBZ 2006, 119, 122.

850 *Döbereiner* in: Süß/Wachter (Hrsg.), Handbuch des internationalen GmbH-Rechts, 2016, Frankreich, Rn. 106; *Merle/Fauchon*, Sociétés commerciales, 2016, Rn. 260; *Delpech*, Société à responsabilité limitée SARL, 2012, Rn. 112.14.

851 Zu den Modalitäten der Zustimmung: *Delpech*, Société à responsabilité limitée SARL, 2012, Rn. 112.13 und 112.15.

852 *Karst* NotBZ 2006, 119, 122.

853 *Cozian/Viandier/Deboissy*, Droit des sociétés, 2016, Rn. 1379 iVm Rn. 1020; *Döbereiner* in: Süß/Wachter (Hrsg.), HdB des internationalen GmbH-Rechts, 2016, Frankreich, Rn. 108; *Karst* NotBZ 2006, 119, 122; *Delpech*, Société à responsabilité limitée SARL, 2012, Rn. 112.13 und 112.20; *Merle/Fauchon*, Sociétés commerciales, 2016, Rn. 337.

854 *Delpech*, Société à responsabilité limitée SARL, 2012, Rn. 112.20; *Cozian/Viandier/Deboissy*, Droit des sociétés, 2016, Rn. 1020.

855 Sog *Loi Hamon* Nr. 2014-856 vom 31. Juli 2014.

oder nach dem Gesetz als kleine oder mittelständische Unternehmen[856] gelten und deren Betrieb verkauft werden soll[857] oder deren Anteile bzw. Aktien zu mehr als 50% veräußert werden sollen,[858] die Pflicht, die **Arbeitnehmer** vorab über das Vorhaben zu **informieren**, damit diese die Möglichkeit haben, selbst ein **Übernahmeangebot** abzugeben. Bei Missachtung dieses Rechts kann ein Ordnungsgeld in Höhe von bis zu 2% des Kaufpreises verhängt werden (Art. L. 141-23 VI C. com., Art. L. 23-10-1 VI C. com., Art. L. 141-28 V C. com. und Art. L. 23-10-7 V C. com.).[859]

7. Auflösung und Insolvenz

a) Auflösung

417 Die Auflösungsgründe unterteilen sich in solche, die rechtsformneutral für alle Gesellschaften gelten und solche, die speziell auf die SARL zugeschnitten sind. Die acht **allgemeingültigen Auflösungsgründe** sind in Art. 1844-7 C. civ. geregelt:

- Ablauf der Dauer, für die die Gesellschaft gegründet wurde;
- Erreichung oder Wegfall des Gesellschaftszwecks;
- Annullierung des Gesellschaftsvertrages;
- Auflösung durch Gesellschafterbeschluss;
- gerichtlich angeordnete Auflösung aufgrund eines Antrags eines Gesellschafters, wenn ein berechtigter Grund vorliegt;
- gerichtlicher Liquidationsbeschluss oder bei Übertragung aller Aktiva und
- jeder andere in der Satzung genannte Grund.

aa) Besonderheit des französischen Rechts: Anwachsung durch Auflösung

418 Eine Besonderheit besteht mit Blick auf Ein-Personen-Gesellschaften, hier also die EURL. Denn nach französischem Recht hat die Auflösung einer Gesellschaft, welche nur einen Gesellschafter hat, gegenüber dem deutschen Recht grundsätzlich nicht die Liquidation der Gesellschaft zur Folge. So gilt nach Art. 1844-5 III C. civ. der Grundsatz der **Gesamtrechtsnachfolge** (*transmission universelle du patrimoine*) ohne Liquidation, wenn die Auflösung einer Gesellschaft mit nur einem Gesellschafter beschlossen wird, was bedeutet, dass das Vermögen und die Verbindlichkeiten der aufzulösenden Gesellschaft **ipso iure** auf den Gesellschafter übergehen.[860] Dies führt dazu, dass das Vermögen einer aufgelösten Gesellschaft ihrem alleinigen Gesellschafter **anwächst**, und zwar auch dann, wenn dieser im Ausland sitzt.[861]

419 Eine Ausnahme hierzu gilt nach Art. 1844 IV C. civ. für Gesellschaften, deren einziger Gesellschafter eine **natürliche Person** ist.[862] In diesen Fällen führt der Auflösungsbeschluss nicht zur Vermögensnachfolge sondern zu einer **Liquidation**. Ist der einzige Gesellschafter demgegenüber eine **Kapitalgesellschaft** und ist beabsichtigt, die Gesamtrechtsnachfolge zugunsten einer Liquidation zu vermeiden, so muss der Gesellschafter vor Fassung des Auflösungsbeschlusses zumindest einen Anteil an einen anderen Gesellschafter übertragen. In diesem Fall würde Art. 1844-5 III C. civ. keine Anwendung finden und das Gesellschaftsvermögen kann ordentlich liquidiert werden. Über diesen Umweg kann beispielsweise das Risiko vermieden werden, dass sämtliche, ggf. unbekannte Verbindlichkeiten der aufzulösenden Gesellschaft, automatisch auf die Gesellschafterin übergehen.[863] Umgekehrt ist es über diese sog Auflösung ohne Liquidation (*dissolution sans liquidation*) möglich, die Auflösung

---

856 Gemäß Art. 51 des Gesetzes Nr. 2008-776 vom 4. August 2008 iVm dem Dekret Nr. 2008-1354 vom 18. Dezember 2008 sind kleine und mittelständische Unternehmen definiert als Unternehmen, die weniger als 250 Arbeitnehmer beschäftigen, deren Jahresumsatz 50 Mio. EUR nicht überschreitet und deren Bilanzsumme 43 Mio. EUR nicht überschreitet.

857 Art. L. 141-23 I C. com. sieht diese Pflicht für Handelsgesellschaften mit weniger als 50 Arbeitnehmern vor, Art. L. 141-28 I C. com. für Unternehmen, die nach dem Gesetz unter die Definition der kleinen und mittelständischen Unternehmen fallen.

858 Art. L. 23-10-1 I C. com. sieht diese Pflicht für Handelsgesellschaften mit weniger als 50 Arbeitnehmern vor, Art. L. 23-10-7 I C. com. für solche, die nach dem Gesetz unter die Definition der kleinen und mittelständischen Unternehmen fallen.

859 Die vorherige Sanktion der relativen Nichtigkeit des Vertrages wurde durch das *Macron*-Gesetz seit dem 1. Januar 2016 durch dieses Ordnungsgeld ersetzt.

860 Nach einem Urteil des CA Douai vom 14.11.1996 steht dem Gesellschafter kein Wahlrecht zwischen der Liquidation und der Vermögensnachfolge zu (vgl. JCP G 8 (1997) Anm. Nr. 22785 von *Daigre*).

861 Dabei ist zu beachten, dass die Auflösung gem. Art. 1844-5 III C. civ. erst mit widerspruchslosem Ablauf einer dreißigtägigen Widerspruchsfrist in Kraft tritt.

862 Eine weitere Ausnahme zur Gesamtrechtsnachfolge hat der französische Kassationshof für den Fall zugelassen, dass die Ein-Personen-Gesellschaft durch einen gerichtlichen Liquidationsbeschluss im Rahmen eines Insolvenzverfahrens aufgelöst wird, Cass. com. 12.7.2005, BJS 2006, 34.

863 *Germain/Périn*, SAS – La société par actions simplifiée, 2016, Rn. 767.

einer Gesellschaft bzw. die Anwachsung ihres Vermögens ohne eine aufwändige (ggf. grenzüberschreitende) Verschmelzung herbeizuführen.

bb) Besonderer Auflösungsgrund

Hat eine SARL **mehr als 100 Gesellschafter** und wurde dieser Zustand nicht durch eine Reduzierung der Anzahl oder Umwandlung der Gesellschaft bereinigt, so ist die Gesellschaft aufzulösen (Art. L. 223-3 C. com.). Die Auflösung korrespondiert hier mit der gesetzlichen Höchstgrenze für die Anzahl an Gesellschaftern (dazu bereits Rn. 252). Die Gesellschaft muss diesen Punkt selbst prüfen und wird nicht durch das Registergericht informiert. Die Gesellschaft wird nach einer Frist von einem Jahr nach Überschreitung der zulässigen Höchstzahl von 100 Gesellschaftern von Gesetzes wegen aufgelöst, wenn sie diesen Zustand nicht innerhalb dieser Frist bereinigt hat (Art. L. 223-3 C. com.). Wird die Gesellschaft trotzdem weitergeführt, wird sie als *société de fait* bezeichnet.[864] Die *société de fait* ist nicht mit der *société créée de fait* zu verwechseln (dazu Rn. 58 ff., insbes. Fn. 113). 420

cc) Sonderfall: Verlust des Eigenkapitals

Das französische Gesellschaftsrecht stellt gewisse Anforderungen an die Eigenkapitalstruktur von Kapitalgesellschaften. Zwar bildet eine **Überschuldung** nach französischem Recht **keinen Eröffnungsgrund** für ein Insolvenzverfahren und löst damit auch keine Pflicht zur Insolvenzanmeldung aus Gründen des Gläubigerschutzes aus (s. auch Rn. 451), jedoch verpflichtet das Gesetz die jeweiligen Gesellschaftsorgane zu gewissen Maßnahmen, wenn das Eigenkapital infolge von Verlusten nur noch weniger als die Hälfte des Stammkapitals beträgt. Bezogen auf die SARL findet sich die entsprechende Regelung in Art. L. 223-42 C. com. 421

Wird bei Feststellung des Jahresabschlusses erkannt, dass das Eigenkapital unter die Hälfte des Stammkapitals abgesunken ist, müssen die Gesellschafter **per Beschluss** entscheiden, ob die Gesellschaft infolge der Unterdeckung vorzeitig aufgelöst oder fortgeführt werden soll (Art. L. 223-42 I C. com.). In Ermangelung eines solchen Beschlusses kann jeder, der ein berechtigtes Interesse daran hat (*tout intéressé*), vor Gericht die Auflösung der Gesellschaft verlangen (Art. L. 223-42 IV C. com.). Der Gesetzeswortlaut ist bezüglich des berechtigten Interesses (*tout intéressé*) sehr vage. Nach ständiger Rechtsprechung handelt es sich dabei um Personen, die im Rahmen ihrer Beziehung zur Gesellschaft ein berechtigtes Interesse an der Bereinigung von deren finanziellen Situation nachweisen können.[865] Als Personen mit berechtigtem Interesse gelten daher jedenfalls die Gesellschafter.[866] Gemäß der Rechtsprechung können unter bestimmten Umständen aber auch Konkurrenten der Gesellschaft ein berechtigtes Interesse haben.[867] Umstritten ist, ob allein die Eigenschaft, Gläubiger der Gesellschaft zu sein, ausreicht, um ein berechtigtes Interesse an der Auflösung darzulegen.[868] 422

Der **Auflösungsbeschluss** (*décision de dissolution*) oder **Nichtauflösungsbeschluss** (*décision de non-dissolution*) – Letzterer wird mitunter auch **Fortführungsbeschluss** (*décision de prorogation*) genannt – muss spätestens innerhalb eines Zeitraumes von vier Monaten nach Feststellung der Unterdeckung gefasst werden (Art. L. 223-42 I C. com.), dh bei einem Bilanzstichtag zum 31.12. hat die Genehmigung des Jahresabschlusses spätestens zum 30.6. des Folgejahres zu erfolgen und der Nichtauflösungsbeschluss muss dann im Zeitraum vom 30.6. bis zum 30.10. gefasst werden. Dieser Beschluss wird in beiden Fällen (Auflösung oder Fortführung) in einer zugelassenen Zeitschrift bekannt gemacht, beim zuständigen Handelsregister hinterlegt und es wird ein entsprechender Vermerk im Handelsregister vorgenommen, der anschließend in dem für jeden Dritten einsehbaren Handelsregisterauszug (*extrait Kbis*) erscheint (Art. L. 223-42 III und R. 223-36 C. com.). Die Löschung des entsprechenden Vermerks erfolgt erst nach Hinterlegung eines Gesellschafterbeschlusses beim Handelsregister, der die Sanierung der Eigenkapitaldecke ausdrücklich feststellt.[869] 423

Mit dem „Nichtauflösungsbeschluss" wird eine zweijährige Frist in Gang gesetzt, an deren Ende das Eigenkapital so beschaffen sein muss, dass es mindestens die Hälfte des Nennkapitals erreicht (Art. L. 223-42 II C. com.). Die Gesellschaft verfügt somit über eine zweijährige Frist zur Sanierung der Eigenkapitaldecke. Ist nach Ablauf dieser **Sanierungsfrist** die qualifizierte Unterdeckung immer noch gegeben, kann grundsätzlich jeder, der ein berechtigtes Interesse daran hat (*tout intéressé*, dazu bereits Rn. 422), die Auflösung der Gesellschaft gerichtlich beantragen (Art. L. 223-42 IV C. com.). Allerdings kann das Handelsgericht (*Tribunal de commerce*) eine 424

864 *Bahans/Savadogo* in: JurisClasseur, Sociétés traité, 2016, Fasc. 20-40, Rn. 34.

865 CA Paris 27.3.2014, Nr. 13/14014.

866 C. cass. 31.10.2006, Nr. 05-13.890.

867 TGI Strasbourg, 12.3.1998, RJDA 7/1998, 634, 634 f.; CA Paris 27.3.2014, Nr. 13/14014; siehe auch *Lefebvre*, Mémento Assemblées Générales, 2016-2017, Rn. 9278.

868 Diese Frage bejahend: CA Paris 14.3.1990, Nr. 89/16.846, JCP E 19 (1990) 161, 161; verneinend: CA Paris 18.2.1994, Nr. 91-024474, BJS 5 (1994) 531, 531 f. Siehe hierzu auch *Lefebvre*, Mémento Assemblées Générales, 2016-2017, Rn. 9278; *Xavier-Lucas* in: JurisClasseur, Sociétés Traité, 2015, Fasc. 15-10, Rn. 79; *Bougnoux* in: JurisClasseur, Sociétés Traité, 2015, Fasc. 30-30, Rn. 76 f.

869 *Lefebvre*, Documentation experte, Documentation pratique Affaires, Série SARL, 2018, Division II, Rn. 27200.

sechsmonatige „Nachbesserungsfrist“ zur Sanierung erteilen (Art. L. 223-42 IV C. com.). In der Praxis erfolgt die Sanierung nach Möglichkeit im Wege des oben beschriebenen (Rn. 398) ***coup d'accordéon***.

b) Insolvenzverfahren und vorinsolvenzliche Verfahren

425 Das französische **Insolvenzrecht** kennt drei Arten von Insolvenzverfahren:[870]

- Das **Rettungsverfahren** (*procédure de sauvegarde*, s. Rn. 446 ff.),
- das **Sanierungsverfahren** (*procédure de redressement*, s. Rn. 451 ff.) und
- das **Liquidationsverfahren** (*procédure de liquidation judiciaire*, s. Rn. 450, 457).

426 Daneben gibt es in Frankreich schon seit langem[871] vorinsolvenzliche Verfahren, mit denen die Krise des Unternehmens schon in einem sehr frühen Stadium abgewendet werden soll. Dazu zählen:

- Das **Frühwarnverfahren** (*procédure d'alerte*, s. Rn. 427 ff.),
- der **ad hoc-Verwalter** (*mandat ad hoc*, s. Rn. 432 ff.) und
- das **Schlichtungsverfahren** (*procédure de conciliation*, s. Rn. 437 ff.).

Diese Verfahren gelten für alle nachstehend behandelten Gesellschaftsformen (SARL, SA, SAS und SCA), weshalb an gegebener Stelle auf die folgenden Ausführungen Bezug genommen und nur auf einzelne Unterschiede gesondert hingewiesen werden wird.

aa) Frühwarnverfahren (procédure d'alerte)

427 Das sog Frühwarnverfahren dient dazu, den Geschäftsführer frühzeitig über eine **Krisensituation** zu informieren und ihn bzw. die Gesellschafter zu veranlassen, Maßnahmen zur Abwendung dieser Krise zu ergreifen.[872] Das Verfahren kann durch eine anerkannte Präventionsorganisation (sog *groupement de prévention agréé*),[873] den Abschlussprüfer,[874] den Betriebsrat,[875] die Gesellschafter[876] oder den Präsidenten des Handelsgerichts[877] eingeleitet werden. Während die Einleitung für den **Abschlussprüfer** zwingend ist, bleibt sie für die anderen fakultativ.[878] Da der Großteil der Frühwarnverfahren deshalb durch den Abschlussprüfer eingeleitet wird und die meisten Besonderheiten aufweist, soll nur dieses Verfahren im Folgenden näher erläutert werden.

428 Das Verfahren ist nach Art. L. 612-3 VI C. com. nur zulässig, wenn sich das Unternehmen nicht schon in einem Schlichtungsverfahren oder in einem Rettungsverfahren befindet[879] und *a fortiori* auch kein Insolvenzverfahren eröffnet wurde. Wurde für die SARL ein **Abschlussprüfer** ernannt – unabhängig davon, ob seine Ernennung zwingend war oder freiwillig erfolgt ist (siehe hierzu Rn. 338 ff.) – und hat der Abschlussprüfer Kenntnis von „Tatsachen, die geeignet sind, die Weiterführung des Unternehmens zu beeinträchtigen“ (*faits de nature à compromettre la continuité de l'entreprise*),[880] so befragt er den Geschäftsführer hierüber (Art. L. 234-2 I C. com.). Derartige Tatsachen können mit der Geschäftstätigkeit (auslaufende Verträge, Rückgang der Umsätze, soziale Konflikte etc) oder der finanziellen Situation des Unternehmens (unzureichendes Eigenkapital, zu hohe Finanzkosten) oder aber mit einer fehlenden Liquidität zusammenhängen.[881]

429 Gelingt es der **Geschäftsleitung** innerhalb einer Frist von 15 Tagen, den Abschlussprüfer von der Aussicht auf eine Weiterführung zu überzeugen, so ist das Frühwarnverfahren beendet. Der Betriebsrat bzw. die Personalvertreter erhalten eine Kopie der Korrespondenz zwischen dem Abschlussprüfer und dem Geschäftsführer (Art. L. 234-2 I C. com.). Der Präsident des Handelsgerichts wird ebenfalls über die erteilte oder unterbliebene Antwort des Geschäftsführers informiert (Art. L. 234-2 I und R. 234-5 ff. C. com.).[882]

---

870 *Sonnenberger/Dammann*, Französisches Handels- und Wirtschaftsrecht, 2008, Kap. VIII Rn. 13.
871 So wurde etwa die Möglichkeit der Bestellung eines ad hoc-Verwalters bereits mit dem Gesetz Nr. 84-148 vom 1. März 1984 kodifiziert.
872 *Döbereiner* in: Süß/Wachter (Hrsg.), HdB des internationalen GmbH-Rechts, 2016, Frankreich, Rn. 167; *Vallens/Ledoux ua*, Le Lamy Droit Commercial, 2017, Rn. 2758.
873 Art. 611-1 III. C. com.
874 Für die Aktiengesellschaft und andere Gesellschaftsformen, die einen Wirtschaftsprüfer haben: Art. L. 234-1 und L. 234-2 C. com.
875 Art. L. 2323-78 I C. trav. iVm Art. L. 234-3 C. com.
876 Art. L. 223-36 C. com. Für Aktionäre einer SA oder SAS ist dieses Recht in Art. Art. L. 225-232 C. com. normiert.
877 Art. L. 611-2 I C. com.
878 *Lienhard*, Delmas Procédures collectives, 2015, Rn. 14.13 und 14.14; *Vallens/Ledoux ua*, Le Lamy Droit Commercial, 2017, Rn. 2754.
879 *Döbereiner* in: Süß/Wachter (Hrsg.), HdB des internationalen GmbH-Rechts, 2016, Frankreich, Rn. 167.
880 Übersetzung der Verfasser.
881 *Vallens/Ledoux ua*, Le Lamy Droit Commercial, 2017, Rn. 2760.
882 *Lienhard*, Delmas Procédures collectives, 2015, Rn. 14.15; *Vallens/Ledoux ua*, Le Lamy Droit Commercial, 2017, Rn. 2762; *Bauerreis* ZGR 2006, 294, 298 f.

Hat der Geschäftsführer nicht geantwortet oder aber erscheint die Weiterführung trotz der getroffenen Entscheidungen weiterhin als gefährdet, bereitet der Abschlussprüfer einen Sonderbericht (*rapport spécial à l'assemblée*) vor und bittet den Geschäftsführer, eine **Gesellschafterversammlung** einzuberufen, um einen Beschluss über die vorgetragenen Tatsachen zu fassen (Art. L. 234-2 II C. com.). Auch hierüber wird das Gericht informiert. Kommt der Abschlussprüfer nach der Gesellschafterversammlung zu dem Schluss, dass die getroffenen Maßnahmen nicht ausreichen, um die Weiterführung sicherzustellen, so informiert er den Präsidenten des Handelsgerichts über seine Handlungen und die Ergebnisse (Art. L. 234-2 III C. com.). 430

Das Frühwarnverfahren dient primär der **Prävention**, insbesondere soll der Geschäftsführung und den Gesellschaftern durch einen geschulten und mit den Unternehmensbelangen Vertrauten die Krise dargelegt und eine offene Debatte über die **geeigneten Maßnahmen** geführt werden. In der Praxis wird die Eröffnung des Frühwarnverfahrens durch den Wirtschaftsprüfer aber häufig als Einmischung in die Belange des Unternehmens und nutzlose Förmelei empfunden. Da jedoch eine Untätigkeit des Geschäftsführers im Rahmen der vorinsolvenzlichen Phase dessen persönliche Haftung auslösen kann,[883] ist die Geschäftsleitung gut beraten, das Frühwarnverfahren ernst zu nehmen und geeignete Maßnahmen in enger Abstimmung mit dem Abschlussprüfer zu ergreifen. Ein solches Frühwarnverfahren wird durchaus häufig eingeleitet. Der Abschlussprüfer kann aufgrunddessen auch nicht einfach von der Gesellschaft abberufen werden, da er grds. für sechs Geschäftsjahre fest bestellt ist und nur unter ganz bestimmten Umständen abberufen werden kann (dazu bereits Rn. 339). 431

bb) Ad hoc-Verwalter (mandataire ad hoc)

Hat das Unternehmen Schwierigkeiten, die es aus eigener Kraft nicht bewältigen kann, so kann der Geschäftsführer bei Gericht die Bestellung eines sog ad hoc-Verwalters (*mandataire ad hoc*) beantragen (Art. L. 611-3 C. com.). Die Geschäftsleitung stellt hierzu einen schriftlichen Antrag beim Präsidenten des Handelsgerichts,[884] der den ad hoc-Verwalter ernennt und seinen Auftrag festlegt (Art. L. 611-3 C. com.). Die Geschäftsleitung kann dabei den Verwalter selbst vorschlagen, wobei das Gericht nicht an den Vorschlag gebunden ist.[885] Sehr häufig werden **Insolvenzverwalter** wegen ihrer Expertise in Restrukturierungsfragen zum ad hoc-Verwalter bestellt.[886] Die Entscheidung des Gerichts wird dem Abschlussprüfer übermittelt, sofern es einen gibt, aber sonst nicht bekannt gegeben und ist auch vom Verwalter vertraulich zu behandeln (Art. L. 611-15 C. com.).[887] Die Vertraulichkeit dient dazu, zu vermeiden, dass sich Dritte (zB Lieferanten), die nicht direkt von den Schwierigkeiten betroffen sind, von dem Unternehmen abwenden und sich dessen Lage dadurch noch unnötig verschlimmert. Personen, die von den Schwierigkeiten bzw. dem Konflikt betroffen sind, dürften dagegen in der Praxis ohnehin Kenntnis von der Bestellung des ad hoc-Verwalters erlangen, da in der Regel die Verhandlung mit ihnen das Ziel einer solchen Maßnahme darstellt. Weitere Vorschriften zum ad hoc-Verwalter sieht das Gesetz nicht vor. 432

Im Rahmen des vom Gericht gem. Art. L. 611-3 C. com. **festgesetzten Auftrags** (*mission*) unterstützt und berät der Verwalter die Geschäftsleitung bei der Lösung eines Konflikts (etwa mit Gläubigern, Banken oder Lieferanten), um einen Ausweg aus der Krisensituation zu finden. Er wird sehr häufig mit Gläubigern über Forderungserlasse oder Moratorien verhandeln,[888] wobei es ihm aber untersagt ist, aktiv in die Geschäftsleitung einzugreifen oder etwa die Gesellschaft im Rechtsverkehr zu vertreten.[889] Zwar gibt es **keine gesetzliche Höchstdauer** für das Verfahren, jedoch setzen die Gerichte häufig vergleichsweise kurze Fristen von zwei bis drei Monaten, um die Parteien anzuhalten, das Problem kurzfristig anzugehen.[890] 433

Die Bestellung eines ad hoc-Verwalters hat gleich mehrere **Vorteile**: Der ad hoc-Verwalter verfügt häufig über eine größere Expertise in Restrukturierungsfragen als die Geschäftsführung und hat in den Verhandlungen eine neutralere Position, was ihn in die Nähe eines Moderators[891] rückt. Durch die gerichtliche Bestellung bekommt die Verhandlung auch einen rechtlichen Rahmen, wodurch das Verfahren als rechtssicherer empfunden wird,[892] weil es nicht missbräuchlich genutzt werden kann, etwa um weitere Zeit zu gewinnen. Als weiterer Vorteil wird die Vertraulichkeit des Verfahrens empfunden. Denn im Gegensatz zur Eröffnung des außergerichtlichen 434

883 Bezüglich der unterlassenen Beantragung eines Schlichtungs- oder Rettungsverfahrens CA Douai 29.11.2012, Nr. 12/00803.

884 Nach Art. L. 611-3 II C. com. ist der Antrag beim Handelsgericht zu stellen, wenn der Schuldner eine kaufmännische oder handwerkliche Tätigkeit ausübt; in allen anderen Fällen ist der Antrag beim Präsidenten des Landgerichts (*Tribunal de grande instance*) zu stellen.

885 *Bauerreis* ZGR 2006, 294, 308 f.

886 *Vallens/Ledoux ua*, Le Lamy Droit Commercial, 2017, Rn. 2802; *Delpech*, Société à responsabilité limitée SARL, 2012, Rn. 142.29.

887 *Delpech*, Société à responsabilité limitée SARL, 2012, Rn. 133.30 und 142.31.

888 *Degenhardt* NZI 2014, 433, 434.

889 *Ferrand* Petites affiches 1996,12 f.; *Bauerreis* ZGR 2006, 294, 309 f.

890 *Badillet* Gaz. Pal. 2011, 7, Anm. S. 10; *Delpech*, Société à responsabilité limitée SARL, 2012, Rn. 142.30.

891 Zur Rolle von Moderatoren in Verhandlungen siehe *Jung/Krebs*, Die Vertragsverhandlung, 2016, S. 271.

892 *Delpech*, Société à responsabilité limitée SARL, 2012, Rn. 142.29.

Schlichtungsverfahrens sind alle Verfahrensbeteiligten zur Vertraulichkeit verpflichtet (Art. L. 611-15 C. com.).[893]

435 Im Idealfall endet das ad hoc-Verwalter-Verfahren mit dem Abschluss eines privatschriftlichen **Vergleichs.** In einigen Fällen wird das Verfahren aber auch dazu genutzt, das gerichtliche **Schlichtungsverfahren** (siehe nachstehend unter Rn. 437 ff.), welches sehr kurzen Fristen unterliegt, vorzubereiten. Das Verfahren kann aber auch jederzeit auf Antrag des Geschäftsführers beendet werden (Art. R. 611-21 C. com.). Liegen die Voraussetzungen für die Eröffnung eines **Insolvenzverfahrens** vor, hat der Geschäftsführer dieses zu beantragen, womit ebenfalls das ad-hoc-Verwalter-Verfahren endet.[894]

436 Das **Unterlassen** des Rückgriffs auf ein solches **vorinsolvenzliches Verfahren** wurde von französischen Gerichten bereits als **Geschäftsführungsfehler** angesehen, welcher eine Haftung des Geschäftsführers begründet hat.[895] Zwar hat der französische Kassationshof in einer Entscheidung aus dem Jahre 2016 entschieden, dass die bloße Ernennung eines ad hoc-Verwalters einen Geschäftsführungsfehler und eine entsprechende Haftung nicht ausschließt, sofern der Geschäftsführer eine verlustbringende Tätigkeit weitergeführt hat.[896] Ein gewissenhafter Geschäftsführer wird allerdings in Krisenzeiten stets überlegen müssen, ob er sich nicht einen ad hoc-Verwalter zur Seite stellen lässt, um dokumentieren zu können, dass er die Krise ernst genommen und Gegenmaßnahmen ergriffen hat.

cc) Schlichtungsverfahren (procédure de conciliation)

437 Ein weiteres vorinsolvenzliches Verfahren in Frankreich ist das sog **Schlichtungsverfahren** (*procédure de conciliation*), das die Art. L. 611-4 ff. C. com. kodifizieren.[897] Ziel dieses Verfahrens ist ebenfalls der Abschluss eines **gütlichen Vergleichs** (*accord amiable*) mit den Gläubigern und den gewöhnlichen Vertragspartnern des Unternehmens (Art. L. 611-7 I C. com.), um die Krise des Unternehmens abzuwenden.[898] Auch hier geht es in aller Regel um die Verhandlung von Forderungsverzichten oder Moratorien (sog finanzwirtschaftliche Restrukturierung). Im Rahmen des Verfahrens können aber auch alle anderen Vorschläge zur Rettung des Unternehmens, seiner Weiterführung und der Wahrung der Arbeitsplätze ausgearbeitet werden (Art. L. 611-7 I S. 2 C. com.). Nach Art. L. 611-7 I S. 3 C. com. kann der Schlichter auf Antrag des Schuldners und nach entsprechender Befragung der Gläubiger sogar damit beauftragt werden, das Unternehmen ganz oder teilweise zu veräußern.[899] So kann er mit potenziellen Interessenten in aller Vertraulichkeit auch über einen vollständigen oder teilweisen Verkauf des Unternehmens verhandeln (sog *pré-pack-cession*), ohne das im Rahmen von Insolvenzverfahren notwendige Ausschreibungs- und Bieterverfahren einhalten zu müssen (Art. L. 642-2 C. com.).[900] Einigen sich die Parteien über den Verkauf, so kann das Gericht ein Rettungs-[901] oder Insolvenzverfahren[902] mit dem einzigen Ziel eröffnen, den zuvor vereinbarten Verkauf durchzuführen. Mit diesem Verfahren können die Beteiligten die Vorteile des Verkaufs aus einer Insolvenz (Forderungsverzichte, Kündigungsmöglichkeiten, Insolvenzausfallgeld etc) nutzen, ohne den Verkauf durch das sonst notwendige Bieterverfahren unnötig zu verzögern, was letztlich der Rettung des Unternehmens und der Arbeitsplätze dient.

438 Das Schlichtungsverfahren steht Kaufleuten (natürlichen und juristischen Personen), Selbständigen, Freiberuflern und Handwerkern offen, die ein rechtliches, wirtschaftliches oder finanzielles Problem haben oder haben werden, und nicht länger als 45 Tage zahlungsunfähig sind (Art. L. 611-4 und L. 611-5 I C. com.). Zuständig für das Verfahren ist der Präsident des Handelsgerichts (*Tribunal de commerce*)[903] bzw. des Landgerichts (*Tribunal de grande instance*).[904] Der **Antrag** ist schriftlich vom Geschäftsführer bei Gericht einzureichen, der auch den Schlichter (*conciliateur*) vorschlagen kann.

439 Wie beim ad hoc-Verwalterverfahren, müssen alle Beteiligten des Schlichtungsverfahrens die Angelegenheit vollkommen vertraulich behandeln (Art. L. 611-15 C. com.). Diese **Vertraulichkeit** ist einer der zentralen Bestand-

893 *Bauerreis* ZGR 2006, 294, 309 f.
894 *Vallens/Ledoux ua*, Le Lamy Droit Commercial, 2017, Rn. 2804.
895 So etwa CA Douai 29.11.2012, Nr. 12/00803.
896 Cass. com. 18.5.2016, Nr. 14-16.895; so bereits Cass. com. 8.7.2003, Nr. 00-15.919.
897 *Döbereiner*: in Süß/Wachter (Hrsg.), HdB des internationalen GmbH-Rechts, 2016, Frankreich, Rn. 168.
898 *Lienhard*, Delmas Procédures collectives, 2015, Rn. 21.11; *Döbereiner* in: Süß/Wachter (Hrsg.), HdB des internationalen GmbH-Rechts, 2016, Frankreich, Rn. 169.
899 *Blanc* in: Répertoire de droit des sociétés, 2017, Entreprises en difficulté (Cession de l'entreprise), Rn. 35.
900 Das abgekürzte Verfahren zum Verkauf des Unternehmens ist nach Art. L. 642-2 C. com. ebenfalls im Rahmen eines Ad hoc-Verwalterverfahrens möglich.
901 Bei fehlender Zahlungsunfähigkeit.
902 Bei Vorliegen einer Zahlungsunfähigkeit.
903 Das Handelsgericht ist zuständig für Anträge von Kaufleuten oder Handwerkern, Art. L. 611-4 C. com.
904 Nach Art. L. 611-5 I 2 C. com. ist das Landgericht (*Tribunal de grande instance*) zuständig, wenn das Verfahren von Freiberuflern beantragt wird.

teile des Verfahrens, da sie zum einen den Ruf des Unternehmens schützt, zum anderen der mit einzelnen Gläubigern verhandelte Vergleich nicht auch gegenüber anderen Gläubigern verwendet werden kann.[905]

Das Verfahren darf **vier Monate** dauern und kann um max. einen Monat verlängert werden (Art. L. 611-6 II C. com.). Da diese Frist häufig zu kurz ist, um einen umfassenden Vergleich mit den Gläubigern des Unternehmens zu verhandeln, wird dem Verfahren oftmals die Bestellung eines ad hoc-Verwalters (siehe vorstehende Rn. 439) vorgeschaltet, damit dieser das Vergleichsverfahren vorbereiten kann. 440

Auch wenn das Unternehmen im Rahmen des Schlichtungsverfahrens keinen dem Insolvenzverfahren vergleichbaren Gläubigerschutz genießt, können Steuer- und Sozialversicherungsverbindlichkeiten ganz oder teilweise erlassen werden, um dem Unternehmen mehr Liquidität zu verschaffen (Art. L. 611-7 III C. com.). Sollte ein Gläubiger das Unternehmen während des Verfahrens mahnen oder es verklagen, kann der Richter gem. Art. L. 611-7 V C. com. zudem einen Zahlungsaufschub von bis zu zwei Jahren anordnen. Es handelt sich hierbei aber lediglich um eine Anwendung der allgemeinen zivilrechtlichen Möglichkeit nach Art. 1244-1 ff. C. civ. 441

Gelingt der Abschluss eines Vergleichs, stellt ihn der Präsident des Gerichts fest (*constate*) und verleiht ihm auf Antrag aller Parteien **Vollstreckungskraft** (Art. L. 611-8 I C. com.), sofern die Schuldnerin bestätigt, dass sie bei Abschluss des Vergleichs nicht zahlungsunfähig war bzw. dass die Zahlungsunfähigkeit durch den Abschluss des Vergleichs abgewendet werden kann (Art. L. 611-8 I 2 C. com.). Der Beschluss wird nicht veröffentlicht und beendet das Schlichtungsverfahren (Art. L. 611-8 I 3 und 4 C. com.). Das Gericht kann den Vergleich auch auf einseitigen Antrag der Schuldnerin bestätigen (*homologation*), sofern die Schuldnerin nicht zahlungsunfähig ist oder der Vergleich die Zahlungsunfähigkeit abwendet, der Vergleich die Weiterführung des Unternehmens sicherstellt und er auch keine Rechte von Gläubigern verletzt, die nicht Partei des Vergleichs waren. Durch die gerichtliche Bestätigung, die im Gegensatz zur Feststellung veröffentlicht wird,[906] endet das Vergleichsverfahren ebenfalls (Art. L. 611-10 I C. com.). 442

Während der im Vergleich festgesetzten Frist gewährt der Vergleich **Vollstreckungsschutz** wegen Forderungen, die Gegenstand des Vergleichs waren (Art. L. 611-10-1 C. com.). Da das Schlichtungsverfahren keinerlei Möglichkeiten bietet, alle Gläubiger – notfalls auch gegen deren Willen – in den Vergleich einzuschließen und zu Forderungsverzichten zu zwingen (sog *cram down*), können diese auch nach Abschluss des Vergleichs weiterhin gegen die Schuldnerin klagen.[907] Die Schuldnerin kann in diesem Falle aber bei Gericht eine **Stundung** von bis zu zwei Jahren nach Art. 1244-1 ff. C. civ. iVm Art. L. 611-7 bzw. L. 611-10-1 C. com. beantragen. 443

Werden die im Vergleich eingegangenen Verpflichtungen nicht erfüllt, kann der Vergleich auf Antrag durch das Gericht wieder aufgelöst werden (Art. L. 611-10-3 C. com.). Kommt der Schlichter zu dem Schluss, dass ein Vergleich nicht möglich ist, informiert er das Gericht hierüber, welches das Verfahren daraufhin beendet (Art. L. 611-7 VI C. com.). 444

Das Schlichtungsverfahren wird in der **Praxis** primär von größeren Unternehmen zu einer finanzwirtschaftlichen Restrukturierung genutzt, indem mit wenigen Großgläubigern Forderungsverzichte und/oder Moratorien verhandelt werden. Diese Verfahren sind sehr erfolgreich, da in etwa 80% der Fälle ein Vergleich abgeschlossen und damit eine Insolvenz abgewendet wird.[908] Es ist aber darauf hinzuweisen, dass das Verfahren vergleichsweise selten und von kleineren Unternehmen nahezu nie eingesetzt wird, was zum einen an einer mangelnden Beratung, zum anderen an den vergleichsweise hohen Kosten des Verfahrens liegt.[909] 445

dd) Rettungsverfahren (procédure de sauvegarde)

Nach. Art. L. 620-1 I C. com. kann ein Rettungsverfahren eröffnet werden, wenn das Unternehmen Schwierigkeiten rechtlicher, wirtschaftlicher oder finanzieller Art hat, die es allein nicht bewältigen kann, wobei das Unternehmen nicht zahlungsunfähig sein darf.[910] Ziel dieses Verfahrens ist die **Restrukturierung** des Unternehmens zur Sicherstellung der Weiterführung und der Erhaltung von Arbeitsplätzen (Art. L. 620-1 I C. com.).[911] Antragsberechtigt ist im Gegensatz zum Sanierungsverfahren allein die Schuldnerin selbst (Art. L. 620-1 C. com.). Das Handelsgericht (*Tribunal de commerce*) am Unternehmenssitz ist zuständig für die Eröffnung des Rettungsverfahrens (Art. L. 621-2 I C. com.).[912] 446

---

905 *Badillet* Gaz. Pal. 2011, 7.
906 *Degenhardt* NZI 2014, 433, 435.
907 *Degenhardt* NZI 2014, 433, 435.
908 Deloitte, L'entreprise en difficulté en France (Studie März 2015), S. 17.
909 Bei Unternehmen mit weniger als 20 Arbeitnehmern wird in 97% der Fälle direkt ein Insolvenz- oder Liquidationsverfahren eröffnet, so: Deloitte, L'entreprise en difficulté en France (Studie März 2015), S. 17.
910 *Mestre/Velardocchio/Mestre-Chami*, Le Lamy Sociétés commerciales, 2017, Rn. 2550.
911 *Lienhard*, Delmas Procédures collectives, 2015, Rn. 51.11; *Döbereiner* in: Süß/Wachter (Hrsg.), HdB des internationalen GmbH-Rechts, 2016, Frankreich, Rn. 170.
912 *Sonnenberger/Dammann*, Französisches Handels- und Wirtschaftsrecht, 2008, Kap. VIII Rn. 36; *Lefebvre*, Mémento Sociétés commerciales, 2018, Rn. 90970.

447 Dem Geschäftsführer obliegt weiterhin die Geschäftsführung während der Dauer des Rettungsverfahrens (Art. L. 622-1 I C. com.). Das Gericht bestellt allerdings einen **kommissarischen Richter** (*juge commissaire*), der gem. Art. L. 621-9 C. com. einen zügigen Verfahrensablauf und den Schutz der betroffenen Interessen sicherstellt, einen **Insolvenzverwalter** (*administrateur judiciaire*), der den Geschäftsführer überwacht oder aber ihn bei allen oder nur bestimmten Geschäftsführungsmaßnahmen unterstützt (Art. L. 622-1 II C. com.) sowie einen **gerichtlich bestellten Vertreter** (*mandataire judiciaire*, Art. L. 621-4 I und III C. com.), der die Interessen der Gläubiger vertritt (Art. L. 622-20 C. com.) und bei dem die Gläubiger ihre Forderungen anzumelden haben. Verfügt das Unternehmen über eine **Personalvertretung** (Personalvertreter oder Betriebsrat), so wird diese aufgefordert, einen Vertreter für das Rettungsverfahren zu ernennen (Art. L. 621-4 II C. com.).[913]

448 Mit Eröffnung des Rettungsverfahrens wird zunächst eine sog **Beobachtungsphase** (*période d'observation*) von bis zu sechs Monaten angeordnet, während derer der Geschäftsführer mit dem ggf. bestellten Insolvenzverwalter prüfen kann, mit welchen Maßnahmen das Unternehmen gerettet werden kann. Im Anschluss an diese Phase wird dem Gericht ein sog **Rettungsplan** (*plan de sauvegarde*) unterbreitet (Art. L. 626-2 C. com.),[914] der in aller Regel Restrukturierungsmaßnahmen (Entlassungen) sowie Forderungsverzichte von und Moratorien mit Gläubigern enthält. Diesbezüglich ist darauf hinzuweisen, dass das Unternehmen im Unterschied zum Sanierungsverfahren (siehe sogleich Rn. 451 ff.) bei einer geplanten Restrukturierung durch Entlassungen nur sehr selten mit einer finanziellen Unterstützung der **Insolvenzausfallkasse** (*Association pour la gestion du régime d'assurance des créances de salariés* – AGS) rechnen kann, was insbesondere Restrukturierungen über Kündigungen aus wirtschaftlichen Gründen erheblich erschweren kann.[915]

449 Während des Rettungsverfahrens genießt das Unternehmen **Gläubigerschutz**, dh Altverbindlichkeiten dürfen nicht beglichen werden (Art. L. 622-7 C. com.) – die Gläubiger müssen ihre Forderungen gem. Art. 622-24 ff. C. com. fristgerecht zur Tabelle anmelden – und Einzelzwangsvollstreckungsmaßnahmen für Altforderungen sind unzulässig (Art. L. 622-21 und Art. L. 622-22 C. com.).[916] Das Unternehmen wird durch die Eröffnung eines Rettungsverfahrens auch davor geschützt, dass **laufende Vertragsbeziehungen** – etwa wegen noch offener Altverbindlichkeiten – gekündigt werden. Der Insolvenzverwalter kann den Vertragspartner am Vertrag festhalten (Art. L. 622-13 II C. com.), auch sind Vertragsklauseln, die ein **Sonderkündigungsrecht** im Falle einer Insolvenz vorsehen, **unwirksam** (Art. L. 622-13 I C. com.).

450 Bietet der Rettungsplan eine ernsthafte Möglichkeit, das Unternehmen zu retten, verabschiedet das Gericht diesen Plan und beendet damit die Beobachtungsphase (Art. L. 626-1 C. com.). Wird das Unternehmen während des **Rettungsverfahrens** zahlungsunfähig, so kann das Gericht das Verfahren in ein **Sanierungsverfahren** oder aber, sofern keinerlei Aussicht auf eine Sanierung besteht, in ein **Liquidationsverfahren** überleiten (Art. L. 622-10 II C. com.).

ee) Sanierungsverfahren (procédure de redressement) oder Liquidationsverfahren (procédure de liquidation judiciaire)

451 Der Geschäftsführer hat innerhalb von 45 Tagen nach Feststellung der Zahlungsunfähigkeit (*cessation de paiements*) die Eröffnung eines **Insolvenzverfahrens** zu beantragen (Art. L. 631-4 C. com.). Die Zahlungsunfähigkeit ist der einzige Grund für die Eröffnung des Insolvenzverfahrens.[917] Den Eröffnungstatbestand der **Überschuldung** kennt das französische Insolvenzrecht nicht. Neben der Schuldnerin selbst sind die Gläubiger und die Staatsanwaltschaft antragsberechtigt.[918]

452 Eine **Zahlungseinstellung** (*cessation de paiement*) liegt vor, wenn die fälligen Passiva zum Zeitpunkt der Entscheidung des Gerichts über die Eröffnung des Insolvenzverfahrens mit den verfügbaren Aktiva nicht mehr gedeckt werden können (Art. L. 631-1 I und L. 640-1 I C. com.).[919] Den fälligen **Passiva** werden sämtliche unbestrittenen, fälligen Forderungen zugerechnet, für die vom Gläubiger kein Zahlungsaufschub mehr gewährt wird.[920] Zu den relevanten **Aktiva** gehören verfügbare Barmittel, Wertpapiere sowie Kreditreserven, wobei Ge-

913 Zu den Einzelheiten des Rettungsverfahrens siehe auch *Lefebvre*, Mémento Droit commercial 2017, Rn. 61400.
914 *Döbereiner* in: Süß/Wachter (Hrsg.), HdB des internationalen GmbH-Rechts, 2016, Frankreich, Rn. 173.
915 Die AGS deckt keine Verbindlichkeiten gegenüber Arbeitnehmern, die zum Zeitpunkt der Eröffnung des Rettungsverfahrens bestanden haben. Eine Deckung kann lediglich in Ausnahmefällen bestehen, nämlich nur, wenn der Insolvenzverwalter die offensichtlich unzureichende Liquidität (*insuffisance de fonds caractérisée*) darlegen kann und der Kommissarische Richter den Vorschuss durch die AGS genehmigt (Art. L. 3253-19 C. trav.).
916 *Sonnenberger/Dammann*, Französisches Handels- und Wirtschaftsrecht, 2008, Kap. VIII Rn. 66 f. iVm Rn. 71; *Döbereiner* in: Süß/Wachter (Hrsg.), HdB des internationalen GmbH-Rechts, 2016, Frankreich, Rn. 172.
917 *Döbereiner* in: Süß/Wachter (Hrsg.), HdB des internationalen GmbH-Rechts, 2016, Frankreich, Rn. 174.
918 *Lienhard*, Delmas Procédures collectives, 2015, Rn. 113.14.
919 *Mestre/Velardocchio/Mestre-Chami*, Le Lamy Sociétés commerciales, 2017, Rn. 2552; *Sonnenberger/Dammann*, Französisches Handels- und Wirtschaftsrecht, 2008, Kap. VIII Rn. 16.
920 *Vallens/Ledoux ua*, Le Lamy Droit Commercial, 2017, Rn. 2995; Cass. com. 12.11.1997, Nr. 94-15.829.

sellschafterdarlehen zu den Kreditreserven zählen.[921] Den verfügbaren Aktiva werden insbesondere nicht zugerechnet:

- Immobilien, die mit einer Hypothek belastet sind,[922]
- ein eventueller Kaufpreis des Geschäftsbetriebs (sog *fonds de commerce*)[923] und
- das Warenlager.[924]

Ziel des Sanierungsverfahrens ist primär die Weiterführung des Unternehmens, der Erhalt der Arbeitsplätze und die Verringerung der Verbindlichkeiten (Art. L. 631-1 II C. com.), weshalb es ähnlich ausgestaltet ist wie das Rettungsverfahren. In einer ersten Phase des Verfahrens (sog **Beobachtungsphase**),[925] die höchstens sechs Monate beträgt,[926] soll sich der Insolvenzverwalter ein Bild von der finanziellen, rechtlichen und persönlichen Situation des Unternehmens machen (Art. L. 623-1 C. com.). Spätestens zwei Monate ab dem Verfahrenseröffnungsbeschluss überprüft das Gericht, ob die Schuldnerin die für die Fortsetzung der Beobachtungsphase notwendige Liquidität besitzt und verlängert diese Phase entsprechend (Art. L. 631-15 C. com.). Kommt das Gericht zu dem Schluss, dass dies nicht gewährleistet ist, kann das Gericht die Liquidation anordnen oder aber dem teilweisen Verkauf des Unternehmens zustimmen.[927] 453

Das Unternehmen wird im Regelfall vom **Geschäftsführer** weitergeführt. Der **Insolvenzverwalter** wird ihn, den ihm vom Gericht verliehenen Befugnissen entsprechend, nur unterstützen. Es ist aber auch möglich, dass er die Geschäftsführung übernimmt (Art. L. 631-12 C. com.). Um ein Überleben des Unternehmens bis zur Verabschiedung des Sanierungsplans sicherzustellen, dürfen mit Eröffnung des Sanierungsverfahrens keine Altverbindlichkeiten mehr bedient werden (Art. L. 631-14 I iVm L. 622-7 C. com.). Das Unternehmen erhält Gläubigerschutz, dh die Gläubiger können Altverbindlichkeiten lediglich zur Tabelle anmelden (Art. L. 631-14 I iVm L. 622-21 C. com.). Durch den gestoppten Geldabfluss und das Eintreiben offener Posten kann das Unternehmen einen gewissen Zeitraum überleben. 454

Nach einer eingehenden Prüfung des Unternehmens und der Handlungsoptionen, legt der Insolvenzverwalter bzw. der Geschäftsführer einen **Sanierungsplan** (*plan de redressement*) vor, der Restrukturierungsmaßnahmen, betriebsbedingte Kündigungen und Moratorien für Gläubiger beinhaltet (Art. L. 631-19 C. com.).[928] Die für betriebsbedingte Kündigungen anfallenden Entschädigungsbeträge können häufig vom Unternehmen selbst nicht finanziert werden, ohne die Weiterführung zu gefährden. In aller Regel greift hier die **Insolvenzausfallkasse** (AGS) ein und zahlt wesentliche Teile der **Entschädigungsansprüche** der Mitarbeiter (bis zu einem Höchstbetrag von 78.456 EUR pro Mitarbeiter).[929] 455

Während des gesamten Verfahrens können Dritte auch Angebote für den Erwerb des Unternehmens unterbreiten (Art. L. 631-13 C. com.). Bieten diese ausreichend Aussicht auf Erfolg (insbesondere im Hinblick auf die Sicherung von Arbeitsplätzen und die Befriedigung der Massegläubiger), kann das Gericht auch die **Veräußerung des Unternehmens** aussprechen (*plan de cession*) (Art. L. 641-10 C. com.). 456

Kann das Unternehmen die im Sanierungsplan festgesetzten Verpflichtungen nicht einhalten oder ist die Sanierung und Weiterführung des Unternehmens bereits bei Beantragung der Insolvenz ausgeschlossen, so kann das Gericht die **Eröffnung eines Liquidationsverfahrens** (Art. L. 640-1, I C. com.) aussprechen, das den Verkauf der Aktiva und die Liquidation des Unternehmens zur Folge hat.[930] 457

921 *Vallens/Ledoux ua*, Le Lamy Droit Commercial, 2017, Rn. 3000.
922 Cass. com. 7.2.1989, Nr. 87-14.167.
923 Cass. com. 15.2.2011, Nr. 10-13.625.
924 Cass. com. 17.5.1989, Nr. 87-17.930.
925 Sog *période d'observation*.
926 Art. L. 631-7 iVm Art. L. 621-3 C. com. Gemäß Art. 64 des Dekret Nr. 2005-1677 vom 28. Dezember 2005 als Ausführungsvorschrift des Gesetzes Nr. 2005-845 vom 26. Juli 2005 kann die Beobachtungsphase um bis zu weitere sechs Monate verlängert werden.
927 Art. L. 631-15 II 3 C. com.
928 Vgl. dazu *Döbereiner* in: Süß/Wachter (Hrsg.), HdB des internationalen GmbH-Rechts, 2016, Frankreich, Rn. 175.
929 *Vallens/Ledoux ua*, Le Lamy Droit Commercial, 2017, Rn. 4061. Für weitere Details zur Insolvenzausfallkasse siehe *Vallens/Ledoux ua*, Le Lamy Droit Commercial, 2017, Rn. 4048 und Rn. 4053.
930 *Sonnenberger/Dammann*, Französisches Handels- und Wirtschaftsrecht, 2008, Kap. VIII Rn. 53; vgl. dazu auch *Döbereiner* in: Süß/Wachter (Hrsg.), HdB des internationalen GmbH-Rechts, 2016, Frankreich, Rn. 176.

8. Exkurs: EURL (entreprise unipersonnelle à responsabilité limitée)

458 Hat die SARL nur **einen Gesellschafter**, wird sie auch als **EURL** (*entreprise unipersonelle à responsabilité limitée*)[931] bezeichnet.[932] Sie entspricht dann einer Ein-Personen-GmbH, auf die – bis auf ein paar Erleichterungen – die Regeln der SARL anwendbar sind.[933] Die EURL ist **keine gesonderte Gesellschaftsform**. Sie ist vielmehr eine SARL (allerdings nur mit einem Gesellschafter, *unipersonnelle*). Eine SARL kann bereits durch nur einen Gesellschafter gegründet werden. Es ist aber auch möglich, dass es erst im Laufe des Bestehens der SARL zu einer Vereinigung aller Anteile in einer Hand kommt.[934] Dieser Prozess stellt keinen Formwechsel dar, da die EURL, wie bereits erläutert, keine eigenständige Gesellschaftsform darstellt.[935]

459 Sowohl eine **natürliche** als auch eine **juristische Person** kann alleinige Gesellschafterin (*associé unique*) der EU-RL sein. Auch eine EURL kann wiederum eine Tochter-EURL gründen (zur entsprechenden Reform s. Rn. 35).[936] Dass es sich um eine Ein-Personen-Gesellschaft handelt, kommt in Bezug auf den **Rechtsformzusatz** nicht zum Ausdruck. Vielmehr kann auch die EURL ihre Firma frei wählen und voran- bzw. nachzustellen ist die Bezeichnung „*société à responsabilité limitée*“ bzw. SARL. Die Bezeichnung EURL wird damit **nicht** verwendet. Die auf der Einpersonengesellschafts-RL beruhenden Publizitätsvorgaben (s. § 28 Rn. 32 ff.) sorgen allerdings für eine Information des Rechtsverkehrs.

460 Für die EURL (Ein-Personen-SARL) steht seit 2008[937] eine **Modellsatzung** in Annex 2-1 des *partie réglementaire* des *Code de commerce* zur Verfügung, die bei der Gründung genutzt werden kann, sofern der einzige Gesellschafter zugleich alleiniger Geschäftsführer und eine natürlich Person ist (Art. D. 223-2 I C. com.).[938] Die Nutzung dieser Modellsatzung ist jedoch nicht verpflichtend vorgeschrieben, der Gründer kann daher auch eine auf seine Bedürfnisse angepasste Satzung bei der Gründung einreichen (vgl. Art. D. 223-2 III C. com.).[939]

461 Der Alleingesellschafter kann somit selbst die Geschäftsführung übernehmen (Selbstorganschaft) oder diese einem Dritten, also einem Fremdgeschäftsführer, anvertrauen. Bei der EURL übt der Alleingesellschafter die der **Hauptversammlung** obliegenden Befugnisse aus (Art. L. 223-1 II C. com.).[940] Der Alleingesellschafter muss diese Entscheidungen **persönlich** treffen, er kann sie nicht einem Dritten überlassen (Art. L. 223-31 III 1 C. com.).[941] Der Alleingesellschafter trifft alle Entscheidungen und nimmt insbesondere Satzungsänderungen vor. Die Regelungen zur Einberufung der Hauptversammlung finden hier keine Anwendung (Art. L. 223-31 C. com.).[942] Insbesondere besteht im Fall der EURL damit kein Problem in Bezug auf eine etwaige Blockade der Beschlussfassung wegen mangelnder Einberufung durch den Geschäftsführer. Vor diesem Hintergrund kann es sinnvoll sein, alle Anteile der SARL auf einen Gesellschafter zu übertragen, damit dieser die gewünschten Beschlüsse fassen kann. Auch die Vorschriften über Mehrheitserfordernisse, wie sie für die SARL gelten, sind auf die EURL nicht anzuwenden (Art. L. 223-31 I C. com.). Wird eine SARL nachträglich durch Vereinigung aller Anteile in einer Hand zur EURL, so sind die Satzungsbestimmungen über die Gesellschafterversammlung nicht mehr anzuwenden.[943]

462 Der Alleingesellschafter ist verpflichtet, die von ihm getroffenen Entscheidungen in einem **Beschlussregister** (sog *registre des décisions*) festzuhalten (Art. L. 223-31 III C. com.).[944] Anderenfalls kann jeder, der ein Interesse daran darlegen kann, die Nichtigkeit der Entscheidung beantragen (Art. L. 223-31 IV C. com.).[945]

463 Geschäfte zwischen der Gesellschaft und dem Alleingesellschafter oder dem Fremdgeschäftsführer (*conventions réglementées*) unterliegen keinen speziellen Regeln, wenn es sich um laufende Geschäfte zu **marktüblichen Konditionen** handelt (Art. L. 223-20 C. com.).[946] Ebenso ausgenommen sind Verträge zwischen dem Alleingesell-

---

931 Die EURL ist nicht zu verwechseln mit der zuvor beschriebenen EIRL, die ein Einzelunternehmer mit beschränkter Haftung ist (vgl. Rn. 207 ff.). Die EURL ist nichts Anderes als eine SARL, die nur einen Gesellschafter hat und daher in ihrer Funktionsweise teilweise etwas einfacher zu handhaben ist als die SARL.

932 *Le Cannu/Dondero*, Droit des sociétés, 2015, Rn. 1271; *Cozian/Viandier/Deboissy*, Droit des sociétés, 2016, Rn. 1399 f.; *Lefebvre*, Mémento Sociétés commerciales, 2018, Rn. 30010.

933 *Peifer*, Das Recht der Kapitalgesellschaften in Frankreich, 2009, Rn. 467 ff.; *Peifer* GmbHR 2009, 1145, 1145 ff.

934 Die Zulässigkeit beider Formen der Entstehung einer Ein-Personen-GmbH schreibt die Einpersonengesellschafts-Richtlinie vor. S. dazu § 28.

935 *Lefebvre*, Mémento Sociétés commerciales, 2018, Rn. 35500.

936 *Lefebvre*, Mémento Sociétés commerciales, 2018, Rn. 35610.

937 Eingeführt durch das Décret n° 2008-1419 vom 19.12.2008.

938 *Peifer* GmbHR 2009, 1145, 1147 f.

939 *Döbereiner* in: Süß/Wachter (Hrsg.), HdB des internationalen GmbH-Rechts, 2016, Frankreich, Rn. 39.

940 Vgl. die Vorgabe des Art. 4 I EPG-RL. Dazu § 28 Rn. 37.

941 *Lefebvre*, Mémento Assemblées générales, 2016-2017, Rn. 97622.

942 *Merle/Fauchon*, Sociétés commerciales, 2016, Rn. 285.

943 Cass. com. 9.3.2010, Nr. 09-11.631.

944 Siehe zur Vorgabe des Art. 4 II EPG-RL § 28 Rn. 40.

945 *Merle/Fauchon*, Sociétés commerciales, 2016, Rn. 285.

946 *Mestre/Velardocchio/Mestre-Chami*, Le Lamy Sociétés commerciales, 2017, Rn. 3363; *Lefebvre*, Mémento Sociétés commerciales, 2018, Rn. 36020.

schafter und der EURL, unabhängig davon, ob diese zu marktüblichen Konditionen abgeschlossen wurden (Art. L. 223-19 III C. com.). Daher bedürfen Verträge der Muttergesellschaft mit ihren 100%igen Tochtergesellschaften als EURL **keiner Zustimmung** bzw. Genehmigung. Der Alleingesellschafter hat den Vertragsschluss lediglich dem **Beschlussregister** (*registre des décisions*) anzuzeigen (Art. L. 223-19 III C. com.). Ein Ausbleiben der Anzeige im Beschlussregister hat keine Auswirkungen auf die Wirksamkeit der Vereinbarung, zieht jedoch die Haftung des Alleingesellschafters nach sich, falls der Gesellschaft aus der Vereinbarung ein Schaden entsteht.[947] Ein Bericht des Abschlussprüfers oder des Geschäftsführers nach Art. L. 223-19 I C. com. zu den zwischen dem Alleingesellschafter und der EURL abgeschlossenen Verträgen ist nicht erforderlich.[948] Etwas Anderes gilt für Geschäfte zwischen der Gesellschaft und dem Fremdgeschäftsführer, welche – sofern es sich nicht um laufende Geschäfte handelt, die zu marktüblichen Konditionen abgeschlossen werden – dem späteren Genehmigungsverfahren nach Art. L. 223-19 C. com. (siehe hierzu Rn. 271 ff.) unterliegen und mithin auch eines entsprechenden Berichts des Geschäftsführers oder des Abschlussprüfers bedürfen. Hat die EURL keinen Abschlussprüfer, bedürfen diese Geschäfte der vorherigen Genehmigung durch den Alleingesellschafter (Art. L. 223-19 II C. com.). Wie bei der SARL mit mehreren Gesellschaftern führt ein Verstoß gegen dieses Genehmigungsverfahren auch bei der EURL nicht zur Nichtigkeit der Vereinbarung, sondern zu einer Schadensersatzpflicht des Geschäftsführers, falls der Gesellschaft durch das Geschäft ein Schaden entstanden ist (Art. L. 223-19 IV C. com.).[949]

Der **Jahresabschluss** der EURL ist durch den Geschäftsführer der Gesellschaft zu erstellen (Art. L. 223-31 II 1 C. com.). Der Alleingesellschafter hat den vom Geschäftsführer erstellten Jahresabschluss binnen sechs Monaten nach Abschluss des Geschäftsjahres festzustellen (Art. L. 223-31 II 2 C. com.) und anschließend beim Handelsregister einzureichen (Art. L. 232-22 C. com.). Ist der Alleingesellschafter jedoch Einzelgeschäftsführer der EURL, so ist er gem. Art. L. 223-31 II 3 C. com. von der Feststellung des Jahresabschlusses befreit. Er hat dann das Inventar sowie den ordnungsgemäß unterzeichneten Jahresabschluss binnen sechs Monaten nach Abschluss des Geschäftsjahres beim Handelsregister einzureichen. Die Hinterlegung beim Handelsregister gilt dann als Feststellung des Jahresabschlusses (Art. L. 223-31 II 3 C. com.). Diesbezüglich ist allerdings zu beachten, dass der Alleingesellschafter damit zwar von der Beschlussfassung zur Feststellung des Jahresabschlusses befreit ist, nicht jedoch von der Beschlussfassung zur **Ergebnisverwendung**. Denn gem. Art. L. 232-22 I C. com. hat jede SARL zusätzlich zu ihrem Jahresabschluss auch einen Gesellschafterbeschluss zur Ergebnisverwendung einzureichen. Auch bei Anwendung des Art. L. 223-31 II 3 C. com. hat der Alleingesellschafter daher einen Beschluss zur Ergebnisverwendung zu fassen, diesen in das Beschlussregister aufzunehmen und zusammen mit dem Jahresabschluss und dem Inventar beim Handelsregister einzureichen.[950] Zur Besonderheit der Auflösung einer EURL im Fall eines Gesellschafters, der eine juristische Person ist, siehe Rn. 418 f. 464

9. Die SARL in der Praxis

Im Folgenden sollen einige relevante Zahlen zur SARL vorgelegt werden. Diese wurden einer Statistik der Geschäftsstelle des Handelsregisters von Paris (*Greffe du Tribunal de commerce de Paris*) entnommen und beziehen sich daher nicht auf ganz Frankreich, sondern nur auf Paris. Dennoch lassen sich daraus einige Trends ablesen. 465

Betrag des Stammkapitals	Anzahl der SARL (in %)
1 bis 7.500 EUR	52,13 %
7.500 bis 37.000 EUR	42,31 %
Ab 37.000 EUR	5,57 %

Abb. 5: Eigenkapitalausstattung der SARL gegründet im Juni 2006[951]

947 *Delpech*, Société à responsabilité limitée SARL, 2012, Rn. 91.14; *Mestre/Velardocchio/Mestre-Chami*, Le Lamy Sociétés commerciales, 2017, Rn. 3363; *Lefebvre*, Mémento Sociétés commerciales, 2018, Rn. 36020.

948 *Delpech*, Société à responsabilité limitée SARL, 2012, Rn. 91.14; *Mestre/Velardocchio/Mestre-Chami*, Le Lamy Sociétés commerciales, 2017, Rn. 3363; *Lefebvre*, Mémento Sociétés commerciales, 2018, Rn. 36020.

949 *Mestre/Velardocchio/Mestre-Chami*, Le Lamy Sociétés commerciales, 2017, Rn. 3363.

950 *Delpech*, Société à responsabilité limitée SARL, 2012, Rn. 57.15; *Mestre/Velardocchio/Mestre-Chami*, Le Lamy Sociétés commerciales, 2017, Rn. 3363 f.; *Lefebvre*, Mémento Sociétés commerciales, 2018, Rn. 35825.

951 Greffe du Tribunal de Commerce de Paris, L'Observatoire des SARL, Juni 2006. Eine neuere Statistik liegt wohl nicht vor.

Gründe für die Löschung im Handelsregister	
Insolvenzverfahren	37,45 %
Beschluss (Tätigkeit einzustellen)	30,70 %
Sitzverlegung (anderes « *Département* »)	28,06 %
Andere Gründe	2,53 %
Verschmelzung	1,27 %

Abb. 6: Gründe für die Löschung im Handelsregister[952]

III. Société anonyme (SA)

1. Grundlagen

466 Die Société Anonyme (abgekürzt: SA) ist mit der deutschen **Aktiengesellschaft** (AG) vergleichbar.[953] Die Form der Aktiengesellschaft ist schon seit längerem im französischen Gesellschaftsrecht bekannt. Sie bildete sich aus den sog *Compagnies royales* des *Ancien Régime* heraus und unterlag seitdem zahlreichen Entwicklungen und Reformen.[954] Eine entscheidende Reform erfolgte mit dem **Gesetz vom 24. Juli 1867**, mit dem das seit 1807 bestehende Erfordernis, für die Gründung einer SA die Genehmigung der Regierung einzuholen, abgeschafft wurde.[955] Das Gesetz von 1867 wurde 1966 schließlich durch neue Vorschriften ersetzt, die seitdem ständigen Änderungen unterworfen sind.[956]

467 Die **SA** ist eine in Frankreich zwar teilweise sogar schon bei **kleineren und mittleren Unternehmen** anzutreffende Gesellschaftsform,[957] in der Regel wird sie aber von **großen Unternehmen** gewählt.[958] Sie kann in zwei Organisationsformen gestaltet werden, nämlich zum einen als „klassische" Aktiengesellschaft mit einem Verwaltungsrat (*conseil d'administration*) und zum anderen in der seit 1966 existierenden Form der Aktiengesellschaft mit Vorstand und Aufsichtsrat (*société anonyme à directoire et conseil de surveillance*), wie sie auch aus Deutschland bekannt ist (daher auch die Bezeichnung *„la direction à l'allemande"*).

468 Die SA ist im *Code de commerce* im Wesentlichen in den Art. L. 225-1 bis 225-257 C. com., Art. L. 242-1 bis 242-30 C. com. und Art. R. 225-1 bis 225-172 C. com. sowie Art. A. 225-1 bis 225-4 C. com. geregelt.[959] Art. L. 225-1 C. com. beschreibt einige wichtige Grundzüge der SA folgendermaßen:

„Die Aktiengesellschaft ist eine Gesellschaft, in der das Kapital in Aktien zerlegt ist und die zwischen Aktionären gegründet wird, die für die Verluste nur mit ihren Einlagen einstehen."[960]

469 Die SA besitzt **Rechtspersönlichkeit** und die **Haftung** der Aktionäre ist auf den Wert ihrer Einlage beschränkt. Charakteristisch ist die **hierarchische Struktur**, in der die Organe als Handlungsträger mit bestimmten Befugnissen ausgestattet sind.[961] Die SA ist wie die SARL von Gesetzes wegen eine **Handelsgesellschaft** (Art. L. 210-1 II C. com.), unabhängig davon, ob sie einen zivilen oder kaufmännischen Zweck verfolgt.[962] Von herausragender Bedeutung für die Qualifikation als SA ist die **Ausgabe von Aktien**, die, nach Erfüllung der Börsenzulassungs-

952 Greffe du Tribunal de Commerce de Paris, L'Observatoire des SARL, Januar 2006.
953 *Ngatsing* in: Widmann/Mayer (Hrsg.), Umwandlungsrecht, 2014, Anhang 3, Frankreich, Erster Teil, Erster Abschnitt, F1.
954 *Großerichter* in: Sonnenberger/Classen (Hrsg.), Einführung in das französische Recht, 2012, S. 335 (Tz. 157); *Germain/Magnier*, Les sociétés commerciales, 2014, Rn. 1881 ff.
955 *Germain/Magnier*, Les sociétés commerciales, 2014, Rn. 1883 ff.
956 Für eine ausführliche Darstellung der Geschichte der SA und der einzelnen Reformen siehe *Germain/Magnier*, Les sociétés commerciales, 2014, Rn. 1879 ff.
957 *Mestre/Velardocchio/Mestre-Chami*, Le Lamy Sociétés commerciales, 2017, Rn. 3392; *Ngatsing* in: Widmann/Mayer (Hrsg.), Umwandlungsrecht, 2014, Anhang 3, Frankreich, Erster Teil, Erster Abschnitt, F1; *Großerichter* in: Sonnenberger/Classen (Hrsg.), Einführung in das französische Recht, 2012, S. 335 (Tz. 157).
958 *Lefebvre*, Mémento Sociétés commerciales, 2087, Rn. 37010.
959 Daneben greifen wie bei allen anderen Gesellschaften auch die allgemeinen Vorgaben des *Code civil* bzw. des *Code de commerce*.
960 Übersetzung der Verfasser. Im Original: *„La société anonyme est la société dont le capital est divisé en actions et qui est constituée entre des associés qui ne supportent les pertes qu'à concurrence de leurs apports."*.
961 *Großerichter* in: Sonnenberger/Classen (Hrsg.), Einführung in das französische Recht, 2012, S. 336 (Tz. 157).
962 *Lefebvre*, Mémento Sociétés commerciales, 2018, Rn. 37070; *Merle/Fauchon*, Sociétés commerciales, 2016, Rn. 299.

voraussetzungen, auch an **der Börse gehandelt** werden können und damit frei übertragbar sind.[963] Dies ist möglich, da die SA **nicht** dem Grundsatz *intuitu personae* (Näheverhältnis zwischen den Gesellschaftern) unterliegt.

Eine SA besteht aus **mindestens zwei Aktionären** (Art. L. 225-1 II 1 C. com.). Diese Mindestgesellschafterzahl liegt jedoch bei **sieben,** wenn die Wertpapiere der Gesellschaft für den Handel auf einem reglementierten Markt zugelassen sind (Art. L. 225-1 II 2 C. com.). Das französische Recht kennt damit **keine Ein-Personen-AG.**[964] Bis vor kurzem lag die Mindestzahl der Aktionäre auch noch für die nicht-börsennotierte SA bei sieben. 470

Der laufende Verwaltungsaufwand in der SA ist größer als bei der SAS (*société par actions simplifiée*, siehe dazu näher unter 633 ff.), weswegen letztere Gesellschaftsform inzwischen weitaus beliebter ist als die SA. Auch bei der SA ist für die Gründung jedoch keine notarielle Form erforderlich. Die SA ist allerdings **zwingend prüfungspflichtig.** Die Abschlussprüfung der Jahresabschlüsse erfolgt durch einen jeweils auf sechs Jahre zu bestellenden Wirtschaftsprüfer (*commissaire aux comptes*) (vgl. dazu Rn. 339 ff.). Die Offenlegung des Jahresabschlusses erfordert die Hinterlegung von Bilanz, Gewinn- und Verlustrechnung und Anhang beim Handelsregister. 471

2. Gründung

a) Allgemeines

Für die **Gründung** einer SA sind **zwei Möglichkeiten** gegeben: 472

- Gründung durch **öffentlichen Finanzierungsaufruf** (*offre au public*) (Art. L. 225-2 bis 225-11-1 C. com.) für die Gründung einer börsennotierten Aktiengesellschaft
- Gründung **ohne öffentlichen Finanzierungsaufruf** (Art. L. 225-12 bis 225-16-1 C. com.) für die Gründung einer nicht-börsennotierten Aktiengesellschaft

Unabhängig von der Form der Gründung gelten einige Voraussetzungen, wie sie auch die anderen Gesellschaftsformen aufweisen. Denn auch die SA hat die rechtsformunabhängigen Vorschriften des *Code civil* sowie die allgemeinen Regeln des *Code de commerce* zu beachten. So bedarf die Gründung einer SA eines **Gesellschaftsvertrages** und die Gesellschaftsgründer können sowohl **natürliche** als auch **juristische Personen** sein, wobei natürliche Personen geschäftsfähig sein müssen.[965] Die Gesellschaft kann sowohl zivile als auch kaufmännische Zwecke verfolgen, solange es sich um einen erlaubten **Zweck** handelt. Die Ausübung bestimmter Aktivitäten ist der SA **verboten,** darunter beispielsweise die Wahrnehmung von Urheberrechten oder der Betrieb eines biomedizinischen Labors.[966] Unabhängig davon, ob sie einen zivilen oder kaufmännischen Zweck verfolgt, ist die SA aufgrund ihrer Rechtsform als **Handelsgesellschaft** zu qualifizieren (Art. L. 210-1 II C. com.).[967] 473

Die Gründung einer SA erfordert **mindestens zwei Gründungsaktionäre** (Art. L. 225-1 II 1 C. com.) bzw. **sieben,** sofern es sich um eine börsennotierte Gesellschaft handelt (Art. L. 225-1 II 2 C. com.). Der französische Gesetzgeber hat damit im Gegensatz zu vielen anderen europäischen Rechtsordnungen (vgl. zB Deutschland, Niederlande (s. § 16 Rn. 136), Italien (vgl. § 14 Rn. 387), England (vgl. § 12 Rn. 568)) nicht die Möglichkeit einer Einpersonen-AG eingeführt.[968] Die Mindestanzahl darf auch im Laufe des Bestehens der Gesellschaft nicht unterschritten werden.[969] Das Absinken unter die Mindestanzahl der Aktionäre stellt dementsprechend einen Auflösungsgrund dar (vgl. Rn. 617). Da die SA auf einen großen Aktionärskreis zugeschnitten ist, sieht der *Code de Commerce* umgekehrt allerdings keine Höchstzahl für die Beteiligung vor.[970] Das Stammkapital der SA muss mindestens **37.000 EUR** betragen (Art. L. 224-2 C. com.) (zu Ausnahmen bzgl. Gesellschaften für bestimmte Aktivitäten siehe Rn. 583). Bezüglich der Regelung des Gründungsverfahrens einer SA ist zwischen den beiden oben genannten Gründungsmöglichkeiten zu unterscheiden. Im Folgenden wird aufgrund ihrer Praxisrelevanz lediglich die Gründung ohne öffentlichen Finanzierungsaufruf angesprochen. Auch die darauffolgenden Ausführungen beziehen sich im Wesentlichen auf die nicht-börsennotierte SA. Am Ende findet sich ein Exkurs zur börsennotierten SA (s. Rn. 620 ff.). 474

963 *Merle/Fauchon*, Sociétés commerciales, 2016, Rn. 370; *Lefebvre*, Mémento Sociétés commerciales, 2018, Rn. 37070; *Ngatsing* in: Widmann/Mayer (Hrsg.), Umwandlungsrecht, 2014, Anhang 3, Frankreich, Erster Teil, Erster Abschnitt, F2.

964 Frankreich hat damit die Erweiterungsoption des Art. 6 EPG-RL nicht genutzt. Siehe dazu § 28 Rn. 11.

965 *Lefebvre*, Mémento Sociétés commerciales, 2018, Rn. 37520; *Cozian/Viandier/Deboissy*, Droit des sociétés, 2016, Rn. 644 iVm Rn. 113 und Rn. 645 f., 656 ff.; *Basuyaux/Delpech/de Labrouhe* in: Wegen/Spahlinger/Barth (Hrsg.), Gesellschaftsrecht des Auslands, 2016, Frankreich, Rn. 7 (Stand: 2012); *Ngatsing* in: Widmann/Mayer (Hrsg.), Umwandlungsrecht, 2014, Anhang 3, Frankreich, Erster Teil, Erster Abschnitt, F3.

966 *Lefebvre*, Mémento Sociétés commerciales, 2018, Rn. 37531; *Merle/Fauchon*, Sociétés commerciales, 2016, Rn. 299; *Besnard Goudet* in: JurisClasseur, Sociétés Traité, 2017, Fasc. 9-10, Rn. 29.

967 *Lefebvre*, Mémento Sociétés commerciales, 2018, Rn. 37070; *Merle/Fauchon*, Sociétés commerciales, 2016, Rn. 299.

968 Aus diesem Grund muss der französische Gesetzgeber mit Blick auf die SA auch nicht die Vorgaben der Einpersonengesellschafts-Richtlinie umsetzen (dazu § 28 Rn. 11).

969 *Lefebvre*, Mémento Sociétés commerciales, 2018, Rn. 37542.

970 *Lefebvre*, Mémento Sociétés commerciales, 2018, Rn. 37540.

b) Verfahren einer Gründung ohne öffentlichen Finanzierungsaufruf

475 Der konventionelle Gründungsweg, also die Gründung einer SA **ohne öffentlichen Finanzierungsaufruf**, ist in der Praxis der häufiger gewählte Weg. Dies gilt auch dann, wenn später ein Börsengang geplant ist, da das Gründungsverfahren ohne öffentlichen Finanzierungsaufruf eindeutig weniger aufwendig ist. Art. L. 225-12 C. com. verweist allerdings zum Teil auf die Vorschriften zur Gründung einer SA mit öffentlichem Finanzierungsaufruf. Hier sollen im Folgenden stichpunktartig die einzelnen Schritte einer Gründung ohne öffentlichen Finanzierungsaufruf aufgelistet werden:[971]

- Erstellung eines Satzungsentwurfs (*projet de statuts*) und später der Satzung (in Schriftform);
- vollständige Zeichnung des Kapitals (mind. 37.000 EUR);
- die Bareinlagen müssen auf ein bei einer französischen Bank eingerichtetes Konto eingezahlt werden (auch die Hinterlegung bei einem Notar ist beispielsweise möglich, wird in der Praxis jedoch nicht gemacht). Der Einzahlung der Bareinlagen ist eine Gesellschafterliste beizufügen;
- die Hinterlegung der Bareinlagen muss von der Bank (bzw. dem Notar) förmlich bestätigt werden;
- die Konditionen für die Erbringung von Sacheinlagen werden in der Praxis meist in die vorgeschlagene Satzung aufgenommen oder es wird ein *„traité d'apport"*, also ein Sacheinlagevertrag abgeschlossen. Die Sacheinlagen sind im Zeitpunkt der Zeichnung der Anteile zu erbringen;
- die Satzung muss unterzeichnet werden;
- Ernennung der ersten Geschäftsführungs- und Aufsichtsorgane sowie der Abschlussprüfer (in der Praxis erfolgt dies in der Satzung), gem. Art. L. 823-1 II C. com. müssen zudem ein hauptamtlicher und ein stellvertretender Abschlussprüfer bestellt werden;
- Einhaltung der Veröffentlichungspflichten und
- die Hinterlegung aller notwendigen Unterlagen beim Handelsregister; neben den Unterlagen, die auch für die SARL hinterlegt werden müssen (wie Mietvertrag, Unterlagen zu den Organen, Bescheinigung über die Einzahlung des Stammkapitals, vgl. Rn. 258), muss bei der Gründung einer SA auch das Annahmeschreiben der Wirtschaftsprüfer über ihr Amt sowie ein Nachweis über die Zulassung der Wirtschaftsprüfer in der regionalen Kammer der Wirtschaftsprüfer eingereicht werden.

476 Auch wenn das Gesetz dies für SA ohne öffentlichen Finanzierungsaufruf nicht verlangt,[972] wird in der Praxis bei einer Gründung ohne öffentlichen Finanzierungsaufruf zunächst ein Satzungsentwurf (*projet de statuts*) erstellt. Dieser dient vor allem der Information der zukünftigen Aktionäre. Da der Zeitpunkt der Unterzeichnung zeitlich nach der Leistung der Einlage liegt,[973] ist ein Satzungsentwurf in der Praxis notwendig, da die Aktionäre oftmals nur bereit sind, ihre Einlage zu leisten, sofern sie erkennen können, wie die zukünftige Satzung aussehen wird.[974] Im Übrigen verlangt die Bank in der Praxis den Satzungsentwurf, um überhaupt das Bankkonto der Gesellschaft für die Einzahlung des Stammkapitals zu eröffnen. Der Satzungsentwurf ist dabei zumeist inhaltlich gleich mit der später von den Aktionären unterzeichneten Satzung.[975] Die endgültige Satzung ist von allen Aktionären zu unterzeichnen (Art. L. 225-15 C. com.). Die Reihenfolge ist zwingend. Wird der Gesellschaftsvertrag unterzeichnet, bevor die Einlagen geleistet wurden, ist dies ein Grund für das Register, die SA nicht einzutragen. Durch einen Gründungsbestätigungsvermerk kann allerdings auch in so einem Fall noch die Eintragung erreicht werden.[976]

477 Nach Eintragung der Satzung werden in der Praxis die **Gesellschaftsregister** erstellt. Diese sind einmal die **Protokollregister**, in denen jeweils die Beschlüsse der Hauptversammlung (*Registre des assemblées générales*), des Verwaltungsrats (*Registre des procès-verbaux des décisions du Conseil d'administration*) bzw. des Vorstands (*Registre des procès-verbaux des décisions du Directoire*) aufgenommen werden, und die Aktionärs- und **Wertpapiertransferregister** (*Registre des actionnaires et mouvement de titres*), aus denen die Aktieninhaberschaft und sämtliche Aktienübertragungen hervorgehen.[977] Letzteres ist entscheidend für die Geltendmachung der Inhaberschaft von Aktien und zwar sowohl gegenüber der Gesellschaft als auch gegenüber Dritten. Diese Register

971 Die Schritte sind *Lefebvre*, Mémento Sociétés commerciales, 2018, Rn. 37800 ff. entnommen; vgl. auch *Mestre/Velardocchio/Mestre-Chami*, Le Lamy Sociétés commerciales, 2017, Rn. 3418 ff.; *Goudet* in: JurisClasseur, Commercial, 2017, Fasc. 1359, Rn. 25 ff.

972 Etwas Anderes gilt für SA mit öffentlichem Finanzierungsaufruf, für die das Gesetz die Erstellung eines Satzungsentwurfs vorschreibt (Art. L. 225-2 I C. com.).

973 Vgl. *Ngatsing* in: Widmann/Mayer (Hrsg.), Umwandlungsrecht, 2014, Anhang 3, Frankreich, Erster Teil, Erster Abschnitt, F3; *Lefebvre*, Mémento Sociétés commerciales, 2018, Rn. 38140; *Cozian/Viandier/Deboissy*, Droit des sociétés, 2016, Rn. 645.

974 *Lefebvre*, Mémento Sociétés commerciales, 2018, Rn. 37830.

975 Vgl. *Lefebvre*, Mémento Sociétés commerciales, 2018, Rn. 37830.

976 *Ngatsing* in: Widmann/Mayer (Hrsg.), Umwandlungsrecht, 2014, Anhang 3, Frankreich, Erster Teil, Erster Abschnitt, F3.

977 Les Éditions Législatives, Dictionnaire Permanent Epargne et produits financiers, Étude Dématérialisation des titres, November 2016, Rn. 8; näher zu den Angaben im Aktionärs- und Wertpapiertransferregister: *Mestre/Velardocchio/Mestre-Chami*, Le Lamy Sociétés commerciales, 2017, Rn. 4392.

werden bei verschiedenen Anbietern bestellt; das **Handelsregister stempelt** das Deckblatt ab und stanzt die einzelnen Seiten des Registers.

c) Satzung

Die Aktionäre sind für den **Inhalt der Satzung** verantwortlich. Die Satzung der SA muss zunächst die Mindestangaben gem. Art. L. 210-2 C. com. enthalten, wie zB Dauer, Sitz, Firma und Unternehmensgegenstand. Insofern kann auf die Ausführungen zur SARL verwiesen werden (Rn. 254). Zudem müssen folgende, auf die Aktiengesellschaft zugeschnittene Angaben in die Satzung aufgenommen werden:[978] 478

- Für jede Gattung die Angabe der Anzahl der Aktien und ggf. besondere an sie gebundene Rechte sowie die Angabe des Nennwerts der Aktien bzw. des Anteils am Stammkapital, den die ausgegebenen Aktien darstellen (Art. R. 224-2 Nr. 1 C. com.);
- Art der Aktien (Namensaktien oder Inhaberaktien) (Art. R. 224-2 Nr. 2 C. com.);
- sofern die Aktien nicht frei übertragbar sind, die Bedingungen für die Abtretung von Aktien (Art. R. 224-2 Nr. 3 C. com.);
- Identität der Erbringer von Sacheinlagen, die Bewertung der eingebrachten Sacheinlagen und die Anzahl der Aktien, die im Gegenzug für die Sacheinlagen gewährt wurden (Art. R. 224-2 Nr. 4 C. com.);
- Identität der Empfänger von besonderen Vorteilen und die Form der besonderen Vorteile (Art. R. 224-2 Nr. 5 C. com.);
- Bestimmungen betreffend die Zusammensetzung, die Arbeitsweise und die Zuständigkeit der Organe der Gesellschaft (Art. R. 224-2 Nr. 6 C. com.);
- Bestimmungen bezüglich der Verteilung der Überschüsse, der Bildung von Rücklagen und der Verteilung von Überschüssen im Falle der Liquidation (Art. R. 224-2 Nr. 7 C. com.);
- Identität der Gründungsaktionäre (Art. R. 224-2 Nr. 8 C. com.) und
- Identität der ersten Verwaltungsrats- oder Vorstandsmitglieder sowie der Abschlussprüfer (Art. L. 225-16 C. com.).

Enthält die Satzung eine der genannten Mindestangaben nicht, kann gem. Art. L. 210-7 II C. com. jeder Berechtigte oder die Staatsanwaltschaft vor Gericht die Vervollständigung verlangen. Hinsichtlich der Art der Aktien ist anzumerken, dass nicht-börsennotierte SA bis auf wenige Ausnahmen nur Namensaktien ausgeben dürfen (Art. L. 212-3 I CMF.). Die Angaben zur Identität von natürlichen Personen umfassen in der Regel den Namen der Person (Vor- und Nachname), den Wohnsitz, den Geburtstag und -ort, die Staatsangehörigkeit sowie – zumindest bei Gründungsaktionären – den Personenstand. Die Angaben zur Identität juristischer Personen enthalten deren Firma, die Rechtsform, das Stammkapital, den Gesellschaftssitz, die Handelsregisternummer und die Angabe der sie vertretenden Person. 479

Neben den Mindestangaben können die Gründer weitere Aspekte durch Satzungsbestimmungen regeln. Regelmäßig werden insofern Bestimmungen zum Ausschluss von Gesellschaftern, Bestimmungen zu Gesellschafterdarlehen, aber auch zur Verpachtung von Aktien oder zur Beilegung von Streitigkeiten aufgenommen. Daneben bilden weitere Satzungsregelungen der SA – ähnlich wie bei der SARL (vgl. Rn. 257) – häufig die gesetzlichen Vorschriften ab, damit die Gesellschafter und Geschäftsleiter diese direkt der Satzung entnehmen können. 480

Der Satzung ist ggf. das Wertgutachten des Sacheinlagenprüfers anzuhängen (Art. L. 225-14 I C. com.). Im Falle der Gewährung von **Sondervorteilen** (*avantages particuliers*) ist der Satzung ebenfalls ein entsprechendes Wertgutachten des Einlagenprüfers beizufügen (Art. L. 225-14 II C. com.). Ferner muss der Satzung die Liste der für die Gesellschaft in Gründung abgeschlossenen Rechtsgeschäfte angehängt werden (Art. R. 210-6 C. com.). 481

d) Aktionärsvereinbarung (pacte d'actionnaires)

Zusätzlich zu den Satzungsbestimmungen haben die Aktionäre der SA die Möglichkeit, weitere Punkte in einer separaten **Aktionärsvereinbarung** (*pacte d'actionnaires*) zu regeln.[979] Diese unterliegt den allgemeinen Vorschriften für die Gültigkeit von Verträgen (und damit auch den durch die Schuldrechtsreform neu eingeführten Vorschriften, zB zur Störung der Geschäftsgrundlage gem. Art. 1195 C. civ.) und kann sowohl zwischen allen 482

978 Die Aufzählung wurde *Lefebvre*, Mémento Sociétés commerciales, 2018, Rn. 38160 entnommen; *Mestre/Velardocchio/Mestre-Chami*, Le Lamy Sociétés commerciales, 2017, Rn. 3429; *Azarian* in: JurisClasseur, Commercial, Synthèse 200, 2017, Sociétés anonymes, Rn. 2.

979 Die Möglichkeit des Abschlusses solcher Vereinbarungen (oft auch *pacte d'associés* genannt) ist nicht auf die Rechtsform der SA bzw. von Aktiengesellschaften beschränkt. Allerdings werden sie dort häufiger abgeschlossen als in der SARL oder in Personengesellschaften, was daran liegen mag, dass Letztere oft weniger Gesellschafter haben und stärker vom *intuitu personae*-Grundsatz geprägt sind, so dass die Satzung den Beziehungen unter den Gesellschaftern bereits stärker Rechnung trägt und zusätzliche Vereinbarungen nicht erforderlich sind (*Lefebvre*, Thèmexpress, Pactes d'actionnaires, 2017, Rn. 1).

als auch lediglich zwischen einigen wenigen Aktionären geschlossen werden.[980] Die Vorteile einer solchen Aktionärsvereinbarung bestehen in der Möglichkeit, bestimmte Themen detaillierter auszugestalten als dies in der Satzung möglich bzw. gewünscht ist und spezielle Vereinbarungen lediglich zwischen bestimmten Aktionären zu treffen. Hinzu kommt, dass die Vereinbarung nicht öffentlich einsehbar ist[981] und mithin einer gewissen Diskretion unterliegt.[982] Die Parteien können den Inhalt der Aktionärsvereinbarung frei festlegen, sofern die entsprechenden Bestimmungen zwingenden gesetzlichen Vorschriften sowie zwingenden Satzungsbestimmungen entsprechen und dem Interesse der Gesellschaft nicht entgegenstehen.[983] Typische Regelungspunkte betreffen die Abtretung von Aktien (zB Vereinbarung von Vorkaufsrechten, Veräußerungsverboten, Beteiligungsgrenzen etc), die Ausübung von Stimm-, Kontroll- und Auskunftsrechten und die Beilegung von Streitigkeiten.[984] Da die Aktionärsvereinbarung gem. Art. 1199 C. civ. nur die Vertragsparteien verpflichtet, kann sie Dritten nicht entgegengehalten werden. Gleiches gilt gegenüber der Gesellschaft, sofern diese die Vereinbarung nicht unterzeichnet. Im Falle von sich widersprechenden Klauseln ist die Satzung maßgeblich, so dass satzungskonform gefasste Gesellschafterbeschlüsse nicht aufgrund eines Verstoßes gegen die Aktionärsvereinbarung für nichtig erklärt werden können.[985] Allgemein bestand bei Aktionärsvereinbarungen eine rechtliche Unsicherheit im Hinblick auf ihre Durchsetzbarkeit. So war es häufig nicht möglich, gerichtlich die zwangsweise Erfüllung einer dort genannten Verpflichtung zu erwirken. Es blieb dem Anspruchsinhaber in Anwendung von Art. 1142 C. civ. aF nur die Möglichkeit, einen Mitaktionär auf Schadensersatz wegen Nichterfüllung zu verklagen. Durch die im Oktober 2016 in Kraft getretene Vertragsrechtsreform wurde die Position des Gläubigers bei Nichterfüllung durch seinen Vertragspartner gestärkt, indem Art. 1217 C. civ. nF ausdrücklich die zwangsweise Erfüllung von Verpflichtungen vorsieht. Damit ist in Zukunft von einer stärkeren Durchsetzbarkeit auch von Aktionärsvereinbarungen auszugehen.[986]

e) Firma

483 Art. L. 224-1 I C. com. schreibt vor, dass auf die Firma der SA stets die Angabe ihrer Rechtsform und ihres Grundkapitals zu folgen hat bzw. dieser voranzustellen ist. Die Firma darf den Namen eines oder mehrerer Gesellschafter beinhalten (Art. L. 224-1 II C. com.) oder eine Fantasiefirma sein.[987] Im Übrigen kann bezüglich der Firma der SA auf die entsprechenden Ausführungen zur SARL verwiesen werden (siehe Rn. 260).

3. Organisationsverfassung

484 Den Gründungsgesellschaftern einer SA stehen **zwei Organisationsformen** zur Wahl:

- „***La direction à la française***" (klassische monistische Verfassung): In diesem Fall besitzt die Gesellschaft einen *conseil d'admininistration* (**Verwaltungsrat**) mit einem *Président* (**Vorsitzenden**) und einem *directeur général* (**Generaldirektor**). Die große Mehrheit der Aktiengesellschaften wählt diese Organisationsform.[988]
- „***La direction à l'allemande***" (dualistische Verfassung): Wird diese Organisationsform gewählt, gibt es wie bei der deutschen Aktiengesellschaft auch einen **Vorstand** (*directoire*) und einen **Aufsichtsrat** (*conseil de surveillance*), wobei die Abberufung von Vorstandsmitgliedern bei entsprechender Satzungsbestimmung sowohl in den Zuständigkeitsbereich des Aufsichtsrats fallen als auch eine Kompetenz der Hauptversammlung darstellen kann (Art. L. 225-61 I C. com.). Auch wenn dieses Modell in der Praxis seltener anzutreffen ist, haben es doch einige Großunternehmen wie Groupe PSA und Vivendi gewählt.[989]

---

980 *Lefebvre*, Mémento Groupes de sociétés, 2017-2018, Rn. 2850 und Rn. 2852; *ders.*, Thèmexpress, Pactes d'actionnaires, 2017, Rn. 1 ff.

981 Etwas Anderes gilt für Vereinbarungen zwischen den Aktionären börsennotierter SA, welche bestimmten Bekanntmachungspflichten unterliegen (vgl. *Lefebvre*, Mémento Cession de parts et actions, 2017-2018, Rn. 86200; *ders.*, Mémento Groupes de sociétés, 2017-2018, Rn. 2910).

982 *Cozian/Viandier/Deboissy*, Droit des sociétés, 2016, Rn. 645 und Rn. 1029; *Lefebvre*, Mémento Groupes de sociétés, 2017-2018, Rn. 2852; *ders.*, Thèmexpress, Pactes d'actionnaires, 2017, Rn. 4.

983 *Lefebvre*, Mémento Groupes de sociétés, 2017-2018, Rn. 2852; *ders.*, Thèmexpress, Pactes d'actionnaires, 2017, Rn. 3.

984 Für eine ausführlichere Auflistung des Inhalts von Aktionärsvereinbarungen siehe auch *Cozian/Viandier/Deboissy*, Droit des sociétés, 2016, Rn. 1030 ff.; *Lefebvre*, Mémento Groupes de sociétés, 2017-2018, Rn. 2852 ff.; *ders.*, Thèmexpress, Pactes d'actionnaires, 2017, Rn. 12 ff.

985 Cass. com. 15.2.1994, Nr. 92-12.330; CA Paris 2.7.2002, Nr. 01-19.901; *Lefebvre*, Thèmexpress, Pactes d'actionnaires, 2017, Rn. 5; *Cozian/Viandier/Deboissy*, Droit des sociétés, 2016, Rn. 1033.

986 Siehe zu der Durchsetzbarkeit von Aktionärsvereinbarungen und den Auswirkungen der Vertragsrechtsreform darauf *Rontchevsky* Actes Pratiques et Ingénierie Sociétaire 148 (2016) 33, 33 ff.

987 *Lefebvre*, Mémento Sociétés commerciales, 2018, Rn. 37590.

988 Zum 1. Januar 2014 hatten 35.198 von insgesamt 38.740 SA diese Organisationsform gewählt, während die Zahl der SA mit dualistischer Verfassung bei nur 3.542 lag (*Germain/Périn*, SAS – La société par actions simplifiée, 2016, S. 599).

989 *Großerichter* in: Sonnenberger/Classen (Hrsg.), Einführung in das französische Recht, 2012, S. 336 (Tz. 157).

a) „La direction à la française“

aa) Verwaltungsrat

(1) Grundlagen

Die „klassische“ französische Aktiengesellschaft ist mit einem **Verwaltungsrat** ausgestattet. Gemäß Art. L. 225-35 C. com. besteht die Aufgabe des Verwaltungsrats darin, die Ausrichtung der Geschäftstätigkeit der Gesellschaft festzulegen und über deren Umsetzung zu wachen, sich mit allen Themen zu befassen, die den einwandfreien Betrieb der Gesellschaft betreffen und durch seine Beschlüsse, die ihn betreffenden Angelegenheiten zu regeln sowie die Kontrollen und Überprüfungen vorzunehmen, die er als zweckmäßig erachtet (Art. L. 225-35 C. com.).[990] Der Verwaltungsrat wählt aus seiner Mitte einen **Verwaltungsratsvorsitzenden** (*Président du conseil d'administration*, siehe zu seinen Aufgaben näher unter Rn. 508 ff.) (Art. L. 225-47 I C. com.),[991] der zwingend eine natürliche Person sein muss (Art. L. 225-47 I 1 C. com.). Eine Wahl, die gegen dieses Gebot verstößt, ist nichtig (Art. L. 225-47 I 1 C. com.). Die übrigen Verwaltungsratsmitglieder (*administrateurs*) haben **Kontrollaufgaben** und wirken im Rahmen der Beschlussfassungen des Verwaltungsrats auch an der Festlegung der Unternehmenspolitik und der Entscheidung über bestimmte Maßnahmen mit.[992] 485

(2) Anzahl der Verwaltungsratsmitglieder

Die **Anzahl** der Verwaltungsratsmitglieder wird durch die Satzung bestimmt und beträgt mindestens drei und höchstens achtzehn Mitglieder (Art. L. 225-17 I C. com.). Die Satzung kann innerhalb dieser Spanne entweder eine konkrete Anzahl an Verwaltungsratsmitgliedern vorgeben (zB zehn) oder auch die Spanne begrenzen (zB zwischen fünf und zehn).[993] Letzteres ist in der Praxis üblich. Sofern die durch die Satzung oder das Gesetz bestimmte **Mindestanzahl** an Verwaltungsratsmitgliedern unterschritten wird, müssen neue Mitglieder gewählt werden.[994] Bei Unterschreiten der durch Gesetz bestimmten Mindestanzahl von drei, muss unverzüglich eine Hauptversammlung einberufen werden, die neue Mitglieder ernennt (Art. L. 225-24 II C. com.). Wird die per Satzung bestimmte Mindestanzahl unterschritten (ohne dass die gesetzliche Mindestanzahl unterschritten wird), können die übrigen Verwaltungsratsmitglieder provisorisch ein neues Mitglied bestimmen (sog ***cooptation***), dessen Ernennung bei der nächsten Hauptversammlung bestätigt werden muss (Art. L. 225-24 III und IV C. com.).[995] 486

Es gibt zwei Ausnahmen, in denen die **Höchstzahl** von achtzehn Verwaltungsratsmitgliedern überschritten werden darf. Dazu zählt zum einen die Amtsniederlegung bzw. die Abberufung des Verwaltungsratsvorsitzenden (der sein Amt als Verwaltungsratsmitglied allerdings behält), dessen Platz dann durch ein zusätzliches Verwaltungsratsmitglied besetzt werden darf, sofern der Verwaltungsrat das Amt mit keinem seiner bestehenden Mitglieder besetzen konnte (Art. L. 225-17 C. com.). Zum anderen ist eine Überschreitung der Höchstzahl von achtzehn Verwaltungsratsmitgliedern zeitlich begrenzt auch im Fall von Unternehmensverschmelzungen möglich (Art. L. 225-95 C. com.). 487

(3) Anforderungen an die Verwaltungsratsmitglieder

Bis **2008** mussten die Verwaltungsratsmitglieder auch **gleichzeitig Aktionäre** der Gesellschaft sein. Dahinter stand die Idee des Verwaltungsrates als Vertreter der Aktionäre mit parallelen Interessen. Die Regel diente damit der Bekämpfung der Probleme, die durch eine Principal-Agent-Situation entstehen können (dazu mit Blick auf die Corporate Governance § 33 Rn. 7 ff.). Seit 2008 müssen die Verwaltungsratsmitglieder nun nicht mehr gleichzeitig Aktien der SA halten.[996] Die **Satzung** kann jedoch nach wie vor vorsehen, dass die Verwaltungsratsmitglieder eine statutarisch bestimmte Anzahl von Aktien halten müssen (Art. L. 225-25 C. com.).[997] Der Corporate Governance Kodex von AFEP-MEDEF (2016)[998] (im Folgenden CGK AFEP-MEDEF) für börsennotierte Unternehmen empfiehlt zudem auch weiterhin, dass die Verwaltungsratsmitglieder in substanziellem Umfang 488

---

990 *Le Cannu/Dondero*, Droit des sociétés, 2015, Rn. 746.

991 *Mestre/Velardocchio/Mestre-Chami*, Le Lamy Sociétés commerciales, 2017, Rn. 3600; *Le Cannu/Dondero*, Droit des sociétés, 2015, Rn. 733.

992 *Mestre/Velardocchio/Mestre-Chami*, Le Lamy Sociétés commerciales, 2017, Rn. 3584 ff.

993 Vgl. *Lefebvre*, Mémento Sociétés commerciales, 2018, Rn. 39011.

994 *Lefebvre*, Mémento Sociétés commerciales, 2018, Rn. 39012; *Merle/Fauchon*, Droit commercial, 2016, Rn. 432.

995 *Merle/Fauchon*, Droit commercial, 2016, Rn. 432; *Lefebvre*, Mémento Sociétés commerciales, 2018, Rn. 39012; *Le Cannu/Dondero*, Droit des sociétés, 2015, Rn. 694.

996 *Merle/Fauchon*, Droit commercial, 2016. Rn. 423; *Le Cannu/Dondero*, Droit des sociétés, 2015, Rn. 701; *Lefebvre*, Mémento Sociétés commerciales, 2087, Rn. 39100; *Mestre/Velardocchio/Mestre-Chami*, Le Lamy Sociétés commerciales, 2017, Rn. 3483; *Cozian/Viandier/Deboissy*, Droit des sociétés, 2016, Rn. 676; *Le Cannu/Dondero*, Droit des sociétés, 2015, Rn. 701.

997 Vgl. zur Reichweite solcher Klauseln *Lefebvre*, Mémento Sociétés commerciales, 2018, Rn. 39340.

998 Abrufbar unter: http://www.afep.com/wp-content/uploads/2016/11/Code_de_gouvernement_d_entreprise_des_societes_cotees_novembre_2016.pdf.

selbst Aktien halten sollten (Art. 19 2. Spiegelstrich CGK AFEP-MEDEF). Neben der Möglichkeit, durch die Satzung das Halten von Aktien als Voraussetzung zu statuieren, ist es auch möglich, weitere Anforderungen an Verwaltungsratsmitglieder zu stellen, zB bezüglich ihrer Kompetenz.[999]

489 Für die (natürlichen) Verwaltungsratsmitglieder gibt es außerdem gewisse **gesetzliche Altersgrenzen.** Sogenannte *mineurs non émancipé*, dh **Minderjährige**, die nicht für geschäftsfähig erklärt wurden, können nicht als Verwaltungsratsmitglieder fungieren.[1000] Hinzu kommt, dass nicht mehr als ein Drittel der Verwaltungsratsmitglieder **älter als 70 Jahre** sein darf, sofern die Satzung nicht etwas Anderes vorschreibt (Art. L. 225-19 C. com., zu den Anforderungen an den Verwaltungsratsvorsitzenden s. Rn. 508).[1001]

490 Nach französischem Recht können sowohl **natürliche** als auch **juristische Personen** Mitglieder eines Verwaltungsrats sein (zu juristischen Personen explizit Art. L. 225-20 I 1 C. com.).[1002] Handelt es sich bei einem Verwaltungsratsmitglied um eine juristische Person, so muss diese einen **ständigen Vertreter** (*représentant permanent*) benennen (Art. L. 225-20 I 1 C. com.), der an den verschiedenen Verwaltungsratssitzungen teilnimmt.[1003] Der *Code de commerce* regelt insofern nicht explizit, wie die Bestimmung des ständigen Vertreters erfolgt. Es wird vertreten, dass das Vertretungsorgan der juristischen Person, die Verwaltungsratsmitglied wird, den Vertreter bestimmen kann.[1004] Der ständige Vertreter haftet persönlich im gleichen Maße wie wenn er direkt als Mitglied bestellt worden wäre (Art. L. 225-20 I C. com.). Diese Haftung ist Ausdruck für das Prinzip der Haftung für sorgfaltswidrige Leitung.[1005] Gesetzlich ist nur für den Prüfungsausschuss ein unabhängiges Mitglied vorgesehen (dazu Rn. 526). Mit Blick auf eine gute Corporate Governance enthält allerdings der AFEP-MEDEF Kodex eine Empfehlung zu unabhängigen Mitgliedern (vgl. Empfehlung 8 AFEP-MEDEF, s. dazu § 33 Rn. 164 ff.).

491 Bei der Zusammensetzung des Verwaltungsrats ist gem. Art. L. 225-17 II C. com. zudem auf ein **Gleichgewicht** zwischen **Frauen und Männern** zu achten, wobei für den Fall eines Ungleichgewichts allerdings keine Strafe vorgesehen ist.[1006] Die Vorschrift gilt für alle SA unabhängig von ihrer Größe.[1007] Darüber hinaus wurde am 27. Januar 2011[1008] ein Gesetz zur ausgewogenen Beteiligung von Frauen und Männern im Verwaltungsrat erlassen.[1009] Danach mussten börsennotierte SA seit dem 1. Januar 2014 eine **„Frauenquote"** von 20% erfüllen (Art. 5 II 1 Gesetz Nr. 2011-103). Das bedeutete, dass ein Geschlecht nicht mit weniger als 20% im Verwaltungsrat vertreten sein durfte. Die Anforderungen wurden sukzessive erhöht und erweitert. Seit Januar 2017 beträgt die Quote 40%.[1010] Sie gilt seitdem nicht nur für börsennotierte SA, sondern auch für SA mit durchschnittlich mindestens 500 Arbeitnehmern und einem Nettoumsatz oder einer Bilanzsumme von mindestens 50 Mio. EUR (Art. L. 225-18-1 I C. com.).[1011] Ab Januar 2020 gilt die Quote dann auch für Unternehmen mit mindestens 250 Arbeitnehmern.[1012] Wird ein Verwaltungsratsmitglied unter Missachtung dieser Quotenrege-

999 *Lefebvre*, Mémento Sociétés commerciales, 2018, Rn. 39360.
1000 *Lefebvre*, Mémento Sociétés commerciales, 2018, Rn. 39140; *Cozian/Viandier/Deboissy*, Droit des sociétés, 2016, Rn. 678.
1001 *Merle/Fauchon*, Droit commercial, 2016. Rn. 426; *Cozian/Viandier/Deboissy*, Droit des sociétés, 2016, Rn. 678; Mémento Sociétés commerciales, 2018, Rn. 39300; *Le Cannu/Dondero*, Droit des sociétés, 2015, Rn. 699.
1002 *Cozian/Viandier/Deboissy*, Droit des sociétés, 2016, Rn. 679; *Merle/Fauchon*, Droit commercial, 2016. Rn. 425; *Le Cannu/Dondero*, Droit des sociétés, 2015, Rn. 700; *Lefebvre*, Mémento Sociétés commerciales, 2018, Rn. 39790.
1003 *Merle/Fauchon*, Droit commercial, 2016. Rn. 425; *Cozian/Viandier/Deboissy*, Droit des sociétés, 2016, Rn. 679; *Lefebvre*, Mémento Sociétés commerciales, 2018, Rn. 39790 f.; *Le Cannu/Dondero*, Droit des sociétés, 2015, Rn. 700.
1004 So *Lefebvre*, Mémento Sociétés commerciales, 2018, Rn. 39820.
1005 *Merle/Fauchon*, Droit commercial, 2016. Rn. 425; *Cozian/Viandier/Deboissy*, Droit des sociétés, 2016, Rn. 679; *Lefebvre*, Mémento Sociétés commerciales, 2018, Rn. 39860 iVm Rn. 42000 und Rn. 42003; *Le Cannu/Dondero*, Droit des sociétés, 2015, Rn. 700. Dazu aus deutscher Sicht *Krebs*, Geschäftsführungshaftung in der GmbH & Co. KG und das Prinzip der Haftung für sorgfaltswidrige Leitung, 1991.
1006 *Lefebvre*, Mémento Sociétés commerciales, 2018, Rn. 39151; *Merle/Fauchon*, Sociétés commerciales, 2016, Rn. 424; *Cozian/Viandier/Deboissy*, Droit des sociétés, 2016, Rn. 673.
1007 *Cozian/Viandier/Deboissy*, Droit des sociétés, 2016, Rn. 673.
1008 *Loi n° 2011-103 du 27 janvier 2011 relative à la représentation équilibrée des femmes et des hommes au sein des conseils d'administration et de surveillance et à l'égalité professionnelle.*
1009 Dazu positiv Stellung beziehend *Cozian/Viandier/Deboissy*, Droit des sociétés, 2016, Rn. 675.
1010 *Lefebvre*, Mémento Sociétés commerciales, 2018, Rn. 39155; *Le Cannu/Dondero*, Droit des sociétés, 2015, Rn. 699; *Cozian/Viandier/Deboissy*, Droit des sociétés, 2016, Rn. 674.
1011 *Monnet/Gallois-Cochet* in: JurisClasseur, Commercial, 2015, Fasc. 1377, Rn. 15; *Lefebvre* BRDA 20 (2016) 3, 3; laut einem Bericht des Haut Conseil à l'Egalité entre les femmes et les hommes und des Conseil Supérieur de l'Egalité professionnelle entre les femmes et les hommes (Bericht Nr. 2016-01-15-PAR-019 vom 10. Februar 2016) waren hiervon im Jahr 2015 917 Unternehmen betroffen.
1012 *Lefebvre*, Mémento Sociétés commerciales, 2018, Rn. 39158; *François-Poncet/Deilmann/Otte* NZG 2011, 450, 452.

lung bestellt, so ist die **Bestellung** dieses Mitglieds **nichtig** (Art. 5 II 4 Gesetz Nr. 2011-103). Das führt jedoch nicht dazu, dass die Entscheidungen, an denen das irregulär bestellte Mitglied teilgenommen hat, ebenfalls nichtig sind (Art. 5 II 5 Gesetz Nr. 2011-103).[1013] Die soeben beschriebenen Regelungen gelten in derselben Form auch für den Aufsichtsrat, falls eine „*direction à l'allemande*" (siehe dazu unter Punkt 528 ff.) gewählt wurde.[1014]

Bei der Auswahl der Verwaltungsratsmitglieder ist zudem zu beachten, dass eine Kumulation von Mandaten (*cumul de mandats*) relativ streng geregelt ist. Besonders strikt sind die Vorgaben für börsennotierte Gesellschaften. Insofern gilt das Prinzip, dass eine natürliche Person nicht mehr als fünf Mandate kumulieren darf (Art. L. 225-21 I C. com.). Zu beachten sind allerdings zahlreiche Ausdifferenzierungen, die Änderungen bedingen.[1015] 492

(4) **Bestellung**

Die **ersten Verwaltungsratsmitglieder** werden von den Gesellschaftsgründern in der **Satzung** bestimmt (Art. L. 225-16 C. com.), wenn es sich um eine nicht-börsennotierte Gesellschaft handelt. Wird eine SA durch öffentlichen Finanzierungsaufruf gegründet, so werden die ersten Verwaltungsratsmitglieder dagegen in der konstituierenden Sitzung bestimmt (Art. L. 225-7 II C. com.). Anschließend werden die Verwaltungsratsmitglieder grundsätzlich auf der **ordentlichen Hauptversammlung** (*assemblée générale ordinaire*) mit der Stimmenmehrheit der anwesenden oder vertretenen Aktionäre (siehe auch Rn. 567) gewählt (Art. L. 225-18 C. com.). Unter Umständen kann die Bestellung auch auf einer **außerordentlichen Hauptversammlung** (*assemblée générale extraordinaire*) erfolgen. Dies ist zB der Fall, wenn im Laufe einer außerordentlichen Hauptversammlung mehrere Verwaltungsratsmitglieder unerwartet abberufen und ersetzt werden müssen.[1016] Ihre Ernennung wird entsprechend der Ernennung sonstiger Organe veröffentlicht. Sie werden demzufolge ebenfalls in das Handelsregister eingetragen. Das französische Recht kennt keine Entsprechung zum deutschen Entsenderecht. Die Bestimmungen des *Code de commerce* sehen ausdrücklich vor, dass die Bestellung der Verwaltungsratsmitglieder der SA durch die Hauptversammlung zu erfolgen hat (Art. L. 225-18 I C. com.) und dass jegliche Bestellung von Verwaltungsratsmitgliedern, die unter Missachtung dieser Bestimmung erfolgt, nichtig ist (Art. L. 225-18 III C. com.). 493

In börsennotierten Gesellschaften, in denen die von der Belegschaft gehaltenen Aktien mehr als 3% des Grundkapitals ausmachen, besteht darüber hinaus die Pflicht, zusätzlich ein oder mehrere Verwaltungsratsmitglieder aus der Mitte derjenigen Arbeitnehmer zu wählen, die Aktien an der Gesellschaft halten oder Aufsichtsratsmitglied eines etwaig bestehenden unternehmenseigenen Investmentfonds (*fonds commun de placement d'entreprise*) sind, über den die Arbeitnehmer indirekt beteiligt sind (Art. L. 225-23 I C. com.). Bei der Ermittlung der vorstehend genannten Mindest- und Höchstanzahl der Mitglieder des Verwaltungsrats bleiben die so gewählten Verwaltungsratsmitglieder unberücksichtigt (Art. L. 225-23 I C. com.). Zudem besteht für Unternehmen, die in Frankreich ihren Sitz und mindestens 1000 ständige Beschäftigte haben, die Pflicht, einen bzw. zwei Arbeitnehmervertreter in den Verwaltungsrat zu wählen (Art. L. 225-27-1 I und II C. com. und Art. L. 225-79-2 I und II C. com.). Diese Form der Arbeitnehmermitbestimmung wurde 2013 durch Gesetz Nr. 2013-504 vom 14. Juni 2013 zur Sicherung der Beschäftigung (*loi n° 2013-504 14 June 2013 relative à la sécurisation de l'emploi*) eingeführt (und geändert durch die sog *loi Rebsamen*). 494

(5) **Dauer und Ende des Amts**

Das Amt des Verwaltungsratsmitglieds **endet** in folgenden Fällen:[1017] 495

- Ablauf der Amtszeit;
- Altersbedingt;
- persönliche Umstände (zB Tod, Krankheit, Auflösung bei einer Gesellschaft);
- Umwandlung der Gesellschaft;
- Einführung des dualistischen Systems;
- Auflösung der Gesellschaft;
- Amtsniederlegung oder
- Abberufung.

Das Amt von Verwaltungsratsmitgliedern, die gemäß vorstehend genanntem Art. L. 225-23 C. com. gewählt wurden, endet zudem bei Beendigung ihres Beschäftigungsverhältnisses (Art. L. 225-23 I C. com.).

1013 Vgl. zu den Rechtsfolgen auch *François-Poncet/Deilmann/Otte* NZG 2011, 450, 453.
1014 *Azarian* in: JurisClasseur, Commercial, 2017, Fasc. 1409, Rn. 11; *Mestre/Velardocchio/Mestre-Chami*, Le Lamy Sociétés commerciales, 2017, Rn. 3561.
1015 Dazu *Lefebvre*, Mémento Sociétés commerciales, 2018, Rn. 37200 ff.
1016 *Lefebvre*, Mémento Sociétés commerciales, 2018, Rn. 39510; auch im Falle einer Verschmelzung oder Spaltung, vgl. Art. L. 225-18 I C. com. aE.
1017 Vgl. *Lefebvre*, Mémento Sociétés commerciales, 2018, Rn. 39720 ff.

496 Die **Dauer der Amtszeit** bestimmt die Satzung der Gesellschaft, sie darf jedoch sechs Jahre nicht überschreiten (Art. L. 225-18 I 3 C. com.). Ein Verwaltungsratsmitglied kann jedoch für eine erneute Amtszeit bestellt werden, sofern dem nicht eine Satzungsbestimmung entgegensteht (Art. L. 225-18 II 1 C. com.). Eine Ernennung unter Missachtung der gesetzlichen Vorgaben ist grundsätzlich nichtig (Art. L. 225-18 III C. com.), wobei sich weder Dritte noch die Gesellschaft auf diese Nichtigkeit berufen können, wenn die Ernennung ordnungsgemäß veröffentlicht wurde (Art. L. 210-9 C. com.). Im Übrigen kann ein Verwaltungsratsmitglied sein Amt jederzeit und ohne Angabe von Gründen niederlegen, soweit die Satzung keine Bedingungen an die Amtsniederlegung knüpft. Lässt sich aber eine Schädigungsabsicht nachweisen, ist das ausscheidende Verwaltungsratsmitglied zu Schadensersatz verpflichtet.[1018]

497 Die **Aktionäre** können ein Verwaltungsratsmitglied nach Art. L. 225-18 II C. com. auch **ohne wichtigen Grund jederzeit abberufen.**[1019] Hierbei handelt es sich um zwingendes Recht, von dem – anders als bei anderen Gesellschaften – nicht durch die Satzung abgewichen werden kann (Art. L. 225-18 III C. com.).[1020] Die Gesellschaft muss nicht fürchten, für Schadensersatzzahlungen herangezogen zu werden.[1021] Allerdings gilt auch hier eine **Ausnahme**, wenn die Abberufung unter beleidigenden oder schikanösen Umständen erfolgt ist oder aber das kontradiktorische Verfahren, also insbesondere die Gelegenheit zur Stellungnahme, nicht eingehalten wurde (vgl. auch die Erläuterungen zum Geschäftsführer der SARL bei Rn. 283).[1022]

(6) Funktionsweise des Verwaltungsrats

498 Der Verwaltungsrat ist ein **Kollegialorgan** (*organe collégial*),[1023] für das die Satzung die Regeln über die Einberufung bestimmt (Art. L. 225-36-1 I C. com.). In der Praxis wird oft dem Verwaltungsratsvorsitzenden die Befugnis gewährt, Sitzungen des Verwaltungsrats einzuberufen.[1024] Das Gesetz regelt nicht verbindlich, wie oft der Verwaltungsrat Sitzungen abhalten muss. In der Satzung kann festgelegt werden, dass die Mitglieder sich in regelmäßigen Abständen treffen. Es ist aber auch möglich, dem Verwaltungsratsvorsitzenden völlige Freiheit bezüglich der Ansetzung von Versammlungen zu lassen. Dieser kann dann entscheiden, wann er eine Verwaltungsratssitzung für notwendig erachtet.[1025] Daneben ist es auch möglich, die Funktionsweise des Verwaltungsorgans – soweit dies gesetzlich erlaubt ist – mithilfe einer **Geschäftsordnung** zu regeln, was in der Praxis jedenfalls bei größeren Unternehmen häufiger anzutreffen ist.[1026]

499 Wurde eine Verwaltungsratssitzung jedoch seit **mehr als zwei Monaten** nicht einberufen, können die Mitglieder vom Präsidenten die Einberufung fordern. Allerdings muss mindestens ein Drittel aller Mitglieder die Versammlung verlangen (Art. L. 225-36-1 II C. com.). Darüber hinaus können ebenfalls zwei Mitglieder des Betriebsrats (*comité d'entreprise*), von denen eines der Kategorie der *cadres techniciens* (leitendes Fachpersonal) oder der Kategorie *agents de maitrise* (Angestellter im mittleren Tarifgruppenbereich) und das andere der Kategorie der *employés* (einfache Angestellte) oder der Kategorie *ouvriers* (Arbeiter) angehören muss, zusammen mit den Verwaltungsratsmitgliedern zu der Verwaltungsratssitzung einladen (Art. L. 2323-62 I C. trav.). Anderenfalls können sich die Geschäftsleiter wegen Behinderung der Personalvertreterarbeit strafbar machen (s. dazu Rn. 329 ff.). Die besagten Personalvertreter (*membres de la délégation du personnel*) können Wünsche äußern, auf die die Verwaltungsratsmitglieder mit einer begründeten Stellungnahme zu antworten haben (Art. L. 2323-63 II C. trav.).

1018 *Cozian/Viandier/Deboissy*, Droit des sociétés, 2016, Rn. 691; *Merle/Fauchon*, Sociétés commerciales, 2016, Rn. 434; *Le Cannu/Dondero*, Droit des sociétés, 2015, Rn. 721; *Lefebvre*, Mémento Sociétés commerciales, 2018, Rn. 39725, iVm Rn. 12620.

1019 *Dalloz*, Fiches d'orientation, Administrateur de société (Révocation), 2016, Rn. 1.1; *Saintourens* Revue des Sociétés 2013, 566; *Mestre/Velardocchio/Mestre-Chami*, Le Lamy Sociétés commerciales, 2017, Rn. 3520; *Cozian/Viandier/Deboissy*, Droit des sociétés, 2016, Rn. 691.

1020 *Dalloz*, Fiches d'orientation, Administrateur de société (Révocation), 2016, Rn. 1.1; *Mestre/Velardocchio/Mestre-Chami*, Le Lamy Sociétés commerciales, 2017, Rn. 3520; *Gibirila/Azarian* in: JurisClasseur, Commercial, 2017, Fasc. 1050, Rn. 118.

1021 *Fournier* Revue des Sociétés 1993, 750; *Cozian/Viandier/Deboissy*, Droit des sociétés, 2016, Rn. 691.

1022 *Dalloz*, Fiches d'orientation, Administrateur de société (Révocation), 2016, Rn. 1.2; Com. 14.5.2013, Nr. 11-22.845 – D. 2013. 2319; *Saintourens* Revue des Sociétés 2013, 566; *Mestre/Velardocchio/Mestre-Chami*, Le Lamy Sociétés commerciales, 2017, Rn. 3522; *Germain/Magnier*, Les sociétés commerciales, 2014, Rn. 2210; *Dalloz*, Fiches d'orientation, Administrateur de société (Révocation), 2016, Rn. 1.1; für die Ausnahmefälle des Schadensersatzanspruches leitender Personen, siehe auch *Cozian/Viandier/Deboissy*, Droit des sociétés, 2016, Rn. 735-737.

1023 *Lefebvre*, Mémento Sociétés commerciales, 2087, Rn. 40500; *Cozian/Viandier/Deboissy*, Droit des sociétés, 2016, Rn. 710; *Le Cannu/Dondero*, Droit des sociétés, 2015, Rn. 687; *Merle/Fauchon*, Sociétés commerciales, 2016, Rn. 421.

1024 *Cozian/Viandier/Deboissy*, Droit des sociétés, 2016, Rn. 711; *Merle/Fauchon*, Sociétés commerciales, 2016, Rn. 443; *Le Cannu/Dondero*, Droit des sociétés, 2015, Rn. 736; *Lefebvre*, Mémento Sociétés commerciales, 2018, Rn. 40660.

1025 *Merle/Fauchon*, Sociétés commerciales, 2016, Rn. 443; *Le Cannu/Dondero*, Droit des sociétés, 2015, Rn. 736.

1026 Vgl. *Lefebvre*, Mémento Sociétés commerciales, 2018, Rn. 40502.

(7) **Beschlussfassung**

Damit der Verwaltungsrat **beschlussfähig** ist (sog *quorum*), muss mindestens die Hälfte aller Mitglieder anwesend sein (Art. L. 225-37 I 1 C. com.). Die Erteilung einer Vertretungsvollmacht unter Verwaltungsratsmitgliedern ist möglich, soweit die Satzung nichts Abweichendes vorsieht, wobei ein Verwaltungsratsmitglied pro Sitzung nur ein anderes vertreten darf (Art. R. 225-19 C. com.). Die Vertretung durch Dritte ist hingegen ausgeschlossen.[1027] **Beschlüsse** werden mit einfacher Mehrheit der anwesenden Mitglieder gefasst. Die Satzung kann jedoch allgemein oder für bestimmte Beschlussgegenstände eine höhere Mehrheit vorsehen (Art. L. 225-37 II C. com.). 500

(8) **Aufgaben und Kompetenzen**

Der Verwaltungsrat ist, wie bereits erwähnt, zuständig für die Festlegung der **Ausrichtung** der **Tätigkeiten der Gesellschaft** und für die **Überwachung** der **Umsetzung** im Unternehmen (Art. L. 225-35 I 1 C. com.). Darüber hinaus kann der Verwaltungsrat über alle weiteren Aspekte entscheiden, die dem reibungslosen Funktionieren der Gesellschaft dienen, solange solche Punkte nicht ausdrücklich der Entscheidung durch die Hauptversammlung vorbehalten sind (Art. L. 225-35 I 2 C. com.). Die **Überwachungsbefugnis** ergibt sich aus Art. L. 225-35 III 1 C. com. und gilt für alle Aspekte, die der Verwaltungsrat als zweckdienlich erachtet. Der Verwaltungsratsvorsitzende bzw. der Generaldirektor muss den Verwaltungsratsmitgliedern alle Dokumente und Informationen zusenden, die diese benötigen, um ihren Aufgaben in angemessener Form nachkommen zu können (Art. L. 225-35 III 2 C. com.). 501

Darüber hinaus stehen dem Verwaltungsrat **besondere Befugnisse** zu:[1028] 502

- Die Bestellung und Abberufung seines Vorsitzenden (Art. L. 225-47 III C. com.) und des Generaldirektors (Art. L. 225-55 I C. com.),
- die Sitzverlegung der Gesellschaft innerhalb Frankreichs (Art. L. 225-36 I C. com.),
- die Verabschiedung von Maßnahmen, die für den reibungslosen Ablauf der Hauptversammlungen erforderlich sind und
- die Erteilung von Genehmigungen verschiedenster Art (zB für Bürgschaften, Avale oder andere Angelegenheiten im Sinne des Art. L. 225-35 C. com.).

Der Verwaltungsrat kann die SA gegenüber Dritten **nicht wirksam vertreten**. Auch verfügen die Verwaltungsratsmitglieder individuell über keinerlei Vollmacht, weder für die Vertretung gegenüber Dritten noch zu Geschäftsführungszwecken.[1029] Dies ist gem. Art. L. 225-56 I C. com. allein Aufgabe des Generaldirektors (*directeur général*, dazu näher unter Rn. 517 ff.). Möchte der Verwaltungsrat eine seiner Entscheidungen umgesetzt wissen, so muss er somit den *directeur général* bitten, diese auszuführen.[1030] 503

(9) **Vergütung der Verwaltungsratsmitglieder**

Für ihre Tätigkeit im Verwaltungsrat dürfen die Verwaltungsratsmitglieder grundsätzlich **keine Vergütung** von der Gesellschaft beziehen. Vergütungen, die im Rahmen eines möglicherweise gleichzeitig bestehenden Arbeitsverhältnisses mit der Gesellschaft gezahlt werden, sind von dieser Regelung ausgeschlossen (Art. L. 225-44 I C. com.). Hiervon unberührt ist auch die Vergütung des Verwaltungsratsvorsitzenden (Art. L. 225-44 I C. com., zu diesem Amt näher unter Rn. 508 ff.), welche durch den Verwaltungsrat festgelegt wird und in börsennotierten Aktiengesellschaften einer Genehmigung durch die Hauptversammlung unterliegt (Art. L. 225-47 I C. com. iVm Art. L. 225-37-2 C. com.). Gleiches gilt auch für die Vergütung, die ein Aufsichtsratsmitglied möglicherweise in der Eigenschaft als Generaldirektor (siehe Rn. 512 ff.) oder stellvertretender Generaldirektor (*directeur général délégué*, siehe Rn. 520 ff.) bezieht (Art. L. 225-44 I C. com. iVm Art. L. 225-53 C. com.). 504

Ebenfalls von dieser Regelung ausgenommen sind sog **Sitzungsgelder** (*jetons de présence*), die den Verwaltungsratsmitgliedern gem. Art. L. 225-45 I C. com. durch die Hauptversammlung gewährt werden können. Zu diesem Zweck kann die Hauptversammlung einen festen, jährlichen Betrag bestimmen, der anschließend unter den Verwaltungsratsmitgliedern aufgeteilt wird (Art. L. 225-45 I C. com.). Die Hauptversammlung kann dabei frei über die Höhe dieses Betrags entscheiden und ist nicht an etwaige Satzungsbestimmungen gebunden (Art. L. 225-45 I C. com.). Sofern die Verwaltungsratsmitglieder zugleich Aktionäre sind, dürfen sie an der ent- 505

1027 *Lefebvre*, Mémento Sociétés commerciales, 2018, Rn. 40681.

1028 *Cozian/Viandier/Deboissy*, Droit des sociétés, 2016, Rn. 791 ff.; *Merle/Fauchon*, Sociétés commerciales, 2016, Rn. 448; *Lefebvre*, Mémento Sociétés commerciales, 2018, Rn. 40840; *Sonnenberger/Dammann*, Französisches Handels- und Wirtschaftsrecht, 2008, Kap. III Rn. 211.

1029 *Merle/Fauchon*, Sociétés commerciales, 2016, Rn. 442; *Lefebvre*, Mémento Sociétés commerciales, 2018, Rn. 40500; Cass. com. 3.11.2006, Nr. 05-13.244; *Sonnenberger/Dammann*, Französisches Handels- und Wirtschaftsrecht, 2008, Kap. III Rn. 203.

1030 *Lefebvre*, Mémento Sociétés commerciales, 2018, Rn. 40841.

sprechenden Beschlussfassung teilnehmen.[1031] Über die anschließende Aufteilung des Betrags unter den Verwaltungsratsmitgliedern bestimmt der Verwaltungsrat (Art. L. 225-45 I C. com. und Art. R. 225-33 I C. com.), wobei der Betrag üblicherweise gleichmäßig auf alle Verwaltungsratsmitglieder aufgeteilt wird. Eine Ungleichverteilung ist jedoch zulässig, so dass der Verwaltungsrat bestimmten Mitgliedern, die mehr Aufgaben übernehmen als andere, einen höheren Anteil gewähren kann.[1032]

506 Darüber hinaus darf der Verwaltungsrat seinen Mitgliedern **außerordentliche Sondervergütungen** (*rémunérations exceptionnelles*) für besondere Aufgaben oder Aufträge gewähren (Art. L. 225-46 C. com.), wenn diese über den Rahmen von deren üblichen Tätigkeiten hinausgehen, wobei derartige Sondervergütungen einer tatsächlich erbrachten Arbeitsleistung entsprechen müssen und nicht unangemessen hoch sein dürfen.[1033] Anderslautende Satzungsbestimmungen und Beschlüsse zu darüberhinausgehenden Vergütungen für Verwaltungsratsmitglieder sind nichtig (Art. L. 225-44 II C. com.).

507 Im Zuge der Umsetzung der überarbeiteten Aktionärsrechte-RL (s. zu *say on pay* § 30 Rn. 144 ff.) werden zumindest für börsennotierte SA die Erstellung einer Vergütungspolitik und jährlicher Vergütungsberichte verpflichtend werden. Fraglich ist, inwiefern die Umsetzung dieser Richtlinie in Anbetracht der jüngsten Reformen des französischen Rechts weitere Änderungen erfordert, da die insoweit in Frankreich in Kraft getretenen Bestimmungen bereits strenge Regelungen vorsehen.

(10) Verwaltungsratsvorsitzender

508 Der Verwaltungsratsvorsitzende **organisiert** und **leitet** die Arbeit des Verwaltungsrates (Art. L. 225-51 C. com.), ist aber grundsätzlich **nicht** mehr zwangsläufig auch für die Geschäftsführung zuständig, da die Ämter des Verwaltungsratsvorsitzenden und des Generaldirektors getrennt werden können (s. dazu Rn. 519). An die Person des Verwaltungsratsvorsitzenden werden bestimmte **Anforderungen** gestellt:[1034]

- Er ist eine natürliche Person (Art. L. 225-47 I 1 C. com.);
- er ist nicht älter als 65 Jahre. Die Satzung kann jedoch eine andere Altersgrenze festlegen (Art. L. 225-48 I C. com.);
- er ist Mitglied des Verwaltungsrats und, wenn die Satzung dies vorsieht, auch Aktionär der SA (vgl. Art. L. 225-47 I 1 C. com.) und
- er muss die Regeln bezüglich der Annahme von mehreren Ämtern beachten, die auch für normale Mitglieder des Verwaltungsrats gelten.

509 Der Verwaltungsratsvorsitzende wird vom Verwaltungsrat gewählt (Art. L. 225-47 I C. com.). Diese Kompetenzzuweisung ist zwingend. Die Bestellung kann somit beispielsweise grds. nicht von der Hauptversammlung vorgenommen werden und auch eine Bestellung durch Satzungsbestimmung ist nicht möglich.[1035] Die Ernennung des Verwaltungsratsvorsitzenden bedarf der Mehrheit der anwesenden und vertretenen Verwaltungsratsmitglieder, wobei die Satzung jedoch höhere Anforderungen an die Mehrheit stellen kann (Art. L. 225-37 II C. com.)[1036] Bei Gleichstand der abgegebenen Stimmen ist – vorbehaltlich einer anderslautenden Bestimmung in der Satzung – die Stimme des Sitzungspräsidenten ausschlaggebend (Art. L. 225-37 IV C. com.).

510 Seine **Amtsdauer** wird in der Satzung oder vom Verwaltungsrat selbst bestimmt und darf die Dauer seiner Amtszeit als Mitglied des Verwaltungsrats nicht überschreiten. Das bedeutet, dass die Amtszeit auf sechs Jahre beschränkt ist.[1037] Er kann danach jedoch für eine weitere Amtszeit erneut bestellt werden (Article L. 225-47 II 2 C. com.).

1031 *Lefebvre*, Mémento Sociétés commerciales, 2018, Rn. 41042; *ders.*, Documentation experte, Documentation pratique Affaires, Série Dirigeants, 2018, Division V, Rn. 7113; *Amiel-Cosme* in: Répertoire de droit des sociétés, 2017, Rémunération des dirigeants sociaux, Rn. 11; *Pagnucco* in: JurisClasseur, Société Traité, 2017, Fasc. 130-40, Rn. 12.

1032 *Lefebvre*, Mémento Sociétés commerciales, 2018, Rn. 41043; *ders.*, Documentation experte, Documentation pratique Affaires, Série Dirigeants, 2018, Division V, Rn. 7134.

1033 *Lefebvre*, Mémento Sociétés commerciales, 2018, Rn. 41070 f.; *ders.*, Documentation experte, Documentation pratique Affaires, Série Dirigeants, 2018, Division V, Rn. 7150 f.

1034 *Cozian/Viandier/Deboissy*, Droit des sociétés, 2016, Rn. 724; *Merle/Fauchon*, Sociétés commerciales, 2016, Rn. 472; *Lefebvre*, Mémento Sociétés commerciales, 2018, Rn. 40510 ff.; *Sonnenberger/Dammann*, Französisches Handels- und Wirtschaftsrecht, 2008, Kap. III Rn. 210.

1035 *Lefebvre*, Mémento Sociétés commerciales, 2018, Rn. 40514.

1036 *Lefebvre*, Mémento Sociétés commerciales, 2018, Rn. 40514 iVm Rn. 40730. *Monnet/Gallois-Cochet* in: JurisClasseur, Commercial, 2015, Fasc. 1377, Rn. 34.

1037 *Cozian/Viandier/Deboissy*, Droit des sociétés, 2016, Rn. 731; *Lefebvre*, Mémento Sociétés commerciales, 2018, Rn. 40540; *Merle/Fauchon*, Sociétés commerciales, 2016, Rn. 472.

Seine **Amtszeit endet**, wenn[1038] 511

- er verstirbt;
- die vorgesehene Amtszeit abgelaufen ist;
- er sein Amt als Mitglied des Verwaltungsrates verliert;
- er von seinem Amt zurücktritt;
- die Altersgrenze erreicht wurde oder
- er abberufen wurde.

bb) Generaldirektor

(1) Anforderungen an den Generaldirektor

Der Generaldirektor ist ein vom Verwaltungsrat **unabhängiges Organ** der Gesellschaft, der von Stellvertretern (*directeurs généraux délégués*, dazu Rn. 520 ff.) bei seiner Arbeit unterstützt werden kann.[1039] Der Generaldirektor kann aus der **Mitte der Verwaltungsratsmitglieder** gewählt werden, wobei es in einem solchen Fall dann üblich ist, dass der Verwaltungsratsvorsitzende zugleich auch Generaldirektor ist (PDG, s. dazu Rn. 519). Es ist aber auch möglich, dass eine **externe Person** für das Amt ausgewählt wird (Art. L. 225-51-1 I C. com.). Es ist, soweit die Satzung nichts Abweichendes regelt, **nicht** notwendig, dass der Generaldirektor Aktionär der SA ist.[1040] Allerdings kann nur eine natürliche Person diese Organstellung einnehmen (Art. L. 225-51-1 I C. com.). Juristischen Personen ist dies im Umkehrschluss nicht gestattet. Die Satzung muss zudem eine **Altersgrenze** für den Generaldirektor vorsehen. Wird es unterlassen, eine solche festzulegen, so gilt die gesetzliche Altersgrenze von **65 Jahren** (Art. L. 225-54 I C. com.). 512

Es kann immer nur **einen Generaldirektor** geben.[1041] Weder die französische Staatsangehörigkeit noch ein französischer Wohnsitz sind erforderlich. Mit Blick auf börsennotierte Gesellschaften kann der Generaldirektor allerdings nur ein Mandat ausfüllen. Er darf somit nicht in einer weiteren Gesellschaft als Generaldirektor agieren (Art. L. 225-54-1 I C. com.). In nicht-börsennotierten Gesellschaften ist es dem Generaldirektor dagegen gestattet, ein zweites Mandat in einer ebenfalls nicht-börsennotierten SA zu übernehmen (Art. L. 225-54-1 IV C. com.). Der ordentlich bestellte *directeur général* wird als **gesetzlicher Vertreter** der Gesellschaft ins Handelsregister eingetragen. 513

(2) Bestellung und Dauer der Amtszeit

Der Generaldirektor wird durch den **Verwaltungsrat bestimmt** (Art. L. 225-51-1 I C. com.). Bezüglich der Regeln zur Bestellung kann auf die Ausführungen zur Bestellung des Verwaltungsratsvorsitzenden verwiesen werden (Rn. 508 ff.).[1042] Es bedarf somit für die Wahl der Mehrheit im Verwaltungsrat. Die **Dauer des Amtes** des Generaldirektors ist entweder in der Satzung oder ansonsten durch den Verwaltungsrat festzulegen. Wird keinerlei Regelung zur Dauer der Amtszeit getroffen, hat der Generaldirektor das Amt **auf unbestimmte Zeit** inne.[1043] 514

(3) Vergütung

Die Vergütung des Generaldirektors darf einzig und allein durch den Verwaltungsrat festgelegt und geändert werden (Art. L. 225-53 III C. com.).[1044] In börsennotierten SA unterliegt sie darüber hinaus der Genehmigung durch die Hauptversammlung (Art. L. 225-53 III C. com. iVm Art. L. 225-37-2 C. com.). Zu den neuen europäischen Vorgaben zu *say on pay* für börsennotierte Aktiengesellschaften siehe § 30 Rn. 144 ff. 515

1038 Die Auflistung ist *Lefebvre*, Mémento Sociétés commerciales, 2018, Rn. 40541 entnommen.

1039 *Cozian/Viandier/Deboissy*, Droit des sociétés, 2016, Rn. 669 und Rn. 747 ff.; *Lefebvre*, Mémento Sociétés commerciales, 2018, Rn. 42500; *Merle/Fauchon*, Sociétés commerciales, 2016, Rn. 481 f.

1040 *Cozian/Viandier/Deboissy*, Droit des sociétés, 2016, Rn. 749; *Lefebvre*, Mémento Sociétés commerciales, 2018, Rn. 42501; *Merle/Fauchon*, Sociétés commerciales, 2016, Rn. 482.

1041 *Sonnenberger/Dammann*, Französisches Handels- und Wirtschaftsrecht, 2008, Kap. III Rn. 212.

1042 *Lefebvre*, Mémento Sociétés commerciales, 2018, Rn. 42505.

1043 *Lefebvre*, Mémento Sociétés commerciales, 2018, Rn. 42530; *Merle/Fauchon*, Sociétés commerciales, 2016, Rn. 483.

1044 *Le Cannu/Dondero*, Droit des sociétés, Lextenso Éditions, 2015, Rn. 787.

(4) **Ende der Amtszeit**

516 Das Amt des Generaldirektors kann aus verschiedenen Gründen **enden**:[1045]

- Ablauf der Amtszeit, sofern eine befristete Dauer in der Satzung oder durch den Verwaltungsrat festgelegt wurde;
- Erreichen der Altersgrenze (Art. L. 225-54 III C. com.);
- Auftreten einer Unfähigkeit oder Unvereinbarkeit;
- Tod des Generaldirektors;
- Auflösung der Gesellschaft;
- Amtsniederlegung und
- Abberufung – erfolgt diese ohne berechtigten Grund, kann er jedoch Schadensersatzansprüche geltend machen (L 225-55 I C. com.); gleiches gilt nach der Rechtsprechung bei einer Abberufung in missbräuchlicher Art und Weise.[1046]

(5) **Aufgaben und Kompetenzen**

517 Der Generaldirektor ist für die **Geschäftsführung** verantwortlich (Art. L. 225-51-1 I C. com.) und **vertritt** die SA gegenüber Dritten (Art. L. 225-56 I 3 C. com.). Er hat diesbezüglich Vertretungsbefugnis, solange die von ihm getätigten Rechtsgeschäfte dem Unternehmensgegenstand (*objet social*) dienen und nicht ausdrücklich der Hauptversammlung oder dem Verwaltungsrat vorbehalten sind (Art. L. 225-56 I 2 C. com.).[1047] Die Vertretungsmacht kann zwar im Innenverhältnis durch die Satzung oder durch den Verwaltungsrat eingeschränkt werden, die **Einschränkung** kann aber Dritten nicht entgegengehalten werden (Art. L. 225-56 I 3 C. com.). Dies ist selbst dann der Fall, wenn der Dritte die Beschränkung der Vertretungsmacht kannte.[1048] Bei Verstößen gegen genannte Beschränkungen bleiben die abgeschlossenen Rechtsgeschäfte Dritten gegenüber somit wirksam. Der Generaldirektor setzt sich allerdings bei Überschreitung etwaiger Beschränkungen möglichen **Schadensersatzansprüchen** gegenüber der Gesellschaft aus. Seine Befugnisse dürfen nach der französischen Rechtsprechung im Übrigen nicht derart eingeschränkt werden, dass er seiner Geschäftsführungsbefugnis letztlich vollständig beraubt wird.[1049] Die Gesellschaft wird zudem auch durch Handlungen des Generaldirektors verpflichtet, die **außerhalb** des Rahmens des **Unternehmensgegenstands** erfolgen. Dies gilt wie bei der SARL jedoch nicht, wenn der Dritte diesen Umstand kannte oder kennen musste (Art. L. 256-56 I 2 C. com.).

518 Eine Ausnahme bezüglich der Wirkung ggü. Dritten gilt bei Gesellschaften, die weder ein Bank- noch ein Finanzinstitut betreiben, für **Bürgschaften** und **Garantien**. Bei solchen Geschäften muss eine vorherige **Zustimmung** durch den *conseil d'administration* eingeholt werden (Art. L. 225-35 IV C. com.). Gemäß der französischen Rechtsprechung stellt die Vorschrift des Art. L. 225-35 IV C. com. allerdings nur auf solche Garantien ab, die für die Verpflichtungen Dritter übernommen werden und nicht auf solche, die für eigene Verpflichtungen übernommen werden.[1050] Wird für solche zustimmungspflichtigen Geschäfte allerdings keine Zustimmung eingeholt, kann die Vereinbarung der Gesellschaft nicht von Dritten entgegengehalten werden. Es ist dem Generaldirektor jedoch möglich, einen Vertrag unter der **aufschiebenden Bedingung der Zustimmung** des *conseil d'administration* zu schließen. Eine solche Vertragsklausel kann zB bei besonders wichtigen Entscheidungen oder bei Verträgen besonderer Art in den Vertrag einbezogen werden.[1051]

1045 *Lefebvre*, Mémento Sociétés commerciales, 2018, Rn. 42531; *Merle/Fauchon*, Sociétés commerciales, 2016, Rn. 483.

1046 Vgl. die Erläuterungen zum Geschäftsführer der SARL hierzu (Rn. 283). Für den Generaldirektor gelten insoweit die gleichen Regelungen.

1047 *Lefebvre*, Mémento Sociétés commerciales, 2018, Rn. 42550; *Cozian/Viandier/Deboissy*, Droit des sociétés, 2016, Rn. 801 f.; *Merle/Fauchon*, Sociétés commerciales, 2016, Rn. 488.

1048 *Lefebvre*, Mémento Sociétés commerciales, 2018, Rn. 42551; *Cozian/Viandier/Deboissy*, Droit des sociétés, 2016, Rn. 802, 346; *Merle/Fauchon*, Sociétés commerciales, 2016, Rn. 489; *Le Cannu/Dondero*, Droit des sociétés, 2015, Rn. 804; *Ngatsing* in: Widmann/Mayer (Hrsg.), Umwandlungsrecht, 2014, Anhang 3, Frankreich, Erster Teil, Erster Abschnitt, F5.

1049 Cass. com. 11.6.1965, Nr. 63-10.240; vgl. auch *Lefebvre*, Mémento Sociétés commerciales, 2018, Rn. 42551; *Merle/Fauchon*, Sociétés commerciales, 2016, Rn. 489; *Cozian/Viandier/Deboissy*, Droit des sociétés, 2016, Rn. 802, 346.

1050 Vgl. hierzu *Merle/Fauchon*, Sociétés commerciales, 2016, Rn. 448 und *Mestre/Velardocchio/Mestre-Chami*, Le Lamy Sociétés commerciales, 2017, Rn. 3595 mit verschiedenen Beispielen aus der Rechtsprechung.

1051 *Lefebvre*, Mémento Sociétés commerciales, 2018, Rn. 42550; *Merle/Fauchon*, Sociétés commerciales, 2016, Rn. 489; *Gibirila/Azarian* in: JurisClasseur, Commercial, 2017, Fasc. 1396, Rn. 7.

cc) Verhältnis vom Verwaltungsratsvorsitzenden und Generaldirektor

Seit dem Gesetz zu den neuen wirtschaftlichen Regulierungen (*Loi relative aux nouvelles régulations économiques*, genannt: „*Loi NRE*") im Jahre 2001[1052] können die Aufgaben und Kompetenzbereiche des Vorsitzenden des Verwaltungsrats und des Generaldirektors klar getrennt und gewichtet werden. Waren bis dahin die Vertretungsbefugnisse weitgehend in der Person des Verwaltungsratsvorsitzenden vereint, der damit ***Président Directeur Général*** bzw. ***PDG*** war, können die Gesellschaften seitdem für eine eindeutige Stärkung der Stellung des *directeur général* optieren, dem die Vertretungs- und Geschäftsführungsbefugnis übertragen werden kann.[1053] Somit sind bezüglich der beiden Ämter **zwei Modelle** möglich: 519

- Die **Trennung der beiden Ämter:** In diesem Fall ist der Verwaltungsratsvorsitzende allein für den Verwaltungsrat zuständig, während der Generaldirektor die Geschäfte führt und die Gesellschaft gegenüber Dritten vertritt.
- Die **Zusammenlegung der beiden Ämter:** In diesem Fall übernimmt der Verwaltungsratsvorsitzende auch die Aufgaben des Generaldirektors.

Bei beiden Modellen kann der Generaldirektor Unterstützung von **Stellvertretern des Generaldirektors** (*directeurs généraux délégués*) erhalten (siehe dazu sogleich unter Rn. 520 ff.).

dd) Directeur général délégué

Der *directeur général* kann in seiner Arbeit von einem oder mehreren *directeurs généraux délégués* unterstützt werden (Art. L. 225-53 I C. com.). Letztere können **Geschäftsführungstätigkeiten** übernehmen und besitzen nach außen, dh gegenüber Dritten, dieselbe uneingeschränkte **Vertretungsmacht** wie der *directeur général* (Art. L. 225-56 II 2 C. com.). 520

Es ist möglich, sowohl **Verwaltungsratsmitglieder**[1054] als auch **Dritte** zu *directeurs généraux délégués* zu bestimmen.[1055] Voraussetzung ist jedoch, dass es sich um natürliche Personen handelt (Art. L. 225-53 I C. com.). Bezüglich des Alters gilt das zum Generaldirektor Gesagte (s. Rn. 512). Die Satzung muss dementsprechend eine Altersgrenze festlegen (Art. L. 225-54 I C. com.). In der Satzung wird auch eine Höchstanzahl für die *directeurs généraux délégués* vorgegeben, wobei Art. L. 225-53 II C. com. vorschreibt, dass eine SA in keinem Fall mehr als fünf *directeurs généraux délégués* bestellen darf. 521

Der Generaldirektor schlägt dem Verwaltungsrat die von ihm präferierten *directeurs généraux délégués* vor. **Bestellt** werden diese dann vom Verwaltungsrat (Art. L. 225-53 I C. com.). Das **Vorschlagsrecht** steht allein dem Generaldirektor zu und kann von keiner anderen Person ausgeübt werden.[1056] Ein Zusammenwirken von Verwaltungsrat und Generaldirektor ist auch bei der Festlegung der Befugnisse und der Bestimmung der Dauer der Bestellung notwendig, da diese vom Verwaltungsrat in Abstimmung mit dem Generaldirektor festgelegt werden (Art. L. 225-56 II 1 C. com.). Durch das Vorschlagsrecht und die Festlegung der Befugnisse besteht praktisch ein Unterordnungsverhältnis und in gewisser Hinsicht eine Abhängigkeit zwischen dem Generaldirektor und den stellvertretenden Generaldirektoren. Da Letztere jedoch Amtsträger und keine Arbeitnehmer sind, ist nicht von einer vollständigen Unterordnung und Position des Generaldirektors als Vorgesetztem auszugehen.[1057] Auch sind Weisungsbefugnisse dem französischen Gesellschaftsrecht hier wie auch mit Blick auf die Gesellschafter-/Hauptversammlung fremd. 522

Die Amtszeit der *directeurs généraux délégués* endet entsprechend mit dem Ablauf der von Verwaltungsrat und Generaldirektor vorgesehenen Dauer der Bestellung (Art. L. 225-56 II 1 C. com.). Darüber hinaus sieht Artikel L. 225-55 I C. com. vor, dass der Verwaltungsrat die *directeurs généraux délégués* jederzeit auf Vorschlag des Generaldirektors hin abberufen kann. Auch hier steht das Vorschlagsrecht allein dem Generaldirektor zu. Schlägt dieser die Abberufung eines Mitglieds nicht vor, besteht für den Verwaltungsrat auch keine Möglichkeit, dieses abzuberufen.[1058] Das Amt der *directeurs généraux délégués* endet dagegen **nicht** automatisch mit dem Ende des Amtes des Generaldirektors. Endet das Amt des Generaldirektors oder ist dieser aus irgendeinem Grund nicht mehr in der Lage, sein Amt auszuüben, bleiben die *directeurs généraux délégués* daher grds. wei- 523

1052 Gesetz Nr. 2001-420 vom 15. Mai 2001 bezüglich der neuen wirtschaftlichen Regulierungen (Übersetzung der Verfasser, Originaltitel: "*Loi n° 2001-420 du 15 mai 2001 relative aux nouvelles régulations économiques*").

1053 *Seseke/Fangmann* IStR 2002, 851, 851 f.

1054 Eine Kumulierung des Amtes des Verwaltungsratsvorsitzenden und des Amtes des *directeur général délégué* ist jedoch nicht möglich (*Le Cannu/Dondero*, Droit des sociétés, 2015, Rn. 800; *Lefebvre*, Mémento Sociétés commerciales, 2018, Rn. 42642).

1055 *Lefebvre*, Mémento Sociétés commerciales, 2018, Rn. 42642; *Le Cannu/Dondero*, Droit des sociétés, 2015, Rn. 800; *Cozian/Viandier/Deboissy*, Droit des sociétés, 2016, Rn. 765.

1056 *Lefebvre*, Mémento Sociétés commerciales, 2018, Rn. 42646.

1057 Vgl. auch näher zu dem Verhältnis zwischen diesen Ämtern: *Hallouin* in: JurisClasseur, Sociétés Traité, 2013, Fasc. 133-20, Rn. 55 und 60 ff.

1058 *Lefebvre*, Mémento Sociétés commerciales, 2018, Rn. 42683.

terhin im Amt, bis ein neuer Generaldirektor bestellt wird, es sei denn, der Verwaltungsrat trifft eine anderslautende Entscheidung (Art. L. 225-55 II C. com.).[1059]

524 Darüber hinaus endet das Amt des *directeur général délégué* aus den gleichen Gründen wie das des Generaldirektors (vgl. Rn. 516),[1060] dh bei[1061]

- Tod des *directeur général délégué*,
- Erreichen der Altersgrenze (Art. L. 225-54 III C. com.),
- Auflösung der Gesellschaft,
- Auftreten einer Unfähigkeit oder Unvereinbarkeit oder
- Niederlegung (*démission*) des Amtes.

525 Wie die **Vergütung** des Generaldirektors wird auch die Vergütung der *directeurs généraux délégués* durch den Verwaltungsrat festgelegt. In börsennotierten SA unterliegt sie darüber hinaus der Genehmigung durch die Hauptversammlung (Art. L. 225-53 II C. com. iVm Art. L. 225-37-2 C. com.).

ee) Prüfungsausschuss

526 Einige Gesellschaften sind dazu verpflichtet, einen **Prüfungsausschuss** (*comité d'audit*) einzurichten. Dazu zählen insbesondere börsennotierte SA (Art. L. 823-19 I C. com.) (näher zu börsennotierten SA vgl. unter Rn. 472 ff.). Alle anderen Gesellschaften können dies **freiwillig** tun. Die Mitglieder des Prüfungsausschusses werden aus der **Mitte der Verwaltungsratsmitglieder** oder – bei Wahl des dualistischen Systems – der **Aufsichtsratsmitglieder** bestimmt. Dritte können keine Mitglieder dieses Ausschusses werden (vgl. Art. L. 823-19 II 2 C. com.). Zudem ist es solchen Verwaltungs- und Aufsichtsratsmitgliedern verwehrt, Mitglied des Prüfungsausschusses zu werden, die selbst in irgendeiner Weise an der Geschäftsführung beteiligt sind (Art. L. 823-19 II 2 C. com.). Das Gesetz selbst gibt keine Mindestanzahl für den Ausschuss vor, so dass der Verwaltungs- bzw. Aufsichtsrat bestimmen kann, wie viele Mitglieder der Ausschuss haben soll (Art. L. 823-19 II C. com.).[1062] Zumindest ein Mitglied muss als **unabhängiges Mitglied** betrachtet werden können und auch Kompetenzen in Bezug auf Finanzen und Rechnungslegung nachweisen können (Art. L. 823-19 II 3 C. com.). Letzteres ist entscheidend, da der Prüfungsausschuss unter anderem Kontroll- und Überwachungsfunktionen in diesem Bereich ausüben soll (vgl. Auflistung der Aufgaben in Art. L. 823-19 II 4 Nr. 1 bis 7 C. com.). Der AFEP-MEDEF Kodex empfiehlt allerdings, dass alle Mitglieder über Finanz- und Rechnungslegungskompetenzen verfügen und dass mind. zwei Drittel der Mitglieder auch unabhängig sein sollten (Empfehlung 15.1 S. 2 CGK AFEP-MEDEF). Der Prüfungsausschuss übt die ihm zugewiesene Kontroll- und Überwachungsfunktion vor allem mit Blick auf folgende Aspekte aus (Art. L. 823-19 II 4 Nr. 1 bis 7 C. com.):[1063]

- Finanzberichterstattung,
- interne Kontrollsysteme,
- Risikomanagement,
- juristische Kontrolle der Jahresabschlüsse und
- Unabhängigkeit der Abschlussprüfer.

527 In der Praxis richten große SA, insbesondere börsennotierte SA (auch aufgrund entsprechender Vorschläge der einschlägigen Corporate Governance Kodizes, insbes. des AFEP-MEDEF Kodexes), weitere Ausschüsse ein. Dazu zählen insbesondere **Nominierungsausschüsse** sowie **Vergütungsausschüsse**.

b) „La direction à l'allemande"

528 Die SA hat auch die Möglichkeit, das **deutsche Organisationsmodell** zu wählen, wonach sowohl ein **Vorstand** (*directoire*) als auch ein **Aufsichtsrat** (*conseil de surveillance*) gewählt werden.[1064] Das Modell konnte sich in Frankreich allerdings seit seiner Einführung im Jahre 1966[1065] nicht durchsetzen.[1066] Lediglich ein geringer An-

1059 *Lefebvre*, Mémento Sociétés commerciales, 2018, Rn. 42682; *Guiramand/Héraud*, Droit des sociétés, 2016, S. 252; *Le Cannu/Dondero*, Droit des sociétés, 2015, Rn. 801; *Cozian/Viandier/Deboissy*, Droit des sociétés, 2016, Rn. 769 ff.

1060 *Guiramand/Héraud*, Droit des sociétés, 2016, S. 252.

1061 *Lefebvre*, Mémento Sociétés commerciales, 2018, Rn. 42681.

1062 *Lefebvre*, Mémento Sociétés commerciales, 2018, Rn. 42882.

1063 *Lefebvre*, Mémento Sociétés commerciales, 2018, Rn. 42895; *Le Cannu/Dondero*, Droit des sociétés, 2015, Rn. 891.

1064 *Sonnenberger/Dammann*, Französisches Handels- und Wirtschaftsrecht, 2008, Kap. III Rn. 213.

1065 *Cozian/Viandier/Deboissy*, Droit des sociétés, 2016, Rn. 871; *Merle/Fauchon*, Sociétés commerciales, 2016, Rn. 496; *Le Cannu/Dondero*, Droit des sociétés, 2015, Rn. 808; *Germain/Magnier*, Les sociétés commerciales, 2014, Rn. 1891.

1066 *Germain/Magnier*, Les sociétés commerciales, 2014, Rn. 2177.

teil der französischen Aktiengesellschaften hat sich für die *direction à l'allemande* entschieden.[1067] Hauptsächlich einige der **börsennotierten SA** und von **ausländischen Unternehmen** gegründete **Tochtergesellschaften** wählen diese Organisationsstruktur,[1068] weshalb an dieser Stelle die Erörterungen zu diesem Organisationsmodell kurz gehalten werden sollen.

aa) Vorstand

Die **Anzahl** der Vorstandsmitglieder wird in der Satzung bestimmt, muss aber von Gesetzes wegen zwischen zwei und fünf Mitglieder umfassen (Art. L. 225-58 I 1 C. com.). Börsennotierte Aktiengesellschaften dürfen bis zu sieben Vorstandsmitglieder haben (Art. L. 225-58 I 2 C. com.).[1069] Bei SA mit einem Stammkapital von unter 150.000 EUR kann der Vorstand auch nur aus einem Mitglied bestehen (sog ***directeur général unique***, Art. L. 225-58 II C. com.). Anders als beim Verwaltungsrat gibt es für den Vorstand bei Unternehmensverschmelzungen allerdings keine Ausnahme, die eine Überschreitung dieser Höchstanzahl erlauben würde.[1070] 529

Die Satzung soll für Vorstandsmitglieder eine **Altersbeschränkung** vorschreiben. Schweigt die Satzung zu diesem Punkt jedoch, so gilt die gesetzliche Altersgrenze von **65 Jahren** (Art. L. 225-60 I C. com.). 530

Nur eine **natürliche Person** kann Mitglied des Vorstands sein (Art. L. 225-59 III C. com.). Die Person muss allerdings nicht zwingend Aktionär der SA sein, außer die Satzung bestimmt etwas Anderes (Art. L. 225-59 III C. com.).[1071] Entscheidend ist, dass ein **Vorstandsmitglied nicht gleichzeitig Mitglied des Aufsichtsrats** sein kann (Art. L. 225-74 C. com.), um so eine Trennung von Geschäftsführung und Kontrolle zu gewährleisten. Darüber hinaus sieht Art. L. 225-67 I C. com. vor, dass ein Vorstandsmitglied immer nur ein Amt gleichzeitig in ein und derselben SA ausüben darf. Ein Nebeneinander von Amtsinhaberschaft und Angestelltenverhältnis innerhalb der Gesellschaft ist jedoch möglich.[1072] Auch mit Blick auf die Vorstandstätigkeit greifen die Vorschriften zur Kumulation von Mandaten. Das Vorstandsmitglied einer börsennotierten SA darf daher kein entsprechendes Mandat bei einer anderen Gesellschaft annehmen (Art. L. 225-67 I C. com.). Dem Vorstandsmitglied einer nicht-börsennotierten SA ist es dagegen gestattet, ein weiteres Vorstandsmandat bei einer anderen nicht-börsennotierten SA anzunehmen (Art. L. 225-67 IV C. com.). 531

Die **Dauer der Amtszeit** der Vorstandsmitglieder kann in der Satzung festgelegt werden, hat jedoch von Gesetzes wegen zwischen zwei und sechs Jahren zu liegen. Sofern in der Satzung nichts vorgesehen ist, dauert die Amtszeit gem. Art. L. 225-62 C. com. vier Jahre. 532

Die Mitglieder des **Vorstands** werden vom **Aufsichtsrat ernannt** (Art. L. 225-59 I C. com.). Das Amt der Vorstandsmitglieder endet durch:[1073] 533

- Ablauf der Amtszeit;
- Erreichen der Altersgrenze;
- Aufgabe der dualen Struktur zugunsten der Einführung eines Verwaltungsrats;
- Amtsniederlegung;
- Tod;
- Auftreten einer Unfähigkeit oder Unvereinbarkeit;
- Auflösung der Gesellschaft und
- Abberufung.

Abberufen werden Vorstandsmitglieder allerdings grundsätzlich nur von der **Hauptversammlung** und nicht vom Aufsichtsrat. Die Satzung kann dieses Recht aber auch dem Aufsichtsrat zusprechen (Art. L. 225-61 I 1 C. com.). Beruft die Hauptversammlung ein Vorstandsmitglied ohne wichtigen Grund ab, kann das abberufene Mitglied **Schadensersatzansprüche** geltend machen (Art. L. 225-61 I 2 C. com.). Gleiches gilt entsprechend den Ausführungen zum Geschäftsführer der SARL und dem Generaldirektor, wenn die Abberufung missbräuchlich erfolgt oder das kontradiktorische Verfahren nicht eingehalten wird (vgl. auch die Ausführungen bei Rn. 283, 497). 534

1067 Zum 1.1.2014 hatten nur 3.542 von insgesamt 38.740 SA diese Organisationsform gewählt. Die Zahl der SA mit Verwaltungsrat lag demgegenüber bei 35.198 (*Germain/Périn*, SAS – La société par actions simplifiée, 2016, S. 599).

1068 *Lefebvre*, Mémento Sociétés commerciales, 2018, Rn. 45420; *Cozian/Viandier/Deboissy*, Droit des sociétés, 2016, Rn. 872; *Le Cannu/Dondero*, Droit des sociétés, 2015, Rn. 808.

1069 *Sonnenberger/Dammann*, Französisches Handels- und Wirtschaftsrecht, 2008, Kap. III Rn. 213; *Ngatsing* in: Widmann/Mayer (Hrsg.), Umwandlungsrecht, 2014, Anhang 3, Frankreich, Erster Teil, Erster Abschnitt, F6.

1070 *Lefebvre*, Mémento Sociétés commerciales, 2018, Rn. 43510.

1071 *Sonnenberger/Dammann*, Französisches Handels- und Wirtschaftsrecht, 2008, Kap. III Rn. 214.

1072 *Merle/Fauchon*, Sociétés commerciales, 2016, Rn. 497, *Lefebvre*, Mémento Sociétés commerciales, 2018, Rn. 43575.

1073 *Merle/Fauchon*, Sociétés commerciales, 2016, Rn. 499, *Lefebvre*, Mémento Sociétés commerciales, 2018, Rn. 43660 ff.

535 Der Vorstand ist wie der Verwaltungsrat auch ein **Kollektivorgan**[1074] und vorbehaltlich der Befugnisse der Hauptversammlung oder des Aufsichtsrats allgemein für die **Geschäftsführung** zuständig. Ihm obliegt insbesondere auch die Ladung der Hauptversammlung, die Durchführung von Kapitalmaßnahmen und die Ausgabe von Anleihen.[1075] Die Satzung kann die Befugnisse des Vorstands zwar einschränken, diese Einschränkung kann aber Dritten gegenüber nicht geltend gemacht werden (Art. L. 225-64 III C. com.). Die Befugnis des Vorstands wird, sowie beim Generaldirektor auch, im **Innenverhältnis** durch den **Unternehmensgegenstand** eingeschränkt. Die Einschränkung kann aber auch hier nicht gegenüber Dritten geltend gemacht werden, es sei denn die Gesellschaft kann den Beweis erbringen, dass der Dritte Kenntnis von der Überschreitung des Unternehmensgegenstands hatte oder hätte haben müssen (Art. L. 225-64 III C. com.). Gemäß Art. L. 225-66 I C. com. ist einzig der **Vorstandsvorsitzende** bzw. der sog ***directeur général unique*** zur **Vertretung** der Gesellschaft befugt. Dieser kann im Namen der Gesellschaft handeln und die Gesellschaft Dritten gegenüber verpflichten. Darüber hinaus sieht Art. L. 225-66 II C. com. vor, dass der Aufsichtsrat, sofern er durch eine entsprechende Satzungsbestimmung dazu befugt ist, auch einem oder mehreren anderen Vorstandsmitgliedern eine **Vertretungsbefugnis** erteilen kann (Art. L. 225-66 II C. com.). Die somit bevollmächtigten Vorstandsmitglieder werden dann als *directeurs généraux* bezeichnet. Ihre Vertretungsbefugnisse entsprechen denen des Vorstandsvorsitzenden. Eine Beschränkung der Vertretungsbefugnis im Innenverhältnis kann zwar in der Satzung vereinbart werden, ist jedoch Dritten gegenüber unwirksam (Art. L. 225-66 III C. com.). Insofern haben alle vertretungsberechtigten Vorstandsmitglieder gegenüber Dritten dieselben Befugnisse und können die Gesellschaft entsprechend verpflichten, auch dann, wenn eine Aufgabenteilung vereinbart wurde.[1076]

536 Die **Vergütung** eines jeden Vorstandsmitglieds wird bei dessen Ernennung durch den Aufsichtsrat festgelegt, wobei im Ernennungsbeschluss die Art und die Höhe der jeweiligen Vergütung aufgeführt werden müssen (Art. L. 225-63 I C. com.). Der Aufsichtsrat ist ebenfalls befugt, die Vergütung eines Vorstandsmitglieds im Laufe seiner Amtszeit zu ändern.[1077] Zwar unterliegt die Vergütung in börsennotierten SA gem. Art. L. 225-82-2 C. com. zusätzlich der Genehmigung durch die Hauptversammlung, das Recht auf deren Festlegung steht jedoch allein dem Aufsichtsrat zu und kann nicht durch die Satzung beschränkt werden.[1078] Auch hier bleibt abzuwarten, inwiefern die Umsetzung der überarbeiteten Aktionärsrechterichtlinie (s. zu *say on pay* § 30 Rn. 144 ff.) für börsennotierte SA weitere Änderungen mit sich bringt, da die relevanten Regelungen im französischen Recht bereits eine weitreichende Kontrolle vorsehen.

bb) Aufsichtsrat

537 Der Aufsichtsrat besteht aus **3** bis **18 Mitgliedern** (Art. L. 225-69 C. com.),[1079]

- die Aktionäre der Gesellschaft sein müssen, wenn die Satzung dies vorschreibt (Art. L. 225-72 I C. com.). Im Umkehrschluss müssen sie somit keine Aktionäre sein, wenn die Satzung dies nicht vorsieht;
- wovon nicht mehr als ein Drittel älter als 70 Jahre sein dürfen, wenn die Satzung nicht etwas Anderes bestimmt (Art. L. 225-70 C. com.);
- die nicht gleichzeitig Vorstandsmitglieder sein dürfen (Art. L. 225-74 C. com.);
- die sowohl juristische als auch natürliche Personen sein können (Art. L. 225-76 C. com.). Handelt es sich bei einem Aufsichtsratsmitglied um eine juristische Person, hat diese einen ständigen Vertreter (vgl. hierzu die Situation beim Verwaltungsrat, Rn. 490) zu benennen;
- die die Vorschriften zur Kumulation von Aufsichtsratsmandaten beachten müssen (Art. L. 225-77 C. com., Art. L. 225-94 C. com.).

538 Im Falle einer **Unternehmensverschmelzung** darf die Anzahl der Aufsichtsratsmitglieder die Obergrenze von achtzehn Mitgliedern während eines Zeitraums von höchstens drei Jahren ab Beginn der Verschmelzung überschreiten, dabei jedoch nicht über vierundzwanzig liegen (Art. L. 225-95 C. com.).

539 Die **Amtszeit** der Aufsichtsratsmitglieder ist gesetzlich auf maximal **sechs Jahre** begrenzt. Im Übrigen kann sie in der Satzung oder durch die Hauptversammlung festgelegt werden (Art. L. 225-75 I C. com.). Bei Missachtung

---

1074 *Le Cannu/Dondero*, Droit des sociétés, 2015, Rn. 816; *Cozian/Viandier/Deboissy*, Droit des sociétés, 2016, Rn. 872 und 880; *Merle/Fauchon*, Sociétés commerciales, 2016, Rn. 499; *Lefebvre*, Mémento Sociétés commerciales, 2018, Rn. 46030; *Ngatsing* in: Widmann/Mayer (Hrsg.), Umwandlungsrecht, 2014, Anhang 3, Frankreich, Erster Teil, Erster Abschnitt, F6.

1075 *Caussain* in: JurisClasseur, Notarial Formulaire, 2016, Fasc. K-165, Rn. 138; *Vatinet* in: JurisClasseur, Commercial, 2017, Fasc. 1404, Rn. 94; *Cozian/Viandier/Deboissy*, Droit des sociétés, 2016, Rn. 895 f.; *Lefebvre*, Mémento Sociétés commerciales, 2018, Rn. 43810.

1076 *Lefebvre*, Mémento Sociétés commerciales, 2018, Rn. 43840.

1077 *Le Cannu/Dondero*, Droit des sociétés, 2015, Rn. 822.

1078 Cass. com. 12.12.1995, Nr. 94-12.489; vgl. auch *Lefebvre*, Mémento Sociétés commerciales, 2018, Rn. 43910.

1079 *Lefebvre*, Mémento Sociétés commerciales, 2018, Rn. 44210; *Cozian/Viandier/Deboissy*, Droit des sociétés, 2016, Rn. 885 f.; *Merle/Fauchon*, Sociétés commerciales, 2016, Rn. 506; *Germain/Magnier*, Les sociétés commerciales, 2014, Rn. 2268; *Sonnenberger/Dammann*, Französisches Handels- und Wirtschaftsrecht, 2008, Kap. III Rn. 213.

der gesetzlichen Höchstdauer ist die Bestellung des betreffenden Aufsichtsratsmitglieds nichtig. Sofern die Satzung keine abweichende Regelung enthält, können die Aufsichtsratsmitglieder allerdings wiedergewählt werden (Art. L. 225-75 II C. com.).

Für den Aufsichtsrat gilt wie für den Verwaltungsrat das Gesetz von 2011 für ein ausgeglichenes Verhältnis von Frauen und Männern. Börsennotierte Gesellschaften und große nicht-börsennotierte Aktiengesellschaften haben daher eine sog „**Frauenquote**" zu beachten.[1080] Bezüglich der Details kann hier auf die Ausführungen unter Rn. 491 verwiesen werden. 540

Die ersten Aufsichtsratsmitglieder werden in Gesellschaften, die ohne öffentlichen Finanzierungsaufruf gegründet werden, von der Satzung bestimmt, danach werden sie von der **Hauptversammlung** gewählt (Art. L. 225-75 I 2 C. com.). Bei SA, die durch öffentlichen Finanzierungsaufruf gegründet werden, werden die ersten Aufsichtsratsmitglieder hingegen auf der konstituierenden Versammlung bestellt (Art. L. 225-75 I 1 C. com.). Das französische Recht kennt keine Entsprechung zum deutschen Entsenderecht gem. § 101 AktG. Die Bestimmungen des *Code de commerce* sehen ausdrücklich vor, dass die Bestellung der Aufsichtsratsmitglieder der SA durch die Hauptversammlung zu erfolgen hat (Art. L. 225-75 I C. com.) und dass jegliche Bestellung von Aufsichtsratsmitgliedern, die unter Missachtung dieser Bestimmung erfolgt, nichtig ist (Art. L. 225-75 III C. com.). 541

In Entsprechung zu den vorherigen Ausführungen zum Verwaltungsrat besteht auch bezüglich des Aufsichtsrats börsennotierter Gesellschaften, in denen die von der Belegschaft gehaltenen Aktien mehr als 3% des Grundkapitals ausmachen, die Pflicht, zusätzlich ein oder mehrere Aufsichtsratsmitglieder aus der Mitte derjenigen Arbeitnehmer zu wählen, die Aktien an der Gesellschaft halten oder Aufsichtsratsmitglied eines etwaig bestehenden unternehmenseigenen Investmentfonds sind, über den die Arbeitnehmer indirekt beteiligt sind (Art. L. 225-71 I C. com.). Auch hier bleiben die so gewählten Aufsichtsratsmitglieder bei der Ermittlung der vorstehend genannten Mindest- und Höchstanzahl der Aufsichtsratsmitglieder unberücksichtigt (Art. L. 225-71 I C. com.). Zudem besteht für Unternehmen, die selbst oder über ihre direkten oder indirekten Tochtergesellschaften mindestens 1.000 ständig Beschäftigte und ihren Sitz in Frankreich haben oder zusammen mit ihren ausländischen direkten oder indirekten Tochtergesellschaften mindestens 5.000 ständig Beschäftigte haben, die Pflicht, einen bzw. zwei Arbeitnehmervertreter in den Verwaltungsrat zu wählen (Art. L. 225-27-1 C. com.). 542

Die Gründe für eine Beendigung des Amtes als Aufsichtsratsmitglied sind:[1081] 543

- Ablauf der Amtszeit;
- Erreichen der Altersgrenze;
- Ernennung zum Vorstandsmitglied;
- Aufgabe der dualen Struktur;
- Tod;
- Auflösung der Gesellschaft;
- Amtsniederlegung und
- Abberufung.

Davon abweichend endet das Amt von Aufsichtsratsmitgliedern, die gem. vorstehend genanntem Art. L. 225-71 C. com. gewählt wurden, auch bei Beendigung ihres Beschäftigungsverhältnisses (Art. L. 225-71 I 5 C. com.).

Die Hauptversammlung kann die Aufsichtsratsmitglieder jederzeit und ohne wichtigen Grund **abberufen** (Art. L. 225-75 II C. com.). Die Abberufung ohne wichtigen Grund führt **nicht** zu **Schadensersatzansprüchen** des ausscheidenden Aufsichtsratsmitglieds[1082] (vgl. jedoch die Ausführungen zur Abberufung des Verwaltungsratsmitglieds und des Geschäftsführers der SARL in diesem Zusammenhang bei Rn. 283, 497). 544

Die Hauptaufgabe des Aufsichtsrates ist die **dauerhafte Überwachung der Geschäftsführung** des Vorstands (Art. L. 225-68 I C. com.). Die Kontrolle bezieht sich sowohl auf die Zweckmäßigkeit als auch auf die Ordnungsmäßigkeit der Geschäftsführung. Darüber hinaus stehen ihm **besondere Befugnisse** zu, wie[1083] 545

- die Befugnis zur Bestellung des Vorstands,
- die Genehmigung von Vereinbarungen zwischen der Gesellschaft und Mitgliedern des Vorstands oder des Aufsichtsrats und
- die Genehmigung des internen Kontrollberichts des Präsidenten.

1080 *François-Poncet/Deilmann/Otte* NZG 2011, 450, 450 ff.

1081 *Merle/Fauchon*, Sociétés commerciales, 2016, Rn. 508, *Lefebvre*, Mémento Sociétés commerciales, 2018, Rn. 44510; *Cozian/Viandier/Deboissy*, Droit des sociétés, 2016, Rn. 888 f.

1082 *Lefebvre*, Mémento Sociétés commerciales, 2018, Rn. 44510 iVm Rn. 39721 und Rn. 12482; *Cozian/Viandier/Deboissy*, Droit des sociétés, 2016, Rn. 888 f., 732 ff.; *Merle/Fauchon*, Sociétés commerciales, 2016, Rn. 508; *Sonnenberger/Dammann*, Französisches Handels- und Wirtschaftsrecht, 2008, Kap. III Rn. 213.

1083 *Ngatsing* in: Widmann/Mayer (Hrsg.), Umwandlungsrecht, 2014, Anhang 3, Frankreich, Erster Teil, Erster Abschnitt, F6.

Der Aufsichtsrat ist jedoch **nicht** dazu berechtigt, die Geschäftsführung der Gesellschaft zu beeinflussen oder zu behindern.[1084]

546 Was die Vergütung der Aufsichtsratsmitglieder betrifft, so kann auf die entsprechenden Ausführungen zum Verwaltungsrat verwiesen werden (s. Rn. 504 ff.). Demnach können auch den Mitgliedern des Aufsichtsrats **Sitzungsgelder** (*jetons de présence*) gewährt werden (Art. L. 225-83 I C. com.). Hierüber entscheidet gem. Art. L. 225-83 I C. com. die Hauptversammlung, die einen festen, jährlichen Betrag bestimmen kann, der anschließend unter den Aufsichtsratsmitgliedern aufgeteilt wird (Art. L. 225-83 I C. com.). Die Hauptversammlung kann dabei frei über die Höhe dieses Betrags entscheiden und ist nicht an etwaige Satzungsbestimmungen gebunden (Art. L. 225-83 I C. com.). Wie der Betrag unter den Mitgliedern verteilt wird, bestimmt allein der Aufsichtsrat (Art. L. 225-83 I C. com.). Zudem darf der Aufsichtsrat seinen Mitgliedern **außerordentliche Sondervergütungen** (*rémunérations exceptionnelles*) für besondere Aufgaben gewähren (Art. L. 225-84 C. com.). Darüber hinaus dürfen die Aufsichtsratsmitglieder keinerlei Vergütung von der Gesellschaft beziehen (Art. L. 225-85 I C. com.). Von dieser Vorschrift ausgenommen ist jedoch die durch den Aufsichtsrat festgelegte Vergütung des Aufsichtsratsvorsitzenden und des stellvertretenden Vorsitzenden (Art. L. 225-85 I C. com.). Im Übrigen gelten die Ausführungen zur Vergütung der Verwaltungsratsmitglieder entsprechend (s. Rn. 504 ff.).[1085]

547 In börsennotierten SA ist innerhalb des Aufsichtsrats ein **Prüfungsausschuss** (*comité d'audit*) zu bilden. Für die Einzelheiten kann auf Rn. 526 verwiesen werden.

c) Vereinbarungen zwischen der Gesellschaft und ihren Organen

548 Gemäß Art. L. 225-43 und Art. L. 225-91 C. com. ist es den Organmitgliedern der SA (dies betrifft Vorstands-, Verwaltungsrats- oder Aufsichtsratsmitglieder und ihre Familienmitglieder) **verboten**, ein **Darlehen** bei der Gesellschaft aufzunehmen, sich einen Überziehungskredit gewähren oder sich eigene Verpflichtungen absichern zu lassen. Entgegen diesem Verbot abgeschlossene Vereinbarungen sind **nichtig** und können auch nicht genehmigt werden.

549 Daneben gilt auch im Rahmen der SA das Verfahren bzgl. **reglementierter Vereinbarungen** (***conventions réglementées***, vgl. Rn. 33). Dies betrifft bei der SA Vereinbarungen zwischen der Gesellschaft und (direkt oder indirekt) ihren Organmitgliedern sowie Gesellschaften, an denen ein Organmitglied beteiligt ist oder in denen es ein Amt innehat (Art. L. 225-38 C. com.). Gleiches gilt für Vereinbarungen mit Gesellschaftern, die mindestens 10% der Stimmrechte halten oder Gesellschaften, die solche Gesellschafter kontrollieren (Art. L. 225-38 I C. com.).[1086] Zumindest für börsennotierte SA wird der Gesetzgeber demnächst die Regeln aufgrund der überarbeiteten Aktionärsrechterichtlinie gem. den Vorgaben des Art. 9c AR-RL zu Transaktionen mit nahestehenden Personen (dazu § 30 Rn. 256 ff.) und Unternehmen anpassen müssen.

550 Das Verfahren gilt demgegenüber **nicht** für solche Vereinbarungen, die im Rahmen des laufenden Geschäftsbetriebs und zu normalen Bedingungen abgeschlossen wurden (Art. L. 225-39 und 225-87 C. com.) sowie für Vereinbarungen zwischen einer Gesellschaft und ihrer alleinigen Tochtergesellschaft (Art. L. 225-39 und L. 225-87 C. com.).[1087]

551 Das Verfahren im Hinblick auf diese Vereinbarungen ist in der SA etwas **komplexer** als bei der SARL, da es je nach Fall zunächst den Verwaltungsrat und anschließend noch die Hauptversammlung mit einbezieht, wobei die fehlende Zustimmung des Verwaltungsrats die Nichtigkeit der Vereinbarung mit sich bringen, während die fehlende Zustimmung der Hauptversammlung lediglich zu Schadensersatzansprüchen führen kann.[1088] Der Verwaltungsrat muss gem. Art. L. 225-38 IV C. com. seine Zustimmung zu einer entsprechenden Transaktion zudem begründen. Dabei muss er darauf eingehen, inwiefern dieses Geschäft im Unternehmensinteresse liegt. Diesbezüglich muss er vor allem die finanziellen Konditionen der Transaktion erörtern.

d) Haftung der Organmitglieder

552 Für die Haftung der Vorstandsmitglieder gelten die Regelungen zur Haftung der Verwaltungsratsmitglieder entsprechend (Art. L. 225-256 I C. com. iVm Art. L. 225-249 bis L. 225-255 C. com.). Im Einzelnen sei auf die Ausführungen zur Haftung des Geschäftsführers der SARL (Rn. 288 ff.) verwiesen. Die Aufsichtsratsmitglieder sind nach Art. L. 225-257 I C. com. für ihr persönliches Verschulden in der Ausübung ihres Amtes haftbar. Sie haften demgegenüber nicht für Geschäftsführungsmaßnahmen und deren Folgen. Sie können allerdings zivil-

1084 *Merle/Fauchon*, Sociétés commerciales, 2016, Rn. 510 ff.; *Lefebvre*, Mémento Sociétés commerciales, 2018, Rn. 44810 ff. Die Aufsichtsratsmitglieder sind keine rechtlichen Geschäftsführer, vgl. Cass. com. 12.7.2005, Nr. 03-14.045, Recueil Dalloz 30 (2005) 2071, 2072, Anm. *Lienhard*.

1085 Im Detail hierzu auch *Lefebvre*, Documentation experte, Documentation pratique Affaires, Série Dirigeants, 2018, Division V., Rn. 7100 ff.

1086 Siehe hierzu auch *Lefebvre*, Mémento Sociétés commerciales, 2018, Rn. 52580 ff.

1087 Zur möglichen Diskussion über die Behandlung von Insichgeschäften nach Art. 1161 C. civ. in seiner derzeitigen Fassung, vgl. Ausführungen unter Rn. 273.

1088 *Lefebvre*, Mémento Sociétés commerciales, 2018, Rn. 52900.

rechtlich für Vergehen der Vorstandsmitglider haften, von denen sie Kenntnis hatten aber nicht der Hauptversammlung gemeldet haben (Art. L. 225-257 I 3 C. com.).

e) Hauptversammlung

aa) Grundlagen und Einberufung

Die Beschlüsse der Aktionäre werden in den **Hauptversammlungen** (*assemblées d'actionnaires*) gefasst. Die Hauptversammlung ist das höchste Organ der SA.[1089] Sie muss **mindestens einmal im Jahr** (spätestens sechs Monate nach Ablauf des Geschäftsjahres der Gesellschaft) stattfinden, um den vom Verwaltungsrat oder dem Vorstand aufgestellten Jahresabschluss zu genehmigen. Diese Frist kann auf Antrag per gerichtlichem Beschluss verlängert werden (Art. L. 225-100 I C. com.). 553

Bei Gesellschaften, die ausschließlich Namensaktien ausgegeben haben, können Aktionäre, die Beschlussvorschläge in die Tagesordnung aufnehmen möchten, darum bitten, dass ihnen eine Vorabinformation über bevorstehende Hauptversammlungen übermittelt wird (Art. R. 225-72 C. com.). Bei börsennotierten Gesellschaften oder solchen, die nicht ausschließlich Namensaktien ausgegeben haben, erfolgt eine Veröffentlichung im **Balo** (*Bulletin des annonces légales obligatoires*) (Art. R. 225-73 C. com.). Das **Recht zur Aufnahme von Tagesordnungspunkten** steht allerdings nur solchen Aktionären zu, die (alleine oder zusammen) mindestens 5% des Kapitals der Gesellschaft halten. Bei börsennotierten Gesellschaften kann auch eine zusammengeschlossene Aktionärsvereinigung nach Art. L. 225-120 I C. com. dieses Recht ausüben. Voraussetzung für die Vereinigung der Aktionäre zu einem solchen Aktionärsverein ist gem. Art. L. 225-120 I C. com., dass dessen Mitglieder seit mehr als zwei Jahren über Namensaktien verfügen und ihre kumulierten Stimmrechte mindestens 5% betragen, wobei der Schwellenwert mit zunehmendem Grundkapital absinkt (dazu auch Rn. 627). Zudem steht dieses Recht dem Betriebsrat (*comité d'entreprise*) zu (Art. 2323-67 II C. trav.). 554

Die **Einberufung** der Hauptversammlung erfolgt primär durch den Verwaltungsrat bzw. den Vorstand (Art. L. 225-103 I C. com.). Erfolgt keine Einberufung durch diese Organe, steht diese Befugnis gem. Art. L. 225-103 II C. com. den folgenden Parteien zu: 555

- Dem **Abschlussprüfer**, der jedoch vorab den Verwaltungsrat oder Vorstand per Einschreiben mit Rückschein zu einer Einberufung aufgefordert haben muss (Art. R. 225-162 I C. com.);
- einem **gerichtlich bestellten Vertreter** (*mandataire ad hoc*), der im Notfall auf Antrag eines Berechtigten oder ansonsten von Aktionären, die (alleine oder zusammen) mindestens 5% des Kapitals halten, einer bei börsennotierten Gesellschaften zusammengeschlossenen Aktionärsvereinigung nach Art. L. 225-120 I C. com. (vgl. dazu Rn. 627) oder dem Betriebsrat (Art. L. 2323-67 I C. trav.) ernannt wird;
- den **Liquidatoren** (im Rahmen eines Liquidationsverfahrens) oder
- nach einem öffentlichen Übernahme- oder Umtauschangebot oder Abtretung eines Aktienpakets, den **Aktionären**, die die Mehrheit des Kapitals oder der Stimmen halten (dies soll ihnen ermöglichen, unmittelbar die Geschäftsführungsorgane zu ersetzen, wobei ein solcher Wechsel in der Praxis wohl Teil der Transaktion sein wird, so dass diese Einberufungsform eher selten erfolgt).

Daneben steht dem ggf. bestehenden **Aufsichtsrat** ein Recht auf Einberufung zu (Art. L. 225-103 III C. com.), so dass auch er eine Hauptversammlung einberufen kann, wenn er sie für zweckmäßig erachtet. Vorbehaltlich der Vorschriften in Art. R. 225-66 bis 225-70 C. com. kann die Satzung die Modalitäten der Einberufung von Hauptversammlungen regeln (Art. R. 225-62 C. com.). Die vorgenannten Bestimmungen sind allerdings so streng, dass insofern nicht sehr viel Spielraum verbleibt. Die **Einberufungsfrist** beträgt 15 Tage bei der ersten Einberufung und zehn Tage bei der zweiten Einberufung (Art. R. 225-69 C. com.). Für börsennotierte Gesellschaften gelten die Vorgaben der Aktionärsrechte-RL (s. dazu § 30 Rn. 100 ff. Bei diesen Gesellschaften ist die Hauptversammlung in Frankreich daher mit einem Vorlauf von mindestens 35 Tagen im Amtsblatt bekannt zu machen (Art. R. 225-73 C. com.). 556

bb) Teilnahmerecht

Alle Aktionäre können unabhängig von der Anzahl ihrer Geschäftsanteile an der Versammlung teilnehmen (s. dazu näher unter Rn. 579). Satzungsbestimmungen, die das **Recht auf Teilnahme** an den Aktionärsversammlungen beschränken, sind gem. Art. 1844-10 II C. civ. nichtig. Neben den Aktionären gibt es noch weitere Versammlungsteilnehmer, namentlich zwei Mitglieder des Betriebsrats (Art. L. 2323-67 C. trav.) und den Abschlussprüfer (Art. L. 225-238 C. com.). 557

1089 *Ngatsing* in: Widmann/Mayer (Hrsg.), Umwandlungsrecht, 2014, Anhang 3, Frankreich, Erster Teil, Erster Abschnitt, F 7; *Lefebvre*, Mémento Sociétés commerciales, 2018, Rn. 46000 spricht von *„organe souverain"*.

cc) Vertretung

558 Darüber hinaus hat gem. Artikel L. 225-106 C. com. jeder Aktionär das Recht, sich bei Versammlungen vertreten zu lassen. Während sich Aktionäre börsennotierter SA von jeder natürlichen oder juristischen Person ihrer Wahl vertreten lassen dürfen (Art. L. 225-106 Ziff. 1 II C. com.),[1090] ist die Wahl der **Vertreter** von Aktionären nicht-börsennotierter SA begrenzt. Diese dürfen sich lediglich durch einen anderen Aktionär, ihren Ehepartner oder ihren eingetragenen Lebenspartner[1091] vertreten lassen (Art. L. 225-106 I C. com.). Die Bevollmächtigung muss in jedem Fall schriftlich erfolgen und der Gesellschaft vorgelegt werden (Art. L. 225-106 Ziff. 2 C. com.). Dieses Recht der Aktionäre auf Vertretung kann nicht statutarisch beschränkt werden (Art. L. 225-106 Ziff. 3 IV C. com.).

dd) Stimmabgabe

559 Neben dem Recht auf Vertretung räumt Art. L. 225-107 Ziff. 1 I C. com. jedem Aktionär das Recht ein, unabhängig von der Art der Versammlung per **Briefwahl** abzustimmen. Die Stimmabgabe erfolgt mithilfe eines bestimmten Briefwahlformulars, das die Gesellschaft dem Aktionär auf Antrag hin zur Verfügung stellt (Art. L. 225-107 Ziff. 1 I C. com. und Art. R. 225-75 C. com.). Statutarische Begrenzungen dieses Rechts sind nichtig (Art. L. 225-107 Ziff. 1, S. 2 C. com.). Diese Briefwahl, die seit der Einführung elektronischer Abstimmungsmöglichkeiten als **Abstimmung aus der Ferne** (*vote à distance*) bezeichnet wird, kann auch per E-Mail erfolgen, sofern die Satzung diese Möglichkeit vorsieht (Art. R. 225-75 C. com. iVm Art. R. 225-61 C. com.).[1092]

560 Wie in der SARL (vgl. Rn. 349) haben die Aktionäre der SA darüber hinaus auch die Möglichkeit per **Videokonferenz** oder mithilfe anderer Telekommunikationsmittel, die eine einwandfreie Identifizierung zulassen, an der Versammlung teilzunehmen, sofern die Satzung diese Möglichkeit vorsieht (Art. L. 225-107 Ziff. II C. com.). Die zu diesem Zweck verwendeten Telekommunikationsmittel müssen die Stimme der Teilnehmer übertragen und die Abstimmung ohne Unterbrechungen und in Echtzeit übertragen (Art. R. 225-97 C. com.).

561 Besondere Regelungen für die Teilnahme an Abstimmungen gelten für **Miteigentümer** von Aktien in ungeteilter Eigentümergemeinschaft, da diese bei Hauptversammlungen durch nur einen von ihnen oder einen gemeinsamen Bevollmächtigten vertreten werden können (Art. L. 225-110 II C. com.).

562 Eine weitere Besonderheit sieht Art. L. 225-110 C. com. auch im Falle der Bestellung eines **Nießbrauchsrechts** an Aktien vor. Wurde für Aktien ein Nießbrauchsrecht bestellt, so darf der Inhaber des Nießbrauchsrechts das mit den Aktien verbundene Stimmrecht im Rahmen ordentlicher Hauptversammlungen ausüben, während der Eigentümer der nießbrauchsbelasteten Aktien das Stimmrecht bei der außerordentlichen Hauptversammlung ausüben darf (Art. L. 225-110 I C. com.). Allerdings kann die Satzung davon abweichende Bestimmungen enthalten (Art. L. 225-110 IV C. com.).

563 Wie bei der SARL, dürfen auch Aktien französischer Aktiengesellschaften **verpachtet** werden (Art. L. 239-1 I C. com.), wobei Artikel L. 239-1 II C. com. einschränkend vorschreibt, dass diese Möglichkeit nur für bestimmte, nicht an der Börse gehandelte Namensaktien besteht. Wurden die Aktien verpachtet, so darf der Pächter das mit den Aktien verbundene Stimmrecht im Rahmen fast aller Hauptversammlungen ausüben. Hiervon ausgenommen sind lediglich solche Hauptversammlungen, in denen über Satzungsänderungen und die Nationalität der Gesellschaft abgestimmt wird. In diesen Versammlungen kommt das Stimmrecht weiterhin dem Verpächter zu (Art. L. 239-3 II C. com.). Im Übrigen kann diesbezüglich auf die Ausführungen zur Verpachtung von Geschäftsanteilen der SARL verwiesen werden (siehe Rn. 415).

ee) Informationsrecht

564 Ferner haben die Aktionäre ein **Informationsrecht** (s. näher Rn. 573 ff.) und erhalten verschiedene **Unterlagen** zur Vorbereitung der Hauptversammlung, zB die Tagesordnung und hinsichtlich der jährlichen Hauptversammlung insbesondere die Bilanz, den Geschäftsführungsbericht, die Tabelle der Ergebnisse der letzten fünf Geschäftsjahre, den Bericht des Abschlussprüfers und die Beschlussvorschläge (Art. R. 225-81, Art. R. 225-83 C. com.).

ff) Formalien

565 Die Beschlüsse der Hauptversammlungen sowie die des Verwaltungsrates oder des Aufsichtsrats und des Vorstandes werden in den **Protokollregistern** festgehalten und sind je nach Beschlussgegenstand beim zuständigen Handelsregister zu hinterlegen.

1090 Siehe zu den Vorgaben der Aktionärsrechte-RL § 30 Rn. 333 ff.

1091 Partner, mit dem ein sog ziviler Solidaritätspakt (*pacte civil de solidarité*) geschlossen wurde (Art. L. 225-106 I C. com.).

1092 *Lefebvre*, Mémento Sociétés commerciales, 2018, Rn. 47350 ff.

gg) Unterscheidung zwischen ordentlichen und außerordentlichen Hauptversammlungen

In Frankreich wird in Bezug auf die Hauptversammlung zwischen **ordentlichen Hauptversammlungen** (*assemblée générale ordinaire*, teilweise auch abgekürzt mit AGO) und **außerordentlichen Hauptversammlungen** (*assemblée générale extraordinaire*, teilweise auch abgekürzt mit AGE) unterschieden. In diesem Zusammenhang wird allerdings nicht gemäß dem Termin, an dem die Versammlung stattfindet, differenziert, sondern gemäß den Beschlussgegenständen. Dies führt dazu, dass es auch **zusammengelegte Hauptversammlungen** (s. Rn. 569) geben kann, auf denen sowohl über Themen einer ordentlichen Hauptversammlung als auch über Punkte einer außerordentlichen Hauptversammlung entschieden wird. 566

hh) Die ordentliche Hauptversammlung

Die ordentliche Hauptversammlung fasst Beschlüsse, durch die **keine Satzungsänderungen** bewirkt werden (Art. L. 225-98 I C. com. iVm Art. L. 225-96 I C. com.). Sie befasst sich vor allem mit Themen zum Jahresabschluss (Feststellung oder Ablehnung, Verteilung des Gewinns) und zu den Gesellschaftsorganen (Bestellung, Abberufung, Nachfolge der Verwaltungs- und der Aufsichtsratsmitglieder sowie der Abschlussprüfer).[1093] Gemäß Art. L. 225-98 II C. com. ist die Versammlung auf erste Einberufung hin **beschlussfähig**, wenn die anwesenden oder vertretenen Aktionäre zusammen ein Fünftel der Aktien halten. Bei Missachtung dieser Vorschrift zum Quorum ist die entsprechende Beschlussfassung ungültig (Art. L. 225-121 II C. com.). Für die zweite Einberufung besteht kein Quorum.[1094] Die Beschlüsse werden mit der **Stimmenmehrheit** der anwesenden oder vertretenen Aktionäre gefasst (Art. L. 225-98 III C. com.). 567

ii) Die außerordentliche Hauptversammlung

Die außerordentliche Hauptversammlung ist insbesondere für diejenigen Beschlüsse zuständig, die eine **Satzungsänderung** zum Gegenstand haben (Art. L. 225-96 I C. com.). Wie bei der ordentlichen Hauptversammlung sind auch hier bezüglich der Teilnahme der Aktionäre keine Beschränkungen im Zusammenhang mit der Anzahl der von ihnen gehaltenen Aktien erlaubt. Bei der ersten Einberufung liegt das **Quorum** bei einem Viertel der stimmberechtigten Aktien, bei der zweiten Einberufung bei einem Fünftel (Art. L. 225-96 II C. com.). Die erforderliche **Mehrheit** beträgt zwei Drittel der Stimmen der anwesenden oder vertretenen Aktionäre sowie der Aktionäre, die ihre Stimme auf dem Fernwege abgeben (Art. L. 225-96 III C. com.). Damit liegt die **Sperrminorität** in einer Aktiengesellschaft bei einer Anwesenheitsquote von 50% bei 16,666%. 568

jj) Zusammengelegte Hauptversammlung

Die zusammengelegte Hauptversammlung (*assemblée mixte*) ist für Beschlussfassungen zuständig, die zugleich die **ordentliche** und die **außerordentliche Hauptversammlung** betreffen.[1095] Um zu vermeiden, die beiden Versammlungen nacheinander einberufen zu müssen, wurde die zusammengelegte Hauptversammlung eingeführt. Die hierauf anzuwendenden Vorschriften haben sich nach dem jeweiligen Beschluss zu richten, abhängig davon, ob dieser in die Zuständigkeit der ordentlichen oder der außerordentlichen Hauptversammlung fällt.[1096] 569

kk) Sonderversammlungen

Sonderversammlungen (*assemblées spéciales*) sind solche, bei denen nur eine **Kategorie von Aktionären** versammelt wird (Art. L. 225-99 I C. com.). Solche Sonderversammlungen sind notwendig, wenn spezielle Rechte einer bestimmten Aktionärsgruppe geändert werden sollen. Bei der ersten Einberufung ist die Versammlung beschlussfähig, wenn die anwesenden oder vertretenen Aktionäre zusammen ein Drittel der stimmberechtigten Aktien halten. Bei der zweiten Einberufung ist das Quorum auf ein Fünftel der stimmberechtigten Aktien reduziert (Art. L. 225-99 III C. com.). Das Mehrheitserfordernis für die Beschlussfassung entspricht dem bei außerordentlichen Hauptversammlungen (Art. L. 225-99 I iVm Art. L. 225-96 III C. com., Rn. 568). 570

1093 *Merle/Fauchon*, Sociétés commerciales, 2016, Rn. 518; *Lefebvre*, Mémento Sociétés commerciales, 2018, Rn. 48100; *Sonnenberger/Dammann*, Französisches Handels- und Wirtschaftsrecht, 2008, Kap. III Rn. 217.

1094 *Merle/Fauchon*, Sociétés commerciales, 2016, Rn. 542; *Cozian/Viandier/Deboissy*, Droit des sociétés, 2016, Rn. 942; *Sonnenberger/Dammann*, Französisches Handels- und Wirtschaftsrecht, 2008, Kap. III Rn. 220. Laut einer Entscheidung des Berufungsgerichts von Paris reicht die Anwesenheit eines einzigen Aktionärs für die Beschlussfähigkeit der Versammlung aus, sofern dieser die Anforderungen zum Quorum erfüllt (CA Paris 11.6.1981, Revue des sociétés 1982, 297, 297 f.).

1095 *Lefebvre*, Mémento Assemblées générales, 2016-2017, Rn. 95000; *Merle/Fauchon*, Sociétés commerciales, 2016, Rn. 558.

1096 *Merle/Fauchon*, Sociétés commerciales, 2016, Rn. 558; *Lefebvre*, Mémento Assemblées générales, 2016-2017, Rn. 95050.

II) Fehlerhafte Beschlüsse

571 Das französische Recht kennt die absolute und die relative Nichtigkeit einer Rechtshandlung oder eines Rechtsgeschäfts. Diese Unterscheidung der Nichtigkeit bezieht sich nicht auf deren Folgen, sondern auf die Voraussetzungen für deren Geltendmachung. So sieht Art. 1179 C. civ. vor, dass bei Missachtung einer Vorschrift, die der Wahrung des allgemeinen Interesses (*intérêt général*) dient, eine **absolute Nichtigkeit** vorliegt (Art. 1179 I C. civ.). Folglich kann die absolute Nichtigkeit von jeder Person geltend gemacht werden, die ein legitimes Interesse daran nachweist (Art. 1180 C. civ.), wobei dieser Berechtigtenkreis weit gefasst wird und jeden finanziellen oder moralischen Vorteil betrifft, den man vor Gericht erstreiten kann. Demgegenüber liegt eine **relative Nichtigkeit** gem. Art. 1179 II C. civ. vor, wenn die missachtete Vorschrift der Wahrung von Einzelinteressen (*intérêt privé*) dient. Daher kann die relative Nichtigkeit auch nur von denjenigen Personen geltend gemacht werden, die von der Vorschrift, deren Missachtung die Nichtigkeit der betreffenden Rechtshandlung oder des Rechtsgeschäfts zur Folge hat, geschützt werden (Art. 1181 C. civ.). In beiden Fällen muss die Nichtigkeit jedoch **geltend gemacht** und von einem **Richter festgestellt** werden, sofern kein Einvernehmen der Parteien über die Nichtigkeit besteht (Art. 1178 I C. civ.). Aus dem Wortlaut des jeweiligen Gesetzestextes ergibt sich daraufhin, ob der Richter dazu verpflichtet ist, bei Feststellung des Vorliegens der entsprechenden Missachtung die **Nichtigkeit von Amts wegen** festzustellen (*nullité de plein droit*) oder ob er bei seiner Entscheidung einen **Ermessensspielraum** hat (sog fakultative Nichtigkeit, *nullité facultative*).[1097] So sieht etwa Art. L. 225-121 C. com. verschiedene Gründe für die Nichtigkeit von Gesellschafterbeschlüssen vor und unterscheidet dabei zwischen Fehlern, die zu einer Nichtigkeit von Amts wegen führen und solchen Fehlern, die zu einer fakultativen Nichtigkeit führen. Nach Absatz 1 führen folgende Sachverhalte zu einer **Nichtigkeit von Amts wegen**:[1098]

- Die Erstellung der Tagesordnung durch eine andere Person als den Autor der Ladung,
- die Beschlussfassung über einen Punkt, der nicht auf der Tagesordnung stand,
- die Ablehnung der Aufnahme von Tagesordnungspunkten oder Beschlussvorschlägen von dazu berechtigten Personen,
- eine Änderung der Tagesordnung im Rahmen der zweiten Ladung sowie
- ein Verstoß gegen die Vorschriften zu Quorum, Mehrheitserfordernissen, Zuständigkeiten und Tagesordnung.

572 Nach Absatz 2 besteht demgegenüber **fakultative Nichtigkeit**, wenn gegen das Recht der Aktionäre auf Übermittlung von Unterlagen zur Vorbereitung auf die Hauptversammlung verstoßen wird (Art. L. 225-121 II iVm Art. L. 225-115 und L. 225-16 C. com.). Daneben bestimmt Art. L. 225-104 II C. com., dass eine Hauptversammlung, die nicht entsprechend den vorgeschriebenen Formen und Fristen einberufen wurde, für nichtig erklärt werden kann, es sei denn, alle Aktionäre waren anwesend oder vertreten. Die Verjährungsfrist beträgt drei Jahre (Art. L. 235-9 C. com.).

4. Rechte der Aktionäre

a) Informationsrechte

573 Die Aktionäre haben sowohl im **Vorfeld einer Versammlung** (*droit de communication préalable*) als auch **unabhängig davon** (*droit de communication permanent*) Anspruch auf bestimmte Informationen. Unabhängig von jeder Hauptversammlung haben die Aktionäre das Recht, bestimmte Dokumente jederzeit am Gesellschaftssitz einzusehen (Art. L. 225-117 C. com. iVm Art. L. 225-115 C. com. und Art. R. 225-92 C. com.). Dazu gehören ua:[1099]

- Der Jahresabschluss bzw. der konsolidierte Jahresabschluss,
- eine Liste der aktuellen Verwaltungsratsmitglieder bzw. der Vorstands- und Aufsichtsratsmitglieder,
- die Berichte des Verwaltungsrats bzw. des Vorstands und des Aufsichtsrats sowie der Abschlussprüfer und
- die Versammlungsprotokolle der letzten drei Geschäftsjahre.

574 Darüber hinaus hat die Gesellschaft den Aktionären im Vorfeld einer Versammlung zusätzliche Dokumente und Informationen auf Anfrage hin zu übermitteln (Art. R. 225-88 C. com.). Diese umfassen ua:[1100]

- Die Tagesordnung und den Text der Beschlussvorschläge (Art. R. 225-81 C. com.),
- den Jahresabschluss (ggf. auch den konsolidierten Jahresabschluss, Art. R. 225-83 C. com.),
- den Bericht des Verwaltungsrats (bzw. des Vorstands und des Aufsichtsrats, Art. R. 225-83 C. com.),
- den Bericht des Abschlussprüfers (Art. R. 225-83 C. com.),

1097 *Merle/Fauchon*, Sociétés commerciales, 2016, Rn. 548; *Le Cannu/Dondero*, Droit des sociétés, 2015, Rn. 1023.

1098 Vgl. dazu *Lefebvre*, Mémento Sociétés commerciales, 2018, Rn. 46370; *Merle/Fauchon*, Sociétés commerciales, 2016, Rn. 547.

1099 Vgl. für eine Auflistung *Lefebvre*, Mémento Sociétés commerciales, 2018, Rn. 46650 ff.; *Guiramand/Héraud*, Droit des sociétés, 2016, S. 269; *Cozian/Viandier/Deboissy*, Droit des sociétés, 2016, Rn. 911.

1100 Vgl. für eine Auflistung *Lefebvre*, Mémento Sociétés commerciales, 2018, Rn. 46491 ff.; *Cozian/Viandier/Deboissy*, Droit des sociétés, 2016, Rn. 913 f.; *Guiramand/Héraud*, Droit des sociétés, 2016, S. 269 f.

- Angaben zur Lage der Gesellschaft (Art. R. 225-81 C. com.),
- Angaben zu den Mitgliedern der Gesellschaftsorgane (Art. R. 225-83 C. com.),
- die Aktionärsliste (Art. L. 225-116 C. com.) sowie
- bestimmte Formulare, zB zur Bestellung eines Bevollmächtigten oder zur Abstimmung aus der Ferne (Art. R. 225-81 C. com.). Bei Übermittlung des Formulars zur Bestellung eines Bevollmächtigten hat die Gesellschaft diesem unaufgefordert die in Art. R. 225-81 C. com. aufgelisteten Dokumente beizufügen (Art. R. 225-81 C. com.).

Strengere Vorschriften gelten – sowohl im Rahmen des *droit de communication préalable* als auch des *droit de communication permanent* – für **börsennotierte Aktiengesellschaften**. So haben diese neben zusätzlichen Bekanntmachungspflichten beispielsweise auch die Pflicht, bestimmte der vorstehend genannten Informationen auf ihrer Internetseite zu veröffentlichen.[1101] Darüber hinaus müssen sie zusätzliche Dokumente am Gesellschaftssitz zur Verfügung stellen (zB einen Bericht der Geschäftsleitung zur Corporate Governance und den internen Kontrollsystemen)[1102] und der AMF zur Kontrolle eine Kopie der an die Aktionäre geschickten Dokumente zukommen lassen.[1103] 575

Im Anschluss an die Übermittlung der Unterlagen können die Gesellschafter dem Verwaltungsratsvorsitzenden bzw. Vorstandsvorsitzenden bis spätestens vier Tage vor der Hauptversammlung schriftlich **Fragen** stellen, die dieser während der Hauptversammlung zu beantworten hat (Art. L. 225-108 III C. com. iVm Art. R. 225-84 I C. com.). Obwohl Art. L. 225-108 C. com. vermuten lässt, dass sich die Fragen auf die Tagesordnung der betreffenden Hauptversammlung beziehen müssen, sind diese gemäß der Rechtsprechung nicht darauf beschränkt.[1104] Die Antwort gilt auch dann als erteilt, wenn die Gesellschaft die Frage zwar nicht auf der Hauptversammlung dafür aber in einer eigens hierfür vorgesehenen Rubrik auf ihrer Internetseite beantwortet (Art. L. 225-108 IV C. com.). Daneben bleibt es den Aktionären unbenommen, im Rahmen der Versammlung ihr mündliches Fragerecht auszuüben.[1105] 576

Zudem haben diejenigen Aktionäre, die (alleine oder zusammen) mindestens 5% des Kapitals der Gesellschaft halten bzw. bei börsennotierten Gesellschaften die zusammengeschlossenen Aktionärsvereinigungen nach Art. L. 225-120 I C. com. (vgl. dazu Rn. 627), die Möglichkeit, zweimal pro Geschäftsjahr **schriftlich Fragen** zu Sachverhalten zu stellen, die den geschäftlichen Betrieb beeinträchtigen könnten (Art. L. 225-232 C. com.). Diese Fragen sind an den Vorsitzenden des Verwaltungsrats bzw. des Vorstands zu richten, welcher diese daraufhin binnen eines Monats schriftlich zu beantworten hat und dem Abschlussprüfer binnen der gleichen Frist eine Kopie der Fragen und Antworten zukommen lassen muss (Art. L. 225-232 C. com. iVm Art. R. 225-164 C. com.). 577

Die gleichen Aktionäre können gem. Art. L. 225-231 C. com. zudem Fragen zu einem oder mehreren Geschäftsführungsvorgängen stellen und – in Ermangelung einer Antwort binnen eines Monats – gerichtlich die Bestellung eines Sachverständigen beantragen, der daraufhin ein Gutachten zu den betreffenden Geschäftsführungsvorgängen (*expertise de gestion*) erstellt (Art. L. 225-231 C. com.). 578

b) Recht auf Teilnahme an der Hauptversammlung

Alle Aktionäre haben **unabhängig von der Anzahl ihrer Geschäftsanteile** das Recht, an Hauptversammlungen teilzunehmen (Art. 1844 I C. civ.). Satzungsbestimmungen, die das Recht auf Teilnahme an den Aktionärsversammlungen beschränken, sind gem. Art. 1844-10 II C. civ. nichtig. Die Vorschrift ist also zwingend.[1106] Der *Code civil* regelt diesen Aspekt rechtsformneutral für alle französischen Gesellschaften (vgl. Art. 1834 C. civ.). Daraus ergibt sich im Umkehrschluss aber keine Teilnahmepflicht. Der Aktionär ist frei darin, zu entscheiden, ob er an der Versammlung teilnehmen möchte oder nicht.[1107] Eine Ausnahme vom Recht auf Teilnahme an der Hauptversammlung statuiert Art. L. 228-29 I C. com. für Aktiengesellschaften. Hat ein Aktionär danach seine fällige Einlage nicht geleistet, so darf er auch nicht an der Hauptversammlung teilnehmen. 579

Wird ein Aktionär an der Teilnahme an der Hauptversammlung gehindert, so kann dies zur Nichtigkeit der Versammlung, dh aller von ihr gefassten Beschlüsse führen.[1108] In der SA ist die Verhinderung der Teilnahme 580

1101 *Cozian/Viandier/Deboissy*, Droit des sociétés, 2016, Rn. 912 und Rn. 915; *Lefebvre*, Mémento Sociétés commerciales, 2018, Rn. 46590.

1102 *Lefebvre*, Mémento Sociétés commerciales, 2018, Rn. 46542 und 46650; dieser Bericht wird durch den Verwaltungs- oder Aufsichtsrat verfasst (Art. L. 225-37 und Art. L. 225-68 C. com.). Bei der SA mit „*direction à la francaise*“ kann der Corporate Governance Bericht im Geschäftsbericht zum Jahresabschluss integriert werden.

1103 *Lefebvre*, Mémento Sociétés commerciales, 2018, Rn. 46490.

1104 CA Paris 19.12.2013, Nr. 12/22644; hierzu auch *Cozian/Viandier/Deboissy*, Droit des sociétés, 2016, Rn. 917.

1105 *Le Cannu/Dondero*, Droit des sociétés, 2015, Rn. 859.

1106 *Lefebvre*, Mémento Sociétés commerciales, 2018, Rn. 7500.

1107 *Lefebvre*, Mémento Sociétés commerciales, 2018, Rn. 7503.

1108 *Lefebvre*, Mémento Sociétés commerciales, 2018, Rn. 7513 unter Verweis auf Cass. com. 6.7.1983, Nr. 82-12.910.

sogar strafbewährt. Gem. Art. L. 242-9 C. com. drohen demjenigen, der einen Aktionär an der Teilnahme an der Hauptversammlung hindert, bis zu zwei Jahre Haft und eine Geldstrafe von bis zu 9.000 EUR. Eine Verhinderung kann zB dadurch hervorgerufen werden, dass ein Aktionär bewusst nicht ordnungsgemäß über die Einberufung informiert wurde.[1109]

c) Stimmrecht

581 Vom Teilnahmerecht ist das Stimmrecht zu unterscheiden. Während das Teilnahmerecht zwingend ist, kann das Stimmrecht unter bestimmten Umständen ausgeschlossen werden. In der SA ist dies zB mit Blick auf Vorzugsaktien möglich.[1110] Unabhängig von der Art der Versammlung ist das mit den Aktien verbundene Stimmrecht ua ausgeschlossen, wenn[1111]

- die Aktien unter Verstoß gegen die Gründungs- oder Kapitalerhöhungsvorschriften ausgegeben wurden (Art. L. 225-11-1, Art. L. 225-16-1 und Art. L. 225-10 C. com.);
- der Aktionär seine fällige Einlage nicht geleistet hat (Art. L. 228-29 und Art. R. 228-26 C. com.) und
- die SA eigene Aktien erwirbt (Art. L. 225-210 IV und Art. L. 225-111 C. com.).

582 Neben einem Stimmrechtsausschluss kommt auch eine Begrenzung der Stimmrechte der Höhe nach in Frage. In der Satzung können die Aktionäre eine Obergrenze für die Stimmrechte festlegen, die ein Aktionär ausüben darf (Art. L. 225-125 I C. com.). Dadurch kann der Einfluss von Großaktionären beschränkt werden.[1112] Dies gilt ebenfalls für börsennotierte Gesellschaften (Art. L. 233-38 C. com.).[1113]

5. Kapitalverfassung

a) Kapitalaufbringung

583 Wie bereits erwähnt (Rn. 472 ff.), ist das Kapital sowohl beim öffentlichen Finanzierungsaufruf als auch bei der Gründung ohne öffentlichen Finanzierungsaufruf **vollständig zu zeichnen** (Art. L. 225-3 I C. com. bzw. Art. L. 225-12 iVm 225-3 I C. com.). Das **Mindestkapital** beträgt in beiden Fällen seit 2009 37.000 EUR (Art. L. 224-2 I C. com.) (zuvor musste eine börsennotierte Aktiengesellschaft mindestens 225.000 EUR aufbringen). Im Vergleich zu anderen großen, europäischen Ländern ist die Mindestkapitalanforderung damit relativ niedrig (Deutschland: 50.000 EUR, Italien: 50.000 EUR, Spanien: 60.000 EUR, England: 50.000 Pfund, Niederlande: 45.000 EUR). **Ausnahmen** für diese Mindestkapitalanforderungen bestehen nur für Gesellschaften, die bestimmte Aktivitäten verfolgen, zB.

- 300 EUR für Presseunternehmen (Art. L. 224-2 III C. com.);
- 18.500 EUR für Genossenschaften (Art. 27 II des Gesetzes 47-1775 vom 10.9.1947) und
- 800.000 EUR oder 480.000 EUR für Versicherungsunternehmen (Art. R. 322-5 C. ass.).

584 Das Kapital der SA muss gem. Art. R. 123-238 Nr. 4 b) C. com. auf ihren **Geschäftspapieren** vermerkt werden. Dazu zählen zB Briefe und Rechnungen, unabhängig davon, ob sie auf Papier oder elektronischem Wege versendet werden.[1114]

585 Für die Kapitalaufbringung in Aktiengesellschaften gelten in der EU die Vorgaben der ehemaligen Kapital-Richtlinie (jetzt Teil der Kodifizierungs-Richtlinie, dazu § 19), die das Recht der Mitgliedstaaten insofern harmonisieren (dazu näher unter § 21). Die Aktionäre dürfen sowohl **Bar-** als auch **Sacheinlagen** einbringen. **Nicht** einlagefähig sind dagegen **Arbeits- und Dienstleistungen** (Art. L. 225-3 IV C. com.). Diese Vorgabe ergibt sich bereits aus der ehemaligen Kapitalrichtlinie (jetzt Art. 46 S. 1 Kodifizierungs-RL; ex-Art. 7 S. 2 Kapital-RL) (vgl. dazu § 21 Rn. 1 ff.). Für beide Gründungsmöglichkeiten gilt, dass **Bareinlagen** mindestens zur Hälfte sofort eingezahlt werden müssen (Art. L. 225-3 II 1 C. com. bzw. Art. L. 225-12 iVm Art. L. 225-3 II 1 C. com.).[1115] Innerhalb von fünf Jahren nach Eintragung der Gesellschaft ins Handelsregister muss der Rest der Bareinlage erbracht werden.

1109 *Lefebvre*, Mémento Sociétés commerciales, 2018, Rn. 7518.

1110 *Lefebvre*, Mémento Sociétés commerciales, 2018, Rn. 47693; *Merle/Fauchon*, Sociétés commerciales, 2016, Rn. 365.

1111 Für eine Auflistung siehe *Lefebvre*, Mémento Sociétés commerciales, 2018, Rn. 47694.

1112 *Lefebvre*, Mémento Sociétés commerciales, 2018, Rn. 47711; *Cozian/Viandier/Deboissy*, Droit des sociétés, 2016, Rn. 924; *Merle/Fauchon*, Sociétés commerciales, 2016, Rn. 363.

1113 Vgl. dazu auch *Lefebvre*, Groupe de sociétés 2017-2018, Rn. 1541.

1114 *Bahans* in: JurisClasseur, Sociétés Traité, 2016, Fasc. 27-40, Rn. 82 ff.

1115 Damit geht der französische Gesetzgeber über die Mindestanforderungen der ehemaligen Kapitalrichtlinie hinaus (Art. 48 S. 1 Kodifizierungs-RL (ex-Art. 9 S. 1 Kapital-RL), vgl. § 21 Rn. 42 f.).

Sacheinlagen sind bei Zeichnung der Anteile sofort vollständig zu leisten (Art. L. 225-3 III C. com. bzw. Art. L. 225-12 iVm Art. L. 225-3 III C. com.).[1116] Auch hier ergeben sich keine Unterschiede bei den verschiedenen Gründungsmöglichkeiten. Sollen Sacheinlagen eingebracht werden, wird häufig ein „***traité d'apport***", also ein Sacheinlagevertrag abgeschlossen, der die Modalitäten von Sacheinlagen regelt. Wesentliche Bestandteile dieses Vertrags sind unter anderem die Bezeichnung und die Beschreibung der eingebrachten Sache, deren Bewertung sowie die Anzahl der hierfür gewährten Aktien.[1117] Dieser Vertrag wird gewöhnlich zwischen den Erbringern der Sacheinlage und den anderen Aktionären geschlossen. Teilweise finden sich solche Bestimmungen auch direkt in der Satzung.[1118] 586

Um die Werthaltigkeit der Sacheinlage zu sichern, wird durch einstimmige Entscheidung der Aktionäre oder auf Verlangen von einem oder mehreren Aktionären durch den Präsidenten des Handelsgerichts ein oder mehrere **Sacheinlageprüfer** bestellt (Art. L. 225-8 I C. com.). Der Sacheinlageprüfer erstellt daraufhin ein **Wertgutachten** für die Sacheinlagen, die eingebracht werden sollen. Das Wertgutachten muss den Gesellschaftern vor Unterzeichnung der Satzung zugeleitet werden. Sie können dann den Wert der Sacheinlage, der in der Satzung bezeichnet ist, dem Wertgutachten anpassen. Eine **Pflicht zur Korrektur** der Satzung gibt es jedoch **nicht**. Weichen die Aktionäre von dem vom Sachverständigen ermittelten Wert ab, riskieren sie jedoch, dass ihnen **Bösgläubigkeit** bezüglich einer überbewerteten Sacheinlage nachgewiesen werden kann. Dann müssen sie die Rechtsfolgen wegen **betrügerischer Überbewertung von Sacheinlagen** (*majoration frauduleuse d'apports en nature*) tragen (für die Rechtsfolgen wegen betrügerischer Überbewertung von Sacheinlagen siehe Art. L. 242-2 C. com.).[1119] 587

Zudem umfasst die Kodifizierungs-Richtlinie Vorgaben zur sog **Nachgründung** (Art. 52 Kodifizierungs-RL (ex-Art. 13 Kapital-RL)) und beschäftigt sich damit mit dem in Deutschland bekannten Problem der **verdeckten Sacheinlage.** In Frankreich wird die Umsetzungspflicht durch Art. L. 225-101 C. com. verwirklicht. Die Regelung sieht vor, dass, wenn die Gesellschaft innerhalb der ersten zwei Jahre ihres Bestehens eine Sache von einem Gesellschafter erwirbt, vor dem Erwerb der Sache[1120] im Rahmen eines Verfahrens deren Wert geprüft werden muss, sofern der Preis für die Sache mindestens 10% des Stammkapitals ausmacht (Art. L. 225-101 I C. com.). In solchen Fällen wird auf Antrag des Präsidenten des Verwaltungsrats bzw. des Vorstands durch Gerichtsbeschluss ein Sachverständiger bestellt, der den Wert der Sache zu bestimmen hat (Art. L. 225-101 I C. com.). Der Bericht des Sachverständigen wird daraufhin den Aktionären vorgelegt, die in einer ordentlichen Hauptversammlung über die Bewertung der Sache entscheiden. Bei Ausbleiben einer solchen Beschlussfassung durch die ordentliche Hauptversammlung ist der Erwerb nichtig (Art. L. 225-101 II C. com.). Der betroffene Aktionär darf bezogen auf diesen Vorgang nicht mit abstimmen (Art. L. 225-101 II 3 C. com.). Das soeben beschriebene Verfahren findet in Ausnahmefällen, die Art. L. 225-101 III C. com. auflistet, keine Anwendung.[1121] 588

b) Gewinn- und Verlustverteilung

aa) Gewinnverteilung

Die Aktionäre der SA haben Anspruch auf eine Gewinnbeteiligung in Form von **Dividenden.**[1122] Der Anspruch entsteht, wenn ein ausschüttungsfähiger Gewinn nach Art. L. 232-11 C. com. existiert und die Aktionärsversammlung die Ausschüttung von Dividenden beschlossen hat (Art. L. 225-100 C. com.).[1123] Daneben oder – wenn kein Gewinn erzielt wurde – anstelle des Gewinns darf die Gesellschafterversammlung gem. Art. L. 232-11 II C. com. die frei verfügbaren **Rücklagen** (*réserves*) ausschütten.[1124] 589

Die Berechnung des **ausschüttungsfähigen Betrags** beruht für die SA auf Vorgaben der ehemaligen Kapital-Richtline (ex-Art. 17 Kapital-RL, jetzt Art. 56 Kodifizierungs-RL; siehe dazu näher unter § 21 Rn. 73 ff.). Die- 590

1116 Auch hier geht Frankreich über die Mindestanforderungen der ehemaligen Kapitalrichtlinie hinaus (Art. 48 S. 2 Kodifizierungs-RL (ex-Art. 9 S. 2 Kapital-RL), vgl. § 21 Rn. 44).

1117 *Merle/Fauchon*, Sociétés commerciales, 2016, Rn. 647; *Lefebvre*, Mémento Sociétés commerciales, 2018, Rn. 51020.

1118 *Lefebvre*, Mémento Sociétés commerciales, 2018, Rn. 37910.

1119 *Cozian/Viandier/Deboissy*, Droit des sociétés, 2016, Rn. 652 f.; *Merle/Fauchon*, Sociétés commerciales, 2016, Rn. 306; *Le Cannu/Dondero*, Droit des sociétés, 2015, Rn. 648; *Germain/Magnier*, Les Sociétés commerciales, 2014, Rn. 1977.

1120 Gemäß Art. R. 225-103 II C. com. hat der Sachverständigenbericht eine Beschreibung der zu erwerbenden Sachen (*biens à acquérir*) zu enthalten, woraus sich ableiten lässt, dass das Verfahren vor dem Erwerb zu erfolgen hat (vgl. dazu auch *Lefebvre*, Mémento Sociétés commerciales, 2018, Rn. 48135).

1121 *Lefebvre*, Mémento Sociétés commerciales, 2018, Rn. 48131 f.

1122 *Mestre/Velardocchio/Mestre-Chami*, Le Lamy Sociétés commerciales, 2017, Rn. 3405; *Moulin* in: JurisClasseur, Commercial, 2017, Fasc. 1484, Rn. 54.

1123 In der Lehre wird die Frage diskutiert, ob der Aktionär schon Anspruch auf Dividenden haben kann, wenn die Versammlung die Ausschüttung noch nicht beschlossen hat, vgl. *Massart* in: Mélanges en l'honneur du Professeur Michel Germain, 2015, S. 525, 526 f.

1124 *Merle/Fauchon*, Sociétés commerciales, 2016, Rn. 621; *Moulin* in: JurisClasseur, Commercial, 2017, Fasc. 1484, Rn. 55 f.; *Le Cannu/Dondero*, Droit des sociétés, 2015, Rn. 173.

sen Vorgaben entsprechend darf der Betrag einer Ausschüttung an die Aktionäre den Gewinn des Geschäftsjahres abzüglich des Verlustvortrags und der nach Gesetz oder Satzung in eine Rücklage einzustellenden Beträge sowie zuzüglich des Gewinnvortrags nicht überschreiten (Art. L. 232-11 I C. com.). Darüber hinaus kann die Hauptversammlung gem. Art. L. 232-11 II C. com. eine Ausschüttung durch Entnahme aus den hierfür verfügbaren Rücklagen beschließen, wobei sie diese Rücklagen exakt zu benennen hat. Dividenden sind jedoch vorrangig dem ausschüttungsfähigen Gewinn des Geschäftsjahres zu entnehmen (Art. L. 232-11 II C. com.). Art. L. 232-11 III C. com. verbietet zudem Ausschüttungen an Aktionäre, durch die das Eigenkapital (*capitaux propres*) der Gesellschaft den Betrag des gezeichneten Kapitals zuzüglich nicht angreifbarer Rücklagen unterschreiten würde. Der Begriff „Eigenkapital" ist hier iSd ehemaligen Kapitalrichtlinie (ex-Art. 17 I Kapital-RL, jetzt Art. 56 I Kodifizierungs-RL; s. § 21 Rn. 72) als „Nettoaktivvermögen" zu lesen.

591 In der Regel werden die Dividenden gleichmäßig nach dem **Anteil am Gesellschaftskapital** verteilt (Art. 1844-1 C. civ.). Die Satzung kann aber gem. Art. L. 228-11 I C. com. **Vorzugsaktien** schaffen und den Gewinn damit anders verteilen. So kann etwa – unter bestimmten Voraussetzungen – der Dividendenanteil einiger Aktionäre größer sein als ihr Anteil am Kapital (*dividende majoré*, vgl. Art. L. 232-14 C. com.).[1125] Auch kann in der Satzung bestimmt werden, dass ein bestimmter Aktionär eine Dividende vor Ausschüttung der normalen Dividende erhält (*dividende préciputaire*); ebenfalls möglich sind sog **kumulative Dividenden** (*dividende cumulatif*). Darunter sind Dividenden zu verstehen, die nach den Gewinnen eines oder mehrerer folgender Geschäftsjahre ausgeschüttet werden, wenn die Liquidität der Gesellschaft eine vollständige Ausschüttung der Dividende nicht erlaubt. In Abhängigkeit des Ergebnisses der SA können auch **progressive oder degressive Dividenden** (*dividende progressif ou dégressif*) ausgeschüttet werden.[1126]

592 Untersagt sind indes satzungsmäßige Bestimmungen, wonach eine Mindestdividende automatisch ausgeschüttet wird, auch wenn die SA keinen Gewinn erzielt hat oder nicht über ausreichende Rücklagen hierfür verfügt (*clauses d'intérêt fixe ou intercalaire* – Art. L. 232-15 C. com.).[1127] Außerdem ist die Ausschüttung von Dividenden, die weder aus dem Gewinn noch aus den freien Rücklagen gezahlt werden (sog *dividendes fictifs*) **strafbar** (Art. L. 242-6 I Ziff. 1 C. com.).[1128] Dies betrifft den Präsidenten, die Verwaltungsratsmitglieder und den Generaldirektor. Erfolgt eine Ausschüttung unrechtmäßig und beweist die Gesellschaft, dass der Aktionär zum Zeitpunkt der Ausschüttung von der Unrechtmäßigkeit wusste oder angesichts der Umstände davon wissen musste, kann sie die unrechtmäßig ausgeschütteten Beträge von ihm zurückverlangen (Art. L. 232-17 C. com.). Schließlich sind die sog *clauses léonines* (vgl. Rn. 116), wonach einem Gesellschafter unverhältnismäßige Befugnisse eingeräumt oder einem Gesellschafter unverhältnismäßige Einschränkungen auferlegt werden, auch in der SA untersagt.[1129]

bb) Verlustverteilung

593 Auch in der SA gilt der Grundsatz, wonach die Gesellschafter nur in Höhe ihrer gezeichneten Einlage für Verluste der Gesellschaft haften (Art. L. 225-1 C. com.). Die Tatsache, dass die Gesellschafter nur in Höhe ihrer Einlagen haften, rechtfertigt die Forderung nach einem Mindestkapital.[1130] Allerdings folgen die SAS (dazu Rn. 695) und die SARL (dazu Rn. 368) dieser Logik nicht mehr. Die Satzung kann mit Blick auf die beschränkte Haftung nichts Abweichendes vorsehen,[1131] da dieser Grundsatz absolut zwingend ist.[1132] Haftungsverpflichtungen, die gegen diesen Grundsatz verstoßen, sind daher nichtig.[1133]

594 In der Praxis kommt es gleichwohl in Einzelfällen faktisch zu einer über deren Anteil hinausgehenden Haftung der Aktionäre. Zum einen ist es bei kleinen und mittleren SA üblich, Darlehen zugunsten der Gesellschaft durch persönliche Sicherheiten der Verwaltungsratsmitglieder und der Hauptaktionäre abzusichern. Zum anderen können Aktionäre auch für Managementfehler im Rahmen einer Liquidation der Gesellschaft als **rechtlicher oder faktischer Geschäftsführer** für Fehlbeträge (vgl. zum faktischen Geschäftsführer im Rahmen der

1125 *Moulin* in: JurisClasseur, Commercial, 2017, Fasc. 1484, Rn. 59-60; *Petit/Reinhard* RTD Com. 4 (1994) 730, 730 f.

1126 *Lefebvre*, Mémento Sociétés commerciales, 2018, Rn. 67792; *Mestre/Velardocchio/Mestre-Chami*, Le Lamy Sociétés commerciales, 2017, Rn. 4832; *Petot-Fontaine* in: JurisClasseur, Sociétés Traité, 2015, Fasc. 147-20, Rn. 45; *Merle/Fauchon*, Sociétés commerciales, 2016, Rn. 343.

1127 *Mestre/Velardocchio/Mestre-Chami*, Le Lamy Sociétés commerciales, 2017, Rn. 2379; *Lefebvre*, Mémento Cessions de parts et actions, 2017-2018, Rn. 14450; *Gibirila* in: JurisClasseur, Civil Code, 2015, Fasc. 41, Rn. 21.

1128 *Le Cannu/Dondero*, Droit des sociétés, 2015, Rn. 177; *Moulin* in: JurisClasseur, Commercial, 2017, Fasc. 1484, Rn. 55.

1129 *Mestre/Velardocchio/Mestre-Chami*, Le Lamy Sociétés commerciales, 2017, Rn. 339; *Velardocchio* in: Répertoire de droit des sociétés, 2017, Dividendes, Rn. 160.

1130 *Jobert* BJS 2 (2007) 225, 225 und 230; *Gibirila* in: JurisClasseur, Civil Code, 2017, Fasc. 11, Rn. 10.

1131 *Mestre/Velardocchio/Mestre-Chami*, Le Lamy Sociétés commerciales, 2017, Rn. 3415; *Le Cannu/Dondero*, Droit des sociétés, 2015, Rn. 11.

1132 Cass. com. 26.6.1984, Nr. 83-10.049.

1133 *Jobert* BJS 2 (2007) 225, 231; zur Haftung der Aktionäre siehe auch: *Le Cannu* BJS 2 (1992) 166, 166 ff.

SARL Rn. 291) und über die Mitarbeitgeberrechtsprechung im Falle von Restrukturierungsmaßnahmen haften.[1134] Bei den genannten Haftungstatbeständen handelt es sich aber nicht um spezifisch gesellschaftsrechtliche Tatbestände.

c) Rücklagen

Die Rücklagenbildung ist für die SARL, die SA sowie die SAS einheitlich in Art. L. 232-10 C. com. geregelt. Die Vorschrift schreibt die Bildung einer **gesetzlichen Rücklage** (*réserve légale*) vor. Demnach müssen mindestens 5% des Gewinns eines Geschäftsjahres dieser Rücklage zugewiesen werden, bis diese 10% des Stammkapitals beträgt (Art. L. 232-10 I und II C. com.). Im Übrigen kann diesbezüglich auf die entsprechenden Ausführungen zur SARL (Rn. 386 f.) verwiesen werden. 595

d) Kapitalerhöhung

aa) Allgemeines

Die Kapitalerhöhung kann durch Bareinlage (s. Rn. 602 f.), Sacheinlage (s. Rn. 604), Umwandlung von Rücklagen (s. Rn. 605), Gewinnen oder Emissionsagios oder als Folge einer Verschmelzung oder Abspaltung erfolgen (Art. L. 225-128 II C. com.). Sie kann dabei in Form der Ausgabe neuer Aktien erfolgen. Es ist aber auch möglich, den Nominalbetrag der bereits bestehenden Aktien zu erhöhen.[1135] 596

Die **außerordentliche Gesellschafterversammlung** beschließt die Kapitalerhöhung auf den Bericht des Verwaltungsrats oder des Vorstands hin (Art. L. 225-129-1 C. com.). Das Quorum und die notwendige Mehrheit variieren je nach Art der Kapitalerhöhung. Im Falle von Kapitalerhöhungen durch Bar- und Sacheinlage gelten grundsätzlich die Anforderungen für außerordentliche Gesellschafterversammlungen. Erfolgt die Kapitalerhöhung jedoch im Wege der Erhöhung des Nennwerts bestehender Aktien, so bedarf diese der Einstimmigkeit. Im Fall von Kapitalerhöhungen durch Umwandlung von Rücklagen, Gewinnen oder Emissionsagios greifen regelmäßig die Anforderungen an ordentliche Hauptversammlungen.[1136] 597

Unter zwei Voraussetzungen kann die außerordentliche Gesellschafterversammlung ihre Zuständigkeit jedoch auch dem Verwaltungsrat oder dem Vorstand übertragen: Sie muss dafür zum einen den maximalen Zeitraum festlegen, für den die Übertragung dieser Kompetenz gilt und welcher nicht länger als 26 Monate sein darf sowie zum anderen die Gesamtobergrenze der Kapitalerhöhung (Art. L. 225-129 I iVm L. 225-129-2 I C. com.). Dies steht mit den Vorgaben der ehemaligen Kapital-Richtlinie (jetzt Teil der Kodifizierungs-Richtlinie) in Einklang (s. dazu § 21 Rn. 113 ff.). Im Übrigen gelten die bei Satzungsänderungen anwendbaren Veröffentlichungspflichten. Nach der Beschlussfassung über die Kapitalerhöhung muss diese dann grundsätzlich innerhalb von fünf Jahren durchgeführt werden (Art. L. 225-129 II C. com., zu den Ausnahmen davon Art. L. 225-177 und Art. L. 225-197-1 C. com.). 598

Wird gegen die Vorschriften zur Kapitalerhöhung verstoßen, droht diese auf Antrag hin für nichtig erklärt zu werden, wobei je nach Verstoß zwischen Fällen zu unterscheiden ist, in denen das Gericht den entsprechenden Beschluss über die Kapitalerhöhung von Amts wegen für nichtig erklären muss (*nullité de plein droit*, Art. L. 225-149-3 II C. com.) und solchen, in denen das Gericht einen Ermessensspielraum hat (*nullité facultative*, Art. L. 225-149-3 III C. com.). Wird gegen die in Art. L. 225-129-1 C. com. vorgegebenen Vorschriften zur Zuständigkeit verstoßen, so muss das Gericht den Kapitalerhöhungsbeschluss gem. Art. L. 225-149-3 II C. com. für nichtig erklären.[1137] 599

bb) Exkurs: Kapitalbeteiligung der Arbeitnehmer

Für Aktiengesellschaften besteht die Pflicht, ständig den Arbeitnehmeranteil an der Kapitalbeteiligung zu überprüfen. Dies geschieht in zweifacher Hinsicht; einmal regelmäßig und einmal periodisch. Die **regelmäßige Pflicht** bezieht sich darauf, dass bei jeder Barkapitalerhöhung einer Aktiengesellschaft auch ein Beschluss über eine zusätzliche Kapitalerhöhung zu Gunsten der Arbeitnehmer im Rahmen eines sog **Mitarbeitersparprogramms** (*plan d'épargne d'entreprise*) gefasst werden muss (Art. L. 225-129-6 I C. com.). Dieser muss zwar nicht angenommen werden, jedoch kann bei Fehlen eines entsprechenden Beschlusses die Nichtigkeit der Kapitalerhöhung festgestellt werden (Art. L. 225-149-3 II C. com.). Wird dem Beschluss über eine den Arbeitnehmern vorbehaltene Kapitalerhöhung zugestimmt, hat diese gemäß den Bestimmungen der Art. L. 3332-18 bis L. 3332-24 C. trav. zu erfolgen, welche spezielle Regelungen zur Umsetzung einer solchen Kapitalerhöhung, 600

1134 *Lefebvre*, Mémento Sociétés commerciales, 2018, Rn. 37080, 91540; *Gibirila* in: JurisClasseur Civil Code, 2015, Fasc. 41, Rn. 10; *Daigre* in: Répertoire de droit commercial, 2011, Entreprises en difficulté – Redressement judiciaire (Personnes morales et dirigeants), Rn. 387.

1135 *Lefebvre*, Mémento Sociétés commerciales, 2018, Rn. 49500 f.

1136 *Lefebvre*, Mémento Sociétés commerciales, 2018, Rn. 49610.

1137 Ausführlich zu den Konsequenzen von Unregelmäßigkeiten *Lefebvre*, Mémento Sociétés commerciales, 2018, Rn. 49910 ff.; vgl. im Übrigen zu den Voraussetzungen und Folgen der Nichtigkeit von Beschlüssen, Rn. 571.

insbesondere zur Festlegung des Zeichnungspreises, enthalten (Art. L. 225-129-6 I C. com. iVm Art. L. 3332-18 bis Art. L. 3332-24 C. trav.). Damit die Kapitalerhöhung den Arbeitnehmern vorbehalten ist, kann die Hauptversammlung, die eine solche Kapitalerhöhung beschließt, zudem das Vorzugsrecht der übrigen Aktionäre auf Zeichnung der in diesem Rahmen ausgegebenen Aktien streichen (Art. L. 225-138 I C. com.).

601 Die **periodische Pflicht** bezieht sich darauf, dass die Aktionäre alle drei Jahre zu einer außerordentlichen Hauptversammlung einberufen werden müssen, die einen Beschluss über eine Kapitalerhöhung zu Gunsten der Arbeitnehmer gemäß dem vorstehenden Absatz fasst, wenn aus dem Bericht des Verwaltungsrats oder des Vorstands im Rahmen der jährlichen Hauptversammlung hervorgeht, dass die Kapitalbeteiligung der Arbeitnehmer weniger als 3% beträgt (Art. L. 225-129-6 II C. com.).[1138] Wird dieser Pflicht nicht nachgekommen, kann eine gerichtliche Anordnung erfolgen (*injonction de faire*, Art. L. 238-6 II C. com.). In der Praxis wird so eine Kapitalerhöhung allerdings eher selten beschlossen.[1139] Soll es jedoch dazu kommen, so schlägt der Verwaltungsrat oder Vorstand grds. vor, diese Versammlung mit der jährlichen ordentlichen Hauptversammlung zusammenzulegen und den entsprechenden Beschluss im Zuge dessen zu fassen.

cc) Kapitalerhöhung durch Bareinlage

602 Vor der Ausgabe der durch Bareinlage einzuzahlenden neuen Aktien muss das **Grundkapital vollständig einbezahlt** sein (Art. L. 225-131 I C. com.). Zudem schreibt das Gesetz Bekanntmachungsmaßnahmen vor (Art. L. 225-142 C. com.). Auf die neuen Aktien kann ein **Emissionsagio** (*prime d'émission*) aufgeschlagen werden (Art. L. 225-128 I C. com.). Dieser Aufschlag auf die Einlage, über den die Gesellschaft frei verfügen kann,[1140] erlaubt der SA so zum einen die Kosten des Kapitalvorgangs zu decken und zum anderen die Rechte der alten und neuen Aktionäre anzugleichen.[1141] Mindestens ein Viertel des Nennwerts sowie der gesamte Emissionsagio sind zum Zeitpunkt der Zeichnung einzuzahlen. Der Restbetrag ist innerhalb von fünf Jahren ab dem Zeitpunkt zu erbringen, an dem die Kapitalerhöhung als endgültig erfolgt gilt (Art. L. 225-144 I C. com.). Eine **Unterpariemission** ist gem. Art. L. 225-128 I C. com. nicht möglich, eine spätere (dh innerhalb von fünf Jahren ab der Kapitalerhöhung zu erfolgende) Einbezahlung des Restbetrags dagegen schon (Art. L. 225-144 I C. com.). Wie bei der SARL kann die Leistung der Bareinlage zudem auch durch Verrechnung mit einer einredefreien, bezifferbaren und fälligen Forderung, insbesondere mit einem Gesellschafterdarlehen, erfolgen (Art. L. 225-128 II C. com.) (entsprechend zur SARL s. Rn. 392). Im Rahmen der SA muss jedoch der Abschlussprüfer die Bescheinigung des Vorstands oder Verwaltungsrats über die Einredefreiheit, Bezifferbarkeit und Fälligkeit der Forderung zertifizieren (Art. R. 225-134 C. com.).

603 Durch ein **Bezugsrecht** (*droit préférentiel de souscription*) werden außerdem die Rechte der Altaktionäre gewahrt (Art. L. 225-132 I und II iVm L. 228-91 II C. com.). So verfügen die Altaktionäre gem. Art. L. 225-132 II C. com. über ein bevorzugtes Zeichnungsrecht, welches ihnen bei jeder Kapitalerhöhung durch Bareinlage einen Anspruch auf Zeichnung einer bestimmten Anzahl neuer Aktien verleiht. Diese Anzahl bestimmt sich proportional zu ihrer bis dahin bestehenden Beteiligung am Kapital (Art. L. 225-132 II C. com.). Ein Anspruch auf Zeichnung neuer Aktien besteht jedoch nur, sofern fällige Einzahlungen auf die entsprechenden Altaktien geleistet wurden (Art. L. 228-29 II C. com.). Der Zweck dieses Bezugsrechts ist es, eine Verwässerung der von den Altaktionären gehaltenen Anteile zu verhindern. Aktionäre, die ihr Bezugsrecht nicht ausüben möchten, haben darüber hinaus die Möglichkeit, auf dieses zu verzichten (Art. L. 225-132 IV C. com.) oder dieses abzutreten (Art. L. 225-132 III C. com.). Beschlüsse über eine Kapitalerhöhung, die unter Missachtung des von Art. L. 225-132 II C. com. vorgesehenen Bezugsrechts gefasst werden, sind nichtig (Art. L. 225-149-3 II C. com.).

dd) Kapitalerhöhung durch Sacheinlage

604 Für Kapitalerhöhungen durch Sacheinlage gelten die zum Zeitpunkt der Gesellschaftsgründung gültigen Vorschriften bezüglich der Aufbringung.[1142] Unabhängig von der Einzahlung des zuvor gezeichneten Kapitals kann eine Sacheinlage allerdings zu jedem Zeitpunkt erfolgen (Art. L. 225-131 I C. com.). Denn eine solche Einlage kann für die Gesellschaft auch dann interessant sein, wenn die Aktionäre den Betrag der gezeichneten Aktien nicht vollständig eingezahlt haben.[1143] Hierfür ist ein *traité d'apport*, also ein Vertrag über die Erbringung der Sacheinlage (zur Definition s. Rn. 586) zu erstellen, welcher zwischen der Gesellschaft und dem Einbringenden

---

1138 *Germain/Magnier*, Les sociétés commerciales, 2014, Rn. 2510; *Merle/Fauchon*, Sociétés commerciales, 2016, Rn. 628; *Lefebvre*, Mémento Sociétés commerciales, 2018, Rn. 70453.
1139 Vgl. auch *Merle/Fauchon*, Sociétés commerciales, 2016, Rn. 628.
1140 *Lefebvre*, Mémento Sociétés commerciales, 2018, Rn. 49725, unter Verweis auf Cass. com. 9.7.1952.
1141 *Cozian/Viandier/Deboissy*, Droit des sociétés, 2016, Rn. 1126 f.; *Merle/Fauchon*, Sociétés commerciales, 2016, Rn. 637; *Lefebvre*, Mémento Sociétés commerciales, 2018, Rn. 49720.
1142 *Merle/Fauchon*, Sociétés commerciales, 2016, Rn. 645.
1143 *Merle/Fauchon*, Sociétés commerciales, 2016, Rn. 646.

abgeschlossen wird.[1144] Unterzeichnet wird der Vertrag dabei vom gesetzlichen Vertreter der Gesellschaft, wobei der Aufsichtsrat bzw. der Vorstand diesem zuvor erst eine entsprechende Genehmigung hierfür erteilen muss. Allerdings wird die Gesellschaft durch den unterzeichneten Sacheinlagenvertrag nur unter Vorbehalt der Zustimmung der außerordentlichen Aktionärsversammlung verpflichtet.[1145] Ein Bezugsrecht der Altaktionäre ist im Falle einer Kapitalerhöhung durch Sacheinlage nicht vorgesehen.[1146]

ee) Kapitalerhöhung durch Umwandlung von Rücklagen

Hierbei handelt es sich um eine reine **Umbuchung**, die von der außerordentlichen Gesellschafterversammlung ausnahmsweise gemäß den Quorums- und Mehrheitsregelungen beschlossen wird, die für ordentliche Gesellschafterversammlungen gelten (Art. L. 225-130 I C. com.). Dieser Vorgang stärkt die finanzielle Grundlage der Gesellschaft, da er dazu beiträgt, das Vertrauen von Gläubigern und Partnern der Gesellschaft sowie der Banken wiederherzustellen bzw. zu verbessern. Für diese Kapitalmaßnahme muss das Grundkapital vorab **nicht** vollständig eingezahlt worden sein. Alle Rücklagen sind umwandlungsfähig, insbesondere die gesetzliche Rücklage (unter dem Vorbehalt, dass diese neu gebildet wird) und satzungsmäßige Rücklagen.[1147] 605

e) Kapitalherabsetzung

Eine Kapitalherabsetzung hat durch einen Beschluss der **außerordentlichen Gesellschafterversammlung** zu erfolgen (Art. L. 225-204 C. com.), welcher Gegenstand einer Bekanntmachung ist (Art. L. 225-204 III C. com). Die Entscheidung kann nicht delegiert werden, allerdings kann die Durchführung dem Verwaltungsrat bzw. dem Vorstand überlassen werden (Art. L. 225-204 I C. com.).[1148] Im Falle mehrerer Aktiengattungen, deren Rechte durch die Herabsetzung berührt werden, bedarf es neben der Beschlussfassung durch die außerordentliche Gesellschafterversammlung auch eines besonderen Beschlusses jeder betroffenen Gattung.[1149] 606

Die Ausführungen zur SARL (Rn. 395 ff.) gelten entsprechend bei der SA, so dass insbesondere der Abschlussprüfer über die Maßnahme informiert werden muss, damit er einen Bericht an die Gesellschafterversammlung vorbereiten kann. Auch besteht für die Gläubiger der SA ein **Widerspruchsrecht**, wenn die Herabsetzung nicht durch Verluste begründet ist (Art. L. 225-204 und L. 225-205 C. com.). Außerdem ist auf die SA bei einem **Absinken des Eigenkapitals** unter die Hälfte des Stammkapitals gem. Art. L. 225-248 C. com. ebenfalls die im Rahmen der SARL bereits erwähnte Prozedur anwendbar (s. Rn. 421 ff.), so dass auch in diesem Zusammenhang eine Kapitalherabsetzung (ggf. in Kombination mit einer Kapitalerhöhung im Rahmen des *coup d'accordéon*) angebracht sein kann. 607

Die Kapitalherabsetzung kann durch die Reduzierung des Nominalwerts der Aktien erreicht werden. Es ist aber auch möglich, dass die Zahl der ausgegebenen Aktien reduziert wird (durch Erwerb eigener Anteile s. Rn. 609).[1150] Die Kapitalherabsetzung kann dazu dienen, Verluste zu reduzieren, sie kann aber auch zu einer Ausschüttung an die Aktionäre führen.[1151] Von einer im Rahmen der Kapitalherabsetzung erfolgenden Ausschüttung an die Aktionäre ist die **Rückzahlung des Kapitals** (sog *amortissement du capital*) zu unterscheiden, in deren Rahmen die Aktionäre den Betrag ihrer Einlagen erstattet und im Gegenzug, anstelle der alten Aktien, Genussaktien zugeteilt bekommen. Anders als der Terminus der Kapitalrückzahlung vermuten lässt, dürfen die Mittel für diese Rückzahlung jedoch nur den Gewinnen oder Rücklagen entnommen werden. Die somit erfolgte Rückzahlung des Kapitals führt mithin nicht zu einer Kapitalherabsetzung (Art. L. 225-198 C. com.).[1152] 608

1144 *Lefebvre*, Mémento Sociétés commerciales, 2018, Rn. 51020; *Merle/Fauchon*, Sociétés commerciales, 2016, Rn. 647; *Poulet-Goffard/Dannenberger* in: JurisClasseur, Sociétés Formulaire, 2015, Fasc. K-340, Rn. 10; *Lecourt* in: Répertoire de droit des sociétés, 2017, Capital social, Rn. 219.

1145 *Lefebvre*, Mémento Sociétés commerciales, 2018, Rn. 51021; *Poulet-Goffard/Dannenberger* in: JurisClasseur, Sociétés Formulaire, 2015, Fasc. K-340, Rn. 11; *Lecourt* in: Répertoire de droit des sociétés, 2017, Capital social, Rn. 219.

1146 *Cozian/Viandier/Deboissy*, Droit des sociétés, 2016, Rn. 1129.

1147 *Lefebvre*, Mémento Sociétés commerciales, 2018, Rn. 51150 f.; *Merle/Fauchon*, Sociétés commerciales, 2016, Rn. 649.

1148 *Lefebvre*, Mémento Sociétés commerciales, 2018, Rn. 51790; *Germain/Magnier*, Les sociétés commerciales, 2014, Rn. 2546; *Le Cannu/Dondero*, Droit des sociétés, 2015, Rn. 1221; *Merle/Fauchon*, Sociétés commerciales, 2016, Rn. 653.

1149 *Lefebvre*, Mémento Sociétés commerciales, 2018, Rn. 51791.

1150 *Germain/Magnier*, Les sociétés commerciales, 2014, Rn. 2547; *Merle/Fauchon*, Sociétés commerciales, 2016, Rn. 654.

1151 *Le Cannu/Dondero*, Droit des sociétés, 2015, Rn. 1220; *Merle/Fauchon*, Sociétés commerciales, 2016, Rn. 652; *Cozian/Viandier/Deboissy*, Droit des sociétés, 2016, Rn. 1136 ff.; *Lefebvre*, Mémento Sociétés commerciales, 2018, Rn. 51700 ff.

1152 Vgl. auch *Cozian/Viandier/Deboissy*, Droit des sociétés, 2016, Rn. 1141; *Le Cannu/Dondero*, Droit des sociétés, 2015, Rn. 1227 f.; *Merle/Fauchon*, Sociétés commerciales, 2016, Rn. 652); *Germain/Magnier*, Les sociétés commerciales, 2014, Rn. 2074; *Lefebvre*, Mémento Sociétés commerciales, 2018, Rn. 51710.

f) Erwerb eigener Anteile

609 Haben die Aktionäre für eine Kapitalherabsetzung gestimmt, die nicht dem Ausgleich von Verlusten dient, kann
der Verwaltungsrat bzw. der Vorstand durch die Hauptversammlung dazu autorisiert werden, eine bestimmte
Anzahl von Aktien zu erwerben, um diese dann in einem zweiten Schritt zu annullieren (Art. L. 225-207
C. com.). Durchgeführt wird der Erwerb eigener Anteile zur Kapitalherabsetzung durch ein **Kaufangebot** (*offre
d'achat*) an alle Aktionäre (Art. R. 225-153 I C. com.), wodurch die Gleichbehandlung der Aktionäre sicherge-
stellt wird.[1153] Im Gegensatz zu einer gewöhnlichen Kapitalherabsetzung können die Aktionäre hier frei ent-
scheiden, ob sie das Angebot des Rückkaufs ihrer Aktien annehmen möchten.[1154] Die Gesellschaft ist nicht zur
Ausübung des mit den erworbenen Aktien verbundenen Stimmrechts berechtigt (Art. L. 225-111) und hat die
erworbenen Aktien spätestens einen Monat nach Ablauf des Kaufangebotes zu annullieren (Art. R. 225-158
C. com.).[1155]

6. Mitgliederwechsel

610 In der SA gilt der Grundsatz der **freien Übertragbarkeit** der Aktien.[1156] Die SA ist damit das klassische Beispiel
für eine Gesellschaft, die grundsätzlich **nicht** vom *intuitu personae*-Grundsatz geprägt ist, so dass die Aktionäre
damit in der Regel jederzeit aus der Gesellschaft ausscheiden können.[1157] Dieses Prinzip gilt jedoch unter Vor-
behalt einiger Einschränkungen. Ausnahmsweise kann das Gesetz zum Beispiel bestimmte Aktien für unveräu-
ßerlich erklären (zB Art. L. 225-197-1 I VII C. com. bei Aktien, die ohne Gegenleistung an Arbeitnehmer über-
tragen wurden).[1158] Außerdem können zumindest nicht-börsennotierte SA den *intuitu personae*-Grundsatz mit-
tels Satzungsbestimmungen bis zu einem gewissen Grad in der Gesellschaft implementieren, etwa in Form be-
sonderer Anforderungen an die Person des Aktionärs[1159] oder in Form von Zustimmungsklauseln für den Fall
der Aktienabtretung.[1160] Nicht-börsennotierte Unternehmen können die Übertragbarkeit der Aktien an die Zu-
stimmung eines Organs binden, das durch die Satzung bestimmt wird (zB der Gesellschafterversammlung). Dies
kann sowohl für Abtretungen von Aktionären an Dritte als auch für die Übertragung von Aktien an andere Ak-
tieninhaber gelten. Nur die Übertragung von Aktien an Ehegatten oder Verwandte in auf- bzw. absteigender
Linie kann **nicht** eingeschränkt werden (Art. L. 228-23 III C. com.). Zudem ist die satzungsmäßige Einschrän-
kung der Übertragbarkeit nur für **Namensaktien** zulässig (Art. L. 228-23 II C. com.).[1161]

611 Die Übertragbarkeit von Anteilen an einer **börsennotierten SA** kann **nicht** durch Satzungsbestimmungen einge-
schränkt werden (Art. L. 228-23 C. com.). Lediglich etwaige spezielle gesetzliche Regelungen können die Über-
tragung solcher Anteile einschränken. Dies ist der Fall für bestimmte Gesellschaften mit einer beruflichen Prä-
gung, wie etwa Wirtschaftsprüfungsgesellschaften (Art. L. 822-9 III C. com.) oder Presseunternehmen (Art. 4,
Gesetz Nr. 86-897 vom 1.8.1986).[1162]

612 Wird die Übertragbarkeit der Aktien nicht-börsennotierter SA durch die Satzung an die **Zustimmung** der ande-
ren **Gesellschafter** gebunden, ist zwingend die in Art. L. 228-24 C. com. festgeschriebene Prozedur zu beach-
ten.[1163] Diese sieht unter anderem vor, dass die Gesellschaft im Falle einer Verweigerung ihrer Zustimmung zu
dem vorgeschlagenen Zessionar dafür sorgen muss, dass die betroffenen Aktien binnen einer bestimmten Frist
von einem anderen Aktionär oder einem Dritten gekauft werden (Art. L. 228-24 II C. com.). Findet sich kein
Käufer, muss die Gesellschaft die Aktien mit der Zustimmung des betroffenen Aktionärs im Rahmen einer Ka-

1153 *Cozian/Viandier/Deboissy*, Droit des sociétés, 2016, Rn. 1148 ff.; *Germain/Magnier*, Les sociétés commerciales, 2014, Rn. 2551; *Lefebvre*, Mémento Sociétés commerciales, 2018, Rn. 52070 f.

1154 *Lefebvre*, Mémento Sociétés commerciales, 2018, Rn. 52070.

1155 *Germain/Magnier*, Les sociétés commerciales, 2014, Rn. 2551.

1156 *Merle/Fauchon*, Sociétés commerciales, 2016, Rn. 370; *Cozian/Viandier/Deboissy*, Droit des sociétés, 2016, Rn. 968; *Germain/Magnier*, Les sociétés commerciales, 2014, Rn. 2025; *Le Cannu/Dondero*, Droit des sociétés, 2015, Rn. 1177; *Ngatsing* in: Widmann/Mayer (Hrsg.), Umwandlungsrecht, 2014, Anhang 3, Frankreich, Erster Teil, Erster Abschnitt, F2.

1157 *Germain/Magnier*, Les sociétés commerciales, 2014, Rn. 2055; *Merle/Fauchon*, Sociétés commerciales, 2016, Rn. 370; *Cozian/Viandier/Deboissy*, Droit des sociétés, 2016, Rn. 968.

1158 Näher hierzu *Merle/Fauchon*, Sociétés commerciales, 2016, Rn. 372; *Germain/Magnier*, Les sociétés commerciales, 2014, Rn. 2163.

1159 *Germain/Magnier*, Les sociétés commerciales, 2014, Rn. 2057.

1160 *Germain/Magnier*, Les sociétés commerciales, 2014, Rn. 2057; *Merle/Fauchon*, Sociétés commerciales, 2016, Rn. 376; *Le Cannu/Dondero*, Droit des sociétés, 2015, Rn. 1179; *Cozian/Viandier/Deboissy*, Droit des sociétés, 2016, Rn. 985 f.

1161 *Germain/Magnier*, Les sociétés commerciales, 2014, Rn. 2164 ff.; *Merle/Fauchon*, Sociétés commerciales, 2016, Rn. 376 f.; *Le Cannu/Dondero*, Droit des sociétés, 2015, Rn. 1180 ff.; *Cozian/Viandier/Deboissy*, Droit des sociétés, 2016, Rn. 985 ff.

1162 *Merle/Fauchon*, Sociétés commerciales, 2016, Rn. 337; *Le Cannu/Dondero*, Droit des sociétés, 2015, Rn. 1181; *Bougnoux* in: JurisClasseur, Sociétés Traité, 2010, Fasc. 113-20, Rn. 100; *Basuyaux/Delpech/de Labrouhe* in: Wegen/Spahlinger/Barth (Hrsg.), Gesellschaftsrecht des Auslands, 2016, Frankreich, Rn. 51 (Stand: 2012).

1163 *Merle/Fauchon*, Sociétés commerciales, 2016, Rn. 378; *Le Cannu/Dondero*, Droit des sociétés, 2015, Rn. 1184.

pitalherabsetzung selbst erwerben (vgl. Rn. 609), damit der Aktionär aus der Gesellschaft ausscheiden kann (Art. L. 228-24 II C. com.).

Die Übertragung der Namensaktien in der **nicht-börsennotierten SA** erfolgt durch Umschreibung der Aktien in dem bei der Gesellschaft geführten **Aktienkonto** (Art. L. 228-1 IX C. com.). Dieses Aktienkonto, welches der Gesetzestext mit dem abstrakten Terminus des *compte-titres* (Art. L. 211-3 und L. 211-4 CMF) beschreibt, besteht in der Praxis aus einem **Aktionärsregister** (sog *registre des actionnaires*), das wiederum ein **Register der Aktienübertragungen** (sog *registre des mouvements de titres*) enthält, in dem alle Übertragungen chronologisch erfasst werden sowie ein **Aktionärskonto** (*compte d'actionnaires*), welches Angaben zu jedem Aktionär und den von ihm gehaltenen und übertragenen Aktien enthält.[1164] Die Übertragung der Aktien bedarf einer unilateralen **schriftlichen Übertragungserklärung** (*ordre de mouvement*) des Veräußerers, mit der dieser die Gesellschaft anweist, die Aktien auf den Namen des Zessionars umzuschreiben. Dementsprechend hat die Übertragungserklärung sowohl Angaben zur Identität des Zedenten als auch zu der des Zessionars zu enthalten. Die Erklärung enthält dagegen keinerlei Hinweise auf den Preis.[1165] 613

Gemäß Art. L. 228-1 VI C. com. iVm Art. L. 211-3 CMF müssen alle Wertpapiere, die in Frankreich ausgegeben werden und dem französischen Recht unterliegen, in ein Aktienkonto eingetragen werden, das entweder bei der Gesellschaft oder einer unter Art. L. 542-1 CMF genannten depotführenden Einrichtung geführt wird. Daher gilt das vorstehend erläuterte Verfahren auch für die Übertragung von Inhaberaktien, mit dem Unterschied, dass das Aktienkonto in diesem Fall nicht von der Gesellschaft, sondern einer depotführenden Einrichtung geführt wird, an die der Zedent dann seine Übertragungserklärung zu richten hat.[1166] Unabhängig von der Art der Aktien, gleich ob sie an einer Börse gehandelt werden oder nicht, geht das Eigentum an den Aktien erst mit der Eintragung ins Aktionärsregister auf den Erwerber über (Art. L. 228-1 C. com. iVm Art. L. 211-17 CMF)[1167] und ist damit auch Dritten gegenüber wirksam. 614

Bei Aktien, die für die Abwicklung über eine zentrale **Verwahrstelle** oder in einem speziellen **Abwicklungssystem** gem. Art. L. 330-1 CMF zugelassen sind, ist für den Eigentumsübergang weiter erforderlich, dass der Kaufpreis gezahlt wird (Art. L. 211-17 II CMF). Im übrigen geht das Eigentum zum Zeitpunkt und zu den Bedingungen über, die in der Allgemeinen Geschäftsordnung der **Finanzaufsichtsbehörde AMF**[1168] geregelt sind. Bei börsennotierten Gesellschaften geht das Eigentum an den Aktien mit der **endgültigen Abwicklung des Geschäfts** über (Art. L. 211-17 III CMF: *„à la date de dénouement effectif de la négociation mentionnée…"*). Bei allen anderen Formen von Aktien (Art. L. 221-17 I CMF iVm Art. L. 228-1 IX 2 C. com.) können die Parteien nach Art. R. 228-10 C. com. iVm Art. L. 228-1 C. com. frei entscheiden, wann die Eintragung und damit der Eigentumsübergang erfolgt.[1169] 615

Die Übertragung der Aktien ist ferner in einem **besonderen Steuerformular** (sog *cerfa n° 2759*) beim Finanzamt unter Angabe des Kaufpreises zu registrieren; sie unterliegt – sofern ihre Aktiva nicht überwiegend aus Immobilien bestehen (vgl. Rn. 408) – einer Registersteuer von 0,1% auf den vereinbarten Preis oder den Marktwert der übertragenen Aktien (Art. 726 I 1 CGI).[1170] 616

7. Auflösung und Insolvenz

Die **rechtsformneutralen Auflösungsgründe**, die Art. 1844-7 C. civ. regelt und die im Rahmen der *société civile* bereits aufgelistet wurden, gelten auch für die SA, so dass an dieser Stelle nach oben verwiesen werden kann (Rn. 135).[1171] Daneben kennt das französische Recht auch **spezielle Auflösungsgründe** für eine SA: 617

- Die börsennotierte SA besitzt seit mehr als einem Jahr weniger als sieben Gesellschafter (Art. L. 225-247 I C. com.);
- die nicht-börsennotierte SA wird seit mehr als einem Jahr nur noch durch einen Gesellschafter gehalten (Art. 1844-5 I C. civ.);

1164 Vgl. hierzu auch *Germain/Magnier*, Les sociétés commerciales, 2014, Rn. 2041.

1165 *Cozian/Viandier/Deboissy*, Droit des sociétés, 2016, Rn. 975 f.; *Merle/Fauchon*, Sociétés commerciales, 2016, Rn. 336; *Lefebvre*, Mémento Transmission d'entreprise, 2015-2016, Rn. 59830; *Mestre/Velardocchio/Mestre-Chami*, Le Lamy Sociétés commerciales, 2017, Rn. 4415.

1166 *Germain/Magnier*, Les sociétés commerciales, 2014, Rn. 2058; *Merle/Fauchon*, Sociétés commerciales, 2016, Rn. 338.

1167 *Merle/Fauchon*, Sociétés commerciales, 2016, Rn. 336 und 338.

1168 Autorité des Marchés financiers.

1169 *Germain/Magnier*, Les sociétés commerciales, 2014, Rn. 2038.

1170 *Lefebvre*, Mémento Sociétés commerciales, 2018, Rn. 68430; *Cozian/Viandier/Deboissy*, Droit des sociétés, 2016, Rn. 1027.

1171 *Lefebvre*, Mémento Sociétés commerciales, 2018, Rn. 54500; *Cozian/Viandier/Deboissy*, Droit des sociétés, 2016, Rn. 1165; *Merle/Fauchon*, Sociétés commerciales, 2016, Rn. 670; *Sonnenberger/Dammann*, Französisches Handels- und Wirtschaftsrecht, 2008, Kap. III Rn. 149.

- jeder, der ein berechtigtes Interesse daran hat, kann die Auflösung der SA verlangen, wenn das Kapital der SA unter 37.000 EUR herabgesetzt wird, sofern nicht gleichzeitig eine Erhöhung des Kapitals beschlossen wird bzw. sich die SA in eine andere Gesellschaftsform umwandelt (Art. L. 224-2 C. com.);
- verliert die Gesellschaft mehr als die Hälfte des Gesellschaftskapitals, so ruft der Vorstand bzw. der Aufsichtsrat eine Gesellschafterversammlung ein, auf der die Aktionäre sich über den Fortbestand der Gesellschaft beraten (Art. L. 225-248 C. com.) oder
- die außerordentliche Gesellschafterversammlung kann die Auflösung der Gesellschaft beschließen (Art. L. 225-246 C. com.).

618 Im Hinblick auf die **Eröffnung eines Insolvenzverfahrens** über das Vermögen der SA kann auf die Ausführungen zur SARL verwiesen werden (Rn. 425 ff.). Das **Frühwarnverfahren** (*procédure d'alerte*) läuft bei der SA allerdings folgendermaßen ab: Hat der Abschlussprüfer Kenntnis von „Tatsachen, die geeignet sind, die Weiterführung des Unternehmens zu beeinträchtigen" (*faits de nature à compromettre la continuité de l'entreprise*),[1172] so informiert er den Präsidenten des Verwaltungsrats oder Vorstandsvorsitzenden hierüber (Art. L. 234-1 I C. com.). Gelingt es der Geschäftsleitung innerhalb einer Frist von 15 Tagen, den Abschlussprüfer von der Aussicht auf eine Weiterführung zu überzeugen, so ist das Frühwarnverfahren beendet.[1173] Antwortet die Geschäftsleitung innerhalb der Frist von 15 Tagen nicht auf das Schreiben des Abschlussprüfers, oder bleibt unklar, wie die Weiterführung sichergestellt werden kann, bittet der Abschlussprüfer die Geschäftsleitung schriftlich, den Verwaltungsrat oder den Aufsichtsrat über die berichteten Tatsachen beschließen zu lassen (Art. L. 234-1 II C. com.). Der Präsident des Handelsgerichts (*président du tribunal de commerce*) wird hierüber informiert. Der sodann gefasste Beschluss wird ebenfalls dem Präsidenten des Handelsgerichts und dem Betriebsrat (*comité d'entreprise*) bzw. den Personalvertretern (*délégués du personnel*) übermittelt (Art. L. 234-1 II. C. com.).

619 Ist der Verwaltungs- oder Aufsichtsrat nicht zusammengekommen, um über die Tatsachen zu beschließen, wurde der Abschlussprüfer zur Versammlung nicht geladen oder aber erscheint die Weiterführung trotz der getroffenen Entscheidungen weiterhin als gefährdet, wird eine Gesellschafterversammlung einberufen (Art. L. 234-1 III C. com.). Für diese Gesellschafterversammlung bereitet der Abschlussprüfer einen Sonderbericht (*rapport spécial à l'assemblée*) vor, der der Gesellschafterversammlung vorgelegt und den Personalvertretern übermittelt wird. Kommt der Abschlussprüfer nach der Gesellschafterversammlung zu dem Schluss, dass die getroffenen Maßnahmen nicht ausreichen, um die Weiterführung sicherzustellen, so informiert er den Präsidenten des Handelsgerichts über seine Handlungen und die Ergebnisse.

8. Die börsennotierte Aktiengesellschaft

620 Französische Aktiengesellschaften können unter bestimmten Voraussetzungen zum Handel ihrer Aktien an einem geregelten Markt zugelassen werden. Von den 44.629 französischen Aktiengesellschaften sind aber nur 578 an den Börsen Euronext/Alternext notiert.[1174]

621 Die **Gründung durch öffentlichen Finanzierungsaufruf** (*appel public à l'épargne oder offre au public d'instruments financiers*) ist ein in der Praxis selten gewählter[1175] und relativ aufwendiger Weg, um eine Börsennotierung zu erreichen. Denn die Regelungen zur Gründung börsennotierter Aktiengesellschaften sind sehr streng (Art. L. 225-2 bis Art. L. 225-11 C. com.). So sieht das französische Recht zahlreiche Veröffentlichungs- und Hinterlegungspflichten – unter, anderem im Hinblick auf die Satzung, das Kapital und die Gründungsgesellschafter – vor. Dies führt in der Praxis dazu, dass börsennotierte Gesellschaften fast nie direkt gegründet werden, sondern zunächst als einfache Aktiengesellschaften ohne öffentliches Angebot von Finanztiteln etabliert werden, um die Aktien erst nach der Gründung öffentlich anzubieten.[1176] Im Folgenden soll der Prozess daher nur verkürzt skizziert werden.

622 Vor Beginn der Zeichnung der Aktien muss im **Balo** (*Bulletin des annonces légales obligatoires*) eine Information mit Angaben zu der zu gründenden Gesellschaft und den Beteiligungsbedingungen gem. Art. R. 225-3 C. com. erfolgen. Das Gründungsangebot kann sich unter Zuhilfenahme von Informationsmedien an die Öf-

---

1172 Übersetzung der Verfasser. Hierbei kann es sich grundsätzlich um alle Tatsachen handeln, die wesentliche Auswirkungen auf die Entwicklung der Gesellschaft haben könnten. Darunter können sowohl alarmierende Zahlen (zB Verluste, Cass. com. 8.11.2011, Nr. 10-20.626), aber auch andauernde Konflikte innerhalb der Gesellschaft, extrem geringe Auslastung, Verlust von Patenten oder Lizenzen, Verlust von wichtigen Kunden oder Lieferanten etc fallen (*Lefebvre*, Mémento Sociétés commerciales, 2018, Rn. 90511).

1173 *Lienhard*, Delmas Procédures collectives, 2015, Rn. 14.15; *Vallens/Ledoux ua*, Le Lamy Droit Commercial, 2017, Rn. 2761.

1174 *Merle/Fauchon*, Sociétés commerciales, 2016, Rn. 292.

1175 *Cozian/Viandier/Deboissy*, Droit des sociétés, 2016, Rn. 642; *Lefebvre*, Mémento Sociétés commerciales, 2018, Rn. 38450; *Le Cannu/Dondero*, Droit des sociétés, 2015, Rn. 637.

1176 *Lefebvre*, Mémento Sociétés commerciales, 2018, Rn. 38450; *Cozian/Viandier/Deboissy*, Droit des sociétés, 2016, Rn. 643; *Merle/Fauchon*, Sociétés commerciales, 2016, Rn. 311.

fentlichkeit richten oder über Finanzintermediäre durch die Ausgabe von Finanztiteln geschehen. In jedem Fall müssen die im Balo veröffentlichten Daten aufgenommen werden.

Außerdem ist eine Hinterlegung des **Entwurfs einer Satzung** beim zuständigen Handelsregister notwendig (Art. L. 225-2 I C. com.) sowie die Einberufung einer konstituierenden Hauptversammlung, die die vollständige Zeichnung des Kapitals (Art. L. 225-3 I C. com.) und die Leistung von mindestens 50% der Einlagen auf die Aktien bestätigt, die ersten Geschäftsführungsorgane wählt und einen oder mehrere Abschlussprüfer bestimmt (Art. L. 225-7 II C. com.). 623

Die börsennotierte Aktiengesellschaft muss mindestens **sieben Gesellschafter** haben.[1177] Der **Mindestnennbetrag** ihres Grundkapitals beträgt seit 2009 allerdings wie bei der nicht-börsennotierten Gesellschaft lediglich 37.000 EUR (Art. L. 224-2 C. com.).[1178] Im Gegensatz zur einfachen Aktiengesellschaft kann die börsennotierte Aktiengesellschaft **Inhaberpapiere** (*titres au porteur*) ausgeben (Art. R. 211-5 II CMF und Art. L. 212-3 I CMF), wobei die Organe der Gesellschaft[1179] gem. Art. L. 225-109 C. com. nur **Namensaktien** (*titres au nominatif*) besitzen dürfen, um Aktienverkäufe besser nachvollziehen zu können.[1180] Börsennotierte SA sind dazu verpflichtet, einen **Prüfungsausschuss** (*comité d'audit*) einzurichten (siehe dazu näher unter Rn. 526). 624

Börsennotierte Gesellschaften sehen sich mit erheblich strengeren buchhalterischen und finanziellen Informationspflichten konfrontiert als andere Gesellschaften und unterliegen der **Finanzmarktaufsicht** durch die **AMF** (*autorité des marchés financiers*).[1181] So müssen Finanzberichte in regelmäßigen Abständen bei der AMF hinterlegt (Art. L. 451-1-2 I, III und VI CMF) und ihr alle Zulassungsprospekte (*notes d'information*) zur Prüfung vorgelegt werden (Art. L. 412-1 und L. 621-8 CMF). Die Gesellschaft muss der AMF auch gem. Art. 223-19 der allgemeinen Vorschriften der AMF jede Satzungsänderung spätestens am Tag der Einberufung der außerordentlichen Versammlung übermitteln. 625

Nach französischem Recht kann der **Vorstand** (im Falle einer *direction à l'allemande*) bei börsennotierten Aktiengesellschaften anders als bei der nicht-börsennotierten Aktiengesellschaft bis zu sieben statt fünf Mitglieder haben (Art. L. 225-58 C. com.). Im Falle einer *direction à la française* erhöht sich die Anzahl der möglichen Verwaltungsratsmitglieder dagegen bei einer börsennotierten Aktiengesellschaft nicht. Nur die Zahl der zulässigen Arbeitnehmervertreter im Verwaltungsrat erhöht sich bei börsennotierten Gesellschaften auf fünf statt der maximal zulässigen vier (Art. L. 225-27 C. com.). Zudem wird die Möglichkeit, mehrere Verwaltungsratsmandate auszuüben, bei börsennotierten Gesellschaften stärker eingeschränkt als bei nicht-börsennotierten Gesellschaften (Art. L. 225-21, L. 225-54-1, L. 225-67 und L. 225-77 C. com., vgl. Rn. 492).[1182] 626

Das französische Recht kennt, wie das deutsche Recht auch, einen **Schutz der Minderheitsaktionäre**, der insbesondere in den Art. L. 225-103 (Einberufung der Gesellschafterversammlung), Art. L. 225-105 (Festlegung der Tagesordnung), Art. L. 823-6 (Zurückweisung von Wirtschaftsprüfern), Art. L. 225-231 (Recht zur Befragung der Geschäftsleitung hinsichtlich Geschäftsführungsentscheidungen), Art. L. 225-232 (Recht zur Befragung der Geschäftsleitung hinsichtlich der Unternehmensfortführung), Art. L. 823-7 (Absetzung der Wirtschaftsprüfer) und Art. L. 225-252 C. com. (Geltendmachung von Schadensersatzansprüchen gegenüber der Geschäftsleitung) verankert ist. Bis auf wenige Ausnahmen können die darin aufgeführten Minderheitsrechte allerdings nur von solchen Aktionären geltend gemacht werden, die alleine oder zusammen mindestens 5% des Grundkapitals halten. Wenngleich es sich hierbei nicht um spezielle Minderheitsrechte nur für Aktionäre börsennotierter Aktiengesellschaften handelt, sehen diese iVm Art. L. 225-120 C. com. dennoch eine Besonderheit für börsennotierte Aktiengesellschaften vor. Denn anders als in nicht-börsennotierten SA können diese Minderheitsrechte in börsennotierten SA auch durch sog **Aktionärsvereine** (*associations de défense des actionnaires*) ausgeübt werden, die dazu bestimmt sind, die Interessen ihrer Mitglieder in der Gesellschaft zu vertreten. Voraussetzung für die Vereinigung der Aktionäre zu einem solchen Aktionärsverein ist gem. Art. L. 225-120 I C. com., dass dessen Mitglieder seit mehr als zwei Jahren über Namensaktien verfügen und ihre kumulierten Stimmrechte mindestens 5% betragen. Der Schwellenwert von 5% gilt in Gesellschaften mit einem Grundkapital von bis zu 750.000 EUR. Art. L. 225-120 II C. com. sieht eine stufenweise Herabsetzung des Schwellenwertes auf bis zu 1% der Stimmrechte in Aktiengesellschaften mit einem Grundkapital von über 15.000.000 EUR vor. Auf diese 627

1177 Demgegenüber benötigen nicht-börsennotierte Aktiengesellschaften seit 2015 nur noch zwei Aktionäre (Art. L. 225-1 I C. com.); *Lefebvre*, Mémento Sociétés commerciales, 2018, Rn. 37540; *Mestre/Velardocchio/Mestre-Chami*, Le Lamy Sociétés commerciales, 2017, Rn. 3395.

1178 Der Mindestnennbetrag des Grundkapitals wurde mit der *Ordonnance n°2009-80 du 22 janvier 2009* modifiziert. Vor 2009 betrug der Mindestnennbetrag des Grundkapitals von börsennotierten Gesellschaften 225.000 EUR.

1179 Präsident, Generaldirektor, Vorstands-, Verwaltungsrats- oder Aufsichtsratsmitglieder.

1180 *Le Cannu/Dondero*, Droit des sociétés, 2015, Rn. 1251; *Devèze ua*, Le Lamy Droit du Financement, 2017, Rn. 1204.

1181 *Arlt*, Französische Aktiengesellschaft, 2006, S. 136; *Le Cannu/Dondero*, Droit des sociétés, 2015, Rn. 1239; Art. L. 451-1-2, I CMF; Art. L. 451-1-2, III CMF; Art. L. 451-1-2, IV CMF.

1182 Zu den Grenzen *Lefebvre*, Mémento Sociétés commerciales, 2018, Rn. 37200 ff.

Weise erhalten auch kleinere Aktionäre der börsennotierten SA die Möglichkeit, ihre Interessen in der Gesellschaft zu vertreten.[1183]

628 Wenn ein oder mehrere Hauptaktionäre mehr als 30% des Kapitals oder der Stimmrechte erreichen, müssen sie zwingend ein **Übernahmeangebot** (*dépôt d'une offre publique d'achat*) unterbreiten (Art. L. 433-1 CMF iVm Art. 234-2 Allgemeine Vorschriften der AMF, die Regelung basiert auf der Übernahmerichtlinie, dazu § 29 Rn. 42 ff.).[1184] Diese Hauptaktionäre müssen die Aktien aller Aktionäre, die die Gesellschaft verlassen möchten, erwerben. Laut Art. L. 433-4 I CMF und Art. 236-1 der Allgemeinen Vorschriften der AMF können ein oder mehrere Minderheitsaktionäre von den Aktionären, die mindestens 95% der Stimmrechte besitzen, die Rücknahme ihrer Aktien beantragen (sog *offres publiques de retrait*).[1185] In der Praxis kommt es auch häufig vor, dass diese Mehrheitsaktionäre die Rücknahme selbst anbieten.[1186]

629 Wenn die Beteiligung eines oder mehrerer Aktionäre bestimmte Schwellenwerte[1187] über- oder unterschreitet, muss dies der Gesellschaft und der AMF bekannt gegeben werden (Art. L. 233-7 C. com.),[1188] teilweise ergänzt um eine sog Zielerklärung[1189] (*déclaration d'objectifs*).[1190] Wenn diese zwingend vorgegebene Zielerklärung nicht erfolgt, kann das Stimmrecht diesen Anteile versagt werden (Art. L. 233-14 I C. com.).

630 Die börsennotierten Aktiengesellschaften können sich freiwillig an den **Corporate Governance Kodex**[1191] **AFEP-MEDEF** binden,[1192] was eine starke Mehrheit der französischen börsennotierten Aktiengesellschaften auch tut,[1193] sei es, weil sie die Werte des Kodex teilen oder sei es aus bloßen Image-Gründen (zur Corporate Governance in Frankreich s. auch § 33 Rn. 163 ff.). Der Corporate Governance Kodex AFEP-MEDEF empfiehlt etwa die Gründung eines **Nominierungsausschusses** (*comité de nomination*), um die Geschäftsleiter der Gesellschaft zu bestellen (Empfehlung 16). Der Kodex schlägt zudem vor, dass die Geschäftsleiter eine umfangreiche Zahl von Aktien besitzen sollen[1194] und ihr Mandat satzungsmäßig auf vier Jahre beschränkt sein sollte.[1195]

631 Wenn sich die Gesellschaft freiwillig an den Corporate Governance Kodex bindet, muss sie zudem die Umsetzung seiner Empfehlungen oder Abweichungen in dem erwähnten Corporate Governance Bericht darstellen (***comply or explain*-Prinzip**, s. dazu § 33 Rn. 163). Der Verwaltungs- oder Aufsichtsrat der Gesellschaft hat in diesem Zusammenhang gem. Art. L. 225-37-4 VIII C. com. (für die SA mit Vorstand und Aufsichtsrat, gem. L. 225-68 VI iVm L. 225-37-4 VIII C. com.) im Corporate Governance Bericht zu erläutern, wann und warum er die Empfehlungen des Corporate Governance Kodex nicht befolgt hat.[1196] Möchte sich die Gesellschaft nicht an den Corporate Governance Kodex binden, muss sie ihre Beweggründe gemäß denselben Vorschriften im Corporate Governance Bericht offenlegen. Zudem muss dieser darlegen, welche Regeln neben den gesetzlichen Vorschriften in der Gesellschaft zur Anwendung kommen, wie zum Beispiel ausländische Corporate-Governance-Regeln.[1197]

632 Die Übertragbarkeit von Anteilen an einer **börsennotierten SA** kann grundsätzlich **nicht** durch Satzungsbestimmungen **eingeschränkt** werden. Zu etwaigen Ausnahmen aufgrund von spezialgesetzlichen Regelungen siehe bereits Rn. 611.

1183 *Lefebvre*, Mémento Sociétés commerciales, 2018, Rn. 66307 f.; *Mestre/Velardocchio/Mestre-Chami*, Le Lamy Sociétés commerciales, 2017, Rn. 3414.

1184 *Le Cannu/Dondero*, Droit des sociétés, 2015, Rn. 1260; *Mestre/Velardocchio/Mestre-Chami*, Le Lamy Sociétés commerciales, 2017, Rn. 4641; *Angel/Romain* in: Meyer-Sparenberg/Jäckle (Hrsg.), Beck'sches M&A-Handbuch, 2017, § 86 Rn. 31.

1185 *Lefebvre*, Mémento Sociétés commerciales, 2018, Rn. 65973 ff.; *Devèze ua*, Le Lamy Droit du Financement, 2017, Rn. 2320.

1186 *Lefebvre*, Mémento Sociétés commerciales, 2018, Rn. 65979; *Carreau/Letéréguilly* in: Répertoire de droit commercial, 2017, Offres publiques (OPA, OPE, OPR), Rn. 447.

1187 Die gesetzlichen Schwellenwerte können auch von satzungsmäßigen Schwellenwerten ergänzt werden.

1188 Gemäß Art. L. 228-1 C. com. gilt dies auch für Vermittler.

1189 Übersetzung der Verfasser.

1190 Art. L. 233-7 VII. C. com.

1191 Code de gouvernement d'entreprises des sociétés cotées.

1192 Die letzte Version des Kodex datiert vom November 2016. Abrufbar unter: http://www.afep.com/wp-ontent/uploads/2016/11/Code_de_gouvernement_d_entreprise_des_societes_cotees_novembre_2016.pdf.

1193 *Moulin* in: Mélanges en l'honneur du Professeur Michel Germain, 2015, S. 597, 603; *Magnier/Paclot* in: Mélanges en l'honneur du Professeur Michel Germain, 2015, S. 491, 496; *Donzel-Taboucou* Revue des Sociétés 6 (2015) 347, 355.

1194 Empfehlung 19 Spiegelstrich 2 des Corporate Governance Kodex AFEP-MEDEF; *Mestre/Velardocchio/Mestre-Chami*, Le Lamy Sociétés Commerciales, 2017, Rn. 3483; *Lefebvre*, Mémento Sociétés commerciales, 2018, Rn. 39110.

1195 Empfehlung 13.1 des Corporate Governance Kodex AFEP-MEDEF; *Lefebvre*, Mémento Sociétés commerciales, 2018, Rn. 39690.

1196 Empfehlung 27.1 des Corporate Governance Kodex AFEP-MEDEF; *Merle/Fauchon*, Sociétés commerciales, 2016, Rn. 293; *Mestre/Velardocchio/Mestre-Chami*, Le Lamy Sociétés commerciales, 2017, Rn. 142.

1197 *Mestre/Velardocchio/Mestre-Chami*, Le Lamy Sociétés commerciales, 2017, Rn. 142; *Donzel-Taboucou* Revue des Sociétés 6 (2015) 347, 348 und 354; *Fages* BJS 4 (2009) 428, 428 ff.

IV. Société par actions simplifiée (SAS)

1. Grundlagen

Die SAS wurde 1994[1198] vom Gesetzgeber eingeführt, insbesondere um mithilfe einer moderneren und vor allem flexibleren Gesellschaftsform im internationalen Gesellschaftsrecht wettbewerbsfähig zu bleiben.[1199] Der Gesetzgeber dachte bei der Einführung der SAS ursprünglich vor allem an die Erleichterung der Gründung von Gemeinschaftsunternehmen (sog *joint ventures*),[1200] für die sich diese Gesellschaftsform in Frankreich wie keine andere eignet. Ziel war es, anders als bei allen anderen Gesellschaftsformen, bei denen die Gesellschafter in ein enges Korsett zwingender Regelungen geschnürt sind oder einer unbeschränkten Haftung unterliegen, eine neue Gesellschaftsform zu schaffen, die – bis auf wenige zwingende Regelungen, bei denen ein einstimmiger Beschluss aller Gesellschafter notwendig ist – im Wesentlichen der **Vertragsfreiheit** unterliegt und gleichzeitig trotzdem eine beschränkte Haftung ermöglicht.[1201] Diese große Gestaltungsfreiheit der Gesellschafter zeigt sich insbesondere in dem Umstand, dass der Normenkatalog nur **sehr wenige zwingende Vorschriften** enthält (so etwa die Art. L. 227-5 bis L. 227-12 C. com. zur funktionellen Organisation der SAS). Alle nicht gesetzlich geregelten Bereiche können von den Gesellschaftern frei in der Satzung vereinbart werden.[1202] Der französische Gesetzgeber inspirierte mit der SAS andere Rechtsordnungen, sich ebenfalls wieder auf mehr Vertragsfreiheit zu besinnen (zur Bedeutung des französischen Gesellschaftsrechts im europäischen Kontext siehe Rn. 50 ff.).[1203] 633

Die SAS ist zunächst in Art. L. 227-1 C. com. bis Art. L. 227-20 C. com. sowie Art. R. 227-1 C. com. bis Art. R. 227-2 C. com. geregelt. Neben den für die SAS spezifischen Vorschriften sind die allgemeinen Grundsätze des französischen Gesellschaftsrechts zu berücksichtigen und über den Verweis des Art. L. 227-1 III C. civ. die Vorschriften zur SA, sofern diese mit den besonderen Regelungen der Art. L. 227-1 ff. C. com. kompatibel sind. Nicht anwendbar sind ausdrücklich die folgenden Vorschriften zur SA: Art. L. 224-2 (Mindestnennbetrag des Grundkapitals) und Art. L. 225-17 bis Art. L. 225-102-2, Art. L. 225-103 bis Art. L. 225-126 C. com. (Geschäftsleitung und Verwaltung der SA sowie Gesellschafterversammlungen). Durch diese Ausnahmen sind auf die SAS gegenüber der SA etwa 110 Artikel weniger anwendbar,[1204] was verdeutlicht, warum sie als „vereinfachte" Aktiengesellschaft bezeichnet wird. 634

Angesichts der im Wesentlichen vertragsrechtlichen Ausgestaltung dieser Gesellschaftsform kommt der Rechtsprechung zur SAS eine wesentliche Regulierungsfunktion zu.[1205] Obwohl diese Gesellschaftsform noch relativ jung ist, gibt es bereits in einigen Bereichen ausreichend viele Entscheidungen, um von einer **gefestigten Rechtsprechung** sprechen zu können,[1206] andere Bereiche hingegen waren noch nicht Gegenstand einer ausreichenden Anzahl von Entscheidungen, so dass hier eine gewisse Rechtsunsicherheit bestehen kann.[1207] 635

Wesentlicher Vorteil der SAS gegenüber der „traditionellen" Aktiengesellschaft (SA) ist neben der Möglichkeit, diese auch als Einmanngesellschaft gründen und führen zu können (dann als SASU bezeichnet), insbesondere die weitgehende Gestaltungsfreiheit ihrer Organstruktur und die Flexibilität bei der Besetzung der Leitungsfunktion. Im Ergebnis kann dadurch auch der Aufwand der Verwaltungsformalitäten erheblich begrenzt werden.[1208] Allerdings hat die SAS einen geschlossenen Gesellschafterkreis: Sie darf gem. Art. L. 227-2 C. com. ihre Aktien nicht öffentlich oder an einem reglementierten Markt anbieten und ist mithin nicht „börsenfähig".[1209] Auch im Vergleich zur Mehrpersonen-SARL bietet die SAS durch ihre Flexibilität Vorteile, die sich insbesondere 636

1198 Gesetz Nr. 94-1 vom 3. Januar 1994 über die Einrichtung einer vereinfachten Aktiengesellschaft (Übersetzung der Verfasser; Originaltitel: *Loi n° 94-1 du 3 janvier 1994 instituant la société par actions simplifiée.*); vgl. auch *Fröhlich* GmbHR 2014, 413, 413.

1199 *Hirschmann*, Neue Gestaltungsfreiheit im französischen Gesellschaftsrecht: Die Société par actions simplifiée (SAS), 2000, S. 33 ff. mwN.

1200 *Dailly*, Rapport Nr. 35 vom 14. Oktober 1993, S. 6; so auch *Groupe Revue Fiduciaire*, Le mémento de la SAS/SASU, 2015, Rn. 9 f.

1201 *Dailly*, Rapport Nr. 35 vom 14. Oktober 1993, S. 6; *Groupe Revue Fiduciaire*, Le mémento de la SAS/SASU, 2015, Rn. 1 ff.; *Fröhlich* GmbHR 2014, 413, 413.

1202 So etwa Art. L. 227-5 C. com. zur Geschäftsleitung und Art. L. 227-9 I C. com. zu den Gesellschafterbeschlüssen.

1203 *Fleischer* NZG 2014, 1081, 1087 f.

1204 *Germain/Périn*, SAS – La société par actions simplifiée, 2016, Rn. 109.

1205 *Germain/Périn*, SAS – La société par actions simplifiée, 2016, Rn. 14 ff.

1206 Namentlich zB bezüglich der Abberufung der Geschäftsführungsorgane, s. u. Rn. 661 ff.

1207 *Germain/Périn*, SAS – La société par actions simplifiée, 2016, Rn. 14 ff.

1208 Zu den weiteren Vorteilen der SAS gegenüber der SA siehe *Cozian/Viandier/Deboissy*, Droit des sociétés, 2016, Rn. 1189.

1209 Übersetzung der Verfasser: Art. L. 227-2 S. 1 C. com.: „*La société par actions simplifiée ne peut procéder à une offre au public de titres financiers ou à l'admission aux négociations sur un marché réglementé de ses actions.*". Art. L. 227-2 S. 2 C. com. sieht von diesem Verbot Ausnahmen für die in Art. L. 411-2 I Ziff. 2 und 3 und II CMF genannten Angebote vor. Hierbei handelt es sich um öffentliche Angebote von Aktien oberhalb eines bestimmten Schwellenwerts. Öffentliche Angebote sind hiernach auch einer SAS gestattet, wenn die Käufer Aktien im Wert von mindestens 100.000 EUR pro Investor und Aktienkauf erwerben bzw. wenn der Nominalwert der

darin zeigen, dass die Gesellschafter erheblich mehr Spielraum und Kontrollmöglichkeiten haben, als es bei einer SARL aufgrund ihrer relativ starren gesetzlichen Regelungen möglich ist. Die Gesellschaftsform ist besonders auf die **Bedürfnisse von KMU** zugeschnitten.[1210] Daneben wird sie häufig als **Tochtergesellschaft** in **Konzernstrukturen** benutzt, da sie von nur einem Gesellschafter gegründet werden kann (SASU – *Société par actions simplifiée unipersonnelle*).

637 Die SAS ist unabhängig von ihrem verfolgten Zweck (sei er handelsrechtlicher oder ziviler Natur) kraft Gesetzes eine **Handelsgesellschaft** (Art. L. 210-1 II C. com.). Die SAS ist als **Kapitalgesellschaft** einzuordnen und besitzt **Rechtspersönlichkeit.** Ihr Kapital ist in Aktien zerlegt.

2. Gründung

638 Eine SAS kann von **einer** oder **mehreren natürlichen** und/oder **juristischen Personen** gegründet werden (Art. L. 227-1 I C. com.).[1211] Auch hier werden keine besonderen Anforderungen an die Gesellschafter gestellt, so dass zB auch Minderjährige (*mineurs émancipés*) Gesellschafter einer SAS sein können.[1212] Ausländische natürliche oder juristische Personen haben ebenfalls freien Zugang zur SAS. Eine Obergrenze für die Anzahl der Gesellschafter wie bei der SARL (s. Rn. 252) ist von Gesetzes wegen nicht vorgeschrieben. In der Praxis haben die meisten SAS jedoch nur **wenige Gesellschafter**, da die Rechtsform vom *intuitu personae*-Grundsatz (Näheverhältnis zwischen den Gesellschaftern) geprägt ist.[1213] Dieser Grundsatz wirkt sich im Rahmen der SAS vor allem auf die Übertragung von Anteilen aus. Die Satzung kann diesen Grundsatz fest verankern und entsprechend beispielsweise für mehrere Jahre ab Anteilserwerb Übertragungsverbote festlegen (siehe dazu unter Rn. 703).

639 Im Fall der Ein-Personen-Gesellschaft wird die Bezeichnung **SASU** (*société par actions simplifiée unipersonnelle*) verwendet. Diese bildet keine andere Gesellschaftsform, allerdings existieren einige Besonderheiten im Vergleich zur Mehrpersonen-SAS (siehe dazu unter Rn. 709).

640 Ansonsten gelten auch für die SAS die **allgemeinen Gründungsvoraussetzungen**, die für alle Gesellschaften gelten. Es bedarf insbesondere eines **Gesellschaftsvertrags** (bzw. eines einseitigen Rechtsakts), der ebenso wie bei der SARL und der SA privatschriftlich verfasst werden kann (vgl. insbes. die Ausführungen zur *société civile* unter Rn. 82 ff.). Die Mitwirkung eines Notars an dem Gründungsvorgang oder bei Übertragung der Aktien ist damit grundsätzlich nicht erforderlich, es sei denn, es wird im Rahmen einer Sachgründung eine Immobilie in die zu gründende Gesellschaft eingebracht.[1214] Auch bei der SAS kann es **vorvertragliche Verhandlungen** (*pourparlers*) und **Gründungsversprechen** (*promesse de société*) geben (dazu auch Rn. 5).

641 Die **Satzung** muss das Schriftformerfordernis erfüllen und von den Gründern unterzeichnet werden. Neben den Mindestangaben gem. Art. L. 210-2 C. com., wie zB Dauer, Unternehmensgegenstand und Firma (s. dazu näher unter Rn. 149) und den für die Aktiengesellschaft gem. Art. L. 225-14, Art. L. 225-16 und Art. R. 224-2 C. com. vorgeschriebenen Angaben (s. Rn. 478), ist speziell für die SAS noch gem. Art. L. 227-5 und Art. L. 227-9 C. com. Folgendes anzugeben:[1215]

- Die Bedingungen, unter denen ggf. Dienstleistungen und technisches Know-how (*apport en industrie*) eingebracht werden können;
- die Identität der ersten Geschäftsleiter (die Bestellung kann aber auch durch einen separaten Gesellschafterbeschluss erfolgen);
- die Art und Weise wie Gesellschafterbeschlüsse gefasst werden;
- das Organ, gegenüber dem der Betriebsrat seine Befugnisse ausüben kann (Art. L. 2323-62 C. trav.) und
- die Identität der ersten Abschlussprüfer (soweit vorhanden).

Aktien über 100.000 EUR liegt (Art. 211-2 der Allgemeine Bedingungen der AMF). Zum Ganzen *Germain/Périn*, SAS – La société par actions simplifiée, 2016, Rn. 326 ff.

1210 *Groupe Revue Fiduciaire*, Le mémento de la SAS/SASU, 2015, Rn. 10; *Lefebvre*, Mémento Sociétés commerciales, 2018, Rn. 60020.

1211 *Cozian/Viandier/Deboissy*, Droit des sociétés, 2016, Rn. 1191; *Merle/Fauchon*, Sociétés commerciales, 2016, Rn. 685; *Le Cannu/Dondero*, Droit des sociétés, 2015, Rn. 965; *Basuyaux/Delpech/de Labrouhe* in: Wegen/Spahlinger/Barth (Hrsg.), Gesellschaftsrecht des Auslands, 2016, Frankreich, Rn. 113 (Stand: 2012).

1212 *Germain/Périn*, SAS – La société par actions simplifiée, 2016, Rn. 402; *Lefebvre*, Mémento Sociétés commerciales, 2018, Rn. 60090.

1213 *Lefebvre*, Mémento Sociétés commerciales, 2018, Rn. 60093; *Cozian/Viandier/Deboissy*, Droit des sociétés, 2016, Rn. 1192; *Merle/Fauchon*, Sociétés commerciales, 2016, Rn. 680.

1214 *Groupe Revue Fiduciaire*, Le mémento de la SAS/SASU, 2015, Rn. 22 f.

1215 Die Aufzählung wurde *Lefebvre*, Mémento Sociétés commerciales, 2018, Rn. 60222 entnommen.

Sofern nicht die Voraussetzungen für eine Pflichternennung gegeben sind, kann seit 2009[1216] auf die Bestellung eines Abschlussprüfers verzichtet werden. Unter folgenden Umständen ist die **Ernennung eines Abschlussprüfers** in der SAS allerdings obligatorisch (Art. L. 227-9-1 II iVm Art. R. 227-1 und Art. L. 227-9-1 III und IV C. com.):[1217] 642

- Wenn am Ende des Geschäftsjahres mindestens zwei der nachfolgend genannten Kriterien erfüllt sind: Eine Bilanzsumme von mehr als einer Million Euro, ein Nettoumsatz von mehr als zwei Millionen Euro sowie mehr als 20 Mitarbeiter;
- wenn die SAS eine oder mehrere Gesellschaften kontrolliert oder von mindestens einer oder mehreren Gesellschaften kontrolliert wird (dies betrifft demnach jede französische Tochtergesellschaft einer deutschen Gesellschaft, die deren alleinige Gesellschafterin ist) oder
- wenn die Ernennung eines Abschlussprüfers auf Antrag eines oder mehrerer Gesellschafter, die mindestens 10% des Stammkapitals vertreten, gerichtlich angeordnet wird.

Bezüglich der Einzelheiten zum Abschlussprüfer sei auf die Ausführungen im Rahmen der SARL verwiesen (vgl. Rn. 338).

In Bezug auf den **Unternehmensgegenstand** ist anzumerken, dass dieser – wie bei den anderen Gesellschaftsformen auch – zulässig sein muss. Dabei ist zu beachten, dass bestimmte Aktivitäten nicht von einer SAS durchgeführt werden dürfen. So darf zB mithilfe dieser Gesellschaftsform kein Versicherungsgeschäft betrieben werden. Abgesehen von dieser Einschränkung kann der Unternehmensgegenstand sowohl kaufmännischer als auch ziviler Natur sein; die SAS ist davon unabhängig aufgrund ihrer Form eine Handelsgesellschaft (Art. L. 210-1 II C. com.).[1218] 643

Jede SAS (oder SASU) bedarf einer **Firma** (Art. L. 224-1 I C. com.). Die Firma kann, muss aber nicht den Namen eines oder mehrerer Gesellschafter enthalten (Art. L. 224-1 II 1 C. com.). Auch reine Fantasienamen sind zulässig.[1219] Die Möglichkeit der Sachfirma wird im *Code de Commerce* nicht explizit erwähnt. Diese scheint jedoch zulässig zu sein, solange die Firma zwar die Unternehmenstätigkeit enthält, aber nicht rein deskriptiver Art ist, sondern entsprechende Zusätze enthält.[1220] Zudem muss jede SAS den Rechtsformzusatz „*société par actions simplifiée*" oder die daraus resultierende Abkürzung „**SAS**" tragen (Art. L. 223-1 IV C. com.). Dies gilt auch für die sog SASU. Sie trägt daher ebenfalls den Firmenzusatz „*société par actions simplifiée*" oder SAS. Der Rechtsformzusatz gibt somit keinen Hinweis darauf, dass es sich ggf. um eine Ein-Personen-Gesellschaft handelt (zu den Besonderheiten der SASU näher unter Rn. 709 ff.). 644

Der Vorgang der **Eintragung** ist weitgehend **rechtsformunabhängig** ausgestaltet, weshalb bezüglich der Details auf die Ausführungen zur *société civile* bzw. zur *société anonyme* verwiesen werden kann (Rn. 87 ff. bzw. Rn. 475 ff.). 645

In der Praxis kommen nicht nur Neugründungen vor, sondern häufig werden SAS durch Umwandlung gegründet. In den meisten Fällen wird dabei aus der Rechtsform der SA oder der SARL umgewandelt. 646

Die **Gründungskosten** einer SAS sind häufig höher als bei einer SARL, da die Satzungsgestaltung im Einzelfall wegen der vom Gesetzgeber in vielen Bereichen zugunsten der Vertragsgestaltung offen gelassenen Regelungsmaterien wesentlich aufwendiger ist. Dies gilt insbesondere bei der Gründung von Gemeinschaftsunternehmen (*joint ventures*), da in diesen Fällen einzelne Klauseln zum Umgang unter den Gesellschaftern verfasst werden müssen.[1221] Etwas Anderes gilt bei einfachen und unproblematischen Konstellationen (etwa der Gründung einer SAS mit nur einem Gesellschafter), wo die Gründungskosten dank der Nutzung von sehr umfangreichen Standardsatzungen häufig mit denen einer SARL vergleichbar sind. Neben den Satzungsbestimmungen haben die Aktionäre der SAS darüber hinaus auch die Möglichkeit, weitere Punkte in einer separaten Aktionärsvereinbarung (*pacte d'actionnaires*) zu regeln. Bezüglich der Voraussetzungen für deren Gültigkeit sowie typischer Regelungspunkte kann auf die entsprechenden Ausführungen zur Aktionärsvereinbarung in der SA verwiesen werden (Rn. 482).[1222] 647

1216 Inkrafttreten des Gesetzes Nr. 2008-776 vom 4. August 2008 „für die Modernisierung der Wirtschaft" (LME-Gesetz) am 1. Januar 2009 (Übersetzung der Verfasser, Originaltitel: „*Loi n° 2008-776 du 4 août 2008 de modernisation de l'économie*").

1217 Siehe auch *Lefebvre*, Mémento Sociétés commerciales, 2018, Rn. 77511; *Cozian/Viandier/Deboissy*, Droit des sociétés, 2016, Rn. 1203; *Le Cannu/Dondero*, Droit des sociétés, 2015, Rn. 1031; *Basuyaux/Delpech/de Labrouhe* in: Wegen/Spahlinger/Barth (Hrsg.), Gesellschaftsrecht des Auslands, 2016, Frankreich, Rn. 147 (Stand: 2012).

1218 *Lefebvre*, Mémento Sociétés commerciales, 2018, Rn. 60100.

1219 *Lefebvre*, Mémento Sociétés commerciales, 2018, Rn. 60150.

1220 *Francois* in: Répertoire de droit des sociétés, 2017, Dénomination sociale, Rn. 40; *Lefebvre*, Mémento Sociétés commerciales, 2018, Rn. 60150 iVm Rn. 1000 f.

1221 Derartige Klauseln werden häufig nicht direkt in der Satzung, sondern in einer separaten Gesellschaftervereinbarung (sog *pacte d'associés*) geregelt.

1222 Zu der Möglichkeit von Aktionärsvereinbarungen in der SAS siehe auch *Groupe Revue Fiduciaire*, Le mémento de la SAS/SASU, 2015, Rn. 428 und 477.

3. Organisationsverfassung

a) Grundlagen

648 Bezüglich der Organisationsverfassung wird den Gesellschaftern die **größtmögliche Freiheit** gewährt. Die Zusammensetzung und das Funktionieren des Geschäftsführungsorgans können in der Satzung festgelegt werden.[1223] Der Abschnitt des *Code de Commerce* zur SAS enthält diesbezüglich nur sehr wenige zwingende Vorgaben. Auch die Vorschriften zur Organisationsverfassung der SA sind nicht auf die SAS übertragbar (Art. L. 227-1 III C. com.). Da es somit bzgl. der meisten Aspekte weder gesetzliche Vorgaben noch subsidiär anwendbare Vorschriften gibt, ist es für die Gesellschafter essentiell, die Organisationsverfassung detailliert in der Satzung zu regeln.[1224] Der dadurch entstehende Regelungsaufwand und die mitunter wegen fehlender Rechtsprechung mangelnde Rechtssicherheit mag unter Umständen als Kehrseite der Flexibilität gesehen werden.

649 Die einzige zwingende Vorgabe im Hinblick auf die Geschäftsführer der SAS ist, dass es einen **Präsidenten** (*président*) geben muss.[1225] Daneben können die Gesellschafter entscheiden, ob sie einen oder mehrere **Generaldirektoren** (*directeurs généraux*) benennen wollen. Die weitgehende Gestaltungsfreiheit für die interne Struktur der SAS erlaubt es, die Geschäftsführungsaufgaben auch einem **Kollegialorgan** (*organe collégial*) zu übertragen, das entweder neben einem ernannten Präsidenten fungiert oder ähnlich dem Verwaltungsrat der SA einen Präsidenten aus seiner Mitte bestimmt.[1226] Einem solchen Kollegialorgan kann aber auch eine ausschließliche Kontrollfunktion übertragen werden, die der eines Aufsichtsrats in der SA entspricht.[1227] In der Praxis werden solche Organe häufig *„comité de direction"*, *„conseil d'administration"* oder *„comité consultatif"* genannt.

650 Für die **Vertretungsorgane** gelten die gleichen Regelungen, wie bei der SARL bezüglich des Verhältnisses von Organstellung und Anstellungsverhältnis (s. Rn. 267).

b) Präsident

aa) Bestellung des Präsidenten und Anforderungen an diesen

651 Der erste Präsident der SAS ist in der Satzung zu ernennen (Art. L. 227-1 III C. com. iVm Art. L. 225-16 C. com.).[1228] Darüber hinaus schreibt das Gesetz lediglich vor, dass die Gesellschaft in jedem Fall durch einen **Präsidenten** (*président*) vertreten wird, der gemäß den in der Satzung vorgesehenen Bedingungen bestimmt wird (Art. L. 227-6 I C. com.). Die Satzung kann daher vorsehen, dass der Präsident im weiteren Verlauf durch **Gesellschafterbeschluss** bestimmt wird. Diese Variante wird in der Praxis häufig gewählt.[1229] Es kann in der Satzung aber ebenso vorgesehen werden, dass ein **Gesellschafter** oder ein **Beirat** oder sogar ein **Dritter** den Präsidenten auswählt.[1230] Es ist ebenfalls möglich, festzulegen, dass immer der Mehrheitsgesellschafter Präsident ist.[1231] Sofern die Satzung nichts Anderes festlegt, gilt die Bestellung des Präsidenten für die **Dauer** des Bestehens der Gesellschaft bzw. bis zum Eintritt eines der Ereignisse, die ein Ende seiner Amtszeit bewirken (zB Abberufung, Amtsniederlegung etc, vgl. Rn. 265 ff.).[1232] Denn Art. L. 227-1 III C. com. schließt für die SAS explizit die Anwendung des Art. L. 225-18 C. com. aus, der für Verwaltungsratsmitglieder der SA eine Begrenzung ihrer Amtszeit auf maximal sechs Jahre vorsieht. Der französische Gesetzgeber will dadurch eine entsprechende Begrenzung der Amtszeit des Präsidenten ausschließen. Es sind hier daher die Bestimmungen für die SARL (dh Art. L. 223-18 III C. com.) auf die SAS übertragbar.[1233] Im Ergebnis ist es somit ratsam, bei der Bestellung (unabhängig davon, ob diese in der Satzung oder durch separaten Gesellschafterbeschluss erfolgt) eine **Befristung** vorzusehen.

1223 *Germain/Magnier*, Les sociétés commerciales, 2014, Rn. 2604; *Lefebvre*, Mémento Sociétés commerciales, 2018, Rn. 60310.
1224 *Cozian/Viandier/Deboissy*, Droit des sociétés, 2016, Rn. 1195.
1225 *Fröhlich* GmbHR 2014, 413, 414.
1226 *Lefebvre*, Mémento Sociétés commerciales, 2018, Rn. 60311; *Merle/Fauchon*, Sociétés commerciales, 2016, Rn. 688; *Cozian/Viandier/Deboissy*, Droit des sociétés, 2016, Rn. 1195 f.
1227 *Lefebvre*, Mémento Sociétés commerciales, 2018, Rn. 60311; *Merle/Fauchon*, Sociétés commerciales, 2016, Rn. 688; *Cozian/Viandier/Deboissy*, Droit des sociétés, 2016, Rn. 1196.
1228 *Groupe Revue Fiduciaire*, Le mémento de la SAS/SASU, 2015, Rn. 306; *Germain/Périn*, SAS – La société par actions simplifiée, 2016, Rn. 207.
1229 *Groupe Revue Fiduciaire*, Le mémento de la SAS/SASU, 2015, Rn. 306 f.
1230 Vgl. *Lefebvre*, Mémento Sociétés commerciales, 2018, Rn. 60335.
1231 *Groupe Revue Fiduciaire*, Le mémento de la SAS/SASU, 2015, Rn. 306 f.
1232 *Germain/Périn*, SAS – La société par actions simplifiée, 2016, Rn. 207; *Lefebvre*, Documentation experte, Documentation pratique Affaires, Série Dirigeants, Division II, 2018, Rn. 1612; *Groupe Revue Fiduciaire*, Le mémento de la SAS/SASU, 2015, Rn. 306 und 321.
1233 Vgl. *Germain/Périn*, SAS – La société par actions simplifiée, 2016, Rn. 207; *Lefebvre*, Documentation experte, Documentation pratique Affaires, Série Dirigeants, Division II, 2018, Rn. 1612.

Das Amt des Präsidenten kann nur von einer **einzelnen Person** übernommen werden, die aber sowohl **juristische** als auch **natürliche Person** sein kann (Art. L. 227-7 C. com.).[1234] Auch ausländische natürliche und juristische Personen können Präsident der SAS sein.[1235] Da sich die Voraussetzungen hierfür wie bei der SARL nach dem *Code de l'entrée et du séjour des étrangers et du droit d'asile* (Gesetz zum Eintritt und Aufenthalt von Ausländern und zum Asylrecht) richten,[1236] kann diesbezüglich auf die entsprechenden Ausführungen ebendort (Rn. 261) verwiesen werden. Handelt es sich bei dem Präsidenten der SAS um eine ausländische Gesellschaft, so haben die Voraussetzungen des *Code de l'entrée et du séjour des étrangers et du droit d'asile* in Anwendung des Art. L. 227-7 C. com. von deren Geschäftsleiter erfüllt zu werden.[1237] Soweit die Satzung nichts Anderes bestimmt, muss der Präsident kein Gesellschafter sein. Es ist **nicht** möglich, mehrere Präsidenten einzusetzen. In Fällen in denen jedoch eine „Doppelspitze" gewünscht ist, kann zB eine SARL oder eine GmbH als Präsident eingesetzt werden, die wiederum von zwei Geschäftsführern vertreten wird.[1238] Auch ein rotierendes System ist theoretisch denkbar,[1239] in der Praxis jedoch wohl nicht so gut handhabbar. 652

bb) Vertretungsbefugnis

Der Präsident vertritt die Gesellschaft gegenüber Dritten (Art. L. 227-6 I C. com.). Diese Vorgabe ist zwingend.[1240] Seine **Vertretungsbefugnisse** werden grundsätzlich nur durch den Unternehmensgegenstand begrenzt (Art. L. 227-6 I C. com.). Es kann damit auch keine Dritten gegenüber wirksame „unechte" Gesamtvertretungsbefugnis des Präsidenten mit einem Generaldirektor festgelegt werden. Wenn der Präsident seine Befugnisse überschreitet, kann einem Dritten diese Überschreitung nicht entgegengehalten werden, es sei denn die Gesellschaft kann dem Dritten nachweisen, dass er wusste, dass der Präsident außerhalb des Unternehmensgegenstands handelte (Art. L. 227-6 II C. com.). Die Veröffentlichung der Satzung kann jedoch nicht als Nachweis gelten, dass der Dritte Kenntnis von dieser Beschränkung der Befugnisse hatte (Art. L. 227-6 II C. com.). Weitere Einschränkungen können in der Satzung vereinbart werden (Art. L. 227-6 IV C. com.) und wirken im Innenverhältnis. So können die Gesellschafter zB bestimmen, dass bestimmte Geschäfte bzw. Geschäfte, die einen vorgegebenen Betrag überschreiten, der **Zustimmung** der Gesellschafter bedürfen. Die Beschränkung der Befugnisse kann aber Dritten grundsätzlich nicht entgegengehalten werden (Art. L. 227-6 IV C. com.). Eine Überschreitung seiner Befugnisse im Innenverhältnis kann jedoch Schadensersatzansprüche sowie eine Abberufung begründen (s. bereits Rn. 299). 653

Der Präsident einer SAS hat im Ergebnis **weitreichendere Vertretungsbefugnisse** als die geschäftsführenden Organe der SA. Der *Code de commerce* enthält keine Vorschrift, die die Kompetenzen des Präsidenten einschränkt (abgesehen vom Unternehmensgegenstand). Er kann daher auch **Bürgschaften** und **Garantien** wirksam ohne die Zustimmung der Gesellschafterversammlung abgeben.[1241] Sofern dem keine Satzungsbestimmung entgegensteht, ist es dem Präsidenten auch gestattet, Kompetenzen an andere Personen zu delegieren.[1242] 654

Daneben gelten für den Präsidenten und die sonstigen Geschäftsleiter der SAS jedoch auch **Einschränkungen** im Falle des Abschlusses bestimmter Geschäfte, die in die Kategorie der bereits erwähnten ***conventions réglementées*** fallen (siehe dazu auch bzgl. der SA Rn. 548 f. und der SARL Rn. 273). Welche Personen genau unter den Begriff des „Geschäftsleiters" einer SAS fallen, ist in Ermangelung einer gesetzlichen Definition nicht eindeutig geregelt und hat daher im Einzelfall bestimmt zu werden. In Anbetracht des vom Gesetzgeber beabsichtigten Zwecks der *conventions réglementées*, der in der Vermeidung von Interessenskonflikten und einem Machtmissbrauch durch die Geschäftsleiter besteht, ist der Geschäftsleiterbegriff im Ergebnis im weitesten Sinne zu verstehen und umfasst mithin alle Personen, die über eine tatsächliche Geschäftsführungsmacht verfügen. 655

1234 *Lefebvre*, Mémento Sociétés commerciales, 2018, Rn. 60330; *Merle/Fauchon*, Sociétés commerciales, 2016, Rn. 689; *Cozian/Viandier/Deboissy*, Droit des sociétés, 2016, Rn. 1195; *Basuyaux/Delpech/de Labrouhe* in: Wegen/Spahlinger/Barth (Hrsg.), Gesellschaftsrecht des Auslands, 2016, Frankreich, Rn. 131 (Stand: 2012).

1235 *Germain/Périn,* SAS – La société par actions simplifiée, 2016, Rn. 563.

1236 *Germain/Périn,* SAS – La société par actions simplifiée, 2016, Rn. 563; siehe dazu auch *Lefebvre*, Documentation experte, Documentation pratique Affaires, Série Dirigeants, 2018, Division II, Rn. 1030 ff.; *ders.*, Mémento Sociétés commerciales, 2018, Rn. 11320 und 92680 ff.

1237 Nach einer Entscheidung des Berufungsgerichts (*cour d'appel*) Paris benötigt der gesetzliche Vertreter einer ausländischen juristischen Person, die Präsident einer SAS ist, keine vorläufige Aufenthaltserlaubnis nach dem *Code de l'entrée et du séjour des étrangers et du droit d'asile*, wenn er seine Geschäftsführungsbefugnisse auf einen Dritten übertragen hat. In diesem Fall hat der bevollmächtigte Dritte die Auflagen des *Code de l'entrée et du séjour des étrangers et du droit d'asile* zu erfüllen (CA Paris 28.6.2002, Nr. 02-5799; dazu auch *Germain/Périn,* SAS – La société par actions simplifiée, 2016, Rn. 563).

1238 *Lefebvre*, Mémento Sociétés commerciales, 2018, Rn. 60310; *Mestre/Velardocchio/Mestre-Chami,* Le Lamy Sociétés commerciales, 2017, Rn. 4233; *Legros* Droit des Sociétés, 2014, Rn. 2.

1239 *Lefebvre*, Mémento Sociétés commerciales, 2018, Rn. 60310.

1240 *Germain/Périn,* SAS – La société par actions simplifiée, 2016, Rn. 504, 542 f.; *Lefebvre*, Mémento Sociétés commerciales, 2018, Rn. 60306.

1241 *Lefebvre*, Mémento Sociétés commerciales, 2018, Rn. 60360.

1242 *Mestre/Velardocchio/Mestre-Chami*, Le Lamy Sociétés commerciales, 2017, Rn. 4241.

Entscheidend für die Qualifizierung als Geschäftsleiter ist daher nicht, welchem Organ eine Person angehört, sondern über welche Befugnisse sie in der Realität verfügt. Dementsprechend können beispielsweise auch Mitglieder von Aufsichtsorganen als Geschäftsleiter eingestuft werden, wenn diese entsprechende Befugnisse haben.[1243] Gemäß Art. L. 227-10 C. com. ist demnach den Gesellschaftern bei Feststellung des Jahresabschlusses ein **Bericht des Abschlussprüfers** (und soweit die Gesellschaft keinen hat, des Präsidenten) über solche Vereinbarungen, die im Laufe des Geschäftsjahres zwischen der Gesellschaft und (direkt oder indirekt) ihrem Präsidenten, einem der Geschäftsleiter, einem Aktionär, der mehr als 10% der Stimmrechte an der Gesellschaft hält, oder einer einen solchen Aktionär kontrollierenden Gesellschaft abgeschlossen wurden, vorzulegen (sog Geschäfte mit nahestehenden Personen oder Unternehmen). Dies gilt nicht für solche Vereinbarungen, die laufende Geschäfte betreffen und zu normalen Bedingungen abgeschlossen wurden (Art. L. 227-11 C. com.). Die Gesellschafter befinden über diesen Bericht, wobei eine Ablehnung der Zustimmung zu den betreffenden Vereinbarungen nicht zur Unwirksamkeit der Vereinbarung führt. Vielmehr droht der nahestehenden Person, mit der das Geschäft abgeschlossen wurde sowie eventuell dem Präsidenten und den übrigen Geschäftsleitern eine Schadensersatzpflicht (Art. L. 227-10 III C. com.).

656 Gemäß Art. L. 227-12 iVm Art. L. 225-43 C. com. gelten für den Präsidenten und die anderen Geschäftsleiter der SAS im Übrigen die die Organe der SA betreffenden Beschränkungen bezüglich der **Aufnahme von Darlehen** oder **Kontokorrentkrediten** bei der Gesellschaft. Solche sind verboten.

cc) Geschäftsführungsbefugnis

657 Von der Vertretung abzugrenzen ist die Befugnis zur **Geschäftsführung**, also die Befugnis, Entscheidungen bzgl. der Leitung der Gesellschaft zu treffen. Art. L. 227-5 C. com. regelt hierzu lakonisch, dass die Satzung bestimmt, wie die Gesellschaft geführt wird.[1244] Darüber hinaus schweigt das Gesetz diesbezüglich bis auf die wenigen Regelungen zu Entscheidungen, die der Gesellschafterversammlung vorbehalten sind (vgl. dazu Rn. 679).[1245] Art. L. 225-17 C. com., nach dem die Geschäftsleitung einer SA dem Verwaltungsrat obliegt, ist gem. Art. L. 227-1 III C. com. auf die SAS ausdrücklich nicht anwendbar, so dass dem Präsidenten der SAS nicht zwingend die Geschäftsleitung obliegen muss.[1246] Seine Geschäftsführungsbefugnisse können vielmehr **frei in der Satzung ausgestaltet** werden[1247] und zB von ihm allein oder gemeinsam mit anderen Organen ausgeübt werden. In der Praxis sind häufig Konstellationen anzutreffen, in denen die Geschäftsführungsbefugnisse mit den Vertretungsbefugnissen des Präsidenten korrelieren. Denn es ist letztlich auch folgerichtig, dem gesetzlichen Vertreter relativ weitgehende Entscheidungsfreiheiten einzuräumen, um das operative Geschäft möglichst einfach und reibungslos zu gestalten. Selbstverständlich ist es ebenfalls denkbar, die Entscheidungsfreiheit des Präsidenten zu begrenzen oder zu kontrollieren. Im Gegensatz zur SA, bei der bezüglich bestimmter Geschäfte gesetzlich festgelegt ist, unter welchen Bedingungen eine Genehmigung des Aufsichtsrats (vgl. zB Art. L. 225-68 II C. com.) oder des Verwaltungsrats (vgl. zB Art. L. 225-35 I und IV sowie Art. L. 225-38 IV C. com.) erforderlich ist, besteht bei der SAS diesbezüglich ein großer Regelungsspielraum für die Satzungsgeber.[1248] Die Satzung kann somit einen **Genehmigungsvorbehalt** für bestimmte Geschäfte entweder zugunsten der Gesellschafterversammlung oder zugunsten eines anderen Kontrollorgans vorsehen.[1249] Es wird sogar vertreten, dass ein Weisungsrecht zugunsten eines oder mehrerer Gesellschafter oder aber eines Lenkungsausschusses in der Satzung statuiert werden kann.[1250]

658 Theoretisch ist es nach französischem Recht sogar möglich, den Präsidenten auf eine Vertreterfunktion zu reduzieren und die Entscheidungsbefugnisse vollständig auf ein anderes Organ zu verlagern (Generaldirektoren, Gesellschafterversammlung, einen Gesellschafter, Beirat etc). In so einem Fall hätte der Präsident weiterhin die alleinige Vertretungsbefugnis, er dürfte dann aber keinerlei Entscheidungen bezüglich der Geschäftsführung treffen.[1251] Allerdings findet die Möglichkeit der Gesellschafter, Einfluss auf die Geschäftsleitung und die Entschei-

---

1243 Vgl. *Germain/Périn*, SAS – La société par actions simplifiée, 2016, Rn. 633; *Lefebvre*, Mémento Sociétés commerciales, 2018, Rn. 60320; *Lefebvre*, Mémento Sociétés commerciales, 2018, Rn. 60320, unter Verweis auf CA Paris, 23.2.2016, Nr. 14/24308; *Malecki* in: Répertoire de droit des sociétés, 2017, Conventions réglementées, Rn. 107; *Mestre/Velardocchio/Mestre-Chami*, Le Lamy Sociétés commerciales, 2017, Rn. 4245; *Lefebvre*, Mémento Assemblées générales, 2016-2017, Rn. 97940; CA Paris, 23.2.2016, Nr. 14/24308.

1244 Art. L. 227-5 C. com: *„Les statuts fixent les conditions dans lesquelles la société est dirigée."*.

1245 Zu SAS mit nur einem Gesellschafter vgl. etwa. Art. L. 227-9 C. com.

1246 *Germain/Périn*, SAS – La société par actions simplifiée, 2016, Rn. 528.

1247 *Hirschmann*, Neue Gestaltungsfreiheit im französischen Gesellschaftsrecht: Die Société par actions simplifiée (SAS), 2000, S. 112 ff.

1248 *Germain/Périn*, SAS – La société par actions simplifiée, 2016, Rn. 521; *Hirschmann*, Neue Gestaltungsfreiheit im französischen Gesellschaftsrecht: Die Société par actions simplifiée (SAS), 2000, S. 112 ff.

1249 *Germain/Périn*, SAS – La société par actions simplifiée, 2016, Rn. 521.

1250 *Hirschmann*, Neue Gestaltungsfreiheit im französischen Gesellschaftsrecht: Die Société par actions simplifiée (SAS), 2000, S. 113.

1251 *Germain/Périn*, SAS – La société par actions simplifiée, 2016, Rn. 504 mwN.

dungsfindung zu nehmen, ihre Grenze im haftungsrechtlich relevanten Konstrukt des **faktischen Geschäftsführers** (s. bereits iRd SARL Rn. 291).[1252] Anders als nach deutschem Recht, wonach die Haftung eines faktischen Geschäftsführers nur bei einem Handeln des Gesellschafters im Außenverhältnis in Betracht kommt,[1253] kann der Gesellschafter in Frankreich schon dann als faktischer Geschäftsführer haften, wenn er „in vollkommener Unabhängigkeit eine aktive Geschäftsleitungstätigkeit in der Gesellschaft ausübt",[1254] wofür bereits Weisungen im Innenverhältnis genügen können.[1255] Demgegenüber kann sich der Präsident seinerseits nicht exkulpieren, indem er vorträgt, er sei lediglich ein Strohmann gewesen, da jemand anderes die Entscheidungen an seiner statt getroffen habe.[1256] Auch hier besteht demnach ein Unterschied zum deutschen Recht, nach dem die Haftung des Geschäftsführers gem. § 43 I, II GmbHG regelmäßig nicht eintritt, wenn die Handlung des Geschäftsführers auf einem Beschluss der Gesellschafter oder auf einer für die Geschäftsführung verbindlichen Weisung beruht.[1257] Der Geschäftsführer darf eine Weisung der Gesellschafter nach deutschem Recht weder überprüfen noch ihre Ausführung ablehnen.[1258] Er hat ihr auch dann zu entsprechen, wenn der Gesellschaft durch ihre Ausführung ein Schaden entstehen könnte.[1259] Anders ist die Rechtslage in Frankreich, wo ein Handeln des Geschäftsführers auf Weisung des Gesellschafters eine Haftung des Geschäftsführers begründen kann, ohne dass sich der Geschäftsführer exkulpieren kann. Das Weisungsrecht des Gesellschafters einer SAS kann damit bei extensiver Gestaltung zu einer gesamtschuldnerischen Haftung der Gesellschafter neben dem Präsidenten führen. Da der Präsident sich im Falle einer Weisung des Gesellschafters nicht exkulpieren kann, wird er im Zweifel entscheiden müssen, ob er der Weisung folgt oder aber von der Geschäftsführung zurücktritt.[1260] Der Rücktritt ist grundsätzlich die einzige Schutzmöglichkeit für ihn, da er die Ausführung grundsätzlich nicht mit einem Hinweis auf die Schädlichkeit ablehnen kann.

Wegen dieser haftungsrechtlichen Konsequenzen ist es in der Praxis eher selten, dass dem Präsidenten die Entscheidungsbefugnisse zugunsten der Gesellschafterversammlung entzogen werden. Vielmehr sehen Satzungen in aller Regel vor, dass der Präsident nicht nur die Gesellschaft vertritt, sondern auch alle Entscheidungen der Geschäftsleitung allein oder mit anderen Organen trifft. Um eine gewisse Kontrolle sicherzustellen, sehen Satzungen bzw. Geschäftsführerverträge aber gleichzeitig oftmals Zustimmungsvorbehalte für bestimmte Rechtsgeschäfte zugunsten der Gesellschafterversammlung oder eines anderen Organs vor. 659

Eher rechtstheoretischer Natur ist inzwischen die Frage, welche Befugnisse der Präsident hat, wenn die Satzung diesbezüglich keine Regelungen vorsieht, da inzwischen alle Satzungen umfassende Vorgaben hierzu enthalten dürften. Für diesen Fall wird zum einen diskutiert, dass dem Präsidenten eine umfassende Geschäftsführungsbefugnis zukommt, die sich an den allgemeinen Grundsätzen und dem SA-Recht im Besonderen orientieren soll. Den Gesellschaftern verblieben nach dieser Lösung nur noch bestimmte Kernkompetenzen, ua die Bereiche, die gesetzlich der Gesellschafterversammlung nach Art. L. 227-9 II C. com. vorbehalten sind sowie Satzungsänderungen.[1261] Zum anderen wird befürwortet, dass alle Kompetenzen in der Hand der Gesellschafter liegen.[1262] 660

1252 *Germain/Périn,* SAS – La société par actions simplifiée, 2016, Rn. 516.

1253 *Wißmann* in: MüKo GmbH, 2. Aufl. 2016, § 82 Rn. 48; *Noack/Zöllner* in: Baumbach/Hueck (Hrsg.), GmbHG, 21. Aufl. 2017, § 43 Rn. 2 f.; *Haas/Ziemons* in: BeckOK GmbHG, 32. Ed. 2017, § 43 Rn. 21.4.

1254 Übersetzung der Verfasser, Originalzitat: „*Le dirigeant de fait est celui qui exerce en toute indépendance une activité positive de direction de la société*" (Cass. com. 10.1.2012, Nr. 10-28.067; CA Paris 22.3.2016, Nr. 15/14846); *Lefebvre*, Mémento Sociétés commerciales, 2018, Rn. 91480; *Storck* in: JurisClasseur, Sociétés Traité, 2017, Fasc. 74-20, Rn. 58; *Sonnenberger/Dammann*, Französisches Handels- und Wirtschaftsrecht, 2008, Kap. VIII Rn. 89; *Legeais* in: JurisClasseur, Commercial, 2008, Fasc. 1219, Rn. 12 f.; *Arlt* in: Kalss (Hrsg.), Vorstandshaftung in 15 europäischen Ländern, S. 469, 476; Mitglieder eines Aufsichtsorgans, denen die Geschäftsführung alle Geschäfte mit einem Volumen von mehr als 15.000 EUR zur Zustimmung vorlegen muss, wurden ebenfalls als faktische Geschäftsführer der Gesellschaft angesehen, vgl. CA Paris 23.2.2016, Nr. 14-24.308.

1255 *Germain/Périn,* SAS – La société par actions simplifiée, 2016, Rn. 516.

1256 Cass. com. 25.4.1977, Nr. 75-12.902, JCP G 1977, 159, 159; CA Orléans, 5.10.2006, Nr. 05-03.086; Ministerielle Antwort auf Frage Nr. 46314, JOAN Q. 19.10.2004, S. 8152.

1257 *Noack/Zöllner* in: Baumbach/Hueck (Hrsg.), GmbHG, 21. Aufl. 2017, § 43 Rn. 33 f.; *Altmeppen* in: Roth/Altmeppen (Hrsg.), GmbHG, 8. Aufl. 2015, § 43 Rn. 121; *Wicke*, GmbHG, 3. Aufl. 2016, § 43 Rn. 15; *Fleischer* in: MüKo GmbHG, 2. Aufl. 2016, § 43 Rn. 275; *Oetker* in: Henssler/Strohn (Hrsg.), GmbHG, 3. Aufl. 2016, § 43 Rn. 29.

1258 *Noack/Zöllner* in: Baumbach/Hueck (Hrsg.), GmbHG, 21. Aufl. 2017, § 43 Rn. 33 f.; *Altmeppen* in: Roth/Altmeppen (Hrsg.), GmbHG, 8. Aufl. 2015, § 37 Rn. 6.

1259 *Noack/Zöllner* in: Baumbach/Hueck (Hrsg.), GmbHG, 21. Aufl. 2017, § 43 Rn. 33; *Oetker* in: Henssler/Strohn (Hrsg.), GmbHG, 3. Aufl. 2016, § 43 Rn. 29; *Haas/Ziemons* in: BeckOK GmbHG, 32. Ed. 2017, § 43 Rn. 79 f.

1260 *Germain/Périn,* SAS – La société par actions simplifiée, 2016, Rn. 505.

1261 *Azarian/Germain/Périn* in: JurisClasseur, Sociétés Traité, 2017, Fasc. 155-20, Rn. 82 ff.

1262 *Vidal,* La société par actions simplifiée, 1994, Rn. 94; wohl auch *Hirschmann*, Neue Gestaltungsfreiheit im französischen Gesellschaftsrecht: Die Société par actions simplifiée (SAS), 2000, S. 114.

dd) Ende der Amtszeit

661 Die **Amtszeit** des Präsidenten **endet** insbesondere bei:[1263]

- Ablauf der Amtszeit;
- Tod, Geschäftsunfähigkeit oder Unfähigkeit, sein Amt auszuüben;
- Auflösung der Gesellschaft;
- Amtsniederlegung und
- Abberufung.

Anders als bei der SA sieht das Gesetz für die Geschäftsleiter der SAS keine Altersgrenze vor. Allerdings kann eine solche in der Satzung aufgenommen werden.[1264]

662 Da die Satzung die Bedingungen der **Ernennung des Präsidenten frei bestimmen** kann (s. Rn. 651), kann sie auch frei festlegen, unter welchen Bedingungen sein Amt endet.[1265] So kann sie zB seine **Amtsdauer** frei regeln oder die Bedingungen einer etwaigen Abberufung (Abberufungsgründe, Entschädigungsansprüche,[1266] zuständiges Organ, Abberufungsverfahren). Gerade bei der Festlegung der Abberufungsgründe kann es – je nach Interessenlage – zu ganz unterschiedlichen Ausgestaltungen der Satzung kommen: So kann zunächst in der Satzung – etwa zum Schutze eines Minderheitsgesellschafters – ein System eingerichtet werden, das den Präsidenten vor einer Abberufung schützt, etwa indem beispielsweise ein Zeitraum festgelegt wird, währenddem eine Abberufung nicht in Betracht kommt (*clauses d'irrévocabilité*).[1267] Satzungen können auch vorsehen, dass der Präsident nur mit einem **berechtigenden Grund** (*juste motif*) abberufen werden kann, wobei derartige Gründe möglichst umfassend definiert werden sollten. Ergänzend kann auf eine inzwischen reichhaltige Rechtsprechung zum berechtigenden Grund zurückgegriffen werden:[1268] So genügt hierfür etwa ein Vertrauensverlust,[1269] unterschiedliche Auffassungen über die zukünftige Ausrichtung des Unternehmens[1270] oder aber fehlende Loyalität.[1271] Es ist ebenfalls möglich, wenngleich in der Praxis eher selten, die Abberufung nur im Falle eines **wichtigen Grundes** (*motif grave*) zuzulassen.[1272] Häufig sehen Satzungen auch die Möglichkeit vor, den Präsidenten jederzeit ohne Begründung abrufen zu können (sog *révocation ad nutum*).[1273] Es ist darüber hinaus auch möglich, die Abberufung in der Satzung an den **Eintritt bestimmter Ereignisse** zu knüpfen. So kann zB festgelegt werden, dass die Amtszeit des Präsidenten endet, wenn die Kontrolle in der Muttergesellschaft wechselt (*clause de changement de contrôle*).[1274]

663 Daneben kann die Satzung bestimmen, wer für die **Abberufung zuständig** ist. Parallel zur Bestellung des Präsidenten kann auch hier festgelegt werden, dass nicht die Gesellschafterversammlung, sondern zum Beispiel ein Gesellschafter, ein Beirat oder sogar ein Dritter für die Abberufung zuständig ist.[1275] Wurde nichts zur Abberufung in der Satzung vorgesehen, so kann der Präsident jederzeit und ohne Begründung abberufen werden.[1276]

664 Anders als bei der SARL (Art. L. 223-25 C. com.) und bei der SCA (Art. L. 226-2 C. com.) kennt das Recht der SAS keinerlei Regelung, nach der ein Gesellschafter die Abberufung des Präsidenten bei Gericht beantragen könnte (sog *révocation judiciaire*). Mangels ausdrücklicher gesetzlicher Befugnis wird der Präsident nur dann gerichtlich abberufen werden können, wenn die Satzung eine derartige Möglichkeit vorsieht.[1277]

665 Der Präsident kann – vorbehaltlich anderslautender Satzungs- oder Mandatsbedingungen – im Falle einer Abberufung **keinen Schadensersatz** geltend machen. Dies gilt umso mehr, wenn die Satzung vorsieht, dass er **ohne Grund abberufen** werden kann. Allerdings ist ihm im Rahmen seiner Abberufung stets **rechtliches Gehör** zu gewähren (sog *procédure contradictoire*). Bei diesem Grundsatz handelt es sich letztlich um eine Ausprägung des

---

1263 *Lefebvre*, Mémento Sociétés commerciales, 2018, Rn. 60350.
1264 *Groupe Revue Fiduciaire*, Le mémento de la SAS/SASU, 2015, Rn. 303.
1265 *Lefebvre*, Mémento Sociétés commerciales, 2018, Rn. 60352; *Germain/Magnier*, Les sociétés commerciales, 2014, Rn. 2607.
1266 *Germain/Périn*, SAS – La société par actions simplifiée, 2016, Rn. 567-5.
1267 Vgl. hierzu *Germain/Périn*, SAS – La société par actions simplifiée, 2016, Rn. 567-2.
1268 Beispiele wurden *Germain/Périn*, SAS – La société par actions simplifiée, 2016, Rn. 567-4, entnommen.
1269 TC Paris 27.9.05, Nr. 2004015412, JCP E 30 (2006) 1340, 1340.
1270 CA Paris 17.9.13, Nr. 12-12.567.
1271 CA Versailles 4.11.2010, Nr. 09-5712.
1272 *Germain/Périn*, SAS – La société par actions simplifiée, 2016, Rn. 567-4.
1273 Die Zulässigkeit derartiger Klauseln ist höchstrichterlich bestätigt: Cass. com. 8.4.2014, Nr. 13-11.650.
1274 *Germain/Périn*, SAS – La société par actions simplifiée, 2016, Rn. 567-3; *Lefebvre*, Mémento Sociétés commerciales, 2018, Rn. 60351.
1275 *Lefebvre*, Mémento Sociétés commerciales, 2018, Rn. 60352.
1276 CA Paris 7.3.2013, Nr. 12-08.807; *Germain/Périn*, SAS – La société par actions simplifiée, 2016, Rn. 567-1.
1277 CA Versailles 17.9.2013, Nr. 11-08.075; so auch *Poracchia* Revue des Sociétés 2 (2000) 223, 232 f.; *Germain/Périn*, SAS – La société par actions simplifiée, 2016, Rn. 567-1; aA Cass. com. 8.2.2005, Nr. 01-14.292, BJS 6 (2005) 667, 668 f., Anm. *Saintourens* (bzgl. des Geschäftsführers einer SCS).

Loyalitätsgrundsatzes im Rahmen der Ausübung des Rechts zur Abberufung.[1278] Die Rechtsprechung hat den Anspruch auf rechtliches Gehör bei der SAS näher konkretisiert: So kann der Anspruch auf rechtliches Gehör bereits dadurch erfüllt sein, dass es einen informellen Austausch mit dem Präsidenten gegeben hat.[1279] Auch können die Umstände des Einzelfalls ein Gespräch zur Erläuterung der Abberufung unnötig erscheinen lassen.[1280] Wird kein rechtliches Gehör gewährt, kann der Präsident Anspruch auf Schadensersatz haben.[1281]

Gleiches gilt, wenn die Abberufung einen **beleidigenden** oder **schikanösen Charakter** hatte oder ihre Bekanntmachung herabwürdigend oder unberechtigt war.[1282] So kann beispielsweise die Geltendmachung eines Herausgabeanspruchs bezüglich Firmenschlüsseln, Computern, Handy oder des Geschäftsfahrzeugs am Tage der Abberufung als Indiz für eine gewisse „Brutalität" dienen.[1283] Auch eine Durchsetzung des Hausrechts gegenüber einem soeben freigestellten Präsidenten durch einen Gerichtsvollzieher und die Polizei kann beleidigende Züge aufweisen.[1284] Beleidigend kann auch die Veröffentlichung des vollständigen Abberufungsbeschlusses sein, der sämtliche Vorwürfe enthält.[1285] Aus Gründen der Vorsicht ist daher stets zu empfehlen, nur den verkürzten Abberufungsbeschluss ohne Angabe der Gründe zu veröffentlichen. 666

c) Generaldirektor(en)

Die **Kompetenzen** der Generaldirektoren bestimmt das Gesetz nicht, so dass die **Satzung** gem. Art. L. 227-6 III C. com. deren Befugnisse ebenfalls festlegen muss.[1286] Danach ist es den Gesellschaftern grundsätzlich gestattet, anderen Personen als dem Präsidenten **Vertretungsbefugnisse** einzuräumen. Diese Personen müssen dann den Titel Generaldirektor (*directeur général*) oder stellvertretender Generaldirektor (*directeur général délégué*) tragen (Art. L. 227-6 C. com.). Diese Regelung dient dem Schutz Dritter, die mit diesen Titeln in Anlehnung an die Regeln zur SA eine Vertretungsbefugnis verbinden (und verbinden dürfen).[1287] Außerdem ist es für die Verleihung der Vertretungsbefugnis erforderlich, dass die Satzung den Generaldirektoren diese ausdrücklich erteilt[1288] und sie dann im Handelsregister eingereicht wird.[1289] Demnach ist es auch nicht ausreichend, wenn die Gesellschafterversammlung in dem Ernennungsbeschluss eine Vertretungsbefugnis eines Generaldirektors bestimmt, ohne dass dies auch in der Satzung verankert wurde. Die Generaldirektoren müssen ferner die genannten Titel im Geschäftsleben führen[1290] und in das **Handelsregister eingetragen** werden.[1291] 667

Dritten kann die fehlende Satzungsregelung zur Vertretungsbefugnis eines (stellvertretenden) Generaldirektors **nicht** entgegengehalten werden. Gleiches gilt für etwaige Einschränkungen im Innenverhältnis im Hinblick auf einzelne Geschäfte (obwohl das Gesetz dies ausdrücklich nur für den Präsidenten regelt).[1292] 668

Mangels konkreter gesetzlicher Bestimmungen in Art. L. 227-6 III C. com. können die Entscheidungsbefugnisse (Geschäftsführungsbefugnis) von Generaldirektoren frei in der **Satzung** festgelegt werden.[1293] Dem Generaldirektor bzw. dem stellvertretenden Generaldirektor können dieselben **Kompetenzen** eingeräumt werden wie dem 669

1278 C. cass. 8.4.2014, Nr. 13-11.650.
1279 C. cass. 10.7.2012, Nr. 11-19.563.
1280 C. cass. 10.7.2012, Nr. 11-19.563.
1281 *Germain/Périn*, SAS – La société par actions simplifiée, 2016, Rn. 567-10.
1282 *Germain/Périn*, SAS – La société par actions simplifiée, 2016, Rn. 567-8.
1283 TC Paris 27.9.2010, Nr. 08-07.998; CA Paris 7.3.2013, Nr. 12-08.807.
1284 CA Paris 29.6.2010, Nr. 08-7998.
1285 CA Paris 30.4.2014, Nr. 13-12.230.
1286 *Lefebvre*, Mémento Sociétés commerciales, 2018, Rn. 60361.
1287 Vgl. auch *Groupe Revue Fiduciaire*, Le mémento de la SAS/SASU, 2015, Rn. 313; *Germain/Périn*, SAS – La société par actions simplifiée, 2016, Rn. 526 und 543-1. Ein Titel wie zB der des Vizepräsidenten allein genügt hingegen nicht, um nach außen hin eine Vertretungsbefugnis zu signalisieren. Möchte die Satzung einen Vizepräsidenten mit Vertretungsbefugnis vorsehen, so muss sie dem Geschäftsleiter daher zusätzlich noch den Titel des *directeur général* verleihen. Vgl. Ministerielle Antwort auf Frage Nr. 32972, JOAN, 30.3.2004, S. 2687; vgl. auch *Germain/Périn*, SAS – La société par actions simplifiée, 2016, Rn. 543-1.
1288 Cass. com. 21.6.2011, Nr. 10-20.878; vgl. auch *Lefebvre*, Mémento Sociétés commerciales, 2018, Rn. 60361; aA *Germain/Périn*, SAS – La société par actions simplifiée, 2016, Rn. 506-1.
1289 Cass. com. 3.6.2008, Nr. 07-14.457.
1290 Antwort des Justizministers auf eine Anfrage des Parlamentariers *Godfrain*, AN (Assemblée Nationale): 30.3.2004 S. 2687 Nr. 32972, Bekanntmachung der Frage im JO vom 3.2.2004, S. 802; Bekanntmachung der Antwort im JO vom 30.3.2004, S. 2687.
1291 CA Versailles 25.6.2008 Nr. 08-1978, wonach eine Gesellschaft nur wirksam durch einen Direktor gerichtlich vertreten werden kann, wenn dieser im Handelsregister eingetragen ist.
1292 Art. L. 227-6 IV C. com. erwähnt zwar ausdrücklich nur den Präsidenten, die Norm ist aber nach der Rechtsprechung auch auf Generaldirektoren anwendbar (Cass. com. 9.7.2013, Nr. 12-22.627); vgl. hierzu auch *Lefebvre*, Mémento Sociétés commerciales, 2018, Rn. 60361.
1293 *Mestre/Velardocchio/Mestre-Chami*, Le Lamy Sociétés commerciales, 2017, Rn. 4240; *Éditions Législatives*, Dictionnaire permanent du Droit des affaires, Direction de la SAS, 2017, Rn. 18; *Lefebvre*, Mémento Sociétés commerciales, 2018, Rn. 60361.

Präsidenten,[1294] so dass die Führung der Gesellschaft faktisch auch zwei oder mehreren Personen übertragen werden kann. Die Direktoren können dann im gleichen Umfang wie der Präsident Kompetenzen delegieren.[1295]

670 Auch kann das **Verhältnis** zwischen dem **Präsidenten** und den **Generaldirektoren** in der Satzung vollkommen frei festgelegt werden.[1296] So können beide Organe vollkommen gleichberechtigt nebeneinander stehen und jegliche Hierarchie kann ausgeschlossen sein.[1297] Gerade in Fällen, in denen es sich bei der SAS um eine französische Tochtergesellschaft handelt, bei der etwa die ausländische Muttergesellschaft auch als Präsident bestellt wird, statten Satzungen den oder die Generaldirektoren häufig mit den weitesten Entscheidungsbefugnissen aus, damit sie das operative Geschäft leiten können. Umgekehrt ist es auch möglich und häufig anzutreffen, dass der Präsident den Generaldirektoren durch die Satzung übergeordnet wird (zB durch Festlegung einer bloßen Unterstützungsfunktion der Generaldirektoren oder aber der Einräumung von Vetorechten zugunsten des Präsidenten).[1298] Ist in der Satzung nichts geregelt, ist davon auszugehen, dass keine Hierarchie zwischen beiden Organen besteht, sondern beide Organe mit den gleichen Befugnissen ausgestattet sind.[1299] Eine solche Aufteilung kann auch sinnvoll sein, wenn zwei gleichberechtigte Partner die SAS kontrollieren und daher so beide einen gleichwertigen Einfluss auf die Geschäftsführung haben möchten.[1300]

671 Die Satzung kann auch bestimmen, dass ein bestimmtes Organ (zB der Präsident) für die **Ernennung** oder **Abberufung** des Generaldirektors bzw. der Generaldirektoren zuständig ist. Ansonsten gelten die Regelungen über die Ernennung oder Abberufung des Präsidenten (vgl. Rn. 651 ff.)[1301] entsprechend. Dies gilt auch in Bezug auf die Regelungen zu den *conventions réglementées*, da diese gem. Art. L. 227-10 I C. com. neben den Vereinbarungen der Gesellschaft mit dem Präsidenten auch solche mit den Geschäftsleitern (*dirigeants*) betreffen.

d) Haftung des Präsidenten und der Direktoren

672 Bezüglich der Haftung des **Präsidenten** und der **Generaldirektoren** gelten die Vorschriften zur Haftung der Verwaltungsratsmitglieder bzw. Vorstandsmitglieder einer SA (Art. L. 227-8 C. com.) (vgl. Rn. 552 sowie unter Verweis auf die SARL Rn. 288 ff.).

673 Wegen des vertragsrechtlichen Charakters der Satzung und der statutarischen Gestaltungsfreiheit wird in der französischen Lehre bei der SAS allerdings die Möglichkeit diskutiert, abweichend von Art. L. 225-253 C. com.[1302] zumindest Haftungshöchstgrenzen zum Schutze des Präsidenten festlegen zu können.[1303] Angesichts der Tatsache, dass derartige Klauseln kaum im Interesse der Gesellschafter sind und die Haftungsrisiken von Geschäftsleitern üblicherweise über D&O-Versicherungen ausreichend gedeckt sind, dürfte diese Diskussion aber kaum praktische Relevanz haben. Entsprechend sind, soweit ersichtlich, auch noch keinerlei Entscheidungen zu diesem Thema ergangen.

e) Vergütung des Präsidenten und der Generaldirektoren und ihr sozialrechtlicher Status

674 Das Gesetz regelt die **Vergütung** des Präsidenten und der Direktoren nicht explizit. Lediglich in Art. 1986 C. civ. ist allgemein der Grundsatz festgelegt, dass der **Auftrag unentgeltlich** erfolgt. Hieraus wird geschlossen, dass die Geschäftsleitungsorgane keinen allgemeinen Anspruch auf eine Vergütung haben.[1304] Der Anspruch auf Vergütung muss daher ausdrücklich in der **Satzung** vorgesehen sein.

1294 *Mestre/Velardocchio/Mestre-Chami*, Le Lamy Sociétés commerciales, 2017, Rn. 4240; *Lefebvre*, Mémento Sociétés commerciales, 2018, Rn. 60361.

1295 *Mestre/Velardocchio/Mestre-Chami*, Le Lamy Sociétés commerciales, 2017, Rn. 4240; *Gibirila/Azarian* in: JurisClasseur, Commercial, 2017, Fasc. 1050, Rn. 86; *Éditions Législatives*, Dictionnaire permanent du Droit des affaires, Direction de la SAS, 2017, Rn. 22; *Lefebvre*, Mémento Sociétés commerciales, 2018, Rn. 60361.

1296 *Le Cannu/Dondero*, Droit des sociétés, 2015, Rn. 986.

1297 *Lefebvre*, Mémento Sociétés commerciales, 2018, Rn. 60361; *Germain/Périn*, SAS – La société par actions simplifiée, 2016, Rn. 506.

1298 *Mestre/Velardocchio/Mestre-Chami*, Le Lamy Sociétés commerciales, 2017, Rn. 4240; *Lefebvre*, Mémento Sociétés commerciales, 2018, Rn. 60361; *Germain/Périn*, SAS – La société par actions simplifiée, 2016, Rn. 506.

1299 *Germain/Périn*, SAS – La société par actions simplifiée, 2016, Rn. 506; *Mestre/Velardocchio/Mestre-Chami*, Le Lamy Sociétés commerciales, 2017, Rn. 4240.

1300 *Groupe Revue Fiduciaire*, Le mémento de la SAS/SASU, 2015, Rn. 312.

1301 *Germain/Périn*, SAS – La société par actions simplifiée, 2016, Rn. 567-4.

1302 Hiernach kann bei einer SA vorab nicht wirksam auf einen Haftungsrückgriff gegen den Geschäftsleiter verzichtet werden.

1303 *Aubry* Revue des Sociétés 4 (2005) 793, 804 f. und 808 ff.; ähnlich: *Le Cannu* Revue des Sociétés 2 (1994) 239, 245.

1304 *Groupe Revue Fiduciaire*, Le mémento de la SAS/SASU, 2015, Rn. 325; *Germain/Périn*, SAS – La société par actions simplifiée, 2016, Rn. 571.

Im Regelfall sehen Satzungen von SAS die Möglichkeit einer **Vergütung** der Geschäftsleitungsorgane vor, ohne die Einzelheiten (insbesondere die Höhe der Vergütung) festzulegen,[1305] was zum einen die Veröffentlichung der Vergütungsbedingungen vermeidet und zum anderen mehr **Flexibilität** in der Gestaltung der Vergütung ermöglicht. Die Änderung der Vergütung bedarf dann keiner Satzungsänderung. Häufig wird die Festlegung der Bedingungen der Vergütung einem bestimmten Organ (etwa der Gesellschafterversammlung[1306] oder einem Beirat)[1307] übertragen. Bezüglich der Strukturierung der Vergütung enthält das Gesetz keine Vorgaben, so dass beispielsweise fixe und variable Vergütungsanteile jeglicher Art, aber auch projektbezogene Prämien und Aufwands- oder Sitzungsentschädigungen festgelegt werden können.[1308] Geschäftsleitern einer SAS können auch stock-options (Art. L. 225-177 ff. C. com.) oder kostenfreie Aktien (Art. L. 225-197-1 bis L. 225-197-5 C. com.) bewilligt werden.[1309] Diese Vorschriften, die der SA eigen sind, sind auf die SAS über den Verweis von Art. L. 227-1 III C. com. anwendbar.[1310] 675

Bei der Vergütungsvereinbarung mit den Geschäftsleitern handelt es sich um eine vertragliche Regelung zwischen den Geschäftsleitern und der Gesellschaft, also letztlich um ein Insichgeschäft. Wird die Vergütung durch ein anderes Organ als die Gesellschafterversammlung festgelegt, so sind grundsätzlich die Vorschriften für die ***conventions réglementées*** (siehe dazu näher unter Rn. 33) nach Art. L. 227-10 C. com. zu beachten.[1311] Wird die Vergütung demgegenüber direkt durch die Gesellschafterversammlung bestimmt oder ist sie bereits in der Satzung enthalten, unterliegt sie nicht dem Kontrollverfahren der Gesellschafter nach Art. L. 227-10 C. com., die bei *conventions réglementées* zu beachten sind.[1312] 676

Anders als bei der SA, bei der die Gesellschafter Anspruch auf **Mitteilung** der an jedes Organ gezahlten Gesamtvergütung und sonstigen Zuwendungen haben (Art. L. 225-102-1 C. com.), haben die Gesellschafter einer SAS – vorbehaltlich einer anderslautenden Regelung in der Satzung – keinen vergleichbaren Auskunftsanspruch.[1313] Den Gesellschaftern ist es aber unbenommen, eine entsprechende Transparenz und Kontrolle in der Satzung auch bezüglich der Vergütung der Organe festzuschreiben, was insbesondere zum Schutz von Minderheitsgesellschaftern sinnvoll sein kann. 677

Im Gegensatz zu den Geschäftsführern einer SARL (*gérants*) werden Präsidenten, Generaldirektoren und stellvertretende Generaldirektoren einer SAS, die eine Vergütung in dieser Eigenschaft beziehen, gem. Art. L. 311-3 CSS immer sozialrechtlich einem **Arbeitnehmer gleichgestellt**, auch wenn es sich um Gesellschafter-Geschäftsleiter handelt. Während bei der SARL danach differenziert wird, ob der Geschäftsführer Mehrheits- oder Minderheitsbeteiligter ist,[1314] gilt der sozialrechtliche Status des Geschäftsleiters der SAS als Arbeitnehmer unabhängig vom Grad seiner Beteiligung. Mithin leistet dieser die gleichen Sozialversicherungsabgaben wie Arbeitnehmer (Krankenversicherung, Rentenversicherung, Familienleistungen, CSG, CRDS). Einzige Ausnahme ist die **Arbeitslosenversicherung** (*assurance chomage*), die der Geschäftsleiter der SAS unabhängig vom Grad seiner Beteiligung nicht zu entrichten hat und in deren Genuss er im Falle einer Abberufung auch nicht kommt. Lediglich wenn er neben seiner Geschäftsleiterposition einen separaten Arbeitsvertrag geschlossen hat (vgl. Rn. 267 ff.), zahlt er auf die hierfür gezahlte Vergütung Arbeitslosenversicherungsbeiträge und ist entsprechend auch im Falle einer Arbeitslosigkeit abgesichert. Geschäftsleiter ohne Arbeitsvertrag können sich alternativ auch für den Fall der Arbeitslosigkeit versichern und so einen vergleichbaren Schutz erzielen.[1315] 678

1305 *Germain/Périn*, SAS – La société par actions simplifiée, 2016, Rn. 571, unter Verweis auf die Rechtsprechung (ua CA Versailles 22.10.2009, Nr. 08-2252).

1306 Vergleichbar einer SAS.

1307 Vergleichbar einer SA, bei der häufig der Verwaltungs- oder Aufsichtsrat die Vergütung festlegt.

1308 Dazu *Lefebvre*, Mémento Sociétés commerciales, 2018, Rn. 60370; *Germain/Périn*, SAS – La société par actions simplifiée, 2016, Rn. 570.

1309 Diese können allen Arbeitnehmern oder bestimmten Kategorien von Arbeitnehmern bewilligt werden (Art. L. 225-197-1 C. com.).

1310 *Germain/Périn*, SAS – La société par actions simplifiée, 2016, Rn. 573.

1311 *Germain/Périn*, SAS – La société par actions simplifiée, 2016, Rn. 572 (mit dem Argument, dass es sich bei der Vereinbarung über die Vergütung um einen Akt der laufenden Geschäftsführung handele, der zu normalen Bedingungen abgeschlossen wurde, weshalb die Kontrolle durch die Gesellschaft gem. Art. L. 227-11 C. com. nicht notwendig sei).

1312 Cass. com. 4.11.2014, Nr. 13-24.889; *Hallouin* Recueil Dalloz 41 (2015) 2406, 2406 f.

1313 *Germain/Périn*, SAS – La société par actions simplifiée, 2016, Rn. 573.

1314 Der Geschäftsführer einer SARL gilt sozialrechtlich als Selbständiger, wenn er die Mehrheit an der Gesellschaft hält, andernfalls hat der den sozialrechtlichen Status eines Angestellten.

1315 *Germain/Périn*, SAS – La société par actions simplifiée, 2016, Rn. 580.

f) Gesellschafterversammlung

aa) Kompetenzen

679 Art. L. 227-9 C. com. regelt die Befugnisse der Gesellschafterversammlung. Nach Absatz 1 der Vorschrift können die Befugnisse der Gesellschafterversammlung in der Satzung frei festgelegt werden. Einige Bereiche sind allerdings **zwingend** der Gesellschafterversammlung vorbehalten. So definiert Art. L. 227-9 II C. com. die Entscheidungen, die durch die Gesellschafterversammlung getroffen werden müssen, wie folgt:[1316]

- Kapitalerhöhung, -herabsetzung und Rückzahlung des Kapitals;
- Verschmelzung und Spaltung;
- Ernennung der Abschlussprüfer (*commissaires aux comptes*);
- Genehmigung des Jahresabschlusses;
- Auflösung;
- Umwandlung der Gesellschaft in eine andere Rechtsform und
- Verwendung des Bilanzgewinns.

680 Darüber hinaus kennt das französische Recht weitere Regelungsbereiche, die zwingend der **Gesellschafterversammlung** zugewiesen sind: So bedarf es gem. Art. L. 227-19 C. com. eines einstimmigen Gesellschafterbeschlusses für die Schaffung oder Änderung von satzungsmäßigen Bestimmungen, die in den Art. L. 227-13 (Unveräußerbarkeit), Art. L. 227-14 (Zustimmungsvorbehalt), Art. L. 227-16 (Ausschlussklauseln) und Art. L. 227-17 C. com. (Änderung der Mehrheitsverhältnisse innerhalb eines Gesellschafters) geregelt sind. Ein einstimmiger Gesellschafterbeschluss ist gem. Art. 1836 C. com. auch für Entscheidungen notwendig, bei denen die Verpflichtungen der Gesellschafter erhöht werden, etwa im Falle der Umwandlung der SAS in eine SNC.[1317]

681 Auch wenn es hierfür keine gesetzliche Grundlage gibt, geht die französische Lehre davon aus, dass eine Verlegung des Gesellschaftssitzes ins Ausland ebenfalls eines einstimmigen Gesellschafterbeschlusses bedarf.[1318] Begründet wird dies mit den Rechtsfolgen einer solchen Sitzverlegung für die rechtliche Struktur sowie für die internen Verhältnisse und die Beziehungen mit Dritten.[1319]

682 Von diesen zwingenden Regelungsbereichen abgesehen, kann die **Satzung** gem. Art. L. 227-9 I C. com. frei festlegen, ob eine Entscheidung durch die Gesellschafterversammlung oder aber durch ein anderes Organ (etwa den Präsidenten oder ein bestimmtes Kollegialorgan) zu treffen ist. Theoretisch ist es damit sogar möglich, dass die Satzung gewisse Entscheidungen mit satzungsändernder Wirkung auf ein anderes Organ verlagert, so etwa die Entscheidung über eine **Sitzverlegung** (es sei denn, sie erfolgt ins Ausland, s. Rn. 681), über die Änderung des **Gesellschaftszwecks**, die Verlängerung der **Dauer** oder die **Ernennung** oder **Abberufung** anderer **Organe**.[1320] Enthält die Satzung allerdings keinerlei Bestimmungen zu Satzungsänderungen, so wird nur die Gesellschafterversammlung solche Entscheidungen treffen können. Zwar fallen allgemeine Satzungsänderungen nicht in den Katalog der zwingend nach Art. L. 227-9 II C. com. von der Gesellschafterversammlung zu treffenden Entscheidungen, allerdings können Satzungen nach Art. 1836 I C. civ. (der ohne weiteres auf SAS anwendbar ist) vorbehaltlich einer anderslautenden Bestimmung in der Satzung nur durch einstimmigen Beschluss der Gesellschafter geändert werden.[1321] Fehlt eine diesbezügliche Bestimmung in der Satzung, so steht die Satzungsänderungsbefugnis somit der Gesellschafterversammlung zu. Dies wird auch regelmäßig in Satzungen ausdrücklich so vorgesehen, was aus Gründen der Rechtssicherheit auch empfehlenswert ist.[1322]

683 Die Satzung kann der Gesellschafterversammlung auch ansonsten sehr weitgehende Befugnisse einräumen. So sehen Satzungen häufig unter anderem das Recht zugunsten der Gesellschafterversammlung vor, die Satzung zu verändern sowie die Geschäftsleiter zu ernennen, abzuberufen und ihre Vergütung festzusetzen.[1323] Darüber hinaus können die Gesellschafter aber auch **jede andere Entscheidung an sich ziehen**. Es kann auch ein sehr enges Kontrollsystem eingerichtet werden – theoretisch bis hin zu einer Weisungsbefugnis der Gesellschafterversammlung gegenüber den Geschäftsleitern. Außerdem können der Gesellschafterversammlung die strategischen Ent-

1316 Die Verletzung dieser Norm durch den Präsidenten oder anderen Geschäftsleiter der SAS kann nach Art. L. 244-2 C. com. mit einer Haftstrafe von sechs Monaten oder einer Geldbuße von 7.500 EUR bestraft werden.

1317 *Mestre/Velardocchio/Mestre-Chami*, Le Lamy Sociétés commerciales, 2017, Rn. 4255.

1318 *Groupe Revue Fiduciaire*, Le mémento de la SAS/SASU, 2015, Rn. 71; *Mestre/Velardocchio/Mestre-Chami*, Le Lamy Sociétés commerciales, 2017, Rn. 4255; *Lefebvre*, Mémento Assemblées générales, 2016-2017, Rn. 98020.

1319 *Lefebvre*, Mémento Assemblées générales, 2016-2017, Rn. 98020.

1320 *Mestre/Velardocchio/Mestre-Chami*, Le Lamy Sociétés commerciales, 2017, Rn. 4258; CA Orléans 24.2.2011, Nr. 10-03.666; *Lefebvre*, Mémento Sociétés commerciales, 2018, Rn. 60491.

1321 *Lefebvre*, Mémento Assemblées générales, 2016-2017, Rn. 98075.

1322 *Le Cannu/Dondero*, Droit des sociétés, 2015, Rn. 1004.

1323 *Germain/Périn*, SAS – La société par actions simplifiée, 2016, Rn. 462.

scheidungen[1324] sowie sonstige Entscheidungen wie zB die Sitzverlegung, die Änderung der Firma oder die Ausgabe von Schuldverschreibungen vorbehalten werden.[1325]

Die Gestaltungsfreiheit im Hinblick auf eine allzu große Ausweitung der Befugnisse der Gesellschafterversammlung findet jedoch zum einen in dem Umstand ihre Grenze, dass die Vertretungsbefugnis allein den Geschäftsleitungsorganen (Präsident, Generaldirektor und stellvertretender Generaldirektor) obliegt und damit nicht der Gesellschafterversammlung übertragen werden kann. Zum anderen sollten der Gesellschafterversammlung auch keine allzu weiten Geschäftsführungs- und Verwaltungsbefugnisse in der Satzung eingeräumt werden, da sie andernfalls als **rechtliche** oder **faktische Geschäftsleiter** der SAS angesehen werden könnten[1326] und damit entsprechende Haftungsrisiken verbunden sind. 684

Alle anderen Entscheidungen, die nicht gesetzlich oder satzungsmäßig zwingend von der Gesellschafterversammlung zu treffen sind, kann der Präsident selbst treffen.[1327] Die Gesellschafter sind grundsätzlich für die **Kontrolle der Geschäftsführung** verantwortlich. Sie können diese Aufgabe jedoch auf ein dafür eingerichtetes Kontrollorgan (zB einen Aufsichtsrat) übertragen.[1328] 685

bb) Einberufung

Die Tatsache, dass die **Modalitäten der Einberufung** von Gesellschafterversammlungen frei bestimmt werden können, bildet neben der freien Organisationsstruktur einen erheblichen Vorteil zu anderen Gesellschaftsformen. So kann zB bestimmt werden, dass jeder Gesellschafter direkt eine Gesellschafterversammlung einberufen kann. Auch können im Hinblick auf Frist und Form der Einberufung verschiedene Lösungen gewählt werden. Gegenüber der SARL bietet die SAS damit zB den Vorteil, dass die Gesellschafter **selbst eine Versammlung einberufen** und einen Geschäftsführer abberufen können. Sie sind nicht auf diesen oder die gerichtliche Bestellung eines Vertreters angewiesen (vgl. dazu Rn. 344). Gegenüber der SA bietet die SAS den Vorteil, dass die Einberufung unkomplizierter erfolgen kann. In der SAS wird in der Regel der Präsident in der vorgegebenen Form eine Versammlung einberufen, während in der SA zunächst das kollegiale Geschäftsführungsorgan einberufen werden muss, das im nächsten Schritt über die Einberufung der Gesellschafterversammlung befindet. 686

cc) Teilnahmerecht und Beschlussfassung

Jeder Gesellschafter besitzt ein unabdingbares **Teilnahmerecht** an der Versammlung, welches grundsätzlich rechtsformneutral ausgestaltet ist. Die Modalitäten zur **Fassung von Gesellschafterbeschlüssen** (Quorum, Mehrheitserfordernisse, Zuständigkeit, Einberufungsmodalitäten) sind in der Satzung geregelt (Art. L. 227-9 I C. com.).[1329] In diesem Zusammenhang ist es auch gestattet, die technischen Möglichkeiten auszunutzen und zum Beispiel das Umlaufverfahren per E-Mail und Videokonferenzen vorzusehen. Allerdings darf die Satzung grundsätzlich den Gesellschaftern nicht ihr Stimmrecht entziehen (Art. 1844 C. civ.), sofern nicht die gesetzlichen Bestimmungen zur SAS diese Möglichkeit ausdrücklich vorsehen (zB im Rahmen der Ausgabe von Vorzugsaktien (Art. L. 228-11 C. com., vgl. Rn. 693) oder bei Nichtleistung fälliger Einlagen (Art. L. 228-29 C. com.)).[1330] Zu Aktiengattungen und Stimmrechten siehe näher unter Rn. 693. 687

dd) Auskunfts- und Fragerecht

Ein permanentes oder im Vorfeld von Versammlungen bestehendes Auskunfts- und Fragerecht, das mit dem der Aktionäre der SA vergleichbar wäre (siehe Rn. 576), sieht das Gesetz für die SAS nicht vor, da Art. L. 227-1 III C. com. die Anwendung der entsprechenden Vorschriften zur SA größtenteils[1331] ausschließt. Das von Art. L. 225-232 und Art. L. 225-231 C. com. vorgeschriebene Fragerecht für Aktionäre mit einer Mindestbeteiligung von 5% (vgl. Rn. 577 und Rn. 627) gilt hingegen auch für die SAS. Weitere Informationspflichten bestehen darüber hinaus auch im Falle von Kapitalmaßnahmen, Umwandlungen und Verschmelzungen.[1332] Daneben müssen die Gesellschafter gemäß der französischen Rechtsprechung[1333] die Möglichkeit haben, Gesellschafter- 688

1324 *Germain/Périn,* SAS – La société par actions simplifiée, 2016, Rn. 461.
1325 *Lefebvre,* Mémento Sociétés commerciales, 2018, Rn. 60491; *Merle/Fauchon,* Sociétés commerciales, 2016, Rn. 692; *Le Cannu/Dondero,* Droit des sociétés, 2015, Rn. 1005.
1326 *Germain/Périn,* SAS – La société par actions simplifiée, 2016, Rn. 461; (vgl. auch Rn. 633).
1327 *Lefebvre,* Mémento Assemblées générales, 2016-2017, Rn. 98075.
1328 *Éditions Législatives,* Dictionnaire permanent du Droit des affaires, Direction de la SAS, 2017, Rn. 29; *Azarian* in: JurisClasseur, Commercial, 2017, Fasc. 1534, Rn. 43, 44; *Lefebvre,* Mémento Sociétés commerciales, 2018, Rn. 60430.
1329 Zu den Fällen, in denen ein einstimmiger Gesellschafterbeschluss erforderlich ist, vgl. oben Rn. 680.
1330 *Lefebvre,* Mémento Assemblées générales, 2016-2017, Rn. 98210.
1331 *Germain/Périn,* SAS – La société par actions simplifiée, 2016, Rn. 443 f.
1332 *Germain/Périn,* SAS – La société par actions simplifiée, 2016, Rn. 437.
1333 Cass. com. 20.3.2007, Nr. 05-19.225; CA Limoges 28.3.2012, Nr. 10-00.576.

beschlüsse in Kenntnis der Sachlage zu fassen.[1334] Das sich daraus ergebende Mindestmaß an Informationen beinhaltet in jedem Fall die Tagesordnung und die Beschlussvorschläge sowie die Dokumente, bezüglich derer die Gesellschafter abzustimmen haben, dh anlässlich der Jahreshauptversammlung den Jahresabschluss, den Geschäftsbericht sowie ggf. den Bericht des Abschlussprüfers.[1335] In Ermangelung gesetzlicher Bestimmungen empfiehlt es sich daneben, das Informationsrecht der Gesellschafter, ebenso wie die Modalitäten und die Fristen zur Ausübung dieses Rechts in der Satzung vorzusehen.[1336] Hier können aufgrund der Flexibilität der SAS weitgehende Informationsrechte geregelt werden.

ee) Aufhebung von Gesellschafterbeschlüssen

689 Die **Aufhebung eines Gesellschafterbeschlusses** kann aus verschiedenen Gründen und durch jede Person beantragt werden, die ein „berechtigtes Interesse" daran hat. Tatsächlich ist der Wortlaut des Art. L. 227-9 C. com. bezüglich dieser Person (*tout intéressé*) sehr vage. In der Praxis dürfte es sich dabei um jene Personen handeln, die ein direktes Interesse an der Aufhebung des Beschlusses haben und deren Interesse durch die entsprechenden Gesetzesbestimmungen geschützt werden soll.[1337] Gemäß Art. L. 227-9 IV C. com. können zunächst solche Beschlüsse aufgehoben werden, die unter Verstoß gegen die Bestimmungen des Art. L. 227-9 C. com. oder die Satzungsbestimmungen gefasst wurden. Darüber hinaus kann auch ein **Missbrauch** durch die Mehrheit oder die Minderheit zur Aufhebung eines Gesellschafterbeschlusses führen.[1338] Die Regelungen hierfür sind dieselben, die auch für die SARL gelten und bereits vorstehend erläutert wurden (s. Rn. 361).

g) Weitere Organe

690 Da die Gesellschafter mit Blick auf die Organisationsverfassung weitgehende Freiheiten genießen, können sie neben dem Präsidenten und ggf. den Generaldirektoren weitere Organe und Beiräte einrichten. So können sie zB ein **Kontrollorgan** etablieren und somit praktisch ein dualistisches System schaffen. Dieses Organ kann als Kollegialorgan ausgestaltet werden. Die Satzung kann diesbezüglich die Funktion und die Aufgaben festlegen.[1339]

h) Abschlussprüfer

691 Ähnlich wie bei der SARL ist die SAS verpflichtet, einen Abschlussprüfer (*commissaire aux comptes*) zu bestellen, wenn sie bestimmte Grenzwerte überschreitet. Allerdings sind die Schwellenwerte bei der SAS und der SARL (dazu Rn. 338) nicht identisch ausgestaltet. Vielmehr gelten für die SAS geringere Schwellen. So ist die Bestellung eines Abschlussprüfers **obligatorisch**, wenn die SAS nach Abschluss des Geschäftsjahres zwei der drei folgenden Kriterien erfüllt: Erreichen einer Bilanzsumme von mehr als 1.000.000 EUR, eines Nettojahresumsatzes von über 2.000.000 EUR, die Beschäftigung von durchschnittlich mehr als 20 Angestellten (Art. L. 227-9-1 II iVm Art. R. 227-1 I C. com.). Darüber hinaus ist die Bestellung eines Abschlussprüfers ebenfalls obligatorisch, wenn die SAS eine andere Gesellschaft beherrscht oder von einer anderen Gesellschaft beherrscht wird (Art L. 227-9-1 III C. com.). Sofern diese Kriterien nicht erfüllt und die genannten Grenzwerte nicht überschritten werden, kann die Bestellung des Abschlussprüfers **freiwillig** erfolgen. Der Abschlussprüfer wird durch Gesellschafterbeschluss (Art. L. 227-9 II C. com.) für eine Dauer von sechs Geschäftsjahren bestellt (Art. L. 823-3 I C. com.).[1340] In Abweichung zu dem vorstehend Aufgeführten sind Gesellschaften, für die eine Pflicht zur Veröffentlichung eines konsolidierten Abschlusses besteht, in jedem Fall dazu verpflichtet, von Anfang an zwei Abschlussprüfer zu bestellen (Art. L. 823-2 C. com.). Diesbezüglich kann auf die entsprechenden Ausführungen zur SARL verwiesen werden (Rn. 338).

1334 *Germain/Périn,* SAS – La société par actions simplifiée, 2016, Rn. 436; *Groupe Revue Fiduciaire,* Le mémento de la SAS/SASU, 2015, Rn. 419.

1335 *Groupe Revue Fiduciaire,* Le mémento de la SAS/SASU, 2015, Rn. 419 und Rn. 483.

1336 *Germain/Périn,* SAS – La société par actions simplifiée, 2016, Rn. 437 und Rn. 478 f.; *Groupe Revue Fiduciaire,* Le mémento de la SAS/SASU, 2015, Rn. 419.

1337 *Le Cannu/Dondero,* Droit des sociétés, 2015, Rn. 1023. Nach *Le Cannu/Dondero* dürfte es sich bei diesen Personen unter anderem um die Gesellschafter, die Geschäftsleiter und die Mitglieder der Kontrollorgane, nicht jedoch um die Arbeitnehmer, den Betriebsrat, den Abschlussprüfer und die Gesellschaftsgläubiger handeln (vgl. *Le Cannu/Dondero,* Droit des sociétés, 2015, Rn. 1023).

1338 *Lefebvre,* Mémento Assemblées générales, 2016-2017, Rn. 58590 ff., 58700.

1339 *Groupe Revue Fiduciaire,* Le mémento de la SAS/SASU, 2015, Rn. 315 ff.; *Germain/Périn,* SAS – La société par actions simplifiée, 2016, Rn. 524 ff.

1340 *Groupe Revue Fiduciaire,* Le mémento de la SAS/SASU, 2015, Rn. 364 ff.; *Germain/Périn,* SAS – La société par actions simplifiée, 2016, Rn. 650 ff.; *Lefebvre,* Mémento Transmission d'entreprise, 2015-2016, Rn. 23450 ff.

4. Kapitalverfassung

Das **Kapital** der SAS ist gem. Art. L. 227-1 III iVm 225-1 C. com. **in Aktien zerlegt**, nicht in Anteile wie bei der SARL. Üblicherweise handelt es sich um **Namensaktien** (*titres nominatifs*), nur ausnahmsweise – wenn die Aktien zum Handel auf einer multilateralen Handelsplattform zugelassen werden[1341] – können die Titel auch als **Inhaberaktien** (*titres au porteur*) ausgegeben werden (Art. L. 212-3 und L. 211-7 CMF). 692

Im Gegensatz zur SARL ist es im Rahmen der SAS auch möglich, **Aktiengattungen** mit unterschiedlichen Rechten und Pflichten zu bilden. Neben den allgemein üblichen Stammaktien können gem. Art. L. 228-11 I C. com. auch **Vorzugsaktien** (*actions de préférence*) herausgegeben werden. Hierdurch kann Gesellschaftern das Stimmrecht entzogen oder aber den Stimmen eines Gesellschafters ein höheres Gewicht zugesprochen werden.[1342] Die einzelnen Vorzugsrechte werden durch die Satzung unter Berücksichtigung der geltenden Art. L. 225-10 und L. 225-122 bis L. 122-125 C. com. definiert.[1343] In der Literatur ist umstritten, ob solche Vorzugsaktien nur unter Einhaltung der besonderen Bestimmungen zu Vorzugsaktien gem. Art. L. 228-11 bis L. 228-19 C. com.[1344] ausgegeben werden können[1345] oder ob für die SAS auch Vorzugsaktien *sui generis* außerhalb dieses gesetzlichen Rahmens zulässig sind.[1346] 693

Aktien sind nach Art. L. 228-10 I C. com. – vorbehaltlich einer entgegenstehenden Regelung in der Satzung – ab Eintragung der Gesellschaft **frei handelbar** oder, im Falle der Kapitalerhöhung, ab Umsetzung derselben (siehe zum Mitgliederwechsel näher unter Rn. 702). 694

Ein **Mindestkapital** ist seit dem 1. Januar 2009 für die Gründung einer SAS **nicht** mehr vorgeschrieben. Die Gesellschafter können das Kapital daher frei in der Satzung festsetzen.[1347] Allerdings muss das Kapital wie bei der SARL und der SA gem. Art. R. 123-237 und R. 123-238 Ziff. 4 b) C. com. auch auf den Geschäftspapieren angegeben werden, so dass ein zu geringes Stammkapital gegenüber Dritten ein negatives Signal senden kann (vgl. dazu auch iRd SARL Rn. 369). 695

Den Gesellschaftern wird auch bezüglich der Einlagen viel Gestaltungsfreiheit gelassen. Einlagefähig sind nicht nur **Bar-** und **Sacheinlagen**, sondern auch **Dienstleistungen und technisches Know-how**.[1348] Für die Bar- und Sacheinlage gelten die Bestimmungen der SA (vgl. Rn. 586 ff.), die sich wie folgt zusammenfassen lassen: Bareinlagen müssen mindestens zur Hälfte sofort eingezahlt werden; innerhalb von fünf Jahren nach Eintragung der Gesellschaft ins Handelsregister muss der Rest der Bareinlage erbracht werden.[1349] Im Verhältnis zur SARL, wo lediglich 20% der Bareinlage sofort erbracht werden müssen, sind die Vorschriften zur SAS damit etwas strenger ausgestaltet. Sacheinlagen müssen bei Zeichnung der Anteile sofort vollständig geleistet werden.[1350] Das entspricht der Rechtslage bei der SA.[1351] 696

Seit dem 1. Januar 2009 ist es auch möglich, **Dienstleistungen und technisches Know-how** (*apports en industrie*) zu leisten, aber diese dürfen **nicht zum Grundkapital** beitragen. Werden Dienstleistungen oder technisches Know-how eingebracht, so erwirbt der Gesellschafter aber dennoch eine Gesellschafterstellung, das heißt, der Gesellschafter wird an den Gewinnen und Verlusten beteiligt (Art. 1843-2 II C. civ.) und kann auch an kollektiven Entscheidungen teilnehmen. Die Satzung muss die näheren Bedingungen für die Einbringung von Dienstleistungen und des technischem Know-how festlegen (Art. L. 227-1 IV C. com.).[1352] Die Einbringung von 697

1341 Hierzu *Germain/Périn*, SAS – La société par actions simplifiée, 2016, Rn. 327.

1342 Zur Zulässigkeit eines mehrfachen Stimmrechts: *Germain/Périn*, SAS – La société par actions simplifiée, 2016, Rn. 310-2.

1343 Art. L. 228-11 I S. 2 C. com.

1344 So sieht das Gesetz etwa Besonderheiten für die Ausgabe von Vorzugsaktien (Art. L. 228-15 C. com.), ihren Rückkauf (Art. L. 228-12 C. com.) oder ihre Umwandlung (Art. L. 228-12 und L. 228-14 C. com.) vor.

1345 *Germain/Périn*, SAS – La société par actions simplifiée, 2016, Rn. 310.

1346 Näher hierzu *De Ternay* JCP E 14 (2005) 615, 616 f.; *Michel* Cahiers de droit de l'entreprise 6 (2008) 22, 24 f.; *Le Cannu* BJS 11 (2006) 1311, 1311 ff.; *Lefebvre*, Mémento Sociétés commerciales, 2018, Rn. 60510, 60622.

1347 *Cozian/Viandier/Deboissy*, Droit des sociétés, 2016, Rn. 1192; *Lefebvre*, Mémento Sociétés commerciales, 2018, Rn. 60120; *Germain/Magnier*, Les sociétés commerciales, 2014, Rn. 2601; *Moulin*, Droit des sociétés et des groupes, 2016-2017, S. 162.

1348 *Cozian/Viandier/Deboissy*, Droit des sociétés, 2016, Rn. 1192; *Lefebvre*, Mémento Sociétés commerciales, 2018, Rn. 60130.

1349 *Lefebvre*, Mémento Sociétés commerciales, 2018, Rn. 60130; *Cozian/Viandier/Deboissy*, Droit des sociétés, 2016, Rn. 1192; *Le Cannu/Dondero*, Droit des sociétés, 2015, Rn. 966; *Sonnenberger/Dammann*, Französisches Handels- und Wirtschaftsrecht, 2008, Kap. III Rn. 229; *Basuyaux/Delpech/de Labroube* in: Wegen/Spahlinger/Barth (Hrsg.), Gesellschaftsrecht des Auslands, 2016, Frankreich, Rn. 122 (Stand: 2012).

1350 *Lefebvre*, Mémento Sociétés commerciales, 2018, Rn. 60130 iVm Rn. 37921; *Cozian/Viandier/Deboissy*, Droit des sociétés, 2016, Rn. 1192 iVm Rn. 649.

1351 *Le Cannu/Dondero*, Droit des sociétés, 2015, Rn. 966; *Lefebvre*, Mémento Sociétés commerciales, 2018, Rn. 60130.

1352 *Lefebvre*, Mémento Sociétés commerciales, 2018, Rn. 60130; *Cozian/Viandier/Deboissy*, Droit des sociétés, 2016, Rn. 1192; *Merle/Fauchon*, Sociétés commerciales, 2016, Rn. 686; *Le Cannu/Dondero*, Droit des sociétés, 2015, Rn. 969.

Dienstleistungen führt im Ergebnis zu einer Unterscheidung zwischen dem Haftkapital nach außen und dem Gesellschaftskapital im Innenverhältnis.[1353] Da das Haftkapital gem. Art. R. 123-238 Nr. 4 b) C. com. auf der geschäftlichen Korrespondenz anzugeben ist, schützt die Vorschrift die Gläubiger, indem dort nur Kapital ausgewiesen wird, in welches regelmäßig leichter zu vollstrecken ist als in Dienstleistungen.

698 Gemäß Art. L. 227-9 II. C. com. ist der **Jahresabschluss** durch die Gesellschafterversammlung nach den in der Satzung festgelegten Bedingungen zu genehmigen oder abzulehnen. Hierbei handelt es sich um eine auch satzungsmäßig nicht zu ändernde Kernkompetenz der Gesellschafterversammlung.[1354] Gleiches gilt für die Verteilung des gem. Art. L. 232-11 C. com. definierten **Gewinns** (Art. L. 227-9 II C. com.), der entweder **ausgeschüttet** oder aber den **Rücklagen zugeführt** werden kann. Wegen der Einzelheiten zur Gewinnverwendung und Bildung von Rücklagen (gesetzlichen und statutarischen) sei auf die Ausführungen zur SARL verwiesen (vgl. Rn. 384 ff.).

699 Das Phänomen der **verdeckten Sacheinlage**, wie es in Deutschland bekannt ist, wird bei der SAS – anders als bei der SA – nicht geregelt. Art. L. 225-101 C. com., der für Nachgründungen bei der SA statuiert, dass der Erwerb eines Gegenstands vom Gesellschafter innerhalb der ersten zwei Jahre nach Gründung der Gesellschaft einem bestimmten Verfahren unterliegt, sofern der Kaufpreis des Gegenstands mindestens 10% des Stammkapitals ausmacht, ist gem. Art. L. 227-1 III C. com. ausdrücklich nicht auf die SAS anwendbar.[1355] Es ist daher grds. möglich, mithilfe eingebrachter Bareinlagen nach der Eintragung vom Gesellschafter einen Gegenstand zu erwerben. Allerdings sind in diesem Zusammenhang die Regeln bzgl. reglementierter Vereinbarungen (*conventions réglementées*) zu beachten (siehe dazu näher unter Rn. 33).

700 Hinsichtlich der Regelungen zu **Kapitalerhöhungen** und **-herabsetzungen** verweist Art. L. 227-1 III C. com. auf die entsprechenden Vorschriften für die SA (s. Rn. 596 ff.). Entsprechend verfügen die Gesellschafter im Falle einer Barkapitalerhöhung auch über ein Bezugsrecht (*droit préférentiel de souscription*), auf das sie aber auch verzichten können.[1356]

701 Es ist möglich, eine **SAS mit variablem Kapital** (*à capital variable*) zu gründen. In diesem Fall gelten die entsprechenden, rechtsformneutralen Vorschriften (Art. L. 231-1 bis Art. L. 231-8 C. com.). Insofern kann hier auf die entsprechenden Ausführungen unter Rn. 373 ff. Bezug genommen werden.

5. Mitgliederwechsel

702 In der SAS gilt der Grundsatz der Personenbezogenheit (***intuitu personae***), allerdings im Vergleich zu den Personengesellschaftern und selbst im Verhältnis zur SARL in abgeschwächter Form. Denn grundsätzlich können die Aktien frei an Mitgesellschafter, Verwandte und auch Dritte abgetreten werden. Die Gesellschafter können die Übertragung der Anteile allerdings durch entsprechende Satzungsbestimmungen stark **einschränken**. Statt einer ***opt-out***-Möglichkeit in gewissem Umfang handelt es sich bei der SAS damit um eine *opt-in*-Möglichkeit.

703 Die Gesellschafter können sogar ein **absolutes Übertragungsverbot** statuieren, sofern es nicht länger als für zehn Jahre gilt (Art. L. 227-13 C. com.). In der Satzung sollte präzisiert werden, welche Vorgänge genau unter das Verbot fallen, das heißt, ob nur Verkäufe betroffen sind oder auch Vorgänge wie Verschmelzungen. Es sollte zudem bestimmt werden, ob das Verbot nur für Übertragungen an **Dritte** oder auch für Übertragungen an andere **Gesellschafter** oder Verwandte gilt.[1357] Übertragungen, die entgegen eines entsprechenden Verbots vorgenommen wurden, sind nichtig (Art. L. 227-15 C. com.) und zwar unabhängig davon, ob ein möglicherweise involvierter Dritter von diesem Übertragungsverbot wusste.[1358]

704 Die Satzung kann ferner vorsehen, dass die Übertragung der Aktien nur mit der **Zustimmung** der anderen **Gesellschafter** erfolgen darf (Art. L. 227-14 C. com.) und zwar auch die Übertragung an Gesellschafter oder ihre Verwandten sowie bei Übertragungen im Todesfall.[1359] Davon abweichend kann auch ein **anderes Organ** für die Zustimmung zuständig sein, wenn die Satzung dies vorschreibt.[1360] Verweigern die Gesellschafter oder ein anderes Organ die Zustimmung zur Übertragung, ist fraglich, ob der Gesellschafter vergleichbar zur SA

1353 *Germain/Périn*, SAS – La société par actions simplifiée, 2016, Rn. 305-7.
1354 *Lefebvre*, Mémento Sociétés commerciales, 2018, Rn. 60490; *Éditions Législatives,* Dictionnaire permanent du Droit des affaires, Associé de SAS, 2017, Rn. 18; *Germain/Périn,* SAS – La société par actions simplifiée, 2016, Rn. 611.
1355 *Lefebvre*, Mémento Sociétés commerciales, 2018, Rn. 60131.
1356 *Lefebvre*, Mémento Sociétés commerciales, 2018, Rn. 60535.
1357 *Lefebvre*, Mémento Sociétés commerciales, 2018, Rn. 60690; *Cozian/Viandier/Deboissy*, Droit des sociétés, 2016, Rn. 1208; *Merle/Fauchon*, Sociétés commerciales, 2016, Rn. 699; *Basuyaux/Delpech/de Labrouhe* in: Wegen/Spahlinger/Barth (Hrsg.), Gesellschaftsrecht des Auslands, 2016, Frankreich, Rn. 141 (Stand: 2012).
1358 *Éditions Législatives,* Dictionnaire permanent du Droit des affaires, Associé de SAS, 2017, Rn. 41; *Moubsit* RLDA 2013, Nr. 86, 91, 94; *Lefebvre*, Mémento Sociétés commerciales, 2018, Rn. 60692.
1359 *Éditions Législatives,* Dictionnaire permanent du Droit des affaires, Clauses d'agrément et de préemption, 2017, Rn. 69; *Lefebvre*, Mémento Sociétés commerciales, 2018, Rn. 60700.
1360 *Lefebvre*, Mémento Sociétés commerciales, 2018, Rn. 60701; *Cozian/Viandier/Deboissy*, Droit des sociétés, 2016, Rn. 1209; *Merle/Fauchon*, Sociétés commerciales, 2016, Rn. 700.

(Art. L. 228-24 C. com.) das **Recht** hat, sich aus der Gesellschaft **zurückzuziehen** (zB durch einen Rückkauf durch die Gesellschaft oder den Verkauf an einen anderen Gesellschafter). Angesichts der Tatsache, dass Art. L. 227-14 C. com. keinen Verweis auf Art. L. 228-24 C. com. vorsieht und auch die Gesetzesmaterialien eher gegen seine analoge Anwendung sprechen,[1361] läge es nahe, einen Austritt des Gesellschafters bei verweigerter Zustimmung zunächst zu verneinen.[1362] Die überwiegende Lehre[1363] und vereinzelte Gerichte[1364] halten dies demgegenüber für möglich, weil ein Gesellschafter nicht Gefangener seiner eigenen Aktien sein dürfe. Die Aktienabtretung unterliegt (insbesondere hinsichtlich der Formalitäten und Registersteuern) im Übrigen denselben Regelungen wie die Aktienabtretung der SA (Rn. 613).

Insgesamt können die Regelungen zur Aktienabtretung in der Satzung frei bestimmt und damit strenger oder flexibler gestaltet werden als bei anderen Gesellschaftsformen. Anders als beispielsweise bei der SARL (siehe Rn. 412) sieht der *Code de Commerce* für die SAS auch explizit vor, dass ein **Gesellschafter** unter bestimmten Bedingungen per Satzungsbestimmung zur Abtretung seiner Aktien gezwungen und somit aus der Gesellschaft **ausgeschlossen** werden kann (Art. L. 227-16 I C. com.). Bezüglich des allgemeinen Inhalts der Satzungsbestimmung und des Ausschlussverfahrens sei auf die Erörterungen zur *société civile* und zur SARL verwiesen (vgl. Rn. 131 ff. und 412 ff.). 705

Die Abtretung der Aktien des ausgeschlossenen Gesellschafters kann an die übrigen Gesellschafter, an Dritte oder an die Gesellschaft erfolgen, wobei Letztere die Aktien binnen sechs Monaten weiterveräußern oder diese annullieren muss (Art. L. 227-18 II C. com.).[1365] Als weitere Besonderheit der SAS sieht Art. L. 227-16 II C. com. vor, dass diejenigen Rechte des ausgeschlossenen Gesellschafters, welche nicht finanzieller Art sind, mittels einer entsprechenden Satzungsbestimmung bis zur Abtretung seiner Aktien ausgesetzt werden können (*suspension des droits non pécuniaires*). Eine solche **Aussetzung** kann beispielsweise das Recht des Gesellschafters auf Information, das Stimmrecht oder auch das Recht auf seine Teilnahme an Gesellschafterversammlungen betreffen, wobei der Beschluss über den Ausschluss, wie vorstehend erläutert, hiervon auszunehmen ist. Eine solche Vorgehensweise bietet den Vorteil, dass sich der ausgeschlossene Gesellschafter im Zeitraum zwischen dem Beschluss über den Ausschluss und der Abtretung seiner Aktien nicht mehr in die Angelegenheiten der Gesellschaft einmischen kann.[1366] 706

6. Auflösung und Insolvenz

Die **rechtsformneutralen Auflösungsgründe**, die Art. 1844-7 C. civ. regelt und die im Rahmen der *société civile* bereits aufgelistet wurden, gelten auch für die SAS, so dass an dieser Stelle auf die Ausführungen unter Rn. 135 Bezug genommen werden kann. Es ist insbesondere denkbar, dass die Gesellschafter die Auflösung nach den statutarischen Bestimmungen beschließen. 707

Für die SAS gelten außerdem die Regelungen über den **Verlust des Eigenkapitals**, das nur noch weniger als die Hälfte des Stammkapitals beträgt (Art. L. 227-1 III iVm Art. L. 225-248 C. com.) (s. Rn. 617). Dies kann unter Umständen ebenfalls die Auflösung der Gesellschaft zur Folge haben. Daneben kann die **Satzung** weitere Gründe vorsehen, die zur Auflösung führen. Im Hinblick auf die Eröffnung eines Insolvenzverfahrens über das Vermögen der SAS kann auf die Ausführungen zur SARL verwiesen werden (Rn. 451 ff.). 708

7. Exkurs: SASU (société par actions simplifiée unipersonnelle)

Die Möglichkeit der Gründung einer SAS mit nur einem Gesellschafter wurde erst fünf Jahre nach Einführung der SAS durch das Gesetz vom 12.7.1999 in das französische Gesellschaftsrecht eingeführt (Art. L. 227-1 C. com.). Diese Gesetzesänderung hat einiges zum Erfolg der SAS in Frankreich beigetragen, da das französische Recht neben der europäischen Gesellschaft nur noch die relativ streng reglementierte SARL als Gesellschaft kannte, die nur einen Gesellschafter haben konnte. 709

Auch wenn die SAS mit einem Gesellschafter gemeinhin als **SASU** (*société par actions simplifiée unipersonnelle*) bezeichnet wird, stellt sie **keine eigene Rechtsform** dar. Es besteht daher auch keinerlei Verpflichtung, dies in den Rechtsformzusatz aufzunehmen, so dass sich auch die SAS mit nur einem Gesellschafter im Geschäftsleben nur als „SAS" auftreten muss (Art. L. 224-1 C. com.). 710

1361 Bericht der Assemblée Nationale, Nr. 258, S. 14. Bericht des Senats Nr. 35, S. 31; JO Sénat CR, 22.10.1993, S. 336.

1362 So *Stoufflet* Revue des Sociétés 2 (2000) 241, 242.

1363 *Germain/Périn*, SAS – La société par actions simplifiée, 2016, Rn. 369; *Le Cannu/Dondero*, Droit des sociétés, 2015, Rn. 1042; *Schlumberger* in: Mélanges en l'honneur du Professeur Michel Germain, 2015, S. 767, 784; *Lefebvre*, Mémento Sociétés commerciales, 2018, Rn. 60702; *Azarian* in: JurisClasseur, Commercial, 2016, Fasc. 1536, Rn. 8.

1364 TGI Bressuire 3.9.2007, Nr. 07-00.038 unter analoger Anwendung des Art. L. 228-24 C. com.

1365 *Germain/Périn*, SAS – La société par actions simplifiée, 2016, Rn. 384 f.; *Lefebvre*, Mémento Sociétés commerciales, 2018, Rn. 60732.

1366 *Germain/Périn*, SAS – La société par actions simplifiée, 2016, Rn. 383-1; *Lefebvre*, Mémento Sociétés commerciales, 2018, Rn. 60732.

711 Eine SASU kann sowohl von einer **natürlichen** als auch einer **juristischen Person** gegründet werden. Auch die Gründung durch eine andere SASU bzw. EURL ist möglich.[1367] Eine SAS kann bereits als Ein-Personen-Gesellschaft gegründet werden. Es ist aber auch möglich, dass es erst im Laufe des Bestehens der SAS zu einer Vereinigung aller Anteile in einer Hand kommt. Es hindert zudem den einzigen Gesellschafter nichts daran, auch gleichzeitig Präsident der SASU zu werden.[1368] Die Einpersonen-Richtlinie der EU gilt zwar nicht direkt für die SAS (s. § 28 Rn. 11), allerdings finden die Vorgaben über die analoge Anwendung des Art. 6 EPG-RL Anwendung (§ 28 Rn. 53).

712 Gegenüber der SAS weist die SASU einige Besonderheiten auf, die im Gesetz verankert sind. Insbesondere sind gem. Art. L. 227-20 C. com. die für die SAS geltenden Art. L. 227-13 bis L. 227-19 C. com.[1369] nicht auf die SASU anwendbar. Der einzige Gesellschafter trifft seine **Entscheidungen** zB persönlich und alleine. Regelungen zur Einberufung und Abhaltung von Gesellschafterversammlungen sind nicht einzuhalten. Ein etwaiger **Abschlussprüfer** bzw. der **Betriebsrat** müssen aber innerhalb einer angemessenen Frist vor der Beschlussfassung informiert werden. Die Beschlüsse des alleinigen Gesellschafters müssen in ein Beschlussregister aufgenommen werden. Diese Maßnahme dient der Sicherheit des Rechtsverkehrs, so dass unzweifelhaft geklärt werden kann, welche Entscheidungen der einzige Gesellschafter getroffen hat.

713 Ein weiterer Unterschied der SASU zur SAS besteht hinsichtlich der **reglementierten Vereinbarungen** (sog *conventions réglementées*). Während der Abschlussprüfer der SAS den Gesellschaftern Vereinbarungen zwischen der SAS und ihren Geschäftsleitern gem. Art. L. 227-10 I C. com. zwecks Genehmigung in einem Bericht darlegen muss, haben Vereinbarungen zwischen der SASU und ihrem Geschäftsleiter gem. Art. L. 227-10 IV C. com. lediglich in das Beschlussregister des einzigen Gesellschafters aufgenommen zu werden. Es bedarf damit keines gesonderten Berichts und keines Genehmigungsverfahrens.[1370] Dies gilt unabhängig davon, ob es sich bei dem Geschäftsleiter um den Alleingesellschafter oder einen Fremdgeschäftsführer handelt.[1371] Es ist daher ratsam, in der Satzung vorzusehen, dass Geschäfte zwischen der SASU und dem Fremdgeschäftsführer einer vorherigen Genehmigung durch den Alleingesellschafter bedürfen.[1372] Auch Geschäfte der SASU mit ihrem alleinigen Gesellschafter, der kein Geschäftsleiter ist, haben gemäß Art. L. 227-10 IV C. com. lediglich in das Beschlussregister aufgenommen zu werden und bedürfen weder eines Berichts noch eines Genehmigungsverfahrens.[1373]

714 Eine weitere Besonderheit im Zusammenhang mit der SASU bilden letztlich die Rechtsfolgen eines **Auflösungsbeschlusses**. Insofern sei auf die Rechtsfolgen der Auflösung einer Ein-Personen-SARL verwiesen (vgl. Rn. 418 f.).

V. Société en commandite par actions (SCA)

1. Grundlagen

715 Die *société en commandite par actions* (SCA) ist das Pendant zur **deutschen KGaA**. Bis zu einer Reform der SA im Jahr 1867 war sie eine äußerst beliebte Gesellschaftsform. Im Laufe der Zeit hat die SCA jedoch vor allem zulasten der SA immer weiter an **Bedeutung verloren**, so dass der französische Gesetzgeber 1966 kurz davor stand, diese Gesellschaftsform abzuschaffen.[1374] Die Anzahl der Gesellschaften, die sich für diese Gesellschaftsform entschieden haben, ist derzeit insgesamt gering.[1375] Allerdings zählen ein paar Gesellschaften mit großem

1367 *Lefebvre*, Mémento Sociétés commerciales, 2018, Rn. 61002.
1368 *Lefebvre*, Mémento Sociétés commerciales, 2018, Rn. 61130.
1369 Diese beinhalten die bereits oben beschriebenen Möglichkeiten zur Beschränkung der Abtretung von Aktien.
1370 *Lefebvre*, Mémento Sociétés commerciales, 2018, Rn. 61140; *Groupe Revue Fiduciaire*, Le mémento de la SAS/SASU, 2015, Rn. 1032.
1371 *Lefebvre*, Mémento Sociétés commerciales, 2018, Rn. 61140.
1372 *Groupe Revue Fiduciaire*, Le mémento de la SAS/SASU, 2015, Rn. 1032; *Lefebvre*, Mémento Sociétés commerciales, 2018, Rn. 61140.
1373 In seiner vor dem 6. Mai 2017 geltenden Fassung ging Art. L. 227-10 IV C. com. nicht explizit auf Geschäfte zwischen der SASU und ihrem Alleingesellschafter ein, so dass diese Geschäfte theoretisch unter Art. L. 227-10 I C. com. fielen und damit eines Berichts und einer Genehmigung bedurften. Da es jedoch ganz offensichtlich jeglicher Notwendigkeit entbehrt, dass der Alleingesellschafter in einem solchen Fall seine eigenen Geschäfte genehmigt, hat der französische Gesetzgeber in der Neufassung des Art. L. 227-10 IV C. com. klargestellt, dass Geschäfte zwischen der SASU und ihrem einzigen Gesellschafter lediglich in das Beschlussregister aufgenommen werden müssen (siehe hierzu auch *Lefebvre*, Mémento Sociétés commerciales, 2018, Rn. 61140; *Groupe Revue Fiduciaire*, Le mémento de la SAS/SASU, 2015, Rn. 1032).
1374 *Merle/Fauchon*, Sociétés commerciales, 2016, Rn. 673; *Germain/Magnier*, Les sociétés commerciales, 2014, Rn. 2643 iVm Rn. 1883 ff.; *Cozian/Viandier/Deboissy*, Droit des sociétés, 2016, Rn. 1167; *Le Cannu/Dondero*, Droit des sociétés, 2015, Rn. 1049.
1375 Laut einer Untersuchung des *Centre de Recherche de Droit des Affaires de la Chambre du Commerce et de l'Industrie d'Île-de-France* (CREDA) handelte es sich im Jahre 2006 bei nur 344 Gesellschaften in Frankreich um SCA. Neuere Zahlen hierzu liegen leider nicht vor.

Namen zu den SCA wie zB *Hermès*, *Michelin*, *Lagardère* oder *Eurodisney*,[1376] so dass ihr weiterhin eine gewisse wirtschaftliche Bedeutung zukommt. Die SCA ist aufgrund ihrer Struktur besonders für **Familienunternehmen** oder eine **herrschende Gesellschaftergruppe** interessant. Denn im Rahmen der SCA ist die Kontrolle über die Gesellschaft nicht an die Kapitalbeteiligung gekoppelt. Eine Kontrolle des Unternehmens ist damit auch ohne mehrheitliche Kapitalbeteiligung möglich.

Die SCA unterfällt den speziell auf sie zugeschnittenen Regeln des *Code de commerce* (Art. L. 226-1 bis 226-14 C. com. sowie Art. R. 226-1 bis Art. R. 226-3 C. com.). Subsidiär werden die Bestimmungen der SCS (französische KG) und der SA (französische AG) auf die SCA angewandt, soweit sie mit den speziellen Bestimmungen vereinbar sind (Art. L. 226-1 II C. com.). Explizit ausgenommen von dieser Regelung sind allerdings die Art. L. 225-17 bis 225-93 C. com. (Art. L. 226-1 II C. com.). 716

Schon die anwendbaren Normen zeigen, dass die SCA verschiedene Elemente der SA und der SCS verbindet. Zum einen ist ihr **Kapital in Aktien aufgeteilt**, zum anderen gibt es wie bei der SCS zwei Kategorien von Gesellschaftern:[1377] 717

- **Komplementäre**, die unbeschränkt und gesamtschuldnerisch haften und
- **Kommanditisten**, die nur beschränkt für die Schulden der Gesellschaft haften.

Die SCA besitzt **Rechtspersönlichkeit** und wird unabhängig von ihrem Zweck, der ziviler oder kaufmännischer Natur sein kann, als **Handelsgesellschaft** qualifiziert (Art. L. 210-1 II C. com.). Obwohl sie Züge einer Kommanditgesellschaft aufweist, ist die SCA eine **Kapitalgesellschaft.**[1378] Da die Kommanditisten einer SCA wie die Aktionäre einer SA Aktien halten, ist es bei der SCA auch möglich, dass diese Aktien an der **Börse** gehandelt werden.[1379] 718

2. Gründung

Bezüglich der Gründung einer SCA verbinden sich die allgemeinen Elemente, die für alle Gesellschaften gelten, mit den Ausprägungen der SCS und vor allem der SA. Auch die SCA bedarf daher eines **Gesellschaftsvertrages.** Die Komplementäre müssen nicht nur geschäftsfähig sein, sondern auch die Voraussetzungen für die Kaufmannseigenschaft erfüllen (Art. L. 226-1 I C. com.). Diese Voraussetzung führt dazu, dass Minderjährige sowie die *société civile* keine Komplementärstellung in der SCA einnehmen können.[1380] Bei den Kommanditisten genügt dagegen die Geschäftsfähigkeit.[1381] Wie auch bei den anderen Gesellschaften können bei der SCA sowohl natürliche als auch juristische Personen Komplementäre oder Kommanditisten sein. Zur Gründung einer SCA bedarf es allerdings mindestens **vier Personen**, da das Gesetz mindestens einen Komplementär und drei Kommanditisten verlangt (Art. L. 226-1 I 2 C. com.). 719

Bezüglich der weiteren **Formalitäten** der Gründung, insbesondere auch der **Eintragung** der Gesellschaft, kann auf die Ausführungen zur SA verwiesen werden (Rn. 475 ff.). Über Art. L. 226-2 I C. com. sind die Art. L. 225-2 bis L. 225-16 C. com. auch auf die SCA anwendbar.[1382] 720

Die **Firma** der SCA darf weitestgehend frei gewählt werden (Personen-, Sach- oder Fantasiefirma). Wie bei den anderen Gesellschaftsformen auch, muss der Firma der Gesellschaft der Zusatz der Rechtsform, in diesem Fall die Bezeichnung „*société en commandite par actions*“ bzw. „**SCA**“, hinzugefügt werden. Die Firma darf auch den Namen eines oder mehrerer Komplementäre enthalten. Nur die Benutzung der Namen der Kommanditisten ist untersagt (Art. L. 224-1 II C. com.). 721

1376 *Cozian/Viandier/Deboissy*, Droit des sociétés, 2016, Rn. 1186; *Merle/Fauchon*, Sociétés commerciales, 2016, Rn. 673; *Le Cannu/Dondero*, Droit des sociétés, 2015, Rn. 1050.

1377 *Cozian/Viandier/Deboissy*, Droit des sociétés, 2016, Rn. 1169; *Merle/Fauchon*, Sociétés commerciales, 2016, Rn. 673; *Le Cannu/Dondero*, Droit des sociétés, 2015, Rn. 1053; Lefebvre, Mémento Sociétés commerciales, 2018, Rn. 55511.

1378 *Lefebvre*, Mémento Sociétés commerciales, 2018, Rn. 55510; *Cozian/Viandier/Deboissy*, Droit des sociétés, 2016, Rn. 1170.

1379 *Mestre/Velardocchio/Mestre-Chami*, Le Lamy Sociétés commerciales, 2017, Rn. 4141; *Éditions Législatives*, Dictionnaire permanent du Droit des affaires, Tableau des principaux types de sociétés, 2017, Rn. 3.

1380 *Dalloz*, Fiches d'orientation, Société en commandite par action, 2016, Rn. 2.1; *Mestre/Velardocchio/Mestre-Chami*, Le Lamy Sociétés commerciales, 2017, Rn. 4142; *Lefebvre*, Mémento Sociétés commerciales, 2018, Rn. 55592.

1381 *Lefebvre*, Mémento Sociétés commerciales, 2018, Rn. 55590 f.; *Merle/Fauchon*, Sociétés commerciales, 2016, Rn. 673; *Le Cannu/Dondero*, Droit des sociétés, 2015, Rn. 1055 iVm Rn. 1059.

1382 *Lefebvre*, Mémento Sociétés commerciales, 2018, Rn. 55800; *Cozian/Viandier/Deboissy*, Droit des sociétés, 2016, Rn. 1169; *Merle/Fauchon*, Sociétés commerciales, 2016, Rn. 677.

3. Organisationsverfassung

a) Geschäftsführung

722 Die Geschäftsführung kann sowohl von einer **juristischen** als auch von einer **natürlichen Person** (die nicht älter als 65 Jahre sein darf, wenn die Satzung nicht etwas Anderes vorschreibt, Art. L. 226-3 I C. com.) übernommen werden.[1383] Gewöhnlich wird die Gesellschaft von den **Komplementären** geleitet, es können aber auch **Dritte** (Externe) zur Geschäftsführung herangezogen werden. Eine Fremdgeschäftsführung ist daher möglich, kommt in der Praxis aber eher selten vor.[1384] **Kommanditisten** können allerdings grundsätzlich **nicht** an der Geschäftsführung beteiligt werden (Art. L. 226-1 II C. com. iVm Art. L. 222-6 C. com., vgl. Ausführungen zur SCS, Rn. 193).[1385] Verstößt ein Kommanditist gegen diese Vorschrift, so haftet er unbeschränkt und gesamtschuldnerisch mit den Komplementären für die unter seiner Mitwirkung eingegangenen Verbindlichkeiten (Art. L. 226-1 II C. com. iVm Art. L. 222-6 II C. com.). Wie in der SCS greift auch hier das Prinzip des **Verbots der Vermischung von Komplementär- und Kommanditistenstellung** (*défense d'immixtion*, vgl. Rn. 193).[1386]

723 Die ersten Geschäftsführer werden in der Satzung bestimmt (Art. L. 226-2 I 1 C. com.). Die nachfolgenden Geschäftsführer werden von der Gesellschafterversammlung gewählt, das heißt von den Kommanditisten und Komplementären. Die Kommanditisten wählen mit einfacher Mehrheit, die Komplementäre müssen den Beschluss einstimmig fassen (Art. L. 226-2 II C. com.). Die Satzung kann jedoch etwas Anderes bestimmen, zB dass die Geschäftsführer allein von den Komplementären ausgesucht werden können und es keiner Einstimmigkeit bedarf.[1387]

724 Die **Geschäftsführer** (*gérants*) leiten das Unternehmen, haben weitreichende Kompetenzen und vertreten die Gesellschaft gegenüber Dritten (Art. L. 226-7 I C. com.). Handlungen des Geschäftsführers binden die Gesellschaft auch dann, wenn sie außerhalb des Unternehmensgegenstands liegen, es sei denn, die Gesellschaft kann dem Dritten nachweisen, dass er dies wusste oder unter den konkreten Umständen hätte wissen müssen (Art. L. 226-7 II C. com.). Dafür reicht es nicht aus, dass die Satzung mit dem Unternehmensgegenstand veröffentlicht wurde (Art. L. 226-7 II aE C. com.). Die Vertretungsmacht kann zwar durch die Satzung oder durch den Verwaltungsrat eingeschränkt werden, die Einschränkung kann aber Dritten gegenüber nicht geltend gemacht werden (Art. L. 226-7 III C. com.).[1388]

725 Auch die **Geschäftsführungsbefugnis** kann durch entsprechende Satzungsbestimmungen eingeschränkt werden. So ist es zB möglich, in der Satzung festzulegen, dass bestimmte Geschäfte der **Zustimmung** des Aufsichtsrats oder der Gesellschafterversammlung bedürfen. Es gibt auch keine Vorschriften, die die Gesellschaft daran hindern würden in der Satzung vorzusehen, dass lediglich eine Gruppe, zB Komplementäre, der Geschäftsführungsmaßnahme zustimmen müssen. Ohne entsprechende Einschränkung dürfen an der Beschlussfassung allerdings auch Kommanditisten teilnehmen, ohne fürchten zu müssen, gegen das **Einmischungsverbot** zu verstoßen, da es sich lediglich um interne Regelungen handelt.[1389] Gibt es mehrere Geschäftsführer, gelten vergleichbare Regeln wie für die SNC. So ist es den Mitgeschäftsführern zB möglich, vor Durchführung einer Maßnahme ein **Veto-Recht** einzulegen.[1390]

726 Der Verstoß gegen die Beschränkungen der Vertretungsbefugnis und der Geschäftsführungsbefugnis hat zwar keine Auswirkungen im Außenverhältnis, kann jedoch im Innenverhältnis die **persönliche Haftung** und Verpflichtung des Geschäftsführers nach sich ziehen, den der Gesellschaft oder den Gesellschaftern aufgrund des Verstoßes entstandenen Schaden zu ersetzen. Des Weiteren kann der Verstoß des Geschäftsführers gegen die im

---

1383 *Cozian/Viandier/Deboissy*, Droit des sociétés, 2016, Rn. 1169, 1177 f.; *Merle/Fauchon*, Sociétés commerciales, 2016, Rn. 202 iVm Rn. 167; *Le Cannu/Dondero*, Droit des sociétés, 2015, Rn. 1065 f.

1384 *Éditions Législatives*, Dictionnaire permanent du Droit des affaires, Gérant de société en commandite, 2017, Rn. 7; *Lefebvre*, Mémento Sociétés commerciales, 2018, Rn. 56500; *Cozian/Viandier/Deboissy*, Droit des sociétés, 2016, Rn. 1178.

1385 *Éditions Législatives*, Dictionnaire permanent du Droit des affaires, Gérant de société en commandite, 2017, Rn. 7; *Lefebvre*, Mémento Sociétés commerciales, 2018, Rn. 56500; *Le Cannu/Dondero*, Droit des sociétés, 2015, Rn. 1065; *Merle/Fauchon*, Sociétés commerciales, 2016, Rn. 677; *Cozian/Viandier/Deboissy*, Droit des sociétés, 2016, Rn. 1172.

1386 *Le Cannu/Dondero*, Droit des sociétés, 2015, Rn. 1060; *Mestre/Velardocchio/Mestre-Chami*, Le Lamy Sociétés commerciales, 2017, Rn. 4140; *Lefebvre*, Mémento Sociétés commerciales, 2018, Rn. 56500; *Cozian/Viandier/Deboissy*, Droit des sociétés, 2016, Rn. 1172.

1387 *Lefebvre*, Mémento Sociétés commerciales, 2018, Rn. 56541; *Cozian/Viandier/Deboissy*, Droit des sociétés, 2016, Rn. 1177; *Merle/Fauchon*, Sociétés commerciales, 2016, Rn. 677.

1388 *Lefebvre*, Mémento Sociétés commerciales, 2018, Rn. 56701; *Le Cannu/Dondero*, Droit des sociétés, 2015, Rn. 1072.

1389 *Lefebvre*, Mémento Sociétés commerciales, 2018, Rn. 56701.

1390 *Lefebvre*, Mémento Sociétés commerciales, 2018, Rn. 56702 iVm Rn. 22250; *Cozian/Viandier/Deboissy*, Droit des sociétés, 2016, Rn. 1459 iVm Rn. 1350; *Le Cannu/Dondero*, Droit des sociétés, 2015, Rn. 1073.

Innenverhältnis bestehenden Befugnisbeschränkungen einen wichtigen Grund für seine Abberufung darstellen.[1391]

Im Hinblick auf die ***conventions réglementées***, also Geschäfte mit nahestehenden Personen oder Unternehmen, sind die Regelungen zu den Organen der SA anwendbar (Art. L. 226-10 I C. com.) (dazu Rn. 548 f., s. auch Rn. 33). Die Zustimmung wird durch den Aufsichtsrat erteilt (Art. L. 226-10 III C. com.). 727

Die **Vergütung** der Geschäftsführer wird durch die Satzung bestimmt.[1392] Allerdings regelt die Satzung in aller Regel nur das „ob" der Vergütung, die Details sind späteren Entscheidungen vorbehalten, so dass für eine Vereinbarung über die Vergütung grundsätzlich keine Satzungsänderung notwendig wird. Art. L. 226-8 C. com. legt fest, dass alle über die in der Satzung festgelegte Vergütung hinausgehenden Vergütungsanteile von der ordentlichen Gesellschafterversammlung beschlossen werden müssen, wobei Komplementäre eine Vetoposition besitzen, da ihr Beschluss in Ermangelung einer anderslautenden Satzungsbestimmung einstimmig sein muss.[1393] 728

b) Aufsichtsrat

Jede SCA besitzt einen Aufsichtsrat (*conseil de surveillance*), in dem die **Kommanditisten** der Gesellschaft vertreten sind (Art. L. 226-4 C. com.). Dieser besteht aus **mindestens drei Aktionären**. Eine Obergrenze bezüglich der Mitgliederzahl bestimmt das Gesetz nicht. In der Satzung kann festgelegt werden, wie viele Mitglieder im *conseil de surveillance* sitzen sollen.[1394] Allerdings ist es nur Kommanditisten gestattet, dort Mitglied zu werden. Komplementäre können hingegen nicht in den *conseil de surveillance* berufen werden – auch dann nicht, wenn sie neben ihrer Komplementärstellung auch die Kommanditistenstellung haben (Art. L. 226-4 III C. com.). Dieses Verbot gilt selbst dann, wenn der Komplementär nicht in die Geschäftsführung eingebunden ist. Dritten ist es ebenfalls nicht gestattet, Mitglied des Aufsichtsrats zu sein. Gemäß Art. L. 226-4 II C. com. muss bei der Besetzung des Aufsichtsrats ein Gleichgewicht zwischen Männern und Frauen angestrebt werden. Darüber hinaus wurde am 27. Januar 2011[1395] ein Gesetz zur ausgewogenen Beteiligung von Frauen und Männern im Verwaltungsrat erlassen.[1396] Danach müssen börsennotierte SCA ab dem 1. Januar 2017 eine „**Frauenquote**" von 40% erfüllen (Art. L. 225-18-1 I C. com., vgl. dazu auch Rn. 491).[1397] 729

Die Satzung muss eine **Altersgrenze** für die Mitglieder des Aufsichtsrats bestimmen. Soweit die Satzung diesbezüglich keine Regelungen enthält, darf nicht mehr als ein Drittel der Mitglieder älter als 70 Jahre alt sein. 730

Die ersten Mitglieder werden gewöhnlich in der Satzung bestimmt. Im Laufe der Geschäftstätigkeit der Gesellschaft werden die Mitglieder dann von der Gesellschafterversammlung gewählt.[1398] Die Komplementäre dürfen an der **Bestellung** der Mitglieder nicht mitwirken (Art. L. 226-4 II C. com.). Sofern die Anzahl der Aufsichtsratsmitglieder die satzungsmäßig bestimmte Anzahl unterschreitet, können Mitglieder auch durch **Kooptation** (*cooptation*), dh durch die anderen Aufsichtsratsmitglieder, bestimmt werden.[1399] 731

Aufgabe des *conseil de surveillance* ist es, die Geschäftsführung zu überwachen und zu kontrollieren. Er hat diesbezüglich die gleichen Befugnisse wie der Abschlussprüfer. Er informiert die jährliche Gesellschafterversammlung in einem Bericht über Ungereimtheiten oder Mängel, die hinsichtlich des Jahresabschlusses festgestellt wurden. Er hat ferner die Befugnis, die Gesellschafterversammlung einzuberufen (Art. L. 226-9 C. com.). 732

Hinsichtlich der *conventions réglementées*, dh der Geschäfte mit nahestehenden Personen oder Unternehmen, sind hier ebenfalls gem. Art. L. 226-10 I C. com. die Regelungen zur SA anwendbar (s. Rn. 548 f., s. auch Rn. 33). 733

1391 *Gibirila/Azarian* in: JurisClasseur, Commercial, 2017, Fasc. 1050, Rn. 98; *Lefebvre*, Mémento Sociétés commerciales, 2018, Rn. 56701.

1392 *Poracchia* Droit et patrimoine 99 (2001) 100, 103; *Lefebvre*, Mémento Sociétés commerciales, 2018, Rn. 56770; *Cozian/Viandier/Deboissy*, Droit des sociétés, 2016, Rn. 1179.

1393 *Amiel-Cosme* in: Répertoire de droit des sociétés, 2017, Rémunération des dirigeants sociaux, Rn. 99; *Lefebvre*, Mémento Sociétés commerciales, 2018, Rn. 56770.

1394 *Mestre/Velardocchio/Mestre-Chami*, Le Lamy Sociétés commerciales, 2017, Rn. 4179; *Saintourens* in: Répertoire de droit des sociétés, 2011, Société en commandite par actions, Rn. 66; *Lefebvre*, Mémento Sociétés commerciales, 2018, Rn. 57160.

1395 Übersetzung der Verfasser. Im Original: Loi n° 2011-103 du 27 janvier 2011 relative à la représentation équilibrée des femmes et des hommes au sein des conseils d'administration et de surveillance et à l'égalité professionnelle.

1396 Dazu in Bezug auf die SA positiv Stellung beziehend *Cozian/Viandier/Deboissy*, Droit des sociétés, 2016, Rn. 675; vgl. auch *François-Poncet/Deilmann/Otte* NZG 2011, 450, 450 ff.; siehe dazu auch Rn. 491.

1397 *Lefebvre*, Mémento Sociétés commerciales, 2018, Rn. 57164.

1398 *Mestre/Velardocchio/Mestre-Chami*, Le Lamy Sociétés commerciales, 2017, Rn. 4179; *Saintourens* in: Répertoire de droit des sociétés, 2011, Société en commandite par actions, Rn. 67; *Lefebvre*, Mémento Sociétés commerciales, 2018, Rn. 57173.

1399 *Mestre/Velardocchio/Mestre-Chami*, Le Lamy Sociétés commerciales, 2017, Rn. 4179; *Lefebvre*, Mémento Sociétés commerciales, 2018, Rn. 57173; siehe dazu zur SA auch Rn. 486.

c) Gesellschafterbeschlüsse

734 Die Gesellschafterbeschlüsse der SCA setzen sich aus den Beschlüssen der **Kommanditisten** und den Beschlüssen der **Komplementäre** zusammen. Erstere versammeln sich in einer Hauptversammlung, für die die gleichen Regelungen gelten, wie für die Versammlung der Aktionäre einer SA (vgl. Rn. 553 ff.). Hervorzuheben ist diesbezüglich, dass die Pflichten des Verwaltungsrats bzw. des Vorstands im Hinblick auf die Versammlung bei der SCA der Geschäftsführung obliegen.[1400] Hinsichtlich der **Beschlüsse der Komplementäre** sind mangels spezieller gesetzlicher Regelungen die Regelungen über die SNC anwendbar (dazu Rn. 164 ff.).[1401]

735 Der **Jahresabschluss** wird zweifach festgestellt und genehmigt, einmal durch Versammlung der Kommanditisten und einmal durch Versammlung der Komplementäre (durch letztere nur, soweit nicht sämtliche Komplementäre Geschäftsführer sind).[1402]

4. Kapitalverfassung

736 Das **Kapital** der Gesellschaft muss **vollständig gezeichnet** werden.[1403] Das **Mindestkapital** beträgt seit 2009 37.000 EUR, unabhängig davon, ob die Gesellschaft börsennotiert ist oder nicht[1404] (Art. L. 224-2 I C. com.; zuvor musste eine börsennotierte SCA mindestens 225.000 EUR aufbringen). Das Mindestkapital in der SCA entspricht daher dem in der SA (gemeinsame Vorschrift: Art. L. 224-2 I C. com.). Die Aktionäre dürfen sowohl **Bar-** als auch **Sacheinlagen** einbringen. Nicht einlagefähig sind allerdings **Dienstleistungen** und **technisches Know-how**, wenn ein Kommanditist sie einbringen möchte (Art. L. 222-1 II 2 C. com.). Komplementären ist es aber grundsätzlich gestattet, diese Art von Einlage zu erbringen (Art. L. 226-1 iVm Art. L. 222-1 C. com.), welche jedoch nicht zum Stammkapital zählt.[1405]

737 Die **Zeichnung** und **Einzahlung von Aktien** richtet sich für die Kommanditisten und Komplementäre nach dem Recht der SA,[1406] weshalb an dieser Stelle nach oben verwiesen werden kann (Rn. 583 ff.). Da die Einbringung von Dienstleistungen und technischem Know-how nicht zur Bildung des Kapitals beitragen darf, dürfen für Einlagen dieser Art in Übereinstimmung mit den für die SA geltenden Bestimmungen keine Aktien ausgegeben werden (Art. L. 226-1 II C. com. iVm Art. L. 225-3 IV C. com.).[1407] Für die Aufbringung von Dienstleistungen und technischem Know-how gelten daher die Vorschriften zur SCS gemäß dem Verweis nach Art. L. 226-1 II C. com., auf die an dieser Stelle verwiesen werden soll (Rn. 200).

738 Bringt ein Gesellschafter Bar- oder Sacheinlagen ein, erhält er dafür Anteile, die ihm **automatisch** zu einer **Kommanditistenstellung** verhelfen (Art. L. 226-1 I 1 C. com.). Selbst ein Aktionär, der eigentlich Komplementär ist, erlangt in Bezug auf die für die Bar- oder Sacheinlage erhaltenen Anteile eine Aktionärs- und damit eine Kommanditistenstellung. In diesem Fall überlagert die Komplementärstellung allerdings die Kommanditistenstellung.[1408] **Verbietet** die **Satzung**, dass der Komplementär auch gleichzeitig Kommanditist ist, kann der Komplementär die Einlage trotzdem einbringen. Es muss dann aber darauf geachtet werden, dass sie **nicht zum Grundkapital** gerechnet wird. Eine solche Sacheinlage kann auf einem **gesonderten Konto** (zB „anderes Eigenkapital") verbucht werden.[1409]

5. Haftung für die Verbindlichkeiten der Gesellschaft

739 Wie bei der Kommanditgesellschaft auch, muss hier zwischen Komplementären und Kommanditisten unterschieden werden. **Komplementäre** einer SCA sind in der gleichen rechtlichen Situation wie Komplementäre

1400 *Lefebvre*, Mémento Sociétés commerciales, 2018, Rn. 57500 f.
1401 *Mestre/Velardocchio/Mestre-Chami*, Le Lamy Sociétés commerciales, 2017, Rn. 4175 f.; *Lefebvre*, Mémento Sociétés commerciales, 2018, Rn. 57502.
1402 *Lefebvre*, Mémento Sociétés commerciales, 2018, Rn. 57520; *Mestre/Velardocchio/Mestre-Chami*, Le Lamy Sociétés commerciales, 2017, Rn. 4176.
1403 *Mestre/Velardocchio/Mestre-Chami*, Le Lamy Sociétés commerciales, 2017, Rn. 4139 iVm 3419; *Lefebvre*, Mémento Sociétés commerciales, 2018, Rn. 55630 iVm 37890.
1404 *Mestre/Velardocchio/Mestre-Chami*, Le Lamy Sociétés commerciales, 2017, Rn. 4143; *Éditions Législatives*, Dictionnaire permanent du Droit des affaires, Tableaux des principaux types de sociétés, 2017, Rn. 3; *Lefebvre*, Mémento Sociétés commerciales, 2018, Rn. 55620; *Merle/Fauchon*, Sociétés commerciales, 2016, Rn. 676.
1405 *Aulagnier ua*, Le Lamy Patrimoine, 2009, Rn. 740-114; *Lefebvre*, Mémento Sociétés commerciales, 2018, Rn. 55631; *Merle/Fauchon*, Sociétés commerciales, 2016, Rn. 201 und 675.
1406 *Mestre/Velardocchio/Mestre-Chami*, Le Lamy Sociétés commerciales, 2017, Rn. 4139 iVm 3419; *Lefebvre*, Mémento Sociétés commerciales, 2018, Rn. 55630.
1407 *Aulagnier ua*, Le Lamy Patrimoine, 2009, Rn. 740-114; *Lefebvre*, Mémento Sociétés commerciales, 2018, Rn. 55631.
1408 *Le Cannu/Dondero*, Droit des sociétés, 2015, Rn. 1056; *Lefebvre*, Mémento Sociétés commerciales, 2018, Rn. 55630.
1409 *Saintourens* in: Répertoire de droit des sociétés, 2011, Société en commandite par actions, Rn. 14; *Glotin* in: JurisClasseur, Notarial, 2016, Fasc. M-5, Rn. 19; *Lefebvre*, Mémento Sociétés commerciales, 2018, Rn. 55630.

einer SCS.[1410] Sie haften **unbeschränkt** und **gesamtschuldnerisch** für die Verbindlichkeiten der Gesellschaft (Art. L. 226-1 I C. com.). Über Art. L. 226-1 II C. com. werden die Regeln der SCS für anwendbar erklärt. Diese verweisen für die Haftung von Komplementären wiederum auf die Vorschriften der SNC, so dass im Ergebnis Art. L. 221-1 II C. com. anwendbar ist. Dieser stellt klar, dass die Gläubiger nur dann von den Gesellschaftern Befriedigung ihrer Forderungen verlangen können, wenn sie zuvor **vergeblich** versucht haben, von der Gesellschaft Befriedigung zu erlangen.

Kommanditisten haften dagegen **nur mit ihrer Einlage** für die Verbindlichkeiten der Gesellschaft (Art. L. 226-1 740
I 1 C. com.). Ansonsten werden bezüglich der Haftung der Kommanditisten die Vorschriften der SCS herangezogen (s. Rn. 201). Das bedeutet, dass es den Kommanditisten strikt untersagt ist, Geschäftsführungsmaßnahmen durchzuführen (Art. L. 222-6 I C. com.). Halten sie sich nicht an diese Vorschrift, so haften sie unbeschränkt und gesamtschuldnerisch mit den Komplementären (Art. L. 222-6 II C. com.) für die unter ihrer Mitwirkung eingegangenen Verbindlichkeiten. Die Haftung kann je nach Anzahl und Schwere der durchgeführten Geschäftsführungsmaßnahmen gerichtlich auf alle Verbindlichkeiten ausgedehnt werden (vgl. Art. L. 222-6 II C. com.).[1411]

6. Mitgliederwechsel

a) Wechsel eines Komplementärs

Möchte ein Komplementär seinen Anteil abtreten, bedarf er der **Zustimmung** der anderen **Komplementäre** zu 741
dieser Transaktion. Außerdem müssen auch alle **Kommanditisten** der Übertragung zustimmen. Die Satzung kann aber auch vorsehen, dass die Kommanditisten der Abtretung mit einfacher Mehrheit des Kapitals zustimmen können, sofern die Abtretung nur einen Teil seiner Anteile umfasst (Art. L. 222-8 C. com. iVm Art. L. 226-1 II C. com.).[1412] Verstirbt ein Komplementär, kommen die Regeln der *société en commandite simple* zur Anwendung, so dass insofern nach oben verwiesen werden kann (Rn. 205).

b) Wechsel eines Kommanditisten

Die **Kommanditisten** einer SCA sind Aktionäre und die daraus resultierenden Rechte und Pflichten sind denen 742
bei der SA vergleichbar.[1413] Auch bezüglich der Übertragbarkeit der Anteile kann deshalb nach oben verwiesen werden (Rn. 610 ff.).

7. Auflösung und Insolvenz

Die **rechtsformneutralen Auflösungsgründe**, die Art. 1844-7 C. civ. regelt und die im Rahmen der *société civile* 743
bereits aufgelistet wurden, gelten auch für die SCA, so dass an dieser Stelle nach oben verwiesen werden kann (Rn. 135). Daneben kennt das französische Recht auch **spezielle Auflösungsgründe** für eine SCA, die denen bei der SA entsprechen (Verweis auf die Vorschriften der SA soweit sie anwendbar sind).[1414] Insbesondere folgende Auflösungsgründe gelten auch für die SCA:

- Jeder, der ein berechtigtes Interesse daran hat,[1415] kann die Auflösung der SCA verlangen, wenn das Kapital der SCA unter 37.000 EUR herabgesetzt wird, sofern nicht gleichzeitig eine Erhöhung des Kapitals beschlossen wird bzw. die SCA in eine andere Gesellschaftsform umgewandelt wird (Art. L. 224-2 C. com.);
- verliert die Gesellschaft mehr als die Hälfte des Gesellschaftskapitals, so ruft der Vorstand bzw. der Aufsichtsrat eine außerordentliche Gesellschafterversammlung ein, auf der die Aktionäre über den Fortbestand der Gesellschaft beschließen (Art. L. 225-248 C. com.) und

1410 *Lefebvre*, Mémento Sociétés commerciales, 2018, Rn. 58000; *Merle/Fauchon*, Sociétés commerciales, 2016, Rn. 675; *Le Cannu/Dondero*, Droit des sociétés, 2015, Rn. 1057.

1411 *Lefebvre*, Mémento Sociétés commerciales, 2018, Rn. 58070, 27070 f.; *Cozian/Viandier/Deboissy*, Droit des sociétés, 2016, Rn. 1172 iVm Rn. 1494.

1412 *Mestre/Velardocchio/Mestre-Chami*, Le Lamy Sociétés commerciales, 2017, Rn. 4155; *Lecourt* in: Répertoire de droit des sociétés, 2017, Cession de droits sociaux, Rn. 377; *Lefebvre*, Mémento Sociétés commerciales, 2018, Rn. 58010.

1413 *Lefebvre*, Mémento Sociétés commerciales, 2018, Rn. 58070 f.; *Merle/Fauchon*, Sociétés commerciales, 2016, Rn. 675; *Lecourt* in: Répertoire de droit des sociétés, 2017, Cession de droits sociaux, Rn. 378.

1414 *Lefebvre*, Mémento Sociétés commerciales, 2018, Rn. 59001, 54500 f.; *Merle/Fauchon*, Sociétés commerciales, 2016, Rn. 679 iVm Rn. 671; *Le Cannu/Dondero*, Droit des sociétés, 2015, Rn. 1083.

1415 Hierzu gehören in jedem Fall Gesellschafter und unter bestimmten Umständen sogar konkurrierende Gesellschaften. Ob die Eigenschaft, Gläubiger der Gesellschaft zu sein, ausreicht, um ein berechtigtes Interesse nachzuweisen, ist umstritten (*Bougnoux* in: JurisClasseur, Sociétés Traité, 2015, Fasc. 30-30, Rn. 76 f. iVm Rn. 92); insofern kann auf die diesbezüglich unter Rn. 422 (Antrag auf Auflösung der Gesellschaft nach Verlust des Eigenkapitals und Absinken unter die Hälfte des Stammkapitals) vorgenommenen Erläuterungen und die dort aufgeführte Rechtsprechung verwiesen werden.

- die außerordentliche Gesellschafterversammlung kann die Auflösung der Gesellschaft beschließen (Art. L. 225-246 C. com.).

Daneben können auch die **besonderen Auflösungsgründe** der SCS Anwendung finden (vgl. dazu Rn. 206).[1416]

VI. Die Kapitalgesellschaften im Vergleich

744

	SARL/EURL	SA	SAS/SASU	SCA
Vergleichbare deutsche Rechtsform	(GmbH)/(Ein-Personen-GmbH	AG	(GmbH)/Ein-Personen-GmbH	KGaA
Rechtspersönlichkeit	Ja	Ja	Ja	Ja
Zweck	Zivil/Kaufmännisch; Handelsgesellschaft aufgrund d. Rechtsform	Zivil/Kaufmännisch; Handelsgesellschaft aufgrund d. Rechtsform	Zivil/Kaufmännisch; Handelsgesellschaft aufgrund d. Rechtsform	Zivil/Kaufmännisch; Handelsgesellschaft aufgrund d. Rechtsform
Gründungsgesellschafter	Mind. 1; max. 100; natürliche und juristische Personen	Mind. 2; kein Maximum; natürliche und juristische Personen	Mind. 1; kein Maximum; natürliche und juristische Personen	Mind. 4 (1 Komplementär und 3 Kommanditisten); kein Maximum; natürliche und juristische Personen
Mindestkapital (MK)	Kein Mindestkapital	Grds. 37.000 €* *Beachte Besonderheiten zB für Presseunternehmen	Kein Mindestkapital	37.000 €
Einlagemöglichkeiten	Alle (Bar- und Sacheinlagen, Dienstleistungen und Know-how)	Bar- und Sacheinlagen	Alle (Bar- und Sacheinlagen, Dienstleistungen und Know-how)	Kompl. = Alle Kom. = Bar-/Sacheinlagen
Beschränkte Haftung	Ja	Ja	Ja	Nur für Kommanditisten; Komplementäre haften unbeschränkt und gesamtschuldnerisch
Börsennotierung	Nein	Möglich	Nein	Möglich
Übertragbarkeit der Anteile	Eingeschränkt	Grds. frei	Grds. frei; Satzungsgestaltungsmöglichkeiten	Kompl. = Eingeschränkt Kom. = Frei
Organisationsverfassung	Ein oder mehrere Geschäftsführer	Monistisches oder dualistisches System	Ein Präsident	Ein oder mehrere Geschäftsführer und ein Aufsichtsrat
Geschäftsführungsbefugte	Nur natürliche Personen	Nur natürliche Personen	Natürliche und juristische Personen	Natürliche und juristische Personen
Vertretungsbefugnis der Geschäftsführungsbefugten	Einzelvertretungsbefugnis; Gesamtvertretungsbefugnis kann Dritten nicht entgegengehalten werden	Einzelvertretungsbefugnis; Gesamtvertretungsbefugnis kann Dritten nicht entgegengehalten werden	Einzelvertretungsbefugnis; Gesamtvertretungsbefugnis kann Dritten nicht entgegengehalten werden	Einzelvertretungsbefugnis; Gesamtvertretungsbefugnis kann Dritten nicht entgegengehalten werden

Abb. 7: Die Kapitalgesellschaften im Vergleich

1416 *Lefebvre*, Mémento Sociétés commerciales, 2018, Rn. 59001 iVm 29001; *Merle/Fauchon*, Sociétés commerciales, 2016, Rn. 679 iVm Rn. 206.

Stichwortverzeichnis Teil 4, § 13: Frankreich

Fette Zahlen bezeichnen die Paragraphen, magere die Randnummern.

§ 14 Italien[1]

1 Die Autoren haben zu diesem Kapitel zu gleichen Teilen beigetragen und die Thematiken intensiv miteinander diskutiert.

Literatur (Auswahl): *Abbadessa/Portale* (Hrsg.), Il nuovo diritto delle società. Liber amicorum Gian Franco Campobasso, 4 Bände, 2006-2007; *dies.* (Hrsg.), Le società per azioni. Codice civile e leggi complementari, 2 Bände, 2016; *Abriani/Stella Richter* (Hrsg.), Codice commentato delle società, 2 Bände, 2010; *Abriani et al.* (Hrsg.), Diritto delle società. Manuale breve 5. Aufl. 2012; *Angelici*, La società per azioni. Principi e problemi, 2012; *Ascarelli*, Corso di diritto commerciale, 3. Aufl. 1962; *Bader*, Die neue societá a resonsabilitá limitata in Italien, GmbHR 2005, 1474; *ders.*, Die Bildung von Sondervermögen als rechtspolitische Alternative zu Spartenaktien (Tracking Stocks), 2005; *ders.*, in: Pfeiffer (Hrsg.), Jhb. für italienisches Recht, Bd. 19, 2006, S. 37; *Barbist/Rungg*, Ihr Unternehmen in Italien, 2006; *Barth*, Die Reform der italienischen GmbH, MittBayNot 2006, 1; *Bartolacelli*, The New Italian Almost Capital-less Private Companies: A Brand New Tile in the Mosaic, ECFR 2016, 665; *Benedettelli/Lamandini*, Il diritto societario europeo e internazionale, 2016; *Buenger*, Die Reform des italienischen Gesellschaftsrechts – Geschäftsführung und Kontrolle in der Gesellschaft mit beschränkter Haftung, RIW 2004, 249; *Cafaggi/Iamiceli/Mosco*, Il contratto di rete per la crescita delle imprese, 2012; *dies.*, Il contratto di rete e le prime pratiche: linee di tendenza, modelli e prospettive di sviluppo, I Contratti 2013, 799; *Cagnasso/Mambriani* (Hrsg.), Codice della società a responsabilità limitata, 2015; *Cagnasso/Panzani* (Hrsg.), Le nuove s.p.a., 2 Bände, 2010; *Calderale*, La circolazione del modello italiano nelle codificazioni brasiliane del diritto privato in: Lanni/Sirena (Hrsg.), Il modello giuridico – scientifico e legislativo – italiano fuori dall'Europa, 2013, S. 199; *Campobasso*, Diritto commerciale, Bd. 2, Diritto delle società, 9. Aufl. 2015; *ders.*, Diritto commerciale, Bd. 1, Diritto dell'impresa, 7. Aufl. 2013; *ders.*, Testo Unico della Finanza. Commentario, 3 Bände, 2002; *Campobasso/Cariello/Di Cataldo/Guerrera/Sciarrone Alibrandi* (Hrsg.), Società, banche e crisi d'impresa. Liber amicorum Pietro Abbadessa, 3 Bände, 2014; *Cariello*, Il sistema dualistico, 2012; *Casper/Reiß*, Die Haftung eines Vorstands einer italienischen Aktiengesellschaft nach neuem Recht, RIW 2004, 428; *Catania*, Die neue Organisation der italienischen GmbH nach der Reform des italienischen Gesellschaftsrechts unter besonderer Berücksichtigung der Geschäftsführerhaftung, RIW 2007, 367; *Cera/Mondini/Presti*, La riforma del diritto societario nella giurisprudenza delle imprese, 2016; *Cetra*, L'impresa collettiva non societaria, 2003; *Cian*, Die S.R.L. mit reduziertem Kapital und die S.R.L. semplificata im italienischen System der Kapitalgesellschaften, ZVglRWiss 114 (2015) 288; *ders.* (Hrsg.), Diritto commerciale. Bd. 1, Diritto dell'impresa, 3. Aufl. 2017; *ders.* (Hrsg.), Diritto commerciale. Bd. 3, Diritto delle società, 3. Aufl. 2017; *ders.*, La nuova società tra professionisti. Primi interrogativi e prime riflessioni, Le nuove leggi civili commentate 2012, 3; *Colombo/Portale* (Hrsg.), Trattato delle società per azioni, mehrere Bände, 1988-2004; *Cottino* (Hrsg.), Trattato di diritto commerciale, mehrere Bände, 2004-2014; Cottino/Cagnasso, Diritto societario, 2. Aufl. 2011; *Cottino/Weigmann*, Le società di persone, 2004; *Cottino/Bonfante/Cagnasso/Montalenti* (Hrsg.), Il nuovo diritto societario, mehrere Bände, 2004; *Cuffaro* (Hrsg.), Il contratto di rete di imprese, 2016; *D'Alessandro* (Hrsg.), Commentario romano al nuovo diritto delle società, mehrere Bände, 2010; *D'Auria*, Clausole di consolidazione societaria e patti successori, Rivista del notariato 2003, 657; *De Nicola/Carone*, Italian Company Law, 2015; *Dolmetta/Presti* (Hrsg.), S.r.l. Commentario dedicato a Giuseppe Portale, 2011; *Falco*, in: Wegen/Spahlinger/Barth (Hrsg.), Gesellschaftsrecht des Auslands, 1. EL 2016, Italien (Stand: 1.1.2012); *Fasciani*, in: Süß/Wachter (Hrsg.), Handbuch des internationalen GmbH-Rechts, 3. Aufl. 2016, Italien; *Ferri/Angelici*, Manuale di diritto commerciale, 15. Aufl. 2016; *Ferrini/Peruzzo/Roberti*, in: Davis/Hopt/Nowak/van Solinge, Corporate Boards in Law and Practice, 2013; *Fleischer/Agstner*, Personengesellschaften in Italien und Deutschland, RabelsZ 81 (2017) 299; *Frase*, „Leoninische Vereinbarungen" und Ergebnisbeteiligungspflicht im deutschen und italienischen Gesellschaftsrecht, 2010; *Ghersini/Puppo*, in: van Hulle/Gesell, European Corporate Law, 2006; *Giudotti*, in: Gonzàlez/Teichmann, Private Company Law Reform in Europe: The race for flexibility, 2015; *Goldschmidt*, Die Universalgeschichte des Handelsrechts, 3. Aufl. 1891; *Gössl*, Italienische Netzverträg (contratti di rete), Niederlassungsfreiheit und anwendbares Recht, RabelsZ 80 (2016) 579; *Guabello*, Sulla natura del recesso nelle società di persone e sulla possibilità di una sua revoca, Rivista del notariato 2010, 1426; *Hartl*, Reform des italienischen Gesellschaftsrechts, NZG 2003, 667; *Hausmann*, Vertretungsmacht und Vertretungsbefugnis in: Reithmann/Martiny, Internationales Vertragsrecht, 8. Aufl. 2015; *Hilpold/Brunner*, Die Reform des italienischen Gesellschaftsrechts – ein Beitrag zur Öffnung und Modernisierung des italienischen Wirtschaftsrechts, ZVglRWiss 105 (2006) 519; *Hilpold/Perathoner/Steinmair*, Die Reform des italienischen Gesellschaftsrechts, 2006; *Hofmann*, Gesellschaftsrecht in Italien, 2006; *Ibba/Marasà*, Trattato delle società a responsabilità limitata, mehrere Bände, 2009-2015; *Jung/Krebs/Teubner* (Hrsg.), Business Networks Reloaded, 2015; *Kindler/Bader*, Neue Gestaltungsmöglichkeiten im italienischen Aktienrecht: das Zweckvermögen zur Verfolgung besonderer Geschäftsvorhaben, RIW 2004, 29; *Kindler*, Einführung in das italienische Recht, 2. Aufl. 2008; *ders.*, Italienisches Handels- und Wirtschaftsrecht, 2. Aufl. 2014; *ders.*, Entwicklungslinien des italienischen Gesellschaftsrechts seit Beginn dieses Jahrhunderts, ZEuP 2012, S. 72; *Lorenzetti/Strnad*, Umfassende Reform des GmbH-Rechts in Italien, GmbHR 2004, 731; *Loy*, Der GmbH-Geschäftsführer zwischen Arbeits- und Gesellschaftsrecht, 2014; *Maffei Alberti* (Hrsg.), Commentario breve al diritto delle società, 4. Aufl. 2017; *Magelli/Masotto*, Organe der Società per Azioni nach der Reform des italienischen Gesellschaftsrechts, RIW 2004, 903; *Magrini*, Italienisches Gesellschaftsrecht, 2004; *Marasà*, Le società tra professionisti, Rivista delle società 2014, 429; *Marchetti/Bianchi/Ghezzi/Notari* (Hrsg.), Commentario alla riforma delle società, mehrere Bände, 2005-2016; *Miola*, in: Lutter (Hrsg.), Das Kapital der Aktiengesellschaft in Europa, 2006; *Mugnai*, Contratto di rete e attività di direzione e coordinamento, Rivista di Diritto Societario 2015, 823; *Muthers*, Società tra professionisti – zur Entwicklung der gemeinschaftlichen Berufsausübung von Anwälten in Italien, RIW 2003, 245; *Niccolini-Stagno d'Alcontres* (Hrsg.), Società di capitali. Commentario, 2004; *Oelkers* in: Kalss (Hrsg.), Vorstandshaftung in 15 europäischen Ländern, 2005; *Oelkers*, Die italienische Aktiengesellschaft im institutionellen Wettbewerb, 2008; *Patriarca/Benazzo*, Diritto delle società, 2016; *Perathoner*, in: Laimer/Perathoner (Hrsg.), Gesellschaftsrechtliche Nebenvereinbarungen in Europa, 2013; *Pernazza*, Corporations and Partnerships in Italy, 2. Aufl. 2012; *Piscitello*, Recesso del socio, Rivista di Diritto Societario 2008, 42; *Ponzanelli*, Le associazioni non riconosciute, 2016; *Preite/Busi* (Hrsg.), Trattato società di persone, 2 Bände, 2015; *Presti/Rescigno*, Corso di diritto commerciale, Bd. 2, Società, 8. Aufl. 2017; *Rossmanith/Wurzer*, Die italienische Gesellschaftsreform – Auswirkung auf die Aktiengesellschaften, Der schweizer Treuhänder 2007, 263; *Ruf*, Leitung und Koordinierung im italienischen Konzernrecht, 2014; *Sandrelli/Ventoruzzo*, Classes of Shares and Voting Rights in the History of Italian Corporate Law, 2016, abrufbar unter: https://papers.ssrn.com/sol3/papers.cfm?abstract_id=2875724; *Sangiovanni*, Die Zusammensetzung des Aufsichtsrates der Gesellschaften mit notierten Aktien in Italien, RIW 2005, 112; *ders.*, Die Neuregelung der Geschäftsführung in der italienischen società a responsabilità limitata, GmbHR 2006, 1316; *ders.*, Die Haftung der GmbH-Geschäftsführer gegenüber der Gesellschaft in Italien, GmbHR 2007, 584; *ders.*, Die Abberufung der GmbH-Geschäftsführer nach italienischem Recht, GmbHR 2007, 1264; *ders.*, Der Sonderfall der Haftung von Gesellschaftern in der italienischen GmbH, RIW 2011, 744; *Santosuosso* (Hrsg.), Delle società, dell'azienda, della concorrenza, 5 Bände, 2014-2015; *Schnieders*, Haftungsfreiräume für unternehmerische Entscheidungen in Deutschland und Italien, 2009; *Spolidoro*, Sul capitale delle società di persone, Rivista delle società 2001, 790; *Stagno d'Alcontres/De Luca*, Le società, Bd. 1, Le società in generale. Le società di persone, 2015; *dies.*, Le società, Bd. 2, Le società di capitali, 2017; *Steinhauer*, Die Reform des Gesellschaftsrechts in Italien, EuZW 2004, 364; *ders.*, Neue Formen der Unternehmensfinanzierung in Italien, RIW 2004, 772; *Tombari*, Diritto dei gruppi di imprese, 2010; *Vella (Hrsg.)*, Commentario T.U.F., 2 Bände, 2012; *Wiedemann*, Gesellschaftsrecht, Bd. 2, Recht der Personengesellschaften, 2004; *Zanarone*, Della società a responsabilità limitata, 2 Bände, 2010.

Gesellschaftsrechtliche Zeitschriften: Rivista delle società; Giurisprudenza commerciale; Rivista di Diritto Societario; Rivista del diritto commerciale; Banca, borsa, titoli di credito; Diritto della banca e del mercato finanziario; Banca, Impresa, Società; Le Società. Literatur und Gerichtsentscheidungen finden sich darüber hinaus auch in allgemeinen, renommierten, nicht spezialisierten Zeitschriften, wie Giurisprudenza Italiana, Foro italiano, Rivista del diritto civile, Contratto e impresa, Nuova Giurisprudenza civile commentata.

Rechtsprechung: Eine kostenfreie und umfangreiche Datenbank für die Rechtsprechung der „Sezioni Specializzate delle Imprese" (die zuständigen Senate der Gerichtshöfe für kapitalgesellschaftsrechtliche Streitigkeiten) ist auf der Internetseite www.giurisprudenzadelleimprese.it verfügbar. Weitere Fundstellen im Netz für die Rechtsprechung in diesem Bereich sind www.ilcaso.it und www.dirittobancario.it, und die kostenpflichtigen Datenbanken www.iusexplorer.it und www.pluris-cedam.utetgiuridica.it.

A. Einführung[2]

I. Rechtsquellen des italienischen Gesellschaftsrechts

1 Das italienische Gesellschaftsrecht ist nach der 1942 erfolgten Abschaffung des Codice di Commercio (Handelsgesetzbuch) von 1882 heute praktisch ausschließlich im *Codice Civile* („c.c." – italienisches Zivilgesetzbuch) geregelt. Dies gilt nicht nur für die *„società semplice"* („s.s."),[3] die in Deutschland mit der GbR vergleichbar ist, sondern auch für alle Handelsgesellschaften. Eine deutsche Übersetzung des italienischen Zivilgesetzbuches ist auf der Internetseite der autonomen Provinz Bozen Südtirol einzusehen.[4] Ansonsten lassen sich aktuelle Gesetzestexte (auf Italienisch) auf der Internetseite „http://www.normattiva.it" kostenlos finden.

2 Die gesellschaftsrechtlichen Regelungen finden sich – aus deutscher Sicht überraschenderweise – im **5. Buch** des *Codice Civile* zum **Arbeitsrecht**. Das hat historische Gründe, denn die Arbeiten an einem Entwurf für einen überarbeiteten Codice di Commercio begannen schon in den zwanziger Jahren des 20. Jahrhunderts, als die Debatte über eine Vereinigung von Zivil- und Handelsrecht noch nicht reif war. Erst als beide Entwürfe (sowohl

2 Die Autoren möchten sich an dieser Stelle ganz herzlich bei *Steffen Mäusezahl* (Wissenschaftlicher Mitarbeiter, Universität Siegen) für seine äußerst wertvolle Unterstützung bei der Erstellung dieses Länderberichts bedanken.

3 Das alte Codice Civile von 1865 kannte nach dem Modell des französischen Rechts die *„Società civile"* (Zivilgesellschaft), die aber 1942 abgeschafft wurde, siehe *Cian* (Hrsg.), Diritto commerciale, Bd. 3, Diritto delle società, 2017, S. 54; vgl. auch *Fleischer/Agstner* RabelsZ 81 (2017) 299, 309.

4 http://www.provinz.bz.it/anwaltschaft/themen/zivilgesetzbuch.asp (zuletzt abgerufen am 16.2.2018). Eine vollständige Übersetzung des italienischen Zivilgesetzbuches und Verbrauchergesetzbuches in die deutsche Sprache mit einem Vorwort von Prof. *Patti* findet man auch bei *Patti*, Italienisches Zivilgesetzbuch – Codice Civile, 2. Aufl. 2012.

für das neue Zivil- als auch das Handelsrecht) fast fertig waren, entschied sich die Kommission für die Einfügung des Handelsrechts in einen einheitlichen *Codice Civile*. Das Unternehmensrecht und das Gesellschaftsrecht fanden daher im 5. Buch (Arbeitsrecht) den geeigneten Platz (ua in Übereinstimmung mit dem faschistischen korporativen Denken).[5] Der **5. Titel** des 5. Buches beschäftigt sich speziell mit den **Gesellschaften** (*Delle società*). Nur die dort aufgeführten Formen gelten als Gesellschaften. Das italienische Gesellschaftsrecht kennt somit keinen weiten Gesellschaftsbegriff. Der italienische Begriff der Gesellschaft wird dadurch begrenzt, dass mit wenigen Ausnahmen[6] nur unternehmerische und wirtschaftlich organisierte Tätigkeiten mit ihnen verfolgt werden dürfen (Art. 2247 c.c.). Gesellschaften können dadurch zB nicht den alleinigen Zweck der Verwaltung einer oder mehrerer Sachen (wie zB Immobilien) haben (Art. 2248 c.c.).[7] In der Praxis findet man jedoch häufig Personen- und Kapitalgesellschaften, die als Gesellschaftszweck eine unternehmerische Tätigkeit angeben, diesen aber in Wirklichkeit nicht verfolgen, weil mögliche negative Rechtsfolgen tatsächlich sehr begrenzt sind.[8] Die im 6. Titel geregelten Genossenschaften und Versicherungsgesellschaften auf Gegenseitigkeit sind auch als Gesellschaften zu qualifizieren, da eine Gesellschaft nicht nur auf Gewinnerzielung, sondern auch auf das Erzielen von Ersparnissen oder weiteren wirtschaftlichen Vorteilen ausgerichtet sein kann.[9] Anders als im deutschen Recht ist die im 7. Titel geregelte Stille Gesellschaft hingegen keine gesellschaftliche Form. Entscheidend ist insofern das Fehlen von einer *affectio societatis* iS einer gemeinsamen Ausübung der Tätigkeit, die von Art. 2247 c.c. vorausgesetzt wird.[10] Der 10. Titel enthält die Vorgaben für den Kartellvertrag (*consorzio*), mit dem mehrere Unternehmen eine gemeinsame Organisation zur Regelung oder Abwicklung bestimmter Vorgänge in ihren Unternehmen errichten, ohne eine Gesellschaft zu gründen (obwohl Art. 2615-*ter* c.c. es den Parteien freistellt, die genannten Zwecke auch mithilfe einer Gesellschaftsform zu verfolgen). Vereine und Stiftungen sind nicht im 5. Buch des *Codice Civile* geregelt, sondern im 1. Buch zum Personen- und Familienrecht und dort im 2. Titel, 2. Abschnitt.[11]

Für börsennotierte Gesellschaften gibt es weitere **spezialgesetzliche Regelungen**, die insbesondere im Gesetz 24.2.1998, Nr. 58[12] („T.U.F.") enthalten sind.[13] Das T.U.F. (zusammen mit der Verordnung für Emittenten-Gesellschaften Nr. 11971 vom 14. Mai 1999)[14] unterlag seit seiner Einführung mehreren Gesetzesänderungen,[15] die in zahlreichen Fällen durch die Umsetzung der europäischen Richtlinien notwendig wurden. 3

Anders als in Deutschland sind das **Umwandlungsrecht** und alle Regelungen für den Wechsel der Rechtsform ebenfalls im *Codice Civile* enthalten. Das Gleiche gilt für das **Konzernrecht**, das erst mit der Reform 2003 eine gesetzliche Regelung in Italien fand (s. dazu den Exkurs unter Rn. 380 ff.). Die entsprechenden Vorgaben sind allerdings auf wenige essenzielle Vorschriften im 5. Buch, 5. Titel, 9. Abschnitt des *Codice Civile* beschränkt. Für das Konzernbilanzrecht gilt allerdings das Gesetzesdekret 9.4.1991, Nr. 127.[16] 4

Es finden sich weitere gesellschaftsrechtliche Quellen in Gesetzen, die nicht in den *Codice Civile* integriert wurden und deshalb in der italienischen Rechtsordnung als ***leggi speciali*** („spezielle Gesetze") bezeichnet werden. Das ist zum Beispiel der Fall mit Blick auf die *società tra professionisti* (s.t.p.) (Gesellschaft unter Freiberuf- 5

---

5 Vgl. dazu *Teti*, Codice civile e regime fascista sull'unificazione del diritto privato, 1990; *Rondinone*, Storia inedita della codificazione civile, 2003. Allgemein über die immer noch aktuelle Diskussion der Selbständigkeit des Handelsrechts siehe *Portale* Rivista delle società 2008, 1, 1 ff.; *Libertini* Rivista delle società 2013, 1, 1 ff.

6 Siehe unten Società tra professionisti (Rn. 153), Società tra avvocati (Rn. 154).

7 Die Verwaltung von Sachen (zB einer Immobilie) wird daher grundsätzlich in einer sachenrechtlichen Gemeinschaft nach Bruchteilen organisiert. Vgl. *Fleischer/Agstner* RabelsZ 81 (2017) 299, 304. Nach der neuen Rechtsprechung wird jedoch sogar die Gründung in der Form von s.s. von (Immobilien-)Gesellschaften, die eine unternehmerische Tätigkeit ausschließen, zugelassen: Trib. Roma, 8.11.2016, Le Società 2017, 856.

8 Vgl. *Ghionni* Rivista delle società 2008, 1315, 1315 ff.; *Stagno d'Alcontres/De Luca*, Le società, Bd. 1, Le società in generale. Le società di persone, 2015, S. 56 f.; *Patriarca/Benazzo*, Diritto delle società, 2016, S. 7.

9 AA *Kindler*, Italienisches Handels- und Wirtschaftsrecht, 2014, § 4 Rn. 6.

10 Das Thema ist aber in der Literatur noch umstritten, weil dieses Wesensmerkmal der gesellschaftlichen Formen in vielerlei Hinsicht schwer definierbar bleibt, vgl. *Mignone*, L'associazione in partecipazione, 2008, S. 122 ff.; nach der ständigen Rechtsprechung ist die *associazione in partecipazione* keine Gesellschaft, sondern ein Austauschvertrag (Cass. 21.6.2016, N. 12816; Cass. 17.4.2014, N. 8955; Cass. 28.10.2011, N. 22521).

11 Vgl. *Ponzanelli*, Le associazioni non riconosciute, 2016; *Cetra*, L'impresa collettiva non societaria, 2003; zuletzt zur kaufmännischen Tätigkeit von Stiftungen: App. Venezia, 20.7.2015, Giurisprudenza commerciale 2017, 135, 135 ff.

12 Testo unico delle disposizioni in materia di intermediazione finanziaria, ai sensi degli articoli 8 e 21 della legge 6 febbraio 1996, n. 52.

13 Das T.U.F. ist in seiner aktuellen Fassung (auf Englisch und Italienisch) ua auf der Seite der für den Markt und die börsennotierten Gesellschaften zuständigen Aufsichtsbehörde (Consob – Commissione Nazionale per le Società e la Borsa) einsehbar (www.consob.it/).

14 Der italienische Text ist auf der Internetseite http://www.consob.it/ abrufbar.

15 *Kindler*, Italienisches Handels- und Wirtschaftsrecht, 2014, § 4 Rn. 6.

16 Das Gesetzesdekret wurde zuletzt durch das Gesetzesdekret Nr. 139 vom 18. August 2015 geändert.

lern)[17] und die *società tra avvocati* (s.t.a.) (Rechtsanwaltsgesellschaft).[18] Gleiches galt bis 2012 auch für die von der deutschen Unternehmensgesellschaft (UG) und weiteren ausländischen Modellen inspirierte, neu eingeführte *società a responsabilità limitata a capitale ridotto* – s.r.l.c.r., die eine Unterform der s.r.l. darstellte und durch Art. 44 d.l. 83/2012 geregelt wurde. 2013 wurde die s.r.l.c.r. als separate Unterform jedoch wieder abgeschafft und durch die *società a responsabilità limitata semplificata* – s.r.l.s. ersetzt.[19] Letztere – ursprünglich nur für junge Gründer unter 35 Jahren verfügbare, seit 2013 aber für alle, unabhängig von ihrem Alter geöffnete Gesellschaft – wird allerdings in Art. 2463-*bis* im *Codice Civile* geregelt. Wie später noch näher erläutert werden wird (vgl. Rn. 488 ff.), ist die s.r.l.s. eine vereinfachte Form der s.r.l. (ohne eine neue Rechtsform darzustellen) mit einem Mindestkapital zwischen 1 und 9.999 Euro.[20]

6 Da in Italien zahlreiche (auch börsennotierte) Gesellschaften vom Staat oder von anderen öffentlich-rechtlichen Körperschaften beherrscht werden bzw. der Staat entsprechende Beteiligungen hält (sog ***„società pubbliche“*** oder *„società a partecipazione pubblica“*), spielt das neue Gesetzesdekret Nr. 175 vom 19. August 2016 *„Testo Unico in materia di società a partecipazione pubblica“* im Hinblick auf die Grundsätze der Verringerung von öffentlichen Ausgaben und der effizienten Verwaltung von Beteiligungen eine prägende und wirtschaftlich bedeutende Rolle.[21]

7 Weitere gesellschaftsrechtliche Vorschriften können von der **ausgeübten Tätigkeit** der Gesellschaft abhängen. So finden zB auf Banken und Versicherungen nicht nur ihre rechtsformtypischen Regelungen im *Codice Civile* Anwendung, sondern auch der sog *„Testo Unico Bancario“* (Gesetzesdekret vom 1.9.1993 Nr. 385)[22] für Banken und der *„Codice delle Assicurazioni“* (Gesetzesdekret vom 7.9.2005, Nr. 209 zuletzt geändert durch Gesetzesdekret vom 12. Mai 2015 Nr. 74) für Versicherungen. Daneben sind zudem die zwingenden Regeln in den anwendbaren Verordnungen der zuständigen Aufsichtsbehörden (Banca d'Italia und Ivass) zu beachten, die sich insbesondere auf die Corporate Governance Aspekte beziehen (dazu auch § 33).[23]

II. Überblick über die Gesellschaftsformen im Rechtsverkehr

8 Das italienische Gesellschaftsrecht unterscheidet wie die meisten Rechtsordnungen zwischen dem **Personengesellschaftsrecht** (*società di persone*) und dem **Kapitalgesellschaftsrecht** (*società di capitali*).[24] Hinzu kommen die den Kapitalgesellschaften nahestehenden Genossenschaften und Versicherungsgesellschaften auf Gegenseitigkeit. Darüber hinaus können die europäischen Gesellschaftsformen wie die EWIV (dazu § 7), die SE (dazu § 4) und die SCE (dazu § 6) in Italien gegründet werden. Ausführungsgesetze für diese Rechtsformen wurden in Italien – anders als in Deutschland – nicht erlassen.[25]

9 Italien besitzt drei Formen von Personengesellschaften:

- ***società semplice*** (s.s.), in Deutschland mit der GbR vergleichbar;
- ***società in nome collettivo*** (s.n.c.), eine mit der offenen Handelsgesellschaft vergleichbare Rechtsform;
- ***società in accomandita semplice*** (s.a.s.), eine mit der Kommanditgesellschaft vergleichbare Rechtsform.

10 Darüber hinaus stellt das italienische Recht drei Kapitalgesellschaftsformen zur Verfügung:

- ***società per azioni*** (s.p.a.), in Deutschland mit der AG vergleichbar;
- ***società in accomandita per azioni*** (s.a.p.a.), in Deutschland vergleichbar mit der KGaA;
- ***società a responsabilità limitata*** (s.r.l.), in Deutschland vergleichbar mit der GmbH. Wie bereits erwähnt, stellt die ***“società a responsabilità limitata semplificata“*** (s.r.l.s.) keine eigenständige Gesellschaftsform dar, sondern nur eine Unterform der s.r.l.

---

17 Die s.t.p. wird durch Art. 10 Gesetz Nr. 183 vom 12. November 2011 iVm dem Ministerialdekret Nr. 34 vom 8. Februar 2013 geregelt.

18 Nach dem neuesten Gesetz vom 4. August 2017, Nr. 124 (welches das Gesetz vom 31.12.2012, Nr. 247 novelliert), darf eine Rechtsanwaltsgesellschaft die Form einer Personen-, Kapitalgesellschaft oder Genossenschaft annehmen, während das alte Dekret Nr. 96 vom 2. Februar 2001 nur die Form einer OHG erlaubte. Dazu näher unter Rn. 151 f.

19 Nach dem Art. 9.15 im Gesetz Nr. 99 vom 9. August 2013 wurden die schon gegründeten s.r.l.c.r. gesetzlich in s.r.l.s. umqualifiziert.

20 *Cian* ZVglRWiss 114 (2015) 288, 308; *Presti/Rescigno*, Corso di diritto commerciale, Bd. 2, Società, 2017, S. 584; vgl. auch *Fasciani* in: Süß/Wachter (Hrsg.), HdB des internationalen GmbH-Rechts, 2016, Italien, Rn. 28.

21 Siehe dazu ausführlich *Auletta,* I controlli nelle società pubbliche, 2017; *Donativi,* Le società a partecipazione pubblica, 2016.

22 Zuletzt geändert ua für Genossenschaftsbanken durch das Gesetz Nr. 49 vom 8.4.2016.

23 Für Banken siehe ua Circolare Nr. 285 vom 17.12.2013; für Versicherungen siehe Regolamento Nr. 34 vom 7.2.2017, Nr. 32 vom 9.11.2016 und Nr. 20 vom 26.3.2008; vgl. *Brescia Morra*, Il diritto delle banche, 2. Aufl. 2016; *Vella*, Banca, Impresa, Società 2014, 289.

24 *Presti/Rescigno,* Corso di diritto commerciale, Bd. 2, Società, 2017, S. 344 f.; *Kindler*, Italienisches Handels- und Wirtschaftsrecht, 2014, § 4 Rn. 20.

25 Für SE in Italien s. zuletzt *Lamandini* in: Benedettelli/Lamandini (Hrsg.), Il diritto societario europeo e internazionale, 2016, S. 603 ff.; für die SCE vgl. *Fici* in: Enciclopedia del Diritto, Annali, Bd. 9, 2016, S. 980 ff.

Nach den Angaben des italienischen Handelsregisters (zum Stichtag vom 31.12.2016)[26] ist die **s.r.l. die beliebteste Gesellschaftsform** in Italien mit 1.241.753 tätigen Gesellschaften. Im Vergleich zu anderen europäischen Ländern wird zudem die s.p.a. häufig verwendet (33.913 Gesellschaften), wohingegen die s.a.p.a. (134 Gesellschaften in ganz Italien) wirtschaftlich unbedeutend ist. Unter den Personengesellschaften, die insgesamt noch eine wichtige Rolle spielen (mehr als 1 Mio.), werden die s.n.c. und die s.a.s. etwa gleichmäßig verwendet (ungefähr 470.000 Gesellschaften pro Gesellschaftsform), während die s.s. weniger genutzt wird (etwas mehr als 81.000). Italien hat damit insgesamt knapp 2,3 Mio. Gesellschaften, was zahlenmäßig bereits (auch im Verhältnis zur Wirtschaftsleistung) beeindruckend ist. 11

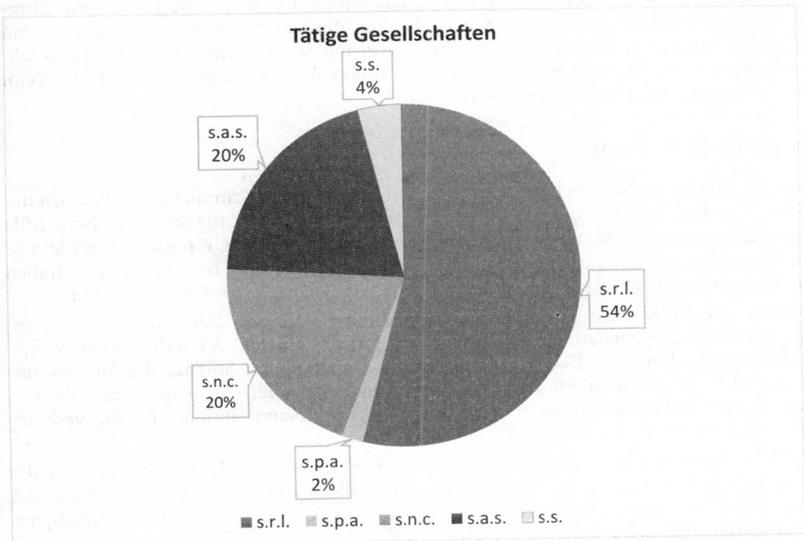

Abb. 1: Tätige Gesellschaften

Die vom Gesetzgeber angebotenen Gesellschaftsformen sind wie in Deutschland **enumerativ** (*numerus clausus* nach Art. 2249 I c.c.), es gibt also kein Erfindungsrecht der Praxis für neue Gesellschaftsformen.[27] Den Parteien steht grundsätzlich eine von der Rechtsform abhängige Gestaltungsfreiheit zu. Verletzt eine Gründungsvertragsklausel jedoch zwingendes Recht, so wird sie durch die entsprechenden gesetzlichen Vorschriften ersetzt. Die Nichtigkeit einzelner Klauseln bewirkt nur für Personengesellschaften die Nichtigkeit des gesamten Vertrages, wenn sich herausstellt, dass die Vertragspartner ihn nicht ohne die Regelungen abgeschlossen hätten, die als nichtig zu qualifizieren sind (Art. 1419 c.c.).[28] 12

Die Gründer sind grundsätzlich **frei in der Wahl der Gesellschaftsform**. Bestimmte Voraussetzungen für einige Gesellschaftsformen können die Wahlfreiheit jedoch einschränken. So ist es beispielsweise nicht möglich, eine kaufmännische Tätigkeit mithilfe der *società semplice* (mit der deutschen GbR vergleichbar) durchzuführen (s. dazu Rn. 26). Wie im deutschen Recht gibt es den Rechtsformzwang, der in Italien in solchen Fällen kraft Gesetzes statt einer *società semplice* eine *società in nome collettivo* (mit anwendbaren Regeln) entstehen lässt. Zudem ist die Gründung von Personengesellschaften durch lediglich eine Person nicht möglich. Soll eine Ein-Personen-Gesellschaft gegründet werden, muss der Gründer daher eine Kapitalgesellschaft wählen. Darüber hinaus können einige Aktivitäten nur mit bestimmten Gesellschaftsformen durchgeführt werden. Dies gilt insbesondere für den **Banken-, Versicherungs- und Finanzdienstleistungsbereich**, da solche Unternehmen der Staatsaufsicht unterliegen.[29] So müssen zB Banken die Aktiengesellschaft oder die Genossenschaft auf Aktien mit beschränkter Haftung wählen (Art. 14 I a) T.U.B.). Im letzteren Fall muss die Bank ihre Gesellschaftsform in eine Aktiengesellschaft umwandeln, wenn die Bilanzaktiva der letzten Jahresbilanz 8 Mrd. Euro übersteigen (nach dem Ge- 13

26 Die ausführlichen Statistiken sind auf der Internetseite http://www.mi.camcom.it/database-societario frei abrufbar.

27 *Stagno d'Alcontres/De Luca*, Le società, Bd. 1, Le società in generale. Le società di persone, 2015, S. 93; *Campobasso*, Diritto commerciale, Bd. 2, Diritto delle società, 2015, S. 49 f.

28 *Presti/Rescigno*, Corso di diritto commerciale, Bd. 2, Società, 2017, S. 344; *Cian* in: Cian (Hrsg.), Diritto commerciale. Bd. 3, Diritto delle società, 2017, S. 56.

29 *Kindler*, Italienisches Handels- und Wirtschaftsrecht, 2014, § 4 Rn. 25.

setz Nr. 33 vom 24. März 2015).[30] **Freiberuflern** ist dagegen die Verwendung von Gesellschaftsformen zur Ausübung ihrer Tätigkeit seit 2011 nicht mehr verboten. Sie können daher sowohl Personen- als auch Kapitalgesellschaften nutzen (s. dazu Rn. 151 ff.). Das gilt nach dem neuesten Gesetz vom 4.8.2017, Nr. 124 auch für Rechtsanwaltsgesellschaften. Sollten die Parteien keine Rechtsform ausdrücklich gewählt haben (wie zB nicht förmlich gegründete bzw. „faktische" Personengesellschaften), finden die Regeln der s.s. bei einer nichthandelsgewerblichen Tätigkeit und ansonsten die Regeln der s.n.c. Anwendung (Art. 2249 c.c.).

14 Neben den Gesellschaftsformen, die auch für Kooperationen zwischen Unternehmen genutzt werden können und dem Kartellvertrag (*consorzio*), eröffnet das italienische Recht seit 2009[31] Unternehmen, die in Netzwerken zusammenarbeiten möchten, eine weitere Organisationsform, namentlich den **Netzvertrag** (***contratto di rete***).[32] Dies stellt eine absolute Besonderheit im europäischen Recht dar. Obwohl der Name eher nicht auf ein gesellschaftsähnliches Verhältnis hindeutet, kann ein entsprechend gegründetes Netzwerk wie Personengesellschaften Rechtssubjektivität (aber keine Rechtspersönlichkeit) zu bestimmten Bedingungen erlangen und kann auch ansonsten Ähnlichkeiten zu einer Gesellschaftsform aufweisen.[33]

III. Internationales Gesellschaftsrecht

15 In Bezug auf die Anknüpfungskriterien im Gesellschaftsrecht folgt Italien **weder der Gründungstheorie noch der Sitztheorie**. Nach Art. 25 des Gesetzes Nr. 218 vom 31. Mai 1995 (allgemeines Gesetz für das italienische IPR) findet auf die Gesellschaften das Gesetz des Staates Anwendung, in dem die Gründung erfolgte. Eine wichtige Ausnahme ergibt sich allerdings dann, wenn sich der Geschäftsführungssitz oder die Haupttätigkeit in Italien befindet, denn dann findet italienisches Recht Anwendung, unabhängig vom eigentlichen Gründungsstaat.[34]

16 Darüber hinaus werden durch Art. 2508 ff. c.c. ausländische Gesellschaften mit einer Zweigniederlassung im Inland geregelt.[35] Danach unterliegen alle Niederlassungen, die sich in Italien befinden, den italienischen Vorgaben „über die öffentliche Bekanntmachung der Rechtshandlungen der Gesellschaft". Solange die Anforderungen an die Bekanntmachung nicht erfüllt wurden, greift eine Handelndenhaftung, die in der Regel die Geschäftsführer betrifft. Diese haften als Handelnde dann **unbegrenzt und als Gesamtschuldner** für die Verbindlichkeiten der Gesellschaft (Art. 2509-*bis* c.c.).

17 Eine besondere Vorgabe besteht für im Ausland gegründete Gesellschaften, die eine Rechtsform nutzen, die der italienischen Rechtsordnung nicht bekannt ist. Gem. Art. 2509 c.c. unterfallen diese mit Blick auf die Pflicht zur Eintragung von Rechtshandlungen der Gesellschaft ins Handelsregister und der Verantwortlichkeit der Organmitglieder den entsprechenden Regelungen für die Aktiengesellschaft.[36]

IV. Bedeutung des italienischen Gesellschaftsrechts

18 Das (ober-)italienische **Personenhandelsgesellschaftsrecht der Renaissance** hatte historisch gesehen großen Einfluss auf die Entwicklung des kontinentaleuropäischen Personengesellschaftsrechts, genauer gesagt auf die Herausbildung der Offenen Handelsgesellschaft, der Kommanditgesellschaft und der Stillen Gesellschaft.[37] In Deutschland war der Einfluss sogar noch bei den Beratungen zum ADHGB zu spüren.[38] Später wurde das italienische Recht dann stark vom **französischen Gesellschaftsrecht** (s. dazu § 13) beeinflusst. So wurde der 1865

30 Das Consiglio di Stato hat mit der Entscheidung vom 13.1.2017 das Inkrafttreten des Gesetzes (vorläufig) unterbunden und es mit Blick auf die Frage der Verfassungsmäßigkeit dem Corte Costituzionale vorgelegt. Die Entscheidung vom Corte Costituzionale N. 99 von 15. Mai 2018 hat aber die Verfassungsbeschwerde verworfen.

31 Das Instrument wurde durch Dekret am 10. Februar 2009, Nr. 5 eingeführt und trat schließlich am 9. April 2009 durch Gesetz Nr. 33 in Kraft. Das Gesetz hat seitdem viele Modifikationen erfahren. Für eine Auflistung vgl. *Gössl* RabelsZ 80 (2016) 579, 587 (insbes. Fn. 32).

32 Vgl. zum italienischen Netzwerkvertrag *Cuffaro* (Hrsg.), Il contratto di rete di imprese, 2016; *Cafaggi/Iamiceli/Mosco*, Il contratto di rete per la crescita delle imprese, 2012; *Mugnai* Rivista di Diritto Societario 2015, 823, 823 f.; zu Unternehmensnetzwerken im Allgemeinen *Jung/Krebs/Teubner* (Hrsg.), Business Networks Reloaded, 2015.

33 *Presti/Rescigno*, Corso di diritto commerciale, Bd. 2, Società, 2017, S. 352 f.

34 *Benedettelli* in Abbadessa/Portale (Hrsg.), Le società per azioni. Codice civile e leggi complementari, 2016, 69, 77.

35 Zu dieser Vorschrift vgl. *Biscaretti di Ruffia/Gambaro*, Delle società costituite all'estero – Art. 2507-2510, 2013; *Santa Maria/Biscaretti di Ruffia*, Le società estere, 2015.

36 *Santa Maria/Biscaretti di Ruffia*, Le società estere, 2015, S. 150 ff.; *Santagata* in: Cian (Hrsg.), Diritto commerciale, Bd. 3, Diritto delle società, 2017, S. 901 ff.

37 *Wiedemann*, Gesellschaftsrecht, Bd. 2, Recht der Personengesellschaften, 2004, S. 70; für eine zusammenfassende Darstellung der historischen Entwicklung der „*commenda*" siehe *Cottino* in: Bonfante/Cottino (Hrsg.), L'imprenditore, 2001, S. 97 ff.; dazu auch *Mignone*, Un contratto per i mercanti del Mediterraneo. L'evoluzione del rapporto partecipativo, 2005, S. 63 ff.; *Galgano*, Lex mercatoria, 5. Aufl. 2010, S. 48; ein Meisterwerk bleibt noch immer *Goldschmidt*, Die Universalgeschichte des Handelsrechts, 3. Aufl. 1891, S. 142 ff. und 254 ff. Ebenfalls zur Entwicklung *Fleischer/Agstner* RabelsZ 81 (2017) 299, 310 ff.

38 Vgl. dazu *Fleischer/Agstner* RabelsZ 81 (2017) 299, 314.

eingeführte *Codice di Commercio* insbesondere vom französischen Code de Commerce von 1807 inspiriert.[39] Der französische Einfluss ist bis heute – vor allem im Personengesellschaftsrecht – bemerkbar. Nach dem überarbeiteten *Codice di Commercio* von 1882, der durch das ADHGB von 1861 und der deutschen Literatur[40] sowie vom französischen Recht[41] beeinflusst wurde, wurde das Gesellschaftsrecht zusammen mit dem Privatrecht in den *Codice Civile* von 1942 eingefügt.

Seit den siebziger Jahren des 20. Jahrhunderts wurde das italienische Kapitalgesellschaftsrecht stark durch das **europäische Recht** beeinflusst. Denn Italien war bislang eindeutig europäisch ausgerichtet und hat die gesellschaftsrechtlichen Richtlinien häufig ohne Kritik umgesetzt.[42] Daneben hat die **steigende Konkurrenz** durch andere europäische Rechtsordnungen besonders in den letzten 20 Jahren den Gesetzgeber dazu bewegt, neue, von ausländischen Modellen inspirierte Institute einzuführen. Zu nennen sind hier zB das mit der Reform 2003 eingeführte dualistische (deutsch-geprägte) sowie das monistische (englisch-geprägte) Modell für die Verwaltung der Aktiengesellschaft. 19

Das moderne italienische Gesellschaftsrecht hatte umgekehrt dagegen relativ wenig **Einfluss auf andere Rechtsordnungen**. Eine Ausnahme besteht für Brasilien und Argentinien. Da während der 30er Jahre des 20. Jahrhunderts einige berühmte italienische Professoren (ua *Tullio Ascarelli*) aufgrund des Inkrafttretens der Rassengesetze nach Brasilien auswanderten und dort wichtige Lehrstühle an den Universitäten einnahmen, ist zB auch noch das aktuelle Zivil- sowie Gesellschaftsrecht in Brasilien (und auch das Gesellschaftsrecht im angrenzenden Argentinien) durch das italienische Recht geprägt.[43] Der Einfluss des italienischen Rechts auf europäischer Ebene mag ebenfalls als gering bezeichnet werden. 20

B. Personengesellschaften

I. Einleitung

Bei der großen Gesellschaftsrechtsreform 2003 (dazu näher unter Rn. 162) ist das Personengesellschaftsrecht, anders als das Kapitalgesellschaftsrecht, weitgehend unverändert geblieben. Gegen die bis dahin ständige Rechtsprechung[44] wurde allerdings die Zulässigkeit der Beteiligung einer Kapitalgesellschaft an einer Personengesellschaft statuiert (Art. 2361 II c.c). Damit wurde der Weg für die **Grundtypenvermischung** und die Verbreitung von neuen, in Deutschland schon bekannten Formen wie der GmbH & Co. KG eröffnet.[45] In der Praxis wird diese Möglichkeit allerdings nur selten genutzt.[46] Vielmehr wird die Form der s.r.l. weiterhin bevorzugt. Die Zulässigkeit der Beteiligung einer Kapitalgesellschaft (und somit auch einer Personengesellschaft)[47] an Personengesellschaften hat den Weg einer Anerkennung von faktischen Gesellschaften (in der Form von s.n.c.) zwischen natürlichen Personen und Personen- und Kapitalgesellschaften (sog *supersocietà di fatto*) frei gemacht.[48] Relevant ist insofern die Rechtsfolge der unbeschränkten Haftung von denjenigen, die als Gesellschafter zu qualifizieren sind. 21

39 *Fleischer/Agstner* RabelsZ 81 (2017) 299, 312. Zur Entwicklung des italienischen Gesellschaftsrechts ausführlich *Kindler*, Italienisches Handels- und Wirtschaftsrecht, 2014, § 4 Rn. 1 ff.; *Stagno d'Alcontres/De Luca*, Le società, Bd. 1, Le società in generale. Le società di persone, 2015, S. 4 ff. Hinsichtlich der Geschichte der *Società anonima* (heute *Società per azioni*) vgl. *Ungari*, Profilo storico del diritto delle anonime in Italia, 1974 und zuletzt *Acerbi* in: Abbadessa/Portale (Hrsg.), Le società per azioni. Codice civile e leggi complementari, 2016, S. 3 ff.

40 *Portale* Rivista delle società 2008, 1, 4.

41 *Fleischer/Agstner* RabelsZ 81 (2017) 299, 313.

42 Für eine zusammenfassende Beschreibung der Umsetzung der Richtlinien s. *Stagno d'Alcontres/De Luca*, Le società, Bd. 1, Le società in generale. Le società di persone, 2015, S. 28 ff.

43 Noch der neue *codigo civil* von 2002, der ua das Privat- wie das Gesellschaftsrecht beinhaltet, bleibt vom italienischen Recht stark geprägt, vgl. *Calderale* in: Lanni/Sirena (Hrsg.), Il modello giuridico – scientifico e legislativo – italiano fuori dall'Europa, 2013, S. 199 ff.; *Schreiber* Rivista del diritto commerciale 2006, 873, 884.

44 Die Rechtsprechung vertrat die Ansicht, dass die Beteiligung von Gesellschaften (und besonders von Kapitalgesellschaften) an Personengesellschaften aufgrund der Verletzung von einigen Grundsätzen (zB dem „intuitus personae"-Grundsatz und dem Prinzip der Unbeschränkbarkeit der Haftung) unzulässig war. Vgl. Cass. 17.10.1988, N. 5636, Foro italiano 1988, 3248; Cass. 2.1.1995, N. 7, Rivista Diritto Commerciale 1996, 35; (nach dem alten Recht) App. Milano, 25.5.2004, Banca, borsa, titoli di credito 2006, 22; die Literatur sah dies dagegen kritisch *Colombo* Rivista delle società 1998, 1531, 1531 ff.; *Spada* Rivista di diritto civile 2002, 347, 362 ff. Vgl. auch Rn. 32.

45 *Tombari* Rivista delle società 2006, 185, 185 ff.; *Campobasso*, Diritto commerciale, Bd. 2, Diritto delle società, 2015, S. 66 f.; *Fleischer/Agstner* RabelsZ 81 (2017) 299, 306.

46 Vgl. auch *Fleischer/Agstner* RabelsZ 81 (2017) 299, 306.

47 Der Tatbestand bleibt ungeregelt, aber nach hM ist nach der Beseitigung der Hindernisse bezüglich der Kapitalgesellschaften mit der Reform von 2003 auch die Beteiligung von Personengesellschaften zulässig.

48 Vgl. unten Rn. 32.

22 Italien besitzt, wie bereits erwähnt, drei Formen von Personengesellschaften:

- Die ***società semplice*** („s.s."), in Deutschland mit der GbR vergleichbar;
- die ***società in nome collettivo*** („s.n.c."), eine mit der offenen Handelsgesellschaft vergleichbare Rechtsform und
- die ***società in accomandita semplice*** („s.a.s"), eine mit der Kommanditgesellschaft vergleichbare Rechtsform.

23 Die italienischen Personengesellschaften sind durch folgende **Hauptcharakteristika** gekennzeichnet:[49]

	Hauptcharakteristika von Personengesellschaften
1.	Keine Rechtspersönlichkeit
2.	Unbeschränkte Haftung mindestens eines Gesellschafters
3.	Die tendenzielle Beständigkeit der Gesellschafter- und der Unternehmensstruktur
4.	Die Abhängigkeit der Gesellschaft von einigen persönlichen Ereignissen der Gesellschafter (wie zB Tod)
5.	Die Flexibilität bezüglich der Verwaltung der Gesellschaft
6.	Das Prinzip der Selbstorganschaft
7.	Grundsätzlich keine Anteilsübertragung (zu entsprechenden Konstruktionen in der Praxis Rn. 77)

Abb. 2: Hauptcharakteristika von Personengesellschaften

24 Trotz der unbeschränkten Haftung bleiben die Personengesellschaften in Italien wegen steuerlicher Vorteile sehr attraktiv (mehr als 1 Million Personengesellschaften am 31.12.2016).[50] Denn bei Personengesellschaften werden die Gewinne in Italien nicht bei der Gesellschaft, sondern nur bei den Gesellschaftern abhängig von ihrer Gesellschaftsbeteiligung besteuert (Art. 5, Dekret 917/1986) (*principio di trasparenza* – **Transparenzprinzip**).[51] Daneben sind auch die Gründungsregeln sowie zB die Vorschriften mit Blick auf die Rechnungslegungsunterlagen und die Jahresbilanz im Vergleich zu den Vorschriften für Kapitalgesellschaften einfacher ausgestaltet.[52]

II. Società semplice – s.s. (Einfache Gesellschaft)

1. Grundlagen

25 Die in ihrer heutigen Form 1942 eingeführte ***società semplice*** (einfache Gesellschaft), abgekürzt s.s., die auch Zivilgesellschaft (*società civile*) – in Erinnerung an die 1942 abgelöste Gesellschaftsform – genannt wird, ist dem schweizerischen Recht nachgebildet.[53] Wie die deutsche GbR ist sie **keine Personenhandelsgesellschaft.** Derzeit gibt es in Italien etwas mehr als 81.000 s.s.[54] Damit ist die s.s. im Vergleich zur italienischen OHG (s.n.c.) und der italienischen KG (s.a.s.) in der Praxis relativ unbedeutend.[55] Dafür spielt sie aber im Gesetz weiterhin eine entscheidende Rolle, da die Regelungen der einfachen Gesellschaft beim Fehlen speziellerer gesetzlicher Regeln auf die Offene Handelsgesellschaft und die Kommanditgesellschaft anwendbar sind (Art. 2293 c.c. bzw. Art. 2315 c.c. iVm 2293 c.c.).[56] In diesem Sinne kann sie als **Grundform der italienischen Personengesellschaft** betrachtet werden,[57] weshalb die einfache Gesellschaft hier zuerst behandelt werden soll.

49 Vgl. *Pisani* in: Cian (Hrsg.), Diritto commerciale, Bd. 3, Diritto delle società, 2017, S. 72.
50 Dazu und zur Attraktivität der Personengesellschaften auch *Fleischer/Agstner* RabelsZ 81 (2017) 299, 302.
51 *Pisani* in: Cian (Hrsg.), Diritto commerciale, Bd. 3, Diritto delle società, 2017, S. 74; *Fleischer/Agstner* RabelsZ 81 (2017) 299, 303.
52 *Piscitello*, Società di persone a struttura aperta e circolazione delle quote. Modelli legali ad autonomia statutaria, 1995, S. 4; *Garcea*, I gruppi di società di persone, 2008, S. 88.
53 *Cottino/Weigmann*, Le società di persone, 2004, S. 75; *Wiedemann*, Gesellschaftsrecht, Bd. 2, Recht der Personengesellschaften, 2004, S. 70; *Kindler*, Italienisches Handels- und Wirtschaftsrecht, 2014, § 4 Rn. 35. Zur geschichtlichen Entwicklung der s.s. auch *Fleischer/Agstner* RabelsZ 81 (2017) 299, 307 ff.
54 Vgl. http://www.mi.camcom.it/database-societario.
55 *Campobasso*, Diritto commerciale, Bd. 2, Diritto delle società, 2015, S. 55; *Fleischer/Agstner* RabelsZ 81 (2017) 299, 305.
56 *Campobasso*, Diritto commerciale, Bd. 2, Diritto delle società, 2015, S. 55; *Presti/Rescigno*, Corso di diritto commerciale, Bd. 2, Società, 2017, S. 355; *Patriarca/Benazzo*, Diritto delle società, 2016, S. 23; *Kindler*, Italienisches Handels- und Wirtschaftsrecht, 2014, § 4 Rn. 35; *Pernazza*, Corporations and Partnerships in Italy, 2012, Rn. 543.
57 *Hofmann*, Gesellschaftsrecht in Italien, 2006, S. 14; *Barbist/Rungg*, Ihr Unternehmen in Italien, 2006, S. 8; *Fleischer/Agstner* RabelsZ 81 (2017) 299, 301.

Grundsätzlich richtet sich die s.s. nach den Art. 2251 ff. c.c.; ihr Gegenstand muss eine **nicht-kaufmännische Tätigkeit** sein. Dieses Merkmal unterscheidet die einfache Gesellschaft von der **Offenen Handelsgesellschaft** (s.n.c.) (siehe hierzu Art. 2249 I c.c.),[58] die sowohl eine kaufmännische als auch eine nicht-kaufmännische Tätigkeit durchführen kann (vgl. Art. 2249 II c.c.). Die italienische Verwendung des Begriffs „Kaufmann" (und daher auch des Formkaufmanns) unterscheidet sich allerdings vom deutschen Verständnis, was mit einigen wichtigen Konsequenzen verbunden ist. Italien fügte bereit 1942 statt der Figur des Kaufmanns (der mit der Abschaffung des Handelsrechts als Sonderprivatrecht aufgegeben worden ist) den Oberbegriff des **Unternehmens** (*impresa*) ein.[59] Der Oberbegriff umfasst kaufmännische und nicht-kaufmännische Unternehmen. Der **Unternehmensbegriff** setzt gem. Art. 2082 c.c. eine berufsmäßig „organisierte wirtschaftliche Tätigkeit zum Zweck der Produktion oder des Austausches von Gütern oder von Dienstleistungen" voraus.[60] Darunter fallen nach ihrem kaufmännischen Gegenstand die „*imprenditori commerciali*", dh gem. Art. 2195 c.c. die Produktion von Gütern, die Leistung von Diensten, die Mittlertätigkeit im Warenverkehr, der Transport, Bank- und Versicherungstätigkeiten sowie unterstützende Tätigkeiten zu den vorgenannten Tätigkeiten und nach Art. 2135 c.c. die „*imprenditori agricoli*" (landwirtschaftliche Betriebe). Die freiberuflichen Tätigkeiten und die Verwaltung eigenen Vermögens fallen nach dem italienischen Gesetz dagegen nicht unter den Begriff „Unternehmen" („*impresa*") und dürfen grundsätzlich in gesellschaftsrechtlicher Form nicht verfolgt werden.[61] Die Rechtsform der s.s. darf nach Art. 2249 II c.c. nur für eine nicht-kaufmännische (dh nach hM nur für eine landwirtschaftliche) Tätigkeit verwendet werden. Darüber hinaus kann sie kraft Gesetzes (Art. 10 Gesetz 183/2011) auch für die *società tra professionisti* verwendet werden.[62] 26

Die Eigenschaft „*imprenditore commerciale*" (Verfolgung eines kaufmännischen Gegenstandes unter der Bedingung, dass die Tätigkeit nicht gelegentlich – *occasionale* – ist)[63] ist mit der Anwendung spezieller Regelungen verbunden, wozu vor allem auch die Vorschriften zur Insolvenzfähigkeit zählen (Art. 1 r.d. 267/1942 = italienische Konkursordnung).[64] Daraus folgt, dass, unabhängig von der Form des Rechtssubjektes, die „*imprenditori agricoli*" sowie die s.s. und die Nichtunternehmer (wie zB Freiberufler) **nicht insolvenzfähig** sind. Nur für die Verpflichtung zur Buchführung, die auf nicht-kaufmännische Unternehmer in der Regel keine Anwendung finden (Art. 2214 c.c.), ist die Benutzung von Handelsgesellschaften („*società commerciali*": s.n.c. und s.a.s.) relevant, weil Art. 2302 c.c. für die s.n.c. und s.a.s. (aber nicht für die s.s.), unabhängig vom Gesellschaftsgegenstand, diese Pflicht vorschreibt.[65] Im Gegensatz zur deutschen GbR kann die s.s. auch nicht als Innengesellschaft ausgestaltet werden.[66] 27

Die einfache Gesellschaft besitzt, wie die anderen beiden Personengesellschaften, nach überwiegender Auffassung **keine eigene Rechtspersönlichkeit** („*personalità giuridica*") im Sinne einer juristischen Person (die nach der italienischen Rechtsordnung nur den Kapitalgesellschaften gem. Art. 2331 c.c. zuerkannt wird), dafür aber Prozessfähigkeit, sowie die Fähigkeit, Rechte zu erwerben und Verbindlichkeiten einzugehen (vgl. Art. 2266 I 28

58 *Presti/Rescigno*, Corso di diritto commerciale, Bd. 2, Società, 2017, S. 356; *Kindler*, Italienisches Handels- und Wirtschaftsrecht, 2014, § 4 Rn. 36.

59 *Portale* Rivista delle società 2008, 1, 4; *Kindler*, Einführung in das italienische Recht, 2008, S. 299; in der italienischen Lehre wird behauptet, dass das Codice Civile von 1942 von einem subjektiven zu einem objektiven System des Handelsrechts gewechselt ist, siehe *Ascarelli*, Corso di diritto commerciale, 3. Aufl. 1962, S. 145 ff.; *Teti*, Codice civile e regime fascista. Sull'unificazione del diritto privato, 1990, S. 23 ff.

60 *Campobasso*, Diritto commerciale, Bd. 1, Diritto dell'impresa, 2013, S. 21 ff.

61 *Campobasso*, Diritto commerciale, Bd. 1, Diritto dell'impresa, 2013, S. 42; *Libonati*, Corso di diritto commerciale, 2009, S. 15; App. Torino 22.9.2009, Le Società 2010, 416; aA Trib. Roma 8.11.2016 (Verwaltung von Immobilien), www.giurisprudenzadelleimprese.it.

62 *Pisani* in: Cian (Hrsg.), Diritto commerciale, Bd. 3, Diritto delle società, 2017, S. 75; *Patriarca/Benazzo*, Diritto delle società, 2016, S. 24.

63 Eine gelegentliche Tätigkeit (*occasionale*) fällt grunsätzlich nicht unter den Begriff "*impresa*" nach italienischem Recht. Denn eine "impresa" setzt eine organisierte Struktur voraus: *Campobasso*, Diritto commerciale, Bd. 1, Diritto dell'impresa, 2013, S. 32 f. Wie eine Gelegenheitgesellschaft betrachtet werden soll, wird noch diskutiert, vgl. dazu *Fleischer/Agstner* RabelsZ 81 (2017) 299, 305.

64 Für eine ausführliche Darstellung der sog „*statuto speciale dell'imprenditore commerciale*" vgl. *Nigro* in: Rescigno (Hrsg.), Trattato di diritto privato, Bd. 15**, 2001, S. 597, 657 ff.; *Campobasso*, Diritto commerciale, Bd. 1, Diritto dell'impresa, 2013, S. 113 ff.; *Bonfante/Cottino* in: Cottino (Hrsg.), Trattato di diritto commerciale, Bd. I L'imprenditore, 2001, 409, 507 ff.

65 *Bocchini*, Diritto della contabilità delle imprese, Bd. 1, Scritture contabili, 3. Aufl. 2008, S. 64; *Sciuto* in: Abriani/Stella Richter (Hrsg.), Codice commentato delle società, Bd. 1, 2010, S. 34.

66 *Fleischer/Agstner* RabelsZ 81 (2017) 299, 304.

c.c.).[67] Sie besitzt damit „**Rechtssubjektivität**" (*soggettività giuridica*), jedoch keine Rechtspersönlichkeit.[68] Teilweise wird dafür auch der Begriff „der unvollendeten Rechtspersönlichkeit" (*personalità giuridica incompleta*) verwendet.[69] In der Praxis unterscheidet sich die einfache Gesellschaft ihren Rechten nach jedoch kaum von einer juristischen Person. Die aktuelle Literatur betrachtet diese (traditionelle) Unterscheidung zunehmend kritisch, weil trotz des unsicheren rechtlichen Rahmens eine komplette Rechtsfähigkeit nach hM regelmäßig anerkannt wird.[70] Jedoch hat die Rechtsprechung aufgrund der fehlenden Rechtspersönlichkeit, in einigen Ausnahmefällen eine Gleichstellung von Gesellschaftern und Gesellschaft vorgenommen.[71] So wurde beispielsweise entschieden, dass die bestellte Hypothek eines Gesellschafters zur Sicherung einer Verbindlichkeit der Gesellschaft eine Sicherung für eine eigene Verbindlichkeit darstellt.[72] Daneben wird die Gesellschaft als Prozesspartei betrachtet, wenn alle Gesellschafter verklagt werden.[73]

29 Die Gesellschafter haften für die Gesellschaftsverbindlichkeiten subsidiär; das **Gesellschaftsvermögen** ist nur **Eigentum der Gesellschaft**. Die Gesellschaftsgläubiger haben keinen direkten Zugriff auf das Privatvermögen der Gesellschafter und Letztere dürfen sich nicht ohne Einwilligung der Mitgesellschafter an den zum Gesellschaftsvermögen gehörenden Gütern zu gesellschaftsfremden Zwecken bedienen (Art. 2256 c.c.).[74]

2. Gründung

a) Allgemeines

30 Die s.s. bedarf zur Gründung eines **Gesellschaftsvertrags** (*contratto sociale* oder *atto costitutivo*) und damit mindestens zweier Gründungsgesellschafter.[75] Die Gesellschaft entsteht bereits mit Abschluss des Gesellschaftsvertrags.[76] Nach der **Legaldefinition** des Art. 2247 c.c. „bringen zwei oder mehrere Personen auf Basis des Gesellschaftsvertrags Sachen oder Dienstleistungen zur gemeinsamen Ausübung einer wirtschaftlichen Tätigkeit mit dem Zweck ein, den daraus erzielten Gewinn zu teilen".[77]

31 Falls die Gesellschafter keine Rechtsform ausdrücklich gewählt haben (dies ist häufig bei mündlich abgeschlossenen Gesellschaftsverträgen der Fall), finden die Regeln der s.s. oder s.n.c., abhängig vom nicht-kaufmännischen oder kaufmännischen Unternehmensgegenstand, entsprechende Anwendung (Art. 2249 I, II c.c.).[78] Bezüglich der Verhältnisse zu Dritten finden einige Regeln der s.s. auch auf die nicht eingetragene *società in nome collettivo* (daher „*società irregolari*") entsprechend Anwendung.

b) Gründungsgesellschafter

32 Gesellschafter können sowohl **natürliche** als auch **juristische Personen** sein. Natürliche Personen müssen unbeschränkt geschäftsfähig sein, um Gesellschafter einer s.s. zu sein. Minderjährige und Geschäftsunfähige können daher keine s.s. gründen. Sie können allerdings mit der Genehmigung des zuständigen Gerichtshofes (gem.

67 Nach der ständigen Rechtsprechung sind Personengesellschaften keine „juristische Personen", sie sind aber eine „Art von Rechtsubjekten, die eine vermögenmäßige Selbstständigkeit und eine prozessuale Parteifähigkeit genießen" (Cass. 18.7.2002, N. 10427; Cass. 19.10.2016, N. 21066; Cass. 13.12.2006, N. 26744; Trib. Milano, 7.1.2010, Giurisprudenza italiana 2010, 2366).

68 *Kindler*, Italienisches Handels- und Wirtschaftsrecht, 2014, § 4 Rn. 21; *Campobasso*, Diritto commerciale, Bd. 2, Diritto delle società, 2015, S. 44 ff.; *Presti/Rescigno*, Corso di diritto commerciale, Bd. 2, Società, 2017, S. 346. Dazu und zur historischen Entwicklung auch *Fleischer/Agstner* RabelsZ 81 (2017) 299, 317.

69 Cass. 24.3.2011, N. 6734.

70 Vgl. *Stagno d'Alcontres/De Luca*, Le società, Bd. 1, Le società in generale. Le società di persone, 2015, S. 47 f.; *Visentini/Sisca* in: Preite/Busi (Hrsg.), Trattato società di persone, Bd. 1, 2015, S. 51, 56.

71 Vgl. dazu *Kindler*, Italienisches Handels- und Wirtschaftsrecht, 2014, § 4 Rn. 23.

72 Cass. S.U., 16.2.2015, N. 3022; Cass. 6.12.1994, N. 10461.

73 Cass. 7.3.2014, N. 5391, Giurisprudenza Italiana 2014, 2763; Cass. 12.9.2003, N. 13438; Cass. 27.5.2003, N. 8399; Cass. 7.3.1990, N. 1799.

74 *Campobasso*, Diritto commerciale, Bd. 2, Diritto delle società, 2015, S. 83 f.; Cass. 10.5.1997, N. 4088; *Pisani* in: Cian (Hrsg.), Diritto commerciale, Bd. 3, Diritto delle società, 2017, S. 158; *Kindler*, Italienisches Handels- und Wirtschaftsrecht, 2014, § 4 Rn. 50.

75 *Campobasso*, Diritto commerciale, Bd. 2, Diritto delle società, 2015, S. 57; *Hofmann*, Gesellschaftsrecht in Italien, 2006, S. 16; *Falco* in: Wegen/Spahlinger/Barth (Hrsg.), Gesellschaftsrecht des Auslands, 2016, Italien, Rn. 6.

76 *Campobasso*, Diritto commerciale, Bd. 2, Diritto delle società, 2015, S. 68; *Kindler*, Italienisches Handels- und Wirtschaftsrecht, 2014, § 4 Rn. 9.

77 Zitiert nach der Übersetzung des italienischen Zivilgesetzbuches der Südtiroler Landesregierung, Stand: 31.5.2015. Vgl. zur Vorschrift *Buonocore*, Le società. Disposizioni generali, 2000, S. 3 ff.; *Stagno d'Alcontres/De Luca*, Le società, Bd. 1, Le società in generale. Le società di persone, 2015, S. 50 ff.

78 *Sciuto* in: Abriani/Stella Richter (Hrsg.), Codice commentato delle società, Bd. 1, 2010, S. 35 f.; *Campobasso*, Diritto commerciale, Bd. 2, Diritto delle società, 2015, S. 59; *Kindler*, Italienisches Handels- und Wirtschaftsrecht, 2014, § 4 Rn. 41.

Art. 320 und 371 c.c.) die Beteiligung an einer Personengesellschaft bewahren.[79] Die Beteiligungsfähigkeit juristischer Personen und konsequenterweise auch von Personengesellschaften wurde erst durch die Reform 2003 zugelassen und gilt, obwohl Art. 2361 II c.c. unmittelbar nur den Fall der Beteiligung einer s.p.a. regelt, für alle juristischen Personen, denn nach ständiger Rechtsprechung und nach herrschender Lehre ist Art. 2361 c.c. auch auf die s.r.l. und s.a.p.a. anwendbar.[80] Seit der Beseitigung der Hindernisse bezüglich der Kapitalgesellschaften mit der Reform von 2003 ist zudem auch die Beteiligung von Personengesellschaften zulässig.[81] Wegen den mit einer Beteiligung an einer Gesellschaft mit unbeschränkter Haftung für juristische Personen verbundenen Gefahren bedarf es allerdings einer Zustimmung ihrer Gesellschafterversammlung sowie eines entsprechenden Berichts der Verwalter im Anhang des Jahresabschlusses (Art. 2361 II c.c.).[82] Obwohl gesetzlich nicht geklärt, wird in der Literatur behauptet, dass die Beteiligung von Personengesellschaften an anderen Personengesellschaften keiner Zustimmung bedarf.[83] Nach hM ist auch eine (faktische) Beteiligung von Personen- und Kapitalgesellschaften an einer *„società di fatto"* (sog *„supersocietà di fatto"*) zulässig, jedoch mit der wichtigen Rechtsfolge verbunden, dass diejenigen, die durch eine Gerichtsentscheidung als Gesellschafter qualifiziert werden, unbeschränkt haften.[84]

c) Formvorschriften für den Gesellschaftsvertrag

Für den Gesellschaftsvertrag der s.s. gelten **keine speziellen Formerfordernisse** (Art. 2251 c.c.).[85] Er kann daher grundsätzlich auch **mündlich** oder **konkludent** von den Gesellschaftsgründern geschlossen werden.[86] In diesem Fall spricht man in Italien von einer ***„società di fatto"***, was wörtlich mit „faktischer Gesellschaft" übersetzt wird. Die *società di fatto* entspricht aber nicht der faktischen (fehlerhaften) Gesellschaft nach deutschem Verständnis, sondern drückt nur aus, dass es an einem, von den Beteiligten näher konkretisierten, Gesellschaftsvertrag fehlt (vgl. auch Art. 2332 II c.c., der für die Kapitalgesellschaften eine Regelung enthält, die ansatzweise der fehlerhaften Gesellschaft entspricht). Eine *„società di fatto"* entsteht somit, wenn zwei Personen gesellschaftsrechtlich ein Unternehmen (*impresa*) zusammen betreiben, ohne einen formellen Gesellschaftsvertrag geschlossen zu haben. Nach Art. 2249 II wird eine *società di fatto* nach den Regeln der s.s. geregelt, wenn ein nicht-kaufmännisches Unternehmen betrieben wird, während die Regeln einer s.n.c. in Betracht kommen, wenn das Unternehmen kaufmännisch ist (siehe oben, Rn. 31).[87] 33

Die **Formfreiheit** des Gesellschaftsvertrags gilt jedoch **nicht**, wenn der Gesellschaftsvertrag die Übereignung einer Immobilie (vgl. Art. 1350 I Nr. 1 c.c. iVm Art. 812 c.c.) oder ein Nutzungsrecht an einer Immobilie bzw. 34

79 *Campobasso*, Diritto commerciale, Bd. 2, Diritto delle società, 2015, S. 64 f.; *Grumetto* in: Preite/Busi (Hrsg.), Trattato società di persone, Bd. 1, 2015, S. 237, 242 f.

80 So Trib. Prato 10.11.2010, Diritto fallimentare 2011, 382; Trib. S. Maria Capua Vetere 8.7.2008, Il Fallimento 2009, 89; Trib. Forlì 9.2.2008, Giurisprudenza italiana 2008, 1425; Trib. Torino 4.4.2007, Giurisprudenza italiana 2007, 1442; *Bartalena* in: Abbadessa/Portale (Hrsg.), Il nuovo diritto delle società. Liber amicorum Gian Franco Campobasso, Bd. 1, 2006, S. 116.

81 Vgl. Cass. 13.5.2009, N. 11134, Giurisprudenza commerciale 2011, 93, 99; vgl. *Talice* in: Preite/Busi (Hrsg.), Trattato società di persone, Bd. 1, 2015, S. 259, 265; *Campobasso*, Diritto commerciale, Bd. 2, Diritto delle società, 2015, S. 67; *Pisani* in: Cian (Hrsg.), Diritto commerciale, Bd. 3, Diritto delle società, 2017, S. 82. Die beteiligte Personengesellschaft kann auch ausländisch sein, vgl. *Garcea* Banca, borsa, titoli di credito 2006, 29, 35.

82 *Bartalena* in: Abbadessa/Portale (Hrsg.), Il nuovo diritto delle società. Liber amicorum Gian Franco Campobasso, Bd. 1, 2006, S. 107; *Gommellini* in: D'Alessandro (Hrsg.), Commentario romano al nuovo diritto delle società, 2010, S. 418; *Motti* in: Abriani/Stella Richter (Hrsg.), Codice commentato delle società, Bd. 1, 2010, S. 788.

83 *Pisani* in: Cian (Hrsg.), Diritto commerciale, Bd. 3, Diritto delle società, 2017, S. 83.

84 Ua in Insolvenzfällen Trib. Roma 9.9.2016, Foro italiano 2018, 656; Cass. 13.6.2016, N. 12120, Dir. fall. 2016, 1217; Cass. 20.5.2016, N. 10507; Cass. 21.1.2016, N. 1095, Le Società 2016, 453 mit Anm. *Finmanò*; Trib. Reggio Calabria 8.4.2013, Dir. fall. 2014, 63; Trib. Milano 30.9.2013, Le Società 2014, 816; Trib. Prato 10.11.2010, Diritto fallimentare 2011, 382; Cass. 13.5.2009, N. 11134, Giurisprudenza commerciale 2011, 93, 99; Trib. Forlì 9.2.2008, Giurisprudenza italiana 2008, 1425; andere Entscheidungen kamen zum Ergebnis der Unzulässigkeit einer faktischen Gesellschaft mit einer Kapitalgesellschaft als Gesellschafter, sofern kein entsprechender Hauptversammlungsbeschluss gem. Art. 2361 II c.c. vorlag, vgl. ua App. Venezia 7.4.2014, Le Società 2014, 1144; App. Bologna 11.6.2008, Il Fallimento 2008, 1293; App. Torino 30.7.2007, Giurisprudenza italiana 2007, 2219; *Bartalena* in: Abbadessa/Portale (Hrsg.), Il nuovo diritto delle società. Liber amicorum Gian Franco Campobasso, Bd. 1, 2006, S. 112 ff.; *Pisani* in: Cian (Hrsg.), Diritto commerciale, Bd. 3, Diritto delle società, 2017, S. 83; *Stagno d'Alcontres/De Luca*, Le società, Bd. 1, Le società in generale. Le società di persone, 2015, S. 132 ff.

85 *Cottino/Weigmann*, Società di persone e consorzi, 2004, S. 79; *Campobasso*, Diritto commerciale, Bd. 2, Diritto delle società, 2015, S. 56 f.; *Pisani* in: Cian (Hrsg.), Diritto commerciale, Bd. 3, Diritto delle società, 2017, S. 169; *Hofmann*, Gesellschaftsrecht in Italien, 2006, S. 17; *Fasciani* in: Süß/Wachter (Hrsg.), HdB des internationalen GmbH-Rechts, 2016, Italien, Rn. 11.

86 Cass. 9.4.1996, N. 3275; *Stagno d'Alcontres/De Luca*, Le società, Bd. 1, Le società in generale. Le società di persone, 2015, S. 123; *Patriarca/Benazzo*, Diritto delle società, 2016, S. 25.

87 *Campobasso*, Diritto commerciale, Bd. 2, Diritto delle società, 2015, S. 59; *Pisani* in: Cian (Hrsg.), Diritto commerciale, Bd. 3, Diritto delle società, 2017, S. 169; *Marzulli* in: Preite/Busi (Hrsg.), Trattato società di persone, Bd. 1, 2015, S. 61, 62.

Immobiliarrechten für eine Dauer von über neun Jahren bzw. auf unbestimmte Zeit (Art. 1350 I Nr. 9 c.c.) vorsieht. In diesen Fällen bedarf es zur Wirksamkeit des Gesellschaftsvertrags der **Textform** (Art. 2251 c.c. iVm Art. 1350 c.c.),[88] nicht aber der notariellen Beurkundung. Die notarielle Beurkundung ist lediglich eine Voraussetzung für die Eintragung ins Immobilienregister, die aber in Italien grds. keine konstitutive Wirkung hat,[89] sondern nur dazu führt, dass die eingetragenen Geschäfte Dritten gegenüber geltend gemacht werden können (Art. 2644 c.c.). Ein Verstoß gegen die Textform (wie dies häufig bei der *società di fatto* der Fall ist) führt jedoch regelmäßig nicht zur Nichtigkeit des gesamten Gesellschaftsvertrags, sondern nur zur Nichtigkeit der betroffenen Einlage,[90] es sei denn, dass die Einlage den Umständen nach als wesentlich anzusehen ist (gem. Art. 1420 c.c.). Es ist umstritten, ob in diesen Fällen (sollten die Umstände es ermöglichen) die Umdeutung in eine formlose Gebrauchsüberlassung in Betracht kommen kann.[91]

d) Keine Gründungsvoraussetzungen

35 Ein **Mindestinhalt** ist für den Gesellschaftsvertrag der s.s. im Gegensatz zu den anderen Gesellschaftsformen nicht vorgeschrieben und, wie oben erklärt, kann dieser auch konkludent beschlossen werden, wenn die Tatbestandsmerkmale einer Gesellschaft nach Art. 2247 c.c. vorliegen und eine nicht-kaufmännische Tätigkeit von den Gesellschaftern vorgenommen wird.[92] Sogar ein **Stammkapital** muss nicht vorgesehen werden, da dieser Begriff für die *società semplice* fehlt.[93] Im Gegensatz zur s.n.c. (s. dazu Rn. 93) muss die s.s. auch nicht auf bestimmte Zeit gegründet werden. Ob eine bestimmte Zeit vereinbart wird oder nicht, ist allerdings dennoch von Relevanz, da davon unter anderem abhängt, inwiefern ein Gesellschafter aus der s.s. austreten kann. Eine **Firma** ist für die s.s. ebenfalls nicht vorgeschrieben. Doch wird man der s.s. eine firmenähnliche Geschäftsbezeichnung kaum verweigern können, da sie am Markt auftreten können muss.[94] Im Gegensatz zur s.n.c. steht den Gesellschaftern hierbei ein freies Wahlrecht zu.[95]

e) Eintragung ins Handelsregister

36 Trotz des Fehlens eines Formzwangs muss die *società semplice* nach dem Dekret (D.p.r.) 558/1999 und dem Gesetzesdekret 228/2001 (das sich auf Unternehmen erstreckt, die eine landwirtschaftliche Tätigkeit betreiben) ins **zuständige Handelsregister** (*Registro delle imprese*) eingetragen werden.[96] Eine Nichteintragung der s.s. verhindert allerdings nicht das Entstehen der Gesellschaft, da die Eintragung – anders als für die Kapitalgesellschaften und für die weiteren Personengesellschaften – **deklaratorische Wirkung** (*pubblicità legale con effetti dichiarativi*) entfaltet.[97] Die Gesellschaft entsteht vielmehr mit Abschluss des Gesellschaftsvertrags.[98] Die Eintra-

88 *Bavetta* in: Abriani/Stella Richter (Hrsg.), Codice commentato delle società, Bd. 1, 2010, S. 49; *Patriarca/Benazzo*, Diritto delle società, 2016, S. 25; Cass. 25.11.2011, N. 24961; Cass. 19.12.2008, N. 29885; *Kindler*, Italienisches Handels- und Wirtschaftsrecht, 2014, § 4 Rn. 39; vgl. auch *Fasciani* in: Süß/Wachter (Hrsg.), HdB des internationalen GmbH-Rechts, 2016, Italien, Rn. 11.

89 Mit der wichtigen Ausnahme von den Provinzen Bozen, Trient, Triest und Görz (sowie kleinen weiteren Gemeinden in Norditalien), wo das Grundbuchsystem nach österreischem Recht gilt.

90 *Campobasso*, Diritto commerciale, Bd. 2, Diritto delle società, 2015, S. 58; Cass. 2.4.1999, N. 3166; Cass. 21.2.1992, N. 2137, Giurisprudenza commerciale 1993, 269; *Kindler*, Italienisches Handels- und Wirtschaftsrecht, 2014, § 4 Rn. 39.

91 So Cass. 17.6.1985, N. 3631; *Angelici*, La società nulla, 1975, S. 421; *Palmieri* Rivista delle società 1992, 1405, 1405; *Kindler*, Italienisches Handels- und Wirtschaftsrecht, 2014, § 4 Rn. 39; aA allerdings die herrschende Rechtsprechung Cass. 25.10.2001, N. 13158; Cass. 19.1.1995, N. 565.

92 *Pisani* in: Cian (Hrsg.), Diritto commerciale, Bd. 3, Diritto delle società, 2017, S. 169.

93 Es gibt zudem keine Pflicht eine Jahresbilanz aufzustellen, vgl. *Campobasso*, Diritto commerciale, Bd. 2, Diritto delle società, 2015, S. 76.

94 *Genghini/Simonetti*, Le società di persone, 2012, S. 82; *Ferri*, Le società, 3. Aufl. 1987, 257.

95 *Tassinari* in: Santosuosso (Hrsg.), Delle società, dell'azienda, della concorrenza, Bd. 1, 2015, S. 434, 435.

96 *Stagno d'Alcontres/De Luca*, Le società, Bd. 2, Le società in generale. Le società di persone, 2015, S. 128; *Cagnasso/Quaranta* in: Rescigno (Hrsg.), Trattato di diritto privato, Bd. 17, 2010, S. 16; *Bartalena* Rivista diritto commerciale 2003, 309, 309; *Spada* Rivista diritto civile 2002, 347, 352; *Fasciani* in: Süß/Wachter (Hrsg.), HdB des internationalen GmbH-Rechts, 2016, Italien, Rn. 11; *Pernazza*, Corporations and Partnerships in Italy, 2012, Rn. 545; *Fleischer/Agstner* RabelsZ 81 (2017) 299, 304.

97 *Pisani* in: Cian (Hrsg.), Diritto commerciale, Bd. 3, Diritto delle società, 2017, S. 170; *Campobasso*, Diritto commerciale, Bd. 2, Diritto delle società, 2015, S. 56; *ders.* Rivista del diritto commerciale 2005, 277, 289; *Fasciani* in: Süß/Wachter (Hrsg.), HdB des internationalen GmbH-Rechts, 2016, Italien, Rn. 11. Seit der Reform von 2001 wendet sich daher das alte System der *pubblicità notizia* (nach dem die Eintragung eines Rechtsaktes keine Rechtsfolge außer deren Bezeugung hat) nicht allgmein, sondern nur auf die *società semplici* an, die keine landwirtschaftliche Tätigkeit betreiben (sondern zB eine berufliche Tätigkeit): *Presti/Rescigno*, Corso di diritto commerciale, Bd. 2, Società, 2017, S. 357; *Kindler*, Italienisches Handels- und Wirtschaftsrecht, 2014, § 4 Rn. 39 und *Fleischer/Agstner* RabelsZ 81 (2017) 299, 304.

98 *Campobasso*, Diritto commerciale, Bd. 2, Diritto delle società, 2015, S. 68; *Kindler*, Italienisches Handels- und Wirtschaftsrecht, 2014, § 4 Rn. 9.

gung hat allerdings nach italienischem Recht auch in diesem Fall eine hohe Bedeutung, weil durch sie einige Rechtsakte Dritten mit geeigneten Mitteln zur Kenntnis gebracht werden sollen (vgl. zB Art. 2267 und Art. 2290 c.c.), was durch die Eintragung immer der Fall ist.[99] Dies setzt Anreize, eine Eintragung vorzunehmen. Für die Eintragung reicht ein formloser Antrag aus, der für mündliche Gesellschaftsverträge (*società di fatto*) von allen Gesellschaftern unterschrieben werden muss.[100]

f) Geschäftsbriefpublizität

Zudem regelt der *Codice Civile* **rechtsformneutral** für alle Gesellschaften in Art. 2250 c.c. die Geschäftsbriefpublizität. Danach muss auf allen ausgehenden Schriftstücken der s.s. der Sitz der Gesellschaft sowie das zuständige Handelsregister und die dortige Registernummer der Gesellschaft angegeben werden (Art. 2250 I c.c.).[101] Diese sowie weitere zentrale Informationen (ua die Namen der Gesellschafter, der Geschäftsführer und ihre Vertretungsmacht) können zudem auch einfach unter verschiedenen Suchkriterien elektronisch beim Handelsregister abgefragt werden (unter http://www.registroimprese.it/home), denn die italienischen Handelsregister sind zwar bislang noch auf lokaler Basis organisiert, müssen aber alle eingetragenen Daten in eine gesamte elektronische Datenbank einfügen.[102] Abfragen der Datenbank sind für jeden Interessierten gegen eine geringe Pauschale verfügbar. Kapitalgesellschaften müssen auf ihren Geschäftspapieren weitere Informationen aufnehmen (Art. 2250 II-VII c.c.). Dazu gehören das Stammkapital und die Angabe, ob die Gesellschaft einen alleinigen Gesellschafter hat. Falls die Gesellschaft über eine Internetseite verfügt, müssen alle genannten Daten auch dort angezeigt werden. Eine bestimmte Sanktion für die Verletzung dieser Vorschriften gibt es aber nicht. 37

g) Società occulta

Handeln die Gesellschafter einer Gesellschaft nach außen hin als seien sie Einzelunternehmer (*imprenditore individuale*), so spricht man von einer **verborgenen Gesellschaft** (***società occulta***).[103] Kann der Gläubiger ein Gesellschaftsverhältnis zwischen einem angeblichen Einzelunternehmer und einem Dritten nachweisen, so haftet der Dritte als persönlich haftender Gesellschafter zusammen mit der verborgenen Gesellschaft.[104] Dieser Tatbestand wird seit der Reform der italienischen Konkursordnung im Jahr 2006 im *legge fallimentare* (Art. 147 V legge fallimentare) ausdrücklich geregelt, wird aber auch als allgemeiner Grundsatz für die konkursunfähigen Gesellschaften als anwendbar angesehen.[105] Tritt die Gesellschaft zwar als solche auf, wird die Gesellschafterbeziehung zu einem Dritten jedoch verschwiegen (sog *socio occulto*), so haftet dieser verborgene Dritte ebenso als persönlich haftender Gesellschafter.[106] Als Anzeichen für eine *società occulta* (oder eines *socio occulto*) gelten ua:[107] 38

- Die Einmischung des Dritten in die Geschäftsführung des Einzelunternehmers,
- die Teilnahme des Dritten an Verhandlungen mit Zulieferern,
- der Zugriff auf das Geschäftskonto des Einzelunternehmers durch den Dritten und
- die systematische Finanzierung des Einzelunternehmens, auch durch persönliche Garantien (Bürgschaften).

Strengere Anforderungen an den Beweis sollen nach der Rechtsprechung gestellt werden, wenn die vermutlich verborgenen Gesellschafter Verwandte sind, damit die *affectio familiaris* nicht mit der *affectio societatis* verwechselt wird.[108] 39

99 *Bartalena* Rivista diritto commerciale 2003, 309, 331; *Presti/Rescigno*, Corso di diritto commerciale, Bd. 2, Società, 2017, S. 357.

100 *Pisani* in: Cian (Hrsg.), Diritto commerciale, Bd. 3, Diritto delle società, 2017, S. 170; *Patriarca/Benazzo*, Diritto delle società, 2016, S. 26.

101 *Kindler*, Italienisches Handels- und Wirtschaftsrecht, 2014, § 4 Rn. 31.

102 Gesetz vom 29.12.1993, N. 580 und Präsidentialdekret vom 7.12.1995, N. 581 und vom 14.12.1999, N. 558.

103 *Cian* in: Cian (Hrsg.), Diritto commerciale, Bd. 3, Diritto delle società, 2017, S. 36 ff.; *Campobasso*, Diritto commerciale, Bd. 2, Diritto delle società, 2015, S. 60 ff.; *Kindler*, Italienisches Handels- und Wirtschaftsrecht, 2014, § 4 Rn. 42.

104 *Stagno d'Alcontres/De Luca*, Le società, Bd. 1, Le società in generale. Le società di persone, 2015, S. 132.

105 Nach Art. 147 *legge fallimentare* wird die Insolvenz des Einzelunternehmers auch auf die verborgene Gesellschaft sowie auf die verborgenen Gesellschafter ausgedehnt. *Campobasso*, Diritto commerciale, Bd. 2, Diritto delle società, 2015, S. 61; *Presti/Rescigno*, Corso di diritto commerciale, Bd. 2, Società, 2017, S. 343.

106 *Stagno d'Alcontres/De Luca*, Le società, Bd. 1, Le società in generale. Le società di persone, 2015, S. 132; Cass. 17.12.2012, N. 23211.

107 Ua Cass. 12.9.2016, N. 17925; Cass. 24.2.2016, N. 3621; Cass. 20.6.2013, N. 15543, Giurisprudenza commerciale 2014, 415 mit Anm. *Fiengo*; *Belviso*, Società occulta, in Il diritto. Enciclopedia giuridica, B. XV, 2007, 114; *Campobasso*, Diritto commerciale, Bd. 2, Diritto delle società, 2015, S. 61.

108 Trib. Milano 12.9.2013, www.giurisprudenzadelleimprese.it; Cass. 5.7.2013, N. 16829; Cass. 20.6.2006, N. 14280; Cass. 12.9.1997, N. 9030.

h) Società apparente

40 Anders als bei der verborgenen Gesellschaft wird bei der **Scheingesellschaft** (*società apparente*) das Bestehen einer Gesellschaft nach Außen vorgegeben, obwohl es im Innenverhältnis an einer Willensübereinstimmung zur gemeinschaftlichen Ausübung einer wirtschaftlichen Tätigkeit sowie an den objektiven Merkmalen der wirtschaftlichen Betätigung fehlt.[109] Wenn mindestens zwei Personen bei einem gutgläubigen Dritten den Eindruck erwecken, dass eine Gesellschaft existiert, so wird diese Scheingesellschaft nach der Rechtsprechung im Außenverhältnis als existent behandelt.[110] Besonders stark kritisiert wird in der Literatur allerdings die Erweiterung dieser Erfindung der Rechtsprechung auf Insolvenzfälle, da bei einem Konkurs auch nicht gutgläubige Dritte geschützt werden.[111]

i) Unwirksamkeit des Gesellschaftsvertrags

41 Die Gesellschaft entsteht mit Abschluss des Gesellschaftsvertrags.[112] Nicht ausdrücklich geregelt ist die Unwirksamkeit des Gesellschaftsvertrags, weshalb die allgemeinen Regeln des *Codice Civile* für Verträge greifen.[113] Eine analoge Anwendung der entsprechenden Vorschrift für Kapitalgesellschaften (Art. 2332 c.c.) ist hingegen ausgeschlossen.[114] Der Gesellschaftsvertrag ist daher gem. Art. 1418 I c.c. **nichtig**, wenn

- er gegen zwingende Vorschriften verstößt (Generalklausel);
- eines der in Art. 1325 c.c. genannten Erfordernisse nicht erfüllt wird;
- der Rechtsgrund unerlaubt ist (vgl. dazu Art. 1343 c.c.);
- die Beweggründe unerlaubt sind (Art. 1345 c.c.) und
- der Vertragsgegenstand nicht möglich, erlaubt, bestimmt oder bestimmbar ist (Art. 1346 c.c.).[115]

42 Der Gesellschaftsvertrag ist danach zB unwirksam, wenn eine Gesellschaft von einem einzigen Gesellschafter gegründet wird oder wenn als Gegenstand der Gesellschaft eine unmögliche oder unerlaubte (zB der Anbau von Marihuana) Tätigkeit bestimmt würde. Nach der Rechtsprechung ist wie erwähnt die Gesellschaft zudem nichtig, wenn eine formpflichtige Einlage (zB die Übereignung einer Immobilie) formlos getätigt wird und sie den Umständen nach als wesentlich für die Gesellschaft anzusehen ist.[116]

43 Daneben kann auch die **Beteiligung eines Gesellschafters anfechtbar** sein und daher zu einer Anfechtbarkeit der ganzen Gesellschaft führen, sofern die Teilnahme dieses Anteilseigners im Lichte der Umstände als wesentlich gem. Art. 1446 c.c. betrachtet wird.[117] Ansonsten bleibt der Gesellschaftsvertrag zwischen den anderen Gesellschaftern bestehen. Die **Anfechtbarkeit des Gesellschaftsvertrags** (wie von jedem Vertrag) bzw. die Beteiligung des Gesellschafters ist insbesondere in den Fällen von Willensmängeln (Irrtum, Zwang und Arglist) und Geschäftsunfähigkeit gegeben.[118]

44 Nicht geregelt sind die **Wirkung und Geltendmachung** der Nichtigkeit oder der Anfechtbarkeit des Vertrages und der Beteiligung des einzelnen Gesellschafters. Sollte die fehlerhafte Gesellschaft noch nicht im Rechtsverkehr aufgetreten sein, greifen unstreitig die zivilrechtlichen Vorschriften auch für den Gesellschaftsvertrag, dh es kommt insofern zur Nichtigkeit des Vertrags *ex tunc* bzw. zum Ausscheiden des Gesellschafters *ex tunc*.[119] Bei in Vollzug gesetzten Personengesellschaften besteht dagegen wie im deutschen Recht auch die viel diskutierte Frage, ob die Nichtigkeit *ex nunc* oder *ex tunc* eintreten sollte.[120] Teile der Literatur vertreten die Auffassung,

---

109 *Preite* in: Preite/Busi (Hrsg.), Trattato società di persone, Bd. 1, 2015, S. 79, 83 f.; *Bassi*, Giurisprudenza commerciale, 2016, Bd. 1, S. 751 ff.; *Campobasso*, Diritto commerciale, Bd. 2, Diritto delle società, 2015, S. 63 f.; *Kindler*, Italienisches Handels- und Wirtschaftsrecht, 2014, § 4 Rn. 43.
110 Cass. 11.3.2010, N. 5961; Cass. 22.2.2008, N. 4529; Cass. 20.4.2006, N. 9250; Cass. 21.6.2004, N. 11491.
111 *Stagno d'Alcontres/De Luca*, Le società, Bd. 1, Le società in generale. Le società di persone, 2015, S. 135; *Miccio* Rivista di diritto dell'impresa 2010, 47, 47 ff.; *Campobasso*, Diritto commerciale, Bd. 2, Diritto delle società, 2015, S. 64.
112 *Campobasso*, Diritto commerciale, Bd. 2, Diritto delle società, 2015, S. 68; *Kindler*, Italienisches Handels- und Wirtschaftsrecht, 2014, § 4 Rn. 9.
113 *Pisani* in: Cian (Hrsg.), Diritto commerciale, Bd. 3, Diritto delle società, 2017, S. 78; *Campobasso*, Diritto commerciale, Bd. 2, Diritto delle società, 2015, S. 68 ff.
114 *Presti/Rescigno*, Corso di diritto commerciale, Bd. 2, Società, 2017, S. 358.
115 *Stagno d'Alcontres/De Luca*, Le società, Bd. 1, Le società in generale. Le società di persone, 2015, S. 136.
116 Siehe oben Rn. 34.
117 *Presti/Rescigno*, Corso di diritto commerciale, Bd. 2, Società, 2017, S. 358.
118 *Campobasso*, Diritto commerciale, Bd. 2, Diritto delle società, 2015, S. 68; *Stagno d'Alcontres/De Luca*, Le società, Bd. 1, Le società in generale. Le società di persone, 2015, S. 139; *Kindler*, Italienisches Handels- und Wirtschaftsrecht, 2014, § 4 Rn. 47.
119 *Campobasso*, Diritto commerciale, Bd. 2, Diritto delle società, 2015, S. 69.
120 Vgl. dazu *Angelici*, La società nulla, 1975; *Stagno d'Alcontres/De Luca*, Le società, Bd. 1, Le società in generale. Le società di persone, 2015, S. 136 ff.; *Pisani* in: Cian (Hrsg.), Diritto commerciale, Bd. 3, Diritto delle società, 2017, S. 78; *Campobasso*, Diritto commerciale, Bd. 2, Diritto delle società, 2015, S. 68 ff.; *Kindler*, Italienisches Handels- und Wirtschaftsrecht, 2014, § 4 Rn. 48.

dass Art. 2332 c.c., der für Kapitalgesellschaften gilt und lediglich die Nichtigkeit mit Wirkung für die Zukunft vorsieht, nicht analog auf die Personengesellschaften anwendbar sein soll.[121] Diese Ansicht vertritt auch der Kassationshof.[122] Nach hM ist aber die Gesellschaft dennoch als wirksam zu behandeln und ihre Rechtsgeschäfte damit ebenfalls. Daher kann sie nur noch mit Wirkung *ex nunc* wieder aufgelöst und liquidiert werden.[123] Umstritten ist allerdings die dogmatische Rechtfertigung dieser Lösung. Einige Autoren betonen, dass die *società di fatto* auch ohne einen schriftlichen Vertrag entstehen kann (dazu Rn. 33), wodurch dann auch die mangelhafte Gesellschaft als solche qualifiziert werden könnte.[124] Andere Autoren bevorzugen entgegen der Ansicht des Kassationshofs die Anwendung von Art. 2332 c.c. analog oder gehen von einem allgemeinen verbandsrechtlichen Prinzip aus, welches besagt, dass ein einmal ins Leben gerufener Verband aufgrund der Interessen des Rechtsverkehrs nur noch mit Wirkung für die Zukunft wieder aufgelöst und liquidiert werden kann.[125] Eine vergleichbare Lösung wird auch hinsichtlich der Wirkung der Nichtigkeit oder Anfechtbarkeit der Beteiligung eines einzelnen Gesellschafters vertreten. Nach hM wirkt sie nur *ex nunc* und wird als ein Austritt des Gesellschafters bewertet.[126]

3. Organisationsverfassung

a) Geschäftsführung und Vertretung

aa) Geschäftsführungs- und Vertretungsbefugnis

In der s.s. gilt wie beim deutschen Personengesellschaftsrecht grundsätzlich das **Prinzip der Selbstorganschaft** (*principio di immedesimazione organica*). Die Gesellschafter sind kraft ihrer Gesellschafterstellung Organwalter mit Vertretungsbefugnis, ohne dass hierfür ein Bestellungsakt erforderlich wäre (Art. 2257 iVm Art. 2266 c.c.). Sie können ihre Organstellung auch nicht einseitig aufgeben (zur Gestaltungsfreiheit Rn. 46). Da eine Personen- oder Kapitalgesellschaft nach hM als Gesellschafter eintreten darf (dazu bereits Rn. 32), kann entsprechend auch eine **juristische Person** als Geschäftsführer bestellt werden.[127] Trotz des Prinzips der Selbstorganschaft wird diskutiert, ob auch eine **Fremdgeschäftsführung** zulässig ist.[128] Dafür spricht sich die aktuell (wohl) herrschende Meinung aus.[129] Der Fremdgeschäftsführer haftet dann aber zwingend für die Gesellschaftsverbindlichkeiten gegenüber Dritten unbeschränkt. Im Innenverhältnis darf die Haftung des Fremdgeschäftsführers dagegen beschränkt werden.[130] 45

Schweigt der Gesellschaftsvertrag zur Geschäftsführung und Vertretung, sind somit alle Gesellschafter geschäftsführungs- und vertretungsbefugt. Das Gesetz gewährt aber in diesem Bereich den Gesellschaftern große Gestaltungsfreiheit, von der in der Praxis auch in erheblichem Umfang Gebrauch gemacht wird.[131] Es können daher im Gesellschaftsvertrag abweichend vom genannten Prinzip auch lediglich einzelne Gesellschafter zu Geschäftsführern berufen werden.[132] Daneben ist es möglich, Geschäftsführer durch Beschluss auf bestimmte Zeit 46

---

121 *Ferrara/Corsi*, Gli imprenditori e le società, 15. Aufl. 2011, S. 201 ff.; *Albanese* Contratto e impresa 2005, 1154, 1158 ff.

122 Cass. 2.1.1995, N. 7; Trib. Alba 22.10.1999, Le Società 2000, 319; Trib. Napoli 17.8.1989, Rivista diritto dell'impresa 1989, 589.

123 *Angelici*, La società nulla, 1975, S. 286 ff.; *Campobasso*, Diritto commerciale, Bd. 2, Diritto delle società, 2015, S. 69 f.; *Stagno d'Alcontres/De Luca*, Le società, Bd. 1, Le società in generale. Le società di persone, 2015, S. 137; *Palmieri* in: Colombo/Portale (Hrsg.), Trattato delle società per azioni, Bd. 1* 2004, S. 493.

124 *Cottino* in: Cottino/Weigmann (Hrsg.), Le società di persone, 2004, S. 134 ff.

125 Cass. 19.1.1995, N. 565; Trib. Napoli 19.10.1998, Foro napoletano 2000, 187; *Angelici*, La società nulla, 1975, S. 286 ff.; *Campobasso*, Diritto commerciale, Bd. 2, Diritto delle società, 2015, S. 69 f.; *Stagno d'Alcontres/De Luca*, Le società, Bd. 1, Le società in generale. Le società di persone, 2015, S. 138; *Palmieri* in: Colombo/Portale (Hrsg.), Trattato delle società per azioni, Bd. 1* 2004, S. 490 ff.

126 Cass. 2.4.1999, N. 3166; *Palmieri* Rivista delle società 1992, 1405, 1412; *Stagno d'Alcontres/De Luca*, Le società, Bd. 1, Le società in generale. Le società di persone, 2015, S. 141.

127 *Cetra* Rivista di Diritto Societario 2008, 676, 679; *Nigro* Rivista di Diritto Societario 2007, 12, 12; *Presti/Rescigno*, Corso di diritto commerciale, Bd. 2, Società, 2017, S. 368.

128 *Stagno d'Alcontres/De Luca*, Le società, Bd. 1, Le società in generale. Le società di persone, 2015, S. 188; *Campobasso*, Diritto commerciale, Bd. 2, Diritto delle società, 2015, S. 97 f.; *Fleischer/Agstner* RabelsZ 81 (2017) 299, 339.

129 Bejahend *Pisani* in: Cian (Hrsg.), Diritto commerciale, Bd. 3, Diritto delle società, 2017, S. 106; *Tassinari* in: Santosuosso (Hrsg.), Delle società, dell'azienda, della concorrenza, Artt. 2247-2378, 2014, S. 449 f.; *Campobasso*, Diritto commerciale, Bd. 2, Diritto delle società, 2015, S. 100 (bezüglich der s.n.c.); verneinend Trib. Cagliari 11.11.2005, Rivista giuridica sarda 2006, 383; Trib. Bologna 24.4.2001, Foro italiano 2002, 3520; Trib. Foggia 29.2.2000, Giurisprudenza italiana 2001, 989; *Bartalena* in: Abbadessa/Portale (Hrsg.), Il nuovo diritto delle società. Liber amicorum Gian Franco Campobasso, Bd. 1, 2006, S. 123 ff.; *Cottino* in: Cottino/Weigmann (Hrsg.), Le società di persone, 2004, S. 148 ff.

130 *Stagno d'Alcontres/De Luca*, Le società, Bd. 1, Le società in generale. Le società di persone, 2015, S. 190 f.

131 *Pisani* in: Cian (Hrsg.), Diritto commerciale, Bd. 3, Diritto delle società, 2017, S. 93.

132 Cass. 9.7.1994, N. 6524; Cass. 28.5.1985, N. 3236.

zu bestellen. Dazu bedarf es nach hM eines einstimmigen Beschlusses der Gesellschafter, es sei denn der Gesellschaftervertrag bestimmt etwas Anderes.[133] Wie die Geschäftsführer bestellt werden, wirkt sich maßgeblich auf die Möglichkeiten der Abberufung und das Weisungsrecht aus (Art. 2259 c.c.; s. dazu Rn. 53 f. und 56).

47 Die einfache Gesellschaft kann Rechte und Verbindlichkeiten durch die Handlungen ihrer **vertretungsberechtigten Gesellschafter** erwerben (Art. 2266 I c.c.). Dieselben vertreten die Gesellschaft auch vor Gericht (Art. 2266 I c.c.). Die Vertretungsbefugnis umfasst „alle Rechtshandlungen, die vom Gesellschaftszweck umfasst sind"[134] (Art. 2266 II c.c.). Die Vertretungsmacht wird also durch den Unternehmensgegenstand (*oggetto sociale*) begrenzt (***ultra vires*-Doktrin**).[135] Das bedeutet, dass die Gesellschaft nicht durch Vereinbarungen gebunden wird, die außerhalb des Gesellschaftszwecks liegen.

48 Alle geschäftsführungsbefugten Gesellschafter haben grundsätzlich auch (Einzel-)Vertretungsbefugnis, sofern der Gesellschaftsvertrag nicht etwas Anderes vorschreibt (Art. 2266 II c.c.). Die Geschäftsführungsbefugnis steht gemäß Art. 2257 c.c. vorbehaltlich anderslautender gesellschaftsvertraglicher Bestimmungen wiederum jedem Gesellschafter einzeln zu (**Einzelgeschäftsführungsbefugnis**/*amministrazione disgiuntiva*).[136] Regelmäßig bedeutet das in der einfachen Gesellschaft, dass den Gesellschaftern auch **Einzelvertretungsbefugnis** gewährt wird. Damit besitzen die Gesellschafter im Allgemeinen (Einzel-)Vertretungs- und Geschäftsführungsbefugnis (Art. 2257 iVm Art. 2266 II c.c.).[137] Im Fall der Einzelgeschäftsführung kann jeder Geschäftsführer bis zur Vornahme der Handlung **Widerspruch** erheben (*diritto di opporsi*, Art. 2257 II c.c.). Über den Widerspruch, der von einem der Gesellschafter erhoben wurde, entscheidet dann die Mehrheit der Gesellschafter (auch wenn einzelne von ihnen nicht Geschäftsführer sind), wobei das prozentuale Stimmrecht sich nach dem Gewinnanteil des Gesellschafters bemisst (Art. 2257 II, III c.c.)[138] und nicht pro Kopf. Die Entscheidung hat nicht die Zweckmäßigkeit der Handlung zum Gegenstand, sondern den Widerspruch (und zwar seine Begründung).[139] Wird der Widerspruch bestätigt, darf die Maßnahme nicht durchgeführt werden. Nimmt der Geschäftsführer jedoch trotz des Widerspruchs die Maßnahme vor, kann er aus wichtigem Grund abberufen und zum Schadensersatz verpflichtet werden.[140] Wird der Widerspruch jedoch nicht bestätigt, bleibt der Geschäftsführer, der die Maßnahme durchführen möchte, in seiner Entscheidung frei. Er kann dann entscheiden, ob er die Handlung weiterhin vornehmen möchte oder nicht. Die Entscheidung über den Widerspruch führt also im Umkehrschluss nicht dazu, dass die Maßnahme beschlossen wurde.

49 Die Gesellschafter können aber die Geschäftsführungsbefugnis einzelner Gesellschafter durch entsprechende Bestimmungen im Gesellschaftsvertrag einschränken.[141] Die Beschränkung der **Geschäftsführungsbefugnis** im **Innenverhältnis** begrenzt vorbehaltlich anderslautender gesellschaftsvertraglicher Bestimmungen entsprechend auch die **Vertretungsbefugnis** des betroffenen Gesellschafters im **Außenverhältnis** (zur Wirkung gegenüber Drit-

133 Trib. Roma 31.12.2014, Le Società 2015, 507; *Buonocore*, Società in nome collettivo, 1995, S. 139; *Kindler*, Italienisches Handels- und Wirtschaftsrecht, 2014, § 4 Rn. 58; nach *Campobasso*, Diritto commerciale, Bd. 2, Dirit- Diritto delle società, 2017, S. 101; *Stagno d'Alcontres/De Luca*, Le società, Bd. 1, Le società in generale. Le so- to delle società, 2015, S. 103 reicht ein Mehrheitsbeschluss; *Pisani* in: Cian (Hrsg.), Diritto commerciale, Bd. 3, cietà di persone, 2015, S. 210.

134 Zitiert nach der Übersetzung des italienischen Zivilgesetzbuches der Südtiroler Landesregierung, Stand: 31.5.2015.

135 Zuletzt Cass. 12.12.2016, N. 25409; vgl. noch Cass. 12.11.2004, N. 21520; Cass. 24.5.2004, N. 9927; Cass. 12.11.1998, N. 6142; Cass. 14.5.1999, N. 4774; *Stagno d'Alcontres/De Luca*, Le società, Bd. 1, Le società in generale. Le società di persone, 2015, S. 201; *Wiedemann*, Gesellschaftsrecht, Bd. 2, 2004, S. 73.

136 *Cottino/Weigmann*, Società di persone e consorzi, 2004, S. 143; *Kindler*, Italienisches Handels- und Wirtschaftsrecht, 2014, § 4 Rn. 57; *Fasciani* in: Süß/Wachter (Hrsg.), HdB des internationalen GmbH-Rechts, 2016, Italien, Rn. 11; *Fleischer/Agstner* RabelsZ 81 (2017) 299, 338.

137 *Campobasso*, Diritto commerciale, Bd. 2, Diritto delle società, 2015, S. 88; *Zabbia* in: Abriani/Stella Richter (Hrsg.), Codice commentato delle società, Bd. 1, 2010, S. 160; *Hofmann*, Gesellschaftsrecht in Italien, 2006, S. 49; *Magrini*, Italienisches Gesellschaftsrecht, 2004, S. 18.

138 *Cagnasso/Quaranta* in: Rescigno (Hrsg.), Trattato di diritto privato, Bd. 17, 2010, S. 43; *Kindler*, Italienisches Handels- und Wirtschaftsrecht, 2014, § 4 Rn. 57.

139 *Pisani* in: Cian (Hrsg.), Diritto commerciale, Bd. 3, Diritto delle società, 2017, S. 95; *Presti/Rescigno*, Corso di diritto commerciale, Bd. 2, Società, 2017, S. 369; *Zabbia* in: Abriani/Stella Richter (Hrsg.), Codice commentato delle società, Bd. 1, 2010, S. 86.

140 *Stagno d'Alcontres/De Luca*, Le società, Bd. 1, Le società in generale. Le società di persone, 2015, S. 198; Trib. Cagliari, 3.7.2015, Rivista giuridica sarda 2017, 199.

141 Vgl. etwa die Formulierung in Art. 2257 I c.c., wonach „*vorbehaltlich* einer anderen Abmachung" die Verwaltung der Gesellschaft jedem einzelnen Gesellschafter zusteht.

ten s. Rn. 51).[142] Da die Bestimmungen bezüglich der Verwaltungs- und Vertretungsbefugnis jedoch **dispositiv** sind,[143] muss nicht immer eine Übereinstimmung beider Befugnisse vorliegen.[144]

Die Gesellschafter können im Gesellschaftsvertrag weitere Einschränkungen festlegen, wie zB **Gesamtgeschäftsführungsbefugnis** (*amministrazione congiuntiva*, vgl. Art. 2258 c.c.).[145] In diesem Fall gilt dann regelmäßig auch **Gesamtvertretungsbefugnis.** Es ist zudem möglich eine Gesamtvertretungsbefugnis nur für bestimmte Geschäfte zu vereinbaren (*amministrazione mista*). Dies kommt in der Praxis allerdings selten vor.[146] Ebenso kann die Vertretungsbefugnis nur einigen Gesellschaftern gewährt werden (vgl. Art. 2266 II c.c.).[147] Den Gesellschaftern wird insofern ein weiter Gestaltungsspielraum gewährt.[148] Eine Geschäftsführungsmaßnahme durch einen einzelnen Geschäftsführer trotz Festlegung von Gesamtgeschäftsführungsbefugnis ist in Notfällen, in denen es um die Abwendung von Schäden geht, gestattet (Art. 2258 III c.c.). 50

Damit **Beschränkungen der Vertretungsbefugnis** gegenüber Dritten geltend gemacht werden können, müssen die Regeln des Art. 2266 III c.c. iVm Art. 1396 c.c. beachtet werden. Gutgläubige Dritte werden insoweit geschützt als Änderungen und das Erlöschen der Vertretungsmacht Dritten, die schuldlos keine Kenntnis darüber hatten, nicht entgegengehalten werden können.[149] Einschränkungen der Vertretungsmacht sollten daher ins Handelsregister eingetragen und auf der geschäftlichen Korrespondenz erwähnt werden. Sollte lediglich die Einschränkung der Geschäftsführungs-, nicht aber der Vertretungsbefugnis ins Handelsregister eingetragen werden, muss die Gesellschaft Dritten entsprechende Kenntnis nachweisen, um die Vertretungsbefugnis geltend zu machen. 51

bb) Vergütung der Geschäftsführertätigkeit

Die Vergütung der Tätigkeit als geschäftsführender Gesellschafter ist nicht ausdrücklich geregelt. Art. 2260 I c.c. verweist für die Geschäftsführung generell auf den Mandatsvertrag (*mandato*). Dieser Vertragstyp wird in Deutschland meist als „Auftrag" übersetzt.[150] Im Sinne der deutschen Terminologie vereint er jedoch die entgeltliche Geschäftsbesorgung mit dem unentgeltlichen Auftrag, wobei die Entgeltlichkeit gem. Art. 1709 c.c. vermutet wird. Auf diese Weise ist die Tätigkeit als geschäftsführender Gesellschafter auch bei fehlender vertraglicher Regelung **regelmäßig entgeltlich.**[151] Es wird bezweifelt, ob diese Vermutung angemessen ist, wenn alle Gesellschafter geschäftsführend tätig sind.[152] Es ist daher zu empfehlen, eine ausdrückliche Regelung dieses Aspekts im Gesellschaftsvertrag vorzunehmen. 52

cc) Abberufung eines Geschäftsführers

Einem im Gesellschaftsvertrag bestellten Geschäftsführer kann die Geschäftsführung nur aus ***„giusta causa"*** (**wichtigem Grund**, dazu gleich näher) entzogen werden (Art. 2259 I c.c.) und bedarf, da es sich um eine Änderung des Gesellschaftsvertrags handelt, grundsätzlich eines einstimmigen Beschlusses der Gesellschafter (Art. 2252 c.c.).[153] Nach der ständigen Rechtsprechung darf der betroffene Gesellschafter bei der Abstimmung 53

142 *Presti/Rescigno*, Corso di diritto commerciale, Bd. 2, Società, 2017, S. 370; *Magrini*, Italienisches Gesellschaftsrecht, 2004, S. 19; *Kindler*, Italienisches Handels- und Wirtschaftsrecht, 2014, § 4 Rn. 67.

143 Siehe hierzu nur Art. 2257 I c.c. („*vorbehaltlich* einer anderen Abmachung") und Art. 2266 II c.c. („*bei Fehlen* einer anderslautenden Vertragsbestimmung").

144 *Presti/Rescigno*, Corso di diritto commerciale, Bd. 2, Società, 2017, S. 370; *Campobasso*, Diritto commerciale, Bd. 2, Diritto delle società, 2015, S. 91; *Cottino/Weigmann*, Società di persone e consorzi, 2004, S. 143; *Magrini*, Italienisches Gesellschaftsrecht, 2004, S. 19.

145 *Stagno d'Alcontres/De Luca*, Le società, Bd. 1, Le società in generale. Le società di persone, 2015, S. 199; *Zabbia* in: Abriani/Stella Richter (Hrsg.), Codice commentato delle società, Bd. 1, 2010, S. 89; *Hofmann*, Gesellschaftsrecht in Italien, 2006, S. 42; vgl. auch *Fasciani* in: Süß/Wachter (Hrsg.), HdB des internationalen GmbH-Rechts, 2016, Italien, Rn. 11; *Kindler*, Italienisches Handels- und Wirtschaftsrecht, 2014, § 4 Rn. 57, 67; *Fleischer/Agstner* RabelsZ 81 (2017) 299, 338.

146 *Pisani* in: Cian (Hrsg.), Diritto commerciale, Bd. 3, Diritto delle società, 2017, S. 96.

147 *Campobasso*, Diritto commerciale, Bd. 2, Diritto delle società, 2015, S. 94; *Presti/Rescigno*, Corso di diritto commerciale, Bd. 2, Società, 2017, S. 370.

148 *Hofmann*, Gesellschaftsrecht in Italien, 2006, S. 42.

149 *Presti/Rescigno*, Corso di diritto commerciale, Bd. 2, Società, 2017, S. 370 f.; *Kindler*, Italienisches Handels- und Wirtschaftsrecht, 2014, § 4 Rn. 67.

150 *Bauer/Eccher/König/Kreuzer/Zanon*, Italienisches Zivilgesetzbuch Codice Civile, 2010, bei Art. 1709, 2260 c.c.; *Magrini*, Italienisches Gesellschaftsrecht, 2004, S. 18.

151 In diese Richtung die ständige Rechtsprechung: Cass. 28.5.1985, N. 3236; Cass. 13.11.1984, N. 5747; vgl. auch *Campobasso*, Diritto commerciale, Bd. 2, Diritto delle società, 2015, S. 96; *Stagno d'Alcontres/De Luca*, Le società, Bd. 1, Le società in generale. Le società di persone, 2015, S. 188.

152 *Campobasso*, Diritto commerciale, Bd. 2, Diritto delle società, 2015, S. 96; *Belviso* Rivista delle società 2001, 713, 746 ff.; Trib. Milano 17.9.2002, Foro Padano 2002, 668; *Kindler*, Italienisches Handels- und Wirtschaftsrecht, 2014, § 4 Rn. 63.

153 Trib. Roma, 31.12.2014, Le Società 2015, 1337; Cass. 12.6.2009, N. 13761, Giurisprudenza commerciale 2010, 481; Trib. Milano 7.1.2010, Le Società 2010, 513; Trib. Como 12.3.1987, Le Società 1987, 728.

allerdings nicht mitstimmen.[154] Eine „*giusta causa*" (wörtliche Übersetzung: „berechtigter Grund") liegt nach hM im Fall der Nichterfüllung von Geschäftsführerpflichten von nicht geringer Bedeutung (*inadempimento di non scarsa importanza*) vor, wie zB bei einem Verstoß gegen ein im Gesellschaftsvertrag vorgesehenes Wettbewerbsverbot (ein gesetzliches Wettbewerbsverbot kennt die s.s. nicht). Darüber hinaus stellt jedes Verhalten, das das Vertrauensverhältnis schwer gefährdet (zB die Unfähigkeit aufgrund einer Krankheit die Gesellschaft zu führen), einen Grund zur Entziehung der Geschäftsführungsbefugnis dar.[155] Daher steht der Begriff „*giusta causa*" dem deutschen „wichtigen Grund" nach § 117 HGB sehr nah.

54 Einem durch **besondere Handlung**, also durch Gesellschafterbeschluss, zum Geschäftsführer berufenen Gesellschafter darf die Geschäftsführung dagegen nach Auftragsrecht entzogen werden (Art. 2259 II c.c.). Gem. Art. 1722 I Nr. 2 c.c. kann der durch Gesellschafterbeschluss[156] berufene Geschäftsführer daher durch Widerruf, dh auch **ohne wichtigen Grund**, seines Amtes enthoben werden. Wird dem Geschäftsführer die Geschäftsführungsbefugnis ohne *giusta causa* entzogen, ist die Gesellschaft ihm dann allerdings zum Schadensersatz verpflichtet. Die Regelung der Abberufung durch das Auftragsrecht ist jedoch dispositiv (Art. 2259 II c.c.). Der Gesellschaftsvertrag kann dementsprechend etwas Anderes vorsehen. Art. 2259 III c.c. stellt zudem klar, dass jedem Gesellschafter immer die Möglichkeit verbleibt, die Entziehung der Geschäftsführungsbefugnis eines anderen Gesellschafters bei Vorliegen eines wichtigen Grundes im Klagewege zu erreichen.[157] Möchten die Gesellschafter somit stärkere Kontrollmöglichkeiten über die Geschäftsführung behalten, empfiehlt es sich im Ergebnis, die Geschäftsführer durch Beschluss zu benennen.

dd) Kompetenzverhältnis zwischen Geschäftsführern und Gesellschaftern

55 Keine Vorschrift im *Codice Civile* bestimmt ausdrücklich für die *società semplice* das Kompetenzverhältnis zwischen Geschäftsführern und Gesellschaftern. Im Ergebnis lässt sich gut vertreten, dass den Geschäftsführern alle Entscheidungsbefugnisse zustehen, die nicht kraft Gesetzes oder Gesellschaftsvertrag durch Gesellschafterbeschluss entschieden werden müssen.[158] Die Geschäftsführer haben somit das Recht und die Pflicht die Gesellschaft zu führen und daher die Geschäfte vorzunehmen, die zur Erreichung des Gesellschaftszwecks erforderlich sind. Die geschäftsführenden Gesellschafter sind den anderen Gesellschaftern zudem zur **Information** und **Rechnungslegung** verpflichtet (Art. 2261 c.c.).[159] Den Gesellschaftern werden Kompetenzen durch Gesetz oder Gesellschaftsvertrag zugesprochen. Der Gesellschaftsvertrag kann die Zuständigkeit der Gesellschafter erweitern, da sie für die Verbindlichkeiten der Gesellschaft haften.[160] Entscheidungen, die kraft Gesetzes den Gesellschaftern zustehen, können allerdings nicht durch eine gesellschaftsvertragliche Bestimmung an die Geschäftsführer delegiert werden.

56 Ein **Weisungsrecht** gegenüber den geschäftsführenden Gesellschaftern steht einem nicht-geschäftsführenden Gesellschafter nach hM grundsätzlich nicht zu.[161] Diese Interpretation legt die Vorschrift über den Widerspruch bei Einzelgeschäftsführung nahe (Art. 2257 II c.c., s. dazu Rn. 48). Das Widerspruchsrecht steht nicht jedem Gesellschafter, sondern nur den geschäftsführenden Gesellschaftern zu.[162] Außerdem führt die Entscheidung über den Widerspruch gerade nicht dazu, dass die Maßnahme beschlossen wurde und der Geschäftsführer daran gebunden ist. Es wird allerdings auch angemerkt, dass ein Weisungsrecht jedoch dann vorliegt, wenn ein einzelner Geschäftsführer durch Gesellschafterbeschluss bestimmt wurde. Da er unter diesen Umständen sogar

154 Trib. Roma, 31.12.2014, Le Società 2015, 1337; Cass. 12.6.2009, N. 13761, Giurisprudenza commerciale 2010, 481; Trib. Roma 31.12.2014, Le Società 2015, 1337; Trib. Milano 7.1.2010, Giurisprudenza italiana 2010, 2366; *Campobasso*, Diritto commerciale, Bd. 2, Diritto delle società, 2015, S. 92 (Fn. 79); dagegen *Stagno d'Alcontres/De Luca*, Le società, Bd. 1, Le società in generale. Le società di persone, 2015, S. 193, der die Möglichkeit der Abberufung durch Gerichtsentscheidung nach Art. 2259 III c.c. betont.

155 Trib. Milano 7.1.2010, Giurisprudenza italiana 2010, 2366; Trib. Bari 26.6.2008, Le Società 2009, 989; *Presti/Rescigno*, Corso di diritto commerciale, Bd. 2, Società, 2017, S. 372.

156 Es ist umstritten, ob der Beschluss einstimmig gefasst werden muss oder ob eine Mehrheit genügt: *Stagno d'Alcontres/De Luca*, Le società, Bd. 1, Le società in generale. Le società di persone, 2015, S. 193 (Einstimmigkeit); *Campobasso*, Diritto commerciale, Bd. 2, Diritto delle società, 2015, S. 93 (Mehrheit).

157 *Campobasso*, Diritto commerciale, Bd. 2, Diritto delle società, 2015, S. 93; *Presti/Rescigno*, Corso di diritto commerciale, Bd. 2, Società, 2017, S. 372; *Zabbia* in: Abriani/Stella Richter (Hrsg.), Codice commentato delle società, Bd. 1, 2010, S. 92 ff.

158 *Presti/Rescigno*, Corso di diritto commerciale, Bd. 2, Società, 2017, S. 373.

159 *Presti/Rescigno*, Corso di diritto commerciale, Bd. 2, Società, 2017, S. 372; *Belviso* Rivista delle società 2008, 1249, 1249; *Kindler*, Italienisches Handels- und Wirtschaftsrecht, 2014, § 4 Rn. 64.

160 *Presti/Rescigno*, Corso di diritto commerciale, Bd. 2, Società, 2017, S. 373.

161 *Presti/Rescigno*, Corso di diritto commerciale, Bd. 2, Società, 2017, S. 372; *Pisani* in: Cian (Hrsg.), Diritto commerciale. Bd. 3, Diritto delle società, 2017, S. 115 f.; *Minto* in: Preite/Busi (Hrsg.), Trattato società di persone, Bd. 1, 2015, 1617, 1621.

162 *Campobasso*, Diritto commerciale, Bd. 2, Diritto delle società, 2015, S. 97; *Cottino* in: Cottino/Weigmann (Hrsg.), Le società di persone, 2004, S. 148; *Kindler*, Italienisches Handels- und Wirtschaftsrecht, 2014, § 4 Rn. 64.

ohne wichtigen Grund durch Gesellschafterbeschluss abberufen werden kann,[163] dürfen ihm die Gesellschafter, die ihm die Geschäftsführungsbefugnis entziehen können, dann auch Weisungen erteilen. Ein weites Weisungsrecht besteht ebenfalls gegenüber Fremdgeschäftsführern.[164] Abgesehen von diesen besonderen Fällen wird hier aber ein allgemeines Weisungsrecht von nicht-geschäftsführenden Gesellschaftern verneint.

ee) Haftung der Geschäftsführer

Bei schuldhaften Pflichtverletzungen haften die geschäftsführenden Gesellschafter der Gesellschaft **gesamtschuldnerisch** (Art. 2260 c.c.), es sei denn, sie können nachweisen, dass sie kein Verschulden trifft.[165] Umstritten ist, ob die Legitimation zur Geltendmachung der Ansprüche nur der Gesellschaft[166] oder jedem Gesellschafter[167] zusteht. Im Ergebnis ist wohl die zuerst genannte Lösung zu bevorzugen. Gesellschafter können außerdem Schadensersatzansprüche gegenüber den geschäftsführenden Gesellschaftern geltend machen, wenn die Voraussetzungen der **deliktischen Generalklausel** des Art. 2043 c.c. erfüllt sind. Ein solcher Anspruch besteht jedoch nicht bei einer Handlung, die unmittelbar die Gesellschaft und nur mittelbar die Gesellschafter schädigt (wie zB für pflichtverletzende Handlungen, die unmittelbar das Gesellschaftsvermögen schädigen und nur mittelbar den Wert der einzelnen Beteiligungen). Ein solcher Anspruch besteht zB, wenn der Gesellschafter auf der Basis von einem falschen Jahresabschluss die Beteiligung gekauft hätte.[168] 57

b) Die Gesellschafter

Den Gesellschaftern stehen gewisse **Kompetenzen kraft Gesetzes** zu. So müssen sie zB für jede Vertragsänderung (Art. 2252 c.c.), die Genehmigung des Jahresabschlusses (Art. 2261 c.c.), die Auflösung der Gesellschaft (Art. 2272 c.c.) und die Verlängerung der Dauer der Gesellschaft (Art. 2273 c.c.) durch Beschluss entscheiden. Darüber hinaus können sie auch **Kompetenzen durch** Bestimmung im **Gesellschaftsvertrag** an sich ziehen (zum Kompetenzverhältnis von Gesellschaftern und Geschäftsführern, s. Rn. 55 f.). Die Gesellschafter haben unter anderem das Recht in die Urkunden und Dokumente, die die Verwaltung betreffen, Einsicht zu nehmen. Die Geschäftsführer können dieses Recht nicht aus Vertraulichkeitsgründen verweigern.[169] Zudem haben die Gesellschafter ein Recht darauf, dass ihnen am Ende jeden Jahres die Rechnungslegung vorgelegt wird (Art. 2261 I und II c.c.). 58

Entscheidungen fällen die Gesellschafter durch **Beschluss**. Sehr umstritten ist in der Literatur die Frage, ob Gesellschafterbeschlüsse einstimmig oder mehrheitlich gefasst werden müssen, sofern nicht das Gesetz oder der Gesellschaftsvertrag entsprechende Vorgaben machen.[170] In den gesetzlichen Regelungen zur *società semplice* lassen sich sowohl Beispiele für einstimmig zu fassende Beschlüsse finden (nach Art. 2252 c.c. bei der Änderung des Gesellschaftsvertrags) als auch für die Beschlussfassung nach dem Mehrheitsprinzip (nach 2257 II c.c. bzgl. des Widerspruchs gegen eine Maßnahme im Fall von Einzelgeschäftsführung, wobei sich diese Vorschrift auf die Geschäftsführer bezieht). Nach hM muss bei Organisationsentscheidungen Einstimmigkeit vorliegen, bzgl. anderer Aspekte soll das Mehrheitsprinzip Anwendung finden.[171] Kraft Gesetzes werden allerdings Umwandlungen (Rechtsformwechsel im deutschen Sinn, Art. 2500-*ter* c.c.), Fusionen (Art. 2502 c.c.) und Spaltungen (Art. 2506-*ter* c.c. iVm Art. 2502 c.c.) durch Mehrheitsbeschlüsse entschieden. Sofern keine zwingenden gesetzlichen Vorgaben bestehen, können Gesellschafter im Vertrag jedoch über die erforderlichen Mehrheiten entscheiden. Insofern wird ihnen ein weiter Gestaltungsspielraum gewährt.[172] Vertragsänderungen sind ins Handelsregister einzutragen. Wie bei der Gründung hat dies allerdings rein **deklaratorische Wirkung**. 59

163 *Campobasso*, Diritto commerciale, Bd. 2, Diritto delle società, 2015, S. 97; *Kindler*, Italienisches Handels- und Wirtschaftsrecht, 2014, § 4 Rn. 64.
164 *Campobasso*, Diritto commerciale, Bd. 2, Diritto delle società, 2015, S. 98.
165 Cass. 5.5.2010, N. 10910.
166 So die ständige Rechtsprechung: Trib. Napoli 3.3.2008, Le Società 2009, 889; Trib. Milano 9.6.2005, Corriere merito 2005, 883; vgl. auch *Cottino/Weigmann*, Società di persone e consorzi, 2004, S. 150.
167 Trib. Milano 2.2.2006, Giurisprudenza commerciale 2007, 901; *Presti/Rescigno*, Corso di diritto commerciale, Bd. 2, Società, 2017, S. 371; *Stagno d'Alcontres/De Luca*, Le società, Bd. 1, Le società in generale. Le società di persone, 2015, S. 195; *Pisani* in: Cian (Hrsg.), Diritto commerciale. Bd. 3, Diritto delle società, 2017, S. 113.
168 Cass. 22.3.2011, N. 6558; Cass. 25.7.2007, N. 16416; *Pisani* in: Cian (Hrsg.), Diritto commerciale. Bd. 3, Diritto delle società, 2017, S. 113.
169 *Campobasso*, Diritto commerciale, Bd. 2, Diritto delle società, 2015, S. 96.
170 *Campobasso*, Diritto commerciale, Bd. 2, Diritto delle società, 2015, S. 102 ff.; *Pisani* in: Cian (Hrsg.), Diritto commerciale. Bd. 3, Diritto delle società, 2017, S. 117 f.
171 *Campobasso*, Diritto commerciale, Bd. 2, Diritto delle società, 2015, S. 103; *Presti/Rescigno*, Corso di diritto commerciale, Bd. 2, Società, 2017, S. 374; *Pisani* in: Cian (Hrsg.), Diritto commerciale. Bd. 3, Diritto delle società, 2017, S. 118.
172 Trib. Milano 23.9.1965, Diritto fallimentare 1966, 49; *Stagno d'Alcontres/De Luca*, Le società, Bd. 1, Le società in generale. Le società di persone, 2015, S. 209.

4. Kapitalverfassung

a) Kapitalaufbringung (conferimenti)

60 Die s.s. muss grundsätzlich **keine Mindestkapitalanforderungen** erfüllen. Die Gesellschafter dürfen im Gesellschaftsvertrag die Höhe und die Art der Einlage (*conferimento*), die geschuldet wird, vereinbaren (Art. 2253 I c.c.).[173] Entbehrt der Gesellschaftsvertrag diesbezüglich jedoch jeglicher Regelungen, so müssen die Gesellschafter die zur Erreichung des Gesellschaftszwecks (*oggetto sociale*) erforderlichen Mittel zu gleichen Teilen erbringen (Art. 2253 II c.c.).[174] Die Erbringung hat dann in Form der Bareinlage zu erfolgen, insofern wird Art. 2342 c.c., der für die Aktiengesellschaft gilt, auf die s.s. angewandt.[175]

61 Jedes Gut von wirtschaftlichem Wert bzw. jede Leistung darf im Rahmen der s.s. eingebracht werden.[176] Die Gesellschafter können somit frei festlegen, ob sie **Bar- oder Sacheinlagen** erbringen möchten. Sacheinlagefähig sind alle vermögenswerten Gegenstände (vgl. Art. 2254 c.c.). Nach italienischem Recht können auch **Dienstleistungen** erbracht werden, zB in Form von **Arbeitsleistungen** (*socio d'opera*) (Schluss aus Art. 2263 II c.c.). In letzterem Fall wird der Anteil des Gesellschafters, der eine Einlage in Form einer Arbeitsleistung erbringt, vom Gericht nach Billigkeit festgesetzt, wenn nicht der Vertrag eine entsprechende Regelung zum Anteil enthält (Art. 2263 II c.c.).[177] Gesetzliche Aufbringungsvorschriften bezüglich der Einlagen gibt es für die einfache Gesellschaft nicht. So ist zB auch kein Wertgutachten für Sacheinlagen notwendig, weil das Stammkapital aufgrund der unbeschränkten Haftung der Gesellschafter keine zentrale Rolle spielt. Allerdings unterliegen Sacheinlagen der Gewährleistung. Art. 2254 c.c. bestimmt, dass insofern die Vorschriften über den Kauf gelten (so zB die Gewährleistung für Mängel der aufgebrachten Sache nach Art. 1490 c.c.).[178]

62 Neben Bar- und Sacheinlagen dürfen die Gesellschafter auch **Forderungseinbringungen** (*crediti*) vereinbaren (Art. 2255 c.c.). Die Einlage einer Forderung ist keine Sacheinlage, wird aber ähnlich behandelt.[179] Allerdings haftet dann der Gesellschafter in der Regel nur in Höhe des Wertes der Forderung (Art. 2255 c.c. iVm Art. 1267 c.c.). Es darf diesbezüglich kein **Haftungsausschluss** für die Zahlungsunfähigkeit des Schuldners vereinbart werden.[180]

63 Das von den Gesellschaftern aufgebrachte Vermögen ist **Eigentum der Gesellschaft.**[181] Den Gesellschaftern ist es daher auch nicht gestattet, sich aus dem Vermögen der Gesellschaft zu bedienen, wenn es nicht dem Gesellschaftszweck dient (Art. 2256 c.c.). Die Gesellschafter können jedoch einvernehmlich bestimmen, dass ein Gebrauch erlaubt ist (vgl. Art. 2256 c.c.). Setzt sich ein Gesellschafter über das genannte Verbot ohne Einwilligung der Mitgesellschafter hinweg, so drohen ihm Schadensersatzforderungen sowie der Ausschluss aus der Gesellschaft (zu Letzterem Art. 2286 c.c.).[182] Sollte ein Gesellschafter von einem Eigentum der Gesellschaft nicht nur Gebrauch machen, sondern es entwenden, liegt zugleich ein strafrechtliches Delikt vor.

b) Gewinn- und Verlustverteilung

64 Die Bestimmung der Höhe der Bar- oder Sacheinlage (sowie der Dienstleistungen) der einzelnen Gesellschafter ist wichtig für die **Gewinnverteilung.** Denn die Berechnung stützt sich grundsätzlich auf das Verhältnis der geleisteten Einlagen (Art. 2263 c.c.).[183] Hat der Gesellschaftsvertrag diesbezüglich keine Regelung getroffen und

---

173 *Campobasso*, Diritto commerciale, Bd. 2, Diritto delle società, 2015, S. 70 f.; *Presti/Rescigno*, Corso di diritto commerciale, Bd. 2, Società, 2017, S. 359 f.

174 *Campobasso*, Diritto commerciale, Bd. 2, Diritto delle società, 2015, S. 71; *Kindler*, Italienisches Handels- und Wirtschaftsrecht, 2014, § 4 Rn. 49.

175 *Presti/Rescigno*, Corso di diritto commerciale, Bd. 2, Società, 2017, S. 360; *Campobasso*, Diritto commerciale, Bd. 2, Diritto delle società, 2015, S. 71.

176 *Presti/Rescigno*, Corso di diritto commerciale, Bd. 2, Società, 2017, S. 360; *Pisani* in: Cian (Hrsg.), Diritto commerciale. Bd. 3, Diritto delle società, 2017, S. 85; *Campobasso*, Diritto commerciale, Bd. 2, Diritto delle società, 2015, S. 71.

177 *Spolidoro* Rivista delle società 2001, 790, 811 ff.; *Cottino/Weigmann*, Società di persone e consorzi, 2004, S. 101; Cass. 2.8.1995, N. 8468.

178 Cass. 20.8.1990, N. 8492.

179 *Pisani* in: Cian (Hrsg.), Diritto commerciale. Bd. 3, Diritto delle società, 2017, S. 87; *Simonetti/de Torres* in: Preite/Busi (Hrsg.), Trattato società di persone, Bd. 1, 2015, S. 435, 458; *Windbichler/Krolop* in: Riesenhuber (Hrsg.), Europäische Methodenlehre, 2. Aufl. 2010, S. 580 f.

180 *Bavetta* in: Abriani/Stella Richter (Hrsg.), Codice commentato delle società, Bd. 1, 2010, S. 70; *Patriarca/Benazzo*, Diritto delle società, 2016, S. 31.

181 *Presti/Rescigno*, Corso di diritto commerciale, Bd. 2, Società, 2017, S. 360; *Campobasso*, Diritto commerciale, Bd. 2, Diritto delle società, 2015, S. 75; *Kindler*, Italienisches Handels- und Wirtschaftsrecht, 2014, § 4 Rn. 50.

182 *Kindler*, Italienisches Handels- und Wirtschaftsrecht, 2014, § 4 Rn. 50.

183 *Cottino/Weigmann*, Società di persone e consorzi, 2004, S. 110.

haben die Gesellschafter deshalb wie oben beschrieben zu gleichen Teilen zur Kapitalausstattung beigetragen, so wird auch der Gewinn zu gleichen Teilen auf die Gesellschafter verteilt (vgl. Art. 2263 c.c.).[184]

Die Regeln zur Gewinnaufteilung sind allerdings **dispositiv**. Die Gesellschafter dürfen daher im Gesellschaftsvertrag eine andere Verteilung bestimmen. Nach Art. 2264 c.c. kann die Bestimmung der Gewinnverteilung daher zB auch einem Dritten überlassen werden. In der Praxis kommt dies allerdings praktisch nicht vor. Allerdings darf gemäß Art. 2265 c.c. kein Gesellschafter vollständig von der Gewinnbeteiligung ausgeschlossen werden (sog ***„patto leonino"***).[185] Ein solches Verbot findet für alle Gesellschaftsformen entsprechende Anwendung.[186] In Deutschland ist die Bezeichnung *„societas leonina"* geläufiger.[187] 65

Für die Beteiligung an eventuell auftretenden **Verlusten** gilt dasselbe Verbot wie für die Gewinnbeteiligung (siehe Art. 2263 c.c.).[188] In der Regel erfolgt die Verlustverteilung dementsprechend gemäß der Höhe der Beteiligung. Art. 2263 III c.c. stellt zudem die Vermutungsregel auf, dass etwaige gesellschaftsvertragliche Bestimmungen bezüglich der Gewinnverteilung auch für die Verluste gelten sollen. Insgesamt wird den Gesellschaftern hinsichtlich der Verlustbeteiligung ein großer Gestaltungsspielraum gewährt. Ohne praktische Relevanz ist allerdings auch in diesem Zusammenhang die Vorschrift (Art. 2264 c.c.), durch die es den Gesellschaftern gestattet ist, die Verlustbeteiligung auch einem Dritten zu überlassen. Wie bei der Gewinnbeteiligung darf auch hier kein vollständiger Ausschluss der Beteiligung des Gesellschafters am Verlust im Gesellschaftsvertrag festgelegt werden (sog *„patto leonino"*). Denn die Legaldefinition des Gesellschaftsvertrags in Art. 2247 c.c. schreibt ausdrücklich die Gewinnteilung vor, woraus auch gleichzeitig eine Teilung der Verluste folgt. Die *patto leonino*-Klausel steht aber nicht der Vereinbarung einer beschränkten Haftung entgegen. 66

Enthält der Gesellschaftsvertrag dennoch eine ***patto-leonino*-Klausel**, ist diese nichtig (Art. 2265 c.c.).[189] In gravierenden Fällen und zwar, wenn sich ergibt, dass die Gesellschafter den Vertrag nicht ohne die Klausel abgeschlossen hätten, die von der Nichtigkeit betroffen ist, kann sich nach Art. 1420 c.c. die **Nichtigkeit** auch auf die Beteiligung des Gesellschafters oder sogar des gesamten Gesellschaftsvertrags beziehen. Viel diskutiert wird die Situation mit Blick auf nicht-statuarische Gesellschafterabreden, in denen ein vollständiger Ausschluss an der Gewinn- und Verlustbeteiligung festgelegt wird. In diesem Fall spricht man von einer ***patto parasociale***. Nach hM gilt Art. 2265 c.c. entsprechend auch für solche nicht-statuarischen Gesellschafterabreden.[190] Der Anspruch auf den Gewinn bzw. Verlust entsteht regelmäßig mit der Genehmigung der Rechnungslegung (Art. 2262 c.c.).[191] 67

5. Haftung für Verbindlichkeiten der Gesellschaft

Die Haftung gegenüber Dritten ist in Art. 2267 c.c. geregelt. Grundsätzlich haftet die s.s. den Gläubigern mit ihrem Gesellschaftsvermögen (Art. 2267 I 1 c.c.). Neben der einfachen Gesellschaft, die selbstständiges Haftungssubjekt ist, haften auch die **Gesellschafter** den Gläubigern in der Regel **persönlich und gesamtschuldne-** 68

184 *Stagno d'Alcontres/De Luca*, Le società, Bd. 1, Le società in generale. Le società di persone, 2015, S. 146; *Cucinella* in: Abriani/Stella Richter (Hrsg.), Codice commentato delle società, Bd. 1, 2010, S. 133.

185 *Abriani*, Il divieto del patto leonino, 1994; *Santagata* in: Preite/Busi (Hrsg.), Trattato società di persone, Bd. 1, 2015, S. 369, 372; *Marasà*, Le società, 2000, S. 230; *Hofmann*, Gesellschaftsrecht in Italien, 2006, S. 10, 51; *Magrini*, Italienisches Gesellschaftsrecht, 2004, S. 16; siehe zu den leoninischen Vereinbarungen *Frase*, „Leoninische Vereinbarungen" und Ergebnisbeteiligungspflicht im deutschen und italienischen Gesellschaftsrecht, 2010.

186 Zuletzt: Trib. Milano 18.10.2017, Le Società 2018, 291, 292; Trib. Roma, 5.7.2017, www.dejure.it; App. Milano 19.2.2016, Le Società 2016, 691; App. Milano 17.9.2014, Le Società 2015, 555; *Santagata* in: Preite/Busi (Hrsg.), Trattato società di persone, Bd. 1, 2015, S. 369, 381.

187 „Ist ein Rechtsverhältnis inhaltlich so ausgestaltet, dass einzelne Beteiligte sich den Löwenanteil der Vorteile sichern, während andere Beteiligte die Lasten (Beitrags- und Verlustausgleichspflichten) ohne entsprechende Ertragschancen mitzutragen haben, wird es als „societas leonina" bezeichnet", *Schücking* in: MüHdB GesR, Bd. 1, 4. Aufl. 2014, § 2 Rn. 33. Die Bezeichnung Löwengesellschaft bzw. Löwenklausel verweist auf eine Fabel von *Äsop*, in der sich mehrere Tiere zur Jagd zusammentun und der Löwe die Beute allein für sich beansprucht.

188 *Santagata* in: Preite/Busi (Hrsg.), Trattato società di persone, Bd. 1, 2015, S. 369, 376; *Hofmann*, Gesellschaftsrecht in Italien, 2006, S. 51.

189 Ua Trib. Milano 31.12.2011, Giurisprudenza italiana 2012, 623; *Abriani*, Il divieto del patto leonino, 1994, S. 88; *Kindler*, Italienisches Handels- und Wirtschaftsrecht, 2014, § 4 Rn. 52; *Frase*, „Leoninische Vereinbarungen" und Ergebnisbeteiligungspflicht im deutschen und italienischen Gesellschaftsrecht, 2010, S. 15 f., 33 f.

190 Trib. Milano 18.10.2017, Le Società 2018, 291, 292; App. Milano 19.2.2016, Le Società 2016, 691; Trib. Firenze 16.7.2015, Le Società 2016, 286; App. Milano 17.9.2014, Le Società 2015, 555; Cass. 29.10.1994, N. 8927; dazu aus deutscher Perspektive reflektierend Frase, „Leoninische Vereinbarungen" und Ergebnisbeteiligungspflicht im deutschen und italienischen Gesellschaftsrecht, 2009, S. 57 ff. AA *Barcellona*, Clausole di Put & Call a prezzo predefinito, 2004.

191 *Presti/Rescigno*, Corso di diritto commerciale, Bd. 2, Società, 2017, S. 364; *Campobasso*, Diritto commerciale, Bd. 2, Diritto delle società, 2015, S. 80.

risch (Art. 2267 I 2 c.c.)[192] und zwar nicht nur für rechtsgeschäftliche Verbindlichkeiten, sondern auch für gesetzliche sowie für Deliktsschulden.[193] Im Gesellschaftsvertrag kann jedoch eine begrenzte Haftung sowie ein Ausschluss der gesamtschuldnerischen Haftung festgelegt werden. Diese Privilegierung ist allerdings Gesellschaftern vorbehalten, die nicht im Namen und für Rechnung der Gesellschaft handeln (Art. 2267 I 2 c.c.). Sie müssen also nach hM von der Vertretungsmacht ausgeschlossen sein.[194] Dahinter verbirgt sich ein ganz allgemeiner Gedanke: Die Haftungsprivilegierung soll nur gewährt werden können, wenn der Gesellschafter nicht die Geschicke der Gesellschaft bestimmen kann (Prinzip **„Keine Herrschaft ohne Haftung"**). Ob die Gesellschafter, die diese Privilegierung genießen möchten, auch von der Geschäftsführung ausgeschlossen werden müssen, ist dagegen nicht unumstritten.[195] Im Ergebnis müssen die Gesellschafter nach hM wohl auch von jeglicher Geschäftsführungsbefugnis ausgeschlossen sein.[196] Es ist allerdings nicht möglich, die Haftung aller Gesellschafter zu beschränken.[197] Geht man vom Prinzip der Selbstorganschaft aus (s. dazu Rn. 45), ist dies auch nicht möglich, da die Geschäftsführung und Vertretung von zumindest einem Gesellschafter übernommen werden muss. Nimmt man dagegen an, dass auch eine Fremdgeschäftsführung möglich ist, wird der Fremdgeschäftsführer auch persönlich haftbar. Eine Einschränkung soll nur im Innenverhältnis gegenüber den anderen Gesellschaftern zulässig sein.[198]

69 Die **Haftungsbegrenzungsabrede** muss im Gesellschaftsvertrag vereinbart sein und den Gläubigern gem. Art. 2267 II c.c. in geeigneter Weise **bekanntgemacht werden** (also zB durch die Eintragung ins Handelsregister, die wie erwähnt deklaratorische Wirkung entfaltet sowie durch den Hinweis auf der Geschäftskorrespondenz).[199] Andernfalls kann die Haftungsprivilegierung Dritten nur bei **Kenntnis** entgegengehalten werden (Art. 2267 II c.c.).[200] Im Innenverhältnis würde die Haftungsprivilegierung allerdings greifen, so dass die Gesellschafter mit beschränkter Haftung gegenüber den anderen Gesellschaftern ihre Ansprüche geltend machen dürfen.[201]

70 Nicht in der Literatur und in der Praxis behandelt ist die Frage, was passiert, wenn ein Gesellschafter, zu dessen Gunsten ein **Haftungsausschluss** statuiert wurde, die Gesellschaft dennoch vertritt. Zum einen könnte man an eine analoge Anwendung der Vorschriften der italienischen KG (*società in accomandita semplice*) denken. Dann würde der Gesellschafter unbeschränkt für alle Verbindlichkeiten der Gesellschaft haften, wie ein Kommanditist (*socio accomandante*), der gegen das *divieto di immistione* (Art. 2320 c.c.) verstößt (siehe unten Rn. 132). Zum anderen könnte man aber auch annehmen, dass der Gesellschafter nur für die Verbindlichkeiten unbeschränkt haftet, die er vorgenommen hat. Art. 2267 I 2 c.c. ermöglicht es den Gesellschaftern durch den Haftungsausschluss im Ergebnis die einfache Gesellschaft so zu strukturieren, dass sie der deutschen Kommanditgesellschaft ähnelt. Sie hat allerdings nicht den gleichen Anwendungsbereich, da sie ein nicht-kaufmännisches Unternehmen voraussetzt.

71 Tritt ein **neuer Gesellschafter** ein, so haftet er gem. Art. 2269 c.c. auch für **Altverbindlichkeiten.**[202] Die **Haftung des ausscheidenden Gesellschafters** ist in Art. 2290 c.c. geregelt. Der Gesellschafter haftet demnach nach seinem bekanntgemachten Ausscheiden weiterhin für die zuvor begründeten, aber später geltend gemachten Verbindlichkeiten,[203] wobei das Problem der Endloshaftung in Italien kaum diskutiert wird.[204] Für Mietschulden hat

192 *Campobasso*, Diritto commerciale, Bd. 2, Diritto delle società, 2015, S. 81; *Presti/Rescigno*, Corso di diritto commerciale, Bd. 2, Società, 2017, S. 361 f.; *Pernazza*, Corporations and Partnerships in Italy, 2012, Rn. 571.

193 *Mambriani* in: Preite/Busi (Hrsg.), Trattato società di persone, Bd. 1, 2015, S. 1009, 1013; *Fleischer/Agstner* RabelsZ 81 (2017) 299, 328.

194 *Cagnasso*, La società semplice, 1998, S. 119 f.; vgl. zur Thematik auch *Fleischer/Agstner* RabelsZ 81 (2017) 299, 328.

195 Vgl. dazu *Campobasso*, Diritto commerciale, Bd. 2, Diritto delle società, 2015, S. 81 (Fn. 60).

196 Vgl. *Presti/Rescigno*, Corso di diritto commerciale, Bd. 2, Società, 2017, S. 362.

197 *Pisani* in Cian (Hrsg.), Diritto commerciale. Bd. 3, Diritto delle società, 2017, S. 171; *Kindler*, Italienisches Handels- und Wirtschaftsrecht, 2014, § 4 Rn. 72.

198 *Stagno d'Alcontres/De Luca*, Le società, Bd. 1, Le società in generale. Le società di persone, 2015, S. 191.

199 *Campobasso* Rivista del diritto commerciale 2005, 277, 282 ff.; *Fleischer/Agstner* RabelsZ 81 (2017) 299, 329.

200 *Zabbia* in: Abriani/Stella Richter (Hrsg.), Codice commentato delle società, Bd. 1, 2010, S. 179; *Kindler*, Italienisches Handels- und Wirtschaftsrecht, 2014, § 4 Rn. 72; *Pernazza*, Corporations and Partnerships in Italy, 2012, Rn. 573.

201 Vgl. *Presti/Rescigno*, Corso di diritto commerciale, Bd. 2, Società, 2017, S. 362.

202 Die Regel ist auf praktische Gründe zurückzuführen, vgl. *Campobasso*, Diritto commerciale, Bd. 2, Diritto delle società, 2015, S. 82; Cass. 20.4.2010, N. 9326; Cass. 4.3.1993, N. 2597. Dazu auch *Fleischer/Agstner* RabelsZ 81 (2017) 299, 330. Die Verhältnisse zwischen dem neuen Gesellschafter und den alten Gesellschaftern werden vom Kaufvertrag geregelt, vgl. Cass. 12.1.2011, N. 525, Foro italiano 2011, 2804; *Pernazza*, Corporations and Partnerships in Italy, 2012, Rn. 575.

203 Cass. 5.10.2015, N. 19797; Cass. 13.3.2013, N. 6230; *Presti/Rescigno*, Corso di diritto commerciale, Bd. 2, Società, 2017, S. 362; *Stagno d'Alcontres/De Luca*, Le società, Bd. 1, Le società in generale. Le società di persone, 2015, S. 176.

204 *Fleischer/Agstner* RabelsZ 81 (2017) 299, 330.

der Kassationshof allerdings beispielsweise entschieden, dass der Gesellschafter für entsprechende Verbindlichkeiten, die nach seinem ordnungsgemäß bekannt gemachten Ausscheiden fällig werden, nicht einstehen muss.[205] In jedem Fall ist darauf zu achten, das Ausscheiden des Gesellschafters Dritten zur Kenntnis (durch die Eintragung ins Handelsregister) zu bringen, da der Gesellschafter sich ansonsten auch bezüglich der nach seinem Austritt entstandenen Verbindlichkeiten nicht auf seine Enthaftung berufen kann (Art. 2290 II c.c.).[206] Generell haftet der ausscheidende Gesellschafter für Altverbindlichkeiten unabhängig davon, ob er austritt, ausgeschlossen wird oder verstirbt.[207] Die Haftung für die Altverbindlichkeiten besteht allerdings nur gegenüber den Gläubigern, nicht jedoch gegenüber der Gesellschaft oder den Gesellschaftern.[208] Das ergibt sich aus dem Wortlaut von Art. 2290 c.c., der sich ausschließlich auf die Haftung gegenüber „Dritten" bezieht. Im Innenverhältnis hat der ausscheidende Gesellschafter gegenüber den anderen Gesellschaftern daher ein Rückgriffsrecht.[209] Umstritten ist jedoch das Verhältnis zwischen dem Käufer und dem Verkäufer der Gesellschaftsbeteiligung, sofern keine vertragliche Abrede vorliegt.[210] Zu den Regelungen zur Abfindung beim Ausscheiden des Gesellschafters siehe unter Rn. 82.

a) Einrede der Vorausklage

Die Gläubiger können grundsätzlich von den Gesellschaftern Befriedigung ihrer Forderung verlangen (Art. 2267 I 1 c.c.). Für die Gesellschafter besteht allerdings die Möglichkeit, die **Einrede der Vorausklage** (*eccezione di escussione preventiva*) geltend zu machen (vgl. Art. 2268 c.c.). Das bedeutet, dass die Gläubiger zuerst in das Gesellschaftsvermögen vollstrecken müssen und sich nur **subsidiär** an die Gesellschafter zur Befriedigung ihrer Forderung wenden dürfen. Voraussetzung für die Einrede ist, dass der zur Zahlung herangezogene Gesellschafter die Vermögensgegenstände benennt, aus denen der Gläubiger leicht Befriedigung erlangen kann (vgl. Art. 2268 c.c.).[211] Die **Nachweispflicht** liegt hier beim Gesellschafter. Die Anforderungen an die Geltendmachung der Einrede sind daher relativ hoch.[212] Grund dafür ist, dass die Gläubiger der s.s. die vorhandenen Gesellschaftsmittel nicht dem Handelsregister entnehmen können.[213] Die Einrede ist vom Gesellschafter geltend zu machen, die subsidiäre Haftung greift also nicht automatisch.[214] Die Einrede der Vorausklage verbietet den Gläubigern, gegen die Gesellschafter eine Zwangsvollstreckung zu beantragen, hindert sie aber nicht daran, ein Erkenntnisverfahren gleichzeitig gegen die Gesellschaft und die unbeschränkt haftbaren Gesellschafter anzustrengen.[215] Die Einrede der Vorausklage kann auch dann geltend gemacht werden, wenn die Gesellschaft bereits im Stadium der Liquidation ist (Art. 2268 c.c.), so dass auch zu diesem Zeitpunkt die Gläubiger zuerst in das Gesellschaftsvermögen vollstrecken müssen (Art. 2268 c.c.). 72

b) Ausgleich im Innenverhältnis

Da die Gesellschafter gemäß Art. 2267 I 2 c.c. für Verbindlichkeiten **gesamtschuldnerisch** haften, erfolgt der Ausgleich im **Innenverhältnis** über diese Vorschrift. Wie die Rechtsprechung 2009 bestätigte, liegt die gesamtschuldnerische Haftung nur im Außenverhältnis und nicht im Innenverhältnis vor.[216] Bezüglich des Verhältnisses, in dem die Gesellschafter haften, gilt das bereits zu den Verlusten Gesagte (siehe Rn. 66). Wurde ein Gesellschafter von einem Gläubiger in Anspruch genommen, so geht die hL davon aus, dass er zunächst seinerseits versuchen muss, die Gesellschaft in Anspruch zu nehmen.[217] Aufgrund der Möglichkeit der Einrede der Voraus- 73

205 Cass. 5.2.1979, N. 774.

206 Cass. 5.10.2015, N. 19797; Cass. 21.1.2015, N. 1046; Cass. 13.3.2013, N. 6230; Cass. 6.10.2011, N. 20447.

207 *Kindler*, Italienisches Handels- und Wirtschaftsrecht, 2014, § 4 Rn. 71; *Fleischer/Agstner* RabelsZ 81 (2017) 299, 330.

208 Trib. Milano 15.1.2013, www.giurisprudenzadelleimprese.it; Trib. Milano, 21.3.2014, www.giurisprudenzadelleimprese.it; *Campobasso*, Diritto commerciale, Bd. 2, Diritto delle società, 2015, S. 82.

209 Cass. 13.12.2010, N. 25123; *Campobasso*, Diritto commerciale, Bd. 2, Diritto delle società, 2015, S. 82.

210 Cass. 12.1.2011, N. 525; Trib. Milano 15.1.2013, www.giurisprudenzadelleimprese.it.; *Speranzin* Rivista del diritto commerciale 2015, 629, 649.

211 Trib. Milano 23.1.2014, www.giurisprudenzadelleimprese.it; *Pisani* in: Cian (Hrsg.), Diritto commerciale. Bd. 3, Diritto delle società, 2017, S. 171.

212 *Magrini*, Italienisches Gesellschaftsrecht, 2004, S. 20; *Wiedemann*, Gesellschaftsrecht, Bd. 2, 2004, S. 73.

213 *Campobasso*, Diritto commerciale, Bd. 2, Diritto delle società, 2015, S. 84; *Kindler*, Italienisches Handels- und Wirtschaftsrecht, 2014, § 4 Rn. 73.

214 *Fleischer/Agstner* RabelsZ 81 (2017) 299, 329; *Pisani* in: Cian (Hrsg.), Diritto commerciale. Bd. 3, Diritto delle società, 2017, S. 171.

215 Ua Cass. 10.1.2017, N. 279; Cass. 6.10.2004, N. 19946; *Stagno d'Alcontres/De Luca*, Le società, Bd. 2, Le società in generale. Le società di persone, 2015, S. 181.

216 Cass. 16.1.2009, N. 1036, Giurisprudenza italiana 2009, 638; Cass. S.U. 26.4.2000, N. 291.

217 *Stagno d'Alcontres/De Luca*, Le società, Bd. 1, Le società in generale. Le società di persone, 2015, S. 175; *Campobasso*, Diritto commerciale, Bd. 2, Diritto delle società, 2015, S. 85; *Kindler*, Italienisches Handels- und Wirtschaftsrecht, 2014, § 4 Rn. 75.

klage wird die Gesellschaft allerdings in solchen Fällen meist nicht in der Lage sein, den Gesellschafter zu befriedigen. In diesem Fall kann der Gesellschafter dann hilfsweise die anderen Gesellschafter in Höhe ihres Anteils an dem Verlust in Anspruch nehmen.[218] Sollte ein Gesellschafter insolvent sein, so teilt sich sein Anteil auf die anderen Gesellschafter auf.

c) Privatgläubiger eines Gesellschafters

74 Persönliche Gläubiger eines Gesellschafters können nicht in das Gesellschaftsvermögen vollstrecken. Sie können jedoch in den ihrem Schuldner zustehenden **Anteil am Jahresüberschuss vollstrecken** (Art. 2270 I c.c.).[219] Die Verwaltungsrechte des Schuldners an der Gesellschaft erwirbt der private Gläubiger allerdings nicht. Genügt das übrige Vermögen des Schuldners nicht, um die Ansprüche des privaten Gläubigers zu befriedigen, so hat dieser jederzeit die Möglichkeit, die **Auszahlung des Anteils** des Schuldners zu fordern (Art. 2270 II c.c.). Wird die Gesellschaft nicht aufgelöst, muss die Zahlung innerhalb von drei Monaten erfolgen (Art. 2270 II c.c.).[220] Die Auszahlung ist für ausscheidende Gesellschafter näher in Art. 2289 c.c. geregelt. Diese Regelung sollte analog auch für die Auszahlung an den Privatgläubiger gelten.[221] Danach erfolgt die Berechnung auf Basis der **Vermögenslage** (*situazione patrimoniale*) (vgl. Art. 2289 II c.c.) und nach dem tatsächlichen Wert (*valore effettivo*) der Vermögensgegenstände (siehe dazu näher unter Rn. 82). Zusätzlich wird in Art. 2271 c.c. ausdrücklich die Möglichkeit ausgeschlossen, Forderungen eines Dritten gegenüber einem Gesellschafter mit Schulden gegenüber der Gesellschaft aufzurechnen.[222]

6. Mitgliederwechsel

75 Zunächst ist festzuhalten, dass ein **Ausscheiden** eines Gesellschafters aus der s.s. das Bestehen der Gesellschaft unberührt lässt, es sei denn, dass dann nur ein einzelner Gesellschafter verbleibt. Im letzteren Fall wird nach Art. 2272 Nr. 4 c.c. die Gesellschaft aufgelöst, wenn es innerhalb von sechs Monaten nicht gelingt, zumindest einen weiteren Gesellschafter zu gewinnen, um so wieder die notwendige Mindestanzahl zu erreichen. Dem Grundsatz der Gestaltungsfreiheit folgend kann der Gesellschaftsvertrag allerdings im Fall des Austritts eines Gesellschafters auch die Auflösung der Gesellschaft vorsehen (vgl. Art. 222 Nr. 5 c.c.).

76 Grundsätzlich sind drei Arten des Ausscheidens zu unterscheiden:

- Ausscheiden **durch Tod** des Gesellschafters (Art. 2284 c.c.);
- **Austritt** eines Gesellschafters (Art. 2285 c.c.) und
- **Ausschluss** eines Gesellschafters (Art. 2286 c.c.).

77 Eine unmittelbare **Übertragung des Gesellschaftsanteils** ist dem Gesetzeswortlaut nach nicht vorgesehen, in der Praxis aber im wirtschaftlichen Ergebnis häufig geübt. Eine Übertragung wirkt als ein Ausscheiden des Gesellschafters für die verkaufende Partei[223] und als ein Eintritt für den neuen Gesellschafter, der nach Art. 2269 c.c. mit den übrigen Gesellschaftern für die alte Verbindlichkeiten haftet.[224] Falls nichts anderes im Vertrag vereinbart wurde, bedarf der Mitgliederwechsel, wie jede Gründungsaktänderung, des Einverständnisses der anderen Gesellschafter (Schluss aus Art. 2252 c.c.).[225] Nach hM ist es allerdings zulässig, im Gesellschaftsvertrag die Verkehrsfreiheit der Beteiligungen vorzusehen. Gem. Art. 2290 c.c. analog soll der Mitgliederwechsel ins Handelsregister eingetragen werden, um Dritte darüber in Kenntnis zu setzen.[226]

a) Tod eines Gesellschafters

78 Auch wenn ein Gesellschafter durch Tod aus der Gesellschaft ausscheidet, besteht die Gesellschaft weiter (vgl. Art. 2284 c.c.), es sei denn der Gesellschaftsvertrag sieht etwas Anderes vor oder die verbleibenden Gesellschaf-

218 Trib. Roma 15.4.2015, www.giurisprudenzadelleimprese.it; Trib. Milano 27.6.2013, www.giurisprudenzadelleimprese.it; *Stagno d'Alcontres/De Luca*, Le società, Bd. 1, Le società in generale. Le società di persone, 2015, S. 175; *Kindler*, Italienisches Handels- und Wirtschaftsrecht, 2014, § 4 Rn. 75.

219 Cass. 7.11.2002, N. 15605; *Pernazza*, Corporations and Partnerships in Italy, 2012, Rn. 576.

220 *Presti/Rescigno*, Corso di diritto commerciale, Bd. 2, Società, 2017, S. 363; *Ferrucci/Ferrentino* Rivista del notariato 2010, 1408.

221 *Presti/Rescigno*, Corso di diritto commerciale, Bd. 2, Società, 2017, S. 363; *Campobasso*, Diritto commerciale, Bd. 2, Diritto delle società, 2015, S. 87.

222 *Kindler*, Italienisches Handels- und Wirtschaftsrecht, 2014, § 4 Rn. 76.

223 *Genghini/Simonetti*, Le società di persone, 2012, S. 241.

224 *Presti/Rescigno*, Corso di diritto commerciale, Bd. 2, Società, 2017, S. 362.

225 *Campobasso*, Diritto commerciale, Bd. 2, Diritto delle società, 2015, S. 100.

226 Cass. 7.1.2002, N. 15605; Cass. 4.6.1999, N. 5479; *Stagno d'Alcontres/De Luca*, Le società, Bd. 1, Le società in generale. Le società di persone, 2015, S. 224 ff.; *Campobasso*, Diritto commerciale, Bd. 2, Diritto delle società, 2015, S. 100; *Piscitello*, Società di persone a struttura aperta e circolazione delle quote. Modelli legali ed autonomia, statutaria, 1995, S. 42 ff.

ter beschließen die Auflösung. Im letzteren Fall dürfen die Erben nach hM nicht an der Beschlussfassung teilnehmen.[227] Denn die **Erben** erhalten in der Regel keine Gesellschafterstellung,[228] sondern lediglich einen **Anspruch auf Auszahlung** des Anteils (geldwerter Anspruch, vgl. Art. 2289 c.c.).[229] Die Gesellschafter können jedoch andere Bestimmungen im Gesellschaftsvertrag treffen, durch die die Erben in die Gesellschafterstellung des Verstorbenen nachrücken können (vgl. Art. 2284 c.c.). Hierbei sind die „*clausola di continuazione*" (ließe sich mit „Kontinuitätsklausel" übersetzen), nach der die Erben automatisch und ohne zusätzliche Willenserklärung in die Mitgliedschaft eintreten, und die „*clausola di consolidazione*" (ließe sich mit „Konsolidierungsklausel" übersetzen), nach der den Erben der Anspruch auf die Wahl der Mitgliedschaft gewährt wird, zu nennen.[230] Auch wenn dies nicht im Gesellschaftsvertrag vorgesehen ist, können die verbleibenden Gesellschafter nach dem Tod des Mitgesellschafters beschließen, die Erben in die Gesellschaft aufzunehmen. Sie werden dann Gesellschafter durch Rechtsgeschäft unter Lebenden, sofern sie das möchten.[231]

b) Austritt

Aus der Gesellschaft austreten darf ein Gesellschafter grundsätzlich dann, wenn ein **unbefristeter Gesellschaftsvertrag** geschlossen wurde (Art. 2285 I c.c.), was bei der s.s. im Gegensatz zur s.n.c. möglich ist. Als unbefristet wird ein Gesellschaftsvertrag betrachtet, dessen Dauer die Lebenszeit eines Gesellschafters überschreitet.[232] Aus der Regelung für Kapitalgesellschaften (Art. 2355-*bis* c.c.) lässt sich analog allerdings auf die Zulässigkeit eines auf bestimmte Zeit begrenzten Austrittsverbots schließen. Wurde jedoch eine **zeitliche Befristung** für das Bestehen der Gesellschaft vereinbart, bedarf das Ausscheiden eines wichtigen Grundes (*giusta causa*), einer entsprechenden gesellschaftsvertraglichen Regelung oder einer entsprechenden Vertragsänderung (Art. 2285 II c.c.). Nach der Rechtsprechung ist eine „*giusta causa*" gegeben, wenn eine Nichterfüllung der Geschäftsführer- und Gesellschafterpflichten von nicht geringer Bedeutung durch einen anderen Geschäftsführer/Gesellschafter vorliegt.[233] Die Austrittserklärung soll allen anderen Gesellschaftern mitgeteilt und ins Handelsregister eingetragen werden.[234] 79

c) Ausschluss

Der Ausschluss eines Gesellschafters ist nur dann möglich, wenn einer der in Art. 2286 c.c. genannten **Gründe** vorliegt:[235] 80

- schwerwiegende Pflichtverletzung;[236]
- Entmündigung;
- nachträgliche Ungeeignetheit;
- obstruktives Verhalten;[237]
- Untauglichkeit, die vereinbarte Arbeitsleistung zu erbringen;
- Untergang der Sacheinlage (vor und nach der Einbringung) und
- Zahlungsunfähigkeit.

---

227 Cass. 23.3.2005, N. 6263; *Campobasso*, Diritto commerciale, Bd. 2, Diritto delle società, 2015, S. 107; *Kindler*, Italienisches Handels- und Wirtschaftsrecht, 2014, § 4 Rn. 79.

228 Cass. 23.3.2005, N. 6263; *Kindler*, Italienisches Handels- und Wirtschaftsrecht, 2014, § 4 Rn. 79.

229 App. Torino 24.3.2009, Le Società 2010, 84; *Kindler*, Italienisches Handels- und Wirtschaftsrecht, 2014, § 4 Rn. 77, 79.

230 Cass. 19.6.2013, N. 15395; Cass. 18.12.1995, N. 12906. Die verschiedenen, häufigsten Klauseln werden von *Cottino/Weigmann*, Società di persone e consorzi, 2004, S. 256 ff. und *D'Auria* Rivista del notariato 2003, 657, 657 ff. beschrieben.

231 *Pisani* in: Cian (Hrsg.), Diritto commerciale, Bd. 3, Diritto delle società, 2017, S. 130; *Kindler*, Italienisches Handels- und Wirtschaftsrecht, 2014, § 4 Rn. 80.

232 Trib. Bologna 9.8.2016, www.giurisprudenzadelleimprese.it; Trib. Roma 4.3.2015, www.giurisprudenzadelleimprese.it; App. Bologna 5.4.1997, Le Società 1997, 1032; Trib. Milano 13.11.1989, Giurisprudenza commerciale 1992, 524.

233 Trib. Milano 29.12.2016, www.giurisprudenzadelleimprese.it; Trib. Bologna 7.12.2015, www.giurisprudenzadelleimprese.it; Trib. Roma 12.4.2015, www.giurisprudenzadelleimprese.it (falscher Jahresabschluss); Trib. Milano 10.6.2013, Le Società 2013, S. 999 (die Uneinigkeit über die Geschäftsführung ist keine "*giusta causa*" nach Art. 2285 c.c.); Trib. Roma 14.12.2012, www.giurisprudenzadelleimprese.it; Cass. 14.2.2010, N. 1602; *Piscitello* Rivista di Diritto Societario 2008, 42, 43; *Guabello* Rivista del notariato 2010, 1426, 1426.

234 Trib. Roma 20.4.2015, www.giurisprudenzadelleimprese.it.

235 *Cottino/Weigmann*, Società di persone e consorzi, 2004, S. 272 ff.; *Campobasso*, Diritto commerciale, Bd. 2, Diritto delle società, 2015, S. 115; *Kindler*, Italienisches Handels- und Wirtschaftsrecht, 2014, § 4 Rn. 82; *Pernazza*, Corporations and Partnerships in Italy, 2012, Rn. 585.

236 In extremen Fällen auch für Verletzung der Geschäftsführerpflichten Trib. Roma 5.4.2017, www.giurisprudenzadelleimprese.it; App. Brescia 13.4.2016, www.giurisprudenzadelleimprese.it; Trib. Torino 29.6.2016, www.giurisprudenzadelleimprese.it (Verstoß gegen das Wettbewerbsverbot).

237 Beispielhaft siehe Cass. 1.6.1991, N. 6200; Cass. 17.9.1993, N. 9577.

81 An das Vorliegen obstruktiven Verhaltens gegenüber der Gesellschaft stellt die Rechtsprechung allerdings gewisse Anforderungen. Danach muss das obstruktive Verhalten systematisch und nicht lediglich sporadisch erfolgen und muss zudem einen Schweregrad erreichen, der den Bestand der Gesellschaft gefährdet.[238] Im Fall der Insolvenz eines Gesellschafters erfolgt ein Ausschluss des Gesellschafters von Rechts wegen und nicht durch Gesellschafterbeschluss (Art. 2288 I c.c.). Dasselbe gilt, wenn der Gläubiger eines Anteilseigners die Auszahlung von dessen Beteiligung erwirkt hat (Art. 2288 II c.c.). In allen anderen Fällen bedarf es eines Gesellschafterbeschlusses (Art. 2287 c.c.), der den konkreten Grund für den Ausschluss nennen muss.[239] Die anderen Gesellschafter entscheiden **nach Köpfen mit einfacher Mehrheit** über den Ausschluss des Gesellschafters. Handelt es sich um eine Gesellschaft mit zwei Anteilseignern, so muss der Ausschluss auf Antrag des verbleibenden Gesellschafters vom Landesgericht ausgesprochen werden (Art. 2287 III c.c.).[240] Dem **verbleibenden Gesellschafter** bleiben sechs Monate, um einen neuen Mitgesellschafter zu finden. Andernfalls muss die Gesellschaft aufgelöst werden (vgl. Art. 2272 c.c.).

d) Auszahlungsanspruch

82 Scheidet ein Gesellschafter, sei es durch Tod, Ausschluss oder Austritt aus, so regelt Art. 2289 c.c. die Auszahlung des Anteils, die an den Gesellschafter bzw. seine Erben erfolgt. Der Anspruch auf Auszahlung richtet sich gegen die Gesellschaft, nicht gegen die anderen Gesellschafter.[241] Danach wird die Berechnung auf Basis der **Vermögenslage** der Gesellschaft vorgenommen (*situazione patrimoniale*) (vgl. Art. 2289 II c.c.). Nach der ständigen Rechtsprechung soll der tatsächliche (*valore effettivo*) und nicht der voraussichtliche Wert der Vermögensgegenstände zugrunde gelegt werden.[242] Zusätzlich erfolgt eine Beteiligung an den **schwebenden Geschäften**, was ebenfalls Ausdruck der *situazione patrimoniale effettiva* ist (vgl. Art. 2289 II 2 c.c.).[243] Nach der Rechtsprechung soll auch der nicht bilanzierte Geschäftswert bewertet werden.[244] Der Gesellschaftsvertrag kann allerdings abweichende Kriterien vorsehen.[245] Zur Haftung des ausscheidenden Gesellschafters s. Rn. 71.

7. Wettbewerbsverbot

83 Ein Wettbewerbsverbot, wie es für die s.n.c. (s. dazu Rn. 116 f.) vorgeschrieben ist, gibt es für die s.s. nicht. Das bedeutet, dass die Mitglieder auch Tätigkeiten auf eigene Rechnung ausüben dürfen, die in Konkurrenz zum Zweck der Gesellschaft stehen. Der Gesellschaftsvertrag kann jedoch etwas Anderes, dh ein entsprechendes Wettbewerbsverbot, vorsehen.

8. Auflösung der Gesellschaft

84 Art. 2272 c.c. nennt **fünf Gründe** für die Auflösung einer einfachen Gesellschaft:[246]
(1) Zeitablauf;[247]
(2) Erreichen des Gesellschaftszwecks oder dessen nachträgliche Unmöglichkeit;
(3) Auflösungsbeschluss;
(4) Wegfall des vorletzten Gesellschafters, es sei denn, eine Mehrzahl von Gesellschaftern wird innerhalb von sechs Monaten wiederhergestellt[248] und
(5) Eintritt vertraglich bestimmter Auflösungsgründe.

85 Die s.s. ist nicht insolvenzfähig, weshalb die Insolvenz auch **keinen Auflösungsgrund** darstellt. Die nachträgliche Unmöglichkeit des Erreichens des Gesellschaftszwecks kann sich insbesondere einstellen, wenn es zu einem unheilbaren Zerwürfnis zwischen den Gesellschaftern kommt. Ein solches kann nur angenommen werden, wenn

238 Vgl. Trib. Roma 4.4.2017, www.giurisprudenzadelleimprese.it; Cass. 1.6.1991, N. 6200; Cass. 17.9.1993, N. 9577.
239 Trib. Roma 14.4.2017, www.giurisprudenzadelleimprese.it.
240 Cass. 13.1.1987, N. 134.
241 Cass. 19.5.2016, N. 10332; *Kindler*, Italienisches Handels- und Wirtschaftsrecht, 2014, § 4 Rn. 82.
242 Cass. 18.3.2015, N. 5449; Cass. 16.1.2009, N. 1036; Cass. 12.4.2006, N. 8517.
243 Cass. 22.4.2016, N. 8233; Cass. 16.1.2009, N. 1036, Giurisprudenza commerciale 2010, 383.
244 Cass. 16.1.2009, N. 1036, Giurisprudenza commerciale 2010, 383; Trib. Perugia 22.1.2009, Rass. Giuridica umbra 2009, 96; Trib. Salerno 29.1.2007, Le Società 2008, 620.
245 *Campobasso*, Diritto commerciale, Bd. 2, Diritto delle società, 2015, S. 113 (Fn. 131).
246 Siehe hierzu *Campobasso*, Diritto commerciale, Bd. 2, Diritto delle società, 2015, S. 114; *Criscuoli* in: Abriani/Stella Richter (Hrsg.), Codice commentato delle società, Bd. 1, 2010, S. 204 ff.; *Cottino/Weigmann*, Società di persone e consorzi, 2004, S. 301 ff.; *Hofmann*, Gesellschaftsrecht in Italien, 2006, S. 79 f.; vgl. auch *Pernazza*, Corporations and Partnerships in Italy, 2012, Rn. 722.
247 Es sei denn, dass die Dauer der Gesellschaft durch eine ausdrückliche oder konkludente (Art. 2273 c.c.) Satzungsänderung verlängert wird.
248 Trib. Piacenza 20.3.2013, Le Società 2013, 746; Cass. 19.4.2001, N. 5809; *Petrazzini/Sarale* in: Preite/Busi (Hrsg.), Trattato società di persone, Bd. 1, 2015, S. 917, 917 ff.

die Ausübung der Geschäftstätigkeit der Gesellschaft aufgrund des Zerwürfnisses endgültig gelähmt ist.[249] Am häufigsten tritt dies in Gesellschaften mit lediglich zwei Gesellschaftern auf, die sich gegenseitig blockieren.[250]

Die genannten Auflösungsgründe wirken kraft Gesetzes und die aktive Gesellschaft wird zu einer **Abwicklungsgesellschaft** (*società in stato di liquidazione*).[251] Nach Art. 2250 III c.c. ist auf der Korrespondenz der Gesellschaft explizit zu vermerken, dass diese im Stadium der **Liquidation** (*in liquidazione*) ist. Durch die Auflösung beschränkt sich die Geschäftsführungsbefugnis nach Art. 2274 c.c. auf die Vornahme dringender Geschäfte (*affari urgenti*) und die Bestellung der Liquidatoren.[252] Unter dringenden Geschäften sind solche zu verstehen, die vorgenommen werden müssen, um aufgrund der notwendigen Zeit für die Bestellung der Liquidatoren eine Schädigung des Gesellschaftsvermögens zu vermeiden.[253] 86

Die Gesellschafter bestimmen die Art der Liquidation. Sie können insofern bereits Regelungen im Gesellschaftsvertrag treffen oder sich im Bedarfsfall darüber einigen. Tun sie dies nicht, so können sie das **Abwicklungsverfahren** nach Art. 2275 c.c. einleiten und die **Liquidatoren** (*liquidatori*) bestellen.[254] Die Liquidatoren treten an die Stelle der Geschäftsführer (Art. 2278 I c.c.).[255] Sie sind zur Vornahme der Rechtshandlungen berechtigt, die zur Liquidation erforderlich sind (Art. 2278 I c.c.). Dazu zählt insbesondere die Veräußerung des Gesellschaftsvermögens, sofern die Gesellschafter nichts Anderes bestimmen (Art. 2278 I c.c.). Außerdem vertreten die Liquidatoren die Gesellschaft auch vor Gericht (Art. 2278 II c.c.). Allerdings unterliegen sie nach Art. 2279 c.c. dem **Verbot, neue Geschäfte abzuschließen.** Unter den Begriff „neue Geschäfte" sind solche zu fassen, die dem Liquidationszweck nicht entsprechen. Nicht untersagt ist es allerdings, eine neue Klage anzustrengen, wenn sich dies mit dem Vermögensschutz rechtfertigen lässt.[256] Verstoßen die Liquidatoren gegen diese Vorgabe, so haften sie gegenüber Dritten persönlich und gesamtschuldnerisch für die entstehenden Schulden nach Art. 2279 c.c.[257] 87

Den Liquidatoren ist es untersagt, Vermögensgegenstände unter den Gesellschaftern aufzuteilen, solange noch nicht alle Gläubiger befriedigt sind bzw. ihre Befriedigung sichergestellt ist (Art. 2280 II c.c.). Erst nachdem die Gläubiger der Gesellschaft ausgezahlt wurden, darf das Vermögen an die Gesellschafter verteilt werden (vgl. Art. 2280 I c.c.). Der Anteil an der **Vermögensverteilung** ergibt sich aus dem Verhältnis der Gewinnanteile der einzelnen Gesellschafter (Art. 2282 c.c.).[258] Umgekehrt reichen die Vermögensgegenstände oftmals nicht aus, um die Forderungen der Gläubiger zu begleichen. In diesem Fall können die Liquidatoren aufgrund der unbeschränkten Haftung der Gesellschafter entsprechende Zahlungen an die Gesellschaft verlangen (Art. 2280 II c.c.). Zum Verhältnis der Verlustverteilung siehe näher unter Rn. 64 ff. 88

Das **Erlöschen** (*cancellazione*) der s.s. wird nicht explizit im Gesetz geregelt. Aus der Tatsache, dass auch die s.s. ins Handelsregister eingetragen werden muss, lässt sich jedoch schließen, dass das Erlöschen analog zur s.n.c. (Art. 2312 c.c.) mit der Eintragung ins Handelsregister erfolgt.[259] Danach können die Gläubiger, die nicht befriedigt worden sind, ihre Forderungen nur gegenüber den Gesellschaftern und, wenn die unterbliebene Zahlung von den Liquidatoren verschuldet wurde, auch diesen gegenüber geltend machen.[260] 89

249 *Presti/Rescigno*, Corso di diritto commerciale, Bd. 2, Società, 2017, S. 379; *Kindler*, Italienisches Handels- und Wirtschaftsrecht, 2014, § 4 Rn. 86.

250 Vgl. *Kindler*, Italienisches Handels- und Wirtschaftsrecht, 2014, § 4 Rn. 86.

251 *Presti/Rescigno*, Corso di diritto commerciale, Bd. 2, Società, 2017, S. 380; *Kindler*, Italienisches Handels- und Wirtschaftsrecht, 2014, § 4 Rn. 87.

252 *Presti/Rescigno*, Corso di diritto commerciale, Bd. 2, Società, 2017, S. 380; *Petrazzini/Sarale* in: Preite/Busi (Hrsg.), Trattato società di persone, Bd. 1, 2015, S. 926, 926; *Kindler*, Italienisches Handels- und Wirtschaftsrecht, 2014, § 4 Rn. 88; *Pernazza*, Corporations and Partnerships in Italy, 2012, Rn. 724.

253 *Briolini/Franchi* in: Santosuosso (Hrsg.), Delle società, dell'azienda, della concorrenza, Bd. 1, 2015, S. 287, 289; Cass. 2.4.1999, N. 3221.

254 *Campobasso*, Diritto commerciale, Bd. 2, Diritto delle società, 2015, S. 114.

255 *Presti/Rescigno*, Corso di diritto commerciale, Bd. 2, Società, 2017, S. 380; *Kindler*, Italienisches Handels- und Wirtschaftsrecht, 2014, § 4 Rn. 91.

256 Cass. 15.3.2012, N. 4143; Cass. 22.11.2000, N. 15080.

257 *Kindler*, Italienisches Handels- und Wirtschaftsrecht, 2014, § 4 Rn. 92.

258 *Campobasso*, Diritto commerciale, Bd. 2, Diritto delle società, 2015, S. 119; *Kindler*, Italienisches Handels- und Wirtschaftsrecht, 2014, § 4 Rn. 93; *Pernazza*, Corporations and Partnerships in Italy, 2012, Rn. 728.

259 Vgl. *Presti/Rescigno*, Corso di diritto commerciale, Bd. 2, Società, 2017, S. 382; *Campobasso*, Diritto commerciale, Bd. 2, Diritto delle società, 2015, S. 120.

260 *Pisani* in: Cian (Hrsg.), Diritto commerciale. Bd. 3, Diritto delle società, 2017, S. 151.

III. Società in nome collettivo – s.n.c. (Offene Handelsgesellschaft)

1. Grundlagen

90 Gemäß Art. 2249 c.c. sind alle Gesellschaften, die „die **Ausübung einer Handelstätigkeit** zum Gegenstand haben“,[261] nach den Vorschriften der *società in nome collettivo* (s.n.c.) geregelt, es sei denn, dass die Gesellschafter eine andere Gesellschaftsform (Personen- oder Kapitalgesellschaft mit dem Ausschluss der s.s.) gewählt haben. Deshalb gilt die s.n.c., die eine der **deutschen OHG** vergleichbare Rechtsform[262] ist, als Grundform der **Handelsgesellschaften.** Das bedeutet, dass die Vorschriften dieser Rechtsform auch eingreifen, wenn zwei Personen eine faktische Gesellschaft (*società di fatto*)[263] in Bezug auf einen kaufmännischen Gegenstand bilden (s. dazu unter Rn. 33).[264] Die Gesellschaftsform der s.n.c. steht allerdings gleichzeitig auch landwirtschaftlichen Unternehmen zur Verfügung. Als Handelsgesellschaft bleiben für sie in diesem Fall trotzdem die Vorschriften über die Buchführung anwendbar (s. Rn. 27).[265] Die Regeln der einfachen Gesellschaft gelten für die s.n.c. subsidiär (Art. 2293 c.c.).

91 Auch die s.n.c. besitzt **keine Rechtspersönlichkeit**, kann aber Träger von Rechten und Pflichten sein und ist prozessfähig (vgl. Art. 2293 c.c. iVm Art. 2266 I c.c.). Sie besitzt damit **„Rechtssubjektivität“** (*soggettività giuridica*), jedoch keine Rechtspersönlichkeit.[266] Das Gesellschaftsvermögen ist auch hier Eigentum der Gesellschaft und wird vom Vermögen der Gesellschafter unterschieden. Trotz der **unbeschränkten und gesamtschuldnerischen Haftung** ist die s.n.c. bis heute eine in Italien häufig verwendete Gesellschaftsform. Derzeit gibt es etwa 470.000 s.n.c.[267] Zu ihrer Beliebtheit tragen das **Transparenzprinzip** und die im Verhältnis zu Kapitalgesellschaften stellenweise vorteilhaften Regelungen (s. dazu Rn. 24) bei.

2. Gründung

a) Gründungsgesellschafter

92 Zur Gründung einer s.n.c. bedarf es eines **Gründungsvertrags**, der, wie bei der s.s. auch, von mindestens **zwei Personen**, seien es **natürliche** oder **juristische Personen**, abgeschlossen werden muss.[268] Wie bei der s.s. können Geschäftsunfähige und beschränkt Geschäftsfähige (zB Minderjährige) grundsätzlich keine s.n.c. gründen, sondern sich nur mit der Genehmigung des zuständigen Gerichtshofes (gem. Art. 320 und 371 c.c.) die Beteiligung an einer Personengesellschaft sichern. Auch bezüglich der juristischen Personen und Personengesellschaften gilt das zur s.s. Gesagte (s. näher Rn. 32). Zusammenfassend heißt das, dass juristische Personen und Personengesellschaften Gesellschafter einer s.n.c. sein können. In Umsetzung der Bilanzrichtlinie (zur Bilanzrichtlinie siehe § 25 Rn. 19) wird gemäß Ausführungsgesetz Art. 111-duodecies disp. att. trans. c.c. eine s.n.c., an der keine natürliche Person als unbeschränkt haftender Gesellschafter beteiligt ist, in Bezug auf den Jahresabschluss allerdings wie eine Kapitalgesellschaft behandelt.[269]

b) Gründungsvertrag

93 Art. 2295 c.c. nennt die **erforderlichen Angaben** eines Gründungsvertrages (Mindestangaben):

- Angaben zur Person der Gesellschafter (Art. 2295 I Nr. 1 c.c.);
- Firma (*ragione sociale*, Art. 2295 I Nr. 2 c.c., dazu näher unter Rn. 99);
- Nennung der verwaltungs- und vertretungsbefugten Gesellschafter (Art. 2295 I Nr. 3 c.c.);
- Sitz und Zweck der s.n.c. (Art. 2295 I Nr. 4 und 5 c.c.);
- Einlagen der Gesellschafter inklusive des Werts dieser Einlagen, die Art der Bewertung (Art. 2295 I Nr. 6 c.c.) sowie die Beschreibung der Leistung, falls es sich um Einlagen in Form von Arbeitsleistung handelt (Art. 2295 I Nr. 7 c.c.);
- die Regeln, nach denen Gewinne verteilt werden, und die Anteile jedes Gesellschafters an Gewinn und Verlust (Art. 2295 I Nr. 8 c.c.) und

261 Zitiert nach der Übersetzung des italienischen Zivilgesetzbuches der Südtiroler Landesregierung, Stand: 31.5.2015.
262 *Kindler*, Einführung in das italienische Recht, 2008, S. 306; *Hofmann*, Gesellschaftsrecht in Italien, 2006, S. 14.
263 Siehe oben Rn. 32.
264 *Campobasso*, Diritto commerciale, Bd. 2, Diritto delle società, 2015, S. 48; *Presti/Rescigno*, Corso di diritto commerciale, Bd. 2, Società, 2017, S. 343 f.
265 Zu den Rechtsfolgen der Einordnung als Handelsgesellschaft siehe *Cottino/Weigmann*, Società di persone e consorzi, 2004, S. 176 ff.
266 Siehe oben Rn. 28.
267 Vgl. http://www.mi.camcom.it/database-societario.
268 *Pisani* in: Cian (Hrsg.), Diritto commerciale. Bd. 3, Diritto delle società, 2017, S. 79; *Asche*, Europäisches Bilanzrecht und Nationales Gesellschaftsrecht, 2007 (Reprint 2011), S. 14.
269 *Motti* in: Abriani/Stella Richter (Hrsg.), Codice commentato delle società, Bd. 1, 2010, S. 789 ff.

- die Dauer der offenen Handelsgesellschaft, denn diese Rechtsform kann nach hM nur für eine bestimmte Zeit gegründet werden[270] (Art. 2295 I Nr. 9 c.c.). Aus Art. 2285 c.c. lässt sich folgern, dass die Dauer nicht die Lebenszeit eines Gesellschafters überschreiten darf. Daher werden sie in der Praxis für etwa maximal 50 bis 60 Jahre gegründet. Dass die s.n.c. nur auf Dauer gegründet werden kann, hat Auswirkungen auf den Mitgliederwechsel (s. Rn. 112 ff.).

Der Vertrag bedarf der notariell **beglaubigten Unterschrift** der Gesellschaftsgründer oder muss in Form einer öffentlichen Urkunde erstellt werden (Art. 2296 c.c.).[271] Ein **Formmangel** bewirkt jedoch nicht die Unwirksamkeit des Gründungsvertrages. Die Formerfordernisse sind aber zu beachten, da sie notwendige Voraussetzung für die Eintragung ins Handelsregister sind.[272] Eine notariell **beglaubigte Abschrift** muss von den Verantwortlichen nach Abschluss des Vertrages beim zuständigen Handelsregister eingereicht werden (Art. 2296 c.c.).[273] Auch alle **Änderungen** des Gesellschaftsvertrags müssen dem Handelsregister zugeleitet werden (vgl. Art. 2300 c.c.). 94

c) Irreguläre Gesellschaft

Die Nichteintragung der Gesellschaft bleibt jedoch nicht ohne Rechtsfolgen, obwohl die Eintragung – ebenso wie bei der einfachen Gesellschaft – lediglich **deklaratorische Wirkung** hat (vgl. Art. 2293 c.c. iVm Art. 2249 I 2 c.c.).[274] Konstitutive Wirkung hat hingegen der Abschluss des Gesellschaftsvertrags. Durch den Abschluss des Gesellschaftsvertrages entsteht die Gesellschaft. Das gilt auch dann, wenn die Unterschriften der Gesellschafter nicht beglaubigt wurden. Fehlt jedoch die Eintragung der s.n.c. in das zuständige Handelsregister (das heißt, in dessen Bezirk der Sitz der Gesellschaft festgelegt wird), ist die s.n.c. eine **„irreguläre Gesellschaft"** (*società in nome collettivo irregolare*).[275] In diesem Fall finden die Regelungen zur einfachen Gesellschaft (s.s.) auf die Rechtsbeziehungen zwischen der Gesellschaft und Dritten, „unbeschadet der unbeschränkten und gesamtschuldnerischen Haftung" aller Anteilseigner, Anwendung (Art. 2297 c.c.). Im Innenverhältnis bleiben die Regeln der s.n.c. bestehen. Bei der s.n.c. „*irregolare*" gilt zudem die Vermutung, dass alle Anteilseigner, die für die Gesellschaft tätig werden, auch Vertretungsmacht besitzen (Art. 2297 II 1 c.c.). Aus der Anwendung der Vorschriften der s.s. folgt außerdem, dass eingetragene Vertretungsbeschränkungen und Vertragsänderungen Dritten nur entgegen gehalten werden können, wenn die Gesellschaft Dritten die Kenntnis nachweisen kann (vgl. Art. 2297 II 2 c.c. und Art. 2300 c.c.).[276] Gemäß Art. 2267 c.c. eventuell bestehende **gesellschaftsvertragliche Haftungsbeschränkungen** einzelner Gesellschafter sind aber grundsätzlich nicht wirksam.[277] 95

Die Anwendung der Vorschriften der einfachen Gesellschaft auf die nicht eingetragene s.n.c. hat zudem Auswirkungen auf die **Nachrangigkeit der Gesellschafterhaftung**. Während bei der s.n.c. nach Art. 2304 c.c. nur ein Rückgriff auf das Vermögen der Gesellschafter möglich ist, nachdem ein Versuch bei der Gesellschaft erfolglos war, bleibt bei der nicht eingetragenen s.n.c. nur die Möglichkeit der Vorausklage der Gesellschafter (Art. 2297 I iVm 2268 c.c.), die an den Hinweis auf verwertbare Vermögensgegenstände gebunden ist (Art. 2268 c.c., s. Rn. 72).[278] 96

Zudem kann die Nichteintragung auch persönliche Konsequenzen für die Geschäftsführer haben, die für die Einreichung der Unterlagen verantwortlich sind (vgl. Art. 2296 c.c.). Denn die Pflichtverletzung kann mit **Widerruf der Geschäftsführungsbefugnis** bzw. dem **Ausschluss des Geschäftsführers** aus der offenen Handelsgesell- 97

270 Dazu *Associazione Disiano Preite*, Il diritto delle società, 4. Aufl. 2012, S. 352; *Campobasso*, Diritto commerciale, Bd. 2, Diritto delle società, 2015, S. 58; dagegen *Marano*, Giurisprudenza commerciale 1992, 526; Trib. Genova 18.2.1985, Nuova giurisprudenza civile commentata 1986, 251 ff.; *Genghini/Simonetti*, Le società di persone, 2012, S. 88.

271 *Cottino/Weigmann*, Società di persone e consorzi, 2004, S. 174; *Hofmann*, Gesellschaftsrecht in Italien, 2006, S. 18; *Fasciani* in: Süß/Wachter (Hrsg.), HdB des internationalen GmbH-Rechts, 2016, Italien, Rn. 12; *Pernazza*, Corporations and Partnerships in Italy, 2012, Rn. 595.

272 *Presti/Rescigno*, Corso di diritto commerciale, Bd. 2, Società, 2017, S. 356; *Süß* in: MüHdB GesR, Bd. 6, 2013, § 47 Rn. 274; *Pernazza*, Corporations and Partnerships in Italy, 2012, Rn. 595.

273 Zum Eintragungsverfahren vgl. *Genghini/Simonetti*, Le società di persone, 2012, S. 91; *Tassinari* in: Santosuosso (Hrsg.), Delle società, dell'azienda, della concorrenza, Bd. 1, 2015, S. 457, 457 f.; *Ibba* Rivista di diritto privato 1997, 36, 40 ff.

274 *Presti/Rescigno*, Corso di diritto commerciale, Bd. 2, Società, 2017, S. 357; *Associazione Disiano Preite*, Il diritto delle società, 4. Aufl. 2012, S. 353.

275 *Campobasso*, Diritto commerciale, Bd. 2, Diritto delle società, 2015, S. 57; *Süß* in: MüHdB GesR, Bd. 6, 2013, § 47 Rn. 274.

276 *Cottino/Weigmann*, Società di persone e consorzi, 2004, S. 197; Cass. 11.12.1999, N. 250; Cass. 12.10.1998, N. 10097.

277 *Presti/Rescigno*, Corso di diritto commerciale, Bd. 2, Società, 2017, S. 357.

278 *Campobasso*, Diritto commerciale, Bd. 2, Diritto delle società, 2015, S. 84; *Kindler*, Italienisches Handels- und Wirtschaftsrecht, 2014, § 4 Rn. 40.

schaft geahndet werden (vgl. Art. 2293 iVm Art. 2286 c.c.).[279] Es bestehen also Anreize die s.n.c. auch tatsächlich in das Handelsregister eintragen zu lassen.

d) Geschäftsbriefpublizität

98 Auf allen ausgehenden Schriftstücken der s.n.c. muss der Sitz der Gesellschaft sowie das Handelsregisteramt und die dortige Registernummer der Gesellschaft angegeben werden (Art. 2250 I c.c.).[280] Diese sowie weitere zentrale Informationen können zudem auch elektronisch beim Handelsregister abgefragt werden (unter http://www.registroimprese.it/home).

e) Firma

99 Für die s.n.c. ist anders als für die s.s. eine **Firmierung** (*ragione sociale*) vorgeschrieben. Zunächst muss die Firma den Rechtsformzusatz „s.n.c." enthalten. Auch der Gebrauch der Langform „*società in nome collettivo*" ist möglich. Zugelassen sind allerdings nur **Personenfirmen** gemäß den folgenden Vorgaben (Art. 2292 I c.c.): Die Firma besteht damit aus einem oder mehreren Namen (komplett mit Namen und Familiennamen) der Gesellschafter. Die Gesellschaft darf in der Firma den Namen eines verstorbenen oder ausgeschiedenen Gesellschafters behalten, wenn dies von den Erben oder dem Betroffenen genehmigt worden ist. Namen von Dritten können dagegen nicht als Firma genutzt werden. Es ist jedoch möglich, in die Firma zusätzlich einen Fantasienamen und die Geschäftstätigkeit aufzunehmen,[281] was dem Rechtsverkehr gerade bei der Unterscheidung von s.n.c. helfen kann (so zB die „*Alfa Trasporti s.n.c. di Mario Rossi e Co.*"). Wählen die Gesellschafter eine Firmierung, die nicht den gesetzlichen Vorgaben entspricht, so wird die Gesellschaft nicht ins Handelsregister eingetragen (Art. 2566 c.c.).

3. Organisationsverfassung

a) Geschäftsführung und Vertretung

100 Bezüglich der **Geschäftsführungsbefugnis** ergeben sich bei der s.n.c. im Verhältnis zur einfachen Gesellschaft (s.s.) keine Unterschiede. Schweigt der Gesellschaftsvertrag im Ergebnis zur Geschäftsführung, sind alle Gesellschafter geschäftsführungsbefugt. Für alle weiteren Einzelheiten wird an dieser Stelle nach oben auf Rn. 45 ff. verwiesen.

101 Die **Vertretungsbefugnis** steht auch bei der offenen Handelsgesellschaft grundsätzlich allen geschäftsführungsberechtigten Gesellschaftern zu und umfasst alle Rechtshandlungen, die vom Gesellschaftszweck gedeckt sind (**ultra vires-Doktrin**, Art. 2298 I 1 c.c.). **Beschränkungen**, die der Gründungsvertrag bzw. die Vollmacht enthalten, können gegenüber Dritten nur geltend gemacht werden, wenn sie ordnungsgemäß im Handelsregister verzeichnet wurden oder dem Dritten nachgewiesen werden kann, dass er von der Beschränkung wusste (Art. 2298 I 2 c.c.).[282] Zu beachten ist allerdings, dass im Fall einer **„irregulären Gesellschaft"** (*società irregolare*)[283] die vereinbarten Beschränkungen der Vertretungsbefugnis gegenüber Dritten (also im Außenverhältnis) nicht geltend gemacht werden können (vgl. Art. 2997 c.c.). Denn in diesem Fall fehlt es bereits an der Eintragung der Gesellschaft. Die Regel wird auch an dieser Stelle nur dann durchbrochen, wenn dem Dritten nachgewiesen werden kann, dass er die Beschränkung der Vertretungsbefugnis kannte (Art. 2997 II 2 c.c.).[284]

102 Auch bezüglich der **Vergütung** der Geschäftsführer sowie deren **Haftung** kann auf die Ausführungen zur s.s. verwiesen werden (s. näher Rn. 52 und 57). Auch mit Blick auf die **Kompetenzen** der Geschäftsführer ergeben sich keine Besonderheiten gegenüber der s.s. (s. daher Rn. 55 f.). Zusammenfassend lässt sich sagen, dass die Tätigkeit als geschäftsführender Gesellschafter daher selbst bei fehlender vertraglicher Regelung **regelmäßig entgeltlich** ist und die geschäftsführenden Gesellschafter bei schuldhaften Pflichtverletzungen der Gesellschaft **gesamtschuldnerisch** haften. Die Geschäftsführer haben zudem das Recht und die Pflicht die Gesellschaft zu führen und können daher Geschäfte vornehmen, die zur Erreichung des Gesellschaftszwecks erforderlich sind.

279 *Magrini*, Italienisches Gesellschaftsrecht, 2004, S. 30.
280 *Kindler*, Italienisches Handels- und Wirtschaftsrecht, 2014, § 4 Rn. 31.
281 *Pisani* in: Cian (Hrsg.), Diritto commerciale, Bd. 3, Diritto delle società, 2017, S. 79; *Tassinari* in: Santosuosso (Hrsg.), Delle società, dell'azienda, della concorrenza, Bd. 1, 2015, S. 434, 435.
282 Cass. 11.3.1997, N. 2174; *Presti/Rescigno*, Corso di diritto commerciale, Bd. 2, Società, 2017, S. 370; *Pernazza*, Corporations and Partnerships in Italy, 2012, Rn. 607; da auch für die s.s. seit 2001 die Eintragungspflicht gilt, bestehen diesbezüglich praktisch keine Unterschiede mehr zwischen s.s. und s.n.c. (aA *Kindler*, Italienisches Handels- und Wirtschaftsrecht, 2014, § 4 Rn. 67).
283 Siehe dazu näher unter Rn. 95.
284 Cass. 3.6.1991, N. 6240.

b) Die Gesellschafter

Die **Kompetenzen** der Gesellschafter ergeben sich aus dem Gesetz bzw. aus dem Gründungsvertrag. Sie treffen Entscheidungen durch **Gesellschafterbeschlüsse**. Änderungen des Gesellschaftsvertrags bedürfen grds. der Einstimmigkeit (Artt. 2293 iVm 2252 c.c.). Die Gesellschafter können im Gesellschaftsvertrag jedoch festlegen, dass eine bestimmte Mehrheit ausreichend ist. Die Geschäftsführer müssen eine **beglaubigte Abschrift** des Beschlusses beim zuständigen Handelsregister einreichen, aus dem sich die Änderung des Gesellschaftsvertrags ergibt (Art. 2300 II c.c.). Die Eintragung ist innerhalb von 30 Tagen beim Handelsregister zu beantragen (Art. 2300 I c.c.). Nur Gesellschaftsvertragsänderungen, die im Handelsregister eingetragen sind, können Dritten entgegengehalten werden. Etwas Anderes gilt nur, wenn dem Dritten Kenntnis der Änderung nachgewiesen werden kann (Art. 2300 III c.c.). 103

Wie bei der s.s. ist auch hinsichtlich der s.n.c. in der Literatur die Frage diskutiert worden, ob Gesellschafterbeschlüsse einstimmig oder mit einer anderen Mehrheit gefasst werden sollen, wenn gesetzliche bzw. statuarische Vorgaben fehlen. Insofern gilt das zur s.s. Gesagte (s. oben Rn. 59). Zusammenfassend ausgedrückt, muss gem. der hM bei Organisationsentscheidungen Einstimmigkeit vorliegen, während bzgl. anderer Aspekte das Mehrheitsprinzip angewandt wird.[285] In Bezug auf das Kompetenzverhältnis zwischen Geschäftsführern und Gesellschaftern kann ebenfalls auf die Ausführungen zur s.s. verwiesen werden (s. oben Rn. 55 ff.). 104

Viele Aspekte, die das Verhältnis der Gesellschafter untereinander betreffen, werden allerdings häufig nicht im Gesellschaftsvertrag geregelt, sondern in **schuldrechtlichen Nebenvereinbarungen** (*accordi parasociali* oder *patti parasociali*). Neu eintretende Gesellschafter sind diesen Abreden nicht automatisch unterworfen, sie müssen dies vielmehr erklären. Da es sich um schuldrechtliche Abreden handelt, sind sie aus wichtigem Grund oder für die auf unbestimmte Zeit abgeschlossenen Abreden unter Einhaltung einer Vorankündigungsfrist auch kündbar.[286] 105

4. Kapitalverfassung

a) Bar- und Sacheinlagen sowie Arbeits- und Dienstleistungen

Ein **Mindestkapital** ist für die Gründung einer s.n.c. nicht erforderlich. Die Gesellschafter können die Art und Höhe der Einlage im Gesellschaftsvertrag frei bestimmen (vgl. Art. 2295 I Nr. 6 und 7 c.c.). Es können nicht nur Bar- und Sacheinlagen, sondern auch Arbeits- und Dienstleistungen erbracht werden. Bezüglich der Bestimmungen über Einlagen gilt das zur einfachen Gesellschaft Gesagte (s. näher Rn. 60 ff.). 106

b) Gewinn- und Verlustverteilung

Auch hinsichtlich der Gewinn- und Verlustverteilung auf die Gesellschafter gelten grundsätzlich die Vorschriften der einfachen Gesellschaft. Allerdings haben die nach Art. 2295 Nr. 6 c.c. im Gründungsvertrag beigemessenen Werte der Einlagen eine große Bedeutung, da dadurch das Gesellschaftskapital als die Summe dieser Werte festgesetzt wird.[287] Art. 2303 c.c. nimmt zudem eine Einschränkung vor, nach der nur ein **tatsächlich erzielter Gewinn** an die Gesellschafter ausgeschüttet werden darf.[288] Ein ausschüttbarer Gewinn liegt nur dann vor, wenn die Aktiva abzüglich der Passiva das Stammkapital überschreiten. Die Vorschrift schützt das Gesellschaftsvermögen im Falle von Verlusten. Denn solange das im Gesellschaftsvertrag festgelegte **Stammkapital** nicht mehr gedeckt ist, dürfen **keine Ausschüttungen** an die Gesellschafter vorgenommen werden. Erst wenn das Gesellschaftskapital wieder gedeckt ist (zB durch Zufuhr von Mitteln oder durch positive Ergebnisse der kommenden Geschäftsjahre) oder das Kapital entsprechend herabgesetzt wird, dürfen Gewinne wieder an die Gesellschafter verteilt werden (vgl. Art. 2303 c.c.).[289] Dieser Regelungsansatz wäre für Kapitalgesellschaften in Europa üblich. Für eine Personengesellschaft mit unbeschränkter Haftung ihrer Gesellschafter ist eine solche Regelung allerdings ungewöhnlich. 107

c) Kapitalherabsetzung

Art. 2306 c.c. regelt die Kapitalherabsetzung. Die Gesellschafter können nur durch eine Kapitalherabsetzung von der **Leistung ihrer Einlage** befreit werden (Art. 2306 I c.c.). Der herabgesetzte Betrag darf grundsätzlich 108

285 So zur s.s. *Campobasso*, Diritto commerciale, Bd. 2, Diritto delle società, 2015, S. 103.
286 Vgl. zu der Thematik im Allgemeinen *Kindler*, Italienisches Handels- und Wirtschaftsrecht, 2014, § 4 Rn. 30.
287 *Campobasso*, Diritto commerciale, Bd. 2, Diritto delle società, 2015, S. 76; *Tassinari* in: Santosuosso (Hrsg.), Delle società, dell'azienda, della concorrenza, Bd. 1, 2015, 445, 450; *Genghini/Simonetti*, Le società di persone, 2012, S. 86.
288 *Cottino/Weigmann*, Società di persone e consorzi, 2004, S. 186; *Kindler*, Italienisches Handels- und Wirtschaftsrecht, 2014, § 4 Rn. 51; *Pernazza*, Corporations and Partnerships in Italy, 2012, Rn. 613.
289 *Presti/Rescigno*, Corso di diritto commerciale, Bd. 2, Società, 2017, S. 360; *Campobasso*, Diritto commerciale, Bd. 2, Diritto delle società, 2015, S. 77; Cass. 20.4.1995, N. 4454, Giurisprudenza commerciale 1997, 376; *Hofmann*, Gesellschaftsrecht in Italien, 2006, S. 52; *Magrini*, Italienisches Gesellschaftsrecht, 2004, S. 29 f.; *Kindler*, Italienisches Handels- und Wirtschaftsrecht, 2014, § 4 Rn. 51.

auch an die Gesellschafter ausgezahlt werden (Art. 2306 I c.c.). Es handelt sich dann um eine Kapitalherabsetzung zur Ausschüttung. Solche Kapitalherabsetzungen dürfen allerdings erst drei Monate, nachdem der Kapitalherabsetzungsbeschluss ins Handelsregister eingetragen wurde, vorgenommen werden. Denn **Gläubiger**, deren Forderungen schon vor der Eintragung entstanden sind, können in dieser Zeit **Widerspruch** einlegen (Art. 2306 I c.c.). Dies ist eine Regelung, wie sie sonst in Europa für Kapitalgesellschaften typisch ist. Stellt die offene Handelsgesellschaft den Gläubigern **angemessene Sicherheiten**, kann das zuständige Gericht die Durchführung der Herabsetzung anordnen (Art. 2306 II c.c.).[290] Die **Kapitalherabsetzung zur Verlustdeckung** wird für Personengesellschaften nicht ausdrücklich geregelt. Aus Art. 2303 II c.c., nach dem nur die Ausschüttung im Fall des Vorliegens eines Kapitalverlustes verhindert werden soll, lässt sich allerdings folgern, dass für die Geschäftsführer **keine Pflicht** zur Kapitalherabsetzung besteht.[291]

5. Haftungsfragen

a) Haftung für die Verbindlichkeiten der Gesellschaft

109 Die s.n.c. haftet wie die einfache Gesellschaft (s.s.) für ihre Verbindlichkeiten mit ihrem **Gesellschaftsvermögen** (Art. 2293 c.c. iVm Art. 2267 I 1 c.c.). Daneben bestimmt Art. 2291 I c.c. für alle Gesellschafter eine **unbeschränkte und gesamtschuldnerische Haftung**. Intern vereinbarte **Haftungsbeschränkungen** können gegenüber Dritten nicht geltend gemacht werden (Art. 2291 II c.c.).[292]

110 Zur Tilgung ihrer Forderungen müssen sich die Gläubiger zunächst an die Gesellschaft wenden (Art. 2304 c.c.). Auch im Falle einer Liquidation der Gesellschaft müssen die Gläubiger sich mit ihren Ansprüchen zunächst an die Gesellschaft halten (vgl. Art. 2304 c.c.). Nur wenn die **Vollstreckung** in das Gesellschaftsvermögen nicht zur Befriedigung der Forderungen führt, können die Gläubiger Zahlung von den Gesellschaftern verlangen (***beneficio di preventiva escussione***, vgl. Art. 2304 c.c.).[293] Der Gesellschafter ist auch nicht verpflichtet, vollstreckungsfähige Vermögensgegenstände zu benennen.[294] Auf die Zwangsvollstreckung kann verzichtet werden, wenn die Erfolglosigkeit dieses Vorgehens offensichtlich ist oder der Abwickler den Mangel an Masse zur Befriedigung der Forderungen feststellt.[295] Art. 2304 c.c. macht deutlich, dass die **Subsidiarität der Gesellschafterhaftung** bei der s.n.c. stärker ausgeprägt ist als bei der einfachen Gesellschaft, wo die Einrede der Vorausklage von den Gesellschaftern geltend gemacht werden muss. Die subsidiäre Haftung greift bei der s.n.c. vielmehr von Gesetzes wegen.[296] Bei der s.n.c. „*irregolare*" finden – wie oben bereits angesprochen – allerdings die Regeln der s.s. Anwendung (Rn. 95).

b) Privatgläubiger eines Gesellschafters

111 Nach Art. 2305 c.c. haben Privatgläubiger eines Anteilseigners einer s.n.c. **keine** Möglichkeit, die **Auszahlung seines Anteils** zu verlangen, solange die Gesellschaft besteht. Hier liegt insofern ein wichtiger Unterschied zur s.s. und zur *società irregolare*. Die Dauer einer s.n.c. kann auch durch Gesellschafterbeschluss verlängert werden. In diesem Fall besteht für Privatgläubiger allerdings die Option, in einem Zeitraum von drei Monaten ab der Eintragung des Beschlusses über die Fortsetzung in das Handelsregister Widerspruch einzulegen (Art. 2307 c.c.). Ist der Widerspruch erfolgreich, so ist die Gesellschaft verpflichtet, innerhalb von drei Monaten ab der Zustellung des Urteils den Anteil des Gesellschafters auszuzahlen. Soll die Gesellschaft nach dem Ablauf der Dauer konkludent fortgesetzt werden, können die Privatgläubiger zu jeder Zeit die Auszahlung gem. Art. 2270 c.c. (wie bei der s.s.) verlangen.[297]

290 Siehe zur Kapitalherabsetzung auch *Cottino/Weigmann*, Società di persone e consorzi, 2004, S. 188; *Spolidoro* Rivista delle società 2001, 790, 800; *Pernazza*, Corporations and Partnerships in Italy, 2012, Rn. 614.

291 *Pisani* in: Cian (Hrsg.), Diritto commerciale, Bd. 3, Diritto delle società, 2017, S. 91; Cass. 3.1.2017, N. 23, Le Società 2017, 409.

292 Trib. Pavia, 23.6.1992, Le Società 1993 72; *Campobasso*, Diritto commerciale, Bd. 2, Diritto delle società, 2015, S. 84; *Pisani* in: Cian (Hrsg.), Diritto commerciale, Bd. 3, Diritto delle società, 2017, S. 89 f.; *Fleischer/Agstner* RabelsZ 81 (2017) 299, 330; *Kindler*, Italienisches Handels- und Wirtschaftsrecht, 2014, § 4 Rn. 72.

293 Trib. Milano 27.1.2014, www.giurisprudenzadelleimprese.it; Cass. 18.6.2009, N. 14165; *Pisani* in: Cian (Hrsg.), Diritto commerciale, Bd. 3, Diritto delle società, 2017, S. 91; *Cottino/Weigmann*, Società di persone e consorzi, 2004, S. 172; *Hofmann*, Gesellschaftsrecht in Italien, 2006, S. 37; *Pernazza*, Corporations and Partnerships in Italy, 2012, Rn. 600.

294 *Fleischer/Agstner* RabelsZ 81 (2017) 299, 331.

295 Cass. 20.9.1984, N. 4810; Cass. 13.3.1987, N. 2647.

296 *Fleischer/Agstner* RabelsZ 81 (2017) 299, 331; *Pisani* in: Cian (Hrsg.), Diritto commerciale, Bd. 3, Diritto delle società, 2017, S. 99 f.

297 *Pisani* in: Cian (Hrsg.), Diritto commerciale, Bd. 3, Diritto delle società, 2017, S. 89; *Campobasso*, Diritto commerciale, Bd. 2, Diritto delle società, 2015, S. 87.

6. Gesellschafterwechsel

Auch bei der Offenen Handelsgesellschaft gibt es drei Arten des Gesellschafterwechsels: 112

- **Tod** eines Gesellschafters (Art. 2293 iVm Art. 2284 c.c.);
- **Austritt** eines Gesellschafters (Art. 2293 iVm Art. 2285 c.c.) und
- **Ausschluss** eines Gesellschaftes (Art. 2293 iVm Art. 2286 c.c.).

Wie bei der s.s. ist damit bei der s.n.c. eine echte **Anteilsübertragung** nicht explizit im Gesetz vorgesehen, weshalb es wiederum naheliegt, für die Anteilsübertragung mit einer Vertragsänderung zu arbeiten (s. oben Rn. 75 ff.). Dafür ist, wie bei allen Änderungen des Gesellschaftsvertrags, die Zustimmung der übrigen Gesellschafter erforderlich, sofern der Gesellschaftsvertrag nicht etwas Anderes bestimmt (Art. 2293 iVm 2252 c.c., s. Rn. 103). Im Falle des **Todes** eines Gesellschafters greifen dieselben Regeln wie bei der einfachen Gesellschaft, also insbesondere Art. 2284 c.c. (s. näher Rn. 78). Das heißt zusammengefasst, dass die Gesellschaft fortgeführt wird, es sei denn der Gesellschaftsvertrag sieht etwas Anderes vor oder die verbleibenden Gesellschafter beschließen die Auflösung. Die Erben erlangen grds. keine Gesellschafterstellung, sondern einen Anspruch auf Auszahlung. 113

Für den **Austritt** eines Gesellschafters muss gemäß Art. 2293 c.c. iVm Art. 2285 c.c. entweder ein **wichtiger Grund** vorliegen oder der **Gesellschaftsvertrag** eine entsprechende Bestimmung enthalten (vgl. insofern Rn. 79). Ein weiterführendes Recht zum Austritt gibt es bei der offenen Handelsgesellschaft nicht, da diese gemäß Art. 2295 I Nr. 9 c.c. nur für eine bestimmte Dauer gegründet werden kann (vgl. Art. 2285 I c.c.). Führen die Gesellschafter die s.n.c. stillschweigend nach Ablauf dieser Zeit weiter (vgl. Art. 2273 c.c.), so wird jedem Gesellschafter ein **Austrittsrecht** gewährt, dass dieser – falls er einen Austritt wünscht – innerhalb einer angemessenen Frist ausüben muss.[298] 114

Auch der **Ausschluss** eines Gesellschafters ist gemäß Art. 2293 c.c. iVm Art. 2286 c.c. möglich. So rechtfertigt zB die **Nichtbeachtung des Wettbewerbsverbots** (vgl. Art. 2301 c.c.) ein solches Vorgehen (Art. 2301 III c.c. iVm Art. 2286 c.c.).[299] Eine Abmahnung iSe. Vorwarnung wie in Deutschland ist nicht notwendig, kann aber in der Praxis erfolgen. 115

7. Wettbewerbsverbot

In einer offenen Handelsgesellschaft gilt grundsätzlich ein **Wettbewerbsverbot** für alle Gesellschafter. Dieses Wettbewerbsverbot greift selbst im Fall einer irregulären s.n.c.[300] Das Wettbewerbsverbot bedeutet, dass die Gesellschafter „weder für eigene noch für fremde Rechnung eine Tätigkeit ausüben (dürfen), die zu jener der Gesellschaft im Wettbewerb steht“[301] (Art. 2301 I c.c.). Dieses Verbot umfasst auch die Beteiligung an einem konkurrierenden Unternehmen als unbeschränkt haftender Gesellschafter (Art. 2301 I c.c.).[302] Da sich das Verbot ausschließlich auf die unbeschränkt haftende Gesellschafterstellung bezieht, dürfen die Gesellschafter sich aber als beschränkt haftende Gesellschafter an einem anderen Unternehmen beteiligen.[303] Das Wettbewerbsverbot kann allerdings durch die **Zustimmung der übrigen Gesellschafter** aufgehoben werden (Art. 2301 I c.c.). Die Einwilligung der Mitgesellschafter wird vermutet, wenn sie bereits vor Abschluss des Gesellschaftsvertrags von einer konkurrierenden Tätigkeit des Gesellschafters wussten (Art. 2301 II c.c.). 116

Beachtet ein Gesellschafter das Wettbewerbsverbot nicht, so macht er sich gem. Art. 2301 III c.c. gegenüber der Gesellschaft **schadensersatzpflichtig.** Die Mitgesellschafter werden dagegen nur mittelbar geschädigt[304] und können somit nicht direkt Ansprüche gegenüber dem Gesellschafter, der das Wettbewerbsverbot verletzt hat, geltend machen. Neben Schadensersatzansprüchen droht dem gegen das Wettbewerbsverbot verstoßenden Gesellschafter gem. Art. 2293 iVm Art. 2286 c.c. ein Ausschluss aus der s.n.c. 117

---

298 *Campobasso*, Diritto commerciale, Bd. 2, Diritto delle società, 2015, S. 110; *Kindler*, Italienisches Handels- und Wirtschaftsrecht, 2014, § 4 Rn. 81.

299 *Magrini*, Italienisches Gesellschaftsrecht, 2004, S. 32; *Kindler*, Italienisches Handels- und Wirtschaftsrecht, 2014, § 4 Rn. 82.

300 Cass. 31.8.2005, N. 17588.

301 Zitiert nach der Übersetzung des italienischen Zivilgesetzbuches der Südtiroler Landesregierung, Stand: 31.5.2015.

302 Trib. Napoli 17.7.1996, Le Società 1997, 200; *Pisani* in: Cian (Hrsg.), Diritto commerciale, Bd. 3, Diritto delle società, 2017, S. 111; *Pernazza*, Corporations and Partnerships in Italy, 2012, Rn. 603.

303 *Campobasso*, Diritto commerciale, Bd. 2, Diritto delle società, 2015, S. 99; *Tassinari* in: Santosuosso (Hrsg.), Delle società, dell'azienda, della concorrenza, Bd. 1, 2015, S. 473, 476; *Kindler*, Italienisches Handels- und Wirtschaftsrecht, 2014, § 4 Rn. 55.

304 *Kindler*, Italienisches Handels- und Wirtschaftsrecht, 2014, § 4 Rn. 55.

8. Auflösung der Gesellschaft

118 Bezüglich der **Auflösungsgründe** einer offenen Handelsgesellschaft kann auf die Ausführungen über die Auflösung bei der einfachen Gesellschaft verwiesen werden (s. näher Rn. 84 ff.), denn auch bei der s.n.c. ist Art. 2272 c.c. anwendbar (vgl. Art. 2308 c.c.). Neben diesen Gründen kann die italienische s.n.c. gemäß Art. 2308 c.c. auch im Rahmen einer **Insolvenz** abgewickelt werden.[305] Der Auflösungsgrund, nach dem die Gesellschaft „durch **Verfügung der Regierungsbehörde** in den vom Gesetz festgesetzten Fällen"[306] (Art. 2308 c.c.) abgewickelt wird, hat heute keine Relevanz mehr.[307]

119 Das Abwicklungsverfahren bei der s.n.c. ist stärker formalisiert als bei der s.s.[308] Die **Liquidatoren,** die bestellt werden müssen, sind nach Art. 2311 I c.c. dafür verantwortlich, die Schlussbilanz zu erstellen und den Gesellschaftern einen Vorschlag für einen Verteilungsplan zu unterbreiten. Die Gesellschafter haben dann zwei Monate Zeit, um diesen anzufechten; ansonsten gilt er als genehmigt (Art. 2311 II c.c.). Mit der Genehmigung werden die Liquidatoren gegenüber den Gesellschaftern von jeder Verantwortlichkeit befreit (Art. 2311 IV c.c.). Am Ende des **Auflösungsverfahrens** müssen die Liquidatoren die Löschung der Gesellschaft im Handelsregister beantragen. Die Gesellschaft erlischt erst mit der Löschung aus dem Handelsregister.[309] Das bedeutet jedoch nicht, dass bis dahin noch verbliebene Gläubiger ihre Forderungen abschreiben müssen. Ab dem Zeitpunkt der Löschung der Gesellschaft können die unbefriedigten Gläubiger ihre Forderungen vielmehr gegenüber den Gesellschaftern geltend machen (Art. 2312 II c.c.).[310] Auch nach der Löschung (innerhalb eines Jahres ab der Eintragung ins Handelsregister) kann die Gesellschaft allerdings noch für insolvent erklärt werden, wenn die Gläubiger nicht befriedigt worden sind und wenn die (sonstigen) Voraussetzungen vorliegen (kaufmännische Tätigkeit; Überschreitung der Größenschwellen). In diesem Fall wird ein Insolvenzverfahren eröffnet und ein Insolvenzverwalter bestellt, der ua die Richtigkeit des Liquidationsverfahrens überprüft.[311]

IV. Società in accomandita semplice – s.a.s. (Kommanditgesellschaft)

1. Grundlagen

120 Die dritte italienische Personengesellschaft ist die *società in accomandita semplice* – offiziell abgekürzt mit *s.a.s.* –, die eine der **deutschen Kommanditgesellschaft** vergleichbare Rechtsform ist.[312] Die Rechtsform wird in den Artikeln 2313 ff. c.c. geregelt. **Subsidiär** greifen die **Bestimmungen über die offene Handelsgesellschaft** (vgl. Art. 2315 c.c.) und damit auch die Regeln über die einfache Gesellschaft (vgl. Art. 2293 c.c.):[313]

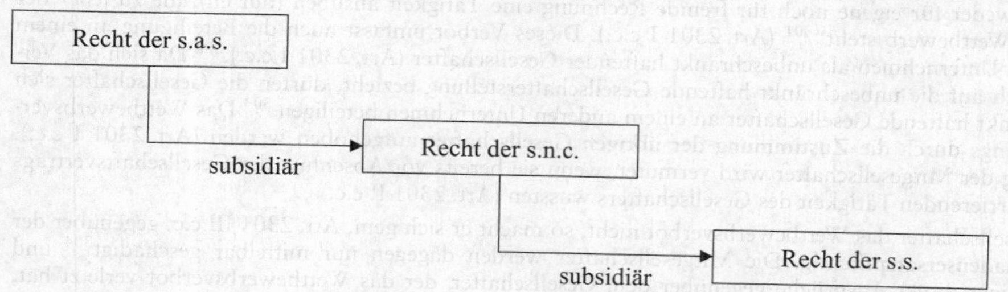

Abb. 3: Normenhierarchie der s.a.s.

305 *Presti/Rescigno*, Corso di diritto commerciale, Bd. 2, Società, 2017, S. 379.
306 Zitiert nach der Übersetzung des italienischen Zivilgesetzbuches der Südtiroler Landesregierung, Stand: 31.5.2015.
307 Das war relevant zur Zeit des Inkrafttretens des *Codice Civile*, als Banken die Form von Personengesellschaften noch annehmen konnten, vgl. *Irace* in: Busi/Preite (Hrsg.), Trattato sulle società di persone, Bd. 1, 2015, S. 1697.
308 *Campobasso*, Diritto commerciale, Bd. 2, Diritto delle società, 2015, S. 117 ff.; *Kindler*, Italienisches Handels- und Wirtschaftsrecht, 2014, § 4 Rn. 94.
309 Trib. Roma, 21.7.2014, www.giurisprudenzadelleimprese.it; *Campobasso*, Diritto commerciale, Bd. 2, Diritto delle società, 2015, S. 121; *Kindler*, Italienisches Handels- und Wirtschaftsrecht, 2014, § 4 Rn. 96; *Pernazza*, Corporations and Partnerships in Italy, 2012, Rn. 721.
310 *Presti/Rescigno*, Corso di diritto commerciale, Bd. 2, Società, 2017, S. 382.
311 Cass. 22.2.2010, N. 4060; Cass. 12.3.2013, N. 6070.
312 *Hofmann*, Gesellschaftsrecht in Italien, 2006, S. 14; vgl. auch *Fasciani* in: Süß/Wachter (Hrsg.), HdB des internationalen GmbH-Rechts, 2016, Italien, Rn. 5.
313 *Campobasso*, Diritto commerciale, Bd. 2, Diritto delle società, 2015, S. 123; *Magrini*, Italienisches Gesellschaftsrecht, 2004, S. 35; *Pernazza*, Corporations and Partnerships in Italy, 2012, Rn. 617; *Kindler*, Italienisches Handels- und Wirtschaftsrecht, 2014, § 4 Rn. 97.

Wie auch bei der deutschen KG unterteilen sich die Gesellschafter der s.a.s. in zwei Gruppen, **Komplementäre** (*soci accomandanti*), die für die Verbindlichkeiten der Gesellschaft unbeschränkt haften und **Kommanditisten** (*soci accomandanti*), die nur beschränkt in Höhe ihres Anteils haften (Art. 2313 I c.c.).[314] 121

Im Folgenden wird näher auf einzelne Aspekte der italienischen Kommanditgesellschaft eingegangen. Vorab bleibt anzumerken, dass auch die s.a.s. als Personengesellschaft **keine Rechtspersönlichkeit**, jedoch **Rechtssubjektivität** (*soggettività giuridica*) besitzt und damit Träger von Rechten und Pflichten sein kann sowie prozessfähig ist (Art. 2315 c.c. iVm Art. 2293 iVm Art. 2266 I c.c.).[315] 122

Die s.a.s. ist in Italien eine durchaus **beliebte Rechtsform**. So gab es am 31.12.2016 472.542 s.a.s. in Italien.[316] Der Grund liegt nicht nur darin, dass die Gesellschaftsform steuerliche Vorteile mit sich bringt (Transparenzprinzip – siehe Rn. 24), sondern auch darin, dass zumindest einigen Gesellschaftern (*soci accomandanti*) die beschränkte Haftung gewährt wird. Letzteres kann zB in Familiengesellschaften sinnvoll sein, bei denen die Eltern Komplementäre mit einer geringeren Beteiligung sind, während sie gleichzeitig die Verantwortung für die Geschäftsführung übernehmen. Den Kindern wird in einem solchen Szenario die weniger risikoreiche Beteiligung als Kommanditist überlassen. Die in Deutschland beliebte Konstruktion der GmbH & Co. KG ist dagegen in Italien bislang kaum verbreitet.[317] 123

2. Gründung

Auch die Gründung einer italienischen Kommanditgesellschaft bedarf der Erstellung eines **Gründungsvertrages** durch **mindestens zwei natürliche** und/oder **juristische Personen.**[318] Bezüglich der Komplementärstellung Geschäftsunfähiger und beschränkt Geschäftsfähiger (dh Minderjähriger sowie voll oder beschränkt Entmündigter – *inabilitato o interdetto*) gilt das zur OHG Gesagte (s. Rn. 92). Dagegen ist es Geschäftsunfähigen und beschränkt Geschäftsfähigen nach hM gestattet, eine Kommanditistenstellung in der s.a.s. einzunehmen, da sie dann nur beschränkt haften und von der Geschäftsführung ausgeschlossen sind.[319] In Italien ist seit der Gesellschaftsrechtsreform zudem auch die Gründung von italienischen GmbH & Co. KG grundsätzlich erlaubt, in der Praxis jedoch – wie bereits erwähnt – nicht verbreitet. In Umsetzung der Bilanzrichtlinie[320] (zur Bilanzrichtlinie siehe § 25 Rn. 19) wird gemäß Ausführungsgesetz Art. 111-duodecies disp. att. trans. c.c. eine s.a.s., an der keine natürliche Person als unbeschränkt haftender Gesellschafter beteiligt ist, in Bezug auf den Jahresabschluss wie eine Kapitalgesellschaft behandelt.[321] 124

Der Gesellschaftsvertrag unterliegt den Formvorschriften des Art. 2296 c.c. (Art. 2315 c.c. iVm Art. 2296 c.c.), bedarf also der notariell **beglaubigten Unterschrift** der Gesellschaftsgründer oder muss in Form einer öffentlichen Urkunde erstellt werden (dazu näher unter Rn. 94). Er muss beim **Handelsregister** eingereicht und die Gesellschaft dort eingetragen werden (vgl. Art. 2317 c.c.). Unterbleibt die Eintragung, liegt eine **„irreguläre Gesellschaft“** (*società in accomandita irregolare*) vor.[322] Gemäß Art. 2317 I c.c. ist in diesem Fall Art. 2297 c.c. – der auch für die OHG gilt – entsprechend anzuwenden (vgl. dazu näher Rn. 95). Der Unterschied zwischen Kommanditisten und Komplementären bleibt jedoch auch im Fall einer irregulären Gesellschaft bestehen, dh auch in der *società in accomandita irregolare* haften die Kommanditisten für die Verbindlichkeiten der Gesellschaft beschränkt in Höhe ihres Anteils, es sei denn, dass sie Geschäfte für die Gesellschaft getätigt haben (Art. 2317 II c.c.). Nach hM bedeutet dies, dass in der *accomandita irregolare* den Kommanditisten auch die begrenzten Verwaltungshandlungen untersagt werden, zu denen sie in der s.a.s. gem. Art. 2320 c.c. berechtigt wären.[323] 125

Im Unterschied zur s.s. und s.n.c. kann eine s.a.s. aber nicht durch den konkludenten oder mündlichen Abschluss eines Gesellschaftsvertrags (*società in accomandita di fatto*) errichtet werden. Die Stelle des Kommandi- 126

314 Vgl. *Fasciani* in: Süß/Wachter (Hrsg.), HdB des internationalen GmbH-Rechts, 2016, Italien, Rn. 13; *Kindler*, Italienisches Handels- und Wirtschaftsrecht, 2014, § 4 Rn. 97; *Pernazza*, Corporations and Partnerships in Italy, 2012, Rn. 616.

315 Vgl. *Hofmann*, Gesellschaftsrecht in Italien, 2006, S. 4.

316 Vgl. http://www.mi.camcom.it/database-societario.

317 Vgl. dazu *Tombari* Rivista delle società 2006, 185, 185 ff.

318 Bezüglich der Gründungsgesellschafter siehe *Campobasso*, Diritto commerciale, Bd. 2, Diritto delle società, 2015, S. 125 f.; *Asche*, Europäisches Bilanzrecht und Nationales Gesellschaftsrecht, 2007 (Reprint 2011), S. 14.

319 *Campobasso*, Diritto commerciale, Bd. 2, Diritto delle società, 2015, S. 126; *Kindler*, Italienisches Handels- und Wirtschaftsrecht, 2014, § 4 Rn. 101.

320 Art. 1 I b) i) Richtlinie 2013/34/EU.

321 *Motti* in: Abriani/Stella Richter (Hrsg.), Codice commentato delle società, Bd. 1, 2010, S. 789 ff.

322 *Campobasso*, Diritto commerciale, Bd. 2, Diritto delle società, 2015, S. 133 f.; *Hofmann*, Gesellschaftsrecht in Italien, 2006, S. 22; *Magrini*, Italienisches Gesellschaftsrecht, 2004, S. 36; *Kindler*, Italienisches Handels- und Wirtschaftsrecht, 2014, § 4 Rn. 99; *Süß* in: MüHdB GesR, Bd. 6, 2013, § 47 Rn. 277; *Pernazza*, Corporations and Partnerships in Italy, 2012, Rn. 619.

323 Cass. 19.1.1991, N. 508; Cass. 26.2.1988, N. 2041; App. Torino 14.9.1985, Foro italiano 1986, 2901; *Campobasso*, Diritto commerciale, Bd. 2, Diritto delle società, 2015, S. 133; *Pisani* in: Cian (Hrsg.), Diritto commerciale, Bd. 3, Diritto delle società, 2017, S. 154.

tisten setzt eine eindeutige (und daher schriftliche) Vereinbarung voraus.[324] In Bezug auf die Gründung gelten ansonsten die Vorschriften der italienischen OHG (s.n.c.) (s. daher Rn. 92 ff.). Auch hinsichtlich des **Mindestinhalts des Gesellschaftsvertrags** ergeben sich praktisch keine Unterschiede zur s.n.c. Die s.a.s. kann daher beispielsweise ebenfalls nur auf Zeit gegründet werden. Art. 2316 c.c. konkretisiert lediglich, dass im Gründungsvertrag dokumentiert werden muss, ob ein Gesellschafter eine Komplementär- oder Kommanditistenstellung einnimmt und wie hoch die Kommanditisteneinlage ist.[325] Insofern wird der Mindestinhalt des Gesellschaftsvertrags in Bezug auf die s.a.s. erweitert.

127 Bei der Firma der s.a.s. ergeben sich im Vergleich zur italienischen OHG (s.n.c.) allerdings einige Unterschiede. So muss die Bildung der **Firma** grundsätzlich den Namen zumindest eines Komplementärs sowie den Rechtsformzusatz „s.a.s." enthalten (vgl. Art. 2314 I c.c.).[326] Die Namen der Kommanditisten dürfen nicht in die Firma aufgenommen werden.[327] Wird der Name eines Kommanditisten mit dessen Zustimmung dennoch in der Firma geführt, haftet dieser dann **unbeschränkt** und **gesamtschuldnerisch** mit den Komplementären (Art. 2314 II c.c.).[328] Das gilt sogar unabhängig davon, ob der Dritte Kenntnis von der Kommanditistenstellung hatte oder nicht. Die Vorschrift wirkt daher als Sanktion, nicht nur als Vertrauensschutz der Gesellschaftsgläubiger.[329] Der Kommanditist erlangt dadurch allerdings nicht die Komplementärstellung und wird auch nicht Geschäftsführer. Im Innenverhältnis stehen ihm Regressansprüche gegenüber der Gesellschaft und den Komplementären zu. Seine Zustimmung zur Aufnahme in die Firma wird vermutet. Sollte er das Gegenteil nachweisen können (keine Zustimmung), haftet er nicht. Wie bei der s.n.c. können Fantasienamen oder Namen von Dritten nicht als Firma genutzt werden; die Aufnahme der **Geschäftstätigkeit** in die Firma ist allerdings auch bei der s.a.s. gestattet. Art. 2292 II c.c., der sich mit den Namen von verstorbenen und ausgeschiedenen Gesellschaftern in der Firma beschäftigt, wird gemäß Art. 2314 I c.c. auch auf die s.a.s. angewandt (Rn. 99). Zudem muss die Firma den Rechtsformzusatz s.a.s. bzw. die Langform *società in accomandita semplice* enthalten (Art. 2314 I c.c.).

3. Organisationsverfassung

128 Art. 2318 I c.c. legt fest, dass die Komplementäre einer s.a.s. dieselben Rechte und Pflichten haben wie die Anteilseigner der italienischen OHG (s.n.c.). In Bezug auf die **Geschäftsführung** konkretisiert Art. 2318 II c.c., dass diese nur den Komplementären zustehen kann.[330] Kommanditisten können daher grundsätzlich nicht an der Geschäftsführung beteiligt werden (vgl. auch Art. 2320 c.c.). Sie unterliegen einem **Einmischungsverbot** (*divieto di immistione*, dazu sogleich unter Rn. 132). Zudem ist eine **Fremdorganschaft**, also der Ausschluss der Komplementäre von der Geschäftsführung, für die s.a.s. nicht vorgesehen.[331] Im Gegensatz zur s.s. und s.n.c. ist dieser Aspekt bei der s.a.s. unstrittig.

129 Geschäftsführer der s.n.c. können im Gründungsvertrag oder durch Beschluss bestellt werden. Die **Berufung eines Komplementärs als Geschäftsführer** bedarf regelmäßig der Einwilligung aller Komplementäre sowie eines Beschlusses der Kommanditisten, der mit der Mehrheit des von ihnen gezeichneten Kapitals (nicht nach Köpfen) gefasst werden muss (Art. 2319 c.c.).[332] Diese Regeln mit dem Erfordernis einer doppelten Mehrheit sind jedoch dispositiv. Der Gesellschaftsvertrag kann daher abweichende Regelungen wie die Einstimmigkeit der Kommanditisten festlegen.[333]

130 Die **Abberufung eines Geschäftsführers** erfolgt ebenfalls mit der Einwilligung aller Komplementäre sowie eines Beschlusses der Kommanditisten, der grundsätzlich mit der Mehrheit des von ihnen gezeichneten Kapitals gefasst werden muss. Dagegen können die Geschäftsführer, die im Gründungsakt bestellt werden, nur mit der Ein-

324 *Pisani* in: Cian (Hrsg.), Diritto commerciale, Bd.3, Diritto delle società, 2017, S. 143.

325 *Campobasso*, Diritto commerciale, Bd. 2, Diritto delle società, 2015, S. 125; *Hofmann*, Gesellschaftsrecht in Italien, 2006, S. 16; *Kindler*, Italienisches Handels- und Wirtschaftsrecht, 2014, § 4 Rn. 98.

326 *Campobasso*, Diritto commerciale, Bd. 2, Diritto delle società, 2015, S. 125; *Hofmann*, Gesellschaftsrecht in Italien, 2006, S. 29; *Kindler*, Italienisches Handels- und Wirtschaftsrecht, 2014, § 4 Rn. 100; *Pernazza*, Corporations and Partnerships in Italy, 2012, Rn. 620.

327 *Campobasso*, Diritto commerciale, Bd. 2, Diritto delle società, 2015, S. 125; *Kindler*, Italienisches Handels- und Wirtschaftsrecht, 2014, § 4 Rn. 100.

328 *Campobasso*, Diritto commerciale, Bd. 2, Diritto delle società, 2015, S. 125; *Magrini*, Italienisches Gesellschaftsrecht, 2004, S. 36; *Kindler*, Italienisches Handels- und Wirtschaftsrecht, 2014, § 4 Rn. 100; *Pernazza*, Corporations and Partnerships in Italy, 2012, Rn. 620.

329 *Campobasso*, Diritto commerciale, Bd. 2, Diritto delle società, 2015, S. 125.

330 *Hofmann*, Gesellschaftsrecht in Italien, 2006, S. 43; *Kindler*, Italienisches Handels- und Wirtschaftsrecht, 2014, § 4 Rn. 102; *Hausmann* in: Reithmann/Martiny (Hrsg.), Internationales Vertragsrecht, 2015, 7. Teil Rn. 7.225; *Pernazza*, Corporations and Partnerships in Italy, 2012, Rn. 622.

331 *Campobasso*, Diritto commerciale, Bd. 2, Diritto delle società, 2015, S. 101; *Magrini*, Italienisches Gesellschaftsrecht, 2004, S. 36 f.

332 *Campobasso*, Diritto commerciale, Bd. 2, Diritto delle società, 2015, S. 127; *Hofmann*, Gesellschaftsrecht in Italien, 2006, S. 43.

333 So der Wortlaut von Art. 2319 c.c. („Bestimmt der Gründungsvertrag *nichts anderes*, …").

stimmigkeit aller Gesellschafter und nur aus „*giusta causa*" (wichtigem Grund) nach Art. 2259 c.c. abberufen werden (siehe oben, Rn. 53 ff.). Der betroffene Geschäftsführer darf bei der Abstimmung über seine Abberufung nicht mitstimmen.[334] Daneben kann ein Geschäftsführer auch aus „*giusta causa*" durch Gerichtsentscheidung nach Art. 2259 III c.c. abberufen werden. Die Klage kann auch von einem Kommanditisten eingereicht werden.[335]

Auch die **Vertretung der Gesellschaft** steht grundsätzlich einem oder mehreren **Komplementären** zu (Art. 2318 I c.c.). Jedoch kann der Kommanditist für einzelne Geschäfte vertretungsbefugt sein, wenn er durch eine besondere Vollmacht ausgestattet wird (Art. 2320 I c.c.).[336] Die unter die Vertretungsmacht des Kommanditisten fallenden Geschäfte müssen allerdings im Vorhinein bestimmt sein.[337] Die Möglichkeit, eine Generalvollmacht oder Prokura an Kommanditisten zu erteilen, besteht nicht.[338] Bei einem Verstoß des Kommanditisten gegen die Vertretungsvorschriften haftet dieser „gegenüber Dritten für alle Verbindlichkeiten unbeschränkt und gesamtschuldnerisch" (Art. 2320 I c.c.). 131

Das Gegenstück zur Selbstorganschaft durch die Komplementäre stellt das **Einmischungsverbot** (*divieto di immistione*) für die Kommanditisten dar.[339] Gem. Art. 2320 I c.c. dürfen sie grds. keine **Geschäftsführungsmaßnahmen** vornehmen und nur im eben beschriebenen Ausmaß die Gesellschaft vertreten. Sogar die Teilnahme an den Verhandlungen über Gesellschaftsgeschäfte wird als Verstoß gegen das *divieto di immistione* interpretiert.[340] Beteiligt sich ein Kommanditist entgegen des Verbots aus Art. 2318 II c.c. bzw. Art. 2320 c.c. dennoch an der Geschäftsführung („Verstoß gegen das Einmischungsverbot"), so verliert er sein **Haftungsprivileg** im Außenverhältnis (vgl. Art. 2320 I 2 c.c.). Das bedeutet, er haftet unbeschränkt und gesamtschuldnerisch für alle Verbindlichkeiten der Gesellschaft.[341] Soll die Gesellschaft für insolvent erklärt werden, wird das Insolvenzverfahren über die Komplementäre hinaus auch auf die Kommanditisten nach Art. 147 *legge fallimentare* (italienische Insolvenzordnung) erweitert, die gegen das Einmischungsverbot verstoßen haben.[342] Auch wenn sich Art. 2320 I 2 c.c. explizit nur auf die Außenhaftung des Kommanditisten bezieht, nimmt die hM an, dass im Innenverhältnis die beschränkte Haftung ebenfalls wegfällt.[343] Außerdem stellt die „**Einmischung**" einen „**wichtigen Grund**" gemäß Art. 2286 c.c. dar (Art. 2320 I 2 aE c.c.). Der Kommanditist kann deshalb aus der Kommanditgesellschaft **ausgeschlossen** werden, es sei denn, es kann die Zustimmung der Komplementäre zur Einmischung nachgewiesen werden.[344] 132

Die harten Konsequenzen für Kommanditisten bei Einmischung in die Geschäftsführung resultieren aus dem Schutzzweck des Gesetzes. Die Vorschrift soll eine **verantwortungsbewusste Geschäftsführung** garantieren. Es wird davon ausgegangen, dass die Komplementäre, die ein höheres Risiko als die Kommanditisten eingehen, auch verantwortungsvoller handeln werden, und dass die Kommanditisten, die eine beschränkte Haftung genießen, daher nicht an der Geschäftsführung teilnehmen können sollen.[345] Allerdings bleibt es den Kommanditis- 133

334 Trib. Roma 31.12.2014, www.giurisprudenzadelleimprese.it.

335 Trib. Torino, 16.1.2017, Le Società 2018, 170; App. Brescia 13.4.2016, www.giurisprudenzadelleimprese.it; Trib. Milano 9.4.2015, www.giurisprudenzadelleimprese.it; Trib. Napoli 1.3.2010, Le Società 2010, 645; Trib. Milano 30.1.1993, Giurisprudenza italiana 1993, 257; Cass. 9.5.1957, N. 2735; *Campobasso*, Diritto commerciale, Bd. 2, Diritto delle società, 2015, S. 127.

336 *Campobasso*, Diritto commerciale, Bd. 2, Diritto delle società, 2015, S. 127; *Pisani* in: Cian (Hrsg.), Diritto commerciale, Bd. 3, Diritto delle società, 2017, S. 149; *Kindler*, Italienisches Handels- und Wirtschaftsrecht, 2014, § 4 Rn. 103; *Hausmann* in: Reithmann/Martiny (Hrsg.), Internationales Vertragsrecht, 2015, 7. Teil Rn. 7.225; *Pernazza*, Corporations and Partnerships in Italy, 2012, Rn. 623.

337 *Pisani* in: Cian (Hrsg.), Diritto commerciale, Bd. 3, Diritto delle società, 2017, S. 149; *Kindler*, Italienisches Handels- und Wirtschaftsrecht, 2014, § 4 Rn. 106.

338 Cass. 19.12.2008, N. 29794; Cass. 17.3.1998, N. 2854; *Campobasso*, Diritto commerciale, Bd. 2, Diritto delle società, 2015, S. 130; *Kindler*, Italienisches Handels- und Wirtschaftsrecht, 2014, § 4 Rn. 106.

339 *Pisani* in: Cian (Hrsg.), Diritto commerciale, Bd. 3, Diritto delle società, 2017, S. 147 ff.; *Kindler*, Italienisches Handels- und Wirtschaftsrecht, 2014, § 4 Rn. 104.

340 Cass. 27.4.1994, N. 4019; Cass. 12.9.1992, N. 10431. AA *Pisani* in: Cian (Hrsg.), Diritto commerciale, Bd. 3, Diritto delle società, 2017, S. 149.

341 Zuletzt Trib. Milano 12.7.2017, www.giurisprudenzadelleimprese.it; *Campobasso*, Diritto commerciale, Bd. 2, Diritto delle società, 2015, S. 130; *Magrini*, Italienisches Gesellschaftsrecht, 2004, S. 37; *Kindler*, Italienisches Handels- und Wirtschaftsrecht, 2014, § 4 Rn. 100, 106.

342 Cass. 6.11.2014, N. 23651, Giurisprudenza italiana, 2015, S. 381; Cass. 3.6.2010, N. 13468; Cass. 6.12.1984, N. 6429.

343 Trib. Milano 3.10.1991, Foro italiano 1992, 3412; Cass. 19.12.1978 N. 6085; *Buzzoni Zuccola* Rivista del diritto commerciale 1972, 149, 149 ff.; *Cottino* in: Cottino/Weigmann (Hrsg.), Le società di persone, 2004, S. 222; *Kindler*, Italienisches Handels- und Wirtschaftsrecht, 2014, § 4 Rn. 107; vgl. auch *Barbist/Rungg*, Ihr Unternehmen in Italien, 2006, S. 12; aA *Campobasso*, Diritto commerciale, Bd. 2, Diritto delle società, 2015, S. 130.

344 *Campobasso*, Diritto commerciale, Bd. 2, Diritto delle società, 2015, S. 131; *Pisani* in: Cian (Hrsg.), Diritto commerciale, Bd. 3, Diritto delle società, 2017, S. 152.

345 *Pisani* in: Cian (Hrsg.), Diritto commerciale, Bd. 3, Diritto delle società, 2017, S. 147 f.; *Magrini*, Italienisches Gesellschaftsrecht, 2004, S. 37.

ten gestattet, unter der Leitung der Verwalter Arbeitsleistungen zu erbringen und, wenn dies vom Gründungsvertrag vorgesehen ist, Genehmigungen für bestimmte Geschäfte und Handlungen zu erteilen und zu diesen Stellung zu nehmen, um damit eine gewisse Überprüfungs- und Überwachungsfunktion zu erfüllen (Art. 2320 I 2 c.c.). Die Vorschrift gestattet es allerdings nicht, einen generellen **Genehmigungsvorbehalt** für jegliches Handeln der Geschäftsführung vorzusehen.[346] Gemäß einigen Stimmen in der Literatur sind aber zB Genehmigungsvorbehalte für Geschäfte, die einen bestimmten Wert erreichen, erlaubt.[347]

134 Da die Kommanditisten der s.a.s. keine Geschäftsführungsaufgaben übernehmen dürfen, stehen ihnen gewisse **Informationsrechte** zu. Nach Art. 2320 III c.c. haben sie das Recht, einmal jährlich den Jahresabschluss sowie die Gewinn- und Verlustrechnung vorgelegt zu bekommen.[348] Um diese Dokumente auf ihre Richtigkeit prüfen zu können, haben sie auch das Recht, die Bücher der Gesellschaft einzusehen.[349] Es ist in der Rechtsprechung und in der Literatur hingegen umstritten, ob die Kommanditisten den Jahresabschluss durch Beschluss genehmigen müssen.[350]

4. Kapitalverfassung

a) Bar- und Sacheinlagen

135 Auch für die s.a.s. bestehen **keine Mindestkapitalanforderungen**. Bezüglich der Bar- und Sacheinlagen sowie Dienstleistungen gilt für die Komplementäre das zur einfachen Gesellschaft (s.s.) Gesagte (s. daher dort unter Rn. 60 ff.).[351] Auch **Kommanditisten** ist nach hM die Erbringung von **Dienstleistungen** nicht untersagt, da Art. 2320 c.c. den Kommanditisten ausdrücklich die Möglichkeit gewährt, unter der Leitung der Geschäftsführer Arbeit zu leisten.[352] Die gegenteilige Auffassung wird im Umkehrschluss aus Art. 2322 c.c. hergeleitet.[353]

b) Gewinn- und Verlustbeteiligung

136 Die Rechte und Pflichten eines **Komplementärs** und damit auch seine Gewinn- und Verlustbeteiligung sind denen eines Gesellschafters in der italienischen OHG vergleichbar (Art. 2318 c.c.). An dieser Stelle kann deshalb nach oben verwiesen werden (Rn. 107). Auch **Kommanditisten** werden grundsätzlich an den Gewinnen und Verlusten beteiligt. Die **Beteiligungsquote** richtet sich in der Regel nach der Höhe ihrer Einlage (siehe Art. 2315 iVm Art. 2263 I 1 c.c.). Kommanditisten sind gemäß Art. 2321 c.c. jedoch nicht dazu verpflichtet, zu Unrecht bezogene Gewinne zurückzuerstatten, wenn sie diese in gutem Glauben und aufgrund eines genehmigten Jahresabschlusses erhalten haben.[354] Ein Komplementär in derselben Situation müsste die unrechtmäßig erlangten Gewinne jedoch der s.a.s. zurückerstatten.[355] Das Gesetz trägt an dieser Stelle der fehlenden Geschäftsführungsbefugnis und damit auch der geringeren Einflussmöglichkeit der Kommanditisten Rechnung.[356]

5. Haftung für die Verbindlichkeiten der Gesellschaft

137 Wie auch bei der s.n.c. (italienische OHG) haftet die s.a.s. für ihre Verbindlichkeiten mit ihrem Gesellschaftsvermögen (Art. 2315 iVm Art. 2293 und Art. 2267 I c.c.). Die Haftung der Gesellschafter richtet sich nach deren Stellung. Art. 2313 I c.c. bestimmt, dass **Komplementäre unbeschränkt** und **gesamtschuldnerisch** haften.[357]

346 *Pisani* in: Cian (Hrsg.), Diritto commerciale, Bd. 3, Diritto delle società, 2017, S. 151; *Magrini*, Italienisches Gesellschaftsrecht, 2004, S. 37; vgl. auch die Formulierung von Art. 2320 II c.c., wonach für *bestimmte* Geschäfte Genehmigungen der Kommanditisten vorgesehen werden können, und von Artikel 2320 III c.c., wonach *in jedem Fall* (…) das Recht auf jährliche Mitteilung der Bilanz und der Gewinn- und Verlustrechnung (…)" besteht.; siehe auch *Kindler*, Italienisches Handels- und Wirtschaftsrecht, 2014, § 4 Rn. 105.

347 *Bussoletti*, Società in accomandita semplice, Enciclopedia del diritto, XLII, 1990, S. 965; *Grippo/Bolognesi* in: Rescigno (Hrsg.), Trattato di diritto privato, Bd. 17, 2010, S. 128.

348 Trib. Roma 7.1.2015, www.giurisprudenzadelleimprese.it.

349 Trib. Milano 20.10.2014, www.giurisprudenzadelleimprese.it; Trib. Milano 25.9.2014, www.giurisprudenzadelleimprese.it; Trib. Milano 22.2.2012, www.giurisprudenzadelleimprese.it.

350 Bejahend Cass. 15.7.1996, N. 6410; Trib. Parma, 22.5.1972; *Pisani* in: Cian (Hrsg.), Diritto commerciale, Bd. 3, Diritto delle società, 2017, S. 172; *Campobasso*, Diritto commerciale, Bd. 2, Diritto delle società, 2015, S. 128; verneinend Cass. 17.2.1996, N. 1240; *Ferri*, Le società, 3. Aufl. 1987, S. 251 f.

351 Siehe dazu näher unter Rn. 60 ff.

352 *Pisani* in: Cian (Hrsg.), Diritto commerciale, Bd. 3, Diritto delle società, 2017, S. 145; *Cottino* in: Cottino/Weigmann (Hrsg.), Le società di persone, 2004, S. 228.

353 *Magrini*, Italienisches Gesellschaftsrecht, 2004, S. 35.

354 *Hofmann*, Gesellschaftsrecht in Italien, 2006, S. 52; *Kindler*, Italienisches Handels- und Wirtschaftsrecht, 2014, § 4 Rn. 109.

355 *Kindler*, Italienisches Handels- und Wirtschaftsrecht, 2014, § 4 Rn. 109.

356 Vgl. *Magrini*, Italienisches Gesellschaftsrecht, 2004, S. 38.

357 *Campobasso*, Diritto commerciale, Bd. 2, Diritto delle società, 2015, S. 123; *Pisani* in: Cian (Hrsg.), Diritto commerciale, Bd. 3, Diritto delle società, 2017, S. 145.

Bezüglich der Innen- und Außenhaftung kann hier auf die Ausführungen zur OHG verwiesen werden (Rn. 109 ff.).

Die Haftung der **Kommanditisten** bleibt **auf die Höhe ihrer Anteile beschränkt** (Art. 2313 I c.c.).[358] Sie ist als reine Innenhaftung konstruiert; eine Außenhaftung der Kommanditisten ist somit grundsätzlich nicht vorgesehen.[359] Verstößt der Kommanditist jedoch gegen das Einmischungsverbot (*divieto di immistione*) oder tritt er als Vertreter ohne Vertretungsmacht (*falsus procurator*) auf, so haftet er den Gesellschaftsgläubigern unmittelbar und unbeschränkt für alle Verbindlichkeiten der Gesellschaft (Art. 2320 I 2 c.c. iVm Art. 2320 I 1 c.c., s. auch Rn. 132). Die Haftung ist in diesem Fall nicht auf die eingegangenen Verbindlichkeiten beschränkt. Wurde ein Gesellschafter für eine Verbindlichkeit in Anspruch genommen, so wird ein **Innenausgleich** wie bei der OHG vorgenommen (s. dazu Rn. 109 f.). 138

6. Mitgliederwechsel

a) Anteilsübertragung

Auch beim Mitgliederwechsel muss zwischen der Stellung als Kommanditist und der als **Komplementär** unterschieden werden. Für den Komplementäranteil gibt es wie bei der OHG und bei der einfachen Gesellschaft keine gesetzliche Regelung zur **Anteilsübertragung**. Gerade die Tatsache, dass es eine solche Regelung für den Kommanditanteil gibt, spricht für das Erfordernis, Komplementäranteile im Wege einer Austritts-/Eintrittslösung zu übertragen. Dafür müssen sowohl die Komplementäre als auch die Kommanditisten zustimmen.[360] Für den Mitgliederwechsel eines Komplementärs kann ansonsten generell auf die Ausführungen zur s.n.c. verwiesen werden (s. Rn. 112 ff.). 139

Möchte ein **Kommanditist** seinen Anteil durch **Rechtsgeschäft unter Lebenden** abtreten, so ist Art. 2322 II c.c. zu beachten. Demnach darf der Geschäftsanteil grundsätzlich nur dann abgetreten werden, wenn die **Gesellschafter** (also Kommanditisten und Komplementäre) **einwilligen.**[361] Der Beschluss bedarf der Mehrheit des Kapitals, wobei auch der Anteilsabtreter mitstimmt.[362] Die Regeln sind allerdings dispositiv.[363] Der Gründungsvertrag kann daher eine Übertragung des Geschäftsanteils ausschließen oder eine andere Mehrheit oder den Verzicht auf die Zustimmung vorsehen. Die Anteilsübertragung kann vom Gründungsvertrag auch vollständig ausgeschlossen werden. In diesen Fällen verbleibt den Kommanditisten dann nur der Austritt. 140

b) Tod

Der Geschäftsanteil des Kommanditisten geht bei dessen **Tod** auf den/die rechtmäßigen **Erben** über (Art. 2322 I c.c.). Diese Übertragung erfordert weder die Einwilligung der anderen Gesellschafter noch die Änderung des Gesellschaftsvertrags (vgl. Art. 2322 II c.c.).[364] Obwohl dies nicht ausdrücklich vorgesehen ist, sind auch diese Regeln dispositiv.[365] Beim Tod eines Komplementärs ergeben sich gegenüber dem Tod eines OHG-Gesellschafters keine Änderungen, weshalb insofern auf die dortigen Ausführungen verwiesen werden kann (vgl. Rn. 113). 141

c) Austritt

Beim Austritt eines Gesellschafters (unabhängig davon, ob es sich um Komplementäre oder Kommanditisten handelt) aus einer s.a.s. gelten die gleichen Regeln wie bei der s.n.c. (siehe oben Rn. 114). Soll der einzige Komplementär oder der einzige Kommanditist austreten, kommen die Vorschriften des Art. 2323 c.c. in Betracht[366] (siehe Rn. 146). 142

358 *Pisani* in: Cian (Hrsg.), Diritto commerciale, Bd. 3, Diritto delle società, 2017, S. 145; *Fleischer/Agstner* RabelsZ 81 (2017) 299, 331.

359 Cass. 18.11.2014, N. 6017; *Corrente* Giurisprudenza commerciale 2016, 1224, 1224; *Pisani* in: Cian (Hrsg.), Diritto commerciale, Bd. 3, Diritto delle società, 2017, S. 146; *Kindler*, Italienisches Handels- und Wirtschaftsrecht, 2014, § 4 Rn. 110.

360 Trib. Napoli 11.10.1985, Le Società 1986, 73; *Pisani* in: Cian (Hrsg.), Diritto commerciale, Bd. 3, Diritto delle società, 2017, S. 158.

361 Das ist eine Voraussetzung, um der Gesellschaft gegenüber die Abtretung geltend zu machen; sollte der Beschluss fehlen, bleibt der Vertrag allerdings dennoch unter den Parteien gültig. Cass. 12.7.2013, N. 17255.

362 Trib. Napoli, 12.12.1996; *Campobasso*, Diritto commerciale, Bd. 2, Diritto delle società, 2015, S. 132; *Pisani* in: Cian (Hrsg.), Diritto commerciale, Bd. 3, Diritto delle società, 2017, S. 160.

363 „*Vorbehaltlich einer anderen Bestimmung* im Gründungsvertrag kann der Anteil (…) abgetreten werden" (Art. 2322 II c.c.); *Kindler*, Italienisches Handels- und Wirtschaftsrecht, 2014, § 4 Rn. 111.

364 *Campobasso*, Diritto commerciale, Bd. 2, Diritto delle società, 2015, S. 132; *Magrini*, Italienisches Gesellschaftsrecht, 2004, S. 39; *Kindler*, Italienisches Handels- und Wirtschaftsrecht, 2014, § 4 Rn. 111.

365 *Pisani* in: Cian (Hrsg.), Diritto commerciale, Bd. 3, Diritto delle società, 2017, S. 147.

366 *Marino/Cambi* in: Preite/Busi (Hrsg.), Trattato società di persone, Bd. 2, 2015, S. 2197, 2203 f.

d) Ausschluss

143 Auch für den Ausschluss eines Gesellschafters aus einer s.a.s. kann auf die Regeln der s.n.c. (Rn. 115) und auf die Vorschrift bezüglich der Auflösung der Gesellschaft (Art. 2323 c.c.) verwiesen werden.[367] Das gilt sowohl für Komplementäre als auch für Kommanditisten. Der Ausschluss des einzigen Komplementärs darf nach hM nicht nur durch Gerichtsentscheidung gemäß Art. 2287 III c.c., sondern auch durch einen Mehrheitsbeschluss der Kommanditisten erfolgen (Art. 2287 I II c.c.).[368]

7. Wettbewerbsverbot

144 Das Wettbewerbsverbot der Gesellschafter einer s.n.c. (vgl. Art. 2301 c.c., s. näher Rn. 116) gilt auch für die **Komplementäre** einer s.a.s., **nicht** jedoch für die **Kommanditisten.**[369] Diese dürfen daher für eigene oder fremde Rechnung eine konkurrierende Tätigkeit ausüben. Der Gesellschaftsvertrag kann allerdings auch für die Kommanditisten ein Wettbewerbsverbot vorsehen.[370]

8. Auflösung der Gesellschaft

145 Die s.a.s. kann gemäß Art. 2308 c.c. und Art. 2272 c.c. aufgelöst werden (vgl. Art. 2323 I c.c.). Die Vorschriften wurden bereits unter Rn. 84 ff. im Rahmen der s.s. erläutert. Hier greift also die Verweiskette, dh über das subsidiär anwendbare Recht der s.n.c. greift wiederum das subsidiär anwendbare Recht der s.s. Im Folgenden soll lediglich auf Besonderheiten bei der Auflösung einer italienischen Kommanditgesellschaft eingegangen werden.

146 Art. 2323 I c.c. bestimmt, dass die s.a.s. darüber hinaus aufgelöst wird, wenn **lediglich Komplementäre** bzw. **Kommanditisten** in der Gesellschaft verbleiben.[371] Unter diesen Umständen kann der Charakter der Kommanditgesellschaft nicht mehr gewahrt werden. Tritt ein solcher Fall ein, verbleiben den restlichen Gesellschaftern allerdings sechs Monate, um einen neuen Komplementär bzw. Kommanditisten zu finden.[372] Gelingt dies, kann die Auflösung der Gesellschaft verhindert werden (Art. 2323 I c.c.). Sollte kein Komplementär mehr in der Gesellschaft vertreten sein, so bestellen die Kommanditisten für die Zwischenzeit (max. sechs Monate um die Auflösung zu vermeiden) einen vorläufigen Geschäftsführer zur Vornahme der Rechtshandlungen der ordentlichen Verwaltung.[373]

V. Associazione in Partecipazione (Stille Gesellschaft)

147 Die stille Gesellschaft (*associazione in partecipazione*) ist **keine Personenhandelsgesellschaft**. Sie ist nach italienischem Recht nicht einmal eine Personengesellschaft im eigentlichen Sinne, da der stille Gesellschafter (*associato*) nur Rechtsbeziehungen zum tätigen Gesellschafter (*associante*) und **nicht nach außen** hat (Art. 2551 c.c.). Die stille Gesellschaft ist in den Artt. 2549 – 2554 c.c. geregelt und ist durch die Rechtsbeziehung vom stillen Gesellschafter zum tätigen Gesellschafter gekennzeichnet. Tätiger Gesellschafter kann jede Form von Gesellschaft, aber auch ein Einzelunternehmer (*imprenditore individuale*), sein. Die stille Gesellschaft ist dadurch gekennzeichnet, dass sie nicht nach außen hin auftritt. Dementsprechend wird **kein Gesellschaftsvermögen** gebildet und die Ansprüche von Gläubigern können sich auch nur an den tätigen Gesellschafter richten (Art. 2551 c.c.).[374]

148 Der stille Gesellschafter ist gegen Leistung einer Einlage intern am Gewinn und Verlust beteiligt. Die **Verlustbeteiligung** ist dabei ebenso hoch wie die Gewinnbeteiligung, soweit nichts Abweichendes vereinbart ist (Art. 2553 c.c.). Allerdings ist die Verlustbeteiligung des stillen Gesellschafters (*associato*) auf seine Einlage begrenzt (Art. 2553 c.c.). Anders als im Gesellschaftsrecht findet bei der *associazione in partecipazione* das Verbot „*patto leonino*“ (s. dazu Rn. 65 f.) mit Blick auf die Verlustbeteiligung des stillen Gesellschafters nur beschränkt Anwendung.[375] Es besteht insofern die größtmögliche Gestaltungsfreiheit für Gewinn- und Verlustbeteiligungen

367 Trib. Milano, 10.3.2016, Le Società 2016, 1339.

368 Cass., 8.4.2009, N. 8570; Trib. Napoli, 1.3.2010, Le Società 2010, 942; Cass. 22.12.2006, N. 27504; Trib. Agrigento, 11.6.2003, Le Società 2003, 1513; aA *Marino/Cambi* in: Preite/Busi (Hrsg.), Trattato società di persone, Bd. 2, 2015, S. 2197, 2204.

369 Cass. 24.5.2016, N. 10715; *Kindler*, Italienisches Handels- und Wirtschaftsrecht, 2014, § 4 Rn. 104.

370 Cass. 24.5.2016, N. 10715; Cass. 16.6.1989, N. 2887.

371 *Pisani* in: Cian (Hrsg.), Diritto commerciale, Bd. 3, Diritto delle società, 2017, S. 153; *Hofmann*, Gesellschaftsrecht in Italien, 2006, S. 81; *Pernazza*, Corporations and Partnerships in Italy, 2012, Rn. 723.

372 *Pisani* in: Cian (Hrsg.), Diritto commerciale, Bd. 3, Diritto delle società, 2017, S. 153; *Hofmann*, Gesellschaftsrecht in Italien, 2006, S. 81; *Kindler*, Italienisches Handels- und Wirtschaftsrecht, 2014, § 4 Rn. 112; *Pernazza*, Corporations and Partnerships in Italy, 2012, Rn. 723.

373 Die Bestellung soll ins Handelsregister eingetragen werden, vgl. Cass. 7.7.2011, N. 15067; Cass. 11.10.2006, N. 21803.

374 Cass. 21.6.2016, N. 12816; Cass. 17.4.2014, N. 8955.

375 Cass. 1.10.2008, N. 24376.

mit der Ausnahme der notwendigen Haftungsbeschränkung des *associato* auf seine Einlage. Der stille Gesellschafter muss also nicht zwingend am Verlust beteiligt werden. Liegt ein entsprechender Fall vor, besteht gem. Art. 2554 c.c. eine reine Gewinnbeteiligung (*contratto di cointeressenza agli utili di un'impresa senza partecipazione alle perdite*). Dann bleibt der *associante* (tätige Gesellschafter) der einzige Verantwortliche für die Verbindlichkeiten des Unternehmens (Art. 2551 c.c.). In der Praxis wird der stille Gesellschafter jedoch regelmäßig an den Verlusten beteiligt. Im Gegensatz zum stillen Gesellschafter kann der *associante* allerdings nicht vollständig von den Verlusten ausgeschlossen werden.[376] Der stille Gesellschafter muss zudem am **Gewinn** des Unternehmens beteiligt werden; andernfalls liegt keine stille Gesellschaft vor.

Die **Einlage** des *associato* kann aus Bar- oder Sacheinlagen sowie aus Dienstleistungen bestehen. Seit 2015 (Gesetzesdekret vom 15.6.2015, Nr. 81) werden aber für natürliche Personen Arbeitsleistungen nicht mehr gestattet. Der Grund für diese Vorschrift liegt in der Verringerung des Risikos, unter dem Deckmantel stiller Gesellschaften Arbeitsverhältnisse zu etablieren, welche das für Arbeitnehmer schützende Recht umgehen.[377] Juristische Personen können aber weiterhin Arbeitsleistungen erbringen. 149

Der stille Gesellschafter muss der Aufnahme weiterer stiller Gesellschafter zustimmen (Art. 2550 c.c.), da hierdurch seine Gewinnbeteiligung verwässert werden könnte. Er hat in jedem Fall Rechnungslegungsansprüche.[378] Es können ihm darüber hinaus weitergehende **Überwachungsrechte** eingeräumt werden (Art. 2552 II c.c.), unter denen man auch Mitwirkungsbefugnisse (zB Widerspruchsrechte, Zustimmungsvorbehalte, Stimmrechte oder Weisungsbefugnisse) vorsehen kann. Auch für den stillen Gesellschafter gilt jedoch, dass er wie ein Kommanditist nicht an der Unternehmensführung beteiligt werden darf (**Einmischungsverbot**, vgl. hier Art. 2552 I c.c.).[379] 150

VI. Società tra avvocati (Rechtsanwaltsgesellschaft) und Società tra professionisti (Gesellschaft zwischen Freiberuflern)

1. Entwicklung

Für die Tätigkeit der freien Berufe (in Italien auch als geistige Berufe bezeichnet – „*professioni intellettuali*") war die Benutzung jeder gesellschaftsrechtlichen Form lange Zeit problematisch und grundsätzlich untersagt. Ein altes Gesetz (Art. 2, Gesetz 23.11.1939, Nr. 1815), das noch auf die Zeit des Faschismus zurückging, verbot früher ausdrücklich die Nutzung von Gesellschaftsformen für Beratungstätigkeiten. Daraus folgerte die ständige Rechtsprechung die Nichtigkeit jeglicher Gesellschaften, die gegen dieses Verbot verstießen sowie die Nichtigkeit jedes von ihnen abgeschlossenen Vertrages mit Dritten.[380] Daneben wurde für die geistigen Berufe durch die Lehre und die Rechtsprechung betont, dass die übernommenen Aufträge nach Art. 2232 c.c. persönlich ausgeführt werden sollen.[381] Daher war die Zulässigkeit der Nutzung von gesellschaftlichen Formen für Freiberufler sogar noch lange Zeit nach der Aufhebung von Art. 2 des Gesetzes 1815/1939 im Jahre 1997 höchst umstritten.[382] Die Form der „***associazione professionale***" (Vereinigung für Freiberufler) war und ist daher noch bis heute zur gemeinsamen Ausübung freiberuflicher Tätigkeiten in der Praxis – auch aus steuerlichen Gründen – sehr beliebt. Eine Form wie die deutsche Partnerschaftsgesellschaft mit beschränkter Haftung kennt das italienische Recht nicht. 151

Obwohl eine neue Regelung zur Nutzung von Gesellschaftsformen durch Freiberufler schon im Gesetz von 1997 angekündigt wurde, ist die Form der OHG erst 2001 durch das Gesetz 2.2.2001, Nr. 96 für die Anwaltstätigkeit zugelassen worden (***Società tra avvocati***). Diese Form hatte in der Praxis wegen steuerlichen Nachteilen und der unbeschränkten Haftung allerdings keinen Erfolg. 2011 wurden durch das Gesetz 12.11.2011, Nr. 183 dann alle Gesellschaftsformen, einschließlich der Kapitalgesellschaften, für andere freiberufliche Tätigkeiten (***Società tra professionisti***, abgekürzt **s.t.p.**) zur Verfügung gestellt. Nach Aussage einiger Stimmen in der Literatur hätte das Gesetz 183/2011 für die *società tra professionisti* auch für Rechtsanwälte Anwendung fin- 152

376 Cass. 8.10.2015, N. 20189.

377 *Rubino de Ritis* Nuove leggi civili commentate 2016, 185, 185 ff.; *Bonaccorsi di Patti* Rivista del diritto commerciale 2017, 287, 287 ff. Vgl. auch die alte Rechtsprechung über die Unterschiede zwischen Arbeitsverhältnissen und stillen Gesellschaften: Cass. 11.6.2013, N. 14644; Trib. Padova 22.7.2013, Lavoro giur. 2014, 697; Cass. 28.1.2013, N. 1817.

378 Trib. Milano 25.6.2014, www.giurisprudenzadelleimprese.it; Cass. 27.1.2011, N. 1954.

379 Vgl. *Mignone*, L'associazione in partecipazione, 2008, S. 370; aA *Santoni*, L'associazione in partecipazione, 1985, S. 540 f.

380 Cass. 29.11.2007, N. 24922; Cass. 18.4.2007, N. 9236; Cass. 12.3.1987, N. 2555; App. Venezia 22.5.2014, Foro italiano 2015, 1096; aA App. Milano 19.4.1996, Le Società 1996, 1283.

381 *Cian* in: Cian (Hrsg.), Diritto commerciale, Bd. 3, Diritto delle società, 2017, S. 19; *Campobasso*, Diritto commerciale, Bd. 2, Diritto delle società, 2015, S. 13; *Stagno d'Alcontres/De Luca*, Le società, Bd. 1, Le società in generale. Le società di persone, 2015, S. 67; *Patriarca/Benazzo*, Diritto delle società, 2016, S. 8.

382 Bejahend Trib. Tortona 11.6.2007, Giurisprudenza italiana 2008, 671; Trib. Milano 5.6.1999, Le Società 1999, 984; *Leozappa*, Società e professioni intellettuali, 2004, S. 45; verneinend Trib. Milano 27.5.1998, Giurisprudenza italiana 1999, 1012.

den sollen und ihnen daher ebenfalls Zugang zu weiteren Rechtsformen verschaffen sollen.[383] Doch der Rechtsrahmen war unsicher, weshalb Anwaltskanzleien in der Praxis insbesondere die für sie interessanten Kapitalgesellschaften nicht nutzen konnten. Das neueste Gesetz vom 4.8.2017, Nr. 124[384] hat nach einer intensiven politischen Debatte nun jedoch alle Gesellschaftsformen auch für die Anwaltstätigkeit zugelassen. Nach dem entsprechend novellierten Gesetz 247/2012 (Gesetz für die berufliche Tätigkeit von Rechtsanwälten – *legge professionale degli avvocati*) kann die Anwaltstätigkeit daher heute durch Personen- und Kapitalgesellschaften sowie Genossenschaften ausgeübt werden. Einem Gerichtsurteil aus dem Jahr 2012 zufolge findet diese Formwahlfreiheit, die nun für Anwälte besteht, allerdings für die **Notare** keine Anwendung, da sie ein Amt öffentlichen Rechts ausüben.[385]

2. Società tra professionisti

153 Mitgesellschafter einer *società tra professionisti* können nicht nur Freiberufler, sondern unter bestimmten Bedingungen auch **Nicht-Freiberufler** sein. Die Freiberufler müssen aber eine Mehrheit von zwei Drittel der Stimmen in der Hauptversammlung behalten (Art. 10 IV G. 183/2011). Die **Firma** soll den Rechtsformzusatz *società tra professionisti* oder die Abkürzung s.t.p. beinhalten. Wählt die *società tra professionisti* beispielsweise eine s.r.l. muss diesem Rechtsformzusatz die Abkürzung s.t.p. hinzugefügt werden (also zB „Fantasia s.r.l. s.t.p."). Neben Namen der beteiligten Freiberufler sind auch Fantasienamen zugelassen.[386] Der Gründungsvertrag muss den Gesellschaftsgegenstand auf die berufliche Tätigkeit der Gesellschafter begrenzen, wobei auch mehrere berufliche Tätigkeiten in Betracht kommen, falls die Mitgesellschafter verschiedene Tätigkeiten ausüben (sog *società multidisciplinari*) (Art. 10 IV und VIII G. 183/2011). Die Gesellschaft soll in einen bestimmten Teil des **Handelsregisters** eingetragen werden. Die Nicht-Eintragung hat aber keine Rechtsfolgen (deklaratorische Wirkung). Die *società tra professionisti* entsteht somit mit Abschluss des Gesellschaftsvertrags. Die **Haftung** für die Gesellschaftsverbindlichkeiten folgt jeweils der Regelung der gewählten Rechtsform. Für die Schäden aus beruflichen Fehlern haftet aber die Gesellschaft mit ihrem Vermögen sowie nach hM die Gesellschafter, die den Auftrag ausgeführt haben, als Gesamtschuldner.[387] Eine Beschränkung der Haftung für Berufsfehler auf das Vermögen der Gesellschaft ist in Italien nicht möglich. Da sie kein Handelsgewerbe ausüben, sind die *società tra professionisti* nicht insolvenzfähig.[388]

3. Società tra avvocati

154 In der *società tra avvocati* (Rechtsanwaltsgesellschaft) organisieren sich **Rechtsanwälte**. Sie können dafür, wie bereits erörtert, seit neuestem jede Rechtsform wählen. Wie bei der *società tra professionisti* können Mitgesellschafter auch Nicht-Rechtsanwälte sein. Die Rechtsanwälte müssen aber eine Mehrheit von zwei Drittel der Stimmen in der Hauptversammlung und im Stammkapital halten (Art. 4-*bis*). Die Mehrheit der Geschäftsführer müssen Rechtsanwälte sein. Für Berufsfehler bleibt der für den Auftrag tatsächlich befasste Rechtsanwalt auf jeden Fall unbeschränkt haftbar. Die *società tra avvocati* ist ebenso wie die *società tra professionisti* nicht insolvenzfähig. Durch das neue Gesetz kann jeder Rechtsanwalt an verschiedenen *associazioni professionali* und *società tra avvocati* teilnehmen.

VII. Contratto di rete (Netzvertrag)

155 Neben den Gesellschaftsformen, die auch für Kooperationen zwischen Unternehmen genutzt werden können und dem schon oben erwähnten Kartellvertrag (*contratto di consorzio* – Rn. 2) eröffnet das italienische Recht seit 2009[389] Unternehmen, die in Netzwerken zusammenarbeiten möchten, eine weitere Organisationsform, na-

383 *Campobasso*, Diritto commerciale, Bd. 2, Diritto delle società, 2015, S. 22; dagegen *Marasà* Rivista delle società 2014, 429, 434 ff.

384 Veröffentlicht im Gazzetta Ufficiale vom 14.8.2017 N. 189.

385 Parere Consiglio di Stato, 7.6.2012, N. 3127.

386 *Campobasso*, Diritto commerciale, Bd. 2, Diritto delle società, 2015, S. 20.

387 *Campobasso*, Diritto commerciale, Bd. 2, Diritto delle società, 2015, S. 21; *Cian* Le nuove leggi civili commentate 2012, 3, 20 f.

388 Trib. Forlì 25.5.2017, http://www.ilcaso.it/categorie_zucchetti.php?sentenza_id=19676&cid=80; aA *Stagno d'Alcontres/De Luca*, Le società, Bd. 1, Le società in generale. Le società di persone, 2015, S. 74; nur für die nicht verkammerten Berufe *Patriarca/Benazzo*, Diritto delle società, 2016, S. 9.

389 Das Instrument wurde durch ein Dekret am 10. Februar 2009, Nr. 5 eingeführt und trat schließlich am 9. April 2009 durch Gesetz Nr. 33 in Kraft. Das Gesetz hat seitdem viele Modifikationen erfahren. Für eine Auflistung vgl. *Gössl* RabelsZ 80 (2016) 579, 587 (insbes. Fn. 32).

mentlich den **Netzvertrag** („*contratto di rete*" oder „*rete di imprese*").[390] Dieses Instrument ist sehr flexibel.[391] Es erlaubt Unternehmen die Kooperation sowohl eher lose zu strukturieren als auch eine quasi-gesellschaftsrechtliche Organisationsform zu wählen.[392] Daher hatte es in den letzten Jahren zunehmenden Erfolg.[393]

Mit dem Netzvertrag verfolgen die Unternehmer den gemeinsamen Zweck, durch die Kooperation jeweils ihre Innovationskraft und Wettbewerbsfähigkeit am Markt zu stärken (Art. 3 IV-*ter*). Das Netzwerk soll somit den Beteiligten die Möglichkeit geben, diesen Zweck vor allem durch Zusammenarbeit in bestimmten Bereichen sowie Informationsaustausch und Wissenstransfer zu erreichen. Mit dem **Netzprogramm**, das einen wesentlichen Teil des Netzvertrags darstellt, verpflichten sich die Teilnehmer (Art. 3 IV-*ter*): 156

- in bestimmten Bereichen und unter bestimmten Formen im Rahmen des Netzwerks zu partizipieren;
- Informationen bezüglich ihrer Unternehmen auszutauschen;
- Leistungen technischer, technologischer, industrieller oder kommerzieller Natur gegenseitig zu erbringen und
- bestimmte Tätigkeiten bzgl. ihrer Unternehmen gemeinsam vorzunehmen.[394]

Sowohl Einzelunternehmen als auch Kapital- und Personengesellschaften können einen solchen Netzvertrag abschließen. Der Netzvertrag muss bestimmte **Mindestangaben** enthalten (Art. 3 IV-*ter* Nr. 3): 157

- Name, Firma und weitere Angaben zu den Beteiligten.
- Die strategischen Zwecke von Innovation und Steigerung der Wettbewerbsfähigkeit am Markt, die die Beteiligten verfolgen. Daneben sollen auch die Instrumente angegeben werden, um den Fortschritt der Verfolgung dieser Zwecke zu messen.
- Das Netzprogramm, welches bereits Angaben zu den Rechten und Pflichten der Beteiligten enthält. Im Fall eines Vermögenspools sind auch Angaben zu den anfänglichen sowie den fortlaufenden Leistungen zu machen, die die Beteiligten erbringen sollen. Auch die Verwaltung des Vermögenspools muss geregelt werden.
- Die Dauer des Vertrags ist ebenfalls festzulegen, ebenso wie die Bedingungen für den Beitritt neuer und das Ausscheiden alter Beteiligter.
- Die Methode, wie Entscheidungen getroffen werden.

Darüber hinaus kann der Netzvertrag **weitere Aspekte** enthalten: 158

- So kann im Netzvertrag die Bildung eines Vermögenspools vorgesehen werden. Dann sind auch Angaben zu den anfänglichen sowie den fortlaufenden Leistungen zu machen, die die Beteiligten erbringen sollen. Auch die Verwaltung des Vermögenspools muss geregelt werden.
- Der Netzvertrag kann auch die Einrichtung eines Organs bestimmen, welches für die Ausführung des Netzvertrags zuständig ist.
- Der Netzvertrag kann außerdem Gründe bestimmen, in denen es zu einer vorzeitigen Beendigung des Netzvertrags kommen soll.[395]

Der Netzvertrag bedarf der öffentlichen bzw. notariellen Beurkundung und muss im Handelsregister eingetragen werden (Art. 3 IV-*quater*), um in den Genuss wichtiger steuerlicher Vorteile zu gelangen. Die Eintragung, die in jedem Handelsregister erfolgen muss, in denen die Beteiligten eingetragen sind, hat **konstitutive Wirkung**. Das Netzwerk entsteht somit erst durch die Eintragung.[396] Das Netzwerk kann dann sogar wie Personengesellschaften „**Rechtssubjektivität**" (*soggettività giuridica*), jedoch keine Rechtspersönlichkeit, erlangen. Um Rechtssubjektivität zu erlangen, muss die Eintragung ins Handelsregister auch dort erfolgen, wo das Netz seinen Sitz hat. Das Netzwerk muss dann eine eigene Vermögensmasse (*fondo patrimoniale comune*) haben (Art. 3 IV-*quater*). Wie für den Kartellvertrag (Art. 2615 c.c.) haftet für die Verbindlichkeiten bzgl. des Netzprogramms nur die Vermögensmasse. Soll der Netzwerkvertrag auch die *soggettività giuridica* erlangen, bedarf es nach hM auch eines **vertretungsberechtigten Organs**.[397] Auch wenn der *soggettività giuridica* fehlt, können die Netzmitglieder sich allerdings dazu entscheiden, dass Netzwerk mit einer Vermögensmasse auszustatten. In diesem Fall muss das Netzwerk auch einen Sitz bestimmen. 159

390 Vgl. zum italienischen Netzwerkvertrag *Cafaggi/Iamiceli/Mosco*, Il contratto di rete per la crescita delle imprese, 2012; *dies.* I Contratti 2013, 799, 799 ff. Zu Unternehmensnetzwerken im Allgemeinen *Jung/Krebs/Teubner* (Hrsg.), Business Networks Reloaded, 2015.

391 *Campobasso*, Diritto commerciale, Bd. 1, Diritto dell'impresa, 2013, S. 293.

392 *Presti/Rescigno*, Corso di diritto commerciale, Bd. 2, Società, 2017, S. 352 f.; *Santagata* in: Cian (Hrsg.), Diritto commerciale, Bd. 1, Diritto dell'impresa, 2017, S. 341 ff.; *Gössl* RabelsZ 80 (2016) 579, 589.

393 *Campobasso*, Diritto commerciale, Bd. 2, Diritto dell'impresa, 2013, S. 294.

394 *Presti/Rescigno*, Corso di diritto commerciale, Bd. 2, Società, 2017, S. 352; *Patriarca/Benazzo*, Diritto delle società, 2016, S. 13.

395 *Patriarca/Benazzo*, Diritto delle società, 2016, S. 13.

396 *Campobasso*, Diritto commerciale, Bd. 1, Diritto dell'impresa, 2013, S. 296.

397 *Campobasso*, Diritto commerciale, Bd. 1, Diritto dell'impresa, 2013, S. 298; *Gössl* RabelsZ 80 (2016) 579, 592.

VIII. Vergleichende Darstellung der italienischen Personengesellschaften

160

	Società semplice	s.n.c.	s.a.s.
Vergleichbare deutsche Rechtsform	GbR	OHG	KG
Rechtspersönlichkeit	Nein, aber Rechtssubjektivität	Nein, aber Rechtssubjektivität	Nein, aber Rechtssubjektivität
Zweck	Nicht-kaufmännisch	Kaufmännisch/Nicht-kaufmännisch	Kaufmännisch/Nicht-kaufmännisch
Gründungsgesellschafter	Mind. zwei Gründungsgesellschafter; natürliche und juristische Personen	Mind. zwei Gründungsgesellschafter; natürliche und juristische Personen	Mind. zwei Gründungsgesellschafter; natürliche und juristische Personen
Firma	Keine (aber firmenähnliche Geschäftsbezeichnung gestattet)	Ja (Personenfirma)	Ja (Personenfirma)
Haftung der Gesellschafter	Grds. unbeschränkt und gesamtschuldnerisch	Grds. unbeschränkt und gesamtschuldnerisch	Kompl. = unbeschränkt und gesamtschuldnerisch Kom. = beschränkt* *Ausnahme: Verstoß gegen das Einmischungsverbot
Geschäftsführungsbefugnis	Natürliche und juristische Personen	Natürliche und juristische Personen	Natürliche und juristische Personen
	Einzel- oder Gesamtgeschäftsführungsbefugnis	Einzel- oder Gesamtgeschäftsführungsbefugnis	Einzel- oder Gesamtgeschäftsführungsbefugnis
	Zulässigkeit der Fremdorganschaft (str.)	Zulässigkeit der Fremdorganschaft (str.)	Keine Fremdorganschaft möglich
Vertretungsbefugnis	Einzel- oder Gesamtvertretungsbefugnis	Einzel- oder Gesamtvertretungsbefugnis	Einzel- oder Gesamtvertretungsbefugnis
Mindestkapital	Kein Mindestkapital	Kein Mindestkapital	Kein Mindestkapital
Einlagemöglichkeiten	Alle (dh Bar-, Sacheinlagen, Dienstleistungen)	Alle	Kompl. = Alle Kom. = Keine Dienstleistungen
Mitgliederwechsel	Tod, Austritt, Ausschluss, grundsätzlich keine Anteilsübertragung	Tod, Austritt, Ausschluss, grundsätzlich keine Anteilsübertragung	Kompl. = Tod, Austritt, Ausschluss Kom. = Tod, Austritt, Ausschluss, Übertragung

Abb. 4: Vergleichende Darstellung der italienischen Personengesellschaften

C. Kapitalgesellschaften

I. Einleitung

161 Italien bietet Unternehmen drei verschiedene Formen von **Kapitalgesellschaften:**

- **Società per azioni** (s.p.a. – italienische AG)
- **Società in accomandita per azioni** (s.a.p.a. – italienische KGaA)
- **Società a responsabilità limitata** (s.r.l. – italienische GmbH)

Hinzu kommt noch die stark an das Recht der Kapitalgesellschaften angelehnte Genossenschaft (***società cooperativa*** – „soc. coop.", die in diesem Beitrag jedoch nicht erörtert wird).

162 Das gesamte Kapitalgesellschaftsrecht (zusammen mit dem Genossenschaftsrecht) wurde durch die am 1.1.2004 in Kraft getretene großangelegte **Reform** (Gesetzesverordnung 17.1.2003, Nr. 6 – sog *„Riforma delle*

società") grundlegend geändert.[398] Ausgangspunkt für die Reform war insbesondere der Wunsch nach einer Verbesserung der **internationalen Wettbewerbsfähigkeit** italienischer Unternehmen sowie nach einer Vereinfachung des Gesellschaftsrechts, wobei letzteres vor allem auch im Verhältnis zu ausländischen Gesellschaftsformen angestrebt wurde.[399] Mit dem Austausch bzw. der Änderung von über 200 Artikeln des *Codice Civile* hat der italienische Gesetzgeber versucht, das Recht der Kapitalgesellschaften zu vereinfachen, eine transparentere und flexiblere Organisation zu ermöglichen[400] und den Unternehmen neue Finanzierungsinstrumente bereitzustellen.[401] Das parallel zum Gesetz 17.1.2003, Nr. 5 verabschiedete und ebenfalls am 1.1.2004 in Kraft getretene neue Prozessrecht für Gesellschaften stieß jedoch auf heftige Kritik in Literatur und Praxis[402] und ist daher mit dem Gesetz 18.6.2009, Nr. 69 wieder abgeschafft worden.[403]

In den letzten Jahren ist auch das **Insolvenzrecht** mit dem Gesetz 14.5.2005, Nr. 80 sowie 9.1.2006, Nr. 5 und 12.9.2007, Nr. 169 grundlegend reformiert worden.[404] Mit Ausnahme der neuen Vorschriften über die Insolvenz des Zweckvermögens und der zweckgebundenen Finanzierung sind die dort enthaltenen Vorschriften bezüglich der insolventen Gesellschaften (R.d. 16.3.1942, Nr. 267, Art. 146 ff.) allerdings im Wesentlichen unangetastet geblieben.[405] 163

Die italienischen Kapitalgesellschaften zeichnen sich durch folgende **Hauptcharakteristika** aus:[406] 164

Hauptcharakteristika von italienischen Kapitalgesellschaften	
1.	Rechtspersönlichkeit
2.	Beschränkte Haftung (mit der Ausnahme der Komplementäre in der s.a.p.a.)
3.	Mehrheitsprinzip für die Hauptversammlungsbeschlüsse
4.	Fremdorganschaft (*organizzazione corporativa*)
5.	Grds. Möglichkeit der Übertragung der Anteile

Abb. 5: Hauptcharakteristika von italienischen Kapitalgesellschaften

II. Società per azioni – s.p.a. (Aktiengesellschaft)

1. Grundlagen

Die italienische Aktiengesellschaft – *società per azioni* (im *Codice di commercio* von 1882 in Anlehnung an das französische Recht „*società anonima*" genannt) – ist eine **häufig genutzte Rechtsform** in Italien.[407] Unter den 165

398 Für einen Überblick über die Reform vgl. *Angelici*, La riforma delle società di capitali. Lezioni di diritto commerciale, 2006; tiefere Beiträge finden sich in: *Abbadessa/Portale* (Hrsg.), Il nuovo diritto delle società. Liber amicorum Gian Franco Campobasso, 4 Bände 2006-2007; eine praxisnahe Analyse findet sich in *Cottino/Bonfante/Cagnasso/Montalenti* (Hrsg.), Il nuovo diritto societario nella dottrina e nella giurisprudenza: 2003-2009. Commentario, 2009; in deutscher Sprache siehe *Hilpold/Brunner* in: Hilpold/ Perathoner/Steinmair (Hrsg.), Die Reform des italienischen Gesellschaftsrechts, 2006, S. 5 ff.; *Fasciani* in: Süß/Wachter (Hrsg.), HdB des internationalen GmbH-Rechts, 2016, Italien, Rn. 22 ff.

399 *Portale* Europa e Diritto Privato 2005, 101, 101; *ders.* Il Corriere Giuridico 2003, 145, 145; *Fasciani* in: Süß/Wachter (Hrsg.), HdB des internationalen GmbH-Rechts, 2016, Italien, Rn. 24.

400 *Rovelli* in: Cagnasso/Panzani (Hrsg.), Le nuove s.p.a., Bd. 1, 2010, S. 61; *Angelici*, La riforma delle società di capitali. Lezioni di diritto commerciale, 2006, S. 13.

401 Insbesondere dazu: *Spada* in: Benazzo/Cera/Patriarca (Hrsg.), Il diritto delle società oggi. Innovazioni e Persistenze, 2011, S. 5; *Abriani* in: Cottino/Bonfante/Cagnasso/Montalenti (Hrsg.), Il nuovo diritto societario nella dottrina e nella giurisprudenza: 2003-2009. Commentario, 2009, S. 3 ff.; *Tombari* Rivista delle società 2004, 1082, 1082 ff.; siehe auch *Magrini*, Italienisches Gesellschaftsrecht, 2004, S. 41.

402 Vgl. ua *Costantino* in: D'Alessandro (Hrsg.), Commentario romano al nuovo diritto delle società, Bd. 1, Il processo commerciale e l'arbitrato societario, 2009, S. 3 ff.; *Consolo* Il Corriere Giuridico 2009, 737, 737.

403 Zum intertemporalen Recht vgl. *Costantino* Le Società 2009, 1049, 1049 ff.

404 Eine weitere Analyse der Reform und ihrer Auswirkungen in der Praxis findet sich in *Jorio/Fabiani* (Hrsg.), Il nuovo diritto fallimentare. Novità ed esperienze applicative a cinque anni dalla riforma, 2010; vgl. auch *Pajardi/Paluchowski*, Manuale di diritto fallimentare, 2008.

405 *Abriani* Il Fallimento 2010, 392, 392; *Spiotta* in: Jorio/Fabiani (Hrsg.), Il nuovo diritto fallimentare. Novità ed esperienze applicative a cinque anni dalla riforma, 2010, S. 847; *Bonfatti/Censoni*, Manuale di diritto fallimentare, 2009, S. 451; *Demarchi* in: Ambrosini (Hrsg.), Le nuove procedura concorsuali, 2008, S. 319.

406 Vgl. (mit einigen Unterschieden) *Campobasso*, Diritto commerciale, Bd. 2, Diritto delle società, 2015, S. 40; *Presti/Rescigno*, Corso di diritto commerciale, Bd. 2, Società, 2017, S. 345; *Kindler*, Italienisches Handels- und Wirtschaftsrecht, 2014, § 4 Rn. 20.

407 *Ginevra* in: Cian (Hrsg.), Diritto commerciale, Bd. 3, Diritto delle società, 2017, S. 164 (mit vergleichender Analyse der Daten); *Campobasso*, Diritto commerciale, Bd. 2, Diritto delle società, 2015, S. 135; *Cottino/Cagnasso*, Diritto societario, 2011, S. 198; *Hofmann*, Gesellschaftsrecht in Italien, 2006, S. 14; *Spahlinger/Wegen* in:

33.913 s.p.a., die im Dezember 2016 tätig waren,[408] sind nicht nur Großunternehmen, sondern auch mittelständische Unternehmen und nicht selten auch relativ kleine Familienunternehmen.[409] Der Anteil der Aktiengesellschaften an den Kapitalgesellschaften ist damit deutlich höher als in anderen Ländern. Dies liegt wahrscheinlich daran, dass lange Zeit nur eine symbolische Mindestkapitalausstattung für die s.p.a. vorgeschrieben war[410] und die Regelungen schon vor der Reform 2003 den typischen Anforderungen der kleinen Gesellschaften genügten.[411] Darüber hinaus war die italienische GmbH (s.r.l.) zumindest bis zur Reform 2003 nicht so attraktiv ausgestaltet, wie es in anderen Rechtsordnungen der Fall war. Seit 1.1.2004 ist die s.r.l. (s. dazu Rn. 399 ff.) für Unternehmen ein viel interessanteres Instrument geworden. Dennoch lässt sich beobachten, dass der nach der Reform in der s.r.l. verstärkte Schutz der Minderheitsrechte (zB Auskunftsrecht, individuelle Legitimation auf eine Klage gegen die Geschäftsführer) in einigen Fällen zu Umwandlungen in der s.p.a. geführt hat.[412]

166 Das Recht der s.p.a. im *Codice Civile* blieb nach seiner **Einführung 1942** lange Zeit von Reformen unberührt.[413] Erst 1969 erfolgte eine größere Reform,[414] welche durch die auf europäischer Ebene erlassene, ehemalige Publizitätsrichtlinie (siehe dazu unter § 20, die Publizitäts-RL ist jetzt Teil der Kodifizierungs-RL, dazu allg. § 19) angeregt wurde. 1974 folgte sodann eine Reform,[415] die das Kapitalmarktrecht in Italien etablierte und ab 1991 weitere wichtige Änderungen erfahren hat.[416] Die weiteren Reformen des Rechts der Aktiengesellschaft wurden wiederum durch europäische Richtlinien initiiert, beispielsweise durch die ehemalige Kapitalrichtlinie (s. dazu unter § 21, die Kapital-RL ist jetzt Teil der Kodifizierungs-RL).[417] Die letzte große Reform stellte dann die bereits erwähnte Reform von 2003 dar.[418] In diesem Zusammenhang wurden vor allem das Mindestkapital für Aktiengesellschaften erhöht (2014 dann allerdings wieder reduziert), die Wahlmöglichkeiten bzgl. der Verwaltungsstruktur erweitert, ein neuer Zugang zu Finanzierungsquellen eröffnet und die Bildung von Zweckvermögen ermöglicht.[419]

167 In Italien sind **drei Realtypen der s.p.a.** zu unterscheiden: Zunächst untergliedern sich die Ausprägungen der Gesellschaftsform in offene und geschlossene s.p.a. Die **geschlossene s.p.a.**, die wirtschaftlich häufig der GmbH in anderen Ländern entspricht, wird als *„s.p.a. chiusa“* bezeichnet. In Bezug auf die **offene s.p.a.** (*società aperte*) sind wiederum zwei verschiedene Typen zu unterscheiden. Zum einen kennt das italienische Recht **offene, aber nicht börsennotierte Gesellschaften**, zum anderen gibt es **offene, börsennotierte s.p.a.** Die verschiedenen Realtypen der s.p.a. finden im Gesetz eine entsprechend differenzierte Regelung. Die in der Literatur als *„s.p.a. chiusa“* („geschlossene Aktiengesellschaft“, i.e. Gesellschaft mit kleinem Aktionärskreis) bezeichnete Grundform der Aktiengesellschaft verkörpert das Modell der Familiengesellschaft und ist grundsätzlich nur im *Codice Civile* gesetzlich geregelt (vgl. Art. 2325 ff. c.c.).[420] Für die Aktiengesellschaften, die nach Art. 2325-*bis* c.c. iVm Art. 111-*bis* disp. att. trans. c.c. als *„società che fanno ricorso al mercato del capitale di rischio“* („Gesellschaften, die auf den **Risikokapitalmarkt** streben“) bezeichnet werden – also offene Gesellschaften, *società aperte* – gelten die allgemeinen Regeln des *Codice Civile* und spezielle Regeln, welche sich ebenfalls im *Codice Civile*

Spahlinger/Wegen (Hrsg.), Internationales Gesellschaftsrecht, 2005, Rn. 1251; *Kindler*, Italienisches Handels- und Wirtschaftsrecht, 2014, § 4 Rn. 113.

408 Ausführliche Statistiken sind auf der Internetseite http://www.mi.camcom.it/database-societario frei abrufbar.

409 *Ginevra* in: Cian (Hrsg.), Diritto commerciale, Bd. 3, Diritto delle società, 2017, S. 164 ff.; *Presti/Rescigno*, Corso di diritto commerciale, Bd. 2, Società, 2017, S. 389; *Campobasso*, Diritto commerciale, Bd. 2, Diritto delle società, 2015, S. 136; *Associazione Disiano Preite*, Il diritto delle società, 2012, S. 47; *Hofmann*, Gesellschaftsrecht in Italien, 2006, S. 14; *Kindler*, Italienisches Handels- und Wirtschaftsrecht, 2014, § 4 Rn. 113.

410 Erst 1977 ist das Mindestkapital für die s.p.a. im Zuge der Verabschiedung der ehemaligen Kapital-Richtlinie (dazu § 21) von 1 Mio. Lire (etwa 500 Euro) auf 200 Mio. Lire (etwa 100.000 Euro) und dann mit der Reform 2003 auf 120.000 Euro erhöht worden. 2014 wurde das Mindestkapital dann auf 50.000 Euro reduziert. *Maugeri* in: Abbadessa/Portale (Hrsg.), Le società per azioni. Codice civile e leggi complementari, 2016, S. 160, 162.

411 *Campobasso*, Diritto commerciale, Bd. 2, Diritto delle società, 2015, S. 139 (Fn. 6); *Notari* in: Abriani et al. (Hrsg.), Diritto delle società. Manuale breve 2012, S. 123 f.

412 *Presti/Rescigno*, Corso di diritto commerciale, Bd. 2, Società, 2017, S. 389.

413 *Ginevra* in: Cian (Hrsg.), Diritto commerciale, Bd. 3, Diritto delle società, 2017, S. 170 ff.; *Campobasso*, Diritto commerciale, Bd. 2, Diritto delle società, 2015, S. 141 ff.; *Kindler*, Italienisches Handels- und Wirtschaftsrecht, 2014, § 4 Rn. 113.

414 Decreto presidenziale 29.12.1969, N. 1127.

415 Legge n. 215, 7.6.1974.

416 Vgl. *Campobasso*, Diritto commerciale, Bd. 2, Diritto delle società, 2015, S. 143; *Kindler*, Italienisches Handels- und Wirtschaftsrecht, 2014, § 4 Rn. 117 zu den Einzelheiten.

417 Vgl. zu diesen Reformen *Kindler*, Italienisches Handels- und Wirtschaftsrecht, 2014, § 4 Rn. 115 f.

418 Zur Entwicklung des Aktienrechts siehe ausführlich *Ginevra* in: Cian (Hrsg.), Diritto commerciale, Bd. 3, Diritto delle società, 2017, S. 170 ff.; *Kindler*, Italienisches Handels- und Wirtschaftsrecht, 2014, § 4 Rn. 113 ff.

419 *Presti/Rescigno*, Corso di diritto commerciale, Bd. 2, Società, 2017, S. 392 ff.; *Kindler*, Italienisches Handels- und Wirtschaftsrecht, 2014, § 4 Rn. 119.

420 *Presti/Rescigno*, Corso di diritto commerciale, Bd. 2, Società, 2017, S. 392 f.; *Associazione Disiano Preite*, Il diritto delle società, 4. Aufl. 2012, S. 51.

befinden. Darüber hinaus hält das italienische Recht weitere Vorschriften bereit, vor allem für die **börsennotierten Gesellschaften**, wozu insbesondere das Gesetzesdekret 24.2.1998, Nr. 58 (sog „*Testo Unico Finanziario*", abgekürzt mit „T.U.F.") zählt. Neben den gesetzlichen Vorschriften spielt für börsennotierte Gesellschaften zudem der „*Codice di autodisciplina delle società quotate*" von 2006, 2015 zuletzt geändert, (ein dem deutschen DCGK vergleichbarer Governance-Kodex) eine wichtige Rolle (vgl. dazu § 33 Rn. 174 ff.).[421] Die Vorschriften dieses *Codice di autodisciplina* sind allerdings nicht zwingend. Es gibt für börsennotierte s.p.a. nur die Pflicht (Art. 123-*bis* II T.U.F.), in einem jährlichen Bericht öffentlich zu machen, ob sie ihre Satzung und inneren Verfassungen diesen Vorschriften angepasst haben. Sollte dies nicht der Fall sein, müssen sie nach dem Grundsatz „*comply or explain*" die Abweichungen und die Gründe dafür erklären.

Um den Unternehmern den Zugang zum Kapitalmarkt zu vereinfachen, nimmt das Niveau der Gestaltungsfreiheit in den drei Kategorien von „*s.p.a. chiusa*", über die offene, nicht börsennotierte Gesellschaft hin zur offenen, börsennotierten Gesellschaften schrittweise ab.[422] Die **geringere Gestaltungsfreiheit** und die zusätzlichen Vorschriften für börsennotierte Aktiengesellschaften mögen teilweise erklären, warum die Zahl der börsennotierten s.p.a. in Italien sehr niedrig (230 Ende 2016) ist.[423] Von diesen Gesellschaften werden 90% entweder von einem Mehrheitsaktionär oder einer Aktionärsvereinbarung bestimmt.[424] 168

Grundlegende **Charakteristika** der società per azioni sind: 169

- Rechtspersönlichkeit (vgl. Art. 2331 I c.c.);
- beschränkte Haftung der Gesellschafter (Art. 2325 I c.c.: allein die s.p.a. haftet mit ihrem Vermögen für Verbindlichkeiten);
- die Verkörperung der Beteiligung an der Gesellschaft durch Aktien (Art. 2346 I c.c.);
- die innere Organisation nach Organen (Art. 2380 c.c., Fremdorganschaft möglich)[425] und
- die Übertragbarkeit der Anteile (kann durch Satzungsbestimmungen eingeschränkt werden, Art. 2355-*bis* c.c.).

2. Gründung

a) Allgemeines

Die **Neugründung** einer italienischen Aktiengesellschaft kann grundsätzlich auf zwei verschiedenen Wegen erfolgen:[426] 170

- Durch **Vertrag** oder durch **einseitige Rechtshandlung** (**Simultangründung** – *costituzione simultanea*, Art. 2328 ff. c.c.) bzw.
- durch **öffentliche Zeichnung per Sukzessivgründung** (*per pubblica sottoscrizione*, Art. 2333 ff. c.c.).

Die öffentliche Zeichnung per **Sukzessivgründung** bedingt ein **kompliziertes vierstufiges Verfahren,** nach dem die Initiatoren einen Gründungsplan bereitstellen (Art. 2333 c.c.), um Beitrittsinteressenten zu gewinnen (1. Stufe). Falls das Grundkapital vollständig gezeichnet und zu mindestens 25% geleistet wird (2. Stufe), entscheidet die Versammlung der Unterzeichner über den Inhalt des Gründungsaktes und der Satzung (3. Stufe), die später notariell beurkundet werden müssen (4. Stufe). Mit der Ausnahme der Gründung der (Genossenschafts-)Banken, wird dieses Verfahren in der Praxis nicht sehr häufig durchgeführt.[427] Aus diesem Grund unterbleibt hier eine nähere Erläuterung dieser Gründungsmöglichkeit. Im Folgenden soll allein die Gründung durch Vertrag oder durch einseitige Rechtshandlung näher beschrieben werden. 171

---

421 Vgl. *Associazione Disiano Preite*, Il diritto delle società, 4. Aufl. 2012, S. 52; *Baglioni/Grasso* Le Società 2006, 1061.

422 *Presti* Le Società 2003, 323; *Mosco* Rivista delle società 2004, 863; *Campobasso*, Diritto commerciale, Bd. 2, Diritto delle società, 2015, S. 144 ff.; kritisch zu dieser Struktur *Abbadessa/Ginevra*, Art. 2325-bis in: Niccolini/Stagno d'Alcontres (Hrsg.), Società di capitali. Commentario, 2004, S. 21; *Rovelli* in: Cagnasso/Panzani (Hrsg.), Le nuove s.p.a., Bd. 1, 2010, S. 44.

423 Vgl. CONSOB, Report on corporate governance of Italian listed companies, 2017, S. 7 (abrufbar unter: http://www.consob.it/, zuletzt abgerufen am 23.2.2018).

424 Vgl. CONSOB, Report on corporate governance of Italian listed companies, 2017, S. 7.

425 *Campobasso*, Diritto commerciale, Bd. 2, Diritto delle società, 2015, S. 142; *Notari* in: Abriani et al. (Hrsg.), Diritto delle società. Manuale breve, 2012, S. 123.

426 *Campobasso*, Diritto commerciale, Bd. 2, Diritto delle società, 2015, S. 147; *Hofmann*, Gesellschaftsrecht in Italien, 2006, S. 16 f.; *Süß* in: MüHdB GesR, Bd. 6, 2013, § 47 Rn. 304; vgl. *De Nicola/Carone*, Italian Company Law, 2015, S. 31 f.

427 *Cottino/Cagnasso*, Diritto societario, 2011, S. 218; *Bertolotti/Petrazzini* in: Cagnasso/Panzani (Hrsg.), Le nuove s.p.a., Bd. 1, 2010, S. 158; *Campobasso*, Diritto commerciale, Bd. 2, Diritto delle società, 2015, S. 148; *Ferri/Angelici*, Manuale di diritto commerciale, 2015, S. 286; *Magrini*, Italienisches Gesellschaftsrecht, 2004, S. 49; *Kindler*, Italienisches Handels- und Wirtschaftsrecht, 2014, § 4 Rn. 128; *Süß* in: MüHdB GesR, Bd. 6, 2013, § 47 Rn. 304.

172 Aus der Formulierung „einseitige Rechtshandlung“ (vgl. Art. 2328 I c.c.) wird entnommen, dass in Italien neben der Mehrpersonen-AG sowohl das nachträgliche Entstehen einer **Ein-Personen-AG** durch Ausscheiden der Mitgesellschafter als auch die Gründung als Ein-Personen-AG (wie für die s.r.l.) seit der Reform 2003 zulässig sind.[428] Die s.p.a. kann daher durch **eine** oder **mehrere natürliche und/oder juristische Personen** gegründet werden.

b) Simultangründung (Costituzione simultanea)

173 Die Simultangründung läuft im Wesentlichen in drei Schritten ab:[429]

- Erstellung des **Gründungsakts** (s. Rn. 174);
- **vollständige Zeichnung** und **Aufbringung der Einlagen** (s. Rn. 180) und
- **Anmeldung und Eintragung ins Handelsregister** (s. Rn. 183).

aa) Gründungsakt

174 Die Gründung beider AG-Formen (offener und geschlossener s.p.a.) bedarf eines **Gründungsaktes**. Der Begriff „Gründungsakt“ (*atto di costituzione*) umfasst nicht nur die **eigentliche Gründungsurkunde** (vgl. Art. 2328 II c.c. – *atto costitutivo*), sondern auch die **Satzung** (*statuto*) (vgl. Art. 2328 III c.c.). Die Satzung ist selbst dann Bestandteil des Gründungsaktes, wenn Gründungsurkunde und Satzung – wie im Normalfall – in unterschiedlichen Dokumenten abgefasst wurden (Art. 2328 III 1 c.c.). In der Praxis wird die Satzung als Anhang der Gründungsurkunde festgestellt.[430] Die Satzung regelt die Arbeitsweise der s.p.a. (Art. 2328 III c.c.). Die Gründungsurkunde stellt den Gesellschaftsvertrag dar und verdeutlicht somit den Willen der Gesellschafter zur Gründung einer s.p.a. Zur Gründung einer s.p.a. bedarf es zwingend der Gründungsurkunde, jedoch nicht zwingend einer Satzung. Wird keine Satzung erstellt, so greifen allein die gesetzlichen Bestimmungen.[431] In der Praxis kommt der Satzung allerdings eine sehr hohe Bedeutung zu. Sie bleibt für die gesamte Dauer der Gesellschaft zentraler Bezugspunkt für alle Organisationsvorschriften der s.p.a. Deswegen enthält die Satzung in der Regel auch noch einmal die Angaben (Stammkapital, Dauer der Gesellschaft, Sitz, etc), die sich von Gesetzes wegen schon in der Gründungsurkunde befinden. Widersprechen sich Gründungsakt und Satzung, so gehen die Bestimmungen der Satzung denen des Gründungsaktes vor (Art. 2328 III 2 c.c.). Das gilt sogar bezogen auf den Mindestinhalt der Gründungsurkunde.

bb) Formerfordernis

175 Gemäß Art. 2328 I c.c. muss der Gründungsakt das Formerfordernis der **öffentlichen Urkunde** (Art. 2328 I c.c.) erfüllen und daher laut Art. 2699 I c.c. notariell beurkundet werden, dh dass sowohl die Gründungsurkunde als auch die Satzung der notariellen Beurkundung bedürfen.[432] Bei Nichteinhaltung der Formvorschriften greift Art. 2332 I Nr. 1 c.c., der die **Nichtigkeit** der bereits eingetragenen Gesellschaft für diesen Fall bestimmt (zur Nichtigkeit und den Rechtsfolgen s. näher unter Rn. 186 ff.).[433] Nach Art. 2332 V c.c. ist die Gesellschaft aller-

---

428 Siehe hierzu *Presti/Rescigno*, Corso di diritto commerciale, Bd. 2, Società, 2017, S. 399; *Ginevra* in: Cian (Hrsg.), Diritto commerciale, Bd. 3, Diritto delle società, 2017, S. 182 ff.; *Rescigno* in: Cagnasso/Panzani (Hrsg.), Le nuove s.p.a., Bd. 1, 2010, S. 344; *Magrini*, Italienisches Gesellschaftsrecht, 2004, S. 48; vgl. auch *Hilpold/Brunner* in: Hilpold/Perathoner/Steinmair (Hrsg.), Die Reform des italienischen Gesellschaftsrechts, 2006, S. 10; *Kindler*, Italienisches Handels- und Wirtschaftsrecht, 2014, § 4 Rn. 122; *Süß* in: MüHdB GesR, Bd. 6, 2013, § 47 Rn. 304; *De Nicola/Carone*, Italian Company Law, 2015, S. 39.

429 Vgl. *Presti/Rescigno*, Corso di diritto commerciale, Bd. 2, Società, 2017, S. 399; *Ginevra* in: Cian (Hrsg.), Diritto commerciale, Bd. 3, Diritto delle società, 2017, S. 193 f.; *Kindler*, Italienisches Handels- und Wirtschaftsrecht, 2014, § 4 Rn. 121, der die Gründung in vier Schritte unterteilt; ebenso *Oelkers*, Die italienische Aktiengesellschaft im Wettbewerb, 2008, S. 108.

430 *Stella Richter* in: Abbadessa/Portale (Hrsg.), Il nuovo diritto delle società. Liber amicorum Gian Franco Campobasso, Bd. 1, 2006, S. 275; *Rescio* Rivista delle società 2005, 796 ff.; *Campobasso*, Diritto commerciale, 2. Diritto delle società, 2015, S. 153; *Ginevra* in: Cian (Hrsg.), Diritto commerciale, Bd. 3, Diritto delle società, 2017, S. 197.

431 *Ginevra* in: Cian (Hrsg.), Diritto commerciale, Bd. 3, Diritto delle società, 2017, S. 196; *Kindler*, Italienisches Handels- und Wirtschaftsrecht, 2014, § 4 Rn. 121.

432 *Campobasso*, Diritto commerciale, Bd. 2, Diritto delle società, 2015, S. 153; *Ginevra* in: Cian (Hrsg.), Diritto commerciale, Bd. 3, Diritto delle società, 2017, S. 199; *Stella Richter* in: Abbadessa/Portale (Hrsg.), Il nuovo diritto delle società. Liber amicorum Gian Franco Campobasso, Bd. 1, 2006, S. 276; *Süß* in: MüHdB GesR, Bd. 6, 2013, § 47 Rn. 304; *Oelkers*, Die italienische Aktiengesellschaft im Wettbewerb, 2008, S. 108; aA *Rescio* Rivista delle società 2005, 783, 796 ff.

433 *Bertolotti/Petrazzini* in: Cagnasso/Panzani (Hrsg.), Le nuove s.p.a., Bd. 1, 2010, S. 202; *De Nicola/Carone*, Italian Company Law, 2015, S. 37; *Oelkers*, Die italienische Aktiengesellschaft im Wettbewerb, 2008, S. 108.

dings nicht mehr von der Nichtigkeit bedroht, wenn der Grund für die Nichtigkeit behoben wurde, dh für Formfehler, wenn der Gründungsakt notariell beurkundet und ins Handelsregister eingetragen wurde.[434]

cc) Mindestinhalt der Gründungsurkunde

Die Gründungsurkunde muss die in Art. 2328 II Nr. 1 bis 13 c.c. genannten Angaben enthalten (**Mindestangaben**),[435] wie zB: 176

- Angaben zur Person der Gesellschafter;
- Firma, Sitz, Zweck und eventuell Dauer der Gesellschaft;
- Angaben zum Kapital und den Anteilen inklusive der Gewinnverteilung;
- die gewählte Organisationsform und Angaben zu den einzelnen Organen und deren ersten Mitgliedern sowie
- die Angabe der ungefähren Gründungskosten.

Unter der Angabe zum **Sitz der Gesellschaft** wird seit der großen Reform 2003 lediglich die Angabe der Stadt verstanden, in der die Gesellschaft ihren Registersitz hat (Art. 2328 I Nr. 2 c.c.). Nach Art. 111-*ter* S. 1 disp. att. trans. c.c.[436] müssen die Geschäftsführer außerdem die **vollständige Anschrift** ins Handelsregister eintragen lassen.[437] Das hat die praktische Rechtsfolge, dass jede Anschriftsänderung innerhalb derselben Stadt keine Satzungsänderung (mit den verbundenen Kosten) darstellt.[438] Damit die Adresse immer aktuell ist, müssen die Geschäftsführer Änderungen der Anschrift innerhalb einer Stadt dem Handelsregister jedoch melden (Art. 111-*ter* S. 2 disp. att. trans. c.c.). 177

Seit der Reform 2003 kann die **Dauer der Gesellschaft** auch auf unbestimmte Zeit lauten. Die Tatsache, ob eine s.p.a. auf bestimmte oder unbestimmte Zeit gegründet wurde, ist relevant, da sich daraus Konsequenzen für das Austrittsrecht der Aktionäre ergeben (s. dazu unter Rn. 371 ff.). Zusätzlich zu den anderen Austrittsgründen sind die Aktionäre in einer auf unbestimmte Dauer gegründeten Gesellschaft mit einer Vorankündigung von 180 Tagen zum Austritt berechtigt.[439] Aufgrund der Exit-Möglichkeiten durch den Kapitalmarkt gilt diese Bestimmung allerdings nicht für börsennotierte Gesellschaften (vgl. Art. 2437 III c.c.).[440] 178

Die **Firmenbildung** ist bei der s.p.a. frei.[441] Art. 2326 c.c. bestimmt lediglich, dass die Firma den Rechtsformzusatz „s.p.a." enthalten muss. Auf weitere spezielle Vorgaben verzichtet der italienische Gesetzgeber. Somit können auch Fantasienamen als Firma geführt oder die Geschäftstätigkeit in die Firma aufgenommen werden. Eingeschränkt wird die Firmenbildung lediglich durch die öffentliche Ordnung, die guten Sitten und das Verbot der identischen oder irreführenden Firmen. Ähnelt die Firma einer Firma, die ein anderer Unternehmer nutzt und besteht aufgrund der Unternehmensstandorte bzw. der Geschäftsfelder Verwechslungsgefahr, so muss die Firma so geändert werden, dass Unterscheidungsfähigkeit sichergestellt wird (Art. 2564 c.c.).[442] 179

dd) Weitere Gründungsvoraussetzungen

Mindestangaben für die Satzung enthält der *Codice Civile* nicht, da die Erstellung fakultativ ist, wobei eine Satzung in der Praxis allerdings grundsätzlich erstellt wird. Neben der Gründungsurkunde müssen gemäß Art. 2329 c.c. weitere Voraussetzungen für eine ordnungsgemäße Gründung erfüllt werden:[443] 180

---

434 *Palmieri* in: Abbadessa/Portale (Hrsg.), Le società per azioni. Codice civile e leggi complementari, 2016, S. 268, 280; *Angelici*, La società per azioni. Principi e problemi, 2012, S. 266.

435 Hierzu *Campobasso*, Diritto commerciale, Bd. 2, Diritto delle società, 2015, S. 150 ff.; *Presti/Rescigno*, Corso di diritto commerciale, Bd. 2, Società, 2017, S. 402 f.; *Ginevra* in: Cian (Hrsg.), Diritto commerciale, Bd. 3, Diritto delle società, 2017, S. 193 ff.; *Calvosa* in: Abriani et al. (Hrsg.), Diritto delle società. Manuale breve, 2012, S. 377 ff.; *Hofmann*, Gesellschaftsrecht in Italien, 2006, S. 19 f.; *Kindler*, Italienisches Handels- und Wirtschaftsrecht, 2014, § 4 Rn. 121; *De Nicola/Carone*, Italian Company Law, 2015, S. 32 f.; *Pernazza*, Corporations and Partnerships in Italy, 2012, Rn. 131.

436 „Disp. att. trans. c.c." steht für „Disposizioni per l'attuazione del codice civile e disposizioni transitorie", dh „Bestimmungen zur Durchführung des Zivilgesetzbuches und Übergangsbestimmungen".

437 *Cottino/Cagnasso*, Diritto societario, 2011, S. 221.

438 *Ginevra* in: Cian (Hrsg.), Diritto commerciale, Bd. 3, Diritto delle società, 2017, S. 194 (Fn. 3).

439 Siehe *Di Cataldo* in: Abbadessa/Portale (Hrsg.), Il nuovo diritto delle società. Liber amicorum Gian Franco Campobasso, Bd. 3, 2007, S. 229; *Daccò* in: Cagnasso/Panzani (Hrsg.), Le nuove s.p.a., Bd. 2, 2010, S. 1417.

440 *Daccò* in: Cagnasso/Panzani (Hrsg.), Le nuove s.p.a., Bd. 2, 2010, S. 1417.

441 Ginevra in: Cian (Hrsg.), Diritto commerciale, Bd. 3, Diritto delle società, 2017, S. 193.

442 Vgl. *Sarti* in: Santosuosso (Hrsg.), Delle società, dell'azienda, della concorrenza, Bd. 4, 2014, S. 962 ff.; *Magrini*, Italienisches Gesellschaftsrecht, 2004, S. 49; *Kindler*, Italienisches Handels- und Wirtschaftsrecht, 2014, § 2 Rn. 94 ff.

443 Zu den Bedingungen *Presti/Rescigno*, Corso di diritto commerciale, Bd. 2, Società, 2017, S. 400; *Ginevra* in: Cian (Hrsg.), Diritto commerciale, Bd. 3, Diritto delle società, 2017, S. 199; *Bertolotti/Petrazzini* in: Cagnasso/Panzani (Hrsg.), Le nuove s.p.a., Bd. 1, 2010, S. 164; siehe auch *Rossmanith/Wurzer* Der schweizer Treuhänder 2007, 263, 266.

- Vollständige Zeichnung des Gesellschaftskapitals (Art. 2329 I Nr. 1 c.c.);[444]
- Einhaltung der Vorschriften bezüglich der Aufbringung der Einlagen (Art. 2329 II Nr. 2 c.c.) und[445]
- Beachtung von Sondergesetzen (zB die behördliche Genehmigung für Banken und Versicherungen) bezüglich der Gründung von Gesellschaften mit speziellen Gesellschaftszwecken (Art. 2329 I Nr. 3 c.c.).

181 Die genannten Voraussetzungen müssen **vor der notariellen Beurkundung** erfüllt werden.[446] Der Notar überprüft die Erfüllung der Voraussetzungen und die Gesetzesmäßigkeit der Gründungsurkunde und der Satzung. Wie weit sich die Überwachung des Notars erstrecken soll (Nichtigkeits- oder auch Anfechtbarkeitsgründe des Gründungsaktes), ist in der Literatur und Rechtsprechung allerdings umstritten.[447] Diskutiert wird zudem, ob der Notar prüfen muss, ob die Gesellschaft mit ausreichend Gesellschaftskapital ausgestattet wurde bzw. ob die Kapitalausstattung nicht offensichtlich unzureichend ist. Die hM lehnt eine solche Pflicht allerdings ab.[448] Liegen die Voraussetzungen im Zeitpunkt der notariellen Beurkundung noch nicht vor, so verstößt der Notar gegen Art. 28 Nr. 1 Notariatsgesetz vom 16.2.1913, Nr. 89.[449] Dem Notar drohen dann harte Disziplinarmaßnahmen und Geldsanktionen.[450]

ee) Handelsregistereintragung

182 Die s.p.a. muss beim zuständigen **Handelsregister** innerhalb von 20 Tagen nach Erstellung des Gründungsaktes durch den Notar, der den Gründungsakt aufgenommen hat, angemeldet werden (Art. 2330 c.c.). Wenn der Notar die Hinterlegung in dieser Frist nicht durchführt, kann diese durch die Geschäftsführer oder jeden Gesellschafter auf Kosten der Gesellschaft vorgenommen werden. Dem Antrag ist der Nachweis über die geleisteten Einlagen, ggf. der Sachgründungsbericht und, sofern vorgeschrieben, die behördliche Genehmigung zur Gründung der Gesellschaft (Art. 2330 iVm Art. 2329 c.c.) beizulegen.[451] Das Handelsregister nimmt dann eine nur formelle Prüfung der Dokumente auf ihre Richtigkeit vor (Art. 2330 III 2 c.c.).[452]

183 Mit **Eintragung** in das Handelsregister, die heute elektronisch erfolgt,[453] erlangt die italienische Aktiengesellschaft **Rechtspersönlichkeit** (*personalità giuridica*) (Art. 2331 I c.c.). Die Eintragung wirkt – im Gegensatz zur Rechtslage bei den Personengesellschaften – damit **konstitutiv**.[454] Ist die Anmeldung der Gesellschaft innerhalb von 90 Tagen ab der Errichtung des Gründungaktes nicht erfolgt, sind die Bar- und Sacheinlagen zurückzuerstatten. Der Gründungsakt verliert dann seine Wirksamkeit (Art. 2331 IV c.c.).[455] Vorrats- und Mantelgesell-

444 Zum Gesellschaftskapital siehe Rn. 324.

445 Bezüglich der Einlagenerbringung siehe Rn. 323.

446 Cass. 21.4.1983, N. 2745; *Campobasso*, Diritto commerciale, Bd. 2, Diritto delle società, 2015, S. 155; *Ginevra* in: Cian (Hrsg.), Diritto commerciale, Bd. 3, Diritto delle società, 2017, S. 201; *Viggiani* in: Abbadessa/Portale (Hrsg.), Le società per azioni. Codice civile e leggi complementari, 2016, S. 176, 214; *Kindler*, Italienisches Handels- und Wirtschaftsrecht, 2014, § 4 Rn. 123; eine gesetzliche Ausnahme stellt zB die behördliche Genehmigung für die Wertpapierunternehmen dar (Art. 19 T.U.F.), die nur eine Voraussetzung für die Vornahme der Gesellschaftstätigkeit ist: *Stagno d'Alcontres/De Luca*, Le società, Bd. 2, Le società di capitali, 2017, S. 293.

447 Siehe dazu *Pavone La Rosa/Nigro* in: Colombo/Portale (Hrsg.), Trattato delle società per azioni, Bd. 1*, Tipo. Costituzione. Nullità, 2004, S. 380; vgl. auch *Stagno d'Alcontres/De Luca*, Le società, Bd. 2, Le società di capitali, 2017, S. 297; *Campobasso*, Diritto commerciale, Bd. 2, Diritto delle società, 2015, S. 157; *Ginevra* in: Cian (Hrsg.), Diritto commerciale, Bd. 3, Diritto delle società, 2017, S. 198; *Calvosa* in: Abriani et al. (Hrsg.), Diritto delle società. Manuale breve, 2012, S. 384 f.

448 Vgl. *Campobasso*, Diritto commerciale, Bd. 2, Diritto delle società, 2015, S. 153; *Viggiani* in: Abbadessa/Portale (Hrsg.), Le società per azioni. Codice civile e leggi complementari, 2016, S. 176, 199; *Stagno d'Alcontres/De Luca*, Le società, Bd. 2, Le società di capitali, 2017, S. 338; *De Luca* Rivista di diritto civile 2010, 559, 600 ff.; *de Nicola/Carone*, Italian Company Law, 2015, S. 34 f.

449 *Campobasso*, Diritto commerciale, Bd. 2, Diritto delle società, 2015, S. 157; *Ginevra* in: Cian (Hrsg.), Diritto commerciale, Bd. 3, Diritto delle società, 2017, S. 198; *Kindler*, Italienisches Handels- und Wirtschaftsrecht, 2014, § 4 Rn. 123.

450 *Stagno d'Alcontres/De Luca*, Le società, Bd. 2, Le società di capitali, 2017, S. 296.

451 *Kindler*, Italienisches Handels- und Wirtschaftsrecht, 2014, § 4 Rn. 125.

452 *Viggiani* in: Abbadessa/Portale (Hrsg.), Le società per azioni. Codice civile e leggi complementari, 2016, 176, S. 240 ff.; *Campobasso*, Diritto commerciale, Bd. 2, Diritto delle società, 2015, S. 158; *Ginevra* in: Cian (Hrsg.), Diritto commerciale, Bd. 3, Diritto delle società, 2017, S. 203; *Stagno d'Alcontres/De Luca*, Le società, Bd. 2, Le società di capitali, 2017, S. 297 f.

453 Zum Eintragungverfahren vgl. *Viggiani* in: Abbadessa/Portale (Hrsg.), Le società per azioni. Codice civile e leggi complementari, 2016, S. 176, 239.

454 Cass. 5.6.1999, N. 5533; *Stagno d'Alcontres/De Luca*, Le società, Bd. 2, Le società di capitali, 2017, S. 299; *Campobasso*, Diritto commerciale, Bd. 2, Diritto delle società, 2015, S. 158; *Presti/Rescigno*, Corso di diritto commerciale, Bd. 2, Società, 2017, S. 401; *Bertolotti/Petrazzini* in: Cagnasso/Panzani (Hrsg.), Le nuove s.p.a., Bd. 1, 2010, S. 187; vgl. auch *Magrini*, Italienisches Gesellschaftsrecht, 2004, S. 55; *Hofmann*, Gesellschaftsrecht in Italien, 2006, S. 17, 24; *Kindler*, Italienisches Handels- und Wirtschaftsrecht, 2014, § 4 Rn. 126; *Falco* in: Wegen/Spahlinger/Barth (Hrsg.), Gesellschaftsrecht des Auslands, 2016, Italien, Rn. 147.

455 *Campobasso*, Diritto commerciale, Bd. 2, Diritto delle società, 2015, S. 156.

schaften spielen in der italienischen Praxis kaum eine Rolle. Wenn die Eintragung erfolgt, ohne dass die vom Gesetz geforderten Bedingungen vorliegen, kann das Registergericht ihre Löschung nach Art. 2191 c.c. nicht anordnen. In diesem Fall findet Art. 2332 c.c. exklusive Anwendung.[456]

ff) Exkurs: Geschäftsbriefpublizität

Wie bereits im Rahmen der s.s. erörtert, regelt der *Codice Civile* für alle Gesellschaften in Art. 2250 c.c. die **Geschäftsbriefpublizität.** Danach muss auf allen ausgehenden Schriftstücken der Gesellschaft der Sitz sowie das Handelsregisteramt und die dortige Registernummer der Gesellschaft angegeben werden (Art. 2250 I c.c.). Für die Kapitalgesellschaften soll bezüglich des Stammkapitals der tatsächlich eingezahlte Betrag sowie der Betrag, der sich der letzten Bilanz entnehmen lässt, aufgeführt werden (Art. 2250 II c.c.). Sollte eine Internetseite der Gesellschaft vorhanden sein, müssen alle erwähnten Angaben auch dort verfügbar sein (Art. 2250 VII c.c.). 184

gg) Vorgesellschaft

Nach hM entsteht nach Abschluss des Gründungsvertrags, aber vor der Eintragung ins Handelsregister **keine Vorgesellschaft.**[457] Art. 2331 II 1 c.c. regelt dafür die Handelndenhaftung, für die die ehemalige Publizitäts-RL (jetzt Teil der Kodifizierungs-RL) europäische Vorgaben enthält (s. dazu § 20 Rn. 63 ff.). Danach haften die Personen, die für die (zukünftige) Gesellschaft Geschäfte getätigt haben, als **Gesamtschuldner unbeschränkt** (vgl. Art. 2331 II 1 c.c.). Zudem haften auch die Gesellschafter unbeschränkt und gesamtschuldnerisch, die die durchgeführten Geschäfte „beschlossen, genehmigt oder gebilligt"[458] haben,[459] sowie der Alleingründer-Gesellschafter, sofern es sich um eine Ein-Personen-s.p.a. handelt.[460] Auch nach der Eintragung bleiben die Handelnden Schuldner, es sei denn, dass die Gesellschaft die Geschäfte genehmigt.[461] Die einzige Ausnahme gilt nach hM für die Gründungskosten, die im Gründungsakt angegeben wurden (Art. 2328 Nr. 12 c.c.), für die die Gesellschaft automatisch haftet.[462] **Genehmigt** (auch konkludent) die eingetragene Gesellschaft allerdings die vor ihrer Entstehung getätigten Geschäfte, haftet auch sie und zwar neben den Handelnden (Art. 2331 III c.c.).[463] Im Außenverhältnis haften damit die Handelnden neben der s.p.a. weiter.[464] Im Innenverhältnis ist die Gesellschaft dann jedoch verpflichtet, die haftenden Geschäftsführer bzw. Gesellschafter zu entlasten (vgl. Art. 2331 III c.c.). Die Handelndenhaftung greift auch für Handlungen, die vor Unterzeichnung der Gründungsurkunde im Namen der (zukünftigen) Gesellschaft durchgeführt wurden. In der Praxis treten Fälle der Handelndenhaftung jedoch eher selten auf. 185

hh) Nichtigkeit der Gesellschaft

Die Nichtigkeit der Gesellschaft ist in Art. 2332 c.c. geregelt. Die Regeln beruhen dabei, wie bei allen europäischen Kapitalgesellschaften, auf der ehemaligen europäischen Publizitätsrichtlinie (s. dazu § 20, Rn. 81 ff., jetzt 186

456 Trib. Milano 30.12.2016, www.giurisprudenzadelleimprese.it; *Stagno d'Alcontres/De Luca*, Le società, Bd. 2, Le società di capitali, 2017, S. 298; aA Trib. Catania 19.7.2005, Giustizia civile 2006, 483.

457 In diesem Sinne *Ferri/Angelici*, Manuale di diritto commerciale, 2016, S. 290 f.; *Campobasso*, Diritto commerciale, Bd. 2, Diritto delle società, 2015, S. 162; Cass. 26.7.2012, N. 13287; Cass. 27.2.2001, N. 2832; Cass. 5.6.1999, N. 5533; Cass. 18.4.1984, N. 2515; die Existenz einer Vorgesellschaft auch in der italienischen Rechtsordnung wird ua von *Portale* Rivista delle società 1994, 1, 1 ff. behauptet; dazu *Stagno d'Alcontres/De Luca*, Le società, Bd. 2, Le società di capitali, 2017, S. 299 f.; *Ginevra* in: Cian (Hrsg.), Diritto commerciale, Bd. 3, Diritto delle società, 2017, S. 206 ff.; *Beltrami* in: Abbadessa/Portale (Hrsg.), Il nuovo diritto delle società. Liber amicorum Gian Franco Campobasso, Bd. 1, 2006, S. 355 ff.; *Oelkers*, Die italienische Aktiengesellschaft im Wettbewerb, 2008, S. 110; in der Rechtsprechung Cass. 11.3.1995, N. 2817.

458 Art. 2331 II 2 c.c. Zitiert nach der Übersetzung des italienischen Zivilgesetzbuches der Südtiroler Landesregierung, Stand: 31.5.2015.

459 *Stagno d'Alcontres/De Luca*, Le società, Bd. 2, Le società di capitali, 2017, S. 300 ff.

460 *Beltrami* in: Abbadessa/Portale (Hrsg.), Le società per azioni. Codice civile e leggi complementari, 2016, S. 246, 265.

461 Cass. 25.3.2015, N. 5936; Cass. 27.2.2001, n: 2832; Cass. 21.11.1983, N. 6935.

462 *Beltrami* in: Abbadessa/Portale (Hrsg.), Le società per azioni. Codice civile e leggi complementari, 2016, S. 246, 255 f.; *Campobasso*, Diritto commerciale, Bd. 2, Diritto delle società, 2015, S. 159; *Kindler*, Italienisches Handels- und Wirtschaftsrecht, 2014, § 4 Rn. 126.

463 Cass. 27.2.2001, N. 2832; Cass. 29.3.1991, N. 3435; Cass. 17.1.1985, N. 196; *Presti/Rescigno*, Corso di diritto commerciale, Bd. 2, Società, 2017, S. 402.

464 Trib. Arezzo 1.12.2017, N. 1367; Trib. Pisa 12.5.2014, N. 693; Trib. Milano 15.4.2014, N. 5080; Cass. 26.7.2012, N. 13287; Cass. 12.11.2004, N. 21520; *Beltrami* in: Abbadessa/Portale (Hrsg.), Le società per azioni. Codice civile e leggi complementari, 2016, S. 246, 264; *Campobasso*, Diritto commerciale, Bd. 2, Diritto delle società, 2015, S. 160; *Calvosa* in: Abriani et al. (Hrsg.), Diritto delle società. Manuale breve, 2012, S. 390 f.; *Furgiuele* in: Abriani/Stella Richter (Hrsg.), Codice commentato delle società, Bd. 1, 2010, S. 529; *Oelkers*, Die italienische Aktiengesellschaft im Wettbewerb, 2008, S. 111.

Teil der Kodifizierungs-RL) und finden nur für die schon eingetragene Aktiengesellschaft Anwendung.[465] Vor der Eintragung untersteht der Gesellschaftsvertrag den allgemeinen Vorschriften des *Codice Civile*, die die Nichtigkeit des Vertrages regeln (Art. 1418 ff. c.c.). Für eingetragene Gesellschaften listet Art. 2332 I Nr. 1 bis Nr. 3 c.c. die **Nichtigkeitsgründe** abschließend (*principio di tassatività*) auf:

- Die Nichtbeachtung der vorgeschriebenen Form der öffentlichen Urkunde für den Gründungsakt (Art. 2332 I Nr. 1 c.c., s. auch Rn. 175);
- unerlaubter Zweck der Gesellschaft (Art. 2332 I Nr. 2 c.c.) und
- fehlende Angaben in Bezug auf den Mindestinhalt der Gründungsurkunde (Zweck und Firma der Gesellschaft, Einlagen, Höhe des Gesellschaftskapitals, Art. 2332 I Nr. 3 c.c.).

187 Die Liste der Nichtigkeitsgründe wurde durch die Reform 2003 stark reduziert.[466] Damit hat der Gesetzgeber den Zweck verfolgt, die Relevanz von Fehlern im Gründungsstadium zu begrenzen.[467] Daraus folgt zB, dass die Regeln für **Scheingeschäfte** für Gesellschaftsverträge keine Anwendung finden, nachdem die Eintragung des Gründungsaktes erfolgt ist.[468]

188 Die Erklärung der Nichtigkeit der Gesellschaft durch ein Gericht wirkt wie von der ehemaligen Publizitäts-RL vorgegeben (§ 20 Rn. 89 f.) allerdings nur **für die Zukunft** (*ex nunc*) und lässt die bis dahin im Namen der Gesellschaft vorgenommenen Rechtshandlungen unberührt (Art. 2232 II c.c.), unabhängig davon, mit wem (Dritten oder Gesellschaftern) diese vorgenommen wurden, und ob die Geschäftspartei gutgläubig war.[469] Das heißt, dass die Entscheidung des Gerichts eher wie ein Auflösungsurteil wirkt. Es werden daher auch Liquidatoren bestellt (Art. 2332 IV c.c.). Die Gläubiger werden insofern geschützt, als die Gesellschafter insoweit zur Leistung ihrer Einlage verpflichtet bleiben, als dies zur Befriedigung der Gläubiger notwendig ist (vgl. Art. 2332 III c.c.). Das Nichtigkeitsurteil muss ins zuständige Handelsregister eingetragen werden. Darüber hinaus kann die Nichtigkeit nicht festgestellt werden, wenn ihr Grund beseitigt wurde (Art. 2332 V c.c.).

189 Obwohl nicht ausdrücklich geregelt, finden die erwähnten Vorschriften auch für die Wirkung und Geltendmachung der **Nichtigkeit oder Anfechtbarkeit der Beteiligung** des einzelnen Gesellschafters analog Anwendung. Nach hM wirkt die Nichtigkeit (oder die Anfechtung) auch hier nur *ex nunc* und wird praktisch als Austritt des Gesellschafters betrachtet.[470]

3. Organisationsverfassung

190 In Bezug auf die Organisationsverfassung hat die Gesellschaftsrechtsreform 2003 einige Neuerungen mit sich gebracht. Der s.p.a. stehen jetzt **drei** verschiedene **Organisationsmodelle** (*modelli di amministrazione e controllo*) zur Verfügung:[471]

- das **traditionelle** System (*modello tradizionale*);
- das **dualistische** System (*modello dualistico*) und
- das **monistische** System (*modello monistico*).

191 Die verschiedenen Organisationsverfassungen sollen an dieser Stelle zunächst nur stichpunktartig vorgestellt werden, bevor sie im Folgenden detaillierter betrachtet werden. Vereinfachend lässt sich sagen, dass das **dualistische System** der aus dem deutschen Recht bekannten Struktur ähnelt (und wird daher auch „*sistema di ispira-*

465 *Campobasso*, Diritto commerciale, Bd. 2, Diritto delle società, 2015, S. 163; *Presti/Rescigno*, Corso di diritto commerciale, Bd. 2, Società, 2017, S. 407.

466 Vor 2004 waren unter den Gründen auch die Nichteinzahlung der Einlagen oder die Nicht-Mehrzahl der Gründer: *Campobasso*, Diritto commerciale, Bd. 2, Diritto delle società, 2015, S. 165.

467 *Palmieri* in: *Abbadessa/Portale* (Hrsg.), Le società per azioni. Codice civile e leggi complementari, 2016, S. 268, 270; *Ginevra* in: Cian (Hrsg.), Diritto commerciale, Bd. 3, Diritto delle società, 2017, S. 213.

468 Cass. 30.5.2014, N. 12138; Cass. 17.7.2013, N. 17467; Cass. 29.12.2011, N. 30020; Cass. 28.4.1997, N. 3666; Cass. 17.11.1992, N. 12302; App. Genova 13.12.1997, Le Società 1998, 782; *Palmieri* in: Abbadessa/ Portale (Hrsg.), Le società per azioni. Codice civile e leggi complementari, 2016, S. 268, 272; aA Cass. 1.12.1987, N. 8939.

469 *Campobasso*, Diritto commerciale, Bd. 2, Diritto delle società, 2015, S. 166; *Ginevra* in: Cian (Hrsg.), Diritto commerciale, Bd. 3, Diritto delle società, 2017, S. 216.

470 *Stagno d'Alcontres/De Luca*, Le società, Bd. 2, Le società di capitali, 2017, S. 312 ff.; *Campobasso*, Diritto commerciale, Bd. 2, Diritto delle società, 2015, S. 167.

471 Zusammenfassende Beiträge zu diesem Thema: *Montalenti* in: Cottino/Bonfante/Cagnasso/Montalenti (Hrsg.), Il nuovo diritto societario nella dottrina e nella giurisprudenza: 2003-2009. Commentario, 2009, S. 353 ff.; *Angelici*, La riforma delle società di capitali. Lezioni di diritto commerciale, 2006, S. 155 ff.; *Spada*, Diritto commerciale, Bd. 2, Elementi, 2009, S. 41 ff.; eine ausführliche Darstellung in deutscher Sprache findet sich bei *Hofmann*, Gesellschaftsrecht in Italien, 2006, S. 43 ff.; vgl. kurz auch *Steinhauer* EuZW 2004, 364, 364 f.; *Hartl* NZG 2003, 667, 667 f.; *Oelkers* in: Kalss (Hrsg.), Vorstandshaftung in 15 europäischen Ländern, 2005, S. 516 ff.

zione tedesca" genannt),[472] auch wenn die Position des Aufsichtsrates tendenziell schwächer ist als in Deutschland.[473] Unter den wichtigsten italienischen Banken (zB Intesa San Paolo, Banca Popolare Milano, UBI, Banca Popolare di Verona, Mediobanca) hatte dieses System ursprünglich einen gewissen Erfolg. In der Zwischenzeit sind jedoch einige Banken wieder zum traditionellen System zurückgekehrt (Mediobanca, Banca Popolare Milano, während Intesa San Paolo das monistische System gewählt hat). Die zuständige Behörde (Banca d'Italia) hat dafür besondere Vorschriften eingeführt (zuerst durch die Verordnung vom 4.3.2008, heute durch die Circolare 285/2013, die alle drei Modelle betrifft, aber besonders bedeutend für das dualistische Modell ist),[474] mit denen die Trennung zwischen Kontroll- und Geschäftsführungsfunktion und deren zuständigen und verantwortlichen Organen besser gesichert werden soll.[475] Das **monistische System** erinnert an das angloamerikanische Board-System klassischer Prägung (heute gibt es zahlreiche Varianten), wobei der zwingende Kontrollausschuss, der aus unabhängigen Mitgliedern des Verwaltungsrates bestehen muss, ein wichtiges zusätzliches **Kontrollorgan** gegenüber der Geschäftsführung ist. Das **traditionelle System** zeichnet sich dadurch aus, dass im Grundsatz, wie im dualistischen System, zwischen Geschäftsführungsorgan und Überwachungsorgan getrennt wird, aber die Gesellschafterversammlung deutlich stärker ausgestaltet ist und insgesamt eine intensivere Überwachung des Geschäftsführungsorgans als im dualistischen System existiert. Das traditionelle System ist das in der Praxis meistgewählte in Italien. Die beiden anderen Systeme spielen dagegen praktisch keine Rolle. Sie werden von weniger als 1% der Aktiengesellschaften gewählt.[476]

Die Regelungen variieren allerdings nicht nur danach, welches System gewählt wurde, sondern auch danach, ob eine börsennotierte oder eine nicht-börsennotierte Gesellschaft vorliegt. Die Sonderregelungen für börsennotierte Gesellschaften können in diesem Beitrag nicht umfassend dargestellt werden. An den zentralen Stellen wird jedoch auf bestehende Unterschiede hingewiesen. 192

a) Das traditionelle System

Sofern die **Satzung** nichts anderes bestimmt, richtet sich die Organisation der italienischen Aktiengesellschaft nach dem **„traditionellen" System** (vgl. Art. 2380 I c.c.),[477] das sich durch drei Organe auszeichnet:[478] 193

- **Gesellschafterversammlung** (*assemblea* – Beschlussfassungsorgan), Art. 2363 ff. c.c.;
- **Verwaltungsrat** (*amministratore/amministratori/consiglio di amministrazione* – geschäftsführendes Organ), Art. 2380-*bis* ff. c.c. und
- **Überwachungsrat** (*collegio sindacale* – Kontrollorgan), Artt. 2397 ff. c.c.

aa) Gesellschafterversammlung

(1) Ordentliche und außerordentliche Gesellschafterversammlung

Das Gesetz unterscheidet zwischen **ordentlichen** (*ordinaria*) und **außerordentlichen** (*straordinaria*) **Gesellschafterversammlungen** (*assemblea dei soci*). Die Unterscheidung der beiden Typen von Gesellschafterversammlun- 194

472 Vgl. schon den Gesetzgebungsbericht in Rivista delle società 2003, 126 ff.; siehe auch *Campobasso*, Diritto commerciale, Bd. 2, Diritto delle società, 2015, S. 421; *Presti/Rescigno*, Corso di diritto commerciale, Bd. 2, Società, 2017, S. 452; *Magrini*, Italienisches Gesellschaftsrecht, 2004, S. 43.

473 Für eine vergleichende Untersuchung des dualistisches Systems in Italien und Deutschland siehe *Portale* Banca, borsa, titoli di credito 2008, 673, 673 ff.; vgl. auch *Cariello*, Il sistema dualistico. Vincoli tipologici e autonomia statutaria, 2009; *Bordiga*, La funzione del consiglio di sorveglianza. Tra controllo e indirizzo dell'impresa, 2016.

474 Auf der Internetseite www.bancaditalia.it abrufbar.

475 Dazu allgemein *Amorosino*, Diritto delle banche e del mercato finanziario, 2015, S. 209 ff.; *Frigeni* Banca, borsa, titoli di credito 2015, 485, 485 ff.; *Mondini* Banca, Impresa, Società 2015, 39, 39 ff.; *Tombari* Banca, borsa, titoli di credito 2008, 709, 709 ff.; *Rescio* Banca, borsa, titoli di credito 2008, 730, 730 ff.; *Cera* Rivista delle società 2008, 915, 915 ff.

476 So die entsprechende Statistik vom 31.12.2016 (auf der Internetseite http://www.mi.camcom.it/database-societario abrufbar). Unter den börsennotierten Gesellschaften haben im Jahr 2016 von 230 Unternehmen 225 das traditionelle System gewählt, drei das dualistische System und zwei das monistische System. Vgl. CONSOB, Report on corporate governance of Italian listed companies, 2017, S. 18.

477 Vgl. *Stagno d'Alcontres/De Luca*, Le società, Bd. 2, Le società di capitali, 2017, S. 597 ff.; *Campobasso*, Diritto commerciale, Bd. 2, Diritto delle società, 2015, S. 306; *Ferri/Angelici*, Manuale di diritto commerciale, 2016, S. 294; *Cottino/Cagnasso*, Diritto societario, 2011, S. 400; *Magrini*, Italienisches Gesellschaftsrecht, 2004, S. 41; *Hilpold/Brunner* in: Hilpold/Perathoner/Steinmair (Hrsg.), Die Reform des italienischen Gesellschaftsrechts, 2006, S. 11 f.; *Kindler*, Italienisches Handels- und Wirtschaftsrecht, 2014, § 4 Rn. 211; *Süß* in: MüHdB GesR, Bd. 6, 2013, § 47 Rn. 313; *Ghersini/Puppo* in: van Hulle/Gesell (Hrsg.), European Corporate Law, 2006, Part 2, Rn. 49; *Ferrini/Peruzzo/Roberti* in: Davis/Hopt/Nowak/van Solinge (Hrsg.), Corporate Boards in Law and Practice, 2013, S. 374.

478 Siehe dazu *Toffoletto* in: *Abriani* et al. (Hrsg.), Diritto delle società. Manuale breve, 2012, S. 214, 220; *Magrini*, Italienisches Gesellschaftsrecht, 2004, S. 42; *Oelkers*, Die italienische Aktiengesellschaft im institutionellen Wettbewerb, 2008, S. 205; *Pernazza*, Corporations and Partnerships in Italy, 2012, Rn. 129; *Casper/Reiß* RIW 2004, 428, 429.

gen ist nicht unwichtig, da Beschlüsse der außerordentlichen Gesellschafterversammlung der Aufnahme eines Protokolls durch einen Notar bedürfen (vgl. Art. 2375 II c.c.) und speziellen Regeln unterstehen (zB in Bezug auf die Beschlussfähigkeit).[479] Beschlüsse, die auf ordentlichen Gesellschafterversammlungen gefasst werden, bedürfen zwar auch eines **Protokolls**, dieses muss aber nicht unbedingt von einem Notar aufgenommen werden (Umkehrschluss aus Art. 2375 II c.c.). Der Aufwand für ordentliche Gesellschafterversammlungen ist daher geringer als für außerordentliche Gesellschafterversammlungen. Die wichtigsten Aufgaben der **ordentlichen Gesellschafterversammlung** (*assemblea ordinaria*) sind:[480]

- Anders als in Deutschland, die Feststellung des Jahresabschlusses (Art. 2364 I Nr. 1 iVm Art. 2433 I c.c.);
- der Beschluss über die Verteilung des Gewinns (Art. 2433 I, ggf. iVm Art. 2364-*bis* I Nr. 4 c.c.);
- die Berufung und Abberufung der Verwaltungsratsmitglieder (*consiglieri di amministrazione*) (Art. 2364 I Nr. 2 iVm Art. 2383 I c.c.);
- die Berufung und, unter den gesetzlichen Voraussetzungen, die Abberufung der Überwachungsratsmitglieder (*membri del collegio sindacale*) und deren Vorsitzenden (Art. 2364 I Nr. 2 iVm Art. 2400 I c.c.);
- die Berufung und, unter den gesetzlichen Voraussetzungen, die Abberufung des Prüfers der Rechnungslegung (*revisore legale dei conti*) (Art. 2364 I Nr. 2, ggf. iVm Art. 2364-*bis* I Nr. 5);
- die Festlegung der Bezüge der Verwaltungsrats- und Überwachungsratsmitglieder (Art. 2364 I Nr. 3 iVm Art. 2389 I, Art. 2402 c.c.);
- der Beschluss über die Haftung von Verwaltungsrat und Überwachungsrat (Art. 2364 I Nr. 4 iVm Art. 2393 I, 2407 III c.c.);
- die Genehmigung der Geschäftsordnung für die Gesellschafterversammlung (Art. 2364 I Nr. 6 c.c.);
- die Genehmigung des Erwerbs eigener Aktien (Art. 2357 c.c.) und
- der Beschluss über die Übernahme von Beteiligungen an anderen Gesellschaften, die zu einer unbeschränkten Haftung für deren Verbindlichkeiten führt (i.e. für Personengesellschaften; Art. 2361 II c.c.).

195 Neben Art. 2364 c.c. kann sich die Zuständigkeit der ordentlichen Gesellschafterversammlung aus einzelnen Normen ergeben (Art. 2343-*bis*, Art. 2357, Art. 2359-*bis*, Art. 2361 II, Art. 2380-*bis* III, Art. 2390, Art. 2446 c.c.; für börsennotierte Gesellschaften vgl. auch Artt. 114-*bis*; 123-*ter* T.U.F.). Darüber hinaus besteht für die ordentliche Gesellschafterversammlung eine **Auffangzuständigkeit** (Umkehrschluss aus Art. 2365 c.c.).[481] Ist ein Aspekt daher nicht explizit der außerordentlichen Gesellschafterversammlung zugewiesen, wird er im Rahmen der ordentlichen Gesellschafterversammlung entschieden.

196 Die **außerordentliche Gesellschafterversammlung** (*assemblea straordinaria*) beschließt über:[482]

- Satzungsänderungen (Art. 2365 I c.c.);
- die Bestellung, den Austausch und die Befugnisse der Abwickler (Art. 2365 I iVm Art. 2487 ff. c.c.) und
- weitere, vom Gesetz vorgesehene Zuständigkeiten (Art. 2365 I c.c.), wie zB die Ausgabe der Wandelschuldverschreibungen (Art. 2420-*bis* c.c.) oder die Genehmigung von *leveraged buy-out* (Art. 2358 c.c.) oder die Zuteilung von Finanzinstrumenten an Arbeitnehmer (Art. 2349 c.c.).

197 Darüber hinaus kann sich im Einzelfall die Kompetenz aus spezialgesetzlichen Bestimmungen ergeben (zB sieht das T.U.F. für börsennotierte Gesellschaften die Zuständigkeit der außerordentlichen Gesellschafterversammlung für den Delisting-Fall vor).[483] In einigen durch Art. 2365 II c.c. bestimmten Fällen[484] kann auch die Satzung dem **Verwaltungsrat** die Zuständigkeit für Beschlussfassungen übertragen.[485]

198 Wie bereits erwähnt, bedürfen Beschlüsse der außerordentlichen Gesellschafterversammlung, also insbesondere **satzungsändernde Beschlüsse**, der Aufnahme eines Protokolls durch einen Notar (vgl. Art. 2375 II c.c.). Das weitere Vorgehen bei Satzungsänderungen regelt Art. 2436 c.c. Der Notar prüft danach, ob die Satzungsände-

---

479 *Presti/Rescigno*, Corso di diritto commerciale, Bd. 2, Società, 2017, S. 453 f.
480 *Stagno d'Alcontres/De Luca*, Le società, Bd. 2, Le società di capitali, 2017, S. 693 ff.; *Campobasso*, Diritto commerciale, Bd. 2, Diritto delle società, 2015, S. 307 f.
481 *Campobasso*, Diritto commerciale, Bd. 2, Diritto delle società, 2015, S. 308; *Pinto* in: Abbadessa/Portale (Hrsg.), Le società per azioni. Codice civile e leggi complementari, 2016, S. 837, 843; *Kindler*, Italienisches Handels- und Wirtschaftsrecht, 2014, § 4 Rn. 152.
482 *Campobasso*, Diritto commerciale, Bd. 2, Diritto delle società, 2015, S. 308; *Stagno d'Alcontres/De Luca*, Le società, Bd. 2, Le società di capitali, 2017, S. 695.
483 Vgl. dazu *Campobasso*, Diritto commerciale, Bd. 2, Diritto delle società, 2015, S. 308; *Stagno d'Alcontres/De Luca*, Le società, Bd. 2, Le società di capitali, 2017, S. 695; *Kindler*, Italienisches Handels- und Wirtschaftsrecht, 2014, § 4 Rn. 153; *Pernazza*, Corporations and Partnerships in Italy, 2012, Rn. 190.
484 Art. 2365 II c.c.: „Verschmelzung in den von den Artikeln 2505 und 2505bis vorgesehenen Fällen, die Einrichtung oder Auflassung von Zweigniederlassungen, die Bezeichnung jener Verwalter, welche die Gesellschaft vertreten, die Herabsetzung des Kapitals im Fall des Austritts eines Gesellschafters, die Anpassungen der Satzung an gesetzliche Bestimmungen und die Verlegung des Gesellschaftssitzes im Inland". Zitiert nach der Übersetzung des italienischen Zivilgesetzbuches der Südtiroler Landesregierung, Stand: 31.5.2015.
485 *Kutufà* in: Abbadessa/Portale (Hrsg.), Le società per azioni. Codice civile e leggi complementari, 2016, S. 871, 879 ff.; *Presti/Rescigno*, Corso di diritto commerciale, Bd. 2, Società, 2017, S. 454.

rung gesetzeskonform ist und beantragt – sofern dies der Fall ist – innerhalb von 30 Tagen die Eintragung beim Handelsregister (Art. 2436 I c.c.). Er ist auch für die Hinterlegung des Beschlusses verantwortlich (Art. 2436 I c.c.). Das Handelsregisteramt kontrolliert dann die formelle Rechtmäßigkeit der Unterlagen und trägt den Beschluss daraufhin ins Register ein (Art. 2436 II c.c.). Wirksamkeit erlangt der Beschluss mit Eintragung (Art. 2436 V c.c.). Nach jeder Satzungsänderung ist die Satzung in der neuen Fassung beim Handelsregister einzureichen (Art. 2436 VI c.c.).[486] Sollte der Notar die vom Gesetz festgesetzten Bedingungen für nicht erfüllt halten, können die rechtzeitig von ihm informierten Verwalter innerhalb von dreißig Tagen beim Landgericht Klage erheben, damit dieses die Einhaltung der vom Gesetz verlangten Bedingungen feststellt und die Eintragung in das Handelsregister anordnet (Art. 2436 III, IV c.c.).

Die **Kompetenzverteilung im traditionellen System** wird durch das Gesetz festgelegt. Abweichungen durch Satzungsgestaltung, die durch das Gesetz nicht vorgesehen sind (Art. 2365 c.c.), sind nicht möglich. Der Gesellschafterversammlung können daher durch entsprechende Satzungsbestimmungen nicht mehr Kompetenzen zugewiesen werden. Die **Gesellschafterversammlung** hat im traditionellen System aber schon von Gesetzes wegen eine stärkere Stellung als die Hauptversammlung einer AG in Deutschland. Denn in der Hauptversammlung der s.p.a. bestellen die Gesellschafter unmittelbar die Organmitglieder und insbesondere auch die Geschäftsführer; zudem wird dort die Jahresbilanz festgestellt (Art. 2364 Nr. 1 c.c.). Darüber hinaus entscheidet grundsätzlich die Gesellschafterversammlung über **Haftungsklagen** gegen Verwaltungsratsmitglieder (Art. 2393 c.c.) und den Überwachungsrat. Ein Beschluss über eine solche Haftungsklage bewirkt bereits dann, wenn ihm wenigstens 20% des Gesellschaftskapitals zugestimmt haben (die Satzung kann einen höheren Wert bis max. 1/3 festsetzen), die Abberufung des entsprechenden Verwaltungsratsmitgliedes bzw. des Überwachungsratsmitgliedes (Art. 2393 V 1 c.c.). In diesem Fall werden von der Hauptversammlung dann auch die neuen Mitglieder des jeweiligen Organs bestellt (Art. 2393 V 2 c.c.).[487] Für Unternehmen, die sich des Risikokapitalmarktes bedienen, beträgt diese qualifizierte Minderheit seit Ende 2005 1/40 des Gesellschaftskapitals (Art. 2393-*bis* II c.c.). Die Satzung kann diese Anforderung absenken (Art. 2393-*bis* II c.c.). Bei begründetem **Verdacht schwerwiegender Unregelmäßigkeiten** kann eine qualifizierte Minderheit von 10% (oder der in der Satzung vorgesehene geringere Beteiligungsprozentsatz) auch unmittelbar das Landesgericht anrufen, das eine entsprechende Untersuchung (*ispezione giudiziale*) anordnen kann (Art. 2409 c.c.) und, falls die angezeigten Unregelmäßigkeiten vorliegen, auch die Kompetenz hat, die Gesellschafterversammlung einzuberufen oder die Verwaltungsratsmitglieder abzuberufen. Im letzteren Fall wird ein Zwangsverwalter (*amministratore giudiziario*) mit begrenzten Befugnissen bestellt. Unter anderem kann der *amministratore giudiziario* die Haftungsklage gegen die Verwalter und die Überwachungsratsmitglieder einbringen.[488] Dies ist auch im europäischen Kontext eine außerordentlich bemerkenswerte Regelung. 199

Anders als in Deutschland hat die Gesellschafterversammlung keine allgemeine und auch keine subsidiäre Zuständigkeit. Die Satzung darf vielmehr nur festlegen, dass einige bestimmte Geschäftsführungsfragen der **Genehmigung** der Gesellschafterversammlung bedürfen (vgl. Art. 2364 I Nr. 5 c.c.), wie zB der Erwerb oder das Abstoßen von Beteiligungen oder Betriebsüberlassungen. Abgesehen von diesen Ausnahmen muss die Geschäftsführung jedoch in der ausschließlichen Zuständigkeit des Verwaltungsrats bleiben.[489] Das ergibt sich aus dem **Autonomieprinzip**. Dieser Grundsatz steht nicht explizit im Gesetz, wird jedoch aus Art. 2364 I Nr. 5 c.c. hergeleitet. In der Satzung kann deshalb auch **kein Weisungsrecht** der Gesellschafterversammlung gegenüber dem Verwaltungsrat festgelegt werden. Eine Vorlageverpflichtung, wie sie der BGH in den Holzmüller-[490] und Gelatine-Fällen[491] für schwerwiegende Maßnahmen angenommen hat, besteht in Italien (nach der hM) ebenfalls nicht.[492] 200

486 *Campobasso*, Diritto commerciale, Bd. 2, Diritto delle società, 2015, S. 495 f.; *Ginevra* in: Cian (Hrsg.), Diritto commerciale, Bd. 1, Diritto dell'impresa, 2014, S. 210 ff.

487 *Sanfilippo* in: Cian (Hrsg.), Diritto commerciale. Bd. 3, Diritto delle società, 2017, S. 523; *Campobasso*, Diritto commerciale, Bd. 2, Diritto delle società, 2015, S. 383 f.

488 *Vanoni*, Denunzia al tribunale, 2017, S. 186; *Sanfilippo* in: Cian (Hrsg.), Diritto commerciale. Bd. 3, Diritto delle società, 2017, S. 586.

489 *Campobasso*, Diritto commerciale, Bd. 2, Diritto delle società, 2015, S. 356 ff.; *Stagno d'Alcontres/De Luca*, Le società, Bd. 2, Le società di capitali, 2017, S. 603 ff.

490 BGHZ 83, 122 = BGH, NJW 1982, 1703 (Holzmüller).

491 BGHZ 159, 30 = BGH, NJW 2004, 1860 (Gelantine).

492 Vgl. *Abbadessa* Giurisprudenza commerciale 2004, 542, 544; *ders.* in: Amministrazione e controllo nel diritto delle società. Liber amicorum Antonio Piras, 2010, S. 14; *Libertini* Rivista di Diritto Societario 2008, 198, 222; *Tina*, L'esonero da responsabilità degli amministratori, 2008, S. 271; hingegen für eine italienische „Gelatine-Doktrin" *Portale* in: Abbadessa/Portale (Hrsg.), Il nuovo diritto delle società. Liber amicorum Gian Franco Campobasso, Bd. 1, 2006, S. 29; *Pinto* in: Abbadessa/Portale (Hrsg.), Le società per azioni. Codice civile e leggi complementari, 2016, S. 837, 857 ff.; *Pinto* Rivista del diritto dell'impresa 2004, 439, 449; *Kindler*, Italienisches Handels- und Wirtschaftsrecht, 2014, § 4 Rn. 189.

(2) **Formalitäten**

201 Die **Einberufung** (*convocazione*) der Gesellschafterversammlung und die Festlegung der **Tagesordnung** obliegen der Geschäftsführung (Art. 2366 f. c.c.). Falls ein Verwaltungsrat besteht, ist dieser für die Einberufung zuständig und nicht die einzelnen Mitglieder, es sei denn, dass die Satzung etwas Anderes vorsieht.[493] Die Einberufung der ordentlichen Gesellschafterversammlung hat mindestens einmal jährlich und spätestens innerhalb von 120 Tagen nach Ende des Geschäftsjahres zu erfolgen (Art. 2364 II 1 c.c.).

202 Die **Gesellschafter** haben zudem die Möglichkeit von der Geschäftsführung die Einberufung einer Gesellschafterversammlung zu verlangen. Dazu bedarf es einer qualifizierten Minderheit von mind. 1/10 in nicht-börsennotierten Gesellschaften und mind. 1/20 in offenen Gesellschaften (Art. 2367 I c.c.). Die Satzung kann auch niedrigere Anforderungen stellen (Art. 2367 I c.c.). Verweigern die Organmitglieder die Einberufung, kann diese notfalls durch Dekret des Gerichts erfolgen (Art. 2367 II c.c.).[494]

203 Berufen die Verwalter die Hauptversammlung nicht ein oder verzögern sie die Einberufung unberechtigt, so kommt dem **Überwachungsrat** diese Aufgabe zu (Art. 2406 I c.c.). Der Überwachungsrat besitzt zudem immer dann die Kompetenz, die Gesellschafterversammlung einzuberufen, wenn er „bei Ausübung seines Amtes beanstandungswürdige Tatsachen schwerwiegender Art feststellt und dringender Handlungsbedarf gegeben ist"[495] (Art. 2406 II c.c.).[496]

204 Die **Einberufung** muss das Datum, die Uhrzeit, den Ort der Zusammenkunft sowie eine Aufstellung (*ordine del giorno*) der Beschlussgegenstände enthalten (Art. 2366 I c.c.). Art. 2363 II c.c. ergänzt, dass die Gesellschafterversammlung unbeschadet anderslautender Satzungsbestimmungen grundsätzlich am **Sitz** der Gesellschaft abgehalten wird. Für **börsennotierte Gesellschaften** ergeben sich aufgrund der Aktionärsrechterichtlinie (dazu unter § 30 Rn. 88 ff.) weitere Mindestangaben (Art. 125-*bis* T.U.F.). Dazu zählt insbesondere eine klare und genaue **Beschreibung des Verfahrens**, das die Aktionäre einhalten müssen, um an der Hauptversammlung teilnehmen und ihr Stimmrecht ausüben zu können (Art. 125-*ter* T.U.F.). Außerdem muss die Internetseite angegeben werden, auf der alle Informationen abrufbar sind (Art. 125-*quater* T.U.F.).[497] Darüber hinaus können die Gesellschafter, die über 1/40 (2,5%) des anwesenden Kapitals in der Gesellschafterversammlung einer börsennotierten s.p.a. verfügen, eine Ergänzung der Aufstellung der Beschlussgegenstände verlangen (Art. 126-*bis* T.U.F.).[498] Das entspricht ebenfalls den Vorgaben der Aktionärsrechterichtlinie (s. dazu unter § 30 Rn. 112).[499]

205 Die **Einberufungsfrist** variiert. In nicht-börsennotierten Unternehmen beträgt sie grundsätzlich mindestens 15 Tage (Art. 2366 II c.c.), in börsennotierten Gesellschaften mindestens 30 Tage (Art. 125-*bis* I T.U.F.). Für nicht-börsennotierte Gesellschaften genügt es, wenn die Benachrichtigung über die Einberufung im Amtsblatt der Republik (*Gazzetta Ufficiale della Repubblica*) oder einer durch Satzungsbestimmung festgelegten Tageszeitung erfolgt (Art. 2366 II c.c.). Die Aktionäre kapitalmarktferner Gesellschaften können in der Satzung auch festlegen, dass die Benachrichtigung auf anderem Wege, zB durch Email, Fax oder Einschreiben, erfolgt und lediglich eine Frist von mind. acht Tagen einzuhalten ist (Art. 2366 III c.c.).[500] Für börsennotierte Gesellschaften gelten aufgrund der Vorgaben durch die Aktionärsrechte-Richtlinie hingegen besondere Bestimmungen (s. zu den europäischen Vorgaben § 30 Rn. 90 ff.). So soll zB eine Frist von mindestens 40 Tagen eingehalten werden, wenn ein Tagesordnungspunkt die Bestellung der Verwaltungsrats- oder Überwachungsratsmitglieder ist (Art. 125-*bis* iVm Art. 147-*ter* T.U.F.). Darüber hinaus soll der Verwaltungsrat für jeden Tagesordnungspunkt einen Bericht erstellen, der der Öffentlichkeit zur Verfügung gestellt werden muss (Art. 125-*ter* T.U.F.).[501]

---

493 Cass. 22.9.2008, N. 23950; Cass. 17.1.2007, N. 1034; Trib. Roma 6.4.2010, Rivista del notariato 2011, 1196; *Campobasso*, Diritto commerciale, Bd. 2, Diritto delle società, 2015, S. 309; *De Luca* in: Abbadessa/Portale (Hrsg.), Le società per azioni. Codice civile e leggi complementari, 2016, S. 884, 886 ff.

494 App. Palermo 15.10.1998, Vita notarile 2000, 366; Trib. Napoli 24.1.1996, Le Società 1996, 817; *Presti/Rescigno*, Corso di diritto commerciale, Bd. 2, Società, 2017, S. 456; *Campobasso*, Diritto commerciale, Bd. 2, Diritto delle società, 2015, S. 310.

495 Zitiert nach der Übersetzung des italienischen Zivilgesetzbuches der Südtiroler Landesregierung, Stand: 31.5.2015.

496 *Sfameni/Spolaore* in: Abbadessa/Portale (Hrsg.), Le società per azioni. Codice civile e leggi complementari, 2016, S. 1672, 1674 ff.

497 *De Luca* in: Abbadessa/Portale (Hrsg.), Le società per azioni. Codice civile e leggi complementari, 2016, S. 3885, 3892 ff.

498 *Campobasso*, Diritto commerciale, Bd. 2, Diritto delle società, 2015, S. 310 f.; *Tucci* in: Abbadessa/Portale (Hrsg.), Le società per azioni. Codice civile e leggi complementari, 2016, S. 3903, 3906 ff.; *Stagno d'Alcontres/De Luca*, Le società, Bd. 2, Le società di capitali, 2017, S. 699.

499 Die Aktionärsrechterichtlinie sieht eine Obergrenze von 5% vor. Italien hat eine niedrigere Schwelle gewählt.

500 Vgl. *Campobasso*, Diritto commerciale, Bd. 2, Diritto delle società, 2015, S. 312; *de Nicola/Carone*, Italian Company Law, 2015, S. 134.

501 *Campobasso*, Diritto commerciale, Bd. 2, Diritto delle società, 2015, S. 323; *Presti/Rescigno*, Corso di diritto commerciale, Bd. 2, Società, 2017, S. 454 f.

Wird gegen die **Formalvorgaben** für die Einberufung der Versammlung **verstoßen**, ist die Gesellschafterversammlung generell nicht beschlussfähig (Umkehrschluss aus Art. 2366 IV 1 c.c.). Wird dennoch ein Beschluss gefasst, ist er nach Art. 2377 c.c. anfechtbar (siehe unten Rn. 225). Ist die Einberufung sogar ganz unterblieben, ist der Beschluss nichtig.[502] Letzteres ist nur ausnahmsweise dann nicht der Fall, wenn die Einberufung von einem Mitglied des Verwaltungsorgans oder des Kontrollorgans der Gesellschaft vorgenommen wurde und die Aktionäre somit die Möglichkeit hatten, von der Einberufung und vom Tag der Gesellschafterversammlung zu erfahren (Art. 2379 III c.c.).[503] Art. 2366 IV 1 c.c. sieht davon abgesehen von der Anfechtbarkeit lediglich eine Ausnahme vor, wenn das gesamte Gesellschaftskapital sowie die Mehrheit der Organmitglieder (sog ***assemblea totalitaria***) vertreten ist.[504] Das ist in der Praxis sehr häufig der Fall, wenn es einen Alleingesellschafter gibt. Auch im Rahmen einer *assemblea totalitaria* hat allerdings jeder Teilnehmer die Möglichkeit, der Fortführung eines Tagesordnungspunktes zu widersprechen, wenn er sich aufgrund eines Verstoßes gegen die Formalvorgaben der Einberufung nicht ausreichend informiert fühlt (Art. 2366 IV 2 c.c.).[505] 206

Generell können Anteilseigner, die über 1/3 des anwesenden Kapitals in der Gesellschafterversammlung verfügen, die **Vertagung** der Gesellschafterversammlung beantragen, wenn sie sich für die Abstimmung über einen Tagesordnungspunkt nicht ausreichend informiert fühlen (Art. 2374 I c.c.).[506] Die Gesellschafterversammlung kann dann für maximal fünf Tage verschoben werden (Art. 2374 I c.c.).[507] Der Antrag kann nicht auf Zulässigkeit überprüft werden. Dh auch wenn objektiv gesehen ausreichend Informationen gegeben wurden, können die Minderheitsgesellschafter diesen Antrag stellen. Die Vertagung muss dann gewährt und darf auch nicht durch Hauptversammlungsbeschluss verweigert werden.[508] Zum Schutz vor Verzögerungstaktiken der Gesellschafter kann eine Verschiebung nur einmal pro Tagesordnungspunkt beantragt werden (vgl. Art. 2374 II c.c.).[509] 207

(3) Beschlussfassung und Stimmrecht

Die Beschlussfähigkeit und die erforderlichen Mehrheiten variieren je nach Art der Gesellschafterversammlung (ordentlich/außerordentlich), je nach Art der Gesellschaft (börsennotiert/nicht-börsennotiert) und je nach Einberufung (erste/zweite).[510] Artt. 2368 f. c.c. regeln die Beschlussfähigkeit und die erforderlichen Mehrheiten für **ordentliche Beschlüsse.** Damit die Gesellschafterversammlung **beschlussfähig** ist, muss danach mindestens die Hälfte des Gesellschaftskapitals anwesend sein (Art. 2368 I c.c.).[511] Entschieden wird dann mit **absoluter Mehrheit**, es sei denn, die Satzung sieht höhere Anforderungen vor (Art. 2368 I c.c.).[512] Wird die Beschlussfähigkeit (*quorum costitutivo*) nicht erreicht, bedarf es einer Einberufung für die zweite Sitzung (*seconda convocazione*), die in der Regel schon durch die Benachrichtigung über die erste Einberufung für die Versammlung direkt festgelegt wird.[513] Einzige Einschränkung ist dabei, dass die zweite Versammlung nicht am gleichen Tag der ersten Einberufung stattfinden kann (Art. 2369 II 1 c.c.). Für die zweite Sitzung der Versammlung werden dann keine Anforderungen an die Beschlussfähigkeit gestellt (*quorum deliberativo*) (Art. 2369 III c.c.) und es wird wiede- 208

502 Trib. Roma 17.10.2016, www.giurisprudenzadelleimprese.it; Trib. Napoli 11.12.2014, Le Società 2015, 1353.

503 Trib. Roma 15.6.2015, Le Società 2016, 429; Trib. Torino 30.1.2015, Le Società 2016, 342; *Campobasso*, Diritto commerciale, Bd. 2, Diritto delle società, 2015, S. 350.

504 *Campobasso*, Diritto commerciale, Bd. 2, Diritto delle società, 2015, S. 313; *Presti/Rescigno*, Corso di diritto commerciale, Bd. 2, Società, 2017, S. 456 f.; *De Luca* in: Abbadessa/Portale (Hrsg.), Le società per azioni. Codice civile e leggi complementari, 2016, S. 884, 894 ff.; *Falco* in: Wegen/Spahlinger/Barth (Hrsg.), Gesellschaftsrecht des Auslands, 2016, Italien, Rn. 188; *De Nicola/Carone*, Italian Company Law, 2015, S. 134; *Oelkers*, Die italienische Aktiengesellschaft im institutionellen Wettbewerb, 2008, S. 241; *Magelli/Masotto* RIW 2004, 903, 905; *Pernazza*, Corporations and Partnerships in Italy, 2012, Rn. 192.

505 Trib. Catania 7.3.2002, Le Società 2002, 879; *De Nicola/Carone*, Italian Company Law, 2015, S. 134; *Oelkers*, Die italienische Aktiengesellschaft im institutionellen Wettbewerb, 2008, S. 241 Fn. 1019; *Magelli/Masotto* RIW 2004, 903, 905.

506 *Tedeschi* in: Abbadessa/Portale (Hrsg.), Le società per azioni. Codice civile e leggi complementari, 2016, S. 1009, 1012 ff.; *De Nicola/Carone*, Italian Company Law, 2015, S. 134.

507 *Campobasso*, Diritto commerciale, Bd. 2, Diritto delle società, 2015, S. 322; *De Nicola/Carone*, Italian Company Law, 2015, S. 134; *Oelkers*, Die italienische Aktiengesellschaft im institutionellen Wettbewerb, 2008, S. 241; *Pernazza*, Corporations and Partnerships in Italy, 2012, Rn. 192.

508 App. Roma 3.7.2013, Rivista del diritto societario 2015, 149; Trib. Roma 3.8.1998, Società 1999, 455.

509 Trib. Venezia 16.11.1987, Società 1988, 482; *Tedeschi* in: Abbadessa/Portale (Hrsg.), Le società per azioni. Codice civile e leggi complementari, 2016, S. 1009, 1017; *De Nicola/Carone*, Italian Company Law, 2015, S. 134; *Oelkers*, Die italienische Aktiengesellschaft im institutionellen Wettbewerb, 2008, S. 241.

510 *Stagno d'Alcontres/De Luca*, Le società, Bd. 2, Le società di capitali, 2017, S. 708 ff.; *Campobasso*, Diritto commerciale, Bd. 2, Diritto delle società, 2015, S. 314 ff.; *Kindler*, Italienisches Handels- und Wirtschaftsrecht, 2014, § 4 Rn. 157 ff.; vgl. *Pernazza*, Corporations and Partnerships in Italy, 2012, Rn. 193 ff.

511 *Stagno d'Alcontres/De Luca*, Le società, Bd. 2, Le società di capitali, 2017, S. 708.

512 *Stagno d'Alcontres/De Luca*, Le società, Bd. 2, Le società di capitali, 2017, S. 711; *Campobasso*, Diritto commerciale, Bd. 2, Diritto delle società, 2015, S. 316.

513 *Presti/Rescigno*, Corso di diritto commerciale, Bd. 2, Società, 2017, S. 455; *Mirone* in: Cian (Hrsg.), Diritto commerciale. Bd. 3, Diritto delle società, 2017, S. 419.

rum mit einer einfachen Mehrheit von über 50% des anwesenden Kapitals entschieden,[514] es sei denn, dass die Satzung höhere Mehrheiten verlangt. Höhere Mehrheiten dürfen aber für die Genehmigung des Jahresabschlusses und für die Bestellung zu Gesellschaftsämtern oder für die Abberufung von solchen nicht vorgeschrieben werden (Art. 2369 IV c.c.). Das entspricht dem Effizienzgrundsatz.[515] In der Praxis werden die Beschlüsse meist in der zweiten Sitzung gefasst. Seit 2012 (Gesetzesdekret 18.6.2012, Nr. 91) erfolgt für offene Gesellschaften die Einberufung nur für eine einzige Sitzung (*convocazione unica*), wo die Regeln der zweiten Sitzung Anwendung finden (Art. 2369 I 2 c.c.). Das bedeutet, dass bei ordentlichen Beschlüssen in offenen Gesellschaften keine Anforderungen an die Beschlussfähigkeit gestellt werden, damit die Beschlussfähigkeit unverzüglich erreicht wird. Die Satzung kann aber etwas Anderes vorsehen und zB die Unterscheidung zwischen der ersten und zweiten Sitzung beibehalten.[516]

514 *Campobasso*, Diritto commerciale, Bd. 2, Diritto delle società, 2015, S. 316; *Presti/Rescigno*, Corso di diritto commerciale, Bd. 2, Società, 2017, S. 457; *Kindler*, Italienisches Handels- und Wirtschaftsrecht, 2014, § 4 Rn. 158; *Oelkers*, Die italienische Aktiengesellschaft im institutionellen Wettbewerb, 2008, S. 242; *Magelli/Masotto* RIW 2004, 903, 905; *Pernazza*, Corporations and Partnerships in Italy, 2012, Rn. 194.

515 *Presti/Rescigno*, Corso di diritto commerciale, Bd. 2, Società, 2017, S. 457 f.; *Campobasso*, Diritto commerciale, Bd. 2, Diritto delle società, 2015, S. 316.

516 *Mirone* in: Cian (Hrsg.), Diritto commerciale. Bd. 3, Diritto delle società, 2017, S. 419; *Presti/Rescigno*, Corso di diritto commerciale, Bd. 2, Società, 2017, S. 458; aA *De Luca* in: Abbadessa/Portale (Hrsg.), Le società per azioni. Codice civile e leggi complementari, 2016, S. 908, 934 ff.

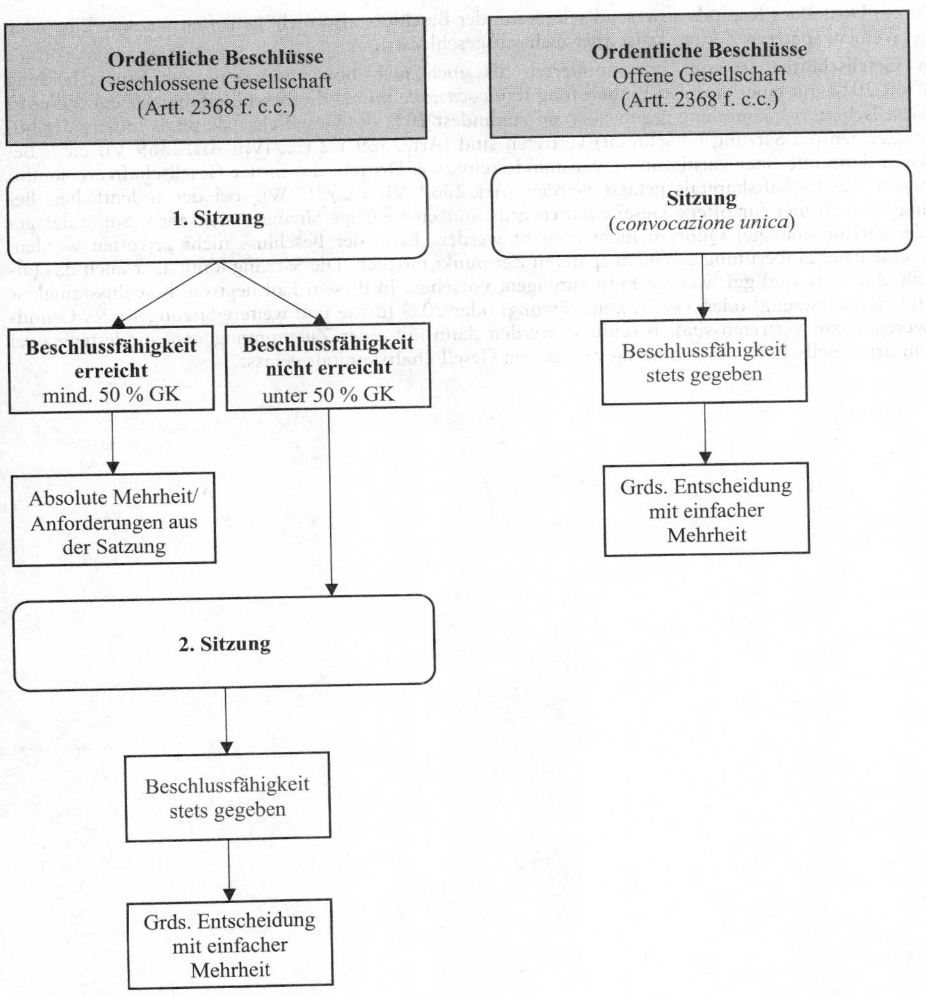

Abb. 6: Verlauf von ordentlichen Beschlüssen

Art. 2368 II c.c. regelt die Beschlussfähigkeit und die erforderlichen Mehrheiten für **außerordentliche Beschlüsse** in Abhängigkeit von der geschlossenen oder offenen Eigenschaft der Gesellschaft. Die außerordentliche Gesellschafterversammlung einer ***società chiusa*** beschließt im Rahmen der ersten Einberufung mit einer Mehrheit von 50% des Gesellschaftskapitals (*quorum deliberativo*), falls die Satzung nicht ein höheres Quorum vorschreibt (Art. 2368 II c.c.). Daraus ergibt sich auch, dass die Gesellschaft erst beschlussfähig (*quorum costitutivo*) ist, wenn mindestens die Hälfte des Kapitals anwesend ist.[517] Sollte in der ersten Sitzung diese Schwelle nicht erreicht werden und wird daher eine zweite Einberufung notwendig, ist die Versammlung im Rahmen der zweiten Versammlung beschlussfähig, wenn mindestens ein Drittel des Kapitals (Art. 2369 III c.c.) anwesend ist. In letzterem Fall muss die außerordentliche Versammlung mit einer Mehrheit von zwei Dritteln des in der Gesellschafterversammlung vertretenen Gesellschaftskapitals abstimmen (Art. 2369 III c.c.).[518] Sollte auch in der zweiten 209

517 *Presti/Rescigno*, Corso di diritto commerciale, Bd. 2, Società, 2017, S. 458; *Oelkers*, Die italienische Aktiengesellschaft im institutionellen Wettbewerb, 2008, S. 242.

518 *Stagno d'Alcontres/De Luca*, Le società, Bd. 2, Le società di capitali, 2017, S. 709; *Presti/Rescigno*, Corso di diritto commerciale, Bd. 2, Società, 2017, S. 458; *Campobasso*, Diritto commerciale, Bd. 2, Diritto delle società, 2015, S. 316.

Sitzung nicht ein Drittel des Kapitals anwesend sein, kann der Beschluss also nicht getroffen werden. Eine neue Einberufung zu einem späteren Zeitpunkt ist aber nicht ausgeschlossen.

210 Bei **offenen Gesellschaften** (sowohl börsennotierten als auch nicht-börsennotierten, zur Unterscheidung Rn. 167) ist seit 2012 mit einer einzigen Einberufung (*convocazione unica*) die Beschlussfähigkeit der außerordentlichen Gesellschafterversammlung gegeben, wenn zumindest 20% des Gesellschaftskapitals (oder jeder höhere Prozentsatz, den die Satzung vorschreibt) vertreten sind (Art. 2369 I 2 c.c. iVm Art. 2369 VII c.c.). Beschlüsse müssen dann mit einer Zustimmung von mindestens zwei Dritteln des in der Gesellschafterversammlung vertretenen Gesellschaftskapitals gefasst werden (Art. 2369 VII c.c.).[519] Wie bei der ordentlichen Beschlussfassung ist auch hier für offene Gesellschaften grds. nur eine einzige Sitzung vorgesehen. Sollte das gesetzliche (oder satzungsmäßige) Quorum nicht erreicht werden, kann der Beschluss nicht getroffen werden. Dann ist nur eine neue Einberufung zu einem späteren Zeitpunkt möglich. Die Satzung kann aber auch das (alte) System, dh eine erste und ggf. weitere Einberufungen, vorsehen. In diesem Fall liegt die Beschlussfähigkeit vor, wenn 50% (erste Sitzung) oder 33% (zweite Sitzung) oder 20% (dritte und weitere Sitzungen) des Grundkapitals anwesend bzw. vertreten sind. Beschlüsse werden dann mit einer Zustimmung von mindestens zwei Dritteln des in der Gesellschafterversammlung vertretenen Gesellschaftskapitals gefasst.

519 *Stagno d'Alcontres/De Luca*, Le società, Bd. 2, Le società di capitali, 2017, S. 709.

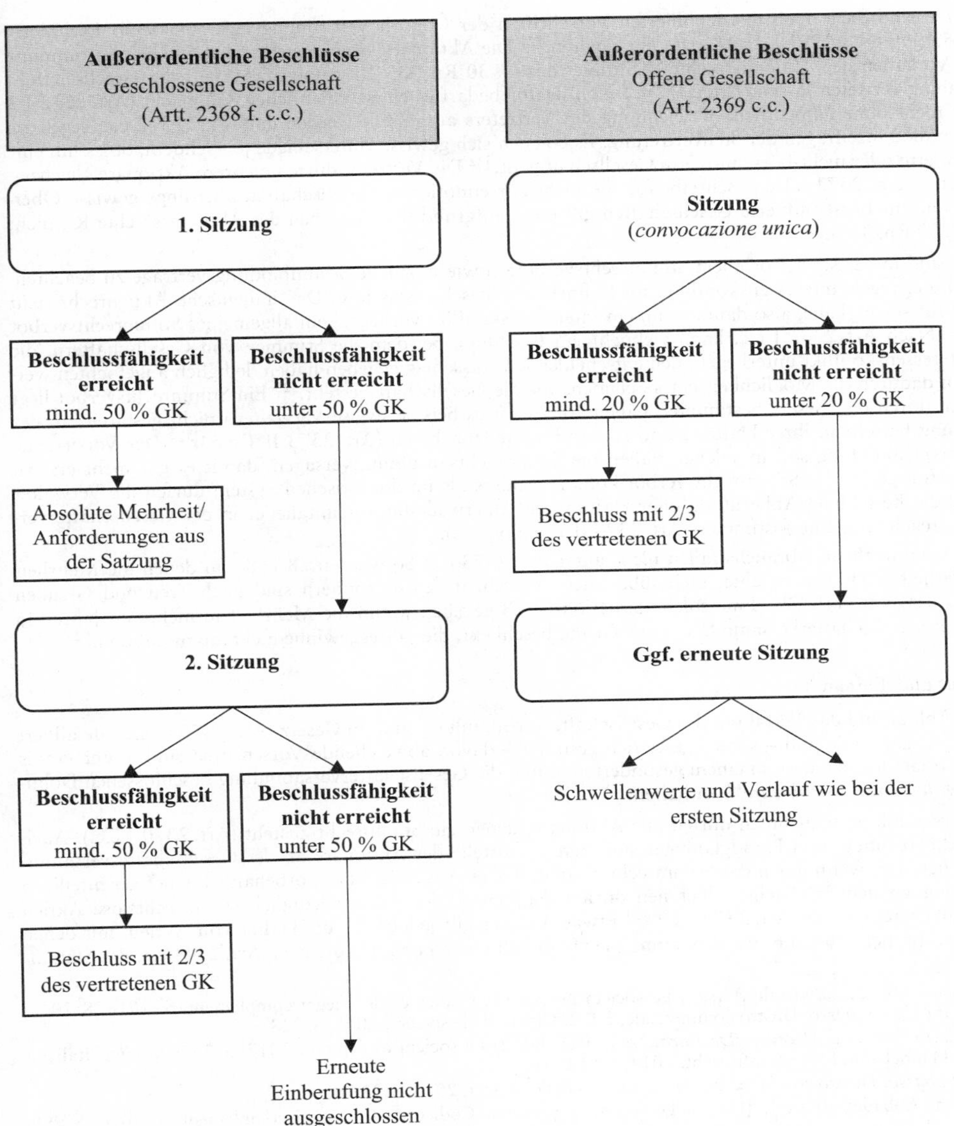

Abb. 7: Verlauf von außerordentlichen Beschlüssen bei geschlossenen und börsennotierten Gesellschaften

Grundsätzlich gewährt **jede Aktie eine Stimme** (Art. 2351 I c.c.). Von diesem Prinzip sind jedoch durch Satzungsgestaltung und durch die Bildung von Aktiengattungen weitreichende Ausnahmen möglich (s. dazu näher unter Rn. 312 ff.). Die Aktionäre können ihr Stimmrecht ausüben, wenn sie körperlich in der Versammlung anwesend sind. Darüber hinaus gestattet es Art. 2370 IV c.c. auch, dass in der Satzung die **Teilnahme per neuer Kommunikationstechniken** zugelassen wird (s. zum insofern von der Aktionärsrechte-RL vorgesehenen „ermöglichenden Minimalstandard § 30 Rn. 122). Die Satzung kann dementsprechend vorsehen, dass die Aktionäre per Email abstimmen oder per Telefonkonferenz zugeschaltet werden können.[520] Für die börsennotierten Ge- 211

520 *Stagno d'Alcontres/De Luca*, Le società, Bd. 2, Le società di capitali, 2017, S. 705; *Kindler*, Italienisches Handels- und Wirtschaftsrecht, 2014, § 4 Rn. 169; *De Nicola/Carone*, Italian Company Law, 2015, S. 135.

sellschaften sind dazu auch die detaillierten Vorschriften der Consob Verordnung („*Regolamento Emittenti*“ vom 14.5.1999, N. 11971), Art. 140 ff., einzuhalten.[521] Die Aktionäre können sich zudem in Übereinstimmung mit den Vorgaben der Aktionärsrechte-Richtlinie (dazu § 30 Rn. 333 ff.) grundsätzlich auf der Gesellschafterversammlung **vertreten lassen** (Art. 2372 I 1 c.c.). Dafür bedarf es einer schriftlichen Vollmacht (Art. 2372 I 2 c.c.), die nicht ohne namentliche Bezeichnung des Vertreters ausgestellt werden darf. Art. 2372 c.c. regelt im Folgenden die Einzelfragen der Stellvertretung. Es ergeben sich gewisse Unterschiede je nachdem, ob es um eine börsennotierte oder nicht-börsennotierte Gesellschaft geht.[522] Die Vertreter dürfen mehrere Aktionäre gleichzeitig vertreten. Art. 2372 VI c.c. schreibt für die nicht-börsennotierten Gesellschaften allerdings gewisse **Obergrenzen** vor. Für börsennotierte Gesellschaften gilt diese aufgrund der Vorgaben der Aktionärsrechte-RL nicht (s. dazu § 30 Rn. 339).

212 Daneben sind in der s.p.a. vor allem Stimmrechtsverbote sowie mögliche Stimmbindungsverträge zu beachten. Art. 2373 c.c. regelt **Interessenskonflikte** im Rahmen der Beschlussfassung. Das italienische Aktienrecht sieht seit 2003 für solche Fälle, also dann, wenn ein Interessenskonflikt vorliegt, kein allgemeines **Stimmrechtsverbot** mehr vor. Nach Art. 2373 I c.c. kann vielmehr ein Beschluss, bei dem die Stimmen von Gesellschaftern, die einem Interessenskonflikt unterliegen, den entscheidenden Ausschlag gegeben haben, lediglich angefochten werden, wenn dadurch die Möglichkeit eines Schadens für die Gesellschaft besteht.[523] Ein Stimmrechtsverbot liegt nur in den durch das Gesetz bestimmten Fällen vor. So ist es beispielsweise Verwaltern nicht gestattet, an der Abstimmung betreffend ihrer Haftung und Abberufung teilzunehmen (Art. 2373 II 1 c.c.).[524] Der Vorsitzende der Hauptversammlung soll in solchen Fällen die Stimmrechtsausübung versagen, damit es gar nicht erst zu einem Verstoß gegen das Stimmrechtsverbot kommt. Anders als im dualistischen System dürfen die Verwalter aber über die Bestellung, Abberufung oder Haftung der Überwachungsratsmitglieder in der Gesellschafterversammlung regelmäßig mit abstimmen (Art. 2373 II 1 analog c.c.).

213 Fälle des **Stimmrechtsmissbrauchs** fallen nicht unter Art. 2373 c.c. So werden zB Fälle, in denen die Mehrheit die Minderheit schädigen möchte, nicht über diese Vorschrift gelöst, sondern sind nach Treu und Glauben (Art. 1375 c.c.) anfechtbar.[525] Eine solche Situation ist zB gegeben, wenn die Mehrheit in mehreren Jahren in Folge in der Gesellschafterversammlung ohne Grund beschließt, die Jahresgewinne nicht auszuschütten.[526]

(4) Ablauf und Teilnahme

214 Auch der Ablauf und das Verfahren der Gesellschafterversammlung sind im Gesetz (Art. 2370 ff. c.c.) detailliert geregelt.[527] Ergänzende und – sofern gesetzlich gestattet – davon abweichende Vorschriften sind in der Praxis nicht in der Satzung, sondern in einem gesonderten, durch die Gesellschafterversammlung beschlossenen Dokument („*regolamento assembleare*“) enthalten.[528]

215 An der Versammlung teilnehmen dürfen alle Aktionäre, denen ein Stimmrecht zusteht (Art. 2370 I c.c.). Auch Nießbrauchberechtigte und Pfandgläubiger sind befugt, anstelle der Aktionäre an der Gesellschafterversammlung teilzunehmen, wenn ihnen das Stimmrecht zusteht, wie es Art. 2352 I c.c. vorbehaltlich einer gegenteiligen Vereinbarung vorsieht.[529] Nicht teilnehmen dürfen dagegen Aktionäre, die lediglich stimmrechtslose Aktien halten (Umkehrschluss aus Art. 2370 c.c.).[530] Etwas Anderes gilt jedoch für die Halter von Aktien, mit denen das Stimmrecht nicht ausgeübt werden kann, wie zB im Fall von Aktien, für die nach Art. 2344 c.c. das Stamm-

521 *Tucci* in: Abbadessa/Portale (Hrsg.), Le società per azioni. Codice civile e leggi complementari, 2016, S. 3911, 3911 ff.; *Campobasso*, Diritto commerciale, Bd. 2, Diritto delle società, 2015, S. 328.

522 Vgl. dazu *Stagno d'Alcontres/De Luca*, Le società, Bd. 2, Le società di capitali, 2017, S. 705; *Kindler*, Italienisches Handels- und Wirtschaftsrecht, 2014, § 4 Rn. 168.

523 *Campobasso*, Diritto commerciale, Bd. 2, Diritto delle società, 2015, S. 336 ff.

524 *Meli* in: Abbadessa/Portale (Hrsg.), Le società per azioni. Codice civile e leggi complementari, 2016, S. 999, 1007.

525 Cass. 20.1.2011, N. 1361; Cass. 26.10.1995, N. 11151; *Stagno d'Alcontres/De Luca*, Le società, Bd. 2, Le società di capitali, 2017, S. 728 ff.; *Campobasso*, Diritto commerciale, Bd. 2, Diritto delle società, 2015, S. 337; *Kindler*, Italienisches Handels- und Wirtschaftsrecht, 2014, § 4 Rn. 166.

526 Trib. Torino 19.4.2017, www.giurisprudenzadelleimprese.it; Trib. Milano 30.1.2017, www.giurisprudenzadelleimprese.it.

527 Vgl. dazu *Stagno d'Alcontres/De Luca*, Le società, Bd. 2, Le società di capitali, 2017, S. 702 ff.; *Campobasso*, Diritto commerciale, Bd. 2, Diritto delle società, 2015, S. 320 ff.; *Kindler*, Italienisches Handels- und Wirtschaftsrecht, 2014, § 4 Rn. 161 ff.

528 *Campobasso*, Diritto commerciale, Bd. 2, Diritto delle società, 2015, S. 320; *Innocenti* Giurisprudenza commerciale 2015, 349, 357; *Maugeri* Rivista delle società 2013, 336, 370 ff.; *Casale*, Il regolamento assembleare nella società per azioni. Fattispecie e contenuti, 2012, S. 95 ff.

529 *Campobasso*, Diritto commerciale, Bd. 2, Diritto delle società, 2015, S. 325; *Mirone* in: Cian (Hrsg.), Diritto commerciale, Bd. 3, Diritto delle società, 2017, S. 386; *Kindler*, Italienisches Handels- und Wirtschaftsrecht, 2014, § 4 Rn. 164; *De Nicola/Carone*, Italian Company Law, 2015, S. 135.

530 *Campobasso*, Diritto commerciale, Bd. 2, Diritto delle società, 2015, S. 325; *De Nicola/Carone*, Italian Company Law, 2015, S. 135; *Kindler*, Italienisches Handels- und Wirtschaftsrecht, 2014, § 4 Rn. 164.

kapital nicht vollständig einbezahlt wurde. Für solche Aktionäre bleibt das Teilnahmerecht bestehen (Schluss aus Art. 2368 III 1 c.c.).[531] Abweichende Satzungsbestimmungen, die den Kreis der Teilnahmeberechtigten weiter ziehen, sind gestattet.[532]

Die Satzung kann im Vorfeld der Versammlung die **Hinterlegung der Aktien** am Gesellschaftssitz oder bei den Banken vorsehen, die in der Benachrichtigung der Einberufung genannt werden (Art. 2370 II c.c.). Bei offenen Aktiengesellschaften wird die Hinterlegung durch eine Mitteilung des Vermittlers, der die entsprechenden Konten führt, ersetzt.[533] Bei börsennotierten Gesellschaften steht das Stimm- und Teilnahmerecht aufgrund der Vorgaben der Aktionärsrechte-Richtlinie (§ 30 Rn. 117) den Aktionären zu, die am siebten Tag vor dem für die Gesellschafterversammlung bestimmten Datum, als solche aus den Konten der Vermittler hervorgehen (sog **„*record date*"**, vgl. Art. 83-sexies T.U.F.). Werden die Aktien nach dem *record date* und vor der Gesellschafterversammlung verkauft, hat dies auf das Teilnahme- und Stimmrecht des übertragenden Aktionärs keine Auswirkungen,[534] dh dieser darf weiterhin an der Versammlung teilnehmen.[535] Der Erwerber jedoch nicht. Hier kann es somit zu einem Auseinanderfallen von Eigentum (an der Aktie) und dem Teilnahme- und Stimmrecht kommen. Befugt an der Gesellschafterversammlung teilzunehmen sind zudem Verwaltungsrats- und Überwachungsratsmitglieder. Für Letztere ist die Teilnahme sogar Pflicht (Art. 2405 c.c., zu den Konsequenzen der Nichtteilnahme s. Rn. 268). 216

Den **Vorsitz** in der Versammlung führt die dazu in der Satzung designierte Person („*Presidente dell'assemblea*"). In der Praxis ist der Vorsitz häufig an eine bestimmte Funktion gebunden, deren Inhaber dann den Vorsitz führt (wie zB der Vorsitzende des Verwaltungsrates). In Ermangelung einer solchen Satzungsbestimmung wird die Person, die den Vorsitz übernehmen soll, von der Mehrheit der Anwesenden gewählt (Art. 2371 I 1 c.c.). Umstritten ist, ob die Mehrheit in diesem Fall nach dem Anteil der Gesellschafter oder ausnahmsweise pro Kopf bemessen werden sollte.[536] Neben dem Vorsitzenden ist auch ein **Schriftführer** (*segretario*) in der gleichen Weise zu bestimmen (Art. 2371 I 2 c.c.). Art. 2371 I 3 c.c. listet die **Aufgaben des Vorsitzenden** auf: 217

- Beschlussfähigkeit feststellen;
- Identität und Teilnahmeberechtigung der Anwesenden überprüfen;
- den Ablauf der Versammlung festlegen und
- die Beschlussergebnisse feststellen.[537]

Die Gesellschafter dürfen dem Verwaltungsrat Fragen zu den Tagesordnungspunkten stellen (Fragerecht). Dieses wird bei börsennotierten Gesellschaften gemäß den Vorgaben der Aktionärsrechte-RL (dazu § 30 Rn. 131 ff.) gesetzlich im Art. 127-*ter* T.U.F. geregelt. Aktionäre der Gesellschaft können danach ihr Recht nicht nur auf der Hauptversammlung selbst ausüben, sondern der Gesellschaft auch vor der Sitzung Fragen zukommen lassen. In diesem Fall können die Antworten auch lediglich durch die Veröffentlichung auf der Internetseite der Gesellschaft (in der Form von *FAQ – Frequently Asked Questions*) gegeben werden (Art. 127-*ter* III T.U.F.).[538] Dies entspricht Art. 9 II Uabs. 2 der Aktionärsrechte-RL (Antwortfiktion). Bei den anderen Gesellschaften (dh geschlossenen bzw. offenen, aber nicht börsennotierten Gesellschaften) wird ein Fragerecht aus Art. 2370 c.c. (Teilnahmerecht) hergeleitet.[539] Dies kommt vor allem häufig in Versammlungen vor, die den Jahresabschluss genehmigen sollen. Beantworten die Verwaltungsratsmitglieder die Fragen der Gesellschafter nicht ausreichend ausführlich, kann der Beschluss wegen Verletzung des Klarheitsgrundsatzes aus Beschlussnichtigkeit angefochten werden.[540] 218

Die Beschlussergebnisse müssen im **Protokoll** festgehalten werden (Art. 2375 I c.c.). Art. 2375 I 2 c.c. nennt weitere Punkte, die im Protokoll bzw. im Anhang dazu enthalten sein müssen. Dazu zählen neben den Beschlussergebnissen: 219

531 *Campobasso*, Diritto commerciale, Bd. 2, Diritto delle società, 2015, S. 325; aA *Magliulo* in: D'Alessandro (Hrsg.), Commentario romano al nuovo diritto delle società, Bd. 2/1, 2010, S. 646; *Kindler*, Italienisches Handels- und Wirtschaftsrecht, 2014, § 4 Rn. 164.

532 *Mirone* in: Cian (Hrsg.), Diritto commerciale, Bd. 3, Diritto delle società, 2017, S. 387.

533 *Campobasso*, Diritto commerciale, Bd. 2, Diritto delle società, 2015, S. 326; *Stagno d'Alcontres/De Luca*, Le società, Bd. 2, Le società di capitali, 2017, S. 703.

534 *Stagno d'Alcontres/De Luca*, Le società, Bd. 2, Le società di capitali, 2017, S. 703 ff.; *Mirone* in: Cian (Hrsg.), Diritto commerciale, Bd. 3, Diritto delle società, 2017, S. 388.

535 *Kindler*, Italienisches Handels- und Wirtschaftsrecht, 2014, § 4 Rn. 164.

536 *Campobasso*, Diritto commerciale, Bd. 2, Diritto delle società, 2015, S. 320; *Mirone* in: Cian (Hrsg.), Diritto commerciale, Bd. 3, Diritto delle società, 2017, S. 390.

537 *Mirone* in: Cian (Hrsg.), Diritto commerciale, Bd. 2, Diritto delle società, 2017, S. 390 f.

538 *Innocenti* Giurisprudenza commerciale 2015, 349, 366; *Tucci* in: Abbadessa/Portale(Hrsg.), Le società per azioni. Codice civile e leggi complementari, 2016, S. 3931, 3933.

539 *Stella Richter jr.* in: Abbadessa/Portale (Hrsg.), Le società per azioni. Codice civile e leggi complementari, 2016, S. 936, 941.

540 Trib. Milano 6.2.2017, www.giurisprudenzadelleimprese.it; App. Torino 14.4.2011, Corriere del merito 2011, 1051; Cass. 9.5.2008, N. 11554; Cass. 27.4.2004, N. 8001.

- Der Tag der Gesellschafterversammlung;
- die Identität der anwesenden Aktionäre und das von ihnen vertretene Kapital;
- die Art und Weise der Abstimmung und
- das Abstimmverhalten der einzelnen Aktionäre.

220 Eine geheime Abstimmung ist nach italienischem Recht ausgeschlossen, da das Abstimmverhalten der Gesellschafter für das Anfechtungsrecht und das Austrittsrecht entscheidend ist.[541] Darüber hinaus müssen auf Antrag der Aktionäre ihre sich auf die Tagesordnung beziehenden **Erklärungen** im Protokoll zusammengefasst aufgenommen werden (Art. 2375 I 3 c.c.). Das Protokoll muss unverzüglich abgefasst werden, aber nicht unbedingt gleichzeitig mit der Gesellschafterversammlung.[542] Es muss entweder vom Vorsitzenden und dem Schriftführer unterschrieben werden oder vom Vorsitzenden und einem Notar (Art. 2375 I c.c.). Im Falle einer außerordentlichen Versammlung ist das Protokoll in jedem Fall vom Notar aufzunehmen (Art. 2375 II c.c., dazu auch Rn. 194). Der Aufwand von ordentlichen Gesellschafterversammlungen ist daher idR niedriger als bei außerordentlichen Gesellschafterversammlungen.

(5) Nichtige und anfechtbare Gesellschafterbeschlüsse

221 Bei gravierenden Fehlern sieht das italienische Recht die Nichtigkeit (*nullità*) von Gesellschafterbeschlüssen vor. Ansonsten sind fehlerhafte (*annullabili*) Beschlüsse anfechtbar. Art. 2379 c.c. regelt die **Nichtigkeit** von Beschlüssen. Art. 2379 I 1 c.c. bestimmt diese für den Fall der unterlassenen Einberufung der Versammlung und für das Fehlen des Beschlussprotokolls. Die Nichtigkeit eines Beschlusses wegen unterlassener Einberufung scheidet aber aus, wenn die Einberufung zwar nicht vom Verwaltungsorgan, dafür aber zumindest von einem Mitglied des Verwaltungsorgans oder des Kontrollorgans der Gesellschaft vorgenommen wurde. Dies gilt allerdings nur insoweit, als die Teilnahmeberechtigten dadurch auch wirklich Kenntnis von der Einberufung und dem Datum der Versammlung erlangen konnten (Art. 2379 III c.c.). Eine **Heilung** der Nichtigkeit ist gegeben, wenn die Gesellschafter zumindest nachträglich der Abhaltung der Gesellschafterversammlung zustimmen (Art. 2379-*bis* c.c.).[543] Außerdem ist gem. Art. 2366 IV 1 c.c. keine Nichtigkeit vorgesehen, wenn das gesamte Gesellschaftskapital sowie die Mehrheit der Organmitglieder (sog ***assemblea totalitaria***) trotz unterlassener Einberufung vertreten sind.[544] Das Protokoll wird zudem nicht als fehlend angesehen, wenn es ein Schriftstück gibt, das den Tag der Beschlussfassung und die Beschlussgegenstände enthält und unterschrieben wurde.[545] Zudem ist auch im Fall eines fehlenden Protokolls eine Heilung möglich und zwar, wenn die Protokollierung noch vor der nächsten Gesellschafterversammlung nachgeholt wird.[546]

222 Darüber hinaus ist ein Beschluss nichtig, wenn der **Beschlussgegenstand unmöglich** oder **verboten** ist (Art. 2379 I 1 c.c.). Ein Beispiel für Letzteres wäre der Beschluss, auf die Erstellung des Jahresabschlusses zu verzichten.[547] Auch der Beschluss zur Ausschüttung eines nicht vorhandenen Gewinns ist nichtig.[548] Für die Praxis ist zudem besonders relevant, dass die Genehmigung eines fehlerhaften (dh nicht den Rechnungslegungsvorschriften entsprechenden) Jahresabschlusses ebenfalls nichtig ist.[549]

223 Die Nichtigkeit tritt allerdings nicht automatisch ein. Vielmehr bedarf es auch hier einer **Anfechtung** oder der **Erklärung der Ungültigkeit** von Amts wegen durch ein Gericht (Art. 2379 I 1 und II c.c.).[550] Die **Anfechtungs-**

541 *Campobasso*, Diritto commerciale, Bd. 2, Diritto delle società, 2015, S. 324; *Mirone* in: Cian (Hrsg.), Diritto commerciale, Bd. 3, Diritto delle società, 2017, S. 395.

542 *Stagno d'Alcontres/De Luca*, Le società, Bd. 2, Le società di capitali, 2017, S. 717; *Caruso* in: Abbadessa/Portale (Hrsg.), Le società per azioni. Codice civile e leggi complementari, 2016, S. 1021, 1029.

543 *Campobasso*, Diritto commerciale, Bd. 2, Diritto delle società, 2015, S. 350; *La Sala* in: Abbadessa/Portale (Hrsg.), Le società per azioni. Codice civile e leggi complementari, 2016, S. 1133, 1134 ff.

544 *Campobasso*, Diritto commerciale, Bd. 2, Diritto delle società, 2015, S. 313; *Presti/Rescigno*, Corso di diritto commerciale, Bd. 2, Società, 2017, S. 456 f.; *De Luca* in: Abbadessa/Portale (Hrsg.), Le società per azioni. Codice civile e leggi complementari, 2016, S. 885, 894 ff.; *Falco* in: Wegen/Spahlinger/Barth (Hrsg.), Gesellschaftsrecht des Auslands, 2016, Italien, Rn. 188; *De Nicola/Carone*, Italian Company Law, 2015, S. 134; *Oelkers*, Die italienische Aktiengesellschaft im institutionellen Wettbewerb, 2008, S. 241; *Magelli/Masotto* RIW 2004, 903, 905; *Pernazza*, Corporations and Partnerships in Italy, 2012, Rn. 192.

545 Ist die Protokollierung lediglich fehlerhaft, scheidet eine Nichtigkeit des Beschlusses aus. *Oelkers*, Die italienische Aktiengesellschaft im institutionellen Wettbewerb, 2008, S. 247.

546 *Guerrera* in: Abbadessa/Portale (Hrsg.), Il nuovo diritto delle società. Liber amicorum Gian Franco Campobasso, Bd. 2, 2006, S. 114 ff.

547 *Kindler*, Italienisches Handels- und Wirtschaftsrecht, 2014, § 4 Rn. 170.

548 *Oelkers*, Die italienische Aktiengesellschaft im institutionellen Wettbewerb, 2008, S. 248.

549 Ständige Rechtsprechung: vgl. Trib. Torino 13.7.2017, www.giurisprudenzadelleimprese.it; Cass. 13.10.2016, N. 20674; Trib. Roma 29.9.2015, www.giurisprudenzadelleimprese.it; in der Literatur, *Palmieri/Patriarca* in: Abbadessa/Portale (Hrsg.), Le società per azioni. Codice civile e leggi complementari, 2016, S. 1104, 1107; *Campobasso*, Diritto commerciale, Bd. 2, Diritto delle società, 2015, S. 349.

550 *Palmieri/Patriarca* in: Abbadessa/Portale (Hrsg.), Le società per azioni. Codice civile e leggi complementari, 2016, S. 1104, 1120; *Campobasso*, Diritto commerciale, Bd. 2, Diritto delle società, 2015, S. 351.

befugnis steht in diesem Fall jedem zu, der daran ein berechtigtes und konkretes Interesse hat (Art. 2379 I 1 c.c.), dh dass der klagende Gesellschafter einen für ihn durch den fehlerhaften Beschluss herrührenden Schaden nachweisen muss.[551]

Das Gesetz sieht grundsätzlich eine dreijährige **Anfechtungsfrist** für nichtige Beschlüsse vor (Art. 2379 I c.c.). Eine Ausnahme gilt jedoch, wenn ein Nichtigkeitsgrund vorliegt, der sich auf einen Beschluss über die Erhöhung oder die Herabsetzung des Gesellschaftskapitals oder über die Ausgabe von Schuldverschreibungen bezieht. In diesen Fällen schreibt Art. 2379-*ter* I c.c. eine Frist von 180 Tagen ab der Eintragung des Beschlusses ins Handelsregister vor.[552] Im Fall der fehlenden Einberufung beträgt die Frist 90 Tage „ab der Genehmigung des Jahresabschlusses für jenes Rechnungsjahr, in dessen Verlauf der Beschluss auch bloß teilweise ausgeführt worden ist“[553] (Art. 2379-*ter* I c.c.). Der Beschluss zur Genehmigung des Jahresabschlusses kann nicht mehr angefochten werden, nachdem die Genehmigung des Jahresabschlusses für das folgende Jahr erfolgt ist.[554] Beschlüsse, „die den Gesellschaftszweck dergestalt ändern, dass sie unerlaubte oder unmögliche Tätigkeiten vorsehen“[555] können hingegen zeitlich unbeschränkt angefochten werden (Art. 2379 I 2 c.c.).[556] 224

Die **Anfechtungsgründe** (*vizi di annullamento*) sind in Art. 2377 c.c. und das **Anfechtungsverfahren** in Art. 2378 c.c. geregelt. Sofern ein Beschluss nicht bereits nach Art. 2379 c.c. nichtig ist, ist er anfechtbar, sofern er gegen das Gesetz oder die Satzung verstößt (Art. 2377 II c.c.).[557] Die Vorschrift statuiert damit eine reine **Rechtmäßigkeitsprüfung**. Die Wirtschaftlichkeit und Zweckmäßigkeit der Beschlüsse werden hingegen nicht überprüft.[558] Art. 2377 V c.c. listet mögliche Anfechtungsgründe auf: 225

- Die Teilnahme nicht berechtigter Personen an der Versammlung, sofern ihre Teilnahme sich auf die Beschlussfähigkeit ausgewirkt hat (Art. 2377 V lit. a) c.c.);
- die ungültige Stimmabgabe bzw. die fehlende Berücksichtigung einer Stimme bei der Auszählung, sofern auch dies eine Auswirkung auf die Beschlussfassung gehabt hätte (Art. 2377 IV lit. b) c.c.);
- die Fehlerhaftigkeit des Protokolls, wenn dadurch die Feststellung des Beschlussinhalts, seiner Wirkung bzw. Gültigkeit nicht möglich ist (Art. 2377 V lit. c) c.c.).

Daneben sind weitere **Anfechtungsgründe** denkbar. Als Verfahrensfehler kommen zB die Verletzung von Vorschriften über die Einberufungsfristen,[559] die Beschlussfähigkeit,[560] die Tagesordnungspunkte[561] sowie den Ablauf der Versammlung[562] in Betracht. Auch die Nichtbeachtung von Formvorgaben für die Beschlussfassung auf außerordentlichen Gesellschafterversammlungen bedingt die Anfechtbarkeit.[563] Hinsichtlich des Inhalts der Beschlüsse können zB eine Treuepflichtverletzung (Mehrheitsmissbrauch)[564] oder eine Interessenkollision nach Art. 2373 c.c. von Relevanz sein. 226

Anfechtungsgründe können nur binnen einer **Frist** von 90 Tagen geltend gemacht werden (Art. 2377 VI c.c.). Zur Fristberechnung wird entweder auf den Tag der Beschlussfassung oder, wenn die Beschlüsse ins Handelsregister einzutragen sind, auf den Tag der Eintragung abgestellt.[565] Die richterliche Klärung der Nichtigkeit des Beschlusses entfaltet gegenüber allen Gesellschaftern **Wirkung**. Gleichzeitig müssen die Gesellschaftsorgane – 227

551 Trib. Milano 11.5.2016, www.giurisprudenzadelleimprese.it; Trib. Milano 29.2.2016, www.giurisprudenzadelleimprese.it; Cass. 9.5.2008, N. 11554; Cass. 20.7.2007, N. 16159; *Palmieri/Patriarca* in: Abbadessa/Portale (Hrsg.), Le società per azioni. Codice civile e leggi complementari, 2016, S. 1104, 1121.

552 Vgl. *La Sala* in: Abbadessa/Portale (Hrsg.), Le società per azioni. Codice civile e leggi complementari, 2016, S. 1143, 1147 ff. Eine kürzere Frist ist für offene Gesellschaften vorgesehen (Art. 2379-ter II c.c.): Dazu *Campobasso*, Diritto commerciale, Bd. 2, Diritto delle società, 2015, S. 352; *Oelkers*, Die italienische Aktiengesellschaft im institutionellen Wettbewerb, 2008, S. 248.

553 Zitiert nach der Übersetzung des italienischen Zivilgesetzbuches der Südtiroler Landesregierung, Stand: 31.5.2015.

554 Trib. Roma 23.1.2017, www.giurisprudenzadelleimprese.it; Trib. Milano 6.7.2016, Giur. it. 2017, 401; *Mirone* in: Cian (Hrsg.), Diritto commerciale, Bd. 3, Diritto delle società, 2017, S. 421.

555 Art. 2379 I 2 c.c.

556 *Campobasso*, Diritto commerciale, Bd. 2, Diritto delle società, 2015, S. 351; *Mirone* in: Cian (Hrsg.), Diritto commerciale, Bd. 3, Diritto delle società, 2017, S. 421.

557 Dazu *Patriarca* in: Abbadessa/Portale (Hrsg.), Le società per azioni. Codice civile e leggi complementari, 2016, S. 1048, 1052 ff. *Campobasso*, Diritto commerciale, Bd. 2, Diritto delle società, 2015, S. 346; *Mirone* in: Cian (Hrsg.), Diritto commerciale, Bd. 3, Diritto delle società, 2017, S. 413 ff.

558 *Patriarca* in: Abbadessa/Portale (Hrsg.), Le società per azioni. Codice civile e leggi complementari, 2016, S. 1048, 1053; *Oelkers*, Die italienische Aktiengesellschaft im institutionellen Wettbewerb, 2008, S. 245.

559 Trib. Milano 28.7.2012, *Giurisprudenza italiana*, 2013, 1115.

560 Cass. 20.1.2011, N. 1361; Trib. Torino 22.10.2013, www.giurisprudenzadelleimprese.it.

561 Trib. Milano 19.1.2015, www.giurisprudenzadelleimprese.it.

562 Cass. 11.7.2008, N. 19235; Trib. Milano 25.8.2006, Le Società 2007, 507.

563 *Kindler*, Italienisches Handels- und Wirtschaftsrecht, 2014, § 4 Rn. 170.

564 Trib. Torino 19.4.2017, www.giurisprudenzadelleimprese.it; Trib. Roma 17.2.2016, www.giurisprudenzadelleimprese.it.

565 *Campobasso*, Diritto commerciale, Bd. 2, Diritto delle società, 2015, S. 347.

unbeschadet einer Haftung ihrerseits – die daraus resultierenden Maßnahmen in die Wege leiten (Art. 2377 VII 1 c.c.).[566] Die Rechte gutgläubiger Dritter, die mit dem anfechtbaren Beschluss verbunden sind, dürfen nicht beeinträchtigt werden (Art. 2377 VII 2 c.c.). Wird der angefochtene Beschluss, durch einen Beschluss ersetzt, der nicht mit dem Gesetz oder der Satzung in Konflikt steht, so bedarf es keiner Nichtigerklärung mehr (Art. 2377 VIII c.c.).[567]

228 **Anfechtungsberechtigt** sind alle Aktionäre, die gegen den Beschluss gestimmt, sich enthalten haben oder abwesend waren sowie die Gesellschaftsorgane (Art. 2377 c.c.). Einzelne Organmitglieder sind hingegen nicht anfechtungsbefugt.[568] Auch Aktionäre, die für den Beschluss gestimmt haben, können ihn somit nicht anfechten. Die Anfechtungsbefugnis entfällt außerdem für die Aktionäre, die ihre Aktien während des Anfechtungsklageverfahrens verkaufen.[569] Allerdings kann nicht jeder Aktionär allein einen Beschluss anfechten, denn Art. 2377 III 1 c.c. gibt vor, dass nur solche Aktionäre anfechtungsberechtigt sind, die allein oder gemeinsam mit anderen zumindest 0,1% am Grundkapital halten, sofern es sich um eine börsennotierte Gesellschaft handelt. Im Fall einer nicht-börsennotierten Gesellschaft liegen die Anforderungen etwas höher, dh konkret bei 5%. Die Satzung kann allerdings niedrigere Schwellenwerte vorsehen oder auf diese Anforderung ganz verzichten (Art. 2377 III 1 c.c.). Für die Gesellschafter, die den geforderten Kapitalanteil alleine oder gemeinsam nicht erreichen, verbleibt ggf. die Möglichkeit, eine Klage auf Schadensersatz zu erheben.[570]

bb) Verwaltungsrat

229 Beim Verwaltungsrat („*organo amministrativo*"; bei mehreren Mitgliedern spricht man von einem „*consiglio di amministrazione*") liegt die allgemeine und ausschließliche Kompetenz für die **Unternehmensführung** (*gestione della società*, Art. 2380-*bis* c.c. und Art. 2364 N. 5 c.c.), die **Vertretung der Gesellschaft** sowie generell die Zuständigkeit für die Ausführung der Beschlüsse der Gesellschafterversammlung (vgl. Art. 2381 II, III c.c.).[571]

(1) Bestellung und Abberufung der Verwaltungsratsmitglieder

230 Die ersten Verwalter werden durch den Gründungsakt bestellt, nachfolgend steht den Gesellschaftern im Rahmen der **ordentlichen Gesellschafterversammlung** die Bestellung der Verwaltungsratsmitglieder zu (Art. 2383 I c.c.). Die Satzung kann dazu besondere Vorgaben enthalten (Art. 2368 I 3 c.c.), wie zB eine Wahl nach Listen oder andere Mechanismen für die Vertretung der Minderheitsaktionäre.[572] Die Gesellschafterzuständigkeit kann aber nicht durch statuarische Bestimmungen aufgeweicht werden. Es ist daher zB nicht möglich, einem Dritten das Bestellungsrecht zu gewähren.[573] Auch die Möglichkeit der Kooptation besteht daher grds. nicht (zu einer Ausnahme s. Rn. 236).[574] Sowohl für börsennotierte als auch nicht-börsennotierte Aktiengesellschaften mit staatlicher Beteiligung kann die Satzung allerdings dem Staat das Recht gewähren, gemäß der gehaltenen Beteiligung einen oder mehrere Verwalter zu bestimmen (Art. 2449 I c.c.).[575] In **börsennotierten Gesellschaften** wird seit Ende 2005 außerdem zumindest ein Mitglied des Verwaltungsrats durch die **Minderheitsaktionäre** gewählt (Art. 147-*ter* T.U.F.).[576] Es können statuarisch auch geringere Anforderungen an die Mehrheits-

---

566 *Patriarca* in: Abbadessa/Portale (Hrsg.), Le società per azioni. Codice civile e leggi complementari, 2016, S. 1048, 1084 ff.

567 Trib. Roma 20.3.2017, www.giurisprudenzadelleimprese.it; Trib. Roma 19.2.2016, www.giurisprudenzadelleim prese.it; Trib. Roma 25.11.2014, www.giurisprudenzadelleimprese.it; Cass. 13.6.2008, N. 16017; *Patriarca* in: Abbadessa/Portale (Hrsg.), Le società per azioni. Codice civile e leggi complementari, 2016, S. 1048, 1078.

568 Trib. Milano 28.7.2012, Giurisprudenza italiana 2013, 1115; Trib. Milano 29.11.2012, www.giurisprudenzadell eimprese.it.

569 Cass. 29.9.2016, N. 18845; Cass. 27.10.2014, N. 22784; Trib. Roma 10.7.2015, www.giurisprudenzadelleimpr ese.it.

570 *Patriarca* in: Abbadessa/Portale (Hrsg.), Le società per azioni. Codice civile e leggi complementari, 2016, S. 1048, 1070 ff.

571 *Pinto* in: Abbadessa/Portale (Hrsg.), Le società per azioni. Codice civile e leggi complementari, 2016, S. 1167, 1169 ff.; *Campobasso*, Diritto commerciale, Bd. 2, Diritto delle società, 2015, S. 355.

572 *Presti/Rescigno*, Corso di diritto commerciale, Bd. 2, Società, 2017, S. 464; *Sanfilippo* in: Abbadessa/Portale (Hrsg.), Le società per azioni. Codice civile e leggi complementari, 2016, S. 1220, 1223 ff.

573 Cass. 14.12.1995, N. 12820; Cass. 17.4.1990, N. 3181; *Campobasso*, Diritto commerciale, Bd. 2, Diritto delle società, 2015, S. 358; *Sanfilippo* in: Abbadessa/Portale (Hrsg.), Le società per azioni. Codice civile e leggi complementari, 2016, S. 1220, 1222; *Kindler*, Italienisches Handels- und Wirtschaftsrecht, 2014, § 4 Rn. 190.

574 Vgl. auch *Kindler*, Italienisches Handels- und Wirtschaftsrecht, 2014, § 4 Rn. 190.

575 *Ghezzi/Ventoruzzo* Rivista delle società 2008, 668, 697 ff.; *Pecoraro* Rivista delle società 2009, 947, 962 ff. und 985 ff.; *Presti/Rescigno*, Corso di diritto commerciale, Bd. 2, Società, 2017, S. 474.

576 Trib. Firenze 3.4.2017, Le Società 2018, 55; *Stella Richter jr.* in: Abbadessa/Portale (Hrsg.), Le società per azioni. Codice civile e leggi complementari, 2016, S. 4192, 4195; *Campobasso*, Diritto commerciale, Bd. 2, Diritto delle società, 2015, S. 360; *Ventoruzzo* Rivista delle società 2007, 205, 249; Trib. Trieste 8.6.2011, Le Società 2011, 953; *Sangiovanni* RIW 2005, 112, 112 f., 117 ff.

erfordernisse für die Bestellung von Geschäftsführern gestellt werden.[577] Ein Entsendungsrecht für ein unabhängiges Verwaltungsratsmitglied (*amministratore indipendente*) kann nach Art. 2351 V c.c. ansonsten nur den Inhabern von Finanzinstrumenten eingeräumt werden. Zudem ist seit 2012 (Art. 147-*ter* I-*ter* T.U.F.) für die börsennotierten Gesellschaften eine **Frauenquote** (*quote rosa*) von mindestens einem Drittel der Verwaltungsratsmitglieder Pflicht.[578] Wird diese Vorschrift verletzt, verlieren **alle Mitglieder** des Verwaltungsrates nach einer letzten Warnung von Consob (der zuständigen Behörde für börsennotierte Gesellschaften) ihr Amt. Die Regelung ist scharf sanktioniert, da sie nicht nur zum Verlust des Amtes der Mitglieder führt, die entgegen der Quote bestellt werden, sondern zum Amtsverlust aller Mitglieder.

Verwaltungsratsmitglieder sind in der Regel **natürliche Personen**. Nach der neueren Rechtsprechung dürfen aber auch **juristische Personen** Verwaltungsratsmitglieder sein.[579] In letzterem Fall haftet die von der juristischen Person designierte natürliche Person für Pflichtverletzungen gegenüber der Gesellschaft und den Gläubigern.[580] Unerheblich ist hingegen, ob das Mitglied des Verwaltungsrats auch gleichzeitig Aktionär der Gesellschaft ist, denn bei der italienischen Aktiengesellschaft ist auch eine **Fremdorganschaft** möglich (Art. 2380-*bis* II c.c.). 231

Art. 2382 c.c. listet einige Gründe auf, die eine Bestellung als Verwaltungsorganmitglied ausschließen (**Bestellungshindernisse**). Zunächst ist es nicht möglich voll oder beschränkt Entmündigte sowie Gemeinschuldner zu berufen. Außerdem besteht ein Bestellungsverbot für Personen, die zu einer Strafe verurteilt wurden, die, wenn auch nur zeitlich beschränkt, den Ausschluss von öffentlichen Ämtern bedeutete bzw. die Unfähigkeit für leitende Aufgaben bedingt. Der Gesellschaftsvertrag kann daneben zusätzliche Anforderungen, die sich auf die „Ehrbarkeit, Professionalität und Unabhängigkeit“[581] beziehen, nennen (Art. 2387 I c.c.). Bei börsennotierten Gesellschaften legt ein ministerielles Dekret[582] für jedes Verwaltungsratsmitglied bestimmte Standards mit Blick auf die Ehrbarkeit fest (Art. 147-*quinquies* c.c.). Außerdem muss mindestens ein Mitglied die Voraussetzungen an die Unabhängigkeit (*amministratore indipendente*), die durch Art. 148 T.U.F. vorgesehen sind, erfüllen. Zusätzliche Anforderungen an die Verwaltungsratsmitglieder wurden bei börsennotierten Gesellschaften in der Praxis durch die Satzung mit Blick auf die Vorschriften des italienischen Corporate Governance Kodizes (sog „*Codice Preda*“)[583] eingeführt.[584] 232

Mitglieder des Verwaltungsrates können auf maximal drei Jahre gewählt werden (Art. 2383 II c.c.). Es kann somit lediglich eine kürzere Amtsdauer festgelegt werden, was in der Praxis jedoch sehr selten vorkommt. Eine **Wiederwahl** nach Ablauf der drei Jahre ist aber möglich, es sei denn, die Satzung bestimmt etwas Anderes (Art. 2383 III c.c.).[585] 233

Das Amt des Verwalters **endet** in folgenden Situationen:[586] 234

- durch Zeitablauf (Art. 2383 II c.c.);
- Abberufung (Art. 2383 III c.c.);
- Niederlegung des Amtes (Art. 2385 c.c.);
- Erlöschen durch das nachträgliche Eintreten eines Bestellungshindernisses (Art. 2382 c.c.) und
- Tod (Art. 2385 c.c.).

Die Gesellschafterversammlung kann die Verwalter jederzeit und ohne Vorliegen eines wichtigen Grundes **abberufen** (Art. 2382 III c.c.). Dies gilt sowohl für Verwalter, die durch Beschluss der Gesellschafterversammlung bestellt wurden als auch für solche, die im Gründungakt benannt wurden (Art. 2382 III c.c.). Eine Ausnahme gilt nur für die vom Staat oder von öffentlichen Körperschaften bestellten Verwalter, die auch nur durch diese Körperschaften ihres Amtes enthoben werden können (Art. 2449 c.c.).[587] Im Falle einer Abberufung ohne wichti- 235

577 *Kindler*, Italienisches Handels- und Wirtschaftsrecht, 2014, § 4 Rn. 190.

578 *Stella Richter jr.* in: Abbadessa/Portale (Hrsg.), Le società per azioni. Codice civile e leggi complementari, 2016, S. 4192, 4208 ff.

579 Trib. Milano 23.3.2017, Le Società 2017, 955; Trib. Milano 27.2.2012, Giurisprudenza italiana 2012, 2585; Trib. Catania 7.8.2007, Giurisprudenza commerciale 2008, 654; *Cetra*, La persona giuridica amministratore, 2013, 50; *Nigro* Rivista di diritto societario 2007, 12, 14.

580 Trib. Milano 23.3.2017, Le Società 2017, 955.

581 Zitiert nach der Übersetzung des italienischen Zivilgesetzbuches der Südtiroler Landesregierung, Stand: 31.5.2015.

582 Dekret des Justizministeriums N. 162 vom 30.3.2000 (veröffentlicht in G.U. Nr. 141 vom 19.6.2000); vgl. *Bordiga* in: Abbadessa/Portale (Hrsg.), Le società per azioni. Codice civile e leggi complementari, 2016, S. 4220, 4221.

583 Auf der Internetseite http://www.borsaitaliana.it/comitato-corporate-governance/codice/codice.htm abrufbar.

584 *Campobasso*, Diritto commerciale, Bd. 2, Diritto delle società, 2015, S. 361; *Strampelli*, Sistemi di controllo e indipendenza nelle società per azioni, 2013.

585 *Campobasso*, Diritto commerciale, Bd. 2, Diritto delle società, 2015, S. 362.

586 Vgl. *Campobasso*, Diritto commerciale, Bd. 2, Diritto delle società, 2015, S. 363; *Kindler*, Italienisches Handels- und Wirtschaftsrecht, 2014, § 4 Rn. 191; vgl. *Schnieders*, Haftungsfreiräume für unternehmerische Entscheidungen in Deutschland und Italien, 2009, S. 111.

587 Cass. 23.1.2015, N. 1237; Trib. Milano 10.2.2014, Le Società 2014, 749.

gen Grund hat der Verwalter nach Art. 2383 III c.c. einen Anspruch auf Ersatz des ihm dadurch entstehenden Schadens.

236 Die **Niederlegung des Amtes** entfaltet grundsätzlich sofortige Wirkung (Art. 2385 I 2 c.c.). Eine Ausnahme davon gilt jedoch für Fälle, in denen die Amtsniederlegung dazu führt, dass nur noch weniger als die Hälfte der vorgesehenen Verwalter im Amt wäre. Dann bleiben die Organmitglieder bis zu dem Zeitpunkt im Amt (*prorogatio*), in dem durch die Berufung neuer Mitglieder die Mehrheit der Posten wiederbesetzt ist. Scheidet ein Mitglied hingegen wegen Zeitablauf aus dem Amt aus, tritt die Wirkung mit der Neubestellung eines anderen Mitglieds ein (Art. 2385 II c.c.). Beim Ausscheiden aufgrund von Tod, Auftreten eines Bestellungshindernisses und Abberufung kommt hingegen nur eine sofortige Wirkung in Betracht. Art. 2386 I 1 c.c. sieht insofern vor, dass die anderen Verwalter durch ein Kooptationsverfahren umgehend für Ersatz sorgen sollen (*cooptazione*), denn es ist in Italien nicht üblich bereits im Rahmen der Bestellung auch Ersatzmitglieder zu wählen. Ihre Entscheidung bedarf der Genehmigung des Überwachungsrats. Die im **Kooptationsverfahren** berufenen Organmitglieder füllen das Amt dann bis zur nächsten Gesellschafterversammlung aus (Art. 2386 I 2 c.c.).[588] Sinkt die Zahl der Verwaltungsratsmitglieder allerdings zu weit (dh, unter die Hälfte) ab, müssen die im Amt verbliebenen Verwalter die Gesellschafterversammlung einberufen, um die fehlenden Mitglieder ersetzen zu lassen (Art. 2386 II c.c.). In der Praxis wird häufig in der Satzung vorgesehen, dass infolge des Ausscheidens einiger Verwalter der gesamte Verwaltungsrat zurücktritt (sog *simul stabunt simul cadunt*-Klausel). Auch in diesem Fall müssen die im Amt verbliebenen Verwalter unverzüglich eine Gesellschafterversammlung einberufen, damit ein neuer Verwaltungsrat bestellt werden kann.[589]

(2) Geschäftsführungsbefugnis

237 Die Verwaltungsratsmitglieder sind berechtigt, die zur Erreichung des Gesellschaftszwecks erforderlichen Geschäfte durchzuführen (Art. 2380-*bis* I c.c.).[590] Seit der Reform 2003 hat die Hauptversammlung nur noch eine sehr begrenzte **Geschäftsführungsbefugnis**, die sich allein auf wenige gesetzlich bestimmte Tatbestände bezieht. So trifft die Hauptversammlung zB die Entscheidung über die Übernahme von Beteiligungen an Personengesellschaften (Art. 2361 II c.c.) oder über die Gewinnverteilung an die Aktionäre.[591] Ansonsten ist die Geschäftsführungsbefugnis umfassend auf den Verwaltungsrat verlagert worden. Nach hM haben die Gesellschafter daher auch kein Weisungsrecht gegenüber den Geschäftsführern und für die Verwalter besteht selbst in mit den Holzmüller-Urteilen vergleichbaren Fällen keine Pflicht, die Genehmigung der Hauptversammlung einzuholen.[592]

238 Zu den **Aufgaben** des Verwaltungsrats zählen insbesondere die folgenden Punkte:

- die Einberufung der Gesellschafterversammlung sowie die Festlegung der Tagesordnung (Art. 2366 f. c.c.);
- die Führung der Bücher und Rechnungsunterlagen der Gesellschaft (Art. 2421 c.c.);
- die Aufstellung des Jahresabschlusses (Art. 2423 c.c.);
- die Ausgabe von Schuldverschreibungen (Art. 2410 I c.c.), mit Ausnahme von Wandelschuldverschreibungen (insofern liegt die Zuständigkeit bei der außerordentlichen Gesellschafterversammlung, vgl. Art. 2420-*bis* c.c.);
- im Allgemeinen die Leitung der Gesellschaft sowie die Führung ihrer Geschäfte (Art. 2380-*bis* I c.c.) und die gerichtliche und außergerichtliche Vertretung (Art. 2383 und 2384 c.c.) und
- die Einführung ausreichend effektiver Kontrollsysteme (Art. 2381 c.c.).[593]

588 *Sanfilippo* in: Abbadessa/Portale (Hrsg.), Le società per azioni. Codice civile e leggi complementari, 2016, S. 1271, 1274.

589 Trib. Milano 13.3.2015, Giurisprudenza italiana 2015, 1931; *Sanfilippo* in: Abbadessa/Portale (Hrsg.), Le società per azioni. Codice civile e leggi complementari, 2016, S. 1271, 1275; *Campobasso*, Diritto commerciale, Bd. 2, Diritto delle società, 2015, S. 364.

590 *De Crescienzo* in: Cagnasso/Panzani (Hrsg.), Le nuove s.p.a., Bd. 1, 2010, S. 773; *Falco* in: Wegen/Spahlinger/Barth (Hrsg.), Gesellschaftsrecht des Auslands, 2016, Italien, Rn. 181; *De Nicola/Carone*, Italian Company Law, 2015, S. 108; *Magelli/Masotto* RIW 2004, 903, 907.

591 *Stagno d'Alcontres/De Luca*, Le società, Bd. 2, Le società di capitali, 2017, S. 604; *Campobasso*, Diritto commerciale, Bd. 2, Diritto delle società, 2015, S. 357.

592 *Campobasso*, Diritto commerciale, Bd. 2, Diritto delle società, 2015, S. 357; *Abbadessa/Mirone* Rivista delle società 2010, 301 ff.; aA Trib. Piacenza 14.3.2016, Banca, borsa, titoli di credito 2017, 377; *Stagno d'Alcontres/De Luca*, Le società, Bd. 2, Le società di capitali, 2017, S. 607; *Portale* in: Abbadessa/Portale (Hrsg.), Il nuovo diritto delle società. Liber amicorum Gian Franco Campobasso, Bd. 1, 2006, S. 30 ff.; *Kindler*, Italienisches Handels- und Wirtschaftsrecht, 2014, § 4 Rn. 189.

593 Näher hierzu *Campobasso*, Diritto commerciale, Bd. 2, Diritto delle società, 2015, S. 355; *Stagno d'Alcontres/De Luca*, Le società, Bd. 2, Le società di capitali, 2017, S. 603 ff.; *Spiotta* in: Cavalli (Hrsg.), Assemblea e amministratori, 2013, S. 411, 504 ff.; *Giudici* in: Hilpold/Perathoner/Steinmair (Hrsg.), Die Reform des italienischen Gesellschaftsrechts, 2006, S. 153 f.

Darüber hinaus kann die Satzung dem Verwaltungsrat gem. Art. 2365 II c.c. die Zuständigkeit für Beschlussfassungen bezüglich der folgenden Aspekte übertragen:[594] 239

- Die vereinfachte Verschmelzung gemäß Art. 2505 und 2505-*bis* c.c.,
- die Errichtung oder Schließung von Zweigniederlassungen,
- die Benennung der vertretungsberechtigten Verwalter,
- die Herabsetzung des Kapitals, die bei Austritt eines Aktionärs notwendig wird,
- die Anpassungen der statuarischen Bestimmungen an gesetzliche Vorgaben und
- die innerstaatliche Verlegung des Gesellschaftssitzes.

Der Verwaltungsrat hat im Ergebnis die umfassende **subsidiäre Kompetenz** in all den Fällen, in denen der Gesellschafterversammlung bzw. dem Überwachungsrat die Kompetenz nicht zugewiesen ist.[595] Liegen mehrere Verwaltungsratsmitglieder vor, bilden sie gem. Art. 2380-*bis* III c.c. einen Verwaltungsrat und haben daher Gesamtgeschäftsführungsbefugnis. 240

(3) Vertretungsbefugnis

Dem Verwaltungsrat steht wie bereits erwähnt die allgemeine **Vertretungsbefugnis** (*potere di rappresentanza*) zu (Art. 2384 I c.c.). Gibt es mehrere Verwaltungsratsmitglieder, gibt für die ersten Verwalter die Satzung und für die später bestellten Verwalter der Hauptversammlungsbeschluss an, welche Mitglieder nach außen vertretungsberechtigt sind (Art. 2328 II N. 9 und Art. 2383 IV c.c.) und ob es sich um eine **Einzel- oder Gesamtvertretungsbefugnis** (*rappresentanza con firma disgiunta o congiunta*) handelt. Das bedeutet im Ergebnis auch, dass es gemäß den Satzungsbestimmungen Verwalter ohne Vertretungsbefugnis geben kann. Ergibt sich aus der Satzung nicht, welche Verwalter Vertretungsbefugnis besitzen, so steht die Vertretungsbefugnis im Zweifel jedem Verwalter zu.[596] Umstritten ist hier, ob den Verwaltern dann jeweils Einzel- oder Gesamtvertretungsbefugnis zusteht. Die hM geht von Einzelvertretungsbefugnis aus.[597] Das Problem wurde bislang allerdings noch nicht rechtssicher geklärt.[598] 241

Die Angaben bzgl. der Vertretungsbefugnis, insbesondere auch der Einzel- oder Gesamtvertretungsbefugnis, sind innerhalb von 30 Tagen ab der Geschäftsführerbestellung ins **Handelsregister** einzutragen (Art. 2383 IV c.c.). Die Gründe für die Nichtigkeit der Bestellung der Verwalter, welche die Gesellschaft vertreten, können nach der Bekanntmachung Dritten gegenüber nicht mehr eingewandt werden.[599] Beschränkungen der Vertretungsbefugnisse, die sich aus der Satzung ergeben, dürfen auch dann, wenn sie im Handelsregister eingetragen sind, **gegenüber Dritten nicht geltend gemacht werden**, es sei denn, die Dritten haben bewusst zum Schaden der Gesellschaft gehandelt (Art. 2384 II c.c.).[600] Eine allgemeine Gesamtvertretungsbefugnis untersteht dieser Regel allerdings nicht, dh sie kann dem Rechtsverkehr entgegengehalten werden.[601] Die Beschränkungen der Vertretungsbefugnis entfalten somit generell nur im Innen- nicht aber im Außenverhältnis ihre Wirkung. Seit der Reform 2003 kann Dritten auch nicht mehr entgegengehalten werden, dass die Handlung des Geschäftsführers über den in der Satzung festgelegten Unternehmensgegenstand hinausging (**keine *ultra-vires*-Doktrin**).[602] 242

594 Vgl. *Kutufà* in: Abbadessa/Portale (Hrsg.), Le società per azioni. Codice civile e leggi complementari, 2016, S. 871, 873 ff.

595 So *Magrini*, Italienisches Gesellschaftsrecht, 2004, S. 77; *Kindler*, Italienisches Handels- und Wirtschaftsrecht, 2014, § 4 Rn. 189.

596 *Campobasso*, Diritto commerciale, Bd. 2, Diritto delle società, 2015, S. 377; *Kindler*, Italienisches Handels- und Wirtschaftsrecht, 2014, § 4 Rn. 174; *Hausmann* in: Reithmann/Martiny (Hrsg.), Internationales Vertragsrecht, 2015, Rn. 7.227; *Oelkers*, Die italienische Aktiengesellschaft im institutionellen Wettbewerb, 2008, S. 207 insbes. Fn. 836; *Magelli/Masotto* RIW 2004, 903, 907.

597 Cass. 4.9.2007, N. 18574; *Stagno d'Alcontres/De Luca*, Le società, Bd. 2, Le società di capitali, 2017, S. 612; *Campobasso*, Diritto commerciale, Bd. 2, Diritto delle società, 2015, S. 377; *Campobasso* in: Amministrazione e controllo nel diritto delle società. Liber amicorum Piras, 2010, S. 457 f.

598 *Abbadessa*, La gestione dell'impresa nella società per azioni, S. 183 f.; *Kindler*, Italienisches Handels- und Wirtschaftsrecht, 2014, § 4 Rn. 174.

599 *Campobasso*, Diritto commerciale, Bd. 2, Diritto delle società, 2015, S. 378.

600 Cass. 4.10.2010, N. 20597; Cass. 26.3.2009, N. 7293; *Kindler* ZEuP 2012, 72, 78; *ders.*, Italienisches Handels- und Wirtschaftsrecht, 2013, § 4 Rn. 182; *Hausmann* in: Reithmann/Martiny (Hrsg.), Internationales Vertragsrecht, 2015, Rn. 7.227; *De Nicola/Carone*, Italian Company Law, 2015, S. 109; *Schnieders*, Haftungsfreiräume für unternehmerische Entscheidungen in Deutschland und Italien, 2009, S. 108.

601 Cass. 12.4.2001, N. 5468.

602 *Stagno d'Alcontres/De Luca*, Le società, Bd. 2, Le società di capitali, 2017, S. 613; *Calandra Buonaura* in: Abbadessa/Portale (Hrsg.), Il nuovo diritto delle società. Liber amicorum Gian Franco Campobasso, Bd. 2, 2006, S. 664; *Spiotta* in: Cottino/Bonfante/Cagnasso/Montalenti (Hrsg.), Il nuovo diritto societario nella dottrina e nella giurisprudenza: 2003-2009. Commentario, 2009, S. 500; *Campobasso*, Diritto commerciale, Bd. 2, Diritto delle società, 2015, S. 379; dagegen *Salamone* Giurisprudenza commerciale 2008, 1095, 1104; Trib. Lucca 23.8.2006, Le Società 2008, 89; *Kindler* ZEuP 2012, 72, 78.

(4) Organisation des Verwaltungsrats und Beschlussfassung

243 Nach Art. 2328 II N. 9 c.c. wird die **Zahl der Verwaltungsratsmitglieder** durch die Satzung festgelegt. Unabhängig von der Größe der Gesellschaft sind gesetzlich keine Mindestzahlen vorgesehen. Daher ist es, außer bei börsennotierten Gesellschaften,[603] zulässig und bei kleineren Gesellschaften auch üblich, einen einzelnen Verwalter (*amministratore unico*) vorzusehen.[604] Börsennotierte Unternehmen hatten hingegen in 2016 im Schnitt 9,9 Mitglieder.[605] Es ist allerdings auch möglich, dass in der Satzung nur Mindest- und Höchstzahlen festgesetzt werden und die Bestimmung der konkreten Größe des Verwaltungsrats innerhalb dieses Rahmens der Gesellschafterversammlung überlassen bleibt (Art. 2380-*bis* IV c.c.).[606]

244 Sind mehrere Verwaltungsratsmitglieder mit der Geschäftsführung betraut, so bilden sie gem. Art. 2380-*bis* III c.c. einen **Verwaltungsrat** (*consiglio di amministrazione*), der dann als **Kollegialorgan** ausgestaltet wird. Möglich ist nach hM auch ein Verwaltungsrat, der sich nur aus zwei Mitgliedern zusammensetzt.[607] Der Verwaltungsrat wählt aus seiner Mitte den Vorsitzenden (zum Vorsitzenden näher unter Rn. 250), wenn dieser nicht durch die Gesellschafterversammlung bestellt wird (Art. 2380-*bis* V c.c.).[608]

245 Der Verwaltungsrat entscheidet durch **Beschluss. Beschlussfähigkeit** ist gegeben, wenn mehr als die Hälfte der Verwaltungsratsmitglieder anwesend ist (Art. 2388 I 1 c.c.). Die Satzung kann allerdings höhere Anforderungen an die Beschlussfähigkeit stellen.[609] Die Verwalter müssen jedoch nicht unbedingt körperlich anwesend sein, da Art. 2388 I 2 c.c. auch die Teilnahme per neuer Telekommunikationsmedien, wie zB per Videokonferenz erlaubt, sofern die Satzung eine entsprechende Klausel enthält.[610] Eine Beschlussfassung im Umlaufverfahren sieht Art. 2388 c.c. dagegen nicht explizit vor, weshalb dieses auch als unzulässig angesehen wird. Gleiches gilt für die briefliche Stimmabgabe.[611] Zur Beschlussfassung ist eine **absolute Mehrheit** der anwesenden Verwalter notwendig (Art. 2388 II c.c.). Die Aktionäre haben jedoch die Möglichkeit in der Satzung höhere Anforderungen an die Mehrheit zu stellen (vgl. Art. 2388 II c.c.). Außerdem kann eine statuarische Bestimmung aufgenommen werden, die vorsieht, dass bei Stimmengleichheit die Stimme des Präsidenten den Ausschlag gibt („*casting vote*").[612] Die Verwalter können sich bei der Beschlussfassung nicht vertreten lassen (Art. 2388 III c.c.).

246 Verwaltungsratsbeschlüsse, die nicht in Einklang mit den gesetzlichen oder statuarischen Bestimmungen stehen, können **angefochten** werden (Art. 2388 IV 1 c.c.). Eine Legitimation zur Anfechtung besitzen der Überwachungsrat sowie die Verwalter, die bei der Beschlussfassung abwesend waren oder nicht zugestimmt haben (Art. 2388 IV 1 c.c.). Die Klagefrist beträgt 90 Tage (Art. 2388 IV 1 c.c.).[613] Darüber hinaus kann ein solcher Beschluss auch von den Gesellschaftern angefochten werden, deren Rechte dadurch negativ berührt werden (Art. 2388 IV 2 c.c.). Dies ist zB der Fall, wenn der Verwaltungsrat über ein Rückkaufsrecht auf Aktien der Gesellschafter entscheidet[614] oder seine Zuständigkeiten überschreitet.[615]

---

603 Das kann man aus den Vorschriften bzgl. der Frauenquote und der Wahl nach Listen (siehe oben, Rn. 230) schließen.

604 *Campobasso*, Diritto commerciale, Bd. 2, Diritto delle società, 2015, S. 368.

605 Vgl. CONSOB, Report on corporate governance of Italian listed companies, 2017, S. 18.

606 Cass. 4.11.2003, N. 16496; *Pinto* in: Abbadessa/Portale (Hrsg.), Le società per azioni. Codice civile e leggi complementari, 2016, S. 1167, 1176; *Kindler*, Italienisches Handels- und Wirtschaftsrecht, 2013, § 4 Rn. 175; *Falco* in: Wegen/Spahlinger/Barth (Hrsg.), Gesellschaftsrecht des Auslands, 2016, Italien, Rn. 180; *Oelkers* in: Kalss (Hrsg.), Vorstandshaftung in 15 europäischen Ländern, 2005, S. 518; *dies.*, Die italienische Aktiengesellschaft im institutionellen Wettbewerb, 2008, S. 205 f.; *Ferrarini/Peruzzo/Roberti* in: Davis/Hopt/Nowak/van Solinge (Hrsg.), Corporate Boards in Law an Practice, 2013, S. 381; *De Nicola/Carone*, Italian Company Law, 2015, S. 109.

607 *Pinto* in: Abbadessa/Portale (Hrsg.), Le società per azioni. Codice civile e leggi complementari, 2016, S. 1167, 1180.

608 *Pinto* in: Abbadessa/Portale (Hrsg.), Le società per azioni. Codice civile e leggi complementari, 2016, S. 1167, 1180; *Campobasso*, Diritto commerciale, Bd. 2, Diritto delle società, 2015, S. 368.

609 *Strampelli* in: Abbadessa/Portale (Hrsg.), Le società per azioni. Codice civile e leggi complementari, 2016, S. 1286, 1290.

610 Vgl. *Strampelli* in: Abbadessa/Portale (Hrsg.), Le società per azioni. Codice civile e leggi complementari, 2016, S. 1286, 1296 f.; *Campobasso*, Diritto commerciale, Bd. 2, Diritto delle società, 2015, S. 369; *Falco* in: Wegen/Spahlinger/Barth (Hrsg.), Gesellschaftsrecht des Auslands, 2016, Italien, Rn. 180.

611 *Stagno d'Alcontres/De Luca*, Le società, Bd. 2, Le società di capitali, 2017, S. 636.

612 *Stagno d'Alcontres/De Luca*, Le società, Bd. 2, Le società di capitali, 2017, S. 636; *Strampelli* in: Abbadessa/Portale (Hrsg.), Le società per azioni. Codice civile e leggi complementari, 2016, S. 1286, 1294.

613 *Campobasso*, Diritto commerciale, Bd. 2, Diritto delle società, 2015, S. 370; *Stagno d'Alcontres/De Luca*, Le società, Bd. 2, Le società di capitali, 2017, S. 636 ff.; *Strampelli* in: Abbadessa/Portale (Hrsg.), Le società per azioni. Codice civile e leggi complementari, 2016, S. 1286, 1297 ff.

614 Trib. Milano 2.5.2017, www.giurisprudenzadelleimprese.it.

615 Trib. Milano 20.5.2016, www.giurisprudenzadelleimprese.it; Trib. Milano 29.3.2014, Le Società 2015, 177.

(5) **Delegation von Aufgaben**

Falls es die Satzung zulässt, kann der **Verwaltungsrat** die eigenen **Aufgaben** einem Ausschuss (**Vollzugsausschuss**, ital.: *comitato esecutivo*) überlassen. Einem entsprechenden Ausschuss gehören dann einige der Mitglieder des Verwaltungsrats an. Möglich ist es aber auch, bestimmte Aufgaben einem oder mehreren Mitgliedern (*amministratore delegato*) zu übertragen (Art. 2381 II-IV c.c.).[616] Ebenfalls nicht unüblich ist es, die laufende Geschäftsführung geschäftsführenden Verwaltungsratsmitgliedern zu übertragen, die dann meist nicht nur für das Tagesgeschäft zuständig sind, sondern aufgrund einer Generalermächtigung (*delega globale*) umfassende Kompetenzen besitzen.[617] 247

Auf jeden Fall steht dem gesamten Verwaltungsrat aber ein **allgemeines Kontrollrecht** zu, dh er kann jederzeit den beauftragten Personen bzw. Ausschüssen Vorgaben machen und von der Beauftragung umfasste Geschäfte wieder in seinen Zuständigkeitsbereich verlagern (Art. 2381 III 1 c.c.).[618] Aufgabe des Verwaltungsrats als Ganzes ist es in jedem Fall, die Strukturen der Gesellschaft mit Blick auf die Organisation, die Verwaltung und das Rechnungswesen zu bewerten. Außerdem ist er für die Ausrichtung der Gesellschaft zuständig, dh er setzt sich kritisch mit den strategischen, produktionstechnischen und finanziellen Plänen für die Entwicklung der s.p.a. auseinander (Art. 2381 III 2 c.c.). Weiterhin analysiert der Verwaltungsrat den allgemeinen Gang der Geschäftstätigkeit, wie er ihm durch die beauftragten Organe dargestellt wird (Art. 2381 III 2 c.c.).[619] Die Aufstellung des Jahresabschlusses, die genehmigte Kapitalerhöhung und die Kapitalherabsetzung infolge von Verlusten können ebenfalls nicht an einen Ausschuss oder einzelne Mitglieder delegiert werden, sondern sind eine Aufgabe des Verwaltungsrats als Ganzem (Art. 2381 IV c.c.).[620] 248

In der Praxis weit verbreitet sind zB Ausschüsse zur Bestimmung der Gehälter (*comitato remunerazione*) sowie interne Kontrollausschüsse (*comitato per il controllo interno*), die durchaus als beratende Ausschüsse ausgestaltet werden können. Ebenfalls durchaus häufig anzutreffen sind Nominierungsausschüsse (*comitato nomine*).[621] Nach dem italienischen Corporate Governance Kodex sollen diese Ausschüsse überwiegend aus unabhängigen Mitgliedern des Verwaltungsrats zusammengesetzt werden.[622] 249

(6) **Vorsitzender des Verwaltungsrats**

Wurde in einer s.p.a. ein Verwaltungsrat gebildet, muss auch ein **Vorsitzender** (*Presidente del consiglio di amministrazione*) bestimmt werden (vgl. Art. 2380-*bis* V c.c.), der den Verwaltungsrat einberuft und koordiniert sowie für die Tagesordnung und die Information der Verwaltungsratsmitglieder über die Gegenstände der Tagesordnung zuständig ist (vgl. Art. 2381 I c.c.).[623] Der Vorsitzende wird aus der Mitte der Verwalter heraus durch Beschluss bestimmt, sofern er nicht von den Aktionären durch einen Beschluss der Gesellschafterversammlung bestimmt wird (Art. 2380-*bis* V c.c.). Der Vorsitzende ist nicht kraft seines Amtes vertretungsberechtigt. Vielmehr gelten insofern die allgemeinen Anforderungen, also insbesondere die entsprechende Angabe im 250

616 *Campobasso*, Diritto commerciale, Bd. 2, Diritto delle società, 2015, S. 374 ff.; *Presti/Rescigno*, Corso di diritto commerciale, Bd. 2, Società, 2017, S. 477 f.; *Abbadessa* in: Abbadessa/Portale (Hrsg.), Il nuovo diritto delle società. Liber amicorum Gian Franco Campobasso, Bd. 2, 2006, S. 511; *Kindler* ZEuP 2012, 72, 74; *ders.*, Italienisches Handels- und Wirtschaftsrecht, 2013, § 4 Rn. 179; *Süß* in: MüHdB GesR, Bd. 6, 2013, § 47 Rn. 314; *Hilpold/Brunner* in: Hilpold/Perathoner/Steinmair (Hrsg.), Die Reform des italienischen Gesellschaftsrechts, 2006, S. 12; *Perathoner* in: Hilpold/Perathoner/Steinmair (Hrsg.), Die Reform des italienischen Gesellschaftsrechts, 2006, S. 114; *Oelkers* in: Kalss (Hrsg.), Vorstandshaftung in 15 europäischen Ländern, 2005, S. 518; *Ferrarini/Peruzzo/Roberti* in: Davis/Hopt/Nowak/van Solinge (Hrsg.), Corporate Boards in Law and Practice, 2013, S. 376; *Guidotti* in: González/Teichmann (Hrsg.), Private Company Law Reform in Europe: The race for flexibility, 2015, S. 289 f.; *Hausmann* in: Reithmann/Martiny (Hrsg.), Internationales Vertragsrecht, 2015, Rn. 7.227; *Hilpold/Brunner* ZVglRWiss 105 (2006) 519, 526.

617 *Campobasso*, Diritto commerciale, Bd. 2, Diritto delle società, 2015, S. 376; *Oelkers*, Die italienische Aktiengesellschaft im institutionellen Wettbewerb, 2008, S. 207.

618 Monographisch *Barachini*, La gestione delegata nella società per azioni, 2008; *Schnieders*, Haftungsfreiräume für unternehmerische Entscheidungen in Deutschland und Italien, 2009, S. 109.

619 *Campobasso*, Diritto commerciale, Bd. 2, Diritto delle società, 2015, S. 376; *Barachini* in: Abbadessa/Portale (Hrsg.), Le società per azioni. Codice civile e leggi complementari, 2016, S. 1181, 1204 ff.

620 *Stagno d'Alcontres/De Luca*, Le società, Bd. 2, Le società di capitali, 2017, S. 610.

621 In börsennotierten Gesellschaften haben etwas über 90% der Gesellschaften einen Vergütungsausschuss und über 94% einen internen Kontrollausschuss. Ebenfalls durchaus verbreitet sind Nominierungsausschüsse (57,3%). Vgl. CONSOB, Report on corporate governance of Italian listed companies, 2017, S. 20 (abrufbar unter: http://www.consob.it/, zuletzt abgerufen am 23.2.2018).

622 *Stagno d'Alcontres/De Luca*, Le società, Bd. 2, Le società di capitali, 2017, S. 624 f.

623 *Barachini* in: Abbadessa/Portale (Hrsg.), Le società per azioni. Codice civile e leggi complementari, 2016, S. 1181, 1186 ff.

Gründungsakt. In der Praxis wird dem Verwaltungsratsvorsitzenden aber grundsätzlich auch Vertretungsbefugnis erteilt.[624]

(7) Vergütung der Verwaltungsratsmitglieder

251 Art. 2389 c.c. befasst sich mit der Vergütung von Verwaltungsratsmitgliedern. Die Vorschrift gilt sowohl für börsennotierte als auch nicht-börsennotierte Gesellschaften. Für börsennotierte Gesellschaften gelten darüber hinaus einige besondere Informations- und Berichterstattungspflichten. Zudem wird Italien demnächst die Vorgaben der Aktionärsrechte-Richtlinie zu *say on pay* zumindest für börsennotierte Gesellschaften umsetzen müssen (dazu ausführlich § 30 Rn. 144 ff.), wobei allerdings der Umsetzungsbedarf geringer ausfallen dürfte als beispielsweise in Deutschland.

252 In Bezug auf die Vergütung zeigt sich erneut die starke Stellung der **Gesellschafterversammlung.** Denn diese ist nicht nur für die Bestellung und Abberufung der Verwaltungsratsmitglieder zuständig, sondern auch für die **Festlegung** von deren **Vergütung** (Art. 2389 I c.c.).[625] Nach der ständigen Rechtsprechung ist dafür ein ausdrücklicher Beschluss erforderlich. Allein die Genehmigung des Jahresabschlusses, der auch die Vergütung der Verwaltungsratsmitglieder enthält, ist nicht ausreichend.[626] Alternativ kann die Vergütung auch in der Satzung oder im Bestellungsakt festgelegt werden.[627] Wurde keine Vergütung vorgegeben, wird sie vom Gericht bestimmt,[628] es sei denn, der Verwalter hat darauf verzichtet.[629] Art. 2389 II c.c. lässt zudem einen sehr weiten Spielraum bzgl. der **Ausgestaltung** der Vergütung, der auch zukünftig nicht durch die Vorgaben der Aktionärsrechte-Richtlinie eingeschränkt werden wird, da diese keine konkreten inhaltlichen Vorgaben enthält. Es kann daher sowohl eine Fixvergütung vereinbart werden als auch eine teilweise oder sogar reine Gewinnbeteiligung. Auch Aktienpakte können Vergütungsbestandteil sein.

253 Art. 2389 III 1 c.c. enthält zudem bestimmte Regeln für die Vergütung von mit **besonderen Aufgaben betrauten Verwaltungsratsmitgliedern** (wie zB dem Vorsitzenden oder einem geschäftsführenden Direktor). Insofern steht die Entscheidung über die Höhe und Ausgestaltung nicht der Gesellschafterversammlung, sondern dem Verwaltungsrat nach Einholung der Stellungnahme des Überwachungsrats zu (Art. 2389 III 1 c.c.).[630] Wenn die Satzung es vorsieht, kann die Gesellschafterversammlung allerdings eine Gesamtsumme für die Vergütung aller Verwaltungsratsmitglieder vorgeben (Art. 2489 III 2 c.c.), die nicht überschritten werden darf. Von dieser Gesamtsumme müssen also auch die Entlohnungen für besondere Aufgaben abgedeckt werden.

254 In Bezug auf börsennotierte Gesellschaften gelten zudem besondere **Transparenzvorschriften** und Regelungen, die die Kompetenz der Hauptversammlung stärken. Die Übertragung von Aktien oder Finanzinstrumenten als Entlohnung der Verwalter setzt zB nach Art. 114-*bis* T.U.F. einen Beschluss der Gesellschafterversammlung voraus.[631] Darüber hinaus soll die Gesellschafterversammlung einem jährlichen Bericht bezüglich der Vergütungsstrategie der Gesellschaft und ihrer praktischen Anwendung (Art. 123-*ter* T.U.F.) zustimmen, wobei der Beschluss jedoch nur beratenden Charakter hat.[632] Das Recht auf die Vergütung verjährt innerhalb von fünf Jahren (Art. 2949 c.c.).[633]

(8) Wettbewerbsverbot und Interessenskonflikte der Verwalter

255 Die Verwalter unterliegen einem **Wettbewerbsverbot**, das sie daran hindert, ohne Zustimmung der Gesellschafterversammlung an einer Gesellschaft, die in Konkurrenz zur eigenen s.p.a. steht, als unbeschränkt haftender Gesellschafter beteiligt zu sein. Es ist den Verwaltern ebenfalls untersagt, auf eigene Rechnung oder auf Rechnung eines Dritten Aktivitäten zu entfalten, die im Wettbewerb zur eigenen Gesellschaft stehen. Sie können auch keine Verwalter- oder Generaldirektorentätigkeit bei einem konkurrierenden Unternehmen annehmen

624 *Campobasso*, Diritto commerciale, Bd. 2, Diritto delle società, 2015, S. 377; *Kindler*, Italienisches Handels- und Wirtschaftsrecht, 2014, § 4 Rn. 178.

625 *Campobasso*, Diritto commerciale, Bd. 2, Diritto delle società, 2015, S. 365; *Stagno d'Alcontres/De Luca*, Le società, Bd. 2, Le società di capitali, 2017, S. 627.

626 Cass. S.U. 29.8.2008, N. 21933; Cass. 4.9.2013 N. 20265; Cass. 7.3.2014, N. 5349; Cass 4.12.2015, N. 24768; Cass. 8.6.2016, N. 11779.

627 *Giannelli/Dell'Osso* in: Abbadessa/Portale (Hrsg.), Le società per azioni. Codice civile e leggi complementari, 2016, S. 1311, 1315 ff.; *Kindler*, Italienisches Handels- und Wirtschaftsrecht, 2014, § 4 Rn. 193.

628 Cass. 23.6.2016, N. 13058; Cass. 29.10.2014, N. 23004; Cass. 17.10.2014, N. 22046; Trib. Roma 23.1.2017, www.giurisprudenzadelleimprese.it; Trib. Roma 29.3.2016, www.giurisprudenzadelleimprese.it.

629 *Stagno d'Alcontres/De Luca*, Le società, Bd. 2, Le società di capitali, 2017, S. 627.

630 *Stagno d'Alcontres/De Luca*, Le società, Bd. 2, Le società di capitali, 2017, S. 627; *Giannelli/Dell'Osso* in: Abbadessa/Portale (Hrsg.), Le società per azioni. Codice civile e leggi complementari, 2016, S. 1311, 1314.

631 *Stagno d'Alcontres/De Luca*, Le società, Bd. 2, Le società di capitali, 2017, S. 629.

632 *Bruno/Bianconi* Rivista delle società 2014, 1269 ff.; *Bentivegna* Rivista di Diritto Societario 2014, 504.

633 Cass. 5.7.2016, N. 13686.

(Art. 2390 c.c.).[634] Ein Verstoß gegen das Wettbewerbsverbot kann zur **Abberufung** und zu **Schadensersatzforderungen** führen (Art. 2390 II c.c.).[635] Die Satzung kann von dieser Vorschrift allerdings ganz oder teilweise abweichen,[636] dh das Wettbewerbsverbot ganz oder teilweise aufheben. Das Verbot darf für im Bank-, Finanz- und Versicherungssektor tätige Gesellschaften allerdings nicht abbedungen werden, denn nach Art. 36 Decreto Legge n. 201 vom 6. Dezember 2011 ist es einem Mitglied des Verwaltungs- oder des Überwachungsrates in so einer Gesellschaft strikt untersagt, eine ähnliche Position bei einem anderen Unternehmen innezuhaben.[637]

Art. 2391 I c.c. beschäftigt sich dagegen allgemein mit **Interessenskonflikten**. Die Regelung sieht bezüglich mög- 256
licher Interessenskonflikte eine Anzeigepflicht gegenüber den übrigen Verwaltern und dem Überwachungsrat vor. Im Fall eines Alleinverwalters hat dieser zudem die Pflicht, die Gesellschafterversammlung über seinen potenziellen Interessenskonflikt aufzuklären. Er ist im Rahmen seiner Anzeigepflicht dazu angehalten, „Art, Umfang, Herkunft und Tragweite dieses Interesses"[638] darzulegen (Art. 2391 I c.c.). Beschließt der Verwaltungsrat das mit einem Interessenskonflikt belastete Geschäft, so muss er die Gründe für das Geschäft und dessen Vorteilhaftigkeit für die Gesellschaft in angemessener Form erörtern (Art. 2391 II c.c). Sollten diese Informationen fehlen, ist der Beschluss anfechtbar (vgl. Art. 2391 IV c.c.). Liegt ein Interessenskonflikt bei einem Verwalter vor, der für die Durchführung des Geschäfts zuständig wäre, so muss dieser diese Aufgabe zudem an das Kollegialorgan übergeben (Art. 2391 I c.c.). Der Verwalter, der sich dem Interessenskonflikt ausgesetzt sieht, kann für Schäden, die der s.p.a. durch seine Handlungen oder sein Unterlassen entstehen, zur Verantwortung gezogen werden (Art. 2391 V c.c.).[639] Im Zuge der überarbeiteten Aktionärsrechterichtlinie wird Italien zukünftig zudem die dortigen Vorgaben zu *related party transactions* (Transaktionen mit nahestehenden Personen und Unternehmen, s. dazu § 30 Rn. 256 ff.) umsetzen müssen.

(9) Pflichten und Haftung der Verwaltungsratsmitglieder

Bei der Wahrnehmung ihrer Aufgaben können sich die Verwalter schadensersatzpflichtig machen. Diesbezüglich 257
ist dann zwischen der Haftung gegenüber der Gesellschaft (Art. 2392 und 2393 c.c.) sowie gegenüber Gläubigern (Art. 2394 c.c.) und Dritten (Art. 2395 c.c.) zu unterscheiden.[640]

Dem Verwaltungsrat obliegen die vom Gesetz und von der Satzung auferlegten **Pflichten**. Zu berücksichtigen 258
sind insofern sowohl spezifische Pflichten (wie zB steuerrechtliche oder umweltschutzrechtliche Pflichten) als auch die allgemeine Sorgfaltspflicht.[641] Als Haftungsmaßstab gilt nach Art. 2392 I c.c. die Sorgfalt, welche bzgl. der Art des Auftrages (*natura dell'incarico*) und bzgl. der den Verwaltungsratsmitgliedern übertragenen besonderen Aufgabenbereichen (*specifiche competenze*) verlangt werden kann.[642] Obwohl nicht im Gesetz vorgesehen, findet nach ständiger Rechtsprechung bei unternehmerischen Entscheidungen der Grundsatz der *Business Judgement Rule* Anwendung.[643]

634 Dazu *Campobasso*, Diritto commerciale, Bd. 2, Diritto delle società, 2015, S. 367; *Spolidoro/Spolaore* in: Abbadessa/Portale (Hrsg.), Le società per azioni. Codice civile e leggi complementari, 2016, S. 1324, 1328 ff.; *Kindler*, Italienisches Handels- und Wirtschaftsrecht, 2013, § 4 Rn. 188; *Falco* in: Wegen/Spahlinger/Barth (Hrsg.), Gesellschaftsrecht des Auslands, 2016, Italien, Rn. 182; *Oelkers* in: Kalss (Hrsg.), Vorstandshaftung in 15 europäischen Ländern, 2005, S. 534; *Magelli/Masotto* RIW 2004, 903, 908.

635 *Spolidoro/Spolaore* in: Abbadessa/Portale (Hrsg.), Le società per azioni. Codice civile e leggi complementari, 2016, S. 1324, 1338; *Kindler*, Italienisches Handels- und Wirtschaftsrecht, 2014, § 4 Rn. 188; *Oelkers* in: Kalss (Hrsg.), Vorstandshaftung in 15 europäischen Ländern, 2005, S. 535; *Magelli/Masotto* RIW 2004, 903, 908.

636 *Stagno d'Alcontres/De Luca*, Le società, Bd. 2, Le società di capitali, 2017, S. 649; *Campobasso*, Diritto commerciale, Bd. 2, Diritto delle società, 2015, S. 367.

637 *Stagno d'Alcontres/De Luca*, Le società, Bd. 2, Le società di capitali, 2017, S. 650; *Brugnoli* Rivista di Diritto societario 2015, 425, 431; *Cera* Banca, borsa, titoli di credito 2010, 276, 290 ff.; *Ferrarini/Peruzzo/Roberti* in: Davis/Hopt/Nowak/van Solinge (Hrsg.), Corporate Boards in Law and Practice, 2013, S. 383.

638 Zitiert nach der Übersetzung des italienischen Zivilgesetzbuches der Südtiroler Landesregierung, Stand: 31.5.2015.

639 *Campobasso*, Diritto commerciale, Bd. 2, Diritto delle società, 2015, S. 371 ff.; *Stagno d'Alcontres/De Luca*, Le società, Bd. 2, Le società di capitali, 2017, S. 638 ff.; *Mozzarelli* in: Abbadessa/Portale (Hrsg.), Le società per azioni. Codice civile e leggi complementari, 2016, S. 1340, 1353 f.

640 *Campobasso*, Diritto commerciale, Bd. 2, Diritto delle società, 2015, S. 381.

641 *Stagno d'Alcontres/De Luca*, Le società, Bd. 2, Le società di capitali, 2017, S. 652 ff.

642 *Stagno d'Alcontres/De Luca*, Le società, Bd. 2, Le società di capitali, 2017, S. 652; *Briolini* in: Abbadessa/Portale (Hrsg.), Le società per azioni. Codice civile e leggi complementari, 2016, S. 1381, 1384 ff.; *Oelkers* in: Kalss (Hrsg.), Vorstandshaftung in 15 europäischen Ländern, 2005, S. 524; *Ghersini/Puppo* in: van Hulle/Gesell (Hrsg.), European Corporate Law 2006, Part 2, Rn. 60; *Ferrarini/Peruzzo/Roberti* in: Davis/Hopt/Nowak/van Solinge (Hrsg.), Corporate Boards in Law and Practice, 2013, S. 396 f.; *Schnieders*, Haftungsfreiräume für unternehmerische Entscheidungen in Deutschland und Italien, 2009, S. 122.

643 Zuletzt Cass. 22.6.2017, N. 15470; Cass. 31.8.2016, N. 17441; Cass. 2.2.2015, N. 1783; Trib. Roma 20.2.2017, www.giurisprudenzadelleimprese.it; Trib. Genova 23.2.2016, www.giurisprudenzadelleimprese.it; vgl. auch *Briolini* in: Abbadessa/Portale (Hrsg.), Le società per azioni. Codice civile e leggi complementari, 2016, S. 1381, 1388; *Kindler*, Italienisches Handels- und Wirtschaftsrecht, 2014, § 4 Rn. 196.

259 Eine Verletzung der Sorgfaltspflicht sowie der spezifischen, sich unmittelbar aus dem Gesetz ergebenden Pflichten kann zu **Schadensersatzansprüchen** der Gesellschaft gegenüber den Verwaltern führen (Art. 2392 I c.c.). Für eine Haftung reicht die reine Pflichtverletzung jedoch nicht aus. Vielmehr setzt ein Schadensersatzanspruch auch einen Schaden und einen kausalen Zusammenhang zwischen der Verletzung und dem Schaden voraus.[644] Ohne Schaden scheidet eine Haftung damit aus.[645] Allein die fehlerhafte Aufstellung des Jahresabschlusses genügt somit beispielsweise nicht, um eine Haftung zu begründen. Es bedarf insofern zB vielmehr Handlungen, die aufgrund der fehlerhaften Bilanz vorgenommen wurden und die dann zu einem Vermögensnachteil führen.[646]

260 Die Verwalter haften grundsätzlich **gesamtschuldnerisch** (Art. 2392 I c.c.). Das Verwaltungsratsmitglied entgeht der Haftung nur, wenn es an der Maßnahme **nicht teilgenommen** hat, sein fehlendes Einverständnis im Buch über die Sitzung und die Beschlüsse des Verwaltungsrates hat vermerken lassen oder den Vorsitzenden des Überwachungsrates schriftlich davon **in Kenntnis** gesetzt hat (Art. 2392 III c.c.).[647] Hat der Verwaltungsrat allerdings bestimmte Aufgaben delegiert, zB an einen Vollzugsausschuss (s. zu Ausschüssen Rn. 247 ff.), so müssen die Beauftragten grds. für ihre Handlungen einstehen. Dem Verwaltungsrat droht demgegenüber nur dann eine Haftung, wenn er seine Überwachungspflicht verletzt.[648]

261 Die Haftungsklage soll durch einen **Beschluss der Gesellschafterversammlung** genehmigt werden (Art. 2393 c.c.).[649] Die Verwalter können bei Beschlussfassungen, die ihre Haftung betreffen, nicht mitstimmen (Art. 2373 II c.c.). Eine Beschlussfassung über mögliche Haftungsklagen kann im Rahmen der Erörterung des Jahresabschlusses initiiert werden, selbst wenn dieser Beschluss nicht auf der Tagesordnung steht. Voraussetzung dafür ist allerdings, dass eine Haftungsklage mit Blick auf Vorgänge angestrebt wird, die das Geschäftsjahr betreffen, auf das sich der Jahresabschluss bezieht (Art. 2393 II c.c.).[650] Die Genehmigung des Jahresabschlusses bewirkt allerdings nicht zugleich die Befreiung der Verwalter von einer möglichen Haftung (Art. 2434 c.c.).[651] Gem. Art. 2393-*bis* c.c. kann auch eine Minderheit von Aktionären (*azione di responsabilità della minoranza*) für die Erhebung einer Haftungsklage sorgen. In geschlossenen Gesellschaften liegt die Schwelle dafür bei mindestens 20% des Gesellschaftskapitals und in offenen Gesellschaften bei 2,5% des Grundkapitals (Art. 2392-*bis* I und II c.c.).[652] In der Satzung können jeweils niedrigere Schwellenwerte vorgesehen werden. In geschlossenen s.p.a. ist auch eine höhere Schwelle von bis zu 30% denkbar. Unabhängig vom Beschluss der Gesellschafterversammlung kann sich auch der **Überwachungsrat** entscheiden, eine Haftungsklage im Interesse der Gesellschaft zu erheben (Art. 2393 III c.c.).[653]

262 Es ist allerdings für die Klageberechtigten auch möglich, auf die Erhebung einer Haftungsklage zu verzichten und stattdessen vielmehr einen **Vergleich** abzuschließen (Art. 2393 VI c.c.). Dafür bedarf es allerdings ebenfalls eines expliziten Beschlusses der Gesellschafterversammlung, für den hohe Mehrheitsanforderungen gelten (vgl. Art. 2393 VI c.c.). Ein vorheriger Verzicht auf Haftungsklagen ist hingegen nicht möglich.[654]

---

644 Cass. 31.8.2016, N. 17441; Cass. 2.10.2015, N. 19733; *Campobasso*, Diritto commerciale, Bd. 2, Diritto delle società, 2015, S. 382.

645 Trib. Milano 21.7.2014, www.giurisprudenzadelleimprese.it; Cass. 25.7.1979 n. 4415, Giurisprudenza commerciale 1980, 325; Trib. Milano 18.5.1989; vgl. auch *Oelkers*, Die italienische Aktiengesellschaft im institutionellen Wettbewerb, 2008, S. 255.

646 *Oelkers*, Die italienische Aktiengesellschaft im institutionellen Wettbewerb, 2008, S. 255.

647 *Briolini* in: Abbadessa/Portale (Hrsg.), Le società per azioni. Codice civile e leggi complementari, 2016, S. 1381, 1392 ff.; *Oelkers* in: Kalss (Hrsg.), Vorstandshaftung in 15 europäischen Ländern, 2005, S. 534; *Ferrarini/Peruzzo/Roberti* in: Davis/Hopt/Nowak/von Solinge (Hrsg.), Corporate Boards in Law and Practice, 2013, S. 417; *Casper/Reiß* RIW 2004, 428, 430; *Schnieders*, Haftungsfreiräume für unternehmerische Entscheidungen in Deutschland und Italien, 2009, S. 128 f. insbes. Fn. 552.

648 Cass. 5.2.2013, N. 2737; Trib. Milano 31.10.2016, Le Società 2017, S. 881; *Briolini* in: Abbadessa/Portale (Hrsg.), Le società per azioni. Codice civile e leggi complementari, 2016, S. 1381, 1394; *Oelkers*, Die italienische Aktiengesellschaft im institutionellen Wettbewerb, 2008, S. 208.

649 Trib. Milano 20.2.2017, www.giurisprudenzadelleimprese.it; Trib. Milano 10.3.2016, www.giurisprudenzadelleimprese.it; Trib. Milano 9.11.2015, www.giurisprudenzadelleimprese.it; *Briolini* in: Abbadessa/Portale (Hrsg.), Le società per azioni. Codice civile e leggi complementari, 2016, S. 1402, 1404 f.; *Stagno d'Alcontres/De Luca*, Le società, Bd. 2, Le società di capitali, 2017, S. 656; *Campobasso*, Diritto commerciale, Bd. 2, Diritto delle società, 2015, S. 383.

650 *Briolini* in: Abbadessa/Portale (Hrsg.), Le società per azioni. Codice civile e leggi complementari, 2016, S. 1402, 1408; *Campobasso*, Diritto commerciale, Bd. 2, Diritto delle società, 2015, S. 384.

651 *Strampelli* in: Abbadessa/Portale (Hrsg.), Le società per azioni. Codice civile e leggi complementari, 2016, S. 2414 ff.; *Kindler*, Italienisches Handels- und Wirtschaftsrecht, 2014, § 4 Rn. 197.

652 Trib. Milano 29.4.2016, www.giurisprudenzadelleimprese.it; Trib. Roma 28.9.2015, www.giurisprudenzadelleimprese.it; *Campobasso*, Diritto commerciale, Bd. 2, Diritto delle società, 2015, S. 385.

653 *Briolini* in: Abbadessa/Portale (Hrsg.), Le società per azioni. Codice civile e leggi complementari, 2016, S. 1402, 1411.

654 *Briolini* in: Abbadessa/Portale (Hrsg.), Le società per azioni. Codice civile e leggi complementari, 2016, S. 1402, 1415; Trib. Palermo 13.3.2008, Giurisprudenza commerciale 2010, 121; Trib. Milano, 2.12.2005, Le Società

Im Fall der Insolvenz der Gesellschaft besitzt der **Insolvenzverwalter** nach Art. 2394-*bis* c.c. ein Klagerecht.[655] Das ist in der Praxis zB relevant, wenn die Verwalter nicht fristgerecht das Vorliegen eines Auflösungsgrundes bestätigt haben. Dann kann der Insolvenzverwalter die aus der Verspätung entstandenen Schäden verlangen.[656] Die Verjährungsfrist für Haftungsklagen beträgt fünf Jahre ab dem Ausscheiden des Verwalters aus dem Amt (Art. 2393 IV c.c.). 263

Die Verwalter haften auch gegenüber **Gesellschaftsgläubigern** für die Nichtbeachtung von Pflichten, „welche die Bewahrung des Bestands des Gesellschaftsvermögens betreffen"[657] (Art. 2394 I c.c.). Den Gläubigern steht in solchen Fällen dann ein Klagerecht zu, wenn das Gesellschaftsvermögen daher nicht zur Deckung ihrer Forderungen ausreicht (Art. 2394 II c.c.).[658] Die Verjährungsfrist beträgt auch für diese Klage fünf Jahre. Die Frist beginnt an dem Tag zu laufen, an dem die Gläubiger Kenntnis darüber erlangen konnten, dass das Gesellschaftsvermögen nicht mehr ausreichend war.[659] 264

Darüber hinaus haften die Verwalter gegenüber **Dritten** und **Aktionären** nach Art. 2395 I c.c. In diesem Fall können nur solche Schäden geltend gemacht werden, die durch eine fahrlässige oder vorsätzliche Handlung der Verwalter unmittelbar innerhalb der Rechtssphäre des Dritten verursacht wurden. Ein klassisches Beispiel wäre der Fall, dass die Bilanz einer AG nicht ordnungsgemäß erstellt worden ist und der Dritte die Aktien aufgrund dessen zu einem, dieser falschen Bilanz entsprechenden, Preis gekauft hat.[660] Die Beweislast obliegt dem klagenden Dritten. 265

(10) Generaldirektoren (Direttori generali)

Generaldirektoren können durch einen Beschluss der Gesellschafterversammlung bestellt werden, der auch ihre Rechte und Pflichten bestimmen kann. Sie haften wie die Verwalter gegenüber der Gesellschaft, den Gläubigern und den Dritten (Art. 2396 c.c.), weshalb insofern auf die obigen Ausführungen verwiesen werden kann (vgl. Rn. 257 ff.). 266

cc) Überwachungsrat

(1) Aufgaben des Überwachungsrats

Dem Überwachungsrat (*collegio sindacale*) (manchmal auf Deutsch auch Prüferkollegium[661] oder Kontrollrat[662] genannt) kommt die Aufgabe zu, die Geschäftsführung zu überwachen. Es obliegt ihm, die **Beachtung der Gesetze und der Satzung**, die Einhaltung einer **ordnungsgemäßen Verwaltung** „und insbesondere die **Eignung** der von der Gesellschaft gewählten **Einrichtungen**, die die Organisation, die Verwaltung und das Rechnungswesen betreffen"[663] (Art. 2403 I c.c.) zu kontrollieren. Bei geschlossenen Gesellschaften, die nicht zur Aufstellung eines konsolidierten Jahresabschlusses verpflichtet sind, kann die Satzung nach Art. 2409-*bis* c.c. vorsehen, dass auch die Rechnungsprüfung vom Überwachungsrat übernommen wird.[664] 267

Die Überwachungsratsmitglieder müssen zudem an den Sitzungen des Verwaltungsrates, an den Gesellschafterversammlungen und – falls gegeben – den Sitzungen des Vollzugsausschusses (geschäftsführender Ausschuss des Verwaltungsrates, vgl. Art. 2381 II-IV c.c.) **teilnehmen** (Art. 2405 I c.c.). Kommen die Überwachungsratsmitglieder dieser Pflicht nicht nach, droht ihnen der Amtsverlust. Konkret verlieren sie ihr Amt, wenn sie im selben Geschäftsjahr „an zwei aufeinander folgenden Sitzungen des Verwaltungsrates oder des Vollzugsausschusses 268

2006, 1525; *Kindler*, Italienisches Handels- und Wirtschaftsrecht, 2014, § 4 Rn. 198; aA *Tina*, L'esonero da responsabilità degli amministratori di s.p.a., 2008, S. 252 ff.

655 *Buta* in: Abbadessa/Portale (Hrsg.), Le società per azioni. Codice civile e leggi complementari, 2016, S. 1449, 1450 ff.

656 Cass. S.U., 6.5.2015, N. 9100; Cass. 2.10.2015, N. 19733; Trib. Roma 24.4.2017, www.giurisprudenzadelleimprese.it; Trib. Milano 20.2.2017, www.giurisprudenzadelleimprese.it; *Buta* in: Abbadessa/Portale (Hrsg.), Le società per azioni. Codice civile e leggi complementari, 2016, S. 1449, 1454.

657 Zitiert nach der Übersetzung des italienischen Zivilgesetzbuches der Südtiroler Landesregierung, Stand: 31.5.2015.

658 *Campobasso*, Diritto commerciale, Bd. 2, Diritto delle società, 2015, S. 387 ff.

659 Cass. 14.6.2014, N. 13378; Cass. 22.4.2009, N. 9619; Trib. Roma 11.10.2016, www.giurisprudenzadelleimprese.it.

660 *Campobasso*, Diritto commerciale, Bd. 2, Diritto delle società, 2015, S. 391; *Mozzarelli* in: Abbadessa/Portale (Hrsg.), Le società per azioni. Codice civile e leggi complementari, 2016, S. 1459, 1462 ff.

661 Vgl. *Kindler*, Italienisches Handels- und Wirtschaftsrecht, 2014, § 4 Rn. 201 ff.

662 Vgl. *Falco* in: Wegen/Spahlinger/Barth (Hrsg.), Gesellschaftsrecht des Auslands, 2016, Italien, Rn. 192 ff.; *Oelkers*, Die italienische Aktiengesellschaft im institutionellen Wettbewerb, 2008, S. 208.

663 Zitiert nach der Übersetzung des italienischen Zivilgesetzbuches der Südtiroler Landesregierung, Stand: 31.5.2015.

664 *Buta* in: Abbadessa/Portale (Hrsg.), Le società per azioni. Codice civile e leggi complementari, 2016, S. 1756, 1759.

nicht teilnehmen" (Art. 2405 II c.c.).[665] Durch die Teilnahme wird ein direkter Informationsfluss an den Überwachungsrat gewährleistet, so dass dieser seine Aufgaben effektiv wahrnehmen kann.

269 Erfüllen die Verwalter ihre Aufgaben nicht, so ist der Überwachungsrat in bestimmten Fällen zudem zum **Handeln** verpflichtet. Berufen die Verwalter beispielsweise die Gesellschafterversammlung nicht ein, so fällt diese Aufgabe dem Kontrollrat zu (Art. 2406 I c.c.).[666] Das Gleiche gilt, wenn die Verwalter einen publizitätspflichtigen Umstand nicht fristgerecht ins Handelsregister eintragen lassen oder wenn sie die Herabsetzung des Kapitals infolge von Verlusten nach Art. 2446 II c.c. beim Landesgericht nicht beantragen.[667] Auch in diesen Fällen wird dann ein Tätigwerden des Überwachungsrats notwendig.

270 Die für die Kontrolle notwendigen **Eingriffs-** und **Untersuchungsbefugnisse** des Überwachungsrates gehen aus deutscher Sicht recht weit (vgl. Art. 2403-*bis* c.c.). Lediglich den vom Überwachungsrat beauftragten Hilfspersonen kann das Verwaltungsorgan den Zugang zu Informationen verweigern, wenn diese als vertraulich einzustufen sind (Art. 2403-*bis* V c.c.). Dies gilt allerdings selbst dann, wenn es sich bei den Hilfspersonen um Rechtsanwälte oder Wirtschaftsprüfer handelt, die selbst zur Verschwiegenheit verpflichtet sind.[668] Bemerkenswert ist, dass Untersuchungen und Überprüfungen **jederzeit** und zwar auch **einzelnen Überwachungsratsmitgliedern,** gestattet sind (Art. 2403-*bis* I c.c.).[669] Begrenzte Untersuchungsbefugnisse erstrecken sich zusätzlich auch auf verbundene Unternehmen (Art. 2403-*bis* II 1 c.c.). Die Überwachungsratsmitglieder können jederzeit von den Verwaltern Auskunft über die Entwicklung der Geschäftstätigkeit von Tochtergesellschaften verlangen. Auch über einzelne Geschäfte können sie sich informieren lassen (Art. 2403-*bis* II 1 c.c.).[670] Es ist ihnen auch gestattet, direkt mit den Organen der Tochtergesellschaften bzgl. des Gangs der Geschäftstätigkeit zu kommunizieren (Art. 2403-*bis* II 2 c.c.). Noch weitreichender sind die Befugnisse des Kontrollrats in börsennotierten s.p.a. (vgl. Art. 149 T.U.F.).[671]

271 Damit der Überwachungsrat seine Aufgaben möglichst effektiv erfüllen kann, existieren zudem **Berichtspflichten** der Verwalter gegenüber dem Überwachungsrat.[672] So muss beispielsweise das Ausscheiden eines Verwaltungsratsmitglieds dem Überwachungsrat mitgeteilt werden (Art. 2385 c.c.). Gleiches gilt für das Bestehen von Interessenskonflikten nach Art. 2391 I c.c. (dazu auch Rn. 256) und Pflichtverletzungen von Verwaltern.[673] In börsennotierten s.p.a. statuiert Art. 150 T.U.F. darüber hinaus eine vierteljährliche Berichterstattungspflicht der Verwalter gegenüber dem Überwachungsrat, welcher wiederum zur Berichterstattung gegenüber dem Wirtschaftsprüfer verpflichtet ist (Art. 150 III T.U.F.).[674]

272 Nach Art. 2408 c.c. hat zudem jeder Aktionär das Recht, dem Überwachungsrat beanstandungswürdige Tatsachen zu melden. Daraus folgt für den Überwachungsrat die Pflicht, die Meldung im Bericht an die Gesellschafterversammlung aufzunehmen (Art. 2408 I c.c.). Wird die Anzeige von einem Aktionär eingebracht, der mindestens 5% des Gesellschaftskapitals repräsentiert oder einer Gruppe, die mindestens diesen Anteil erreicht, so ist der Überwachungsrat dazu verpflichtet, unverzüglich entsprechende **Nachforschungen** in die Wege zu leiten. Die Ergebnisse der Untersuchung sowie gegebenenfalls entsprechende Vorschläge hat er dann der Gesellschafterversammlung zu präsentieren (Art. 2408 II c.c.).[675] In börsennotierten Gesellschaften liegt der geforderte Prozentsatz niedriger, und zwar bei 2% des Gesellschaftskapitals (Art. 2408 II c.c.).

(2) Bestellung und Abberufung der Überwachungsratsmitglieder

273 Der Überwachungsrat besteht grds. aus drei oder fünf Vertretern sowie zwei Ersatzmitgliedern (*sindaci supplenti*) (Art. 2397 I 1 und 2 c.c.). Denn mit dem Gesetz 4.4.2012 N. 35 ist die Möglichkeit, ein aus einem einzigen Mitglied zusammengesetztes Kontrollorgan zu bilden, aufgehoben worden. Bei den börsennotierten Gesell-

665 Cass. 9.5.2008, N. 11554; *Campobasso*, Diritto commerciale, Bd. 2, Diritto delle società, 2015, S. 401.
666 *Sfameni/Spolaore* in: Abbadessa/Portale (Hrsg.), Le società per azioni. Codice civile e leggi complementari, 2016, S. 1672, 1674 ff.
667 *Campobasso*, Diritto commerciale, Bd. 2, Diritto delle società, 2015, S. 403.
668 *Bazzani* in: Abbadessa/Portale (Hrsg.), Le società per azioni. Codice civile e leggi complementari, 2016, S. 1634, 1649.
669 *Bazzani* in: Abbadessa/Portale (Hrsg.), Le società per azioni. Codice civile e leggi complementari, 2016, Ss. S. 1634, 1641; *Campobasso*, Diritto commerciale, Bd. 2, Diritto delle società, 2015, S. 404.
670 *Stagno d'Alcontres/De Luca*, Le società, Bd. 2, Le società di capitali, 2017, S. 679; *Campobasso*, Diritto commerciale, Bd. 2, Diritto delle società, 2015, S. 404; *Oelkers* in: Kalss (Hrsg.), Vorstandshaftung in 15 europäischen Ländern, 2005, S. 546.
671 *Kindler*, Italienisches Handels- und Wirtschaftsrecht, 2014, § 4 Rn. 206; *Schnieders*, Haftungsfreiräume für unternehmerische Entscheidungen in Deutschland und Italien, 2009, S. 114.
672 *Kindler*, Italienisches Handels- und Wirtschaftsrecht, 2014, § 4 Rn. 207.
673 Vgl. auch *Kindler*, Italienisches Handels- und Wirtschaftsrecht, 2014, § 4 Rn. 207.
674 Näher dazu *Kindler*, Italienisches Handels- und Wirtschaftsrecht, 2014, § 4 Rn. 207; *Strampelli* in: Abbadessa/Portale (Hrsg.), Le società per azioni. Codice civile e leggi complementari, 2016, S. 4262, 4268 und 4278.
675 *Campobasso*, Diritto commerciale, Bd. 2, Diritto delle società, 2015, S. 407; *Arcidiacono* in: Abbadessa/Portale (Hrsg.), Le società per azioni. Codice civile e leggi complementari, 2016, S. 1719, 1733 f.

schaften kann die Zahl der Überwachungsratsmitglieder in der Satzung hingegen frei bestimmt werden, soweit mindestens drei Mitglieder und zwei Ersatzmitglieder vorgesehen werden (Art. 148 T.U.F.).[676] In der Praxis hatten börsennotierte Unternehmen in 2016 durchschnittlich einen 3-köpfigen Überwachungsrat.[677] Im italienischen Recht ist die Repräsentation von Arbeitnehmervertretern im Überwachungsrat nicht vorgesehen.[678] Die Regeln zur **Bestellung** der Überwachungsratsmitglieder ähneln sehr stark denen zur Bestellung der Verwaltungsratsmitglieder. Wie die Verwaltungsratsmitglieder auch (s. dazu Rn. 230) werden die ersten Überwachungsratsmitglieder im Gründungsakt benannt (Art. 2400 I c.c.). Alle darauffolgenden Überwachungsratsmitglieder werden im Rahmen der ordentlichen Gesellschafterversammlung von den Aktionären bestimmt (Art. 2400 I c.c.). Auch insofern kann die Satzung spezielle Vorgaben machen (Art. 2368 c.c.),[679] wie zB eine Wahl nach Listen oder andere Mechanismen für die Vertretung der Minderheitsaktionäre.[680] In der börsennotierten s.p.a. wird – wie bei der Bestellung der Verwaltungsratsmitglieder – mindestens ein Vertreter des Überwachungsrats von den Minderheitsaktionären bestimmt (Art. 148 T.U.F.). Zudem muss der **Vorsitzende** des Verwaltungsrats ein von den Minderheitsaktionären bestimmter Vertreter sein (Art. 148 II-*bis* T.U.F.).[681] Dem Mehrheitsgesellschafter verbleibt es, sowohl die weiteren Verwalter als auch die restlichen Überwachungsratsmitglieder zu bestellen. Stimmen in der Literatur sehen letzteres im Hinblick auf die Effizienz der Kontrolle des Überwachungsorgans sehr kritisch.[682] Auch das Überwachungsorgan setzt sich generell aus natürlichen Personen zusammen. Nach der traditionellen Ansicht ist die Bestellung einer juristischen Person nicht zulässig. Aus der neueren Rechtsprechung bzgl. der Verwaltungsmitglieder (siehe oben Rn. 231) kann aber entnommen werden, dass nun auch die Bestellung juristischer Personen möglich ist.[683]

274 Wird auch die **Rechnungslegung** vom Überwachungsrat vorgenommen, weil Art. 2409-*bis* c.c. erfüllt ist, müssen alle drei (oder fünf) Überwachungsratsmitglieder im Register des Justizministeriums **eingetragene Rechnungsprüfer** sein (Art. 2409-*bis* II 2 c.c.).[684] Ist der Überwachungsrat nicht mit den Aufgaben der Rechnungslegung betraut, müssen wenigstens ein Überwachungsratsmitglied sowie ein Ersatzmitglied eingetragene Rechnungsprüfer sein (Art. 2397 II 1 c.c.). Doch auch die anderen Mitglieder können nicht ganz frei bestimmt werden. Vielmehr müssen sie entweder ebenfalls Rechnungsprüfer, in bestimmten Berufslisten eingetragen,[685] oder Universitätsprofessoren aus den Bereichen der Rechtswissenschaft oder der Betriebswirtschaftslehre sein (Art. 2397 II 2 c.c.). Eine sog „**Frauenquote**" (dazu bereits Rn. 230) ist auch für den Überwachungsrat von börsennotierten Gesellschaften vorgesehen.

275 Da dem Überwachungsrat eine Kontrollfunktion zukommt, muss seine **Unabhängigkeit** (und die Unabhängigkeit seiner Mitglieder) vor allem im Verhältnis zum Verwaltungsrat (aber auch zur Gesellschafterversammlung) garantiert werden, was auf die Bestellbarkeit durchschlägt. Nicht wählbar sind daher zB Personen, die eine verwandtschaftliche Beziehung zu einem der Vorstandsmitglieder (vgl. Art. 2399 I b) c.c.) oder ein Arbeits-, Beratungs- oder Dienstleistungsverhältnis zur Gesellschaft aufweisen (vgl. Art. 2399 I lit. c) c.c.).[686] Bei den börsennotierten Gesellschaften sind die Nichtwählbarkeitsgründe noch strenger ausgestaltet (vgl. Art. 148 T.U.F.).[687]

---

676 *Campobasso*, Diritto commerciale, Bd. 2, Diritto delle società, 2015, S. 396; *Cuomo* in: Abbadessa/Portale (Hrsg.), Le società per azioni. Codice civile e leggi complementari, 2016, S. 4225, 4226.

677 Vgl. CONSOB, Report on corporate governance of Italian listed companies, 2017, S. 21.

678 *Kindler*, Italienisches Handels- und Wirtschaftsrecht, 2014, § 4 Rn. 201.

679 *Kindler*, Italienisches Handels- und Wirtschaftsrecht, 2014, § 4 Rn. 202.

680 *Cuomo* in: Abbadessa/Portale (Hrsg.), Le società per azioni. Codice civile e leggi complementari, 2016, S. 1517, 1518; *Sanfilippo* in: Cian (Hrsg.), Diritto commerciale, Bd. 3, Diritto delle società, 2017, S. 500.

681 *Cuomo* in: Abbadessa/Portale (Hrsg.), Le società per azioni. Codice civile e leggi complementari, 2016, S. 4225, 4232; *Campobasso*, Diritto commerciale, Bd. 2, Diritto delle società, 2015, S. 397.

682 Vgl. Dazu *Campobasso*, Diritto commerciale, Bd. 2, Diritto delle società, 2015, S. 397; *Sanfilippo* in: Cian (Hrsg.), Diritto commerciale, Bd. 3, Diritto delle società, 2017, S. 502.

683 *Cuomo* in: Abbadessa/Portale (Hrsg.), Le società per azioni. Codice civile e leggi complementari, 2016, S. 1498, 1501 f.; aA *Tedeschi*, Il collegio sindacale, 1992, S. 34; *Domenichini* in: Niccolini-Stagno d'Alcontres (Hrsg.), Società di capitali. Commentario, Bd. 2, 2004, S. 729, 729 f.

684 *Buta* in: Abbadessa/Portale (Hrsg.), Le società per azioni. Codice civile e leggi complementari, 2016, S. 1756, 1767; *De Nicola/Carone*, Italian Company Law, 2015, S. 155.

685 Dazu zählen Rechtsanwälte, Steuerberater und Buchhalter. *Campobasso*, Diritto commerciale, Bd. 2, Diritto delle società, 2015, S. 398; *Oelkers*, Die italienische Aktiengesellschaft im institutionellen Wettbewerb, 2008, S. 213.

686 *Kindler*, Italienisches Handels- und Wirtschaftsrecht, 2014, § 4 Rn. 204; strengere Bestimmungen liegen für die börsennotierten Gesellschaften vor, vgl. *Bertolotti* in: Cagnasso/Panzani (Hrsg.), Le nuove s.p.a., Bd. 1, 2010, S. 872; *Campobasso*, Diritto commerciale, Bd. 2, Diritto delle società, 2015, S. 399; *Rigotti* in: Ghezzi (Hrsg.), Collegio sindacale. Controllo contabile, 2005, S. 64 ff.; *Oelkers*, Die italienische Aktiengesellschaft im institutionellen Wettbewerb, 2008, S. 213.

687 *Cuomo* in: Abbadessa/Portale (Hrsg.), Le società per azioni. Codice civile e leggi complementari, 2016, S. 4225, 4227 ff.

Die Einschränkungen gelten zudem nicht nur mit Blick auf die einzelne Gesellschaft, sondern konzernweit.[688] Neben diesen speziellen Anforderungen an die Unabhängigkeit der Überwachungsratsmitglieder gelten gem. Art. 2399 I lit. a) c.c. auch die allgemeinen Bestellungshindernisse, wie sie mit Blick auf die Verwaltungsratsmitglieder bereits erläutert wurden (s. Rn. 232). Damit die Unabhängigkeit der Überwachungsratsmitglieder sichergestellt ist, wird ihre Vergütung zudem in der Satzung festgesetzt oder von der Gesellschaftsversammlung zur Zeit der Bestellung **für die gesamte Dauer ihrer Tätigkeit bestimmt** (Art. 2402 c.c.).[689] Geschieht dies nicht, wird sie durch einen Richter festgelegt.[690]

276 Die **Amtsdauer** der Überwachungsratsmitglieder darf ebenso wie bei den Verwaltungsratsmitgliedern höchstens drei Jahre betragen (Art. 2400 I 2 c.c.). Die Wahl der Mitglieder muss jedoch nicht zur gleichen Zeit stattfinden. Vielmehr sind Wahlen zu verschiedenen Zeitpunkten möglich. Berufene Überwachungsratsmitglieder können beliebig oft wiedergewählt werden.[691] Die Tätigkeit endet gewöhnlich entsprechend durch Zeitablauf. Die Überwachungsratsmitglieder scheiden mit der Gesellschafterversammlung aus dem Amt aus, „die zum Zweck der Genehmigung des Jahresabschlusses für das dritte Geschäftsjahr ihrer Amtszeit einberufen worden ist“[692] (Art. 2400 I 2 c.c.). Die Wirksamkeit des Amtsverlustes tritt erst ein, sobald ein neuer Überwachungsrat eingesetzt ist (Art. 2400 I 3 c.c.),[693] wodurch eine zeitlich lückenlose Kontrolle gewährleistet wird. Darüber hinaus können die Überwachungsratsmitglieder nur aus einem **wichtigen Grund** durch einen **Beschluss** der Gesellschafterversammlung abberufen werden (Art. 2400 II 1 c.c.). Eine anlasslose Absetzung scheidet damit aus. Der entsprechende Beschluss bedarf zudem der Genehmigung durch das zuständige Landgericht (*Tribunale*) (vgl. Art. 2400 II 2 c.c.). Daneben kommt die Beendigung des Amtes noch aufgrund des Todes des Mitglieds, der Niederlegung des Amtes (die jederzeit möglich ist)[694] und aufgrund von Erlöschen wegen des Auftretens eines Bestellungshindernisses in Betracht.[695] Wenn ein Überwachungsratsmitglied ausscheidet, wird das Amt von einem Ersatzmitglied übernommen.

277 Der italienische Gesetzgeber versucht zudem durch die Statuierung von Pflichten und Sanktionen die **Effektivität des Überwachungsrates** sicher zu stellen. Auch hier kann es bei Verletzung dieser Pflichten zu einem Ausscheiden eines Überwachungsratsmitglieds kommen. Der Überwachungsrat muss demnach mindestens alle 90 Tage zusammentreten. Ein Überwachungsratsmitglied, das der Sitzung ohne Rechtfertigung zweimal in einem Geschäftsjahr fernbleibt, **verliert *ex lege* sein Amt** (Art. 2404 II c.c.).[696] Die Überwachungsratsmitglieder müssen zudem an den Sitzungen des Verwaltungsrates, an den Gesellschafterversammlungen und den Sitzungen des Vollzugsausschusses (geschäftsführender Ausschuss des Verwaltungsrates vgl. Art. 2381 II-IV c.c.) **teilnehmen** (Art. 2405 I c.c.). Hier führt die Nichtteilnahme an zwei aufeinander folgenden Sitzungen ebenfalls zum Verlust des Amtes (Art. 2405 II c.c.).[697] Der italienische Gesetzgeber bemüht sich daher, durch die Verpflichtung zu regelmäßigen Treffen sowie einer „Anwesenheitspflicht“ sicherzustellen, dass die Überwachungsratsmitglieder ihre Aufgaben erfüllen.

(3) Haftung der Überwachungsratsmitglieder

278 Art. 2407 c.c. statuiert die **Haftung der Überwachungsratsmitglieder für Pflichtverletzungen.** Eine Pflichtverletzung kommt insbesondere dann in Betracht, wenn ein Mitglied nicht mit der Professionalität und der Sorgfalt agiert hat, wie „die Art des Amtes“[698] dies erfordert (Art. 2407 I c.c.). Der Maßstab der Sorgfalt hängt dann von den konkreten Umständen mit Blick auf die s.p.a. ab, wie zB der Größe der Gesellschaft, deren Tätigkeit

---

688 *Cuomo* in: Abbadessa/Portale (Hrsg.), Le società per azioni. Codice civile e leggi complementari, 2016, S. 1498, 1502 ff.; *Oelkers*, Die italienische Aktiengesellschaft im institutionellen Wettbewerb, 2008, S. 213.

689 *Presti/Rescigno*, Corso di diritto commerciale, Bd. 2, Società, 2017, S. 498; *Campobasso*, Diritto commerciale, Bd. 2, Diritto delle società, 2015, S. 400; *Magnani* in: Ghezzi (Hrsg.), Collegio sindacale. Controllo contabile, 2005, S. 156; *Kindler*, Italienisches Handels- und Wirtschaftsrecht, 2014, § 4 Rn. 204.

690 Cass. 10.4.2015, N. 7299; Cass. 27.10.2014, N. 22761.

691 *Cuomo* in: Abbadessa/Portale (Hrsg.), Le società per azioni. Codice civile e leggi complementari, 2016, S. 1517, 1517 ff.

692 Zitiert nach der Übersetzung des italienischen Zivilgesetzbuches der Südtiroler Landesregierung, Stand: 31.5.2015.

693 Cass. 18.2.2016, N. 3190; *Campobasso*, Diritto commerciale, Bd. 2, Diritto delle società, 2015, S. 400; *Cuomo* in: Abbadessa/Portale (Hrsg.), Le società per azioni. Codice civile e leggi complementari, 2016, S. 1517, 1520; *Stagno d'Alcontres/De Luca*, Le società, Bd. 2, Le società di capitali, 2017, S. 677.

694 Cass. 4.5.2012, N. 6788; *Campobasso*, Diritto commerciale, Bd. 2, Diritto delle società, 2015, S. 401.

695 *Campobasso*, Diritto commerciale, Bd. 2, Diritto delle società, 2015, S. 401; *Kindler*, Italienisches Handels- und Wirtschaftsrecht, 2014, § 4 Rn. 205; *Pernazza*, Corporations and Partnerships in Italy, 2012, Rn. 249.

696 *Picardi* in: Abbadessa/Portale (Hrsg.), Le società per azioni. Codice civile e leggi complementari, 2016, S. 1653, 1660 ff.; *Presti/Rescigno*, Corso di diritto commerciale, Bd. 2, Società, 2017, S. 498.

697 *Picardi* in: Abbadessa/Portale (Hrsg.), Le società per azioni. Codice civile e leggi complementari, 2016, S. 1664, 1668.

698 Zitiert nach der Übersetzung des italienischen Zivilgesetzbuches der Südtiroler Landesregierung, Stand: 31.5.2015.

und deren wirtschaftlicher Lage.[699] Darüber hinaus haftet das Überwachungsratsmitglied für die Richtigkeit seiner Bestätigungen und für die Einhaltung der ihm auferlegten Verschwiegenheitspflichten mit Blick auf Informationen, die es im Rahmen der Ausübung seines Amtes erhalten hat (Art. 2407 I c.c.). Art. 2407 II c.c. sieht zudem eine gesamtschuldnerische Haftung mit den Geschäftsführern vor und zwar für das Fehlverhalten der Geschäftsführung, sofern der Schaden im Falle einer ordnungsgemäßen Überwachung hätte verhindert werden können. Aus diesem Grund werden die Überwachungsratsmitglieder in der Praxis sehr häufig in den Haftungsklagen gegen die Verwalter mit angeklagt.

Auf **Haftungsklagen** gegen die Überwachungsratsmitglieder finden ansonsten die Vorschriften für die Klagen gegen die Verwaltungsratsmitglieder Anwendung. So wird zB auch bei Erfüllung der Pflichten von Überwachungsratsmitgliedern der Grundsatz der *Business Judgement Rule* berücksichtigt.[700] Die Überwachungsratsmitglieder haften wie die Verwalter gegenüber der Gesellschaft sowie ggf. gegenüber Gläubigern und Dritten (s. Rn. 257 ff.). Im Namen der Gesellschaft kann auch eine qualifizierte Minderheit der Gesellschafter eine Haftungsklage erheben (vgl. Art. 2407 III c.c. iVm Art. 2393-*bis* c.c.).[701] 279

b) Das dualistische System

Auch im dualistischen System – welches durch das deutsche Recht inspiriert wurde – gibt es **drei** verschiedene **Organe** (vgl. auch Art. 2409-octies c.c.): 280

- **Gesellschafterversammlung** (*assemblea* – Beschlussfassungsorgan)
- **Vorstand** (*consiglio di gestione* – Geschäftsführungsorgan)
- **Aufsichtsrat** (*consiglio di sorveglianza* – Kontrollorgan)

Im Gegensatz zum traditionellen System gibt es somit anstelle eines Überwachungsrats den Aufsichtsrat und anstelle des Verwaltungsrats den Vorstand. 281

Das dualistische System hatte nach der Reform vor allem unter den wichtigsten italienischen Banken (zB Ubi Banca, Intesa San Paolo, Banca Popolare di Verona, Mediobanca) bedeutenden Erfolg, obwohl einige Institute in der Zwischenzeit wieder das traditionelle oder das monistische System aufgenommen haben.[702] Das dualistische System hat den Vorteil bzw. Nachteil (je nach Blickwinkel), dass die wichtigsten Zuständigkeiten der Gesellschafterversammlung wie sie das traditionelle System kennt (dh die Genehmigung des Jahresabschlusses, die Bestellung des Vorstands etc) auf den Aufsichtsrat verlagert werden, zu dem ua kein Minderheitsaktionär Zugang hat (bei börsennotierten Gesellschaften ist deren Einfluss nach Art. 148 II T.U.F. auf einen einzelnen Vertreter begrenzt). Im Ergebnis bedeutet dies also eine Reduzierung der Einflussnahmemöglichkeiten der Gesellschafterversammlung und damit eine stärkere **Trennung von Eigentum und Kontrolle.**[703] Im Vergleich zum traditionellen System wird die kompliziertere Ausgestaltung oftmals als Nachteil empfunden. Denn bei den Banken finden nicht nur die im *Codice Civile* und die im T.U.F. enthaltenen Vorschriften Anwendung, sondern auch die speziellen Vorschriften des Circolare N. 285 von 17. Dezember 2013, die unter anderem die Aufgaben von jedem Organ im dualistischen, monistischen sowie im traditionellen System für Banken konkretisieren.[704] Wie bereits erwähnt (Rn. 191) sind die meisten Unternehmen im Ergebnis beim traditionellen System geblieben.[705] Im Folgenden sollen die **einzelnen Organe,** vor allem im Vergleich zu den Aufgaben und Rechten derselben Organe im traditionellen System, dargestellt werden. 282

699 Cass. 3.7.2017, N. 16314; Cass. 13.6.2014, N. 13517; *Tina* in: Abbadessa/Portale (Hrsg.), Le società per azioni. Codice civile e leggi complementari, 2016, S. 1700, 1703 ff.

700 *Tina* in: Abbadessa/Portale (Hrsg.), Le società per azioni. Codice civile e leggi complementari, 2016, S. 1700, 1715.

701 *Tina* in: Abbadessa/Portale (Hrsg.), Le società per azioni. Codice civile e leggi complementari, 2016, S. 1700, 1717 ff.; *Campobasso*, Diritto commerciale, Bd. 2, Diritto delle società, 2015, S. 408 f.

702 Von den 230 börsennotierten Gesellschaften hatten in 2016 nur 3 das dualistische System gewählt. Vgl. CONSOB, Report on corporate governance of Italian listed companies, 2017, S. 18.

703 Vgl. Gesetzgebungsbericht in Rivista delle società 2003, S. 112, 126; siehe auch *Mirone* in: Cian (Hrsg.), Diritto commerciale, Bd. 3, Diritto delle società, 2017, S. 516; *Schiuma* Rivista di Diritto Societario 2010, 735, 736; *Kindler* ZEuP 2012, 72, 75; *Hilpold/Brunner* in: Hilpold/Perathoner/Steinmair (Hrsg.), Die Reform des italienischen Gesellschaftsrechts, 2006, S. 13.

704 Abrufbar unter https://www.bancaditalia.it/compiti/vigilanza/normativa/archivio-norme/circolari/c285/index.html. In der Literatur siehe *Mondini* Banca, Impresa, Società 2015, 39, 39 ff.; *Calandra Buonaura* Banca, Impresa, Società 2015, 19, 21 ff.

705 *Stagno d'Alcontres/De Luca*, Le società, Bd. 2, Le società di capitali, 2017, S. 598.

aa) Vorstand

283 Der **Vorstand** hat in etwa die gleichen Rechte und Pflichten wie im traditionellen System der Verwaltungsrat (s. dazu deshalb unter Rn. 229 ff.).[706] In diesem Zusammenhang gibt es die allgemeinen Verweise des Art. 2380 III c.c., des Art. 223-septies disp. att. trans. c.c. und des Art. 1 VI-*ter* T.U.F., die die Vorschriften für den Verwaltungsrat grundsätzlich auch für den Vorstand für anwendbar erklären. Nicht unproblematisch ist daher die Auslegung des Art. 2409-*novies* c.c., der besondere Vorgaben für den Vorstand enthält und des Art. 2409-*undecies* c.c., der lediglich bzgl. bestimmter Vorschriften Rückgriff auf die Regeln zum Verwaltungsrat nimmt.[707] Im Unterschied zum Verwaltungsrat kann der Vorstand allerdings nicht lediglich aus einem Mitglied bestehen, sondern muss aus mindestens zwei Mitgliedern gebildet werden (Art. 2409-*novies* II c.c.). Der Vorstand ist daher immer als Kollegialorgan ausgestaltet.[708] Die Satzung legt eine Mindest- und Höchstzahl für die Vorstandsmitglieder fest (Art. 2409-*novies* III c.c.). Der Aufsichtsrat konkretisiert die Zahl dann, innerhalb des ihm gewährten Spielraums (vgl. Art. 2409-novies III c.c.).[709] Die Satzung kann zudem spezielle Qualifikationsanforderungen an die Vorstandsmitglieder stellen.[710] Bei börsennotierten Gesellschaften finden die Vorschriften bzgl. der Unabhängigkeit einiger Vorstandsmitglieder (vgl. Rn. 232) und der Frauenquote (vgl. Rn. 230) Anwendung (Art. 147-*quater* T.U.F.).[711] Die Mitglieder müssen – wie im traditionellen System auch – **keine Gesellschafter sein** (Art. 2409-*novies* II c.c.), so dass auch im dualistischen System eine **Fremdgeschäftsführung** möglich ist.[712] Auch der Vorstand setzt sich generell aus natürlichen Personen zusammen. Nach der neueren Rechtsprechung dürfen aber auch **juristische Personen** Mitglieder werden.[713] Wie im traditionellen System ist der Vorstand gegenüber der Gesellschafterversammlung zudem grundsätzlich nicht weisungsgebunden.[714] Umstritten ist, wer den Vorstandsvorsitzenden ernennt. Er könnte theoretisch durch den Vorstand selbst bestimmt werden, aber auch von der Gesellschafterversammlung bzw. dem Aufsichtsrat. Nach hM ist der Vorstand im Ergebnis selbst dafür zuständig, es sei denn, die Satzung verlagert diese Zuständigkeit auf den Aufsichtsrat.[715]

284 Die Vorstandsmitglieder werden grds. durch einen Beschluss des **Aufsichtsrates** bestellt (Art. 2409-*novies* III c.c.). Lediglich die ersten Mitglieder werden durch den Gründungsakt designiert (Art. 2409-*novies* III c.c.). Die Satzung kann zudem dem Staat oder einer öffentlichen Körperschaft, die an der Gesellschaft beteiligt ist, die Befugnis zur Bestellung eines Mitgliedes zusprechen (Art. 2409-*novies* III c.c.). Im dualistischen System bestellen damit weder die Aktionäre die Vorstandsmitglieder noch besteht die Möglichkeit der Kooptation.[716] Die Vorstandsmitglieder dürfen aus Gründen der Funktionstrennung der Organe nicht zugleich Aufsichtsratsmitglieder sein (Art. 2409-*novies* IV c.c.). Scheiden während der Amtsausübung ein oder mehrere Vorstandsmitglieder aus, bleibt der Aufsichtsrat weiter für die Bestellung zuständig. Die Vorschriften über den Ersatz von Verwaltern (Art. 2386 c.c.) finden vorliegend **keine Anwendung**. Eine Pflicht zur Vertretung der Minderheitsgesellschafter durch ein Vorstandsmitglied ist nicht vorgesehen und darf auch nicht durch eine entsprechende Satzungsklausel eingeführt werden. Dies gilt auch für börsennotierte Gesellschaften, wo diese Pflicht im traditionellen System besteht.[717]

---

706 Vgl. *Stagno d'Alcontres/De Luca*, Le società, Bd. 2, Le società di capitali, 2017, S. 603; *Steinhauer* EuZW 2004, 364, 364 f.; *Süß* in: MüHdB GesR, Bd. 6, 2013, § 47 Rn. 316; *Rossmanith/Wurzer* Der schweizer Treuhänder 2007, 263, 267.

707 Vgl. *Schiuma* in: Abbadessa/Portale (Hrsg.), Il nuovo diritto delle società. Liber amicorum Gian Franco Campobasso, Bd. 2, 2006, S. 683, 692; *Mirone* in: Cian (Hrsg.), Diritto commerciale. Bd. 3, Diritto delle società, 2017, S. 573 ff.; allgemein *Cariello*, Il sistema dualistico, 2012, S. 249 ff.

708 *Stagno d'Alcontres/De Luca*, Le società, Bd. 2, Le società di capitali, 2017, S. 616; *Bordiga* in: Abbadessa/Portale (Hrsg.), Le società per azioni. Codice civile e leggi complementari, 2016, S. 1856, 1858 f.; *Oelkers*, Die italienische Aktiengesellschaft im institutionellen Wettbewerb, 2008, S. 217.

709 *Bordiga* in: Abbadessa/Portale (Hrsg.), Le società per azioni. Codice civile e leggi complementari, 2016, S. 1856, 1858 f.

710 *Bordiga* in: Abbadessa/Portale (Hrsg.), Le società per azioni. Codice civile e leggi complementari, 2016, S. 1856, 1863; *Oelkers*, Die italienische Aktiengesellschaft im institutionellen Wettbewerb, 2008, S. 219.

711 *Campobasso*, Diritto commerciale, Bd. 2, Diritto delle società, 2015, S. 427; *Bordiga* in: Abbadessa/Portale (Hrsg.), Le società per azioni. Codice civile e leggi complementari, 2016, S. 4211, 4212 f.; *Mirone* in: Cian (Hrsg.), Diritto commerciale. Bd. 3, Diritto delle società, 2017, S. 573.

712 *Campobasso*, Diritto commerciale, Bd. 2, Diritto delle società, 2015, S. 426; *Oelkers*, Die italienische Aktiengesellschaft im institutionellen Wettbewerb, 2008, S. 218.

713 *Cariello*, Il sistema dualistico, 2012, S. 288 f.

714 *Cariello*, Il sistema dualistico, 2012, S. 207 ff.; *Oelkers*, Die italienische Aktiengesellschaft im institutionellen Wettbewerb, 2008, S. 217.

715 *Cariello*, Il sistema dualistico, 2012, S. 3226; *Bordiga* in: Abbadessa/Portale (Hrsg.), Le società per azioni. Codice civile e leggi complementari, 2016, S. 1856, 1864; *Cariello* Rivista delle società 2005, 36, 94.

716 *Bordiga* in: Abbadessa/Portale (Hrsg.), Le società per azioni. Codice civile e leggi complementari, 2016, S. 1856, 1862; *Cariello*, Il sistema dualistico, 2012, S. 294; *Oelkers*, Die italienische Aktiengesellschaft im institutionellen Wettbewerb, 2008, S. 218 f.

717 *Bordiga* in: Abbadessa/Portale (Hrsg.), Le società per azioni. Codice civile e leggi complementari, 2016, S. 4211, 4215 ff.; *Schiuma* in: Abbadessa/Portale (Hrsg.), Il nuovo diritto delle società. Liber amicorum Gian Franco

Die Mitglieder des Vorstands werden für maximal drei Jahre berufen (Art. 2409-*novies* IV c.c.). Sofern die Satzung nichts Anderes vorsieht, können sie allerdings nach Ablauf der Zeit erneut bestellt werden (Art. 2409-*novies* V c.c.). Unabhängig davon, ob die Vorstandsmitglieder durch Beschluss oder im Gründungsakt bestellt wurden, hat der Aufsichtsrat das Recht, sie jederzeit auch ohne wichtigen Grund abzuberufen (Art. 2409-*novies* V c.c.). Ein Recht auf Schadensersatz des abberufenen Mitglieds ist jedoch gegeben, wenn die Abberufung ohne Vorliegen eines wichtigen Grundes erfolgte (Art. 2409-*novies* V c.c.). Ansonsten finden die Vorschriften bzgl. der Abberufung von Verwaltern im traditionellen System auch auf die Vorstandsmitglieder Anwendung (s. daher Rn. 230 ff.).[718] 285

Die **Geschäftsführung** und die **Vertretungsbefugnis** stehen ausschließlich dem Vorstand zu. An eines oder mehrere seiner Mitglieder können bestimmte Aufgaben übertragen werden (Art. 2409-*novies* I c.c.). Die Delegierbarkeit an einen Ausschuss ist im dualistischen System hingegen umstritten,[719] da Art. 2409-novies I 2 c.c. nur auf die Abs. 3 bis 5 des Art. 2381 c.c. verweist. Die Zulässigkeit von Ausschüssen wird jedoch in Art. 2381 II c.c. angesprochen. In der Praxis wird allerdings die Delegation an einzelne Mitglieder bevorzugt.[720] Wie im traditionellen System auch, behält der Vorstand im Fall der Übertragung einer Aufgabe an ein Mitglied die **allgemeine Kontrollzuständigkeit** (vgl. Art. 2409-*novies* I 2 c.c. iVm Art. 2381 III 1 c.c.). 286

Für **Haftungsklagen** gegen Vorstandsmitglieder ist nach Art. 2409-*decies* c.c. wie im traditionellen System sowohl die Gesellschafterversammlung (Art. 2393 c.c. und Art. 2393-*bis* c.c.) als auch der Aufsichtsrat zuständig. Letzterer entscheidet mit einfacher Mehrheit der Mitglieder (Art. 2409-*decies* II c.c.).[721] Die Beschlussfassung mit einer Mehrheit von zwei Dritteln der Aufsichtsratsmitglieder bedingt gleichzeitig die **Abberufung** des entsprechenden Vorstandsmitgliedes (Art. 2409-decies II c.c.).[722] Der Aufsichtsrat hat aber auch die Möglichkeit, von der Erhebung einer Haftungsklage abzusehen und stattdessen einen Vergleich mit dem oder den Vorstandsmitgliedern auszuhandeln. Diese Entscheidung bedarf dann allerdings der absoluten Mehrheit der Aufsichtsratsmitglieder (Art. 2409-*decies* IV c.c.). Die Aktionäre können sich diesem Vorgehen jedoch entgegenstellen. Dafür genügt eine qualifizierte Minderheit von 20% (Art. 2409-*decies* IV c.c.).[723] 287

Über die **Vergütung** der Vorstandsmitglieder entscheidet der Aufsichtsrat, es sei denn, die diesbezügliche Zuständigkeit wurde von der Satzung der Gesellschafterversammlung zugewiesen (Art. 2409-*terdecies* c.c.).[724] Mit Blick auf die Vergütung wird das italienische Recht zukünftig die Regeln der überarbeiteten Aktionärsrechte-Richtlinie zu berücksichtigen haben (§ 30 Rn. 149 ff.). Für die weiteren Regeln kann auf die Ausführungen im Rahmen des traditionellen Systems verwiesen werden (s. dazu Rn. 251 ff.). 288

bb) Gesellschafterversammlung

Die wichtigsten Unterschiede zwischen den Systemen wirken sich vor allem in Bezug auf die **Gesellschafterversammlung** und den **Aufsichtsrat** aus. Die folgende Graphik zeigt auf, welche **Kompetenzen die Gesellschafterversammlung**, im Vergleich zum traditionellen System, an den Aufsichtsrat abgibt.[725] 289

Campobasso, Bd. 2, 2006, S. 683, 704; *Cariello*, Il sistema dualistico, 2012, S. 323; aA *Stella Richter jr.* Rivista di Diritto Societario 2007, 36, 45.

718 *Bordiga* in: Abbadessa/Portale (Hrsg.), Le società per azioni. Codice civile e leggi complementari, 2016, S. 1856, 1863.

719 Dafür ist *Libonati* Rivista delle società 2008, 281, 289; *Guaccero* in: Niccolini/Stagno d'Alcontres (Hrsg.), Società di capitali. Commentario, 2004, S. 880; dagegen *Stella Richter* Rivista delle società 2007, 260, 268 f., und in der Rechtsprechung s. Trib. di Milano 22.11.2010, Rivista di Diritto Societario 2010, 920.

720 *Bordiga* in: Abbadessa/Portale (Hrsg.), Le società per azioni. Codice civile e leggi complementari, 2016, S. 1856, 1860; *Campobasso*, Diritto commerciale, Bd. 2, Diritto delle società, 2015, S. 427.

721 *Campobasso* in: Abbadessa/Portale (Hrsg.), Le società per azioni. Codice civile e leggi complementari, 2016, S. 1867, 1868 ff.; *Campobasso*, Diritto commerciale, Bd. 2, Diritto delle società, 2015, S. 427.

722 *Campobasso* in: Abbadessa/Portale (Hrsg.), Le società per azioni. Codice civile e leggi complementari, 2016, S. 1867, 1869.

723 *Campobasso* in: Abbadessa/Portale (Hrsg.), Le società per azioni. Codice civile e leggi complementari, 2016, S. 1867, 1869 ff.

724 *Cariello*, Il sistema dualistico, 2012, S. 304; *Bordiga* in: Abbadessa/Portale (Hrsg.), Le società per azioni. Codice civile e leggi complementari, 2016, S. 1903, 1913 f.

725 Siehe hierzu Art. 2364-*bis* und Art. 2409-*terdecies* c.c.

Gesellschafterversammlung (traditionelles System)	Gesellschafterversammlung (dualistisches System)
▪ Bestellung und Abberufung der Überwachungsratsmitglieder ▪ Ernennung des Wirtschaftsprüfers ▪ Beschluss über die Verwendung der Jahresüberschüsse ▪ Ermächtigung zum Erwerb eigener Aktien ▪ Genehmigung von Haftungsklagen gegen die Verwaltungsrats- und Überwachungsratsmitglieder ▪ Festlegung der Bezüge für die Mitglieder des Überwachungsrat	▪ Bestellung und Abberufung der Aufsichtsratsmitglieder ▪ Ernennung des Wirtschaftsprüfers ▪ Beschluss über die Verwendung der Jahresüberschüsse ▪ Ermächtigung zum Erwerb eigener Aktien ▪ Genehmigung von Haftungsklage gegen die Aufsichtsratsmitglieder und die Vorstandsmitglieder ▪ Festlegung der Bezüge für die Aufsichtsratsmitglieder
	**Aufsichtsrat (dualistisches System)**
▪ Festlegung der Bezüge für die Mitglieder des Verwaltungsrats ▪ Bestellung und Abberufung der Verwaltungsratsmitglieder ▪ Feststellung des Jahresabschlusses und des konsolidierten Jahresabschlusses	▪ Grds. Festlegung der Vorstandsbezüge ▪ Bestellung und Abberufung der Vorstandsmitglieder ▪ Grds. Feststellung des Jahresabschlusses und des konsolidierten Jahresabschlusses

Abb. 8: Kompetenzverteilung zwischen Gesellschafterversammlung und Aufsichtsrat im dualistischen im Vergleich zur Gesellschafterversammlung im traditionellen System

290 Vom Grundsatz der Feststellung des Jahresabschlusses durch den Aufsichtsrat sind allerdings Ausnahmen möglich. So kann statuarisch bestimmt werden, dass die Gesellschafterversammlung für die Feststellung zuständig ist, sofern die Feststellung des Jahresabschlusses durch den Aufsichtsrat unterblieben ist oder wenn **mindestens ein Drittel** der Mitglieder des Vorstands oder des Aufsichtsrats dies fordern (Art. 2409-*terdecies* II c.c.).[726]

cc) Aufsichtsrat (Consiglio di sorveglianza)

291 Der **Aufsichtsrat** ist im dualistischen System auch für die Aufgaben zuständig, die im traditionellen System dem **Überwachungsrat** zustehen.[727] Daneben übernimmt er einige Aufgaben, die im traditionellen System der Gesellschafterversammlung zustehen (Bestellung der Verwalter, Feststellung des Jahresabschlusses etc, s. dazu bereits Rn. 194 ff.). Seine Aufgaben sind damit umfangreicher als die des Überwachungsrats. Der Aufsichtsrat besteht aus mindestens drei Mitgliedern. Es bleibt aber den Gesellschaftern überlassen, eine höhere Anzahl in der Satzung vorzusehen (Art. 2409-*duodecies* I c.c.).[728] Von den Aufsichtsratsmitgliedern muss mindestens eines ein im **Register beim Justizministerium** eingetragener Rechnungsprüfer sein (Art. 2409-*duodecies* IV c.c.). Zu Mitgliedern des Aufsichtsrats können weder Mitglieder des Vorstands (Art. 2409-*duodecies* X lit. b) c.c.), noch Personen bestellt werden, die nach Art. 2399 in einem Arbeitsverhältnis zur Gesellschaft stehen oder anderweitige Verbindungen zum Unternehmen unterhalten, die ihre Unabhängigkeit beeinträchtigen können (zB ein entgeltliches Beraterverhältnis, Art. 2409-*duodecies* X lit. c) c.c.). Außerdem gelten die allgemeinen Bestellungshindernisse aus Art. 2382 c.c. (dazu bereits unter Rn. 232) für die Berufung von Aufsichtsratsmitgliedern (Art. 2409-*duodecies* X lit. a) c.c.). In geschlossenen s.p.a. dürfen allerdings auch Gesellschafter Mitglied des Aufsichtsrats sein (Art. 2409-*duodecies* I c.c.) ebenso wie Verwandte von Vorstandsmitgliedern.[729] In offenen s.p.a. ist es Aktionären (zumindest Aktionären mit beeinflussenden Beteiligungen, da in diesem Fall ein *„rapporto di natura patrimoniale che compromette l'indipendenza"* nach Art. 148 III T.U.F. vorliegen würde) hingegen nicht gestat-

726 *Bordiga* in: Abbadessa/Portale (Hrsg.), Le società per azioni. Codice civile e leggi complementari, 2016, S. 1903, 1932; *Campobasso*, Diritto commerciale, Bd. 2, Diritto delle società, 2015, S. 425.

727 *Campobasso*, Diritto commerciale, Bd. 2, Diritto delle società, 2015, S. 423; *Magrini*, Italienisches Gesellschaftsrecht, 2004, S. 44; siehe Art. 2409-*terdecies* I c) iVm Art. 2403 c.c.; vgl. zudem Art. 2409-*quaterdecies* c.c; ferner *Kindler*, Italienisches Handels- und Wirtschaftsrecht, 2014, § 4 Rn. 212.

728 *Campobasso*, Diritto commerciale, Bd. 2, Diritto delle società, 2015, S. 421; *Bordiga* in: Abbadessa/Portale (Hrsg.), Le società per azioni. Codice civile e leggi complementari, 2016, S. 1876, 1878 f.

729 *Bordiga* in: Abbadessa/Portale (Hrsg.), Le società per azioni. Codice civile e leggi complementari, 2016, S. 1876, 1880 ff.; *Campobasso*, Diritto commerciale, Bd. 2, Diritto delle società, 2015, S. 422; *Cariello*, Il sistema dualistico, 2012, S. 456.

tet ein solches Amt zu bekleiden (Art. 148 IV-*bis* T.U.F.). Gleiches gilt für Verwandte von Vorstandsmitgliedern.[730]

Die Aufsichtsratsmitglieder werden grundsätzlich von der Gesellschafterversammlung gewählt (Art. 2409-*duodecies* II c.c.), welche zugleich auch den Aufsichtsratsvorsitzenden bestimmt (Art. 2409-*duodecies* VIII c.c.). Die Satzung wiederum hat sich mit den Befugnissen des Vorsitzenden zu befassen (Art. 2409-*duodecies* IX c.c.). Nur die ersten Aufsichtsratsmitglieder werden durch den Gründungsakt bestellt (Art. 2409-*duodecies* II c.c.).[731] In der Regel entscheiden die Gesellschafter in der ordentlichen Gesellschafterversammlung über die **Bestellung.** Diese Art der Bestellung führt dazu, dass die Mehrheit der Gesellschafter grundsätzlich alle Aufsichtsratsmitglieder auswählen darf. In der Satzung kann den Inhabern von bestimmten Finanzinstrumenten allerdings die Möglichkeit gewährt werden, ein unabhängiges Mitglied zu wählen.[732] In börsennotierten Gesellschaften haben zudem die Minderheitsaktionäre gem. Art. 148 IV-*bis* T.U.F. das Recht ein Aufsichtsratsmitglied zu wählen. Beim Aufsichtsrat von börsennotierten Gesellschaften findet zudem Art. 148 I-*bis* T.U.F., der die Frauenquote regelt, Anwendung. Die Aufsichtsratsmitglieder werden für maximal drei Jahre bestellt, können aber beliebig oft wiedergewählt werden (Art. 2409-*duodecies* V c.c.). 292

Die Satzung kann vorsehen, dass der Aufsichtsrat für den Beschluss von Geschäften mit strategischer Bedeutung (*operazioni strategiche*) sowie von dem vom Vorstand ausgearbeiteten produktionstechnischen und finanziellen Plänen (*piani industriali e finanziari*) der Gesellschaft zuständig ist (Art. 2409-*terdecies* I lit. f)-*bis* c.c.). Dadurch können die Gesellschafter entscheiden, dem Aufsichtsrat sowohl eine **Überwachungsfunktion** als auch einen gewissen Einfluss auf die **Geschäftsführung** zu übertragen.[733] Die Haftung der Vorstandsmitglieder bleibt aber auch dann bestehen (Art. 2409-*terdecies* I lit. f)-*bis* c.c.). Zentrale Aufgaben des Aufsichtsrats sind zudem gem. Art. 2409-*terdecies* I lit. a) bis f) c.c.: 293

- Die Bestellung und Abberufung der Vorstandsmitglieder und die Festlegung ihrer Vergütung;
- die Genehmigung des Jahresabschlusses;
- die Erhebung von Haftungsklagen gegen die Vorstandsmitglieder;
- die jährliche Berichterstattung an die Gesellschafterversammlung und
- die Überwachung der Einhaltung von Gesetzen und statuarischen Bestimmungen sowie die Überwachung der Beachtung der Grundsätze einer ordnungsgemäßen Verwaltung.

Der **Sorgfaltsmaßstab** den die Aufsichtsratsmitglieder bei der Erfüllung ihrer Pflichten anlegen müssen, richtet sich an der Art des Amtes aus (Art. 2409-*terdecies* III 1 c.c.). Art. 2409-*terdecies* III 2 c.c. sieht eine gesamtschuldnerische Haftung mit dem Vorstand vor und zwar für das Fehlverhalten der Geschäftsführung, sofern der Schaden im Falle einer ordnungsgemäßen Überwachung hätte verhindert werden können.[734] 294

c) Das monistische System

Die Gesellschafter können sich auch für eine monistisch strukturierte s.p.a. entscheiden, die der traditionellen angelsächsischen Organisationsverfassung nachempfunden ist.[735] In diesem Fall besitzt die italienische Aktiengesellschaft zunächst lediglich **zwei Organe** (vgl. Art. 2409-sexiesdecies c.c.): 295

- **Gesellschafterversammlung** (*assemblea* – Beschlussfassungsorgan)
- **Verwaltungsrat** (*consiglio di amministrazione* – Geschäftsführung und Kontrolle)

Es wird generell angenommen, dass dieses System wegen des Ausfalls eines unabhängigen Überwachungsorgans zu einer **Kostenreduktion** führt. Zeitgleich werden aber eine Erhöhung der damit verbundenen Risiken sowie ineffiziente Kontrollen befürchtet.[736] Wie schon oben erwähnt (siehe Rn. 191), wird dieses Modell relativ selten 296

730 *Cariello*, Il sistema dualistico, 2012, S. 479 f.

731 *Campobasso*, Diritto commerciale, Bd. 2, Diritto delle società, 2015, S. 421.

732 *Campobasso*, Diritto commerciale, Bd. 2, Diritto delle società, 2015, S. 421; *Oelkers*, Die italienische Aktiengesellschaft im institutionellen Wettbewerb, S. 223.

733 *Bordiga* in: Abbadessa/Portale (Hrsg.), Le società per azioni. Codice civile e leggi complementari, 2016, S. 1903, 1935 ff.; *Cariello*, Il sistema dualistico. Vincoli tipologici e autonomia statutaria, 2009, S. 166 ff.

734 *Bordiga* in: Abbadessa/Portale (Hrsg.), Le società per azioni. Codice civile e leggi complementari, 2016, S. 1903, 1947 ff.

735 Vgl. *Presti/Rescigno*, Corso di diritto commerciale, Bd. 2, Società, 2017, S. 522; allgemein auch *Riolfo*, Il sistema monistico, 2010; *Kindler*, Italienisches Handels- und Wirtschaftsrecht, 2014, § 4 Rn. 213; *ders.* ZEuP 2012, 72, 76; *Süß* in: MüHdB GesR, Bd. 6, 2013, § 47 Rn. 317; *Hilpold/Brunner* in: Hilpold/Perathoner/Steinmair (Hrsg.), Die Reform des italienischen Gesellschaftsrechts, 2006, S. 13; *Gersini/Puppo* in: van Hulle/Gesell (Hrsg.), European Corporate Law 2006, Part 2, Rn. 52; *Fasciani* in: Süß/Wachter (Hrsg.), HdB des internationalen GmbH-Rechts, 2016, Italien, Rn. 18; *Schnieders*, Haftungsfreiräume für unternehmerische Entscheidungen in Deutschland und Italien, 2009, S. 120.

736 So zB *Cera* Giurisprudenza Commerciale 2006, 354, 368; *Mosca* in: Abbadessa/Portale (Hrsg.), Il nuovo diritto delle società. Liber amicorum Gian Franco Campobasso, Bd. 1, 2006, S. 739; für eine Analyse der ersten empirischen Erfahrungen siehe *Breida* in: Cottino/Bonfante/Cagnasso/Montalenti (Hrsg.), Il nuovo diritto societario nella dottrina e nella giurisprudenza: 2003-2009. Commentario, 2009, S. 741.

von italienischen Unternehmen genutzt. Eine bekannte Ausnahme bildet die wichtigste italienische Bank, die Banca Intesa San Paolo, die seit April 2016 nach zehn Jahren Erfahrung mit dem dualistischen System das monistische System gewählt hat.[737]

aa) Verwaltungsrat

297 Die Gesellschafter wählen die Mitglieder des **Verwaltungsrates** (Art. 2409-*noviesdecies* I c.c. iVm Art. 2383 c.c.). Die Vorschriften bezüglich der Frauenquote und des Vertreters der Minderheitsgesellschafter, wie sie mit Blick auf das traditionelle System erörtert wurden, finden auch hier Anwendung (s. Rn. 230). Um die **Unabhängigkeit** zumindest eines Teils der Mitglieder zu garantieren, muss **ein Drittel** der Kandidaten die Voraussetzungen des Art. 2399 c.c., die ansonsten primär für den Überwachungsrat gelten, erfüllen (Art. 2409-*septiesdecies* II c.c.).[738] Insbesondere dürfen insofern keine gesellschaftsrechtlichen Verflechtungen sowie keine familiäre Nähe zu anderen Geschäftsführern bestehen (vgl. Art. 2399 c.c.). Bezüglich der Vergütung der Verwaltungsratsmitglieder sowie des Wettbewerbsverbots und möglicher Haftungsklagen gegen sie kann auf die Ausführungen im Rahmen des traditionellen Systems verwiesen werden (s. dazu Rn. 251 ff., 255 f. und 257 ff.).

bb) Kontrollausschuss und weitere Ausschüsse

298 Eine Besonderheit des monistischen Systems italienischer Prägung stellt der **Kontrollausschuss** („*comitato per il controllo sulla gestione*") dar, der aus mindestens drei Personen bestehen muss, sofern es sich um eine offene Gesellschaft handelt (vgl. Art. 2409-*octiesdecies* I 2 c.c.). Bei der geschlossenen s.p.a. bestimmt der Verwaltungsrat die Zahl der Kontrollausschussmitglieder (Art. 2409-*octiesdecies* I 1 c.c.), der daher auch nur zwei Mitglieder umfassen kann.[739] Die Mitglieder des Verwaltungsrates bestellen aus ihren eigenen Reihen, und zwar aus dem Drittel der unabhängigen Mitglieder des Verwaltungsrats, **Mitglieder für den Kontrollausschuss** (Art. 2409-*octiesdecies* II c.c.), soweit keine anderslautenden Satzungsbestimmungen vorliegen. Diese dürfen weder zugleich Mitglieder des Vollzugsausschusses noch mit besonderen Aufgaben oder Geschäftsführungsfunktionen betraut sein (Art. 2409-*octiesdecies* II c.c.). Dabei muss mindestens ein Mitglied als Rechnungsprüfer in dem dafür zuständigen Register eingetragen sein (Art. 2409-*octiesdecies* III c.c.).[740] Sowohl der Verwaltungsrat als auch die Gesellschafterversammlung können die Mitglieder des Kontrollausschusses abberufen. Die **Abberufung** kann auch ohne wichtigen Grund erfolgen. Ein solcher Beschluss löst aber gegenüber den abberufenen Mitgliedern eine Schadensersatzpflicht aus.[741]

299 Aufgabe des Kontrollausschusses ist die **Überwachung der Geschäftsführung.** Konkret bedeutet das, dass die Mitglieder „die Angemessenheit der organisatorischen Struktur der Gesellschaft, das System der internen Kontrolle und das System der Verwaltung und der Rechnungsprüfung sowie dessen Eignung, die Geschäftstätigkeiten ordnungsgemäß darzustellen"[742] (Art. 2409-*octiesdecies* V b) c.c.), überprüfen.[743] Außer dem Vollzugsausschuss und dem Kontrollausschuss dürfen wie beim traditionellen System (dazu Rn. 247 ff.) nur nicht beschließende Ausschüsse gebildet werden.

cc) Gesellschafterversammlung

300 Im monistischen System finden für die Gesellschafterversammlung die Regeln des traditionellen Systems Anwendung (s. dazu Rn. 193 ff.).

4. Gesellschaftsrechtliche Nebenvereinbarungen

301 Neben der eigentlichen Organisationsverfassung (Satzung) der Gesellschaft, können auch gesellschaftsrechtliche Nebenvereinbarungen (*patti parasociali*) für die Struktur und die Organisation innerhalb einer Gesellschaft von

737 Von den 230 börsennotierten Unternehmen hatten 2016 nur 2 das monistische System gewählt. Vgl. CONSOB, Report on corporate governance of Italian listed companies, 2017, S. 18.

738 *Mancuso* in: Abbadessa/Portale (Hrsg.), Le società per azioni. Codice civile e leggi complementari, 2016, S. 1960, 1964 ff.; *Campobasso*, Diritto commerciale, Bd. 2, Diritto delle società, 2015, S. 428.

739 *Mancuso* in: Abbadessa/Portale (Hrsg.), Le società per azioni. Codice civile e leggi complementari, 2016, S. 1980, 1980 ff.; *Campobasso*, Diritto commerciale, Bd. 2, Diritto delle società, 2015, S. 429; *Kindler*, Italienisches Handels- und Wirtschaftsrecht, 2014, § 4 Rn. 213.

740 *Mancuso* in: Abbadessa/Portale (Hrsg.), Le società per azioni. Codice civile e leggi complementari, 2016, S. 1980, 1980 ff.; *Campobasso*, Diritto commerciale, Bd. 2, Diritto delle società, 2015, S. 430.

741 *Mancuso* in: Abbadessa/Portale (Hrsg.), Le società per azioni. Codice civile e leggi complementari, 2016, S. 1980, 1981; *Campobasso*, Diritto commerciale, Bd. 2, Diritto delle società, 2015, S. 429.

742 Zitiert nach der Übersetzung des italienischen Zivilgesetzbuches der Südtiroler Landesregierung, Stand: 31.5.2015.

743 *Mancuso* in: Abbadessa/Portale (Hrsg.), Le società per azioni. Codice civile e leggi complementari, 2016, S. 1980, 1984 ff.; *Campobasso*, Diritto commerciale, Bd. 2, Diritto delle società, 2015, S. 430 f.

entscheidender Bedeutung sein.[744] Gesellschaftliche Nebenvereinbarungen sind Verträge zwischen den Gesellschaftern untereinander, oder auch mit der Gesellschaft oder mit Dritten,[745] über Bestimmungen, die **nicht Inhalt des Gesellschaftsvertrages** sein sollen oder können. Sie können die Bestimmungen des Gesellschaftsvertrages somit ergänzen.[746] Derartige Nebenvereinbarungen verpflichten, falls sie zulässig sind, **nur** die abschließenden Parteien.[747] Als Beispiel lassen sich **Stimmbindungsverträge** (*sindacati di voto*) für die Generalversammlung der Gesellschaft anbringen. Eine entgegen dem Stimmbindungsvertrag abgegebene Stimme ist dennoch wirksam, kann aber zu Schadensersatzansprüchen der Vertragspartner führen.[748] Nach einer Mindermeinung in der Rechtsprechung und der Literatur kann die Erfüllung einer Nebenvereinbarung sogar gerichtlich vollstreckt werden.[749]

Obwohl die gesetzlichen Regelungen zu gesellschaftsrechtlichen Nebenvereinbarungen nur im Teil der s.p.a. verankert sind, sind solche Abreden in allen Gesellschaften – unabhängig von ihrer Rechtsform – **möglich.**[750] Dies ergibt sich aus der generellen **Vertragsfreiheit** (Art. 1322 c.c.). Der *Codice Civile* normiert in den Artt. 2341-*bis* und 2341-*ter* c.c. besondere Regelungen über derartige Nebenvereinbarungen, die sich nach hM allerdings nicht auf die s.r.l. und die weiteren Gesellschaften erstrecken.[751] 302

Die gesellschaftliche Nebenvereinbarung ist **grundsätzlich formfrei.** Etwas Anderes gilt nur, wenn das betroffene Rechtsgeschäft selbst einer bestimmten Form unterliegt.[752] Der **Dauer solcher Vereinbarungen** bei einer s.p.a. werden in Art. 2341-*bis* I c.c. Grenzen gesetzt. Richtet sich die Vereinbarung auf die Ausübung des Stimmrechts (Art. 2341-*bis* I a) c.c.), die Übertragung der Aktien (lit. b)) oder die Ausübung eines beherrschenden Einflusses (lit. c)), ist die Dauer auf fünf Jahre beschränkt. Bei börsennotierten Gesellschaften wird dieser Zeitraum auf drei Jahre verkürzt (Art. 123 T.U.F.).[753] Wird bezüglich dieser Aspekte eine längere Dauer vereinbart, so ist der Vertrag nicht nichtig, sondern gilt dann dennoch allein für die Maximaldauer von fünf oder drei Jahren (Art. 2341-*bis* I c.c.). Dies entspricht eher einer geltungserhaltenden Reduktion. Eine **Erneuerung nach Ablauf** der Vertragsdauer ist grundsätzlich und auch im Fall der Angabe einer zu langen Dauer möglich.[754] Für Vereinbarungen, die nicht unter Art. 2341-*bis* I c.c. fallen, besteht **keine** maximale Vertragsdauer,[755] sie können daher auch auf unbestimmte Zeit gegründet werden. 303

Bei einer Vertragsdauer von fünf Jahren oder weniger ist ein **Rücktritt** bzw. eine **Kündigung des Vertrages** nur möglich, wenn dies im Vertrag vorgesehen ist oder ein wichtiger Grund vorliegt.[756] Wird die Vereinbarung dagegen auf unbestimmte Zeit geschlossen, hat jeder Vertragspartner die Möglichkeit unter Einhaltung einer Kündigungsfrist von 180 Tagen zurückzutreten (Art. 2341-*bis* II c.c.). 304

Das Gesetz sieht in Art. 2341-*ter* c.c. eine **Publizitätspflicht für solche Vereinbarungen** vor. Hier muss jedoch zwischen den Arten der s.p.a. differenziert werden. Geschlossene Aktiengesellschaften fallen nicht unter die Regelung in Art. 2341-*ter* c.c., somit besteht für diese keine Publizitätspflicht.[757] In der Praxis ist dieses Merkmal 305

744 Vgl. *Stagno d'Alcontres/De Luca*, Le società, Bd. 2, Le società di capitali, 2017, S. 256; *Campobasso*, Diritto commerciale, Bd. 2, Diritto delle società, 2015, S. 339; *Macrì*, Patti parasociali e attività sociale, 2007, S. 53; *Perrino* in: Abbadessa/Portale (Hrsg.), Il nuovo diritto delle società. Liber amicorum Gian Franco Campobasso, Bd. 1, 2006, S. 322 ff.; *Semino*, Il problema della validità dei sindacati di voto, 2003, S. 14 ff.; *Perathoner* in: Laimer/Perathoner (Hrsg.), Gesellschaftsrechtliche Nebenvereinbarungen in Europa, 2013, S. 167 f.

745 Cass. 18.7.2007, N. 15963; Trib. Roma 21.2.2017, www.giurisprudenzadelleimprese.it.

746 *Stagno d'Alcontres/De Luca*, Le società, Bd. 2, Le società di capitali, 2017, S. 256; *Perathoner* in: Laimer/Perathoner (Hrsg.), Gesellschaftsrechtliche Nebenvereinbarungen in Europa, 2013, S. 168.

747 *Stagno d'Alcontres/De Luca*, Le società, Bd. 2, Le società di capitali, 2017, S. 260; *Perathoner* in: Laimer/Perathoner (Hrsg.), Gesellschaftsrechtliche Nebenvereinbarungen in Europa, 2013, S. 173.

748 Cass. 5.3.2008, N. 5963; Trib. Milano 13.4.2017, www.giurisprudenzadelleimprese.it; Trib. Roma 28.4.2016, www.giurisprudenzadelleimprese.it; Trib. Milano 15.12.2014, www.giurisprudenzadelleimprese.it; Trib. Belluno 27.3.2010, Giurisprudenza commerciale, 2011, 1490; *Stagno d'Alcontres/De Luca*, Le società, Bd. 2, Le società di capitali, 2017, S. 268; *Campobasso*, Diritto commerciale, Bd. 2, Diritto delle società, 2015, S. 340.

749 Trib. Milano 20.1.2009, Società 2009, 1129; Trib. Genova 8.7.2004, Le Società 2004, 1265; *Macrì*, Patti parasociali e attività sociale, 2007, S. 227.

750 *Stagno d'Alcontres/De Luca*, Le società, Bd. 2, Le società di capitali, 2017, S. 257; *Perathoner* in: Laimer/Perathoner (Hrsg.), Gesellschaftsrechtliche Nebenvereinbarungen in Europa, 2013, S. 185 f.; vgl. *Hilpold/Brunner* ZVglRWiss 105 (2006) 519, 531 f.

751 *Stagno d'Alcontres/De Luca*, Le società, Bd. 2, Le società di capitali, 2017, S. 257.

752 *Perathoner* in: Laimer/Perathoner (Hrsg.), Gesellschaftsrechtliche Nebenvereinbarungen in Europa, 2013, S. 190.

753 *Stagno d'Alcontres/De Luca*, Le società, Bd. 2, Le società di capitali, 2017, S. 258.

754 *Campobasso*, Diritto commerciale, Bd. 2, Diritto delle società, 2015, S. 342; *Perathoner* in: Laimer/Perathoner (Hrsg.), Gesellschaftsrechtliche Nebenvereinbarungen in Europa, 2013, S. 184.

755 *Perathoner* in: Laimer/Perathoner (Hrsg.), Gesellschaftsrechtliche Nebenvereinbarungen in Europa, 2013, S. 191.

756 *Stagno d'Alcontres/De Luca*, Le società, Bd. 2, Le società di capitali, 2017, S. 258; *Perathoner* in: Laimer/Perathoner (Hrsg.), Gesellschaftsrechtliche Nebenvereinbarungen in Europa, 2013, S. 191 f.

757 *Campobasso*, Diritto commerciale, Bd. 2, Diritto delle società, 2015, S. 343; *Perathoner* in: Laimer/Perathoner (Hrsg.), Gesellschaftsrechtliche Nebenvereinbarungen in Europa, 2013, S. 193; *Hilpold/Brunner* in: Hilpold/Perathoner/Steinmair (Hrsg.), Die Reform des italienischen Gesellschaftsrechts, 2006, S. 19.

sehr relevant, wenn die Parteien sich entscheiden, einige Vereinbarungen vertraulich behandeln zu wollen. Bei den offenen Aktiengesellschaften sind nur solche Unternehmen von den Regelungen des Art. 2341-*ter* c.c. erfasst, die nicht an der Börse notiert sind. In diesem Fall muss die Vereinbarung der Gesellschaft **mitgeteilt** und bei Beginn jeder Gesellschafterversammlung **offengelegt** werden.[758] Die Offenlegung ist im Protokoll festzuhalten, welches dann wiederum beim Handelsregister hinterlegt werden muss (Art. 2341-*ter* I c.c.). Ein **Verstoß gegen die Publizitätspflichten** führt nach Art. 2341-*ter* II c.c dazu, dass die Gesellschafter, die an der Vereinbarung beteiligt sind, ihr Stimmrecht nicht ausüben können.[759] Üben sie dennoch ihr Stimmrecht aus und ihre Stimme war entscheidend für die Beschlussfassung, kann der Beschluss **angefochten** werden (Art. 2341-*ter* II c.c.).

306 Für börsennotierte Aktiengesellschaften sieht das Legislativdekret Nr. 58/1998 (T.U.F.) besondere Regelungen vor, die statt des *Codice Civile* anwendbar sind.[760] Der Abschluss einer entsprechenden Vereinbarung muss danach innerhalb von fünf Tagen nicht nur der Gesellschaft, sondern auch der Aufsichtsbehörde (Consob) mitgeteilt werden. Darüber hinaus muss sie in der nationalen Presse veröffentlicht und beim Handelsregister hinterlegt werden (Art. 122 I T.U.F.). Die Nichteinhaltung dieser Transparenzpflicht führt zur Nichtigkeit der Vereinbarungen (Art. 122 III T.U.F.) und zum Verbot der Ausübung der Stimmrechte (Art. 122 IV T.U.F.).[761]

307 Die Rechtmäßigkeit von **Stimmbindungsverträgen**, nach denen die Aktionäre gehalten sind, mit der Mehrheit zu stimmen (*sindacati di maggioranza*), war für lange Zeit in der Rechtsprechung und Literatur sehr streitig. Mittlerweile ist geklärt, dass solche Abreden nicht zulässig sind.[762]

5. Aktien und andere Finanzinstrumente

a) Aktien („azioni")

308 „Die **Beteiligung** an der Gesellschaft wird durch **Aktien** verkörpert"[763] (Art. 2346 I c.c.), dennoch gewährt der *Codice Civile* auch die Möglichkeit, **andere** gesellschaftsrechtliche **Beteiligungsformen** vorzusehen. Der 5. Teil des 5. Abschnitts (Artt. 2346 bis 2362 c.c.) widmet sich detailliert den Aktien und anderen Finanzinstrumenten. Im Normalfall werden bei geschlossenen Gesellschaften die Aktien in **Wertpapieren verbrieft** und als **Namensaktien** emittiert. Das italienische Wort *„azione"* umfasst sowohl die Beteiligung an der Gesellschaft als auch die Urkunde, die die Mitgliedschaft verbrieft (manchmal auch als *„titolo azionario"* oder *„certificato azionario"* benannt).[764] Art. 2354 III c.c. bestimmt welche Angaben auf dem Papier vermerkt werden müssen. Dazu zählen:

- Die Firma und der Sitz der s.p.a. (Art. 2354 III Nr. 1 c.c.);
- das Datum des Gründungsakts sowie der Eintragung der Gesellschaft (Art. 2354 III Nr. 2 c.c.);
- deren Nennwert oder die Gesamtzahl der Aktien sowie die Höhe des Gesellschaftskapitals (Art. 2354 III Nr. 3 c.c.);
- sofern nicht vollständig auf die Aktien geleistet wurde, die Höhe der Teilzahlung (Art. 2354 III Nr. 4 c.c.) und
- eventuell bestehende besondere Rechte und Pflichten, die die Aktie vermittelt (Art. 2354 III Nr. 5 c.c.).[765]

309 Die Aktien bedürfen gem. Art. 2354 IV 1 c.c. der **Unterzeichnung** durch einen Verwalter. Jede Urkunde kann eine einzelne Aktie oder, wie es häufig der Fall ist, mehrere Aktien (*titolo multiplo*) verbriefen.[766] Die Satzung kann allerdings auch die Ausgabe entsprechender Wertpapiere untersagen (Art. 2346 I c.c.). Das Kapital ist in diesem Fall dann gemäß der Einlage in Anteile zerlegt. Bei börsennotierten Gesellschaften werden die die Aktien verbriefenden Wertpapiere in dematerialisierter Form nach Art. 83-*bis* T.U.F. durch Verbuchungen bei einem

758 *Perrino* in: Abbadessa/Portale (Hrsg.), Le società per azioni. Codice civile e leggi complementari, 2016, S. 322, 339 f.; *Campobasso*, Diritto commerciale, Bd. 2, Diritto delle società, 2015, S. 343; *Perathoner* in: Laimer/Perathoner (Hrsg.), Gesellschaftsrechtliche Nebenvereinbarungen in Europa, 2013, S. 193 f.; *Hilpold/Brunner* in: Hilpold/Perathoner/Steinmair (Hrsg.), Die Reform des italienischen Gesellschaftsrechts, 2006, S. 19.

759 *Perrino* in: Abbadessa/Portale (Hrsg.), Le società per azioni. Codice civile e leggi complementari, 2016, S. 322, 343 f.; *Campobasso*, Diritto commerciale, Bd. 2, Diritto delle società, 2015, S. 343; *Perathoner* in: Laimer/Perathoner (Hrsg.), Gesellschaftsrechtliche Nebenvereinbarungen in Europa, 2013, S. 196 f.; *Hilpold/Brunner* in: Hilpold/Perathoner/Steinmair (Hrsg.), Die Reform des italienischen Gesellschaftsrechts, 2006, S. 19 f.

760 *Perathoner* in: Laimer/Perathoner (Hrsg.), Gesellschaftsrechtliche Nebenvereinbarungen in Europa, 2013, S. 194.

761 *Macrì* in: Abbadessa/Portale (Hrsg.), Le società per azioni. Codice civile e leggi complementari, 2016, S. 3843, 3864 f.; *Campobasso*, Diritto commerciale, Bd. 2, Diritto delle società, 2015, S. 343.

762 *Stagno d'Alcontres/De Luca*, Le società, Bd. 2, Le società di capitali, 2017, S. 266; *Campobasso*, Diritto commerciale, Bd. 2, Diritto delle società, 2015, S. 344; *Macrì*, Patti parasociali e attività sociale, 2007, S. 23; *Kindler*, Italienisches Handels- und Wirtschaftsrecht, 2014, § 4 Rn. 167.

763 Zitiert nach der Übersetzung des italienischen Zivilgesetzbuches der Südtiroler Landesregierung, Stand: 31.5.2015.

764 *Campobasso*, Diritto commerciale, Bd. 2, Diritto delle società, 2015, S. 218; *Kindler*, Italienisches Handels- und Wirtschaftsrecht, 2014, § 4 Rn. 130.

765 *Campobasso*, Diritto commerciale, Bd. 2, Diritto delle società, 2015, S. 219.

766 *Stagno d'Alcontres/De Luca*, Le società, Bd. 2, Le società di capitali, 2017, S. 424.

Zentralverwahrer, dargestellt (*sistema di gestione accentrata*).[767] Die Art der Verkörperung der Mitgliedschaft hat Auswirkungen auf die Übertragung derselben (s. dazu unter Rn. 319).

Wie im deutschen Recht sind die **Aktien unteilbar** (Art. 2347 I 1 c.c.). Besteht Miteigentum an einer Aktie oder an einem Aktienpaket, müssen die Rechte der Miteigentümer durch einen **gemeinsamen Vertreter** ausgeübt werden (Art. 2347 I 2 c.c.). Wenn kein gemeinsamer Vertreter bestellt worden ist, dürfen die Rechte durch die einzelnen Miteigentümer nicht ausgeübt werden.[768] Umgekehrt gilt, dass Mitteilungen, die die s.p.a. einem Miteigentümer gegenüber vornimmt, gegenüber allen Miteigentümern wirksam sind (Art. 2347 II c.c.).[769] 310

Die Anzahl der Aktien eines Gesellschafters entspricht nicht zwangsläufig seinem Anteil am Geschäftskapital (Art. 2346 c.c.).[770] Der Nennwert wird in der Regel auf jedem einzelnen Papier angeführt, obwohl seit der Reform auch **Stückaktien erlaubt** sind.[771] Der Nennwert ist für alle Aktien gleich hoch (Art. 2348 I c.c.) und er (oder die Zahl der Stückaktien) entspricht in der Regel dem der Einlage der Gesellschafter. Durch Satzungsbestimmung ist es den Aktionären allerdings erlaubt etwas Anderes festzulegen, so dass **vom Verhältnis der Einlagen abweichende Aktienzuteilungen zulässig** sind. Zweifelhaft ist allerdings, ob es gestattet ist, Gesellschaftern, die keine Einlage geleistet haben, Aktien zuzuteilen.[772] Da eine Emission der Aktien unter Nennwert verboten ist, entspricht das tatsächliche Gesellschaftskapital zumindest dem im Gründungsakt angegebenen Gesellschaftskapital.[773] 311

Grundsätzlich gewähren die Aktien allen Aktionären die gleichen Rechte (Art. 2348 I c.c.).[774] Das Gesetz gewährt den Gesellschaftern allerdings **weitreichende Freiheiten bei der Festlegung** (in der Satzung oder durch nachträgliche Änderungen) von **Aktiengattungen,** die mit **unterschiedlichen Rechten** ausgestaltet werden können (vgl. Art. 2348 II c.c.).[775] Innerhalb einer Aktiengattung muss aber der Gleichbehandlungsgrundsatz (*principio di parità di trattamento*) gewährleistet sein.[776] **Mehrstimmrechte** (*azioni a voto multiplo*) können allerdings nur eingeschränkt an Aktien geknüpft werden (Art. 2351 IV c.c.). Seit 2014 kann die Satzung von geschlossenen Gesellschaften Mehrstimmrechte jedoch für bestimmte Angelegenheiten und für bestimmte Situationen vorsehen. Mehrstimmrechtsaktien dürfen in solchen Fällen höchstens drei Stimmrechte verkörpern (Art. 2351 IV 2 c.c.).[777] Möchte man einem Gesellschafter mehr Stimmrechte zukommen lassen, erscheint es möglich, dieses Ergebnis durch eine vom Verhältnis der Einlage abweichende Aktienzuteilung zu regeln, da der Anteilseigner so mehr Aktien erhält als ihm zustünden, wenn Einlage und Aktienzuteilung übereinstimmten. Durch diese Gestaltungsmöglichkeiten (Stimmrechtsentzug (s. dazu sogleich unter Rn. 314 ff.) und Mehrstimmrechte) kann ein Aktionär mit relativ geringer Kapitalbeteiligung die Gesellschaft kontrollieren.[778] Bei börsennotierten Gesellschaften sind Mehrstimmrechte allerdings nicht zugelassen (Art. 127-*sexies* I T.U.F.). Eine Ausnahme davon gewährt Art. 127-*quinquies* T.U.F. Danach kann die Satzung bis zu zwei Stimmen (*maggiorazione del voto*) für jede Aktie gewähren, die von einem Aktionär bereits für einen Zeitraum von mindestens 24 Mo- 312

---

767 *Campobasso*, Diritto commerciale, Bd. 2, Diritto delle società, 2015, S. 227 ff.

768 Trib. Roma 18.2.2015, www.giurisprudenzadelleimprese.it; Trib. Milano 6.10.2011, Giurisprudenza italiana 2012, 1825; Trib. Milano 30.9.2011, Società 2012, 636; Cass. 18.7.2007, N. 15962.

769 *Campobasso*, Diritto commerciale, Bd. 2, Diritto delle società, 2015, S. 197.

770 *Valzer* in: Abbadessa/Portale (Hrsg.), Le società per azioni. Codice civile e leggi complementari, 2016, S. 472, 473 ff.; *Campobasso*, Diritto commerciale, Bd. 2, Diritto delle società, 2015, S. 180; *Steinhauer* RIW 2004, 772, 773.

771 *Stagno d'Alcontres/De Luca*, Le società, Bd. 2, Le società di capitali, 2017, S. 395.

772 Bejahend *Rescio* in: Benazzo/Patriarca/Presti (Hrsg.), Il nuovo diritto societario fra società aperte e società private, 2003, S. 111; *Notari* in: Notari (Hrsg.), Azioni, 2008, S. 45 ff.; verneinend *Campobasso*, Diritto commerciale, Bd. 2, Diritto delle società, 2015, S. 180 (Fn. 77); *Ginevra*, Diritto fallimentare 2004, Bd. 1, S. 500; *Stagno d'Alcontres* in: Niccolini/Stagno d'Alcontres (Hrsg.), Società di capitali. Commentario, 2004, S. 260.

773 *Kindler*, Italienisches Handels- und Wirtschaftsrecht, 2014, § 4 Rn. 130.

774 *Stagno d'Alcontres/De Luca,* Le società, Bd. 2, Le società di capitali, 2017, S. 396; *Campobasso*, Diritto commerciale, Bd. 2, Diritto delle società, 2015, S. 198.

775 *Sfameni*, Azioni di categoria e diritti patrimoniali, 2008, S. 71 ff.; *Tombari* in: Abbadessa/Portale (Hrsg.), Le società per azioni. Codice civile e leggi complementari, 2016, S. 519, 521; *Giampaolino*, Le azioni speciali, 2004, S. 23 ff., 141 ff.; *Libertini/Mirone/Sanfilippo* in: D'Alessandro (Hrsg.), Commentario romano al nuovo diritto delle società, Bd. 2.1, 2010, S. 245 ff.; *Hartl* NZG 2003, 667, 667; *Hilpold/Brunner* in: Hilpold/Perathoner/Steinmair (Hrsg.), Die Reform des italienischen Gesellschaftsrechts, 2006, S. 15 ff.; vgl. auch *Ghersini/Puppo* in: van Hulle/Gesell (Hrsg.), European Corporation Law 2006, Part 2, Rn. 46; *Bader* in: Pfeiffer (Hrsg.), Jhb. für italienisches Recht, Bd. 19, 2006, S. 37, 49; *De Nicola/Carone*, Italian Company Law, 2015, S. 55 f.

776 *Kindler*, Italienisches Handels- und Wirtschaftsrecht, 2014, § 4 Rn. 131; *De Nicola/Carone*, Italian Company Law, 2015, S. 56.

777 *Stagno d'Alcontres/De Luca,* Le società, Bd. 2, Le società di capitali, 2017, S. 403; *Barcellona* in: Abbadessa/Portale (Hrsg.), Le società per azioni. Codice civile e leggi complementari, 2016, S. 563, 565 ff.; *Spolidoro* Rivista delle società 2015, 134, 149 ff.; *Tombari* Rivista di diritto commerciale 2016, 583, 586.

778 *Sandrelli/Ventoruzzo*, Classes of Shares and Voting Rights in the History of Italian Corporate Law, 2016, S. 18.

naten gehalten wird (Art. 127-*quinquies* I T.U.F.).[779] Italien möchte dadurch die Möglichkeit eröffnen, langfristiges Engagement von Aktionären zu fördern. Diese Aktien stellen aber keine Aktiengattung dar.

313 Darüber hinaus kann die Satzung nach Art. 2351 c.c. die Schaffung von Aktien gestatten,

- denen kein Stimmrecht gewährt wird (*azioni senza diritto di voto*),
- denen nur mit Blick auf bestimmte Angelegenheiten ein Stimmrecht gewährt wird oder
- denen lediglich dann ein Stimmrecht gewährt wird, wenn besondere Umstände eintreten.[780]

314 So kann das **Stimmrecht** von Aktien dahin gehend eingeschränkt werden, dass es bspw. nur für die Bestellung und Abberufung des Vorstandes besteht (bestimmte Angelegenheit). Zudem kann das Stimmrecht ausgeschlossen sein, solange die Gesellschaft bspw. bestimmte Finanz- oder Liquiditätsziele erfüllt (bestimmte Umstände). Erst wenn die s.p.a. diese Ziele nicht mehr erreicht, erwächst aus den Aktien dann wieder ein Stimmrecht,[781] um dem Aktionär dann eine Eingriffsmöglichkeit zu gewähren. Entscheidend ist, dass der Eintritt der Umstände, die mit dem Stimmrecht verknüpft werden, nicht willkürlich bestimmt wird.[782] Der Wert solcher Aktien darf insgesamt die Hälfte des Kapitals nicht übersteigen (Art. 2351 II c.c.).

315 Das Gesetz sieht in Art. 2351 III c.c. vor, dass statuarisch zudem die Möglichkeit besteht, das **Stimmrecht für Aktienpakete**, die von einem Eigentümer gehalten werden, auf ein bestimmtes Höchstmaß zu beschränken. Diese Vorschrift findet seit 2014 nicht nur bei geschlossenen, sondern auch bei offenen Aktiengesellschaften Anwendung.[783]

316 Nach der Reform ist es nicht mehr erforderlich, stimmrechtslosen Aktien oder Aktien mit begrenzten Stimmrechten, den „Mangel" des Stimmrechts durch eine bevorzugte Gewinnbeteiligung auszugleichen.[784] Bei börsennotierten Gesellschaften gilt nach hM hingegen,[785] dass die einzigen zugelassenen stimmrechtlosen Aktien, die sog *„azioni di risparmio"*, nach Art. 145 T.U.F. ff. **verbindlich mit einer Bevorzugung der Vermögensrechte** auszugestalten sind (vgl. Art. 145 T.U.F.).[786]

317 Bei **Vermögensrechten** darf die Satzung Aktiengattungen mit **verschiedenen Rechten auf Dividenden** und auf Abwicklungsüberschuss freilich vorsehen. So erwähnt das Gesetz die Vorzugsaktien (*azioni privilegiate*) und verlustbeschränkten Aktien (*azioni postergate nella partecipazione alle perdite*, vgl. Art. 2350 I aE c.c., Art. 2348 II c.c.).[787] Verlustbeschränkte Aktien sind nur insoweit möglich, als es nicht zu einem vollständigen Ausschluss der Beteiligung an dem Verlust der Gesellschaft nach Art. 2265 c.c. kommt (*patto leonino*).[788]

318 Mit der Reform 2003 sind auch in Italien **Spartenaktien** (*azioni correlate*) eingeführt worden, deren Vermögensrechte an die Ergebnisse der Tätigkeit der Gesellschaft in einem bestimmten Bereich gebunden sind[789] (Art. 2350 II c.c.). Allerdings dürfen Dividenden solcher Spartenaktien nur ausbezahlt werden, wenn ein Gewinn in der Gesamtgesellschaft nach der Bilanz vorliegt und die Auszahlung diesen Gewinn nicht übersteigt (Art. 2350 III c.c.).[790] Bis auf die **„societas leonina"-Klausel** (*patto leonino*), die nicht nur im Personen-, sondern auch im Kapitalgesellschaftsrecht zwischen den unterschiedlichen Aktiengattungen verboten ist, sind der

779 *Stagno d'Alcontres/De Luca*, Le società, Bd. 2, Le società di capitali, 2017, S. 404; *Giampaolino* Giurisprudenza commerciale 2015, 779, 781 f.
780 *Campobasso*, Diritto commerciale, Bd. 2, Diritto delle società, 2015, S. 207.
781 *Sandrelli/Ventoruzzo*, Classes of Shares and Voting Rights in the History of Italian Corporate Law, 2016, S. 17.
782 *Stagno d'Alcontres/De Luca*, Le società, Bd. 2, Le società di capitali, 2017, S. 404.
783 *Tombari* in: Abbadessa/Portale (Hrsg.), Le società per azioni. Codice civile e leggi complementari, 2016, S. 555, 561; *Sandrelli/Ventoruzzo*, Classes of Shares and Voting Rights in the History of Italian Corporate Law, 2016, S. 17.
784 *Tombari* in: Abbadessa/Portale (Hrsg.), Le società per azioni. Codice civile e leggi complementari, 2016, S. 555, 557; *Steinhauer* RIW 2004, 772, 774.
785 *Stagno d'Alcontres/De Luca*, Le società, Bd. 2, Le società di capitali, 2017, S. 404; *Tombari* Rivista delle società 2007, 965, 979.
786 *Abu Awwad* in: Abbadessa/Portale (Hrsg.), Le società per azioni. Codice civile e leggi complementari, 2016, S. 4140, 4146; *Campobasso*, Diritto commerciale, Bd. 2, Diritto delle società, 2015, S. 210 ff.
787 *Stagno d'Alcontres/De Luca*, Le società, Bd. 2, Le società di capitali, 2017, S. 401 f.; *Campobasso*, Diritto commerciale, Bd. 2, Diritto delle società, 2015, S. 209.
788 Trib. Milano 31.12.2011, Società 2012, 1158; *Stagno d'Alcontres/De Luca*, Le società, Bd. 2, Le società di capitali, 2017, S. 402; *Bader* in: Pfeiffer (Hrsg.), Jhb. für italienisches Recht, Bd. 19, 2006, S. 37, 50; *Steinhauer* RIW 2004, 772, 774.
789 Für die praktische Anwendung dieser Aktiengattung in Italien siehe *Mondini*, Le azioni correlate, 2. Aufl. 2009, S. 3 ff.; ferner *Oelkers*, Die italienische Aktiengesellschaft im institutionellen Wettbewerb, 2008, S. 144; *Bader*, Die Bildung von Sondervermögen als rechtspolitische Alternative zu Spartenaktien, 2005, S. 26.
790 *Tombari* in: Abbadessa/Portale (Hrsg.), Le società per azioni. Codice civile e leggi complementari, 2016, S. 545, 551; *Hilpold/Brunner* in: Hilpold/Perathoner/Steinmair (Hrsg.), Die Reform des italienischen Gesellschaftsrechts, 2006, S. 15; *Kindler/Bader* RIW 2004, 29, 31; *De Nicola/Carone*, Italian Company Law, 2015, S. 59; *Steinhauer* RIW 2004, 772, 775.

Gestaltungsfreiheit der Gesellschafter keine Grenzen gesetzt.[791] Spartenaktien dürfen jedoch nicht für Bereiche ausgegeben werden, für die ein Zweckvermögen oder eine zweckgebundene Finanzierung eingegangen wurde (Art. 2350 II 1 c.c.).[792]

Im Gründungsakt kann an bestimmte Aktien die Pflicht gekoppelt werden, nicht in Geld bestehende **Nebenleistungen** (*azioni con prestazioni accessorie*), wie Arbeitsleistungen, Beratungstätigkeiten oder auch einen Verkauf von Gütern zu vorteilhaften Preisen an die s.p.a. zu erbringen (Art. 2345 c.c.).[793] Sie sind ohne Einwilligung des Verwaltungsrats nicht übertragbar (Art. 2345 c.c.).[794] Zulässig sind auch Aktien, für die kraft Satzung ein **Rückkaufrecht** durch die Gesellschaft oder die Gesellschafter vorgesehen ist (*azioni riscattabili*). In diesem Fall finden die Vorschriften über den Erwerb eigener Aktien (s. dazu unter Rn. 321) und über die Bestimmung des Aktienwerts im Austrittsrecht entsprechende Anwendung (Art. 2437-*sexies* c.c.).[795] 319

b) Andere Finanzinstrumente

Neben Aktien kann die Gesellschaft auch andere **Finanzinstrumente** (*strumenti finanziari partecipativi*) nutzen. 320
So ist es zB möglich, gegen Arbeits-, Dienst- oder sonstige Leistungen Beteiligungen an Gesellschafter oder Dritte auszugeben (Art. 2346 VI c.c.). An diese Beteiligungen können jedoch auch bestimmte Rechte geknüpft werden. Der Gesellschaft wird insoweit ein **großer Gestaltungsspielraum** gelassen. Allein das generelle Stimmrecht in der Gesellschafterversammlung darf nicht mit dieser Form der Beteiligung verbunden werden (Art. 2346 VI iVm Art. 2351 V c.c.).[796] Es ist im Ergebnis jedoch möglich diesen Beteiligungen sowohl **Vermögens**- als auch zumindest einzelne **Verwaltungsrechte** (unter anderem: das Recht auf die Bestellung eines Verwaltungsmitglieds, vgl. Art. 2351 V c.c.) zu gewähren.[797] Das Grundkapital der Gesellschaft bleibt von diesem Finanzinstrument unberührt.[798]

c) Eigene Aktien

Der Erwerb eigener Aktien wird durch die Artt. 2357, 2357-*bis* bis 2357-*quater* und 2358 c.c. geregelt. Italien 321
hat damit die Vorgaben der ehemaligen **europäischen Kapitalrichtlinie** (s. dazu § 21 Rn. 90 ff., jetzt Teil der Kodifizierungs-Richtlinie, dazu § 19) umgesetzt. Eigene Aktien können dementsprechend von der Gesellschaft grundsätzlich **nicht gezeichnet** werden (Art. 2357-*quater* I c.c.).[799] Sie können aber in bestimmten Grenzen **erworben** werden.[800] Gem. Art. 2357 I c.c. können allerdings grundsätzlich nur Aktien von der Gesellschaft erworben werden, auf die vollständig geleistet wurde. Art. 2357 I c.c. führt weiter aus, dass die Gesellschaft eigene Aktien nur mithilfe von Gewinnen oder verfügbaren Rücklagen erwerben darf.[801] Die Gesellschafterversammlung muss den Erwerb eigener Aktien zudem genehmigen (Art. 2357 II c.c.), wobei der Beschluss die Art und Weise des Erwerbs regeln soll, indem er insbesondere die Höchstzahl der zu erwerbenden Aktien, die Dauer, für welche die Genehmigung gilt – und die achtzehn Monate nicht überschreiten darf – sowie ein Mindest- und Höchstentgelt bestimmt.[802] Eine **Obergrenze** für den Erwerb eigener Aktien, wonach der Nennwert der ei-

---

791 *Sfameni*, Azioni di categoria e diritti patrimoniali, 2008; vgl. auch Ausführungen bei *Frase*, "Leoninische Vereinbarungen" und Ergebnisbeteiligungspflicht im deutschen und italienischen Gesellschaftsrecht, 2010, S. 43 ff.

792 *Tombari* in: Abbadessa/Portale (Hrsg.), Le società per azioni. Codice civile e leggi complementari, 2016, S. 545, 551; *Mondini*, Le azioni correlate, 2. Aufl. 2009, S. 98 ff.; *Portale* Rivista delle società 2002, 146, 164; *Kindler/Bader* RIW 2004, 29, 31.

793 *Benazzo* in: Abbadessa/Portale (Hrsg.), Le società per azioni. Codice civile e leggi complementari, 2016, S. 446, 448 ff.; *De Nicola/Carone*, Italian Company Law, 2015, S. 62.

794 *Benazzo* in: Abbadessa/Portale (Hrsg.), Le società per azioni. Codice civile e leggi complementari, 2016, S. 446, 458.

795 *Vitali*, Le azioni riscattabili, 2013, S. 219 ff.

796 *Valzer* in: Abbadessa/Portale (Hrsg.), Le società per azioni. Codice civile e leggi complementari, 2016, S. 483, 497 ff.

797 Ein Beispiel in der Rechtsprechung ist folgende Entscheidung: Trib. Milano 5.10.2015, www.giurisprudenzadelleimprese.it.

798 Trib. Napoli 25.2.2016, Le Società 2016, 976; *Hartl* NZG 2003, 667, 667; *Giudici* in: Hilpold/Perathoner/Steinmair (Hrsg.), Die Reform des italienischen Gesellschaftsrechts, 2006, S. 152; *Miola* in: Lutter (Hrsg.), Das Kapital der Aktiengesellschaft in Europa, 2006, S. 623; *Cossu* ECFR 2013, 45, 63, vgl. auch Art. 2346 V c.c., wonach entsprechende Finanzinstrumente mit Vermögens- oder Verwaltungsrechten, letztere allerdings ohne Stimmrecht (was im Regelfall bei der (grundkapitalerhöhenden) Ausgabe von Aktien gewährt wird (siehe hierzu Art. 2351 I c.c.), ausgestattet werden; *De Nicola/Carone*, Italian Company Law, 2015, S. 87.

799 *Stagno d'Alcontres/De Luca*, Le società, Bd. 2, Le società di capitali, 2017, S. 458.

800 *Stagno d'Alcontres/De Luca*, Le società, Bd. 2, Le società di capitali, 2017, S. 459; *Campobasso*, Diritto commerciale, Bd. 2, Diritto delle società, 2015, S. 242.

801 *Lucarelli* in: Abbadessa/Portale (Hrsg.), Le società per azioni. Codice civile e leggi complementari, 2016, S. 711, 717.

802 *Stagno d'Alcontres/De Luca*, Le società, Bd. 2, Le società di capitali, 2017, S. 459; *Lucarelli* in: Abbadessa/Portale (Hrsg.), Le società per azioni. Codice civile e leggi complementari, 2016, S. 711, 719.

genen Aktien 20% des Gesellschaftskapitals nicht übersteigen darf, findet für geschlossene Aktiengesellschaften keine Anwendung mehr (Art. 2357 III c.c.).[803] Die Regel gilt allerdings weiterhin für börsennotierte Gesellschaften.

d) Exkurs: Deliktischer Schutz der Mitgliedschaft

322 Schädigt ein Dritter im Zuge einer unerlaubten Handlung das Vermögen der Gesellschaft, so schädigt er damit indirekt auch die Aktionäre dieser Gesellschaft. Gemäß der Rechtsprechung handelt es sich dabei jedoch nur um einen Reflexschaden, der aufgrund seines indirekten Effekts nicht ersatzfähig ist.[804]

6. Kapitalverfassung

a) Bar- und Sacheinlagen (conferimenti in danaro e in natura)

aa) Mindestkapital (capitale minimo)

323 Für die italienische Aktiengesellschaft schreibt Art. 2327 c.c. ein Mindestkapital von **50.000 EUR** vor. 2014 wurde das Mindestkapital durch eine Gesetzesänderung von 120.000 EUR auf 50.000 EUR herabgesetzt und ist nun mit dem Mindestkapital vieler Mitgliedstaaten vergleichbar.[805] Die ursprüngliche Summe von 120.000 EUR wurde damals in Anlehnung an die Europäische Aktiengesellschaft (SE) gewählt (s. dazu § 4 Rn. 209).[806] Darüber hinaus können die Aktionäre das Kapital, unabhängig vom Gesellschaftszweck, frei bestimmen. In der Literatur[807] werden mit Blick auf die freie Wählbarkeit des Kapitals gewisse Grenzen diskutiert. Eine materielle Unterkapitalisierung soll danach zu einer sofortigen Auflösung der Gesellschaft führen, da unter diesen Umständen die Erreichung des Gesellschaftszwecks unmöglich sei (siehe Art. 2484, N. 2 c.c.).

bb) Einlagefähige Gegenstände

324 Art. 2329 I Nr. 1 c.c. schreibt vor, dass das Gesellschaftskapital immer **vollständig gezeichnet** werden muss. Die Gesellschafter dürfen dabei grundsätzlich frei entscheiden, ob sie **Bar- oder Sacheinlagen** erbringen möchten, wobei aufgrund der Vorgaben der ehemaligen europäischen Kapitalrichtlinie (dazu § 21 Rn. 46, jetzt Teil der Kodifizierungs-Richtlinie, dazu § 19) **weder Arbeits- noch Dienstleistungen** im Rahmen von Sacheinlagen vereinbart werden dürfen (Art. 2342 V c.c.).[808] Ist in der Gründungsurkunde die Art der Einlage jedoch nicht näher bestimmt, so wird eine Bareinlage geschuldet (vgl. Art. 2342 I c.c.).

cc) Erbringung von Bareinlagen

325 Wird eine s.p.a. durch Vertrag gegründet, müssen die Gesellschafter mindestens **25%** der Bareinlage (*conferimenti in danaro*) bei **Erstellung der Gründungsurkunde** (Art. 2342 II c.c.), dh vor der notariellen Beurkundung, leisten. Gem. Art. 2331 IV c.c. kann der Verwalter der Gesellschaft erst dann über die eingezahlten Mindestbeträge verfügen, wenn die Eintragung der Gesellschaft nachgewiesen wird.

326 Der sofort zu erbringende Teil der Bareinlage (25%) kann unter dem Mindestkapital von 50.000 EUR liegen. Die restlichen **75%** der Einlagen können zu einem **späteren Zeitpunkt** geleistet werden. Der Leistungszeitraum wird nicht näher bestimmt, was mit den Vorgaben der Kapital-RL vereinbar ist (§ 21 Rn. 42). Es ist daher theoretisch möglich, dass die restlichen Bareinlagen erst nach 50 oder mehr Jahren eingebracht werden. Der Einzahlungszeitpunkt liegt ganz im **Ermessen des Verwaltungsrats.**[809] Dieser kann die ausstehenden Einlagen jederzeit und ohne wichtigen Grund vom Gesellschafter einfordern. Allerdings besteht eine Art Treuepflicht/Gleichbe-

---

803 *Lucarelli* in: Abbadessa/Portale (Hrsg.), Le società per azioni. Codice civile e leggi complementari, 2016, S. 711, 719; *Campobasso*, Diritto commerciale, Bd. 2, Diritto delle società, 2015, S. 243.

804 Cass. 24.12.2009, N. 27346; *Kindler*, Italienisches Handels- und Wirtschaftsrecht, 2014, § 4 Rn. 134.

805 In Frankreich beträgt das Mindestkapital für die Form der Aktiengesellschaft 37.000 EUR (§ 13 Rn. 583), in Spanien 60.000 EUR (§ 15 Rn. 322), in Großbritannien 50.000 Pfund (§ 12 Rn. 601) und in den Niederlanden 45.000 EUR (§ 16 Rn. 213). Die ehemalige Kapital-RL (jetzt Teil der Kodifizierungs-RL) schreibt vor, dass das Mindestkapital für Aktiengesellschaften mindestens 25.000 EUR betragen muss (s. dazu § 21 Rn. 33).

806 *Hofmann*, Gesellschaftsrecht in Italien, 2006, S. 28; *Hilpold/Brunner* in: Hilpold/Perathoner/Steinmair (Hrsg.), Die Reform des italienischen Gesellschaftsrechts, 2006, S. 11; *Miola* in: Lutter (Hrsg.), Das Kapital der Aktiengesellschaft in Europa, 2006, S. 614; *Oelkers*, Die italienische Aktiengesellschaft im institutionellen Wettbewerb, 2008, S. 114.

807 So *Portale* in: Portale/Colombo (Hrsg.), Trattato delle società per azioni, Bd. 1.2, 2004, S. 63; zustimmend in der Rechtsprechung App. Milano 13.7.1996, Rivista del notariato 1996, 1524; kritisch dazu *Maugeri*, Finanziamenti anomali dei soci e tutela del patrimonio nelle società di capitali, 2005, S. 181 ff.; *Maugeri* in: Abbadessa/Portale (Hrsg.), Le società per azioni. Codice civile e leggi complementari, 2016, S. 160, 167.

808 *Campobasso*, Diritto Commerciale, Bd. 2. Diritto delle società, 2015, S. 184.

809 *Campobasso*, Diritto commerciale, Bd. 2, Diritto delle società, 2015, S. 181; *Spolidoro* in: Colombo/Portale (Hrsg.), Trattato delle società per azioni, Bd. 1.2, 2004, S. 392.

handlungsgrundsatz, wonach es verboten ist, die fehlenden Einlagen nur eines einzelnen Gesellschafters zu verlangen, mit der Absicht, diesen Gesellschafter bei Nichtleistung aus der Gesellschaft auszuschließen. Ein solcher Ausschluss darf also nicht vorrangiges Ziel sein.[810] Selbst eine Satzungsbestimmung, die den Resteinzahlungszeitpunkt bestimmt, steht einer vorzeitigen Einforderung durch den Verwaltungsrat nicht entgegen.[811] Für die Gesellschafter bedeutet das, dass sie jederzeit ausreichend Liquidität vorhalten müssen. Außerdem sind die noch ausstehenden Einlagen innerhalb von 90 Tagen zu leisten, „wenn die Gesellschaftermehrheit verloren geht" (Art. 2342 IV c.c.).

Wird der geschuldete Betrag nicht bezahlt, kann der Aktionär nach einem **gesetzlich geregelten Verfahren ausgeschlossen** und die bereits einbezahlten Beiträge einbehalten werden (vgl. Art. 2344 c.c.).[812] Aktionäre, die der Einzahlungsaufforderung nicht fristgerecht nachgekommen sind, können zudem ihr Stimmrecht nicht ausüben (Art. 2344 IV c.c.). Umstritten ist, ob das beschriebene Verfahren auch im Fall der Nichtleistung auf eine Sacheinlage Anwendung findet.[813] Eine **Aufrechnung mit Forderungen** gegenüber der Gesellschaft ist nach heutiger Rechtsprechung **zulässig**.[814] 327

Eine Sonderregelung mit Blick auf die Kapitalaufbringung besteht für die **Ein-Mann-s.p.a.** Gem. Art. 2342 II 2 Hs. c.c. muss in diesem Fall die **gesamte Bareinlage** noch vor der notariellen Beurkundung des Gründungsakts geleistet werden (näher zu den besonderen Vorschriften für Ein-Mann-s.p.a. unter Rn. 387). 328

Auch Aktien, auf die noch nicht vollständig geleistet wurde, sind zwar **übertragbar**, jedoch haften die ehemaligen Gesellschafter weiterhin für einen Zeitraum von **drei Jahren** – ab der Anmerkung der Übertragung im Gesellschafterbuch – als Gesamtschuldner (siehe Art. 2356 c.c.). Ein Gläubiger kann sich dabei nur dann an den Altaktionär halten, wenn der Neuaktionär zahlungsunfähig ist.[815] 329

dd) Erbringung der Sacheinlage

Vereinbaren die Aktionäre Sacheinlagen (*conferimenti in natura*) oder die Einbringung von Forderungen (*conferimenti di crediti*), so sind diese bei Übernahme der Aktien **vollständig zu leisten** (Art. 2342 III 2 c.c.). Eine Teilleistung zu einem späteren Zeitpunkt kommt nicht in Betracht. Im Gründungsakt muss der Wert der eingebrachten Sacheinlage bzw. Forderung angegeben werden (Art. 2328 II Nr. 6 c.c.).[816] Zum Schutz vor besonderen Risiken bei Sacheinlagen und Forderungseinbringungen bestimmt Art. 2342 III 1 c.c., dass die in Art. 2254 c.c und Art. 2255 c.c. geregelte **Haftung** sowie **Gefahrtragungs- und Gewährleistungspflichten**, die für die einfache Gesellschaft gelten, auch für die s.p.a. ihre Wirkung entfalten. 330

Gemäß Art. 2343 c.c. ist für eine wirksame Sacheinlage oder Forderungseinlage zudem Folgendes zu beachten: 331

- Zunächst verlangt die Vorschrift den **Bericht** eines **Sachverständigen**, der vom zuständigen Landesgericht bestellt wurde (Art. 2343 I 1 c.c.). Den Sachverständigen trifft eine Haftung, falls der Gesellschaft, den Gesellschaftern oder Dritten durch das Gutachten ein Schaden entsteht (Art. 2343 II c.c.).
- Der Bericht muss die Sacheinlagen/Forderungen genau **bezeichnen**, den angegebenen **Wert** bestätigen und die **Bewertungsmaßstäbe** offenlegen (Art. 2343 I 1 c.c.). Er muss nach dem Wortlaut der Vorschrift nicht den tatsächlichen Wert der Sacheinlage/Forderung angeben (was mit dem Wortlaut der Kapital-RL vereinbar ist, s. § 21 Rn. 53). Der Sachverständigenbericht ist dem Gründungsakt beizufügen (Art. 2343 I 2 c.c.).
- Zudem ist eine **Überprüfung** der im Sachverständigengutachten gemachten Angaben durch Vorstands-/Verwaltungsratsmitglieder innerhalb von 180 Tagen ab der Gründung der Gesellschaft vorzunehmen. Diese sind dazu angehalten, eine Korrektur der Bewertung nach unten vorzunehmen, sofern der Wert der eingebrachten Sachen oder Forderungen um mehr als ein Fünftel geringer ausfällt als jener, zu dem die Einlage erfolgt ist (Art. 2343 III, IV c.c.). In diesem Verhältnis wird dann auch das Gesellschaftskapital reduziert. Die Aktien, die für den überbewerteten Teil ausgegeben wurden und die durch die Überbewertung nicht gedeckt sind, sind gem. Art. 2343 IV c.c. zu vernichten, es sei denn, der Gesellschafter bringt den Differenzbe-

---

810 *Spolidoro* in: Colombo/Portale (Hrsg.), Trattato delle società per azioni, Bd. 1.2, 2004, S. 395; *D'Alessandro* Rivista delle società 1987, 1, 1 ff.

811 *Spolidoro* in: Colombo/Portale (Hrsg.), Trattato delle società per azioni, Bd. 1.2, 2004, S. 392 ff.; *Campobasso* in: Abbadessa/Portale (Hrsg.), Le società per azioni. Codice civile e leggi complementari, 2016, S. 433, 434.

812 *Spolidoro* in: Colombo/Portale (Hrsg.), Trattato delle società per azioni, Bd. 1.2, 2004, S. 441 ff.

813 Bejahend *Spolidoro* in: Colombo/Portale (Hrsg.), Trattato delle società per azioni, Bd. 1.2, 2004, S. 274; *Rimini*, La mancata attuazione dei conferimenti in natura nelle società per azioni, 1993, S. 116; verneinend *Pisani Massamormile*, I conferimenti nelle società per azioni, 2. Aufl. 2015, S. 306.

814 Trib. Roma 6.2.2017, Giurisprudenza italiana 2017, 1139; Trib. Milano 20.3.2013, www.giurisprudenzadelleimprese.it; Cass. 19.3.2009, N. 6711, Il Fallimento 2010, 171; Cass. 5.2.1996, N. 936; dagegen Trib. Napoli 8.11.2006, Notariato 2008, 519; dazu auch *Iaccarino* Le Società 2011, 936, 939 ff.; *Martorano* in: Abbadessa/Portale (Hrsg.), Il nuovo diritto delle società. Liber amicorum Gian Franco Campobasso, Bd. 1, 2006, S. 547; *De Stasio/Nuzzo* in: Abbadessa/Portale (Hrsg.), Le società per azioni. Codice civile e leggi complementari, 2016, S. 344, 360.

815 *Campobasso*, Diritto commerciale, Bd. 2, Diritto delle società, 2015, S. 181 f.

816 *Campobasso*, Diritto commerciale, Bd. 2, Diritto delle società, 2015, S. 184.

trag in Geld auf oder tritt aus der Gesellschaft aus, wobei er in letzterem Fall womöglich die eingebrachte Einlage zurückbekommt. Eine Abweichung nach oben, also eine Unterbewertung der Einlage, ist in Italien grundsätzlich nicht gestattet.

- Die Aktien, die für die Sacheinlage/Forderung ausgegeben wurden, können nicht veräußert werden, bevor die Bewertungen überprüft worden sind. Sie sind daher auch solange bei der Gesellschaft zu hinterlegen (Art. 2343 III 2 c.c.).[817]

332 **Ausnahmen** sind nach den Art. 2343-*ter* und 2343-*quater* c.c. für notierte Wertpapiere und für nach „*fair value*" bewertete Sacheinlagen und Forderungen vorgesehen.[818]

333 Die deutsche Problematik des **Hin- und Herzahlens** wird in Italien nicht thematisiert und auch **verdeckte Sacheinlage** werden nicht intensiv diskutiert und sind im italienischen Recht nicht umfassend geregelt. Der *Codice Civile* orientiert sich vielmehr an den Vorgaben der ehemaligen Kapitalrichtlinie zur **Nachgründung** (dazu § 21 Rn. 64 ff.) und ist eng an den durch die Richtlinie vorgegebenen Mindeststandard ausgerichtet. Die Regeln dienen dazu, eine Umgehung der Vorschriften zur Aufbringung von Sacheinlagen zu verhindern und die Mitgesellschafter vor einer Verwässerung ihrer Anteile zu schützen. Art. 2343-*bis* c.c. schreibt deshalb vor, dass die Gesellschafterversammlung Geschäfte mit einem Aktionär billigen muss, wenn der Wert der Transaktion 10% des Gesellschaftskapitals beträgt (vgl. Art. 2343-*bis* I c.c.) und das Geschäft innerhalb von zwei Jahren seit der Gründung der s.p.a. erfolgt.[819] Neben der Zustimmungspflicht der Gesellschafterversammlung bedarf es zudem eines Sachverständigengutachtens (Art. 2343-*bis* II c.c.).

334 In Übereinstimmung mit der ehemaligen europäischen Kapitalrichtlinie (s. § 21 Rn. 46, jetzt Teil der Kodifizierungs-RL) können **Arbeitsleistungen oder Dienstleistungen** bei italienischen Aktiengesellschaften nicht Gegenstand einer Einlage sein (Art. 2342 V c.c.).

b) Ersatzkapitalrecht

335 Im Ersatzkapitalrecht nach italienischem Verständnis sind **zwei Situationen** zu unterscheiden: Zum einen wird die Problematik von formlos eingezahlten Beiträgen diskutiert und zum anderen Gesellschafterdarlehen. In der Praxis liegen häufig von den Gesellschaftern an die Gesellschaft **formlos eingezahlte Beiträge** (*versamenti in conto capitale*) vor, die vom Verwaltungsrat für die Gesellschaftstätigkeit benutzt werden. Diese Beiträge stellen kein Fremdkapital dar, sondern werden vielmehr als eine Art Einlage gewertet.[820] Die Beiträge können den Gesellschaftern jedoch nach der Rechtsprechung nicht zurückgezahlt werden, bevor die gesetzliche Rücklage nicht ein Fünftel des Gesellschaftskapitals erreicht hat.[821] An dieser Stelle wird Art. 2431 c.c. von der Rechtsprechung analog angewendet. Die Mitgesellschafter müssen der formlosen Einzahlung von Beiträgen durch einen Mitgesellschafter nicht zustimmen. Die **Gesellschafterdarlehen** (*finanziamenti soci*) sind im italienischen Aktienrecht ebenfalls nicht ausdrücklich geregelt. Sehr umstritten ist die analoge Anwendung der entsprechenden Normen des GmbH-Rechts (siehe unten Rn. 454 f.).[822]

c) Jahresabschluss

336 Die Gesellschaft ist verpflichtet einen Jahresabschluss (*bilancio annuale*) aufzustellen (Art. 2423 c.c.). Italien hat diesbezüglich – wie die anderen Mitgliedstaaten auch – die Vorgaben der Bilanzrichtlinie umgesetzt (dazu § 25). Der Jahresabschluss besteht entsprechend aus der **Bilanz** (*stato patrimoniale*), der **Gewinn- und Verlustrechnung** (*conto economico*) und dem **Anhang** (*nota integrativa*) und soll die wirtschaftliche Lage der Gesellschaft innerhalb des Geschäftsjahres wahrheitsgetreu und übersichtlich wiedergeben (Art. 2423 I und II c.c.).[823] Das

---

817 *Campobasso*, Diritto commerciale, Bd. 2, Diritto delle società, 2015, S. 185 ff.

818 Für eine Darstellung der 2008 eingeführten Vorschriften siehe *Campobasso*, Diritto commerciale, Bd. 2, Diritto delle società, 2015, S. 187; *Busani* Le Società 2011, 1035, 1035 ff.; *Notari* Rivista delle società 2009, 54, 54 ff.; *Ferri jr.* Rivista delle società 2009, 253, 253 ff.; *De Luca*, Nuove leggi civili commentate, 2009, S. 425 ff.; *Abriani* Rivista del notariato 2009, 295, 295 ff.; *Salamone* Giurisprudenza commerciale 2010, 47, 47 ff.; *Falco* in: Wegen/Spahlinger/Barth (Hrsg.), Gesellschaftsrecht des Auslands, 2016, Italien, Rn. 158.

819 *Campobasso*, Diritto commerciale, Bd. 2, Diritto delle società, 2015, S. 189.

820 Trib. Roma 12.3.2015, Giurisprudenza commerciale 2016, 345; Trib. Milano 12.4.2013, www.giurisprudenzadelleimprese.it; *Campobasso*, Diritto commerciale, Bd. 2, Diritto delle società, 2015, S. 507.

821 Vgl. Cass. 24.7.2007, N. 16393, Rivista del diritto commerciale 2008, 137; Cass. 13.8.2008, N. 21563; Cass. 30.3.2007, N. 7980; *Campobasso*, Diritto commerciale, Bd. 2, Diritto delle società, 2015, S. 508.

822 Bejahend Cass. 7.7.2015, N. 14056; Trib. Milano 16.11.2017, www.giurisprudenzadelleimprese.it; Trib. Venezia 10.2.2011, Rivista del notariato 2011, 1442; Trib. Pistoia 21.9.2008, Banca, borsa, titoli di credito 2009, S. 191 ff.; *Portale* Banca, borsa, titoli di credito 2003, 663, 663 ff.; kritisch dazu *Stagno d'Alcontres/De Luca*, Le società, Bd. 2, Le società di capitali, 2017, S. 473; *Campobasso* Banca, borsa, titoli di credito 2008, 441, 441 ff.; *Rivolta* Rivista delle società 2009, 629, 654.

823 *Campobasso*, Diritto commerciale, Bd. 2, Diritto delle società, 2015, S. 449; *Falco* in: Wegen/Spahlinger/Barth (Hrsg.), Gesellschaftsrecht des Auslands, 2016, Italien, Rn. 216.

Gesetz schreibt daher den Inhalt für die Bilanz (Art. 2424 c.c.) und die Gewinn- und Verlustrechnung (Art. 2425 c.c.) vor und konkretisiert Anforderungen für inhaltliche Abweichungen in Art. 2423-*ter* c.c. Zudem werden **Grundsätze** für die Aufstellung des Jahresabschlusses (*principi di redazione del bilancio* – Art. 2423-*bis* c.c.) und Bewertungsrichtlinien (*criteri di valutazione* – Art. 2426 c.c.) festgelegt. Soweit Abweichungen von den Bewertungsrichtlinien zulässig sind, sind diese im Anhang zu begründen und ihr Einfluss anzugeben (Art. 2423-*bis* II c.c.). In Art. 2427 c.c. geht der Gesetzgeber dann näher auf den Inhalt des Anhangs ein.[824]

Für nicht-börsennotierte Gesellschaften besteht zudem die Möglichkeit, einen **verkürzten Jahresabschluss** aufzustellen (Art. 2435-*bis* c.c., basierend auf Art. 14 Bilanzrichtlinie, s. dazu § 25 Rn. 32 ff.). Neben der fehlenden Börsennotierung darf die Gesellschaft in zwei aufeinanderfolgenden Geschäftsjahren zwei der folgenden Grenzwerte nicht überschreiten:[825] 337

- Gesamtbetrag der Aktivseite der Bilanz: 4.400.000 EUR
- Erträge aus Lieferung und Leistung: 8.800.000 EUR
- Durchschnittliche Beschäftigtenzahl während des Geschäftsjahres: 50 Personen

Eine Pflicht zu einem **konsolidierten Jahresabschluss** (*bilancio consolidato*) besteht, wenn die Gesellschaft ein anderes Unternehmen kontrolliert (s. zu den Voraussetzungen der Bilanz-RL § 25 Rn. 70 ff.).[826] Eine Abschrift des Jahresabschlusses wird innerhalb von 30 Tagen ab der Genehmigung beim Handelsregister hinterlegt (Art. 2435 c.c.). 338

d) Verwendung des Jahresüberschusses

Mindestens **5%** vom jährlichen Reingewinn ist – zur Bildung einer Rücklage – so lange einzubehalten, bis die Rücklage **ein Fünftel (20%) des Gesellschaftskapitals** erreicht hat (Art. 2430 c.c.). Weitere Rücklagepflichten können in der Satzung (*riserve statutarie*) bestimmt werden. Diese Beträge dürfen erst nach einer Satzungsänderung ausgezahlt werden. Über die Verwendung des um diese Summen reduzierten Jahresüberschusses entscheidet die (ordentliche) Gesellschafterversammlung.[827] Der Gesellschafterbeschluss über die Verwendung des Jahresüberschusses bedarf keiner Begründung und ist nach hM nur aufgrund einer Verletzung von Treu und Glauben (Mehrheitsmissbrauch) anfechtbar.[828] 339

Anzahlungen auf Dividenden sind grundsätzlich möglich, wenn es die Satzung der Gesellschaft gestattet (Art. 2433-*bis* II c.c.). Art. 2433-*bis* c.c. nennt weitere Voraussetzungen. Notwendig ist zunächst ein Beschluss des Verwaltungsrates (Art. 2433-*bis* II c.c.) sowie daneben eine positive Beurteilung des Jahresabschlusses für das vorhergehende Geschäftsjahr durch die Prüfungsgesellschaft (Art. 2433-*bis* II c.c.). Wird der erwartete Gewinn allerdings nicht realisiert, droht dem Empfänger ein Rückzahlungsanspruch der Gesellschaft, allerdings nur insoweit sie die Anzahlung nicht in gutem Glauben erlangt haben.[829] 340

Aus dem Gesetz ergibt sich **keine Pflicht** für die Gesellschafter über den nicht ausgeschütteten Teil des Jahresüberschusses zu bestimmen (vgl. Art. 2433 I c.c.). Macht die Gesellschafterversammlung keine Vorgaben über die Verwendung der nach der Ausschüttung überschüssigen Mittel, werden sie in einer Rücklage einbehalten. Über die weitere Verwendung entscheidet dann das **Leitungsorgan.** 341

e) Kapitalmaßnahmen (operazioni sul capitale)

Kapitalmaßnahmen lassen sich in **Kapitalerhöhungen** (*aumenti di capitale* – Art. 2438 c.c.) und **Kapitalherabsetzungen** (*riduzioni del capitale* – Art. 2445 c.c.) aufteilen. Kapitalerhöhungen untergliedern sich wiederum in Kapitalerhöhungen **aus Gesellschaftsmitteln** (*aumento di capitale gratuito* – Art. 2442 c.c.) und solche **gegen Einlagen** (*aumento di capitale a pagamento* – Art. 2439 ff. c.c.). Die Satzung kann auch Bestimmungen bezüglich des genehmigten Kapitals enthalten (*aumento delegato* – Art. 2443 c.c.). Eine Kapitalerhöhung ist ausge- 342

824 *Campobasso*, Diritto commerciale, Bd. 2, Diritto delle società, 2015, S. 453 ff.

825 *Campobasso*, Diritto commerciale, Bd. 2, Diritto delle società, 2015, S. 456; *Falco* in: Wegen/Spahlinger/Barth (Hrsg.), Gesellschaftsrecht des Auslands, 2016, Italien, Rn. 217.

826 *Campobasso*, Diritto commerciale, Bd. 2, Diritto delle società, 2015, S. 487; *Falco* in: Wegen/Spahlinger/Barth (Hrsg.), Gesellschaftsrecht des Auslands, 2016, Italien, Rn. 217.

827 *Campobasso*, Diritto commerciale, Bd. 2, Diritto delle società, 2015, S. 482; *Hofmann*, Gesellschaftsrecht in Italien, 2006, S. 52; *Magrini*, Italienisches Gesellschaftsrecht, 2004, S. 144; *Oelkers*, Die italienische Aktiengesellschaft im institutionellen Wettbewerb, 2008, S. 119.

828 Aus der Rechtsprechung vgl. Trib. Torino 19.4.2017, www.giurisprudenzadelleimprese.it; Trib. Milano 29.6.2005, Banca, borsa, titoli di credito 2006, 627; Trib. Milano 28.5.2007, Giurisprudenza italiana 2008, 130, Cass. 29.1.2008, N. 2020, Le Società 2008, 974; aus dem Schrifttum siehe vor allem *Sfameni* in: Notari (Hrsg.), Azioni, 2008, S. 207; *Stabilini* Le Società 2011, 841, 848.

829 *Strampelli* in: Abbadessa/Portale (Hrsg.), Le società per azioni. Codice civile e leggi complementari, 2016, S. 2399, 2400 ff.

schlossen, solange es ausgegebene Aktien gibt, die noch nicht vollständig eingezahlt sind (Art. 2438 c.c.).[830] Grundsätzlich muss die Gesellschafterversammlung über Kapitalerhöhungen beschließen (das wird aus Art. 2436 c.c. über Satzungsänderungen entnommen und entspricht der Vorgabe der ehemaligen Kapital-RL (§ 21 Rn. 113 ff.), jetzt Teil der Kodifizierungs-RL) und zwar im Rahmen einer außerordentlichen Versammlung (s. dazu Rn. 196 ff.).[831] Nur im Fall des genehmigten Kapitals kann die Geschäftsführung über eine entsprechende Maßnahme entscheiden (vgl. zur europäischen Vorgabe § 21 Rn. 117). Die **Nichtigkeit** von Beschlüssen der Gesellschafterversammlung über Kapitalerhöhungen und Kapitalherabsetzungen kann nicht mehr geltend gemacht werden, sobald 180 Tage seit der Eintragung ins Handelsregister verstrichen sind (Art. 2379-*ter* I c.c.).[832] Bei offenen Gesellschaften kann die Nichtigkeit nicht mehr geltend gemacht werden, nachdem die Bestätigung im Handelsregister eingetragen worden ist, dass die Erhöhung auch bloß teilweise durchgeführt worden ist (Art. 2379-*ter* II c.c.).[833] Zur Nichtigkeit von Beschlüssen im Allgemeinen siehe Rn. 221 ff.

aa) Kapitalerhöhung aus Gesellschaftsmitteln

343 Eine Kapitalerhöhung aus Gesellschaftsmitteln kann aus den verfügbaren Rücklagen oder anderen Posten (wie zB vorgetragenen Gewinnen oder sonstigen Fonds aus speziellen Gesetzen), die verfügbar sind, durchgeführt werden (Art. 2442 I c.c.). Die gesetzliche Rücklage (Art. 2430 c.c., s. dazu Rn. 339) darf für die Kapitalerhöhung aus Gesellschaftsmitteln jedoch nicht angegriffen werden.[834] Die Erhöhung erfolgt durch Ausgabe **neuer Aktien oder Erhöhung des Nennbetrags der umlaufenden Aktien** (Art. 2442 III c.c.).[835]

bb) Kapitalerhöhung gegen Einlage

344 Wird eine Kapitalerhöhung gegen **Bareinlage** vorgenommen, so sind gem. Art. 2439 I c.c. bei Zeichnung 25% des Nennwerts sofort zu zahlen. Die Leistung der verbleibenden 75% kann zu einem späteren Zeitpunkt erfolgen. Insofern greifen die Vorschriften zur Aufbringung der Einlage bei der Gründung ein (siehe Rn. 326). Art. 2439 I c.c. erklärt explizit Art. 2342 IV c.c. für anwendbar, wonach die ausstehende Einlage innerhalb von 90 Tagen vollständig geleistet werden muss, wenn es zu einem Wechsel des Mehrheitsgesellschafters kommt.

345 Für Kapitalerhöhungen gegen **Sacheinlagen** enthält Art. 2440 c.c. spezielle Bestimmungen. Grundsätzlich gelten insofern die Vorschriften wie sie auch mit Blick auf die Aufbringung von Sacheinlagen im Rahmen der Gründung der Gesellschaft Anwendung finden (Art. 2440 I c.c., s. dazu oben unter Rn. 330 ff.).[836] Die Sacheinlage muss daher zB sofort vollständig geleistet werden. Eine Teilleistung zu einem späteren Zeitpunkt ist nicht gestattet. Außerdem sind die Vorgaben des Art. 2343 c.c. zum Sachverständigenbericht zu beachten. Sollte ein Gesellschafter eine Forderung gegenüber der Gesellschaft haben, kann er mit dieser Forderung gegen die Einlageforderung der Gesellschaft für die Zeichnung von neuen Aktien aufrechnen (*sottoscrizione a mezzo di compensazione*). Die Aufrechnung untersteht nach ständiger Rechtsprechung nicht den Regelungen für Sacheinlagen, sondern denen für Bareinlagen.[837]

346 Im Falle einer Kapitalerhöhung gegen Einlagen steht grundsätzlich **allen Gesellschaftern das Bezugsrecht** (*diritto di opzione*) zu. Ausnahmen bestehen für folgende Fälle (Art. 2441 c.c.) (zu den Vorgaben der ehemaligen Kapital-RL s. § 21 Rn. 123 ff.):

- Kein Bezugsrecht besteht im Fall von neu auszugebenden Aktien, für die gemäß dem Beschluss auf Kapitalerhöhung Sacheinlagen vereinbart wurden (Art. 2441 IV 1 c.c.). Der Überwachungsrat hat in diesem Fall eine Stellungnahme über die Angemessenheit des Ausgabepreises der Aktien zu verfassen (Art. 2441 VI 3 c.c.).
- Bei börsennotierten Gesellschaften ist zudem ein Bezugsrechtsausschluss für neue Aktienemissionen, die der Höhe nach auf 10% des vorherigen Stammkapitals begrenzt sind, möglich (Art. 2441 IV 2 c.c.).
- Ein Bezugsrechtsausschluss kann zudem dann vorgesehen werden, wenn die Gesellschafterversammlung mit einer Mehrheit von 50% des gesamten Kapitals (nicht des anwesenden Kapitals) so entscheidet (Art. 2441 V c.c.). Das bedeutet, dass der Mehrheitsgesellschafter den Minderheitsaktionären das Bezugsrecht entzie-

830 *Campobasso*, Diritto commerciale, Bd. 2, Diritto delle società, 2015, S. 502; *Falco* in: Wegen/Spahlinger/Barth (Hrsg.), Gesellschaftsrecht des Auslands, 2016, Italien, Rn. 161.

831 *Campobasso*, Diritto commerciale, Bd. 2, Diritto delle società, 2015, S. 502.

832 Die Vorschrift enthält eine Sondervorgabe für den Fall der unterbliebenen Einberufung.

833 *Genovese* in: Abbadessa/Portale (Hrsg.), Il nuovo diritto delle società. Liber amicorum Gian Franco Campobasso, Bd. 2, 2006, S. 230.

834 *Campobasso*, Diritto commerciale, Bd. 2, Diritto delle società, 2015, S. 514; *Kindler*, Italienisches Handels- und Wirtschaftsrecht, 2014, § 4 Rn. 221.

835 *Campobasso*, Diritto commerciale, Bd. 2, Diritto delle società, 2015, S. 514.

836 *Kindler*, Italienisches Handels- und Wirtschaftsrecht, 2014, § 4 Rn. 219.

837 Trib. Roma 6.2.2017, Giurisprudenza italiana 2017, 1139; Trib. Milano 20.3.2013, www.giurisprudenzadelleimprese.it; Cass. 19.3.2009, N. 6711. Dazu auch *Kindler*, Italienisches Handels- und Wirtschaftsrecht, 2014, § 4 Rn. 219.

hen kann. Die Satzung kann deshalb zum Schutz der Minderheitsaktionäre ein höheres Quorum vorsehen. Ein solcher Bezugsrechtsausschluss ist allerding nur dann statthaft, wenn er im Interesse der Gesellschaft liegt (Art. 2441 V c.c.). Es ist daher eine Begründung des Beschlusses erforderlich. Ein berechtigtes Interesse kann zB dann vorliegen, wenn ein neuer Gesellschafter in die s.p.a. aufgenommen werden soll.[838]

- Ein Bezugsrechtsausschluss kommt zudem für **Aktienemissionen** in Frage, die nur von **Arbeitnehmern** gezeichnet werden (Art. 2441 VIII c.c.).[839]

cc) Genehmigtes Kapital

Nach Art. 2443 I 1 c.c. kann den Verwaltern durch eine statuarische Bestimmung die Ermächtigung erteilt werden, einmal oder mehrmals eine Kapitalerhöhung vorzunehmen. In der Satzung ist diesbezüglich ein **Maximalbetrag** für die möglichen Kapitalerhöhungen anzugeben. Außerdem ist ein **Zeitraum** zu nennen, in denen entsprechende Kapitalerhöhungen von den Verwaltern vorgenommen werden können. Dieser Zeitraum darf allerdings in Übereinstimmung mit der Vorgabe des Art. 68 II 2 Kodifizierungs-RL (ex-Art. 29 II 2 Kapital-RL) fünf Jahre nicht überschreiten. Die Frist beginnt ab dem Tag der Eintragung der Gesellschaft bzw. der geänderten Satzung ins Handelsregister zu laufen (Art. 2443 I 1 c.c.). Die Ermächtigung der Verwalter kann auch die Entscheidung über einen möglichen Ausschluss des Bezugsrechts in den durch das Gesetz vorgesehenen Fällen erfassen (Art. 2443 I 2 c.c.). Dann muss die Satzung allerdings auch diesbezüglich Richtlinien für die Verwalter bereithalten (Art. 2433 I 3 c.c.).[840] Art. 2443 III c.c. statuiert die Formvorgaben für den Beschluss der Verwalter das Kapital zu erhöhen. Danach muss das Protokoll der Beschlussfassung von einem Notar verfasst und gemäß Art. 2436 c.c. beim zuständigen Handelsregister hinterlegt und eingetragen werden. 347

dd) Kapitalherabsetzung

In Bezug auf die **Kapitalherabsetzung** (*riduzioni del capitale*) lassen sich vier Situationen unterscheiden:[841] 348

(1) Eine **verlustbedingte Kapitalherabsetzung** (*riduzione del capitale per perdite*) ist verpflichtend vorgeschrieben, wenn sich das Gesellschaftskapital um mehr als ein Drittel vermindert (Art. 2446 I c.c.). Sinkt das Kapital verlustbedingt um weniger als ein Drittel, darf eine Kapitalherabsetzung durchgeführt werden, sie ist jedoch vom Gesetz nicht zwingend vorgeschrieben (*riduzione facoltativa*). Diese Vorschrift kann auch eine mehrfach hintereinander erfolgende Kapitalherabsetzung notwendig machen. Hat eine Gesellschaft Eigenkapital in Höhe von 500.000 EUR und kommt es zu einem Verlust in Höhe von 1.000.000 EUR, kann man eine Kapitalherabsetzung auf null unter gleichzeitiger Kapitalerhöhung im Wert von 1.000.000 EUR vereinbaren. Wird die Maßnahme so durchgeführt, entsteht sofort wieder ein Verlust von mehr als einem Drittel, da das Kapital nun 1.000.000 EUR beträgt und der verbliebene Verlust 500.000 EUR. In diesem Fall muss das Eigenkapital daraufhin noch einmal herabgesetzt werden.

(2) Eine andere Variante ist die Kapitalherabsetzung unter **gleichzeitiger Kapitalerhöhung** zur Erreichung des gesetzlichen Mindestkapitals, im Fall des Unterschreitens des Mindestkapitals. Sie ist in Art. 2447 c.c. geregelt. Partizipieren die Altgesellschafter nicht an der Kapitalerhöhung können sie durch dieses Verfahren unter Umständen aus der s.p.a. herausgedrängt werden.

(3) Auch eine Kapitalherabsetzung zur Freisetzung von Mitteln (*riduzione reale del capitale*) ist denkbar (Art. 2445 I c.c.). Das überschüssige Kapital kann dann zur **Befreiung** der Aktionäre **von ausstehenden Einlagen** oder **zur Rückerstattung bereits geleisteter Einlagen** genutzt werden. Die Herabsetzung erfolgt dann durch die Einziehung eigener Aktien unter Löschung derselben oder durch die Herabsetzung des Nennbetrags der Aktien sowie einer sich daran anschließenden Differenzauszahlung (Art. 2445 II iVm Art. 2357 c.c.).[842] Gegen einen Beschluss der Gesellschafterversammlung kann allerdings jeder Gesellschaftsgläubiger Widerspruch erheben (Art. 2445 III c.c.). Das Gericht gestattet die Kapitalherabsetzung dann nur, wenn es davon überzeugt ist, dass die Forderungen des Gläubigers nicht gefährdet sind oder die Gesellschaft diesen Gläubigern angemessene Sicherheiten stellt (Art. 2445 IV c.c.).[843]

(4) Zuletzt ist eine Kapitalherabsetzung auch durch **Streichung** und **Wiederherstellung** des Kapitals bei vollständigem Verlust des Gesellschaftskapitals (vgl. Art. 2446 I, 2447 c.c.) eine Option.

---

838 *Ginevra* in: Abbadessa/Portale (Hrsg.), Le società per azioni. Codice civile e leggi complementari, 2016, S. 2611, 2628 mwN.

839 Eine Gesamtdarstellung findet sich in *Speranzin* in: D'Alessandro (Hrsg.), Commentario romano al nuovo diritto delle società, Bd. 2.2, 2011, Art. 2441, S. 857 ff.

840 Vgl. zum genehmigten Kapital *Speranzin* in: Abbadessa/Portale (Hrsg.), Le società per azioni. Codice civile e leggi complementari, 2016, S. 2671, 2672 ff.; Trib. Padova 24.11.2005, Le Società 2007, 325.

841 Allgemein *Giudici* in: Hilpold/Perathoner/Steinmair (Hrsg.), Die Reform des italienischen Gesellschaftsrechts, 2006, S. 163 f.

842 *Scano* in: Abbadessa/Portale (Hrsg.), Le società per azioni. Codice civile e leggi complementari, 2016, S. 2694, 2695 ff.; *Campobasso*, Diritto commerciale, Bd. 2, Diritto delle società, 2015, S. 514 ff.

843 Trib. Milano 9.6.2017, www.giurisprudenzadelleimprese.it; Trib. Milano 23.10.2015, www.giurisprudenzadelleimprese.it.

7. Zweckvermögen (patrimonio destinato) und zweckgebundene Finanzierung (finanziamento destinato)

349 Mit der Gesellschaftsrechtsreform in Italien, die 2004 in Kraft trat, wurde eine **Separierung des Gesellschaftsvermögens** möglich,[844] womit den Wünschen der Unternehmer nach mehr Risiko- und Haftungsbegrenzung nachgekommen werden sollte. Zudem sollte der Zugang zu neuen Finanzierungsquellen erleichtert werden.[845] Der *Codice Civile* gewährt den Aktienunternehmen daher zwei verschiedene Möglichkeiten die Separierung von Gesellschaftsvermögen durchzuführen:

- **Zweckvermögen** (*patrimoni destinati*) (Art. 2447-*bis* I a) c.c.)
- **zweckgebundene Finanzierung** (*finanziamenti destinati*) (Art. 2447-*bis* I b) c.c.)[846]

350 Die beiden rechtlichen Konstruktionen sind in Deutschland unbekannt.[847] Deshalb werden zunächst die Umstände, die zur Einführung dieser Rechtsinstrumente geführt haben, erläutert, bevor die rechtlichen Gestaltungsmöglichkeiten beleuchtet werden.

a) Hintergrund

351 Bestimmte unternehmerische Entscheidungen, wie zB die Erweiterung der Produktpalette, der Eintritt in neue Märkte und investitionsintensive Geschäfte, bergen häufig ein erhöhtes Geschäftsrisiko. Um das Kerngeschäft des Unternehmens vor diesen Risiken abzuschirmen, werden solche Aktivitäten oft über eigens dafür gegründete Tochtergesellschaften durchgeführt. Durch die Gründung einer Tochtergesellschaft kann vor allem eine Haftungsbeschränkung erreicht werden. Tochtergesellschaften sind in der Praxis das bevorzugte Mittel für eine Haftungsreduzierung, da es auch nach der Reform von 2003 weiterhin möglich ist, eine s.r.l. als Alleingesellschafter zu gründen. Der italienische Gesetzgeber möchte aber eine Alternative zur Gründung von Tochtergesellschaften anbieten, da der Gründungsprozess als kostspielig und zu zeitintensiv empfunden wurde (allerdings hat der Gesetzgeber auch insofern verschiedene Verbesserungsmaßnahmen durchgeführt). Um die Unternehmen in dieser Hinsicht zu entlasten, hat der italienische Gesetzgeber die Möglichkeit der **Separierung von Gesellschaftsvermögen** eingeführt.[848] Den Unternehmen ist es nun möglich einen Teil des Gesellschaftsvermögens abzusondern und dadurch dieselben Risiko- und Haftungsbeschränkungen zu erreichen, wie durch die Gründung einer Tochtergesellschaft.[849]

352 Bei investitionsorientierten Geschäften bestand zudem das Problem, dass das investierte Fremdkapital oftmals nicht nur mit Sicherheiten aus dem eigentlichen Geschäft abgewickelt werden konnte, sondern die Gesellschaft allgemeine Sicherheiten zur Verfügung stellen musste.[850] Hier wollte der italienische Gesetzgeber durch die **zweckgebundene Finanzierung** Abhilfe schaffen. Insgesamt haben bis heute beide Rechtsinstitute allerdings wenig Erfolg. Der Grund liegt wohl darin, dass deren Regelungen vor allem in Vergleich zu der Gründung einer Tochtergesellschaft zu kompliziert sind[851] und damit gerade nicht zur ursprünglich erhofften Kosten- und Zeitersparnis führen.

b) Zweckvermögen und zweckgebundene Finanzierung vs. Spartenaktien

353 Die Bildung eines Zweckvermögens und die zweckgebundene Finanzierung sind aus wirtschaftlicher Sicht teilweise mit den oben beschriebenen **Spartenaktien** (*azioni correlate* – Art. 2350 II c.c.) (Rn. 318) vergleichbar.[852]

844 *De Ritis* in: Abbadessa/Portale (Hrsg.), Il nuovo diritto delle società. Liber amicorum Gian Franco Campobasso, Bd. 1, 2006, S. 837 ff.; *Kindler/Bader* in: Hilpold/Perathoner/Steinmair (Hrsg.), Die Reform des italienischen Gesellschaftsrechts, 2006, S. 167; *Rossmanith/Wurzer* Der schweizer Treuhänder 2007, 263, 269; *Hartl* NZG 2003, 667, 668; *Kindler* ZEuP 2012, 72, 80 f.; *Süß* in: MüHdB GesR, Bd. 6, 2013, § 47 Rn. 306; *Hilpold/Brunner* in: Hilpold/Perathoner/Steinmair (Hrsg.), Die Reform des italienischen Gesellschaftsrechts, 2006, S. 17 f.

845 *Campobasso*, Diritto commerciale, Bd. 2, Diritto delle società, 2015, S. 173.

846 *Campobasso*, Diritto commerciale, Bd. 2, Diritto delle società, 2015, S. 173; *Niutta* in: D'Alessandro (Hrsg.), Commentario romano al nuovo diritto delle società, Bd. 2.2, 2011, Art. 2447-*bis*, S. 919 ff.

847 *Rossmanith/Wurzer* Der schweizer Treuhänder 2007, 263, 269.

848 Zurückhaltender *Potito* Le Società 2006, 545, 545 ff.; *Hartl* NZG 2003, 667, 667 f.; *Kindler/Bader* RIW 2004, 29, 30.

849 *Santagata*, Patrimoni destinati e rapporti intergestori, 2008, S. 14 ff.; *Colombo* Banca, borsa, titoli di credito 2004, 31 ff.; *Magrini*, Italienisches Gesellschaftsrecht, 2004, S. 71; *Hilpold/Brunner* in: Hilpold/Perathoner/Steinmair (Hrsg.), Die Reform des italienischen Gesellschaftsrechts, 2006, S. 17 f.; *Bader* in: Pfeiffer (Hrsg.), Jhb. für italienisches Recht, Bd. 19, 2006, S. 37, 53; *Oelkers*, Die italienische Aktiengesellschaft im institutionellen Wettbewerb, 2008, S. 163.

850 *Kindler/Bader* in: Hilpold/Perathoner/Steinmair (Hrsg.), Die Reform des italienischen Gesellschaftsrechts, 2006, S. 168.

851 *Campobasso*, Diritto commerciale, Bd. 2, Diritto delle società, 2015, S. 173.

852 *Mondini*, Le azioni correlate, 2. Aufl. 2009, S. 98; *Kindler/Bader* RIW 2004, 29, 31; vgl. ferner *Oelkers*, Die italienische Aktiengesellschaft im institutionellen Wettbewerb, 2008, S. 168 ff.

Denn durch diese drei Instrumente ist es möglich, sich an einem besonderen Geschäftsbereich der Gesellschaft zu beteiligen.[853] Der Unterschied besteht jedoch aus Sicht von Dritten darin, dass nur die Spartenaktien eine Gesellschafterstellung begründen,[854] wohingegen Beteiligungen an einem Zweckvermögen oder die zweckgebundene Finanzierung **Ansprüche** auf die Erträge des Sondervermögens **gewähren**, die unabhängig von den restlichen Geschäftsbereichen der Gesellschaft sind. Dividenden aus Spartenaktien können allerdings nur ausgegeben werden, wenn ein Gewinn in der gesamten Gesellschaft entstanden ist (vgl. Art. 2350 III c.c.). Beim Zweckvermögen und der zweckgebundenen Finanzierung stehen die Erträge dagegen unabhängig von der Ertragssituation des gesamten Unternehmens zur Verfügung. Die Beteiligung an einem Zweckvermögen oder einer zweckgebundenen Finanzierung gewährt somit eine **bevorzugte Stellung.**[855] Aus Sicht des Unternehmens besteht der große Unterschied darin, dass durch Spartenaktien keine Haftungsabschirmung des Hauptgeschäfts erreicht wird.

c) Zweckvermögen

In Bezug auf Zweckvermögen wird mit einem ins Handelsregister eingetragenen Beschluss des Verwaltungsrates (nicht der Gesellschafterversammlung) ein **separates Vermögen** gebildet, das ausschließlich für das **Sondergeschäft** (*specifico affare*) genutzt werden darf (Art. 2447-*bis* I lit. a) c.c. iVm Art. 2447-*ter* c.c.). Anders ausgedrückt bedeutet die Bildung eines Zweckvermögens, dass dieser Teil des Vermögens der allgemeinen Geschäftstätigkeit des Unternehmens nicht mehr zur Verfügung steht. 354

aa) Bildung des Zweckvermögens

Der **Beschluss des Verwaltungsrats** zur Bildung des Zweckvermögens ist mit absoluter Mehrheit zu fassen (Art. 2447-*ter* II c.c.). Die Satzung kann jedoch eine höhere Mehrheit oder etwas Anderes bestimmen, wie zB die Verantwortung für die Entscheidung der Gesellschafterversammlung zuzusprechen. Nach hM muss der Beschluss auch notariell beurkundet werden[856] und ist dann innerhalb von 30 Tagen vom Notar beim Handelsregister anzumelden (Art. 2447-quart I iVm Art. 2436 c.c.).[857] Art. 2447-*ter* I c.c. listet die **Angaben** auf, die im Beschluss des Verwaltungsrats enthalten sein müssen.[858] Danach ist es insbesondere erforderlich, dass der Beschluss das – mit dem Zweckvermögen – verfolgte Geschäft beschreibt (lit. a)). Außerdem muss dort angegeben werden, welche Vermögensgegenstände und Verbindlichkeiten dem Zweckvermögen zugeteilt werden (Art. 2447-*ter* I lit. b) c.c.) und ggf. wie die Beteiligung Dritter aussieht (Art. 2447-*ter* I lit. d) c.c.). Darüber hinaus hat der Verwaltungsrat einen Businessplan für das Zweckvermögen zu erstellen, der **Rechenschaft** darüber **ablegen** soll, dass die zugewiesenen Vermögengegenstände geeignet sind, die Erreichung des verfolgten Geschäfts zu ermöglichen[859] (Art. 2247-*ter* I lit. c) cc.). Die Gläubiger der Gesellschaft, deren Ansprüche schon vor der Eintragung bestanden haben, können innerhalb von 60 Tagen ab dem Zeitpunkt der Eintragung des Beschlusses **Widerspruch** einlegen.[860] Der Widerspruch verhindert zwar nicht die Entstehung des Zweckvermögens, aber das zuständige Gericht kann verfügen, dass den Gläubigern Sicherheitsleistungen zu stellen sind (Art. 2447-*quater* II c.c.).[861] 355

Liegt ein **Verstoß** gegen die **inhaltlichen Anforderungen** des Beschlusses (Art. 2447-*ter* c.c.) vor, wird eine differenziertere Ansicht bezüglich der Rechtsfolgen vertreten.[862] Das Gesetz selbst enthält keine Regelungen über die Rechtsfolgen bei einer fehlerhaften Gründung. Daher wird zwischen Anforderungen unterschieden, die für die 356

853 *Kindler/Bader* RIW 2004, 29, 31.
854 *Mondini*, Le azioni correlate, 2. Aufl. 2009, S. 98 ff.; *Kindler/Bader* RIW 2004, 29, 31.
855 *Kindler/Bader* RIW 2004, 29, 31.
856 *Campobasso*, Diritto commerciale, Bd. 2, Diritto delle società, 2015, S. 175; *Kindler/Bader* in: Hilpold/Perathoner/Steinmair (Hrsg.), Die Reform des italienischen Gesellschaftsrechts, 2006, S. 176; *Hilpold/Brunner* ZVglRWiss 105 (2006) 519, 531.
857 *Campobasso*, Diritto commerciale, Bd. 2, Diritto delle società, 2015, S. 175; *Kindler/Bader* in: Hilpold/Perathoner/Steinmair (Hrsg.), Die Reform des italienischen Gesellschaftsrechts, 2006, S. 179.
858 Dazu ausführlich *Kindler/Bader* in: Hilpold/Perathoner/Steinmair (Hrsg.), Die Reform des italienischen Gesellschaftsrechts, 2006, S. 177 ff.
859 *Campobasso*, Diritto commerciale, Bd. 2, Diritto delle società, 2015, S. 174; *Kindler/Bader* in: Hilpold/Perathoner/Steinmair (Hrsg.), Die Reform des italienischen Gesellschaftsrechts, 2006, S. 177 ff., die die einzelnen Anforderungen erläutern.
860 *Ibba* Giurisprudenza commerciale 2007, 725, 725 ff.; *Gabrielli* Rivista di diritto civile 2007, 321, 321 ff.; *Hartl* NZG 2003, 667, 668; *Giudici* in: Hilpold/Perathoner/Steinmair (Hrsg.), Die Reform des italienischen Gesellschaftsrechts, 2006, S. 159; *Kindler/Bader* RIW 2004, 29, 34; vgl. *Steinhauer* RIW 2004, 772, 777; *Oelkers*, Die italienische Aktiengesellschaft im institutionellen Wettbewerb, 2008, S. 162 sowie Fn. 628; *Hilpold/Brunner* ZVglRWiss 105 (2006) 519, 531.
861 *Campobasso*, Diritto commerciale, Bd. 2, Diritto delle società, 2015, S. 175.
862 *Kindler/Bader* in: Hilpold/Perathoner/Steinmair (Hrsg.), Die Reform des italienischen Gesellschaftsrecht 2006, S. 180; *dies.* RIW 2004, 29, 33 f.

Entstehung des Zweckvermögens erforderlich sind und solchen, bei denen es sich um die Angaben organisatorischer Art bzw. Angaben über beteiligte Dritte handelt.[863] Wird gegen Art. 2447-*ter* lit. a), b), c), f.) und g) c.c. verstoßen, so soll dies zur **Nichtigkeit** des Beschlusses führen und die Entstehung des Zweckvermögens verhindern. Wird hingegen Art. 2447-*ter* lit. d) oder e) c.c., der die Beteiligung von Dritten an dem Zweckvermögen beinhaltet, verletzt, so wird vertreten, dass dies nicht zur Nichtigkeit führt und das Zweckvermögen dennoch entsteht.[864] Andere Stimmen in der Literatur befürworten, dass auf die Rechtsfolgen eines fehlerhaften Beschlusses zur Gründung eines Zweckvermögens die Vorschriften über die Beschlüse der Gesellschafterversammlung Anwendung finden.[865]

357 Das von der Gesellschaft gebildete Zweckvermögen darf – vorbehaltlich eventuell eingreifender speziellerer Gesetze – **10% des Eigenkapitals** der Gesellschaft **nicht übersteigen** (Art. 2447-*bis* II c.c.), wobei die Bewertung dieses Prozentsatzes allerdings erst bei der Gründung vorliegen muss.[866] Ein Verstoß gegen die 10%-Grenze führt zur Nichtigkeit der Aufteilung und hat zur Folge, dass die Vermögensmasse nicht getrennt wird.[867]

bb) Haftung

358 Aus der Bildung des Zweckvermögens folgt, dass für die **Verbindlichkeiten des Sondergeschäfts** auch nur das dafür **gebildete Vermögen haftet.**[868] Auf das restliche Vermögen der Gesellschaft haben die Gläubiger des Sondergeschäfts grundsätzlich keinen Zugriff (Art. 2447-*quinquies* III 1 c.c.). Eine Ausnahme gilt für Gläubiger, deren Anspruch aus einer unerlaubten Handlung resultiert (Art. 2447-*quinquies* III 1 c.c.).[869] Zudem gestattet Art. 2447-*quinquies* III 1 c.c. auch anderslautende Bestimmungen im Beschluss über die Bildung des Zweckvermögens, so dass dort vorgesehen werden kann, dass für die Verbindlichkeiten des Sondergeschäfts nicht nur das Zweckvermögen, sondern auch das restliche Gesellschaftsvermögen haftet.[870] Die Gläubiger können zudem dann auch auf das gesamte Vermögen der Gesellschaft zugreifen, wenn bei Abschluss des Geschäfts nicht klar ist, dass es dem Zweckvermögen zugeordnet ist (Art. 2447-*quinquies* IV c.c.). Um für klare Verhältnisse zu sorgen reicht nach Art. 2447-*quinquies* c.c. ein ausdrücklicher Hinweis auf die Zweckbindung. Umgekehrt haben die allgemeinen Gläubiger der Gesellschaft keinen Anspruch auf Befriedigung ihrer Forderungen aus dem Zweckvermögen oder den daraus resultierenden Früchten (Art. 2447-*quinquies* I c.c.). Ihnen haftet allein das **verbleibende Vermögen** der Gesellschaft.

cc) Funktionsfähigkeit des Zweckvermögens

359 Das Zweckvermögen wird in der Regel vom **Geschäftsführungsorgan** der Gesellschaft verwaltet. Die Satzung kann aber etwas Anderes vorsehen und die Verantwortung beispielsweise an ein Verwaltungsratsmitglied oder einen Generaldirektor übertragen.[871] In der Praxis werden häufig Geschäfte zwischen dem Zweckvermögen und der Gesellschaft (*rapporti intergestori*) vorkommen. Nach hM in der Literatur findet dafür das Konzern-

863 *Kindler/Bader* in: Hilpold/Perathoner/Steinmair (Hrsg.), Die Reform des italienischen Gesellschaftsrechts, 2006, S. 180.

864 *Kindler/Bader* in: Hilpold/Perathoner/Steinmair (Hrsg.), Die Reform des italienischen Gesellschaftsrechts, 2006, S. 181.

865 *Kindler/Bader* in: Hilpold/Perathoner/Steinmair (Hrsg.), Die Reform des italienischen Gesellschaftsrechts, 2006, S. 181.

866 Vgl. *Lamandini* Rivista delle società 2003, 490, 503; *Campobasso*, Diritto commerciale, Bd. 2, Diritto delle società, 2015, S. 174; *Hartl* NZG 2003, 667, 668; *Kindler/Bader* in: Hilpold/Perathoner/Steinmair (Hrsg.), Die Reform des italienischen Gesellschaftsrechts, 2006, S. 175; *Falco* in: Wegen/Spahlinger/Barth (Hrsg.), Gesellschaftsrecht des Auslands, 2016, Italien, Rn. 155; *Oelkers*, Die italienische Aktiengesellschaft im institutionellen Wettbewerb, 2008, S. 160 f.

867 *Kindler/Bader* in: Hilpold/Perathoner/Steinmair (Hrsg.), Die Reform des italienischen Gesellschaftsrechts, 2006, S. 175.

868 *Campobasso*, Diritto commerciale, Bd. 2, Diritto delle società, 2015, S. 181; *Kindler/Bader* in: Hilpold/Perathoner/Steinmair (Hrsg.), Die Reform des italienischen Gesellschaftsrechts, 2006, S. 168; *Hartl* NZG 2003, 667, 668; *Hilpold/Brunner* in: Hilpold/Perathoner/Steinmair (Hrsg.), Die Reform des italienischen Gesellschaftsrechts, 2006, S. 18; *Falco* in: Wegen/Spahlinger/Barth (Hrsg.), Gesellschaftsrecht des Auslands, 2016, Italien, Rn. 155; vgl. auch *Miola* in: Lutter (Hrsg.), Das Kapital der Aktiengesellschaft in Europa 2006, S. 630; *Bader* in: Pfeiffer (Hrsg.), Jhb. für italienisches Recht, Bd. 19, 2006, S. 37, 53; *Oelkers*, Die italienische Aktiengesellschaft im institutionellen Wettbewerb, 2008, S. 161.

869 *Baccetti*, Creditori extracontrattuali, patrimoni destinati e gruppi di società, 2009, S. 28; *Giudici* in: Hilpold/Perathoner/Steinmair (Hrsg.), Die Reform des italienischen Gesellschaftsrechts, 2006, S. 159.

870 *Santagata* in: Abbadessa/Portale (Hrsg.), Le società per azioni. Codice civile e leggi complementari, 2016, S. 2768, 2772.

871 *Santagata* in: Abbadessa/Portale (Hrsg.), Le società per azioni. Codice civile e leggi complementari, 2016, S. 2749, 2758.

recht entsprechende Anwendung.[872] Für das Zweckvermögen ist eine divisionale Rechnungslegung vorgesehen.[873] Dass der Gesellschaft zufließende Kapital beim Zweckvermögen kann sowohl die Form von Eigenkapital als auch die von Fremdkapital annehmen.[874]

dd) Beendigung des Zweckvermögens

Die **Beendigung des Zweckvermögens** erfolgt mit dem Erreichen des verfolgten Geschäfts oder der Unmöglichkeit, das Geschäft abzuschließen (Art. 2447-*novies* I c.c.).[875] Im Falle der Insolvenz der Gesellschaft entscheidet der Insolvenzverwalter, ob das Zweckvermögen abgetreten werden soll oder liquidiert wird (Art. 155 legge fallimentare (ital. Insolvenzordnung)). Weitere **Beendigungsgründe** kann der Gründungsbeschluss nach Art. 2447-*ter* c.c. vorsehen (Art. 2447-*novies* IV c.c.). 360

Die Beendigung hat zur Folge, dass die Trennung zwischen Zweckvermögen und dem übrigen Gesellschaftsvermögen aufgehoben wird.[876] Die Gläubiger des Zweckvermögens können – sofern ihre Forderungen nicht bereits befriedigt wurden – zu ihrem Schutz vor den Folgen der Aufhebung des Zweckvermögens, innerhalb von 90 Tagen nach der Hinterlegung des Abschlussberichts die Abwicklung des Zweckvermögens fordern und somit Befriedigung verlangen (Art. 2447-*novies* II c.c.).[877] Wird das Zweckvermögen aufgrund der **Insolvenz** der Gesellschaft aufgelöst, bleiben die Vermögensmassen auch unter diesen Umständen zunächst getrennt (Art. 155 legge fallimentare).[878] Das bedeutet, dass die Gläubiger des Zweckvermögens zunächst aus diesem befriedigt werden. Nur das Vermögen, welches dann ggf. noch verbleibt, kommt dann noch den Gesellschaftsgläubigern zu Gute.[879] Sollte das Zweckvermögen **zahlungsunfähig** werden, kann es zwar nicht für insolvent erklärt, aber liquidiert werden (Art. 156 I legge fallimentare, der 2006 eingeführt wurde).[880] 361

ee) Zweckvermögen in der Praxis

Anzumerken bleibt allerdings, dass das Instrument des Zweckvermögens in der Praxis bisher nicht auf sehr viel Zuspruch gestoßen ist. Das mag unter anderem auch an einem mangelnden Bedürfnis liegen. Viele Unternehmer scheinen im Zweckvermögen im Vergleich zur Tochtergesellschaft keine großen Vorteile zu sehen. Die Zweckvermögen, die bisher gegründet wurden, wurden wohl vor allem aus **steuerrechtlichen Gründen** gebildet. 362

d) Zweckgebundene Finanzierung (finanziamenti destinati)

Das zweite Instrument stellt die **zweckgebundene Finanzierung** dar,[881] das in der Praxis häufiger genutzt wird als das Zweckvermögen. Schließt die Gesellschaft mit einem Dritten einen Vertrag zur Finanzierung eines bestimmten Geschäfts, so können die Parteien vereinbaren, dass die aus dem Geschäft gezogenen **Erträge** (oder ein Teil davon) zur vollständigen oder teilweisen **Rückzahlung** der Finanzierung genutzt werden (Art. 2447-*bis* I 363

---

872 *Santagata*, Patrimoni destinati e rapporti intergestori. I conflitti in società multidivisionali, 2008, S. 98 ff.; *Lamandini* Rivista di diritto societario 2007, 46 ff.

873 Dazu *Strampelli* Rivista delle società 2011, 585 ff.; *Kindler/Bader* in: Hilpold/Perathoner/Steinmair (Hrsg.), Die Reform des italienischen Gesellschaftsrechts, 2006, S. 187 f.

874 *Niutta* Rivista del diritto commerciale 2006, 235 ff.

875 *Campobasso*, Diritto commerciale, Bd. 2, Diritto delle società, 2015, S. 177.

876 *Kindler/Bader* in: Hilpold/Perathoner/Steinmair (Hrsg.), Die Reform des italienischen Gesellschaftsrechts, 2006, S. 188; *Bader* in: Pfeiffer (Hrsg.), Jhb. für italienisches Recht, Bd. 19, 2006, S. 37, 53.

877 *Campobasso*, Diritto commerciale, Bd. 2, Diritto delle società, 2015, S. 177; *Kindler/Bader* in: Hilpold/Prathoner/Steinmair, Die Reform des italienischen Gesellschaftsrechts, 2006, S. 188 f.; *Oelkers*, Die italienische Aktiengesellschaft im institutionellen Wettbewerb, 2008, S. 190.

878 *Kindler/Bader* in: Hilpold/Prathoner/Steinmair, Die Reform des italienischen Gesellschaftsrechts, 2006, S. 190 f.

879 *Kindler/Bader* in: Hilpold/Prathoner/Steinmair, Die Reform des italienischen Gesellschaftsrechts, 2006, S. 191; *Oelkers*, Die italienische Aktiengesellschaft im institutionellen Wettbewerb, 2008, S. 191.

880 *Santagata* in: Abbadessa/Portale (Hrsg.), Le società per azioni. Codice civile e leggi complementari, 2016, S. 2798, 2806; *Santagata* in: Cian (Hrsg.), Diritto commerciale. Bd. 3, Diritto delle società, 2017, S. 803; *Campobasso*, Diritto commerciale, Bd. 2, Diritto delle società, 2015, S. 177 (Fn. 72).

881 *Niutta* in: D'Alessandro (Hrsg.), Commentario romano al nuovo diritto delle società, Bd. 2.2, 2011, Art. 2447-decies, S. 1061 ff.; *Di Marcello*, Flussi di risorse e finanziamento dell'impresa, 2010, S. 453; *Falco* in: Wegen/Spahlinger/Barth (Hrsg.), Gesellschaftsrecht des Auslands, 2016, Italien, Rn. 156.

lit. b) c.c.).[882] In diesem Fall stellen die aus dem Geschäft gezogenen **Früchte** das **Sondervermögen** dar (vgl. Art. 2447-*decies* III c.c.).[883]

364 Der **Vertrag** über die zweckgebundene Finanzierung kommt nach den allgemeinen Vertragsgrundsätzen zu Stande.[884] Besondere Formvorschriften gelten in diesem Zusammenhang nicht. Im Gegensatz zur Bildung des Zweckvermögens, gibt es für die zweckgebundene Finanzierung auch keine Obergrenze gemessen am Eigenkapital (s. dazu Rn. 357 in Bezug auf das Zweckvermögen).[885] Den **Mindestinhalt** für den Vertrag über die zweckgebundene Finanzierung gibt Art. 2447-*decies* II lit. a) bis h) c.c. vor. Danach ist zunächst eine Beschreibung des Projekts notwendig (Art. 2447-*decies* II lit. a) c.c.) sowie ein entsprechender Finanzplan (Art. 2447-*decies* II lit. a) c.c.). Im Vertrag sind sodann die notwendigen Investitionsgüter zu nennen (Art. 2447-*decies* II lit. c) c.c.) sowie etwaige Sicherheiten, zur Absicherung der Forderungen (Art. 2447-*decies* II lit. d) c.c.). Entscheidend ist dann die Bestimmung der Erträge, die zur Rückzahlung der Finanzierung bestimmt werden (Art. 2447-*decies* II lit. f) c.c.). Denn die Gesellschaft haftet mit den Erträgen aus dem zweckgebundenen Finanzierungsgeschäft (oder zumindest einem Teil davon) **nicht für die restlichen Verbindlichkeiten der anderen Gläubiger**, dh diese haben keinen Zugriff auf die Früchte aus dem zweckverbundenen Finanzierungsgeschäft (vgl. Art. 2447-*decies* III c.c.). Das führt im Ergebnis zu einer **Privilegierung von Sondergläubigern** und wirkt sich nachteilig auf die verbleibenden Gläubiger aus. Zudem enthält das Gesetz keine gläubigerschützenden Bestimmungen, wie dies beim Zweckvermögen der Fall ist.

365 Im Vertrag über die zweckgebundene Finanzierung wird nicht nur festgelegt, ob die gesamten Erträge oder nur ein Teil für die Tilgung der Verbindlichkeiten bestimmt ist (Art. 2447-*decies* II lit. f) c.c.), sondern auch der **Zeitraum**, in welchem die Erträge für diesen Zweck zur Verfügung stehen (Art. 2447-*decies* II lit. h) c.c.). Selbst die Art und Weise wie die Erträge bestimmt werden unterliegt den Abreden der Parteien (Art. 2447-*decies* II lit. f) c.c.). Nach Ablauf der gesetzten Frist schuldet die s.p.a. dem Gläubiger nichts mehr (Art. 2447-*decies* II lit. h) c.c.), auch dann nicht, wenn die Erträge nicht zur vollständigen Tilgung der Verbindlichkeit ausgereicht haben. Für die Schulden aus dem zweckgebundenen Finanzierungsgeschäft haftet die Gesellschaft daher **allein** mit den daraus erzielten **Erträgen**. In der Praxis könnten vor allem Banken diese Finanzierungsmöglichkeit nutzen wollen. Sie werden insofern allerdings darauf bedacht sein, sich nicht dem Risiko einer unvollständigen Rückzahlung aussetzen. Sie werden sich daher in der Regel **zusätzliche Garantien** von der s.p.a. stellen lassen, für den Fall der Nichtdeckung der Finanzierung aus den Erträgen.[886]

366 Damit die genannten Haftungsbeschränkungen greifen, muss eine Kopie des **Finanzierungsvertrages** beim **Handelsregister** eingereicht werden (Art. 2447-*decies* III lit. a) c.c.). Zudem muss die **Rechnungslegung** die exakte Trennung der Kapitalflüsse gewährleisten (Art. 2447-*decies* III lit. b) c.c.).[887]

8. Mitgliederwechsel

a) Grundsätze

367 Der Wechsel der Aktionäre der s.p.a. kann von der Art der s.p.a. abhängen. Handelt es sich bei der s.p.a. um eine nicht-börsennotierte Gesellschaft, so ist – wie oben erwähnt (Rn. 308 f.) – die Ausgabe von Aktien **nicht zwingend** (Art. 5 Kgl. Dekret Nr. 239 vom 29.3.1942).[888] In diesen Fällen kann die Gesellschafterstellung über

882 *Campobasso*, Diritto commerciale, Bd. 2, Diritto delle società, 2015, S. 178; *Hilpold/Brunner* in: Hilpold/Perathoner/Steinmair (Hrsg.), Die Reform des italienischen Gesellschaftsrechts, 2006, S. 18; *Giudici* in: Hilpold/Perathoner/Steinmair (Hrsg.), Die Reform des italienischen Gesellschaftsrechts, 2006, S. 161; *Falco* in: Wegen/Spahlinger/Barth (Hrsg.), Gesellschaftsrecht des Auslands, 2016, Italien, Rn. 156; *Steinhauer* RIW 2004, 772, 777.

883 *Rossmanith/Wurzer* Der schweizer Treuhänder 2007, 263, 270; *Kindler/Bader* in: Hilpold/Perathoner/Steinmair (Hrsg.), Die Reform des italienischen Gesellschaftsrechts, 2006, S. 195; *Falco* in: Wegen/Spahlinger/Barth (Hrsg.), Gesellschaftsrecht des Auslands, 2016, Italien, Rn. 156.

884 *Kindler/Bader* in: Hilpold/Perathoner/Steinmair (Hrsg.), Die Reform des italienischen Gesellschaftsrechts, 2006, S. 196.

885 *Kindler/Bader* in: Hilpold/Perathoner/Steinmair (Hrsg.), Die Reform des italienischen Gesellschaftsrechts, 2006, S. 196.

886 *Santagata* in: Abbadessa/Portale (Hrsg.), Le società per azioni. Codice civile e leggi complementari, 2016, S. 2808, 2819.

887 *Santagata* in: Abbadessa/Portale (Hrsg.), Le società per azioni. Codice civile e leggi complementari, 2016, S. 2808, 2812; *Ceccherini* in: Cagnasso/Panzani (Hrsg.), Le nuove s.p.a., Bd. 2, 2010, S. 1657; *Kindler/Bader* in: Hilpold/Perathoner/Steinmair (Hrsg.), Die Reform des italienischen Gesellschaftsrechts, 2006, S. 196; *Falco* in: Wegen/Spahlinger/Barth (Hrsg.), Gesellschaftsrecht des Auslands, 2016, Italien, Rn. 156.

888 *Stagno d'Alcontres/De Luca*, Le società, Bd. 2, Le società di capitali, 2017, S. 422; *Campobasso*, Diritto commerciale, Bd. 2, Diritto delle società, 2015, S. 218; *Kindler*, Italienisches Handels- und Wirtschaftsrecht, 2014, § 4 Rn. 135.

das Gesellschaftsbuch ausgewiesen werden (Art. 2421 I Nr. 1 c.c.) und die Mitgliedschaftsübertragung unterliegt den Regeln der Vertragsabtretung.[889]

Gibt die nicht-börsennotierte Gesellschaft dagegen Aktien aus, so unterliegen sie als Wertpapiere (*titoli di credito*) deren Vorschriften.[890] Die Übertragung der Aktien richtet sich dann nach der **Art der Aktien**. Die Übertragung von Inhaberaktien erfolgt schlicht durch Übertragung des Papiers an den Erwerber.[891] **Namensaktien** hingegen bedürfen eines beglaubigten Indossaments (*girata*) durch einen Notar oder Börsenmakler.[892] Zudem bedarf die Übertragung von Namensaktien einer doppelten Eintragung. Der Mitgliederwechsel muss daher sowohl auf der Aktie selbst als auch im **Gesellschaftsbuch** erfolgen.[893] Es bedarf somit der Mitwirkung der Gesellschaft.[894] Die Eintragung im Gesellschaftsbuch ist aber keine Voraussetzung mehr für die Ausübung der mit der Aktie verbundenen Rechte (Art. 2355 III c.c.).[895] Die Übertragbarkeit der Aktien kann zudem eingeschränkt werden (dazu näher unter Rn. 319, 375 ff.). 368

Für **börsennotierte s.p.a.** finden sich in den Artt. 80 bis 89 T.U.F. gesonderte Regelungen. Bei solchen Gesellschaften werden die Aktien nicht in Papierform, sondern nur in dematerialisierter Form ausgegeben (sog *azioni dematerializzate*).[896] Die Übertragung erfolgt daher durch eine Bucheintragung auf einem Konto (*registrazione in conto*), welches von einem Intermediär verwaltet wird.[897] 369

Wird die Aktie mit einem **Pfandrecht** oder einem **Nießbrauch** belastet, so ist dies mit einem Vermerk auf der Aktie sowie im Gesellschafterbuch zu kennzeichnen.[898] Geschieht dies nicht, so kann die Belastung der Gesellschaft und Dritten **nicht** entgegengehalten werden (Art. 2024 c.c.).[899] Das Stimmrecht aus der Aktie steht, sofern nicht gegenteilige Vereinbarungen bestehen, dem Pfandgläubiger zu (Art. 2352 I c.c.).[900] Beinhaltet die Aktie ein **Bezugsrecht**, verbleibt dessen Ausübungsrecht beim Gesellschafter (Art. 2352 II c.c.).[901] 370

b) Austrittsrecht (recesso)

Im Rahmen der Reform von 2003 wurde auch das Austrittsrecht überarbeitet. Dies war notwendig, da zur Förderung rascherer unternehmerischer Entscheidungen vorher bestehende materielle Rechtsbehelfe der Aktionäre reduziert wurden. Als Ausgleich dazu wurde ua das Austrittsrecht erweitert (sowie die Haftung des Leitungsorgans).[902] Trotzdem gilt weiterhin das Prinzip, dass den Gesellschaftern regelmäßig kein Austrittsrecht aus der Gesellschaft zusteht. Ein Austrittsrecht kann sich nur aus **gesetzlichen Vorschriften** oder der **Gesellschaftsurkunde** ergeben.[903] Art. 2437 I c.c. führt Gründe auf, die zum Austritt aus der Gesellschaft berechtigen. Die dort aufgeführten Gründe beziehen sich auf wesentliche Änderungen der Satzung, an denen der Gesellschafter nicht 371

889 *La Sala* in: Abbadessa/Portale (Hrsg.), Le società per azioni. Codice civile e leggi complementari, 2016, S. 462, 468; *Campobasso*, Diritto commerciale, Bd. 2, Diritto delle società, 2015, S. 218; monographisch *Kutufà*, Azioni non emesse e autonomia nella circolazione, 2013; vgl. auch *Kindler*, Italienisches Handels- und Wirtschaftsrecht, 2014, § 4 Rn. 135.

890 *Campobasso*, Diritto commerciale, Bd. 2, Diritto delle società, 2015, S. 220; *Kindler*, Italienisches Handels- und Wirtschaftsrecht, 2014, § 4 Rn. 138; *Falco* in: Wegen/Spahlinger/Barth (Hrsg.), Gesellschaftsrecht des Auslands, 2016, Italien, Rn. 220.

891 *Stagno d'Alcontres/De Luca*, Le società, Bd. 2, Le società di capitali, 2017, S. 439; *Campobasso*, Diritto commerciale, Bd. 2, Diritto delle società, 2015, S. 227; *Kindler*, Italienisches Handels- und Wirtschaftsrecht, 2014, § 4 Rn. 140; *Falco* in: Wegen/Spahlinger/Barth (Hrsg.), Gesellschaftsrecht des Auslands, 2016, Italien, Rn. 222.

892 *Stagno d'Alcontres/De Luca*, Le società, Bd. 2, Le società di capitali, 2017, S. 440; *Campobasso*, Diritto commerciale, Bd. 2, Diritto delle società, 2015, S. 225; *Falco* in: Wegen/Spahlinger/Barth (Hrsg.), Gesellschaftsrecht des Auslands, 2016, Italien, Rn. 222.

893 *Campobasso*, Diritto commerciale, Bd. 2, Diritto delle società, 2015, S. 226; *Kindler*, Italienisches Handels- und Wirtschaftsrecht, 2014, § 4 Rn. 141.

894 *Kindler*, Italienisches Handels- und Wirtschaftsrecht, 2014, § 4 Rn. 141.

895 *Campobasso*, Diritto commerciale, Bd. 2, Diritto delle società, 2015, S. 225.

896 *Cian* in: Abbadessa/Portale (Hrsg.), Le società per azioni. Codice civile e leggi complementari, 2016, S. 3715, 3716 ff.

897 *Lener* in: Abbadessa/Portale (Hrsg.), Le società per azioni. Codice civile e leggi complementari, 2016, S. 3733, 3734 ff.; *Stagno d'Alcontres/De Luca*, Le società, Bd. 2, Le società di capitali, 2017, S. 448 ff.

898 *Kindler*, Italienisches Handels- und Wirtschaftsrecht, 2014, § 4 Rn. 144; *Falco* in: Wegen/Spahlinger/Barth (Hrsg.), Gesellschaftsrecht des Auslands, 2016, Italien, Rn. 224.

899 *Kindler*, Italienisches Handels- und Wirtschaftsrecht, 2014, § 4 Rn. 144; *Falco* in: Wegen/Spahlinger/Barth (Hrsg.), Gesellschaftsrecht des Auslands, 2016, Italien, Rn. 224.

900 *Kindler*, Italienisches Handels- und Wirtschaftsrecht, 2014, § 4 Rn. 145; *Falco* in: Wegen/Spahlinger/Barth (Hrsg.), Gesellschaftsrecht des Auslands, 2016, Italien, Rn. 224.

901 *Campobasso*, Diritto commerciale, Bd. 2, Diritto delle società, 2015, S. 234; *Kindler*, Italienisches Handels- und Wirtschaftsrecht, 2014, § 4 Rn. 145; *Falco* in: Wegen/Spahlinger/Barth (Hrsg.), Gesellschaftsrecht des Auslands, 2016, Italien, Rn. 224.

902 *Oelkers*, Die italienische Aktiengesellschaft im institutionellen Wettbewerb, 2008, S. 249.

903 *Campobasso*, Diritto commerciale, Bd. 2, Diritto delle società, 2015, S. 497; *Ginevra* in: Cian (Hrsg.), Diritto commerciale, Bd. 3, Diritto delle società, 2017, S. 301 ff.; *Falco* in: Wegen/Spahlinger/Barth (Hrsg.), Gesell-

mitgewirkt hat (dh die Enthaltung genügt).[904] Dies sind insbesondere Änderungen des Gesellschaftszwecks (Art. 2437 I lit. a) c.c.)), die Verlegung des Gesellschaftssitzes ins Ausland (lit. b)) und Satzungsänderungen, welche die Stimm- oder Beteiligungsrechte betreffen (lit. g)).[905] Art. 2437 I c.c. ist zwingend,[906] dh in diesen Fällen steht den Aktionären immer ein Austrittsrecht zu.[907]

372 Daneben können die Gesellschafter **zusätzliche Austrittsgründe** in der Satzung festlegen (Art. 2437 III c.c.), also zB weitere Änderungen der Satzung (wie die Sitzverlegung im Inland, die Änderung des Verwaltungs- und Kontrollsystems). Nach hM kann ein Austrittsrecht auch für den Fall der Nicht-Erreichung von bestimmten Ergebnissen vorgesehen werden.[908] Die Gestaltungsmöglichkeiten gelten allerdings nur für nicht-börsennotierte Gesellschaften. Börsennotierte Gesellschaften besitzen diesen Spielraum nicht (Art. 2437 IV c.c.). Umstritten ist darüber hinaus die Zulässigkeit von Satzungsklauseln, die den Gesellschaftern die Möglichkeit geben, aus der Gesellschaft ohne einen bestimmten Grund (*ad nutum*) auszutreten. In der Literatur wird die Unzulässigkeit solcher Klauseln bevorzugt, da ansonsten ein zu hohes Risiko für die Integrität des Gesellschaftskapitals vorläge.[909]

373 Handelt es sich um eine nicht-börsennotierte, auf unbestimmte Zeit gegründete Gesellschaft, so besteht zudem eine **Austrittsfrist von 180 Tagen**, solange die Satzung keine andere Frist vorsieht (Art. 2437 III c.c.).[910] Die statuarische vorgesehene Frist darf jedoch nicht länger als ein Jahr sein (Art. 2437 III 2 Hs. c.c.). Um auszutreten muss der Gesellschafter seinen Austritt erklären. Dabei handelt es sich um einen einseitigen Rechtsakt (*atto unilaterale*).[911] Der Austritt ist per eingeschriebenen Brief zu erklären (Art. 2437-*bis* I 1 c.c.). Die Frist für den Austritt beträgt 15 Tage ab Eintragung des Gesellschafterbeschlusses, der zum Austritt berechtigt, ins Handelsregister bzw. 30 Tage ab Kenntnis des zum Austritt berechtigenden Umstands (wenn es sich nicht um einen Beschluss handelt) (Art. 2437-*bis* I c.c.). Macht ein Aktionär von seinem Austrittsrecht Gebrauch, so kann er diese Aktien nicht mehr abtreten und muss sie deshalb am Gesellschaftersitz hinterlegen (Art. 2437-*bis* II c.c.). Die Austrittserklärung entfaltet jedoch keine Wirkung, wenn die s.p.a. in einem Zeitraum von neunzig Tagen den zum Austritt berechtigenden Beschluss widerruft, da dann das Bedürfnis für ein Ausscheiden entfällt. Gleiches gilt, wenn innerhalb dieses Zeitraums die Auflösung der s.p.a. beschlossen wird (Art. 2437-*bis* III c.c.). Sollten daher zu viele Gesellschafter aufgrund eines bestimmten Beschlusses ihren Austritt erklären, hat die s.p.a. die Möglichkeit, darauf durch den Widerruf des Beschlusses zu reagieren und dadurch das Gleichgewicht innerhalb der Gesellschaft zu wahren.[912]

374 Dem austretenden Gesellschafter steht ein **Auszahlungsanspruch** zu (Art. 2437-*ter* I c.c.).[913] Das Ermittlungsverfahren des Auszahlungswertes kann in der Satzung bestimmt werden (Art. 2437-*ter* IV c.c.). Ist dort nichts gesondert festgelegt, so ermitteln die Verwalter den Auszahlungswert anhand des Vermögens der Gesellschaft, der Ertragsaussichten für die Zukunft und des aktuellen Marktwertes der Aktien (Art. 2437-*ter* II c.c.).[914] Für börsennotierte Unternehmen erfolgt die Berechnung grundsätzlich gem. der Börsenkurse (Art. 2437-*ter* III 1 c.c.).

---

schaftsrecht des Auslands, 2016, Italien, Rn. 173; vgl. *Oelkers*, Die italienische Aktiengesellschaft im institutionellen Wettbewerb, 2008, S. 249 f.

904 Vgl. *Falco* in: Wegen/Spahlinger/Barth (Hrsg.), Gesellschaftsrecht des Auslands, 2016, Italien, Rn. 174; *Oelkers*, Die italienische Aktiengesellschaft im institutionellen Wettbewerb, 2008, S. 250.

905 Cass. 1.6.2017, N. 13875; Trib. Milano 31.7.2015, www.giurisprudenzadelleimprese.it; App. Brescia 2.7.2014, www.giurisprudenzadelleimprese.it.

906 *Ginevra* in: Cian (Hrsg.), Diritto commerciale, Bd. 3, Diritto delle società, 2017, S. 301; *Oelkers*, Die italienische Aktiengesellschaft im institutionellen Wettbewerb, 2008, S. 250.

907 *Campobasso*, Diritto commerciale, Bd. 2, Diritto delle società, 2015, S. 498.

908 *Piscitello* in: Abbadessa/Portale (Hrsg.), Le società per azioni. Codice civile e leggi complementari, 2016, S. 2496, 2506 ff.; *Ventoruzzo* in: Rivista delle società, 2005, S. 309, S. 338; verneinend *Ginevra* in: Cian (Hrsg.), Diritto commerciale, Bd. 3, Diritto delle società, 2017, S. 303.

909 *Piscitello* in: Abbadessa/Portale (Hrsg.), Le società per azioni. Codice civile e leggi complementari, 2016, S. 2496, 2508 ff.

910 *Piscitello* in: Abbadessa/Portale (Hrsg.), Le società per azioni. Codice civile e leggi complementari, 2016, S. 2496, 2503; *Falco* in: Wegen/Spahlinger/Barth (Hrsg.), Gesellschaftsrecht des Auslands, 2016, Italien, Rn. 173; *Oelkers*, Die italienische Aktiengesellschaft im institutionellen Wettbewerb, 2008, S. 250.

911 *Oelkers*, Die italienische Aktiengesellschaft im institutionellen Wettbewerb, 2008, S. 251.

912 *Ghionni* in: Abbadessa/Portale (Hrsg.), Le società per azioni. Codice civile e leggi complementari, 2016, S. 2511, 2521 ff.

913 *Ginevra* in: Cian (Hrsg.), Diritto commerciale, Bd. 3, Diritto delle società, 2017, S. 305; *Falco* in: Wegen/Spahlinger/Barth (Hrsg.), Gesellschaftsrecht des Auslands, 2016, Italien, Rn. 174; *Oelkers*, Die italienische Aktiengesellschaft im institutionellen Wettbewerb, 2008, S. 251.

914 *Falco* in: Wegen/Spahlinger/Barth (Hrsg.), Gesellschaftsrecht des Auslands, 2016, Italien, Rn. 174; Zur Bemessung der Abfindung vgl. Ausführungen bei *Oelkers*, Die italienische Aktiengesellschaft im institutionellen Wettbewerb, 2008, S. 251 ff.

c) Übertragungsbeschränkungen

Folgende Regelungen schränken die Verkehrsfähigkeit von Aktien einer s.p.a. ein:[915] 375

- Vor Eintragung der s.p.a. ins Handelsregister können Aktien nicht angeboten werden (Art. 2331 V c.c.).[916] Vorverträge von Aktienübertragung sind aber nach der Rechtsprechung zugelassen.[917]
- Werden Sacheinlagen eingebracht, so sind die entsprechenden Aktien erst veräußerbar, wenn der Bericht des Sachverständigen von den Verwaltern geprüft wurde (2343 III 2 c.c.).
- Sind Nebenleistungen an die Aktie gebunden, so bedarf die Übertragung der Zustimmung der Verwalter (Art. 2345 II c.c.).

Daneben sind einige spezialgesetzliche Vorgaben (e.g. für börsennotierte Gesellschaften) zu beachten sowie die Regelungen zu eigenen Anteilen (s. dazu unter Rn. 321). Die Satzung kann für bestimmte Aktien weitere Einschränkungen vorsehen. So hat die Gesellschaft die Möglichkeit, bei Namensaktien die Übertragbarkeit für einen Zeitraum von bis zu fünf Jahren ab Gründung der Gesellschaft bzw. Einführung der Regelung **einzuschränken** (Art. 2355-*bis* I c.c.).[918] 376

Darüber hinaus können durch entsprechende Satzungsklauseln **Vorkaufsrechte** (*clausola di prelazione*) zugunsten der Gesellschafter eingeführt werden. In diesem in der Praxis sehr üblichen Fall sind die Gesellschafter verpflichtet, ihre Aktien den weiteren Gesellschaftern anzubieten, bevor sie diese bei Nichtausübung des Vorkaufsrechts einem Dritten zu gleichen Bedingungen veräußern. Umstritten ist diesbezüglich in der Rechtsprechung und Literatur die Frage, wie Veräußerungen an Dritte unter Missachtung des Vorkaufsvorbehalts zu behandeln sind. Es wird einerseits vertreten, dass dies nur gegenüber der Gesellschaft zur Unwirksamkeit des Rechtsgeschäfts führt. Daraus würde ua folgen, dass der Dritte die Gesellschafterrechte nicht ausüben könnte.[919] Nach anderer Ansicht haben die weiteren Gesellschafter dann ein Rückkaufsrecht gegenüber dem Dritten, der die Aktien erworben hat.[920] 377

Satzungsmäßige **Zustimmungsvorbehalte** (*clausole di mero gradimento*) sind ebenfalls gestattet. Allerdings muss dann als Ausgleich eine Pflicht zum Erwerb (*put option*) durch die s.p.a. bzw. die anderen Aktionäre oder ein Austrittsrecht (*diritto di recesso*) für den ausscheidungswilligen Aktionär statuiert werden (Art. 2355-*bis* II c.c.).[921] Im letzteren Fall finden die Vorschriften über das Austrittsrecht Anwendung (siehe oben 371 ff.). Darüber hinaus sind in Italien auch sogenannte „***sindacato di blocco***", dh schuldrechtliche Vereinbarungen zwischen den Gesellschaftern, die die Veräußerung von Aktien unterbinden, bekannt.[922] Für diese Vereinbarungen gelten die Vorschriften über die gesellschaftsrechtlichen Nebenvereinbarungen (Art. 2341-*bis* und 2341-*ter* c.c.: siehe dazu 301 ff.). Unter anderem sollen entsprechende Vereinbarungen zeitlich (auf max. fünf Jahre) begrenzt sein. Verstößt ein Aktionär gegen eine entsprechende Vereinbarung, in dem er die entsprechenden Aktien dennoch veräußert, so ist der Mitgliederwechsel wirksam, der Veräußerer den anderen Parteien der Vereinbarung jedoch zum Schadensersatz verpflichtet.[923] 378

d) Übertragung von Todes wegen

Aktien können grundsätzlich durch Rechtsnachfolge im Todesfall frei übergehen. Entsprechende Satzungsklauseln können die Vererbung jedoch beschränken oder gar ausschließen (Art. 2355-*bis* III c.c.).[924] Ein in der Satzung für Geschäfte unter Lebenden vorgeschriebenes **Vorkaufsrecht** wird, wenn dies ausdrücklich vorgesehen ist, auch auf die Vererbung angewandt. In der Praxis erstrecken sich Vorkaufsrechte sogar häufig auch auf den Todesfall. Die Satzung soll dann allerdings eine Methode vorgeben, um den Preis der Aktien zu bestimmen (also 379

915 Vgl. *Campobasso*, Diritto commerciale, Bd. 2, Diritto delle società, 2015, S. 235; *Kindler*, Italienisches Handels- und Wirtschaftsrecht, 2014, § 4 Rn. 146.
916 *Campobasso*, Diritto commerciale, Bd. 2, Diritto delle società, 2015, S. 159.
917 Cass. 27.9.1999, N. 10669; Cass. 20.7.2012, N. 12712.
918 *Ghionni* in: Abbadessa/Portale (Hrsg.), Le società per azioni. Codice civile e leggi complementari, 2016, S. 660, 666; *Campobasso*, Diritto commerciale, Bd. 2, Diritto delle società, 2015, S. 236; *Falco* in: Wegen/Spahlinger/Barth (Hrsg.), Gesellschaftsrecht des Auslands, 2016, Italien, Rn. 220.
919 Cass. 22.6.2016, N. 12956; Cass. 2.12.2015, N. 24559; Cass. 3.6.2014, N. 12370; Trib. Milano 20.10.2016, www.giurisprudenzadelleimprese.it; *Ginevra* in: Cian (Hrsg.), Diritto commerciale, Bd. 3, Diritto delle società, 2017, S. 341.
920 *Campobasso*, Diritto commerciale, Bd. 2, Diritto delle società, 2015, S. 237, Cass. 23.7.2012, N. 12797.
921 *Ginevra* in: Cian (Hrsg.), Diritto commerciale, Bd. 3, Diritto delle società, 2017, S. 341 ff.
922 *Campobasso*, Diritto commerciale, Bd. 2, Diritto delle società, 2015, S. 235; *Kindler*, Italienisches Handels- und Wirtschaftsrecht, 2014, § 4 Rn. 148.
923 *Kindler*, Italienisches Handels- und Wirtschaftsrecht, 2014, § 4 Rn. 148.
924 *Ghionni Visconti* in: Abbadessa/Portale (Hrsg.), Le società per azioni. Codice civile e leggi complementari, 2016, S. 660, 677 f.

zB der Verkaufspreis an Dritte, dh der Marktpreis, sog *prelazione impropria*).[925] Denn den Erben steht dann ein Austrittsrecht verbunden mit der Auszahlung des ermittelten Preises oder ein Verkaufsrecht (zulasten der Gesellschaft oder den anderen Gesellschaftern) zu (Art. 2355-*bis* III c.c.). Zudem sind im Todesfall auch Zustimmungsvorbehalte gestattet. Auch hier gilt, dass dann zugunsten der Erben ein Austrittsrecht oder ein Verkaufsrecht in der Satzung vorgesehen werden muss (Art. 2355-*bis* III c.c.).[926]

9. Exkurs: Die Haftung im Konzern

380 Die Reform von 2003 hat zudem das **Konzernrecht** in das italienische Zivilgesetzbuch aufgenommen.[927] In den Art. 2497 ff. c.c. sind besondere Regelungen festgelegt, die für Konzernunternehmen unabhängig von ihrer Rechtsform zu beachten sind. Der Anwendungsbereich der Vorschriften ist eröffnet, wenn die **Leitungs- und Koordinationsgewalt** einer Gesellschaft (*direzione e coordinamento di società*) bei einer anderen Gesellschaft liegt (Art. 2497 I c.c.). Nach hM kann die *„direzione e coordinamento"* daneben auch von einer natürlichen Person (sog *holding persona fisica*) ausgeübt werden.[928] Zur Leitungs- und Koordinationsgewalt stellt Art. 2497-*sexies* c.c. eine widerlegbare Vermutung auf. Danach liegt die Leitungs- und Koordinationsgewalt bei der Gesellschaft, die zur Konsolidierung des Jahresabschlusses verpflichtet ist oder die die andere Gesellschaft gem. Art. 2359 c.c. beherrscht.[929] Eine **Beherrschung** nach Art. 2359 c.c. liegt insbesondere in den Fällen vor, in denen die Gesellschaft über die Stimmmehrheit in einer anderen Gesellschaft verfügt (Art. 2359 I Nr. 1 c.c., sog *controllo di diritto*) oder sie durch vertragliche Bindungen einen beherrschenden Einfluss auf eine andere Gesellschaft ausüben kann (Art. 2359 I Nr. 3 c.c., *controllo contrattuale*).[930] Art. 2359 I Nr. 2 c.c. lässt auch die relative Stimmenmehrheit für eine Beherrschung genügen (sog *controllo di fatto*). Die Beherrschung und die damit verbundene Vermutung der Leitungs- und Koordinationsgewalt entspricht im Kern der deutschen Regelung in § 17 und § 18 AktG.[931] Das italienische Recht konzentriert sich auf den **faktischen Konzern**, obwohl Art. 2497-*septies* c.c. auch die Möglichkeit eines **Vertragskonzerns** beschreibt. Dieser wird allerdings nicht näher geregelt.[932] In der Literatur wird diesbezüglich die Ansicht vertreten, dass bei einem Vertragskonzern die Leitungstätigkeit der beherrschenden Gesellschaft das Vermögen der abhängigen Gesellschaften, wie beim faktischen Konzern (siehe Rn. 381), nicht beeinträchtigen darf.[933]

381 Handelt es sich um einen faktischen Konzern, so kann die **herrschende Gesellschaft** gegenüber der abhängigen Gesellschaft, den Gesellschaftern der abhängigen Gesellschaft und den Gläubigern nach Art. 2497 c.c. **haften.**[934] Dies ist der Fall, wenn die herrschende Gesellschaft ihre Leitungsmacht dahin gehend gebraucht, unter Verletzung der Grundsätze einer ordnungsgemäßen Gesellschafts- und Unternehmensführung, gesellschaftsfremde Interessen durchzusetzen.[935] Die Haftung besteht sowohl gegenüber den Gläubigern, als auch gegenüber

---

925 *Stagno d'Alcontres/De Luca,* Le società, Bd. 2, Le società di capitali, 2017, S. 279; Trib. Verona 4.10.2010, Le Società 2011, 386; Trib. Venezia 23.9.2010, Giurisprudenza italiana 2011, 1323.

926 *Ghionni Visconti* in: Abbadessa/Portale (Hrsg.), Le società per azioni. Codice civile e leggi complementari, 2016, S. 660, 677 f.

927 *Daccò* in: Cian (Hrsg.), Diritto commerciale, Bd. 3, Diritto delle società, 2017, S. 779 ff.; *Kindler* ZEuP 2012, 72, 81 f.; *ders.*, Italienisches Handels- und Wirtschaftsrecht, 2014, § 4 Rn. 248; *Ruf*, Leitung und Koordinierung im italienischen Konzernrecht, 2014, S. 22; *Hilpold/Brunner* ZVglRWiss 105 (2006) 519, 541.

928 *Valzer*, Le responsabilità da direzione e coordinamento di società, 2011, S. 226; *Benedetti*, La responsabilità aggiuntiva ex art. 2497, 2° co. c.c., 2012, S. 242 ff.; Cass. 6.3.2017, N. 5520; Trib. Milano 20.3.2014, Le Società 2014, 883; Trib. Roma 19.12.2012, Diritto fallimentare 2014, 515; verneinend *Campobasso*, Diritto commerciale, Bd. 2, Diritto delle società, 2015, S. 298.

929 Vgl. *Campobasso*, Diritto commerciale, Bd. 2, Diritto delle società, 2015, S. 289; *Daccò* in: Cian (Hrsg.), Diritto commerciale, Bd. 3, Diritto delle società, 2017, S. 782 f.; *Lamandini* in: Abbadessa/Portale (Hrsg.), Le società per azioni. Codice civile e leggi complementari, 2016, S. 3131, 3131 ff.; *Ruf*, Leitung und Koordinierung im italienischen Konzernrecht, 2014, S. 29; *Kindler*, Italienisches Handels- und Wirtschaftsrecht, 2014, § 4 Rn. 248; *Galgano* in: Hilpold/Perathoner/Steinmair (Hrsg.), Die Reform des italienischen Gesellschaftsrechts, 2006, S. 36; *Falco* in: Wegen/Spahlinger/Barth (Hrsg.), Gesellschaftsrecht des Auslands, 2016, Italien, Rn. 229; *Oelkers*, Die italienische Aktiengesellschaft im institutionellen Wettbewerb, 2008, S. 304.

930 *Campobasso*, Diritto commerciale, Bd. 2, Diritto delle società, 2015, S. 286 ff.; Trib. Roma 13.6.2016, www.giurisprudenzadelleimprese.it.

931 *Kindler* ZEuP 2012, 72, 82.

932 *Kindler* ZEuP 2012, 72, 82; *ders.*, Italienisches Handels- und Wirtschaftsrecht, 2014, § 4 Rn. 248.

933 *Daccò* in: Cian (Hrsg.), Diritto commerciale, Bd. 3, Diritto delle società, 2017, S. 782; *Valzer*, Le responsabilità da direzione e coordinamento di società, 2011, S. 216 ff.

934 *Daccò* in: Cian (Hrsg.), Diritto commerciale, Bd. 3, Diritto delle società, 2017, S. 787; Trib. Milano 26.2.2016, Le Società 2016, 1364.

935 *Kindler* ZEuP 2012, 72, 82; *ders.*, Italienisches Handels- und Wirtschaftsrecht, 2014, § 4 Rn. 249; *Ruf*, Leitung und Koordinierung im italienischen Konzern, 2014, S. 75; *Süß* in: MünHdB GesR, Bd. 6, 2013, § 47 Rn. 298; *Falco* in: Wegen/Spahlinger/Barth (Hrsg.), Gesellschaftsrecht des Auslands, 2016, Italien, Rn. 233; *Oelkers* in: Kalss (Hrsg.), Vorstandshaftung in 15 europäischen Ländern, 2005, S. 565; *Ghersini/Puppo* in: van Hullen/Gesell (Hrsg.), European Corporate Law, 2006, Part 2, Rn. 24; *Miola* in: Lutter (Hrsg.), Das Kapital der Aktien-

den Gesellschaftern der abhängigen Gesellschaft.[936] Die Haftung ist **auf den Schaden gerichtet**, der durch die Handlung, die zu einer Entwertung der Beteiligung bei den Gesellschaftern der abhängigen Gesellschaft[937] oder zur Verletzung der Unversehrtheit des Gesellschaftsvermögens bei den Gläubigern der Gesellschaft geführt hat, entstanden ist (Art. 2497 I c.c.).[938] Art. 2497 I 2 c.c. sieht eine **Ausnahme von der Haftung** nach Satz 1 vor, wenn im Hinblick auf das Gesamtergebnis kein Schaden eingetreten[939] oder der Schaden durch Folgegeschäfte beseitigt worden ist.[940] Dazu wird im Schrifttum diskutiert, ob auch Vorteile, die generell mit der Zugehörigkeit zum Konzern verbunden sind, (sog *vantaggi compensativi*) berücksichtigt werden sollten, was das Haftungsrisiko der herrschenden Gesellschaft senken würde.[941]

Die abhängige Gesellschaft soll in ihren Schriftstücken und im Schriftverkehr die Firma der herrschenden Gesellschaft nennen. Außerdem ist sie in eine bestimmte Abteilung des Handelsregisters aufzunehmen (Art. 2497-*bis* I c.c.).[942] Art. 2497-*ter* c.c. enthält darüber hinaus eine weitere **Transparenzvorschrift**. Werden die Entscheidungen einer abhängigen Gesellschaft von der leitenden Gesellschaft beeinflusst, so ist der Entscheidungsprozess detailliert zu dokumentieren. Insbesondere die Gründe und Interessen, die sich auf die Entscheidungsfindung ausgewirkt haben, sollen im entsprechenden Bericht aufgenommen werden (Art. 2497-*ter* c.c.).[943] Umstritten bleibt, ob unrechtmäßige Beschlüsse daher anfechtbar[944] oder die verantwortlichen Verwalter schadensersatzpflichtig sein sollen.[945] 382

10. Auflösung und Liquidation

Die Auflösung und Liquidation wird seit der Gesellschaftsrechtsreform **rechtsformneutral** für alle **Kapitalgesellschaften** in Art. 2484 c.c. ff. geregelt.[946] Eine **Auflösung** ergibt sich danach aus folgenden **Gründen**: 383

- Ablauf der Dauer für die die Gesellschaft gegründet wurde (Art. 2484 I Nr. 1 c.c.);
- Erreichung oder Unmöglichkeit der Erreichung des Gesellschaftszwecks (Art. 2484 I Nr. 2 c.c.);
- Funktionsunfähigkeit oder fortgesetzte Untätigkeit der Gesellschafterversammlung, ein häufiger Fall bei streitenden 50%-50%-Gesellschafter (Art. 2484 I Nr. 3 c.c.);[947]
- Absinken des Kapitals unter das gesetzliche Mindestkapital (Art. 2484 I Nr. 4 c.c.);
- Unmöglichkeit der Auszahlung des austretenden Gesellschafters (Art. 2484 I Nr. 5 c.c.);[948]

---

gesellschaft in Europa, 2006, S. 625 f.; vgl. *Bader* in: Pfeiffer (Hrsg.), Jhb. für italienisches Recht, Bd. 19, 2006, S. 37, 41; *De Nicola/Carone*, Italian Company Law, 2015, S. 225.

936 *Ruf*, Leitung und Koordinierung im italienischen Konzernrecht, 2014, S. 75; *Ghersini/Puppo* in: van Hullen/Gesell (Hrsg.), European Corporate Law, 2006, Part 2, Rn. 24; *De Nicola/Carone*, Italian Company Law, 2015, S. 225.

937 *Kindler* ZEuP 2012, 72, 82; *ders.*, Italienisches Handels- und Wirtschaftsrecht, 2014, § 4 Rn. 249; *Ruf*, Leitung und Koordinierung im italienischen Konzernrecht, 2014, S. 76; *Galgano* in: Hilpold/Perathoner/Steinmair (Hrsg.), Die Reform des italienischen Gesellschaftsrechts, 2006, S. 37; *Falco* in: Wegen/Spahlinger/Barth (Hrsg.), Gesellschaftsrecht des Auslands, 2016, Italien, Rn. 233; *De Nicola/Carone*, Italian Company Law, 2015, S. 225.

938 Trib. Milano 18.12.2015, www.giurisprudenzadelleimprese.it; Trib. Milano 3.4.2015, www.giurisprudenzadelleimprese.it; *Ruf*, Leitung und Koordinierung im italienischen Konzernrecht, 2014, S. 76; *Galgano* in: Hilpold/Perathoner/Steinmair (Hrsg.), Die Reform des italienischen Gesellschaftsrechts, 2006, S. 37; *Falco* in: Wegen/Spahlinger/Barth (Hrsg.), Gesellschaftsrecht des Auslands, 2016, Italien, Rn. 233; *De Nicola/Carone*, Italian Company Law, 2015, S. 225.

939 *Kindler* ZEuP 2012, 72, 82; *ders.*, Italienisches Handels- und Wirtschaftsrecht, 2014, § 4 Rn. 249; *Ruf*, Leitung und Koordinierung im italienischen Konzernrecht, 2014, S. 76.

940 *Daccò* in: Cian (Hrsg.), Diritto commerciale, Bd. 3, Diritto delle società, 2017, S. 789 ff.; *Ruf*, Leitung und Koordinierung im italienischen Konzernrecht, 2014, S. 76.

941 *Daccò* in: Cian (Hrsg.), Diritto commerciale, Bd. 3, Diritto delle società, 2017, S. 790; *Ventoruzzo* Rivista delle società 2016, 363, 365 ff.

942 Allgemein dazu *Valzer* in: Ibba/Demuro (Hrsg.), Il registro delle imprese a vent'anni dalla sua attuazione, 2017, S. 213, 213 ff.; dazu auch *Daccò* in: Cian (Hrsg.), Diritto commerciale, Bd. 3, Diritto delle società, 2017, S. 784; *Cariello* in: Abbadessa/Portale (Hrsg.), Le società per azioni. Codice civile e leggi complementari, 2016, S. 3033, 3035 ff.

943 *Pennisi* in: Abbadessa/Portale (Hrsg.), Le società per azioni. Codice civile e leggi complementari, 2016, S. 3067, 3083 ff.

944 *Scognamiglio* Rivista di diritto civile 2009, 757, 772; *Mucciarelli* in: Maffei Alberti (Hrsg.), Il nuovo diritto delle società, Bd. 3, 2005, S. 2390, 2394 f.

945 Trib. Milano 5.3.2015, Giurisprudenza commerciale 2016, 1083, 1085, mit Anm. *Ranieli*; *Mondini* in: Cera/Mondini/Presti (Hrsg.), La riforma del diritto societario nella giurisprudenza delle imprese, 2016, S. 139, 143; *Pennisi* in: Abbadessa/Portale (Hrsg.), Le società per azioni. Codice civile e leggi complementari, 2016, S. 3067, 3083.

946 *Presti/Rescigno*, Corso di diritto commerciale, Bd. 2, Società, 2017, S. 637; *Pernazza*, Corporations and Partnerships in Italy, 2012, Rn. 708 ff.

947 Trib. Alessandria 13.12.2010, Foro italiano 2001, 327; Trib. Milano 18.1.2006, Le Società 2007, 179.

948 *Magrini*, Italienisches Gesellschaftsrecht, 2004, S. 176.

- Gesellschafterbeschluss (Art. 2484 I Nr. 6 c.c.);
- weitere Gründe, die in der Gründungsurkunde oder Satzung festgehalten sind (Art. 2484 I Nr. 7 c.c.) und
- weitere gesetzliche Auflösungsgründe (Art. 2484 II c.c.).

384 Liegt ein Auflösungstatbestand vor, so wird die Gesellschaft, ähnlich wie im deutschen Recht, zu einer **Abwicklungsgesellschaft** (*società in liquidazione*).[949] Im Rahmen der Abwicklungsgesellschaft sollen die Gesellschaftsgläubiger befriedigt werden und ein ggf. verbleibendes Restvermögen an die Gesellschafter ausgezahlt werden.[950] Die Verwalter sind bis zur Übergabe an die Abwickler weiter geschäftsführungsbefugt, dürfen allerdings nur noch Geschäfte vornehmen, um den Bestand und den Wert des Gesellschaftsvermögens zu sichern (Art. 2486 I c.c.). Ein allgemeines Verbot, neue Geschäfte abzuschließen (wie in der alten Fassung von Art. 2449 c.c. aF) gibt es mittlerweile allerdings nicht mehr.[951] Ein **Verstoß** gegen die Vorgabe des Art. 2486 I c.c. führt allerdings zur unbeschränkten und gesamtschuldnerischen Haftung der Verantwortlichen für die entstandenen Schäden.[952] Das kommt in der Praxis sehr häufig vor, wenn der Verwalter die Gesellschaftstätigkeit weiterführt, obwohl ein Auflösungstatbestand (vor allem das Absinken des Kapitals unter das gesetzliche Mindestkapital) vorliegt.[953] Zudem muss die Gesellschaft stets bei Rechtshandlungen den Zusatz „*in liquidazione*" hinzufügen (Art. 2487-*bis* II c.c.).[954]

385 Die Gesellschaft erlischt erst durch die **Löschungseintragung** (*cancellazione*) ins Handelsregister.[955] Hierzu muss vorher das Abwicklungsverfahren durchgeführt und die Abwicklungsbilanz (*bilancio di liquidazione*) festgestellt worden sein (Art. 2495 I c.c.).[956] Selbst nach der Löschung der Gesellschaft können die **unbefriedigten Gläubiger** ihre Forderungen in Höhe der Beträge aus der Abwicklungsbilanz gegen die Gesellschafter geltend machen (Art. 2495 II c.c.).[957]

11. Sonderform: Ein-Personen-s.p.a.

386 Die Ein-Personen-s.p.a. (*società unipersonale*) ist eine Sonderform der s.p.a. (zur Erweiterungsoption des Art. 6 EPG-RL s. § 28 Rn. 13), für die neben den Vorschriften der s.p.a. **einige spezielle Regeln** gelten.[958] Voraussetzung für die Anwendung der Vorschriften über die Ein-Personen-s.p.a. ist der vollständige Anteilbesitz (100%) eines einzelnen Gesellschafters,[959] es sei denn, es bestünde nur eine treuhänderische oder rein fiktive Gesellschaftermehrheit.[960] Die Erstreckung dieser Vorgaben auf den fast vollständigen Anteilbesitz wurde hingegen bislang von der Rechtsprechung abgelehnt.[961] Im Folgenden sollen allein die zentralen Unterschiede zur s.p.a. aufgezeigt werden.

387 Im Gegensatz zur Mehr-Personen-s.p.a. wird die Ein-Personen-s.p.a. im Rahmen der Simultangründung nicht durch Vertrag, sondern durch einen **einseitigen Rechtsakt** gegründet (*atto unilaterale*) (Art. 2328 I c.c.). Zudem ist der Umstand, dass es sich um eine Ein-Personen-s.p.a. handelt, Dritten gegenüber offen zu legen. Art. 2250 IV c.c. schreibt daher im Rahmen der **Geschäftsbriefpublizität** vor, dass diese Tatsache (*società unipersonale*) auf den Geschäftspapieren der Gesellschaft neben den anderen Angaben aufzuführen ist. Für die Verbindlichkeiten der Gesellschaft **haftet** wie bei der Mehr-Personen-s.p.a. in der Regel nur das Gesellschaftsvermögen (Art. 2325 II c.c.). Allerdings gelten bei der Einmann-AG besondere Kapitalaufbringungs- und Offenlegungs-

---

949 *Kindler*, Italienisches Handels- und Wirtschaftsrecht, 2014, § 4 Rn. 225.
950 *Kindler*, Italienisches Handels- und Wirtschaftsrecht, 2014, § 4 Rn. 225.
951 *Campobasso*, Diritto commerciale, Bd. 2, Diritto delle società, 2015, S. 540.
952 *Kindler*, Italienisches Handels- und Wirtschaftsrecht, 2014, § 4 Rn. 225.
953 Trib. Milano 14.7.2017, www.giurisprudenzadelleimprese.it; Trib. Catania 30.3.2017, www.giurisprudenzadelleimprese.it.
954 *Falco* in: Wegen/Spahlinger/Barth (Hrsg.), Gesellschaftsrecht des Auslands, 2016, Italien, Rn. 127.
955 *Kindler*, Italienisches Handels- und Wirtschaftsrecht, 2014, § 4 Rn. 226.
956 *Kindler*, Italienisches Handels- und Wirtschaftsrecht, 2014, § 4 Rn. 226; *Falco* in: Wegen/Spahlinger/Barth (Hrsg.), Gesellschaftsrecht des Auslands, 2016, Italien, Rn. 129 f.; *Pernazza*, Corporations and Partnerships in Italy, 2012, Rn. 718.
957 *Mondini* in: Abbadessa/Portale (Hrsg.), Le società per azioni. Codice civile e leggi complementari, 2016, S. 2974, 2991 ff.; *Kindler*, Italienisches Handels- und Wirtschaftsrecht, 2014, § 4 Rn. 226; *Falco* in: Wegen/Spahlinger/Barth (Hrsg.), Gesellschaftsrecht des Auslands, 2016, Italien, Rn. 130; *Pernazza*, Corporations and Partnerships in Italy, 2012, Rn. 721.
958 *Campobasso*, Diritto commerciale, Bd. 2, Diritto delle società, 2015, S. 167.
959 *Rescigno* in: Abbadessa/Portale (Hrsg.), Le società per azioni. Codice civile e leggi complementari, 2016, S. 825, 826 ff.
960 Cass. 7.11.2002, N. 15633; Trib. Monza 31.3.2005, Giurisprudenza merito 2005, 2067; Cass. 29.11.1983, N. 7152.
961 Cass. 29.11.1983, N. 7152; Cass. 7.10.1982, N. 5143; Cass. 9.12.1982, N. 6712; vgl. *Rescigno* in: Abbadessa/Portale (Hrsg.), Le società per azioni. Codice civile e leggi complementari, 2016, S. 825, 827; *Kindler*, Italienisches Handels- und Wirtschaftsrecht, 2014, § 4 Rn. 150.

pflichten (Art. 2362 c.c.).[962] So muss der Alleinaktionär bei der Gründung oder innerhalb von 90 Tagen von dem Moment an, in dem der letzte andere Aktionär ausfällt, die gesamten übernommenen Bar- oder Sacheinlagen erbringen (Art. 2342 II c.c.).[963] Gehören die Aktien einem einzigen Gesellschafter, müssen die Geschäftsführer eine Erklärung zur Eintragung im Handelsregister hinterlegen, welche die personenbezogenen Angaben des alleinigen Gesellschafters enthält (Art. 2362 c.c.). Bei der Verletzung der genannten Anforderungen haftet der einzige Gesellschafter für die Verbindlichkeiten der Gesellschaft unbeschränkt. Nach Art. 2325 II c.c. ist die Insolvenz der Gesellschaft in diesem Fall eine Voraussetzung der unbeschränkten Haftung des Alleingesellschafters. Allerdings ist Art. 147 r.d. 1942/267 (Insolvenzordnung), nach dem sich die Insolvenz der Personengesellschaft auf die unbeschränkt haftenden Gesellschafter erstreckt, **nicht** anwendbar.[964] In Bezug auf die **Handelndenhaftung**, also der Haftung für die vor der Eintragung entstandenen Verbindlichkeiten, haftet der Alleingründergesellschafter auch wenn er nicht gehandelt hat (Art. 2331 II 2 c.c.).

III. Società in accomandita per azioni – s.a.p.a. (Kommanditgesellschaft auf Aktien)

1. Grundlagen

388 Die italienische Kommanditgesellschaft auf Aktien – società in accomandita per azioni – besitzt **Rechtspersönlichkeit** (Art. 2454 c.c. iVm Art. 2331 I c.c.) und weist wie die italienische KG **Komplementäre** (persönlich haftende Gesellschafter, *soci accomandatari*) und **Kommanditisten** (beschränkt haftende Gesellschafter, *soci accomandanti*) auf (Art. 2452 I 1 c.c.).[965] Die Anteile an der Gesellschaft werden durch **Aktien** verkörpert (Art. 2452 I 2 c.c.) und die Gesellschaft hat die Möglichkeit sich an der Börse notieren zu lassen. Da die s.a.p.a. eine Mischform aus KG und AG ist,[966] finden die Vorschriften der italienischen AG (also der s.p.a.) in den Fällen Anwendung, in denen die Artt. 2452 ff. c.c. nichts Anderes vorschreiben (Art. 2454 c.c.). In diesem Sinne kann die s.a.p.a. als Variante einer AG bezeichnet werden,[967] deren Besonderheit liegt darin, dass sie zwei Arten von Gesellschaftern hat[968] (Kommanditisten und Komplementäre). Die Regeln der italienischen KG (s.a.s.) werden hingegen nicht subsidiär herangezogen.

389 Aufgrund der unbeschränkten Haftung der Komplementäre, ist die s.a.p.a. eine **sehr selten** gewählte Gesellschaftsform (weniger als 150 s.a.p.a. in ganz Italien).[969] Eine Zunahme aufgrund der mit der Reform eingeführten Möglichkeit der Beteiligung von juristischen Personen als Komplementäre (vgl. Art. 2361 II c.c.) wird nicht erwartet[970] und ist bislang auch nicht eingetreten, weil diese Konstruktion in Italien nicht zu steuerlichen Vorteilen führt. Da die Bestellung von neuen Verwaltern die Genehmigung durch die im Amt befindlichen Verwalter (= die Komplementäre) voraussetzt, wird die s.a.p.a. hauptsächlich für **Familienholdinggesellschaften** eingesetzt und dient dazu, der Familie die Führung der Unternehmensgruppe zu sichern.[971] In den folgenden Ausführungen soll hauptsächlich auf die sich ergebenden Unterschiede im Vergleich zur italienischen AG eingegangen werden.

962 Vgl. *Rescigno* in: Cagnasso/Panzani (Hrsg.), Le nuove s.p.a., Bd. 1, 2010, S. 345; *De Nicola/Carone*, Italian Company Law, 2015, S. 39.
963 *De Stasio/Nuzzo* in: Abbadessa/Portale (Hrsg.), Le società per azioni. Codice civile e leggi complementari, 2016, S. 344, 382 ff.
964 Für die hM in der Literatur und Rechtsprechung vgl. *Cottino/Cagnasso*, Diritto societario, 2011, S. 206; *Piras* in: Abbadessa/Portale (Hrsg.), Il nuovo diritto delle società. Liber amicorum Gian Franco Campobasso, Bd. 1, 2006, S. 346; ua Cass. 4.2.2009, N. 2711.
965 *Campobasso*, Diritto commerciale, Bd. 2, Diritto delle società, 2015, S. 548.
966 So *Fasciani* in: Süß/Wachter (Hrsg.), HdB des internationalen GmbH-Rechts, 2016, Italien, Rn. 19.
967 *Barcellona/Costi/Grande Stevens*, Società in accomandita per azioni, 2005, S. 3.
968 *Abriani* in: Abriani et al. (Hrsg.), Diritto delle società. Manuale breve, 2012, S. 274; *Vattermoli* Rivista delle società 2007, 685, 686; *Barcellona/Costi/Grande Stevens*, Società in accomandita per azioni, 2005, S. 3 ff.; *Kindler*, Italienisches Handels- und Wirtschaftsrecht, 2014, § 4 Rn. 227; vgl. auch *Perathoner* in: Hilpold/Perathoner/Steinmair (Hrsg.), Die Reform des italienischen Gesellschaftsrechts, 2006, S. 119; *Guidotti* in: González/Teichmann (Hrsg.), Private Company Law Reform in Europe: The race for flexibility, 2015, S. 292; *Pernazza*, Corporations and Partnerships in Italy, 2012, Rn. 411.
969 *Cottino/Cagnasso*, Diritto societario, 2011, S. 624; vgl. auch *Pernazza*, Corporations and Partnerships in Italy, 2012, Rn. 412.
970 *Busani/Pertoldi* Notariato 2006, 691, 699; *Tombari* Rivista delle società 2006, 185, 185 ff.
971 *Campobasso*, Diritto commerciale, Bd. 2, Diritto delle società, 2015, S. 549; *Cottino/Cagnasso*, Diritto societario, 2011, S. 624; *Barcellona/Costi/Grande Stevens*, Società in accomandita per azioni, 2005, S. 48 ff.; *Fregonara*, Nuovo diritto delle società, 2010, S. 51 ff.; *Perathoner* in Hilpold/Perathoner/Steinmair (Hrsg.), Die Reform des italienischen Gesellschaftsrechts, 2006, S. 106.

2. Gründung

390 Die Möglichkeiten zur **Neugründung** einer s.a.p.a. entsprechen denen bei einer italienischen AG.[972] Da die s.a.p.a. in jedem Fall sowohl einen Kommanditisten als auch einen Komplementär benötigt, scheidet eine Gründung durch einseitigen Rechtsakt allerdings aus. Praxisrelevant ist damit die Gründung durch Vertrag, dh es bedarf eines Gründungsaktes. In der **Gründungsurkunde** muss im Vergleich zu den Vorgaben bei der s.p.a. zusätzlich angegeben werden, welchen Gesellschaftern eine **Komplementärstellung** zukommt (Art. 2455 I c.c.). Wie bereits erwähnt kann sowohl die Komplementär- als auch die Kommanditistenstellung von natürlichen und juristischen Personen eingenommen werden.

391 Die **Firma** der Gesellschaft muss nicht nur den entsprechenden **Rechtsformzusatz** (s.a.p.a.) enthalten, sondern auch den Namen von mindestens einem der Komplementäre (Art. 2453 c.c.). Falls der Name eines Kommanditisten angeführt wird, führt dies – anders als bei der italienischen KG (s.a.s.) (Rn. 127) – **nicht** zu einer unbeschränkten Haftung des Kommanditisten für die Verbindlichkeiten der Gesellschaft. Die Vorschrift entspricht den kapitalistischen (und nicht den personalistischen) Merkmalen einer s.a.p.a.[973]

3. Organisationsverfassung

392 Durch die subsidiäre Anwendung des italienischen AG-Rechts (vgl. Art. 2454 c.c.) werden der s.a.p.a. theoretisch dieselben **Organisationsformen** wie der s.p.a. eröffnet, dh sie kann im Prinzip zwischen dem traditionellen System, dem dualistischen sowie dem monistischen System wählen.[974] Das würde jedoch einige entsprechende Änderungen implizit voraussetzen (zB die Komplementäreigenschaft der Vorstandsmitglieder, die zudem nicht vom Aufsichtsrat bestellt werden dürfen).[975] In der Praxis ist daher im Ergebnis die Anwendung des dualistischen und des monistischen Systems nicht praktikabel, so dass die italienischen KGaA ausschließlich das **traditionelle System** wählen. Das bedeutet, dass die Organisationsverfassung aus drei Organen besteht, namentlich der Gesellschafterversammlung, dem Verwaltungsrat und dem Überwachungsrat. Insofern greifen größtenteils die Regeln der s.p.a. (Rn. 191 ff.). Das zeigt sich zB in Bezug auf die Gesellschafterversammlung, die – wie bei der s.p.a. auch – eine einheitliche ist und nicht wie in der italienischen KG (s.a.s.) aus einer Versammlung der Kommanditisten und einer Versammlung der Komplementäre besteht.

393 Die Komplementäre erhalten in der s.a.p.a. kraft Gesetzes eine Verwalterstellung und haben dieselben Befugnisse wie ein **Verwalter** nach s.p.a.-Recht (Art. 2455 II c.c.). Gemäß Art. 2380-*bis* I c.c. sind sie daher verantwortlich für die **Geschäftsführung.** Anders als die Verwalter in der s.p.a. bleiben sie allerdings zeitlich unbegrenzt im Amt.[976]

394 Die Gesellschafterversammlung (allerdings nur in der außerordentlichen Versammlung) hat das Recht, die Verwalter **abzuberufen** (vgl. Art. 2456 I c.c.). Macht sie von dieser Möglichkeit Gebrauch, ohne dass ein wichtiger Grund für die Abberufung vorliegt, hat der abberufene Verwalter Anspruch auf Schadensersatz (Art. 2456 II c.c.). Die Abberufung (auch ohne einen wichtigen Grund) führt nicht nur zu einem Verlust der Stellung als Verwalter, sondern bedeutet gleichzeitig auch den Verlust der Komplementärstellung. Anders als in der italienischen KG (s.a.s.), stimmen Komplementärstellung und das Verwalteramt in der s.a.p.a. immer überein, was im Ergebnis auch bedeutet, dass eine **Fremdorganschaft** ausgeschlossen ist. Die abberufenen Verwalter scheiden aber nicht aus der Gesellschaft aus, sondern erlangen vielmehr eine **Kommanditistenstellung.** Die soeben geschilderte Situation kann auch nicht durch entsprechende Satzungsbestimmungen geändert werden, dh die Komplementäre können sich durch statuarische Klauseln nicht vor einer eventuellen Abberufung schützen. Fraglich ist, ob der Beschluss einer Haftungsklage mit Zustimmung von mindestens einem Fünftel (20%) der Gesellschafterversammlung die automatische Abberufung aus dem Amt bewirken kann.[977] Neben der Abberufung kommt allerdings auch eine freiwillige Aufgabe des Amtes des Verwalters in Betracht. Dies ist grundsätzlich jederzeit und ebenfalls **ohne wichtigen Grund** möglich.[978] Aufgrund des Gleichlaufs von Komplementär- und Verwalterstellung nimmt der scheidende Verwalter auch in diesem Fall daraufhin eine Kommanditistenstellung ein. Der von der Gesellschafterversammlung – mit der Genehmigung der verbleibenden Verwalter – neu

972 Siehe dazu unter Rn. 170 ff.

973 *Campobasso*, Diritto commerciale, Bd. 2, Diritto delle società, 2015, S. 551; *De Cicco* in: Abriani/Stella Richter (Hrsg.), Codice commentato delle società, Bd. 1, 2010, S. 1756; *Barcellona/Costi/Grande Stevens*, Società in accomandita per azioni, 2005, S. 181 ff.; *Kindler*, Italienisches Handels- und Wirtschaftsrecht, 2014, § 4 Rn. 228.

974 Dazu näher unter Rn. 190 ff.

975 Für eine Darstellung der problematischen Anwendung des dualistischen und monistischen Systems auf die s.a.p.a. vgl. *Vattermoli* Rivista delle società 2007, 706, 706 ff.; *Ferri* in: Niccolini/Stagno d'Alcontres (Hrsg.), Società di capitali. Commentario, 2004, S. 1386 ff.; *Perathoner* in: Hilpold/Perathoner/Steinmair (Hrsg.), Die Reform des italienischen Gesellschaftsrechts, 2006, S. 120 f.

976 *Campobasso*, Diritto commerciale, Bd. 2, Diritto delle società, 2015, S. 549; *Kindler*, Italienisches Handels- und Wirtschaftsrecht, 2014, § 4 Rn. 228.

977 Dagegen Trib. Milano 14.8.2010, Giurisprudenza italiana 2011, 114.

978 *Campobasso*, Diritto commerciale, Bd. 2, Diritto delle società, 2015, S. 552.

gewählte Verwalter wird mit Übernahme seines Amtes zugleich Komplementär der Gesellschaft (Art. 2457 c.c.).[979] Da auch juristische Personen Komplementäre sein dürfen, können sie auch zwangsläufig Verwalter der s.a.p.a. sein.

Art. 2459 I c.c. **entzieht** den Komplementären das **Stimmrecht** in der Gesellschafterversammlung, wenn diese über die Bestellung bzw. Abberufung der Mitglieder des Überwachungsrates/Aufsichtsrates beschließt. Über Änderungen des Gründungsakts entscheiden die Kommanditisten mit der Mehrheit, wie sie in der s.p.a. für außerordentliche Beschlüsse vorgesehen ist. Den Komplementären wird aber ein **Vetorecht** gegenüber jeder Abänderung des Gründungsakts zugestanden (vgl. Art. 2460 c.c.).[980] 395

4. Kapitalverfassung und Haftung

Bezüglich der Kapitalverfassung gilt grundsätzlich das zur italienischen AG (s.p.a.) Gesagte (vgl. daher Rn. 323 ff.). Zusammengefasst heißt das, dass die s.a.p.a. auch die Mindestkapitalanforderung von 50.000 EUR erfüllen muss (Art. 2327 c.c.). Einlagefähig sind sowohl Bar- als auch Sacheinlagen, Arbeits- und Dienstleistungen hingegen nicht (Art. 2342 V c.c.). Wird eine s.a.p.a. durch Vertrag gegründet, müssen die Gesellschafter mindestens **25%** der vereinbarten Bareinlagen bei **Erstellung der Gründungsurkunde** (Art. 2342 II c.c.) leisten. Der Rest kann später eingebracht werden. Sacheinlagen müssen dagegen vollständig bei der Übernahme der Aktien erbracht werden (Art. 2342 III 2 c.c.). 396

Die Komplementäre haften im Gegensatz zu den Aktionären einer s.p.a. allerdings unbeschränkt und gesamtschuldnerisch für die Verbindlichkeiten der Gesellschaft (Art. 2452 c.c.). Die **Haftung** gegenüber Dritten, also die Außenhaftung, richtet sich nach Art. 2304 c.c. (vgl. Art. 2461 I c.c.), der für diesen Problemkreis das italienische OHG-Recht für anwendbar erklärt (vgl. Rn. 109 f.). Im Ergebnis bedeutet der Verweis auf Art. 2304 c.c., dass die Haftung der Gesellschafter **subsidiär** (zu der Haftung der s.a.p.a. selbst) ist. Nur wenn die Vollstreckung in das Gesellschaftsvermögen nicht zur Befriedigung der Forderungen führt, können die Gläubiger Zahlung von den Gesellschaftern verlangen (***principio di escussione***, vgl. Art. 2304 c.c.). Art. 147 r.d. 1942/267 (Insolvenzordnung), nach dem sich die Insolvenz der Personengesellschaft auf die unbeschränkt haftenden Gesellschafter erstreckt, ist nach der Reform 2006 auch auf die Komplementäre der s.a.p.a. anwendbar.[981] Die unbeschränkte Haftung des Komplementärs endet erst dann, wenn er sein Amt als Verwalter aufgibt und diese Tatsache ins Handelsregister eingetragen wurde (Art. 2461 II c.c.).[982] Er haftet aber auch nach der Aufgabe weiterhin für die vor seinem Ausscheiden entstandenen Verbindlichkeiten. Dementsprechend und anders als in der s.a.s. haftet der Komplementär nicht für die Verbindlichkeiten der Gesellschaft, die vor seiner Benennung entstanden sind.[983] Die **Kommanditisten** haften gegenüber der Gesellschaft dagegen nur beschränkt **bis zur Höhe** ihres gezeichneten Anteils (Art. 2451 I Nr. 1 c.c.). Eine Haftung wegen Verletzung der *divieto di immistione* (des Einmischungsverbots), wie es in der s.a.s. besteht (s. dazu Rn. 132), kommt hier nicht im Betracht. Dagegen spricht die korporative Organisation der s.a.p.a. und die Unwirksamkeit der Geschäfte, die ein Kommanditist vornimmt.[984] 397

5. Mitgliederwechsel

Das Gesetz sieht keine ausdrückliche Regel bzgl. des Mitgliederwechsels vor. Daher finden gem. Art. 2454 c.c. die Vorschriften der s.p.a. Anwendung. Da die Aktien von Komplementären die speziellen Rechte und Pflichten solcher Gesellschafter nicht verkörpern, wird der Erwerber von solcher Aktien nur Kommanditist, es sei denn, dass er als Geschäftsführer bestellt wird.[985] 397a

6. Auflösung

Auch mit Blick auf die Auflösung und Liquidation einer Kommanditgesellschaft auf Aktien kann auf das italienische AG-Recht verwiesen werden (vgl. Art. 2454 c.c.) (vgl. daher Rn. 383 ff.). Zusätzlich zu den dort genannten Auflösungsgründen wird die s.a.p.a. zudem aufgelöst, wenn **sämtliche Verwalter ihr Amt aufgeben** (Art. 2458 I c.c.). In diesem Fall ist der Charakter der s.a.p.a. nicht mehr gewahrt, da die Gesellschaft dann keinen Komplementär mehr besitzt (zum Gleichlauf von Verwalter- und Komplementärstellung bereits 398

979 *Campobasso*, Diritto commerciale, Bd. 2, Diritto delle società, 2015, S. 553.

980 Dieses Recht spielt eine große Rolle zum Vorteil von Komplementären, vgl. *Campobasso*, Diritto commerciale, Bd. 2, Diritto delle società, 2015, S. 552.

981 In der Vergangenheit war diese Frage sehr umstritten, vgl. *Barcellona/Costi/Grande Stevens*, Società in accomandita per azioni, 2005, S. 260 ff.

982 *De Cicco* in: Abriani/Stella Richter (Hrsg.), Codice commentato delle società, Bd. 1, 2010, S. 1773.

983 *Campobasso*, Diritto commerciale, Bd. 2, Diritto delle società, 2015, S. 549 (Fn. 4); *De Cicco* in: Abriani/Stella Richter (Hrsg.), Codice commentato delle società, Bd. 1, 2010, S. 1773.

984 *Barcellona/Costi/Grande Stevens*, Società in accomandita per azioni, 2005, S. 181 ff.

985 *Campobasso*, Diritto commerciale, Bd. 2, Diritto delle società, 2015, S. 551.

Rn. 394). Die Auflösung kann in diesen Fällen nur durch Berufung neuer Verwalter (und damit eines neuen Komplementärs) innerhalb von 180 Tagen (nicht sechs Monaten) abgewendet werden (Art. 2458 I c.c.). Für den Zeitraum bis zur Berufung der neuen Verwalter bestellt der Überwachungsrat einen **vorläufigen Verwalter** (*amministratore provvisorio*) zur Vornahme der Handlungen der ordentlichen Verwaltung (Art. 2458 c.c.). Fallen alle Kommanditisten aus, wird die Gesellschaft nach hM ebenfalls aufgelöst.[986]

IV. Società a responsabilità limitata – s.r.l. (Gesellschaft mit beschränkter Haftung)

1. Grundlagen

399 Die 2003 (2004 in Kraft getretene) in Italien durchgeführte **Reform** des Gesellschaftsrechts brachte vor allem Änderungen bezüglich der Gesellschaft mit beschränkter Haftung mit sich. 1942 durch das Inkrafttreten des Codice Civile eingeführt,[987] war die s.r.l. zwar für kleine und mittlere Unternehmen vorgesehen, jedoch für diesen Anwenderkreis ursprünglich nicht sehr praktikabel. Sie wurde deshalb stark kritisiert und teilweise auch als „**kleine Aktiengesellschaft**" (*piccola società per azioni*) bezeichnet.[988] Dieser Vorwurf war nicht unberechtigt, da aufgrund einer reduzierten Flexibilität bzgl. der Struktur **typisch personalistische Merkmale** – wie Abtretungsbeschränkungen, Minderheitsrechte, Gestaltungsfreiheiten bei der Unternehmensführung – nicht vorgesehen waren oder sogar verhindert wurden. Im Ergebnis war die s.r.l. (vor der Reform) damit eine recht aufwendige Rechtsform,[989] was im Verhältnis zu anderen Ländern auch die relativ hohe Verbreitung der italienischen Aktiengesellschaft erklärt.

400 Der Gesetzgeber hat diese Gesellschaftsform aufgrund der Kritik mit der Reform 2003 stark verändert, um den Unternehmen die Möglichkeit zu geben, eine Gesellschaft nach ihren speziellen Bedürfnissen gestalten zu können.[990] Die s.r.l. wird deshalb nun als „**Personengesellschaft mit beschränkter Haftung**" beschrieben,[991] da sie sowohl den Vorteil der beschränkten Haftung im Außenverhältnis, als auch die Gestaltungsfreiheit im Innenverhältnis aufweist.[992] Die Beteiligung der Gesellschafter wird zudem nicht nur als eine reine Investition betrachtet, sondern als eine Beziehung, in der die persönlichen Fähigkeiten und die persönliche Bindung eine große Rolle spielen können, was sich zB in der Möglichkeit der Einlage von Arbeits- oder Dienstleistungen[993] oder der Möglichkeit des Ausschlusses eines Gesellschafters aus wichtigem Grund zeigt.[994] Entsprechend den Vorgaben der europäischen Einpersonengesellschafts-RL (s. dazu § 28) ist zudem auch die Ein-Personen-s.r.l. (*società a responsabilità limitata unipersonale*) zulässig, die ein interessantes Instrument für (auch internationale) Konzerne zur Strukturierung ihrer Aktivitäten darstellt. Im Ergebnis kann die Reform als Erfolg gewertet werden. Denn heutzutage ist die Form der s.r.l. in Italien unzweifelhaft die beliebteste Gesellschaftsform für Neugründungen

986 So *Campobasso*, Diritto commerciale, Bd. 2, Diritto delle società, 2015, S. 554; *Presti/Rescigno*, Corso di diritto commerciale, Bd. 2, Società, 2017, S. 544; dagegen *De Cicco* in: Abriani/Stella Richter (Hrsg.), Codice commentato delle società, Bd. 1, 2010, S. 1753; *Barcellona/Costi/Grande Stevens*, Società in accomandita per azioni, 2005, S. 248; aA *Pernazza*, Corporations and Partnerships in Italy, 2012, Rn. 427.

987 In den zuvor österreichischen Provinzen galt noch das österreichische GmbH-Gesetz fort, vgl. *Kindler*, Italienisches Handels- und Wirtschaftsrecht, 2014, § 4 Rn. 229 (insbes. Fn. 503).

988 Vgl. den Gesetzgebungsbericht abgedruckt in: Rivista delle società 2003, 112, 147; für die geschichtliche Entwicklung der s.r.l. vgl. *Stella Richter* in: Dolmetta/Presti (Hrsg.), S.r.l. Commentario dedicato a Giuseppe Portale, 2011, S. 1 ff.; *Hilpold/Brunner* in: Hilpold/Perathoner/Steinmair (Hrsg.), Die Reform des italienischen Gesellschaftsrechts, 2006, S. 20; *Pernazza*, Corporations and Partnerships in Italy, 2012, Rn. 342. Die S.r.l. wurde vor der Reform auch als "s.p.a. without shares" bezeichnet.

989 *Barth* MittBayNot 2006, 1, 1; *Hilpold/Brunner* in: Hilpold/Perathoner/Steinmair (Hrsg.), Die Reform des italienischen Gesellschaftsrechts, 2006, S. 20.

990 Vgl. den Gesetzgebungsbericht in: Rivista delle società 2003, 112, 147; *Dolmetta* in: Dolmetta/Presti (Hrsg.), S.r.l. Commentario dedicato a Giuseppe Portale, 2011, S. 15, 21 ff.; *Fasciani* in: Süß/Wachter (Hrsg.), HdB des internationalen GmbH-Rechts, 2016, Italien, Rn. 23; *Falco* in: Wegen/Spahlinger/Barth (Hrsg.), Gesellschaftsrecht des Auslands, 2016, Italien, Rn. 13; *Lorenzetti/Strnad* GmbHR 2004, 731, 731; siehe auch *Miola* in: Lutter (Hrsg.), Das Kapital der Aktiengesellschaft in Europa, 2006, S. 614.

991 Vgl. ferner den Gesetzgebungsbericht in: Rivista delle società 2003, 112, 147; *Stella Richter* in: Abriani et al. (Hrsg.), Diritto delle società. Manuale breve, 2012, S. 287, 289; vgl. auch *Lorenzetti/Strnad* GmbHR 2004, 731, 731 („Personengesellschaft in Form einer juristischen Person").

992 *Patriarca/Benazzo*, Diritto delle società, 2016, S. 161 f.; *Cottino/Cagnasso*, Diritto societario, 2011, S. 630; *Magrini*, Italienisches Gesellschaftsrecht, 2004, S. 185; *Fasciani* in: Süß/Wachter (Hrsg.), HdB des internationalen GmbH-Rechts, 2016, Italien, Rn. 26; ähnlich *Hilpold/Brunner* in: Hilpold/Perathoner/Steinmair (Hrsg.), Die Reform des italienischen Gesellschaftsrechts, 2006, S. 20; auch *Süß* in: MüHdB GesR, Bd. 6, 2013, § 47 Rn. 268; *Guidotti* in: González/Teichmann (Hrsg.), Private Company Law Reform in Europe: The race for flexibility, 2015, S. 295; *Pernazza*, Corporations and Partnerships in Italy, 2012, Rn. 342; *Catania* RIW 2007, 367, 367.

993 Vgl. den Gesetzgebungsbericht in: Rivista delle società 2003, 112, 148; *Stella Richter* in: Abriani et al. (Hrsg.), Diritto delle società. Manuale breve, 2012, S. 287, 295 f.

994 *Stella Richter* in: Abriani et al. (Hrsg.), Diritto delle società. Manuale breve, 2012, S. 287, 291; *Cian* in: Dolmetta/Presti (Hrsg.), S.r.l. Commentario dedicato a Giuseppe Portale, 2011, S. 498, 498.

(siehe oben Rn. 11). Das zeigt sich auch am Zuwachs der Zahlen der s.r.l. Denn in der Zeit zwischen 2002 und 2016 stieg die Zahl der s.r.l. von 890.276 auf 1.241.753 an.[995]

Die s.r.l. ist in den Artt. 2462 bis 2483 c.c. geregelt. In vielen Vorschriften werden allerdings weiterhin die Regelungen der s.p.a. explizit für anwendbar erklärt (zB in Artt. 2463 II, 2475 II, 2478-*bis* I c.c.). Einen generellen Verweis auf das Recht der s.p.a. – wie er vor der Reform existierte – gibt es jedoch nicht mehr.[996] Aufgrund der Verstärkung der Autonomie dieser Gesellschaftsform ist eine **analoge Anwendung** der Regelungen für die s.p.a. im Fall des Fehlens eines Verweises auch nicht allgemein möglich, sondern muss im jeweiligen Einzelfall entschieden werden.[997] In der Literatur wird die Ansicht vertreten, dass die Entscheidung für oder gegen eine Analogie zu den Vorschriften der s.p.a. von der kapitalistischen oder personalistischen Charakterisierung der s.r.l. abhängen sollte.[998] 401

Charakteristika der s.r.l. sind: 402

- Rechtspersönlichkeit (Art. 2463 III iVm Art. 2331 c.c.);
- die alleinige Haftung der Gesellschaft für ihre Verbindlichkeiten (Art. 2462 I c.c.) und beschränkte Haftung der Gesellschafter;
- Beteiligungen können nicht in Form von Aktien ausgegeben werden, das heißt, die Anteile können nicht durch Wertpapiere verkörpert und in standardisierte Beteiligungen zerlegt werden (Art. 2468 I c.c.).[999] Die s.r.l. ist also kapitalmarktfern ausgestaltet;
- die innere Organisation nach Organen (Fremdorganschaft möglich) und
- die Übertragbarkeit der Anteile (kann durch Satzungsbestimmungen eingeschränkt werden).

2012 wurden neben der s.r.l. auch eine vereinfachte GmbH (***società a responsabilità limitata semplificata*** – s.r.l.s.) und eine GmbH mit reduziertem Kapital (***società a responsabilità limitata a capitale ridotto*** – s.r.l.c.r.) eingeführt. Beide Gesellschaften wurden als Unterformen der s.r.l. geschaffen.[1000] Die vereinfachte GmbH (s.r.l.s.) wurde, wie die anderen Gesellschaftsformen auch, im Codice Civile geregelt (Art. 2463-*bis* c.c.), während sich die Regelungen für die GmbH mit reduziertem Kapital (s.r.l.c.r.) in Art. 44 d.l. 83/2012 fanden. Mit der Einführung der neuen Unterformen der s.r.l. verfolgte der italienische Gesetzgeber das Ziel, die **Wettbewerbsfähigkeit zu verbessern** und das Wirtschaftswachstum zu erhöhen.[1001] Bereits ein Jahr später, im Jahr 2013, hat der italienische Gesetzgeber jedoch erhebliche Änderungen bezüglich der beiden Unterformen vorgenommen. Die s.r.l. mit reduziertem Kapital (s.r.l.c.r.) wurde im Rahmen dieser Initiative durch das Decreto Legge 76/2013 als separate Unterform abgeschafft, während der Anwendungsbereich der s.r.l.s. erweitert wurde. Die vereinfachte s.r.l.s. wird gesondert unter Rn. 488 ff. erörtert. 403

2. Gründung

Eine s.r.l. kann sowohl durch **Vertrag** als auch durch **einseitige Rechtshandlung** entstehen (Art. 2463 I c.c.). Das zeigt, dass die Gesellschaft sowohl durch **mehrere Personen** als auch von **einer Person** allein gegründet werden kann (**Ein-Personen-s.r.l. – *società a responsabilità limitata unipersonale***). Für den letzteren Fall bestehen gesonderte Regelungen (s. Rn. 485 ff.), die denen für Ein-Personen-s.p.a. gleichen.[1002] Eine Neugründung durch 404

995 Ausführliche Statistiken sind auf der Internetseite http://www.mi.camcom.it/database-societario frei abrufbar.

996 *Presti/Rescigno*, Corso di diritto commerciale, Bd. 2, Società, 2017, S. 547; *Patriarca/Benazzo*, Diritto delle società, 2016, S. 162; *Kindler*, Italienisches Handels- und Wirtschaftsrecht, 2014, § 4 Rn. 229.

997 Ausführlich dazu *Zanarone*, Della società a responsabilità limitata, Bd. 1, 2010, S. 26 ff. und *Dolmetta* in: Dolmetta/Presti (Hrsg.), S.r.l. Commentario dedicato a Giuseppe Portale, 2011, S. 15, 36 ff.; siehe auch *Presti/Rescigno*, Corso di diritto commerciale, Bd. 2, Società, 2017, S. 547; *Campobasso*, Diritto commerciale, Bd. 2, Diritto delle società, 2015, S. 557; *Patriarca/Benazzo*, Diritto delle società, 2016, S. 162.

998 *Zanarone*, Della società a responsabilità limitata, Bd. 1, 2010, S. 33; *ders.* Rivista delle società 2003, 58, 82; *Spada* Rivista di diritto civile 2003, 489, 503.

999 *Abbadessa* in: Niccolini/Stagno d'Alcontres (Hrsg.), Società di capitali. Commentario, Bd. 1, 2004, S. 5; *Zanarone*, Della società a responsabilità limitata, Bd. 1, 2010, S. 499 ff.

1000 *Kindler*, Italienisches Handels- und Wirtschaftsrecht, 2014, § 4 Rn. 232 f.; *Cian* ZVglRWiss 114 (2015) 288, 291; *Bartolacelli* ECFR 2016, 665, 667.

1001 *Daccò* in: Cian (Hrsg.), Diritto commerciale. Bd. 3, Diritto delle società, 2017, S. 728; *Campobasso*, Diritto commerciale, Bd. 2, Diritto delle società, 2015, S. 592; *Fasciani* in: Süß/Wachter (Hrsg.), HdB des internationalen GmbH-Rechts, 2016, Italien, Rn. 28.

1002 Zur Einpersonen-s.r.l. siehe *Minneci* in: Dolmetta/Presti (Hrsg.), S.r.l. Commentario dedicato a Giuseppe Portale, 2011, S. 48 ff.; *Piras* in: Abbadessa/Portale (Hrsg.), Il nuovo diritto delle società. Liber amicorum Gian Franco Campobasso, Bd. 1, 2006, S. 331, 333 ff.; *Magrini*, Italienisches Gesellschaftsrecht, 2004, S. 201 f.; *Fasciani* in: Süß/Wachter (Hrsg.), HdB des internationalen GmbH-Rechts, 2016, Italien, Rn. 139 ff.; *Hofmann*, Gesellschaftsrecht in Italien, 2006, S. 27.

öffentliche Zeichnung ist nicht vorgesehen und den Parteien auch nicht erlaubt.[1003] Generell können die Anteile der s.r.l. nicht an der Börse gehandelt werden.[1004]

405 Der Gründungsakt bedarf genau wie bei der italienischen AG (s.p.a.) einer **öffentlichen Urkunde** (*atto pubblico*). Im Ergebnis ist demnach eine öffentliche bzw. **notarielle Beurkundung** notwendig (Art. 2463 II c.c.). Der Gründungsakt ist nicht mit der Satzung (*statuto*) identisch, obwohl Letztere im Gesetz nicht mehr ausdrücklich erwähnt wird.[1005] Der Gründungsakt umfasst nach italienischem Verständnis vielmehr sowohl die **Gründungsurkunde** (*atto costitutivo*) als auch die Satzung. In Italien ist es auch bei der s.r.l. üblich, dass die Gründungsurkunde und die Satzung zwei verschiedene Dokumente darstellen.[1006] Die **Mindestangaben** der Gründungsurkunde sind in Art. 2463 II Nr. 1 bis 9 c.c. aufgelistet und weitgehend mit denjenigen der s.p.a. vergleichbar (s. dazu unter Rn. 176 ff.), mit der Ausnahme des Verweises auf Anteile statt Aktien und dass sich das Mindestkapital unterscheidet (s. zum Mindestkapital Rn. 323 ff. bzw. 445 ff.).[1007] Zu nennen sind also insbesondere:

- Angaben zur Person der Gesellschafter;
- Firma, Sitz, Zweck der Gesellschaft;
- Angaben zum Kapital und den Anteilen;
- Angaben zur Verwaltung und Vertretung der Gesellschaft sowie
- die Angabe der ungefähren Gründungskosten.[1008]

406 Für die **Satzung** gibt es auch im Rahmen der s.r.l. **keine** gesetzlich vorgeschriebenen Mindestangaben. Eine Gründung ist damit theoretisch auch ohne Satzung möglich, wenn alle Vorschriften über die Arbeitsweise der Gesellschaft in der Gründungsurkunde (*atto costitutivo*) enthalten sind. In der Praxis hat die Satzung aber aufgrund der weiten Gestaltungsfreiheit eine sehr große Bedeutung und wird daher regelmäßig gesondert erstellt.[1009]

407 Gemäß Art. 2463 III c.c. sind zudem in Bezug auf die Gründung einige **aktienrechtliche Regelungen anwendbar.**[1010] Das bedeutet unter anderem, dass das Gesellschaftskapital vollständig zu zeichnen ist (Art. 2463 III c.c. iVm Art. 2329 I Nr. 1 c.c.), die Kapitalaufbringungsvorschriften eingehalten werden müssen (Art. 2463 III c.c. iVm Art. 2329 I Nr. 2 c.c.) und Sondergesetze zu beachten sind (Art. 2463 III c.c. iVm Art. 2329 I Nr. 3 c.c.). Auch die Vorschriften der s.p.a. über die Eintragung ins Handelsregister sind auf die s.r.l. anwendbar. Die s.r.l. erlangt mit Eintragung ins zuständige Register **Rechtspersönlichkeit** (siehe dazu näher unter Rn. 402). Ebenso finden Art. 2331 c.c., der die Handelndenhaftung für die s.p.a. statuiert, und Art. 2332 c.c., der die Nichtigkeit der Gesellschaft regelt, Anwendung (siehe dazu näher unter Rn. 185 ff.). Die Geschäftsbriefpublizität ist rechtsformneutral für Kapitalgesellschaften geregelt (s. dazu Rn. 184).

408 **Vorrats- und Mantelgesellschaften** spielen mit Blick auf die italienische GmbH – gleiches gilt auch für die italienische Aktiengesellschaft (s.p.a.) – keine Rolle. Der Grund liegt darin, dass die Gründung einer s.r.l. in Italien nur (wenige) Tage erfordert. In diesem kurzen Zeitraum wird insbesondere die notarielle Beurkundung des Gründungsakts vorgenommen und die Gesellschaft ins Handelsregister eingetragen.

409 Bezüglich der **Firmenbildung** enthält der Codice Civile für die s.r.l. keine näheren Bestimmungen. Aus Art. 2463 II Nr. 2 c.c. lässt sich lediglich schließen, dass die Firma den Rechtsformzusatz „s.r.l." enthalten muss. Die Firma kann daher im Ergebnis zB auch aus einem Fantasienamen bestehen oder auf die Geschäftstätigkeit hinweisen. Wie bei der s.p.a. wird die Firmenbildung ansonsten nur durch die öffentliche Ordnung, die guten Sitten und das Verbot der identischen oder irreführenden Firmen eingeschränkt.

1003 *Patriarca/Benazzo*, Diritto delle società, 2016, S. 163; *Campobasso*, Diritto commerciale, Bd. 2, Diritto delle società, 2015, S. 558; *Falco* in: Wegen/Spahlinger/Barth (Hrsg.), Gesellschaftsrecht des Auslands, 2016, Italien, Rn. 17.

1004 *Patriarca/Benazzo*, Diritto delle società, 2016, S. 161; *Zanarone*, Della società a responsabilità limitata, Bd. 1, 2010, S. 501 f.

1005 *Rescio* Rivista delle società 2005, 783, 811 ff.; *Cottino/Cagnasso*, Diritto societario, 2011, S. 635; *Campobasso*, Diritto commerciale, Bd. 2, Diritto delle società, 2015, S. 557.

1006 *Presti/Rescigno*, Corso di diritto commerciale, Bd. 2, Società, 2017, S. 550.

1007 *Campobasso*, Diritto commerciale, Bd. 2, Diritto delle società, 2015, S. 558.

1008 *Presti/Rescigno*, Corso di diritto commerciale, Bd. 2, Società, 2017, S. 549 f.; *Patriarca/Benazzo*, Diritto delle società, 2016, S. 163 f.

1009 *Presti/Rescigno*, Corso di diritto commerciale, Bd. 2, Società, 2017, S. 550; *Daccò* in: Cian (Hrsg.), Diritto commerciale. Bd. 3, Diritto delle società, 2017, S. 655 f.

1010 Zur problematischen Anwendung einiger Vorschriften der s.p.a. siehe *Zanarone*, Della società a responsabilità limitata, Bd. 1, 2010, S. 253 ff.; *Kindler*, Italienisches Handels- und Wirtschaftsrecht, 2014, § 4 Rn. 231.

3. Organisationsverfassung

Die s.r.l. ist im Vergleich zu den anderen italienischen Kapitalgesellschaften in Bezug auf die Organisationsverfassung am flexibelsten ausgestaltet.[1011] Die Gesellschafter können die Rechtsform daher ihren Bedürfnissen anpassen. Allerdings kann im Grunde nur das **traditionelle System** als Organisationsform gewählt werden. Die Wahl des dualistischen Systems scheidet aus, da die Geschäftsführer zwingend von der Gesellschafterversammlung oder einem Gesellschafter bestimmt werden (vgl. Art. 2468 III c.c.).[1012] Die Möglichkeit der Wahl des monistischen Systems wird in der Literatur zwar diskutiert, ist aber im Ergebnis wohl nicht sinnvoll.[1013] 410

a) Geschäftsführer (Verwaltungsrat)

aa) Allgemeines

Die **Gründungsurkunde** muss gemäß Art. 2463 II Nr. 7 c.c. Angaben über die Organisationsverfassung der Gesellschaft enthalten, was vor allem auch Regelungen zur Geschäftsführung und Vertretung betrifft. Den Gesellschaftern wird bezüglich der Organisation allerdings ein großer Spielraum gelassen. Im Gesellschaftsvertrag kann nicht nur Gesellschaftern, sondern auch Nichtgesellschaftern die Geschäftsführung der s.r.l. übertragen werden (Art. 2475 c.c.).[1014] Die sogenannte **Fremdorganschaft** ist damit, anders als bei den Personengesellschaften, zulässig. Wie auch bei der s.p.a. (siehe oben, Rn. 172), dürfen nach hM neben **natürlichen Personen** zudem auch **juristische Personen** zu Geschäftsführern bestellt werden.[1015] 411

Im Gegensatz zur s.p.a. wird für die s.r.l. keine strenge Kompetenzverteilung zwischen den Organen gesetzlich vorgegeben. Vielmehr ist es den Gesellschaftern gestattet, durch entsprechende Satzungsbestimmungen die Befugnisse den einzelnen Organen zuzuweisen.[1016] Die Satzung kann zB der Gesellschafterversammlung **weite Zuständigkeiten** im Bereich der Verwaltung zusprechen, so dass im Ergebnis sogar praktisch die Abschaffung eines selbstständigen Verwaltungsorgans möglich wird (oder von Anfang an kein eigenständiges Verwaltungsorgan vorgesehen ist).[1017] In diesem Fall ist jeder Gesellschafter gleichzeitig auch Geschäftsführer.[1018] 412

bb) Bestellung und Abberufung der Geschäftsführer

Im Normalfall werden die Geschäftsführer durch **Gesellschafterbeschluss** bestellt. Die Satzung kann aber auch einem **einzelnen Gesellschafter** die Befugnis zuerkennen, einen oder alle Geschäftsführer zu bestellen (vgl. Art. 2468 III c.c.) oder sogar auf bestimmte oder unbestimmte Zeit selbst Geschäftsführer zu sein.[1019] Einem eventuell bestehenden Aufsichtsrat kann die Bestellung jedoch nicht überlassen werden, da den Gesellschaftern nach Art. 2479 II Nr. 2 c.c. diese Kompetenz zusteht.[1020] Umstritten ist, ob diese Befugnis zur Bestellung eines Geschäftsführers einem Dritten (wie zB einem wichtigen Gläubiger) zugewiesen werden kann. Die hM spricht 413

1011 *Daccò* in: Cian (Hrsg.), Diritto commerciale, Bd. 3, Diritto delle società, 2017, S. 651; *Campobasso*, Diritto commerciale, Bd. 2, Diritto delle società, 2015, S. 556.

1012 *Cian* in: Cian (Hrsg.), Diritto commerciale, Bd. 3, Diritto delle società, 2017, S. 715; *Presti/Rescigno*, Corso di diritto commerciale, Bd. 2, Società, 2017, S. 574; *Cariello*, Sistema dualistico, 2012, S. 142 ff.; Trib. Roma 10.12.2010, Foro italiano 2012, 290, vgl. auch *Kindler*, Italienisches Handels- und Wirtschaftsrecht, 2014, § 4 Rn. 240.

1013 *Mirone* in: Dolmetta/Presti (Hrsg.), S.r.l. Commentario dedicato a Giuseppe Portale, 2011, S. 552.

1014 *Bianchini* in: Dolmetta/Presti (Hrsg.), S.r.l. Commentario dedicato a Giuseppe Portale, 2011, S. 524; *Cian* in: Cian (Hrsg.), Diritto commerciale, Bd. 3, Diritto delle società, 2017, S. 710; *Kindler*, Italienisches Handels- und Wirtschaftsrecht, 2014, § 4 Rn. 239; *Sangiovanni* GmbHR 2006, 1316, 1317; *Catania* RIW 2007, 367, 367.

1015 Trib. Milano 27.3.2017, Le Società 2017, 955, 957, mit Anm. *Bonavera*; Trib. Milano 27.2.2012, Giurisprudenza italiana 2012, 2585, 2585, mit Anm. *Cagnasso*; vgl. *Bianchini* in: Dolmetta/Presti (Hrsg.), S.r.l. Commentario dedicato a Giuseppe Portale, 2011, S. 525; *Cian* in: Cian (Hrsg.), Diritto commerciale, Bd. 3, Diritto delle società, 2017, S. 710 (Fn. 36); *Zanarone*, Della società a responsabilità limitata, Bd. 2, 2010, S. 943; *Falco* in: Wegen/Spahlinger/Barth (Hrsg.), Gesellschaftsrecht des Auslands, 2016, Italien, Rn. 73.

1016 *Cian* in: Cian (Hrsg.), Diritto commerciale, Bd. 3, Diritto delle società, 2017, S. 696 f.

1017 *Zanarone*, Della società a responsabilità limitata, Bd. 2, 2010, S. 935 ff.; *Salanitro*, Profili sistematici della società a responsabilità limitata, 2005, S. 71 ff.; *Mirone* in: Dolmetta/Presti (Hrsg.), S.r.l. Commentario dedicato a Giuseppe Portale, 2011, S. 542 ff.

1018 So *Campobasso*, Diritto commerciale, Bd. 2, Diritto delle società, 2015, S. 578; *Rivolta* in: Abbadessa/Portale (Hrsg.), Il nuovo diritto delle società. Liber amicorum Gian Franco Campobasso, Bd. 3, 2007, S. 522 ff.; *Cian* in: Ibba/Marasà (Hrsg.), Trattato delle società a responsabilità limitata, 2009, S. 35 ff.

1019 Vgl. *Santagata* in: Dolmetta/Presti (Hrsg.), S.r.l. Commentario dedicato a Giuseppe Portale, 2011, S. 284, 290 ff.; *Campobasso*, Diritto commerciale, Bd. 2, Diritto delle società, 2015, S. 579; *Zanarone*, Della società a responsabilità limitata, Bd. 2, 2010, S. 952; *Santoni* in: Abbadessa/Portale (Hrsg.), Il nuovo diritto delle società. Liber amicorum Gian Franco Campobasso, Bd. 3, 2007, S. 375, 384; *Sangiovanni* GmbHR 2006, 1316, 1319.

1020 *Cian* in: Cian (Hrsg.), Diritto commerciale, Bd. 3, Diritto delle società, 2017, S. 715; *Zanarone*, Della società a responsabilità limitata, Bd. 2, 2010, S. 952; aA *Mirone* in: Dolmetta/Presti (Hrsg.), S.r.l. Commentario dedicato a Giuseppe Portale, 2011, S. 542, 552.

sich im Ergebnis jedoch dagegen aus.[1021] Nach hM findet zudem die „*cooptazione*“ (Kooptation, vgl. Art. 2386 c.c.) für den Fall, dass ein oder mehrere Verwalter ausscheiden, auf die s.r.l. keine analoge Anwendung.[1022]

414 Die Geschäftsführer der s.p.a. dürfen höchstens für eine Periode von drei Jahren bestellt werden (Art. 2383 II c.c., s. dazu Rn. 233). Eine entsprechende Bestimmung ist für die italienische GmbH nicht vorgesehen.[1023] Sieht die Satzung nichts Anderes vor, wird daher vermutet, dass die Geschäftsführer – wie in der Praxis üblich – auf **unbestimmte Zeit** bestellt wurden.[1024] Gemäß Art. 2463 II Nr. 7 c.c. muss die Gründungsurkunde einer italienischen GmbH ua die Normen über das Funktionieren der Gesellschaft, einschließlich Vorschriften im Hinblick auf die Geschäftsführung und die Vertretung, enthalten. Mithin können die Gesellschafter dort die Bedingungen und Modalitäten der Abberufung der Geschäftsführer in der Satzung festlegen[1025] und zB auch eine Amtsdauer von beispielsweise vier oder sechs Jahren festlegen.

415 Die **Abberufung** (*revoca*) eines Geschäftsführers erfolgt spiegelbildlich zur Bestellung durch einen **Beschluss der Gesellschafter**, obwohl dies nicht ausdrücklich im Gesetz vorgeschrieben ist.[1026] Die Satzung kann diesbezüglich eine bestimmte Gesellschaftermehrheit voraussetzen sowie bestimmte Gründe vorsehen.[1027] Enthält die Satzung keine besonderen Bestimmungen, hat der abberufene Verwalter einen Anspruch auf Schadensersatz, wenn für die Abberufung kein wichtiger Grund bestand.[1028] Ist der Geschäftsführer auf unbestimmte Zeit bestellt worden, so führt auch der Widerruf gemäß Art. 1725 II c.c. zu Schadensersatzansprüchen, wenn er ohne angemessene Vorankündigungsfrist (dh idR sechs Monate) erfolgte. Eine Ausnahme davon gilt nur, wenn ein wichtiger Grund für die Abberufung vorlag.[1029] Darüber hinaus kann die Abberufung stets im Wege einer Haftungsklage wegen schwerwiegender Unregelmäßigkeiten auf Antrag von jedem Gesellschafter durch eine **Gerichtsentscheidung** erfolgen (Art. 2476 III c.c.).[1030] Dieser Antrag kann nach hM nicht nur zusammen mit der Haftungsklage gestellt werden, sondern bereits auch vor einer möglichen Haftungsklage.[1031]

cc) Strukturierung der Geschäftsführung

416 Der Strukturierung der Geschäftsführung sind in der s.r.l. nur wenige Grenzen gesetzt. So kann die Gesellschafterversammlung gemäß den Satzungsklauseln einen oder mehrere Geschäftsführer bestellen. Wird die Geschäftsführung **mehreren Personen** übertragen, bilden diese einen **Verwaltungsrat** (*consiglio di amministrazione*, Art. 2475 III 1 c.c.).[1032] Für den Verwaltungsrat bestehen dann wiederum verschiedene Organisationsmöglich-

1021 *Santagata* in: Dolmetta/Presti (Hrsg.), S.r.l. Commentario dedicato a Giuseppe Portale, 2011, S. 284, 289; *Zanarone*, Della società a responsabilità limitata, Bd. 1, 2010, S. 516 ff.

1022 *Regoli* in: Dolmetta/Presti (Hrsg.), S.r.l. Commentario dedicato a Giuseppe Portale, 2011, S. 531, 538 f.; dagegen Trib. Milano 15.1.2015, Vita notarile 2015, 823.

1023 *Regoli* in: Dolmetta/Presti (Hrsg.), S.r.l. Commentario dedicato a Giuseppe Portale, 2011, S. 531, 531; *Sangiovanni* GmbHR 2007, 1264, 1266.

1024 *Campobasso*, Diritto commerciale, Bd. 2, Diritto delle società, 2015, S. 579; *Loy*, Der GmbH-Geschäftsführer zwischen Arbeits- und Gesellschaftsrecht, 2014, S. 134.

1025 *Sangiovanni* GmbHR 2007, 1264, 1266.

1026 *Campobasso*, Diritto commerciale, Bd. 2, Diritto delle società, 2015, S. 579; *Regoli* in: Dolmetta/Presti (Hrsg.), S.r.l. Commentario dedicato a Giuseppe Portale, 2011, 531, 534; *Zanarone*, Della società a responsabilità limitata, Bd. 2, 2010, S. 964.

1027 *Regoli* in: Dolmetta/Presti (Hrsg.), S.r.l. Commentario dedicato a Giuseppe Portale, 2011, S. 531, 533 f.

1028 *Regoli* in: Dolmetta/Presti (Hrsg.), S.r.l. Commentario dedicato a Giuseppe Portale, 2011, S. 531, 534 f.; *Presti/Rescigno*, Corso di diritto commerciale, Bd. 2, Società, 2017, S. 573; *Cian* in: Cian (Hrsg.), Diritto commerciale, Bd. 3, Diritto delle società, 2017, S. 711; Trib. Milano 31.10.2016, www.giurisprudenzadelleimprese.it.

1029 *Cian* in: Cian (Hrsg.), Diritto commerciale, Bd. 3, Diritto delle società, 2017, S. 711; Trib. Milano 21.7.2017, www.giurisprudenzadelleimprese.it; Trib. Milano 30.7.2015, www.giurisprudenzadelleimprese.it; Trib. Milano 11.11.2013, Le Società 2014, 528; Trib. Milano 22.3.2007, Giurisprudenza merito 2008, 3177; Cass. 12.9.2008, N. 23557.

1030 *Scognamiglio* in: Dolmetta/Presti (Hrsg.), S.r.l. Commentario dedicato a Giuseppe Portale, 2011, S. 666, 669 ff.; *Cian* in: Cian (Hrsg.), Diritto commerciale, Bd. 3, Diritto delle società, 2017, S. 712; *Campobasso*, Diritto commerciale, Bd. 2, Diritto delle società, 2015, S. 583.

1031 *Campobasso*, Diritto commerciale, Bd. 2, Diritto delle società, 2015, S. 583 (Fn. 74); *Scognamiglio* in: Dolmetta/Presti (Hrsg.), S.r.l. Commentario dedicato a Giuseppe Portale, 2011, S. 666, 678; *Zanarone*, Della società a responsabilità limitata, Bd. 2, 2010, S. 1082; Trib. Milano 29.6.2017, www.giurisprudenzadelleimprese.it; Trib. Milano 17.5.2017, www.giurisprudenzadelleimprese.it; Trib. Milano 9.5.2017, www.giurisprudenzadelleimprese.it; Trib. Milano 21.4.2017, www.giurisprudenzadelleimprese.it; Trib. Milano 24.3.2016, www.giurisprudenzadelleimprese.it; Trib. Milano 27.11.2015, www.giurisprudenzadelleimprese.it; dagegen Trib. Roma 19.4.2017, www.giurisprudenzadelleimprese.it.

1032 *Zanarone*, Della società a responsabilità limitata, Bd. 2, 2010, S. 968; *Hofmann*, Gesellschaftsrecht in Italien, 2006, S. 48; *Hilpold/Brunner* in: Hilpold/Perathoner/Steinmair (Hrsg.), Die Reform des italienischen Gesellschaftsrechts, 2006, S. 23; *Kindler* ZEuP 2012, 72, 77; *Falco* in: Wegen/Spahlinger/Barth (Hrsg.), Gesellschaftsrecht des Auslands, 2016, Italien, Rn. 72; *Ghersini/Puppo* in: van Hulle/Gesell (Hrsg.), European Corporate Law 2006, Part 2, Rn. 11; *Guidotti* in: González/Teichmann (Hrsg.), Private Company Law Reform: The race

keiten. Er kann zB wie in einer s.p.a. ausgestaltet werden. Einzelnen Mitgliedern oder einem Ausschuss können nach hM verschiedene Aufgaben übertragen werden.[1033] Es ist aber auch denkbar, den Verwaltungsrat als Kollegialorgan zu organisieren. Die Entscheidungen können dann aber auch ohne Präsenzpflicht durch schriftlichen Meinungsaustausch erfolgen, wenn der Gründungsakt einen solchen Entscheidungsprozess billigt (vgl. Art. 2475 IV c.c.). Den Gesellschaftern steht darüber hinaus die Befugnis zu, ein für Personengesellschaften übliches Modell, dh die „*amministrazione disgiuntiva*" (**Einzelgeschäftsführungsbefugnis**) oder die „*amministrazione congiuntiva*" (**Gesamtgeschäftsführungsbefugnis**), zu wählen (Art. 2475 III 2 c.c.).[1034] Die Regelungen der s.n.c. für die *amministrazione disgiuntiva* oder *congiuntiva* finden insofern Anwendung (siehe oben Rn. 100 f.). Die Gestaltungsfreiheit kann selbst Mischformen, entweder auf Basis von Wertgrenzen oder taxativ nach bestimmten Handlungsarten, vorsehen.[1035] Für die Erstellung des Entwurfes des Jahresabschlusses und der Verschmelzungs- oder Spaltungspläne, sowie für eventuell anstehende Entscheidungen über Kapitalerhöhungen, ist aber in jedem Fall das **gesamte Verwaltungsorgan zuständig** (Art. 2475 V c.c.).[1036] Zur Vertretung der Gesellschaft s. Rn. 425 f.

dd) Interessenskonflikte und Anfechtung von Verwaltungsratsbeschlüssen

Der italienische Gesetzgeber hat auch beachtet, dass sich die für die Geschäftsführung Verantwortlichen in einem **Interessenskonflikt** befinden und so der s.r.l. uU einen Schaden zufügen können. Art. 2475-*ter* I c.c. bestimmt deshalb, dass die Gesellschaft Geschäfte, bei dem die Verwalter in einem Interessenskonflikt standen, für nichtig erklären lassen kann, wenn dem Vertragspartner der Interessenskonflikt bekannt war oder **hätte bekannt sein müssen.**[1037] Der Anspruch auf **Nichtigerklärung** verjährt innerhalb von fünf Jahren.[1038] Der Anspruch steht dabei der Gesellschaft und nicht jedoch dem einzelnen Gesellschafter zu.[1039] Die Gesellschafter können nur eine Haftungsklage nach Art. 2476 c.c. erheben. Besitzt die s.r.l. einen Verwaltungsrat, ist es jedoch durchaus wahrscheinlich, dass sich lediglich ein Verwalter in einem Interessenskonflikt befand.[1040] Eine solche Situation ist gem. Art. 2475-*ter* II c.c. nur dann beachtlich, wenn dieser Verwalter bei der Entscheidung eine ausschlaggebende Stimme hatte. In diesem Fall können die anderen Verwalter oder ein eventuell eingerichteter Überwachungsrat die ergangene Entscheidung in einem Zeitraum von 90 Tagen anfechten.[1041] Allerdings ist auch hier zu beachten, dass gutgläubige Vertragspartner geschützt sind (Art. 2475-*ter* II c.c.). Eine weitere Voraussetzung der Anfechtungsklage ist, dass die Entscheidung der Gesellschaft einen Vermögensschaden zufügt bzw. zugefügt hat. Fraglich ist insofern, ob auch ein potenzieller Schaden genügt.[1042] 417

Außer der Interessenskollision sieht das Gesetz nicht explizit weitere **Anfechtungsgründe** für die Verwaltungsratsentscheidungen vor. Es gibt somit keine allgemeine Regelung wie sie für die s.p.a. (Art. 2388 c.c., s. Rn. 246) existiert. Umstritten ist daher zB, ob bei der s.r.l. insofern Verfahrensfehler oder Satzungsverstöße 418

---

for flexibility, 2015, S. 296; *Fasciani* in: Süß/Wachter (Hrsg.), HdB des internationalen GmbH-Rechts, 2016, Italien, Rn. 149; *Sangiovanni* GmbHR 2006, 1316, 1319; *Buenger* RIW 2004, 249, 252.

1033 Die Übertragbarkeit der Aufgaben ist umstritten, siehe zB *Salanitro*, Profili sistematici della società a responsabilità limitata, 2005, S. 90. Dafür sind viele Autoren wie zB *Cian* in: Cian (Hrsg.), Diritto commerciale, Bd. 3, Diritto delle società, 2017, S. 713; *Cetra* in: Campobasso/Cariello/Di Cataldo/Guerrera/Sciarrone Alibrandi (Hrsg.), Società, banche e crisi d'impresa. Liber amicorum Pietro Abbadessa, Bd. 2, 2014, S. 1679, 1685; *Abriani* in: Abriani et al. (Hrsg.), Diritto delle società. Manuale breve, 2012, S. 322; *Presti/Rescigno*, Corso di diritto commerciale, Bd. 2, Società, 2017, S. 574; *Abu Awwad* in: Dolmetta/Presti (Hrsg.), S.r.l. Commentario dedicato a Giuseppe Portale, 2011, S. 568, 570 ff.

1034 Siehe *Tedeschi* in: Dolmetta/Presti (Hrsg.), S.r.l. Commentario dedicato a Giuseppe Portale, 2011, S. 560, 560 ff.; *Bader* GmbHR 2005, 1474, 1475; *Süß* in: MüHdB GesR, Bd. 6, 2013, § 47 Rn. 299; *Perathoner* in: Hilpold/Perathoner/Steinmair (Hrsg.), Die Reform des italienischen Gesellschaftsrechts, 2006, S. 108; *Buenger* RIW 2004, 249, 252; *Catania* RIW 2007, 367, 367; *Loy*, Der GmbH-Geschäftsführer zwischen Arbeits- und Gesellschaftsrecht, 2014, S. 122 ff.

1035 *Picardi* in: Dolmetta/Presti (Hrsg.), S.r.l. Commentario dedicato a Giuseppe Portale, 2011, S. 553, 553 ff.; *Perathoner* in: Hilpold/Perathoner/Steinmair (Hrsg.), Die Reform des italienischen Gesellschaftsrechts, 2006, S. 109.

1036 *Campobasso*, Diritto commerciale, Bd. 2, Diritto delle società, 2015, S. 580; *Zanarone*, Della società a responsabilità limitata, Bd. 2, 2010, S. 977 ff.

1037 *Campobasso*, Diritto commerciale, Bd. 2, Diritto delle società, 2015, S. 581; *Vicari* in: Dolmetta/Presti (Hrsg.), S.r.l. Commentario dedicato a Giuseppe Portale, 2011, S. 610, 612 ff.

1038 *Sacchi* in: Dolmetta/Presti (Hrsg.), S.r.l. Commentario dedicato a Giuseppe Portale, 2011, S. 618, 619; *Zanarone*, Della società a responsabilità limitata, Bd. 2, 2010, S. 1033.

1039 *Sacchi* in: Dolmetta/Presti (Hrsg.), S.r.l. Commentario dedicato a Giuseppe Portale, 2011, S. 618, 618; Trib. Milano 21.5.2015, www.giurisprudenzadelleimprese.it; Trib. Milano 3.9.2013, www.giurisprudenzadelleimprese.it.

1040 *Zanarone*, Della società a responsabilità limitata, Bd. 2, 2010, S. 1035.

1041 *Campobasso*, Diritto commerciale, Bd. 2, Diritto delle società, 2015, S. 581; *Sacchi* in: Dolmetta/Presti (Hrsg.), S.r.l. Commentario dedicato a Giuseppe Portale, 2011, S. 618, 623.

1042 *Campobasso*, Diritto commerciale, Bd. 2, Diritto delle società, 2015, S. 581 (Fn. 68); *Vicari* in: Dolmetta/Presti (Hrsg.), S.r.l. Commentario dedicato a Giuseppe Portale, 2011, S. 611, 614 f.

relevant sind.[1043] Nach hM findet Art. 2388 c.c. analog bei der s.r.l. Anwendung, da diese Vorschrift einen Grundsatz für jede kollegiale Entscheidung beinhaltet.[1044]

419 Daneben können die Gesellschafter, die mindestens **ein Drittel des Stammkapitals** vertreten, festlegen, dass **jede Maßnahme** (auch aus dem Bereich der Geschäftsführung) durch die Gesellschafterversammlung zu **genehmigen** ist (Art. 2479 I c.c.). Die gleiche Befugnis steht den jeweiligen Verwaltern zu; dh sie können umgekehrt jede Maßnahme der Gesellschafterversammlung zur Entscheidung vorlegen (Art. 2479 I c.c.).[1045] Auch so kann das Problem von möglichen Interessenskonflikten gelöst werden. Im Bereich der Geschäftsführung haben die Gesellschafter der s.r.l. somit eine weitreichende (mögliche) Zuständigkeit (siehe auch unten Rn. 430).

ee) Vergütung der Geschäftsführer

420 Die Vergütung der Geschäftsführer der s.r.l. ist **gesetzlich nicht geregelt.**[1046] Die Gesellschafter können die Vergütungsfrage daher in der Gründungsurkunde regeln.[1047] Dieser Aspekt gehört jedoch nicht zum Mindestinhalt, dh die Gesellschafter können entsprechende Regeln aufnehmen, müssen es aber nicht.[1048] In der Praxis wird der Betrag der Vergütung meist nicht in der Gründungsurkunde geregelt, da diese Lösung zu unflexibel ist, es sei denn, dass die Gründungsurkunde die Geschäftsführervergütung ganz ausschließt.[1049] Die Gesellschafter beschränken sich daher meist darauf festzuhalten, dass dem Geschäftsführer eine Vergütung zusteht, und entscheiden danach durch Beschluss über die Vergütung.[1050] Soll keine Regel in der Gründungsurkunde vorgegeben werden, ist die Gesellschafterversammlung für die Bestimmung der Vergütung zuständig, da Art. 2389 III c.c. (der die Zuständigkeit für die Entlohnung der mit besonderen Aufgaben betrauten Verwalter dem Verwaltungsrat zuspricht) nicht analog angewandt wird.[1051] Ist die Vergütung nicht statuarisch geregelt worden, kann die Höhe vom Gericht bestimmt werden.[1052]

ff) Haftung der Geschäftsführer

421 Bei einer Pflichtverletzung haften die Geschäftsführer gem. Art. 2476 I c.c. der Gesellschaft **gesamtschuldnerisch**, es sei denn, einer der Geschäftsführer kann sein fehlendes Verschulden nachweisen oder hat durch das Protokoll bewiesen, dem schädigenden Verhalten widersprochen zu haben.[1053] Eine derartige **Pflichtverletzung** kann ua in der Unterlassung eines Insolvenzantrags oder der Nichteintragung eines Auflösungsgrundes beste-

1043 Fraglich *Presti/Rescigno*, Corso di diritto commerciale, Bd. 2, Società, 2017, S. 576 f.

1044 Für eine analoge Anwendung der s.p.a.-Vorschriften Trib. Palermo 12.5.2015, Rivista di Diritto Societario 2015, 359; Trib. Milano 5.3.2015, www.giurisprudenzadelleimprese.it; Trib. Genova 2.5.2013, www.giurispru denzadelleimprese.it; Trib. Terni 15.11.2004, Foro italiano 2005, 1626; dagegen Trib. Palermo 25.3.2014, Società 2014, 1398; Trib. Lodi 13.3.2009, Corriere merito 2009, 745; *Cian* in: Cian (Hrsg.), Diritto commerciale, Bd. 3, Diritto delle società, 2017, S. 714; *Abriani* in: Abriani et al. (Hrsg.), Diritto delle società. Manuale breve 2012, S. 327; dagegen *Campobasso*, Diritto commerciale, Bd. 2, Diritto delle società, 2015, S. 582; vgl. auch *Nuzzo* in: Dolmetta/Presti (Hrsg.), S.r.l. Commentario dedicato a Giuseppe Portale, 2011, S. 580, 580 ff.

1045 *Zanarone*, Della società a responsabilità limitata, Bd. 2, 2010, S. 1253.

1046 *Regoli* in: Dolmetta/Presti (Hrsg.), S.r.l. Commentario dedicato a Giuseppe Portale, 2011, S. 540.

1047 *Presti/Rescigno*, Corso di diritto commerciale, Bd. 2, Società, 2017, S. 575; *Abriani* in: Abriani et al (Hrsg.), Diritto delle società. Manuale breve, 2012, S. 319; Trib. Milano 29.9.2017, www.giurisprudenzadelleimprese.i t.

1048 *Sangiovanni* GmbHR 2012, 841, 842.

1049 Trib. Roma 23.1.2017, www.giurisprudenzadelleimprese.it; *Regoli* in: Dolmetta/Presti (Hrsg.), S.r.l. Commentario dedicato a Giuseppe Portale, 2011, S. 531, 540.

1050 Trib. Roma 21.2.2017, www.giurisprudenzadelleimprese.it; *Sangiovanni* GmbHR 2012, 841, 842; *Loy*, Der GmbH-Geschäftsführer zwischen Arbeits- und Gesellschaftsrecht, 2014, S. 132.

1051 *Presti/Rescigno*, Corso di diritto commerciale, Bd. 2, Società, 2017, S. 575; *Regoli* in: Dolmetta/Presti (Hrsg.), S.r.l. Commentario dedicato a Giuseppe Portale, 2011, 531, 540; Trib. Roma 21.2.2017, www.giurisprudenzad elleimprese.it.

1052 *Presti/Rescigno*, Corso di diritto commerciale, Bd. 2, Società, 2017, S. 575; *Abriani* in: Abriani et al. (Hrsg.), Diritto delle società. Manuale breve, 2012, S. 319; Trib. Roma 29.3.2016, www.giurisprudenzadelleimprese.it; Trib. Roma 19.10.2015, www.giurisprudenzadelleimprese.it; Trib. Milano 19.2.2015, www.giurisprudenzadell eimprese.it.

1053 Problematisch ist das Protokoll, wenn ein Modell der Personengesellschaft angenommen wird, vgl. *Mondini* in: Dolmetta/Presti (Hrsg.), S.r.l. Commentario dedicato a Giuseppe Portale, 2011, S. 629, 636; *Teti* in: Abbadessa/Portale (Hrsg.), Il nuovo diritto delle società. Liber amicorum Gian Franco Campobasso, Bd. 3, 2007, S. 633, 641 ff.

hen.[1054] Zu ersetzen ist dann die Schmälerung des Gesellschaftsvermögens, die ab dem Zeitpunkt entstanden ist, an dem ein Insolvenzantrag hätte gestellt oder ein Auflösungsgrund hätte eingetragen werden müssen.[1055]

Dieser Anspruch der Gesellschaft kann **von jedem Gesellschafter geltend gemacht** werden (Art. 2476 III c.c.), der damit – wie oben erwähnt (Rn. 415) – auch die gerichtliche Abberufung verlangen kann. Viel diskutiert wird in diesem Zusammenhang die Frage, ob der Gesellschafter auch vor der Haftungsklage die Abberufung als Sicherungsmaßnahme verlangen kann (siehe oben, Rn. 415). Nach der hM ist zudem die Gesellschaft selbst zur Klageerhebung legitimiert, obwohl dies gesetzlich nicht explizit vorgesehen ist.[1056] In jeder Haftungsklage liegt nach der Rechtsprechung für die Gesellschaft eine notwendige Streitgenossenschaft (*litisconsorzio necessario*).[1057] 422

Bei erfolgreichem Ausgang einer solchen Haftungsklage ersetzt die Gesellschaft, der die Klage ja zu Gute kommt, dem klagenden Gesellschafter die **Rechtsverfolgungskosten** sowie die **Kosten der Sachverhaltsermittlung** (Art. 2476 IV c.c.). Die Gesellschaft kann auf ihre Schadensersatzansprüche gegen den oder die Geschäftsführer verzichten. Dies erfordert jedoch einen Beschluss mit einer Zweidrittelmehrheit des Gesellschaftskapitals, dem keine qualifizierte Mindermeinung von 10% des Gesellschaftskapitals widersprochen haben darf (Art. 2476 V c.c.).[1058] Das italienische Recht versucht somit, durch **prozedurale Regeln** eine Durchsetzung der Ansprüche zu fördern. Direkte **Ansprüche der Gesellschafter oder Dritter** gegenüber den Geschäftsführern werden durch die Haftung der Geschäftsführer gegenüber der Gesellschaft nicht berührt. Hier kommen deliktische Ansprüche in Betracht, die allerdings eine **direkte** (fahrlässige oder vorsätzliche) **Schädigung** des Gesellschafters oder Dritter voraussetzen (zB Vertrauen auf einen falschen Jahresabschluss).[1059] Umstritten ist, ob bei der s.r.l. auch die Gesellschaftsgläubiger eine Haftungsklage gegenüber den Geschäftsführern für die Nichtbeachtung von Pflichten bezüglich der Bewahrung des Bestands des Gesellschaftsvermögens einbringen können, da eine entsprechende Vorschrift im Rahmen der Reform gelöscht wurde.[1060] In der Rechtsprechung wird die analoge Anwendung der Vorschriften der s.p.a. (Art. 2394 c.c.), die diese Haftungsform ausdrücklich regeln, bejaht.[1061] 423

gg) Wettbewerbsverbot (divieto di concorrenza)

Die Geschäftsführer der s.r.l. unterliegen grds. einem **Wettbewerbsverbot** analog nach Art. 2390 c.c.[1062] Insofern greifen also die Regeln der s.p.a., weshalb diesbezüglich auch auf die dortigen Ausführungen verwiesen werden kann (s. dazu. Rn. 255). Zusammenfassend lässt sich insofern festhalten, dass die Geschäftsführer ohne Zustimmung der Gesellschafterversammlung an einer konkurrierenden Gesellschaft nicht als unbeschränkt haftender Gesellschafter beteiligt zu sein dürfen. Es ist ihnen außerdem nicht gestattet, auf eigene Rechnung oder auf Rechnung eines Dritten konkurrierende Aktivitäten zu entfalten. Sie können zudem keine Verwalter- oder 424

1054 Trib. Milano 12.6.2017, www.giurisprudenzadelleimprese.it; Trib. Milano 20.2.2017, www.giurisprudenzadelleimprese.it; *Stöber* ZHR 176 (2012) 326, 346.

1055 Cass. S.U. 6.5.2015, N. 9100, Rivista di Diritto Societario, 2016, 649, mit Anm. *Mizzau*; Trib. Milano 14.7.2017, www.giurisprudenzadelleimprese.it; Trib. Milano 27.10.2015, www.giurisprudenzadelleimprese.it; *Stöber* ZHR 176 (2012) 326, 346.

1056 Dagegen Trib. Milano 12.4.2006, Giurisprudenza italiana 2006, 2096; bejahend Trib. Bologna 16.8.2016, www.giurisprudenzadelleimprese.it; Trib. Torino 7.10.2016, Giurisprudenza italiana 2017, 398; Trib. Milano 28.5.2015, Le Società 2016, 433; Trib. Milano 13.1.2005, Giurisprudenza italiana 2005, 523; Trib. Treviso 16.1.2006, Giurisprudenza italiana 2006, 1678; im Schrifttum vgl. *Mozzarelli*, Dolmetta/Presti (Hrsg.), S.r.l. Commentario dedicato a Giuseppe Portale, 2011, S. 640, 645; *Cian* in: Cian (Hrsg.), Diritto commerciale. Bd. 3, Diritto delle società, 2017, S. 719.

1057 Cass. 26.5.2016, N. 10936; Trib. Milano 5.7.2016, www.giurisprudenzadelleimprese.it; Trib. Roma 17.11.2015, www.giurisprudenzadelleimprese.it; Trib. Napoli 17.9.2008, Le Società, 2009, 1289.

1058 *Cian* in: Cian (Hrsg.), Diritto commerciale. Bd. 3, Diritto delle società, 2017, S. 720; *Campobasso*, Diritto commerciale, Bd. 2, Diritto delle società, 2015, S. 585; *Pinto* in: Dolmetta/Presti (Hrsg.), S.r.l. Commentario dedicato a Giuseppe Portale, 2011, S. 686, 687 ff.; *Catania* RIW 2007, 367, 370.

1059 *Rimini* in: Dolmetta/Presti (Hrsg.), S.r.l. Commentario dedicato a Giuseppe Portale, 2011, S. 699, 699 ff.; *Pinto* in: Abbadessa/Portale (Hrsg.), Il nuovo diritto delle società. Liber amicorum Gian Franco Campobasso, Bd. 2, 2006, S. 893, 929 ff.; *ders.* Rivista delle società 2010, 252, 253.

1060 Monographisch dazu *Mozzarelli*, Responsabilità degli amminsitratori e tutela dei creditori nella s.r.l., 2007; vgl. *Rescigno* in: Dolmetta/Presti (Hrsg.), S.r.l. Commentario dedicato a Giuseppe Portale, 2011, S. 629, 629 ff.

1061 Vgl. Trib. Milano 7.10.2014, www.giurisprudenzadelleimprese.it; Trib. Milano 11.1.2013, www.giurisprudenzadelleimprese.it; Trib. Verona 3.8.2012, Il Fallimento 2013, 344; Trib. Roma 23.2.2009, Le Società 2010, 97; Trib. Roma 17.12.2008, Giurisprudenza merito 2009, 1585; Trib. Milano 30.10.2008, Giurisprudenza italiana 2009, 647; Trib. Milano 10.10.2007, Giurisprudenza italiana 2008, 2511; Trib. Napoli 10.1.2007, Il Fallimento 2007, 948; *Presti/Rescigno*, Corso di diritto commerciale, Bd. 2, Società, 2017, S. 581; dagegen Trib. Milano 25.1.2006, Le Società 2007, 320; Trib. S. Maria Capua Vetere 18.3.2005, Il Fallimento 2006, 190.

1062 Trib. Roma 23.1.2017, www.giusprudenzadelleimprese.it; *Campobasso*, Diritto commerciale, Bd. 2, Diritto delle società, 2015, S. 580; *Zanarone*, Della società a responsabilità limitata, Bd. 2, 2010, S. 960; *Cian* in: Cian (Hrsg.), Diritto commerciale, Bd. 3, Diritto delle società, 2017, S. 712; *Kindler*, Italienisches Handels- und Wirtschaftsrecht, 2014, § 4 Rn. 239.

Generaldirektorenstellung bei einem konkurrierenden Unternehmen annehmen (Art. 2390 c.c.). Die Satzung kann die Regeln jedoch modifizieren.

hh) Vertretung (rappresentanza)

425 Nach Art. 2475-*bis* I c.c. besitzen die Geschäftsführer der s.r.l. gleichzeitig **Vertretungsbefugnis.**[1063] In diesem Fall laufen Geschäftsführungsbefugnis und Vertretungsbefugnis damit bei der s.r.l. parallel. Die Vorschrift ist aber nicht zwingend,[1064] so dass bei s.r.l. wie auch bei der s.p.a. (Art. 2383 V c.c.) die Vertretungsmacht per Ernennung übertragen werden kann, weshalb es vertretungsberechtigte und nicht vertretungsberechtigte Geschäftsführer geben könnte.[1065] Zweifelhaft ist, ob die nicht-vertretungsberechtigten Geschäftsführer trotzdem im Außenverhältnis die Gesellschaft wirksam verpflichten können, auch wenn sie von der Bestellung an keine Vertretungsbefugnis hatten.[1066]

426 Inhaltliche **Einschränkungen** der Vertretungsbefugnis können – wie in der s.p.a. – Dritten gegenüber nicht geltend gemacht werden (Art. 2475-*bis* II c.c.).[1067] Dies gilt selbst bei Kenntnis des Dritten von der Einschränkung. Etwas Anderes gilt nur bei Maßnahmen, die bewusst zum Schaden der Gesellschaft vorgenommen werden (Art. 2475-*bis* II c.c.).[1068] Die **ultra vires-Doktrin** gilt somit für die s.r.l. **nicht.**[1069] Umstritten ist, ob unter dieser Regelung auch die allgemeine Gesamtvertretungsbefugnis fällt. Nach hM ist sie nur im Innenverhältnis wirksam und kann daher Dritten nicht entgegengehalten werden.[1070] Gesetzliche Einschränkungen (wie zB die Zuständigkeit der Gesellschafterversammlung nach Art. 2479 II Nr. 5 c.c.) können dagegen Dritten gegenüber geltend gemacht werden.[1071] Sowohl bei Gesamtgeschäftsführungsbeschlüssen als auch bei Maßnahmen einzelvertretungsberechtigter Geschäftsführer, können im Falle eines **Interessenkonfliktes** die Rechtsakte der handelnden Geschäftsführer **aufgehoben werden** (Art. 2475-*ter* c.c.) (s. oben Rn. 417).

b) Gesellschafterversammlung

aa) Allgemeines

427 Die **Gesellschafterversammlung** (*assemblea dei soci*) ist für die s.r.l. in den Artt. 2479, 2479-*bis*, 2479-*ter* c.c. detailliert geregelt. Die Gesellschafterversammlung hat im gesetzlichen System (Art. 2479 c.c.) **umfassende Kompetenzen.** Die Gesellschafterversammlung entscheidet

- in den gesetzlich vorgesehenen Fällen (Art. 2479 II Nr. 1 bis 5 c.c.);
- wenn der Gründungsakt dies vorsieht (Art. 2479 I c.c.);
- wenn der oder die Verwalter einen Aspekt zur Genehmigung vorlegen (Art. 2479 I c.c.) und
- wenn Gesellschafter, die alleine oder gemeinsam ein Drittel des Gesellschaftskapitals vertreten, dies verlangen (Art. 2479 c.c.).[1072]

1063 *Campobasso*, Diritto commerciale, Bd. 2, Diritto delle società, 2015, S. 581; *Presti/Rescigno*, Corso di diritto commerciale, Bd. 2, Società, 2017, S. 575; *Süß* in: MüHdB GesR, Bd. 6, 2013, § 47 Rn. 300.

1064 *Sciuto* Rivista delle società 2014, 1, 3 f.; *Presti/Rescigno*, Corso di diritto commerciale, Bd. 2, Società, 2017, S. 575.

1065 *Zanarone*, Della società a responsabilità limitata, Bd. 2, 2010, S. 995; *Fasciani* in: Süß/Wachter (Hrsg.), HdB des internationalen GmbH-Rechts, 2016, Italien, Rn. 143.

1066 Bejahend *Zanarone*, Della società a responsabilità limitata, Bd. 2, 2010, S. 999; *Bordiga* in: Dolmetta/Presti (Hrsg.), S.r.l. Commentario dedicato a Giuseppe Portale, 2011, S. 590, 594; verneinend *Sciuto* Rivista delle società, 2014, 1, 12; *Campobasso*, Diritto commerciale, Bd. 2, Diritto delle società, 2015, S. 581; *Abriani* in: Abriani et al. (Hrsg.), Diritto delle società. Manuale breve, 2012, S. 324; *Corrias* in: Dolmetta/Presti (Hrsg.), S.r.l. Commentario dedicato a Giuseppe Portale, 2011, 600, 601.

1067 *Cian* in: Cian (Hrsg.), Diritto commerciale, Bd. 3, Diritto delle società, 2017, S. 715; *Corrias* in: Dolmetta/Presti (Hrsg.), S.r.l. Commentario dedicato a Giuseppe Portale, 2011, S. 600, 602 ff.; aA *Fasciani* in: Süß/Wachter (Hrsg.), HdB des internationalen GmbH-Rechts, 2016, Italien, Rn. 152 (entgegen dem Wortlaut der Vorschrift); *Kindler*, Italienisches Handels- und Wirtschaftsrecht, 2014, § 4 Rn. 239; *Falco* in: Wegen/Spahlinger/Barth (Hrsg.), Gesellschaftsrecht des Auslands, 2016, Italien, Rn. 85; *Lorenzetti/Strnad* GmbHR 2004, 731, 732; *Ghersini/Puppo* in: van Hullen/Gesell (Hrsg.), European Corporate Law, 2006, Part 2, Rn. 12.

1068 *Corrias* in: Dolmetta/Presti (Hrsg.), S.r.l. Commentario dedicato a Giuseppe Portale, 2011, S. 600, 603; *Lorenzetti/Strnad* GmbHR 2004, 731, 732; *Kindler*, Italienisches Handels- und Wirtschaftsrecht, 2014, § 4 Rn. 239; *Bader* in: Pfeiffer (Hrsg.), Jhb. für italienisches Recht, Bd. 19, 2006, S. 37, 43; *Fasciani* in: Süß/Wachter (Hrsg.), HdB des internationalen GmbH-Rechts, 2016, Italien, Rn. 152.

1069 *Abriani* in: Abriani et al. (Hrsg.), Diritto delle società. Manuale breve, 2012, S. 323; *Lorenzetti/Strnad* GmbHR 2004, 731, 732; *Fasciani* in: Süß/Wachter (Hrsg.), HdB des internationalen GmbH-Rechts, 2016, Italien, Rn. 147.

1070 *Sciuto* Rivista delle società, 2014, 1, 19; *Zanarone*, Della società a responsabilità limitata, Bd. 2, 2010, S. 999.

1071 *Cian* in: Cian (Hrsg.), Diritto commerciale, Bd. 3, Diritto delle società, 2017, S. 716; aA *Presti/Rescigno*, Corso di diritto commerciale, Bd. 2, Società, 2017, S. 576.

1072 *Cian* in: Cian (Hrsg.), Diritto commerciale, Bd. 3, Diritto delle società, 2017, S. 698 f.

Gem. Art. 2479 II c.c. besitzt die Gesellschafterversammlung zwingend die **ausschließliche Kompetenz**, 428

- den Jahresabschluss zu genehmigen (Nr. 1);
- den Gewinn zu verteilen (Nr. 1);
- die Geschäftsführer zu benennen (Nr. 2), mit der Ausnahme, dass diese Kompetenz auch einem einzelnen Gesellschafter nach Art. 2468 III c.c. zustehen kann;
- die Geschäftsführer abzuberufen (wenn dies wie meist im Gründungsakt vorgesehen ist) (Nr. 2);
- die Bestellung und Abberufung der Überwachungsratsmitglieder und des Abschlussprüfers (Nr. 3);
- den Gründungsakt abzuändern (Nr. 4) und
- über die Vornahme von Geschäften, die eine wesentliche Änderung des Geschäftszwecks oder der Rechte der Gesellschafter zur Folge haben, zu entscheiden (zB Verkauf von Unternehmensteilen, wichtiger Güter oder Beteiligungen der Gesellschaft) (Nr. 5).[1073]

Die Gründungsurkunde kann noch weitere Geschäfte in die ausschließliche Kompetenz der Gesellschafterversammlung stellen, etwa näher zu konkretisierende außergewöhnliche Geschäfte.[1074] Im Ergebnis können die Gesellschafter wohl nicht nur Genehmigungsvorbehalte vorschreiben, sondern auch ein **Weisungsrecht** gegenüber den Verwaltern haben. Zu beachten ist allerdings, dass dies für die Gesellschafter zu Haftungsrisiken führt, denn sie haften immer dann gesamtschuldnerisch mit den Verwaltern, wenn sie **„absichtlich** die Vornahme von Handlungen, die für die Gesellschaft, die Gesellschafter oder die Dritten schädlich sind, beschlossen oder genehmigt haben".[1075] Diese neue Regelung wird in Italien stark kritisiert.[1076] 429

bb) Einberufung (convocazione)

Art. 2479-*bis* I 1 c.c. gewährt den Gesellschaftern den Gestaltungsspielraum, im Gründungsakt die Art und Weise der Einberufung der Gesellschafterversammlung näher zu regeln. Einzige Voraussetzung ist, dass eine rechtzeitige Benachrichtigung über die Verhandlungsgegenstände sichergestellt ist. Die Einberufung kann daher zB auch per Email vorgenommen werden, wenn eine entsprechende Satzungsklausel vorliegt. Sieht die Satzung hingegen keine Regeln vor, so bestimmt Art. 2479-*bis* I 2 c.c., dass die Einberufung durch eingeschriebenen Brief mit einer Frist von mindestens acht Tagen vor der Sitzung zu erfolgen hat. Nach den allgemeinen Grundsätzen ist die **Geschäftsführung** für die Einberufung der Gesellschafterversammlung zuständig. Dazu berechtigt sind nach der Rechtsprechung allerdings auch die **Gesellschafter**, die alleine oder gemeinsam mindestens ein Drittel des Gesellschaftskapitals vertreten und nach Art. 2479 I c.c. verlangen können, dass bestimmte Angelegenheiten den Gesellschaftern zur Genehmigung unterbreitet werden.[1077] Art. 2479-*bis* III c.c. bestimmt zudem, dass die Gesellschafterversammlung unbeschadet anderslautender Satzungsbestimmungen grundsätzlich am Sitz der Gesellschaft abgehalten wird. 430

cc) Beschlussfassung in der Gesellschafterversammlung

Die Gesellschafterversammlung ist **beschlussfähig**, wenn die Mehrheit des Gesellschaftskapitals vertreten ist (Art. 2479-*bis* III c.c.). Art. 2479-*bis* III c.c. enthält keine der Aktiengesellschaft vergleichbare Regelung, wonach bei einer erneuten Einberufung eine geringere Anwesenheit für die Beschlussfähigkeit ausreicht.[1078] Die Gesellschafter können jedoch entsprechendes im Gründungsakt vorgeben. Gesellschafter, die **ein Drittel** des in der Gesellschafterversammlung anwesenden Kapitals vertreten, können zudem nach Art. 2374 c.c.[1079] verlangen, dass die Versammlung um **bis zu fünf Tage** verschoben wird, wenn sie darlegen können, nicht ausreichend über die Maßnahmen, die zur Disposition stehen, informiert worden zu sein. 431

1073 Für Beispiele Trib. Milano 5.11.2017, www.giurisprudenzadelleimprese.it; Trib. Roma 31.10.2016, www.giurisprudenzadelleimprese.it; Trib. Piacenza 14.3.2016, Vita notarile 2016, 1273; Trib. Bologna 27.5.2014, www.giurisprudenzadelleimprese.it; Trib. Milano 1.7.2013, www.giurisprudenzadelleimprese.it; Trib. Milano 4.12.2012, www.giurisprudenzadelleimprese.it.

1074 *Cian* in: Cian (Hrsg.), Diritto commerciale, Bd. 3, Diritto delle società, 2017, S. 699; *Zanarone*, Della società a responsabilità limitata, Bd. 2, 2010, S. 1259 ff.; *Lener* in: Dolmetta/Presti (Hrsg.), S.r.l. Commentario dedicato a Giuseppe Portale, 2011, S. 786, 789; *Magrini*, Italienisches Gesellschaftsrecht, 2004, S. 188.

1075 Art. 2476 VII c.c. Zitiert nach der Übersetzung des italienischen Zivilgesetzbuches der Südtiroler Landesregierung, Stand: 31.5.2015.

1076 Vgl. *Tombari* in: Dolmetta/Presti (Hrsg.), S.r.l. Commentario dedicato a Giuseppe Portale, 2011, S. 717, 723 ff., *Mozzarelli* Rivista delle società 2008, 409, 442 ff.

1077 Zuletzt Trib. Roma 24.7.2017, www.giurisprudenzadelleimprese.it; Trib. Milano 2.5.2017, www.giurisprudenzadelleimprese.it; Cass. 25.5.2016, N. 10821, Giurisprudenza commerciale 2017, 858; App. Venezia 5.3.2015, Società 2015, 769; Trib. Milano 24.10.2014, Società 2015, 102.

1078 *Kindler*, Italienisches Handels- und Wirtschaftsrecht, 2014, § 4 Rn. 237.

1079 Diese Vorschrift soll analog anwendbar sein, vgl. Trib. Milano 23.10.2013, www.giurisprudenzadelleimprese.it; Trib. Milano 25.8.2006, Giurisprudenza italiana 2006, 913; dagegen Trib. Milano 22.12.2015, Società 2016, 271; Trib. S.M. Capua Vetere 31.5.2012, Banca, borsa, titoli di credito 2014, 61.

432 Für Beschlüsse bedarf es der **absoluten Mehrheit** des anwesenden Kapitals (Art. 2479-*bis* III c.c.). Beschlüsse iSd Art. 2479 II Nr. 4 und 5 c.c., durch die der Gründungsakt geändert wird oder Geschäfte vorgenommen werden, die einer Änderung des Gründungsaktes gleichkommen, setzen die Zustimmung von mindestens der Hälfte des gesamten Gesellschaftskapitals (Art. 2479-*bis* III c.c.) und nicht nur des anwesenden Kapitals voraus. Im Gründungsakt können jedoch **höhere Mehrheiten** vorgesehen werden, beispielsweise eine qualifizierte Mehrheit für Änderungen des Gründungsaktes.

433 Die Erstellung eines **Protokolls** ist notwendig. Bezüglich des Inhaltes und der Vorbereitungszeit finden die Vorschriften der s.p.a. analog Anwendung.[1080] Nach Art. 2480 cc. müssen satzungsändernde Beschlüsse zudem notariell beurkundet werden.[1081]

434 Den Gesellschaftern ist es grundsätzlich gestattet, sich auf der Gesellschafterversammlung **vertreten** zu lassen (Art. 2479-*bis* II c.c.). Anders als bei der s.p.a. enthält das Gesetz insofern keine Einschränkungen. Die Gesellschafter können sich daher sowohl von Mitgesellschaftern, Verwandten als auch Dritten vertreten lassen.[1082] Der Gründungsakt kann die Möglichkeit, sich vertreten zu lassen, allerdings einschränken (Art. 2479-*bis* II c.c.).

435 Sollte ein Gesellschafter ein dem Interesse der **Gesellschaft zuwiderlaufendes Interesse** bei der Beschlussfassung haben, unterliegt er dennoch keinem Stimmrechtsverbot. Der Beschluss kann jedoch angefochten werden, sofern die Beteiligung des Gesellschafters bei der Beschlussfassung den Ausschlag gegeben hat. Notwendig ist zudem, dass aus der Entscheidung ein Schaden für die Gesellschaft resultieren kann (Art. 2479-*ter* II c.c.).[1083]

436 Im Fall der unterbliebenen Einberufung sind die in der Gesellschafterversammlung gefassten Beschlüsse nicht nichtig, wenn eine sog *assemblea totalitaria* vorlag. Voraussetzung dafür ist, dass das gesamte Gesellschaftskapital vertreten ist. Außerdem müssen alle Verwalter und Überwachungsmitglieder entweder ebenfalls anwesend gewesen sein oder zumindest von der Zusammenkunft benachrichtigt worden sein (*assemblea totalitaria*, Art. 2479-*bis* V c.c.).[1084] Zur Anfechtbarkeit von Gesellschafterbeschlüssen s. ansonsten unter Rn. 438, 440.

dd) Beschlussfassung außerhalb der Gesellschafterversammlung

437 Der Gründungsakt kann die Zulässigkeit eines schriftlichen Meinungsaustausches bzw. einer schriftlichen Einwilligung (*procedimento per consultazione scritta*) **außerhalb der Gesellschafterversammlung** vorsehen (Art. 2479 III c.c.).[1085] Soweit es sich nicht um Angelegenheiten handelt, die gemäß Art. 2479 II Nr. 4 und 5 c.c. zwingend in die Kompetenz der Gesellschafterversammlung fallen bzw. bei denen weder ein Geschäftsführer, noch ein Drittel des stimmberechtigten Kapitals eine Gesellschafterversammlung verlangt haben, ersetzt der schriftliche Meinungsaustausch bzw. die schriftliche Einwilligung eine Entscheidung der Gesellschafterversammlung. Das Gesetz verlangt die **Eindeutigkeit** des Entscheidungsgegenstandes und der Einwilligung, die aus der Urkunde hervorgehen müssen (Art. 2479 III c.c.).[1086]

ee) Beschlussanfechtung

438 Die Entscheidungen der Gesellschafter, die nicht nach Gesetz oder Gründungsakt gefasst wurden, können von den Gesellschaftern, vom Verwaltungsrat oder vom Überwachungsrat innerhalb von **90 Tagen** ab ihrer Eintragung in das Gesellschaftsbuch angefochten werden (Art. 2479-*ter* c.c.). Die Frist wird auf **drei Jahre** verlängert, falls die Entscheidungen einen unerlaubten oder unmöglichen Gegenstand betreffen oder ohne jegliche vorausgegangene Benachrichtigung gefasst wurden.[1087]

1080 *Cian* in: Cian (Hrsg.), Diritto commerciale, Bd. 3, Diritto delle società, 2017, S. 706; *Zanarone*, Della società a responsabilità limitata, Bd. 2, 2010, S. 1345.
1081 *Cian* in: Cian (Hrsg.), Diritto commerciale, Bd. 3, Diritto delle società, 2017, S. 705.
1082 *Cian* in: Cian (Hrsg.), Diritto commerciale, Bd. 3, Diritto delle società, 2017, S. 704; *Sanfilippo* in: Dolmetta/Presti (Hrsg.), S.r.l. Commentario dedicato a Giuseppe Portale, 2011, S. 822, 830.
1083 *Cian* in: Cian (Hrsg.), Diritto commerciale, Bd. 3, Diritto delle società, 2017, S. 708; *Vigo* in: Dolmetta/Presti (Hrsg.), S.r.l. Commentario dedicato a Giuseppe Portale, 2011, 842, 846.
1084 *Cian* in: Cian (Hrsg.), Diritto commerciale, Bd. 3, Diritto delle società, 2017, S. 703.
1085 Das Gesetz verweist auf die Satzungsvorschriften für die spezifischen Regelungen des Beschlussverfahrens, die deswegen mit großer Sorgfalt geschrieben werden müssen, vgl. *Carbonara* Giurisprudenza commerciale 2017, 987, 999; *Cagnasso* Rivista delle società 2005, 149, 175 ff.; *Mirone* in: Abbadessa/Portale (Hrsg.), Il nuovo diritto delle società. Liber amicorum Gian Franco Campobasso, Bd. 3, 2007, S. 499 ff.
1086 *Iermano* in: Dolmetta/Presti (Hrsg.), S.r.l. Commentario dedicato a Giuseppe Portale, 2011, S. 805, 811 ff.
1087 Wie weit dieser Tatbestand auszulegen ist, wird in der Literatur kontrovers diskutiert, vgl. *Palmieri* in: Ibba/Marasà (Hrsg.), Trattato delle società a responsabilità limitata, 2009, S. 201 ff.; *Mirone* in: Abbadessa/Portale (Hrsg.), Il nuovo diritto delle società. Liber amicorum Gian Franco Campobasso, Bd. 3, 2007, S. 506 ff.; *Guizzi* Rivista del diritto commerciale 2004, 1001, 1014 ff.; Trib. Milano 15.12.2016, www.giurisprudenzadelleimprese.it; Trib. Roma 15.6.2015, www.giurisprudenzadelleimprese.it.

c) Überwachungsrat/Rechnungsprüfer

Der Gründungsakt kann die Bestellung eines Überwachungsrates (*collegio sindacale*) oder eines Rechnungsprüfers (*revisore*) vorsehen (Art. 2477 I c.c.). Die **Pflicht zur Bildung** eines Überwachungsrates bzw. der Bestellung eines Rechnungsprüfers ist in Art. 2477 c.c. geregelt. Handelt es sich um eine große s.r.l. oder eine Muttergesellschaft, ist die Bildung eines Überwachungsrates bzw. der Bestellung eines Rechnungsprüfers grundsätzlich zwingend (Art. 2477 II, III c.c.). Außerdem liegt insbesondere dann eine Pflicht zur Bildung vor, wenn in zwei aufeinander folgenden Geschäftsjahren zwei der im ersten Absatz von Art. 2435-*bis* c.c. angegebenen **Grenzwerte** überschritten werden. Diese Grenzwerte sind aktuell ein Eigenkapital von 4.400.000 EUR, sowie Erträge aus Verkäufen oder Dienstleistungen in Höhe von 8.800.000 EUR und eine durchschnittliche Mitarbeiterzahl von 50 Beschäftigten. Die Pflicht zur Bildung des Überwachungsrates kann notfalls mit einem Antrag beim Landgericht durchgesetzt werden (Art. 2477 VI 2 c.c.). Unterschreitet die Gesellschaft die Grenzwerte in zwei aufeinander folgenden Geschäftsjahren, entfällt die Pflicht wieder.[1088] Der Fall der Pflicht der Bildung eines Überwachungsrats bei Überschreitung des Mindestkapitalwerts der s.p.a. durch das Gesellschaftskapital wurde 2014 durch Gesetzesdekret 24.6.2014 N. 91 aufgehoben. 439

Seit 2012 kann der Überwachungsrat aus einem einzigen Mitglied bestehen. **Aufgabe** des Überwachungsrates (Kontrollrates) ist einerseits die Überprüfung der Buchführung und die **Abschlussprüfung,** wozu auch das Abfassen eines **Prüfberichtes** gehört. Art. 2479-*ter* I c.c. weist dem Überwachungsrat auch das Recht zur **Anfechtung rechtswidriger Gesellschafterbeschlüsse** zu. Inhaltlich richtet sich der Umfang der Pflichten des Überwachungsrates nach dem italienischen AG-Recht (vgl. den Verweis in Art. 2477 V c.c.). So hat der Überwachungsrat die Einhaltung der Gesetze und der Satzung, die Beachtung der Grundsätze ordnungsgemäßer Verwaltung, die ordnungsgemäße Organisation und ihr konkretes Funktionieren sicher zu stellen (Art. 2403 c.c.). Die Mitglieder des Überwachungsrates nehmen an den Sitzungen des Verwaltungsrates und der Gesellschafterversammlung teil. Die genannten Aufgaben des Überwachungsrates sind wohl zwingend, dh dass auch einem freiwillig gebildeten Überwachungsrat diese Aufgaben nicht durch Satzungsbestimmung entzogen werden können.[1089] Dank der großen Gestaltungsfreiheit bei der s.r.l. können aber stattdessen auch Beiräte gebildet werden, denen die Satzung dann ganz spezifische Aufgaben zuweist.[1090] 440

Unabhängig vom Bestehen eines Überwachungsrates haben die Gesellschafter ein sehr weites **Auskunftsrecht** (***diritto di controllo***). Sie dürfen von den Verwaltern Auskunft über den Geschäftsgang verlangen und in Gesellschaftsbücher sowie in die Verwaltung betreffende Unterlagen Einsicht nehmen (Art. 2476 II c.c.). Das **Einsichtsrecht** unterliegt nach überwiegender Rechtsprechung, außer in den Fällen eines Rechtsmissbrauches, keinen Beschränkungen. So können etwa keine Vertraulichkeitsgründe gegenüber den einsichtnehmenden Gesellschaftern geltend gemacht werden.[1091] Dieses Einsichtsrecht wird in der Praxis sehr häufig genutzt und durch eine einstweilige Verfügung nach Art. 700 c.p.c. vorgenommen. 441

In den neuen Regelungen zum Recht der s.r.l. fehlt der Verweis auf Art. 2409 c.c., der bei der s.p.a. beim **Verdacht schwerwiegender Unregelmäßigkeiten** eine Untersuchung des Landgerichts regelt.[1092] Auch eine analoge Anwendung ist wohl zu verneinen.[1093] Nach der Rechtsprechung hat der einzelne Gesellschafter in der s.r.l. sehr weite Schutzinstrumente (wie zB das Einsichtsrecht und die Haftungsklage), weshalb für das Rechtsinstitut, wie es Art. 2409 c.c. kennt, kein Raum bleibt. 442

1088 *Cian* in: Cian (Hrsg.), Diritto commerciale, Bd. 3, Diritto delle società, 2017, S. 724; *Campobasso*, Diritto commerciale, Bd. 2, Diritto delle società, 2015, S. 586.

1089 *Cian* in: Cian (Hrsg.), Diritto commerciale, Bd. 3, Diritto delle società, 2017, S. 725; *Benazzo* in: Dolmetta/Presti (Hrsg.), S.r.l. Commentario dedicato a Giuseppe Portale, 2011, S. 728, 740; *Kindler*, Italienisches Handels- und Wirtschaftsrecht, 2014, § 4 Rn. 238.

1090 *Cariello,* Il sistema dualistico, 2012, S. 149 f.; *Zanarone,* Della società a responsabilità limitata, Bd. 2, 2010, S. 941.

1091 Trib. Milano 27.9.2017, Società 2018, 41; Trib. Roma 7.8.2017, www.giurisprudenzadelleimprese.it; Trib. Roma 24.7.2017, www.giurisprudenzadelleimprese.it; Trib. Milano 20.7.2017, Società 2017, 1333; Trib. Roma 10.7.2017, www.giurisprudenzadelleimprese.it; Trib. Roma 16.1.2008, Rivista del notariato 2009, 668; Trib. Pavia 1.8.2007, Giurisprudenza Merito 2008, 2273; Trib. Taranto 13.7.2007, Giurisprudenza italiana 2008, 122. Das Einsichtsrecht kann nicht gegen Treu und Glauben ausgeübt werden, vgl. Trib. Milano 14.7.2017, www.giurisprudenzadelleimprese.it; Trib. Roma 4.7.2017, www.giurisprudenzadelleimprese.it; Trib. Milano 15.5.2008, Giurisprudenza italiana 2009, 656; App. Milano 13.2.2008, Le Società 2009, 205. In der Literatur vgl. die Monographien von *Capelli,* Il controllo individuale del socio di s.r.l. Il modello legale, 2017; *Guidotti*, I diritti di controllo del socio nella s.r.l., 2007.

1092 *Kindler*, Italienisches Handels- und Wirtschaftsrecht, 2014, § 4 Rn. 238.

1093 Nach Corte costituzionale 29.12.2005, N. 481 ist dies auch nicht verfassungswidrig. Für die Verfassungswidrigkeit sind trotz dieser Entscheidung Trib. Napoli 14.5.2008, Le Società 2009, 1019; Trib. Milano 26.3.2010, Le Società 2010, 820; dagegen Cassazione 13.1.2010, N. 403, Le Società 2010, 665.

d) Gesellschaftsrechtliche Nebenvereinbarungen (patti parasociali)

443 Trotz der weiten Satzungsfreiheit in der s.r.l. können die Gesellschafter auch bei dieser Rechtsform zB aus Vertraulichkeitsgründen ein Interesse daran haben, einige Vereinbarungen nicht in die Satzung aufzunehmen, sondern sie in gesellschaftsrechtlichen Nebenvereinbarungen zu regeln.[1094] **Gesellschaftsrechtliche Nebenvereinbarungen** (*patti parasociali*) sind für die s.r.l. allerdings nicht ausdrücklich geregelt. Umstritten ist insofern, ob daher die allgemeinen zivilrechtlichen Regeln[1095] oder ebenfalls die für die s.p.a. anwendbaren Vorschriften (Art. 2341-*bis* c.c.)[1096] zum Zuge kommen sollen. Eindeutig ist insofern, dass die Vorschriften der s.p.a. (Art. 2341-*bis* und Art. 2341-*ter* c.c.; Art. 122 und Art. 123 T.U.F.) auf alle Gesellschaften, die eine Aktiengesellschaft beherrschen, anwendbar sind.[1097] Erlangt eine s.r.l. somit Kontrolle über eine Aktiengesellschaft, so greifen die genannten aktienrechtlichen Regeln. Kontrovers diskutiert ist die Frage hingegen mit Blick auf solche s.r.l., die keine Aktiengesellschaft kontrollieren. Nach hM ist im Ergebnis die zeitliche Beschränkung von füf Jahren von bestimmten gesellschaftsrechtlichen Nebenvereinbarungen (vgl. Art. 2341 I c.c.) auf die s.r.l. anwendbar.[1098] **Publizitätspflichten** bestehen für derartige Nebenvereinbarungen in der s.r.l. jedoch **keine**.[1099]

4. Anteile

444 Beteiligungen an der s.r.l. können **nicht** in Form von **Aktien** ausgegeben werden, das heißt, die Anteile können nicht durch Wertpapiere verkörpert und in standardisierte Beteiligungen zerlegt werden (Art. 2468 I c.c.).[1100] Die s.r.l. ist also kapitalmarktfern ausgestaltet. Sofern der Gründungsakt nicht etwas Anderes bestimmt, bemisst sich die Beteiligung jedes Gesellschafters nach der **Höhe seiner Einlage** (Art. 2468 II 2 c.c.). Nach der Beteiligung richten sich dann die **Gesellschafterrechte** und **-pflichten** (Art. 2468 II 2 c.c.).[1101] Art. 2468 III c.c. lässt jedoch ausdrücklich davon abweichende Bestimmungen im Gründungsakt zu, so dass einzelnen Gesellschaftern besondere Rechte (*diritti particolari*) hinsichtlich der Verwaltung der Gesellschaft oder der Gewinnverteilung zuerkannt werden können. So zB ist es beispielsweise möglich, einzelnen Gesellschaftern Vetorechte zuzugestehen, ihnen die Befugnis, Verwalter zu bestellen (s. bereits Rn. 413) zu gewähren oder ihnen besondere Weisungsrechte zuzubilligen.[1102] Auch überproportionale Gewinnbezugsrechte finden ihre gestaltungsrechtlichen Schranken nur mit Blick auf *patto leonino*-Klauseln (s. dazu Rn. 65 f.).[1103] Umstritten ist, ob auch Mehrstimmrechte zugewiesen werden können.[1104]

5. Kapitalverfassung

a) Kapitalaufbringung

aa) Mindestkapital

445 Das Mindestkapital für die s.r.l. beträgt grundsätzlich **10.000 EUR** (Art. 2463 II Nr. 4 c.c.). Ein Höchstkapital ist nicht vorgesehen. Seit 2013 ist es jedoch neben der Gründung der vereinfachten s.r.l. (s.r.l.s.; siehe dazu nä-

1094 *Marano* in: Dolmetta/Presti (Hrsg.), S.r.l. Commentario dedicato a Giuseppe Portale, 2011, S. 126, 130; *Zanarone*, Della società a responsabilità limitata, Bd. 1, 2010, S. 269.

1095 *Ventoruzzo* Giurisprudenza commerciale 2006, 573, 586; *Zanarone*, Della società a responsabilità limitata, Bd. 1, 2010, S. 271.

1096 *Daccò* in: Cian (Hrsg.), Diritto commerciale, Bd. 3, Diritto delle società, 2017, S. 656.

1097 *Marano* in: Dolmetta/Presti (Hrsg.), S.r.l. Commentario dedicato a Giuseppe Portale, 2011, S. 126 ff.; *Perathoner* in: Laimer/Perathoner (Hrsg.), Gesellschaftsrechtliche Nebenvereinbarungen in Europa, 2013, S. 188.

1098 *Marano* in: Dolmetta/Presti (Hrsg.), S.r.l. Commentario dedicato a Giuseppe Portale, 2011, S. 126, 133; aA *Perathoner* in: Laimer/Perathoner (Hrsg.), Gesellschaftsrechtliche Nebenvereinbarungen in Europa, 2013, S. 188.

1099 *Perathoner* in: Laimer/Perathoner (Hrsg.), Gesellschaftsrechtliche Nebenvereinbarungen in Europa, 2013, S. 193.

1100 *Daccò* in: Cian (Hrsg.), Diritto commerciale, Bd. 3, Diritto delle società, 2017, S. 669; *Abbadessa* in: Niccolini/Stagno d'Alcontres (Hrsg.), Società di capitali. Commentario, Bd. 1, 2004, S. 5; *Zanarone*, Della società a responsabilità limitata, Bd. 1, 2010, S. 499 ff.; aA *Stagno d'Alcontres/De Luca*, Le società, Bd. 2, Le società di capitali, 2017, S. 416.

1101 *Daccò* in: Cian (Hrsg.), Diritto commerciale, Bd. 3, Diritto delle società, 2017, S. 670; *Zanarone*, Della società a responsabilità limitata, Bd. 1, 2010, S. 512.

1102 Für weitere Beispiele *Santagata* in: Dolmetta/Presti (Hrsg.), S.r.l. Commentario dedicato a Giuseppe Portale, 2011, S. 284, 290 ff.

1103 *Stagno d'Alcontres/De Luca*, Le società, Bd. 2, Le società di capitali, 2017, S. 420; *Santagata* in: Dolmetta/Presti (Hrsg.), S.r.l. Commentario dedicato a Giuseppe Portale, 2011, S. 284, 296.

1104 Dafür *Speranzin* in: Verschiedene Autoren, La struttura finanziaria e i bilanci delle società di capitali. Studi in onore di Giovanni E. Colombo, 2011, S. 211, 211 ff.; *Blandini*, Categorie di quote, categorie di soci, 2009, S. 59 ff.; dagegen *Revigliono* in: Cottino/Bonfante/Cagnasso/Montalenti (Hrsg.), Il nuovo diritto societario, 2004, S. 1807.

her unter Rn. 488 ff.) auch möglich, eine s.r.l. mit einem Kapital von weniger als 10.000 EUR, aber mindestens 1 EUR zu gründen (Art. 2463 IV c.c.).[1105] In letzterem Fall wird unverändert der Rechtsformzusatz „s.r.l." benutzt, obwohl sie in der Literatur auch als „*s.r.l. a capitale marginale*" bezeichnet wird.[1106] Dem Rechtsverkehr wird somit nicht durch den Rechtsformzusatz signalisiert, dass es sich um eine *s.r.l. a capitale marginale* handelt. Dafür muss das Stammkapital aber auf der geschäftlichen Korrespondenz der Gesellschaft angegeben werden, so dass Gläubiger insofern die Möglichkeit haben, diese Information zu erlangen (Art. 2250 II c.c.). Wird eine s.r.l. mit einem Kapital von unter 10.000 EUR gegründet, so greifen spezielle Vorgaben (dazu sogleich im Folgenden), die mit denen der deutschen Unternehmergesellschaft (UG) vergleichbar sind. Das Kapital ist dementsprechend zB ausschließlich in Form von Bareinlagen zu erbringen und muss vollständig eingezahlt werden (Art. 2463 IV c.c.).[1107] Außerdem besteht eine Pflicht zur Bildung einer zunehmenden Kapitalrücklage.[1108]

bb) Bareinlagen

Die Kapitalaufbringung ist für die Grundform der s.r.l. in Art. 2464 c.c. geregelt. Die Vorschrift ist mit den Regelungen für die Kapitalaufbringung bei der italienischen AG (s.p.a.) vergleichbar. So müssen **Bareinlagen** zu 25% sofort bei Gründung erbracht werden. Ggf. bestehende **Agios** sind zu diesem Zeitpunkt zu 100% zu erbringen. Im Fall einer **Ein-Personen-s.r.l.** müssen sogar auch die Bareinlagen zu 100% bei Gründung entrichtet werden (Art. 2464 IV c.c.).[1109] Art. 2464 IV c.c. gestattet es dem Gesellschafter allerdings, statt der erforderlichen Aufbringung der Bareinlagen eine Versicherungspolice oder Bankbürgschaft in entsprechender Höhe abzuschließen. Damit wird den Kapitalaufbringungsvorschriften ebenfalls genüge getan. Das Problem liegt jedoch darin, dass die Merkmale dieser Versicherungspolice bzw. der Bankbürgschaft noch nicht durch ein Dekret festgelegt wurden, weshalb die Vorschrift bislang noch nicht angewandt werden kann.[1110] 446

In Bezug auf die **Einforderung der ausstehenden Einlagen** durch das Geschäftsführungsorgan kann auf die Ausführungen bei der s.p.a. verwiesen werden (s. dazu Rn. 326). Zusammenfassend lässt sich sagen, dass die ausstehenden Einlagen jederzeit und ohne wichtigen Grund durch den Verwaltungsrat vom Gesellschafter eingefordert werden können. Satzungsbestimmungen können diese Kompetenz des Geschäftsführungsorgans nicht einschränken, was für die Gesellschafter bedeutet, dass sie jederzeit ausreichend Liquidität zur Aufbringung der Bareinlage bereithalten müssen.[1111] Zudem ist zu beachten, dass die ausstehenden Einlagen auch dann vollständig erbracht werden müssen, wenn die Gesellschaftermehrheit verloren geht (Art. 2464 VIII c.c.). Der verbleibende Gesellschafter hat dann 90 Tage Zeit, seiner Einlagepflicht nachzukommen (Art. 2464 VIII c.c.). 447

Bestimmt der Gründungsakt nicht, in welcher Form die Einlagen zu erbringen sind, so ist eine Bareinlage geschuldet (Art. 2464 III c.c.). Eine Befreiung von der Bareinlageverpflichtung ist wie für die andere Kapitalgesellschaften auch durch Aufrechnung mit einer Forderung gegen die Gesellschaft möglich, es sei denn, dass durch die Gesellschafterversammlung etwas Anderes vorgeschrieben wird.[1112] Soll eine **s.r.l. mit weniger als 10.000 EUR** Kapital gegründet werden, so greift Art. 2463 IV c.c., wonach **ausschließlich Bareinlagen** gestattet sind, die bei Gründung vollständig, dh zu 100%, zu leisten sind. 448

1105 *Portale* Rivista delle società 2015, 815, 815 ff.; *Campobasso*, Diritto commerciale, Bd. 2, Diritto delle società, 2015, S. 558; *Giudotti* in: González/Teichmann (Hrsg.), Private Company Law Reform in Europe: The race for flexibility, 2015, S. 297; *Fasciani* in: Süß/Wachter (Hrsg.), HdB des internationalen GmbH-Rechts, 2016, Italien, Rn. 66; *Bartolacelli* ECFR 2016, 665, 667.

1106 *Daccò* in: Cian (Hrsg.), Diritto commerciale, Bd. 3, Diritto delle società, 2017, S. 733.

1107 *Daccò* in: Cian (Hrsg.), Diritto commerciale, Bd. 3, Diritto delle società, 2017, S. 733; *Campobasso*, Diritto commerciale, Bd. 2, Diritto delle società, 2015, S. 558; *Giudotti* in: González/Teichmann (Hrsg.), Private Company Law Reform in Europe: The race for flexibility, 2015, S. 297; *Fasciani* in: Süß/Wachter (Hrsg.), HdB des internationalen GmbH-Rechts, 2016, Italien, Rn. 66; *Bartolacelli* ECFR 2016, 665, 676.

1108 *Daccò* in: Cian (Hrsg.), Diritto commerciale, Bd. 3, Diritto delle società, 2017, S. 733 f.; *Giudotti* in: González/Teichmann (Hrsg.), Private Company Law Reform in Europe: The race for flexibility, 2015, S. 297; *Fasciani* in: Süß/Wachter (Hrsg.), HdB des internationalen GmbH-Rechts, 2016, Italien, Rn. 66 f.; *Bartolacelli* ECFR 2016, 665, 675.

1109 *Daccò* in: Cian (Hrsg.), Diritto commerciale, Bd. 3, Diritto delle società, 2017, S. 662; *Fasciani* in: Süß/Wachter (Hrsg.), HdB des internationalen GmbH-Rechts, 2016, Italien, Rn. 140; *Süß* in: MüHdB GesR, Bd. 6, 2013, § 47 Rn. 281; *Falco* in: Wegen/Spahlinger/Barth (Hrsg.), Gesellschaftsrecht des Auslands, 2016, Italien, Rn. 38; *Guidotti* in: González/Teichmann (Hrsg.), Private Company Law Reform in Europe: The race for flexibility, 2015, S. 307; *Pernazza*, Corporations and Partnerships in Italy, 2012, Rn. 345; *Bartolacelli* ECFR 2016, 665, 674.

1110 *Campobasso*, Diritto commerciale, Bd. 2, Diritto delle società, 2015, S. 559; *Daccò* in: Cian (Hrsg.), Diritto commerciale, Bd. 3, Diritto delle società, 2017, S. 662.

1111 *Campobasso*, Diritto commerciale, Bd. 2, Diritto delle società, 2015, S. 560; Valzer in Dolmetta/Presti (Hrsg.), S.r.l. Commentario dedicato a Giuseppe Portale, 2011, 214, 218.

1112 Trib. Roma 6.2.2017, Giurisprudenza italiana 2017, 1139 ff., mit Anm. *Cagnasso;* Trib. Milano 20.3.2013, www.giurisprudenzadelleimprese.it; App. Roma 3.9.2002, Società 2003, 41.

cc) Forderungen und Sacheinlagen, inklusive Dienst- und Werkleistungen

449 Einlagefähig sind bei der s.r.l. in ihrer Grundform und mit einem Kapital von mindestens 10.000 EUR grundsätzlich **alle Aktiva**, deren wirtschaftlicher Wert feststellbar ist (Art. 2464 II c.c.). Die Definition umfasst auch **Dienstleistungen** und **Werkleistungen** (vgl. Art. 2464 VI c.c.). Möchten die Gründer eine s.r.l. mit weniger als 10.000 EUR Stammkapital gründen, so ist ihnen die Einbringung von Forderungen, Sacheinlagen sowie Dienst- und Werkleistungen verwehrt (Art. 2464 III 2 c.c.).

450 Bemerkenswert ist, dass es bezüglich der Erbringung von Dienst- oder Werkleistungen keine Aufbringungsvorschriften gibt. Die Gesellschafter sind daher in Bezug auf die Einbringung völlig frei. Allerdings müssen Dienst- oder Werkleistungen durch eine **Versicherungspolice oder Bankbürgschaft** in entsprechender Höhe abgesichert werden (Art. 2464 VI c.c.). Im Gesetz werden ihre Merkmale nicht näher festgelegt; die Absicherung muss aber auf erstes Anfordern sein.[1113] Anders als bei der Versicherungspolice oder Bankbürgschaft für Bareinlagen ist die Vorschrift nach hM schon heute anwendbar.[1114] Eine Absicherung kann darüber hinaus auch durch die Zahlung des entsprechenden Geldbetrages an die Gesellschaft als **Kaution** erfolgen (Art. 2464 VII c.c.). Damit soll in den Fällen, in denen ein Gesellschafter nicht in der Lage oder Willens ist, die Dienstleistung oder Werkleistung zu erbringen, Schaden von der Gesellschaft abgewendet werden.[1115] Es sollen auch nicht geschützte Immaterialgüterrechte (Know-how, Goodwill) eingebracht werden können, wenn ein Wert feststellbar ist.[1116]

451 **Sacheinlagen** und **Forderungen** müssen dagegen – wie bei der s.p.a. (s. Rn. 324 ff.) – sofort und vollständig erbracht werden (Art. 2464 V c.c.). Zudem bedürfen alle Forderungen und Sacheinlagen eines **Sachverständigengutachtens**, das grundsätzlich von eingetragenen Wirtschaftsprüfern bzw. eingetragenen Wirtschaftsprüfungsgesellschaften ausgestellt werden muss (Art. 2465 I 1 c.c.).[1117] Eine Überprüfung der Bewertungen durch den Verwaltungsrat ist im Gesetz nicht vorgesehen, wird aber von der Doktrin aus dem System hergeleitet.[1118]

452 Die Pflicht zur Bewertung durch einen Sachverständigen hat auch für Wirtschaftsgüter und Forderungen von Gesellschaftern zu erfolgen, die **zwei Jahre nach der Gründung** der Gesellschaft von dieser übernommen wurden und ein Zehntel des Kapitals ausmachen (Art. 2465 II 1 c.c.).[1119] Der italienische Gesetzgeber hat somit auch für die s.r.l. die Nachgründungsvorschriften der ehemaligen Kapital-RL (jetzt Teil der Kodifizierungs-RL übernommen, s. dazu § 21 Rn. 64 ff.). Sofern der Gründungsakt nicht Anderes bestimmt, ist der Erwerb zudem von der Gesellschafterversammlung zu genehmigen (2465 II 2 c.c.). Ob auch für Dienst- und Werkleistungen ein Sachverständigengutachten notwendig ist, ist umstritten.[1120] Art. 2465 c.c. erfasst solche Einlagen seinem Wortlaut nach nicht. Für die Anwendung der Vorschrift auf Dienst- und Werkleistungen sprechen jedoch die Schwierigkeit der Bewertung von solchen Einlagen. Bezüglich der Haftung im Fall der Einbringung von Sacheinlagen und Forderungen erklärt Art. 2464 V I c.c. die Regeln der *società semplice* (Artt. 2254, 2255 c.c.) für anwendbar.

dd) Eigene Anteile

453 Die Gesellschaft darf gem. Art. 2474 c.c. **keine eigenen Beteiligungen** erwerben oder als Sicherheit annehmen. Auch darf sie den Erwerb einer Beteiligung an der Gesellschaft **nicht** durch Darlehen oder Sicherheiten **finanzie-**

1113 Im Gesetz werden ihre Merkmale nicht festgelegt; sie müssen aber auf erstes Anfordern sein, vgl. *Olivieri* in: Abbadessa/Portale (Hrsg.), Il nuovo diritto delle società. Liber amicorum Gian Franco Campobasso, Bd. 3, 2007, S. 364; *Falco* in: Wegen/Spahlinger/Barth (Hrsg.), Gesellschaftsrecht des Auslands Italien, Rn. 38 f.; *Hartl* NZG 2003, 667, 668; *Lorenzetti/Strnad* GmbHR 2004, 731, 731 f.; *Fasciani* in: Süß/Wachter (Hrsg.), HdB des internationalen GmbH Rechts, 2016, Italien, Rn. 69.

1114 *Daccò* in: Cian (Hrsg.), Diritto commerciale, Bd. 3, Diritto delle società, 2017, S. 661; *Zanarone*, Della società a responsabilità limitata, Bd. 1, 2010, S. 325.

1115 Allgemein *Nieddu Arrieca*, Il conferimento di prestazione d'opera e di servizi nella s.r.l., 2010; *Onza*, L'apporto d'opera e servizi nella s.r.l., 2008.

1116 *Daccò* in: Cian (Hrsg.), Diritto commerciale, Bd. 3, Diritto delle società, 2017, S. 661; *Stagno d'Alcontres/De Luca*, Le società, Bd. 2, Le società di capitali, 2017, S. 344; *Zanarone*, Della società a responsabilità limitata, Bd. 1, 2010, S. 311; *Süß* in: MüHdB GesR, Bd. 6, 2013, § 47 Rn. 282.

1117 *Miola* in: Dolmetta/Presti (Hrsg.), S.r.l. Commentario dedicato a Giuseppe Portale, 2011, S. 192, 197 ff.; *Falco* in: Wegen/Spahlinger/Barth, Gesellschaftsrecht des Auslands, Italien, Rn. 39; *Lorenzetti/Strnad* GmbHR 2004, 731, 732; *Ghersini/Puppo* in: van Hulle/Gesell (Hrsg.), European Corporate Law 2006, Part 2, Rn. 26; *Fasciani* in: Süß/Wachter (Hrsg.), HdB des internationalen GmbH-Rechts, 2016, Italien, Rn. 70.

1118 *Campobasso*, Diritto commerciale, Bd. 2, Diritto delle società, 2015, S. 560; *Presti/Rescigno*, Corso di diritto commerciale, Bd. 2, Società, 2017, S. 553; *Portale* Corriere giuridico 2003, 9, 9.

1119 *Fasciani* in: Süß/Wachter (Hrsg.), HdB des internationalen GmbH-Rechts, 2016, Italien, Rn. 70.

1120 So *Presti/Rescigno*, Corso di diritto commerciale, Bd. 2, Società, 2017, S. 553; *Campobasso*, Diritto commerciale, Bd. 2, Diritto delle società, 2015, S. 560; *De Angelis* Banca, borsa, titoli di credito 2004, 310, 314; *Miola* Rivista delle società 2004, 657, 711 ff.; dagegen *Ginevra* Rivista delle società 2007, 102, 146; *Fasciani* in: Süß/Wachter (Hrsg.), HdB des internationalen GmbH-Rechts, 2016, Italien, Rn. 36.

ren.[1121] Ausnahmen von diesem Prinzip sind nicht vorgesehen. Diese restriktiven Bestimmungen sind in der Literatur auf Kritik gestoßen.[1122]

b) Kapitalersetzende Gesellschafterdarlehen

Seit der Reform von 2003 gibt es auch für die Gesellschafterdarlehen eine **ausdrückliche gesetzliche Regelung.** Nach Art. 2467 c.c. ist die Rückzahlung der von den Gesellschaftern (zugunsten der Gesellschaft) gewährten Darlehen (*finanziamenti dei soci*) gegenüber der Befriedigung der anderen Gläubiger nachrangig. Ob die **Nachrangigkeit** aber nicht nur in Liquidations- und Insolvenzfällen, sondern auch während des ordentlichen Geschäftsgangs einer tätigen Gesellschaft Anwendung finden soll, ist umstritten.[1123] Falls die Rückzahlung innerhalb eines Jahres vor der Beantragung der Insolvenz erfolgt ist, muss sie rückgängig gemacht werden.[1124] 454

Anders als in Deutschland fallen unter diese Vorschriften allerdings **nicht alle Gesellschafterdarlehen,** sondern nur diejenigen, die zu einem Zeitpunkt gewährt wurden, an dem auch unter Berücksichtigung der Art der von der Gesellschaft ausgeübten Tätigkeit ein übermäßiges Missverhältnis zwischen Schuldenstand und Eigenkapital bestanden hat oder die Gesellschafterdarlehen in einer finanziellen Lage der Gesellschaft gewährt wurden, in der eine Einlage vernünftiger gewesen wäre. Ob das eine Krise der Gesellschaft bedeuten soll, ist allerdings strittig.[1125] Bezüglich der **formlos eingezahlten Beträge** kann auf das zur s.p.a. Gesagte verwiesen werden (s. Rn. 335). 455

c) Ausschüttung an die Gesellschafter

Ausgeschüttet werden dürfen nur tatsächlich erzielte und im genehmigten Jahresabschluss festgestellte Gewinne (Art. 2478-*bis* IV c.c.). Ein gutgläubiger Gesellschafter wird jedoch hinsichtlich der Ausschüttung, die auf dem Gewinnausweis im ordnungsgemäß festgestellten Jahresabschluss steht, geschützt (Art. 2478-*bis* VI c.c.).[1126] Bei einem Verlust darf eine Gewinnverteilung erst nach vorherigem Verlustausgleich oder nach einer Kapitalherabsetzung vorgenommen werden (Art. 2478-*bis* V c.c.). Bei der ordentlichen s.r.l. werden zudem 5% vom jährlichen Reingewinn zur Bildung einer Rücklage so lange einbehalten, bis die Rücklage 20% des Gesellschaftskapitals erreicht hat (Art. 2478-*bis* c.c. iVm Art. 2430 c.c.). Die Satzung kann weitere Rücklagenbildungen vorsehen. 456

Haben die Gesellschafter eine **s.r.l. mit weniger als 10.000 EUR** Stammkapital gegründet, so unterliegt die Gesellschaft der Pflicht zur Bildung einer Kapitalrücklage (Art. 2463 V c.c.).[1127] Dementsprechend muss mindestens ein Fünftel (20%) des Reingewinns aus dem Jahresabschluss in die **Rücklage** eingestellt werden bis die Rücklagen zusammen mit dem Kapital den Betrag von 10.000 EUR erreichen (Art. 2463 V c.c.). Die Rücklage darf nicht an die Gesellschafter ausgeschüttet werden, sie darf vielmehr allein zur Kapitalerhöhung und zur Verlustdeckung eingesetzt werden (Art. 2463 V 2 c.c.).[1128] 457

1121 So App. Milano 18.6.2004, Le Società 2004, 1259; Cassazione 14.5.2004, N. 9194, Le Società 2004, 1110. Das Verbot findet auch im Falle der Kapitalherabsetzung keine Ausnahme, vgl. *Fernandez* Giurisprudenza commerciale 2010, 763 ff.; *Spolidoro* Rivista di Diritto Societario 2007-III, 2, 9; *Kindler*, Italienisches Handels- und Wirtschaftsrecht, 2014, § 4 Rn. 235; *Falco* in: Wegen/Spahlinger/Barth (Hrsg.), Gesellschaftsrecht des Auslands, 2016, Italien, Rn. 42; *Ghersini/Puppo* in: van Hulle/Gesell (Hrsg.), European Corporate Law 2006, Part 2, Rn. 33; *Fasciani* in: Süß/Wachter (Hrsg.), HdB des internationalen GmbH-Rechts, 2016, Italien, Rn. 75.

1122 *Campobasso*, Diritto commerciale, Bd. 2, Diritto delle società, 2015, S. 570.

1123 Vgl. *Daccò* in: Cian (Hrsg.), Diritto commerciale, Bd. 3, Diritto delle società, 2017, S. 681; *Campobasso* in: Dolmetta/Presti (Hrsg.), S.r.l. Commentario dedicato a Giuseppe Portale, 2011, S. 238, 252; *Portale* Banca, borsa, titoli di credito 2003, 663, 663 ff.; *Maugeri*, Finanziamenti anomali dei soci e tutela del patrimonio nelle società di capitali, 2005, S. 88 ff.

1124 Für die Betrachtung in der Insolvenz vgl. *Maugeri* Giurisprudenza commerciale 2010, 805, 819; *Balp* Rivista delle società 2007, 345, 364; *Falco* in: Wegen/Spahlinger/Barth (Hrsg.), Gesellschaftsrecht des Auslands, 2016, Italien, Rn. 43; *Lorenzetti/Strnad* GmbHR 2004, 731, 732; *Bader* GmbHR 2005, 1474, 1475; *Fasciani* in: Süß/Wachter (Hrsg.), HdB des internationalen GmbH-Rechts, 2016, Italien, Rn. 74.

1125 Die Kriterien sind unklar, vgl. *Terranova* in: Niccolini/Stagno d'Alcontres (Hrsg.), Società di capitali. Commentario, 2004, S. 1449; *Cottino/Cagnasso*, Diritto societario, 2011, S. 638; Trib. Milano 13.10.2016, www.giurisprudenzadelleimprese.it; Trib. Torino 15.7.2016, www.giurisprudenzadelleimprese.it; Trib. Milano 15.1.2014, www.giurisprudenzadelleimprese.it; Trib. Milano 14.3.2014, www.giurisprudenzadelleimprese.it; Trib. Milano 6.2.2015, www.giurisprudenzadelleimprese.it; Cass. 24.7.2007, N. 16393; Trib. Milano 24.4.2007, Giurisprudenza italiana 2007, 2500; *Bader* in: Pfeiffer (Hrsg.), Jhb. für italienisches Recht, Bd. 19, 2006, S. 37, 47; *Fasciani* in: Süß/Wachter (Hrsg.), HdB des internationalen GmbH-Rechts, 2016, Italien, Rn. 74.

1126 Trib. Milano 2.9.2015, www.giurisprudenzadelleimprese.it.

1127 *Daccò* in: Cian (Hrsg.), Diritto commerciale, Bd. 3, Diritto delle società, 2017, S. 733; *Campobasso*, Diritto commerciale, Bd. 2, Diritto delle società, 2015, S. 587; *Giudotti* in: González/Teichmann (Hrsg.), Private Company Law Reform in Europe: The race for flexibility, 2015, S. 297; *Bartocelli* ECFR 2016, 665, 675.

1128 *Daccò* in: Cian (Hrsg.), Diritto commerciale, Bd. 3, Diritto delle società, 2017, S. 734.

d) Kapitalerhöhung

458 Eine Kapitalerhöhung ist solange ausgeschlossen, bis sämtliche Einlagen vollständig eingezahlt wurden (vgl. Art. 2481 II c.c.).[1129] Sind die Einlagen vollständig erbracht worden, beschließen grundsätzlich die **Gesellschafter** über Kapitalerhöhungen. Gem. Art. 2481 I c.c. kann jedoch im Gründungsakt auch vorgesehen werden, dass die **Verwalter** über Kapitalerhöhungen entscheiden dürfen. Dann muss der Gründungsakt allerdings auch die Grenzen und die Art und Weise der Durchführung, wie zB die Höhe der Kapitalerhöhung oder die Art der Einlagen vorgeben (Art. 2481 I c.c.).

459 Die Kapitalerhöhung kann durch **neue Einlagen** (*aumento reale*) (Art. 2481-*bis* c.c.) oder durch die **Umwandlung von Rücklagen** (*aumento nominale*) in Kapital (Art. 2481-*ter* c.c.) erfolgen. Bei der Umwandlung von Rücklagen ergibt sich keine Änderung der Beteiligung der Gesellschafter (Art. 2481-*ter* II c.c.). Bei der Kapitalerhöhung durch neue Einlagen regelt Art. 2481-*bis* c.c. das **Bezugsrecht** (***diritto di opzione***) der Gesellschafter. Den Gesellschaftern steht demnach grundsätzlich ein Bezugsrecht im Verhältnis zu ihrer bisherigen Beteiligung zu (Art. 2481-*bis* I 1 c.c.). Im Gründungsakt kann allerdings eine Bestimmung aufgenommen werden, die auch eine Kapitalerhöhung durch Ausgabe neuer Anteile an Dritte (Art. 2481-*bis* I 2 c.c.) oder durch einen Bezugsrechtausschluss für die bisherigen Anteilseigner gestattet.[1130] Der Gründungsakt kann eine solche Kapitalerhöhung nur grundsätzlich gestatten. Für die konkrete Kapitalerhöhung bedarf es dann eines Gesellschafterbeschlusses. Gesellschafter, die dabei gegen die Kapitalerhöhung durch Ausgabe von Anteilen an Dritte stimmen, steht ein Austrittsrecht gem. Art. 2473 c.c. zu (Art. 2481-*bis* I 2 c.c.). Anders als bei der s.p.a. ist ein Aufgeld (*sovrapprezzo*) bezüglich solcher Kapitalerhöhungen nicht verpflichtend.[1131]

460 Wie auch bei der Gründung, sind Kapitalerhöhungen durch die Einbringung von **Bar- und Sacheinlagen** sowie **Arbeits- und Dienstleistungen** möglich.[1132] Bezüglich der Aufbringung kann auf die Ausführungen im Blick auf die Gründung verwiesen werden (vgl. Art. 2481-*bis* IV c.c., s. dazu Rn. 446 ff.). Nimmt allerdings der Alleingesellschafter der s.r.l. eine Kapitalerhöhung vor, so ist diese nur in Form von Bareinlagen zulässig und diese müssen sofort zu 100% geleistet werden (Art. 2481-*bis* V c.c.).

461 Für eine **s.r.l. mit einem reduzierten Stammkapital** von unter 10.000 EUR wird in der Literatur diskutiert, ob auch die Kapitalerhöhung ausschließlich durch Bareinlagen zu erfolgen hat und die Bareinlagen zudem vollständig zu leisten sind.[1133] Es wird argumentiert, dass andernfalls die Möglichkeit bestünde, die strengeren Gründungsvorschriften der kapitalreduzierten s.r.l. durch eine nachträgliche Kapitalerhöhung zu umgehen.[1134] Die hM befindet hingegen, dass bei Kapitalerhöhungen die Bedürfnisse nach Schnelligkeit, Vereinfachung und unmittelbarer Verfügbarkeit der Einlagen nicht vorliegen, die die strengen Aufbringungsvorschriften bei der Gründung rechtfertigen.[1135] Nach der hM sind daher auch Sacheinlagen und Arbeits- und Dienstleistungen bei Kapitalerhöhungen einlagefähig.

e) Kapitalherabsetzung

462 Gem. Art. 2482 c.c. kann das Kapital einer s.r.l. bis zum gesetzlichen Mindestkapital von 10.000 EUR herabgesetzt werden und zwar sowohl zum Zwecke einer Befreiung von Einzahlungsverpflichtungen, als auch zum Zwecke einer Rückzahlung. Eine Begrenzung des herabsetzungsfähigen Betrages, zB durch einen Bilanztest ist nicht vorgesehen. Die Herabsetzungsentscheidung darf aber erst **90 Tage** nach ihrer Eintragung im Register ausgeführt werden und zwar auch nur dann, wenn keiner der Altgläubiger widerspricht (Art. 2482 II c.c.). Bei einem Widerspruch durch einen Altgläubiger kann das Landgericht die Herabsetzung dennoch erlauben, wenn es **keine Gefahr für den Gläubiger** sieht oder die Gesellschaft eine **geeignete Sicherheit** geleistet hat.[1136] Im Er-

1129 *Daccò* in: Cian (Hrsg.), Diritto commerciale, Bd. 3, Diritto delle società, 2017, S. 665; *Campobasso*, Diritto commerciale, Bd. 2, Diritto delle società, 2015, S. 588; *Ghersini/Puppo* in: van Hulle/Gesell (Hrsg.), European Corporate Law 2006, Part 2, Rn. 27; *Fasciani* in: Süß/Wachter (Hrsg.), HdB des internationalen GmbH-Rechts, 2016, Italien, Rn. 76.

1130 *Daccò* in: Cian (Hrsg.), Diritto commerciale, Bd. 3, Diritto delle società, 2017, S. 665; *Presti/Rescigno*, Corso di diritto commerciale, Bd. 2, Società, 2017, S. 582; *Kindler*, Italienisches Handels- und Wirtschaftsrecht, 2014, § 4 Rn. 243.

1131 *Zanarone*, Della società a responsabilità limitata, Bd. 2, 2010, S. 1545; *Speranzin*, Diritto di sottoscrizione e tutela del socio nella s.r.l., 2012, S. 102.

1132 *Presti/Rescigno*, Corso di diritto commerciale, Bd. 2, Società, 2017, S. 583; *Bartolacelli* ECFR 2016, 665, 686.

1133 Bejahend *Bartolacelli* ECFR 2016, 665, 686.

1134 *Bartolacelli* ECFR 2016, 665, 686 (Fn. 60).

1135 *Daccò* in: Cian (Hrsg.), Diritto commerciale, Bd. 3, Diritto delle società, 2017, S. 731; *Busani*, Le Società, 2013, 1069, 1076; *Macrì* in: Campobasso/Cariello/Di Cataldo/Guerrera/Sciarrone Alibrandi (Hrsg.), Società, banche e crisi d'impresa. Liber amicorum Pietro Abbadessa, Bd. 2, 2014, S. 1797, 1816.

1136 Trib. Milano 12.3.2015, www.giurisprudenzadelleimprese.it; *Daccò* in: Cian (Hrsg.), Diritto commerciale, Bd. 3, Diritto delle società, 2017, S. 667; *Martorano* in: Dolmetta/Presti (Hrsg.), S.r.l. Commentario dedicato a Giuseppe Portale, 2011, S. 954, 958.

gebnis besteht somit zumindest eine indirekte Beschränkung des herabsetzungsfähigen Betrages durch die Überwachungsfunktion des Gerichts.

Die Kapitalherabsetzung infolge von Verlusten wird in Art. 2482-*bis* c.c. und Art. 2482-*quater* c.c. geregelt sowie in Art. 2482-*ter* c.c. für den Spezialfall des Absinkens des Kapitals unterhalb des Mindestkapitals. Kommt es zu einem **gravierenden Verlust des Stammkapitals** in Höhe von 1/3, so ist gemäß Art. 2482-*bis* I c.c. die Gesellschafterversammlung einzuberufen, damit diese über geeignete Maßnahmen entscheiden kann. Damit sich die Gesellschafter ein genaues Bild von der Situation der Gesellschaft machen können, ist ihnen vom Verwalter – uU ergänzt um die Stellungnahme des Überwachungsrats oder des Abschlussprüfers – ein Bericht über die finanzielle Situation des Unternehmens vorzulegen (Art. 2482-*bis* II c.c.).[1137] Die Gesellschafter können dann zwar eine Herabsetzung des Kapitals beschließen, sind jedoch nicht dazu verpflichtet.[1138] Erst wenn der eingetretene Verlust auch im folgenden Geschäftsjahr nicht unter 1/3 des Stammkapitals reduziert werden kann, muss die Gesellschafterversammlung eine Herabsetzung zum Ausgleich der Verluste beschließen. Tut sie dies nicht, so ist die Herabsetzung gerichtlich durchzusetzen (Art. 2482-*bis* IV c.c.). Art. 2482quater c.c. bestimmt, dass im Falle der Herabsetzung infolge eines Verlustes das Verhältnis der Beteiligungen der Gesellschafter unberührt bleibt. 463

Art. 2482-*ter* c.c. enthält besondere Bestimmungen für den Fall, dass das Kapital **unter das Mindestkapital** absinkt. Art. 2482-*ter* c.c. bezieht sich dabei ebenfalls auf gravierende Verluste in Höhe von 1/3 des Stammkapitals. In einer solchen Situation müssen die Gesellschafter eine Kapitalherabsetzung mit anschließender Erhöhung des Kapitals beschließen (Art. 2482-*ter* I c.c.).[1139] Die Kapitalerhöhung muss dazu führen, dass die Mindestkapitalanforderungen in Höhe von 10.000 EUR wieder erfüllt werden. Geschieht dies nicht, besteht die Möglichkeit, durch einen Gesellschafterbeschluss nach Art. 2500-sexies c.c. die s.r.l. in eine Personengesellschaft umzuwandeln, bei der zwar keine Erbringung eines bestimmten Mindestkapitals erfolgen muss, dafür allerdings eine unbeschränkte Haftung greift.[1140] 464

Die Möglichkeit der Gründung einer **s.r.l. mit einem Mindestkapital von unter 10.000 EUR** bereitet jedoch Probleme bei der Kapitalherabsetzung.[1141] Es stellt sich hier die Frage, ob eine Gesellschaft, die mit weniger als 10.000 EUR gegründet wurde, ihr Kapital mittels Kapitalherabsetzung freiwillig weiter verringern kann. Bei einer freiwilligen Kapitalherabsetzung scheint hiergegen Art. 2482 I c.c. zu sprechen, der eine Kapitalherabsetzung nur bis zur Grenze von mindestens 10.000 EUR zulässt.[1142] Selbst wenn man annähme, dass diese Regel nicht auf die s.r.l. mit reduziertem Kapital angewandt werden kann, ist zu bedenken, dass die kapitalreduzierte s.r.l. gem. Art. 2463 V c.c. im Laufe ihres Bestehens durch Rücklagenbildung den Mindestbetrag iHv 10.000 EUR erreichen soll.[1143] Eine freiwillige Herabsetzung des Kapitals würde diesem Ziel entgegenstehen.[1144] Wurde die Gesellschaft mit einem Kapital über 10.000 EUR gegründet, ist eine freiwillige Herabsetzung unter ein Stammkapital von 10.000 EUR bereits gem. Art. 2482 I c.c. ausgeschlossen.[1145] 465

Die Kapitalherabsetzung **aufgrund von Verlusten** bedarf einer gesonderten Betrachtung.[1146] Wurde eine Gesellschaft mit einem Eigenkapital von unter 10.000 EUR gegründet, stellt sich die Frage, ob die Artt. 2482-*bis* f. c.c. Anwendung finden.[1147] Für die damalige s.r.l.c.r. und die s.r.l.s. wurde vertreten, dass für diese Varianten die Vorschriften nicht anzuwenden seien.[1148] Die Anwendung des Art. 2482-*ter* c.c. hätte zur Folge, dass bei einem Verlust von mehr als einem Drittel, der zur Absenkung des Kapitals unter den Mindestbetrag von 10.000 EUR führt, die Gesellschafterversammlung unverzüglich einberufen werden müsste. Diese hätte dann eine Herabsetzung mit gleichzeitiger Erhöhung des Kapitals auf einen Betrag über die Mindesthöhe zu beschließen.[1149] Anderenfalls bestünde nur die Möglichkeit, die Gesellschaft in eine Personengesellschaft umzuwandeln. 466

1137 Trib. Milano 18.7.2013, www.giusprudenzadelleimprese.it; Trib. Milano 17.1.2009, Banca Borsa titoli di credito 2009 II, 255.

1138 *Daccò* in: Cian (Hrsg.), Diritto commerciale, Bd. 3, Diritto delle società, 2017, S. 668.

1139 *Daccò* in: Cian (Hrsg.), Diritto commerciale, Bd. 3, Diritto delle società, 2017, S. 668; *Mucciarelli* in: Dolmetta/Presti (Hrsg.), S.r.l. Commentario dedicato a Giuseppe Portale, 2011, S. 962, 963.

1140 *Fasciani* in: Süß/Wachter (Hrsg.), HdB des internationalen GmbH-Rechts, 2016, Rn. 66; vgl. *Pernazza,* Corporations and Partnerships in Italy, 2012, Rn. 404.

1141 *Bartolacelli* ECFR 2016, 665, 679 f.

1142 *Bartolacelli* ECFR 2016, 665, 680.

1143 *Bartolacelli* ECFR 2016, 665, 680.

1144 *Bartolacelli* ECFR 2016, 665, 680.

1145 *Bartolacelli* ECFR 2016, 665, 680; *Spolidoro* Rivista delle società 2013, 1085, 1110; dagegen *Ferri jr*, Società, banche e crisi di impresa. Liber amicorum Abbadessa, 2014, S. 1743.

1146 *Bartolacelli* ECFR 2016, 665, 679 ff.

1147 *Bartolacelli* ECFR 2016, 665, 681.

1148 AA *Bartolacelli* ECFR 2016, 665, 681.

1149 *Campobasso*, Diritto commerciale, Bd. 2, Diritto delle società, 2015, S. 591.

467 Wendet man die Vorschrift jedoch aufgrund der Reform nun auf die s.r.l. an, ist die Bezeichnung „Mindestbetrag" verschiedenen Interpretationen zugänglich.[1150] In Betracht käme die Betragsgrenze iHv 10.000 EUR, der absolute Mindestbetrag iHv 1 EUR oder der Betrag zwischen 1 EUR und 9.999 EUR, mit dem die Gesellschaft gegründet wurde. Art. 2482-*ter* c.c. selbst verweist für den Mindestbetrag auf Ziffer 4 des Art. 2463 c.c. und somit auf die 10.000 EUR. Für s.r.l. mit einem Kapital unter 10.000 EUR hat dies zur Folge, dass selbst bei einer Gründung unter 10.000 EUR, die Gesellschaft im Verlustfall trotzdem eine Kapitalerhöhung auf einen Betrag über 10.000 EUR beschließen müsste.[1151] Die Anwendung des Mindestbetrags von 1 EUR scheint jedoch wiederum gegen den Zweck der Vorschrift des Art. 2482-*ter* c.c. zu verstoßen, der gerade vorsieht, dass die Gesellschafter im Verlustfall zu einer neuen finanziellen Zuwendung an die Gesellschaft verpflichtet werden sollen.[1152] Die Erhöhung auf den konkreten Betrag, mit dem die Gesellschaft gegründet wurde (zwischen 1 EUR und 9.999 EUR) widerspricht zwar nicht (direkt) dem Zweck der Vorschrift, ist aber mit dem Wortlaut insoweit nicht vereinbar, weshalb wohl der Interpretation, dass sich der Mindestbetrag auf 10.000 EUR bezieht, der Vorzug zu geben ist. Die Gründung einer kapitalreduzierten s.r.l. kann daher auch als eine ***„one-shot"*-Möglichkeit** betrachtet werden.[1153]

f) Schuldscheine (titoli di debito)

468 Der s.r.l. ist es grundsätzlich nicht möglich, Schuldverschreibungen (*titoli obbligazionari*) zu emittieren. Sie kann jedoch solche Schuldscheine (*titoli di debito*) ausgeben, die nur von **berufsmäßigen Anlegern**, die gemäß den Sondergesetzen unter verschärfter Aufsicht stehen, gezeichnet werden (Art. 2483 c.c.).[1154] Unklar ist, ob nur individuelle Schuldscheine oder auch Massenwertpapiere zulässig sind. Im Ergebnis ist die engere Auslegung (nur individuelle Schuldscheine) zu bevorzugen.[1155] Der weitergehende Umlauf dieser von berufsmäßigen Anlegern gezeichneten Schuldscheine ist insoweit **begrenzt**, als dass bei der Übertragung auf solche Erwerber, die keine berufsmäßigen Anleger oder Gesellschafter der Gesellschaft sind, der Überträger (berufsmäßige Anleger) für die Zahlungsunfähigkeit der Gesellschaft haftet (Art. 2483 II c.c.).

469 Die allgemeinen Regelungen für die Schuldscheine (wie zB die Zuständigkeit für die Ausgabe, die Bedingungen der Anleihe und die Art und Weise der Rückzahlung), werden von den Gesellschaftern in der **Satzung oder im Ausgabenbeschluss festgelegt.**[1156]

6. Haftung

a) Vorgründungshaftung

470 Wie in Bezug auf die s.p.a. bereits erörtert (s. Rn. 185), entsteht nach hM vor der Eintragung **keine Vorgesellschaft.** Das gilt auch mit Blick auf die s.r.l. Bezüglich der Vorgründungshaftung verweist Art. 2463 III c.c. auf die Regelungen zur s.p.a., dh Art. 2331 c.c. Zusammenfassend bedeutet dies, dass für Verbindlichkeiten, die zwischen der Beurkundung und der Eintragung der Gesellschaft vorgenommen werden, die handelnden Personen **unbeschränkt** und **gesamtschuldnerisch haften** (Art. 2463 III c.c. iVm Art. 2331 II 1 c.c.).[1157] Die Haftung erstreckt sich auch auf die Gesellschafter, die den Geschäften zugestimmt haben (Art. 2463 III c.c. i.V. m. Art. 2331 II 2 c.c.).[1158] Wird die Gesellschaft eingetragen, kann sie die zuvor abgeschlossenen Geschäfte genehmigen und tritt hierdurch im Hinblick auf die Haftung neben die handelnden Personen (Art. 2331 III c.c.).[1159]

1150 Vgl. allgemein dazu *Bartolacelli* ECFR 2016, 665, 681 ff.
1151 *Bartolacelli* ECFR 2016, 665, 682.
1152 *Bartolacelli* ECFR 2016, 665, 682.
1153 *Bartolacelli* ECFR 2016, 665, 682 (Fn. 48); *Campobasso*, Diritto commerciale, Bd. 2, Diritto delle società, 2015, S. 591.
1154 *Daccò* in: Cian (Hrsg.), Diritto commerciale, Bd. 3, Diritto delle società, 2017, S. 683; *Cagnasso/Mambriani*, Codice della società a responsabilità limitata, 2015, S. 921 ff.
1155 So *Carraro*, Titoli di massa e nuovo diritto delle società, 2004, S. 118; *Presti/Rescigno*, Corso di diritto commerciale, Bd. 2, Società, 2017, S. 564; *Perrone* in: Dolmetta/Presti (Hrsg.), S.r.l. Commentario dedicato a Giuseppe Portale, 2011, S. 994, 996; zur Zulässigkeit auch *Kindler* ZEuP 2012, 72, 81; *Hilpold/Brunner* in: Hilpold/Perathoner/Steinmair (Hrsg.), Die Reform des italienischen Gesellschaftsrechts, 2006, S. 25; dagegen *Zanarone*, Della società a responsabilità limitata, Bd. 2, 2010, S. 1772.
1156 Anders als für die Schuldverschreibungen (Art. 2420bis c.c.), wird im Gesetz nicht geregelt, ob die Schuldscheine auch die Befugnis, in Aktien umgewandelt zu werden, beinhalten können; dies bejahend *Campobasso* in: Abbadessa/Portale (Hrsg.), Il nuovo diritto delle società. Liber amicorum Gian Franco Campobasso, Bd. 3, 2007, S. 784 ff.; *Perrone* in: Dolmetta/Presti (Hrsg.), S.r.l. Commentario dedicato a Giuseppe Portale, 2011, S. 994, 999; verneinend *Spada*, Diritto commerciale, Bd. 2, 2009, S. 126.
1157 *Daccò* in: Cian (Hrsg.), Diritto commerciale, Bd. 3, Diritto delle società, 2017, S. 657; *Fasciani* in: Süß/Wachter (Hrsg.), HdB des internationalen GmbH-Rechts, 2016, Rn. 40, 71.
1158 *Fasciani* in: Süß/Wachter (Hrsg. HdB des internationalen GmbH-Rechts, 2016, Rn. 40, 71.
1159 *Fasciani* in: Süß/Wachter (Hrsg.), HdB des internationalen GmbH-Rechts, 2016, Italien, Rn. 40, 71.

Allerdings werden die handelnden Personen durch die **Genehmigung der Gesellschaft** intern von der Haftung freigestellt (vgl. Art. 2331 III c.c.).[1160]

b) Haftung des einzelnen Gesellschafters

Grundsätzlich haftet nur die Gesellschaft mit ihrem Vermögen (Art. 2462 I c.c.).[1161] Die Gesellschafter haften hingegen **nicht unmittelbar**, sondern nur subsidiär und zwar in Höhe ihres eingebrachten Vermögens.[1162] Von diesem Prinzip macht das italienische Gesellschaftsrecht eine Ausnahme in Art. 2476 VII c.c. Danach haften Gesellschafter **zusammen mit den Geschäftsführern gesamtschuldnerisch** (Art. 2476 VII c.c.), wenn sie absichtlich Handlungen beschließen oder zu solchen ermächtigen, die für die Gesellschaft, die Gesellschafter oder Dritte schädlich sind.[1163] Diese Haftung kann für den Geschädigten in den Fällen von Interesse sein, in denen die Gesellschafter nicht gleichzeitig auch Geschäftsführer sind, da hierdurch zusätzliches Vermögen als Haftungsmasse zur Verfügung stehen kann.[1164] Die Haftung nach Art. 2476 VII c.c. trifft nur die Gesellschafter, die die schädliche Handlung **absichtlich getroffen** oder **genehmigt** haben.[1165] Die Haftung nach Art. 2476 VII c.c. setzt zunächst eine Haftung der Geschäftsführer nach Art. 2476 I c.c. voraus. Die Haftung der Geschäftsführer ist somit Voraussetzung für die Haftung der Gesellschafter.[1166] Zudem bedarf es einer Entscheidung oder Ermächtigung der Gesellschafter. Unter einer Entscheidung werden nicht nur die Entscheidungen, die in den Art. 2479 c.c. aufgeführt werden, gefasst. Als Entscheidungen gelten vielmehr auch Beschlüsse, da diese nur eine formellere Art der Entscheidung der Gesellschafter sind und den Willen der Gesellschaft darstellen.[1167] Stimmen einige Gesellschafter diesen Beschlüssen jedoch nicht zu, so entfällt für sie die Haftung nach Art. 2476 VII c.c.[1168] 471

Nicht unumstritten ist jedoch, was unter dem **Begriff der Ermächtigung** iSd Art. 2476 VII c.c. zu verstehen ist. Eine Ermächtigung könnte in den Fällen vorliegen, in denen die festgelegten Verfahren nach den Art. 2479 c.c. nicht eingehalten wurden und auch nicht das Mehrheitsprinzip zur Anwendung gekommen ist.[1169] Diese Ausweitung würde auch Fälle erfassen, in denen ein einziger Gesellschafter oder die Minderheit versucht, bestimmte Handlungen vorzunehmen.[1170] Zudem kann durch diese Auslegung verhindert werden, dass Gesellschafter die Haftungsregelungen dadurch umgehen, dass sie auf eine formelle Entscheidung verzichten.[1171] 472

Die Handlung der Gesellschafter muss zudem **absichtlich** (*intenzionalmente*) getätigt werden. Was unter dem Begriff der Absicht in diesem Zusammenhang zu verstehen ist, ist streitig.[1172] Einerseits wird angeführt, dass Entscheidungen und Ermächtigungen stets absichtlich erfolgen und die Gesetzesformulierung insofern überflüssig sei.[1173] Andere Stimmen in der Lehre legen das Erfordernis der Absicht dahin gehend aus, dass die Gesellschafter mit ihrer Handlung die Absicht hatten, den Schaden zu verursachen.[1174] 473

1160 *Daccò* in: Cian (Hrsg.), Diritto commerciale, Bd. 3, Diritto delle società, 2017, S. 657; *Pennisi* in: Dolmetta/Presti (Hrsg.), S.r.l. Commentario dedicato a Giuseppe Portale, 2011, S. 112, 116; *Fasciani* in: Süß/Wachter (Hrsg.), HdB des internationalen GmbH-Rechts, 2016, Rn. 40.

1161 *Sangiovanni* RIW 2011, 744, 744; *ders.* GmbHR 2007, 584, 586; *Ghersini/Puppo* in: van Hulle/Gesell (Hrsg.), European Corporate Law, 2006, Part 2, Rn. 22.

1162 *Sangiovanni* RIW 2011, 744, 744; *Süß* in: MüHdB GesR, Bd. 6, 2013, § 47 Rn. 296.

1163 *Sangiovanni* RIW 2011, 744, 745; *Lorenzetti/Strnad* GmbHR 2004, 731, 732; *Kindler*, Italienisches Handels- und Wirtschaftsrecht, 2014, § 4 Rn. 239; *Süß* in: MüHdB GesR, Bd. 6, 2013, § 47 Rn. 296; *Falco* in: Wegen/Spahlinger/Barth (Hrsg.), Gesellschaftsrecht des Auslands, 2016, Italien, Rn. 95; *Fasciani* in: Süß/Wachter (Hrsg.), HdB des internationalen GmbH-Rechts, 2016, Italien, Rn. 27, 108; *Sangiovanni* GmbHR 2007, 584, 588.

1164 *Tombari* in: Dolmetta/Presti (Hrsg.), S.r.l. Commentario dedicato a Giuseppe Portale, 2011, S. 717, 719; *Sangiovanni* RIW 2011, 744, 745.

1165 Trib. Roma 3.5.2017, www.giurisprudenzadelleimprese.it.

1166 Trib. Milano 4.5.2017, www.giurisprudenzadelleimprese.it; *Tombari* in: Dolmetta/Presti (Hrsg.), S.r.l. Commentario dedicato a Giuseppe Portale, 2011, S. 717, 720; *Sangiovanni* RIW 2011, 744, 746.

1167 *Cian* in: Cian (Hrsg.), Diritto commerciale, Bd. 3, Diritto delle società, 2017, S. 721; *Zanarone*, Della società a responsabilità limitata, Bd. 2, 2010, S. 1125; *Sangiovanni* RIW 2011, 744, 747.

1168 Trib. Roma 3.5.2017, www.giurisprudenzadelleimprese.it; *Sangiovanni* RIW 2011, 744, 747; *Cagnasso*, La società limitata, 2007, S. 268.

1169 *Sangiovanni* RIW 2011, 744, 747.

1170 Vgl. *Stagno d'Alcontres/De Luca*, Le società, Bd. 2, Le società di capitali, 2017, S. 672; *Sangiovanni* RIW 2011, 744, 747.

1171 *Sangiovanni* RIW 2011, 744, 747.

1172 Trib. Roma 3.5.2017, www.giurisprudenzadelleimprese.it; allgemein zum Meinungsstreit *Cian* in: Cian (Hrsg.), Diritto commerciale, Bd. 3, Diritto delle società, 2017, S. 721 f.; Tombari in: Dolmetta/Presti (Hrsg.), S.r.l. Commentario dedicato a Giuseppe Portale, 2011, S. 717, 722 ff.; *Sangiovanni* RIW 2011, 744, 748.

1173 *Rescigno* Le Società 2003, 331, 333; *Sangiovanni* GmbHR 2007, 584, 588.

1174 Trib. Salerno 9.3.2010, Foro it. 2011, 1586; *Ambrosini*, Commento all'art. 2476 in: Niccolini/Stagno d'Alcontres (Hrsg.), Società di capitali, Bd. 3, 2004, S. 1604; *Irace* in: Santoro (Hrsg.), La nuova disciplina della società a responsabilità limitata, 2003, S. 190; *Piccinini* Le Società 2005, 450, 457; *Rivolta* in: Cian (Hrsg.), Le grandi

c) Haftung im Konzern

474 Die Regeln über die Haftung für nachteilige Handlungen innerhalb eines Konzerns sind **rechtsformübergreifend** anwendbar.[1175] Daher kann an dieser Stelle auf den entsprechenden Exkurs im Rahmen der s.p.a. verwiesen werden (Rn. 380 ff.).

7. Mitgliederwechsel

475 Bei der s.r.l. können die **Gesellschaftsbeteiligungen frei übertragen** werden, wenn nichts Anderes statuarisch geregelt ist (Art. 2469 I c.c.). Dies gilt sowohl für Übertragungen unter Lebenden als auch für die Rechtsnachfolge von Todes wegen (Art. 2469 I c.c.). **Übertragungsbeschränkungen** sind aber grundsätzlich zulässig und in der Praxis auch üblich.[1176]

a) Übertragung unter Lebenden

476 Bezüglich der Übertragung unter Lebenden dürfen zB Abtretungsverbote (*clausole di intrasferibilità*), Genehmigungserfordernisse (*clausole di gradimento*) oder Vorkaufsrechte (*clausole di prelazione*) festgelegt werden.[1177] Handelt es sich jedoch um Verbote oder Genehmigungserfordernisse, die im Belieben eines zuständigen Organs, eines Gesellschafters oder eines Dritten stehen, ohne dass die Bedingungen für die Ausübung solcher Übertragungsbeschränkungen festgelegt werden (sog *mero gradimento*), so steht dem Gesellschafter bzw. seinem Erben ein **Austrittsrecht** iSd Art. 2473 c.c. zu (Art. 2469 II 1 c.c., s. dazu sogleich unter Rn. 481 ff.).[1178] Die Satzung kann aber eine Karenzzeit von zwei Jahren ab Zeichnung der Anteile für den Austritt vorsehen (Art. 2469 II 2 c.c.).

477 Die Gründungsurkunde kann zudem ein **Vorkaufsrecht** festlegen.[1179] Das Vorkaufsrecht kann sowohl andere Gesellschafter als auch Dritte begünstigen.[1180] Eine Veräußerung, die gegen das Vorkaufsrecht verstößt, kann die Gesellschaft durch Urteil feststellen lassen und die Übertragung für unwirksam erklären.[1181]

478 Die Übertragung wird durch **Hinterlegung** der vom Notar beglaubigten Urkunde beim Handelsregister der Gesellschaft wirksam (Art. 2470 I, II c.c.). Seit 2008 kann die Übertragung auch ohne die Hinzuziehung eines Notars allein durch die Hinterlegung einer elektronisch unterzeichneten Urkunde erfolgen.[1182] Der **gute Glaube** des Erwerbers in die Inhaberschaft des Veräußerers bezüglich der Gesellschaftsbeteiligung wird geschützt, wobei bei mehreren Erwerbern derjenige Schutz genießt, der den Gesellschafterwechsel als erster eintragen lässt; auch wenn sein Rechtstitel späteren Datums ist (Art. 2470 III c.c.).[1183] Ein Gesellschafterbuch, das bis zum Jahre 2009 Pflicht war, ist durch das Gesetz N. 2/2009 abgeschafft worden.[1184]

479 Persönliche Gläubiger der Gesellschafter, die die **Gesellschaftsstellung pfänden**, können die Beteiligung veräußern bzw. bei genereller Beschränkung der Veräußerung eine Veräußerung durch Versteigerung erzwingen

---

opzioni della riforma del diritto e del processo societario, 2004, S. 300; *Zoppini*, Banca, borsa, titoli di credito 2006, 573, 583.

1175 *Kindler*, Italienisches Handels- und Wirtschaftsrecht, 2014, § 4 Rn. 248.

1176 *Daccò* in: Cian (Hrsg.), Diritto commerciale, Bd. 3, Diritto delle società, 2017, S. 675.

1177 *Olivieri* in Dolmetta/Presti (Hrsg.), S.r.l. Commentario dedicato a Giuseppe Portale, 2011, S. 320, 324 ff.; *Zanarone*, Della società a responsabilità limitata, Bd. 1, 2010, S. 559; *Kindler*, Italienisches Handels- und Wirtschaftsrecht, 2014, § 4 Rn. 234.

1178 *Zanarone*, Della società a responsabilità limitata, Bd. 1, 2010, S. 577.

1179 *Fasciani* in: Süß/Wachter (Hrsg.), Handbuch des italienischen GmbH-Rechts, 2016, Italien, Rn. 113.

1180 *Fasciani* in: Süß/Wachter (Hrsg.), Handbuch des italienischen GmbH-Rechts, 2016, Italien, Rn. 113.

1181 Trib. Milano 20.10.2016, www.giurisprudenzadelleimprese.it; Trib. Milano 13.11.2015, www.giurisprudenzadelleimprese.it; Trib. Roma 27.10.2015, www.giurisprudenzadelleimprese.it; *Campobasso*, Diritto commerciale, Bd. 2, Diritto delle società, 2015, S. 567; *Zanarone*, Della società a responsabilità limitata, Bd. 1, 2010, S. 570; *Fasciani* in: Süß/Wachter (Hrsg.), Handbuch des italienischen GmbH-Rechts, 2016, Italien, Rn. 113.

1182 *Daccò* in: Cian (Hrsg.), Diritto commerciale, Bd. 3, Diritto delle società, 2017, S. 676.

1183 *Meli* in: Dolmetta/Presti (Hrsg.), S.r.l. Commentario dedicato a Giuseppe Portale, 2011, S. 368, 373; *De Stasio*, Trasferimento della partecipazione nella s.r.l. e conflitto tra acquirenti, 2008, S. 323 ff.; *Speranzin* in: Abbadessa/Portale (Hrsg.), Il nuovo diritto delle società. Liber amicorum Gian Franco Campobasso, Bd. 3, 2007, S. 413, 421 ff.; *Falco* in: Wegen/Spahlinger/Barth (Hrsg.), Gesellschaftsrecht des Auslands, 2016, Italien, Rn. 103.

1184 *De Stasio* Giurisprudenza commerciale 2010, 110, 110 ff. Das Buch darf durch die Satzung nicht vorgesehen werden, vgl. Trib. Roma 15.1.2015, www.giurisprudenzadelleimprese.it; Trib. Verona 14.9.2009, Le Società 2009, 1497; *Meli* Rivista del notariato 2009, 819, 819 ff.; *Kindler*, Italienisches Handels- und Wirtschaftsrecht, 2014, § 4 Rn. 230; *Falco* in: Wegen/Spahlinger/Barth (Hrsg.), Gesellschaftsrecht des Auslands, 2016, Italien, Rn. 102, befürwortet die fakultative Führung eines Gesellschafterbuches; *Fasciani* in: Süß/Wachter (Hrsg.), HdB des internationalen GmbH-Rechts, 2016, Italien, Rn. 109.

(Art. 2471 c.c.). Geschieht dies, kann die Gesellschaft binnen zehn Tagen einen ihr genehmen Ersatzkäufer benennen, der denselben Preis zahlt (Art. 2471 III c.c.).[1185]

b) Übertragung von Todes wegen

Nach Art. 2469 I c.c. können die Beteiligungen durch Rechtsnachfolge im Todesfall frei übergehen. Die Vererbung kann jedoch durch eine entsprechende Satzungsklausel ausgeschlossen werden (Art. 2469 I c.c.). In diesem Fall steht den Erben ein Abfindungsanspruch zu (Art. 2469 II c.c.).[1186] Nach hM sind Satzungsklauseln, die die Übertragung von Todes wegen begrenzen oder ganz ausschließen, auch mit dem Verbot von Abmachungen über die Rechtsnachfolge (Art. 458 c.c.) kompatibel.[1187] Insofern sind zB die „*clausola di consolidazione*" (ließe sich mit „Konsolidierungsklausel" übersetzen), nach der die Beteiligung den weiteren Gesellschaftern gewährt wird, oder die „*clausola di riscatto*" (Rückkaufsrecht), nach der die Befugnis, die Beteiligung zu kaufen, gewährt wird oder die *clausola di gradimento,* nach der die Übertragung vom Gutdünken eines Gesellschaftsorgans abhängig gemacht wird, zu nennen. 480

c) Austrittsrecht (recesso) und Ausschluss (esclusione) eines Gesellschafters

Ein Austrittsrecht kann in der Gründungsurkunde geregelt sein (Art. 2473 I 1 c.c.). Kraft Gesetzes besteht ein Austrittsrecht, wenn es zu **einschneidenden gesellschaftlichen Änderungen** kommt (zB Verschmelzung, Spaltung, Änderung des Gesellschaftszwecks, Verlegung des Gesellschaftssitzes ins Ausland). Das Kündigungsrecht wurde generell ausgeweitet und wird als Verteidigungsmittel des Minderheitsgesellschafters gegen **„Unterdrückungsversuche"** des Mehrheitsgesellschafters verstanden.[1188] Die Satzung kann weitere Austrittsfälle vorsehen.[1189] Ist eine s.r.l. auf unbestimmte Zeit gegründet worden, können die Gesellschafter jederzeit austreten (Art. 2473 II c.c.). Nach hM sollen diesem Tatbestand Fälle gleichgestellt werden, in denen eine Gesellschaft aufgrund einer entsprechenden Satzungsbestimmung auf die Dauer der Lebenszeit der Gesellschafter gegründet wird.[1190] Sie müssen dafür nur die Vorankündigungsfrist von mindestens 180 Tagen beachten. Der Gründungsakt kann allerdings eine längere Frist von bis zu einem Jahr vorsehen (Art. 2473 II c.c.). Hinzu kommen die oben genannten Austrittsrechte bei ausgeschlossener bzw. eingeschränkter Übertragung. Die Gesellschaft kann den Austritt abwehren, indem sie sich **auflöst** oder indem der den **Austritt rechtfertigende Beschluss widerrufen wird** (Art. 2473 V c.c.). Das weit formulierte Austrittsrecht kann durchaus existenzbedrohend für die Gesellschaft sein, da diese den austretenden Gesellschafter auszahlen muss.[1191] 481

Der Anspruch auf **Rückzahlung der Beteiligung** bemisst sich gem. Art. 2473 III 2 c.c. nach dem Umfang der Beteiligung am Gesellschaftsvermögen unter Berücksichtigung des Marktwertes der Beteiligung.[1192] Diese gesetzliche Formulierung deutet auf den **Buchwert** der Beteiligung als Ausgangspunkt, der, unter Berücksichtigung des Marktwertes, betriebswirtschaftlich meist nach der **Ertragswertmethode** festgestellt wird. Es erscheint allerdings durchaus möglich, dass die Gesellschafter die Bewertungsmethode in der Satzung selbst konkretisieren. Die Bewertungsmethode darf aber nicht zu einer Verschlechterung des Abfindungsanspruches führen.[1193] Bei Uneinigkeit bestellt das Landgericht auf Antrag einen **Sachverständigen zur Wertermittlung.** Ein billiges Ermessen ist im Gesetz nicht unmittelbar geregelt, liegt aber aufgrund der nur sehr groben Vorgabe für die Werter- 482

1185 *Daccò* in: Cian (Hrsg.), Diritto commerciale, Bd. 3, Diritto delle società, 2017, S. 679.

1186 *Sciarrone Alibrandi* in: Dolmetta/Presti (Hrsg.), S.r.l. Commentario dedicato a Giuseppe Portale, 2011, S. 331, 336 ff.

1187 *Sciarrone Alibrandi* in: Dolmetta/Presti (Hrsg.), S.r.l. Commentario dedicato a Giuseppe Portale, 2011, S. 331, 344 ff.; *Riganti* in: Cagnasso/Mambriani (Hrsg.), Codice della società a responsabilità limitata, 2015, S. 334, 349; dagegen *Galletti* in: Benazzo/Patriarca (Hrsg.), Codice commentato delle s.r.l., 2006, S. 162, 164.

1188 *Frigeni* in Dolmetta/Presti (Hrsg.), S.r.l. Commentario dedicato a Giuseppe Portale, 2011, S. 446, 447 f.; *Hartl* NZG 2003, 667, 668; § 11 Reg. Begr. (Relazione) zum Gesetzesdekret Nr. 6/2003; ebenso zum Austrittsrecht als Verhandlungsinstrument *Lorenzetti/Strnad* GmbHR 2004, 731, 732; *Bader* GmbHR 2005, 1474, 1476.

1189 Ein allgemeines Austrittsrecht (*recesso ad nutum*) ist aber nicht erlaubt, vgl. *Cera* in: Dolmetta/Presti (Hrsg.), S.r.l. Commentario dedicato a Giuseppe Portale, 2011, S. 470, 474 ff.; *Toffoletto* Rivista del diritto commerciale 2004, 347, 373; *Reviglione*, Il recesso nella società a responsabilità limitata, 2008, S. 46; *Piscitello* in: Abbadessa/Portale (Hrsg.), Il nuovo diritto delle società. Liber amicorum Gian Franco Campobasso, Bd. 3, 2007, S. 715, 727.

1190 Trib. Torino 5.5.2017, www.giurisprudenzadelleimprese.it; Trib. Bologna 14.11.2013, Rivista di Diritto societario 2016, 127; Cass. 22.4.2013, N. 9662; Trib. Roma 19.5.2009, Foro italiano 2010, 3567; *Reviglione*, Il recesso nella società a responsabilità limitata, 2008, S. 212 ff.; dagegen App. Trento 15.2.2008, Le Società 2008, 1237; *Zanarone*, Della società a responsabilità limitata, Bd. 1, 2010, S. 799.

1191 *Daccò* in: Cian (Hrsg.), Diritto commerciale, Bd. 3, Diritto delle società, 2017, S. 689; *Garcea* in: Dolmetta/Presti (Hrsg.), S.r.l. Commentario dedicato a Giuseppe Portale, 2011, S. 486, 493 ff.

1192 *Tucci* in: Dolmetta/Presti (Hrsg.), S.r.l. Commentario dedicato a Giuseppe Portale, 2011, S. 478, 478 ff.; *Daccò* in: Cian (Hrsg.), Diritto commerciale, Bd. 3, Diritto delle società, 2017, S. 690.

1193 *Tucci* in: Dolmetta/Presti (Hrsg.), S.r.l. Commentario dedicato a Giuseppe Portale, 2011, S. 478, 482 f.; *Speranzin* Rivista di diritto civile 2016, 878, 878 ff.

mittlungsmethode nahe.[1194] Die Gesellschaft hat zur Rückzahlung 180 Tage Zeit. Die Rückzahlung kann über Erwerb der Beteiligung durch einen anderen Gesellschafter oder einen Dritten erfolgen (Art. 2473 IV 2 c.c.). Gelingt dies nicht, kommt nur eine Rückzahlung aus den verfügbaren Rücklagen und, falls solche fehlen, durch Herabsetzung des Gesellschaftskapitals unter Anwendung des Art. 2482 c.c. in Betracht. Letztes Mittel ist eine Liquidation der Gesellschaft. Die Gesamtheit der Regelungen versucht damit einen Kompromiss zwischen den Vermögensinteressen des Austretenden und dem Bestandsinteresse der Gesellschaft zu finden.[1195]

483 Ein Gesellschafter kann bei entsprechender Regelung in der Satzung auch gegen seinen Willen aus *„giusta causa"* **ausgeschlossen** werden (Art. 2473-*bis* c.c.). Dies wird teilweise mit einem wichtigen Grund gleichgesetzt.[1196] Nach dem Wortlaut passt jedoch „ein sachlicher Grund" besser. Nach der Rechtsprechung dürfen sich die Ausschlussgründe nicht auf allgemeine Begriffe (zB Verhalten gegen den guten Glauben) oder Fälle (zB Nichterfüllung der Gesellschafterpflichten) beziehen.[1197] Der ausgeschlossene Gesellschafter hat dann Anspruch auf die Rückzahlung seiner Beteiligung nach den Regeln des Austrittsrechts. der Ausschluss darf aber nicht durch eine Kapitalherabsetzung finanziert werden. In solchen Fällen soll daher ein **Ausschluss** ausscheiden.[1198]

8. Auflösung

484 Die Auflösung ist **rechtsformneutral** für Kapitalgesellschaften in den Artt. 2484 ff. c.c. geregelt. Bezüglich der Einzelheiten kann hier auf das zur italienischen Aktiengesellschaft Gesagte verwiesen werden (Rn. 383 ff.).

9. Sonderform: Ein-Personen-s.r.l.

485 Wie bei der s.p.a. gelten auch bei der s.r.l. einige besondere Bestimmungen, wenn eine Ein-Personen-s.r.l. vorliegt. Im Gegensatz zur Mehr-Personen-s.r.l. wird die Ein-Personen-s.r.l. zunächst einmal nicht durch Vertrag, sondern durch einen **einseitigen Rechtsakt** gegründet (*atto unilaterale*) (Art. 2463 I c.c.). Zudem schreibt Art. 2250 IV c.c. im Rahmen der **Geschäftsbriefpublizität** vor, dass diese Tatsache (*a socio unico* oder *società unipersonale*) auf den Geschäftspapieren der Gesellschaft neben den anderen Angaben aufzuführen ist.

486 Verpflichtet sich der Alleingesellschafter **Bareinlagen** einzubringen, so sind diese in Abweichung der Regelungen für Mehr-Personen-s.r.l. zu 100% sofort zu erbringen (Art. 2464 IV 1 c.c.). Bezüglich der anderen Einlagen (Sacheinlagen, Forderungen, Arbeits- und Dienstleistung) gelten keine besonderen Vorschriften. Die **Haftung** des Gesellschafters in einer Einpersonen-s.r.l. hat sich durch die Reform 2003 verändert. Vor der Reform haftete der Alleingesellschafter für die Gesellschaftsverbindlichkeiten in bestimmten Fällen persönlich.[1199] Daher war es vor der Reform üblich, einen weiteren Gesellschafter mit einer Minimalbeteiligung zusätzlich aufzunehmen, um die Haftung zu umgehen.[1200] Die Reform 2003 hat dieses Vorgehen entbehrlich gemacht. Jetzt haftet der Alleingesellschafter nur noch für begründete Verbindlichkeiten, wenn er seine Einlagen wie soeben beschrieben (Rn. 460) nicht oder nicht vollständig erbracht oder die registerrechtlichen Publizitätspflichten nicht beachtet hat (Art. 2462 II c.c.).[1201]

487 Schließt der Alleingesellschafter mit der s.r.l. einen **Vertrag** ab, kann dieser Dritten nur entgegengehalten werden, wenn er in das Buch der Entscheidungen der Verwalter eingetragen wurde (Art. 2478 III c.c.). In Bezug auf

1194 Für ein solches Ermessen *Magrini*, Italienisches Gesellschaftsrecht, 2004, S. 199.

1195 *Campobasso*, Diritto commerciale, Bd. 2, Diritto delle società, 2015, S. 572; *Presti/Rescigno*, Corso di diritto commerciale, Bd. 2, Società, 2017, S. 561.

1196 So die Übersetzung von *Bauer/Eccer/König/Kreuzer/Zanon*, Italienisches Zivilgesetzbuch Codice Civile, 5. Aufl. 2010.

1197 Trib. Milano 23.7.2015, Vita notarile 2015, 1308; Trib. Milano 5.9.2014, Vita notarile 2014, 1389; Trib. Milano 7.11.2013, Giurisprudenza italiania 2014, 907; Trib. Milano 5.2.2009, Giurisprudenza italiana 2009, 1964; Trib. Treviso 17.6.2005, Società 2006, 1273; Trib. Milano 24.5.2007, Giurisprudenza italiana 2008, 1433; aA Trib. Milano 31.1.2006, Società 2006, 1403; aus dem Schrifttum vgl. *Cian* in: Dolmetta/Presti (Hrsg.), S.r.l. Commentario dedicato a Giuseppe Portale, 2011, S. 498, 501 ff.; *Presti/Rescigno*, Corso di diritto commerciale, Bd. 2, Società, 2017, S. 563; *Casale* Giurisprudenza commerciale 2009, 816, 826 ff.

1198 *Presti/Rescigno*, Corso di diritto commerciale, Bd. 2, Società, 2017, S. 564.

1199 *Lorenzetti/Strnad* GmbHR 2004, 731, 731 ff.; *Bader* GmbHR 2005, 1474, 1475; *Kindler*, Italienisches Handels- und Wirtschaftsrecht, 2014, § 4 Rn. 246; *Bader* in: Pfeiffer (Hrsg.), Jhb. für italienisches Recht, Bd. 19, 2006, S. 37, 40.

1200 *Lorenzetti/Strnad* GmbHR 2004, 731,731 ff.; *Bader* GmbHR 2005, 1474, 1475; *Bader* in: Pfeifer (Hrsg.), Jhb. für italienisches Recht, Bd. 19 2006, S. 37, 40.

1201 *Minneci* in: Dolmetta/Presti (Hrsg.), S.r.l. Commentario dedicato a Giuseppe Portale, 2011, S. 48, 61 f.; *Lorenzetti/Strnad* GmbHR 2004, 731, 731 ff.; *Bader* GmbHR 2005, 1474, 1475; *Kindler*, Italienisches Handels- und Wirtschaftsrecht, 2014, § 4 Rn. 247; *Süß* in: MüHdB GesR, Bd. 6, 2013, § 47 Rn. 297; *Hilpold/Brunner* in: Hilpold/Perathoner/Steinmair (Hrsg.), Die Reform des italienischen Gesellschaftsrechts, 2006, S. 22; *Falco* in: Wegen/Spahlinger/Barth (Hrsg.), Gesellschaftsrecht des Auslands, 2016, Italien, Rn. 93; *Ghersini/Puppo* in: van Hulle/Gesell (Hrsg.), European Corporate Law 2006 Part 2, Rn. 23; *Guidotti* in: González/Teichmann (Hrsg.), Private Company Law Reform in Europe: The race for flexibility, 2015, S. 307; *Bader* in: Pfeiffer (Hrsg.), Jhb. für italienisches Recht, Bd. 19, 2006, S. 37, 40; *Fasciani* in: Süß/Wachter (Hrsg.), HdB des internationalen GmbH-Rechts, 2016, Italien, Rn. 140; *Pernazza*, Corporations and Partnerships in Italy, 2012, Rn. 409.

die **Handelndenhaftung**, also die Haftung für vor der Eintragung entstandene Verbindlichkeiten, haftet der Alleingründer, der die Geschäfte bestimmt oder genehmigt hat, unbeschränkt (Art. 2463 III c.c. iVm Art. 2331 II c.c.).

V. Società a responsabilità limitata semplificata – s.r.l.s. – Vereinfachte Gesellschaft mit beschränkter Haftung

1. Grundlagen

Seit 2012 ist es möglich, anstelle der gewöhnlichen s.r.l. (mit oder ohne reduziertem Kapital) eine vereinfachte s.r.l. (***società a responsabilità limitata semplificata*** – **s.r.l.s.**) zu gründen. Die vereinfachte Gesellschaft mit beschränkter Haftung stellt eine **Unterform** der s.r.l. dar.[1202] Sie ist somit keine eigenständige Gesellschaftsform, sondern eine spezielle Variante der s.r.l. Die Besonderheiten, die die s.r.l.s. gegenüber der s.r.l. aufweist, regelt Art. 2463-*bis* c.c. Subsidiär greifen die Vorschriften der normalen s.r.l. (Art. 2463-*bis* V c.c.). 488

Mit der Einführung der s.r.l.s. wollte der italienische Gesetzgeber die Wettbewerbsfähigkeit verbessern und das Wirtschaftswachstum erhöhen.[1203] Zu Anfang war die Maßnahme auf die Förderung junger Gründer ausgerichtet, weshalb nur natürliche Personen, die nicht älter als 35 Jahre waren, die s.r.l.s. gründen konnten.[1204] Ihnen sollte die Aufnahme der Unternehmertätigkeit mithilfe einer Gesellschaft mit beschränkter Haftung erleichtert werden, indem vor allem die Gründungskosten reduziert wurden. Der italienische Gesetzgeber ließ dafür – wie viele andere europäische Regelungsgeber auch – das Mindestkapital entfallen und sorgte dafür, dass keine notariellen Kosten im Rahmen des Gründungsprozesses anfallen.[1205] 489

Die zeitlich etwas später eingeführte **s.r.l.c.r.** (***società a responsabilità limitata con capitale ridotto*** – GmbH mit reduziertem Kapital) sollte die s.r.l.s. ergänzen und es auch den Personen erlauben, eine Gesellschaft mit beschränkter Haftung und reduziertem Mindestkapital zu gründen, die die Anforderungen an die Altersbeschränkung der s.r.l.s. nicht erfüllen konnten.[1206] Bereits ein Jahr später, im Jahr 2013, hat der italienische Gesetzgeber jedoch erhebliche Änderungen bezüglich der beiden Unterformen vorgenommen. Die s.r.l. mit reduziertem Kapital (s.r.l.c.r.) wurde im Rahmen dieser Initiative durch das Decreto Legge 76/2013 als separate Unterform der s.r.l. **abgeschafft** und dafür vielmehr der Anwendungsbereich der s.r.l.s. erweitert. Die s.r.l.c.r. besteht daher als Unterform nicht mehr. Die mögliche Reduzierung des Mindestkapitals unter die Schwelle von 10.000 EUR (1 Euro Kapital), die ein wichtiges Merkmal von dieser Unterform war, wurde – wie oben beschrieben (siehe Rn. 445) – vielmehr auf die allgemeinen Regelungen der s.r.l. (Art. 2463 IV c.c.) erstreckt.[1207] Die vereinfachte GmbH (s.r.l.s.) wurde durch die Reform 2013 hingegen nicht abgeschafft, sondern die Altersbeschränkung sowie weitere Anwendungsgrenzen aufgehoben, um die Verbreitung dieser Unterform zu fördern.[1208] Dies ist auch gelungen. Denn die s.r.l.s. hat bislang unerwarteten Erfolg gehabt. Ende 2016 gab es bereits etwa 130.000 eingetragene s.r.l.s.[1209] 490

2. Gründung

Bei der Gründung der s.r.l.s. ist zu beachten, dass dieser Gesellschaftstyp **nur von natürlichen Personen** gegründet werden kann (Art. 2463-*bis* I c.c.).[1210] War mit der Einführung der s.r.l.s. noch vorgesehen, dass die Personen unter 35 Jahre alt sein mussten, um die Gesellschaft gründen zu können,[1211] wurde diese Altersgrenze im 491

1202 Vgl. *Kindler*, Italienisches Handels- und Wirtschaftsrecht, 2014, § 4 Rn. 232 f.; *Cian* ZVglRWiss 114 (2015) 288, 291.

1203 *Daccò* in: Cian (Hrsg.), Diritto commerciale, Bd. 3, Diritto delle società, 2017, S. 728; *Fasciani* in: Süß/Wachter (Hrsg.), HdB des internationalen GmbH-Rechts, 2016, Italien, Rn. 28.

1204 *Bartolacelli* ECFR 2016, 665, 668.

1205 *Campobasso*, Diritto commerciale, Bd. 2, Diritto delle società, 2015, S. 592; *Bartolacelli* ECFR 2016, 665, 668.

1206 *Bartolacelli* ECFR 2016, 665, 672.

1207 *Daccò* in: Cian (Hrsg.), Diritto commerciale, Bd. 3, Diritto delle società, 2017, S. 733; *Campobasso*, Diritto commerciale, Bd. 2, Diritto delle società, 2015, S. 592; *Cian* ZVglRWiss 114 (2015) 288, 308; vgl. auch *Fasciani* in: Süß/Wachter (Hrsg.), HdB des internationalen GmbH-Rechts, 2016, Italien, Rn. 28; *Bartolacelli* ECFR 2016, 665, 667.

1208 *Spolidoro* Rivista delle società 2013, 1085, 1088 ff.; *Busani* Le Società 2013, 1069, 1069; *Marasà* Le Società 2013, 1086, 1089.

1209 Vgl. Die Internetseite http://www.notariato.it/it/news/srl-semplificate-pubblicati-i-numeri-aggiornati-al-2016.

1210 *Daccò* in: Cian (Hrsg.), Diritto commerciale, Bd. 3, Diritto delle società, 2017, S. 730; *Campobasso*, Diritto commerciale, Bd. 2, Diritto delle società, 2015, S. 593; *Kindler*, Italienisches Handels- und Wirtschaftsrecht, 2014, § 4 Rn. 232 f.; *Cian* ZVglRWiss 114 (2015) 288, 296; *Fasciani* in: Süß/Wachter (Hrsg.), HdB des internationalen GmbH-Rechts, 2016, Italien, Rn. 39; *Guidotti* in: González/Teichmann (Hrsg.), Private Company Law Reform in Europe: The race for flexibility, 2015, S. 298; *Bartolacelli* ECFR 2016, 665, 689.

1211 *Cian* ZVglRWiss 114 (2015) 288, 297; *Fasciani* in: Süß/Wachter (Hrsg.), HdB des internationalen GmbH-Rechts, 2016, Italien, Rn. 28; *Guidotti* in: González/Teichmann (Hrsg.), Private Company Law Reform in Eu-

Jahr 2013 mit der Abschaffung der GmbH mit reduziertem Kapital (s.r.l.c.r.) ebenfalls aufgehoben.[1212] Da jedoch nur natürliche Personen die s.r.l.s. nutzen können, ist diese Unterform der s.r.l. keine Option als Konzernbaustein. Muttergesellschaften, die ihre Tochtergesellschaften einheitlich strukturieren möchten, müssen die s.r.l. (mit oder ohne reduziertem Kapital) nutzen.

492 Wie die normale s.r.l. kann die vereinfachte s.r.l. (s.r.l.s.) durch Vertrag oder einseitigen Rechtsakt, dh von einem oder mehreren Gründern, gegründet werden (Art. 2463-*bis* I c.c.). Im Fall einer Ein-Personen-s.r.l.s. greifen die Vorschriften der Ein-Personen-s.r.l. (siehe Rn. 485 ff.). Weiterhin sieht das Gesetz vor, dass die Gründung der s.r.l.s. in Übereinstimmung mit einem **Musterprotokoll** erfolgen muss (Art. 2463-*bis* II c.c.), für das das Justizministerium verantwortlich ist.[1213] Das Musterprotokoll wurde durch das Dekret D.M. 23.6.2012 N. 138[1214] genehmigt. Vereinbar mit dem standardisierten Musterprotokoll sind lediglich Angaben über die Namen der Gründer, Gründungsdatum, Gesellschaftsfirma, Sitz, Unternehmensgegenstand, Stammkapital, Anteile der Gründer und die Namen der Geschäftsführer.[1215] Vom Musterprotokoll abweichende Regelungen sind wohl nicht gestattet (Art. 2463-*bis* III c.c.). Dies ist allerdings nicht unumstritten. Von der hM wird angenommen, dass Ergänzungen (wie zB Regelungen bzgl. des Verwaltungsrats, der Gesellschafterentscheidungen, der Dauer der Gesellschaft) möglich sind, sofern sie die Bedeutung der Klausel nicht verändern.[1216] Dagegen spricht jedoch in gewisser Weise der Sinn und Zweck des Musterprotokolls.[1217] Die Gründung nach dem Musterprotokoll soll der Kostenersparnis dienen und das **Eintragungsverfahren verkürzen.**[1218] Mittels des Musterprotokolls soll eine standardisierte strikte Organisationsstruktur vorgegeben werden, deren intensive Prüfung (durch Notar und Registeramt) nicht mehr erforderlich ist.[1219] Daher ist die Gründung dieser Gesellschaftsform bezogen auf die gesetzlichen Vorgaben insofern „kostenlos".[1220] Änderungen dieses Musters würden dagegen wieder den Bedarf nach einer intensiveren Prüfung und Beratung durch den Notar erhöhen.

493 Die **vereinfachte s.r.l.** muss im Rahmen der verwendeten Firma zwingend den Zusatz *societá a responsabilitá limitatá semplificata* oder die abgekürzte Form *s.r.l.s.* führen (Art. 2463-*bis* II Nr. 2 c.c.),[1221] damit Dritte leicht erkennen können, welchen Regeln diese Gesellschaft unterfällt.

3. Organisationsverfassung

494 Unterschiede in der Organisationsverfassung zwischen der gewöhnlichen und der einfachen GmbH bestanden vor der Reform 2013 darin, dass die Geschäftsführer auch Gesellschafter der Gesellschaft sein mussten (Art. 2463-*bis* II Nr. 6 c.c. aF).[1222] Eine Fremdorganschaft war somit nicht möglich. Dieses Erfordernis wurde durch die Gesetzesänderung 2013 zwar aufgehoben, wodurch nun eine **Fremdorganschaft möglich** sein soll.[1223] Problematisch ist, dass jedoch das Musterprotokoll nicht entsprechend geändert wurde.[1224]

---

rope: The race for flexibility, 2015, S. 298; *Loy*, Der GmbH-Geschäftsführer zwischen Arbeits- und Gesellschaftsrecht, 2014, S. 118; *Bartolacelli* ECFR 2016, 665, 669, 689.

1212 *Marasà* Le Società 2013, 1086, 1089; *Cian* ZVglRWiss 114 (2015) 288, 309; *Fasciani* in: Süß/Wachter (Hrsg.), HdB des internationalen GmbH-Rechts, 2016, Italien, Rn. 28; *Loy*, Der GmbH-Geschäftsführer zwischen Arbeits- und Gesellschaftsrecht, 2014, S. 118; *Bartolacelli* ECFR 2016, 665, 689.

1213 *Kindler*, Italienisches Handels- und Wirtschaftsrecht, 2014, § 4 Rn. 232; *Cian* ZVglRWiss 114 (2015) 288, 300; *Fasciani* in: Süß/Wachter (Hrsg.), HdB des internationalen GmbH-Rechts, 2016, Italien, Rn. 39; *Guidotti* in: González/Teichmann (Hrsg.), Private Company Law Reform in Europe: The race for flexibility, 2015, S. 299; *Bartolacelli* ECFR 2016, 665, 690.

1214 Veröffentlicht in G.U. 14.8.2012, N. 189.

1215 *Cian* ZVglRWiss 114 (2015) 288, 300; *Bartolacelli* ECFR 2016, 665, 692.

1216 *Macrì* in: Campobasso/Cariello/Di Cataldo/Guerrera/Sciarrone Alibrandi (Hrsg.), Società, banche e crisi d'impresa. Liber amicorum Pietro Abbadessa, Bd. 2, 2014, S. 1797, 1803; *Marasà* Società 2013, 1086, 1089; *Campobasso*, Diritto commerciale, Bd. 2, Diritto delle società, 2015, S. 593; Gutachten des Justizministeriums, 10.12.2012, N. 43644.

1217 *Bartolacelli* ECFR 2016, 665, 691 f.

1218 *Cian*, ZVglRWiss 114 (2015) 288, 300; *Fasciani* in: Süß/Wachter (Hrsg.), HdB des internationalen GmbH-Rechts, 2016, Italien, Rn. 28.

1219 Vgl. *Bartolacelli* ECFR 2016, 665, 692.

1220 *Daccò* in: Cian (Hrsg.), Diritto commerciale, Bd. 3, Diritto delle società, 2017, S. 731; *Campobasso*, Diritto commerciale, Bd. 2, Diritto delle società, 2015, S. 593.

1221 *Fasciani* in: Süß/Wachter (Hrsg.), HdB des internationalen GmbH-Rechts, 2016, Italien, Rn. 50; *Bartolacelli* ECFR 2016, 665, 695.

1222 *Kindler*, Italienisches Handels- und Wirtschaftsrecht, 2014, § 4 Rn. 239.

1223 *Busani*, Le Società 2013, 1069, 1076; *Guidotti* in: González/Teichmann (Hrsg.), Private Company Law Reform in Europe: The race for flexibility, 2015, S. 298.

1224 *Bartolacelli* ECFR 2016, 665, 692 f.

4. Kapitalverfassung

Das Stammkapital der vereinfachten s.r.l. beträgt **zwischen 1** und **9.999 EUR** (Art. 2463-*bis* II Nr. 3 c.c.).[1225] Einlagen können wie auch bei der s.r.l. mit einem Stammkapital unter 10.000 EUR **nur in Geld** erfolgen (Art. 2463-*bis* Nr. 3 c.c.).[1226] Die Einbringung von Forderungen, Sacheinlagen oder Dienst- und Arbeitsleistungen ist nicht gestattet. Art. 2463-*bis* II Nr. 3 c.c. verlangt zudem die **vollständige Einzahlung** des Stammkapitals. Umstritten ist, ob diese Einschränkungen auch für Kapitalerhöhungen gelten. Nach hM finden bei einer Kapitalerhöhung im Ergebnis die allgemeinen Regeln der s.r.l. Anwendung,[1227] wodurch auch die Einbringung von Sach- und Dienstleistungen möglich wird. 495

Anders als im deutschen Recht (§ 5a III GmbHG) sah das italienische Recht zunächst **keine verpflichtende Kapitalrücklage** für die s.r.l.s. vor.[1228] Nach der Reform 2013 ist nun allerdings nach hM auch für die s.r.l.s. eine Kapitalrücklagepflicht Pflicht.[1229] Denn durch den Verweis in Art. 2463-*bis* V c.c. kommen die Vorschriften über die s.r.l. mit einem Stammkapital von weniger als 10.000 EUR zur Anwendung (vgl. Art. 2463 V c.c.). Daher muss mindestens ein Fünftel des Reingewinns aus dem Jahresabschluss in die Rücklage eingestellt werden, bis die Rücklagen zusammen mit dem Kapital den Betrag von 10.000 EUR erreichen (Art. 2463 V c.c.). Erreicht oder überschreitet die s.r.l.s. durch Kapitalerhöhung einen Betrag von 10.000 EUR, so lautet der Firmenzusatz nur noch s.r.l. Das „s" für „*semplificata*" entfällt dann.[1230] 496

5. Haftung

Bezüglich der Haftung gibt es keine Unterschiede zur s.r.l. Die Gesellschafter einer s.r.l.s. haften nur **beschränkt.** Dritten gegenüber haftet grundsätzlich allein die Gesellschaft mit ihrem Vermögen. Für die Details kann insofern auf die Ausführungen unter Rn. 471 ff. verwiesen werden. 497

6. Mitgliederwechsel

Diskutiert wird bei der Übertragung der Gesellschaftsbeteiligungen einer s.r.l.s. vor allem die Frage, ob die Anteile auch an **juristische Personen** übertragen werden können.[1231] Für die Gründung der s.r.l.s. besteht eine entsprechende Beschränkung, dh es ist nur natürlichen Personen gestattet eine s.r.l.s. zu gründen (Art. 2463-*bis* I c.c.). Nicht eindeutig geklärt ist, ob diese Beschränkung über den Lebenszyklus der s.r.l.s. fortbesteht und somit die Übertragung der Anteile auf juristische Personen verhindert.[1232] Die alte Fassung des Art. 2463-*bis* IV c.c. sah vor, dass eine Übertragung der Anteile an eine Person, die das damalige Alterskriterium nicht erfüllte, nichtig war.[1233] Das aktuelle Gesetz sieht keine ausdrückliche Regelung vor. Die wohl hM geht allerdings davon aus, dass eine Übertragung an juristische Personen, Personengesellschaften und nicht rechtsfähige Vereine nicht möglich ist und **nichtig** wäre.[1234] 498

7. Auflösung

Für die Auflösung der s.r.l.s. finden die entsprechenden Regeln der s.r.l. Anwendung, dh die rechtsformneutralen Auflösungsgründe, wie sie im Rahmen der s.p.a. beschrieben wurden (siehe oben Rn. 484, 383 ff.). 499

1225 *Presti/Rescigno*, Corso di diritto commerciale, Bd. 2, Società, 2017, S. 584; *Kindler*, Italienisches Handels- und Wirtschaftsrecht, 2014, § 4 Rn. 233; *Guidotti* in: González/Teichmann (Hrsg.), Private Company Law Reform in Europe: The race for flexibility, 2015, S. 300.

1226 *Daccò* in: Cian (Hrsg.), Diritto commerciale, Bd. 3, Diritto delle società, 2017, S. 731; *Kindler*, Italienisches Handels- und Wirtschaftsrecht, 2014, § 4 Rn. 233; vgl. auch *Cian* ZVglRWiss 114 (2015) 288, 300; *Guidotti* in: González/Teichmann (Hrsg.), Private Company Law Reform in Europe: The race for flexibility, 2015, S. 300; *Bartolacelli* ECFR 2016, 665, 690.

1227 *Daccò* in: Cian (Hrsg.), Diritto commerciale, Bd. 3, Diritto delle società, 2017, S. 731; *Cian* Rivista delle società 2012, 1101, 1115.

1228 *Cian* ZVglRWiss 114 (2015) 288, 294 f.

1229 *Macrì* in: Campobasso/Cariello/Di Cataldo/Guerrera/Sciarrone Alibrandi (Hrsg.), Società, banche e crisi d'impresa. Liber amicorum Pietro Abbadessa, Bd. 2, 2014, S. 1797, 1812; *Ferri jr.* in: Campobasso/Cariello/Di Cataldo/Guerrera/Sciarrone Alibrandi (Hrsg.), Società, banche e crisi d'impresa. Liber amicorum Pietro Abbadessa, Bd. 2, 2014, S. 1727, 1746; *Spolidoro* Rivista delle società, 2013, 1085, 1103; *Marasà* Società 2013, 1086, 1092.

1230 *Bartolacelli* ECFR 2016, 665, 695 f.

1231 Vgl. *Bartolacelli* ECFR 2016, 665, 689.

1232 Vgl. *Busani* Le Società 2013, 1069, 1074; *Bartolacelli* ECFR 2016, 665, 689.

1233 *Bartolacelli* ECFR 2016, 665, 669, 689.

1234 *Busani* Le Società, 2013, 1069, 1074; *Bartolacelli* ECFR 2016, 665, 669, 689; ohne Bezug zu dieser Diskussion *Cian* ZVglRWiss 114 (2015) 288, 297.

8. Bewertung der s.r.l.s.

500 Abschließend lässt sich festhalten, dass die Reform von 2003 entscheidend zum aktuellen Erfolg der s.r.l. beigetragen hat. Hauptgrund dafür sind ihre Flexibilität und die relativ niedrigen Kosten. Der italienische Gesetzgeber hat dann 2013 mit der s.r.l.s. (vereinfachten s.r.l.) und der s.r.l. mit niedrigerem Kapital (s.r.l.c.r.) versucht, zumindest die Gründungskosten noch weiter zu reduzieren und dadurch insbesondere die Aufnahme neuer unternehmerischer Tätigkeiten zu fördern. Die s.r.l.c.r. wurde dann wieder abgeschafft, doch die s.r.l.s. kann weiterhin gegründet werden und kann mit 130.000 eingetragenen Gesellschaften sichtbare Erfolge vorweisen. Der große Vorteil dieser Unterform der s.r.l. besteht vor allem in den geringen Kosten, die das Gründungsverfahren verursacht. Es ist daher damit zu rechnen, dass die s.r.l.s. in Zukunft von Start-ups verstärkt genutzt werden wird. Ein Konzernbaustein ist diese Unterform jedoch aufgrund ihrer Beschränkung auf natürliche Personen nicht.

VI. Vergleichende Darstellung der italienischen Kapitalgesellschaften

501

	s.p.a.	**s.a.p.a.**	**s.r.l.** **s.r.l. (Kapital < 10.000 EUR)**	**s.r.l.s. (Unterform der s.r.l.)**
Vergleichbare deutsche Rechtsform	AG	KGaA	GmbH / UG	-
Rechtspersönlichkeit	Ja	Ja	Ja	Ja
Zweck	Kaufmännisch/ Nicht-kaufmännisch	Kaufmännisch/ Nicht-kaufmännisch	Kaufmännisch/Nicht-kaufmännisch	Kaufmännisch/ Nicht-kaufmännisch
Gründungsgesellschafter	Einpersonen-s.p.a. möglich; natürliche und juristische Personen	Mind. zwei Gründungsgesellschafter; natürliche und juristische Personen	Einpersonen-s.r.l. möglich; natürliche und juristische Personen	Einpersonen-s.r.l.s. möglich; nur natürliche Personen
Mindestkapital	50.000 EUR	50.000 EUR	10.000 EUR *1-9.999 EUR*	1-9.999 EUR
Einlagemöglichkeiten	Bar- und Sacheinlagen	Bar- und Sacheinlagen	Alle *Nur Bareinlagen*	Nur Bareinlagen
Haftung der Gesellschafter	Beschränkt	Kompl. = unbeschränkt und gesamtschuldnerisch Kom. = beschränkt	Beschränkt	Beschränkt
Börsennotierung	Möglich	Möglich	Nein	Nein
Organisation	3 Modelle (traditionelles, dualistisches und monistisches System)	Geschäftsführung obliegt Komplementären (in der Praxis: traditionelles System)	Großer Gestaltungsspielraum (faktisch: traditionelles System)	Mustergründungsurkunde
Übertragbarkeit von Anteilen	Grds. möglich	Grds. möglich	Grds. möglich ⇨ Einschränkungen möglich	Grds. möglich ⇨ Übertragung nur an natürliche Personen (str.)

Abb. 9: Vergleichende Darstellung der italienischen Kapitalgesellschaften

Stichwortverzeichnis Teil 4, § 14: Italien

Fette Zahlen bezeichnen die Paragraphen, magere die Randnummern.

§ 15 Spanien

Literatur (Auswahl) – Allg. Gesellschaftsrecht: *Álvarez Royo-Villanova*, Crisis y Derecho de sociedades, RJN 81 (2012) 9; *Blanquer Uberos*, La disolución, la liquidación y la extinción de la sociedad, AAMN 30 (1991) 413; *Broseta Pont/Martínez Sanz*, Manual de Derecho Mercantil, Bd. 1, 23. Aufl. 2016; *De la Cámara Álvarez*, Estudios de Derecho Mercantil, Bd. 1, 1977; *Embid Irujo* (Hrsg.), Archivo Commenda de Jurisprudencia Societaria 2015–2016, 2017; *ders.* (Hrsg.), Archivo Commenda de Jurisprudencia Societaria 2013–2014, 2015; *ders.* (Hrsg.), Archivo Commenda de Jurisprudencia Societaria 2011–2012, 2014; *ders.*, Sobre el Derecho de sociedades de nuestro tiempo, 2013; *ders.*, El derecho de sociedades ante la crisis económica. Especial referencia a la tipología societaria, CDC 59 (2013) 15; *ders.*, Crisis económica y Derecho de sociedades, AAMN 52 (2012) 177; *ders.*, La incesante reforma del Derecho español de sociedades, CDC 55 (2011) 15; *ders.*, El presente incierto del derecho de sociedades, RDM 272 (2009) 453; *ders./Pedraza Bochóns*, Die Gründung einer Tochtergesellschaft in Spanien, ZGR-Sonderheft 3 – Die Gründung einer Tochtergesellschaft im Ausland, 1995, 762; *Fellmeth*, Die Vertretung verselbständigter Rechtsträger in europäischen Ländern. Deutschland, Italien und Spanien, 1997; *Fernández de la Gándara*, Derecho de Sociedades, 2010; *K.-B. Fischer/A.-K. Fischer*, Spanisches Handels- und Wirtschaftsrecht, 2. Aufl. 1995; *K. C. Fischer/Grupp/Baumeister*, Spanien in: Wegen/Spahlinger/Barth (Hrsg.), Gesellschaftsrecht des Auslands, 2. Aufl. 2018, Spanien (Stand: 2013); *Font Galán/Pino Abad*, La relevante causa negocial de la sociedad, RDM 239 (2001) 7; *García-Cruces González*, Liquidación societaria y formas de actuar la liquidación social, RGD 1998, 549; *Garrigues Díaz-Cañabate*, Teoría general de las sociedades mercantiles (III), RDM 142 (1976) 519; *ders.*, Teoría general de las sociedades mercantiles (I y II), RDM 131 (1973) 7; *ders.*, El consentimiento y el objeto en el contrato de sociedad mercantil, RDM 6 (1946) 429; *ders.*, La capacidad para celebrar el contrato de sociedad mercantil, RDM 5 (1946) 57; *Girón Tena*, Derecho de sociedades, 1976; *ders.*, Sociedades civiles y sociedades mercantiles. Distinción y relaciones en el Derecho español, RDM 6 (1947) 7; *González Ordóñez*, Los criterios del Derecho español sobre distinción entre sociedades mercantiles y sociedades civiles y sus consecuencias prácticas, RDM 59 (1956) 51; *Hierro Anibarro* (Hrsg.), Simplificar el Derecho de Sociedades, 2010; *Kilian/Bubrowski*, Regulierungsansätze für ein berufsspezifisches Gesellschaftsecht: die spanische Sociedad Profesional als zukunftsweisendes Modell?, RIW 2007, 669; *B. Löber ua*, Firma in Spanien, 2005; *Martí Sánchez*, El contrato de sociedad en el Derecho codificado español, con especial referencia al Código Civil, RDM 193–194 (1989) 679; *Pérez de la Cruz Blanco*, Algunos problemas en materia de prórroga y reactivación de sociedades, RDM 107 (1968) 273; *Rentsch*, Spanisches Konzern- und Übernahmerecht, 2003; *Sánchez Calero/Sánchez-Calero Guilarte*, Instituciones de Derecho Mercantil, Bd. 1, 38. Aufl. 2016; *Suárez-Llanos Gómez*, Sobre la distinción entre administración y representación de sociedades mercantiles, RDM 85 (1962) 56; *Uría González/Menéndez Menéndez*, Curso de Derecho Mercantil, Bd. 1, 2. Aufl. 2006; *Wicke*, Besonderheiten der Errichtung einer ausländischen Zweigniederlassung in Spanien in: B. Löber/Wicke/Huzel (Hrsg.), Handels- und Wirtschaftsrecht in Spanien, 2. Aufl. 2008, S. 61.

Literatur (Auswahl) – Personengesellschaften: *Aparicio Carrillo*, Los socios ante el patrimonio de la sociedad civil en liquidación, 2003; *Azurza y Oscoz*, Problemas de la sociedad civil, ADC 1952, 125; *Bataller Grau*, La aplicación de las causas de disolución específicas de las sociedades personalistas a la sociedad de responsabilidad limitada, RDM 231 (1999) 91; *Bonardell Lenzano/Cabanas Trejo*, Reflexiones en torno a la personalidad jurídica de las sociedades civiles, RdS 9 (1997) 357; *Colino Mediavilla*, Extinción de cuentas en participación con cláusulas atípicas, RdS 7 (1996) 293; *De Carlos Bertrán*, Responsabilidad de los socios y de los administradores en la Agrupación de Interés Económico, RDM 201 (1991) 489; *De Torres Perea*, Alcance de la personalidad jurídica de la sociedad civil externa, 2003; *Díez-Picazo Ponce de León*, Los pactos leoninos en el contrato de sociedad in: Festschrift De Castro Bravo, Bd. 1, 1976, S. 567; *Eizaguirre Bermejo*, Derecho de sociedades, 2001; *ders.*, La subjetividad de las sociedades de personas, RdS 14 (2000) 85; *Fernández de la Gándara*, La atipicidad en derecho de sociedades, 1977; *ders.*, Las cuentas en participación. Un ensayo de caracterización dogmática y funcional in: Festschrift Duque Domínguez, Bd. 1, 1998, S. 259; *Fernández-Nóvoa Rodríguez*, Las notas distintivas de las cuentas en participación, RDM 84 (1960) 429; *Ferré Moltó/León Sanz*, Las cuentas en participación y el concurso, ADCo 15 (2008) 33; *Fleischer/Pendl*, Der Arbeitsgesellschafter im Personengesellschaftsrecht, WM 2017, 881; *Font Ribas*, Solidaridad en materia de sociedades: sociedad colectiva y sociedad comanditaria in: Festschrift Duque Domínguez, Bd. 1, 1998, S. 315; *Forniés Baigorri*, Sociedad civil-sociedad mercantil. La determinación de su carácter civil y normativa aplicable in: Festschrift Broseta Pont, Bd. 2, 1995, S. 1387; *Gandía Pérez*, Consideraciones sobre las (pretendidas) "sociedades civiles con objeto mercantil", RDM 298 (2015) 265; *García Villaverde*, La inscripción de las sociedades civiles en el registro mercantil español, RdS 14 (2000) 47; *ders.*, Sociedades irregulares, CDC 11 (1993) 13; *ders.*, La exclusión de socios (causas legales), 1977; *Garrigues Díaz-Cañabate*, Tratado de Derecho Mercantil, Bd. 3, 1964; *Gimeno Ribes*, Aproximación a la naturaleza jurídica del crowdfunding, RDM 291 (2014) 451; *Girón Tena*, La muerte del socio en las sociedades personalistas in: Festschrift Uría González, 1978, S. 183; *ders.*, Los cambios de socios en las sociedades de personas in: Festschrift Garrigues Díaz-Cañabate, Bd. 1, 1971, S. 139; *Gómez Pérez*, Facultad de administrar del socio industrial y del comanditario, RDN 40 (1963) 45; *Gual Dalmau*, Las cuentas en participación, 1993; *Haaf*, Die BGB-Gesellschaft im Vergleich mit der Sociedad Civil des spanischen Código Civil, 2006; *Jordano Barea*, La sociedad de un solo socio, RDM 91 (1964) 7; *Lacruz Berdejo*, Elementos de Derecho Civil, Bd. 2-2, 2009; *Martínez Balmaseda*, Las nuevas funciones de las cuentas en participación, CDC 58 (2012) 249; *ders.*, Las cuentas en participación y su vertiente interna, 2011; *Massaguer Fuentes*, La Agrupación de Interés Económico. Un primer comentario de los aspectos jurídico-societarios de la Ley 12/1991, de 29 de Abril, RGD 1991, 7641; *Motos Guirao*, La separación voluntaria del socio en el Derecho Mercantil español, RDN 11 (1956) 79; *Palá Berdejo*, La disolución de sociedades y su revocabilidad, RDM 41 (1952) 149; *Pantaleón Prieto*, La personalidad jurídica de las sociedades civiles, AAMN 38 (1999) 9; *ders.*, Asociación y sociedad (A propósito de una errata del Código Civil), ADC 1993, 5; *Parras Martín*, El socio colectivo en el ordenamiento jurídico español in: Festschrift Broseta Pont, Bd. 3, 1995, S. 2809; *Pau Pedrón*, La Agrupación Europea de Interés Económico. Naturaleza, función y régimen, RCDI 1988, 1181; *Paz-Ares Rodríguez*, La responsabilidad del socio colectivo, 1993; *ders.* in: Paz-Ares Rodríguez ua (Hrsg.), Comentario del Código civil, Bd. 2, 1991, Art. 1665–1708, S. 1299; *ders.*, Ánimo de lucro y concepto de sociedad (breves consideraciones a propósito del artículo 2.2 LAIE) in: Festschrift Girón Tena, 1991, S. 731; *Pérez Rodríguez*, La exclusión de socios: ¿disolución parcial de la sociedad o salida forzosa del socio?, CDC 44 (2005) 11; *Piñol Aguadé*, Comanditarios y cuenta-partícipes, RGD 1990, 438; *Quesada González*, Disolución de la sociedad civil por la voluntad unilateral de un socio, 1991; *Quesada Sánchez*, La sociedad civil sin personalidad en el derecho español, 2007; *Rodríguez Díaz*, El concurso de las sociedades personalistas, RDM 257 (2005) 973; *Rojo Fernández-Río*, S. A., S. en C., RDM 156 (1980) 245; *Sánchez Calero*, Sobre el sometimiento a la quiebra de los socios colectivos, RDM 59 (1956) 7; *Schmidt/Abegg*, Die spanische GmbH & Co. KG bei der internationalen Steuerplanung (Sociedad Limitada y Compañía, Sociedad Comanditaria), GmbHR 2005, 1602; *Serra Mallol*, El contrato de cuentas en participación y otras formas asociativas mercantiles, 1991; *Suárez-Llanos Gómez*, Sobre la separación de un socio en las sociedades de personas in: Festschrift Uría González, 1978, S. 791; *Tena Piazuelo*, El contrato de sociedad civil y las sociedades irregulares en los derechos español, francés e italiano, ADC 1999, 1435; *Uría González*, Problemas y cuestiones sobre la quiebra de las sociedades, RDM 4 (1946) 7; *Vérgez Sánchez*, La posición jurídica del socio industrial, RDM 102 (1966) 243.

Literatur (Auswahl) – Kapitalgesellschaften: *Alcalá Díaz*, El derecho de impugnación del socio en la sociedad anónima cotizada, 2006; *dies.*, La impugnación de acuerdos del consejo de administración de las sociedades anónimas, 1998; *Alcover Garau*, Sociedades profesionales y sociedades de intermediación, RdS 32 (2009) 169; *Alfaro Águila-Real*, La llamada acción individual de responsabilidad contra los administradores sociales, RdS 18 (2002) 45; *ders.*, Conflictos infrasocietarios. Los justos motivos como causa legal no escrita de exclusión y separación de un socio en la sociedad de responsabilidad limitada, RDM 222 (1996) 1079; *ders.*, Interés social y derecho de suscripción preferente. Una aproximación económica, 1995; *ders./Campins Vargas*, Abuso de la mayoría en el reparto de dividendos y derecho de separación del socio en las sociedades de capital in: Festschrift Iglesias Prada, 2014, S. 65; *dies.*, La liquidación del socio que causa baja como consecuencia de su separación o exclusión, RDM 240 (2001) 441; *Alonso García*, La Sociedad Anónima no inscrita, 1986; *Alonso Ledesma*, La autonomía de la voluntad en la exclusión y separación de socios, RDM 287 (2013) 89; *dies.*, Algunas reflexiones sobre la función (utilidad) del capital social como técnica de protección de los acreedores in: Festschrift García Villaverde, 2007, S. 127; *dies./Alonso Ureba/Esteban Velasco* (Hrsg.), La modernización del derecho de sociedades de capital en España, 2011; *Alonso Ureba* (Hrsg.), Derecho de Sociedades Anónimas, 1991–1994; *ders.*, Presupuestos de la responsabilidad social de los administradores de una sociedad anónima, RDM 198 (1990) 639; *ders./Chico Ortiz/Lucas Fernández* (Hrsg.), La reforma del Derecho de sociedades de capital, 1987; *Álvarez Royo-Villanova*, La aportación de unidad económica a una sociedad de capital. Opciones y problemas, RDM 304 (2017) 207; *ders.*, La web corporativa y otras modificaciones al régimen general de las sociedades de capital en la Ley 25/2011, CDC 56 (2011) 13; *Arroyo Martínez/Embid Irujo* (Hrsg.), Comentarios a la Ley de Sociedades Anónimas, 2. Aufl. 2009; *dies.* (Hrsg.), Comentarios a la Ley de Sociedades de Responsabilidad Limitada, 2. Aufl. 2009; *Baena Baena*, Legitimación activa para la impugnación de acuerdos sociales, 2006; *Bascopé/Hering*, Die spanische Gesellschaft mit beschränkter Haftung (Sociedad de Responsabilidad Limitada, SRL). Errichtung, Organisation, Liquidation und Besteuerung, GmbHR 2005, 609; *Bataller Grau*, La aplicación de las causas de disolución específicas de las sociedades personalistas a la sociedad de responsabilidad limitada, RDM 231 (1999) 91; *Bayona Giménez*, La prohibición de asistencia financiera para la adquisición de acciones propias, 2002; *Beltrán Sánchez*, La Disolución de la Sociedad Anónima, 1997; *Benavides Velasco*, El derecho de información de los socios en las sociedades de capital, RDM 302 (2016) 207; *Bilz*, Die spanische GmbH in: B. Löber/Wicke/Huzel (Hrsg.), Handels- und Wirtschaftsrecht in Spanien, 2. Aufl. 2008, S. 3; *Boldó Roda*, Levantamiento del velo y persona jurídica en el Derecho privado español, 4. Aufl. 2006; *Bonardell Lenzano/Cabanas Trejo*, La reducción del capital social en la sociedad de responsabilidad limitada, 2009; *Boquera Matarredona*, El derecho del accionista a la información, RDM 300 (2016) 13; *dies.*, La convocatoria de la Junta General en la "Propuesta de Código Mercantil", RDM 291 (2014) 77; *dies.*, El derecho a completar el orden del día y a presentar nuevas propuestas de acuerdos en las sociedades cotizadas, RDM 282 (2011) 29; *dies.*, La junta general de las sociedades capitalistas, 2008; *dies.* (Hrsg.), La sociedad anónima europea domiciliada en España, 2006; *dies.* (Hrsg.), La Sociedad Limitada Nueva Empresa, 2003; *dies.*, La sociedad unipersonal de responsabilidad limitada, 1996; *Brenes Cortés*, El derecho de separación, principales novedades tras las últimas modificaciones operadas en el derecho de sociedades, RdS 37 (2011) 19; *Broseta Pont*, Restricciones estatutarias a la libre transmisibilidad de acciones, 1984; *Bustillo Saiz*, La Subsanación de Acuerdos Sociales por la Junta General de la Sociedad Anónima, 1999; *Campins Vargas*, La sociedad profesional, 2000; *Campuzano Laguillo*, Las juntas generales y las juntas especiales en las sociedades anónimas, RdP 27 (2011) 369; *Carrasco Perera*, Contra la nulidad de los negocios prohibidos de adquisición de participaciones sociales en autocartera, RdS 39 (2012) 339; *Cerdá Martínez-Pujalte/Rentsch*, Die Treuepflichten der Vorstände und Geschäftsführer im spanischen Kapitalgesellschaftsrecht, RIW 2008, 29; *del Val Talens*, El administrador persona jurídica en las sociedades de capital. Organización, estatuto y responsabilidad, 2017; *dies.*, El ejercicio de las facultades de los administradores con fines adecuados. Análisis del artículo 228.a) LSC, RdS 50 (2017) 225; *dies.*, Los consejeros independientes ante el activismo accionarial, RDBB 136 (2014) 235; *dies.*, La retribución desigual de los administradores en la Sociedad Anónima, RDM 293 (2014) 595; *Díaz Echegaray*, El derecho a participar en el reparto de las ganancias sociales, 2006; *Embid Irujo*, El derecho de los grupos de sociedades. Entre las medidas de tutela y la organización de la empresa policorporativa, RDM 304 (2017) 13; *ders.* (Hrsg.), Derecho de sociedades de capital, 2016; *ders.*, La codificación del gobierno corporativo, RDBB 140 (2015) 11; *ders.*, Apuntes sobre los deberes de fidelidad y lealtad de los administradores de las Sociedades Anónimas, CDC 46 (2006) 9; *ders.*, Capital Protection in Spanish Company Law, ZGR-Sonderheft 17 – Das Kapital der Aktiengesellschaft in Europa, 2006, 679; *ders.* (Hrsg.), Las competencias de los órganos sociales en las sociedades de capital, 2005; *ders.*, Eine spanische „Erfindung" im Gesellschaftsrecht: Die „Sociedad limitada nueva empresa" – die neue unternehmerische GmbH, RIW 2004, 760; *ders.*, La responsabilidad del administrador de hecho en el Derecho español de sociedades de capital (Die Haftung des faktischen Verwaltungsratsmitglieds im spanischen Kapitalgesellschaftsrecht) in: Festschrift Immenga, 2004, S. 559; *ders.*, Introducción al derecho de los grupos de sociedades, 2003; *ders.*, Grupos de sociedades y accionistas minoritarios, 1986; *ders./del Val Talens*, La responsabilidad social corporativa y el Derecho de Sociedades de capital. Entre la regulación legislativa y el *soft law*, 2016; *ders./Martínez Sanz*, Libertad de configuración estatutaria en el Derecho español de sociedades de capital, RdS 7 (1996) 11 ≈ Gesellschaftsvertragliche Gestaltungsfreiheit im spanischen Recht der Kapitalgesellschaften, ZGR-Sonderheft 13 – Gestaltungsfreiheit im Gesellschaftsrecht, 1997, 228; *Emparanza Sobejano*, La creación de filiales y el derecho de separación del socio in: Festschrift Gondra Romero, 2012, S. 201; *ders.*, Los conflictos de interés de los administradores en la gestión de las sociedades de capital, RDM 281 (2011) 13; *Escolano Navarro*, La fundación de la sociedad de responsabilidad limitada, 2000; *Escribano Gámir*, La protección de los acreedores sociales frente a la reducción del capital social y a las modificaciones estructurales de las sociedades anónimas, 1998; *Espín Gutiérrez*, La reducción y el aumento del capital simultáneos, RdS 31 (2008) 351; *Esteban Velasco* (Hrsg.), El gobierno de las sociedades cotizadas, 1999; *ders.*, El poder de decisión en las sociedades anónimas, 1982; *ders./Fernández del Pozo* (Hrsg.), La sociedad anónima europea. Régimen jurídico societario, laboral y fiscal, 2004; *Farias Batlle*, La irregularidad de la sociedad de capital. Aspectos societarios y registrales, 2001; *Farrando Miguel*, Examinando críticamente la regulación de la Junta Universal en la Ley de Sociedades Anónimas, RDM 262 (2006) 1307; *Fernández de la Gándara*, Administradores y Junta general. Nuevas y viejas reflexiones sobre distribución y control del poder en las sociedades anónimas cotizadas, RDBB 104 (2006) 83; *ders.*, La sociedad comanditaria por acciones (artículos 151 a 157 del Código de Comercio), 1992; *ders.*, Erhöhung und Herabsetzung des Kapitals, Umwandlung und Verschmelzung und Recht der verbundenen Unternehmen im spanischen Aktienrecht, AG 1973, 131; *Fernández del Pozo*, Los problemas societarios y de gobierno corporativo del llamado "voto vacío" ("empty voting"), RDM 289 (2013) 153; *ders.*, El nuevo "test de balance" bajo las normas contables internacionales, RDM 279 (2011) 37; *ders.*, El protocolo familiar. Empresa familiar y publicidad registral, 2008; *Fernández Ruiz*, La nulidad de la sociedad anónima en el Derecho comunitario y en el Derecho español, 1991; *K.-B. Fischer*, Das spanische Gesetz 3/2009 über strukturelle Änderungen der Handelsgesellschaften, RIW 2009, 435; *Fleischer/Trinks*, Minderheitenschutz bei der Gewinnthesaurierung in der GmbH. Ein deutsch-spanischer Rechtsvergleich, NZG 2015, 289; *Framiñán Santas*, La exclusión del socio en la sociedad de responsabilidad limitada, 2005; *Franzmann*, Kapitalaufbringung im spanischen Kapitalgesellschaftsrecht, 1995; *Fuentes Naharro*, El accionista "depredador". Un acercamiento a la figura y su problemática a partir de la experiencia comparada, RDBB 128 (2012) 7; *ders.*, Grupos de sociedades y protección de acreedores (una perspectiva societaria), 2007; *Galacho Abolafio*, La reforma de la Ley de sociedades de capita. Los administradores "en su condición de tales" y sus repercusiones en la retribución del órgano de administración, RdS 48 (2016) 171; *Gallego Córcoles*, Asesores de voto (proxy advisors) y el ejercicio del derecho de voto en las sociedades cotizadas, 2014; *Gandía Pérez*, La renuncia de la acción social de responsabilidad, 2017; *García de Enterría Lorenzo-Velázquez*, Los efectos de la declaración de nulidad de los acuerdos sociales, RDM 290 (2013) 141; *García Vidal*, El nombramiento del presidente de la Junta General en las sociedades de capital, RdS 37 (2011) 235; *García-Cruces González*, La sociedad de capital en formación, 1996; *ders.*, La sociedad nula (consideraciones sobre la justificación dogmática de la doctrina de la nulidad societaria), RDM 218 (1995) 1339; *ders.*, Consideraciones en torno a la jurisprudencia del TJCE en materia de sociedades, RDM 202 (1991) 731; *ders./Moralejo Menéndez*, Spain, Listed companies' governance in: Fleckner/Hopt (Hrsg.), Comparative Corporate Governance, 2013, S. 822; *Garcimartín Alférez*, La sentencia "Überseering" y el reconocimiento de sociedades extranjeras. Se podrá decir más alto, pero no más claro, RDM 248 (2003) 663; *Garrido de Palma* (Hrsg.), Estudios sobre la sociedad anónima, 1991; *Garrido García*, Capital social y reglas de solvencia in: Festschrift Iglesias Prada, 2014, S. 519; *Garrigues Díaz-Cañabate*, Formas sociales de uniones de empresas, RDM 7 (1947) 51; *Gimeno Ribes*, Hipoteca de bien inmueble y competencia de la Junta General, RJN 97–98 (2016) 365; *ders.*, Endeudamiento empresarial y fusión de sociedades, 2015; *ders.*, Acción social de responsabilidad, deber de diligencia y "hindsight bias", RJN 92–93 (2014–2015) 531; *ders.*, Fin de protección de la norma y Merger Leveraged Buy-Out en la Sociedad Limitada. Entre la "Existenzvernichtungshaftung" y el informe de expertos independientes, RDM 289 (2013) 247; *Girgado Perandones*, Grupos de sociedades y Derecho antitrust, 2007; *Girón Tena*, Derecho de Sociedades Anónimas, 1952; *Gómez Trinidad*, La prohibición de competencia como deber del órgano de administración frente al interés de la sociedad representada, RDM 297 (2015) 279; *Gondra Romero*, La teoría contractual de la Sociedad Anónima. Una aproximación a sus fundamentos teórico-económicos, RDM 278 (2010) 1171; *González Castilla*, Representación de acciones por medio de anotaciones en cuenta, 1999; *Grechenig*, Spanisches Aktien- und GmbH-Recht, 2005; *ders.*, Die Übertragung von Geschäftsanteilen einer spanischen *Sociedad de Responsabilidad Limitada* in: Kalss (Hrsg.), Die Übertragung von GmbH-Geschäftsanteilen in 14 europäischen Rechtsordnungen, 2003; *Grimaldos García*, La reciente redacción del artículo 236 de la Ley de Sociedades de Capital, RdS 44 (2015) 233; *Grüter*, Kapitalaufbringung und Kapitalerhaltung bei der spanischen Sociedad de Responsabilidad Limitada und der deutschen Gesellschaft mit beschränkter Haftung, 2010; *Güntzer*, Die Rechtsstellung des Geschäftsführers im spanischen Aktienrecht, 1991; *Guerrero Lebrón*, La competencia de la Junta General en las operaciones relativas a activos esenciales, RDM 298 (2015) 183; *Guerrero Trevijano*, La protección de la discrecionalidad empresarial en la Ley 31/2014, de 3 de diciembre, RDM 298 (2015) 147; *Haas*, Der Durchgriff im deutschen und spanischen Gesellschaftsrecht. Eine rechtsvergleichende Analyse, 2003; *Hernando Cebriá*, El deber de vigilancia de los administradores en el marco de su régimen de responsabilidad y las relaciones de confianza entre consejeros y directivos de la empresa social, RdS 46 (2016) 131; *ders.* (Hrsg.), Régimen de deberes y responsabilidad de los administradores en las sociedades de capital. Adaptado a la modificación de la Ley de Sociedades de Capital para la mejora del gobierno corporativo, 2015; *ders.*, El interés social de las sociedades de capital en la encrucijada, RDBB 133 (2014) 79; *ders.*, El abuso de la posición jurídica del socio en las sociedades de capital, 2013; *ders.*, ¿Sociedad dominante administradora de hecho? Más allá del velo corporativo, RDM 280 (2011) 133; *ders.*, El deber de diligente administración en el marco de los deberes de los administradores sociales, 2009; *Hierro Anibarro*, La Sociedad Nueva Empresa, 2006; *ders.*, El origen de la sociedad anónima en España, 1998; *Idelmann*, Gründung und Gründungshaftung von AG und GmbH im spanischen und deutschen Recht, 1997; *Iglesias Prada*, Administración y delegación de facultades en la Sociedad Anónima, 1971; *Iraculis Arregui*, Impugnación del acuerdo de no repartir dividendos, RDM 281 (2011) 251; *Iribarren Blanco*, La impugnación de los acuerdos negativos de la junta general, RDM 304 (2017) 165; *ders./Piloñeta Alonso*, La eliminación del derecho de preferencia en los aumentos de capital social con cargo a aportaciones distintas de las dinerarias in: Festschrift Sánchez Andrés, 2010, S. 387; *Jiménez Sánchez*, La Sociedad Anónima en formación y la Sociedad Irregular in: Festschrift Girón Tena, 1991, S. 667; *ders./Díaz Moreno*, Sociedad unipersonal de responsabilidad limitada (Artículos 125 a 129 de la Ley de Sociedades de Responsabilidad Limitada), 2001; *Juste Mencía* (Hrsg.), Comentario de la reforma del régimen de las sociedades de capital en materia de gobierno corporativo (Ley 31/2014). Sociedades no cotizadas, 2015; *ders.*, La persona jurídica como administradora de una sociedad de capitales. Elección y aceptación del cargo in: Festschrift García Villaverde, Bd. 2, 2007, S. 853; *ders.*, Los derechos de la minoría en la Sociedad Anónima, 1995; *La Casa García*, La posición jurídica del socio colectivo en la sociedad en comandita por acciones, RGD 1991, 7671; *Latorre Chiner*, El administrador de hecho en las sociedades de capital, 2003; *Leech/Manjón*, Corporate Governance in Spain (with an Application of the Power Indices Approach), EJLE 13 (2002) 157; *Leiñena Mendizábal*, La transposición jurídica de los criterios de buen gobierno relativos a la presencia equilibrada de mujeres y hombres en los consejos de administración de las sociedades cotizadas a los patronatos de las fundaciones de sociedad, RDM 301 (2016) 253; *León Sanz*, El caso "Marleasing S. A.", RDM 198 (1990) 801; *Lincke/Jiménez Renedo*, Die Europäische Aktiengesellschaft (SE) mit Sitz in Spanien in: B. Löber/Wicke/Huzel (Hrsg.), Handels- und Wirtschaftsrecht in Spanien, 2. Aufl. 2008, S. 69; *Lindner*, Eigene Geschäftsanteile an einer spanischen Gesellschaft mit beschränkter Haftung (S.L.), RIW 2005, 758; *Llebot Majó*, Los deberes de los administradores de la sociedad anónima, 1996; *B. Löber/Wendland/Fröhlingsdorf*, Die neue spanische GmbH, 3. Aufl. 2006; *Löber ua*, Das neue Recht der spanischen Kapitalgesellschaften, RIW 2011, 587, RIW 2012, 146; *Lozano/Hilgers/J. Löber*, Länderteil Spanien in: Süß/Wachter (Hrsg.), Handbuch des internationalen GmbH-Rechts, 3. Aufl. 2016, S. 1675; *Madina*, La adopción de acuerdos en la sociedad anónima. Quorum de constitución y mayorías, 2004; *Marimón Durá*, La asistencia financiera de una sociedad limitada a sus socios, administradores y a otras sociedades del grupo (del art. 10 LSRL, al art. 162 TRLSC), 2. Aufl. 2010; *Marín de la Bárcena Garcimartín*, La acción individual de responsabilidad frente a los administradores de sociedades de capital (Art. 135 LSA), 2005; *Marina García-Tuñón*, Los derechos al dividendo y de separación a la luz del art. 348 bis de la ley de sociedades de capital: una revisión general, RdS 49 (2017) 27; *Martí Lacalle*, El ejercicio de los derechos de minoría en la sociedad anónima cotizada, 2003; *Martínez Martínez*, El nuevo régimen de impugnación de los acuerdos de las juntas generales en las sociedades de capital. Las causas de invalidez y los motivos de impugnabilidad, RDBB 137 (2015) 63; *ders.*, El derecho de información del accionista en la sociedad anónima, 1999; *Martínez Nadal*, El aumento de capital con cargo a reservas y beneficios en la sociedad anónima, 1996; *Martínez Rosado*, Los pactos parasociales, 2017; *Martínez Sanz*, Provisión de vacantes en el Consejo de Administración de la Sociedad Anónima (La cooptación), 1994; *Massaguer Fuentes*, El capital nominal. Un estudio del capital de la Sociedad Anónima como mención estatutaria, RGD 1990, 5547; *Mateu de Ros Cerezo*, Los consejeros no ejecutivos en la ley de sociedades de capital. Consejeros independientes y consejeros dominicales, RdS 47 (2016) 211; *Megías López*, El consejero independiente. Estatuto y funciones, 2012; *Menéndez Menéndez* (Hrsg.), ¿Sociedad anónima o sociedad de responsabilidad limitada? La cuestión tipológica, 1992; *ders.*, Sociedad anónima e inscripción en el registro mercantil, AAMN 30 (1991) 7; *Millentrup*, Aktionärsgruppen und Entscheidungsmacht in der spanischen Aktiengesellschaft, 1996; *Miranda Serrano*, La Junta Universal de accionistas o socios, RDM 243 (2002) 71; *ders.*, Denominación social y nombre comercial. Funciones y disfunciones, 1997; *Moya Jiménez*, Disolución, Liquidación y Transformación de sociedades de capital, 2011; *Muñoz Paredes*, Los acuerdos sociales impugnables, RDM 296 (2015) 159; *Muñoz Pérez*, El proceso de liquidación de la sociedad anónima. La posición jurídica del liquidador, 2002; *Muráti*, Gläubigerschützende Maßnahmen zur Sicherung der Kapitalaufbringung und der Kapitalerhaltung im spanischen Aktienrecht, 1993; *Navarro Frías*, Retribuciones proporcionadas y retribuciones abusivas de los administradores sociales, RdS 49 (2017) 151; *Noval Pato*, Los pactos omnilaterales. Su oponibilidad a la sociedad, diferencia y similitudes con los estatutos y los pactos parasociales, 2012; *ders.*, La adopción de acuerdos por mayoría en las sociedades de personas y su particular proyección en los sindicatos de voto, RDM 278 (2010) 1411; *Ochs*, Die Haftung des GmbH-Geschäftsführers im deutschen und spanischen Recht, 2008; *Orthmann*, Kapitalmarktinformationshaftung der Vorstände von Aktiengesellschaften in Deutschland und Spanien, 2010; *Ortuño Baeza*, Reducción de Capital en la Sociedad Anónima, 2004; *Pantaleón Prieto*, Las acciones. Copropiedad, usufructo, prenda y embargo, 1992; *ders./Portellano Díez*, Régimen de las participaciones sociales en la sociedad de responsabilidad limitada (art. 35 a 42 LSRL), 1999; *Paternottre Suárez*, Las actas de las Juntas de accionistas, 1994; *Paz-Ares Rodríguez*, Anatomía del deber de lealtad in: Festschrift Beltrán Sánchez, Bd. 1, 2015, S. 569; *ders.*, La anomalía de la retribución externa de los administradores, RDM 290 (2013) 85; *ders.*, La retribución de los consejeros ejecutivos, AAMN 47 (2009) 267; *ders.*, Renovación y retroacción. Reflexiones sobre la regularización de acuerdos impugnables, RdS 29 (2007) 287; *ders.* (Hrsg.), Tratando de la sociedad limitada, 1997; *ders.*, El aumento mixto de capital (Notas en defensa de la figura), RDM 203–204 (1992) 7; *ders.*, Sobre la infracapitalización de las sociedades, ADC 1983, 1587; *Peinado Gracia/Cremades García* (Hrsg.), El accionista minoritario en la sociedad cotizada, 2012; *Peñas Moyano*, Los acuerdos sociales "inimpugnables", RdS 43 (2014) 335; *Perdices Huetos*, Los asesores de voto in: Festschrift Vicent Chuliá, 2013, S. 569; *ders.*, El libro registro de socios. La legitimación del socio en las sociedades de capital, 2000; *ders.*, Cláusulas restrictivas de la transmisión de acciones y participaciones, 1997; *Pérez Millán*, En torno al objeto de las sociedades profesionales, RdS 32 (2009) 175; *ders.*, Sobre los pactos parasociales, RdS 31 (2008) 383; *ders.*, La transmisión de acciones representadas mediante títulos-valores in: Festschrift García Villaverde, 2007, S. 999; *Porfirio Carpio*, De nuevo sobre las acciones sin voto y las acciones privilegiadas in: Festschrift Muñoz Planas, 2011, S. 649; *Portellano Díez*, El deber de los administradores de evitar situaciones de conflicto de interés, 2015; *Pulgar Ezquerra*, Financiación de empresas. Emisión de obligaciones y obligacionistas, RdS 48 (2016) 27; *dies.*, Extinción y cancelación de sociedades de capital sin activo, RdS 41 (2013) 23; *Quijano González*, Los presupuestos de la responsabilidad de los administradores en el nuevo modelo del Consejo de Administración, RDM 296 (2015) 135; *ders.*, La extinción de la sociedad sin declaración judicial de concurso en caso de falta de activo en la "Propuesta de Código Mercantil", RDM 291 (2014) 11; *ders.*, La acción social de responsabilidad contra los administradores: el acuerdo y legitimación para ejercitarla, RDM 290 (2013) 437; *Rades*, Die Sociedad Limitada Nueva Empresa, 2008; *Recalde/Schönnenbeck*, Gesetzesänderungen in Spanien zur Vergütung von Verwaltern in börsennotierten Aktiengesellschaften, RIW 2011, 601; *dies.*, Regelungen zur Vergütung von Verwaltern börsennotierter Gesellschaften und Reformvorschläge im spanischen Aktienrecht, RIW 2010, 453; *Recalde Castells*, Limitaciones de los derechos de asistencia y voto del accionista (Art. 105 LSA), 1995; *ders./Martínez Flórez*, Los efectos de la cancelación registral en relación con la extinción de las sociedades de capital, RDM 290 (2013) 171; *Reckhorn-Hengemühle*, Die neue spanische GmbH nach der Reform des Gesellschaftsrechts von 1989, 1993; *dies.*, Die spanische Aktiengesellschaft nach der Reform des Aktiengesetzes von 1989, 1992; *Retortillo Atienza*, El Embargo de Acciones de la Sociedad Anónima, 2011; *Ribas Ferrer*, El deber de lealtad del administrador de sociedades, 2010; *Rodas Paredes*, La separación del socio en la Ley de sociedades de capital, 2013; *dies.*, Libertad de establecimiento y movilidad internacional de las sociedades mercantiles, 2011; *Rodríguez Artigas*, La representación de los accionistas en la Junta General de la sociedad anónima, 1990; *ders./Farrando Miguel/González Castilla* (Hrsg.), Las Reformas de la Ley de Sociedades de Capital, 2012; *Rodríguez Artigas ua* (Hrsg.), Junta General y Consejo de Administración en la Sociedad cotizada, 2016; *ders. ua* (Hrsg.), El nuevo régimen de impugnación de los acuerdos sociales de las sociedades de capital, 2015; *Rodríguez Díaz*, El representante del administrador persona jurídica, RDBB 128 (2012) 35; *Rodríguez Sánchez*, La delimitación de la figura del administrador de hecho, RDM 301 (2016) 69; *dies.*, La aplicación de la denominada "prueba de resistencia", RDM 292 (2014) 629; *Rösner*, Verlust des Stammkapitals und Geschäftsführerhaftung in der GmbH. Ein deutsch-spanischer Rechtsvergleich, 2009; *Rojo-Fernández-Río*, Los grupos de sociedades en el Derecho español, RDM 220 (1996) 457; *ders.*, La sociedad anónima como problema, RDM 187–188 (1988) 7; *ders.* (Hrsg.), La reforma de la Ley de Sociedades Anónimas, 1987; *ders./Beltrán Sánchez* (Hrsg.), La responsabilidad de los administradores de las sociedades mercantiles, 2016; *dies.* (Hrsg.), Comentario de la Ley de Sociedades de Capital, 2011; *dies./Campuzano Laguillo* (Hrsg.), Disolución y liquidación de sociedades mercantiles, 2009; *Roncero Sánchez*, The Introduction of the "Business Judgment Rule" through the Recent Reform of the Spanish Company Law: American or German Model? in: Festschrift Baums, Bd. 2, 2017, S. 997; *ders.*, Incidencia sobre los estatutos de sociedades cotizadas de las sucesivas reformas legislativas relativas a la limitación del número máximo de votos que pueden ser emitidos por un mismo accionista, RdS 39 (2012) 295; *ders.*, La cobertura de vacantes en el consejo de administración de una sociedad anónima por el sistema de cooptación y el ejercicio del derecho de representación proporcional, RdS 31 (2008) 187; *Rubio Vicente*, La aportación de la empresa en la sociedad anónima, 2001; *Rueda Martínez*, La sucursal. Algunos aspectos de su régimen jurídico, 1990; *Ruiz de Vargas*, Jahresabschluss von Kapitalgesellschaften nach neuem Recht in Spanien, 1992; *Ruiz Muñoz*, Nuevo régimen jurídico de la retribución de los administradores de las sociedades de capital, RdS 46 (2016) 53; *Sáenz García de Albizu*, El objeto social en la sociedad anónima, 1990; *Sáez Lacave*, La sociedad mercantil en formación, 2001; *dies.*, Los pactos parasociales de todos los socios en Derecho español, RdS 34 (2010) 103; *Saldaña Villoldo*, La acción individual de responsabilidad. Su significación en el sistema de responsabilidad de los administradores sociales, 2009; *Salelles Climent*, El funcionamiento del Consejo de Administración, 1995; *Sánchez Álvarez*, La prohibición de obtener una ventaja o remuneración de terceros (Artículo 229.1.e) LSC), RDBB 140 (2015) 43; *Sánchez Andrés*, El derecho de información del accionista: objeto, límites y forma de ejercicio, 2001; *ders.*, El derecho de suscripción preferente, 1973; *Sánchez Calero*, Los administradores en las sociedades de capital, 2007; *ders.*, La Junta General de las Sociedades de Capital, 2007; *ders.* (Hrsg.), La retribución de los administradores en las sociedades cotizadas, 2003; *ders.*, La sociedad cotizada en bolsa en la evolución del derecho de sociedades, 2001; *Sánchez-Calero Guilarte*, El complemento de la convocatoria de la junta en la sociedad anónima, RDBB 128 (2012) 241; *ders.*, La retribución de los administradores de sociedades cotizadas (La información societaria como solución), RdS 28 (2007) 19; *ders.*, El interés social y los varios intereses presentes en la sociedad anónima cotizada, RDM 246 (2002) 1653; *ders. ua*, Estudio sobre propuestas de modificaciones normativas elaborado por la Comisión de Expertos en Materia de Gobierno Corporativo, RDBB 133 (2014) 179; *Sánchez Weickgenannt*, Unternehmensverwaltung und Corporate Governance der spanischen Aktiengesellschaften in: B. Löber/Wicke/Huzel (Hrsg.), Handels- und Wirtschaftsrecht in Spanien, 2. Aufl. 2008, S. 31; *Suárez Rubio*, El deber de secreto de los administradores de las sociedades de capital, RdS 45 (2015) 359; *Tobío Rivas*, Limitaciones de los derechos de asistencia y voto del accionista (Art. 105 LSA), 1995; *Tresselt*, Die Rechtsstellung des Verwalters einer spanischen Responsabilidad de Limitada und des Geschäftsführers einer deutschen GmbH im Rechtsvergleich, 2009; *Troncoso Reigada*, El embargo de acciones de S. A. y participaciones de S. L., 2005; *Uría González*, Teoría de la concentración de empresas, RDM 16 (1949) 315; *Valpuesta Gastaminza*, La sociedad nueva empresa, 2004; *Vaquerizo Alonso*, Asistencia financiera para la adquisición de acciones propias, 2003; *ders.*, Distribuciones patrimoniales irregulares al socio en la sociedad anónima, RDM 230 (1998) 1455; *Vázquez Albert*, La exclusión del derecho de suscripción preferente, 2000; *Vázquez Cueto*, El nombramiento de los liquidadores de las sociedades de capital en el ámbito judicial y registral, RDM 298 (2015) 99; *ders.*, Régimen jurídico de la autocartera, 1995; *Velasco San Pedro*, Negocios con acciones y participaciones propias, 2000; *Ventura-Traveset Hernández*, Sociedad comanditaria por acciones, AAMN 30 (1991) 93; *Vicent Chuliá*, Reivindicación de la comanditaria por acciones ante el Anteproyecto de Código Mercantil in: Festschrift Illescas Ortiz, 2015, S. 989;

ders., La Ley de apoyo a los emprendedores y su internacionalización (LAIE): aspectos mercantiles, RdP 33 (2014) 23; *Vives Ruiz*, La impugnación de acuerdos sociales en la reforma de la legislación mercantil, 2014; *ders./Pérez-Ardá Criado* (Hrsg.), La sociedad cotizada, 2006; *Wellenhofer*, Die spanische Sociedad Limitada Nueva Empresa. Vorbild für ein neues GmbH-Gründungsrecht?, 2012; *v. Wolffersdorff*, Neue Pflichten und strengere Haftung für Verwalter spanischer Kapitalgesellschaften, RIW 2006, 586.

A. Einführung

I. Grundlagen

1. Grundtypen

1 Das spanische Gesellschaftsrecht kennt sieben **Grundtypen**: vier Personen- und drei Kapitalgesellschaften. Unter den **Personengesellschaften** steht die ***Sociedad Colectiva*** als allgemeine Handelsgesellschaft an erster Stelle. Bei ihr sind alle Gesellschafter geschäftsführungsbefugt und haften unbeschränkt für die Gesellschaftsverbindlichkeiten (Artt. 125–144 CCom). Die ***Sociedad Comanditaria Simple*** verfügt über zwei Arten von Gesellschaftern. Die einen haben dieselben Rechte und Pflichten wie die Gesellschafter der *Sociedad Colectiva*. Die anderen sind nicht geschäftsführungsbefugt und haften für Gesellschaftsverbindlichkeiten nur bis zur Höhe der Haftsumme, die regelmäßig der Höhe ihrer Einlage entspricht (Artt. 145–150 CCom). Die ***Cuentas en participación*** ist eine interne Gesellschaft, bei welcher der stille Gesellschafter sich mit seiner Einlage am Betrieb eines Kaufmanns beteiligt; im Verhältnis zu Dritten begründet aber allein der Kaufmann Rechte und Pflichten (Artt. 239–243 CCom). Die ***Sociedad Civil*** ist als allgemeine zivilrechtliche Gesellschaft nicht dem Rechtsstatut des Kaufmanns unterworfen. Mangels abweichender gesellschaftsvertraglicher Regelungen sind alle ihre Gesellschafter geschäftsführungsbefugt und haften unbeschränkt persönlich (Artt. 1665–1708 CC).

2 Zu den **Kapitalgesellschaften** zählen die *Sociedad Anónima*, die *Sociedad Comanditaria por Acciones* und die *Sociedad de Responsabilidad Limitada*, auf die weitgehend dieselben gesetzlichen Vorschriften anwendbar sind (Artt. 1–433 LSC). Ausgangsform ist die ***Sociedad Anónima***. Sie verfügt über ein in Aktien geteiltes Gesellschaftskapital, und ihre Gesellschafter (Aktionäre) haften für Gesellschaftsverbindlichkeiten nur beschränkt bis zur Höhe ihrer Einlage (Artt. 1–433 LSC). Ähnlich ist die ***Sociedad Comanditaria por Acciones***, bei der aber ein Gesellschafter zugleich Geschäftsführer sein muss und unbeschränkt haftet (Artt. 1 IV, 3 II, 23 lit. e) 2, 252 LSC). Werden die Aktien an einem regulierten Markt gehandelt, gelten für beide Gesellschaftsformen zusätzlich die Regelungen für **börsennotierte Gesellschaften** (Artt. 495–541 LSC). Die ***Sociedad de Responsabilidad Limitada*** unterscheidet sich von der *Sociedad Anónima* vorrangig durch ihr niedrigeres Mindestkapital, ihren personalistischen Charakter sowie ihre flexibler gestaltbare Satzung.

3 Darüber hinaus sind unter den Kapitalgesellschaften die spanische ***Societas Europaea*** (Artt. 455–494 LSC) und die ***Sociedad Limitada Nueva Empresa*** zu nennen. Letztere wurde 2003 als Untertyp der *Sociedad de Responsabilidad Limitada* eingeführt, um unter bestimmten Voraussetzungen eine vereinfachte Gründung zu ermöglichen (Artt. 434–454 LSC). Da diese Erleichterungen zehn Jahre später auf alle *Sociedades de Responsabilidad Limitada* erstreckt worden sind (Art. 15 LE),[1] findet sich die *Sociedad Limitada Nueva Empresa* in der heutigen Rechtspraxis aber nur noch selten.

4 **Freiberuflergesellschaften** (*Sociedades Profesional*) sind seit 2007 gesetzlich anerkannt (LSP)[2] und können als Personen- oder als Kapitalgesellschaften organisiert sein.[3] Anders als die Partnerschaftsgesellschaften im deutschen Recht stellen sie damit keine eigenständige Rechtsform dar, sondern modifizieren lediglich die übrigen Rechtsformen. Für Freiberuflergesellschaften, die als Kapitalgesellschaft ausgestaltet sind, gelten Sonderregeln (Art. 17 LSP).

2. Geschichte

5 Das heutige System des spanischen Gesellschaftsrechts hat seine stärksten Wurzeln in der **Kodifikationszeit**.[4] Einige Grundtypen waren aber bereits früher fragmentarisch geregelt und haben unterschiedliche historische Ursprünge.[5] So existierten **Personengesellschaften** schon im **Mittelalter**, wo sie regelmäßig aus familiären Unter-

1 BOE 28 septiembre 2013, núm. 233, S. 78787, Ley 14/2013, de 27 de septiembre, de apoyo a los emprendedores y su internacionalización.

2 BOE 16 marzo 2007, núm. 65, S. 11246, Ley 7/2007, de 15 de marzo, de sociedades profesionales.

3 BOE 16 marzo 2007, núm. 65, S. 11246, Ley 7/2007, de 15 de marzo, de sociedades profesionales; dazu *Kilian/Bubrowski* RIW 2007, 669.

4 *Girón Tena*, Derecho de Sociedades, 1976, S. 59 f.; ausführlicher *ders.* in: Centenario del Código de Comercio, Bd. 1, 1986, S. 176 f.

5 S. ua Ordenanzas de la ilustre Universidad y casa de contratación de la m. n. y m. l. villa de Bilbao, (insertos sus reales privilegios) aprobadas y confirmadas por el Rey nuestro señor Don Phelipe Quinto (que Dios guarde) año de 1737. Reimpresas con superior permiso en Madrid, en la Oficina de D. Pedro Marín. Año de 1787. A costa de la misma Universidad y Casa de Contratacion (*Ordenanzas de Bilbao* 1737), in deren 10. Kapitel („De las compañías

nehmungen entstanden.[6] Verglichen mit der offenen Handelsgesellschaft (*Sociedad Colectiva*) wiesen die Kommanditgesellschaft (*Sociedad Comanditaria Simple*) und die stille Gesellschaft (*Cuentas en participación*) bereits damals Besonderheiten auf; in den verschiedenen Königreichen der iberischen Halbinsel ermöglichten sie, sich an der unternehmerischen Tätigkeit eines anderen zu beteiligen und dabei weitgehend anonym zu bleiben.[7] Vorgänger der Aktiengesellschaft (***Sociedad Anónima***) findet man hingegen erst in der **Neuzeit**.[8] Als privilegierte Organisationsform mit staatlicher Erlaubnis ermöglichte sie wirtschaftlich riskante Unternehmungen in den überseeischen Kolonien.[9] In diesem Zusammenhang machte insbesondere die Verteidigung der Handelsflotte (*asiento de avería*) eine Trennung des investierten Kapitals vom persönlichen Vermögen der Gesellschafter erforderlich und markierte damit die Geburtsstunde der modernen Aktiengesellschaft in Spanien.[10]

6 **Anfang des 19. Jahrhunderts** wurden die genannten Gesellschaftstypen erstmals systematisch **kodifiziert** (Artt. 264–358 CCom 1829).[11] Der erste spanische *Código de Comercio* (Handelsgesetzbuch), von *Sainz de Andino*[12] verfasst und 1829 in Kraft getreten,[13] ersetzte die bis dato geltenden Regelungen, namentlich die *Ordenanzas de Bilbao* aus dem Jahre 1737, durch einen einheitlichen Gesetzestext, inspiriert durch den französischen *Code de Commerce*.[14] Diesem ersten spanischen Handelsgesetzbuch folgte im Jahr 1885 ein weiteres.[15] Es gilt in Teilen bis heute, insbesondere seine Regelungen zum Kaufmann (Artt. 1–24 CCom), zur Buchführungspflicht (Artt. 25–49 CCom), zu den Personengesellschaften (Artt. 116–243 CCom) und zu manchen Handelsverträgen (Artt. 244–348 CCom).

7 Die spanische Gesellschaft mit beschränkter Haftung (***Sociedad de Responsabilidad Limitada***) ist – wie auch in anderen europäischen Rechtsordnungen[16] – maßgeblich ein Produkt der **Kautelarpraxis**.[17] Schon während der Geltungszeit des *Código de Comercio* von 1829, aber besonders ab 1885, hat die notarielle Tätigkeit die Rechtswirklichkeit dieser Gesellschaftsform erheblich beeinflusst. Möglich war dies, da beide Handelsgesetzbücher die Kodifikation der Gesellschaftsformen als nicht abschließend verstanden haben (*numerus apertus*). So ließ sich aus Art. 265 CCom 1829 bzw. Art. 122 CCom ableiten, dass die näher geregelten Grundtypen lediglich eine von vielen Gestaltungsmöglichkeiten darstellen.[18] Über die Jahre hat sich auf diese Weise eine neue

de comercio, y de las calidades y circunstancias en que deberán hacerse") das Gesellschaftsrecht geregelt ist; zum französischen Einfluss auf die *Ordenanzas de Bilbao* s. *Petit Calvo*, La compañía mercantil bajo el régimen de las Ordenanzas de Bilbao (1737–1829), 1980; *Martínez Gijón* RDM 175–176 (1985) 171; Überblick zur Bedeutung der *Ordenanzas de Bilbao* bei *Frey*, Die spanische Aktiengesellschaft im 18. Jahrhundert und unter dem Código de Comercio von 1829, 1999, S. 21–27.

6 *Martínez Gijón*, La compañía mercantil en Castilla hasta las ordenanzas del consulado de Bilbao de 1737, 1979, S. 22–24; *Olivencia Ruiz* RDM 160 (1981) 313, 317; ferner *M. Weber*, Zur Geschichte der Handelsgesellschaften im Mittelalter. Nach südeuropäischen Quellen, 1889, S. 67 f., insbesondere zum römischen Einfluss auf die spanische Rechtsentwicklung.

7 *Madurell i Marimon/García Sanz*, Comandas comerciales barcelonesas de la Baja Edad Media, 1973, S. 80–85; *Martínez Gijón*, La compañía mercantil en Castilla hasta las ordenanzas del consulado de Bilbao de 1737, 1979, S. 30 f.

8 Zu den Ursprüngen *Amend-Traut* in: Amend-Traut/Cordes/Sellert (Hrsg.), Geld, Handel, Wirtschaft, 2013, S. 61–89.

9 *Garrigues Díaz-Cañabate*, Nuevos hechos, nuevo derecho de sociedades anónimas, 1998, S. 11 f.; *Hierro Anibarro*, El origen de la sociedad anónima en España, 1998, S. 35–40; im deutschsprachigen Schrifttum *Amend-Traut* in: Amend-Traut/Cordes/Sellert (Hrsg.), Geld, Handel, Wirtschaft, 2013, S. 61, 65 f.; Überblick zu älteren Ansichten zum Ursprung der Aktiengesellschaft bei *Hierro Anibarro* RDM 229 (1998) 1159.

10 S. die Untersuchung von *Hierro Anibarro*, El origen de la sociedad anónima en España, 1998, S. 103–108.

11 Zur Zeit der französischen Verwaltung des spanischen Königsreichs (1808–1813) beabsichtigte man, ein Handelsgesetzbuch zu verfassen; zum Erlass kam es jedoch nicht; dazu *Rojo Fernández-Río* RDM 143–144 (1977) 121, 125–137; zum Inhalt des *Código de Comercio* s. *Petit Calvo* RDM 289 (2013) 109, 142–145.

12 Zu Person und Werk allgemein *Rubio García-Mina*, Sainz de Andino y la codificación mercantil, 1950.

13 Código de Comercio, Decretado, Sancionado y Promulgado en 30 de Mayo de 1829. Edición oficial. De Orden del Rey nuestro Señor. En la Imprenta Real; s. auch Gaceta de Madrid. Núm. 146. Martes 13 de Octubre de 1829. Real decreto mandando S. M. que rija desde 1° del año próximo el Código de comercio; zur Entstehungsgeschichte *Frey*, Die spanische Aktiengesellschaft im 18. Jahrhundert und unter dem Código de Comercio von 1829, 1999, S. 143–168.

14 Zum französischen Einfluss *Frey*, Die spanische Aktiengesellschaft im 18. Jahrhundert und unter dem Código de Comercio von 1829, 1999, S. 221–225.

15 Gaceta de Madrid. Año CCXXIV. Núm. 289. Viernes 16 de Octubre de 1885. Tomo IV. Pág. 160. Real Decreto de 22 de agosto de 1885, por el que se publica el Código de Comercio.

16 Überblick bei *Fleischer* ZGR 2016, 36, 40–49.

17 Allgemein *Fernández de la Gándara*, La atipicidad en Derecho de Sociedades, 1977, S. 111 f.

18 S. die historische Untersuchung von *Prieto González* RDM 108 (1968) 215, 215 f.; aus der notariellen Praxis *Andrino Hernández* in: Paz-Ares Rodríguez (Hrsg.), Tratando de la sociedad limitada, 1997, S. 77–90; allgemein *Olivencia Ruiz* in: Paz-Ares Rodríguez (Hrsg.), Tratando de la sociedad limitada, 1997, S. 127, 133 f.

Rechtsform herausgebildet, die personalistische Elemente der *Sociedad Colectiva* besitzt, bei der die Gesellschafter für die Verbindlichkeiten der Gesellschaft aber nur beschränkt haften.[19]

3. Konzeption

Zu den bedeutendsten Fragen des spanischen Gesellschaftsrechts zählt, was überhaupt unter einer **Gesellschaft** (*sociedad*) zu verstehen ist. Im Schrifttum finden sich dazu im Grundsatz **zwei Auffassungen**. Nach der einen Auffassung ist Gewinnerzielungsabsicht notwendige Voraussetzung, damit eine Gesellschaft vorliegt. Dafür wird angeführt, dass sowohl das Kapital- als auch das Personengesellschaftsrecht auf dieses Merkmal abstellen (Artt. 1665 CC, 116 I CCom).[20] Gegen diese Auffassung sprechen im Wesentlichen zwei Gründe: Zum einen lässt sich die Notwendigkeit einer Gewinnerzielungsabsicht historisch nicht erklären. Denn Ende des 19. Jahrhunderts hat man bei der Regulierung gerade Verbände gefürchtet, die bestimmte politische Ziele verfolgten ohne dabei gewinnorientiert zu sein.[21] Zum anderen wären nach dieser Meinung Gesellschaften ohne Gewinnerzielungsabsicht nichtig, was einen Verstoß gegen das Grundrecht auf Vereinigungsfreiheit bedeuten würde.[22] Mit der zweiten Auffassung ist daher für eine Gesellschaft allein der ihr zugrundeliegende **Organisationsvertrag konstitutiv**, in dem sich die Gesellschafter darauf einigen, einen **gemeinsamen Zweck** zu verfolgen.[23] 8

Nach spanischem Recht erfordert ein wirksamer Vertragsschluss zwingend drei Elemente: übereinstimmende Willenserklärungen (*consentimiento*) der Parteien, einen Vertragsgegenstand (*objeto*) und einen Vertragsgrund (*causa*) (Art. 1261 CC). Bei einem **Gesellschaftsvertrag** müssen die **Willenserklärungen** mindestens zweier Personen darauf gerichtet sein, einen gemeinsamen Zweck zu verfolgen.[24] Für Kapitalgesellschaften ergibt sich dies mittelbar bereits aus den Nichtigkeitsgründen in Art. 11 Kodifizierungs-RL (ex Art. 12 Publizitäts-RL, zu dieser § 20).[25] Die Gründung einer Einpersonengesellschaft setzt hingegen nur die Willenserklärung eines einzigen Gesellschafters voraus; deshalb lässt sich insofern auch nicht von einem Gesellschaftsvertrag, sondern von einem einseitigen Gründungsakt sprechen. Die gemeinsame Zweckverfolgung stellt zugleich den **Vertragsgrund** dar.[26] Den **Vertragsgegenstand** bilden die Verpflichtungen der Gesellschafter, ihre Einlagen zu erbringen, die sich aber je nach der konkreten Gesellschaftsform unterscheiden können (Rn. 88, 326).[27] 9

Gesellschaften können **zivil- oder handelsrechtlicher Natur** sein. Eine Kapitalgesellschaft ist nach ihrer Eintragung im Handelsregister[28] per se handelsrechtlich und zwar unabhängig von ihrem Gesellschaftszweck (Artt. 2, 33 LSC[29]).[30] Die Natur einer Personengesellschaft hängt hingegen davon ab, ob die von ihr verfolgten Zwecke zivil- (Landwirtschaft, Handwerk, Freiberufler)[31] oder handelsrechtlicher Art (kommerzielle oder industrielle 10

19 *Fernández de la Gándara*, Derecho de Sociedades, Bd. 2, 2010, S. 1311 f.; ferner *Reckhorn-Hengemühle*, Die neue spanische GmbH nach der Reform des Gesellschaftsrechts von 1989, 1993, S. 3 f.

20 S. etwa *Garrigues Díaz-Cañabate* RDM 142 (1976) 519, 532–534; ferner *Vicent Chuliá*, Introducción al Derecho Mercantil, Bd. 1, 2010, S. 368–373; deutschsprachiger Überblick bei *Embid Irujo/Pedraza Bochóns* ZGR-Sonderheft 3, 1995, 762, 764 f.

21 *Girón Tena*, Derecho de Sociedades, 1976, S. 32–47; *Paz-Ares Rodríguez* in: Uría González/Menéndez Menéndez (Hrsg.), Curso de Derecho Mercantil, Bd. 1, 2006, S. 472.

22 *Paz-Ares Rodríguez* in: Uría González/Menéndez Menéndez (Hrsg.), Curso de Derecho Mercantil, Bd. 1, 2006, S. 472.

23 Statt vieler *Girón Tena* RDP 1954, 369, 371; *ders.*, Derecho de Sociedades, 1976, S. 40; *Paz-Ares Rodríguez* in: FS Girón Tena, 1991, S. 734–743.

24 *Garrigues Díaz-Cañabate* RDM 5 (1946) 57, 58 f.; *ders.* RDM 6 (1946) 429, 429–431.

25 Richtlinie (EU) 2017/1132 des Europäischen Parlaments und des Rates vom 14. Juni 2017 über bestimmte Aspekte des Gesellschaftsrechts (ABl. 30.6.2017, L 169/46), vormals Art. 11 Erste Richtlinie 68/151/EWG des Rates vom 9. März 1968 zur Koordinierung der Schutzbestimmungen, die in den Mitgliedstaaten den Gesellschaften im Sinne des Artikels 58 Absatz 2 des Vertrages im Interesse der Gesellschafter sowie Dritter vorgeschrieben sind, um diese Bestimmungen gleichwertig zu gestalten (ABl. 14.3.1968, L 65/8).

26 *Font Galán/Pino Abad* RDM 239 (2001) 7, 59 f.; *Paz-Ares Rodríguez* in: Uría González/Menéndez Menéndez (Hrsg.), Curso de Derecho Mercantil, Bd. 1, 2006, S. 510 f.

27 *Garrigues Díaz-Cañabate* RDM 5 (1946) 429, 431 f.

28 Eine Übersicht zu den öffentlichen Registern in Spanien findet sich bei *B. Löber ua*, Firma in Spanien, 2005, S. 22 f.

29 BOE 3 julio 2010, núm. 161, S. 58472, Real Decreto Legislativo 1/2010, de 2 de julio de 2010, por el que se aprueba el texto refundido de la Ley de Sociedades de Capital.

30 Allgemein dazu *Sáez Lacave*, La sociedad mercantil en formación, 2001; näher *Font Galán/Pino Abad* RDM 239 (2001) 7, 59 f.; *Vaquerizo Alonso* in: Rojo Fernández-Río/Beltrán Sánchez (Hrsg.), Comentario de la Ley de Sociedades de Capital, Bd. 1, 2011, S. 197–199.

31 Zu den verschiedenen zivilrechtlichen Zwecken *Paz-Ares Rodríguez* in: Paz-Ares Rodríguez ua (Hrsg.), Comentario del Código civil, Bd. 2, 1991, S. 1394–1398; ferner *Forniés Baigorri* in: FS Broseta Pont, Bd. 2, 1995, S. 1387, 1397 f.; *Eizaguirre Bermejo*, Derecho Mercantil, 1999, S. 98–108; *Martínez Velencoso* in: Cañizares Laso ua (Hrsg.), Código Civil Comentado, Bd. 4, 2011, S. 649–651; ausführlich *Azurza y Oscoz* ADC 1952, 125, 152–159.

Tätigkeit) sind,[32] was im Einzelfall zu Abgrenzungsschwierigkeiten führen kann. Nur Personengesellschaften mit kommerzieller oder industrieller Tätigkeit sind handelsrechtlicher Natur[33] und damit zur kaufmännischen Buchführung verpflichtet (Art. 25 I iVm Art. 1 Nr. 2 CCom) sowie dem allgemeinen Rechtsstatut des Kaufmanns unterworfen. Daraus folgt aber nicht, dass Personengesellschaften, die ein zivilrechtliches Ziel verfolgen, notwendigerweise als *Sociedad Civil* organisiert sein müssen. Vielmehr können Personengesellschaften auch als *Sociedad Colectiva* oder *Sociedad Comanditaria Simple* verfasst sein (Art. 1670 CC),[34] ohne dass sie den kaufmännischen Regelungen unterfallen. Man spricht in diesem Fall von einer Gesellschaft mit materiell zivilrechtlicher Natur (*sociedad civil desde el punto de vista material*) und formell handelsrechtlichem Charakter (*sociedad mercantil desde el punto de vista formal*).[35]

11 Anders als nach deutschem Recht[36] verfügen in der spanischen Rechtsordnung nicht nur Kapital-, sondern auch Personengesellschaften seit jeher über eigene **Rechtspersönlichkeit** (*personalidad jurídica*).[37] Personengesellschaften erwerben diese durch Teilnahme am Rechtsverkehr (Art. 116 II iVm Art. 119 I CCom), Kapitalgesellschaften durch Eintragung ins Handelsregister (Art. 33 LSC).[38] Vor Handelsregistereintragung kann eine Kapitalgesellschaft zwar nicht als solche, wohl aber als *Sociedad Colectiva* Rechtspersönlichkeit erlangen und gilt dann als *Sociedad general del tráfico* (Allgemeine Verkehrsgesellschaft) (Art. 37 I LSC).[39] Reine Innengesellschaften wie die *Cuentas en participación* haben keine Rechtspersönlichkeit (Art. 1669 CC), da sie weder im Handelsregister eingetragen werden noch tatsächlich am Rechtsverkehr teilnehmen können, was sich aus Artt. 240 f. CCom ergibt.[40]

II. Rechtsquellen

12 Ursprünglich war das spanische Gesellschaftsrecht **einheitlich kodifiziert**. Die *Sociedad Civil* war im *Código Civil* geregelt, die Grundtypen der Handelsgesellschaften – mit Ausnahme der *Sociedad de Responsabilidad Limitada* – im *Código de Comercio*. Seit den 1950er Jahren hat sich dieses Bild zunehmend hin zu einer fragmentarischen Kodifikation gewandelt. Die Regelungen verschiedener Grundtypen sind in **selbstständige Gesetze** „gewandert". Für besondere Bereiche sind neue Normen in Kraft getreten. Lediglich die Vorschriften zu den **Personengesellschaften** sind einheitlich geblieben.

13 Seit 2010 ist das **Kapitalgesellschaftsrecht** nun wieder in einem einzigen Gesetz (*Ley de Sociedades de Capital*) geregelt.[41] Bis dato war es auf zwei separate Gesetze aufgeteilt, eines zur *Sociedad Anónima* und ein weiteres zur *Sociedad de Responsabilidad Limitada*. Dabei verfolgten die Reformen von 1989[42] und 1995[43] hauptsächlich das Ziel, nach dem Beitritt Spaniens zur EWG (heute: EU) die damaligen gesellschaftsrechtlichen **EWG-**

---

32 Dazu *Gandía Pérez* RDM 298 (2015) 265, 270 f.

33 S. *K.-B. Fischer*/*A.-K. Fischer*, Spanisches Handels- und Wirtschaftsrecht, 1995, S. 85 f. Eine entgegenstehende Angabe der Gründer ist unbeachtlich; s. etwa Resolución de la Dirección General de los Registros y del Notariado de 28 de junio de 1985 (BOE 24 julio 1985, núm. 176, S. 23533), de 25 de abril de 1991 (BOE 4 julio 1991, núm. 159, S. 22290), de 30 de abril de 1997 (BOE 7 junio 1997, núm. 136, S. 17616), de 11 de diciembre de 1997 (BOE 14 enero 1998, núm. 12, S. 1386) u. de 20 de abril de 2010 (BOE 7 junio 2010, núm. 138, S. 48822).

34 Dazu *González Ordóñez* RDM 59 (1956) 51, 58 f., 82–97.

35 Ausführlich *Girón Tena* RDM 6 (1947) 7, 38–45; ferner *Garrigues Díaz-Cañabate* RDM 131 (1973) 7, 19–22; *Tena Piazuelo* RCDI 1997, 2029, 2064–2078; im Ergebnis auch *Gandía Pérez* RDM 298 (2015) 265, 275 f.

36 S. etwa *Flume* ZHR 136 (1972) 177; *P. Ulmer* AcP 198 (1998) 113, 123 f.; aA *Kohler* ZHR 74 (1913) 456, 458. Davon zu unterscheiden ist die Frage der Rechtsfähigkeit von Personengesellschaften, welche die Rechtsprechung seit BGHZ 146, 341 = BGH NJW 2001, 1056 (ARGE Weißes Ross) auch für die Außen-GbR anerkennt; Überblick zur Differenzierung zwischen Rechtspersönlichkeit und Rechtsfähigkeit bei *K. Schmidt*, Gesellschaftsrecht, 2002, S. 47 f.

37 Zu Entwicklung und Ursprung der Rechtspersönlichkeit von Personengesellschaften im französischen Rechtskreis *Coing*, Europäisches Privatrecht, Bd. 2, 1989, S. 355 f., 364–366, allgemein zur Rezeption der Lehre von der juristischen Person in Spanien S. 345 f.

38 *Girón Tena*, Derecho de Sociedades, 1976, S. 263.

39 *Pino Abad* CDC 29 (1999) 183, 205–215; ferner *Jiménez Sánchez* in: FS Girón Tena, 1991, S. 667–688; *Menéndez Menéndez* AAMN 30 (1991) 7, 16; *Sáez Lacave* CDC 49 (2008) 125, 130.

40 S. etwa *Martínez Balmaseda*, Las cuentas en participación y su vertiente interna, 2011, S. 173.

41 Die Vereinheitlichung erfolgte durch BOE 3 julio 2010, núm. 161, S. 58472, Real Decreto Legislativo 1/2010, de 2 de julio de 2010, por el que se aprueba el texto refundido de la Ley de Sociedades de Capital; Überblick zur Reform bei *B. Löber ua* RIW 2011, 587; *dies.* RIW 2012, 146.

42 BOE 27 diciembre 1989, núm. 310, S. 40012, Real Decreto Legislativo 1564/1989, de 22 de diciembre, por el que se aprueba el texto refundido de la Ley de Sociedades Anónimas; dazu *Reckhorn-Hengemühle*, Die spanische Aktiengesellschaft nach der Reform des Aktiengesetzes von 1989, 1992; *dies.*, Die neue spanische GmbH nach der Reform des Gesellschaftsrechts von 1989, 1993.

43 BOE 24 marzo 1995, núm. 71, S. 9181, Ley 2/1995, de 23 de marzo, de Sociedades de Responsabilidad Limitada.

Richtlinien in nationales Recht zu überführen.[44] Außerdem sind die Vorgaben der **SE-VO** in der *Ley de Sociedades de Capital* umgesetzt worden (Artt. 455–494 LSC).

Für die Regelung des allgemeinen Wirtschaftsrechts besteht eine verfassungsrechtliche Zuständigkeit des Bundes (*competencia estatal constitucionalmente prevista*) (Art. 149 I 6 CE), so dass das spanische Gesellschaftsrecht überwiegend **Bundesrecht** darstellt. Im Schrifttum findet sich jedoch die Auffassung, dass das Genossenschaftsrecht nicht uneingeschränkt in den Zuständigkeitsbereich des Bundes fällt. Grundlage dafür ist die teilweise vertretene Ansicht, nach der Genossenschaften keine Handelsgesellschaften, sondern zivilrechtlicher Natur sind.[45] Zwar weist die Verfassung dem Bund grundsätzlich auch für das Zivilrecht Gesetzgebungszuständigkeit zu (Art. 149 I 8 CE). Sofern die Länder (*Comunidades Autónomas*) aber bereits in der Vergangenheit Regelungen auf diesem Rechtsgebiet erlassen haben, besteht eine **Landeskompetenz** fort, die sich nach der Rechtsprechung des Verfassungsgerichts (*Tribunal Constitucional*) auch auf angrenzende Bereiche (*materias conexas*) erstreckt.[46] Im Genossenschaftsrecht existieren mehrere Landesgesetze[47] und ein ergänzendes Bundesgesetz (*Ley de Cooperativas*),[48] das dort anwendbar ist, wo es keine entsprechenden landesrechtlichen Regelungen gibt.[49] 14

Zu den Rechtsquellen des spanischen Gesellschaftsrechts im weiteren Sinne zählt die ***Ley de Modificaciones Estructurales*** (Umwandlungsgesetz),[50] die verschiedene Strukturmaßnahmen (Formwechsel, Verschmelzung, Spaltung und Vermögensübertragung) sowie die grenzüberschreitende Sitzverlegung regelt und deren Vorschriften grundsätzlich zwingend sind. Daneben gibt es verschiedene **Spezialgesetze** wie die *Ley de Sociedades Profesionales* (Gesetz über Gesellschaften für Freiberufler), die *Ley de Sociedades Laborales y Participadas* (Gesetz über Arbeitnehmer- und Beteiligungsgesellschaften)[51] und die *Ley de Agrupaciones de Interés Económico* (Gesetz über Wirtschaftliche Interessenvereinigungen).[52] 15

Im **Personengesellschaftsrecht** sind die meisten der gesetzlichen Vorschriften gesellschaftsvertraglich **abdingbar**. Obwohl das gesamte spanische **Kapitalgesellschaftsrecht** – anders als das deutsche Aktienrecht[53] – formell keine Satzungsstrenge kennt, sind die Mehrzahl der Vorschriften in der *Ley de Sociedad de Capital* als **zwingend** zu verstehen. Dass ihre rechtliche Natur gleichwohl im Schrifttum umstritten ist,[54] hat eine erhebliche Rechtsunsi- 16

---

44 Überblick bei *Reckhorn-Hengemühle*, Die spanische Aktiengesellschaft nach der Reform des Aktiengesetzes von 1989, 1992, S. 1–4. Das Nebeneinander zweier Gesetze war dabei keinesfalls neu, sondern existierte bereits in den 1950er Jahren: BOE 18 julio 1951, núm. 199, S. 3355, Ley de 17 de julio de 1951 sobre régimen jurídico de las sociedades anónimas sowie BOE 18 julio 1953, núm. 199, S. 4319, Ley de 17 de julio de 1953 sobre Régimen Jurídico de las Sociedades de Responsabilidad Limitada. Zur Gesetzgebung in den 1950er Jahren im deutschsprachigen Schrifttum *Girón Tena* ZHR 117 (1954) 119; *ders.* ZHR 121 (1958) 67; *ders.* ZHR 126 (1964) 316.

45 S. ua *Vicent Chuliá* CIRIEC 13 (2002) 9, 22.

46 Sentencia del Tribunal Constitucional de 12 de marzo de 1993, núm. 88.

47 Andalusien: BOE 20 enero 2012, núm. 17, S. 4772, Ley 14/2011, de 23 de diciembre, de Sociedades Cooperativas Andaluzas; Aragón: BOA 9 septiembre 2014, núm. 176, S. 30528, Decreto Legislativo 2/2014, de 29 de agosto, del Gobierno de Aragón, por el que se aprueba el texto refundido de la Ley de Cooperativas de Aragón; Asturien: BOE 24 septiembre 2010, núm. 232, S. 81193, Ley 4/2010, de 29 de junio, de Cooperativas; Balearische Inseln: BOE 16 abril 2003, núm. 91, S. 15043, Ley 1/2003, de 20 de marzo, de Cooperativas de las Illes Balears; Baskenland: BOE 10 febrero 2012, núm. 35, S. 12138, Ley 4/1993, de 24 de junio, de Cooperativas de Euskadi; Cantabria: BOE 27 noviembre 2013, núm. 284, S. 94155, Ley 6/2013, de 6 de noviembre, de Cooperativas de Cantabria; Castilla-La Mancha: BOE 12 febrero 2011, núm. 37, S. 15225, Ley 11/2010, de 4 de noviembre, de Cooperativas de Castilla-La Mancha; Castilla-León: BOE 15 mayo 2002, núm. 116, S. 17540, Ley 4/2002, de 11 de abril, de Cooperativas de la Comunidad de Castilla y León; Extremadura: BOE 29 mayo 1998, núm. 128, S. 17777, Ley 2/1998, de 26 de marzo, de Sociedades Cooperativas de Extremadura; Galizien: BOE 25 marzo 1999, núm. 72, S. 11568, Ley 5/1998, de 18 de diciembre, de Cooperativas de Galicia; Katalonien: BOE 14 agosto 2015, núm. 194, S. 73912, Ley 12/2015, de 9 de julio, de cooperativas; La Rioja: BOE 19 julio 2001, núm. 172, S. 26098, Ley 4/2001, de 2 de julio, de Cooperativas de La Rioja; Madrid: BOE 2 junio 1999, núm. 131, S. 20841, Ley 4/1999, de 30 de marzo, de Cooperativas de la Comunidad de Madrid; Murcia: BOE 9 mayo 2007, núm. 111, S. 19906, Ley 8/2006, de 16 de noviembre, de Sociedades Cooperativas, de la Región de Murcia; Navarra: BOE 4 enero 2007, núm. 4, S. 562, Ley Foral 14/2006, de 11 de diciembre, de Cooperativas de Navarra; Valencia: DOCV 20 mayo 2015, núm. 7529, S. 14741, Decreto Legislativo 2/2015, de 15 de mayo, del Consell, por el que se aprueba la Ley de Cooperativas de la Comunitat Valenciana.

48 BOE 17 julio 1999, núm. 170, S. 27027 Ley 27/1999, de 16 de julio, de Cooperativas.

49 ZB auf den Kanarischen Inseln oder in den nordafrikanischen Städten Ceuta und Melilla.

50 BOE 4 abril 2009, núm. 82, S. 31928, Ley 3/2009, de 3 de abril, sobre modificaciones estructurales de las sociedades mercantiles; dazu *K.-B. Fischer* RIW 2009, 435–439; Überblick bei *K. C. Fischer/Grupp/Baumeister* in: Wegen/Spahlinger/Barth (Hrsg.), Gesellschaftsrecht des Auslands, 2018, Spanien, Rn. 190–198 (Stand: 2013); zum alten Umwandlungsrecht *Fernández de la Gándara* AG 1973, 158–162; *Reckhorn-Hengemühle*, Die spanische Aktiengesellschaft nach der Reform des Aktiengesetzes von 1989, 1992, S. 66–86.

51 BOE 15 octubre 2015, núm. 247, S. 95747, Ley 44/2015, de 14 de octubre, de Sociedades Laborales y ipadas.

52 BOE 30 abril 1991, núm. 103, S. 13638, Ley 12/1991, de 29 de abril, de Agrupaciones de Interés Económico.

53 § 23 V AktG; rechtsvergleichend dazu *Embid Irujo/Martínez Sanz* RdS 7 (1996) 11, 14 f. ≈ ZGR-Sonderheft 13, 1997, 228, 232 f.

54 S. etwa gegen die Abdingbarkeit des Austrittsrechts *Alonso Ledesma* RDM 287 (2013) 89, 98–113; aA jedoch *Campins Vargas* Diario La Ley 2012, 13.

cherheit zur Folge. Zwar ist unter den Vorschriften zur *Sociedad de Responsabilidad Limitada* ein größerer Teil abdingbar als unter denjenigen zur *Sociedad Anónima*. Insgesamt haben sich die Regelungsunterschiede zwischen den kapitalgesellschaftsrechtlichen Grundtypen seit der Vereinheitlichung des Gesetzestextes und der teilweise überschießenden Umsetzung einiger EU- bzw. EWG-Richtlinien jedoch verringert.[55] Möglichkeiten zur privatautonomen Gestaltung des Gesellschafterverhältnisses bestehen zum einen in der erwähnten Modifikation der Satzung[56] und zum anderen im Abschluss von Gesellschaftervereinbarungen, welche neben die Satzung treten und die Koordination des Gesellschafterverhaltens regeln.[57]

17 Schließlich stellen die spanischen **Corporate Governance-Kodizes** (*Códigos de Gobierno Corporativo*) eine Rechtsquelle des spanischen Gesellschaftsrechts dar. Sie enthalten *soft law* für börsennotierte Gesellschaften und haben sich seit ihren Anfängen Ende der 1990er Jahre kontinuierlich weiterentwickelt. Als nichtstaatliche Rechtssetzung stellen sie eine Form der Selbstregulierung dar.[58] Auf die noch vergleichsweise allgemein gefassten *Código Olivencia*[59] und *Código Aldama*[60] folgten der *Código Conthe* (*Código Unificado de Buen Gobierno*)[61] und schließlich der heutige *Código de Buen Gobierno de las Sociedades Cotizadas*.[62] Kernstück der Corporate Governance-Kodizes ist das ***comply or explain*-Prinzip**.[63] Nach ihm müssen die in den Anwendungsbereich fallenden Gesellschaften entweder die Regeln der Kodizes befolgen oder erklären, warum sie es nicht tun (s. dazu aus europäischer Sicht § 33 Rn. 79 f., 83–86). Vor diesem Hintergrund lässt sich gegenwärtig das Phänomen beobachten, dass Kodex-Regelungen, die sich einige Jahre bewährt haben und von einem Großteil der betroffenen Gesellschaften befolgt werden, nach einer Übergangszeit kodifiziert werden.[64]

III. Reformen

18 Seit anderthalb Jahrzehnten befindet sich das spanische Gesellschaftsrecht, insbesondere das Kapitalgesellschaftsrecht, in einem **Zustand ständiger Reform**.[65] Sowohl die 2008 beginnende Wirtschaftskrise als auch die Gesetzesvereinheitlichung des Kapitalgesellschaftsrechts von 2010 (Rn. 13) haben diese Tendenz verstärkt; im Schrifttum war folglich von einem Krisenrecht die Rede.[66] Gegenstand der Gesetzesänderungen waren vor al-

55 ZB das Verbot der finanziellen Unterstützung beim Erwerb von Aktien bzw. Geschäftsanteilen wurde nicht nur für die *Sociedad Anónima* (Rn. 345), sondern überschießend auch für die *Sociedad de Responsabilidad Limitada* (Rn. 496) in nationales Recht umgesetzt.

56 *Embid Irujo/Martínez Sanz* RdS 7 (1996) 11 ≈ ZGR-Sonderheft 13, 1997, 228; allgemein *Paz-Ares Rodríguez* in: Paz-Ares Rodríguez (Hrsg.), Tratando de la sociedad limitada, 1997, S. 159–206.

57 Dazu *Pérez Millán* RdS 31 (2008) 383; monographisch *Feliú Rey*, Los pactos parasociales en las sociedades de capital no cotizadas, 2012; *Martínez Rosado*, Los pactos parasociales, 2017; zu Vereinbarungen, an denen alle Gesellschafter beteiligt sind, *Sáez Lacave* RdS 34 (2010) 291; monographisch *Noval Pato*, Los pactos omnilaterales. Su oponibilidad a la sociedad, diferencia y similitudes con los estatutos y los pactos parasociales, 2012.

58 S. die Bezeichnung als „angestiftete" („*inducida*") Selbstregulierung von *Embid Irujo* in: Embid Irujo (Hrsg.), Derecho de sociedades de capital, 2016, S. 13, 27 f.; ferner *ders.*, Sobre el Derecho de sociedades de nuestro tiempo, 2013, S. 48 f.; näher zur Enstehungsgeschichte und Entwicklung *Grechenig*, Spanisches Aktien- und GmbH-Recht, 2005, S. 56 f.; *García-Cruces González/Moralejo Menéndez* in: Fleckner/Hopt (Hrsg.), Comparative Corporate Governance, 2013, S. 822, 825–829.

59 *El gobierno de las sociedades cotizadas*, Madrid, 26 de febrero de 1998. Comisión Especial para el estudio de un Código Etico de los Consejos de Administración de las Sociedades (Comisión Olivencia), abrufbar unter: cnmv.es/DocPortal/Publicaciones/CodigoGov/govsocot.pdf.

60 *Informe de la comisión especial para el fomento de la transparencia y seguridad en los mercados y en las sociedades cotizadas*, 8 de enero de 2003, Comisión especial para la transparencia y seguridad de los mercados financieros y sociedades cotizadas (Comisión Aldama), abrufbar unter: cnmv.es/DocPortal/Publicaciones/CodigoGov/INFORMEFINAL.PDF.

61 *Código Unificado de Buen Gobierno de las Sociedades Cotizadas*, 19 de mayo de 2006, Informe del grupo especial de trabajo sobre buen gobierno de las sociedades cotizadas (Comisión Conthe), abrufbar unter: cnmv.es/Portal/~/verDoc.axd?t={843cf9a3-a07e-428c-8446-d8ed3d11b9e9}.

62 *Código de buen gobierno de las sociedades cotizadas*, febrero de 2015, abrufbar unter: cnmv.es/DocPortal/Publicaciones/CodigoGov/Codigo_buen_gobierno.pdf.

63 Näher *García-Cruces González/Moralejo Menéndez* in: Fleckner/Hopt (Hrsg.), Comparative Corporate Governance, 2013, S. 822, 832; allgemein zu den Vorzügen etwa *Fleischer* ZGR 2012, 160, 184 f.

64 *Embid Irujo* RDBB 140 (2015) 11, 27 f.; allgemein zur Entwicklung der Corporate Governance-Kodizes in Spanien *Sánchez Weickgenannt* in: B. Löber/Wicke/Huzel (Hrsg.), Handels- und Wirtschaftsrecht in Spanien, 2008, Rn. 2.2 f.

65 Insbesondere *Embid Irujo* CDC 55 (2011) 15, 17–19; ferner *ders.*, Sobre el Derecho de sociedades de nuestro tiempo, 2013, S. 137. Ähnliches gilt für das deutsche Aktienrecht, für das *Zöllner* bereits 1994 von einer „Aktienrechtsreform in Permanenz" sprach (AG 1994, 336; aufgegriffen von *K. Schmidt*, Gesellschaftsrecht, 2002, S. 764 u. *Seibert* AG 2002, 417).

66 *Embid Irujo* AAMN 52 (2012) 177, 209–228; *ders.*, Sobre el Derecho de sociedades de nuestro tiempo, 2013, S. 8 f.

lem die Einführung neuer Gesellschaftsformen, die Erleichterung der Gesellschaftsgründung, die *Corporate Governance*[67] und das Umwandlungsrecht.[68]

Schwerpunkt des Reformprozesses war das **Kapitalgesellschaftsrecht.**[69] Dabei bestand das vordergründige Motiv darin, einen komplett neuen *Código* zu verabschieden, der – wie der *Código de Comercio* von 1885 – das gesamte Handels- und Wirtschaftsrecht oder doch zumindest das gesamte Gesellschaftsrecht in einem einheitlichen Text regelt.[70] Auf diese Weise sollte die Tendenz der vergangenen Jahrzehnte, immer mehr Spezialgesetze zu schaffen, umgekehrt werden, um die Rechtsformen zu vereinheitlichen und so den Rechtsverkehr zu vereinfachen (*unidad de mercado*).[71] Die *Ley de Sociedades de Capital* war auf diesem Weg der erste Schritt, der das Recht der Aktiengesellschaft (*Sociedad Anónima*), der Gesellschaft mit beschränkter Haftung (*Sociedad de Responsabilidad Limitada*) und der Kommanditgesellschaft auf Aktien (*Sociedad Comanditaria por Acciones*) in einem einheitlichen Gesetzestext zusammengefasst hat.[72] Dabei sind einige Unterschiede zwischen diesen drei Grundtypen beibehalten, andere verkleinert oder sogar abgeschafft worden. Darüber hinaus regelt die *Ley de Sociedades de Capital* die *Sociedad Limitada Nueva Empresa*, die börsennotierte *Sociedad Anónima* und die spanische *Societas Europaea* (Rn. 13, 18 f.). 19

Durch die neue *Ley de Sociedades de Capital* hat der Gesetzgeber das Kapitalgesellschaftsrecht **systematisch neu geordnet.**[73] Dabei ist der Gesetzestext nach **Sachthemen** gegliedert, um die inhaltlichen Gemeinsamkeiten der einzelnen Kapitalgesellschaftsformen klarer zu verdeutlichen. Die einzelnen Regelungen gelten dabei grundsätzlich für alle Kapitalgesellschaften, sofern nicht ausdrücklich etwas anderes bestimmt ist. Auf eine Unterteilung des Gesetzestextes in einen allgemeinen und einen besonderen Teil wurde hingegen verzichtet. Bestehen zwischen den Gesellschaftsformen Unterschiede, sind diese separat geregelt. Neben der Systematisierung hat der Gesetzgeber beabsichtigt, durch die Neuregelung bisher bestehende Zweifel bei der Normauslegung zu beseitigen. Er hat den jeweiligen Normzweck genau festgelegt, um den Anwendungsbereich der Normen exakt zu bestimmen.[74] Darüber hinaus hat das neue Gesetz Begriffe und Fachtermini der vorherigen Einzelgesetze (*Ley de Sociedades Anónimas* und *Ley de Sociedades de Responsabilidad Limitada*) vereinheitlicht und aktualisiert, um Unstimmigkeiten zu beseitigen und die Kohärenz zu verbessern.[75] 20

Das 2010 eingeführte Gesetz sollte ausdrücklich nur **provisorischen Charakter** haben;[76] es war als Zwischenschritt auf dem Weg zum Erlass eines komplett neuen *Código Mercantil* gedacht. Laut der *Exposición de Motivos* gab es zum Erlasszeitpunkt noch weiteren Gesetzgebungsbedarf: die allgemeine Anpassung an gewandelte gesellschaftliche Verhältnisse, die Konkretisierung der Geschäftsleiterpflichten, die Schaffung eines umfassenden Konzernrechts sowie die Einführung weiterer spezifischer Regelungen für börsennotierte Gesellschaften.[77] 2013 und 2014 folgten dann zwei Entwürfe eines umfangreichen Gesetzbuches, die *Propuesta de Código Mercantil*[78] 21

---

67 Dazu *Embid Irujo* RDM 272 (2009) 453, 456–458; *ders.* CDC 59 (2013) 15, 27–35; zur Entwicklung der Corporate Governance in spanischen börsennotierten Gesellschaften *Leech/Manjón* EJLE 13 (2002) 157–173.

68 Zu den Reformen der *Ley de Sociedades de Capital* zwischen 2010 und 2012 *Rodríguez Artigas/Farrando Miguel/González Castilla* (Hrsg.), Las Reformas de la Ley de Sociedades de Capital, 2012.

69 Zur Reform des Kapitalgesellschaftsrechts anlässlich Spaniens EU-Beitritt *Embid Irujo/Pedraza Bochóns* ZGR-Sonderheft 3, 1995, 762, 766 f.

70 BOE 3 julio 2010, núm. 161, S. 58472, Real Decreto Legislativo 1/2010, de 2 de julio de 2010, por el que se aprueba el texto refundido de la Ley de Sociedades de Capital, Exposición de Motivos, V.

71 BOE 3 julio 2010, núm. 161, S. 58472, Real Decreto Legislativo 1/2010, de 2 de julio de 2010, por el que se aprueba el texto refundido de la Ley de Sociedades de Capital, Exposición de Motivos; kritisch dazu *Gondra Romero* RDM 290 (2013) 27.

72 Zum Gesetzgebungsprozess aus der Perspektive eines Beteiligten *Quijano González* RdS 36 (2011) 25.

73 BOE 3 julio 2010, núm. 161, S. 58472, Real Decreto Legislativo 1/2010, de 2 de julio de 2010, por el que se aprueba el texto refundido de la Ley de Sociedades de Capital, Exposición de Motivos, II.

74 BOE 3 julio 2010, núm. 161, S. 58472, Real Decreto Legislativo 1/2010, de 2 de julio de 2010, por el que se aprueba el texto refundido de la Ley de Sociedades de Capital, Exposición de Motivos, II; dazu *Moya Jiménez*, Disolución, Liquidación y Transformación de sociedades de capital, 2011, S. 28.

75 BOE 3 julio 2010, núm. 161, S. 58472, Real Decreto Legislativo 1/2010, de 2 de julio de 2010, por el que se aprueba el texto refundido de la Ley de Sociedades de Capital, Exposición de Motivos, II; dazu *Moya Jiménez*, Disolución, Liquidación y Transformación de sociedades de capital, 2011, S. 28; *Embid Irujo* in: Embid Irujo (Hrsg.), Derecho de sociedades de capital, 2016, S. 13, 31–33.

76 BOE 3 julio 2010, núm. 161, S. 58472, Real Decreto Legislativo 1/2010, de 2 de julio de 2010, por el que se aprueba el texto refundido de la Ley de Sociedades de Capital, Exposición de Motivos, V.

77 BOE 3 julio 2010, núm. 161, S. 58472, Real Decreto Legislativo 1/2010, de 2 de julio de 2010, por el que se aprueba el texto refundido de la Ley de Sociedades de Capital, Exposición de Motivos, V.

78 Propuesta de Código Mercantil elaborada por la Sección de Derecho Mecantil de la Comisión General de Codificación, Gobierno de España, Ministerio de Justicia, Madrid, 2013, abrufbar unter: mjusticia.gob.es/cs/Satellite/es/1215197775106/Medios/1288780618794/Detalle.html.

und der *Anteproyecto de Ley del Código Mercantil*.[79] Beide Texte sahen eine vollständige Regelung des Gesellschaftsrechts im zweiten der insgesamt sieben Bücher (*libros*) vor. Im Jahr 2015 wies aber der *Consejo de Estado*, der das Vorhaben unverbindlich begutachten sollte, auf mögliche Probleme sowie Zweifel an der verfassungsmäßigen Gesetzgebungskompetenz des Bundes und der Länder hin.[80] Seitdem steht das Gesetzgebungsverfahren still.

22 Ob der neue *Código Mercantil* erlassen werden wird, ist ungewiss. In der Zwischenzeit hat es aber eine Reihe von **Reformen** gegeben, die der tendenziellen Vereinheitlichung des Kapitalgesellschaftsrechts sowie seiner Vereinfachung und Modernisierung zuwiderlaufen.[81] Dieser Zustand ständiger Reform (Rn. 17)[82] hat zu erheblicher Rechtsunsicherheit geführt.[83] Die Aktivität des Gesetzgebers hat in den vergangenen anderthalb Jahren zwar aus verschiedenen Gründen abgenommen. Ein Ende dieses Prozesses und die möglichen Inhalte weiterer Reformen sind derzeit aber nicht absehbar. Zu den wichtigsten Reformgesetzen der *Ley de Sociedades de Capital* zählen die *Ley 25/2011* und die *Ley 31/2014*.[84]

23 Als **neue Gesellschaftsform** wurde im Jahr 2003 die ***Sociedad Limitada Nueva Empresa*** geschaffen.[85] Sie ist eine Unterform der *Sociedad de Responsabilidad Limitada* und ermöglicht eine vereinfachte und damit schnellere Gründung; im Gegenzug ist die Satzungsfreiheit bei ihr deutlich eingeschränkt. Durch eine spätere Änderung der Satzung kann die Gesellschaft zu einer regulären *Sociedad de Responsabilidad Limitada* erwachsen und diesen Einschränkungen „entfliehen". Im Jahr 2013 wurden dann aber auch die Vorschriften zur Kapitalaufbringung bei der regulären *Sociedad de Responsabilidad Limitada* deutlich gelockert (Art. 4 LSC) (Rn. 488).[86] Schließlich wurde 2005 durch Regelung der Europäischen Aktiengesellschaft (***Societas Europaea***) (ausführlich dazu § 4) mit Sitz in Spanien eine weitere neue Gesellschaftsform in der damaligen *Ley de Sociedades Anónimas* geschaffen.[87]

24 Im Bereich der ***Corporate Governance*** sind in den Jahren 2003[88] und 2014[89] Gesetze mit verschiedenen Neuregelungen in Kraft getreten. Sie haben ua Aspekte der Geschäftsleiterpflichten und -haftung (Rn. 281–294), der Kompetenzverteilung zwischen den Organen sowie des Beschlussmängelrechts (Rn. 248–260) neu geregelt. Einige Normen, die bis dato nur in den Corporate Governance-Kodizes (Rn. 17) zu finden waren, wurden für börsennotierte Gesellschaften in Gesetzesrecht gegossen. Für die Generalversammlung sind ua ursprünglich ungeschriebene Zuständigkeiten gesetzlich anerkannt (Art. 160 lit. f) LSC) und die Vorschriften über Interessenkonflikte (Art. 190 LSC), das Auskunftsrecht des Gesellschafters (Art. 197 LSC) sowie das Beschlussmängel-

79 Anteproyecto de Ley del Código Mercantil, Ministerio de Justicia, Ministerio de Economía y Competitividad, C. M. 30/05/2014, abrufbar unter: transparencia.gob.es/servicios-buscador/contenido/normaelaboracion.htm?id=NormaEV03L0-20141901&lang=es&fcAct=2016-10-26T17:17:37.943Z.

80 Dictamen 837/2014, Consejo de Estado, Anteproyecto del Código Mercantil, 29 de enero de 2015, abrufbar unter: boe.es/buscar/doc.php?id=CE-D-2014-837.

81 *Rodríguez Artigas/Farrando Miguel/González Castilla* in: Rodríguez Artigas ua (Hrsg.), Las Reformas de la Ley de Sociedades de Capital, 2012, S. 37.

82 So *Embid Irujo* RDM 272 (2009) 453; *ders.* CDC 55 (2011) 15, 17–19.

83 *Rodríguez Artigas/Farrando Miguel/González Castilla* in: Rodríguez Artigas ua (Hrsg.), Las Reformas de la Ley de Sociedades de Capital, 2012, S. 37.

84 BOE 2 agosto 2011, núm. 184, S. 87462, Ley 25/2011, de 1 de agosto, de reforma parcial de la Ley de Sociedades de Capital y de incorporación de la Directiva 2007/36/CE, del Parlamento Europeo y del Consejo, de 11 de julio, sobre el ejercicio de determinados derechos de los accionistas de sociedades cotizadas; BOE 4 diciembre 2014, núm. 293, S. 99793, Ley 31/2014, de 3 de diciembre, por la que se modifica la Ley de Sociedades de Capital para la mejora del gobierno corporativo.

85 BOE 2 abril 2003, núm. 79, S. 12679, Ley 7/2003, de 1 de abril, de la sociedad limitada Nueva Empresa por la que se modifica la Ley 2/1995, de 23 de marzo, de Sociedades de Responsabilidad Limitada; dazu *Embid Irujo* RIW 2004, 760–767; monographisch *Rades*, Die Sociedad Limitada Nueva Empresa, 2008, S. 133–177; *Wellenhofer*, Die spanische Sociedad Limitada Nueva Empresa. Vorbild für ein neues GmbH-Gründungsrecht?, 2012.

86 Eingeführt durch die LE (BOE 28 septiembre 2013, núm. 233, S. 78787, Ley 14/2013, de 27 de septiembre, de apoyo a los emprendedores y su internacionalización).

87 BOE 15 noviembre 2005, núm. 273, S. 37303, Ley 19/2005, de 14 de noviembre, sobre la sociedad anónima europea domiciliada en España.

88 BOE 18 julio 2003, núm. 171, S. 28046, Ley 26/2003, de 17 de julio, por la que se modifican la Ley 24/1988, de 28 de julio, del Mercado de Valores, y el texto refundido de la Ley de Sociedades Anónimas, aprobado por el Real Decreto Legislativo 1564/1989, de 22 de diciembre, con el fin de reforzar la transparencia de las sociedades anónimas cotizadas.

89 BOE 4 diciembre 2014, núm. 293, S. 99793, Ley 31/2014, de 3 de diciembre, por la que se modifica la Ley de Sociedades de Capital para la mejora del gobierno corporativo; Überblick zum Reformentwurf bei *Sánchez-Calero Guilarte ua* RDBB 133 (2014) 179; zur Rechtslage nach der Reform s. allgemein die Kommentare und Sammelbände von *Hernando Cebriá* (Hrsg.), Régimen de deberes y responsabilidad de los administradores en las sociedades de capital. Adaptado a la modificación de la Ley de Sociedades de Capital para la mejora del gobierno corporativo, 2015; *Juste Mencía* (Hrsg.), Comentario de la reforma del régimen de las sociedades de capital en materia de gobierno corporativo (Ley 31/2014). Sociedades no cotizadas, 2015; *Rodríguez Artigas ua* (Hrsg.), Junta General y Consejo de Administración en la Sociedad cotizada, 2016.

recht (Artt. 204–206 LSC) neu geregelt worden. Für die Geschäftsleitung wurden die Vorschriften zur Vergütung (Art. 217 LSC), zur Sorgfalts- und Treupflicht (Artt. 225–232 LSC) sowie zur Haftung (Artt. 236–241bis LSC)[90] verändert.[91]

25 Im **Umwandlungsrecht** wurden im Jahr 2009 die Vorschriften zu den verschiedenen Strukturmaßnahmen, die zuvor in den Gesetzen der unterschiedlichen Grundtypen verstreut waren, in einem einheitlichen Gesetz zusammengeführt.[92] Die Informationspflichten der Gesellschaften bei Spaltungen und Verschmelzungen wurden im Jahr 2012 verringert.[93]

26 Die Reform im Jahr 2011 zielte vorrangig auf eine **Reduktion des Verwaltungsaufwandes** für Kapitalgesellschaften sowie der damit verbundenen Kosten ab[94] und setzte verspätet die Vorgaben der Aktionärsrechte-RL[95] (zu dieser § 30) in nationales Recht um.[96] Im Einzelnen hat sie insbesondere die Einberufungsmodalitäten für Generalversammlung (Artt. 173 f., 177 LSC)[97] und Verwaltungsrat (Art. 246 LSC) geändert und die Möglichkeit geschaffen, in der Satzung der *Sociedad Anónima* weitere, gesetzlich nicht vorgeschriebene Ausschlussgründe festzulegen (Art. 351 LSC). Darüber hinaus hat sie den gesetzlichen Auflösungsgrund der Untätigkeit der Gesellschaft auf alle Kapitalgesellschaften erstreckt (Art. 363 lit. a) LSC) und die automatische Einsetzung der Geschäftsleiter als Liquidatoren geregelt (Art. 376 I LSC).[98]

IV. Rechtstatsachen

27 Kapitalgesellschaften sind in Spanien wirtschaftlich weitaus bedeutender als Personengesellschaften. Sie machen ca. 99% der bekannten existierenden Gesellschaften aus. Unter den Kapitalgesellschaften spielen wiederum die *Sociedades de Responsabilidad Limitada* die größte Rolle mit einem Anteil von ca. 93%.

28 Zahl der Neugründungen:[99]

Jahr	Sociedad Anónima	Sociedad de Responsabilidad Limitada	Sociedad Comanditaria	Sociedad Colectiva
2000	4.953	110.492	35	13
2001	3.844	106.784	17	3
2002	3.152	111.563	11	12
2003	2.631	121.108	7	4
2004	2.259	128.726	3	4
2005	2.182	136.768	26	5
2006	2.109	146.837	10	8
2007	1.934	140.815	9	5

90 Um nicht bei jeder Reform die gesamte Nummerierung eines Gesetzes ändern zu müssen, wird in Spanien üblicherweise an entsprechender Stelle eine neue Unterzählung begonnen, die mit lateinischen Ordinalzahlen („bis", „ter", „quater" usw.) einem Artikel nachgestellt wird (zB Art. 4bis LSC); dieses Vorgehen entspricht der deutschen Zählung mit nachgesetzten Buchstaben (zB § 53a AktG).

91 Zur Neugestaltung der Vergütungsbestimmungen *Recalde/Schönnenbeck* RIW 2010, 453; *dies.* RIW 2011, 601; zur Neuregelung der Treupflicht *Cerdá Martínez-Pujalte/Rentsch* RIW 2008, 29.

92 BOE 4 abril 2009, núm. 82, S. 31928, Ley 3/2009, de 3 de abril, sobre modificaciones estructurales de las sociedades mercantiles; näher zur Reform *K.-B. Fischer* RIW 2009, 435.

93 BOE 23 junio 2012, núm. 150, S. 44680, Ley 1/2012, de 22 de junio, de simplificación de las obligaciones de información y documentación de fusiones y escisiones de sociedades de capital.

94 BOE 2 agosto 2011, núm. 184, S. 87462, Ley 25/2011, de 1 de agosto, de reforma parcial de la Ley de Sociedades de Capital y de incorporación de la Directiva 2007/36/CE, del Parlamento Europeo y del Consejo, de 11 de julio, sobre el ejercicio de determinados derechos de los accionistas de sociedades cotizadas, Preámbulo, I.

95 Richtlinie 2007/36/EG des Europäischen Parlaments und des Rates vom 11. Juli 2007 über die Ausübung bestimmter Rechte von Aktionären in börsennotierten Gesellschaften (ABl. 14.7.2007, L 184/17).

96 BOE 2 agosto 2011, núm. 184, S. 87462, Ley 25/2011, de 1 de agosto, de reforma parcial de la Ley de Sociedades de Capital y de incorporación de la Directiva 2007/36/CE, del Parlamento Europeo y del Consejo, de 11 de julio, sobre el ejercicio de determinados derechos de los accionistas de sociedades cotizadas, Preámbulo, I.

97 Dazu *Álvarez Royo-Villanova* CDC 56 (2011) 13.

98 Dazu *Sánchez Calero/Sánchez-Calero Guilarte*, Instituciones de Derecho Mercantil, Bd. 1, 2011, S. 313; ausführlich *Martínez Martínez* RdS 37 (2011) 119; allgemein *Rodríguez Artigas/Farrando Miguel/González Castilla* (Hrsg.), Las Reformas de la Ley de Sociedades de Capital, 2012.

Jahr	Sociedad Anónima	Sociedad de Responsabilidad Limitada	Sociedad Comanditaria	Sociedad Colectiva
2008	1.299	102.247	14	5
2009	798	77.393	10	3
2010	772	79.202	15	5
2011	665	84.137	7	3
2012	577	86.591	7	7
2013	559	92.859	1	1
2014	710	93.439	5	4
2015	650	93.982	10	2

Abb. 1: Tabellarische Übersicht der Neugründungen

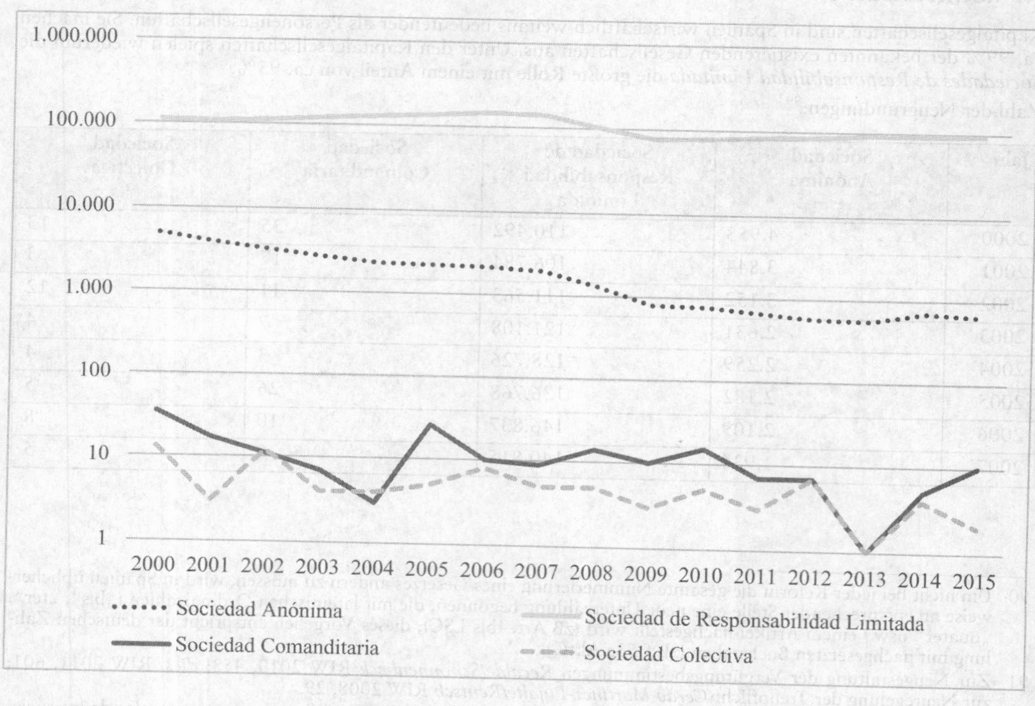

Abb. 2: Grafische Übersicht der Neugründungen

99 Die Daten stammen vom *Instituto Nacional de Estadística* (Spanisches Statistisches Nationalinstitut), abrufbar unter: ine.es/jaxiT3/Datos.htm?t=6452. Die *Sociedades Comanditarias por Acciones* sind unter den *Sociedades Comanditarias* aufgeführt, ihre Anzahl ist aber unbedeutend.

29

Bestandszahlen:[100]

Jahr	Sociedad Anónima	Sociedad de Responsabilidad Limitada	Sociedad Comanditaria	Sociedad Colectiva
2000	131.079	612.374	127	548
2001	129.349	667.441	127	503
2002	126.529	716.542	117	471
2003	124.468	773.151	112	426
2004	122.579	839.958	114	456
2005	121.441	918.449	100	406
2006	117.441	992.658	98	400
2007	115.580	1.078.614	97	371
2008	113.130	1.145.398	93	333
2009	109.330	1.140.820	85	306
2010	105.203	1.125.990	91	269
2011	104.636	1.122.786	98	256
2012	102.532	1.123.574	100	231
2013	96.600	1.125.041	89	228
2014	92.986	1.137.696	91	210
2015	89.392	1.146.131	85	203
2016	85.430	1.152.813	83	179

Abb. 3: Tabellarische Übersicht der Bestandszahlen

100 Die Daten stammen vom *Instituto Nacional de Estadística* (Spanisches Statistisches Nationalinstitut), abrufbar unter: ine.es/jaxiT3/Datos.htm?t=299. Die *Sociedades Comanditarias por Acciones* sind unter den *Sociedades Comanditarias* aufgeführt, ihre Anzahl ist aber unbedeutend.

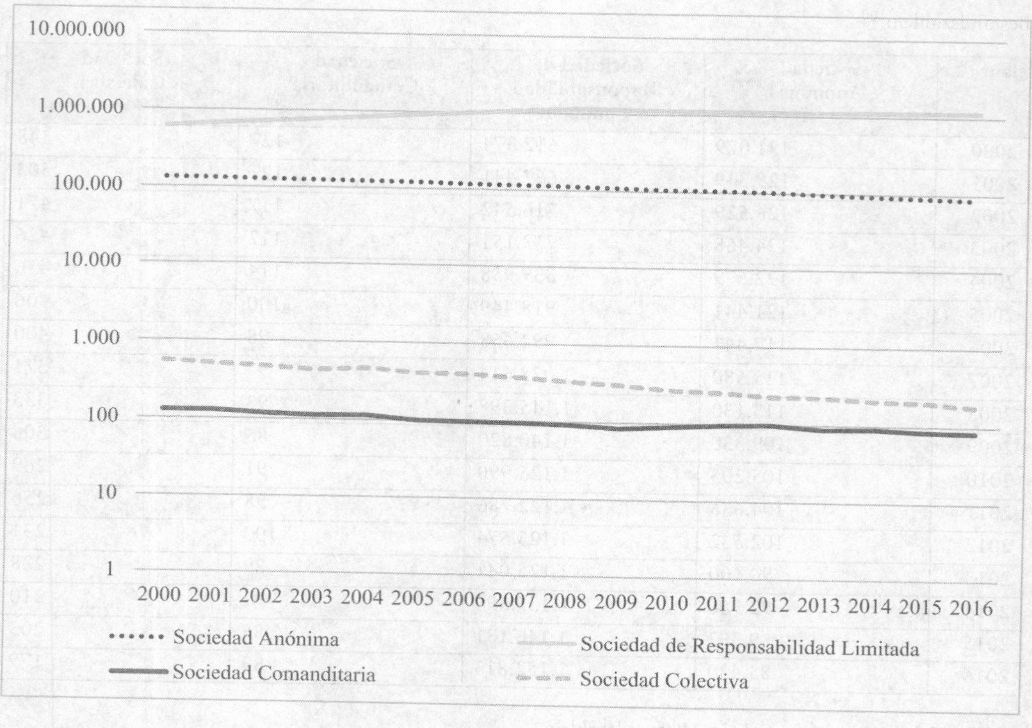

Abb. 4: Grafische Übersicht der Bestandszahlen

30 Die Rechtstatsachen verdeutlichen die vergleichsweise geringe **Bedeutung** der Personengesellschaften sowie die große Relevanz der *Sociedad de Responsabilidad Limitada*. Für die geringe Relevanz der Personengesellschaften gibt es verschiedene Gründe. Zum einen sind die unbeschränkte Haftung der Gesellschafter sowie der erschwerte Mitgliederwechsel dafür verantwortlich – Charakteristika, die auch aus anderen Rechtsordnungen bekannt sind. Zum anderen spielt die Tatsache eine Rolle, dass Personengesellschaften eigene Rechtspersönlichkeit aufweisen (Art. 116 II CCom) und damit körperschaftsteuerpflichtig sind – eine Besonderheit des spanischen Gesellschaftsrechts.[101] Die Beliebtheit der *Sociedades de Responsabilidad Limitada* lässt sich vor allem mit ihren geringen Mindestkapitalanforderungen erklären. Während ihre Gründungsgesellschafter nur 3.000 Euro aufbringen müssen, beträgt das Mindestkapital bei der ***Sociedad Anónima*** 60.000 Euro (Art. 4 I, III LSC).[102] Auffällig ist, dass diese Differenz zwischen den Mindestkapitalbeträgen größer ist als in anderen Rechtsordnungen.[103] Grund dafür ist die Erleichterung der Gesellschaftsgründung für Kleinunternehmen auf der einen und die Seriosität der *Sociedad Anónima* auf der anderen Seite.[104] Indem die LE[105] die Kapitalaufbringung bei der *Sociedad de Responsabilidad Limitada* noch weiter gelockert hat (Art. 4bis LSC), hat sie diese Schere perpetuiert.

31 Nur wenige Gesellschaften sind **börsennotiert.**[106] An den vier spanischen Börsen (Madrid, Bilbao, Barcelona und Valencia (in der Reihenfolge ihrer Gründung)) werden Aktien von insgesamt 170 Gesellschaften gehan-

101 Art. 7 I lit. a) LIS (BOE 28 noviembre 2014, núm. 288, S. 96939, Ley 27/2014, de 27 de noviembre, del Impuesto sobre Sociedades).
102 Zur zugangsbeschränkenden Wirkung, die von der Höhe des Mindestkapitals bei der *Sociedad Anónima* ausgeht *Armour* EBOR 7 (2006) 5, 17; indirekt auch *Enriques/Macey* Cornell L. Rev. 86 (2001) 1165, 1195–1198.
103 Etwa für Deutschland § 5 I GmbHG (25.000 Euro) u. § 7 AktG (50.000 Euro).
104 *Rojo Fernández-Río* RDM 187–188 (1988) 7, 31 f.
105 BOE 28 septiembre 2013, núm. 233, S. 78787, Ley 14/2013, de 27 de septiembre, de apoyo a los emprendedores y su internacionalización.
106 S. dazu *García-Cruces González/Moralejo Menéndez* in: Fleckner/Hopt (Hrsg.), Comparative Corporate Governance, 2013, S. 822, 830 f.

delt.[107] Zu den notierten Gesellschaften zählen hauptsächlich *Sociedades Anónimas*, aber auch eine deutsche *Aktiengesellschaft*, eine englische *Public Limited Company*, eine italienische *Società per Azioni*, eine luxemburgische *Société Anonyme*, eine niederländische *Societas Europaea* und verschiedene Gesellschaften aus lateinamerikanischen Rechtsordnungen (Mexiko, Brasilien, Argentinien und Peru).

B. Personengesellschaften

I. Sociedad Civil

1. Grundlagen

32 Zur wirtschaftlichen **Bedeutung** der *Sociedad Civil* lassen sich mangels Registerpflicht keine exakten Aussagen treffen. Viele nachteilige Regelungen des gesetzlichen Regimes machen diese Gesellschaftsform für die Praxis aber vergleichsweise unattraktiv.

33 Das Gesetzesrecht der *Sociedad Civil* findet sich in den Artt. 1665–1708 CC. Danach setzt die Gründung den Abschluss eines Gesellschaftsvertrags voraus, in dem sich mindestens zwei Personen verpflichten, Geld (*dinero*), Güter (*bienes*) oder die Leistung von Diensten (*industria*)[108] einzubringen und die erwirtschafteten Gewinne zu teilen (Art. 1665 CC).[109] Gesellschafter können sowohl natürliche als auch juristische Personen (Art. 38 CC) sein. Darüber hinaus sind ein Gesellschaftsvermögen, ein personalistischer Charakter (*affectio societatis*)[110] sowie die Verfolgung eines gemeinsamen Zwecks **konstitutive Elemente** der *Sociedad Civil*; der gemeinsame Zweck muss grundsätzlich zivilrechtlicher Natur sein (Rn. 10).[111]

34 Abweichend etwa von der deutschen Rechtsordnung[112] gilt im spanischen Personengesellschaftsrecht **kein „Schachtelprinzip"**, dh, das Recht der *Sociedad Civil* ist grundsätzlich nicht subsidiär auf die handelsrechtlichen Personengesellschaften anwendbar. Davon ausgenommen sind einige rechtsformübergreifende Analogien, zB zum Verbot der *societas leonina* (Rn. 89).

35 Der spanische *Código Civil* unterscheidet **zwei Varianten** der *Sociedad Civil*: die *Sociedad Universal* (Universalgesellschaft) und die *Sociedad Particular* (Partikulargesellschaft) (Art. 1671 CC). Die *Sociedad Universal* existiert wiederum in zwei Unterarten, als *Sociedad de los bienes presentes* und als *Sociedad de todas las ganancias* (Art. 1672 CC).[113]

36 Bringen die Gesellschafter bei der Gründung ihr gesamtes Privatvermögen ein, um die damit erwirtschafteten Gewinne untereinander zu teilen, handelt es sich um eine ***Sociedad de los bienes presentes*** (Art. 1673 CC). Das eingebrachte Vermögen wird Gemeinschaftseigentum (Art. 1674 CC).[114] Aufgrund des damit einhergehenden Risikos dürfte diese Variante in der Praxis aber kaum eine Rolle spielen.

37 Mangels abweichender Regelung im Gesellschaftsvertrag liegt im Zweifel eine ***Sociedad de todas las ganancias*** vor (Art. 1676 CC). Nicht bestehen kann eine solche zwischen Personen, die sich untereinander keine Schenkungen machen oder anderweitige Vorteile zuwenden dürfen (Art. 1677 CC), so etwa zwischen Vormund und Mündel (Art. 215 CC) sowie zwischen Vertreter und Vertretenem (Art. 185 II CC). Denn die Vorschriften, welche die Beteiligten im Rahmen der Vormundschaft und der Stellvertretung vor möglichen Interessenkonflikten schützen, sollen nicht mittels einer *Sociedad de todas las ganancias* umgangen werden können.[115] Bei Verstoß gegen dieses Verbot ist der Gesellschaftsvertrag nichtig.[116] Alles, was die Gesellschafter in ihrer Eigenschaft als solche erwerben, gebührt der Gesellschaft (Art. 1675 CC). An Sachen steht ihr aber lediglich ein Nießbrauchrecht zu; das Eigentum verbleibt bei den Gesellschaftern.

---

107 Die Daten stammen von der *Bolsa de Madrid* (Madrider Börse), abrufbar unter: bolsamadrid.es/esp/aspx/Empresas/Empresas.aspx (Stand: 30.11.2017).

108 Zu den verschiedenartigen Beitragsleistungen *Haaf*, Die BGB-Gesellschaft im Vergleich mit der Sociedad Civil des spanischen Código Civil, 2006, S. 217–221; zur Möglichkeit, dass alle Gesellschafter die Leistung von Diensten einbringen und sog Arbeitsgesellschafter sind, *Lacruz Berdejo*, Elementos de Derecho Civil, Bd. 2-2, 2009, S. 263.

109 *Martí Sánchez* RDM 193–194 (1989) 679, 697, 703.

110 Dazu Sentencia del Tribunal Supremo de 30 de abril de 1986, núm. 269 u. de 21 de febrero de 1987, núm. 89.

111 Zur Möglichkeit einer zivilrechtlichen Zweckverfolgung der handelsrechtlichen Personengesellschaften *Forniés Baigorri* in: FS Broseta Pont, Bd. 2, 1995, S. 1387, 1398.

112 Für Deutschland § 105 III HGB.

113 S. dazu *Martí Sánchez* RDM 193–194 (1989) 679, 684; *Forniés Baigorri* in: FS Broseta Pont, Bd. 2, 1995, S. 1387, 1394 f.; im deutschsprachigen Schrifttum *Haaf*, Die BGB-Gesellschaft im Vergleich mit der Sociedad Civil des spanischen Código Civil, 2006, S. 71–75.

114 Die Rechtsposition ähnelt dem Gesamthandseigentum des deutschen Rechts.

115 *Paz-Ares Rodríguez* in: Paz-Ares Rodríguez ua (Hrsg.), Comentario del Código civil, Bd. 2, 1991, S. 1392.

116 *Capilla Roncero* in: Albaladejo García (Hrsg.), Comentarios al Código civil y compilaciones forales, Bd. 21, 1986, S. 114; *Paz-Ares Rodríguez* in: Paz-Ares Rodríguez ua (Hrsg.), Comentario del Código civil, Bd. 2, 1991, S. 1392; *Orellana Cano* in: Salas Carceller (Hrsg.), Código Civil, comentarios y jurisprudencia, 2009, Bd. 3, S. 4262.

38 Anders als bei der *Sociedad Universal* sind die Einlagen bei der ***Sociedad Particular*** begrenzt und umfassen nicht das gesamte Vermögen der Gesellschafter.[117] Einlagefähig sind lediglich das Eigentum und der Nießbrauch an Sachen, die Leistung von Diensten sowie die Ausübung künstlerischer Tätigkeiten (Art. 1678 CC).

2. Gründung

39 Die Gründung der *Sociedad Civil* erfordert allein den **Abschluss des Gesellschaftsvertrags** zwischen mindestens zwei (natürlichen oder juristischen) Personen; spezifische Form- oder Eintragungserfordernisse bestehen nicht.[118] Er kann daher grundsätzlich auch mündlich geschlossen werden. Aus Beweis- und Rechtssicherheitsgründen ist allerdings eine schriftlich abgeschlossene Vereinbarung zu empfehlen. Einer notariellen Beurkundung bedarf es, wenn ein Gesellschafter Eigentum an Immobilien oder andere dingliche Rechte einbringt (Art. 1667 CC). Diese müssen auch separat aufgelistet werden (Art. 1668 CC).[119] Unterbleibt die Auflistung, ist der Gesellschaftsvertrag gleichwohl wirksam; lediglich die Eigentumsübertragung ist nichtig.[120] Hat der nichtige Eigentumserwerb aber zur Folge, dass die Erreichung des gemeinsamen Zwecks unmöglich geworden ist, besteht ein gesetzlicher Auflösungsgrund (Rn. 59). Mangels abweichender Bestimmungen im Gesellschaftsvertrag tritt die Gesellschaft im Zeitpunkt des Vertragsschlusses in Kraft (Art. 1679 CC).

40 Tritt die *Sociedad Civil* nicht als solche auf und schließen ihre Gesellschafter Verträge mit Wirkung für und gegen sich selbst, erlangt sie nach Art. 1669 CC keine **Rechtspersönlichkeit**, sondern bleibt eine Innengesellschaft.[121] Anwendbar sind dann die Vorschriften zur Gütergemeinschaft (*comunidad de bienes*) (Art. 1669 II iVm Artt. 392–406 CC).[122] Das Verhältnis der Gesellschafter untereinander bestimmt sich in diesem Fall nach dem Gesellschaftsvertrag und den entsprechenden Regelungen des *Código Civil*.[123] Treten die Gesellschafter gegenüber Dritten in ihrer Eigenschaft als natürliche Personen auf, können sie sich nicht darauf berufen, für die Gesellschaft zu handeln. Nach hM erlangt die *Sociedad Civil* eigene Rechtspersönlichkeit dann, wenn sie im Rechtsverkehr nach außen auftritt;[124] einer Eintragung ins Handelsregister bedarf es aber auch in diesem Fall nicht.[125]

3. Organisationsverfassung

a) Geschäftsführung

41 Die **Organisationsverfassung** der *Sociedad Civil* orientiert sich – für Personengesellschaften typisch – am Prinzip der Selbstorganschaft, nach dem nur Gesellschafter geschäftsführungsbefugt sein können.[126] Sind die Gesell-

117 Ausführlich *Vérgez Sánchez* RDM 102 (1966) 243, 258–265; ferner *Martí Sánchez* RDM 193–194 (1989) 679, 684; *Díez-Picazo Ponce de León/Gullón Ballesteros*, Sistema de Derecho Civil, Bd. 2, 2012, S. 239.

118 Dazu *Lacruz Berdejo*, Elementos de Derecho Civil, Bd. 2-2, 2009, S. 259; im deutschsprachigen Schrifttum *Haaf*, Die BGB-Gesellschaft im Vergleich mit der Sociedad Civil des spanischen Código Civil, 2006, S. 16–22.

119 Kritisch sprechen *Capilla Roncero* in: Albaladejo García (Hrsg.), Comentarios al Código civil y compilaciones forales, Bd. 21, 1986, S. 29 f. u. *Lacruz Berdejo*, Elementos de Derecho Civil, Bd. 2-2, 2009, S. 271 von Redundanz („*duplicidad*").

120 *De Torres Perea*, Alcance de la personalidad jurídica de la sociedad civil externa, 2003, S. 157–160; *Lacruz Berdejo*, Elementos de Derecho Civil, Bd. 2-2, 2009, S. 266; *Marín López* in: Bercovitz Rodríguez-Cano (Hrsg.), Comentarios al Código Civil, 2009, S. 1906 f.; *Martínez Velencoso* in: Cañizares Laso ua (Hrsg.), Código Civil Comentado, Bd. 4, 2011, S. 638.

121 Dazu allgemein *Quesada Sánchez*, La sociedad civil sin personalidad en el derecho español, 2007, S. 71–113; in der Rechtsprechung Sentencia del Tribunal Supremo de 31 de mayo de 1994, núm. 539; ferner *Badía Salillas* RCDI 1986, 317; *Bonardell Lenzano/Cabanas Trejo* RdS 9 (1997) 357; *Pantaleón Prieto* La Ley 1997, 1376; monographisch *De Torres Perea*, Alcance de la personalidad jurídica de la sociedad civil externa, 2003; im deutschsprachigen Schrifttum *Haaf*, Die BGB-Gesellschaft im Vergleich mit der Sociedad Civil des spanischen Código Civil, 2006, S. 166.

122 Näher dazu *Pantaleón Prieto* ADC 1993, 5, 46; im deutschsprachigen Schrifttum *Haaf*, Die BGB-Gesellschaft im Vergleich mit der Sociedad Civil des spanischen Código Civil, 2006, S. 179 f.

123 *Paz-Ares Rodríguez* in: Paz-Ares Rodríguez ua (Hrsg.), Comentario del Código civil, Bd. 2, 1991, S. 1372 f.; *Martínez Velencoso* in: Cañizares Laso ua (Hrsg.), Código Civil Comentado, Bd. 4, 2011, S. 642 f.; in der Rechtsprechung Sentencia del Tribunal Supremo de 24 de julio de 1993, núm. 797.

124 *Lacruz Berdejo*, Elementos de Derecho Civil, Bd. 2-2, 2009, S. 265; außerdem *Pantaleón Prieto* AAMN 38 (1999) 9; *Eizaguirre Bermejo* RdS 14 (2000) 85, 96; zu Beweisschwierigkeiten *Muñoz Sabaté* RJC 1973, 897; teilweise abweichend *Tena Piazuelo* ADC 1999, 1435, 1440; im älteren Schrifttum bereits *Ortega Pardo* ADC 1951, 311; deutschsprachiger Überblick bei *Haaf*, Die BGB-Gesellschaft im Vergleich mit der Sociedad Civil des spanischen Código Civil, 2006, S. 180 f.

125 Allgemein dazu *García Villaverde* RdS 14 (2000) 47; ferner *Aparicio Carrillo* in: FS Moreno Quesada, 2000, S. 155–188; *Eizaguirre Bermejo* RdS 14 (2000) 101 f.; *Arias Varona* CDC 34 (2001) 329; aA *Vicent Chuliá* RGD 1998, 651; *Gandía Pérez* RDM 298 (2015) 265, 279.

126 Zum Prinzip der Selbstorganschaft nach deutschem Recht *K. Schmidt*, Gesellschaftsrecht, 2002, S. 410.

schafter ihrerseits juristische Personen, führen ihre Organmitglieder die Geschäfte der *Sociedad Civil*. Nach der gesetzlichen Ausgangsregelung sind alle Gesellschafter geschäftsführungsbefugt und haben hinsichtlich der Geschäftsführungsmaßnahmen anderer ein Widerspruchsrecht (Art. 1695 Nr. 1 CC).[127] Man spricht in diesem Fall von einer ***administración legal*** (gesetzliche Geschäftsführung). Gesetzliche Geschäftsführer sind nicht weisungsgebunden, beziehen ihre Kompetenzen unmittelbar aus dem Gesetz und können nur aus wichtigem Grund abberufen werden, zB bei grober oder wiederholter Verletzung ihrer Pflichten;[128] in diesem Fall kann die Abberufung durch jeden Gesellschafter allein erfolgen, ohne dass es eines Beschlusses der Gesellschaftergesamtheit bedarf.[129] Eine Abbedingung der gesetzlichen Ausgangsregelung der *administración legal* ist möglich. Der Gesellschaftsvertrag kann den oder die Geschäftsführer unmittelbar benennen (beschränkte Geschäftsführung (***administración privativa*** bzw. *administración constitucional*) gemäß Art. 1692 I CC) oder die Grundlage für eine spätere Berufung schaffen (funktionale Geschäftsführung (***administración funcional***) gemäß Art. 1692 II CC).

Im Rahmen der ***administración privativa*** bezieht der geschäftsführende Gesellschafter seine Unabhängigkeit und seine Geschäftsführungszuständigkeit unmittelbar aus dem Gesellschaftsvertrag. Er darf alle Maßnahmen der Geschäftsführung vornehmen, auch gegen den Willen der anderen Gesellschafter, es sei denn, er fügt der Gesellschaft oder den anderen Gesellschaftern dabei vorsätzlich Schaden zu.[130] Wie bei der *administración legal* kann er nur aus wichtigem Grund abberufen werden (Art. 1692 I CC).[131] Ein solcher liegt zB vor, wenn der Geschäftsführer einem Interessenkonflikt unterliegt und auf Kosten der Gesellschaft zum eigenen Vorteil handelt oder seine Geschäftsführungspflichten grob oder wiederholt verletzt.[132] Darüber hinaus empfiehlt es sich, die wichtigen Gründe, die zu einer Abberufung führen können, im Gesellschaftsvertrag enumerativ aufzulisten. 42

Bei der ***administración funcional*** regelt der Gesellschaftsvertrag lediglich das Geschäftsführungsorgan als solches; der oder die Geschäftsführer selbst werden erst nachträglich ernannt. Bis dahin kann die Gesellschaft nicht am Rechtsverkehr teilnehmen. Der Geschäftsführer unterliegt den Weisungen der anderen Gesellschafter und kann jederzeit ohne wichtigen Grund abberufen werden (Art. 1692 II CC),[133] wozu nach hM ein einstimmiger Beschluss erforderlich ist.[134] Die Vorschriften zur zivilrechtlichen Stellvertretung (*mandato*) ermöglichen dem Geschäftsführer ferner von seinem Amt zurückzutreten.[135] Aufgrund der jederzeitigen Abberufungsmöglichkeit kann im Rahmen der *administración funcional* auch ein Nichtgesellschafter zum Geschäftsführer bestellt werden;[136] insofern handelt es sich um eine Abweichung vom Prinzip der Selbstorganschaft. 43

Gibt es mehr als einen Geschäftsführer ist nach der gesetzlichen Ausgangsregelung jeder von ihnen **einzelgeschäftsführungsbefugt**. Sofern eine Geschäftsführungsmaßnahme noch keine rechtliche Wirkung erlangt hat, steht den anderen Geschäftsführern aber ein Widerspruchsrecht zu (Art. 1693 CC).[137] Abweichend kann der Gesellschaftsvertrag bestimmen, dass die Geschäftsführer gesamtgeschäftsführungsbefugt sind. Sie dürfen dann nur gemeinschaftlich handeln und bedürfen jeweils der Zustimmung der anderen Geschäftsführer (Art. 1694 CC). 44

Die **Sorgfalts-** (*deber de diligencia*) und **Treupflicht** (*deber de lealtad*)[138] der Geschäftsführer erstreckt sich nicht nur auf Geschäftsführungsmaßnahmen, sondern im Fall der Einzelgeschäftsführungsbefugnis gemäß Art. 1693 CC auch auf das Widerspruchsrecht. Entsteht der Gesellschaft durch einen missbräuchlichen oder sachlich ungerechtfertigten Widerspruch ein Schaden, sind die widersprechenden Gesellschafter zum Ersatz verpflichtet. In der Rechtsprechung – soweit ersichtlich – bisher nicht behandelt, aber im Schrifttum umstritten ist, ob den han- 45

---

127 Starke Kritik an dieser Regelung wegen ihres Blockadepotenzials bei *De Torres Perea* in: Cañizares Laso ua (Hrsg.), Código Civil Comentado, Bd. 4, 2011, S. 708 f.; ferner *Paz-Ares Rodríguez* in: Paz-Ares Rodríguez ua (Hrsg.), Comentario del Código civil, Bd. 2, 1991, S. 1466.

128 Dazu *Marín López* in: Bercovitz Rodriguez-Cano (Hrsg.), Comentarios al Código Civil, 2009, S. 1937, 1940.

129 *Marín López* in: Bercovitz Rodríguez-Cano (Hrsg.), Comentarios al Código Civil, 2009, S. 1937; *De Torres Perea* in: Cañizares Laso ua (Hrsg.), Código civil comentado, 2011, Bd. 4, S. 712.

130 *Marín López* in: Bercovitz Rodríguez-Cano (Hrsg.), Comentarios al Código Civil, 2009, S. 1937.

131 *Paz-Ares Rodríguez* in: Paz-Ares Rodríguez ua (Hrsg.), Comentario del Código civil, Bd. 2, 1991, S. 1451, 1466 f.

132 Sentencia del Tribunal Supremo de 24 de diciembre de 1997, núm. 1166.

133 *Paz-Ares Rodríguez* in: Paz-Ares Rodríguez ua (Hrsg.), Comentario del Código civil, Bd. 2, 1991, S. 1452.

134 Statt aller *Capilla Roncero* in: Albaladejo García (Hrsg.), Comentarios al Código civil y Compilaciones forales, Bd. 21-1, 1986, S. 413; *Paz-Ares Rodríguez* in: Paz-Ares Rodríguez ua (Hrsg.), Comentario del Código civil, 1991, Bd. 2, S. 1459; *Marín López* in: Bercovitz Rodríguez-Cano (Hrsg.), Comentarios al Código Civil, 2009, S. 1938; *De Torres Perea* in: Cañizares Laso ua (Hrsg.), Código civil comentado, 2011, Bd. 4, S. 710–712; aA *Lacruz Berdejo*, Elementos de Derecho Civil, Bd. 2-2, 2009, S. 413.

135 *Paz-Ares Rodríguez* in: Paz-Ares Rodríguez ua (Hrsg.), Comentario del Código civil, 1991, Bd. 2, S. 1459; *Marín López* in: Bercovitz Rodríguez-Cano (Hrsg.), Comentarios al Código Civil, 2009, S. 1938; *De Torres Perea* in: Cañizares Laso ua (Hrsg.), Código civil comentado, Bd. 4, 2011 S. 710–712.

136 *Paz-Ares Rodríguez* in: Paz-Ares Rodríguez ua (Hrsg.), Comentario del Código civil, 1991, Bd. 2, S. 1453 f.; in der Rechtsprechung Sentencia del Tribunal Supremo de 24 de febrero de 1995, núm. 146.

137 *Paz-Ares Rodríguez* in: Paz-Ares Rodríguez ua (Hrsg.), Comentario del Código civil, 1991, Bd. 2, S. 1462 f.

138 Dazu allgemein *Martí Sánchez* RDM 193–194 (1989) 679, 701; *Quesada Sánchez*, La sociedad civil sin personalidad en el derecho español, 2007, S. 27.

delnden Geschäftsführer eine allgemeine **Informationspflicht** trifft. Dafür sprechen maßgeblich, dass das Widerspruchsrecht ohne hinreichende Informationsgrundlage nicht sinnvoll wahrgenommen werden kann und die kurze Frist des Art. 1693 CC. Nach ihr kann das Widerspruchsrecht nicht mehr geltend gemacht werden, wenn die Geschäftsführungsmaßnahme rechtliche Wirkung entfaltet hat.[139] Nach aA ist eine Informationspflicht nur in Ausnahmefällen anzunehmen, etwa bei besonders bedeutenden oder außerordentlichen Geschäften oder wenn im Vorfeld Unstimmigkeiten zwischen den Geschäftsführern bestanden haben. Da es nicht unwahrscheinlich ist, dass ein Geschäftsführer sein Widerspruchsrecht ausübt, sei jedenfalls in derartigen Fällen von einer Informationspflicht auszugehen.[140]

46 Der Gesellschaftsvertrag kann das **Widerspruchsrecht** einschränken oder gänzlich ausschließen. In Betracht kommen insbesondere eine Beschränkung auf bestimmte Maßnahmen, etwa solche mit wirtschaftlicher Bedeutung, oder ein Schikaneverbot. Um das Widerspruchsrecht geltend zu machen, bedarf es keiner spezifischen Form.[141] Es kann also auch mündlich ausgeübt werden. Erforderlich ist aber zumindest der Zugang des Widerspruchs bei dem handelnden Geschäftsführer. Hat ein Gesellschafter widersprochen und wird die betroffene Geschäftsführungsmaßnahme dennoch vorgenommen, haftet der handelnde Geschäftsführer gegenüber der Gesellschaft für den entstehenden Schaden. Gutgläubigen Dritten gegenüber ist die Maßnahme gleichwohl wirksam.[142]

47 Sieht der Gesellschaftsvertrag **Gesamtgeschäftsführungsbefugnis** vor, bedürfen Geschäftsführungsmaßnahmen der vorherigen Zustimmung der anderen Geschäftsführer. Hierfür ist grundsätzlich Einstimmigkeit erforderlich (Art. 1694 CC), es sei denn, der Gesellschaftsvertrag enthält eine Mehrheitsklausel.[143] Fehlt es an der notwendigen einstimmigen Zustimmung, ist die Geschäftsführungsmaßnahme unwirksam (Art. 1694 iVm Art. 1259 II CC), es sei denn, die nicht zustimmenden Geschäftsführer sind abwesend und es droht unmittelbar ein schwerer oder nicht wieder gut zu machender Schaden (Art. 1694 CC). Eine nachträgliche Genehmigung ist hingegen nicht möglich. Dritten gegenüber entfaltet eine Geschäftsführungsmaßnahme ohne die notwendige Zustimmung keine rechtliche Wirkung; ein im Namen der Gesellschaft geschlossener Vertrag bindet diese nicht.[144] Umstritten ist im Schrifttum allerdings, ob der handelnde Geschäftsführer anstelle der Gesellschaft in den Vertrag eintritt oder lediglich der Gesellschaft im Innenverhältnis zum Schadensersatz verpflichtet ist.[145]

48 Falls nicht anderweitig gesellschaftsvertraglich vereinbart, erfordern **Beschlüsse** in der *Sociedad Civil* Einstimmigkeit; eine analoge Anwendung des Mehrheitsprinzips, wie es in der Gütergemeinschaft gilt, ist nicht möglich.[146]

b) Vertretung

49 Die **Vertretungsbefugnis** ist in Art. 1697 CC geregelt und richtet sich grundsätzlich nach der Geschäftsführungsbefugnis. Daher können geschäftsführungsbefugte Gesellschafter grundsätzlich auch die Gesellschaft vertreten. Es ist jedoch möglich, im Gesellschaftsvertrag beide Befugnisse voneinander abweichend zu regeln, da der *Código Civil* separate Regelungen bereithält (Artt. 1692–1695, 1697 CC).[147] Die Vertretungsbefugnis kann einem Gesellschafter, mehreren oder allen gemeinschaftlich zustehen (Gesamtvertretungsbefugnis). Sie kann ferner auf bestimmte Geschäfte oder bestimmte vom Unternehmensgegenstand umfasste Handlungen beschränkt sein und im Übrigen eine gemeinschaftliche Vertretung vorsehen.[148] Bei der *Sociedad Civil* gilt daher insofern die *ultra*

139 *De Torres Perea* in: Cañizares Laso ua (Hrsg.), Código Civil Comentado, Bd. 4, 2011, S. 713 f.
140 *Marín López* in: Bercovitz Rodríguez-Cano (Hrsg.), Comentarios al Código Civil, 2009, S. 1938.
141 *Marín López* in: Bercovitz Rodríguez-Cano (Hrsg.), Comentarios al Código Civil, 2009, S. 1938 f.
142 *Paz-Ares Rodríguez* in: Paz-Ares Rodríguez ua (Hrsg.), Comentario del Código civil, Bd. 2, 1991, S. 1463; *Marín López* in: Bercovitz Rodríguez-Cano (Hrsg.), Comentarios al Código Civil, 2009, S. 1939; *De Torres Perea* in: Cañizares Laso ua (Hrsg.), Código Civil Comentado, Bd. 4, 2011, S. 714.
143 *Paz-Ares Rodríguez* in: Paz-Ares Rodríguez ua (Hrsg.), Comentario del Código civil, Bd. 2, 1991, S. 1464; *Marín López* in: Bercovitz Rodríguez-Cano (Hrsg.), Comentarios al Código Civil, 2009, S. 1938; *De Torres Perea* in: Cañizares Laso ua (Hrsg.), Código Civil Comentado, Bd. 4, 2011, S. 716; ausführlich und rechtsvergleichend *Noval Pato* RDM 278 (2010) 1411, 1422–1426.
144 *Paz-Ares Rodríguez* in: Paz-Ares Rodríguez ua (Hrsg.), Comentario del Código civil, Bd. 2, 1991, S. 1465; *Marín López* in: Bercovitz Rodríguez-Cano (Hrsg.), Comentarios al Código Civil, 2009, S. 1939; *De Torres Perea* in: Cañizares Laso ua (Hrsg.), Código Civil Comentado, Bd. 4, 2011, S. 717.
145 *Capilla Roncero* in: Albaladejo García (Hrsg.), Comentarios al Código civil y Compilaciones forales, Bd. 21-1, 1986, S. 456; *Marín López* in: Bercovitz Rodríguez-Cano (Hrsg.), Comentarios al Código Civil, 2009, S. 1939; *De Torres Perea* in: Cañizares Laso ua (Hrsg.), Código Civil Comentado, Bd. 4, 2011, S. 717.
146 AA jedoch *Lacruz Berdejo*, Elementos de Derecho Civil, Bd. 2-2, 2009, S. 281.
147 Dazu *Suárez-Llanos Gómez* RDM 34 (1962) 56, 63–68.
148 *Capilla Roncero* in: Albaladejo García (Hrsg.), Comentarios al Código civil y Compilaciones forales, Bd. 21-1, 1986, S. 520 f., 534–536; *Paz-Ares Rodríguez* in: Paz-Ares Rodríguez ua (Hrsg.), Comentario del Código civil, Bd. 2, 1991, S. 1478–1480; *Marín López* in: Bercovitz Rodríguez-Cano (Hrsg.), Comentarios al Código civil, 2009, S. 1942 f.; *Diéguez Oliva* in: Cañizares Laso ua (Hrsg.), Código Civil Comentado, Bd. 4, 2011, S. 729; *Perdices Huetos* in: Bercovitz Rodríguez-Cano (Hrsg.), Comentarios al Código civil, Bd. 8, 2013, S. 11599.

vires-Doktrin (s. dazu auch § 20 Rn. 70). Der Vertreter muss grundsätzlich auch geschäftsführungsbefugt sein außer bei der *administración funcional*.[149] Eine wirksame Verpflichtung der Gesellschaft gegenüber Dritten setzt voraus, dass der handelnde Gesellschafter im Rahmen seiner Vertretungsmacht sowie für Rechnung der Gesellschaft handelt (Art. 1697 CC). Überschreitet er seine Vertretungsmacht, wirkt sein Handeln weder für und gegen die Gesellschaft noch für und gegen die anderen Gesellschafter (Art. 1698 I, II CC).

4. Kapitalverfassung

Die **Gewinn- und Verlustverteilung** kann im Gesellschaftsvertrag geregelt oder einem beliebigen Dritten zur näheren Bestimmung überlassen werden (Art. 1690 CC).[150] Sie muss nicht zwingend mit der Höhe der geleisteten Einlage korrespondieren, sondern kann verschieden geregelt werden. Unzulässig ist es lediglich, einen Gesellschafter vollständig von der Gewinnverteilung auszuschließen; eine entsprechende Klausel im Gesellschaftsvertrag ist nichtig (Art. 1691 I CC). Möglich ist es jedoch, dass ein Gesellschafter nicht an den Verlusten partizipiert (Art. 1691 II CC)[151] – eine gesetzlich vorgesehene Gestaltungsoption, die im Schrifttum auf scharfe Kritik gestoßen ist.[152] Auch die **Gewinn- und Verlustbeteiligung** eines Arbeitsgesellschafters ist gesellschaftsvertraglich disponibel,[153] solange seine Partizipation an den Gewinnen nicht vollständig ausgeschlossen wird (Verbot der *societas leonina*).[154] 50

Für den Fall fehlender Bestimmungen im Gesellschaftsvertrag trifft Art. 1689 CC **Auffangregelungen**. Haben die Gesellschafter die Verlustbeteiligung nicht geregelt, richtet sie sich nach den Bestimmungen zur Gewinnbeteiligung. Fehlt eine Regelung zur Gewinnbeteiligung, bestimmt sich diese nach hM entsprechend der Verlustverteilung.[155] Sind weder Gewinn- noch Verlustverteilung gesellschaftsvertraglich geregelt, erfolgen beide im Zweifel *pro rata* entsprechend der Höhe der jeweiligen Einlage. Arbeitsgesellschafter werden insofern Gesellschaftern mit dem kleinsten Kapitalanteil gleichgestellt.[156] Hat die Gesellschaft ausschließlich Arbeitsgesellschafter, partizipieren diese am Gewinn und Verlust zu gleichen Teilen. 51

Die **Durchführung der Gewinn- und Verlustverteilung** ist gesetzlich nicht geregelt. Gleichwohl entspricht es der allgemeinen Meinung, dass mangels einer ausdrücklichen Vereinbarung im Gesellschaftsvertrag eine Verteilung nach Ende des Geschäftsjahres stattfinden muss,[157] sofern nicht abweichend bestimmt also nach Ende des Kalenderjahres.[158] 52

Die Vorschriften zur ordnungsgemäßen **Buchführung** (Artt. 25–49 CCom) sind nur dann zwingend auf die *Sociedad Civil* anzuwenden, wenn sie als Kaufmann am Rechtsverkehr teilnimmt (Rn. 10). Die Geschäftsführer können sie gleichwohl freiwillig befolgen und jedenfalls so ihrer Sorgfaltspflicht genügen.[159] Das Gleiche gilt für die Bildung von Rücklagen, für die ein Gesellschafterbeschluss erforderlich ist.[160] 53

5. Haftung für Verbindlichkeiten der Gesellschaft

Die Gesellschafter haften gegenüber der Gesellschaft im Innenverhältnis für Schäden, die sie schuldhaft, dh fahrlässig oder vorsätzlich, verursacht haben (Art. 1686 CC).[161] Darüber hinaus haften sie im Außenverhältnis gemeinschaftlich und persönlich für die Verbindlichkeiten der Gesellschaft (Art. 1698 I CC); die **Haftung** ist nicht auf die Höhe der Einlage beschränkt, sondern erstreckt sich auf das gesamte gegenwärtige und zukünftige 54

149 *Paz-Ares Rodríguez* in: Paz-Ares Rodríguez ua (Hrsg.), Comentario del Código civil, Bd. 2, 1991, S. 1478; *Perdices Huetos* in: Bercovitz Rodríguez-Cano (Hrsg.), Comentarios al Código civil, Bd. 8, 2013, S. 11599; aA *Diéguez Oliva* in: Cañizares Laso ua (Hrsg.), Código Civil Comentado, Bd. 4, 2011, S. 729.

150 Dazu *Díez-Picazo Ponce de León* ADC 1974, 447, 453–455.

151 Ausführlich zu den zulässigen Vereinbarungen *Díez-Picazo Ponce de León* in: FS De Castro Bravo, Bd. 1, 1976, S. 567, 576–580.

152 Dazu *Paz-Ares Rodríguez* in: Paz-Ares Rodríguez ua (Hrsg.), Comentario del Código civil, Bd. 2, 1991, S. 1439 f.; *De Torres Perea* in: Cañizares Laso ua (Hrsg.), Código Civil Comentado, Bd. 4, 2011, S. 698 f.

153 Kritisch zur Verlustbeteiligung des Arbeitsgesellschafters *Vérgez Sánchez* RDM 102 (1966) 243, 275, 300–309.

154 *Capilla Roncero* in: Albaladejo García (Hrsg.), Comentarios al Código civil y Compilaciones forales, Bd. 21-1, 1986, S. 375 f.; rechtsvergleichend zur *societas leonina Fleischer* in: FS Köndgen, 2016, S. 201, 203 f.

155 Statt vieler *Paz-Ares Rodríguez* in: Paz-Ares Rodríguez ua (Hrsg.), Comentario del Código civil, Bd. 2, 1991, S. 1439.

156 Dazu rechtsvergleichend *Fleischer/Pendl* WM 2017, 881, 885 f.

157 *Paz-Ares Rodríguez* in: Paz-Ares Rodríguez ua (Hrsg.), Comentario del Código civil, Bd. 2, 1991, S. 1434 f.; *Marín López* in: Bercovitz Rodríguez-Cano (Hrsg.), Comentarios al Código Civil, 2009, S. 1933; *De Torres Perea* in: Cañizares Laso ua (Hrsg.), Comentarios al Código civil, Bd. 4, 2011, S. 696; *Perdices Huetos* in: Bercovitz Rodríguez-Cano (Hrsg.), Comentarios al Código civil, Bd. 8, 2013, S. 11560.

158 *Díez-Picazo Ponce de León/Gullón Ballesteros*, Sistema de Derecho Civil, Bd. 2, 2012, S. 249.

159 *Paz-Ares Rodríguez* in: Paz-Ares Rodríguez ua (Hrsg.), Comentario del Código civil, Bd. 2, 1991, S. 1436.

160 *Díez-Picazo Ponce de León/Gullón Ballesteros*, Sistema de Derecho Civil, Bd. 2, 2012, S. 249.

161 Näher *Haaf*, Die BGB-Gesellschaft im Vergleich mit der Sociedad Civil des spanischen Código Civil, 2006, S. 227–229.

Gesellschaftervermögen (Art. 1911 CC).[162] Im Verhältnis zueinander haftet jeder Gesellschafter aber nur *pro rata* entsprechend der Höhe seiner Einlage (Art. 1138 CC).[163] Der *Código Civil* regelt allerdings nicht, ob die Gesellschafter gleichrangig oder nur subsidiär zur Gesellschaft haften. Die hM nimmt eine subsidiäre Haftung an und gewährt den Gesellschaftern die Einrede der Vorausklage (Art. 1830 CC iVm Art. 237 CCom analog).[164] Art. 1698 I CC erläutert zwar nicht, ob es sich beim Verbot der gesamtschuldnerischen Haftung um das Verhältnis zwischen Gesellschaft und Gesellschaftern handelt oder um das Verhältnis unter den Gesellschaftern. Grundsatz des Haftungsrechts ist aber das Subsidiaritätsprinzip (Art. 1138 CC), so dass auch in diesem Fall im Zweifel von einer subsidiären Haftung auszugehen ist. Nach aA führt das Fehlen einer ausdrücklichen gesetzlichen Regelung dazu, dass die Gesellschafter gleichrangig neben der Gesellschaft haften. Die Einrede der Vorausklage setze eine ausdrückliche Entscheidung des Gesetzgebers voraus.[165] Nach wieder aA haften die Gesellschafter im Außenverhältnis erst dann, wenn die Gesellschaft zuvor zumindest außergerichtlich gemahnt worden ist.[166]

55 Der Gesellschaftsvertrag kann eine **abweichende Haftungsregelung** vorsehen, sofern sie nicht zugunsten oder auf Kosten Dritter geht. Denkbar ist etwa, dass die Gesellschafter primär oder gesamtschuldnerisch haften.[167] Zulässig ist es nach dem Schrifttum auch, die Vertretungsbefugnis der Gesellschafter so zu begrenzen, dass die Gesellschaft mit Dritten nur Verträge abschließen kann, die eine Begrenzung der Gesellschafterhaftung enthalten.[168] Sollte die Rechtsprechung dies akzeptieren, fiele zumindest das Haftungsrisiko als Nachteil dieser Personengesellschaft gegenüber Kapitalgesellschaften weg.

6. Mitgliederwechsel

56 Ein Mitgliederwechsel erfordert die **Zustimmung aller Gesellschafter.**[169] Dies ergibt sich aus Art. 1696 CC, wonach ein Dritter andernfalls lediglich stiller Gesellschafter an einem Anteil der *Sociedad Civil* werden kann (zur *Cuentas en participación* als stille Gesellschaft Rn. 127–144).[170] Letztlich ist dieses Erfordernis damit Ausdruck des personalistischen Charakters, wie er sich auch in den gesetzlichen Auflösungsgründen im Falle von Tod, Insolvenz und Entmündigung eines jeden Gesellschafters (Art. 1700 Nr. 3 CC) widerspiegelt.

7. Auflösung und Liquidation

57 Die **Auflösung** überführt die Gesellschaft ins Liquidationsstadium und ist in der Regel der erste Schritt auf dem Weg zur Vollbeendigung.[171] Sie kann nur aus gesetzlichen (Art. 1700 CC) oder gesellschaftsvertraglich bestimmten Gründen erfolgen. Mit Eintritt in das Liquidationsstadium behält die Gesellschaft zwar noch ihre Rechtspersönlichkeit, ihr Zweck ist nunmehr aber nicht mehr auf Gewinnerzielung, sondern auf Abwicklung und Verteilung ihres Vermögens gerichtet.

58 Für Gesellschaften, die von vorneherein nur für eine bestimmte Zeit eingegangen wurden, stellt der **Zeitablauf** einen **gesetzlichen Auflösungsgrund** dar (Art. 1700 Nr. 1 CC). Mit Eintritt des festgelegten Datums beginnt *ipso iure* die Liquidation der Gesellschaft. Eine Rückgängigmachung der Auflösung durch Beschluss der Gesellschaf-

162 Teilweise aA *Azurza y Oscoz* ADC 1952, 125, 174–188.

163 Insofern unterscheidet sich die *Sociedad Civil* maßgeblich von der deutschen GbR, in der die Gesellschafter analog § 128 HGB im Außenverhältnis unbeschränkt als Gesamtschuldner haften; instruktiv dazu *K. Schmidt*, Gesellschaftsrecht, 2002, S. 1790–1799.

164 *Paz-Ares Rodríguez* in Paz-Ares Rodríguez ua (Hrsg.), Comentario del Código civil, Bd. 2, 1991, S. 1483; *Albaladejo García*, Derecho civil, Bd. 2-2, 2004, S. 328; *Lacruz Berdejo*, Elementos de Derecho civil, Bd. 2-3, 2009, S. 417; *Díez-Picazo Ponce de León/Gullón Ballesteros*, Sistema de Derecho civil, Bd. 2, 2012, S. 528.

165 *Capilla Roncero* in: Albaladejo García (Hrsg.), Comentarios al Código civil z Compilaciones forales, Bd. 21-1, 1986, S. 554–556.

166 Dazu *Paz-Ares Rodríguez* in: Paz-Ares Rodríguez ua (Hrsg.), Comentario del Código civil, Bd. 2, 1991, S. 1483; *Perdices Huetos* in: Bercovitz Rodríguez-Cano (Hrsg.), Comentarios al Código civil, Bd. 8, 2013, S. 11608 f.

167 *Capilla Roncero* in: Albaladejo García (Hrsg.), Comentarios al Código civil y Compilaciones forales, Bd. 21-1, 1986, S. 550–554; *Diéguez Oliva* in: Cañizares Laso ua (Hrsg.), Código Civil Comentado, Bd. 4, 2011, S. 732; im deutschsprachigen Schrifttum *Haaf*, Die BGB-Gesellschaft im Vergleich mit der Sociedad Civil des spanischen Código Civil, 2006, S. 311.

168 So *Paz-Ares Rodríguez* in: Paz-Ares Rodríguez ua (Hrsg.), Comentario del Código civil, Bd. 2, 1991, S. 1483; *Perdices Huetos* in: Bercovitz Rodríguez-Cano (Hrsg.), Comentarios al Código civil, Bd. 8, 2013, S. 11609 f.

169 Zur Konstruktion *Haaf*, Die BGB-Gesellschaft im Vergleich mit der Sociedad Civil des spanischen Código Civil, 2006, S. 233.

170 *Paz-Ares Rodríguez* in: Paz-Ares Rodríguez ua (Hrsg.), Comentario del Código civil, Bd. 2, 1991, S. 1471 f.; *Díez-Picazo Ponce de León/Gullón Ballesteros*, Sistema de Derecho Civil, Bd. 2, 2005, S. 472.

171 Monographisch zur Auflösung der *Sociedad Civil* s. *Quesada González*, Disolución de la sociedad civil por la voluntad unilateral de un socio, 1991; im deutschsprachigen Schrifttum *Haaf*, Die BGB-Gesellschaft im Vergleich mit der Sociedad Civil des spanischen Código Civil, 2006, S. 339–349.

ter ist in diesem Fall nicht zulässig.[172] Ein derartiger Beschluss kann aber in die Gründung einer neuen Gesellschaft umgedeutet werden (Art. 1703 CC).[173] Fassen die Gesellschafter den Beschluss bereits vor Eintritt des festgelegten Datums, bedeutet dies eine Verlängerung der Gesellschaftsdauer (Art. 1702 CC).

Weitere gesetzliche Auflösungsgründe sind die **Zweckerreichung** sowie der **Zweckfortfall**, etwa durch Untergang eines wesentlichen Teils des Gesellschaftsvermögens, der zur Verfolgung des gemeinsamen Zwecks erforderlich ist (Art. 1700 Nr. 2 CC). 59

Schließlich liegt ein gesetzlicher Auflösungsgrund bei **Tod**, Eintritt von **Zahlungs-** oder **Geschäftsunfähigkeit** eines Gesellschafters sowie seiner **Entmündigung** (*incapacitación*) wegen Verschwendungssucht (*prodigalidad*) vor (Art. 1700 Nr. 3 CC); weiterhin bei **Pfändung** (*embargo*) des Geschäftsanteils oder Vollstreckung (*ejecución*) in den Geschäftsanteil eines Gesellschafters durch einen seiner Privatgläubiger (Art. 1700 Nr. 3 iVm Art. 1699 CC). Ratio dieser Auflösungsgründe ist, dass ihr Eintritt das notwendige Vertrauensverhältnis der Gesellschafter erschüttert. Nach dem Tod eines Gesellschafters würden seine Erben – ggf. als Erbengemeinschaft (*comunidad hereditaria*) – *ipso iure* in die Gesellschafterstellung eintreten. Da den verbliebenen Gesellschaftern eine Fortsetzung mit den Erben nicht unbedingt zumutbar ist, stellt der Gesellschaftertod einen gesetzlichen Auflösungsgrund dar. Es ist jedoch möglich, die Zwangsauflösung durch Vereinbarung einer Fortsetzungsklausel auszuschließen. Eine solche Fortsetzungsklausel kann das Weiterbestehen der Gesellschaft entweder mit den Erben oder ihren Ausschluss gegen Zahlung einer Abfindung vorsehen (Art. 1704 CC).[174] Der Auflösungsgrund der Zahlungsunfähigkeit eines Gesellschafters setzt die Eröffnung des Insolvenzverfahrens über sein Vermögen voraus.[175] Auch vorher kann der Eintritt der Zahlungsunfähigkeit aber bereits einen wichtigen Grund für die außerordentliche Kündigung einer auf bestimmte Zeit eingegangenen Gesellschaft darstellen (Art. 1707 CC) (Rn. 63). 60

Wurde die *Sociedad Civil* auf unbestimmte Zeit eingegangen, stellt auch die **ordentliche Kündigung** durch einen Gesellschafter einen gesetzlichen Auflösungsgrund dar (Art. 1700 Nr. 4 CC).[176] Gleiches gilt für den Fall, dass die Gesellschaft auf bestimmte Zeit eingegangen wurde und die Zeitbestimmung aufgrund überlanger Dauer (zB 150 Jahre) nichtig ist.[177] Eine feste Grenze, ab wann dies der Fall ist, lässt sich nicht bestimmen. Die Rechtsprechung entscheidet aufgrund der Umstände des Einzelfalls. 61

Die Kündigung bedarf der **Erklärung** gegenüber den anderen Gesellschaftern; sie hat gutgläubig und zu angemessener Zeit zu erfolgen (Artt. 1705 f. CC).[178] Bösgläubigkeit meint in diesem Zusammenhang jeden Fall illoyalen oder missbräuchlichen Verhaltens.[179] Beabsichtigt der kündigende Gesellschafter etwa, sich durch die Kündigung Sondervorteile zu verschaffen, die an und für sich der Gesellschaftergesamtheit gebühren, ist die Kündigung gemäß Art. 1706 I CC bösgläubig und damit unwirksam. Sie führt dann nicht zur Auflösung der Gesellschaft; vielmehr können die anderen Gesellschafter den bösgläubig Kündigenden ausschließen (Art. 1706 I 2 CC). Nach Rechtsprechung und Schrifttum ist die Kündigungszeit unangemessen, wenn der Gesellschaft und den anderen Gesellschaftern allein aufgrund des Zeitpunkts ein Schaden entsteht,[180] etwa wenn auf diese Weise ein vorübergehender Liquiditätsengpass verschärft wird. 62

Die *Sociedad Civil* auf bestimmte Zeit kann – soweit nicht anders vereinbart – nicht ordentlich gekündigt werden. Ihre **außerordentliche Kündigung** erfordert einen wichtigen Grund (Artt. 1700 Nr. 4 iVm Art. 1707 CC). Ein solcher liegt etwa in der groben Verletzung einer Gesellschafterpflicht, wofür grundsätzlich jede gesetzliche Pflicht in Betracht kommt.[181] Eine Verletzung der Geschäftsführungspflicht genügt aber nur dann als wichtiger Grund, wenn die Kündigung als *ultima ratio* zu verstehen ist und kein milderes Ahndungsmittel, wie etwa die 63

---

172 *Girón Tena*, Derecho de sociedades, 1976, S. 623; *De la Cámara Álvarez*, Estudios de Derecho Mercantil, Bd. 2, 1977, S. 511 f.

173 Eine so strenge Regelung ist im Schrifttum kritisiert worden, etwa von *Marín López* in: Bercovitz Rodríguez-Cano (Hrsg.), Comentarios al Código Civil, 2009, S. 1950 f.

174 Zu den verschiedenen Gestaltungen *Paz-Ares Rodríguez* in: Paz-Ares Rodríguez ua (Hrsg.), Comentario del Código civil, Bd. 2, 1991, S. 1500–1506; *Martínez Velencoso* in: Cañizares Laso ua (Hrsg.), Código Civil Comentado, Bd. 4, 2011, S. 742–746.

175 *Capilla Roncero* in: Albaladejo García (Hrsg.), Comentarios al Código civil y Compilaciones forales, Bd. 21-1, 1986, S. 594–596; *Paz-Ares Rodríguez* in: Paz-Ares Rodríguez ua (Hrsg.), Comentario del Código civil, Bd. 2, 1991, S. 1494; *Marín López* in: Bercovitz Rodríguez-Cano (Hrsg.), Comentarios al Código Civil, 2009, S. 1948; *Perdices Huetos* in: Bercovitz Rodríguez-Cano (Hrsg.), Comentarios al Código civil, Bd. 8, 2013, S. 11621.

176 Dazu *Martí Sánchez* RDM 193–194 (1989) 679, 718.

177 *Girón Tena*, Derecho de Sociedades, 1976, S. 623; *Paz-Ares Rodríguez* in: Paz-Ares Rodríguez ua (Hrsg.), Comentario del Código civil, Bd. 2, 1991, S. 1508; *Perdices Huetos* in: Bercovitz Rodríguez-Cano (Hrsg.), Comentarios al Código civil, Bd. 8, 2013, S. 11641.

178 Dazu *Garrido de Palma* RDP 1972, 759, 770.

179 *Paz-Ares Rodríguez* in: Paz-Ares Rodríguez ua (Hrsg.), Comentario del Código civil, Bd. 2, 1991, S. 1510 f.

180 In der Rechtsprechung Sentencia del Tribunal Supremo de 17 de febrero de 1993, núm. 106, de 16 de junio de 1995, núm. 696 u. de 27 de enero de 1997, núm. 47; im Schrifttum *Martínez Velencoso* in: Cañizares Laso ua (Hrsg.), Código Civil Comentado, Bd. 4, 2011, S. 747–750.

181 Sentencia del Tribunal Supremo de 2 de febrero de 1995, núm. 59 u. de 18 de octubre de 2010, núm. 639.

Ausübung des Widerspruchsrechts oder die Abberufung des Geschäftsführers, in Betracht kommt.[182] Verschulden ist nicht erforderlich. Die Pflichtverletzung muss aber erheblich sein, dh die Verfolgung des gemeinsamen Zwecks beeinträchtigen.[183] Das ist etwa der Fall, wenn die Pflichtverletzung zum Zweckfortfall führt[184] oder infolge eines Skandals oder einer strafrechtlichen Verurteilung einen Schaden nach sich zieht.[185] Ist im Gesellschaftsvertrag ein Ausschluss- oder Austrittsrecht vereinbart, wird die Gesellschaft bei Kündigung regelmäßig fortgesetzt und nur ausnahmsweise aufgelöst.[186]

64 Zwei weitere Auflösungsgründe sind nicht in Art. 1700 CC genannt. Der eine betrifft die Auflösung durch **Beschluss der Gesellschafter,**[187] der andere das **Zusammenfallen aller Anteile in der Hand eines Gesellschafters.**[188] Anders als eine Kapitalgesellschaft (Artt. 12–17 LSC) (Rn. 150–163) kann die *Sociedad Civil* nicht als Einpersonengesellschaft existieren. Erwirbt ein Gesellschafter sämtliche Anteile an der Gesellschaft – durch Einzel- oder Gesamtrechtsnachfolge – oder wächst ihm das restliche Gesellschaftsvermögen infolge des Ausscheidens aller anderen Gesellschafter an, führt dies zur Auflösung der Gesellschaft.[189] Zusätzliche Auflösungsgründe kann der **Gesellschaftsvertrag** vorsehen.[190]

65 Die Auflösung der *Sociedad Civil* überführt die Gesellschaft ins Stadium der Liquidation. Diese richtet sich mangels abweichender Vereinbarungen im Gesellschaftsvertrag, die nicht zulasten Dritter gehen dürfen, gemäß Art. 1708 CC nach den Regeln der Erbteilung (Artt. 1051–1087 CC).[191] Die Gesellschafter **eröffnen** das **Liquidationsverfahren** durch Beschluss und ernennen die Liquidatoren (Art. 1058 CC); kommt ein solcher Beschluss nicht zustande, kann jeder Gesellschafter die Eröffnung gerichtlich beantragen (Art. 1059 CC).[192] Mehrheitsgesellschafter können beim zuständigen Gerichtssekretär (*secretario judicial*) oder beim Notar die Ernennung eines Liquidators (*liquidador*) beantragen (Art. 1057 CC).[193]

66 Im **Liquidationsverfahren** werden bestehende Gesellschaftsforderungen eingezogen, Verbindlichkeiten beglichen und Mittel für erst später zu tilgende Schulden zurückgelegt (Art. 1082 CC). Eine „Versilberung" des Vermögens findet aber nur statt, wenn sie notwendig ist, um noch ausstehende Verbindlichkeiten zu begleichen. Die Auskehrung des Vermögens an die Gesellschafter hat zwingend durch Geld zu erfolgen (Artt. 1061, 1072 iVm Art. 1708 CC). Sie haben keinen Anspruch darauf, dieselben Güter, die sie eingebracht haben, zurückzuerhalten. Vielmehr können sie lediglich die Auskehr des entsprechenden Werts und ihres Anteils am Abwicklungsüberschuss verlangen, sofern das Gesellschaftsvermögen nach Tilgung aller Verbindlichkeiten dafür ausreicht. Wird gleichwohl der Wert ausgekehrt und entsteht der Gesellschaft dadurch ein Schaden, haften dafür die Liquidatoren. Mangels abweichender Bestimmungen im Gesellschaftsvertrag haben Arbeitsgesellschafter lediglich Anspruch auf ihren Anteil am Abwicklungsüberschuss; den Wert ihrer geleisteten Einlage können sie nicht zurückverlangen (Art. 1708 CC).[194] Gläubiger, deren Forderungen nicht beglichen oder hinreichend gesichert sind, können der Auszahlung widersprechen (Art. 1082 CC).

67 Die Auflösung kann **rückgängig** gemacht werden,[195] es sei denn, ihr liegt der Zeitablauf einer auf bestimmte Zeit eingegangenen Gesellschaft zugrunde. Mangels abweichender Vereinbarung im Gesellschaftsvertrag bedarf

---

182 *Martínez Velencoso* in: Cañizares Laso ua (Hrsg.), Código Civil Comentado, Bd. 4, 2011, S. 751.

183 *Capilla Roncero* in: Albaladejo García (Hrsg.), Comentarios al Código civil y Compilaciones forales, Bd. 21-1, 1986, S. 690 f.; *Paz-Ares Rodríguez* in: Paz-Ares Rodríguez ua (Hrsg.), Comentario del Código civil, Bd. 2, 1991, S. 1514 f.; *Perdices Huetos* in: Bercovitz Rodríguez-Cano (Hrsg.), Comentarios al Código civil, Bd. 8, 2013, S. 11656.

184 *Perdices Huetos* in: Bercovitz Rodríguez-Cano (Hrsg.), Comentarios al Código civil, Bd. 8, 2013, S. 11655.

185 *Paz-Ares Rodríguez* in: Paz-Ares Rodríguez ua (Hrsg.), Comentario del Código civil, Bd. 2, 1991, S. 1515.

186 *Capilla Roncero* in: Albaladejo García (Hrsg.), Comentarios al Código civil y Compilaciones forales, Bd. 21-1, 1986, S. 692.

187 Sentencia del Tribunal Supremo de 16 de junio de 1995, núm. 696, de 3 de julio de 1995, núm. 683 u. de 29 de julio de 1995, núm. 792.

188 *Jordano Barea* RDM 91 (1964) 7, 15 f.; im deutschen Recht führt das Zusammenfallen aller Anteile in der Hand eines Personengesellschafters unmittelbar zum Erlöschen der Gesellschaft, ohne dass es eines Liquidationsverfahrens bedarf; instruktiv dazu *K. Schmidt*, Gesellschaftsrecht, 2002, S. 309.

189 Dazu *Paz-Ares Rodríguez* in: Paz-Ares Rodríguez ua (Hrsg.), Comentario del Código civil, Bd. 2, 1991, S. 1491, 1494.

190 *Martí Sánchez* RDM 193–194 (1989) 679, 705; *Paz-Ares Rodríguez* in: Paz-Ares Rodríguez ua (Hrsg.), Comentario del Código civil, Bd. 2, 1991, S. 1491.

191 *Paz-Ares Rodríguez* in: Paz-Ares Rodríguez ua (Hrsg.), Comentario del Código civil, Bd. 2, 1991, S. 1517; *Marín López* in: Bercovitz Rodríguez-Cano (Hrsg.), Comentarios al Código civil, 2009, S. 1957 f.; *Perdices Huetos* in: Bercovitz Rodríguez-Cano (Hrsg.), Comentarios al Código civil, Bd. 8, 2013, S. 11658 f.

192 Dazu *Aparicio Carrillo*, Los socios ante el patrimonio de la sociedad civil en liquidación, 2003.

193 Ausführlich *Pérez Ramos* in: Barrio del Olmo (Hrsg.), Jurisdicción Voluntaria Notarial, 2015, S. 694–696; *Martínez Sanchiz* in: Lledó Yagüe ua (Hrsg.), Estudio sistemático de la Ley de Jurisdicción Voluntaria, 2016, S. 604–606.

194 *Paz-Ares Rodríguez* in: Paz-Ares Rodríguez ua (Hrsg.), Comentario del Código civil, Bd. 2, 1991, S. 1522 f.; *Martínez Velencoso* in: Cañizares Laso (Hrsg.), Código Civil Comentado, Bd. 4, 2011, S. 755.

195 Dazu *Palá Berdejo* RDM 41 (1952) 149, 189.

es dazu eines einstimmigen Gesellschafterbeschlusses, und die Verteilung des Vermögens darf noch nicht begonnen haben.[196]

II. Sociedad Colectiva (S. C.)

1. Grundlagen

Die *Sociedad Colectiva* ist die in Artt. 125–144 CCom geregelte Grundform der handelsrechtlichen Personengesellschaften und ähnelt der deutschen OHG. Ihre wirtschaftliche **Bedeutung** hat in den letzten Jahrzehnten sukzessive abgenommen.[197] Sie dient heute vor allem als Auffangrechtsform (*Sociedad general del tráfico*) für Kapitalgesellschaften (oder Kommanditgesellschaften bzw. Wirtschaftliche Interessenvereinigungen), die bestimmte Mindestanforderungen ihrer jeweiligen Rechtsform nicht mehr erfüllen (Artt. 39 LSC, 145 f., 149 CCom, 1 LAIE),[198] sowie als Grundlage des Rechts der Wirtschaftlichen Interessenvereinigung.[199] Weitere Anwendungsgebiete für die *Sociedad Colectiva* gibt es praktisch nicht. 68

Eine gesetzliche Definition der *Sociedad Colectiva* existiert nicht. Aus einer Gesamtschau der gesetzlichen Regelungen lässt sich aber ihr **Charakter** als personalistische Gesellschaft entnehmen, zu der sich mindestens zwei Personen zusammenschließen und in die sie Geld, Sachen oder die Leistung von Diensten einbringen, um unter einer gemeinsamen Firma ein Handelsgewerbe mit Gewinnerzielungsabsicht zu betreiben (Artt. 116 I, 126 I CCom).[200] Konstitutive Voraussetzungen sind damit ein Gesellschaftsvermögen, ein personalistischer Charakter (*affectio societatis*) sowie ein gemeinsamer Zweck, der in diesem Fall zwingend darauf gerichtet sein muss, Gewinne zu erzielen (Art. 116 CCom). Die Gesellschafter der *Sociedad Colectiva* haften gegenüber den Gesellschaftsgläubigern persönlich und unbeschränkt; ihre Haftung ist gesamtschuldnerisch und subsidiär im Verhältnis zu derjenigen der Gesellschaft – ein maßgeblicher Unterschied zur *Sociedad Civil* (Rn. 54).[201] Wesentliche Merkmale des personalistischen Charakters sind daneben, wie bei der *Sociedad Civil*, das Prinzip der Selbstorganschaft, die Unmöglichkeit, Gesellschaftsanteile durch Rechtsgeschäft zu übertragen, die Auflösung beim Ableben eines Gesellschafters und das Einstimmigkeitsprinzip.[202] 69

2. Gründung

Gründer der *Sociedad Colectiva* müssen mindestens zwei (natürliche oder juristische) Personen sein.[203] Erforderlich ist neben dem Gesellschaftsvertrag eine **notarielle Gründungsurkunde** mit bestimmten Mindestangaben (Art. 119 I CCom) sowie die Eintragung ins **Handelsregister** (Artt. 16, 119 I CCom). Nach einer Auffassung im Schrifttum erlangt die Gesellschaft mit Eintragung Rechtspersönlichkeit;[204] nach wohl hM schon mit erstmaliger Teilnahme am Rechtsverkehr, da sie zu diesem Zeitpunkt nach außen als Rechtssubjekt auftritt.[205] Unterbleibt anschließend die Eintragung, entsteht eine sog irreguläre Gesellschaft (*sociedad irregular*).[206] Ihre Geschäftsführer haften im Außenverhältnis gesamtschuldnerisch neben der Gesellschaft (Art. 120 CCom), und die Gesellschafter können sich gegenüber Dritten nicht auf abweichende gesellschaftsvertragliche Vereinbarungen berufen (Art. 21 I, IV CCom). 70

---

196 *Paz-Ares Rodríguez* in: Paz-Ares Rodríguez ua (Hrsg.), Comentario del Código civil, Bd. 2, 1991, S. 1489–1491.

197 *Lojendio Osborne/Núñez Lozano* in: Jiménez Sánchez (Hrsg.), Derecho Mercantil, Bd. 3, 2010, S. 27.

198 *Paz-Ares Rodríguez* in: Uría González/Menéndez Menéndez (Hrsg.), Curso de Derecho Mercantil, Bd. 1, 2006, S. 614; zur Aktiengesellschaft *Vicent Chuliá* RCDI 1977, 71, 98–100; *Alonso García*, La Sociedad Anónima no inscrita, 1986, S. 45–60; zur Wirtschaftlichen Interessenvereinigung *Pau Pedrón* RCDI 1988, 1181, 1241; *Massaguer Fuentes* RGD 1991, 7641.

199 *Pau Pedrón* RCDI 1988, 1181, 1184–1187.

200 S. etwa *Paz-Ares Rodríguez* in: Uría González/Menéndez Menéndez (Hrsg.), Curso de Derecho Mercantil, Bd. 1, 2006, S. 615–617; *Broseta Pont/Martínez Sanz*, Manual de Derecho Mercantil, Bd. 1, 2010, S. 295; *Vicent Chuliá*, Introducción al Derecho Mercantil, Bd. 1, 2010, S. 410; *Sánchez Calero/Sánchez-Calero Guilarte*, Instituciones de Derecho Mercantil, Bd. 1, 2011, S. 356.

201 *Paz-Ares Rodríguez* in: Uría González/Menéndez Menéndez (Hrsg.), Curso de Derecho Mercantil, Bd. 1, 2006, S. 616 f.; monographisch *Paz-Ares Rodríguez*, La responsabilidad del socio colectivo, 1993.

202 *Paz-Ares Rodríguez* in: Uría González/Menéndez Menéndez (Hrsg.), Curso de Derecho Mercantil, Bd. 1, 2006, S. 613 f.

203 *Girón Tena*, Derecho de Sociedades, 1976, S. 404 f.; *Broseta Pont/Martínez Sanz*, Manual de Derecho Mercantil, Bd. 1, 2010, S. 297; *Sánchez Calero/Sánchez-Calero Guilarte*, Instituciones de Derecho Mercantil, Bd. 1, 2011, S. 358.

204 *Lojendio Osborne/Núñez Lozano* in: Jiménez Sánchez (Hrsg.), Derecho Mercantil, Bd. 3, 2010, S. 28; *Sánchez Calero/Sánchez-Calero Guilarte*, Instituciones de Derecho Mercantil, Bd. 1, 2011, S. 341.

205 Sentencia del Tribunal Supremo de 20 de mayo de 2002, núm. 474; *Girón Tena*, Derecho de Sociedades, 1976, S. 417–419; *Paz-Ares Rodríguez* in: Uría González/Menéndez Menéndez (Hrsg.), Curso de Derecho Mercantil, Bd. 1, 2006, S. 618 f.

206 *Broseta Pont/Martínez Sanz*, Manual de Derecho Mercantil, Bd. 1, 2010, S. 295 f.; ferner *García Villaverde* CDC 11 (1993) 13.

71 Die **Zuständigkeit des Handelsregisters** richtet sich nach dem Sitz der Gesellschaft (Art. 17 RRM).[207] In der Regel befindet sich das für eine Provinz zuständige Handelsregister in ihrer Hauptstadt (Art. 16 RRM).[208] Bis auf wenige Ausnahmen bedürfen die dort eingereichten Dokumente der notariellen Beurkundung (Art. 18 I RRM).

72 Der zwingende **Inhalt der Gründungsurkunde** ergibt sich aus Artt. 125 CCom, 209 RRM. Dazu zählen Vor- und Nachname sowie Wohn- bzw. Registersitz aller Gesellschafter und Vor- und Nachname der vertretungsbefugten Gesellschafter. Zusätzlich muss die Gründungsurkunde die Firma, den Sitz der Gesellschaft, ihren Zweck, den Beginn der Geschäftstätigkeit sowie ggf. die Gesellschaftsdauer und die jährliche Vergütung des geschäftsführenden Gesellschafters aufführen. Schließlich sind die Einlagen mit ihrem Wert anzugeben, Sacheinlagen mit ihrem Bewertungsverfahren.[209]

73 Die **Firma** der *Sociedad Colectiva* muss den Namen mindestens eines Gesellschafters enthalten (Art. 126 I CCom) und kann darüber hinaus auf die Tätigkeit der Gesellschaft hinweisen.[210] In jedem Fall muss der Rechtsformzusatz „S. C." (*Sociedad Colectiva*) oder „S. R. C." (*Sociedad de Responsabilidad Colectiva*) aufgenommen werden (Art. 403 I, II Nr. 3 RRM). Beinhaltet die Firma nicht die Namen aller Gesellschafter, ist der Zusatz „*y Compañía*" erforderlich. Anders als im Recht der *Sociedad Comanditaria Simple* und der Kapitalgesellschaften ergibt sich die Notwendigkeit des Rechtsformzusatzes nicht aus dem *Código de Comercio* bzw. der *Ley de Sociedades de Capital*, sondern aus dem *Reglamento del Registro Mercantil*. Ratio dieses Erfordernisses ist die Eigenschaft der *Sociedad Colectiva* als allgemeine Handelsgesellschaft[211] sowie ihre strenge Haftungsregelung.

74 Dass mindestens ein **Gesellschaftername Firmenbestandteil** ist, soll die Identifizierung ermöglichen und dient damit dem Gläubigerschutz.[212] Deshalb gilt dieses Erfordernis nur für gegenwärtige Gesellschafter (Artt. 126 I CCom, 401 III RRM); enthält die Firma den Namen eines bereits ausgeschiedenen Gesellschafters, trifft diesen uU eine Rechtsscheinhaftung (Art. 126 III CCom).[213] Auf diese Weise sollen gutgläubige Dritte geschützt werden, die im Vertrauen auf die Gesellschafterstellung mit der Gesellschaft kontrahiert haben; Haftungsvoraussetzung ist aber, dass der Rechtsschein dem ehemaligen Gesellschafter zurechenbar ist, dh, dass der Gesellschafter von der falschen Firma gewusst und nichts dagegen unternommen hat.[214] Umstritten ist, ob die Firma auch einen Hinweis auf die Existenz eines Arbeitsgesellschafters enthalten muss; führt sie seinen Namen auf, haftet er ebenfalls unbeschränkt (Rn. 95 f.).[215]

75 Sind ausschließlich Arbeitsgesellschafter (*socios industriales*) beteiligt, muss die Gründungsurkunde keine Angaben zum **Kapital** der Gesellschaft machen.[216] Dies ist nicht ausdrücklich gesetzlich vorgesehen, ergibt sich aber mittelbar aus Art. 125 iVm Art. 116 CCom.

76 Die gesellschaftsvertragliche **Gestaltungsfreiheit** ist bei Personengesellschaften im Allgemeinen sehr groß. Vor diesem Hintergrund können die Gesellschafter weitere Vereinbarungen treffen und in die Gründungsurkunde aufnehmen bzw. im Handelsregister eintragen lassen (Art. 125 CCom). Denkbar ist es etwa, die Selbstorganschaft abzubedingen und eine Organstruktur einzuführen, die der einer Kapitalgesellschaft ähnelt.[217] Anders als zB im deutschen Personengesellschaftsrecht ist folglich auch eine Fremdorganschaft möglich. Grenzen der Gestaltungsfreiheit bestehen lediglich soweit das Verhältnis zu Dritten betroffen ist; die innere Organisation ist grundsätzlich frei regelbar.

207 Zur Entwicklung des Handelsregisters und seiner Funktionsweise *Chacón Yerón/Rivas García* RCDI 1970, 635; *García Villaverde* CDC 3 (1988) 47; *Rojo Fernández-Río* in: Uría González/Menéndez Menéndez (Hrsg.), Curso de Derecho Mercantil, Bd. 1, 2006, S. 207–216.

208 In Spanien gibt es 17 Regionen (*Comunidades Autónomas*), die wiederum in Provinzen aufgeteilt sind. Die Region Valencia hat zB drei Provinzen: Castellón, Alicante und Valencia.

209 Näher zu den einzelnen Angaben *De la Cámara Álvarez*, Estudios de Derecho Mercantil, Bd. 1, 1977, S. 352–355.

210 Resolución de la Dirección General de los Registros y del Notariado de 8 de octubre de 1998 (BOE 3 noviembre 1998, núm. 263, S. 35922).

211 *Sánchez Calero/Sánchez-Calero Guilarte*, Instituciones de Derecho Mercantil, Bd. 1, 2011, S. 359.

212 Dazu etwa *Molina Moreno* RGD 1949, 446.

213 *Motos Guirao* RDN 11 (1956) 79, 98–100.

214 *Girón Tena* in: FS Garrigues Díaz-Cañabate, Bd. 1, 1971, S. 139, 148; *De Carlos Bertrán* RDM 201 (1991) 489, 495 f.; *Lojendio Osborne/Núñez Lozano* in: Jiménez Sánchez (Hrsg.), Derecho Mercantil, Bd. 3, 2010, S. 33; *Paz-Ares Rodríguez*, La responsabilidad del socio colectivo, 1993, S. 67–78; *Paz-Ares Rodríguez* in: Uría González/Menéndez Menéndez (Hrsg.), Curso de Derecho Mercantil, Bd. 1, 2006, S. 659 f.

215 *Gómez Pérez* RDN 40 (1963) 45, 68–70; *Vérgez Sánchez* RDM 102 (1966) 243, 300–308.

216 *Eizaguirre Bermejo*, Derecho de sociedades, 2001, S. 160.

217 Eine Bewertung verschiedener Klauseln findet sich bei *Fernández de la Gándara*, La atipicidad en el Derecho de sociedades, 1977, S. 151–161.

3. Organisationsverfassung

a) Geschäftsführung

Wie bei der *Sociedad Civil* (Rn. 42) kann die **Geschäftsführungsbefugnis** bereits im Gesellschaftsvertrag zugewiesen werden (***administración privativa***); üblicherweise werden die Namen der Geschäftsführer in die Gründungsurkunde aufgenommen.[218] Die übrigen Gesellschafter dürfen sich nicht in Geschäftsführungsangelegenheiten einmischen (Artt. 131 f. CCom). Führt der Geschäftsführer die Geschäfte aber nicht ordnungsgemäß, so dass der Gesellschaft unmittelbar ein Schaden droht, können die übrigen Gesellschafter ihm einen Mitgeschäftsführer zur Seite stellen oder ihn von der Geschäftsführung abberufen. Dabei stellt der drohende Schaden einen wichtigen Grund für die Abberufung dar, welche zwingend mit dem gerichtlichen Ausschluss aus der Gesellschaft einhergeht (Artt. 132 CCom, 211 RRM).[219] 77

Regelt der Gesellschaftsvertrag nur das Geschäftsführungsorgan als solches, ohne bestimmte Organwalter zu benennen, können auch Nichtgesellschafter Geschäftsführer sein (***administración funcional***).[220] Insofern ist eine Abweichung vom Prinzip der Selbstorganschaft möglich. In diesem Fall können die Gesellschafter den Geschäftsführer jederzeit und ohne wichtigen Grund durch Beschluss abberufen.[221] Außerdem haben sie ein Weisungsrecht.[222] 78

Ist im Gesellschaftsvertrag nichts vereinbart, sind in der *Sociedad Colectiva* alle Gesellschafter geschäftsführungsbefugt (***administración legal***). Hierin kommt das Prinzip der Selbstorganschaft zum Ausdruck. Ob die Geschäftsführung als Gesamt- oder Einzelgeschäftsführung ausgestaltet ist, war ursprünglich umstritten. Nach Art. 129 CCom müssen alle Geschäftsführer zusammenwirken, worin ein Unterschied zur Regelung bei der *Sociedad Civil* gemäß Art. 1694 CC liegt.[223] Der Wortlaut der Vorschrift stellt dazu auf einen Beschluss der *anwesenden* Gesellschafter ab, ein zwingendes Zusammenwirken *aller* Gesellschafter verlangt er aber gerade nicht. Die heute hM geht daher von einer Einzelgeschäftsführungsbefugnis aus und gewährt jedem der übrigen *anwesenden* Geschäftsführer ein Widerspruchsrecht.[224] 79

Ein **Widerspruch** berührt nicht die Wirksamkeit der Geschäftsführungsmaßnahme im Außenverhältnis. Der handelnde Geschäftsführer haftet aber im Innenverhältnis für entstandene Schäden (Art. 130 CCom). Treu- und Sorgfaltspflicht erstrecken sich wie bei der *Sociedad Civil* auch auf die Ausübung des Widerspruchsrechts (Rn. 39). Auch für die Annahme einer allgemeinen Informationspflicht sprechen dieselben Argumente, allen voran, dass es ansonsten kaum möglich wäre, das Widerspruchsrecht sinnvoll auszuüben (Rn. 45).[225] 80

Ob ein **Arbeitsgesellschafter** Geschäftsführungsbefugnis hat, ist im Schrifttum umstritten. Dagegen wird angeführt, dass Art. 138 CCom ein Handlungsverbot für den Arbeitsgesellschafter enthalte.[226] Nach hM handelt es sich bei der Vorschrift aber lediglich um eine Modifikation des allgemeinen Wettbewerbsverbots und nicht um einen Ausschluss der Geschäftsführungsbefugnis. Da Art. 129 CCom nicht zwischen verschiedenen Gesellschaftertypen differenziert, muss vielmehr auch der Arbeitsgesellschafter grundsätzlich geschäftsführungsbefugt sein.[227] 81

b) Vertretung

Wie im deutschen Recht ist die Vertretung strikt von der Geschäftsführung zu unterscheiden. Während die Geschäftsführung das Innenverhältnis betrifft, dh die Regelung interner Angelegenheiten der Gesellschaft („Dür- 82

218 *Lojendio Osborne/Núñez Lozano* in: Jiménez Sánchez (Hrsg.), Derecho Mercantil, Bd. 3, 2010, S. 29

219 *Paz-Ares Rodríguez* in: Uría González/Menéndez Menéndez (Hrsg.), Curso de Derecho Mercantil, Bd. 1, 2006, S. 622; *Sánchez Calero/Sánchez-Calero Guilarte*, Instituciones de Derecho Mercantil, Bd. 1, 2011, S. 361.

220 *Girón Tena*, Derecho de Sociedades, 1976, S. 459; *Paz-Ares Rodríguez* in: Uría González/Menéndez Menéndez (Hrsg.), Curso de Derecho Mercantil, Bd. 1, 2006, S. 628 f.

221 *Paz-Ares Rodríguez* in: Uría González/Menéndez Menéndez (Hrsg.), Curso de Derecho Mercantil, Bd. 1, 2006, S. 636.

222 *Paz-Ares Rodríguez* in: Uría González/Menéndez Menéndez (Hrsg.), Curso de Derecho Mercantil, Bd. 1, 2006, S. 639.

223 *Garrigues Díaz-Cañabate*, Tratado de Derecho Mercantil, Bd. 1-1, 1947, S. 554; *Vicent Chuliá*, Introducción al Derecho Mercantil, Bd. 1, 2010, S. 412; *Sánchez Calero/Sánchez-Calero Guilarte*, Instituciones de Derecho Mercantil, Bd. 1, 2011, S. 363.

224 *Uría González*, Derecho Mercantil, 1997, S. 193 f.; *Paz-Ares Rodríguez* in: Uría González/Menéndez Menéndez (Hrsg.), Curso de Derecho Mercantil, Bd. 1, 2006, S. 621; *Broseta Pont/Martínez Sanz*, Manual de Derecho Mercantil, Bd. 1, 2010, S. 300.

225 *Parras Martín* in: FS Broseta Pont, Bd. 3, 1995, S. 2809, 2828 f.; *Paz-Ares Rodríguez* in: Uría González/Menéndez Menéndez (Hrsg.), Curso de Derecho Mercantil, Bd. 1, 2006, S. 624 f.

226 *Uría González*, Derecho Mercantil, 1997, S. 191.

227 *Gómez Pérez* RDN 40 (1963) 45, 60–62; *Girón Tena*, Derecho de Sociedades, 1976, S. 427; *Paz-Ares Rodríguez* in: Uría González/Menéndez Menéndez (Hrsg.), Curso de Derecho Mercantil, Bd. 1, 2006, S. 621.

fen"), bezieht sich die Vertretung auf das **Außenverhältnis**, dh die Fähigkeit, die Gesellschaft rechtswirksam zu verpflichten („Können").[228]

83 Während die Geschäftsführungsbefugnis grundsätzlich allen Gesellschaftern zusteht (Art. 129 CCom), sind nur die explizit im Gesellschaftsvertrag benannten Personen vertretungsbefugt (Art. 128 CCom). Nimmt man diese Regelungen und die mit ihnen einhergehende Differenzierung ernst, wäre im Falle einer mangelnden gesellschaftsvertraglichen Regelung kein Gesellschafter vertretungsbefugt und die Gesellschaft folglich nicht handlungsfähig. Die hM geht vor diesem Hintergrund davon aus, dass ohne eine ausdrückliche Regelung im Gesellschaftsvertrag **im Zweifel alle Gesellschafter vertretungsbefugt** sind.[229] Häufig bestimmt der Gesellschaftsvertrag nicht zuletzt aus Gründen der Rechtssicherheit, dass die Vertretungsbefugnis entsprechend der Geschäftsführungsbefugnis ausgestaltet ist und beide gleichlaufen. Gängig sind daneben Gestaltungen, nach denen jeder Gesellschafter allein zur Geschäftsführung befugt ist (Einzelgeschäftsführungsbefugnis), die Gesellschaft nach außen aber nur gemeinsam mit seinen Mitgesellschaftern vertreten kann (Gesamtvertretungsbefugnis).[230]

84 Eine notarielle Urkunde mit Art und Umfang der Vertretungsmacht ist beim Handelsregister einzureichen (Art. 94 Nr. 5 RRM). Dabei ist der **Umfang der Vertretungsmacht** im Außenverhältnis unbegrenzt; gesellschaftsvertragliche Beschränkungen sind gegenüber Dritten unwirksam (Art. 127 CCom), es sei denn, sie sind ins Handelsregister eingetragen und im *Boletín Oficial del Registro Mercantil* (Bundesblatt des Handelsregisters) veröffentlicht (Art. 21 Nr. 1 CCom). Trifft der Gesellschaftsvertrag insoweit keine Regelung, bildet der Unternehmensgegenstand die äußerste Grenze der Vertretungsmacht, wobei er genau umgrenzt oder unbestimmt sein kann; beides ist nach Artt. 136 f. CCom[231] bzw. analog Art. 286 CCom[232] möglich. Überschreitet der Vertreter die lediglich im Innenverhältnis geltenden Grenzen seiner Vertretungsmacht, hat die Gesellschaft einen Schadensersatzanspruch, den die anderen Gesellschafter geltend machen können (Art. 144 CCom).[233] Schließt er im Namen der Gesellschaft Rechtsgeschäfte, die dem Gesellschaftsinteresse (*interés social*) zuwiderlaufen, können die anderen Gesellschafter ihn ausschließen (Artt. 135, 218 Nr. 1 CCom). Ratio dahinter ist die Zweckbindung des Gesellschaftsvermögens.[234]

c) Wettbewerbsverbot

85 Die Gesellschafter unterliegen einem **Wettbewerbsverbot**. Seine Reichweite hängt davon ab, ob die Gesellschaft einen bestimmten Unternehmensgegenstand hat (Art. 137 CCom) oder sich jedem beliebigen Unternehmensgegenstand widmen kann (Art. 136 I CCom). Im ersten Fall erstreckt sich das Wettbewerbsverbot nur auf Geschäfte, die eine Verbindung mit dem Unternehmensgegenstand aufweisen, im zweiten Fall auf alle Geschäfte, die potenziell gewinnbringend sind. Kraft Gesetzes trifft den Arbeitsgesellschafter ein noch strikteres Wettbewerbsverbot. Mangels abweichender Regelung im Gesellschaftsvertrag sind ihm jegliche gewinnbringende Geschäfte untersagt (Art. 138 CCom).[235] Der Gesetzgeber scheint mit dieser Regelung sicherstellen zu wollen, dass alle Bemühungen eines Arbeitsgesellschafters der Gesellschaft zugutekommen.[236] Bei einem Verstoß gegen das Wettbewerbsverbot hat die Gesellschaft nicht nur einen Anspruch auf Schadensersatz, sondern kann auch den durch das Geschäft erlangten Gewinn abschöpfen (Art. 136 II CCom).[237]

228 Zur Differenzierung allgemein *Suárez-Llanos Gómez* RDM 34 (1962) 56; *De la Cámara Álvarez* RDN 57 (1968) 223; *Cano Fernández* RCDI 1989, 1153, 1157–1170; im Kontext der S. C. *Garrigues Díaz-Cañabate*, Tratado de Derecho Mercantil, Bd. 1-1, 1947, S. 547; *De la Cámara Álvarez*, Estudios de Derecho Mercantil, Bd. 1, 1977, S. 355 f.; *Parras Martín* in: FS Broseta Pont, Bd. 3, 1995, S. 2809, 2830 f.; in der deutschsprachigen Literatur *Fellmeth*, Die Vertretung verselbständigter Rechtsträger in europäischen Ländern. Deutschland, Italien und Spanien, 1997, S. 328.

229 *Girón Tena*, Derecho de Sociedades, 1976, S. 503–505; *De la Cámara Álvarez*, Estudios de Derecho Mercantil, Bd. 1, 1977, S. 356.

230 *Paz-Ares Rodríguez* in: Uría González/Menéndez Menéndez (Hrsg.), Curso de Derecho Mercantil, Bd. 1, 2006, S. 619 f.

231 *Girón Tena*, Derecho de Sociedades, 1976, S. 511; *Paz-Ares Rodríguez* in: Uría González/Menéndez Menéndez (Hrsg.), Curso de Derecho Mercantil, Bd. 1, 2006, S. 623; *Broseta Pont/Martínez Sanz*, Manual de Derecho Mercantil, Bd. 1, 2010, S. 304.

232 *De la Cámara Álvarez*, Estudios de Derecho Mercantil, Bd. 1, 1977, S. 366; ferner *Menéndez Menéndez* RDM 72 (1959) 269, 292–299.

233 *De la Cámara Álvarez*, Estudios de Derecho Mercantil, Bd. 1, 1977, S. 366.

234 *Girón Tena*, Derecho de Sociedades, 1976, S. 497.

235 Dazu *Parras Martín* in: FS Broseta Pont, Bd. 3, 1995, S. 2809, 2827 f.; *Paz-Ares Rodríguez* in: Uría González/Menéndez Menéndez (Hrsg.), Curso de Derecho Mercantil, Bd. 1, 2006, S. 642–647; *Broseta Pont/Martínez Sanz*, Manual de Derecho Mercantil, Bd. 1, 2010, S. 301 f.; *Vicent Chuliá*, Introducción al Derecho Mercantil, Bd. 1, 2010, S. 411; *Sánchez Calero/Sánchez-Calero Guilarte*, Instituciones de Derecho Mercantil, Bd. 1, 2011, S. 364.

236 Dazu *Gómez Pérez* RDN 40 (1963) 45, 62.

237 Zum Vergleich mit der Treupflicht im Kapitalgesellschaftsrecht aus heutiger Sicht *Grimaldos García* in: Hernando Cebriá (Hrsg.), Régimen de deberes y responsabilidad de los administradores en las sociedades de capital,

Grundsätzlich haben nicht nur die Geschäftsführer, sondern alle (anderen) Gesellschafter Handlungen zu unterlassen, die der Gesellschaft Schaden zufügen können. Dies ergibt sich aus der allgemeinen Treupflicht der Gesellschafter gegenüber der Gesellschaft. Bei schuldhaftem Verstoß hat die Gesellschaft gemäß Art. 144 CCom einen Anspruch auf **Schadensersatz**, den die übrigen Gesellschafter geltend machen können. Dem Schädiger steht es jedoch frei, nachzuweisen, dass die anderen Gesellschafter sein Handeln gebilligt haben.[238] 86

4. Kapitalverfassung

Für die *Sociedad Colectiva* bestehen wie für andere Personengesellschaften **keine Mindestkapitalanforderungen**, da ihre Gesellschafter für die Verbindlichkeiten der Gesellschaft unbeschränkt haften.[239] 87

Eine **Einlagepflicht** ist nicht explizit geregelt. Sie wird jedoch aus einer Gesamtschau der Artt. 116, 125 IV, VIII CCom abgeleitet. Danach können die Gesellschafter Vermögensgüter (*bienes*), Dienste (*industria*) oder Sonstiges, das der Gewinnerzielung dient (*para obtener lucro*), einbringen (Art. 116 CCom). Je nach Einlage unterscheidet man zwischen kapitalgebenden Gesellschaftern und Arbeitsgesellschaftern (Artt. 138, 143 CCom).[240] Die Gesellschafter müssen ihre Einlagen innerhalb der im Gesellschaftsvertrag vereinbarten Frist leisten, mangels entsprechender Vereinbarung spätestens bis zur Aufnahme der Geschäftstätigkeit (Art. 171 CCom). Erbringt ein Gesellschafter seine Einlage nicht rechtzeitig oder nicht vollständig, können ihn die anderen Gesellschafter ausschließen (Art. 218 Nr. 4 CCom).[241] 88

Die **Gewinn- und Verlustbeteiligung** kann im Gesellschaftsvertrag geregelt werden (Art. 1691 CC). Grundsätzlich unzulässig ist es aber, einen Gesellschafter vollständig von ihr auszuschließen – im Schrifttum als Verbot einseitig belastender Vereinbarungen (*pactos leoninos*) bezeichnet.[242] 89

Trifft der Gesellschaftsvertrag keine Vereinbarungen, sind die Gewinne gemäß der gesetzlichen **Auffangregelung** nach dem Verhältnis der Kapitalanteile zu verteilen (Art. 140 CCom). Arbeitsgesellschafter (*socios industriales*) stehen insoweit kapitalgebenden Gesellschaftern mit dem kleinsten Kapitalanteil gleich (s. zur *Sociedad Civil* bereits Rn. 51).[243] Auch die Verluste sind im Zweifel nach dem Verhältnis der Kapitalanteile zu tragen (Art. 141 CCom); mangels abweichender gesellschaftsvertraglicher Bestimmungen aber nicht von den Arbeitsgesellschaftern.[244] Ist ein Arbeitsgesellschafter namentlich in der Firma genannt, haftet er zwar im Außenverhältnis, im Innenverhältnis hat er aber einen korrespondierenden Regressanspruch gegen die kapitalgebenden Gesellschafter (Art. 127 CCom). 90

Das Recht der *Sociedad Colectiva* kennt anders als das Kapitalgesellschaftsrecht keine Ausschüttungssperre, was vor allem für den **Zeitpunkt der Gewinnverteilung** von Bedeutung ist. Da die Gesellschafter unbeschränkt gegenüber Dritten haften, kann eine Ausschüttung theoretisch auch dann erfolgen, wenn die Gesellschaft keine Gewinne erzielt hat.[245] Zum Schutz der Gläubiger bedarf es in diesem Fall aber eines einstimmigen Gesellschafterbeschlusses; ungesicherte Gläubiger haben ein Einwendungsrecht, da es sich in der Sache um eine Rückzahlung der Einlagen handelt und das Gesellschaftsvermögen zur Verfolgung des gemeinsamen Zwecks gemindert wird.[246] Darüber hinaus dient das Einstimmigkeitserfordernis dem Schutz der Minderheitsgesellschafter vor möglichen Haftungsrisiken. 91

Die **Art und Weise der Gewinnverteilung** richtet sich nach den Buchführungsvorschriften. Da die *Sociedad Colectiva* eine handelsrechtliche Personengesellschaft ist, unterliegt sie insoweit den kaufmännischen Regelungen (Art. 1 Nr. 2 CCom) sowie den Buchführungs- und Rechnungslegungsvorschriften (Art. 25 I CCom). Anders als im Kapitalgesellschaftsrecht konkretisieren diese für die *Sociedad Colectiva* aber nicht den Zeitpunkt der Gewinnausschüttung, sondern bestimmen nur, dass sie regelmäßig stattzufinden hat. Üblicher Zeitpunkt ist 92

2015, S. 354–356; *Paz-Ares Rodríguez* in: Rodríguez Artigas ua (Hrsg.), Junta General y Consejo de Administración de la Sociedad cotizada, 2016, S. 445 f.

238 Dazu etwa *Parras Martín* in: FS Broseta Pont, Bd. 3, 1995, S. 2809, 2826; *Eizaguirre Bermejo*, Derecho de sociedades, 2001, S. 169.

239 Allgemein *Paz-Ares Rodríguez*, La responsabilidad del socio colectivo, 1993.

240 *Lojendio Osborne/Núñez Lozano* in: Jiménez Sánchez (Hrsg.), Derecho Mercantil, Bd. 3, 2010, S. 29; näher zum Arbeitsgesellschafter *Embid Irujo/Pedraza Bochóns* ZGR-Sonderheft 3, 1995, 762, 765.

241 *Parras Martín* in: FS Broseta Pont, Bd. 3, 1995, S. 2809, 2816 f.

242 *Garrigues Díaz-Cañabate*, Tratado de Derecho Mercantil, Bd. 1-1, 1947, S. 524; *Díez-Picazo Ponce de León* in: FS De Castro Bravo, Bd. 1, 1976, S. 567, 576–580.

243 Rechtsvergleichend *Fleischer/Pendl* WM 2017, 881, 885 f.

244 Rechtsvergleichend *Fleischer/Pendl* WM 2017, 881, 886 f.

245 *Paz-Ares Rodríguez* in: Uría González/Menéndez Menéndez (Hrsg.), Curso de Derecho Mercantil, Bd. 1, 2006, S. 651.

246 *Parras Martín* in: FS Broseta Pont, Bd. 3, 1995, S. 2809, 2818; *Broseta Pont/Martínez Sanz*, Manual de Derecho Mercantil, Bd. 1, 2010, S. 302 f.

das Ende jedes Geschäftsjahres, wenn die Gesellschafter auch den Jahresabschluss feststellen (Art. 37 Nr. 2 CCom).[247]

93 Da die Gesellschafter grundsätzlich keine Nachschusspflicht trifft (Art. 1681 CC), erfordert eine **Kapitalerhöhung** einen einstimmigen Beschluss, und zwar selbst dann, wenn sie wirtschaftlich angezeigt ist.[248] Das Einstimmigkeitserfordernis kann im Gesellschaftsvertrag durch ein Mehrheitserfordernis ersetzt werden.[249]

94 Zu den weiteren Vermögensrechten der Gesellschafter zählt die **Partizipation am Abwicklungsüberschuss** (Artt. 227–232 CCom). Nach der gesetzlichen Auffangregelung steht jedem Gesellschafter ein Teil entsprechend der Größe seiner Kapitalbeteiligung zu. Der Gesellschaftsvertrag kann Arbeitsgesellschafter hiervon ausschließen. Daneben haben die Gesellschafter einen **Aufwendungsersatzanspruch** gegen die Gesellschaft (Art. 142 CCom). Dieser betrifft aber lediglich das Innenverhältnis, so dass die anderen Gesellschafter für seine Erfüllung nicht persönlich haften.[250]

5. Haftung für Verbindlichkeiten der Gesellschaft

95 Die Gesellschaft haftet mit ihrem gesamten gegenwärtigen und zukünftigen Vermögen (Art. 1911 CC). Daneben tritt die persönliche **Gesellschafterhaftung** (Artt. 127, 237 CCom). Diese ist subsidiär im Verhältnis zu derjenigen der Gesellschaft. Die Gesellschafter haften also erst, wenn das Gesellschaftsvermögen nicht mehr ausreicht, um die Gläubiger zu befriedigen (Art. 237 CCom). Bevor die Gläubiger von den Gesellschaftern Zahlung verlangen können, müssen sie sich erfolglos an die Gesellschaft gewandt haben. Erheben sie gleichzeitig Klage, müssen sie deutlich machen, dass die Klage gegen die Gesellschafter subsidiär zur Klage gegen die Gesellschaft ist.[251] Die Haftung der Gesellschafter ist der Höhe nach unbeschränkt. Sie haften persönlich mit ihrem gesamten Vermögen.[252] Schließlich ist die Haftung gesamtschuldnerisch. Nach außen haften die Gesellschafter voll, im Innenverhältnis nur *pro rata* entsprechend der Größe ihres Kapitalanteils (Art. 144 CCom). Soweit sie im Außenverhältnis zu viel gezahlt haben, steht ihnen ein Regressanspruch gegen ihre Mitgesellschafter und – bei mittlerweile wieder genügendem Vermögen – auch gegen die Gesellschaft zu (Art. 142 CCom).[253]

96 Die gesetzliche Regelung der Gesellschafterhaftung ist **einseitig dispositiv**. Der Gesellschaftsvertrag kann sie im Außenverhältnis verschärfen (zB durch Ausschluss der Einrede der Vorausklage), aber nicht beschränken.[254] Möglich ist hingegen eine Beschränkung der Haftung im Innenverhältnis der Gesellschafter.[255]

6. Mitgliederwechsel

97 Die **Übertragung der Anteile**, mit der immer auch die Geschäftsführungspflichten übergehen, bedarf der vorherigen Zustimmung der Mitgesellschafter (Art. 143 CCom). Nach hM ist dazu zwingend ein einstimmiger Beschluss erforderlich, der nicht gesellschaftsvertraglich durch einen Mehrheitsbeschluss ersetzt werden kann.[256] Da es sich rechtstechnisch um einen Novation (*novación*) des Gesellschaftsvertrags handelt, ist stets die allseitige Zustimmung erforderlich (Artt. 143 CCom, 212 II RRM, 1205 CC).[257] Nach aA kann der Gesellschaftsvertrag die Geltung des Mehrheitsprinzips vorsehen und sogar bestimmen, dass die Anteile frei übertragbar sind.[258] Dagegen und folglich für die hM spricht aber entscheidend, dass die Gesellschafter aufgrund des personalistischen Charakters der *Sociedad Colectiva* ein Mitspracherecht bezüglich der Person ihrer Mitgesellschafter haben sollen.

---

247 *Eizaguirre Bermejo*, Derecho de sociedades, 2001, S. 177; *Paz-Ares Rodríguez* in: Uría González/Menéndez Menéndez (Hrsg.), Curso de Derecho Mercantil, Bd. 1, 2006, S. 649; *Sánchez Calero/Sánchez-Calero Guilarte*, Instituciones de Derecho Mercantil, Bd. 1, 2011, S. 365.

248 *Eizaguirre Bermejo*, Derecho de sociedades, 2001, S. 175.

249 *Paz-Ares Rodríguez* in: Uría González/Menéndez Menéndez (Hrsg.), Curso de Derecho Mercantil, Bd. 1, 2006, S. 520 f., 640.

250 *Paz-Ares Rodríguez*, La responsabilidad del socio colectivo, 1993, S. 46.

251 *Eizaguirre Bermejo*, Derecho de sociedades, 2001, S. 182 f.

252 *De Carlos Bertrán* RDM 201 (1991) 489, 492; *Paz-Ares Rodríguez*, La responsabilidad del socio colectivo, 1993, S. 89 f.

253 *De Carlos Bertrán* RDM 201 (1991) 489, 492 f.; *Paz-Ares Rodríguez*, La responsabilidad del socio colectivo, 1993, S. 91–93, 111–121; *Parras Martín* in: FS Broseta Pont, Bd. 3, 1995, S. 2809, 2834; *Eizaguirre Bermejo*, Derecho de sociedades, 2001, S. 182 f.

254 *Paz-Ares Rodríguez*, La responsabilidad del socio colectivo, 1993, S. 123–127.

255 *Paz-Ares Rodríguez*, La responsabilidad del socio colectivo, 1993, S. 133–138.

256 *Sánchez Calero/Sánchez-Calero Guilarte*, Instituciones de Derecho Mercantil, Bd. 1, 2011, S. 359, die sich auf die Resolución de la Dirección General de los Registros y del Notariado de 13 de octubre de 1998 (BOE 13 octubre 1998, núm. 267, S. 36448) beziehen; zuvor schon *Massaguer Fuentes* RGD 1991, 7641, 7652.

257 *Broseta Pont/Martínez Sanz*, Manual de Derecho Mercantil, Bd. 1, 2010, S. 309.

258 *Paz-Ares Rodríguez* in: Uría González/Menéndez Menéndez (Hrsg.), Curso de Derecho Mercantil, Bd. 1, 2006, S. 688 f.

Der Zustimmungsbeschluss ist notariell zu beurkunden (Art. 212 II RRM); andernfalls kann der Gesellschafterwechsel nicht ins **Handelsregister eingetragen** werden (Art. 119 II CCom).[259] Ist der Name des **Altgesellschafters** Teil der Firma, muss der Gesellschaftsvertrag entsprechend geändert und die Änderung ins Handelsregister eingetragen werden. Bis zur Veröffentlichung der Änderung im *Boletín Oficial del Registro Mercantil* haftet der Altgesellschafter weiterhin gegenüber Dritten, und zwar nicht nur für Altverbindlichkeiten, sondern auch für Verbindlichkeiten, die erst nach seinem Ausscheiden entstanden sind.[260] Tritt der Haftungsfall ein, kann er die Gesellschaft, wenn sie neues Vermögen hat, in Regress nehmen (Art. 142 CCom). 98

Der **Neugesellschafter** haftet nicht nur für Gesellschaftsverbindlichkeiten, die nach seinem Eintritt entstehen, sondern auch für bereits vorher begründete Verbindlichkeiten. Hierfür spricht vor allem, dass er aufgrund der Selbstorganschaft vertretungsbefugt ist. Seine persönliche Haftung stellt damit das Gegenstück zu seiner Fähigkeit dar, Rechtsgeschäfte im Namen der Gesellschaft vornehmen und auf diese Weise das Haftungssubstrat ihrer Gläubiger schmälern zu können.[261] 99

Verletzt ein Gesellschafter seine Pflichten, so dass den anderen Gesellschaftern eine Fortführung der Gesellschaft nicht zumutbar ist (Art. 218 CCom), können sie ihn ausschließen (Art. 219 CCom),[262] sog **Teilauflösung** (*disolución parcial*).[263] Voraussetzung ist, dass es sich um eine grobe Pflichtverletzung handelt, die den gemeinsamen Zweck gefährdet, und dass die Teilauflösung das mildeste der gleich geeigneten Mittel ist.[264] 100

Art. 218 CCom listet Regelbeispiele für eine **grobe Pflichtverletzung** auf. Dazu zählen Fälle der Nichtleistung (Nichtleistung der Einlage bzw. Nichtleistung persönlicher Dienste) und der Verletzung der Treupflicht (Missbrauch der Firma oder des Gesellschaftsvermögens für Privatgeschäfte, unbefugte Einmischung in Geschäftsführungsangelegenheiten, betrügerisches Handeln in Buchhaltungs- oder Geschäftsführungsangelegenheiten oder Verstöße gegen das Wettbewerbsverbot). Nach dem Schrifttum kann eine grobe Pflichtverletzung auch in einer Verletzung der Sorgfaltspflicht (Art. 132 CCom) bestehen.[265] Umstritten ist aber, ob ein Gesellschafter darüber hinaus aus beliebigem wichtigem Grund ausgeschlossen werden kann,[266] etwa im Falle einer strafrechtlichen Verurteilung, die der Reputation der Gesellschaft schaden kann.[267] 101

Verbleiben infolge des Ausschlusses **weniger als zwei Gesellschafter** in der *Sociedad Colectiva*, kann sie nicht fortexistieren und wird aufgelöst.[268] Es empfiehlt sich daher, eine Kompromissregelung o. ä. in den Gesellschaftsvertrag aufzunehmen, um einem Ausschluss für diesen Fall vorzubeugen und eine Zwangsauflösung zu vermeiden. Alternativ könnte eine Regelung, die eine Fortführung als einzelkaufmännisches Unternehmen ohne Auflösung vorsieht, erwogen werden. 102

Wurde die *Sociedad Colectiva* auf unbestimmte Zeit eingegangen, hat jeder Gesellschafter ein **Austrittsrecht** (Art. 225 CCom).[269] Wurde sie auf bestimmte Zeit eingegangen, spricht die hM dem Gesellschafter ebenfalls ein Austrittsrecht zu, das er aber nicht nach Belieben, sondern nur aus wichtigem Grund ausüben kann.[270] Denn ein wichtiger Grund berechtigt sogar zur Auflösung; *a maiore ad minus* muss dann als vergleichsweise milderes Mittel auch ein Austrittsrecht bestehen.[271] Andernfalls würde das Prinzip der Unternehmenskontinui- 103

259 *Paz-Ares Rodríguez* in: Uría González/Menéndez Menéndez (Hrsg.), Curso de Derecho Mercantil, Bd. 1, 2006, S. 667 f.

260 *Motos Guirao* RDN 11 (1956) 79, 99; *Girón Tena* in: FS Garrigues Díaz-Cañabate, Bd. 1, 1971, S. 139, 148; *De Carlos Bertrán* RDM 201 (1991) 489, 495 f; *Paz-Ares Rodríguez*, La responsabilidad del socio colectivo, 1993, S. 67–78.

261 *Girón Tena* in: FS Garrigues Díaz-Cañabate, Bd. 1, 1971, S. 139, 143 f.; *De Carlos Bertrán* RDM 201 (1991) 489, 495; im Ergebnis ebenso *Paz-Ares Rodríguez*, La responsabilidad del socio colectivo, 1993, S. 57–67.

262 Dazu monographisch *García Villaverde*, La exclusión de socios (causas legales), 1977.

263 Diskutiert wird, ob es sich tatsächlich um eine Teilauflösung handelt: *Pérez Rodríguez* CDC 44 (2005) 11, 25–34.

264 *Paz-Ares Rodríguez* in: Uría González/Menéndez Menéndez (Hrsg.), Curso de Derecho Mercantil, Bd. 1, 2006, S. 694.

265 *García Villaverde*, La exclusión de socios (causas legales), 1977, S. 229–234; ferner *Paz-Ares Rodríguez* in: Uría González/Menéndez Menéndez (Hrsg.), Curso de Derecho Mercantil, Bd. 1, 2006, S. 693; *Broseta Pont/Martínez Sanz*, Manual de Derecho Mercantil, Bd. 1, 2010, S. 310.

266 Dafür *Alfaro Águila-Real* RDM 222 (1996) 1079; *ders.* in: Paz-Ares Rodríguez (Hrsg.), Tratando de la sociedad limitada, 1997, S. 895–897.

267 *Paz-Ares Rodríguez* in: Uría González/Menéndez Menéndez (Hrsg.), Curso de Derecho Mercantil, Bd. 1, 2006, S. 694 f.

268 *Broseta Pont/Martínez Sanz*, Manual de Derecho Mercantil, Bd. 1, 2010, S. 310; allgemein *Motos Guirao* RDN 11 (1956) 79, 101–104; *Jordano Barea* RDM 91 (1964) 7, 15 f.

269 *Girón Tena*, Derecho de Sociedades, 1976, S. 670.

270 *Motos Guirao* RDN 11 (1956) 79, 88 f.; *Paz-Ares Rodríguez* in: Uría González/Menéndez Menéndez (Hrsg.), Curso de Derecho Mercantil, Bd. 1, 2006, S. 698 f.

271 *Motos Guirao* RDN 11 (1956) 79, 89.

tät (*principio de conservación de la empresa*) verletzt.[272] Die aA, nach der ein Austrittsrecht zwingend im Gesellschaftsvertrag vereinbart sein muss,[273] überzeugt daher nicht.

104 Scheidet ein Gesellschafter aus, hat er bzw. haben seine Erben grundsätzlich einen Anspruch auf **Abfindung.** Bei Ausschluss oder Austritt kann die Abfindung aber nicht ausgezahlt werden, bevor alle im Zeitpunkt des Ausscheidens laufenden Geschäfte abgeschlossen sind (Artt. 219, 225 CCom). Problematisch ist die Art und Weise der Abfindung, insbesondere wenn der Ausscheidende ursprünglich eine Sacheinlage oder Dienstleistung erbracht hat. Das Gesellschaftsinteresse und Praktikabilitätsgründe sprechen dafür, auch in diesem Fall eine Abfindung in Geld zu leisten.[274] Bei Teilauflösung bemisst sie sich nicht nach dem Liquidations-, sondern nach dem Fortführungswert (*going-concern value*);[275] zukünftige Gewinne sind zu berücksichtigen, da der Altgesellschafter sie miterwirtschaftet und *goodwill* geschaffen hat. Im Übrigen kann der Gesellschaftsvertrag die Höhe der Abfindung in den Grenzen des Art. 1691 CC regeln. Insofern empfiehlt es sich, im Gesellschaftsvertrag ausführliche und möglichst genaue Regelungen zu treffen, um potenziellen Konflikten vorzubeugen.

7. Auflösung und Liquidation

105 Die **Auflösung** der Gesellschaft erfordert grundsätzlich einen Auflösungsgrund und bedarf außer im Falle des Zeitablaufs der **Eintragung ins Handelsregister** (Art. 226 CCom).[276] Sie überführt die *Sociedad Colectiva* ins Liquidationsstadium, um das Vermögen unter den Gesellschaftern zu verteilen.[277]

106 Viele **Auflösungsgründe** für die auf bestimmte Zeit eingegangene *Sociedad Colectiva* sind gesetzlich geregelt. Art. 221 CCom nennt solche, die aus einer bestimmten Lage der Gesellschaft resultieren. Dazu zählen Zeitablauf, Zweckerreichung und – über den Wortlaut hinaus – Zweckfortfall.[278] Hinzukommen Vermögenslosigkeit (*pérdida entera del capital*)[279] sowie die Abwicklung und Erlösverteilung im Insolvenzverfahren (*liquidación concursal*).[280] Daneben nennt Art. 222 CCom Auflösungsgründe, die in der Person eines Gesellschafters begründet sind. Dazu zählen der Eintritt der Geschäftsunfähigkeit eines geschäftsführenden Gesellschafters,[281] die Eröffnung des Insolvenzverfahrens und das Ableben. Abweichend davon kann der Gesellschaftsvertrag für den Fall des Todes ausdrücklich die Fortsetzung der Gesellschaft anordnen.[282] Zu diesem Zweck können die Gesellschafter vereinbaren, dass die Gesellschaft mit dem Erben weiterbestehen soll (Nachfolgeklausel).[283] Dieser muss zustimmen, da er im Fall der Fortsetzung auf seine Abfindung verzichtet, die ihm andernfalls bei Löschung der Erblasseranteile zustehen würde.[284] In der Härte der gesetzlichen Auflösungsrechtsfolge kommt der personalistische Charakter der *Sociedad Colectiva* zum Ausdruck. Ein gesetzlich angeordneter Gesellschafterwechsel von Todes wegen würde gegen diesen Charakter verstoßen. Alternativ kann der Gesellschaftsvertrag auch vorsehen, dass die Gesellschaft ohne die Erben fortgesetzt wird (Fortsetzungsklausel). Eine etwaige Haftung der Erben, die aus der unbeschränkten Gesellschafterhaftung des Erblassers resultiert, bestimmt sich dann nach den erbrechtlichen Vorschriften.[285]

---

272 Dazu allgemein *Rubio García-Mina* RDP 1935, 289.
273 *Suárez-Llanos Gómez* in: FS Uría González, 1978, S. 791, 803.
274 *Broseta Pont/Martínez Sanz*, Manual de Derecho Mercantil, Bd. 1, 2010, S. 310; aA *de lege lata* (*de lege ferenda* aber zustimmend) *Motos Guirao* RDN 11 (1956) 79, 90 f.
275 *Alfaro Águila-Real/Campins Vargas* RDM 240 (2001) 441, 458–460; *Eizaguirre Bermejo*, Derecho de sociedades, 2001, S. 160; *Paz-Ares Rodríguez* in: Uría González/Menéndez Menéndez (Hrsg.), Curso de Derecho Mercantil, Bd. 1, 2006, S. 701.
276 Zum Auflösungsgrund *Beltrán Sánchez* RGD 1992, 10111; *Bataller Grau* RDM 231 (1999) 91; zur Eintragung *Broseta Pont/Martínez Sanz*, Manual de Derecho Mercantil, Bd. 1, 2010, S. 314.
277 Dazu *Blanquer Uberos* AAMN 30 (1991) 413.
278 Zum Zweckfortfall *Paz-Ares Rodríguez* in: Uría González/Menéndez Menéndez (Hrsg.), Curso de Derecho Mercantil, Bd. 1, 2006, S. 720.
279 Kritisch jedoch *Paz-Ares Rodríguez* in: Uría González/Menéndez Menéndez (Hrsg.), Curso de Derecho Mercantil, Bd. 1, 2006, S. 720.
280 Dazu *Rodríguez Díaz* RDM 257 (2005) 973; zur alten Rechtslage (vor der Ley 22/2003, de 9 de julio, Concursal (BOE 10 julio 2003, núm. 164, S. 26905)); *Uría González* RDM 4 (1946) 7, 34–37; *Sánchez Calero* RDM 59 (1956) 7.
281 Dazu *Bataller Grau* RDM 231 (1999) 91, 100.
282 Dazu *Sánchez Calero/Sánchez-Calero Guilarte*, Instituciones de Derecho Mercantil, Bd. 1, 2011, S. 359 und die dort zitierte Rechtsprechung; ausführlicher zu den verschiedenen Gestaltungsmöglichkeiten *Paz-Ares Rodríguez* in: Uría González/Menéndez Menéndez (Hrsg.), Curso de Derecho Mercantil, Bd. 1, 2006, S. 706–712; ferner *Bataller Grau* RDM 231 (1999) 91, 96 f.
283 Dazu *Girón Tena* in: FS Uría González, 1978, S. 183, 187 f.
284 *Madrid Parra* in: Jiménez Sánchez (Hrsg.), Derecho Mercantil, Bd. 2, 2011, S. 372.
285 *Girón Tena* in: FS Uría González, 1978, S. 183, 193.

Jeder Gesellschafter kann die **Auflösung** einer auf unbestimmte Zeit eingegangenen *Sociedad Colectiva* **ohne Grund** anstoßen (Art. 224 CCom), sofern er dabei nicht treuwidrig handelt.[286] In diesem Zusammenhang ist es etwa treuwidrig, die Auflösung nur deshalb zu beantragen, um die Geschäftschancen der Gesellschaft selbst wahrnehmen zu können. Auf Antrag können die Gesellschafter einstimmig die Auflösung beschließen. Daneben führt das **Zusammenfallen aller Anteile in der Hand eines Gesellschafters** zur Auflösung.[287] 107

Häufig finden sich **gesellschaftsvertragliche Vereinbarungen**, die dem Gesellschafter anstelle des Auflösungsrechts ein Austrittsrecht zusprechen. Der isolierte Ausschluss des Auflösungsrechts ohne gleichzeitigen Ersatz durch ein Austrittsrecht ist unzulässig; lebenslängliche oder exzessiv lange Bindungen können nicht eingegangen werden.[288] Darüber hinaus kann der Gesellschaftsvertrag vorsehen, dass die Gründe, die in der Person eines Gesellschafters liegen (zB Eröffnung des Insolvenzverfahrens oder Geschäftsunfähigkeit), nicht zur Auflösung führen, sondern ein Ausschlussrecht begründen.[289] 108

Die Auflösung überführt die Gesellschaft ins Stadium der **Liquidation.**[290] Der gemeinsame Zweck ist nun nicht mehr auf Gewinnerzielung, sondern auf Beendigung gerichtet. Die Liquidatoren werden durch Gesellschafterbeschluss bestimmt (Art. 229 CCom) und unterliegen den Pflichten der Artt. 230 f. CCom. Sie „versilbern" die Aktiva der Gesellschaft, um mit dem Erlös ihre noch bestehenden Verbindlichkeiten tilgen zu können (Art. 228 CCom). Bis zur vollständigen Tilgung aller Verbindlichkeiten steht den Gesellschaftern kein Anteil am Abwicklungsüberschuss zu (Art. 235 CCom). Reicht das vorhandene Gesellschaftsvermögen nicht aus, um sämtliche Gläubiger zu befriedigen, lässt sich aus Art. 127 CCom eine Nachschusspflicht der Gesellschafter herleiten. 109

Aus einem Gegenschluss zu Art. 223 CCom folgt, dass die Gesellschafter die Auflösung **rückgängig** machen können.[291] Dazu müssen sie einen einstimmigen Beschluss fassen. 110

III. Sociedad Comanditaria Simple (S. Com.)

1. Grundlagen

Die *Sociedad Comanditaria Simple* ist eine handelsrechtliche Personengesellschaft, die unter einer gemeinsamen Firma ein Handelsunternehmen betreibt. Charakteristisches **Merkmal** sind ihre zwei Arten von Gesellschaftern: Erforderlich ist mindestens ein unbeschränkt haftender Komplementär (*socio colectivo*)[292] sowie mindestens ein beschränkt haftender Kommanditist (*socio comanditario*) (Art. 148 I, III iVm Art. 127 CCom).[293] Scheiden alle Kommanditisten aus der Gesellschaft aus, kann sie nicht als *Sociedad Comanditaria Simple* fortbestehen.[294] Sie muss in diesem Fall in eine *Sociedad Colectiva* umgewandelt werden (Art. 4 I LME), wofür grundsätzlich ein einstimmiger Gesellschafterbeschluss erforderlich ist. Kommt eine Umwandlung nicht zustande, wird die Gesellschaft zwangsweise aufgelöst. 111

Die *Sociedad Comanditaria Simple* ist als Unterart der *Sociedad Colectiva* zu verstehen.[295] Da die Normen zur *Sociedad Colectiva* subsidiär auf die *Sociedad Comanditaria Simple* anwendbar sind, hat sie nur eine rudimentäre gesetzliche **Regelungen** erfahren (Artt. 145–150 CCom, 209–214 RRM), die unmittelbar für sie gelten. Diese betreffen hauptsächlich den rechtlichen Status der Kommanditisten, ihre Rolle bei der Gründung (Artt. 145–147 CCom) und Geschäftsführung (Art. 148 IV CCom), ihre Haftung (Artt. 147–149 CCom) sowie ihre sonstigen Rechte (Art. 150 CCom). Der Komplementär ist einem Gesellschafter der *Sociedad Colectiva* rechtlich gleichgestellt (Art. 148 II CCom). 112

---

286 *Paz-Ares Rodríguez* in: Uría González/Menéndez Menéndez (Hrsg.), Curso de Derecho Mercantil, Bd. 1, 2006, S. 727 f.; in der Rechtsprechung Sentencia del Tribunal Supremo de 6 de marzo de 1992, núm. 229 u. de 13 de marzo de 1992, núm. 253.

287 *Jordano Barea* RDM 91 (1964) 7; *Paz-Ares Rodríguez* in: Uría González/Menéndez Menéndez (Hrsg.), Curso de Derecho Mercantil, Bd. 1, 2006, S. 706. Im deutschen Recht führt das Zusammenfallen aller Anteile in der Hand eines Personengesellschafters unmittelbar zum Erlöschen der Gesellschaft. Da das gesamte Gesellschaftsvermögen im Wege der Gesamtrechtsnachfolge auf den verbliebenen Gesellschafter übergeht, bedarf es keines Liquidationsverfahrens. S. dazu aus Sicht des deutschen Gesellschaftsrechts *K. Schmidt*, Gesellschaftsrecht, 2002, S. 309.

288 *Paz-Ares Rodríguez* in: Uría González/Menéndez Menéndez (Hrsg.), Curso de Derecho Mercantil, Bd. 1, 2006, S. 700, 726 f.

289 *Paz-Ares Rodríguez* in: Uría González/Menéndez Menéndez (Hrsg.), Curso de Derecho Mercantil, Bd. 1, 2006, S. 718.

290 Allgemein zur Liquidation *García-Cruces González* RGD 1998, 549.

291 Dazu *Palá Berdejo* RDM 41 (1952) 149, 189 f.; *Pérez de la Cruz Blanco* RDM 108 (1968) 247; *Blanquer Uberos* AAMN 30 (1991) 413, 438 f.

292 Die Existenz eines beschränkt haftenden Personengesellschafters wird zuweilen als „kapitalistisches Implantat" („*injerto capitalista*") bezeichnet, s. etwa *Fernández de la Gándara*, Derecho de Sociedades, Bd. 1, 2010, S. 113; ähnlich bereits *Garrigues Díaz-Cañabate*, Tratado de Derecho Mercantil, Bd. 1-1, 1947, S. 580 f.

293 Allgemein dazu *Piñol Aguadé* RGD 1990, 438; zur alten Rechtslage *Rivera* RGLJ 1861, 209.

294 *Paz-Ares Rodríguez* in: Uría González/Menéndez Menéndez (Hrsg.), Curso de Derecho Mercantil, Bd. 1, 2006, S. 746.

295 Etwa *Eizaguirre Bermejo*, Derecho de Sociedades, 2001, S. 197.

113 Die tatsächliche Bedeutung der *Sociedad Comanditaria Simple* ist gering; teilweise wird sie als „historische Reminiszenz" bezeichnet.[296] Dennoch existieren **unternehmerische Aktivitäten**, für die sie als Gesellschaftsform geeignet sein kann, zB Familiengesellschaften, in denen ein Teil der Familienmitglieder zwar am Kapital, nicht aber an der Geschäftsführung beteiligt sein soll, oder Gesellschaften, in denen Fremdkapitalgeber (Gläubiger) zu Eigenkapitalgebern (Gesellschafter) werden.[297] Anders als etwa in Deutschland tritt die *Sociedad Comanditaria Simple* aber praktisch nie als Fondsvehikel (Publikumsgesellschaft) auf.

2. Gründung

114 Die Gründung erfordert eine **notarielle Urkunde**, die ins Handelsregister eingetragen werden muss. Ihr Mindestinhalt (Art. 210 RRM) ist umfangreicher als bei der *Sociedad Colectiva* (Art. 145 iVm Art. 125 CCom).

115 Da die **Kommanditisten** nur beschränkt haften, sind sie namentlich im Gesellschaftsvertrag aufzuführen. Darüber hinaus muss die Höhe ihrer Einlagen angegeben werden, und zwar unabhängig davon, ob es sich um Bar- oder Sacheinlagen handelt. Deren Wert bestimmt mangels abweichender Regelung im Gesellschaftsvertrag ein Sachverständiger (Art. 172 CCom). Grundsätzlich ergibt sich aus der Wertbestimmung die Höhe der Haftungsbeschränkung; man bezeichnet sie daher auch als Haftsumme.[298] Der Gesellschaftsvertrag kann aber zwischen Einlage und Haftsumme differenzieren, so dass ein Kommanditist etwa für einen höheren Betrag haftet, als es seiner Einlage entspricht.[299] Der umgekehrte Fall einer niedrigeren Haftsumme wird – soweit ersichtlich – im Schrifttum nicht behandelt und ist in der Praxis nicht bekannt. Eine wirtschaftlich vergleichbare Wirkung ließe sich aber erreichen, indem der Kommanditist der Gesellschaft finanzielle Mittel als Gesellschafterdarlehen zuführt.

116 Der Gesellschaftsvertrag muss die **Beschlussfassung** regeln (Art. 210 Nr. 3 RRM), insbesondere die Rolle der Kommanditisten. Aus Art. 212 II RRM folgt insoweit eine große Gestaltungsfreiheit. Der Gesellschaftsvertrag kann insbesondere das Stimmengewicht der beiden Gesellschaftergruppen konkretisieren. Trifft er keine Regelung, berührt dies nicht seine Wirksamkeit; vielmehr gilt dann als Auffangregelung das Einstimmigkeitsprinzip.[300] Umstritten ist im Schrifttum, ob ein Kommanditist vollständig von der Beschlussfassung ausgeschlossen werden kann; die überwiegende Auffassung spricht sich dagegen aus, da die Kompetenz zur Entscheidung über Grundlagengeschäfte zum unentziehbaren Teil der Mitgliedschaft gehört.[301]

117 Die **Firma** der *Sociedad Comanditaria Simple* muss den Namen mindestens eines Komplementärs als persönlich haftenden Gesellschafter enthalten (Art. 146 CCom). Nennt sie nicht sämtliche Komplementäre namentlich, muss der Zusatz „y Compañía" darauf hinweisen. Am Ende steht der Rechtsformzusatz „S. Com." oder „S. en C." (Artt. 146 CCom, 403 II RRM).[302]

118 Ist ein Kommanditist mit seinem Einverständnis namentlich in der Firma genannt, **haftet** er **unbeschränkt**; gegenüber Dritten kann er sich nicht mehr darauf berufen, bloß Kommanditist zu sein (Art. 147 I, II CCom). Im Haftungsfall steht ihm aber im Innenverhältnis ein Regressanspruch gegen die Komplementäre zu.[303] Dieselben Geschäftsführungsbefugnisse wie die Komplementäre hat er gleichwohl nicht (Art. 147 II CCom).

3. Organisationsverfassung

119 Im Umkehrschluss zu Art. 148 IV CCom sind in der *Sociedad Comanditaria Simple* nur die Komplementäre zur **Geschäftsführung** befugt. Für sie gelten dieselben Regelungen wie bei der *Sociedad Colectiva* (Rn. 77–81). Danach sind die Kommanditisten von der Geschäftsführung ausgeschlossen und können auch nicht rechtsgeschäftlich dazu ermächtigt werden (Art. 148 IV CCom). Eine Auffassung im Schrifttum spricht sich dagegen aus, den Kommanditisten die Geschäftsführungsbefugnis im Innenverhältnis vollständig zu versagen; der Ausschluss soll nach dieser Ansicht nur die Vertretungsbefugnis im Außenverhältnis betreffen.[304] Für diese Auffassung spricht,

296 *Paz-Ares Rodríguez* in: Uría González/Menéndez Menéndez (Hrsg.), Curso de Derecho Mercantil, Bd. 1, 2006, S. 744; *Broseta Pont/Martínez Sanz*, Manual de Derecho Mercantil, Bd. 1, 2010, S. 306; *Sánchez Calero/Sánchez-Calero Guilarte*, Instituciones de Derecho Mercantil, Bd. 1, 2011, S. 370.

297 *Fernández de la Gándara*, Derecho de Sociedades, Bd. 1, 2010, S. 113 f.

298 *Paz-Ares Rodríguez* in: Uría González/Menéndez Menéndez (Hrsg.), Curso de Derecho Mercantil, Bd. 1, 2006, S. 747, 760.

299 *Broseta Pont/Martínez Sanz*, Manual de Derecho Mercantil, Bd. 1, 2010, S. 307; *Fernández de la Gándara*, Derecho de Sociedades, Bd. 1, 2010, S. 115.

300 *Broseta Pont/Martínez Sanz*, Manual de Derecho Mercantil, Bd. 1, 2010, S. 308.

301 *Paz-Ares Rodríguez* in: Uría González/Menéndez Menéndez (Hrsg.), Curso de Derecho Mercantil, Bd. 1, 2006, S. 751; *Broseta Pont/Martínez Sanz*, Manual de Derecho Mercantil, Bd. 1, 2010, S. 308; durchgängig aA *Uría González*, Derecho Mercantil, 1997, S. 213; teilweise aA *Gómez Pérez* RDN 40 (1963) 45, 88 f.

302 S. dazu die Resolución de la Dirección General de los Registros y del Notariado de 8 de octubre de 1998 (BOE 3 noviembre 1998, núm. 263, S. 35922).

303 Dazu *Font Ribas* in: FS Duque Domínguez, Bd. 1, 1998, S. 315–364.

304 *Suárez-Llanos Gómez* RDM 87 (1962) 47, 48–57.

dass nur nach außen wirkende Maßnahmen gegenüber Dritten den Schein erwecken können, der handelnde Geschäftsführer sei ein unbeschränkt haftender Komplementär.[305] Jedenfalls gilt Art. 148 IV CCom als Auffangregelung auch für das Innenverhältnis und ist daher immer dann anwendbar, wenn der Gesellschaftsvertrag nichts Abweichendes regelt.[306]

Ein Verstoß gegen das Geschäftsführungsverbot zeitigt verschiedene **Rechtsfolgen**. Zum einen kann der Kommanditist aus der Gesellschaft ausgeschlossen werden mit der Folge einer Teilauflösung (Art. 218 Nr. 2 CCom). Zum anderen haftet er nach überwiegender Auffassung im Außenverhältnis unbeschränkt (Art. 147 II CCom).[307] Das überzeugt, es sei denn, der Kommanditist hat vorsätzlich gehandelt; in diesem Fall steht der Gesellschaft außerdem im Innenverhältnis ein Anspruch auf Schadensersatz zu (Art. 149 iVm Art. 144 CCom).[308] 120

Anders als die Komplementäre haben die Kommanditisten nur ein eingeschränktes **Informationsrecht**. Trifft der Gesellschaftsvertrag keine abweichenden Regelungen,[309] erstreckt es sich lediglich darauf, am Geschäftsjahresende den Jahresabschluss[310] sowie innerhalb von fünfzehn Tagen nach seiner Aufstellung die notwendigen Dokumente zur Prüfung und Beurteilung (*comprobarlo y juzgar de las operaciones*) zu bekommen (Art. 150 CCom). Diese gesetzliche Regelung wird kritisiert und teilweise mit Bezug auf Art. 173 CCom erweitert.[311] 121

Für die **Vertretung** ist Art. 148 IV CCom zwingend (Rn. 119). Gegenüber Dritten soll nicht der Eindruck erweckt werden, die Gesellschaft handele durch lediglich beschränkt haftende Kommanditisten. 122

4. Kapitalverfassung

Die **Gewinn- und Verlustverteilung** in der *Sociedad Comanditaria Simple* bestimmt sich grundsätzlich nach denselben Vorschriften wie bei der *Sociedad Colectiva* (Artt. 140 f. CCom) (Rn. 89–92). Die Kommanditisten haben Verluste nur bis zur Höhe ihrer Haftsumme zu tragen; alle darüberhinausgehenden Verluste entfallen auf die Komplementäre. Nach einer Auffassung im Schrifttum darf die *Sociedad Comanditaria Simple* nur tatsächlich angefallene Gewinne ausschütten, da nur ein Teil der Gesellschafter unbeschränkt hafte und andernfalls der Gläubigerschutz unzulässig beeinträchtigt würde.[312] Das überzeugt im Ergebnis. Die Gläubiger sind durch die Existenz mindestens eines unbeschränkt haftenden Gesellschafters ausreichend geschützt. Entscheidend ist daher nach hM, dass das Gesellschaftsvermögen der Verfolgung des gemeinsamen Zwecks gewidmet ist.[313] 123

5. Haftung für Verbindlichkeiten der Gesellschaft

Die **Kommanditisten** haften für Verbindlichkeiten der Gesellschaft nur bis zur Höhe ihrer Haftsumme (Rn. 115, 118). Für die unbeschränkte Haftung der **Komplementäre** gelten die Artt. 127, 147 II CCom entsprechend (Rn. 95 f., 118). 124

6. Mitgliederwechsel und Auflösung

Für den **Mitgliederwechsel** und die **Auflösung** gelten dieselben Vorschriften wie bei der *Sociedad Colectiva* (Rn. 97–104 und Rn. 105–110).[314] Allerdings stellt nicht nur das Zusammenfallen aller Anteile in der Hand eines Gesellschafters einen Auflösungsgrund dar, sondern auch der Umstand, dass entweder alle Komplementäre oder alle Kommanditisten ausgeschieden sind und mithin nur noch ein Gesellschaftertyp verbleibt. Um eine 125

305 *Paz-Ares Rodríguez* in: Uría González/Menéndez Menéndez (Hrsg.), Curso de Derecho Mercantil, Bd. 1, 2006, S. 753 f.; *Broseta Pont/Martínez Sanz*, Manual de Derecho Mercantil, Bd. 1, 2010, S. 307; *Fernández de la Gándara*, Derecho de Sociedades, Bd. 1, 2010, S. 116; *Sánchez Calero/Sánchez-Calero Guilarte*, Instituciones de Derecho Mercantil, Bd. 1, 2011, S. 375; ausführlicher *Gómez Pérez* RDN 40 (1963) 45, 71–74.

306 *Girón Tena*, Derecho de Sociedades, 1976, S. 565; *Paz-Ares Rodríguez* in: Uría González/Menéndez Menéndez (Hrsg.), Curso de Derecho Mercantil, Bd. 1, 2006, S. 752.

307 *Paz-Ares Rodríguez* in: Uría González/Menéndez Menéndez (Hrsg.), Curso de Derecho Mercantil, Bd. 1, 2006, S. 754; *Broseta Pont/Martínez Sanz*, Manual de Derecho Mercantil, Bd. 1, 2010, S. 307 f.; *Vicent Chuliá*, Introducción al Derecho Mercantil, Bd. 1, 2010, S. 413; ferner *Gómez Pérez* RDN 40 (1963) 45, 85; im deutschsprachigen Schrifttum *K.-B. Fischer/A.-K. Fischer*, Spanisches Handels- und Wirtschaftsrecht, 1995, S. 98.

308 *Fernández de la Gándara*, Derecho de Sociedades, Bd. 1, 2010, S. 116.

309 Dazu *Paz-Ares Rodríguez* in: Uría González/Menéndez Menéndez (Hrsg.), Curso de Derecho Mercantil, Bd. 1, 2006, S. 755.

310 Ausdrücklich nennt das Gesetz nur die Bilanz (*balance*). Aus dem Gesamtzusammenhang ergibt sich aber, dass sich das Informationsrecht auf den gesamten Jahresabschluss erstreckt, einschließlich der GuV.

311 *Girón Tena*, Derecho de Sociedades, 1976, S. 572 f.; *Paz-Ares Rodríguez* in: Uría González/Menéndez Menéndez (Hrsg.), Curso de Derecho Mercantil, Bd. 1, 2006, S. 755.

312 *Broseta Pont/Martínez Sanz*, Manual de Derecho Mercantil, Bd. 1, 2010, S. 308.

313 *Girón Tena*, Derecho de Sociedades, 1976, S. 577 f.; *Paz-Ares Rodríguez* in: Uría González/Menéndez Menéndez (Hrsg.), Curso de Derecho Mercantil, Bd. 1, 2006, S. 652.

314 Ausführlich *García Villaverde*, La exclusión de socios (causas legales), 1977, S. 264–268, 271–273, 277–280.

Auflösung zu vermeiden, kann der Gesellschaftsvertrag für einen solchen Fall einen Formwechsel in eine *Sociedad Colectiva* oder den Eintritt eines neuen Gesellschafters vorsehen.[315]

7. Mischformen

126 Verglichen mit der deutschen Rechtsordnung und insbesondere ihrer GmbH & Co. KG[316] sind Fälle der **Grundtypenvermischung** in Spanien seltener. Ein Grund dafür dürfte die Rechtspersönlichkeit der handelsrechtlichen Personengesellschaften sein; sie werden nicht transparent besteuert, sondern sind selbst körperschaftsteuerpflichtig (Art. 7 I lit. a) LIS). Nichtsdestoweniger gibt es solche hybriden Gesellschaftsformen auch in Spanien,[317] die in der Vergangenheit etwa als Hotelbetreiber aufgetreten sind.[318] Andernfalls ließe sich auch die Regelung in Art. 41 II CCom nicht erklären, nach der *Sociedades Colectivas* und *Sociedades Comanditarias Simples*, deren Gesellschafter juristische Personen sind, zur aktienrechtlichen Buchführung verpflichtet sind. In Spanien treten in der Regel nicht *Sociedades de Responsabilidad Limitada*, sondern *Sociedades Anónimas* als Komplementäre von *Sociedades Comanditarias Simples* auf (**S. A., S. en C.**),[319] da die meisten hybriden Gesellschaften aus der Zeit vor 1989 stammen, in der es für die *Sociedad Anónima* noch kein gesetzliches Mindestkapital gab. Darüber hinaus gibt es Beispiele, in denen auch deutsche GmbHs als Komplementäre auftreten.[320]

IV. Cuentas en participación

1. Grundlagen

127 Bei der ***Cuentas en participación***[321] beteiligt sich eine Person an der wirtschaftlichen Tätigkeit eines Kaufmanns, um an seinen Gewinnen und Verlusten zu partizipieren (Art. 239 CCom)[322] – vergleichbar mit der stillen Gesellschaft in Deutschland. Charakteristisch ist, dass der stille Gesellschafter (*cuentapartícipe*) im Hintergrund bleibt, so dass zwischen ihm und Dritten, mit denen der Hauptgesellschafter (*gestor*) Rechtsgeschäfte abschließt, keine Rechtsbeziehungen entstehen; regelmäßig erfährt der Rechtsverkehr von seiner Beteiligung nichts.

128 Kennzeichnend für die *Cuentas en participación* ist ihr **atypischer Charakter**,[323] der an drei Merkmalen deutlich wird. Erstens verpflichtet Art. 239 CCom die Gesellschafter, vertragliche Regelungen zur Gewinn- und Verlustverteilung zu treffen. Zweitens stellt Art. 240 CCom ausdrücklich klar, dass die Gründung der *Cuentas en participación* keinerlei Formalitäten bedarf, dh weder einer Gründungsurkunde noch einer Eintragung ins Handelsregister. Drittens ist ihre gesetzliche Regelung so lückenhaft, dass die Gesellschafter bestimmte Bereiche unbedingt vertraglich regeln müssen.[324]

129 Verglichen mit den anderen Personengesellschaften hat die *Cuentas en participación* in der **Praxis** eine erhebliche Bedeutung. Dies wird insbesondere an der Vielzahl von Rechtsprechung deutlich, da das Handelsregister über reine Innengesellschaften (Rn. 131) keine Auskunft gibt. Quantitative Aussagen lassen sich folglich nicht treffen. Grund für die Beliebtheit sind die große gesellschaftsvertragliche Flexibilität, die beschränkte Haftung des *cuentapartícipe* und die Möglichkeit, seine Beteiligung geheim zu halten. Wichtigstes **Einsatzfeld** ist heute

315 *Paz-Ares Rodríguez* in: Uría González/Menéndez Menéndez (Hrsg.), Curso de Derecho Mercantil, Bd. 1, 2006, S. 757.

316 Zur deutschen GmbH & Co. KG etwa *Knobbe-Keuk*, Das Steuerrecht – eine unerwünschte Rechtsquelle des Gesellschaftsrechts?, 1986; Gesamtbetrachtungen bei *K. Schmidt*, Gesellschaftsrecht, 2002, S. 1621–1661; *Hesselmann/Tillmann/Mueller-Thuns*, Handbuch GmbH & Co. KG, 2016; *Fleischer/Wansleben* GmbHR 2017, 633, 637.

317 S. bereits *Rojo Fernández-Río* RDM 156 (1980) 245, 245–249; zu möglichen Steuergestaltungen mittels *Sociedad Limitada y Compañía* und *Sociedad Comanditaria* s. *Schmidt/Abegg* GmbHR 2005, 1602.

318 *Rojo Fernández-Río* RDM 156 (1980) 245, 247 f.; in der Rechtsprechung Sentencia del Tribunal Supremo de 4 de julio de 1980, núm. 260.

319 *Rojo Fernández-Río* RDM 156 (1980) 245; ferner *Gimeno Ribes* in: Oviedo Albán ua (Hrsg.), La tipología de las sociedades mercantiles: entre tradición y reforma, 2017, S. 333.

320 *Rojo Fernández-Río* RDM 156 (1980) 245, 247 f.; in der Rechtsprechung Sentencia del Tribunal Supremo de 4 de julio de 1980, núm. 260.

321 Obwohl im Spanischen *Cuentas en participación* stets im Plural steht, wird hier, wie bei der deutschen stillen Gesellschaft, zur besseren Lesbarkeit der Singular verwendet.

322 Allgemein zum Rechtsgeschäft *Langle Rubio* AAMN 2 (1950) 195; *Fernández-Nóvoa Rodríguez* RDM 84 (1960) 429; *Fernández de la Gándara* in: FS Duque Domínguez, 1998, S. 259–314; monographisch *Solá Cañizares*, El contrato de participación en el Derecho español y en el comparado, 1954; *Gual Dalmau*, Las cuentas en participación, 1993; *Martínez Balmaseda*, Las cuentas en participación y su vertiente interna, 2011.

323 Dazu *Martínez Balmaseda* RdS 44 (2015) 262, 268–276.

324 Indirekt *Fernández de la Gándara*, La atipicidad en Derecho de Sociedades, 1977, S. 449 f.; zur lückenfüllenden Anwendung der Vorschriften zur *Sociedad Comanditaria Simple*, Rn. 133.

im weitesten Sinne die Finanzierung,[325] und zwar sowohl als Vehikel für geheime Einlagen in der traditionellen Finanzwirtschaft[326] als auch bei modernen Transaktionen im sog *Shadow Banking*, zB beim *Crowdinvesting*.[327] Abzuwarten bleibt, wie sich die Vierte EU-Geldwäsche-Richtlinie[328] mit ihren strengeren Offenlegungs- und Transparenzpflichten auf die Beliebtheit in diesem Einsatzbereich auswirken wird. Darüber hinaus findet sich die *Cuentas en participación* häufig bei Familienunternehmen.[329]

a) Rechtsnatur

Anders als etwa bei der stillen Gesellschaft in Deutschland[330] ist es umstritten, ob die *Cuentas en participación* überhaupt eine Gesellschaft ist.[331] Diese Problematik hängt eng mit der Frage zusammen, was allgemein unter einer Gesellschaft zu verstehen ist (Rn. 8). Dabei geht es weniger darum, ob die *Cuentas en participación* Gewinnerzielungsabsicht haben muss;[332] denn diese ergibt sich bereits aus dem handelsrechtlichen Charakter, dh der Regelung im *Código de Comercio* sowie der zwingenden Kaufmannseigenschaft des *gestor* (Art. 239 CCom). Die Vertreter der rein **vertragsrechtlichen Konzeption**[333] lehnen die Gesellschaftseigenschaft der *Cuentas en participación* vielmehr deshalb ab, weil sie weder über ein Gesellschaftsvermögen verfügt (Artt. 241 f. CCom)[334] noch eigene Rechtspersönlichkeit hat;[335] denn der *cuentapartícipe* ist nicht an einem etwaigen Gesellschaftsvermögen beteiligt, sondern hat lediglich Ansprüche gegen den *gestor*. 130

Lässt man hingegen einen rechtsgeschäftlichen Ursprung und einen gemeinsamen Zweck ausreichen, ist die Gesellschaftseigenschaft der *Cuentas en participación* zu bejahen.[336] Denn die Beteiligung des *cuentapartícipe* ist ein Rechtsgeschäft,[337] und die Gewinnerzielungsabsicht stellt einen gemeinsamen Zweck dar.[338] Da der *cuentapartícipe* als solcher keine Rechtsbeziehungen zu Dritten eingeht (Art. 242 CCom) und folglich nicht als Gesellschafter im Rechtsverkehr auftritt (Art. 241 CCom), ist die *Cuentas en participación* nach dieser Auffassung eine reine **Innengesellschaft**.[339] Für diese Konzeption spricht nicht zuletzt, dass der *Código Civil* ausdrücklich die Möglichkeit einer Gesellschaft ohne Rechtspersönlichkeit vorsieht (Art. 1669 CC),[340] und zwar auch in 131

325 *Rodríguez Díaz* RDP 1999, 419, 424–426; *Sánchez Pachón* CCJC 2009, 549; *Ferré Moltó/León Sanz* ADCo 15 (2008) 33, 39–41; *Martínez Balmaseda* CDC 58 (2012) 249, 257; *Galacho Abolafio* CCJC 2015, 257.

326 *Martínez Balmaseda* CDC 58 (2012) 249, 259–263.

327 *Gimeno Ribes* RDM 291 (2014) 451, 476–480; *Álvarez Royo-Villanova* CDC 61 (2014) 13, 44 f.

328 Richtlinie (EU) 2015/849 des Europäischen Parlaments und des Rates vom 20. Mai 2015 zur Verhinderung der Nutzung des Finanzsystems zum Zwecke der Geldwäsche und der Terrorismusfinanzierung, zur Änderung der Verordnung (EU) Nr. 648/2012 des Europäischen Parlaments und des Rates und zur Aufhebung der Richtlinie 2005/60/EG des Europäischen Parlaments und des Rates und der Richtlinie 2006/70/EG der Kommission (ABl. 5.6.2015, L 141/73).

329 *Rodríguez Díaz* RDP 1999, 419, 426 f.; *Martínez Balmaseda* CDC 58 (2012) 249, 266 f.

330 Die deutsche stille Gesellschaft ist in den §§ 230–236 HGB geregelt; dazu etwa *Lübbert* ZHR 58 (1906) 464; *A. Hueck* in: FS Lehmann, 1937, S. 239–255; *Schön* ZGR 1990, 220; Gesamtbetrachtungen bei *K. Schmidt*, Gesellschaftsrecht, 2002, S. 1836–1864; *Blaurock* (Hrsg.), Handbuch Stille Gesellschaft, 2016.

331 Dafür etwa *Martínez Balmaseda* RdS 44 (2015) 262, 265–268; dagegen *Vicent Chuliá* La Notaría 48 (2016) 48, 48–55.

332 *Langle Rubio* RGLJ 1945, 394, 416.

333 *Vicent Chuliá*, Introducción al Derecho Mercantil, Bd. 2, 2010, S. 1283 f.; *Galacho Abolafio* CCJC 2015, 257; *Vicent Chuliá* La Notaría 48 (2016) 48, 48–55; früher auch *Langle Rubio* RGLJ 1945, 394, 411–419; *ders.* AAMN 2 (1950) 195, 211–217; *Solá Cañizares*, El contrato de participación en el Derecho español y en el comparado, 1954; *Fernández-Nóvoa Rodríguez* RDM 84 (1960) 429, 443–446; *Garrigues Díaz-Cañabate*, Tratado de Derecho Mercantil, Bd. 3, 1964, S. 189 f.; *Serra Mallol*, El contrato de cuentas en participación y otras formas asociativas mercantiles, 1991; *Tena Piazuelo* RGD 1998, 10663; *Rodríguez Díaz* RDP 1999, 419.

334 *Langle Rubio* RGLJ 1945, 394, 414; *Fernández-Nóvoa Rodríguez* RDM 84 (1960) 429, 445; *Vicent Chuliá* La Notaría 48 (2016) 48, 56.

335 *Langle Rubio* AAMN 2 (1950) 195, 214 f.; *Vicent Chuliá* La Notaría 48 (2016) 48, 52.

336 *Girón Tena*, Derecho de Sociedades, 1976, S. 77–79; *Piñol Aguadé* RGD 1990, 1081, 1098–1102; *Gual Dalmau*, Las cuentas en participación, 1993; *Colino Mediavilla* RdS 7 (1995) 293, 296–305; *Fernández de la Gándara* in: FS Duque Domínguez, 1998, S. 259–314; *ders.* RdS 10 (1998) 243, 245; *Eizaguirre Bermejo*, Derecho de sociedades, 2001, S. 43; *Paz-Ares Rodríguez* in: Uría González/Menéndez Menéndez (Hrsg.), Curso de Derecho Mercantil, Bd. 1, 2006, S. 470 f., 522, 604–606; *Ferré Moltó/León Sanz* ADCo 15 (2008) 33, 41–47; *Sánchez Pachón* CCJC 2009, 549, 558–562; *Martínez Balmaseda* RDM 275 (2010) 231, 235 f.; *ders.*, Las cuentas en participación y su vertiente interna, 2011, S. 72–77; *ders.* CDC 58 (2012) 249, 251 f.; *ders.* RdS 44 (2015) 262, 265–268.

337 *Eizaguirre Bermejo*, Derecho de sociedades, 2001, S. 221 f.; *Ferré Moltó/León Sanz* ADCo 15 (2008) 33, 43; *Martínez Balmaseda*, Las cuentas en participación y su vertiente interna, 2011, S. 70.

338 *Martínez Balmaseda*, Las cuentas en participación y su vertiente interna, 2011, S. 70.

339 *Colino Mediavilla* RdS 7 (1995) 293, 305–311; *Fernández de la Gándara* RdS 10 (1998) 243, 245; *Sánchez Pachón* CCJC 2009, 549, 561 f.

340 *Martínez Balmaseda*, Las cuentas en participación y su vertiente interna, 2011, S. 74–77.

Form einer stillen Gesellschaft (Art. 1696 CC).[341] Einen einleuchtenden Grund, zwischen den zivil- und handelsrechtlichen Regelungen der Innengesellschaft zu differenzieren, gibt es nicht.

132 Die **Rechtsprechung** fasst die *Cuentas en participación* gleichwohl als grundsätzlich vertragsrechtlich auf,[342] da sie die Gesellschaft eng versteht. Auch der Entwurf des neuen Handelsgesetzbuches (*Código Mercantil*) (Rn. 21 f.) regelt die Rechtsform ausdrücklich auf rein vertraglicher Basis und nicht als Innengesellschaft.[343]

b) Anwendbares Recht

133 Soweit die Regelungen im *Código de Comercio* nicht abschließend sind, stellt sich die Frage, welche Normen auf die *Cuentas en participación* anwendbar sind. In Betracht kommen insofern insbesondere die **Vorschriften zur *Sociedad Comanditaria Simple***, da beide Gesellschaften sich ähneln und einen gemeinsamen historischen Ursprung aufweisen.[344] Nach aA sollen – ähnlich wie bei der *Sociedad Civil* ohne Rechtspersönlichkeit – die Vorschriften zum Miteigentum (*copropiedad*) (Art. 1669 II CC) entsprechend anwendbar sein.[345] Dagegen lässt sich aber anführen, dass keine vergleichbaren Regelungen zu einem etwaigen handelsrechtlichen Miteigentum existieren.[346] Letztlich spricht für das Regime der *Sociedad Comanditaria Simple* auch ihre Struktur mit zwei Arten von Gesellschaftern – Komplementär und Kommanditist –, die der Struktur der *Cuentas en participación* mit *gestor* und *cuentapartícipe* ähnelt. Vor diesem Hintergrund wendet sogar die Rechtsprechung, die mehrheitlich der rein vertraglichen Konzeption folgt, dennoch regelmäßig die gesellschaftsrechtlichen Vorschriften an.[347]

2. Gründung und Dauer

134 Nach dem Wortlaut des Art. 239 CCom müssen **Gesellschafter** der *Cuentas en participación* Kaufleute sein. Die hM lässt es aber aus teleologischen Erwägungen genügen, dass der Hauptgesellschafter (*gestor*) Kaufmann ist.[348] So tritt die Gesellschaft im Rechtsverkehr mit Dritten nicht als solche auf (Artt. 241 f. CCom);[349] Rechtsbeziehungen geht ausschließlich der Hauptgesellschafter ein. Daraus folgt, dass der Hauptgesellschafter zwingend ein Kaufmann sein muss, nicht aber der stille Gesellschafter (*cuentapartícipe*). Gesellschafter können natürliche und juristische Personen sein,[350] wobei als Hauptgesellschafter (*gestor*) nur eine handelsrechtliche Gesellschaft in Frage kommt (Art. 1 II CCom). Darüber hinaus weist Art. 239 CCom darauf hin, dass Kaufleute sich gegenseitig an der Unternehmung des jeweils anderen beteiligen sollen. Dabei ist Gegenseitigkeit zwar nicht zwingend,[351] in der Geschichte der *Cuentas en participación* aber üblicherweise vorzufinden.[352]

135 Der Charakter der stillen **Beteiligung** ist mangels Spezialregelung im Lichte des allgemeinen Gesellschaftsrechts zu betrachten. Dieses sieht für jeden Grundtyp vor, dass man entweder Geld oder Güter einbringen kann; auch in der *Cuentas en participación* scheint daher eine Sacheinlage zulässig.[353] Hingegen verneint das Schrifttum die Möglichkeit, dass der *cuentapartícipe* Arbeitsgesellschafter ist; die Rechtsbeziehung, die aufgrund der Leistung

341 Allgemein dazu *Colino Mediavilla* RdS 7 (1995) 293, 306–308; *Martínez Balmaseda* RdS 37 (2011) 75; aA *Tena Piazuelo* RGD 1998, 10663.

342 Sentencia del Tribunal Supremo de 10 de noviembre de 1995, núm. 971, u. de 30 de septiembre de 2009, núm. 592; Sentencia del Tribunal Supremo de 29 de mayo de 2014, núm. 253 mit Besprechung von *Galacho Abolafio* CCJC 2015, 257 u. *Martínez Balmaseda* RdS 44 (2015) 262; zu Ausnahmen Sentencia del Tribunal Supremo de 30 de mayo de 2008, núm. 464; *Sánchez Pachón* CCJC 2009, 549, 560 f.

343 Anteproyecto de Ley del Código Mercantil, C. M. 30/05/2014, Artt. 545-1–545-5.

344 *Fernández de la Gándara*, Derecho de Sociedades, Bd. 1, 2010, S. 126.

345 *Broseta Pont/Martínez Sanz*, Manual de Derecho Mercantil, Bd. 1, 2010, S. 318.

346 Mit Ausnahme des Miteigentums an einem Schiff (*condominio naval*); s. dazu Artt. 150–155 der Ley 14/2014, de 14 de julio, de Navegación Marítima (BOE 25 julio 2014, núm. 180, S. 59193).

347 S. zB die Sentencia del Tribunal Supremo de 30 de septiembre de 2009, núm. 592; dazu *Martínez Balmaseda* RDM 275 (2010) 231, 236 f.

348 *Tena Piazuelo* RGD 1998, 10663, 10671 f.; *Rodríguez Díaz* RDP 1999, 419, 421; *Ferré Moltó/León Sanz* ADCo 15 (2008) 33, 47; *Fernández de la Gándara*, Derecho de Sociedades, Bd. 1, 2010, S. 124; *Martínez Balmaseda*, Las cuentas en participación y su vertiente interna, 2011, S. 124–131; nach *Langle Rubio* AAMN 2 (1950) 195, 202 f. muss nicht einmal der *gestor* Kaufmann sein.

349 Dazu *Fernández-Nóvoa Rodríguez* RDM 84 (1960) 429, 431–436; ausführlich *Martínez Balmaseda*, Las cuentas en participación y su vertiente interna, 2011, S. 113–119.

350 *Tena Piazuelo* RGD 1998, 10663, 10671.

351 *Broseta Pont/Martínez Sanz*, Manual de Derecho Mercantil, Bd. 1, 2010, S. 316; *Martínez Balmaseda*, Las cuentas en participación y su vertiente interna, 2011, S. 155.

352 *Fernández de la Gándara* in: FS Duque Domínguez, 1998, S. 259, 279.

353 *Gual Dalmau*, Las cuentas en participación, 1993, S. 204 f.; *Tena Piazuelo* RGD 1998, 10663, 10674; *Ferré Moltó/León Sanz* ADCo 15 (2008) 33, 52 f.; *Fernández de la Gándara*, Derecho de Sociedades, Bd. 1, 2010, S. 125; *Martínez Balmaseda*, Las cuentas en participación y su vertiente interna, 2011, S. 139, 227–234.

von Diensten entsteht, wäre vielmehr als rein arbeitsrechtlich zu qualifizieren.[354] Mit der Einlage beteiligt sich der stille Gesellschafter (*cuentapartícipe*) am persönlichen Vermögen des Hauptgesellschafters (*gestor*) (Artt. 239, 241 f. CCom), der sie der Verfolgung des gemeinsamen Zwecks widmen muss; denn der stille Gesellschafter erbringt seine Einlage nur aufgrund der kaufmännischen Tätigkeit des Hauptgesellschafters.[355]

Die *Cuentas en participación* kann auf bestimmte und auf unbestimmte **Dauer** eingegangen werden. Gegen die Möglichkeit einer unbestimmten Laufzeit wurde angeführt, dass die *Cuentas en participación* als Innengesellschaft oder rein beiläufige Beteiligung nur mit bestimmter Lebensdauer existieren könne.[356] Eine solche Beschränkung der gesellschaftsvertraglichen Gestaltungsfreiheit lässt sich dem Gesetz aber nicht entnehmen. Deshalb kann sich die *Cuentas en participación* wie andere Personengesellschaften auf einen bestimmten Zweck im Rahmen einer vorgegebenen Zeit beschränken oder auf eine längere Zeitspanne angelegt sein.[357] 136

3. Organisationsverfassung

Grundsätzlich hat nur der *gestor* **Geschäftsführungsbefugnis** (Art. 241 CCom).[358] Folglich ist er gegenüber dem *cuentapartícipe* verpflichtet, kaufmännische Sorgfalt walten zu lassen, die Gewinne und Verluste zum vereinbarten Zeitpunkt zu verteilen und Informationen zur Buchführung bereitzustellen (Art. 243 CCom).[359] Den genauen Inhalt dieser Informationspflicht soll der Gesellschaftsvertrag konkretisieren; mangels Vereinbarung gelten die **Informations- und Kontrollrechte** des Kommanditisten (Art. 150 CCom) entsprechend.[360] 137

Der *cuentapartícipe* ist im Umkehrschluss nicht geschäftsführungsbefugt. Im Schrifttum ist jedoch vertreten worden, dass der Gesellschaftsvertrag im Innenverhältnis eine Geschäftsführungsbefugnis des *cuentapartícipe* vorsehen kann, soweit sie nicht mit einer Vertretung der Gesellschaft nach außen einhergeht.[361] 138

Im Außenverhältnis ist nur der *gestor* **vertretungsbefugt** und berechtigt im Namen der Gesellschaft zu handeln (Art. 241 CCom). Versteht man die *Cuentas en participación* als Innengesellschaft, gelten insofern die Regelungen der *Sociedad Colectiva*. Danach haftet der *cuentapartícipe*, der im Namen der Gesellschaft auftritt, gegenüber Dritten unbeschränkt (Art. 127 CCom). 139

4. Kapitalverfassung

Nach Art. 239 CCom ist der *cuentapartícipe* verpflichtet, eine **Einlage** in das persönliche Vermögen des *gestor* zu leisten. Aufgrund dieser Einlage hat er im Gegenzug das Recht, an den Gewinnen der Gesellschaft zu partizipieren. 140

Die Gesellschafter können die **Gewinn- und Verlustverteilung** grundsätzlich frei regeln (Art. 239 CCom). Unzulässig ist es jedoch, den *cuentapartícipe* die Verluste tragen zu lassen, ihn aber von der Beteiligung an den Gewinnen auszuschließen; eine solche Regelung würde ihn unangemessen benachteiligen und wirtschaftlich einer Schenkung an den *gestor* gleichkommen.[362] Sie ist daher analog Art. 1691 CC nichtig.[363] Hat der Gesellschaftsvertrag keine Regelung getroffen, sind die Gewinne und Verluste analog Artt. 140 f. CCom entsprechend der Höhe der Einlage zu verteilen (Rn. 90, 123). Für Verluste muss der *cuentapartícipe* aber entsprechend Art. 148 III CCom nur bis zur Höhe seiner Einlage einstehen. 141

5. Haftung für Verbindlichkeiten der Gesellschaft

Gesellschaftsgläubigern haftet grundsätzlich nur der *gestor*, der im Rechtsverkehr auftritt, nicht der *cuentapartícipe* (Art. 242 CCom). Umgekehrt kann der *cuentapartícipe* auch nicht unmittelbar gegen Schuldner des 142

354 *Gual Dalmau*, Las cuentas en participación, 1993, S. 207; *Broseta Pont/Martínez Sanz*, Manual de Derecho Mercantil, Bd. 1, 2010, S. 316; aA *Martínez Balmaseda*, Las cuentas en participación y su vertiente interna, 2011, S. 231 f.

355 *Langle Rubio* AAMN 2 (1950) 195, 206–208; *Fernández-Nóvoa Rodríguez* RDM 84 (1960) 429, 441 f.; ausführlich *Martínez Balmaseda*, Las cuentas en participación y su vertiente interna, 2011, S. 133–138.

356 *Gay de Montellá*, Código de comercio español comentado, Bd. 2, 1936, S. 154.

357 *Fernández-Nóvoa Rodríguez* RDM 84 (1960) 429, 436–438; *Rodríguez Díaz* RDP 1999, 419, 424; *Fernández de la Gándara*, Derecho de Sociedades, Bd. 1, 2010, S. 121 f.

358 *Tena Piazuelo* RGD 1998, 10663, 10675 f.; *Fernández de la Gándara*, Derecho de Sociedades, Bd. 1, 2010, S. 126.

359 Zur Gewinn- und Verlustverteilung *Langle Rubio* AAMN 2 (1950) 195, 204.

360 *Ferré Moltó/León Sanz* ADCo 15 (2008) 33, 56–58; *Fernández de la Gándara*, Derecho de Sociedades, Bd. 1, 2010, S. 126 f.

361 *Ferré Moltó/León Sanz* ADCo 15 (2008) 33, 56; *Fernández de la Gándara*, Derecho de Sociedades, Bd. 1, 2010, S. 127; *Martínez Balmaseda* RDM 275 (2010) 231, 242–246.

362 *Ferré Moltó/León Sanz* ADCo 15 (2008) 33, 54 f.

363 Dazu *Díez-Picazo Ponce de León* in: FS De Castro Bravo, Bd. 1, 1976, S. 567, 576–580.

gestor vorgehen.[364] Unterlässt der *gestor* aber ein solches Vorgehen, verletzt er seine Sorgfaltspflicht und macht sich gegenüber dem *cuentapartícipe* schadensersatzpflichtig (Art. 149 iVm Art. 144 CCom). Ob der *cuentapartícipe* Schuldner des *gestor* mittels Drittschuldnerklage (*acción subrogatoria*) (Art. 1111 CC) in Anspruch nehmen kann, ist im Schrifttum umstritten.[365] Dafür spricht, dass kein Grund ersichtlich ist, den *cuentapartícipe* schlechter zu stellen als andere Gläubiger des *gestor*.

6. Mitgliederwechsel

143 Das Gesetz regelt den Mitgliederwechsel nicht ausdrücklich. Ist insofern nichts im Gesellschaftsvertrag vorgesehen, führt der Austritt des *gestor* oder des *cuentapartícipe* zur **Auflösung**, da die Gesellschaft mindestens zwei Gesellschafter haben muss (Art. 116 CCom). Existieren hingen mehrere *cuentapartícipes*, hat der Austritt nicht zwingend die Auflösung zur Folge, solange mindestens ein *gestor* und ein *cuentapartícipe* verbleiben. Dies ergibt sich aus einer analogen Anwendung der Regelung zur *Sociedad Comanditaria Simple* (Artt. 145–150 CCom).

7. Auflösung und Liquidation

144 Auflösung und Liquidation der *Cuentas en participación* sind gesetzlich nicht geregelt. Mangels Vereinbarung im Gesellschaftsvertrag sind daher die Auflösungsgründe der *Sociedad Civil* und der handelsrechtlichen Personengesellschaften analog anwendbar (Artt. 1700 CC, 221 CCom). Entsprechendes gilt für die Liquidation (Artt. 227–237 CCom).[366]

C. Kapitalgesellschaften

I. Sociedad Anónima (S. A.)

1. Grundlagen

a) Charakteristika

145 Die *Sociedad Anónima* verkörpert als Aktiengesellschaft den Prototyp des spanischen Kapitalgesellschaftsrechts.[367] Mit ihrem Ursprung in der Neuzeit (Rn. 5) hat sie sich im 18. und 19. Jahrhundert zu einem geeigneten Instrument entwickelt, um große öffentliche Projekte zu verwirklichen sowie industrielle und kommerzielle Unternehmen zu betreiben.[368] Auf diese Weise hat die *Sociedad Anónima* eine sehr viel größere **Bedeutung** als die anderen Gesellschaftsformen erlangt.[369] Zwar hat die Zahl der Neugründungen in der jüngeren Vergangenheit – nicht zuletzt in Folge der Beliebtheit der *Sociedad de Responsabilidad Limitada* – stark abgenommen (Rn. 28).[370] An der großen gesamtwirtschaftlichen Rolle der *Sociedad Anónima* hat dies aber nichts geändert.[371] Für ihren bis heute andauernden Erfolg sind im Wesentlichen zwei Charakteristika verantwortlich: die beschränkte Haftung der Gesellschafter[372] sowie die Aufteilung des gezeichneten Kapitals und damit des wirtschaftlichen Risikos auf leicht übertragbare Anteile (*acciones*).[373]

---

364 *Tena Piazuelo* RGD 1998, 10663, 10676.

365 *Broseta Pont/Martínez Sanz*, Manual de Derecho Mercantil, Bd. 1, 2010, S. 320.

366 *Paz-Ares Rodríguez* in: Uría González/Menéndez Menéndez (Hrsg.), Curso de Derecho Mercantil, Bd. 1, 2006, S. 608.

367 Dazu allgemein *Rojo Fernández-Río* RDM 187–188 (1988) 7, 9 f.; ferner *Menéndez Menéndez* (Hrsg.), ¿Sociedad anónima o sociedad de responsabilidad limitada? La cuestión tipológica, 1992; *Esteban Velasco* RdS 12 (1994) 133, 133 f.; *Gondra Romero* RDM 278 (2010) 1171, 1172 f.; Überblick bei *Beltrán Sánchez* RDBB 29 (1988) 329, 337–366.

368 *Frey*, Die spanische Aktiengesellschaft im 18. Jahrhundert und unter dem Código de Comercio von 1829, 1999, S. 77–79.

369 *Uría González/Menéndez Menéndez/García de Enterría Lorenzo-Velázquez* in: Uría González/Menéndez Menéndez (Hrsg.), Curso de Derecho Mercantil, Bd. 1, 2006, S. 810 f.

370 Dazu *Sánchez Calero/Sánchez-Calero Guilarte*, Instituciones de Derecho Mercantil, Bd. 1, 2011, S. 384; *Iglesias Prada/García de Enterría Lorenzo-Velázquez* in: Menéndez Menéndez/Rojo Fernández-Río (Hrsg.), Lecciones de Derecho mercantil, Bd. 1, 2014, S. 403 f.; zur relativen Bedeutung der *Sociedad Anónima* s. *Grechenig* in: Kalss (Hrsg.), Die Übertragung von GmbH-Geschäftsanteilen in 14 europäischen Rechtsordnungen, 2003, S. 107, 108.

371 *Sánchez Calero/Sánchez-Calero Guilarte*, Instituciones de Derecho Mercantil, Bd. 1, 2011, S. 384.

372 Die Gesellschafter der *Sociedad Anónima* heißen wie die Gesellschafter der deutschen Aktiengesellschaft Aktionäre (*accionistas*). Da viele Vorschriften zur *Sociedad Anónima* auch auf die *Sociedad de Responsabilidad Limitada* anwendbar sind, wird nachfolgend im Interesse einer einheitlichen Terminologie gleichwohl allgemein von *Gesellschaftern* gesprochen.

373 *Sánchez Calero/Sánchez-Calero Guilarte*, Instituciones de Derecho Mercantil, Bd. 1, 2011, S. 321, 384.

Mit der *Sociedad Anónima* lassen sich unternehmerische Projekte verwirklichen, die einen **großen Finanzbedarf** aufweisen.[374] Denn die Möglichkeit, die Aktien klein zu stückeln und sie nahezu schrankenlos zu übertragen, macht sie als Vermögensanlage für eine Vielzahl von Investoren attraktiv.[375] 146

Wie bei allen Kapitalgesellschaften ist bei der *Sociedad Anónima* die **Haftung** der Gesellschafter **beschränkt.** Gegenüber Dritten haften sie nicht für Verbindlichkeiten der Gesellschaft, sondern können höchstens ihr beim Aktienerwerb aufgebrachtes Vermögen verlieren (Art. 1 III LSC).[376] 147

In der Praxis existieren unterschiedliche **Realtypen** der *Sociedad Anónima.*[377] Traditionell wird differenziert zwischen geschlossenen Gesellschaften (*Sociedades Anónimas cerradas*),[378] dh Gesellschaften mit einem kleinen Gesellschafterkreis, deren Satzungen idR die Übertragbarkeit der Aktien (*acciones*) beschränken, und Publikumsgesellschaften (*Sociedades Anónimas abiertas*), die sich durch eine große Gesellschafterzahl auszeichnen.[379] Innerhalb der *Sociedades Anónimas abiertas* lassen sich wiederum börsennotierte und nicht börsennotierte Gesellschaften unterscheiden. 148

Die ***Ley de Sociedades de Capital*** enthält das Recht der *Sociedad Anónima*. Dort finden sich neben den Kernvorschriften auch die Regelungen zur Einpersonengesellschaft (Artt. 12–17 LSC) (Rn. 150–163)[380] und zur börsennotierten Aktiengesellschaft (Artt. 495–541 LSC) (Rn. 164–167)[381] sowie die Vorschriften zur *Societas Europaea* (Artt. 455–494 LSC) (Rn. 168–172).[382] 149

b) Einpersonengesellschaft

aa) Grundlagen

Die **Einpersonengesellschaft** (*sociedad unipersonal*) ist kein selbstständiger Grundtyp, sondern ein Phänomen, das bei unterschiedlichen Gesellschaftsformen mit nur einem Gesellschafter auftreten kann. Problematisch ist insofern, dass ein Einzelner keinen *gemeinsamen* Zweck verfolgen kann. Im Personengesellschaftsrecht gibt es folglich keine Einpersonengesellschaft (Rn. 64),[383] da eine solche nicht mit dem personalistischen Charakter vereinbar wäre. Im Kapitalgesellschaftsrecht ist eine Einpersonengesellschaft seit Inkrafttreten der 12. gesell- 150

374 *Broseta Pont/Martínez Sanz*, Manual de Derecho Mercantil, Bd. 1, 2016, S. 357 f.

375 Ausführlich *Alonso Espinosa* RDBB 45 (1992) 35; zu den Einschränkungen der Übertragbarkeit *García Luengo* in: Alonso Ureba (Hrsg.), Derecho de Sociedades Anónimas, Bd. 1, 1991, S. 167–204; *Tarragona Coromina* AAMN 31 (1992) 63; *Perdices Huetos*, Cláusulas restrictivas de la transmisión de acciones y participaciones, 1997; *Cano Rico* in: FS Sánchez Calero, Bd. 1, 2002, S. 1011–1074; *Viguera Revuelta* CCJC 2006, 221; *Villanueva García-Pomareda* RDBB 131 (2013) 35; *Valenzuela Garach* CCJC 2016, 169.

376 *Sánchez Calero/Sánchez-Calero Guilarte*, Instituciones de Derecho Mercantil, Bd. 1, 2011, S. 384; *Núñez Lozano* in: Jiménez Sánchez/Díaz Moreno (Hrsg.), Derecho Mercantil, Bd. 3, 2013, S. 172 f.; *Broseta Pont/Martínez Sanz*, Manual de Derecho Mercantil, Bd. 1, 2016, S. 365 f.

377 Dazu *Embid Irujo* NotUE 43–44 (1988) 11; *ders./Martínez Sanz* RdS 7 (1996) 11, 13 f. ≈ ZGR-Sonderheft 13, 1997, 228, 231; *Fernández de la Gándara* in: Alonso Ledesma/Alonso Ureba/Esteban Velasco (Hrsg.), La modernización del Derecho de sociedades de capital en España, Bd. 1, 2011, S. 49, 51–53.

378 Dazu *Viera González* RdS 17 (2001) 47, 47–59; *ders.*, Las sociedades de capital cerradas. Un problema de relaciones entre los tipos SA y SRL, 2002; *ders.* in: ders./Teichmann (Hrsg.), Private Company law reform in Europe, 2015, S. 571, 572–576.

379 *Sánchez Calero/Sánchez-Calero Guilarte*, Instituciones de Derecho Mercantil, Bd. 1, 2011, S. 390; kritisch zur wirtschaftlichen Konzeption der offenen Aktiengesellschaft *Gondra Romero* RDM 278 (2010) 1171, 1185–1196; ferner *Esteban Velasco* RdS 12 (1994) 133, 137–141.

380 Näher dazu *Sánchez Rus* RGD 1994, 12911; *Iglesias Prada* in: Paz-Ares Rodríguez (Hrsg.), Tratando de la sociedad limitada, 1997, S. 999–1044; *Sánchez Rus* RGD 1998, 9297; *Fernández de la Gándara* RdS 36 (2011) 39, 58–63; *Pastor Sempere* in: Embid Irujo (Hrsg.), Derecho de sociedades de capital, 2016, S. 547–572; monographisch *Boquera Matarredona*, La sociedad unipersonal de responsabilidad limitada, 1996; *Jiménez Sánchez/Díaz Moreno*, Sociedad unipersonal de responsabilidad limitada (Artículos 125 a 129 de la Ley de Sociedades de Responsabilidad Limitada), 2001; *Carbajo Gascón*, La sociedad de capital unipersonal, 2002; *González Fernández*, La sociedad unipersonal en el Derecho español (Sociedad anónima, sociedad de responsabilidad limitada y sociedad limitada nueva empresa), 2004.

381 Überblick bei *Sánchez-Calero Guilarte* RdS 36 (2011) 259, 261–279.

382 Näher dazu *Quijano González* in: FS Sánchez Calero, Bd. 4, 2002, S. 4285–4340; *Esteban Velasco/Fernández del Pozo* (Hrsg.), La sociedad anónima europea. Régimen jurídico societario, laboral y fiscal, 2004; *Boquera Matarredona* (Hrsg.), La sociedad anónima europea domiciliada en España, 2006; *Palao Moreno*, El traslado del domicilio social de la sociedad anónima europea, 2006; *Embid Irujo* RDM 269 (2008) 997; *Navarro Matamoros* in: Embid Irujo (Hrsg.), Derecho de sociedades de capital, 2016, S. 507, 517–524.

383 Allgemein *Jordano Barea* RDM 91 (1964) 7.

schaftsrechtlichen EWG-Richtlinie[384] hingegen möglich. Umgesetzt sind ihre Vorgaben in Artt. 12–17 LSC,[385] die darauf abzielen, möglichem Missbrauch vorzubeugen und die Gläubiger zu schützen.[386] Im Einzelnen sind dort vor allem die Handelsregisterangaben (Art. 13 LSC), die Organisationsverfassung (Art. 15 LSC) und die Publizitätspflichten (Art. 16 LSC) geregelt.

151 Der **Anwendungsbereich** der 12. gesellschaftsrechtlichen EWG-Richtlinie erstreckte sich nur auf geschlossene Kapitalgesellschaften mit weitgehend frei gestaltbaren Satzungen (Art. 1), wie etwa die spanische *Sociedad de Responsabilidad Limitada* oder die deutsche GmbH. Die gleiche Einschränkung im Anwendungsbereich enthält der aktuelle Entwurf der europäischen *SUP*-Richtlinie (Artt. 3–5) (zur SUP näher § 9).[387] Ähnlich wie viele andere europäische Rechtsordnungen hat das spanische Recht die Einpersonengesellschaft aber nicht nur für die *Sociedad de Responsabilidad Limitada* zugelassen (Artt. 125–129 LSRL), sondern auch für die nicht von der Richtlinie erfasste *Sociedad Anónima*.[388] Seit der Vereinheitlichung der Gesetzestexte in der *Ley de Sociedades de Capital* im Jahr 2010 existiert nur noch eine einzige Regelung für beide Grundtypen.[389] Diese schließt auch die *Sociedad Limitada Nueva Empresa* als Spezialform der *Sociedad de Responsabilidad Limitada* ein (Artt. 12, 434, 438 LSC).[390] Grundsätzlich kann ein Einpersonengesellschafter als solcher in mehreren Gesellschaften fungieren, aus Gründen des Gläubigerschutzes aber nicht in mehr als einer *Sociedad Limitada Nueva Empresa* (Art. 438 I LSC).[391]

152 Die Kommanditgesellschaft auf Aktien (***Sociedad Comanditaria por Acciones***) kann nicht als Einpersonengesellschaft existieren, obwohl es sich bei ihr um eine Kapitalgesellschaft handelt. Zwar sprechen Wortlaut und Systematik der entsprechenden Vorschriften für die Zulässigkeit. Denn gemäß Art. 12 LSC können sowohl die *Sociedad de Responsabilidad Limitada* als auch die *Sociedad Anónima* als Einpersonengesellschaft verfasst sein, und die Vorschriften zur *Sociedad Anónima* gelten nach Art. 3 II LSC subsidiär auch für die *Sociedad Comanditaria por Acciones*. Eine Auffassung im Schrifttum[392] folgert daraus, dass die *Sociedad Comanditaria por Acciones* als Einpersonengesellschaft existieren könne, deren einziger Gesellschafter nach Artt. 1 IV, 252 LSC zwangsläufig persönlich haftender Komplementär wäre. Drei Gründe sprechen aber entscheidend dagegen. Erstens lässt sich aus Art. 1 IV LSC ableiten, dass die *Sociedad Comanditaria por Acciones* mindestens zwei Gesellschafter haben muss (Art. 1 IV LSC). Dabei handelt es sich um eine konstitutive Voraussetzung dieses Gesellschaftstyps (Art. 28 LSC).[393] Zweitens dienen die Sonderregelungen zur Einpersonengesellschaft primär dem Gläubigerschutz; dieser Zweck läuft aber leer, wenn der einzige Gesellschafter ohnehin gegenüber Dritten unbe-

384 Zwölfte Richtlinie des Rates vom 21. Dezember 1989 auf dem Gebiet des Gesellschaftsrechts betreffend Gesellschaften mit beschränkter Haftung mit einem einzigen Gesellschafter (89/667/EWG) (ABl. 30.12.1989, L 395/40), heute ersetzt durch Richtlinie 2009/102/EG des Europäischen Parlaments und des Rates vom 16. September 2009 auf dem Gebiet des Gesellschaftsrechts betreffend Gesellschaften mit beschränkter Haftung mit einem einzigen Gesellschafter (kodifizierte Fassung) (ABl. 1.10.2009, L 258/20).

385 Allgemein zur alten Rechtslage *Alonso Ureba* in: FS Girón Tena, 1991, S. 63–120; *Jiménez Sánchez/Díaz Moreno*, Sociedad unipersonal de responsabilidad limitada (Artículos 125 a 129 de la Ley de Sociedades de Responsabilidad Limitada), 2001, S. 15–17.

386 *Botana Agra* CDC 8 (1990) 31, 41; *Duque Domínguez* in: FS Girón Tena, 1991, S. 241, 269–271; *Roncero Sánchez* in: Rodríguez Artigas ua (Hrsg.), Derecho de sociedades de responsabilidad limitada. Estudio sistemático de la ley 2/1995, 1996, S. 1135; *Sánchez Rus* RGD 1998, 9297, 9313; *Pastor Sempere* in: Embid Irujo (Hrsg.), Derecho de sociedades de capital, 2016, S. 547, 549 f.

387 Vorschlag für eine Richtlinie des Europäischen Parlaments und des Rates über Gesellschaften mit beschränkter Haftung mit einem einzigen Gesellschafter, Brüssel, den 9.4.2014 COM(2014) 212 final; allgemein dazu *Esteban Velasco* AAMN 55 (2015) 105; *ders.* in: FS Beltrán Sánchez, Bd. 1, 2015, S. 909–940; *Jung* EBLR 26 (2015) 645; *Lutter/Koch* (Hrsg.), Societas Unius Personae (SUP), 2015; zum europäischen Gesellschaftstyp *Conac* ECFR 2015, 139.

388 *Jiménez Sánchez/Díaz Moreno*, Sociedad unipersonal de responsabilidad limitada (Artículos 125 a 129 de la Ley de Sociedades de Responsabilidad Limitada), 2001, S. 17–19; *Carbajo Gascón* in: Arroyo Martínez/Embid Irujo/Górriz López (Hrsg.), Comentarios a la Ley de Sociedades Anónimas, Bd. 3, 2009, S. 2889; vor Einführung der neuen LSRL *Aurioles Martín* RDM 179–180 (1985) 185, 192.

389 *Fernández de la Gándara* RdS 36 (2011) 39, 58; zur *Sociedad de Responsabilidad Limitada* als Einpersonengesellschaft *Tresselt*, Die Rechtsstellung des Verwalters einer spanischen Responsabilidad de Limitada und des Geschäftsführers einer deutschen GmbH im Rechtsvergleich, 2009, S. 43 f.

390 *Uría González/Menéndez Menéndez/Iglesias Prada* in: Uría González/Menéndez Menéndez (Hrsg.), Curso de Derecho Mercantil, Bd. 1, 2006, S. 1360.

391 *Iglesias Prada* in: Paz-Ares Rodríguez (Hrsg.), Tratando de la sociedad limitada, 1997, S. 1018.

392 *Fernández de la Gándara*, La sociedad comanditaria por acciones, 1992, S. 83–86; *González Fernández*, La sociedad unipersonal en el Derecho español (Sociedad anónima, sociedad de responsabilidad limitada y sociedad limitada nueva empresa), 2004, S. 121–123; *Uría González/Menéndez Menéndez/Iglesias Prada* in: Uría González/Menéndez Menéndez (Hrsg.), Curso de Derecho Mercantil, Bd. 1, 2006, S. 1361; *Fernández de la Gándara* RdS 36 (2011) 39, 59.

393 Ähnlich *Vaquerizo Alonso* in: Rojo Fernández-Río/Beltrán Sánchez (Hrsg.), Comentario de la Ley de Sociedades de Capital, Bd. 1, 2011, S. 395.

schränkt haftet (Art. 1 IV LSC).[394] Drittens entspräche eine *Sociedad Comanditaria por Acciones* mit nur einem unbeschränkt haftenden Gesellschafter im Wesentlichen einer *Sociedad Colectiva*; wie gesehen kann eine Personengesellschaft aber gerade nicht als Einpersonengesellschaft existieren.[395]

Einpersonengesellschaften können **nicht börsennotiert** sein. Denn die Börsennotierung dient gerade dazu, die Aktien (*acciones*) einer Vielzahl von Anlegern am Kapitalmarkt zugänglich zu machen (Art. 495 I LSC) und ist nicht mit einer Einpersonengesellschaft zu vereinbaren. 153

Der Einpersonengesellschafter kann eine **natürliche** oder eine **juristische Person** sein.[396] Für den Fall der Einpersonengründung ergibt sich dies unmittelbar aus dem Gesetzeswortlaut (Art. 12 lit. a) LSC), für die nachträgliche Vereinigung der Aktien bzw. Geschäftsanteile mittelbar daraus, dass Art. 12 lit. b) LSC nicht zwischen natürlichen und juristischen Personen differenziert, sondern allgemein von Gesellschaftern spricht. Soweit die Vorschriften zur Einpersonengesellschaft dazu dienen, die Gläubiger von Tochtergesellschaften zu schützen, kann man sie folglich auch dem Konzernrecht zurechnen.[397] 154

Auf die Einpersonengesellschaft sind neben den Artt. 12–17 LSC auch die **Vorschriften des jeweiligen Grundtyps**, also der *Sociedad Anónima* oder der *Sociedad de Responsabilidad Limitada* anwendbar. Eine Ausnahme besteht jedoch für solche Regelungen, die notwendig die Existenz mehrerer Gesellschafter voraussetzen,[398] so zB die Vorschriften zum Ausschluss eines Gesellschafters (Artt. 350–352 LSC). 155

bb) Entstehung

Eine Einpersonengesellschaft kann auf zwei Arten ins Leben gerufen werden: durch Einpersonengründung (*unipersonalidad originaria*) (Art. 12 lit. a) LSC) oder durch Vereinigung aller Aktien (*acciones*) bzw. – im Falle der S. R. L. – aller Geschäftsanteile (*participaciones*) in der Hand eines Gesellschafters (*unipersonalidad sobrevenida*) (Art. 12 lit. b) LSC).[399] Dass die Gesellschaft dabei möglicherweise auch eigene Aktien oder Geschäftsanteile hält, steht ihrer Qualifikation als Einpersonengesellschaft nicht entgegen.[400] 156

Für die **Einpersonengründung** bedarf es keines Gesellschaftsvertrags, sondern nur eines einseitigen Gründungsakts (Art. 19 I LSC), der notariell beurkundet und ins Handelsregister eingetragen werden muss (Artt. 13 I LSC, 20 RRM). Der Gründungsakt muss neben den allgemein bei der Gründung von Kapitalgesellschaften erforderlichen Angaben (Art. 22 LSC) bestimmte Informationen enthalten, welche die Eintragung ins Handelsregister offenlegen soll (Art. 13 I LSC).[401] Diese Offenlegung soll vor allem vermeiden, dass Geschäftspartner der Einpersonengesellschaft in die Irre geführt werden[402] und fälschlicherweise davon ausgehen, mit einem unbeschränkt haftenden Einzelkaufmann zu kontrahieren.[403] 157

Ist eine *Sociedad Anónima* oder eine *Sociedad de Responsabilidad Limitada* nicht als Einpersonengesellschaft gegründet worden, sondern erst nachträglich durch **Vereinigung aller Aktien bzw. Geschäftsanteile** in der Hand eines einzigen Gesellschafters entstanden, müssen dieselben Angaben wie bei der Gründung ins Handelsregister eingetragen werden. Auf diese Weise soll der Rechtsverkehr über die veränderte Situation in Kenntnis gesetzt werden (Art. 13 I LSC), um (potenzielle) Gläubiger nicht in die Irre zu führen. Unterbleibt die rechtzeitige Eintragung, haftet der alleinige Gesellschafter unbeschränkt für Verbindlichkeiten der Gesellschaft, da er den Rechtsschein erweckt, Einzelkaufmann zu sein (Art. 14 I LSC). Rechtzeitig ist die Eintragung, wenn sie innerhalb von sechs Monaten erfolgt, nachdem die Einpersonengesellschaft entstanden ist (Art. 14 I LSC). Die Länge 158

394 Dazu *La Casa García* RGD 1991, 7671, 7690–7696; *Vicent Chuliá* RdP 36 (2015) 25, 25 f.

395 *Jordano Barea* RDM 91 (1964) 7.

396 Zur alten Rechtslage, nach der es nicht ausdrücklich geregelt war, dass auch eine juristische Person Gesellschafter sein kann, bereits *Duque Domínguez* in: FS Girón Tena, 1991, S. 241, 283–285; *Boquera Matarredona*, La sociedad unipersonal de responsabilidad limitada, 1996, S. 92.

397 Statt vieler *Jiménez Sánchez/Díaz Moreno*, Sociedad unipersonal de responsabilidad limitada (Artículos 125 a 129 de la Ley de Sociedades de Responsabilidad Limitada), 2001, S. 37 f.; zur SUP *Jung* GmbHR 2014, 579; *Weller/Bauer* ZEuP 2015, 6.

398 *Díaz Moreno* in: Rojo Fernández-Río/Beltrán Sánchez (Hrsg.), Comentario de la Ley de Sociedades de Capital, Bd. 1, 2011, S. 257.

399 *Roncero Sánchez* in: Rodríguez Artigas ua (Hrsg.), Derecho de sociedades de responsabilidad limitada. Estudio sistemático de la ley 2/1995, 1996, S. 1132 f.; *Jiménez Sánchez/Díaz Moreno*, Sociedad unipersonal de responsabilidad limitada (Artículos 125 a 129 de la Ley de Sociedades de Responsabilidad Limitada), 2001, S. 54–61; *Pastor Sempere* in: Embid Irujo (Hrsg.), Derecho de sociedades de capital, 2016, S. 547, 553–555; im deutschsprachigen Schrifttum *B. Löber ua* RIW 2011, 587, 589.

400 *Pastor Sempere* in: Embid Irujo (Hrsg.), Derecho de sociedades de capital, 2016, S. 547, 554; ähnlich zuvor *Fernández de la Gándara* RdS 36 (2011) 39, 58 f.; zur alten Rechtslage *García Collantes* in: La sociedad de responsabilidad limitada, Bd. 1, 1995, S. 545.

401 Allgemein dazu *Díaz Moreno* in: FS Lanzas y Selva, Bd. 1, 1998, S. 447–470.

402 Statt vieler *Fernández de la Gándara* RdS 36 (2011) 39, 60.

403 *Botana Agra* CDC 8 (1990) 31, 41; *García Collantes* AAMN 31 (1992) 271, 298–300; *Pastor Sempere* in: Embid Irujo (Hrsg.), Derecho de sociedades de capital, 2016, S. 547, 549 f.

dieser Frist dient nach hM dazu, die einschneidenden Folgen der unbeschränkten Gesellschafterhaftung abzumildern, insbesondere in Übergangssituationen, in denen eine Einpersonengesellschaft nur vorübergehend entsteht.[404] Ist die Frist erfolglos verstrichen, erstreckt sich die unbeschränkte Haftung aber auch auf solche Verbindlichkeiten, die zwischenzeitlich, dh seit der Vereinigung der Aktien bzw. Geschäftsanteile begründet worden sind. Mit der Eintragung beschränkt sich die Gesellschafterhaftung wieder auf die erbrachte Einlage (Art. 14 II LSC).

159 Ins Handelsregister eingetragen werden müssen darüber hinaus ein **Wechsel des einzigen Gesellschafters** sowie die **Beendigung der Einpersonengesellschaft** als solche, wenn weitere Gesellschafter hinzukommen (Art. 13 I LSC). Sind weder Beginn noch Ende der Einpersonengesellschaft ins Handelsregister eingetragen, besteht die unbeschränkte Gesellschafterhaftung für Verbindlichkeiten fort, die während der Existenz als Einpersonengesellschaft begründet worden sind.[405]

cc) Organisationsverfassung

160 In einer Einpersonengesellschaft nimmt der Alleingesellschafter die Funktionen der **Generalversammlung** wahr. Seine Entscheidungen sind folglich als Beschlüsse der Generalversammlung zu verstehen (Art. 15 I LSC) und müssen in einer Akte protokolliert und unterschrieben werden (Art. 15 II LSC). Da die Vorschriften zur Einberufung der Generalversammlung (Artt. 166–177 LSC) in einer Einpersonengesellschaft leerlaufen, sind sie nicht anwendbar.[406]

161 Für die **Geschäftsleitung** ergeben sich keine Besonderheiten.[407] Der alleinige Gesellschafter kann Geschäftsleiter sein, muss es aber nicht; auch Gesellschaftsfremde können diese Aufgabe wahrnehmen.[408] Im Übrigen wird auf die Ausführungen zur Geschäftsleitung bei der *Sociedad Anónima* (Rn. 261–294) und der *Sociedad de Responsabilidad Limitada* (Rn. 482–485) verwiesen.

dd) Rechtsbeziehungen

162 Eine Einpersonengesellschaft muss ihre Eigenschaft als solche nicht nur ins Handelsregister eintragen lassen, sondern auch im **Rechts- und Schriftverkehr** mit Dritten auf sie hinweisen (Art. 13 II LSC).[409] Anders als bei der Handelsregistereintragung nennt das Gesetz für den Fall eines Verstoßes keine Rechtsfolgen. Nach hM ist dieser Wortlaut ernst zu nehmen mit der Folge, dass ein Zuwiderhandeln sanktionslos bleibt.[410] Eine Auffassung im Schrifttum plädiert hingegen dafür, die verwaltungsrechtlichen Sanktionen für einen Verstoß gegen die allgemeinen kaufmännischen Dokumentationspflichten (Art. 24 CCom) analog anzuwenden.[411] Obwohl es sich dabei um eine Ordnungswidrigkeit (*infracción administrativa*) und nicht um eine Straftat handelt, steht einer entsprechenden Anwendung gleichwohl das in der Verfassung verankerte strafrechtliche Analogieverbot (Art. 25 I CE) entgegen.

163 Bei **Rechtsgeschäften** zwischen dem **Gesellschafter** und der **Gesellschaft** soll die Einpersonengesellschaft aus Gläubigerschutzgründen vor ungerechtfertigten Vermögenseinbußen bewahrt werden.[412] Entsprechende Verträge sind daher schriftlich zu schließen, es sei denn, das Gesetz sieht eine strengere Form vor, und in ein Aktenbuch (*libro de actas*) einzutragen (Art. 16 I LSC), das beim Handelsregister vorzulegen ist (*legalización de li-*

---

404 *Roncero Sánchez* in: Rodríguez Artigas ua (Hrsg.), Derecho de sociedades de responsabilidad limitada. Estudio sistemático de la ley 2/1995, 1996, S. 1140–1145; *Boquera Matarredona* in: Arroyo Martínez/Embid Irujo/Górriz López (Hrsg.), Comentarios a la Ley de Sociedades de Responsabilidad Limitada, 2009, S. 1390; *Pastor Sempere* in: Embid Irujo (Hrsg.), Derecho de sociedades de capital, 2016, S. 556.

405 *Pastor Sempere* in: Embid Irujo (Hrsg.), Derecho de sociedades de capital, 2016, S. 547, 557.

406 *Iglesias Prada* in: Paz-Ares Rodríguez (Hrsg.), Tratando de la sociedad limitada, 1997, S. 999, 1018; *Núñez Lozano* in: Jiménez Sánchez/Díaz Moreno (Hrsg.), Derecho Mercantil, Bd. 3, 2013, S. 212 f.

407 *García Collantes* in: La sociedad de responsabilidad limitada, Bd. 1, 1995, S. 548; *Jiménez Sánchez/Díaz Moreno*, Sociedad unipersonal de responsabilidad limitada (Artículos 125 a 129 de la Ley de Sociedades de Responsabilidad Limitada), 2001, S. 175 f.

408 *Jiménez Sánchez/Díaz Moreno*, Sociedad unipersonal de responsabilidad limitada (Artículos 125 a 129 de la Ley de Sociedades de Responsabilidad Limitada), 2001, S. 176; *Pastor Sempere* in: Embid Irujo (Hrsg.), Derecho de sociedades de capital, 2016, S. 547, 557.

409 Allgemein dazu *Guerrero Lebrón* in: FS Lanzas y Selva, Bd. 2, 1998, S. 1357–1410; im deutschsprachigen Schrifttum *B. Löber ua* RIW 2011, 587, 589.

410 *Roncero Sánchez* in: Rodríguez Artigas ua (Hrsg.), Derecho de sociedades de responsabilidad limitada. Estudio sistemático de la ley 2/1995, 1996, S. 1149.

411 *Sánchez Rus* RGD 1994, 12911, 12946.

412 *Jiménez Sánchez/Díaz Moreno*, Sociedad unipersonal de responsabilidad limitada (Artículos 125 a 129 de la Ley de Sociedades de Responsabilidad Limitada), 2001, S. 209–215; ferner *Ruiz-Rico Ruiz* RJN 21 (1997) 227; *Piloñeta Alonso* in: FS Sánchez Calero, Bd. 4, 2002, S. 3889–3940.

bros). Werden diese Formvorschriften nicht eingehalten, kann der Gesellschafter im Falle der Insolvenz der Gesellschaft keine Ansprüche aus diesem Rechtsgeschäft herleiten (Art. 16 II LSC).[413]

c) Börsennotierung

Die *Ley de Sociedades de Capital* enthält in den Artt. 495–541 LSC spezielle Vorschriften für die **börsennotierte Aktiengesellschaft** (*Sociedad Anónima Cotizada*).[414] Legaldefiniert ist diese als Aktiengesellschaft, deren Aktien zum Handel an einem regulierten Markt zugelassen sind (Art. 495 I LSC).[415] Der verglichen mit geschlossenen Kapitalgesellschaften große Gesellschafterkreis sowie die freie Handelbarkeit der Aktien am Kapitalmarkt erfordern zum Schutz der Minderheitsgesellschafter spezifische gesellschaftsrechtliche (und nicht nur kapitalmarktrechtliche)[416] Normen.[417] Mangels spezieller Regelungen sind die allgemeinen Vorschriften zur *Sociedad Anónima* anwendbar mit Ausnahme bestimmter Quoren für Minderheitenrechte (Art. 495 II lit. a) LSC) und des Beschlussmängelrechts (Art. 495 II lit. b), c) LSC) (Rn. 256 f.).[418] Auf die jeweiligen Abweichungen wird im Rahmen der Ausführungen zur ***Sociedad Anónima*** näher eingegangen. 164

Auch die ***Sociedad Comanditaria por Acciones*** kann börsennotiert sein. Zwar ist dies nicht ausdrücklich im Gesetz bestimmt. Nach Art. 3 II LSC sind die Vorschriften zur *Sociedad Anónima* aber subsidiär anwendbar, soweit keine spezielleren Regelungen bestehen. Die gesetzliche Ausgestaltung der *Sociedad Comanditaria por Acciones* steht einer Börsennotierung nicht entgegen. Denn die *Ley del Mercado de Valores* spricht lediglich allgemein von Wertpapieren (*valores negociables*), Aktien (*acciones*) sowie Gesellschaften (Art. 2 I lit. a) LMV), und nicht von einem bestimmten Gesellschaftstyp. Entsprechend kann auch die ***Societas Europaea*** börsennotiert sein.[419] Problematisch ist im Kontext der *Sociedad Comanditaria por Acciones* allein, dass sie zwingend einen unbeschränkt haftenden Gesellschafter haben muss (Art. 1 IV LSC). Aktien, die mit einer unbeschränkten Haftung verbunden sind, dürften hingegen kaum liquide und damit faktisch nicht frei handelbar sein. Vor diesem Hintergrund können lediglich die Aktien der Kommanditisten am Kapitalmarkt gehandelt werden. 165

Die **spezifischen Regelungen** der *Sociedad Cotizada* in der *Ley de Sociedades de Capital* betreffen allem voran die Kapitalverfassung, dh das Eigenkapital (Artt. 496–502 LSC) sowie die Emission von Anleihen (Artt. 510 f. LSC). Weiterhin gelten Besonderheiten für die Generalversammlung, und zwar für ihre Kompetenzen, ihre Geschäftsordnung[420] sowie ihr Verfahren (Artt. 511bis–527 LSC). Schließlich existieren spezielle Vorschriften für Gesellschaftervereinbarungen (*pactos parasociales*) (Artt. 530–535 LSC),[421] Buchführung und Rechnungslegung (Artt. 536–539 LSC) sowie die Offenlegung bestimmter Informationen zur Geschäftsleitung (Art. 540 LSC) und ihrer Vergütung (Art. 541 LSC).[422] 166

Die Regelungen über die Geschäftsleitung sind in den letzten Jahren durch den Auftrieb der ***Corporate Governance***-Diskussion ins Rampenlicht gerückt (zur europäischen Corporate Governance § 33). So hat die *Ley 31/2014* bestimmte Normen, die ursprünglich die Corporate Governance-Kodizes enthielten,[423] in die *Ley de Sociedades de Capital* überführt (Artt. 529bis–529novedecies LSC) und damit gesetzlich verankert. Seitdem unterliegen sie nicht mehr dem *comply or explain*-Prinzip, sondern stellen zwingendes Recht dar.[424] Sie betreffen namentlich die Vergütung und die Verfahrensweise der Geschäftsleitung, ihre unterschiedlichen Mitglieder 167

413 Dazu *Galán López* in: FS Sánchez Calero, Bd. 4, 2002, S. 3771–3814; *Boquera Matarredona* in: FS Olivencia Ruiz, Bd. 2, 2005, S. 1805–1832; *Boldó Roda* ADCo 7 (2006) 47.

414 Deutschsprachiger Überblick zum spanischen Kapitalmarktrecht bei *K. C. Fischer/Grupp/Baumeister* in: Wegen/Spahlinger/Barth (Hrsg.), Gesellschaftsrecht des Auslands, 2018, Spanien, Rn. 205–218 (Stand: 2013); ferner *B. Löber ua* RIW 2012, 146, 149 f.

415 Früher Überblick bei *Sánchez Calero* RDBB 44 (1991) 909; ferner *Sánchez-Calero Guilarte* RdS 36 (2011) 259.

416 BOE 24 octubre 2015, núm. 255, S. 100356, Real Decreto Legislativo 4/2015, de 23 de octubre, por el que se aprueba el texto refundido de la Ley del Mercado de Valores.

417 *Sánchez-Calero Guilarte* RdS 36 (2011) 259.

418 Zur alten Rechtslage *Alcalá Díaz*, El derecho de impugnación del socio en la sociedad anónima cotizada, 2006.

419 Ein Beispiel sind die auch an der Madrider Börse notierten Aktien der *Airbus SE*.

420 Dazu *Emparanza Sobejano* RdS 21 (2003) 149; *Fernández del Pozo* RDBB 93 (2004) 55; *Martínez Martínez* in: FS García Villaverde, 2007, S. 917–954.

421 Dazu *García de Enterría Lorenzo-Velázquez* in: FS Fernández-Nóvoa Rodríguez, 2010, S. 163–174.

422 Näher zur Vergütung *Sánchez Calero*, La retribución de los administradores en las sociedades cotizadas, 2003; *Sánchez-Calero Guilarte* RdS 28 (2007) 19; *Montero García-Noblejas* RdS 30 (2008) 163; im deutschsprachigen Schrifttum *Recalde/Schönnenbeck* RIW 2010, 453; *dies.* RIW 2011, 601.

423 *Alonso Ureba* in: FS García Villaverde, 2007, S. 159–186; *del Val Talens/Martí Moya* in: Embid Irujo (Hrsg.), Derecho de sociedades de capital, 2016, S. 483, 483–487; allgemein zur alten Rechtslage *Tapia Hermida* in: FS Menéndez Menéndez, Bd. 3, 1996, S. 2543–2564; *Esteban Velasco* (Hrsg.), El gobierno de las sociedades cotizadas, 1999.

424 *Embid Irujo* RDBB 140 (2015) 11, 27 f.

(*dominicales, ejecutivos, independientes*)[425] sowie bestimmte nicht auf einzelne Geschäftsleiter delegierbare Zuständigkeiten.

d) Societas Europaea (SE)

168 Das EU-Recht der *Societas Europaea* (s. § 4) können die Mitgliedstaaten auf nationaler Ebene teilweise modifizieren und konkretisieren. Ergebnis dieser Modifikation im **spanischen Recht** ist die Anpassung der SE-VO[426] sowie die Umsetzung der europäischen SE-RL[427] hinsichtlich der Arbeitnehmermitbestimmung. Nachdem die gesetzlichen Regelungen zur SE ursprünglich durch die *Ley 19/2005*[428] in die ehemalige *Ley de Sociedades Anónimas* eingeführt worden sind, befinden sie sich heute in der *Ley de Sociedades de Capital* (Artt. 455–494). Inhaltlich entsprechen sie im Wesentlichen der SE-VO und verweisen auf sie. Die europäische SE-RL hat die *Ley 31/2006*[429] zusammen mit der Regelung zur Arbeitnehmermitbestimmung in der Europäischen Genossenschaft umgesetzt.

169 Wo die SE-VO selbst keine näheren Bestimmungen trifft, verweist die *Ley de Sociedad de Capital* regelmäßig auf die **nationalen Regelungen zur *Sociedad Anónima***, so etwa für die Generalversammlung (Art. 492 II LSC).[430]

170 Statutarischer **Gesellschaftssitz** und Hauptverwaltung müssen sich in demselben Mitgliedstaat befinden; andernfalls muss mindestens einer verlegt werden, damit beide übereinstimmen (Artt. 7 S. 1, 64 SE-VO, 458 f. LSC).[431] Von der in Art. 7 S. 2 SE-VO vorgesehenen Möglichkeit zu bestimmen, dass Sitz und Hauptverwaltung nicht nur in demselben Mitgliedstaat, sondern sogar an demselben Ort innerhalb eines Staatsgebiets liegen müssen, hat die *Ley de Sociedades de Capital* zwar keinen Gebrauch gemacht.[432] Jedoch lässt sich ein solches Erfordernis bereits aus der allgemeinen Regelung zum Gesellschaftssitz der *Sociedad Anónima* herleiten (Art. 9 LSC); weichen demnach die Orte voneinander ab, gelten gegenüber Dritten beide als Sitz der Gesellschaft. Legt die Gesellschaft sie nicht binnen eines Jahres zusammen, ist sie aufzulösen (Art. 460 LSC).[433]

171 Die **Organisationsverfassung** der *Societas Europaea* ermöglicht ein dualistisches System; anders als in der *Sociedad Anónima* kann daher ein Aufsichtsrat als drittes Gesellschaftsorgan vorgesehen werden (Artt. 478–491 LSC).[434] Mit Ausnahme einer kurzen Periode unter der *Ley 41/1962*[435] hat es in Spanien keine damit vergleichbare Form der Arbeitnehmermitbestimmung gegeben.[436] Im Übrigen unterliegt die Geschäftsleitung der *Societas*

425 Dazu *Marcos Fernández/Sánchez Graells* RDM 268 (2008) 499.

426 Verordnung (EG) Nr. 2157/2001 des Rates vom 8. Oktober 2001 über das Statut der Europäischen Gesellschaft (SE) (ABl. 10.11.2001, L 294/1.).

427 Richtlinie 2001/86/EG des Rates vom 8. Oktober 2001 zur Ergänzung des Statuts der Europäischen Gesellschaft hinsichtlich der Beteiligung der Arbeitnehmer (ABl. 10.11.2001, L 294/22).

428 BOE 15 noviembre 2005, núm. 273, S. 37303, Ley 19/2005, de 14 de noviembre, sobre la sociedad anónima europea domiciliada en España; ferner *Bercovitz Rodríguez-Cano* in: FS García Villaverde, 2007, S. 209–220; nach Inkrafttreten der *Ley de Sociedades de Capital* auch *Juste Mencía* RdS 36 (2011) 255, 255 f.

429 BOE 19 octubre 2006, núm. 250, S. 36302, Ley 31/2006, de 18 de octubre, sobre implicación de los trabajadores en las sociedades anónimas y cooperativas europeas; dazu *Prades López* CDC 47 (2007) 343; *Esteban Velasco* RDBB 105 (2007) 180; *Álvarez Gimeno* RdS 30 (2008) 335.

430 Dazu *Boquera Matarredona* CDC 41 (2004) 11; *ders.* in: Boquera Matarredona (Hrsg.), La sociedad anónima europea domiciliada en España, 2006, S. 257.

431 *Fernández del Pozo* RDM 250 (2003) 1479; *ders.* in: Esteban Velasco ua (Hrsg.), La Sociedad Anónima Europea, 2004, S. 149–156; *Palao Moreno* in: Boquera Matarredona (Hrsg.), La sociedad anónima europea domiciliada en España, 2006, S. 73–76; *ders.*, El traslado del domicilio social de la sociedad anónima europea, 2006, S. 144–149; *Pérez Hereza* CDC 47 (2007) 43; *Verdú Cañete* RdS 28 (2007) 217; *Rodas Paredes*, Libertad de establecimiento y movilidad internacional de las sociedades mercantiles, 2011, S. 110–113.

432 *Veiga Copo* in: Rojo Fernández-Río/Beltrán Sánchez (Hrsg.), Comentario de la Ley de Sociedades de Capital, Bd. 2, 2011, S. 3071.

433 *Palao Moreno* in: Boquera Matarredona (Hrsg.), La sociedad anónima europea domiciliada en España, 2006, S. 74; *Lincke/Jiménez Renedo* in: B. Löber/Wicke/Huzel (Hrsg.), Handels- und Wirtschaftsrecht in Spanien, 2008, Rn. 4.12.

434 Dazu *Álvarez Royo-Villanova* CDC 44 (2005) 155; *Pérez de Madrid Carreras/Alonso-Cuevillas Fortuny* CDC 47 (2007) 213; im deutschsprachigen Schrifttum *Lincke/Jiménez Renedo* in: B. Löber/Wicke/Huzel (Hrsg.), Handels- und Wirtschaftsrecht in Spanien, 2008, Rn. 4.27–4.34.

435 BOE 23 julio 1962, núm. 175, S. 10276, Ley 41/1962, de 21 de julio, por la que se establece la participación del personal en la administración de las Empresas que adoptan la forma jurídica de Sociedades; ausführlich dazu *Esteban Velasco*, El poder de decisión en las sociedades anónimas, 1982.

436 Rechtsvergleichend *Wansleben* in: Habersack ua (Hrsg.), Deutsche Mitbestimmung unter europäischem Reformzwang, 2016, S. 108, 112; ferner *Henneberger*, Unternehmensführung und Arbeitnehmerinteressen in Spanien und Deutschland, 2008, S. 61–69.

Europaea den gleichen Vorschriften wie bei der *Sociedad Anónima*, soweit diese nicht der SE-VO oder der *Ley 31/2006* widersprechen (Art. 477 LSC).[437]

In der **Praxis** hat die spanische *Societas Europaea* keine nennenswerte Bedeutung.[438] Gründe dafür sind die Pfadabhängigkeit des spanischen Aktienrechts[439] und die höheren Organisationskosten des dualistischen Systems. Zudem ermöglicht es die EuGH-Rechtsprechung zur Niederlassungsfreiheit (Artt. 49, 54 AEUV) auch den nationalen mitgliedstaatlichen Gesellschaften, ihren Sitz frei im EU-Territorium zu verlegen[440] und grenzüberschreitende konzernrechtliche Strukturen zu bilden.[441] Insofern beschert die Regelung in Art. 8 I SE-VO der *Societas Europaea* keinen Vorteil gegenüber der *Sociedad Anónima*.[442] Darüber hinaus erlaubt die Elfte gesellschaftsrechtliche EWG-Richtlinie,[443] bestimmte internationale Organisationsstrukturen mittels grenzüberschreitender Zweigniederlassungen zu gestalten. Die Rechtsform der *Societas Europaea* ist vor diesem Hintergrund nur dann attraktiv, wenn die nationalen Rechtsformen mit höheren Kosten verbunden sind. In Spanien dürfte dies aufgrund des monistischen Systems (Artt. 209–252 LSC) und des bei der *Sociedad Anónima* geringeren Mindestkapitals in Höhe von 60.000 Euro verglichen mit 120.000 Euro bei der *Societas Europaea* (Art. 4 III LSC iVm Art. 4 II SE-VO) nur selten der Fall sein.[444] 172

e) Konzernrecht

Anders als etwa in Deutschland gibt es in Spanien **kein zusammenhängendes Konzernrecht** (*Derecho de grupos*).[445] So treffen weder die *Ley de Sociedades de Capital* noch ein anderes Gesetz allgemeine und umfassende Regelungen zum Schutz der Minderheitsgesellschafter und Gläubiger von Tochtergesellschaften.[446] Zwar hat es in der Vergangenheit immer wieder Versuche gegeben, das Konzernrecht als selbstständiges Rechtsgebiet oder als Teil des Kapitalgesellschaftsrechts zusammenhängend zu kodifizieren. Am aussichtsreichsten dürften insoweit die Entwürfe eines neuen umfassenden Handelsgesetzbuches (*Código Mercantil*) gewesen sein, des *Propuesta de Código Mercantil* (Artt. 291-1–291-20) und des darauffolgenden *Anteproyecto de Ley del Código Mercantil* (Artt. 291-1–291-19). Bis heute hat aber keiner der Entwürfe Gesetzeskraft erlangt (Rn. 21). Mangels einer solchen zusammenhängenden Gesetzesregelung speist sich das spanische Konzernrecht aus Rechtsprechungsentscheidungen und parzellierten, über das gesamte Wirtschaftsrecht verstreuten Einzelnormen. 173

---

437 Dazu *Ferrando Villalba* in: Boquera Matarredona (Hrsg.), La sociedad anónima europea domiciliada en España, 2006, S. 347; vor der Kodifizierung allgemein *Esteban Velasco* in: Esteban Velasco ua (Hrsg.), La Sociedad Anónima Europea, 2004, S. 526.

438 Bekannt ist nur *Autopistas de Puerto Rico SE*.

439 Zur Pfadabhängigkeit *Bebchuk/Roe* Stan. L. Rev. 52 (1999) 127, 153.

440 EuGH, Rs. C-208/00 (Überseering), ECLI:EU:2002:632 = NJW 2002, 3614, besprochen von *Garcimartín Alférez* RDM 248 (2003) 163; EuGH, Rs. C-411/03 (Sevic Systems), ECLI:EU:C:2005:762 = NJW 2006, 425; EuGH, Rs. C-378/10 (Vale), ECLI:EU:C:2012:440 = NJW 2012, 2715; ferner *Velasco San Pedro/Sánchez Felipa* RdS 19 (2002) 15; *Garcimartín Alférez* NotUE 252 (2006) 131; im deutschsprachigen Schrifttum *B. Löber ua* RIW 2012, 146, 148.

441 EuGH, Rs. C-79/85 (Segers), ECLI:EU:C:1986:308 = NJW 1987, 571; außerdem *García-Cruces González* RDM 202 (1991) 731.

442 AA *Navarro Matamoros* in: Embid Irujo (Hrsg.), Derecho de sociedades de capital, 2016, S. 507, 518 f.

443 Elfte Richtlinie des Rates vom 21. Dezember 1989 über die Offenlegung von Zweigniederlassungen, die in einem Mitgliedstaat von Gesellschaften bestimmter Rechtsformen errichtet wurden, die dem Recht eines anderen Staates unterliegen (89/666/EWG) (ABl. 30.12.1989, L 395/36), heute in den Abschnitten 2 u. 3 des Kapitels III Kodifizierungs-RL (zu dieser § 19), Richtlinie (EU) 2017/1132 des Europäischen Parlaments und des Rates vom 14. Juni 2017 über bestimmte Aspekte des Gesellschaftsrechts (ABl. 30.6.2017, L 169/46), geregelt; in der EuGH-Rechtsprechung EuGH, Rs. C-212/97 (Centros), ECLI:EU:C:1999:126 = NJW 1999, 2027 u. EuGH, Rs. C-167/01 (Inspire Art), ECLI:EU:C:2003:512 = NJW 2003, 3331.

444 Näher zum Mindestkapital der *Societas Europaea* s. *Velasco San Pedro* in: Esteban Velasco ua (Hrsg.), La Sociedad Anónima Europea, 2004, S. 103–108; *Olavarría Iglesia* in: Boquera Matarredona (Hrsg.), La sociedad anónima europea domiciliada en España, 2006, S. 125–132.

445 Überblick zur Geschichte und Entwicklung des spanischen Konzernrechts bei *Rentsch*, Spanisches Konzern- und Übernahmerecht, 2003, S. 31–61; allgemein zum deutschen Konzernrecht der §§ 291–328 AktG *Emmerich/Habersack/Schürnbrand*, Aktien- und GmbH-Konzernrecht, 2016.

446 Über das Wesen des Konzerns im älteren Schrifttum *Garrigues Díaz-Cañabate* RDM 7 (1947) 51; *Uría González* RDM 16 (1949) 315; *Fernández de la Gándara* AG 1973, 158, 162–166; *Duque Domínguez* in: FS Roca Sastre, Bd. 3, 1976, S. 525–586; in der jüngeren Vergangenheit *Massaguer Fuentes* RDM 192 (1989) 281; *Embid Irujo* RDM 214 (1994) 913; *Rojo Fernández-Río* RDM 220 (1996) 457; *Embid Irujo* AAMN 39 (2000) 183; *Fuentes Naharro* RDM 269 (2008) 1009; *Embid Irujo* RDM 284 (2012) 25; *ders.* RDM 304 (2017) 13; monographisch *Embid Irujo*, Grupos de sociedades y accionistas minoritarios, 1986; *Martínez-Gijón Machuca*, La protección de los socios externos en los grupos de sociedades, 1999; *Embid Irujo*, Introducción al derecho de los grupos de sociedades, 2003.

174 Kern der kodifizierten Regelungen ist die gesetzliche **Definition** des Konzerns.[447] Diese findet sich im Bilanzrecht in Art. 42 CCom, auf den Art. 18 LSC verweist und der die Siebente gesellschaftsrechtliche EWG-Richtlinie zur konzernrechtlichen Buchführung umsetzt.[448] Danach setzt ein Konzern voraus, dass eine Gesellschaft (Mutter) eine andere Gesellschaft (Tochter) kontrolliert. Diese **Kontrolle** (*control*) kann über die Mehrheit der Stimmrechte oder besondere Satzungsbestimmungen bzw. sonstige Vereinbarungen ausgeübt werden, die es der Muttergesellschaft erlauben, die Mehrheit der Geschäftsleiter in der Tochtergesellschaft zu bestellen. Damit bestimmt die Konzerndefinition zum einen den Anwendungsbereich der von der Rechtsprechung entwickelten Schutzinstrumente (Rn. 177 f.). Zum anderen trägt sie zu einem einheitlichen Verständnis des Konzernbegriffs bei, der im Kapitalgesellschaftsrecht in verschiedenen Kontexten auftritt. Zu nennen sind in diesem Zusammenhang die Übertragung von Geschäftsanteilen von Todes wegen (Art. 107 LSC), die finanzielle Unterstützung beim Erwerb eigener Geschäftsanteile oder Aktien (Artt. 143 II LSC, 150, 157 LSC), das Stimmrecht (Art. 188 LSC), die Einzelabstimmung (Art. 197bis LSC), Interessenkonflikte von Geschäftsleitern und nahestehenden Personen (Artt. 229, 231 LSC), die Rechnungslegung (Artt. 260 f., 283 LSC) sowie bestimmte Sonderregelungen für börsennotierte Gesellschaften (Artt. 505, 527, 529ter, 529duodecies, 540 LSC).

175 Gesellschaftsrechtliche Kontrolle ist damit hinreichende Voraussetzung, um von einem Konzern sprechen zu können. Sie ist hingegen nicht notwendig; vielmehr existieren weitere Konstellationen, die als Konzern behandelt werden. So geht Art. 260 Nr. 18 LSC, der im Kern Regelungen zum Anhang (*memoria*) des Jahresabschlusses trifft,[449] auch dann von einem Konzern aus, wenn mehrere Gesellschaften einer **einheitlichen Leitung** (*dirección unitaria*) unterstellt sind, und erweitert damit die Definition des Art. 18 LSC.[450] Zusätzlich zu den dort geregelten faktischen Konzernen, die durch tatsächliche Kontrollinstrumente zusammengehalten werden, bezieht Art. 260 Nr. 18 LSC damit auch solche Gesellschaftsgruppen in den Konzernbegriff ein, die in sonstiger Weise einer Entscheidungseinheit unterworfen sind,[451] zB aufgrund eines Beherrschungsvertrags.[452]

176 Der Konzernbegriff findet sich auch außerhalb des Kapitalgesellschaftsrechts in **anderen Bereichen des Wirtschaftsrechts.**[453] Beispiele sind das Kartellrecht (Privilegierung bei wettbewerbsbeschränkenden Vereinbarungen (Art. 7 LDC)[454]) sowie das Insolvenzrecht (Insolvenzantrag (*solicitud de concurso*) (Artt. 6, 25, 25bis, 28 LC), Insolvenzanfechtung (*acción de reintegración de la masa*) (Artt. 71bis, 93 LC),[455] Insolvenzplan (*convenio*) (Art. 125 LC) sowie Beurteilung, ob die Insolvenz schuldhaft herbeigeführt worden ist (*calificación del concurso*) (Art. 165 LC)). Darüber hinaus verweisen sowohl die *Ley Concursal* (*Disposición Adicional Sexta LC*)[456] als auch die *Ley del Mercado de Valores* (Art. 5 LMV)[457] auf die Konzerndefinition in Art. 42 I CCom.

177 Zum Schutz der Minderheitsgesellschafter und Gläubiger von Tochtergesellschaften hat die Rechtsprechung eine **Durchgriffshaftung** (*doctrina del levantamiento del velo de la persona jurídica*) für solche Fälle entwickelt,

447 Ausführlich zur Begriffsbildung in unterschiedlichen Rechtsgebieten *Rentsch*, Spanisches Konzern- und Übernahmerecht, 2003, S. 45–52; ferner *Sánchez Álvarez* in: FS Fernández de la Gándara, 2016, S. 723–817.

448 Siebente Richtlinie des Rates vom 13. Juni 1983 aufgrund von Artikel 54 Absatz 3 Buchstabe g) des Vertrages über den konsolidierten Abschluß (83/349/EWG) (ABl. 18.7.1983, L 193/1); dazu *Embid Irujo* CDC 5 (1989) 359. Die Siebente Richtlinie wurde mittlerweile aufgehoben und mit der Vierten Richtlinie (Vierte Richtlinie des Rates vom 25. Juli 1978 aufgrund von Artikel 54 Absatz 3 Buchstabe g) des Vertrages über den Jahresabschluß von Gesellschaften bestimmter Rechtsformen (78/660/EWG) (ABl. 14.8.1978, L 222/11)) zusammengefasst in Richtlinie 2013/34/EU des Europäischen Parlaments und des Rates vom 26. Juni 2013 über den Jahresabschluss, den konsolidierten Abschluss und damit verbundene Berichte von Unternehmen bestimmter Rechtsformen und zur Änderung der Richtlinie 2006/43/EG des Europäischen Parlaments und des Rates und zur Aufhebung der Richtlinien 78/660/EWG und 83/349/EWG des Rates (ABl. 29.6.2013, L 182/19). Maßgebliche Norm der Richtlinie 2013/34/EU ist Art. 22. Eine eigenständige EU-Richtlinie zum Konzernrecht ist bisher nicht erlassen worden. Ob ein europäisches Konzernrecht weiterhin angestrebt wird, ist ungewiss; optimistisch *Fleischer* ZGR 2017, 1; zum Sinn eines eigenständigen Konzernrechts *Engert* in: FS Baums, Bd. 1, 2017, S. 385–400.

449 Zum Anhang nach altem Recht etwa *Ruiz de Vargas*, Jahresabschluss von Kapitalgesellschaften nach neuem Recht in Spanien, 1992, S. 70–77.

450 So etwa *Embid Irujo* in: Embid Irujo (Hrsg.), Derecho de sociedades de capital, 2016, S. 573, 580.

451 *De Arriba Fernández*, Derecho de grupos de sociedades, 2004, S. 201–212; *Fuentes Naharro*, Grupos de sociedades y protección de acreedores (una perspectiva societaria), 2007, S. 120.

452 *Embid Irujo* RdS 15 (2000) 57; *ders.*, Introducción al derecho de los grupos de sociedades, 2003, S. 58–62; *De Arriba Fernández*, Derecho de grupos de sociedades, 2004, S. 231–328.

453 Überblick bei *Girgado Perandones* in: Borges dos Santos Gomes de Araujo/Warde Jr. (Hrsg.), Os grupos de sociedades, 2012, S. 61–82.

454 BOE 4 julio 2007, núm. 159, S. 28848, Ley 15/2007, de 3 de julio, de Defensa de la Competencia; dazu *Girgado Perandones*, Grupos de empresas y Derecho antitrust, 2007.

455 Dazu in der Rechtsprechung Sentencia del Tribunal Supremo de 4 de marzo de 2016, núm. 134.

456 Dazu *Sánchez-Calero Guilarte/Fuentes Naharro* RDM 291 (2014) 595; *López Aparcero* ADCo 26 (2012) 251; Sentencia del Tribunal Supremo de 15 de marzo de 2017, núm. 190.

457 Dazu *Ruiz Peris* RDM 218 (1995) 1447; *ders.* in: Doralt/Hommelhoff/Hopt (Hrsg.), Konzern- und Kapitalmarktrecht, 2001, S. 243, 244–250; *Sánchez-Calero Guilarte* in: FS Sánchez Calero, Bd. 5, 2002, S. 5465–5488.

in denen die Rechtspersönlichkeit der Gesellschaft missbraucht wird.[458] Dies betrifft Konstellationen, in denen das kapitalgesellschaftsrechtliche Trennungsprinzip (*dogma del hermetismo de la persona jurídica*), dh die haftungsrechtliche Abschirmung des Gesellschaftsvermögens, zweckentfremdet wird, um es dem Zugriff der Gläubiger zu entziehen.[459] Fallgruppen bilden insofern Einpersonengesellschaften,[460] Fälle materieller Unterkapitalisierung (*infracapitalización*),[461] Vermögensvermischung (*confusión de patrimonios*),[462] Fälle personeller und organisatorischer Verflechtung (*confusión de esferas*)[463] sowie andere missbräuchliche Umgehungssituationen.[464]

Neben dieser Durchgriffshaftung hat die Rechtsprechung die im französischen Richterrecht entwickelte *Rozenblum*-Doktrin rezipiert, die in bestimmten Fällen **Ausgleichsleistungen** (*ventajas compensatorias*) der Muttergesellschaft vorsieht.[465] Danach ist eine Maßnahme, welche die Muttergesellschaft im Interesse des Konzerns vornimmt, rechtswidrig, wenn sie bei einer Tochtergesellschaft einen Schaden verursacht, der nicht ausgeglichen wird.[466] Der Tochtergesellschaft steht folglich ein entsprechender Ausgleichsanspruch zu, den sie auf zweierlei Wegen geltend machen kann. Zum einen kann sie die Geschäftsleitung der Muttergesellschaft auf Schadensersatz in Anspruch nehmen, wenn diese zugleich als faktische Geschäftsleiterin (*administrador de hecho*) in der Tochtergesellschaft agiert (Art. 236 LSC).[467] Zum anderen kann der Generalversammlungsbeschluss der Tochtergesellschaft auf der Grundlage angefochten werden, dass er ohne Zahlung einer Ausgleichsleistung gegen das Gesellschaftsinteresse verstößt (Art. 204 I LSC). 178

2. Gründung

a) Allgemein

Um eine *Sociedad Anónima* zu gründen, müssen mindestens zwei Gesellschafter zusammenwirken und einen **Gesellschaftsvertrag** schließen (Art. 19 I LSC).[468] Eine Ausnahme besteht für die Gründung als Einpersonengesellschaft (Rn. 150–163). Gründer können sowohl natürliche als auch juristische Personen aus dem In- und Ausland sein;[469] sie müssen den Gesellschaftsvertrag bzw. den einseitigen Gründungsakt unterzeichnen (Art. 21 LSC), der anschließend notariell zu beurkunden und ins Handelsregister einzutragen ist (Art. 20 LSC). Werden diese Formvorschriften nicht erfüllt, ist die Gründung dennoch wirksam, und es entsteht eine irreguläre Gesellschaft (*sociedad irregular*).[470] Die staatliche Einbindung des Handelsregisters ist damit im Wesentlichen nur 179

458 Erstmals formuliert in der Sentencia del Tribunal Supremo de 28 de mayo de 1984, núm. 330, besprochen mit Hinweis auf die nachfolgende Rechtsprechung von *Boldó Roda*, Levantamiento del Velo y Persona Jurídica en el Derecho Privado Español, 1996, S. 212–220; dazu im deutschsprachigen Schrifttum *Rentsch*, Spanisches Konzern- und Übernahmerecht, 2003, S. 82–85; teilweise einschränkend Sentencia del Tribunal Supremo de 13 de diciembre de 1996, núm. 1051, besprochen von *Embid Irujo* RdS 11 (1999) 363; Zusammenstellung der Rechtsprechung bei *De Ángel Yagüez*, La doctrina del levantamiento del velo de la persona jurídica en la jurisprudencia, 2013; zur Konzeption *Boldó Roda*, Levantamiento del Velo y Persona Jurídica en el Derecho Privado Español, 1996, S. 65–68; ferner *Molina Navarrete* ADC 1995, 753; *Hurtado Cobles*, El levantamiento del velo y los grupos de empresas, 2005; *López Bustabad* RDM 295 (2015) 487.

459 *Rentsch*, Spanisches Konzern- und Übernahmerecht, 2003, S. 63–65; zur abweichenden Entwicklung der deutschen Rechtsprechung *Gimeno Ribes* RDM 289 (2013) 247, 270–282.

460 *Boldó Roda*, Levantamiento del Velo y Persona Jurídica en el Derecho Privado Español, 1996, S. 327–370.

461 Sentencia del Tribunal Supremo de 13 de octubre de 2011, núm. 718, besprochen von *Gimeno Ribes* in: Embid Irujo (Hrsg.), Archivo Commenda de Jurisprudencia Societaria 2011–2012, 2014, S. 75–79; *Boldó Roda*, Levantamiento del Velo y Persona Jurídica en el Derecho Privado Español, 1996, S. 409–438; ferner *Paz-Ares Rodríguez* ADC 1983, 1587, 1614 f.; im deutschsprachigen Schrifttum *Rentsch*, Spanisches Konzern- und Übernahmerecht, 2003, S. 101–107.

462 Dazu *Rentsch*, Spanisches Konzern- und Übernahmerecht, 2003, S. 86–89 mwN.

463 *Rentsch*, Spanisches Konzern- und Übernahmerecht, 2003, S. 90–95 mwN.

464 *Boldó Roda*, Levantamiento del Velo y Persona Jurídica en el Derecho Privado Español, 1996, S. 439–458; ferner *Rentsch*, Spanisches Konzern- und Übernahmerecht, 2003, S. 107–110.

465 Besonders die Sentencia del Tribunal Supremo de 11 de diciembre de 2015, núm. 695, besprochen von *Embid Irujo* RDM 300 (2016) 301. In der französischen Rechtsprechung geht die *Rozenblum*-Doktrin zurück auf Cass. Crim. 4.2.1985, Rev. Soc. 1985, 648.

466 Zur Konzeption *Ventoruzzo* Riv. Soc. 2016, 363; bei *Cash Pooling*-Fällen *Fuentes Naharro* RDM 291 (2014) 233.

467 Sentencia del Tribunal Supremo de 11 de diciembre de 2015, núm. 695; zur Konzeption des *administrador de hecho* im Konzern *Embid Irujo* in: FS Immenga, 2004, S. 559, 566–568; *Hernando Cebriá* RDM 280 (2011) 133; im deutschsprachigen Schrifttum *Rentsch*, Spanisches Konzern- und Übernahmerecht, 2003, S. 132–134; allgemein zur Haftung des *administrador de hecho* s. *Rösner*, Verlust des Stammkapitals und Geschäftsführerhaftung in der GmbH. Ein deutsch-spanischer Rechtsvergleich, 2009, S. 24–28.

468 *Alfonso Sánchez* in: Embid Irujo (Hrsg.), Derecho de sociedades de capital, 2016, S. 37–68; allgemein und zur alten Rechtslage *Garrigues Díaz-Cañabate* RDM 1 (1946) 11; *Girón Tena* ADC 1949, 1359.

469 *K. C. Fischer/Grupp/Baumeister* in: Wegen/Spahlinger/Barth (Hrsg.), Gesellschaftsrecht des Auslands, 2018, Spanien, Rn. 123 (Stand: 2013).

470 *Sánchez Calero/Sánchez-Calero Guilarte*, Instituciones de Derecho Mercantil, Bd. 1, 2011, S. 333–337.

noch ein Relikt der Vergangenheit, das der Legalitätskontrolle dient.[471] Die notarielle Gründungsurkunde (*escritura de constitución*) muss sämtliche Gründungsinformationen (Art. 22 I lit. a)–e) LSC) und eine Ausfertigung der Satzung (*estatutos*) (Art. 22 I lit. d) LSC) enthalten (Rn. 180);[472] beide Erfordernisse beruhen auf der ehemaligen Kapital-RL (jetzt Artt. 2–6 Kodifizierungs-RL).

aa) Gründungsurkunde

180 Der **Urkundeninhalt** ist in Artt. 22 I LSC, 114, 175, 213 RRM näher geregelt. Aufzunehmen sind danach die Namen der **Gründer**; diese verpflichten sich im Gesellschaftsvertrag, ihre Einlagen vollständig zu erbringen (Art. 81 LSC),[473] und sollen zu diesem Zweck identifizierbar sein.[474] Erfolgt die Einzahlung nicht rechtzeitig und verschärft die Satzung für diesen Fall die gesetzlich vorgesehenen Rechtsfolgen, müssen diese angegeben werden (Artt. 82–84 LSC). Ferner müssen die Gründer ausdrücklich den **Gesellschaftstyp** in der Urkunde benennen. Ihre Erklärung, eine *Sociedad Anónima* errichten zu wollen, dient insofern als Nachweis ihrer **Zustimmung**. Die zu erbringenden **Einlagen** sind zu konkretisieren (Art. 22 I lit. c) iVm Art. 79 LSC); Anzahl und Nummerierung der im Gegenzug auszugebenden **Aktien** sind anzugeben. Sacheinlagen müssen gemäß Artt. 133 I, 190 RRM genau beschrieben werden. Schließlich sind die Namen derjenigen Personen in die Urkunde aufzunehmen, die am Anfang des Gesellschaftslebens **geschäftsführungs- und vertretungsbefugt** sind. Eine **Ausfertigung der Satzung** ist beizufügen.

181 Sämtliche **Gründungskosten** sind in der Gründungsurkunde anzugeben (Art. 22 III LSC). Sie sind nach bereits angefallenen und voraussichtlich noch zu entrichtenden Kosten aufzugliedern und umfassen ua die Kosten für die Beurkundung, Eintragungsgebühren sowie Steuerschulden.[475]

bb) Satzung

182 Art. 23 LSC normiert den Mindestinhalt der Satzung. Die **Satzungsfreiheit** (Art. 28 LSC) erlaubt es, darüber hinaus weitere Regelungen aufzunehmen, solange diese mit dem zwingenden Recht und den Charakteristika des jeweiligen Gesellschaftstyps (*principios configuradores del tipo social*), dh in diesem Fall denen der *Sociedad Anónima*, vereinbar sind. Zu letzteren zählen dispositive Gesetzesregelungen, von denen nicht abgewichen werden kann, ohne dass sich die Gesellschaft zu weit von ihren prägenden Strukturprinzipien entfernt.[476] Das ist etwa der Fall, wenn die freie Übertragbarkeit der Aktien (*acciones*) einer *Sociedad Anónima* zu sehr eingeschränkt wird (Art. 123 I LSC) oder umgekehrt wenn die Geschäftsanteile (*participaciones*) einer *Sociedad de Responsabilidad Limitada* zu einfach übertragbar sind (Art. 108 LSC).[477] Derartige Satzungsbestimmungen sind unzulässig und können nicht ins Handelsregister eingetragen werden.

183 Nach Art. 23 LSC muss in der Satzung die **Firma** (*denominación social*) angegeben werden. Für sie gelten andere Regelungen als im Personengesellschaftsrecht (Rn. 73 f.) (Art. 23 lit. a) LSC).[478] Der **Unternehmensgegenstand** (*objeto social*) ist festzulegen, und das wirtschaftliche Betätigungsfeld der Gesellschaft ist zu konkretisieren (Art. 117 RRM).[479] Insofern ist es allerdings nicht möglich, dass die Gesellschaft einer unspezifizierten, dh letztlich jeder beliebigen Tätigkeit nachgeht (Art. 23 lit. b) LSC).[480] Keine Bedeutung hat der Unternehmensgegenstand für den handelsrechtlichen Charakter der Gesellschaft; dieser ergibt sich bei der *Sociedad Anónima* bereits aus ihrer Eigenschaft als Kapitalgesellschaft (Art. 2 LSC). Schließlich ist der **Gesellschaftssitz** (*domicilio social*) anzugeben; er muss mit dem Ort der Hauptverwaltung übereinstimmen (Art. 23 lit. c) LSC) (Rn. 195 f.).

184 Die Satzung muss das **gezeichnete Kapital** (*capital social*) beziffern. Es hat mindestens 60.000 Euro zu betragen (Art. 4 III LSC) und ist in Aktien aufgeteilt, deren Ausgabebetrag bei Unterzeichnung des Vertrags zu mindes-

---

471 *López Ortega* in: Jiménez Sánchez/Díaz Moreno (Hrsg.), Derecho Mercantil, Bd. 3, 2013, S. 249 f.
472 Zur Abgrenzung von Gründungsurkunde und Satzung *Reckhorn-Hengemühle*, Die spanische Aktiengesellschaft nach der Reform des Aktiengesetzes von 1989, 1992, S. 7; *Idelmann*, Gründung und Gründungshaftung von AG und GmbH im spanischen und deutschen Recht, 1997, S. 22 f.
473 Allgemein zur Fähigkeit, eine Gesellschaft zu gründen, *Garrigues Díaz-Cañabate* RDM 5 (1946) 57.
474 *Garrigues Díaz-Cañabate* RDM 6 (1946) 429, 429–431.
475 Zur alten Rechtslage bereits *Idelmann*, Gründung und Gründungshaftung von AG und GmbH im spanischen und deutschen Recht, 1997, S. 30 f.
476 Sentencia del Tribunal Supremo de 10 de enero de 2011, núm. 889, besprochen von *Illescas Ortiz* CCJC 2012, 195, 208; instruktiv *Embid Irujo/Martínez Sanz* RdS 7 (1996) 11, 17–19 ≈ ZGR-Sonderheft 13, 1997, 228, 235–238; ferner *Millentrup*, Aktionärsgruppen und Entscheidungsmacht in der spanischen Aktiengesellschaft, 1995, S. 89–93; kritisch zur Unbestimmtheit dieses Konzepts *Alfonso Sánchez* in: Embid Irujo (Hrsg.), Derecho de sociedades de capital, 2016, S. 37, 43.
477 *Illescas Ortiz* CCJC 2012, 195, 201.
478 *Broseta Pont* RDN 67 (1970) 7, 13 f.
479 *Sáenz García de Albizu*, El objeto social en la sociedad anónima, 1990, S. 68–73; *Campo Sentís* RDP 1991, 296; ferner *Broseta Pont* RDN 67 (1970) 7, 16–26; *Illescas Ortiz* AAMN 34 (1995) 105.
480 *Sáenz García de Albizu*, El objeto social en la sociedad anónima, 1990, S. 80–84.

tens 25 % einbezahlt sein muss (Art. 79 LSC).[481] Ist das gezeichnete Kapital zu diesem Zeitpunkt noch nicht vollständig aufgebracht, sind die Höhe des noch ausstehenden Betrags sowie die Frist, innerhalb der er einzuzahlen ist, in die Satzung aufzunehmen. Ferner sind Nennwert und Nummerierung sowie ggf. unterschiedliche Gattungen und Serien der Aktien anzugeben. Die Ausgestaltung als Brief- (*títulos*) oder Buchaktien (*anotaciones en cuenta*) ist festzulegen.[482] Im Fall von Briefaktien ist zudem anzugeben, ob es sich um Namens- (*acciones nominativas*) oder Inhaberaktien (*acciones al portador*) handelt und ob die Ausgabe von Sammelurkunden (*títulos múltiples*) vorgesehen ist (Art. 23 lit. d) LSC).[483]

Auch zur **Organisationsverfassung** muss die Satzung Angaben machen (Art. 23 lit. e), f.) LSC).[484] Dabei sollen die Anzahl der Geschäftsleiter,[485] ihre Amtsdauer und die Ausgestaltung des Geschäftsleitungsorgans (Art. 210 I LSC) festgelegt werden. Sofern die Geschäftsleiter eine Vergütung erhalten (bei börsennotierten Gesellschaften sieht das dispositive Gesetzesrecht eine Vergütung vor), ist das Vergütungssystem in der Satzung zu bestimmen (Art. 217 I iVm Art. 529sexdecies LSC). Das Beschlussverfahren der Generalversammlung und ggf. des Verwaltungsrats sind zu regeln (Art. 23 lit. f) LSC). 185

Im Laufe des Gesellschaftslebens kann das Bedürfnis entstehen, Bestimmungen der Satzung zu ändern. Da es sich dabei um eine Änderung des Gesellschaftsvertrags handelt, wäre nach allgemeinem Vertragsrecht prinzipiell die Zustimmung aller Parteien, also aller Gesellschafter nötig. Wäre das Einstimmigkeitsprinzip aber auch auf **Satzungsänderungen** anwendbar, würde dies die Möglichkeit der Gesellschaft, sich an die wandelnden tatsächlichen Verhältnisse anzupassen, erheblich beeinträchtigen und so die Funktion der *Sociedad Anónima* lähmen.[486] Daher gilt für Satzungsänderungen ein spezifisches Verfahren, das einerseits ausreichende Flexibilität ermöglicht und andererseits die Minderheitsgesellschafter schützt:[487] 186

Den **Änderungsvorschlag** samt einer Begründung entwerfen grundsätzlich die Geschäftsleiter (Art. 286 LSC).[488] Mit Einberufung der Generalversammlung sind die Gesellschafter über den Tagesordnungspunkt der Satzungsänderung sowie ihr Recht, den Änderungsvorschlag mit Begründung einzusehen, zu informieren (Art. 287 LSC). Zur Annahme der Satzungsänderung reicht grundsätzlich die einfache Mehrheit aus. Ist in der Generalversammlung mehr als ein Viertel, aber weniger als die Hälfte des Kapitals vertreten, bedarf es einer 2/3-Mehrheit (Art. 288 iVm Art. 194, 201 II LSC). Der Beschluss muss beurkundet und ins Handelsregister eingetragen werden. Er ist im *Boletín Oficial del Registro Mercantil* zu veröffentlichen.[489] 187

Bestimmte Satzungsänderungen, die Minderheitsgesellschafter besonders beeinträchtigen können, unterliegen **strengeren Erfordernissen.**[490] So können Gesellschafterpflichten nur mit Zustimmung der betroffenen Gesellschafter begründet werden (Art. 291 LSC). Änderungsbeschlüsse, die nur eine bestimmte Aktienserie betreffen, bedürfen nicht nur der erforderlichen Mehrheit der Generalversammlung, sondern auch der jeweiligen Aktienserie (*serie de acciones*) (Art. 293 LSC). Satzungsänderungen, welche die Übertragbarkeit der Aktien einschränken, entfalten für die Gesellschafter, die dagegen gestimmt haben, erst drei Monate nach der Veröffentlichung im *Boletín Oficial del Registro Mercantil* Wirkung;[491] bis dahin können die betroffenen Gesellschafter ihre Aktien ungeachtet der neu beschlossenen Beschränkungen übertragen (Art. 123 I 2 LSC). 188

Bei **Änderungen des Unternehmensgegenstands** steht den ablehnenden Gesellschaftern ein Austrittsrecht zu (Art. 346 I lit. a) LSC). In der Rechtsprechung ist die Frage aufgekommen,[492] ob ein solches Austrittsrecht auch besteht, wenn der Unternehmensgegenstand nicht unmittelbar, sondern nur mittelbar geändert wird, etwa indem der eigentliche Betrieb auf eine Tochtergesellschaft ausgelagert wird. Dafür spricht die funktionale Ver- 189

481 Das gezeichnete Kapital (*capital social*) ist mit dem *Grundkapital* der deutschen Aktiengesellschaft vergleichbar und entspricht dem in der Kodifizierungs-RL (zu dieser § 19) verwendeten deutschen Terminus.

482 Monographisch zu den Buchaktien *González Castilla*, Representación de acciones por medio de anotaciones en cuenta, 1999.

483 Allgemein zum Kapital als Satzungsinhalt *Massaguer Fuentes* RGD 1990, 5547.

484 Die Satzung kann etwa die Sorgfaltspflichten der Geschäftsleiter modifizieren, näher dazu *Hernando Cebriá* RdS 34 (2010) 125.

485 Als Mindestangabe sind die kleinst- und die größtmögliche Anzahl der Geschäftsleiter zu konkretisieren.

486 *Gispert Pastor* in: FS Girón Tena, 1991, S. 485, 488.

487 Monographisch *Ávila de la Torre*, La modificación de estatutos en la Sociedad Anónima, 2001.

488 Dazu *Rojo Fernández-Río* RGD 1993, 11837.

489 Zu praktisch gleichlautenden Erfordernissen nach alter Rechtslage *Gispert Pastor* in: FS Girón Tena, 1991, S. 485, 490–498.

490 Dazu *Marina García-Tuñón* in: Alonso Ureba (Hrsg.), Derecho de Sociedades Anónimas, Bd. 3-1, 1994, S. 77.

491 *Broseta Pont/Martínez Sanz*, Manual de Derecho Mercantil, 2016, S. 534.

492 Sentencia del Tribunal Supremo de 10 de marzo de 2011, núm. 102, besprochen von *Emparanza Sobejano* in: FS Gondra Romero, 2012, S. 201–214 sowie von *Redondo Trigo* RCDI 2012, 1165 und von *Gimeno Ribes* in: Embid Irujo (Hrsg.), Archivo Commenda de Jurisprudencia Societaria 2011–2012, 2014, S. 197–201; nach alter Rechtslage *Broseta Pont* in: FS Garrigues Díaz-Cañabate, Bd. 1, 1970, S. 45–72; *Pulgar Ezquerra* RdS 2 (1994) 201.

gleichbarkeit beider Konstellationen.[493] Inzwischen hat der Gesetzgeber die Frage entschieden und mit der *Ley 25/2011* in Art. 346 I lit. a) LSC auch für den Fall ein gesetzliches Austrittsrecht geschaffen, dass die Gesellschaft den Unternehmensgegenstand substantiell verändert (*sustitución o modificación sustancial*).[494]

cc) Handelsregistereintragung

190 Mit der Eintragung des beurkundeten Gesellschaftsvertrags ins Handelsregister erlangt die *Sociedad Anónima* **Rechtspersönlichkeit** (Art. 33 LSC); die Eintragung hat konstitutiven Charakter. Bis zur Eintragung existiert die *Sociedad Anónima* nur als Vorgesellschaft (*sociedad en formación*), für die besondere Regeln gelten (Rn. 203–207); auch die Vorgesellschaft hat aber Rechtspersönlichkeit, wenn auch nicht als Kapitalgesellschaft. Damit das Handelsregister die Eintragung vornimmt, muss nachgewiesen werden, dass die Gründungssteuer bezahlt oder ihre Bezahlung veranlasst worden ist (Art. 32 II LSC); die Höhe der Gründungssteuer beträgt 1 % des Nominalkapitals, ggf. zuzüglich des Agios (Artt. 25 f. LITPyAJD).[495]

dd) Firma

191 Die **Firma** der *Sociedad Anónima* kann die Namen eines oder mehrerer Gesellschafter enthalten, muss dies aber – anders als die Personengesellschaften – nicht. Alternativ kann sie auf den Unternehmensgegenstand hinweisen oder eine Phantasiebezeichnung (*denominación de fantasía*) nennen (Art. 400 I LSC). Führt die Firma die Namen der Gesellschafter auf, wirkt sich dies – anders als bei den Personengesellschaften (Rn. 74, 98, 118) – nicht auf die persönliche Haftung aus. Vielmehr kann eine solche Firma Teil einer Marketingstrategie sein, damit der Markt bestimmte Produkte mit einem bestimmten Personennamen assoziiert und so mit dem Geschäfts- bzw. Firmenwert verbindet.

192 Die Firma hat den **Rechtsformzusatz** „S. A." zu enthalten (Art. 6 II LSC), damit der Rechtsverkehr den Gesellschaftstyp identifizieren kann. Außerdem darf es **keine Übereinstimmung** mit der Firma einer anderen Gesellschaft geben (Art. 7 LSC). Dieses Verbot soll verhindern, dass sich eine Gesellschaft den Firmenwert einer anderen widerrechtlich aneignet.[496] Es ist angesichts seines Zwecks weit auszulegen und untersagt nicht nur, eine identische Firma zu verwenden, sondern auch eine ähnliche, für die eine Verwechselungsgefahr besteht (Artt. 407 f. RRM).

193 Da sich das Verbot auf die Firmen aller Gesellschaften erstreckt, die im Zentralen Handelsregister (*Registro Mercantil Central*) eingetragen sind (Art. 407 RRM), ist eine **Freigabe des Handelsregisters** nötig, die bestätigt, dass keine ähnliche Firma existiert. Ohne diese Bestätigung kann der Gesellschaftsvertrag nicht notariell beurkundet werden (Artt. 409–413 RRM). Erfolgt die Beurkundung nicht binnen sechs Monaten, nachdem die Bestätigung des Registerrichters (*registrador*) eingeholt worden ist, muss eine neue Freigabe beantragt werden.

194 Stimmt die Firma nicht mit einer anderen Firma, sondern mit einer bereits existierenden **Marke** überein[497] und stellt das Handelsregister die Übereinstimmung fest (*Disposición Adicional Decimocuarta LM*),[498] ist die Gesellschaft verpflichtet, die Firma zu ändern. Wird die Übereinstimmung in einem Gerichtsverfahren festgestellt, muss die Gesellschaft die Firma innerhalb eines Jahres ändern; andernfalls wird die Gesellschaft aufgelöst und von Amts wegen aus dem Handelsregister gelöscht (*Disposición Adicional Decimoséptima LM*).

ee) Sitz

195 Der **Gesellschaftssitz** muss sich am Ort der Hauptverwaltung bzw. des Mittelpunkts der wirtschaftlichen Tätigkeit befinden (Art. 9 I LSC). Jede *Sociedad Anónima*, die den Mittelpunkt ihrer wirtschaftlichen Tätigkeit in Spanien hat, muss auch ihren Sitz in Spanien haben (Art. 9 II LSC). Stimmen der statutarische Sitz und der Ort der Hauptverwaltung nicht überein, gelten gegenüber Dritten beide als Gesellschaftssitz (Art. 10 LSC).

---

493 Dazu *Sáenz García de Albizu*, El objeto social en la sociedad anónima, 1990, S. 298–303.
494 Dazu *Brenes Cortés* RdS 37 (2011) 19, 21 f.; *González Castilla* in: Rodríguez Artigas ua (Hrsg.), Las reformas de la Ley de sociedades de capital, 2012, S. 303.
495 BOE 20 octubre 1993, núm. 251, S. 29545, Real Decreto Legislativo 1/1993, de 24 de septiembre, por el que se aprueba el Texto refundido de la Ley del Impuesto sobre Transmisiones Patrimoniales y Actos Jurídicos Documentados.
496 S. etwa *Rojo Fernández-Río* in: Rojo Fernández-Río/Beltrán Sánchez (Hrsg.), Comentario de la Ley de Sociedades de Capital, Bd. 1, 2011, S. 219.
497 Ausführlich *Miranda Serrano*, Denominación social y nombre comercial. Funciones y disfunciones, 1997; ferner *Corberá Martínez*, Los conflictos entre las marcas y las denominaciones sociales. Últimos desarrollos en el sistema de marcas de la Unión Europea, 2017.
498 BOE 8 diciembre 2001, núm. 294, S. 45579, Ley 17/2001, de 7 de diciembre, de Marcas; dazu *García Vidal* ADI 22 (2001) 57.

Eine **Verlegung des Gesellschaftssitzes** ist möglich, ohne das übliche Verfahren für Satzungsänderungen einzuhalten; seit der *Ley 9/2015*[499] kann die Geschäftsleitung die erforderliche Satzungsänderung nach Art. 285 II LSC vornehmen, ohne dass es eines Generalversammlungsbeschlusses bedarf. Vor der Gesetzesänderung war dies nur bei Sitzverlegungen innerhalb derselben Stadt möglich. Für grenzüberschreitende Sitzverlegungen gelten aber besondere Regelungen des Umwandlungsgesetzes (*Ley de Modificaciones Estructurales*);[500] denn auch wenn diese Sitzverlegungen keine Umwandlungen im eigentlichen Sinne darstellen, haben sie erhebliche Auswirkungen auf die Gesellschaft, insbesondere ihre Arbeitnehmer (Artt. 92–103 LME).[501] 196

ff) Gesellschaftsstatut

Spanische Gesellschaften sind gemäß Art. 8 LSC solche, die ihren Sitz auf spanischem Staatsgebiet haben; die ***lex societatis*** folgt damit der Sitztheorie.[502] Diese Regelung ist im Zusammenhang mit Art. 9 LSC zu sehen, wonach sich der Gesellschaftssitz dort befinden muss, wo die Gesellschaft ihre Hauptverwaltung bzw. den Mittelpunkt ihrer wirtschaftlichen Tätigkeit hat. Daraus folgt, dass im Ausland gegründete Gesellschaften mit Hauptverwaltung oder Mittelpunkt der wirtschaftlichen Tätigkeit in Spanien grundsätzlich dem spanischen Gesellschaftsstatut unterfallen. Nach der Rechtsprechung des EuGH verstößt diese Regelung im Binnenmarkt aber gegen die Niederlassungsfreiheit (Artt. 49, 54 AEUV),[503] so dass sie auf Gesellschaften anderer EU-Mitgliedstaaten nicht anwendbar ist, sondern insofern von der Gründungstheorie verdrängt wird.[504] Danach müssen Gesellschaften, die in anderen EU-Mitgliedstaaten gegründet worden sind und ihre Hauptverwaltung auf spanischem Staatsgebiet haben, auch dann von der Rechtsordnung anerkannt werden, wenn sie von zwingendem spanischem Kapitalgesellschaftsrecht abweichen.[505] 197

gg) Zweigniederlassung

Eine *Sociedad Anónima* kann **Zweigniederlassungen** errichten (Art. 11 LSC), dh selbstständige Wirtschaftseinheiten, die Rechtsgeschäfte abschließen können. Sie unterliegen den Weisungen der Gesellschaft, haben aber – anders als Tochtergesellschaften – keine eigene Rechtspersönlichkeit.[506] Mangels ausdrücklicher Zuständigkeit der Generalversammlung kann die Geschäftsleitung die Errichtung beschließen (Art. 209 iVm Art. 160 LSC). Sie bedarf der Eintragung ins Handelsregister (Artt. 295–308 RRM).[507] 198

b) Besonderheiten

aa) Simultan- und Stufengründung

Die Gründung einer *Sociedad Anónima* kann auf zwei Arten erfolgen: Entweder nach Art. 19 I LSC durch Gesellschaftsvertrag bzw. einseitigen Gründungsakt (**Simultangründung** (*constitución simultánea*)) oder nach Artt. 42–55 LSC im Wege eines gesonderten Verfahrens (**Stufengründung** (*constitución sucesiva*)).[508] 199

Der Gesetzgeber hatte die Stufengründung ursprünglich für solche *Sociedades Anónimas* geschaffen, deren Größe es einer kleinen Zahl von Gründern schwer machen würde, das gesamte gezeichnete Kapital auf einmal auf- 200

499 BOE 26 mayo 2015, núm. 125, S. 43874, Ley 9/2015, de 25 de mayo, de medidas urgentes en materia concursal (Disposición Final Primera I).

500 *K.-B. Fischer* RIW 2009, 435, 438; zur alten Rechtslage *Sánchez Calero* RdS 1 (1993) 45; *Fernández del Pozo* RGD 1993, 11867; *Blanco-Morales Limones*, La transferencia internacional de sede social, 1997.

501 BOE 4 abril 2009, núm. 82, S. 31928, Ley 3/2009, de 3 de abril, sobre modificaciones estructurales de las sociedades mercantiles, Exposición de Motivos, I.

502 *Rodas Paredes*, Libertad de establecimiento y movilidad internacional de las sociedades mercantiles, 2011, S. 203–205.

503 EuGH, Rs. C-208/00 (Überseering), ECLI:EU:2002:632 = NJW 2002, 3614; EuGH, Rs. C-212/97 (Centros), ECLI:EU:C:1999:126 = NJW 1999, 2027; EuGH, Rs. C-167/01 (Inspire Art), ECLI:EU:C:2003:512 = NJW 2003, 3331.

504 Dazu *Garcimartín Alférez* RDM 232 (1999) 645.

505 Zum Gesellschaftsstatut der *Sociedad Anónima* vor den EuGH-Entscheidungen *Überseering*, *Centros* und *Inspire Art* (Fn. 503) *Blanco Fernández* RDM 203–204 (1992) 245.

506 *Broseta Pont/Martínez Sanz*, Manual de Derecho Mercantil, Bd. 1, 2016, S. 373; im deutschsprachigen Schrifttum *Wicke* in: B. Löber/Wicke/Huzel (Hrsg.), Handels- und Wirtschaftsrecht in Spanien, 2008, Rn. 3.2, 3.10.

507 Allgemein zur Zweigniederlassung *Rueda Martínez*, La sucursal. Algunos aspectos de su régimen jurídico, 1990; *Wicke* in: B. Löber/Wicke/Huzel (Hrsg.), Handels- und Wirtschaftsrecht in Spanien, 2008, Rn. 3.1–3.32; ferner *B. Löber ua*, Firma in Spanien, 2005, S. 59–61.

508 Zur Stufengründung *B. Löber ua* RIW 2011, 587, 591.

zubringen.[509] Aufgrund ihrer **Komplexität** und ihrer **langen Verfahrensdauer** hat die Stufengründung in der Praxis aber so gut wie keine Bedeutung erlangt.[510]

201 Die Stufengründung verläuft in **vier Phasen**. In der ersten erstellen die Initiatoren einen Gründungsprospekt (*programa de fundación*),[511] der bei der spanischen Finanzmarktaufsichtsbehörde (*Comisión Nacional del Mercado de Valores*) einzureichen (Art. 42 I iVm Art. 43 I LSC) und beim Handelsregister zu hinterlegen ist (Art. 43 II LSC). Während der zweiten Phase veröffentlicht das Handelsregister den hinterlegten Prospekt im *Boletín Oficial del Registro Mercantil* (Art. 43 II LSC iVm Art. 130 RRM), damit potenzielle Investoren auf die Gründung aufmerksam werden.[512] Nach Zeichnung der Aktien und Einzahlung von mindestens 25 % ihres Nennwerts (Artt. 44–46 LSC) findet in der dritten Phase die Versammlung der Zeichner (*junta constituyente*) statt. Sie beschließt den konkreten Satzungsinhalt und bestimmt die Personen, die später den Gesellschaftsvertrag unterzeichnen (Artt. 47–50 LSC iVm Art. 130 RRM). Im Rahmen der vierten Phase wird der Gesellschaftsvertrag geschlossen und die Gesellschaft ins Handelsregister eingetragen (Art. 51 LSC).[513]

bb) Gesellschaftervereinbarungen

202 In der Praxis kommt es häufig vor, dass die Gesellschafter neben der Satzung Gesellschaftervereinbarungen (auch: schuldrechtliche Nebenabreden) schließen, sog ***pactos parasociales*** oder *pactos reservados*. Diese können Vorerwerbsrechte bei der Übertragung der Aktien, Stimmbindungsklauseln oder Ernennungsrechte für Mitglieder der Geschäftsleitung enthalten; besonders üblich sind sie bei Familiengesellschaften.[514] Derartige Vereinbarungen können nicht in der Satzung getroffen werden und binden nur die an ihnen beteiligten Gesellschafter (Art. 29 LSC).[515] Börsennotierte Gesellschaften müssen die *pactos parasociales* offenlegen (Art. 530 I, II LSC).[516] Im Schrifttum ist die Frage aufgekommen, ob *pactos parasociales* unter allen Gesellschaftern ausnahmsweise nicht nur rein vertragsrechtlich wirken, sondern wie materielle Satzungsregelungen zu behandeln sind und sich auf die Beschlussfassung und -anfechtung auswirken.[517] Trotz seiner Wirkung als materieller Satzungsbestandteil kann ein Generalversammlungsbeschluss, der einem allseitigen *pacto parasocial* zuwiderläuft, auf der Grundlage angefochten werden, dass er gegen das Gesellschaftsinteresse verstößt (Art. 204 I LSC); denn das Gesellschaftsinteresse entspricht der Summe der Interessen aller Gesellschafter und ist damit im allseitigen *pacto parasocial* niedergelegt.[518]

cc) Vorgesellschaft

203 Zwischen dem Abschluss des Gesellschaftsvertrags und der Eintragung ins Handelsregister besteht die *Sociedad Anónima* als solche nicht, sondern nur als sog Vorgesellschaft (*sociedad en formación*) (Artt. 36–38 LSC).[519] Die Vorgesellschaft bildet eine übliche und vorübergehende Phase im Leben der Gesellschaft.[520] Umstritten ist

509 *Esteban Ramos* in: Rojo Fernández-Río/Beltrán Sánchez (Hrsg.), Comentario de la Ley de Sociedades de Capital, Bd. 1, 2011, S. 465 f.; *Iglesias Prada/García de Enterría Lorenzo-Velázquez* in: Menéndez Menéndez/Rojo Fernández-Río (Hrsg.), Lecciones de Derecho mercantil, Bd. 1, 2014, S. 423.

510 *Peinado Gracia* in: Arroyo Martínez/Embid Irujo/Górriz López (Hrsg.), Comentarios a la Ley de Sociedades Anónimas, Bd. 1, 2009, S. 251; *Sánchez Calero/Sánchez-Calero Guilarte*, Instituciones de Derecho Mercantil, Bd. 1, 2011, S. 418; deutschsprachiger Überblick zum Ablauf bei *Reckhorn-Hengemühle*, Die spanische Aktiengesellschaft nach der Reform des Aktiengesetzes von 1989, 1992, S. 6.

511 Näher zur Rechtsstellung der Initiatoren *Peinado Gracia* in: FS Sánchez Calero, Bd. 1, 2002, S. 635–666.

512 *Esteban Ramos* in: Rojo Fernández-Río/Beltrán Sánchez (Hrsg.), Comentario de la Ley de Sociedades de Capital, Bd. 1, 2011, S. 479; *Iglesias Prada/García de Enterría Lorenzo-Velázquez* in: Menéndez Menéndez/Rojo Fernández-Río (Hrsg.), Lecciones de Derecho mercantil, Bd. 1, 2014, S. 423.

513 Dazu *Aguilera Ramos* in: Alonso Ureba (Hrsg.), Derecho de Sociedades Anónimas, Bd. 1, 1991, S. 687–728.

514 *Fernández-Tresguerres García* RdS 19 (2002) 89; *Fernández del Pozo* RdS 29 (2007) 139; *Rodríguez Díaz* RDM 266 (2007) 123; *Fernández del Pozo*, El protocolo familiar. Empresa familiar y publicidad registral, 2008.

515 *Vaquerizo Alonso* in: Rojo Fernández-Río/Beltrán Sánchez (Hrsg.), Comentario de la Ley de Sociedades de Capital, Bd. 1, 2011, S. 400–402.

516 *Mambrilla Rivera* RdS 22 (2004) 205; *Sánchez Weickgenannt* in: B. Löber/Wicke/Huzel (Hrsg.), Handels- und Wirtschaftsrecht in Spanien, 2008, Rn. 2.78–2.80.

517 Statt vieler *Noval Pato*, Los pactos omnilaterales. Su oponibilidad a la sociedad, diferencia y similitudes con los estatutos y los pactos parasociales, 2012, S. 114–120.

518 *Pérez Millán* RDBB 117 (2010) 231; *Sáez Lacave* RdS 34 (2010) 103; *Noval Pato*, Los pactos omnilaterales. Su oponibilidad a la sociedad, diferencia y similitudes con los estatutos y los pactos parasociales, 2012, S. 114–120; näher zum Konzept des Gesellschaftsinteresses *Sánchez-Calero Guilarte* RDM 246 (2002) 1653.

519 Das Schrifttum betont insoweit den Einfluss der deutschen Gesetzgebung und Literatur, s. etwa *Vicent Chuliá*, Introducción al Derecho Mercantil, Bd. 1, 2010, S. 400; monographisch zur Vorgesellschaft *García-Cruces González*, La sociedad de capital en formación, 1996; *Sáez Lacave*, La sociedad mercantil en formación, 2001; im deutschsprachigen Schrifttum *Reckhorn-Hengemühle*, Die neue spanische GmbH nach der Reform des Gesellschaftsrechts von 1989, 1993, S. 42–44, die synonym von „Gründungsgesellschaft" spricht.

520 S. dazu die Sentencia del Tribunal Supremo de 13 de diciembre de 1992, núm. 1012.

im Schrifttum, ob die Vorgesellschaft **Rechtspersönlichkeit** hat.[521] Nach h. M hat sie zwar noch keine vollständige Rechtspersönlichkeit als *Sociedad Anónima*, soll aber bereits bestimmte Rechtsgeschäfte vornehmen können.[522] Folglich hat die Vorgesellschaft zwar keine Rechtspersönlichkeit als Kapitalgesellschaft, ist aber bereits als Verband rechtsfähig und kann Rechtsgeschäfte mit Dritten vornehmen.[523] Nach aA erlangt die Gesellschaft bereits mit Unterzeichnung des Gesellschaftsvertrags vollständige Rechtspersönlichkeit als Kapitalgesellschaft; die Eintragung habe dann nur noch Folgen für die Registerpublizität.[524] Für die hM spricht, dass die Gesellschaft vollständige Rechtspersönlichkeit erst erlangen soll, wenn alle Gründungsvoraussetzungen erfüllt sind. Handlungsfähigkeit und Schutz des Rechtsverkehrs sind durch die Rechtspersönlichkeit als Vorgesellschaft hinreichend sichergestellt.

Um das Bedürfnis der Vorgesellschaft, Rechtsgeschäfte vornehmen zu können, mit den Interessen des Rechtsverkehrs in Ausgleich zu bringen, existiert in der *Ley de Sociedades de Capital* eine spezifische **Haftungsregelung**. Noch unter der *Ley de Sociedades Anónimas* von 1951 waren Rechtsgeschäfte der Vorgesellschaft wegen Willensmangels nichtig; diese Regelung hat das Schrifttum scharf kritisiert, weil sie gutgläubige Dritte, die mit der Gesellschaft kontrahieren wollten, unangemessen benachteiligte.[525] Nach heutiger Rechtslage sind Rechtsgeschäfte, die zwischen der Unterzeichnung des Gesellschaftsvertrags und der Eintragung vorgenommen werden, grundsätzlich wirksam; für ihre Erfüllung haften aber neben der Vorgesellschaft diejenigen, die beim Abschluss im Namen der (Vor-)gesellschaft gehandelt haben (Art. 36 LSC), etwa die im Gesellschaftsvertrag bestimmten Geschäftsleiter oder andere Bevollmächtigte.[526] Diese Haftung ist gesamtschuldnerisch, persönlich und unbegrenzt.[527] Sie entfällt, wenn die Wirksamkeit des Rechtsgeschäfts von der Handelsregistereintragung abhängt,[528] dh, wenn es aufschiebend bedingt abgeschlossen worden ist (Artt. 1114, 1120 CC),[529] oder wenn die zur *Sociedad Anónima* erstarkte Gesellschaft es innerhalb von drei Monaten nach Eintragung (ggf. konkludent) genehmigt (Art. 36 iVm Art. 38 I LSC).[530] Da die Genehmigung zurückwirkt, ist das Rechtsgeschäft *ex tunc* wirksam (Art. 1259 CC). Zuständig für die Genehmigung ist die Generalversammlung oder die Geschäftsleitung.[531] Nach Ablauf der Dreimonatsfrist erteilte Genehmigungen sind nicht unwirksam; in diesem Fall kann die andere Vertragspartei aber das Geschäft widerrufen.[532] 204

In bestimmten Fällen haften daneben die zukünftige Gesellschaft mit ihrem **zukünftigen Vermögen** (Art. 37 I LSC) und die Gesellschafter bis zur Höhe ihrer Einlage (Art. 37 II LSC). Das Schrifttum versteht diesen Haftungsanspruch als Direktklage[533] bzw. als Drittschuldnerklage[534] (Art. 1111 CC). Dabei gilt Art. 37 LSC zum einen für Handlungen und Rechtsgeschäfte, die notwendig sind für die Eintragung ins Handelsregister, insbesondere also die Zahlung der Gebühren für die Gründungsurkunde und die Eintragung sowie die Zahlung der 205

521 Dafür *Iglesias Prada/García de Enterría Lorenzo-Velázquez* in: Menéndez Menéndez/Rojo Fernández-Río (Hrsg.), Lecciones de Derecho mercantil, Bd. 1, 2014, S. 404; dagegen *Uría González*, Derecho Mercantil, 1997, S. 244.

522 *Sánchez Calero/Sánchez-Calero Guilarte*, Instituciones de Derecho Mercantil, Bd. 1, 2011, S. 413 f.

523 *Uría González/Menéndez Menéndez/García de Enterría Lorenzo-Velázquez* in: Uría González/Menéndez Menéndez (Hrsg.), Curso de Derecho Mercantil, Bd. 1, 2006, S. 839.

524 *Sáez Lacave* in: Rojo Fernández-Río/Beltrán Sánchez (Hrsg.), Comentario de la Ley de Sociedades de Capital, Bd. 1, 2011, S. 421 f., 434.

525 *Girón Tena*, Derecho de Sociedades Anónimas, 1952, S. 164; zum dahinterliegenden Interessenkonflikt *Sáez Lacave* in: Rojo Fernández-Río/Beltrán Sánchez (Hrsg.), Comentario de la Ley de Sociedades de Capital, Bd. 1, 2011, S. 433.

526 *Iglesias Prada/García de Enterría Lorenzo-Velázquez* in: Menéndez Menéndez/Rojo Fernández-Río (Hrsg.), Lecciones de Derecho mercantil, Bd. 1, 2014, S. 428.

527 Dazu *Sáez Lacave* in: Rojo Fernández-Río/Beltrán Sánchez (Hrsg.), Comentario de la Ley de Sociedades de Capital, Bd. 1, 2011, S. 432–439; im deutschsprachigen Schrifttum *Idelmann*, Gründung und Gründungshaftung von AG und GmbH im spanischen und deutschen Recht, 1997, S. 116–118.

528 *Broseta Pont/Martínez Sanz*, Manual de Derecho Mercantil, Bd. 1, 2010, S. 342; *Vicent Chuliá*, Introducción al Derecho Mercantil, Bd. 1, 2010, S. 401.

529 *Sánchez Calero/Sánchez-Calero Guilarte*, Instituciones de Derecho Mercantil, Bd. 1, 2011, S. 414.

530 *Sánchez Calero/Sánchez-Calero Guilarte*, Instituciones de Derecho Mercantil, Bd. 1, 2011, S. 416; in der Rechtsprechung Sentencia del Tribunal Supremo de 31 de diciembre de 1994, núm. 1220, de 14 de junio de 2007, núm. 674, u. de 14 de abril de 2008, núm. 266.

531 *Vicent Chuliá*, Introducción al Derecho Mercantil, Bd. 1, 2010, S. 402; für die Geschäftsleitung *Sáez Lacave* in: Rojo Fernández-Río/Beltrán Sánchez (Hrsg.), Comentario de la Ley de Sociedades de Capital, Bd. 1, 2011, S. 449; zur alten Rechtslage *Girón Tena*, Derecho de Sociedades Anónimas, 1952, S. 167.

532 *Sáez Lacave* in: Rojo Fernández-Río/Beltrán Sánchez (Hrsg.), Comentario de la Ley de Sociedades de Capital, Bd. 1, 2011, S. 448.

533 *Sánchez Calero/Sánchez-Calero Guilarte*, Instituciones de Derecho Mercantil, Bd. 1, 2011, S. 415.

534 *Sáez Lacave* in: Rojo Fernández-Río/Beltrán Sánchez (Hrsg.), Comentario de la Ley de Sociedades de Capital, Bd. 1, 2011, S. 445.

Steuern.[535] Zum anderen erfasst die Vorschrift solche Handlungen und Rechtsgeschäfte, für welche die Geschäftsleiter ausdrücklich im Gesellschaftsvertrag ermächtigt[536] oder andere Personen von der Gesellschaftergesamtheit ausdrücklich bevollmächtigt worden sind. Diese Bevollmächtigung (*mandato*) betrifft nach einer Auffassung Handlungen der Geschäftsleiter außerhalb des Unternehmensgegenstands,[537] nach hM Handlungen sonstiger Personen, die keine Geschäftsleiter sind.[538] Beispiele sind die Bezahlung der Notarkosten und der Gründungssteuer.[539] Für die hM spricht, dass Handlungen für die Gesellschaftergesamtheit vorgenommen werden können sollen, bevor die Geschäftsleiter in der Gründungsurkunde benannt und ihre Namen ins Handelsregister eingetragen worden sind.[540]

206 Nimmt die Gesellschaft mit Unterzeichnung des Gesellschaftsvertrags ihre Tätigkeit auf, bestimmen sich die **Geschäftsführungs- und Vertretungsbefugnis** für die Dauer der Vorgesellschaft nach Art. 37 III LSC.[541] In diesem Fall können die Geschäftsleiter innerhalb des Unternehmensgegenstands sämtliche Handlungen vornehmen und Verträge abschließen, es sei denn, die Satzung oder die Gründungsurkunde schränken diese Befugnis ein (Art. 37 III LSC).[542] Die Angleichung der Befugnisse der Geschäftsleiter einer Vorgesellschaft (*sociedad en formación*) an die einer erstarkten *Sociedad Anónima* dient dem Schutz des Rechtsverkehrs. Für die Erfüllung der Geschäfte haftet die Gesellschaft, ohne dass es einer zusätzlichen Genehmigung bedarf. Daneben haften vor der Eintragung die Gesellschafter bis zur Höhe ihrer Einlage.

207 Die **Eintragung ins Handelsregister** ist konstitutiv. Mit ihr erlangt die Gesellschaft vollständige Rechtspersönlichkeit als *Sociedad Anónima*. Die Haftung nach Art. 37 LSC (Rn. 205 f.) sowie für alle im Namen der (Vor-)Gesellschaft getätigten Geschäfte, die sie nach Art. 36 LSC genehmigt hat, besteht aber fort (Art. 38 I LSC).[543] Die gesamtschuldnerische und persönliche Haftung der Gesellschafter und der handelnden Personen erlischt (Art. 38 II LSC). Im Zeitpunkt, in dem der Eintragungsantrag gestellt wird, besteht darüber hinaus eine Unterbilanzhaftung (Art. 38 III LSC). Die hM versteht sie als Nachschusspflicht.[544]

dd) Irreguläre Gesellschaft

208 Eine irreguläre Gesellschaft (***sociedad irregular***) entsteht, wenn nicht binnen einen Jahres nach Erteilung der Gründungsurkunde die Eintragung ins Handelsregister beantragt worden ist oder von Anfang an keine Absicht bestanden hat, einen solchen Antrag zu stellen (Art. 39 LSC).[545] Der Gesetzgeber hat die *sociedad irregular* eingeführt, um Kritik aus dem Schrifttum zur Rechtslage unter der *Ley de Sociedades Anónimas* von 1951 zu begegnen und gutgläubige Dritte, die mit der Gesellschaft kontrahieren, zu schützen.[546] Rechtspolitisch ist die fortdauernde Existenz der irregulären Gesellschaft aber unerwünscht,[547] da sie – anders als die Vorgesellschaft

535 *Uría González/Menéndez Menéndez/García de Enterría Lorenzo-Velázquez* in: Uría González/Menéndez Menéndez (Hrsg.), Curso de Derecho Mercantil, Bd. 1, 2006, S. 839; *Vicent Chuliá*, Introducción al Derecho Mercantil, Bd. 1, 2010, S. 401; *Iglesias Prada/García de Enterría Lorenzo-Velázquez* in: Menéndez Menéndez/Rojo Fernández-Río (Hrsg.), Lecciones de Derecho mercantil, Bd. 1, 2014, S. 404.

536 Dirección General de los Registros y del Notariado de 23 de agosto de 1993 (BOE 22 septiembre 1993, núm. 227, S. 27528).

537 *Sáez Lacave* in: Rojo Fernández-Río/Beltrán Sánchez (Hrsg.), Comentario de la Ley de Sociedades de Capital, Bd. 1, 2011, S. 444.

538 *Uría González/Menéndez Menéndez/García de Enterría Lorenzo-Velázquez* in: Uría González/Menéndez Menéndez (Hrsg.), Curso de Derecho Mercantil, Bd. 1, 2006, S. 839; *Vicent Chuliá*, Introducción al Derecho Mercantil, Bd. 1, 2010, S. 401 f.

539 *Uría González/Menéndez Menéndez/García de Enterría Lorenzo-Velázquez* in: Uría González/Menéndez Menéndez (Hrsg.), Curso de Derecho Mercantil, Bd. 1, 2006, S. 839.

540 *Uría González/Menéndez Menéndez/García de Enterría Lorenzo-Velázquez* in: Uría González/Menéndez Menéndez (Hrsg.), Curso de Derecho Mercantil, Bd. 1, 2006, S. 839; *Fernández de la Gándara*, Derecho de Sociedades, Bd. 1, 2010, 373.

541 *Sánchez Calero/Sánchez-Calero Guilarte*, Instituciones de Derecho Mercantil, Bd. 1, 2011, S. 415.

542 *López Ortega* in: Jiménez Sánchez/Díaz Moreno (Hrsg.), Derecho Mercantil, Bd. 3, 2013, S. 261.

543 Dazu in der Rechtsprechung Sentencia del Tribunal Supremo de 13 de julio de 2000, núm. 739.

544 *Uría González/Menéndez Menéndez/García de Enterría Lorenzo-Velázquez* in: Uría González/Menéndez Menéndez (Hrsg.), Curso de Derecho Mercantil, Bd. 1, 2006, S. 839; *Iglesias Prada/García de Enterría Lorenzo-Velázquez* in: Menéndez Menéndez/Rojo Fernández-Río (Hrsg.), Lecciones de Derecho mercantil, Bd. 1, 2014, S. 404.

545 Dazu monographisch *Farias Batlle*, La irregularidad de la sociedad de capital. Aspectos societarios y registrales, 2001; zuvor bereits *ders.*, La sociedad irregular en la jurisprudencia del Tribunal Supremo, 1970–1992, 1993; *Valpuesta Gastaminza*, La sociedad irregular, 1995; ferner *Fernández de la Gándara* in: Alonso Ureba (Hrsg.), Derecho de Sociedades Anónimas, Bd. 1, 1991, S. 613–652; *García-Cruces González* RDP 1996, 64.

546 *Girón Tena*, Derecho de Sociedades Anónimas, 1952, S. 165 f.

547 *Broseta Pont/Martínez Sanz*, Manual de Derecho Mercantil, Bd. 1, 2010, S. 342; *Vicent Chuliá*, Introducción al Derecho Mercantil, Bd. 1, 2010, S. 344, 405; *Sánchez Calero/Sánchez-Calero Guilarte*, Instituciones de Derecho Mercantil, Bd. 1, 2011, S. 417.

– keine gewöhnliche Phase darstellt, die jede Gesellschaft durchläuft.[548] Unter der *Ley de Sociedades de Capital* kann daher jeder Gesellschafter die Auflösung und die Rückzahlung seiner Einlage beantragen.[549]

Auf die *sociedad irregular* sind die Regelungen zur ***Sociedad Colectiva*** bzw. zur ***Sociedad Civil*** anwendbar, je nachdem, ob der gemeinsame Zweck handels- oder zivilrechtlicher Natur ist. Daraus folgt, dass auch die irreguläre Gesellschaft Rechtspersönlichkeit hat, wenn auch nicht als *Sociedad Anónima*. Die Gesellschafterhaftung ist nicht auf die Einlage beschränkt. Vielmehr haften die Gesellschafter persönlich, unbeschränkt und subsidiär für die Verbindlichkeiten der Gesellschaft; bei einer *Sociedad Colectiva* gesamtschuldnerisch, bei einer *Sociedad Civil* nur *pro rata*. Um ihre persönliche Haftung zu begrenzen, haben die Gesellschafter ein genuines Interesse, schnellstmöglich die Auflösung der Gesellschaft oder ihre Eintragung ins Handelsregister zu beantragen. Die Eintragung ist nach wie vor jederzeit möglich, sie befreit die Gesellschafter aber nicht von ihrer persönlichen Haftung für bis zur Eintragung begründete Verbindlichkeiten.[550] 209

ee) Nichtige Gesellschaft

Das spanische Kapitalgesellschaftsrecht kennt spezielle Gründe, die zur Nichtigkeit einer *Sociedad Anónima* führen;[551] sie beruhen auf Artt. 10–12 der Ersten gesellschaftsrechtlichen EWG-Richtlinie.[552] Die Nichtigkeits- und Anfechtungsgründe des allgemeinen Vertragsrechts sind hingegen nicht anwendbar, da sie eine erhebliche Rechtsunsicherheit zur Folge hätten.[553] Art. 56 I LSC listet die **Nichtigkeitsgründe** auf:[554] Mangelt es den Gründern oder – im Fall der Einpersonengesellschaft – dem alleinigen Gründer am Willen, überhaupt eine *Sociedad Anónima* zu errichten (Art. 56 I lit. a) LSC), ist sie zwingend nichtig; so etwa, wenn die Gründung ausschließlich der Gläubigerbenachteiligung dienen soll.[555] Das Gleiche gilt, wenn es den Gründern an der Fähigkeit fehlt, eine *Sociedad Anónima* zu gründen (Art. 56 I lit. b) LSC), zB bei Minderjährigen.[556] Nichtigkeit besteht ferner, wenn die Gründungsurkunde nicht die zu leistenden Einlagen auflistet (Art. 56 I lit. c) LSC), die Satzung nicht die Firma (Art. 56 I lit. d) LSC), das gezeichnete Kapital (Art. 56 I lit. f) LSC) bzw. den Unternehmensgegenstand (Art. 56 I lit. e) LSC) bestimmt oder der Unternehmensgegenstand gegen das Gesetz oder die öffentliche Ordnung (*ordre public*) verstößt (Art. 56 I lit. e) LSC).[557] Schließlich ist die *Sociedad Anónima* nichtig, wenn bei Gründung nicht mindestens 25 % der Einlagen auf jede Aktie geleistet worden sind (Art. 56 I lit. g) LSC).[558] 210

Die in Art. 56 I LSC aufgeführten Nichtigkeitsgründe sind abschließend (***numerus clausus***); die Satzung kann darüber hinaus keine weiteren Nichtigkeitsgründe vorsehen (Art. 56 II LSC).[559] 211

Die **Rechtsfolgen** der Nichtigkeit der Gesellschaft entsprechen nicht den Nichtigkeitsfolgen des allgemeinen Vertragsrechts. Denn die richterliche Feststellung der Nichtigkeit einer *Sociedad Anónima* wirkt nicht *ex tunc*, sondern lediglich *ex nunc*.[560] Sie überführt die Gesellschaft ins Liquidationsstadium vergleichbar mit der Feststel- 212

---

548 Zu Vorgesellschaft und irregulärer Gesellschaft *Jiménez Sánchez* in: FS Girón Tena, 1991, S. 667–688; zur Abgrenzung *Idelmann*, Gründung und Gründungshaftung von AG und GmbH im spanischen und deutschen Recht, 1997, S. 102–109.

549 Dazu *Sáez Lacave* in: Rojo Fernández-Río/Beltrán Sánchez (Hrsg.), Comentario de la Ley de Sociedades de Capital, Bd. 1, 2011, S. 458–464.

550 Dazu *Sáez Lacave* in: Rojo Fernández-Río/Beltrán Sánchez (Hrsg.), Comentario de la Ley de Sociedades de Capital, Bd. 1, 2011, S. 457 f.

551 *Fernández Ruiz*, La nulidad de la sociedad anónima en el Derecho comunitario y en el Derecho español, 1991, S. 29–32.

552 Heute Artt. 11 f. Kodifizierungs-RL (ex-Artt. 12 f. Publizitäts-RL, zu dieser § 20), Richtlinie (EU) 2017/1132 des Europäischen Parlaments und des Rates vom 14. Juni 2017 über bestimmte Aspekte des Gesellschaftsrechts (ABl. 30.6.2017, L 169/46).

553 *Fernández Ruiz*, La nulidad de la sociedad anónima en el Derecho comunitario y en el Derecho español, 1991, S. 18–21; ferner *Robles Álvarez de Sotomayor* RDM 20 (1949) 161; *García-Cruces González* RDM 218 (1995) 1339.

554 Dazu allgemein *Fernández Ruiz*, La nulidad de la sociedad anónima en el Derecho comunitario y en el Derecho español, 1991, S. 68–104; *Boquera Matarredona*, La nulidad de las sociedades anónimas, 1992; *Lázaro Sánchez*, La nulidad de la sociedad anónima, 1994; *Sánchez Pachón*, Las causas de nulidad de las sociedades de capital, 2007.

555 *Verdera Tuells* RDM 24 (1949) 349; *Carbajo Gascón* RDP 1999, 1211.

556 *Garrigues Díaz-Cañabate* RDM 5 (1946) 57, 59–70.

557 Zur Nichtnennung des Unternehmensgegenstands *Lázaro Sánchez* in: FS Broseta Pont, Bd. 2, 1995, S. 1949–1974; zur Gesetzeswidrigkeit des Unternehmensgegenstands Sentencia del Tribunal Supremo de 3 de octubre de 1995, núm. 848, besprochen von *Díaz Moreno* CCJC 1996, 181.

558 S. etwa Sentencia del Tribunal Supremo de 17 de enero de 2012, núm. 1000/2011, besprochen von *Gimeno Ribes* in: Embid Irujo (Hrsg.), Archivo Commenda de Jurisprudencia Societaria 2011–2012, 2014, S. 59–64.

559 Dazu EuGH, Rs. C-106/89 (Marleasing), ECLI:EU:C:1990:395 = BeckRS 2004, 74075, besprochen von *León Sanz* RDM 198 (1990) 801, im deutschsprachigen Schrifttum von *Lutter* JZ 1992, 593.

560 Statt vieler *Alfonso Sánchez* in: Embid Irujo (Hrsg.), Derecho de sociedades de capital, 2016, S. 69, 81.

lung eines Auflösungsgrundes (Art. 57 I LSC).[561] Die Forderungen und Verbindlichkeiten der Gesellschaft bleiben unberührt und werden behandelt wie bei der Abwicklung (Art. 57 II LSC). Reicht das Gesellschaftsvermögen nicht aus, um die Verbindlichkeiten vollständig zu begleichen, müssen diejenigen Gesellschafter, die ihre Einlage bisher noch nicht vollständig erbracht haben, den noch ausstehenden Teil leisten (Art. 57 III LSC).

3. Organisationsverfassung

213 Die spanische *Sociedad Anónima* hat **zwei Organe** mit unterschiedlichen Zuständigkeiten: die Generalversammlung (*junta general*) (Artt. 159–208 LSC) und die Geschäftsleitung (*órgano de administración*) (Artt. 209–253 LSC).[562] Einen Aufsichtsrat oder ein vergleichbares drittes Organ (*collegio sindacale*; *conseil de surveillance*) gibt es nicht.[563] Damit folgt das spanische Recht dem **monistischen System** (*one-tier-system*). Nach einer Auffassung im rechtsvergleichenden Schrifttum sollen darüber hinaus die Abschlussprüfer (*auditores*) eine Organstellung haben.[564] Dagegen spricht aber, dass sie nur *ad hoc* ernannt werden und keine Organfunktion im engeren Sinne wahrnehmen.

214 Eine **zwingende Mitbestimmung** hat es in Spanien nur während eines kurzen Zeitraums unter Geltung der *Ley 41/1962* gegeben (Rn. 171).[565] In dieser Zeit mussten Gesellschaften, die nach dem *Decreto de 11 de septiembre de 1953*[566] verpflichtet waren, Betriebsräte zu bilden, ihre Geschäftsleitung zu einem Sechstel mit Arbeitnehmervertretern besetzen (Art. 1 Ley 41/1962).[567]

215 Neuere Entwicklungen im Bereich der *Corporate Governance* haben die Organisationsverfassung der *Sociedad Anónima* in den letzten Jahren **stark verändert**, allen voran die *Ley 31/2014* (Rn. 22, 167).[568] Diese Änderungen betreffen aber nicht die *Sociedad Anónima* allein, sondern sämtliche Kapitalgesellschaften; für börsennotierte Gesellschaften existieren weitere Sonderregelungen.

a) Generalversammlung

216 Die Gesellschafter üben ihre Verwaltungsrechte in der Generalversammlung aus, wobei die *Ley de Sociedades de Capital* zwischen der ordentlichen (*junta general ordinaria*) und der außerordentlichen (*junta general extraordinaria*) Generalversammlung unterscheidet (Art. 163 LSC). Beide haben grundsätzlich dieselben Zuständigkeiten und unterliegen denselben Vorschriften (Artt. 164 I, 194 I LSC).[569] Die **ordentliche Generalversammlung** muss regelmäßig einberufen werden und hat eine Tagesordnung mit einem bestimmten Mindestinhalt.[570] Sie muss gemäß Art. 164 I LSC innerhalb der ersten sechs Monate des Geschäftsjahres zusammenkommen, um die Geschäftsleitung zu entlasten (*aprobación de la gestión social*), den Jahresabschluss festzustellen (*aprobación de las cuentas del ejercicio anterior*) und die Ergebnisverwendung zu beschließen (*resolución sobre la aplicación del resultado*). Jede Generalversammlung außerhalb der gesetzlich oder statutarisch regelmäßig einzuberufenden gilt als **außerordentliche Generalversammlung** (Art. 165 LSC).[571]

aa) Aufgaben

217 Die Entscheidungskompetenz der Gesellschafter erstreckt sich gemäß Art. 159 I LSC auf die Zuständigkeiten, die ausdrücklich der Generalversammlung zugewiesen sind. Sie sind in Art. 160 LSC **aufgelistet** und umfassen nicht die Leitung und Vertretung der Gesellschaft, die gemäß Art. 209 LSC allein der Geschäftsleitung oblie-

561 *Idelmann*, Gründung und Gründungshaftung von AG und GmbH im spanischen und deutschen Recht, 1997, S. 145–151.
562 Monographisch zur Generalversammlung *Sánchez Calero*, La Junta General de las Sociedades de Capital, 2007; *Boquera Matarredona*, La Junta General de las Sociedades Capitalistas, 2008; ferner *Cruz Rivero* RdS 39 (2012) 51.
563 *De la Cámara Álvarez* RJN 4 (1992) 54; *Grechenig*, Spanisches Aktien- und GmbH-Recht, 2005, S. 23; rechtsvergleichend *Ventoruzzo ua*, Comparative corporate law, 2015, S. 249–251.
564 *Ventoruzzo ua*, Comparative corporate law, 2015, S. 249–251.
565 BOE 23 julio 1962, núm. 175, S. 10276, Ley 41/1962, de 21 de julio, por la que se establece la participación del personal en la administración de las Empresas que adoptan la forma jurídica de Sociedades.
566 BOE 30 octubre 1953, núm. 303, S. 6416, Decreto de 11 de septiembre de 1953 por el que se aprueba el Reglamento de los Jurados de Empresa.
567 Dazu *Alonso Olea* in: FS Garrigues Díaz-Cañabate, Bd. 2, 1971, S. 23, 40–43; allgemein *Esteban Velasco*, El poder de decisión en las sociedades anónimas, 1982.
568 Allgemein *Sánchez-Calero Guilarte ua* RDBB 133 (2014) 179.
569 *Sánchez Calero/Sánchez-Calero Guilarte*, Instituciones de Derecho Mercantil, Bd. 1, 2011, S. 476; *Iglesias Prada/García de Enterría Lorenzo-Velázquez* in: Menéndez Menéndez/Rojo Fernández-Río (Hrsg.), Lecciones de Derecho mercantil, Bd. 1, 2014, S. 489.
570 *Iglesias Prada/García de Enterría Lorenzo-Velázquez* in: Menéndez Menéndez/Rojo Fernández-Río (Hrsg.), Lecciones de Derecho mercantil, Bd. 1, 2014, S. 488.
571 *Sánchez Calero*, La Junta General de las Sociedades de Capital, 2007, S. 69–72.

gen.[572] Demnach ist die Generalversammlung gemäß Art. 159 I iVm Art. 160 LSC außer für die Feststellung des Jahresabschlusses, die Ergebnisverwendung und die Entlastung der Geschäftsleitung (Art. 160 lit. a) LSC) dafür zuständig, Geschäftsleiter, Liquidatoren und Abschlussprüfer (*auditores*) zu ernennen und abzuberufen sowie etwaige Haftungsklagen gegen die Geschäftsleiter oder Liquidatoren zu erheben (Art. 160 lit. b) LSC). Darüber hinaus ist die Generalversammlung für alle Satzungsänderungen zuständig (Art. 160 lit. c) LSC), einschließlich Kapitalmaßnahmen (Art. 160 lit. d) LSC) und Beschränkungen des Bezugsrechts (Art. 160 lit. e) LSC), sowie für Strukturmaßnahmen (*modificaciones estructurales*), dh Verschmelzung (*fusión*), Spaltung (*escisión*), Vermögensübertragung (*cesión global de activo y pasivo*) und grenzüberschreitende Sitzverlegung (Art. 160 lit. g) LSC).[573] Auch über die Auflösung (Art. 160 lit. h) LSC) und die Billigung der Schlussbilanz im Rahmen der Liquidation (Art. 160 lit. i) LSC) hat die Generalversammlung zu beschließen.

Die *Ley 31/2014* hat eine weitere Zuständigkeit in Art. 160 lit. f) LSC eingeführt. So bedürfen Erwerb, Veräußerung und Einbringung **bedeutender Vermögensgegenstände** (*activos esenciales*) der Zustimmung durch die Generalversammlung. Dabei wird widerleglich vermutet, dass Aktiva, deren Wert 25 % der Bilanzsumme übersteigt, bedeutend sind; für börsennotierte Gesellschaften ist diese widerlegliche Vermutung ausdrücklich gesetzlich geregelt (Art. 511bis II LSC). 218

Die Gesetzesänderung hat im Wesentlichen eine **ungeschriebene Zuständigkeit** kodifiziert, die das spanische *Tribunal Supremo* im Anschluss an die deutschen Urteile *Holzmüller*[574] und *Gelatine*[575] entwickelt hatte.[576] Dabei wurde argumentiert, dass eine Transaktion, die zum Abfluss essentieller Aktiva führe, mittelbar den Unternehmensgegenstand ändere,[577] was ebenfalls einer Zustimmung der Generalversammlung bedürfe (Art. 160 lit. c) iVm Art. 285 I LSC). Darüber hinaus könne eine solche Transaktion das Ende der wirtschaftlichen Tätigkeit der Gesellschaft bedeuten. Dies zwinge sie zur Auflösung (Art. 363 I lit. a) LSC) und käme einer Liquidation gleich, da ein wesentlicher Teil der Aktiva bereits abgeflossen sei.[578] 219

Umstritten ist, welches **Mehrheitserfordernis** in diesem Fall gilt. Grundsätzlich reicht nach spanischem Recht bei Beschlüssen über Satzungsänderungen oder Strukturmaßnahmen die einfache Mehrheit nicht aus (Art. 201 I LSC *e contrario*). Es bedarf vielmehr einer absoluten Mehrheit, dh mehr als 50 % Ja-Stimmen, oder, wenn weniger als 50 %, aber mehr als 25 % des stimmberechtigten Kapitals vertreten ist, sogar einer Zweidrittelmehrheit (Art. 201 II iVm Art. 194 I LSC) (Rn. 244). In Anbetracht der Normhistorie wird im Schrifttum vertreten, dass grundsätzlich immer eine satzungsändernde Mehrheit erforderlich sei.[579] Diese Auffassung hat erhebliche Konsequenzen für das Recht der *Sociedad de Responsabilidad Limitada*, das für Satzungsänderungen unterschiedliche Mehrheitserfordernisse aufstellt (Art. 199 lit. a), b) LSC). Der Tatbestand der Norm ist jedoch so weit, dass er eine Vielzahl unterschiedlicher Sachverhalte erfasst, die nicht alle zwangsläufig einer Satzungsänderung entsprechen. Deshalb ist es sachgerecht, das jeweilige Mehrheitserfordernis anzuwenden, das für einen vergleichbaren Beschluss gilt.[580] 220

Darüber hinaus ist die Norm **analog** auf **ähnliche Rechtsgeschäfte** wie etwa die Bestellung von Sicherheiten anzuwenden. Denn in einem solchen Fall ermöglicht die Sicherheitenbestellung bei einem späteren Zahlungsausfall eine Vollstreckung in das Gesellschaftsvermögen.[581] 221

Umstritten sind die **Rechtsfolgen der Nichtbeachtung** der Norm, dh, wenn die Generalversammlung trotz Erfüllung des Tatbestandes nicht beteiligt worden ist. In Umsetzung von Art. 9 der Ersten gesellschaftsrechtlichen EWG-Richtlinie[582] bestimmt Art. 234 I LSC dazu grundsätzlich, dass Handlungen im Namen der Gesellschaft, die sich im Rahmen des Unternehmensgegenstands bewegen bzw. gegenüber gutgläubigen Dritten vorgenom- 222

572 Allgemein zur Aufteilung der Zuständigkeiten zwischen Generalversammlung und Geschäftsleitung aus rechtsvergleichender Perspektive *Cools* ECFR 11 (2014) 258; im spanischen Schrifttum *Embid Irujo* (Hrsg.), Las competencias de los órganos sociales en las sociedades de capital, 2005; *Fernández de la Gándara* RDBB 104 (2006) 83.

573 Zur Zuständigkeit der Geschäftsleitung für inländische Sitzverlegungen Rn. 196.

574 BGHZ 83, 122 = BGH NJW 1982, 1703 (Holzmüller).

575 BGHZ 159, 30 = BGH NJW 2004, 1860 (Gelatine).

576 Grundlegend Sentencia del Tribunal Supremo de 17 de abril de 2008, núm. 285, besprochen von *Ávila de la Torre* CCJC 2009, 171; zuvor bereits *Boquera Matarredona/Latorre Chiner* in: Embid Irujo (Hrsg.), Las competencias de los órganos sociales en las sociedades de capital, 2005, S. 29, 91–95; grundlegend *Gessler* in: FS Stimpel, 1985, S. 771, 779–789.

577 *Recalde Castells* in: Juste Mencía (Hrsg.), Comentario de la reforma del régimen de las sociedades de capital en materia de gobierno corporativo (Ley 31/2014), 2015, Art. 160 Rn. 27.

578 *Recalde Castells* in: Juste Mencía (Hrsg.), Comentario de la reforma del régimen de las sociedades de capital en materia de gobierno corporativo (Ley 31/2014), 2015, Art. 160 Rn. 54.

579 *Recalde Castells* in: Juste Mencía (Hrsg.), Comentario de la reforma del régimen de las sociedades de capital en materia de gobierno corporativo (Ley 31/2014), 2015, Art. 160 Rn. 54.

580 *Gimeno Ribes* RJN 97–98 (2016) 365, 379 f.

581 *Guerrero Lebrón* RDM 298 (2015) 183, 190.

582 Heute Art. 9 Kodifizierungs-RL (ex-Art. 10 Publizitäts-RL, zu dieser § 20), Richtlinie (EU) 2017/1132 des Europäischen Parlaments und des Rates vom 14. Juni 2017 über bestimmte Aspekte des Gesellschaftsrechts

men werden, die Gesellschaft verpflichten (Art. 234 II LSC). Nach Meinung der Notare und *registradores* gilt dieser Grundsatz auch, wenn die Generalversammlung übergangen worden ist, da gutgläubige Dritte in diesem Fall ebenfalls schutzwürdig seien.[583] Nach der überwiegenden Auffassung im Schrifttum verpflichtet sich die Gesellschaft hingegen nicht gegenüber Dritten, da es mangels Zuständigkeit der Geschäftsleiter an einer Willenserklärung der Gesellschaft fehle[584] und das Rechtsgeschäft folglich nichtig sei (Art. 1261 Nr. 1 CC).

223 Für **börsennotierte Gesellschaften** sind die Fälle des Art. 160 lit. f) LSC teilweise in Art. 511bis I LSC konkretisiert. Zum einen handelt es sich um die Ausgliederung von Unternehmenszweigen mit wesentlichen wirtschaftlichen Tätigkeitsbereichen auf Tochtergesellschaften (Art. 511bis I lit. a) LSC). Zum anderen sind Rechtsgeschäfte erfasst, deren Effekte wirtschaftlich einer Liquidation ähneln (Art. 511bis I lit. a) LSC).[585]

224 Die in Art. 160 LSC aufgeführten Zuständigkeiten sind **nicht abschließend**. So verweist Art. 160 lit. j) LSC ausdrücklich auf weitere Zuständigkeiten in der *Ley de Sociedades de Capital* und in anderen Gesetzen wie etwa in der *Ley de Modificaciones Estructurales*. Innerhalb der *Ley de Sociedades de Capital* begründet noch Art. 72 LSC eine Zuständigkeit der Generalversammlung, wenn die Gesellschaft innerhalb der ersten zwei Jahre nach ihrer Gründung entgeltlich Güter erwirbt, deren Wert 10 % des gezeichneten Kapitals übersteigt. Darüber hinaus bedarf es der Zustimmung der Generalversammlung beim Erwerb eigener Aktien oder von Aktien der herrschenden Gesellschaft (Art. 146 I lit. a) 2 LSC) (Rn. 341–343), bei der Konkretisierung der Anzahl der Geschäftsleiter, wenn die Satzung nur eine Mindest- oder Maximalzahl vorsieht (Art. 211 LSC), bei der Festlegung der maximalen Geschäftsleitervergütung (Art. 217 III LSC)[586] sowie beim Ausschluss von Gesellschaftern (Art. 352 I 1 LSC).

225 Auch die **Satzung** kann weitere Zuständigkeiten der Generalversammlung schaffen (Art. 160 lit. j) LSC) und anordnen, dass in regelmäßigen Abständen oder zu bestimmten Zeitpunkten eine Generalversammlung einzuberufen ist.[587] Nach hM handelt es sich dann gemäß Art. 169 I LSC ebenfalls um eine ordentliche Generalversammlung.

226 Mangels abweichender Regelung in der Satzung steht der Generalversammlung seit der *Ley 31/2014* ein gesetzliches **Weisungsrecht** (*derecho a impartir instrucciones*) gegenüber den Geschäftsleitern zu. Ein solches war zuvor nur für die *Sociedad de Responsabilidad Limitada* geregelt. Faktisch hatte aber auch die Generalversammlung der *Sociedad Anónima* einen erheblichen Einfluss auf die Geschäftsleitung, da sie diese jederzeit abberufen konnte.[588] Zulässig war es zudem, Zustimmungserfordernisse und Weisungsrechte in der Satzung festzulegen,[589] solange der Geschäftsleitung auf diese Weise nicht ihre Kernkompetenz entzogen wurde.[590]

bb) Einberufung

227 Die Generalversammlung ist grundsätzlich nur bei ordnungsgemäßer Einberufung (*convocatoria*) beschlussfähig (Art. 204 III lit. a) LSC).[591] Eine Ausnahme hiervon besteht, wenn das gesamte Kapital vertreten ist und einstimmig die Durchführung einer Generalversammlung beschlossen wird;[592] dann handelt es sich gemäß Art. 178 I LSC um eine sog **Universalversammlung** (*Junta Universal*), die über alle Angelegenheiten im Zuständigkeitsbereich der Generalversammlung entscheiden kann. Sie kann vorher einberufen werden, insbesondere

(ABl. 30.6.2017, L 169/46); zur Vorgängerreglung *Embid Irujo* in: Rojo Fernández-Río (Hrsg.), La reforma de la Ley de Sociedades Anónimas, 1987, S. 47, 54–61; *Esteban Velasco* in: Alonso Ureba/Chico Ortiz/Lucas Fernández (Hrsg.), La reforma del Derecho español de sociedades de capital, 1987, S. 389, 408–443.

583 *Álvarez Royo-Villanova/Sánchez Santiago* Diario La Ley 8546 (2015) 6, 20–22; *Cabanas Trejo* Diario La Ley 8521 (2015) 5, 12–14; *Fernández del Pozo* LaLMerc 11 (2015) 24, 46.

584 *Guerrero Lebrón* RDM 298 (2015) 183, 198–200; *Recalde Castells* in: Juste Mencía (Hrsg.), Comentario de la reforma del régimen de las sociedades de capital en materia de gobierno corporativo (Ley 31/2014), 2015, Art. 160 Rn. 46 f.; *Esteban Velasco* in: Rodríguez Artigas ua (Hrsg.), Junta General y Consejo de Administración de la Sociedad cotizada, Bd. 1, 2016, S. 29–89; *Alcalá Díaz* in: FS Fernández de la Gándara, 2016, S. 275–300; *Gimeno Ribes* RJN 97–98 (2016) 365, 380–386.

585 *Gimeno Ribes* RJN 97–98 (2016) 365, 376.

586 Bei börsennotierten Gesellschaften ist die allgemeine Vergütungspolitik gemeint (Art. 511bis I lit. c) LSC).

587 *Iglesias Prada/García de Enterría Lorenzo-Velázquez* in: Menéndez Menéndez/Rojo Fernández-Río (Hrsg.), Lecciones de Derecho mercantil, Bd. 1, 2014, S. 488.

588 *Grechenig*, Spanisches Aktien- und GmbH-Recht, 2005, S. 34.

589 *Iglesias Prada/García de Enterría Lorenzo-Velázquez* in: Menéndez Menéndez/Rojo Fernández-Río (Hrsg.), Lecciones de Derecho mercantil, Bd. 1, 2014, S. 488.

590 Indirekt *Recalde Castells* in: Juste Mencía (Hrsg.), Comentario de la reforma del régimen de las sociedades de capital en materia de gobierno corporativo (Ley 31/2014), 2015, Art. 161 Rn. 2.

591 *Iglesias Prada/García de Enterría Lorenzo-Velázquez* in: Menéndez Menéndez/Rojo Fernández-Río (Hrsg.), Lecciones de Derecho mercantil, Bd. 1, 2014, S. 489; *Lozano/Hilgers/J. Löber* in: Süß/Wachter (Hrsg.), HdB des internationalen GmbH-Rechts, 2016, Spanien, Rn. 193; ferner *García-Cruces González* in: FS Broseta Pont, Bd. 2, 1995, S. 1441–1470.

592 *Otero Lastres* in: FS Sánchez Calero, Bd. 2, 2002, S. 1229–1244; *Sánchez Linde* RDBB 105 (2007) 7.

um zu ermöglichen, dass Vertreter teilnehmen, muss es aber nicht (Art. 178 I LSC).[593] Die Universalversammlung kann an jedem Ort Spaniens oder auch im Ausland stattfinden (Art. 178 LSC). In der Praxis wird häufig informell eine Universalversammlung einberufen und sodann einstimmig beschlossen, eine Generalversammlung abzuhalten.[594] Auf diese Weise kann insbesondere bei kleineren Gesellschaften auf die Einhaltung der Einberufungsformalitäten verzichtet und so die Durchführung der Generalversammlung erleichtert werden.[595]

Für die Einberufung sind die **Geschäftsleiter** oder die **Liquidatoren zuständig** (Art. 166 LSC), letztere etwa, wenn die Generalversammlung die Schlussbilanz in der Liquidation genehmigen soll (Art. 390 LSC). Ursprünglich war umstritten, ob die Einberufungszuständigkeit delegierbar ist;[596] mit der *Ley 31/2014* hat der Gesetzgeber die Frage geklärt und die Delegation in Art. 249bis lit. j) LSC ausgeschlossen. Zwar gilt Art. 166 LSC nach seinem Wortlaut nur für die Geschäftsleiter; nach Sinn und Zweck ist die Vorschrift jedoch weit auszulegen, so dass für die Einberufung das jeweilige Geschäftsleitungsorgan, also auch ein etwaiger Verwaltungsrat, zuständig ist.[597] 228

Die Generalversammlung hat zu den im Gesetz (Art. 164 LSC) oder in der Satzung (Art. 167 LSC) festgelegten **Zeitpunkten** stattzufinden. Sie ist innerhalb der ersten sechs Monate des Geschäftsjahres einzuberufen (Art. 164 I LSC) (Rn. 216) sowie auf Verlangen einer Gesellschafterminderheit (*convocatoria de la minoría*), die mindestens 5 % hält (Art. 168 LSC).[598] Diese Mindestschwelle kann die Satzung absenken, aber nicht erhöhen,[599] da eine Erhöhung den Minderheitenschutz unzulässig beschränken würde.[600] Liegt ein Auflösungsgrund vor, haben die Geschäftsleiter die Generalversammlung binnen zwei Monaten einzuberufen (Art. 365 I LSC), um die Auflösung abzuwenden oder zu beschließen. Im Übrigen können sie jederzeit eine Generalversammlung einberufen, wenn sie dies für zweckmäßig erachten (Art. 167 LSC). 229

Auch wenn die Generalversammlung verspätet einberufen oder abgehalten wird, kann sie wirksam Beschlüsse fassen (Art. 164 II LSC).[601] Ist die Einberufungsfrist erfolglos verstrichen, kann jeder Gesellschafter beim *registrador* des Handelsregisters oder beim Gerichtssekretär (*secretario judicial*) am Gesellschaftssitz einen **Antrag auf Einberufung** stellen (Art. 169 I LSC).[602] In diesem Rahmen gibt der *registrador* oder der Gerichtssekretär den eigentlich für die Einberufung zuständigen Geschäftsleitern Gelegenheit zur Stellungnahme (Art. 169 I LSC). Die gleiche Möglichkeit besteht, wenn die Geschäftsleiter dem Einberufungsantrag einer Minderheit nicht nachkommen (Art. 169 II LSC). 230

Scheiden sämtliche Mitglieder oder ein gesamtvertretungsbefugtes Mitglied der Geschäftsleitung aus, ohne dass ein Stellvertreter nachrückt, hat jeder Gesellschafter (Art. 171 I LSC) und jedes verbliebene Geschäftsleitungsmitglied das Recht (Art. 171 II LSC), beim zuständigen Handelsregister die Einberufung der Generalversammlung zu beantragen. Diese kann dann ein neues Geschäftsleitungsmitglied bestellen und damit ein entstandenes **Machtvakuum** beheben. 231

Die Einberufung der Generalversammlung ist **öffentlich bekanntzumachen** (Art. 173 I LSC). Dies kann entweder auf der gesellschaftseigenen Internetseite geschehen, die den Anforderungen der Artt. 11bis, 173 I LSC ge- 232

593 *Iglesias Prada/García de Enterría Lorenzo-Velázquez* in: Menéndez Menéndez/Rojo Fernández-Río (Hrsg.), Lecciones de Derecho mercantil, Bd. 1, 2014, S. 492; ferner *Mirranda Serrano* RDM 243 (2002) 71; *Farrando Miguel* RDM 262 (2006) 1307; *ders.* in: FS Iglesias Prada, 2014, S. 313, 344–347.

594 *Sánchez Calero/Sánchez-Calero Guilarte*, Instituciones de Derecho Mercantil, Bd. 1, 2011, S. 478; *Iglesias Prada/García de Enterría Lorenzo-Velázquez* in: Menéndez Menéndez/Rojo Fernández-Río (Hrsg.), Lecciones de Derecho mercantil, Bd. 1, 2014, S. 491.

595 *Iglesias Prada/García de Enterría Lorenzo-Velázquez* in: Menéndez Menéndez/Rojo Fernández-Río (Hrsg.), Lecciones de Derecho mercantil, Bd. 1, 2014, S. 491.

596 Dazu Sentencia del Tribunal Supremo de 11 de junio de 1982, núm. 283 u. Resolución de la Dirección General de los Registros y del Notariado de 20 de marzo de 1991 (BOE 22 mayo 1991, núm. 122, S. 16354) u. de 7 de diciembre de 1993 (BOE 4 enero 1994, núm. 3, S. 135); aA Sentencia del Tribunal Supremo de 24 de febrero de 1995, núm. 184, de 29 de julio de 1999, núm. 713, de 8 de octubre de 2001, núm. 896, de 4 de diciembre de 2002, núm. 1179, u. de 14 de marzo de 2005, núm. 160; ferner Resolución de la Dirección de los Registros y del Notariado de 11 de marzo de 1999 (BOE 13 abril 1999, núm. 88, S. 13706).

597 Dazu *Martínez Martínez* RdS 26 (2006) 435; *Montero García-Noblejas* RdS 34 (2010) 361.

598 Dazu *Juste Mencía* RdS 4 (1995) 31; *Rodríguez Artigas* RdS 26 (2006) 55; *Boquera Matarredona* RDM 282 (2011) 29; *Farrando Miguel* in: Rodríguez Artigas ua (Hrsg.), Las Reformas de la Ley de Sociedades de Capital, 2012, S. 81, 84–86.

599 *Sánchez Calero/Sánchez-Calero Guilarte*, Instituciones de Derecho Mercantil, Bd. 1, 2011, S. 480.

600 *Sánchez Calero/Sánchez-Calero Guilarte*, Instituciones de Derecho Mercantil, Bd. 1, 2011, S. 480.

601 Sentencia del Tribunal Supremo de 3 de abril de 2003, núm. 361, besprochen von *Ávila de la Torre* CCJC 2003, 1165 sowie von *García-Villarrubia Bernabé* RDM 249 (2003) 1141; ferner *García de Enterría Lorenzo-Velázquez* RDM 175–176 (1985) 227; *Boquera Matarredona* RDM 261 (2006) 1035.

602 Allgemein nach der *Ley 15/2015* s. *Fernández Pérez* RdS 46 (2016) 269; zur alten Rechtslage *Andrino Hernández* RGD 1993, 4877. Vor der *Ley 15/2015* musste der Antrag beim Handelsrichter (*Juez de lo Mercantil*) gestellt werden; dazu *Boquera Matarredona*, La Junta General de las Sociedades Capitalistas, 2008, S. 70–72.

nügt,[603] oder im *Boletín Oficial del Registro Mercantil* sowie einer Tageszeitung mit hoher Auflage in der Provinz,[604] in der die Gesellschaft ihren Sitz hat. Abweichend davon kann die Satzung vorsehen, dass die Einberufung per schriftlicher Mitteilung bekanntzumachen ist, solange sichergestellt ist, dass jeder Gesellschafter die Einberufung zur Kenntnis nehmen kann (Art. 173 II LSC). Ferner kann die Satzung bestimmen, dass eine persönliche Mitteilung an im Ausland ansässige Gesellschafter entbehrlich ist, es sei denn, diese haben einen inländischen Zustellungsort angegeben (Art. 173 II LSC).

233 Die **Einberufungsfrist**, dh die Frist zwischen Bekanntmachung der Einberufung und Versammlungstermin, muss mindestens einen Monat betragen (Art. 176 I LSC). Bei Einberufung per schriftlicher Mitteilung beginnt der Lauf mit Absendung des Schreibens (Art. 176 II LSC). Ein verspäteter Zugang berührt die Beschlussfähigkeit der Generalversammlung nicht.[605]

234 Um für den Fall vorzusorgen, dass das Beschlussquorum nicht erreicht wird, kann schon in der Bekanntmachung der Einberufung ein Termin für die **zweite Einberufung** (*segunda convocatoria*) angegeben werden (Art. 177 I LSC). Die zweite Generalversammlung darf nicht früher als 24 Stunden nach der ersten liegen (Art. 77 II LSC). Auf diese Weise soll eine Umgehung des Beschlussfähigkeitsquorums verhindert werden.[606] Wird eine zweite Einberufung erforderlich, ohne dass sie bereits zusammen mit der ersten Einberufung vorgenommen worden ist, muss sie innerhalb von 15 Tagen nach dem ersten Termin nachgeholt werden (Art. 177 III LSC). Die Einberufungsfrist für die zweite Einberufung muss mindestens zehn Tage betragen (Art. 177 III LSC); im Übrigen gelten dieselben Formanforderungen wie bei der ersten Einberufung (Art. 177 III LSC).

235 In der Einberufung ist der **Ort** der Generalversammlung anzugeben; trifft die Satzung insofern keine Regelung (Art. 175 1 LSC) oder nennt die Einberufung keinen Ort (Art. 175 2 LSC), hat die Generalversammlung im Zweifel am Sitz der Gesellschaft stattzufinden.

236 Zum **Mindestinhalt der Einberufungsunterlagen** gehören darüber hinaus die Angabe der Firma, Datum und Uhrzeit der Generalversammlung, die Tagesordnung und die Funktion der einberufenden Personen (Art. 174 LSC). Dabei müssen die Angaben zur Tagesordnung eindeutig und vollständig sein.[607] Zu nicht aufgeführten Tagesordnungspunkten kann die Generalversammlung keine Beschlüsse fassen.[608] Ausnahmen bestehen lediglich für die Abberufung von Geschäftsleitern (Art. 223 I LSC) und die Erhebung von Haftungsklagen (Art. 238 I 1 LSC), die auch *ad hoc* möglich sind. Soll die Generalversammlung den Jahresabschluss feststellen, muss in der Einberufung ausdrücklich darauf hingewiesen werden, dass jeder Gesellschafter das Recht hat, Einsicht in die den Jahresabschluss betreffenden Dokumente und Berichte zu nehmen (Art. 272 II LSC).[609] Entsprechendes gilt, wenn die Generalversammlung über eine Satzungsänderung beschließen soll, für das Einsichtsrecht hinsichtlich des Änderungsentwurfs (Art. 287 LSC) (Rn. 187). Bei Satzungsänderungen, die eine bestimmte Klasse von Gesellschaftern in besonderem Maße betreffen, findet neben der allgemeinen Generalversammlung zusätzlich eine besondere Versammlung dieser Klasse statt.[610] Das ist etwa dann der Fall, wenn die Satzungsänderung Gesellschafter einer bestimmten Klasse (Art. 293 I LSC) oder einen Teil von ihnen (Art. 293 II LSC) schädigt. Eine solche Satzungsänderung bedarf zwingend der Zustimmung der negativ von ihr betroffenen Gesellschafter.[611] Nach Sinn und Zweck reicht es aber aus, wenn die Betroffenen im Rahmen der allgemeinen Generalversammlung gesondert zustimmen; darauf ist in der Einberufung hinzuweisen (Art. 293 III LSC).

237 Minderheitsgesellschafter, die mit mindestens 5 % beteiligt sind, haben nach Art. 172 I LSC das Recht, mittels Mitteilung an die Gesellschaft innerhalb von fünf Tagen nach Bekanntgabe der Einberufung eine **Ergänzung der Tagesordnung** (*complemento de convocatoria*) zu verlangen.[612] Diese Ergänzung ist mindestens fünfzehn Tage vor dem Versammlungstermin öffentlich bekannt zu machen (Art. 172 II 1 LSC).

---

603 Dazu *Largo Gil* in: Rodríguez Artigas ua (Hrsg.), Junta General y Consejo de Administración de la Sociedad cotizada, Bd. 1, 2016, S. 647–679.

604 Zum Begriff der Provinz s. Fn. 208.

605 *Sánchez Calero*, La Junta General de las Sociedades de Capital, 2007, S. 505.

606 *Grechenig*, Spanisches Aktien- und GmbH-Recht, 2005, S. 50.

607 S. etwa Sentencia del Tribunal Supremo de 16 de septiembre de 2000, núm. 837, u. Resolución de la Dirección General de los Registros y del Notariado de 3 de septiembre de 1998 (BOE 4 noviembre 1998, núm. 264, S. 35993) u. de 18 de mayo de 2001 (BOE 29 junio 2001, núm. 155, S. 23288).

608 Sentencia del Tribunal Supremo de 12 de julio de 2005, núm. 545.

609 Dazu Sentencia del Tribunal Supremo de 15 de noviembre de 1994, núm. 1019, u. de 12 de julio de 2005, núm. 439; im deutschsprachigen Schrifttum *Ruiz de Vargas*, Jahresabschluss von Kapitalgesellschaften nach neuem Recht in Spanien, 1992, S. 13 f.

610 Dazu *Gómez Mendoza* in: FS Duque Domínguez, Bd. 1, 1998, S. 421–430; *Campuzano Laguillo* RdP 27 (2011) 369.

611 *Peñas Moyano* in: Rojo Fernández-Río/Beltrán Sánchez (Hrsg.), Comentario de la Ley de Sociedades de Capital, Bd. 2, 2011, S. 2169.

612 Dazu *Duque Domínguez* in: FS García Villaverde, Bd. 1, 2007, S. 375–388; *Boquera Matarredona* RDM 282 (2011) 29; *Escuin Ibáñez* RDM 284 (2012) 293; *Sánchez-Calero Guilarte* RDBB 128 (2012) 241.

Seit der *Ley 31/2014* begründen **Verfahrensverstöße** grundsätzlich kein Anfechtungsrecht mehr, sondern ausnahmsweise nur noch dann, wenn die verletzten Vorschriften dem Schutz von Minderheitsgesellschaftern dienen, wie zB Form und Mindestfrist der Einberufung (Art. 204 III lit. a) LSC).[613] 238

cc) Beschlussfähigkeit

Die Beschlussfähigkeit der Generalversammlung verlangt bestimmte **Anwesenheitsquoren.** Demnach ist das Gremium bei der ersten Einberufung grundsätzlich beschlussfähig, wenn mindestens 25 % der Stimmen vertreten sind (Art. 193 I LSC). Bei der zweiten Einberufung bedarf es der Erfüllung eines solchen Quorums hingegen nicht (Art. 193 II LSC). Abweichend davon kann die Satzung für beide Einberufungen höhere Quoren vorsehen (Art. 193 I 2 LSC). Voraussetzung ist aber, dass diese Quoren weniger als 100 % betragen[614] und das Quorum für die zweite Einberufung kleiner ist als dasjenige für die erste (Art. 193 II LSC).[615] 239

Für **Beschlüsse mit besonderer Tragweite** bestehen qualifizierte Anwesenheitsquoren. Dazu zählen Kapitalmaßnahmen und sonstige Satzungsänderungen, die Ausgabe von Anleihen, die Aufhebung oder Beschränkung des Bezugsrechts sowie Formwechsel, Verschmelzung, Spaltung, Vermögensübertragung und grenzüberschreitende Sitzverlegung. In diesen Angelegenheiten ist die Generalversammlung bei der ersten Einberufung beschlussfähig, wenn 50 % des stimmberechtigten Kapitals anwesend sind (Art. 194 I LSC); bei der zweiten Einberufung reichen 25 % (Art. 194 II LSC). Wiederum kann die Satzung höhere Quoren festlegen (Art. 194 III LSC), soweit das Quorum für die erste Einberufung weniger als 100 % und das Quorum für die zweite Einberufung nicht mehr als 50 % beträgt (Art. 193 II LSC).[616] Mit Einführung dieser Anwesenheitsquoren beabsichtigte der Gesetzgeber, die Präsenz der Gesellschafter in der Generalversammlung zu steigern und so ihre Funktionsfähigkeit als Entscheidungs- und Kontrollorgan zu verbessern.[617] 240

Bei der **Berechnung** eines bestimmten Quorums sind von der Gesellschaft gehaltene (Art. 148 lit. b) LSC) und verpfändete Aktien (Art. 149 III LSC) mitzuzählen.[618] 241

Unmittelbar vor Beginn der Generalversammlung ist eine **Anwesenheitsliste** zu erstellen. Diese hat die anwesenden Gesellschafter und die Anzahl ihrer Aktien aufzuführen sowie anzugeben, ob sie persönlich erschienen sind oder sich vertreten lassen und ob sie stimmberechtigt sind (Art. 192 I, II LSC).[619] 242

Ist die Geschäftsleitung der *Sociedad Anónima* als Kollegialorgan ausgestaltet, sind ihr **Vorsitzender** (*presidente*) und **Protokollführer** (*secretario*) *ipso iure* auch Vorsitzender und Protokollführer der Generalversammlung. Im Übrigen kann die Satzung beide Ämter vergeben (Art. 191 LSC).[620] Dies ist auch mittelbar möglich, indem die Personen nicht namentlich benannt, sondern nur spezifiziert werden (zB der jeweilige Mehrheitsgesellschafter).[621] In allen anderen Fällen werden Vorsitzender und Protokollführer zu Beginn der Generalversammlung bestimmt, wobei sie – anders als noch unter der *Ley de Sociedades Anónimas* (Art. 110 I LSA 1989) – keine Gesellschafter sein müssen.[622] 243

613 Dazu *Latorre Chiner* in: Rodríguez Artigas ua (Hrsg.), El nuevo régimen de impugnación de los acuerdos sociales de las sociedades de capital, 2015, S. 215, 219.

614 *Iglesias Prada/García de Enterría Lorenzo-Velázquez* in: Menéndez Menéndez/Rojo Fernández-Río (Hrsg.), Lecciones de Derecho mercantil, Bd. 1, 2014, S. 493; in der Rechtsprechung Resoluciones de la Dirección General de los Registros y del Notariado de 15 de abril de 1991 (BOE 28 mayo 1991, núm. 127, S. 17160) u. de 13 de enero de 1994 (BOE 9 febrero 1994, núm. 34, S. 4293); im deutschsprachigen Schrifttum *Grechenig*, Spanisches Aktien- und GmbH-Recht, 2005, S. 49.

615 *Iglesias Prada/García de Enterría Lorenzo-Velázquez* in: Menéndez Menéndez/Rojo Fernández-Río (Hrsg.), Lecciones de Derecho mercantil, Bd. 1, 2014, S. 493.

616 Ausführlich *Madina*, La adopción de acuerdos en la sociedad anónima. Quorum de constitución y mayorías, 2004, S. 224–229; zur Unzulässigkeit eines 100 %-Quorums Resolución de la Dirección General de los Registros y del Notariadode 13 de enero de 1994 (BOE 9 febrero 1994, núm. 34, S. 4293).

617 *Grechenig*, Spanisches Aktien- und GmbH-Recht, 2005, S. 49; allgemein zu aktivistischen Aktionären *Bebchuk* Harv. L. Rev. 118 (2005) 833; *ders.* Harv. L. Rev. 119 (2006) 1784; *ders.* Va. L. Rev. 93 (2007) 675; *ders.* Colum. L. Rev. 115 (2015) 1085; im spanischen Schrifttum *del Val Talens* RDBB 136 (2014) 235; *Garrido García* in: Rodríguez Artigas ua (Hrsg.), Junta General y Consejo de Administración de la Sociedad cotizada, Bd. 2, 2016, S. 955–987; im deutschen Schrifttum *Engert* ZIP 2006, 2105.

618 Zur Berücksichtigung eigener Aktien Sentencia del Tribunal Supremo de 19 de diciembre de 2001, núm. 1183, besprochen von *Pacheco Cañete* CCJC 2002, 647.

619 Näher zur alten, aber unveränderten Rechtslage *Duque Domínguez* RDM 85 (1962) 7.

620 Dazu *Emparanza Sobejano* RDM 266 (2007) 941; zur alten Rechtslage *Sánchez Linde* RDM 263 (2007) 169.

621 *García Vidal* RdS 37 (2011) 235, 238; aA zur alten Rechtslage *Sánchez Calero*, La Junta General de las Sociedades de Capital, 2007, S. 240 f.

622 Etwa *García Vidal* RdS 37 (2011) 235, 254 f.

dd) Beschlussfassung

244 Art. 159 I LSC normiert für die Beschlussfassung der Generalversammlung das Mehrheitsprinzip. Danach bedürfen Beschlüsse grundsätzlich einer **einfachen Mehrheit** (*mayoría ordinaria*) (Art. 201 I LSC),[623] dh mehr Ja- als Nein-Stimmen, wobei Enthaltungen unberücksichtigt bleiben.[624] In den Fällen des Art. 194 LSC (Rn. 240) ist eine **absolute Mehrheit** (*mayoría absoluta*) erforderlich, dh eine Zustimmung von mindestens 50 %; sind weniger als 50 % des stimmberechtigten Kapitals vertreten, ist sogar eine **Zweidrittelmehrheit** erforderlich (Art. 201 II LSC). Die Satzung kann strengere Mehrheitserfordernisse aufstellen (Art. 201 III LSC), das Mehrheitsprinzip aber nicht gänzlich durch das Einstimmigkeitsprinzip ersetzen.[625] Bei der Berechnung sind von der Gesellschaft gehaltene Aktien mitzuzählen (Art. 148 lit. b) LSC),[626] ebenso verpfändete Aktien (Art. 149 III LSC).

245 Seit der *Ley 31/2014* ist für sachlich nicht zusammenhängende Beschlussgegenstände zwingend **Einzelabstimmung** (*votación separada*) vorgesehen (Art. 197bis I LSC). Das ist etwa bei Beschlüssen zur Ernennung, Bestätigung, Wiederwahl oder Abberufung eines Geschäftsleiters der Fall (Art. 197bis II lit. a) LSC), und zwar auch dann, wenn sie in einem Tagesordnungspunkt zusammengefasst sind. Gleiches gilt für Satzungsänderungen, sofern sie sich nicht auf zusammenhängende Vorschriften beziehen (Art. 197bis II lit. b) LSC), sowie für solche Beschlussgegenstände, welche die Satzung ausdrücklich als nicht zusammenhängend bezeichnet. Hintergrund dieser Neuregelung ist, dass Sammel- oder Blockabstimmungen missbräuchlich sein können, wenn sie die Gesellschafter zu einer einheitlichen Stimmabgabe über Beschlussgegenstände zwingen, die sachlich nicht zusammenhängen.[627]

246 Die in der Generalversammlung gefassten Beschlüsse sind in einem **Protokoll** niederzuschreiben (Art. 202 I LSC). Dieses Protokoll muss die Generalversammlung vor ihrem Abschluss genehmigen (Art. 202 II LSC). Unterbleibt die Genehmigung, kann sie der Vorsitzende der Generalversammlung gemeinsam mit zwei Gesellschaftern innerhalb von fünfzehn Tagen nachholen, wobei einer als Vertreter der Mehrheit und einer als Vertreter der Minderheit agiert (Art. 202 III LSC). Mit der Genehmigung können die Beschlüsse ausgeführt (Art. 202 III LSC) und, sofern es einer Eintragung bedarf, auf Grundlage des Protokolls ins Handelsregister eingetragen werden.[628]

247 Erstellt ein **Notar** das Protokoll, ist eine Genehmigung durch die Generalversammlung entbehrlich (Art. 203 II LSC).[629] Die Beschlüsse können dann unmittelbar nach Abschluss der Generalversammlung ausgeführt werden (Art. 203 II LSC).

ee) Fehlerhafte Beschlüsse

248 Bis zur *Ley 31/2014* waren fehlerhafte Beschlüsse differenziert in der *Ley de Sociedades de Capital* geregelt.[630] Die dortige Unterscheidung zwischen nichtigen Beschlüssen (*acuerdos nulos*) und aufhebbaren Beschlüssen (*acuerdos anulables*), die sich insbesondere darauf ausgewirkt hatte, wie die Fehlerhaftigkeit geltend zu machen war, ist mittlerweile eingeebnet worden.[631] Nach alter Rechtslage waren Beschlüsse, die gegen das Gesetz oder die öffentliche Ordnung (*ordre public*) verstießen, nichtig; Beschlüsse, die gegen die Satzung verstießen oder dem Gesellschaftsinteresse zuwiderliefen, hingegen aufhebbar. Nach neuer Rechtslage gibt es nur noch **anfechtbare Beschlüsse** (*acuerdos impugnables*) (Art. 204 I 1 LSC) und Beschlüsse, die gegen die öffentliche Ordnung

---

623 Allgemein *Sánchez Linde*, El principio de mayoría en la adopción de acuerdos de la junta general de la sociedad anónima, 2009, S. 71–107.

624 *Sánchez Calero/Sánchez-Calero Guilarte*, Instituciones de Derecho Mercantil, Bd. 1, 2011, S. 495.

625 Resolución de la Dirección General de los Registros y del Notariado de 28 de febrero de 1991 (BOE 1 abril 1991, núm. 78, S. 9804) u. de 15 de abril de 1991 (BOE 28 mayo 1991, núm. 127, S. 17160).

626 Dazu Sentencia del Tribunal Supremo de 19 de diciembre de 2001, núm. 1183, besprochen von *Pacheco Cañete* CCJC 2002, 647.

627 *Díaz Moreno* in: Juste Mencía (Hrsg.), Comentario de la reforma del régimen de las sociedades de capital en materia de gobierno corporativo (Ley 31/2014), 2015, Art. 197bis Rn. 6; ferner *Yanes Yanes* in: Rodríguez Artigas ua (Hrsg.), Junta General y Consejo de Administración de la Sociedad cotizada, Bd. 2, 2016, S. 241.

628 Allgemein zum Protokoll *Paternottre Suárez*, Las actas de las Juntas de accionistas, 1994.

629 Dazu *Rueda Martínez* in: FS Sánchez Calero, Bd. 1, 2002, S. 1245–1262; *Muñoz Planas/Muñoz Paredes* in: FS García Villaverde, Bd. 2, 2007, S. 969–982; *Sánchez-Calero Guilarte/Villanueva García-Pomareda* CDC 55 (2011) 99.

630 Überblick zur Reform bei *Vives Ruiz*, La impugnación de acuerdos sociales en la reforma de la legislación mercantil, 2014; *Martínez Martínez* RDBB 137 (2015) 63.

631 Zur alten Rechtslage allgemein *Bercovitz Rodríguez-Cano* in: FS Broseta Pont, Bd. 1, 1995, S. 373–396; *Embid Irujo* NotUE 121 (1995) 49; *Rodríguez Ruiz de Villa*, Impugnación de acuerdos de las juntas de accionistas, 2002; aus historischer Perspektive *Perdices Huetos* in: Ibáñez Jiménez (Hrsg.), Comentarios a la reforma del régimen de la junta general de accionistas en la reforma del buen gobierno corporativo de las sociedades, 2014, S. 113–132.

verstoßen (Artt. 205 I, 206 II LSC).[632] Die vormaligen Nichtigkeits- bzw. Aufhebbarkeitsgründe wegen Verstoßes gegen Gesetz, Satzung oder Gesellschaftsinteresse machen den Beschluss nunmehr anfechtbar. Gesetzeswidrig sind dabei nicht nur Beschlüsse, die kapitalgesellschaftsrechtlichen Normen – zwingend oder dispositiv – zuwiderlaufen,[633] sondern auch solche, die gegen Vorschriften aus anderen Rechtsgebieten, etwa dem Kartellrecht, verstoßen.[634] Als weiteren Anfechtungsgrund hat die Gesetzesreform von 2014 den Verstoß gegen die Geschäftsordnung der Generalversammlung (Art. 204 I LSC) geregelt.[635]

Während es traditionell anerkannt war, dass die öffentliche Ordnung (***ordre public***) den Gesamtbestand der straf- und verfassungsrechtlichen Normen, insbesondere die Grundrechte, umfasst,[636] bestand Streit hinsichtlich der Frage, wann genau ein Verstoß gegen die öffentliche Ordnung vorliegt.[637] Im Zuge der Reform hat sich der Gesetzgeber der weiten Auffassung angeschlossen, so dass ein Verstoß gegen die öffentliche Ordnung nicht nur aus dem Beschlussgegenstand bzw. dem Beschlusszweck herrühren kann, sondern auch aus den Umständen der Beschlussfassung (Art. 205 I LSC). Damit ist ua der bereits gerichtlich geklärte Fall erfasst,[638] dass der Mehrheitsgesellschafter in einer oder mehreren Universalversammlungen, die in Wahrheit gar nicht stattgefunden haben, mit seinen Stimmen Kapitalerhöhungen beschließt, ohne dass die Minderheitsgesellschafter ihr Bezugsrecht ausüben können, weil sie erst nach Ablauf der Anfechtungsfrist davon Kenntnis erhalten.[639] 249

Problematisch ist darüber hinaus, was unter dem **Gesellschaftsinteresse** (*interés social*) zu verstehen ist, nur das Interesse der Gesellschafter[640] oder auch die Interessen anderer Gruppen (*stakeholder*),[641] wie Lieferanten, Gläubiger, Arbeitnehmer o. ä.[642] Inzwischen hat sich der Schwerpunkt dieser Diskussion auf die Frage verlagert, ob bei der Bestimmung des Gesellschaftsinteresses nur die kurzfristige Rendite der Gesellschafter oder auch die langfristige Entwicklung des Unternehmenswerts zu berücksichtigen ist.[643] Dabei ist etwa relevant, inwiefern Maßnahmen, die nicht unmittelbar gewinnwirksam sind, sondern sich auf die *Corporate Social Responsibility* auswirken, den zukünftigen Unternehmenswert und damit auch das Gesellschaftsinteresse betreffen.[644] 250

Neben diesen allgemeinen konzeptionellen Erwägungen ist für das Verständnis des Gesellschaftsinteresses im Rahmen des Beschlussmängelrechts die Definition in der *Ley de Sociedades de Capital* (Art. 204 I 2, 3 LSC) maßgeblich. Seit der *Ley 31/2014* verstößt nicht nur ein Handeln zulasten des Vermögens oder des Ansehens der Gesellschaft, sondern ausdrücklich auch ein **missbräuchliches Handeln** des Mehrheitsgesellschafters (*acuerdos abusivos*) zulasten der Minderheitsgesellschafter gegen das Gesellschaftsinteresse.[645] Zu denken ist dabei etwa an Fälle der missbräuchlichen Gewinnthesaurierung, in deren Folge die Gesellschaftermehrheit Ausschüttungen vornehmen lässt, die nur ihr zugutekommen, ohne ordentliche Dividenden auszuzahlen.[646] Nach alter Rechtslage waren derartige Beschlüsse bereits insoweit anfechtbar, wie sie gegen das allgemeine Verbot des 251

632 *Muñoz Paredes* RDM 296 (2015) 159, 174.

633 *Sánchez Calero*, La Junta General de las Sociedades de Capital, 2007, S. 365 f.

634 *Boquera Matarredona*, La Junta General de las Sociedades Capitalistas, 2008, S. 189 f.

635 Dazu *Emparanza Sobejano* RdS 21 (2003) 149.

636 *Bercovitz Rodríguez-Cano* in: FS Broseta Pont, Bd. 1, 1995, S. 373, 388 f.; *Castañer Codina* in: Rodríguez Artigas ua (Hrsg.), El nuevo régimen de impugnación de los acuerdos sociales de las sociedades de capital, 2015, S. 139, 154 f.; Überblick zur Rechtsprechung bei *Sánchez Calero*, La Junta General de las Sociedades de Capital, 2007, S. 369.

637 Für eine weite Konzeption ist etwa *Embid Irujo*, NotUE, 121 (1995) 49, 53 eingetreten, für eine engere Konzeption *Bercovitz Rodríguez-Cano* in: FS Broseta Pont, Bd. 1, 1995, S. 373, 388 f.

638 S. dazu Sentencia del Tribunal Supremo de 30 de mayo de 2007, núm. 596, besprochen von *Sánchez Álvarez* RdS 30 (2008) 513; Sentencia del Tribunal Supremo de 19 de abril de 2010, núm. 222, besprochen von *Martínez Pérez-Espinosa* RdS 36 (2011) 429.

639 Dazu Sentencia del Tribunal Supremo de 18 de junio de 2012, núm. 376, besprochen von *Redondo Trigo* RCDI 2012, 3639 sowie von *Gimeno Ribes* in: Embid Irujo (Hrsg.), Archivo Commenda de Jurisprudencia Societaria 2011–2012, 2014, S. 121–125.

640 So *Berle* Harv. L. Rev. 44 (1931) 1049; im neueren Schrifttum *Rappaport*, Shareholder Value, 1999, S. 6–9; rechtsordnungsübergreifend *Armour/Hansmann/Kraakman* in: Kraakman ua (Hrsg.), The Anatomy of Corporate Law, 2017, S. 1, 23; Überblick zur Diskussion vor dem Hintergrund des europäischen Gesellschaftsrechts bei *Schön* ZHR 180 (2016) 279.

641 So ursprünglich *Dodd* Harv. L. Rev. 45 (1932) 1145.

642 Zu den verschiedenen Perspektiven *Sánchez-Calero Guilarte* RDM 246 (2002) 1653; *Hernando Cebriá* RDBB 133 (2014) 79; ferner *Arroyo Martínez* in: FS Sánchez Calero, Bd. 2, 2002, S. 1845–1858.

643 Zur Diskussion *Sánchez-Calero Guilarte* RDM 246 (2002) 1653.

644 S. etwa *Embid Irujo/del Val Talens*, La responsabilidad social corporativa y el Derecho de Sociedades de capital. Entre la regulación legislativa y el *soft law*, 2016, S. 32; allgemein *Embid Irujo* CDC 42 (2004) 11.

645 Allgemein *Alonso Espinosa* RdS 44 (2015) 37; Überblicke zu den Sachverhalten vor der Gesetzesänderung bei *Rubio Vicente* RdS 21 (2003) 81; *Hernando Cebriá* RdS 37 (2011) 173, 184–195; *ders.*, El abuso de la posición jurídica del socio en las sociedades de capital, 2013, S. 100–127.

646 Dazu *Iraculis Arregui* RDM 281 (2011) 251; rechtsvergleichend *Fleischer/Trinks* NZG 2015, 289.

Rechtsmissbrauchs (*abuso de derecho*) verstießen, das in Art. 7 II CC normiert ist.[647] Ein missbräuchliches Handeln der Gesellschaftermehrheit auf Kosten der Minderheit als Verstoß gegen das Gesellschaftsinteresse einzuordnen, erscheint rechtspolitisch vertretbar und aus praktischen und teleologischen Erwägungen sinnvoll. Systematisch vorzugwürdig wäre es jedoch, einen solchen Missbrauch als Verstoß gegen eine allgemeine Treupflicht des Mehrheitsgesellschafters zu werten,[648] ähnlich wie in der *Linotype*-Entscheidung des deutschen Bundesgerichtshofs.[649] Dann wäre der Beschluss wegen Verstoßes gegen das Gesetz anfechtbar.

252 Zudem hat die Gesetzesreform durch die *Ley 31/2014* zur **Einschränkung** einiger Anfechtungsgründe geführt; den Berechtigten verbleibt dann lediglich ein Anspruch auf Schadensersatz. Auf diese Weise soll die Aufhebung wirtschaftlich sinnvoller Beschlüsse verhindert werden, also solcher Beschlüsse, deren Gesamtnutzen den Schaden überwiegt, den sie beim an sich Anfechtungsberechtigten herbeiführen.[650] Danach kann ein Beschluss nicht allein wegen eines Verstoßes gegen Verfahrensvorschriften angefochten werden, es sei denn, die nicht beachteten Vorschriften betreffen die Einberufung, die Beschlussfähigkeit, die erforderliche Mehrheit oder sonstige Regelungen mit besonderer Bedeutung (zB die Richtigkeit der Anwesenheitsliste) (Art. 204 III lit. a) LSC). Auch eine Verletzung des Auskunftsrechts des Gesellschafters begründet für sich genommen keine Anfechtbarkeit, es sei denn, dieser konnte in der Folge sein Stimmrecht nicht ordnungsgemäß ausüben (Art. 204 III lit. b) LSC). Ob der Gesellschafter ordnungsgemäß abstimmen konnte, beurteilt sich nach dem im deutschen Schrifttum entwickelten Relevanz-Test,[651] der mittlerweile im spanischen Recht kodifiziert ist (*test de relevancia*). Schließlich lässt sich die Anfechtung eines Beschlusses nicht allein darauf stützen, dass die abgegebenen Stimmen nicht richtig ausgezählt worden sind bzw. nicht stimmberechtigte Personen an der Abstimmung teilgenommen haben, es sei denn, der Fehler hat sich auf das Ergebnis ausgewirkt (Art. 204 III lit. c), d) LSC). Dies beurteilt sich nach dem ursprünglich von der spanischen Rechtsprechung[652] entwickelten und mittlerweile gesetzlich kodifizierten Resistenz-Test (*test de resistencia*).[653]

253 Die Frage, ob der Gesetzes- oder Satzungsverstoß bedeutsam ist, dh, ob der an ihm leidende Beschluss anfechtbar ist, wird in einem **gesonderten Verfahren** (*cuestión incidental de previo pronunciamiento*) geklärt, bevor das eigentliche Anfechtungsverfahren beginnt (Art. 204 III 5 LSC).

254 Ein Anspruch auf **Schadensersatz** besteht auch, wenn sich der Beschluss im Zeitpunkt der Klageerhebung bereits erledigt hat bzw. durch einen anderen ersetzt worden ist (Art. 204 II 1 LSC). Der ersatzfähige Schaden umfasst aber nur den Zeitraum, in dem der Beschluss wirksam war (Art. 204 II 2 LSC).[654]

255 Umstritten ist, ob **negative Beschlüsse** (*acuerdos negativos*) anfechtbar sind.[655] Darunter fallen Konstellationen, in denen die Generalversammlung einen Beschlussgegenstand mit den Stimmen eines nicht stimmberechtigten Gesellschafters abgelehnt hat.[656] Nach einer Auffassung ist gegen einen solchen Beschluss mittels einer Nichtigkeitsklage hinsichtlich der unberechtigten Stimmen vorzugehen; wird deren Nichtigkeit festgestellt, dürfen sie

---

647 *Rojo Fernández-Río* in: Rojo Fernández-Río/Beltrán Sánchez (Hrsg.), Comentario de la Ley de Sociedades de Capital, Bd. 1, 2011, S. 1440 f.; *Fleischer/Trinks* NZG 2015, 289, 291 f.

648 S. etwa *Alfaro Águila-Real* in: Juste Mencía (Hrsg.), Comentario de la reforma del régimen de las sociedades de capital en materia de gobierno corporativo (Ley 31/2014), 2015, Art. 204 Rn. 58; kritisch *Quijano González* in: Rodríguez Artigas ua (Hrsg.), El nuevo régimen de impugnación de los acuerdos sociales de las sociedades de capital, 2015, S. 79, 100 f.

649 BGHZ 103, 184 = BGH NJW 1988, 1579 (Linotype); Überblick zur BGH-Rechtsprechung bei *Flume* ZIP 1996, 161, 162 f.

650 *Alfaro Águila-Real* in: Juste Mencía (Hrsg.), Comentario de la reforma del régimen de las sociedades de capital en materia de gobierno corporativo (Ley 31/2014), 2015, Art. 204 Rn. 59 sowie zuvor im deutschsprachigen Schrifttum *Fleischer* in: Fleischer/Kalss/Vogt (Hrsg.), Aktuelle Entwicklungen im deutschen, österreichischen und schweizerischen Gesellschafts- und Kapitalmarktrecht 2012, 2013, S. 67, 136, jeweils mit Bezug auf *Calabresi/Melamed* Harv. L. Rev. 85 (1979) 1089.

651 Grundlegend *Zöllner* in: KK-AktG, 1985, Bd. 5, § 243 Rn. 81–93; *ders.* in: Bayer/Habersack (Hrsg.), Aktienrecht im Wandel, Bd. 2, 2007, S. 462, 496.

652 Sentencia del Tribunal Supremo de 15 de enero de 2014, núm. 697/2013.

653 Vor der Gesetzesänderung *Farrando Miguel* in: FS Vicent Chuliá, 2013, S. 281–300; *Peñas Moyano* RdS 43 (2014) 335; *Rodríguez Sánchez* RDM 292 (2014) 629.

654 Zur alten Rechtslage monographisch *Tato Plaza*, Sustitución y anulación por la sociedad de acuerdos sociales impugnables, 1997; *Bustillo Saiz*, La Subsanación de Acuerdos Sociales por la Junta General de la Sociedad Anónima, 1999; ferner *Castro Martín* in: FS Menéndez Menéndez, Bd. 2, 1996, S. 1587–1628; *Paz-Ares Rodríguez* RdS 29 (2007) 287; *Félez Blasco* RDM 281 (2011) 271.

655 Sentencia del Tribunal Supremo de 2 de junio de 2015, núm. 286, besprochen von *Iribarren Blanco* CCJC 2016, 131 u. *Rojo Álvarez-Manzaneda* CCJC 2016, 445.

656 Davon zu unterscheiden sind Konstellationen, in denen es gar keine Abstimmung gegeben hat und folglich auch kein Beschluss vorliegt; zur Differenzierung *Rojo Fernández-Río* in: Rojo Fernández-Río/Beltrán Sánchez (Hrsg.), Comentario de la Ley de Sociedades de Capital, Bd. 1, 2011, S. 1438–1440; ferner *Marín de la Bárcena Garcimartín* in: Rodríguez Artigas ua (Hrsg.), El nuevo régimen de impugnación de los acuerdos sociales de las sociedades de capital, 2015, S. 277–294; *Iribarren Blanco* RDM 304 (2017) 165.

nicht mitgezählt werden.[657] Nach inzwischen hM sind hingegen auch negative Beschlüsse anfechtbar.[658] Dafür spricht schon der Wortlaut der Anfechtungsvorschriften, da auch ein negativer Beschluss ein Beschluss ist; darüber hinaus hätte die längere Klagefrist der Nichtigkeitsklage eine erhebliche Rechtsunsicherheit zur Folge.[659] Aus systematischer Sicht lässt sich schließlich die Sachgerechtigkeit des Resistenz-Tests (*test de resistencia*) (Rn. 252) anführen, der für den Fall, dass nicht stimmberechtigte Personen an der Abstimmung teilgenommen haben, die Anfechtung des (positiven) Beschlusses nach Art. 204 III lit. c) LSC nur dann zulässt, wenn das Beschlussergebnis auf den unberechtigten Stimmen beruht.

Die **Anfechtungsfrist** (*plazo de caducidad*) ist durch die *Ley 31/2014* vereinheitlicht worden und beträgt ein Jahr (Art. 205 I LSC), bei börsennotierten Gesellschaften drei Monate (Art. 495 II lit. c) LSC). Nach alter Rechtslage betrug die Frist bei aufhebbaren Beschlüssen 40 Tage und bei nichtigen Beschlüssen ein Jahr. Der Fristbeginn hängt davon ab, ob und wann der Beschluss ins Handelsregister eingetragen wird (Art. 94 RRM).[660] Ist dies der Fall, beginnt der Lauf der Frist, wenn der Beschluss gegenüber Dritten wirksam wird (Art. 205 II 2 LSC), andernfalls im Zeitpunkt der Beschlussfassung, und zwar schon vor Beendigung der Generalversammlung (Art. 205 II 1 LSC).[661] Verstößt ein Beschluss gegen die öffentliche Ordnung (*ordre public*), ist er unbefristet anfechtbar. 256

Die *Ley 31/2014* hat den Kreis der **Anfechtungsberechtigten** beschränkt,[662] um die Zahl missbräuchlicher Anfechtungen zu verringern.[663] Nach Art. 206 I 1 LSC sind nur noch Geschäftsleiter, Dritte mit einem berechtigten Interesse und Gesellschafter, die bereits im Zeitpunkt der Beschlussfassung Aktien gehalten haben und im Zeitpunkt der Klageerhebung alleine oder zusammen mit mindestens 1 % beteiligt sind, anfechtungsberechtigt (*legitimación activa*). Bei börsennotierten Gesellschaften reicht dafür schon eine Mindestbeteiligung von 0,1 % (Art. 495 II lit. b) LSC).[664] Die Satzung kann ein anderes Quorum vorsehen, ein höheres aber nur mit Zustimmung aller Gesellschafter. Erreichen die Gesellschafter nicht das erforderliche Quorum, verbleibt ihnen ein Anspruch auf Schadensersatz (Art. 206 I 2 LSC). Bei Verstößen gegen die öffentliche Ordnung muss kein Quorum erfüllt sein; in diesem Fall ist jeder Gesellschafter, Geschäftsleiter oder Dritte uneingeschränkt anfechtungsberechtigt (Art. 206 II LSC). Umstritten ist, ob für die Geschäftsleitereigenschaft auf die Beschlussfassung oder einen späteren Zeitpunkt abzustellen ist.[665] Der Wortlaut ist insofern offen. Für den Zeitpunkt der Beschlussfassung sprechen ein Vergleich mit der Anfechtungsberechtigung der Gesellschafter[666] sowie die Tatsache, dass spätere Geschäftsleiter als Dritte mit einem berechtigten Interesse ohnehin anfechten können.[667] 257

Anfechtungsbeklagte (*legitimado pasivo*) ist die Gesellschaft (Art. 206 III LSC). Sie wird im Gerichtsverfahren durch ihre Geschäftsleiter vertreten. Ist der Geschäftsleiter ausnahmsweise personenidentisch mit dem Kläger, ernennt der Handelsrichter einen anderen Vertreter. Gesellschafter, die für den Beschluss gestimmt haben, können dem Verfahren beitreten, um die Wirksamkeit des Beschlusses zu verteidigen (Art. 206 IV LSC). 258

Das **gerichtliche Anfechtungsverfahren** richtet sich nach der *Ley de Enjuiciamiento Civil*.[668] In seinem Rahmen kann der Handelsrichter der Beklagten Gelegenheit geben, dem Anfechtungsgrund innerhalb einer bestimmten Frist abzuhelfen, sofern die Beklagte dies erbittet und Abhilfe grundsätzlich möglich ist (Art. 207 II LSC). Kassiert das Gericht einen eintragungsfähigen Beschluss, ist dies ins Handelsregister einzutragen (Art. 208 I LSC); 259

---

657 *Rojo Fernández-Río* in: Rojo Fernández-Río/Beltrán Sánchez (Hrsg.), Comentario de la Ley de Sociedades de Capital, Bd. 1, 2011, S. 1439 f.

658 *Alfaro Águila-Real* in: Juste Mencía (Hrsg.), Comentario de la reforma del régimen de las sociedades de capital en materia de gobierno corporativo (Ley 31/2014), 2015, Art. 204 Rn. 18; *Marín de la Bárcena Garcimartín* in: Rodríguez Artigas ua (Hrsg.), El nuevo régimen de impugnación de los acuerdos sociales de las sociedades de capital, 2015, S. 277, 289 f.; *Iribarren Blanco* CCJC 2016, 131, 143; *ders.* RDM 304 (2017) 165.

659 *Marín de la Bárcena Garcimartín* in: Rodríguez Artigas ua (Hrsg.), El nuevo régimen de impugnación de los acuerdos sociales de las sociedades de capital, 2015, S. 277, 288.

660 *Cabanas Trejo* in: Rodríguez Artigas ua (Hrsg.), El nuevo régimen de impugnación de los acuerdos sociales de las sociedades de capital, 2015, S. 381, 393; teilweise aA *Massaguer Fuentes* in: Juste Mencía (Hrsg.), Comentario de la reforma del régimen de las sociedades de capital en materia de gobierno corporativo (Ley 31/2014), 2015, Art. 205 Rn. 22.

661 *Massaguer Fuentes* in: Juste Mencía (Hrsg.), Comentario de la reforma del régimen de las sociedades de capital en materia de gobierno corporativo (Ley 31/2014), 2015, Art. 205 Rn. 21.

662 Zur alten Rechtslage *Baena Baena*, Legitimación activa para la impugnación de acuerdos sociales, 2006.

663 Zu den sog „räuberischen Aktionären" *Fuentes Naharro* RDBB 128 (2012) 7.

664 Allgemein zur alten Rechtslage *Alcalá Díaz*, El derecho de impugnación del socio en la sociedad anónima cotizada, 2006; ferner *Martí Lacalle*, El ejercicio de los derechos de minoría en la sociedad anónima cotizada, 2003, S. 172–183.

665 *Baena Baena*, Legitimación activa para la impugnación de acuerdos sociales, 2006, S. 118.

666 *Farrando Miguel* in: Rodríguez Artigas ua (Hrsg.), El nuevo régimen de impugnación de los acuerdos sociales de las sociedades de capital, 2015, S. 415, 423–425.

667 Sentencia del Tribunal Supremo de 18 de junio de 2012, núm. 376.

668 BOE 8 enero 2000, núm. 7, S. 575, Ley 1/2000, de 7 de enero, de Enjuiciamiento Civil.

zwischenzeitliche Eintragungen, die nicht mit der Unwirksamkeit des kassierten Beschlusses zu vereinbaren sind,[669] müssen gelöscht werden.[670]

260 Besonderheiten existieren im **Umwandlungsrecht**. Zwar unterliegt die Anfechtung von Beschlüssen über Strukturmaßnahmen grundsätzlich den allgemeinen Vorschriften (Artt. 204–208 LSC). Die praktischen Schwierigkeiten, solche Strukturmaßnahmen rückgängig zu machen, sowie die Vorgaben des Europarechts[671] machen es jedoch erforderlich, die Anfechtbarkeit nach Eintragung ins Handelsregister in zweierlei Hinsicht einzuschränken: Zum einen ist allein ein Verstoß gegen die *Ley de Modificaciones Estructurales* ein zulässiger Anfechtungsgrund (Art. 47 I 1 LME); in den übrigen Fällen, in denen nach den allgemeinen Vorschriften eine Anfechtung zulässig wäre, haben die Berechtigten lediglich einen Anspruch auf Schadensersatz (Art. 47 I 2 LME). Zum anderen ist die Anfechtungsfrist von einem Jahr auf drei Monate verkürzt (Art. 47 II LME).

b) Geschäftsleitung

261 Die Geschäftsleitung (*órgano de administración*) als zweites notwendiges Organ der *Sociedad Anónima* führt die Geschäfte und vertritt die Gesellschaft nach außen (Art. 209 LSC).[672] Sie kann in verschiedenen **Varianten** ausgestaltet sein (Artt. 210 I, II LSC, 124 II RRM).[673] Möglich ist die Bestellung eines Alleingeschäftsleiters (*administrador único*), mehrerer Geschäftsleiter, die einzelgeschäftsführungsbefugt (*administradores solidarios*) oder gesamtgeschäftsführungsbefugt (*administradores mancomunados*) sein können, oder eines Verwaltungsrats (*consejo de administración*) als Kollegialorgan. Die Zahl der gesamtgeschäftsführungsbefugten Geschäftsleiter darf zwei nicht übersteigen; andernfalls bilden sie automatisch einen Verwaltungsrat (Rn. 295–308) (Art. 210 II LSC).

262 In nicht börsennotierten Gesellschaften muss die **Satzung** konkretisieren, wie die Geschäftsleitung ausgestaltet sein soll (Art. 23 lit. e) LSC). Anders als bei der *Sociedad de Responsabilidad Limitada* können dabei nicht mehrere Varianten vorgesehen werden (Art. 210 III LSC *e contrario*).[674] Eine nachträgliche Modifikation bedarf daher immer einer Satzungsänderung.[675] Bestimmt die Satzung keine genaue Anzahl der Geschäftsleiter, obliegt die Konkretisierung der Generalversammlung (Art. 211 LSC). In börsennotierten Gesellschaften ist die Geschäftsleitung hingegen immer ein Verwaltungsrat (Art. 529bis I LSC).

aa) Aufgaben

263 Die einzelnen **Kompetenzen** der Geschäftsleitung ergeben sich mittelbar aus ihrer Geschäftsführungs- und Vertretungsbefugnis (*gestión y representación*) gemäß Art. 209 LSC, darüber hinaus im Umkehrschluss aus den Aufgaben, die gesetzlich der Generalversammlung zugewiesen sind (Art. 160 LSC). Die Geschäftsführungsbefugnis dient grundsätzlich dazu, die Unternehmensstrategie zu konkretisieren,[676] obwohl einige grundlegende Entscheidungen der Zustimmung durch die Generalversammlung bedürfen. Daneben verantwortet die Ge-

669 Dazu *García de Enterría Lorenzo-Velázquez* RDM 290 (2013) 141; *Pérez Millán* in: Rodríguez Artigas ua (Hrsg.), El nuevo régimen de impugnación de los acuerdos sociales de las sociedades de capital, 2015, S. 523, 533; speziell zur prozessualen Durchsetzung des Gewinnbezugsrechts bei Anfechtung des Thesaurierungsbeschlusses *Fleischer/Trinks* NZG 2015, 289, 294.

670 Allgemein zu den Folgen im Handelsregister *Dorado Sánchez* RCDI 1996, 2159.

671 Zu nennen sind hier Art. 22 (heute Art. 108 Kodifizierungs-RL, zu dieser § 19) der Dritten Richtlinie des Rates vom 9. Oktober 1978 gemäß Artikel 54 Absatz 3 Buchstabe g) des Vertrages betreffend die Verschmelzung von Aktiengesellschaften (78/855/EWG) (ABl. 20.10.1978, L 295/36), zwischenzeitlich ersetzt durch die Richtlinie 2011/35/EU des Europäischen Parlaments und des Rates vom 5. April 2011 über die Verschmelzung von Aktiengesellschaften (ABl. 29.4.2011, L 110/1); Art. 19 (heute Art. 153 Kodifizierungs-RL) der Sechsten Richtlinie des Rates vom 17. Dezember 1982 gemäß Artikel 54 Absatz 3 Buchstabe g) des Vertrages betreffend die Spaltung von Aktiengesellschaften (82/891/EWG) (ABl. 31.12.1982, L 378/47); sowie Art. 17 (heute Art. 134 Kodifizierungs-RL) der Richtlinie 2005/56/EG des Europäischen Parlaments und des Rates vom 26. Oktober 2005 über die Verschmelzung von Kapitalgesellschaften aus verschiedenen Mitgliedstaaten (ABl. 25.11.2005, L 310/1).

672 Zur Geschäftsleitung der *Sociedad Anónima* rechtsvergleichend *Grechenig*, Spanisches Aktien- und GmbH-Recht, 2005, S. 79–102.

673 Allgemein dazu *Paternottre Suárez* in: FS Menéndez Menéndez, Bd. 2, 1996, S. 2195–2218; *Salelles Climent/Castañer Codina* in: Rodríguez Artigas ua (Hrsg.), Las Reformas de la Ley de Sociedades de Capital, 2012, S. 227, 232; im deutschsprachigen Schrifttum *Güntzer*, Die Rechtsstellung des Geschäftsführers im spanischen Aktienrecht, 1991, S. 88–91; *Fellmeth*, Die Vertretung verselbständigter Rechtsträger in europäischen Ländern. Deutschland, Italien und Spanien, 1997, S. 355–357.

674 *Iglesias Prada/García de Enterría Lorenzo-Velázquez* in: Menéndez Menéndez/Rojo Fernández-Río (Hrsg.), Lecciones de Derecho mercantil, Bd. 1, 2014, S. 500; in der Rechtsprechung Resolución de la Dirección General de los Registros y del Notariado de 27 de febrero de 1991 (BOE 24 abril 1991, núm. 98, S. 12899) u. de 10 de noviembre de 1993 (BOE 27 noviembre 1993, núm. 284, S. 33781).

675 *Iglesias Prada/García de Enterría Lorenzo-Velázquez* in: Menéndez Menéndez/Rojo Fernández-Río (Hrsg.), Lecciones de Derecho mercantil, Bd. 1, 2014, S. 500.

676 *Sánchez Calero*, Los administradores en las sociedades de capital, 2007, S. 47–49.

schäftsleitung die interne Organisation der Gesellschaft.[677] Dazu zählen die Pflege der Internetpräsenz (Art. 11ter III LSC); die Anmeldung zur Eintragung der Gründungsurkunde ins Handelsregister (Art. 32 LSC); der Antrag zur Bestellung eines Sachverständigen sowie ggf. die Erstellung eines Ersatzberichtes im Rahmen der Sachgründung oder -kapitalerhöhung (Artt. 69 f. LSC); die Anfertigung von Berichten bei Umwandlungen (Artt. 33, 77, 86, 96 LME); die Wiederveräußerung eigener Aktien der Gesellschaft (Artt. 139, 147 LSC) (Rn. 341); die Einberufung der Generalversammlung (Artt. 166–168, 365 LSC); die Erteilung von Auskünften an die Gesellschafter (Art. 197 LSC); die Aufstellung des Jahresabschlusses (Art. 253 LSC);[678] die Vorbereitung von Satzungsänderungen (Art. 286 LSC); die Durchführung von Kapitalerhöhungen (Art. 297 I lit. a) LSC); sowie die Ausübung des genehmigten Kapitals (Artt. 285 II, 297 I lit. b) LSC).

Mangels anderweitiger Regelung in der Satzung kann die Generalversammlung der Geschäftsleitung in Geschäftsführungsangelegenheiten **Weisungen** erteilen oder sich die Zustimmung zu bestimmten Maßnahmen vorbehalten (Art. 161 LSC) (Rn. 226). 264

Der Geschäftsleitung obliegt insbesondere die gerichtliche und außergerichtliche **Vertretung** der *Sociedad Anónima* (Art. 233 I LSC). Dabei ist ein Einzelgeschäftsleiter (*administrador único*) alleinvertretungsbefugt (Art. 233 II lit. a) LSC). Mehrere Geschäftsleiter können ebenfalls alleinvertretungsbefugt (*administradores solidarios*) sein (Art. 233 II lit. b) LSC), so dass etwaige Beschränkungen der Vertretungsmacht nur im Innenverhältnis wirken (Art. 234 I LSC). Alternativ können sie gesamtvertretungsbefugt (*administradores mancomunados*) sein (Art. 233 II lit. c) LSC). Ein Verwaltungsrat ist als gesamtes Organ vertretungsbefugt, bildet seinen Willen intern aber nach dem Mehrheitsprinzip (Art. 233 II lit. d) 1 LSC). Die Satzung kann bestimmen, dass daneben auch einzelne Verwaltungsratsmitglieder einzel- oder gesamtvertretungsbefugt sind (Art. 233 II lit. d) 2 LSC). Wird die Vertretungsbefugnis gänzlich auf einen geschäftsführenden Ausschuss (*comisión ejecutiva*) bzw. einen delegierten Geschäftsführer/CEO (*consejero delegado*) übertragen (Art. 233 II lit. d) 3 LSC),[679] verbleiben dem Verwaltungsrat Überwachungs- und Kontrollfunktionen.[680] An der Haftung der Verwaltungsratsmitglieder ändert eine solche Delegation daher grundsätzlich nichts (Art. 237 LSC). 265

Die **Vertretungsmacht** erstreckt sich auf alle Handlungen im Rahmen des Unternehmensgegenstands (Art. 234 I LSC). Etwaige Beschränkungen sind Dritten gegenüber unwirksam,[681] auch wenn sie im Handelsregister eingetragen sind (Art. 234 I LSC) (Rn. 222).[682] Gegenüber gutgläubigen Dritten wird die Gesellschaft sogar durch solche Handlungen verpflichtet, die nicht vom Unternehmensgegenstand umfasst sind (Art. 234 II LSC).[683] Da die *ultra vires*-Doktrin nach spanischem Verständnis keine Gutgläubigkeit erfordert, gilt diese Doktrin heute nicht mehr.[684] Der handelnde Geschäftsleiter haftet gegenüber der Gesellschaft aber auf Schadensersatz. 266

bb) Bestellung und Abberufung

Zum Geschäftsleiter kann grundsätzlich jedermann bestellt werden, wobei die Satzung den Personenkreis auf Gesellschafter beschränken kann (Art. 212 II LSC). Um die Gesellschaftsgläubiger zu schützen, sind bestimmte **Personen von der Geschäftsleitung ausgeschlossen** (Art. 213 LSC). Dazu zählen Minderjährige, soweit sie nicht ausnahmsweise voll geschäftsfähig handeln können, sonstige Geschäftsunfähige, Personen, die im Rahmen eines Insolvenzverfahrens für nicht amtsfähig erklärt worden sind, sowie wegen Freiheits-, Vermögens-, Wirtschafts-, Rechtspflege- oder Fälschungsdelikten bzw. gemeingefährlichen Straftaten rechtskräftig Verurteilte. Ferner können Personen nicht zum Geschäftsleiter bestellt werden, die kraft ihres Amtes keine derartigen wirtschaftlichen Tätigkeiten ausüben dürfen (zB bestimmte Regierungsmitglieder wie der *presidente del gobierno*), Verwaltungsbeamte, deren Tätigkeit einen Bezug zur Gesellschaft aufweist, sowie Richter, Beamte und sonstige Personen, deren Amt sich kraft Gesetzes nicht mit einer Tätigkeit als Geschäftsleiter verträgt. So darf zB der Verwaltungsratsvorsitzende eines Kreditinstituts nicht gleichzeitig Exekutivfunktionen in einem weiteren Kreditinstitut wahrnehmen (Art. 26 I 2 lit. a), b) LOSSEC), damit er seiner Geschäftsleitertätigkeit ausreichend Zeit widmen kann und Interessenkonflikte vermieden werden. Bei einem Verstoß gegen eines der Verbote des Art. 213 LSC 267

677 *Sánchez Calero*, Los administradores en las sociedades de capital, 2007, S. 46.

678 Zu Inhalt und Struktur des Jahresabschlusses *B. Löber ua* RIW 2011, 587, 597.

679 *Esteban Velasco* in: FS Girón Tena, 1991, S. 303, 318–321; *Fellmeth*, Die Vertretung verselbständigter Rechtsträger in europäischen Ländern. Deutschland, Italien und Spanien, 1997, S. 360–364.

680 *Sánchez Calero*, Los administradores en las sociedades de capital, 2007, S. 338.

681 Resolución de la Dirección General de los Registros y del Notariado de 11 de marzo de 1992 (BOE 6 mayo 1992, núm. 109, S. 15425), de 12 de julio de 1993 (BOE 23 agosto 1993, núm. 201, S. 25557) u. de 7 de diciembre de 1993 (BOE 4 enero 1994, núm. 3, S. 132); dazu *Sánchez Rus* in: FS Menéndez Menéndez, Bd. 2, 1996, S. 2421–2457.

682 Umsetzung von Art. 9 Kodifizierungs-RL (ex-Art. 10 Publizitäts-RL, zu dieser § 20), Richtlinie (EU) 2017/1132 des Europäischen Parlaments und des Rates vom 14. Juni 2017 über bestimmte Aspekte des Gesellschaftsrechts (ABl. 30.6.2017, L 169/46); dazu *Ávila de la Torre* RCDI 1996, 463.

683 Dazu *Sáenz García de Albizu* ADC 1987, 443; im deutschsprachigen Schrifttum *Güntzer*, Die Rechtsstellung des Geschäftsführers im spanischen Aktienrecht, 1991, S. 103–112.

684 Dazu *Muñoz Paredes* in: FS Muñoz Planas, 2011, S. 549–572.

kann jeder Gesellschafter beantragen, den betroffenen Geschäftsleiter unverzüglich abzuberufen; eine mögliche Schadensersatzhaftung bleibt davon unberührt (Art. 224 I LSC).

268 Anders als in Deutschland[685] können nicht nur natürliche, sondern auch **juristische Personen** Organwalter sein (Art. 212 I LSC).[686] Vor der *Ley 25/2011* war diese Möglichkeit gesetzlich nur mittelbar anerkannt, ua im *Reglamento del Registro Mercantil* (Art. 143 RRM 1989), nach hM aber zulässig.[687] Dabei hat die juristische Person eine natürliche Person als Vertreter zu benennen, die ihre Aufgaben als Geschäftsleiter wahrnimmt (Art. 212bis I LSC).[688] Wird diese natürliche Person abberufen, bleibt sie gleichwohl solange Vertreter, bis ein Ersatz bestellt wird (Art. 212bis II LSC). Im Übrigen gelten die allgemeinen Normen zur Geschäftsleitung, die aber an einigen Stellen modifiziert werden müssen.[689] So trifft etwa eine mögliche Geschäftsleiterhaftung sowohl die juristische Person als auch den von ihr benannten Vertreter (Art. 236 V LSC).[690]

269 Die **Bestellung** des Geschäftsleiters erfordert einen Beschluss der Generalversammlung (Artt. 160 lit. b), 214 I LSC). Mit der Annahme durch den Geschäftsleiter wird die Bestellung wirksam (Art. 214 III LSC)[691] und muss dann innerhalb von zehn Tagen ins Handelsregister eingetragen werden (Art. 215 I, II LSC iVm Artt. 138, 142, 192 RRM). Dabei ist auch anzugeben, ob der bestellte Geschäftsleiter einzel- oder gesamtgeschäftsführungsbefugt und einzel- oder gesamtvertretungsbefugt ist. Ausnahmsweise kann auch die Geschäftsleitung selbst ein weiteres Mitglied bestellen, so etwa der Verwaltungsrat im Rahmen des Kooptationsverfahrens (Art. 244 LSC) (s. dazu Rn. 298). Die ersten Geschäftsleiter sind in der Gründungssatzung aufzuführen (Artt. 22 I lit. e) LSC, 114 V RRM).[692]

270 Die Generalversammlung kann **Stellvertreter** bestellen, die nachrücken, wenn die Amtszeit der Geschäftsleiter vorzeitig endet (Art. 216 I LSC). Auf diese Weise soll die Führungslosigkeit der Gesellschaft vermieden werden.[693] Die Bestellung des Stellvertreters ist zusammen mit der Bestellung des Geschäftsleiters ins Handelsregister einzutragen (Art. 147 II Nr. 2 RRM). Sobald der ursprüngliche Geschäftsleiter ausgeschieden ist, muss dann nur noch die Annahme der Bestellung zum neuen Geschäftsleiter eingetragen werden. Ein weiterer Generalversammlungsbeschluss ist nicht mehr erforderlich, da Art. 216 I LSC andernfalls seinen Zweck verfehlen würde.[694] Der Stellvertreter verbleibt so lange im Amt, wie die Amtszeit des ursprünglichen Geschäftsleiters hätte dauern sollen (Art. 216 II LSC). In börsennotierten Gesellschaften ist es unzulässig, Stellvertreter zu bestellen (Art. 529decies III LSC).

271 Die **Amtszeit** (*duración del cargo*) ist in der Satzung festzulegen und darf grundsätzlich nicht länger als sechs Jahre sein, wobei für mehrere Geschäftsleiter keine unterschiedlich langen Amtszeiten vorgesehen werden können (Art. 221 II 1 LSC). Bei börsennotierten Gesellschaften beträgt die maximal zulässige Amtszeit nur vier Jahre (Art. 529undecies I LSC). Die Amtszeit kann verlängert werden, bei nicht börsennotierten Gesellschaften um sechs Jahre, bei börsennotierten Gesellschaften um vier Jahre (Artt. 221 II 2, 529undecies II LSC).[695] Dabei sind insgesamt auch mehr als zwei Amtsperioden möglich.

272 Die Amtszeit endet *ipso iure* mit **Ablauf** der vorgesehenen Dauer (*transcurso del período duración del cargo*); ist nach dem Ablauf eine Generalversammlung vorgesehen, die einen neuen Geschäftsleiter bestellen soll, endet die Amtszeit jedoch nicht, bevor diese Generalversammlung stattgefunden hat oder hätte stattfinden müssen (Art. 222 LSC). In diesen Fällen muss der *registrador* das vorgesehene Ende ins Handelsregister eintragen (Art. 145 III RRM).

273 Die Amtszeit kann auch vorzeitig durch **Abberufung** (*revocación*) enden. Ein Geschäftsleiter ist abzuberufen, wenn er aufgrund eines gesetzlichen Verbots nicht mehr bestellt werden könnte (Art. 224 I LSC) (Rn. 267). Ferner kann die Generalversammlung einen Geschäftsleiter abberufen, wenn er aufgrund eines Interessenkonflikts

685 S. § 76 III 1 AktG.
686 Monographisch *Hernández Sáinz*, La administración de sociedades de capital por personas jurídicas. Régimen jurídico y responsabilidad, 2014; *del Val Talens*, El administrador persona jurídica en las sociedades de capital. Organización, estatuto y responsabilidad, 2017; vor der gesetzlichen Anerkennung *Prada González* in: FS Menéndez Menéndez, Bd. 2, 1996, S. 2295–2338.
687 S. nur Sentencia del Tribunal Supremo de 31 de octubre de 1984, núm. 618; *Polo Sánchez* RDM 98 (1965) 199, 228; aA *Girón Tena*, Derecho de Sociedades Anónimas, 1952, S. 351 f.
688 Allgemein *Juste Mencía* in: FS García Villaverde, Bd. 2, 2007, S. 853–884; *Rodríguez Díaz* RDBB 128 (2012) 35.
689 Ausführlich *del Val Talens*, El administrador persona jurídica en las sociedades de capital. Organización, estatuto y responsabilidad, 2017, S. 227–370.
690 Ausführlich *del Val Talens*, El administrador persona jurídica en las sociedades de capital. Organización, estatuto y responsabilidad, 2017, S. 348–365.
691 Dazu *Sánchez Calero* in: FS Broseta Pont, Bd. 3, 1995, S. 3395–3414; im deutschsprachigen Schrifttum *Güntzer*, Die Rechtsstellung des Geschäftsführers im spanischen Aktienrecht, 1991, S. 73; für die *Sociedad de Responsabilidad Limitada* s. *Tresselt*, Die Rechtsstellung des Verwalters einer spanischen Responsabilidad de Limitada und des Geschäftsführers einer deutschen GmbH im Rechtsvergleich, 2009, S. 91 f.
692 Dazu *Quijano González* RdS Extraordinario (1994) 407.
693 *Soto Bisquert* in: FS Broseta Pont, Bd. 3, 1995, S. 3675–3696.
694 *Sánchez Calero*, Los administradores en las sociedades de capital, 2007, S. 94.
695 Zur alten Rechtslage *Güntzer*, Die Rechtsstellung des Geschäftsführers im spanischen Aktienrecht, 1991, S. 66.

Gefahr läuft, nicht mehr zum Wohle der Gesellschaft zu handeln (Art. 224 II LSC). Die Abberufung muss ins Handelsregister eingetragen werden und ist gegenüber gutgläubigen Dritten erst mit Veröffentlichung im *Boletín Oficial del Registro Mercantil* wirksam (Art. 21 I CCom).[696]

Darüber hinaus endet die Amtszeit *ipso iure* in folgenden Fällen: **Erhebung einer Haftungsklage** (*acción de responsabilidad*) gegen den Geschäftsleiter (Art. 238 III LSC); **Tod** (bei natürlichen Personen) oder **Auflösung** (bei juristischen Personen);[697] sowie **Eröffnung des Liquidationsverfahrens** durch Auflösung der Gesellschaft (Art. 374 I LSC) und Ernennung der Liquidatoren bzw. durch Beginn der Abwicklungsphase im Insolvenzverfahren (Art. 145 III LC). 274

Ein Geschäftsleiter kann seine Amtszeit auch freiwillig durch **Rücktritt** (*dimisión*) beenden. Insofern lässt sich aus Art. 245 II LSC ableiten, dass Rücktritt wie Abberufung keinen wichtigen Grund voraussetzen.[698] Gleichwohl muss der zurücktretende Geschäftsleiter dafür sorgen, kein Machtvakuum zu hinterlassen, das die Gesellschaft schädigen könnte.[699] Andernfalls verletzt er seine Sorgfaltspflicht und macht sich gegenüber der Gesellschaft schadensersatzpflichtig (Art. 225 I LSC). 275

cc) Vergütung

Bei nicht börsennotieren Gesellschaften sieht das dispositive Gesetzesrecht keine Geschäftsleitervergütung vor (Art. 217 I LSC). Gleichwohl erhalten Geschäftsleiter üblicherweise eine Vergütung, was erklärt, dass es auch gesetzliche Normen gibt, die sich mit ihr auseinandersetzen. Für börsennotierte Gesellschaften regelt hingegen auch das dispositive Gesetzesrecht eine Vergütung (Art. 529sexdecies LSC). Die Vergütung muss nach einem **dreistufigen System** ausgestaltet werden,[700] das durch die *Ley 31/2014* modifiziert worden ist.[701] 276

Auf der ersten Stufe muss die **Satzung** das Ob und das Wie der Vergütung regeln (Artt. 217 II, 218 I 1, 219 I LSC).[702] Dafür nennt das Gesetz als mögliche Varianten insbesondere eine Festvergütung (Art. 217 II lit. a) LSC), eine gewinnabhängige Vergütung (Artt. 217 II lit. b), 218 LSC) sowie eine aktienbasierte Vergütung, etwa in Form von Aktienoptionen (Artt. 217 II lit. c), 219 LSC).[703] 277

Auf der zweiten Stufe beschließt die **Generalversammlung** mit einfacher Mehrheit über die Vergütung und bestimmt einen Maximalbetrag, der ohne erneute Zustimmung nicht überschritten werden darf (Art. 217 III 1 LSC).[704] Im Rahmen einer variablen Vergütung ist auch das genaue oder höchstens zulässige Verhältnis zum Gewinn der Gesellschaft in die Satzung aufzunehmen (Art. 218 I 2 LSC). Bei einer aktienbasierten Vergütung hat die Generalversammlung zusätzlich über die Anzahl der Aktien, den Ausübungspreis der Optionen sowie den Referenzmarktwert zu entscheiden (Art. 219 II LSC). 278

Sofern die Generalversammlung keinen entgegenstehenden Beschluss gefasst hat, setzt die **Geschäftsleitung** auf der dritten Stufe die genaue Höhe der Vergütung für jedes ihrer Mitglieder fest (Art. 217 III 2 LSC). Dabei sind die Bedeutung der konkreten Tätigkeit (Art. 217 III 2 LSC) sowie die wirtschaftliche Lage der Gesellschaft und des Marktes (Art. 217 IV 1 LSC) zu berücksichtigen, und es ist dafür Sorge zu tragen, dass die Gesellschaft sich die Vergütung langfristig leisten kann (Art. 217 IV 2 LSC).[705] Eine gewinnabhängige Vergütung darf erst ausgezahlt werden, nachdem die Gesellschaft ihre gesetzliche Rücklage ausreichend aufgestockt und eine Dividende in Höhe von mindestens 4 % ausgeschüttet hat (Art. 218 III LSC). 279

Bei **börsennotierten Gesellschaften** teilt sich die Vergütung in einen allgemeinen Teil und einen Teil für Exekutiv-Funktionen auf, zB für die Festlegung der Unternehmensstrategie (Artt. 529septdecies f. LSC); die genaue 280

696 Dazu *Mezquita del Cacho* RDP 87 (2003) 68.

697 *Sánchez Calero/Sánchez-Calero Guilarte*, Instituciones de Derecho Mercantil, Bd. 1, 2011, S. 523; *Lozano/Hilgers/J. Löber* in: Süß/Wachter (Hrsg.), HdB des internationalen GmbH-Rechts, 2016, Spanien, Rn. 249.

698 *Sánchez Calero*, Los administradores en las sociedades de capital, 2007, S. 166.

699 *Sánchez Calero*, Los administradores en las sociedades de capital, 2007, S. 166.

700 Allgemein *Ruiz Muñoz* RdS 46 (2016) 53; *Sánchez Álvarez* in: Rodríguez Artigas ua (Hrsg.), Junta General y Consejo de Administración de la Sociedad cotizada, Bd. 2, 2016, S. 689–757; vor der Gesetzesreform *Sánchez Calero*, La retribución de los administradores en las sociedades cotizadas, 2003; *Sánchez-Calero Guilarte* RdS 28 (2007) 19.

701 *Broseta Pont/Martínez Sanz*, Manual de Derecho Mercantil, Bd. 1, 2016, S. 512; zur alten Rechtslage *Blanquer Uberos* in: FS Broseta Pont, Bd. 1, 1995, S. 397–452.

702 Näher *Roncero Sánchez* RdS 32 (2009) 79.

703 Grundlegend *Sánchez Andrés* in: FS Sánchez Calero, Bd. 2, 2002, S. 1485–1540; ferner *Tapia Hermida/Tapia Frade* RDBB 90 (2003) 211; *Montero García-Noblejas* RdS 30 (2008) 163; *ders.*, Opciones sobre acciones como sistema de retribución de administradores de sociedades anónimas cotizadas, 2009.

704 Dazu *Galacho Abolafio* RdS 48 (2016) 171.

705 Zur Interpretation im Rahmen der *corporate social responsibility*-Debatte *Embid Irujo/del Val Talens*, La responsabilidad social corporativa y el Derecho de Sociedades de capital. Entre la regulación legislativa y el *soft law*, 2016, S. 157–163; ferner *Navarro Frías* RdS 49 (2017) 151; zur Rechtslage vor der Gesetzesreform *del Val Talens* RDM 293 (2014) 595; zur Zeit während der Finanz- und Wirtschaftskrise *Vázquez Lépinette* RDBB 118 (2010) 197.

Höhe hat der Verwaltungsrat festzusetzen (Art. 529octodecies II LSC).[706] Nach Art. 9a der reformierten Aktionärsrechte-RL[707] müssen die Aktionäre nun grundsätzlich über die Vergütungspolitik abstimmen (s. dazu § 30 Rn. 149–168).

dd) Pflichten

281 Die Geschäftsleiterpflichten sind im Rahmen der **Reform** durch die *Ley 31/2014* tiefgreifend verändert worden.[708] Dabei handelt es sich teilweise um konzeptionelle Neuerungen, teilweise um die Kodifizierung von Richterrecht.[709] Anders als in Deutschland ist die konkrete Ausgestaltung dieser Pflichten seit Jahrzehnten ausdrücklich im Gesetz geregelt, wurde aber immer wieder modifiziert.[710] Im Zentrum stehen die Sorgfalts- (Art. 225 LSC) und die Treupflicht (Art. 227 LSC).

282 Die *Ley 31/2014* hat die vormals allgemeine Formulierung der **Sorgfaltspflicht** (*deber de diligencia*)[711] durch eine präzise Differenzierung zwischen ihren verschiedenen Teilaspekten ersetzt. Der erste Teilaspekt betrifft die Legalitätspflicht (*deber de legalidad*) (Art. 225 I LSC), aus der das Schrifttum auch die Pflicht ableitet, eine *Compliance*-Organisation abhängig von den konkreten Verhältnissen der Gesellschaft zu errichten.[712] Art. 225 II LSC verpflichtet die Gesellschafter darüber hinaus, bestimmte Kontrollmechanismen einzuführen. Der zweite Teilaspekt betrifft die Sorgfaltspflicht im engeren Sinne, dh die Verpflichtung der Geschäftsleiter, ihrer Tätigkeit ausreichend Ressourcen zu widmen (*deber de dedicación*) (Art. 225 II LSC). Der dritte Teilaspekt beinhaltet eine Informationspflicht (*deber de información*) (Art. 225 III LSC). Sie erlegt den Geschäftsleitern auf, Entscheidungen zur Unternehmensstrategie oder andere bedeutsame Entscheidungen nur auf Grundlage angemessener Informationen zu treffen.[713] Zu diesem Zweck können die Geschäftsleiter Einsicht in sämtliche Dokumente der Gesellschaft verlangen.[714]

283 Art. 226 LSC normiert die der US-amerikanischen Rechtsordnung entstammende ***business judgment rule*** (*discrecionalidad empresarial*).[715] Auch vor ihrer gesetzlichen Regelung hat das *Tribunal Supremo* sie indirekt berücksichtigt und Geschäftsleiter nur in Ausnahmefällen wegen Sorgfaltspflichtverletzungen im Rahmen unternehmerischer Entscheidungen verurteilt.[716] Danach haften Geschäftsleiter grundsätzlich nicht für Sorgfaltsverstöße, wenn ihre Entscheidungen bestimmten Erfordernissen genügen.[717] Im rechtsökonomischen Schrifttum findet sich in diesem Zusammenhang die Auffassung, dass eine großzügige Sorgfaltspflicht kombiniert mit einer

---

706 Dazu *García-Cruces González/Moralejo Menéndez* in: Fleckner/Hopt (Hrsg.), Comparative Corporate Governance, 2013, S. 822, 848–852; *Juste Mencía/Campins Vargas* in: Rodríguez Artigas ua (Hrsg.), Junta General y Consejo de Administración de la Sociedad cotizada, Bd. 2, 2016, S. 757–797; zur alten Rechtslage *Paz-Ares Rodríguez* AAMN 47 (2009) 267; im deutschsprachigen Schrifttum *Recalde/Schönnenbeck* RIW 2010, 453; *dies.* RIW 2011, 601.

707 Richtlinie (EU) 2017/828 des Europäischen Parlaments und des Rates vom 17. Mai 2017 zur Änderung der Richtlinie 2007/36/EG im Hinblick auf die Förderung der langfristigen Mitwirkung der Aktionäre (ABl. 20.5.2017, L 132/1).

708 Allgemein *Hernando Cebriá* (Hrsg.), Régimen de deberes y responsabilidad de los administradores en las sociedades de capital. Adaptado a la modificación de la Ley de Sociedades de Capital para la mejora del gobierno corporativo, 2015; *Rodríguez Artigas ua* (Hrsg.), Junta General y Consejo de Administración en la Sociedad cotizada, 2016.

709 So etwa bei der Normierung der *business judgment rule* (Art. 226 LSC); s. dazu Sentencia del Tribunal Supremo de 26 de diciembre de 2014, núm. 732, der ein Sachverhalt vor der Reform zugrunde liegt.

710 *Embid Irujo* CDC 46 (2006) 9; zu den Pflichten bei börsennotierten Gesellschaften *ders.* RDBB 96 (2004) 7; monographisch *Llebot Majó*, Los deberes de los administradores de la sociedad anónima, 1996; konkret zur Entwicklung der Treupflicht *Cerdá Martínez-Pujalte/Rentsch* RIW 2008, 29, 30.

711 Grundlegend *Pérez Carrillo* RdS 14 (2000) 275; im deutschsprachigen Schrifttum *v. Wolffersdorff* RIW 2006, 586, 587 f.

712 Dazu *Hernando Cebriá* RdS 46 (2016) 131.

713 *Hernando Cebriá* in: Hernando Cebriá (Hrsg.), Régimen de deberes y responsabilidad de los administradores en las sociedades de capital, 2015, S. 59, 87 f.; ferner *Llebot Majó* in: Rodríguez Artigas ua (Hrsg.), Junta General y Consejo de Administración de la Sociedad cotizada, Bd. 2, 2016, S. 317–345.

714 Dazu Resolución de la Dirección General de los Registros y del Notariado de 4 de mayo de 2005 (BOE 6 julio 2005, núm. 160, S. 23931).

715 Dazu *Roncero Sánchez* in: FS Baums, Bd. 2, 2017, S. 997–1012; zur ursprünglichen Konzeption *Hernando Cebriá*, El deber de diligente administración en el marco de los deberes de los administradores sociales, 2009, S. 106–116.

716 *Hernando Cebriá*, El deber de diligente administración en el marco de los deberes de los administradores sociales, 2009, S. 117–119; ferner *Guerrero Trevijano*, El deber de diligencia de los administradores en el gobierno de las sociedades de capital. La incorporación de los principios de la "business judgment rule" al ordenamiento español, 2014; *ders.* RDM 298 (2015) 147; *Roncero Sánchez* in: Rodríguez Artigas ua (Hrsg.), Junta General y Consejo de Administración de la Sociedad cotizada, Bd. 2, 2016, S. 383–423.

717 Dazu *Alfaro Águila-Real* in: Juste Mencía (Hrsg.), Comentario de la reforma del régimen de las sociedades de capital en materia de gobierno corporativo (Ley 31/2014), 2015, Art. 226 Rn. 8–17.

strengen Treupflicht die *Corporate Governance* verbessert und so den Unternehmenswert steigert.[718] Denn die *business judgment rule* soll zum einen übertrieben risikoscheuem Handeln der Geschäftsleiter entgegenwirken[719] und zum anderen verhindern, dass an die Sorgfaltsanforderungen nachträglich im Zuge eines Gerichtsverfahrens überzogene Anforderungen gestellt werden, sog Rückschaufehler (*hindsight bias, sesgo retrospectivo*).[720]

Der Anwendungsbereich der *business judgment rule* ist auf unternehmerische Entscheidungen beschränkt (Art. 226 I LSC); Geschäfte mit Geschäftsleitern und ihnen verbundenen Personen sind ebenfalls ausgenommen (Art. 226 II LSC).[721] Der Tatbestand setzt voraus, dass der Geschäftsleiter bei seiner Entscheidung nach Treu und Glauben (*buena fe*) gehandelt und kein persönliches Interesse verfolgt hat. Diese beiden **Voraussetzungen** sollen eine gleichzeitige Verletzung der Treupflicht ausschließen. Zusätzlich muss die Entscheidung auf Grundlage angemessener Informationen und unter Berücksichtigung der mit ihr verbundenen Konsequenzen und Risiken getroffen werden.[722] 284

Die **Treupflicht** erlegt den Geschäftsleitern auf, sich loyal gegenüber der Gesellschaft zu verhalten, dh nach Treu und Glauben sowie im Einklang mit dem Gesellschaftsinteresse (Rn. 250 f.) zu handeln (Art. 227 I LSC).[723] Auf diese Weise soll das Geschäftsleiterhandeln vom Eigeninteresse und von dem Interesse verbundener Personen losgelöst werden (Artt. 228 lit. e), 229 I LSC).[724] Die einzelnen Elemente der Treupflicht sind gesetzlich konkretisiert.[725] So darf der Geschäftsleiter seine Befugnisse nicht zweckentfremden (Art. 228 lit. a) LSC),[726] und ihn treffen eine Verschwiegenheitspflicht (Art. 228 lit. b) LSC)[727] sowie eine Unterlassenspflicht im Fall von Interessenkonflikten. Der Geschäftsleiter hat insbesondere Abstimmungen und Beratungen fernzubleiben, wenn er einem Interessenkonflikt unterliegt (Art. 228 lit. c) LSC), Anweisungen von dritter Seite zu ignorieren (Art. 228 lit. d) LSC) und grundsätzlich Situationen zu vermeiden, die zu einem Interessenkonflikt führen können (Art. 228 lit. e) LSC). 285

In Ergänzung zu Art. 228 lit. e) LSC zählt Art. 229 I LSC beispielhaft typische **Interessenkonflikte** auf.[728] Danach ist es dem Geschäftsleiter untersagt, Insichgeschäfte mit der Gesellschaft vorzunehmen (Art. 229 I lit. a) LSC), die Firma[729] oder die Vermögensgüter der Gesellschaft für eigene Belange auszunutzen (Art. 229 I lit. b), c) LSC) oder der Gesellschaft zugeordnete Geschäftschancen (*oportunidades de negocio*)[730] selbst wahrzunehmen (Art. 229 I lit. d) LSC). Ferner dürfen bestimmte Vorteile oder Vergütungen (*ventajas o remuneraciones*) 286

---

718 *Paz-Ares Rodríguez* RdS 20 (2003) 67, 70; *ders.*, Responsabilidad de los administradores y gobierno corporativo, 2007.

719 *Roncero Sánchez* in: Rodríguez Artigas ua (Hrsg.), Junta General y Consejo de Administración de la Sociedad cotizada, Bd. 2, 2016, S. 383, 390.

720 Sentencia del Tribunal Supremo de 26 de diciembre de 2014, núm. 732, besprochen von *Gimeno Ribes* RJN 92–93 (2014–2015) 531; ferner *Alfaro Águila-Real* in: Juste Mencía (Hrsg.), Comentario de la reforma del régimen de las sociedades de capital en materia de gobierno corporativo (Ley 31/2014), 2015, Art. 226 Rn. 5–7; *Roncero Sánchez* in: Rodríguez Artigas ua (Hrsg.), Junta General y Consejo de Administración de la Sociedad cotizada, Bd. 2, 2016, S. 383, 389.

721 Was unter einer verbundenen Person zu verstehen ist, bestimmt sich nach Art. 231 I, II LSC.

722 *Alfaro Águila-Real* in: Juste Mencía (Hrsg.), Comentario de la reforma del régimen de las sociedades de capital en materia de gobierno corporativo (Ley 31/2014), 2015, Art. 226 Rn. 3; *Embid Irujo* in: Hernando Cebriá (Hrsg.), Régimen de deberes y responsabilidad de los administradores en las sociedades de capital, 2015, S. 105, 113 f.

723 Grundlegend zur Treupflicht *Ribas Ferrer*, El deber de lealtad del administrador de sociedades, 2010; näher zum Gesellschaftsinteresse *Hernando Cebriá* in: Hernando Cebriá (Hrsg.), Régimen de deberes y responsabilidad de los administradores en las sociedades de capital, 2015, S. 137, 167–180; im deutschsprachigen Schrifttum *Cerdá Martínez-Pujalte/Rentsch* RIW 2008, 29; *v. Wolffersdorff* RIW 2006, 586, 588 f.

724 Etwa Sentencia del Tribunal Supremo de 7 de abril de 2016, núm. 222, besprochen von *del Val Talens* RJN 99 (2016) 607; grundlegend zuvor *Font Galán* in: FS García Villaverde, Bd. 1, 2007, S. 601–608.

725 *Alfonso Sánchez* in: Hernando Cebriá (Hrsg.), Régimen de deberes y responsabilidad de los administradores en las sociedades de capital, 2015, S. 187–239. Das spanische Recht kombiniert damit Generalklausel und Fallgruppen, s. *Cerdá Martínez-Pujalte/Rentsch* RIW 2008, 29, 30 f.

726 Dazu etwa *del Val Talens* RdS 50 (2017) 225.

727 *Suárez Rubio* RdS 45 (2015) 359; ferner *Castellano Ramírez* RdS 23 (2004) 117; monographisch *Farrando Miguel*, El deber de secreto de los administradores de sociedades anónimas y limitadas, 2001; im deutschsprachigen Schrifttum *Cerdá Martínez-Pujalte/Rentsch* RIW 2008, 29, 35 f.

728 Dazu *Boldó Roda* in: Hernando Cebriá (Hrsg.), Régimen de deberes y responsabilidad de los administradores en las sociedades de capital, 2015, S. 241–280; *Portellano Díez*, El deber de los administradores de evitar situaciones de conflicto de interés, 2015; *ders.* in: Rodríguez Artigas ua (Hrsg.), Junta General y Consejo de Administración de la Sociedad cotizada, Bd. 2, 2016, S. 459–563; ferner *Emparanza Sobejano* RDM 281 (2011) 13.

729 Dazu *Ramos Herranz* RdS 44 (2015) 303; kritisch zum insofern unzureichenden Charakter der Regelung *Cerdá Martínez-Pujalte/Rentsch* RIW 2008, 29, 34 f.

730 Dazu *Portellano Díez*, Deber de fidelidad de los administradores de sociedades mercantiles y oportunidades de negocio, 1996; *ders.* in: FS Sánchez Calero, Bd. 3, 2002, S. 2865–2897; im deutschsprachigen Schrifttum *Cerdá Martínez-Pujalte/Rentsch* RIW 2008, 29, 33 f.

von dritter Seite nicht entgegengenommen werden (Art. 229 I lit. e) LSC),[731] da andernfalls die Gefahr bestünde, dass der Geschäftsleiter gesellschaftsfremde Anweisungen verfolgt und dabei dem Gesellschaftsinteresse zuwiderhandelt (Art. 228 lit. d) LSC). Schließlich besteht ein allgemeines Wettbewerbsverbot (Art. 229 I lit. f) LSC).[732]

287 Während die Satzung die Sorgfaltspflicht modifizieren kann, handelt es sich beim Treupflichtregime um **zwingendes Recht** (Art. 230 I LSC). Jedoch kann die Gesellschaft den oder die Geschäftsleiter im Einzelfall von dieser **Pflicht befreien** (*dispensa del deber de lealtad*). Dazu muss der Betroffene die Befreiung bei der Geschäftsleitung bzw. der Generalversammlung beantragen (Art. 229 III LSC).[733] Nach Art. 230 II 1 LSC ist eine solche Befreiung möglich bei Insichgeschäften (Art. 229 I lit. a) LSC), der Verwendung von Vermögensgütern der Gesellschaft (Art. 229 I lit. c) LSC), der Nutzung von Geschäftschancen (Art. 229 I lit. d) LSC), der Annahme von Vorteilen oder Vergütungen von dritter Seite (Art. 229 I lit. e) LSC)[734] sowie bei Maßnahmen, die dem allgemeinen Wettbewerbsverbot zuwiderlaufen würden (Art. 230 III iVm Art. 229 I lit. f) LSC). Voraussetzung ist, dass die Gesellschaft durch die Maßnahme keinen Schaden erleidet (Art. 230 II 5 LSC), so etwa, wenn die Konditionen eines Insichgeschäfts einem Drittvergleich (*en condiciones de mercado*) standhalten (Art. 230 II 5 LSC) oder Verletzungen des Wettbewerbsverbots finanziell ausgeglichen werden (Art. 230 III 1 LSC). Zuständig, die Befreiung zu erteilen, ist grundsätzlich die Geschäftsleitung (Art. 230 II 4 LSC). Eine Befreiung für die Annahme von Drittleistungen, für die Vornahme eines Rechtsgeschäfts, dessen Wert 10 % des Aktivvermögens übersteigt (Art. 230 II 2 LSC), sowie für wettbewerbswidrige Maßnahmen (Art. 230 III 2 LSC) fällt hingegen in den Kompetenzbereich der Generalversammlung.

288 **Rechtsfolge** der Treupflichtverletzung ist, dass treuwidrig geschlossene Verträge angefochten und die handelnden Geschäftsleiter bei fortdauernder Verletzung auf Unterlassung verklagt werden können (Art. 232 LSC).[735] Daneben haften die Geschäftsleiter auf Schadensersatz (Rn. 289–294). Umstritten ist insofern, ob lediglich die Vermögenseinbußen der Gesellschaft ersatzfähig sind oder ob darüber hinaus auch der Gewinn abgeschöpft werden kann, den der Gesellschafter infolge der Pflichtverletzung erzielt hat.[736] Zwar stellt der Wortlaut des Art. 227 II LSC materiellrechtlich auch auf eine mögliche Gewinnabschöpfung ab. Allerdings ist fraglich, ob das Regime der allgemeinen Haftungsklage (Artt. 236–241bis LSC) – direkt bzw. analog – auch auf eine etwaige Gewinnabschöpfung anwendbar ist, da Art. 236 I LSC ausdrücklich nur auf einen Schaden eingeht. Der Anwendungsbereich der Gewinnabschöpfung und ihre praktische Bedeutung werden damit erheblich geschmälert. Denn bei geschlossenen Kapitalgesellschaften, wie sie in Kontinentaleuropa verbreitet sind,[737] wird die Generalversammlung regelmäßig von einem Mehrheitsgesellschafter dominiert, der kaum Anreize hat, eine Haftungsklage gegen Geschäftsleiter anzustrengen, die er selbst ausgewählt hat.

ee) Haftung

289 Verletzen die Geschäftsleiter ihre Pflichten, haften sie der Gesellschaft, ihren Gläubigern und den Gesellschaftern für daraus entstehende Schäden (Artt. 236–241bis LSC).[738] Insoweit ist zwischen zwei **Haftungsklagen** zu unterscheiden, der Gesellschaftsklage (*acción social de responsabilidad*) (Art. 238 LSC) und der Individualklage (*acción individual de responsabilidad*) (Art. 241 LSC).[739] Im Rahmen der Gesellschaftsklage macht die Gesell-

731 Grundlegend *Paz-Ares Rodríguez* RDM 290 (2013) 85.

732 Dazu *Gómez Trinidad* RDM 297 (2015) 279.

733 Näher zum dahinterstehenden Transparenzgedanken *Cerdá Martínez-Pujalte/Rentsch* RIW 2008, 29, 32.

734 Dazu *Sánchez Álvarez* RDBB 140 (2015) 43.

735 Ausführlich *Paz-Ares Rodríguez* in: FS Beltrán Sánchez, Bd. 1, 2015, S. 569, 609 f.; ferner *Peinado Gracia* in: Rodríguez Artigas ua (Hrsg.), Junta General y Consejo de Administración de la Sociedad cotizada, Bd. 2, 2016, S. 563–591.

736 Dazu *Emparanza Sobejano* in: Hernando Cebriá (Hrsg.), Régimen de deberes y responsabilidad de los administradores en las sociedades de capital, 2015, S. 281, 300; *Saldaña Villoldo* in: Hernando Cebriá (Hrsg.), Régimen de deberes y responsabilidad de los administradores en las sociedades de capital, 2015, S. 405.

737 *La Porta/López de Silanes/Vishny* J. Fin. 54 (1999) 471, 491–498; *Faccio/Lang* J. Fin. Econ. 65 (2002) 365, 378–381; ferner *Enriques/Volpin* J. Econ. Persp. 21 (2007) 117, 118–122.

738 Allgemein zur Haftung *Grimaldos García* in: Hernando Cebriá (Hrsg.), Régimen de deberes y responsabilidad de los administradores en las sociedades de capital, 2015, S. 307; *Saldaña Villoldo* in: Hernando Cebriá (Hrsg.), Régimen de deberes y responsabilidad de los administradores en las sociedades de capital, 2015, S. 365–425; *Rojo Fernández-Río/Beltrán Sánchez* (Hrsg.), La responsabilidad de los administradores de las sociedades mercantiles, 2016; zur alten Rechtslage *Embid Irujo* RCDI 2004, 2379; grundlegend zuvor *Quijano González*, La responsabilidad civil de los administradores en la Sociedad Anónima, 1985; im deutschsprachigen Schrifttum *v. Wolffersdorff* RIW 2006, 586, 590 f.

739 Zur Individualklage *Alcalá Díaz* RdS 1 (1993) 166; *Esteban Velasco* in: FS Menéndez Menéndez, Bd. 2, 1996, S. 1679–1720; *Alfaro Águila-Real* RdS 18 (2002) 45; monographisch *Marín de la Bárcena Garcimartín*, La acción individual de responsabilidad frente a los administradores de sociedades de capital (art. 135 LSA), 2005; *Saldaña Villoldo*, La acción individual de responsabilidad. Su significación en el sistema de responsabilidad de los administradores sociales, 2009.

schaft einen Schaden geltend, der in einer Minderung des Gesellschaftsvermögens besteht. Im Rahmen der Individualklage verlangt ein einzelner Gesellschafter oder Gläubiger Ersatz eines Schadens, der ihm persönlich entstanden ist (Art. 241 LSC).[740]

Die Inanspruchnahme der Geschäftsleiter hat verschiedene **materiellrechtliche Voraussetzungen**; erforderlich ist, dass der geltend gemachte Schaden kausal auf einem rechtswidrigen Handeln oder Unterlassen des Geschäftsleiters beruht.[741] Demnach bedarf es eines vorsätzlichen oder fahrlässigen Handelns oder Unterlassens, das gegen das Gesetz, die Satzung oder die Geschäftsleiterpflichten[742] verstoßen hat (Art. 236 I 1 LSC).[743] Nach Art. 236 I 2 LSC, eingeführt durch die *Ley 31/2014*, wird der Fahrlässigkeitsvorwurf widerleglich vermutet, wenn das Handeln oder Unterlassen rechtswidrig gewesen ist.[744] In der Folge muss ein Schaden in Form einer Minderung des Gesellschaftsvermögens entstehen,[745] der kausal auf dem rechtwidrigen Handeln oder Unterlassen beruht.[746] Dieser Kausalitätszusammenhang beurteilt sich nach den allgemeinen Kausalitätstheorien des Straf- und Deliktsrechts, wobei entscheidend ist, ob eine bestimmte Handlung dem Geschäftsleiter zugerechnet werden kann.[747] Eine Einwilligung in die schädigende Handlung, ihre Genehmigung oder nachträgliche Bestätigung durch die Generalversammlung unterbrechen den Zurechnungszusammenhang nicht (Art. 236 II LSC). 290

Der **subjektive Anwendungsbereich** der Haftungsregelung erstreckt sich auf bestellte und auf faktische Geschäftsleiter (Art. 236 III LSC).[748] Faktische Geschäftsleiter sind zum einen solche, die nach Beendigung ihrer regulären Amtszeit weiterhin die Geschäfte der Gesellschaft führen, und zum anderen Personen, deren Weisungen die bestellten Geschäftsleiter befolgen,[749] zB Konzernmuttergesellschaften.[750] Hat die Geschäftsleitung mehrere Mitglieder, haften sie grundsätzlich gesamtschuldnerisch. Sie können der Haftung aber entgehen, indem sie nachweisen, dass sie an der schädigenden Handlung nicht mitgewirkt haben oder keine Kenntnis von ihr hatten, versucht haben, den Eintritt des Schadens zu verhindern, bzw. im Verwaltungsrat dagegen gestimmt oder ihre ablehnende Haltung zumindest kundgetan haben (Art. 237 LSC).[751] Auch die Mitglieder eines Verwaltungsrats haften grundsätzlich gesamtschuldnerisch. Sind die verletzten Pflichten auf einzelne Mitglieder delegiert worden, haften diese allein (Art. 236 IV LSC); die übrigen Mitglieder trifft insofern aber eine haftungsbewehrte Aufsichtspflicht.[752] Ist der Geschäftsleiter eine juristische Person, haften sie und ihr Vertreter ebenfalls gesamtschuldnerisch (Art. 236 V LSC).[753] 291

Um die Haftungsansprüche gerichtlich durchzusetzen, bedarf es grundsätzlich eines **Generalversammlungsbeschlusses**. Er muss die Beklagten, die schädigenden Handlungen sowie den eingetretenen Schaden genau benennen[754] und bewirkt die sofortige Abberufung des betroffenen Geschäftsleiters (Art. 238 III LSC). Ein Generalversammlungsbeschluss kann jederzeit mit einfacher Mehrheit gefasst werden, auch wenn er nicht gesondert in der Tagesordnung aufgeführt ist (Artt. 160 lit. b), 238 I 1 LSC). Ebenso kann die Generalversammlung nach der Beschlussfassung wieder davon Abstand nehmen, die Schadensersatzansprüche zu verfolgen (Art. 238 II 292

740 Zur Unterscheidung Sentencia del Tribunal Supremo de 20 de junio de 2013, núm. 396, besprochen von *Gimeno Ribes* in: Embid Irujo (Hrsg.), Archivo Commenda de Jurisprudencia societaria 2013–2014, 2015, S. 175–179.

741 Dazu *Alonso Ureba* RDM 198 (1990) 639; ferner *Quijano González* in: Rodríguez Artigas ua (Hrsg.), Junta General y Consejo de Administración de la Sociedad cotizada, Bd. 2, 2016, S. 591–613.

742 Hinsichtlich der Nennung der Geschäftsleiterpflichten ist die Vorschrift teilweise redundant, da sie sich bereits aus dem Gesetz bzw. der Satzung ergeben.

743 Monographisch mit Schwerpunkt auf der Kapitalmarktinformationshaftung *Orthmann*, Kapitalmarktinformationshaftung der Vorstände von Aktiengesellschaften in Deutschland und Spanien, 2010, S. 159–232.

744 Dazu *Grimaldos García* RdS 44 (2015) 233.

745 *Sánchez Calero*, Los administradores en las sociedades de capital, 2007, S. 320–322.

746 *Sánchez Calero/Sánchez-Calero Guilarte*, Instituciones de Derecho Mercantil, Bd. 1, 2011, S. 532.

747 Dazu *Díez-Picazo Ponce de León*, Derecho de daños, 1999, S. 331–349; ferner *Sánchez Calero*, Los administradores en las sociedades de capital, 2007, S. 328.

748 Dazu *Latorre Chiner*, El administrador de hecho en las sociedades de capital, 2003; *ders.* RDM 253 (2004) 853; *Rodríguez Sánchez* RDM 301 (2016) 69; in der Rechtsprechung Sentencia del Tribunal Supremo de 24 de septiembre de 2001, núm. 828, besprochen von *Perdices Huetos* RdS 18 (2002) 277.

749 *Embid Irujo* in: FS Immenga, 2004, S. 559–573; *Hernando Cebriá* RDM 280 (2011) 133.

750 Dazu *Domínguez Ruiz de Huidobro* in: FS Sánchez Calero, Bd. 2, 2002, S. 1299–1321; *Hernando Cebriá* CDC 58 (2012) 211.

751 *Quijano González* RDM 296 (2015) 135.

752 Näher zur gesamtschuldnerischen Haftung der Verwaltungsratsmitglieder *Güntzer*, Die Rechtsstellung des Geschäftsführers im spanischen Aktienrecht, 1991, S. 161–170; zur Modifizierung der Pflichten bei Delegation *Rösner*, Verlust des Stammkapitals und Geschäftsführerhaftung in der GmbH. Ein deutsch-spanischer Rechtsvergleich, 2009, S. 18 f.

753 *del Val Talens*, El administrador persona jurídica en las sociedades de capital. Organización, estatuto y responsabilidad, 2017, S. 348–365; ferner *Hernández Sáinz* RDBB 138 (2015) 49; *Sancho Gargallo* in: Rodríguez Artigas ua (Hrsg.), Junta General y Consejo de Administración de la Sociedad cotizada, Bd. 2, 2016, S. 613–633.

754 Sentencia de la Audiencia Provincial de Madrid de 5 de diciembre de 2012, núm. 380, besprochen von *Quijano González* RDM 290 (2013) 437; ferner *Villanueva García-Pomareda* CDC 65 (2016) 227.

LSC).[755] Umstritten sind die Rechtsfolgen, wenn eine Haftungsklage ohne Zustimmung der Generalversammlung erhoben wird, etwa von nachfolgenden Geschäftsleitern oder einem Bevollmächtigten. Versteht man den Generalversammlungsbeschluss mit der Rechtsprechung als materiellrechtliche Voraussetzung des Schadensersatzanspruchs,[756] ist die Haftungsklage als unbegründet abzuweisen.[757] Ein rein verfahrensrechtliches Verständnis, nach dem die Generalversammlung die Geltendmachung auch noch nachträglich genehmigen könnte, ist abzulehnen,[758] da Art. 160 lit. b) LSC eine Zuständigkeit begründet und damit materiellrechtlichen Charakter hat.

293 Neben der Gesellschaft selbst sind auch **Minderheitsgesellschafter** klagebefugt, die allein oder zusammen mindestens 5 % des stimmberechtigten Kapitals halten. Voraussetzung dafür ist, dass die Geschäftsleiter die Generalversammlung nicht einberufen haben, die Generalversammlung eine Klageerhebung abgelehnt hat oder trotz eines Beschlusses innerhalb eines Monats keine Klage erhoben worden ist (Art. 239 I 1 LSC).[759] Hat die Klage eine Treupflichtverletzung zum Gegenstand, bedarf es keiner dieser zusätzlichen Voraussetzungen (Art. 239 I 2 LSC). Dabei ist jedoch fraglich, ob die Klagebefugnis (*legitimación*) der Gesellschafter auch die Abschöpfung des Gewinns der Geschäftsleiter iSd Art. 227 II LSC umfasst. Da die Gesellschaftsklage gemäß Art. 239 I 1 iVm Artt. 236 I, 238 I LSC lediglich den Ersatz der Verminderung des Gesellschaftsvermögens beinhaltet, ist insoweit eine Gewinnabschöpfung ausgeschlossen.[760] Im Falle des Obsiegens bekommt die Gesellschaft die entstandenen Verfahrenskosten ersetzt; seit der *Ley 31/2014* können die Kläger diese von der Gesellschaft erstattet verlangen (Art. 239 II LSC).[761] Erheben weder die Gesellschaft noch die Gesellschafter Klage, sind subsidiär die **Gläubiger** der Gesellschaft klagebefugt (Art. 240 LSC).[762] Voraussetzung ist aber, dass das aktuelle Gesellschaftsvermögen nicht ausreicht, um die Forderungen der Gläubiger zu begleichen. Im Rahmen der Individualklage ist jeder Gesellschafter und jeder Gläubiger der Gesellschaft ohne Weiteres klagebefugt (Art. 241 LSC).[763]

294 Die **Klagefrist** (*prescripción*) beträgt bei der Gesellschafts- und der Individualklage vier Jahre. Die vormals maßgebliche Vorschrift des Art. 949 CCom hat die *Ley 31/2014* für Kapitalgesellschaften durch Art. 241bis LSC abgelöst. Der Lauf der Frist beginnt nun nicht mehr mit dem Ende der Amtszeit des betroffenen Geschäftsleiters,[764] sondern wenn der Anspruch erstmals geltend gemacht werden kann, dh bei Kenntniserlangung von seinen Voraussetzungen. Diese Änderung hat die Klagefrist faktisch verkürzt.

ff) Verwaltungsrat

295 Das Geschäftsleitungsorgan der *Sociedad Anónima* kann auch als **Kollegialorgan** ausgestaltet sein; man spricht dann von einem Verwaltungsrat (*consejo de administración*) (Art. 210 I LSC). Bei größeren Gesellschaften ist ein solcher üblich,[765] bei börsennotierten Gesellschaften sogar gesetzlich zwingend (Art. 529bis I LSC).[766] Mehr als zwei gesamtgeschäftsführungsbefugte Geschäftsleiter bilden automatisch einen Verwaltungsrat (Art. 210 II LSC), um zu verhindern, dass die Funktionsfähigkeit der Geschäftsleitung durch das andernfalls fortgeltende Einstimmigkeitsprinzip beeinträchtigt würde.[767] Sowohl der Verwaltungsrat als Kollegialorgan als auch seine einzelnen Mitglieder sind als Geschäftsleiter zu verstehen.[768] Die Ausführungen zur Geschäftsleitung gelten daher entsprechend.

---

755 Monographisch *Gandía Pérez*, La renuncia a la acción social de responsabilidad, 2017; ferner *Martínez-Gijón Machuca* RDM 225 (1997) 1155; *Polo Sánchez* in: FS Sánchez Calero, Bd. 2, 2002, S. 1411–1436.

756 Sentencia de la Audiencia Provincial de Madrid de 5 de diciembre de 2012, núm. 380.

757 *Quijano González* in: Rojo Fernández-Río/Beltrán Sánchez (Hrsg.), Comentario de la Ley de Sociedades de Capital, Bd. 1, 2011, S. 1710; *ders.* RDM 290 (2013) 437, 449.

758 *Quijano González* RDM 290 (2013) 437, 449.

759 Dazu *Sánchez-Calero Guilarte* RDM 281 (2011) 95, 113; im deutschsprachigen Schrifttum *Rösner*, Verlust des Stammkapitals und Geschäftsführerhaftung in der GmbH. Ein deutsch-spanischer Rechtsvergleich, 2009, S. 33 f.

760 *Juste Mencía* in: Juste Mencía (Hrsg.), Comentario de la reforma del régimen de las sociedades de capital en materia de gobierno corporativo (Ley 31/2014), 2015, Art. 227 Rn. 52.

761 *Massaguer Fuentes* in: Juste Mencía (Hrsg.), Comentario de la reforma del régimen de las sociedades de capital en materia de gobierno corporativo (Ley 31/2014), 2015, Art. 239 Rn. 36.

762 Dazu *Rösner*, Verlust des Stammkapitals und Geschäftsführerhaftung in der GmbH. Ein deutsch-spanischer Rechtsvergleich, 2009, S. 34–39; *Tresselt*, Die Rechtsstellung des Verwalters einer spanischen Responsabilidad de Limitada und des Geschäftsführers einer deutschen GmbH im Rechtsvergleich, 2009, S. 186–189.

763 Näher zur Individualklage *Tresselt*, Die Rechtsstellung des Verwalters einer spanischen Responsabilidad de Limitada und des Geschäftsführers einer deutschen GmbH im Rechtsvergleich, 2009, S. 189–191.

764 Vor der Gesetzesreform *Saldaña Villoldo* CDC 53 (2010) 167.

765 Dazu *Sallelles Climent*, El funcionamiento del Consejo de Administración, 1995.

766 Allgemein *Alonso Ureba* RdS 45 (2015) 23.

767 *Iglesias Prada/García de Enterría Lorenzo-Velázquez* in: Menéndez Menéndez/Rojo Fernández-Río (Hrsg.), Lecciones de Derecho mercantil, Bd. 1, 2014, S. 505.

768 *Sánchez Calero*, Los administradores en las sociedades de capital, 2007, S. 535; zum Verhältnis zwischen Mitgliedern und Gesamtorgan *Fellmeth*, Die Vertretung verselbständigter Rechtsträger in europäischen Ländern. Deutschland, Italien und Spanien, 1997, S. 358 f.

Ein Verwaltungsrat muss **mindestens drei Mitglieder** haben (Art. 242 I 1 LSC). Die Satzung kann die genaue Anzahl bestimmen, zumindest muss sie aber eine Mindest- und eine Maximalzahl festlegen; im zweiten Fall entscheidet die Generalversammlung über die genaue Zahl (Art. 242 I 2 LSC). 296

Für die Bestellung der Verwaltungsratsmitglieder existieren zwei Besonderheiten: das **Verhältniswahlrecht** (*sistema de representación proporcional*) (Art. 243 LSC) und das Kooptationsverfahren (Art. 244 LSC).[769] Das Verhältniswahlrecht soll verhindern, dass die Gesellschaftermehrheit sämtliche Mitglieder des Verwaltungsrats allein bestimmt und die Gesellschafterminderheit dort gar nicht vertreten ist.[770] Dazu wird ermittelt, welcher hypothetische Anteil des gezeichneten Kapitals auf ein einzelnes Verwaltungsratsmitglied entfällt;[771] beträgt der Beteiligungswert einer Gesellschaftergruppe mindestens den Wert dieses hypothetischen Kapitalanteils, hat sie das Recht, so viele Verwaltungsratsmitglieder zu bestimmen, wie ihrer Kapitalbeteiligung entspricht (Art. 243 I LSC);[772] von der Wahl der übrigen Verwaltungsratsmitglieder sind diese Gesellschafter dann aber ausgeschlossen (Art. 243 II LSC).[773] Das Verhältniswahlrecht kann in der Satzung nicht abbedungen werden; die Gesellschafter können aber darauf verzichten, von ihm im Einzelfall Gebrauch zu machen. 297

Nach dem **Kooptationsverfahren** (*cooptación*) kann der Verwaltungsrat für den Fall, dass eines seiner Mitglieder vorzeitig ausscheidet und ein Stellvertreter fehlt, bis zur nächsten Generalversammlung einen Nachfolger aus dem Kreis der Gesellschafter bestimmen (Art. 244 LSC).[774] Bei börsennotierten Gesellschaften muss der Nachfolger nicht Gesellschafter sein (Art. 529decies II lit. a) LSC). Auf diese Weise soll vermieden werden, dass jedes Mal eine Generalversammlung durchzuführen ist.[775] Problematisch ist aber, dass das Kooptationsverfahren die Personalkompetenz der Generalversammlung unterwandert,[776] insbesondere wenn eine spätere Generalversammlung das Übergangsmitglied im Amt bestätigt.[777] Vor diesem Hintergrund kann die Satzung das Kooptationsverfahren ausschließen.[778] 298

Mangels abweichender Regelung in der Satzung hat der Verwaltungsrat einen Vorsitzenden (*presidente*) und einen Protokollführer (*secretario*) zu wählen,[779] seine **innere Organisation** zu regeln und den Rücktritt einzelner Mitglieder entgegenzunehmen (Art. 245 II LSC). 299

Das Gesamtorgan kann einzelne Aufgaben auf einen delegierten Geschäftsführer/CEO (*consejero delegado*) oder einen geschäftsführenden Ausschuss (*comisión ejecutiva*) übertragen (Art. 249 I LSC); üblich ist es zudem, für die täglichen Geschäfte Dritte zu bevollmächtigen.[780] Dabei sind Inhalt, Grenzen und Beschaffenheit der **delegierten Befugnisse** (*facultades delegadas*) genau zu bestimmen.[781] Die Delegation soll vermeiden, dass der Verwaltungsrat jedes Mal zusammenkommen muss, um über sämtliche Angelegenheiten zu beschließen, die für 300

769 Allgemein dazu *Roncero Sánchez* RdS 31 (2008) 187.

770 *Sánchez Calero/Sánchez-Calero Guilarte*, Instituciones de Derecho Mercantil, Bd. 1, 2011, S. 539; *Iglesias Prada/García de Enterría Lorenzo-Velázquez* in: Menéndez Menéndez/Rojo Fernández-Río (Hrsg.), Lecciones de Derecho mercantil, Bd. 1, 2014, S. 501; ausführlich zum Verhältniswahlrecht *Martínez Sanz*, La representación proporcional de la minoría en el Consejo de Administración de la Sociedad Anónima, 1992; *Alcover Garau* RdS 2 (1994) 83; *Buitrago Rubira* RCDI 2006, 371; *Martínez-Gijón Machuca* RdS 37 (2011) 47; im deutschsprachigen Schrifttum *Millentrup*, Aktionärsgruppen und Entscheidungsmacht in der spanischen Aktiengesellschaft, 1995, S. 185–206, der statt vom *Verhältniswahlrecht* von „proportionale[r] Vertretung" spricht; in der Rechtsprechung Resolución de la Dirección General de los Registros y del Notariado de 14 de diciembre de 2004 (BOE 12 enero 2005, núm. 10, S. 1194), besprochen von *Muñoz Martín* RdS 24 (2005) 315.

771 Formel: Hypothetischer Anteil = Gezeichnetes Kapital / Anzahl der Verwaltungsratsmitglieder.

772 Beispiel: Eine Gruppe von Gesellschaftern, die zusammen mit 20 % beteiligt sind, kann zwei Mitglieder eines zehnköpfigen Verwaltungsrats bestellen.

773 *Sánchez Calero/Sánchez-Calero Guilarte*, Instituciones de Derecho Mercantil, Bd. 1, 2011, S. 540.

774 Allgemein dazu *Martínez Sanz*, Provisión de vacantes en el Consejo de Administración de la Sociedad Anónima (La cooptación), 1994; *Juste Mencía* RdS 27 (2006) 345; ferner *Rojo Fernández-Río* RDM 189–190 (1988) 367.

775 *Iglesias Prada/García de Enterría Lorenzo-Velázquez* in: Menéndez Menéndez/Rojo Fernández-Río (Hrsg.), Lecciones de Derecho mercantil, Bd. 1, 2014, S. 501.

776 *Grechenig*, Spanisches Aktien- und GmbH-Recht, 2005, S. 26.

777 *Iglesias Prada/García de Enterría Lorenzo-Velázquez* in: Menéndez Menéndez/Rojo Fernández-Río (Hrsg.), Lecciones de Derecho mercantil, Bd. 1, 2014, S. 501 f.

778 *Martínez Sanz*, Provisión de vacantes en el Consejo de Administración de la Sociedad Anónima (La cooptación), 1994, S. 413.

779 *Grechenig*, Spanisches Aktien- und GmbH-Recht, 2005, S. 43 f.; *Sánchez Weickgenannt* in: B. Löber/Wicke/Huzel (Hrsg.), Handels- und Wirtschaftsrecht in Spanien, 2008, Rn. 2.13.

780 *Iglesias Prada*, Administración y delegación de facultades en la Sociedad Anónima, 1971; *Rodríguez Artigas*, Consejeros Delegados, Comisiones Ejecutivas y Consejos de Administración, 1971; *ders.* RdS 1 (1993) 91; ferner *Roca Fernández-Castany* in: FS Sánchez Calero, Bd. 2, 2002, S. 1819–1844; im deutschsprachigen Schrifttum *Fellmeth*, Die Vertretung verselbständigter Rechtsträger in europäischen Ländern. Deutschland, Italien und Spanien, 1997, S. 360–364; *Sánchez Weickgenannt* in: B. Löber/Wicke/Huzel (Hrsg.), Handels- und Wirtschaftsrecht in Spanien, 2008, Rn. 2.14–2.18.

781 Dazu *Martínez Sanz* in: FS Sánchez Calero, Bd. 2, 2002, S. 1739–1770.

die Führung des alltäglichen Geschäftsbetriebs erforderlich sind.[782] Seit der *Ley 31/2014* können bestimmte Aufgaben aber nicht mehr delegiert werden. Dazu zählen die Überwachung delegierter Aufgaben (Art. 249bis lit. a) LSC); die Festlegung der Unternehmensstrategie (Art. 249bis lit. b) LSC); die Befreiung eines Verwaltungsratsmitglieds von der Treupflicht (Art. 249bis lit. c) LSC); die Regelung der inneren Organisation und der Verfahrensweise des Verwaltungsrats (Art. 249bis lit. d) LSC); die Aufstellung des Jahresabschlusses (Art. 249bis lit. e) LSC); die Erstellung bestimmter gesetzlich vorgeschriebener Berichte (Art. 249bis lit. f) LSC), etwa im Falle einer Verschmelzung (Art. 33 LME); sowie andere Zuständigkeiten, welche die Delegation von Aufgaben (Art. 249bis lit. g), h), i) LSC), die Einberufung der Generalversammlung (Art. 249bis lit. j) LSC)[783] und den Erwerb eigener Aktien (Art. 249bis lit. k) LSC) betreffen.

301 Für die Bestellung der delegierten Geschäftsleiter und die Delegation bestehen bestimmte **Voraussetzungen.** Der Verwaltungsrat muss darüber mit einer Zweidrittelmehrheit beschließen (Art. 249 II LSC), die ggf. auf die nächste ganze Zahl auf- oder abzurunden ist.[784] Anschließend sind die delegierten Befugnisse ins Handelsregister einzutragen (Art. 149 RRM).[785] Diese Delegationsbefugnis ist zwingend; sie kann nicht selbst delegiert oder in der Satzung modifiziert werden.[786]

302 Sollen dauerhaft Aufgaben auf einen delegierten Geschäftsführer/CEO (*consejero delegado*) übertragen werden, hat die Gesellschaft einen **Vertrag** mit ihm zu schließen. Dazu muss der Verwaltungsrat einen Beschluss mit Zweidrittelmehrheit fassen, wobei das betroffene Mitglied einem Stimmverbot unterliegt (Art. 249 III LSC). In dem Vertrag ist auch die Vergütung des CEO zu bestimmen (Art. 249 IV 1 LSC). Sie muss im Einklang mit der allgemeinen Vergütungspolitik der Gesellschaft stehen (Art. 249 IV 3 LSC). Eine darüber hinaus gehende Vergütung darf der CEO nicht erhalten (Art. 249 IV 2 LSC).

303 Der Verwaltungsrat muss gemäß Art. 245 III LSC – eingeführt durch die *Ley 31/2014* – mindestens alle drei Monate zusammenkommen. Die **Sitzungen** sind grundsätzlich vom Vorsitzenden einzuberufen (Art. 246 I LSC).[787] Seit der *Ley 25/2011* kann auch ein Drittel der Mitglieder eine Sitzung einberufen. Voraussetzung dafür ist, dass der Vorsitzende trotz eines Antrags und ohne rechtfertigenden Grund für einen Monat keine Sitzung einberufen hat (Art. 246 II LSC).

304 Der Verwaltungsrat ist **beschlussfähig,** wenn die Mehrheit seiner stimmberechtigten Mitglieder vertreten ist (Art. 217 II LSC). Dabei kann die Satzung Art und Weise der Beschlussfassung näher bestimmen (Art. 23 lit. f) LSC).[788] Grundsätzlich bedürfen Beschlüsse der absoluten Mehrheit der anwesenden Mitglieder (Art. 248 I LSC) und können auch schriftlich im Umlaufverfahren gefasst werden, solange kein Mitglied widerspricht (Art. 248 II LSC). Sämtliche Beschlüsse müssen protokolliert und in ein Aktenbuch (*libro de actas*) eingetragen werden (Art. 250 LSC).

305 Die Beschlüsse des Verwaltungsrats sind gemäß Art. 251 II LSC nach dem allgemeinen **Beschlussmängelrecht** anfechtbar, das auch für die Anfechtung von Generalversammlungsbeschlüssen gilt (Artt. 204–208 LSC).[789] Besonderheiten ergeben sich hinsichtlich der Anfechtungsberechtigten, zu denen neben den Geschäftsleitern (Art. 251 I 1 LSC) auch Gesellschafter zählen, die mindestens in Höhe von 1 % beteiligt sind (Art. 251 I 2 LSC). Nach alter Rechtslage waren hingegen nur Gesellschafter, die mindestens 5 % hielten, anfechtungsberechtigt; insofern hat die *Ley 31/2014* nun die Anfechtungsquoren für Beschlüsse der Generalversammlung und des Verwaltungsrats vereinheitlicht. Darüber hinaus beträgt die Anfechtungsfrist abweichend nur 30 Tage. Grund-

782 *Sánchez Weickgenannt* in: B. Löber/Wicke/Huzel (Hrsg.), Handels- und Wirtschaftsrecht in Spanien, 2008, Rn. 2.14; näher *Millentrup*, Aktionärsgruppen und Entscheidungsmacht in der spanischen Aktiengesellschaft, 1995, S. 168 f.

783 Zur Diskussion vor der Gesetzesreform Sentencia del Tribunal Supremo de 24 de febrero de 1995, núm. 184, besprochen von *Martínez Nadal* RdS 7 (1996) 249; ferner *Martínez Martínez* RdS 26 (2006) 435; *Hernández Martín* RdS 32 (2009) 330; *Montero García-Noblejas* RdS 34 (2010) 361.

784 Beispiel: Bei einem zehnköpfigen Verwaltungsrat wären 6,6 Mitglieder eine Zweidrittelmehrheit. In einem solchen Fall ist aufzurunden, so dass letztlich 7 Mitglieder zustimmen müssen. Näher *León Sanz* in: Juste Mencía (Hrsg.), Comentario de la reforma del régimen de las sociedades de capital en materia de gobierno corporativo (Ley 31/2014), 2015, Art. 249 Rn. 19.

785 *Navarro Viñuelas* RJN 52 (2004) 275; *Sánchez Weickgenannt* in: B. Löber/Wicke/Huzel (Hrsg.), Handels- und Wirtschaftsrecht in Spanien, 2008, Rn. 2.14.

786 Indirekt *León Sanz* in: Juste Mencía (Hrsg.), Comentario de la reforma del régimen de las sociedades de capital en materia de gobierno corporativo (Ley 31/2014), 2015, Art. 249 Rn. 19.

787 Dazu Sentencia del Tribunal Supremo de 20 de mayo de 2013, núm. 320, besprochen von *Álvarez Rubio* RDM 295 (2015) 621; ferner *Salelles Climent/Castañer Codina* in: Rodríguez Artigas ua (Hrsg.), Las Reformas de la Ley de Sociedades de Capital, 2012, S. 262 f.

788 Allgemein zur Beschlussfassung im Verwaltungsrat *Díaz de Lezcano Sevillano*, Los acuerdos del consejo de administración. Especial referencia a su régimen de impugnación, 1999.

789 Dazu *Alcalá Díaz*, La impugnación de acuerdos del consejo de administración de las sociedades anónimas, 1998; *Martínez Mulero*, El control de los administradores y la impugnación de sus acuerdos, 2005; im deutschsprachigen Schrifttum *Fellmeth*, Die Vertretung verselbständigter Rechtsträger in europäischen Ländern. Deutschland, Italien und Spanien, 1997, S. 383; rechtsvergleichend *Millentrup*, Aktionärsgruppen und Entscheidungsmacht in der spanischen Aktiengesellschaft, 1995, S. 248–262.

sätzlich beginnt ihr Lauf für einen Geschäftsleiter mit dem Tag der Beschlussfassung, für einen Gesellschafter mit dem Tag, an dem er von dem Beschluss Kenntnis erlangt, spätestens jedoch ein Jahr nach der Beschlussfassung (Art. 251 I LSC). Bei schriftlicher Beschlussfassung (Art. 248 II LSC) beginnt der Lauf hingegen erst dann, wenn der Gesellschafter eine Kopie des Protokolls erhalten hat (Art. 205 II 1 LSC).

Zu den allgemeinen **Anfechtungsgründen**, die auch eine Anfechtbarkeit von Generalversammlungsbeschlüssen begründen (Rn. 248–251), kommen Verstöße gegen die Geschäftsordnung des Verwaltungsrats (Art. 251 II LSC).[790] Diese ist grundsätzlich fakultativ, lediglich für börsennotierte Gesellschaften zwingend (Art. 528 LSC) und muss dort öffentlich einsehbar sein (Art. 529 LSC). Einige Beschlüsse des Verwaltungsrats können aufgrund ihrer Natur nicht angefochten werden, zB die Aufstellung des Jahresabschlusses.[791] 306

Die Gesetzesreform durch die *Ley 31/2014* hat für **börsennotierte Gesellschaften** zahlreiche neue Vorschriften eingeführt, die insbesondere die allgemeine Organisation des Verwaltungsrats (Artt. 529bis–529quindecies LSC) und die Vergütung seiner Mitglieder (Artt. 529sexdecies–529novodecies LSC) betreffen. Die meisten dieser neuen Vorschriften sind in Gesetzesform „gegossene" Empfehlungen des Corporate Governance-Kodex.[792] Unter ihnen ist Art. 529duodecies LSC hervorzuheben, der die verschiedenen **Mitgliedergruppen** des Verwaltungsrats regelt:[793] Blockgesellschafter und von ihnen benannte Dritte (*consejeros dominicales*) (Art. 529duodecies II, III LSC), Führungskräfte der Gesellschaft oder des Konzerns (*consejeros ejecutivos*) (Art. 529duodecies I LSC) sowie unabhängige Mitglieder, wie etwa Professoren (*consejeros independientes*) (Art. 529duodecies II, IV LSC).[794] 307

Die Gesetzesreform hat auch Vorgaben für die **Zusammensetzung** des Verwaltungsrats eingeführt. Erforderlich ist danach eine gewisse Diversität seiner Mitglieder (*diversidad de sus miembros*), die sich aus beiden Geschlechtern (*diversidad de género*) rekrutieren und unterschiedliche Erfahrungen (*diversidad de experiencias*) aufweisen müssen (Art. 529bis II LSC).[795] Die Durchsetzbarkeit dieser Vorgaben ist fraglich. Denkbar ist es, dass ein Generalversammlungsbeschluss zur Wahl eines Verwaltungsratsmitglieds, der gegen die Diversitätsvorschriften verstößt, anfechtbar ist. 308

4. Kapitalverfassung

a) Aktien

aa) Arten und Gattungen

Das gezeichnete Kapital (*capital social*) der *Sociedad Anónima* ist in Aktien aufgeteilt (Art. 1 III LSC).[796] Dabei handelt es sich um Wertpapiere, die als **Buch-** (*anotaciones en cuenta*)[797] oder als **Briefaktien** (*títulos*) ausgegeben werden können (Art. 92 I LSC). Die Art muss die Satzung nach Art. 23 lit. d) LSC festlegen. Briefaktien verkörpern ihren Wert und die aus ihnen folgenden Rechte unmittelbar. Mit ihrer physischen Übertragung gehen auch das Eigentum und die mit ihnen verbundenen Rechte über. Bei den Buchaktien folgen Eigentum und 309

790 Dazu *Martínez Sanz* in: Rodríguez Artigas ua (Hrsg.), Junta General y Consejo de Administración de la Sociedad cotizada, Bd. 2, 2016, S. 839–859.

791 Sentencia del Tribunal Supremo de 5 de julio de 2002, núm. 676, besprochen von *García-Cruces González* CCJC 2002, 1185.

792 Dazu *Álvarez-Valdés y Valdés* in: FS Sánchez Calero, Bd. 3, 2002, S. 2517–2564.

793 Zur Unterscheidung *García de Enterría Lorenzo-Velázquez* in: Rodríguez Artigas ua (Hrsg.), Junta General y Consejo de Administración de la Sociedad cotizada, Bd. 2, 2016, S. 931–955; *Mateu de Ros Cerezo* RdS 47 (2016) 211; ferner *Alonso Ureba* RdS 25 (2005) 19.

794 Zu den unabhängigen Verwaltungsratsmitgliedern *Esteban Velasco* in: FS García Villaverde, Bd. 1, 2007, S. 499–530; *Terreros Ceballos* RDBB 111 (2008) 11; *Garrido García* in: Rodríguez Artigas ua (Hrsg.), Junta General y Consejo de Administración de la Sociedad cotizada, Bd. 2, 2016, S. 955–987; monographisch *Megías López*, El consejero independiente. Estatuto y funciones, 2012; kritisch *Marcos Fernández/Sánchez Graells* RDM 268 (2008) 233; allgemein zu den Mitgliedern des Verwaltungsrats *García de Enterría Lorenzo-Velázquez* in: FS Fernández de la Gándara, 2016, S. 551–578.

795 *Leiñena Mendizábal* RDM 301 (2016) 253; zur alten Rechtslage *Embid Irujo* in: Sala Franco ua (Hrsg.), Comentarios a la Ley Orgánica 3/2007, de 22 de marzo, para la igualdad efectiva de mujeres y hombres, 2008, S. 269–354; *Huerta Viesca*, Las mujeres en la nueva regulación de los consejos de administración de las sociedades mercantiles españolas, 2009; *Márquez Lobillo* RdS 32 (2009) 279; im deutschsprachigen Schrifttum *Sánchez Weickgenannt* in: B. Löber/Wicke/Huzel (Hrsg.), Handels- und Wirtschaftsrecht in Spanien, 2008, Rn. 2.21–2.35.

796 Näher zum spanischen Aktienbegriff *Embid Irujo/Pedraza Bochóns* ZGR-Sonderheft 3, 1995, 762, 772–774.

797 Dazu *Recalde Castells* in: FS Broseta Pont, Bd. 3, 1995, S. 3093–3116; *Domínguez García* in: FS Menéndez Menéndez, Bd. 2, 1996, S. 1641–1678; *Madrid Parra* in: FS Duque Domínguez, Bd. 1, 1998, S. 799–826; *Vara de Paz* CDC 46 (2006) 49; *ders.* in: FS García Villaverde, Bd. 3, 2007, S. 1633–1654; *López Curbelo* RDBB 123 (2011) 105; *ders.* RDBB 124 (2011) 57; monographisch *Espina*, Las anotaciones en cuenta. Un nuevo medio de representación de los derechos, 1995; *González Castilla*, Representación de acciones por medio de anotaciones en cuenta, 1999; im deutschsprachigen Schrifttum *Reckhorn-Hengemühle*, Die spanische Aktiengesellschaft nach der Reform des Aktiengesetzes von 1989, 1992, S. 17 f.

Gesellschafterrechte aus der Eintragung im Registerbuch. Briefaktien können als Inhaber- (*acciones al portador*) oder als Namensaktien (*acciones nominativas*) ausgestaltet sein.[798] Namensaktien müssen in einem Registerbuch (*libro-registro de acciones nominativas*) aufgezeichnet sein.[799] Der Eigentümer einer Inhaberaktie ist ihr Besitzer; der Eigentümer einer Namensaktie ist derjenige, der als solcher eingetragen ist.

310 Jede Aktie muss ihren **Nennwert** angeben (Artt. 59 II, 114 I lit. b) LSC), dh den Betrag, der beim Erwerb der Aktie im Rahmen einer Neuemission mindestens einzuzahlen ist (Art. 59 II LSC). Die Ausgabe nennwertloser Aktien ist nichtig (Art. 59 I LSC). Das Produkt aus der Anzahl der Aktien, die ein Gesellschafter hält, und dem Nennwert jeder Aktie ergibt den Betrag, mit dem ein Gesellschafter am gezeichneten Kapital der *Sociedad Anónima* beteiligt ist.[800] Die zwingende Notwendigkeit eines Nennwerts ist im europäischen Schrifttum auf Kritik gestoßen; stattdessen hat man dafür plädiert, auch echte nennwertlose Aktien ausgeben zu können.[801] Angesichts des unionsrechtlich vorgegebenen Mindestkapitals der *Sociedad Anónima* dürfte diese Forderung praktisch aber kaum umsetzbar sein.[802]

311 Ungeachtet des **Gleichbehandlungsgebots** (*principio de igualdad de trato*) der *Ley de Sociedades de Capital* in Art. 97 LSC können Aktien mit unterschiedlichen Rechten versehen werden (Art. 94 I 2 LSC).[803] Man unterscheidet insofern zwischen **Stammaktien** und **privilegierten Aktien** (*acciones ordinarias y privilegiadas*).[804] Während Stammaktien ihren Inhabern die in Art. 93 LSC und der Satzung aufgeführten Rechte gewähren, können privilegierte Aktien weitere Rechte vermitteln.[805]

312 Zu den privilegierten Aktien zählen insbesondere **Vorzugsaktien** (*acciones con privilegio en el reparto de las ganancias sociales*) (Art. 95 LSC). Ihre Inhaber haben das Recht auf eine bevorzugte Dividendenausschüttung. Daneben kann die *Sociedad Anónima* **stimmrechtslose Aktien** (*acciones sin voto*) ausgeben (Art. 98 LSC),[806] die insgesamt aber nicht mehr als die Hälfte des einbezahlten gezeichneten Kapitals ausmachen dürfen. Den Ausschluss des Stimmrechts kompensieren eine Bevorzugung bei der Dividendenausschüttung (Art. 99 LSC) und bei der Auszahlung des Abwicklungsüberschusses (Art. 101 LSC).[807] Auch bleiben die Inhaber stimmrechtsloser Aktien von einer verlustbedingten Kapitalherabsetzung verschont (Art. 327 LSC), es sei denn, die stimmrechtslosen Aktien machen in der Folge mehr als die Hälfte des gezeichneten Kapitals aus. Dann muss die Gesellschaft das gesetzlich erlaubte Verhältnis innerhalb von zwei Jahren wiederherstellen.[808]

313 Börsennotierte Gesellschaften können auch **Aktien mit Rückerwerbsrecht** (*acciones rescatables*) ausgeben (Artt. 500 f. LSC).[809] Ihr Anteil darf 25 % des gezeichneten Kapitals nicht übersteigen (Art. 500 I LSC), und die im Gegenzug zu leistenden Einlagen müssen im Zeitpunkt der Ausgabe vollständig erbracht sein (Art. 500 II LSC).[810] Innerhalb der ersten drei Jahre nach der Ausgabe kann die Gesellschaft ihr Rückerwerbsrecht nicht ausüben.

798 Vergleichend *García-Pita Lastres* in: Alonso Ureba (Hrsg.), Derecho de Sociedades Anónimas, Bd. 2-1, 1994, S. 523–640.

799 Sentencia del Tribunal Supremo de 16 de febrero de 2007, núm. 163, besprochen von *Fernández Pérez* RdS 30 (2008) 483, sowie Sentencia del Tribunal Supremo de 22 de febrero de 2000, núm. 138, besprochen von *Muñoz Martín* RdS 17 (2001) 326; dazu *Perdices Huetos*, El libro registro de socios. La legitimación del socio en las sociedades de capital, 2000; ferner *Font Ribas* in: FS Broseta Pont, Bd. 1, 1995, S. 1339–1386.

800 Grundlegend *Sánchez Calero* in: Alonso Ureba (Hrsg.), Derecho de Sociedades Anónimas, Bd. 2-1, 1994, S. 13–28.

801 *De Wulf* ECFR 2016, 215, 220–233.

802 *J. Schmidt* ZHR 181 (2017) 43, 55 f.

803 S. EuGH, Rs. C-101/08 (Audiolux), ECLI:EU:C:2009:626 = EuZW 2009, 894, besprochen von *Tapia Hermida* RdS 35 (2010) 353; grundlegend *Sánchez-Calero Guilarte* RdS 35 (2010) 19.

804 Zu den verschiedenen Aktiengattungen *Beltrán Sánchez* in: FS Verdera Tuells, Bd. 1, 1994, S. 199–224; ferner *Broseta Pont* in: Alonso Ureba/Chico Ortiz/Lucas Fernández (Hrsg.), La reforma del Derecho español de sociedades de capital, 1987, S. 451, 453; *Campuzano Laguillo*, Las clases de acciones en la sociedad anónima, 2000.

805 *Aguilera Ramos* in: Alonso Ureba (Hrsg.), Derecho de Sociedades Anónimas, Bd. 2-1, 1994, S. 149–174.

806 *Porfirio Carpio* in: FS Illescas Ortiz, 2015, S. 779–790; ferner dazu *Menéndez Menéndez/Beltrán Sánchez* RDM 191 (1989) 7; *Tapia Hermida* RDBB 40 (1990) 749; *Porfirio Carpio*, Las acciones sin voto en la Sociedad Anónima, 1991; *Sagasti Aurrekoetxea*, El régimen jurídico de las acciones sin voto en el Derecho español y comparado de sociedades y valores, 1997.

807 *Sagasti Aurrekoetxea*, El régimen jurídico de las acciones sin voto en el Derecho español y comparado de sociedades y valores, 1997, S. 348–404, 491 f.

808 *Sagasti Aurrekoetxea*, El régimen jurídico de las acciones sin voto en el Derecho español y comparado de sociedades y valores, 1997, S. 407–414.

809 Dazu *García-Cruces González* in: FS Sánchez Calero, Bd. 1, 2002, S. 913–958; *Yanes Yanes*, Las Acciones Rescatables en la Sociedad Cotizada, 2004; *Chamorro Domínguez*, Las acciones rescatables de la sociedad anónima cotizada, 2007.

810 *Yanes Yanes*, Las Acciones Rescatables en la Sociedad Cotizada, 2004, S. 153–167; zu den Auswirkungen des Rückerwerbs auf den Gläubigerschutz *Esteban Ramos* RDBB 109 (2008) 221.

bb) Miteigentum und dingliche Rechte an Aktien

Aktien können Gegenstand dinglicher Rechte sein.[811] Steht eine Aktie oder ein Aktienpaket im **Miteigentum** (*copropiedad*),[812] haften die Miteigentümer für die Erfüllung der aktienrechtlichen Pflichten, zB die Leistung der Einlagen (*desembolsos pendientes*), gesamtschuldnerisch (Art. 126 2 LSC).[813] Alle Miteigentümer sind vollwertige Gesellschafter, da die Aktien nicht teilbar sind (Art. 90 LSC); das gilt auch dann, wenn Gegenstand des Miteigentums nur eine einzige Aktie ist.[814] Sie müssen einen gemeinsamen Vertreter (*representante común*) bestimmen, der ihre Gesellschafterrechte (zB das Stimmrecht) wahrnimmt, ohne das Funktionieren der Gesellschaft zu beeinträchtigen.[815] Wie der gemeinsame Vertreter abzustimmen hat, bestimmt sich nach den Vorschriften zum Miteigentum (Art. 398 CC).[816] Dabei ist fraglich, ob er selbst Miteigentümer sein muss; nach hM ergibt sich ein solches Erfordernis nicht aus Art. 126 LSC, so dass im Umkehrschluss auch beliebige Dritte gemeinsame Vertreter sein können.[817] 314

Im Rahmen des **Nießbrauchs** (*usufructo*) an Aktien wird nach Art. 127 I LSC der Eigentümer (*propietario*) als Gesellschafter angesehen; er ist derjenige, der die Verwaltungsrechte ausüben kann.[818] Die Vermögensrechte stehen hingegen dem Nießbraucher (*usufructario*) zu. Er bekommt die Dividendenzahlungen ausgeschüttet; werden Gewinne thesauriert, steht ihm bei Beendigung des Nießbrauchs bzw. Auflösung und Liquidation der Gesellschaft ein entsprechender Abfindungsanspruch zu (Art. 128 I, II LSC). Auf die Höhe des Abfindungsanspruchs haben sich die Parteien des Nießbrauchs zu einigen; im Zweifel muss ein vom Handelsregister zu benennender Sachverständiger sie bestimmen (Art. 128 III LSC). 315

Im Rahmen einer **Kapitalerhöhung** ist hinsichtlich des Bezugsrechts (*derecho de suscripción preferente*) zu unterscheiden.[819] Übt es der Eigentümer aus, erweitert sich der Nießbrauch auf den Teil der neu zugeteilten Aktien, den man für den monetären Wert des Bezugsrechts am Sekundärmarkt hätte erwerben können (Art. 129 III LSC). Bleibt der Eigentümer bis zehn Tage, bevor die Frist zur Ausübung des Bezugsrechts abläuft, untätig, geht es auf den Nießbraucher über (Art. 129 I LSC). Übt der Nießbraucher es aus, wird er Eigentümer der neuemittierten Aktien (Art. 129 III LSC). Im Falle der Veräußerung der neuemittierten Aktien setzt sich der Nießbrauch am Veräußerungserlös fort (Art. 129 II LSC). Erfolgt die Kapitalerhöhung aus thesaurierten Gewinnen, erstreckt sich der Nießbrauch ohne Weiteres auch auf die neu zugeteilten Aktien (Art. 129 IV LSC).[820] 316

Hat der Eigentümer innerhalb der in der Satzung vorgesehenen Frist seine **Einlage nicht vollständig geleistet** (Art. 130 I LSC), kann der Nießbraucher den noch ausstehenden Betrag aufbringen und bei Beendigung des Nießbrauchs vom Eigentümer zurückverlangen (Art. 130 II LSC). Leistet der Eigentümer die Einlage, hat er gegen den Nießbraucher einen Anspruch auf Verzinsung des einbezahlten Betrags in Höhe des gesetzlichen Zinssatzes (Art. 130 I 2 LSC).[821] 317

Im Falle der **Pfändung** (*embargo*) oder **Verpfändung** (*prenda*) von Aktien bleibt der Eigentümer (*propietario*) Gesellschafter und ist weiterhin berechtigt, die Gesellschafterrechte wahrzunehmen (Artt. 132 I 1, 133 LSC).[822] Da mit der Verpfändung der Besitz an den Aktien übergeht, muss der Pfandnehmer (*acreedor pignoraticio*) dem 318

811 Überblick bei *Nieto Carol* in: FS Menéndez Menéndez, Bd. 2, 1996, S. 2141–2172; im deutschsprachigen Schrifttum bei *Reckhorn-Hengemühle*, Die spanische Aktiengesellschaft nach der Reform des Aktiengesetzes von 1989, 1992, S. 24 f.

812 Allgemein zum Miteigentum *Fernández Ruiz* RdS 23 (2004) 149.

813 *Fernández Ruiz* in: Alonso Ureba (Hrsg.), Derecho de Sociedades Anónimas, Bd. 2-2, 1994, S. 745, 759 f.

814 S. dazu etwa die Sentencia del Tribunal Supremo de 18 de febrero de 2014, núm. 44.

815 *Pantaleón Prieto*, Las acciones. Copropiedad, usufructo, prenda y embargo, 1992, S. 41–50.

816 S. die Sentencia del Tribunal Supremo de 6 de junio de 2016, núm. 383, besprochen von *Gimeno Ribes* in: Embid Irujo (Hrsg.), Archivo Commenda de Jurisprudencia Societaria 2015–2016, 2017, S. 64–67.

817 Statt vieler *Fernández de la Gándara*, Derecho de Sociedades, 2010, S. 560; *Gimeno Ribes* in: Embid Irujo (Hrsg.), Derecho de sociedades de capital, 2016, S. 151, 154.

818 Allgemein *Fernández Ruiz* RdS 24 (2005) 121; zur alten Rechtslage *Gil Rodríguez*, El usufructo de acciones (Aspectos civiles), 1981.

819 Dazu *De la Cámara Álvarez* AAMN 35 (1996) 425; *Ramos Gascón* in: FS Sánchez Calero, Bd. 3, 2002, S. 2383–2434; zur alten Rechtslage *Sánchez Andrés*, El derecho de suscripción preferente del accionista, 1973, S. 387–421.

820 Sentencia del Tribunal Supremo de 29 de noviembre de 1994, núm. 1101, besprochen von *Martínez Nadal* RdS 7 (1996) 232.

821 Der gesetzliche Zinssatz ist für Verzugsfälle allgemein in Art. 1108 CC geregelt. Er wird im Haushaltsgesetz des jeweiligen Jahres festgelegt und betrug nach dem Haushaltsgesetz des Jahres 2017 3,00 % (Disposición Adicional Cuadragésima Cuarta, Ley 3/2017, de 27 de junio, de Presupuestos Generales del Estado para el año 2017 (BOE 28 junio 2017, núm. 153, S. 53787).

822 Dazu *Retortillo Atienza*, El Embargo de Acciones de la Sociedad Anónima, 2011, S. 229–270; ferner *Flores Doña* in: FS Broseta Pont, Bd. 1, 1995, S. 1281–1310; *Troncoso Reigada*, El embargo de acciones de S. A. y participaciones de S. L., 2005; zur Verpfändung *Paz-Ares Rodríguez* RdS 2 (1994) 179; *Mejías Gómez*, Prenda de acciones, 2002.

Eigentümer ermöglichen, seine Rechte auszuüben (Artt. 132 I 1, 133 LSC).[823] Hat der Eigentümer die Einlagen nicht vollständig geleistet, kann der Pfandnehmer diese Pflicht erfüllen und das Pfand anschließend verwerten.[824]

b) Kapitalaufbringung und Kapitalerhaltung

319 Die Regelungen zum Eigenkapital der *Sociedad Anónima* beruhen auf der Zweiten gesellschaftsrechtlichen EWG-Richtlinie[825] und sind über die gesamte *Ley de Sociedades de Capital* verstreut. Ihr Kern ist das Mindestkapital der Gesellschaft (Art. 4 III LSC). Flankierende Vorschriften sorgen dafür, dass sein in der Gründungsurkunde angegebener Betrag dem realen Wert der Einlagen entspricht (effektive Kapitalaufbringung)[826] und es nicht ausgeschüttet wird (Kapitalerhaltung).[827] Der effektiven Kapitalaufbringung dienen auch die Regelungen für Sacheinlagen, die insbesondere einen Sachverständigenbericht vorschreiben (Artt. 67–71 LSC). Der Kapitalerhaltung dienen hingegen Regelungen zum Erwerb eigener Aktien, zur finanziellen Unterstützung beim Aktienerwerb (Artt. 146, 150 LSC) sowie zum Verbot der Einlagenrückgewähr (Art. 273 II LSC). Auch die Instrumente zum Schutz der Minderheitsgesellschafter (Artt. 304–308 LSC) und außenstehender Dritter (Artt. 331–337 LSC) im Rahmen von Kapitalmaßnahmen zählen dazu.

320 Das gezeichnete Kapital ist Teil des **Eigenkapitals** (Artt. 35 f. CCom), das zusammen mit dem Fremdkapital der Finanzierung der Gesellschaft dient. Zu Beginn des Gesellschaftslebens entspricht das gezeichnete Kapital regelmäßig dem Nettovermögen der Gesellschaft, sofern der Ausgabebetrag der Aktien nicht aufgrund eines Agios über ihrem Nennwert liegt (Überpariemission); mit der Zeit verändert sich die Kapitaldecke durch Jahresüberschüsse und Jahresfehlbeträge sowie durch die Bildung von Rücklagen.[828]

321 Dem Eigenkapital werden im Schrifttum verschiedene **Funktionen** zugesprochen. Entsprechend der Organisationsfunktion (*función organizativa*) bemisst sich die Anzahl der Stimmrechte in der Generalversammlung grundsätzlich nach dem Anteil, den der jeweilige Gesellschafter am gezeichneten Kapital der *Sociedad Anónima* hält.[829] Zudem wird das Eigenkapital eingesetzt, um den Gesellschaftszweck zu verfolgen; ihm kommt daher eine Produktionsfunktion (*función de producción*) zu.[830] Das Mindestkapital hat schließlich auch eine Garantiefunktion (*función de garantía*) zum Schutz der Gläubiger,[831] welche die beschränkte Haftung der Gesellschafter ausgleicht.

823 Zu den Besonderheiten bei Buchaktien *Martínez-Echevarría y García de Dueñas*, Valores Mobiliarios Anotados en Cuenta, 1997, S. 267–293; bei Briefaktien *Aparicio González/Veiga Copo* in: FS Sánchez Calero, 2002, S. 1107–1162; ferner *Calvo Gutiérrez* RdS 14 (2000) 393.

824 *Retortillo Atienza*, El Embargo de Acciones de la Sociedad Anónima, 2011, S. 306; zum außergerichtlichen Verfahren im Rahmen der Beschlagnahme *Fínez Ratón* CCJC 2001, 539.

825 Zweite Richtlinie des Rates vom 13. Dezember 1976 zur Koordinierung der Schutzbestimmungen, die in den Mitgliedstaaten den Gesellschaften im Sinne des Artikels 58 Absatz 2 des Vertrages im Interesse der Gesellschafter sowie Dritter für die Gründung der Aktiengesellschaft sowie für die Erhaltung und Änderung ihres Kapitals vorgeschrieben sind, um diese Bestimmungen gleichwertig zu gestalten (77/91/EWG) (ABl. 31.1.1977, L 26/1), geändert durch die Richtlinie 2006/68/EG des Europäischen Parlaments und des Rates vom 6. September 2006 zur Änderung der Richtlinie 77/91/EWG des Rates in Bezug auf die Gründung von Aktiengesellschaften und die Erhaltung und Änderung ihres Kapitals (ABl. 25.9.2006, L 264/32). Vor der Überführung in das 4. Kapitel der Kodifizierungs-RL (zu dieser § 19) wurde sie umgeschrieben in die Richtlinie 2012/30/EU des Europäischen Parlaments und des Rates vom 25. Oktober 2012 zur Koordinierung der Schutzbestimmungen, die in den Mitgliedstaaten den Gesellschaften im Sinne des Artikels 54 Absatz 2 des Vertrages über die Arbeitsweise der Europäischen Union im Interesse der Gesellschafter sowie Dritter für die Gründung der Aktiengesellschaft sowie für die Erhaltung und Änderung ihres Kapitals vorgeschrieben sind, um diese Bestimmungen gleichwertig zu gestalten (ABl. 14.11.2012, L 315/74); erläuternder Überblick zu den einzelnen Bestimmungen bei *Franzmann*, Kapitalaufbringung im spanischen Kapitalgesellschaftsrecht, 1995, S. 35–41.

826 Grundlegend dazu *Sánchez Miguel* in: FS Girón Tena, 1991, S. 935–960; monographisch *Díaz Gómez*, Las aportaciones no dinerarias en la sociedad anónima. Contenido, valoración y desembolso, 1997; *Fernández Fernández*, Aportaciones no dinerarias en la Sociedad Anónima, 1997, S. 205–294; rechtsvergleichend *Franzmann*, Kapitalaufbringung im spanischen Kapitalgesellschaftsrecht, 1995, S. 221–251.

827 *Vaquerizo Alonso* RDM 230 (1998) 1455; ferner *Habersack* in: FS Röhricht, 2005, S. 155–180; *Eidenmüller/Engert* in: FS K. Schmidt, 2009, S. 357–374.

828 *Broseta Pont/Martínez Sanz*, Manual de Derecho Mercantil, Bd. 1, 2016, S. 396.

829 Dazu *Llebot Majó* RDM 231 (1999) 37. Eine Ausnahme gilt insoweit für stimmrechtslose Aktien (Rn. 391).

830 Überblick bei *Garrido García* in: FS Iglesias Prada, 2014, S. 519, 524–528; ferner *Llebot Majó* RDM 231 (1999) 37.

831 Kritisch dazu *Beltrán Sánchez/Rojo Fernández-Río* RDM 187–188 (1988) 149, 152; aA *Alonso Ledesma* in: FS García Villaverde, Bd. 1, 2007, S. 127, 146.

aa) Mindestkapital

Das Mindestkapital einer *Sociedad Anónima* beträgt **60.000 Euro** (Art. 4 II LSC).[832] Bis zum Eintritt in die EWG war Spanien eine der wenigen Rechtsordnungen Europas, die kein gesetzliches Mindestkapital kannte.[833] Gesetzlich vorgeschrieben war in Art. 4 LSA 1951 aber, dass eine Gesellschaft mit mehr als 5 Mio. Pesetas gezeichnetem Kapital zwingend als *Sociedad Anónima* oder *Sociedad Comanditaria Simple* verfasst sein musste. In der Folge existierten bis in die 1990er Jahre deutlich mehr *Sociedades Anónimas* als *Sociedades de Responsabilidad Limitada*.[834] Eine Regelung zum Gläubigerschutz hatte es zuvor nur zwischen 1848 und 1885 gegeben. Unter dem *Código de Comercio* von 1829 war 1848 ein Gesetz zu den *Sociedades por Acciones* in Kraft getreten,[835] das die Gesellschafter verpflichtete, bei der Gründung nachzuweisen, dass die Gesellschaft genug Eigenkapital hatte, um angemessen wirtschaften zu können (Art. 5 LSA 1848).[836] Auf diese Weise sollte einer Unterkapitalisierung vorgebeugt werden.[837] 322

Bei Gründung der *Sociedad Anónima* müssen die Aktien **vollständig gezeichnet**, und mindestens **25 % ihres Nennwerts** muss **einbezahlt** sein (Art. 79 LSC).[838] Auf diese Weise soll sichergestellt werden, dass die Gesellschaft das gezeichnete Kapital tatsächlich zur freien Verfügung hat. Darauf muss auch die Gründungsurkunde ausdrücklich hinweisen (*desembolsos pendientes* oder *dividendos pasivos*)[839] und eine höchstens fünfjährige Frist bestimmen, in welcher die noch ausstehenden Einlagen zu leisten sind (Art. 80 I, II LSC). Lässt ein Gründer die Frist erfolglos verstreichen, gerät er in Verzug (Art. 82 LSC).[840] Währenddessen kann er gemäß Art. 83 LSC sein Stimmrecht nicht wahrnehmen, hat keinen Anspruch auf Auszahlung von Dividenden und kann weder Vorzugsaktien noch Wandelanleihen zeichnen. Gerät ein Gesellschafter mit der Zahlung seiner Einlage in Verzug, hat die Gesellschaft das Recht, seine Aktien zu veräußern (Art. 84 I, II LSC). Bleibt diese Veräußerung erfolglos, etwa weil sich kein Käufer findet, werden die Aktien eingezogen, und der Gesellschafter wird ausgeschlossen (Art. 84 II 2 LSC).[841] 323

Seit fast zwei Jahrzehnten schwelt im europäischen Schrifttum eine **Diskussion zur Abschaffung des gesetzlichen Mindestkapitals** bzw. zur Frage, ob es durch alternative Schutzinstrumente ersetzt werden sollte.[842] Das Mindestkapital schütze die Gläubiger nicht effektiv, da es bei Gründung der Gesellschaft nicht vollständig geleistet werden müsse und selbst der erbrachte Teil den Gläubigern im Ernstfall nicht zur Verfügung stehe. Die Höhe des Mindestkapitals sei darüber hinaus allenfalls zufällig dem jeweiligen Risiko und dem jeweiligen Unternehmensgegenstand angemessen.[843] Daneben findet sich im Schrifttum die Meinung, dass das Mindestkapital zum Schutz der Gläubiger nicht erforderlich sei. Denn sog *adjusting creditors* wie Banken oder Anleihegläubiger hät- 324

832 Zum Mindestkapital *García Villaverde* in: Alonso Ureba/Chico Ortiz/Lucas Fernández (Hrsg.), La reforma del Derecho español de sociedades de capital, 1987, S. 131–147; *Quintana Carlo* in: Rojo Fernández-Río (Hrsg.), La reforma de la Ley de Sociedades Anónimas, 1987, S. 105, 107; *Beltrán Sánchez/Rojo Fernández-Río* RDM 187–188 (1988) 149; instruktiv in englischer Sprache *Embid Irujo* ZGR-Sonderheft 17, 2006, 679, 682–684.

833 *Quintana Carlo* in: Rojo Fernández-Río (Hrsg.), La reforma de la Ley de Sociedades Anónimas, 1987, S. 105, 107 f.; *García Mandaloniz* in: Hierro Anibarro (Hrsg.), Simplificar el Derecho de Sociedades, 2010, S. 253, 277–279; im deutschsprachigen Schrifttum *Muráti*, Gläubigerschützende Maßnahmen zur Sicherung der Kapitalaufbringung und der Kapitalerhaltung im spanischen Aktienrecht, 1993, S. 21 f.

834 *Rojo Fernández-Río* RDM 187–188 (1988) 7, 21; ferner *Reckhorn-Hengemühle*, Die spanische Aktiengesellschaft nach der Reform des Aktiengesetzes von 1989, 1992, S. 8; *Millentrup*, Aktionärsgruppen und Entscheidungsmacht in der spanischen Aktiengesellschaft, 1995, S. 12–15.

835 Gaceta de Madrid 18 febrero 1848, núm. 4905, S. 1, Ley disponiendo que no se podrá constituir ninguna compañía mercantil, cuyo capital, en todo ó en parte, se divida en acciones, sino en virtus de una ley ó de un Real decreto; y mas que se expresa. Der Terminus *Sociedad por Acciones* wurde später von der Bezeichnung *Sociedad Anónima* abgelöst.

836 *Quintana Carlo* in: Rojo Fernández-Río (Hrsg.), La reforma de la Ley de Sociedades Anónimas, 1987, S. 105, 107.

837 *Paz-Ares Rodríguez* ADC 1983, 1587, 1618–1620; allgemein zur materiellen Unterkapitalisierung *P. Ulmer* in: FS Duden, 1977, S. 661–683 (GmbH u. GmbH & Co. KG); zusammenfassend *K. Schmidt*, Gesellschaftsrecht, 2002, S. 240–244, 524 f.

838 *Reckhorn-Hengemühle*, Die spanische Aktiengesellschaft nach der Reform des Aktiengesetzes von 1989, 1992, S. 10 f.; näher zum Nennwert *Massaguer Fuentes* RGD 1990, 5547.

839 Dazu allgemein *Beltrán Sánchez*, Los dividendos pasivos, 1988; *Lojendio Osborne/Otero Lastres*, Aportaciones sociales. Artículos 36 al 41 LSA. Dividendos pasivos, 1993; *López Ortega*, Los dividendos pasivos, 1998; *ders.* RdS 34 (2010) 201.

840 Dazu *Muñoz Martín* in: FS Sánchez Calero, Bd. 1, 2002, S. 681–702.

841 Ähnlich *Uría González/Menéndez Menéndez/García de Enterría Lorenzo-Velázquez* in: Uría González/Menéndez Menéndez (Hrsg.), Curso de Derecho Mercantil, Bd. 1, 2006, S. 857.

842 Dazu *Armour* MLR 63 (2000) 355; *Enriques/Macey* Cornell L. Rev. 86 (2001) 1165; *Armour* EBOR 7 (2006) 5, 17; *Engert* in: Lutter (Hrsg.), Das Kapital der Aktiengesellschaft in Europa, 2006, S. 743–798; *García Mandaloniz* in: Hierro Anibarro (Hrsg.), Simplificar el Derecho de Sociedades, 2010, S. 253–348; *Garrido García* in: FS Iglesias Prada, 2014, S. 519, 524–532.

843 Ausführlich *García Mandaloniz* in: Hierro Anibarro (Hrsg.), Simplificar el Derecho de Sociedades, 2010, S. 253, 317–323.

ten genügend Verhandlungsmacht, um ihre Forderungen vertraglich zu sichern, etwa mittels *covenants*. Denjenigen, die sich um die *non-adjusting creditors* ohne ausreichende Verhandlungsmacht wie etwa Deliktsgläubiger, kleine Lieferanten oder der Fiskus sorgen,[844] wird entgegengehalten, diese würden durch die vertraglichen Instrumente der *adjusting creditors* ebenfalls ausreichend geschützt.[845] Dieses Argument überzeugt nicht, da sich die Gläubiger im Falle einer materiellen Unterkapitalisierung auch mittels *covenants* nur bedingt schützen können. Schließlich wird argumentiert, das Mindestkapital stelle eine Markteintrittsschranke für Kleinunternehmen dar.[846]

325 In der EU ist die Diskussion auch auf **gesetzgeberischer Ebene** geführt worden. Vor der Reform der Zweiten gesellschaftsrechtlichen EWG-Richtlinie gab es Vorschläge,[847] das Mindestkapital durch einen Solvenztest zu ersetzen.[848] Diese Vorschläge konnten sich aber nicht durchsetzen, und die angedachte Reform ist nur zu einem kleinen Teil realisiert worden.[849] Gleichwohl finden sich in verschiedenen EU-Rechtsordnungen Einflüsse bzw. Änderungen seitens des Gesetzgebers oder der Rechtsprechung, die durch den Solvenztest inspiriert sind.[850] Dazu zählen in Deutschland die Rechtsprechung zur Existenzvernichtungshaftung[851] sowie in Italien und Spanien die Regelungen zu fremdfinanzierten Unternehmenskäufen mit anschließenden Verschmelzungen.[852]

bb) Einlagen

326 Das Kapital ist in Form von **Bar- oder Sacheinlagen** aufzubringen, wobei Bareinlagen die Regel darstellen.[853] Dabei kann gegen die Einlageforderung der Gesellschaft auch aufgerechnet werden. Sacheinlagefähig sind Güter, die einer wirtschaftlichen Bewertung zugänglich sind (Artt. 58 I, 63 LSC).[854] Nicht einlagefähig sind hingegen Arbeits- oder Dienstleistungen, so dass die *Sociedad Anónima* keine Arbeitsgesellschafter haben kann (Art. 58 II LSC). Mangels abweichender Vereinbarung gehen die Einlagen in das Eigentum der Gesellschaft über (Art. 60 LSC). Ihr Wert muss mindestens dem Nennwert der auszugebenden Aktien entsprechen (Art. 59 II LSC). Nach Art. 62 LSC iVm Art. 132 RRM ist der Gründungsurkunde ein Nachweis beizufügen, dass die Bareinlagen tatsächlich erbracht worden sind. Er kann in einer Bankbescheinigung bestehen, die nicht älter als zwei Monate ist (Art. 62 II LSC), oder durch Einzahlung auf ein Konto des beurkundenden Notars erfolgen (Art. 61 I LSC).

327 **Sacheinlagen** können das Eigentum an Vermögensgütern sowie ihre Gebrauchsüberlassung zum Gegenstand haben,[855] aber auch Immaterialgüter[856] oder ein Unternehmenszweig,[857] wobei dann uU die Vorschriften zur Spaltung anwendbar sind (Art. 68 I iVm Artt. 2 I, 73–80 LME).[858] In der Gründungsurkunde müssen ihr Wert,

844 *Denozza* Giur. Comm. 2002, 563; *Schön* EBOR 5 (2004) 429, 437; *Alonso Ledesma* in: FS García Villaverde, Bd. 1, 2007, S. 127, 146.

845 Zum *free-ride*-Effekt *Enriques/Macey* Cornell L. Rev. 86 (2001) 1165, 1194; allgemein zur Schutzwürdigkeit der Gläubiger aus rechtsökonomischer Perspektive *Klöhn* ZGR 2008, 110, 151–154.

846 *Armour* EBOR 7 (2006) 5, 17.

847 Zum *SLIM*-Vorschlag *Baldamus*, Reform der Kapitalrichtlinie, 2002.

848 Dazu *Engert* ZHR 170 (2006) 296; *Jungmann* ZGR 2006, 638; monographisch *Marx*, Der Solvenztest als Alternative zur Kapitalerhaltung in der Aktiengesellschaft, 2006; *Garrido García* in: FS Iglesias Prada, 2014, S. 519, 536–548.

849 Überblick bei *Alonso Ledesma* RdS 24 (2005) 511.

850 *Miola* in: Alonso Ledesma/Alonso Ureba/Esteban Velasco (Hrsg.), La modernización del derecho de sociedades de capital en España, Bd. 2, 2011, S. 19, 38–40; indirekt *Dauner-Lieb* ZGR 2008, 34, 45; *Habersack* ZGR 2008, 533, 538.

851 Dazu *Habersack* ZGR 2008, 533; *Osterloh-Konrad* ZHR 172 (2008) 274; *Dauner-Lieb* ZGR 2008, 34.

852 Für Italien *Abriani* in: FS Zanarone, 2011, S. 317, 338; für Spanien *Fernández del Pozo* RDM 279 (2011) 37, 40; *Gimeno Ribes*, Endeudamiento empresarial y fusión de sociedades, 2015, S. 274–280.

853 *Sánchez Calero/Sánchez-Calero Guilarte*, Instituciones de Derecho Mercantil, Bd. 1, 2010, S. 423.

854 Allgemein *Gallego Sánchez* RdS 36 (2011) 83; ferner *Embid Irujo* ZGR-Sonderheft 17, 2006, 679, 685 f.

855 Zur Möglichkeit der Aktivierung geleaster Sachen Sentencia del Tribunal Supremo de 7 de febrero de 1995, núm. 56, besprochen von *La Casa García* CCJC 1995, 725; grundlegend schon *López Jacoíste*, El arrendamiento como aportación social, 1963; zur Gebrauchsüberlassung *Paz-Ares Rodríguez* in: FS Menéndez Menéndez, Bd. 2, 1996, S. 2219–2236; *Martos Calabrús/Núñez Iglesias* RCDI 2001, 2369; zur Einlagefähigkeit im deutschsprachigen Schrifttum *Franzmann*, Kapitalaufbringung im spanischen Kapitalgesellschaftsrecht, 1995, S. 64–72.

856 *Bercovitz Álvarez*, La aportación de derechos de propiedad industrial al capital de las sociedades anónimas, 1999; *Pérez Troya* RDM 274 (2009) 1369; zum *know-how* auch *Viñuelas Sanz* RdS 31 (2008) 203.

857 Dazu *Polo Sánchez* in: FS Verdera Tuells, Bd. 3, 1994, S. 2205–2256; monographisch *Rubio Vicente*, La aportación de la empresa en la sociedad anónima, 2001.

858 Zur Problematik *Carbajo Gascón* CCJC 2007, 1037; *Alonso Ureba/Roncero Sánchez* RdS 34 (2010) 271; teilweise aA *Álvarez Royo-Villanova* RDM 304 (2017) 207.

die Zahl der ihnen zugeordneten Aktien sowie ggf. weitere vermögensrechtliche Daten (bei Immobilien zB die Daten aus dem Grundbuch) angeführt werden (Art. 63 LSC).[859]

Das Handelsregister am Sitz der Gesellschaft bestellt einen Gutachter, der die Sacheinlagen in einem **Sachverständigenbericht** bewertet (Art. 67 I LSC).[860] Darin sind die Sacheinlagen und die angewandten Bewertungsmethoden zu erläutern sowie der Wert, die vermögensrechtlichen Daten und die Vollwertigkeit der Sacheinlage zu erklären (Art. 67 II LSC). Vollwertig ist die Sacheinlage, wenn ihr Wert mindestens dem Nennwert der Aktien zuzüglich eines etwaigen Agios entspricht. Der Gutachter haftet gegenüber der Gesellschaft sowie ihren Gesellschaftern und Gläubigern für aufgrund der Unrichtigkeit entstehende Schäden, es sei denn, er hat mit der gebotenen Sorgfalt gehandelt und geeignete Bewertungsmethoden verwendet (Art. 68 LSC). 328

In den Fällen des Art. 69 LSC ist ein **Sachverständigenbericht entbehrlich**, da eine Bewertung der Sacheinlage bereits erfolgt ist.[861] Das ist grundsätzlich bei Wertpapieren der Fall, die an einem regulierten Markt gehandelt werden und deren Marktpreis korrekt ermittelt worden ist. Eines Sachverständigenberichts bedarf es ebenfalls nicht, wenn der Wert der einzubringenden Vermögensgegenstände bereits während der letzten sechs Monate gutachterlich ermittelt worden ist, etwa im Rahmen einer vorangegangenen Verschmelzung oder Übernahme. 329

Bei **Fehlen eines Sachverständigenberichts** haben die Geschäftsleiter ein Gutachten zu erstellen (Art. 70 LSC). Dort ist die Sacheinlage zu beschreiben, ihr Wert und sein Ursprung anzugeben, sowie – falls der Wert Schwankungen unterliegt – eine Methode zur Wertbestimmung zu benennen. Darüber hinaus ist zu erklären, ob der Wert den Nennwert (ggf. zuzüglich eines Agios) der auszugebenden Aktien deckt und ob in der Zwischenzeit Umstände eingetreten sind, die eine abweichende Bewertung erforderlich machen. 330

Werden die **Sacheinlagen nur teilweise erbracht**, muss die Satzung bestimmen, wie die noch ausstehende Einlageforderung zu begleichen ist (Art. 80 I 1 LSC). Soll dies in Form weiterer Sacheinlagen geschehen, hat die Satzung Art, Wert und Anzahl der Vermögensgegenstände sowie Art und Zeit der Erbringung zu konkretisieren (Art. 80 I 2 LSC). Spätestens fünf Jahre nach der Gründung müssen alle Einlagen vollständig geleistet sein (Art. 80 II LSC).[862] 331

Die **Gründer** der *Sociedad Anónima* haften für die tatsächliche Leistung und Werthaltigkeit der Sacheinlagen gesamtschuldnerisch gegenüber der Gesellschaft, den Gesellschaftern und den Gläubigern (Art. 77 LSC).[863] 332

Nach Art. 72 I LSC bedarf die **Nachgründung** (*constitución retardada*), dh der entgeltliche **Erwerb von Gütern**, deren Anschaffungswert mehr als 10 % des gezeichneten Kapitals beträgt, innerhalb der ersten beiden Jahre nach Gründung, der Zustimmung der Generalversammlung.[864] Dies gilt nicht, soweit der Erwerb im Rahmen der gewöhnlichen Geschäftstätigkeit, auf offiziellen Wertpapiermärkten oder bei öffentlichen Versteigerungen erfolgt (Art. 72 III LSC). De facto ist Art. 72 I LSC damit nur auf Erwerbsvorgänge zwischen der *Sociedad Anónima* und ihren Gesellschaftern anwendbar.[865] Das Zustimmungserfordernis soll dabei verhindern, dass das gezeichnete Kapital zurück an die Gesellschafter fließt und die Bewertungsvorschriften für Sacheinlagen umgangen werden.[866] 333

cc) Nebenleistungen

Als Kapitalgesellschaft kann die *Sociedad Anónima* – anders als Personengesellschaften – keine Arbeitsgesellschafter haben; die Leistung von Diensten ist nicht einlagefähig (Artt. 59 I, 86 II LSC). Damit sich die Gesellschaft gleichwohl besondere Kompetenzen eines oder mehrerer Gesellschafter zunutze machen kann, können in der Satzung **Nebenleistungen** (*prestaciones accesorias*) vereinbart werden (Art. 86 LSC).[867] 334

---

859 Sentencia del Tribunal Supremo de 23 de septiembre de 2014, núm. 498, besprochen von *del Val Talens* RJN 92–93 (2014–2015) 515.

860 Dazu allgemein *Embid Irujo* ZGR-Sonderheft 17, 2006, 679, 685 f.; *Díaz Gómez* RDM 280 (2011) 45; *Díez de los Ríos* in: FS Beltrán Sánchez, Bd. 1, 2015, S. 199–225.

861 *Peñas Moyano* in: Rojo Fernández-Río/Beltrán Sánchez (Hrsg.), Comentario de la Ley de Sociedades de Capital, Bd. 1, 2011, S. 645.

862 Zur alten Rechtslage unter rechtsvergleichenden Gesichtspunkten *Muráti*, Gläubigerschützende Maßnahmen zur Sicherung der Kapitalaufbringung und der Kapitalerhaltung im spanischen Aktienrecht, 1993, S. 32–37.

863 Dazu *Díaz Gómez* in: FS Sánchez Calero, Bd. 1, 2002, S. 507–540; *Embid Irujo* ZGR-Sonderheft 17, 2006, 679, 687.

864 *García Valdecasas* RCDI 1989, 739; *Garrido de Palma* in: Garrido de Palma (Hrsg.), Estudios sobre la sociedad anónima, Bd. 2, 1991, S. 27–45; *Rojo Fernández-Río* in: FS Girón Tena, 1991, S. 847–884; rechtsvergleichend im deutschsprachigen Schrifttum *Muráti*, Gläubigerschützende Maßnahmen zur Sicherung der Kapitalaufbringung und der Kapitalerhaltung im spanischen Aktienrecht, 1993, S. 66–75.

865 *Grüter*, Kapitalaufbringung und Kapitalerhaltung bei der spanischen Sociedad de Responsabilidad Limitada und der deutschen Gesellschaft mit beschränkter Haftung, 2010, S. 47.

866 *Rojo Fernández-Río* in: FS Girón Tena, 1991, S. 847, 850.

867 Dazu *Rojo Fernández-Río* RDM 145 (1977) 271; *Durán de la Colina* AAMN 41 (2003) 155; *Domínguez García* in: FS Fernández de la Gándara, 2016, S. 247–272; ausführlich *Peñas Moyano*, Las prestaciones accesorias en la Sociedad Anónima, 1996, S. 47–69.

335 Üblicher **Gegenstand** von Nebenleistungen ist eine Handlung (*obligación de hacer*).[868] Problematisch ist, ob auch ein Unterlassen (*obligación de no hacer*) vereinbart werden kann. Für die *Sociedad de Responsabilidad Limitada* ist dies aufgrund ihres geschlossenen Charakters ausdrücklich gesetzlich geregelt (Art. 187 RRM); diese Erlaubnis ist analog auch auf die *Sociedad Anónima* anzuwenden, da die dortige Interessenlage vergleichbar ist.[869] Typisch ist etwa die Vereinbarung eines statutarischen Wettbewerbsverbots.[870] Die Satzung muss darüber hinaus bestimmen, ob die Gesellschafter, die zu Nebenleistungen verpflichtet sind, im Gegenzug eine Vergütung erhalten[871] und welche Rechtsfolgen bei Nichterfüllung eintreten (Artt. 86 I, 87 LSC).[872]

336 Zu Nebenleistungen können nur Gesellschafter verpflichtet werden, die **Namensaktien** halten. Da Nebenleistungen an die Gesellschaftereigenschaft anknüpfen, wäre die Verpflichtung eines Inhaberaktionärs mit großen praktischen Problemen verbunden. Briefaktien müssen die Nebenleistung auf dem Dokument angeben (Art. 114 I lit. f) LSC). Darüber hinaus können Aktien mit Nebenleistungen nur mit Zustimmung der Generalversammlung übertragen werden. Auf diese Weise soll die Gesellschaft auf die Person des Nebenleistungsverpflichteten Einfluss nehmen können.[873] Bleibt die Generalversammlung zwei Monate nach dem Zustimmungsersuchen untätig, gilt ihre Zustimmung als erteilt (Art. 88 LSC). Aktien, an die eine Nebenleistung geknüpft ist, kann die Gesellschaft aber nicht selbst erwerben (Art. 146 IV LSC).

337 Für den betroffenen Gesellschafter kann die Nebenleistung eine Belastung aber uU auch eine wichtige Einnahmequelle bedeuten. Deshalb ist die **Begründung, Änderung oder Abschaffung** nicht ohne seine Zustimmung möglich (Artt. 89 I, 291 LSC). Auf die Gesellschafterstellung wirkt sich die Abschaffung der Nebenleistung nicht aus (Art. 89 II LSC); die Gesellschafterstellung ist Grundlage der Nebenleistung, aber nicht umgekehrt.[874]

dd) Rücklagen

338 **Rücklagen** (*reservas*) sind neben dem gezeichneten Kapital Teil des Eigenkapitals. In der Regel handelt es sich dabei um thesaurierte Gewinne, die zur Eigenfinanzierung dienen sollen oder aufgrund gesetzlicher Vorschriften nicht ausgeschüttet werden dürfen.

339 Die *Sociedad Anónima* ist verpflichtet, **gesetzliche Rücklagen** zu bilden, um in wirtschaftlich schlechteren Jahren Verluste ausgleichen zu können (Art. 274 II LSC). Zu diesem Zweck muss sie mindestens 10 % ihres jährlichen Gewinns in eine gesetzliche Rücklage einstellen, bis diese auf 20 % des gezeichneten Kapitals angewachsen ist (Art. 274 I LSC). Weiterhin muss die Gesellschaft eine gesetzliche Rücklage bilden, wenn sie gemäß Art. 146 LSC eigene Aktien erwirbt (Art. 148 lit. c) LSC) (Rn. 343).[875] Gesetzliche Rücklagen ergänzen das gezeichnete Kapital und dienen so dem Gläubigerschutz.[876] Dividenden kann die Gesellschaft erst ausschütten, wenn sie ihrer Pflicht zur Rücklagenbildung nachgekommen ist (Art. 273 II LSC). Im Gegensatz zu anderen Rechtsordnungen[877] hat das spanische Recht damit die allgemeine auf Artt. 17 f. der Zweiten gesellschaftsrechtlichen EWG-Richtlinie[878] beruhende Ausschüttungssperre nicht ausdrücklich umgesetzt;[879] vielmehr ergibt sich diese aus einer Gesamtschau der Regelungen zur Ausschüttung von Dividenden (Art. 273 II LSC)[880] und zum Erwerb eigener Aktien (Art. 146 I lit. b) LSC).

340 Daneben kann die *Sociedad Anónima* auch **statutarisch** oder **freiwillig** Rücklagen bilden, etwa um Gewinne zu thesaurieren und in die Geschäftstätigkeit zurückzuführen. Mittel aus freiwilligen Rücklagen können ausgeschüttet werden, solche aus statutarischen Rücklagen hingegen nicht (Art. 273 II LSC).

---

868 Sentencia del Tribunal Supremo de 15 de abril de 1997, núm. 303, besprochen von *Peñas Moyano* RdS 10 (1998) 291.
869 *Broseta Pont/Martínez Sanz*, Manual de Derecho Mercantil, Bd. 1, 2016, S. 406.
870 Beispiele in der Resolución de la Dirección General de los Registros y del Notariado de 5 de junio de 2015 (BOE 9 julio 2015, núm. 163, S. 57140), besprochen von *del Val Talens* RJN 95–96 (2015) 629, sowie der Sentencia del Tribunal Supremo de 16 de marzo de 1995, núm. 216, besprochen von *Clavero Ternero* CCJC 1995, 913.
871 Dazu *López García* in: FS Olivencia Ruiz, Bd. 4, 2005, S. 3771–3796; *Peñas Moyano* RdS 25 (2005) 349.
872 *López Sánchez* in: Alonso Ureba (Hrsg.), Derecho de Sociedades Anónimas, Bd. 1, 1991, S. 835–876.
873 *Peñas Moyano*, Las prestaciones accesorias en la Sociedad Anónima, 1996, S. 292 f.
874 S. etwa *Peñas Moyano*, Las prestaciones accesorias en la Sociedad Anónima, 1996, S. 77.
875 Dazu *Trías Sagnier* RdS 4 (1995) 223.
876 Statt vieler *Ortuño Baeza* in: Rojo Fernández-Río/Beltrán Sánchez (Hrsg.), Comentario de la Ley de Sociedades de Capital, Bd. 2, 2011, S. 2039.
877 Für Deutschland § 57 AktG; dazu etwa *Kuhner* ZGR 2005, 753.
878 Heute Artt. 56 f. Kodifizierungs-RL (ex-Artt. 17 f. Kapital-RL, zu dieser § 21), Richtlinie (EU) 2017/1132 des Europäischen Parlaments und des Rates vom 14. Juni 2017 über bestimmte Aspekte des Gesellschaftsrechts (ABl. 30.6.2017, L 169/46).
879 *Vaquerizo Alonso* RDM 230 (1998) 1455.
880 Dazu *Ortega Parra*, La participación del socio en las ganancias sociales, 2015, S. 118–121.

ee) Erwerb eigener Aktien

Die erstmalige **Zeichnung** (*adquisición originaria de acciones propias*) und das Halten eigener Aktien oder Aktien einer herrschenden Gesellschaft sind verboten (Art. 134 LSC).[881] Ein Verstoß gegen dieses **Verbot** macht den Eigentumserwerb der Gesellschaft aber nicht unwirksam (Art. 136 I LSC).[882] Vielmehr müssen die Gründer – bzw. im Falle einer Kapitalerhöhung die Geschäftsleiter oder die Geschäftsleiter der herrschenden Gesellschaft – den Emissionspreis der Aktien an die Gesellschaft zahlen (Art. 136 II, III LSC); mit dieser Sanktion soll jeder Verstoßanreiz bereits im Keim erstickt werden.[883] Die Gesellschaft ist verpflichtet, die Aktien binnen eines Jahres wieder zu veräußern (Art. 139 I LSC).[884] Verstreicht die Frist erfolglos, haben die Geschäftsleiter unverzüglich die Generalversammlung einzuberufen, damit diese eine entsprechende Kapitalherabsetzung und die anschließende Einziehung der Aktien beschließt (Art. 139 II LSC). Ist das Kapital zwei Monate nach Fristablauf noch nicht herabgesetzt, kann jeder mit einem legitimen Interesse die Herabsetzung beim Handelsregister oder Gerichtssekretär (*secretario judicial*) am Gesellschaftssitz beantragen (Art. 139 III LSC).[885] 341

Für den **nachträglichen Erwerb** bestehen in bestimmten Fällen **Ausnahmen** von dem Verbot.[886] So ist der Erwerb eigener Aktien zulässig (*adquisiciones derivativas libres*), wenn er einen bloßen Reflex eines anderen legitimen Ereignisses darstellt,[887] etwa bei einer Kapitalherabsetzung (Art. 144 lit. a) LSC),[888] bei Gesamtrechtsnachfolge (zB im Rahmen einer Verschmelzung) (Art. 144 lit. b) LSC), bei unentgeltlichem Erwerb (Art. 144 lit. c) LSC) oder bei Erwerb infolge einer Zwangsvollstreckungsmaßnahme (Art. 144 lit. d) LSC). Beim Erwerb durch Gesamtrechtsnachfolge oder in der Zwangsvollstreckung hat die Gesellschaft die Aktien innerhalb von drei Jahren wieder zu veräußern (Art. 145 I LSC). Andernfalls muss sie die Aktien einziehen und das Kapital entsprechend herabsetzen (Art. 145 II iVm Art. 139 II, III LSC). 342

Liegt keiner der og Fälle vor, ist der Erwerb eigener Aktien nur unter weiteren Voraussetzungen zulässig (*adquisiciones derivativas condicionadas*). Erforderlich ist dann ein Beschluss der Generalversammlung, in dem die Art des Erwerbs sowie Anzahl und Wert der maximal zu erwerbenden Aktien anzugeben sind (Art. 146 I lit. a) LSC).[889] Der Erwerb darf nicht dazu führen, dass das Nettovermögen den Wert des gezeichneten Kapitals und der nicht ausschüttbaren gesetzlichen Rücklagen unterschreitet (Art. 146 I lit. b) LSC). Schließlich darf eine *Sociedad Anónima* insgesamt nicht mehr als 20 % – im Falle der Börsennotierung 10 % – ihres gezeichneten Kapitals halten (Artt. 146 II, 509 LSC).[890] Dabei können Aktien, die mit einer Nebenleistung verknüpft oder nicht vollständig einbezahlt worden sind, nicht von der Gesellschaft erworben werden (Art. 146 IV LSC). Im Falle eines Verstoßes gelten gemäß Art. 147 LSC die Rechtsfolgen des Art. 139 LSC (Rn. 341). 343

Die Regelungen zum Erwerb eigener Aktien erstrecken sich auch auf verwandte Rechtsinstitute und Umgehungsgeschäfte.[891] Auf die **Bestellung eines Pfandrechts** an eigenen Aktien zugunsten der Gesellschaft sind dieselben Vorschriften anwendbar wie auf den Erwerb eigener Aktien (Art. 149 I LSC),[892] es sei denn, die Pfandrechtsbestellung erfolgt im Rahmen der gewöhnlichen wirtschaftlichen Tätigkeit eines Kreditinstituts. 344

---

881 Dazu *Muráti*, Gläubigerschützende Maßnahmen zur Sicherung der Kapitalaufbringung und der Kapitalerhaltung im spanischen Aktienrecht, 1993, S. 76–90, 128–133; speziell zum Erwerb der Aktien einer herrschenden Gesellschaft *García Luengo* in: Alonso Ureba (Hrsg.), Derecho de Sociedades Anónimas, Bd. 2-2, 1994, S. 1495–1512; zur Entstehungsgeschichte der Vorschriften *Embid Irujo* ZGR-Sonderheft 17, 2006, 679, 688 f.

882 Dazu *Paz-Ares Rodríguez* in: Alonso Ureba/Chico Ortiz/Lucas Fernández (Hrsg.), La reforma del Derecho español de sociedades de capital, 1987, S. 473, 568–580.

883 *Díez-Picazo Ponce de León* in: Díez-Picazo Ponce de León ua (Hrsg.), Estudios jurídicos sobre la sociedad anónima, 1995, S. 189, 193 f.

884 Zur alten Rechtslage *Muráti*, Gläubigerschützende Maßnahmen zur Sicherung der Kapitalaufbringung und der Kapitalerhaltung im spanischen Aktienrecht, 1993, S. 134–136.

885 Bis zur *Ley de Jurisdicción Voluntaria (Ley 15/2015)* musste der Antrag noch beim Handelsgericht eingereicht werden.

886 Dazu allgemein *Zurita Sáenz de Navarrete* in: Rojo Fernández-Río (Hrsg.), La reforma de la Ley de Sociedades Anónimas, 1987, S. 123, 128–131; *Velasco San Pedro*, Negocios con acciones y participaciones propias, 2000; *Paz-Ares Rodríguez/Perdices Huetos*, Negocios sobre las propias acciones, 2003; *Bañuls Gómez*, La adquisición derivativa de las acciones propias, 2006; *Rodríguez Díaz* RdS 27 (2006) 237; *Velasco San Pedro* RdS 36 (2011) 123.

887 *García Villaverde* in: Alonso Ureba (Hrsg.), Derecho de Sociedades Anónimas, Bd. 2-2, 1994, S. 1333, 1365.

888 *Jiménez Sánchez* AAMN 31 (1992) 183, 203 f.

889 Dazu *Vázquez Cueto*, Régimen jurídico de la autocartera, 1995, S. 313 f.

890 Kritisch zur unterschiedlichen Behandlung von börsennotierten und nicht börsennotierten Gesellschaften *Díez-Picazo Ponce de León* in: Díez-Picazo Ponce de León ua (Hrsg.), Estudios jurídicos sobre la sociedad anónima, 1995, S. 189, 201 f.; zur Regelung für börsennotierte Gesellschaften *Menchén Calvo* RMV 3 (2008) 303; *García-Cruces González* in: Rojo Fernández-Río/Beltrán Sánchez (Hrsg.), Comentario de la Ley de Sociedades de Capital, Bd. 2, 2011, S. 3223.

891 *Vicent Chuliá* RGD 1995, 13523, 13537.

892 Dazu *Velasco San Pedro* RDBB 19 (1985) 557; *Paz-Ares Rodríguez* in: Alonso Ureba/Chico Ortiz/Lucas Fernández (Hrsg.), La reforma del Derecho español de sociedades de capital, 1987, S. 473, 580–598; *Zurita*

345 Nach Art. 150 LSC ist außerdem die **finanzielle Unterstützung eines Aktienerwerbs** durch Dritte verboten. Das Verbot ist als Generalklausel ausgestaltet (*numerus apertus*),[893] wobei regelbeispielartig die Gewährung von Darlehen, Vorschüssen und Sicherheiten untersagt ist. Diese Ausgestaltung geht über die Vorgaben in Art. 64 Kodifizierungs-RL (ex-Art. 25 Kapital-RL, zu dieser § 21)[894] hinaus, nach denen das Verbot der finanziellen Unterstützung nicht mehr zwingend ist,[895] sondern unter bestimmten Voraussetzungen aufgehoben werden kann.[896] De facto wurde bereits Art. 23 der Zweiten gesellschaftsrechtlichen EWG-Richtlinie durch Einführung der Generalklausel überschießend umgesetzt.[897] Diese weitreichende Ausgestaltung des Verbots dürfte durch das frühere englische Recht beeinflusst sein,[898] das als eines der ersten eine vergleichbare Regelung eingeführt hatte.[899]

346 Von diesem Verbot gibt es zwei **Ausnahmen**. Die erste betrifft die finanzielle Unterstützung von Arbeitnehmern (Art. 150 II LSC); aus rechtsökonomischer Perspektive soll sie Agenturkosten senken,[900] aus verfassungsrechtlicher Sicht (Art. 129 CE) die Teilhabe der Arbeitnehmer an den Produktionsmitteln verwirklichen.[901] Die zweite Ausnahme gilt für die finanzielle Unterstützung im Rahmen der gewöhnlichen wirtschaftlichen Tätigkeit von Kreditinstituten (Art. 150 III LSC); sie weicht das Verbot im Ergebnis auf.[902]

347 Vor dem Hintergrund dieses Verbots waren in der Vergangenheit bestimmte **fremdfinanzierte Unternehmenskäufe** problematisch. Denn verschmelzen Käufer und Zielgesellschaft im Anschluss an eine fremdfinanzierte Transaktion, hat die Zielgesellschaft dem Käufer bei funktionaler Betrachtung eine Sicherheit für den Erwerb ihrer Aktien geleistet.[903] Die Auffassung, die dieses Vorgehen als unzulässige finanzielle Unterstützung bewertete, musste nicht einmal auf eine Umgehungskonstruktion zurückgreifen;[904] vielmehr konnte sie die Verschmelzung schon der Generalklausel des Art. 150 LSC subsumieren.[905] Im Jahr 2007 hat der Gesetzgeber die beschriebene Gestaltung gleichwohl als zulässig anerkannt.[906] Die *Ley de Modificaciones Estructurales* von 2009[907] hat nun ein Verfahren etabliert, um nicht unter das Verbot zu fallen, indem man verschiedene Berichtspflichten befolgt (Art. 35 LME).[908]

Sáenz de Navarrete in: Rojo Fernández-Río (Hrsg.), La reforma de la Ley de Sociedades Anónimas, 1987, S. 123, 131 f.

893 So etwa *Paz-Ares Rodríguez* in: Alonso Ureba/Chico Ortiz/Lucas Fernández (Hrsg.), La reforma del Derecho español de sociedades de capital, 1987, S. 473, 601 f.; *López Mateo* RDM 272 (2009) 541, 560; *Gimeno Ribes* in: Embid Irujo (Hrsg.), Derecho de sociedades de capital, 2016, S. 172.

894 Richtlinie (EU) 2017/1132 des Europäischen Parlaments und des Rates vom 14. Juni 2017 über bestimmte Aspekte des Gesellschaftsrechts (ABl. 30.6.2017, L 169/46), vormals Art. 25 der durch die Richtlinie 2012/30/EU umgeschriebenen Zweiten gesellschaftsrechtlichen EWG-Richtlinie (Zweite Richtlinie des Rates vom 13. Dezember 1976 zur Koordinierung der Schutzbestimmungen, die in den Mitgliedstaaten den Gesellschaften im Sinne des Artikels 58 Absatz 2 des Vertrages im Interesse der Gesellschafter sowie Dritter für die Gründung der Aktiengesellschaft sowie für die Erhaltung und Änderung ihres Kapitals vorgeschrieben sind, um diese Bestimmungen gleichwertig zu gestalten (77/91/EWG) (ABl. 31.1.1977, L 26/1)).

895 *Strampelli* ECFR 2012, 530; monographisch *Brosius*, Die finanzielle Unterstützung des Erwerbs eigener Aktien, 2011, S. 268–273; ferner *Schmolke* WM 2005, 1828; *Oechsler* ZHR 170 (2006) 72; *Drygala* Der Konzern 2007, 396; *Freitag* AG 2007, 157; *Velasco San Pedro* in: FS García Villaverde, Bd. 3, 2007, S. 1655–1682.

896 *Gimeno Ribes*, Endeudamiento empresarial y fusión de sociedades, 2015, S. 112 f.

897 Dazu *Fernández Fernández*, La asistencia financiera para la adquisición de acciones/participaciones propias, 2001; *Bayona Giménez*, La prohibición de asistencia financiera para la adquisición de acciones propias, 2002; *Flores Doña*, Adquisición de acciones financiada por la sociedad, 2002; *Vaquerizo Alonso*, Asistencia financiera para la adquisición de acciones propias, 2003.

898 Zur Gestaltung von sec. 54 des Companies Act 1948 *Instone* JBL 24 (1980) 99.

899 *Ferran*, Company Law and Corporate Finance, 1999, S. 370; *Lowry* in: Prentice/Reisberg, Corporate Finance Law in the UK and EU, 2011, S. 3; *Davies/Worthington*, Gower's Principles of Modern Company Law, 2016, S. 333 f.

900 *Paz-Ares Rodríguez/Perdices Huetos*, Negocios sobre las propias acciones, 2003, S. 472 f.

901 *Fernández del Pozo* RDBB 47 (1992) 811, 814–818.

902 Dazu *Paz-Ares Rodríguez/Perdices Huetos*, Negocios sobre las propias acciones, 2003, S. 487 f.

903 Ausführlich *Gimeno Ribes*, Endeudamiento empresarial y fusión de sociedades, 2015, S. 47–49; ferner *Aurioles Martín* RDBB 51 (1992) 637; *Sánchez Dafos* RdS 24 (2005) 487; *Gimeno Ribes* RDBB 130 (2013) 111, 115–119; *Serrano Acitores*, Leveraged Buyouts. El sistema contractual de las adquisiciones apalancadas de empresas por operadores de capital riesgo, 2013, S. 371–378.

904 *Montalenti*, Il Leveraged Buyout, 1991, S. 114 f.; *Fernández Fernández* RDM 232 (1999) 577, 617–619; aA *Picone*, Orientamenti giurisprudenziali e profili operativi del leveraged buyout, 2001, S. 64–67.

905 *Gimeno Ribes*, Endeudamiento empresarial y fusión de sociedades, 2015, S. 178.

906 Auto de la Audiencia Provincial de Madrid, de 9 de enero de 2007, núm. 2, besprochen von *Mingot Aznar* RdS 28 (2007) 371.

907 Zu ihrem zwingenden Charakter *Sánchez Álvarez* in: Rodríguez Artigas ua (Hrsg.), Modificaciones estructurales de las sociedades mercantiles, Bd. 1, 2009, S. 39–86.

908 Dazu monographisch *Serrano Acitores*, Leveraged Buyouts. El sistema contractual de las adquisiciones apalancadas de empresas por operadores de capital riesgo, 2013, S. 379–398; *Gimeno Ribes*, Endeudamiento empresarial

Rechtsfolge eines Verstoßes gegen das Verbot der finanziellen Unterstützung ist die Nichtigkeit des Finanzierungsgeschäfts; der Aktienerwerb selbst ist jedoch wirksam (Art. 150 I LSC iVm Art. 1255 CC).[909] Davon unberührt sind öffentlich-rechtliche Sanktionen (Art. 157 LSC).[910] 348

Auch **wechselseitige Beteiligungen** (*participaciones recíprocas*) sind in der *Ley de Sociedades de Capital* eingeschränkt.[911] Dabei handelt es sich um Situationen, in denen eine Gesellschaft an einer anderen Gesellschaft beteiligt ist und umgekehrt. Da auf diese Weise die Eigenkapitaldecke größer erscheinen kann, als sie effektiv ist, sind wechselseitige Beteiligungen auf höchstens 10 % des jeweiligen gezeichneten Kapitals begrenzt. Dies gilt auch für mittelbare wechselseitige Beteiligungen, bei denen weitere Gesellschaften (*sociedades interpuestas*) zwischengeschaltet sind (Art. 151 LSC). Überschreitet eine Gesellschaft diese Grenze, muss sie die Beteiligung innerhalb eines Jahres wieder reduzieren (Art. 152 II LSC) und in der Zwischenzeit eine Rücklage in Höhe desjenigen Betrags bilden, der die 10 %-Grenze übersteigt (Art. 153 LSC). Innerhalb eines Konzerns gelten hingegen keine Einschränkungen für wechselseitige Beteiligungen (Art. 154 LSC). 349

c) Kapitalmaßnahmen

Kapitalerhöhungen (*aumentos de capital*) (Artt. 295–316 LSC) und Kapitalherabsetzungen (*reducciones de capital*) (Artt. 317–342 LSC) sind **Maßnahmen zur Änderung des gezeichneten Kapitals.** Beide können zusammentreffen (*reducción y aumento de capital simultáneo*). Für Kapitalmaßnahmen in börsennotierten Gesellschaften existieren zusätzliche Sonderregeln (Rn. 366 f.). 350

aa) Kapitalerhöhung

Da bei einer Kapitalerhöhung das in der Satzung angegebene gezeichnete Kapital zunimmt, bedarf es einer **Satzungsänderung** nach allgemeinen Regeln (Artt. 285–294 LSC). Erforderlich ist dafür ein Änderungsvorschlag und eine ergänzende Erklärung der Geschäftsleiter (Art. 286 LSC). Die Generalversammlung muss der Satzungsänderung mit qualifizierter Mehrheit (Rn. 244) zustimmen (Artt. 285 I, 288 II LSC).[912] 351

Die Generalversammlung kann die Geschäftsleitung auch ermächtigen, selbst über die Kapitalerhöhung zu entscheiden. Ein solches **genehmigtes Kapital** (*capital autorizado*) ist allerdings nur bei Kapitalerhöhungen gegen Bareinlagen möglich.[913] Die Ermächtigung kann für maximal fünf Jahre und einen Höchstbetrag von 50 % des gezeichneten Kapitals erteilt werden (Art. 297 I lit. b) LSC). 352

Eine Kapitalerhöhung kann durch Ausgabe neuer Aktien oder Erhöhung des Nennbetrags der bereits im Umlauf befindlichen Aktien erfolgen (Art. 295 I LSC). Dabei ist zwischen Erhöhungen aus Gesellschaftsmitteln (**nominelle Kapitalerhöhung**) und solchen gegen neue Einlagen (**effektive Kapitalerhöhung**) zu unterscheiden (Art. 295 II LSC).[914] Im Rahmen einer nominellen Kapitalerhöhung wird ein Teil des Gewinns oder der Rücklagen in gezeichnetes Kapital umgewandelt; es handelt sich dabei um eine rein bilanzielle Maßnahme – einen Passiv-Passiv-Tausch.[915] Im Rahmen einer effektiven Kapitalerhöhung führen die Alt-Gesellschafter oder neu hinzukommende Gesellschafter neue finanzielle Mittel zu. 353

Bei einer **nominellen Kapitalerhöhung** kann ein Teil des Jahresüberschusses oder der verfügbaren Rücklagen in gezeichnetes Kapital umgewandelt werden (Artt. 295 II, 303 LSC).[916] Dem Generalversammlungsbeschluss muss eine Bilanz mit Stichtag innerhalb der sechs vorangegangenen Monate zugrunde liegen, die ein Wirt- 354

y fusión de sociedades, 2015, S. 251–318; ferner *López Mateo* RDM 273 (2009) 835; *Roncero Sánchez* in: Rodríguez Artigas ua (Hrsg.), Modificaciones estructurales de las sociedades mercantiles, Bd. 1, 2009, S. 721–766; *Álvarez Royo-Villanova* AAMN 50 (2010) 119; *Martí Moya* RDM 276 (2010) 607; *Mingot Aznar* RdS 35 (2010) 211; *Embid Irujo* in: Garrido de Palma (Hrsg.), Modificaciones estructurales y reestructuración empresarial, 2012, S. 83–109; *Grima Ferrada* in: FS Vicent Chuliá, 2013, S. 341–366.

909 *Vargas Vasserot* in: FS Illescas Ortiz, 2015, S. 967, 972–975; ferner *Joost* ZHR 149 (1985) 419, 430; *Rubio Garrido* CCJC 2007, 693; aA *Carrasco Perera* RdS 39 (2012) 339.

910 Dazu *Ortiz Márquez* RdS 34 (2010) 399.

911 Allgemein dazu *Gimeno Ribes* in: Embid Irujo (Hrsg.), Derecho de sociedades de capital, 2016, S. 151, 176 f.; monographisch *Flores Doña*, Participaciones recíprocas entre sociedades de capital, 1998.

912 Dazu *Rojo Fernández-Río* in: FS Menéndez Menéndez, Bd. 2, 1996, S. 2339–2392.

913 Dazu *Arroyo Martínez* RDM 178 (1995) 643; zur alten Rechtslage *Fernández de la Gándara* AG 1973, 131, 134 f.

914 Zur Unterscheidung etwa *Muráti*, Gläubigerschützende Maßnahmen zur Sicherung der Kapitalaufbringung und der Kapitalerhaltung im spanischen Aktienrecht, 1993, S. 101–105; allgemein *K. Schmidt*, Gesellschaftsrecht, 2002, S. 897 f.

915 *Broseta Pont/Martínez Sanz*, Manual de Derecho Mercantil, Bd. 1, 2016, S. 542.

916 Allgemein dazu *Sánchez Andrés* in: FS Girón Tena, 1991, S. 883–904; ferner *Fayos Febrer* RDM 267 (2008) 169; monographisch *García-Moreno Gonzalo*, El aumento de capital con cargo a reservas en sociedades anónimas, 1995; *Martínez Nadal*, El aumento de capital con cargo a reservas y beneficios en la sociedad anónima, 1996; im deutschsprachigen Schrifttum *Muráti*, Gläubigerschützende Maßnahmen zur Sicherung der Kapitalaufbringung und der Kapitalerhaltung im spanischen Aktienrecht, 1993, S. 120 f.

schaftsprüfer geprüft und die Generalversammlung festgestellt hat. Wird das Kapital durch Anhebung des Nennwerts der bereits existierenden Aktien erhöht, ist ausnahmsweise keine Zustimmung der Generalversammlung erforderlich.

355 Bei einer **effektiven Kapitalerhöhung** können die neuen Einlagen als Bar- oder Sacheinlagen erbracht werden (Artt. 299 f. LSC). Auch Forderungen gegen die Gesellschaft sind ausdrücklich einlagefähig. Eine **Bareinlage** ist nur möglich, wenn alle Aktien vollständig einbezahlt sind (Art. 299 I LSC),[917] es sei denn, der noch ausstehende Betrag ist nicht größer als 3 % des gezeichneten Kapitals (Art. 299 II LSC).

356 Die Kapitalerhöhung gegen **Sacheinlagen** folgt einem ähnlichen Verfahren wie die Sachgründung (Rn. 327–333) und verlangt, dass besondere Informationspflichten erfüllt werden. So muss die Geschäftsleitung einen Bericht erstellen, der die Sacheinlagen beschreibt und bewertet, Anzahl und Wert der auszugebenden Aktien angibt und das Gesamtvolumen der Kapitalerhöhung beziffert. Zudem hat der Bericht die Namen der Inferenten zu enthalten (Art. 300 LSC). In einem weiteren Bericht muss ein unabhängiger Sachverständiger die Sacheinlagen bewerten. Dabei sind insbesondere die angewandten Bewertungsmethoden zu erläutern und die Vollwertigkeit der Sacheinlage nachzuweisen (Art. 67 LSC). Vollwertig ist die Sacheinlage, wenn ihr Wert mindestens dem Nennwert der neuemittierten Aktien zuzüglich eines etwaigen Agios entspricht.

357 Erfolgt die Kapitalerhöhung, indem **Forderungen** gegen die Gesellschaft eingebracht werden,[918] muss mindestens ein Viertel von ihnen liquide, fällig und einklagbar sein (Art. 301 I LSC). Die Geschäftsleiter müssen sie in einem Bericht exakt bestimmen, und ein Wirtschaftsprüfer hat die bilanzielle Richtigkeit zu bestätigen (Art. 301 II, III LSC).[919] Nachdem die Generalversammlung einberufen worden ist, können die Gesellschafter den Vorschlag zur Satzungsänderung am Sitz der Gesellschaft einsehen und eine Kopie der Berichte erhalten oder ihre kostenfreie Übersendung verlangen (Art. 287 LSC).[920]

358 Erwirtschaftet eine Gesellschaft über mehrere Jahre Gewinne, ohne sie auszuschütten, erhöhen diese thesaurierten Gewinne den Unternehmenswert. Werden dann im Rahmen einer Kapitalerhöhung neue Aktien ausgegeben, ist für diese nicht nur eine Einlage in Höhe des Nennwerts zu leisten (Verbot der Unterpariemission), sondern auch ein darüber hinausgehendes **Agio** (Art. 298 I LSC). Diese dispositive Regelung soll vermeiden, dass die wirtschaftliche Position der Alt-Gesellschafter verwässert wird. Abweichend von den Einlagen, die zum Zeitpunkt der Zeichnung nur in Höhe von 25 % zu erbringen sind, muss das Agio vollständig geleistet werden (Art. 298 II LSC).

359 Gibt die Gesellschaft im Rahmen einer Barkapitalerhöhung neue Aktien aus, haben grundsätzlich alle Gesellschafter ein **Bezugsrecht** (Art. 304 LSC).[921] Dieses soll die Alt-Gesellschafter davor bewahren, dass die Kapitalerhöhung ihre Beteiligung verwässert.[922] So ist es einem Mehrheitsgesellschafter nicht möglich, die Position von Minderheitsgesellschaftern mittels einer Kapitalerhöhung zu schwächen. Vor Inkrafttreten der *Ley de Modificaciones Estructurales* stand den Alt-Gesellschaftern auch bei einer Sachkapitalerhöhung ein Bezugsrecht zu. Nach derzeitiger Rechtslage existiert dort allerdings ein Schutzdefizit, da die Abschaffung des Bezugsrechts nicht durch andere Mechanismen kompensiert worden ist.[923]

360 Inhaber von **Wandelschuldverschreibungen** haben ebenfalls kein Bezugsrecht. Bis 2008 war ein solches Bezugsrecht in Art. 293 LSA 1989 geregelt. Die zugrundeliegende Vorschrift der Zweiten gesellschaftsrechtlichen EWG-Richtlinie wurde teleologisch in der Weise interpretiert, dass Inhabern von Wandelschuldverschreibungen ein Bezugsrecht zustehen müsse, da sie potenzielle Gesellschafter seien. Der EuGH hat jedoch eine enge, am Wortlaut orientierte Auslegung der Artt. 29, 42 der Zweiten gesellschaftsrechtlichen EWG-Richtlinie[924] favorisiert und die anders lautende nationale Vorschrift für europarechtswidrig erklärt.[925]

361 Für die **Ausübung** des Bezugsrechts haben Alt-Gesellschafter einen Monat Zeit; die Frist beginnt mit der Bekanntmachung im *Boletín Oficial del Registro Mercantil*, spätestens aber mit einer individuellen schriftlichen

917 Zu diesem Grundsatz der Subsidiarität der Kapitalerhöhung nach altem Recht *Muráti*, Gläubigerschützende Maßnahmen zur Sicherung der Kapitalaufbringung und der Kapitalerhaltung im spanischen Aktienrecht, 1993, S. 110–113.
918 *Galán López* in: FS Girón Tena, 1991, S. 433, 447 f.; *Iglesias Prada* AAMN 33 (1994) 203.
919 *Galán López* in: FS Girón Tena, 1991, S. 433, 437–440.
920 Dazu *Pulgar Ezquerra* RdS 34 (2010) 19.
921 Allgemein *Sánchez Andrés*, El derecho de suscripción preferente del accionista, 1973; *Vázquez Albert* RDM 230 (1998) 1691.
922 *Sánchez Andrés*, El derecho de suscripción preferente del accionista, 1973, S. 74.
923 *Piloñeta Alonso/Iribarren Blanco* in: FS Sánchez Andrés, 2010, S. 387, 400–404.
924 Heute Art. 72 Kodifizierungs-RL (ex-Art. 33 Kapital-RL, zu dieser § 21), Richtlinie (EU) 2017/1132 des Europäischen Parlaments und des Rates vom 14. Juni 2017 über bestimmte Aspekte des Gesellschaftsrechts (ABl. 30.6.2017, L 169/46).
925 EuGH, Rs. C-338/06 (Kommission v. Königreich Spanien), ECLI:EU:C:2008:740 = NZG 2009, 187, besprochen von *Hernández Sainz* RDBB 117 (2010) 69 sowie von *Piloñeta Alonso/Iribarren Blanco* in: FS Sánchez Andrés, 2010, S. 387, 394, 405–407.

Mitteilung (Art. 305 I, II LSC). Auch eine **Übertragung** des Bezugsrechts ist möglich; es unterliegt dabei denselben Beschränkungen wie die Aktie, aus der es resultiert (Artt. 305 II, 306 II LSC).

Die Generalversammlung kann einen **Ausschluss des Bezugsrechts** beschließen (Art. 308 LSC). Voraussetzung hierfür ist, dass dieser im Interesse der Gesellschaft liegt[926] und der Emissionspreis der neuen Aktien ihrem wahren Wert (*fair value*) entspricht. Den Bezugsrechtsausschluss und den Emissionspreis muss die Geschäftsleitung in einem Bericht begründen. Daneben muss ein Bericht eines Wirtschaftsprüfers den wahren Wert der Aktie sowie den hypothetischen Wert des ausgeschlossenen Bezugsrechts ermitteln und beurteilen, ob die Angaben im Bericht der Geschäftsleiter angemessen sind. 362

In Rechtsprechung[927] und Schrifttum[928] ist umstritten, ob auch eine **gemischte Kapitalerhöhung** (*aumento mixto de capital*) zulässig ist. Dabei handelt es sich um eine Kapitalerhöhung, die zu einem Teil aus Gesellschaftsmitteln und zu einem anderen Teil durch neue Einlagen finanziert wird. Die hM verneint die Zulässigkeit, da nicht ausgeschlossen sei, dass sich die Beteiligung der Alt-Gesellschafter gegen ihren Willen verwässere. Sie wären sonst gezwungen, von ihrem Bezugsrecht Gebrauch zu machen oder auf eine Partizipation an den thesaurierten Gewinnen zu verzichten.[929] Nach aA ist eine gemischte Kapitalerhöhung zulässig. Denn faktisch haben die Alt-Gesellschafter ein Wahlrecht. Sie können entweder ihr Bezugsrecht ausüben und so eine Verwässerung ihrer Beteiligung vermeiden[930] oder das Bezugsrecht gemäß Art. 306 LSC veräußern und auf diese Weise an den thesaurierten Gewinnen partizipieren.[931] Voraussetzung ist aber, dass der Markt für die Bezugsrechte ausreichend liquide ist und ihren Preis korrekt ermittelt. Dabei ist auch zu berücksichtigen, dass mit Ausübung des Bezugsrechts neue Aktien aus Gesellschaftsmitteln ausgegeben werden. 363

Werden die neuen Aktien nicht vollständig innerhalb der Frist gezeichnet, ist die Kapitalerhöhung insgesamt unwirksam. Ihr **Scheitern** ist im *Boletín Oficial del Registro Mercantil* zu veröffentlichen; die bereits geleisteten Einlagen sind innerhalb eines Monats zu erstatten (Art. 311 LSC). Sehen die Ausgabebedingungen ausnahmsweise die Möglichkeit einer unvollständigen Zeichnung vor, ist die Kapitalerhöhung insoweit wirksam, als tatsächlich Aktien gezeichnet worden sind (Art. 311 I LSC).[932] 364

Die **Durchführung** der Kapitalerhöhung muss notariell beurkundet und zusammen mit dem Kapitalerhöhungsbeschluss zur Eintragung ins Handelsregister angemeldet werden (Artt. 314 f. LSC). Unterbleibt die Eintragung sechs Monate nach Beginn der Zeichnungsfrist, können die Zeichner Rückerstattung der bereits geleisteten Einlagen und Aufhebung ihrer Einlageverpflichtung fordern.[933] Die Generalversammlung kann die Geschäftsleiter aber ermächtigen, die Kapitalerhöhung zu einem späteren Zeitpunkt innerhalb eines Jahres durchzuführen (Art. 297 I lit. a) LSC). 365

Die Sonderregelungen für **börsennotierte Gesellschaften** betreffen vor allem die Kapitalerhöhung mit Bezugsrechtsausschluss. Dieser unterliegt den allgemeinen Erfordernissen des Art. 308 LSC (Rn. 362). Die Mindestfrist, um das Bezugsrecht auszuüben, ist aber auf fünfzehn Tage verkürzt (Art. 503 LSC). Für den Ausgabepreis der neuen Aktien konkretisiert das Gesetz, dass unter dem wahren Wert der Aktie ihr Marktwert zu verstehen ist und als dieser der Börsenpreis widerlegbar vermutet wird (Art. 504 LSC). Ausnahmsweise kann die Generalversammlung einen Ausgabepreis beschließen, der unterhalb des wahren Aktienwerts, aber oberhalb des Nettovermögenswerts der Aktie liegt. Die einzelnen Werte hat ein Wirtschaftsprüfer in einem Bericht zu ermitteln; sie müssen in einen Bericht der Geschäftsleitung aufgenommen werden. Die *Ley de Sociedades de Capital* regelt dazu, wie der Nettovermögenswert der Aktie im Einzelnen zu bestimmen ist (Art. 505 LSC). Er bildet dabei nur die absolut zulässige Mindestgrenze des Ausgabepreises; seine Angemessenheit ist im Einzelfall zu begründen.[934] 366

Ein **genehmigtes Kapital mit Bezugsrechtsausschluss** ist nur bei börsennotierten Gesellschaften möglich. In diesem Fall muss der Ausgabepreis der Aktien ihrem wahren Wert entsprechen. Macht die Geschäftsleitung von ihrer Ermächtigung Gebrauch, muss sie dies begründen und den wahren Wert der Aktien von einem Wirt- 367

926 *Alfaro Águila-Real*, Interés social y derecho de suscripción preferente. Una aproximación económica, 1995, S. 76 f.; ähnlich *Vázquez Albert* RDBB 26 (1998) 159; teilweise aA *Alonso Ledesma*, La exclusión del derecho de suscripción preferente en sociedades anónimas, 1995; ferner *Flaquer Riutort* in: FS Sánchez Calero, Bd. 3, 2002, S. 2317–2342.

927 Sentencia del Tribunal Supremo de 28 de mayo de 1990, núm. 321, besprochen von *Velasco San Pedro* CCJC 1990, 675; ferner *Lázaro Sánchez* RDBB 43 (1991) 821.

928 *Velasco San Pedro* CCJC 1990, 675; *Lázaro Sánchez* RDBB 43 (1991) 821; *Paz-Ares Rodríguez* RDM 203–204 (1992) 7; *Retortillo Atienza* RdS 22 (2004) 293.

929 Statt vieler *Lázaro Sánchez* RDBB 43 (1991) 821, 824 f.

930 *Paz-Ares Rodríguez* RDM 203–204 (1992) 7, 17.

931 *Paz-Ares Rodríguez* RDM 203–204 (1992) 7, 17.

932 Dazu monographisch *Castellano Ramírez*, La suscripción incompleta del aumento del capital social en la sociedad anónima, 2004; ferner *Cabanas Trejo* RDM 198 (1990) 729.

933 Sentencia del Tribunal Supremo de 27 de febrero de 2013, núm. 71, besprochen von *Gimeno Ribes* in: Embid Irujo (Hrsg.), Archivo Commenda de Jurisprudencia societaria 2013–2014, 2015, S. 59–63.

934 *Lara González* in: Rojo Fernández-Río/Beltrán Sánchez (Hrsg.), Comentario de la Ley de Sociedades de Capital, Bd. 2, 2011, S. 3305 f.

schaftsprüfer ermitteln lassen; die entsprechenden Berichte sind den Gesellschaftern im Rahmen der nächsten Generalversammlung zur Verfügung zu stellen (Art. 506 LSC).

bb) Kapitalherabsetzung

368 Eine Kapitalherabsetzung kann durch Einziehung oder Zusammenlegung von Aktien sowie durch Herabsetzung des Nennwerts erfolgen (Art. 317 II LSC).[935] Bei einer **effektiven Kapitalherabsetzung** fließt ein Teil des gezeichneten Kapitals aus der Gesellschaft ab; in dieser Höhe erhalten die Gesellschafter ihre Einlagen zurück oder werden von ihrer Pflicht, weitere Einlagen zu leisten oder Rücklagen zu bilden, befreit.[936] Bei der **nominellen Kapitalherabsetzung** wird das gezeichnete Kapital nach eingetretenen Verlusten an das Nettovermögen angepasst oder die gesetzliche Rücklage aufgestockt, ohne dass Mittel aus der Gesellschaft abfließen.[937]

369 Auch im Rahmen der Kapitalherabsetzung sind die allgemeinen Regeln zur **Satzungsänderung** (Rn. 186–189) zu beachten (Art. 318 I LSC). Darüber hinaus ist der erforderliche Generalversammlungsbeschluss im *Boletín Oficial del Registro Mercantil* und in einer Tageszeitung mit hoher Auflage in der Provinz,[938] in der die Gesellschaft ihren Sitz hat, zu veröffentlichen. Zusätzlich kann die Gesellschaft den Beschluss auch auf ihrer Internetpräsenz bekanntmachen; börsennotierte Gesellschaften sind dazu verpflichtet (Art. 319 LSC). Handelt es sich um eine nominelle Kapitalherabsetzung, muss der Beschluss ausdrücklich darauf hinweisen (Art. 318 II LSC).

370 Eine **effektive Kapitalherabsetzung** zur Rückzahlung von Einlagen muss nicht alle Aktien gleichermaßen betreffen.[939] Soll sie nur für bestimmte Aktien gelten, ist neben dem Beschluss der Generalversammlung zusätzlich ein Mehrheitsbeschluss der betroffenen Gesellschafter erforderlich (Art. 293 LSC). Sofern nicht einstimmig abweichend bestimmt, fließen die Einlagen in dem Verhältnis an die Gesellschafter zurück, in dem sie geleistet worden sind.

371 Gläubigern, deren Ansprüche vor der Eintragung des Kapitalherabsetzungsbeschlusses entstanden, aber noch nicht fällig gewesen sind, haben ein **Widerspruchsrecht** (*derecho de oposición*), es sei denn, ihre Forderungen sind ausreichend gesichert.[940] Macht ein Gläubiger von diesem Recht innerhalb eines Monats nach der Eintragung Gebrauch, kann die Kapitalmaßnahme nicht durchgeführt werden, bis seine Forderung ausreichend gesichert worden oder ihm mitgeteilt worden ist, dass ein Kreditinstitut bis zu ihrer Fälligkeit bürgt (Art. 304 LSC). Dieses Gläubigerschutzrecht gilt nur für effektive Kapitalherabsetzungen (Art. 335 lit. a), c) LSC), es sei denn, die Gesellschaft hat zuvor eine Rücklage in entsprechender Höhe gebildet, die nur unter den gleichen Voraussetzungen wie die Kapitalherabsetzung selbst angegangen werden kann (Art. 335 lit. b) LSC).

372 Die *Sociedad Anónima* muss eine **nominelle Kapitalherabsetzung** vornehmen, wenn **Verluste** das Nettovermögen nicht nur vorübergehend, dh länger als ein Geschäftsjahr, so weit geschmälert haben, dass es weniger als zwei Drittel des gezeichneten Kapitals deckt (Art. 327 LSC). Voraussetzung ist, dass die Gesellschaft über keine freiwilligen Rücklagen mehr verfügt und die gesetzliche Rücklage nach der Herabsetzung 10 % des gezeichneten Kapitals nicht übersteigt (Art. 322 II LSC); denn zur Deckung des Kapitalbedarfs sollen vorrangig die Rücklagen angegangen werden. Soweit in der Satzung nicht anders geregelt, sind bei der verlustbedingten Kapitalherabsetzung alle Aktien gleich zu behandeln (Art. 320 LSC). Sie kann daher nur als Absenkung des Nennwerts erfolgen. Dem Generalversammlungsbeschluss muss eine Bilanz mit Stichtag aus den vorhergehenden sechs Monaten zugrunde liegen, die ein Wirtschaftsprüfer geprüft und die Generalversammlung festgestellt hat (Art. 323 I LSC). Ausschüttungen sind nach der Kapitalherabsetzung erst wieder möglich, wenn die gesetzliche Rücklage auf mindestens 10 % des gezeichneten Kapitals angewachsen ist (Art. 326 LSC). Unterschreitet das gezeichnete Kapital infolge der Kapitalherabsetzung den erforderlichen Mindestbetrag (Art. 4 III LSC) (Rn. 322–325), ist ein Formwechsel erforderlich; soll die Gesellschaft als Kapitalgesellschaft fortbestehen, muss sie in eine *Sociedad de Responsabilidad Limitada* umgewandelt werden (Artt. 3–21 LME).

373 Die Generalversammlung kann freiwillig eine nominelle Kapitalherabsetzung beschließen, um einen Teil des gezeichneten Kapitals in **Rücklagen** umzuwandeln, ohne dass dies den Gesamtbetrag des Eigenkapitals verändert. Auf diese rein bilanzielle Maßnahme sind die Artt. 322, 326 LSC anwendbar (Art. 328 LSC).

935 Dazu etwa *Ortuño Baeza*, Reducción de Capital en la Sociedad Anónima, 2004, S. 170–178; zur alten Rechtslage *Fernández de la Gándara* AG 1973, 131, 135.
936 *Fernández del Pozo* RDM 218 (1995) 1391.
937 Dazu *Arana Gondra* in: Alonso Ureba (Hrsg.), Derecho de Sociedades Anónimas, Bd. 3-2, 1994, S. 967.
938 Zum Begriff der Provinz s. Fn. 208.
939 *Massaguer Fuentes* in: FS Sánchez Calero, Bd. 3, 2002, S. 2367, 2367–2373.
940 Dazu *López Sánchez* in: Alonso Ureba (Hrsg.), Derecho de Sociedades Anónimas, Bd. 3-2, 1994, S. 789; monographisch *Escribano Gámir*, La protección de los acreedores sociales frente a la reducción del capital social y a las modificaciones estructurales de las sociedades anónimas, 1998.

Möglich ist darüber hinaus eine Kombination von nomineller Kapitalherabsetzung und effektiver Kapitalerhöhung, ein sog **Kapitalschnitt** (*operación acordeón*).[941] Diese Sanierungsmaßnahme erlaubt es, das gezeichnete Kapital bis auf null Euro herabzusetzen, um Verluste auszugleichen, und der Gesellschaft gleichzeitig neue Mittel zuzuführen, um das gezeichnete Kapital wieder über die gesetzliche Mindestschwelle anzuheben. Der Vorteil dieser Konstruktion besteht darin, dass sie eine vorübergehende Umwandlung erübrigt; denn andernfalls müsste die Gesellschaft bei Absinken des gezeichneten Kapitals unter die Mindestschwelle zwingend in eine *Sociedad Colectiva* umgewandelt werden. Der Beschluss zur Kapitalherabsetzung erfolgt bedingt durch die tatsächliche Durchführung der Kapitalerhöhung (Artt. 344 f. LSC). Dabei kann das Bezugsrecht der Gesellschafter nicht ausgeschlossen oder anderweitig beschränkt werden (Art. 343 II LSC). Beide Beschlüsse müssen zusammen ins Handelsregister eingetragen werden. Optional kann die Kapitalmaßnahme mit einer Umwandlung, etwa in eine *Sociedad de Responsabilidad Limitada*, kombiniert werden; aufgrund des niedrigeren Mindestkapitals kann die effektive Kapitalerhöhung dann geringer ausfallen (Art. 343 I LSC). 374

d) Fremdkapital

aa) Allgemein

Die Gesellschaft wird nicht nur durch Eigen-, sondern auch durch **Fremdkapital** (Art. 35 I 3–5 CCom) finanziert. Insoweit unterscheidet die Bilanz zwischen langfristigen Verbindlichkeiten (*pasivo no corriente*) und kurzfristigen Verbindlichkeiten (*pasivo circulante*) (Art. 35 I 3 CCom). Langfristig sind etwa Verbindlichkeiten gegenüber einer Bank, deren Rückzahlung über mehr als ein Jahr erfolgt. Weitere Differenzierungen betreffen die Rechtsnatur der Verbindlichkeiten, dh ob sie vertraglich (*deuda contractual*) oder außervertraglich (*deuda extracontractual*) begründet sind, sowie ihren wirtschaftlichen Wert in der Insolvenz, dh, ob sie gesichert (*deuda garantizada*) oder nicht gesichert (*deuda no garantizada*) sind. Schließlich kann man zwischen einer bankorientierten Fremdfinanzierung, die vorrangig auf Darlehen von Kreditinstituten beruht, und einer marktorientierten Fremdfinanzierung durch Anleihen (Rn. 376–378) unterscheiden. 375

bb) Anleihen

Die *Sociedad Anónima* kann Anleihen und andere Schuldverschreibungen ausgeben (*emitir obligaciones*). Seit der *Ley de fomento de la financiación empresarial (Ley 5/2015)*[942] ist die Ausgabe nicht mehr auf die zweifache Höhe des Eigenkapitals beschränkt (Art. 401 I LSC).[943] Emittiert die Gesellschaft Anleihen nach dem Recht eines EU-Mitgliedstaats,[944] die an einem regulierten Markt gehandelt werden, muss sie ein Vertretungsgremium, die **Versammlung der Anleihegläubiger** (*sindicato de obligacionistas*), gründen und eine Person als seinen Vertreter (*comisario*) ernennen (Art. 403 iVm Artt. 419–429 LSC). 376

Die Emission von Anleihen erfordert eine **notarielle Beurkundung**. Sie muss die Firma, den Unternehmensgegenstand, das gezeichnete Kapital der Emittentin, das Emissionsvolumen sowie den Nennwert der Anleihen aufführen (Art. 407 II LSC). Dabei müssen der Vertreter der Anleihegläubiger (*comisario*) und ein Vertreter der Gesellschaft anwesend sein (Art. 407 I LSC). Letzterer wird vom zuständigen Gesellschaftsorgan benannt, dh mangels abweichender Bestimmung in der Satzung von der Geschäftsleitung (Art. 406 I LSC). Für die Ausgabe von Wandelanleihen (*obligaciones convertibles*)[945] ist hingegen die Generalversammlung zuständig (Art. 406 II iVm Artt. 414–418 LSC). 377

Anleihen sind **Wertpapiere** und können als Buch- oder Briefanleihen ausgestaltet werden (Artt. 412 I, 413 LSC). Durch ihre Zeichnung stimmt der Anleger dem Zeichnungsvertrag zu und tritt der Versammlung der Anleihegläubiger (*sindicato de obligacionistas*) bei (Art. 409 LSC). Sofern die Anleihegläubiger nicht hinreichend gesichert sind, muss die Versammlung der Anleihegläubiger jeder **Kapitalherabsetzung** zustimmen (Art. 411 I iVm Art. 404 LSC). 378

941 Zu den Erfordernissen der *operación acordeón* s. *Beltrán Sánchez* RDM 199–200 (1991) 75; ferner *Cabanas Trejo* RDM 187–188 (1988) 93; *Espín Gutiérrez*, La operación de reducción y aumento del capital simultáneos en la sociedad anónima, 1997; *ders.* RdS 31 (2008) 351.

942 BOE 28 abril 2015, núm. 101, S. 36599, Ley 5/2015, de 27 de abril, de fomento de la financiación empresarial.

943 Zur neuen Rechtslage *Alonso Espinosa* in: FS Fernández de la Gándara, 2016, S. 493–513; *Pulgar Ezquerra* RdS 48 (2016) 27; *Quijano González* in: Rodríguez Artigas ua (Hrsg.), Junta General y Consejo de Administración de la Sociedad cotizada, Bd. 1, 2016, S. 815–835.

944 Überblick zur Rechtslage vor 2015 bei *León Sanz* RdS 36 (2011) 229, 234 f.; im deutschsprachigen Schrifttum *Embid Irujo/Pedraza Bochóns* ZGR-Sonderheft 3, 1995, 762, 783; *B. Löber ua* RIW 2012, 146 f.

945 Zu Wandelanleihen *Cachón Blanco* CDC 8 (1990) 105; *García de Enterría Lorenzo-Velázquez* RDM 195 (1990) 7; *Angulo Rodríguez* in: FS Verdera Tuells, Bd. 1, 1994, S. 125–148.

5. Gesellschafterrechte

379 Die Rechte der Gesellschafter teilen sich ein in **Verwaltungs- und Vermögensrechte** (Art. 93 LSC).[946] Die Verwaltungsrechte (*derechos políticos*) ermöglichen den Gesellschaftern insbesondere, an Entscheidungen von besonderer Bedeutung mitzuwirken.[947] Dazu zählen das Teilnahme-, Stimm- und Auskunftsrecht. Die Vermögensrechte (*derechos económicos*) erlauben den Gesellschaftern hingegen, mit der Einlage am Gesellschaftskapital verknüpft zu bleiben. Dazu zählen das Gewinnbezugsrecht, das Recht auf Teilhabe am Abwicklungsüberschuss sowie das Bezugsrecht bei Kapitalmaßnahmen. Weitere Rechte leiten sich unmittelbar aus der Gesellschafterstellung ab (Art. 91 LSC), insbesondere solche zum Schutz der Minderheit.[948]

a) Verwaltungsrechte

aa) Teilnahmerecht

380 Das Teilnahmerecht (*derecho de asistencia*) umfasst die **Möglichkeit, der Generalversammlung beizuwohnen** und zu den Tagesordnungspunkten Stellung zu nehmen, die für die Gesellschaft bedeutende Entscheidungen betreffen (Artt. 93 lit. c), 179 LSC).[949] Es ist eng mit dem Stimmrecht verknüpft, auch wenn es Situationen gibt, in denen Teilnahme und Abstimmung nicht notwendig miteinander verbunden sind. So kann die Satzung regeln, dass nur Gesellschafter teilnehmen dürfen, die über eine bestimmte Mindestbeteiligung verfügen; andere Gesellschafter können sich dann zusammenschließen und ihr Stimmrecht durch einen gemeinsamen Vertreter ausüben lassen (Artt. 179 II, 189 I LSC), der aber einheitlich abstimmen muss.[950] Umgekehrt können Gesellschafter zwar ein Teilnahme-, aber kein Stimmrecht haben, so etwa die Inhaber von stimmrechtslosen Aktien; aus Art. 102 I iVm Art. 93 lit. c) LSC lässt sich ableiten, dass diese die vollständige Gesellschafterstellung abzüglich des Stimmrechts vermitteln.[951]

381 Das Teilnahmerecht erstreckt sich sowohl auf die physische Anwesenheit bei der Generalversammlung als auch – soweit die Satzung es gestattet – auf eine Partizipation auf elektronischem Wege (Art. 182 LSC). Dabei unterliegt die **Ausübung** bestimmten Regeln, welche die Geschäftsleiter bei der Einberufung bestimmen, um sicherzustellen, dass nur Berechtigte an der Generalversammlung teilnehmen.[952] Ferner umfasst das Teilnahmerecht die Bevollmächtigung eines Stellvertreters, der auch ein Nicht-Gesellschafter sein kann (Art. 184 I LSC). Die Bevollmächtigung hat für jede Generalversammlung einzeln zu erfolgen (Art. 184 II LSC) und kann jederzeit widerrufen werden (Art. 185 LSC).[953]

382 Auch **Körperschaften**, welche die Aktien verwahren, zB Depotbanken oder Wertpapierdienstleistungsunternehmen, können öffentlich anbieten, als **Stellvertreter** zu fungieren; das Angebot muss die Tagesordnung der Generalversammlung enthalten, und die Gesellschafter haben Weisungen zu erteilen, wie das Stimmrecht auszuüben ist (Art. 186 I LSC).[954] Von diesen Weisungen kann nur abgewichen werden, wenn neue Umstände auftreten, die dem Gesellschafter bei Erteilung noch nicht bekannt gewesen sind (Art. 186 II LSC). Vertritt jemand mehr als drei Gesellschafter, wird vermutet, dass er aufgrund eines öffentlichen Angebots bevollmächtigt worden ist (Art. 186 III LSC); folglich unterliegt er den Regelungen des Art. 186 I, II LSC.[955] In der Rechtsprechung war

946 Allgemein zur Gesellschafterstellung *Peinado Gracia* in: Agúndez/Martínez-Simancas (Hrsg.), Accionistas minoritarios, 2011, S. 65–78; *Peinado Gracia/González Fernández* in: Peinado Gracia/Cremades García (Hrsg.), El accionista minoritario en la sociedad cotizada, 2012, S. 67–103.

947 *Tobío Rivas*, Limitaciones de los derechos de asistencia y voto del accionista (Art. 105 LSA), 1995, S. 32 f.

948 Dazu bereits Rn. 188 (Satzungsänderungen), 229 f. (Einberufung der Generalversammlung), 237 (Ergänzung der Tagesordnung), 238 (Anfechtbarkeit von Generalversammlungsbeschlüssen wegen Verfahrensverstößen), 246 (Genehmigung des Generalversammlungsprotokolls), 293 (Erhebung von Haftungsklagen), 297 (Bestellung des Verwaltungsrats); *Juste Mencía*, Los derechos de la minoría en la Sociedad Anónima, 1995; zu börsennotierten Gesellschaften *Martí Lacalle*, El ejercicio de los derechos de minoría en la sociedad anónima cotizada, 2003; *Candelario Macías*, La tutela de la minoría en la sociedad cotizada en bolsa, 2007.

949 *Tobío Rivas*, Limitaciones de los derechos de asistencia y voto del accionista (Art. 105 LSA), 1995, S. 35 f.

950 Dazu *Tobío Rivas*, Limitaciones de los derechos de asistencia y voto del accionista (Art. 105 LSA), 1995, S. 91–100; monographisch *Sánchez Linde*, Agrupación de acciones para ciertos derechos de la minoría en la sociedad anónima, 2004.

951 Dazu *Porfirio Carpio*, Las acciones sin voto en la Sociedad Anónima, 1991.

952 *Sánchez Calero*, La Junta General de las Sociedades de Capital, 2007, S. 207 f.

953 Dazu *Rodríguez Artigas*, La representación de los accionistas en la Junta General de la sociedad anónima, 1990, S. 44–69.

954 Ausführlich dazu *Rodríguez Artigas*, La representación de los accionistas en la Junta General de la sociedad anónima, 1990, S. 70–104; *ders.* in: FS Girón Tena, 1991, S. 819–848.

955 Dazu *Castellano Ramírez* RDM 259 (2006) 193.

umstritten, ob es sich dabei um eine widerlegliche[956] oder um eine unwiderlegliche Vermutung[957] handelt. Insbesondere bei Gesellschaftervereinbarungen (*pactos parasociales*), an denen nur ein Teil der Gesellschafter beteiligt ist, wird diese Frage virulent, da die Vermutung auch für ihren gemeinsamen Vertreter gelten würde.[958] In diesem Fall hat sich die Rechtsprechung letztlich für die Widerleglichkeit ausgesprochen, da die Gesellschafter nur schutzbedürftig sind, wenn tatsächlich ein öffentliches Angebot des Stellvertreters existiert.[959]

Für das Teilnahmerecht gibt es **Einschränkungen**. Die Satzung kann regeln, dass das Teilnahmerecht nur Gesellschaftern mit einer bestimmten Mindestbeteiligung zusteht, sofern diese 0,1 % nicht überschreitet (Art. 179 II LSC).[960] Denn eine zu starke Einschränkung des Teilnahmerechts ginge zulasten des Minderheitenschutzes.[961] Eine weitere Einschränkung erfährt das Teilnahmerecht dadurch, dass es nur für Gesellschafter gilt, deren Aktien spätestens fünf Tage vor der Generalversammlung (Nachweisstichtag) ins Aktienbuch eingetragen (Briefaktien als Namensaktien), registriert (Buchaktien) oder hinterlegt (Briefaktien als Inhaberaktien) worden sind (Art. 179 III LSC). Problematisch sind insofern insbesondere Konstellationen des sog *empty voting* (Rn. 387).[962] Schließlich vermitteln von der Gesellschaft gehaltene Aktien keinerlei Verwaltungsrechte (Art. 148 lit. a) LSC). Denn andernfalls könnten die Geschäftsleiter diese Verwaltungsrechte ausüben, was die Gewaltenteilung in der Gesellschaft stören und Missbrauchsgefahren bergen würde. 383

bb) Stimmrecht

Das Stimmrecht (*derecho de voto*) ist das wichtigste Verwaltungsrecht (Art. 93 lit. c) LSC), da es den Gesellschaftern erlaubt, unmittelbar **Einfluss** auf die Geschicke der Gesellschaft zu nehmen.[963] Das Ausmaß des Einflusses hängt nicht zuletzt von der erforderlichen Mehrheit ab, die zwei Drittel betragen (Rn. 244) und in manchen Fällen sogar zwingend die Zustimmung eines bestimmten Teils oder aller Gesellschafter (Rn. 188) erfordern kann. Dabei ist das Stimmrecht eng mit dem Teilnahme- und dem Auskunftsrecht verbunden; das Teilnahmerecht schafft die formellen, das Auskunftsrecht die materiellen Voraussetzungen, um das Stimmrecht sinnvoll auszuüben. 384

Die großen *Sociedades Anónimas* (*sociedades abiertas*), insbesondere diejenigen, die an der Börse notiert sind und deren Aktien an liquiden Kapitalmärkten leicht veräußert werden können, weisen eine **rationale Apathie** der Gesellschafter auf.[964] Damit ist gemeint, dass der Großteil der Gesellschafter, seine Verwaltungsrechte nicht ausübt, sondern ausschließlich seine Vermögensrechte wahrnimmt;[965] ist er mit der Entwicklung seiner Investition unzufrieden, stößt er die Aktien über den Kapitalmarkt ab und investiert sein Vermögen anderswo. 385

Infolge dieser rationalen Apathie tritt in den letzten Jahren vermehrt eine Investorenklasse auf, die über große Liquidität verfügt. Bei diesen **aktivistischen Gesellschaftern** handelt es sich vorwiegend um Hedgefonds und sonstige institutionelle Investoren, die Aktien erwerben, um Einfluss auf die Unternehmensstrategie ihrer Portfoliogesellschaften zu nehmen.[966] Bisherige empirische Untersuchungen liefern keine eindeutige Antwort auf die Frage, ob dieser Aktivismus langfristig den Unternehmenswert steigert[967] oder lediglich kurzfristig den Aktienkurs in die Höhe treibt.[968] 386

---

956 So Sentencia del Tribunal Supremo de 6 de julio de 2007, núm. 772, besprochen von *Díaz Ruiz* RdS 31 (2008) 341.

957 So Sentencia del Tribunal Supremo de 6 de julio de 2005, núm. 543, besprochen von *Roncero Sánchez* RdS 26 (2006) 59 sowie von *Marín Hita* CCJC 2007, 581.

958 Sentencia del Tribunal Supremo de 5 de mayo de 2016, núm. 296.

959 Sentencia del Tribunal Supremo de 5 de mayo de 2016, núm. 296, besprochen von *Gimeno Ribes* in: Embid Irujo (Hrsg.), Archivo Commenda de Jurisprudencia Societaria 2015–2016, 2017, S. 145–149.

960 Dazu *Emparanza Sobejano* in: Peinado Gracia/Cremades García (Hrsg.), El accionista minoritario en la sociedad cotizada, 2012, S. 217–239.

961 *Tobío Rivas*, Limitaciones de los derechos de asistencia y voto del accionista (Art. 105 LSA), 1995, S. 89.

962 Allgemein zum *empty voting* s. *Hu/Black* S. Cal. L. Rev. 79 (2005) 811, 828; *dies.* U. Pa. L. Rev. 156 (2007) 625; in der spanischen Literatur *Fernández del Pozo* RDM 289 (2013) 153; *Gimeno Ribes* LaLMerc 13 (2015) 10, 14.

963 Grundlegend *Uría González* RCDI 1943, 65; *Olivencia Ruiz* AAMN 17 (1972) 3261; ferner *Pérez Moriones* RGD 1996, 8495.

964 Dazu *Clark* Case West. Res. L. Rev. 29 (1979) 776.

965 Dazu schon *Menéndez Menéndez* in: FS De Castro Bravo, Bd. 2, 1976, S. 273–292; *Alonso Ledesma* in: Esteban Velasco (Hrsg.), El gobierno de las sociedades cotizadas, 1999, S. 615–706.

966 Im deutschsprachigen Schrifttum etwa *Engert* ZIP 2006, 2105; *Schmolke* ZGR 2007, 701.

967 So *Bebchuk/Brav/Yiang* Colum. L. Rev. 115 (2015) 1085.

968 So *Cremers/Giambona/Sepe/Wang*, Hedge Fund Activism and Long-Term Firm Value, 2015, abrufbar unter: ssrn.com/abstract=2693231.

387 In Fällen des *empty voting*[969] üben einzelne Gesellschafter einen Einfluss in der Generalversammlung aus, der nicht mit dem wirtschaftlichen Risiko ihrer Beteiligung korrespondiert (*decoupling*).[970] Eine Möglichkeit, diesen Effekt zu erreichen, besteht darin, Aktien nach dem Nachweisstichtag (iSd Art. 179 II LSC), aber vor dem Versammlungstermin zu veräußern. Da sich die Stimmenanzahl in der Generalversammlung nach dem Nachweisstichtag richtet, können dann uU wichtige Beschlüsse (zB zu Strukturmaßnahmen) blockiert werden, die sich durch Synergie- und Skaleneffekte positiv ausgewirkt hätten,[971] was ein Sinken des Aktienkurses bewirkt. Problematisch kann ein solches Vorgehen sein, wenn die negative Abstimmung mit dem Erwerb von Verkaufsoptionen kombiniert wird. Ihr Inhaber kann nahezu risikolos einen Kursverlust herbeiführen, günstig Aktien erwerben und durch Ausübung der Optionen zu einem deutlich höheren Preis wieder veräußern, um auf diese Weise eine Rendite zu erzielen.[972]

388 Art. 190 LSC regelt Interessenkonflikte der Gesellschafter und ist durch die *Ley 31/2014* reformiert worden. Die Vorschrift gilt nunmehr nicht nur für die *Sociedad de Responsabilidad Limitada*, sondern auch für die *Sociedad Anónima* (Art. 190 I LSC). In den Fällen des Art. 190 I LSC unterliegt der betroffene Gesellschafter bei der Abstimmung einem **Stimmverbot**.[973] Ein solches besteht bei Beschlüssen zur Übertragung vinkulierter Aktien (Art. 190 I 1 lit. a) LSC) sowie zum Ausschluss eines Gesellschafters (Art. 190 I 1 lit. b) LSC). Voraussetzung ist jeweils, dass das Stimmverbot in der Satzung verankert ist (Art. 190 I 2 LSC). Ohne eine statutarische Verankerung besteht ein Stimmverbot ferner, wenn der Gesellschafter von einer Verbindlichkeit befreit bzw. ihm ein Recht gewährt werden soll (Art. 190 I 1 lit. c) LSC) oder wenn er von der organschaftlichen Treupflicht (Art. 230 LSC) befreit werden soll (Art. 190 I 1 lit. e) LSC).

389 Die Interessenkonflikte des Art. 190 III LSC führen zu keinem Stimmverbot, sondern lediglich zu einer **Beweislastumkehr** im Anfechtungsrechtsstreit. Wird der Beschluss nachträglich mit dem Argument angefochten, er laufe dem Gesellschaftsinteresse zuwider, da an ihm ein Gesellschafter mitgewirkt habe, der einem Interessenkonflikt unterliege, haben die Gesellschaft und der potenziell betroffene Gesellschafter das Gegenteil zu beweisen. Ein denkbarer Anwendungsfall ist die beschriebene Variante des *empty voting* (Rn. 387), in der ein Gesellschafter einem Interessenkonflikt unterliegen kann, weil er das mit seiner Stimmrechtsmacht korrespondierende Risiko durch Verkaufsoptionen neutralisiert.[974] In diesem Zusammenhang stellt sich dann regelmäßig die Frage, inwiefern negative Beschlüsse anfechtbar sind (Rn. 255).

390 In der Rechtspraxis spielen institutionelle **Stimmrechtsberater** (*asesores de voto*) eine bedeutende Rolle.[975] Sie schlagen den Gesellschaftern vor, wie sie zu den einzelnen Tagesordnungspunkten abstimmen sollen.[976] Teile des Schrifttums sehen in diesem Vorgehen einen Interessenkonflikt, der mit dem *empty voting* vergleichbar ist,[977] da Stimmrechtsberater mittelbar die Ausübung des Stimmrechts beeinflussen, ohne ein korrespondierendes wirtschaftliches Risiko zu tragen, und nicht ausgeschlossen ist, dass sie gleichzeitig anderweitige Geschäfte tätigen, die dem Gesellschaftsinteresse zuwiderlaufen.[978]

391 In der Satzung sind **Einschränkungen** des Stimmrechts nur in engen Grenzen möglich. So muss die Stimmrechtsmacht grundsätzlich der Kapitalbeteiligung und damit dem wirtschaftlichen Risiko des Inhabers entsprechen (Art. 188 II LSC). Man spricht insofern von einem proportionalen Stimmrecht (*one share–one vote*). Stimmrechtslose Aktien (*acciones sin voto*) sind nur ausnahmsweise unter den Voraussetzungen des Art. 98 LSC zulässig (Rn. 312), ebenso Höchststimmrechte (Art. 188 III LSC).[979] Weitere Einschränkungen bestehen darin, dass

969 Dazu *Fernández del Pozo* RDM 289 (2013) 153; *Flores Doña* RDBB 132 (2013) 103.

970 *Hu/Black* U. Pa. L. Rev. 156 (2007) 625.

971 Anhand eines Beispiels *Denozza* in: Paciello (Hrsg.), La dialettica degli interessi nella disciplina delle società per azioni, 2011, S. 77–90.

972 *Denozza* in: Paciello (Hrsg.), La dialettica degli interessi nella disciplina delle società per azioni, 2011, S. 77, 85.

973 Allgemein zu Stimmverboten *Cremades García* in: Peinado Gracia/Cremades García (Hrsg.), El accionista minoritario en la sociedad cotizada, 2012, S. 265–293.

974 *Recalde Castells* in: Juste Mencía (Hrsg.), Comentario de la reforma del régimen de las sociedades de capital en materia de gobierno corporativo (Ley 31/2014), 2015, Art. 190 Rn. 58; zur alten Rechtslage *Palá Laguna* RdS 43 (2014) 227, 250; *Gimeno Ribes* LaLMerc 13 (2015) 10, 18.

975 Dazu im spanischen Schrifttum *Gallego Córcoles*, Asesores de voto (proxy advisors) y el ejercicio del derecho de voto en las sociedades cotizadas, 2014; aus europäischer Perspektive *Fleischer* AG 2012, 2; grundlegend *Klöhn/Schwarz*, ZIP 2012, 149.

976 *Gallego Córcoles*, Asesores de voto (proxy advisors) y el ejercicio del derecho de voto en las sociedades cotizadas, 2014, S. 41–50.

977 S. etwa *Perdices Huetos* in: FS Vicent Chuliá, 2013, S. 569–580; *Zarzalejos Toledano* LaLMerc 37 (2017) 10; ferner *Gallego Córcoles*, Asesores de voto (proxy advisors) y el ejercicio del derecho de voto en las sociedades cotizadas, 2014, S. 116–119.

978 *Gallego Córcoles*, Asesores de voto (proxy advisors) y el ejercicio del derecho de voto en las sociedades cotizadas, 2014, S. 127 f.

979 Dazu monographisch *Tobío Rivas*, Limitaciones de los derechos de asistencia y voto del accionista (Art. 105 LSA), 1995, S. 101–214; *Recalde Castells*, Limitación estatutaria del derecho de voto en las sociedades de capitales, 1996; ferner *Sánchez Calero* RDBB 42 (1991) 271; *Roncero Sánchez* RdS 39 (2012) 295.

eigene Aktien der Gesellschaft (Art. 148 lit. a) LSC) und nicht vollständig einbezahlte Aktien (Art. 83 I LSC) kein Stimmrecht vermitteln.

cc) Auskunftsrecht

Das Auskunftsrecht (*derecho de información*) ermöglicht dem Gesellschafter, **Informationen** von der Gesellschaft zu verlangen (Art. 93 lit. d) LSC), damit er sein Stimmrecht sinnvoll ausüben kann.[980] Insofern ist zwischen dem Auskunftsrecht vor der Generalversammlung und dem Fragerecht in der Generalversammlung zu differenzieren. 392

Das Auskunftsrecht **vor der Generalversammlung** erlaubt es, zu den einzelnen Tagesordnungspunkten Fragen zu stellen, bzw. Informationen oder Erklärungen zu verlangen (Art. 197 I 1 LSC). Die Geschäftsleiter sind zur Beantwortung verpflichtet (Art. 197 I 2 LSC). Davon unberührt bleiben Informations- und Berichtspflichten der Gesellschaft bei besonderen Maßnahmen, die einen Generalversammlungsbeschluss erfordern, zB Satzungsänderungen (Art. 286 LSC) oder Strukturmaßnahmen (Art. 33 LME). Ferner haben die Geschäftsleiter die Dokumente zur Verfügung zu stellen, die erforderlich sind, um den Jahresabschluss festzustellen. Dazu zählen etwa die Bilanz (*balance*), die Gewinn- und Verlustrechnung (*cuenta de pérdidas y ganancias*), der Anhang (*memoria*), der Lagebericht (*informe de gestión*), die Kapitalflussrechnung (*estado de flujos en efectivo*) sowie der Prüfbericht der Abschlussprüfer (*informe de auditoría*). Bei der Einberufung sind die Gesellschafter auf dieses Einsichtnahmerecht hinzuweisen (Art. 272 II LSC) (Rn. 236).[981] 393

Das Auskunftsrecht vor der Generalversammlung hat bestimmte **Voraussetzungen**. Die begehrten Informationen müssen dazu dienen, konkrete Tagesordnungspunkte besser zu verstehen, um sinnvoller über sie abstimmen zu können; ferner dürfen keine objektiven Anhaltspunkte dafür existieren, dass die Informationen gegen das Interesse der Gesellschaft verwendet werden oder ihre Veröffentlichung der Gesellschaft oder dem Konzern schadet (Art. 197 III LSC).[982] Entsprechendes gilt für das Auskunftsrecht während der Generalversammlung (Art. 197 III LSC) (Rn. 396). Ein Gesellschafter, der mit mehr als 25 % beteiligt ist, hat das Auskunftsrecht unabhängig von diesen Voraussetzungen (Art. 197 IV LSC), da sein Informationsinteresse besonders gewichtig ist.[983] Verwendet er die erhaltenen Informationen in einer Weise, die für die Gesellschaft schädlich oder missbräuchlich ist, haftet er aber auf Schadensersatz (Art. 197 VI LSC).[984] Darüber hinaus kann das Auskunftsrecht nur vom Tag der Einberufung, die spätestens einen Monat vor der Generalversammlung vorzunehmen ist (Art. 176 I LSC), bis sieben Tage vor dem Versammlungstermin (Art. 197 I LSC) ausgeübt werden. Damit die Gesellschafter ihr Stimmrecht sinnvoll ausüben können, müssen die Geschäftsleiter vor Beginn der Generalversammlung antworten.[985] 394

Im **Konzern** ist es problematisch, inwiefern ein Minderheitsgesellschafter aufgrund seines Auskunftsrechts auch Informationen zu einer Tochtergesellschaft verlangen kann.[986] Nach der Rechtsprechung ist dies möglich, insbesondere wenn der Gesellschafter mit mindestens 25 % beteiligt ist (Art. 197 IV LSC), und zwar auch dann, wenn die begehrten Informationen nicht unmittelbar mit einem Tagesordnungspunkt der Generalversammlung zusammenhängen.[987] Denn ist ein Gesellschafter derartig hoch beteiligt, hat er regelmäßig keine Anreize, die Informationen entgegen dem Gesellschaftsinteresse zu verwenden. Im Einzelfall kann dies auch schon bei einer geringeren Beteiligung der Fall sein. Die Auskunft kann vor allem dann nicht verweigert werden, wenn sie sich auf Aspekte mit besonderer Tragweite bezieht (zB den Unternehmensgegenstand oder die Ausgestaltung des 395

---

980 *Valenzuela Garach*, La información en la sociedad anónima y el mercado de valores, 1993; *Esteban Velasco* in: Alonso Ureba (Hrsg.), Derecho de Sociedades Anónimas, Bd. 2-1, 1994, S. 175–254; *Peñas Moyano* RdS 6 (1996) 233; *Martínez Martínez*, El derecho de información del accionista en la sociedad anónima, 1999, S. 35–46; *Sánchez Andrés*, El derecho de información del accionista: objeto, límites y forma de ejercicio, 2001; *Martínez Martínez* RdS 24 (2005) 19; *ders.* RDM 26 (2006) 39; *Benavides Velasco* RDM 302 (2016) 207; ursprünglich bereits *Garrigues Díaz-Cañabate* in: FS Uría González, 1978, S. 169–182; zu den Besonderheiten bei börsennotierten Gesellschaften *García-Cruces González/Moralejo Menéndez* in: Fleckner/Hopt (Hrsg.), Comparative Corporate Governance, 2013, S. 822, 856–859; im deutschsprachigen Schrifttum *Sánchez Weickgenannt* in: B. Löber/Wicke/Huzel (Hrsg.), Handels- und Wirtschaftsrecht in Spanien, 2008, Rn. 2.55–2.58.

981 Allgemein dazu *Campins Vargas* RDM 284 (2012) 423; ferner *Romero Fernández*, El derecho de información documental del accionista, 2000; im deutschsprachigen Schrifttum *Ruiz de Vargas*, Jahresabschluss von Kapitalgesellschaften nach neuem Recht in Spanien, 1992, S. 13 f.

982 Zur Verwendung gegen das Gesellschaftsinteresse Sentencia del Tribunal Suprema de 1 de septiembre de 2006, núm. 824, besprochen von *Viguera Revuelta* CCJC 2008, 17; zur Schädigung der Gesellschaft *Farrando Miguel* in: FS Sánchez Calero, Bd. 1, 2002, S. 769–814.

983 *Martínez Martínez*, El derecho de información del accionista en la sociedad anónima, 1999, S. 399–403.

984 *Martínez Martínez*, El derecho de información del accionista en la sociedad anónima, 1999, S. 378–387.

985 *Martínez Martínez*, El derecho de información del accionista en la sociedad anónima, 1999, S. 333–335.

986 Dazu *Embid Irujo* in: Agúndez/Martínez-Simancas (Hrsg.), Accionistas minoritarios, 2011, S. 217–236.

987 Sentencia del Tribunal Supremo de 15 de julio de 2015, núm. 406, besprochen von *Gimeno Ribes* in: Embid Irujo (Hrsg.), Archivo Commenda de Jurisprudencia Societaria 2015–2016, 2017, S. 85–91.

Verwaltungsrats), oder wenn die Tochtergesellschaft nur einen einzigen Gesellschafter hat.[988] Denn in diesen Fällen besteht eine enge Verbindung zur Muttergesellschaft und zur allgemeinen Konzernstrategie.

396 Auch **während der Generalversammlung** können die Gesellschafter Informationen bzw. Erklärungen verlangen oder Fragen an die Geschäftsleitung richten; diese hat maximal sieben Tage Zeit, um zu antworten (Art. 197 II LSC). Seit der *Ley 31/2014* können Generalversammlungsbeschlüsse aber nicht mehr wegen einer Verletzung des Auskunftsrechts während der Generalversammlung angefochten werden; der betroffene Gesellschafter hat stattdessen einen Schadensersatzanspruch (Art. 197 V LSC). Dadurch soll verhindert werden, dass räuberische Gesellschafter in unzulässiger Weise Druck auf die Gesellschaft ausüben können (Rn. 257).[989]

b) Vermögensrechte

aa) Gewinnbezugsrecht

397 Das **wichtigste Vermögensrecht** ist das Gewinnbezugsrecht (Art. 93 lit. a) LSC) (*derecho a participar en el reparto de las ganancias sociales*).[990] Insofern wird zwischen dem abstrakten Recht auf der einen und dem konkreten Recht bzw. dem Dividendenrecht auf der anderen Seite unterschieden. Während das abstrakte Gewinnbezugsrecht allgemein die Teilhabe jedes Gesellschafters am Gewinn der Gesellschaft verkörpert,[991] gewährt das Dividendenrecht einen konkreten Anspruch auf Auszahlung eines Teils des Jahresüberschusses.[992]

398 Das **abstrakte Gewinnbezugsrecht** erlangt praktische Bedeutung, wenn die *Sociedad Anónima* über einen längeren Zeitraum keinerlei Gewinne ausschüttet, sei es, weil sie den kompletten Jahresüberschuss thesauriert, oder, weil der Mehrheitsgesellschafter oder die Geschäftsleitung die Gewinne in missbräuchlicher Weise für sich beansprucht, ohne die Minderheitsgesellschafter partizipieren zu lassen.[993] Die Rechtsprechung war in diesen Fällen traditionell restriktiv und hat das abstrakte Recht auf Gewinnbeteiligung nur bei offensichtlichem Missbrauch als verletzt angesehen.[994] Charakteristisch ist insofern der Fall, dass die Gesellschaft trotz regelmäßiger Jahresüberschüsse keinerlei Ausschüttungen vorgenommen hat, während der Mehrheitsgesellschafter als Alleingeschäftsleiter bestellt worden ist und eine überdurchschnittlich hohe Vergütung erhalten hat.[995] In einer solchen Konstellation könne der Thesaurierungsbeschluss der Generalversammlung angefochten werden, da er rechtsmissbräuchlich iSd Art. 7 II CC sei und folglich gegen das Gesetz verstoße.[996] Im Anschluss an die *Ley 31/2014* läuft ein solcher Beschluss nach heutiger Rechtslage dem Gesellschaftsinteresse zuwider und ist auf dieser Grundlage anfechtbar; denn der Mehrheitsgesellschafter handelt in diesem Fall in seinem Eigeninteresse, ohne dass er den Willen der Minderheitsgesellschafter hinreichend berücksichtigt oder das Gesellschaftswohl objektiv ein solches Handeln erfordert (Art. 204 I 2, 3 LSC) (Rn. 251).

399 Daneben hat die *Ley 25/2011* ein **Austrittsrecht** eingeführt, das vor einer missbräuchlichen Gewinnthesaurierung schützen soll.[997] Diese Regelung ist zwingend.[998] Das Austrittsrecht steht nach Art. 348bis II LSC einem Gesellschafter zu, wenn die Gesellschaft seit mindestens fünf Jahren im Handelsregister eingetragen ist und grundsätzlich Gewinne ausschütten könnte (Rn. 339), die Generalversammlung aber entgegen seinen Stimmen beschließt, weniger als ein Drittel des Jahresüberschusses an die Gesellschafter zu verteilen. In börsennotierten Gesellschaften existiert ein solches Austrittsrecht hingegen nicht (Art. 348bis III LSC). Im Schrifttum ist die Regelung auf scharfe Kritik gestoßen, da sie drastisch in die Kapitalverfassung der Gesellschaft eingreife und nicht ausreichend berücksichtige, dass eine profitable Gesellschaft nicht unbedingt ausreichend liquide sei, um Gewinne auszuschütten; in der Folge könnten Gesellschaften in eine Schieflage geraten, wenn sie aufgrund ihrer Liquiditätssituation ihren Jahresüberschuss thesaurieren, gleichzeitig aber gezwungen würden, austretende Ge-

988 Sentencia del Tribunal Supremo de 15 de julio de 2015, núm. 406.

989 Dazu *Fuentes Naharro* RDBB 128 (2012) 7.

990 Allgemein dazu *Díaz Echegaray*, El derecho a participar en el reparto de las ganancias sociales, 2006.

991 *Uría González/Menéndez Menéndez/García de Enterría Lorenzo-Velázquez* in: Uría González/Menéndez Menéndez (Hrsg.), Curso de Derecho Mercantil, Bd. 1, 2006, S. 876 f.

992 Dazu *Muñoz Martín* in: Alonso Ureba (Hrsg.), Derecho de Sociedades Anónimas, Bd. 2-1, 1994, S. 303–340; *Fernández-Albor Baltar* in: Agúndez/Martínez-Simancas (Hrsg.), Accionistas minoritarios, 2011, S. 99–114.

993 Grundlegend *Cabanas Trejo/Machado Plazas* RdS 4 (1995) 292; *García-Moreno Gonzalo* in: FS Sánchez Calero, Bd. 1, 2002, S. 959–1010.

994 *Rojo Fernández-Río* in: Rojo Fernández-Río/Beltrán Sánchez (Hrsg.), Comentario de la Ley de Sociedades de Capital, Bd. 1, 2011, S. 1440 f. mit Nachweisen zur Rechtsprechung.

995 Sentencia del Tribunal Supremo de 7 de diciembre de 2011, núm. 873.

996 Sentencia del Tribunal Supremo de 7 de diciembre de 2011, núm. 873; ferner *Iraculis Arregui* RDM 281 (2011) 251.

997 Dazu *Jiménez de Parga* in: FS Gómez Segade, 2013, S. 213–220; *Alfaro Águila-Real/Campins Vargas* in: FS Iglesias Prada, 2014, S. 65, 77; im deutschsprachigen Schrifttum *Fleischer/Trinks* NZG 2015, 289, 295 f.

998 *Marina García-Tuñón* RdS 49 (2017) 27, 40 f.; aA *Alfaro Águila-Real/Campins Vargas* in: FS Iglesias Prada, 2014, S. 65, 82; *Álvarez Royo-Villanova/Fernández del Pozo* LaLMerc 33 (2017) 1.

sellschafter abzufinden.[999] Vor diesem Hintergrund hat sich der Gesetzgeber in der 2008 beginnenden Finanz- und Wirtschaftskrise dazu entschlossen, durch die *Ley 1/2012* die Anwendung der Norm vorübergehend auszusetzen. Die Aussetzung endete am 1. Januar 2017, und die alte Norm trat wieder in Kraft. Konzeptionell ist an der Regelung zu kritisieren, dass sie den Missbrauch der Gewinnthesaurierung im Verhältnis zwischen den Minderheitsgesellschaftern und der Gesellschaft zu adressieren versucht; sachgerechter wäre es hingegen, darin eine Ausprägung des Prinzipal-Agenten-Konflikts zwischen Mehrheits- und Minderheitsgesellschaftern zu sehen.[1000]

Auf sein **Dividendenrecht** kann sich der Gesellschafter berufen, wenn die Generalversammlung einzelne Gesellschafter von der Gewinnverteilung ausgeschlossen hat oder wenn die Gesellschaft entgegen einem entsprechenden Gewinnverteilungsbeschluss keine Dividende auszahlt.[1001] Die Höhe der Dividende, die jedem Gesellschafter zusteht, bemisst sich dabei nach dem prozentualen Anteil seiner Beteiligung am gezeichneten Kapital (Art. 275 II LSC). 400

bb) Bezugsrecht

Das **Bezugsrecht** (Art. 93 lit. b) LSC) ermöglicht den Gesellschaftern, im Falle einer Kapitalerhöhung eine Verwässerung ihrer Beteiligung zu verhindern (Rn. 359–362).[1002] Dabei handelt es sich um ein gemischtes Recht, das sicherstellen soll, dass die Gesellschafter gleichermaßen am Gewinn der Gesellschaft partizipieren und weiterhin einen gleichbleibenden Einfluss ausüben können.[1003] 401

cc) Recht auf den Abwicklungsüberschuss

Wird die Gesellschaft liquidiert, steht dem Gesellschafter ein Recht auf Teilhabe am **Abwicklungsüberschuss** zu (Art. 93 lit. a) LSC), dh der Teil des Gesellschaftsvermögens, der nach Berichtigung aller Verbindlichkeiten im Rahmen der Liquidation verbleibt. Seine Verteilung richtet sich wie bei den anderen Vermögensrechten nach der Größe der Beteiligung (Rn. 446 f.).[1004] 402

6. Mitgliederwechsel

Die Mitgliedschaft kann durch Übertragung von Aktien und durch Austritt bzw. Ausschluss eines Gesellschafters wechseln. Da bei der *Sociedad Anónima* die Desinvestition durch Übertragung der Aktien vergleichsweise einfach ist, sind die Möglichkeiten des Austritts bzw. Ausschlusses im Gegenzug auf wenige gesetzlich geregelte Fälle beschränkt. 403

a) Übertragung von Aktien

aa) Unter Lebenden

Die Art und Weise, wie Aktien einer *Sociedad Anónima* übertragen werden (*transmisión de acciones*), hängt davon ab, ob es sich um Buch- oder Briefaktien und – im Falle der Briefaktien – um Namens- oder Inhaberaktien handelt.[1005] Die Übertragung kann aufgrund der Satzung oder in bestimmten Situationen eingeschränkt sein. 404

Inhaberaktien werden nach denselben zivilrechtlichen Vorschriften übertragen wie das Eigentum an beweglichen Sachen (Art. 609 CC). Das spanische Sachenrecht kennt anders als etwa die deutsche Rechtsordnung kein Trennungs- und Abstraktionsprinzip sowie anders als etwa die französische Rechtsordnung kein Einheitsprinzip (*système consensualiste*). Vielmehr erfordert die Eigentumsübertragung sowohl eine physische Übergabe (*traditio*)[1006] als auch ein zugrundeliegendes Rechtsgeschäft, durch dessen Abschluss sich der Rechtsinhaber ver- 405

999 *Jiménez de Parga* in: FS Gómez Segade, 2013, S. 213–220; *Marina García-Tuñón* RdS 49 (2017) 27, 39; *Ruiz Núñez* RdS 49 (2017) 199, 206.

1000 Indirekt zustimmend *Ruiz Núñez* RdS 49 (2017) 199, 206; kritisch *Álvarez Royo-Villanova/Fernández del Pozo* LaLMerc 33 (2017) 1; zum Prinzipal-Agenten-Konflikt im Verhältnis Mehrheitsgesellschafter-Minderheitsgesellschafter *Armour/Hansmann/Kraakman* in: Kraakman ua (Hrsg.), The Anatomy of Corporate Law, 2017, S. 29, 30.

1001 *Ortuño Baeza* in: Rojo Fernández-Río/Beltrán Sánchez (Hrsg.), Comentario de la Ley de Sociedades de Capital, Bd. 2, 2011, S. 2044–2046.

1002 Grundlegend *Alfaro Águila-Real*, Interés social y derecho de suscripción preferente, 1995; zur Beschränkung des Bezugsrechts ferner *Alonso Ledesma* in: FS Girón Tena, 1991, S. 31–64; *ders.*, La exclusión del derecho de suscripción preferente en sociedades anónimas, 1995.

1003 *Tobío Rivas*, Limitaciones de los derechos de asistencia y voto del accionista (Art. 105 LSA), 1995, S. 20 f.

1004 Für börsennotierte Gesellschaften *García Sanz* in: Peinado Gracia/Cremades García (Hrsg.), El accionista minoritario en la sociedad cotizada, 2012, S. 763–788.

1005 Allgemein dazu *Alonso Espinosa* RDBB 45 (1992) 35.

1006 Zur Übertragung von Aktien *Madrid Parra* RDBB 37 (1990) 23; *González Castilla* RdS 34 (2010) 347.

pflichtet, das Eigentum zu übertragen (*sistema de título y modo*).[1007] Da Inhaberaktien sämtliche Vermögensrechte des Gesellschafters verkörpern,[1008] gehen diese zusammen mit dem Eigentum an der Aktie auf den Rechtsnachfolger über. Art. 120 II 1 LSC verweist auf Art. 545 CCom, der allgemein die Übertragung von Wertpapieren regelt, aber auf den Vorschriften zur Eigentumsübertragung beruht (Art. 609 II CC).

406 Die Übertragung von **Namensaktien** erfordert neben dem Übergang des Eigentums iSd Art. 545 CCom grundsätzlich auch die Eintragung des Rechtsnachfolgers ins Registerbuch (*libro registro de acciones nominativas*) (Art. 120 I 2 LSC).[1009] Daneben können Namensaktien auch durch Indossament (*endoso*) übertragen werden. Dazu muss der ursprüngliche Gesellschafter bei Übergabe der Aktie auf ihrer Rückseite unterschreiben; im Übrigen sind gemäß Art. 120 II 2 LSC die allgemeinen Vorschriften des Wechselrechts anwendbar (Artt. 15 f., 19 f. LCCh).[1010]

407 Die Übertragung von **Buchaktien**, der praktische Regelfall, bedarf keiner physischen Übergabe. Erforderlich ist lediglich die Eintragung des neuen Gesellschafters im Aktienregister (*registro de valores representados por medio de anotaciones en cuenta*). Dazu verweist Art. 118 I LSC auf die allgemeine kapitalmarktrechtliche Regelung in Art. 11 LMV.[1011]

408 Eingeschränkt ist die Übertragbarkeit im unmittelbaren Anschluss an die **Gründung** oder an eine **Kapitalerhöhung**; neu ausgegebene Aktien können erst übertragen werden, nachdem die jeweilige Maßnahme ins Handelsregister eingetragen worden ist (Art. 34 LSC).[1012] Im Rahmen der Gründung ist von dieser Einschränkung aber eine Ausnahme zu machen. Zwar existiert die Gesellschaft bis zu ihrer Eintragung nicht als *Sociedad Anónima*; als Vorgesellschaft (*sociedad en formación*) kann sie aber bereits die Rechtspersönlichkeit einer Personengesellschaft haben (Rn. 203). In der Folge ist Art. 34 LSC für diesen Fall einschränkend auszulegen, so dass bis zur Eintragung zwar keine Aktien nach den vorgenannten Vorschriften übertragen werden können, wohl aber Anteile nach den Vorschriften des Personengesellschaftsrechts (Rn. 93–95).[1013]

409 Ist die *Sociedad Anónima* eingetragen, sind die **Briefaktien** aber noch **nicht gedruckt**, können sie nur durch Abtretung der in der Aktie verkörperten Rechte übertragen werden. Diese Abtretung ist wie eine Forderungsabtretung zu behandeln (Art. 120 I 1 LSC) und muss dem Schuldner mitgeteilt werden (Art. 347 CCom). Als Schuldner gilt in diesem Fall die Gesellschaft, da der Gesellschafter sie zur Durchsetzung seiner Verwaltungs- und Vermögensrechte in Anspruch nehmen kann.[1014]

410 Hat ein Gesellschafter seine **Einlage** noch **nicht vollständig geleistet**, sind die Aktien zwar frei übertragbar, Veräußerer und Erwerber haften aber drei Jahre lang als Gesamtschuldner für den noch ausstehenden Teil der Einlage (Art. 85 I, II LSC). Nimmt die Gesellschaft den Erwerber auf Leistung der Einlage in Anspruch, kann dieser vom Veräußerer Regress verlangen.

411 Auch die **Satzung** kann die Übertragbarkeit einschränken (*cláusulas limitativas de la transmisibilidad*),[1015] jedoch nur für Namensaktien (Artt. 123 I 1 LSC, 123 I RRM). Werden diese Einschränkungen nachträglich durch eine Satzungsänderung eingeführt, können Gesellschafter, die in der Generalversammlung gegen den satzungsändernden Beschluss gestimmt haben, ihre Aktien drei Monate ungeachtet der neuen Einschränkungen veräußern. Zu berücksichtigen ist dabei, dass statutarische Einschränkungen nicht dem Charakter der *Sociedad Anónima* zuwiderlaufen dürfen.[1016] Satzungsklauseln, welche die Übertragbarkeit von Aktien gänzlich ausschließen, sind daher nichtig (Art. 123 II LSC).

1007 Statt vieler monographisch *Rubio Garrido*, Contrato de compraventa y transmisión de la propiedad, 1993.

1008 Grundlegend im deutschen Schrifttum *E. Ulmer*, Das Recht der Wertpapiere, 1938, S. 47 f.; *Canaris/A. Hueck*, Recht der Wertpapiere, 1986, S. 2–7.

1009 Dazu *Pérez Millán* in: FS García Villaverde, Bd. 2, 2007, S. 999–1020.

1010 BOE 19 julio 1985, núm. 172, S. 22936, Ley 19/1985, de 19 de 16 de julio, Cambiaria y del Cheque.

1011 *Díaz Moreno/Príes Picardo* in: Jiménez Sánchez (Hrsg.), Negocios sobre derechos no incorporados a títulos-valores y sobre relaciones jurídicas especiales, 1992, S. 309–350; *González Castilla*, Representación de acciones por medio de anotaciones en cuenta, 1999, S. 457–500.

1012 Allgemein dazu *Calvo Rojas* CDC 10 (1991) 173; *Alonso Ledesma* in: Alonso Ureba (Hrsg.), Derecho de Sociedades Anónimas, Bd. 2-2, 1994, S. 961–1032.

1013 So auch *Magariños Blanco* RDP 78 (1994) 99, 108; aA *Pérez de la Cruz Blanco* in: Jiménez Sánchez (Hrsg.), Negocios sobre derechos no incorporados a títulos-valores y sobre relaciones jurídicas especiales, 1992, S. 243, 246.

1014 Sentencia del Tribunal Supremo de 4 de febrero de 2009, núm. 19.

1015 *García Luengo* in: Alonso Ureba (Hrsg.), Derecho de Sociedades Anónimas, Bd. 1, 1991, S. 167–204; *Madrid Parra* RDM 203–204 (1992) 147; *Yanes Yanes* in: Alonso Ureba (Hrsg.), Derecho de Sociedades Anónimas, Bd. 2-2, 1994, S. 1151–1200; *Cano Rico* in: FS Sánchez Calero, Bd. 1, 2002, S. 1011–1074; monographisch *Broseta Pont*, Restricciones estatutarias a la libre transmisibilidad de acciones, 1984; *Perdices Huetos*, Cláusulas restrictivas de la transmisión de acciones y participaciones, 1997; *Rodríguez Ruiz de Villa*, Las cláusulas estatutarias limitativas de la transmisión de acciones, 1998.

1016 S. etwa *Illescas Ortiz* CCJC 2012, 195, 208–210.

Der *Reglamento del Registro Mercantil* nennt **Beispiele unzulässiger Klauseln.**[1017] Danach kann ein Gesellschafter nicht verpflichtet werden, Aktien gegen seinen Willen oder unterhalb ihres wahren Werts zu veräußern (Art. 123 V, VI RRM). Unbedenklich ist hingegen eine Regelung, nach welcher der Abschlussprüfer der Gesellschaft den wahren Wert der Aktie zu ermitteln hat (Art. 123 VII RRM). Dabei entspricht der wahre Wert dem durch die Aktie repräsentierten Bruchteil des Unternehmenswerts, der insofern als Fortführungswert (*going-concern value*) zu verstehen ist und folglich dynamisch auf Grundlage zukünftiger Zahlungsströme (Rn. 104) berechnet wird. Unzulässig ist ein Vorerwerbsrecht (*derecho de adquisición preferente*) der anderen Gesellschafter[1018] oder der Gesellschaft[1019] zu denselben Konditionen, die der Veräußerer einem potenziellen Erwerber angeboten hat.[1020] Im Falle einer Vinkulierung (*condicionamiento*), dh, wenn die Übertragung von Aktien nur mit Zustimmung der Generalversammlung möglich ist, muss die Satzung die Gründe aufführen, aus denen die Zustimmung versagt werden darf (Art. 123 III 1 LSC).[1021] Unzulässig ist ferner eine Zwangs(rück)übertragung (*cláusula de rescate*) für den Fall, dass die Beteiligung einzelner Gesellschafter (zB Mitglieder einer Unternehmerfamilie) eine bestimmte Schwelle unterschreitet.[1022] 412

Auf der **Rechtsfolgenseite** macht der Verstoß gegen eine statutarische Beschränkung die Aktienübertragung unwirksam. Denn zum Erwerb der Gesellschafterstellung bedarf es im Falle von Namensaktien der Eintragung des Erwerbers ins Registerbuch (*libro registro de acciones nominativas*), die grundsätzlich die Geschäftsleiter vornehmen. Ein Geschäftsleiter, der die Eintragung eines unwirksamen Erwerbs veranlasst, handelt satzungswidrig und macht sich damit schadensersatzpflichtig (Art. 236 I 1 LSC). 413

bb) Von Todes wegen

Aktienübertragungen **von Todes wegen** richten sich nach den Vorschriften des Erbrechts. Die Satzung kann jedoch bestimmen, dass Einschränkungen, die für die Übertragung unter Lebenden vereinbart worden sind (Rn. 411), auch für Übertragungen von Todes wegen gelten (Art. 124 I LSC).[1023] In diesem Fall muss der Erbe die Möglichkeit bekommen, die Aktien an die Gesellschaft, einen anderen Gesellschafter oder einen Dritten zu veräußern (Art. 124 II 1 LSC); ihm ist ein Andienungsrecht zu gewähren. Dabei richtet sich der Veräußerungspreis nach dem wahren Wert der Aktien und ist von einem Sachverständigen zu bestimmen, der nicht gleichzeitig Abschlussprüfer der Gesellschaft sein darf (Art. 124 II 2 LSC). Denkbar ist es, diese Wertbestimmungsvorschrift auch auf die Übertragung unter Lebenden anzuwenden; dass die *Ley de Sociedades de Capital* davon auszugehen scheint, es bedürfe bei der Übertragung unter Lebenden regelmäßig keiner unabhängigen Wertbestimmung, bedeutet nicht, dass eine Ausweitung des Anwendungsbereichs ausgeschlossen ist, wenn ausnahmsweise Bedarf dafür besteht.[1024] 414

cc) Von Amts wegen

Auf eine **Übertragung von Amts wegen**, dh infolge einer Gerichts- oder Verwaltungsentscheidung, sind dieselben Regelungen anwendbar wie auf die Übertragung von Todes wegen (Art. 125 LSC) (Rn. 414).[1025] 415

1017 Überblick bei *Castelló Bernabeu/Bardají García* RdS 39 (2012) 323.

1018 Sentencia del Tribunal Supremo de 12 de noviembre de 2012, núm. 635, besprochen von *Gimeno Ribes* in: Embid Irujo (Hrsg.), Archivo Commenda de Jurisprudencia Societaria 2011–2012, 2014, S. 208–213.

1019 Sentencia del Tribunal Supremo de 30 de abril de 1999, núm. 357.

1020 Dazu *García Villaverde* RdS 4 (1995) 239; *Cheves Aguilar* RdS 10 (1998) 139; in der Rechtsprechung Sentencia del Tribunal Supremo de 14 de marzo de 2005, núm. 159, besprochen von *Viguera Revuelta* CCJC 2006, 221.

1021 Dazu monographisch *Perdices Huetos*, Cláusulas restrictivas de la transmisión de acciones y participaciones, 1997; ferner *Galán López* in: Alonso Ureba (Hrsg.), Derecho de Sociedades Anónimas, Bd. 2-2, 1994, S. 1033–1150.

1022 Sentencia del Tribunal Supremo de 10 de enero de 2011, núm. 889/2010, besprochen von *Illescas Ortiz* CCJC 2012, 195.

1023 Dazu *Cabanas Trejo/Machado Plazas* RdS 5 (1995) 147.

1024 *Alcover Garau* RdS 36 (2011) 355, 356; zum Fall, dass die Satzung ausdrücklich regelt, wie der wahre Wert bei der Aktienübertragung unter Lebenden zu bestimmen ist, *Lojendio Osborne* in: FS Broseta Pont, Bd. 2, 1995, S. 1995–2034.

1025 Näher dazu *Rodríguez Ruiz de Villa* RGD 1992, 10225; *ders.* RGD 1993, 4801; *Fradejas Rueda* RdS 2 (1994) 243; *Troncoso Reigada*, Transmisión forzosa de acciones y participaciones de S. L. y cláusulas restrictivas, 2004.

b) Austritt

416 Die Gesellschafter einer *Sociedad Anónima* haben in den Fällen des Art. 346 I LSC ein **gesetzliches Austrittsrecht.**[1026] Es setzt voraus, dass ein Gesellschafter bei einem bestimmten Beschluss der Generalversammlung überstimmt worden ist oder nicht mitgestimmt hat, da er nur stimmrechtslose Aktien gehalten hat.[1027] Infrage kommen ua Beschlüsse über die Änderung des Unternehmensgegenstands (Art. 346 I lit. a) LSC).[1028] Dabei reicht aber nicht jede Änderung,[1029] erforderlich ist vielmehr eine vollständige Ersetzung oder – seit der *Ley 25/2011* – substantielle Änderung (*sustitución o modificación sustancial*) des Unternehmensgegenstands (Rn. 189). Auch Beschlüsse über die Verlängerung einer befristet eingegangenen Gesellschaft können unter den genannten Voraussetzungen ein Austrittsrecht begründen (Art. 346 I lit. b) LSC); denn ein Gesellschafter soll nach Ablauf der ursprünglich vorgesehenen Dauer nicht weiter an die Gesellschaft gebunden sein.[1030] Entsprechendes gilt, wenn die Generalversammlung beschließt, eine aufgelöste Gesellschaft fortzusetzen (Art. 346 I lit. c) iVm Art. 370 LSC) (Rn. 456 f.), da ein solcher Beschluss regelmäßig mit einer wesentlichen Veränderung der Gesellschaftsstruktur (Strukturmaßnahme, Änderung des Unternehmensgegenstands o. ä.) einhergeht.[1031] Schließlich kommt ein Austrittsrecht bei Beschlüssen in Betracht, die Nebenleistungen begründen, ändern oder abschaffen (Art. 346 I lit. d) LSC).[1032] In diesem Fall kann das Austrittsrecht aber ausdrücklich in der Satzung modifiziert werden.[1033]

417 Für den **Formwechsel** und die **grenzüberschreitende Sitzverlegung** verweist Art. 346 III LSC auf die umwandlungsrechtlichen Vorschriften; danach steht denjenigen Gesellschaftern, die in der Generalversammlung gegen die betreffende Strukturmaßnahme gestimmt haben, in der Regel ein gesetzliches Austrittsrecht zu (Artt. 15 I, 99 LME).[1034] Bei einem Formwechsel von einer Gesellschaft mit beschränkter Haftung in eine Gesellschaft mit unbeschränkter Haftung (zB Umwandlung einer *Sociedad Anónima* in eine *Sociedad Colectiva*) müssen sich die ablehnenden Gesellschafter innerhalb eines Monats dem Formwechselbeschluss anschließen (Art. 15 II LME), um nicht kraft Gesetzes ausgeschlossen zu werden. Diese *opt in*-Regelung soll verhindern, dass ein unaufmerksamer Kleingesellschafter gegen seinen Willen in einer *Sociedad Colectiva* endet und einem persönlichen Haftungsrisiko ausgesetzt wird.

418 Ein gesetzliches Austrittsrecht besteht seit der *Ley 25/2011* ferner für den Fall einer fortwährenden **Verletzung des Gewinnbezugsrechts** (Art. 348bis I LSC) (Rn. 399).[1035]

419 Auch die **Satzung** kann Austrittsrechte vorsehen (Art. 347 I LSC). Dafür ist die Zustimmung aller Gesellschafter erforderlich (Art. 347 II LSC). Unzulässig ist es nach der Rechtsprechung des *Tribunal Supremo* jedoch, ein Austrittsrecht zu vereinbaren, welches keinen rechtfertigenden Grund voraussetzt. Denn ein solches könnte die Liquidität der Gesellschaft erheblich beeinträchtigen und damit ihre Fortführung gefährden.[1036] Dies wäre mit dem Charakter der *Sociedad Anónima* nicht zu vereinbaren (Art. 28 LSC).[1037]

420 Begründet ein Generalversammlungsbeschluss für einen Teil der Gesellschafter ein Austrittsrecht, muss er im *Boletín Oficial del Registro Mercantil* **veröffentlicht** werden (Art. 348 I LSC). Ab diesem Zeitpunkt haben die betroffenen Gesellschafter einen Monat Zeit, ihr Austrittsrecht auszuüben (Art. 348 II LSC). Erst wenn die Geschäftsleiter erklärt haben, dass innerhalb dieser Frist kein Gesellschafter von seinem Austrittsrecht Gebrauch gemacht hat oder die Gesellschaft die Aktien der Austretenden erworben bzw. eingezogen hat, kann der zugrundeliegende Beschluss ins Handelsregister eingetragen werden (Art. 349 LSC) (Rn. 422).

1026 Dazu ausführlich *González Castilla* in: Rodríguez Artigas/Farrando Miguel/González Castilla (Hrsg.), Las reformas de la Ley de sociedades de capital, 2012, S. 243–292.

1027 Dazu *Rodas Paredes*, La separación del socio en la Ley de sociedades de capital, 2013; früher schon *Farrando Miguel*, El derecho de separación del socio en la Ley de Sociedades Anónimas y la Ley de sociedades de responsabilidad limitada, 1998; *Brenes Cortés*, El derecho de separación del accionista, 1999; *Perales Viscasillas*, El derecho de separación del socio en las sociedades de capital, 2001.

1028 *Brenes Cortés* RdS 37 (2011) 19, 21 f.; *Moya Ballester* RdS 38 (2012) 411.

1029 Bereits vor der *Ley 25/2011* s. *Uría González/Menéndez Menéndez/García de Enterría Lorenzo-Velázquez* in: Uría González/Menéndez Menéndez (Hrsg.), Curso de Derecho Mercantil, Bd. 1, 2006, S. 1030.

1030 *Brenes Cortés* RdS 37 (2011) 19, 22 f.

1031 *Rodas Paredes*, La separación del socio en la Ley de sociedades de capital, 2013, S. 49.

1032 *Brenes Cortés* RdS 37 (2011) 19, 23 f.

1033 *Brenes Cortés* RdS 37 (2011) 19, 23.

1034 Dazu *Rodas Paredes*, La separación del socio en la Ley de sociedades de capital, 2013, S. 56–65; zur Sitzverlegung einer SE *Lincke/Jiménez Renedo* in: B. Löber/Wicke/Huzel (Hrsg.), Handels- und Wirtschaftsrecht in Spanien, 2008, Rn. 4.13.

1035 Näher *Brenes Cortés* RdS 37 (2011) 19, 31–33; weiterführend *Vázquez Lépinette* RDM 283 (2012) 169; *García Sanz* RdS 38 (2012) 55; im deutschsprachigen Schrifttum *Fleischer/Trinks* NZG 2015, 289, 295 f.

1036 *Rodas Paredes*, La separación del socio en la Ley de sociedades de capital, 2013, S. 89–92.

1037 Bei der *Sociedad de Responsabilidad Limitada* ist eine solche Gestaltung hingegen möglich; s. dazu Sentencia del Tribunal Supremo, núm. 796, besprochen von *Rodas Paredes* in: Embid Irujo (Hrsg.), Archivo Commenda de Jurisprudencia Societaria 2011–2012, 2014, S. 103–107.

Übt ein Gesellschafter sein Austrittsrecht aus, soll er sich mit der Gesellschaft auf einen **Erwerbspreis** oder einen **Abfindungsbetrag** einigen, den sie ihm für die Übernahme oder die Einziehung der Aktien zahlt.[1038] Kommt keine Einigung zustande, kann jede Seite beim Handelsregister die Bestellung eines unabhängigen Sachverständigen beantragen (Art. 353 I LSC). Dieser hat dann innerhalb von zwei Monaten in einem Gutachten (*informe del experto independiente*) anhand der zur Gesellschaft verfügbaren Informationen den wahren Aktienwert als Erwerbspreis bzw. Abfindungsbetrag zu ermitteln (Art. 354 I, II LSC) und ist dafür von der Gesellschaft zu vergüten (Art. 355 I LSC). Innerhalb der folgenden zwei Monate kann sich der Gesellschafter den Erwerbspreis bzw. Abfindungsbetrag am Sitz der Gesellschaft oder von einem ihrer Bankkonten auszahlen lassen (Art. 356 I, II LSC). 421

Der Austritt wirkt sich auf das gezeichnete Kapital aus. Die Gesellschaft kann eine **Kapitalherabsetzung** durchführen oder die Aktien erwerben (**Erwerb eigener Aktien**), ohne dass dazu ein Generalversammlungsbeschluss erforderlich ist (Artt. 358 I, 359 LSC).[1039] Im Übrigen sind die für den Erwerb eigener Aktien geltenden Vorschriften (Rn. 341–343) zu beachten. Sinkt das gezeichnete Kapital durch die Kapitalherabsetzung unter den gesetzlichen Mindestbetrag, ist die *Sociedad Anónima* aufzulösen (Art. 360 I lit. b) LSC) (Rn. 438) oder in eine Gesellschaftsform mit niedrigerem Mindestkapital umzuwandeln. 422

c) Ausschluss

Anders als bei der *Sociedad de Responsabilidad Limitada* kennt das Gesetz für die *Sociedad Anónima* als rein kapitalistisch geprägte Rechtsform keine **Ausschlussgründe** (Art. 350 LSC *e contrario*). Gleichwohl kann die Satzung seit der *Ley 25/2011* bestimmte Ausschlussgründe vorsehen, wenn alle Gesellschafter zustimmen (Art. 351 LSC).[1040] 423

Um einen Gesellschafter auszuschließen, ist immer ein **Generalversammlungsbeschluss** erforderlich (Art. 352 I LSC). Umstritten ist, ob dieser auch bei der *Sociedad Anónima* mit einer Zweidrittelmehrheit gefasst werden muss wie bei der *Sociedad de Responsabilidad Limitada* (Art. 199 lit. b) LSC). Art. 201 iVm Art. 194 LSC trifft insofern zwar keine Regelung; fraglich ist aber, ob Art. 199 lit. b) LSC analog anwendbar ist.[1041] Sinn und Zweck sprechen dafür, da die Beendigung der Mitgliedschaft gegen den Willen des Gesellschafters eine Maßnahme mit besonderer Tragweite ist. Auch ein Vergleich mit den Anforderungen an den Ausschluss eines Gesellschafters, dessen Beteiligung mehr als 25 % umfasst, spricht für eine Analogie. Denn dazu bedarf es zwingend eines gerichtlichen Urteils, entweder unmittelbar (Art. 352 III LSC) oder mittelbar im Rahmen eines Haftungsprozesses gegen einen Mehrheitsgesellschafter, der gleichzeitig Geschäftsleiter gewesen ist. 424

Das **Ausschlussverfahren** richtet sich nach denselben Vorschriften wie das Verfahren beim Austritt (Artt. 353–359 LSC) (Rn. 421 f.). Abweichend davon kann jedoch bestimmt werden, dass der unabhängige Sachverständige anteilig vom auszuschließenden Gesellschafter zu vergüten ist, und zwar *pro rata* entsprechend der Größe seiner Beteiligung (Art. 355 II LSC). 425

7. Beendigung

a) Auflösung

aa) Freiwillige Auflösung

Eine *Sociedad Anónima* kann freiwillig durch **Generalversammlungsbeschluss** aufgelöst werden (Art. 368 LSC). Dazu bedarf es einer satzungsändernden Mehrheit; ist mehr als die Hälfte des Gesellschaftskapitals vertreten, beträgt diese 50 %, andernfalls zwei Drittel (Art. 368 iVm Art. 201 II LSC) (Rn. 244). Die Auflösungszuständigkeit kann die Generalversammlung nicht auf die Geschäftsleitung delegieren.[1042] 426

Mit der Auflösung beginnt die **Liquidationsphase** (Art. 371 I LSC), in welcher der Gesellschaftszweck keine werbende Tätigkeit mehr umfasst, sondern darauf gerichtet ist, ausstehende Verbindlichkeiten zu tilgen und das verbleibende Gesellschaftsvermögen an die Gesellschafter auszukehren (Rn. 443–447). Die Auflösung ist ins Handelsregister einzutragen (Art. 369 LSC) und erst dann gegenüber Dritten wirksam (Art. 226 CCom). Die Firma ist um den Zusatz „*en liquidación*" zu ergänzen (Art. 371 II 2 LSC). 427

Die Auflösung hat keine Auswirkungen auf die **Rechtspersönlichkeit** (Art. 371 II 1 LSC). Diese endet erst, wenn die *Sociedad Anónima* aus dem Handelsregister gelöscht wird (Artt. 395 f. LSC) (Rn. 452 f.). 428

1038 Dazu *Pérez-Serrabona González* RDM 245 (2002) 1233.

1039 Dazu *Duque Domínguez*, Las formas del derecho de separación del accionista y la organización jurídica y financiera de la sociedad, 1990.

1040 Zur alten Rechtslage *Gutiérrez Gilsanz* RdS 12 (1999) 336; *Viera González* RdS 17 (2001) 47; *Pérez Rodríguez* RdS 25 (2005) 259.

1041 Dafür *Broseta Pont/Martínez Sanz*, Manual de Derecho Mercantil, Bd. 1, 2016, S. 440.

1042 *Moya Jiménez*, Disolución, Liquidación y Transformación de sociedades de capital, 2011, S. 48.

bb) Zwingende Auflösung

429 Von einer zwingenden Auflösung (*disolución por constatación de la existencia de causa legal o estatutaria*) spricht man, wenn die Generalversammlung anlässlich eines bestimmten Grundes über den Weiterbetrieb der Gesellschaft beschließen muss (Art. 362 LSC). Solche zwingenden Auflösungsgründe können sich aus der **Satzung** (Artt. 362, 363 I lit. h) LSC) oder unmittelbar aus dem **Gesetz** ergeben (Rn. 430–434).

430 Ein zwingender Auflösungsgrund besteht,[1043] wenn die Gesellschaft dauerhaft **keiner werbenden Tätigkeit** mehr nachgeht. Dies wird widerleglich vermutet, wenn die Gesellschaft seit einem Jahr ihre Geschäftstätigkeit eingestellt hat (Art. 363 I lit. a) LSC). Weitere zwingende Auflösungsgründe sind die **Erreichung des Gesellschaftszwecks** (Art. 363 I lit. b) LSC)[1044] sowie sein **Fortfall** (Art. 363 I lit. c) LSC).

431 Auch eine **Blockade der Gesellschaftsorgane** stellt einen zwingenden Auflösungsgrund dar (Art. 363 I lit. d) LSC).[1045] Paradigmatisch ist insofern eine Konstellation, in der die einzigen beiden Gesellschafter jeweils mit 50 % beteiligt sind und paritätisch die Geschäftsleitung besetzen, deren Mitglieder gesamtgeschäftsführungsbefugt sind.[1046] Unzureichend ist aber eine bloß vorübergehende Situation, in der die Generalversammlung keine Beschlüsse fassen kann. Einen zwingenden Auflösungsgrund begründet vielmehr nur eine dauerhafte Blockade; zwei aufeinanderfolgende ordentliche Generalversammlungen dürften insofern ausreichen.[1047]

432 Entstehen **Verluste in Höhe der Hälfte des gezeichneten Kapitals**, ordnet Art. 363 I lit. e) LSC ebenfalls eine zwingende Auflösung an.[1048] Damit setzt die Vorschrift die *recapitalize or liquidate*-Regel der Zweiten gesellschaftsrechtlichen EWG-Richtlinie[1049] um.[1050] Problematisch ist in diesem Fall, zu welchem **Zeitpunkt** die Geschäftsleiter die Generalversammlung einberufen müssen. Die strengstmögliche Interpretation würde dazu auf den Moment abstellen, in dem die Verluste tatsächlich anfallen. Sie hätte allerdings zur Folge, dass in kleineren Gesellschaften mit saisonalen Ergebnisschwankungen unterjährig die Generalversammlung einberufen werden müsste, um über die Auflösung zu entscheiden. Alternativ ließe sich auf die Feststellung des Jahresabschlusses abstellen.[1051] Dieser Zeitpunkt ist hingegen zu spät, da die Geschäftsleiter spätestens bei der vorherigen Aufstellung von der bilanziellen Situation erfahren haben. Folglich müssen die Geschäftsleiter spätestens, wenn sie den Jahresabschluss aufstellen (Art. 253 LSC), die Generalversammlung einberufen. Dafür spricht auch, dass sie auf Schadensersatz haften, wenn sie die Einberufung pflichtwidrig unterlassen; eine solche Haftungsfolge ist aber nur angemessen, wenn die Geschäftsleiter in Kenntnis der bilanziellen Situation untätig geblieben sind.[1052]

433 Eine **Abwendung** dieses Auflösungsgrundes ist möglich, indem das gezeichnete Kapital effektiv erhöht oder nominell herabgesetzt wird, es sei denn, die Gesellschaft muss Insolvenzantrag stellen (Art. 363 I lit. e) LSC). Während die Voraussetzungen des Auflösungsgrundes rein bilanziell beurteilt werden, richtet sich die insolvenzrechtliche Bewertung vorrangig nach der Liquidität (Art. 2 II LC).

434 Die Gesellschaft ist ebenfalls zwingend aufzulösen, wenn das **gezeichnete Kapital** die gesetzliche **Mindesthöhe unterschreitet**,[1053] es sei denn, die Unterschreitung folgt aus einer gesetzlich vorgeschriebenen Kapitalherabsetzung (Art. 363 I lit. f) LSC). Dauert die Unterschreitung in diesem Fall aber länger als ein Jahr an, wird die Gesellschaft kraft Gesetzes aufgelöst (Art. 360 I lit. b) LSC) (Rn. 438). Auch wenn die **stimmrechtslosen Aktien** länger als zwei Jahre **mehr als die Hälfte des gezeichneten Kapitals** ausmachen, hat die Generalversammlung zwingend über die Auflösung zu beschließen (Art. 363 I lit. g) LSC).

435 Sind die Voraussetzungen eines zwingenden Auflösungsgrundes erfüllt, müssen die Geschäftsleiter binnen zwei Monaten die Generalversammlung einberufen (Art. 365 I 1 LSC). Auch jeder Gesellschafter, der einen Auflösungsgrund für gegeben hält, kann die Einberufung beantragen (Art. 365 I 2 LSC). Der **Generalversammlungsbeschluss** bedarf der einfachen Mehrheit (Art. 364 LSC); kommt diese nicht zustande, wird die Gesellschaft

1043 Allgemein dazu *Moya Jiménez*, Disolución, Liquidación y Transformación de sociedades de capital, 2011, S. 49–67.
1044 Dazu *Redondo Trigo* RCDI 2005, 559.
1045 Grundlegend *Senén de la Fuente*, La disolución de la sociedad anónima por paralización de los órganos sociales, 1965; *Flaquer Riutort* RGD 1989, 1883; *Fradejas Rueda* RdS 3 (1994) 99.
1046 Für eine Darstellung der verschiedenen Sachverhalte *Fradejas Rueda* in: FS Menéndez Menéndez, Bd. 2, 1996, S. 1769–1784.
1047 *Beltrán Sánchez*, La disolución de la sociedad anónima, 1991, S. 104 f.; in der Rechtsprechung Sentencia del Tribunal Supremo de 20 de julio de 2002, núm. 419.
1048 Allgemein dazu *García Villaverde* in: FS Girón Tena, 1991, S. 465–486.
1049 Heute Art. 58 Kodifizierungs-RL (ex-Art. 19 Kapital-RL, zu dieser § 21), Richtlinie (EU) 2017/1132 des Europäischen Parlaments und des Rates vom 14. Juni 2017 über bestimmte Aspekte des Gesellschaftsrechts (ABl. 30.6.2017, L 169/46).
1050 Kritisch *Enriques/Macey* Cornell L. Rev. 86 (2001) 1165, 1183; *Mülbert* EBOR 7 (2006) 357, 387.
1051 So *Rojo Fernández-Río* in: FS Sánchez Calero, Bd. 2, 2002, S. 1437–1484.
1052 *Gimeno Ribes* in: Embid Irujo (Hrsg.), Archivo Commenda de Jurisprudencia Societaria 2015–2016, 2017, S. 210–216.
1053 Dazu *Cabanas Trejo* RGD 1993, 4923.

nicht aufgelöst.[1054] Anstatt über die Auflösung zu beschließen, kann die Generalversammlung den Auflösungsgrund abwenden, indem sie zB eine Kapitalmaßnahme vornimmt.

Kommt der Auflösungsbeschluss mangels Einberufung der Generalversammlung, ihrer Durchführung oder aus sonstigen Gründen nicht zustande, kann jeder mit einem berechtigten Interesse die Gesellschaft beim Handelsrichter an ihrem Sitz auf Auflösung verklagen (Art. 366 I LSC).[1055] Lehnt die Generalversammlung die Auflösung ab, sind die Geschäftsleiter verpflichtet, innerhalb von zwei Monaten die **gerichtliche Auflösung** zu beantragen (Art. 366 II LSC). 436

Anstatt die Auflösung zu beschließen, kann die Gesellschaft **Insolvenzantrag** stellen (Art. 361 I LSC). Die Eröffnung der Liquidationsphase im Insolvenzverfahren führt dann zu einer Auflösung kraft Gesetzes (Art. 361 II LSC). Unklar ist insofern aber, ob die Generalversammlung dafür zuständig ist, den Insolvenzantrag zu stellen. Im Schrifttum wird dies verneint.[1056] 437

cc) Auflösung kraft Gesetzes

Art. 360 LSC listet Fälle auf, in denen die *Sociedad Anónima* kraft Gesetzes aufgelöst wird.[1057] Ist die Gesellschaft nur für eine bestimmte Dauer eingegangen, stellt **Zeitablauf** einen solchen Auflösungsgrund dar,[1058] es sei denn, die Gesellschaft ist ausdrücklich verlängert und die Verlängerung ins Handelsregister eingetragen worden (Art. 360 I lit. a) LSC).[1059] Zudem ist die Gesellschaft kraft Gesetzes aufzulösen, wenn seit einem Generalversammlungsbeschluss, in dessen Folge das gezeichnete Kapital – regelmäßig aufgrund von Art. 327 LSC – unter das gesetzliche Mindestkapital abgesenkt worden ist, ein Jahr vergangen ist, ohne dass die *Sociedad Anónima* in eine Gesellschaft mit niedrigerem Mindestkapital umgewandelt oder freiwillig aufgelöst worden ist (Art. 360 I lit. b) LSC).[1060] 438

Steht die **Firma** der Gesellschaft mit einer anderen **Marke** in Konflikt und kommt die Gesellschaft einer gerichtlichen Anordnung, ihre Firma zu ändern, nicht innerhalb eines Jahres nach, wird die Gesellschaft ebenfalls kraft Gesetzes aufgelöst (*Disposición Adicional Decimoséptima LM*) (Rn. 194). 439

Der *registrador* hat die Auflösung von Amts wegen ins **Handelsregister** einzutragen; jeder mit einem berechtigten Interesse kann die Eintragung beantragen (Art. 360 II LSC). 440

dd) Geschäftsleiterhaftung

Im Rahmen der **Auflösung kraft Gesetzes** haften die Geschäftsleiter persönlich und gesamtschuldnerisch für sämtliche Verbindlichkeiten der Gesellschaft (Art. 360 I 3 LSC).[1061] 441

Bei der **zwingenden Auflösung** umfasst die Haftung der Geschäftsleiter nur solche Verbindlichkeiten, die begründet worden sind, nachdem die Voraussetzungen des Auflösungsgrundes eingetreten sind (Art. 367 I LSC),[1062] was die *Ley 19/2005* ausdrücklich klargestellt hat.[1063] Die Haftung erstreckt sich auf sämtliche Schulden aus Rechtsgeschäften, unabhängig davon, ob die andere Partei die Gegenleistung bereits erbracht hat oder nicht.[1064] Erforderlich ist, dass die Geschäftsleitung nicht innerhalb von zwei Monaten, nachdem der Auflö- 442

1054 Sentencia del Tribunal Supremo de 16 de diciembre de 2004, núm.1219; ferner *Moya Jiménez*, Disolución, Liquidación y Transformación de sociedades de capital, 2011, S. 36.

1055 Dazu *Neila Neila* RDP 1990, 875.

1056 *Pulgar Ezquerra* RdS 24 (2005) 257.

1057 Dazu allgemein *Font Ribas* in: FS Sánchez Calero, Bd. 5, 2002, S. 5147–5172.

1058 *Moya Jiménez*, Disolución, Liquidación y Transformación de sociedades de capital, 2011, S. 48 f.

1059 Dazu *Ostúa Ripoll* CDC 13 (1994) 79.

1060 Dazu *Cerdá Albero* RGD 1996, 8589.

1061 Zur Entstehungsgeschichte und Konzeption der Geschäftsleiterhaftung bei Nichtauflösung der Gesellschaft *Rösner*, Verlust des Stammkapitals und Geschäftsführerhaftung in der GmbH. Ein deutsch-spanischer Rechtsvergleich, 2009, S. 54–62.

1062 Dazu *Beltrán Sánchez* RDM 205 (1992) 471; *Gómez Mendoza* RdS 1 (1993) 162; *Esteban Velasco* in: FS Menéndez Menéndez, Bd. 2, 1996, S. 1679–1720; *Suárez-Llanos Gómez* in: FS Menéndez Menéndez, Bd. 2, 1996, S. 2481–2508; *Quijano González* RdS 19 (2002) 73; *Beltrán Sánchez* ADCo 4 (2005) 407; *Rodríguez Artigas/Marín de la Bárcena* RdS 24 (2005) 295; *Sánchez Calero* in: FS García Villaverde, Bd. 2, 2007, S. 1175–1214; *Machado Plazas* in: FS Sánchez Andrés, 2010, S. 785–797; monographisch *Ávila de la Torre*, La responsabilidad de los administradores por no disolución de la sociedad anónima, 1997; *Machado Plazas*, Pérdida del capital social y responsabilidad de los administradores por las deudas sociales, 1997.

1063 Dazu *Viñuelas Sanz* RDM 266 (2007) 995; zu den nachfolgenden Reformen *Muñoz García* RDM 270 (2008) 1435.

1064 Sentencia del Tribunal Supremo de 14 de mayo de 2015, núm. 246, besprochen von *Gimeno Ribes* in: Embid Irujo (Hrsg.), Archivo Commenda de Jurisprudencia Societaria 2015–2016, 2017, S. 210, 212.

sungsgrund eingetreten ist, die Generalversammlung einberufen oder gemäß Art. 366 II LSC die gerichtliche Auflösung beantragt hat.[1065]

b) Liquidation

aa) Ablauf des Liquidationsverfahrens

443 Mit Auflösung der Gesellschaft beginnt die **Liquidationsphase** (*liquidación*), in der das Gesellschaftsvermögen „versilbert", die Verbindlichkeiten gegenüber Gläubigern erfüllt und ein verbleibender Überschuss an die Gesellschafter ausgeschüttet werden.[1066] Dazu haben die Liquidatoren in einem ersten Schritt eine Anfangsbilanz (*balance inicial de liquidación*) samt Inventar aufzustellen, die sämtliche Vermögensgüter (Aktiva) der Gesellschaft enthält (Art. 383 LSC). Dazu zählen sowohl physische Aktiva als auch Forderungen der Gesellschaft gegenüber Dritten.

444 Aufgabe der Liquidatoren ist es, das **Sachvermögen** der Gesellschaft in Geld umzusetzen (Art. 387 LSC), indem sie es möglichst gewinnbringend veräußern. Insofern findet die allgemeine Regelung, nach welcher der Verkauf bedeutender Aktiva die Zustimmung der Generalversammlung erfordert (Art. 160 lit. f) LSC), keine Anwendung; dies folgt zum einen aus dem Wortlaut des Art. 387 LSC und zum anderen daraus, dass eine Zuständigkeit der Generalversammlung keinen Sinn mehr hat, wenn der Gesellschaftszweck nicht mehr auf Gewinnerzielung gerichtet ist.[1067]

445 **Forderungen** haben die Gesellschafter einzuziehen, um sie ebenfalls in Geld umzusetzen (Art. 385 LSC). **Verbindlichkeiten** sind aus dem liquiden Vermögen zu erfüllen, sofern sie bereits fällig sind (Artt. 385 I, 391 II LSC); später fällig werdende Forderungen sind zu sichern (Art. 394 I 2 LSC).

446 Ein nach Erfüllung der Verbindlichkeiten verbleibender **Abwicklungsüberschuss** ist an die Gesellschafter auszuschütten. Dazu müssen die Liquidatoren eine Liquidationsbilanz (*balance final de liquidación*) aufstellen und einen Verteilungsvorschlag machen. Beide sind von der Generalversammlung zu billigen (Art. 390 I LSC). Gesellschafter, die gegen die Billigung stimmen, können den Beschluss innerhalb einer Frist von zwei Monaten anfechten (Art. 390 II LSC).

447 Die Satzung kann die **Verteilung** des Abwicklungsüberschusses (*reparto de la cuota de liquidación*) regeln (Art. 391 I LSC). Bestimmt sie kein Verhältnis, wird entsprechend der Beteiligungen der Gesellschafter verteilt (Art. 392 I LSC).[1068] Dabei sind solche Gesellschafter, die ihre Einlage nicht oder nur teilweise geleistet haben, nur nachrangig zu berücksichtigen (Art. 392 II LSC). Mangels abweichender Satzungsbestimmung (Art. 393 II LSC) soll die Auszahlung in Geld erfolgen, es sei denn, die Generalversammlung hat sich einstimmig für eine andere Art der Ausschüttung ausgesprochen, wie etwa die Rückzahlung von Sacheinlagen in natura (Art. 393 I LSC).

bb) Bestellung und Zuständigkeiten der Liquidatoren

448 Mit Auflösung der Gesellschaft endet auch die Amtszeit der Geschäftsleiter (Art. 374 I LSC). Die Generalversammlung bestellt dann die Liquidatoren (*nombramiento de liquidadores*).[1069] Andernfalls werden kraft Gesetzes die ehemaligen Geschäftsleiter ins Amt der Liquidatoren berufen (Art. 376 I LSC). Mangels anderweitiger Satzungsvereinbarung ist die Amtszeit der Liquidatoren unbefristet (Art. 378 LSC). Dauert das Liquidationsverfahren übermäßig lange, was bei einer Dauer von mehr als drei Jahren gesetzlich vermutet wird, hat jeder Gesellschafter das Recht, beim Handelsregister oder beim Gerichtssekretär zu beantragen, die Liquidatoren zu ersetzen (Art. 389 I LSC).

449 Die Liquidatoren sind dafür **zuständig**, die *Sociedad Anónima* ordnungsgemäß abzuwickeln, ohne dass Teile des Gesellschaftsvermögens verloren gehen, und den verbleibenden Überschuss unter den Gesellschaftern zu verteilen (Art. 375 I LSC). Dazu müssen sie zunächst das Sachvermögen und die Forderungen (Aktiva) sowie die Verbindlichkeiten (Passiva) der Gesellschaft ermitteln (Art. 383 LSC), um anschließend das Sachvermögen in Geld umzusetzen (Art. 387 LSC),[1070] die Forderungen einzuziehen und die Verbindlichkeiten zu begleichen (Art. 385 LSC). Die Liquidatoren müssen laufende Geschäfte beenden (Art. 384 LSC) und die Gesellschafter angemessen über den Stand des Liquidationsverfahrens informieren (Art. 388 LSC). Auch für die Rechnungsle-

1065 Zur zweimonatigen Frist *Rodríguez Ruiz de Villa* ADCo 2 (2004) 83.
1066 Dazu *Rojo Fernández-Río/Beltrán Sánchez* (Hrsg.), La liquidación de las sociedades mercantiles, 2012.
1067 Indirekt *Beltrán Sánchez* in: Rojo Fernández-Río/Beltrán Sánchez (Hrsg.), Comentario de la Ley de Sociedades de Capital, Bd. 2, 2011, S. 2662 f.
1068 Dazu allgemein *Muñoz Martín*, Disolución y derecho a la cuota de liquidación en la sociedad anónima, 1991.
1069 Allgemein zum Liquidationsverfahren *Muñoz Pérez*, El proceso de liquidación de la sociedad anónima. La posición jurídica del liquidador, 2002; *Sánchez Álvarez* in: FS Sánchez Calero, Bd. 5, 2002, S. 5173–5208; zur Bestellung der Liquidatoren *Beltrán Sánchez* in: FS Girón Tena, 1991, S. 133–156; *Vázquez Cueto* RDM 298 (2015) 99.
1070 Dazu *Rodríguez Ruiz de Villa* RGD 1994, 12981.

gung sind sie zuständig (Art. 386 LSC).[1071] Nach Erfüllung aller Verbindlichkeiten haben die Liquidatoren den Abwicklungsüberschuss an die Gesellschafter auszukehren (Rn. 446). Ist die Verteilung abgeschlossen, haben sie die Löschungsurkunde zu erstellen (Art. 395 I LSC) und zur Eintragung ins Handelsregister anzumelden (Art. 396 I LSC).

Bei vorsätzlicher oder fahrlässiger Verletzung ihrer Pflichten haften die Liquidatoren gegenüber den Gesellschaftern und den Gläubigern auf **Schadensersatz** (Art. 397 LSC).[1072] 450

cc) Zuständigkeiten der Generalversammlung

Die Generalversammlung hat während des Liquidationsverfahrens deutlich weniger Zuständigkeiten als in der werbenden Phase der Gesellschaft. Dazu zählen lediglich die Feststellung der **Jahresabschlüsse** (Art. 160 lit. a) LSC)[1073] und die Billigung der **Liquidationsbilanz** (Art. 390 I LSC). 451

c) Löschung aus dem Handelsregister

Nachdem die Liquidationsbilanz festgestellt und der Abwicklungsüberschuss an die Gesellschafter ausgeschüttet ist, haben die Liquidatoren eine **Löschungsurkunde** (*escritura de extinción*) zu erstellen. Dort ist anzugeben, dass die Billigung der Liquidationsbilanz zwei Monate lang nicht angefochten worden ist (Art. 395 I lit. a) LSC), alle Gläubigerforderungen befriedigt bzw. gesichert worden sind (Art. 395 I lit. b) LSC) und der Abwicklungsüberschuss unter den Gesellschaftern verteilt worden ist (Art. 395 I lit. c) LSC). In die Löschungsurkunde ist sowohl die Liquidationsbilanz als auch eine Liste aller Gesellschafter mit ihrem jeweiligen Anteil am Abwicklungsüberschuss aufzunehmen. 452

Die Löschungsurkunde ist zur Eintragung ins **Handelsregister** anzumelden; in der Folge wird die Gesellschaft aus dem Register gelöscht (Art. 396 I, II LSC)[1074] und verliert ihre Rechtspersönlichkeit (s. aber Rn. 454).[1075] 453

Stellt sich später heraus, dass im Zeitpunkt der Löschung tatsächlich noch Vermögensgüter (Aktiva) oder Verpflichtungen (Passiva) vorhanden waren,[1076] bedarf es einer sog **Nachtragsliquidation** (*adjudicación de activo sobrevenido*). Neue Vermögensgüter haben die Liquidatoren dann innerhalb von sechs Monaten zu verwerten und den Erlös entsprechend der jeweiligen Beteiligung an die Gesellschafter auszukehren (Art. 398 I, II LSC); andernfalls kann jeder mit einem berechtigten Interesse beim zuständigen Handelsrichter (*juez de lo mercantil*) am letzten Gesellschaftssitz beantragen, die Liquidatoren zu ersetzen. Für neue Verpflichtungen haften die ehemaligen Gesellschafter gesamtschuldnerisch, maximal aber in Höhe ihres Anteils am Abwicklungsüberschuss (Art. 399 I LSC) und vorbehaltlich einer möglichen Haftung der Liquidatoren (Art. 399 II iVm Art. 397 LSC). Problematisch ist die Grundlage für diese Haftung, da die Gesellschaft grundsätzlich mit Löschung aus dem Handelsregister ihre Rechtspersönlichkeit verliert. Insofern vertritt die Rechtsprechung neuerdings, dass die Gesellschaft auch danach ausnahmsweise noch Rechtspersönlichkeit haben kann, namentlich im Rahmen der Nachtragsliquidation.[1077] 454

Der Abwicklungsüberschuss wird grundsätzlich erst dann verteilt, wenn alle Gläubiger befriedigt worden sind (Art. 391 II LSC); die Gesellschaft wird erst dann gelöscht, wenn die Liquidatoren die Löschungsurkunde zur Eintragung ins Handelsregister angemeldet haben (Art. 395 I iVm Art. 396 I LSC). Dieses Vorgehen stößt an seine Grenzen, wenn die Gesellschaft **nur einen Gläubiger** hat und vermögend genug ist, um seine Forderungen zu begleichen. Im Grunde müsste die Gesellschaft dann Insolvenzantrag stellen. Gleichwohl ist ein Insolvenzverfahren nicht zweckmäßig, wenn lediglich ein Gläubiger existiert, da dann keine Gefahr einer Gläubigerungleichbehandlung besteht. Ferner lässt sich aus der Systematik der *Ley Concursal*, insbesondere aus Art. 3 I, II LC, herleiten, dass ein Insolvenzverfahren eine Mehrheit von Gläubigern (*pluralidad*) voraussetzt.[1078] Nach früher hM war es in diesem Fall nicht möglich, die Gesellschaft aus dem Handelsregister zu löschen, da in der Löschungsurkunde nicht die Tilgung aller Verbindlichkeiten angegeben werden konnte.[1079] Nach der neueren Rechtsprechung ist eine Löschung hingegen möglich; der einzige Gläubiger ist ohne ein Insolvenzverfahren bes- 455

1071 *Fernández del Pozo* RdS 31 (2008) 141.
1072 Dazu *Muñoz Pérez* RdS 17 (2001) 109.
1073 Näher *Fernández Torres* RDBB 95 (2004) 7.
1074 Allgemein dazu *Pulgar Ezquerra*, La cancelación registral de las sociedades de capital, 1998.
1075 Grundlegend *Recalde Castells/Martínez Flórez* RDM 290 (2013) 171.
1076 Dazu *Llobregat Hurtado* in: FS Sánchez Calero, Bd. 2, 2002, S. 2187–2222.
1077 Sentencia del Tribunal Supremo de 24 de mayo de 2017, núm. 324.
1078 Grundlegend *Vela Torres* ADCo 11 (2007) 221.
1079 Resolución de la Dirección General de los Registros y del Notariado de 2 de julio de 2012 (BOE 18 septiembre 2012, núm. 225, S. 65513), besprochen von *Yanes Yanes* RDCP 18 (2013) 231; ferner *Pulgar Ezquerra* RdS 41 (2013) 23; aus insolvenzrechtlicher Sicht *Quijano González* RDM 291 (2014) 11.

ser gestellt, da keine Kosten anfallen und gesetzliche Gläubigerschutzvorschriften ihn ausreichend schützen,[1080] insbesondere die Möglichkeit einer Nachtragsliquidation (Artt. 398 f. LSC).[1081]

d) Fortsetzung

456 Im Falle der freiwilligen und der zwingenden Auflösung können die Gesellschafter nach Art. 370 I 2 LSC die Gesellschaft fortsetzen (*reactivación*).[1082] Voraussetzung ist ein **Generalversammlungsbeschluss** (Art. 370 I 1 LSC), der – spiegelbildlich zum Auflösungsbeschluss nach Art. 368 LSC – mit satzungsändernder Mehrheit gefasst werden muss (Art. 370 II LSC). Darüber hinaus dürfen der Auflösungsgrund nicht mehr bestehen, das Nettovermögen den Betrag des gezeichneten Kapitals nicht unterschreiten und die Liquidatoren noch nicht mit der Abwicklung begonnen haben (Art. 370 I 1 LSC).

457 Gesellschaftern, die in der Generalversammlung gegen die Fortsetzung gestimmt haben, steht ein **Austrittsrecht** zu (Art. 370 III LSC) (Rn. 416). Gläubiger haben ein **Widerspruchsrecht**, bis ihre Forderungen gesichert sind; die Regelungen zur Kapitalherabsetzung (Rn. 371) gelten entsprechend (Art. 370 IV LSC).

II. Sociedad Comanditaria por Acciones (S. Com. A.)

1. Grundlagen und Gründung

458 Die *Sociedad Comanditaria por Acciones* hat nur geringe praktische Bedeutung.[1083] Strukturell ähnelt sie stark der *Sociedad Anónima*,[1084] deren Vorschriften in der *Ley de Sociedades de Capital* subsidiär anwendbar sind (Art. 3 II LSC). Daneben existieren nur wenige Vorschriften, die exklusiv für die *Sociedad Comanditaria por Acciones* gelten (Artt. 1 IV, 6 III, 23 lit. e), 107 II lit. d), 252, 288 II, 294, 363 II, 385 II, 392 II LSC). Diese **Normgestaltung** existiert seit Einführung der *Ley de Sociedades de Capital*; vorher war das Recht der *Sociedad Comanditaria por Acciones* im *Código de Comercio* geregelt, unmittelbar im Anschluss an die Vorschriften zur *Sociedad Comanditaria Simple* (Artt. 151–157 CCom).[1085]

459 Die *Sociedad Comanditaria por Acciones* verfügt über eine **kapitalistische Struktur**. Alle Gesellschafter halten Aktien, in die das gezeichnete Kapital (*capital social*) unterteilt ist. Gleichzeitig weist sie **personalistische Elemente** auf, da mindestens ein Gesellschafter, der Komplementär, unbeschränkt haftet (Art. 1 IV LSC), während die Kommanditisten nur bis zur Höhe ihrer Haftsumme für Gesellschaftsverbindlichkeiten einstehen müssen.[1086]

460 Unterschiede zur *Sociedad Anónima* bestehen zum einen hinsichtlich des Rechtsformzusatzes der Firma und zum anderen hinsichtlich der Pflichtangaben in der Satzung. So bedarf die **Firma** einer *Sociedad Comanditaria por Acciones* immer des abgekürzten Zusatzes „S. Com. por A." (Art. 6 III LSC). Die **Satzung** hat zwingend die Namen der Komplementäre aufzuführen (Art. 23 lit. e) 2 LSC).

2. Gesellschafterhaftung

461 Charakteristisch für die *Sociedad Comanditaria por Acciones* ist, dass mindestens ein **Komplementär** persönlich und unbeschränkt für die Verbindlichkeiten der Gesellschaft haftet (Art. 1 IV LSC).[1087] Diese Gesellschafterhaftung lässt sich indirekt dadurch beschränken, dass einziger Komplementär eine juristische Person ist, deren Haftung ihrerseits auf das Gesellschaftsvermögen beschränkt ist.

462 Wenn alle Komplementäre einer *Sociedad Comanditaria por Acciones* sterben, ausscheiden oder über ihr Vermögen das Insolvenzverfahren eröffnet wird, besteht ein zwingender **Auflösungsgrund** (Art. 363 II LSC). Die

1080 Indirekt *Piloñeta Alonso* in: Rojo Fernández-Río/Beltrán Sánchez (Hrsg.), Comentario de la Ley de Sociedades de Capital, Bd. 2, 2011, S. 2704, 2710.

1081 Resolución de la Dirección General de los Registros y del Notariado de 1 de agosto de 2016 (BOE 23 septiembre 2016, núm. 230, S. 68375), besprochen von *Enciso Alonso-Muñumer* RDCP 26 (2017) 187.

1082 Dazu nach alter Rechtslage *Díaz Muyor*, La reactivación de la sociedad anónima disuelta, 1991; *Blanquer Uberos* RJN 20 (1996) 9; *ders.*, Disolución, liquidación y reactivación de las sociedades anónimas y limitadas, 2001; *Sequeira Martín* in: FS Sánchez Calero, Bd. 5, 2002, S. 5209–5228.

1083 *Vicent Chuliá* in: FS Illescas Ortiz, 2015, S. 989–1007.

1084 Näher *Iglesias Prada/García de Enterría Lorenzo-Velázquez* in: Menéndez Menéndez/Rojo Fernández-Río (Hrsg.), Lecciones de Derecho mercantil, Bd. 1, 2014, S. 407.

1085 Dazu *Albiñana García-Quintana* CDC 8 (1990) 7; *Gómez Calero*, La sociedad en comandita por acciones, 1991; *Ventura-Traveset Hernández* AAMN 30 (1991) 93; *Fernández de la Gándara*, La sociedad comanditaria por acciones (artículos 151 a 157 del Código de Comercio), 1992; im deutschsprachigen Schrifttum *B. Löber ua* RIW 2011, 587, 588.

1086 Konzeptionell *Paz-Ares Rodríguez* in: Uría González/Menéndez Menéndez (Hrsg.), Curso de Derecho Mercantil, Bd. 1, 2006, S. 765 f.

1087 Dazu *La Casa García* RGD 1991, 7671.

Auflösung kann dann nur noch verhindert werden, indem ein neuer Komplementär aufgenommen oder die *Sociedad Comanditaria por Acciones* in eine andere Gesellschaftsform umgewandelt wird (Art. 363 II LSC).[1088]

3. Organisationsverfassung

Die **Geschäftsleitung** ist Aufgabe der Komplementäre. Ihnen stehen insoweit dieselben Rechte und Pflichten zu wie den Geschäftsleitern einer *Sociedad Anónima* (Art. 252 I LSC). 463

Mit seiner **Bestellung** rückt der Geschäftsleiter in die Stellung eines Komplementärs ein (Art. 252 I LSC). Zur **Abberufung** ist eine Änderung der Satzung nach dem üblichen Verfahren erforderlich (Art. 252 II iVm Art. 23 lit. e) 2 LSC); von der Beschlussfassung in der Generalversammlung ist der betroffene Komplementär aber ausgeschlossen (Art. 252 IV LSC). Wird er ohne wichtigen Grund abberufen, hat der Komplementär einen Anspruch auf Schadensersatz (Art. 252 II 2 LSC). Seine unbeschränkte Haftung endet und erstreckt sich nicht mehr auf Verbindlichkeiten, die begründet worden sind, nachdem die Handelsregistereintragung seines Ausscheidens bekannt gemacht worden ist (Art. 252 III LSC). 464

Die Erhebung der **Haftungsklage** gegen einen Komplementär führt *ipso iure* zu seiner Abberufung (Rn. 274). 465

Satzungsänderungen, welche die Ausgestaltung der Geschäftsleitung, den Unternehmensgegenstand, die Befristung der unternehmerischen Tätigkeit oder die Bestellung von Geschäftsleitern betreffen, erfordern die Zustimmung der Komplementäre (Art. 294 LSC). Diese haben damit faktisch ein Vetorecht.[1089] 466

III. Sociedad de Responsabilidad Limitada (S. R. L.)

1. Grundlagen

Ursprünglich ein Produkt der Kautelarjurisprudenz im 19. Jahrhundert (Rn. 7) wurde die ***Sociedad de Responsabilidad Limitada*** erst im Jahr 1953 gesetzlich verankert. Sie hat sich bis zur Gegenwart zur am stärksten verbreiteten Gesellschaftsform entwickelt (Rn. 28 f.),[1090] was sich im Wesentlichen auf ihre weitgehend flexibel gestaltbare Satzung[1091] und ihr im Vergleich zur *Sociedad Anónima* mit nur 3.000 Euro geringes Mindestkapital (Art. 4 I LSC)[1092] zurückführen lässt. Zu ihren typischen Merkmalen zählen die Aufteilung des gezeichneten Kapitals in Geschäftsanteile (*participaciones*), die beschränkte Haftung (Art. 1 III LSC) sowie der geschlossene bzw. personalistische Charakter, der insbesondere an der eingeschränkten Übertragbarkeit der Geschäftsanteile deutlich wird.[1093] Wie die *Sociedad Anónima* ist die *Sociedad de Responsabilidad Limitada* in der *Ley de Sociedades de Capital* geregelt, und zwar weitgehend übereinstimmend. Die nachfolgenden Ausführungen konzentrieren sich daher auf die Bereiche, die vom Recht der *Sociedad Anónima* abweichen. 467

2. Gründung

a) Allgemein

Zur **Gründung** einer *Sociedad de Responsabilidad Limitada* bedarf es des Abschlusses eines Gesellschaftsvertrags oder – im Fall einer Einpersonengesellschaft – der Vornahme eines einseitigen Gründungsakts (Art. 19 I 468

1088 Zur Abwendung durch Formwechsel *Bataller Grau* in: Rojo Fernández-Río/Beltrán Sánchez (Hrsg.), Comentario de la Ley de Sociedades de Capital, Bd. 2, 2011, S. 2559.

1089 *Peñas Moyano* in: Rojo Fernández-Río/Beltrán Sánchez (Hrsg.), Comentario de la Ley de Sociedades de Capital, Bd. 2, 2011, S. 2181 f.

1090 Zur Bedeutung vor Einführung des gesetzlichen Mindestkapitals in der *Sociedad Anónima* s. *Rojo Fernández-Río* RDM 187–188 (1988) 7, 9 f.; im deutschsprachigen Schrifttum *Haneke*, Veräußerung und Vererbung von GmbH-Anteilen im spanischen und deutschen Recht, 2000, S. 14–24; *K. C. Fischer/Grupp/Baumeister* in: Wegen/Spahlinger/Barth (Hrsg.), Gesellschaftsrecht des Auslands, 2018, Spanien, Rn. 3, 8 (Stand: 2013); konziser aber inzwischen teilweise veralteter Überblick zur S. R. L. bei *Bascopé/Hering* GmbHR 2005, 609.

1091 Instruktiv *Embid Irujo/Martínez Sanz* RdS 7 (1996) 11, 21–29 ≈ ZGR-Sonderheft 13, 1997, 228, 240–252; allgemein auch *Menéndez Menéndez* (Hrsg.), ¿Sociedad anónima o sociedad de responsabilidad limitada? La cuestión tipológica, 1992; ferner *Massaguer Fuentes* RGD 1994, 12981; *Bolás Alfonso* RDP 1996, 113; *Garrido de Palma* in: FS Menéndez Menéndez, Bd. 2, 1996, S. 1869–1882; *De la Cámara Álvarez* AAMN 36 (1997) 457; *Esteban Velasco* in: FS Fernández de la Gándara, 2016, S. 113–156.

1092 *Alonso Ureba* in: FS Duque Domínguez, Bd. 1, 1998, S. 127–148; *Sánchez Calero/Sánchez-Calero Guilarte*, Instituciones de Derecho Mercantil, Bd. 1, 2011, S. 648.

1093 *Sánchez Calero/Sánchez-Calero Guilarte*, Instituciones de Derecho Mercantil, Bd. 1, 2011, S. 646 f.; allgemein zu den Charakteristika *Embid Irujo* in: Menéndez Menéndez (Hrsg.), ¿Sociedad anónima o sociedad de responsabilidad limitada? La cuestión tipológica, 1992, S. 105–133; *Gondra Romero* in: Menéndez Menéndez (Hrsg.), ¿Sociedad anónima o sociedad de responsabilidad limitada? La cuestión tipológica, 1992, S. 43–73; *Embid Irujo* in: Bonardell Lenzano/Mejías Gómez/Nieto Carol (Hrsg.), La reforma de la sociedad de responsabilidad limitada, 1994, S. 109–130; im deutschsprachigen Schrifttum *Grechenig* in: Kalss (Hrsg.), Die Übertragung von GmbH-Geschäftsanteilen in 14 europäischen Rechtsordnungen, 2003, S. 107, 111.

LSC). Diese müssen wie bei der *Sociedad Anónima* notariell beurkundet und ins Handelsregister eingetragen werden (Artt. 20 LSC, 175 RRM), damit die Gesellschaft Rechtspersönlichkeit erlangt (Artt. 31, 33 LSC).[1094] Gründer können neben spanischen auch ausländische natürliche und juristische Personen sein.[1095]

469 Die Pflichtangaben in Gründungsurkunde und Satzung (Artt. 22 f. LSC) entsprechen weitgehend denen bei der *Sociedad Anónima* (Rn. 180, 182). Zusätzlich ist die **anfängliche Ausgestaltung der Geschäftsleitung** zu erläutern (Art. 22 II iVm Art. 23 lit. e) 1 LSC), wozu die Satzung – anders als bei der *Sociedad Anónima* – verschiedene Möglichkeiten vorsehen kann.[1096] Auch die Anzahl der Geschäftsanteile, ihr Nennwert, ihre Nummerierung sowie die mit ihnen verbundenen Rechte sind anzugeben (Art. 23 lit. d) 4 LSC).[1097]

470 Die **Firma** muss den Zusatz „Sociedad de Responsabilidad Limitada" bzw. abgekürzt „S. R. L." oder „S. L." enthalten (Art. 6 I LSC). Im Übrigen haben die Gesellschafter eine vergleichsweise große Gestaltungsfreiheit; Grenzen setzt allein Art. 404 RRM.[1098]

471 Seit 2013 ermöglicht das Gesetz auch eine rein **elektronische Gründung**. Dabei ist es möglich, den Gründungprozess zu beschleunigen, indem eine standardisierte Gründungsurkunde und eine standardisierte Satzung verwendet werden (Art. 15 LE). Die Eintragung ins Handelsregister erfolgt dann elektronisch (*Disposición Adicional Tercera I lit. b) LSC*).

b) Stufengründung

472 Anders als bei der *Sociedad Anónima* ist bei der *Sociedad de Responsabilidad Limitada* **keine Stufengründung** möglich.[1099]

3. Organisationsverfassung

473 Wie die *Sociedad Anónima* verfügt die *Sociedad de Responsabilidad Limitada* über **zwei Organe**: die Generalversammlung (Artt. 159–208 LSC) und die Geschäftsleitung (Artt. 209–251 LSC).[1100]

a) Generalversammlung

474 Die Regelungen zur Generalversammlung stimmen weitgehend mit denen bei der *Sociedad Anónima* (Rn. 216–260) überein. Besonderheiten bestehen lediglich hinsichtlich der **Beschlussfassung**.

475 Die **Zuständigkeiten** der Generalversammlung sind grundsätzlich dieselben wie bei der *Sociedad Anónima* (Art. 160 LSC) (Rn. 217–219),[1101] insbesondere, nachdem die *Ley 31/2014* das Weisungsrecht gegenüber der Geschäftsleitung auf alle Kapitalgesellschaften ausgeweitet hat (Art. 161 LSC) (Rn. 226). Weitere Aufgaben, die nicht in Art. 160 LSC aufgelistet sind, finden sich über das Gesetz verstreut (Art. 160 lit. j) LSC). So ist die Generalversammlung dafür zuständig, der Übertragung von Geschäftsanteilen zuzustimmen (Übertragung von Geschäftsanteilen, die mit Nebenleistungen verbunden sind (Art. 88 LSC); Übertragung von Geschäftsanteilen unter Lebenden (Art. 107 II lit. b) LSC); Erwerb eigener Geschäftsanteile durch die Gesellschaft (Art. 140 I lit. d) LSC)). Ferner hat die Generalversammlung über die Ausgestaltung der Geschäftsleitung zu beschließen, wenn die Satzung dafür mehrere Möglichkeiten vorsieht (Art. 210 III LSC), und kann die durch den Vorsitzenden erteilte Teilnahmeerlaubnis von Nichtgesellschaftern widerrufen (Art. 181 II LSC).

1094 Dazu *Lozano/Hilgers/J. Löber* in: Süß/Wachter (Hrsg.), HdB des internationalen GmbH-Rechts, 2016, Spanien, Rn. 129–149; zur alten Rechtslage *Rades*, Die Sociedad Limitada Nueva Empresa, 2008, S. 59–61.

1095 *K. C. Fischer/Grupp/Baumeister* in: Wegen/Spahlinger/Barth (Hrsg.), Gesellschaftsrecht des Auslands, 2018, Spanien, Rn. 12 (Stand: 2013).

1096 Dazu im deutschsprachigen Schrifttum *Rades*, Die Sociedad Limitada Nueva Empresa, 2008, S. 59, allerdings zur alten Rechtslage.

1097 Allgemein zu den Besonderheiten von Gründungsurkunde und Satzung *Blanquer Uberos* in: Paz-Ares Rodríguez (Hrsg.), Tratando de la sociedad limitada, 1997, S. 207–308; *Escolano Navarro*, La fundación de la sociedad de responsabilidad limitada, 2000; *Fernández Ruiz*, La Fundación de la Sociedad de Responsabilidad Limitada (Artículos 11 a 17, inclusive, LSRL), 2000, S. 67–180; ferner *Escolano Navarro* RGD 1994, 5477; *Parra Bautista/Gómez Lozano* RdS 37 (2011) 341.

1098 Näher zur Firma *Reckhorn-Hengemühle*, Die neue spanische GmbH nach der Reform des Gesellschaftsrechts von 1989, 1993, S. 18–20; *K. C. Fischer/Grupp/Baumeister* in: Wegen/Spahlinger/Barth (Hrsg.), Gesellschaftsrecht des Auslands, 2018, Spanien, Rn. 17 (Stand: 2013).

1099 *Reckhorn-Hengemühle*, Die neue spanische GmbH nach der Reform des Gesellschaftsrechts von 1989, 1993, S. 16 f.; zur Stufengründung bei der *Sociedad Anónima* Rn. 200 f.

1100 Dazu *Iglesias Prada* RCDI 1994, 183.

1101 *Rodríguez Artigas* RdS Extraordinario (1994) 431; *Cuñat Edo* in: FS Menéndez Menéndez, Bd. 2, 1996, S. 1629–1640; *Martínez-Calcerrada Gómez* in: FS Menéndez Menéndez, Bd. 2, 1996, S. 2097–2124; *Esteban Velasco* in: FS Duque Domínguez, Bd. 1, 1998, S. 233–258; *Cuenca García/Ferrando Villalba* in: Embid Irujo (Hrsg.), Las competencias de los órganos sociales en las sociedades de capital, 2004, S. 168–280.

Ein Sonderfall betrifft die **Gewährung finanzieller Unterstützung** an Gesellschafter oder Geschäftsleiter (Art. 162 I LSC), die ebenfalls eines Generalversammlungsbeschlusses bedarf.[1102] Dieser ist von der finanziellen Unterstützung zum Erwerb von Geschäftsanteilen zu unterscheiden, die dem Verbot des Art. 143 II LSC unterfällt (Rn. 496). Ausnahmsweise ist ein Generalversammlungsbeschluss aber entbehrlich, wenn die finanzielle Unterstützung einer Konzerngesellschaft zugutekommt (Art. 162 II LSC). 476

Das **Einberufungsverfahren** für die Generalversammlung ist schlanker ausgestaltet als bei der *Sociedad Anónima*.[1103] Die minimale Einberufungsfrist ist mit fünfzehn Tagen (Art. 176 I 1 LSC) kürzer (s. zur S. A. Rn. 233). Außerdem bedarf es keiner zweiten Einberufung (Art. 177 I LSC, 186 II RRM).[1104] Denn aufgrund der regelmäßig konzentrierten Gesellschafterstruktur[1105] verlangt das Gesetz – anders als bei der *Sociedad Anónima* (Art. 193 f. LSC) (Rn. 239) – kein Anwesenheitsquorum. Schließlich haben Minderheitsgesellschafter auch kein Recht auf Ergänzung der Tagesordnung nach Art. 172 I LSC (s. zur S. A. Rn. 237). 477

Die **Beschlussfähigkeit** erfordert weder eine Mindestanzahl vertretener Gesellschafter noch einen Mindestanteil des vertretenen Kapitals. Jedoch bedarf ein wirksamer Beschluss der Mehrheit der abgegebenen Stimmen, die mindestens ein Drittel der Geschäftsanteile (*participaciones*) repräsentiert (Art. 198 LSC). Folglich muss mindestens ein Drittel des Gesellschaftskapitals in der Generalversammlung vertreten sein, woraus sich mittelbar eine Voraussetzung für die Beschlussfähigkeit ergibt. 478

Beschlüsse bedürfen grundsätzlich einer einfachen **Mehrheit** der abgegebenen Stimmen, die mindestens ein Drittel des Gesellschaftskapitals widerspiegelt (Art. 198 LSC). Kapitalmaßnahmen und andere Satzungsänderungen erfordern hingegen eine Zustimmung von mindestens 50 % des Kapitals (Art. 199 lit. a) LSC). Einige Beschlüsse können sogar nur gefasst werden, wenn zwei Drittel des Kapitals zustimmen (Art. 199 lit. b) LSC), so etwa die Aufhebung des Wettbewerbsverbots für einen Geschäftsleiter, der Ausschluss oder die Beschränkung des Bezugsrechts, der Ausschluss eines Gesellschafters sowie die Durchführung verschiedener Strukturmaßnahmen (Formwechsel, Verschmelzung, Spaltung und Vermögensübertragung) und die grenzüberschreitende Sitzverlegung. 479

Manche Generalversammlungsbeschlüsse erfordern **Einstimmigkeit**. Dazu zählen der vollständige Ausschluss, Geschäftsanteile unter Lebenden zu übertragen (Art. 108 III 2 LSC), die Erhöhung des Nennwerts von Geschäftsanteilen (Art. 296 II LSC) sowie Kapitalherabsetzungen, die nicht alle Geschäftsanteile *pro rata* betreffen (Art. 330 LSC). 480

Die Satzung kann **abweichende Mehrheitserfordernisse** bestimmen. So ist es möglich, eine Mehrheit nach Köpfen vorzusehen (Art. 200 II LSC), nicht aber ein Einstimmigkeitserfordernis aufzustellen (Art. 200 I LSC). Auch können für die Abberufung eines Geschäftsleiters (Art. 223 II LSC) bzw. die Erhebung einer Haftungsklage keine strengeren Mehrheitserfordernisse als die gesetzlich vorgesehene Zweidrittelmehrheit bzw. einfache Mehrheit angeordnet werden (Art. 238 I 2 LSC). 481

b) Geschäftsleitung

Die Satzung kann **mehrere Varianten** vorsehen, wie die Geschäftsleitung ausgestaltet sein soll (Art. 210 III iVm Art. 23 lit. e) LSC). Macht sie von dieser Option Gebrauch, ist es Aufgabe der Generalversammlung, eine dieser Varianten auszuwählen. Um die Ausgestaltung der Geschäftsleitung im von der Satzung vorgegebenen Rahmen zu modifizieren, bedarf es dann nicht jedes Mal einer Satzungsänderung;[1106] jede Modifikation muss aber notariell beurkundet und ins Handelsregister eingetragen werden (Art. 210 III, IV LSC). Zudem ist die anfängliche Ausgestaltung der Geschäftsleitung in die Gründungssatzung aufzunehmen (Art. 22 II LSC). 482

Die Geschäftsleiter werden grundsätzlich auf **unbestimmte Zeit** bestellt (Art. 221 I LSC). Bestimmt die Satzung davon abweichend ausnahmsweise eine befristete Amtszeit, können die Geschäftsleiter nach Ablauf wiederbestellt werden (Art. 221 I LSC). 483

Im Gesetz ist nicht ausdrücklich geregelt, dass jeder Gesellschafter die sofortige Abberufung eines Geschäftsleiters beantragen kann (Art. 224 I LSC *e contrario*), der bestellt worden ist, obwohl in seiner Person ein **Ausschlussgrund** vorliegt (Art. 213 LSC). Im Schrifttum wird deshalb vertreten, die Vorschrift zur *Sociedad Anónima* (Rn. 267) analog anzuwenden.[1107] 484

1102 Allgemein *Marimón Durá*, La asistencia financiera de una sociedad limitada a sus socios, administradores y a otras sociedades del grupo (del art. 10 LSRL, al art. 162 TRLSC), 2010.

1103 *Martínez Nadal* in: FS Sánchez Calero, Bd. 4, 2002, S. 3629–3660.

1104 S. dazu Resolución de la Dirección General de los Registros y del Notariado de 11 de enero de 2002 (BOE 4 marzo 2002, núm. 54, S. 8735).

1105 *Pou Ampuero* RJN 53 (2005) 261.

1106 Allgemein dazu *Rodríguez Artigas* in: FS Broseta Pont, Bd. 3, 1995, S. 3191–3220; ferner *Fellmeth*, Die Vertretung verselbständigter Rechtsträger in europäischen Ländern. Deutschland, Italien und Spanien, 1997, S. 364 f.

1107 *Gallego Sánchez* in: Rojo Fernández-Río/Beltrán Sánchez (Hrsg.), Comentario de la Ley de Sociedades de Capital, Bd. 1, 2011, S. 1591.

485 Hat die *Sociedad de Responsabilidad Limitada* nur einen Geschäftsleiter, ist dieser allein zu ihrer **Vertretung** befugt. Existieren mehr als zwei gesamtgeschäftsführungsbefugte Geschäftsleiter, sind nach der dispositiven Gesetzesregelung mindestens zwei von ihnen gesamtvertretungsbefugt (Art. 223 II lit. c) LSC).

486 Besonderheiten bestehen ferner, wenn die Geschäftsleitung als **Verwaltungsrat** ausgestaltet ist. Ein solcher darf höchstens zwölf Mitglieder haben (Art. 242 II LSC), und die Satzung muss bestimmte Mindestangaben zur Organisation und Verfahrensweise des Organs treffen, insbesondere hinsichtlich der Einberufung und der Konstituierung des Organs sowie den Beratungen und Mehrheitserfordernissen (Art. 245 I LSC). Beschlussfähig ist der Verwaltungsrat nach Art. 247 I LSC, wenn die statutarisch vorgeschriebene Mitgliederzahl vertreten ist und mindestens die Mehrheit der stimmberechtigten Mitglieder umfasst. Anders als bei der *Sociedad Anónima* (Rn. 261, 295) bilden mehr als zwei gesamtvertretungsbefugte Geschäftsleiter nicht zwingend einen Verwaltungsrat (Art. 210 II LSC).[1108]

4. Kapitalverfassung

a) Mindestkapital

487 Das gesetzliche Mindestkapital der *Sociedad de Responsabilidad Limitada* beträgt 3.000 Euro (Art. 4 I LSC) und ist in **Geschäftsanteile** (*participaciones*) aufgegliedert (Artt. 1 II, 90 LSC). Anders als bei der *Sociedad Anónima* sind die Anteile bei der Gründung vollständig zu zeichnen, und der ihrem Nennwert entsprechende Teil der Einlagen ist vollständig zu leisten (Art. 78 LSC); entsprechendes gilt bei Kapitalerhöhungen. Der Geschäftsanteil verkörpert die aus der Mitgliedschaft resultierenden Vermögens- und Verwaltungsrechte und ist in dieser Hinsicht mit der Aktie der *Sociedad Anónima* vergleichbar (Rn. 309–313). Ein wesentlicher Unterschied besteht aber darin, dass die Geschäftsanteile der *Sociedad de Responsabilidad Limitada* – anders als Aktien – keine Wertpapiere sind und folglich nicht als Buch- oder Briefanteile ausgestaltet sein können (Art. 92 II LSC).[1109]

488 Abweichend von den Mindestkapitalvorschriften ist es seit der *Ley 14/2013* möglich, in der Satzung eine sog **Sukzessivgründung** vorzusehen (*sociedad de formación sucesiva*), bei der das Gesellschaftskapital im Gründungszeitpunkt unterhalb der Mindestschwelle liegt (Art. 4bis LSC). Solange das gesetzliche Mindestkapital nicht vollständig einbezahlt ist, müssen zum Schutz der Gläubiger 20 % des jährlichen Gewinns in die gesetzliche Rücklage eingestellt werden (Art. 4bis I lit. a) LSC). Dividenden können nur dann ausgezahlt werden, wenn infolge der Ausschüttung der Wert des Nettovermögens nicht unter die Schwelle von 60 % des gesetzlichen Mindestkapitals sinkt (Art. 4bis I lit. b) LSC), also nicht unter 1.800 Euro. Ferner darf die Gesamtvergütung aller Geschäftsleiter und Gesellschafter nicht größer als 20 % des jährlichen Nettogewinns sein (Art. 4bis I lit. c) LSC).[1110] Schließlich haften Gesellschafter und Geschäftsleiter in der Liquidation persönlich bis zur Höhe des noch nicht einbezahlten Teils des Mindestkapitals für Verbindlichkeiten, welche die Gesellschaft nicht vollständig begleichen kann (Art. 4bis II LSC). Diese Regelungen zur Sukzessivgründung sind aufgrund ihrer Unklarheit auf Kritik gestoßen.[1111] Sie führen indirekt zu einer Abschaffung des Mindestkapitals, die ähnliche Wirkungen hat, wie die Einführung spezieller Rechtsformen in anderen EU-Rechtsordnungen.[1112]

b) Einlagen

489 Einlagen können als Bar- oder als Sacheinlagen erbracht werden (Rn. 326). Die Regelungen zur **Sachgründung** unterscheiden sich aber insofern von denen bei der *Sociedad Anónima*, als kein umfangreiches Bewertungsverfahren (Artt. 67–71 LSC) erforderlich ist, sondern stattdessen die Werthaltigkeit der Sacheinlage durch eine gesamtschuldnerische Haftung sichergestellt wird (Art. 73 I LSC). So haften die Gründer bzw. die Gesellschafter, die für eine Kapitalerhöhung gestimmt haben (Art. 73 II LSC *e contrario*), die Inferenten (*socios por aportaciones no dinerarias*)[1113] und die Geschäftsleiter gegenüber der Gesellschaft und ihren Gläubigern für Bestand und Werthaltigkeit der Sacheinlagen (Art. 73 III LSC) als Gesamtschuldner. Der Inferent kann jedoch freiwillig das für Sacheinlagen bei der *Sociedad Anónima* vorgesehene Bewertungsverfahren durchführen und auf diese Weise der gesamtschuldnerischen Haftung entgehen (Art. 76 LSC).[1114]

1108 *Gallego Sánchez* in: Rojo Fernández-Río/Beltrán Sánchez (Hrsg.), Comentario de la Ley de Sociedades de Capital, Bd. 1, 2011, S. 1497.

1109 Dazu *Eizaguirre Bermejo* RdS Extraordinario (1994) 153; monographisch *Gallego Sánchez*, Las participaciones sociales en la sociedad de responsabilidad limitada, 1996.

1110 Eine Vergütung können nur Gesellschafter erhalten, die zu Nebenleistungen verpflichtet sind; s. dazu Rn. 335.

1111 Statt vieler *Vicent Chuliá* RdP 33 (2014) 23, 50–53.

1112 In Deutschland sind etwa die Regelungen zur Unternehmergesellschaft (§ 5a GmbHG) vergleichbar.

1113 Dazu *Lozano/Hilgers/J. Löber* in: Süß/Wachter (Hrsg.), HdB des internationalen GmbH-Rechts, 2016, Spanien, Rn. 98; ferner *Lois Caballé* CDC 12 (1996) 117; *Boquera Matarredona* RDM 233 (1999) 1139.

1114 Näher zum Ganzen *Grechenig* in: Kalss (Hrsg.), Die Übertragung von GmbH-Geschäftsanteilen in 14 europäischen Rechtsordnungen, 2003, S. 107, 111 f.; *Grüter*, Kapitalaufbringung und Kapitalerhaltung bei der spani-

Die Gesellschaft hat eine **Klagebefugnis** (*legitimación*), diese Haftung gerichtlich durchzusetzen (Art. 74 I 1 LSC); anders als bei der Geltendmachung sonstiger Haftungsansprüche gegen die Geschäftsleiter (Art. 238 I LSC) ist ein Generalversammlungsbeschluss in diesem Fall nicht erforderlich (Art. 74 I 2 LSC). Neben der Gesellschaft sind Gesellschafter, die mit mindestens 5 % beteiligt sind, klagebefugt sowie im Insolvenzfall auch Gesellschaftsgläubiger (Art. 74 II LSC). Die **Klagefrist** (*prescripción*) beträgt fünf Jahre (Art. 75 LSC) und beginnt mit Leistung der Sacheinlage, dh mit ihrem Eigentumsübergang. 490

Eine mit Art. 72 LSC (Rn. 333) vergleichbare Regelung für die **Nachgründung** gibt es bei der *Sociedad de Responsabilidad Limitada* nicht. Im Schrifttum wird auch eine analoge Anwendung dieser Vorschrift abgelehnt.[1115] 491

c) Erwerb eigener Geschäftsanteile

Ähnlich wie bei der *Sociedad Anónima* lassen sich bei der *Sociedad de Responsabilidad Limitada* zwei Fälle des Erwerbs eigener Geschäftsanteile unterscheiden: die Zeichnung (*adquisición originaria*) und der nachträgliche Erwerb (*adquisición derivativa*).[1116] Die **Zeichnung** eigener Geschäftsanteile ist nichtig (Art. 135 LSC), mit der Folge, dass die entsprechenden Einlagen als nicht erbracht gelten. Dabei ist wiederum zwischen einer Zeichnung im Rahmen der Gründung und einer Zeichnung im Rahmen einer Kapitalerhöhung zu differenzieren. Gilt die Einlage im Falle der Gründung als nicht erbracht und unterschreitet die Gesellschaft in der Folge das gesetzliche Mindestkapital, muss die Satzung entsprechend berichtigt werden (Art. 4bis LSC). Bis zu Einführung dieser Vorschrift durch die *Ley 14/2013* war die Gründung der *Sociedad de Responsabilidad Limitada* in einem solchen Fall unwirksam (Art. 4 I LSC). Im Rahmen einer Kapitalerhöhung findet die Regelung der nicht vollständig gezeichneten Kapitalerhöhung nach Art. 310 I LSC (Rn. 500) entsprechende Anwendung, es sei denn, der Kapitalherabsetzungsbeschluss sieht eine andere Rechtsfolge vor.[1117] 492

Erwirbt die *Sociedad de Responsabilidad Limitada* keine eigenen Geschäftsanteile, sondern Aktien ihrer **Muttergesellschaft**, einer *Sociedad Anónima*, gelten die Vorschriften für den Erwerb eigener Aktien (Artt. 134, 136, 139 LSC) (Rn. 492) entsprechend.[1118] 493

Auch der **nachträgliche Erwerb** eigener Geschäftsanteile (*adquisición derivativa*) ist grundsätzlich nichtig (Art. 140 II LSC), es sei denn, einer der Ausnahmetatbestände des Art. 140 I LSC ist erfüllt. Zulässig ist demnach der Erwerb eigener Anteile im Wege der Universalsukzession, etwa als Folge einer Verschmelzung (*fusión*) oder einer anderen Strukturmaßnahme (*modificación estructural*) sowie im Rahmen einer Schenkung (*donación*) oder einer Zwangsvollstreckungsmaßnahme (*adjudicación judicial*) in das Vermögen eines Gesellschafters (Art. 140 I lit. a) LSC). Ferner darf die Gesellschaft eigene Geschäftsanteile erwerben, um eine Kapitalherabsetzung durchzuführen (Art. 140 I lit. b) LSC), als Folge einer Übertragung von Amts wegen (Art. 140 I lit. c) iVm Art. 109 III LSC) oder wenn ein Gesellschafter ausscheidet bzw. die Gesellschaft von einem Vorerwerbsrecht Gebrauch macht und der Erwerb aus frei verfügbaren Rücklagen finanziert wird (Art. 140 I lit. d) LSC).[1119] 494

Hält die *Sociedad de Responsabilidad Limitada* in zulässiger Weise **eigene Geschäftsanteile**, muss sie diese innerhalb von drei Jahren wieder zu einem angemessenen Wert veräußern (Art. 141 I LSC). Andernfalls muss die Gesellschaft ihr Kapital entsprechend herabsetzen und die Geschäftsanteile einziehen (Art. 141 II 1 LSC); diese Kapitalherabsetzung kann jeder, der ein berechtigtes Interesse hat (zB Minderheitsgesellschafter oder Gläubiger), beim zuständigen Handelsregister beantragen. Die Gesellschafterrechte aus eigenen Geschäftsanteilen kann die Gesellschaft nicht ausüben; sie muss eine unverfügbare Rücklage in Höhe des Anteilswerts bilden (Art. 142 LSC).[1120] 495

Nach dem **Verbot der finanziellen Unterstützung** darf eine *Sociedad de Responsabilidad Limitada* ebenfalls nicht den Erwerb von Geschäftsanteilen durch Dritte finanzieren,[1121] auch nicht von Geschäftsanteilen anderer 496

---

schen Sociedad de Responsabilidad Limitada und bei der deutschen Gesellschaft mit beschränkter Haftung, 2010, S. 40–42.

1115 *Grüter*, Kapitalaufbringung und Kapitalerhaltung bei der spanischen Sociedad de Responsabilidad Limitada und bei der deutschen Gesellschaft mit beschränkter Haftung, 2010, S. 48.

1116 Dazu *Marina García-Tuñón* RdS Extraordinario (1994) 213; *Pantaleón Prieto* in: Paz-Ares Rodríguez (Hrsg.), Tratando de la sociedad limitada, 1997, S. 617–662; *Pantaleón Prieto/Portellano Díez*, Régimen de las participaciones sociales en la sociedad de responsabilidad limitada (art. 35 a 42 LSRL), 1999; im deutschsprachigen Schrifttum *Lindner* RIW 2005, 758, 759 f.

1117 Dazu *Castellano Ramírez* in: Rojo Fernández-Río/Beltrán Sánchez (Hrsg.), Comentario de la Ley de Sociedades de Capital, Bd. 2, 2011, S. 2291.

1118 Dazu etwa *Lindner* RIW 2005, 758, 761 f.

1119 Allgemein zu diesen Tatbeständen *Velasco San Pedro* in: FS Duque Domínguez, Bd. 1, 1998, S. 709–728.

1120 Näher zu den Rechtsfolgen *Lindner* RIW 2005, 758, 763.

1121 Allgemein dazu *Velasco San Pedro* in: Arroyo Martínez/Embid Irujo (Hrsg.), Comentarios a la Ley de Sociedades de Responsabilidad Limitada, 1997, S. 455; *Pantaleón Prieto/Portellano Díez*, Régimen de las participaciones sociales en la sociedad de responsabilidad limitada (art. 35 a 42 LSRL), 1999; *Fernández Fernández*, La asistencia financiera para la adquisición de acciones/participacioens propias, 2001.

Konzerngesellschaften (Art. 143 II LSC). Ein dem Verbot zuwiderlaufendes Finanzierungsgeschäft ist nichtig, nicht aber der Anteilserwerb an sich. Anders als bei der *Sociedad Anónima* (Rn. 346) bestehen für die *Sociedad de Responsabilidad Limitada* keine Ausnahmen von diesem Verbot. Dies erklärt sich im Hinblick auf Geschäfte im Rahmen der gewöhnlichen wirtschaftlichen Tätigkeit von Kreditinstituten (Art. 150 III LSC) schon dadurch, dass Kreditinstitute nicht in der Rechtsform einer *Sociedad de Responsabilidad Limitada* betrieben werden können, sondern nach Art. 1 II *Ley 10/2014*[1122] nur als *Sociedad Anónima*, *Sociedad Cooperativa* (Genossenschaft) oder *Fundación* (Stiftung).[1123] Es leuchtet jedoch weniger ein, warum eine Ausnahme hinsichtlich des Erwerbs eigener Geschäftsanteile durch Arbeitnehmer (Art. 150 II LSC) für die *Sociedad de Responsabilidad Limitada* fehlt. Dies gilt umso mehr, da die unionsrechtlichen Vorschriften, auf denen der Verbotstatbestand beruht, nicht auf die *Sociedad de Responsabilidad Limitada* anwendbar, sondern überschießend umgesetzt worden sind.[1124]

d) Kapitalmaßnahmen

497 Die Regelungen zu **Kapitalmaßnahmen** bei der *Sociedad de Responsabilidad Limitada* entsprechen weitgehend denjenigen bei der *Sociedad Anónima* (Rn. 350–374). Besonderheiten ergeben sich einerseits aus ihrem geschlossenen bzw. personalistischen Charakter,[1125] andererseits aus der gesetzgeberischen Absicht, Kosten zu vermeiden, die bei kleineren Gesellschaften prohibitiv sein könnten.[1126]

498 Für die Kapitalerhöhung sieht die *Ley de Sociedades de Capital* ein **zusätzliches Bezugsrecht** vor, ein sog Recht „zweiten Grades" (*derecho de preferencia de segundo grado*) (Art. 307 I LSC).[1127] Danach steht denjenigen Gesellschaftern, die ihr Bezugsrecht ausgeübt haben, ein weiteres Bezugsrecht hinsichtlich der Geschäftsanteile zu, für welche die anderen Gesellschafter ihr Bezugsrecht nicht ausgeübt haben. Dritte können folglich nur Anteile erwerben, die nach beiden Bezugsrechtsrunden übrig geblieben sind, es sei denn, die Satzung hat eine anderweitige Regelung getroffen (Art. 307 I 1 LSC).[1128]

499 Anders als bei der *Sociedad Anónima* (Rn. 352, 367) kann die Generalversammlung keinen Vorratsbeschluss in Form eines **genehmigten Kapitals** (*capital autorizado*) fassen (Art. 297 I lit. b) LSC).

500 Werden die Anteile bei einer Kapitalerhöhung **nicht vollständig gezeichnet**, sieht das dispositive Gesetzesrecht ein verglichen mit der *Sociedad Anónima* (Rn. 364) umgekehrtes Regel-Ausnahme-Verhältnis vor: Das gezeichnete Kapital wird dann grundsätzlich nur in Höhe des einbezahlten Betrags erhöht, es sei denn, die Generalversammlung hat für diesen Fall ausdrücklich die Unwirksamkeit der gesamten Kapitalerhöhung beschlossen (Art. 310 I LSC).[1129]

501 Anders als bei der *Sociedad Anónima* (Rn. 372 f.) kann eine **nominelle Kapitalherabsetzung** infolge eingetretener Verluste nur durchgeführt werden, solange die Gesellschaft noch über Rücklagen verfügt (Art. 322 I LSC).

502 Eine **effektive Kapitalherabsetzung** kann auch nur einen Teil der Gesellschafter betreffen, der in diesem Fall unbedingt zustimmen muss (Art. 329 LSC).[1130] Gläubiger, deren Forderungen bereits vor der Kapitalherabsetzung begründet gewesen, aber erst danach fällig geworden sind, haben kraft Gesetzes kein Widerspruchsrecht (*derecho de oposición*); anders als bei der *Sociedad Anónima* (Rn. 371) steht es ihnen nur zu, wenn die Satzung es ausdrücklich regelt (Art. 333 LSC). Ist ein statutarisches Widerspruchsrecht vorgesehen, können die Gläubiger es innerhalb von drei Monaten ausüben, nachdem die Kapitalherabsetzung beschlossen worden ist (Art. 333 I, III LSC).

503 Im Übrigen **haften** die von der Kapitalherabsetzung betroffenen Gesellschafter fünf Jahre lang gesamtschuldnerisch neben der Gesellschaft, und zwar bis zur Höhe der Einlage, die sie zurückerstattet bekommen haben (Art. 331 I–III LSC). Dazu sind sie bei Eintragung des Kapitalherabsetzungsbeschlusses namentlich im Handelsregister aufzuführen (Art. 331 IV LSC),[1131] um die Gläubiger, denen das gezeichnete Kapital als Haftungsmasse

1122 BOE 27 junio 2014, núm. 156, S. 49412, Ley 10/2014, de 26 de junio, de ordenación, supervisión y solvencia de entidades de crédito.

1123 *Pantaleón Prieto/Portellano Díez*, Régimen de las participaciones sociales en la sociedad de responsabilidad limitada (art. 35 a 42 LSRL), 1999, S. 480.

1124 Dazu *Gimeno Ribes*, Endeudamiento empresarial y fusión de sociedades, 2015, S. 138 f.

1125 *Olivencia Ruiz* in: Paz-Ares Rodríguez (Hrsg.), Tratando de la sociedad limitada, 1997, S. 127, 148–150.

1126 *Rojo Fernández-Río* in: Paz-Ares Rodríguez (Hrsg.), Tratando de la sociedad limitada, 1997, S. 809, 811 f.

1127 Zu den Besonderheiten bei der Kapitalerhöhung *Alonso Ledesma* RdS Extraordinario (1994) 485; *Rojo Fernández-Río* in: FS Duque Domínguez, Bd. 1, 1998, S. 569–592.

1128 Dazu schon *Sastre Papiol* in: FS Sánchez Calero, Bd. 4, 2002, S. 3559–3582.

1129 *Grüter*, Kapitalaufbringung und Kapitalerhaltung bei der spanischen Sociedad de Responsabilidad Limitada und bei der deutschen Gesellschaft mit beschränkter Haftung, 2010, S. 60.

1130 Allgemein zur Kapitalherabsetzung bei der *Sociedad de Responsabilidad Limitada* s. *Coronado Fernández* RGD 1994, 5523.

1131 Allgemein zur Problematik *Bonardell Lenzano/Cabanas Trejo*, La reducción del capital social en la sociedad de responsabilidad limitada, 2009, S. 62 f.

dient, zu schützen.[1132] Die Generalversammlung kann diese Haftung jedoch ausschließen und stattdessen in Höhe der Kapitalherabsetzung eine Rücklage bilden (Art. 332 I LSC). Diese muss solange unangetastet bleiben, bis alle vor der Kapitalherabsetzung begründeten Verbindlichkeiten erfüllt sind, maximal aber für die Dauer von fünf Jahren, in der die Gesellschafter andernfalls haften würden (Art. 332 II LSC).[1133]

5. Gesellschafterrechte

Die Gesellschafterrechte entsprechen im Wesentlichen denen bei der *Sociedad Anónima*. Besonderheiten bestehen lediglich beim Teilnahme- (Rn. 505 f.), Stimm- (Rn. 507 f.) und Bezugsrecht (Rn. 498). 504

a) Teilnahmerecht

Alle Gesellschafter der *Sociedad de Responsabilidad Limitada* dürfen an der Generalversammlung teilnehmen (Art. 179 I 1 LSC). Dieses Recht ist – anders als bei der *Sociedad Anónima* (Art. 179 I 2 LSC) (Rn. 380) – **nicht beschränkbar**. Eine Möglichkeit, sich mit anderen Gesellschaftern zusammenzuschließen, um eine etwaige Mindestschwelle zu übertreffen, ist daher nicht notwendig und gesetzlich auch nicht vorgesehen (Art. 189 I LSC *e contrario*). 505

Das Teilnahmerecht muss nicht persönlich wahrgenommen werden. Vielmehr kann sich jeder Gesellschafter durch seinen Ehegatten, Verwandte in auf- bzw. absteigender Linie oder einen anderen Gesellschafter vertreten lassen (Art. 183 I 1 LSC). Die **Vertretung** durch sonstige Personen ist hingegen nur zulässig, wenn die Satzung es ausdrücklich gestattet (Art. 183 I 2 LSC). Eine Vollmacht muss zu diesem Zweck schriftlich erteilt werden; soll sie für mehrere Generalversammlungen gelten, bedarf sie der notariellen Beurkundung (Art. 183 II LSC). Da sich die Vertretung auf sämtliche Geschäftsanteile (*participaciones*) eines Gesellschafters erstreckt (Art. 183 III LSC), kann er immer nur einen Vertreter zeitgleich bestellen. 506

b) Stimmrecht

Gemäß der dispositiven Gesetzesregelung in Art. 188 I LSC richtet sich das Stimmrecht proportional nach der Anzahl der Geschäftsanteile eines Gesellschafters (*one share–one vote*). Im Gegensatz zur *Sociedad Anónima* (Rn. 391) kann die Satzung insofern aber ein anderes **Verhältnis** bestimmen. 507

Zusätzlich zu den Stimmverboten bei der *Sociedad Anónima* (Rn. 388) sind Gesellschafter einer *Sociedad de Responsabilidad Limitada* auch von Abstimmungen über die Gewährung finanzieller Unterstützung iSd Art. 162 LSC ausgeschlossen (Art. 190 I 1 lit. d) LSC).[1134] 508

6. Mitgliederwechsel

a) Übertragung

Die Übertragung von Geschäftsanteilen (*participaciones*) ist – anders als die Übertragung von Aktien bei der *Sociedad Anónima* (Rn. 403, 411 f.) – nur **eingeschränkt** möglich. Sie sind kraft Gesetzes vinkuliert und können lediglich an andere Gesellschafter, Ehegatten, Verwandte in auf- bzw. absteigender Linie oder andere Konzerngesellschaften frei übertragen werden (Art. 107 I LSC),[1135] dh, ohne dass es einer Zustimmung der Generalversammlung bedarf (Art. 107 II lit. b) LSC).[1136] In allen anderen Fällen bestimmt sich die Übertragung unter Le- 509

1132 Grundlegend *Pérez de la Cruz Blanco*, La reducción del capital en sociedades anónimas y de responsabilidad limitada, 1973; ferner *Velasco San Pedro* RdS 17 (2001) 31.

1133 Dazu *Bonardell Lenzano/Cabanas Trejo*, La reducción del capital social en la sociedad de responsabilidad limitada, 2009, S. 70–75.

1134 Monographisch *Marimón Durá*, La asistencia financiera de una sociedad limitada a sus socios, administradores y a otras sociedades del grupo (del art. 10 LSRL, al art. 162 TRLSC), 2010.

1135 *Sánchez Calero/Sánchez-Calero Guilarte*, Instituciones de Derecho Mercantil, Bd. 1, 2011, S. 664; ferner *Sequeira Martín* RdS Extraordinario (1994) 193; *Angulo Rodríguez* in: FS Sánchez Calero, Bd. 3, 2002, S. 3365–3388; im deutschsprachigen Schrifttum *B. Löber/Wendland/Fröhlingsdorf*, Die neue spanische GmbH, 2001, S. 59; *Grechenig* in: Kalss (Hrsg.), Die Übertragung von GmbH-Geschäftsanteilen in 14 europäischen Rechtsordnungen, 2003, S. 107, 117.

1136 *Grechenig* in: Kalss (Hrsg.), Die Übertragung von GmbH-Geschäftsanteilen in 14 europäischen Rechtsordnungen, 2003, S. 107, 120.

benden nach den statutarischen Bestimmungen,[1137] in Ermangelung solcher nach Art. 107 II LSC (Art. 107 I LSC).[1138]

510 Gemäß der **dispositiven Gesetzesregelung** erfordert die Anteilsübertragung in anderen als den privilegierten Fällen eine Mitteilung des übertragungswilligen Gesellschafters an die Geschäftsleitung (Art. 107 II lit. a) LSC). Sodann kann die Generalversammlung entweder der Übertragung zustimmen (Art. 107 II lit. b) LSC) oder beschließen, dass bestimmte Gesellschafter, Dritte oder die Gesellschaft selbst die Geschäftsanteile erwerben sollen (Art. 107 II lit. c) LSC). Machen mehrere Gesellschafter von diesem quasigesetzlichen Vorerwerbsrecht (*derecho de adquisición preferente*) Gebrauch, erwerben sie die Geschäftsanteile *pro rata* entsprechend der Höhe ihrer Beteiligung (Art. 107 II lit. c) 4 LSC).[1139] Sind seit der Mitteilung des Gesellschafters drei Monate vergangen, ohne dass die Generalversammlung in dieser Angelegenheit einen Beschluss gefasst hat, wird ihre Zustimmung fingiert, und der Gesellschafter kann die Geschäftsanteile frei übertragen.

511 Abweichende **Satzungsklauseln** müssen sich innerhalb der Grenzen des Art. 108 LSC bewegen. Danach ist es nicht möglich, sämtliche Beschränkungen für die Übertragung unter Lebenden aufzuheben (Art. 108 I LSC), da andernfalls der Charakter der *Sociedad de Responsabilidad Limitada* als geschlossene Gesellschaft verloren ginge.[1140] Auch kann die Satzung nicht bestimmen, einen Gesellschafter zu verpflichten, eine andere als die von ihm beabsichtigte Anzahl von Geschäftsanteilen zu übertragen (Art. 108 II LSC). Ein vollständiger Ausschluss der Übertragbarkeit begründet grundsätzlich ein jederzeitiges gesetzliches Austrittsrecht (Art. 108 III LSC) (Rn. 515), es sei denn, der Ausschluss erfolgt unmittelbar nach der Gründung oder einer Kapitalerhöhung und ist auf höchstens fünf Jahre beschränkt (Art. 108 IV LSC). Diese Ausnahme trägt dem Interesse der Gesellschaft Rechnung, ihre wirtschaftliche Tätigkeit aufzunehmen, ohne dass sich ihr Gesellschaftereinfluss ändert oder sie durch die mit einem Austritt verbundenen Abfindungsverpflichtungen in Liquiditätsengpässe gerät.[1141] Andere gesetzliche Austrittsrechte bleiben davon unberührt (Art. 346 LSC).[1142]

512 Die Übertragung ist im Verhältnis der Vertragsparteien formlos möglich;[1143] um im Verhältnis zur Gesellschaft wirksam zu sein (Art. 112 LSC), bedarf sie der **notariellen Beurkundung** (Art. 106 I 1 LSC).[1144] Eine solche ist auch in den Fällen des Art. 107 II LSC erforderlich (Art. 107 II lit. e) LSC); Gegenleistung und Art der Übertragung sind der Gesellschaft mitzuteilen (Art. 107 II lit. d) LSC) (Rn. 510).

513 Die Geschäftsanteile (*participaciones*) einer *Sociedad de Responsabilidad Limitada* können auch Objekt einer Pfändung oder **Übertragung von Amts wegen** nach Art. 109 LSC sein.[1145] In einem solchen Fall hat das Gericht die Gesellschaft davon in Kenntnis zu setzen, damit sie die Pfändung ins Gesellschafterbuch (*libro registro de socios*) eintragen und den übrigen Gesellschaftern eine Abschrift des Pfändungsbeschlusses zustellen kann (Art. 109 I LSC).[1146] Werden die Anteile im Rahmen der sich anschließenden Vollstreckung versteigert, haben die übrigen Gesellschafter das Recht, sie innerhalb eines Monats zu den Konditionen der Versteigerung zu übernehmen. Dabei handelt es sich in der Sache um ein Vorerwerbsrecht, das bei entsprechender Regelung in der Satzung auch der Gesellschaft selbst zusteht (Art. 109 III LSC).

514 Im Rahmen der **Übertragung von Todes wegen** tritt der Erbe kraft Gesetzes in die Gesellschafterstellung ein (Art. 110 I LSC); ein gesetzliches Vorerwerbsrecht der anderen Gesellschafter besteht in diesem Fall nicht. Um den geschlossenen Charakter der *Sociedad de Responsabilidad Limitada* (Rn. 467) zu bewahren,[1147] kann ein

1137 Dazu *Gómez Mendoza* RdS Extraordinario (1994) 177; *ders.* in: FS Menéndez Menéndez, Bd. 2, 1996, S. 1883–1894; *Troncoso Reigada* in: FS Sánchez Calero, Bd. 4, 2002, S. 3583–3628; monographisch *Perdices Huetos*, Cláusulas restrictivas de la transmisión de acciones y participaciones, 1997.

1138 *Sánchez Calero/Sánchez-Calero Guilarte*, Instituciones de Derecho Mercantil, Bd. 1, 2011, S. 666; im deutschsprachigen Schrifttum *Grechenig* in: Kalss (Hrsg.), Die Übertragung von GmbH-Geschäftsanteilen in 14 europäischen Rechtsordnungen, 2003, S. 107, 117–119.

1139 Allgemein zum Vorerwerbsrecht *Cheves Aguilar*, El derecho de adquisición preferente como cláusula restrictiva a la transmisibilidad de las acciones y de las participaciones sociales, 1999.

1140 *Sánchez Calero/Sánchez-Calero Guilarte*, Instituciones de Derecho Mercantil, Bd. 1, 2011, S. 664; *Lozano/Hilgers/J. Löber* in: Süß/Wachter (Hrsg.), HdB des internationalen GmbH-Rechts, 2016, Spanien, Rn. 168.

1141 *Perdices Huetos* in: Rojo Fernández-Río/Beltrán Sánchez (Hrsg.), Comentario de la Ley de Sociedades de Capital, Bd. 1, 2011, S. 898 f.

1142 Dazu *Grechenig* in: Kalss (Hrsg.), Die Übertragung von GmbH-Geschäftsanteilen in 14 europäischen Rechtsordnungen, 2003, S. 107, 121.

1143 *Gallego Sánchez*, Las participaciones sociales en la Sociedad de Responsabilidad Limitada, 1996, S. 305 f.

1144 Zur alten Rechtslage *Grechenig* in: Kalss (Hrsg.), Die Übertragung von GmbH-Geschäftsanteilen in 14 europäischen Rechtsordnungen, 2003, S. 107, 117.

1145 *B. Löber/Wendland/Fröhlingsdorf*, Die neue spanische GmbH, 2001, S. 62; *Tresselt*, Die Rechtsstellung des Verwalters einer spanischen Sociedad de Responsabilidad Limitada und des Geschäftsführers einer deutschen GmbH im Rechtsvergleich, 2009, S. 13.

1146 Allgemein zum Gesellschafterbuch *Perdices Huetos*, El libro registro de socios. La legitimación del socio en las sociedades de capital, 2000.

1147 *Lozano/Hilgers/J. Löber* in: Süß/Wachter (Hrsg.), HdB des internationalen GmbH-Rechts, 2016, Spanien, Rn. 161; ferner *B. Löber/Wendland/Fröhlingsdorf*, Die neue spanische GmbH, 2001, S. 62.

solches Vorerwerbsrecht (*derecho de adquisición de las participaciones del socio fallecido*) aber in der Satzung bestimmt werden (Art. 110 II LSC), nach dem die Geschäftsanteile gegen Zahlung einer angemessenen Gegenleistung übernommen werden können.[1148] Dieses Vorerwerbsrecht ist innerhalb von drei Monaten nach Kenntnis vom Tod des Gesellschafters auszuüben; der angemessene Preis ist von einem unabhängigen Sachverständigen zu ermitteln und in Geld zu entrichten (Art. 110 II iVm Art. 353 I LSC).[1149]

b) Austritt und Ausschluss

Neben den Fällen, in denen auch ein Gesellschafter einer *Sociedad Anónima* ein **gesetzliches Austrittsrecht** (Rn. 416–418) hat, können die Gesellschafter einer *Sociedad de Responsabilidad Limitada* aus der Gesellschaft austreten, wenn sie in der Generalversammlung gegen eine Satzungsänderung gestimmt haben, welche die Übertragbarkeit von Geschäftsanteilen betrifft (Art. 346 II LSC).[1150] Ist die Übertragbarkeit gänzlich untersagt (vollständige Vinkulierung), steht den Gesellschaftern jederzeit ein Austrittsrecht zu (Art. 108 III LSC), das an keinen wichtigen Grund gebunden ist, damit sie trotz der legitimen Kontrolle des Mitgliederbestandes eine Möglichkeit zur Desinvestition haben.[1151] 515

Anders als das Recht der *Sociedad Anónima* (Rn. 423) kennt das Recht der *Sociedad de Responsabilidad Limitada* auch **gesetzliche Ausschlussgründe**. So kann ein Gesellschafter ausgeschlossen werden, wenn er vorsätzlich seine Pflicht zur Erbringung von Nebenleistungen verletzt, als Geschäftsleiter gegen das Wettbewerbsverbot verstößt[1152] oder wegen eines Verstoßes gegen Vorschriften der *Ley de Sociedades de Capital* bzw. Verletzung seiner Sorgfaltspflicht rechtskräftig verurteilt worden ist, Schadensersatz an die Gesellschaft zu leisten (Art. 350 LSC).[1153] 516

Darüber hinaus kann die **Satzung** weitere Ausschlussgründe schaffen und bestehende gesetzliche Ausschlussgründe modifizieren oder gänzlich abbedingen (Art. 351 LSC). Im Übrigen entspricht das Ausschlussverfahren dem bei der *Sociedad Anónima* (Rn. 424 f.). 517

7. Sociedad Limitada Nueva Empresa (S. L. N. E.)

a) Geschichte und Bedeutung

Die ***Sociedad Limitada Nueva Empresa*** ist durch die *Ley 7/2003* eingeführt und nach der Vereinheitlichung der *Ley de Sociedades de Capital* als Sonderform der *Sociedad de Responsabilidad Limitada* beibehalten worden (Artt. 434–454 LSC).[1154] Ihren Ursprung hat sie in verschiedenen EU-Initiativen,[1155] die darauf abgezielt haben, Gesellschaftsgründungen für kleine und mittlere Unternehmen leichter und kostengünstiger zu gestalten.[1156] So weist die *Sociedad Limitada Nueva Empresa* charakteristisch Erleichterungen bei der Gründung auf, hat aber im Vergleich zu den anderen Kapitalgesellschaften eine weniger stark ausgeprägte Satzungsfreiheit. 518

1148 Dazu *Galán López* RdS Extraordinario (1994) 235.

1149 Zum Ganzen *Grechenig* in: Kalss (Hrsg.), Die Übertragung von GmbH-Geschäftsanteilen in 14 europäischen Rechtsordnungen, 2003, S. 107, 123.

1150 Dazu *Brenes Cortés* RdS 37 (2011) 19, 42; ferner *Aguilera Ramos* RdS Extraordinario (1994) 349; *Martínez Sanz* RdS 6 (1996) 26; monographisch *Fajardo García*, El derecho de separación del socio en la sociedad limitada, 1996; *Martínez Sanz*, La separación del socio en la sociedad de responsabilidad limitada, 1997.

1151 *Sánchez-Calero Guilarte* RdS 6 (1996) 11; im deutschsprachigen Schrifttum *Grechenig* in: Kalss (Hrsg.), Die Übertragung von GmbH-Geschäftsanteilen in 14 europäischen Rechtsordnungen, 2003, S. 107, 121.

1152 Dazu *Lois Caballé*, La prohibición de competencia de los administradores de la SRL, 2000, S. 91–94; *Morata Escalona* RdS 15 (2000) 119.

1153 Dazu *Garrido de Palma* RJN 75 (2010) 57; ferner *Alfaro Águila-Real* in: Paz-Ares Rodríguez (Hrsg.), Tratando de la sociedad limitada, 1997, S. 885–930; *Framiñán Santas*, La exclusión del socio en la sociedad de responsabilidad limitada, 2005.

1154 Allgemein *Embid Irujo* RJN 46 (2003) 107; *Madridejos Fernández* CDC 39 (2003) 161; *Valpuesta Gastaminza*, La sociedad nueva empresa, 2004; im deutschsprachigen Schrifttum *Embid Irujo* RIW 2004, 760; monographisch *Wellenhofer*, Die spanische Sociedad Limitada Nueva Empresa. Vorbild für ein neues GmbH-Gründungsrecht?, 2012.

1155 Empfehlung der Kommission vom 22. April 1997 zur Verbesserung und Vereinfachung des Umfelds von Unternehmensgründungen (97/344/EG) (ABl. 5.6.1997, L 145/29); ferner Empfehlung der Kommission vom 6. Mai 2003 betreffend die Definition der Kleinstunternehmen sowie der kleinen und mittleren Unternehmen (2003/361/EG) (ABl. 20.5.2003, L 124/36); dazu *Wellenhofer*, Die spanische Sociedad Limitada Nueva Empresa. Vorbild für ein neues GmbH-Gründungsrecht?, 2012, S. 8–13.

1156 *Hierro Anibarro*, La Sociedad Nueva Empresa, 2006, S. 62–66; *Rades*, Die Sociedad Limitada Nueva Empresa, 2008, S. 133. Auch die deutsche Unternehmergesellschaft lässt sich auf diese Initiativen zurückführen, s. aus rechtstatsächlicher und rechtsvergleichender Perspektive *Braun ua* ZHR 177 (2013) 131.

519 Als **Sonderform** der *Sociedad de Responsabilidad Limitada* ist die *Sociedad Limitada Nueva Empresa* kein eigenständiger Grundtyp.[1157] Soweit das Gesetz keine ausdrücklichen Regelungen trifft, sind die Vorschriften zur *Sociedad de Responsabilidad Limitada* daher subsidiär anwendbar.

520 In der **Praxis** hat sich die *Sociedad Limitada Nueva Empresa* bisher nicht durchsetzen können – zumindest nicht in dem Maße, wie der Gesetzgeber es ursprünglich beabsichtigt hatte.[1158] Möglicherweise lässt sich daraus schließen, dass Unternehmen eine größere Flexibilität bei der Satzungsgestaltung gegenüber Erleichterungen bei der Gründung vorziehen.[1159]

b) Gründung

521 Die Gründung einer *Sociedad Limitada Nueva Empresa* richtet sich grundsätzlich nach denselben Regeln wie bei der *Sociedad de Responsabilidad Limitada* (Rn. 468–471). Ausweislich der gesetzgeberischen Intention, die Gründung zu erleichtern, bestehen jedoch einige Besonderheiten.[1160] So ist es möglich, die **Eintragung ins Handelsregister** auch elektronisch anzumelden (Art. 439 I LSC). Dazu muss der Notar die Gründungsurkunde elektronisch an das Handelsregister übermitteln (Art. 440 I, III LSC), bestätigen, dass keine andere Gesellschaft dieselbe Firma hat, und ein Formular mit den vollständigen steuer- und sozialrechtlichen Informationen der Gesellschaft (*Documento Único Electrónico*) beifügen (*Disposición Adicional Tercera LSC*). Mit Erhalt dieser Dokumente hat der *registrador* 24 Stunden Zeit, zu prüfen, ob alle Eintragungsvoraussetzungen vorliegen.

522 Die schnelle Eintragung ins Handelsregister ist möglich, weil die Satzung einer *Sociedad Limitada Nueva Empresa* der Mustersatzung der *Orden JUS/1445/2003*[1161] entsprechen muss. Diese Vorgabe bewirkt eine deutliche **Einschränkung der Satzungsfreiheit**. Gleichwohl ist es möglich, bestimmte Teile der Satzung nach der Gründung zu ändern. Dazu zählen der Sitz der Gesellschaft, ihre Firma sowie die Höhe des gezeichneten Kapitals (Art. 450 I LSC). Die *Sociedad Limitada Nueva Empresa* kann dieser Einschränkung der Satzungsfreiheit „entfliehen", indem sie sich zur *Sociedad de Responsabilidad Limitada* aufschwingt. Dazu ist es erforderlich, die Satzung an die Gründungssatzung einer *Sociedad de Responsabilidad Limitada* anzugleichen (Art. 454 I 1 LSC). Über diese Satzungsänderung beschließt die Generalversammlung mit einfacher Mehrheit (Art. 454 I 2 LSC). Die Gründungsurkunde der neuen *Sociedad de Responsabilidad Limitada* ist sodann ins Handelsregister einzutragen (Art. 454 II LSC).

523 Die *Ley 14/2013* hat die **Möglichkeit der elektronischen Gründung** auf sämtliche *Sociedades de Responsabilidad Limitada* erweitert (Artt. 15 f. LE). Seitdem hat die Zahl der neugegründeten *Sociedades Limitadas Nueva Empresa* deutlich abgenommen.[1162]

524 **Gründer** können höchstens fünf natürliche Personen sein (Art. 437 LSC). Im Falle einer Einpersonengesellschaft darf der einzige Gesellschafter nicht gleichzeitig Einpersonengesellschafter einer weiteren *Sociedad Limitada Nueva Empresa* sein (Art. 438 I 1 LSC) und hat das in der Gründungsurkunde zu versichern (Art. 438 I 2 LSC).

525 Um die Gründung zu beschleunigen und den Suchaufwand nach ähnlichen Firmen zu verringern, schreibt Art. 435 I LSC vor, dass die **Firma** aus dem Vor- und Nachnamen eines Gründers sowie eines alphanumerischen Codes (*código alfanumérico*) bestehen muss (Art. 435 II LSC). Der Fall, dass der Gründer ausländischer Staatsbürger ist, der – anders als in Spanien üblich – nur einen statt zwei Nachnamen hat,[1163] ist gesetzlich zwar nicht ausdrücklich geregelt, dürfte jedoch unproblematisch sein. Andernfalls käme ein Verstoß gegen die Niederlassungsfreiheit (Art. 49 AEUV) bzw. das Diskriminierungsverbot (Art. 18 AEUV) in Betracht. Darüber hinaus hat die Firma den Rechtsformzusatz „Sociedad Limitada Nueva Empresa" oder abgekürzt „S. L. N. E." zu enthalten (Art. 435 II LSC).

526 Im Gegensatz zur Rechtslage bei anderen Kapitalgesellschaften (Rn. 183, 189) muss der **Unternehmensgegenstand** der *Sociedad Limitada Nueva Empresa* nicht konkretisiert werden; vielmehr können die Gründer alle oder einen Teil der in Art. 436 I LSC aufgelisteten wirtschaftlichen Tätigkeiten als Unternehmensgegenstand an-

1157 *Embid Irujo* in: Boquera Matarredona (Hrsg.), La Sociedad Limitada Nueva Empresa, 2003, S. 25 f.; *Rades*, Die Sociedad Limitada Nueva Empresa, 2008, S. 133.

1158 *Broseta Pont/Martínez Sanz*, Manual de Derecho Mercantil, Bd. 1, 2016, S. 661 f.; zu möglichen Anregungen für eine Reform des deutschen GmbH-Rechts *Wellenhofer*, Die spanische Sociedad Limitada Nueva Empresa. Vorbild für ein neues GmbH-Gründungsrecht?, 2012, S. 291–333.

1159 *Embid Irujo* in: Boquera Matarredona (Hrsg.), La Sociedad Limitada Nueva Empresa, 2003, S. 30.

1160 Allgemein dazu *Cabanas Trejo* CDC 39 (2003) 141; *Hierro Anibarro*, La Sociedad Nueva Empresa, 2006, S. 110–164; ferner *Embid Irujo* RIW 2004, 760, 762–764.

1161 BOE 5 junio 2003, núm. 134, S. 21819, Orden JUS/1445/2003, 4 de junio, por la que se aprueban los Estatutos orientativos de la sociedad limitada Nueva Empresa; zur damit verbundenen Einschränkung der Satzungsfreiheit *Embid Irujo* RIW 2004, 760, 762.

1162 Statistik abrufbar unter: rmc.es/estadisticas/EstadisticaSocietaria.aspx.

1163 Dazu *Rades*, Die Sociedad Limitada Nueva Empresa, 2008, S. 137 f.

geben.[1164] In Betracht kommen Landwirtschaft, Viehzucht, Forstwirtschaft, Fischerei, Industrieproduktion, Bauwirtschaft, Handel, Tourismus, Transportwirtschaft, Kommunikation, Vermittlungswesen, Fachdienstleistungen und allgemeine Dienstleistungen. Sonstige Tätigkeiten kann der Unternehmensgegenstand umfassen (Art. 436 II LSC), sofern sie nicht einer *Sociedad Anónima* vorbehalten oder in anderer Hinsicht exklusiv sind (Art. 436 III LSC).[1165] Während der *Sociedad Anónima* in erster Linie Tätigkeiten mit Finanzmarktbezug vorbehalten sind, wie solche von Kreditinstituten, Versicherungen oder Wertpapierdienstleistungsunternehmen, sind in anderer Hinsicht exklusiv insbesondere solche mit freiberuflichem Charakter; obwohl der weite Wortlaut des Art. 436 I LSC auch freiberufliche Tätigkeiten umfasst, stellt die *Ley de Sociedades Profesionales* insoweit eine abschließende *lex specialis* dar (Rn. 539).[1166] Im Schrifttum wird diese Flexibilisierung einerseits damit begründet, dass die Gesellschaft ihren tatsächlichen Unternehmensgegenstand zu Beginn ihrer wirtschaftlichen Tätigkeit form- und kostengünstig ändern können soll.[1167] Andererseits hängt diese Regelung damit zusammen, dass der in der Satzung festgeschriebene Unternehmensgegenstand nicht nachträglich durch Satzungsänderung modifiziert werden kann (Art. 450 I LSC *e contrario*).[1168]

Umfasst der Unternehmensgegenstand eine **unzulässige Tätigkeit**, ist er im Übrigen wirksam und eintragungsfähig, sofern die Gründer sich in der Gründungsurkunde damit einverstanden erklärt haben (Art. 436 II LSC). Auf diese Weise lassen sich die Kosten einer neuen Urkunde sowie eines gänzlich neuen Eintragungsverfahrens vermeiden, ohne dabei die Unternehmensfreiheit (*libertad de empresa*) übermäßig einzuschränken.[1169] 527

c) Gezeichnetes Kapital

Das gezeichnete Kapital (*capital social*) einer *Sociedad Limitada Nueva Empresa* muss zwischen 3.000 Euro und 120.000 Euro betragen (Art. 443 I LSC). Es ist in **Geschäftsanteile** (*participaciones*) unterteilt, die ausschließlich gegen Erbringung von Bareinlagen gezeichnet werden können (Art. 443 II LSC). 528

Innerhalb der genannten Grenzen kann das gezeichnete Kapital nachträglich durch **Kapitalmaßnahmen** geändert werden (Art. 450 I LSC). Bei Überschreiten der oberen Grenze kann die Gesellschaft aber zur *Sociedad de Responsabilidad Limitada* erwachsen, sofern die Voraussetzungen des Art. 454 LSC (Rn. 522) eingehalten werden, oder durch einen Formwechsel in eine andere Gesellschaftsform, etwa eine *Sociedad Anónima*, umgewandelt werden (Art. 452 LSC). 529

d) Organisationsverfassung

Die *Sociedad Limitada Nueva Empresa* hat als Kapitalgesellschaft mit der Generalversammlung und der Geschäftsleitung zwei Organe. Für die **Generalversammlung** ergibt sich im Verhältnis zur *Sociedad de Responsabilidad Limitada* eine Besonderheit lediglich daraus, dass sie auch per Einschreiben mit Rückschein (*carta con acuse de recibo*) oder in elektronischer Form einberufen werden kann; einer Veröffentlichung der Einberufung im *Boletín Oficial del Registro Mercantil* bedarf es nicht. 530

Die **Geschäftsleitung** kann in allen Varianten des Art. 210 LSC (Rn. 261, 482) ausgestaltet sein, nur nicht als Verwaltungsrat (Art. 447 I LSC).[1170] Ein einzelner Geschäftsleiter ist zur alleinigen Geschäftsführung und Vertretung der Gesellschaft befugt; insbesondere kann er auch Gesellschafterbeschlüsse beglaubigen. Mehrere Geschäftsleiter – mangels Verwaltungsrats können es auch mehr als zwei sein – können einzel- oder gesamtgeschäftsführungsbefugt sein; sind sie einzelgeschäftsführungsbefugt, können sie die Gesellschaft auch allein vertreten, andernfalls nur gemeinsam (Art. 447 II LSC). 531

Geschäftsleiter der *Sociedad Limitada Nueva Empresa* müssen gleichzeitig Gesellschafter sein (Art. 448 I LSC). Da nur natürliche Personen Gesellschafter sein können (Art. 437 I LSC), kommen **keine juristischen Personen** als Geschäftsleiter in Betracht.[1171] Bei der Gründung werden die Geschäftsleiter zunächst auf unbestimmte Zeit 532

1164 Dazu *Olavarría Iglesia* in: Boquera Matarredona (Hrsg.), La Sociedad Limitada Nueva Empresa, 2003, S. 62–69; *Hierro Anibarro*, La Sociedad Nueva Empresa, 2006, S. 127–134.

1165 Kritisch dazu *Olavarría Iglesia* in: Boquera Matarredona (Hrsg.), La Sociedad Limitada Nueva Empresa, 2003, S. 70; *Hierro Anibarro*, La Sociedad Nueva Empresa, 2006, S. 133.

1166 Im Ergebnis ähnlich *Olavarría Iglesia* in: Boquera Matarredona (Hrsg.), La Sociedad Limitada Nueva Empresa, 2003, S. 71.

1167 *Broseta Pont/Martínez Sanz*, Manual de Derecho Mercantil, Bd. 1, 2016, S. 662.

1168 *Hierro Anibarro*, La Sociedad Nueva Empresa, 2006, S. 161 f.

1169 Zu den Einschränkungen der Unternehmensfreiheit *Aragón Reyes* in: FS Menéndez Menéndez, Bd. 1, 1996, S. 163–180; *Rubio Llorente* in: FS Menéndez Menéndez, Bd. 1, 1996, S. 431–446; *Paz-Ares Rodríguez/Alfaro Águila-Real* in: FS Díez-Picazo Ponce de León, Bd. 4, 2002, S. 5971–6040; monographisch *Cidoncha Martín*, La libertad de empresa, 2006.

1170 *Embid Irujo* RIW 2004, 760, 765.

1171 *Salelles Climent/Castañer Codina* in: Rodríguez Artigas ua (Hrsg.), Las Reformas de la Ley de Sociedades de Capital, 2012, S. 282; ausführlich *del Val Talens*, El administrador persona jurídica en las sociedades de capital. Organización, estatuto y responsabilidad, 2017, S. 147–149.

bestellt (Art. 448 III 1 LSC); die Generalversammlung kann ihre Amtszeit jedoch im Nachhinein befristen (Art. 448 III 2 LSC).[1172]

e) Mitgliederwechsel

533 Die **Übertragung** der Geschäftsanteile richtet sich grundsätzlich nach den allgemeinen Regelungen der *Sociedad de Responsabilidad Limitada* (Rn. 509–513). Dabei ist es möglich, dass die Zahl der Gesellschafter fünf übersteigt (Art. 444 I LSC), die aber alle natürliche Personen sein müssen (Art. 444 II 1 LSC). Werden gleichwohl Geschäftsanteile an juristische Personen übertragen, müssen diese sie innerhalb von drei Monaten an eine natürliche Person weiterübertragen (Art. 444 II 2 LSC); andernfalls erwächst die Gesellschaft kraft Gesetzes zu einer *Sociedad de Responsabilidad Limitada* (Art. 444 II 3 LSC). Dabei sind die Erfordernisse des Art. 454 LSC (Rn. 522) zu beachten; die Geschäftsleiter haften insoweit für Verletzungen ihrer Sorgfaltspflicht (Art. 225 I iVm Art. 444 II 3 LSC).

534 Scheidet ein Gründer, dessen Name Bestandteil der Firma ist, aus der Gesellschaft aus, muss die **Firma** unverzüglich geändert werden (Art. 451 I LSC).

f) Auflösung

535 Für die *Sociedad Limitada Nueva Empresa* gelten die Auflösungsgründe der *Sociedad de Responsabilidad Limitada* (Rn. 429–434, 438 f.). Sie ist darüber hinaus zwingend aufzulösen, wenn Verluste für einen Zeitraum von sechs Monaten dazu geführt haben, dass weniger als die **Hälfte des gezeichneten Kapitals durch das Nettovermögen gedeckt** ist, es sei denn, die Gesellschaft nimmt nach Ablauf der sechs Monate eine Kapitalmaßnahme vor, um die bilanzielle Situation zu ändern (Art. 453 LSC).

536 Problematisch ist das **Verhältnis** dieses Auflösungsgrundes zu demjenigen in Art. 363 I lit. e) LSC. Beide stimmen weitgehend überein und unterscheiden sich nur insofern, als Art. 363 I lit. e) LSC keine Sechsmonatsfrist voraussetzt. Nähme man den Wortlaut des Art. 453 LSC ernst, nach dem beide Auflösungsgründe selbstständig nebeneinanderstehen, verbliebe für Art. 453 LSC kein Anwendungsbereich.[1173] Es ist daher sachgerecht, die zusätzliche Sechsmonatsfrist in die Voraussetzungen des Art. 363 I lit. e) LSC hineinzulesen, so dass die Geschäftsleiter erst nach Ablauf gemäß Art. 365 LSC verpflichtet sind (Rn. 435), die Generalversammlung einzuberufen.[1174] Für diese Auslegung spricht auch, dass die *Sociedad Limitada Nueva Empresa* insbesondere für kleine Unternehmen konzipiert ist, die auch bei erheblichen, insbesondere nur vorübergehenden saisonbedingten Verlusten nicht sofort zur Auflösung gezwungen werden sollen.[1175]

D. Freiberuflergesellschaften

I. Geschichte

537 Freiberuflergesellschaften (*sociedades profesionales*) sind erst seit der *Ley 2/2007* gesetzlich geregelt. In der **wirtschaftlichen Realität** existieren Gesellschaften, die der gemeinsamen Berufsausübung von Freiberuflern dienen, jedoch schon deutlich länger. Denn freiberufliche Tätigkeiten, die eine bestimmte Ausbildung und die Mitgliedschaft in einer Berufsvereinigung wie zB einer Rechtsanwaltskammer voraussetzen, konnten nicht unmittelbar von einer juristischen Person wahrgenommen werden,[1176] sondern bis 2007 nur mittelbar gemeinsam ausgeübt werden. Dazu konnten Freiberufler entweder ihre Kosten in einer Gesellschaft teilen (*sociedad de medios*);[1177] ihre individuellen Gewinne und Verluste umlegen (*sociedad de comunicación de ganancias*), um ihr unternehmerisches Risiko zu reduzieren;[1178] oder eine Gesellschaft als Vermittler agieren lassen (*sociedad de intermediación*), der die Kunden den einzelnen Berufsträgern zuweist.[1179] Ursprung dieser *sociedad de intermediación* waren in erster Linie steuerrechtliche Erwägungen, da Freiberufler nicht der Einkommen-, sondern der Körperschaftsteuer unterliegen wollten.[1180] Ihre Zulässigkeit hat die Rechtsprechung 1986 anerkannt.[1181]

1172 Dazu *Rades*, Die Sociedad Limitada Nueva Empresa, 2008, S. 162.
1173 *Bataller Grau* in: Boquera Matarredona (Hrsg.), La Sociedad Limitada Nueva Empresa, 2003, S. 162.
1174 *Bataller Grau* in: Boquera Matarredona (Hrsg.), La Sociedad Limitada Nueva Empresa, 2003, S. 162; aA *Valpuesta Gastaminza*, La sociedad nueva empresa, 2004, S. 94.
1175 *Hierro Anibarro*, La Sociedad Nueva Empresa, 2006, S. 198.
1176 Allgemein kritisch *Paz-Ares Rodríguez* RCDI 1999, 1257; *Campins Vargas*, La sociedad profesional, 2000.
1177 *Jiménez-Asenjo Sotomayor* InDret 4 (2007) 1, 6.
1178 *Jiménez-Asenjo Sotomayor* InDret 4 (2007) 1, 6.
1179 Dazu *Alcover Gararu* RdS 32 (2009) 169, 171.
1180 *Alcover Garau* RdS 32 (2009) 169, 172.
1181 Resolución de la Dirección General de los Regisros y del Notariado de 2 de junio de 1986 (BOE 18 junio 1986, núm. 145, S. 22233).

Die *Ley 2/2007* hat die gemeinsame Ausübung freiberuflicher Tätigkeiten als Unternehmensgegenstand zugelassen und damit letztlich nur eine wirtschaftliche Realität kodifiziert. Im Kern zielte diese gesetzliche Regelung darauf ab, Missbräuchen vorzubeugen und eine gesetzeskonforme Berufsausübung zu erleichtern.[1182] Um eine effektive Befolgung des Gesetzes sicherzustellen, sind deshalb nahezu alle seine Vorschriften zwingend ausgestaltet (Art. 1 I LSP), und dispositive Regelungen explizit als solche benannt. Bereits bestehende Freiberuflergesellschaften, die in der Regel als *sociedad de intermediación* ausgestaltet waren, mussten sich innerhalb von achtzehn Monaten nach Inkrafttreten der *Ley 2/2007* an die neuen Regelungen anpassen (*Disposición Transitoria Primera III LSP*); andernfalls sollten sie kraft Gesetzes aufgelöst und aus dem Handelsregister gelöscht werden. Erfolgte die Anpassung verspätet, ohne dass die Gesellschaft in der Zwischenzeit aus dem Handelsregister gelöscht worden war, erkannte die Rechtsprechung sie gleichwohl als wirksam und eintragungsfähig an.[1183] 538

II. Regelung

1. Charakteristika und Gründung

Nach der LSP weist eine *Sociedad Profesional* **zwei Charakteristika** auf. Zum einen muss ihr Unternehmensgegenstand auf Dienstleistungstätigkeiten gerichtet sein, die einen Hochschulabschluss und die Mitgliedschaft in einer Berufsvereinigung (*colegio profesional*) voraussetzen (Artt. 1 I 1, 3 LSP). Zum anderen ist eine „gemeinsame Ausübung" (*ejercicio en común*) dieser Tätigkeiten unter einer gemeinsamen Firma erforderlich (Artt. 1 I 1, 3 LSP).[1184] Dabei hat auch die Gesellschaft als juristische Person die Befugnis, die Berufstätigkeit auszuüben. Aufgrund dieses zweiten Charakteristikums kann die *Sociedad Profesional* nicht als Einpersonengesellschaft existieren. 539

Da die Normen der *Ley de Sociedades Profesionales* im Wesentlichen zwingendes Recht darstellen, müssen alle *Sociedades Profesionales* die beiden konstitutiven Merkmale aufweisen (Art. 1 I 1 LSP). Anders als etwa das deutsche Partnerschaftsrecht schafft die *Ley de Sociedades Profesionales* aber lediglich einen gesetzlichen Rahmen und keine umfassende Regelung. Im Übrigen sind daher die **Vorschriften** der jeweiligen Rechtsform anwendbar, in der die konkrete *Sociedad Profesional* betrieben wird (Rn. 4); die Normen der *Ley de Sociedades Profesionales* sollen lediglich eine gesetzeskonforme Berufsausübung durch juristische Personen sicherstellen.[1185] Für *Sociedades Profesionales*, die als Kapitalgesellschaften ausgestaltet sind, gelten weitergehende Besonderheiten (Art. 17 LSP) (Rn. 550). 540

Der Gesellschaftsvertrag einer *Sociedad Profesional* muss **beurkundet** (Art. 7 LSP) und ins **Handelsregister** eingetragen werden (Art. 8 LSP). Er soll die Gründer und die Berufsvereinigungen der Berufsträger angeben sowie die genaue Tätigkeit der Gesellschaft beschreiben (Art. 7 LSP). Bei der Eintragung wird nicht zwischen Gesellschaften zivil- und handelsrechtlicher Natur unterschieden; auch eine *Sociedad Profesional*, die als *Sociedad Civil* ausgestaltet ist, muss daher ausnahmsweise ins Handelsregister eingetragen werden (Rn. 39 f.).[1186] 541

Die **Firma** einer *Sociedad Profesional* kann objektiv oder subjektiv sein (*denominación objetiva o subjetiva*) (Art. 6 I LSP), dh, sie kann die Tätigkeit der Gesellschaft oder den Namen ihrer Berufsträger enthalten (Art. 6 II LSP). Sie ist um den Zusatz „profesional" oder abgekürzt „P." zu ergänzen, der neben den eigentlichen Rechtsformzusatz tritt (Art. 6 V LSP), zB „S. A. P." oder „S. L. P.". 542

Unternehmensgegenstand muss eine gemeinsame freiberufliche Tätigkeit sein, die den *Sociedades Profesionales* vorbehalten ist (Art. 1 I 1 LSC). Sie können jene aber nicht nur unmittelbar, sondern auch mittelbar ausüben, indem sie sich an anderen *Sociedades Profesionales* beteiligen (Art. 2 1 LSP). Auch kann der Unternehmensgegenstand mehrere Tätigkeiten umfassen, soweit diese gesetzlich miteinander zu vereinbaren sind (Art. 3 LSP). Problematisch ist es jedoch, wenn bei der Beschreibung des Unternehmensgegenstands bestimmte Formulierungen verwendet oder vermieden werden, um dem Anwendungsbereich der *Ley de Sociedades Profesionales* zu entgehen. Nach der Rechtsprechung unterfallen derartige Umgehungskonstellationen dennoch der *Ley de Sociedades Profesionales*, da diese gerade bezweckt, den Verhaltensstandards der Berufsvereinigungen effektive Geltung zu verleihen (Art. 9 LSP) und die gesamtschuldnerische Haftung der Berufsträger und der *Sociedad Profesional* für Schäden im Rahmen ihrer Tätigkeit sicherzustellen (Art. 11 II LSP).[1187] 543

1182 Allgemein zur gesetzlichen Regelung *Yanes Yanes* (Hrsg.), Comentario a la Ley de Sociedades Profesionales, 2007; *Ortega Reinoso* RDBB 109 (2008) 135; *Sánchez Ruiz* (Hrsg.), Las sociedades profesionales, 2012; im deutschsprachigen Schrifttum *Kilian/Bubrowski* RIW 2007, 669, 671–673.

1183 Resolución de la Dirección General de los Registros y del Notariado de 20 de julio de 2015 (BOE 24 septiembre 2015, núm. 229, S. 85915).

1184 Zu den Merkmalen *Marqués Mosquera* CDC Extraordinario (2010) 33.

1185 Dazu *Campins Vargas*, La sociedad profesional, 2000, passim.

1186 *Fernández del Pozo* RDM 267 (2008) 7.

1187 Sentencia del Tribunal Supremo de 18 de julio de 2012, núm. 451, besprochen von *Gimeno Ribes* in: Embid Irujo (Hrsg.), Archivo Commenda de Jurisprudencia Societaria 2011–2012, 2014, S. 11–15; in diesem Sinne auch *Alcover Garau* RdS 32 (2009) 169; *Pérez Millán* RdS 32 (2009) 175; zur gesamtschuldnerischen Haftung *Tarrío Berjano* CDC Extraordinario (2010) 189; *Crespo Mora* RdP 28 (2012) 213.

2. Mitglieder

544 Gesellschafter einer *Sociedad Profesional* können sowohl **Berufsträger** (*socios profesionales*) als auch **Berufsfremde** (*socios no profesionales*) sein, wobei die Berufsträger stets drei Viertel der Stimmrechte und des Gesellschaftskapitals halten (Art. 4 II LSP) und drei Viertel der Geschäftsleiter stellen (Art. 4 III LSP) müssen.[1188] Dabei gelten als Berufsträger die Angehörigen freier Berufe, die sich durch einen Hochschulabschluss und die Mitgliedschaft in einer speziellen Berufsvereinigung auszeichnen (Art. 4 I lit. a) LSP), sowie andere *Sociedades Profesionales* (Artt. 2, 4 I lit. b) LSP).[1189] Verlieren die Berufsträger die erforderliche Mehrheit oder erfüllen sie nicht mehr die Anforderungen des Art. 4 I lit. a) LSP, ist die *Sociedad Profesional* kraft Gesetzes aufzulösen (Art. 4 V LSP).

545 Die Mitgliedschaft eines Berufsträgers ist grundsätzlich **nicht durch Rechtsgeschäft übertragbar** (Art. 12 1 LSP). Die Satzung kann eine Übertragung jedoch ausnahmsweise mit Zustimmung aller Berufsträger-Gesellschafter zulassen (Art. 12 2 LSP). Diese Regelung soll verhindern, dass Dritte, die den gesellschaftlichen Tätigkeitsanforderungen nicht genügen, in die *Sociedad Profesional* eindringen.[1190] Aus dem gleichen Grund kann die Satzung auch Übertragungen von Todes oder von Amts wegen ausschließen (Art. 15 LSP).

546 Damit auch die Berufsträger-Gesellschafter über eine Desinvestitionsmöglichkeit verfügen,[1191] gewährt ihnen das Gesetz ein spezielles **Austrittsrecht**, das weiter reicht als die sonstigen gesetzlichen Austrittsrechte. Bei *Sociedades Profesionales*, die auf unbestimmte Zeit eingegangen sind, besteht es jederzeit; andernfalls nur, wenn nach dem Recht der jeweiligen Rechtsform, in der die *Sociedad Profesional* betrieben wird, ein Auflösungsgrund besteht, ein solcher vereinbart worden ist oder sonst ein wichtiger Grund eintritt, der einen Austritt rechtfertigt (Rn. 58–61, 63 f., 106 f., 125, 429–434, 438 f., 462).

547 Scheidet ein Gesellschafter nachfolgelos aus, sind er, seine Erben oder – in Fällen, in denen es zu einer Übertragung von Amts wegen kommen würde – seine Gläubiger in **Höhe des Liquidationswerts** der Beteiligung abzufinden; das Verfahren zur Wertbestimmung ist im Gesellschaftsvertrag zu regeln (Art. 16 I LSP). Regelmäßig ist dazu eine Kapitalherabsetzung erforderlich; alternativ kann ein anderer Gesellschafter oder die Gesellschaft selbst die Anteile erwerben, sofern gesetzliche oder gesellschaftsvertragliche Regelungen nicht entgegenstehen (Art. 16 II LSP).

548 Ist der Name eines ausgeschiedenen Berufsträgers Teil der Firma, können er oder seine Erben eine **Änderung der Firma** verlangen, es sei denn, die Satzung trifft eine andere Regelung (Art. 6 III LSP). Auch wenn der Name Bestandteil der Firma bleibt, haftet der ehemalige Gesellschafter nur für Verbindlichkeiten, die vor seinem Ausscheiden begründet worden sind (Art. 6 IV LSP).

3. Gewinn- und Verlustverteilung

549 Nach dispositivem Gesetzesrecht erfolgt die **Gewinn- und Verlustverteilung** nach den Beteiligungshöhen der Gesellschafter (Art. 10 I 2 LSP). Das Gesetz regt jedoch ausdrücklich an, die Verteilung abweichend zu regeln, etwa nach den Ergebnisbeiträgen, welche die einzelnen Gesellschafter erwirtschaften (Art. 10 I 1, II LSP).

III. Freiberuflergesellschaften als Kapitalgesellschaften

550 Für den in der Praxis häufigen Fall, dass die *Sociedad Profesional* als **Kapitalgesellschaft** verfasst ist, trifft Art. 17 LSP Spezialregelungen.[1192] So darf eine *Sociedad Anónima* nur Namensaktien ausgeben (Art. 17 I lit. a) LSP), um sicherstellen zu können, dass die Mehrheit stets von Berufsträgern gehalten wird. Darüber hinaus bringen einzelne Normen zum Ausdruck, dass sich Kapitalmaßnahmen auf die Karriere der Berufsträger auswirken können (zB Ernennung zum Partner) (Art. 17 I lit. b), c), d) LSP); infolgedessen gibt es kein gesetzliches Bezugsrecht (Art. 17 I lit. b) LSP).[1193] Schließlich stellt die Tätigkeit der Freiberufler-Gesellschafter eine Nebenleistung dar (Art. 17 I lit. f) LSP).

E. Ausblick

551 Das spanische Gesellschaftsrecht weist einige Besonderheiten auf. Zum Teil ist es dem deutschen Recht sehr ähnlich, zum Teil sehr unterschiedlich. **Gemeinsamkeiten** bestehen insbesondere hinsichtlich der grundsätzlich vergleichbaren Gesellschaftsformen, die sowohl im Personen- als auch im Kapitalgesellschaftsrecht gemeinsame

1188 Näher zur Fernhaltung berufsfremder Einflüsse *Kilian/Bubrowski* RIW 2007, 669, 672.
1189 Dazu *Embid Irujo* in: FS Cuñat Edo, 2010, S. 1065–1086.
1190 *de Miguel Roses* CDC Extraordinario (2010) 203.
1191 *Sanabria Crespo* CDC Extraordinario (2010) 219.
1192 Überblick bei *Romero Fernández* RDM 268 (2008) 569.
1193 Zur Problematik der dispositiven Ausgestaltung des Bezugsrechtsausschlusses Sentencia del Tribunal Supremo de 5 de julio de 2013, núm. 364, besprochen von *Gimeno Ribes* RJN 86–87 (2013) 783; ferner *Verdú Cañete* RdS 39 (2012) 229.

historische Ursprünge haben.[1194] Weitere Gemeinsamkeiten resultieren aus der EU-rechtlichen Harmonisierung im Kapitalgesellschaftsrecht. Die Konvergenz beider Gesellschaftsrechte geht jedoch darüber hinaus,[1195] mitunter, da der spanische Gesetzgeber bestimmte Elemente der harmonisierenden EU- bzw. EWG-Richtlinien überschießend umgesetzt hat. So wurde etwa ein gesetzliches Mindestkapital für die *Sociedad de Responsabilidad Limitada* eingeführt, obwohl es für diese Rechtsform unionsrechtlich nicht vorgegeben ist.

Im **Personengesellschaftsrecht** überwiegen die Unterschiede zur deutschen Rechtsordnung. Zum einen weisen Personengesellschaften – mit Ausnahme der reinen Innengesellschaften – uneingeschränkt eigene Rechtspersönlichkeit auf. Zum anderen haben Personengesellschaften in Spanien eine viel geringere wirtschaftliche Bedeutung. Dies hängt einerseits mit dem vergleichsweise niedrigen Mindestkapital der *Sociedad de Responsabilidad Limitada* zusammen (Rn. 487), das diese Rechtsform auch für Unternehmen zugänglich macht, die anderswo von Personengesellschaften betrieben werden. Andererseits ist dafür das geringere Bedürfnis nach Mischformen (Rn. 126), verglichen etwa mit der deutschen GmbH & Co. KG, verantwortlich. 552

Im spanischen **Kapitalgesellschaftsrecht** sind die Unterschiede zwischen den einzelnen Gesellschaftsformen wesentlich kleiner als in Deutschland. Dies wird formell bereits daran deutlich, dass sämtliche Kapitalgesellschaften in einem einzigen Gesetz, der *Ley de Sociedades de Capital*, geregelt sind (Rn. 13). Materiell zeugen davon die große Ähnlichkeit von *Sociedad Anónima* und *Sociedad Comanditaria por Acciones* (Rn. 458) sowie die Vielzahl der gesetzlichen Normen, die sowohl auf die *Sociedad Anónima* als auch auf die *Sociedad de Responsabilidad Limitada* anwendbar sind. Beide Gesellschaftsformen unterscheiden sich vor allem insofern, als Aktien wesentlich leichter übertragen werden können als Geschäftsanteile (Rn. 509) und die Satzung der *Sociedad de Responsabilidad Limitada* deutlich flexibler gestaltet werden kann (Rn. 467). Eine Satzungsstrenge im eigentlichen Sinne kennt die *Sociedad Anónima* anders als die deutsche Aktiengesellschaft nicht, auch wenn ein Großteil der gesetzlichen Regelungen zwingend ist (Rn. 16). 553

Die Organisationsverfassung folgt dem monistischen System und kennt **keine Arbeitnehmermitbestimmung** (Rn. 213 f.). Vor diesem Hintergrund erfreut sich die *Societas Europaea* in Spanien keiner großen Beliebtheit, nicht zuletzt auch deshalb, weil ihr gesetzliches Mindestkapital deutlich über dem der *Sociedad Anónima* liegt. Auffällig ist schließlich, dass es im Vergleich zu Deutschland nur **wenige börsennotierte Gesellschaften** gibt (Rn. 31). Dies dürfte weniger am Gesellschaftsrecht liegen, als vielmehr an der Unterentwicklung der spanischen Kapitalmärkte, die auf noch keine allzu lange Tradition zurückblicken können.[1196] 554

1194 Zu den historischen Grundlagen des europäischen Gesellschaftsrechts *Fleckner* in: FS Hopt, 2010, S. 659, 665–671.

1195 Allgemein zur Konvergenz der Gesellschaftsrechte *Gordon/Roe* (Hrsg.), Convergence and persistence in corporate governance, 2004; *Fleischer/Kalss/Vogt* (Hrsg.), Konvergenzen und Divergenzen im deutschen, österreichischen und schweizerischen Gesellschafts- und Kapitalmarktrecht, 2011.

1196 Überblick zur Geschichte der im Jahr 1831 gegründeten Madrider Börse bei *Torrente Fortuño*, Historia de la Bolsa de Madrid, 1974.

Stichwortverzeichnis Teil 4, § 15: Spanien

Fette Zahlen bezeichnen die Paragraphen, magere die Randnummern.

§ 16 Niederlande[1]

Literatur (Auswahl): *Asser/Maeijer* (Hrsg.), 5-V: Maatschap, vennootschap onder firma, commanditaire vennootschap, 6. Aufl. 1995; *Asser/Maeijer/Kroeze*, Mr. C. Assers Handleiding tot de beoefening van het Nederlands Burgerlijk Recht, 2. Rechtspersonenrecht. Deel I. De Rechtspersoon, 9. Aufl. 2015; *Asser/Rensen*, 2. Rechtspersonenrecht, in: Assers Handleiding tot de beoefening van het Nederlands Burgerlijk Recht, 2012; *Assink* (Hrsg.), Compendium ondernemingsrecht, 9. Aufl. 2013; *Assink/Schild*, Opnieuw een witte vlek in het Nederlandse personenvennootschapsrecht ingevuld door de Hoge Raad, WPNR 2015, 632; *Bervoets*, Die Haftung von Vorstandsmitgliedern niederländischer Kapitalgesellschaften in: Kalss (Hrsg.), Vorstandshaftung in 15 europäischen Ländern, 2005, S. 593 ff.; *Boeve*, Het niet afgescheiden vermogen van de stille maatschap, WPNR 2015, 587; *Boogers*, Interne aansprakelijkheid van bestuurders en commissarissen: een complexe afweging, BB 2012/47; *Boschma/Lennarts/Schutte-Veenstra*, The Reform of Dutch private company law: new rules for the protection of creditors, EBOR 8 (2007) 568; *Calkoen*, One Tier Board: een empirisch onderzoek, Ondernemingsrecht 2014, 4; *Chorus/Hondius/Voermans* (Hrsg.), Introduction to Dutch Law, Chapter 6: Legal Persons, 5. Aufl. 2016; *De Groot*, Bestuurdersaansprakelijkheid, 5. Aufl. 2013; *De Kluiver*, Towards a new private company law. History of and perspectives on the 2012 fundamental overhaul of dutch company law and a European perspective on the proposals for a European private company in: Viera Gonzalez/Teichmann (Hrsg.), Private Company Law reform in Europe: the race for flexibility, 2015, S. 407 ff.; *De Roo*, De rechtspersoon als commissaris, Tijdschrift voor Ondernemingsbestuur, 2015, S. 106; *Dorhout Mees*, Nederlands handels- en failissementsrecht, I. Inleiding en ondernemingsrecht, 8. Aufl. 1978; *Fleischer*, Vergleichende Corporate Governance in der geschlossenen Kapitalgesellschaft, ZHR 179 (2015) 404; *Gernoth/Meinema*, Niederländisches Enquête-Recht: Vorbild für das deutsche Sonderprüfungsrecht?, RIW 2000, 844; *Gotzen*, Niederländisches Handels- und Wirtschaftsrecht, 2. Aufl. 2000; *Gotzen*, Die niederländische Gesetzgebung zum Zivilrecht, ZVglRWiss 85 (1986) 324; *Hagedorn/Tervoort*, Niederländisches Wirtschaftsrecht, 2017; *Harmsen/Jitta*, The Insolvency Laws of the Netherlands, 2006; *Hirschfeld*, Die niederländische „bv" nach dem Gesetz zur Vereinfachung und Flexibilisierung des bv-Rechts (flex-bv), RIW 2013, 134; *Höfer*, „Flex-GmbH" – eine solvenzorientierte Schwester-Rechtsform für die GmbH?, GmbHR 2016, 398; *Hollander*, Report from the Netherlands: Dutch Supreme Court Further Defines the Liability of Limited Partners in a Limited Partnership, ECL 14 (2017) 130; *Huijgen et al.* (Hrsg.), De personenvennootschap anno 2015 en haar toekomst, 2015; *Huizink*, Rechtspersoon, vennootschap en onderneming, 3. Aufl. 2013; *Karapetian*, Bestuurdersaansprakelijkheid na Van de Riet/Hoffmann: over hoe het is, hoe het was en zou moeten zijn, WPNR 2015, 209; *Kluiver/Rammeloo*, Capital and Capital Protection in The Netherlands: A Doctrine in Flux in: Lutter (Hrsg.), Das Kapital der Aktiengesellschaft in Europa, 2006, S. 655 ff.; *Kluiver/Rammeloo*, Die niederländische Besloten Vennootschap (B.V.) und Naamloze Vennootschap (N.V.) in: Hirte/Bücker (Hrsg.), Grenzüberschreitende Gesellschaften, 2. Aufl. 2006, S. 206 ff.; *Koppert-van Beek*, The New Dutch Partnership Act, ECL 4 (2007) 265; *Koster*, Overtreding beheersverbod en hoofdelijke aansprakelijkheid commanditaire vennoot, BB 2015/57, 196. *Koster*, Stemrechtloze aandelen, Bedrijfsjuridische berichten 2014/5; *Koster/Van de Steek*, De nieuwe uitkeringstest voor de besloten vennootschap in civiel en fiscaal perspectief, WPNR 2012, 718; *Lamers/Hellegers*, Is er plaats voor de stille maatschap in toekomstig vennootschapsrecht?, WPNR 2014, 977; *Lennarts*, Directors' and shareholders' liability as a means of protecting creditors of the BV, EBOR 8 (2007) 131; *Lennarts/Schutte-Veenstra*, Versoepeling van het BV-kapitaalbeschermingsrecht, 2004; *Maeijer* in: Asser (Hrsg.), Mr. C. Assers Handleiding tot de beoefening van het Nederlands Burgerlijk Recht, 2-III, Vertegenwoordiging en rechtspersoon, 1994; *Mason/Ramanna*, Large Dutch company reform, Euro. Law. 43 (2004) 68; *Mathey-Bal/Müller*, Eine niederländische Handelsgesellschaft zieht nach Deutschland – Anerkennungspflicht, Herausforderungen und Lösungsansätze, HanseLR 9 (2013) 17; *Mehring*, Die GmbH im niederländischen Recht, GmbHR 1991, 297; *Meinema*, Mandatory and Non-Mandatory Rules in Dutch Corporate Law, EJCL 6 (2002) 157; *Mellert/Verführt*, Wettbewerb der Gesellschaftsformen, 2005; *Mincke*, Niederlande, in: Laimer/Perathoner (Hrsg.), Gesellschaftsrechtli-

1 Mein besonderer Dank gilt meinen Kolleginnen, Frau *Marinke Bonnier*, toegevoegd notaris, und Frau Rechtsanwältin *Nathalie Bergs* für ihre umfassenden Vorarbeiten und die Durchsicht insbesondere der niederländischsprachigen Literatur sowie unserer Assistentin, Frau *Emanuela Napoletano*, und unserer (früheren) Sekretärin Frau *Stefanie Voss*, für ihre großartige Zuarbeit.

che Nebenvereinbarungen in Europa, 2013, S. 239; *Mohr*, Van maatschap, vennootschap onder firma en commanditaire vennootschap, 5. Aufl. 1998; *Muller* (Hrsg.), Corporate Law in the Netherlands, 3. Aufl. 2013; *Mussche*, Tegenstrijdig belang: nieuwe regeling, nieuwe vragen, BB 2013/5; *Nienoord*, One-tier of two-tier bestuursmodel, BB 2012/42; *Nieuwenhuis/Stolker/Valk* (Hrsg.), Tekst & Commentaar Burgerlijk Wetboek, Bd. 2, 2015; *Olthoff*, Implicaties van de Flex-BV voor de overnamepraktijk: een praktische benadering vanuit de private equity-praktijk, V&O 2014, 64; *Olthoff*, Implicaties van de Flex-BV voor de overnamepraktijk: een praktische benadering vanuit de private equity-praktijk, V&O 2014, 61; *Orval/De Groot*, De achtergestelde aandeelhouder(slening), Tijdschrift Financiering, Zekerheden en Insolventierechtpraktijk 2011, 102; *Rademakers/De Vries*, Niederlande, in: Süß/Wachter (Hrsg.), Handbuch des internationalen GmbH-Rechts, 3. Aufl. 2016; *Rammeloo*, Vrij verkeer van vennootschappen in de EU – een rechtsvergelijkende exercitie van nationaalrechtelijke ontwikkelingen. State of the art anno 2010, Ondernemingsrecht 2011, 9; *Richter*, Die Haftung der Geschäftsführer und Gründer in der niederländischen B.V., GmbHR 2007, 1316; *Roelofs*, De gevolgen van de „Flex-bv" voor de Wet op de formeel buitenlandse vennootschappen, BB 2012/49; *Schild/Timmerman*, Het nieuwe art. 2:9 BW, uitgelegd voor gewone bestuurders, WPNR 2014, 270; *Stokkermans*, De CV komt weer tot bloei!, WPNR 2015, 576; *Stöber*, Die Insolvenzverschleppungshaftung in Europa, ZHR 176 (2012) 326; *Süß* in: Münchener Handbuch des Gesellschaftsrechts, Internationales Gesellschaftsrecht. Grenzüberschreitende Umwandlungen, 4. Aufl. 2013, § 47 Rn. 384 ff.; *Terstegge*, Instructierecht en de Flex-BV, WPNR 2014, 259; *Tervoort*, Toetredende vennoot CV aansprakelijk voor bij toetreding bestaande vennootschapsschulden, Ondernemingsrecht 2015, 50; *Timmerman*, Principles of Prevailing Dutch Company Law, EBOR 11 (2010) 609; *Timmerman*, Sitzverlegung von Kapitalgesellschaften nach niederländischem Recht und die 14. EU-Richtlinie, ZGR 1999, 147; *Van der Elst/Lafarre*, Shareholder Voice on Executive Pay: A Decade of Dutch Say on Pay, EBOR 18 (2017) 51; *Van der Elst/Vermeulen*, The Dutch Private Company: Successfully Relaunched? ECGI Law Working Paper 215/2013; *Van der Heijden/Van der Grinten*, Handboek voor de Naamloze en de Besloten Vennootschap, 13. Aufl. 2013; *Van der Westerlaken*, Instructiemacht in de praktijk, V&O 2002, 210; *Van Efferink/Ebert/Levedag*, Die zugezogene niederländische B.V. als Rechtsformalternative zur deutschen GmbH für in- und ausländische Investoren in Deutschland, GmbHR 2004, 880; *Van Geffen et al.*, Besloten Vennootschap in de praktijk; *Van Helden/Willeumier*, Niederlande, in: Wegen/Spahlinger/Barth (Hrsg.), Gesellschaftsrecht des Auslands, 1. EL 2016; *Van Schilfgaarde*, Van de BV en de NV, 15. Aufl. 2009; *van Vliet*, The Netherlands – New Developments in Dutch Company Law: The „Flexible" Close Corporation, Journal of Civil Law Studies 7 (2014) 271; *Verhoeff*, Corporate Governance in the Netherlands: a review of the Dutch Corporate Governance Code, ICCLR 15 (2004) 173; *Verkerk*, Modernizing of Dutch Company Law: Reform of the Law Applicable to the BV and a New Legal Framework for the One-Tier Board within NVs and BVs, ECL 7 (2010) 113; *Wery*, Hoofdzaken maatschap, vennootschap onder firma en commanditaire vennootschap, 2. Aufl. 2003; *Wetzel/Wetzel*, Die Gründung und Führung einer niederländischen B.V. in Theorie und Praxis, 1997; *Wooldridge*, The supervisory boards of large Dutch companies, Co. Lawyer 28 (2007) 312; *Wooldridge*, The proposed reform of the Dutch private company, Co. Lawyer 29 (2008) 371; *Wooldridge*, Proposed Amendments to the Law Governing the Dutch BV, EBLR 2009, 372; *Zaman*, Die niederländische Flex-BV, GmbHR 2012, 1062.

A. Einleitung

I. Historie des Niederländischen Handels- und Gesellschaftsrechts

Die Vorgängerin der heutigen Niederlande, die Republik der Sieben Vereinigten Niederlande (Republiek der Zeven Vereenigde Nederlanden), stieg im 17. Jahrhundert, dem sogenannten „goldenen Zeitalter" (de Gouden Eeuw), zu einer der wichtigsten Welthandelsmächte auf. Verbunden mit diesem wirtschaftlichen Aufstieg des kleinen Staatenbundes von nicht einmal 2 Millionen Niederländern war der Aufstieg der Bürgerschaft der See- und Kaufleute. Es verwundert daher nicht, dass bereits im Jahre 1602 die VOC (Vereenigde Oostindische Compagnie) gegründet wurde – damals das größte Handelsunternehmen der Welt und gleichzeitig auch die erste „naamloze vennootschap" (Aktiengesellschaft) der Welt mit frei handelbaren Anteilen.[2] 1

Eine einheitliche Handelsgesetzgebung gab es hingegen noch nicht. Grundlage des geltenden Handelsrechts war lange Zeit das **Gewohnheitsrecht der großen Seehäfen.**[3] Erst im Jahre 1811, nach der Vereinnahmung des Königreichs Holland durch das französische Kaiserreich, erging ein kaiserliches Dekret, das die fünf napoleonischen Gesetzbücher, darunter auch den Napoleonischen Code de Commerce von 1807, einführte.[4] Damit erhielten die Niederlande eine erste **Kodifikation des Handels- und Gesellschaftsrechts.** 2

Eine erste **Kodifikation des Bürgerlichen Gesetzbuchs** (*Wetboek Napoleon, ingerigt voor het Koningrijk Holland*) war bereits 1809 durch Louis Napoléon Bonaparte (*Koning Lodewijk*) eingeführt worden. Nach der Annektierung der Niederlande durch Kaiser Napoleon I. von Frankreich am 9. Juli 1810 wurden die Niederlande 3

2 Vgl. *Van Schilfgaarde*, Van de BV en de NV, 2009, S. 31; dazu auch *Van Solinge/Timmerman*, VOC 1602-2002, 400 Years of Company Law, 2005; *Mellert/Verführt*, Wettbewerb der Gesellschaftsformen, 2005, S. 145; *Maeijer* in: Asser (Hrsg.), 2-III, 1994, S. 1 f.

3 *Holthöfer* in: Coing (Hrsg.), Handbuch der Quellen und Literatur der neueren europäischen Privatgeschichte, Bd. 3, Dritter Teilband, 1986, S. 3402, 3403; *Gotzen*, Niederländisches Handels- und Wirtschaftsrecht, 2000, Rn. 2; *ders.* ZVglRWiss 85 (1986) 324 ff.; *Dorhout Mess*, Nederlands handels- en faillissementsrecht, I. Inleiding en ondernemingsrecht, 1978, S. 1.

4 *Holthöfer* in: Coing (Hrsg.), Handbuch der Quellen und Literatur der neueren europäischen Privatgeschichte, Bd. 3, Dritter Teilband, 1986, S. 3402, 3419; *Gotzen*, Niederländisches Handels- und Wirtschaftsrecht, 2000, Rn. 5; *van Vliet* Journal of Civil Law Studies 7 (2014) 271, 274.

jedoch französische „Departements"; 1811 wurde der **französische *Code Civil*** (*Code Napoléon*) damit auch in den Niederlanden in Kraft gesetzt.[5]

4 Im Jahre 1813 errangen die Niederlande ihre Unabhängigkeit zurück – das **Königreich der Niederlande** (*Koninkrijk der Nederlanden*) war geboren. Der neue niederländische König *Wilhelm Frederik von Oranien* setzte 1814 eine Kommission mit dem Auftrag ein, ein neues, „eigenes" Bürgerliches Gesetzbuch und ein Handelsgesetzbuch zu verfassen.[6] Die Kommission legte in der Folgezeit verschiedene Entwürfe vor, die jedoch zunächst sämtlich verworfen wurden, bevor am 1. Oktober 1838 der niederländische Gesetzgeber sein erstes „eigenes" Bürgerliches Gesetzbuch, das ***Burgerlijk Wetboek*** (abgekürzt: „BW"), verabschiedete. Das Handels- und Gesellschaftsrecht wurde in einem ersten Handelsgesetzbuch, dem ***Wetboek van Koophandel*** (abgekürzt: „WvK"), kodifiziert.[7]

5 Fast 90 Jahre später, am 25. April 1947 bekam *Eduard Maurits Meijers*,[8] der „Vater" des heutigen BW, per königlichem Dekret (*koninklijk besluit*) den Auftrag, ein neues BW zu verfassen. Hierdurch sollte das **Gesellschaftsrecht des WvK mit in das BW** aufgenommen werden.[9]

6 Im Jahr 1954 übergab ***Meijers*** seinen ersten Entwurf für die ersten vier Bücher des neuen Bürgerlichen Gesetzbuches unter Beifügung einer ausführlichen Erläuterung und Kommentierung. *Meijers*, der noch im selben Jahr verstarb, erlebte jedoch das Inkrafttreten „seines" Gesetzbuches nicht mehr: Das erste Buch des **Bürgerlichen Gesetzbuches** trat 1970, das zweite 1976 in Kraft; das achte Buch trat schließlich am 1. April 1991 in Kraft,[10] worauf im Jahr 1992 dann die Bücher 3, 5, 6 und der erste Teil von Buch 7 folgten. Das (neue) vierte Buch des BW sowie ein weiterer Teil des siebten Buches traten erst am 1. Januar 2003 in Kraft.[11] Seit dem 1. Januar 2012 ist auch das zehnte Buch des BW, das die niederländischen Regelungen zum Internationalen Privatrecht enthält, in Kraft getreten.[12]

7 **Buch** (*boek*) **2** des (neuen) BW enthält seitdem die Regelungen des **niederländischen Gesellschaftsrechts** mit Ausnahme des Rechts der Personengesellschaften. Es besteht aus insgesamt neun Titeln:

Titel 1: Algemene Regeling (Allgemeine Regelungen)
Titel 2: Verenigingen (Verein)
Titel 3: Coöperaties en Onderlinge Waarborgmaatschappij (Genossenschaften und Versicherungsverein auf Gegenseitigkeit)
Titel 4: Naamloze Vennootschappen (N.V., vergleichbar einer Aktiengesellschaft)
Titel 5: Besloten Vennootschap met beperkte Aansprakelijkheid (B.V., vergleichbar einer GmbH)
Titel 6: Stichting (Stiftung)
Titel 7: Fusie en Splitsing (Fusion und Spaltung)
Titel 8: Geschillenregeling en het recht van enquête (Streitigkeiten)
Titel 9: Jaarrekening en het jaarverslag (Jahresabschluss und Lagebericht)

8 Während sich im deutschen Recht die Regelungen zum Handels- und Gesellschaftsrecht in einer Vielzahl von Gesetzen wiederfinden, sind die **wesentlichen Vorschriften** für das niederländische Gesellschaftsrecht damit auch heute noch in **Buch 2 des BW** enthalten.

9 Trotz vieler Bemühungen und Vorschläge sind jedoch auch derzeit die meisten Vorschriften über **Personengesellschaften** noch nicht ins BW aufgenommen worden; damit gilt für Personengesellschaften grundsätzlich auch heute noch das **WvK aus dem Jahr 1938.**[13]

---

5 *Lokin/Zwalve*, Hoofdstukken uit de Europese Codificatiegeschiedenis, 1992, S. 277; *Amelunxen*, Louis Bonaparte – erster König von Holland, 1989, S. 54; *Dorhout Mess*, Nederlands handels- en faillissementsrecht, I. Inleiding en ondernemingsrecht, 1978, S. 2.

6 *Holthöfer* in: Coing (Hrsg.), Handbuch der Quellen und Literatur der neueren europäischen Privatgeschichte, Bd. 3, Dritter Teilband, 1986, S. 3402, 3423; *Gotzen* ZVglRWiss 85 (1986) 324, 326.

7 *Holthöfer* in: Coing (Hrsg.), Handbuch der Quellen und Literatur der neueren europäischen Privatgeschichte, Bd. 3, Dritter Teilband, 1986, S. 3402, 3402; *Gotzen*, Niederländisches Handels- und Wirtschaftsrecht, 2000, Rn. 6; *van Vliet* Journal Civil Law Studies 7 (2014) 271, 274; *Koppert-van Beek* ECL 4 (2007) 265, 265.

8 *Meijers* war seit 1910 Professor für Bürgerliches Recht und Internationales Privatrecht an der Universität Leiden; sein besonderes Interesse galt der Rechtsgeschichte. Seine Publikationen hatten großen Einfluss auf das niederländische Recht.

9 *Sirks* in: Heirbaut/Georges (Hrsg.), Napoleons Nalatenschap. Tweehonderd jaar Burgerlijk Wetboek in Belgie/Un heritage Napoleonien. Bicentenaire du Code Civil en Belgigue, 2005, S. 323 ff.; *Gotzen* ZVglRWiss 85 (1986) 324, 332 f.

10 *Reehuis/Slob*, Parl. Gesch. Voortgang (Inv. 3, 5 en 6), 1993, S. XVIII; *Gotzen* ZVglRWiss 85 (1986) 324 f.

11 Besluit vaststelling tijdstip inwerkingtreding Invoeringswet Boek 4 Titel 3 van Boek 7 van het nieuwe Burgerlijk Wetboek, stb-2002-558.

12 Besluit van 28 juni 2011 tot vaststelling van het tijdstip van inwerkingtreding van de Vaststellings- en Invoeringswet Boek 10 Burgerlijk Wetboek, stb-2011-340. Ein neuntes Buch in Bezug auf die Regelungen zu den gewerblichen Schutzrechten ist bis heute nicht in Kraft getreten.

13 *Bruijn* Tijdschrift voor de ondernemingspraktijk 2017, 35; *Zaman*, De randvoorwaarden voor de moderne personenvennootschap, abrufbar unter: https://www.wolterskluwer.nl/INTERSHOP/web/WFS/WoltersKluwer-ShopNL

II. Niederländisches Internationales Privatrecht

Anders als zT das deutsche Internationale Privatrecht von Gesellschaften[14] (zum Internationalen Gesellschaftsrecht s. § 11) folgt das niederländische Gesellschaftskollisionsrecht traditionell nicht der Sitztheorie (*leer van de werkelijke zetel*), sondern der **Gründungstheorie** (*incorporatieleer*).[15] Nach der Sitztheorie richtet sich das für eine Gesellschaft maßgebliche Recht nach dem Ort des tatsächlichen Sitzes der Hauptverwaltung (Verwaltungssitz) einer Gesellschaft, unabhängig vom Ort ihrer Gründung.[16] Nach der Gründungstheorie hingegen ist das Recht maßgeblich, nach dessen Vorschriften sich eine Gesellschaft organisiert sowie ihre Rechtsform bestimmt hat; zur Orientierung dient dabei in der Regel der in der Satzung festgelegte Sitz.[17] Anknüpfungspunkt in Bezug auf die Frage der Identität der Gesellschaft ist daher nach niederländischem Recht der satzungsmäßige Sitz (***statutaire zetel***) einer Gesellschaft. Die Gründungstheorie war lange Zeit im „Gesetz über das Kollisionsrecht von Gesellschaften" (*Wet conflictenrecht corporaties* – WCC) und im „Gesetz über die formell ausländischen Gesellschaften" (*Wet op de formeel buitenlandse vennootschappen* – WFBV)[18] verankert und ist heute in Artikel 10:118 BW **kodifiziert.**[19] Artikel 10:118 BW bestimmt, dass auf eine Gesellschaft, die infolge ihres Gründungsvertrages oder ihrer Gründungsurkunde ihren Sitz oder ihr Zentrum, von wo aus sie zum Zeitpunkt der Gründung nach außen hin auftritt (*centrum van optreden naar buiten ten tijde van de oprichting*), im Hoheitsgebiet (*grondgebied*) des Gründungsstaates hat, **das Recht dieses Staates Anwendung findet.** 10

Nach niederländischem Recht ist daher grundsätzlich sowohl die ***inbound***- als auch die ***outbound*-Sitzverlegung** des Verwaltungssitzes (***werkelijke zetel***) möglich.[20] Denn der Verwaltungssitz einer Gesellschaft ist nach der Gründungstheorie nicht maßgeblich. Aufgrund der Rechtsprechung des EuGH in den Rechtssachen Cartesio[21] und Vale[22] sind auch *inbound*- und *outbound*-Umwandlungen (grenzüberschreitender Formwechsel) nach niederländischem Recht im Grundsatz zulässig (ausführlich zur Niederlassungsfreiheit von Gesellschaft und deren Konsequenzen s. § 10).[23] Gesetzlich geregelt ist die grenzüberschreitende Umwandlung derzeit jedoch nur für den Notstand (vor allem Krieg oder Revolution).[24] Eine allgemeine gesetzliche Regelung in Bezug auf **grenzüberschreitende** (formwechselnde) **Umwandlungen** gibt es hingegen noch nicht. Ein entsprechender Gesetzesentwurf wurde im Jahr 2014 vorgestellt.[25] Das Gesetz soll es ermöglichen, dass Kapitalgesellschaften ihren satzungsmäßigen Sitz in einen anderen EU-Mitgliedsstaat verlegen können, ohne dass die Gesellschaft dadurch aufgelöst wird. Stattdessen werden diese niederländischen Gesellschaften durch die grenzüberschreitende Sat- 11

-Site/nl_NL/-/EUR/ViewProductAttachment-OpenFile?LocaleId=nl_NL&DirectoryPath=&FileName=De-personen vennootschap-anno-2015-en-haar-9789013133370-hoofdstuk.pdf&UnitName=WoltersKluwer-ShopNL, S. 1, abgerufen am 31.10.2017.

14 Nach der Inspire Art-Entscheidung des EuGH, Rs. C-167/01 (Inspire Art), ECLI:EU:C2003:512 = NZG 2003, 1064 (s. dazu auch § 10 Rn. 68 ff.) ist die Anwendung der Sitztheorie in Deutschland in Bezug auf eine Inbound-Sitzverlegung des Verwaltungssitzes (*werkelijke zetel*) auf nicht-EU/EWR-Gesellschaften beschränkt, vgl. nur *Rammeloo* Ondernemingsrecht 2011, 9.

15 *Rammeloo* Ondernemingsrecht 2011, 9; *Steffens* Tijdschrift voor Ondernemingsbestuur, 2004-1; *Zilinsky* IPRax 2016, 498, 500; *Mathey-Bal/Müller* HanseLR 9 (2013) 17, 22; *Dorhout Mess*, Nederlands handels- en faillissementsrecht, I. Inleiding en ondernemingsrecht, 1978, S. 4.

16 *Mäsch* in: BeckOK BGB, 42. Ed., 1.2.2017, EGBGB, Art. 12 Rn. 58a.

17 *Mäsch* in: BeckOK BGB, 42. Ed., 1.2.2017, EGBGB, Art. 12 Rn. 57b.

18 Das WFBV galt ursprünglich für alle ausländischen Kapitalgesellschaften, die ihre Tätigkeiten ausschließlich oder nahezu ausschließlich in den Niederlanden ausübten und daher kein wirkliches Band mehr mit dem Gründungsstaat aufwiesen. Da das WFBV weitgehende Verpflichtungen für ausländische Gesellschaften vorsah, zB in Bezug auf das Mindestkapital und die Veröffentlichung des Jahresabschlusses, hat der EuGH in seiner Inspire Art-Entscheidung entschieden, dass die Bestimmungen des WFBV in Bezug auf Gesellschaften mit Sitz, Hauptverwaltung oder Hauptniederlassung innerhalb der EU gegen die Niederlassungsfreiheit von Gesellschaften innerhalb der EU verstoßen, *Steffens* Tijdschrift voor Ondernemingsbestuur, 2004-1; *Cath* NTER, 2004, 62; *Rademakers/De Vries* in: Süß/Wachter (Hrsg.), Handbuch des internationalen GmbH-Rechts, 2016, Niederlande, Rn. 10 f.; vgl. auch *Roelofs*, De gevolgen van de „Flex-bv" voor de Wet op de formeel buitenlandse vennootschappen, Bd. 49, 2012.

19 *Rammeloo* Ondernemingsrecht 2011, 9; *Roelofs*, De gevolgen van de „Flex-bv" voor de Wet op de formeel buitenlandse vennootschappen, Bd. 49, 2012; *Süß* in: MüHdB GesR, IntGesR, 2013, § 47 Rn. 393; *Mathey-Bal/Müller* HanseLR 9 (2013) 17, 22.

20 *Rammeloo* Ondernemingsrecht 2011, 9; *Süß* in: MüHdB GesR, IntGesR, 2013, § 47 Rn. 393; *Rademakers/De Vries* in: Süß/Wachter (Hrsg.), Handbuch des internationalen GmbH-Rechts, 2016, Niederlande, Rn. 44.

21 EuGH, Rs. C-210/06 (Cartesio), ECLI:EU:C:2008:723 = NJW 2009, 569 (s. dazu auch § 10 Rn. 36 ff.).

22 EuGH, Rs. C-378/10 (Vale), ECLI:EU:C:2012:440 = NJW 2012, 2715 (s. dazu auch § 10 Rn. 81 ff.).

23 *Roelofs* Ondernemingsrecht 2012, 32; *Rademakers/De Vries* in: Süß/Wachter (Hrsg.), Handbuch des internationalen GmbH-Rechts, 2016, Niederlande, Rn. 44.

24 Wet vrijwillige zetelverplaatsing derde landen, Stb. 1994, 800; Rijkswet vrijwillige zetelverplaatsing van rechtspersonen, Stb. 2010, 388.

25 Voorontwerp grensoverschrijdende omzetting kapitaalvennootschappen, https://www.internetconsultatie.nl/grensoverschrijdende_omzetting, abgerufen am 31.10.2017; *Rademakers/De Vries* in: Süß/Wachter (Hrsg.), Handbuch des internationalen GmbH-Rechts, 2016, Niederlande, Rn. 44.

zungssitzverlegung in eine Gesellschaft nach dem Recht des jeweiligen EU-Mitgliedsstaates identitätswahrend umgewandelt.[26]

III. Überblick über die Gesellschaftsformen

12 Auch das niederländische Recht kennt als Abgrenzung zu den natürlichen Personen (*natuurlijke personen)* die **juristische Person** (*rechtspersonen*). Juristische Personen sind in Bezug auf das Sachen- und Schuldrecht (*vermogensrecht*) den natürlichen Personen grundsätzlich gleichgestellt (Artikel 2:5 BW).[27]

13 Juristische Personen sind, wie auch im deutschen Recht, **rechtsfähige Gesellschaftsformen**, die als Rechtssubjekte Träger von Rechten und Pflichten sind und als solche auch klagen und verklagt werden können. Das niederländische Recht unterscheidet zwischen **Kapitalgesellschaften** (*kapitaalvennootschappen*), wie der Aktiengesellschaft (*naamloze vennootschap* – N.V.) (dazu Rn. 128), und der Gesellschaft mit beschränkter Haftung (*besloten vennootschap met beperkte aansprakelijkheid* – B.V.) (dazu Rn. 264) sowie den **übrigen juristischen Personen** (*overige rechtspersonen*) wie der Stiftung (*stichting*) (dazu Rn. 362), der Vereinigung (*vereniging*) und der Genossenschaft (*coöperatieve vereniging – coöperatie*) (dazu Rn. 361).

14 Daneben kennt das niederländische Recht **Personengesellschaften** (*personenvennootschappen*) wie die *„maatschap"* (vergleichbar mit einer Gesellschaft bürgerlichen Rechts, GbR) (dazu Rn. 19), die *„vennootschap onder firma"* (vergleichbar mit einer offenen Handelsgesellschaft, abgekürzt auch v.o.f.) (dazu Rn. 56) und die *„commanditaire vennootschap"* (vergleichbar mit der Kommanditgesellschaft, abgekürzt auch CV) (dazu Rn. 84). Obwohl eine niederländische Personengesellschaft nach niederländischem Verständnis nur eine **Vereinbarung zwischen ihren Gesellschaftern** ist und als solche **keine** eigenständige juristische Person und damit auch kein Träger von Rechten und Pflichten sein kann, kann sie **vor Gericht klagen** und **verklagt werden**.[28] Diese Besonderheit des niederländischen Rechts wird im Folgenden noch näher erörtert. Zudem kennt das niederländische Recht, auch wenn es sich nicht um eine „Gesellschaft" im klassischen Sinne handelt, das **Einzelunternehmen** (*eenmanszaak*).

15 Die ***eenmanszaak*** ist insbesondere für Unternehmensgründer eine attraktive „Rechtsform", weil die Unternehmer bestimmte **Vorteile** des niederländischen Steuerrechts nutzen können. Daher ist sie faktisch die im täglichen Geschäftsverkehr am häufigsten vorkommende Unternehmensform.[29] Wegen der unbeschränkten Haftung – der Unternehmer haftet unbeschränkt persönlich mit seinem gesamten Vermögen – ist die *eenmanszaak* allerdings nur in den Fällen sinnvoll, in denen größere Haftungsrisiken nicht bestehen oder in denen insbesondere das Privatvermögen anderweitig abgeschottet ist. Deswegen und auch, weil die *eenmanszaak* nicht als „Tochtergesellschaft" eines deutschen Mutterunternehmens fungieren kann, kommt sie für ausländische Investoren nicht in Betracht.

16 Nachfolgend wird auf die wichtigsten **Personengesellschaften** (Rn. 17), die Aktiengesellschaft (*naamloze vennootschap*) (Rn. 129) und die in der täglichen Praxis am häufigsten anzutreffende **Kapitalgesellschaft**, die Gesellschaft mit beschränkter Haftung (*besloten vennootschap met beperkte aansprakelijkheid*) (Rn. 265), eingegangen.[30] Wegen der erheblichen wirtschaftlichen und praktischen Bedeutung wird schließlich noch ein kurzer Überblick über das Recht der Stiftung (*stichting*) (Rn. 362) und der Genossenschaft (*coöperatie)* (Rn. 361) gegeben.

B. Personengesellschaften

I. Einleitung

17 Bereits im Jahr 1947 dachte ***Meijers*** daran (dazu bereits Rn. 5), die Regelungen betreffend Personengesellschaften ebenfalls vollständig in das neue BW aufzunehmen. Umgesetzt wurden diese Bemühungen jedoch weder damals noch in der Folgezeit.

18 Bis heute sind abgesehen von teilweise vorgenommenen Anpassungen die (alten) **allgemeinen Vorschriften** für Personengesellschaften (Artikel 7A:1655 bis 7A:1688 BW) und die Sondervorschriften (Artikel 15 bis 34 WvK

26 *Rensen/Bakker* WPNR 2016, 593.

27 *Van Schilfgaarde*, Van de BV en de NV, 2009, S. 17 f.

28 Vgl. *Asser/Maeijer* (Hrsg.), 5-V: Maatschap, vennootschap onder firma, commanditaire vennootschap, 1995, Nr. 176 ff.; dazu auch *Huizink*, Contractuele Samenwerkingsvormen in beroep en bedrijf, 2. Aufl. 2000, S. 33; *Hagedorn/Tervoort*, Niederländisches Wirtschaftsrecht, 2017, Kapitel I Rn. 177.

29 Die von der niederländischen Handelskammer (*Kamer van Koophandel*) für 2013 veröffentlichten Zahlen, zeigen dass 90% der niederländischen Start-Ups in Form eines Einzelunternehmens tätig werden.

30 Laut der zentralen Behörde für Statistik (*centraal bureau voor de statistiek*) gab es im 3. Quartal 2015 insgesamt 328.950 B.V. und 1.090 N.V.

aus dem Jahr 1838) **noch immer in Kraft**. Dies hat zur Folge, dass viele Einzelfragen zwar gesetzlich nicht geregelt sind, tatsächlich inzwischen aber aufgrund ständiger **Rechtsprechung** beantwortet wurden.[31]

II. Maatschap (BGB-Gesellschaft)

1. Grundlagen

Seit dem 1. Januar 1992 ist die *„overeenkomst van maatschap"* (Vereinbarung der Gesellschaft) im neunten (9.) Titel von **Buch 7A des Bürgerlichen Gesetzbuchs** (BW) geregelt.[32] 19

Die Struktur einer *maatschap* ist sehr lose. Sie ist keine juristische Person, sondern vielmehr eine **Vereinbarung von mehreren**, dh mindestens zwei natürlichen oder juristischen **Personen**, die durch den Einsatz ihrer eingebrachten Mittel ein **gemeinsames Ziel** verfolgen (Artikel 7A:1655 BW). Eine *maatschap* ist jedoch rechts- und parteifähig.[33] 20

Im (niederländischen) Schrifttum wird häufig zwischen einer „öffentlichen" (***openbare***) ***maatschap*** und einer **„stillen"** ***maatschap*** unterschieden.[34] Bei einer öffentlichen *maatschap* wird die Berufstätigkeit auf eine für Dritte erkennbare Weise unter einem gemeinsamen Namen ausgeübt. Die öffentliche maatschap entspricht daher am ehesten einer Außen-GbR nach deutschem Rechtsverständnis.[35] Der Gegenstand einer öffentlichen *maatschap* muss die **Ausübung eines freien Berufes** (*beroep*) sein.[36] Sie kommt daher in der Regel insbesondere für Ärzte, Anwälte oder auch Steuerberater in Betracht.[37] Eine öffentliche *maatschap*, die keinen freien Beruf ausübt, sondern gewerblich tätig ist, ist nach Artikel 16 WvK eine *v.o.f.* (siehe hierzu Rn. 56). 21

Bei der **stillen** ***maatschap*** tritt man hingegen nicht unter einem gemeinsamen Namen im Rechtsverkehr nach außen hin auf.[38] Insofern ist sie mit der Innen-GbR bzw. der stillen Gesellschaft nach deutschem Recht vergleichbar.[39] Eine stille *maatschap* kann im Gegensatz zu einer öffentlichen *maatschap*, und solange sie nicht nach außen hin auftritt, auch gewerblich tätig sein.[40] 22

Die *maatschap* gilt als Grundform der Personengesellschaften. Die *vennootschap onder firma* (v.o.f.) und die *commanditaire vennootschap* (CV) stellen lediglich Sonderformen der *maatschap* dar, auf die die Regelungen in Titel 9 von Buch 7A BW grundsätzlich anwendbar sind; daneben gelten die Artikel 15 ff. WvK. Eine **Abgrenzung** der verschiedenen Personengesellschaften kann in der Praxis dann schwierig sein, wenn die Parteien bei der Gesellschaftsgründung nicht ausdrücklich die Gründung einer bestimmten Rechtsform zum Ausdruck gebracht haben.[41] In diesem Fall muss anhand der tatsächlich erfüllten, materiellrechtlichen Merkmale analysiert werden, ob es sich bei der Gesellschaft um eine *maatschap*, eine v.o.f. oder vielleicht doch um eine CV handelt.[42] Auch wenn die Parteien die Gründung einer bestimmten Gesellschaftsform geäußert haben, ist unter Umständen anhand des tatsächlichen Handelns zu entscheiden, ob tatsächlich eine *maatschap* gegründet wur- 23

---

31 So urteilte der Hoge Raad im März 2013 zum Beispiel, dass eine *maatschap* ein sogenanntes *„afgescheiden vermogen"* besitzt, welches den Gesellschaftsgläubigern als selbstständige Haftungsmasse dient (HR 15. März 2013, ECLI:NL:HR:2013:BY7840); siehe hierzu auch Rn. 39.

32 *Mohr*, Van maatschap, vennootschap onder firma en commanditaire vennootschap, 1998, S. 1; *Huizink*, Rechtspersoon, vennootschap en onderneming, 2013, S. 47.

33 *Hagedorn/Tervoort*, Niederländisches Wirtschaftsrecht, 2017, Kapitel I Rn. 177.

34 *Asser/Maeijer* (Hrsg.), 5-V: Maatschap, vennootschap onder firma, commanditaire vennootschap, 1995, Nr. 15; *Van Mourik* in: Maeijer (Hrsg.), Verspreide Geschriften van J.M.M. Maeijer, Serie vanwege het van der Heijden Instituut, Deel 100 (2009), S. 460; *Huizink*, Rechtspersoon, vennootschap en onderneming, 2013, S. 48 f.; *Süß* in: MüHdB GesR, IntGesR, 2013, § 47 Rn. 398; *Lamers/Hellegers* WPNR 2014, 977-981; *Hagedorn/Tervoort*, Niederländisches Wirtschaftsrecht, 2017, Kapitel I Rn. 174.

35 *Von Bomhard* in: BeckOK Markenrecht, 11. Ed. 2017, Art. 3 Rn. 1.1.

36 *Mohr*, Van maatschap, vennootschap onder firma en commanditaire vennootschap, 1998, S. 3; *Lamers/Hellegers* WPNR 2014, 977-981; *Oude Kempe*, Fiscaal-juridisch memo 2015/12.3.1; vgl. auch *van Helden/Willeumier* in: Wegen/Spahlinger/Barth (Hrsg.), Gesellschaftsrecht des Auslands, 2016, Niederlande, Rn. 163; *Huizink* in: Chorus/Hondius/Voermans (Hrsg.), Introduction to Dutch Law, Chapter 12, 2016, S. 242; *Hagedorn/Tervoort*, Niederländisches Wirtschaftsrecht, 2017, Kapitel I Rn. 178.

37 *Hagedorn/Tervoort*, Niederländisches Wirtschaftsrecht, 2017, Kapitel I Rn. 178.

38 *Asser/Maeijer* (Hrsg.), 5-V: Maatschap, vennootschap onder firma, commanditaire vennootschap, 1995, Nr. 15; *Huizink*, Rechtspersoon, vennootschap en onderneming, 2013, S. 49; *Lamers/Hellegers* WPNR 2014, 977-981; *Huizink* in: Chorus/Hondius/Voermans (Hrsg.), Introduction to Dutch Law, Chapter 12, 2016, S. 242; *Koppert-van Beek* ECL 4 (2007) 265, 268; *Hagedorn/Tervoort*, Niederländisches Wirtschaftsrecht, 2017, Kapitel I Rn. 174.

39 *Hagedorn/Tervoort*, Niederländisches Wirtschaftsrecht, 2017, Kapitel I Rn. 174.

40 *Hagedorn/Tervoort*, Niederländisches Wirtschaftsrecht, 2017, Kapitel I Rn. 179.

41 *Stokkermans* WPNR 2016, 405-413.

42 *Stokkermans* WPNR 2016, 405-413; vgl. auch *Huizink*, Rechtspersoon, vennootschap en onderneming, 2013, S. 37 f.; *Hagedorn/Tervoort*, Niederländisches Wirtschaftsrecht, 2017, Kapitel I Rn. 181.

de.[43] Bei dieser Beurteilung muss grundsätzlich auch das tatsächliche Verhalten der Parteien in der Praxis berücksichtigt werden.[44] Eine gewisse Zurückhaltung bei der (Um-)Qualifikation der Gesellschaftsform entgegen des bei Gründung zum Ausdruck gebrachten Wunsches der Parteien ist jedoch angebracht, da andernfalls das Risiko besteht, die Willensfreiheit der Parteien im Nachhinein willkürlich zu untergraben.[45]

2. Gründung

24 Eine *maatschap* wird durch einen **Vertrag zwischen zwei oder mehreren** (natürlichen oder juristischen) **Personen** gegründet (Artikel 7A:1655 BW). Die Personen sind allesamt verpflichtet, einen Beitrag zum Gesellschaftszweck zu leisten (*iets in gemeenschap brengen*). Diese Einlage kann aus einer **Geldleistung**, der Einbringung von Vermögensgegenständen, der Einbringung der Nutzung von Vermögensgegenständen (*genot van goederen*, Artikel 7:201-231 BW), Sachen (*goederen*, Artikel 3:1 BW) oder auch der Einbringung von Arbeitsbeiträgen (darunter auch Dienstleistungen oder Fachwissen) (Artikel 7A:1662 BW) bestehen.[46] Bestimmte Eigenkapitalanforderungen bestehen mithin nicht.

25 Für die Gründung einer *maatschap* gelten **keine Formerfordernisse**. Sie kann also grundsätzlich auch **mündlich** von den Gesellschaftern vereinbart werden.[47] Ebenso kann sich die Gründung der *maatschap* aus den tatsächlichen Umständen ergeben.[48] Ein Schriftformerfordernis besteht nicht. Ebensowenig ist eine notarielle Beurkundung erforderlich. Um Rechtssicherheit zu gewährleisten, ist es jedoch empfehlenswert, einen **schriftlichen Gesellschaftsvertrag aufzusetzen**, der die Dauer, die Ziele der Gesellschaft, alle Rechte und Pflichten der Gesellschafter uä definiert, vor allem um spätere Streitigkeiten unter den Gesellschaftern lösen zu können bzw. gar nicht erst aufkommen zu lassen. Die inhaltliche Gestaltung des Gesellschaftsvertrages unterliegt grundsätzlich der Vertragsfreiheit. Begrenzt wird die Vertragsfreiheit nur durch die Regelungen des allgemeinen niederländischen Schuldrechts. Das niederländische Schuldrecht enthält dabei, wie auch das deutsche Recht, insbesondere Regelungen zur Anfechtung und Nichtigkeit von Verträgen.[49] Daneben spielt bei der Auslegung von Verträgen nach niederländischem Recht das Prinzip der **Redlichkeit** und **Billigkeit** (*redelijkheid en billijkheid*) eine große Rolle.[50] Das niederländische Prinzip der Redlichkeit und Billigkeit entspricht in etwa dem deutschen Prinzip von Treu und Glauben, wird in der niederländischen Rechtsprechung jedoch häufiger und weitgehender angewendet als in Deutschland.[51] Die Anwendung des Prinzips der Redlichkeit und Billigkeit kann dabei bei der Beurteilung von Verträgen (Artikel 6:2 BW iVm Artikel 6:248 BW) sowohl eine ergänzende als auch eine einschränkende Auslegung zur Folge haben.[52]

26 Anders als nach dem deutschen Recht der BGB-Gesellschaft (GbR) ist jede *maatschap*, die in den Niederlanden unternehmerisch tätig ist, seit 2008 nach Artikel 5 HrgW 2007 (*handelsregisterwet 2007*) **verpflichtet**, sich in

---

43 *Stokkermans* WPNR 2016, 405-413; *Hagedorn/Tervoort*, Niederländisches Wirtschaftsrecht, 2017, Kapitel I Rn. 181.

44 *Stokkermans* WPNR 2016, 405-413.

45 *Stokkermans* WPNR 2016, 405-413.

46 *Asser/Maeijer* (Hrsg.), 5-V: Maatschap, vennootschap onder firma, commanditaire vennootschap, 1995, Nr. 10; *Huizink*, Rechtspersoon, vennootschap en onderneming, 2013, S. 48; *van Helden/Willeumier* in: Wegen/Spahlinger/Barth (Hrsg.), Gesellschaftsrecht des Auslands, 2016, Niederlande, Rn. 172; *Koppert-van Beek* ECL 4 (2007) 265 f.; *Hagedorn/Tervoort*, Niederländisches Wirtschaftsrecht, 2017, Kapitel I Rn. 176.

47 *Mohr*, Van maatschap, vennootschap onder firma en commanditaire vennootschap, 1998, S. 10; *Asser/Maeijer* (Hrsg.), 5-V: Maatschap, vennootschap onder firma, commanditaire vennootschap, 1995, Nr. 39; *Zaman*, De randvoorwaarden voor de moderne personenvennootschap, abrufbar unter: https://www.wolterskluwer.nl/INTERSHOP/web/WFS/WoltersKluwer-ShopNL-Site/nl_NL/-/EUR/ViewProductAttachment-OpenFile?LocaleId=nl_NL&DirectoryPath=&FileName=De-personenvennootschap-anno-2015-en-haar-9789013133370-hoofdstuk.pdf&UnitName=WoltersKluwer-ShopNL, S. 5, abgerufen am 6.11.2017; *van Helden/Willeumier* in: Wegen/Spahlinger/Barth (Hrsg.), Gesellschaftsrecht des Auslands, 2016, Niederlande, Rn. 167; *Bruin* Tijdschrift voor de ondernemingsrechtpraktijk 2016, 39.

48 HR 2. September 2011, LJN: BQ3876, 09/04986; *Zaman*, De randvoorwaarden voor de moderne personenvennootschap, abrufbar unter: https://www.wolterskluwer.nl/INTERSHOP/web/WFS/WoltersKluwer-ShopNL-Site/nl_NL/-/EUR/ViewProductAttachment-OpenFile?LocaleId=nl_NL&DirectoryPath=&FileName=De-personenvennootschap-anno-2015-en-haar-9789013133370-hoofdstuk.pdf&UnitName=WoltersKluwer-ShopNL, S. 5, abgerufen am 6.11.2017; *Hagedorn/Tervoort*, Niederländisches Wirtschaftsrecht, 2017, Kapitel I Rn. 181.

49 *Van Helden/Willeumier* in: Wegen/Spahlinger/Barth (Hrsg.), Gesellschaftsrecht des Auslands, 2016, Niederlande, Rn. 169.

50 *Van Helden/Willeumier* in: Wegen/Spahlinger/Barth (Hrsg.), Gesellschaftsrecht des Auslands, 2016, Niederlande, Rn. 169; *Hagedorn/Tervoort*, Niederländisches Wirtschaftsrecht, 2017, Kapitel I Rn. 182.

51 *Hagedorn/Tervoort*, Niederländisches Wirtschaftsrecht, 2017, Kapitel I Rn. 130, 184; *Asser/Maeijer/Kroeze*, Mr. C. Assers Handleiding tot de beoefening van het Nederlands Burgerlijk Recht, 2. Rechtspersonenrecht. Deel I. De Rechtspersoon, 2015, Rn. 224 ff.

52 *Van Helden/Willeumier* in: Wegen/Spahlinger/Barth (Hrsg.), Gesellschaftsrecht des Auslands, 2016, Niederlande, Rn. 169.

das niederländische **Handelsregister** bei der Handelskammer (*kamer van koophandel*) **eintragen** zu lassen.[53] Dies gilt seit dem 16. Mai 2011 auch für eine stille *maatschap*, die ein Gewerbe betreibt.[54] Die Eintragung ist jedoch lediglich **deklaratorisch**; die Nichteintragung verhindert also nicht das Entstehen der *maatschap*. Gemäß den Artikeln 5 lit. a) und 47 Hrgw iVm Artikel 1 Ziffer 4 WED (*wet op de economische delicten*) ist die Eintragung einer *maatschap*, die ein Unternehmen (*onderneming*) führt, in das Handelsregister Pflicht und kann bei Zuwiderhandlung mit einer Gefängnisstrafe von bis zu sechs Monaten, einer Geldbuße in Höhe von maximal EUR 20.500 oder einer Arbeitsstrafe (*taakstraf*; vergleichbar mit Sozialstunden) bestraft werden.

3. Organisationsverfassung

Das niederländische Personengesellschaftsrecht unterscheidet zwischen rein **internen Geschäftshandlungen** (*beheren* und *beschikken*) und **externen Vertretungshandlungen** (*vertegenwoordiging*). Bei internen Geschäftshandlungen handeln die Gesellschafter zwar auf Rechnung der Gesellschaft, jedoch nicht im Namen der Gesellschaft. Es handelt sich bei den rein internen Geschäftshandlungen daher um Tätigkeiten bzw. Entscheidungen bezüglich der Leitung bzw. Führung der Gesellschaft. Interne Geschäftshandlungen können daher beispielsweise die Organisation von Arbeitsabläufen, das interne Controlling, die Unternehmensplanung oder die Leitung des operativen Geschäfts beinhalten. Im Gegensatz dazu handelt es sich bei den Vertretungshandlungen um Handlungen, die stellvertretend für die Gesellschaft im Außenverhältnis getätigt werden, wie beispielsweise der Abschluss von Verträgen der Gesellschaft mit Dritten. 27

a) Interne Geschäftshandlungen

In Bezug auf die internen Geschäftshandlungen der *maatschap* unterscheidet das niederländische Recht wiederum zwischen alltäglichen Geschäftstätigkeiten der Gesellschaft, die als „*beheren*" bezeichnet werden, und außergewöhnlichen Tätigkeiten, die mit dem niederländischen Begriff „*beschikken*" bezeichnet werden.[55] Alltägliche (*beherende*) Tätigkeiten sind solche, die unter Berücksichtigung des Gesellschaftszwecks zu den **üblichen Geschäftshandlungen** der Gesellschaft gehören.[56] Diese Tätigkeiten können sowohl schuldrechtlicher als auch dinglicher Art sein, solange sie zum Tagesgeschäft der *maatschap* gehören.[57] Der Begriff *beheren* ist daher grundsätzlich weit auszulegen. Außergewöhnliche (*beschikkende*) Tätigkeiten hingegen sind solche, die gerade nicht zu dem Tagesgeschäft bzw. den regelmäßigen Aktivitäten der Gesellschaft zählen.[58] Es gilt der Grundsatz, dass mangels anderslautender Vereinbarungen im Gesellschaftsvertrag die Gesellschafter bei **außergewöhnlichen Geschäftstätigkeiten** grundsätzlich **nur gemeinschaftlich befugt** sind, die Gesellschaft zu binden bzw. für die Bindung der übrigen Gesellschafter die vorhergehende Zustimmung aller Gesellschafter nötig ist.[59] Häufig zählen folgende Handlungen zu den außergewöhnlichen Geschäftstätigkeiten einer *maatschap*: das Mieten und Kaufen von Gebäuden, die Anstellung von Mitarbeitern, die Veranlassung von wichtigen Investitionen, die Unterzeichnung von Darlehensverträgen und die Abgabe von Bürgschaften.[60] Abhängig von der Art und dem Zweck der *maatschap* können jedoch auch diese Tätigkeiten im Einzelfall zu den alltäglichen Tätigkeiten gehören.[61] 28

Die Unterscheidung zwischen *beheren* und *beschikken* ist gesetzlich nicht explizit geregelt. Daraus, dass es Regelungen zu den alltäglichen (*beherenden*) Tätigkeiten gibt, wird allerdings geschlossen, dass andere, also außergewöhnliche (*beschikkende*) Tätigkeiten, auch anders behandelt werden sollen. Die alltäglichen Tätigkeiten sind in den Artikeln 7A:1673 bis 7A:1676 BW geregelt. Mangels abweichender Bestimmungen im Gesellschaftsvertrag besteht eine **gesetzliche Vermutung**, dass sich die Gesellschafter **gegenseitige Geschäftsführungsbefugnis** erteilt haben (Artikel 7A:1676 BW). Das heißt, dass jeder Gesellschafter die anderen Gesellschafter bindet, es sei denn, die Gesellschafter haben eine anderslautende Vereinbarung getroffen. Wenn die Gesellschafter eine solche anderslautende Vereinbarung getroffen und verabredet haben, dass die Befugnis zu alltäglichen Geschäftstätigkeiten nur allen Gesellschaftern gemeinsam obliegt (Gesamtgeschäftsführungsbefugnis), darf **keiner** der Gesellschafter einzeln auf Rechnung der Gesellschaft handeln (Artikel 7A:1675 BW).[62] Tut er dies doch, 29

53 Entsprechendes wird insbesondere seit dem 71. Deutschen Juristentag 2016 auch wieder in Deutschland vermehrt diskutiert.
54 *Hagedorn/Tervoort*, Niederländisches Wirtschaftsrecht, 2017, Kapitel I Rn. 182.
55 Vgl. *Stokkermans* WPNR 2015, 576-587; *Huizink*, Rechtspersoon, vennootschap en onderneming, 2013, S. 107 f.
56 *Huizink*, Rechtspersoon, vennootschap en onderneming, 2013, S. 107.
57 *Huizink*, Rechtspersoon, vennootschap en onderneming, 2013, S. 107; *Hagedorn/Tervoort*, Niederländisches Wirtschaftsrecht, 2017, Kapitel I Rn. 185.
58 *Huizink*, Rechtspersoon, vennootschap en onderneming, 2013, S. 107; *Stokkermans* WPNR 2015, 576-587.
59 *Huizink*, Rechtspersoon, vennootschap en onderneming, 2013, S. 108; *Hagedorn/Tervoort*, Niederländisches Wirtschaftsrecht, 2017, Kapitel I Rn. 185.
60 *Huizink*, Rechtspersoon, vennootschap en onderneming, 2013, S. 107.
61 *Huizink*, Rechtspersoon, vennootschap en onderneming, 2013, S. 108.
62 *Huizink*, Rechtspersoon, vennootschap en onderneming, 2013, S. 108.

dann begeht dieser Gesellschafter eine **Pflichtverletzung** gegenüber den anderen Gesellschaftern und kann sich (im Innenverhältnis) schadensersatzpflichtig machen.[63]

30 Im gegenteiligen Fall, dass die Befugnis alltägliche Tätigkeiten auszuüben, jedem einzelnen Gesellschafter allein zusteht (Einzelgeschäftsführungsbefugnis), hat jeder Mitgesellschafter ein **Widerspruchsrecht** und quasi ein präventives Veto-Recht (Artikel 7A:1676 lit. 1 BW) bis zur Vornahme der entsprechenden rechtsgeschäftlichen Handlung.[64] Bei einem Widerspruch darf die beabsichtigte Handlung **nicht** durchgeführt werden. Im Grundsatz können die Gesellschafter damit nur einvernehmlich handeln.

31 Im deutschen Recht gilt für alle Personengesellschaften das Prinzip der sog Selbstorganschaft, was unter anderem dazu führt, dass die Geschäftsführungsbefugnis nur in beschränktem Umfang auf Dritte übertragen werden kann.[65] Im Gegensatz dazu ist es im **niederländischen Recht** möglich und widerspricht nicht der Natur der Personengesellschaft, die Leitung der Gesellschaft gesellschaftsfremden Personen (**Fremdorganschaft**) zu übertragen.[66]

b) Vertretung

32 Bei der Vertretung der *maatschap* geht es nicht um die Frage, ob auf Rechnung der Gesellschaft (*voor rekening van*) gehandelt wird, sondern, ob **im Namen** (*in naam van*) **der Gesellschaft** Vertretungshandlungen ausgeübt werden.[67] Die Unterscheidung zwischen *beheren* und *beschikken* spielt insofern bei der Vertretung der *maatschap* keine Rolle. Die Tatsache, dass ein Gesellschafter im Innenverhältnis befugt ist, auf Rechnung der *maatschap* zu handeln, bedeutet nicht, dass er automatisch die *maatschap* auch im Außenverhältnis vertreten darf.[68] In der Praxis haben die Gesellschafter jedoch meistens sowohl Geschäftsführungs- als auch Vertretungsbefugnis.

33 Die Gesellschafter der *maatschap* sind grundsätzlich nur **gemeinschaftlich vertretungsbefugt**. Gegenüber Dritten verpflichtet sich der Gesellschafter einer *maatschap* daher grundsätzlich nur sich selbst, auch wenn er offenkundig und unter dem gemeinsamen Namen der *maatschap* auftritt.[69] Zur Vertretung seiner Mitgesellschafter ist er nur berechtigt, wenn er hierzu durch die anderen Gesellschafter bevollmächtigt wurde (Artikel 7A:1679 BW und 7A:1681 BW).[70] Diese Vollmacht kann vollumfänglich sein oder sich auf einzelne Rechtsgeschäfte beziehen, sie kann **ausdrücklich** oder **stillschweigend** erteilt werden (Artikel 3:61 BW).[71]

34 Handelt ein Gesellschafter **unbefugt** im Namen der *maatschap*, ist die Gesellschaft (und sind damit die anderen Gesellschafter) rechtsgeschäftlich **nicht gebunden**, es sei denn, dass

- alle Gesellschafter das Rechtsgeschäft **genehmigen** (Artikel 3:69 BW); oder
- das Rechtsgeschäft ausschließlich zum **Vorteil** der Gesellschaft ist (Artikel 7A:1681 BW); oder
- die anderen Gesellschafter bei einem Dritten das **Vertrauen erweckt** haben, der Gesellschafter dürfe im Namen der Gesellschaft auftreten (Artikel 3:61 II BW).

35 Folge des unbefugten Handelns eines Gesellschafters ist gemäß Artikel 7A:1681 BW, dass nur der Gesellschafter gebunden ist, dh der Gesellschafter selbst wird Vertragspartei.[72]

---

63 Im Außenverhältnis sind die Gesellschafter der *maatschap* grundsätzlich gemeinschaftlich vertretungsbefugt. Vertritt ein Gesellschafter die *maatschap* im Außenverhältnis ohne Mitwirkung der übrigen Gesellschafter, so kann dieser die übrigen Gesellschafter nur dann binden, wenn diese ihm vorab eine entsprechende Vollmacht erteilt haben; siehe diesbezüglich auch die Ausführungen bei Rn. 32.

64 *Huizink*, Rechtspersoon, vennootschap en onderneming, 2013, S. 107, *Hagedorn/Tervoort,* Niederländisches Wirtschaftsrecht, 2017, Kapitel I Rn. 185.

65 Vgl. nur *K. Schmidt* in: MüKoHGB, 4. Aufl. 2016, § 125 Rn. 5 f.

66 HR 6. Februar 1935, NJ 1935/1513; *Mohr*, Van maatschap, vennootschap onder firma en commanditaire vennootschap, 1998, S. 20; *Hagedorn/Tervoort*, Niederländisches Wirtschaftsrecht, 2017, Kapitel I Rn. 185.

67 *Huizink*, Rechtspersoon, vennootschap en onderneming, 2013, S. 232.

68 *Huizink*, Rechtspersoon, vennootschap en onderneming, 2013, S. 232; *Hagedorn/Tervoort*, Niederländisches Wirtschaftsrecht, 2017, Kapitel I Rn. 191.

69 *Hagedorn/Tervoort*, Niederländisches Wirtschaftsrecht, 2017, Kapitel I Rn. 191.

70 *Huizink*, Rechtspersoon, vennootschap en onderneming, 2013, S. 232 f.; *Hagedorn/Tervoort*, Niederländisches Wirtschaftsrecht, 2017, Kapitel I Rn. 191.

71 Vgl. *Huizink*, Contractuele samenwerkingsvormen in beroep en bedrijf, 2. Aufl. 2000, S. 28; *ders.*, Rechtspersoon, vennootschap en onderneming, 2013, S. 232 f.; *Hagedorn/Tervoort*, Niederländisches Wirtschaftsrecht, 2017, Kapitel I Rn. 191.

72 *Huizink*, Rechtspersoon, vennootschap en onderneming, 2013, S. 233.

4. Kapitalverfassung

a) Kapitalaufbringung

Die *maatschap* unterliegt **keinen Mindestkapitalanforderungen**. Jedoch ist jeder Gesellschafter nach Artikel 7A:1655 BW verpflichtet, einen **Beitrag** (Einlage) zu leisten. Die Gesellschafter vereinbaren im Rahmen einer Gesellschaftsabrede Art und Höhe der jeweiligen Gesellschafterbeiträge; es kann sich hierbei um **Bar- oder Sacheinlagen, Dienstleistungen**, Know-How, Nutzungsrechte oder auch um Goodwill handeln.[73] Jeder Gesellschafter kann im Namen der *maatschap* von den anderen Gesellschaftern zur Leistung seines Beitrags aufgefordert werden.[74] 36

b) Gewinn- und Verlustverteilung

Enthält der Gesellschaftsvertrag keine anderweitige Regelung, bestimmt sich die Gewinn-/ Verlustverteilung nach dem **Verhältnis der geleisteten Einlagen** (Artikel 7A:1670 I BW). Dabei wird der Anteil eines Gesellschafters, der (nur) seine Arbeitskraft eingebracht hat, dem Anteil des Gesellschafters mit der geringsten Kapitaleinlage gleichgestellt (Artikel 7A:1670 II BW).[75] 37

Anders als nach deutschem Recht[76] darf gemäß Artikel 7A:1672 I BW **kein** Gesellschafter der *maatschap* **vollständig von der Gewinnbeteiligung ausgeschlossen** werden. Während § 722 BGB dispositiv ist, der Gesellschaftsvertrag einer deutschen GbR also auch den völligen Ausschluss der Beteiligung eines Gesellschafters an Gewinn und Verlust der Gesellschaft vorsehen kann, ist eine **entsprechende Klausel** im Gesellschaftsvertrag der *maatschap* nach niederländischem Recht **nichtig** (Artikel 7A:1672 I BW).[77] 38

5. Haftung für Verbindlichkeiten der Gesellschaft

Die *maatschap* als solche ist keine eigenständige juristische Person und deswegen auch kein selbständiger Träger von Rechten und Pflichten. Nach herrschender Auffassung in der Literatur und nach Meinung des *Hoge Raad* besitzt die öffentliche *maatschap* jedoch ein sogenanntes ***„afgescheiden vermogen"*** (nachfolgend: Gesellschaftsvermögen). Nach niederländischem Verständnis dient dieses *afgescheiden vermogen* als selbstständige Haftungsmasse für die Gesellschaftsgläubiger.[78] Das Gesellschaftsvermögen umfasst alle Bar- und Sacheinlagen sowie sonstige Aktiva, die gemeinschaftliches Eigentum der Gesellschafter geworden sind.[79] Es wird als *„afgescheiden"* (abgesondert) bezeichnet, da Gesellschaftsgläubiger vorrangig, dh vor den Privatgläubigern der Gesellschafter auf diese Haftungsmasse zugreifen können.[80] Die Bildung eines eigenen (*afgescheiden*) Gesellschaftsvermögens ist nicht verpflichtend.[81] Für die Gesellschaftsgläubiger liegt jedoch ein großer Vorteil in der Bildung eines Gesellschaftsvermögens, da es im Falle der Insolvenz eines Gesellschafters möglich ist, dass auf eine Verbindlichkeit der Gesellschaft noch aus dem Gesellschaftsvermögen gezahlt werden kann.[82] Ob eine stille *maatschap* ebenfalls ein *afgescheiden vermogen* hat, ist umstritten.[83] Es muss jedoch angenommen werden, dass eine *stille maatschap* kein *afgescheiden vermogen* besitzt. Da die *stille maatschap* nicht als solche nach außen hin auftritt, würde ein *afgescheiden vermogen* einer *stillen maatschap* Gesellschaftsgläubigern, die unwissentlich mit einer *maatschap* einen Vertrag schließen, zugutekommen und Privatgläubiger der Gesellschafter, die nicht auf ein *afgescheiden vermogen* zurückgreifen können, somit benachteiligen.[84] 39

---

73 *Huizink*, Rechtspersoon, vennootschap en onderneming, 2013, S. 242 ff.

74 *Blanco Fernández*, T&C Ondernemingsrecht, commentaar op artikel 1662 Boek 7A BW; *Wery*, Hoofdzaken maatschap, vennootschap onder firma en commanditaire vennootschap, 2003, S. 61.

75 *Hagedorn/Tervoort*, Niederländisches Wirtschaftsrecht, 2017, Kapitel I Rn. 188.

76 Vgl. *Schöne* in: Bamberger/Roth (Hrsg.), BGB, 3. Aufl. 2012, § 722 Rn. 2 ff.; *Kilian* in: Henssler/Strohn (Hrsg.), Gesellschaftsrecht, 3. Aufl. 2016, § 722 BGB Rn. 1 ff.; *Schäfer* in: MüKo BGB, 7. Aufl. 2017, § 722 Rn. 1 ff.; *Saenger* in: Schulze ua (Hrsg.), BGB, 9. Aufl. 2014, § 722 Rn. 1; *Karrer* in: Gummert (Hrsg.), MAH Personengesellschaftsrecht, 2. Aufl. 2015, § 16 Rn. 1; *Gummert* in: MüHdB GesR, Bd. 1, 4. Aufl. 2014, § 15 Rn. 3.

77 HR 10. Mai 1996, NJ 1996/692; vgl. auch *van Helden/Willeumier* in: Wegen/Spahlinger/Barth (Hrsg.), Gesellschaftsrecht des Auslands, 2016, Niederlande, Rn. 177; *Huizink* in: Chorus/Hondius/Voermans (Hrsg.), Introduction to Dutch Law, Chapter 12, 2016, S. 243; *Hagedorn/Tervoort*, Niederländisches Wirtschaftsrecht, Kapitel I Rn. 188.

78 *Hagedorn/Tervoort*, Niederländisches Wirtschaftsrecht, 2017, Kapitel I Rn. 197.

79 *Stokkermans* WPNR 2016, 405-413.

80 *Hagedorn/Tervoort*, Niederländisches Wirtschaftsrecht, 2017, Kapitel I Rn. 197.

81 *Stokkermans* WPNR 2016, 405-413.

82 *Stokkermans* WPNR 2016, 405-413; *Hagedorn/Tervoort*, Niederländisches Wirtschaftsrecht, 2017, Kapitel I Rn. 197.

83 *Hagedorn/Tervoort*, Niederländisches Wirtschaftsrecht, 2017, Kapitel I Rn. 197; *Boeve* WPNR 2015, 587-593.

84 *Boeve* WPNR 2015, 593.

40 Neben dem Gesellschaftsvermögen oder anstelle des Gesellschaftsvermögens können auch alle oder einzelne Gesellschafter (*maten*) in Anspruch genommen werden.[85] Kommt nämlich zwischen der *maatschap* und einem Dritten ein Vertrag zustande, **haften auch alle Gesellschafter** gegenüber dem Dritten **persönlich** für die Verbindlichkeiten der *maatschap*.[86] Den Gesellschaftsgläubigern steht daher sowohl ein Anspruch gegen die Gesellschaft als auch ein Anspruch gegen jeden einzelnen Gesellschafter zu. Die Gesellschaftsgläubiger können sich aussuchen, ob sie zuerst die Gesellschaft oder einen oder mehrere Gesellschafter in Anspruch nehmen; die beiden unabhängig voneinander bestehenden Ansprüche können auch parallel geltend gemacht werden.[87] Handelt es sich bei der Verbindlichkeit um eine teilbare Leistung (*deelbare prestatie*), wie zB die Zahlung eines Geldbetrages, haften sämtliche Gesellschafter (nur) **zu gleichen Teilen** (Artikel 7A:1680 BW) unabhängig von der Höhe ihrer jeweiligen Einlage oder Gewinnbeteiligung.[88] Handelt es sich hingegen um eine sog unteilbare Leistung (*ondeelbare prestatie*) und wurde die Rechtshandlung im Namen aller Gesellschafter, also im Namen der Gesellschaft, getätigt, dann haften die Gesellschafter **gesamtschuldnerisch**.[89] In einem solchen Fall kommt im Innenverhältnis grundsätzlich ein Regress der übrigen Gesellschafter in Frage, wenn der handelnde Gesellschafter eine Vollmacht der übrigen Gesellschafter besaß. Fehlt es an einer solchen Vollmacht, konnte sich der handelnde Gesellschafter ohnehin nur selbst verpflichten. Um Missverständnissen und unerwünschten Haftungsproblemen vorzubeugen, werden die Vertretungsbefugnisse der Gesellschafter häufig bereits im Gesellschaftsvertrag ausführlich geregelt. Sind die **Gesellschafter** der *maatschap* **juristische Personen**, bedeutet „persönlich", dass diese juristischen Personen mit ihrem Gesellschaftsvermögen haften, nicht jedoch die hinter den juristischen Personen stehenden Gesellschafter mit ihrem Privatvermögen.[90] Üblicherweise sind die Gesellschafter einer *maatschap* allerdings natürliche Personen. Sämtliche Gesellschafter, unabhängig ob natürliche oder juristische Personen, werden im Handelsregister eingetragen.

41 Eine Besonderheit in Bezug auf die Haftung der Gesellschafter ergibt sich, wenn die *maatschap* im Rahmen eines **Auftrags-/Dienstleistungsverhältnisses** tätig geworden ist (*opdracht*), wie zB eine Anwaltskanzlei im Rahmen eines Beratungsauftrages (Artikel 7:407 II BW). Der *Hoge Raad* hat inzwischen entschieden,[91] dass die Gesellschafter einer *maatschap* grundsätzlich **persönlich** und **gesamtschuldnerisch** im Falle einer Schlecht- bzw. Nichtleistung haften, wenn die (öffentliche) *maatschap* als Auftragnehmerin gehandelt hat.[92] Wurde der Auftrag (*opdracht*) gezielt an eine Person vergeben, die mit der Auftragnehmerin (der *maatschap*) oder in deren Dienst (*in haar dienst*) einen Beruf oder Gewerbe ausübt, ist diese Person (Artikel 7:404 BW) verpflichtet, die in Auftrag gegebenen Tätigkeiten selbst auszuführen, sofern sich nicht aus dem Auftrag ergibt, dass die Person die Tätigkeiten durch einen anderen durchführen lassen darf.[93] Bezüglich dieser Tätigkeiten kann auch eine persönliche Haftung der entsprechenden Person in Betracht kommen (Artikel 7:404 BW).[94] Bei der Person kann es sich um eine juristische Person handeln, die Gesellschafter der *maatschap* ist. Die Person kann aber auch eine natürliche Person sein, die lediglich hinter einer juristischen Person steht, die wiederum Gesellschafter der *maatschap* ist. In einer solchen Konstellation ist es unter Umständen möglich, dass diese natürliche Person persönlich mit ihrem Privatvermögen haftet. Eine solche persönliche Haftung kann allerdings nur dann in Betracht kommen, wenn nachgewiesen wird, dass gerade nicht die juristische Person die Tätigkeiten ausführen sollte, sondern speziell die hinter dieser stehende natürliche Person.[95] Beispielsweise kann eine Anwaltskanzlei (die *maatschap*), deren Gesellschafter verschiedene juristische Personen sind, einen Beratungsauftrag bekommen, bei dem es dem Mandanten gerade darum geht, dass die Tätigkeit von einem bestimmten Rechtsanwalt ausgeführt wird, welcher hinter einer juristischen Personen steht, die Gesellschafter der Anwaltskanzlei (der *maatschap*) ist. In diesem Fall könnte eine persönliche Haftung des besagten Rechtsanwalts gemäß Artikel 7:404 BW in Be-

85 *Hagedorn/Tervoort*, Niederländisches Wirtschaftsrecht, 2017, Kapitel I Rn. 192.

86 *Huizink*, Rechtspersoon, vennootschap en onderneming, 2013, S. 234; *Asser/Maeijer* (Hrsg.), 5-V: Maatschap, vennootschap onder firma, commanditaire vennootschap, 1995, Nr. 48; *Stokkermans* WPNR 2015, 185-199; HR 15. März 2013, nrkr 11/05494, JONDR 2013/410; *Huizink* in: Chorus/Hondius/Voermans (Hrsg.), Introduction to Dutch Law, Chapter 12, 2016, S. 243; *Bruin* Tijdschrift voor de ondernemingsrechtpraktijk 2016, 36.

87 *Hagedorn/Tervoort*, Niederländisches Wirtschaftsrecht, 2017, Kapitel I Rn. 192.

88 *Stokkermans* in: Huijgen et al. (Hrsg.), De personenvennootschap anno 2015 en haar toekomst, 2015, S. 10; HR 15. März 2013, nrkr 11/05494, JONDR 2013/410; *Koppert-van Beek* ECL 4 (2007) 265, 266; *Hagedorn/Tervoort*, Niederländisches Wirtschaftsrecht, 2017, Kapitel I Rn. 193.

89 HR 15. März 2013, nrkr 11/05494, JONDR 2013/410; *Bruin* Tijdschrift voor de ondernemingsrechtpraktijk 2016, 36; *Hagedorn/Tervoort*, Niederländisches Wirtschaftsrecht, 2017, Kapitel I Rn. 193.

90 Gerechtshof Arnhem-Leeuwarden, 16. Juni 2015, ECLI:NL:GHARL:2015:4363. Eine Ausnahme besteht unter Umständen nur, wenn Artikel 7:404 BW zur Anwendung kommt; siehe die nachstehenden Ausführungen hierzu in Rn. 41.

91 HR 15. März 2013, LJN: BY7840, 11/05494; *Stokkermans* WPNR 2015, 185-199; *ders.* in: Huijgen et al. (Hrsg.), De personenvennootschap anno 2015 en haar toekomst, 2015, S. 9.

92 *Hagedorn/Tervoort*, Niederländisches Wirtschaftsrecht, 2017, Kapitel I Rn. 194.

93 HR 15. März 2013, LJN: BY7840, 11/05494; *Hagedorn/Tervoort*, Niederländisches Wirtschaftsrecht, 2017, Kapitel I Rn. 195.

94 HR 15. März 2013, LJN: BY7840, 11/05494.

95 HR 15. März 2013, LJN: BY7840, 11/05494.

tracht kommen, obwohl er selbst kein Gesellschafter der Auftragnehmerin (der *maatschap*) ist. Die Artikel 7:404 BW und 7:407 II BW sind allerdings **dispositiv** (Artikel 7:400 II BW). Die Gesellschafter dürfen ihre Haftung entsprechend begrenzen (dispositive Außenhaftung), weshalb sich in den meisten AGB entsprechende **Ausschlussklauseln** finden.[96] Hinsichtlich der Haftung eines geschäftsführenden Gesellschafters wird in den Niederlanden, wie auch in Deutschland nach § 708 BGB, der Maßstab der leichten Fahrlässigkeit angewendet. Der Gesellschafter ist in diesem Fall wie ein Beauftragter anzusehen.[97]

Eine **Forderung gegen eine öffentliche maatschap** ist grundsätzlich gegenüber den Personen geltend zu machen, die zum Zeitpunkt der Klageerhebung Gesellschafter sind.[98] Der *Hoge Raad* hat jedoch bereits 1976 entschieden, dass es ausreichend ist, als Beklagte **nur die *maatschap*** zu benennen;[99] sie kann allerdings prozessual nicht als separate Prozesspartei betrachtet werden, da Prozesspartei lediglich die Gesellschafter als Kollektiv sind.[100] 42

Fraglich ist, ob und unter welchen Voraussetzungen ein **ausgeschiedener Gesellschafter** für Verbindlichkeiten der *maatschap*, die vor seinem Ausscheiden aus der *maatschap* eingegangen wurden, **persönlich haftet**. Anders als nach deutschem Recht haftet der ausgeschiedene Gesellschafter nach niederländischem Recht unter Anwendung der allgemeinen Verjährungsregeln grundsätzlich **auf unbeschränkte Zeit fort**.[101] Der *Hoge Raad* hat, wie bereits beschrieben (s. Rn. 41), im Falle eines der Gesellschaft erteilten Auftrages geurteilt, dass der Gesellschafter, der zum Zeitpunkt der Auftragserteilung noch Gesellschafter war, auch noch nach seinem Ausscheiden für die entstandenen Verbindlichkeiten aus dem Auftrag haftet.[102] Die Praxis löst das Problem, indem sich der ausscheidende Gesellschafter vor seinem Austritt im Innenverhältnis von den übrigen Gesellschaftern **freistellen lässt**. Eine solche Freistellung wirkt jedoch nur im Innenverhältnis, nicht gegenüber Dritten. Daher sollten daneben möglichst mit den jeweiligen Gläubigern **konkrete Vereinbarungen** getroffen werden, aus denen hervorgeht, dass der austretende Gesellschafter nach Austritt nicht mehr für die Schulden der Gesellschaft haftbar gemacht werden kann. In der Literatur wird zum Teil vertreten, dass ein Gesellschafter nach seinem Ausscheiden nicht mehr für Verbindlichkeiten der Gesellschaft haftet, wenn er die Vertragspartei über sein Ausscheiden informiert hat und die Vertragspartei trotzdem am Vertrag festhält (konkludente Zustimmung).[103] Bis zu dem Zeitpunkt, zu dem das Ausscheiden des Gesellschafters ins Handelsregister eingetragen wird, dürfen allerdings Dritte, die nicht über das Ausscheiden dieses Gesellschafters informiert sind, von dessen Gesellschafterstellung und Haftung ausgehen.[104] 43

Der *Hoge Raad* hat im Jahr 2015 **in Bezug auf die v.o.f.** und die **CV** die Frage, ob auch **neu zugetretene Gesellschafter** gesamtschuldnerisch für Altschulden der Gesellschaft haften, bejaht.[105] In seinem Urteil macht der *Hoge Raad* jedoch deutlich, dass für die *maatschap* ein anderes Haftungsregime gilt. Im Gegensatz zur v.o.f. und CV binde der Gesellschafter einer *maatschap* im Prinzip nur sich selbst; ist die Gesellschaft (auch) gebunden, dann sind die Gesellschafter nicht gesamtschuldnerisch, sondern bei einer teilbaren Leistung grundsätzlich zu gleichen Teilen haftbar.[106] Die in seinem Urteil vom 15. März 2013 hinsichtlich der *maatschap* formulierten Regelungen seien daher nicht auf die *v.o.f.* und die CV, deren Gesellschafter/Komplementär wohl gesamtschuldnerisch haftbar sind, anwendbar.[107] Im Ergebnis kam der *Hoge Raad* jedoch auch in seinem Urteil aus 2013 in Bezug auf die *maatschap* zu dem Ergebnis, dass **neue Gesellschafter** einer *maatschap* unter Umständen **für Altschulden haftbar gemacht werden können** und zwar dann, wenn es um ein Auftrags-/Dienstleistungsverhältnis (*opdracht*) im Sinne des Artikels 7:407 II BW geht und die Schuld selbst erst nach Beitritt des Gesellschafters entsteht.[108] Der *Hoge Raad* stellt also in diesem Fall nicht auf den Zeitpunkt des Vertragsschlusses ab, sondern auf den **Zeitpunkt des Entstehens der Forderung** gegenüber der Gesellschaft.[109] Im Gegensatz zu den Gesellschaftern einer v.o.f. oder CV ist der neue Gesellschafter jedoch nur dann gesamtschuldnerisch haftbar, wenn es 44

96 Gerechtshof s-Hertogenbosch, 25. März 2014, NJF 2014/216; *Hagedorn/Tervoort*, Niederländisches Wirtschaftsrecht, 2017, Kapitel I Rn. 194.

97 *Fleischer/Danninger* NZG 2016, 481, 487.

98 HR 15. März 2013, nrkr 11/05494, JONDR 2013/410.

99 HR 5. November 1976, NJ 1977/586 (*Moret Gudde Brinkman*); HR 15. März 2013, nrkr 11/05494, JONDR 2013/410.

100 *Slagter* in: Compendium van het Ondernemingsrecht, 8. Aufl. 2005, § 81, S. 380; dazu auch *Asser/Maeijer* (Hrsg.), 5-V: Maatschap, vennootschap onder firma, commanditaire vennootschap, 1995, Nrn. 182-188; *Hagedorn/Tervoort*, Niederländisches Wirtschaftsrecht, 2017, Kapitel I Rn. 177.

101 *Huizink*, Rechtspersoon, vennootschap en onderneming, 2013, S. 372; *Hagedorn/Tervoort*, Niederländisches Wirtschaftsrecht, 2017, Kapitel I Rn. 213.

102 HR 15. März 2013, Nr. 11/05494, JONDR 2013/410.

103 *Huizink*, Rechtspersoon, vennootschap en onderneming, 2013, S. 372.

104 *Hagedorn/Tervoort*, Niederländisches Wirtschaftsrecht, 2017, Kapitel I Rn. 215.

105 HR 13. März 2015, Nr. 14/00943; hierzu später mehr in Bezug auf die v.o.f. und die CV (s. Rn. 78).

106 HR 13. März 2015, Nr. 14/00943; etwas anderes gilt nur bei einer unteilbaren Leistung.

107 HR 13. März 2015, Nr. 14/00943.

108 *Bruin* Tijdschrift voor de ondernemingsrechtpraktijk 2016, 36.

109 HR 15. März 2013, nrkr 11/05494, JONDR 2013/410; *Bruin* Tijdschrift voor de ondernemingsrechtpraktijk 2016, 36.

sich bei der jeweiligen Verbindlichkeit um eine sogenannte unteilbare Verbindlichkeit handelt. Handelt es sich um eine teilbare Verbindlichkeit der maatschap, dann haftet der neue Gesellschafter nur **zu gleichen Teilen** neben den übrigen Gesellschaftern.[110]

6. Mitgliederwechsel

45 Die *maatschap* ist eine Personengesellschaft mit höchstpersönlichem Charakter, eine ***intuitu personae.***[111] Der Vertrag wird zwischen den Gesellschaftern gerade wegen der jeweiligen Person der Mitgesellschafter geschlossen.

46 Ein Gesellschafterwechsel erfolgt nicht durch die Übertragung eines Gesellschaftsanteils oder einer Beteiligung eines Dritten am Gesellschaftsanteil eines Gesellschafters, sondern wird grundsätzlich dadurch bewirkt, dass ein Gesellschafter aus der *maatschap* aus- bzw. ein neuer Gesellschafter der *maatschap* beitritt.[112] Voraussetzung für einen solchen Gesellschafterwechsel ist jedoch, dass das Ausscheiden des *maten* nicht zur Auflösung der *maatschap* führt, was grundsätzlich gemäß Artikel 7A:1683 BW der Fall ist, **es sei denn**, die Gesellschafter haben im Gesellschaftsvertrag vereinbart, die *maatschap* im Falle des Ausscheidens von Gesellschaftern weiterzuführen.[113]

47 Ein Gesellschafter kann aufgrund entsprechender vertraglicher Vereinbarung durch **Kündigung** (Artikel 7A:1683 Nr. 3 BW) oder infolge seines Versterbens aus der *maatschap* (Artikel 7A:1683 Nr. 4 BW) **ausscheiden.** Möglich ist auch der **Ausschluss eines Gesellschafters.** Eine Ausschlussmöglichkeit muss dann jedoch ausdrücklich im Gesellschaftsvertrag vereinbart worden sein.[114] Darüber hinaus kann ein Austritt auch durch allseitige Unterzeichnung eines Austrittsvertrags stattfinden.[115] Um das Risiko von etwaigen gerichtlichen Auseinandersetzungen zu vermeiden, ist es daher ratsam, deutlich und unmissverständlich die Gründe für einen solchen Ausschluss schriftlich festzulegen.

48 Die Kündigung eines Gesellschafters führt dann nicht zur Auflösung der *maatschap*, wenn die Gesellschafter im Gesellschaftsvertrag vereinbart haben, dass die *maatschap* **fortgesetzt wird** bzw. die verbleibenden Gesellschafter dies vor Wirksamwerden der Kündigung des austretenden Gesellschafters beschließen.[116] Es ist grundsätzlich auch denkbar, dass die verbleibenden Gesellschafter die *maatschap* ohne konkreten Beschluss **konkludent fortsetzen.** In der Praxis enthalten die Gesellschaftsverträge einer *maatschap* jedoch fast immer eine detaillierte Regelung zur Fortsetzung der *maatschap* bei Kündigung eines Gesellschafters. Auch der Beitritt neuer Gesellschafter kann im Gesellschaftsvertrag geregelt werden.

49 Ein **Gesellschafterwechsel** hat verschiedene Folgen: Der neue Gesellschafter muss seine Einlagepflicht erfüllen; der ausgetretene Gesellschafter hat grundsätzlich ein Recht auf seinen Anteil am *afgescheiden vermogen* und kann daher die von ihm eingebrachte Einlage zurückfordern.[117] Um Probleme bei der Verteilung des Vermögens zu vermeiden, werden in Gesellschaftsverträgen häufig entsprechende Klauseln aufgenommen. Es ist ratsam, diese Klauseln so detailliert wie möglich zu gestalten, da nur so Auseinandersetzungen unter den Gesellschaftern vermieden werden können. So kann beispielsweise eine Klausel des Inhalts aufgenommen werden, dass der Anteil eines austretenden Gesellschafters am Vermögen der *maatschap* auf die verbleibenden Gesellschafter übergehen soll.[118] Waren Gegenstand der Einlage das Nutzungsrecht oder das wirtschaftliche Eigentum an Vermögensgegenständen, so regelt der Gesellschaftsvertrag häufig, dass die jeweiligen Vermögensgegenstände im Falle des Austritts an die verbleibenden Gesellschafter zu übertragen sind.[119] Wenn ein Gesellschafter ausschei-

---

110 HR 15. März 2013, nrkr 11/05494, JONDR 2013/410; *Bruin* Tijdschrift voor de ondernemingsrechtpraktijk 2016, 36.

111 *Mohr*, Van maatschap, vennootschap onder firma en commanditaire vennootschap, 1998, S. 11; *Huizink*, Rechtspersoon, vennootschap en onderneming, 2013, S. 47 f.; *Hagedorn/Tervoort*, Niederländisches Wirtschaftsrecht, 2017, Kapitel I Rn. 199.

112 Vgl. *Gotzen*, Niederländisches Handels- und Wirtschaftsrecht, 2000, Rn. 159 ff.; *Hagedorn/Tervoort*, Niederländisches Wirtschaftsrecht, 2017, Kapitel I Rn. 199 ff.

113 HR 6. Februar 1935, NJ 1935/1513; HR 7. Dezember 1949, WPNR 4122, 1950; *Huizink*, Rechtspersoon, vennootschap en onderneming, 2013, S. 369; *Oude Kempe*, Fiscaal-juridisch memo 2015/12.3.6; 2015/12.3.7.

114 HR 13. Juni 1969, NJ 1969/384 (*Warnderink-Vinke*); *Blanco Fernández*, T&C Ondernemingsrecht, commentaar op artikel 1686 Boek 7A BW; *Huizink*, Rechtspersoon, vennootschap en onderneming, 2013, S. 368; *Hagedorn/Tervoort*, Niederländisches Wirtschaftsrecht, 2017, Kapitel I Rn. 204.

115 *Hagedorn/Tervoort*, Niederländisches Wirtschaftsrecht, 2017, Kapitel I Rn. 202.

116 *Huizink*, Rechtspersoon, vennootschap en onderneming, 2013, S. 369; *Gotzen*, Niederländisches Handels- und Wirtschaftsrecht, 2000, Rn. 161; *Hagedorn/Tervoort*, Niederländisches Wirtschaftsrecht, 2017, Kapitel I Rn. 203.

117 *Huizink*, Rechtspersoon, vennootschap en onderneming, 2013, S. 370 f.

118 *Huizink*, Rechtspersoon, vennootschap en onderneming, 2013, S. 371; *Hagedorn/Tervoort*, Niederländisches Wirtschaftsrecht, 2017, Kapitel I Rn. 209.

119 *Huizink*, Rechtspersoon, vennootschap en onderneming, 2013, S. 371.

det und die Gesellschaft fortgesetzt wird, ist ihm der Verkehrswert seiner Beteiligung zu erstatten.[120] Um Streitigkeiten zu vermeiden, empfiehlt es sich jedoch bereits im Gesellschaftsvertrag zu bestimmen, welche Bewertungsmaßstäbe für die Ermittlung des Verkehrswertes und damit für die Berechnung der Vergütung gelten sollen. Die Übertragung findet gemäß den allgemeinen sachenrechtlichen Vorschriften und nicht etwa automatisch mit Austritt des Gesellschafters statt.[121]

Die Gesellschafter können auch im Falle des Todes eines Gesellschafters (Artikel 7A:1683 Nr. 4 BW iVm Artikel 7A:1688 BW) **vertraglich vereinbaren**, dass die *maatschap* mit den verbliebenen Gesellschaftern oder mit den Erben (Artikel 7A:1688 I BW) **fortgesetzt wird.** Im letzteren Fall geht die Gesellschafterstellung des verstorbenen „*maten*" gemäß Artikel 7A:1688 I BW vollumfassend **auf den/die Erben über.** Wird die *maatschap* ohne die Erben fortgesetzt, haben diese Anspruch auf Auseinandersetzung der *maatschap*, um ihren Anspruch auf Auszahlung des Anteils des Erblassers geltend zu machen (Artikel 7A:1688 II BW).[122] 50

7. Auflösung und Insolvenz

Gesetzlich vorgesehene Gründe für die Auflösung einer *maatschap* sind in Artikel 7A:1683 BW bestimmt: 51

- Ablauf der **Zeit**, für die die *maatschap* eingegangen wurde,
- Erreichen oder **Unmöglichwerden des Gesellschaftszwecks**,
- **Kündigung** durch einen Gesellschafter,
- **Vormundschaft** (*curatele*) eines Gesellschafters,
- **Tod oder Insolvenz** eines Gesellschafters bzw. Anwendung der Schuldenregulierungsregelung für natürliche Personen (*wet schuldsanering natuurlijke personen*).[123]

Eine für bestimmte Zeit gegründete *maatschap* kann nach niederländischem Recht grundsätzlich **nicht vorzeitig gekündigt** werden; sie wird gemäß Artikel 7A:1683 BW durch Ablauf der Zeit, für die die *maatschap* eingegangen wurde, aufgelöst.[124] Der Gesellschaftsvertrag kann jedoch Regelungen enthalten, die eine vorzeitige Auflösung der Gesellschaft ermöglichen. In diesem Fall müssen bei der Kündigung allerdings zwingend die Interessen der übrigen Gesellschafter an der Fortsetzung der Gesellschaft berücksichtigt werden. Generell gilt: Eine Kündigung entgegen den Grundsätzen von *redelijkheid und billigheid* ist nichtig (Artikel 7A:1686 I BW).[125] Daher sollte bei einer vorzeitigen Kündigung in jedem Fall eine angemessene Frist berücksichtigt werden.[126] Darüber hinaus enthalten Gesellschaftsverträge häufig Wettbewerbsklauseln, die auch nach Beendigung und Auflösung der Gesellschaft fortwirken können.[127] 52

Weiterhin kann ein Gericht auf entsprechende **Klage eines jeden Gesellschafters** die *maatschap* aus **wichtigem Grund** (Artikel 7A:1684 BW) auflösen. Beispielsweise kann ein Gesellschafter die Auflösung fordern, wenn aufgrund von Uneinigkeit zwischen den Gesellschaftern die weitere Zusammenarbeit unmöglich oder jedenfalls unzumutbar geworden ist.[128] Ein weiterer Fall kann vorliegen, wenn ein Gesellschafter seine Pflichten aus dem Gesellschaftsvertrag nicht erfüllt oder wenn er nicht mehr dazu fähig (*bekwaam*) ist, seine Gesellschafterfunktion auszuüben.[129] Eine solche Auflösung wirkt jedoch nur ex nunc und nicht ex tunc.[130] 53

In der Praxis kann es für den betreffenden Gesellschafter **vorteilhafter sein**, die *maatschap* gerichtlich aus wichtigem Grund auflösen zu lassen, als einseitig die Kündigung zu erklären; dies ist der Fall, wenn: 54

- das Kündigungsrecht im Gesellschaftsvertrag für eine bestimmte Zeit ausgeschlossen ist;[131]

120 *Hagedorn/Tervoort*, Niederländisches Wirtschaftsrecht, 2017, Kapitel I Rn. 212; vgl. Rechtbank Midden-Nederland, 3. Juni 2015, ECLI:NL:RBMNE:2015:3464.

121 *Huizink*, Rechtspersoon, vennootschap en onderneming, 2013, S. 371; *Tervoort*, Het Nederlandse personenvennootschapsrecht, 2015, Nr. 7.3.2.2.

122 *Huizink*, Rechtspersoon, vennootschap en onderneming, 2013, S. 369.

123 Das niederländische Gesetz über die Schuldenregulierung natürlicher Personen (*wet schuldsaniering natuurlijke personen*) macht es unter gewissen Voraussetzungen möglich, dass natürliche Personen nach 36 Monaten wieder schuldenfrei sein können. Diese Regelung ist insofern mit der deutschen Privatinsolvenz vergleichbar.

124 *Huizink*, Rechtspersoon, vennootschap en onderneming, 2013, S. 367 f.

125 *Hagedorn/Tervoort*, Niederländisches Wirtschaftsrecht, 2017, Kapitel I Rn. 203.

126 *Huizink*, Rechtspersoon, vennootschap en onderneming, 2013, S. 368; vgl. *Hagedorn/Tervoort*, Niederländisches Wirtschaftsrecht, 2017, Kapitel I Rn. 203.

127 *Huizink*, Rechtspersoon, vennootschap en onderneming, 2013, S. 367.

128 *Hagedorn/Tervoort*, Niederländisches Wirtschaftsrecht, 2017, Kapitel I Rn. 205.

129 *Huizink*, Rechtspersoon, vennootschap en onderneming, 2013, S. 368.

130 *Huizink*, Rechtspersoon, vennootschap en onderneming, 2013, S. 368.

131 Vgl. *Asser/Maeijer* (Hrsg.), 5-V: Maatschap, vennootschap onder firma, commanditaire vennootschap, 1995, Nr. 217; die Anwendung von Artikel 7A:1684 BW kann vertraglich nicht vollumfänglich ausgeschlossen werden; *Huizink*, Rechtspersoon, vennootschap en onderneming, 2013, S. 367.

- der betreffende Gesellschafter im Fall der Auflösung aus wichtigem Grund durch das Gericht möglicherweise Schadensersatzansprüche aufgrund einer Pflichtverletzung (*wanprestatie*) geltend machen kann;[132]
- zu befürchten ist, dass ein Mitgesellschafter der einseitigen Kündigung unter Hinweis auf Treu und Glauben (*redelijkheid en billijkheid*, Artikel 7A:1686 I BW) widerspricht.

55 Die Auflösung der *maatschap* muss in das Handelsregister eingetragen werden.[133] Nach Auflösung der *maatschap* muss das Vermögen der Gesellschaft verteilt werden. Dies bedeutet, dass sämtliche Forderungen der *maatschap* beigetrieben und sämtliche Verbindlichkeiten erfüllt werden müssen. Das verbleibende Vermögen wird danach zwischen den Gesellschaftern entsprechend ihrer Einlage und dem Anteil am Gewinn verteilt.[134]

III. Vennootschap onder Firma (Offene Handelsgesellschaft)

1. Grundlagen

56 Nach Artikel 16 WvK ist eine *vennootschap onder firma* (abgekürzt: v.o.f.) eine **Vereinbarung** zwischen zwei oder mehreren natürlichen oder juristischen **Personen**, deren Zweck auf den **Betrieb eines Handelsgewerbes** unter **gemeinschaftlicher Firma** gerichtet ist. Die v.o.f. ist damit eine Sonderform der *maatschap* und vergleichbar mit der Offenen Handelsgesellschaft (OHG) nach deutschem Recht.[135]

57 Neben den **allgemeinen Vorschriften für die *maatschap*** (Artikel 7A:1655 BW bis Artikel 7A:1688 BW) für das Innenverhältnis der Gesellschafter gelten für die v.o.f. die **Sondervorschriften** der Artikel 16 WvK bis Artikel 34 WvK.

58 Obwohl die v.o.f. **keine juristische Person** ist, ist sie, wie auch im deutschen Recht die OHG, dermaßen verselbständigt, dass sie in vielerlei Hinsicht einer juristischen Person ähnlich ist.[136] Die v.o.f. ist damit eine *persona in standi judicio*;[137] sie kann klagen und verklagt werden. Die v.o.f. besitzt, wie auch die *maatschap*, ein ***afgescheiden vermogen***, das ein **selbständiges Haftungsobjekt** für die Gesellschaftsgläubiger darstellt.[138]

59 Der Zweck einer v.o.f. muss nach Artikel 16 WvK die **Ausübung einer handelsgewerblichen Tätigkeit** sein. Sie braucht allerdings nicht auf eine (rein) kaufmännische Tätigkeit gerichtet zu sein; eine berufsmäßig organisierte, wirtschaftliche Tätigkeit am Markt mit Gewinnerzielungsabsicht beispielsweise auch zu einem karitativen oder kulturellen Zweck ist ebenfalls ausreichend.[139]

2. Gründung

60 Eine v.o.f. ist von **mindestens zwei** natürlichen oder juristischen Personen zu gründen. Die Gründer müssen dafür weder die niederländische Staatsangehörigkeit besitzen noch in den Niederlanden wohnhaft sein.[140] Zwar bedarf es laut Gesetz (Artikel 22 WvK) für die Gründung einer v.o.f. eines **Gesellschaftsvertrages.** Dabei handelt es sich jedoch nicht um ein konstitutives Merkmal.[141] Vielmehr gelten für die Gründung einer v.o.f., wie bei der *maatschap*, grundsätzlich keine Formvorschriften. Eine v.o.f. kann somit auch mündlich oder konkludent gegründet werden.[142] Der Gesellschaftsvertrag soll Regelungs- und Beweiszwecken dienen, wozu er, wie bei der *maatschap* auch, der **Schriftform** genügen muss, dh entweder privatschriftlich erstellt oder notariell beurkundet

132 *Asser/Maeijer* (Hrsg.), 5-V: Maatschap, vennootschap onder firma, commanditaire vennootschap, 1995, Nr. 215; *Huizink*, Rechtspersoon, vennootschap en onderneming, 2013, S. 368.

133 *Hagedorn/Tervoort*, Niederländisches Wirtschaftsrecht, 2017, Kapitel I Rn. 223.

134 *Huizink*, Rechtspersoon, vennootschap en onderneming, 2013, S. 375; *Hagedorn/Tervoort*, Niederländisches Wirtschaftsrecht, 2017, Kapitel I Rn. 223.

135 *Huizink*, Rechtspersoon, vennootschap en onderneming, 2013, S. 49; *Asser/Maeijer* (Hrsg.), 5-V: Maatschap, vennootschap onder firma, commanditaire vennootschap, 1995, Nr. 19; *Stokkermans* in: Huijgen et al. (Hrsg.), De personenvennootschap anno 2015 en haar toekomst, 2015, S. 9; *Koppert-van Beek* ECL 4 (2007) 265, 266; *Meinema* EJCL 6 (2002) 157; *Gotzen*, Niederländisches Handels- und Wirtschaftsrecht, 2000, Rn. 107; *Hagedorn/Tervoort*, Niederländisches Wirtschaftsrecht, 2017, Kapitel I Rn. 229.

136 *Mohr*, Van maatschap, vennootschap onder firma en commanditaire vennootschap, 1998, S. 132 f.; *Oude Kempe*, Fiscaal-juridisch memo 2015/12.4.2.

137 *Asser/Maeijer* (Hrsg.), 5-V: Maatschap, vennootschap onder firma, commanditaire vennootschap, 1995, Nr. 175; dazu auch *Huizink*, Contractuele samenwerkingsvormen in beroep en bedrijf, 2. Aufl. 2000, S. 66.

138 HR 26. November 1897, W. 7047 (*Boeschoten/Besier*); *Mohr*, Van maatschap, vennootschap onder firma en commanditaire vennootschap, 1998, S. 148; dazu auch *Asser/Maeijer* (Hrsg.), 5-V: Maatschap, vennootschap onder firma, commanditaire vennootschap, 1995, Nr. 176 ff.

139 *Slagter* in: Compendium van het Ondernemingsrecht, 8. Aufl. 2005, § 82, S. 385; *Asser/Maeijer* (Hrsg.), 5-V: Maatschap, vennootschap onder firma, commanditaire vennootschap, 1995, Nr. 40; *Huizink*, Rechtspersoon, vennootschap en onderneming, 2013, S. 47 f.

140 *Gotzen*, Niederländisches Handels- und Wirtschaftsrecht, 2000, Rn. 119.

141 *Hagedorn/Tervoort*, Niederländisches Wirtschaftsrecht, 2017, Kapitel I Rn. 231.

142 *Gotzen*, Niederländisches Handels- und Wirtschaftsrecht, 2000, Rn. 122; *Hagedorn/Tervoort*, Niederländisches Wirtschaftsrecht, 2017, Kapitel I Rn. 231.

werden muss.[143] Fehlt es an einem schriftlichen Vertrag, so hindert dies das Entstehen der v.o.f. jedoch **nicht**; es mangelt dann allerdings an jeglichem Beweis bezüglich des Abschlusses und des Inhalts des Gesellschaftsvertrages.[144] Mit Abschluss des Gesellschaftsvertrages, egal ob mündlich, konkludent oder schriftlich, gilt die v.o.f. als gegründet.[145]

Mangels Formvorschriften sind die Gesellschafter bezüglich des **Inhalts des Gesellschaftsvertrages** frei. Oftmals enthält er insbesondere Regelungen betreffend (i) die Dauer der Gesellschaft, (ii) den Namen und den Zweck der Gesellschaft, (iii) die durch die Gesellschafter zu leistenden Beiträge, (iv) die Vertretungsbefugnisse der Gesellschafter und (v) die Gewinn- und Verlustverteilung. Regelmäßig enthält der Gesellschaftsvertrag zudem Vorschriften bezüglich des Aus- bzw. Eintritts von Gesellschaftern und der Fortsetzung der Gesellschaft im Falle des Todes eines Gesellschafters. In Bezug auf den Austritt eines Gesellschafters kann bereits in der Satzung eine Vollmacht an die übrigen Gesellschafter zur Übertragung der Vermögensgegenstände des austretenden Gesellschafters aufgenommen werden. 61

Die Definition der v.o.f. in Artikel 16 WvK verdeutlicht, dass eine v.o.f. von Anfang an unter Verwendung einer gemeinsamen **Firma** nach außen hin auftritt. Bei der Wahl der Firma müssen die Vorschriften des niederländischen Handelsnamengesetzes (*Handelsnaamwet*) berücksichtigt werden.[146] Das niederländische Handelsnamengesetz dient insbesondere dazu, Missverständnisse im Rechtsverkehr, die durch die Verwendung irreführender Firmennamen entstehen können, zu vermeiden. Für die v.o.f. ist insbesondere Artikel 4 II des Handelsnamengesetzes zu beachten. Enthält danach die Firma einen Hinweis auf mehrere Personen, so deutet dies darauf hin, dass es sich bei dem Unternehmen um eine v.o.f. handelt, auch wenn die Firma die Namen der Personen nicht ausdrücklich nennt.[147] 62

Eine v.o.f. ist ins **Handelsregister** der *kamer van koophandel* **einzutragen** (Artikel 5 Teil a HrgW 2007 und Artikel 23 WvK). Gemäß den Artikeln 17 und 19 *Handelsregisterbesluit* sind mindestens die folgenden Angaben einzutragen: 63

- Zeitpunkt des Entstehens der v.o.f.;
- Dauer der v.o.f.;
- Gesellschaftszweck;
- Sitz der v.o.f.;
- Personalien der Gesellschafter;
- Vertretungsbefugnis der Gesellschafter.

Auch wenn die Handelsregistereintragung nur **deklaratorisch** und keine Voraussetzung für das Entstehen der v.o.f. ist, bleibt eine Nichteintragung der v.o.f. nicht ohne Rechtsfolgen. Wenn vorgenannte Angaben ganz oder teilweise fehlen, werden, trotz Kenntnis, **auch bösgläubige Dritte geschützt**. In diesem Fall gilt die v.o.f. als für unbestimmte Zeit, mit unbeschränktem Gesellschaftszweck und unbeschränkter Vertretungsbefugnis aller Gesellschafter (Artikel 29 WvK) gegründet.[148] Des Weiteren ist zu beachten, dass eine fehlende Mitteilung an das Handelsregister neben den gerade genannten zivilrechtlichen auch weitere Folgen haben und bis zu einer sechsmonatigen Haftstrafe, einer Arbeitsstrafe (*taakstraf*) oder einer Geldbuße von bis zu 20.500 EUR führen kann.[149] 64

3. Organisationsverfassung

a) Geschäftsführung

Die v.o.f. ist eine Sonderform der *maatschap*. Die **Vorschriften** bezüglich der Geschäftsführungsbefugnis einer ***maatschap*** gelten daher auch für die v.o.f. Es kann daher auf die obigen Ausführungen verwiesen werden (Rn. 28). 65

---

143 *Hagedorn/Tervoort*, Niederländisches Wirtschaftsrecht, 2017, Kapitel I Rn. 231.

144 *Mohr*, Van maatschap, vennootschap onder firma en commanditaire vennootschap, 1998, S. 10, 154; dazu auch *Slagter* in: Compendium van het Ondernemingsrecht, 8. Aufl. 2005, § 82, S. 381; HR 16. Mai 1902, W7775 (*Erwteman-Hoepelman*); *Stokkermans* in: Huijgen et al. (Hrsg.), De personenvennootschap anno 2015 en haar toekomst, 2015, S. 10; *Oude Kempe*, Fiscaal-juridisch memo 2015/12.4.3.

145 *Gotzen*, Niederländisches Handels- und Wirtschaftsrecht, 2000, Rn. 120.

146 *Gotzen*, Niederländisches Handels- und Wirtschaftsrecht, 2000, Rn. 124.

147 *Gotzen*, Niederländisches Handels- und Wirtschaftsrecht, 2000, Rn. 124.

148 *Mohr*, Van maatschap, vennootschap onder firma en commanditaire vennootschap, 1998, S. 10, 139; *Huizink*, Rechtspersoon, vennootschap en onderneming, 2013, S. 235; *Oude Kempe*, Fiscaal-juridisch memo 2015/12.4.3; *Mathey-Bal/Müller* HanseLR 9 (2013) 17, 28.

149 Art. 47 HrgW 2007 iVm Art. 1 IV WED; *Hagedorn/Tervoort*, Niederländisches Wirtschaftsrecht, 2017, Kapitel I Rn. 232.

66 Die v.o.f. ist grundsätzlich nicht verpflichtet, einen Jahresabschluss im Sinne von Titel 9 Buch 2 des Burgerlijk Wetboek zu veröffentlichen.[150] Die Geschäftsführung der v.o.f. muss jedoch dafür Sorge tragen, dass die v.o.f. ihre buchhalterischen Verpflichtungen gemäß Artikel 3:15i BW erfüllt.[151] Demnach muss jeder, der einen Gewerbebetrieb ausübt oder selbständig tätig ist, eine ordnungsgemäße Buchhaltung gewährleisten, sodass die Geschäftsunterlagen stets eingesehen und die Erfüllung der gesetzlichen Rechte und Pflichten des Unternehmers nachvollzogen werden können.[152] Hiervon abweichend finden gemäß Artikel 2:360 II BW auf eine v.o.f., deren Gesellschafter ausländische Kapitalgesellschaften sind, die Vorschriften von Titel 9 des 2. Buches des Burgerlijk Wetboek Anwendung.[153] In diesem Titel finden sich die allgemeinen gesetzlichen Regelungen bezüglich des Inhalts und der Erstellung des Jahresabschlusses und des Lageberichts. Eine solche v.o.f. ist daher nach den allgemeinen Regelungen über die Erstellung und Veröffentlichung des Jahresabschlusses in Titel 9 von Buch 2 des Burgerlijk Wetboek verpflichtet, einen Jahresabschluss zu erstellen. Der Jahresabschluss besteht in den Niederlanden grundsätzlich aus einer Bilanz, einer Gewinn- und Verlustrechnung und einem Anhang (Artikel 2:361 I BW) (zur europäischen Grundlage vgl. auch § 25 Rn. 44 ff.). Wie in Deutschland hängen die konkreten gesetzlichen Verpflichtungen zur Erstellung und Veröffentlichung des Jahresabschlusses von der Größe des Unternehmens ab (vgl. Artikel 2:396 BW ff.). So gelten in Bezug auf die Erstellung und Veröffentlichung des Jahresabschlusses für Kleinstgesellschaften andere Vorschriften als zB für Großunternehmen.

b) Vertretung

67 Die Vertretungsmacht der Gesellschafter einer v.o.f. ist grundsätzlich weiter als bei der *maatschap*, da die Vertretungsmacht bei der v.o.f. nicht von der Vollmachtserteilung durch die übrigen Gesellschafter abhängig ist und grundsätzlich nur durch den Gesellschaftszweck begrenzt wird (ultra vires-Doktrin).[154] Danach kann **jeder** Gesellschafter einer v.o.f. diese nach außen hin **rechtsverbindlich vertreten**, es sei denn, dass

- ein Gesellschafter von der Vertretung **gänzlich ausgeschlossen** (*uitgesloten*) ist (Artikel 17 WvK);
- die Rechtshandlung **nicht vom Gesellschaftszweck gedeckt** ist (Artikel 17 II WvK; *doeloverschrijding*) oder
- der Gesellschafter aufgrund entsprechender Regelungen im Gesellschaftsvertrag **nicht** zur Vertretung in Bezug auf bestimmte Rechtshandlungen **befugt ist** (Artikel 17 II WvK).[155]

68 Die Vertretungsmacht kann einerseits **über den Gesellschaftszweck** gegenüber allen Gesellschaftern in gleichem Maße oder infolge entsprechender Regelungen **im Gesellschaftsvertrag** nur gegenüber bestimmten, einzelnen Gesellschaftern **begrenzt** sein.[156] Die Regelung des Artikel 17 II WvK ist aufgrund des Gesellschaftsvertrages in diesem Zusammenhang **weit auszulegen**. Auch für einzelne Rechtsgeschäfte kann die Vertretungsmacht eines oder mehrerer Gesellschafter(s) durch entsprechenden Gesellschafterbeschluss begrenzt werden.[157] In der Praxis werden Beschränkungen der Vertretungsmacht daher häufig sehr ausführlich im Gesellschaftsvertrag geregelt. Es ist zB üblich, im Gesellschaftsvertrag zu vereinbaren, dass die Gesellschafter die v.o.f. nur bis zu einem bestimmten Betrag rechtsverbindlich vertreten dürfen und dass die diesen Betrag überschreitenden Rechtshandlungen der vorherigen Zustimmung der übrigen Gesellschafter bedürfen.[158]

69 Solche **Beschränkungen** bei der Vertretungsmacht einzelner oder aller Gesellschafter können gegenüber gutgläubigen Dritten allerdings nur geltend gemacht werden, wenn die Beschränkungen ordnungsgemäß **im Handelsregister** der *kamer van koophandel* **eingetragen** sind.[159] Dies gilt auch und insbesondere im Falle eines Missbrauchs der Vertretungsmacht. Die v.o.f. wird in einem solchen Fall nicht gebunden.[160]

70 Solange die v.o.f. selbst nicht im Handelsregister eingetragen ist, gelten gemäß Artikel 29 WvK die Gesellschafter der v.o.f. Dritten gegenüber als unbeschränkt vertretungsbefugt.[161]

150 *Huizink*, Rechtspersoon, vennootschap en onderneming, 2013, S. 307; vgl. auch *Hagedorn/Tervoort*, Niederländisches Wirtschaftsrecht, 2017, Kapitel I Rn. 188.
151 *Huizink*, Rechtspersoon, vennootschap en onderneming, 2013, S. 306.
152 *Huizink*, Rechtspersoon, vennootschap en onderneming, 2013, S. 306 f.
153 *Rensen* in: Muller (Hrsg.), Corporate Law in the Netherlands, 2013, S. 20.
154 *Huizink*, Rechtspersoon, vennootschap en onderneming, 2013, S. 234; *Hagedorn/Tervoort*, Niederländisches Wirtschaftsrecht, 2017, Kapitel I Rn. 234.
155 Vgl. *Slagter* in: Compendium van het Ondernemingsrecht, 8. Aufl. 2005, § 83, S. 389; *Kopppert-van Beek*, ECL 4 (2007), 265, 266; *Huizink*, Rechtspersoon, vennootschap en onderneming, 2013, S. 235.
156 *Hagedorn/Tervoort*, Niederländisches Wirtschaftsrecht, 2017, Kapitel I Rn. 235.
157 *Huizink*, Rechtspersoon, vennootschap en onderneming, 2013, S. 235; *Hagedorn/Tervoort*, Niederländisches Wirtschaftsrecht, 2017, Kapitel I Rn. 235.
158 *Huizink*, Rechtspersoon, vennootschap en onderneming, 2013, S. 235; *Hagedorn/Tervoort*, Niederländisches Wirtschaftsrecht, 2017, Kapitel I Rn. 235.
159 *Oude Kempe*, Fiscaal-juridisch memo 2015/12.4.4; *Mathey-Bal/Müller* HanseLR 9 (2013) 17, 31; *Hausmann* in: Reithmann/Martiny (Hrsg.), Internationales Vertragsrecht, 8. Aufl. 2015, Rn. 7.233, *Hagedorn/Tervoort*, Niederländisches Wirtschaftsrecht, 2017, Kapitel I Rn. 237.
160 *Hagedorn/Tervoort*, Niederländisches Wirtschaftsrecht, 2017, Kapitel I Rn. 237.
161 *Huizink*, Rechtspersoon, vennootschap en onderneming, 2013, S. 235.

4. Kapitalverfassung

a) Kapitalaufbringung

Für die v.o.f. gibt es **keine Mindestkapitalsumme**. Grund hierfür ist die unbeschränkte, persönliche Haftung der Gesellschafter. Jeder Gesellschafter hat jedoch eine **Einlage zu leisten**.[162] Die Gesellschafter können die Art und Höhe der Einlage im Gesellschaftsvertrag vereinbaren. Die Einlagen können **Bar- oder Sacheinlagen** sein, eingebracht werden können aber auch Nutzungen, **Dienstleistungen**, Know-How o. ä.[163] Die Einlagen müssen werthaltig, brauchbar, aber nicht gleichwertig sein. 71

Vermögenswerte können als „vollständiges" Eigentum (*volledige eigendom*), wirtschaftliches Eigentum (*economische eigendom*) oder lediglich als Nutzungsrechte (*genotsrecht*) eingebracht werden.[164] Der Unterschied zwischen vollständigem und wirtschaftlichem Eigentum ist beispielsweise dann von Bedeutung, wenn Geschäftsanteile an einer Gesellschaft nur treuhänderisch eingebracht werden sollen. Die entsprechende Bezeichnung (*volledige/economische eigendom*) sollte bereits im Gesellschaftsvertrag aufgenommen werden. Die Qualifizierung der einzelnen Vermögenswerte bestimmt sich nach den sachenrechtlichen Vorschriften in den Büchern 3 und 5 des Burgerlijk Wetboek. Dabei regelt das niederländische Gesetz ausdrücklich nur das vollständige Eigentum. Gemäß Artikel 5:1 BW ist das (vollständige) Eigentum das umfassendste Recht, das eine Person an einer Sache haben kann. Das niederländische BW unterscheidet demnach nicht zwischen vollständigem, juristischem (*juridische eigendom*) und wirtschaftlichem Eigentum. Der Eigentümer einer Sache hat nach Artikel 5:1 II BW jedoch das Recht, die Sache zu nutzen. Es steht ihm daher auch frei, dieses Nutzungsrecht Dritten zu überlassen, ohne dabei notwendigerweise seine Eigentümerstellung aufzugeben. 72

b) Gewinn- und Verlustverteilung

Bezüglich der Gewinn- und Verlustverteilung finden die **Vorschriften über die *maatschap*** entsprechend Anwendung. Es kann daher vollumfänglich auf die dortigen Ausführungen verwiesen werden (Rn. 37). 73

5. Haftung für Verbindlichkeiten der Gesellschaft

Problematisch bei der v.o.f. ist das für sie geltende Haftungsregime. Die Gesellschafter der v.o.f. haften nach Artikel 18 WvK **gesamtschuldnerisch**, dh die Gläubiger der v.o.f. können jeden Gesellschafter jeweils in voller Höhe in Anspruch nehmen. Sie haften **jeweils unbeschränkt** und mit ihrem privaten wie geschäftlichen Vermögen.[165] Intern vereinbarte Haftungsbeschränkungen können gegenüber Dritten **nicht** geltend gemacht werden, es sei denn, diese sind im Handelsregister eingetragen oder der Dritte kannte die Beschränkung.[166] Im Innenverhältnis kommt lediglich ein späterer Regress des herangezogenen Gesellschafters gegen seine Mitgesellschafter in Betracht. Ein Gesellschafter ohne Vertretungsmacht ist an eine von ihm getroffene Vereinbarung mit einem Dritten gebunden. In einem solchen Fall kann damit auch nur der jeweilige Gesellschafter (entsprechend der Figur des Vertreters ohne Vertretungsmacht nach deutschem Rechtsverständnis) zur Haftung herangezogen werden.[167] 74

Das *afgescheiden vermogen* dient, wie auch bei der *maatschap* (Rn. 39), den Gesellschaftsgäubigern als **Haftungsmasse**. Gesellschaftsgläubiger können aufgrund der gesamtschuldnerischen Haftung der Gesellschafter jedoch auch **direkt und in voller Höhe auf das Privatvermögen** der Gesellschafter **zurückgreifen**. Dem in Anspruch genommenen Gesellschafter stehen dann im Innenverhältnis Regressansprüche gegenüber den übrigen Gesellschaftern entsprechend ihrer Beteiligung zu.[168] Die Gesellschaftsgläubiger genießen in Bezug auf das Privatvermögen der Gesellschafter jedoch **keinen Vorrang**. Eventuelle Privatgläubiger der Gesellschafter müssen andererseits bis zur Auflösung und Liquidation der Gesellschaft und Auskehrung des verbleibenden Vermögens 75

---

162 *Huizink*, Rechtspersoon, vennootschap en onderneming, 2013, S. 242, 248; vgl. auch *Hagedorn/Tervoort*, Niederländisches Wirtschaftsrecht, 2017, Kapitel I Rn. 175.

163 *Asser/Maeijer* (Hrsg.), 5-V: Maatschap, vennootschap onder firma, commanditaire vennootschap, 1995, Nr. 36; *Gotzen*, Niederländisches Handels- und Wirtschaftsrecht, 2000, Rn. 133.

164 *Huizink*, Rechtspersoon, vennootschap en onderneming, 2013, S. 243 f.; *Asser/Maeijer* (Hrsg.), 5-V: Maatschap, vennootschap onder firma, commanditaire vennootschap, 1995, Nr. 36.

165 *Hagedorn/Tervoort*, Niederländisches Wirtschaftsrecht, 2017, Kapitel I Rn. 238; *Huizink*, Rechtspersoon, vennootschap en onderneming, 2013, S. 236; *Stokkermans* WPNR 2015, 185-199; Rb. Overijssel 19. Februar 2014 (*Adviesgroep De Regge*), JOR 2014/123; HR 13. März 2015, JOR 2015/134 (*Carlande*) (in Bezug auf die Haftung eines neu eingetretenen Gesellschafters); Hof Den Bosch 16. September 2014, nrkr HD 200.108.733/01 (GHSHE:2014:3642) (*Pricewatch Manager*) (in Bezug auf die Haftung des ausgetretenen Gesellschafters einer v.o.f.); *Assink/Schild* WPNR 2015, 632-641.

166 *Hagedorn/Tervoort*, Niederländisches Wirtschaftsrecht, 2017, Kapitel I Rn. 237.

167 *Hagedorn/Tervoort*, Niederländisches Wirtschaftsrecht, 2017, Kapitel I Rn. 237.

168 *Hagedorn/Tervoort*, Niederländisches Wirtschaftsrecht, 2017, Kapitel I Rn. 238.

an die Gesellschafter warten, um Ansprüche gegenüber den einzelnen Gesellschaftern geltend machen zu können.[169]

76 Richtet sich die Klage eines Gläubigers allein gegen die v.o.f., haftet im Falle des Obsiegens des Klägers **allein das *afgescheiden vermogen***, nicht jedoch das Privatvermögen der Gesellschafter, weil sich diese im Verfahren gegen die v.o.f. nicht persönlich haben verteidigen können.[170] Wie bei der *maatschap* kann aber auch bei der v.o.f. neben der Gesellschaft **jeder Gesellschafter persönlich verklagt werden.**[171] In diesem Fall haftet das Privatvermögen des betreffenden Gesellschafters neben dem Gesellschaftsvermögen.

77 Wie auch bei der *maatschap* haftet der **ausgeschiedene Gesellschafter** für die bis zu seinem Ausscheiden entstandenen Schulden der Gesellschaft und zwar – anders als nach deutschem Recht – im Rahmen der allgemeinen Verjährungsregeln grundsätzlich **auf unbeschränkte Zeit.**[172] Selbst die Auflösung der v.o.f. lässt die Haftung der Gesellschafter unberührt.[173] Es ist daher ratsam, dass der Gesellschafter sich im Innenverhältnis durch die verbleibenden Gesellschafter von eventuellen **Haftungsansprüchen freistellen** lässt. Eine solche Freistellung wirkt grundsätzlich nicht gegenüber Gesellschaftsgläubigern, sondern nur im Innenverhältnis. In der Praxis sollte versucht werden, dieses Problem dadurch zu lösen, dass die Gesellschaftsgläubiger entsprechende Verzichtserklärungen gegenüber dem ausscheidenden Gesellschafter abgeben.[174]

78 Im Hinblick auf die Haftung neueintretender Gesellschafter hat der *Hoge Raad* im März 2015 entschieden, dass neue **Gesellschafter auch für Altschulden** der Gesellschaft **haften** und zwar anders als bei der *maatschap* gesamtschuldnerisch und unabhängig davon, ob die Haftung aus einem Auftrags- bzw. Dienstleistungsverhältnis resultiert.[175] Diese Rechtsprechung des *Hoge Raad* wurde inzwischen auch durch den Gerichtshof Arnhem-Leeuwarden bestätigt und auf weitere Fälle angewandt.[176] So urteilte der Gerichtshof Arnhem-Leeuwaarden (Berufungsinstanz) beispielsweise, dass ein im Jahr 2011 einer v.o.f. beigetretener Gesellschafter von einem Gesellschaftsgläubiger für Verbindlichkeiten der v.o.f. aus dem Jahr 2007 in Anspruch genommen werden konnte.[177] Neue Gesellschafter sollten sich daher vorab ausreichend über die finanzielle Situation der Gesellschaft **informieren** und sich – falls nötig – Garantien und Freistellungen der Altgesellschafter geben lassen.

6. Mitgliederwechsel

79 Die v.o.f. ist wie die *maatschap* eine Personengesellschaft mit **höchstpersönlichem Charakter.** Deswegen wird auch die v.o.f. bei einem Gesellschafterwechsel grundsätzlich aufgelöst, es sei denn, die Gesellschafter haben vereinbart, die v.o.f. weiterzuführen.[178]

80 Wie auch bei der *maatschap*, gibt es bei einer *v.o.f.* drei Möglichkeiten des Ausscheidens eines Gesellschafters und zwar Austritt, Tod und Ausschluss.[179] Insofern kann auf die obigen Ausführungen zur *maatschap* verwiesen werden (Rn. 47).

7. Auflösung und Insolvenz

81 Hinsichtlich der Auflösung und der entsprechenden Auflösungsgründe gilt ebenfalls das vorstehend zur *maatschap* Ausgeführte (Rn. 51).

82 Nach der Auflösung erfolgt die **Liquidation durch sämtliche Gesellschafter** als Liquidatoren, es sei denn, die Gesellschafter haben etwas anderes vereinbart oder der Gesellschaftsvertrag sieht etwas anderes vor (Artikel 32

169 *Asser/Maeijer* (Hrsg.), 5-V: Maatschap, vennootschap onder firma, commanditaire vennootschap, 1995, Nr. 173 ff.; *Huizink*, Rechtspersoon, vennootschap en onderneming, 2013, S. 245 ff.; vgl. auch *Stokkermans* WPNR 2015, 576-587.

170 Vgl. HR 18. Dezember 1959, NJ 1960/121; *Raaijmakers* in: PITLO, Het Nederlands burgerlijk recht, Deel 2, Ondernemingsrecht, 2006, S. 85; *Slagter* in: Compendium van het ondernemingsrecht, 8. Aufl. 2005, S. 393.

171 *Hagedorn/Tervoort*, Niederländisches Wirtschaftsrecht, 2017, Kapitel I Rn. 238.

172 Hof Arnhem, 29. Januar 2008, nrkr 0700224, JRV 2008, 328; Hof's-Hertogenbosch, 23. Dezember 2014; JONDR 2015/210; Hof's-Hertogenbosch, 16. September 2014, ECLI:NL:GHSHE:2014:3642.

173 Hof's-Hertogenbosch, 16. September 2014, ECLI:NL:GHSHE:2014:3642.

174 *Bruin*, Personenvennootschappen: een eclectische beschouwing van recente rechtspraak, Tijdschrift voor de ondernemingsrechtpraktijk 2016, 36.

175 HR 13. März 2015, Nr. 14/00943; RBROT, 9. September 2009, BK 6803.

176 Gerechtshof Arnhem-Leeuwarden, 22. September 2015, ECLI:NL:GHARL:2015:7037; Gerechtshof Arnhem-Leeuwarden, 26. Mai 2015, ECLI:NL:GHARL:2015:4141.

177 Gerechtshof Arnhem-Leeuwarden, 26. Mai 2015, ECLI:NL:GHARL:2015:4141.

178 *Asser/Maeijer* (Hrsg.), 5-V: Maatschap, vennootschap onder firma, commanditaire vennootschap, 1995, Nrn. 203, 238; *Mathey-Bal/Müller* HanseLR 9 (2013) 17, 34.

179 *Asser/Maeijer* (Hrsg.), 5-V: Maatschap, vennootschap onder firma, commanditaire vennootschap, 1995, Nrn. 221, 237.

WvK).[180] Anders als im deutschen Recht können die Liquidatoren eine **zusätzliche Einlage** (*bijstorting*) von jedem Gesellschafter für den Fall **verlangen**, dass das Gesellschaftsvermögen zur Befriedigung der Gläubiger nicht ausreichend ist (Artikel 33 WvK).[181]

Die v.o.f. kann auch wegen **Insolvenz der Gesellschaft** aufgelöst werden.[182] Der *Hoge Raad* urteilte im Februar 2015 in Durchbrechung der bis dahin bestehenden ständigen Rechtsprechung,[183] dass die Insolvenz der *v.o.f.* **nicht** zwingend auch die **Insolvenz der Gesellschafter** mit sich bringt.[184] Dies könnte beispielsweise der Fall sein, wenn für den Gesellschafter der v.o.f. die Regelungen des *wet schuldsanering natuurlijke personen* (Gesetz über die Schuldenregulierung von natürlichen Personen) Anwendung finden (s. hierzu Rn. 51).[185] 83

IV. Commanditaire Vennootschap (Kommanditgesellschaft)

1. Grundlagen

Die *commanditaire vennootschap* (abgekürzt: CV) ist eine **Sonderform der *maatschap*** (Artikel 19 WvK)[186] und entspricht nach deutschem Verständnis einer Kommanditgesellschaft (KG). 84

Die Verbreitung von CV und v.o.f. im niederländischen Handelsverkehr ist **gering**. Im Juli 2017 gab es in den Niederlanden 159.845 v.o.f. und 6.595 CV.[187] In Deutschland treten dagegen bisweilen niederländische Immobilienfonds in Form einer CV unter Beteiligung einer B.V. als Komplementärin auf (B.V./CV, entspricht einer „GmbH & Co. KG niederländischen Rechts"). Eine solche Struktur wird in der Praxis deshalb gewählt, weil wegen der besonderen Vermögensstruktur die Komplementär-B.V. Alleineigentümerin des Vermögens wird und daher als Eigentümerin im deutschen Grundbuch einzutragen ist. 85

Wie im deutschen Recht unterscheidet auch das niederländische Recht bei der *commanditaire vennotschap* zwischen unbeschränkt haftenden Gesellschaftern (Komplementären) (***beherende vennoten***) und beschränkt haftenden Gesellschaftern (Kommanditisten) (***commanditaire vennoten***). Während die *beherenden vennoten* (Komplementäre) unbeschränkt und gesamtschuldnerisch gegenüber Dritten haften, dafür allerdings auch die Geschäfte der CV führen, haben die *commanditairen vennoten* (Kommanditisten) bis zur Höhe ihrer vereinbarten Einlage nur eine interne Ausgleichspflicht. Im Gegenzug sind sie allerdings auch an der Geschäftsführung der CV nicht beteiligt (Artikel 20 WvK).[188] Nimmt ein Kommanditist faktisch dennoch an der Geschäftsführung der CV teil, so führt dies zur persönlichen und gesamtschuldnerischen Haftung des Kommanditisten für Verbindlichkeiten der CV.[189] Durch das unbefugte Handeln des Kommanditisten wird die CV in diesem Fall Dritten gegenüber grundsätzlich gebunden. Die CV kann den Kommanditisten jedoch intern haftbar machen, falls sie und nicht direkt der Kommanditist vom Dritten in Anspruch genommen wird. 86

Besitzt die CV mindestens zwei Komplementäre, so gelten für die CV neben den **allgemeinen Vorschriften für die *maatschap*** (Artikel 7A:1655 BW bis Artikel 7A:1688 BW) grundsätzlich auch die Sondervorschriften betreffend die v.o.f. (Artikel 16 bis Artikel 34 WvK).[190] Gibt es hingegen nur einen Komplementär, wird angenommen, dass es sich bei der CV quasi **um eine *eenmanszaak* handelt**, da der Komplementär die CV selbständig führen und vertreten kann. 87

Daneben finden auf den/die Kommanditisten die Artikel 19 bis 21 WvK und Artikel 30 II WvK Anwendung.[191] 88

180 *Asser/Maeijer* (Hrsg.), 5-V: Maatschap, vennootschap onder firma, commanditaire vennootschap, 1995, Nr. 315; *Gotzen*, Niederländisches Handels- und Wirtschaftsrecht, 2000, Rn. 173.

181 *Asser/Maeijer* (Hrsg.), 5-V: Maatschap, vennootschap onder firma, commanditaire vennootschap, 1995, Nr. 334.

182 Vgl. die Artikel aus dem niederländischen Faillissementswet („Fw"): Art. 2 III Fw. und Art. 4 III Fw; *Mathey-Bal/Müller* HanseLR 9 (2013) 17, 36; *Dorhout Mess*, Nederlands handels- en faillissementsrecht, I. Inleiding en ondernemingsrecht, 8. Aufl. 1978, S. 90.

183 HR 14. April 1927, NJ 1927/725; *Dorhout Mess*, Nederlands handels- en faillissementsrecht, I. Inleiding en ondernemingsrecht, 8. Aufl. 1978, S. 90; HR 22. Dezember 2009, NJ 2010, 15.

184 HR 6. Februar 2015, Nr. 14/03627; *Verbrug/Timmermans* WPNR 2015, 910-915; *Stokkermans* WPNR 2015, 576-587; *Koster* BB 2015/31; *Bruin* Tijdschrift voor de ondernemingsrechtpraktijk 2016, 37.

185 *Bruin* Tijdschrift voor de ondernemingsrechtpraktijk 2016, 37.

186 *Asser/Maeijer* (Hrsg.), 5-V: Maatschap, vennootschap onder firma, commanditaire vennootschap, 1995, Nr. 350; *Koppert-van Beek* ECL 4 (2007) 265, 266; *Meinema* EJCL 6 (2002) 157.

187 Laut Online-Information des niederländischen Zentralen Statistikbüros (*centraal bureau voor de statistiek*) vom 24. Juli 2017.

188 *Asser/Maeijer* (Hrsg.), 5-V: Maatschap, vennootschap onder firma, commanditaire vennootschap, 1995, Nr. 347.

189 Siehe hierzu die weiteren Ausführungen zur Haftung des Kommanditisten in Rn. 108.

190 *Hagedorn/Tervoort*, Niederländisches Wirtschaftsrecht, 2017, Kapitel I Rn. 244; Die Anwendung der Art. 22, 29 WvK auf die CV ist jedoch umstritten; vgl. *Asser/Maeijer* (Hrsg.), 5-V: Maatschap, vennootschap onder firma, commanditaire vennootschap, 1995, Nrn. 351, 360, 367; vgl. *Gotzen*, Niederländisches Handels- und Gesellschaftsrecht, 2000, Rn. 179.

191 *Asser/Maeijer* (Hrsg.), 5-V: Maatschap, vennootschap onder firma, commanditaire vennootschap, 1995, Nr. 351.

89 Anders als das deutsche Recht kennt das niederländische Recht heute **keine** einer Kommanditgesellschaft auf Aktien vergleichbare Rechtsform (Artikel 19 III WvK).[192] Dies war bis zur Umsetzung der damaligen Publizitätsrichtlinie (= Art. 14 ff. Kodifizierungs-RL) (dazu § 20) in den Niederlanden jedoch noch anders.[193] Während des Zweiten Weltkriegs wurde zunächst die deutsche Kommanditgesellschaft auf Aktien in das niederländische Gesellschaftsrecht eingeführt.[194] Nach dem Erlass der damaligen Publizitätsrichtlinie änderte der niederländische Gesetzgeber jedoch das WvK dahingehend, dass das Kapital niederländischer Kommanditgesellschaften nicht mehr in Aktien aufgeteilt werden durfte.[195]

90 Die CV besitzt **keine eigenständige Rechtspersönlichkeit**. Sie ist jedoch wie eine v.o.f. prozess- und insolvenzfähig.[196] Durch die Anerkennung des *„afgescheiden vermogen"* bei Personengesellschaften, machte der *Hoge Raad* zudem einen weiteren Schritt in Richtung der Anerkennung von Personengesellschaften als eigenständige Rechtssubjekte. Der Gerichtshof Arnhem bestätigte diese Entwicklung in seinem Urteil vom Oktober 2015, in dem er klarstellte, dass einer CV selbst Schaden zugefügt werden kann (s. zur v.o.f. bereits Rn. 58).[197] Mit anderen Worten: Eine CV ist selbstständiger Träger von Rechten und Pflichten und kann als solcher am Geschäftsverkehr teilnehmen.[198]

2. Gründung

91 Die CV wird aufgrund einer entsprechenden **Vereinbarung** zwischen einem oder mehreren **Komplementären** und einem oder mehreren **Kommanditisten** (Artikel 19 I WvK) gegründet.

92 Als **Komplementär** können auch **juristische Personen**, beispielsweise eine B.V., tätig werden. Erlaubt ist – entsprechend einer GmbH & Co. KG –, dass einziger (haftender) Komplementär einer CV eine (beschränkt haftende) B.V. ist, deren (in der Regel geschäftsführender) Gesellschafter gleichzeitig auch einziger Kommanditist der CV ist.[199]

93 Der **Name eines Kommanditisten** darf gemäß Artikel 20 I WvK grundsätzlich **nicht** im Firmennamen der CV verwendet werden. Etwas anderes gilt nur dann, wenn ein Komplementär, dessen Name zulässigerweise im **Firmennamen der CV** genutzt wurde, später Kommanditist der CV wird. In diesem Fall darf die CV den Namen ausnahmsweise weiter nutzen (Artikel 30 II WvK). Taucht der Name des/eines Kommanditisten ansonsten im Firmennamen der CV auf, so führt dies zur **persönlichen Haftung** des entsprechenden Kommanditisten, auch für Altschulden der CV und gegenüber allen Gesellschaftsgläubigern (Artikel 21 WvK).[200]

94 Eine CV führt – wie eine v.o.f. – immer ein **Handelsunternehmen** und ist daher im **Handelsregister** der *kamer van koophandel* **einzutragen** (Artikel 5 Teil a HrgW 2007 und Artikel 17 *Handelsregisterbesluit*).[201] Anders als die Namen der Komplementäre, so wie nach deutschem Recht (vgl. § 162 I 1 HGB), werden dort die Namen der Kommanditisten nicht veröffentlicht. Es wird nur die Anzahl der Kommanditisten und der Gesamtwert aller Einlagen (Artikel 18 *Handelsregisterbesluit*) eingetragen.[202] Im Gegensatz zu vielen deutschen Kommanditgesellschaften ist es in den Niederlanden eher unüblich, dass die vom Kommanditisten zu leistende Pflichteinlage von der im Handelsregister eingetragenen Haftsumme abweicht.

95 Ansonsten finden auf die CV keine weiteren formellen Gründungsvorschriften Anwendung, und es gilt im Übrigen das Recht der v.o.f. (Rn. 60) bzw. der *maatschap* (Rn. 24).

---

192 Vgl. *Gotzen*, Niederländisches Handels- und Wirtschaftsrecht, 2000, Rn. 106.
193 *Gotzen*, Niederländisches Handels- und Wirtschaftsrecht, 2000, Rn. 111 ff.
194 *Gotzen*, Niederländisches Handels- und Wirtschaftsrecht, 2000, Rn. 111.
195 *Gotzen*, Niederländisches Handels- und Wirtschaftsrecht, 2000, Rn. 112.
196 Vgl. *Huizink*, Contractuele samenwerkingsvormen in beroep en bedrijf, 2. Aufl. 2000, S. 68; *Flipsen/Gortzak* International Tax Journal 34 (2008) 23, 24.
197 Gerechtshof Arnhem-Leeuwarden, 6. Oktober 2015, ECLI:NL:GHARL:2015:7491.
198 *Bruin* Tijdschrift voor de ondernemingsrechtpraktijk 2016, 38.
199 *Asser/Maeijer* (Hrsg.), 5-V: Maatschap, vennootschap onder firma, commanditaire vennootschap, 1995, Nr. 347; *Gotzen*, Niederländisches Handels- und Wirtschaftsrecht, 2000, Rn. 184.
200 *Mohr*, Van maatschap, vennootschap onder firma en commanditaire vennootschap, 1998, S. 10, 171; *Asser/Maeijer* (Hrsg.), 5-V: Maatschap, vennootschap onder firma, commanditaire vennootschap, 1995, Nr. 379; *Assink/Schild* WPNR 2015, 632-641.
201 *Asser/Maeijer* (Hrsg.), 5-V: Maatschap, vennootschap onder firma, commanditaire vennootschap, 1995, Nr. 352; *Dorhout Mess*, Nederlands handels- en faillissementsrecht, I. Inleiding en ondernemingsrecht, 8. Aufl. 1978, S. 94.
202 *Asser/Maeijer* (Hrsg.), 5-V: Maatschap, vennootschap onder firma, commanditaire vennootschap, 1995, Nr. 355.

3. Organisationsverfassung

a) Geschäftsführung

Gibt es **nur einen Komplementär**, so kann nur dieser allein und selbständig im Namen und auf Rechnung der CV handeln. Hat die CV hingegen **mehrere Komplementäre**, wird gemäß Artikel 19 II WvK für das (Innen-)Verhältnis der Komplementäre untereinander eine v.o.f. angenommen, mit der Folge, dass die Komplementäre dieselben Rechte und Pflichten haben wie die Gesellschafter einer v.o.f.[203] Auf die Komplementäre der CV finden mithin die Vorschriften aus Titel 7A bezüglich der **Geschäftsführungsbefugnis einer *maatschap*** Anwendung (Rn. 28).[204] 96

Die Geschäftsführung steht **ausschließlich den Komplementären** zu. Für die Kommanditisten besteht ein Geschäftsführungsverbot (***beheersverbod***) (vgl. Artikel 20 II WvK). Führt ein Kommanditist entgegen dem Geschäftsführungsverbot geschäftsführende Tätigkeiten aus und kann ihm diese Überschreitung des *beheersverbods* vorgeworfen werden, so führt dies gemäß Artikel 21 WvK zur **persönlichen Haftung des Kommanditisten.**[205] Fraglich ist jedoch, was unter dem Begriff „*beheersverbod*" genau zu verstehen ist. Der Grundgedanke der in Artikel 21 WvK verankerten Sanktion ist zum einen die Vermeidung von Rechtscheintatbeständen. Der Kommanditist darf Dritten gegenüber nicht den Anschein erwecken, er handele als Komplementär der CV.[206] Damit dürfen Kommanditisten ganz unstreitig keine sogenannten „*actes de gestion extérieure*", also keine Vertretungshandlungen, ausführen.[207] Zum anderen dürfen Kommanditisten ihre Stellung als beschränkt haftende Gesellschafter **nicht missbrauchen.**[208] 97

Umstritten ist, ob das „*beheersverbod*" sich auch auf rein interne Geschäftshandlungen bezieht und insbesondere, ob die Kommanditisten im Innenverhältnis Mitspracherechte eingeräumt bekommen und an Beschlussfassungen der CV mitwirken können, ohne jedoch im Außenverhältnis persönlich haften zu müssen.[209] Interne Geschäftshandlungen sind dabei, ähnlich wie bei der *maatschap* (vgl. Rn. 28), solche Handlungen und Entscheidungen, die der Unternehmensführung bzw. der Leitung des Unternehmens dienen. Beispiele hierfür sind die Unternehmensplanung oder das interne Controlling einschließlich der Buchführung. Der *Hoge Raad* hatte in diesem Zusammenhang auch bereits über die Mitunterzeichnung eines Mietvertrages durch die Kommanditisten einer CV zu entscheiden. In seinem diesbezüglichen Urteil vom 29. Mai 2015 war der ***Hoge Raad*** bei der Anwendung von Artikel 21 WvK **eher zurückhaltend.** Er entschied, dass eine Anwendung der Sanktion des Artikels 21 WvK auch **ungerechtfertigt sein kann.**[210] Dies bedeutet, dass das Verbot von Artikel 20 II WvK sich im Einzelfall nicht auch auf interne Geschäftshandlungen beziehen muss. Im vorliegenden Fall verneinte der *Hoge Raad* die Anwendung der Sanktion aus Artikel 21 WvK, weil die Kommanditistenstellung der Gesellschafter den betroffenen Parteien stets hinreichend bekannt war; es war zu keinem Zeitpunkt ein Irrtum über die Stellung der Gesellschafter als Kommanditisten entstanden. Es ist daher möglich, dass die Rechtsfolge des Artikels 21 WvK **nur in Bezug auf bestimmte Rechtsgeschäfte** der Gesellschaft eintritt. Zu beachten ist bei der Beurteilung insbesondere auch, ob Dritte von der Position des Kommanditisten der Gesellschaft wussten und dem Kommanditisten im Einzelfall ein Vorwurf (*verwijt*) gemacht werden kann.[211] Dies bestätigte der *Hoge Raad* erst kürzlich wieder in seinem Urteil vom 4. November 2016,[212] dem folgender Sachverhalt zugrunde lag: Die beklagte CV hatte drei Gesellschafter, eine Komplementär-B.V. und zwei Kommanditisten, bei denen es sich ebenfalls um B.V. handelte. Alle drei B.V. (mithin die Komplementärin und die Kommanditisten) wurden durch dieselben natürlichen Personen als Geschäftsführer vertreten. In dem Rechtsstreit argumentierte die Klägerin, 98

---

203 *Assink/Schild* WPNR 2015, 632-641.

204 *Asser/Maeijer* (Hrsg.), 5-V: Maatschap, vennootschap onder firma, commanditaire vennootschap, 1995, Nr. 351, 360, 367.

205 *Bruin* Tijdschrift voor de ondernemingsrechtpraktijk 2016, 39; *Hagedorn/Tervoort*, Niederländisches Wirtschaftsrecht, 2017, Kapitel I Rn. 257.

206 *Huizink*, Rechtspersoon, vennootschap en onderneming, 2013, S. 237; HR 29. Mai 2015, Nr. 15/00303, NJ 2015/380; *Bruin* Tijdschrift voor de ondernemingsrechtpraktijk 2016, 39.

207 HR 30. Juni 1989, NJ 1989/819 (*Toetanchamon*); *Oude Kempe*, Fiscaal-juridisch memo 2015/12.5.3; *Asser/Maeijer* (Hrsg.), 5-V: Maatschap, vennootschap onder firma, commanditaire vennootschap, 1995, Nrn. 351, 360, 369, 371; *Hagedorn/Tervoort*, Niederländisches Wirtschaftsrecht, 2017, Kapitel I Rn. 248.

208 HR 29. Mai 2015, Nr. 15/00303, NJ 2015/380; *Koster* BB 2015/57, 196.

209 *Westerdijk*, Die GmbH & Co. KG im niederländischen Gesellschaftsrecht, 1998, S. 94 ff.; dazu auch *Slagter* in: Compendium van het Ondernemingsrecht, 8. Aufl. 2005, § 87, S. 402; aA *Asser/Maeijer* (Hrsg.), 5-V: Maatschap, vennootschap onder firma, commanditaire vennootschap, 1995, Nrn. 351, 360, 371; *Huizink*, Rechtspersoon, vennootschap en onderneming, 2013, S. 237; *Hagedorn/Tervoort*, Niederländisches Wirtschaftsrecht, 2017, Kapitel I Rn. 247 ff.

210 HR 29. Mai 2015, Nr. 15/00303, NJ 2015/380; *Assink/Schild* WPNR 2015, 632-641; *Hagedorn/Tervoort*, Niederländisches Wirtschaftsrecht, 2017, Kapitel I Rn. 250.

211 HR 29. Mai 2015, Nr. 15/00303, NJB 2015/380; *Koster* BB 2015/57, 197; *Assink/Schild* WPNR 2015, 632-641; Rechtbank Rotterdam, 10. August 2016, ECLI:NL:RBROT:2016:6313; HR 4. November 2016, ECLI:NL:HR:2016:838.

212 HR 4. November 2016, ECLI:NL:HR:2016:838.

dass die beiden Kommanditisten die Grenzen des „*beheersverbod*“ von Artikel 20 II WvK dadurch überschritten hätten, dass die Geschäftsführer der Kommanditisten-B.V. an den Verhandlungen mit der Klägerin teilgenommen haben. Der *Hoge Raad* folgte dieser Argumentation jedoch nicht. Seiner Auffassung nach reicht die Tatsache, dass die (mittelbaren) Geschäftsführer des Komplementärs und der Kommanditisten einer CV personenidentisch sind, allein nicht für die Annahme einer Überschreitung des „*beheersverbod*“ und folglich die Anwendung der in Artikel 21 WvK verankerten Sanktion aus. Der *Hoge Raad* ging in seinem Urteil sogar noch einen Schritt weiter und entschied, dass mangels Gegenbeweises sogar vermutet wird, dass eine Person, die sowohl den Komplementär **als auch** den Kommanditisten einer CV vertreten darf, bei der Ausübung ihrer geschäftsführenden Tätigkeiten im Namen des Komplementärs handelt. Der *Hoge Raad* schränkte somit erneut den Anwendungsbereich des Artikels 21 WvK ein.

99 Die Unterscheidung zwischen **internen Geschäftsführungshandlungen** und **externen Vertretungshandlungen** ist oftmals nur **schwer zu treffen**. Geht man davon aus, dass das Geschäftsführungsverbot des Artikel 20 II WvK sich sowohl auf interne Geschäftsführungshandlungen als auch auf externe Vertretungshandlungen bezieht, wären die Kommanditisten einer CV der sehr weitgehenden Sanktion des Artikels 21 WvK und damit einem immensen Haftungsrisiko ausgesetzt, von den Gesellschaftsgläubigern persönlich haftbar gemacht und sogar für Altschulden der CV in Anspruch genommen zu werden. Folgt man jedoch dem *Hoge Raad*, dann ist diese Rechtsfolge nicht immer angemessen. Dies dürfte insbesondere der Fall sein, sofern der Komplementär/die Komplementäre der Gesellschaft intern frei und unabhängig geschäftsführend tätig sein können und Dritte die Befugnisse der jeweils handelnden Gesellschafter kennen. Ein **Verstoß** gegen Artikel 20 II WvK kann hier wohl **nicht ohne weiteres angenommen** werden.

b) Vertretung

100 Gibt es nur einen Komplementär, so ist dieser **alleinvertretungsberechtigt**.[213]

101 Hat die CV jedoch **mehrere Komplementäre**, nimmt das niederländische Recht auch im Hinblick auf die Vertretung das **Bestehen einer v.o.f.** zwischen den Komplementären mit der Folge an, dass grundsätzlich jeder der Komplementäre die CV nach außen hin rechtsverbindlich vertreten darf,[214] es sei denn, dass

- ein Komplementär ausdrücklich von der Vertretung **ausgeschlossen** ist (Artikel 17 WvK);
- das Rechtsgeschäft **nicht vom Gesellschaftszweck gedeckt** ist (Artikel 17 II WvK, *doeloverschrijding* (sog ultra vires-Doktrin)) oder
- der Komplementär aufgrund entsprechender Regelungen im Gesellschaftsvertrag **nicht zur Vertretung befugt ist** (Artikel 17 II WvK).[215]

102 Ein **Kommanditist** darf die CV hingegen nach Artikel 20 II WvK **nicht** gegenüber Dritten vertreten.[216] Überschreitet der Kommanditist das *beheersverbod*, so wird die CV nicht gebunden.[217] Der Kommanditist haftet, wie bereits dargestellt, nach Artikel 21 WvK unter Umständen jedoch persönlich und in vollem Umfang für die Verpflichtungen der CV.[218]

103 Die Geschäftsführung bzw. die Vertretungsmacht einer CV obliegt den Komplementären und folgt aus dem Gesetz, darf allerdings – anders als nach deutschem Recht (Gebot der Selbstorganschaft) – auch **auf einen Dritten übertragen werden.**[219] Hat der Dritte eine allgemeine Vertretungsvollmacht (vergleichbar mit der Prokura nach deutschem Recht) erhalten, so kann diese ins Handelsregister der *kamer van koophandel* eingetragen werden. Der Komplementär handelt mit organschaftlicher Vertretungsmacht, wohingegen Dritte mit rechtsgeschäftlicher Vertretungsmacht handeln. Ein Kommanditist jedoch darf wiederum nicht als ein solcher „Prokurist“ für die CV tätig werden; ihm kann weder eine organschaftliche noch rechtsgeschäftliche Vertretungsmacht erteilt werden.[220]

---

213 *Asser/Maeijer* (Hrsg.), 5-V: Maatschap, vennootschap onder firma, commanditaire vennootschap, 1995, Nrn. 351, 360, 369.

214 *Asser/Maeijer* (Hrsg.), 5-V: Maatschap, vennootschap onder firma, commanditaire vennootschap, 1995, Nrn. 351, 360, 369.

215 *Asser/Maeijer* (Hrsg.), 5-V: Maatschap, vennootschap onder firma, commanditaire vennootschap, 1995, Nrn. 351, 360, 373.

216 *Asser/Maeijer* (Hrsg.), 5-V: Maatschap, vennootschap onder firma, commanditaire vennootschap, 1995, Nrn. 351, 360, 372; *van Helden/Willeumier* in: Wegen/Spahlinger/Barth (Hrsg.), Gesellschaftsrecht des Auslands, 2016, Niederlande, Rn. 165; *Hausmann* in: Reithmann/Martiny (Hrsg.), Internationales Vertragsrecht, 8. Aufl. 2015, Rn. 7.234.

217 *Hagedorn/Tervoort*, Niederländisches Wirtschaftsrecht, 2017, Kapitel I Rn. 253.

218 *Hagedorn/Tervoort*, Niederländisches Wirtschaftsrecht, 2017, Kapitel I Rn. 256.

219 *Asser/Maeijer* (Hrsg.), 5-V: Maatschap, vennootschap onder firma, commanditaire vennootschap, 1995, Nrn. 351, 360, 375; es muss allerdings zu jedem Zeitpunkt mindestens einen Komplementär geben; *Gotzen*, Niederländisches Handels- und Gesellschaftrecht, 2000, Rn. 211 ff.

220 *Asser/Maeijer* (Hrsg.), 5-V: Maatschap, vennootschap onder firma, commanditaire vennootschap, 1995, Nrn. 351, 360, 372; *Gotzen*, Niederländisches Handels- und Wirtschaftsrecht, 2000, Rn. 211 ff.

4. Kapitalverfassung

a) Kapitalaufbringung

Für die CV bestehen **keine Mindestkapitalanforderungen.** Jeder Komplementär ist aber verpflichtet, einen Beitrag (*inbreng*) zu leisten. Der **Beitrag** des Komplementärs kann aus Bar- oder Sacheinlagen, Dienstleistungen, Know-How oder Goodwill bestehen. Demgegenüber muss der Kommanditist aufgrund seiner Stellung als bloßer „Geldgeber" innerhalb der CV eine **Bar-** oder **werthaltige Sacheinlage** leisten.[221] 104

Das Vermögen der CV steht den Komplementären und Kommanditisten als Gesellschaftern der CV grundsätzlich zur gesamten Hand zu.[222] Zum **Gesamthandsvermögen** der CV gehören auch die in das Gesellschaftsvermögen übertragenen Gegenstände und Forderungen. Auch **bewegliche Sachen** (*roerende zaken*) gehören zum Vermögen der CV. **Immobilien** und andere nicht bewegliche Güter gehören jedoch nur dann zum Vermögen der CV, wenn der jeweilige Gesellschafter diese Güter unter Einhaltung der geltenden Übertragungsformalitäten in das Eigentum der CV überträgt.[223] 105

b) Gewinn- und Verlustverteilung

Für die Gesellschafter (Komplementäre wie Kommanditisten) gilt, dass – sofern nicht im Gesellschaftsvertrag eine abweichende Regelung getroffen wurde – Gewinn und Verlust **nach dem Verhältnis der geleisteten Einlagen** verteilt werden (Artikel 7A:1670 BW).[224] Gemäß Artikel 7A:1672 BW ist es nicht möglich, im Gesellschaftsvertrag zu vereinbaren, dass nur ein Gesellschafter gewinnberechtigt ist. Diese Vorschrift muss so ausgelegt werden, dass Gesellschafter nicht komplett von der Gewinnverteilung ausgeschlossen werden können.[225] 106

5. Haftung für Verbindlichkeiten der Gesellschaft

Die Komplementäre einer CV haften wie die Gesellschafter einer v.o.f. nach Artikel 19 WvK **unbeschränkt** und **gesamtschuldnerisch.**[226] 107

Der **Kommanditist** hingegen haftet gegenüber Dritten grundsätzlich nicht für die Verbindlichkeiten der CV. Ihn trifft nur eine **interne Ausgleichspflicht bis zur Höhe seiner vereinbarten Einlage** (Artikel 20 III WvK). Dabei besteht keine Pflicht zur Rückzahlung einer zuvor getätigten Gewinnentnahme. Verstößt ein Kommanditist jedoch gegen das Geschäftsführungsverbot (Artikel 20 II WvK) (s. Rn. 97 ff.), so haftet er, wie bereits erläutert, nach Artikel 21 WvK persönlich und unbeschränkt für alle Verbindlichkeiten der CV unmittelbar auch gegenüber sämtlichen Gesellschaftsgläubigern.[227] Daneben haftet der Kommanditist auch bei einem Verstoß gegen das Namensführungsverbot unbeschränkt (Artikel 20 I WvK); der Name des Kommanditisten darf daher im Namen der CV nicht erscheinen.[228] Persönlich haftbar gemacht werden kann der Kommanditist allerdings nur, wenn bezüglich des Verstoßes gegen das Namensführungsverbot oder das Geschäftsführungsverbot auch das Kriterium der Vorwerfbarkeit erfüllt ist.[229] 108

Das **Vermögen** einer CV, das der Gesamtheit der Komplementäre und Kommanditisten gehört, ist das sog *afgescheiden vermogen*.[230] Es war lange Zeit umstritten, ob dies auch für CV mit nur einem Komplementär gilt. In 2003 hat der *Hoge Raad* diese Frage jedoch entschieden[231] und das *afgescheiden vermogen* **auch für eine „Ein-** 109

---

221 *Asser/Maeijer* (Hrsg.), 5-V: Maatschap, vennootschap onder firma, commanditaire vennootschap, 1995, Nrn. 351, 360, 389; vgl. auch *van Helden/Willeumier* in: Wegen/Spahlinger/Barth (Hrsg.), Gesellschaftsrecht des Auslands, 2016, Niederlande, Rn. 172.

222 *Asser/Maeijer* (Hrsg.), 5-V: Maatschap, vennootschap onder firma, commanditaire vennootschap, 1995, Nrn. 351, 360, 390 f.

223 Ausführlich *Asser/Maeijer* (Hrsg.), 5-V: Maatschap, vennootschap onder firma, commanditaire vennootschap, 1995, Nrn. 351, 360, 392 f.

224 *Asser/Maeijer* (Hrsg.), 5-V: Maatschap, vennootschap onder firma, commanditaire vennootschap, 1995, Nrn. 351, 360, 398 f. sowie Art. 7A:1670.

225 *Huizink*, Rechtspersoon, vennootschap en onderneming, 2013, S. 266.

226 *Assink/Schild* WPNR 2015, 632-641; *Tervoort* Ondernemingsrecht 2015, 50; HR. 13. März 2015, RvdW 2015/410 (in Bezug auf die Haftung von zugetretenen Gesellschaftern für Altschulden der Gesellschaft); *Koppert-van Beek* ECL 4 (2007) 265, 266; *Meinema* EJCL 6 (2002) 157.

227 Hof Leeuwarden, 3. Dezember 1941, NJ 1942/242, dazu auch HR 24. April 1970, NJ 1970/406 (*Romano Import*); *Stokkermans* WPNR 2015, 576-587; HR 29. Mai 2015, ECLI NL:HR:2015:1413 (*Lunchroom De Katterug*); *Tervoort* Ondernemingsrecht 2015, 77; *Assink/Schild* WPNR 2015, 632-641.

228 *Hagedorn/Tervoort*, Niederländisches Wirtschaftsrecht, 2017, Kapitel I Rn. 256.

229 *Hagedorn/Tervoort*, Niederländisches Wirtschaftsrecht, 2017, Kapitel I Rn. 257; HR 11. April 1980, ECLI:NL:HR:1980:AC1941.

230 *Stokkermans* WPNR 2015, 576-587; *Hagedorn/Tervoort*, Niederländisches Wirtschaftsrecht, 2017, Kapitel I Rn. 258.

231 HR 14. März 2003, NJ 2003/327, RvdW 2003, 49 (*Hovuma/Spreeuwenberg*).

Komplementär-CV" mit der Folge anerkannt, dass das Vermögen der CV selbständiges Haftungsobjekt der Gesellschaftsgläubiger ist.[232]

110 In Bezug auf die übrigen Haftungstatbestände kann auf die Regelungen in Bezug auf die v.o.f. verwiesen werden (Rn. 74).

6. Mitgliederwechsel

111 Wie die anderen Personengesellschaften (Rn. 45 und 79) hat auch die CV einen höchstpersönlichen Charakter und wird daher bei einem Gesellschafterwechsel grundsätzlich aufgelöst, es sei denn, die Gesellschafter haben im Rahmen des Gesellschaftsvertrages vereinbart, die CV mit den verbliebenen Gesellschaftern weiterzuführen.

112 Daher gibt es auch bei einer CV grundsätzlich drei Szenarien für das **Ausscheiden als Gesellschafter:**

- Austritt eines Gesellschafters;
- Tod eines Gesellschafters;
- Ausschluss eines Gesellschafters.

113 Wie bei der *maatschap* und der v.o.f. ist jedoch auch ein Gesellschafterwechsel innerhalb einer CV aufgrund entsprechender Regelungen im Gesellschaftsvertrag bzw. aufgrund eines entsprechenden Gesellschafterbeschlusses möglich. Für einen solchen Aus- bzw. Eintritt eines Gesellschafters gelten daher grundsätzlich die gleichen Regelungen wie bei der *maatschap* und der v.o.f. (Rn. 45 und 79). Dabei ist jedoch zu beachten, dass es in der Natur einer CV liegt, dass diese aus einem Komplementär und einem Kommanditisten besteht. Die CV erlischt mithin automatisch, wenn bei nur zwei Gesellschaftern entweder der Komplementär oder der Kommanditist ausscheidet, ohne dass ein Dritter an seine Stelle tritt. Dasselbe gilt bei mehreren Gesellschaftern im Falle des Ausscheidens des einzigen Komplementärs, da es ansonsten keinen persönlich haftenden Gesellschafter innerhalb der CV gäbe.[233] Zudem kann der Kommanditist, als Gesellschafter (***vennoot***, Teilhaber) der CV, ohne Zustimmung der übrigen Gesellschafter seinen Kommanditanteil/seine Gesellschafterposition **nicht auf einen Dritten** übertragen.[234]

7. Auflösung und Insolvenz

114 Bezüglich der Auflösungsgründe einer CV kann auf die Ausführungen zur *maatschap* verwiesen werden (Rn. 51). Ein Kommanditist darf konsequenterweise nicht als Abwickler der CV tätig werden.[235]

115 Aufgrund der neuesten Rechtsprechung des *Hoge Raad* in Bezug auf die v.o.f. wird im Schrifttum derzeit vertreten, dass die Insolvenz einer CV, wie bei der v.o.f., **nicht länger auch** (automatisch) **zur Insolvenz** des Komplementärs/der Komplementäre führt.[236] Im Rahmen der Insolvenzanmeldung sind jedoch nach wie vor die Namen aller Komplementäre zu nennen.[237]

232 Vgl. *Slagter* in: Compendium van het Ondernemingsrecht, 8. Aufl. 2005, § 87, S. 405; *Asser/Maeijer* (Hrsg.), 5-V: Maatschap, vennootschap onder firma, commanditaire vennootschap, 1995, Nrn. 411 ff.; *Stokkermans* WPNR 2015, 576-587; *Koppert-van Beek* ECL 4 (2007) 265, 266.

233 *Gotzen*, Niederländisches Handels- und Wirtschaftsrecht, 2000, Rn. 221.

234 *Gotzen*, Niederländisches Handels- und Wirtschaftsrecht, 2000, Rn. 223.

235 *Hagedorn/Tervoort*, Niederländisches Wirtschaftsrecht, 2017, Kapitel I Rn. 261.

236 Vgl. HR 6. Februar 2015, Nummer 14/03627, Ondernemingsrecht 2015, 41: Faillissement v.o.f. ≠ faillissement vennooten; *Stokkermans* WPNR 2015, 576-587.

237 Vgl. *Slagter* in: Compendium van het Ondernemingsrecht, 8. Aufl. 2005, § 87, S. 407.

V. Vergleichende Darstellung der niederländischen Personengesellschaften

115a

	eenmanszaak	maatschap	v.o.f.	CV
Gründung	Formfrei	Grundsätzlich formfrei; schriftlicher/notariell beurkundeter Gesellschaftsvertrag empfohlen (Beweis)	Grundsätzlich formfrei; schriftlicher/notariell beurkundeter Gesellschaftsvertrag empfohlen (Beweis)	Grundsätzlich formfrei; schriftlicher/notariell beurkundeter Gesellschaftsvertrag empfohlen (Beweis)
Eintragung im Register der Kamer van Koophandel	Ja	Ja	Ja	Ja Für Kommanditisten: Nur Anzahl und Gesamteinlage
Vertretung	Einzelvertretungsbefugnis	Einzel- oder Gesamtvertretungsbefugnis	Einzel- oder Gesamtvertretungsbefugnis	Nur Komplementäre: Einzel- oder Gesamtvertretungsbefugnis
Haftung	Persönlich und unbeschränkt	Persönlich und zu gleichen Teilen. Ausnahme: Gesamtschuldnerische Haftung bei opdracht	Unbeschränkt und gesamtschuldnerisch	Komplementär: Unbeschränkt und gesamtschuldnerisch Kommanditist: Im Innenverhältnis und beschränkt auf Einlage
Art der Einlage	Sämtliche Arten zulässig	Sämtliche Arten zulässig	Sämtliche Arten zulässig	Komplementär: Sämtliche Arten zulässig Kommanditist: Nur Bar- und Sacheinlagen
Anzahl[238]	1.035.870	34.290	159.845	6.595

Abb. 1: Gegenüberstellung niederländischer Personengesellschaften

C. Kapitalgesellschaften

I. Einleitung

Seit 1968 bemüht sich die (heutige) Europäische Union um die **Harmonisierung** und Vereinheitlichung des Gesellschaftsrechts der EU-Mitgliedstaaten (s. dazu auch § 18). Auf der Grundlage von Artikel 50 II lit. g) AEUV wurden verschiedene Richtlinien erlassen, die neben nationalen Entwicklungen seit dem Jahre 1971 auch zu **wesentlichen Änderungen des niederländischen Gesellschaftsrechts** geführt haben.[239] 116

Als Folge der (damaligen) Publizitätsrichtlinie (dazu § 20), die unter anderem jede niederländische N.V. zur Offenlegung von Bilanz sowie Gewinn- und Verlustrechnung jedes Geschäftsjahres verpflichtete, wurde **im Jahr 1971 die B.V.** in den Niederlanden **eingeführt.**[240] Im Gegensatz zu den übrigen damaligen EWG-Mitgliedsstaaten kannte das niederländische Recht bis dahin lediglich die Rechtsform der N.V. Da die Publizitätsrichtlinie jedoch zwischen Aktiengesellschaften und Gesellschaften mit beschränkter Haftung unterschied und somit nur 117

238 Laut Online-Information des niederländischen Zentralen Statistikbüros (*centraal bureau voor de statistiek*) vom 24. Juli 2017.

239 *Van der Heijden/Van der Grinten*, Handboek voor de naamloze en de besloten vennootschap, 2013, S. 17; *Gotzen*, Niederländisches Handels- und Wirtschaftsrecht, 2000, Rn. 254, *Maeijer* in: Asser (Hrsg.), 2-III, 1994, S. 67 ff.

240 Gesetz vom 3. Mai 1971, Stb. 286, in Kraft getreten am 29. Juni 1971; *Van der Heijden/Van der Grinten*, Handboek voor de naamloze en de besloten vennootschap, 2013, S. 20; *Van Solinge/Nieuwe Weme* in: Asser (Hrsg.), 2-IIa NV en BV – oprichting, vermogen en aandelen, 4. Aufl. 2013, S. 7 ff., dazu auch *Van Schilfgaarde*, Van de BV en de NV, 2009, § 9, S. 38.

bedingt auf die niederländische Situation anwendbar war, sah sich der **niederländische Gesetzgeber** gezwungen, **eine neue Rechtsform einzuführen.**[241]

118 Damit bot das niederländische Gesellschaftsrecht seit 1971 Unternehmern zunächst **zwei** verschiedene Formen von **Kapitalgesellschaften:**

- die **N.V.** (niederländische AG);
- die **B.V.** (niederländische GmbH).

119 Im selben Jahr wurde auch die Klassifizierung einer sog **„Strukturgesellschaft"** eingeführt.[242] Danach wird eine N.V. oder B.V. als eine Strukturgesellschaft (*structuurvennootschap*) angesehen, wenn das Unternehmen in **drei** aufeinander folgenden Jahren die folgenden Kriterien erfüllt: (i) die N.V. oder B.V. hat ein gezeichnetes Kapital (*geplaatst kapitaal*) von mindestens **sechzehn Millionen Euro** (EUR 16.000.000);[243] (ii) sie oder eine ihrer abhängigen Gesellschaften (*afhankelijke maatschappijen*) verfügt über einen **Betriebsrat** (*ondernemingsraad*) und (iii) bei dem Unternehmen und seinen abhängigen Gesellschaften sind in den Niederlanden **mindestens 100 Mitarbeiter** tätig. Für Strukturgesellschaften ist die Gründung eines Aufsichtsrates (dualistisches System) bzw. die Bestellung von nicht-ausführenden Geschäftsführern (monistisches System) grundsätzlich verpflichtend.

120 Mit Inkrafttreten des **2. Buches** (*boek 2*) **des BW** im Jahre 1976[244] wurde eine systematisch-gesetzliche Regelung für **juristische Personen** – darunter auch die Kapitalgesellschaften N.V. und B.V. – eingeführt.[245]

121 Während es zwischen den Jahren 1976 und 2000 im niederländischen Gesellschaftsrecht keine wesentlichen Änderungen gab, waren die Jahre zwischen 2000 und 2013 – vor allem vor dem Hintergrund der Globalisierung der Finanzmärkte – insbesondere durch **Änderungen im Bereich Gesellschafter-/Aktionärsrechte** und **Corporate Governance** gekennzeichnet. So trat am 1. September 2002 das Gesetz zur Änderung von Buch 2 BW bezüglich der Offenlegung der Vergütung und des Anteilbesitzes von Geschäftsführern und Mitgliedern des Aufsichtsrates in Kraft.[246] Dieses Gesetz setzte den Vorschlag des Corporate Governance Monitoring Committees um, dass Geschäftsführer und Aufsichtsratsmitglieder mehr Einsicht in ihre Vergütung und ihren Anteilsbesitz verschaffen müssen.[247]

122 Darüber hinaus traten am 1. Januar 2004 zum Beispiel der Corporate Governance Code 2003 (sog *„Code-Tabaksblat"*)[248] und am 1. Oktober 2004 das Gesetz zur Änderung der Strukturregelung in Kraft,[249] womit nicht nur die Rechte der Aktionäre von Strukturgesellschaften erweitert, sondern auch verschiedene **Rechte der Aktionäre** bzw. **Gesellschafter** von regulären N.V. und B.V. verabschiedet wurden. Im Februar 2016 legte das Corporate Governance Monitoring Committee einen Vorschlag zur Überarbeitung des niederländischen Corporate Goverance Codes vor.[250] Zuletzt wurde die **überarbeitete Änderungsversion** des Corporate Governance Codes am 8. Dezember 2016 veröffentlicht.[251] Das niederländische Wirtschaftsministerium teilte am 24. März 2017 mit, dass es den Änderungen des Corporate Governance Codes positiv gegenüberstehe und als nächster Schritt die Umsetzung in nationales Recht folgen solle.[252] Auffällig ist, dass die Struktur weitestgehend mit dem britischen Corporate Governance Code (s. dazu § 12 Rn. 575 f. sowie § 33 Rn. 142 ff.) übereinstimmt. Im neuen Corporate Governance Code spielen das langfristige Wachstum und die langfristige Werterhaltung eine wesentliche Rolle. So soll der Vorstand bzw. die Geschäftsführung mit Hilfe des Aufsichtsrats eine Unternehmensstrategie entwickeln und umsetzen, die diese Ziele umfasst. Die Überwachung der Umsetzung und Durchführung

---

241 *Van der Heijden/Van der Grinten*, Handboek voor de naamloze en de besloten vennootschap, 2013, S. 20. Seit 1984 (mit Inkrafttreten des Gesetzes zur Änderung der damaligen Vierten Richtlinie (Jahresabschluss-Richtlinie) (jetzt Bilanzrichtinie (dazu § 25) (*„Aanpassingswet vierde richtlijn"*) ist auch die B.V. gesetzlich verpflichtet, ihren Jahresabschluss (*jaarrekening*) zu veröffentlichen.

242 Gesetz von 6. Mai 1971, Stb. 1971, 289.

243 Gem. Art. 2:263 IV BW ist die Höhe des zugrunde liegenden Kapitals durch königliches Dekret festzulegen. Die derzeit geltende Grenze von EUR 16 Mio. wurde am 1.10.2004 festgestellt und bislang nicht mehr geändert; Gesetz vom 9. Juli 2004, Stb. 2004, 405.

244 Königliches Dekret vom 22. Juni 1976, Stb. 342.

245 In 1976 – mit der Einführung des Buchs 2 BW – ist unter anderem die Strukturgesellschaftsform aus dem Strukturgesellschafts-Gesetz (*Structuurwet*) in Buch 2 eingefügt worden; vgl. *Van der Heijden/Van der Grinten*, Handboek voor de naamloze en de besloten vennootschap, 2013, S. 20.

246 *Van der Heijden/Van der Grinten*, Handboek voor de naamloze en de besloten vennootschap, 2013, S. 26.

247 *Van der Heijden/Van der Grinten*, Handboek voor de naamloze en de besloten vennootschap, 2013, S. 26.

248 *Verhoeff* ICCLR 15 (2004) 173 ff.; *Akkermans et al.*, Corporate Governance 15 (2007) 1106 ff.

249 Gesetz vom 09. Juli 2014, Stb. 2004, 370, 405.

250 Corporate Governance Code Monitoring Committee, The Corporate Governance Code – Proposal for revision, abrufbar unter: http://www.mccg.nl/?page=4747, abgerufen am 6.11.2017.

251 Corporate Governance Code Monitoring, The Dutch Corporate Governance Code, http://www.commissiecorporategovernance.nl/download/?id=3367, abgerufen am 6.11.2017.

252 Https://www.rijksoverheid.nl/ministeries/ministerie-van-economische-zaken/nieuws/2017/03/24/herziene-corporate-governance-code-wordt-wettelijk-verankerd.

liegt beim Aufsichtsrat und der Geschäftsführung. Für die ausführliche Dokumentation des Corporate Governance Codes hat der Vorstand im Lagebericht Stellung zu nehmen.[253]

Im Jahr 2004 wurde zudem auch in den Niederlanden die neue (Kapital-) Gesellschaftsform der **Europäischen Aktiengesellschaft** (SE – *Societas Europaea)* eingeführt (dazu § 4). Somit existiert nach niederländischem Recht neben der N.V. und der B.V. seitdem eine dritte Kapitalgesellschaftsform. Die Vorschriften über die SE sind in der Verordnung (EU) Nr. 2157/2001 über das Statut der Europäischen Gesellschaft zu finden, welche in den Niederlanden unmittelbare Anwendung findet. Das SE-Ausführungsgesetz trat am 17. März 2005 in Kraft.[254] Darüber hinaus gelten die Vorschriften der EU-Richtlinie 2001/86/EG (SE-Richtlinie), die durch das Gesetz über die Rolle der Arbeitnehmer einer Europäischen Gesellschaft (*wet rol werknemers bij de Europese vennootschap)* in den Niederlanden umgesetzt wurde.[255] Ergänzend gelten für die SE die Regelungen für die niederländische N.V.[256] 123

Daraufhin folgten bis einschließlich 2010 ua folgende wichtige Änderungen des niederländischen Kapitalgesellschaftsrechts:[257] 124

- die Implementierung der Verordnung (EG) Nr. 1435/2003 vom 22. Juli 2003 über das Statut der Europäischen Genossenschaft (dazu § 6) am 13. Oktober 2006;[258]
- das Inkrafttreten des Gesetzes über die Aufsicht der finanziellen Berichterstattung am 21. Dezember 2006 (*wet toezicht financiële verslaggeving*), wodurch Titel 9 des 2. Buches BW über den Jahresabschluss teilweise geändert wurde;[259]
- die Implementierung der Richtlinie 2004/25/EG betreffend Übernahmeangebote (dazu § 29) in nationales Recht;[260]
- die Einführung des Gesetzes über das **Rederecht des Betriebsrats** (*Wet spreekrecht OR*) im Jahr 2010, wodurch der Betriebsrat einer N.V. nunmehr berechtigt ist, in einer Hauptversammlung seine Standpunkte zu verschiedenen Hauptversammlungsbeschlüssen darzulegen.[261]

Zudem trat, nach vielen Jahren der Entwicklung und der Diskussion, am 1. Oktober 2012 das Gesetz zur **Vereinfachung und Flexibilisierung des B.V.-Rechts** (sog „Flex-B.V.-Gesetz") in Kraft.[262] Mit dem Flex-B.V.-Gesetz werden folgende Ziele verfolgt: Die Vereinfachung und Flexibilisierung der Anwendbarkeit des B.V.-Rechts, die Wiederherstellung des Gleichgewichts innerhalb der Kapitalgesellschaften und die Aufrechterhaltung und Verbesserung der Glaubwürdigkeit und Integrität der Gesellschaften.[263] Was unter der Bezeichnung **Flex-B.V.** daher kommt, ist zum einen eine gängige Bezeichnung einer vereinfachten Form der B.V.,[264] gleichzeitig jedoch die weitreichendste Änderung des niederländischen Gesellschaftsrechts seit der Einführung der B.V. im Jahre 1971. Das Gesetz hat einerseits ua die **Gründung einer B.V.** enorm **vereinfacht**; mehrere komplizierte Regelungen und zwingende Bestimmungen wurden hinfällig. Andererseits hat der niederländische Gesetzgeber aber gleichzeitig mit dieser neuen Flexibilität auch eine **größere Verantwortung** und eine weitergehende **Haftung der Geschäftsführung** vorgesehen. Beispielsweise erklärt Artikel 2:216 II-IV BW nunmehr, dass jede Dividendenauszahlung der vorherigen Zustimmung der Geschäftsführung unterliegt, sodass die Geschäftsführung den sogenannten „Auszahlungstest" (*uitkeringstoets*) anwenden muss, um zu bestimmen, ob die Dividende gezahlt werden darf oder nicht. Die Flex-B.V. wird nachfolgend ab Rn. 267 (*Besloten Vennootschap met beperkte aansprakelijkheid – Gesellschaft mit beschränkter Haftung*) ausführlich erläutert. Auch im Hinblick auf die N.V. wird derzeit diskutiert, ob hier eine Flexibilisierung bzw. Änderung in diesem Sinne vorgenommen werden soll.[265] 125

---

253 *Wachtell, Lipton, Rosen, Katz*, The Dutch Corporate Governance Code and The New Paradigm, abrufbar unter: https://www.law.ox.ac.uk/business-law-blog/blog/2016/12/dutch-corporate-governance-code-and-new-paradigm, abgerufen am 6.11.2017.

254 *Bruyninckx/Koster*, ArbeidsRecht 2008/6/7, 21, 22, https://www.legaltree.nl/site_media/uploads/SRTD27C1111 1812372.pdf, abgerufen am 6.11.2017.

255 *Bruyninckx/Koster*, ArbeidsRecht 2008/6/7, 21, 22, https://www.legaltree.nl/site_media/uploads/SRTD27C1111 1812372.pdf, abgerufen am 6.11.2017.

256 *Bruyninckx/Koster*, ArbeidsRecht 2008/6/7, 21, 22, https://www.legaltree.nl/site_media/uploads/SRTD27C1111 1812372.pdf, abgerufen am 6.11.2017.

257 *Van der Heijden/Van der Grinten*, Handboek voor de naamloze en de besloten vennootschap, 2013, S. 25 ff.

258 Stb. 2006, 425.

259 Stb. 2006, 474.

260 Stb. 2007, 202 und Stb. 2007, 390, 391.

261 Gesetz vom 30. Juni 2010, Stb 2010, 250; *Van der Heijden/Van der Grinten*, Handboek voor de naamloze en de besloten vennootschap, 2013, S. 30.

262 Gesetz von 18. Juni 2012, Stb-2012-300, Kamerstukken 31058; *Verkerk* ECL 7 (2010) 113, 114.

263 *Rademakers/de Vries* in Süß/Wachter (Hrsg.), Handbuch des internationalen GmbH-Rechts, 2016, Niederlande, Rn. 14.

264 *Verkerk* ECL 7 (2010) 113, 114.

265 *Raaimakers* Ondernemingsrecht 2014, 12, De NV in 2020; Stellungnahme des Ausschusses für Gesellschaftsrecht (*advies commissie vennootschapsrecht*) vom 15. Juli 2013.

126 Zuletzt ist am 1. Januar 2013 das „**Gesetz zur Geschäftsführung und Aufsicht**" (*wet bestuur en toezicht*) in Kraft getreten.[266] Seit der Einführung des neuen Gesetzes besteht für niederländische Kapitalgesellschaften (einschließlich der Strukturgesellschaften) die Möglichkeit, ein sog „***one-tier board***" einzurichten, wobei Geschäftsleitung und Aufsichtsrat in einem einzigen Organ vertreten werden (monistisches Leitungssystem). Daneben wurde in den Artikeln 2:129 und 2:129a BW (für die N.V.) und den Artikeln 2:239 und 2:239a BW (für die B.V.) eine neue **Regelung** für Fälle **von Interessenkonflikten** eingeführt. Weiterhin wurde durch das *wet bestuur en toezicht* die Rechtsposition von Geschäftsführern börsennotierter Unternehmen geändert und für bestimmte „große" juristische Personen (*grote vennootschappen*) eine **Beschränkung der Anzahl aufsichtsführender Nebentätigkeiten** von Geschäftsführern und Aufsichtsratsmitgliedern eingeführt.

127 Um die Attraktivität und die **Wettbewerbsfähigkeit des niederländischen Gesellschaftsrechts** auch weiterhin zu fördern, soll zukünftig die Möglichkeit der grenzüberschreitenden Umwandlung gesetzlich verankert werden.[267] Darüber hinaus wurde im Juni 2016 ein Gesetzesvorschlag zur Änderung des *Burgerlijk Wetboek* im Zusammenhang mit der Vereinheitlichung und Verdeutlichung einiger Bestimmungen bezüglich der Geschäftsführung und des Aufsichtsrates von juristischen Personen bei der Zweiten Kammer eingereicht.[268] Dieser Vorentwurf verfolgt insbesondere den Zweck, die Regelungen über die Haftung von Geschäftsführern und Mitgliedern des Aufsichtsrats bei nicht ordnungsgemäßer Aufgabenerfüllung zu konkretisieren.[269] Zudem hat der Vorentwurf zum Ziel, die Aufgabenverteilung und Haftungsfragen bei Vereinen, Stiftungen und Genossenschaften weiter zu vereinheitlichen, sodass es auch bei diesen Gesellschaften beispielsweise möglich sein wird, ein monistisches System zu wählen.[270]

II. Naamloze Vennootschap (N.V. – niederländische AG)

1. Grundlagen

128 Laut der Zentralen Behörde für Statistik (*centraal bureau voor de statistiek*) gab es im dritten Quartal 2017 insgesamt 393.395 juristische Personen; davon 347.915 B.V. und **lediglich 1.155 N.V.**[271]

129 Nach Artikel 2:64 I BW ist eine N.V. eine **juristische Person** mit einem, in übertragbare Anteile (**Aktien**) aufgeteilten Grundkapital, wobei die Aktionäre für die Verbindlichkeiten der N.V. nicht persönlich haften.

130 Charakteristisch für eine N.V. ist damit:

- sie ist eine juristische Person;
- sie hat ein in Aktien aufgeteiltes Kapital;
- die Aktien sind grundsätzlich frei übertragbar;
- grundsätzlich keine persönliche Haftung der Aktionäre.

131 Eine N.V. kann sog **Namensaktien** (*aandelen op naam*) oder **Inhaberaktien** (*aandelen aan toonder*) ausgeben (Artikel 2:82 BW). Gesellschafter mit Inhaberaktien erhalten für ihre Inhaberaktien eine Urkunde (*bewijs van aandeel aan toonder*).[272] Gemäß Artikel 2:82 III BW dürfen diese Urkunden grundsätzlich nur überreicht werden, wenn der gesamte Betrag der Aktien eingezahlt wurde.[273] Die Urkunde der Inhaberaktie schützt spätere gutgläubige Erwerber der Aktien insofern, als dass die Gesellschaft sich nach Abgabe der Urkunde nicht mehr darauf berufen kann, dass das Kapital auf die Aktie nicht voll eingezahlt sei (Artikel 2:83 BW).[274] Gemäß Artikel 2:91a I BW muss ein Aktionär mit Inhaberaktien, der alle Aktien an dem Kapital der Gesellschaft erworben hat, dies der N.V. innerhalb von acht Tagen mitteilen. Diese Informationspflicht gilt gleichermaßen für den Aktionär, der seine Inhaberaktien, die 100% des Aktienkapitals darstellen, verkauft hat (Artikel 2:91a II BW).[275] Darüber hinaus sind Aktien einer N.V. **börsenfähig.** Für die börsennotierten Aktiengesellschaften gelten – neben den Regelungen in Buch 2 BW – zusätzliche wichtige Vorschriften im *Wet op het financieel toezicht* (Wft)[276]

266 Gesetz vom 6. Juni 2011, Stb-2011, 275, Kamerstukken 31763.

267 Siehe hierzu ausführlicher die Ausführungen bei Randnummer 11; *Rademakers/de Vries* in: Süß/Wachter (Hrsg.), Handbuch des internationalen GmbH-Rechts, 2016, Niederlande, Rn. 16.

268 Tweede Kamer, vergaderjaar 2015-2016, 34 491, Nr. 2, https://www.eerstekamer.nl/behandeling/20160608/voorstel_van_wet/document3/f.=/vk7hixzb6byg.pdf, abgerufen am 6.11.2017.

269 *Rademakers/de Vries* in: Süß/Wachter (Hrsg.), Handbuch des internationalen GmbH-Rechts, 2016, Niederlande, Rn. 16.

270 Erläuterungen zum Gesetzesentwurf (*memorie van toelichting*), vergaderjaar 2015-2016, kamerstuk 34491 Nr. 3, S. 1.

271 Zentrale Behörde für Statistik (*centraal bureau voor de statistiek*), Den Haag/Heerlen, Stand vom 24.7.2017.

272 *Hagedorn/Tervoort*, Niederländisches Wirtschaftsrecht, 2017, Kapitel I Rn. 150.

273 *Hagedorn/Tervoort*, Niederländisches Wirtschaftsrecht, 2017, Kapitel I Rn. 150.

274 *Hagedorn/Tervoort*, Niederländisches Wirtschaftsrecht, 2017, Kapitel I Rn. 150.

275 *Hagedorn/Tervoort*, Niederländisches Wirtschaftsrecht, 2017, Kapitel I Rn. 152.

276 Gesetz von 28. September 2006, Stb. 2006, 569.

und *Wet giraal effectenverkeer* (Wge).[277] Jedoch ist zu berücksichtigen, dass es seit Januar 2013 aufgrund einer entsprechenden Änderung des Wge in den Niederlanden nicht mehr möglich ist, als Emittent (*uitgevende instelling*) Inhaberaktien auszugeben. Börsennotierte Gesellschaften auf Inhaberaktien müssen diese in finanzielle Namensaktien (*effecten op naam*) umwandeln oder die Inhaberaktien in einen sogenannten *verzamelbewijs* (Sammelbestand) übertragen.[278] Das Gesetz sieht allerdings keine konkrete Sanktion für den Fall vor, dass dies nicht vorliegt. Anders als zB in England (s. dazu § 12 Rn. 611 ff.) bezweckte die Gesetzesänderung nämlich nicht die generelle Abschaffung von Inhaberaktien; Ziel war vielmehr, die Anzahl der Inhaberaktien zu verringern.

Zudem kennt das niederländische Kapitalgesellschaftsrecht gem. Artikel 2:92 BW noch verschiedene Arten von **Vorzugsaktien,** nämlich sogenannte *preferente aandelen, cumulatief preferente aandelen* und sogenannte *prioriteitsaandelen*.[279] Ausgangspunkt von Artikel 2:92 I BW ist, dass an allen Aktien im Verhältnis zu ihren Beträgen die gleichen Rechte und Pflichten verbunden sind, es sei denn, der Gesellschaftsvertrag bestimmt etwas anderes. Im Gesellschaftsvertrag kann somit von diesem Grundsatz abgewichen werden, wodurch die Möglichkeit der Ausgabe von Vorzugsaktien geschaffen wird. Als *preferente aandelen* bezeichnet man Aktien, die gegenüber den normalen Aktien (*gewone aandelen*) Vorrang bei der Gewinnverteilung haben. In der Praxis ist der Vorrang typischerweise an einen gewissen Prozentsatz gekoppelt.[280] Inhaber dieser Aktien haben grundsätzlich die gleichen Stimmrechte wie alle anderen Aktieninhaber; die Stimmrechte können aber auch beschränkt sein. Die Entscheidung über die Ausgabe von Vorzugsaktien kann an ein anderes Organ delegiert werden, ist jedoch auf einen Zeitraum von fünf Jahren begrenzt (Artikel 2:96 I BW).[281] Die Delegierung dieser Befugnis kann anschließend gemäß Artikel 2:96 I BW für einen Zeitraum von weiteren fünf Jahren verlängert werden. Eine zweite Variante der Vorzugsaktien sind die **kumulativen Vorzugsaktien** (*cumulatief preferente aandelen)*. Während der Gesellschafter mit normalen Vorzugsaktien seinen Vorrang verliert, wenn die Gesellschaft in einem Geschäftsjahr nicht genug Gewinn erzielt hat, um den jeweiligen Prozentsatz mit Vorrang an den Gesellschafter auszahlen zu können, verliert der Gesellschafter mit *cumulatief preferente aandelen* sein Recht auf Auszahlung der rückständigen Dividende nicht.[282] Eine dritte Variante der Vorzugsaktien sind die sog ***beschermingsprefs***, die gerade bei börsennotierten N.V.häufig als Schutz gegen eine feindliche Übernahme eingesetzt werden.[283] 132

Diese Konstruktion funktioniert wie folgt: Um zu verhindern, dass die Gesellschafter im Falle einer drohenden Übernahme nur in ihrem eigenen Interesse und nicht auch unbedingt im Interesse der Gesellschaft handeln, werden **Vorzugsaktien** (oder zumindest eine Option auf den Bezug solcher Aktien gemäß Artikel 2:96 BW) **an eine** („befreundete") **Stiftung** (*stichting*) (Rn. 361) ausgegeben.[284] Zwar ist nach Artikel 2:96 BW grundsätzlich die Hauptversammlung befugt, über die Ausgabe neuer Aktien zu beschließen, sie hat jedoch das Recht, diese Befugnis für eine Dauer von maximal fünf Jahren, mit einer Verlängerungsoption von nochmals fünf Jahren, an ein anderes Organ, wie zB den Vorstand, zu delegieren. Insofern besteht eine ähnliche Regelung wie für die Bestimmung über genehmigtes Kapital bei der deutschen Aktiengesellschaft gem. § 202 I, II AktG). Droht nunmehr eine feindliche Übernahme, kann die ***stichting* ihre Option auf die Vorzugsaktien** mit der Wirkung **ausüben,** dass das Vorzugsrecht der übrigen Gesellschafter dann nicht gilt (Artikel 2:96a BW). Diese Konstruktion über *bescheringsprefs* ist in den Niederlanden sehr beliebt und hat auch zu zahlreichen Urteilen der *Ondernemingskamer*[285] und des *Hoge Raad* geführt.[286] 133

277 Gesetz von 8. Juni 1977, houdende bepalingen betreffende het giraal effectenverkeer, Stb. 1977, 333.

278 Kamerstukken II 31839 Nr. 3 (Memorie van Toelichting).

279 *Van der Heijden/Van der Grinten*, Handboek voor de naamloze en de besloten vennootschap, 2013, S. 322 ff.; vgl. auch *Van Efferink/Ebert/Levedag* GmbHR 2004, 880, 887 ff.; *Hagedorn/Tervoort*, Niederländisches Wirtschaftsrecht, 2017, Kapitel I Rn. 161, 56 f.

280 *Van der Heijden/Van der Grinten*, Handboek voor de naamloze en de besloten vennootschap, 2013, S. 322; *Leemrijse* in: Muller (Hrsg.), Corporate Law in the Netherlands, 2013, S. 72; vgl. auch *Hagedorn/Tervoort*, Niederländisches Wirtschaftsrecht, 2017, Kapitel I Rn. 56.

281 *Leemrijse* in: Muller (Hrsg.), Corporate Law in the Netherlands, 2013, S. 72 f.

282 *Van der Heijden/Van der Grinten*, Handboek voor de naamloze en de besloten vennootschap, 2013, S. 323; vgl. auch *Van Efferink/Ebert/Levedag* GmbHR 2004, 880, 887; *Leemrijse* in: Muller (Hrsg.), Corporate Law in the Netherlands, 2013, S. 73.

283 *Van der Heijden/Van der Grinten*, Handboek voor de naamloze en de besloten vennootschap, 2013, S. 324 ff.; *Mincke* in: Laimer/Perathoner (Hrsg.), Gesellschaftsrechtliche Nebenvereinbarungen in Europa, 2013, S. 239, 243 ff.; *Leemrijse* in: Muller (Hrsg.), Corporate Law in the Netherlands, 2013, S. 72.

284 *Van der Heijden/Van der Grinten*, Handboek voor de naamloze en de besloten vennootschap, 2013, S. 324 ff.; *Mincke* in: Laimer/Perathoner (Hrsg.), Gesellschaftsrechtliche Nebenvereinbarungen in Europa, 2013, S. 239, 243 ff.

285 Die *ondernemingskamer* ist eine Kammer des Hofs Amsterdam. Sie ist auf Streitigkeiten zwischen niederländischen Gesellschaften spezialisiert und urteilt insbesondere über Streitigkeiten zwischen der Geschäftsführung, dem Aufsichtsrat und/oder den Gesellschaftern; deutschsprachig dazu *Fleischer/Bong/Cools* RabelsZ 81 (2017) 608, 630 ff.

286 HR 18. April 2003, NJ 2003, 286 (*RNA/Westfield*); Hof Amsterdam (OK) 8. März 2001, JOR 2001/55; Hof Amsterdam (OK) 17. Januar 2007, JOR 2007/42 (*Stork*); HR 9. Juli 2010, JOR 2010/228 (*ASMI/Hermes c.s.*).

134 Als ***prioiriteitsaandelen*** bezeichnet man hingegen Aktien mit bestimmten **Kontrollrechten**, wie zum Beispiel Genehmigungsrechte bei Satzungsänderungen oder Auflösung der Gesellschaft oder Vorschlagsrechte bei der Bestellung von Vorstandsmitgliedern (Artikel 2:92 III BW).[287] Dieser Art Vorzugsaktien können demnach bestimmte Befugnisse zugrunde liegen, die in der Satzung der Gesellschaft verankert sein müssen.[288] Die Ausgabe solcher Vorzugsaktien kommt in den Niederlanden recht häufig vor. Denn auch *prioriteitsaandelen* können als Schutz vor feindlichen Übernahmen dienen, da eine Übernahme dann aufgrund der internen Verteilung der Kontrollrechte oftmals unattraktiv sein kann.[289]

135 Da bei der N.V. nach niederländischem Recht **keine stimmrechtlosen Aktien** existieren, werden in den Fällen, in denen eine Trennung von Stimm- und Gewinnbezugsrecht gewünscht ist, sog **Depotscheine** (*certificaten van aandelen*, Aktienzertifikate) ausgegeben. Die dahinterstehende Konstruktion ist Folgende: In der Regel wird eine juristische Person, häufig eine Stiftung (*stichting*) gegründet, um als *administratiekantoor* (Trust-Administrationsgesellschaft) zu agieren. Diese **Trust-Administrationsgesellschaft** übernimmt die Aktien der N.V. und emittiert die Depotscheine der Basisaktien an die jeweiligen Depotscheininhaber (*certificaathouders*), die aber gerade nicht die gesetzlichen Aktionärs-(Stimm-)rechte, sondern über die Depotscheine **lediglich Gewinnbezugsrechte** haben. Die Stimmrechte werden indes von der Trust-Administrationsgesellschaft, als Eigentümerin der Aktien einheitlich für alle Depotscheininhaber, ausgeübt.[290]

2. Gründung

136 Eine N.V. kann von **einer** oder **mehreren natürlichen** und/oder **juristischen Personen** gegründet werden. In der Regel übernehmen die Gründer (***oprichters***) auch die Aktien, es ist aber nicht zwingend erforderlich, dass sie zugleich Aktionäre werden.[291] Für die Gründung bedarf es einer **notariellen Gründungsurkunde** (*akte van oprichting*).[292] Der notariellen Gründungsurkunde einer N.V. ist zudem eine Bankerklärung (*bankverklaring*) beizufügen, die bestätigt, dass der Gesellschaft das einzuzahlende Kapital nach der Gründung zur Verfügung stehen wird (Artikel 2:93a BW). Die Bankerklärung kann sowohl durch niederländische Banken als auch durch Banken, die in einem Mitgliedsstaat der Europäischen Union oder in einem EWR-Staat niedergelassen sind, abgegeben werden (Artikel 2:93a III BW).

137 Die **notarielle Gründungsurkunde** muss gemäß Artikel 2:64 II BW durch **jeden Gründer** und jeden, der die ersten Aktien der Gesellschaft übernimmt, unterzeichnet werden. Die Gründungsurkunde ist durch einen **niederländischen Notar** formwirksam zu beurkunden.[293] Fehlt die Unterschrift des Notars auf der Gründungsurkunde, so ist die Gründung gemäß Artikel 2:4 I BW als nicht stattgefunden anzusehen.[294] Hat die **„nichtbestehende" Gesellschaft** bereits Vermögen aufgebaut, kann das Vermögen gemäß Artikel 2:4 III BW durch richterlichen Beschluss zwischen den Gründern verteilt werden. Das Vermögen wird dann wie bei einer aufgelösten Gesellschaft verteilt. Der (Pseudo-) Vorstand, bzw. diejenigen, die bis dahin wie Vorstandsmitglieder gehandelt haben, sind **gesamtschuldnerisch haftbar** für die an das Vermögen geknüpften Verbindlichkeiten, die während ihres Handelns fällig geworden sind (Artikel 2:4 IV BW).[295]

287 *Van der Heijden/Van der Grinten*, Handboek voor de naamloze en de besloten vennootschap, 2013, S. 330; vgl. auch *Van Efferink/Ebert/Levedag* GmbHR 2004, 880, 887; *Huizink* in: Chorus/Hondius/Voermans (Hrsg.), Introduction to Dutch Law, Chapter 6, 2016, S. 106; *Hagedorn/Tervoort*, Niederländisches Wirtschaftsrecht, 2017, Kapitel I Rn. 57.

288 *Leemrijse* in: Muller (Hrsg.), Corporate Law in the Netherlands, 2013, S. 73.

289 *Mincke* in: Laimer/Perathoner (Hrsg.), Gesellschaftsrechtliche Nebenvereinbarungen in Europa, 2013, S. 239, 244.

290 *Mincke* in: Laimer/Perathoner (Hrsg.), Gesellschaftsrechtliche Nebenvereinbarungen in Europa, 2013, S. 239, 241; *Van der Heijden/Van der Grinten*, Handboek voor de naamloze en de besloten vennootschap, 2013, S. 337 ff.; *Huizink* in: Chorus/Hondius/Voermans (Hrsg.), Introduction to Dutch Law, Chapter 6, 2016, S. 105.

291 Erläuterungen zum Gesetzesentwurf (*memorie van toelichting*), TK 1998-1999, 26 277, Nr. 3, S. 6; *Huizink*, Rechtspersoon, vennootschap en onderneming, 2013, S. 80; vgl. mit identischem Wortlaut zur B.V. *Rademakers/De Vries* in: Süß/Wachter (Hrsg.), Handbuch des internationalen GmbH-Rechts, 2016, Niederlande, Rn. 75.

292 *Huizink*, Rechtspersoon, vennootschap en onderneming, 2013, S. 80; vgl. mit identischem Wortlaut zur B.V. *Rademakers/De Vries* in: Süß/Wachter (Hrsg.), Handbuch des internationalen GmbH-Rechts, 2016, Niederlande, Rn. 17; *Mellert/Verführt*, Wettbewerb der Gesellschaftsformen, 2005, S. 146; *Süß* in: MüHdB GesR, IntGesR, 2013, § 47 Rn. 426; *Huizink* in: Chorus/Hondius/Voermans (Hrsg.), Introduction to Dutch Law, Chapter 6, 2016, S. 103; vgl. auch *van Helden/Willeumier* in: Wegen/Spahlinger/Barth (Hrsg.), Gesellschaftsrecht des Auslands, 2016, Niederlande, Rn. 108.

293 Ob die Beurkundung durch einen niederländischen Notar zu erfolgen hat, ist umstritten. *Van der Heijden/Van der Grinten* legen das Gesetz dahingehend aus, dass die Beurkundung durch einen niederländischen Notar durchzuführen ist: *Van der Heijden/Van der Grinten*, Handboek voor de naamloze en de besloten vennootschap, 2013, S. 140.

294 *Huizink*, Rechtspersoon, vennootschap en onderneming, 2013, S. 84; vgl. auch *Rademakers/de Vries* in: Süß/Wachter (Hrsg.), Handbuch des internationalen GmbH-Rechts, 2016, Niederlande, Rn. 21.

295 *Van der Heijden/Van der Grinten*, Handboek voor de naamloze en de besloten vennootschap, 2013, S. 143 ff.; *Huizink*, Rechtspersoon, vennootschap en onderneming, 2013, S. 86.

Lange Zeit war für die Gründung einer N.V. – neben der notariellen Gründungsurkunde – eine ministerielle Zustimmungserklärung (*verklaring van geen bezwaar*) notwendig. Seit Juli 2011 ist diese präventive ministerielle Überwachung aufgehoben und es bedarf **keiner solchen „Unbedenklichkeitserklärung"** durch das Justizministerium mehr.[296] Zweck dieser Unbedenklichkeitserklärung war es, zu vermeiden, dass die Gesellschaft für nicht erlaubte Zwecke oder zum Nachteil ihrer Gläubiger genutzt wird.[297] Die Unbedenklichkeitserkärung wurde im Jahr 2011 durch ein neues und permanentes Kontrollsystem ersetzt.[298] Dieses neue, permanente Kontrollsystem wird durch eine spezielle Abteilung des niederländischen Justizministeriums ausgeführt, die bei sämtlichen Änderungen der Gesellschaftsstruktur, wie beispielsweise bei Geschäftsführerwechseln, eine Risikoanalyse erstellt und diese auswertet.[299] 138

Die notarielle Beurkundung der Gründungsurkunde hat konstitutive Wirkung. Die Eintragung ins Handelsregister ist hingegen **deklaratorisch** und hat somit keinerlei Einfluss auf die Entstehung der Gesellschaft. Die im Rahmen der Gründungsurkunde anzugebenden Geschäftsführer sind für die **Anmeldung der N.V.** beim Register der Handelskammer (*kamer van koophandel*) verantwortlich (Artikel 18 I HrgW iVm Artikel 6 I lit. a) HrgW). Beizufügen sind sowohl die Gründungsurkunde und die Satzung als auch Formulare, die Angaben zu dem/den Gesellschafter(n), den Mitgliedern des Aufsichtsrats und der Geschäftsführung, den Vertretungsregelungen, Zweigniederlassungen und ggf. erteilte Vollmachten enthalten.[300] Gemäß Artikel 2:69 I BW iVm Artikel 20 I Hrgw 2007 muss die N.V. nach Beurkundung durch den Notar **innerhalb von zwei Wochen** eingetragen werden.[301] Zwar hat die Eintragung nur deklaratorische Wirkung; um aber den Publizitätsgedanken von Artikel 26 I lit. a) der neuen „Kodifizierungsrichtlinie" (ex-Art. 5 I lit. a) Publizitäts-RL) (dazu § 20) gerecht zu werden und um den Gläubigerschutz zu wahren, hat der Gesetzgeber, für die nicht (rechtzeitige) Eintragung der Gesellschaft, sogar einen eigenen Straftatbestand geregelt (Artikel 1 Nr. 4 WED).[302] Zudem **haften die Geschäftsführer** nach Artikel 2:69 IIa BW während der Zeit zwischen Errichtung der N.V. und der Eintragung ins Handelsregister **persönlich** und **gesamtschuldnerisch.**[303] Im Allgemeinen sorgt daher der beurkundende Notar noch am Tage der Beurkundung für die Eintragung der N.V. im Register. 139

Nach der Eintragung der Gesellschaft sind auf allen **Geschäftsbriefen** der N.V. die Angaben nach Artikel 2:75 I BW und Art. 27 I HrgW zu machen, die den Sitz, Namen und die Handelsregisternummer umfassen. Damit entsprechen die gesetzlichen Vorgaben denen der (ehemaligen) Publizitätsrichtlinie (dazu § 20). Darüber hinaus kann die N.V. ihr Kapital auf der Geschäftskorrespondenz erwähnen, ist aber nicht dazu verpflichtet (Artikel 2:75 II BW). Wird das Kapital auf den Geschäftsbriefen erwähnt muss nach Artikel 2:75 II BW auch der Betrag des gezeichneten Kapitals (*geplaatst kapitaal*) und des eingezahlten Kapitals (*gestort kapitaal*) vermerkt werden. 140

Während der **Zeit vor der notariellen Gründung** (*oprichting*) einer N.V. können Personen, die sich als vertretungsberechtigt für das (zukünftige) Unternehmen ausgeben, **Verträge im Namen des Unternehmens** *i.o.* (*in oprichting*) unterzeichnen. Es gibt jedoch **keine** Vorgesellschaft, und die Personen, die im Namen der N.V. i.o. handeln, haften gemäß Artikel 2:93 II BW persönlich, unbeschränkt und gesamtschuldnerisch. **Erst nach** der – notariell beurkundeten – Gründung (die deklaratorische Eintragung ins Handelsregister ist hierfür nicht ausschlaggebend) ist die N.V. an die entsprechenden **Verträge gebunden** und haftet gemäß Artikel 2:93 I BW (nur), sofern und soweit sie die vor diesem Zeitpunkt in ihrem Namen getätigten Handlungen und abgegebenen Erklärungen ausdrücklich oder konkludent bestätigt.[304] Trotz einer solchen Bestätigung **haften** nach Artikel 2:93 III BW die Personen, die im Namen des Unternehmens *i.o.* gehandelt haben, **wenn sie wussten**, dass das Unternehmen die eingegangenen Verpflichtungen nicht wird erfüllen können. Eine solche Kenntnis **wird unterstellt,** falls das Unternehmen innerhalb eines Jahres nach der Gründung zwangsliquidiert wird. 141

Die **Kosten für die Gründung** richten sich nach bestimmten Parametern. Zu berücksichtigen sind die Kosten für den Rechtsanwalt und Notar sowie für den Steuerberater und den Abschlussprüfer. Hinzu kommt die von allen 142

---

296 Gesetz „controle op rechtspersonen" vom 7. Juli 2010, Stb. 2010, 280; kamerstukken 31 948; *Huizink*, Rechtspersoon, vennootschap en onderneming, 2013, S. 84.

297 *Huizink*, Rechtspersoon, vennootschap en onderneming, 2013, S. 84.

298 *Huizink*, Rechtspersoon, vennootschap en onderneming, 2013, S. 5 f.

299 *Huizink*, Rechtspersoon, vennootschap en onderneming, 2013, S. 5 f.

300 *Rademakers/de Vries* in: Süß/Wachter (Hrsg.), Handbuch des internationalen GmbH-Rechts, 2016, Niederlande, Rn. 111, 112 f.

301 *Rademakers/de Vries* in: Süß/Wachter (Hrsg.), Handbuch des internationalen GmbH-Rechts, 2016, Niederlande, Rn. 108.

302 *Hagedorn/Tervoort,* Niederländisches Wirtschaftsrecht, 2017, Kapitel I Rn. 133.

303 *Huizink*, Rechtspersoon, vennootschap en onderneming, 2013, S. 91; *ders.* in: Chorus/Hondius/Voermans (Hrsg.), Introduction to Dutch Law, Chapter 6, 2016, S. 103.

304 *Huizink*, Rechtspersoon, vennootschap en onderneming, 2013, S. 88; *ders.* in: Chorus/Hondius/Voermans (Hrsg.), Introduction to Dutch Law, Chapter 6, 2016, S. 103; *Rensen* in: Muller (Hrsg.), Corporate Law in the Netherlands, 2013, S. 148.

dort eingetragenen Gesellschaften jährlich zu tragende Umlage der Kosten des Handelsregisters, die sich nach der Anzahl der Mitarbeiter des Unternehmens richtet.[305]

143 Die *akte van oprichting* (**Gründungsurkunde**) enthält nach Artikel 2:66 I BW die tatsächliche Gründung sowie die Satzung (*statuten*) der N.V. Die Satzung der Gesellschaft hat insbesondere folgende Angaben zu enthalten:

a) Name, Sitz und Gegenstand der Gesellschaft

144 Der **Name des Unternehmens** muss nach Artikel 2:66 II BW mit der Bezeichnung *Naamloze Vennootschap* oder – wie im Regelfall üblich – mit der Abkürzung N.V. anfangen oder enden. Der **Registersitz** (*statutaire zetel*) der Gesellschaft muss in den Niederlanden liegen (Artikel 2:66 III BW).[306] Die Geschäftsadresse, die ebenfalls im Handelsregister eingetragen werden muss, sowie der **Verwaltungssitz** dürfen nach niederländischem Recht an einem anderen Ort innerhalb oder außerhalb der Niederlande liegen.

145 Zudem muss die Gründungsurkunde nach Artikel 2:66 I BW den **Gesellschaftszweck** (*doel*) enthalten. Die Umschreibung des Gesellschaftszwecks wird in der Praxis häufig möglichst **weit formuliert**, denn für eine Änderung des Gesellschaftszwecks ist eine notarielle Urkunde nötig.[307] Zu beachten ist jedoch, dass nach Artikel 2:7 BW eine Überschreitung des Gesellschaftszwecks unter Umständen zur rückwirkenden Anfechtung (*vernietiging*) der getätigten Handlung führen kann (sogenannte ultra vires-Lehre).[308] Gemäß Artikel 2:7 BW ist dies möglich, wenn die andere Partei von der Überschreitung des Gesellschaftszwecks wusste oder dies hätte wissen können.[309] Eine Anfechtung nach Artikel 2:7 BW ist nur durch die N.V., nicht aber durch deren Vertragspartner möglich. Die alleinige Tatsache, dass die Satzung, die den Gesellschaftszweck enthält, öffentlich einsehbar bei der Handelskammer hinterlegt wurde, genügt für den erforderlichen Beweis der Kenntnis allerdings grundsätzlich nicht.[310] Der Wortlaut von Artikel 2:7 BW bedeutet im Umkehrschluss auch, dass die Handlung wegen Überschreitung des Gesellschaftszwecks nicht von der anderen (Vertrags-)Partei angefochten werden kann. Dies gilt insbesondere selbst dann, wenn die andere Partei beweisen kann, dass die Gesellschaft ihren Gesellschaftszweck bewusst überschritten hat.[311] Für die Vorstandsmitglieder der N.V. ist in jedem Falle zu beachten, dass diese bei einer bewussten Überschreitung des Gesellschaftszwecks intern nach Artikel 2:9 BW von der Gesellschaft haftbar gemacht werden können.[312]

b) Höhe des Grundkapitals, Anzahl und Nennbetrag der Aktien

146 Die Satzung enthält Angaben über die Höhe des Grundkapitals sowie die Anzahl und den Betrag der Aktien in Euro auf zwei Stellen hinter dem Komma. Das **Grundkapital** (*maatschappelijk kapitaal*) und das **gezeichnete Kapital** (*geplaatst kapitaal*) einer N.V. muss mindestens **EUR 45.000** betragen (Artikel 2:67 II BW). Sind mehrere Anteilsgattungen (*klasse van aandelen*) vorhanden, so sind auch diese sowie die jeweilige Anzahl der Aktien pro Gattung zu nennen.[313]

147 Das niederländische Gesetz verlangt **nicht**, dass der Betrag des gezeichneten Kapitals in der **Satzung** genannt wird, jedoch, dass der Betrag in der Gründungsurkunde aufgenommen wird (Artikel 2:67 I BW). Dies ist auch mit den Vorgaben der damaligen Kapitalrichtlinie vereinbar, da in dem ehemaligen Art. 3 Kapital-RL (=Art. 4 Kodifizierungs-RL) lediglich bestimmt wird, dass der Betrag des gezeichneten Kapitals in der Satzung, dem Errichtungsakt oder einem gesondertem Schriftstück enthalten sein muss (s. dazu § 21 Rn. 27). Zudem muss bei der Gründung der N.V. der eingezahlte Teil des gezeichneten Kapitals nach Artikel 2:67 III BW **mindestens dem Mindestkapital** von EUR 45.000 entsprechen. Gemäß Artikel 2:67 IV BW muss das gezeichnete Kapital wiederum mindestens **1/5 des Grundkapitals** entsprechen.

---

305 *Visser* in: Muller (Hrsg.), Corporate Law in the Netherlands, 2013, S. 40.
306 Ausnahmen bestehen nur in Kriegssituationen, in denen die Sitzverlegung ins Ausland unter Umständen möglich ist; vgl. *Rademakers/De Vries* in: Süß/Wachter (Hrsg.), Handbuch des internationalen GmbH-Rechts, 2016, Niederlande, Rn. 46; *Mellert/Verführt*, Wettbewerb der Gesellschaftsformen, 2005, S. 147.
307 *Rademakers/De Vries* in: Süß/Wachter (Hrsg.), Handbuch des internationalen GmbH-Rechts, 2016, Niederlande, Rn. 48; Muller, Corporate Law in the Netherlands, 2013, S. 39.
308 *Rademakers/De Vries* in: Süß/Wachter (Hrsg.), Handbuch des internationalen GmbH-Rechts, 2016, Niederlande, Rn. 48; Muller, Corporate Law in the Netherlands, 2013, S. 39 f.
309 *Rademakers/De Vries* in: Süß/Wachter (Hrsg.), Handbuch des internationalen GmbH-Rechts, 2016, Niederlande, Rn. 48; Muller (Hrsg.), Corporate Law in the Netherlands, 2013, S. 39 f.
310 Muller, Corporate Law in the Netherlands, 2013, S. 44.
311 Muller, Corporate Law in the Netherlands, 2013, S. 40.
312 Muller, Corporate Law in the Netherlands, 2013, S. 40.
313 *Van der Heijden/Van der Grinten*, Handboek voor de naamloze en de besloten vennootschap, 2013, S. 141; *Mellert/Verführt*, Wettbewerb der Gesellschaftsformen, 2005, S. 147.

c) Verfahren bei Verhinderung oder Fehlen des Vorstands

Gemäß Artikel 2:134 IV BW **muss** die Satzung zudem Vorschriften für den Fall der Verhinderung (*belet*) bzw. des Fehlens (*ontstentenis*) aller Vorstandsmitglieder enthalten. Die Satzung **kann** eine solche Vorschrift enthalten für den Fall, dass ein oder mehrere Vorstandsmitglieder verhindert sind bzw. fehlen (Artikel 2:134 IV 2 BW). Eine Verhinderung liegt dann vor, wenn ein Vorstandsmitglied zeitweise nicht in der Lage ist, seine Aufgaben als Vorstandsmitglied einer N.V. zu übernehmen, zum Beispiel weil er oder sie sich gerade im Urlaub befindet oder wegen Krankheit ausfällt. Dagegen versteht man nach niederländischem Recht unter „*ontstentenis*" ein dauerhaftes Fehlen eines Vorstandsmitgliedes, beispielsweise aufgrund des Todes oder der Abberufung des Vorstandsmitgliedes. Schreibt die Satzung der Gesellschaft eine Mindestanzahl an Vorstandsmitgliedern vor, entsteht bei dem Fehlen eines Vorstandsmitgliedes eine Vakanz, die durch Bestellung eines neuen Vorstandsmitgliedes zu füllen ist. Um zu vermeiden, dass der Vorstand im Falle einer Verhinderung oder eines Fehlens des Vorstandsmitglieds nicht beschlussfähig ist, enthält die Satzung diesbezüglich häufig eine Regelung, dass in diesem Fall ein anderes Organ den Beschluss zu fassen hat. 148

3. Organisationsverfassung

Die Organisationsverfassung einer niederländischen N.V. umfasst grundsätzlich zwei gesetzlich vorgeschriebene Organe: Die **Gesellschafterversammlung** (die Aktionäre; *algemene vergadering*) einerseits und den **Vorstand** (*bestuur*) andererseits.[314] Die Satzung einer N.V. kann zudem einen **Aufsichtsrat** (*raad van commissarissen*) vorschreiben. Dieser ist jedoch grundsätzlich fakultativ. Wurde ein Aufsichtsrat gegründet, spricht man von einem dualistischen System (*two-tier-board*).[315] 149

Seit dem 1. Januar 2013 besteht gemäß Artikel 2:129a BW für N.V. die Möglichkeit eines ***one-tier board***, bei dem Geschäftsführung und Aufsichtsrat in einem Organ (dem *one-tier-board*) zusammengefasst sind, indem für ein solches *one-tier-board* einerseits **ausführende** (*uitvoerende*), andererseits **nicht-ausführende** (*niet-uitvoerende*) Geschäftsführer bestellt werden. Dabei kann die Satzung der N.V. bestimmen, dass die Geschäftsführungsaufgaben auf einen oder mehrere ausführende und einen oder mehrere nicht-ausführende Geschäftsführer verteilt werden können.[316] 150

Gemäß Artikel 2:129a BW übernehmen die **ausführenden Vorstandsmitglieder** (*uitvoerende bestuurders*) hierbei grundsätzlich die Aufgaben der Vorstandsmitglieder einer N.V. mit dualistischer Struktur. Die nicht-ausführenden Vorstandsmitglieder sind grundsätzlich mit den Aufsichtsratsmitgliedern einer N.V. mit dualistischem System gleichzusetzen. Die **nicht-ausführenden Vorstandsmitglieder** (*niet uitvoerende bestuurders*) sind jedoch, anders als im dualistischen System, nicht lediglich Aufsichtsorgan, sondern Teil des Vorstands und somit nach Artikel 2:9 BW verantwortlich für den **allgemeinen Geschäftsablauf** (*algemene gang van zaken*).[317] Zudem sind sie in ihren Befugnissen gegenüber ausführenden Geschäftsführern deutlich eingeschränkt. Vor allem kann ihnen aber auch ihre Verpflichtung zur Aufsicht nicht durch eine abweichende Verteilung der Aufgaben abgenommen werden. Gemäß Artikel 2:129a I BW kann **nur** ein nicht-ausführendes Vorstandsmitglied vom Vorstand zum **Vorsitzenden der Geschäftsführung** bestellt werden.[318] Zudem sind ausführende Vorstandsmitglieder nicht dazu berechtigt, bindende Vorschläge für die Bestellung von Vorstandsmitgliedern zu tätigen oder das Gehalt der ausführenden Vorstandsmitglieder festzulegen. Auch diese Tätigkeiten sind somit den nicht-ausführenden Vorstandsmitgliedern vorbehalten.[319] 151

Bei den sog **Strukturgesellschaften** ist ein **Aufsichtsrat gesetzlich vorgeschrieben** (Artikel 2:158 I BW). Dieser hat zudem andere, weitergehende Aufgaben als ein Aufsichtsrat bei einer Nicht-Strukturgesellschaft. Bei einer Gesellschaft mit monistischer Struktur findet gemäß Artikel 2:164a I BW Artikel 2:129a BW Anwendung. Die Aufgaben der Aufsichtsratsmitglieder in einer Strukturgesellschaft übernehmen folglich die nicht-ausführenden Vorstandsmitglieder (*niet uitvoerende bestuurders*). 152

314 *Huizink*, Rechtspersoon, vennootschap en onderneming, 2013, S. 138; *Bervoets* in: Kalss (Hrsg.), Vorstandshaftung in 15 europäischen Ländern, 2005, S. 593, 598 f.; *Mellert/Verführt*, Wettbewerb der Gesellschaftsformen, 2005, S. 152 ff.

315 *Huizink*, Rechtspersoon, vennootschap en onderneming, 2013, S. 157; *Bervoets* in: Kalss (Hrsg.), Vorstandshaftung in 15 europäischen Ländern, 2005, S. 593, 598; *Mason/Ramanna* Euro. Law. 43 (2004) 68.

316 *Calkoen* Ondernemingsrecht 2014, 4; *van der Heijden/van der Grinten*, Handboek voor de naamloze en de besloten vennootschap, 2013, S. 494; *Huizink*, Rechtspersoon, vennootschap en oderneming, 2013, S. 157 f.

317 *Van der Heijden/Van der Grinten*, Handboek voor de naamloze en de besloten vennootschap, 2013, S. 495; *Nienoord* BB 2012/42.

318 *Huizink*, Rechtspersoon, vennootschap en onderneming, 2013, S. 157; *Schuit* in: Muller (Hrsg.), Corporate Law in the Netherlands, 2013, S. 109.

319 *Huizink*, Rechtspersoon, vennootschap en onderneming, 2013, S. 158; *Schuit* in: Muller (Hrsg.), Corporate Law in the Netherlands, 2013, S. 109; *van der Heijden/van der Grinten*, Handboek voor de naamloze en de besloten vennootschap, 2013, S. 494.

a) Geschäftsführung – Vorstand/ausführende Vorstandsmitglieder

aa) Zusammensetzung und Bestellung

153 Die **ersten Vorstandsmitglieder** einer N.V. werden gemäß Artikel 2:132 I BW im Rahmen der Gesellschaftsgründung in der **Gründungsurkunde** (*akte van oprichting*) bestellt. Später werden die Vorstandsmitglieder grundsätzlich durch die **Gesellschafterversammlung** bestellt und abberufen, es sei denn, es handelt sich um eine Struktur-N.V.; in diesem Falle ist hierzu gemäß Artikel 2:162 BW (nur) der Aufsichtsrat befugt.[320] Dies gilt auch im Rahmen der Gründung der Gesellschaft.

154 Gemäß Artikel 2:133 I BW kann die Satzung, wenn die **Bestellung** durch die Gesellschafterversammlung geschieht, bestimmen, dass die Vorstandsmitglieder nach einer (bindenden) **Nominierung** durch ein anderes Organ der Gesellschaft oder einen Dritten bestellt werden. Die Gesellschafterversammlung ist nach Artikel 2:133 II BW jedoch nicht verpflichtet, solchen Nominierungen zu folgen, sondern kann diese – grundsätzlich mit **2/3-Mehrheit** (welche mindestens die Hälfte des gezeichneten Kapitals repräsentiert) – auch aushebeln. Handelt es sich um ein *one-tier board* nach Artikel 2:129a BW, entscheidet die Gesellschafterversammlung, wer zu ausführenden und wer zu nicht-ausführenden Vorstandsmitgliedern berufen werden soll (Artikel 2:132 I BW).[321] Das *one-tier board* hat nach Artikel 2:134 I BW die Befugnis, ein ausführendes Vorstandsmitglied **zu suspendieren.** Gibt es in der Gesellschaft einen **Betriebsrat** (*ondernemingsraad*), so hat dieser gemäß Artikel 2:134a BW das Recht, bevor der Vorschlag zur Bestellung, Suspendierung oder Abberufung der Gesellschafterversammlung vorgelegt wird, seinen Standpunkt darzulegen und in der Gesellschafterversammlung zu erläutern. Wurde dem Betriebsrat diese Möglichkeit nicht geboten, dann kann der Beschluss zur Bestellung, Suspendierung oder Abberufung allerdings trotzdem gefasst werden.

155 Der Vorstand einer N.V. kann auch aus **nur einer Person** bestehen. Es gibt keine gesetzlich vorgeschriebene Mindestanzahl an Vorstandsmitgliedern. Vorstandsmitglieder können grundsätzlich – im Gegensatz zum deutschen Recht – sowohl natürliche Personen als **auch juristische Personen** sein.[322] Im Falle eines monistischen Systems müssen die nicht-ausführenden Vorstandsmitglieder allerdings natürliche Personen sein (Artikel 2:129a I BW).

156 Es gibt keine Vorschriften über die Staatsangehörigkeit oder den Wohnsitz der Vorstandsmitglieder. Dennoch kann es abhängig von der jeweiligen persönlichen oder steuerlichen Situation des Vorstandsmitgliedes ratsam sein, dass die Vorstandsmitglieder ihren Wohnsitz in den Niederlanden haben; zwingend erforderlich ist dies jedoch nicht.

157 Für Vorstandsmitglieder bestimmter, **„großer" juristischer Personen,** zB in Strukturgesellschaften, gilt nach Artikel 2:132a BW eine Beschränkung hinsichtlich der Übernahme darüberhinausgehender/**zusätzlicher Vorstands-** bzw. **Aufsichtsratsmandate.** Eine N.V., B.V. oder eine Stiftung wird nach Artikel 2:397 I, II BW als große juristische Person qualifiziert, wenn sie ohne Unterbrechung in mindestens zwei aufeinanderfolgenden Geschäftsjahren mindestens zwei der folgenden Anforderungen kumulativ erfüllt: (1) der **Wert des Nettovermögens** (*activa*) nach der Handelsbilanz beträgt mehr als EUR 20.000.000; (2) der Nettoumsatz (*netto-omzet*) für ein Geschäftsjahr beträgt mehr als EUR 40.000.000 und (3) die durchschnittliche Anzahl der Arbeitnehmer im Geschäftsjahr beträgt 250 oder mehr. Ein (ausführendes) Vorstandsmitglied einer großen juristischen Person darf nicht mehr als zwei Aufsichtsfunktionen und/oder nicht-ausführende Vorstandsfunktionen bei anderen Rechtspersonen ausüben (Artikel 2:132a I lit. a) BW).

158 Des Weiteren darf ein (ausführendes) Vorstandsmitglied **nicht gleichzeitig** Vorsitzender eines Aufsichtsrates, *one-tier-boards* oder eines anderen in der Satzung geregelten, aufsichtsführenden Organs anderer großer juristischer Personen sein (Artikel 2:132a I lit. b) BW). Ein Aufsichtsratsmitglied, nicht-ausführendes Vorstandsmitglied oder ein Mitglied anderer, satzungsmäßig bestimmter Aufsichtsorgane darf **nicht mehr als fünf** solcher Aufsichtsfunktionen bei großen juristischen Personen ausüben. Hierbei gilt gemäß Artikel 2:132a II lit. b) BW, dass die Bestellung bei verschiedenen Rechtspersonen, die miteinander in einer Gruppe verbunden sind, **als eine Bestellung gilt.** Gemäß Artikel 2:135 BW hat die Gesellschaft Regelungen bezüglich der Vergütung der (ausführenden und nicht-ausführenden) Vorstandsmitglieder festzustellen. Zuständig für die Feststellung dieser Regelungen ist die Gesellschafterversammlung (Artikel 2:135 I BW). Die Vergütung der Vorstandsmitglieder kann aus einem festen und einem variablen Gehaltsbestandteil in Form eines Bonus bestehen. Die jeweilige Vergütung der (ausführenden und nicht-ausführenden) Vorstandsmitglieder wird unter Berücksichtigung der durch die Gesellschafterversammlung festgestellten allgemeinen Regelungen ebenfalls durch die Gesellschafterver-

---

320 *Huizink*, Rechtspersoon, vennootschap en onderneming, 2013, S. 166; *Wooldridge* Co. Lawyer 28 (2007) 312; *Bervoets* in: Kalss (Hrsg.), Vorstandshaftung in 15 europäischen Ländern, 2005, S. 600; *Schuit* in: Muller (Hrsg.), Corporate Law in the Netherlands, 2013, S. 122.

321 Vgl. auch *Nienoord* BB 2012/42; *van der Heijden/van der Grinten*, Handboek voor de naamloze en de besloten vennootschap, 2013, S. 497.

322 *Stephani* in: Cachard/Nau (Hrsg.), Europäisches Privatrecht in Vielfalt geeint, Einheitsbildung durch Gruppenbildung im Unternehmensrecht?, 2012, S. 265, 266; *Schuit* in: Muller (Hrsg.), Corporate Law in the Netherlands, 2013, S. 110.

sammlung festgestellt, soweit in der Satzung kein anderes Organ für die Feststellung bestimmt ist (Artikel 2:135 IV BW). Gemäß Artikel 2:129a II BW dürfen ausführende Vorstandsmitglieder jedoch nicht an der Beratung und der Beschlussfassung bezüglich der Vergütung der ausführenden Vorstandsmitglieder teilnehmen. In einem *two-tier board* wird die Vergütung der Mitglieder des Aufsichtsrates gemäß Artikel 2:145 BW durch die Gesellschafterversammlung bestimmt. Eine Möglichkeit, diese Befugnis in der Satzung auf ein anderes Organ der Gesellschaft zu übertragen, besteht nicht.

Eine zeitweise Anstellung durch die *ondernemingskamer* im Zusammenhang mit einem Sonderprüfungsverfahren (*enquêteprocedure)*[323] gilt dabei nicht als Bestellung im Sinne des Artikels 2:132a BW (Artikel 2:132a II lit. e) BW). Gemäß Artikel 2:349a II BW und 2:256 lit. c) BW kann die *ondernemingskamer*[324] im Rahmen eines solchen **Sonderprüfungsverfahrens** unter gewissen Umständen unverzügliche Maßnahmen (*onmiddelijke voorziening*) treffen, wie zB die Bestellung vorübergehender Vorstandsmitglieder. 159

bb) (Interne) Aufgabenverteilung

Nach Artikel 2:129 I BW steht die **Geschäftsführung ausschließlich dem Vorstand** zu, wobei diese Aufgabe grundsätzlich eine Verpflichtung sämtlicher Vorstandsmitglieder gemeinsam ist.[325] Beschränkt wird diese Geschäftsführungsbefugnis durch den in der Satzung enthaltenen Unternehmensgegenstand und durch das Gesetz.[326] So bestimmt Artikel 2:129 IV BW, dass der Vorstand den Anweisungen eines anderen Organs in Bezug auf die **allgemeine** Geschäftspolitik der N.V. zu folgen hat, soweit dies in der Satzung vorgeschrieben ist und die Anweisung im Interesse der Gesellschaft und der mit ihr verbundenen Unternehmen ist.[327] Weisungsbefugt können, je nach Ausgestaltung der Satzung, sowohl der Aufsichtsrat in einem dualistischen System als auch die Gesellschafterversammlung sein. Das weisungsbefugte Organ kann der Geschäftsführung allgemeine Weisungen beispielsweise in Bezug auf die Expansion des Unternehmens ins Ausland erteilen, sofern das Thema Auslandsexpansion zuvor in der Satzung als weisungsrelevantes Thema festgelegt wurde. Das weisungsbefugte Organ kann die Geschäftsführung allerdings nicht anweisen, **konkrete** Maßnahmen in Bezug auf die geplante Auslandsexpansion zu ergreifen. 160

Jedes Mitglied hat bei der Beschlussfassung grundsätzlich **eine Stimme**. Gemäß Artikel 2:129 II BW kann die Satzung jedoch auch bestimmen, dass ein bestimmtes Mitglied mehr als eine Stimme hat, vorausgesetzt, dass dieses Mitglied insgesamt nicht mehr Stimmen hat als die anderen Mitglieder zusammen. Für **Vorstandsbeschlüsse** ist grundsätzlich eine **einfache Mehrheit** ausreichend, es sei denn, dass die Satzung oder interne Regelungen (*bestuursreglementen*) einer etwaigen Geschäftsordnung für den Vorstand etwas anderes regeln.[328] Für den Fall eines Deadlocks bestimmt die Satzung in vielen Fällen, dass dann der Aufsichtsrat befugt ist, den Beschluss zu fassen.[329]

Unter „**Geschäftsführung**" wird im Allgemeinen sowohl das Management des Alltagsgeschäftes (*dagelijkse gang van zaken*) als auch die Entwicklung der (zukünftigen) Firmenpolitik (*bepalen van het beleid*) verstanden.[330] Unter Management des Alltagsgeschäfts fallen dabei grundsätzlich alle Tätigkeiten, die zur Durchführung des Tagesgeschäfts der jeweiligen Gesellschaft notwendig sind wie beispielsweise die interne Vertretung der Interessen der Gesellschaft gegenüber anderen Organen, die Einberufung der Gesellschafterversammlung, die Aufstellung des Jahresabschlusses und die Einführung eines angemessenen Buchführungssystems (Artikel 2:10 BW). Bei der Entwicklung der Firmenpolitik geht es hingegen vielmehr um Strategien, wie die Gesellschaft auch zukünftig aufgestellt sein soll. 161

Eine (interne) **Aufteilung der Aufgaben** (Ressortbildung) ist zwar **zulässig** und **üblich**, hat aber grundsätzlich keine Auswirkungen auf die gemeinschaftliche Verantwortlichkeit des Vorstands nach Artikel 2:9 BW.[331] 162

Vorstandsmitglieder einer N.V. haben nach Artikel 2:9 I BW ihre Aufgaben stets **ordnungsgemäß** (*behoorlijk*) und **im Interesse der N.V.** und der mit ihr verbundenen Unternehmen zu erfüllen (Artikel 2:129 V BW).[332] Dies 163

323 Siehe hierzu auch Rn. 308.

324 Siehe Fußnote 285 (Rn. 134).

325 *Van der Heijden/Van der Grinten*, Handboek voor de naamloze en de besloten vennootschap, 2013, S. 485; *Bervoets* in: Kalss (Hrsg.), Vorstandshaftung in 15 europäischen Ländern, 2005, S. 593, 602 f., 608; *Timmerman* EBOR 11 (2010) 609, 623.

326 *Rademakers/De Vries* in: Süß/Wachter (Hrsg.), Handbuch des internationalen GmbH-Rechts, 2016, Niederlande, Rn. 179.

327 *Hagedorn/Tervoort*, Niederländisches Wirtschaftsrecht, 2017, Kapitel I Rn. 165.

328 *Van der Heijden/Van der Grinten*, Handboek voor de naamloze en de besloten vennootschap, 2013, S. 486.

329 *Van der Heijden/Van der Grinten*, Handboek voor de naamloze en de besloten vennootschap, 2013, S. 486.

330 *Bervoets* in: Kalss (Hrsg.), Vorstandshaftung in 15 europäischen Ländern, 2005, S. 593, 603.

331 *Nicolai* bedrijfsjuridische berichten, 2012/30; *Schuit* in: Muller (Hrsg.), Corporate Law in the Netherlands, 2013, S. 115.

332 *Hagedorn/Tervoort*, Niederländisches Wirtschaftsrecht, 2017, Kapitel I Rn. 162. Über die Interessensabwägungen des Vorstandes in Joint Venture Situationen vgl. auch HR 4. April 2014, Ondernemingsrecht 2014, 101.

bedeutet auch, dass der Vorstand einer N.V. grundsätzlich **autonom handelt** und – anders als die Geschäftsführung einer B.V. – nicht verpflichtet ist, konkrete, auf das Tagesgeschäft und die sonstigen Aufgaben des Vorstandes gerichtete Anweisungen der Gesellschafterversammlung zu befolgen.[333] Nach Artikel 2:129 IV BW kann die Satzung lediglich bestimmen, dass der Vorstand sich gemäß den Anweisungen anderer Organe hinsichtlich der allgemeinen Firmenpolitik auf bestimmten, **in der Satzung festgelegten Gebieten** verhalten muss.[334] In der Regel steht diese Befugnis der Gesellschafterversammlung zu. Bei der N.V. handelt es sich dann jedoch lediglich um allgemeine Anweisungen, die der Vorstand berücksichtigen sollte, nicht aber um eine konkrete Einmischung der Gesellschafterversammlung in die Geschäftsführung.[335]

cc) Vertretung

164 Die Geschäftsführung umfasst insbesondere die Befugnis, die N.V. nach außen hin zu vertreten. Gemäß Artikel 2:130 I BW obliegt grundsätzlich dem Vorstand als Gesamtorgan die **Vertretungsmacht**. Daneben hat jedes Vorstandsmitglied nach Artikel 2:130 II BW auch Einzelvertretungsbefugnis, sofern nicht die Satzung etwas anders bestimmt. Es kann beispielsweise aufgenommen werden, dass nur mindestens zwei Vorstandsmitglieder zusammen oder nur bestimmte Vorstandsmitglieder allein die N.V. vertreten können. Nach niederländischem Recht sind auch die mit deutschem Recht vergleichbaren Formen der **echten** und **unechten Gesamtvertretungsbefugnis** zulässig. Gemäß Artikel 2:130 III BW ist die Vertretungsbefugnis nach außen hin **unbeschränkt** (*onbeperkt*) und **bedingungslos** (*onvoorwaardelijk*).[336] Sollte die Geschäftsführungsbefugnis des Vorstands – im Innenverhältnis (nach Satzung oder Geschäftsordnung) beschränkt sein, hat dies für die Vertretungsmacht grundsätzlich keine Folgen.[337] Eine gesetzlich verankerte Beschränkung der Vertretungsbefugnis ist in Artikel 2:7 BW enthalten. Gemäß Artikel 2:7 BW kann die Gesellschaft eine durch den Vorstand getätigte Rechtshandlung *ex tunc* anfechten (*vernietigen*), wenn diese Rechtshandlung den Gesellschaftszweck der N.V. überschritten hat und die Gegenseite dies wusste oder ohne eigene Recherche hätte wissen müssen (sogenannte ultra-vires-Lehre).[338]

dd) Interessenkonflikt

165 Wie bereits bei Rn. 127 dargestellt, wurden in den Niederlanden mit dem *wet bestuur en toezicht* neue **Regelungen zum Interessenkonflikt** (*tegenstrijdig belang*) eingeführt.

166 Was nach niederländischem Recht konkret unter dem Begriff **„Interessenkonflikt"** zu verstehen ist, war lange Zeit umstritten.[339] In 2007 entschied der *Hoge Raad* in seinem berühmten ***Bruil*-Urteil** Folgendes:

(1) Es liegt dann ein Interessenkonflikt vor, wenn ein Vorstandsmitglied ein solches, dem Gesellschaftsinteresse **widersprechendes Interesse** hat, dass vernünftigerweise bezweifelt werden kann, ob das Vorstandsmitglied sich bei seinem Handeln **ausschließlich** durch das Gesellschaftsinteresse hat leiten lassen.
(2) Die Frage, ob ein Interessenkonflikt vorliegt, kann **nur im Einzelfall** unter Berücksichtigung aller Umstände beantwortet werden.
(3) In Situationen, in denen eine natürliche Person sowohl als Vorstandsmitglied als auch als Gesellschafter mehrerer **in einem Konzern** verbundener Unternehmen handelt, wird ein Interessenkonflikt nicht ohne weiteres angenommen.

167 In den Niederlanden unterscheidet man zwischen **drei Arten des Interessenkonflikts**: Direkte Interessenkonflikte, indirekte Interessenkonflikte und „qualitative" Interessenkonflikte (*kwalitatief tegenstrijdig belang*). Letztere liegen dann vor, wenn ein Vorstandsmitglied in seiner Funktion als Vorstandsmitglied der Gesellschaft ein Rechtsgeschäft mit einer anderen Gesellschaft vornimmt, bei der er **ebenfalls Vorstandsmitglied ist.** In einem solchen Fall liegt jedoch, wie das *Bruil*-Urteil verdeutlicht, streng genommen kein klassischer Interessenkonflikt

333 *Huizink*, Rechtspersoon, vennootschap en onderneming, 2013, S. 161 f.; HR 21. Januar 1955, NJ 1959/43 (*Forumbank*); *Bervoets* in: Kalss (Hrsg.), Vorstandshaftung in 15 europäischen Ländern, 2005, S. 593, 613; *Hagedorn/Tervoort*, Niederländisches Wirtschaftsrecht, 2017, Kapitel I Rn. 162.

334 *Huizink*, Rechtspersoon, vennootschap en onderneming, 2013, S. 163 f.; *Van der Heijden/Van der Grinten*, Handboek voor de naamloze en de besloten vennootschap, 2013, S. 481 ff.; *Hagedorn/Tervoort*, Niederländisches Wirtschaftsrecht, 2017, Kapitel I Rn. 165.

335 *Van der Heijden/Van der Grinten*, Handboek voor de naamloze en de besloten vennootschap, 2013, S. 482; *Hagedorn/Tervoort*, Niederländisches Wirtschaftsrecht, 2017, Kapitel I Rn. 165.

336 *Huizink*, Rechtspersoon, vennootschap en onderneming, 2013, S. 224; *van der Heijden/van der Grinten*, Handboek voor de naamloze en de besloten vennootschap, 2013, S. 499; vgl. auch *Schuit* in: Muller (Hrsg.), Corporate Law in the Netherlands, 2013, S. 115.

337 *Rademakers/De Vries* in: Süß/Wachter (Hrsg.), Handbuch des internationalen GmbH-Rechts, 2016, Niederlande, Rn. 203.

338 Siehe hierzu bereits Rn. 146.

339 Vgl. die materiell-rechtliche Betrachtung des HR im sog *Bruil*-Urteil (HR 22. Juni 2007, NJ 2007/420) und die eher formell rechtliche Betrachtung des HR im *Mediasafe I*-Urteil (HR 22. März 1996, NJ 1996/568); siehe auch *Van Dongen* Tijdschrift voor vennootschaps- en rechtspersonenrecht 2013, S. 44, 45; *Timmerman* EBOR 11 (2010) 609, 622.

vor, sodass diese Konstellation nach niederländischem Verständnis in der Regel keine Probleme verursacht. Für Börsengesellschaften enthält der niederländische Corporate Governance Code in Ziffer 2.7 zusätzliche, strengere Regelungen zum Interessenkonflikt.

Ein **direkter Interessenkonflikt** liegt dann vor, wenn das Vorstandsmitglied gleichzeitig auch für sich selbst handelt. **Indirekt** ist ein Interessenkonflikt dann, wenn das Vorstandsmitglied in einem besonderen Verhältnis zu der Gegenseite der Gesellschaft steht oder, wenn er ein eigenes Interesse an dem Rechtsgeschäft mit der Gegenseite hat. Das Vorstandsmitglied steht beispielsweise in einem besonderen Verhältnis zur Gegenseite der Gesellschaft, wenn es im Namen der Gesellschaft einen Arbeitsvertrag zwischen der Gesellschaft und seinem Kind unterzeichnet. Ein eigenes Interesse an dem Rechtsgeschäft könnte dann bestehen, wenn das Vorstandsmitglied oder eines seiner Familienmitglieder Gesellschafter der Vertragspartei ist. 168

(1) Alte Gesetzgebung zum Interessenkonflikt

Die Regelungen zum Interessenkonflikt waren bis zum Inkrafttreten der neuen Gesetzgebung **im Jahr 2013** in Artikel 2:146 BW (für die N.V.) und Artikel 2:256 BW (für die B.V.) geregelt. 169

Nach altem Recht konnte das Vorstandsmitglied mit Interessenkonflikt das Unternehmen **nicht mehr wirksam nach außen hin vertreten**, es sei denn, die Satzung enthielt eine abweichende Regelung. Zur Vertretung der Gesellschaft war dann nach altem Recht ausnahmsweise der Aufsichtsrat befugt. Zudem konnte die Hauptversammlung stets eine oder mehrere Personen **anweisen**, die im Falle eines Interessenkonflikts Vertretungsmacht besaßen. Dies konnten dann auch die Vorstandsmitglieder mit Interessenkonflikt sein.[340] 170

Ein Interessenkonflikt **nach altem Recht** hatte daher **Außenwirkung** (*externe werking*), sodass das Rechtsgeschäft nichtig und die Gesellschaft nicht an das Rechtsgeschäft gebunden war. 171

Gutgläubige Dritte wurden jedoch grundsätzlich geschützt, sodass sich die Gesellschaft in einem solchen Fall nicht auf die Außenwirkung des nichtigen Rechtsgeschäfts berufen konnte.[341] Auch aus **Treu und Glauben** (*redelijkheid en billijkheid*) konnte sich im Einzelfall ergeben, dass die Gesellschaft sich nicht auf den Interessenkonflikt berufen konnte, wenn dies unverhältnismäßige Folgen für den Dritten gehabt hätte. **Nur wenn der Dritte wusste** oder hätte wissen können, dass möglicherweise ein Interessenkonflikt vorlag, wurde dieser nicht geschützt. Lagen Anhaltspunkte für einen Interessenkonflikt vor, dann traf den Dritten daher eine Untersuchungspflicht.[342] 172

(2) Neue Gesetzgebung zum Interessenkonflikt

Die sog ***Bruil*-Kriterien** werden auch nach Inkrafttreten der neuen gesetzlichen Regelung nach wie vor bei der Beantwortung der Frage, ob ein Interessenkonflikt vorliegt, herangezogen.[343] 173

Der Grundgedanke, dass Vorstandsmitglieder **stets das Interesse der Gesellschaft** und der mit ihr verbundenen Unternehmen zu wahren haben, ist nunmehr in Artikel 2:129 V BW (für die N.V.) und Artikel 2:239 V BW (für die B.V.) geregelt. 174

Ein Interessenkonflikt im Sinne dieser Regelungen liegt vor, wenn ein Vorstandsmitglied im konkreten Fall ein **direktes** oder **indirektes persönliches Interesse** hat, das sich **nicht** mit dem Interesse der Gesellschaft oder der mit ihr verbundenen Unternehmen **vereinbaren lässt**. Solange das persönliche Interesse jedoch mit dem Interesse der Gesellschaft übereinstimmt, liegt nach niederländischem Verständnis kein Interessenkonflikt vor. Der Wortlaut der neuen Regelung verdeutlicht damit einmal mehr, dass ein **rein *kwalitatief tegenstrijdig* Interesse** von der gesetzlichen Regelung ausgeschlossen ist. 175

Vorstandsmitglieder mit Interessenkonflikt sind nach der neuen Regelung in Artikel 2:129 VI BW von der **Teilnahme** an der **internen Beschlussfassung ausgeschlossen**. Liegt ein Interessenkonflikt vor, muss der bzw. müssen die betreffenden Vorstandsmitglieder dies zunächst den übrigen Vorstandsmitgliedern **melden**.[344] Kann aufgrund des Interessenkonflikts kein Beschluss gefasst werden, zB weil alle Vorstandsmitglieder sich in einem Interessenkonflikt befinden, muss der **Beschluss durch den Aufsichtsrat** gefasst werden.[345] Hat die Gesellschaft keinen Aufsichtsrat, dann ist die Gesellschafterversammlung zur Beschlussfassung befugt, es sei denn, die Satzung der Gesellschaft bestimmt etwas anderes.[346] Die Satzung kann beispielsweise eine Regelung enthalten, dass die Vorstandsmitglieder mit Interessenkonflikt dennoch an der Beschlussfassung teilnehmen können. 176

340 *Mussche* BB 2013/5.
341 *Mussche* BB 2013/5.
342 *Mussche* BB 2013/5.
343 *Van Dongen* Tijdschrift voor vennootschaps- en rechtspersonenrecht, 2013, S. 44, 47; *Mussche* BB 2013/5.
344 Kamerstukken II 31 763, Nr. 6, S. 21.
345 *Hagedorn/Tervoort*, Niederländisches Wirtschaftsrecht, 2017, Kapitel I Rn. 168.
346 *Mussche* BB 2013/5; *Schuit* in: Muller (Hrsg.), Corporate Law in the Netherlands, 2013, S. 129; hierauf deutete bereits *Timmerman* EBOR 11 (2010) 609, 622 hin; *Hagedorn/Tervoort*, Niederländisches Wirtschaftsrecht, 2017, Kapitel I Rn. 168.

177 Die Praxis behilft sich mit einer **Auffanglösung:** Neben dem Beschluss durch den Vorstand trifft auch die Gesellschafterversammlung einen entsprechenden Beschluss für den Fall, dass einer, mehrere oder sämtliche Vorstandsmitglieder wegen eines Interessenkonflikts nicht hätten mitstimmen dürfen.

178 Ein Interessenkonflikt entfaltet nach der neuen Regelung **keine Außenwirkung** mehr. Ein Verstoß gegen diese Regelung führt gemäß Artikel 2:15 I BW jedoch zur **Anfechtbarkeit** des entsprechenden Beschlusses. Gemäß Artikel 2:15 III BW hat grundsätzlich jeder, der ein **angemessenes Interesse** (*redelijk belang*) vorweisen kann, die Möglichkeit den Beschluss anzufechten. Diese Anfechtung hat anders als nach altem Recht jedoch grundsätzlich nur interne Wirkung. Das Vorstandsmitglied mit Interessenkonflikt **bleibt vertretungsbefugt** und Dritte bleiben an das Rechtsgeschäft gebunden.[347] Das Vorstandsmitglied kann allerdings **intern** gemäß Artikel 2:9 BW durch die Gesellschaft persönlich **haftbar** gemacht werden. Es haftet dann für den Schaden, der durch sein Handeln entstanden ist.[348]

179 Von Bedeutung ist in diesem Zusammenhang noch, dass durch die Einführung der neuen Artikel 2:140 V BW und 2:250 V BW die Regelungen zum Interessenkonflikt **ebenfalls für die Mitglieder des Aufsichtsrates** (*commissarissen*) gelten. Ist der Aufsichtsrat nicht in der Lage einen Beschluss zu fassen, da bei allen Mitgliedern ein Interessenkonflikt vorliegt, dann ist die Gesellschafterversammlung zur Beschlussfassung befugt. In der Satzung der Gesellschaft kann jedoch auch bestimmt werden, dass in einem solchen Fall der Aufsichtsrat trotzdem den Beschluss fassen darf.

ee) Interne Haftung

180 Jedes Vorstandsmitglied ist nach Artikel 2:9 II BW für die **Gesamtgeschäftsführung verantwortlich.** Die Geschäftsführung ist gemeinsame Aufgabe sämtlicher Mitglieder des Vorstands und führt im Falle nicht ordnungsgemäßen Handelns grundsätzlich zu einer **gesamtschuldnerischen Haftung** aller Vorstandsmitglieder. Dies gilt nicht, wenn ein Vorstandsmitglied nachweisen kann, dass ihm **kein grober Vorwurf** (*ernstig verwijt*) gemacht werden kann, weil ihm das Handeln nicht zuzurechnen ist und er es vor allem auch nicht versäumt hat (*nalatig* gewesen ist), Maßnahmen zu ergreifen, um die Folgen dieses Handelns abzuwenden.[349]

181 Kann einem Vorstandsmitglied jedoch ein solcher grober Vorwurf, nicht ordnungsgemäß gehandelt zu haben,[350] gemacht werden, haftet er gegenüber der Gesellschaft **persönlich, unbeschränkt** und (bei Handeln Mehrerer) **gesamtschuldnerisch.** Es handelt sich bei der Haftungsnorm des Artikels 2:9 BW um eine **interne Haftung** (*interne aansprakelijkheid*) der Vorstandsmitglieder gegenüber der Gesellschaft.[351] Im niederländischen *Burgerlijk Wetboek* ist nicht ausdrücklich geregelt, welches Organ den Anspruch im Namen der Gesellschaft geltend machen kann.[352] In erster Linie ist der Anspruch der N.V. durch den Vorstand im Namen der Gesellschaft geltend zu machen.[353] Besteht der Vorstand aus nur einem Mitglied, so besteht die Möglichkeit, dass die Gesellschafterversammlung ein neues Vorstandsmitglied bestellt, welches sodann die Forderung gegenüber dem bisherigen (alleinigen) Vorstandsmitglied geltend macht.[354] Aufgrund der Regelungen zum Interessenkonflikt in Artikel 2:129 VI BW darf das Vorstandsmitglied, dem ein grober Vorwurf gemacht werden kann, nicht an der Beratung und Beschlussfassung bezüglich der geltend zu machenden Forderung teilnehmen. Natürlich kann die Gesellschafterversammlung in einem solchen Fall auch beschließen, das Vorstandsmitglied zu suspendieren. In diesem Fall greifen die satzungsmäßigen Bestimmungen bezüglich der Verhinderung eines Vorstandsmitgliedes.[355] Die Bewertung, ob einem Vorstandsmitglied ein grober Vorwurf gemacht werden kann, oder ob er noch im Rahmen einer ordnungsgemäßen Aufgabenerfüllung gehandelt hat, ist dabei stets abhängig von den **konkreten Gesamtumständen des Einzelfalles.**[356] Ein **Indiz** hierbei kann eine entsprechende Aufgabenverteilung innerhalb des Vorstands oder beispielsweise das betrügerische Handeln eines anderen Vorstandsmitglieds sein. Aber auch

---

347 *Mussche* BB 2013/5.
348 *Mussche* BB 2013/5.
349 *Schild/Timmerman* WPNR 2014, 270-274; *Boogers* BB 2012/47; *Rensen* in: Muller (Hrsg.), Corporate Law in the Netherlands, 2013, S. 140; *Timmerman* EBOR 11 (2010) 609, 617.
350 HR 10. Januar 1997, NJ 1997/360 (*Staleman/Van de Ven*); *Huizink*, Rechtspersoon, vennootschap en onderneming, 2013, S. 283; HR 29. November 2002, NJ 2003/455 (*Berghuizer papierfabriek*); *Bervoets* in: Kalss (Hrsg.), Vorstandshaftung in 15 europäischen Ländern, 2005, S. 593, 606; *Westenbroek* Ondernemingsrecht 2015/69, § 2; *Schild/Timmerman* WPNR 2014, 270-274.
351 *Huizink*, Rechtspersoon, vennootschap en onderneming, 2013, S. 283; *Bervoets* in: Kalss (Hrsg.), Vorstandshaftung in 15 europäischen Ländern, 2005, S. 593, 609 ff.
352 *Van der Heijden/Van der Grinten*, Handboek voor de naamloze en de besloten vennootschap, 2013, S. 564.
353 *Van der Heijden/Van der Grinten*, Handboek voor de naamloze en de besloten vennootschap, 2013, S. 564.
354 *Van der Heijden/Van der Grinten*, Handboek voor de naamloze en de besloten vennootschap, 2013, S. 564.
355 *Van der Heijden/Van der Grinten*, Handboek voor de naamloze en de besloten vennootschap, 2013, S. 564.
356 HR 29. November 2002, NJ 2003/455 (*Berghuizer papierfabriek*); HR 4. April 2003, NJ 2003/538 (*Skipper Club Charter BV*); *Bervoets* in: Kalss (Hrsg.), Vorstandshaftung in 15 europäischen Ländern, 2005, S. 593, 612; *Rensen* in: Muller (Hrsg.), Corporate Law in the Netherlands, 2013, S. 141.

die Art der durch die Gesellschaft ausgeübten Tätigkeiten und die daraus resultierenden Risiken können hierbei eine Rolle spielen.[357]

Vorstandsmitglieder können durch einen **Beschluss der Gesellschafterversammlung entlastet** werden (*décharge verlening*).[358] Durch diesen Entlastungsbeschluss verzichtet die Gesellschaft auf eventuelle Haftungsansprüche. Die Entlastung betrifft jedoch lediglich die interne Haftung der Vorstandsmitglieder gegenüber der Gesellschaft.[359] 182

ff) Externe Haftung

Ein Beispiel der externen Vorstandshaftung ist die Haftung im Falle einer **Insolvenz der Gesellschaft.** Nach niederländischem Recht wird ein nicht ordnungsgemäßes Handeln des Vorstandes dann **vermutet**, wenn zB gesetzliche **Buchführungspflichten** (Artikel 2:10 BW) oder auch Pflichten betreffend die Aufstellung oder Veröffentlichung des Jahresabschlusses (Artikel 2:394 BW) nicht erfüllt wurden. Im Falle einer späteren Insolvenz der N.V. unterstellt Artikel 2:138 I BW widerlegbar, dass die nicht ordnungsgemäße Aufgabenerfüllung durch den Vorstand im Sinne der Artikel 2:10 BW und/oder 2:394 BW ein wichtiger Grund für die Insolvenz war.[360] Von dieser Haftung kann auch das faktische Vorstandsmitglied betroffen sein.[361] Ein Vorstandsmitglied kann sich jedoch nach Artikel 2:138 III BW exkulpieren und haftet nicht, wenn es **nachweisen kann**, dass ihm die nicht ordnungsgemäße Aufgabenerfüllung **nicht vorzuwerfen ist** und es notwendige Maßnahmen ergriffen hat, um die Folgen des nicht ordnungsgemäßen Handelns abzuwenden. 183

Im Falle der späteren Insolvenz der Gesellschaft kann die Forderung der Gesellschaft wegen unerlaubter Handlung des Vorstandes **nur durch den Insolvenzverwalter** durchgesetzt werden.[362] 184

Schließlich kommt eine persönliche Haftung von Mitgliedern des Vorstandes (gesamtschuldnerisch neben der Gesellschaft) gegenüber Dritten (zB auch gegenüber den Aktionären) im Falle einer **unerlaubten Handlung** (*onrechtmatige daad*) nach Artikel 6:162 BW in Betracht.[363] Der *Hoge Raad* hat in seinem Urteil *Willemsen/NOM*[364] entschieden, dass hinsichtlich der Haftung eines Vorstandsmitglieds gegenüber einem Aktionär grundsätzlich Artikel 2:9 BW, also der Maßstab für die interne Haftung der Vorstandsmitglieder, anwendbar sein soll. Zudem soll der Vorstand für eine unerlaubte Handlung **nur** haftbar gemacht werden können, wenn ihn ein **schuldhaftes Handeln** gegenüber dem Aktionär trifft. Dies ist ein deutlich engerer Maßstab als die Voraussetzungen einer Haftung aufgrund einer unerlaubten Handlung im Sinne des Artikel 6:162 BW. Hintergrund hierfür ist die Tatsache, dass sowohl der Gesetzgeber als auch die Rechtsprechung anerkennen, dass der Vorstand bei der Geschäftsführung ein gewisses Maß an unternehmerischer Freiheit haben muss, ohne bei jeder Entscheidung zu befürchten, persönlich von den Aktionären in Anspruch genommen zu werden, selbst wenn sich im Ergebnis eine bestimmte Entscheidung als für die Gesellschaft nachteilig erweisen sollte.[365] 185

Lange Zeit wurde die persönliche Haftung eines Vorstandsmitglieds gegenüber Dritten nur dann angenommen, wenn das jeweilige Vorstandsmitglied selbst und unmittelbar (*rechtstreeks*) nicht ordnungsgemäß gehandelt hatte und ihm persönlich ein ausreichend schwerer Vorwurf gemacht werden konnte.[366] Ein unrechtmäßiges Handeln eines Vorstandsmitgliedes kann jedoch **auch dann** bestehen, wenn einer der folgenden Haftungsgründe gegeben ist: 186

- beim Eingehen einer Verpflichtung im Namen der N.V. war dem Vorstandsmitglied bekannt oder zumindest **grob fahrlässig nicht bekannt**, dass die N.V. diese Verpflichtung nicht erfüllen und keinen Ersatz leisten können wird;[367]

357 *Van der Heijden/Van der Grinten*, Handboek voor de naamloze en de besloten vennootschap, 2013, S. 561; *Rensen* in: Muller (Hrsg.), Corporate Law in the Netherlands, 2013, S. 141.

358 *Maeijer* in: Asser (Hrsg.), 2-III, 1994, S. 325; *Bervoets* in: Kalss (Hrsg.), Vorstandshaftung in 15 europäischen Ländern, 2005, S. 593, 616; *Rensen* in: Muller (Hrsg.), Corporate Law in the Netherlands, 2013, S. 155.

359 *Bervoets* in: Kalss (Hrsg.), Vorstandshaftung in 15 europäischen Ländern, 2005, S. 593, 616; *Schuit* in: Muller (Hrsg.), Corporate Law in the Netherlands, 2013, S. 155.

360 *Huizink*, Rechtspersoon, vennootschap en onderneming, 2013, S. 286; HR 8. Juni 2001, NJ 2001/454 (*Panmo Produktie BV*); *Bervoets* in: Kalss (Hrsg.), Vorstandshaftung in 15 europäischen Ländern, 2005, S. 593, 634 ff.; *Rensen* in: Muller (Hrsg.), Corporate Law in the Netherlands, 2013, S. 142.

361 *Timmerman* EBOR 11 (2010) 609, 612; *Rensen* in: Muller (Hrsg.), Corporate Law in the Netherlands, 2013, S. 144.

362 HR 14. Januar 1983, NJ 1983/597 (*Peeters qq/Gatzen*).

363 HR 6. Oktober 1989, NJ 1990/286 (*Beklamel*); HR 26. Juni 2009, JOR 2009/221; HR 3. April 1992, NJ 1992/411 (*Van Waning/Van der Vliet*); HR 18. Februar 2000, NJ 2000/295 (*Driespan*); *Westenbroek* Ondernemingsrecht 2015/69, § 3; *Karapetian* WPNR 2015, 209-220.

364 HR 20. Juni 2008, NJ 2009/21 (*Willemsen/NOM*).

365 HR 20. Juni 2008, NJ 2009/21 (*Willemsen/NOM*).

366 *Rensen* in: Muller (Hrsg.), Corporate Law in the Netherlands, 2013, S. 144; *Bervoets* in: Kalss (Hrsg.), Vorstandshaftung in 15 europäischen Ländern, 2005, S. 593, 631.

367 HR 6. Oktober 1989, NJ 1990/286 (*Beklamel*).

- die **Erfüllung** einer Verpflichtung durch die N.V. wurde durch das Vorstandsmitglied **behindert**;[368]
- das Vorstandsmitglied hat einen **Zahlungsunwillen** gezeigt oder hat Zahlungsverpflichtungen lediglich selektiv erfüllt.

187 Im November 2012 entschied der *Hoge Raad*[369] zunächst, dass ein Vorstandsmitglied unter Umständen **auch dann** persönlich neben der Gesellschaft gegenüber einem Dritten haften kann, wenn ihm in seiner Funktion als Vorstandsmitglied **kein** schwerer Vorwurf gemacht werden kann.[370] Dies kann insbesondere dann der Fall sein, wenn das Vorstandsmitglied eine ihm persönlich obliegende Sorgfaltspflicht verletzt hat.[371] In einem weiteren Urteil aus dem Jahr 2014 verdeutlichte der *Hoge Raad* jedoch erneut, dass Vorstandsmitglieder grundsätzlich nur dann extern haften, wenn ihnen ein grober Vorwurf gemacht werden kann.[372]

188 Weitere (externe) Haftungsgründe können entstehen, wenn der veröffentlichte Jahresabschluss, Lagebericht oder die Zwischenergebnisse **irreführend sind** (Artikel 2:139 BW) oder wenn nach Artikel 36 IV Invorderingswet 1990 Steuern bzw. Sozialversicherungsbeiträge nicht gezahlt wurden.[373] Gerade nicht geleistete Sozialversicherungsbeiträge haben in Bezug auf eine bevorstehende Insolvenz eine wesentliche praktische Bedeutung. Haben es die Vorstände versäumt den Sozialversicherungsträgern mitzuteilen, dass sie die Prämien und Steuern nicht zahlen können, haften sie gesamtschuldnerisch. Ein Geschäftsführer kann sich exkulpieren, soweit er beweisen kann, dass ihn keine Schuld für die nicht vorgenommene bzw. nicht rechtzeitig vorgenommene Mitteilung trifft. Diese Form des Haftungsgrundes stützt die Organisation auf ein im Unternehmen vorherrschendes Missmanagement der Geschäftsführer. Den Beweis hierfür muss der Sozialversicherungsträger führen.[374]

b) Die Gesellschafterversammlung

aa) Befugnisse

189 Der Gesellschafterversammlung (***algemene vergadering*** – „AVA") stehen nach Artikel 2:107 I BW innerhalb der durch das Gesetz und die Satzung gesetzten Grenzen **alle Rechte** zu, die nicht einem anderen Gesellschaftsorgan zugewiesen sind.

190 Die folgenden Angelegenheiten fallen bereits nach dem Gesetz in den **Verantwortungsbereich** der Gesellschafterversammlung einer N.V.:

- **Bestellung**, Suspendierung (*schorsing*) und Entlassung von **Vorstandsmitgliedern**;
- Bestellung, Suspendierung und Entlassung von Aufsichtsratsmitgliedern;
- Feststellung des Jahresabschlusses;
- **Satzungsänderungen**;
- Auflösung der Gesellschaft;
- Einwilligung (*goedkeuring*) zu Beschlüssen des Vorstands bezüglich materieller Änderungen von Identität oder Charakter der Gesellschaft oder ihres Unternehmens (Artikel 2:107a BW);
- Umwandlung der Gesellschaft;
- **Herabsetzung** des gezeichneten Kapitals;
- (Reguläre) Erhöhung des gezeichneten Kapitals durch Erhöhung der Anzahl der Aktien der N.V.;[375]
- Ermächtigung zum **Kauf eigener Anteile**;[376]
- Feststellung eines Reglements (*beleid*) betreffend die Vorstandsbezüge;
- Beschlüsse betreffend die Vergütung der Aufsichtsratsmitglieder;

368 HR 18. Februar 2000, NJ 2000/295 (*NHB/Oosterhof*); HR 8. Dezember 2006, NJ 2006/659 (*Ontvanger/Roelofsen*); *Mussche* BB 2014/34.

369 HR 23. November 2012, NJ 2013/302 (*Spaanse Villa*); *Karapetian* WPNR 2015, 209-220; *Mussche* BB 2014/34.

370 Das *Spaanse Villa*-Urteil des Hoge Raad ist auch auf Vorstandsmitglieder einer N.V. anwendbar; vgl. im Übrigen die Ausführungen bei Rn. 293.

371 Vgl. hierzu Rn. 293.

372 Vgl. hierzu Rn. 294.

373 *Bervoets* in: Kalss (Hrsg.), Vorstandshaftung in 15 europäischen Ländern, 2005, S. 593, 632, 642 f.; *Rademakers/de Vries* in: Süß/Wachter (Hrsg.), Handbuch des internationalen GmbH-Rechts, 2016, Niederlande, Rn. 188 f.; *Rensen* in: Muller (Hrsg.), Corporate Law in the Netherlands, 2013, S. 147.

374 *Rademakers/de Vries* in: Süß/Wachter (Hrsg.), Handbuch des internationalen GmbH-Rechts, 2016, Niederlande, Rn. 188.

375 Die Satzung kann diese Befugnis für einen Zeitabschnitt für nicht mehr als fünf (5) Jahre einem anderen Organ zuweisen oder die Gesellschafterversammlung kann für nicht mehr als fünf (5) Jahre ein anderes Organ benennen. Gängige Praxis bei börsennotierten N.V.s ist, dass diese Befugnis dem Vorstand für einen Zeitraum von achtzehn (18) Monaten übertragen wird.

376 Für börsennotierte N.V.s kann diese Ermächtigung jeweils nur für einen Zeitraum von 18 Monaten erteilt werden; für reguläre N.V.s darf dieser Zeitraum bis zu max. fünf (5) Jahre betragen.

- Beschlussfassung über die **Gewinnverwendung;**
- Bestellung des Abschlussprüfers.

Neben diesen gesetzlich zugewiesenen Aufgaben besteht die Möglichkeit, **in der Satzung weitergehende Regelungen** zu treffen. Eine dem deutschen § 23 V AktG vergleichbare Satzungsstrenge kennt das niederländische Recht so nicht. Zwar bestimmt Artikel 2:25 BW, dass von den Bestimmungen des 2. Buches abgewichen werden kann, sofern sich dies aus dem Gesetz *ergibt*; sie muss allerdings nicht *ausdrücklich* gesetzlich vorgesehen sein. Zudem hat die Gesellschafterversammlung nach Artikel 2:107 II BW das Recht, durch den Vorstand und den Aufsichtsrat über bestimmte, auf der Tagesordnung festgehaltene Punkte, **informiert zu werden.** Es handelt sich hierbei um ein **individuelles Recht** des jeweiligen Gesellschafters, das er dem Wortlaut des Artikel 2:107 II BW jedoch lediglich innerhalb der Gesellschaftsversammlung ausüben kann.[377] Obwohl die Gesellschafterversammlung insgesamt eine maßgebliche Stellung und Bedeutung hat, ist sie – anders als zB bei der deutschen GmbH – **nicht das oberste Organ** der Gesellschaft. Das niederländische Recht unterscheidet in diesem Zusammenhang traditionell zwischen der sog **Weisungsmacht** (*instructiemacht*) und der **Weisungsbefugnis** (*instructiebevoegdheid*) der Gesellschafterversammlung.[378] Unter Weisungsmacht wird verstanden, dass die Gesellschafterversammlung durch die Ausübung ihrer gesetzlichen und satzungsmäßigen Befugnisse tatsächliche Macht über den Vorstand ausüben kann. So steht es der Gesellschafterversammlung zum Beispiel grundsätzlich zu, den Vorstand abzuberufen. Im Gegensatz hierzu versteht man unter Weisungsbefugnis die Befugnis der Gesellschafterversammlung, dem Vorstand bindende Weisungen zu erteilen. 191

Anders als bei der B.V., bei der die Weisungsbefugnis seit Einführung der Flex-B.V. eine größere Rolle spielt, hat die Gesellschafterversammlung der N.V. tatsächlich jedoch **lediglich eine beschränkte Rolle** im Rahmen der Geschäftsführung und der operativen Tätigkeit der Gesellschaft, weil diese exklusiv dem Vorstand der Gesellschaft vorbehalten ist (sog Autonomieprinzip).[379] Die Gesellschafterversammlung ist daher **weder befugt**, dem Vorstand detaillierte **Weisungen zu erteilen, noch** Entscheidungen des Aufsichtsrats **zu überstimmen.**[380] Der Vorstand ist nur dann verpflichtet, die allgemeinen Anweisungen der Gesellschafterversammlung zu befolgen, wenn er gemäß Artikel 2:129 V BW davon überzeugt ist, dass dies im Interesse der Gesellschaft und der mit ihr verbundenen Unternehmen ist.[381] 192

bb) Einberufung der Gesellschafterversammlung

Gemäß Artikel 2:108 BW findet mindestens einmal **jährlich** eine (ordentliche) **Gesellschafterversammlung** statt;[382] und zwar innerhalb der ersten sechs Monate nach Ende des Wirtschaftsjahres, es sei denn, dass die Satzung eine kürzere Frist bestimmt. 193

Grundsätzlich sind der **Vorstand** sowie der Aufsichtsrat befugt die Gesellschafterversammlung **einzuberufen** (Artikel 2:109 BW). Gibt es mehrere Vorstands- bzw. Aufsichtsratsmitglieder, dann beschließt das jeweilige Organ nach dem **Mehrheitsprinzip.**[383] In der Satzung kann zudem bestimmt werden, dass auch andere – zB einzelne Vorstandsmitglieder oder auch Gesellschafter – die Gesellschaftsversammlung einberufen können. Dies ist in der Praxis jedoch selten der Fall, da Artikel 2:110 BW den Gesellschaftern, wenn auch über folgenden Umweg, die Möglichkeit bietet eine Versammlung einzuberufen. Weigern sich Vorstand und Aufsichtsrat auf Bitten eines oder mehrerer Gesellschafter, die zusammen **mindestens 10% des gezeichneten Kapitals** oder einen in der Satzung genannten, niedrigeren Betrag repräsentieren, eine Gesellschafterversammlung einzuberufen, oder wird die Versammlung nicht rechtzeitig, dh innerhalb von sechs Wochen nach Antrag zur Einberufung durch die Gesellschafterversammlung abgehalten, können diese Gesellschafter **per Gerichtsbeschluss im Eilverfahren** (*voorzieningenrechter*) ermächtigt werden, selbst eine Gesellschafterversammlung einzuberufen.[384] Das Gericht genehmigt den entsprechenden **Antrag der Gesellschafter**, wenn die oben genannten Vorgaben des Artikels 2:110 BW 194

377 *Van der Heijden/Van der Grinten*, Handboek voor de naamloze en de besloten vennootschap, 2013, S. 372; *Schuit* in: Muller (Hrsg.), Corporate Law in the Netherlands, 2013, S. 106.

378 *Van der Westerlaken* V&O 2002, 209 f.; *Schuit* in: Muller (Hrsg.), Corporate Law in the Netherlands, 2013, S. 95.

379 HR 21. Januar 1955, NJ 1959/43 (*Forumbank*); vgl. auch HR 10. Januar 1990, NJ 1990/466 (*Ogem*); Rb. Utrecht 15. März 2000, JOR 2000, 233; Voorzieningenrechter Den Haag, 7. August 2002, JOR 2002, 173; *Van der Westerlaken* V&O 2002, 210 ff.

380 Dazu auch *Van Schilfgaarde*, Van de BV en de NV, 2009, S. 155; *Van der Westerlaken*, V&O 2002, 211; im Schrifttum wird auch eine analoge Anwendung von Artikel 2239 IV BW für die NV diskutiert; vgl. *Terstegge* WPNR 2014, 259-269.

381 Vgl. Pres. Rb. Amsterdam 28. Dezember 1987, KG 1988, 37 (*Amstelland*).

382 *Huizink*, Rechtspersoon, vennootschap en onderneming, 2013, S. 147; *ders.* in: Chorus/Hondius/Voermans (Hrsg.), Introduction to Dutch Law, Chapter 6, 2016, S. 106.

383 *Van der Heijden/Van der Grinten*, Handboek voor de naamloze en de besloten vennootschap, 2013, S. 383; *Huizink*, Rechtspersoon, vennootschap en onderneming, 2013, S. 147.

384 *Van der Heijden/Van der Grinten*, Handboek voor de naamloze en de besloten vennootschap, 2013, S. 384; vgl. auch *Rademakers/De Vries* in: Süß/Wachter (Hrsg.), Handbuch des internationalen GmbH-Rechts, 2016, Niederlande, Rn. 137.

erfüllt sind und die Gesellschafter zudem ein angemessenes Interesse (*redelijk belang*) an der Einberufung nachweisen können (Artikel 2:111 I BW).

195 **Versäumen** es Vorstand bzw. Aufsichtsrat, rechtzeitig die jährliche Gesellschafterversammlung oder eine andere in der Satzung vorgeschriebene Gesellschafterversammlung einzuberufen, kann gemäß Artikel 2:112 BW **jeder Gesellschafter direkt** durch das Gericht ermächtigt werden, die Gesellschafterversammlung einzuberufen. Der Gesellschafter braucht sich in diesem Fall also nicht erst an den Vorstand bzw. den Aufsichtsrat zu wenden; er braucht auch nicht einen bestimmten Teil des gezeichneten Kapitals zu repräsentieren.[385]

196 **Eingeladen** zur Gesellschafterversammlung werden nach Artikel 2:113 I BW **grundsätzlich alle Gesellschafter** sowie alle Inhaber sog Depotscheine (*certificaten van aandelen*), die betreffend die Gesellschaft ausgegeben wurden.

197 Gemäß Artikel 2:88 BW und Artikel 2:89 BW können auch **Pfandgläubiger** (*pandhouder*) und **Inhaber von Nutzungsrechten** (*vruchtgebruikers*) das Recht haben, (ohne Stimmrecht) an der Gesellschafterversammlung teilzunehmen.[386]

198 Die Einberufung zur Gesellschafterversammlung geschieht durch **Ankündigung in einer nationalen Tageszeitung**, es sei denn, dass eine andere Regelung in der Satzung aufgenommen wurde (Artikel 2:113 BW). In der Ankündigung müssen die Tagesordnung, der Ort, an dem die Gesellschafterversammlung stattfindet, die Uhrzeit, das Verfahren im Falle der Teilnahme durch Bevollmächtigte und, bei börsennotierten N.V., das Verfahren zur (elektronischen) Teilnahme und Stimmausübung, sowie die gemäß Artikel 5:25ka Wft genannte Webseite enthalten sein (Artikel 2:114 BW). Nach Artikel 2:115 BW hat die Einberufung der Gesellschafterversammlung **nicht später als am fünfzehnten Tag** vor der Versammlung zu erfolgen. Wurde die 15-Tagesfrist nicht eingehalten oder wurde die Versammlung nicht gemäß den Vorschriften einberufen, so können Beschlüsse innerhalb einer Versammlung **nur einstimmig gefasst** werden, wenn das gesamte gezeichnete Kapital vertreten ist.

199 Die Gesellschafterversammlung findet entweder in der Gemeinde, in der die Gesellschaft ihren **satzungsmäßigen Sitz** (*statutaire zetel*) hat, oder in einer anderen Gemeinde, in der die Gesellschaft ihren **Geschäftssitz** hat, statt. Wird die Versammlung an einem anderen Ort abgehalten, so können nur dann wirksame Beschlüsse gefasst werden, wenn das gesamte gezeichnete Kapital vertreten ist (Artikel 2:116 I BW). Im Gegensatz zur B.V. ermöglicht es das niederländische N.V.-Recht grundsätzlich nicht, dass Gesellschafterversammlungen einer N.V. im Ausland abgehalten werden können.

200 Jeder Gesellschafter kann entweder **persönlich** oder durch einen **schriftlich Bevollmächtigten** an der Versammlung teilnehmen und dort das Wort führen (Artikel 2:117 I, II BW), es sei denn, die Satzung bestimmt etwas anderes. Nach Artikel 2:117 IV BW haben die Vorstands- und die Aufsichtsratsmitglieder in der Gesellschafterversammlung eine **beratende Stimme**; ein Stimmrecht kommt ihnen aber nicht zu.[387] Diese Vorschrift ist in der Praxis besonders dann wichtig, wenn die Abberufung eines Vorstands- oder Aufsichtsratsmitgliedes auf der Tagesordnung steht. Auch in diesem Fall hat jedes Vorstandsmitglied bzw. jedes Mitglied des Aufsichtsrates, also auch das Mitglied, dessen Abberufung auf der Tagesordnung steht, eine beratende Stimme bzw. darf sich zu dem entsprechenden Tagesordnungspunkt äußern.

cc) Stimmrechte und Beschlussfassung

201 Nach niederländischem Recht ist das **Stimmrecht** in der Gesellschafterversammlung grundsätzlich **an die gehaltenen Aktien geknüpft**, da gemäß Artikel 2:118 I BW nur Gesellschafter ein Stimmrecht haben.[388] Jeder Gesellschafter hat mindestens eine Stimme. Eine Begrenzung des Stimmrechts ist nur unter den in Artikel 2:118 IV, V BW genannten Voraussetzungen möglich. Der Umfang des Stimmrechts richtet sich bei der N.V. grundsätzlich nach dem **Verhältnismäßigkeitsprinzip** (*evenredigheidsbeginsel*). Ist das Grundkapital in Aktien mit gleichem Nennwert verteilt, hat daher jeder Gesellschafter **so viele Stimmen, wie er Aktien hat** (Artikel 2:118 II BW). Ist das Grundkapital in Aktien mit verschiedenen Nennbeträgen aufgeteilt, hat der Gesellschafter so viele Stimmen, wie der Betrag des kleinsten Anteils in den Gesamtbetrag der durch ihn gehaltenen Aktien passt (Artikel 2:118 III BW).[389] Gemäß Artikel 2:118 IV BW kann das Stimmrecht in der Satzung auch eingeschränkt werden, vorausgesetzt, dass (i) alle Gesellschafter mit gleicher Beteiligung auch die gleiche Anzahl Stimmen ausüben und (ii) dass Großaktionäre durch die satzungsmäßigen Beschränkungen nicht bevorteilt werden. Nach Artikel 2:118 V BW kann in der Satzung zudem auch auf andere Art und Weise von den Bestimmungen der Absätze 2 und 3

385 *Van der Heijden/Van der Grinten*, Handboek voor de naamloze en de besloten vennootschap, 2013, S. 390; *Schuit* in: Muller (Hrsg.), Corporate Law in the Netherlands, 2013, S. 100.

386 *Van der Heijden/Van der Grinten*, Handboek voor de naamloze en de besloten vennootschap, 2013, S. 408; vgl. auch *Rademakers/de Vries* in: Süß/Wachter (Hrsg.), Handbuch des internationalen GmbH-Rechts, 2016, Niederlande, Rn. 42.

387 *Huizink*, Rechtspersoon, vennootschap en onderneming, 2013, S. 149.

388 *Van der Heijden/Van der Grinten*, Handboek voor de naamloze en de besloten vennootschap, 2013, S. 429; *Huizink*, Rechtspersoon, vennootschap en onderneming, 2013, S. 146.

389 Vgl. auch *Koster* Bedrijfsjuridische berichten 2014/5.

abgewichen werden. Allerdings gilt in diesem Fall, dass ein Gesellschafter nicht mehr als sechs Stimmen ausüben darf, wenn das genehmigte Kapital der Gesellschaft in hundert oder mehr Anteile aufgeteilt ist und er nicht mehr als drei Stimmen ausüben darf, wenn das genehmigte Kapial in weniger als hundert Anteile aufgeteilt ist.

Beschlüsse der Gesellschafterversammlung werden nach Artikel 2:120 I BW grundsätzlich mit der **Mehrheit der gültig abgegebenen Stimmen** gefasst, es sei denn, das Gesetz oder die Satzung bestimmen etwas anderes.[390] Dies bedeutet auch, dass für die Wirksamkeit eines Beschlusses in der Regel **kein Quorum** benötigt wird. Die Satzung kann jedoch ein Quorum für bestimmte Beschlüsse verlangen, es sei denn, dass sich aus dem Gesetz etwas anderes ergibt.[391] Das Gesetz verlangt bei einer Kapitalherabsetzung nach Artikel 2:99 VI BW beispielsweise, dass der Beschluss zur Kapitalherabsetzung mit 2/3 der ausgeübten Stimmen gefasst werden muss, wenn in der Versammlung weniger als die Hälfte des gezeichneten Kapitals anwesend ist. Nach Artikel 2:128 BW können Beschlüsse **außerhalb der Gesellschafterversammlung** *(besluiten buiten vergadering)* **nur schriftlich** und **einstimmig** gefasst werden und auch nur, wenn (i) die Satzung Beschlüsse außerhalb der Gesellschafterversammlung zulässt, (ii) keine Inhaberaktien ausgegeben sind, (iii) keine Depotscheine mit Beteiligungsrechten ausgegeben wurden **und** (iv) das gesamte Kapital der N.V. vertreten ist.[392] 202

Stimmrechtslose Aktien kennt das niederländische N.V.-Recht derzeit (noch) **nicht**. Die Praxis behilft sich daher überwiegend mit *stichting*-Konstruktionen (siehe Rn. 135). 203

c) Überwachung – Aufsichtsrat

Außer bei der Struktur-N.V. ist die **Errichtung eines Aufsichtsrats** (*raad van commissarissen*) **fakultativ**. Bei einer Struktur-N.V. hat der Aufsichtsrat damit auch wesentlich weitergehende Befugnisse als bei einer regulären N.V. Der Aufsichtsrat in einer Struktur-N.V. besteht aus mindestens **drei Mitgliedern** (Artikel 2:158 II BW). Anders als bei einer regulären *N.V.* werden die Mitglieder des Aufsichtsrates gemäß Artikel 2:158 IV BW, außer bei der Gründung der N.V., auf **Vorschlag des Aufsichtsrates** durch die Gesellschafterversammlung bestellt. Dieser Vorschlag kann durch die Gesellschafterversammlung grundsätzlich nur mit der Mehrheit der abgegebenen Stimmen (*volstrekte meerderheid*), die mindestens ein Drittel des gezeichneten Kapitals repräsentieren, abgewiesen werden (Artikel 2:158 IX BW). Des Weiteren liegt in einer Struktur-N.V. die Befugnis zur Bestellung und Abberufung des Vorstandes nicht bei der Gesellschafterversammlung, sondern gemäß Artikel 2:162 BW beim Aufsichtsrat. Eine weitere Besonderheit ergibt sich aus Artikel 2:164 BW. Die in diesem Artikel genannten Beschlüsse des Vorstandes, wie zB betreffend eine Satzungsänderung, bedürfen der **vorherigen Zustimmung** des Aufsichtsrates. Vergleichbare Bestimmungen für den Aufsichtsrat in einer regulären N.V. gibt es, wie nachfolgend beschrieben, nicht. 204

Aufgrund der Praxisrelevanz wird nachfolgend nur auf den **Aufsichtsrat einer regulären N.V.** eingegangen. 205

Die **Satzung einer N.V. kann festlegen**, dass die N.V. einen Aufsichtsrat hat, es sei denn, dass sich die N.V. für ein *one-tier-board* entschieden hat (siehe hierzu Rn. 151). 206

Der Aufsichtsrat besteht grundsätzlich, dh abgesehen von den Fällen einer Struktur-N.V., aus **einer** oder **mehreren natürlichen Personen**.[393] Bis zum 1. Januar 2016 gab es in den Niederlanden für große Gesellschaften im Sinne von Artikel 2:397 BW die Verpflichtung, bei der Bestellung von Vorstandsmitgliedern bzw. Mitgliedern des Aufsichtsrats eine ausgewogene Verteilung zwischen Männern und Frauen zu berücksichtigen (mindestens 30% der Sitze mussten durch Männer und mindestens 30% durch Frauen besetzt werden). Anfang Februar 2017 wurde ein Gesetzesentwurf durch die *Eerste Kamer* angenommen, der eine Verlängerung dieser Regelung bis Ende 2019 vorsieht. Das Gesetz ist schließlich am 13. April 2017 in Kraft getreten und wird automatisch am 1. Januar 2020 außer Kraft gesetzt.[394] Sofern sie nicht bereits bei der Gründung ernannt und in der Gründungsurkunde angegeben wurden, werden die Mitglieder des (ersten) Aufsichtsrats **durch die Gesellschafterversammlung** gemäß Artikel 2:142 I BW **bestellt**. Dasselbe gilt für ihre Entlassung.[395] Zu den **Aufgaben** des Aufsichtsrats zählen insbesondere die Beaufsichtigung des Vorstands und der allgemeinen Geschäfte der Gesellschaft als auch die Beratung des Vorstands. In der Satzung können zudem weitere Aufgaben und Befugnisse des 207

---

390 ZB Artikel 2:134 iVm 2:144 BW; *Huizink*, Rechtspersoon, vennootschap en onderneming, 2013, S. 148.

391 *Van der Heijden/Van der Grinten*, Handboek voor de naamloze en de besloten vennootschap, 2013, S. 449.

392 *Huizink*, Rechtspersoon, vennootschap en onderneming, 2013, S. 149.

393 *Huizink*, Rechtspersoon, vennootschap en onderneming, 2013, S. 185; vgl. auch *Rademakers/Vries* in: Süß/Wachter (Hrsg.), Handbuch des internationalen GmbH-Rechts, 2016, Niederlande, Rn. 209; *Schuit* in: Muller (Hrsg.), Corporate Law in the Netherlands, 2013, S. 132.

394 Besluit van 16 maart 2017 tot vaststelling van het tijdstip van inwerkingtreding van de Wet van 10 februari 2017, houdende wijziging van boek 2 van het Burgerlijk Wetboek in verband met het voortzetten van het streefcijfer voor een evenwichtige verdeling van de zetels van het bestuur en de raad van commissarissen van grote naamloze en besloten vennootschappen (Stb. 2017, 68).

395 *Huizink*, Rechtspersoon, vennootschap en onderneming, 2013, S. 189 ff.; *van Helden/Willeumier* in: Wegen/Spahlinger/Barth (Hrsg.), Gesellschaftsrecht des Auslands, 2016, Niederlande, Rn. 149; *Schuit* in: Muller (Hrsg.), Corporate Law in the netherlands, 2013, S. 133 ff.

Aufsichtsrats geregelt sein. In der Praxis werden in der Satzung häufig bestimmte Beschlüsse des Vorstands und/oder der Gesellschafterversammlung aufgenommen, die der **vorherigen Zustimmung** des Aufsichtsrats **bedürfen.**[396]

208 Der Aufsichtsrat handelt bei seiner Aufgabenerfüllung stets **unabhängig**. Er muss **keine** Weisungen der Gesellschafterversammlung befolgen, sondern die Mitglieder müssen sich stets eine eigene Meinung über das Management und die Geschehnisse in der Gesellschaft bilden.[397] Um seine Aufgaben so gut wie möglich erfüllen zu können, muss der Aufsichtsrat **ausreichend** über die Geschäftsvorgänge **informiert sein.** Daher hat der Vorstand dem Aufsichtsrat alle für seine Aufgabenerfüllung benötigten Informationen zur Verfügung zu stellen, wie beispielsweise Informationen über die Unternehmensziele, die Unternehmensstrategie und die damit einhergehenden Risiken (Artikel 2:141 I BW).[398]

209 Wie der Vorstand hat sich auch der Aufsichtsrat **nach dem Interesse der Gesellschaft** und der mit ihr verbundenen Unternehmen **zu richten** (Artikel 2:140 II BW). Um seine Aufgaben hierbei so gut wie möglich erfüllen zu können, hat der Aufsichtsrat zB die gesetzliche Befugnis **Vorstände suspendieren** zu können, es sei denn, die Satzung bestimmt etwas anderes (Artikel 2:147 BW).

210 Die **Haftung** der Aufsichtsratsmitglieder folgt aus Artikel 2:149 BW, wonach die Regeln zur internen Haftung nach Artikel 2:9 BW und bezüglich der externen Haftung nach 2:138 BW auch auf die Mitglieder des Aufsichtsrates anwendbar sind. Es kann daher auf die dortigen Ausführungen (Rn. 180 und 183) und die Ausführungen in Bezug auf die Haftung des Aufsichtsrates in einer B.V. (Rn. 311 ff.) verwiesen werden.

211 Der Aufsichtsrat handelt als **Kollektivorgan**. Beschlüsse werden im **Kollegium** gefasst. Die Satzung kann bestimmen, dass ein Mitglied des Aufsichtsrats mehr als eine Stimme ausüben darf. Dies darf allerdings nicht dazu führen, dass ein solches Aufsichtsratsmitglied mit der Gesamtheit seiner Stimmen in der Lage ist, die Gesamtheit der übrigen Aufsichtsratsmitglieder zu überstimmen.[399]

4. Kapitalverfassung

212 Im niederländischen Kapitalgesellschaftsrecht werden **drei Kapitalbegriffe** unterschieden:

- **Genehmigtes Kapital** (*maatschappelijk kapitaal*/Grundkapital). Dies ist der Höchstbetrag bis zu dem Aktien ausgegeben und gezeichnet werden können, ohne die Satzung abändern zu müssen; es muss im Gesellschaftsvertrag bestimmt sein.
- **Gezeichnetes Kapital** (*geplaatst kapitaal*). Dies ist die Summe der Nennbeträge von Aktien, die bei der Gründung oder nachher von den Gesellschaften übernommen worden sind.
- **Eingezahltes Kapital** (*gestort kapitaal*). Das ist das gezeichnete Kapital, soweit es auf die Aktien eingezahlt wurde.[400]

a) Mindestkapital

213 Nach Artikel 2:67 II BW ist das Mindestkapital einer N.V. seit dem 1. September 2000 unverändert mit **EUR 45.000** festgesetzt.[401] Gemäß Artikel 2:67 II BW müssen das genehmigte Kapital und das gezeichnete Kapital dem Mindestkapital entsprechen. Artikel 2:67 III BW bestimmt zudem, dass auch das eingezahlte Kapital mindestens EUR 45.000 betragen muss.[402] Darüber hinaus ist in Artikel 2:67 IV BW bestimmt, dass mindestens 1/5 des genehmigten Kapitals gezeichnet sein muss. Laut Artikel 2:80 I BW kann vereinbart werden, dass ¾ des nominalen Wertes der gezeichneten Geschäftsanteile erst auf Abruf durch die Gesellschaft eingezahlt werden müssen. Mit anderen Worten muss mindestens ¼ auf den Nennwert jeder gezeichneten Aktie in jedem Fall eingezahlt sein.[403]

396 *Huizink*, Rechtspersoon, vennootschap en onderneming, 2013, S. 186.

397 *Van der Heijden/Van der Grinten*, Handboek voor de naamloze en de besloten vennootschap, 2013, S. 584; *Schuit* in: Muller (Hrsg.), Corporate Law in the Netherlands, 2013, S. 129.

398 *Huizink*, Rechtspersoon, vennootschap en onderneming, 2013, S. 188 f.; *Schuit* in: Muller (Hrsg.), Corporate Law in the Netherlands, 2013, S. 130; *Van der Heijden/Van der Grinten*, Handboek voor de naamloze en de besloten venoorschap, 2013, S. 585.

399 *Huizink*, Rechtspersoon, vennootschap en onderneming, 2013, S. 185.

400 *Rademakers/De Vries* in: Süß/Wachter (Hrsg.), Handbuch des internationalen GmbH-Rechts, 2016, Niederlande, Rn. 50; *Huizink*, Rechtspersoon, vennootschap en onderneming, 2013, S. 252 f.; *Mellert/Verführt*, Wettbewerb der Gesellschaftsformen, 2005, S. 148.

401 *Hagedorn/Tervoort,* Niederländisches Wirtschaftsrecht, 2017, Kapitel I Rn. 135.

402 *Huizink*, Rechtspersoon, vennootschap en onderneming, 2013, S. 257; *Gotzen*, Niederländisches Handels- und Wirtschaftsrecht, 2000, Rn. 375.

403 *Hagedorn/Tervoort,* Niederländisches Wirtschaftsrecht, 2017, Kapitel I Rn. 136.

b) Bar- und Sacheinlagen

214 Nach Artikel 2:80a BW sind Einlagen auf Aktien **in bar zu erbringen**, es sei denn, die Aktionäre haben eine andere Einlage, insbesondere eine Sacheinlage, vertraglich vereinbart.

aa) Bareinlagen

215 Bareinlagen sind auf ein Bankkonto der N.V. zu leisten. Das Konto muss nicht zwingend bei einer niederländischen Bank eröffnet werden; es ist gemäß Artikel 2:93a III BW auch möglich, das Konto bei einer Bank mit Sitz in einem EU-Mitgliedsstaat oder einem EWR-Staat zu eröffnen. Das Geld muss dem Unternehmen **zur freien Verfügung** stehen. Anders als nach deutschem Recht, wonach die Einlagen erst nach Gründung geleistet werden dürfen, ist in den Niederlanden nach Artikel 2:93a I BW bei der Gründung der N.V. **gegenüber dem Notar** eine *bankverklaring*, dh eine Bestätigung der kontoführenden Bank vorzulegen, aus der sich ergibt, dass die einzuzahlenden Beträge entweder unmittelbar nach der Gründung zur Verfügung des Unternehmens stehen oder frühestens fünf Monate vor der Gründung auf ein separates Bankkonto für das Unternehmen **eingezahlt worden sind** und das Guthaben ausschließlich dem Unternehmen nach der Gründung zur Verfügung stehen wird.[404] Gemäß Artikel 2:93a V BW wird die **Bankbestätigung** zur notariellen Gründungsurkunde genommen und der Notar ist verpflichtet, der Bank unmittelbar nach der Gründung mitzuteilen, dass die Gründung stattgefunden hat.[405]

216 Während das BW die Bareinlageverpflichtungen bei Gründung der N.V. klar regelt, enthält es nur wenige Bestimmungen zu Bareinlagen, die nach der Gründung der Gesellschaft zB **im Rahmen von Kapitalerhöhungen** eingezahlt werden. Das Gesetz bestimmt für diese Fälle lediglich, dass der Notar festzustellen hat, dass bei der Ausgabe neuer Aktien die **Barzahlung auf das Bankkonto** der N.V. erfolgt ist. Eine entsprechende Erklärung des Vorstands der N.V. gilt hierzu jedoch als ausreichend.

217 Einzahlungen in **anderer Währung** als in EURO sind bei Gründung der N.V. nur zulässig, wenn die Gründungsurkunde dies ausdrücklich erlaubt, nach Gründung der N.V. nur, wenn die N.V. ihre Zustimmung hierzu erteilt hat (Artikel 2:80a II, III BW). Die kontoführende Bank hat dem Notar gegenüber nach Artikel 2:93a II, VI BW in diesen Fällen eine **Erklärung abzugeben**, aus der hervorgeht, welchem Euro-Betrag die in fremder Währung geleistete Einzahlung entspricht. Entscheidend ist dabei der Wechselkurs am Tage der Einzahlung oder, wenn die Einzahlung bereits vor Gründung geleistet wurde, der Tag der Gründung der N.V. Bei einer Einzahlung in fremder Währung nach der Gründung ist eine entsprechende Bankbestätigung **innerhalb von zwei Wochen** nach der Einzahlung bei der niederländischen Handelskammer einzureichen.[406]

bb) Sacheinlagen

218 Nach Artikel 2:80b BW können die Aktionäre vereinbaren, dass sie statt der Einlage in Geld **Sacheinlagen erbringen** dürfen. Die jeweilige Sacheinlage muss nach wirtschaftlichen Maßstäben und bestimmten Bewertungsgrundsätzen **bewertet werden**. Der Wert der Sacheinlage muss also **eindeutig beziffert** sein.[407] Arbeits- und Dienstleistungen sind **nicht** einlagefähig. Eingebracht werden kann hingegen eine Forderung eines Aktionärs gegen die N.V., zB aus bereits geleisteter Arbeit.

219 Werden bei der Gründung einer N.V. Sacheinlagen geleistet, ist nach Artikel 2:94a I BW von den Gründern ein **Sachgründungsbericht** (*beschrijving*) zu verfassen, in dem der Gegenstand der Einlage, der Wert der Sacheinlage und die Bewertungsmethode festgestellt werden.[408] Der Bericht ist **von allen Gründern zu unterschreiben.**[409] Weiterhin muss gemäß Artikel 2:94a II BW ein Wirtschaftsprüfer die Feststellungen im Sachgründungsbericht überprüfen und ihre **Richtigkeit feststellen.**[410] Er muss bestätigen, dass der ermittelte Wert der Sacheinlagen mindestens dem einzuzahlenden Betrag entspricht und anhand üblicher Bewertungsmethoden korrekt ermittelt wurde. Die Bestätigung des Wirtschaftsprüfers ist zusammen mit dem Sachgründungsbericht zur notariellen Gründungsurkunde zu nehmen.[411]

---

404 *Van der Heijden/Van der Grinten*, Handboek voor de naamloze en de besloten vennootschap, 2013, S. 219; *Huizink*, Rechtspersoon, vennootschap en onderneming, 2013, S. 258.

405 *Van der Heijden/Van der Grinten*, Handboek voor de naamloze en de besloten vennootschap, 2013, S. 221.

406 *Van der Heijden/Van der Grinten*, Handboek voor de naamloze en de besloten vennootschap, 2013, S. 222.

407 *Huizink*, Rechtspersoon, vennootschap en onderneming, 2013, S. 259.

408 *Hagedorn/Tervoort*, Niederländisches Wirtschaftsrecht, 2017, Kapitel I Rn. 137.

409 *Huizink*, Rechtspersoon, vennootschap en onderneming, 2013, S. 259 f.; *Rademakers/De Vries* in: Süß/Wachter (Hrsg.), Handbuch des internationalen GmbH-Rechts, 2016, Niederlande, Rn. 72.

410 *Hagedorn/Tervoort*, Niederländisches Wirtschaftsrecht, 2017, Kapitel I Rn. 137.

411 Für die Erstellung des Sachgründungsberichtes bzw. der Bestätigung des Wirtschaftsprüfers gibt es in Artikel 2:94a BW verschiedene gesetzliche Ausnahmen.

cc) Nachgründung

220 Die gesetzliche Regelung zur Nachgründung ist in Artikel 2:94c BW zu finden. Danach sind Rechtshandlungen, die die N.V. **ohne Genehmigung** der Gesellschaftsversammlung oder ohne den in Absatz 3 genannten Prüfungsbericht des Wirtschaftsprüfers getätigt hat, **unwirksam**, wenn (i) es sich bei der Rechtshandlung um einen Kauf von Sachen (*goederen*), einschließlich Forderungen, handelt, die ein Jahr vor der Gründung oder danach einem Gründer gehör(t)en und (ii) dieser Rechtsakt innerhalb von zwei Jahren nach der Eintragung ins Handelsregister vorgenommen wurde.[412] Das niederländische Recht verwendet hierbei also nicht die 10%-Grenze, wie sie in der ehemaligen Kapitalrichtlinie (dazu § 21) vorgesehen ist, sondern setzt **strengere Maßstäbe** an.[413] Vor der Beschlussfassung der Gesellschafterversammlung hat der Vorstand einen **Nachgründungsbericht** vorzulegen, in dem die eingebrachten Sachen, die Gegenleistung, sowie deren Wert und die Bewertungsmethode näher bezeichnet werden (Artikel 2:94c II BW). Der Nachgründungsbericht ist von den Gründern **zu unterschreiben** und muss nach Artikel 2:94c V BW iVm Artikel 2:102 BW zusammen mit dem Prüfungsbericht des Wirtschaftsprüfers am Sitz der Gesellschaft **hinterlegt** werden.[414] Zudem muss innerhalb von acht Tagen nach der Rechtshandlung oder nach der Genehmigung, falls diese im Nachhinein erteilt wurde, der Bericht des Wirtschaftsprüfers oder eine Kopie davon bei der Handelskammer hinterlegt werden (Artikel 2:94b VI BW).

c) Eigene Anteile

221 Gemäß Artikel 2:95 I BW darf die N.V. bei der Gründung **keine eigenen Anteile** zeichnen.[415] Auch der spätere Erwerb nicht eingezahlter Geschäftsanteile durch die N.V. ist gemäß Artikel 2:98 I BW grundsätzlich nichtig (*nietig*). Eingezahlte Geschäftsanteile darf die Gesellschaft entweder nur kostenlos oder, wenn das Eigenkapital der N.V. verringert um den von der N.V. für die Aktien gezahlten Kaufpreis nicht kleiner ist als das eingezahlte und angeforderte Kapital (*gestort en opgevraagd kapitaal*), zuzüglich der Rücklagen der Gesellschaft (Artikel 2:98 II BW) erwerben. Für den entgeltlichen **Erwerb eigener Anteile** muss die Geschäftsführung durch die Gesellschafterversammlung ermächtigt werden (Artikel 2:98 IV BW). Der Erwerb eigener Anteile ohne Berücksichtigung der Bestimmungen des Artikels 2:98 BW ist gemäß Artikel 2:98a I BW nichtig. Die Vorstandsmitglieder sind in diesem Fall gesamtschuldnerisch haftbar gegenüber dem gutgläubigen Verkäufer.

d) Verbot finanzieller Unterstützung Dritter

222 Gemäß Artikel 2:98c I BW ist es einer N.V. verboten, Dritten für das Zeichnen oder Erwerben von Aktien oder Depotscheinen an der N.V. Sicherheit zu leisten, eine Kursgarantie abzugeben oder sich auf andere Weise für Dritte einzusetzen oder sich als Gesamtschuldner neben oder anstelle des Dritten zu stellen.[416] Dieses Verbot gilt auch in Bezug auf Tochtergesellschaften der N.V. Nach Artikel 2:98c II BW ist auch die Darlehensgewährung durch die N.V. oder ihre Tochtergesellschaften zum Zwecke des Erwerbs von Aktien nur unter sehr strengen Voraussetzungen möglich. So muss die Darlehensgewährung beispielsweise auf marktübliche Art und Weise gestaltet werden. Mit dieser Regelung wollte der niederländische Gesetzgeber verhindern, dass die Vorschriften bezüglich des Erwerbs eigener Anteile umgangen werden.[417]

e) Kapitalerhöhung

223 Benötigt eine N.V. neues Kapital, so hat sie – neben der Möglichkeit, sich mit Fremdkapital zu finanzieren – die Möglichkeit, ihr eigenes Kapital zu erhöhen.

224 Das niederländische Recht kennt Kapitalerhöhungen **aus Gesellschaftsmitteln** und **gegen Einlagen.** Eine Kapitalerhöhung aus Gesellschaftsmitteln kann aus den verfügbaren Rücklagen (*reserves*) durchgeführt werden.[418] Eine Kapitalerhöhung gegen Einlagen erfolgt entweder durch Ausgabe neuer Aktien oder Erhöhung des Nennwerts der bereits vorhandenen Aktien, dh ohne Emission neuer Aktien.[419] Eine **Ausgabe von neuen Aktien** an einer N.V. kann im Grundsatz sowohl durch eine private Ausgabe von Aktien (*onderhandse uitgifte*) als auch durch ein öffentliches Aktienangebot (*openbare uitgifte*) durchgeführt werden.

225 Voraussetzung für die Ausgabe neuer Aktien durch die N.V. ist nach Artikel 2:96 I BW ein entsprechender **Anteilsausgabebeschluss** der Gesellschafterversammlung, es sei denn, die Satzung oder Gesellschafterversammlung

412 *Van der Heijden/Van der Grinten*, Handboek voor de naamloze en de besloten vennootschap, 2013, S. 238; *Portengen/Bloemers* V&O 2007, 7, 9; *Huizink*, Rechtspersoon, vennootschap en onderneming, 2013, S. 261; *Hagedorn/Tervoort*, Niederländisches Wirtschaftsrecht, 2017, Kapitel I Rn. 146.

413 *Portengen/Bloemers* V&O 2007, 7, 9.

414 *Van der Heijden/Van der Grinten*, Handboek voor de naamloze en de besloten vennootschap, 2013, S. 239.

415 *Hagedorn/Tervoort*, Niederländisches Wirtschaftsrecht, 2017, Kapitel I Rn. 143.

416 *Hagedorn/Tervoort*, Niederländisches Wirtschaftsrecht, 2017, Kapitel I Rn. 144.

417 *Hagedorn/Tervoort*, Niederländisches Wirtschaftsrecht, 2017, Kapitel I Rn. 144. Eine entsprechende Regelung für die B.V. wurde mit Einführung des Flex-B.V. Gesetzes aufgehoben.

418 *Van der Heijden/Van der Grinten*, Handboek voor de naamloze en de besloten vennootschap, 2013, S. 193.

419 *Van der Heijden/Van der Grinten*, Handboek voor de naamloze en de besloten vennootschap, 2013, S. 185.

hat die entsprechende Kompetenz nach Artikel 2:96 I BW für eine Dauer von maximal fünf Jahren einem anderen Organ der N.V. zugewiesen.[420] Der Anteilsausgabebeschluss sowie gegebenenfalls der Beschluss, in dem ein anderes Organ der Gesellschaft angewiesen wird über die Ausgabe neuer Aktien beschließen zu dürfen, müssen **innerhalb von acht Tagen bei der Handelskammer hinterlegt** werden (Artikel 2:96 III BW). Die Anmeldung hat durch die vertretungsbefugten Organmitglieder der N.V. zu erfolgen. Die Ausgabe selbst findet dann nach Artikel 2:86 BW mittels notarieller Urkunde statt. Artikel 2:86 I BW bestimmt ausdrücklich, dass die Ausgabe neuer Aktien durch einen in den Niederlanden ansässigen Notar zu erfolgen hat.

Im Falle einer späteren **Kapitalerhöhung im Wege einer Sacheinlage** ist der Sacheinlagebericht durch den Vorstand der N.V. zu verfassen und von allen Vorstandsmitgliedern zu unterschreiben (Artikel 2:94b I BW). Zudem ist eine Bestätigung des Wirtschaftsprüfers notwendig. Diese Erklärung muss ebenfalls innerhalb von **acht Tagen** nach der Kapitalerhöhung bei der *Kamer van Koophandel* hinterlegt werden (Artikel 2:94b VII BW). 226

Bei der Ausgabe neuer Aktien hat jeder Gesellschafter nach Artikel 2:96a I BW grundsätzlich ein **Bezugsrecht** (*voorkeursrecht*) entsprechend dem Verhältnis des Gesamtbetrages seiner Aktien zum Grundkapital der N.V. **Kein** Bezugsrecht besteht bei der Ausgabe von Aktien, bei denen die Einlage nicht in Geld, sondern als **Sacheinlage** geleistet werden muss, es sei denn, dass die Satzung etwas anderes vorsieht. Kein Bezugsrecht haben die Gesellschafter auch im Falle der Ausgabe neuer Aktien an Arbeitnehmer der N.V. oder an eine Konzerngesellschaft (*groepsmaatschappij*). 227

Auch Gesellschafter, deren Aktien 228

- nicht über einen bestimmten Prozentsatz des Nennbetrags oder nur in beschränktem Maße darüber hinaus am Gewinn der Gesellschaft beteiligt sind (zB im Falle *preferenter Anteile*) oder
- nicht über den Nennbetrag oder nur in beschränktem Maße darüber hinaus an einem Liquidationsüberschuss beteiligt sind,

haben nach Artikel 2:96a II BW **kein Bezugsrecht**, sofern nicht die Satzung ausdrücklich etwas anders bestimmt.[421]

Allerdings kann die Gesellschafterversammlung gemäß Artikel 2:96a VI BW das Bezugsrecht für jedwede Ausgabe neuer Aktien **beschränken oder ausschließen.** 229

Die Gesellschaft ist nach Artikel 2:96a IV, V BW verpflichtet, die Ausgabe der Aktien und den Zeitraum, innerhalb dessen das Bezugsrecht ausgeübt werden kann, **öffentlich** im niederländischen *Staatscourant* (entspricht dem deutschen Bundesanzeiger) und in einer überregionalen Zeitung **bekanntzumachen**, es sei denn, dass es sich um eine private Ausgabe von Namensaktien handelt und die Gesellschafter angeschrieben werden können. 230

Für die Ausgabe von Aktien börsennotierter N.V. gelten neben den vorgenannten Regelungen des zweiten Buchs des BW weitere **spezielle Börsenregelungen**, wie beispielsweise die Euronext Rules. 231

f) Kapitalherabsetzung

Nach Artikel 2:99 I BW ist eine Kapitalherabsetzung der **Gesellschafterversammlung vorbehalten.**[422] Sind **verschiedene Gattungen** von Anteilen ausgegeben, müssen die Gesellschafter, deren Anteile die Kapitalherabsetzung betrifft, nach Artikel 2:99 V BW der Kapitalherabsetzung vor oder gleichzeitig mit dem Kapitalherabsetzungsbeschluss der Gesellschafterversammlung **zustimmen.**[423] Diese kann eine Satzungsänderung beschließen, durch die die Nennbeträge der ausgegebenen Aktien herabgesetzt werden oder sie kann die Einziehung von Aktien (*intrekking van aandelen*) beschließen.[424] In letzterem Falle dürfen allerdings gemäß Artikel 2:99 II BW **nur** Aktien oder Depotscheine (*certificaten*), die die Gesellschaft **selbst hält** oder **Aktien einer Gattung**, die gemäß der Satzung mit Ausgleichszahlung eingezogen werden können, eingezogen werden. 232

Ein entsprechender Gesellschafterbeschluss wird grundsätzlich mit **einfacher Mehrheit** gefasst, es sei denn, dass die Satzung für diesen Fall ausdrücklich eine qualifizierte Mehrheit vorsieht oder weniger als die Hälfte des gezeichneten Kapitals bei der Beschlussfassung vertreten ist und der Beschluss somit nach Artikel 2:99 VI BW mit einer **2/3-Mehrheit** gefasst werden muss. 233

---

420 *Van der Heijden/Van der Grinten*, Handboek voor de naamloze en de besloten vennootschap, 2013, S. 187; vgl. zur Kompetenzverteilung ohne zeitliche Beschränkung *Rademakers/De Vries* in: Süß/Wachter (Hrsg.), Handbuch des internationalen GmbH-Rechts, 2016, Niederlande, Rn. 90; *Hagedorn/Tervoort,* Niederländisches Wirtschaftsrecht, 2017, Kapitel I Rn. 148.

421 Vgl. zur Regelung im B.V.-Recht *Rademakers/De Vries* in: Süß/Wachter (Hrsg.), Handbuch des internationalen GmbH-Rechts, 2016, Niederlande, Rn. 91.

422 *Van der Heijden/Van der Grinten*, Handboek voor de naamloze en de besloten vennootschap, 2013, S. 201; *Huizink*, Rechtspersoon, vennootschap en onderneming, 2013, S. 277.

423 *Huizink*, Rechtspersoon, vennootschap en onderneming, 2013, S. 277.

424 *Van der Heijden/Van der Grinten*, Handboek voor de naamloze en de besloten vennootschap, 2013, S. 201; *Huizink*, Rechtspersoon, vennootschap en onderneming, 2013, S. 276; vgl. zum GmbH-Recht *Rademakers/De Vries* in: Süß/Wachter (Hrsg.), Handbuch des internationalen GmbH-Rechts, 2016, Niederlande, Rn. 95.

234 Bei der Herabsetzung der Nennbeträge der Aktien müssen zwei verschiedene Situationen unterschieden werden: (i) Herabsetzung des Nennbetrags **ohne Ausgleichszahlung** oder Befreiung von der Einlagepflicht und (ii) Herabsetzung mit Ausgleichszahlung oder Befreiung von der Einlagepflicht.[425] Im ersten Fall bestimmt Artikel 2:99 III BW, dass die Herabsetzung nach dem Verhältnismäßigkeitsprinzip alle Aktien einer bestimmten Gattung betreffen muss, es sei denn, die Gesellschafter stimmen einstimmig gegen die Anwendung des Verhältnismäßigkeitsprinzips. Darüber hinaus bestimmt Artikel 2:100 II BW, dass die Gläubiger der N.V. unter bestimmten Umständen **Sicherheitsleistung** im Hinblick auf die Kapitalherabsetzung **verlangen können**. Eine solche Sicherheitsleistung kann dann nicht verlangt werden, wenn der Gläubiger über ausreichende Sicherheiten verfügt oder der Vermögenszustand der N.V. genügend Sicherheit dafür bietet, dass die Forderung bezahlt wird. Dabei macht das niederländische Gesetz keine Unterscheidung zwischen der Herabsetzung zur Verlustdeckung und der Herabsetzung zur Ausschüttung. Ein solches Sicherungsverlangen muss innerhalb von zwei Monaten nach Veröffentlichung des Beschlusses über die Kapitalherabsetzung in einer überregionalen Zeitung bei Gericht eingereicht werden (Artikel 2:100 III BW).[426] Der Beschluss wird **erst mit Ablauf** dieser **Zweimonatsfrist** oder Erledigung des/der Verlangen(s) wirksam.

g) Jahresabschluss

aa) Aufstellung und Feststellung des Jahresabschlusses

235 Neben Artikel 2:101 BW enthält Titel 9 des zweiten Buches des BW Bestimmungen über den von der N.V. aufzustellenden Jahresabschluss (Bilanz und Gewinn- und Verlustrechnung mit Erläuterung). Abhängig von der Größe der Gesellschaft können eine Gewinn- und Verlustrechnung und ggf. auch die Erläuterungen entbehrlich sein. Nach Artikel 2:101 I BW ist der **Vorstand** einer N.V. **verpflichtet**, den Jahresabschluss innerhalb von **fünf Monaten** nach dem Ende des Geschäftsjahres aufzustellen.[427] Nur wegen besonderer Umstände darf die Gesellschafterversammlung diese Frist durch entsprechenden Beschluss um weitere fünf[428] Monate verlängern. Der Jahresabschluss ist von allen Vorstandsmitgliedern und – soweit vorhanden – sämtlichen Aufsichtsratsmitgliedern zu unterzeichnen. Fehlt die Unterschrift eines Mitglieds, ist dies zu begründen.[429] Außerdem ist nach Artikel 2:391 I BW ein **Lagebericht** (*bestuurverslag*) zu erstellen, der den allgemeinen Geschäftsgang während des Geschäftsjahres darstellt.

236 Gemäß Artikel 2:394 II BW ist der Jahresabschluss innerhalb **von zwei Monaten** nach der Aufstellung durch die Gesellschafterversammlung **festzustellen.** Vor der Feststellung muss der Jahresabschluss nach Artikel 2:393 BW durch einen Abschlussprüfer/Wirtschaftsprüfer geprüft und testiert werden. Dies ist nur dann nicht vorgeschrieben, wenn die N.V. als „klein" oder „mikro" qualifiziert ist. Ein Unternehmen gilt als „mikro", wenn es ununterbrochen an zwei aufeinander folgenden Bilanzstichtagen mindestens zwei der drei folgenden Kriterien erfüllt: (i) der Wert des Betriebsvermögens (*activa*) beträgt nicht mehr als EUR 350.000; (ii) der Jahresnettoumsatz beträgt nicht mehr als EUR 700.000; (iii) während des Geschäftsjahres waren durchschnittlich weniger als 10 Arbeitnehmer beschäftigt (Artikel 2:395a BW). Als „klein" gilt ein Unternehmen, wenn es ununterbrochen an zwei (2) aufeinander folgenden Bilanzstichtagen mindestens zwei der drei folgenden Kriterien erfüllt: (i) der Wert des Betriebsvermögens beträgt nicht mehr als EUR 6.000.000; (ii) der Jahresnettoumsatz beträgt nicht mehr als EUR 12.000.000; (iii) während des Geschäftsjahres waren durchschnittlich weniger als fünfzig Mitarbeiter beschäftigt (Artikel 2:396 I BW).

237 Jede N.V. sollte grundsätzlich spätestens zwölf Monate nach Beendigung des Geschäftsjahres ihren Jahresabschluss festgestellt und diesen beim Handelsregister eingereicht haben. Der Vorstand der N.V. hat den Jahresabschluss in jedem Fall zusammen mit dem Lagebericht gemäß Artikel 2:394 BW innerhalb von acht Tagen nach seiner Feststellung **zum Handelsregister einzureichen,** in welchem er veröffentlicht wird. Sollte der Jahresabschluss nicht innerhalb der gesetzlichen Frist festgestellt sein, so hat der Vorstand den Jahresabschluss dem Handelsregister dennoch mit der Angabe der Nichtfeststellung vorzulegen.[430] Eine **Unterlassung der Anzeige** innerhalb der gesetzlichen Frist ist eine Ordnungswidrigkeit gemäß Artikel 1 Nr. 4 WED iVm Artikel 2:394 III BW und kann daher (strafrechtliche) Konsequenzen für die Gesellschaft und auch weitreichende **zivilrechtliche**

425 *Van der Heijden/Van der Grinten*, Handboek voor de naamloze en de besloten vennootschap, 2013, S. 202; *Huizink*, Rechtspersoon, vennootschap en onderneming, 2013, S. 277.

426 Der Beschluss soll zuerst ins Handelsregister eingetragen und danach in einer nationalen Zeitung veröffentlicht werden (Art. 2:100 I BW).

427 Im Falle einer börsennotierten N.V. beträgt die Frist vier Monate nach Ende des Geschäftsjahres. Diese Frist kann nicht verlängert werden, vgl. *Huizink*, Rechtspersoon, vennootschap en onderneming, 2013, S. 304; *Van der Heijden/Van der Grinten*, Handboek voor de naamloze en de besloten vennootschap, 2013, S. 668 f.

428 Zum 1. Januar 2016 wurde diese Frist von sechs (6) auf fünf (5) Monate reduziert.

429 *Huizink*, Rechtspersoon, vennootschap en onderneming, 2013, S. 303; *Van der Heijden/Van der Grinten*, Handboek voor de naamloze en de besloten vennootschap, 2013, S. 667.

430 *Huizink*, Rechtspersoon, vennootschap en onderneming, 2013, S. 307.

Konsequenzen für die Vorstandsmitglieder haben.[431] Nach Artikel 2:138 II BW wird bei einer Insolvenz der Gesellschafter innerhalb von drei Jahren nach dem Versäumnis nämlich vermutet, dass das Unterlassen der rechtzeitigen Anzeige beim Handelsregister eine wichtige Ursache der Insolvenz war.[432] Dies bedeutet, dass grundsätzlich jedes Vorstandsmitglied gesamtschuldnerisch für das Defizit **in der Insolvenzmasse haftbar** gemacht werden kann. Lediglich ein zu **vernachlässigendes Versäumnis** (*onbelangrijk verzuim*) führt nach Artikel 2:138 II BW zu keiner Haftung der Vorstände. Grundsätzlich wird davon ausgegangen, dass sich die Haftungsrisiken vergrößern, je länger die Verzögerung andauert. Im Jahre 1993 urteilte der *Hoge Raad* noch, dass eine Verzögerung von 12 Tagen eine zu vernachlässigende Fristüberschreitung darstelle;[433] drei Jahre später vertrat er die Auffassung, dass eine Fristüberschreitung von **17 Tagen** keine zu vernachlässigende Fristüberschreitung mehr sei.[434] Bei der Beurteilung, ob eine zu vernachlässigende Verzögerung vorliegt, müssen **alle Umstände des Einzelfalles** geprüft und berücksichtigt werden.[435]

Eine **Freistellung von der Pflicht** zur Aufstellung eines Lageberichts, der Prüfung des Jahresabschlusses durch einen Abschlussprüfer und der Hinterlegung beim Handelsregister besteht dann, wenn die N.V. zu einer *groep*,[436] also einem Konzern, gehört und die Muttergesellschaft eine sog **„403-Erklärung"** für ihre Tochter-N.V. abgegeben hat (Konzernbefreiung nach Artikel 2:403 BW). Da die Tochter-N.V. in den Jahresabschluss der Mutter einbezogen/konsolidiert wird, braucht die Tochter-N.V. nur einen vereinfachten Jahresabschluss aufzustellen.[437] Dazu muss einerseits die Muttergesellschaft erklären, für alle Verbindlichkeiten, die aus Rechtshandlungen der Tochter resultieren, gesamtschuldnerisch zu haften (**„Haftungserklärung"**). Andererseits müssen die Aktionäre der Tochter-N.V. jährlich vor Feststellung des Jahresabschlusses durch die Muttergesellschaft zustimmen, dass von der gesetzlichen Offenlegungspflicht abgewichen wird (**„Einverständniserklärung"**).[438] Gerade bei diesem letzten Punkt der jährlichen Einverständniserklärung ergeben sich in der Praxis häufig Probleme. Da die 403-Erklärung eine Besonderheit im niederländischen Recht ist und somit in vielen anderen Rechtsordnungen nicht existiert, ist ausländischen Muttergesellschaften mit Tochter-N.V. in den Niederlanden die Regelung oftmals **nicht hinreichend bekannt**. Dies führt häufig dazu, dass vergessen wird, die Einverständniserklärung jährlich rechtzeitig zu hinterlegen. Folge dieses Unterlassens ist, dass die Voraussetzungen für die Konzernbefreiung nicht erfüllt sind und die Tochtergesellschaft daher einen Jahresabschluss konform mit den gewöhnlichen Regelungen erstellen muss. Eine bereits hinterlegte Haftungserklärung bleibt jedoch **bis zu ihrem Widerruf wirksam**, sodass Gläubiger sich nach wie vor auf diese berufen können. 238

Die Muttergesellschaft kann eine Haftungserklärung grundsätzlich **mit Wirkung ex nunc widerrufen** (Artikel 2:404 I BW). Die Haftung für Schulden, die aus Rechtshandlungen der Gesellschaft vor dem Widerruf resultieren, bleibt jedoch bestehen. Unter den in Artikel 2:404 III BW genannten Umständen entfällt die Haftung der Muttergesellschaft für Verbindlichkeiten der Tochter-N.V. auch für die Vergangenheit, dh **ex tunc, wenn** die Tochtergesellschaft aus dem Konzern, zB durch Verkauf der Anteile, ausscheidet.[439] 239

Der konsolidierte Jahresabschluss der Konzernmutter ist zusammen mit der Einverständniserklärung und der Haftungserklärung nach Artikel 2:403 Ig BW **zum Handelsregister einzureichen.** Der (einfache) Jahresabschluss der Tochter-N.V. ist hingegen nicht einzureichen (Artikel 2:403 III iVm Artikel 2:394 BW). 240

bb) Gewinnverwendung

Gemäß Artikel 2:105 I BW steht der Gewinn **den Aktionären** zu, soweit in der Satzung nichts Gegenteiliges bestimmt ist. Durch eine Dividendenausschüttung darf das gebundene Vermögen der N.V. jedoch nicht geschmälert werden.[440] Artikel 2:105 II BW bestimmt daher, dass eine Gewinnausschüttung nur insoweit möglich ist, als das Eigenkapital (*eigen vermogen*) den Betrag des eingezahlten (*gestort*) und abgerufenen (*opgevraagd*) Teils des Kapitals zuzüglich den gesetzlich oder in der Satzung vorgeschriebenen Rücklagen übersteigt.[441] 241

---

431 *Rademakers/De Vries* in: Süß/Wachter (Hrsg.), Handbuch des internationalen GmbH-Rechts, 2016, Niederlande, Rn. 233.
432 *Bervoets* in: Kalss (Hrsg.), Vorstandshaftung in 15 europäischen Ländern, 2005, S. 593, 634 ff.
433 HR 11. Juni 1993, NJ 1993/713 (*Brens q.q./Sarper*); *Thijssen* BB 2014/15.
434 HR 2. Februar 1996, NJ 1996/406 (*Pfennings/Niederer q.q.*); *Thijssen* BB 2014/15.
435 HR 12. Juni 2013, NJ 2013/401; *Thijssen* BB 2014/15.
436 „Gruppe" wird nach Artikel 2:24b BW definiert als eine wirtschaftliche Einheit, in der juristische Personen und Gesellschaften organisatorisch verbunden sind.
437 *Van der Heijden/Van der Grinten*, Handboek voor de naamloze en de besloten vennootschap, 2013, S. 699; *Huizink*, Rechtspersoon, vennootschap en onderneming, 2013, S. 315.
438 *Van der Heijden/Van der Grinten*, Handboek voor de naamloze en de besloten vennootschap, 2013, S. 699 ff.; *Huizink*, Rechtspersoon, vennootschap en onderneming, 2013, S. 315.
439 *Van der Heijden/Van der Grinten*, Handboek voor de naamloze en de besloten vennootschap, 2013, S. 704; *Huizink*, Rechtspersoon, vennootschap en onderneming, 2013, S. 316.
440 *Hagedorn/Tervoort,* Niederländisches Wirtschaftsrecht, 2017, Kapitel I Rn. 141.
441 *Hagedorn/Tervoort,* Niederländisches Wirtschaftsrecht, 2017, Kapitel I Rn. 141.

242 Die Gewinnausschüttung erfolgt gemäß Artikel 2:105 III BW nach der **Feststellung des Jahresabschlusses**, aus dem hervorgeht, dass die Gewinnausschüttung zulässig ist. Nach Artikel 2:105 IV BW ist unter bestimmten Voraussetzungen auch die unterjährige Gewinnausschüttung möglich (*interim-dividend*).[442] Dies ist der Fall, wenn nach der Satzung eine unterjährige Gewinnausschüttung möglich ist und die oben genannten Voraussetzungen des Artikel 2:105 II BW erfüllt sind.

243 Eine Gewinnausschüttung entgegen der Vorschriften des Artikels 2:105 BW führt gemäß Artikel 2:105 VIII BW dazu, dass der **Gewinn zurückgezahlt** werden muss, wenn der Aktionär oder andere Bezugsberechtigten wussten oder hätten wissen müssen, dass die Gewinnausschüttung unzulässig war.

244 Aktionäre einer N.V. dürfen nicht gänzlich von der Gewinnverteilung ausgeschlossen werden (Artikel 2:105 IX BW).

5. Haftung für Verbindlichkeiten

245 Grundsätzlich haftet für Verbindlichkeiten einer N.V. **nur das Gesellschaftsvermögen**. Gläubiger der Gesellschaft können nicht auf das Privatvermögen der Aktionäre zurückgreifen, da diese grundsätzlich nur **in Höhe ihrer Einlage haften**. Auch Mitglieder des Vorstands einer N.V. haften grundsätzlich nicht für die Verbindlichkeiten der Gesellschaft, es sei denn, dass einer der in Artikel 2:69 II BW genannten Haftungstatbestände erfüllt ist.[443] Demnach haften die **Vorstandsmitglieder neben der Gesellschaft** gesamtschuldnerisch für Verbindlichkeiten der Gesellschaft, (i) die vor der ersten Eintragung ins Handelsregister entstanden sind, (ii) wenn das eingezahlte Kapital bei der Gründung nicht mindestens dem Mindestkapital von EUR 45.000 entspricht oder (iii) wenn bei der Gründung nicht mindestens ein Viertel auf den Nennwert der gezeichneten Aktien gezahlt wurde.[444]

6. Mitgliederwechsel

a) Übertragung von Aktien

246 Die Aktien einer N.V. sind grundsätzlich **frei übertragbar** (Artikel 2:64 I BW). Nach Artikel 2:87 I BW kann die Satzung der N.V. jedoch eine **Sperrregelung** für die Übertragung von Namensaktien enthalten (Vinkulierung). Abhängig von der Art der N.V. kann eine solche Sperrregelung beispielsweise ein **Vorkaufsrecht für andere Aktionäre** enthalten und/oder die Zustimmung eines Organs der N.V., zB der Gesellschafterversammlung, als Voraussetzung für die Übertragung der Aktien vorsehen.[445] Ähnlich wie in Deutschland darf durch das Zustimmungserfordernis die Übertragbarkeit der Aktien jedoch nicht zu sehr eingeschränkt werden.

247 Für die Übertragung von **Namensaktien** (*levering van aandelen op naam*) einer nicht börsennotierten N.V. ist eine notarielle Beurkundung erforderlich, wohingegen bei einer börsennotierten N.V. eine notarielle Beurkundung gemäß Artikel 2:86c BW nicht notwendig ist.[446] Für die „Zuteilung" infolge einer Verschmelzung (*toekenning van aandelen bij fusie*) oder Spaltung (*splitsing*) und für Belastungen (einschließlich der Verpfändung) von *aandelen op naam*, ist ebenfalls grundsätzlich eine **notarielle Beurkundung** notwendig.

248 Nach Artikel 2:86a BW kann ein Aktionär seine Rechte, die mit der Namensaktie verbunden sind, gegenüber der Gesellschaft erst ausüben, wenn die Gesellschaft die Übertragung der Aktien entweder **anerkannt** hat oder der Gesellschaft eine **Abschrift der Übertragungsurkunde** (*leveringsakte*) zugestellt worden ist. In der Praxis geschieht die Anerkennung meist durch Unterzeichnung der notariellen Urkunde durch die Gesellschaft.

249 Der Vorstand muss nach Artikel 2:85 BW jede Übertragung von Namensaktien in dem (von der Gesellschaft zu führenden und nicht öffentlich zugänglichen) **Aktienregister** (*aandeelhoudersregister*) eintragen. Eine Unterlassung der Eintragung kann gemäß Artikel 1 Nr. 4 WED (*wet op de economische delicten*) strafrechtliche Konsequenzen haben. Im Aktienregister sind neben eventuellen Übertragungen von Namensaktien stets auch **Name** und **Adresse jedes Aktionärs**, die Anzahl und Art der Aktien, das auf jede Aktie **eingezahlte Kapital** sowie ggf. Pfandrechte und andere Belastungen einzutragen.

250 Für die Übertragung sog **„finanzieller Namensaktien"** (*effecten op naam*) einer börsennotierten N.V. gelten andere Vorschriften. Meistens verfügt der Aktionär in diesen Fällen über einen Miteigentumsanteil an einer *„Wgegemeenschap"* (**Sammelbestand**), der durch eine zentrale Institution *Euroclear Nederland* (ein Zusammen-

442 *Hagedorn/Tervoort*, Niederländisches Wirtschaftsrecht, 2017, Kapitel I Rn. 142.

443 Die interne und externe Haftung des Vorstands ist nicht als Haftung für Verbindlichkeiten der Gesellschaft zu bezeichnen.

444 *Van der Heijden/Van der Grinten*, Handboek voor de naamloze en de besloten vennootschap, 2013, S. 79.

445 *Huizink*, Rechtspersoon, vennootschap en onderneming, 2013, S. 133 f.; *Van der Heijden/Van der Grinten*, Handboek voor de naamloze en de besloten vennootschap, 2013, S. 285 ff.; *Leemrijse* in: Muller (Hrsg.), Corporate Law in the Netherlands, 2013, S. 79 f.; *Hagedorn/Tervoort*, Niederländisches Wirtschaftsrecht, 2017, Kapitel I Rn. 155.

446 *Van Helden/Willeumier* in: Wegen/Spahlinger/Barth (Hrsg.), Gesellschaftsrecht des Auslands, 2016, Niederlande, Rn. 135; *Leemrijse* in: Muller (Hrsg.), Corporate Law in the Netherlands, 2013, S. 76 f.

schluss von Banken und Brokern) geführt wird. Hier ist lediglich eine **Umbuchung der Miteigentumsanteile** im jeweiligen Sammelbestand erforderlich. Die Ausgabe und/oder Übertragung von **Inhaberaktien** (*aandelen aan toonder*) in börsennotierten N.V. ist seit 2013 in den Niederlanden **nicht** mehr möglich (Rn. 132). Verbriefte Inhaberaktien in einer nicht-börsennotierten N.V. werden grundsätzlich durch **Besitzübertragung** (*bezitsverschaffing*) der **Aktienzertifikate** (*aandeelbewijs*) an den neuen Besitzer gemäß den allgemeinen Regelungen in Artikel 3:93 BW übertragen.[447]

b) Übertragung von Aktien im Todesfall

Die Aktien an einer N.V. fallen beim Tod eines Gesellschafters grundsätzlich in den Nachlass. In diesem Fall gehen die Aktien daher gemäß den allgemeinen erbrechtlichen Vorschriften auf die Erben des Aktionärs über.[448] Pflichtteilsberechtigte können zwar nicht gänzlich von der Erbfolge ausgeschlossen werden; wenn die Pflichtteilsberechtigten jedoch in bar ausgezahlt werden können, ist es für den Erblasser möglich, die Aktien mittels eines Testaments oder eines Vermächtnisses nur einem seiner Kinder zukommen zu lassen.[449] 251

7. Auflösung und Insolvenz

Artikel 2:19 BW enthält eine **abschließende Liste der Auflösungsgründe** einer juristischen Person. Hierzu gehört ua die Auflösung durch Gesellschafterbeschluss, die Eröffnung des Insolvenzverfahrens über das Vermögen der N.V. sowie die Einstellung des Insolvenzverfahrens mangels Masse. Unter bestimmten Voraussetzungen kann eine juristische Person auch **von Amts wegen** durch das zuständige Gericht (Artikel 2:21 BW)[450] oder das Handelsregister gemäß Artikel 2:19a BW aufgelöst werden. Eine Gesellschaft wird nach Artikel 2:19a I BW zB aufgelöst, wenn auf die Gesellschaft zwei der drei nachfolgenden Voraussetzungen anwendbar sind: (i) Es sind während einer Zeit von zwei Jahren keine Geschäftsführer eingetragen oder die eingetragenen Geschäftsführer sind alle verstorben bzw. unauffindbar; (ii) Die Gesellschaft hat mindestens ein Jahr lang versäumt, ihren Jahresabschluss zu veröffentlichen; (iii) Die Gesellschaft hat mindestens ein Jahr lang nicht auf eine Mahnung im Sinne des Artikels 9 III des Allgemeinen Gesetzes über Steuern und Abgaben (*Algemene wet inzake rijksbelastingen*) reagiert.[451] 252

Gemäß Artikel 2:19 Ic BW wird eine N.V. nach Eröffnung des Insolvenzverfahrens aufgelöst, wenn (i) das **Verfahren mangels Masse** eingestellt wird (Artikel 16 Fw) oder (ii) die Gesellschaft gemäß Artikel 173 Fw **insolvent** ist.[452] Im letzteren Fall wird die Insolvenzmasse durch den Insolvenzverwalter gemäß den Bestimmungen des niederländischen Insolvenzgesetzes abgewickelt.[453] 253

Eine N.V. kann zudem durch einen entsprechenden **Gesellschafterbeschluss aufgelöst** werden.[454] 254

Der Auflösungsbeschluss enthält in der Regel auch die **Berufung** eines oder mehrerer **Abwickler**(s) (*vereffenaars*) und eines **Treuhänders** (*bewaarder van boeken en bescheiden*), der die Geschäftsbücher und Unterlagen der N.V. aufbewahrt. In den meisten Fällen ist in der Satzung bestimmt, dass die Vorstandsmitglieder als Abwickler bestellt werden. Dies ist jedoch nicht zwingend notwendig, sodass auch Nicht-Vorstandsmitglieder berufen werden können. Der/die Abwickler **meldet/melden** den Beschluss über die Auflösung der N.V. beim zuständigen Handelsregister **an**. Nach Artikel 2:19 V BW ist die N.V. ab dem Zeitpunkt der Auflösung verpflichtet, auf allen Geschäftsbriefen und sonstigen öffentlichen Mitteilungen hinter ihrer Firma den Zusatz ***„in liquidatie“*** oder die Abkürzung **„i. L.“** hinzuzufügen. 255

Bei der Abwicklung der *„N.V. in liquidatie“* gibt es **zwei Verfahren**: das Standard-Liquidationsverfahren gemäß den Artikeln 2:19 ff. BW und die sog Turbo-Liquidation (***turboliquidatie***) nach Artikel 2:19 IV BW. 256

447 *Van der Heijden/Van der Grinten*, Handboek voor de naamloze en de besloten vennootschap, 2013, S. 283 f.; *Van Helden/Willeumier* in: Wegen/Spahlinger/Barth (Hrsg.), Gesellschaftsrecht des Auslands, 2016, Niederlande, Rn. 136.

448 *Rademakers/De Vries* in: Süß/Wachter (Hrsg.), Handbuch des internationalen GmbH-Rechts, 2016, Niederlande, Rn. 130.

449 *Rademakers/De Vries* in: Süß/Wachter (Hrsg.), Handbuch des internationalen GmbH-Rechts, 2016, Niederlande, Rn. 131 f.

450 Dies ist zB der Fall, wenn die Satzung nicht den gesetzlichen Voraussetzungen entspricht.

451 Siehe auch *Van der Heijden/Van der Grinten*, Handboek voor de naamloze en de besloten vennootschap, 2013, S. 843 ff.; *Huizink*, Rechtspersoon, vennootschap en onderneming, 2013, S. 363.

452 *Van der Heijden/Van der Grinten*, Handboek voor de naamloze en de besloten vennootschap, 2013, S. 838 ff.

453 *Van der Heijden/Van der Grinten*, Handboek voor de naamloze en de besloten vennootschap, 2013, S. 839.

454 Zur Möglichkeit einen Gesellschafterbeschluss zu widerrufen (*herroepen*) siehe HR 19. Dezember 2014, JOR 2015/33; *Nethe* WPNR 2015, 765-775.

a) Standard- Liquidationsverfahren

257 Besitzt die N.V. bei Auflösung (noch) Vermögen, findet in der Regel ein **ordentliches „Standard"- Liquidationsverfahren** statt. Der/die im Rahmen des Liquidationsbeschlusses bestellte(n) Abwickler hat/haben die Aufgabe, die laufenden Geschäfte der N.V. zu beenden und die Gläubiger zu befriedigen.[455] Nachdem alle Forderungen eingezogen und alle Verbindlichkeiten beglichen sind, stellt der/stellen die Abwickler einen **Rechenschaftsbericht** (*rekening en verantwoording*) und einen **Verteilungsplan** (*plan van verdeling*) auf, um den Überschuss der liquidierten N.V. unter den berechtigten Parteien (den Aktionären) aufzuteilen. Gibt es nur eine berechtige Partei, ist kein Verteilungsplan erforderlich.[456]

258 Übersteigen die Verbindlichkeiten das Vermögen der N.V., ist der bzw. sind die Abwickler **verpflichtet Insolvenz anzumelden**, es sei denn, die Gläubiger stimmen einer Abwicklung der N.V. außerhalb des Insolvenzverfahrens zu.[457]

259 Gemäß Artikel 2:23b IV BW hat/haben der/die Abwickler den Rechenschaftsbericht (und falls erforderlich auch den Verteilungsplan) beim zuständigen Handelsregister **einzureichen** und in den Geschäftsräumen der N.V. **auszulegen.** Zudem hat er/haben sie in einer überregionalen Zeitung zu veröffentlichen, wo Rechenschaftsbericht und ggf. Verteilungsplan eingesehen werden können und über welchen Zeitraum. Mit dieser Veröffentlichung beginnt eine **Zweimonatsfrist, innerhalb derer Gläubiger** oder anderweitig Berechtigte **Einspruch** gegen den Rechenschaftsbericht und den Verteilungsplan **erheben** können. Der Einspruch in Form eines **Antrages** (*verzoekschrift*) muss gemäß Artikel 2:23b V BW bei Gericht eingereicht werden und danach durch den/die Abwickler auf die gleiche Weise wie die Hinterlegung des Rechenschaftsberichtes (und gegebenenfalls des Verteilungsplans) bekannt gemacht werden.

260 Nach Artikel 2:23b VI BW kann das **Liquidationsverfahren beschleunigt** werden, wenn der/die Abwickler, nachdem alle Schulden beglichen sind, den verbliebenen Überschuss im Voraus an die berechtigten Parteien ausbezahlt hat/haben, dh bevor Rechenschaftsbericht und ggf. Verteilungsplan beim zuständigen Handelsregister eingereicht und veröffentlicht worden ist. In diesen Fällen ist die *N.V.* beendet, sobald die zweimonatige Frist abgelaufen ist. Diese beschleunigte Abwicklung ist jedoch **nur möglich, wenn** das Gesellschaftsvermögen eine Auszahlung im Voraus zulässt. Nach Beginn der zweimonatigen Einspruchsfrist ist eine Ausbezahlung im Voraus nur noch mit Zustimmung des zuständigen Richters möglich.

261 Nach Artikel 2:23b IX BW ist die **Abwicklung des Vermögens beendet**, wenn sämtliches Vermögen der Gesellschaft verteilt ist. Ab diesem Moment gilt die Gesellschaft als aufgelöst. Der/die Abwickler hat/haben dann das Handelsregister über den Abschluss des Liquidationsverfahrens und die **Auflösung der Gesellschaft** zu informieren und den Namen und die Adresse des Treuhänders, der die Bücher und Schriften der aufgelösten N.V. für die Dauer von sieben Jahren nach Abschluss des Liquidationsverfahrens aufzubewahren hat, beim Handelsregister anzumelden.

262 Ist die N.V. aufgelöst und stellt sich heraus, dass noch Vermögenswerte vorhanden sind oder wurde ein Gläubiger oder ein sonstiger Begünstigter nicht berücksichtigt, kann das Liquidationsverfahren nach Artikel 2:23c BW auf Antrag eines Berechtigten durch das Gericht **wieder eröffnet werden.** Die N.V. lebt somit quasi wieder auf, allerdings nur für den Zweck der (endgültigen) Abwicklung im wiedereröffneten Liquidationsverfahren.[458]

b) Die „Turbo-Liquidation" (turboliquidatie)

263 Ist die N.V. zum Zeitpunkt ihrer Auflösung **vermögenslos** (*geen bekende baten*), so wird sie bereits als Folge des Auflösungsbeschlusses, also **ohne Vermögensabwicklung** beendet (Artikel 2:19 IV BW). Auflösung und Beendigung der N.V. werden dann im Handelsregister eingetragen.[459] In Literatur und Rechtsprechung ist die Frage entstanden, ob die Turbo-Liquidation auch der richtige Weg ist, wenn die N.V. zwar keine Aktiva *(baten)*, aber noch Verbindlichkeiten hat.[460] Die Rechtbank Gelderland (erste Instanz) hat dies in einem Urteil vom 27.6.2016 bejaht; die Turbo-Liquidation sei auch dann möglich, wenn bei der Gesellschaft keine Aktiva, sondern nur noch Passiva vorhanden seien; dem ist vor dem Hintergrund des Zwecks der Turbo-Liquidation zuzustimmen.[461]

---

455 *Van der Heijden/Van der Grinten*, Handboek voor de naamloze en de besloten vennootschap, 2013, S. 858.
456 *Van der Heijden/Van der Grinten*, Handboek voor de naamloze en de besloten vennootschap, 2013, S. 860 ff.
457 Vgl. *Renssen* Ondernemingsrecht 2014, 121.
458 *Van der Heijden/Van der Grinten*, Handboek voor de naamloze en de besloten vennootschap, 2013, S. 867; *Renssen* Ondernemingsrecht 2015, 8.
459 Vgl. *Renssen* Ondernemingsrecht 2015, 8.
460 Rb. Rotterdam 20. März 2014, JOR 2014/195; *Renssen* Ondernemingsrecht 2014, 121.
461 Rb. Gelderland 27.6.2016, ECLI:NL:RBGEL:2016:3490.

III. Besloten vennootschap met beperkte aansprakelijkheid (B.V.)

1. Grundlagen

a) Einführung

Die Niederlande können zwar für sich in Anspruch nehmen, mit der *Vereenigde Oostindische Compagnie* (VOC) schon 1602 die erste moderne Aktiengesellschaft geschaffen zu haben. Eine mit der deutschen GmbH vergleichbare Rechtsform, die *„besloten vennootschap met beperkte aansprakelijkheid“* (B.V.), wurde jedoch erst verhältnismäßig spät, in Folge der Umsetzung der Publizitätsrichtlinie, nämlich im Jahre **1971 eingeführt.**[462] Zumindest anfangs entsprachen viele Regelungen der B.V. denen für die N.V. Der wichtigste Unterschied zwischen einer N.V. und einer B.V. war jedoch, dass die Anteile an einer B.V. **nicht frei übertragbar** waren und nicht an einer Börse notiert und gehandelt werden konnten. Die Regelungen betreffend die B.V. sind heute in den Artikeln 2:175-284a BW kodifiziert. 264

Nach ihrer Einführung hat die B.V. (wie auch die GmbH nach deutschem Recht) einen regelrechten **Siegeszug angetreten** und sich inzwischen zur mit **Abstand beliebtesten Rechtsform** in den Niederlanden entwickelt. Laut der niederländischen Statistikbehörde CBS gab es in den Niederlanden im dritten Quartal 2017 insgesamt 393.395 juristische Personen (*rechtspersonen*), wovon 347.915 B.V. waren. Annähernd 90% der in den Niederlanden registrierten jursitischen Personen sind somit B.V. Im gleichen Zeitraum gab es 1.155 N.V., 2.550 Genossenschaften (*coöperaties*) sowie 37.965 Vereine und Stiftungen.[463] Diese Entwicklung wurde nicht zuletzt durch eine die B.V. begünstigende niederländische **Steuergesetzgebung** gefördert.[464] Eine B.V. ist jedoch erst ab einem bestimmten, im individuellen Fall zu ermittelnden Umsatz steuerlich vorteilhafter als eine *eenmanszaak*. Der Unternehmer einer *eenmanszaak* zahlt zwar Einkommensteuer auf den erzielten Gewinn, die in der Regel höher ist als die steuerliche Belastung einer B.V., allerdings kann der Unternehmer einer *eenmanszaak* gewisse Posten steuerlich absetzen bzw. von Freistellungen profitieren. Erst, wenn das Unternehmen eine gewisse **Umsatzstärke erreicht** hat und somit nicht mehr von den Freistellungen profitiert, kann es sich aus steuerlichen Gründen lohnen eine B.V. im Vergleich zu einer *eenmanszaak* zu gründen. 265

Während der letzten zehn Jahre ist viel über die Stellung und Bedeutung der B.V. diskutiert worden, da das Gesellschaftsrecht, wie es sich in den letzten Jahren in den Niederlanden durch Gesetzgebung und Rechtsprechung herausgebildet hat, vor allem durch seine **Liberalität geprägt** ist. Die Niederlande folgen der Gründungstheorie (Rn. 10), die bereits seit 1998 in den Artikeln 10:118 ff. BW gesetzlich festgeschrieben ist. Danach wird eine ausländische Gesellschaft, die ihren in der Satzung festgelegten Sitz im Ausland hat und dem Recht dieses Staates entsprechend ordnungsgemäß gegründet wurde, ihren Verwaltungssitz aber in den Niederlanden hat, grundsätzlich anerkannt.[465] Diese Anerkennung führte in den letzten Jahren, insbesondere infolge der Bestätigung und Ausfüllung der Grundsätze der Niederlassungsfreiheit durch die Rechtsprechung des EuGH (s. dazu § 10 Rn. 32 ff.), zu einer **zunehmenden Konkurrenz** für die niederländische B.V. durch andere, in der EU bestehende Gesellschaftsformen, insbesondere durch die englische Limited (s. dazu § 12 Rn. 254 ff.).[466] 266

b) Die „Flex-B.V.“

Vor dem beschriebenen Hintergrund und dem „Wettlauf der Rechtsformen“ (auch „Delaware-Effekt“ genannt) hielt es auch der niederländische Gesetzgeber für notwendig, die **Attraktivität der B.V. zu verbessern** und rief eine Expertengruppe ins Leben, die am 6. Mai 2004 ihren Bericht mit Empfehlungen zur Beseitigung von Hindernissen (*drempel*) im niederländischen B.V.-Recht vorlegte.[467] Auf der Basis dieses Berichts wurde ein Gesetzesvorschlag zur **Vereinfachung des B.V.-Rechts** (*vereenvoudiging en flexibilisering bv-recht*, das sog Flex-B.V.-Gesetz) erarbeitet und am 31. Mai 2007 zur Zweiten Kammer des niederländischen Parlaments (*Tweede Kamer)* eingereicht, die am 15. Dezember 2009[468] das **Flex-B.V.-Gesetz** und am 4. Oktober 2011 den Gesetzesvor- 267

---

462 *Mehring* GmbHR 1991, 297; *Van der Heijden/Van der Grinten*, Handboek voor de naamloze en de besloten vennootschap, 2013, S. 20; *Mincke* in: Laimer/Perathoner (Hrsg.), Gesellschaftsrechtliche Nebenvereinbarungen in Europa, 2013, S. 239, 240; *Wooldridge* Co. Lawyer 12 (2008) 371; *Hagedorn/Tervoort,* Niederländisches Wirtschaftsrecht, 2017, Kapitel I Rn. 1.

463 Angaben der Zentralen Behörde für Statistik (*centraal bureau voor de statistiek*), abgerufen am 24.7.2017.

464 *Mehring* GmbHR 1991, 297; vgl. *Rademakers/de Vries* in: Süß/Wachter (Hrsg.), Handbuch des internationalen GmbH-Rechts, 2016, Niederlande, Rn. 269.

465 *Timmerman* ZGR 1999, 147; *Rammeloo* Ondernemingsrecht 2011, 9; *Steffens* Tijdschrift voor Ondernemingsbestuur 2004, 1.

466 *Wooldridge* EBLR 2009, 369.

467 Vgl. *Van Solinge/Nieuwe Weme* in: Asser 2-IIa NV en BV – Oprichting, vermogen en aandelen, 4. Aufl. 2013, S. 19; *Van der Heijden/Van der Grinten*, Handboek voor de naamloze en de besloten vennootschap, 2013, S. 39; *De Kluiver* in: Viera Gonzalez/Teichmann (Hrsg.), Private Company Law Reform in Europe: the race for flexibility, 2015, S. 405, S. 407 ff.; *Zaman* GmbHR 2012, 1062.

468 Handelingen TK 2009/2010, nrkr 37, blz: 3586-3587.

schlag zum Einführungsgesetz Flex-B.V. (*Invoeringswet vereenvoudiging en flexibilisering bv-recht*) annahm.[469] Beide Gesetzesvorschläge wurden am 12. Juni 2012 durch die Erste Kammer des niederländischen Parlamentes (*Eerste Kamer*) angenommen und traten schließlich zum **Oktober 2012 in Kraft.**[470]

268 Mit dem neuen Flex-B.V.-Gesetz sind – wie der Name schon sagt – viele Regelungen betreffend die B.V. **flexibler** und **leichter umsetzbar** geworden. Diese Regelungen betreffen ua das Mindestkapital, das nur noch 0,01 EUR betragen muss, die Ausgabe von Geschäftsanteilen in einer Fremdwährung, die Änderungen der Gewinnausschüttungs- und Gewinnverteilungsregelungen, die Ausgabe von stimmrechtslosen Anteilen, die Möglichkeit der Verlagerung der Gesellschafterversammlung ins Ausland und die Möglichkeit, Gesellschafterkonflikte abweichend vom Gesetz in der Satzung zu regeln.[471] Es handelt sich bei der Flex-B.V. somit auch nicht um eine neue Rechtsform.[472] Allerdings hat die B.V. nunmehr jedoch auch einen eigenen, selbstständigen Charakter bekommen und sich weitgehend von ihrem eigentlichen Vorbild, der N.V., gelöst. Da es aufgrund der neuen Regelungen leichter geworden ist, eine B.V. zu gründen und den Gesellschaftern zudem deutlich **mehr Freiheiten eingeräumt** werden, ihre Interessen im Rahmen der Satzung umzusetzen, wurde zum einen – quasi als Gegengewicht – ein **neues Gläubigerschutzsystem** implementiert. Zum anderen wurden aber auch Regelungen eingeführt, aufgrund derer die Rechte von Minderheitsgesellschaftern deutlich mehr Berücksichtigung finden als zuvor.[473]

c) Grundgedanke

269 Nach Artikel 2:175 I BW ist eine B.V. eine **juristische Person** mit einem in übertragbare Anteile aufgeteilten Kapital. Die Anteile werden auf den Namen des jeweiligen Gesellschafters ausgestellt. Ein Gesellschafter **haftet nicht persönlich** für die Verbindlichkeiten einer B.V. und ist nicht verpflichtet, mehr als seine vereinbarte Einlage zu leisten.[474]

2. Gründung

270 Eine B.V. kann sowohl von einer – **natürlichen oder juristischen** – Person **allein** als auch durch mehrere Personen gegründet werden. Die Gesellschafter können bei der Gründung durch eine Person mit notariell beglaubigter Vollmacht vertreten werden.[475] Nach Artikel 2:175 II BW erfolgt die Gründung einer B.V. durch eine **notarielle Urkunde** vor einem niederländischen Notar in niederländischer Sprache. Häufig stellt der niederländische Notar auch eine Übersetzung der Gründungsurkunde zur Verfügung, maßgebend ist aber die niederländische Fassung.[476] Genau wie bei der N.V. (Rn. 139) hat die notarielle Beurkundung der Gründungsurkunde **konstitutive Wirkung.**[477] Die Gründungsurkunde enthält neben der genauen Bezeichnung der Gründungsgesellschafter, der Höhe des gezeichneten (*geplaatst*) und des eingezahlten (*gestort*) Kapitals auch die Satzung (*statuten*) der B.V (Artikel 2:177 I BW iVm Artikel 2:178 I BW). Zudem ist die Gründung durch eine Vorratsgesellschaft möglich, sodass nur noch von dieser bereits gegründeten Gesellschaft der Gesellschaftsvertrag entsprechend anzupassen ist.[478]

271 Hinsichtlich der Angaben auf den Geschäftsbriefen kann auf die Ausführungen der N.V. verwiesen werden (Rn. 140). Die gesetzlichen Regelungen finden sich in Artikel 2:186 BW und Artikel 27 HrgW.

469 Https://www.eerstekamer.nl/wetsvoorstel/32426_invoeringswet, abgerufen am 6.11.2017.
470 Handelingen EK 2011/2012, nrkr 32, item 2, blz. 2; Gesetz vom 18. Juni 2012, zur Änderung von Buch 2 des Bürgerliches Gesetzbuches im Zusammenhang mit der Modifizierung der Regelungen für die niederländischen Gesellschaften mit beschränkter Haftung, Stb.2012, 299 (Gesetz Flex-BV) und Stb.2012, 300 (Einführungsgesetz Flex-BV).
471 *Rademakers/de Vries* in: Süß/Wachter (Hrsg.), Handbuch des internationalen GmbH-Rechts, 2016, Niederlande, Rn. 15.
472 Vgl. *Zaman* GmbHR 2012, 1062; *van Vliet* Journal of Civil Law Studies 7 (2014) 271, 272; *van Helden/Willeumier* in: Wegen/Spahlinger/Barth (Hrsg.), Gesellschaftsrecht des Auslands, 2016, Niederlande, Rn. 4; *Verkerk* ECL 7 (2010) 113, 114.
473 *Van der Heijden/Van der Grinten*, Handboek voor de naamloze en de besloten vennootschap, 2013, S. 39 f.; *Wooldridge* EBLR 2009, 370 ff.
474 *Verkerk* in: De BV in de praktijk, 1.2 Kenmerken van de BV; *van Efferink/Ebert/Levedag* GmbHR 2004, 880, 881.
475 *Rademakers/de Vries* in: Süß/Wachter (Hrsg.), Handbuch des internationalen GmbH-Rechts, 2016, Niederlande, Rn. 61 ff.
476 *Hagedorn/Tervoort,* Niederländisches Wirtschaftsrecht, 2017, Kapitel I Rn. 2.
477 *Rademakers/De Vries* in: Süß/Wachter (Hrsg.), Handbuch des internationalen GmbH-Rechts, 2016, Niederlande, Rn. 21; *van Helden/Willeumier* in: Wegen/Spahlinger/Barth (Hrsg.), Gesellschaftsrecht des Auslands, 2016, Niederlande, Rn. 5, 15; *Hagedorn/Tervoort,* Niederländisches Wirtschaftsrecht, 2017, Kapitel I Rn. 5.
478 *Rademakers/de Vries* in: Süß/Wachter (Hrsg.), Handbuch des internationalen GmbH-Rechts, 2016, Niederlande, Rn. 20.

272 Bezüglich der weiteren Formalitäten der Gründung, insbesondere zu den Anforderungen an die notarielle Beurkundung (Artikel 2:175 II BW) und der Eintragung ins Handelsregister, wird ebenfalls auf die entsprechenden Ausführungen zur N.V. verwiesen (Rn. 136 ff.).

273 Entsprechendes gilt auch hinsichtlich der Führung des Unternehmens in der **Zeit vor der Gründung** der B.V. (Rn. 141). Die Regelungen im *Burgerlijk Wetboek* für die B.V. i.o. (*in oprichting*) entsprechen denen der N.V. i.o., werden jedoch in Artikel 2:203 BW geregelt. Folglich **haften** auch die Personen, die im Namen einer B.V. i.o. handeln, nach Artikel 2:203 BW persönlich, unbeschränkt und gesamtschuldnerisch.[479]

274 Die **Mindestangaben** in der Satzung[480] sind ebenfalls mit denjenigen der N.V. vergleichbar (Rn. 144 ff.). Die Satzung der B.V. muss daher insbesondere Folgendes enthalten:

a) Name, Sitz und Gegenstand der Gesellschaft

275 Der Name der Gesellschaft muss stets mit *besloten vennootschap met beperkte aansprakelijkheid* oder – wie im Normalfall – der **Abkürzung B.V.** beginnen oder enden. Der (satzungsmäßige) **Sitz** muss nach Artikel 2:177 III BW immer in den Niederlanden gelegen sein.[481] Die Verlegung des Verwaltungssitzes ins Ausland ist jedoch sowohl kollisions- als auch materiellrechtlich zulässig. Sofern Zweigniederlassungen innerhalb oder außerhalb der Niederlande eröffnet werden, kann die B.V. über mehrere Niederlassungen verfügen.[482] Für nähere Ausführungen zum Sitz der Gesellschaft wird auf Rn. 10 verwiesen. Gemäß Artikel 2:177 I BW muss auch die Satzung der B.V. den **Gesellschaftszweck** (*doel*) beinhalten. Dies gilt als Ausdruck der *ultra vires*-Doktrin (siehe Rn. 164).[483]

b) Anzahl und Nennbetrag der Anteile

276 Das Kapital der B.V. ist **in Anteile** mit einem bestimmten Nennbetrag **aufgeteilt.** Der Nennwert eines Anteils beträgt mindestens 0,01 EUR. Anders als bei der N.V., hat die Satzung einer B.V. die jeweiligen Anteile mit ihren jeweiligen Nennbeträgen zu bezeichnen. Gemäß Artikel 2:201 III BW hat die Satzung neben den **Nennbeträgen der jeweiligen Anteile** auch die mit den verschiedenen Anteilsgattungen verbundenen Rechte zu bezeichnen, wenn Geschäftsanteile einer bestimmten Art oder Bezeichnung (*aandelen van een bepaalde soort of aanduiding*) ausgegeben sind, wie zB Prioritätsgeschäftsanteile (*prioriteitsaandelen*),[484] Vorzugsgeschäftsanteile (*preferente aandelen*),[485] Klassengeschäftsanteile (*letter-aandelen*) oder Bonusgeschäftsanteile (*bonusaandelen*).[486] Prioritätsgeschäftsanteile umfassen häufig ein in der Satzung umschriebenes Vorschlagsrecht der Geschäftsführung oder ein Genehmigungserfordernis dieser Gesellschafter.[487] Die Dividenden von Vorzugsgeschäftsanteilen sind entweder festverzinslich oder bis zu einem Prozentsatz des Nennbetrags begrenzt.[488] Die ausgegebenen Klassengeschäftsanteile können unterschiedliche Rechte haben und werden stets für ihre Klasse mit unterschiedlichen Buchstaben gekennzeichnet. Bonusgeschäftsanteile werden dann an die Gesellschafter ausgegeben, wenn Gewinne in die Gewinnrücklage geführt werden.[489] Gemäß Artikel 2:178 II BW kann das Nennkapital auch in ausländischer Währung ausgedrückt werden. Seit der Einführung der Flex-B.V. ist es nicht mehr erforderlich (und auch nicht mehr üblich) in der Satzung die Höhe des Grundkapitals (das *maatschappelijk kapitaal*) der B.V. zu bezeichnen.[490]

---

479 *Van der Heijden/Van der Grinten*, Handboek voor de naamloze en de besloten vennootschap, 2013, S. 128 ff.; *Verkerk* in: De BV in de praktijk, 2.6. De oprichtingsfase van de BV; *Rademakers/De Vries* in: Süß/Wachter (Hrsg.), Handbuch des internationalen GmbH-Rechts, 2016, Niederlande, Rn. 23 f.; *Rensen* in: Muller (Hrsg.), Corporate Law in the Netherlands, 2013, S. 148; *Hagedorn/Tervoort,* Niederländisches Wirtschaftsrecht, 2017, Kapitel I Rn. 6 ff.

480 Dazu auch *Rademakers/De Vries* in: Süß/Wachter (Hrsg.), Handbuch des internationalen GmbH-Rechts, 2016, Niederlande, Rn. 36 ff.; *Verkerk* in: De BV in de praktijk, 2.3 De akte van oprichting.

481 Eine Ausnahme besteht jedoch bei einer grenzüberschreitenden Sitzverlegung unter Wechsel der Rechtsform iS der Cartesio- (dazu § 10 Rn. 36 ff.) und der Polbud-Entscheidung des EuGH (dazu § 10 Rn. 46 ff.).

482 *Rademakers/de Vries* in: Süß/Wachter (Hrsg.), Handbuch des internationalen GmbH-Rechts, 2016, Niederlande, Rn. 43 ff.

483 *Visser* in: Muller (Hrsg.), Corporate Law in the Netherlands, 2013, S. 39 f., 44.

484 Vgl. Artikel 2:201 I BW. Siehe hierzu auch Rn. 132.

485 Vgl. Artikel 2:201 I BW. Siehe hierzu auch Rn. 132.

486 *Rademakers/de Vries* in: Süß/Wachter (Hrsg.), Handbuch des internationalen GmbH-Rechts, 2016, Niederlande, Rn. 54.

487 *Rademakers/de Vries* in: Süß/Wachter (Hrsg.), Handbuch des internationalen GmbH-Rechts, 2016, Niederlande, Rn. 54.

488 *Rademakers/de Vries* in: Süß/Wachter (Hrsg.), Handbuch des internationalen GmbH-Rechts, 2016, Niederlande, Rn. 54.

489 *Rademakers/de Vries* in: Süß/Wachter (Hrsg.), Handbuch des internationalen GmbH-Rechts, 2016, Niederlande, Rn. 54.

490 *Hirschfeld* RIW 2013, 134, 138; *Van der Heijden/Van der Grinten*, Handboek voor de naamloze en de besloten vennootschap, 2013, S. 142; *Verkerk* in: De BV in de praktijk, 2.3 De akte van oprichting.

c) Verfahren bei Verhinderung/Fehlen der Geschäftsführung

277 Zudem hat die Satzung der B.V. Angaben zur gewählten Organisationsform, zu den einzelnen Organen und deren ersten Mitgliedern zu enthalten und nach Artikel 2:244 IV BW vor allem auch dazu, wie im Falle ihrer **Abwesenheit** (*ontstentenis*) bzw. **Verhinderung** (*belet*) von Organmitgliedern verfahren werden soll.[491] Hintergrund hierfür ist, dass sich aus der Satzung zwingend ergeben muss, wer für die B.V. verantwortlich sein soll, wenn der Geschäftsführer beispielsweise verstorben oder nicht mehr auffindbar ist (siehe Rn. 148).

d) Weitere Angaben insbesondere zur Organisation

278 Durch die Einführung der Flex-B.V. wurde die Möglichkeit für die Gesellschafter geschaffen, neben den vorstehenden zwingenden Regelungen viele andere **Absprachen/Regelungen in die Satzung** mit aufzunehmen. Hiervon umfasst sein können beispielsweise Regelungen in Bezug auf die Übertragbarkeit der Anteile, Stimm- und Versammlungsrechte, die Verteilung des Gewinns und die Auflösung der Gesellschaft.[492] Das niederländische Recht bietet daher, anders als andere Rechtsordnungen (vgl. zB nach englischem Recht § 12 Rn. 277), keine Mustersatzung zur Erleichterung der Gesellschaftsgründung an; die niederländische Notarvereinigung hat jedoch eine solche Mustersatzung zur Verfügung gestellt.[493]

3. Organisationsverfassung

279 Die Organisationsverfassung einer niederländischen B.V. entspricht im Wesentlichen der der N.V. Auch die B.V. hat **zwei** zwingend vorgeschriebene **Organe**: Die Gesellschafterversammlung und die Geschäftsführung. Die Errichtung eines Aufsichtsrates ist grundsätzlich **fakultativ**, es sei denn, es handelt sich um eine Struktur-B.V., dann ist der Aufsichtsrat nach Artikel 2:268 I BW ein gesetzlich vorgeschriebenes Organ, oder aber die Gesellschaft hat ein *one-tier-board*. Im letzteren Falle besteht der Vorstand der B.V., wie für die N.V. erläutert (Rn. 151), aus **ausführenden** und **nicht-ausführenden** Geschäftsführern. Einen Aufsichtsrat kann es somit bei einem monistischen System nicht geben. Die Regelungen zum fakultativen Aufsichtsrat in einem dualistischen System sind in den Artikeln 2:250 ff. BW zu finden. Die Errichtung eines Beirates (*raad van advies*) ist möglich, da es sich bei einem Beirat jedoch nicht um ein gesetzlich vorgeschriebenes Organ der B.V. handelt, enthält das *Burgerlijk Wetboek* hierzu keine Regelungen. Die Errichtung und die Aufgaben eines Beirates werden daher in der Satzung und ggf. ergänzend in einer Geschäftsordnung für den Beirat geregelt.

a) Geschäftsführung

aa) Zusammensetzung und Bestellung

280 Die Geschäftsführer werden gemäß Artikel 2:242 I BW **erstmalig bei der Gründung** der B.V. in der Gründungsurkunde, danach entweder von der Gesellschafterversammlung oder – und das ist neu seit der Einführung der Flex-B.V. – sofern die Satzung eine entsprechende Regelung enthält, von einer **Versammlung** von Gesellschaftern die Inhaber einer in der Satzung näher bestimmten Gattung (*soort*) oder Bezeichnung/Kennzeichnung (*aanduiding*) von Gesellschaftsanteilen sind, **bestellt.**[494] Die entsprechende Satzungsbestimmung muss gemäß Artikel 2:242 I BW so gefasst sein, dass jeder Gesellschafter (mit Stimmrecht) an der Beschlussfassung über die Bestellung oder Abberufung von zumindest einem Geschäftsführer teilnehmen kann. Handelt es sich hingegen um eine sogenannte Struktur-B.V., werden die Geschäftsführer durch den Aufsichtsrat bestellt und abberufen (Artikel 2:272 BW).[495]

281 Wie bei der N.V. kann die Satzung der B.V. bestimmen, dass die Geschäftsführer nur nach einer **bindenden Nominierung** durch eines der anderen Organe der Gesellschaft oder durch einen Dritten bestellt werden können.[496] Jeder Geschäftsführer kann **jederzeit** von dem jeweils bestellungsbefugten Organ suspendiert oder **abberufen** werden. Daneben ist es gemäß Artikel 2:244 I BW möglich, in der Satzung vorzusehen, dass der Geschäftsführer auch von einem anderen Organ abberufen werden kann, zB einem fakultativen Aufsichtsrat oder

491 *Koster* BB 2013/75; vgl. *Rademakers/de Vries* in: Süß/Wachter (Hrsg.), Handbuch des internationalen Gesellschaftsrecht, 2016, Niederlande, Rn. 52.

492 *Rademakers/de Vries* in: Süß/Wachter (Hrsg.), Handbuch des internationalen GmbH-Rechts, 2016, Niederlande, Rn. 52; *Verkerk* ECL 7 (2010) 113, 116.

493 *Fleischer* ZHR 179 (2015) 404, 415 f.

494 *Van der Heijden/Van der Grinten*, Handboek voor de naamloze en de besloten vennootschap, 2013, S. 530; *Hopmans* in: De BV in de praktijk, 4.2.2 Benoeming; *Olthoff* V&O 2014, 61, 65; *Wooldridge* EBLR 2009, 369, 373; *De Kluiver* in: Viera Gonzalez/Teichmann (Hrsg.), Private Company Law Reform in Europe: the race for flexibility, 2015, S. 405, 415; *Schuit* in: Muller (Hrsg.), Corporate Law in the Netherlands, 2013, S. 118 f.; *Hagedorn/Tervoort*, Niederländisches Wirtschaftsrecht, 2017, Kapitel I Rn. 70.

495 *Arlt/Bervoets/Grechenig/Kalss* GesRZ 2002, 64, 77.

496 *Van der Heijden/Van der Grinten*, Handboek voor de naamloze en de besloten vennootschap, 2013, S. 537 ff.; *Hopmans*, De BV in de praktijk 4.2.2 Benoeming.

einem Beirat. Handelt es sich hingegen um eine sogenannte Struktur-B.V., werden die Geschäftsführer hingegen stets durch den Aufsichtsrat bestellt und abberufen.[497] Im Falle einer monistischen Struktur **entscheidet die Gesellschafterversammlung** nach Artikel 2:242 I BW, wer zu ausführenden bzw. nicht-ausführenden Geschäftsführern bestellt wird. Das *one-tier-board* hat dabei nach Artikel 2:244 I BW auch die Befugnis einen ausführenden Geschäftsführer zu suspendieren.

Zur **Geschäftsführung** und **Vertretung** der B.V. sind nur ihre (ausführenden) Geschäftsführer berechtigt. Die B.V. kann einen (oder mehrere Geschäftsführer) haben. Dieser ist zur **Leitung** der Gesellschaft berechtigt und verpflichtet (Artikel 2:239 BW). Wie bei einer N.V. können – anders als im deutschen Recht (vgl. § 6 II 1 GmbHG)[498] und seit kurzem grundsätzlich auch im englischen Recht (s. § 12 Rn. 419) – sowohl natürliche als auch **juristische Personen zu Geschäftsführern** bestellt werden. Bei mehreren Geschäftsführern kann es ausführende und nicht-ausführende geben (s. Rn. 151). Bei einem *one-tier board* müssen die nicht-ausführenden Geschäftsführer allerdings natürliche Personen sein (Artikel 2:239a I BW). Es gibt keine gesetzlichen **Anforderungen** an die Person des Geschäftsführers (auch nicht wie in Deutschland nach § 6 II Nr. 3 GmbHG), allerdings können die Gesellschafter im Rahmen der Satzung bestimmte Kriterien, Qualifikationen etc vereinbaren.[499] Gleichsam können die Gesellschafter auch auf die Einhaltung solcher Kriterien verzichten. 282

Das niederländische Recht enthält in Artikel 2:242a BW für die **„großen" B.V.** eine in Artikel 2:132a BW für die N.V. entsprechende Regelung hinsichtlich der Beschränkung der Geschäftsführungs- bzw. Aufsichtsratsmandate (s. Rn. 157 f.).[500] 283

bb) (Interne) Aufgabenverteilung

Obwohl die Geschäftsführung der B.V. nach Artikel 2:239 I BW exklusiv der Geschäftsführung vorbehalten ist, kann die **Satzung** der B.V. gemäß Artikel 2:239 IV BW **bestimmen**, dass ein anderes Organ der B.V. berechtigt ist, der Geschäftsführung, als Organ der Gesellschaft und daher nicht den einzelnen Geschäftsführern, konkrete Anweisungen zu erteilen. Seit der Einführung der Flex-B.V. ist die Geschäftsführung daher – anders als bei der N.V. – **verpflichtet**, diese **Anweisungen zu befolgen**, es sei denn, es widerspricht dem Interesse der Gesellschaft und/oder den mit ihr verbundenen Unternehmen (Artikel 2:239 IV, V BW).[501] Aus Literatur und Rechtsprechung ergibt sich, dass sich das Weisungsrecht auch **auf die übrigen Konzerngesellschaften** erstrecken kann, jedoch muss die Geschäftsführung der Tochtergesellschaft trotzdem jederzeit individuell abwägen, ob die Weisungen der Muttergesellschaft im Interesse der Tochtergesellschaft sind.[502] In Bezug auf die weiteren Regelungen zur internen Aufgabenverteilung kann im Übrigen auf Rn. 162 ff. bezüglich der N.V. verwiesen werden. 284

cc) Vertretung

Die B.V. wird nach Artikel 2:240 I BW grundsätzlich durch die Geschäftsführung vertreten (Gesamtvertretung). Nach Artikel 2:240 II BW ist zudem jeder Geschäftsführer berechtigt, die B.V. einzeln zu vertreten (**Einzelvertretung**), sofern sich aus der Satzung nicht etwas anderes ergibt. Die Vertretungsbefugnis ist nach Artikel 2:240 III BW grundsätzlich **unbeschränkt** und bedingungslos (*onbeperkt en onvoorwaardelijk*), sofern nicht das Gesetz etwas anderes bestimmt.[503] Eine gesetzliche Beschränkung der Vertretungsbefugnis liegt beispielsweise in der Eröffnung des Insolvenzverfahrens durch die Geschäftsführung, denn dies ist nur mit der Zustimmung der Gesellschafterversammlung möglich (Artikel 2:246 BW). Darüber hinaus kann gemäß Artikel 2:240 II BW in der Satzung bestimmt sein, dass ein Geschäftsführer die B.V. nur zusammen mit einem anderen Geschäftsführer vertreten darf, oder dass die Vertretungsmacht nur einem oder mehreren Geschäftsführern zusteht. Beschränkt 285

497 *Van der Elst/Vermeulen*, The Dutch Private Company: Successfully Relaunched?, ECGI Law Working Paper 215/2013, S. 18; *Schuit* in: Muller (Hrsg.), Corporate Law in the Netherlands, 2013, S. 122.

498 Vgl. *Van Efferink/Ebert/Levedag* GmbHR 2004, 880, 883; vgl. *Oetker* in: Henssler/Strohn (Hrsg.), Gesellschaftsrecht, 3. Aufl. 2016, § 6 GmbHG, Rn. 14 ff.; *Hagedorn/Tervoort*, Niederländisches Wirtschaftsrecht, 2017, Kapitel I Rn. 61.

499 *Hopmans* in: De BV in de praktijk, 4.2.2 Benoeming; *Rademakers/de Vries* in:Süß/Wachter (Hrsg.), Handbuch des internationalen GmbH-Rechts, 2016, Niederlande, Rn. 175.

500 *Van der Heijden/Van der Grinten*, Handboek voor de naamloze en de besloten vennootschap, 2013, S. 533; *Schuit* in: Muller (Hrsg.), Corporate Law in the Netherlands, 2013, S. 120.

501 *Van der Heijden/Van der Grinten*, Handboek voor de naamloze en de besloten vennootschap, 2013, S. 481 ff.; *Hirschfeld* RIW 2013, 134, 135; *Terstegge* WPNR 2014, 259-269; *Olthoff* V&O 2014, 61, 64; *De Kluiver* in: Viera Gonzalez/Teichmann, Private Company Law Reform in Europe: the race for flexibility, 2015, S. 405, S. 415; *Fleischer* ZHR 179 (2015) 404, 424.

502 HR 21. Dezember 2001, JOR 2002/38 (*SOBI/Hurks*); *Van der Heijden/Van der Grinten*, Handboek voor de naamloze en de besloten vennootschap, 2013, S. 482 f.; *Hirschfeld* RIW 2013, 134, 135.

503 Diese Regelung basiert auf der damaligen Publizitätsrichtlinie (= Art. 14 ff. Kodifizierungs-RL) (dazu § 20). Hintergrund ist, dass die Gesellschaft selbst den Grad der (Un)abhängigkeit von ihren Geschäftsführern bestimmen soll und dass Dritte so wenig wie möglich interne Zustimmungsregelungen beachten müssen, vgl. *Van der Heijden/Van der Grinten*, Handboek voor de naamloze en de besloten vennootschap, 2013, S. 499.

wird die Vertretungsmacht zudem durch die Grundsätze der ultra-vires-Lehre, welche auch auf die B.V. anwendbar sind (vgl. Rn. 164). Allerdings wirken derartige gesetzlich vorgeschriebene oder erlaubte Beschränkungen der Vertretungsbefugnis nach Artikel 2:240 III BW **nur im Innenverhältnis**, nicht jedoch im Außenverhältnis. Somit kann sich (nur) die Gesellschaft auf eine Beschränkung berufen.[504] Ist die entsprechende Beschränkung jedoch im Handelsregister eingetragen und handelt der Geschäftsführer entgegen dieser Beschränkung, so ist die Gesellschaft grundsätzlich nicht an das entsprechende **Rechtsgeschäft** *(rechtshandeling)* **gebunden.** Demgegenüber ist ein Dritter einseitig gebunden, sofern das Rechtsgeschäft nicht durch die Gesellschaft angefochten wird.[505] Zudem kann eine Vertretungsmacht mittels (beschränkter) Vollmacht und Spezialvollmacht (Artikel 3:60 ff. BW) durch die Geschäftsführung erteilt werden. Sofern die (beschränkte) Vollmacht im Außenverhältnis ihre Wirkung entfalten soll, ist sie in das Handelsregister einzutragen.[506]

dd) Interessenkonflikt

286 Hinsichtlich der Regelungen zum Interessenkonflikt der Geschäftsführer einer B.V. gilt für die B.V. das vorstehend bei Rn. 166 Ausgeführte.

ee) Interne Haftung

287 Entsprechend dem Vorstand einer N.V. (s. Rn. 180) sind auch die Geschäftsführer einer B.V. gemäß Artikel 2:9 BW zu einer ordnungsgemäßen **Aufgabenerfüllung im Interesse der B.V.** verpflichtet.[507] Hierbei wird ihnen generell ein weites Ermessen für ihre Aufgabenerfüllung zuerkannt.[508] Grundsätzlich ist die Geschäftsführung wie bei der N.V., eine **gemeinsame Verantwortlichkeit** sämtlicher Geschäftsführer, sodass auch alle Geschäftsführer gesamtschuldnerisch haften, es sei denn, dem einzelnen Geschäftsführer kann **kein grober Vorwurf** (*ernstig verwijt*) gemacht werden und er hat nicht versäumt, Maßnahmen zu treffen, um die Folgen eines nicht ordnungsgemäßen Handelns abzuwenden.[509] Eine klar abgegrenzte und gut beschriebene Aufgabenverteilung unter den Geschäftsführern kann daher für die Haftung im Innenverhältnis von größter Bedeutung sein (dazu Rn. 181). Wie bei der N.V. können auch die Geschäftsführer einer B.V. durch Gesellschafterbeschluss (nur) in Bezug auf eine interne Haftung **entlastet werden.**[510]

288 Das Gesetz zur Flex-B.V. hat einen **neuen Haftungstatbestand** für die Geschäftsführer gegenüber der Gesellschaft eingeführt. Gemäß Artikel 2:216 I BW beschließt die Gesellschafterversammlung über die **Gewinnverwendung.** Ein solcher Beschluss entfaltet seine Wirkung jedoch erst nach der Zustimmung der Geschäftsführer in Bezug auf die beschlossene Ausschüttung. Erteilen die Geschäftsführer ihre Zustimmung und nimmt die B.V. die Ausschüttung an ihre Gesellschafter vor, so kann dies zur **gesamtschuldnerischen (persönlichen) Haftung** der Geschäftsführer gegenüber der Gesellschaft führen, wenn die Gesellschaft anschließend ihre Verbindlichkeiten gegenüber ihren Gläubigern nicht mehr erfüllen kann.[511] Voraussetzung für diese Haftung ist jedoch, dass die Geschäftsführer **von der Zahlungsunfähigkeit wussten** oder davon **hätten wissen müssen.** Diese Haftungsansprüche können sogar gegenüber faktischen Geschäftsführern (*feitelijke beleidsbepaler*) geltend gemacht werden.[512] Weiterhin wurde eine entsprechende Haftung der Geschäftsführer gegenüber der Gesellschaft für bestimmte Fälle des **Kaufs eigener Anteile** durch die Gesellschaft (*inkoop eigen aandelen*) eingeführt; auch die

504 *Van der Heijden/Van der Grinten*, Handboek voor de naamloze en de besloten vennootschap, 2013, S. 503; Rechtbank Leeuwarden, 21. März 2012, Nr. 114675 / HA ZA 11-610; Gerechtshof Arnhem-Leeuwarden, 30. Juni 2015, Nr. 200.126.407; *Van Efferink/Ebert/Levedag* GmbHR 2004, 880, 884.
505 *Huizink*, Rechtspersoon, vennootschap en onderneming, 2013, S. 225 f.; *Van Efferink/Ebert/Levedag* GmbHR 2004, 880, 884; Muller (Hrsg.), Corporate Law in the Netherlands, 2013, S. 40.
506 *Rademakers/de Vries* in: Süß/Wachter (Hrsg.), Handbuch des internationalen GmbH-Rechts, 2016, Niederlande, Rn. 206 f.
507 *Van der Heijden/Van der Grinten*, Handboek voor de naamloze en de besloten vennootschap, 2013, S. 483 f.; *Bervoets* in: Kalss (Hrsg.), Vorstandshaftung in 15 europäischen Ländern, 2005, S. 593, 609 ff.; *Hopmans*, De BV in de praktijk 4.2 Het bestuur; *Van Efferink/Ebert/Levedag* GmbHR 2004, 880, 884.
508 *Van Efferink/Ebert/Levedag* GmbHR 2004, 880, 884; *Mellert/Verfürth*, Wettbewerb der Gesellschaftsformen, Niederlande, 2005, Rn. 154.
509 *Van der Heijden/Van der Grinten*, Handboek voor de naamloze en de besloten vennootschap, 2013, S. 559 ff.; *Bervoets* in: Kalss (Hrsg.), Vorstandshaftung in 15 europäischen Ländern, 2005, S. 593, 610 ff.; *Hopmans*, De BV in de praktijk 4.2 Het bestuur; *Nicolai* Bedrijfsjuridische berichten 2012/30; *Boogers* BB 2012/47; *Timmerman* EBOR 11 (2010) 609, 617; *Rensen* in: Muller (Hrsg.), Corporate Law in the Netherlands, 2013, S. 140.
510 *Van der Heijden/Van der Grinten*, Handboek voor de naamloze en de besloten vennootschap, 2013, S. 566 ff.; *Bervoets* in: Kalss (Hrsg.), Vorstandshaftung in 15 europäischen Ländern, 2005, S. 593, 616 f.; *Rensen* in: Muller (Hrsg.), Corporate Law in the Netherlands, 2013, S. 155.
511 *Van der Heijden/Van der Grinten*, Handboek voor de naamloze en de besloten vennootschap, 2013, S. 743; *Olthoff* V&O 2014, 61, 66; kritisch zur Frage, ob es sich hierbei um einen internen Haftungstatbestand handelt *Huizink* Tijdschrift voor jaarrekeningenrecht 2014, 101.
512 *Van der Heijden/Van der Grinten*, Handboek voor de naamloze en de besloten vennootschap, 2013, S. 743; *Ohmann* BB 2012/45.

Herabsetzung des Kapitals (durch Einziehung von Anteilen oder durch Verringerung der Nennbeträge der Anteile) kann unter Umständen zur Haftung der Geschäftsführer führen (Artikel 2:208 BW).[513]

Auch im Rahmen einer Insolvenz können die Geschäftsführer einer Haftung unterliegen. Umfasst werden hiervon auch die faktischen Geschäftsführer.[514] Eine Insolvenzantragspflicht gibt es in den Niederlanden als solche nicht.[515] Die Geschäftsführer können jedoch nach Artikel 2:248 BW der Gesellschaft gegenüber haften, wenn sie die Insolvenz verursacht haben. Voraussetzung hierfür ist, dass die Geschäftsführer in den drei Jahren vor der Insolvenz (vgl. Artikel 2:248 VI BW) ihre Aufgabe offensichtlich nicht ordnungsgemäß erfüllt haben und dies maßgeblich zur Insolvenz beigetragen hat (vgl. Artikel 2:248 I BW).[516] Wenn die Geschäftsführung ihre Pflichten nach Artikel 2:10 oder 2:394 BW missachtet hat, so gilt dies als offensichtlich nicht ordnungsgemäße Erfüllung und es besteht eine Vermutung, dass diese Pflichtverletzung für die Insolvenz maßgeblich war (Artikel 2:248 II BW). Der einzelne Geschäftsführer kann sich jedoch von der Haftung befreien, wenn ihm die pflichtwidrige Handlung nicht zuzuschreiben ist (Artikel 2:248 III BW). Die Haftungshöhe liegt im Ermessen des Gerichts und bezieht sich auf die noch nicht ausgeglichenen Schulden.[517] Bei der Feststellung der Höhe hat das Gericht insbesondere zu berücksichtigen, wie schwerwiegend die Pflichtverletzung war und welche weiteren Gründe für die Insolvenz gegebenenfalls vorliegen (Artikel 2:248 IV BW). 289

ff) Externe Haftung

Die externe Haftung der Geschäftsführer, also die Haftung gegenüber Dritten, gestaltet sich entsprechend den Regelungen der externen Haftung von Vorstandsmitgliedern in einer *N.V*, sodass auf die dortigen Ausführungen verwiesen werden kann (Rn. 183).[518] Auf die externen Haftungsgründe, die hinsichtlich des Jahresabschluss, des Lageberichts und der Zwischenergebnisse irreführend sind, findet Artikel 2:249 BW Anwendung. 290

Grundsätzlich haftet daher auch der Geschäftsführer einer B.V., wenn er seine, ihm als Organ der B.V. obliegenden, **Pflichten verletzt** hat und ihm zudem ein schwerer Vorwurf (*ernstig verwijt*) gemacht werden kann (siehe Rn. 186). 291

Allerdings kommt unter Umständen eine Haftung des Geschäftsführers auch dann in Betracht, wenn diese Voraussetzungen nicht vorliegen. In dem oftmals als ***Spaanse Villa*-Urteil** bezeichneten Urteil entschied der *Hoge Raad*, dass ein Geschäftsführer auch dann unrechtmäßig gegenüber einem Dritten gehandelt hat, wenn er eine ihm **persönlich**, also nicht in seiner Funktion als Geschäftsführer, **obliegende Sorgfaltspflicht nicht beachtet** hat.[519] In dem diesem Urteil zugrundeliegenden Fall hatte es einer der mittelbaren Geschäftsführer (dh der Geschäftsführer der geschäftsführenden B.V.) eines Maklerbüros versäumt, den Käufer einer Villa in Spanien vor Vertragsschluss davon zu unterrichten, dass es womöglich unlösbare Probleme mit der Baugenehmigung gab und die bereits (illegal) erbaute Villa kurz vor dem Abriss stand. Der *Hoge Raad* entschied, dass der Geschäftsführer nicht in seiner Funktion als Geschäftsführer unerlaubt gehandelt hatte, sondern dass die **Verletzung einer persönlichen, außervertraglichen Sorgfaltspflicht** zur unerlaubten Handlung führt.[520] 292

Als Abgrenzung zum *Spaanse Villa*-Urteil aus dem Jahr 2012 verdeutlichte der *Hoge Raad* 2014 jedoch in seinem ***Hezemans Air*-Urteil**[521] nochmals, dass für die externe Geschäftsführerhaftung dem Geschäftsführer nach wie vor ein **grober Vorwurf** gemacht werden können muss.[522] 293

b) Die Gesellschafterversammlung

Die Gesellschafterversammlung setzt sich aus den Gesellschaftern zusammen. Welche Gesellschafter genau an der Gesellschaft beteiligt sind, ergibt sich aus dem von der Geschäftsführung zu führenden **Gesellschafterverzeichnis** (*aandeelhoudersregister*), das jedoch nicht beim Handelsregister hinterlegt werden muss.[523] Das Gesell- 294

513 *Van der Heijden/Van der Grinten*, Handboek voor de naamloze en de besloten vennootschap, 2013, S. 204 f.
514 *Timmerman* EBOR 11 (2010) 609, 617.
515 *Stöber* ZHR 176 (2012) 326, 351; *Mock/Westhoff* DZWiR 2004, 23, 28; *Harmsen/Jitta*, The Insolvency Laws of the Netherlands, 2006, S. 34.
516 *Stöber* ZHR 176 (2012) 326, 351; *Rensen* in: Muller (Hrsg.), Corporate Law in the Netherlands, 2013, S. 142; *Van der Heijden/Van der Grinten*, Handboek voor de naamloze en de besloten vennootschap, 2013, S. 79 f.; *Maeijer/van Solinge/Nieuwe Weme* in: Asser (Hrsg.), Rechtspersonenrecht, Teil II: De naamloze en besloten vennootschap, 3. Aufl. 2009, Rn. 457 ff.
517 *Stöber* ZHR 176 (2012) 326, 351.
518 *Van der Heijden/Van der Grinten*, Handboek voor de naamloze en de besloten vennootschap, 2013, S. 516 ff.; *Bervoets* in: Kalss (Hrsg.), Vorstandshaftung in 15 europäischen Ländern, 2005, S. 593, 631 ff.
519 *Karapetian* WPNR 2015, 209-220; *Mussche* BB 2014/34.
520 *Kraaipoel* BB 2015/2, S. 5 f.
521 HR 5. September 2014, JOR 2014/296 (*Hezemans Air*).
522 *Westenbroek* Ondernemingsrecht 2015/69, § 4.2; *Karapetian* WPNR 2015, 209-220; *Kraaipoel* BB 2015/2, S. 7 f.
523 *Rademakers/de Vries* in: Süß/Wachter (Hrsg.), Handbuch des internationalen GmbH-Rechts, 2016, Niederlande, Rn. 121 f.

schafterverzeichnis ist daher nicht öffentlich zugänglich, sondern kann nur intern, und zwar von den Gesellschaftern, von Personen mit Nießbrauch- oder Pfandrechten und von Inhabern von Depotscheinen, die das Recht haben an der Gesellschafterversammlung teilzunehmen, eingesehen werden. Das Gesellschafterverzeichnis muss nach Artikel 2:194 I BW insbesondere folgenden Inhalt haben:

- Name und Adresse der Gesellschafter,
- das Datum des Geschäftsanteilserwerbs,
- das Datum der Bestätigung (*erkenning*) oder der Zustellung (*betekening*),
- die Art oder Bezeichnung der Anteile,
- die eingezahlten Beträge,
- ob ein Gesellschafter nicht an eine satzungsmäßige Verpflichtung oder Anforderung im Sinne von Artikel 2:197 I BW gebunden ist;
- der Nennbetrag der Geschäftsanteile,
- Name und Adresse der Personen, die ein Nießbrauchs- oder Pfandrecht haben,
- Name und Adresse der Inhaber von Depotscheinen (*certificaten van aandelen*).

295 Um die aufgeführten Informationen eintragen zu können, sind die Gesellschafter gemäß Artikel 2:194 III BW verpflichtet, alle notwendigen Informationen an die Geschäftsführung zu übermitteln. Nach Artikel 2:194 IV BW haben Gesellschafter, Nutznießer und Inhaber von Depotscheinen mit Recht zur Teilnahme an der Gesellschafterversammlung das Recht, einen Auszug aus dem Verzeichnis zu bekommen. Hat die B.V. mehrere Gesellschafter, so werden diese nicht einzeln im Handelsregister der *Kamer van Koophandel* eingetragen. Nur, wenn alle Geschäftsanteile in der Hand eines einzigen Gesellschafters sind, wird dieser im Handelsregister aufgeführt.

aa) Aufgaben und Befugnisse

296 Grundsätzlich ist gemäß Artikel 2:217 I BW für alle Angelegenheiten der B.V., die nicht durch Gesetz oder Satzung einem anderen Organ zugewiesen sind, die **Gesellschafterversammlung** (*algemene vergadering*) **zuständig.** Beschlüsse der Gesellschafterversammlung können gemäß Artikel 2:230 I BW mit **einfacher Mehrheit** der abgegebenen Stimmen genommen werden (*volstrekte meerderheid*), es sei denn, das Gesetz oder die Satzung schreiben eine andere, **höhere Mehrheit** vor.

297 Dies bezieht sich im Grundsatz auf folgende Angelegenheiten:

- **Bestellung**, Suspendierung und Abberufung der Geschäftsführer,[524]
- Bestellung, Suspendierung und Abberufung von Mitgliedern des Aufsichtsrats,[525]
- Festlegung der Vergütung der Aufsichtsratsmitglieder,
- Umwandlung der Gesellschaft,
- **Auflösung** der Gesellschaft,
- **Satzungsänderungen,**
- Verschmelzung (als untergehende Gesellschaft/ Übertragerin)[526] und Spaltung,
- **Herabsetzung** des Kapitals,
- **Kapitalerhöhungen**, sofern die Satzung keine abweichende Regelung enthält oder die Gesellschafterversammlung mittels entsprechendem Beschluss nicht ein anderes Organ hierzu berufen hat, und
- Feststellung des Jahresabschlusses und Beschluss über die Gewinnverwendung.[527]

298 Wie bei der N.V., kann auch die Satzung der B.V. **weitgehende Aufgaben** und **Befugnisse** der Gesellschafterversammlung enthalten. Gemäß Artikel 2:217 II BW hat auch die Gesellschafterversammlung einer B.V. das Recht durch die Geschäftsführung und einen etwaigen Aufsichtsrat informiert zu werden (Rn. 191).[528]

299 Wie bereits erwähnt (Rn. 160), hat der niederländische Gesetzgeber mit der Einführung der Flex-B.V. – anders als bei der N.V. – eine **faktische Weisungsbefugnis** eingeführt (Artikel 2:239 IV BW). Diese Befugnis geht damit – anders als vor der Flexibilisierung- über die allgemeine Geschäftspolitik hinaus. Artikel 2:239 IV BW ermöglicht es, dass die Geschäftsführung die Anweisungen eines anderen Gesellschaftsorgans befolgen muss.[529] Gesellschaftsorgan im Sinne dieses Artikels ist neben der Gesellschafterversammlung auch der Aufsichtsrat, die Versammlung der Gesellschafter mit Anteilen einer bestimmten Gattung oder Kennzeichnung sowie die kombi-

524 Anders bei der Struktur B.V., bei der die Geschäftsführer durch den Aufsichtsrat bestellt und abberufen werden.
525 Anders bei der Struktur B.V., bei der die Bestellung und Abberufung von Mitgliedern des Aufsichtsrats separat geregelt ist.
526 Nach Artikel 2:331 I BW kann eine Verschmelzung durch Beschluss der Geschäftsführer der übernehmenden B.V. erfolgen, es sei denn, die Satzung bestimmt etwas anderes.
527 Unter der Voraussetzung, dass der Gewinnausschüttungsbeschluss unter Zustimmungsvorbehalt der Geschäftsführer (Artikel 2:216 II BW) steht; *van der Elst/Vermeulen*, The Dutch Private Company: Successfully Relaunched?, ECGI Law Working Paper 215/2013, S. 20.
528 *Hopmans*, De BV in de praktijk 4.4 Algemene vergadering; *van der Heijden/van der Grinten*, Handboek voor de naamloze en de besloten vennootschap, 2013, S. 373.
529 *Fleischer* ZHR 179 (2015) 404, 424; *Hirschfeld* RIW 2013, 134 f.

nierte Versammlung des Aufsichtsrates und der Geschäftsführung. Da diese Befugnis jedoch häufig der Gesellschafterversammlung zusteht, ist die Gesellschafterversammlung in einer B.V. in diesen Fällen das oberste Organ der B.V. Trotzdem gilt auch für die B.V., dass die Geschäftsführung nicht blind den Anweisungen der Gesellschafterversammlung folgen darf. Die **Geschäftsführung muss stets selbst abwägen** und muss ausschließlich im Interesse der Gesellschaft und der mit ihr verbundenen Unternehmen handeln.[530]

bb) Einberufung der Gesellschafterversammlung

Mindestens **einmal im Wirtschaftsjahr** ist nach Artikel 2:218 BW eine **ordentliche** Gesellschafterversammlung der B.V. abzuhalten, die gemäß Artikel 2:225 BW mindestens acht Tage vor der eigentlichen Versammlung einberufen werden muss. Konnte diese Frist nicht eingehalten werden oder hat gar keine Einberufung stattgefunden, so können Beschlüsse gemäß Artikel 2:225 BW nur dann gefasst werden, wenn alle Teilnahmeberechtigten zugestimmt haben, dass die Beschlussfassung dennoch stattfindet und die Geschäftsführer und Mitglieder des Aufsichtsrates die Gelegenheit gehabt haben, ihre beratende Stimme auszuüben. Der Versammlungsort ist von dem satzungsmäßigen Sitz unabhängig, denn Artikel 2:226 I BW erlaubt die Verlegung ins Ausland, sofern der Ort in der Satzung angegeben ist.[531] Dieses Erfordernis ist auch erfüllt, wenn die Beschlüsse gemäß Artikel 2:238 BW im Umlaufverfahren gefasst werden, sofern alle versammlungsberechtigten Personen (*vergadergerechtigden*) zugestimmt haben. „Versammlungsberechtigte Personen" sind gemäß Artikel 2:227 II BW ua Gläubiger mit Pfandrecht (*pandhouders*), Inhaber von Depotscheinen, die laut Satzung das Recht haben an der Versammlung teilzunehmen (*certificaten van aandelen*) und Inhaber von stimmrechtlosen Anteilen.[532] Eine (tatsächliche) Unterzeichnung des Beschlusses durch die Gesellschafter ist nach Artikel 2:238 II BW nicht notwendig. Ausreichend ist auch eine elektronische Unterschrift, falls nicht die Satzung ausdrücklich etwas anderes bestimmt. Die Geschäftsführer und (sofern vorhanden) die Aufsichtsratsmitglieder sollten im Vorfeld der Beschlussfassung **Gelegenheit bekommen**, ihre **beratende Stimme** (*raadgevende stem*) abzugeben (Artikel 2:227 VII BW). Dies ist aus praktischer Sicht vor allem dann wichtig, wenn es in der Beschlussfassung um die Abberufung eines Geschäftsführers geht. Der betreffende Geschäftsführer hat auch in diesem Falle eine beratende Stimme; er muss also angehört werden. Geschieht dies nicht, so kann der Geschäftsführer die Anfechtung (*vernietiging*) des Beschlusses bewirken.[533] 300

Hinsichtlich der Einberufung der Gesellschafterversammlung kann grundsätzlich auf Rn. 194 verwiesen werden, da die Regelungen für die N.V. und die B.V. nahezu übereinstimmen.[534] In Abweichung zur N.V., 301

- bedarf es für den Antrag auf Einberufung der Hauptversammlung durch die Gesellschafter lediglich 1% des gezeichneten Kapitals,
- kann die Versammlung innerhalb von vier Wochen nach Antragsstellung stattfinden (Artikel 2:220 I BW), und
- erfolgt die Einberufung gemäß Artikel 2:223 I BW durch Zusendung von Einladungsschreiben an die Gesellschafter und übrigen Teilnehmer.

Die Einladung kann auch **auf elektronischem Wege** erfolgen, solange die Satzung nichts Gegenteiliges bestimmt (Artikel 2:223 II BW). Die Einladung hat die zu behandelnden Themen in Form einer Tagesordnung zu enthalten (Artikel 2:224 I BW). Über Themen, die nicht in der Einladung genannt wurden, kann nur wirksam beschlossen werden, wenn alle Teilnahmeberechtigten damit einverstanden sind, dass über diese Themen ebenfalls abgestimmt wird und die Geschäftsführer und Mitglieder des Aufsichtsrates vorab die Möglichkeit erhalten ihren Rat (*advies*) zu erteilen (Artikel 2:224 II BW). 302

cc) Stimmrecht und Beschlussfassung

Ähnlich wie bei der N.V. haben bei der B.V. grundsätzlich **nur Gesellschafter Stimmrechte** (Artikel 2:228 BW).[535] Allerdings kann gemäß Artikel 2:228 I BW die Satzung regeln, dass Gesellschaftern ihr Stimmrecht entzogen wird, solange sie gegen gesetzliche oder satzungsmäßige Verpflichtungen verstoßen. Sind die Geschäftsanteile mit gleichem Nennwert zerlegt, hat jeder Gesellschafter entsprechend seiner Geschäftsanteile Stimmen (Artikel 2:228 II BW). Handelt es sich hingegen nach Artikel 2:228 III BW um unterschiedliche Nennbeträge, 303

530 *Van der Heijden/Van der Grinten*, Handboek voor de naamloze en de besloten vennootschap, 2013, S. 481 ff.; *Willeumier/van Helden* in: Wegen/Spahlinger/Barth (Hrsg.), Gesellschaftsrecht des Auslands, 2016, Niederlande, Rn. 40.

531 *Verkerk* ECL 7 (2010) 113, 117; *Hagedorn/Tervoort*, Niederländisches Wirtschaftsrecht, 2017, Kapitel I Rn. 96.

532 *Rademakers/De Vries* in: Süß/Wachter (Hrsg.), Handbuch des internationalen GmbH-Rechts, 2016, Niederlande, Rn. 142; *Olthoff* V&O 2014, 61, 65.

533 *Rademakers/de Vries* in: Süß/Wachter (Hrsg.), Handbuch des internationalen GmbH-Rechts, 2016, Niederlande, Rn. 143.

534 *Van der Heijden/Van der Grinten*, Handboek voor de naamloze en de besloten vennootschap, 2013, S. 383 ff.

535 *Koster* bedrijfsjuridische berichten 2014/5; *Rademakers/De Vries* in: Süß/Wachter (Hrsg.), Handbuch des internationalen GmbH-Rechts, 2016, Niederlande, Rn. 55.

hat jeder Gesellschafter so viele Stimmen, wie der Betrag des kleinsten Anteils in den Gesamtbetrag der durch ihn gehaltenen Geschäftsanteile passt. Unter Umständen kann das Stimmrecht allerdings auch Pfandgläubigern (*pandhouders*) oder Inhabern von Nutzungsrechten (*vruchtgebruikers*) zustehen.[536] Wie bereits beschrieben, gibt es bei der B.V. die Möglichkeit, **stimmrechtslose Anteile** (*stemrechtloze aandelen*) auszugeben (Artikel 2:228 V BW).[537] Diese Möglichkeit muss jedoch in der Satzung geregelt sein und ist auch nur möglich in Bezug (i) auf alle Anteile einer bestimmten Gattung oder Kennzeichnung unter Zustimmung aller Gesellschafter oder (ii) auf Anteile, für die in der Satzung bestimmt ist, dass dem Gesellschafter bei Ausgabe dieser Anteile kein Stimmrecht zusteht.[538] Allerdings müssen solche stimmrechtslosen Anteile (*stemrechtloze aandelen*) gemäß Artikel 2:190 BW dem Anteilsinhaber zumindest ein **Gewinnbezugsrecht einräumen**, da ansonsten nach niederländischem Recht nicht mehr von einem Anteil im gesetzlichen Sinne gesprochen werden kann.[539] Zudem kann die Gewinnverteilung für Anteile einer bestimmten Art ausgeschlossen bzw. für Anteile beschränkt sein oder sich nur auf die Teilung der Gewinne und Rücklagen beziehen, sofern es in der Satzung geregelt ist (Artikel 2:216 VII BW). Auch ist darüber hinaus eine Differenzierung der Stimmrechte statthaft. Dies gilt aber nur **in Bezug auf sämtliche Beschlüsse**. Unterschiedliche Stimmrechte für einzelne Beschlüsse sind hingegen nicht zulässig.[540]

304 In Bezug auf die Beschlussfassung kann auf Rn. 202 verwiesen werden, da die Regelungen für die B.V. den geltenden **Regelungen für die N.V. entsprechen**.

305 Das niederländische Recht bietet den **Minderheitsgesellschaftern** einer B.V. verschiedene Formen des Schutzes gegen Mehrheitsentscheidungen:

(i) Das Erfordernis der **Zustimmung** des (Minderheits-) Gesellschafters (*het vereiste van instemming*) einschließlich der Gesellschafter ohne Stimmrecht, die ihre Zustimmung erteilen müssen, wenn ihre Rechte beschränkt oder ausgeschlossen werden sollen, zu Beschlüssen, die in die **Rechte** des jeweiligen Minderheitsgesellschafters **eingreifen.** Diese sind zB Satzungsänderungen betreffend
   - die Aufnahme einer sog ***lock-up*** **Periode**[541] für die Übertragung von Anteilen (Artikel 2:195 III BW);
   - den Ausschluss oder die Beschränkung des **Gewinnbezugsrechts**, Abweichungen von den Gewinnverwendungsregelungen des Artikel 2:216 VI BW (Artikel 2:216 VIII BW);
   - die Beschneidung der **Versammlungsrechte** (*vergaderrechten*) gegenüber Inhabern von Depotscheinen (Artikel 2:227 IV BW).

(ii) Das **Einstimmigkeitsprinzip** bei besonderen Satzungsänderungen, bei denen
   - von den mit den **Anteilen verbundenen Stimmrechten** abgewichen wird (Artikel 2:228 IV BW);
   - der **Ort** für die Gesellschafterversammlung auf einen Ort außerhalb der Niederlande gelegt wird (Artikel 2:226 II BW);
   - Minderheitsrechte als solche **ausgeschlossen** werden (Artikel 2:231 III BW).

(iii) Das Erfordernis der Zustimmung der betroffenen Gesellschafter zu **Satzungsänderungen**, durch die die **Rechte** von Inhabern von Anteilen einer bestimmten Gattung oder Bezeichnung **aufgehoben** oder **beschränkt** werden (Artikel 2:231 IV BW).

(iv) Die **Unwirksamkeit** von ohne die erforderliche Zustimmung der betroffenen Gesellschafter gefassten Beschlüsse im Verhältnis zu den jeweiligen Gesellschaftern. So entfalten Satzungsänderungen, wie zB die Einräumung von Vorkaufsrechten etc, die ohne die erforderliche Zustimmung eines (Minderheits-)Gesellschafters beschlossen wurden, keine Wirksamkeit gegenüber dem betreffenden Gesellschafter.

---

536 *Van der Heijden/Van der Grinten*, Handboek voor de naamloze en de besloten vennootschap, 2013, S. 429; vgl. auch *van Helden/Willeumier* in: Wegen/Spahlinger/Barth (Hrsg.), Gesellschaftsrecht des Auslands, 2016, Niederlande, Rn. 59.

537 *Koster*, bedrijfsjuridische berichten 2014/5; *Olthoff* V&O 2014, 61, 63; *Rademakers/De Vries* in: Süß/Wachter (Hrsg.), Handbuch des internationalen GmbH-Rechts, 2016, Niederlande, Rn. 55; *Verkerk* ECL 7 (2010) 113, 118; *Hagedorn/Tervoort*, Niederländisches Wirtschaftsrecht, 2017, Kapitel I Rn. 50.

538 *Rademakers/De Vries* in: Süß/Wachter (Hrsg.), Handbuch des internationalen GmbH-Rechts, 2016, Niederlande, Rn. 55.

539 *Van der Heijden/Van der Grinten*, Handboek voor de naamloze en de besloten vennootschap, 2013, S. 431; *Olthoff* V&O 2014, 61, 63; *Rademakers/De Vries* in: Süß/Wachter (Hrsg.), Handbuch des internationalen GmbH-Rechts, 2016, Niederlande, Rn. 53; *Hagedorn/Tervoort*, Niederländisches Wirtschaftsrecht, 2017, Kapitel I Rn. 50.

540 *Koster* bedrijfsjuridische berichten 2014/5.

541 Die Übertragung der Geschäftsanteile kann gemäß Artikel 2:195 III BW in der Satzung für eine bestimmte Zeit ausgeschlossen werden. Eine Übertragung trotz zeitweisen Übertragungsverbots ist ungültig. Um eine solche Bestimmung in der Satzung aufnehmen zu können, ist die Zustimmung aller Gesellschafter, auf die das zeitweise Übertragungsverbot Anwendung findet, nötig, vgl. *Olthoff* V&O 2014, 61, 64; *van der Elst/Vermeulen* The Dutch Private Company: Successfully Relaunched?, ECGI Law Working Paper 215/2013, S. 19.

dd) Gesellschafterkonflikte und Governance

Zur Bewältigung von Gesellschafterkonflikten hat das niederländische Recht eine besondere Regelung (sog *geschillenregeling*) gesetzlich verankert. Diese sogenannte **Ausgangsregelung** findet sich in Artikel 2:243 BW und erlaubt es einem Gesellschafter, gegen seine Mitgesellschafter zu klagen. Jedoch muss eine Rechts- oder Interessensverletzung desselben vorliegen, sodass ein Verbleib in der Gesellschaft unzumutbar ist.[542] Zudem besteht nach Artikel 2:336 BW ein Ausschlussrecht aus wichtigem Grund, das ohne Satzungsermächtigung anerkannt wird. Die Gesellschafter, die einen Anteilsbesitz von mehr als einem Drittel vorweisen können, haben die Möglichkeit, einen anderen Gesellschafter, der durch gesellschaftsschädliches Verhalten nicht länger tragbar ist, durch gerichtliche Anordnung dazu zu bringen, seine **Anteile zu übertragen**.[543] Allerdings muss auch bei Gesellschafterkonflikten die Redlichkeit und Billigkeit des Artikel 2:8 I BW Beachtung finden. Diese gelten sowohl für Minder- als auch für Mehrheitsgesellschafter.[544] 306

Zudem kommt dem **Enquêterecht** (Sonderprüfungsrecht) eine wesentliche Bedeutung zu. Anwendung findet es sowohl für die B.V. als auch für die N.V.[545] Es besteht seit 1928 und ist ein richterliches Untersuchungsrecht zur Informationsbeschaffung.[546] Jedoch erlangte es erst 1971 eine wesentlich praktische Bedeutung und ist seitdem ein bedeutender Rechtsbehelf für übervorteilte Minderheitsgesellschafter. Die Regelungen sind in Artikel 2:344 ff. BW zu finden. So können Gesellschafter einer B.V. mit einem gezeichneten Kapital von weniger als EUR 22,5 Millionen, die mindestens 10% der Anteile halten, durch schriftlichen Antrag die Unternehmenskammer des Amsterdamer Appelationsgerichts (sog ***Ondernemingskamer***)[547] damit beauftragen, eine Sonderprüfung für einen bestimmten zeitlich begrenzten Abschnitt vornehmen zu lassen. Bei festgestelltem Fehlverhalten kann das Gericht geeignete Maßnahmen zur Behebung desselben verhängen.[548] Im Falle der Insolvenz der Gesellschaft kann der Insolvenzverwalter den Antrag stellen (Artikel 2:346 III BW). Dem Antrag wird stattgegeben, wenn begründete Zweifel an einer ordentlichen Geschäftspolitik oder dem Geschäftsablauf bestehen (Artikel 2:350 I BW). Die durch das Gericht bestellten Sonderprüfer prüfen in einem solchen Fall die Unternehmenspolitik und den allgemeinen Ablauf innerhalb der Gesellschaft. Im niederländischen Recht ist das Enquêterecht (Sonderprüfungsrecht) ein häufig in Anspruch genommener Rechtsbehelf.[549] 307

c) Überwachung – Aufsichtsrat

Ein Aufsichtsrat ist bei einer B.V. – wie bei der N.V. – **fakultativ**, es sei denn, es handelt sich um eine Struktur-B.V. nach Artikel 2:263 BW. In diesen Fällen ist für die B.V. ein Aufsichtsrat zwingend.[550] Wie bei der Struktur-N.V., hat auch der Aufsichtsrat einer **Struktur-B.V. weitergehende Befugnisse** als ein "normaler", fakultativ eingesetzter Aufsichtsrat. Da die Regelungen der Struktur-B.V. überwiegend denen für die Struktur-N.V. entsprechen, wird auf die diesbezüglichen Ausführungen in Rn. 204 verwiesen. 308

Wurde bei der B.V. kein *one-tier board* eingerichtet, kann die **Satzung einer B.V. bestimmen**, dass ein Aufsichtsrat einzurichten ist. Sofern nicht bereits im Rahmen der Gründung bestellt, werden die Mitglieder des Aufsichtsrats nach Artikel 2:252 I BW von der Gesellschafterversammlung bestellt, sowie später suspendiert oder abberufen, es sei denn, die Satzung weist die Bestellung, Suspendierung und Abberufung von Aufsichtsratsmitgliedern der Versammlung von Gesellschaftern, die Inhaber einer bestimmten Gattung oder Bezeichnung von Gesellschaftsanteilen sind, zu. Stattdessen kann die Satzung aber unter den in Artikel 2:253 BW genannten **Voraussetzungen** auch bestimmen, dass (maximal ein Drittel der) Aufsichtsratsmitglieder durch einen Dritten bestellt werden. Mitglieder des Aufsichtsrats können nur natürliche Personen sein.[551] Weitere qualitative Voraus- 309

542 *Fleischer* ZHR 179 (2015) 404, 434.

543 *Fleischer* ZHR 179 (2015) 404, 437.

544 *Fleischer* ZHR 179 (2015) 404, 445.

545 *Van der Heijden/van der Grinten*, Handboek voor de naamloze en de besloten vennootschap, 2013. S. 797.

546 *Bervoets* in: Kalss (Hrsg.), Vorstandshaftung in 15 europäischen Ländern, 2005, S. 622; *Fleischer* ZHR 179 (2015) 404, 449; *van der Heijden/van der Grinten*, Handboek voor de naamloze en de besloten vennootschap, 2013, S. 796.

547 Deutschsprachig dazu *Fleischer/Bong/Cools* RabelsZ 81 (2017) 608, 630 ff.

548 *Fleischer* ZHR 179 (2015) 404, 449; *Meinema* EJCL 6 (2002) 157, 160.

549 *Fleischer* ZHR 179 (2015) 404, 450; *Bervoets* in: Kalss (Hrsg.), Vorstandshaftung in 15 europäischen Ländern, 2005, S. 623; *Meinema* EJCL 6 (2002) 157, 160 f.

550 *Van der Heijden/Van der Grinten*, Handboek voor de naamloze en de besloten vennootschap, 2013, S. 580 ff.; *Hopmans* in: De BV in de praktijk, 4.3 Raad van commissarissen; *Van Efferink/Ebert/Levedag* GmbHR 2004, 880, 886; *De Kluiver* in: Viera Gonzalez/Teichmann (Hrsg.), Private Company Law Reform in Europe: the race for flexibility, 2015, S. 405, 416; *Mellert/Verfürth*, Wettbewerb der Gesellschaftsformen, 2005, Niederlande, Rn. 150; *Wooldridge* Co. Lawyer 28 (2007) 312.

551 *Van der Heijden/Van der Grinten*, Handboek voor de naamloze en de besloten vennootschap, 2013, S. 605 ff.; *Hopmans*, De BV in de praktijk 4.3 Raad van commissarissen; *Mellert/Verfürth*, Wettbewerb der Gesellschaftsformen, 2005, Niederlande, Rn. 150; *Schuit* in: Muller (Hrsg.), Corporate Law in the Netherlands, 2013, S. 132 ff.; *Hagedorn/Tervoort*, Niederländisches Wirtschaftsrecht, 2017, Kapitel I Rn. 75.

setzungen an die Mitglieder des Aufsichtsrats können in der Satzung der B.V. geregelt sein.[552] Wie bei der N.V. (s. Rn. 207), gilt auch für Aufsichtsratsmitglieder „großer" B.V. im Sinne von Artikel 2:397 BW, dass die Sitze im Aufsichtsrat gleichwertig (*evenredig*) zwischen Frauen und Männern verteilt werden müssen.[553]

310 Die **Aufgaben des Aufsichtsrats** sind nach Artikel 2:250 II BW die Beaufsichtigung der Geschäftsführung und der allgemeinen Geschäfte der Gesellschaft sowie die Beratung der Geschäftsführung.[554] Daneben ist der Aufsichtsrat nach Artikel 2:257 BW im Grundsatz jederzeit befugt einen Geschäftsführer zu suspendieren, es sei denn, die Satzung bestimmt etwas anderes. Eine solche **Suspendierung** kann jedoch auch jederzeit wieder von der Gesellschafterversammlung aufgehoben werden, wenn diese zur Bestellung der Geschäftsführer befugt ist.[555]

311 Mitglieder des Aufsichtsrats sollen – wie auch die Mitglieder der Geschäftsführung – ihre Aufgaben nach Artikel 2:9 BW **ordnungsgemäß** und **im Interesse der B.V.** erfüllen (Artikel 2:250 II BW). Wie bei der Geschäftsführung handeln auch die Mitglieder des Aufsichtsrates in kollektiver Verantwortung: Jedes Mitglied ist für die ordnungsgemäße Aufgabenerfüllung des Aufsichtsrates verantwortlich.[556] Jedes Mitglied haftet somit gegenüber der Gesellschaft uU für Schäden, sofern die nicht ordnungsgemäße Überwachung eine wichtige Ursache (*belangrijke oorzaak*) für die Entstehung des Schadens war. Wichtig (*belangrijk*) ist eine Ursache nach niederländischem Verständnis dann, wenn diese Ursache in bedeutender Art und Weise zur Insolvenz einer Gesellschaft beigetragen hat; es ist jedoch nicht erforderlich, dass die wichtige Ursache die einzige Ursache für die Insolvenz der Gesellschaft ist.[557] Die **Haftung** setzt voraus, dass dem Aufsichtsratsmitglied hinsichtlich seiner nicht ordnungsgemäßen Aufgabenerfüllung ein grober Vorwurf (*ernstig verwijt*) gemacht werden kann und, dass es zudem versäumt haben muss alle notwendigen Maßnahmen zu ergreifen, um die Folgen der nicht ordnungsgemäßen Aufgabenerfüllung abzuwenden.[558] Als eine solche Maßnahme könnte ein Mitglied des Aufsichtsrats zum Beispiel externe Berater einschalten, gegen bestimmte Beschlüsse stimmen, Geschäftsführer suspendieren oder gegebenenfalls sogar selbst zurücktreten.[559] Der *Hoge Raad* hat bereits 1996 entschieden, dass eine nicht ordnungsgemäße Aufgabenerfüllung durch die Geschäftsführung **nicht zwingend bedeutet**, dass auch die Mitglieder des Aufsichtsrats ihre Aufgaben nicht ordnungsgemäß erfüllt haben.[560] Eine **Exkulpation** ist auch in diesem Fall möglich, allerdings trifft die Aufsichtsratsmitglieder dann eine verschärfte Beweislast (*verzwaarde stelplicht*).[561]

312 Das Haftungsregime für die Aufsichtsratsmitglieder ist jedoch **weniger streng** als das für die Geschäftsführer, weil erstere einen größeren Abstand zum Unternehmen haben, weniger Einfluss auf Entscheidungen der Geschäftsführung ausüben können und in der Regel über weniger Informationen verfügen als die Geschäftsführer. Allerdings ist gemäß Artikel 2:259 BW die Regelung des Artikel 2:248 BW auch auf die Aufsichtsratsmitglieder anwendbar, sodass diese **im Falle einer Insolvenz** der Gesellschaft **gesamtschuldnerisch** für das Defizit der Insolvenzmasse **haftbar** sind, wenn der Aufsichtsrat seine Aufgaben nicht ordnungsgemäß erfüllt hat und dies eine wichtige (*belangrijke*) Ursache der Insolvenz ist.[562] Die einzelnen Aufsichtsratsmitglieder müssten dann nachweisen, dass die nicht ordnungsgemäße Aufgabenerfüllung des Aufsichtsrats keine Schuld des jeweiligen Mitglieds ist und, dass das Mitglied **alle erforderlichen Maßnahmen** getroffen hat, um die Folgen davon abzuwenden (Artikel 2:248 III BW).[563]

---

552 *Hagedorn/Tervoort*, Niederländisches Wirtschaftsrecht, 2017, Kapitel I Rn. 86 ff.

553 *Hagedorn/Tervoort*, Niederländisches Wirtschaftsrecht, 2017, Kapitel I Rn. 88; siehe hierzu auch Rn. 569.

554 *Van der Heijden/Van der Grinten*, Handboek voor de naamloze en de besloten vennootschap, 2013, S. 582 ff.; *Hopmans*, De BV in de praktijk 4.3 Raad van commissarissen; *Hagedorn/Tervoort*, Niederländisches Wirtschaftsrecht, 2017, Kapitel I Rn. 76.

555 *Van der Heijden/Van der Grinten*, Handboek voor de naamloze en de besloten vennootschap, 2013, S. 593 f.; *Rademakers/de Vries* in: Süß/Wachter (Hrsg.), Handbuch des interantionalen GmbH-Rechts, 2016, Niederlande, Rn. 210; *Hagedorn/Tervoort*, Niederländisches Wirtschaftsrecht, 2017, Kapitel I Rn. 81.

556 *Van der Heijden/Van der Grinten*, Handboek voor de naamloze en de besloten vennootschap, 2013, S. 636 ff.; *Hopmans*, De BV in de praktijk 4.3 Raad van commissarissen; *Boogers* BB 2012/47.

557 *Lennarts*, Hoofdelijke aansprakelijkheid bestuurders bij faillissement, T&C BW, Kommentar zu Artikel 2:248 BW; Kamerstukken II 16631, Nr. 6, S. 26, 28.

558 *Van der Heijden/Van der Grinten*, Handboek voor de naamloze en de besloten vennootschap, 2013, S. 637; *Rademakers/de Vries* in: Süß/Wachter (Hrsg.), Handbuch des internationalen GmbH-Rechts, 2016, Niederlande, Rn. 186.

559 *Van der Heijden/Van der Grinten*, Handboek voor de naamloze en de besloten vennootschap, 2013, S. 637, 882; vgl. auch *Rensen* in: Muller (Hrsg.), Corporate Law in the Netherlands, 2013, S. 151.

560 HR 28. Juni 1996, NJ 1997/58 (*Bodam Jachtservice*); Rechtbank's-Hertogenbosch, 9. November 2011, Nr. 101349 – HA ZA 03-2069; *Van der Heijden/Van der Grinten*, Handboek voor de naamloze en de besloten vennootschap, 2013, S. 881.

561 HR 28. Juni 1996, NJ 1997/58 (*Bodam Jachtservice*); Rechtbank's-Hertogenbosch, 9. November 2011, Nr. 101349 – HA ZA 03-2069.

562 *Van der Heijden/Van der Grinten*, Handboek voor de naamloze en de besloten vennootschap, 2013, S. 881; *Rensen* in: Muller (Hrsg.), Corporate Law in the Netherlands, 2013, S. 151 f.

563 *Van der Heijden/Van der Grinten*, Handboek voor de naamloze en de besloten vennootschap, 2013, S. 637.

Im Falle eines – durch das Flex-B.V.-Gesetz eingeführten – ***one-tier board*** sind Geschäftsführung und Überwachung in einem Organ vertreten. Eine Differenzierung der board-Mitglieder geschieht hier (wie bei der N.V.) über die Einteilung in ausführende (*uitvoerende*) und nicht-ausführende board-Mitglieder (*niet-uitvoerende bestuurders*). Obwohl die eigentliche Leitung des Unternehmens und die Führung der Geschäfte den ausführenden board-Mitgliedern/Geschäftsführen obliegt, gehören auch die nicht-ausführenden board-Mitglieder/Geschäftsführer zum board und haben damit **ebenfalls Leitungsverantwortlichkeit** (*bestuurdersverantwoordelijkheid*). Weil den nicht-ausführenden Geschäftsführern die Aufsicht über die ausführenden Geschäftsführern obliegt, sie aber gleichzeitig unmittelbar in die **Beschlussfassung** im board **involviert** sind und damit auch Einfluss auf die Ausführung der Beschlüsse haben, ist das Haftungsrisiko für nicht-ausführende Geschäftsführer eines *one-tier boards* größer als für ein Mitglied eines (regulären) Aufsichtsrats.[564] 313

4. Kapitalverfassung

a) Mindestkapital

Seit der Einführung der Flex-B.V. ist ein **Mindestkapital** bei der Gründung einer B.V. **nicht mehr vorgeschrieben**; früher betrug es noch EUR 18.000. Damit kann eine B.V. heute bereits mit einem gezeichneten Kapital von einem Cent gegründet werden.[565] 314

Das niederländische Recht unterscheidet in Artikel 2:178 BW auch für die B.V. **drei Kapitalbegriffe**: 315

(1) Das *maatschapelijk kapitaal* (**genehmigtes Kapital**/Stammkapital): Bis zu diesem (früher in der Satzung zu beziffernden) Maximalbetrag können Geschäftsanteile gezeichnet werden.
(2) Das *geplaatst kapitaal* (**gezeichnetes Kapital**): Dies ist die Summe der Nennbeträge der Geschäftsanteile, die bei Gründung oder zu einem späteren Zeitpunkt von den Gesellschaftern übernommen werden.
(3) Das *gestort kapitaal* (**eingezahltes Kapital**): die von den Gesellschaftern auf ihre Anteile geleisteten Einlagen.

Seit Inkrafttreten des Flex-B.V.-Gesetzes besteht nunmehr die Möglichkeit, auf die Bezifferung des ***maatschappelijk kapitaal* in der Satzung zu verzichten.**[566] 316

b) Bar- und Sacheinlagen

Grundsätzlich sind Kapitaleinlagen in die B.V. gemäß Artikel 2:191a I BW in bar zu leisten (***storting in geld***), es sei denn, die Gesellschafter haben sich darauf geeinigt, dass Sacheinlagen (***storting in natura***) geleistet werden dürfen. Der Wert einer Sacheinlage muss nach **wirtschaftlichen Maßstäben** bestimmt werden können (Artikel 2:191b I BW). Während Goodwill und Know-How, genauso wie Patente, Marken und Lizenzen eines Unternehmens, als zur Erfüllung der Einlageverpflichtung geeignet betrachtet werden, werden **Arbeits- oder Dienstleistungen** als Sacheinlagen **nicht** anerkannt.[567] Andererseits kann eine Forderung, die aufgrund schon ausgeübter Arbeit oder geleisteter Dienste besteht, als Sacheinlage nach Maßgabe der nachfolgend unter Rn. 321 dargestellten Grundsätze eingelegt werden.[568] 317

aa) Bareinlagen

Grundsätzlich soll gemäß Artikel 2:191 I BW bei der Gründung der (**gesamte**) **Nennbetrag** eines Anteils als Einlage **eingezahlt** (*gestort*) werden. Die Gesellschaft und die Gesellschafter können allerdings vereinbaren, dass bestimmte oder alle Gesellschafter zunächst **nur einen Teil** des Nennkapitals einzuzahlen brauchen und erst zu einem bestimmten Zeitpunkt oder wenn sie von der Gesellschaft dazu aufgefordert werden, den Restbetrag zu leisten haben.[569] In der Praxis wird eine B.V. häufig mit einem (**symbolischen**) **Gründungskapital** von EUR 1 gegründet; meist wird vereinbart, dass die Einlage in bar zu leisten ist. 318

564 *Van der Heijden/Van der Grinten*, Handboek voor de naamloze en de besloten vennootschap, 2013, S. 495; *Nienoord* BB 2012/42.

565 *Olthoff* V&O 2014, 61, 62; *Koster* BB 2012/38; *Boschma/Lennarts/Schutte-Veenstra* EBOR 8 (2007) 568, 591; *Hagedorn/Tervoort*, Niederländisches Wirtschaftsrecht, 2017, Kapitel I Rn. 12.

566 *Van der Heijden/Van der Grinten*, Handboek voor de naamloze en de besloten vennootschap, 2013, S. 183; *Verkerk* in: De BV in de praktijk, 1.4 De Flex-BV.

567 *Van der Heijden/Van der Grinten*, Handboek voor de naamloze en de besloten vennootschap, 2013, S. 223; *Rademakers/de Vries* in: Süß/Wachter (Hrsg.), Handbuch des internationalen GmbH-Rechts, 2016, Niederlande, Rn. 70.

568 Vgl. *Rademakers/De Vries* in: Süß/Wachter (Hrsg.), Handbuch des internationalen GmbH-Rechts, 2016, Niederlande, Rn. 70.

569 *Van der Heijden/Van der Grinten*, Handboek voor de naamloze en de besloten vennootschap, 2013, S. 215; *Verkerk* in: De BV in de praktijk, 3.2 Storting op aandelen; *Olthoff* V&O 2014, 61, 62.

319 Während die Bareinzahlung früher einer offiziellen Bestätigung einer (unter staatlicher Kontrolle stehenden) Bank bedurfte (früher Artikel 2:203a BW), wurde dieses Erfordernis durch das Flex-B.V.-Gesetz abgeschafft.[570]

320 Vor und während der Gründung, ist eine Einzahlung in **anderer Währung als Euro** grundsätzlich denkbar, setzt allerdings nach Artikel 2:191a II BW voraus, dass die Gründungsurkunde dies erlaubt. Nach der Gründung ist eine solche Einzahlung in fremder Währung nur mit **Zustimmung der Gesellschafter** zulässig, es sei denn, die Satzung bestimmt etwas anderes.[571] Für die Erfüllung der Einzahlungsverpflichtung durch Zahlung in fremder Währung nach Artikel 2:191a III BW ist der Wechselkurs am Tag der Einzahlung entscheidend.

bb) Sacheinlagen

321 Sollen bei Gründung der B.V. Sacheinlagen auf die übernommenen Anteile geleistet werden, so muss dies durch die Gesellschafter in **notariell beurkundeter Form**, dh entweder in der Gründungsurkunde als solcher oder in einem Dokument, das im Original oder in beglaubigter Kopie zur Gründungsurkunde zu nehmen ist, vereinbart werden. Dazu ist nach Artikel 2:204a BW von den Gründern ein **Sachgründungsbericht** zu verfassen, der den Gegenstand, den Wert der Sacheinlage und die Bewertungsmethode angibt.[572] Der Sachgründungsbericht muss aktuell, dh im Gründungszeitpunkt **nicht älter als sechs Monate** sein. Der Bericht ist von allen Gründern zu unterschreiben. Eine Prüfung und Bestätigung eines Wirtschaftsprüfers ist seit der Einführung des Flex-B.V. für die B.V. nicht mehr notwendig.[573]

322 Werden die strengen Sacheinlagevorschriften nicht beachtet, **gilt die Sacheinlage als nicht erbracht**. Die Gesellschaft kann dann nach wie vor die ordnungsgemäße Erbringung der Sacheinlage fordern.[574] Nach niederländischem Recht ist es grundsätzlich möglich, dass eine Einlagepflicht des Gesellschafters mit einer **bestehenden Forderung** des Gesellschafters auf die Gesellschaft **verrechnet** (*verrekenen*) wird.[575] Gemäß Artikel 2:191 III BW ist jedoch lediglich die Gesellschaft und nicht der Gesellschafter selbst zur Aufrechnung befugt. Verrechnet die Gesellschaft eine ihr gegenüber bestehende Forderung mit einer Einlageverpflichtung des Gesellschafters, so handelt es sich bei der im Wege der Aufrechnung erfüllten Einlageverpflichtung nach niederländischem Recht **nicht um eine Sacheinlage**, sondern eine Bareinlage. Sollen nach der Gründung Einlagen auf Gesellschaftsanteile nicht in bar, sondern im Wege einer Sacheinlage geleistet werden, so ist grundsätzlich ein entsprechender **Einwilligungsbeschluss der Gesellschafterversammlung** erforderlich, es sei denn, in der Satzung ist diese Zuständigkeit der Geschäftsführung zugewiesen, Artikel 2:204 II BW. Die Gesellschaft hat nach Artikel 2:204b I BW einen Sachbericht betreffend die Sacheinlage vorzulegen, der og Anforderungen genügt; dieser ist durch alle Geschäftsführer zu unterzeichnen. Auch hier ist **keine** Bestätigung eines Wirtschaftsprüfers mehr erforderlich.

323 Sollte im Zeitpunkt der Einlage bekannt sein, dass sich der ursprünglich **angesetzte Wert** der Sacheinlage erheblich (bedeutend) **verringert** hat, ist gemäß Artikel 2:204b II BW iVm Artikel 2:204a II BW ein neuer Sachgründungsbericht notwendig.

cc) Nachgründung

324 Durch das Flex-B.V.-Gesetz wurde die vormals in den Artikel 2:204c BW geregelte Nachgründung **aufgehoben**. Inwieweit Anforderungen an die Erbringung von Sacheinlagen gestellt werden, ist den Geschäftsführern überlassen.[576]

c) Eigene Anteile

325 Eine B.V. darf nach Artikel 2:205 BW bei Gründung **keine** eigenen Geschäftsanteile zeichnen.[577] Sie kann jedoch bereits gezeichnete Anteile an ihrem Kapital kostenlos erwerben, sofern dies nicht in der Satzung ausgeschlossen oder beschränkt ist (vgl. Artikel 2:207 IV BW). Der Begriff „Anteile" umfasst gemäß Artikel 2:207 VI

570 *Olthoff* V&O 2014, 61, 62.
571 *Van der Heijden/Van der Grinten*, Handboek voor de naamloze en de besloten vennootschap, 2013, S. 217; *Rademakers/de Vries* in: Süß/Wachter (Hrsg.), Handbuch des internationalen GmbH-Rechts, 2016, Niederlande, Rn. 68.
572 *Van der Heijden/Van der Grinten*, Handboek voor de naamloze en de besloten vennootschap, 2013, S. 222, 226 ff.; *Verkerk* in: De BV in de praktijk, 3.2 Storting op aandelen; *van Helden/Willeumier* in: Wegen/Spahlinger/Barth (Hrsg.), Gesellschaftsrecht des Auslands, 2016, Niederlande, Rn. 20.
573 *Verkerk* in: De BV in de praktijk, 1.4 De Flex-BV; *ders.* in: De BV in de praktijk, 3.2 Storting op aandelen; *Olthoff* V&O 2014, 61, 62; *Rademakers/De Vries* in: Süß/Wachter (Hrsg.), Handbuch des internationalen GmbH-Rechts, 2016, Niederlande, Rn. 15; *Hagedorn/Tervoort,* Niederländisches Wirtschaftsrecht, 2017, Kapitel I Rn. 14.
574 *Van der Heijden/Van der Grinten*, Handboek voor de naamloze en de besloten vennootschap, 2013, S. 236.
575 *Van der Heijden/Van der Grinten*, Handboek voor de naamloze en de besloten vennootschap, 2013, S. 236.
576 *Rademakers/de Vries* in: Süß/Wachter (Hrsg.), Handbuch des internationalen GmbH-Rechts, 2016, Niederlande, Rn. 74; *Verkerk* ECL 7 (2010) 113, 114; *Höfer* GmbHR 2016, 398, 402.
577 *Hagedorn/Tervoort,* Niederländisches Wirtschaftsrecht, 2017, Kapitel I Rn. 32.

BW auch Depotscheine (*certificaten van aandelen*). Allerdings ist der **Erwerb von Anteilen** nur möglich, wenn alle Geschäftsanteile voll eingezahlt sind (Artikel 2:207 I BW) und nicht das Eigenkapital nach Abzug des Anschaffungspreises geringer ist als die nach der Satzung gebildeten Rücklagen (Artikel 2:207 II BW) oder die Geschäftsführung nicht weiß bzw. vernünftigerweise vorhersehen musste, dass die Gesellschaft nach dem Erwerb ihre eigenen fälligen Schulden nicht mehr zahlen kann (Artikel 2:207 II BW). Ein Erwerb zulasten der in Artikel 2:207 II BW genannten Rücklagen oder entgegen eines bestimmten Verbotes oder einer bestimmten Beschränkung ist gemäß Artikel 2:207a II BW nichtig (*nietig*). Die Geschäftsführer sind gegenüber dem gutgläubigen Verkäufer gesamtschuldnerisch für den aufgrund des unwirksamen Erwerbs entstandenen Schaden haftbar.[578]

Kann die B.V. ihren Verbindlichkeiten nach dem Erwerb eigener Anteile nicht mehr nachkommen, haften die Geschäftsführer für das entstandene Defizit **gesamtschuldnerisch** (Artikel 2:207 III BW). Eine Exkulpation ist möglich, wenn der Geschäftsführer nachweisen kann, dass er den Umstand nicht zu verschulden und geeignete Maßnahmen zur Abwendung getroffen hat (Artikel 2:207 III BW). 326

Erwirbt ein Dritter in eigenem Namen, aber auf Rechnung der Gesellschaft Anteile an der Gesellschaft, dann wird vermutet, dass er diese Anteile **auf eigene Rechnung** erwirbt (Artikel 2:207b BW). 327

Ein **Vorteil** des Erwerbs eigener Anteile liegt darin, dass der Wert dieser Anteile in der Gesellschaft bleibt. Zudem wird durch den Erwerb eigener Anteile der Gewinn der Gesellschaft auf weniger Anteile verteilt, was zu einem höheren Gewinn pro Anteil führt. Dagegen kann der Erwerb eigener Anteile durch die Gesellschaft zu einer Verringerung des Eigenkapitals und damit dazu führen, dass sich das Verhältnis von Eigenkapital zu den Verbindlichkeiten der Gesellschaft nachteilig verändert. 328

d) Kapitalerhöhung

Sofern die Satzung hierfür kein anderes Organ bestimmt, ist nach Artikel 2:206 I BW die **Gesellschafterversammlung befugt**, den privatschriftlichen Beschluss betreffend die Kapitalerhöhung zu fassen.[579] Ist in der Satzung kein Grundkapital (*maatschapelijk kapitaal*) beziffert, können Anteile in beliebiger Anzahl und Höhe ausgegeben werden, ohne dass hierfür eine Satzungsänderung notwendig ist. Etwas anderes gilt nur, wenn eine **neue Gattung** von Anteile ausgegeben wird. 329

Die Kapitalerhöhung bei einer B.V. erfolgt grundsätzlich durch die (private) **Ausgabe neuer Anteile** (Artikel 2:206 BW). Eine Erhöhung des Nennbetrags der Anteile geschieht in der Praxis eher selten, sodass nachfolgend nur auf die Kapitalerhöhung im Wege der Ausgabe neuer Anteile eingegangen werden soll. Vorab sind die Gesellschafter über die Ausgabe neuer Geschäftsanteile und den Zeitraum schriftlich in Kenntnis zu setzen (Artikel 206a IV BW). Nach Artikel 2:196 BW bedarf es für die Ausgabe neuer Anteile und zur Übernahme der neu geschaffenen Geschäftsanteile an dem erhöhten Kapital einer **notariellen Urkunde** eines in den Niederlanden ansässigen Notars. Eine öffentliche Aktienemission wie bei der N.V. ist nicht möglich. Gemäß Artikel 2:196a I BW gilt die Übernahme des Geschäftsanteils von Rechts wegen auch gegenüber der Gesellschaft. Die mit dem Geschäftsanteil verbundenen Rechte können jedoch erst nach Anerkennung durch die Gesellschaft ausgeübt werden, es sei denn, die Gesellschaft war bereits Partei bei der Rechtshandlung oder die notarielle Urkunde wurde der Gesellschaft gemäß Artikel 2:196b BW zugestellt (Artikel 2:196a I BW). Die Anerkennung kann auch durch Aktualisierung der Gesellschafterliste (*aandeelhoudersregister*) geschehen (Artikel 2:196a II BW). 330

Werden neue Anteile ausgegeben, steht nach Artikel 2:206a I BW im Grundsatz allen Gesellschaftern ein **Bezugsrecht** zu, es sei denn, die Satzung bestimmt etwas anderes oder es handelt sich bei der Ausgabe beispielsweise um eine Ausgabe an Arbeitnehmer der Gesellschaft oder einer konzernangehörigen Gesellschaft. Das Bezugsrecht kann durch Beschluss der Gesellschafterversammlung für eine einzelne Ausgabe eingeschränkt oder ausgeschlossen werden, sofern die Satzung diese Möglichkeit nicht ausschließt (Artikel 2:206a I BW). Das Bezugsrecht der Gesellschafter dient als Schutz derselbigen vor einem Positions- bzw. Einflussverlust.[580] 331

Im Übrigen sind nach Artikel 2:206a II BW, sofern die Satzung nicht etwas anders vorsieht, **Gesellschafter**, deren Anteile 332

- nicht am Gewinn oder Rücklagenverteilung der Gesellschaft beteiligt sind (Abs. 2a); oder
- die nicht zu einem bestimmten Prozentsatz des Nennbetrags oder nur in beschränktem Maße darüber am Gewinn der Gesellschaft beteiligt sind (Abs. 2a); oder

578 *Rademakers/de Vries* in: Süß/Wachter (Hrsg.), Handbuch des internationalen GmbH-Rechts, 2016, Niederlande, Rn. 85.

579 *Van der Heijden/Van der Grinten*, Handboek voor de naamloze en de besloten vennootschap, 2013, S. 185 f., 190; *Verkerk* in: De BV in de praktijk, 3.3 Wijziging van kapitaal; *Rademakers/de Vries* in: Süß/Wachter (Hrsg.), Handbuch des internationalen GmbH-Rechts, 2016, Niederlande, Rn. 90; *van Helden/Willeumier* in: Wegen/Spahlinger/Barth (Hrsg.), Gesellschaftsrecht des Auslands, 2016, Niederlande, Rn. 23.

580 *Rademakers/de Vries* in: Süß/Wachter (Hrsg.), Handbuch des internationalen GmbH-Rechts, 2016, Niederlande, Rn. 93.

- nicht über den Nennbetrag oder nur in beschränktem Maße darüber an einem Liquidationsüberschuss beteiligt sind (Abs. 2b); oder
- gemäß Artikel 2:228 V BW ohne Stimmrecht sind (Abs. 2c)

nicht zum Bezug neu ausgegebener Anteile **berechtigt.**[581]

e) Kapitalherabsetzung

333 Eine Kapitalherabsetzung kann bei einer B.V. gemäß Artikel 2:208 I BW nur durch (i) **Einziehung/Rücknahme** von Geschäftsanteilen (*intrekking van eigen aandelen*) oder durch (ii) eine **Verringerung der Nennbeträge** der Anteile (*vermindering nominale waarde van aandelen*) erfolgen.[582] Die Kapitalherabsetzung kann sich gemäß Artikel 2:208 II BW nur auf Anteile erstrecken, die die Gesellschaft selbst oder deren Zertifikate sie hält oder alle Geschäftsanteile einer bestimmten Art oder Bezeichnung, die gemäß der Satzung mit einer Rückzahlung aufgehoben werden können oder die gemäß der Satzung durch einen Losentscheid mit einer Rückzahlung zurückgenommen werden können.

334 Die Gesellschafterversammlung ist befugt, eine Kapitalherabsetzung mit **einfacher Mehrheit** der abgegebenen Stimmen zu beschließen. Die Kapitalherabsetzung kann nach Artikel 2:208 BW **mit oder ohne Rückgewähr von Einlagen** bzw. mit oder ohne (teilweiser) Befreiung von einer Einlageverpflichtung beschlossen werden. Der entsprechende Gesellschafterbeschluss zur Kapitalherabsetzung entfaltet gemäß Artikel 2:208 VI BW iVm Artikel 2:216 II-IV BW erst Wirkung, wenn die Geschäftsführung ihre Zustimmung zur Herabsetzung erteilt hat.[583] Verweigert ein Geschäftsführer die Zustimmung, kann er abberufen werden.

335 Eine Kapitalherabsetzung mit der Folge der Rückzahlung eines Teils des eingezahlten Kapitals an die jeweiligen Gesellschafter oder einer (teilweisen) Befreiung von der Einzahlungspflicht ist zudem nach Artikel 2:208 VI BW überhaupt **nur zulässig**, sofern und soweit das Eigenkapital (*eigen vermogen*) der Gesellschaft die ggf. nach Satzung festgelegten **Kapitalrücklagen** und gesetzlich vorgeschriebene Rückstellungen (*reserves*) übersteigen.[584]

336 Die **Verringerung der Nennbeträge** ohne Rückgewähr von Einlagen und ohne Befreiung von der Einlageverpflichtung muss für alle Anteile derselben Art oder Bezeichnung verhältnismäßig sein. Eine Aussetzung der Verhältnismäßigkeit kann einstimmig durch alle betroffenen Gesellschafter vereinbart werden (Artikel 2:208 III BW). Eine derartige Maßnahme wird für eine B.V. nur in Frage kommen, wenn sich die finanzielle Situation in einem solchen Umfang verschlechtert hat, dass für laufende und neue Vorgänge neues Kapital benötigt wird.[585]

337 Vor der Einführung der Flex-B.V. war der Beschluss zur Kapitalherabsetzung zum Handelsregister einzureichen und in einer überörtlichen Zeitung zu veröffentlichen, sodass Gläubiger innerhalb einer zweimonatigen Frist die Möglichkeit hatten, bei Gericht gegen die beabsichtigte Kapitalherabsetzung Einspruch einzulegen. Diese Gläubigerschutzregelung wurde durch das Flex-B.V.-Gesetz **vollständig gestrichen** und durch den neuen Tatbestand einer **Geschäftsführerhaftung** gemäß Artikel 2:216 BW **ersetzt.**[586] Danach haften die Geschäftsführer in dem Fall, dass sie der Kapitalherabsetzung zugestimmt haben, die Gesellschaft später jedoch ihre Verbindlichkeiten gegenüber ihren Gläubigern **nicht mehr erfüllen** kann. Die Geschäftsführer haften dann gesamtschuldnerisch für den Fehlbetrag gegenüber der Gesellschaft, wenn sie wussten oder vernünftigerweise hätte wissen können, dass die Gesellschaft ihren finanziellen Verpflichtungen nach der Kapitalherabsetzung nicht mehr würde nachkommen können.[587] Diese Herangehensweise erscheint aus deutscher Sicht vor allem im Hinblick auf die in der Praxis oftmals als zu streng empfundenen Anforderungen (insbes. bezüglich der einjährigen „Sperrfrist“) für eine (normale) Kapitalherabsetzung (vgl. § 58 GmbHG) auch durchaus innovativ und könnte als Vorbild für das deutsche Recht dienen.

581 *Van der Heijden/Van der Grinten*, Handboek voor de naamloze en de besloten vennootschap, 2013, S. 195 ff.; *Verkerk* in: De BV in de praktijk, 3.3 Wijziging van kapitaal; *Rademakers/de Vries* in: Süß/Wachter (Hrsg.), Handbuch des internationalen GmbH-Rechts, 2016, Niederlande, Rn. 91.

582 *Verkerk* in: De BV in de praktijk, 3.3 Wijziging van kapitaal; *Kemperink*, Commentaar op Burgerlijk Wetboek 2 art. 208; *van Helden/Willeumier* in: Wegen/Spahlinger/Barth (Hrsg.), Gesellschaftsrecht des Auslands, 2016, Niederlande, Rn. 22; *Hagedorn/Tervoort*, Niederländisches Wirtschaftsrecht, 2017, Kapitel I Rn. 37 ff.

583 *Meijeren* bedrijfsjuridische berichten 2012/52; *Kemperink*, Commentaar op Burgerlijk Wetboek 2 art. 208, C.2 Bevoegdheid tot kapitaalvermindering; *Olthoff* V&O 2014, 61, 66.

584 *Kemperink*, Commentaar op Burgerlijk Wetboek 2 art. 208, C.3 Uitkeringstest.

585 *Rademakers/de Vries* in: Süß/Wachter (Hrsg.), Handbuch des internationalen GmbH-Rechts, 2016, Niederlande, Rn. 98.

586 *Van der Heijden/Van der Grinten*, Handboek voor de naamloze en de besloten vennootschap, 2013, S. 206; *Verkerk*, De BV in de praktijk 3.3 Wijziging van kapitaal; *Koster* bedrijfsjuridische berichten 2014/5; *Kemperink*, Commentaar op Burgerlijk Wetboek 2 art. 208, C.3 Uitkeringstest.

587 *Van der Heijden/Van der Grinten*, Handboek voor de naamloze en de besloten vennootschap, 2013, S. 204; *Koster* bedrijfsjuridische berichten 2014/5; *Kemperink*, Commentaar op Burgerlijk Wetboek 2 art. 208, C.3 Uitkeringstest.

f) Gesellschafterdarlehen

Eine weitere Möglichkeit zur Finanzierung der B.V. außerhalb des eigentlichen *(geplaatst* und *gestort) kapitaal* ist die Finanzierung über Gesellschafterdarlehen. Nach niederländischem Recht sind Gesellschafterdarlehen grundsätzlich möglich. Es gibt jedoch einige, vor allem **steuerrechtliche Vorschriften** und Voraussetzungen, die berücksichtigt werden sollten, wie zB die Marktüblichkeit der Darlehenskonditionen, da andernfalls negative Steuerfolgen für die B.V. oder den darlehensgewährenden Gesellschafter ausgelöst werden können. 338

Fraglich ist darüber hinaus vor allem, wie sich **Gesellschafterdarlehen im Falle einer Insolvenz** der Gesellschaft zu den übrigen Forderungen der Gesellschaftsgläubiger verhalten.[588] Die Frage des **Rangrücktritts** eines Gesellschafterdarlehens im Falle der Insolvenz ist in den Niederlanden **nicht** gesetzlich geregelt.[589] Artikel 3:277 II BW überlässt es grundsätzlich den Parteien, **vertraglich** einen Rangrücktritt zu vereinbaren. Im niederländischen Insolvenzrecht gilt jedoch das Prinzip der ***paritas creditorum***. In der Literatur ist man bezüglich der Frage, ob auch dann ein Rangrücktritt für ein Gesellschafterdarlehen vorliegen kann, wenn es hierfür keine vertragliche Basis gibt, geteilter Meinung, und auch aus der Rechtsprechung ergeben sich bislang zT **widersprüchliche Ansätze.**[590] Zuletzt betonte der Hof Arnhem-Leeuwarden jedoch, dass das niederländische Recht **keine gesetzliche Basis** für einen generellen Rangrücktritt von Gesellschafterdarlehen kenne, ein Rangrücktritt sich jedoch unter Umständen aus **Treu und Glauben** (*redelijkheid en billijkheid*) ergeben könne.[591] 339

Neben der Möglichkeit der Finanzierung durch Gesellschafterdarlehen besteht auch die Möglichkeit Wandelanleihen (*converteerbare obligaties*) auszugeben. *Converteerbare obligaties* sind Schuldverschreibungen, die in Geschäftsanteile umgewandelt werden können.[592] Die Ausgabe solcher Wandelanleihen geschieht entsprechend den in der Satzung enthaltenen Bestimmungen bezüglich der Ausgabe neuer Anteile.[593] 340

g) Jahresabschluss

aa) Aufstellung und Feststellung des Jahresabschlusses

Die Vorschriften in Bezug auf die Aufstellung und Feststellung des Jahresabschlusses und des Lageberichts gelten grundsätzlich, abhängig von Größe und Umfang der jeweiligen Gesellschaften, für alle Kapitalgesellschaften. Es kann daher auf die zur N.V. gemachten Ausführungen verwiesen werden (Rn. 235). 341

Neu und anders als die entsprechende Vorschrift für die N.V. ist die Regelung des Artikel 2:210 V BW. In dem Fall, in dem **alle Gesellschafter** der B.V. **gleichzeitig Geschäftsführer** sind, gilt die Unterzeichnung des Jahresabschluss durch die Geschäftsführer zugleich als **Feststellung des Jahresabschlusses** durch die Gesellschafterversammlung, vorausgesetzt, dass darüber hinausgehenden, versammlungsberechtigten Personen (zB Depotscheininhabern) Gelegenheit gegeben wurde, vom Jahresabschluss Kenntnis zu nehmen und sie einer solchen Feststellung des Jahresabschlusses außerhalb der Gesellschafterversammlung zugestimmt haben.[594] Gemäß Artikel 2:218 BW iVm Artikel 2:238 I BW ist es möglich, Gesellschafterbeschlüsse auch außerhalb der Gesellschafterversammlung zu fassen; de facto muss damit nie eine tatsächliche Versammlung einberufen werden. Diese Feststellung erstreckt sich dann regelmäßig auch auf die **Erteilung von Entlastung** (*décharge*) der Geschäftsführer und gegebenenfalls auch der Aufsichtsratsmitglieder. Diese besondere Art der Feststellung des Jahresabschlusses kann durch die Satzung abbedungen werden (Artikel 2:210 V BW). 342

bb) Gewinnverwendung

Gemäß Artikel 2:216 I BW beschließt die **Gesellschafterversammlung** über die Verwendung des sich aus dem festgestellten Jahresabschluss ergebenden Gewinns und die Höhe einer eventuellen **Ausschüttung** (*uitkering*), es sei denn, dass nach der Satzung ein anderes Organ dafür zuständig ist.[595] Hinsichtlich der Ausschüttung gilt Folgendes: 343

---

588 *Orval/De Groot* Tijdschrift Financiering, Zekerheden en Insolventierechtpraktijk 2011, 102 ff.; *Barneveld/Corpeleijn* Tijdschrift voor Insolventierecht 2014/39.

589 *Orval/De Groot* Tijdschrift Financiering, Zekerheden en Insolventierechtpraktijk 2011, 102.

590 *Barneveld/Corpeleijn* Tijdschrift voor Insolventierecht 2014/39; *Orval/De Groot* Tijdschrift Financiering, Zekerheden en Insolventierechtpraktijk 2011, 103 f.; Rechtbank Breda 7. Juli 2010, JOR 2010/293; Rechtbank Amsterdam 17. Dezember 2008, JOR 2009/171; Hof Amsterdam, 5. November 2005, JOR 2007/51.

591 Hof Arnhem-Leeuwarden, 10. März 2015, Nr. 200.138.886.

592 *Van der Heijden/Van der Grinten*, Handboek voor de naamloze en de besloten vennootschap, 2013, S. 335 f.

593 *Van der Heijden/Van der Grinten*, Handboek voor de naamloze en de besloten vennootschap, 2013, S. 336.

594 Vgl. *Koster* BB 2012/39.

595 *Olthoff* V&O 2014, 61, 66; *De Kluiver* in: Viera Gonzalez/Teichmann (Hrsg.), Private Company Law Reform in Europe: the race for flexibility, 2015, S. 405, 423 ff.

(1) **Bilanztest (balanstest)**

344 **Vor der Einführung der Flex-B.V.** konnte eine B.V. Dividenden nur ausschütten, wenn und soweit das Eigenkapital (*eigen vermogen*) die Summe aus eingezahlten und angeforderten Kapital (*gestort en opgevraagd kapitaal*) zuzüglich der Kapitalrücklagen (*reserves*) überstieg. Das gebundene Kapital durfte folglich durch eine Ausschüttung nicht geschmälert werden. Nach der Einführung der Flex-B.V. beschließt die Gesellschafterversammlung nach der Durchführung eines Bilanztests über die Gewinnausschüttung. Nach Artikel 2:216 I BW sind Ausschüttungen zulässig, sofern und soweit das Eigenkapital (*eigen vermogen*) die Kapitalrücklagen (die Rücklagen, die aufgrund des Gesetzes oder der Satzung gebildet werden müssen) übersteigt.[596] Das **eingezahlte** und **angeforderte Kapital** der Gesellschaft spielt damit seit der Einführung der Flex-B.V. im Rahmen der Ermittlung der zulässigen Maximalausschüttung grundsätzlich **keine Rolle mehr.**[597]

345 Das Gesetz bestimmt nicht, auf welcher Grundlage Eigenkapital und Rücklagen ermittelt und festgestellt werden sollen. Das zuständige Ministerium hat bislang nur bestätigt, dass im Rahmen der Bemessung der Ausschüttung die **gesamte finanzielle Situation** des Unternehmens zu berücksichtigen ist und dass eine Ausschüttung **nicht** auf der Grundlage einer möglicherweise veralteten Bilanz erfolgen darf. Im Übrigen sind in diesem Zusammenhang derzeit noch viele Fragen ungeklärt. So wurde zum Beispiel diskutiert, ob eine Ausschüttung auch dann möglich ist, wenn dies zu einem negativen Eigenkapital der Gesellschaft führen würde.[598] Diese Frage wurde inzwischen auch richterlich entschieden und durch das Gericht grundsätzlich für den Fall **bejaht**, dass keine Rücklagen gebildet werden mussten.[599] In dem Urteil der *Rechtbank Gelderland* vom 17. Februar 2014 ging es zudem um die Frage, ob dies auch dann möglich sei, wenn die Satzung noch aus der Zeit vor der Gesetzesänderung stammt.[600] Das Gericht entschied im vorliegenden Fall, dass eine Ausschüttung **auch dann nicht zu einem negativen Eigenkapital** führt, wenn die Satzung (entsprechend altem Recht) noch ein gezeichnetes Kapital enthält und dieser Betrag auch im Jahresabschluss vermerkt wurde.[601]

(2) **Ausschüttungstest (Uitkeringstest)**

346 Ein Ausschüttungsbeschluss entfaltet nach Artikel 2:216 II BW **solange keine Wirkung**, bis die Geschäftsführung ihre Zustimmung (*goedkeuring*) zu der Ausschüttung gegeben hat. Eine Ausschüttung ohne Zustimmung der Geschäftsführung ist **unwirksam**, da für die Ausschüttung dann keine hinreichende Rechtsgrundlage (*geldige titel*) vorgelegen hat. Die Gesellschaft kann den ausgeschütteten Betrag von den Gesellschaftern **zurückfordern.**[602] Eine Zustimmung darf nur verweigert werden, wenn die Geschäftsführung weiß oder vernünftigerweise wissen könnte, dass die Gesellschaft ihren finanziellen Verpflichtungen nach der geplanten Ausschüttung nicht mehr nachkommen kann (sog ***„uitkeringstest"***).[603] Um zu ermitteln, ob die Gesellschaft ihren Verpflichtungen nachkommen kann, sind ua Faktoren wie die Liquidität, die Ertragskraft oder die Zahlungsfälligkeiten

---

596 *Van der Heijden/Van der Grinten*, Handboek voor de naamloze en de besloten vennootschap, 2013, S. 734 ff.; *Koster/Van de Steek* WPNR 2012, 718-728; *Olthoff* V&O 2014, 61, 66; De Kluiver in: Viera Gonzalez/Teichmann (Hrsg.), Private Company Law Reform in Europe: the race for flexibility, 2015, S. 405, 425; *van Vliet* Journal of Civil Law Studies 7 (2014) 271, 277; *Lennarts* EBOR 8 (2007) 131, 136; *Hagedorn/Tervoort*, Niederländisches Wirtschaftsrecht, 2017, Kapitel I Rn. 22.

597 *Hirschfeld* RIW 2013, 134, 138; *Olthoff* V&O 2014, 61, 66.

598 *Huizink* Tijdschrift voor jaarrekeningenrecht 2014, 55 f.; Rechtbank Gelderland, 17. Februar 2014, Nr. 257700; *De Kluiver* in: Viera Gonzalez/Teichmann (Hrsg.), Private Company Law Reform in Europe: the race for flexibility, 2015, S. 405, 426.

599 Rechtbank Gelderland, 17. Februar 2014, Nr. 257700.

600 Rechtbank Gelderland, 17. Februar 2014, Nr. 257700.

601 Rechtbank Gelderland, 17. Februar 2014, Nr. 257700. Im konkreten Fall spielte dies jedoch keine Rolle mehr, da nach der Berechnung des Richters die Ausschüttung faktisch bereits nicht zu einem negativen Eigenkapital führte und auch das gezeichnete Kapital in Höhe von EUR 18.000 gewahrt war.

602 *Van der Heijden/Van der Grinten*, Handboek voor de naamloze en de besloten vennootschap, 2013, S. 742 f.; vgl. auch *Schönau* Tijdschrift voor jaarrekeningenrecht 2014, 79 ff.; *De Kluiver* in: Viera Gonzalez/Teichmann (Hrsg.), Private Company Law reform in Europe: the Race for flexibility, 2015, S. 405, 424; *Lennarts* EBOR 8 (2007) 131, 136.

603 *Van der Heijden/Van der Grinten*, Handboek voor de naamloze en de besloten vennootschap, 2013, S. 743; *Hirschfeld* RIW 2013, 134, 139; *Koster/Van de Steek* WPNR 2012, 718-728; *Olthoff* V&O 2014, 61, 66; *Huizink* Tijdschrift voor jaarrekeningenrecht 2014, 55 f.; *Huizink* in: Chorus/Hondius/Voermans (Hrsg.), Introduction to Dutch Law, Chapter 6, 2016, S. 110; *Höfer* GmbHR 2016, 398, 402; vgl. auch *Lennarts* EBOR 8 (2007) 131, 137; *van Vliet* Journal of Civil Law Studies 7 (2014) 271, 278; *Boschma/Lennarts/Schutte-Veenstra* EBOR 8 (2007) 568, 593; *Verkerk* ECL 7 (2010) 113, 115; *Hagedorn/Tervoort*, Niederländisches Wirtschaftsrecht, 2017, Kapitel I Rn. 24 ff.

zu berücksichtigen.[604] Als Ausgangspunkt gilt hier ein Zeitraum von einem Jahr nach der Ausschüttung; dies ist jedoch kein fester Zeitrahmen, sondern hängt im Einzelfall von den Gesamtumständen ab.[605]

Haben die **Geschäftsführer ihre Zustimmung erteilt** und kann die Gesellschaft später ihre Gläubiger nicht mehr befriedigen, so **haften** die Geschäftsführer[606] gegenüber der Gesellschaft gesamtschuldnerisch für den Fehlbetrag. Nach Artikel 2:216 IV BW haften zudem die faktischen Geschäftsführer (*feitelijke beleidsbepaler*), dh die Personen, die faktisch wie ein Geschäftsführer gehandelt haben, zB Gesellschafter oder Aufsichtsratsmitglieder. Nicht in die Haftung kommt nach Artikel 2:216 III BW (nur) der Geschäftsführer, der nachweist, dass ihm **kein grober Vorwurf** gemacht werden kann, weil ihm die Ausschüttung durch die Gesellschaft nicht zuzurechnen ist und er nicht säumig (*nalatig*) gewesen ist, Maßnahmen zu ergreifen, um die Folgen der Ausschüttung abzuwenden.[607] Dies kann zum Beispiel der Fall sein, wenn der Geschäftsführer gegen die Ausschüttung gestimmt hat, der Beschluss jedoch trotzdem mit der erforderlichen Mehrheit zustande gekommen ist.[608] Zudem kommen für die Geschäftsführer noch **weitere Haftungsgründe**, zB aufgrund unerlaubter Handlung iSd Artikel 6:162 BW und nach Artikel 2:248 BW in Frage.[609] 347

Auch die Gesellschafter, die die Ausschüttung erhielten, obwohl sie wussten oder hätten wissen können, dass die Gesellschaft nach der Ausschüttung ihre Verbindlichkeiten nicht erfüllen kann, **haften für den entstandenen Fehlbetrag** in Höhe der erhaltenen Ausschüttung zuzüglich Zinsen ab dem Tag der Ausschüttung (Artikel 2:216 III BW).[610] Haben die Geschäftsführer die Forderung bereits beglichen, so zahlen die Gesellschafter den erhaltenen Betrag an die Geschäftsführer und zwar in dem Verhältnis, in dem die Geschäftsführer ihren Teil gezahlt haben (Artikel 2:216 III BW). 348

5. Haftung für die Verbindlichkeiten der Gesellschaft

Die Vorschriften über die Haftung für Verbindlichkeiten der Gesellschaft entsprechen grundsätzlich denen für die N.V. (Rn. 245). Die Gesellschafter der B.V. haften grundsätzlich nur in Höhe ihrer vereinbarten Einlage; eine Nachschusspflicht kennt das niederländische Recht in Bezug auf die B.V. grundsätzlich nicht.[611] Gemäß Artikel 2:192 BW kann die Satzung einer B.V. seit Einführung des Flex-B.V.-Gesetzes den Gesellschaftern jedoch eine Nachschusspflicht für die in der Satzung bestimmten Fälle auferlegen.[612] Weitere Ausnahmen von dem Grundsatz, dass die Gesellschafter nur in Höhe ihrer Einlagen haften, können im Falle einer Durchgriffshaftung (*doorbraak van aansprakelijkheid*), insbesondere in Konzernverhältnissen entstehen.[613] Dies bedeutet, dass unter Umständen die Muttergesellschaft aufgrund einer unerlaubten Handlung (*onrechtmatige daad*) für die Schulden ihrer Tochtergesellschaft haftbar gemacht werden kann. Dabei gilt der Grundsatz, dass je mehr Einsicht die Muttergesellschaft in das Geschäft der Tochtergesellschaft hat und je mehr Einfluss sie auf diese nimmt, desto höher die Wahrscheinlichkeit ist, dass sich die Gläubiger der Tochtergesellschaft in Bezug auf ihre offenen Forderungen an die Muttergesellschaft wenden können.[614] In diesem Zusammenhang ist insbesondere die durch das Flex-B.V.-Gesetz eingeführte Änderung in Artikel 2:239 IV BW hervorzuheben (s. Rn. 284). Artikel 2:239 IV BW bestimmt nunmehr, dass die Geschäftsführung die Anweisungen eines anderen Organs (häufig der Gesellschafterversammlung) – jedenfalls dann – zu befolgen hat, wenn diese Weisungsbefugnis in der Satzung entsprechend geregelt ist und die Anweisungen nicht den Interessen der Gesellschaft und der mit ihr verbundenen Unternehmen widersprechen. Diese Änderung hat eine weitere Möglichkeit der Einflussnahme der 349

604 *Verkerk* ECL 7 (2010) 113, 115; *Höfer* GmbHR 2016, 398, 402.

605 *Van der Heijden/Van der Grinten*, Handboek voor de naamloze en de besloten vennootschap, 2013, S. 744; *Koster/Van de Steek* WPNR 2012, 718-728; *Olthoff* V&O 2014, 61, 66; *Hagedorn/Tervoort*, Niederländisches Wirtschaftsrecht, 2017, Kapitel I Rn. 25.

606 Vgl. *Koster/Van de Steek* WPNR 2012, 718-728; *Boschma/Lennarts/Schutte-Veenstra* EBOR 8 (2007) 568, 592; *Verkerk* ECL 7 (2010) 113, 115; *Lennarts* EBOR 8 (2007) 131, 137; *Hagedorn/Tervoort*, Niederländisches Wirtschaftsrecht, 2017, Kapitel I Rn. 24, 27.

607 *Van der Heijden/Van der Grinten*, Handboek voor de naamloze en de besloten vennootschap, 2013, S. 747 f.; *Koster/Van de Steek* WPNR 2012, 718-728; *Olthoff* V&O 2014, 61, 66; *Ohmann* BB 2012/45; *Lennarts* EBOR 8 (2007) 131, 137 f.; *Verkerk* ECL 7 (2010) 113, 115; *Hagedorn/Tervoort*, Niederländisches Wirtschaftsrecht, 2017, Kapitel I Rn. 27, 30.

608 *Van der Heijden/Van der Grinten*, Handboek voor de naamloze en de besloten vennootschap, 2013, S. 747.

609 *Koster/Van de Steek* WPNR 2012, 718-728; *Ohmann* BB 2012/45; *Van der Heijden/Van der Grinten*, Handboek voor de naamloze en de besloten vennootschap, 2013, S. 747; *Hagedorn/Tervoort*, Niederländisches Wirtschaftsrecht, 2017, Kapitel I Rn. 27.

610 *Van der Heijden/Van der Grinten*, Handboek voor de naamloze en de besloten vennootschap, 2013, S. 747; *Hagedorn/Tervoort*, Niederländisches Wirtschaftsrecht, 2017, Kapitel I Rn. 29.

611 *Hagedorn/Tervoort*, Niederländisches Wirtschaftsrecht, 2017, Kapitel I Rn. 18 ff.

612 *Hagedorn/Tervoort*, Niederländisches Wirtschaftsrecht, 2017, Kapitel I Rn. 18 ff.

613 *Huizink*, Rechtspersoon, vennootschap en onderneming, 2013, S. 295 ff.

614 *Huizink*, Rechtspersoon, vennootschap en onderneming, 2013, S. 297 ff.; HR 25. September 1981, NJ 1982, 443 (*Osby*); HR 8. November 1991, NJ 1992, 147 (*Nimox/Van den End*); HR 12. Juni 1998, NJ 1998, 727 (*Coral/Stalt*); HR 21. Dezember 2001, NJ 2005, 96 (*Hurks II*).

Muttergesellschaft auf die Geschäfte der Tochtergesellschaft in das niederländische Gesellschaftsrecht eingeführt. In der Literatur wird daher vermutet, dass diese neue Weisungsbefugnis der Gesellschafterversammlung zukünftig häufiger zu einer Durchgriffshaftung der Muttergesellschaft führen kann.[615] Praktisch handelt es sich jedoch bisher weiterhin um eine Ausnahme.

350 Gemäß Artikel 2:180 BW haften die Geschäftsführer der B.V. neben der Gesellschaft **gesamtschuldnerisch für Verbindlichkeiten** der Gesellschaft **vor** der Eintragung ins Handelsregister. Die übrigen in Artikel 2:69 II BW für die N.V. genannten Haftungstatbestände gelten für die B.V. allerdings nicht. Im Übrigen wird auf die Ausführungen zur N.V. (Rn. 245) und bezüglich einer möglichen Durchgriffshaftung der Geschäftsführer auf Rn. 291 verwiesen.

6. Mitgliederwechsel

a) Übertragung von Anteilen

351 Seit der Einführung der Flex-B.V. ist es möglich, dass die Satzung der B.V. gemäß Artikel 2:192 BW bezüglich **aller Anteile** oder bezüglich **Anteilen einer bestimmten Gattung** oder Bezeichnung Folgendes bestimmt:

- **schuldrechtliche Verpflichtungen** (*verplichtingen van verbintenisrechtelijke aard*) der Gesellschafter gegenüber der Gesellschaft oder Dritten oder zwischen den Gesellschaftern untereinander;[616]
- (Qualitäts-)**Anforderungen** an zukünftige Gesellschafter (Artikel 2:192 I lit. b) BW);
- **„*Put-Optionen*"**, dh, dass der Gesellschafter in den in der Satzung beschriebenen Fällen verpflichtet ist, seine Anteile oder einen Teil davon anzubieten und zu übertragen (Artikel 2:192 I lit. c) BW).[617]

352 Solche Bestimmungen können gemäß Artikel 2:192 I BW dem Gesellschafter jedoch **nicht** gegen seinen Willen auferlegt werden.[618]

353 Seit der Einführung der Flex-B.V. gibt es zudem die Möglichkeit, **Anteile** einer B.V. **frei zu übertragen.** Jedoch muss der veräußernde Gesellschafter zuvor den Mitgesellschaftern seinen zu veräußernden Geschäftsanteil anbieten.[619] Werden die Geschäftsanteile nicht innerhalb von drei Monaten erworben, ist die freie Veräußerung der Anteile möglich.[620] Die Satzung kann eine Abweichung von der gesetzlichen Andienungspflicht (*aanbiedingsregeling*) gemäß Artikel 2:195 BW vorsehen.[621] Es ist daher ebenfalls möglich, ***drag-along-*** oder ***tag-along*-Bestimmungen** in die Satzung aufzunehmen.[622] Gemäß Artikel 2:192 BW hat der Gesellschafter bei einer *drag-along*-Bestimmung sodann die Pflicht, seine Anteile mitzuveräußern und zu übertragen.[623] Artikel 2:195 IV BW macht es zudem möglich, ***good-leaver/bad-leaver*-Bestimmungen** in die Satzung aufzunehmen.[624] Für alle Fälle gilt jedoch, dass durch die entsprechenden Satzungsregelungen eine Übertragung nicht unmöglich oder äußerst erschwert sein darf.[625] Erlaubt und somit nicht als „äußerst erschwert" (*bezwaarlijk*) anzusehen ist es zB, dass die Satzung bestimmt, dass (ein Teil der) Anteile für eine bestimmte Zeit überhaupt nicht übertra-

615 *Van den Boogerd/Luten*, De nieuwe flex-bv en doorbraak van aansprakelijkheid in concernverhoudingen, MvV 2013, Nr. 3, S. 78.
616 *Hirschfeld* RIW 2013, 134, 137; *Olthoff* V&O 2014, 61, 64; siehe auch *Vorst* WPNR 2013, 450; *Wooldridge* EBLR 2009, 369, 371; *De Kluiver* in: Viera Gonzalez/Teichmann (Hrsg.), Private Company Law Reform in Europe: the race for flexibility, 2015, S. 405, 419 f.
617 Diese Fälle müssen immer objektiv bestimmt werden können (*objectief bepaalbaar zijn*).
618 *Wooldridge* EBLR 2009, 369, 371 f.; *Meinema* EJCL 6 (2002) 157, 165.
619 *Fleischer* ZHR 179 (2015) 404, 427; *van Vliet* Journal of Civil Law Studies 7 (2014) 271, 281; *Van der Elst/ Vermeulen*, The Dutch Private Company: Successfully Relaunched?, ECGI Law Working Paper 215/2013, S. 19; *Leemrijse* in: Muller (Hrsg.), Corporate Law in the Netherlands, 2013, S. 81; *Hagedorn/Tervoort*, Niederländisches Wirtschaftsrecht, 2017, Kapitel I Rn. 46.
620 *Fleischer* ZHR 179 (2015) 404, 428; *Van der Elst/ Vermeulen*, The Dutch Private Company: Successfully Relaunched? ECGI Law Working Paper 215/2013, S. 19; *Leemrijse* in: Muller (Hrsg.), Corporate Law in the Netherlands, 2013, S. 81.
621 *Koster* BB 2012/33; *Olthoff* V&O 2014, 61, 64; *Wooldridge* EBLR 2009, 369, 372; *De Kluiver* in: Viera Gonzalez/Teichmann (Hrsg.), Private Company Law Reform in Europe: the race for flexibility, 2015, S. 405, 418; *Wooldridge* Co. Lawyer 29 (2008) 371, 372; *van Vliet* Journal of Civil Law Studies 7 (2014) 271, 281; *Hagedorn/Tervoort*, Niederländisches Wirtschaftsrecht, 2017, Kapitel I Rn. 47.
622 *Olthoff* V&O 2014, 61, 64; *Fleischer* ZHR 179 (2015) 404, 431; *van der Elst/Vermeulen*, The Dutch Private Company: Successfully Relaunched? ECGI Law Working Paper 215/2013, S. 19; *Verkerk* ECL 7 (2010) 113, 116.
623 *Fleischer* ZHR 179 (2015) 404, 431.
624 *Olthoff* V&O 2014, 61, 64; *van der Elst/Vermeulen*, The Dutch Private Company: Successfully Relaunched?, ECGI Law Working Paper 215/2013, S. 19; *Verkerk* ECL 7 (2010) 113, 116.
625 *Van der Heijden/Van der Grinten*, Handboek voor de naamloze en de besloten vennootschap, 2013, S. 292 f.; *Hirschfeld* RIW 2013, 134, 136; *Verkerk* in: De BV in de praktijk, 3.6 Overdracht en overgang van aandelen; facultatieve blokkeringsregeling; *Wooldridge* EBLR 2009, 372; *ders.* Co. Lawyer 29 (2008) 371, 372; *Hagedorn/ Tervoort*, Niederländisches Wirtschaftsrecht, 2017, Kapitel I Rn. 49.

gen werden (kann) können (*lock up*).[626] „Bestimmte Zeit" bedeutet dabei **innerhalb eines bestimmten Zeitraums** und darf nicht abhängig von einer bestimmten Bedingung sein. Ein Zeitraum von fünf Jahren wird in Übereinstimmung nach den Grundsätzen von **Redlichkeit** und **Billigkeit** (*redelijkheid en billijkheid*) akzeptiert.[627]

Übertragungen unter Verstoß gegen die in der Satzung aufgenommenen (Übertragungs-) Regelungen sind gemäß Artikel 2:195 IV BW **unwirksam.** 354

Wie auch bei der N.V. ist für die Übertragung von Anteilen an einer B.V. (genau wie für die Ausgabe (*uitgifte*), Verpfändung und Übernahme solcher Anteile infolge einer Verschmelzung oder Spaltung) eine **notarielle Beurkundung notwendig.** Ein Gesellschafter kann seine mit dem Anteil verbundenen (Stimm- und Gewinnbezugs-) Rechte gegenüber der Gesellschaft **erst ausüben, wenn** die Gesellschaft die Übertragung der Anteile entweder anerkannt hat oder ihr die Übertragung zugestellt worden ist.[628] Jede Anteilsübertragung ist durch die Geschäftsführung in die bei der Gesellschaft zu führende **Gesellschafterliste** (*aandeelhoudersregister*) einzutragen. 355

b) Übertragung der Anteile im Todesfall

Eine Übertragung der Geschäftsanteile im Todesfall erfolgt nach den allgemeinen rechtlichen Vorschriften. Im Erbfall haben bestimmte Personen, wie beispielsweise die direkten Nachkommen, in jedem Falle einen **Pflichtteilsanspruch.** Diese Pflichtteilsberechtigten können auch nicht gänzlich von der Erbfolge ausgeschlossen werden. Es ist jedoch möglich, dass der Erblasser seinen Geschäftsanteil mittels Testaments oder eines Vermächtnisses einem einzigen Kind vererbt und die Pflichtteilsberechtigten in bar ausgezahlt werden.[629] 356

7. Auflösung und Insolvenz

Hinsichtlich der Auflösungsgründe, die Artikel 2:19 BW regelt und die im Rahmen der N.V. bereits aufgelistet wurden, und der Arten von Liquidationsverfahren gilt für die B.V. das vorstehend bei Rn. 252 bereits Ausgeführte. 357

IV. Vergleichende Darstellung der niederländischen Kapitalgesellschaften

358

	N.V.	B.V.
Mindestkapital	EUR 45.000	EUR 0,01[630]
Kapitalverfassung	Bareinlagen: Bankbestätigung erforderlich Sacheinlagen: Sachgründungsbericht und Bestätigung Wirtschaftsprüfer	Bareinlagen: Bankbestätigung nicht (mehr) erforderlich Sacheinlagen: Nur Sachgründungsbericht
Stimmrechtslose Anteile oder Anteile ohne Gewinnbezugsrecht	Nicht möglich	Möglich
Übertragbarkeit Aktien/Anteile	Frei	Abhängig von der Satzung
Anzahl[631]	1.155	347.915

Abb. 2: Gegenüberstellung niederländischer Kapitalgesellschaften

D. Weitere Gesellschaftsformen

Als weitere Gesellschaftsformen des niederländischen Rechts sind schließlich – der Vollständigkeit halber und vor allem wegen ihrer **praktischen** und **wirtschaftlichen Bedeutung** – noch die *coöperatie* (Genossenschaft) und 359

626 *Fleischer* ZHR 179 (2015) 404, 429; *Verkerk* ECL 7 (2010) 113, 116.
627 *Olthoff* V&O 2014, 61, 64.
628 *Van der Heijden/Van der Grinten*, Handboek voor de naamloze en de besloten vennootschap, 2013, S. 280 f.; *Leemrijse* in: Muller (Hrsg.), Corporate Law in the Netherlands, 2013, S. 78.
629 *Rademakers/de Vries* in: Süß/Wachter (Hrsg.), Handbuch des internationalen GmbH-Rechts, 2016, Niederlande, Rn. 130 ff.
630 Eigentlich gibt es kein Mindestkapital mehr; es muss aber mindestens 1 Cent eingezahlt werden.
631 Laut der niederländischen Zentralen Behörde für Statistik (*centraal bureau voor de statistiek*), abgerufen am 24.7.2017.

die *stichting* (Stiftung) zu nennen. Im dritten Quartal 2017 gab es in den Niederlanden 2.550 *coöperaties* und 37.965 Vereine und Stiftungen.[632]

360 Die ***coöperatie***, die im weitesten Sinne mit einer Genossenschaft in Deutschland vergleichbar ist, ist wie die N.V. und die B.V. eine selbständige juristische Person mit eigener Satzung.[633] Im Hinblick auf die Ausgestaltung der Organisations- und Kapitalfassung sind ihre Mitglieder allerdings weitaus flexibler als im Kapitalgesellschaftsrecht. Die persönliche Haftung ist grundsätzlich mit der der N.V. und B.V. vergleichbar, da die Mitglieder nicht für die Schulden der Gesellschaft haften, soweit die *coöperatie* nicht aufgelöst ist.[634] Nur wenn die Gesellschaft bei ihrer Auflösung ihre Verbindlichkeiten nicht begleichen kann, haften die Mitglieder der *coöperatie* zu gleichen Teilen.[635] Hinsichtlich der Haftungsbeschränkung besteht eine Gestaltungsmöglichkeit, die jedoch in der Satzung und im Handelsregister eingetragen sein muss.[636] Während die *coöperatie* ursprünglich lange Zeit lediglich vor allem für landwirtschaftliche Betriebe von Bedeutung war, wird die Rechtsform der *coöperatie* heutzutage daher insbesondere im Energie- und Gesundheitssektor gegründet.[637] Häufiger wird sie jedoch auch für **Holding- und Finanzgesellschaften** gewählt, nicht zuletzt auch wegen internationaler Steuergestaltungsmöglichkeiten, da auf Gewinnausschüttungen von *coöperaties* an ihre Mitglieder keine Steuern bezahlt werden müssen. In diesem Zusammenhang erfreut sie sich regelmäßig auch im Rahmen von Fondsstrukturen großer Beliebtheit. Derzeit diskutiert wird jedoch eine Änderung der steuerlichen Behandlung einer *coöperatie* dergestalt, dass sie zukünftig möglicherweise einer Quellensteuer unterliegen soll. Dies würde indes die Attraktivität einer *coöperatie* als (internationale) Fondgesellschaft spürbar verringern. Zudem brauchen im Jahresbericht der *coöperaties* nur sehr wenige Details veröffentlicht zu werden. Gemäß Artikel 2:58 BW wird der Jahresabschluss vom Vorstand erstellt und von der Hauptversammlung verabschiedet.[638]

I. Stichting (Stiftung)

1. Grundlagen

361 Eine weitere, in der Praxis sehr bedeutsame Rechtsform ist die ***stichting***. Zum Ende des Jahres 2014 existierten in den deutlich kleineren Niederlanden etwa **25.400 *stichtingen***, demgegenüber waren es in Deutschland zu Ende 2015 lediglich 21.301.[639] In der Praxis kommen *stichtingen* heutzutage in vielen gesellschaftlichen Bereichen vor. Es gibt *stichtingen* im gemeinnützigen Bereich (beispielsweise für karitative Einrichtungen), im Zusammenhang mit Unternehmen (als Eigentümerin eines Unternehmens oder innerhalb bestimmter Unternehmensstrukturen) oder aber in Form öffentlich-privater Zusammenschlüsse.[640] Man wird behaupten dürfen, dass nach niederländischem Rechtsempfinden und in der niederländischen Rechtspraxis *stichtingen* wie eine weitere Form der Kapitalgesellschaft angesehen und verwendet werden und wenig mit dem deutschen Stiftungsbegriff und der Qualifikation einer Stiftung nach deutschem Rechtsverständnis gemeinsam haben. So darf eine niederländische *stichting* beispielsweise ihren Zweck auch auf die Ausübung kommerzieller Tätigkeiten und die Gewinnerzielung richten.[641]

362 Obwohl die *stichting* nach niederländischem Recht ihren Ursprung bereits im römischen Recht hat, war und blieb sie über viele Jahrhunderte keinerlei gesetzlichen Regelungen unterworfen. Erst im Jahre 1976 wurde die Stiftung als juristische Person in Buch 2 des BW untergebracht; die Rechtsgrundlagen für die *stichting* finden sich heute in Artikel 2:285 ff. BW und in den allgemeinen Vorschriften, Artikel 2:1 ff. BW. Nach der Definition des Artikel 2:285 I BW sind die Tatbestandsmerkmale einer niederländischen *stichting* **Mitgliederlosigkeit, Zweck** und **Vermögen**. Die Ausgestaltung der *stichting* hat gewisse Ähnlichkeiten mit der der US-amerikanischen, die niederländische *stichting* muss allerdings keinen gemeinnützigen Zweck verfolgen.[642] Anders als das deutsche Recht kennt das niederländische Recht unselbständige Stiftungen, das heißt Vermögenswerte, die der Stifter mit der Maßgabe, sie als wirtschaftlich **getrennte Sondervermögen** zu bewerten, in eine natürliche oder

632 Laut der niederländischen Zentralen Behörde für Statistik (*centraal bureau voor de statistiek*), abgerufen am 24.7.2017.
633 *Hagedorn/Tervoort,* Niederländisches Wirtschaftsrecht, 2017, Kapitel II Rn. 1.
634 *Rensen* in: Muller (Hrsg.), Corporate Law in the Netherlands, 2013, S. 24; *Hagedorn/Tervoort,* Niederländisches Wirtschaftsrecht, 2017, Kapitel II Rn. 14 ff.
635 *Hagedorn/Tervoort,* Niederländisches Wirtschaftsrecht, 2017, Kapitel II Rn. 14.
636 *Hagedorn/Tervoort,* Niederländisches Wirtschaftsrecht, 2017, Kapitel II Rn. 15 ff.
637 *Rensen* in: Muller (Hrsg.), Corporate Law in the Netherlands, 2013, S. 23.
638 *Hagedorn/Tervoort,* Niederländisches Wirtschaftsrecht, 2017, Kapitel II Rn. 19.
639 Siehe Deutsch-Niederländische Handelskammer, Januar 2015; Bundesverband Deutscher Stiftungen – Zahlen, Daten, Fakten zum Deutschen Stiftungswesen, 2017.
640 *Volders/De Vries* in: Richter/Wachter (Hrsg.), Handbuch des internationalen Stiftungsrechts, 2007, Niederlande, Rn. 2; *Hagedorn/Tervoort,* Niederländisches Wirtschaftsrecht, 2017, Kapitel II Rn. 22.
641 *Hagedorn/Tervoort,* Niederländisches Wirtschaftsrecht, 2017, Kapitel II Rn. 22.
642 *Rensen* in: Muller (Hrsg.), Corporate Law in the Netherlands, 2013, S. 25.

juristische Person überträgt und wie sie im deutschen Rechtssystem üblich sind, nicht. Nach niederländischem Verständnis kann damit eine Organisation ohne Rechtsfähigkeit niemals eine *stichting* sein.[643]

Es ist daher wohl historisch begründet, dass die *stichting* ihren Gründern ein Höchstmaß an Flexibilität ermöglicht. Diese Flexibilität (ua die nahezu völlig fehlende behördliche Aufsichtspflicht[644] und nur wenige diesbezügliche zwingendrechtliche Bestimmungen) machen aus der Stiftung nach niederländischem Recht eine Entität, die für zahlreiche Zwecke verwendet werden kann.[645] Bis heute ist die *stichting* in den Niederlanden (bis auf wenige Ausnahmen) keinerlei behördlicher Aufsicht unterworfen; bei der Gründung oder später ist keine Behörde involviert. Bei der Gründung ist lediglich der **Notar verpflichtet**, die Gesetzeskonformität der Gründung und der Satzung zu kontrollieren; seit 2008 muss er auch eine Überprüfung der potenziellen Stifter vornehmen, um Geldwäsche oder Finanzierung von Terrorismus ausschließen zu können. Nur große *stichtingen* sind gesetzlich verpflichtet, ihre Jahresrechnungen kontrollieren zu lassen und diese zu publizieren. 363

Auch wenn es bereits seit mehr als einem Jahrzehnt entsprechende Reformüberlegungen des niederländischen Gesetzgebers gibt, fehlt es bis heute an entsprechenden gesetzlichen Regularien.[646] Im Unterschied zu anderen Ländern muss die *stichting* zudem **keine** karitativen Zwecke verfolgen.[647] Schließlich umfasst der niederländische Stiftungsbegriff auch aus einem weiteren Grund mehr Einrichtungen als in anderen Ländern: International wird eine *stichting* definiert als eine Einrichtung, durch die privates Vermögen für öffentliche Zwecke bereitgestellt wird. Das Wesentliche ist in dieser Definition das Vermögen. Die meisten niederländischen Stiftungen werden jedoch **durch ihre Tätigkeit, nicht durch ihr Vermögen charakterisiert**. Oft ist die Kapitalausstattung unbedeutend. Viele große Stiftungen arbeiten mit einem Jahresetat, der ihr Grundstockvermögen bei Weitem übersteigt, andere haben kaum nennenswertes Vermögen.[648] 364

Eine besondere Aufgabe hat die *stichting* im Wirtschaftsleben als sog *Administratiekantoor* als ein Vehikel, um bei Kapitalgesellschaften Mitspracherechte zu konzentrieren und bei börsennotierten Aktiengesellschaften feindliche Übernahmen zu erschweren.[649] Das ***administratiekantoor*** ist eine holdingartige Vermögensverwaltungsgesellschaft,[650] bei der die Stiftung für bestimmte „Teilnehmer" (*deelneemers*) Anteile an Kapitalgesellschaften **hält** oder **erwirbt**. Als Gegenwert für ihre Einlagen erhalten die Teilnehmer *certificaten* (Depotscheine). Diese geben ihnen das Recht auf Dividenden. 365

Die Stimmrechte übt jedoch die Stiftung **einheitlich** aus.

In der Praxis wird die ***stichting administratiekantor*** mithin insbesondere für folgende Zwecke genutzt: 366

- Unternehmensnachfolge,
- Unternehmenssanierung,
- Arbeitnehmerbeteiligung,[651]
- Verwaltung von Anlagefonds,
- Verwaltung von Immobilienfonds,
- Schutzkonstruktionen gegen feindliche Übernahmen,
- Kreditsicherung.

Eine *stichting* wird mithin oft verwendet, um eine **Trennung zwischen rechtlichem und wirtschaftlichem Eigentum** an Vermögensgegenständen zu schaffen, indem beispielsweise eine *stichting* einer B.V. oder N.V. vorgeschaltet wird und die eigentlichen B.V.- oder N.V.-Gesellschafter gerade nicht an der Kapitalgesellschaft, sondern an der *stichting* beteiligt werden. 367

Nach der B.V. ist die *stichting* in den Niederlanden die am **häufigsten vorkommende** Unternehmensform.[652] Ihre besondere Anziehungskraft hängt jedoch nicht nur von der **einfachen Errichtung** und der **geringen Stiftungsaufsicht** ab.[653] Vielmehr können auch steuerliche Gründe die Errichtung einer *stichting* äußerst attraktiv machen. So ist die *stichting* nach niederländischem Steuerrecht grundsätzlich **nicht körperschaftsteuerpflichtig.** 368

643 *Schumacher*, Die konzernverbundene Stiftung, 1999, S. 20; *Langerei/Duitsguin* Trust&Trustee 16 (2010) 491.
644 Gemäß Übersicht des ministerie van Economische Zaken (Stand: 1. Juni 2016) wurden seit 1929 gerade einmal 12 *stichtingen* unter Aufsicht des Ministeriums gegründet.
645 *Volders/De Vries* in: Richter/Wachter (Hrsg.), Handbuch des internationalen Stiftungsrechts, 2007, Niederlande, Rn. 6; *Hagedorn/Tervoort*, Niederländisches Wirtschaftsrecht, 2017, Kapitel II Rn. 22 f.
646 *Volders/De Vries* in: Richter/Wachter (Hrsg.), Handbuch des internationalen Stiftungsrechts, 2007, Niederlande, Rn. 7.
647 *Klostermann*, Die niederländische privatrechtliche Stiftung, 2003, S. 20; *Hondius* in: Neuhoff/Pavel (Hrsg.), Stiftungen in Europa, 1971, Niederlande, S. 269, 271.
648 *Hondius* in: Neuhoff/Pavel (Hrsg.), Stiftungen in Europa, 1971, Niederlande, S. 269, 271.
649 *Hagedorn/Tervoort*, Niederländisches Wirtschaftsrecht, 2017, Kapitel II Rn. 22.
650 *Kronke*, Stiftungstypus und Unternehmensträger Stiftung, 1988, S. 122; *Mincke* in: Laimer/Perathoner (Hrsg.), Gesellschaftsrechtliche Nebenvereinbarungen in Europa, 2013, S. 239, 241 f.
651 *Schumacher*, Die konzernverbundene Stiftung, 1999, S. 47.
652 *Schumacher*, Die konzernverbundene Stiftung, 1999, S. 51.
653 *Hagedorn/Tervoort*, Niederländisches Wirtschaftsrecht, 2017, Kapitel II Rn. 23.

Sollte sie aufgrund bestimmter Umsatzsteigerungen Gefahr laufen, körperschaftsteuerpflichtig zu werden, kann die *stichting* ihrerseits einen Teil der Aktivitäten in eine verbundene *stichting* einbringen.

2. Gründung

369 Die Gründung einer *stichting* hat gemäß Artikel 2:286 IBW durch **Notariatsurkunde** zu erfolgen. Dies kann eine notarielle Gründungsurkunde (Gründung zu Lebzeiten) oder ein öffentliches Vermächtnis (Gründung von Todes wegen) sein. Die Stiftungsgründung hat auf unbefristete Dauer zu erfolgen. In die Satzung kann allerdings ein Passus aufgenommen werden, dass die *stichting* aufgelöst wird, wenn ein in der Satzung genanntes Ereignis, das der Satzung zufolge zur Auflösung führt und das nicht ein Beschluss oder ein auf die Auflösung abzielendes Rechtsgeschäft ist, eintritt.[654]

370 In beiden Fällen (Gründung zu Lebzeiten und Gründung von Todes wegen) ist die entsprechende notarielle Urkunde vor einem **niederländischen Notar** gemäß den einschlägigen gesetzlichen Vorschriften zu errichten.

371 Die *stichting* ist gemäß Artikel 2:289 I BW in das niederländische Handelsregister **einzutragen.** Bis zu ihrer Eintragung haften die Vorstandsmitglieder nach Artikel 2:289 II BW neben der stichting persönlich für Verbindlichkeiten der Gesellschaft.[655]

a) Gründung zu Lebzeiten

372 Gemäß Artikel 2:286 BW ist eine *stichting* mittels einer notariellen Urkunde in niederländischer Sprache zu gründen. Eine kuriose Besonderheit besteht für den Fall, dass die *stichting* ihren Sitz in Friesland hat; in einem solchen Fall darf die Gründungsurkunde auch in friesischer Sprache erstellt werden (Artikel 2:286 II 2 BW).[656]

373 Das niederländische Recht sieht keinerlei spezifische Anforderungen an die **Person des Gründers** vor; grundsätzlich ist jede geschäftsfähige Person zur Gründung einer *stichting* berechtigt, dh sowohl natürliche Personen (mindestens 18 Jahre alt) als auch juristische Personen können eine *stichting* gründen. Es ist nicht erforderlich, dass es sich um Niederländer handelt; auch ausländische (juristische oder natürliche) Personen sind berechtigt, eine *stichting* zu gründen.[657]

374 Für den Gründer der *stichting* gibt es **keine Einzahlungsverpflichtung**, wie dies bei der Gründung einer Kapitalgesellschaft der Fall ist. Auch eine Verpflichtung, umgehend Vermögen zurückzustellen, ist für die Gründer nicht vorgesehen. Allerdings ist es möglich, dass eine *stichting*, die über kein Vermögen verfügt und bei der die Annahme gerechtfertigt ist, dass diese *stichting* auch künftig kein Vermögen erwerben wird (oder zumindest nicht genügend Vermögen erhalten wird, um den Zweck der *stichting* zu realisieren), auf Antrag der Staatsanwaltschaft aufgelöst wird.[658]

375 Nach Errichtung der Gründungurkunde ist die *stichting* ins Handelsregister **einzutragen.**

b) Gründung von Todes wegen

376 Eine *stichting* kann auch testamentarisch gegründet werden. Voraussetzung dafür ist jedoch, dass es sich um ein öffentliches Testament (das bedeutet eine notariell beurkundete letztwillige Verfügung im Sinne von Artikel 4:94 BW) handelt.[659] Wird die *stichting* auf diese Weise gegründet, kann sie als Erbin oder Vermächtnisnehmerin auftreten. Sie kommt in diesem Fall mit dem Tod des Gründers zustande.

377 Ist die Gründung der *stichting* nicht in einem öffentlichen Testament, sondern in Form eines Kodizils oder eines geheimen Testaments vorgesehen, so wird eine solche Verfügung als eine sämtlichen Erben auferlegte **Weisung betrachtet**, die *stichting* zu gründen, Artikel 4:135 BW. Kommen die Erben dieser Verpflichtung zur Gründung der Stiftung nicht nach, kann die Staatsanwaltschaft die Erfüllung der Verpflichtung gerichtlich geltend machen. Das entsprechende Urteil des Richters hat in einem solchen Fall die gleiche Rechtskraft wie eine gemäß den gesetzlichen Formerfordernissen erstellte Urkunde.[660]

654 *Volders/De Vries* in: Richter/Wachter (Hrsg.), Handbuch des internationalen Stiftungsrechts, 2007, Niederlande, Rn. 8.
655 *Hagedorn/Tervoort,* Niederländisches Wirtschaftsrecht, 2017, Kapitel II Rn. 28.
656 *Volders/De Vries* in: Richter/Wachter (Hrsg.), Handbuch des internationalen Stiftungsrechts, 2007, Niederlande, Rn. 9.
657 *Volders/De Vries* in: Richter/Wachter (Hrsg.), Handbuch des internationalen Stiftungsrechts, 2007, Niederlande, Rn. 10.
658 *Volders/De Vries* in: Richter/Wachter (Hrsg.), Handbuch des internationalen Stiftungsrechts, 2007, Niederlande, Rn. 14.
659 *Hagedorn/Tervoort,* Niederländisches Wirtschaftsrecht, 2017, Kapitel II Rn. 26.
660 *Volders/De Vries* in: Richter/Wachter (Hrsg.), Handbuch des internationalen Stiftungsrechts, 2007, Niederlande, Rn. 20.

3. Stiftungssatzung

Die notarielle Gründungsurkunde der *stichting* muss insbesondere die Satzung der *stichting* enthalten; diese wird beim Handelsregister hinterlegt. Die Satzung muss gemäß Artikel 2:286 IV BW mindestens folgende Angaben enthalten: 378

- den Namen der *stichting* mit der Bezeichnung "stichting" als Bestandteil des Namens;
- den Zweck der *stichting*;
- das Verfahren der Ernennung und Entlassung der Vorstandsmitglieder;
- die Gemeinde in den Niederlanden, in der die *stichting* ihren Sitz hat; und
- die Verteilung des Überschusses nach der Art der Abwicklung des Vermögens der *stichting* im Falle ihrer Auflösung oder die Art und Weise, wie diese Verteilung festgelegt wird.

In der Praxis ist es üblich, in die Satzung daneben Bestimmungen über die nähere **Organisation** der *stichting* aufzunehmen. Dies betrifft beispielsweise das Verfahren bei Vorstandssitzungen, die Beschlussfassung innerhalb des Vorstands, die Vertretung der *stichting*, die Auflösung der *stichting*, Satzungsänderungen etc. 379

Im Hinblick auf die **Wahl des Namens** der *stichting* sind die Gründer im Prinzip frei; das Wort „stichting“ muss allerdings Bestandteil des Namens sein. Im Übrigen müssen die allgemeinen gesetzlichen Erfordernisse erfüllt sein, die in Artikel 4, 5, 5a und 5b des Handelsnamengesetzes (*Handelsnaamwet*) geregelt sind, wenn der Name der *stichting* als Handelsname verwendet werden soll. 380

Die *stichting* muss ihren (statuarischen) **Sitz** in den Niederlanden, kann ihren faktischen Sitz allerdings außerhalb der Niederlande haben. In einem solchen Fall unterliegt die niederländische *stichting* aber weiterhin niederländischem Recht.[661] 381

Auch der **Zweck** der *stichting* ist zwingend in die Satzung aufzunehmen. Dabei müssen die wichtigsten Tätigkeiten der *stichting* klar umschrieben werden. Der Zweck darf nicht gegen die öffentliche Ordnung verstoßen, ansonsten sind die Gründer im Hinblick auf den Zweck der *stichting* jedoch sehr frei. Die Zweckumschreibung „Das Erteilen von finanzieller Unterstützung, wo es nach dem Urteil des Vorstands zweckmäßig sein wird“, wurde von der Rechtsprechung beispielsweise als zulässig anerkannt.[662] 382

Eine wichtige **Beschränkung** besteht allerdings darin, dass der Zweck der *stichting* nicht in der Zahlung von Zuwendungen an Gründer oder an Personen, die den Stiftungsorganen angehören, bestehen darf, außer wenn es sich, was diese anderen Personen betrifft, um eine Zuwendung ideeller oder sozialer Natur handelt, Artikel 2:285 III BW.[663] Dieses Auszahlungs- oder Ausschüttungsverbot (*uitkeringsverbod*) ist für die *stichting* normativ; es ist kein Bestandteil der Definition der *stichting*.[664] 383

Das vorstehend beschriebene **„Auszahlungs- oder Ausschüttungsverbot“** ist eine Besonderheit des niederländischen Rechts, aber gleichzeitig auch die wichtigste Beschränkung für eine *stichting*: Das Vermögen, das eine *stichting* erhält, gelangt in *„dode hand“* (tote Hand). Übertritt die *stichting* dieses Auszahlungsverbot, kann sie von der *rechtbank* aufgelöst werden, da sie gegen eine für ihre spezifische Rechtsform geltende Gesetzesvorschrift verstößt, Artikel 2:21 III BW.[665] 384

4. Organisationsverfassung

Die *stichting* hat als einzig gesetzlich vorgeschriebenes Verwaltungsorgan den **Vorstand.**[666] Er hat gemäß Artikel 2:291 I BW die Aufgabe, alles Erforderliche für das Erreichen des Zwecks der *stichting* zu tun. Er ist befugt im Rahmen der Satzung die *stichting* zu leiten und sie nach außen hin zu vertreten; im Übrigen sind die Stiftungsgründer im Rahmen der Satzung frei darin, die Position des Vorstands im Einzelnen auszugestalten.[667] Die Mitglieder des Vorstandes sind verpflichtet im Interesse der *stichting* zu handeln und ihre Aufgaben ordnungsgemäß zu erfüllen.[668] Handelt ein Vorstandsmitglied nicht im Interesse der *stichting* und kann diesem grobe Fahrlässigkeit (*ernstig verwijt*) vorgeworfen werden, so haften der Gesellschaft gegenüber grundsätzlich alle Mitglieder des Vorstands für den entstandenen Schaden.[669] Die übrigen Vorstandsmitglieder können sich jedoch 385

---

661 *Volders/De Vries* in: Richter/Wachter (Hrsg.), Handbuch des internationalen Stiftungsrechts, 2007, Niederlande, Rn. 26.

662 *Hagedorn/Tervoort,* Niederländisches Wirtschaftsrecht, 2017, Kapitel II Rn. 25.

663 *Hagedorn/Tervoort,* Niederländisches Wirtschaftsrecht, 2017, Kapitel II Rn. 25.

664 *Volders/De Vries* in: Richter/Wachter (Hrsg.), Handbuch des internationalen Stiftungsrechts, 2007, Niederlande, Rn. 30.

665 *Volders/De Vries* in: Richter/Wachter (Hrsg.), Handbuch des internationalen Stiftungsrechts, 2007, Niederlande, Rn. 31.

666 *Hagedorn/Tervoort,* Niederländisches Wirtschaftsrecht, 2017, Kapitel II Rn. 29.

667 *Volders/De Vries* in: Richter/Wachter (Hrsg.), Handbuch des internationalen Stiftungsrechts, 2007, Niederlande, Rn. 34; *Hagedorn/Tervoort,* Niederländisches Wirtschaftsrecht, 2017, Kapitel II Rn. 29 ff.

668 *Hagedorn/Tervoort,* Niederländisches Wirtschaftsrecht, 2017, Kapitel II Rn. 32.

669 *Hagedorn/Tervoort,* Niederländisches Wirtschaftsrecht, 2017, Kapitel II Rn. 32.

exkulpieren, wenn ihnen kein ernster Vorwurf gemacht werden kann und sie nachweisen können, dass sie entsprechende Maßnahmen ergriffen haben, um den Schaden von der *stichting* abzuwenden.[670]

386 Neben diesem – obligatorischen – Vorstand kann in der Satzung ein **Aufsichtsrat** vorgesehen werden. Dies kann entweder unmittelbar bei Gründung oder auch später entsprechend in die Satzung aufgenommen werden. Der Aufsichtsrat führt die Aufsicht über den Vorstand und steht dem Vorstand beratend zur Seite.[671] Die Satzung kann auch vorsehen, dass wichtige Vorstandsbeschlüsse der – vorherigen – **Zustimmung** durch den Aufsichtsrat bedürfen. Dabei ist wichtig, dass eine solche Zustimmung im Prinzip lediglich interne Wirkung entfaltet: Ein vom Vorstand ohne Zustimmung durchgeführtes Rechtsgeschäft ist trotzdem wirksam.[672]

387 Für die täglichen Geschäfte der *stichting* wird in der Satzung häufig vorgesehen, dass der Vorstand eine **Geschäftsführung benennen** kann. Die Geschäftsführung hat ein von der allgemeinen und uneingeschränkten Verwaltungsgewalt des Vorstands abgeleitetes Mandat, um im Namen des Vorstandes die faktischen Tätigkeiten der *stichting* auszuüben bzw. ausüben zu lassen. Die Ermächtigung erfolgt häufig aufgrund unbefristeter Vollmacht (Prokura) des Vorstands, die im Handelsregister einzutragen ist.[673]

388 Gemäß Artikel 2:285 I BW hat eine *stichting* in Abgrenzung zum Verein keine Mitglieder (sogenanntes **Mitgliederverbot**). Daher gibt es in einer *stichting* auch keine Mitgliederversammlung als Organ der Gesellschaft.[674] Gemäß Artikel 2:304 I BW werden die Teilnehmer einer Pensionskasse in Form einer *stichting* daher auch ausdrücklich nicht als Mitglieder betrachtet.

5. Kapitalverfassung

389 Die *stichting* unterliegt **keinen Mindestkapitalanforderungen**. Es besteht nach niederländischem Recht im Grundsatz auch keine Verpflichtung, bei der Gründung ein Zweckvermögen für die Stiftung abzutrennen. Artikel 2:301 I lit. a) BW sieht allerdings vor, dass jeder Beteiligte (*belanghebbende*) bei der *rechtbank* die Auflösung der Stiftung beantragen kann, wenn das Vermögen der *stichting* absolut unzureichend ist, um ihren Zweck zu realisieren, und die Möglichkeit, mittels Beiträgen oder auf andere Weise in absehbarer Zeit ein hinreichendes Vermögen zu erwerben, in hohem Maße unwahrscheinlich ist.

6. Jahresabschluss

390 Gemäß Artikel 2:10 II BW muss der Vorstand jährlich innerhalb von **sechs Monaten** nach Abschluss des Geschäftsjahres eine Bilanz und eine Gewinn- und Verlustrechnung erstellen. Konkrete Vorgabe bezüglich der Erstellung dieser Unterlagen kennt das niederländische Gesetz für die *stichting* nicht; eine Veröffentlichung des Jahresabschlusses ist ebenfalls nicht erforderlich.[675]

391 Auf den Jahresabschluss einer „großen" *stichting* im Sinne von Artikel 3:360 III BW ist Artikel 2:300 BW anzuwenden.[676] Gemäß Artikel 2:300 I BW ist auch eine große *stichting* dazu verpflichtet, innerhalb von sechs Monaten nach Ende des Geschäftsjahres einen Jahresabschluss zu erstellen, sofern die Frist für die Erstellung des Jahresabschlusses nicht einmalig mit höchstens fünf weiteren Monaten durch das in der Satzung angewiesene Organ verlängert wird. Dieser Jahresabschluss muss entsprechend den Vorschriften für die Erstellung eines Jahresabschlusses einer Kapitalgesellschaft erstellt, durch das in der Satzung angewiesene Organ festgestellt und innerhalb von acht Tagen nach der Feststellung, spätestens jedoch 12 Monate nach Ablauf des Geschäftsjahres, beim Handelsregister **veröffentlicht werden**.[677] Sofern der Jahresabschluss zu diesem Zeitpunkt noch nicht festgestellt ist, muss ein vorläufiger Jahresabschluss veröffentlicht werden.[678] Eine nicht rechtzeitige Veröffentlichung des Jahresabschlusses stellt ein wirtschaftliches Vergehen (*overtreding*) dar, welches gemäß Artikel 6 I Nr. 5 WED mit einer Gefängnisstrafe bis zu sechs Monaten, einer Arbeitsstrafe (*taakstraf*) oder einer Geldbuße von bis zu EUR 20.500 bestraft werden kann.[679]

670 *Hagedorn/Tervoort*, Niederländisches Wirtschaftsrecht, 2017, Kapitel II Rn. 32.
671 *Hagedorn/Tervoort*, Niederländisches Wirtschaftsrecht, 2017, Kapitel II Rn. 37 f.
672 *Volders/ De Vries* in: Richter/Wachter (Hrsg.), Handbuch des internationalen Stiftungsrechts, 2007, Niederlande, Rn. 43.
673 *Volders/De Vries* in: Richter/Wachter (Hrsg.), Handbuch des internationalen Stiftungsrechts, 2007, Niederlande, Rn. 44; *Hagedorn/Tervoort*, Niederländisches Wirtschaftsrecht, 2017, Kapitel II Rn. 30 ff.
674 *Hagedorn/Tervoort*, Niederländisches Wirtschaftsrecht, 2017, Kapitel II Rn. 39.
675 *Hagedorn/Tervoort*, Niederländisches Wirtschaftsrecht, 2017, Kapitel II Rn. 40.
676 *Rensen* in: Muller (Hrsg.), Corporate Law in the Netherlands, 2013, S. 26.
677 *Hagedorn/Tervoort*, Niederländisches Wirtschaftsrecht, 2017, Kapitel II Rn. 41.
678 *Hagedorn/Tervoort*, Niederländisches Wirtschaftsrecht, 2017, Kapitel II Rn. 41.
679 *Hagedorn/Tervoort*, Niederländisches Wirtschaftsrecht, 2017, Kapitel II Rn. 41.

Stichwortverzeichnis Teil 4, § 16: Niederlande

Fette Zahlen bezeichnen die Paragraphen, magere die Randnummern.

§ 17 Polen

Literatur (Auswahl): *Allerhand,* Kodeks handlowy. Komentarz [Handelsgesetzbuch, Kommentar], 3. Aufl. 1997, *Bieniak/Bieniak/Nita-Jagielski/Oplustil et al.,* Kodeks spółek handlowych. Komentarz [Kommentar zum Gesetzbuch für Handelsgesellschaften], 2. Aufl. 2012, *Bieniek/Rudnicki, Stanisław,* Nieruchomości. Problematyka prawna [Immobilien. Rechtsprobleme], 2005, *Bieniek* (Hrsg.), Komentarz do Kodeksu cywilnego. Księga trzecia. Zobowiązania [Kommentar zum Zivilgesetzbuch, Drittes Buch, 10. Aufl. 2011; *Süß/Wachter* (Hrsg.), Handbuch des Internationalen GmbH-Rechts, 3. Aufl. 2016; *Breidenbach* (Hrsg.), Handbuch Wirtschaft und Recht in Osteuropa, 137. EL 2017, *Laimer/Perathoner* (Hrsg.), Gesellschaftsrechtliche Nebenvereinbarungen in Europa, 2013; *Buszmak,* Działanie lub zaniechanie sprzeczne z prawem lub postanowieniami umowy spółki jako przesłanka odpowiedzialności odszkodowawczej członków zarządu na podstawie art. 293 k.s.h. [Handlungen bzw. Unterlassungen, die gegen das Recht oder Bestimmungen eines Gesellschaftsvertrages verstoßen als Haftungsgrundlage der Vorstandsmitglieder gem. Art. 293 KSH], PPH 2016 Nr. 5, 51, *Kalss* (Hrsg.), Vorstandshaftung in 15 europäischen Ländern, 2005, *Diedrich,* Entstehung einer GmbH nach polnischem Recht, WiRO 2000, 41, *Domański/Palinka,* Ustalenie daty wygaśnięcia mandatu członka zarządu spółki akcyjnej – aspekty praktyczne [Bestimmung des Datum, zu welchem das Mandat eines Vorstandsmitglieds erlischt – praktische Fragen], PPH 2008 Nr. 11, 4, *Gorzawski,* GmbH und nichts Neues in Polen?, WiRO 2003, 143, *Grykiel,* Skuteczność czynności prawnej dokonanej przez podmiot wpisany do rejestru przedsiębiorców KRS a sposób reprezentacji ujawniony w rejestrze – glosa – III CZP 43/08 [Wirksamkeit eines Rechtsgeschäfts, der durch eine im Unternehmerregister eingetragene Person vorgenommen wird und die im Register veröffentlichten Vertretungsregel], MP 2009 Nr. 21, 1180, *ders.,* Ochronna funkcja rejestru przedsiębiorców na przykładzie wpisów dotyczących spółek handlowych [Schutzfunktion des Unternehmerregister am Beispiel der Eintragungen betreffend Handelsgesellschaften], PPH 2012 Nr. 12, 43, *Jara* (Hrsg.), Kodeks spółek handlowych. Komentarz [Kommentar zum Gesetzbuch für Handelsgesellschaften], 2. Aufl. 2017; *Jastrzębski,* Corporate Directors' Liability in Polish Law, ECFR 2017, 73; *Kidyba,* Kodeks spółek handlowych. Komentarz [Kommentar zum Gesetzbuch für Handelsgesellschaften], Polski Serwer Prawa LEX [Polnisches Rechts-Software], 2017, *ders.,* Prawo handlowe [Handelsrecht], 14. Aufl. 2012, *Kos,* Die GmbH & Co KG nach polnischem Recht, WiRO 2000, 297, System Prawa Handlowego, Tom 2, 2012 [System des Handelsrechts]; *Köhler/Kicia,* Heilung fehlerhafter Kapitalerhöhung bei polnischer GmbH, WiRO 2003, 166, *Kryzel,* Das Kapitalschutzsystem der deutschen GmbH und der polnischen spółka z o.o. nach der Reform, 2012, *Łakomy,* Die polnische Gesellschaft mit beschränkter Haftung. Gründung und Registrierung, NotBZ 2011, 113, *Lewandowski,* Rada Doradcza w niemieckiej spółce z o.o. i możliwość jej implementacji do struktury organizacyjnej spółki z o.o. polskiego prawa [Der Beirat in der deutschen Gesellschaft mit beschränkter Haftung und die Möglichkeit seiner Einführung in die Organisationsstruktur der polnischen sp.z.o.o.], PS 2004 Nr. 9, 22, *Liebscher/Zoll* (Hrsg.), Einführung in das polnische Recht, 2005, *Lutter* (Hrsg.), Das Kapital der Aktiengesellschaft in Europa, 2006, *Meppen,* Die Haftung des Geschäftsführers einer polnischen GmbH wegen Insolvenzverschleppung, NZI 2015, 107, *Mróz/Stec,* Prawo gospodarcze prywatne [Handelsrecht], 3. Aufl. 2012, *Opalski,* Europejskie prawo spółek [Europäisches Gesellschaftsrecht], 2010, *Ders.,* Prawo zgrupowań spółek [Recht der Gesellschaftsgruppen], 2012; *ders.,* Transakcje między podmiotami powiązanymi [Transaktionen zwischen den verbundenen Gesellschaften], PPH 2012 Nr. 11, 4; *ders.* (Hrsg.), Kodeks spółek handlowych, Tom III A. Spółka akcyjna, Komentarz Art. 301-392 [Kommentar zum Gesetzbuch für Handelsgesellschaften, Band 3 B, Aktiengesellschaft, Art. 301-392], 2016; *ders.,* (Hrsg.), Kodeks spółek handlowych, Tom III B. Spółka akcyjna, Komentarz Art. 393-400 [Kommentar zum Gesetzbuch für Handelsgesellschaften, Band 3 B, Aktiengesellschaft, Art. 393-400], 2016; *Opalski/Oplustil,* Niedochowanie należytej staranności jako przesłanka odpowiedzialności cywilnoprawnej zarządców spółek kapitałowych [Das Fehlen der ordentlichen Sorgfalt als Voraussetzung der Haftung der Geschäftsführer in einer Kapitalgesellschaft], PPH 2013 Nr. 3, 11; *Opalski/Oplustil,* Jeszcze w sprawie odpowiedzialności członków organów spółek kapitałowych [Noch über die Haftung der Organmitglieder in Kapitalgesellschaften], PPH 2013 Nr. 12, 26; *Oplustil,* Gläubigerschutz durch reale Kapitalaufbringung im deutschen und polnischen Recht der Kapitalgesellschaften, 2001; *ders.,* Wierzytelność wobec spółki kapitałowej jako przedmiot potrącenia i konwersji [Aufrechnung und Umwandlung von Forderungen gegen eine Kapitalgesellschaft], PPH – Opracowanie monograficzne, PPH 2002 Nr. 2, Beilage; *ders.,* Gesellschafts- und Konzerninteresse im polnischen Recht, in: Winner/Cierpial-Magnor (Hrsg.), Rechtsprobleme im Konzern, Drittes Jahrbuch des Krakauer Forums der Rechtswissenschaften, 2012, S. 67; *ders.,* Wyłączenie prawa pierwszeństwa do objęcia udziałów w podwyższonym kapitale zakładowych spółki z o.o. – uwagi de lege lata i de lege ferenda [Ausschluss des Bezugsrechts bei der Kapitalerhöhung in einer sp. z o.o. – Anmerkungen de lege lata und de lege ferenda], PPH 2012 Nr. 12, 25; *Oplustil/Sikora,* Grenzüberschreitende Verlegung des statutarischen Gesellschaftssitzes aus der Perspektive des Gründungsstaates: Vorlagefragen des polnischen Obersten Gerichts an den EuGH, EWS 2017, 134; *Osajda* (Hrsg.), Kodeks cywilny. Komentarz. Tom III B. Zobowiązania. Część szczegółowa [Kommentar zum Zivilgesetzbuch, Schuldverhältnisse, Band 3B], 2017; *Pietrzykowski* (Hrsg.), Kodeks Cywilny, Tom 2, Art. 450-1088 [Zivilgesetzbuch, Bd. 2, Art. 450-1088], 8. Aufl. 2015; *Pinior,* Charakter prawny spółek osobowych w stadium organizacji, Prawo Spółek 2009 Nr. 7/8, 34; *Pęczyk-Tofel/Tofel,* Wewnętrzne stosunki majątkowe w handlowych spółkach osobowych, [Interne Vermögensverhältnisse in Personenhandelsgesellschaften] PS 2010 Nr. 1, 30; *Pörnbacher,* Die GmbH nach polnischem Recht, GmbHR 2002, 370; *Pyzioł/Szumański/Weiss* (Hrsg.), Prawo Spółek [Gesellschaftsrecht], 2002; *Pyzioł* (Hrsg.), Kodeks spółek handlowych. Komentarz [Kommentar zum Gesetzbuch für Handelsgesellschaften], 2008; *Rodzynkiewicz, Mateusz,* Kodeks spółek handlowych. Komentarz [Kommentar zum Gesetzbuch für Handelsgesellschaften], 6. Aufl. 2014; *Romanowski/Makowicz,* Polnisches GmbH-Recht, Das neue beschleunigte Gründungsverfahren „S24“, GmbHR 2012, 736; *Sabat,* Innenhaftung des Vorstands einer Aktiengesellschaft im Lichte der Business Judgment Rule in Polen, WIRO 2014, 225; *C. Schubel,* Gesetzliche Beschränkungen der Vertretungsmacht von Kapitalgesellschaftsorganvertretern im Europäischen Recht in: Festschrift für Peter Hommelhoff, 2012, S. 1059; *J. Schubel.,* Gestaltungsfreiheit und Gestaltungsgrenzen im polnischen Vertragskonzernrecht, 2010; *dies.*, Landesbericht Polen, in: Rodewald/Paulat (Hrsg.), Führung von Gruppengesellschaften durch Gesellschafterweisungen im faktischen Konzern. Möglichkeiten und Grenzen in Deutschland und ausgewählten EU-Staaten, GmbHR 2013, 519 ff.; *Siemiątkowski/Potrzeszcz*, Jawność obrotu udziałami a obowiązki zarządów spółek z .o. w postępowaniu przed sądem rejestrowym [Publizität des Handels mit Anteilen gegenüber der Pflichten von einem sp. z o.o.-Vorstand im Registergerichtsverfahren], PPH 2008 Nr. 12, 24; *Siemiątkowski/Potrzeszcz* (Hrsg.), Kodeks spółek handlowych. Komentarz, tom 1 [Kommentar zum Gesetzbuch für Handelsgesellschaften, Band 1], 2011; *Siemiątkowski/Potrzeszcz* (Hrsg.), Kodeks spółek handlowych. Komentarz, tom 2 [Kommentar zum Gesetzbuch für Handelsgesellschaften, Bd. 2], 2011; *Siemiątkowski/Potrzeszcz* (Hrsg.), Kodeks spółek handlowych. Komentarz. Spółka akcyjna, tom 3 [Kommentar zum Gesetzbuch für Handelsgesellschaften, Bd. 3], 2012; *Sołtysińsk*, Prawo właściwe dla spółek prawa handlowego [Anwendbares Recht. Handelsgesellschaften], Rejent 2001, Nr. 7-8, 267; *Sołtysiński et. al.* (Hrsg.), Kodeks spółek handlowych. Komentarz do artykułów 1-150. Tom I [Kommentar zu Art. 1-150 des Gesetzbuches für Handelsgesellschaften, Band 1], 3. Aufl. 2012; *Sołtysiński et. al.* (Hrsg.), Kodeks spółek handlowych. Spółka z ograniczoną odpowiedzialnością [Kommentar zum Gesetzbuch für Handelsgesellschaften, Gesellschaft mit beschränkter Haftung, Band 2], 3. Aufl. 2014; *Sołtysiński/Szajkowski/Szumański/Szwaja* (Hrsg.), Kodeks spółek handlowych. Komentarz do artykułów 301-458. Tom III [Kommentar zu Art. 301-458 des Gesetzbuches für Handelsgesellschaften, Band 3], 3. Aufl. 2013; *Strzępka* (Hrsg.), Kodeks spółek handlowych. Komentarz, 7. Aufl. 2015 [Kommentar zum Gesetzbuch für Handelsgesellschaften]; *Szajkowski* (Hrsg.), Prawo spółek osobowych, System prawa prywatnego, tom 16, 2008 [System des Privatrechts, Recht der Personengesellschaften, Bd. 16, 2008], *Szajkowski/Tarska*, Prawo Spółek Handlowych [Recht der Handelsgesellschaften], 4. Aufl. 2004; *Szumański*, Normy instruktażowe w kodeksie spółek handlowych (wykładnia Art. 219 § 2, Art. 382 § 2 i Art. 336 § 3 k.s.h.) [Instruktionsnormen im Gesetzbuch der Handelsgesellschaften (Auslegung von Art. 219 § 2, 382 § 2 und 336 § 3 KSH], PPH 2002 Nr. 10, 26; *Szumański*, Nowe regulacje prawne spółek z udziałem Skarbu Państwa z uwzględnieniem zmian w kodeksie spółek handlowych obowiązujących od 1.1.2017 [Neue Regelungen betr. Die Gesellschaften mit Staatsbeteiligung sowie Änderungen des Gesetzbuches für Handelsgesellschaften, die am 1.1.2017 in Kraft treten], PPH 2017 Nr. 3, 4; *Tajer*, Status prawny zarządu spółki akcyjnej w organizacji [Rechtsnatur des Vorstands einer S.A. in Gründung], PPH 2009 Nr 2, 9; *Teichmann/Ptak*, Die grenzüberschreitende Sitzverlegung aus deutsch-polnischer Perspektive, RIW 2010, 817; *Wajda*, Jeszcze o reprezentacji w spółce cywilnej [Über Vertretung in einer sp. c.], PS 2011 Nr. 5, 15, *Wegen/Spahlinger/Barth* (Hrsg.), Gesellschaftsrecht des Auslands, 2013, Länderteil Polen, 1. EL 2016; *Włodyka* (Hrsg.), System Prawa Handlowego. Prawo Spółek handlowych. Tom 2 [System des Handelsrechts, Recht der Handelsgesellschaften, Bd. 2], 2. Aufl. 2012; *Wolak*, Zwykła forma pisemna ad solemnitatem zastrzeżona dla czynności prawnych (oświadczeń woli) w k.s.h. (cz. 1) [Einfache Schriftform ad solemnitatem für Rechtsgeschäfte (Willenserklärungen) nach KSH, Teil 1], PS 2011 Nr. 10, 51.

A. Einführung

I. Rechtsquellen des polnischen Gesellschaftsrechts

1. Gesetzliche Normen

1 Anders als in Deutschland gibt es in Polen für das Gesellschaftsrecht ein zentrales Gesetzeswerk. Dieses ist zum größten Teil im **Gesetzbuch für Handelsgesellschaften** vom 15.9.2000 (*Kodeks spółek handlowych*, abgekürzt: KSH) zusammengefasst worden. **Weitere, für das Gesellschaftsrecht wichtige Regelungen** befinden sich im Zivilgesetzbuch vom 23.4.1964 (*Kodeks cywilny*, abgekürzt: KC), im Gesetz vom 20.8.1997 über das Landes-Gerichtsregister (*Ustawa o Krajowym Rejestrze Sądowym*) und im Gesetz vom 2.7.2004 über die Freiheit der Wirtschaftstätigkeit (*Ustawa o swobodzie gospodarczej*). Darüber hinaus gibt es **viele Spezialgesetze**, die Regelungen für das Gesellschaftsrecht enthalten und sich mit der Ausübung von bestimmten Arten wirtschaftlicher Tätigkeit beschäftigen (zB das Gesetz vom 29.9.1997 über das Bankrecht und das Gesetz vom 11.9.2017 über das Versicherungswesen). Seit dem Beitritt Polens zur Europäischen Union im Jahr 2004 ist vor allem das polnische Kapitalgesellschaftsrecht auch zu einem nicht unerheblichen Teil von der europäischen Gesetzgebung zum Gesellschafts- und Kapitalmarktrecht geprägt.[1]

2 Das **KSH** umfasst sechs Bücher. Das 1. Buch enthält **die allgemeinen Vorschriften** des Rechts der Handelsgesellschaften, die entweder für alle Handelsgesellschaften (1. Abschnitt, Artt. 1- 7 KSH), ausschließlich für Personenhandelsgesellschaften (2. Abschnitt, Art. 8- 101 KSH) oder lediglich für Kapitalgesellschaften (3. Abschnitt, Artt. 11-21 KSH) gelten. Das 2. Buch des KSH regelt **das Recht der Personenhandelsgesellschaften,** dh der Offenen Handelsgesellschaft (dazu Rn. 45 ff.) (*spółka jawna*), der Partnerschaftsgesellschaft (*spółka partnerska*), der Kommanditgesellschaft (*spółka komandytowa*) (dazu Rn. 99 ff.) und der Kommanditgesellschaft auf Aktien (*spółka komandytowo-akcyjna*). Das 3. Buch des KSH betrifft **das Recht der Kapitalgesellschaften.** Dieses normiert die Gesellschaft mit beschränkter Haftung (*spółka z ograniczoną odpowiedzialnością*) (dazu Rn. 140 ff.) sowie die Aktiengesellschaft (*spółka akcyjna*) (dazu Rn. 269 ff.). Diese Vorschriften umfassen die Regeln über die Gründung, Organisation, Funktionsweise und Auflösung von Kapitalgesellschaften. Die anderen Teile des KSH beinhalten das Umwandlungsrecht (4. Buch), strafrechtliche Regelungen des Rechts der Handelsgesellschaften (5. Buch) und Übergangsvorschriften (6. Buch).

3 Alle polnischen Gesetze werden seit 2012 nur noch **in einem elektronischen Gesetzblatt** (*Dziennik Ustaw*, abgekürzt: Dz. U.) veröffentlicht, das auf der Internetseite www.dziennikustaw.gov.pl zugänglich ist. Im polnischen

1 Deutschsprachig zur entsprechenden Rechtsangleichung im polnischen Gesellschaftsrecht vgl. *Demuth*, ZfOstR 50 (2004), 436; *von Redecker* RIW 2001, 197.

Rechtssystem sind alle Gesetze gemäß Art. 87 I der polnischen Verfassung als Rechtsquellen gleichwertig, anders als in anderen ostmitteleuropäischen Ländern (zB Ungarn) gibt es somit keine übergeordneten „Verfassungsgesetze" oÄ Allerdings existieren Gesetzeswerke, denen man eine grundlegende Rolle für ein spezifisches Rechtsgebiet beimisst und die dann als „Gesetzbuch" (*kodeks*) bezeichnet werden. Gesetzbücher unterscheiden sich auch in redaktioneller Hinsicht von einfachen Gesetzen. Bei Gesetzbüchern werden die **Artikel** (*artykuł*), also die redaktionellen Grundeinheiten, in **Paragraphen** (*paragraf*) unterteilt, während bei einfachen Gesetzen der **Absatz** (*ustęp*) die untergeordnete Einheit bildet. In Polen werden bestehende Gesetze, darunter auch Gesetzbücher, häufig durch Novellen geändert. Die Rechtsvorschriften, die durch eine Novelle in ein Gesetz eingefügt wurden, werden in der Art und Weise nummeriert, dass zB nach einem Art. 23 die neuen Art. 23^1, Art. 23^2 usw eingefügt werden.

2. Rechtsfortbildung

Die Urteile zum Gesellschaftsrecht werden einerseits durch Instanzgerichte (ordentliche Gerichte, *sądy powszechne*) und andererseits durch das polnische Oberste Gericht (*Sąd Najwyższy*) getroffen. In den ordentlichen Gerichten gibt es **spezielle Abteilungen für Wirtschaftssachen** (*wydziały gospodarcze*), die für sog „wirtschaftliche Streitigkeiten" zuständig sind. In die Kompetenz dieser Abteilungen fallen insbesondere zivilrechtliche Streitigkeiten zwischen Unternehmern sowie sämtliche Rechtsfälle, welche das Rechtsverhältnis einer Gesellschaft betreffen (zB Klagen auf Beschlussanfechtung, Schadenersatzansprüche einer Gesellschaft gegen ihre Organträger usw.). Die Behandlung der gesellschaftsrechtlichen Fragen durch spezielle Abteilungen für Wirtschaftssachen folgert in positiver Hinsicht, dass in der instanzgerichtlichen Rechtsprechung ein immer größeres Verständnis für die gesellschaftsrechtliche Problematik zu erkennen ist. Wichtige Entscheidungen der Berufungsinstanzen werden in Polen auch veröffentlicht, womit sie Einfluss auf die Rechtspraxis haben und eine wichtige Rolle bei der entsprechenden Rechtsfortbildung des polnischen Gesellschaftsrechts spielen. 4

Für die **Rechtsfortbildung** des polnischen Gesellschaftsrechts spielt das polnische Oberste Gericht eine maßgebliche Rolle. Obwohl das KSH erst seit etwa 18 Jahren in Kraft ist, existieren bereits zahlreiche höchstrichterliche Urteile zu den dortigen Bestimmungen. Es gibt keine allein für Gesellschaftsrecht zuständige Kammer im Obersten Gericht. Da es verschiedenen zivilgerichtliche Kammern gibt, die zuständig sind, kommt es mitunter vor, dass die verschiedenen Kammern zu vergleichbaren Rechtsproblemen unterschiedliche Lösungen entwickeln. Das Augenmerk ist auch auf einen tiefen Unterschied zu der Art von Rechtsfortbildung zu werfen, wie man sie in Deutschland vom II. Zivilsenat des Bundesgerichtshofs kennt. 5

Das polnische Oberste Gericht ist bei der Rechtsfortbildung im Gesellschaftsrecht zurückhaltend und eher bemüht, sich möglichst eng an den Wortlaut des Gesetzes zu halten. Die Aufgabe der Rechtsfortbildung auf dem Gebiet des Gesellschaftsrechts wird daher bisher vor allem **durch die polnische Lehre** wahrgenommen. Es ist jedoch zu erwarten, dass früher oder später die Gerichte auf die Arbeiten der Rechtswissenschaft zurückgreifen, um das Gesellschaftsrecht in bestimmten, bis jetzt offenen Fragen, wie zB bezüglich der Problematik der Konzernhaftung, fortzuentwickeln. Für eine verbindliche Rechtsfortbildung kommt den Meinungen des gesellschaftsrechtlichen Schrifttums derzeit jedoch allenfalls eine nachgeordnete Wirkung zu. 6

Die Entscheidungen des Obersten Gerichts werden auf der Internetseite dieses Gerichts (www.sn.pl) veröffentlicht. Sie werden folgendermaßen zitiert: Urteil (*wyrok*) oder Beschluss (*postanowienie* oder *uchwała*), Gerichtsbezeichnung, Datum, Aktenzeichen und Fundstelle (zB *wyrok Sądu Najwyższego z dnia 30 września 2004 r., IV CK 713/03, OSNC 2005 nrkr 9, pos. 160*). Für den Zugang zu Gerichtsentscheidungen, auch zu denjenigen der Berufungsinstanzen, haben in der Praxis die kommerziellen Datenbanken, zB lex und legalis große Bedeutung. 7

3. Rechtsgrundsätze des polnischen Gesellschaftsrechts

In der polnischen Rechtsprechung und Lehre haben in den letzten Jahren auf dem Gebiet des Gesellschaftsrechts vor allem zwei wichtige Rechtsgrundsätze zunehmend Anerkennung erfahren und an Bedeutung gewonnen. Zum einen die Treupflichten der Gesellschafter (Loyalitätspflichten, *obowiązek lojalności*). Zum anderen der Grundsatz der Gleichbehandlung aller Gesellschafter einer Kapitalgesellschaft (*zasada równego traktowania udziałowców*, geregelt in Art. 20 KSH). Sie spielen ua eine wichtige Rolle bei den Überlegungen zur Fortentwicklung des polnischen Konzernrechts. 8

Treupflichten werden seit etlichen Jahren in verschiedenen Judikaten sowie von Vertretern des Schrifttums als ein Prinzip verstanden, auf Basis dessen das Verhalten der Gesellschafter zu messen ist. Erst seit jüngerer Zeit wird dieses Prinzip jedoch auch von der Doktrin systematischer aufgearbeitet.[2] Durch die Gerichte sind die Treupflichten bisher jedoch nur punktuell konkretisiert worden und zwar in den folgenden Bereichen: Zum einen wird die Verletzung der Treupflichten von der höchstrichterlichen Rechtsprechung als ein wichtiger 9

2 Dazu *J. Schubel*, Gestaltungsfreiheit und Gestaltungsgrenzen im polnischen Vertragskonzernrecht, 2010, S. 204 ff.

Grund für dem Ausschluss eines Gesellschafters aus der polnischen GmbH anerkannt.[3] Des Weiteren sollen die Treupflichten als ein Maßstab für die Beurteilung der Frage dienen, ob ein Gesellschafterbeschluss wirksam angefochten worden ist. Wie das Oberste Gericht in einem Urteil aus dem Jahre 2008 entschieden hat, darf ein Beschluss nicht unter Verletzung der Treuebindungen gefasst werden.[4] In der Lehre wird schließlich vertreten, dass die Treupflichten als ein Ansatz für die Fortentwicklung der Haftung einer herrschenden Gesellschaft in Konzernstrukturen dienen könnten.[5]

10 Das **Gleichbehandlungsprinzip** hat eine Kodifizierung im Rahmen von Art. 20 KSH erfahren. Demnach müssen alle Gesellschafter unter gleichen Umständen gleichbehandelt werden. Durch das Gleichbehandlungsprinzip soll vor allem einen Schutz der Minderheitsgesellschafter sicherstellen.[6] Die polnischen Gerichte haben den Inhalt des Gleichbehandlungsprinzips insofern konkretisiert, als dass Voraussetzungen niedergelegt wurden, in denen eine Beschränkung dieses Prinzip begründet und damit zulässig ist. In der Rechtsprechung wurden dazu folgende Fälle herausgearbeitet.

11 Zum einen hat das polnische Oberste Gericht den Inhalt des Prinzips für die Entscheidung näher untersucht, dass die Bezugsrechte von bestimmten Aktionären wirksam ausgeschlossen werden können. Begründet wurde dies damit, dass das Gleichbehandlungsprinzip zugunsten von Gesellschaftsinteressen beschränkt werden kann.[7] Zum anderen hat das Oberste Gericht unter Berufung auf das Gleichbehandlungsprinzip die Problematik der sog Goldenen Aktie des Fiskus näher untersucht. Hierzu hat es festgestellt, dass eine Satzungsbestimmung, welche die Gültigkeit der Hauptversammlungsbeschlüsse von der Anwesenheit eines bestimmten Aktionärs (Fiskus) macht, gegen Art. 20 KSH verstößt und als solche unwirksam ist.[8]

II. System des polnischen Gesellschaftsrechts

1. Gesellschaftsrecht als Privatrecht

12 In Polen geht man von der **Einheit des Privatrechts** aus. Das polnische Privatrecht bildet hiernach ein einheitliches System mit dem Primat des KC als lex generalis.[9] Anders als in Deutschland gibt es also kein Nebeneinander von Bürgerlichen Recht und Handelsrecht.[10] Gleichzeitig sind aber die tiefen Unterschiede, die auch in Polen zwischen dem allgemeinen Zivilrecht und dem Gesellschaftsrecht existierten, zu betonen. Mit Art. 2 KSH wurde der **Grundsatz der begrenzten Autonomie des Gesellschaftsrechts** eingeführt. Für die Tatbestände, die vom KSH nicht geregelt werden, gelten die Vorschriften des KC. Falls es aber die Natur des Rechtsverhältnisses erfordert, sind die Bestimmungen des KC nicht direkt, sondern entsprechend anzuwenden. In der Lehre wird bei der Auslegung von Art. 2 KSH darauf hingewiesen, dass die Anwendung des KC dann ausgeschlossen ist, wenn eine bestimmte Materie ausführlich (lückenlos) vom KSH geregelt wird.[11] Die Anwendung dieser Regel bereitet in der Praxis größere Probleme. Umstritten ist oftmals, ob eine konkrete Regelung lückenlos ist. So gibt es zB unterschiedliche Judikate und Meinungen in der Lehre hinsichtlich der Frage, ob die KSH-Regelungen über die Beschlussanfechtung bei Kapitalgesellschaften die Anwendung der KC-Regelungen über Nichtigkeit eines Rechtsgeschäfts ausschließen oder nicht.[12]

2. Personen- und Kapitalgesellschaften

13 Das polnische Gesellschaftsrecht kennt – wie auch das deutsche Gesellschaftsrecht – die Unterscheidung zwischen Personen- und Kapitalgesellschaften. Bei **Personengesellschaften** ist im polnischen Recht zu beachten, dass einerseits die Zivilgesellschaft (dazu Rn. 20 ff.) existiert, deren Regelungen im KC zu finden sind und andererseits die Personenhandelsgesellschaften, die vom KSH geregelt werden. Die **Zivilgesellschaft** stellt im polnischen Recht **eine nicht rechtsfähige Personengemeinschaft** dar. Ihre Gründung führt lediglich zur Entstehung eines Sondervermögens (s. auch Rn. 20; 33). Dagegen sind die **Personenhandelsgesellschaften** zwar auch keine juristischen Personen, aber kraft Art. 8 § 1 KSH **geschäfts- und prozessfähig.** Sie gehören zu sog Organisationseinhei-

3 Vgl. die folgenden Urteile des polnischen Obersten Gerichts: vom 13.3.1991, Az. I CR 484/90; vom 19.3.1997, Az. II CKN 31/97; vom 21.11.1997, Az. II CKN 469/97.

4 Vgl. das Urteil des polnischen Obersten Gerichts vom 16.10.2008, Az. III CSK 100/08.

5 Dazu *J. Schubel*, Gestaltungsfreiheit und Gestaltungsgrenzen im polnischen Vertragskonzernrecht, 2010, S. 221 ff.; zur Rolle der Treubindungen in Gesellschaftsgruppen siehe auch *Opalski* in: Opalski (Hrsg.), Prawo zgrupowań spółek, 2012, S. 275 ff.

6 *Opalski*, Prawo zgrupowań spółek, 2012, S. 344.

7 Urteil des Obersten Gerichts vom 13.5.2004, Az. V CK 452/03.

8 Urteil des Obersten Gerichts vom 30.9.2004, Az. IV CK 713/03.

9 *Sołtysiński* in: Sołtysiński et al. (Hrsg.), KSH, Bd. 1, 2012, Art. 2 Rn. 1.

10 Daher sind in Polen zB die Regelungen für die Firma – aus deutscher Sicht ungewöhnlich – seit einigen Jahren im Zivilgesetzbuch zu finden.

11 *Sołtysiński* in: Sołtysiński et al. (Hrsg.) KSH, Bd. 1, 2012, Art. 2 Rn. 8.

12 Vgl. dazu die Zusammenfassung dieser Diskussion bei *Sołtysiński* in: Sołtysiński et al. (Hrsg.), KSH, Bd. 1, 2012, Art. 2 Rn. 8.

ten, denen kraft Gesetzes eine Rechtsfähigkeit eingeräumt wird („*jednostki, którym przepisy szczególne przyznają osobowość prawną*") und die ein spezielles Institut des polnischen Rechts darstellen (vgl. Art. 33 KC). Auf solche Organisationseinheiten finden die Vorschriften des KC über juristische Personen entsprechende Anwendung (Art. 33^1 KC).

Wie im deutschen Recht sind Kapitalgesellschaften in Polen **juristische Personen**. Zu beachten ist, dass im polnischen Recht die Gesellschaft mit beschränkter Haftung (sp.z.o.o., dazu Rn. 140 ff.) und die Aktiengesellschaft (S.A.) (dazu Rn. 269 ff.) sowie die Europäische Aktiengesellschaft (SE) (dazu § 4) mit Sitz in Polen die einzigen Kapitalgesellschaften darstellen und dass die Kommanditgesellschaft auf Aktien als vom Gesetz selbst (Art. 4 Ziffer 1 KSH) den Personenhandelsgesellschaften zugeordnet wird. 14

3. Internationales Gesellschaftsrecht

Der KSH regelt nicht, welche Gesellschaften dem polnischen Recht unterliegen. Dies wird durch das Gesetz vom 4.2.2011 über das Internationale Privatrecht (*Prawo prywatne miedzynaradowe*) geregelt. Gemäß Art. 17 I dieses Gesetzes unterliegt eine juristische Person dem Recht des Staates, in welchem sie ihren Sitz hat. Allerdings bestimmt der polnische Gesetzgeber nicht ausdrücklich, was unter dem Sitz einer Gesellschaft zu verstehen ist. Die traditionelle und immer noch herrschende Meinung in der polnischen Rechtslehre vertritt, dass es sich dabei um den **tatsächlichen Sitz** (**Verwaltungssitz**) handelt, dh um denjenigen Ort, an welchem die geschäftsführenden Organe der Gesellschaft ihren faktischen, dauerhaften Sitz haben.[13] Die betreffende Regelung des polnischen IPR-Gesetzes bringt somit die Geltung der Sitztheorie in Polen zum Ausdruck. Im Hinblick auf die Rechtsprechung des EuGH zur grenzüberschreitenden Sitzverlegung,[14] wird in Polen gegen diese traditionelle Auffassung immer öfter Kritik geäußert.[15] Es wird dafür plädiert, unter dem Gesellschaftssitz allein den Satzungssitz der Gesellschaft zu verstehen. 15

Nach den ausdrücklichen Regelungen des polnischen Sachrechts im KSH sind die polnischen Gesellschaften auch **nicht „exportfähig"**. Ein Beschluss der Gesellschafter über die Verlegung des (Verwaltungs-)Sitzes ins Ausland führt zur Auflösung der Gesellschaft gemäß Art. 270 Ziff. 2 und Art. 459 Ziff. 2 KSH.[16] Im Hinblick auf eine grenzüberschreitende Umwandlung einer polnischen sp. z o.o. in eine dem Recht eines anderen Mitgliedstaats unterliegende Gesellschaft hat der EuGH entschieden, dass diese Regelung europarechtswidrig ist (s. dazu § 10 Rn. 46 ff.). Eine solche Umwandlung kann auch durch die nationalen Vorschriften nicht von der Auflösung der ersten Gesellschaft, unter Einhaltung der nationalen Vorschriften, also von der Durchführung des Abwicklungsverfahrens, abhängig gemacht werden.[17] 16

III. Registerpublizität

Die Publizität der Handelsgesellschaften wird in Polen durch das **Unternehmerregister** (*rejestr przedsiębiorców*) gewährleistet. Dieses Register ist Teil des Landes-Gerichtsregister, das auf Grundlage des Gesetzes vom 20.8.1997 geschaffen wurde und seit dem 1.1.2001 besteht. Das Unternehmerregister hat das bis dahin existierende Handelsregister (*rejestr handlowy*) ersetzt. Im Unternehmerregister werden [18] insbesondere alle Handelsgesellschaften, Genossenschaften, die Europäischen Rechtsformen der SE, SCE und die EWIV mit Sitz in Polen sowie Zweigniederlassungen ausländischer Unternehmen eingetragen. 17

Seit Juli 2012 kann jeder **im Internet den aktuellen Auszug** aus dem Unternehmerregister **kostenlos**, allerdings nur in polnischer Sprache, abrufen. Diese Möglichkeit ist auf der Internetseite https://ems.ms.gov.pl/ zugänglich. Im Auszug aus dem Unternehmerregister werden insbesondere folgende Daten angegeben: Sitz und Adresse der Gesellschaft, Niederlassungen der Gesellschaft, Unternehmensgegenstand, Vertretungsregeln und Namen der Vorstandsmitglieder, Angaben über Prokuristen sowie die Höhe des Stammkapitals. Bei Personenhandelsgesellschaften werden zusätzlich Angaben über die Gesellschafter veröffentlicht. Bei der polnischen Gesellschaft mit beschränkter Haftung wiederum nur die Angaben über diejenigen Gesellschafter, die mindestens 10% des Stammkapitals halten. Die Angaben zu den Aktionären werden im Register dagegen nicht veröffentlicht. Eine 18

13 Vgl. nur *Pazdan* in: *Włodyka* (Hrsg.), System Prawa Handlowego, Bd. d 2A, 2012, S. 332 f.

14 Vgl. die folgenden Entscheidungen des EuGH: Centros (C-212/97), Überseering (C-208/00) und Inspire Art (C-167/00; ausführlich zu diesen Entscheidungen s. § 10 Rn. 57 ff.).

15 Vgl. *Spyra* in: *Bieniak et al.* (Hrsg.), KSH, 2012, Art. 1 Rn. 3, *Opalski* in: Opalski, Europejskie prawo spółek, 2010, S. 98 ff.

16 Vgl. *Teichmann/Ptak* RIW 2010, 817 ff.

17 EuGH, Rs. C-106/16 (Polbud – Wykonawstwo sp. z o.o.), ECLI:EU:C:2017:804 = NZG 2017, 1308; siehe zu den Schlussanträgen aus polnischer Sicht *Oplustil/Sikora* EWS 2017, 134 ff. sowie *Domańska*, Europejski Przegląd Sądowy, 2016, 56; *Mucha*, Przegląd Prawa Gospodarczego 2016, 40; ausführlich zur Entscheidung auch § 10 Rn. 46 ff.

18 Art. 36 des Gesetzes vom 20.8.1997 über das Landes Gerichtsregister (KRS).

Ausnahme besteht jedoch bezüglich der Einmann-Aktiengesellschaften. Für diese werden ebenfalls die Angaben über den Aktionär im Unternehmerregister angeführt.

19 Weitere Dokumente, die eine Gesellschaft betreffen können, sind **beim Registergericht am Sitz** der Gesellschaft allgemein zugänglich. So werden zB **Gesellschaftsverträge** zwar im Register selbst nicht veröffentlicht, aber zu den Gesellschaftsakten beim Registergericht geführt. Somit können sie von jedem daran interessierten dort eingesehen werden. Auch **Jahresabschlüsse** der Gesellschaft können beim Registergericht durchgesehen werden.

B. Personengesellschaften

I. Spółka cywilna (Zivilgesellschaft)

1. Grundlagen

20 Die *spółka cywilna* (abgekürzt: „sp. c.", deutsch: Zivilgesellschaft) ist in den Art. 860-875 KC geregelt. Die sp.c. stellt lediglich **ein Schuldrechtsverhältnis** dar und besitzt **keine Rechtsfähigkeit.**[19] Es handelt sich also um eine reine Innengesellschaft. Dies hat vor allem zur Konsequenz, dass die Parteien eines Rechtsverhältnisses immer die Gesellschafter selbst sind und nicht die Gesellschaft (beim Abschluss von Verträgen agiert also nicht die Gesellschaft selbst, sondern deren Gesellschafter). Die sp. c. ist **keine Handelsgesellschaft** und unterliegt nicht der Eintragung ins Unternehmerregister.[20]

21 Der Abschluss des Vertrages über die Zivilgesellschaft schafft ein Rechtsverhältnis, durch das sich die Gesellschafter verpflichten, die Erreichung eines gemeinsamen wirtschaftlichen Zwecks zu fördern, insbesondere durch Einbringung von Einlagen (Art. 860 § 1 KC). Diese Umschreibung enthält gleichzeitig die allgemeinen Merkmale einer jeden Gesellschaft.

22 In der Praxis sind für die Wahl zwischen der Gründung einer Personenhandelsgesellschaft oder einer sp. c. insbesondere folgende Aspekte zu berücksichtigen: Das **Gründungsverfahren** ist bei einer sp. c. **einfacher und billiger** (s. dazu unten Rn. 24 ff.). Die **Auflösung** der Gesellschaft ist im Vergleich zu den Handelsgesellschaften **entformalisiert** (s. dazu unten Rn. 43 f.). Die meisten Vorschriften des KC für die sp. c. sind dispositiv, so dass die Gesellschafter bei der Ausgestaltung des Gesellschaftsvertrages eine **breite Gestaltungsfreiheit** genießen. Für die sp. c. gelten hingegen **strengere Haftungsregeln** als in einer Personenhandelsgesellschaft (keine subsidiäre Haftung der Gesellschafter, s. dazu unten Rn. 36). Neben den Haftungsregelungen gehört zu den Nachteilen der sp. c. die insgesamt **veralteten gesetzlichen Regelungen**, die den Bedürfnissen der modernen Wirtschaft nicht angepasst sind. Dieses betrifft zB die gesetzlichen Vertretungsregeln, deren Anwendung oft zu Schwierigkeiten führt (s. dazu unten Rn. 31). Aus Sicht der Geschäftspartner einer sp. c. besteht ein weiterer Nachteil dieser Gesellschaftsform darin, dass weder der Gesellschaftsvertrag noch die Angaben über die sp. c. in einem öffentlichen Register überprüft werden können.

23 Dennoch ist die sp. c. über Jahre **die beliebteste Form der Geschäftstätigkeit** in Polen gewesen und zum ersten Mal im Jahre 2012 von der polnischen GmbH überholt worden. Ende des Jahres 2016 gab es 288.209 Zivilgesellschaften und 420.789 polnische GmbH.[21] Eine sp. c. wird vor allem durch natürliche Personen errichtet, die **kleinere Unternehmungen** planen. Entwickelt sich ein auf diese Art gegründetes Unternehmen gut, kann die sp. c. später in eine Handelsgesellschaft umgewandelt werden, da ein Rechtsformwechsel einer sp. c. in eine Personenhandelsgesellschaft oder in eine Kapitalgesellschaft gem. Art. 26 § 4 und 551 § 2 KSH zulässig ist. Die sp. c. wird aber auch für die **Durchführung von großen Projekten** mit Beteiligung von juristischen Personen eingesetzt (zB bei Kreditkonsortien und Konsortien zur Durchführung von Bauprojekten).

2. Gründung

24 Nach Art. 860 § 1 KC muss ein Vertrag **drei Merkmale** enthalten, um die Gründung einer sp. c. zu bewirken. Erstens sind im Gesellschaftsvertrag die **Parteien** (Gesellschafter, *wspólnicy*) zu nennen, zweitens muss ein **gemeinsamer wirtschaftlicher Zweck** der Gesellschaft bestimmt werden, drittens sind die **Handlungen** zu beschreiben, die diesem gemeinsamen Zweck dienen und zu welchen die einzelnen Gesellschafter verpflichtet werden.

---

19 Bis 2001 gab es im polnischen Schrifttum einen Streit, ob die sp. c. eigene Rechtspersönlichkeit besitzt. Dieser Streit wurde mit einem Gesetz vom 19.11.1999, das am 1.1.2001 in Kraft trat, beendet. In diesem Gesetz wurde ausdrücklich geregelt, dass nur die Gesellschafter einer sp. c. und nicht die sp. c. selbst, Unternehmer sind. Diese Regelung (die in das Gesetz vom 2.07.2004 über die Freiheit der Wirtschaftstätigkeit übernommen wurde und damit auch heute in Kraft ist) wird in der Lehre als die Entscheidung des Gesetzgebers ausgelegt, der sp. c. keine eigene Rechtspersönlichkeit zu verleihen, dazu *Pyzioł* in: *Pyzioł/Szumański/Weiss* (Hrsg.), Prawo Spółek, 2002, S. 66 f.

20 Zum Unternehmerregister s. Rn. 17 f.

21 Mały Rocznik Statystyczny Polski 2017 [Statistisches Jahrbuch Polens 2017], S. 409, veröffentlicht auf der Internetseite www.stat. gov. pl. Bei der hier angegebenen Zahl der sp. c. handelt es sich um diejenigen Gesellschaften, die eine REGON-Nummer (eine statistische Identifikationsnummer) besitzen. Diese Nummer muss eine sp. c. beantragen, wenn sie eine wirtschaftliche Tätigkeit führt.

Gesellschafter einer sp. c. können sowohl natürliche und juristische Personen, als auch Personenhandelsgesellschaften sein. Eine sp. c. muss dabei **zumindest zwei Gesellschafter** haben.[22] 25

Bezüglich des Zweckes einer sp. c. heißt es zwar im Gesetzestext, dass es sich um einem gemeinschaftlichen wirtschaftlichen Zweck handeln soll, dieses Merkmal wird jedoch im polnischen Schrifttum weit ausgelegt.[23] Es wird darauf hingewiesen, dass eine sp. c. zu jedem rechtlich nicht verbotenen Zweck gegründet werden kann.[24] **Zweck** einer sp. c. kann eine **gewerbliche**, eine **berufliche** oder auch jede **sonstige Tätigkeit** sein.[25] Anders als im deutschen Recht gibt es **keinen Zwang, gewerbliche Tätigkeiten nur in Form einer Handelsgesellschaft** auszuüben.[26] Des Weiteren ist es zulässig, eine sp. c. sowohl für Projekte anzuwenden, die sich in einer einzigen Unternehmung erschöpfen als auch für solche, die auf eine dauerhafte Zusammenarbeit abzielen.[27] 26

Es gibt **keine gesetzliche Beitragspflicht** (Einlageverpflichtung) der Gesellschafter. Die Förderung des gemeinsamen Zwecks kann auch auf einem anderen Wege erfolgen.[28] Eine Beitragspflicht kann jedoch im Gesellschaftsvertrag vorgesehen werden. 27

Der **Gesellschaftsvertrag** der sp. c. kann anders als bei den Handelsgesellschaften grundsätzlich **formlos** abgeschlossen werden. Art. 860 § 2 KC sieht zwar für den Gesellschaftsvertrag der sp. c. die Schriftform vor. Wird dieses Formerfordernis allerdings nicht beachtet, so bleibt der Vertrag trotzdem wirksam.[29] In der Praxis empfiehlt es sich dennoch, den Gesellschaftsvertrag schriftlich abzuschließen. Wenn einzelne Regelungen des Gesellschaftsvertrages nach allgemeinen Vorschriften formbedürftig sind, so müssen diese Formerfordernisse auch beim Abschluss des gesamten Gesellschaftsvertrags beachtet werden.[30] Die für die Praxis wichtigsten Formvorschriften betreffen die Einbringung eines Grundstücks oder eines Unternehmens als Sacheinlage in die Gesellschaft. Im Fall der Einbringung eines Grundstücks ist eine notarielle Urkunde erforderlich. Bei Einbringung eines Unternehmens sind die Unterschriften notariell zu beglaubigen. 28

Die sp. c. muss **zu keinem Register angemeldet** werden. Allerdings sind **natürliche Personen** verpflichtet, sich **zu einem Register** anzumelden (*Centralna Ewidencja i Informacja o Działalności Gospodarczej*, abgekürzt: „CEIDG"), wenn sie beabsichtigen, eine **Wirtschaftstätigkeit in Form der sp. c.** aufzunehmen.[31] Im CEIDG werden alle Unternehmer, die natürliche Personen sind, registriert. Nach polnischem Recht ist eine sp. c., die eine Wirtschaftstätigkeit betreibt, kein Unternehmer. Unternehmer sind aber ihre Gesellschafter.[32] Die Registrierung im CEIDG ist kostenlos. Da der Antrag auch online auf elektronischem Wege gestellt werden kann erfolgt die Registrierung bereits einen Tag nach der Antragsstellung, wobei ein Unternehmer die Wirtschaftstätigkeit bereits am Tage der Antragsstellung aufnehmen kann.[33] Nach dem Abschluss des Gesellschaftsvertrags der sp. c. müssen – eine Wirtschaftstätigkeit ausgeübt werden soll – die Gesellschafter für die sp. c. beim Statistikamt eine **REGON-Nummer** (statistische Identifikationsnummer) und beim Finanzamt eine **NIP-Nummer** (steuerliche Identifikationsnummer) einholen. Beide Nummern werden kostenlos erteilt. 29

3. Organisationsverfassung

a) Geschäftsführung

Anders als nach den Vorschriften des deutschen BGB für die GbR, ist in der sp. c. jeder Gesellschafter allein zur Geschäftsführung berechtigt und verpflichtet, es gilt also die (dispositive) Regel der **Einzelgeschäftsführung** (Art. 865 § 1 KC). Diese Befugnis ist jedoch auf den Bereich **der gewöhnlichen Geschäfte** beschränkt (Art. 865 § 2 KC). Außerdem kann jeder Gesellschafter den in diesem Bereich geplanten Maßnahmen des anderen **widersprechen**, was zur Folge hat, dass für die Vornahme der Handlung ein Beschluss der Gesellschafter notwendig ist (Art. 865 § 2 KC). Die Beschlüsse der Gesellschafter erfolgen einstimmig. Für Handlungen, die **außerhalb des Bereichs der gewöhnlichen Geschäfte** liegen, ist ein Beschluss der Gesellschafter notwendig (vgl. Art. 865 § 2 KC). Jeder Gesellschafter kann jedoch ohne Gesellschafterbeschluss **dringende Handlungen** vornehmen, deren Unterlassung der Gesellschaft einen ernsthaften Schaden zufügen könnte (Art. 865 § 3 KC), auch wenn diese außerhalb des Bereichs der gewöhnlichen Geschäfte liegen. Von diesem gesetzlichen Grundmodell der Ge- 30

22 Vgl. dazu *Herbet* in: *Szajkowski* (Hrsg.), System prawa prywatnego, Bd.16, 2008, § 31. IV.
23 Vgl. *Pietrzykowski* in: Pietrzykowski, KC, Bd. 2, 2015, Art. 860 Rn. 5.
24 Vgl. dazu *Herbet* in: *Szajkowski* (Hrsg.), System prawa prywatnego, Bd. 16, 2008, § 32. II. 3.
25 Vgl. *Nowacki* in: Osajda, KC, Bd. 3B, 2017, Art. 860 Rn. 1 ff.
26 S. dazu *Herbet* in: *Szajkowski* (Hrsg.), System prawa prywatnego, Bd. 16, 2008, § 32. IX.4.
27 *Herbet* in: *Szajkowski* (Hrsg.), System prawa prywatnego, Bd. 16, 2008, § 32. II.3.
28 *Pyzioł* in: Pyzioł (Hrsg.), Prawo Spółek, 2002, S. 64.
29 Mehr zu der Problematik bei *Herbet* in: *Szajkowski* (Hrsg.), System prawa prywatnego, Bd. 16, 2008, § 31 Pkt. VI.2.A.
30 S. dazu *Herbet* in: *Szajkowski* (Hrsg.), System prawa prywatnego, Bd. 16, 2008, § 31 Pkt. VI.3.A.
31 Art. 4 II und Art. 17 des Gesetzes vom 6.3.2018 - Unternehmerrecht.
32 Art. 4 II des Gesetzes vom 6.3.2018 - Unternehmerrecht.
33 Art. 17 I des Gesetzes vom 6.3.2018 - Unternehmerrecht.

schäftsführung kann im Gesellschaftsvertrag abgewichen werden. Eine vollständige Übertragung der Geschäftsführungsbefugnis an Dritte unter Ausschluss aller Gesellschafter ist allerdings unzulässig (**Prinzip der Selbstorganschaft**).[34]

b) Vertretung

31 Nach Art. 866 KC **deckt sich** der Umfang der Vertretungsmacht **mit dem Umfang der Geschäftsführungsbefugnis**. Diese gesetzliche Regel führt in der Praxis jedoch zT zu Anwendungsproblemen. Es kann zB unklar sein, ob eine Maßnahme der Geschäftsführung noch im Bereich der gewöhnlichen Geschäfte liegt und daher ob sie von jedem Gesellschafter „im Alleingang" vorgenommen werden kann. Beim Agieren nur eines Gesellschafters ist zudem problematisch, dass jeder andere Gesellschafter seiner Handlung widersprechen kann, wodurch der Handelnde seine Alleinvertretungsmacht verliert. Entstehen in der Praxis Zweifel an der Vertretungsmacht eines Gesellschafters, ist den Geschäftspartnern einer sp. c. zu empfehlen, Unterschriften aller Gesellschafter zu verlangen.

32 Oft wird **durch die Gesellschafter** eine vom gesetzlichen Modell abweichende **Regelung der Vertretung** getroffen, was angesichts der erwähnten Schwierigkeiten zu empfehlen ist. Eine solche Regelung kann gemäß Art. 866 KC entweder im Gesellschaftsvertrag oder durch einen Gesellschafterbeschluss bestimmt werden. Nach der Rechtsprechung und der in der polnischen Lehre herrschenden Meinung sind allerdings solche Vertretungsbestimmungen nur dann gegenüber Dritten wirksam, wenn diese über die Abweichungen vom gesetzlichen Modell informiert worden sind.[35]

4. Kapitalverfassung der Gesellschaft

a) Vermögensordnung

33 Da die sp. c. nur ein Schuldverhältnis bildet, wird sie nicht als Rechtsträgerin des Gesellschaftsvermögens anerkannt. Das Vermögen, das durch die Gesellschafter in die sp. c. eingebracht worden ist oder später erworben wird, stellt **ein gemeinschaftliches Vermögen der Gesellschafter** dar (sog Prinzip der Gesamthand, *wspólność łączna* oder *wspólność niepodzielnej ręki*, vgl. Art. 863 KC). Solange die Gesellschaft existiert, können die Gesellschafter das Gesellschaftsvermögen nur gemeinschaftlich und nur zur Förderung des Gesellschaftszwecks nutzen. Die Gesellschafter haften nicht mit dem Gesellschaftsvermögen für ihre privaten Schulden (Art. 863 § 3 KC).

b) Beteiligung an Gewinn und Verlust

34 Nach dem gesetzlichen Modell haben alle Gesellschafter **gleiche Anteile am Gewinn und am Verlust** der Gesellschaft (Art. 867 § 1 KC). Der Gesellschaftsvertrag einer sp. c. kann aber andere Regeln der Gewinn- und Verlustverteilung vorsehen. **Unzulässig** ist es allerdings, einzelne Gesellschafter **von der Beteiligung am Gewinn ganz auszuschließen** (Art. 867 § 1 KC).

35 Der **Zeitpunkt der Gewinn- und Verlustverteilung** hängt von der Dauer einer Gesellschaft ab. Bei Gesellschaften mit kurzer Laufzeit wird der Gewinn oder Verlust erst nach Auflösung der Gesellschaft verteilt (Art. 868 § 1 KC). Ist die Gesellschaft jedoch auf länger als ein Geschäftsjahr geschlossen worden, können die Gesellschafter am Schluss eines jeden Geschäftsjahres eine Gewinnverteilung verlangen (Art. 868 § 2 KC). Es ist möglich, im Gesellschaftsvertrag von diesem Recht abzuweichen und zB die Verteilung erst für den Zeitpunkt der Auflösung der Gesellschaft vorzusehen.[36]

5. Haftung für Verbindlichkeiten der Gesellschaft

36 Für die Schulden der sp. c. – genauer: für die Schulden der Gesellschafter, die mit der Tätigkeit der Gesellschaft verbunden sind – haftet nicht die Gesellschaft selbst, da sie keine Rechtsfähigkeit besitzt, sondern allein ihre **Gesellschafter.** Die Gesellschafter haften **als Gesamtschuldner** (Art. 864 KC), was insbesondere bedeutet, dass Gläubiger jeden von den Gesellschaftern ganz zur Leistung heranziehen können. Die Haftung der Gesellschafter ist **persönlich, primär** und **unbegrenzt.** Den Gläubigern steht also nicht nur das Gesellschaftsvermögen, sondern auch das Privatvermögen aller Gesellschafter zur Verfügung. Die Gläubiger sind auch nicht verpflichtet, zuerst die Zwangsvollstreckung in das Gesellschaftsvermögen zu betreiben.

34 *Pyzioł* in: Pyzioł (Hrsg.), Prawo Spółek, 2002, S. 62.
35 S. dazu das Urteil des Berufungsgerichts Katowice vom 14.3.2001 (veröffentlicht in: OSA 2001 Nr. 5 Pos. 25) und *Wajda* PS 2011 Nr. 5, 15 ff.
36 *Nowacki* in: Osajda (Hrsg.), KC, Bd. 3B, 2017, Art. 868 Rn. 3.

6. Mitgliederwechsel

a) Übertragung unter Lebenden

Die hM **verneint die Möglichkeit, eine Beteiligung an einer sp. c. zu veräußern.**[37] Begründet wird diese Ansicht einerseits damit, dass eine sp. c. auf die Individualität ihrer Mitglieder basiert. Andererseits ergebe sich die Unmöglichkeit einer Übertragung daraus, dass die Gesellschaft nur ein vertragliches Schuldverhältnis bilde und es somit keine Beteiligung, die als Ganzes übertragen werden könnte, existiere. Nach der bereits verfestigten Rechtsprechung ist es jedoch grundsätzlich möglich, die Parteien eines Gesellschaftsvertrages auszuwechseln. Ein neuer Gesellschafter kann **durch die Änderung des Gesellschaftsvertrags** unter der Prämisse der Zustimmung aller Gesellschafter – auch kombiniert mit der Kündigung des Gesellschaftsvertrags durch einen anderen Gesellschafter (s. dazu Rn. 40) – in die Gesellschaft eintreten.[38] 37

b) Erwerb von Todes wegen

Im polnischen Gesellschaftsrecht fehlt es für die sp.c. an einer mit § 727 I BGB vergleichbaren Regelung, wonach der Tod eines Gesellschafters grundsätzlich zur Auflösung der Gesellschaft führt. Im Schrifttum wird daher angenommen, dass **die Gesellschaft** in diesem Fall **unter Ausschluss der Erben fortbesteht.**[39] Den Erben steht dann ein **Abfindungsanspruch** zu (in Folge einer analogen Anwendung des Art. 871 KC, zu diesem Anspruch s. Rn. 41 f.). 38

Es ist aber auch möglich, den Tod eines Gesellschafters **im Gesellschaftsvertrag als einen Auflösungsgrund** zu bestimmen. Ausdrücklich lässt das Gesetz auch eine Vereinbarung zu, die dem Nachfolger des Verstorbenen erlaubt, in die Gesellschaft an Stelle des Verstorbenen einzutreten (**Eintrittsklausel**, s. Art. 872 KC). Eine solche Klausel kann auch außerhalb des Gesellschaftsvertrages vereinbart werden.[40] 39

c) Kündigung

Ist **die Gesellschaft auf unbestimmte Zeit** gegründet wurden, **kann** sie durch jeden Gesellschafter unter Einbehaltung der gesetzlich geregelten Fristen **gekündigt werden** (Art. 869 § 1 KC). Dieses Kündigungsrecht kann nicht ausgeschlossen werden.[41] Allerdings existiert kein derartiges Recht in einer auf bestimmte Dauer gegründeten sp. c. Liegt jedoch **ein wichtiger Grund** für eine Kündigung vor, kann **jede Gesellschaft** fristlos gekündigt werden, unabhängig davon, ob sie auf unbestimmte Zeit eingegangen oder eine Zeitdauer der Gesellschaft bestimmt wurde (Art. 869 § 2 KC). Im Gesellschaftsvertrag kann das Kündigungsrecht aus wichtigem Grund nicht ausgeschlossen werden (Art. 869 § 2 KC). Das Gesetz selbst nennt keine wichtigen Gründe, jedoch können einige Beispiele solcher Gründe bereits den Urteilen der polnischen Instanzgerichte entnommen werden. Anders als im deutschen Recht **führt die Kündigung nicht zur Auflösung** der Gesellschaft. Stattdessen besteht die Gesellschaft fort und nur der Gesellschafter, der gekündigt hat, scheidet aus ihr aus.[42] Im Gesellschaftsvertrag kann jedoch vereinbart werden, dass eine Kündigung die Auflösung der Gesellschaft zur Folge hat.[43] 40

d) Abfindungsanspruch

Das Ausscheiden aus der sp. c. führt dazu, dass der Gesellschafter seinen Anteil am Gesellschaftsvermögen verliert und auch keinen Anspruch auf Rückgabe der eingebrachten Sacheinlagen hat.[44] Dafür gewährt das Gesetz dem Ausscheidenden einen Abfindungsanspruch, der **bar** ausgezahlt wird (Art. 871 KC). Zurückgegeben werden nur diejenigen Gegenstände, die ein Gesellschafter der Gesellschaft allein zur Nutzung anvertraut hat (Art. 871 § 1 KC). 41

Nach Art. 871 KC besteht der Anspruch auf Abfindung aus zwei Elementen: Erstens ist dem Ausscheidenden der Wert der durch ihn in die Gesellschaft eingebrachten Einlage auszuzahlen (Art. 871 § 1 KC). Zweitens erhält der ausscheidende Gesellschafter den auf ihn entfallenden Anteil am Wert des Gesellschaftsvermögens, gemindert um den gesamten Wert der Einlagen aller Gesellschafter (Art. 871 § 2 KC). Diese Regelung gilt allerdings als unvollständig, weil sie sich nur auf die Beteiligung an den Aktiva der Gesellschaft bezieht. Unumstritten ist aber, dass bei der Ermittlung der Abfindung auch die Verluste der Gesellschaft (zB deren gemeinschaftli- 42

37 Vgl. *Gudowski* in: Bieniek (Hrsg.), KC, 2011, Art. 863 Rn. 4; *Kidyba* in: Kidyba (Hrsg.), Prawo handlowe, 2012, S. 231; *Nowacki* in: Osajda (Hrsg.), KC, Bd. 3B, 2017, Art. 863 Rn. 1 ff.

38 Beschluss des Obersten Gerichts vom 21.11.1995, Az. III CZP 160/95 und vom 23.4.2008, Az. III CSK 335/07.

39 So *Nowacki* in: Osajda (Hrsg.), KC, Bd. 3B, 2017, Art. 872 Rn. 1.

40 So *Nowacki* in: Osajda (Hrsg.), KC, Bd. 3B, 2017, Art. 872 Rn. 10.

41 *Nowacki* in: Osajda (Hrsg.), KC, Bd. 3B, 2017, Art. 869 Rn. 5.

42 *Herbet* in: *Szajkowski* (Hrsg.), System prawa prywatnego, Bd. 16, 2008, § 34.VIII.3.A.

43 Vgl. dazu *Herbet* in: *Szajkowski* (Hrsg.), System prawa prywatnego, Bd. 16, 2008, § 34.VIII.1.

44 *Herbet* in: *Szajkowski* (Hrsg.), System prawa prywatnego, Bd. 16, 2008, § 34.VIII.3.E.

che Schulden) zu berücksichtigen sind und der ausscheidende Gesellschafter ggf. ein Defizit entsprechend seiner Verlustbeteiligung zu tragen hat.[45] Das Gesetz regelt nicht, nach welcher Methode die Unternehmungsbewertung zwecks Berechnung der Abfindung durchzuführen ist. Im Schrifttum wird sowohl auf die Liquidationswert-, als auch auf die Ertragswertmethode verwiesen.[46] Der Gesellschaftsvertrag kann eigene Regeln der Abfindungsberechnung vorsehen.

7. Auflösung

43 Das KC beschäftigt sich nur wenig mit der Problematik der Auflösung einer Gesellschaft. Vor allem fehlt es an einer abschließenden Regelung der **Auflösungsgründe**. Diese wurden durch die Lehre wie folgt herausgearbeitet: (i) Eintritt des im Gesellschaftsvertrag genannten Auflösungsgrundes, (ii) ein Auflösungsbeschluss der Gesellschafter, (iii) Erreichung des vereinbarten Gesellschaftszwecks, (iv) der vereinbarte Zweck kann nicht mehr erreicht werden, (v.) Ausscheiden aller bis auf einen Gesellschafter aus der Gesellschaft, (vi) eine Gerichtsentscheidung auf Antrag eines Gesellschafters aus wichtigem Grund (Art. 874 § 1 KC), (vii) Gesellschafterinsolvenz.[47]

44 Liegt einer der genannten Auflösungsgründe vor, wird die Gesellschaft **automatisch beendet (kein spezielles Abwicklungsverfahren)**. Wenn eine Gesellschaft jedoch – trotz des Eintritts eines im Gesellschaftsvertrag vereinbarten Auflösungsgrundes – mit Zustimmung aller Gesellschafter fortbesteht, gilt sie als auf unbestimmte Zeit fortgesetzt (Art. 873 KC). Das Gesetz regelt das Verfahren für den **Umgang mit dem Gesellschaftsvermögen nach der Auflösung der Gesellschaft** (Art. 875 § 2 und 3 KC). Danach sind im ersten Schritt die Schulden der Gesellschaft zu begleichen. Danach werden an die Gesellschafter Abfindungen für die eingebrachten Einlagen ausgezahlt (Art. 875 § 2 iVm Art. 871 KC). Abschließend ist das restliche Vermögen unter den Gesellschaftern in dem Verhältnis aufzuteilen, in welchem sie am Gewinn beteiligt waren (Art. 75 § 3 KC).

II. Spółka jawna (OHG)

1. Grundlagen

45 Die ***spółka jawna*** (abgekürzt: „sp. j.") ist mit der deutschen **Offenen Handelsgesellschaft** vergleichbar. Für diese Gesellschaftsform gelten sowohl die allgemeinen Vorschriften des KSH, dh es finden sowohl die Art. 1-7 für alle Handelsgesellschaften als auch die Art. 8-10[1] für Personenhandelsgesellschaften sowie die speziellen Vorschriften für diese Gesellschaftsform, normiert in den Art. 22-85 KSH, Anwendung.

46 Die sp. j. stellt das **Grundmodell aller Personenhandelsgesellschaften** im KSH dar. Ihre wichtigsten Tatbestandsmerkmale sind zum einem die unbegrenzte persönliche Haftung sämtlicher Gesellschafter für die Verbindlichkeiten der Gesellschaft und zum anderen das Recht und die Pflicht aller Gesellschafter zur Führung der Geschäfte der Gesellschaft und zu deren Vertretung. Andere Personenhandelsgesellschaften unterscheiden sich von der sp. j. dadurch, dass sie von diesen Tatbestandmerkmalen abweichen. So haftet zB in einer Kommanditgesellschaft nur der Komplementär unbegrenzt für die Verbindlichkeiten der Gesellschaft, während die Haftung der Kommanditisten begrenzt ist und für Kommanditisten ein Ausschluss von der Geschäftsführung der Gesellschaft besteht. Die Tatsache, dass die sp. j. das Grundmodell aller Personenhandelsgesellschaften darstellt ergibt sich auch daraus, dass die Vorschriften für die sp. j. in den für die anderen Personenhandelsgesellschaften nicht geregelten Angelegenheiten **entsprechend Anwendung finden**, es sei denn, das Gesetz bestimmt etwas anderes (vgl. Art. 89 KSH für die Partnerschaftsgesellschaft sowie Art. 103 KSH für die Kommanditgesellschaft).

47 Die sp. j. ist eine Gesellschaftsform, die bereits im polnischen **Handelsgesetzbuch vom 1934** geregelt wurde. Nach 1945 spielte sie – wie auch andere zum Teil in Kraft gebliebene handelsrechtliche Institutionen – jedoch kaum noch eine praktische Rolle. Erst nach der Systemwende 1989, als allmählich das Wirtschaftsleben erwachte und immer mehr Handelsgesellschaften gegründet wurden, erlangten die Regelungen des Handelsgesetzbuches erneut Bedeutung. Dennoch blieb die sp. j. in den 90er Jahren des letzten Jahrhunderts eine wenig verwendete Gesellschaftsform. Zum Beispiel gab es 1998 lediglich 828 derartige Gesellschaften in Polen.[48] Erst

45 *Pyzioł* in: Pyzioł (Hrsg.), Prawo Spółek, 2002, S. 85; *Herbert* in: *Szajkowski* (Hrsg.), System prawa prywatnego, Bd. 16, 2008, § 34.VIII.3.E.
46 *Herbet* in: *Szajkowski* (Hrsg.), System prawa prywatnego, Bd. 16, 2008, § 34.VIII.3.E.
47 *Herbet* in: *Szajkowski* (Hrsg.), System prawa prywatnego, Bd. 16, 2008, § 38.I.
48 Stand vom Jahre 1998 nach *Sołtysiński* in: Szajkowski (Hrsg.), System prawa prywatnego. Tom 16. Prawo spółek osobowych, 2008, § 40 Rn. 3.

unter Geltung des KSH ist die sp. j zu einer bei kleinen und mittelständischen Handels- und Dienstleistungsunternehmen verbreiteten Gesellschaftsform geworden.[49] 2016 gab es bereits **36.368** sp. j.[50]

2. Gründung

a) Reguläre Gründung

Eine sp. j. muss **von mindestens zwei Personen** gegründet werden. Die **Gesellschafter** einer sp. j. können dabei sowohl natürliche als auch juristische Personen oder auch Personenhandelsgesellschaften sein. Insofern ist es auch möglich, dass eine sp. j. ausschließlich von juristischen Personen mit beschränkter Haftung gegründet wird. **Umstritten** ist, ob natürliche Personen, die **beschränkt geschäftsfähig** oder **geschäftsunfähig** sind, Gesellschafter in einer sp. j. sein dürfen.[51] Eine Zivilgesellschaft kann sich an der Gründung einer sp. z o.o. nicht beteiligen.[52] 48

Zweck der sp. j. – wie auch jeder anderen Personenhandelsgesellschaft – ist der Betrieb eines Unternehmens unter einer eigenen Firma (Art. 22 KSH). Der Betrieb eines Unternehmens kann dabei sowohl auf eine gewerbliche als auch auf eine sonstige berufliche Tätigkeit gerichtet sein.[53] Anders als im deutschen Recht steht die Gründung einer sp. j auch **Freiberuflern** offen. Einschränkungen können jedoch durch die speziellen berufsrechtlichen Regelungen vorgesehen sein. Rechtsanwälte („*adwokat, radca prawny*") dürfen ihren Beruf beispielsweise in der Form einer sp. j. ausüben, allerdings nur unter der Voraussetzung, dass es sich dabei um einen Zusammenschluss von – ausschließlich – Rechtsanwälten (auch ausländischen), Steuerberatern und/oder Patentanwälten handelt.[54] 49

Der **Gesellschaftsvertrag** („*umowa spółki*") muss **schriftlich** abgeschlossen werden. Wird dieses Formerfordernis nicht beachtet, so ist der Gesellschaftsvertrag **nichtig** (Art. 23 KSH). Wie es zuletzt durch das Oberste Gericht geklärt worden ist, kann der Gesellschaftsvertrag selbst dann in der schriftlichen Form abgeschlossen werden, wenn **für bestimmte Einlagen** andere **Formerfordernisse** gelten. Es geht dabei zB um die Einbringung von Grundstücken (die Übertragung von Grundstücken ist nach Art. 158 KC notariell zu beurkunden) oder Unternehmen (bei der Veräußerung von Unternehmen müssen die Unterschriften notariell beglaubigt werden – vgl. Art. 75[1] § 1 KC). Die Nichtbeachtung dieser speziellen, für bestimmte Einlagen geltenden, Formerfordernisse **führt nicht zur Nichtigkeit** der Verpflichtung des Gesellschafters zu Einbringung der jeweiligen Einlage, was bis dahin durch die hM in Polen vertreten worden ist.[55] Wird der Gesellschaftsvertrag schriftlich abgeschlossen, so ist es in solchen Fällen notwendig, dass **nach der Eintragung der Gesellschaft** ins Unternehmerregister der zur Leistung der Einlage verpflichtete Gesellschafter mit der Gesellschaft **einen zusätzlichen Vertrag** abschließt und zwar unter der Beachtung der einschlägigen Formerfordernisse, mit dem dann das Eigentum an der Einlage auf die Gesellschaft übertragen wird.[56] 50

Das KSH gibt den obligatorischen **Mindestinhalt des Gesellschaftsvertrages** vor (Art. 3, Art. 22 und Art. 25 KSH). Hier ist zunächst die Verpflichtung jedes Gesellschafters zur Verfolgung eines gemeinsamen Ziels durch Leistung der **Einlagen** (*wkład*) zu regeln (Art. 3 iVm Art. 25 Ziff. 2 KSH). Daneben müssen die von jedem Gesellschafter zu leistenden Einlagen sowie deren Wert im Gesellschaftsvertrag bezeichnet werden (Art. 25 Ziff. 2 KSH). Der Gesellschaftsvertrag muss darüber hinaus die Verpflichtung zum Betrieb eines **Unternehmens** unter **eigener Firma** (Art. 22 § 1 KSH) vorsehen und die Firma der sp. j. angeben (Art. 25 Ziff. 1 KSH). Zusätzlich sind der **Unternehmensgegenstand** (Art. 25 Ziff. 3 KSH) und der **Sitz** der Gesellschaft (Art. 25 Ziff. 1 KSH) im Gesellschaftsvertrag zu bestimmen. Sollte die Gesellschaft auf begrenzte Zeit gegründet werden, so muss diese Vereinbarung ebenfalls im Gesellschaftsvertrag getroffen werden (Art. 25 Ziff. 4 KSH). 51

---

49 Dabei ist anzumerken, dass eine wichtige Rolle bei der hohen Zahl der Gesellschaften dieser Form spielten auch, die – nicht mehr geltenden – Vorschriften des KSH, wonach es obligatorisch war, jene Zivilgesellschaft, deren Nettoerträge in jedem der letzten zwei Geschäftsjahre 800.000 EUR erreicht haben, zum Unternehmerregister als sp. j. anzumelden (Art. 26 § 4 KSH aF).

50 Mały Rocznik Statystyczny Polski 2017 [Statistisches Jahrbuch Polens 2017], S. 409, veröffentlicht auf der Internetseite www.stat. gov. pl.

51 Vgl. dazu *Sołtysiński* in: Sołtysiński et al. (Hrsg.), KSH, Bd. 1, 2012, Art. 22 Rn. 26; *Nita-Jagielski* in: Bieniak et al. (Hrsg.), KSH, 2012, Art. 22 Rn. 16; *Naworski* in: Siemiątkowski/Potrzeszcz (Hrsg.), KSH, Bd. 1, 2011, Art. 102 Rn. 11.

52 *Sołtysiński* in: Sołtysiński et al. (Hrsg.), KSH, Bd. 1, 2012, Art. 22 Rn. 26.

53 *Sołtysiński* in: *Szajkowski* (Hrsg.), System prawa prywatnego, Bd. 16, 2008, § 41.I.2.

54 Vgl. Art. 4a des Gesetzes vom 26. Mai 1982 über die Rechtsanwälte (*adwokaci*) und Art. 8 des Gesetzes vom 6. Juli 1982 über die Rechtsanwälte (*radcy prawni*).

55 Es wurde von der hM vertreten, dass die Nichtbeachtung dieser speziellen, für bestimmte Einlagen geltenden, Formerfordernisse zur Folge habe, dass die Verpflichtung des Gesellschafters zur Einbringung der jeweiligen Einlage unwirksam sei, es sei denn, dass die Parteien ohne diese Verpflichtung den Gesellschaftsvertrag nicht abgeschlossen hätten; so zuletzt *Wolak* PS 2011 Nr. 10, 51. Vgl. auch *Rodzynkiewicz* in: *Rodzynkiewicz* (Hrsg.), KSH, 2014, Art. 23 Pkt. 2.

56 So das Oberste Gericht in den folgenden Beschlüssen: vom 25.11.2015, Az. II CSK 723/14 und vom 14.1.2015, II CSK 85/14.

52 Die Gesellschafter können daneben weitere Bestimmungen in den Gesellschaftsvertrag aufnehmen und vom gesetzlichen Grundmodell der sp. j., das zum großen Teil durch **dispositives Recht** geregelt wird, weitgehend abweichen. Die Gesellschafter einer sp. j. genießen im Ergebnis von allen Gesellschaftsformen des KSH die größte **Gestaltungsfreiheit. In der Praxis** werden im Gesellschaftsvertrag oftmals die Fragen der Geschäftsführung und Vertretung sowie der Beschlussfassung (Stimmrechte, Quorum uä) und der Gewinnverteilung geregelt. Nicht selten sind auch Klauseln über Kündigungsrechte und deren Folgen sowie Regeln für den Fall des Todes eines Gesellschafters Inhalt des Gesellschaftsvertrages. Eingeführt werden zT auch spezielle Regeln über Abfindungszahlungen für einen ausscheidenden Gesellschafter sowie die Folgen der Auflösung der Gesellschaft.[57]

53 Das **Firmenrecht** der Personenhandelsgesellschaften ist strenger als das Firmenrecht der Kapitalgesellschaften. Eine reine Sach- oder Fantasiefirma ist für die sp. j. ausgeschlossen. Die **Firma** muss **wenigstens den Namen oder die Firma eines der Gesellschafter** sowie die Bezeichnung „*spółka jawna*" oder die Abkürzung „sp. j." beinhalten (Art. 24 § 1 und 2 KSH). Darüber hinaus können in die Firma nach der Wahl der Gesellschafter andere Bezeichnungen aufgenommen werden, wobei jedoch das allgemeine Prinzip gilt, dass die Firma nicht irreführend sein darf (Art. 43^3 § 2 KC).[58] Durch die Rechtsprechung ist zudem herausgearbeitet worden, dass – wenn Gesellschafter einer sp. j. eine Handelsgesellschaft ist und deren Firma in die Firma der sp. j. aufgenommen werden soll – die Firma dieses Gesellschafters in der Firma der sp. j. nicht zwingend vollständig erscheinen muss, sondern auch abgekürzt angegeben werden kann.[59] So kann insbesondere die Gesellschaftsform des Gesellschafters in der zulässigen Abkürzung in der Firma enthalten sein.[60] Entsprechende Firmen sind in der Praxis durchaus nicht ungewöhnlich (zB „Inland Bimo Property sp. z o.o. spółka jawna").[61]

54 Die sp. j. **ist zum Unternehmerregister anzumelden.** Alle Gesellschafter (unabhängig davon, ob sie vertretungsberechtigt sind oder nicht) sind verpflichtet, die Anmeldung gemeinsam vorzunehmen. Allerdings kann die Eintragung auch **von einem Gesellschafter allein** beantragt werden (Art. 26 § 3 KSH). Nur im Fall eines Formwechsels von einer sp. c. (polnische Zivilgesellschaft) in eine sp. j. ist für die Eintragung der Antrag **sämtlicher Gesellschafter** zwingend erforderlich (Art. 26 § 4 KSH). Damit soll verhindert werden, dass ein Gesellschafter einer sp. c. gegen den Willen der übrigen Gesellschafter den Formwechsel in eine sp. j. bewirkt.[62] **Vor Eintragung** der Gesellschaft prüft das Registergericht, ob die dem Antrag angehängten Unterlagen rechtskonform sind,[63] dh insbesondere ob der Gesellschaftsvertrag den gesetzlich vorgegebenen Mindestinhalt enthält.

55 **Im Unternehmerregister** (*rejestr przedsiębiorców*) werden vor allem **folgende Informationen** über eine sp. j. veröffentlicht: Sitz und Adresse der Gesellschaft, deren Unternehmensgegenstand sowie Namen bzw. Firmen ihrer Gesellschafter. Es wird ebenfalls eingetragen, welche Gesellschafter zur Vertretung der Gesellschaft berechtigt sind und welche Vertretungsregeln für diese gelten.[64]

56 **Erst mit der Eintragung** ins Unternehmerregister entsteht die sp. j. (Art. 25^1 § 1 KSH) als solche, dh die Eintragung hat konstitutive Wirkung. Anders als das deutsche Handelsgesetzbuch sieht das KSH nicht die Möglichkeit einer Entstehung der Gesellschaft durch Geschäftsaufnahme vor. **Erst nach der Eintragung** ins Unternehmerregister kann eine sp. j. **ihre Geschäftstätigkeit aufnehmen.**[65] Dies schließt aber nicht aus, dass die Gesellschaft schon vor der Eintragung **Vorbereitungsaktivitäten** durchführt, insbesondere Büroräumlichkeiten anmietet.[66] Daher sieht das KSH bereits für die Phase vor der Eintragung **spezielle Haftungsregeln** für Personen vor, die im Namen der Gesellschaft vor deren Eintragung gehandelt haben. Sie haften unbeschränkt und gesamtschuldnerisch für die Verbindlichkeiten, die sich aus diesen Handlungen ergeben (Art. 25^1 § 2 KSH). Die Haftung endet grundsätzlich nicht mit der Eintragung der Gesellschaft ins Unternehmerregister (vgl. Art. 31 § 3 KSH). Die Gesellschaft kann allerdings die Haftung der Gesellschafter mit Zustimmung des Gläubigers nach den allgemeinen Regeln des Art. 519 § 2 KC übernehmen.[67]

57 Vgl. dazu auch *Halwa/Nawlatyna* in: Wegen/Spahlinger/Barth (Hrsg.), Gesellschaftsrecht des Auslands, 1. EL 2016, Rn. 296.

58 Die Firma muss sich auch von den Firmen der anderen Unternehmer, die auf demselben Markt tätig sind, ausreichend unterscheiden – so Art. 43^3 § 1 KC. Im KC ist das allgemeine, dh für alle Unternehmer geltende, Firmenrecht geregelt (Art. 43^1–43^{10}).

59 So das polnische Oberste Gericht (Urteil vom 2.8.1994, Az. III CZP 95/94).

60 Kontrovers bleibt aber, ob weitergehende Abkürzungen der Firma zulässig sind – vgl. dazu *Szwaja* in: Sołtysiński et al., KSH, Bd. 1, 2012, Art. 24 Rn. 28 f.

61 Sp. z o.o. ist die Abkürzung für „*spółka z ograniczoną odpowiedzialnością*", die der deutschen Gesellschaft mit beschränkter Haftung entspricht. Zu dieser Gesellschaftsform s. Rn. 140 ff.

62 *Kidyba* in: Kidyba (Hrsg.), Kodeks spółek handlowych. Komentarz, 2017, Art. 26 Rn. 13 ff.

63 Art. 23 I des Gesetzes vom 20.8.1997 über das Landes-Gerichtsregister (KRS).

64 Art. 38 und 39 des Gesetzes vom 20.8.1997 über das Landes-Gerichtsregister (KRS).

65 Art. 17 I des Gesetzes vom 6.3.2018 - Unternehmerrecht.

66 Vgl. dazu *Nita-Jagielski* in: Bieniak et al. (Hrsg.), KSH, 2012, Art. 25^1, Rn. 11.

67 Siehe dazu *Sołtysiński,* in: Sołtysiński et al. (Hrsg.), KSH, Bd. 1, 2012, Art. 25^1, Rn. 9.

b) Gründung über das Internet

Neben der regulären Gründung besteht seit dem 15. Januar 2015 auch die Möglichkeit, eine sp. j. über das Internet zu gründen (Vorbild für diese Lösung waren die Erfahrungen mit der polnischen GmbH, die bereits seit 2012 über das Internet gegründet werden kann, s. Rn. 159 ff.). Die Gesellschaftsgründer müssen dabei einen **Mustervertrag** (*wzorzec umowy*) verwenden, dessen Inhalt in einer Verordnung des Justizministers bestimmt worden ist. Die Gesellschafter haben daher bei dieser Gründung keine Möglichkeit, ihre spezifischen Bedürfnisse im Gesellschaftsvertrag zu berücksichtigen. Sie können aber nach der Registrierung der sp. j. den Gesellschaftsvertrag auf traditionellem Wege (also schriftlich) ändern. Anders als bei der regulären Gründung dürfen bei der Online-Gründung **nur Bareinlagen** in die Gesellschaft eingebracht werden (Art. 48 § 2[1] KSH). Die **Registrierung der sp. j. online erfolgt innerhalb eines Tages.**[68] Für die Gründung einer Gesellschaft über das Internet ist die Benutzung **einer sicheren elektronischen Signatur** oder einer Signatur, die im System EPUAP (eine Internetplattform, welche der sicheren Kommunikation von Bürgern mit den polnischen Behörden dient) verifiziert werden kann, erforderlich. 57

c) Gesellschaft in Gründung

Der rechtliche Status der **Gesellschaft in Gründung**, dh in der Phase nach Abschluss des Gesellschaftsvertrages und vor Eintragung ins Unternehmerregister, ist im polnischen Schrifttum umstritten. Zum einen wird vertreten, dass auf die Gesellschaft in dieser Phase die Vorschriften über die Zivilgesellschaft entsprechend Anwendung finden.[69] Zum anderen wird für eine analoge Anwendung der Vorschriften der sp. j. plädiert.[70] Bisher ungeklärt ist vor allem, ob die Gesellschaft bereits in der Gründungsphase eigenes Vermögen erwerben kann oder ob das Vermögen nicht der Gesellschaft selbst, sondern ihren Gesellschaftern gemeinsam zusteht. Wichtige praktische Bedeutung hat dabei die Frage, ob für die **Einbringung der Einlagen** in die Gesellschaft neben dem Gesellschaftsvertrag nach der Eintragung noch eine zusätzliche Handlung (die Übertragung der Einlage an die Gesellschaft) notwendig ist, was allerdings von der hM abgelehnt wird.[71] Von dieser Frage abgesehen, wird im Regelfall die Problematik der Gesellschaft in Gründung nur eine begrenzte praktische Bedeutung haben, da die Gesellschafter verpflichtet sind die Gesellschaft **innerhalb von 7 Tagen** nach dem Abschluss des Gesellschaftsvertrages **beim Unternehmerregister anzumelden.**[72] Wesentlich mehr als durch diese Ordnungsvorschrift werden die Gesellschafter dadurch zu einer zügigen Eintragung motiviert, dass sich damit ihre Haftung für alle künftige Verbindlichkeiten der Gesellschaft in eine subsidiäre Haftung umwandelt (Art. 31 KSH).[73] 58

3. Organisationsverfassung

a) Geschäftsführung

Die Geschäftsführung bezeichnet gewöhnlicherweise das Treffen von Entscheidungen in allen Angelegenheiten, die das Tätigwerden der Gesellschaft betreffen.[74] Sie umfasst ua die Aufsicht über die Angestellten und das Führen der Gesellschaftsbücher. Dagegen wird die **Änderung des Gesellschaftsvertrags** von der Geschäftsführung nicht erfasst. Dafür bedarf es der **Zustimmung aller Gesellschafter**, es sei denn, dass der Gesellschaftsvertrag eine andere Mehrheit bestimmt (Art. 9 KSH), dh einen (einfachen oder qualifizierten) Mehrheitsbeschluss vorsieht.[75] Die Änderung des Gesellschaftsvertrages erfordert (zumindest) die Schriftform, anderenfalls gilt sie als nichtig. Dieses Erfordernis gilt allerdings nicht für eine über das Internet gegründete sp. j. Für diese wird im KSH seit April 2016 neben der Schriftform eine Möglichkeit vorgesehen, den Gesellschaftsvertrag ebenfalls über das Internet zu ändern und dabei andere im Vertragsmuster vorgesehene Gestaltungsoptionen zu wählen (Art. 23[1] § 4 KSH). Die Gesellschafter können aber den Gesellschaftsvertrag auch schriftlich ändern und dabei die für die traditionelle Gründung geltende breite Gestaltungsfreiheit genießen. 59

Nach dem gesetzlichen Modell gelten für die Geschäftsführung folgende Regeln: Jeder Gesellschafter ist zur Geschäftsführung berechtigt und verpflichtet (**Einzelgeschäftsführungsbefugnis**). Diese Befugnis erstreckt sich allerdings nur auf den **Bereich der gewöhnlichen Geschäfte** („*zwykłe czynności*", Art. 39 § 1 und § 2 KSH). Zudem kann jeder geschäftsführende Gesellschafter gegen die Vornahme einer Geschäftsführungsmaßnahme durch 60

68 Art. 20a II des polnischen Gesetzes vom 20.8.1997 über das Landesgerichtsregister.

69 So ua *Rodzynkiewicz*, KSH, 2014 Art. 25[1] Pkt. 3; *Pinior* PS 2009 Nr. 7/8, 34, 42.

70 So *Sołtysiński* in: Sołtysiński et al. (Hrsg.), KSH, Bd. 1, 2012, Art. 25[1] Rn. 4; *Borowy* in: Jara (Hrsg.), KSH, 2017, Art. 25[1] Rn. 5.

71 Vgl. dazu nur *Nita-Jagielski* in: Bieniak et al. (Hrsg.), KSH, 2012, Art. 25[1] Rn. 9 und *Bieniek* in: Bieniek/Rudnicki (Hrsg.), Nieruchomości, 2005, S. 322. Er vertritt dabei die Meinung, dass die Gesellschaft das Eigentum an den Einlagen zum Zeitpunkt der Eintragung der Gesellschaft ins Unternehmerregister automatisch erwirbt.

72 Art. 22 des Gesetzes vom 20.8.1997 über das Landes-Gerichtsregister.

73 Zur Haftung der Gesellschafter für die Verbindlichkeiten der sp. j. s. Rn. 75 ff.

74 *Siemiątkowski/Potrzeszcz* in: Siemiątkowski/Potrzeszcz (Hrsg.), KSH, Bd. 1, 2011, Art. 39 Rn. 1.

75 Vgl, dazu nur *Szczurowski* in: Jara (Hrsg.), KSH, 2017, Art. 9 Rn. 14.

einen anderen Gesellschafter **Widerspruch einlegen.** In diesem Fall bedarf es für die Vornahme der Handlung eines vorherigen Beschlusses aller zur Geschäftsführung befugten Gesellschafter (Art. 39 § 3 und Art. 42 KSH).[76] Für die Handlungen, die **außerhalb des Bereichs der gewöhnlichen Geschäfte** („*sprawy przekraczające zakres zwykłych czynności*") liegen, bedarf es der Zustimmung aller Gesellschafter, auch derer die von der Geschäftsführung ausgeschlossenen (Art. 43 KSH). Jeder zur Geschäftsführung befugte Gesellschafter kann jedoch auch ohne Gesellschafterbeschluss **dringende Handlungen** (*nagłe czynności*) vornehmen, deren Unterlassen der Gesellschaft einen ernsthaften Schaden zufügen könnten – selbst wenn diese außerhalb des Bereichs der gewöhnlichen Geschäfte liegen (Art. 44 KSH).

61 Die Grenze zwischen gewöhnlichen Geschäften und Handlungen, die außerhalb dieses Bereichs liegen, ist gesetzlich nicht definiert. Auch im Schrifttum werden nur **Beispiele** für diese Abgrenzung genannt. So liegen **außerhalb des Bereichs der gewöhnlichen Geschäfte** folgende Handlungen: Investitionsentscheidungen, Erwerb und Veräußerung von Immobilien, Bau von neuen Gebäuden durch die Gesellschaft, Gründung von Zweigniederlassungen.[77] Es wird allerdings gleichzeitig betont, dass die Beurteilung, ob es sich noch um gewöhnliche Geschäfte handele, für die jeweilige konkrete Gesellschaft durchgeführt werden müsse und insbesondere von Einzelfallumständen, wie Größe und Gegenstand des Gesellschaftsunternehmens, abhängt.[78]

62 Die beschriebenen Regeln der Geschäftsführung bilden jedoch weitgehend dispositives Recht. Die Gesellschafter können somit **im Gesellschaftsvertrag** abweichende Vereinbarungen treffen. Es kann daher ua vereinbart werden, dass die Geschäftsführung bestimmten Gesellschaftern anvertraut wird und dass die anderen Gesellschafter **von der Geschäftsführung ausgeschlossen** sind (Art. 40 § 1 KSH). Es ist jedoch unzulässig, alle Gesellschafter von der Geschäftsführung auszuschließen (Art. 38 § 1 KSH). Es gilt somit das Prinzip der **Selbstorganschaft,** und die Bestellung eines Nichtgesellschafters als einzigen Geschäftsführer ist nicht möglich.[79] Zulässig ist es aber, neben den Gesellschaftern die Geschäftsführung auch einem Dritten anzuvertrauen (Art. 38 § 1 KSH).[80] Des Weiteren kann anstelle der Einzelgeschäftsführungsbefugnis die **Gesamtgeschäftsführungsbefugnis** vorgesehen werden. Es ist weiterhin zulässig, für die Beschlussfassung der Gesellschafter das **Mehrheitsprinzip** festzulegen. Die Mehrheit ist dann nach der Zahl der für den Beschluss abstimmenden Gesellschafter zu berechnen, es sei denn, der Gesellschaftsvertrag sieht vor, dass sich die Stimmrechte nach den jeweiligen Kapitalanteilen berechnen sollen.[81]

63 Das Gesetz sieht **keine formellen Erfordernisse für die Beschlussfassung** durch die Gesellschafter vor, insbesondere bestehen keine Regelungen zur Gesellschafterversammlung, so dass die Gesellschafter Beschlüsse auch auf informelle Weise fassen können. In der Praxis werden jedoch oft in die Gesellschaftsverträge – nach dem Modell der Beschlussfassung in Kapitalgesellschaften – Regeln hinsichtlich der Quoren, der Mehrheitserfordernisse, der Einberufung einer Gesellschafterversammlung sowie der Protokollführung aufgenommen.

64 Eine **fehlerhafte Beschlussfassung der Gesellschafter** ist nichtig.[82] Das Gesetz regelt kein besonderes Anfechtungs- oder Nichtigkeitsfeststellungsverfahren von Beschlüssen in Personenhandelsgesellschaften. Jemand, der ein Rechtsinteresse an der Nichtigkeit eines Beschlusses hat (im Regelfall ein Gesellschafter), kann lediglich auf Grundlage der allgemeinen zivilrechtlichen Vorschriften[83] beim Gericht die Feststellung der Nichtigkeit beantragen.[84] Im Schrifttum wird allerdings vertreten, dass eine solche gerichtliche Nichtigkeitsfeststellung keine Rechtsfolgen gegenüber Dritten herbeiführe und sie könne insbesondere nicht zur Nichtigkeit eines aufgrund eines Beschlusses abgeschlossenen Rechtsgeschäfts führen.[85]

b) Vertretung

65 Nach Art. 29 § 1 KSH ist jeder Gesellschafter zur **Einzelvertretung** der Gesellschaft befugt. Die Vertretungsmacht der Gesellschafter erstreckt sich auf alle gerichtlichen und außergerichtlichen Geschäfte der Gesellschaft. Sie wird daher nicht durch das Gesetz auf die Handlungen, die im Rahmen des Unternehmensgegenstandes der Gesellschaft liegen, begrenzt. Die Vertretungsmacht **kann, wie in Deutschland, gegenüber Dritten auch nicht**

76 Wenn ein Gesellschafter Widerspruch eines anderen Gesellschafters mehrere Male ignoriert und die Handlungen trotz dem Widerspruch durchführt, wird es im Schrifttum als ein wichtiger Grund für Auflösung der Gesellschaft oder für Ausschluss eines solchen Gesellschafters angesehen – so *Sołtysiński* in: System prawa prywatnego, Bd. 16, 2008, § 45.II.3.

77 Vgl. *Sołtysiński* in: Sołtysiński et al. (Hrsg.), KSH, Bd. 1, 2012, Art. 39 Rn. 3 f.

78 Vgl. *Litwińska-Werner* in: *Szajkowski* (Hrsg.), System Prawa Handlowego, Bd. 2, 2012, S. 400; *Nita-Jagielski* in: Bieniak et al. (Hrsg.), KSH, 2012, Art. 39 Rn. 8.

79 So *Sołtysiński* in: Sołtysiński et al. (Hrsg.), KSH, Bd. 1, 2012, Art. 38 Rn. 7.

80 So *Sołtysiński* in: Sołtysiński et al. (Hrsg.), KSH, Bd. 1, 2012, Art. 38 Rn. 7.

81 *Sołtysiński* in: Sołtysiński et al. (Hrsg.), KSH, Bd. 1, 2012, Art. 39 Rn. 11. Der Kapitalanteil eines Gesellschafters entspricht dabei gemäß Art. 50 § 1 KSH dem tatsächlichen Wert der eingebrachten Einlagen.

82 S. dazu *Sołtysiński* in: Sołtysiński et al. (Hrsg.), KSH, Bd. 1, 2012, Art. 39 Rn. 16.

83 Art. 189 des Zivilverfahrengesetzbuches vom 17.11.1964.

84 Vgl. dazu *Sołtysiński* in: Sołtysiński et al. (Hrsg.), KSH, Bd. 1, 2012, Art. 39 Rn. 16.

85 *Litwińska -Werner* in: *Szajkowski* (Hrsg.), System Prawa Handlowego, Bd. 2, 2012, S. 404.

durch den Gesellschaftsvertrag wirksam beschränkt werden (Art. 29 § 3 KSH). Eine ultra vires-Doktrin wie zB im italienischen (s. dazu § 14 Rn. 47, 101) oder französischen (s. dazu § 13 Rn. 105, 162) Personengesellschaftsrecht gibt es daher nicht.

Gemäß Art. 30 § 1 KSH können **im Gesellschaftsvertrag** vom gesetzlichen Grundmodell aus Art. 29 § 1 KSH 66
abweichende Regeln der Vertretung – und zwar gegenüber Dritten wirksam – vorgesehen werden.[86] So kann der Gesellschaftsvertrag einzelne Gesellschafter **von der Vertretung ausschließen.**[87] Der Ausschluss eines Gesellschafters von der Vertretung bedeutet jedoch nicht, dass dieser automatisch auch von der Geschäftsführung ausgeschlossen wird.[88] Im Gesellschaftsvertrag kann ferner eine **echte Gesamtvertretung** der Gesellschaft durch mehrere (bzw. alle) Gesellschafter oder eine **unechte Gesamtvertretung** durch einen Gesellschafter und einen Prokuristen geregelt werden. Darüber hinaus wurde in einem Urteil des Obersten Gerichts auch eine solche Regelung des Gesellschaftsvertrages als gegenüber Dritten wirksam erklärt, wonach die Einzelvertretung die Regel ist, die **Gesamtvertretung** aber **für Geschäfte ab einem bestimmten monetären Wert** erforderlich ist.[89] Dies bildet einen wesentlichen Unterschied zu den deutschen Regelungen hinsichtlich der offenen Handelsgesellschaft. Dazu ist allerdings zum einem anzumerken, dass eine solche Einschränkung einem in guten Glauben handelnden Dritten nicht entgegenhalten werden kann, wenn diese nicht im Unternehmerregister eingetragen wurde.[90] Zum anderen ist zu betonen, dass diese Entscheidung des Obersten Gerichts im polnischen Schrifttum bislang unbeachtet geblieben ist. Dort wird weiterhin vertreten, dass die Vertretungsmacht gegenüber Dritten nicht beschränkt werden kann, was sich direkt aus Art. 29 § 3 KSH ergibt.[91] Aus diesem Grund ist es für die Praxis empfehlenswert, auf die Einführung derartiger Beschränkungen zu verzichten, da deren rechtliche Folgen unklar sein könnten.

4. Kapitalverfassung der Gesellschaft

a) Beiträge

Bei der sp. j. ist **jeder Gesellschafter** zur Einbringung eines Beitrags (Einlage) an die Gesellschaft verpflichtet 67
(Art. 3 KSH). Es gibt aber – im Unterschied zu den polnischen Kapitalgesellschaften – **keine Regelung über eine Mindesthöhe** der Einlagen, welche die Gesellschafter zu erbringen haben. Gegenstand des Beitrages kann **jedes den Zweck förderndes**[92] **Tun** sein. Es werden dabei grundsätzlich vier Arten von Einlagen unterschieden: (i) Einbringung von Eigentum, (ii) Gebrauchsüberlassungen, (iii) Einbringung von Geldmitteln und (iv) Erbringung von Dienstleistungen.[93] Zu den Einschränkungen bei der Gründung über das Internet vgl. Rn. 57.

Bei Mängeln der Beitragsleistung kommen die Regelungen des Zivilgesetzbuches über das (Kauf- und Miet-) 68
Gewährleistungsrecht entsprechend zu Anwendung (Art. 49 KSH).

Ein Gesellschafter ist nicht verpflichtet, seinen im Gesellschaftsvertrag vereinbarten Beitrag zu erhöhen. Die **Er-** 69
höhung der Beitragspflichten der Gesellschafter bedarf folglich einer Änderung des Gesellschaftsvertrages (vgl. Art. 50 § 2 KSH). Im Schrifttum wird vertreten, dass ein im Gesellschaftsvertrag vereinbartes Mehrheitsprinzip für Änderung des Gesellschaftsvertrages nicht für die Erhöhung der Beitragspflicht gilt.[94] Um einen Gesellschafterbeitrag ohne Zustimmung aller Gesellschafter zu erhöhen, müsse im Gesellschaftsvertrag ausdrücklich bestimmt werden, dass diese Entscheidung mit einem Mehrheitsbeschluss getroffen werden könne.[95]

b) Beteiligung an Gewinn und Verlust

Nach dem gesetzlichen Modell werden sowohl **die Gewinne als auch die Verluste nach Köpfen verteilt** (Art. 51 70
§ 1 KSH). Im Gesellschaftsvertrag können allerdings andere Regeln der Gewinn- und Verlustverteilung vereinbart werden. **Umstritten** ist jedoch, ob durch den Gesellschaftsvertrag einzelne Gesellschafter von **der Beteili-**

86 *Sołtysiński* in: Sołtysiński et al. (Hrsg.), KSH, Bd. 1, 2012, Art. 30 Rn. 6.

87 Ein solcher Ausschluss hat zwar das Oberste Gericht in einem Urteil für unzulässig erklärt (Beschluss des Obersten Gerichts vom 30.5.2008, Az. III CZP 43/08); diese Entscheidung ist aber im rechtswissenschaftlichen Schrifttum abgelehnt worden – vgl. nur *Pinior* in: Strzępka (Hrsg.), KSH, 2015, Art. 117 Rn. 17.

88 Vgl. das Urteil des Berufungsgericht in Warszawa vom 3.2.2009, Az. I ACa 550/2008.

89 Beschluss des Obersten Gerichts vom 30.5.2008 (Az. III CZP 43/08); vgl. dazu (kritisch) *Grykiel* MP 2009 Nr. 21, 1180.

90 Art. 14 des polnischen Gesetzes über das Landesgerichtsregister (KRS).

91 Vgl. *Borowy* in: Jara (Hrsg.), KSH, 2017, Art. 29 Rn. 22; *Naworski* in: Siemiątkowski/Potrzeszcz (Hrsg.), KSH, Bd. 1, 2011, Art. 29 Rn. 24 ff.

92 *Sołtysiński* in: Sołtysiński et al. (Hrsg.), KSH, Bd. 1, 2012, Art. 48 Rn. 3.

93 *Sołtysiński* in: Sołtysiński et al. (Hrsg.), KSH, Bd. 1, 2012, Art. 48 Rn. 8.

94 *Nita-Jagielski* in: Bieniak et al. (Hrsg.), KSH, 2012, Art. 50 Rn. 11.

95 *Nita-Jagielski* in: Bieniak et al. (Hrsg.), KSH, 2012, Art. 50 Rn. 11. So bereits auch *Allerhand* in: Allerhand (Hrsg.), Kodeks handlowy Komentarz, 1997, Art. 104 Rn. 5.

gung am Gewinn der Gesellschaft ganz ausgeschlossen werden können.[96] Eine solche Lösung ist in der Praxis daher nicht zu empfehlen.

71 Dagegen wird ein **Ausschluss von der Verlustbeteiligung** durch Art. 51 § 3 KSH ausdrücklich zugelassen und ist somit **unumstritten.** Dieser betrifft aber nur das **Innenverhältnis** und entfaltet keine Wirkung im Außenverhältnis. Die Haftungsregeln für Gesellschafter ggü. Dritten werden daher durch den Ausschluss der Verlustbeteiligung nicht berührt, was auch das polnische Oberste Gericht ausdrücklich bestätigt hat.[97]

72 Ein Gesellschafter kann die Verteilung und Auszahlung des Gewinns **am Ende eines jeden Geschäftsjahres** verlangen (Art. 52 KSH). Der Jahresgewinn (bzw. Jahresverlust) wird auf Grundlage der Bilanz ermittelt (in den Gesellschaften, die Finanzberichten führen).[98] Die Bilanz muss von den Gesellschaftern festgestellt werden, erst dann kann die Gewinnverwendung bzw. Verlustdeckung erfolgen.[99] In Gesellschaften, die keine Finanzberichte aufstellen, ist der Gewinn als Überschuss im Gesellschaftsvermögen zu berechnen (nach Abzug des Wertes der eingebrachten Einlagen und der Gesellschaftsverbindlichkeiten).[100]

Die **Feststellung der Bilanz** gehört nach Ansicht des Obersten Gerichts nicht zu den Maßnahmen der gewöhnlichen Geschäftsführung und bedarf (gemäß Art. 43 KSH) der **Zustimmung aller Gesellschafter.**[101] Umstritten ist, ob ein Gesellschafter auch dann Anspruch auf Dividendenzahlung hat, wenn die Bilanz durch die Gesellschafter nicht festgestellt worden ist. Eine solche Berechtigung hat das polnische Oberste Gericht in einem – zT im Schrifttum kritisch beurteilten – Urteil bejaht, wonach der Anspruch auf Dividendenauszahlung in einer sp. j. mit dem Ablauf der gesetzlichen Frist für die Vorbereitung und Feststellung des Finanzberichts fällig wird.[102]

73 Die **Vorab-Dividende** ist im KSH nicht geregelt. Sie kann jedoch **im Gesellschaftsvertrag** vorgesehen werden. Wegen des Schweigens des Gesetzes gibt es keinerlei Voraussetzungen oder Beschränkungen bezüglich der Auszahlung des Vorab-Gewinns. Die Auszahlung hängt insbesondere nicht vom Finanzergebnis der Gesellschaft im Vorjahr ab. Eine Vorab-Dividende kann auch mehrmals im Geschäftsjahr ausgezahlt werden. In der Praxis bildet sie daher eine verbreitete **Form der laufenden Finanzierung** der Gesellschafter während des Geschäftsjahres.[103] Sollte die Gesellschaft in einem Geschäftsjahr, für das bereits Vorschüsse ausgezahlt wurden, doch keinen Gewinn erwirtschaften, so ist der Gesellschafter, der die Vorab-Dividende erhalten hat, nicht zu deren Rückzahlung verpflichtet. Die Abrechnung der Vorab-Dividende erfolgt in einer solchen Situation in den folgenden Jahren bei der Gewinnverteilung.[104]

74 Neben dem Recht auf Gewinnbeteiligung hat jeder Gesellschafter einen Anspruch auf eine jährliche Auszahlung von **Zinsen iHv 5% seines Kapitalanteils** (= der tatsächlich eingebrachten Einlage) und zwar gewinnunabhängig (Art. 53 KSH). Im KSH wird allerdings das Verhältnis zwischen diesem Entnahmerecht und dem Recht auf Gewinnauszahlung nicht klargestellt. Im Schrifttum ist diese Problematik umstritten. Manche Autoren sind der Ansicht, dass bei einer Gewinnverteilung die Zinsen zuerst ausgezahlt werden müssen und nur die dann noch vom Gewinn übrig gebliebene Summe an die Gesellschafter – nach den Regeln der Gewinnauszahlung – zu verteilen ist.[105] Andere Autoren vertreten hingegen, dass der Gesellschafter berechtigt sei, die Auszahlung desjenigen Betrags (Zinsen oder Gewinn) zu verlangen der höher ist.[106] Die Gesellschafter können die Regel der Zinsenauszahlung im Gesellschaftsvertrag selbstständig bestimmen. Im Gesellschaftsvertrag kann das Recht auf Zinsen ganz ausgeschlossen werden, was angesichts der oben genannten Unklarheiten auch zu empfehlen ist.[107] Es ist auch in der Praxis verbreitet, im Gesellschaftsvertrag auf dieses Recht auf Zinsen zu verzichten.

96 Vgl. dazu *Sołtysiński* in: Sołtysiński et al. (Hrsg.), KSH, Bd. 1, 2012, Art. 51 Rn. 3.
97 Urteil des Obersten Gerichts vom 23. April 2009 (Az. IV CSK 558/2008).
98 Von der Anwendung des Rechnungslegungsgesetzes sind solche sp. j. befreit, in den nur natürliche Personen Gesellschafter sind, solange Nettoeinkünfte der Gesellschaft aus dem Verkauf von Waren und Erzeugnissen sowie aus Finanzgeschäften im vorhergehenden Geschäftsjahr die Grenze von EUR 2 Millionen nicht erreichen – vgl. Art. 2 I Pkt. 2 des Rechnungslegungsgesetzes vom 29.9.1994.
99 Art. 53 III, IV des Rechnungslegungsgesetzes vom 29.9.1994. Der Gewinnverwendung bzw. Verlustdeckung bei den prüfungspflichtigen Gesellschaften muss zusätzlich noch die Erteilung des Bestätigungsvermerks vorausgehen. Eine Gewinnverwendung bzw. Verlustdeckung, die ohne Erfüllung dieser Bedingungen erfolgt, ist in den prüfungspflichtigen Gesellschaften nichtig.
100 Vgl. *Borowy* in: Jara (Hrsg.), KSH, 2017, Art. 52 Rn. 3.
101 Vgl. Urteil des Obersten Gerichts vom 3. Juli 2008, Az. IV CSK 101/2008.
102 Urteil des Obersten Gerichts vom 3. Juli 2008, Az. IV CSK 101/2008. Die in diesem Urteil veräußerte Ansicht des Obersten Gerichts, dass auch ohne den Beschluss über Festlegung der Bilanz, den Gesellschaftern das Recht auf Gewinnauszahlung zusteht, wird durch manche Vertreter der Doktrin geteilt (vgl. *Nita-Jagielski* in: Bieniak et al. (Hrsg.), KSH, 2012, Art. 52 Rn. 4), durch andere abgelehnt (vgl. *Siemiątkowski/Potrzeszcz* in: Siemiątkowski/Potrzeszcz (Hrsg.), KSH, Bd. 1, 2011, Art. 52 Rn. 4.).
103 Vgl. *Pęczyk-Tofel/Tofel* PS Spółek 2010 Nr. 1, 30, 37.
104 Urteil des Obersten Gerichts vom 5. März 2009, Aktzeichen III CSK 290/08.
105 So *Nita-Jagielski* in: Bieniak et al. (Hrsg.), KSH, 2012, Art. 53 Rn. 7.
106 So *Siemiątkowski/Potrzeszcz* in: Siemiątkowski/Potrzeszcz (Hrsg.), KSH, Bd. 1, 2011, Art. 53 Rn. 4.
107 So ua *Borowy* in: Jara (Hrsg.), KSH, 2017, Art. 53 Rn., 3; *Sołtysiński* in: Sołtysiński et al. (Hrsg.), KSH, Bd. 1, 2012, Art. 53 Rn. 10.

5. Haftung für Verbindlichkeiten der Gesellschaft

Da die Rechtsfähigkeit der sp. j. grundsätzlich der einer juristischen Person entspricht, kann sie Verbindlichkeiten eingehen, für deren Erfüllung sie mit ihrem gesamten Vermögen einzustehen hat. Die bei der sp. j. fehlenden Regelungen über ein Mindestkapital haben zur Folge, dass **die Gesellschafter für Verbindlichkeiten der Gesellschaft persönlich haften.**[108] Jeder Gesellschafter der sp.j. haftet nach dem Wortlaut des Art. 22 § 2 KSH unbeschränkt mit seinem ganzen Vermögen und gesamtschuldnerisch mit den übrigen Gesellschaftern sowie der Gesellschaft nach Maßgabe des Art. 31 KSH. 75

Die Gesellschafter einer sp.j. haften den Gesellschaftsgläubigern **unmittelbar, unbeschränkt** und **auf das Ganze** (also nicht nur pro rata). Ein Gläubiger kann daher die ganze Leistung von einem Gesellschafter seiner Wahl verlangen. Anders als nach deutschem Recht ist die Haftung des Gesellschafters einer sp.j allerdings **subsidiär**, dh ein Gläubiger der Gesellschaft kann die Zwangsvollstreckung in das Vermögen eines Gesellschafters erst dann betreiben, **wenn die Zwangsvollstreckung in das Gesellschaftsvermögen erfolglos gewesen ist** (Art. 31 § 1 KSH) bzw. wenn es offensichtlich ist, dass die Zwangsvollstreckung erfolglos sein wird.[109] Diese Regelung steht jedoch der Erhebung einer Klage gegen den Gesellschafter vor erfolgloser Beendigung der Zwangsvollstreckung in das Gesellschaftsvermögen nicht entgegen (Art. 31 2 KSH). Zudem gilt die Subsidiarität der Gesellschafterhaftung nicht für Verbindlichkeiten der Gesellschaft, die **vor deren Eintragung ins Unternehmerregister** entstanden sind. Insoweit haften die Gesellschafter, die im Namen der Gesellschaft gehandelt haben, **primär** (Art. 25^1 § 2 und Art. 31 § 3 KSH). Gläubiger sind in diesem Fall nicht verpflichtet, zunächst die Zwangsvollstreckung in das Gesellschaftsvermögen zu betreiben. 76

Die Haftung der Gesellschafter ist zudem **akzessorisch.**[110] Der Gesellschafter kann daher gegen den Gläubiger alle Einreden und Einwendungen erheben, die ihm persönlich oder der Gesellschaft zustehen (Art. 35 KSH). Er kann sich zB auch auf die Verjährung des Anspruchs gegenüber der Gesellschaft berufen.[111] Missverständlich ist allerdings die Formulierung des Art. 22 § 2 KSH, wonach jeder Gesellschafter nicht nur **gesamtschuldnerisch** mit den übrigen Gesellschaftern, sondern ebenso mit der Gesellschaft haftet. Eine gesamtschuldnerische Haftung der Gesellschafter mit der sp.j. wirft schon deshalb Probleme auf, weil die Gesellschafterhaftung gemäß Art. 31 KSH subsidiär ist.[112] Daher wird im neueren Schrifttum die Ansicht vertreten, eine echte Gesamtschuld iSv Art. 366 § 1 ff. KC bestehe nur im Verhältnis der Gesellschafter untereinander, während die Formulierung von der gesamtschuldnerischen Haftung der Gesellschafter mit der sp. j nur zum Ausdruck bringen solle, dass jeder Gesellschafter für die Gesellschaftsverbindlichkeiten auf das Ganze einzustehen habe.[113] Allerdings hat das Oberste Gericht entschieden, dass die Haftung der Gesellschafter selbst dann fortbesteht, wenn die Gesellschaft bereits vollständig liquidiert worden ist.[114] 77

Die Gesamtschuld unter den Gesellschaftern bedeutet, dass soweit ein Gesellschafter von den Gläubigern der Gesellschaft in Anspruch genommen worden ist, er von seinen Mitgesellschaftern gegenüber pro rata einen Ausgleich geltend machen kann (**Regress**). Auch ein Gesellschafter kann, falls er als Drittgläubiger agiert, seine Ansprüche gegenüber den Mitgesellschaftern durchsetzen. Allerdings hat er dabei seinen eigenen Anteil an den Verlusten der Gesellschaft zu berücksichtigen.[115] 78

Die Haftung der Gesellschafter für die Gesellschaftsverbindlichkeiten erstreckt sich sowohl auf **zivilrechtliche** als auch auf **öffentlich-rechtliche** Verbindlichkeiten. Sie umfasst allerdings **nicht Verbindlichkeiten der Gesellschaft gegenüber Mitgesellschaftern**, die sich aus dem Innenverhältnis der Gesellschaft ergeben. So ist ein Gesellschafter nicht verpflichtet für die Ansprüche eines anderen Gesellschafters auf Gewinnauszahlung einzustehen.[116] 79

Tritt der Gesellschaft ein **neuer Gesellschafter** bei, so haftet dieser für die Verbindlichkeiten der Gesellschaft, die vor seinem Beitritt entstanden sind (vgl. insbes. Art. 10 § 3 KSH). **Für die Enthaftung der ausscheidenden Gesellschafter** gibt es im polnischen Recht **keine Regelung.** Das Ausscheiden aus der Gesellschaft befreit also nicht von der Haftung für die Verbindlichkeiten der sp. j., die vor dem Ausscheiden entstanden sind.[117] Auch die Auflösung der Gesellschaft beendet die Haftung nicht.[118] 80

---

108 Diese Haftung wird als „Preis" für die Rechtsfähigkeit der Gesellschaft bezeichnet – vgl. *Sołtysiński* in: Sołtysiński et al., KSH, Bd. 1, 2012, Art. 22, Rn. 39.

109 Art. 778^1 des Zivilverfahrensgesetzbuches vom 17.11.1964. S. dazu *Litwińska-Werner* in: *Szajkowski* (Hrsg.), System Prawa Handlowego, Bd. 2, 2012, S. 379 f.

110 Vgl. dazu *Strzelczyk* in: Siemiątkowski/Potrzeszcz (Hrsg.), KSH, Bd. 1, 2011, Art. 22 Rn. 7.

111 Urteil des Obersten Gerichts vom 16.6.2010, Az. I CSK 453/09.

112 Siehe dazu das Urteil des Obersten Gerichts vom 16.6.2010, Az. I CSK 453/09.

113 So *Tereszkiewicz* in: Liebscher/Zoll (Hrsg.), Einführung in das polnische Recht, 2005, S. 400.

114 Urteil des Obersten Gerichts vom 4.9.2009, Az. III CZP 52/2009.

115 *Sołtysiński* in: Sołtysiński et al. (Hrsg.), KSH, Bd. 1, 2012, Art. 22 Rn. 50.

116 Urteil des Obersten Gerichts vom 23.10.2008, Az. V CSK 172/2008.

117 Beschluss des Obersten Gerichts vom 18. 12.2008, Az. III CZP 126/2008.

118 Urteil des Obersten Gerichts vom 4.09.2009, Az. III CZP 52/2009.

81 Die Haftung der Gesellschafter für die Verbindlichkeiten der Gesellschaft kann mit Wirkung gegenüber Dritten **weder ausgeschlossen noch begrenzt** werden. Insbesondere vermag ein im Gesellschaftsvertrag vereinbarter **Ausschluss von der Beteiligung an Verlusten der Gesellschaft** die Haftung des begünstigten Gesellschafters gegenüber Dritten nicht zu verhindern.[119]

6. Mitgliederwechsel

a) Übertragung unter Lebenden

82 Grundsätzlich sind die Gesellschaftsanteile von Personenhandelsgesellschaften **nicht übertragbar.** Eine Übertragung kann jedoch erfolgen, wenn **der Gesellschaftsvertrag** es zulässt und **alle übrigen Gesellschafter** der Übertragung **schriftlich zugestimmt** haben. Nach wohl hM kann die Zustimmung der Gesellschafter dabei sowohl vor als auch nach der Übertragung erteilt werden.[120] Das Erfordernis der schriftlichen Zustimmung aller übrigen Gesellschafter kann durch den Gesellschaftsvertrag abgeschafft oder abgeändert werden (Art. 10 KSH). Darüber hinaus können bei den Gesellschaften, die über das Internet gegründet wurden, seit April 2016 die Anteile auch über das Internet übertragen werden und zwar auf der Grundlage eines Mustervertrages (Art. 10 § 4 KSH).

83 Besteht keine gesellschaftsvertragliche Regelung zur Übertragung von Gesellschaftsanteilen, ist jede dennoch vorgenommene Übertragung **nichtig.**[121] Für die Übertragung der Gesellschaftsanteile gibt es **keine Formerfordernisse.** Es muss insbesondere nicht die Form eingehalten werden, die für den Abschluss und die Änderung des Gesellschaftsvertrags vorgegeben ist.[122] Der Kaufvertrag über die Gesellschaftsanteile stellt auch keine Änderung des Gesellschaftsvertrags dar.

b) Erwerb von Todes wegen

84 Der Tod eines Gesellschafters führt grundsätzlich zur **Auflösung der Gesellschaft** (Art. 58 Ziff. 4 KSH). Die Gesellschafter können jedoch **im Gesellschaftsvertrag** vorsehen, dass die Gesellschaft fortbestehen soll und anstelle des verstorbenen Gesellschafters seine Erben in die Gesellschaft eintreten.[123] Im Gesellschaftsvertrag können Klauseln eingeführt werden, die auch in der deutschen Praxis verbreitet sind, wie sog einfache und qualifizierte Nachfolgeklauseln.[124] Eine Erklärung des Erben über den Beitritt in die Gesellschaft ist dann nicht erforderlich. Der Erbe haftet für die Verbindlichkeiten der Gesellschaft nach den Regeln, die für die sp.j. gelten. Er kann sich somit nicht auf Haftungsbeschränkungen nach erbrechtlichen Regelungen berufen. Dem Erben steht aber das Recht zu, die **Umwandlung der Gesellschaft in eine Kommanditgesellschaft zu verlangen,** in der er die Stellung eines Kommanditisten einnimmt (Art. 583 KSH). Wird sein Antrag durch die anderen Gesellschafter nicht bewilligt, wird die Gesellschaft aufgelöst (Art. 583 § 1 KSH). Will der Erbe nicht in der Gesellschaft verbleiben, kann er den Gesellschaftsvertrag auch **kündigen** (s. dazu Rn. 86 f.).

85 Auch wenn im Gesellschaftsvertrag das Fortbestehen der Gesellschaft beim Tod eines Gesellschafters nicht geregelt wurde, können die übrigen Gesellschafter darüber nach dem Tode des Mitgesellschafters entscheiden (Art. 64 KSH). In diesem Fall steht den Erben des Verstorbenen kein Anspruch auf Aufnahme in die Gesellschaft zu (sie können nur die Auszahlung der dem Verstorbenen zustehenden Abfindung verlangen, s. dazu Rn. 89 ff.).[125]

c) Kündigung

86 Ist die sp. j. **auf unbestimmte Zeit** gegründet wurden, steht jedem Gesellschafter ein **Kündigungsrecht** zu. Die Kündigung ist sechs Monate vor dem Ende eines jedem Geschäftsjahres auszusprechen (Art. 61 § 1 KSH). Die Kündigung muss schriftlich erfolgen (Art. 61 § 3 KSH). Gesellschaften, die für Lebenszeit eines Gesellschafters eingegangen wurden, gelten als auf unbestimmte Zeit gegründet und können ebenfalls gekündigt werden (Art. 61 § 2 KSH). Auch bei Umgehungskonstruktionen, in denen eine Gesellschaft zwar auf einen bestimmten aber sehr langen Zeitraum (zB 99 Jahren) gegründet wird, wird im Schrifttum unter Berufung auf Art. 61 § 2 KSH vertreten, dass sie gekündigt werden können.[126] Der Gesellschaftsvertrag kann zwar das Kündigungsrecht

119 Urteil des Obersten Gerichts vom 23.4.2009, Az. IV CSK 558/2008.
120 Vgl. *Naworski* in: Siemiątkowski/Potrzeszcz (Hrsg.), KSH, Bd. 1, 2011, Art. 10 Rn. 31; *Sołtysiński* in: Sołtysiński et al. (Hrsg.), KSH, Bd. 1, 2012, Art. 10 Rn. 6.
121 Vgl. nur *Naworski* in: Siemiątkowski/Potrzeszcz (Hrsg.), KSH, Bd. 1, 2011, Art. 10 Rn. 1.
122 *Sołtysiński* in: Sołtysiński et al. (Hrsg.), KSH, Bd. 1, 2012, Ar. 10 Rn. 17.
123 *Szwaja* in: Sołtysiński et al. (Hrsg.), KSH, Bd. 1, 2012, Art. 60 Rn. 1 ff.
124 Näher dazu *Szwaja* in: Sołtysiński et al. (Hrsg.), KSH, Bd. 1, 2012, Art. 60 Rn. 7 ff.
125 *Szwaja* in: Sołtysiński et al. (Hrsg.), KSH, Bd. 1, 2012, Art. 60 Rn. 6.
126 *Szwaja* in: Sołtysiński et al. (Hrsg.), KSH, Bd. 1, 2012, Art. 61 Rn. 6.

einschränken (zB die Ausübung für einen bestimmten Zeitraum verbieten), **vollständig ausgeschlossen werden kann es jedoch nicht.**[127]

Die Kündigung des Gesellschaftsvertrages durch einen Gesellschafter führt grundsätzlich zur **Auflösung der Gesellschaft.** Allerdings besteht die Gesellschaft trotz der Kündigung fort, wenn in der Gesellschaft noch mindestens zwei Gesellschafter verbleiben und der Gesellschaftsvertrag das Fortbestehen der Gesellschaft beim Austritt eines Gesellschafters vorsieht oder die übrigen Gesellschafter das Fortbestehen der Gesellschaft nach der Kündigung beschließen (Art. 64 § 1 KSH). 87

d) Ausschluss

Das Gericht kann über den Ausschluss eines Gesellschafters aus der Gesellschaft **auf Antrag der anderen Gesellschafter** entscheiden (Art. 63 § 2 KSH). Dafür muss bei diesem Gesellschafter ein wichtiger Grund vorliegen.[128] Nach dem Ausschluss besteht die Gesellschaft unter Beteiligung der übrigen Gesellschafter fort. Das Recht der Gesellschafter, den Ausschluss eines Gesellschafters zu beantragen, **kann durch den Gesellschaftsvertrag nicht ausgeschlossen werden** (Art. 63 § 3 KSH). 88

e) Abfindungsanspruch

Scheidet ein Gesellschafter aus der Gesellschaft aus (zB durch Kündigung oder durch Ausschluss), so ist er bzw. sein Erbe zur **Abfindung** gemäß Art. 65 KSH berechtigt. Diese Abfindung ist **auf Grundlage einer gesonderten Bilanz** zu bestimmen, in welcher der **Verkaufswert** des Gesellschaftsvermögens berücksichtigt wird. Der so errechnete Kapitalanteil ist **bar auszuzahlen** (Art. 65 § 3 KSH). Sacheinlagen werden nicht in Natur zurückerstattet.[129] Zurückgegeben werden nur diejenigen Gegenstände, die ein Gesellschafter der Gesellschaft allein zur Nutzung anvertraut hat (Art. 65 § 3 KSH).[130] Weist aber der Kapitalanteil des ausscheidenden Gesellschafters (oder des Erben) einen negativen Wert auf, so ist dieser verpflichtet, den auf ihn entfallenden **Fehlbetrag der Gesellschaft gegenüber auszugleichen** (Art. 65 § 4 KSH). 89

Nach dem Ausscheiden aus der Gesellschaft nimmt der Ausscheidende noch am **Gewinn und Verlust** teil, jedoch nur aus denjenigen Geschäften, die (zum Stichtag, an dem die og Bilanz ausgefertigt wurde) noch nicht beendet worden sind (Art. 65 § 5 KSH).[131] Diese Regelung wird im Schrifttum überwiegend kritisiert – und zwar mit der Begründung, dass die Abrechnung mit dem Ausscheidenden, die auf Grundlage der Bilanz gemäß Art. 65 § 1 KSH stattfinde, einen endgültigen Charakter haben sollte.[132] Allerdings ist anzumerken, dass die Regelung in Art. 65 § 5 KSH wohl darum bemüht ist, die Abfindung letztendlich an den Ertragswert anzupassen und somit abzusichern, dass dem Ausscheidenden der „wirkliche Wert" des Anteils ausgezahlt wird. 90

Insgesamt verursacht Art. 65 KSH zahlreiche Auslegungsschwierigkeiten, auf die von der Fachliteratur aufmerksam gemacht wird.[133] Es bestehen jedoch wenige Gerichtsentscheidungen zu dieser Regelung, so dass die im Schrifttum aufgeworfenen Fragen überwiegend offen bleiben. Insoweit ist anzumerken, dass zumindest Teile des Schrifttums den Art. 65 KSH als **dispositives Recht** ansehen, weshalb die Gesellschafter im Gesellschaftsvertrag auch andere Regeln der Abfindungsberechnung vorsehen können sollen (zB anstatt der Geldleistung eine Sachleistung zu vereinbaren oder eine andere Methode der Bilanzberechnung vorzusehen).[134] Inwieweit aller- 91

---

127 *Szwaja* in: Sołtysiński et al. (Hrsg.), KSH, Bd. 1, 2012, Art. 61 Rn. 3 f.

128 Es gibt bisher sehr wenige Judikate, welche die wichtigen Gründe für Gesellschafterausschluss in einer Personenhandelsgesellschaft behandelt würden. Im Schrifttum wird daher auf die Urteile zum Ausschluss eines Gesellschafters aus der stillen Gesellschaft, die unter Geltung vom Handelsgesetzbuch 1934 erlassen wurden, hingewiesen. Danach kommen folgende Gründe in Frage: das fehlende gegenseitige Vertrauen der Gesellschafter zueinander; ein solches Verhalten der geschäftsführenden Gesellschafter, dass einem Gesellschafter seine grundsätzliche Rechte in der Gesellschaft faktisch entzieht und wodurch sein Verbleiben in der Gesellschaft sinnlos wird – so *Szwaja* in: Sołtysiński et al. (Hrsg.), KSH, Bd. 1, 2012, Art. 63 Rn. 8. In dem Urteil vom 8.9.2016, Az. II CSK 781/15 hat das Oberste Gericht bestätigt, dass das fehlende gegenseitige Vertrauen der Gesellschafter zueinander einen wichtigen Grund iSv Art. 63 § 2 KSH darstellen kann.

129 AA *Brockhuis* in: Breidenbach (Hrsg.), WiRO, 2017, Polen, Kapitel D.I, S. 7.

130 Näher dazu *Szwaja* in: Sołtysiński et al. (Hrsg.), KSH, Bd. 1, 2012, Art. 65 Rn. 8.

131 Vgl. *Rodzynkiewicz* , KSH, 2014, Art. 65 Pkt. 6.

132 Für die Abschaffung von Art. 65 § 5 KSH: *Rodzynkiewicz* , KSH, 2014, Art. 65 Pkt. 6, kritisch zu dieser Regelung auch: *Nita-Jagielski* in: Bieniak et al. (Hrsg.), KSH, 2012, Art. 65 Pkt. 9, *Strzelczyk* in: Siemiątkowski/ Potrzeszcz (Hrsg.), KSH, Bd. 1, 2011, Art. 65 Rn. 11.

133 Es geht um folgende Fragen: Wann ist der Anspruch auf Auszahlung fällig? Kann die Gesellschaft unter Berufung auf die Klausel *rebus sic stantibus* durch das Gericht dazu berechtigt werden, die Abfindung ratenweise auszuzahlen? Ist ein Gesellschafter, der im Gesellschaftsvertrag von Beteiligung an Verlusten befreit wird, trotzdem zur Zahlung des Fehlbetrags gemäß Art. 65 § 4 KSH verpflichtet? – zu diesen Fragen siehe *Rodzynkiewicz*, KSH, 2014, Art. 65 Pkt. 3, 5, 6.

134 So ua *Szwaja* in: Sołtysiński et al. (Hrsg.), KSH, Bd. 1, 2012, Art. 65 Rn. 18 f. Allerdings lehnt ein Teil des Schrifttums diese Meinung ab – so *Borowy* in: Jara (Hrsg.), KSH, 2017, Art. 65 Rn. 11.

dings dabei vom gesetzlichen Modell abgewichen werden darf, bleibt ungeklärt, da zu dieser Problematik bisher einschlägige Rechtsprechung fehlt.

7. Auflösung

92 Die Auflösungsgründe der Gesellschaft werden in Art. 58 KSH genannt: (i) die im Gesellschaftsvertrag vorgesehenen Gründe, (ii) ein einstimmiger Beschluss aller Gesellschafter, (iii) die Eröffnung der Insolvenz über das Vermögen der Gesellschaft, (iv) der Tod eines Gesellschafters oder die Eröffnung der Insolvenz über sein Vermögen, (v.) die Kündigung des Gesellschaftsvertrages durch einen Gesellschafter oder seinen Gläubiger und (vi) eine rechtskräftige Gerichtsentscheidung.

93 Liegt einer der genannten Gründen vor, ist für die Auflösung der Gesellschaft grundsätzlich ein **Abwicklungsverfahren** durchzuführen (Art. 67 § 1 KSH). Erst dann kann die sp. j. aus dem Unternehmerregister gelöscht und somit endgültig aufgelöst werden (Art. 84 § 2 KSH). Die Gesellschafter können jedoch anstatt des Abwicklungsverfahrens auch **eine andere Art der Beendigung der Tätigkeiten** durch die Gesellschaft vereinbaren (Art. 67 § 1 KSH). Das Vorliegen eines Auflösungsgrundes führt dagegen nicht automatisch zur Auflösung der Gesellschaft. Es ist daher auch möglich, dass eine Einmann-OHG einige Zeit existiert (zB infolge der Übertragung aller Gesellschaftsanteile an eine Person). Der Alleingesellschafter ist aber in einer solchen Situation verpflichtet, dafür zu sorgen, einen weiteren Gesellschafter in die Gesellschaft zu bringen oder die Tätigkeiten der Gesellschaft zu beenden.[135]

94 Die Möglichkeit, bei Auflösung der Gesellschaft auf das Abwicklungsverfahren verzichten zu können, bringt für die Praxis erhebliche Vorteile. Wie in der Rechtsprechung des Obersten Gerichts bereits vielmals bestätigt worden ist, kann damit zum einen das Fortbestehen der Haftung der Gesellschafter für Gesellschaftsschulden ausgeschlossen werden. Dafür muss bestimmt werden, wie die Schulden der Gesellschaft beglichen werden sollen.[136] Die Gesellschafter können dabei zB bestimmen, wer die Rechte und Pflichten der aufgelösten Gesellschaft übernimmt (also einen Rechtsnachfolger der Gesellschaft benennen), womit die **Haftung der (übrigen) Gesellschafter gegenüber Gesellschaftsgläubigern ausgeschlossen wird.**[137] Zum anderen können die Gesellschafter damit auf eine einfache Art und Weise bei der Auflösung den Eigentümer des gesamten Gesellschaftsvermögens wechseln: Sie können zB entscheiden, dass das Gesellschaftsvermögen zu verkaufen ist oder dass das Gesellschaftsunternehmen in eine andere Gesellschaft einzubringen ist.[138] Entscheiden allerdings die Gesellschafter bei Bestimmung einer solchen – zur Abwicklung – alternativen Beendigung nicht, wie die Schulden der Gesellschaft beglichen werden sollen, so haften sie weiterhin solidarisch dafür (s. dazu Rn. 77).

95 Eine Vereinbarung über die Art und Weise der Beendigung der Tätigkeiten der Gesellschaft kann entweder **im Gesellschaftsvertrag oder nach dem Eintritt der Auflösungsgründe** getroffen werden. Handelt es sich um die Auflösung wegen Kündigung durch einen Gläubiger oder wegen Insolvenz, so bedarf eine solche nachträgliche Vereinbarung der Gesellschafter auch der Zustimmung des Gläubigers oder des Insolvenzverwalters.

96 Wird die Auflösung der Gesellschaft durch die **Eröffnung** des Insolvenzverfahrens über ihr Vermögen verursacht, wird die Abwicklung des Gesellschaftsvermögens im Insolvenzverfahren durchgeführt.

97 Im KSH sind zwei Fälle geregelt, in denen die Auflösung der Gesellschaft **kraft Gerichtsurteils** erfolgt. Zum einen kann das Gericht auf Antrag eines Gesellschafters aus wichtigen Gründen über die Auflösung der Gesellschaft entscheiden (Art. 63 § 1 KSH). Zum anderen wird die Gesellschaft (ebenfalls auf Antrag eines Gesellschafters) kraft Urteils aufgelöst, und zwar ohne Durchführung des Abwicklungsverfahrens, wenn es in der Gesellschaft nur zwei Gesellschafter gibt und bei einem von ihnen ein Auflösungsgrund vorliegt (zB Kündigung des Gesellschaftsvertrages oder Vorliegen eines wichtigen Grundes für die Auflösung, der diesen Gesellschafter betrifft). In diesem Fall kann das Gericht dem anderen Gesellschafter das Recht zur Übernahme des Gesellschaftsvermögens unter der Verpflichtung zuerkennen, mit dem ausscheidenden Gesellschafter die Abrechnung nach den gesetzlichen Regeln durchzuführen (Art. 66 KSH).

98 Wie bereits erwähnt, kann die Gesellschaft gemäß Art. 64 KSH **trotz Kündigung oder Tod eines Gesellschafters** (sowie auch im Fall der Insolvenzeröffnung über das Vermögen eines Gesellschafters) fortbestehen und zwar dann, wenn der Gesellschaftsvertrag oder die übrigen Gesellschafter dies bestimmen. In diesem Fall wird kein Abwicklungsverfahren durchgeführt, der ausscheidende Gesellschafter (bzw. sein Erbe) hat jedoch einen Anspruch auf Abfindung gemäß Art. 65 KSH (s. dazu Rn. 89).

---

135 So ausdrücklich das Oberste Gericht im Urteil vom 27.6.2017, Az. II CSK 595/16.

136 So Urteil des Obersten Gerichts vom 24.6.2009, Az. II CSK 134/09.

137 Vgl. Urteil des Obersten Gerichts vom 28.10.2005, Az. II CK 275/05; Urteil des Obersten Gerichts vom 10.10.2007, Az. I CSK 263/07; Urteil des Obersten Gerichts vom 24.6.2009, Az. II CSK 134/09; Beschluss des Obersten Gerichts vom 5.5.2016, Az. II CSK 573/15 (betrifft eine Kommanditgesellschaft). Nur am Rande ist anzumerken, dass diese Rechtsprechung zT im Schrifttum kritisiert wird, als mit Art. 22 § 2 KSH (wonach jeder Gesellschafter für die Gesellschaftsverbindlichkeiten haftet) unvereinbar – so *Borowy* in: Jara (Hrsg.), KSH, 2017, Art. 67 Rn. 7. Angesichts der ständigen Rechtsprechung des Obersten Gerichts sind solche Bestimmungen der Gesellschafter dennoch für zulässig zu halten.

138 *Sołtysiński/Gawałkiewicz* in: Sołtysiński et al. (Hrsg.), KSH, Bd. 1, 2012, Art. 67 Rn. 17.

III. Spółka komandytowa (Kommanditgesellschaft)

1. Grundlagen

Die ***spółka komandytowa*** (sp. k.) ist eine der deutschen **Kommanditgesellschaft** vergleichbare Gesellschaftsform. Das **Recht der sp. k.** wird im KSH auf drei Ebenen geregelt. Zunächst finden die **Art. 102-124 KSH**, dh die Vorschriften für die sp. k. Anwendung. Sollte durch diese Vorschriften eine Angelegenheit nicht geregelt worden sein, gilt für die sp. k. das Recht der sp. j. entsprechend, also die **Art. 22-85 KSH**. Darüber hinaus sind auf die sp. k. die **Vorschriften des Allgemeinen Teils des KSH** (Art. 1-7 für alle Handelsgesellschaften und Art. 8-10[1] für Personenhandelsgesellschaften) anzuwenden. 99

Die wichtigsten **Merkmale** einer sp. k. nennt Art. 102 KSH. Danach handelt es sich bei einer sp. k. um eine Personenhandelsgesellschaft, deren Zweck auf die Führung eines Unternehmens unter eigener Firma gerichtet ist. Zumindest ein Gesellschafter muss gegenüber den Gläubigern für die Verbindlichkeiten der Gesellschaft unbeschränkt haften (persönlich haftender Gesellschafter = **Komplementär**) und die Haftung wenigstens eines Gesellschafters (**Kommanditist**) ist auf die Höhe der Kommanditsumme beschränkt. 100

Die Stellung eines Komplementärs (*komplementariusz*) ist in vielen Punkten, insbesondere hinsichtlich seiner Berechtigung zur Geschäftsführung und Vertretung der Gesellschaft, seiner Vermögensrechte und seiner Haftung gegenüber den Gesellschaftsgläubigern, der **eines Gesellschafters in der sp. j. vergleichbar**. In Bezug auf die Stellung des Komplementärs weist die sp. k. damit die typischen Merkmale einer Personenhandelsgesellschaft auf. Die Besonderheiten einer sp. k. im Vergleich zur sp. j. konzentrieren sich auf die Stellung der Kommanditisten (*komandytariusz*). Durch deren beschränkte Haftung für Gesellschaftsverbindlichkeiten und die Befreiung von der Pflicht zur Geschäftsführung und zur Vertretung der Gesellschaft hat die sp. k. auch Eigenschaften, die denen einer Gesellschaft mit beschränkter Haftung ähneln. Aus diesem Grund wird die sp. k. im polnischen Schrifttum oft als eine **„Mischform"** zwischen der sp. j. und der sp. z o.o. bezeichnet.[139] Der Gesellschaftsvertrag kann dabei, vor allem durch eine entsprechende Regelung der Rechte und Pflichten des Kommanditisten, die sp. k. entweder einer typischen Personenhandelsgesellschaft oder noch stärker einer Kapitalgesellschaft annähern.[140] In der Praxis hat sich so zB die ***spółka z ograniczoną odpowiedzialnością* sp. k. (= GmbH & Co. KG)** etabliert, die von einer typischen sp. k. deutlich abweicht (sie wird daher gesondert unter Rn. 132 ff. behandelt). 101

In der Praxis hat die sp. k. in den letzten Jahren immer mehr an Bedeutung gewonnen. Zum Ende des Jahres 2016 waren bereits 25.647 sp. k. im Unternehmerregister eingetragen.[141] Auf das wachsende Interesse der Praxis stößt dabei auch die erwähnte atypische Erscheinungsform dieser Gesellschaft. 102

2. Gründung

a) Reguläre Gründung

Die Gesellschaft muss **von mindestens zwei Personen** gegründet werden, von denen eine die Stellung eines Komplementärs und die andere die Stellung eines Kommanditisten (*komandytariusz*) annimmt (vgl. Art. 102 KSH). Als Gesellschafter einer sp. k. können sowohl natürliche und juristische Personen (zB Kapitalgesellschaften) als auch Personenhandelsgesellschaften auftreten. Eine Zivilgesellschaft darf kein Gesellschafter einer sp. k. sein. Noch nicht abschließend geklärt ist, inwieweit sich natürliche Personen, die beschränkt geschäftsfähig oder geschäftsunfähig sind, an einer sp. k. beteiligen können. Besonders umstritten ist diese Frage im Schrifttum hinsichtlich des **Komplementärs**. Einige Autoren sind der Auffassung, dass dieser über **volle Geschäftsfähigkeit** verfügen muss,[142] andere Autoren sind hingegen der Ansicht, dass sogar eine **geschäftsunfähige natürliche Person** Komplementär sein kann.[143] Bisher gibt es hierzu noch keine Rechtsprechung. 103

Anders als im deutschen Recht der Kommanditgesellschaft steht die sp. k. grundsätzlich auch **Freiberuflern** offen, sofern dies von den jeweiligen berufsrechtlichen Regelungen gestattet wird (vgl. dazu bereits die Besprechung der sp. j., Rn. 49). So können zB Rechtsanwälte ihren Beruf in einer sp. k. ausüben, allerdings unter der Voraussetzung, dass die Stellung der Komplementäre in dieser Gesellschaft ausschließlich von Rechtsanwälten 104

139 *Naworski* in: Siemiątkowski/Potrzeszcz (Hrsg.), KSH, Bd. 1, 2011, Art. 102 Rn. 2.
140 *Naworski* in: Siemiątkowski/Potrzeszcz (Hrsg.), KSH, Bd. 1, 2011, Art. 102 Rn. 6.
141 Rocznik Statystyczny RP 2017 [Statistisches Jahrbuch Polens 2017], S. 409 veröffentlicht auf der Internetseite www.stat.gov.pl.
142 *Szwaja* in: Sołtysiński et al. (Hrsg.), KSH, Bd. 1, 2012, Art. 102 Rn. 46.
143 So *Naworski* in: Siemiątkowski/Potrzeszcz (Hrsg.), KSH, Bd. 1, 2011, Art. 102 Rn. 11; *Szczurowski* in: Jara (Hrsg.), KSH, 2017, Art. 102 Rn. 9. Selbstverständlich ist die Gründung einer Kommanditgesellschaft mit einer geschäftsunfähigen Person als Komplementär unpraktisch; die Problematik gewinnt ihre Bedeutung daher vor allem in den Fällen, in den ein Komplementär entmündigt wird oder der Komplementäranteil durch eine Person, die das 13. Lebensjahr nicht vollendet hat, geerbt wird.

(auch ausländischen Juristen), Rechtsberatern und/oder Patentanwälten eingenommen wird.[144] Die sp. k. ist als eine Form der Berufsausübung bei **Rechtsanwaltskanzleien** sehr verbreitet. So sind von den zehn größten Kanzleien in Polen neun in Form einer sp. k. tätig.[145] Dies hängt zum einem damit zusammen, dass es in Polen Rechtsanwälten aus berufsrechtlichen Gründen verboten ist, sich in Kapitalgesellschaften zusammenzuschließen. Die sp. k. stellt also für sie die einzige zugängliche Gesellschaftsform zur Berufsausübung dar, welche die hohen Risiken einer unbeschränkten persönlichen Haftung zu reduzieren hilft. Zum anderen handelt es sich um die einzige Gesellschaftsform, in der sich Rechtsanwälte mit Nicht-Freiberuflern, darunter auch Handelsgesellschaften, zusammenschließen und sich somit einen direkten Kapitalzufluss für die Ausübung der freiberuflichen Tätigkeit sichern können.

105 Während es im deutschen Recht grundsätzlich auch bei der KG keine Formvorschriften gibt, bedarf der Gesellschaftsvertrag der sp. k. **der notariellen Form** (Art. 106 KSH). Die Nichtbeachtung dieses Formerfordernisses führt zur Nichtigkeit des Gesellschaftsvertrages. Für den **Mindestinhalt** des Gesellschaftsvertrages gelten zunächst die gleichen Regeln wie bei der sp. j. (vgl. daher dazu oben Rn. 51). Darüber hinaus muss im Gesellschaftsvertrag die Haftsumme des Kommanditisten bestimmt werden (Art. 105 KSH), wobei es in der Praxis üblich ist, im Gesellschaftsvertrag eine geringe Haftsumme zu vereinbaren (auch dann, wenn die tatsächliche Kapitaleinlage sehr hoch ist). Sollen in die Gesellschaft Sacheinlagen eingebracht werden, ist dies im Gesellschaftsvertrag zu regeln (Art. 107 KSH).

106 Das **Firmenrecht** der sp. k. ist um einiges strenger als das Firmenrecht der deutschen Kommanditgesellschaft. Nach der Vorstellung des polnischen Rechts soll die Firma einer sp. k. Aufschluss über die Gesellschafter und die Haftungsverhältnisse geben. Es ist daher zwingend erforderlich, dass die Firma den **Namen mindestens eines Komplementärs** enthält (Art. 104 § 1 KSH). Des Weiteren wurde im KSH ausdrücklich geregelt, dass der **Name eines Kommanditisten nicht** in die Firma der Gesellschaft aufgenommen werden kann. Das Registergericht soll eine solche Gesellschaft gar nicht erst ins Register eintragen.[146] Sollte es trotzdem vorkommen, dass eine sp. k. mit dem Namen eines Kommanditisten ins Register eingetragen worden ist, so haftet ein solcher Kommanditist gegenüber Dritten wie ein Komplementär (Art. 104 § 4 KSH). Im Innenverhältnis ändert dies jedoch nichts an seiner Position – ihm stehen nur die Rechte und die Pflichte eines Kommanditisten und nicht diejenigen eines Komplementärs zu.

107 Die sp. k. ist zum Unternehmerregister anzumelden und entsteht erst **mit der Eintragung** ins Unternehmerregister (Art. 109 § 1 KSH), dh die Eintragung hat konstitutive Wirkung. Für das Anmeldungsverfahren gelten dieselben Regeln wie bei der sp.j. (s. dazu oben Rn. 54). Im Unternehmerregister werden insbesondere die Höhe der Kommanditsumme, Namen (Firmen) der Komplementäre und Kommanditisten sowie der Gegenstand der Kommanditeinlage, mit der Anmerkung, zu welchem Teil sie in die Gesellschaft eingezahlt worden ist, eingetragen. Ist die Kommanditeinlage (ganz oder zum Teil) zurückgezahlt worden, so ist auch diese Information im Unternehmerregister zu veröffentlichen. Zum weiteren Umfang der Publizität vgl. bereits die Informationen betreffend der sp. j. – Rn. 55.

b) Gründung über das Internet

108 Neben der regulären Gründung besteht seit 15. Januar 2015 auch die Möglichkeit, eine sp. k. über das Internet zu gründen (Art. 106^1 KSH). Es gelten dabei die gleichen Regeln wie bei einer Online-Gründung der sp. j. – siehe Rn. 57.

c) Gesellschaft in Gründung

109 Zum rechtlichen Status der **sp. k. in Gründung** vgl. oben bei Rn. 58.

3. Organisationsverfassung

a) Geschäftsführung

110 Im gesetzlichen Regelfall führen die **Komplementäre** die Geschäfte einer sp. k. und die Kommanditisten – als sog passive Investoren (*inwestorzy pasywni*) [147] – sind von der Geschäftsführung grundsätzlich ausgeschlossen (Art. 121 § 1 KSH). Im Einzelfall können jedoch auch diese zur Geschäftsführung ermächtigt werden (s. Rn. 112).

144 Vgl. Art. 4a des Gesetzes vom 26. Mai 1982 über die Rechtsanwälte (*adwokaci*) und Art. 8 des Gesetzes vom 6. Juli 1982 über die Rechtsanwälte (*radcy prawni*).

145 Vgl. „*Rzeczpospolita*" vom 24.4.2018, Ranking der Rechtsanwaltskanzleien.

146 So ein Teil des Schrifttums, vgl. nur *Spyra* in: Bieniak et al. (Hrsg.), KSH, 2012, Art. 104 Rn. 28. Ein anderer Teil des Schrifttums vertritt die Meinung, dass das Gericht trotzdem die Gesellschaft registrieren sollte, da das KSH für diesen Fall in Art. 104 § 4 KSH eine Lösung vorsieht (Behandlung eines solchen Kommanditisten wie einen Komplementär gegenüber Dritten) – vgl. nur *Szczurowski* in: Jara (Hrsg.), KSH, 2017, Art. 104 Rn. 10.

147 *Szwaja* in: Sołtysiński et al. (Hrsg.), KSH, Bd. 1, 2012, Art. 121 Rn. 3.

Das Gesetz bestimmt die Regeln der Geschäftsführung – ähnlich wie bei einer sp. j. – getrennt für gewöhnliche, außergewöhnliche und dringende Handlungen. Bei Handlungen, die zu den **gewöhnlichen Geschäften** zählen, ist jeder Komplementär zur Geschäftsführung berechtigt und verpflichtet (Art. 39 § 1 und § 2 KSH). Allerdings kann jeder andere geschäftsführende Komplementär der Vornahme dieser Handlung **widersprechen**. Liegt ein entsprechender Widerspruch vor, bedarf es eines vorherigen Beschlusses aller zur Geschäftsführung befugten Komplementäre, damit die Handlung vollgezogen werden kann (Art. 39 § 3 und Art. 42 KSH). Dem Kommanditist steht ein derartiges Widerspruchsrecht nicht zu. Liegt eine Handlung **außerhalb des Bereichs der gewöhnlichen Geschäfte**, ist die Zustimmung aller Komplementäre (Art. 43 KSH) und aller **Kommanditisten** (Art. 121 § 2 KSH) erforderlich. Handelt es sich hingegen um eine sog **dringende Handlung**, so kann diese durch jeden Komplementär vorgenommen werden (Art. 44 KSH). 111

Gleichzeitig erlaubt das Gesetz, im Gesellschaftsvertrag von diesem Grundmodell der Geschäftsführung **abzuweichen**. Einzelne Komplementäre können zB von der Geschäftsführung ausgeschlossen werden (Art. 40 § 1 KSH). Darüber hinaus kann einem Kommanditisten das Recht zur Geschäftsführung erteilt werden (Art. 121 § 1 KSH). Auch das Erfordernis der Zustimmung der Kommanditisten für Handlungen, die außerhalb des Bereichs der gewöhnlichen Geschäfte liegen, kann abgeschafft oder auf die im Gesellschaftsvertrag genannten Handlungen beschränkt werden (vgl. Art. 121 § 2 KSH). Der Umfang der zustimmungspflichtigen Handlungen kann durch den Gesellschaftsvertrag ebenfalls erweitert werden. Zulässig ist schließlich eine Bestimmung, wonach bestimmte Entscheidungen, welche die Geschäftsführung betreffen, durch einen gemeinsamen Mehrheitsbeschluss der Komplementäre und der Kommanditisten getroffen werden.[148] 112

Die **Änderung des Gesellschaftsvertrages** gehört nicht zum Bereich der Geschäftsführung. Sie kann daher nur unter Zustimmung aller Komplementäre und Kommanditisten erfolgen, es sei denn, dass der Gesellschaftsvertrag etwas anderes bestimmt (Art. 9 KSH). Möglich ist zB, einen (einfachen oder qualifizierten) Mehrheitsbeschluss vorzusehen. Handelt es sich dabei um eine traditionell gegründete Gesellschaft, so muss die Änderung in der notariellen Form vorgenommen werden. Dagegen wird für eine über das Internet gegründete sp. k. seit April 2016 die Möglichkeit eröffnet, den Gesellschaftsvertrag ebenfalls online zu ändern (Art. 106^1 § 4 KSH). 113

Den Kommanditisten steht ein **Informationsrecht** zu, das allerdings nicht den ganzen Bereich der Geschäftsführung umfasst, sondern – ähnlich wie im deutschen Recht (vgl. § 166 I HGB) – auf die Prüfung des Jahresabschlusses beschränkt ist. Der Kommanditist kann in Ausübung dieses Rechts nur eine Abschrift des Jahresabschlussberichts verlangen sowie die Bücher und Unterlagen der Gesellschaft zwecks Prüfung der Richtigkeit des Jahresabschlussberichtes einsehen (Art. 120 § 1 KSH). Eine Erweiterung dieses Rechts ist nur auf gerichtliche Anordnung möglich, wenn dafür ein wichtiger Grund vorliegt (Art. 120 § 2 KSH). In diesem Fall kann das Gericht den Kommanditisten zu zusätzlichen, über die Prüfung des Jahresabschlusses hinausgehenden, Kontrolltätigkeiten berechtigen. Die Informations- und Kontrollrechte eines Kommanditisten aus Art. 120 KSH können durch den Gesellschaftsvertrag weder beschränkt noch ausgeschlossen werden. Es ist allerdings möglich, sie im Gesellschaftsvertrag zu erweitern.[149] 114

b) Vertretung

Die Gesellschaft wird von den **Komplementären** vertreten (Art. 117 KSH). Es gelten dabei dieselben Regeln wie für eine sp. j. Die Gesellschaft kann daher von jedem Komplementär einzeln vertreten werden. Zu den weiteren Einzelheiten vgl. Rn. 65. Die **Kommanditisten** sind von der Vertretung zwingend **ausgeschlossen.** Sie können die Gesellschaft daher nur als rechtsgeschäftliche Vertreter (Bevollmächtigte oder Prokuristen) repräsentieren (vgl. Art. 118 § 1 KSH). 115

Durch den **Gesellschaftsvertrag** kann von der Regel der Einzelvertretung der sp. k. durch jeden Komplementär abgewichen werden (zu den möglichen Gestaltungen der Vertretung durch den Gesellschaftsvertrag s. Rn. 66). Es können auch Komplementäre von der Vertretung ausgeschlossen werden, es muss jedoch mindestens ein Komplementär verbleiben, dem die Vertretungsmacht zusteht (**Prinzip der Selbstorganschaft**). Eine Regelung des Gesellschaftsvertrags, die einem Kommanditisten organschaftliche Vertretungsmacht erteilt, ist unzulässig und hat keine Wirkung im Außenverhältnis (Art. 119 KSH). 116

4. Kapitalverfassung der Gesellschaft

a) Beiträge

Die Beitragspflicht eines **Komplementärs** ist im KSH nicht gesondert geregelt – insofern gelten dieselben Regeln wie für den Gesellschafter einer sp. j. (s. dazu Rn. 67 ff. und im Zusammenhang mit der Gründung über das Internet Rn. 57). 117

Für die vermögensrechtliche Stellung des **Kommanditisten** in der Gesellschaft spielt neben der Einlage (Kommanditeinlage) noch eine weitere Institution, nämlich die Kommanditsumme (Haftsumme), eine wichtige Rolle. 118

148 *Szwaja* in: Sołtysiński et al. (Hrsg.), KSH, Bd. 1, 2012, Art. 121 Rn. 9.
149 *Szwaja* in: Sołtysiński et al. (Hrsg.), KSH, Bd. 1, 2012, Art. 120 Rn. 8.

Beide müssen im Gesellschaftsvertrag bestimmt werden (Art. 105 Ziff. 4 und 5 KSH). Dabei ist die **Kommanditeinlage** für die Pflichtenstellung des Kommanditisten im Innenverhältnis entscheidend. Die **Kommanditsumme** betrifft hingegen das Außenverhältnis (s. dazu Rn. 125). Die Einlage eines Kommanditisten und seine Haftsumme können sowohl der Höhe wie auch der Art nach auseinander fallen. So kann die Haftsumme sowohl höher auch als niedriger als die Kommanditeinlage im Gesellschaftsvertrag sein. Die Kommanditeinlage muss im Unterschied zur Kommanditsumme nicht in Geld bestimmt werden, sondern kann auch eine Sacheinlage darstellen. Allerdings ist zu beachten, dass grundsätzlich – anders als im deutschen Recht – **Verpflichtungen zu Arbeits- oder Dienstleistungen keine Einlage des Kommanditisten** in die Gesellschaft bilden dürfen (Art. 107 § 2 KSH).

b) Beteiligung an Gewinn und Verlust

119 Das KSH enthält keine besonderen Regeln bzgl. der **Gewinnbeteiligung** von Komplementären, womit für sie dieselben Vorschriften wie in einer sp. j. gelten. Die **Komplementäre** sind also grundsätzlich **an den Gewinnen zu gleichen Anteilen** beteiligt (Art. 51 § 1 KSH). Dagegen partizipiert ein Kommanditist am Gewinn der Gesellschaft **proportional zu der von ihm tatsächlich eingebrachten Einlage** (Art. 123 § 1 KSH). Da jedoch im KSH weitere, diese allgemeinen Grundsätze näher gestaltende Regelungen der Gewinnbeteiligung fehlen, verursacht die Anwendung der gesetzlichen Regeln der Gewinnverteilung zwischen Komplementären und Kommanditisten viele Kontroversen, auf die in der Literatur hingewiesen wird.[150] In der Praxis ist es sehr verbreitet, dass die Gesellschaftsverträge selbstständig und vom Gesetz abweichend die Gewinnbeteiligung der Komplementäre und der Kommanditisten regeln, was durch Art. 123 § 1 KSH ausdrücklich zugelassen und im Schrifttum dringend empfohlen wird.[151] **Ungeklärt** ist bisher die umstrittene Frage, ob bestimmte Gesellschafter einer sp. k. **von der Beteiligung am Gewinn ganz ausgeschlossen werden können.**[152] Deswegen ist in der Praxis ein solcher voller Ausschluss nicht zu empfehlen. Stattdessen ist es üblich, im Gesellschaftsvertrag eine Regelung vorzusehen, wonach dem betroffenen Gesellschafter eine minimale Beteiligung am Gewinn zugeschrieben wird.

120 Zu den Regeln der Gewinnauszahlung s. oben bei Rn. 70 ff.

121 Neben der Berechtigung auf Gewinnauszahlung steht sowohl den Komplementären als auch den Kommanditisten ein gewinnunabhängiger Anspruch auf jährliche Auszahlung von **Zinsen iHv 5% des Kapitalanteils** (= der tatsächlich eingebrachten Einlage) zu (Art. 53 KSH).[153]

122 Was die Beteiligung an **Verlusten** angeht, so gilt zunächst für **Komplementäre** die allgemeine Regel aus dem Recht der sp. j., wonach die Verluste nach dem gleichen Prinzip wie die Gewinne (Art. 51 § 1 KSH), also **nach Köpfen** verteilt werden. Die Anwendung dieser allgemeinen Regel aus Art. 51 § 1 KSH für die Beteiligung eines Kommanditisten an Verlusten bedeutet, dass sich der Kommanditist an Verlusten nach Art. 123 § 1 KSH entsprechend seiner Gewinnbeteiligung beteiligen soll, dh **proportional zu der von ihm tatsächlich eingebrachten Einlage.**[154] Im Gesetz wird die Obergrenze einer solchen Beteiligung geregelt. Sie wird **auf die Höhe der vereinbarten Einlage des Kommanditisten beschränkt** (Art. 124 § 3 KSH). Dies bedeutet, dass der Kommanditist nur verpflichtet ist, für die Verluste der Gesellschaft bis zur Höhe des noch ausstehenden Teils seiner vereinbarten Einlage einzustehen.[155]

123 Im Gesellschaftsvertrag können andere Regeln zur Gewinn- und Verlustbeteiligung der Komplementäre und der Kommanditisten vereinbart werden.

5. Haftung für Verbindlichkeiten der Gesellschaft

124 Der Komplementär haftet den Gesellschaftsgläubigern **unbeschränkt** und nach den gleichen Regeln wie ein Gesellschafter der sp. j., also vor allem subsidiär. Ist die Vollstreckung in das Gesellschaftsvermögen erfolglos, haften im Fall von mehreren Komplementären diese untereinander gesamtschuldnerisch (zu der Haftung vgl. oben Rn. 75 ff.).

125 Die Haftung des Kommanditisten für die Verbindlichkeiten der Gesellschaft ist beschränkt. Den Höchstbetrag, bis zu dem der Kommanditist den Gläubigern der sp. k. persönlich einzustehen hat, bildet die **Kommanditsumme** (Art. 111 KSH). Diese Summe ist im Gesellschaftsvertrag zu bestimmen und im Unternehmerregister zu veröffentlichen. Die Änderung der Kommanditsumme muss ins Unternehmerregister eingetragen werden. Das KSH regelt dabei, dass die **Herabsetzung der Kommanditsumme** erst mit der Eintragung ins Unternehmerregister ge-

150 Vgl. dazu *Spyra* in: Bieniak et al. (Hrsg.), KSH, 2012, Art. 123 Rn. 1 ff.
151 Vgl. *Spyra* in: Bieniak et al. (Hrsg.), KSH, 2012, Art. 123 Rn. 2.
152 Für ein solches Verbot: *Szwaja* in: Sołtysiński et al. (Hrsg.), KSH, Bd. 1, 2012, Art. 123 Rn. 6 und Rn. 15; dagegen *Naworski/Potrzeszcz* in: Siemiątkowski/Potrzeszcz (Hrsg.), KSH, Bd. 1, 2011, Art. 123 Rn. 7.
153 *Naworski/Potrzeszcz* in: Siemiątkowski/Potrzeszcz (Hrsg.), KSH, Bd. 1, 2011, Art. 123 Rn. 12; *Spyra* in: Bieniak et al. (Hrsg.), KSH, 2012, Art. 123 Rn. 18.
154 So *Spyra* in: Bieniak et al. (Hrsg.), KSH, 2012, Art. 123 Rn. 20.
155 *Szwaja* in: Sołtysiński et al. (Hrsg.), KSH, Bd. 1, 2012, Art. 123 Rn. 23.

genüber Dritten wirksam wird (Art. 113 KSH). Der Eintragung in das Unternehmerregister kommt somit eine konstitutive Wirkung zu. Im Schrifttum ist umstritten, ob dasselbe auch für die **Erhöhung der Kommanditsumme** gilt oder ob sich die Gesellschaftsgläubiger auf die Erhöhung dieser Summe schon vor deren Eintragung ins Unternehmerregister berufen können.[156] Das Gesetz sieht **keine Mindesthaftung** eines Kommanditisten vor. Die Kommanditsumme kann im Gesellschaftsvertrag sogar auf PLN 1 bestimmt werden.

Für die Haftung des Kommanditisten spielt neben der Kommanditsumme auch der **Wert der eingebrachten Kommanditeinlage** eine Rolle. Der Kommanditist ist von seiner persönlichen Haftung bis zu dem Wert der eingebrachten Kommanditeinlage frei (Art. 112 § 1 KSH). Entspricht der Wert der in das Gesellschaftsvermögen eingebrachten und dort belassenen Einlage der Kommanditsumme oder übersteigt er diese sogar, ist der Kommanditist von der persönlichen Haftung befreit. 126

Ein neuer Kommanditist, der in die Gesellschaft eintritt, haftet – nach den oben beschriebenen Regeln – auch für die Verbindlichkeiten der Gesellschaft, die vor seinem Beitritt entstanden sind (Art. 114 KSH). Auch der ausscheidende Kommanditist haftet nach den gleichen Regeln für diejenigen Gesellschaftsverbindlichkeiten, die vor seinem Austritt aus der Gesellschaft entstanden sind. Für die nach seinem Austritt eingegangenen Verbindlichkeiten haftet er jedoch nicht mehr. 127

Das KSH regelt verschiedene **Ausnahmen von der Haftungsbeschränkung** eines Kommanditisten. Zum einen sieht das Gesetz vor, dass der Kommanditist gegenüber Gesellschaftsgläubigern wie ein Komplementär haftet, wenn sein Name oder seine Firma in die Firma der sp. k. aufgenommen wird (Art. 104 § 4 KSH). Die zweite Ausnahme betrifft Handlungen, bei denen die sp. k. von einem Kommanditisten vertreten wird. Verheimlicht der Kommanditist Dritten gegenüber, dass er die Gesellschaft nur als Bevollmächtigter oder Prokurist vertritt, überschreitet er seine Vollmacht oder handelt ganz ohne Bevollmächtigung, so haftet er gegenüber Dritten für das von ihm abgeschlossene Rechtsgeschäft persönlich und unbeschränkt (vgl. Art. 118 § 2 KSH). 128

6. Mitgliederwechsel

Das KSH enthält keine besonderen Vorschriften für den Mitgliederwechsel in einer sp. k. Es gelten daher dieselben Regeln wie bei einer sp. j. (s. dazu Rn. 82 ff.). 129

Anzumerken ist, dass – falls der Gesellschaftsvertrag einem Kommanditist das Recht zur Geschäftsführung einräumt – dieses Recht **erlischt**, wenn der Kommanditist seine Gesellschaftsanteile veräußert (Art. 122 KSH). Diese Regelung kann allerdings durch den Gesellschaftsvertrag abbedungen werden. 130

7. Auflösung

Ins KSH wurden keine speziellen Regeln für die Auflösung einer sp. k. aufgenommen. Es finden daher die Vorschriften für die sp. j. entsprechend Anwendung (s. dazu Rn. 92 ff.). Insoweit besteht es nur eine Abweichung: Der Tod eines Kommanditisten führt (im Gegensatz zum Tod eines Komplementärs) nicht zur Auflösung der Gesellschaft (Art. 124 § 1 KSH). Anstelle des verstorbenen Kommanditisten treten seine Erben in die Gesellschaft ein. Im Gesellschaftsvertrag kann geregelt werden, dass der Tod eines Kommanditisten die Auflösung der sp. k. verursacht.[157] 131

8. Sondergestaltung: Spółka z ograniczoną odpowiedzialnością Sp. k.

Gesetzlich wurde durch einige Einzelregelungen des KSH mittelbar auch die Konstruktion anerkannt, in der als Komplementär eine juristische Person, insbesondere eine Kapitalgesellschaft, auftritt (vgl. Art. 104 § 3 KSH und Art. 107 § 3 KSH). In der Praxis ist die sog **„sp. z o.o. sp. k."**, die der deutschen GmbH & Co. KG entspricht, weit verbreitet. Dabei handelt es sich um eine Verbindung einer sp. z o.o. und einer sp. k., die darin besteht, dass **die Stellung des Komplementärs in dieser Gesellschaft durch eine sp. z o.o.** eingenommen wird. 132

Motiv, diese Organisationsform zu wählen, bildet vor allem die **steuerliche Doppelbelastung** der sp. z o.o. Anders als im deutschen Steuerrecht werden nach dem polnischen Steuerrecht die von einer sp. z o.o. auf Gewinne gezahlten Steuern den Gesellschaftern nicht auf die von ihnen zu zahlende Einkommensteuer angerechnet. So werden zunächst die von der sp. z o.o. erzielten Gewinne einer Körperschaftssteuer unterworfen, die im Regelfall **19%**[158] beträgt. Ihre Gesellschafter haben dann auf die ausgeschütteten Gewinne eine Einkommensteuer zu zahlen. Diese Steuer beträgt in der Regel ebenfalls **19%**.[159] Einen günstigeren Steuersatz auf ausgeschüttete Gewinne können Doppelbesteuerungsabkommen (DBA) vorsehen. So beträgt zB nach dem **DBA Deutschland-** 133

156 Dafür *Naworski* in: Siemiątkowski/Potrzeszcz (Hrsg.), KSH, Bd. 1, 2011, Art. 113 Rn. 7, dagegen *Szwaja* in: Sołtysiński et al. (Hrsg.), KSH, Bd. 1, 2012, Art. 110 Rn. 34.

157 So *Naworski/Potrzeszcz* in: Siemiątkowski/Potrzeszcz (Hrsg.), KSH, Bd. 1, 2011, Art. 124 Rn. 3.

158 Vgl. Art. 19 des polnischen Körperschaftssteuergesetztes vom 15. Februar 1992.

159 Art. 22 des polnischen Körperschaftssteuergesetztes vom 15. Februar 1992.

Polen der Steuersatz für die in Deutschland ansässigen Gesellschafter auf die in Polen ausgeschütteten Dividenden 5% bzw. 15%.[160]

134 Die Wahl einer „sp. z o.o. sp. k." ermöglicht es, dieser **Doppelbelastung zu entgehen.** Im Unterschied zu Kapitalgesellschaften unterliegen Personenhandelsgesellschaften nicht der Körperschaftssteuer oder einer vergleichbaren Gewinnbesteuerung. Nur die Einkommen der Gesellschafter und nicht das Einkommen der Gesellschaft selbst werden besteuert. Durch eine entsprechende Gestaltung des Gesellschaftsvertrags lässt sich dabei auch die Besteuerung des Kapitalgesellschafts-Komplementärs weitgehend vermeiden. Dafür müssen die in der sp. k. erwirtschafteten **Gewinne** – durch eine entsprechende Regelung im Gesellschaftsvertrag – fast zu 100%[161] **unmittelbar den Kommanditisten zufließen.**

135 Ein weiteres Motiv, eine „sp. z o.o. sp. k." zu gründen, stellt die **Vermeidung der persönlichen und unbeschränkten Haftung** dar. Wird die Stellung eines Komplementärs durch eine Kapitalgesellschaft eingenommen, hat dies zur Folge, dass in der Gesellschaft keine natürliche Person mehr persönlich und unbeschränkt für die Verbindlichkeiten der Gesellschaft haftet.

136 Um eine „sp. z o.o. sp. k." zu errichten, müssen **zwei Gesellschaften** gegründet werden. Zunächst eine sp. z o.o. (s. dazu Rn. 145 ff.) und dann eine sp. k., an der sich die sp. z o.o. beteiligt (s. dazu Rn. 103 ff.). Jede dieser Gesellschaften wird nach den allgemeinen Regeln, die für die jeweilige Gesellschaftsform gelten, gegründet. Es ist an dieser Stelle nur auf zwei Besonderheiten der Gründung einer „sp. z o.o. sp. k." aufmerksam zu machen. Sie betreffen die Firma der „sp. z o.o. sp. k." und die Einlagen in diese.

137 **Das Firmenrecht** einer „sp. z o.o. sp. k." ist weitgehend unflexibel und verursacht außerdem viele Kontroversen sowohl im Schrifttum als auch in der Praxis der Registergerichte. Zum einen ist streitig, wie die Firma der sp. k. lauten muss, wenn an der Gesellschaft mehrere Kapitalgesellschaften als Komplementäre beteiligt sind (vgl. Art. 104 § 3 KSH). Die wohl überwiegende Meinung nimmt an, dass es ausreicht, wenn die **Firma nur eines solchen Komplementärs** in die Firma der sp. k. aufgenommen wird.[162] Es wird aber auch vertreten, dass in dieser Situation die Firmen aller als Komplementär beteiligten Kapitalgesellschaften in der Firma der sp. k. beinhaltet sein müssen.[163] Die wohl herrschende Meinung geht zudem davon aus, dass die **volle Firma einer juristischen Person** in die Firma der sp. k. aufgenommen werden muss.[164] Wird also eine sp. k. unter Beteiligung einer sp. z o.o. gegründet, so kann hiernach die Abkürzung „sp. z o.o." in der Fima der sp. k. nicht genutzt werden. Es müsste in der Firma die ausgeschriebene Bezeichnung „spółka z ograniczoną odpowiedzialnością" erscheinen. Kontroversen verursacht aber auch die Frage, welche **Abkürzungen** der Firma einer „sp. z o.o. sp. k." zulässig sind. Obwohl in der Praxis die in diesem Handbuch genutzte Abkürzung „sp. z o.o. sp. k." sehr verbreitet ist und die Abkürzung „sp. z o.o." an sich eine gesetzlich ausdrücklich anerkannte Abkürzung der Firma der polnischen GmbH darstellt, verweigern es verschiedene polnische Registergerichte, eine sp. k. ins Register einzutragen, wenn im Gesellschaftsvertrag die Abkürzung der Firma „sp. z o.o. sp. k." vorgesehen wird. Es ist trotzdem verbreitet, diese Abkürzung im Rechtsverkehr zu nutzen, selbst dann, wenn sie nicht im Gesellschaftsvertrag vorgesehen ist.

138 Eine andere Besonderheit der Gründung einer „sp. z o.o. sp. k." betrifft den **Gegenstand der Kommanditeinlage** in die sp. k., falls ein Gesellschafter des Kapitalgesellschafts-Komplementärs gleichzeitig als Kommanditist der sp. k. auftreten soll. In diesem Fall können – ähnlich wie im deutschen Recht – seine Anteile an der Kapitalgesellschaft keine Kommanditeinlage darstellen (Art. 107 § 3 KSH). Die Zulassung einer solchen Einlage würde zum Ausschluss der Haftung des Kommanditisten gegenüber den Gesellschaftsgläubigern führen (sein Anteil am Vermögen der Kapitalgesellschaft stellt bereits das Vermögen dar, mit welchem der Komplementär gegenüber den Gläubigern haftet).[165]

139 Weiterhin ist zu beachten, dass **die Geschäftsführung** in der sp. z o.o. sp. k. (wenn im Gesellschaftsvertrag keine anderen Regeln vorgesehen wurden) **durch die Geschäftsführer der sp. z o.o.** und nach den für diese Gesellschaft geltenden Regeln wahrgenommen wird. Die Gesellschaft wird auch **durch die Geschäftsführung der sp. z o.o. vertreten,** wobei bei Vornahme einer Handlung darauf hingewiesen werden soll, dass die Geschäftsführer

160 Der niedrigere Steuersatz findet Anwendung, wenn der Gesellschafter eine Kapitalgesellschaft ist, die zumindest 10% des Kapitals in der zahlenden Gesellschaft hält – vgl. Art. 10 II des Abkommens zwischen der Bundesrepublik Deutschland und der Republik Polen zur Vermeidung der Doppelbesteuerung auf dem Gebiet der Steuern vom Einkommen und vom Vermögen.

161 Da in der polnischen Dogmatik umstritten ist, ob ein Gesellschafter in der Personenhandelsgesellschaft von der Beteiligung an Gewinnen ganz ausgeschlossen werden kann, werden in der Praxis bei den „sp. z o.o. sp. k." Lösungen gewählt, die den Komplementär zu einer minimalen Beteiligung am Gewinn berechtigen (zB zum 0,001% der Gewinne).

162 So ua *Naworski* in: Siemiątkowski/Potrzeszcz (Hrsg.), KSH, Bd. 1, 2011, Art. 104 Rn. 14, *Spyra* in: Bieniak et al. (Hrsg.), KSH, 2012, Art. 104 Rn. 23.

163 *Pinior* in: Strzępka (Hrsg.), KSH, 2015, Art. 104 Rn. 6.

164 Vgl. *Naworski* in: Siemiątkowski/Potrzeszcz (Hrsg.), KSH, Bd. 1, 2011, Art. 104 Rn. 16, *Spyra* in: Bieniak et al. (Hrsg.), KSH, 2012, Art. 104 Rn. 23.

165 Vgl. dazu *Szwaja/Mika* in: Sołtysiński et al. (Hrsg.), KSH, Bd. 1, 2012, Art. 107 Rn. 23.

im Namen der sp. z o.o. sp. k. handeln. Die Vertretungsregeln bestimmt der Gesellschaftsvertrag der sp. z o.o. Auch die Prokuristen der sp. z o.o. können die sp. z o.o. sp.k. vertreten.[166] Um den Geschäftspartnern die Prüfung im Unternehmerregister der vertretungsberechtigten Personen einer sp. z o.o. sp.k. zu erleichtern, ist es in der Praxis üblich gewesen, zur Eintragung ins Unternehmerregister einer sp. z o.o. sp.k. auch die Vertretungsregel des Komplementärs (also der sp. z o.o.) zusammen mit den Namen dessen Vorstandsmitglieder und Prokuristen anzumelden. Eine solche Veröffentlichung wird aber in letzter Zeit von manchen Registergerichten abgelehnt, mit der Begründung, dass dafür eine Rechtsgrundlage fehle.

C. Kapitalgesellschaften

I. Spółka z ograniczoną odpowiedzialnością (GmbH)

1. Grundlagen

Die **spółka z ograniczoną odpowiedzialnością** (abgekürzt: „sp. z o.o.") entspricht der deutschen Gesellschaft mit beschränkter Haftung und wurde auch nach dem Vorbild der deutschen GmbH ins polnische Recht eingeführt. Geregelt wird die sp. z o.o. in den Art. 151-300 KSH. Zudem finden auf die sp. z. o.o. die allgemeinen Vorschriften des KSH (Art. 1-7 für alle Handelsgesellschaften und Art. 11-21 für Kapitalgesellschaften) Anwendung. 140

Die sp. z o.o. wird zumeist als eine Mischform aus Kapital- und Personenhandelsgesellschaft bezeichnet und eignet sich daher insbesondere für kleine und mittlere Unternehmen. Aber auch als polnische Tochtergesellschaft eines in- oder ausländischen Mutterunternehmens findet sie großen Zulauf. Zu den **„personalistischen" Eigenschaften** einer sp. z o.o. gehört das (starke und individuelle) Kontrollrecht jedes Gesellschafters (Art. 212 KSH) sowie die Regelungen über den Ausschluss von Gesellschaftern (Art. 266 KSH).[167] Gleichzeitig besitzt die sp. z o.o. alle **Eigenschaften einer klassischen Kapitalgesellschaft:** Jeder Gesellschafter ist verpflichtet, eine Einlage in die Gesellschaft einzubringen; die Gesellschaft verfügt über ein Stammkapital, das in Anteile zerlegt ist; die Gesellschafter haften nicht persönlich für die Verbindlichkeiten der Gesellschaft (zu den Ausnahmeregelungen vgl. Rn. 170); die sp. z o.o. **besitzt Rechtspersönlichkeit** und wird durch ihre Organe tätig. Anders als die deutsche GmbH hat die sp. z o.o. allerdings **keine Geschäftsführer, sondern einen Vorstand** (*zarząd*). 141

Die sp. z o.o. ist die Gesellschaftsform mit der ältesten Regelungstradition und der längsten Praxis in Polen. Nach der Wiedererlangung der staatlichen Unabhängigkeit Polens im Jahr 1918, mit der die Zeit der Aufteilung des Landes zwischen Russland, Österreich und Preußen bzw. Deutschland überwunden wurde,[168] galten in Polen zunächst weiterhin die Rechtsordnungen der Teilungsmächte und somit auch **die deutschen und österreichischen Regelungen zum GmbH-Recht**. Eine eigenständige polnische Regelung zum Recht der sp. z o.o. brachte erst das polnische **Handelsgesetzbuch von 1934**. In der Zwischenkriegszeit erlangte die Rechtsform der sp. z. o.o. schnell erhebliche praktische Bedeutung, was für zahlreiche – in Polen selbst heute noch sehr anerkannte – Gerichtsentscheidungen und Gesetzeskommentare sorgte. 142

Nach dem Ende des Zweiten Weltkrieges verlor die sp. z o.o. – wie andere Handelsgesellschaftsformen auch – im kommunistischen Rechtssystem fast jede praktische Bedeutung. Erst in Folge **der politischen Wende von 1989** gelang es der sp. z. o.o. ihren alten Glanz zurückzugewinnen. Die sp. z o.o. stellt seitdem die in Polen beliebteste Gesellschaftsform dar. Ende 2016 gab es **420.789** Gesellschaften in der Rechtsform der sp. z. o.o., was 83% aller Handelsgesellschaften ausmacht.[169] 143

Die sp. z o.o. ist **nicht exportfähig.** Nach Art. 270 Ziff. 2 KSH führt ein Gesellschafterbeschluss über die Verlegung des Sitzes der Gesellschaft ins Ausland von Gesetzes wegen zwingend zur Auflösung der Gesellschaft (zur Problematik, insbesondere zum polnischen Kollisionsrecht s. bereits Rn. 16). 144

2. Gründung

Nach der Anfang des Jahres 2012 in Kraft getretenen Gesellschaftsrechtsreform stehen für die Gründung einer sp. z o.o. zwei unterschiedliche Verfahren zur Verfügung: Das reguläre Gründungsverfahren, bei dem die Mitwirkung eines Notars erforderlich ist, und das vereinfachte „24-Stunden-Verfahren" (sog „S24-Verfahren"), welches über das Internet abgewickelt wird. 145

166 Dieses ist zwar in der Praxis sehr verbreitet, war aber lange Zeit im Schrifttum umstritten. Es ging dabei um die Frage, ob die Macht der Prokuristen auch die Vertretung anderer Unternehmen als diejenigen des eigenen Vollmachtsgebers umfasst. Die Existenz einer solchen Macht wurde aber 2016 vom Obersten Gericht bejaht- vgl. den Beschluss des Obersten Gerichts vom 29.6.2016, Az. III CSK 17/16.

167 *Kidyba*, Handelsrecht, 2012, Rn. 294.

168 Es handelt sich um die sog drei Teilungen Polens: In den Jahren 1772 bis 1795 wurde das polnische Staatsgebiet zwischen Preußen, Russland und Österreich aufgeteilt. Danach folgten die 120 Jahren, in welchen Polen als ein Staat nicht existierte.

169 Mały Rocznik Statystyczny Polski 2017 [Statistisches Jahrbuch Polens 2017], S. 409, veröffentlicht auf der Internetseite www.stat. gov. pl.

a) Reguläre Gründung

146 Die sp. z o.o. kann durch **eine oder mehrere Personen** errichtet werden (Art. 151 § 1 KSH). Gesellschafter der sp. z o.o. können **natürliche Personen** (die nicht vollständig geschäftsunfähig sind),[170] **juristische Personen** und auch **Personenhandelsgesellschaften** sein. Eine Zivilgesellschaft kann sich an der Gründung einer sp. z o.o. nicht beteiligen.[171]

147 Anders als in Deutschland darf eine sp. z o.o. nicht ausschließlich von einer anderen Einmanngesellschaft mit beschränkter Haftung gegründet werden (Art. 151 § 2 KSH), was nicht nur für andere sp. z o.o., sondern auch für ausländische Rechtsformen wie die deutsche GmbH gilt.[172] Dies ist aufgrund der Mitgliedstaatenoption in Art. 2 II lit. b) Einpersonengesellschafts-Richtlinie (dazu § 28 Rn. 22 ff.) auch mit den europäischen Vorgaben vereinbar. Dieses Verbot ist vor allem **für Konzerne** und insbesondere im Rahmen der Gründung einer polnischen Tochtergesellschaft beschwerlich. Es bestehen allerdings keine Sanktionen für den Fall, dass eine Einmanngesellschaft mit beschränkter Haftung später zum einzigen Gesellschafter einer sp. z o.o. wird.[173] Daher wird in der Praxis der Konzernstrukturen das Verbot der Ketten-Einmanngesellschaften oftmals so vermieden, dass bei der Gründung von Tochtergesellschaften zunächst eine geringe Zahl der Anteile durch eine andere Person übernommen wird (sog Strohmann-Gründung), um nach der Eintragung der Gesellschaft alle Anteile in der Hand der Einmanngesellschaft zu vereinigen.[174]

148 Die Gesellschaft kann **zu jedem rechtlich zulässigen Zweck** errichtet werden, wenn das Gesetz nichts anderes bestimmt (Art. 151 § 1 KSH). Damit kann die sp. z o.o. sowohl zur unmittelbaren Verfolgung wirtschaftlicher Zwecke als auch als reine Holding- und Vermögensverwaltungsgesellschaft sowie für sog „*non profit*"-Zwecke dienen. Unabhängig von dem Zweck, zu dem die Gesellschaft gegründet worden ist, unterliegt sie der Verpflichtung zur Eintragung ins Unternehmerregister.

149 Zur Errichtung einer sp. z o.o. sind grundsätzlich folgende Schritte erforderlich (vgl. dazu Art. 163 KSH): Zunächst muss ein **Gesellschaftsvertrag** geschlossen und **notariell beurkundet** werden (Art. 157 § 2 KSH). Nach hM darf diese notarielle Beurkundung nicht im Ausland vorgenommen werden.[175] Zulässig ist es aber, dass **für die Gründung** im Ausland **eine Vollmacht erteilt wird.**[176] Es ist dabei ausreichend, dass bei dieser Vollmacht die Formerfordernisse desjenigen Staates erfüllt werden, in dem die Urkunde ausgefertigt wird.[177]

150 Das KSH bestimmt einen zwingenden **Mindestinhalt des Gesellschaftsvertrages** (Art. 157 § 1 KSH). Dazu gehören insbesondere die Firma (*firma*) und der Sitz der Gesellschaft (*siedziba spółki*), der Unternehmensgegenstand (*przedmiot działalności*), die Höhe des Stammkapitals (*kapitał zakładowy*), die Zahl und der Nominalwert der Anteile, die von den einzelnen Gesellschaftern übernommen werden, sowie die Dauer der Gesellschaft, wenn eine solche bestimmt werden soll. Ferner ist im Gesellschaftsvertrag zu regeln, ob die einzelnen Gesellschafter jeweils **einen Anteil oder mehrere Anteile** besitzen dürfen. Bei der zweiten Variante – die heute in der Praxis überwiegt – müssen alle Anteile gleich und unteilbar sein (Art. 152 und 153 KSH), was allerdings nicht ausschließt, dass ein Teil der Anteile als Sonderanteile ausgestattet wird. Sollen in die Gesellschaft **Sacheinlagen** eingebracht werden, so ist dies im Gesellschaftsvertrag zu regeln (Art. 158 § 1 KSH, zu den Regeln der Kapitalaufbringung s. Rn. 229 ff.). Wie bereits erwähnt, kann der Gesellschaftsvertrag auch **bevorrechtigte Anteile** (Vorzugsanteile) vorsehen (Art. 174 § 2 KSH: *udziały uprzywilejowane*). In der Praxis bezieht sich eine solche Bevorrechtigung zumeist auf das Stimmrecht und/oder den Anspruch auf Dividende. Im Gesellschaftsvertrag müssen schließlich **Sonderrechte**, die einem Gesellschafter persönlich zuerkannt werden sollen, aufgeführt werden, sowie **Nebenleistungspflichten**, wenn diese von den Gesellschaftern übernommen werden (Art. 159 KSH).

151 Darüber hinaus werden in Gesellschaftsverträgen oft weitere Regelungen getroffen. Zulässig ist es zB, die Übertragung von Anteilen an der Gesellschaft zu beschränken, ein Überwachungsorgan zu errichten (einen Aufsichtsrat oder eine Revisionskommission) oder Zustimmungsvorbehalte zugunsten der Gesellschafterversammlung oder des Aufsichtsrats vorzusehen.[178] Zur Problematik der Gestaltungsfreiheit für den Gesellschaftsvertrag einer sp. z o.o. s. Rn. 173 ff.

170 So *Pabis* in: Bieniak et al. (Hrsg.), KSH, 2012, Art. 151 Rn. 9.
171 *Szajkowski/Tarska* in: Sołtysiński et al. (Hrsg.), KSH, Bd. 2, 2014, Art. 151 Rn. 56.
172 So das polnische Oberste Gericht (Urteil vom 28.4.1997, Az. II CKN 133/97). Vgl. dazu *Oplustil*, Gläubigerschutz durch reale Kapitalaufbringung im deutschen und polnischen Recht der Kapitalgesellschaften. Eine Rechtsvergleichende Untersuchung, 2001, S. 92 f.
173 *Pabis* in: Bieniak et al. (Hrsg.), KSH, 2012, Art. 151 Rn. 7.
174 Vgl. *Bogen/Siekierzynski* in: Süß/Wachter (Hrsg.), Handbuch des internationalen GmbH-Rechts, 2016, S. 1326.
175 *Sołtysiński*, Rejent 2001 Nr. 7-8, 267, 283 f.
176 Zu praktischen Aspekten der Erstellung einer Vollmacht in Deutschland s. *Bogen/Siekierzynski* in: Süß/Wachter (Hrsg.), Handbuch des internationalen GmbH-Rechts, 2016, S. 1325.
177 Vgl. Art. 25 I 2 des Gesetzes vom 4.2.2011 über das internationale Privatrecht.
178 Zu weiteren Beispielen s. *Bogen/Siekierzynski* in: Süß/Wachter (Hrsg.), Handbuch des internationalen GmbH-Rechts, 2016, S. 1329; *Halwa/Nawlatyna* in: Wegen/Spahlinger/Barth (Hrsg.), Gesellschaftsrecht des Auslands, Polen, 1. EL, 2016, Rn. 42.

In der Praxis ist es darüber hinaus verbreitet, neben dem Gesellschaftsvertrag **schuldrechtliche Nebenvereinbarungen** (sog Gesellschafterverträge, *umowy wspólników*) abzuschließen. In solchen Verträgen werden zB Regelungen betreffend Zusammensetzung des Vorstands und dessen Vergütung oder Abreden betreffend Finanzierung der Gesellschaft getroffen. Diese Nebenverträge müssen nicht beim Registergericht eingereicht werden.[179] 152

Nach dem Abschluss des Gesellschaftsvertrages müssen als ein weiterer, für die Errichtung der Gesellschaft zwingend erforderlicher Schritt noch im Vorfeld der Anmeldung zur Eintragung ins Unternehmerregister **die Einlagen zur Deckung des gesamten Stammkapitals** geleistet werden (**Volleinzahlungspflicht**). Der Anmeldung muss eine Erklärung aller Vorstandsmitglieder beigefügt werden, dass die Einlagen durch sämtliche Gesellschafter vollständig erbracht worden sind (Art. 167 § 1 Pkt. 2 KSH). Des Weiteren ist der Vorstand zu berufen und – wenn das Gesetz oder der Gesellschaftsvertrag dies verlangt – auch der Aufsichtsrat (*rada nadzorcza*) bzw. eine Revisionskommission (*komisja rewizyjna*) zu bestellen. Sämtliche Bestellungen werden durch die Gründer der Gesellschaft vorgenommen. Die Bestellung der Organmitglieder erfolgt in der Praxis zumeist bereits in der notariellen Urkunde über den Gesellschaftsvertrag. Als letzter Schritt ist die **Eintragung ins Unternehmerregister** notwendig. Die sp. z o.o. als juristische Person entsteht erst mit der Eintragung, dh die Eintragung entfaltet konstitutive Wirkung. Der Antrag auf Eintragung der sp. z o.o. ist durch alle Vorstände zu unterschreiben (Art. 164 § 1 KSH). In der Praxis der Registergerichte ist es jedoch zulässig, dass die Anmeldung durch einen Bevollmächtigten der Gesellschaft, der durch den Vorstand gemäß den Vertretungsregeln der Gesellschaft bestellt wurde, vorgenommen wird. 153

Einer ins Unternehmerregister eingetragenen Gesellschaft werden eine statistische Nummer (sog **REGON-Nummer**) und eine steuerliche Identifikationsnummer (sog **NIP-Nummer**) zugeteilt, ohne dass diese von der Gesellschaft extra beantragt werden müssen. Nach der Eintragung ins Unternehmerregister muss die Gesellschaft allerdings alleine eine **MwSt-Registrierung (rejestracja VAT)** beantragen und, falls sie Angestellte hat, einen Antrag auf Anmeldung der Gesellschaft bei der **Sozialversicherungsanstalt** (ZUS) einreichen. 154

Wird die Gründung der Gesellschaft nicht **innerhalb von sechs Monaten** zum Register angemeldet, wird der Gesellschaftsvertrag von Gesetzes wegen **aufgelöst** (Art. 169 KSH). Ist die Vorgesellschaft nicht in der Lage, unverzüglich Einlagen zurückzuzahlen, ist in diesem Fall ein – im Verhältnis zur Abwicklung der eingetragenen sp. z o.o. – vereinfachtes Liquidationsverfahren durchzuführen (Art. 170 KSH). 155

Die Registergerichte sind zur Prüfung des Antrags auf Registrierung einer Gesellschaft sowie der Anlagen zum Antrag auf deren Vereinbarkeit mit den Rechtsvorschriften verpflichtet.[180] Gemäß Art. 164 § 3 KSH können sie jedoch **die Eintragung nicht wegen geringfügiger Fehler verweigern**, welche die Interessen der Gesellschaft oder der Öffentlichkeit nicht berühren und nicht ohne erhebliche Kosten beseitigt werden könnten. Für die **Registrierung** einer angemeldeten Gesellschaft ist im Gesetz der Zeitraum **von sieben Tagen** vorgegeben, der allerdings nur eine Ordnungsfrist für die Registergerichte darstellt.[181] In der Praxis dauert die Eintragung gewöhnlich eine bis **vier Wochen**. 156

Im Unternehmerregister werden insbesondere **folgende Informationen** über die sp. z o.o. veröffentlicht: Sitz und Adresse der Gesellschaft, Höhe des Stammkapitals, Unternehmensgegenstand der Gesellschaft, Vertretungsregeln und Namen der Vorstandsmitglieder sowie Angaben über die bestellten Prokuristen. Falls Sacheinlagen eingebracht wurden, wird dies ebenfalls im Register vermerkt. Darüber hinaus werden auch die **Namen** (bzw. Firmen) **der Gesellschafter** veröffentlicht, **die über mindestens 10% des Stammkapitals verfügen**. Es wird zudem aufgenommen, ob es sich dabei um den einzigen Gesellschafter der Gesellschaft handelt.[182] 157

Die **Firma** der sp. z o.o. kann frei gewählt werden. Zulässig sind insbesondere die Wahl einer Sach-, einer Personen- oder einer gemischten Firma. Auch Fantasiefirmen können gewählt werden. Jede Firma muss die Formbezeichnung „spółka z ograniczoną odpowiedzialnością" enthalten (Art. 160 § 1 KSH). Im Geschäftsverkehr kann auch die Abkürzung „spółka z o.o." oder „sp. z o.o." verwendet werden (Art. 160 § 2 KSH). Zusätzlich ist das allgemeine Firmenrecht zu beachten. Demnach hat sich die Firma eines Unternehmers von der Firma anderer Unternehmer, die auf demselben Markt tätig sind, ausreichend zu unterscheiden und darf zudem nicht irreführend sein.[183] 158

b) Gründung über das Internet nach dem sog „S24-Verfahren"

Am 1. Januar 2012 trat eine Novelle des KSH in Kraft, mit der ein vereinfachtes und beschleunigtes Verfahren zur Gründung der sp. z o.o. eingeführt wurde, das erhebliche Erleichterungen, aber auch gewisse Beschränkungen für die Gesellschaftsgründer vorsieht. Für die im Rahmen dieses Verfahrens gegründeten Gesellschaften wurde das Erfordernis **aufgehoben, den Gesellschaftsvertrag in Form einer notariellen Urkunde abzuschließen** 159

179 Ausführlich zur Thematik: *Brockhuis* in: Laimer/Perathoner (Hrsg.), Gesellschaftsrechtliche Nebenvereinbarungen in Europa, 2013, S. 309 ff.

180 Art. 23 des polnischen Gesetzes vom 20.8.1997 über das Landesgerichtsregister.

181 Art. 20a I des polnischen Gesetzes vom 20.8.1997 über das Landesgerichtsregister.

182 Vgl. Art. 38 des polnischen Gesetzes vom 20.8.1997 über das Landesgerichtsregister.

183 Vgl. Art. 43 III des polnischen Zivilgesetzbuches.

(Art. 157[1] KSH). Stattdessen müssen die Gesellschaftsgründer einen **Mustervertrag** (*wzorzec umowy*) verwenden, dessen Inhalt in einer Verordnung des Justizministers bestimmt worden ist. Der Mustervertrag ist online **über die Internetseite** des Ministeriums[184] auszufüllen, wobei die Gesellschafter keine Möglichkeit haben, den Standardvertrag an ihre spezifischen Bedürfnisse anzupassen. Eine solche Anpassung kann erst nach der Registrierung im Wege einer Änderung des Gesellschaftsvertrages erfolgen (Art. 157[1] KSH § 1). Seit Juni 2017 muss zusätzlich bei der Gründung zwingend entweder eine **sichere elektronische Signatur** benutzt werden oder eine Signatur, die im System EPUAP (eine Internetplattform, welche der sicheren Kommunikation von Bürgern mit den polnischen Behörden dient) verifiziert werden kann.

160 Im Rahmen des S24-Verfahrens besteht **keine Verpflichtung zur** (vollständigen oder teilweisen) **Leistung der Einlagen vor der Anmeldung** der Gesellschaft. Stattdessen müssen die Gesellschafter die Einlagen in einem Zeitraum von **sieben Tagen nach der Registrierung** einzahlen. Für die Deckung des Stammkapitals können dabei **ausschließlich Bareinlagen** eingebracht werden (Art. 158 § 1[1] KSH). Diese Regelung schließt es jedoch nicht aus, dass später – nachdem die Gesellschaft registriert und das ursprüngliche Stammkapital aufgebracht worden ist – im Rahmen einer Kapitalerhöhung Sacheinlagen in die Gesellschaft eingebracht werden (Art. 158 § 1[2] KSH). Der Vorstand der Gesellschaft ist verpflichtet, bis zum Ablauf der 7-Tage-Frist für die Einzahlung der Einlagen beim Registergericht eine Erklärung aller Vorstandsmitglieder darüber abzugeben, dass sämtliche Einlagen vollständig eingebracht worden sind (Art. 167 § 4 KSH). Solange die Einlagen nicht geleistet worden sind, bleibt hierzu eine Information im Unternehmerregister enthalten.[185] Die Gesellschaft ist zudem verpflichtet, eine entsprechende Information in ihrer Referenz anzugeben (Art. 206 § 1 Pkt. 4 KSH).

161 Dieser Weg der Gründung einer sp. z o.o. ist schnell sehr populär geworden, wie es die Statistiken des polnischen Justizministeriums bestätigten.[186] Dies lag ua daran, dass zunächst für die Gründung der Gesellschaft nicht erforderlich war, über eine sichere elektronische Signatur zu verfügen, die mithilfe eines speziellen Zertifikats verifiziert wird. Der Verzicht auf ein solches Erfordernis stellte zweifellos eine Vereinfachung dar, welche die breitere Anwendung des vereinfachten Gründungsverfahrens in der Praxis erlaubt hat. Da diese Vereinfachung aber auch mit den – nun durch den Gesetzgeber erkannten – Gefahren verbunden war, dass in betrügerischen Absicht unter falschem Namen eine Gesellschaft gegründet werden konnte, wurde am 13. Juni 2017 eine Novelle des KSH verabschiedet.[187] Danach ist nunmehr nur eine Gründung nach einer sicheren Verifizierung der Identität möglich.

162 Nach dem Gesetz soll beim vereinfachten Verfahren **die Registrierung** der sp. z o.o. **innerhalb eines Tages erfolgen.**[188] In der Praxis werden hierfür zurzeit ca. 2 bis 3 Arbeitstage benötigt, also deutlich weniger als bei der „regulären" Gründung einer sp. z o.o (bis zu vier Wochen, s. Rn. 156. Die Einführung dieses Gründungsverfahrens hatte in den letzten Jahren auch zur Folge, dass die bisher verbreitete Praxis des Kaufs von sog **Vorratsgesellschaften** zwecks Aufnahme einer Geschäftstätigkeit deutlich zurückgegangen ist.

163 Falls die Gesellschaft Angestellte hat, muss der Vorstand separat nach der Eintragung der Gesellschaft im vereinfachten Verfahren einen Antrag auf Anmeldung der Gesellschaft bei der **Sozialversicherungsanstalt (ZUS)** stellen.

c) Gründungskosten

164 **Bei der regulären Gründung** einer sp. z o.o. fallen **die Notarkosten** an, die (bei einem Stammkapital in der Mindesthöhe von 5.000 PLN) ca. **50 EUR** betragen (inklusive der sog Stempelgebühr, *podatek od czynności cywilnoprawnych*). Des Weiteren sind die **Gerichtsgebühren** iHv ca. **150 EUR** für die Eintragung der Gesellschaft ins Unternehmerregister zu zahlen.

165 Bei der **vereinfachten Gründung fallen keine Notarkosten an.** Allerdings ist auch bei dieser Gründung die og Stempelgebühr iHv (beim Stammkapital 5.000 PLN) ca. **5 EUR** zu zahlen sowie die **Gerichtsgebühren** iHv ca. **85 EUR.**

d) Vorgesellschaft

166 Zum Zeitpunkt des **Abschlusses des Gesellschaftsvertrages** entsteht nach Art. 161 § 1 KSH eine Vorgesellschaft, auf die (für die gesetzlich nicht geregelten Angelegenheiten) bereits die Vorschriften für die sp. z o.o. gemäß Art. 11 § 2 KSH entsprechend Anwendung finden. Die Vorgesellschaft kann daher Rechte erwerben und Verbindlichkeiten eingehen. Im Rechtsverkehr kann sie bereits unter ihrer Firma handeln. Diese muss allerdings um den Hinweis ergänzt werden, dass es sich noch um eine in der Gründungsphase befindliche Gesellschaft handelt

184 Https://ems.ms.gov.pl/ (nur auf Polnisch).
185 Art. 38 Pkt. 8 lit. f) des polnischen Gesetzes vom 20.8.1997 über das Landesgerichtsregister.
186 Danach wurden auf diesem Wege in den Jahren 2012 bis 2015 insgesamt 36.678 Gesellschaften gegründet – vgl. Begründung der KSH-Novelle vom 21.4.2017.
187 Vgl. Begründung der KSH-Novelle vom 21.4.2017.
188 Art. 20a II des polnischen Gesetzes vom 20.8.1997 über das Landesgerichtsregister.

(**Bezeichnung „in Gründung"**, *w organizacji*). Nach Eintragung der sp. z o.o. ins Unternehmerregister tritt diese in die Rechte und Pflichten der Vorgesellschaft ein, ohne dass gesonderte Übertragungsakte erforderlich wären.

In der Gründungsphase genießen die Gesellschafter noch nicht den Haftungsausschluss gemäß Art. 151 § 4 KSH, sondern es gelten **spezielle Haftungsregeln.** Im polnischen Recht gibt es dabei zwar die – auch im deutschen Recht bekannte – Unterscheidung zwischen der Haftung der im Namen der Vorgesellschaft handelnden Personen und der Haftung der nicht handelnden Gesellschafter. In beiden Fällen unterscheidet sich die polnische Regelung jedoch in wichtigen Punkten von denen des deutschen Rechts. 167

Die **Handelnden** haften den Gesellschaftsgläubigern gegenüber unbeschränkt und gesamtschuldnerisch mit der Gesellschaft für deren Verbindlichkeiten (Art. 13 § 1 KSH). Es handelt sich dabei – wie in Deutschland – um eine **Außenhaftung.** Diese Handelndenhaftung ist jedoch **zeitlich unbegrenzt**, dh, anders als im deutschen Recht, erlischt sie nicht automatisch mit der Eintragung der Gesellschaft ins Unternehmerregister. Es ist jedoch möglich, die Haftung im Innenverhältnis mittels einer Bestätigung der in der Gründungsphase vorgenommenen Handlungen durch die Gesellschafterversammlung der bereits eingetragenen sp. z o.o. zu beenden (Art. 161 § 3 KSH). Diese Bestätigung ändert jedoch nichts im Verhältnis zu den Gesellschaftsgläubigern. Somit ist die Haftung der Handelnden im polnischen Recht strenger als die im deutschen Recht. Möglich (und durchaus üblich) ist es allerdings, dass die Vertreter einer sp. z. o.o. w organizacji beim Abschluss von Verträgen über größere Werte mit den Vertragspartnern vereinbaren, dass ihre persönliche Haftung mit der Eintragung der sp. z o.o. erlischt.[189] Die **praktische Bedeutung** der Handelndenhaftung für die Verbindlichkeiten der Vorgesellschaft dürfte insgesamt aber stark rückläufig sein. Dies ist zum einen darauf zurückzuführen, dass die Eintragung einer Gesellschaft durch die Registergerichte heute erheblich schneller als noch vor einigen Jahren abläuft. Zum anderen werden immer mehr Gesellschaften im speziellen S24-Gründungsverfahren errichtet, bei dem die Zeit vom Abschluss des Gesellschaftsvertrages bis zur Registrierung der Gesellschaft noch deutlicher reduziert ist. 168

Wer als eine im Namen der Gesellschaft handelnde Person von der Haftung aus Art. 13 § 1 KSH erfasst wird, bestimmt sich nach Art. 161 § 2 KSH, der die Vertretungsregel in der Vorgesellschaft enthält.[190] Die Gesellschaft in Gründung wird hiernach – solange noch keine Vorstandsmitglieder bestellt worden sind – durch einen von der Gesellschafterversammlung einstimmig berufenen **Bevollmächtigten** vertreten. Sind bereits **Vorstände** bestellt, so vertreten diese die Vorgesellschaft. 169

Auch diejenigen **Gesellschafter**, die nicht im Namen der Gesellschaft gehandelt haben, haften gegenüber den Gesellschaftsgläubigern für die Verbindlichkeiten der Gesellschaft und zwar **gesamtschuldnerisch** mit den im Namen der Gesellschaft Handelnden und mit der Gesellschaft (Art. 13 § 2 KSH). Anders als in Deutschland ist also die Haftung der nicht handelnden Gesellschafter keine Innenhaftung gegenüber der Gesellschaft, sondern eine **Außenhaftung.** Allerdings ist die Haftung eines solchen Gesellschafters auf die Höhe der durch ihn noch nicht erbrachten Einlage beschränkt (Art. 13 § 2 KSH). Er haftet demnach in gewisser Weise wie ein Kommanditist. Durch diese Beschränkung wird die Gesellschafterhaftung nach Ansicht der polnischen Fachliteratur weitgehend entschärft. Unter Berufung auf die Volleinzahlungspflicht bei der regulären Gründung einer sp. z o.o. (s. dazu Rn. 153) sowie auf die beschränkten Möglichkeiten der Nichtigkeitserklärung einer bereits eingetragenen Kapitalgesellschaft (Art. 21 § 1 KSH, s. dazu Rn. 265) wird angenommen, dass diese Haftung der Gesellschafter spätestens **zum Tage der Eintragung der Gesellschaft ins Unternehmerregister erlischt.**[191] Denn mit der Eintragung der Gesellschaft ist die unwiderlegbare Vermutung verbunden, dass das Stammkapital voll eingebracht worden ist.[192] 170

Das KSH sieht darüber hinaus eine „zweispurige" (**Innen-)Haftung der Gesellschafter für Sacheinlagen** vor: Einerseits hat jeder Gesellschafter **für Mängel** der von ihm eingebrachten Sacheinlagen einzustehen (Art. 14 § 2 KSH) und andererseits haftet er, sofern die Sacheinlage im Gesellschaftsvertrag **überbewertet** worden ist (Art. 175 KSH) (s. dazu Rn. 234). 171

Ein wichtiger Unterschied zwischen dem deutschen und dem polnischen Recht der Vorgesellschaft besteht darin, dass es in Polen **keine Verlustdeckungs- oder Unterbilanzhaftung** der Gesellschafter auf den Eintragungsstichtag gibt.[193] Insbesondere bezieht sich die Pflicht der Nachleistung nach Art. 14 § 2 KSH nicht auf den Wert der Einlage zum Zeitpunkt der Eintragung der Gesellschaft, sondern auf den Wert der Einlage bei Übernahme der Anteile (dh zum Zeitpunkt des Abschlusses des Gesellschaftsvertrages).[194] Daher kann nach Ansicht des Schrifttums im polnischen Recht keine Pflicht angenommen werden, das Vermögen der Gesellschaft aufzufül- 172

189 Hierzu *Pörnbacher* GmbHR, 2002, 370.

190 Vgl. dazu *Suliński* in: Bieniak et al. (Hrsg.), KSH, 2012, Art. 13 Rn. 2 ff.

191 *Szajkowski/Tarska* in: Sołtysiński et al. (Hrsg.), KSH, Bd. 1, 2012, Art. 13 Rn. 35.; *Potrzeszcz* in: Siemiątkowski/Potrzeszcz (Hrsg.), KSH, Bd. 1, 2011, Art. 13 Rn. 10 f.

192 Art. 17 I des polnischen Gesetzes vom 20.8.1997 über das Landesgerichtsregister iVm Art. 21 KSH – s. dazu *Potrzeszcz* in: Siemiątkowski/Potrzeszcz (Hrsg.), KSH, Bd. 1, 2011, Art. 13 Rn. 10.

193 Vgl. dazu *Oplustil*, Gläubigerschutz durch reale Kapitalaufbringung im deutschen und polnischen Recht der Kapitalgesellschaften. Eine Rechtsvergleichende Untersuchung, 2001, S. 189 f.

194 So die hM in Polen: vgl. dazu insbes. *Szumański* in: Sołtysiński et al. (Hrsg.), KSH, Bd. 1, 2012, Art. 14 Rn. 23. Ein Teil des Schrifttums vertritt wiederum, dass es sich dabei um Zeitpunkt der Einbringung der Einlage in die

len, falls dieses in der Gründungsphase weitgehend aufgebracht worden ist und zum Zeitpunkt der Eintragung nicht mehr in Höhe des im Gesellschaftsvertrag bestimmten Stammkapitals zur Verfügung steht.[195]

3. Organisationsverfassung

a) Überblick: Gestaltbare und hierarchische Binnenordnung

173 Für den Bereich der inneren Organisation der sp. z o.o. gilt grundsätzlich – ähnlich wie im deutschen GmbH-Recht – das Prinzip einer weitgehenden **Gestaltungsfreiheit,** das es den Gründern erlaubt, die aus ihrer Sicht zweckmäßigen Bestimmungen im Gesellschaftsvertrag zu treffen. Allerdings enthält das KSH für das Innenverhältnis der sp. z o.o. erheblich mehr Vorschriften als das deutsche GmbH-Gesetz. Diese wesentlich höhere Regelungsdichte führt jedoch nicht zwangsläufig zu einer Beschränkung der Gestaltungsfreiräume, weil viele Bestimmungen dispositiv sind. Da aber das KSH erst seit einem Jahrzehnt in Kraft ist, besteht in wichtigen Teilbereichen noch Rechtsunsicherheit, inwieweit tatsächlich von einzelnen gesetzlichen Vorschriften abgewichen werden darf. Daher erfährt das Prinzip der Gestaltungsfreiheit im KSH **punktuelle Einschränkungen,** die bei der Ausgestaltung eines Gesellschaftsvertrages beachtet werden müssen. Ebenso von Bedeutung ist, dass die Gesellschafter entsprechende – vom Gesetz abweichende – Regelungen anders als im deutschen GmbH-Recht, wo häufig vergleichbare gesetzliche Vorschriften fehlen, zu deren Wirksamkeit zwingend in den Text des Gesellschaftsvertrages aufnehmen müssen.

174 Zum anderen ist es für das Verständnis des polnischen GmbH-Rechts von Beudeutung, dass die Regelungen der sp. z o.o. **weitgehend parallel zu den Vorschriften der polnischen AG** ausgestaltet worden sind. Aus dieser Regelungstechnik folgt, dass die polnischen Gerichte und auch das Schrifttum zur Lückenschließung im Recht der sp. z o.o. oftmals die Regelungen aus dem AG-Recht (analog) heranziehen, wobei man sich – anders als in Deutschland – häufig nicht den unterschiedlichen Charakter beider Kapitalgesellschaftsformen bewusst macht. Sichtbarster Ausdruck dieser Tendenz ist die Tatsache, dass im polnischen Schrifttum zT die Auffassung vertreten wird, den für die polnische AG geltenden **Grundsatz der Satzungsstrenge** (Art. 304 § 3 und 4 KSH) auch in Bezug auf die sp. z o.o. **analog anzuwenden.**[196]

175 Als **Organe** einer sp. z o.o. sind durch das Gesetz zwingend **die Gesellschafterversammlung** und **der Vorstand (die Geschäftsführung)** vorgegeben. Bei einer sp. z o.o., deren Stammkapital einen Betrag von PLN 500.000 übersteigt und die mehr als 25 Gesellschafter hat, muss zusätzlich ein **Aufsichtsrat** oder eine **Revisionskommission** (Art. 213 § 2 KSH) eingerichtet werden. Abgesehen hiervon können die Gründer einer sp. z o.o. bei der Abfassung des Gesellschaftsvertrages frei entscheiden, ob ein Aufsichtsrat oder eine Revisionskommission eingerichtet werden soll (Art. 213 § 1 KSH). Ob darüber hinaus weitere Gesellschaftsorgane, insbesondere Beiräte, gegründet werden können, ist umstritten.[197]

176 Für das Funktionieren einer jeden Kapitalgesellschaft ist das Machtverhältnis zwischen der Geschäftsführung und den Gesellschaftern von zentraler Bedeutung. Das KSH enthält für die sp. z o.o. eine klare **Regelung der Organzuständigkeiten,** die deutsche Juristen an aktienrechtlichen Vorschriften erinnern dürfte. Wie in einer Aktiengesellschaft gibt es bei der sp. z o.o. einen **Vorstand,** dem die Befugnis zur Führung der Geschäfte zugewiesen ist (Art. 201 § 1 KSH). Umstritten sind noch immer die rechtlichen Konsequenzen der gesetzlichen Regelung der Organzuständigkeiten hinsichtlich der Stellung des Vorstands gegenüber der Gesellschafterversammlung, insbesondere die Frage, ob die Gesellschafterversammlung dem Vorstand bindende Weisungen im Bereich der Geschäftsführung erteilen kann. Von einem Teil des Schrifttums wird das Prinzip der getrennten Organzuständigkeiten einer sp. z o.o. betont, mit dem eine Weisungsabhängigkeit im Bereich der Geschäftsführung unvereinbar sei.[198] Danach soll eine Einwirkung der Gesellschafterversammlung auf die Geschäftsführung des Vorstands nur dort zulässig sein, wo das Gesetz dies selbst vorsehe (vor allem über entsprechende Zustimmungsvorbehalte) oder ausdrücklich eine derartige Regelung im Gesellschaftsvertrag ein entsprechendes Vorgehen gestattet. Ad hoc-Weisungen sind danach generell unzulässig.[199]

177 Allerdings bestimmt das KSH ausdrücklich, dass sich **Beschränkungen** für die Vorstandsmitglieder im Innenverhältnis aus dem Gesellschaftsvertrag sowie – wenn der Gesellschaftsvertrag es nicht anders bestimmt – **aus den Gesellschafterbeschlüssen** ergeben können (Art. 207 KSH), was ein Hinweis auf die Weisungsabhängigkeit des Vorstands ist. Einen weiteren Hinweis auf die Weisungsabhängigkeit liefert ein neuer Art. 228^1 KSH, der im Ja-

Gesellschaft handeln soll – so *Tofel* in: Bieniak et al. (Hrsg.), KSH, 2012, Art. 14 Rn. 25. Sicher ist aber, dass es nicht um den Zeitpunkt der Eintragung der Gesellschaft geht.

195 So *Potrzeszcz* in: Siemiątkowski/Potrzeszcz (Hrsg.), KSH, Bd. 1, 2011, Art. 13 Rn. 13. S. auch *Kryzel,* Das Kapitalschutzsystem der deutschen GmbH und der polnischen spółka z o.o. nach der Reform, 2012, S. 89 f.

196 So *Pabis* in: Bieniak (Hrsg.), KSH 2012, Art. 157 Rn. 15.

197 Vgl. dazu *Lewandowski,* PS 2004 Nr. 9, 22.

198 So ua *Pabis* in: Bieniak et al. (Hrsg.), KSH, 2012, Art. 207 Rn. 2 und 4. Für Weisungsabhängigkeit der Geschäftsführung ua *Szumański* in: Sołtysiński et al. (Hrsg.), KSH, Bd. 2, 2014, Art. 207 Rn. 7.

199 *Pabis* in: Bieniak et al. (Hrsg.), KSH, 2012, Art. 207 Rn. 2.

nuar 2017 eingeführt worden ist, und wonach nicht nur der Gesellschaftsvertrag, sondern auch ein Gesellschafterbeschluss Regeln für die Veräußerung des Gesellschaftsvermögens oder die Durchführung von bestimmten Geschäften festlegen kann.[200] Im neueren Schrifttum wird die **Weisungsabhängigkeit** des Vorstands auch immer breiter vertreten.[201] Zu betonen ist auch, dass **in der Praxis** Weisungen an die Geschäftsführung durchaus verbreitet sind und keine einschlägige Rechtsprechung besteht, die ein solches Vorgehen untersagen würde. Dennoch ist den Gründern einer sp. z o.o. zu empfehlen, die Weisungsabhängigkeit im Gesellschaftsvertrag explizit und eindeutig zu regeln. Hierzu ist es üblich, **detaillierte Kataloge von Geschäften** in den Gesellschaftsvertrag aufzunehmen, für die der Vorstand die Zustimmung der Gesellschafterversammlung einzuholen hat. Damit werden Streitigkeiten um Weisungen vermieden, die keine Grundlage im Gesellschaftsvertrag haben.

b) Gesellschafterversammlung

aa) Kompetenzen

Den Gesellschaftern werden zunächst **die gleichen Aufgaben zugewiesen, die in der Aktiengesellschaft der Hauptversammlung zukommen:** die Feststellung des Jahresabschlusses, die Entlastung der Vorstandsmitglieder und die Entscheidung über die Verwendung des Ergebnisses (Art. 231 § 2 KSH). Allerdings liegen nur die beiden ersten Aufgaben zwingend in der Kompetenz der Gesellschafterversammlung. Über die Gewinn- bzw. Verlustverwendung kann außerhalb der Gesellschafterversammlung entschieden werden, wenn der Gesellschaftsvertrag dies bestimmt. So kann zum einen im Gesellschaftsvertrag diese Aufgabe einem anderen Gesellschaftsorgan zugeteilt werden. Zum anderen ist es auch zulässig, im Gesellschaftsvertrag selbst die Regeln der Ergebnisverwendung festzulegen. Der Gesellschaftsvertrag kann zB bestimmen, dass der ganze Gewinn ohne weitere Beschlussfassung an die Gesellschafter auszuschütten ist. 178

Des Weiteren gehören zu den **zwingenden Kompetenzen der Gesellschafterversammlung:** 179

- Entscheidungen über Schadenersatzansprüche für Schäden, die bei Gründung der Gesellschaft oder bei der Geschäftsführung- oder Aufsichtstätigkeiten entstanden sind (Art. 228 Ziff. 2 KSH);
- Veräußerung und Verpachtung eines Unternehmens oder eines organisierten Teils davon sowie die Bestellung von beschränkt dinglichen Rechten daran (Art. 228 Ziff. 3 KSH);
- Erstattung von Nachschüssen (Art. 228 Ziff. 5 KSH);
- Abschluss eines Vertrages über Führung der abhängigen Gesellschaft oder über Abführung deren Gewinns (sog Konzernverträge) (vgl. Art. 228 Ziff. 2, 3, 5, 6 KSH);
- Änderungen des Gesellschaftsvertrages (Art. 255 § 1 KSH);
- Einziehung der Anteile (Art. 199 § 2 KSH, allerdings mit der in Art. 199 §§ 4 f. bestimmten Ausnahme);
- Auflösung der Gesellschaft (Art. 270 KSH).

Eine weitere Gruppe von Maßnahmen bedarf eines Gesellschafterbeschlusses, **falls der Gesellschaftsvertrag nicht etwas anderes bestimmt:** 180

- die Bestellung und die Abberufung der Vorstände (Art. 201 § 4 KSH);
- wenn ein Aufsichtsrat eingerichtet worden ist – die Bestellung und die Abberufung der Aufsichtsratsmitglieder (Art. 215 § 1 KSH);
- der Erwerb und die Veräußerung von Immobilien oder von Anteilen daran sowie der Erwerb und die Veräußerung von Erbnießbrauchsrechten (*użytkowanie wieczyste*) (Art. 228 Ziff. 4 KSH);
- jede Verfügung über ein Recht bzw. das Eingehen einer Verpflichtung zu einer Leistung, deren Wert doppelt so hoch ist wie der Wert des Stammkapitals (Art. 230 KSH).

Weitere Zuständigkeiten können der Gesellschafterversammlung **durch den Gesellschaftsvertrag** eingeräumt werden. In der Praxis ist es dabei verbreitet, insbesondere für die folgenden Angelegenheiten einen Gesellschafterbeschluss zu verlangen: 181

- Zustimmung zu bestimmten Rechtsgeschäften (zB Eingehen von Krediten und Darlehen sowie Erteilung von Garantien und Bürgschaften ab einer bestimmten Höhe);
- Übertragung von Anteilen an der Gesellschaft;
- Erwerb, Übernahme und Veräußerung von Beteiligungen der Gesellschaft oder einer abhängigen Gesellschaft an anderen Unternehmen; ;
- Bestätigung von jährlichen bzw. mehrjährlichen Geschäftsplänen der Gesellschaft.

Die **Rechtsfolgen** einer Missachtung von Zustimmungsvorbehalten zugunsten der Gesellschafterversammlung sind im KSH unterschiedlich geregelt. Wird die Zustimmung zu einem Rechtsgeschäft **vom Gesetz** verlangt, soll 182

200 Kritisch über die Möglichkeit, solche Regeln in einem einfachen Gesellschafterbeschluss festzulegen *Szumański*, PPH 2017, Nr. 3, 12.

201 Vgl. nur die Zusammenstellung des Schrifttums bei *Jara* in: Jara (Hrsg.), KSH, 2017, Art. 207 Rn. 7.

ein solches Rechtsgeschäft ohne den erforderlichen Beschluss **nichtig** sein (Art. 17 § 1 KSH).[202] Das gilt unabhängig davon, ob es sich um eine zwingende oder dispositive gesetzliche Bestimmung handelt. Jedoch kann die Zustimmung auch **rückwirkend** innerhalb von zwei Monaten nach Abgabe der Erklärung durch die Gesellschaft erteilt werden (Art. 17 § 2 KSH). Diese Nichtigkeitsfolge wird allerdings für einen gesetzlich bestimmten Zustimmungsvorbehalt ausdrücklich ausgeschlossen, namentlich für die Verfügung über ein Recht oder das Eingehen einer Verpflichtung zu einer Leistung, deren Wert doppelt so hoch ist wie der Wert des Stammkapitals (Art. 230 KSH).[203] Wird dagegen ein Zustimmungsvorbehalt nicht durch eine gesetzliche Regelung, sondern **nur vom Gesellschaftsvertrag** vorgesehen, führt die fehlende Zustimmung nicht zur Nichtigkeit des Geschäfts. Sie kann allerdings **die Haftung der Vorstände** wegen einer Verletzung des Gesellschaftsvertrages begründen (Art. 17 § 3 KSH).

183 Hinsichtlich der Stellung der Geschäftsführung gegenüber der Gesellschafterversammlung s. Rn. 176 ff.

bb) Einberufung

184 Die ordentliche Gesellschafterversammlung hat innerhalb von sechs Monaten nach Abschluss des Geschäftsjahres stattzufinden (Art. 230 § 1 KSH) und wird im Regelfall durch den Vorstand einberufen (Art. 235 § 1 KSH). Eine **außerordentliche Gesellschafterversammlung** ist vom Vorstand einzuberufen, wenn dies eine Minderheit von 10% des Stammkapitals verlangt (Art. 236 § 1 KSH) oder der Gesellschaft Verluste entstanden sind, deren Gesamtbetrag die Summe der Rücklagen, der Kapitalreserven und der Hälfte des Stammkapitals übersteigt (Art. 233 § 1 KSH). Der **Ort der Gesellschafterversammlung** muss immer **auf dem Gebiet Polens** liegen (Art. 234 KSH).

185 Die **Einberufung** der Gesellschafterversammlung muss mindestens zwei Wochen vor dem Termin dieser abgeschickt werden. Die Form der Einberufung wird vom Gesetz detailliert geregelt (Art. 238 § 1 KSH). Sind mehrere Vorstandsmitglieder vorhanden, ist für die Einberufung ein Vorstandsbeschluss notwendig[204] (zu den Geschäftsführungsbefugnissen s. Rn. 199 ff.).

cc) Beschlussfassung

186 Die Organisation der **Beschlussfassung** wird im KSH wesentlich ausführlicher als im deutschen GmbH-Gesetz geregelt. Beschlüsse der Gesellschafter können in der **Gesellschafterversammlung** (*zgromadzenie wspólników*, Art. 227 § 1 KSH) oder **im Umlaufverfahren** (*bez odbycia zgromadzenia wspólników*) gefasst werden – letzteres allerdings nur dann, wenn alle Gesellschafter dem zustimmen (Art. 227 § 2 KSH). Zu berücksichtigen ist dabei, dass im Umlaufverfahren das Schriftformerfordernis gilt. In der Praxis wird angenommen, dass diesen Anforderungen die Textform nicht genügt. Allerdings ist auch zu betonen, dass diese Frage bisher durch die Rechtsprechung nicht geklärt worden ist. Besondere Beachtung verdient, dass eine Reihe von Beschlüssen nicht im Umlaufverfahren gefasst werden können und zwar diejenigen, die zur Kernkompetenz **der ordentlichen Gesellschafterversammlung** gehören, also Beschlüsse über die Feststellung des Jahresabschlusses und die Entlastung des Vorstands sowie über die Verwendung des Ergebnisses (Art. 231 § 2 und § 4 KSH).

187 Besondere Regeln gelten für die im Internet (im Rahmen des S-24-Verfahrens) gegründeten Gesellschaften: diese können die in der Verordnung des Justizministers bestimmten Beschlüsse über das Internet fassen (Art. 240^1 iVm Art. 157^1 § 5 KSH).

188 Die Beschlussfassung erfolgt – sofern das KSH oder der Gesellschaftsvertrag nicht etwas anderes bestimmen – nach dem **absoluten Mehrheitsprinzip.** Das bedeutet, dass für einen Beschluss mehr als die Hälfte aller abgegebenen Stimmen (dh der Ja- und Nein-Stimmen sowie der Enthaltungen) notwendig ist (Art. 245 KSH). Das Stimmrecht wird dabei gem. Art. 242 KSH **nach der Beteiligungshöhe** bestimmt. Hierzu können durch den Gesellschaftsvertrag Ausnahmen statuiert werden, allerdings nur innerhalb eines gesetzlich bestimmten Rahmens. So können bevorrechtigte Anteile (Mehrstimmrechte) vorgesehen werden, jedoch darf die Bevorrechtigung im Bereich des Stimmrechtes nur Anteile mit gleichem Nominalwert betreffen. Zudem kann der Gesellschaftsvertrag nicht mehr als drei Stimmen pro Anteil zuerkennen (Art. 174 § 3 und § 4 KSH). Die Gesellschafterversammlung ist unabhängig davon beschlussfähig, wie viele Gesellschafter in der Versammlung vertreten sind. Ein Gesellschaftsvertrag kann jedoch von dieser Regel absehen und Quorumsregelungen enthalten.

---

202 Dass diese Vorschrift in den Fallgruppen, in denen das Gesetz eine abweichende gesellschaftsvertragliche Regelung der Zustimmungspflicht erlaubt, gegen den ehemaligen Art. 10 der Publizitätsrichtlinie (ex-Art. 9 der Kodifizierungs-RL (Richtlinie (EU) 2017/1132)), dh gegen den Grundsatz von der unbeschränkten und unbeschränkbaren Vertretungsmacht verstößt, wird von C. *Schubel* in:FS Hommelhoff, 2012, S. 1059, 1066 ff., geltend gemacht.

203 Diese Ausnahme wurde durch eine Novelle des KSH im Jahre 2004 eingeführt und zwar mit der Begründung, dass dieser Zustimmungsvorbehalt bei Gesellschaften mit einem niedrigen Stammkapital zahlreiche Geschäfte beträfe, was in der Praxis oft übersehen werde und daher zu erheblichen zivilrechtlichen und steuerlichen Problemen führen würde – vgl. dazu *Pabis* in: Bieniak et al. (Hrsg.), KSH, 2012, Art. 230 Rn. 3 f.

204 So das Berufungsgericht in Poznań im Urteil vom 21.11.2006, Az. I ACa 713/06. ua So auch *Strzelczyk* in: Siemiątkowski/Potrzeszcz (Hrsg.), KSH, Bd. 2, 2011, Art. 235 Rn. 3.

Für bestimmte Beschlüsse sieht das Gesetz **qualifizierte Mehrheitserfordernisse** vor. Anders als im deutschen Recht gibt es aber nicht *die* satzungs- bzw. strukturändernde Mehrheit, sondern **eine Fülle höchst unterschiedlicher Einzelregelungen.** Eine **Mehrheit von zwei Dritteln** der Stimmen ist grundsätzlich für Änderungen des Gesellschaftsvertrages sowie für die Auflösung der Gesellschaft und die Veräußerung des Unternehmens oder eines organisierten Teils davon erforderlich (Art. 246 § 1 KSH). Eine **Mehrheit von drei Vierteln** der Stimmen benötigt dagegen einen Beschluss über die Änderung des Gesellschaftsvertrages, sofern damit eine wesentliche Änderung des Unternehmensgegenstandes der Gesellschaft herbeigeführt werden soll (Art. 246 § 1 KSH). Des Weiteren verlangt das Gesetz zusätzlich die **Zustimmung sämtlicher betroffener Gesellschafter**, wenn die Satzungsänderung die Leistungspflichten der Gesellschafter vermehrt, deren Sonderrechte beschränkt oder (gewöhnliche) Anteilsrechte mindert (Art. 246 § 3 KSH). Über die Fortführung einer Gesellschaft, die sich bereits im Liquidationsverfahren befindet, muss **einstimmig** entschieden werden (Art. 273 KSH). **Andere Mehrheiten sind im polnischen Umwandlungsrecht gesehen.**[205] Alle Änderungen des Gesellschaftsvertrages werden erst mit ihrer Eintragung in das Unternehmerregister wirksam (Art. 255 § 1 KSH). 189

Grundsätzlich ist die Abstimmung in der Gesellschafterversammlung **offen** (Art. 247 § 1 KSH). Eine **geheime** Abstimmung muss jedoch bei Wahlen, Anträgen auf Abberufung von Organmitgliedern und von Liquidatoren, bei der Beschlussfassung über die Geltendmachung von Schadensersatzansprüchen von diesen Personen sowie bei persönlichen Angelegenheiten angeordnet werden. Darüber hinaus ist eine geheime Abstimmung durchzuführen, wenn dies von einem Gesellschafter verlangt wird (Art. 247 § 2 KSH). 190

Stimmverbote sind in Art. 244 KSH niedergelegt. Danach kann ein Gesellschafter nicht bei einer Beschlussfassung abstimmen, die seine Haftung gegenüber der Gesellschaft bzw. die Erteilung der Entlastung, die Befreiung von einer Verbindlichkeit gegenüber der Gesellschaft oder einen Rechtsstreit zwischen ihm und der Gesellschaft betrifft. Soweit das Gesetz oder der Gesellschaftsvertrag keine Beschränkungen enthält, können die Gesellschafter ihr Stimmrecht **durch Bevollmächtigte** ausüben (Art. 243 § 1 KSH), wobei als Bevollmächtigter weder ein Vorstandsmitglied noch ein Angestellter der Gesellschaft agieren kann (gemäß zwingender Regelung in Art. 243 § 3 KSH). Die Vollmachtsurkunde muss zwingend schriftlich gefasst werden und ist in das Protokollbuch einzutragen (Art. 243 § 2 KSH). Das in Polen zwingend vorgegebene **Protokollbuch** (*księga protokołów*) stellt eine dem deutschen GmbH-Gesetz unbekannte Regelung dar. In das Protokollbuch sind alle Gesellschafterbeschlüsse einzutragen (Art. 248 § 1 und § 3 KSH). Dem Protokollbuch sind die Anwesenheitsliste, die Beweise über die Einberufung der Gesellschafterversammlung sowie Vollmachtsurkunden beizufügen (Art. 243 § 2 und 248 § 2 KSH). 191

Bei **Beschlussmängeln** existieren – ähnlich wie im deutschen Recht – zwei Wege, auf denen die Beschlüsse beanstandet werden können. Zum einen können Beschlüsse, die mit dem Gesellschaftsvertrag oder mit den guten Sitten unvereinbar sind und den Interessen der Gesellschaft zuwiderlaufen oder darauf abzielen, einen Gesellschafter zu schädigen, im Wege einer **Klage auf Aufhebung des Beschlusses** angefochten werden (Art. 249 § 1 KSH).[206] Aus der polnischen Rechtsprechung können folgende Beispiele für Aufhebungsgründe genannt werden: 192

- Übertragung der Kompetenz zur Bestellung der Vorstände von der Gesellschafterversammlung auf den Aufsichtsrat;[207]
- Verletzung eines Stimmbindungsvertrages bei Beschlussfassung;[208]
- grobe Verletzung der Vorstandspflicht zur Geschäftsführung als Grund für die Aufhebung des Beschlusses über Vorstandsentlastung.[209]

Zum anderen können Beschlüsse, die gegen das Gesetz verstoßen, mit einer **Klage auf Feststellung der Nichtigkeit** beanstandet werden (Art. 252 KSH). Obwohl sich der Gesetzestext hierbei auf alle Verstöße gegen das Recht bezieht, also sowohl auf Verstöße gegen das materielle als auch gegen das formelle Recht, können – nach Ansicht von Rechtsprechung und Schrifttum – nur solche Verstöße gegen formelle Erfordernisse zur Nichtigkeit führen, die Einfluss auf den Inhalt des gefassten Beschlusses haben konnten.[210] So wird von der Rechtsprechung 193

205 Die Verschmelzungs- und Spaltungsbeschlüsse bedürfen bei Kapitalgesellschaften einer Mehrheit von drei Vierteln der Stimmen, welche zumindest die Hälfte des Stammkapitals vertreten (Art. 506 § 1 KSH und Art. 541 § 1 KSH). Bei den Beschlüssen über einen Formwechsel wird für die erforderliche Mehrheit nach der Form der Zielgesellschaft differenziert: Bei einem Formwechsel in eine Kapitalgesellschaft gilt das gleiche Mehrheitserfordernis wie bei Verschmelzung und Spaltung (Art. 577 § 1 Ziff. 1 KSH). Wenn es aber um die Umwandlung in eine Personengesellschaft geht, so ist eine Mehrheit erforderlich, welche zumindest zwei Drittel des Stammkapitals vertritt (Art. 575 KSH).

206 Dabei ist zu beachten, dass viele Einzelheiten der Beschlussanfechtung sowie der Nichtigkeitserklärung sowohl im wissenschaftlichen Schrifttum als auch in der Rechtsprechung höchst umstritten sind.

207 Urteil des Obersten Gerichts vom 13.10.2004, Az. III CK 459/02.

208 Urteil des Obersten Gerichts vom 7.05.2009, Az. III CSK 315/2008.

209 Urteil des Berufungsgerichts in Warszawa vom 10.5.2013, Az. VI ACa 157/2012.

210 So zuletzt das polnische Oberste Gericht im Urteil vom 26.3.2009 (Az. I CKS 253/08).

zB hervorgehoben, dass allein die Nichtbeachtung der Pflicht zur Eintragung der Beschlüsse in das Protokollbuch nicht zur Nichtigkeit der Beschlüsse führt.[211]

c) Vorstand (Geschäftsführung)

aa) Bestellung und Abberufung

194 Die Mitglieder des Vorstands werden durch einen **Gesellschafterbeschluss** bestellt und abberufen, es sei denn, dass der Gesellschaftsvertrag etwas anderes bestimmt (Art. 201 § 4 KSH). In der Praxis sind Sonderrechte für Bestellungen der Vorstände üblich. Bei der Bestellung sind die zwingenden **persönlichen Voraussetzungen,** die von Art. 18 KSH bestimmt werden, zu beachten. Danach kann nicht Vorstand werden, wer für eine der dort aufgelisteten Straftaten aus dem polnischen Strafgesetzbuch und dem KSH rechtskräftig verurteilt worden ist. Zum Vorstand können **sowohl Gesellschafter, als auch Dritte** bestellt werden. Eine Fremdorganschaft ist daher möglich.

195 Während nach dem deutschen GmbH-Gesetz Geschäftsführer in der Regel unbefristet bestellt werden, enthält das KSH eine Bestimmung für die **Amtszeit** der Vorstände. Nach Art. 202 § 1 KSH erlischt ihr Mandat – falls der Gesellschaftsvertrag es nicht anders bestimmt – mit der Abhaltung der ordentlichen Gesellschafterversammlung, die über den Jahresabschlussbericht für das erste volle Geschäftsjahr betreffend der Ausübung der Funktion des Vorstandsmitglieds beschließt.[212] Daher erstreckt sich **die gesetzliche Amtszeit** eines Vorstandes – je nach dem, zu welchem Zeitpunkt er berufen wurde – über einen Zeitraum **von mindestens einem Jahr bis zu über zwei Jahren.** Von dieser Regel kann abgewichen werden, jedoch **nur durch eine Regelung im Gesellschaftsvertrag.** Ein einfacher Gesellschafterbeschluss reicht hierfür nicht aus.[213] Durch den Gesellschaftsvertrag kann eine **längere Amtszeit** eingeführt werden oder es kann bestimmt werden, dass die Vorstandsmitglieder **auf unbestimmte Zeit** berufen werden. Erst auf Grundlage derartiger Bestimmungen im Gesellschaftsvertrag können Vorstände wirksam für einen von der gesetzlichen Regelung abweichenden Zeitraum bestellt werden.

196 Ein Vorstandsmitglied kann nach Art. 203 § 1 KSH jederzeit und ohne wichtigen Grund durch einen Gesellschafterbeschluss abberufen werden. Diese **freie Widerrufbarkeit kann im Gesellschaftsvertrag beschränkt werden,** insbesondere ist es möglich, den Widerruf an das Vorliegen eines wichtigen Grundes zu binden (Art. 203 § 2 KSH). Das gesetzliche Recht der Gesellschafter auf Abberufung des Vorstandes darf aber nach der Rechtsprechung des Obersten Gerichts im Gesellschaftsvertrag **nicht völlig ausgeschlossen** werden. Daher ist beispielsweise eine gesellschaftsvertragliche Bestimmung als unwirksam anzusehen, nach der ein Vorstand nur durch denjenigen Gesellschafter abberufen werden kann, der ihn in das Amt bestellt hatte.[214]

197 Wie das deutsche Recht unterscheidet das polnische KSH zwischen dem **Organverhältnis,** das durch die Akte der Bestellung und der Abberufung bestimmt wird, und dem **Anstellungsverhältnis,** welches durch die Anstellung und die Kündigung gekennzeichnet ist. In Art. 203 § 1 KSH ist daher ausdrücklich geregelt, dass die Abberufung dem ehemaligen Vorstand nicht seine Ansprüche aus dem Arbeitsverhältnis oder aus einem anderen Rechtsverhältnis (in der Praxis ist es verbreitet, mit den Vorständen Dienstleistungs- anstelle von Arbeitsverträgen abzuschließen), das die Ausübung seiner Tätigkeit für die Gesellschaft betrifft, nimmt.

198 Bis Januar 2017 gab es keine gesetzliche Regelung über die Festlegung der **Vergütung** der Vorstandsmitglieder. In der Praxis wurde oft im Gesellschaftsvertrag eine Kompetenz der Gesellschafterversammlung vorgesehen, über die Höhe der Vergütung zu entscheiden. Fehlte eine solche gesellschaftsrechtliche Regelung, so wurde über die Vergütung entweder im Bestellungsbeschluss oder im Anstellungsvertrag entschieden. Im Januar 2017 trat nun eine neue Regelung in Kraft, welche die Kompetenz der Gesellschafterversammlung diesbezüglich bestätigt hat (vgl. Art. 203^1 KSH).

bb) Geschäftsführung

199 Das KSH regelt die Geschäftsführungsbefugnis der Vorstände detailliert (Art. 208 KSH), wobei die dispositiven gesetzlichen Regeln weitgehend an die Regelung der Geschäftsführungsbefugnisse bei der sp. j. (also an das polnische OHG-Recht, s. dazu Rn. 60) erinnern. So ist bei einem Vorstand, der aus mehreren Personen besteht, jedes Vorstandsmitglied zur Geschäftsführung berechtigt und verpflichtet (Regel der **Einzelgeschäftsführung**). Diese Befugnis erstreckt sich aber nur auf den **Bereich der gewöhnlichen Geschäfte.** Zudem kann jedes Vorstandsmitglied gegen Vornahme einer Handlung durch ein anderes Vorstandsmitglied **Widerspruch einlegen.** In diesem Fall bedarf es für die Vornahme der Handlung eines vorherigen Beschlusses des Gesamtvorstandes. Ein derartiger Beschluss ist auch für Handlungen erforderlich, die **außerhalb des Bereichs der gewöhnlichen Geschäfte** liegen. Beschlüsse des Vorstandes können gefasst werden, wenn alle seine Mitglieder ordnungsgemäß

211 So das polnische Oberste Gericht im Urteil vom 13.4.2004, Az. IV CK 686/04.
212 Was auch durch das polnische Oberste Gericht bestätigt wurde im Urteil vom 21.7.2010, Az. III CZP 23/10.
213 So explizit das polnische Oberste Gericht im Urteil vom 21.7.2010, Az. III CZP 23/10.
214 Urteil des Obersten Gerichts vom 15.11.2006, Az. V CSK 241/06. Im rechtswissenschaftlichen Schrifttum bleibt diese Problematik umstritten.

über die Sitzung unterrichtet worden sind. Die Beschlüsse werden dann mit absoluter Mehrheit der Stimmen gefasst. Die Satzung kann zudem vorsehen, dass die Beschlüsse schriftlich im Umlaufverfahren oder mithilfe von elektronischen Kommunikationsmitteln gefasst werden.[215]

Die Bestellung eines Prokuristen bedarf der Zustimmung aller Vorstandsmitglieder. Widerrufen werden kann die Prokura (*prokura*) aber von jedem einzelnen Vorstandsmitglied. Die Prokura ist ins Unternehmerregister einzutragen. Die Anmeldung muss allerdings nicht persönlich durch Vorstandsmitglieder vorgenommen werden, sondern kann durch einen Bevollmächtigten (zB einen Rechtsanwalt) erfolgen. 200

Durch den Gesellschaftsvertrag kann der Posten eines **Vorstandsvorsitzenden** (*prezes zarządu*) eingerichtet werden. Ihm können laut Art. 208 § 8 KSH bestimmte Befugnisse im Bereich der Leitung der Vorstandsaufgaben zugestanden werden. Der Gesellschaftsvertrag kann insbesondere bestimmen, dass bei Stimmengleichheit im Vorstand die Stimme des Vorsitzenden entscheidend ist. Vor allem ist in der Praxis jedoch verbreitet, für den Vorstandsvorsitzenden eine besondere Vertretungsregel vorzusehen, nämlich Einzelvertretungsmacht, während die anderen Vorstandsmitglieder grundsätzlich nur zur Gesamtvertretung berechtigt sind. 201

cc) Vertretung

Nach Art. 201 § 1 KSH ist der Vorstand zur Vertretung der Gesellschaft berufen. Wenn mehrere Vorstandsmitglieder bestellt werden und der Gesellschaftsvertrag die Vertretung nicht näher regelt, sind die Mitglieder des Vorstands gem. Art. 205 § 1 KSH **zur Gesamtvertretung** von jeweils zwei Vorständen sowie **zur unechten Gesamtvertretung** (ein Vorstand und ein Prokurist) berechtigt. Auch bei der unechten Gesamtvertretung handelt es sich um eine organschaftliche Vertretungsmacht. Insoweit ist es in der Praxis der polnischen sp. z o.o. schon seit Jahren verbreitet, Prokuristen zu berufen, die nur zum Handeln mit einem Geschäftsführer im Rahmen der unechten Gesamtvertretung befugt sind. Nachdem diese Praxis auf Grundlage der damaligen gesetzlichen Regelungen von der Rechtsprechung beanstandet wurde, ist diese Möglichkeit mit einer Novelle des KC, die im Januar 2017 in Kraft getreten ist, gesetzlich ausdrücklich gebilligt worden. Durch diese Novelle ist in das KC eine sog unechte Gesamtprokura eingeführt worden, Art. 109^4 § 1^1 KC. 202

Die gesetzliche Vertretungsregel in der sp. z o.o. weicht also mit der Regel der Gesamtvertretung vom gesetzlichen Model der (Einzel-) Geschäftsführung ab. Der Gesellschaftsvertrag kann allerdings auch eine **Einzelvertretung** vorsehen bzw. bestimmte Vorstandsmitglieder zur Gesamtvertretung und andere zur Einzelvertretung ermächtigen. Die Regeln der Vertretung sind im Unternehmerregister zu veröffentlichen. 203

Die zulässigen Beschränkungen der Geschäftsführung des Vorstands zugunsten der Gesellschafterversammlung oder anderer Gesellschaftsorgane gelten nur im Innenverhältnis (Art. 17 § 3, anders dagegen Art. 17 § 1 KSH für nach dem Gesetz zustimmungspflichtige Geschäfte, vgl. Rn. 182). Es gilt daher, wie im deutschen GmbH-Recht, der **Grundsatz der unbeschränkten und unbeschränkbaren organschaftlichen Vertretungsmacht**, der für die sp. z o.o. in Art. 204 § 1 und 2 KSH ausdrücklich geregelt wird. 204

Die Bestellung und Abberufung von Vorstandsmitgliedern ist **ins Unternehmerregister einzutragen**, die Eintragung hat jedoch lediglich **deklaratorische Wirkung**. Handelt jedoch ein bereits abberufener Vorstand noch im Namen der Gesellschaft, kann die Gesellschaft seine Abberufung einem in guten Glauben handelnden Dritten nicht entgegenhalten, solange die Bestellung nicht im Register gelöscht wird.[216] 205

Bei einem **Vertragsschluss zwischen der Gesellschaft und einem Vorstandsmitglied** sowie bei einer Auseinandersetzung mit Vorständen wird die Gesellschaft durch den **Aufsichtsrat** oder einen **Bevollmächtigten der Gesellschafterversammlung** vertreten (Art. 210 § 1 KSH). Anders als das deutsche Verbot des Insichgeschäfts nach § 181 Alt. 1 BGB kann diese Regelung im Gesellschaftsvertrag nicht abbedungen werden.[217] Am Rande ist anzumerken, dass nach der traditionellen und noch hM die Regelungen des polnischen Zivilgesetzbuches über die Bevollmächtigten grundsätzlich keine Anwendung auf organschaftliche Vertreter einer juristischen Person finden. Dieses bedeutet ua, dass ein Vertrag, der seitens der Gesellschaft durch den Vorstand unter Verletzung der Vertretungsregel abgeschlossen worden ist, durch die Gesellschaft nicht bestätigt werden kann und daher dauerhaft unwirksam bleibt. Von dieser Meinung wird allerdings sowohl in der neueren Rechtsprechung als auch im neueren Schrifttum vermehrt Abstand genommen.[218] 206

Art. 210 § 1 KSH wird von der Rechtsprechung und dem polnischen Schrifttum streng ausgelegt. Ein Bevollmächtigter zur Vertretung der Gesellschaft gegenüber dem Vorstand kann danach nicht im Umlaufverfahren bestellt werden, sondern es muss dafür eine Gesellschafterversammlung einberufen werden.[219] Der Vertrag mit einem Vorstand darf auch nicht seitens der Gesellschaft direkt in Form eines Gesellschafterbeschlusses abge- 207

215 *Naworski* in: Siemiątkowski/Potrzeszcz (Hrsg.), KSH, Bd. 2, 2011, Art. 208 Rn. 40.
216 Art. 14 des polnischen Gesetzes vom 20.7.1997 über das Landesgerichtsregister.
217 Vgl. dazu *Szumański* in: Sołtysiński et al. (Hrsg.), KSH, Bd. 2, 2014, Art. 210 Rn. 15 ff.
218 Vgl. insbesondere den Beschluss der sieben Richter des Obersten Gerichts vom 14.9.2007, Az. III CZP 31/07.
219 *Rodzynkiewicz* in: *Rodzynkiewicz* (Hrsg.), KSH, 2014, Art. 210 Rn. 3.

schlossen werden. Ein solcher Vertrag wäre nichtig.[220] Obwohl die Folgen einer Missachtung des Verbots gem. Art. 210 § 1 KSH in der Rechtsprechung umstritten sind, hat sich im Schrifttum bereits eine hM herausgebildet, wonach ein solcher Verstoß zur **Nichtigkeit der Handlung** führt.[221]

208 Handelt es sich um den geschäftsführenden Gesellschafter in einer **Einpersonengesellschaft**, so finden die Vertretungsregeln aus Art. 210 § 1 KSH keine Anwendung, sondern es gilt ein spezielles Formerfordernis: Jedes Rechtsgeschäft mit der Gesellschaft **bedarf der notariellen Beurkundung** (Art. 210 § 2 KSH). Auch dieses Erfordernis kann im Gesellschaftsvertrag nicht abbedungen werden.

dd) Pflichten und Haftung

209 Der Vorstand einer sp. z o.o. ist verpflichtet, bei der Ausübung seiner Funktion die Sorgfalt einzuhalten, die sich aus dem beruflichen Charakter dieser Tätigkeiten ergibt (Art. 293 § 2 KSH). Dabei geht es um einen mit dem „ordentlichen Kaufmann" des deutschen GmbH-Gesetzes vergleichbaren Maßstab.

210 Der Verstoß gegen die gesetzlichen oder durch den Gesellschaftsvertrag bestimmten Pflichten löst eine Schadenersatzhaftung des Vorstandsmitgliedes aus (Art. 293 § 1 KSH). Sie ist als eine **Innenhaftung gegenüber der Gesellschaft** ausgestaltet.[222] Von der Haftung kann sich das Vorstandsmitglied nur dann befreien, wenn er nachweist, dass er ohne Schuld gehandelt hat.

211 Sehr umstritten ist in Polen die Frage, ob eine Verletzung der allgemeinen Pflicht, die Geschäfte der Gesellschaft ordentlich zu führen, bereits zur Haftung der Geschäftsführer führen kann, oder ob die Haftung nur bei der Verletzung von konkreten gesetzlichen Pflichten eingreift. Es gibt eine Rechtsprechungslinie des Obersten Gerichts, in der der Standpunkt vertreten wird, dass allein ein Verstoß gegen die oben beschriebene Sorgfaltspflicht zu keiner Haftung führe, da es sich dabei lediglich um ein Verschuldenskriterium handle. Dem Vorstand müsse **ein Verstoß gegen eine konkrete, sich aus dem Gesetz oder dem Gesellschaftsvertrag ergebende Pflicht** nachgewiesen werden.[223] Diese Rechtsprechung des Obersten Gerichts wurde von Teilen des Schrifttums in Polen sehr kritisch als Gefährdung des Schutzstandards für die polnischen Kapitalgesellschaften und deren Gesellschafter reflektiert.[224] Sie bedeute, dass den Geschäftsführern keine Haftung drohte, obwohl sie ihre Funktion ohne Einhaltung der ihnen obliegenden Sorgfalt ausübten.

212 In einem Urteil aus dem Jahr 2014 hat das Oberste Gericht wohl indirekt Abstand von der bisherigen Rechtsprechungslinie genommen. Das Gericht hat in diesem Urteil zwar weiterhin vertreten, dass allein die Verletzung der Sorgfaltspflicht aus Art. 293 § 2 KSH keine selbstständige Grundlage der Haftung bilde. Gleichzeitig hat aber das Oberste Gericht anerkannt, dass **die Führung der Gesellschaftsgeschäfte eine grundlegende Pflicht** der Geschäftsführer darstellt und dass sie eine gesetzliche Grundlage im Art. 201 KSH hat. Deren (verschuldete) Verletzung durch die Geschäftsführer soll zu einer Haftung führen.[225] Es bleibt abzuwarten, ob in der Zukunft das Oberste Gericht diese neue Richtung weiter verfolgen wird.

213 Gleichzeitig hat das Oberste Gericht in dem oben erwähnten Urteil aus dem Jahr 2014 auch eine wichtige Grenze für die Haftung der Geschäftsführer angesprochen. Danach können erst solche Handlungen zu einer Haftung führen, welche außerhalb der Grenzen des wirtschaftlichen zulässigen Risikos liegen.[226] Damit ist die sog ***business judgment rule*** in der Rechtsprechung des polnischen Obersten Gerichts reflektiert worden. Die *business judgment rule* als eine Haftungsgrenze für die Geschäftsführer wird auch durch einen Teil des Schrifttums anerkannt.[227] Durch die polnischen Gerichte ist diese Regel aber bis jetzt nicht weiter vertieft oder konkretisiert worden.

214 Bei der Bestimmung des für den konkreten Schaden verantwortlichen Vorstandsmitgliedes spielen **die internen Regeln der Aufteilung der Kompetenzen im Vorstand** in der Praxis eine wichtige Rolle. Diese werden im Gesellschaftsvertrag bzw. in der Geschäftsordnung des Gremiums bestimmt.

215 Wenn ein Vorstandsmitglied aufgrund einer **Gesellschafterweisung** handelt, kann er sich unter Umständen von der Haftung befreien. Allerdings wird im polnischen Schrifttum betont, dass die Befolgung einer Weisung nicht automatisch zur Entlastung des Vorstandsmitgliedes führt. Verstößt nämlich eine Weisung gegen das Recht oder

220 So bzgl. des Arbeitsvertrages für den Geschäftsführer das Oberste Gericht im Urteil vom 15.6.2005, Az. II PK 276/04.
221 Vgl. dazu nur *Szumański* in: Sołtysiński et al. (Hrsg.), KSH, Bd. 2, 2014, Art. 210 Rn. 15 f.
222 Ausführlich zu dieser Haftung *Cierpial* in: Kalss (Hrsg.), Vorstandshaftung in 15 europäischen Ländern, 2005, S. 660 ff.
223 Vgl. das polnische Oberste Gericht im Urteil vom 9.2.2006, Az. V CSK 128/05, wie auch im Urteil vom 24.9.2008, Az. II CSK 118/08. Vgl. dazu *Sabat* WiRO 2014, 225 ff.
224 Vgl. nur *Opalski/Oplustil*, PPH, 2013 Nr. 3, 11 ff., *Opalski/Oplustil*, PPH, 2013 Nr. 12, 26 ff.
225 Urteil des Obersten Gerichts vom 24.7.2014, Az. II CKS 627/13. Vgl. dazu *Buszmak*, PPH, 2016 Nr. 5, 51 ff.; *Jastrzębski* ECFR 2017, 73 ff.
226 Urteil des Obersten Gerichts vom 24.7.2014, Az. II CKS 627/13.
227 Vgl. *Opalski/Oplustil*, PPH, 2013 Nr. 3, 11 ff.; *Jastrzębski* ECFR 2017, 73, 82 ff.

den Gesellschaftsvertrag, so wird vom Vorstandsmitglied erwartet, dass er die Ausführung der Weisung verweigert und eine Klage auf Aufhebung des Beschlusses erhebt.[228]

Ersatzansprüche **verjähren nach drei Jahren** ab dem Tage, an dem die Gesellschaft von dem Schaden und der Person, die für diesen Schaden einzustehen hat, erfahren hat. Sie verjähren jedoch nicht später als zehn Jahre ab dem Tage, an dem das zum Schaden führende Ereignis eingetreten ist (Art. 297 KSH). Darüber hinaus kann die Gesellschaft Ansprüche gegen Vorstandsmitglieder auf Grundlage der allgemeinen Haftungsregeln (vertragliche Haftung, Haftung aus Delikt) erheben. 216

Explizit wird in Art. 295 KSH die sog ***actio pro socio*** geregelt, also das Recht jedes einzelnen Gesellschafters, Klage auf Ersatz des zugefügten Schadens zugunsten der Gesellschaft zu erheben, wenn die Gesellschaft selbst ein Jahr ab Bekanntwerden des Schadens nicht tätig geworden ist. Im polnischen Schrifttum ist jedoch umstritten, ob diese Berechtigung sich nur auf die in diesem Abschnitt des KSH bestimmten Ansprüche, also vor allem auf die Ansprüche der Gesellschaft gegen Vorstände gemäß Art. 293 KSH erstreckt (so die hM),[229] oder ob sie Schadenersatzansprüche der Gesellschaft aller Art – einschließlich solcher gegen andere Personen – umfasst.[230] Zu beachten ist außerdem, dass gemäß Art. 295 § 4 KSH im Fall einer unbegründeten Klage der Gesellschafter, der die actio pro socio im bösen Glauben oder mit grober Fahrlässigkeit eingereicht hat, zum Schadenersatz verpflichtet ist. 217

Bei der Innenhaftung der Vorstände ist zu beachten, dass die **Entlastung** durch die Gesellschafterversammlung (gemäß Art. 231 § 2 Ziff. 3 KSH) im Gegensatz zum GmbH-Recht **keinen Verzicht der Gesellschaft auf Ersatzansprüche** gegen die Vorstände enthält. Wenn aber ein Vorstandsmitglied von der Gesellschaft auf Schadenersatz verklagt wird, so kann er sich auf die ihm erteilte Entlastung mit der Folge berufen, dass **die Klage zurückgewiesen wird.** Wird die Klage allerdings entweder durch einen Gesellschafter oder in der Insolvenz der Gesellschaft erhoben, kann sich der Vorstand in diesen Fällen nicht auf die ihm erteilte Entlastung berufen, um die Haftung zu vermeiden (Art. 297 KSH).[231] 218

Das KSH regelt darüber hinaus eine **Außenhaftung der Vorstandsmitglieder gegenüber den Gesellschaftsgläubigern.**[232] Nach Art. 299 § 1 KSH haften die Mitglieder des Vorstands gesamtschuldnerisch für die Verbindlichkeiten der Gesellschaft, wenn sich die Zwangsvollstreckung gegen die Gesellschaft als erfolglos erweist. 219

Diese Haftung ist neben der – dem polnischen Recht ebenfalls bekannten – Insolvenzverschleppungshaftung geregelt und bildet eine weitere (zusätzliche) Haftungsgrundlage.[233] Will sich der Vorstand von der Haftung nach Art. 299 § 1 KSH befreien, muss er das Bestehen eines Entlastungsgrundes nachweisen (Art. 299 § 2 KSH).[234] Zu betonen ist gleichzeitig, dass Art. 299 KSH viele Kontroversen in der Rechtslehre und in der Rechtsprechung ausgelöst hat. Zahlreiche mit dieser Haftung zusammenhängende Fragen – insbesondere bezüglich der dafür geltenden Verjährungsfristen, des Verhältnisses zur Insolvenzverschleppungshaftung und des genauen Umfanges der Ersatzpflicht – konnten bislang von der Rechtsprechung noch nicht abschließend geklärt werden. 220

Ergänzend ist noch darauf hinzuweisen, dass es in Polen bisher **keine Rechtsprechung zur Haftung eines sog faktischen Geschäftsführers** gibt. 221

d) Aufsichtsrat/Revisionskommission

Die Kontrolle der Geschäftsführung erfolgt in der sp. z o.o. zum einen mittels der Individual- bzw. Minderheitenrechte der Gesellschafter und zum anderen kann die Überwachung durch ein speziell dafür errichtetes Organ, den Aufsichtsrat oder die Revisionskommission übernommen werden. 222

Jedem Gesellschafter steht gemäß Art. 212 KSH das Recht zu, die Bücher und Unterlagen der Gesellschaft einzusehen, eine Bilanz zum eigenen Gebrauch zu erstellen und Aufklärung vom Vorstand zu verlangen. Anders als im deutschen GmbH-Recht wird diese Berichtigung vom Gesetz jedoch nicht zwingend vorgegeben. Im Gesellschaftsvertrag können die **Kontrollrechte** der Gesellschafter **eingeschränkt oder gar vollständig ausgeschlossen werden,** falls bei der Gesellschaft ein Aufsichtsrat oder eine Revisionskommission errichtet worden ist (Art. 213 § 3 KSH). 223

Des Weiteren steht Gesellschaftern, die mindestens 10% des Stammkapitals vertreten, das Recht auf **Einberufung einer außerordentlichen Gesellschafterversammlung** zu (Art. 236 § 1 KSH) sowie das Recht, eine **Sonder-** 224

228 Vgl. dazu *J. Schubel*, Landesbericht Polen in: Rodewald/Paulat, GmbHR 2013, 519 ff.

229 So zB *Pabis* in: Bieniak et al. (Hrsg.), KSH, 2012, Art. 295 Rn. 1.

230 Vgl. nur *Szajkowski/Tarska* in: Sołtysiński et al. (Hrsg.), KSH, Bd. 2, 2014, Art. 295 Rn. 3.

231 Vgl. dazu *Naworski* in: Siemiątkowski/Potrzeszcz (Hrsg.), KSH, Bd. 3, 2012, Art. 395 Rn. 18 ff.

232 Ausführlich dazu *Cierpial* in: Kalss (Hrsg.), Vorstandshaftung in 15 europäischen Ländern, 2005, S. 679 ff. Vgl. auch *Meppen* NZI 2015, 107 ff.

233 Die Insolvenzverschleppungshaftung ist im polnischen Recht in Art. 21 III des Gesetzes – Insolvenzrecht vom 28.2.2003 geregelt.

234 Diese sind: (i) die rechtzeitige Antragstellung auf Eröffnung des Insolvenzverfahrens, oder (ii) das fehlende Verschulden des Geschäftsführers für die verspätete Antragstellung auf Eröffnung der Insolvenz oder (iii) die fehlende Schädigung des Gläubigers trotz der Verspätung.

prüfung der Buchführung und der Gesellschaftstätigkeiten verlangen zu können (Art. 223 KSH). Für die Gesellschafter, die mindestens 20% des Stammkapitals vertreten, ist im Jahr 2017 ein weiteres Recht eingeführt worden, und zwar das Recht, die Aufnahme bestimmter Angelegenheiten in die Tagesordnung der nächsten Gesellschafterversammlung verlangen zu können (Art. 236 § 1^1 KSH).

225 Bei der sp. z o.o. ist die Einrichtung eines **Aufsichtsrats oder einer Revisionskommission** obligatorisch, wenn das Stammkapital einen Betrag von PLN 500.000 übersteigt und die sp. z o.o. mehr als 25 Gesellschafter hat (Art. 213 § 2 KSH). Die Voraussetzungen müssen kumulativ vorliegen. Darüber hinaus können die Gesellschafter im Gesellschaftsvertrag frei entscheiden, ob sie eines dieser Organe oder auch alle beide einrichten wollen.

226 Der Aufsichtsrat besteht **aus mindestens drei Mitgliedern**, die durch die Gesellschafter bestellt und abberufen werden (Art. 215 § 1 KSH). Der Gesellschaftsvertrag kann allerdings andere Regeln der Berufung und Abberufung vorsehen (Art. 215 § 2 KSH), insbesondere einzelnen Gesellschaftern eine Berechtigung zur Bestellung und Abberufung eines oder mehrerer Aufsichtsratsmitglieder erteilen.

227 Vom Gesetzgeber ist der Aufsichtsrat als **reines Überwachungsorgan** konzipiert worden, dessen Funktion in einer ständigen Aufsicht über die Tätigkeiten der Gesellschaft bestehen soll (Art. 219 § 1 KSH). Zu den besonderen Pflichten des Aufsichtsrats gehört die jährliche Prüfung des Lage- und Finanzberichts sowie der Anträge der Geschäftsführung für die Ergebnisverwendung. Daneben ist das Überwachungsorgan für die Erstellung eines eigenen Jahresberichts für die Gesellschafterversammlung über das Ergebnis dieser Prüfung verantwortlich (Art. 219 § 3 KSH). Ausdrücklich hervorgehoben wird vom KSH, dass der Aufsichtsrat nicht berechtigt ist, der Geschäftsführung bindende Weisungen zu erteilen (Art. 219 § 2 KSH). Allerdings kann der Gesellschaftsvertrag **die Stellung des Aufsichtsrats stärken**, insbesondere durch die Einführung von Zustimmungsvorbehalten bezüglich bestimmter (wichtiger) Maßnahmen der Geschäftsführung (Art. 220 KSH). Die Folgen der Missachtung von solchen Zustimmungsvorbehalten regelt Art. 17 § 3 KSH, wonach in einem solchen Fall keine Nichtigkeit des Geschäfts eintritt, sondern allein **die Haftung der Vorstände** wegen einer Verletzung der Satzung begründet werden kann.

228 Bei einer **Revisionskommission** handelt es sich typischerweise um ein Organ, dessen Kompetenzen sich nur auf **die jährliche Prüfung des Jahresabschlusses** begrenzen (vgl. Art. 221 § 1 KSH). Dieses Organ wird in der Praxis eher selten errichtet. Sofern sich die Gesellschafter einer sp. z o.o. entscheiden, ein Überwachungsorgan einzuführen, so ist es typischerweise ein Aufsichtsrat.

4. Kapitalverfassung

a) Kapitalaufbringung

229 Der internationalen Entwicklung folgend, entschloss sich der polnische Gesetzgeber im Jahr 2009 das gesetzliche Mindeststammkapital für die sp. z o.o., das bis dahin 50.000 PLN betragen hatte, deutlich abzusenken. Das Stammkapital der Gesellschaft muss seitdem nur noch mindestens **5.000 PLN** (ca. 1.200 EUR) betragen, die einzelnen Gesellschaftsanteile dürfen für nicht weniger als **50 PLN** ausgegeben werden (Art. 154 § 1 und § 2 KSH). Die Gesellschaftsgründer sind in keiner Weise verpflichtet, ein höheres Stammkapital festzulegen, das sich zB am Geschäftsumfang orientiert, um dadurch für einen besseren Gläubigerschutz zu sorgen. So wird zwar im polnischen Schrifttum eine **Doktrin der materiellen Unterkapitalisierung** und eine darauf aufbauende Haftung der Gesellschafter diskutiert;[235] eine solche Haftung wird jedoch bisher **weder von der hM vertreten noch wurde sie bisher durch die Rechtsprechung bestätigt.**

230 Bei der Gründung müssen vor der Anmeldung der Gesellschaft die Einlagen zur Abdeckung des gesamten vereinbarten Stammkapitals aufgebracht werden (**Volleinzahlungspflicht**, zur Ausnahme bei S-24 s. Rn. 160). Die Gesellschafter können sowohl Geld (Bar)-, als auch Sacheinlagen einbringen. Das polnische Recht geht dabei vom **Grundsatz der realen Kapitalaufbringung** aus.[236] So ist es insbesondere **bei Bareinlagen** den Gesellschaftern verboten, sich von der Pflicht zur Zahlung der Stammeinlage durch eine Aufrechnung zu befreien (**Aufrechnungsverbot**, Art. 14 § 4 KSH). Im Schrifttum wird hervorgehoben, dass bei der Gründung eine Aufrechnung auch nicht durch einen Aufrechnungsvertrag mit der Gesellschaft erfolgen kann (zur Aufrechnung bei Kapitalerhöhung s. Rn. 243).[237] Dies hat zur Folge, dass **Forderungen** bei der Aufbringung des ursprünglichen Stammkapitals **nur als Sacheinlagen** geleistet werden können. Als Sanktion für verbotene Aufrechnungen wird vom Schrifttum eine **Nichtigkeit** wegen Rechtsumgehung befürwortet.[238] Des Weiteren können die Anteile nicht zu einem geringeren Preis als ihrem Nominalwert übernommen werden (**Verbot der „Unterpari"-Emission,** Art. 154 § 3 KSH).

231 Soll in die Gesellschaft eine **Sacheinlage** (*wkład niepieniężny* = „Nichtgeldeinlage") eingebracht werden, muss **im Gesellschaftsvertrag** deren Gegenstand, der Gesellschafter, der die Sacheinlage einbringt, sowie die Zahl und

235 Vgl. zB *Opalski* in: Opalski (Hrsg.), Prawo zgrupowań spółek, 2012, S. 505 ff.
236 *Naworski* in: Siemiątkowski/Potrzeszcz (Hrsg.), KSH, Bd. 1, 2011, Art. 14 Rn. 50.
237 *Naworski* in: Siemiątkowski/Potrzeszcz (Hrsg.), KSH, Bd. 1, 2011, Art. 14 Rn. 58.
238 *Oplustil*, PPH 2002 Nr. 2, Beilage, S. 17 ff.; *Szumański* in: Sołtysiński et al. (Hrsg.), KSH, Bd. 1, 2012, Art. 14 Rn. 18.

der Nominalwert der dafür übernommenen Anteile aufgeführt werden (Art. 158 § 1 KSH). Obwohl auch in Polen Sacheinlagen offengelegt werden müssen, gibt es **kein umfassendes Verbot verdeckter Sacheinlagen** mit daran anknüpfenden speziellen Rechtsfolgen, wie es das deutsche Recht kennt (vgl. § 19 IV GmbHG).[239] Da bei der sp. z o.o. allerdings kein Sachverständigengutachten für die Sachgründung erforderlich ist und es auch keine unterschiedlichen Aufbringungsvorschriften für Bar- und Sacheinlagen gibt, ergeben sich in der Praxis auch hinsichtlich verdeckter Sacheinlagen weniger Anreize als in Deutschland. Eine spezielle Regelung hat lediglich der Fall erfahren, in dem ein Vertrag über den Erwerb von Immobilien oder von Anlagevermögen für die Gesellschaft zu einem Preis von über 25% des Stammkapitals (jedoch nicht weniger als 50.000 PLN) **vor Ablauf von zwei Jahren nach der Registrierung der Gesellschaft** abgeschlossen werden soll. Wurde ein solcher Vertrag nicht im Gesellschaftsvertrag vorgesehen, bedarf dessen Abschluss eines Gesellschafterbeschlusses (Art. 229 KSH).

Gegenstand einer Sacheinlage können insbesondere Eigentumsrechte an beweglichen Sachen und Immobilien sowie an Unternehmen sein, aber auch Anteile und Wertpapiere sowie Urheberrechte.[240] Auch Forderungen des Gesellschafters gegen Dritte können eine Sacheinlage darstellen. Dasselbe gilt grundsätzlich auch für Forderungen gegen die Gesellschaft.[241] Forderungen der Gesellschaft gegen Gesellschafter sind dagegen nicht sacheinlagefähig.[242] Unveräußerliche Rechte, Arbeits- und Dienstleistungen können nicht als Sacheinlage eingebracht werden (Art. 14 § 1 KSH). Des Weiteren darf die Vergütung für bei Gründung der Gesellschaft geleistete Dienste nicht auf den Anteil angerechnet werden (Art. 158 § 2 KSH). 232

Sacheinlagen sind **vor der Anmeldung** der Gesellschaft zur „endgültigen freien Verfügung" zu leisten (Art. 158 § 3 KSH).[243] Die Gesellschafter brauchen bei einer Leistung von Sacheinlagen – anders als im deutschen GmbH-Recht – **keinen Sachgründungsbericht** anzufertigen. Auch eine Überprüfung der Bewertung durch (externe) Sachverständige ist nicht erforderlich. Charakteristisch für das polnische Recht ist, dass bei einer Sachgründung neben dem Gesellschaftsvertrag **kein zusätzlicher Ausführungsvertrag** zwischen dem leistenden Gesellschafter und der Gesellschaft erforderlich ist[244] (zu den Regeln bei einer Kapitalerhöhung s. Rn. 244). Im Regelfall wird daher die Einlage mit dem Abschluss des Gesellschaftsvertrages an die Gesellschaft übertragen, denn der Gesellschaftsvertrag führt als ein verpflichtender Vertrag – nach dem im polnischen Zivilrecht geltenden Einheitsprinzip, Art. 155 KC – bereits zur Übertragung der Rechte. 233

Die Werthaltigkeit der Sacheinlagen wird durch zwei Haftungsvorschriften abgesichert, die in Art. 14 § 2 KSH und in Art. 175 KSH geregelt sind. Art. 14 § 2 KSH statuiert eine **Differenzhaftung des Gesellschafters für Mängel der eingebrachten Sacheinlage.**[245] Der leistende Gesellschafter ist verpflichtet, die Differenz zwischen dem im Gesellschaftsvertrag festgesetzten Wert und dem Verkaufswert der Einlage auszugleichen, also im Prinzip eine **Geldleistung** einzubringen. Im Schrifttum wird jedoch teilweise vertreten, dass dieser Anspruch in bestimmten Fällen durch eine Sachleistung erfüllt werden könne.[246] Dies erklärt sich aus dem speziellen Ansatz dieser Haftung in Bezug auf die Mangelhaftigkeit der Sacheinlage. Dagegen wird von Art. 175 KSH die (allgemeine) **Haftung für erheblich überwertete** (*znacznie zawyżone*) **Sacheinlagen** geregelt. Hiernach haften mit dem leistenden Gesellschafter **auch die Geschäftsführer** gesamtschuldnerisch, die trotz Kenntnis dieser Tatsache die Gesellschaft zur Eintragung angemeldet haben. Die Gesellschaft hat Anspruch auf eine **Geldleistung**, die der Differenz zwischen dem im Gesellschaftsvertrag angenommen Wert und den Verkaufswert der Sache entspricht, wobei es insoweit auf den Zeitpunkt ankommt, **zu dem der Gesellschaftsvertrag abgeschlossen worden ist.** Diese Stichtagsregelung wird von der hM auf die Haftung gemäß Art. 14 § 2 KSH übertragen, obwohl dort – anders als bei Art. 175 KSH – eine Vorschrift, die dies ausdrücklich feststellt, fehlt. Auch für diese Haftung 234

239 S. dazu *Opalski* in: Opalski (Hrsg.), Prawo zgrupowań spółek, 2012, S. 414 ff.

240 Vgl. dazu *Pabis* in: Bieniak et al. (Hrsg.), KSH, 2012, Art. 158 Rn. 21 ff. Vertieft über zulässige Gegenstände der Sacheinlage *Kryzel,* Das Kapitalschutzsystem der deutschen GmbH und der polnischen spółka z o.o. nach der Reform, 2012, S. 103 ff.; *Kidyba/Sołtysiński/Szumański* in: Lutter (Hrsg.), Das Kapital der Aktiengesellschaft in Europa, 2006, S. 697 ff.

241 Zu den Voraussetzungen, welche diese Forderungen erfüllen müssen, s. *Oplustil*, PPH 2002 Nr. 2, Beilage, S. 12 ff. und *Szumański* in: Sołtysiński et al. (Hrsg.), KSH, Bd. 1, 2012, Art. 14 Rn. 18.

242 So bereits das polnische Oberste Gericht im Beschluss der sieben Richter vom 2.3.1993 auf Grundlage des Handelsgesetzbuches vom 1934. Diese Auffassung wird durch die hM geteilt – s. dazu *Szumanski* in: Sołtysiński et al. (Hrsg.), KSH, Bd. 1, 2012, Art. 14 Rn. 16.

243 Zum Verständnis der freien Verfügbarkeit im polnischen Recht s. *Kryzel,* Das Kapitalschutzsystem der deutschen GmbH und der polnischen spółka z o.o. nach der Reform, 2012, S. 74 f.

244 So *Pabis* in: Bieniak et al. (Hrsg.), KSH, 2012, Art. 163 Rn. 16.

245 S. dazu auch *Kryzel,* Das Kapitalschutzsystem der deutschen GmbH und der polnischen spółka z o.o. nach der Reform, 2012, S. 119 ff.

246 So *Szumański* in: Sołtysiński et al. (Hrsg.), KSH, Bd. 1, 2012, Art. 14 Rn. 27; *Tofel* in: Bieniak, KSH, 2012, Art. 14 Rn. 30. Dagegen *Naworski* in: Siemiątkowski/Potrzeszcz (Hrsg.), KSH, Bd. 1, 2011, Art. 14 Rn. 30.

kommt es mithin auf den Wert der Einlage zum Zeitpunkt des Abschlusses des Gesellschaftsvertrages an.[247] Beide Regelungen statuieren eine **Garantiehaftung**, die vom Wissen oder Verschulden unabhängig ist.[248]

b) Kapitalerhaltung

235 Die Kapitalerhaltungsregeln bei der sp. z o.o. sind weitgehend an die entsprechenden Regelungen des polnischen Aktiengesellschaftsrechts angelehnt, weshalb das Kapitalschutzsystem eher dem der deutschen AG als dem der deutschen GmbH ähnelt. Durch Art. 189 § 1 und § 2 KSH wird zunächst bestimmt, dass **das zur Erhaltung des Stammkapitals erforderliche Vermögen der Gesellschaft** nicht an die Gesellschafter ausgezahlt werden darf.[249] Durch Art. 191 und 192 KSH werden **die strengen Regeln der Gewinnverteilung** bestimmt. Hierzu wird vom Schrifttum hervorgehoben, dass, wie bei der polnischen Aktiengesellschaft, auch bei der sp. z o.o. die Verteilung des Gesellschaftsvermögens nur in diesem Verfahren der Gewinnverteilung erfolgen kann.[250]

236 Das oben erwähnte **Verbot der Auszahlungen** an die Gesellschafter aus Art. 189 § 2 KSH findet dann Anwendung, wenn das **Nettovermögen** der Gesellschaft (dh alle Aktiva abzüglich aller Schulden) gleich oder niedriger als das im Gesellschaftsvertrag bestimmte Stammkapital ausfällt.[251] Dieses ist zum Zeitpunkt der Auszahlung an einen Gesellschafter zu prüfen, wobei der Vorstand, um die Zulässigkeit der Auszahlung zu bestätigen, eine Bilanz zum Stichtag der Auszahlung vorbereiten soll.[252] Das Verbot umfasst Auszahlungen aller Art, unabhängig davon, ob sie sich aus dem Gesellschaftsverhältnis oder aus einem anderen Rechtstitel ergeben.[253] So kann zum einem nach diesem Verbot keine Dividende ausgezahlt werden, wenn am Auszahlungstag das Nettovermögen der Gesellschaft nicht mehr zur Deckung des Stammkapitals ausreicht.[254] Zum anderen umfasst das Verbot auch die Ansprüche der in der Gesellschaft angestellten Gesellschafter, die sich aus dem Arbeitsverhältnis ergeben.[255]

237 Was die **Gewinnverwendung** (*podział zysku*) anbelangt, so besteht bei der sp. z o.o. grundsätzlich keine Pflicht zur Rücklagenbildung. **Der gesamte Gewinn**[256] kann daher an die Gesellschafter ausgeschüttet werden. Dieser umfasst die folgenden Positionen aus der Bilanz: den Nettogewinn (im KSH als „Gewinn für das letzte Geschäftsjahr" bezeichnet), Gewinne der vorangegangenen Jahre, fakultative Reservefonds (die aus dem Gewinn gebildet worden sind) sowie das Reservekapital in dem Umfang, in dem es aus dem Gewinn gebildet wurde (Art. 192 KSH).[257] Dieser Jahresüberschuss ergibt sich aus dem Finanzbericht, der durch die Geschäftsführung zu erstellen, (bei großen Gesellschaften) durch Abschlussprüfer zu prüfen und durch die Gesellschafterversammlung festzustellen ist.

238 Der **Prüfung durch einen Abschlussprüfer** unterliegen die Jahresabschlüsse der Gesellschaften, die in dem Geschäftsjahr, das demjenigen Geschäftsjahr, für welches der Jahresabschluss erstellt wurde, vorausging, mindestens zwei der nachstehend genannten Bedingungen erfüllt haben:

i. die durchschnittliche Beschäftigtenzahl des betreffenden Jahres betrug – auf Vollzeitstellen hochgerechnet – mindestens 50 Personen;
ii. die Summe der Aktiva der Bilanz belief sich zum Ende des Geschäftsjahres auf den Gegenwert in polnischer Währung von mindestens EUR 2.500.000;
iii. die in PLN ausgedrückten Nettoerlöse des betreffenden Geschäftsjahres aus dem Verkauf von Waren und Erzeugnissen sowie aus Finanzgeschäften beliefen sich auf den Gegenwert in polnischer Währung von mindestens EUR 5.000.000.[258]

239 Einen Anspruch auf Beteiligung am Gewinn hat der Gesellschafter erst dann, wenn dieser zur Verteilung durch den Beschluss der Gesellschafterversammlung bestimmt wird (Art. 191 § 1 KSH; allerdings kann der Gesellschaftsvertrag auch andere Regeln der Gewinnverwendung vorsehen (s. dazu bereits Rn. 178). Der auszuschüttende Gewinn ist **im Verhältnis zu den Anteilen** zu verteilen (Art. 191 § 1 KSH), es sei denn, dass der Gesellschaftsvertrag etwas anderes bestimmt. Im Laufe eines Geschäftsjahrs kann der Vorstand an die Gesellschafter

247 So die hM in Polen – s. dazu Rn. 172.
248 *Tofel* in: Bieniak, KSH, 2012, Art. 14 Rn. 19, 33; *Siemiątkowski/Potrzeszcz* in: Siemiątkowski/Potrzeszcz (Hrsg.), KSH, Bd. 2, 2011, Art. 175 Rn. 6.
249 Zur Diskussion, ob Art. 189 § 1 KSH darüber hinaus auch den Teil des Reservekapitals schützt, der aus dem auf die Anteile gezahlten Überschuss (Agio) entsteht, s. *Opalski* in: Opalski (Hrsg.), Prawo zgrupowań spółek, 2012, S. 388 f.
250 *Opalski* in: Opalski (Hrsg.), Prawo zgrupowań spółek, 2012, S. 395.
251 So das Oberste Gericht im Urteil vom 22.4.2015, Az. III CSK 284/14.
252 *Opalski*, PPH 2012 Nr. 11, 15.
253 Vgl. ua *Chomiuk* in: Jara (Hrsg.), KSH, 2017, Art. 189 Rn. 8.
254 *Chomiuk* in: Jara (Hrsg.), KSH, 2017, Art. 189 Rn. 8.
255 Kritisch dazu: *Szajkowski/Tarska* in: Soltysinski et al. (Hrsg.), KSH, Bd. 2, 2014, Art. 189 Rn. 11 ff.
256 Die einzige Ausnahme ist in Art. 200 § 2 KSH geregelt und betrifft den speziellen Reservefonds, der im Zusammenhang mit dem Erwerb eigener Anteile im Wege der Zwangsvollstreckung gebildet wird.
257 S. dazu *Opalski* in: Opalski (Hrsg.), Prawo zgrupowań spółek, 2012, S. 393 ff.
258 Art. 64 I Ziff. 4 des polnischen Rechnungslegungsgesetzes.

eine **Vorschussdividende** (*zaliczka na poczet dywidendy*) auszahlen, wenn er dazu durch den Gesellschaftsvertrag ermächtigt worden ist (vgl. Art. 194; zu den weiteren Voraussetzungen für die Auszahlung einer Vorschussdividende s. Art. 195 KSH).

Im Recht der sp. z o.o. gibt es keine Regelung, die es ausdrücklich verbietet, an die Gesellschafter für die durch diese an die Gesellschaft erbrachten Leistungen Zahlungen vorzunehmen, die größer als die übliche Vergütung im Verkehr wären (**kein gesetzliches Verbot der verdeckten Einlagenrückgewähr**). Allerdings wird im neueren Schrifttum vertreten, dass sich ein solches Verbot aus Art. 189 § 1 KSH bzw. aus einer analoger Anwendung der entsprechenden aktienrechtlichen Regelung (Art. 355 § 3 KSH, zu dieser Regelung s. Rn. 379) ergeben würde.[259] 240

Bei einer Verletzung der Kapitalerhaltungsvorschriften kommen zwei Sanktionen zur Anwendung. Zum einen sind alle derartigen Handlungen gesetzeswidrig und daher **nichtig**.[260] Zum anderen hat die Gesellschaft einen **Anspruch auf Rückerstattung** unzulässiger Auszahlungen (Art. 198 § 1 KSH). Zur Rückerstattung ist zunächst der Gesellschafter verpflichtet, der entgegen den gesetzlichen und gesellschaftsvertraglichen Bestimmungen eine Auszahlung erhalten hat, also der **Empfänger** (Art. 198 § 1 KSH). Seine Haftung ist **verschuldensunabhängig** und hängt insbesondere nicht davon ab, ob er die Zahlung **im guten oder bösen Glauben** erhalten hat. Des Weiteren haften die Organmitglieder, die für die unrechtmäßige Auszahlung verantwortlich sind, **gesamtschuldnerisch** mit dem Empfänger (**Verschuldenshaftung der Organmitglieder**, Art. 198 § 1 KSH). Schließlich statuiert Art. 198 § 2 eine **Ausfallhaftung der übrigen Gesellschafter** für unzulässige Auszahlungen, die weder vom Empfänger noch von den verantwortlichen Organmitgliedern erlangt werden können. Sie haften **verschuldensunabhängig** für Verluste der Gesellschaft, deren Ausgleich zur vollständigen Deckung des Stammkapitals notwendig ist, und zwar im Verhältnis ihrer Anteile. Diese Ausfallhaftung wird im polnischen Schrifttum jedoch zT als zu streng für diejenigen Minderheitsgesellschafter kritisiert, die sich an den unzulässigen Auszahlungen nicht beteiligt haben.[261] 241

c) Kapitalmaßnahmen

Das KSH sieht detaillierte Verfahrensregelungen für **Kapitalerhöhungen** (*podwyższenie kapitału zakładowego*) vor. Eine Kapitalerhöhung kann entweder **durch Änderung des Gesellschaftsvertrages** (Art. 257 ff. KSH) oder **als genehmigte Kapitalerhöhung** ohne Änderung des Gesellschaftsvertrages (Art. 257 § 1 und § 3 KSH) vorgenommen werden. Für die genehmigte Kapitalerhöhung ist eine entsprechende Bestimmung im Gesellschaftsvertrag erforderlich, die auch den maximalen Erhöhungsbetrag und deren Frist festzulegen hat (Art. 257 § 1 KSH). In der Praxis wird auf diese Art und Wiese zumeist die Gesellschafterversammlung ermächtigt, das Stammkapital zu erhöhen; diese Kompetenz kann durch den Gesellschaftsvertrag, aber auch auf den Vorstand übertragen werden.[262] Die Einführung einer solchen Regelung in den Gesellschaftsvertrag ermöglicht es, künftig das Stammkapital flexibel und schnell den finanziellen Bedürfnissen der Gesellschaft anzupassen. Nach der neuesten Rechtsprechung können allerdings auf diesem Wege keine neuen Investoren in die Gesellschaft aufgenommen werden, so dass dafür als rechtlich sicherer Weg die traditionelle Kapitalerhöhung im Wege der Gesellschaftsvertragsänderung bleibt.[263] 242

In beiden Fällen erfolgt die Kapitalerhöhung entweder im Wege einer Erhöhung des Nominalwerts der bestehenden Anteile oder durch Ausgabe neuer Anteile (Art. 257 § 2 KSH). Die Einlageverpflichtung kann sowohl mithilfe von Geld- als auch Sacheinlagen nachgekommen werden. Werden **Geldeinlagen** vereinbart, gilt für den Gesellschafter das **Aufrechnungsverbot** aus Art. 14 § 4 KSH. Allerdings kann eine Aufrechnung auf Grundlage eines Vertrages mit der Gesellschaft erfolgen (Art. 14 § 4 KSH) oder durch die Gesellschaft selbst erklärt werden.[264] Aufgerechnet werden können nur **gerichtlich verfolgbare, fällige und „vollwertige" Geldforderungen** eines Gesellschafters.[265] Die Aufrechnung gilt in diesem Fall als eine Geldeinlage. Forderungen, die diese Voraussetzungen nicht erfüllen, können nur als Sacheinlage eingebracht werden. 243

Soll eine **Sacheinlage** zur Deckung des erhöhten Stammkapitals eingebracht werden, so ist dieses in einem satzungsändernden Beschluss über die Kapitalerhöhung bzw. im Gesellschaftsvertrag zu bestimmen (Art. 261 iVm Art. 158 § 1 KSH) und im Unternehmerregister einzutragen. Für die Übertragung der Sacheinlage an die Gesell- 244

---

259 So *Opalski* in: Opalski (Hrsg.), Prawo zgrupowań spółek, 2012, S. 421.

260 Gemäß Art. 58 § 1 KC iVm Art. 2 KSH.

261 *Opalski* in: Opalski (Hrsg.), Prawo zgrupowań spółek, 2012, S. 452.

262 So auf Grundlage der Rechtsprechung des Obersten Gerichts zum Handelsgesetzbuch vom 1934 (Urteil des Obersten Gerichts vom 11.9.1991, Az. I CZ 12/91) *Siemiątkowski/Potrzeszcz* in: Siemiątkowski/Potrzeszcz (Hrsg.), KSH, Bd. 2, 2011, Art. 257 Rn. 5. Vgl. dazu auch *Chomiuk* in: Jara (Hrsg.), KSH, 2017, Art. 257 Rn. 14.

263 Beschluss der 7 Richter des Obersten Gerichts vom 17.1.2013, Az. III CZP 57/12.

264 S. dazu *Oplustil*, PPH, 2002, Nr. 2, Beilage, S. 11 ff., S. 16 ff.; *Szumański* in: Sołtysiński et al. (Hrsg.), KSH, Bd. 1, 2012, Art. 14 Rn. 17.

265 S. dazu nur *Oplustil*, PPH, 2002, Nr. 2, Beilage, S. 12 ff.

schaft wird darüber hinaus in der Praxis – neben dem Beschluss der Gesellschafterversammlung – noch ein zusätzlicher **Ausführungsvertrag** zwischen dem leistenden Gesellschafter und der Gesellschaft als erforderlich angesehen.[266]

245 Das KSH regelt zudem das **Bezugsrecht** der Altgesellschafter, also das Recht auf Übernahme der Anteile am erhöhten Stammkapital. Dieses Recht kann allerdings durch den Gesellschaftsvertrag oder für eine konkrete Kapitalerhöhung durch den Beschluss über die Kapitalerhöhung ausgeschlossen werden (Art. 258 § 1 KSH). Wird das Bezugsrecht nicht ausgeschlossen, steht es den Gesellschaftern grundsätzlich **im Verhältnis zu ihrer bisherigen Beteiligung am Stammkapital** zu (Art. 258 § 1 KSH).

246 Durch die Regelung des Bezugsrechts sollen die Altgesellschafter vor einer **Verwässerung ihrer Mitgliedschaftsrechte geschützt werden.** Da aber bezüglich des Ausschlusses des Bezugsrechts durch einen Gesellschafterbeschluss viele Fragen von der Rechtsprechung und vom Schrifttum noch nicht abschließend geklärt sind,[267] ist der tatsächliche Umfang dieses Schutzes unsicher. So gibt es zB unterschiedliche Entscheidungen des Obersten Gerichts zur Frage, ob der Ausschluss des Bezugsrechts im Zuge der Ausübung einer genehmigten Kapitalerhöhung (also ohne Änderung des Gesellschaftsvertrages) in einem einfachen Gesellschafterbeschluss entschieden werden kann.[268] In der neueren Rechtsprechung wird diese Möglichkeit verneint.[269] Vor allem Minderheitsgesellschafter sind aber weiterhin gut beraten, sich ihre Berechtigung auf Übernahme neuer Anteile bei einer Kapitalerhöhung **im Gesellschaftsvertrag abzusichern.**[270]

247 Das Gesetz regelt nicht, was passiert, falls ein Teil der Anteile im Zuge der Bezugsrechtausübung nicht übernommen wird. Bislang ist offen, ob dadurch die ganze Kapitalerhöhung nicht zustande kommt.[271] Es empfiehlt sich daher, die Folgen einer solchen Situation im Gesellschaftsvertrag oder im Beschluss über die Kapitalerhöhung zu regeln.[272]

248 Das KSH regelt detailliert die Voraussetzungen und das Verfahren bei einer **Kapitalherabsetzung** (Art. 263 ff. KSH). Sie kann nur durch einen Beschluss der Gesellschafter erfolgen, der mit der satzungsändernden Mehrheit zu fassen ist. Eine Kapitalherabsetzung kann entweder durch die **Einziehung** von Anteilen (Art. 199 KSH) oder durch die **Herabsetzung des Nominalwerts von Anteilen** erfolgen. Da hierdurch das Stammkapital, das dem Schutz der Gläubiger bezweckt, gemindert wird, sind die Gesellschaftsgläubiger grundsätzlich berechtigt, Widerspruch gegen die Herabsetzung einzulegen. In diesem Fall muss die Gesellschaft die Gläubiger befriedigen oder ihnen eine Sicherheit stellen (Art. 264 § 1 KSH). Die Gründe für eine Kapitalherabsetzung sind in der Praxis unterschiedlich. Sie kann beispielsweise zur Verlustdeckung dienen.

249 Das System des festen Stammkapitals und der Kapitalmaßnahmen wird ergänzt durch die Möglichkeit, eine Verpflichtung der Gesellschafter zur Leistung von **Nachschüssen** (*doplaty*) im Gesellschaftsvertrag zu vereinbaren (Art. 177 KSH). In der Praxis ist diese zusätzliche Finanzierung einer sp. z o.o. als eine Alternative zum Gesellschafterdarlehen sehr verbreitet. Dabei spielen bei der Entscheidung zwischen Nachschüssen und dem Gesellschafterdarlehen vor allem steuerrechtliche Gründe eine Rolle.

d) Gesellschafterdarlehen

250 Das polnische Recht kennt keine speziellen Vorschriften für eigenkapitalersetzende Gesellschafterdarlehen. Diese Problematik wird – insoweit der durch das deutsche MoMiG eingeführten Lösung nicht unähnlich – im Hinblick auf die **Insolvenz der Gesellschaft** geregelt. Bis Ende des Jahres 2015 war dieses in Art. 14 § 3 KSH geregelt, wonach jedes Gesellschafterdarlehen als Einlage in die Gesellschaft galt, wenn die Insolvenzeröffnung über das Vermögen der Gesellschaft binnen zwei Jahren nach dem Abschluss des Darlehensvertrages erfolgt war. Zum 1. Januar 2016 ist diese Regelung aufgehoben und eine Regelung in das polnische Insolvenzrecht eingeführt worden, wonach die Forderungen aus den Gesellschafterdarlehen und aus ähnlichen Rechtsverhältnissen, welche in den letzten fünf Jahren vor der Insolvenzeröffnung gewährt wurden, erst in der vierten (letzten) Kate-

266 Gestützt wird diese Praxis auf Urteile des polnischen Obersten Gerichts, die noch unter der Geltung des Handelsgesetzbuches v. 1934 erlassen worden sind (vgl. zB das Urteil des Obersten Gerichts vom 25.1.1996, Az. I CRN 238/96).

267 Vgl. die Zusammenstellung der Problematik durch *Chomiuk* in: Jara (Hrsg.), KSH, 2017, Art. 257 Rn. 37 ff.

268 Vgl. dazu die folgenden Urteile des Obersten Gerichts: vom 25.2.2010, Az. I CKS 384/09 und vom 14.5.2010, Az. II CSK 505/09. S. dazu auch *Oplustil*, PPH, 2012, Nr. 12, 25, 32.

269 Beschluss der 7 Richter des Obersten Gerichts vom 17.1.2013, Az. III CZP 57/12.

270 Was vor allem bei der Regelung im Gesellschaftsvertrag einer genehmigten Kapitalerhöhung zu empfehlen ist – vgl. dazu das Oberste Gericht im Urteil vom 14.5.2010, Az. II CKS 505/09 und im Urteil vom 21.10.2016, Az. IV CSK 835/15.

271 Zunächst hat das Oberste Gericht im Urteil vom 2.6.2004 (Az. IV CK 449/03) dazu vertreten, dass in einem solchen Fall der Vorstand die nicht übernommenen Anteile Dritten oder den übrigen Gesellschaftern anbieten kann. In späteren Urteilen hat das Oberste Gericht dagegen entschieden, dass in einer solchen Situation die Kapitalerhöhung nicht zustande kommt (so zB im Urteil vom 15.12.2006, Az. III CZP 132/06).

272 Vgl. dazu *Pabis* in: Bieniak et al. (Hrsg.), KSH, 2012, Art. 258 Rn. 14.

gorie aus den Mitteln der Insolvenzmasse befriedigt werden. Dieses gilt auch für Darlehen, die durch eine über den Gesellschafter herrschende Einheit erteilt werden.[273]

5. Mitgliederwechsel

a) Übertragung der Anteile

Die Anteile an einer sp. z o.o. können **übertragen** und verpfändet werden (Art. 180 KSH). Sieht der Gesellschaftsvertrag allerdings vor, dass jeder Gesellschafter nur einen Anteil halten kann, so muss die Veräußerung eines Teils davon durch den Gesellschaftsvertrag zugelassen werden (Art. 181 § 1 KSH). Ist ein Gesellschafter gesellschaftsvertraglich zu Nebenleistungen verpflichtet, kann die Übertragung der Anteile nur mit Zustimmung der Gesellschaft erfolgen, es sei denn, dass der Gesellschaftsvertrag von diesem Erfordernis absieht (Art. 176 § 3 KSH). 251

Die Übertragung von Anteilen kann durch den Gesellschaftsvertrag beschränkt werden (sog **Vinkulierung**). Von dieser Möglichkeit wird in der Praxis sehr oft Gebrauch gemacht. So kann zB die Übertragung von der Zustimmung des Vorstands (Art. 182 § 1-5 KSH) oder der Gesellschafterversammlung abhängig gemacht werden. Ein Rechtsgeschäft über die Anteile bleibt schwebend unwirksam, solange die Genehmigung nicht erteilt wird.[274] Verbreitet ist es auch, in den Gesellschaftsvertrag ein Vorkaufsrecht (*prawo pierwokupu*) bzw. ein Vorrecht auf Kauf (*prawo pierwszeństwa*) zugunsten anderer Gesellschafter einzuführen. Ist ein entsprechendes Vorkaufsrecht vorgesehen, darf mit dem interessierten Käufer nur ein bedingter Kaufvertrag über die Geschäftsanteile abgeschlossen werden (unter der Bedingung, dass die aus dem Vorkaufsrecht berechtigten Gesellschafter ihre Rechte nicht ausüben). Dagegen sind beim Vorrecht auf Kauf die Anteile zuerst den anderen Gesellschaftern zum Kauf anzubieten und erst dann, wenn die Gesellschafter ihr Recht nicht ausüben, kann der Kaufvertrag mit einem Dritten abgeschlossen werden.[275] 252

Anders als bei der Aktiengesellschaft sind die Anteile einer sp. z. o.o. nicht in einem Wertpapier verbrieft. Die Übertragung erfolgt nach den allgemeinen Grundsätzen des polnischen Zivilgesetzbuches.[276] Die Veräußerung bedarf der **Schriftform mit notariell beglaubigten Unterschriften** (Art. 180 KSH). Wird dieses Formerfordernis nicht beachtet, ist die Übertragung nichtig. Die Abtretung des Anteils geschieht – gemäß dem im polnischen Zivilrecht geltenden Einheitsprinzip – im Regelfall bereits mit dem Abschluss des Verpflichtungsgeschäfts.[277] 253

Eine Ausnahme von dem oben genannten Formerfordernis ist für über das Internet gegründete Gesellschaften seit April 2016 vorgesehen. Die Anteile dieser Gesellschaften können ebenfalls über das Internet, anhand eines Vertragsmusters, veräußert werden (Art. 180 § 2 KSH). 254

Sind die gekauften Anteile mit einem **Mangel** behaftet, stehen dem Erwerber Gewährleistungsansprüche nach den allgemeinen Regeln des polnischen Kaufrechts (Art. 556 ff. KC) zur Verfügung. Da allerdings durch das Gewährleistungsrecht nur Mängel an den Anteilen selbst und nicht etwa an dem Unternehmen der sp. z o.o. erfasst werden, ist es in der Praxis verbreitet, im Kaufvertrag über die Anteile zahlreiche Garantieversprechen des Veräußerers bezüglich des Unternehmens der Gesellschaft aufzunehmen. 255

Die Übertragung eines Anteils **muss der Gesellschaft mitgeteilt werden**. Ihr gegenüber ist der Übergang des Anteils nur wirksam, wenn sie von einem der Beteiligten mit einem Nachweis von der Vornahme des Geschäfts benachrichtigt wird (Art. 187 § 1 KSH). Der Vorstand hat jede Änderung in der Beteiligung **ins Anteilsbuch einzutragen.** Er ist zudem verpflichtet, eine von Vorstandsmitgliedern unterschriebene **Gesellschafterliste dem Registergericht vorzulegen** (Art. 188 § 1 und § 3 KSH). In der Praxis verlangen die Registergerichte allerdings oftmals, dass ihnen ein Nachweis für die Vornahme der Änderung in der Gesellschafterliste vorgelegt wird, insbesondere eine Kopie des Kaufvertrages. Diese Praxis der Gerichte wird im Schrifttum kritisiert, weil für ein solches Verlangen die gesetzliche Grundlage fehlen würde.[278] Das Oberste Gericht hat allerdings in einem Beschluss entschieden, dass das Registergericht verlangen dürfe, ihm den der Übertragung zugrunde liegenden Vertrag vorzulegen, und zwar dann, wenn es sich um die Beteiligung iHv 10% oder mehr am Stammkapital handele, dh dann, wenn die Beteiligung im Unternehmerregister einzutragen ist.[279] Da alle dem Antrag beigefügten Unterlagen zu den Akten der Gesellschaft beim Registergericht gelegt werden und somit für jeden zugänglich sind, empfiehlt es sich in der Praxis, anstatt des ganzen Kaufvertrages nur einen (notariell angefertig- 256

273 Art. 342 I und VI des polnischen Insolvenzrechts.
274 So das Oberste Gericht im Urteil vom 9.2.2007, Az. III CSK 311/06. S. dazu auch *Szajkowski/Tarska* in: Sołtysiński et al. (Hrsg.), KSH, Bd. 2, 2014, Art. 182 Rn. 13 f.
275 Bzgl. der kartellrechtlichen und immobilienrechtlichen Freigabe für Veräußerung der Anteile s. *Bogen/Siekierzynski* in: Süß/Wachter (Hrsg.), Handbuch des internationalen GmbH-Rechts, 2016, S. 1340.
276 Im wissenschaftlichen Schrifttum gibt es eine Diskussion über die rechtliche Grundlage der Anteilsübertragung – s. dazu *Siemiątkowski/Potrzeszcz* in: Siemiątkowski/Potrzeszcz (Hrsg.), KSH, Bd. 2, 2011, Art. 180 Rn. 3 ff.
277 *Pabis* in: Bieniak et al. (Hrsg.), KSH, 2012, Art. 180 Rn. 3.
278 *Siemiątkowski/Potrzeszcz*, PPH 2008 Nr. 12, 24 ff.
279 Beschluss des Obersten Gerichts vom 6.6.2012, Az. III CZP 22/12.

ten) Auszug aus dem Vertrag dem Gericht vorzulegen, der den Übergang der Anteile und Angaben zu den Vertragsparteien enthält, die Höhe des Kaufpreises und andere vertrauliche Information jedoch nicht preisgibt.

257 Der **gutgläubige Erwerb** von Anteilen an sp. z o.o. ist im polnischen Recht bislang **nicht geregelt.** Es empfiehlt sich daher, vor dem Anteilskauf sowohl die Berechtigung des Veräußerers als auch all dessen Vorgänger genau zu prüfen.[280]

258 Der **Erwerber haftet gegenüber der Gesellschaft gesamtschuldnerisch** mit dem Veräußerer für die Erfüllung der Leistungen, die der Gesellschaft aus dem veräußerten Anteil zustehen (Art. 186 KSH). Darunter fällt zB die Verpflichtung zur Zahlung der bereits fälligen Nachschüsse.[281]

b) Erwerb von Todes wegen

259 Die Geschäftsanteile der sp. z. o.o. sind **vererblich.** Allerdings kann der Gesellschaftsvertrag Beschränkungen vorsehen oder die Vererbbarkeit ganz ausschließen. Wird von dieser Möglichkeit Gebrauch gemacht, müssen im Gesellschaftsvertrag die Bedingungen für die Auszahlung der Abfindung an die Erben bestimmt werden, anderenfalls ist die Beschränkung bzw. der Ausschluss nichtig (Art. 183 § 1 KSH).

c) Kündigung

260 Im polnischen Schrifttum ist es **umstritten,** ob im Gesellschaftsvertrag einer sp. z o.o. ein Kündigungsrecht überhaupt vorgesehen werden kann. Falls dies möglich sein sollte, ist es fraglich, ob die Kündigung zur Auflösung der Gesellschaft oder nur zum Austritt des Gesellschafters führt.[282] Höchstrichterliche Judikate zu dieser Problematik sind bisher nicht vorhanden.[283] Für die Praxis empfiehlt es sich daher, zur Absicherung des Austrittsrechts auf andere Rechtsinstitute zurückzugreifen, insbesondere im Gesellschaftsvertrag die Einziehung von Anteile einzuführen und entsprechend auszugestalten (zur Einziehung vgl. Art. 199 KSH).

d) Ausschluss

261 Der Ausschluss eines Gesellschafters kann vom Gericht **aus wichtigen Gründen** auf Antrag aller übrigen Gesellschafter, die mehr als 50% des Stammkapitals vertreten, ausgesprochen werden (Art. 266 § 1 KSH). Der Gesellschaftsvertrag kann das Antragsrecht auch einer kleineren Anzahl von Gesellschaftern zubilligen, allerdings ist es nicht zulässig, dabei von der Voraussetzung abzuweichen, dass die Antragsteller mindestens 50% des Stammkapitals innehaben (Art. 266 § 2 KSH). Von der Rechtsprechung wurden als wichtige Gründe für einen Ausschluss zB die Aufnahme einer zur Übernahme von Gesellschaftsaufträgen führenden Wettbewerbstätigkeit durch den Gesellschafter angesehen[284] oder auch eine öffentliche Kritik an der eigenen Gesellschaft.[285]

262 Im Rahmen des **einstweiligen Rechtsschutzes** kann das Gericht auf Antrag beim Vorliegen eines wichtigen Grundes die Suspendierung des Gesellschafters von der Ausübung der Rechte aus dem Anteil anordnen (Art. 268 KSH). Das Gericht kann beispielsweise bestimmen, dass der Gesellschafter seine Stimmrechte in der Gesellschafterversammlung nicht ausüben darf.[286]

263 Die Anteile eines ausgeschlossenen Gesellschafters sind von den restlichen Gesellschaftern oder von Dritten zu übernehmen. Den Wert des Anteils setzt das Gericht nach dem tatsächlichen Wert der Anteile am Tag der Klagezustellung fest (Art. 266 § 3 KSH).

6. Auflösung

264 Die Auflösung der Gesellschaft wird gem. Art. 270 KSH verursacht durch:

- die im Gesellschaftsvertrag vorgesehenen Gründe;
- ein Gesellschafterbeschluss über die Auflösung der Gesellschaft oder über die Verlegung des Gesellschaftssitzes ins Ausland;
- die Eröffnung des Insolvenzverfahrens über das Vermögen der Gesellschaft;

280 Vgl. dazu *Grykiel,* PPH, 2012, Nr. 12, 43, 46, 51 f.
281 Vgl. dazu *Pabis* in: Bieniak (Hrsg.), 2012, KSH, Art. 186 Rn. 4.
282 Zu dieser Diskussion s. *Pabis* in: Bieniak et al. (Hrsg.), KSH, 2012, Art. 270 Rn. 8.
283 Unter der Geltung des Handelsgesetzbuches von 1934 hat allerdings das Berufungsgericht in Warszawa im Urteil vom 17.4.2000 (Az. I ACa 1175/99) den Austritt eines Gesellschafters aus der Gesellschaft auf dem Wege der Kündigung anerkannt, falls diese Möglichkeit im Gesellschaftsvertrag vorgesehen worden ist.
284 So das Oberste Gericht (noch unter Geltung des Handelsgesetzbuches vom 1934) im Urteil vom 21.11.1997, Az. II CKN 469/97.
285 Das Urteil des Obersten Gerichts vom 19.3.1997, Az. II CKN 31/97. Das Urteil ist noch unter Geltung des Handelsgesetzbuches vom 1934 erlassen worden.
286 Vgl. *Pabis* in: Bieniak et al. (Hrsg.), KSH, 2012, Art. 268 Rn. 2.

- sonstige rechtlich vorgesehene Gründe, worunter vor allem eine rechtskräftige Gerichtsentscheidung über die Auflösung fällt.[287]

Die Gründe für eine Auflösung der sp. z o.o. **durch eine Gerichtsentscheidung** sind im KSH **enumerativ geregelt.** Es handelt sich zum einen um die in Art. 21 KSH bestimmten Gründe. Danach kann die Gesellschaft aufgelöst werden, **wenn der Gesellschaftsvertrag schwerwiegende Mängel aufweist**, dh wenn: 265

- kein Gesellschaftsvertrag geschlossen wurde;
- der im Gesellschaftsvertrag vorgesehene Unternehmensgegenstand der Gesellschaft rechtswidrig ist;
- im Gesellschaftsvertrag die Firma, der Unternehmensgegenstand, das Stammkapital oder die Einlagen nicht festgelegt worden sind;
- alle Gründer beim Abschluss des Gesellschaftsvertrages geschäftsunfähig waren.

Zum anderen kann gem. Art. 271 KSH ein Gericht die Gesellschaft auflösen: 266

- auf Antrag eines Gesellschafters oder eines Organmitgliedes, wenn die Erreichung des Gesellschaftszwecks unmöglich geworden ist oder sich andere die Verhältnisse in der Gesellschaft berührende wichtige Gründe ergeben, oder
- auf Antrag eines staatlichen Organs, das in einem speziellen Gesetz bestimmt worden ist, wenn die Gesellschaft öffentliche Interessen gefährdet.

Liegt einer der oben genannten Gründe vor, so ist für die Auflösung der Gesellschaft ein **Abwicklungsverfahren** durchzuführen. Erst nach dessen Beendigung wird die Gesellschaft mit der Löschung im Unternehmerregister endgültig aufgelöst, wobei die Löschung **konstitutive Wirkung** hat (Art. 272 KSH). Das Abwicklungsverfahren wird in den Art. 274-288 KSH geregelt. 267

Im Falle der **Insolvenz** erfolgt die Auflösung nach Abschluss des Insolvenzverfahrens, das zur Abwicklung des Schuldnervermögens geführt hat. Der Antrag auf Löschung der Gesellschaft im Unternehmerregister ist dann durch den Insolvenzverwalter zu stellen (Art. 289 KSH). 268

II. Spółka akcyjna (Aktiengesellschaft)

1. Grundlagen

Die **spółka akcyjna** (S.A.) ist mit der deutschen Aktiengesellschaft vergleichbar. Sie wird in den Art. 301-490 KSH geregelt. Darüber hinaus gelten für sie die allgemeinen Vorschriften des KSH, dh die Art. 1-7 für alle Handelsgesellschaften und die Art. 11-21 für Kapitalgesellschaften. Anders als bei den Personenhandelsgesellschaften gibt es im KSH keine Kapitalgesellschaft, deren Regelung ein Grundmodell für die andere Kapitalgesellschaft darstellt. Die S.A. und die sp. z o.o. werden voneinander unabhängig (auch wenn zum großen Teil parallel) geregelt. Sie stellen die beiden einzigen Kapitalgesellschaften des polnischen Rechts dar (die Kommanditgesellschaft auf Aktien wird in Polen nicht als Kapital-, sondern als Personenhandelsgesellschaft angesehen). Regelungen für die S.A. findet man auch außerhalb des KSH in verschiedenen Spezialgesetzen, die für die Ausübung besonderer Tätigkeiten gelten, wie zB für das Bank- oder Versicherungswesen. 269

Der Vorstellung des Gesetzgebers folgend, wird die S.A. in der Praxis vor allem **für größere Unternehmen** genutzt. Dafür sind insbesondere die folgenden Strukturmerkmale dieser Gesellschaftsform entscheidend: 270

- die S.A. ist **eine juristische Person**, für deren Verbindlichkeiten den Gläubigern nur das Gesellschaftsvermögen haftet (Art. 301 § 4 KSH);
- sie wird nach dem Prinzip der **Fremdorganschaft** organisiert (vgl. Art. 368 KSH);
- für die Willensbildung in der Gesellschaft gilt das **Prinzip der Stimmenmehrheit**, die nach dem Kapitalanteil bestimmt wird (Art. 411 KSH);[288]
- die Anteilsrechte an einer S.A. werden (anders als bei der sp. z o.o.) in Aktien verkörpert, die weitgehend standarisiert und dazu **Wertpapiere** sind. Auf diese Weise wird die Übertragung der Anteilsrechte wesentlich erleichtert; die Aktien können von einem Anleger ohne großen Informationsaufwand rechtssicher erworben werden (im Unterschied zum Erwerb von Anteilen an einer sp. z o.o., der wegen der damit verbundenen Risiken stets eine Prüfung der sog „chain of titles" erfordert, s. dazu Rn. 257 oben).

Ende 2016 gab es insgesamt 11.769 Aktiengesellschaften in Polen (ca. 1,4% aller Handelsgesellschaften), womit die S.A. klar hinter der sp. z o.o. zurückbleibt.[289] 271

Die S.A. ist **„nicht exportfähig"**. Ein Beschluss der Aktionäre über die Verlegung des Sitzes der Gesellschaft ins Ausland führt gemäß Art. 459 Ziff. 2 KSH von Gesetzes wegen zwingend zur Auflösung der Gesellschaft (zu der Problematik, insbes. zum polnischen Kollisionsrecht, s. auch Rn. 16). Gleiches gilt auch für eine rechtsform- 272

---

287 Eine Gesellschaft wird auch „aufgelöst" bei Umwandlungsmaßnahmen.

288 Zu den Strukturmerkmalen der S.A. s. *Szumański* in: Pyzioł (Hrsg.), Prawo Spółek, 2002, S. 728 f., 733 und *Szajkowski/Tarska*, Prawo Spółek Handlowych, S. 538 f.

289 Stand zum Ende 2016 – Mały Rocznik Statystyczny Polski 2017 [Statistisches Jahrbuch Polens 2017], S. 409, veröffentlicht auf der Internetseite www.stat.gov.pl.

wahrende Verlegung des Satzungssitzes der Gesellschaft. Eine grenzüberschreitender Formwechsel einer S.A. in eine Rechtsform eines anderen EU/EWR-Mitgliedstaates ist aufgrund europäischer Vorgaben jedoch zuzulassen, auch wenn bisher keine explizites Verfahren für eine solche Strukturmaßnahme vorhanden ist.

2. Gründung

a) Grundlagen

273 Die S.A. entsteht in einem Verfahren mit mehreren rechtlichen Schritten.[290] Dazu gehören die Errichtung der Gesellschaft, die Einzahlung von Einlagen, die Bestellung der Vorstands- und Aufsichtsratsmitglieder sowie die Eintragung ins Unternehmerregister (Art. 306 KSH). Ähnlich wie im deutschen Aktienrecht vollzieht sich die Errichtung der S.A. auf dem Wege der sog **Einheitsgründung.** Die früher alternativ zur Verfügung stehende Stufengründung wurde durch den Gesetzgeber aufgegeben.[291] Allerdings enthält das Verfahren der S.A.-Gründung im Vergleich zum deutschen Recht einige Unterschiede, die an das System der Stufengründung erinnern und auf die unten im Einzelnen hinzuweisen ist.

274 Die **Errichtung der S.A.** (*zawiązanie spółki*) besteht aus der Feststellung der Satzung und der Übernahme sämtlicher Aktien, wobei beide Vorgänge in getrennten Urkunden vollzogen werden können (vgl. Art. 313 § 1 KSH). Die Personen, von denen die Satzung unterschrieben wird, gelten als **Gründer** der Gesellschaft (*założyciele spółki*, Art. 301 § 3 KSH).

275 Die S.A. kann durch **eine oder mehrere Personen** errichtet werden (Art. 301 § 1 KSH), und zwar sowohl durch natürliche und juristische wie auch durch andere Personen, denen das Rechtssystem Rechtsfähigkeit erteilt hat, also insbesondere durch Personenhandelsgesellschaften.[292] Eine Zivilgesellschaft kann sich dagegen nicht an der Gründung einer S.A. beteiligen.[293] Gleiches gilt bei Beantwortung der Frage, wer ein Aktionär einer S.A. sein kann.[294] Anders als in Deutschland darf eine S.A. **nicht ausschließlich von einer Einmanngesellschaft mit beschränkter Haftung** errichtet werden (Art. 301 § 1 KSH), was nicht nur für eine sp. z o.o., sondern auch für vergleichbare ausländische Rechtsformen gilt, zB für die deutsche GmbH.[295] Dieses Verbot umfasst alle Etappen der Gesellschaftserrichtung, dh eine Einmanngesellschaft mit beschränkter Haftung kann weder zum einzigen Gründer der S.A. werden, noch sämtliche Aktien der Gesellschaft übernehmen. Dagegen bezieht sich das Verbot nicht auf spätere Vorgänge, die dazu führen, dass eine solche Gesellschaft zum einzigen Aktionär einer S.A. wird. So ist insbesondere ein späterer Erwerb sämtlicher Aktien durch eine Einmann-sp. z o.o. zulässig.[296]

276 Das Gesetz bestimmt nicht, zu welchen Zwecken die S.A. errichtet werden kann. Durch das Oberste Gericht wurde jedoch entschieden, dass eine S.A. **jedem rechtlich zulässigen Zweck** dienen kann, darunter auch sog „*non profit*"-Zwecken.[297]

b) Satzung

277 Die **Satzung** *(statut)* ist durch eine **notarielle Beurkundung** festzustellen (Art. 301 § 2 KSH). Ob die Satzung auch **durch einen ausländischen Notar** festgestellt werden kann, ist zweifelhaft, wird jedoch von der hM als **unzulässig** betrachtet.[298] Allerdings ist es möglich und auch durchaus verbreitet, dass sich die Gründer bei der Feststellung der Satzung von **Bevollmächtigten** vertreten lassen. Die dafür erforderlichen Vollmachtsurkunden können auch von einem ausländischen Notar erstellt werden, wobei es für deren Formgültigkeit ausreichend ist, wenn die Formerfordernisse des Rechts des Staates erfüllt werden, in dem die Urkunden ausgefertigt werden.[299]

278 Das KSH unterscheidet zwischen Angaben, die zwingend in die eigentliche Satzung aufzunehmen sind, und Aspekten, die außerhalb der Satzung in den sonstigen Errichtungsurkunden geregelt werden können (zur zweiten Gruppe von Angaben zählen ua die Namen der Organmitglieder, vgl. Rn. 288 sowie die Informationen zu Sacheinlagen, vgl. Rn. 286).

---

290 Einen Überblick über den Gründungsvorgang einer S.A. bietet in der deutschen Sprache *Oplustil*, Gläubigerschutz durch reale Kapitalaufbringung im deutschen und polnischen Recht der Kapitalgesellschaften. Eine Rechtsvergleichende Untersuchung, 2001, S. 82 ff.

291 Zu den Gründen s. *Sołtysiński* in: Sołtysiński et al. (Hrsg.), KSH, Bd. 3, 2013, Art. 313 Rn. 2; *Kidyba*, Handelsrecht, 2012, Rn. 392.

292 Vgl. *Sołtysiński* in: Sołtysiński et al. (Hrsg.), KSH, Bd. 3, 2013, Art. 301 Rn. 51; *Siemiątkowski/Potrzeszcz* in: Siemiątkowski/Potrzeszcz (Hrsg.), KSH, Bd. 3, 2012, Art. 302 Rn. 12; *Malerewicz* in: Mróz/Stec (Hrsg.), Handelsrecht, Rn. 657.

293 *Sołtysiński* in: Sołtysiński et al. (Hrsg.), KSH, Bd. 3, 2013, Art. 301 Rn. 51; *Malerewicz* in: Mróz/Stec, Handelsrecht, Rn. 657.

294 *Sołtysiński* in: Sołtysiński et al. (Hrsg.), KSH, Bd. 3, 2013, Art. 301 Rn. 58 f.

295 *Bieniak* in: Bieniak et al. (Hrsg.), KSH, 2012, Art. 301 Rn. 15.

296 Vgl. dazu *Bieniak* in: Bieniak et al. (Hrsg.), KSH, 2012, Art. 301 Rn. 14.

297 Beschluss des polnischen Obersten Gerichts vom 13.1.2006, Az. III CZP 122/05.

298 *Bieniak* in: Bieniak et al. (Hrsg.), KSH, 2012, Art. 301 Rn. 17.

299 Art. 25 I 2 des polnischen Gesetzes vom 4.2.2011, Internationales Privatrecht.

Zum **Mindestinhalt der Satzung** gehören gem. Art. 304 § 1 KSH insbesondere: 279

- die Regelungen über die Firma und den Sitz der Gesellschaft;
- die Angabe des Unternehmensgegenstandes;
- die Höhe des Grundkapitals (*kapitał zakładowy*) und
- der Betrag der Einlagen, der vor der Eintragung einzuzahlen ist sowie der Nominalwert und die Zahl der Aktien, mit der Angabe, ob sie auf den Inhaber oder auf den Namen ausgestellt werden. Die Aktien können dabei nur als **Nennwertaktien mit gleichem Nennbetrag** ausgegeben werden (Art. 302 KSH).

Über den gesetzlich vorgegebenen Mindestinhalt hinaus bestehen nach Art. 304 § 2 KSH Bestimmungen, die **in die Satzung aufgenommen werden müssen**, um gegenüber der Gesellschaft wirksam zu sein. Dazu gehören die Regelungen über die Zahl und die Arten von Finanzinstrumenten, die Rechte auf eine Dividendenbeteiligung enthalten sollen,[300] die Festsetzung von besonderen persönlichen Vorteilen für Aktionäre sowie die Einführung von Vorzugsaktien. Die einem Aktionär zuerkannten persönlichen **Vorteile** können insbesondere darin bestehen, Vorstands- und Aufsichtsratsmitglieder bestellen und abberufen zu dürfen sowie bestimmte Leistungen von der Gesellschaft zu erhalten (Art. 354 KSH). **Vorzugsaktien** können vor allem eine Bevorrechtigung bei den Stimmrechten oder beim Anspruch auf Dividende gewähren (Art. 351 KSH, s. dazu auch noch bei Rn. 314). Um gegenüber der S.A. wirksam zu sein, müssen in die Satzung auch eventuell vereinbarte Bestimmungen über eine **Vinkulierung** von Aktien aufgenommen werden, (vgl. Art. 337 § 2 KSH, zu dieser Problematik s. noch bei Rn. 391). 280

Im KSH wird für die S.A. der Grundsatz der **Satzungsstrenge** bestimmt.[301] **Abweichende Satzungsbestimmungen** sind nur dann zulässig, wenn das Gesetz dies zulässt (Art. 304 § 3 KSH). Die entsprechende gesetzliche Regelung muss ausdrücklich ihre Verdrängung erlauben (zB durch eine Formulierung „wenn die Satzung nichts anderes bestimmt" – *chyba ze statut stanowi inaczej*). Schweigt das Gesetz, ist eine Abweichung unzulässig.[302] Das Gesetz **ergänzende Satzungsbestimmungen** können nur dann getroffen werden, soweit das Gesetz keine abschließende Regelung enthält und wenn die jeweiligen Bestimmungen der Natur der S.A. oder den guten Sitten nicht widersprechen (Art. 304 § 4 KSH). 281

Als Beispiele für abgeschlossene Regelungen, die keine ergänzende Satzungsbestimmungen erlauben, werden im Schrifttum die Art. 354 § 2 und Art. 356 § 1 KSH genannt. Art. 354 § 2 KSH erlaubt es, in der Satzung die Einräumung von besonderen persönlichen Vorteilen an Aktionäre von einer Leistung, den Ablauf einer Frist oder einer Bedingung abhängig zu machen. Gemäß Art. 356 § 1 KSH kann mit Namensaktien eine Pflicht zu Sachleistungen verbunden werden. Aus diesen beiden Regelungen ergibt sich nach hM des Schrifttums die Unzulässigkeit von Satzungsbestimmungen über eine Verpflichtung der Aktionäre zur Leistung von Nachschüssen.[303] Gegen die Natur der S.A. sollen insbesondere ergänzende Satzungsbestimmungen verstoßen, die den Ausschluss von Aktionären vorsehen oder der S.A. personalistische Eigenschaften in einem solchen Grad zuerkennen wollten, die mit dem Gesetz unvereinbar sind. Erwähnt werden insoweit die Einführung von Wettbewerbsverboten für Aktionäre oder die Festlegung einer Pflicht zu einer bestimmten Ausübung der Stimmrechte.[304] Mit den guten Sitten sind wiederum alle Satzungsbestimmungen unvereinbar, die zu einer unbegründeten Benachteiligung eines Aktionärs oder einer Aktionärsgruppe führen.[305] 282

Nicht zum eigentlichen Satzungsinhalt gehören sog **Nebenabreden**, welche die Aktionäre zur Regelung ihrer Rechtsverhältnisse untereinander treffen, auch wenn sie in die Satzung aufgenommen werden.[306] Solche Nebenabreden werden als schuldrechtliche Verträge angesehen und von den eigentlichen Satzungsbestimmungen unterschieden. Auf sie finden Art. 304 § 3 und 4 daher keine Anwendung. Ihre Aufnahme in die Satzung soll nach Ansicht des Obersten Gerichts allerdings zur Folge haben, dass sie nur durch Satzungsänderung geändert oder abgeschafft werden können.[307] 283

Das KSH lässt es ausdrücklich zu, außerhalb der Satzung **schuldrechtliche Verträge** über eine Vinkulierung von Aktien sowie über Vorkaufsrechte und über andere Vorrechte auf Kauf der Aktien abzuschließen (Art. 338 KSH). Die schuldrechtlichen Nebenverträge betreffen darüber hinaus in der Praxis zB Stimmbindungen, die Besetzung von Organmitgliedern und deren Vergütung sowie die Finanzierung der Gesellschaft. 284

300 Vgl. dazu *Siemiątkowski/Potrzeszcz* in: Siemiątkowski/Potrzeszcz (Hrsg.), KSH, Bd. 3, 2012, Art. 304 Rn. 26 ff.
301 S. dazu *Sołtysiński* in: Sołtysiński et al. (Hrsg.), KSH, Bd. 3, 2013, Art. 304 Rn. 80.
302 *Siemiątkowski/Potrzeszcz* in: Siemiątkowski/Potrzeszcz (Hrsg.), KSH, Bd. 3, 2012, Art. 304 Rn. 22; *Bieniak* in: Bieniak et al. (Hrsg.), KSH, 2012, Art. 304 Rn. 11.
303 *Bieniak* in: Bieniak et al. (Hrsg.), KSH, 2012, Art. 304 Rn. 13.
304 *Siemiątkowski/Potrzeszcz* in: Siemiątkowski/Potrzeszcz (Hrsg.), KSH, Bd. 3, 2012, Art. 304 Rn. 40.
305 *Siemiątkowski/Potrzeszcz* in: Siemiątkowski/Potrzeszcz (Hrsg.), KSH, Bd. 3, 2012, Art. 304 Rn. 39.
306 So das polnische Oberste Gericht in einem Urteil, nach dem es zulässig sei, in die Satzung eines jeden Aktionärs eine Pflicht einzuführen, der die Hürde von 32% der Stimmrechte in der Gesellschaft erreicht, die Aktien von anderen Aktionären abzukaufen – s. Urteil des Obersten Gerichts vom 7.12.2007, Az. III CSK 195/07.
307 Urteil des Obersten Gerichts vom 7.12.2007, Az. III CSK 195/07.

285 Die **Satzung** ist **objektiv auszulegen**, was bedeutet, dass rechtsrelevant nur die Bedeutung ist, die ein durchschnittlicher Teilnehmer des Geschäftsverkehrs (*przeciętny uczestnik obrotu prawnego*) einer Satzungsbestimmung beimessen würde.[308]

c) Übernahme der Aktien

286 Nach der Feststellung der Satzung sind als nächster Schritt im Prozess der S.A.-Gründung sämtliche **Aktien zu übernehmen.** Auch dies geschieht **in Form einer notariellen Urkunde** (Art. 313 § 1 KSH). Sollen die Aktien gegen **Sacheinlagen** übernommen werden, sind die Personen, welche die Einlagen einbringen, und der Gegenstand der Einlage in dieser Urkunde anzugeben (vgl. Art. 313 § 4 KSH;[309] zu den Regeln der Kapitalaufbringung s. Rn. 361 ff.). Anders als im deutschen Recht werden diese Angaben daher nicht in die eigentliche Satzung aufgenommen. Ebenfalls abweichend von der Gründung einer deutschen AG ist es bei der S.A. zulässig, dass die Aktien **durch Dritte** übernommen werden können, was in gewisser Weise eine Art der Stufengründung darstellt (Art. 313 § 1 KSH).[310] In diesem Fall müssen diese Personen in einer notariellen Urkunde der Errichtung der Gesellschaft und dem Wortlaut der Satzung zustimmen (Art. 313 § 1 KSH).

287 Mit der Übernahme sämtlicher Aktien **wird die Gesellschaft errichtet** (Art. 310 § 1 KSH). Zu diesem Zeitpunkt ist die S.A. jedoch noch nicht als solche entstanden, sondern eine **Vorgesellschaft (Vor-S.A.)** (*spółka akcyjna w organizacji*, Art. 323 § 1 KSH) besteht. Diese wird durch die Vorstandsmitglieder oder – falls diese noch nicht bestellt worden sind – durch die gemeinsam handelnden Gründer bzw. durch einen von den Gründern einstimmig berufenen Bevollmächtigten vertreten (Art. 323 § 2 KSH). Zur Problematik der Vorgesellschaft s. die Ausführungen zur sp. z o.o. bei Rn. 166 ff.).

d) Bestellung der Vorstands- und Aufsichtsratsmitglieder

288 Vor der Anmeldung der Gesellschaft zur Eintragung ins Unternehmerregister ist **die Wahl der ersten Organe** der Gesellschaft durchzuführen und in einer der notariellen Urkunden des Gründungsverfahrens festzustellen. Das Gesetz bestimmt ausdrücklich, dass die Angaben zu diesen Personen nicht in die Satzung aufgenommen werden dürfen (Art. 313 § 3 KSH). Im KSH fehlt allerdings eine Regelung darüber, wer die ersten Organe bestellt. Im Schrifttum ist es umstritten, wie diese Frage zu beantworten ist. Ein Teil vertritt die Auffassung, dass sowohl die Mitglieder des Vorstands als auch die des Aufsichtsrats durch die Gründer zu bestellen sind.[311] Ein anderer Teil spricht sich dafür aus, dass bei der Wahl der Organmitglieder die gleichen Regeln wie in einer bereits registrierten S.A. gelten sollen. Dies hätte zur Folge, dass – falls die Satzung nichts Abweichendes regelt – zunächst der Aufsichtsrat durch die Gründer zu bestellen ist, der dann die Vorstände wählt (zur Bestellung der Vorstandsmitglieder s. noch unten Rn. 332 ff.).[312] Schließlich gibt es Autoren, die empfehlen, in der Satzung besondere Regeln für die Bestellung der ersten Organe vorzusehen.[313] Dieser Empfehlung ist in der Praxis zu folgen, um Unklarheiten über die Bestellung der ersten Organe zu vermeiden.

e) Einzahlung der Einlagen

289 Vor der Anmeldung der Gesellschaft zur Eintragung ins Unternehmerregister muss zudem mindestens **ein Viertel des Nennbetrages der gegen Geld übernommen Aktien** eingezahlt werden (Art. 309 § 3 KSH). Falls die Aktien entweder ausschließlich gegen Sacheinlagen oder gegen Sach- und Geldeinlagen übernommen werden, muss auch mindestens **ein Viertel des Mindestgrundkapitals** gedeckt werden (Art. 309 § 4 KSH) (mehr zur Kapitalaufbringung bei Rn. 361 ff.). Anders als bei der sp. z o.o. gibt es bei der S.A. also **kein Volleinzahlungsgebot**.

f) Anmeldung zum Unternehmerregister

290 Schließlich ist für die Entstehung einer S.A. als juristische Person die **Eintragung ins Unternehmerregister** notwendig. Die Anmeldung zum Register ist von allen Vorstandsmitgliedern zu unterschreiben (Art. 316 § 1 KSH). Sie kann auch **durch einen Bevollmächtigten** (als solcher agiert meistens ein Rechtsanwalt) vollzogen werden.

---

308 Urteil des Obersten Gerichts vom 24.10.2007, Az. IV CSK 260/07.

309 So *Bieniak* in: Bieniak et al. (Hrsg.), KSH, 2012, Art. 313 Rn. 7. Das KSH präzisiert nicht, in welcher der notariellen Urkunden des Gründungsverfahrens diese Angaben zu enthalten sind.

310 S. dazu *Bieniak* in: Bieniak et al. (Hrsg.), KSH, 2012, Art. 313 Rn. 2.

311 So *Rodzynkiewicz* in: *Rodzynkiewicz*, KSH, 2014, Art. 313 Rn. 7; *Pabis*, PS 2002 Nr. 1, 31; *Tajer*, PPH 2009 Nr. 2, 11.

312 So *Potrzeszcz* in: Siemiątkowski/Potrzeszcz (Hrsg.), KSH, Bd. 3, 2012, Art. 306 Rn. 4; wohl so auch *Frąckowiak* in: Pyzioł (Hrsg.), KSH, 2008, Art. 313 Rn. 10.

313 So *Sołtysiński* in: Sołtysiński et al. (Hrsg.), KSH, Bd. 3, 2013, Art. 313 Rn. 19.

Wird die S.A. nicht **innerhalb von sechs Monaten** seit der Feststellung der Satzung zum Register angemeldet, wird sie aufgelöst.[314] Der Vorstand bzw. die Gründer haben dann die Rückerstattung der eingebrachten Einlagen anzuordnen (Art. 325 KSH). Besteht bereits eine Vorgesellschaft und ist diese nicht in der Lage, unverzüglich die Einlagen zurückzuzahlen und die Forderungen Dritter zu erfüllen, muss ein vereinfachtes Liquidationsverfahren durchgeführt werden (Art. 326 KSH). 291

Die Registergerichte, die zur Prüfung des Antrags auf Registrierung einer S.A. verpflichtet sind, können – genauso wie bei der sp. z o.o. – **die Eintragung nicht wegen geringfügiger Fehler verweigern**, welche die Interessen der Gesellschaft oder der Öffentlichkeit nicht berühren und nicht ohne erhebliche Kosten beseitigt werden können (Art. 317 § 2 KSH, zum Registrierungsverfahren bei der sp. z o.o. vgl. auch Rn. 156). 292

Im Unternehmerregister werden insbesondere **folgende Informationen** über die S.A. veröffentlicht: 293

- Sitz und Adresse der Gesellschaft;
- Unternehmensgegenstand;
- Vertretungsregel und Namen der Vorstandsmitglieder sowie Angaben über die bestellten Prokuristen.

Im Register sind des Weiteren Informationen über die Höhe des Grundkapitals enthalten sowie über die Zahl und den Nominalwert der Aktien, über Vorzugsaktien und über die in der Satzung zuerkannten persönlichen Sonderrechte. Aufgeführt wird auch, welcher Teil des Grundkapitals eingezahlt worden ist und ob Sacheinlagen eingebracht wurden. Im Fall einer Einmann-S.A. wird zudem der Name (bzw. die Firma) des Gesellschafters veröffentlicht.[315] 294

g) Firma

Die **Firma** der S.A. kann frei gewählt werden; zu beachten sind jedoch vor allem die Beschränkungen, die sich aus den allgemeinen firmenrechtlichen Regelungen des KC ergeben (vgl. dazu bei der sp. z o.o, Rn. 158). Die Firma der Gesellschaft muss die Formbezeichnung „spółka akcyjna“ enthalten (Art. 305 § 1 KSH), im Geschäftsverkehr kann auch die Abkürzung „S.A.“ verwendet werden (Art. 305 § 2 KSH). 295

3. Organisationsverfassung

a) Grundlagen

Bei der S.A. ist zwingend eine **dreigliedrige Binnenorganisation** vorgegeben. Neben die **Hauptversammlung** und den **Vorstand** muss ein **Aufsichtsrat** treten (Art. 381 KSH). Dies entspricht hinsichtlich Aufsicht und Geschäftsleitung **dem dualistischen Modell**. Im Schrifttum wird vertreten, dass es unzulässig sei, bei einer S.A. weitere Organe einzurichten.[316] 296

Das KSH enthält eine klare **Regelung der Organzuständigkeiten** in einer S.A., wobei die Organe jeweils nicht in die Kompetenzen der anderen Organe eingreifen dürfen. Die Kompetenzen der einzelnen Organe können auch nicht auf andere Organe übertragen werden.[317] 297

Daher fällt die **Vertretung** der Gesellschaft allein in die Zuständigkeit des Vorstands und darf nicht einem anderen Organ als diesem zugeordnet werden. Ausnahmen von dieser Regel können sich nur aus dem Gesetz ergeben (zu diesen s. Rn. 346).[318] 298

Auch die **Geschäftsführung** bildet eine Kernkompetenz des Vorstands. Das KSH ordnet allerdings verschiedene wichtige Geschäftsführungsaufgaben der Hauptversammlung und dem Aufsichtsrat zu. So muss die Hauptversammlung bestimmten Geschäften (zB betr. Immobilien der Gesellschaft, s. dazu Rn. 305 f.) zustimmen. Der Aufsichtsrat bestellt und beruft die Vorstandsmitglieder ab, beteiligt sich an der Feststellung des Jahresabschlusses und muss der Auszahlung des Abschlags auf Dividende zustimmen (mehr zur Stellung des Vorstands s. Rn. 332 ff.). 299

Die **Überwachung der Geschäftsführung** gehört zu den Kernaufgaben des Aufsichtsrats. Eine Unabhängigkeit der Überwachung wird durch die Regelung zur Inkompatibilität zwischen der Mitgliedschaft im Vorstand und im Aufsichtsrat gesichert (Art. 387 KSH). Außerdem kann auch ein Prokurist, Gesellschaftsabwickler, Leiter einer Niederlassung oder eines Betriebs, Hauptbuchhalter oder Anwalt der Gesellschaft, sowie eine andere Per- 300

---

314 Das Gesetz bestimmt diese Rechtsfolge zwar nicht ausdrücklich, sie wird aber von der hM angenommen – vgl. *Bieniak* in: Bieniak, KSH, 2012, Art. 325 Rn. 8; *Popiołek* in: Strzępka (Hrsg.), KSH, 2015, 325 Rn. 7; aA *Siemiątkowski/Potrzeszcz* in: Siemiątkowski/Potrzeszcz (Hrsg.), KSH, Bd. 3, 2012, Art. 326 Rn. 1. Diese Autoren vertreten, dass die Aktionäre und die bereits bestellten Organmitglieder einstimmig entscheiden können, die Gesellschaft trotzdem zur Eintragung ins Register anzumelden.

315 Vgl. Art. 38 des polnischen Gesetzes vom 20.8.1997 über das Landesgerichtsregister.

316 *Bieniak* in: Bieniak, KSH, 2012, Art. 368 Rn. 1; *Szajkowski/Tarska/Szumański* in: Sołtysiński et al. (Hrsg.), KSH, Bd. 3, 2013, Art. 368 Rn. 9.

317 Vgl. dazu *Szajkowski/Tarska/Szumański* in: Sołtysiński et al. (Hrsg.), KSH, Bd. 3, 2013, Art. 368 Rn. 23.

318 *Szajkowski/Tarska/Szumański* in: Sołtysiński et al. (Hrsg.), KSH, Bd. 3, 2013, Art. 368 Rn. 20; *Naworski* in: Siemiątkowski/Potrzeszcz (Hrsg.), KSH, Bd. 3, 2012, Art. 368 Rn. 3.

son, die unmittelbar dem Vorstand oder dem Gesellschaftsabwickler untersteht, nicht Mitglied des Aufsichtsrates sein (Art. 387 § 1 und § 2 KSH). Das gleiche Verbot gilt schließlich für Vorstandsmitglieder und Abwickler einer abhängigen Gesellschaft (Art. 387 § 3 KSH).

301 Die Hauptversammlung entscheidet wiederum über einen Katalog von im KSH aufgezählten **wichtigen Maßnahmen, die für die Gesellschaft grundsätzliche Bedeutung haben**, wie Satzungsänderungen, Kapitalerhöhungen und -herabsetzungen sowie Umwandlungsmaßnahmen (eingehend dazu Rn. 303 ff.).[319]

b) Hauptversammlung

aa) Kompetenzen

302 Die Kompetenzen der Hauptversammlung (*walne zgromadzenie*) sind auf die im Gesetz oder in der Satzung aufgezählten Maßnahmen **beschränkt**, die einerseits laufende Angelegenheiten und andererseits Grundsatzfragen der Gesellschaft betreffen. Eine – mit der deutschen Holzmüller- und Gelatine-Doktrin[320] vergleichbare – Rechtsprechung betreffend ungeschriebene Hauptversammlungskompetenzen für Grundlagen- oder Strukturentscheidungen gibt es in Polen nicht. Dies bedeutet, dass dem Vorstand einer S.A. keine Verpflichtung zukommt, die Zustimmung der Hauptversammlung in anderen Fällen einzuholen, als es sich aus gesetzlicher bzw. satzungsmäßiger Kompetenzzuweisung ergibt. Stattdessen wird in der polnischen Rechtsprechung in Bezug auf die gesetzlichen Zustimmungsvorbehalte der Hauptversammlung betont, dass die Beschränkungen des Vorstands in seinem Geschäftsführungs- und Vertretungsrecht durch das Gesetz immer nur einen Ausnahmecharakter haben und nicht im Wege der Gesetzesauslegung auf andere Entscheidungen erstreckt werden können.[321] Andererseits ist beachten, dass das KSH der Hauptversammlung mehr Angelegenheiten ausdrücklich zur Beschlussfassung zuordnet, als dies beim deutschen AktG der Fall ist.

303 Zwingend in der **Kompetenz der Hauptversammlung** liegen damit folgende **laufenden Maßnahmen:**

- die Feststellung des Jahresabschlusses;
- die Entscheidung über die Verwendung des Ergebnisses und die Entlastung der Vorstands- und Aufsichtsratsmitglieder (Art. 395 § 2 KSH). Es gilt die Regel der **Einzelentlastung**, wonach über die Entlastung jedes Mitglieds gesondert abzustimmen ist (Art. 395 § 2 Ziff. 3 KSH);[322]
- Entscheidungen über Schadenersatzansprüche wegen Schäden, die bei Gründung der Gesellschaft oder bei der Geschäftsführung- oder Aufsichtstätigkeiten entstanden sind (vgl. Art. 393 Ziff. 2 KSH).

304 Eine andere Gruppe von laufenden Angelegenheiten bedarf eines Hauptversammlungsbeschlusses, **falls die Satzung es nicht anders bestimmt**: Die Bestellung und die Abberufung der Aufsichtsratsmitglieder (Art. 385 § 1 KSH); der Erwerb und die Veräußerung von Immobilien oder von Anteilen daran sowie der Erwerb und die Veräußerung von Erbnießbrauchrechten (Art. 393 Ziff. 4 KSH). Zu den **Rechtsfolgen** einer Missachtung von Zustimmungsvorbehalten zugunsten der Hauptversammlung s. Rn. 307.

305 Im Übrigen ist die Hauptversammlung zuständig, wenn es um die im KSH aufgezählten **Grundlagenentscheidungen** geht. Dazu gehören die Änderung der Satzung (Art. 430 § 1 KSH), Kapitalerhöhung und -herabsetzung (Art. 431 § 1 und 455 § 1 KSH), Umwandlungsmaßnahmen (Art. 491 ff. KSH), Abschluss eines Vertrages über eine Führung der abhängigen Gesellschaft oder über die Abführung ihres Gewinns (sog Konzernverträge) (Art. 393 Ziff. 7 KSH) sowie Auflösung der Gesellschaft und Verlegung des Gesellschaftssitzes ins Ausland (Art. 459 Ziff. 2 KSH).

306 Auch die Veräußerung und Verpachtung eines Unternehmens oder eines organisierten Teils davon sowie die Bestellung von beschränkt dinglichen Rechten daran gehören zwingend zu Kompetenzen der Hauptversammlung (vgl. Art. 393 Ziff. 3KSH).

307 **Rechtsfolge einer Missachtung der Zustimmungsvorbehalte**, die im Gesetz bestimmt werden, ist die **Nichtigkeit** des vorgenommenen Rechtsgeschäft (Art. 17 § 1 KSH).[323] Jedoch kann die Zustimmung auch **rückwirkend** innerhalb von zwei Monaten nach Abgabe der Erklärung als nachträgliche Genehmigung durch die Gesellschaft erteilt werden (Art. 17 § 2 KSH).

319 Zur Rolle der Hauptversammlung s. *Szwaja* in: Soltysiński et al. (Hrsg.), KSH, Bd. 3, 2013, Art. 393 Rn. 16 ff.
320 Vgl. die Entscheidungen des BGH vom 25.2.1982 (BGHZ 83, 122) und vom 26.4.2004 (AG 2004, 384).
321 Vgl. das Urteil des Obersten Gerichts vom 6.2.2009, Az. IV CSK 271/08) – vgl. dazu auch *Naworski* in: Siemiątkowski/Potrzeszcz (Hrsg.), KSH, Bd. 3, 2012, Art. 393 Rn. 12.
322 *Naworski* in: Siemiątkowski/Potrzeszcz (Hrsg.), KSH, Bd. 3, 2012, Art. 395 Rn. 10.
323 Dass diese Vorschrift in den Fallgruppen, in denen das Gesetz eine abweichende gesellschaftsvertragliche Regelung der Zustimmungspflicht erlaubt, gegen den ehemaligen Art. 10 der Publizitätsrichtlinie (= Art. 9 der Kodifizierungs-RL (Richtlinie (EU) 2017/1132)), dh gegen den Grundsatz von der unbeschränkten und unbeschränkbaren Vertretungsmacht verstößt, wird von *C. Schubel* in: FS Hommelhoff, 2012, S. 1059, 1066 ff., geltend gemacht.

bb) Beschlussfassung

Die Aktionäre entscheiden durch Beschluss, der nur in der **Hauptversammlung** gefasst werden kann. Eine schriftliche Fassung von Beschlüssen außerhalb der Versammlung ist ausgeschlossen. Die Satzung kann jedoch eine Teilnahme an der Hauptversammlung im Wege elektronischer Kommunikation zulassen (Art. 406[5] KSH). Des Weiteren kann bei börsennotierten Gesellschaften die Geschäftsordnung eine Abstimmung per Brief vor der Hauptversammlung vorsehen (Art. 411[1] § 1 KSH). 308

Die Beschlussfassung erfolgt – falls das KSH oder die Satzung nichts anderes bestimmen – nach dem **absoluten Mehrheitsprinzip**, dh, dass für den Beschluss mehr als die Hälfte aller Stimmen (dh der Ja- und Nein-Stimmen sowie der Enthaltungen) abgegeben werden muss (vgl. Art. 414 und Art. 4 § 1 Ziff. 9 und 10 KSH). 309

Für bestimmte Beschlüsse sieht das Gesetz **qualifizierte Mehrheitserfordernisse** vor, wobei **unterschiedliche Regelungen** beachtet werden müssen. Eine **Mehrheit von drei Vierteln** ist zB erforderlich für: 310

- die Änderung der Satzung,
- die Einziehung von Aktien,
- die Herabsetzung des Grundkapitals,
- die Veräußerung des Unternehmens oder eines organisierten Teils davon,
- die Auflösung der Gesellschaft (Art. 415 § 1 KSH).

Allerdings reicht für den Beschluss über die Änderung der Satzung eine **Mehrheit von zwei Dritteln** aus, wenn damit eine wesentliche Änderung des Unternehmensgegenstandes der Gesellschaft herbeigeführt werden soll (Art. 416 § 1 KSH). Des Weiteren verlangt das Gesetz zusätzlich die **Zustimmung sämtlicher betroffener Aktionäre**, wenn durch die Satzungsänderung die Leistungspflichten der Gesellschafter vermehrt oder Sonderrechte von Aktionären beschränkt werden (Art. 415 § 3 KSH). Wirksam werden alle Änderungen der Satzung erst mit ihrer Eintragung in das Unternehmerregister (Art. 430 § 1 KSH). Zusätzliche qualifizierte Mehrheitserfordernisse können zusätzlich auch in der Satzung vorgesehen werden (Art. 414 KSH).[324] 311

Gemäß Art. 408 § 1 KSH ist die Hauptversammlung **grundsätzlich immer beschlussfähig**, unabhängig davon, wie viele Aktionäre vertreten sind. Eine **Mindestpräsenz** schreibt das KSH allerdings für bestimmte Beschlüsse vor. So können zB Aktien durch einen mit der absoluten Mehrheit der Stimmen gefassten Beschluss nur eingezogen werden, wenn in der Versammlung mindestens die Hälfte des Grundkapitals vertreten ist (Art. 415 § 4 KSH). Über die Fortführung einer S.A., die sich bereits im Liquidationsverfahren befindet, muss mit einer satzungsändernden Mehrheit der Stimmen und bei der Mindestpräsenz von mindestens der Hälfte des Grundkapitals entschieden werden (Art. 460 § 1 KSH). In der Satzung können zusätzliche Regelungen über eine Mindestpräsenz getroffen werden (Art. 408 § 1 KSH). 312

Die Berechtigung eines Aktionärs zur Teilnahme an einer Hauptversammlung hängt von der Erfüllung der in den Art. 406-406[3] KSH genannten Voraussetzungen ab, die es ermöglichen, die Identität eines Aktionärs zu verifizieren. Für nicht-börsennotierte Gesellschaften schreibt Art. 406 KSH vor, dass spätestens eine Woche vor der Hauptversammlung die Inhaber von Namensaktien ins Aktienbuch eingetragen werden und die Besitzer der auf Inhaber ausgestellten Aktien die Aktienurkunden bei der Gesellschaft niederlegen müssen, um zur Teilnahme an einer Hauptversammlung zugelassen zu werden. Art. 406[1]-406[3] KSH befassen sich mit den Voraussetzungen für die Teilnahme an der Hauptversammlung börsennotierter Gesellschaften. Aus europäischer Sicht sind diese insbesondere durch die Vorgaben der Aktionärsrechterichtlinie (dazu § 30) geprägt. In Art. 406[1] KSH wird eine Frist von „16 Tagen vor der Hauptversammlung" eingeführt als der Nachweisstichtag, zu dem sich das Recht auf Teilnahme an der Hauptversammlung bestimmt. Gemäß Art. 406[2] und 406[3] KSH müssen zu diesem Stichtag die Namensaktien im Aktienbuch eingetragen und die Inhaberaktien bei der Gesellschaft niedergelegt werden. 313

Grundsätzlich gewährt jede Aktie **eine Stimme** in der Hauptversammlung (Art. 411 § 1 KSH). Für **Vorzugsaktien** gelten allerdings Ausnahmen von dieser Regelung. So kann einerseits eine Vorzugsaktie mit einem erhöhten Stimmrecht verbunden sein. Eine solche Bevorrechtigung ist allerdings nur in nicht-börsennotierten Aktiengesellschaften zulässig (Art. 351 § 2 2.S KSH) und auch dort kann sie nicht mehr als **zwei Stimmen** umfassen (Art. 352 KSH). Andererseits können Vorzugsaktien **ohne Stimmrecht** (sog Stumme Aktien, *akcje nieme*) ausgegeben werden (Art. 353 § 3 KSH). Unter bestimmten Voraussetzungen kann das Stimmrecht eines Aktionärs, dem mehrere Aktien gehören, beschränkt werden. Näheres regelt Art. 411 § 3 und § 4 KSH. Das Stimmrecht entsteht erst **mit der vollständigen Leistung der Einlage**, es sei denn, dass die Satzung es anders bestimmt (Art. 411 § 2 KSH). 314

Ein Aktionär kann entweder persönlich oder **durch einen (Stimmrechts-) Vertreter** an der Hauptversammlung teilnehmen und das Stimmrecht ausüben. Das Recht auf eine Bestellung von Vertretern kann nicht begrenzt werden. Danach wäre eine Satzungsbestimmung, die regeln würde, wer als Vertreter agieren kann, unzulässig.[325] Unzulässig ist auch, eine maximale Zahl der Vertreter vorzuschreiben (Art. 412 § 2 KSH). Beschränkun- 315

324 Vgl. dazu *Szumański* in: Sołtysiński et al. (Hrsg.), KSH, Bd. 3, 2013, Art. 414 Rn. 14 ff.
325 *Naworski* in: Siemiątkowski/Potrzeszcz (Hrsg.), KSH, Bd. 3, 2012, Art. 412 Rn. 9.

gen hinsichtlich der Vertreter können sich allerdings aus dem Gesetz ergeben. So ist es nach Art. 412[2] § 1 KSH verboten, dass in nicht-börsennotierten Gesellschaften **der Vorstand oder die Angestellten** der Gesellschaft als Bevollmächtigte in einer Hauptversammlung auftreten (bei börsennotierten S.A. können sich die Aktionäre vom Vorstand oder den Angestellten der Gesellschaft vertreten lassen; allerdings kann ein solcher Bevollmächtigter nur für eine einzige Hauptversammlung bestellt werden, s. Art. 412[2] § 3 und § 4 KSH).

316 Grundsätzlich ist die Abstimmung in der Hauptversammlung **offen** (Art. 420 § 1 KSH). Eine **geheime** Abstimmung muss jedoch bei Wahlen, Anträgen auf Abberufung von Organmitgliedern und von Liquidatoren, bei der Beschlussfassung über die Geltendmachung von Schadensersatzansprüchen gegenüber diesen sowie bei persönlichen Angelegenheiten angeordnet werden. Darüber hinaus ist eine geheime Abstimmung durchzuführen, wenn dies von einem Aktionär verlangt wird (Art. 420 § 2 KSH).

317 Niemand kann als Aktionär oder Aktionärsvertreter oder durch einen Vertreter über seine eigene Haftung gegenüber der Gesellschaft, darunter über seine Entlastung als Vorstand oder Aufsichtsrat oder über Befreiung von einer Verbindlichkeit gegenüber der Gesellschaft oder über einen Rechtsstreit zwischen ihm und der Gesellschaft abstimmen (**Stimmverbote**, *wyłączenie od głosowania*, Art. 413 § 1 KSH). Eine Ausnahmeregelung davon ist allerdings für börsennotierte Gesellschaften vorgesehen (s. dazu Art. 413 § 2 KSH).

318 Das zwingend zu erstellende **Protokoll** der Hauptversammlung ist nach Art. 421 § 1 KSH **notariell zu beurkunden.** Der Inhalt des Protokolls ist in Art. 421 § 2 KSH detailliert geregelt. Danach sind hier insbesondere die gefassten Beschlüsse inklusive der Zahl der abgegebenen Stimmen sowie die eingelegten Widersprüche der Aktionäre gegen die Beschlussfassung anzugeben.

319 Bei **Beschlussmängeln** können – wie bei der sp. z o.o. – die Beschlüsse entweder im Wege einer **Klage auf Aufhebung des Beschlusses** (Art. 422 § 1 KSH) oder mittels **Klage auf Feststellung der Nichtigkeit** beanstandet werden (Art. 425 § 1 KSH). Die Voraussetzungen für die Klageerhebung sowie die Personen, die zur Erhebung der beiden Klagearten befugt sind, entsprechen weitgehend den Regelungen bei der sp. z o.o. – zu den Einzelheiten s. daher Rn. 192 f.

320 Das Beschlussmängelrecht der S.A. unterscheidet sich jedoch auch an verschiedenen Stellen von dem der sp. z o.o. So sieht das S.A.-Recht eine Regelung für den **Missbrauch des Anfechtungsrechts** vor (vgl. Art. 423 § 2 KSH und Art. 425 § 5 KSH). Danach kann das Gericht auf Antrag der Gesellschaft **im Fall der offensichtlich grundlosen Klageerhebung** vom Kläger einen Betrag bis zum zehn-fachen Wert der Gerichtskosten sowie die Vergütung eines Rechtsanwalts zuerkennen. Die Gesellschaft kann vom Kläger darüber hinaus den Ersatz eines Schadens beanspruchen.

321 Die **Fristen** für eine Klageerhebung sind bei der S.A. grundsätzlich kürzer als bei der sp. z o.o. So muss die Anfechtungsklage in einer börsennotierten Gesellschaft innerhalb eines Monats ab Kenntniserlangung von dem Beschluss, jedoch nicht später als drei Monate nach der Beschlussfassung erhoben werden (Art. 424 § 2 KSH). Das Recht zur Klageerhebung auf Feststellung der Nichtigkeit eines Beschlusses erlischt in nicht-börsennotierten Gesellschaften mit Ablauf von sechs Monaten ab Kenntnis des Beschlusses, jedenfalls spätestens nach Ablauf von zwei Jahren ab Beschlussfassung (Art. 425 § 2 KSH). In den Publikumsgesellschaften muss die Klage auf Feststellung der Nichtigkeit bereits innerhalb von 30 Tagen nach der Bekanntmachung des Beschlusses und nicht später als Jahr nach der Beschlussfassung erhoben werden (Art. 425 § 3 KSH).

cc) Einberufung

322 Die Hauptversammlung wird grundsätzlich durch den Vorstand einberufen (Art. 399 § 1 KSH). Dabei hat die **ordentliche Hauptversammlung** innerhalb von sechs Monaten nach dem Abschluss des Geschäftsjahres stattzufinden (Art. 395 § 1 KSH). Die Satzung kann eine kürzere Frist für die Abhaltung der ordentlichen Hauptversammlung vorsehen.[326] Wenn der **Vorstand** in der gesetzlichen bzw. in der durch die Satzung bestimmten Frist die ordentliche Hauptversammlung nicht einberuft, ist der **Aufsichtsrat** dazu befugt (Art. 399 § 2 KSH). Ein gesetzliches Einberufungsrecht bezüglich einer **außerordentlichen Hauptversammlung** haben neben dem **Vorstand** auch der **Aufsichtsrat** sowie Aktionäre, die die **Hälfte des Grundkapitals** oder **die Hälfte aller Stimmen** in der Gesellschaft vertreten (Art. 399 § 2 und § 3 KSH). **Die Satzung** kann das Recht zur Einberufung einer ordentlichen oder einer außerordentlichen Hauptversammlung auch anderen Personen anvertrauen (Art. 399 § 4 KSH).

323 Eine außerordentliche Hauptversammlung muss vom Vorstand zudem dann einberufen werden, wenn dies **eine Minderheit von 20% des Grundkapitals** verlangt (Art. 400 § 1 KSH). Die Satzung kann bestimmen, dass ein geringerer Anteil am Grundkapital genügt. Wird dem Verlangen nicht innerhalb von zwei Wochen entsprochen, kann das Registergericht die Minderheitsaktionäre ermächtigen, die Hauptversammlung allein einzuberufen (Art. 400 § 3 KSH). Eine Aktionärsminderheit von 20% des Grundkapitals kann darüber hinaus verlangen, dass die **Tagesordnung um zusätzliche Gegenstände erweitert wird** (Art. 401 § 1 KSH). Dieses Recht bezieht sich sowohl auf die ordentliche als auch auf die außerordentliche Hauptversammlung. Nur für börsennotierte Gesellschaften wurde darüber hinaus noch das Recht vorgesehen, **Beschlussvorlagen** zu Punkten einbringen zu können, die bereits auf der Tagesordnung stehen oder in sie aufgenommen werden (Art. 401 § 4 KSH).

326 *Naworski* in: Siemiątkowski/Potrzeszcz (Hrsg.), KSH, Bd. 3, 2012, Art. 395 Rn. 2.

Die Form und die Fristen für eine Einberufung der Hauptversammlung sind für nichtbörsennotierte und für börsennotierte Gesellschaften getrennt geregelt. In der nicht-börsennotierten S.A. erfolgt die Einberufung **durch Bekanntmachung im Gerichtsanzeiger** (*Monitor Sądowy i Gospodarczy*)[327] drei Wochen vor der Hauptversammlung (Art. 402 § 1 und Art. 5 § 3 KSH). Gemäß Art. 402 § 3 KSH ist bei einer S.A., in der nur Namensaktien ausgegeben wurden, auch eine Einberufung **durch einen eingeschriebenen Brief** oder **per Kurier** möglich, wobei der Brief zwei Wochen vor der Versammlung versandt werden muss. Auch die Einberufung **per E-Mail** ist bei solchen Gesellschaften zulässig, wenn der Aktionär eingewilligt hat (Art. 402 § 3 KSH). Bei Publikumsgesellschaften muss die Einberufung **auf der Internetseite** der Gesellschaft sowie **durch die Informationsagenturen**[328] mindestens 26 Tage vor der Versammlung erfolgen (Art. 402^1 KSH). 324

c) Vorstand

aa) Funktion und Stellung gegenüber anderen Gesellschaftsorganen

Die Kernkompetenz des Vorstands bildet die Geschäftsführung der Gesellschaft (Art. 368 § 1 KSH). Art. 375^1 KSH statuiert die **Weisungsunabhängigkeit** des Vorstands. Weder die Hauptversammlung noch der Aufsichtsrat können dem Vorstand bindende Anweisungen im Bereich der Geschäftsführung erteilen. Dieser Regelung wird durch die polnische Doktrin ein Inhalt beigemessen, der mit § 76 I des deutschen AktG vergleichbar ist. Der Vorstand ist daher **zur eigenverantwortlichen Leitung der Gesellschaft** verpflichtet.[329] Bei der Leitung der Gesellschaft ist der Vorstand an das Gesellschaftsinteresse gebunden.[330] 325

Das Verständnis des **Gesellschaftsinteresses** ist jedoch in der polnischen Doktrin umstritten. In der Sache geht es dabei um die Frage, ob für die Bestimmung des Gesellschaftsinteresses nur die Interessen der Aktionäre maßgebend sind oder ob auch die Interessen anderer *stakeholder* (Gesellschaftsgläubiger, Arbeitnehmer usw.) berücksichtigt werden sollen.[331] Auslöser dieser Diskussion war ein viel diskutiertes Urteil des polnischen Obersten Gerichts vom 2009. Dieses hat entschieden, dass es kein eigeständiges Interesse der Gesellschaft als juristische Person gibt, das autonom von den Interessen der Gesellschafter bestehen würde. Das Gesellschaftsinteresse darf allerdings nicht dem Interesse des Mehrheitsaktionärs gleichgestellt werden, sondern muss die Interessen aller Gesellschafter berücksichtigen.[332] 326

Des Weiteren ist Art. 375^1 KSH zu entnehmen, dass alle Angelegenheiten der Aktiengesellschaft, die nicht ausdrücklich einem anderen Organ zugewiesen wurden, in die Kompetenz des Vorstands fallen.[333] 327

Die Stellung des Vorstands einer S.A. ist somit nach der Vorstellung des Gesetzgebers grundsätzlich der **Stellung des Vorstands einer deutschen AG ähnlich**. Zu betonen ist allerdings, dass **wichtige punktuelle Unterschiede** im Vergleich zum deutschen Recht bestehen (s. dazu im Detail Rn. 332 und Rn. 337). Hervorzuheben ist an dieser Stelle, dass trotz der im KSH vorgegebenen Weisungsunabhängigkeit des Vorstands, die Vorstandsmitglieder in der Praxis insoweit vom Aufsichtsrat abhängig sind, da sie nach dem polnischen Recht jederzeit ohne Vorlage eines wichtigen Grundes durch diesen abberufen werden können (s. dazu Rn. 335). 328

Die **Satzung** kann die Kompetenzen der Hauptversammlung und des Aufsichtsrats im Bereich der Geschäftsführung erweitern, jedoch nur im Rahmen der durch das Gesetz vorgegebenen Grenzen. In der Praxis geschieht dies regelmäßig dadurch, dass bestimmte Tätigkeiten von einer **Zustimmung** dieser Organe abhängig gemacht werden (Art. 384 § 1 und Art. 393 S. 1. KSH).[334] Derartige Beschränkungen für die Vorstandsmitglieder können sich im Innenverhältnis aus den Beschlüssen des Aufsichtsrats und der Hauptversammlung nur dann ergeben, 329

327 Der Gerichtsanzeiger ist elektronisch und auf der Internetseite des polnischen Justizministeriums https://ems.ms.gov.pl/msig/przegladaniemonitorow abrufbar.

328 Diese werden durch das polnische Aufsichtsbehörde über Finanzmärkte (*Komisja Nadzoru Finansowego*) genannt – vgl. Art. 56 I und II sowie Art. 58 des Gesetzes über das öffentliche Angebot, die Bedingungen der Einführung von Finanzinstrumenten auf geregelten Märkten und die börsennotierten Gesellschaften vom 29.7.2005.

329 *Szumański* in: Sołtysiński et al. (Hrsg.), KSH, Bd. 3, 2013, Art. 375^1 Rn. 3; *Naworski* in: Siemiątkowski/Potrzeszcz (Hrsg.), KSH, Bd. 3, 2012, Art. 375^1 Rn. 1, 4.

330 *Szumański* in: Sołtysiński et al. (Hrsg.), KSH, Bd. 3, 2013, Art. 371 Rn. 11 ff.

331 Zu dieser Diskussion s. *Oplustil,* Gesellschafts- und Konzerninteresse im polnischen Recht in: Winner/Cierpial-Magnor (Hrsg.), Rechtsprobleme im Konzern. Drittes Jahrbuch des Krakauer Forums der Rechtswissenschaften, 2012, S. 68 ff.

332 Urteil des polnischen Obersten Gerichts vom 5.11.2009, Az. I CSK 158/09.

333 *Bieniak* in: Bieniak et al. (Hrsg.), KSH, 2012, Art. 368 Rn. 2; *Kidyba* in: *Włodyka* (Hrsg.), System Prawa Handlowego, Bd. 2, S. 1124; *Naworski* in: Siemiątkowski/Potrzeszcz (Hrsg.), KSH, Bd.3, 2012, Art. 368 Rn. 2; *Szajkowski/Tarska/Szumański* in: Sołtysiński et al. (Hrsg.), KSH, Bd. 3, 2013, Art. 368 Rn. 2, 22; *Szumański* in: Pyzioł (Hrsg.), Prawo Spółek, 2002, S. 732, 739.

334 Vgl. dazu *Naworski* in: Siemiątkowski/Potrzeszcz (Hrsg.), KSH, Bd. 3, 2012, Art. 393 Rn. 3. Vgl. auch *Szajkowski/Tarska/Szumański* in: Sołtysiński et al. (Hrsg.), KSH, Bd. 3, 2013, Art. 368 Rn. 24.

wenn diese Organe auf Grundlage der ihnen durch das Gesetz oder der Satzung erteilten Kompetenzen handeln (dies ergibt aus der Auslegung des Art. 375 iVm Art. 375^{1} KSH).[335]

330 Die **Missachtung von Zustimmungsvorbehalten**, die in der Satzung geregelt sind, führt nicht zur Nichtigkeit des Rechtsgeschäfts, kann aber **die interne Haftung des Vorstands** wegen einer Verletzung der Satzung begründen (Art. 17 § 3 KSH).

bb) Bestellung, Abberufung und Suspendierung

331 Eine zwingende Mindestanzahl von Mitgliedern für den Vorstand sieht das KSH nicht vor. Die **Zahl der Vorstandsmitglieder** ist grundsätzlich in der Satzung zu nennen. Zumindest aber muss die Satzung eine Mindest- oder Höchstzahl der Vorstandsmitglieder bestimmen sowie den Berechtigten (zB die Hauptversammlung) benennen, der die konkrete Zahl der Vorstandsmitglieder in diesem Rahmen bestimmen soll (Art. 304 § 1 Ziff. 8 KSH).

332 Die Mitglieder des Vorstands werden **durch den Aufsichtsrat** bestellt, wobei anders als bei der deutschen AG die Satzung diese Kompetenz dem Aufsichtsrat entziehen (Art. 368 § 4 KSH) und zB auf die Hauptversammlung oder auf einzelne Aktionäre verlagern kann. Dies ist vor allem aus konzernrechtlicher Sicht von Vorteil, da der Mehrheitsaktionär so unmittelbar und zeitnah – trotz des grundsätzlich fehlenden Weisungsrechts (s. Rn. 325) – die Geschäftsführung einer S.A. mit der Besetzung eines ihm wohlgesonnenen Vorstandsmitglieds beeinflussen kann. Allerdings erleichtern derartige Satzungsregelungen hierdurch auch die Übernahme der Gesellschaft.

333 Die Bestellung eines Vorstandsmitglieds erfolgt **auf höchstens fünf Jahre**. Eine erneute Bestellung ist zulässig (Art. 369 § 1 KSH). Soll die erneute Bestellung noch im Laufe der Amtszeit eines Vorstandsmitglieds erfolgen, kann dieses nicht früher als ein Jahr vor Ende der laufenden Amtszeit wieder in den Vorstand bestellt werden (Art. 369 § 1 S. 3 KSH). Vorstände sind für eine bestimmte **Amtszeit** zu berufen, eine Bestellung **auf unbestimmte Zeit ist unzulässig** (vgl. Art. 369 § 1 S. 1 KSH).[336] Umstritten ist allerdings, ob die Amtszeit des Vorstands zwingend in der Satzung festgelegt werden muss und welche Folgen das Fehlen einer solchen statutarischen Bestimmung hat. Fraglich ist, ob dann automatisch die maximal mögliche fünfjährige Amtszeit[337] oder das Bestellungsorgan die Amtszeit bestimmen.[338] Eine statutarische Regelung kann die Höchstdauer von fünf Jahren jedenfalls nicht verlängern. Das KSH schreibt keine Mindestdauer der Bestellung vor. Im Schrifttum wird allerdings vertreten, dass eine Bestellung für einen Zeitraum von weniger als einem Jahr unzulässig sei.[339]

334 Unterschiedlich wird die Frage beantwortet, ob die **Amtszeit** der Vorstände **ab dem Tage ihrer Bestellung oder nach (vollen) Geschäftsjahren** zu berechnen ist.[340] Dies führt in der Praxis zu Unsicherheiten, da mitunter unklar ist, wann das Mandat eines Vorstandsmitglieds, dessen **Amtszeit abgelaufen ist**, genau endet. Das KSH regelt insoweit nur, dass das Mandat des Vorstands **spätestens** mit dem Tag erlischt, an dem die Hauptversammlung stattfindet, die den Jahresabschluss für sein letztes vollständiges Geschäftsjahr im Amt feststellt (Art. 369 § 4 KSH). Die unterschiedlichen Rechtsfolgen dieser Regelung bei den og Berechnungsmöglichkeiten lassen sich am folgenden Beispiel verdeutlichen: Ein neues Vorstandsmitglied ist am 1.3.2010 für eine dreijährige Amtszeit bestellt worden, wobei das Geschäftsjahr dieser S.A. dem Kalenderjahr entspricht. Würde man die Amtszeit ab dem Bestellungstag zählen, so würde sie am 1.3.2013 enden und das Mandat gemäß Art. 369 § 4 KSH mit der Abhaltung der Hauptversammlung für das Jahr 2012 (das letzte volle Geschäftsjahr der Amtszeit) erlöschen, also in der Regel im Juni 2013 (die ordentliche Hauptversammlung ist innerhalb von sechs Monaten nach dem Abschluss des Geschäftsjahres abzuhalten; in der Praxis finden die Hauptversammlung oft am Ende dieser Frist, also im Juni statt). Würde man aber die Amtszeit in Geschäftsjahren zählen, so würde die Amtszeit dieses Vorstandsmitglieds erst Ende 2013 enden und somit auch sein Mandat erst mit der Abhaltung der Versammlung für das Jahr 2013, also in der Regel im Juni 2014 erlöschen. Der Vorstand würde also ein Jahr länger im Amt bleiben. Da diese Problematik noch nicht durch die Rechtsprechung geklärt ist, empfiehlt es sich, die Festlegung der Amtszeit nicht der gesetzlichen Regelung zu überlassen, sondern in der Satzung zu bestimmen, wie die Amtszeit genau berechnet werden soll.

335 Anders als bei der deutschen AG gilt in Polen die **Regel der freien Widerrufbarkeit** der Bestellung zum Vorstand (*członek zarządu może być w każdym czasie odwołany*). Der Aufsichtsrat kann ein Vorstandsmitglied daher je-

335 *Szumański*, PPH 2002 Nr. 10, S. 28; *Szumański* in: Sołtysiński et al. (Hrsg.), KSH, Bd. 3, 2013, Art. 375 Rn. 3; *Naworski* in: Siemiątkowski/Potrzeszcz (Hrsg.), KSH, Bd. 3, 2012, Art. 375 Rn. 10, *Bieniak* in: Bieniak et al. (Hrsg.), KSH, 2012, Art. 375 Rn. 2.

336 *Szumański* in: Sołtysiński et al. (Hrsg.), KSH, Bd. 3, 2013, Art. 369 Rn. 4.

337 So *Szumański* in: Sołtysiński et al. (Hrsg.), KSH, Bd. 3, 2013, Art. 369 Rn. 5.

338 So *Potrzeszcz* in: Siemiątkowski/Potrzeszcz (Hrsg.), KSH, Bd. 3, 2012, Art. 304 Rn. 18.

339 *Bieniak* in: Bieniak et al. (Hrsg.), KSH, 2012, Art. 369 Rn. 8; *Naworski* in: Siemiątkowski/Potrzeszcz (Hrsg.), KSH, Bd. 3, 2012, Art. 369 Rn. 7.

340 Für die Zählung in Geschäftsjahren ua *Naworski* in: Siemiątkowski/Potrzeszcz (Hrsg.), KSH, Bd. 3, 2012, Art. 369 Rn. 7. Dagegen ua *Domański/Palinka*, PPH, 2008, Nr. 11, 4, 5.

derzeit abberufen, und zwar ohne Angabe von Gründen (Art. 370 § 1 iVm Art. 368 § 4 KSH).[341] Dieses Recht kann durch die Satzung auf andere Personen oder Organe übertragen werden. Unabhängig von derartigen Satzungsregelungen ist auch die Hauptversammlung befugt, Vorstandsmitglieder jederzeit abzuberufen (Art. 370 § 1 iVm Art. 368 § 4 KSH). Die freie Widerrufbarkeit der Bestellung kann jedoch in der Satzung **beschränkt werden**, insbesondere durch die Bestimmung, dass die Abberufung nur bei Vorliegen eines wichtigen Grundes zulässig ist (Art. 370 § 2 KSH).

Das KSH sieht ferner vor, dass die Vorstände (einzeln oder auch alle gemeinsam) von der Hauptversammlung (Art. 368 § 4 KSH) oder vom Aufsichtsrat (Art. 383 § 1 KSH) **suspendiert** werden können. Für die Suspendierung (*zawieszenie*) durch die Hauptversammlung verlangt das KSH keinen wichtigen Grund. Ein solcher muss allerdings vorliegen, wenn der Aufsichtsrat Vorstände suspendieren will. Als ein wichtiger Grund werden vom Schrifttum ua die Krankheit eines Vorstandsmitglieds, die Verhängung von Untersuchungshaft sowie die Aufnahme von Wettbewerbstätigkeiten durch ein Vorstandsmitglied angesehen.[342] Die Suspendierung ist zum Unternehmerregister anzumelden.[343] Ein suspendierter Vorstand darf die Gesellschaft weder vertreten noch ihre Geschäfte führen.[344] An die Stelle des suspendierten Vorstandsmitglieds kann der Aufsichtsrat **ein Aufsichtsratsmitglied** zur zeitweiligen Ausführung der Tätigkeiten des Vorstands **entsenden**, jedoch **nicht länger als für drei Monate** (Art. 383 § 1 KSH). Die zulässige Dauer der Suspendierung ist im KSH nicht bestimmt. Ob und wann die Suspendierung beendet wird, ist daher in der Regel durch das für die Suspendierung zuständige Organ zu bestimmen.[345] Allerdings regelt Art. 383 § 2 KSH die Pflicht des Aufsichtsrats, unverzüglich die erforderlichen Schritte für eine Neubestellung vorzunehmen, wenn ein Vorstandsmitglied seine Pflichten nicht ausüben kann. Diese Vorschrift kommt in der Praxis insbesondere dann zur Anwendung, wenn ein Vorstand suspendiert worden ist und der Grund für die Suspendierung dauerhaften Charakter hat oder ein Vorstand länger als drei Monate suspendiert wurde.[346] 336

cc) Geschäftsführung

Die Geschäftsführung ist in der S.A. anders als bei der deutschen AG ausgestaltet, in der Mitglieder des Vorstands nur gemeinschaftlich zur Geschäftsführung befugt sind. Sie ist auch anders als bei der polnischen sp. z o.o. geregelt, bei der die Einzelgeschäftsführung die gesetzliche Regel darstellt. In der S.A. werden die Beschlüsse des Vorstands **mit absoluter Mehrheit der Stimmen** (*bezwzględna większość głosów*) gefasst (Art. 371 § 1 und § 2 KSH). Sie können nur dann wirksam zustande kommen, wenn alle Mitglieder des Vorstands ordnungsgemäß über die Sitzung unterrichtet worden sind (Art. 371 § 3 KSH). Da bisweilen umstritten ist, ob wirksame Beschlüsse auch außerhalb von Sitzungen, im Umlaufverfahren oder mithilfe von elektronischen Kommunikationsmitteln gefasst werden können,[347] ist davon abzuraten, solche Lösungen in der Satzung oder in einer Geschäftsordnung vorzusehen. 337

Ist der Vorstand nicht in der durch die Satzung bestimmten **Zahl** besetzt (s. dazu oben bei Rn. 331), kann er keine Beschlüsse fassen und daher auch keine Geschäfte der Gesellschaft führen.[348] 338

Die **Satzung** kann andere Regeln als die mehrheitliche Willensbildung im Vorstand bestimmen, insbesondere eine Einzelgeschäftsführung vorsehen. Die Satzung kann auch die Aufgaben des Vorstands auf dessen einzelne Mitglieder aufteilen, also Ressorts einführen. 339

Der Vorstand kann sich eine **Geschäftsordnung** geben, wenn die Satzung den Erlass oder die Feststellung der Geschäftsordnung nicht dem Aufsichtsrat oder der Hauptversammlung übertragen hat (Art. 371 § 5 KSH). Die praktische Bedeutung einer Geschäftsordnung ist allerdings bei der S.A. geringer als bei einer deutschen AG. Die Geschäftsordnung kann die in Art. 371 KSH bestimmten Regeln der Geschäftsführung nicht ändern.[349] Abweichungen von den gesetzlichen Vorschriften bedürfen stattdessen einer Regelung in der Satzung. Bestimmungen der Geschäftsordnung über eine Aufteilung der Kompetenzen im Vorstand sind daher nichtig und ein Vorstand kann sich nicht auf eine solche Regelung berufen, um seine Haftung gemäß Art. 483 § 1 KSH auszuschließen (zur Haftung der Vorstandsmitglieder s. Rn. 349 ff.).[350] Die Rolle der Geschäftsordnung beschränkt sich daher darauf, die Geschäftsführungsbefugnis des Vorstands **näher auszugestalten** und insbesondere **Verfahrensregeln** für die Beschlussfassung im Vorstand, die in Art. 371 KSH nicht festgelegt worden sind, zu bestimmen. 340

341 Vgl. *Szajkowski/Tarska/Szumański* in: Sołtysiński et al. (Hrsg.), KSH, Bd. 3, 2013, Art. 370 Rn. 2.
342 Vgl. *Szwaja* in: Sołtysiński et al. (Hrsg.), KSH, Bd. 3, 2013, Art. 383, Rn. 5.
343 Art. 39 Pkt. 5 des polnischen Gesetzes vom 20.8.1997 über das Landes-Gerichtsregister.
344 Vgl. *Szwaja* in: Sołtysiński et al. (Hrsg.), KSH, Bd. 3, 2013, Art. 383 Rn. 11.
345 So *Szwaja* in: Sołtysiński et al. (Hrsg.), KSH, Bd. 3, 2013, Art. 383 Rn. 8.
346 So *Strzelczyk* in: Siemiątkowski/Potrzeszcz (Hrsg.), KSH, Bd. 3, 2012, Art. 383 Rn. 9.
347 Vgl. dazu *Naworski* in: Siemiątkowski/Potrzeszcz (Hrsg.), KSH, Bd. 3, 2012, Art. 371 Rn. 27.
348 Beschluss des Obersten Gerichts vom 18.7.2012, Az. III CZP 40/12; s. dazu auch *Szajkowski/Tarska/Szumański* in: Sołtysiński et al. (Hrsg.), KSH, Bd. 3, 2013, Art. 368 Rn. 36.
349 *Szumański* in Sołtysiński et al. (Hrsg.), KSH, Bd. 3, 2013, Art. 371 Rn. 25.
350 *Szumański* in Sołtysiński et al. (Hrsg.), KSH, Bd. 3, 2013, Art. 371 Rn. 6.

So kann hier ua geregelt werden, ob die Abstimmungen im Vorstand offen oder geheim abgehalten werden sollen, wo und wann die Vorstandssitzungen stattzufinden haben oder wie die Sitzungen zu protokollieren sind.[351]

341 Durch die Satzung kann der Posten eines **Vorstandsvorsitzenden** (*prezes zarządu*) geschaffen werden. Dem Vorstandsvorsitzenden können gem. Art. 371 § 2 KSH bestimmte Befugnisse im Bereich der Leitung des Vorstands zugestanden werden. So kann die Satzung bestimmen, dass bei Stimmengleichheit im Vorstand die Stimme des Vorsitzenden entscheidend ist. Eine nähere Regelung der Rechte und Pflichten des Vorstandsvorsitzenden enthält das KSH allerdings nicht. Insofern obliegen ihm insbesondere die gleichen Pflichten wie jedem anderen Vorstandsmitglied. In der Praxis kann zB in der Satzung geregelt werden, dass der Vorsitzende die Tagesordnung der Vorstandssitzungen abändern kann, Redezeiten für andere Vorstandsmitglieder bestimmen und Sitzungspausen einlegen kann sowie die Entwürfe der Beschlüsse vorbereitet.[352] Verbreitet ist es darüber hinaus – wie bei der sp. z o.o. – für den Vorstandsvorsitzenden eine Einzelvertretungsmacht in der Satzung vorzusehen, während die anderen Vorstandsmitglieder nur zur Gesamtvertretung berechtigt sind (zur Vertretung s. Rn. 344 ff.). Insgesamt kommt dem Vorstandsvorsitzenden einer S.A. durch seine Koordinationsaufgaben für die Arbeiten des Vorstands sowie seine Einzelvertretungsmacht oft eine entscheidende Rolle bei der Leitung der Gesellschaft zu. Im Außenverhältnis wird er/sie als übergeordnetes Mitglied des Vorstands wahrgenommen.

342 Zudem ist es üblich, in der Satzung einen **stellvertretenden Vorstandsvorsitzenden** vorzusehen und diesem im Vergleich zu anderen Vorständen zusätzliche Kompetenzen sowie ebenfalls Einzelvertretungsmacht einzuräumen. Die Funktion eines im deutschen Recht bekannten Vorstandssprechers gibt es in der polnischen Praxis dagegen grundsätzlich nicht.

343 Die **Vergütung** der Vorstände wird durch den Aufsichtsrat festgesetzt, wenn in der Satzung nichts Abweichendes bestimmt ist (Art. 378 § 1 KSH). Die Satzung kann vorsehen, dass ein anderes Organ oder eine andere Person (zB ein bestimmter Aktionär) zur Festsetzung der Vergütung befugt ist. Als unzulässig wird dabei im polnischen Schrifttum angesehen, diese Kompetenz dem Vorstand selbst zu übertragen.[353] Art. 378 § 1 KSH spricht von der Vergütung „aufgrund eines Arbeitsvertrages oder eines anderen Vertrages". In der Praxis ist es jedoch verbreitet, nicht Arbeitsverträge, sondern vor allem sog *„kontrakty menedżerskie"*, die zivilrechtliche Dienstleistungsverträge sind, mit Vorständen abzuschließen. Die Vergütung kann auch eine Gewinnbeteiligung umfassen (Art. 378 § 2 KSH). Erforderlich ist dafür eine Entscheidung der Hauptversammlung, die den Aufsichtsrat dazu ermächtigt, als Bestandteil der Vorstandsvergütung auch Gewinn zuzuteilen (vgl. Art. 378 § 2 KSH). Des Weiteren gibt es seit dem Jahr 2016 eine gesetzliche Regelung, wonach die Hauptversammlung die Vergütungspolitik, insbesondere die maximale Vergütung oder zusätzliche Gehaltskomponenten bestimmen kann (vgl. Art. 378 § 2 KSH). Damit soll – entsprechend der Tendenz auch in anderen europäischen Rechtsordnungen – eine bessere Kontrolle der Aktionäre über die Gehälter der Vorstandsmitglieder abgesichert werden.

dd) Vertretung

344 Der Vorstand hat das Recht zur Vertretung der Gesellschaft (Art. 368 § 1 und 372 KSH). Diese Befugnis **kann in ihrem Umfang nicht beschränkt werden** (Art. 372 § 2 KSH). Besteht der Vorstand aus mehreren Mitgliedern und bestimmt die Satzung keine Vertretungsregeln, sind die Mitglieder des Vorstands gem. Art. 373 § 2 KSH **zur Gesamtvertretung** von jeweils zwei Vorständen sowie **zur unechten Gesamtvertretung** (ein Vorstand und ein Prokurist) berechtigt. Die Satzung kann allerdings auch andere Vertretungsregeln vorsehen, insbesondere die Gesamtvertretung durch sämtliche Vorstände regeln, eine Einzelvertretung einführen oder bestimmte Vorstandsmitglieder zur Gesamtvertretung und andere zur Einzelvertretung ermächtigen. Die Regelungen über die Vertretung sind im Unternehmerregister zu veröffentlichen.

345 Wenn der Vorstand nicht in der durch die Satzung vorgegebenen **Zahl** bzw. in der gesetzlichen Mindestzahl besetzt ist (zur Zahl der Vorstände s. Rn. 331), hängt die Berechtigung der verbliebenden Vorstände zur Vertretung der Gesellschaft davon ab, ob zumindest die nach Gesetz oder der Satzung für die Vertretung erforderliche Zahl von Vorstandsmitgliedern gegeben ist. Soll zB der Vorstand gemäß der Satzung aus drei Mitgliedern bestehen und gibt es nur noch zwei, sieht aber die Satzung keine vom Gesetz abweichende Vertretungsregel vor, können beiden Vorstände die Gesellschaft gemäß Art. 373 § 1 KSH wirksam vertreten.[354] Sieht die Satzung dagegen Gesamtvertretung durch sämtliche Vorstände vor, kann die Gesellschaft durch ihren Vorstand nicht mehr vertreten werden.

346 Spezielle Vertretungsregeln gelten beim **Vertragsschluss zwischen der Gesellschaft und einem Vorstandsmitglied** sowie bei einer Auseinandersetzung der Gesellschaft mit Vorständen. Vorstandsmitgliedern gegenüber vertritt dann (wie bei der sp. z o.o.) der **Aufsichtsrat** oder ein **Bevollmächtigter der Hauptversammlung** die Gesellschaft (Art. 379 § 1 KSH).

351 *Szumański* in Sołtysiński et al. (Hrsg.), KSH, Bd. 3, 2013, Art. 371 Rn. 23, 26.
352 *Szumański* in Sołtysiński et al. (Hrsg.), KSH, Bd. 3, 2013, Art. 371 Rn. 29.
353 *Szumański* in Sołtysiński et al. (Hrsg.), KSH, Bd. 3, 2013, Art. 378 Rn. 3.
354 So das Oberste Gericht im Beschluss vom 18.7.2012, Az. III CZP 40/12; s. dazu auch *Naworski* in: Siemiątkowski/Potrzeszcz (Hrsg.), KSH, Bd. 3, 2012, Art. 368 Rn. 12.

Handelt es sich um einen geschäftsführenden Aktionär in einer **Einpersonengesellschaft**, finden die Vertretungsregeln aus Art. 379 § 1 KSH keine Anwendung, sondern es gilt (wie bei der sp. z o.o.) ein spezielles Formerfordernis. Jedes Rechtsgeschäft mit der Gesellschaft **bedarf demnach der notariellen Beurkundung** (Art. 379 § 2 KSH). 347

ee) Pflichten und Haftung

Jedes Vorstandsmitglied einer S.A. ist verpflichtet, bei der Ausübung seiner Funktion eine **erhöhte Sorgfalt** einzuhalten, die sich aus dem beruflichen Charakter dieser Tätigkeiten ergibt (*staranność wynikająca z zawodowego charakteru działalności*, Art. 483 § 2 KSH). Dieser Maßstab ist weitgehend mit „der Sorgfalt eines ordentlichen und gewissenhaften Geschäftsleiters" aus dem deutschen AktG vergleichbar. Mit der Bestellung zum Vorstandsmitglied ist auch eine **Treuepflicht** der Vorstände gegenüber der Gesellschaft verbunden, die insbesondere gem. Art. 380 KSH (Verbot von Wettbewerbstätigkeiten) herzuleiten ist.[355] Bei der Geschäftsführung sind die Vorstände an das **Gesellschaftsinteresse** gebunden.[356] 348

Viele Haftungsregelungen für die S.A.-Vorstände stimmen mit den entsprechenden Vorschriften für die sp. z o.o.-Vorstände (s. dazu oben bei Rn. 209 ff.) überein. Nachstehend werden daher vor allem die Unterschiede im Vergleich zur sp. z o.o. betont. 349

Der Verstoß gegen gesetzliche oder von der Satzung bestimmten Pflichten löst **eine Schadenersatzhaftung des Vorstandsmitglieds gegenüber der Gesellschaft** aus (Innenhaftung, Art. 483 § 1 KSH). Bei der Bestimmung des für den konkreten Schaden verantwortlichen Vorstandsmitglieds spielen **die internen Regeln der Aufteilung der Kompetenzen im Vorstand** eine wichtige Rolle. Um zum Ausschluss der Haftung eines konkreten Vorstandsmitglieds führen zu können, müssen diese Regeln allerdings in der Satzung bestimmt sein. Eine Aufteilung der Kompetenzen in der Geschäftsordnung reicht dafür nicht aus (vgl. dazu oben bei Rn. 340). Diese Innenhaftung der S.A.-Vorstände ist weitgehend parallel zur sp. z o.o. geregelt (zu dieser Haftung s. Rn. 210 ff.). Einen wichtigen Unterschied bilden jedoch die **Verjährungsfristen**, die wesentlich kürzer sind. So verjährt der Anspruch auf Schadenersatz **in drei Jahren** ab dem Tage, an dem die S.A. vom Schaden und der Person, die für diesen Schaden einzustehen hat, erfahren hat, **nicht später jedoch als fünf Jahre** ab dem Tage, an dem das zum Schaden führende Ereignis eingetreten ist (Art. 488 KSH). 350

In Art. 486 KSH wird das Recht eines jeden Aktionärs sowie jeder Person, der aus einem anderen Titel eine Beteiligung am Gewinn oder an der Vermögensverteilung der Gesellschaft zusteht, geregelt, eine Klage auf Ersatz des zugefügten Schadens zugunsten der Gesellschaft zu erheben, wenn die Gesellschaft selbst ein Jahr ab Bekanntwerden des Schadens nicht tätig geworden ist (sog **actio pro socio**, vgl. dazu auch die entsprechenden Ausführungen zur. sp. z o.o., s. Rn. 217). 351

Anders als bei der sp. z o.o. sieht das KSH keine Außenhaftung der S.A.-Vorstände gegenüber den Gesellschaftsgläubigern vor. 352

d) Aufsichtsrat

Die Grundfunktion des Aufsichtsrats besteht darin, eine ständige Aufsicht über die Tätigkeiten der Gesellschaft auszuüben (**Überwachungsfunktion**, Art. 382 § 1 KSH). Gegenstand der Überwachung ist dabei nicht allein die Rechtmäßigkeit der Geschäftsführung, sondern auch die wirtschaftliche Zweckmäßigkeit.[357] Allerdings ist zu betonen, dass das polnische Recht zur Durchsetzung dieser Aufgabe weniger Instrumente als das deutsche Recht vorsieht. Es gibt beispielsweise **keine mit § 90 AktG vergleichbare Regelung über die Pflichten des Vorstands zur regelmäßigen Berichterstattung** gegenüber dem Aufsichtsrat über den Gang der Geschäfte, die beabsichtigte Geschäftspolitik usw. Der Aufsichtsrat kann aber im Rahmen der Überwachungsfunktion Berichte und Erklärungen vom Vorstand und von Angestellten der Gesellschaft verlangen (Art. 382 § 4 KSH). 353

Im Rahmen der Überwachungsfunktion gehört zu den besonderen Pflichten des Aufsichtsrats die jährliche Prüfung des Lageberichts und des Finanzberichts sowie der Anträge des Vorstands für die Ergebnisverwendung. Weiterhin die Erstellung eines eigenen Jahresberichts über das Ergebnis dieser Prüfung für die Hauptversammlung (Art. 382 § 3 KSH). 354

Neben der Überwachung regelt das KSH noch folgende wichtige **Aufgaben des Aufsichtsrats:** 355

- die Vertretung der Gesellschaft gegenüber den Vorstandsmitgliedern (Art. 379 KSH);
- die Einberufung einer Hauptversammlung, falls der Vorstand dies nicht tut (Art. 399 § 2 KSH) – vgl. dazu Rn. 322;
- das Recht, an den Hauptversammlungen teilzunehmen (Art. 406[6] KSH);
- sofern die Satzung nicht anderes bestimmt, die Bestellung und Abberufung der Vorstandsmitglieder, einschließlich der Festsetzung ihrer Vergütung (Art. 368 § 4 und 378 § 1 KSH).

---

355 *Szumański* in Sołtysiński et al. (Hrsg.), KSH, Bd. 3, 2013, Art. 371 Rn. 11.
356 *Szumański* in Sołtysiński et al. (Hrsg.), KSH, Bd. 3, 2013, Art. 371 Rn. 12 f.
357 *Kidyba* in: *Włodyka* (Hrsg.), System Prawa Handlowego, Bd. 2, 2012, S. 1159.

356 Weitere Aufgaben des Aufsichtsrats können sich **aus der Satzung** ergeben. Die Satzung kann **die Stellung des Aufsichtsrats stärken,** zB durch die Einführung von Zustimmungsvorbehalten bezüglich bestimmter Maßnahmen der Geschäftsführung (Art. 384 § 1 KSH). Anders als im deutschen Aktienrecht kann jedoch der Aufsichtsrat selbst keine Rechtsgeschäfte oder Maßnahmen bestimmen, für deren Vornahme der Vorstand seiner Zustimmung bedarf. Wenn der Aufsichtsrat die nach der Satzung erforderliche Zustimmung verweigert, kann sich der Vorstand an die Hauptversammlung wenden, damit diese die Zustimmung erteilt (Art. 384 KSH).

357 Die Aufsichtsratsmitglieder haben – wie die Vorstände – bei der Wahrnehmung ihrer Pflichten die Sorgfalt einzuhalten, die sich aus dem beruflichen Charakter dieser Tätigkeiten ergibt (Art. 483 § 2 KSH), was mit dem in § 116 S. 1 AktG geregelten Sorgfaltsmaßstab vergleichbar ist.

358 Der Aufsichtsrat besteht **aus mindestens drei Mitgliedern** (in börsennotierten S.A. muss er mindestens fünf Mitglieder haben), die **durch die Hauptversammlung bestellt und abberufen werden** (Art. 385 § 1 KSH). Die Satzung kann eine höhere Mitgliederzahl festlegen sowie andere Regeln für die Berufung und Abberufung vorsehen (Art. 304 § 1 Pkt. 8, Art. 385 § 2 KSH), insbesondere einzelne Aktionäre zur Bestellung und Abberufung der Aufsichtsräte berechtigen. Das KSH regelt **keine Höchstzahl** der Aufsichtsratsmitglieder.

359 Als ein besonderes Mittel zum Schutz der Minderheitsaktionäre[358] sieht das KSH vor, dass unabhängig von etwaigen Satzungsbestimmungen für die Bestellung von Aufsichtsratsmitgliedern, auf Antrag von Aktionären, die 20% des Grundkapitals vertreten, **die Mitglieder des Aufsichtsrats durch getrennte Gruppen der Aktionäre zu wählen** sind (Art. 385 § 3 KSH). In einer solchen Wahl steht jeder Aktie eine Stimme zu (Art. 385 § 9 KSH), auch den stimmrechtsbevorrechtigten oder sog stummen Aktien, die sonst kein Stimmrecht haben. Die Mindestzahl der Aktien, die für die Gründung einer Gruppe von Aktionären zur Wahl eines Aufsichtsratsmitglieds notwendig sind, wird bestimmt, indem man die in der Hauptversammlung vertretenen Aktien durch die Zahl der Aufsichtsratsmitglieder teilt (Art. 385 § 5 KSH). In der Praxis wird dieses spezielle Wahlrecht selten in Anspruch genommen, und zwar grundsätzlich nur dann, wenn in einer S.A. große Konflikte zwischen einer Gruppe von Aktionären und der Leitung der Gesellschaft bestehen.

360 Die **innere Ordnung** des Aufsichtsrats regeln die Art. 388 ff. KSH. Hier wird bestimmt, dass der Aufsichtsrat mindestens **drei Sitzungen im Kalenderjahr** abhalten muss (Art. 389 § 3 KSH). Die Regelung des KSH für die innere Organisation des Aufsichtsrats ist nicht abschließend. Weitere Bestimmungen dazu können in der Satzung (zB Bestimmung über Beschlussfassung im Umlaufverfahren, Art. 388 § 3 KSH) und in der Geschäftsordnung vorgesehen werden (Art. 391 § 3 KSH). Die Geschäftsordnung des Aufsichtsrats wird durch die Hauptversammlung beschlossen. Die Satzung kann jedoch auch den Aufsichtsrat dazu ermächtigen, sich selbst eine Geschäftsordnung zu geben (Art. 391 § 3 KSH). Anders als das deutsche AktG sieht jedoch das KSH **keine Möglichkeit** vor, **Ausschüsse im Aufsichtsrat einzurichten.** Solche Ausschüsse können zwar durch den Aufsichtsrat gebildet werden, auf sie können aber keine Kompetenzen des Aufsichtsrats übertragen werden, insbesondere können sie nicht mit der Beschlussfassung anstelle des Aufsichtsrats beauftragt werden.[359]

4. Kapitalverfassung

a) Kapitalaufbringung

361 Der polnische Gesetzgeber hat im Jahr 2009 eine Reform des Kapitalschutzsystems sowohl bei der sp. z o.o. als auch bei der S.A. durchgeführt, die darin bestand, das gesetzliche Mindeststammkapital für beide Kapitalgesellschaften deutlich abzusenken. Seitdem muss das Grundkapital einer S.A. nur noch mindestens **100.000 PLN** anstatt der bis dahin festgelegten 500.000 PLN betragen. Dieser Betrag liegt dem Mindestgrundkapital einer Aktiengesellschaft iHv 25.000 EUR gemäß Art. 45 I der Richtlinie 2017/1132 des Europäischen Parlaments und des Rates (sog „Kodifizierungs-Richtlinie"; dazu § 19) relativ nah. Zum Zeitpunkt der Änderung des Art. 308 KSH hat der Kurs zwar unter 4,00 PLN pro Euro gelegen, so dass die Regelung europarechtkonform eingeführt worden ist. Es kommt aber immer wieder zu kurzfristigen Wechselkursschwankungen, die dazu führen, dass das polnische Recht dieser Mindestanforderung nicht nachkommt und damit innerhalb dieses Zeitraums europarechtswidrig ist (vgl. auch § 21 Rn. 35).

362 Der Nennwert einzelner Aktien darf nicht geringer als **0,01 PLN** sein (Art. 308 § 1 und § 2 KSH). Die Gründer einer S.A. sind auch nicht mit Blick auf die besonderen Umstände des jeweiligen Einzelfalles verpflichtet, ein höheres Grundkapital festzulegen, um dessen die Gläubiger schützende Funktion tatsächlich abzusichern. Es gibt also **keine Doktrin einer (unzulässigen) materiellen Unterkapitalisierung.** Um die Gründung einer S.A. zu erleichtern, sieht das KSH auch die Möglichkeit vor, in der Satzung anstatt eines festen Grundkapitals nur **den Mindest- und (oder) den Höchstbetrag des Grundkapitals** zu bestimmen (Art. 310 § 2 KSH). In diesem Fall hängt die endgültige Höhe des Grundkapitals davon ab, wie viele Aktien in einem so durch die Satzung bestimmten Rahmen bei der Gründung der Gesellschaft tatsächlich übernommen werden. Diese endgültige Höhe

358 Vgl. *Szwaja* in: Sołtysiński et al. (Hrsg.), KSH, Bd. 3, 2013, Art. 385 Rn. 47 sowie *Fabisch/Oplustil* RIW 2010, 823.

359 *Szwaja* in: Sołtysiński et al. (Hrsg.), KSH, Bd. 3, 2013, Art. 382 Rn. 15, Art. 390 Rn. 9.

ist dann durch den Vorstand in einer Erklärung noch vor der Anmeldung der Gesellschaft zum Unternehmerregister zu nennen (Art. 310 § 2 KSH). Die Regelung über den Mindest- und (oder) den Höchstbetrag des Grundkapitals findet gemäß Art. 431 § 7 KSH entsprechende Anwendung bei Kapitalerhöhungen und spielt vor allem dort eine wichtige praktische Rolle – s. dazu Rn. 383.

Zur Deckung der übernommenen Aktien können sowohl Geld-, als auch Sacheinlagen eingebracht werden.[360] Anders als bei der sp. z o.o. gibt es bei der S.A. jedoch **keine Volleinzahlungspflicht.** Vor der Eintragung der Gesellschaft in das Unternehmerregister ist mindestens **ein Viertel des Nennbetrages der gegen Geld übernommen Aktien** einzuzahlen (Art. 309 § 3 KSH). Alle Einzahlungen auf Aktien müssen auf das Konto der Vorgesellschaft vorgenommen werden (Art. 315 § 1 KSH). Falls die Aktien entweder ausschließlich gegen Sacheinlagen oder gegen Sach- und Geldeinlagen übernommen werden, muss zudem ein Teil des Grundkapitals **in Höhe von insgesamt 25.000 PLN** geleistet werden (vgl. Art. 309 § 4 KSH). Die Aktien, die **für Sacheinlagen** übernommen werden, sind spätestens **binnen eines Jahres** nach der Registrierung der Gesellschaft voll zu decken (Art. 309 § 3 KSH). 363

Wann und in welchen Beträgen (ganz oder in Raten) die restlichen Einlagen für die Aktien, die **für Geldeinlagen** übernommen wurden, einzuzahlen sind, werden durch **die Satzung oder einen Beschluss der Hauptversammlung** bestimmt (Art. 330 KSH). Die Hauptversammlung kann auch den Vorstand zur Festlegung der Einzahlungsfristen ermächtigen (Art. 330 § 1 KSH). Es ist dann Aufgabe des Vorstands, die Aktionäre in der vorgesehenen Frist **zweimal zur Einzahlung aufzufordern** (Art. 330 § 2 KSH). Zahlt ein Aktionär den eingeforderten Betrag nicht rechtzeitig ein, ist dieser mit gesetzlichen Zinsen für Verspätung, die (im Jahr 2018) 7% p. a. betragen,[361] **zu verzinsen** (Art. 330 § 5 KSH). 364

Neben den Zinsen kann die Gesellschaft auch einen weiteren Schaden geltend machen (Art. 330 § 5 KSH). Die Satzung kann zudem andere Sanktionen, zB einen anderen Zinssatz vorsehen. Es ist jedoch nicht möglich, in der Satzung von den in Art. 330 § 5 KSH bestimmten Sanktionen ganz abzusehen.[362] Auf die Geltendmachung der in Art. 330 § 5 KSH bestimmten Ansprüche darf die Gesellschaft auch nicht verzichten, da diese der Sicherung der realen Kapitalaufbringung dienen.[363] Hat ein Aktionär **innerhalb eines Monats nach Ablauf** der Zahlungsfrist die eingeforderte Einlage, angefallene Zinsen, einen Schadensersatz oder andere in der Satzung vorgesehene Zahlungen nicht erbracht, kann er ohne zusätzliche Aufforderung und **ohne Festsetzung einer Nachfrist** aus der Gesellschaft ausgeschlossen werden (**Kaduzierung,** *pozbawienie praw udziałowych*, Art. 331 KSH), vorausgesetzt, dass auf diese Sanktion vorher in der Aufforderung zur Einzahlung hingewiesen worden ist.[364] 365

Gemäß Art. 309 § 5 KSH sind die Regelungen über die Einzahlungen auf Aktien entsprechend auf Sacheinlagen anzuwenden. Demnach können auch die gegen Sacheinlagen übernommenen Aktien, sollten diese nicht rechtzeitig erbracht werden, gemäß Art. 331 KSH kaduziert werden.[365] 366

Wie bereits erwähnt, geht das polnische S.A.-Recht vom **Grundsatz der realen Kapitalaufbringung** aus.[366] Dieser kommt einerseits durch das Verbot zum Ausdruck, sich von der Pflicht zur Zahlung der Geldeinlage durch Aufrechnung zu befreien (**Aufrechnungsverbot,** Art. 14 § 4 KSH, s. dazu bereits Rn. 230 bei der sp. z o.o.). Andererseits können die Aktien nicht zu einem geringeren Preis als ihrem Nominalwert übernommen werden (**Verbot der „Unterpari"-Emission,** *zakaz obejmowania akcji poniżej ich wartości nominalnej*, Art. 309 § 1 KSH). 367

Sollen die Aktionäre **Sacheinlagen** in die Gesellschaft einbringen oder soll die Gesellschaft vor ihrer Registrierung Vermögensgegenstände aufgrund anderer Rechtsgeschäfte erwerben, müssen in der Urkunde über die Übernahme der Aktien die Personen, welche die Einlagen einbringen oder von denen die Gesellschaft einen Vermögensgegenstand erwirbt, der Gegenstand der Sacheinlage oder der Sachübernahme sowie die zu gewährende Vergütung festgesetzt werden (Art. 313 § 4 KSH, vgl. dazu auch Rn. 286). **Einlagefähig** sind insbesondere bewegliche und unbewegliche Sachen, Wertpapiere, Aktien und Geschäftsanteile sowie grundsätzlich auch Forderungen (mehr zu den tauglichen **Gegenständen von Sacheinlagen** s. oben bei der Besprechung der sp. z o.o. bei Rn. 232). 368

Zusätzlich sind die Gründer bei einer **Sachgründung** und Sachübernahme sowie dann, wenn die Gesellschaft eine Vergütung für die bei ihrer Gründung erbrachten Leistungen zahlt, verpflichtet, einen schriftlichen **Gründungsbericht** (*sprawozdanie założycieli*) anzufertigen (Art. 311 § 1 KSH). Hier sind der Gegenstand der Sacheinlage bzw. die Vermögensgegenstände, die von der Gesellschaft erworben werden oder die mit der Gründung 369

360 Die Problematik der Kapitalaufbringung in polnischen Kapitalgesellschaften analysiert vertieft *Oplustil*, Gläubigerschutz durch reale Kapitalaufbringung im deutschen und polnischen Recht der Kapitalgesellschaften. Eine Rechtsvergleichende Untersuchung, 2001, S. 175 ff.

361 Art. 481 § 2 KC.

362 So *Sołtysiński* in: Sołtysiński (Hrsg.), KSH, Bd. 3, 2013, Art. 330 Rn. 13.

363 *Sołtysiński* in: Sołtysiński (Hrsg.), KSH, Bd. 3, 2013, Art. 330 Rn. 17.

364 Im Schrifttum wird kritisiert, dass nicht nur das Fehlen der eingeforderten Einzahlung auf die Aktien, sondern auch das Fehlen einer anderen Zahlung (zB des Schadenersatzes) zur Kaduzierung führt – s. dazu *Siemiątkowski/Potrzeszcz* in: Siemiątkowski/Potrzeszcz (Hrsg.), KSH, Bd. 3, 2012, Art. 331 Rn. 2.

365 So *Siemiątkowski/Potrzeszcz* in: Siemiątkowski/Potrzeszcz (Hrsg.), KSH, Bd. 3, 2012, Art. 309 Rn. 14.

366 *Naworski* in: Siemiątkowski/Potrzeszcz (Hrsg.), KSH, Bd. 3, 2012, Art. 14 Rn. 50.

der Gesellschaft verbundenen Leistungen und die Vergütung für diese sowie die angewandte Bewertungsmethode zu beschreiben (Art. 311 § 1 KSH). Im Bericht ist darzulegen, dass die Leistungen der Gesellschaft für Sacheinlagen (dh die Aktien), für Sachübernahmen oder für die mit der Gründung verbundenen Leistungen (also die Vergütung) angemessen sind (vgl. Art. 311 § 2 KSH). Handelt es sich dagegen um eine reine Bargründung, ist ein solcher Gründungsbericht nicht erforderlich.

370 Der Gründungsbericht muss **durch einen Wirtschaftsprüfer bewertet** werden (Art. 312 § 2 KSH). Ausnahmen von dieser Pflicht für bestimmte Sacheinlagen statuiert Art. 312[1] § 1 KSH, mit dem die Art. 11 und 12 I der ehemaligen Kapitalrichtlinie (= Art. 50, 51 I der Kodifizierungs-RL (Richtlinie (EU) 2017/1132)) umgesetzt wurden.[367] Der Gründungsprüfer wird vom Registergericht bestellt (Art. 312 § 2 KSH), wobei in der Praxis die Beteiligten dem Gericht einen Vorschlag zur Person des Prüfers unterbreiten. Vom Gründungsprüfer ist ein schriftlicher Bericht zu erstellen (Art. 312 § 5 KSH). Alle Rechtsgeschäfte, die unter Verletzung der Art. 311 und 312 KSH durchgeführt werden, sind nichtig.[368]

371 Zusätzlich dazu wird die Werthaltigkeit von Sacheinlagen noch durch zwei Haftungsvorschriften abgesichert, die in Art. 14 § 2 und in Art. 481 KSH geregelt sind. Art. 14 § 2 KSH statuiert eine **Differenzhaftung des Gesellschafters für Mängel der eingebrachten Sacheinlage**, wobei es – nach Ansicht der hM – auf den Wert der Einlage zum Zeitpunkt der Übernahme der Aktien ankommt[369] (zu dieser Haftung s. bereits oben bei Rn. 171 und Rn. 234 bei Besprechung der sp. z o.o.). Von Art. 481 KSH wird zudem **eine Verschuldenshaftung auf Schadenersatz für überbewertete Sacheinlagen** geregelt. Diese Haftung umfasst allerdings nicht jede Überbewertung der Sacheinlage, sondern nur solche Vorgänge, die als **„maßlos"** zu qualifizieren sind (Art. 481 KSH, *nadmiernie wygórowany*).[370] In einem derartigen Fall haben die Personen, die sich selbst oder einem Dritten bei der Gründung oder im Rahmen einer Erhöhung des Grundkapitals einen derartigen Vorteil gesichert haben, also in der Praxis vor allem die Gründer, die Vorstandsmitglieder sowie die Aktionäre, welche die Sacheinlage eingebracht haben, für den dadurch der Gesellschaft entstandenen Schaden einzustehen.

372 Wie bereits bei Rn. 231 bezüglich der sp. z o.o. erläutert, gibt es in Polen **kein umfassendes Verbot verdeckter Sacheinlagen**. Ähnlich wie bei der sp. z o.o. hat auch im Recht der S.A. nur der Fall der sog **Nachgründungsgeschäfte** eine spezielle Regelung im KSH erfahren. Erwirbt die S.A. Vermögensgegenstände von einem Gründer oder von einem Aktionär bzw. von einer herrschenden oder abhängigen Gesellschaft und zwar zu einem Preis von über 10% des eingezahlten Grundkapitals **vor Ablauf von zwei Jahren nach der Registrierung der Gesellschaft**, ist dafür ein Beschluss der Hauptversammlung, ein Bericht des Vorstands, der die Voraussetzungen des Gründerberichts aus Art. 311 KSH erfüllt, sowie die Bewertung dieses Berichts durch einen Wirtschaftsprüfer erforderlich (Art. 394 KSH).[371]

373 Sacheinlagen müssen der Gesellschaft **„zur freien Verfügung"** stehen (*przedmiot wkładu pozostaje do wyłącznej dyspozycji zarządu*, Art. 315 § 2 iVm Art. 309 § 5 KSH).[372] Bei der Gründung ist zur Übertragung der Sacheinlage neben den notariellen Urkunden, in welchen die Satzung festgestellt wird bzw. dem Wortlaut der Satzung zugestimmt wird und die Aktien übernommen werden, **kein zusätzlicher Ausführungsvertrag** zwischen dem Inferenten und der Gesellschaft erforderlich, da bereits diese Akte die Erfüllung der Verpflichtung zur Leistung der Einlagen mit umfassen.[373] Wird in der Erklärung über die Übernahme der Aktien daher nichts anderes bestimmt (dh keine spätere Erbringung der Sacheinlage vereinbart), wird die Einlage – nach dem im polnischen Zivilrecht geltenden Einheitsprinzip (Art. 155 KC) – mit der Errichtung der Gesellschaft auf dieselbe übertragen.

b) Kapitalerhaltung

374 Bei der S.A. gilt der **Grundsatz der Kapitalerhaltung**, der zunächst in Art. 344 § 1 KSH zum Ausdruck kommt, wonach den Aktionären **die Einlagen nicht zurückgewährt** werden dürfen. Obwohl in Art. 344 § 1 KSH zwar das Verbot der Rückzahlung von Einzahlungen auf Aktien formuliert wird, bezieht sich nach dem allgemeinen Verständnis des Schrifttums dieses Verbot auch auf die Sacheinlagen.[374] Des Weiteren sind Auszahlungen an die Aktionäre aus dem Gesellschaftsvermögen nur im Rahmen der **Gewinnverwendung** zulässig (Art. 347 KSH).[375]

367 Siehe dazu § 21 Rn. 60 ff.
368 So *Siemiątkowski/Potrzeszcz* in: Siemiątkowski/Potrzeszcz (Hrsg.), KSH, Bd. 3, 2012, Art. 311 Rn. 7.
369 Vgl. nur *Siemiątkowski/Potrzeszcz* in: Siemiątkowski/Potrzeszcz (Hrsg.), KSH, Bd. 3, 2012, Art. 14 Rn. 23.
370 Es liegt bis jetzt keine veröffentlichte Rechtsprechung dazu, die sich mit dem Begriff der „maßlosen" Überwertung auseinandersetzen würde. Im Schrifttum wird dazu nur hervorgehoben, dass diese Beurteilung von Umständen eines konkreten Falls abhänge – so *Strzelczyk* in: Siemiątkowski/Potrzeszcz (Hrsg.), KSH, Bd. 3, 2012, Art. 481 Rn. 5.
371 S. dazu *Opalski* in: Opalski, Prawo zgrupowań spółek, 2012, S. 414 ff.
372 Vgl. dazu *Sołtysiński* in: Sołtysiński et al. (Hrsg.), KSH, Bd. 3, 2013, Art. 315 Rn. 12.
373 S. dazu *Siemiątkowski/Potrzeszcz* in: Siemiątkowski/Potrzeszcz (Hrsg.), KSH, Bd. 3, 2012, Art. 311 Rn. 11.
374 Vgl. dazu *Siemiątkowski/Potrzeszcz* in: Siemiątkowski/Potrzeszcz (Hrsg.), KSH, Bd. 3, 2012, Art. 344 Rn. 2.
375 *Opalski* in: Opalski (Hrsg.), Prawo zgrupowań spółek, 2012, S. 385, 388.

In der S.A. kann dabei an die Aktionäre nicht der gesamte Gewinn ausgeschüttet werden, sondern nur die folgenden Positionen aus der Bilanz:

- der Nettogewinn (im KSH als „Gewinn für das letzte Geschäftsjahr" bezeichnet);
- Gewinne der vorangegangenen Jahre, sowie fakultative Reservefonds und das Reservekapital in dem Umfang, in dem sie aus dem Gewinn gebildet worden sind und in dem sie zur Auszahlung der Dividende bestimmt werden können (Art. 348 § 1 KSH).

Allerdings darf an die Aktionäre nicht der Teil des aus Gewinnen gebildeten Reservekapitals ausgeschüttet werden, der **eine gesetzliche Gewinnrücklage** bildet. In dieser Rücklage ist in jedem Jahr mindestens **8% des Nettogewinns** einzustellen und zwar bis sie mindestens **ein Drittel der Höhe des Grundkapitals** erreicht hat (Art. 348 § 1 und 396 § 1 KSH).[376] Die Rücklage kann nur zur Deckung des im Finanzbericht ausgewiesenen Verlustes verwendet werden (Art. 396 § 5 KSH). 375

Die Höhe des Jahresüberschusses ergibt sich aus dem Finanzbericht, der durch den Vorstand erstellt, durch Abschlussprüfer geprüft[377] und von der Hauptversammlung festgestellt wird. Über die Verwendung des Bilanzgewinns kann **ausschließlich die Hauptversammlung** beschließen (Art. 347 § 1 KSH). Diese Zuständigkeit darf nicht auf andere Gesellschaftsorgane übertragen werden.[378] Der Beschluss wird auf Grundlage eines Vorschlags gefasst, der vom Vorstand vorzulegen und vom Aufsichtsrat zu bewerten ist (vgl. Art. 382 § 2 KSH). Erst mit Wirksamwerden des Gewinnverwendungsbeschlusses entsteht der Anspruch der Aktionäre auf den auf sie entfallenden Teil des Bilanzgewinns. Der auszuschüttende Gewinn ist **im Verhältnis zur Zahl der gehaltenen Aktien** zu verteilen (Art. 347 § 2 KSH), es sei denn, dass die Aktien noch nicht voll gedeckt sind. In diesem Fall wird der Gewinn im Verhältnis zu den erbrachten Einzahlungen auf die Aktien verteilt (Art. 347 § 2 KSH). Gemäß Art. 347 § 3 KSH kann die Satzung andere Regeln der Gewinnverteilung vorsehen, dh Vorzugsaktien (geregelt in den Art. 351 und 353 KSH) oder persönliche Vorteile für bestimmte Aktionäre (vgl. Art. 354 KSH), die sich auf Gewinn beziehen, einführen.[379] 376

Vorzugsaktien können einen höheren Anteil am Gewinn als die übrigen Aktien gewährleisten. Dieser kann allerdings nicht mehr als 150% der normalen Dividende betragen (Art. 353 § 1 KSH). Unzulässig ist es, den Vorzugsaktien bei der Gewinnverteilung eine Vorabdividende zu gewähren, dh eine vorrangige Zahlung vorzusehen, bevor die Dividenden an die Stammaktionäre ausgeschüttet werden (Art. 353 § 2 KSH). Weitergehende Berechtigungen als den „normalen" Vorzugsaktien dürfen hingegen den **Vorzugsaktien ohne Stimmrecht** gewährt werden (Art. 354 § 3 KSH). Diese Aktien können das Recht auf Zahlung einer vorrangigen Dividende vor der Gewinnausschüttung an die übrigen Aktionäre umfassen (Art. 354 § 3 KSH). Die Satzung kann insoweit die Höhe der Dividende frei bestimmen (Art. 354 § 3 KSH). Ebenso können solche Aktien auch einen Anspruch auf Nachzahlung gewähren, wenn der Vorzug in den letzten Jahren nicht bedient werden konnte (Art. 354 § 4 KSH). 377

Des Weiteren kann die Satzung den Vorstand ermächtigen, an die Aktionäre einen **Abschlag auf den voraussichtlichen Bilanzgewinn** zu zahlen (*zaliczka na poczet dywidendy*, Art. 349 § 1 KSH). Die Zahlung bedarf der Zustimmung des Aufsichtsrats (Art. 349 § 1 KSH). Die zulässige Höhe des Abschlags ist entsprechend den Bestimmungen des Art. 56 V der Kodifizierungs-RL (Richtlinie (EU) 2017/1132) in Art. 349 § 2 KSH geregelt. 378

Einen wichtigen Aspekt des Verbots der Einlagenrückgewähr und der Regeln über die Gewinnverwendung stellt Art. 355 § 3 KSH dar, wonach für Dienstleistungen und andere Leistungen, die von Gründern und Aktionären sowie von deren abhängigen, herrschenden oder verbundenen[380] Unternehmen zugunsten der Gesellschaft erbracht werden, nur eine marktübliche Vergütung ausgezahlt werden darf (**Verbot der verdeckten Leistungen**).[381] 379

Bei einer Verletzung der Kapitalerhaltungsvorschriften, einschließlich des Verbots der verdeckten Leistungen aus Art. 355 § 3 KSH (s. dazu Rn. 379),[382] bestehen zwei Sanktionen. Erstens sind alle derartigen Handlungen **nichtig.**[383] Zweitens hat die Gesellschaft einen **Anspruch auf Rückerstattung** unzulässiger Auszahlungen (Art. 350 § 1 KSH). Zur Rückerstattung ist der Aktionär verpflichtet, der entgegen den gesetzlichen und gesellschaftsvertraglichen Bestimmungen eine Auszahlung erhalten hat (Art. 350 § 1 KSH). Seine Rückerstattungspflicht ist **verschuldensunabhängig** und hängt insbesondere nicht davon ab, ob er die Zahlung **im guten oder im** 380

376 S. dazu *Opalski* in: Opalski (Hrsg.), Prawo zgrupowań spółek, 2012, S. 393 ff.

377 Der Prüfungspflicht unterliegen gemäß Art. 64 I Ziff. 3 des polnischen Rechnungslegungsgesetzes alle S.A.

378 *Sołtysiński* in Sołtysiński et al. (Hrsg.), KSH, Bd. 3, 2013, Art. 347 Rn. 8, 12.

379 So *Siemiątkowski/Potrzeszcz* in: Siemiątkowski/Potrzeszcz (Hrsg.), KSH, Bd. 3, 2012, Art. 347 Rn. 12.

380 Nach Art. 4 § 1 Ziffer 5 KSH stellt eine Kapitalgesellschaft zum einen dann eine verbundene Gesellschaft dar, wenn eine andere Gesellschaft (Genossenschaft) in ihr – unmittelbar oder mittelbar – über 20% der Stimmrechte verfügt (Art. 4 § 1 Ziffer 5 1. Alt.). Zum anderen ist eine verbundene Kapitalgesellschaft dann gegeben, wenn diese in einer anderen Kapitalgesellschaft direkt über 20% der Geschäftsanteile verfügt (Art. 4 § 1 Ziffer 5 2. Alt.).

381 S. dazu *Opalski* in: Opalski (Hrsg.), Prawo zgrupowań spółek, 2012, S. 398 ff.

382 Vgl. dazu *Opalski* in: Opalski (Hrsg.), Prawo zgrupowań spółek, 2012, S. 446.

383 Gemäß Art. 58 § 1 KC iVm Art. 2 KSH; s. dazu *Opalski* in: Opalski (Hrsg.), Prawo zgrupowań spółek, 2012, S. 439 ff.

bösen Glauben erhalten hat. Eine **Ausnahme** hiervon besteht allerdings für die Gewinnauszahlungen, und zwar sowohl für „reguläre" Gewinnausschüttungen als auch für Abschlagszahlungen auf die künftige Dividende.[384] Erhält ein Aktionär die **Gewinnauszahlung im guten Glauben**, ist er zu keiner Rückerstattung verpflichtet (Art. 350 § 1 KSH). Ein typischer Fall dafür stellt in der Praxis die Auszahlung einer zu hohen Dividende auf Grundlage eines fehlerhaft vorbereiteten Finanzberichts, der einen zu hohen Nettogewinn ausweist, dar.[385] Des Weiteren haften **gesamtschuldnerisch** mit dem empfangenden Aktionär die Vorstands- und Aufsichtsratsmitglieder, die für die unrechtmäßige Auszahlung verantwortlich waren (**Verschuldenshaftung der Organmitglieder**, Art. 350 § 1 KSH). Eine Ausfallhaftung der übrigen Aktionäre existiert dagegen nicht.

c) Kapitalmaßnahmen

381 Eine **einfache Kapitalerhöhung** gegen Einlagen ist in den Art. 431-441 KSH geregelt. Die Kapitalerhöhung ist zugleich eine Satzungsänderung und bedarf daher wie jede Satzungsänderung eines Beschlusses der Hauptversammlung, der mit Dreiviertelmehrheit zu fassen ist (Art. 415 KSH). Im Beschluss ist der Kapitalerhöhungsbetrag festzulegen (Art. 432 § 1 Ziff. 1 KSH). Zulässig ist es jedoch, auch einen Mindest- und (oder) Höchstbetrag zu bestimmen (Art. 310 iVm Art. 444 § 7 KSH). Die Kapitalerhöhung kann gegen Geld- oder Sacheinlagen erfolgen (zur Aufrechnungsmöglichkeit bei Geldeinlagen vgl. bereits die Anmerkungen bei der sp. z o.o., bei Rn. 243). Zur Durchführung der Kapitalerhöhung muss ein **Aktienübernahmevertrag** (*umowa objęcia akcji*) mit der Gesellschaft abgeschlossen und die Kapitalerhöhung zum Unternehmerregister angemeldet werden, wobei der Abschluss des Aktienübernahmevertrages die Pflicht des Vorstands zur Folge hat, die Kapitalerhöhung unverzüglich durchzuführen (also den Antrag ans Registergericht zu stellen).[386] Zur Durchführung einer Sachkapitalerhöhung ist zusätzlich noch eine schuldrechtliche **Sacheinlagenvereinbarung** zwischen der Gesellschaft und dem Inferenten notwendig.

382 Den bisherigen Aktionären steht ein **Bezugsrecht** zu, und zwar **im Verhältnis zu der von ihnen gehaltenen Anzahl an Aktien** (Art. 433 § 1 KSH). Das Bezugsrecht dient dem Schutz vor einer **Verwässerung ihrer Mitgliedschaftsrechte**[387] und kann nur durch einen Beschluss der Hauptversammlung, der mit 4/5-Mehrheit gefasst wird, ausgeschlossen werden (Art. 433 § 2 KSH). Breit diskutiert wird im polnischen Schrifttum, ob es zulässig ist, das Bezugsrechtsrecht nur in Bezug auf bestimmte Aktionäre auszuschließen.[388] Das polnische Oberste Gericht hat es in einem Urteil für zulässig gehalten, in der Satzung einer S.A. vorzusehen, dass im Rahmen einer genehmigten Kapitalerhöhung der Vorstand nach Zustimmung des Aufsichtsrats das Bezugsrecht für einen Teil der Aktionäre beschränken oder ganz ausschließen kann. Ein solches Vorgehen muss allerdings im Gesellschaftsinteresse liegen.[389] Von vielen Autoren wird aber der Ausschluss des Bezugsrechts für einen Teil der Aktionäre wegen Verletzung des Grundsatzes der Gleichbehandlung der Aktionäre gemäß Art. 20 KSH für unzulässig gehalten.[390]

383 Neben der einfachen Kapitalerhöhung gegen Einlagen kennt das KSH noch andere Arten von Kapitalmaßnahmen. So ist die **Kapitalerhöhung aus Gesellschaftsmitteln** in Art. 442- 443 KSH geregelt. Mit dem **genehmigten Kapital** (*kapitał docelowy*) befassen sich die Art. 444 ff. KSH. Das genehmigte Kapital kann nur in der Satzung und lediglich für einen Zeitraum von nicht länger als drei Jahren in Höhe von maximal 75% des bestehenden Grundkapitals geschaffen werden (Art. 444 § 1 und § 3 KSH). Durch eine derartige Satzungsbestimmung wird der Vorstand ermächtigt, das Grundkapital ohne einen Kapitalerhöhungsbeschluss der Hauptversammlung zu erhöhen. Die Ermächtigung kann für weitere (jeweils maximal drei Jahre lange) Zeiträume erteilt werden (Art. 444 § 2 KSH). Eine weitere Art der Kapitalerhöhung – die **bedingte Kapitalerhöhung** (*warunkowe podwyższenie*) – wird in den Art. 448- 453 KSH geregelt. Es handelt sich dabei um einen Beschluss der Hauptversammlung, das Grundkapital unter dem Vorbehalt zu erhöhen, dass das Aktienübernahmerecht ausgeübt wird.

384 Auch für eine **Kapitalherabsetzung** ist eine Satzungsänderung notwendig. Eine solche Maßnahme kann durch Herabsetzung des Nennbetrages der Aktien, eine Verschmelzung oder durch die Einziehung von Aktien erfolgen (Art. 455 § 1 KSH). Dabei sind zwei Arten der Einziehung zu unterscheiden: Die Einziehung nach Erwerb der Aktien durch die Gesellschaft und die Zwangseinziehung (Art. 359 § 1 KSH). Die Beträge, die im Wege der Kapitalherabsetzung freigesetzt werden, können entweder den Aktionären ausgezahlt werden oder in der Gesellschaft zwecks Sanierung der Finanzen, vor allem zur **Beseitigung einer Unterbilanz**, zurückgehalten werden.[391] Für letzteres steht die sog **vereinfachte Kapitalherabsetzung** (*uproszczone obniżenie kapitału zakładowego*) zur Verfügung, die auch **mit einer zugleich erfolgenden Erhöhung des Grundkapitals** verbunden werden kann. Ähn-

384 So *Opalski* in: Opalski (Hrsg.), Prawo zgrupowań spółek, 2012, S. 448.
385 *Opalski* in: Opalski (Hrsg.), Prawo zgrupowań spółek [, 2012, S. 450.
386 Vgl. dazu *Goszczyk* in: Opalski (Hrsg.), KSH, Bd.3 B, 2016, Art. 441 Rn. 3.
387 *Sołtysiński* in: Sołtysiński et al. (Hrsg.), KSH, Bd. 3, 2013, Art. 433 Rn. 2.
388 Zur Diskussion im rechtswissenschaftlichen Schrifttum s. *Sołtysiński* in: Sołtysiński et al. (Hrsg.), KSH, Bd. 3, 2013, Art. 433 Rn. 30.
389 Vgl. das Oberste Gericht im Urteil vom 13.5.2004, Az. V CK 452/03.
390 S. dazu *Goszczyk* in: Opalski (Hrsg.), KSH, Bd. 3 B, 2016, Art. 433 Rn. 36 ff.
391 S. dazu *Kidyba*, Handelsrecht, 2012, S. 454.

lich wie bei der sp. z o.o. sieht das KSH auch bei der S.A. einen speziellen **Schutz der Gesellschaftsgläubiger** für den Fall der Kapitalherabsetzung vor (Art. 456 KSH), mit Ausnahme von gesetzlich bestimmten Fällen (Art. 457 und Art. 360 § 2 KSH). Diese Ausnahmen beziehen sich insbesondere auf die vereinfachte Kapitalherabsetzung.

d) Gesellschafterdarlehen

Zur Problematik von Gesellschafterdarlehen s. die Besprechung bei der sp. z o.o., bei Rn. 250. 385

5. Mitgliederwechsel

Die Aktien können **frei übertragen** werden (Art. 337 § 1 KSH). Insbesondere können sie auch als Wertpapiere 386
an einem geregelten Kapitalmarkt gehandelt werden, sofern die Gesellschaft börsenfähig ist.

Die Übertragung von **Inhaberaktien** erfolgt durch Übereignung der Aktienurkunde im Wege der Herausgabe 387
(Art. 921[12] KC und Art. 517 § 2 KC).[392] Auch **ein gutgläubiger Erwerb** gem. Art. 169 § 1 und 2 KC ist möglich. Voraussetzung dafür ist neben dem guten Glauben die Inbesitznahme der Aktienurkunde.[393]

Die Übertragung von **Namensaktien** erfolgt durch schriftliche Übertragungserklärung auf der Aktienurkunde 388
oder in einem getrennten Dokument und Übertragung des Besitzes an der Aktienurkunde (Art. 339 KSH). Die Übertragung des Besitzes kann durch Übergabe der Aktienurkunde oder aber durch einen Vertrag erfolgen, was vor allem im Fall der Verwahrung der Aktien bei einem Kreditinstitut praktiziert wird.[394] Auch Namensaktien können gem. Art. 169 § 1 und § 2 KC **im guten Glauben** von einem Unberechtigten erworben werden. Allerdings ist der gutgläubige Erwerber von Namensaktien deutlich schwächer geschützt als der Erwerber von Inhaberaktien, da im Falle eines Verlustes, Diebstahls oder des Abhandenkommens der Aktienurkunde erst nach Ablauf von drei Jahren der Erwerber zum Eigentümer wird (Art. 169 § 2 KC). Eine solche Frist ist für den gutgläubigen Erwerb von Inhaberaktien nicht vorgesehen.

Der Vorstand ist verpflichtet, für **Namensaktien** ein **Aktienbuch** (*księga akcyjna*) zu führen (Art. 341 KSH). Die 389
rechtliche Bedeutung des Aktienbuches ergibt sich aus Art. 343 § 1 KSH, von dem **eine unwiderlegbare Vermutung** ausgeht, wonach im Verhältnis zur S.A. nur derjenige als Aktionär gilt, der als solcher im Aktienbuch eingetragen ist. Das Aktienbuch ist also mit dem deutschen Aktienregister gem. § 67 AktG vergleichbar. Allerdings wurde vom Obersten Gericht entschieden, dass die Eintragung keine Bedeutung für die materielle Rechtslage hat. Sie stellt insbesondere keine Voraussetzung für eine wirksame Verfügung über die Aktie dar.[395] Der Vorstand kann Änderungen im Aktienbuch **nur auf Antrag** vornehmen (Art. 341 § 1 KSH). Das KSH schreibt hierfür vor, dass vor der beabsichtigten Änderung die Beteiligten zu benachrichtigen sind und Widerspruch einlegen können (Art. 341 § 4 KSH). Der Übergang der Aktie muss durch den Antragsteller auch nachgewiesen werden. Der Vorstand ist allerdings nicht verpflichtet, die Echtheit der Unterschriften zu prüfen (Art. 341 § 5 KSH). Wenn der Vorstand aber berechtige Zweifel hat, ob der Erwerb der Aktien tatsächlich zustande gekommen ist, kann er die Eintragung verweigern.[396]

Ist die Aktie **nicht verkörpert**, erfolgt die Übertragung durch einen entsprechenden Vermerk auf dem für die Ak- 390
tien geführten Konto.[397] Ein gutgläubiger Erwerb ist in diesem Fall ausgeschlossen.[398]

Eine Ausnahme von der freien Übertragbarkeit von Aktien wird in Art. 337 § 2 KSH geregelt. Hiernach ist es 391
gestattet, mit einer Satzungsregelung **Namensaktien zu vinkulieren**. Die Vinkulierung kann darin bestehen, die Übertragung der Aktien an eine Zustimmung der Gesellschaft zu binden. Zulässig sind auch andere Begrenzungen der Übertragbarkeit. infrage kommen vor allem Vorkaufsrechte auf Aktien und andere Vorrechte auf Kauf der Aktien.[399] Die Verletzung der Vinkulierungsregelung hat zur Folge, dass die Aktien **nicht wirksam** übertragen werden können, wobei sich dies nur auf die dingliche Folge des Rechtsgeschäfts bezieht und eine Verpflichtung zur Übertragung trotz der fehlenden Zustimmung bzw. trotz der Verletzung der sonstigen Vinkulierung

392 *Sołtysiński/Sójka* in: Sołtysiński et al. (Hrsg.), KSH, Bd. 3, 2013, Art. 339 Rn. 13 ff.

393 *Sołtysiński/Sójka* in: Sołtysiński et al. (Hrsg.), KSH, Bd. 3, 2013, Art. 339 Rn. 22 ff.

394 S. dazu *Sołtysiński/Sójka* in: Sołtysiński et al. (Hrsg.), KSH, Bd. 3, 2013, Art. 339 Rn. 8.

395 Vgl. das Urteil des Obersten Gerichts vom 4.12.2009 (Az. III CSK 85/09); s. dazu auch *Sołtysiński* in: Sołtysiński et al. (Hrsg.), KSH, Bd. 3, 2013, Art. 339 Rn. 4. Anders *Siemiątkowski/Potrzeszcz* in: Siemiątkowski/Potrzeszcz (Hrsg.), KSH, Bd. 3, 2012, Art. 343 Rn. 3 – diese Autoren vertreten, dass die Eintragung konstitutive Wirkung gegenüber der Gesellschaft und Dritten habe.

396 So das Oberste Gericht im Urteil vom 27.4.2007, Az. I CSK 11/07.

397 Art. 7 II des polnischen Gesetzes vom 29.7.2005 über den Wertpapierhandel, s. dazu *Sołtysiński/Sójka* in: Sołtysiński et al. (Hrsg.), KSH, Bd. 3, 2013, Art. 339 Rn. 27 ff.

398 Art. 5 des polnischen Gesetzes vom 29.7.2005 über den Wertpapierhandel, s. dazu s. dazu *Sołtysiński/Sójka* in: Sołtysiński et al. (Hrsg.), KSH, Bd. 3, 2013, Art. 339 Rn. 14.

399 S. dazu *Siemiątkowski/Potrzeszcz* in: Siemiątkowski/Potrzeszcz (Hrsg.), KSH, Bd. 3, 2012, Art. 337 Rn. 9. Zum Unterschied zwischen einem Vorkaufsrecht und einem Vorrecht auf Kauf s. bereits bei der Besprechung der sp. z o.o. bei Rn. 252.

wirksam bleibt.[400] Von der Vinkulierung gem. Art. 337 § 2 KSH nicht erfasst ist die **Gesamtrechtsnachfolge** (also zB der Übergang der Aktien bei Verschmelzung von Gesellschaften). Diese kann ohne Zustimmung der Gesellschaft erfolgen.[401]

392 In Art. 338 KSH werden sog **Vinkulierungsverträge** (*umowne ograniczenia rozporządzaniem akcjami*) geregelt. Diese werden außerhalb der Satzung abgeschlossen und dürfen sich nur auf einen bestimmten Zeitraum beziehen. Von ihnen können aber sowohl Namens-, als auch Inhaberaktien erfasst werden. Diese Verträge entfalten ihre Wirkung nur zwischen den Parteien. Eine Übertragung von Aktien unter Verletzung des Vinkulierungsvertrags ist gegenüber der Gesellschaft und Dritten wirksam. Um solche Übertragungen von Aktien zu vermeiden, werden deren Urkunden in der Praxis für die Dauer der Vinkulierungsverträge bei einem Notar oder einem Kreditinstitut **in Verwahrung** gegeben.[402]

6. Auflösung

393 Für die Auflösung der Gesellschaft sieht das KSH in Art. 459 die gleichen Gründe vor, wie für die Auflösung einer sp. z o.o. in Art. 270 KSH (vgl. daher Rn. 264 ff.). Ein Unterschied besteht darin, dass die Auflösung einer S.A. durch eine Gerichtsentscheidung nur in den in Art. 21 KSH vorgesehenen Situationen erfolgen kann. Liegt ein Grund für die Auflösung der S.A. vor, wird ein **Abwicklungsverfahren** durchgeführt. Erst nach dessen Beendigung, wird die Gesellschaft mit der Löschung im Unternehmerregister endgültig aufgelöst, wobei die Löschung **konstitutive Wirkung** hat (Art. 478 KSH). Im Falle einer **Insolvenz** erfolgt die Auflösung nach Abschluss des Insolvenzverfahrens, das zur Abwicklung des Schuldnervermögens geführt hat (Art. 477 § 1 und § 2 KSH). Der Antrag auf Löschung der Gesellschaft im Unternehmerregister ist dann vom Insolvenzverwalter zu stellen (Art. 477 § 1 KSH).

400 *Sołtysiński/Mataczyński* in: Sołtysiński et al. (Hrsg.), KSH, Bd. 3, 2013, Art. 337 Rn. 35.
401 *Sołtysiński/Mataczyński* in: Sołtysiński et al. (Hrsg.), KSH, Bd. 3, 2013, Art. 337 Rn. 15.
402 *Sołtysiński/Mataczyński* in: Sołtysiński et al. (Hrsg.), KSH, Bd. 3, 2013, Art. 338 Rn. 10.

Stichwortverzeichnis Teil 4, § 17: Polen

Fette Zahlen bezeichnen die Paragraphen, magere die Randnummern.

Teil 5
Gesellschaftsrechtliche Richtlinien

Teil 5
Gesellschaftsrechtliche Richtlinien

§ 18 Grundlagen und Systematik der gesellschaftsrechtlichen Richtlinie

Literatur (Auswahl): *Armour*, Who Should Make Corporate Law? EC Legislation versus Regulatory Competition, ECGI Law Working Paper No. 54/2005; *Armour/Ringe*, European Company Law 1999-2010: Renaissance and Crisis, CMLR 48 (2011) 125; *Armour/Hansmann/Kraakman*, The Essential Elements of Corporate Law, ECGI Law Working Paper No. 134/2009; *Bratton/McCahery/Vermeulen*, How Does Corporate Mobility Affect Lawmaking? A Comparative Analysis, ECGI Law Working Paper No. 91/2008; *Dammann*, Freedom of Choice in European Corporate Law, Yale J. Int. L. 29 (2004) 477; *Deakin*, Regulatory Competition versus Harmonization in European Company Law, in: Esty/Geradin (Eds.), Regulatory Competition and Economic Integration: Comparative Perspectives, 2001, S. 190; *Deckert*, Zu Harmonisierungsbedarf und Harmonisierungsgrenzen im Europäischen Gesellschaftsrecht, RabelsZ 64 (2000) 478; *Ebke*, Unternehmensrecht und Binnenmarkt – E pluribus unum?, RabelsZ 62 (1998) 195; *ders.*, Unternehmensrechtsangleichung in der Europäischen Union: Brauchen wir ein European Law Institute, FS Großfeld, 1999, S. 189; *Engert* in: Langenbucher (Hrsg.), Europäisches Privat- und Wirtschaftsrecht, 4. Aufl. 2017, § 5; *Enriques*, A Harmonized European Company Law: Are We There Already?, ICLQ 66 (2017) 763; *ders.*, EC Company Law Directives and Regulations: How Trivial Are They?, ECGI Law Working Paper No. 39/2005; *Enriques/Gatti*, The Uneasy Case for Top-Down Corporate Law Harmonization in the European Union, U. Pa. J. Int'l Econ. L. 27 (2006) 939; *Ferrarini/Ottolia*, Corporate Disclosure as a Transaction Cost: The Case of SMEs, ERCL 2014, 363; *Fleischer*, Europäische Methodenlehre: Stand und Perspektiven, RabelsZ 75 (2011) 700; *Gebauer/Teichmann* in: Gebauer/Teichmann (Hrsg.), Europäisches Privat- und Unternehmensrecht, 2016, § 1; *Gelter*, EU Company Law Harmonization Between Convergence and Varieties of Capitalism, ECGI Law Working Paper No. 355/2017; *Gruber*, Entwicklungstendenzen im Europäischen Gesellschaftsrecht, wbl. 2013, 545; *Grundmann*, Die Struktur des Europäischen Gesellschaftsrechts von der Krise zum Boom, ZIP 2004, 2401; *ders.*, Europäisches Gesellschaftsrecht, 2. Aufl. 2011, Rn. 2 ff., Rn. 1132 ff.; *Habersack/Verse*, Europäisches Gesellschaftsrecht, 4. Aufl. 2011, § 4; *Herresthal*, Die Konkretisierung des europäischen Gesellschaftsrechts, in: Privatrecht, Wirtschaftsrecht, Verfassungsrecht. Festschrift Peter-Christian Müller-Graff, 2015, S. 233; *Hertig/McCahery*, Optional rather than Mandatory EU Company Law: Framework and Specific Proposals, ECFR 2006, 341; *Hommelhoff*, Aktuelle Impulse aus dem europäischem Unternehmensrecht: Eine Herausforderung für Deutschland, NZG 2015, 1329; *Hopt*, Harmonisierung im europäischen Gesellschaftsrecht – Status quo, Probleme, Perspektiven, ZGR 1992, 265; *ders.*, Company Law in the European Union: Harmonisation and/or Subsidiarity?, ICCLJ 1 (1999) 41; *ders.*, Europäisches Gesellschaftsrecht im Lichte des Aktionsplans der Europäischen Kommission vom Dezember 2012, ZGR 2013, 165; *Jung, P.*, Der Beitrag des Europäischen Gesellschaftsrechts zum System des Gemeinschaftsprivatrechts, GPR 2004, 233; *Jung, S.*, Das Grünbuch der Kommission zu einem europäischen Corporate Governance-Rahmen und die Weiterentwicklung des Europäischen Gesellschaftsrechts, BB 2011, 1987; *Kahnert*, Rechtsetzung im Europäischen Gesellschaftsrecht, 2012; *Kalss/Klampfl*, Europäisches Gesellschaftsrecht, 2015, Rn. 205 ff.; *Kötz*, Rechtsvereinheitlichung – Nutzen, Kosten, Methoden, Ziele, RabelsZ 50 (1986) 1; *Kroeze/Vletter-van Dort*, History and Future of Uniform Company Law in Europe, ECL 5 (2008) 114; *Krolop* in: Riesenhuber (Hrsg.), Europäische Methodenlehre, 3. Aufl. 2015, § 19; *Lecourt*, Un nouveau plan d'action en droit européen des sociétés, Revue des Sociétés 2013, 121; *Lutter*, Perspektiven eines europäischen Unternehmensrechtes – Versuch einer Summe, ZGR 1992, 435; *ders.*, Zum Umfang der Bindung durch Richtlinien, in: Festschrift für Ulrich Everling, 1995, S. 765; *Lutter/Bayer/Schmidt*, Europäisches Unternehmens- und Kapitalmarktrecht, 6. Aufl. 2017, §§ 5, 9; *Mélon*, The Architecture of EU Company Law Provisions. Protecting Who, What and How?, ESJ 2015, 170; *Merkt*, Das Europäische Gesellschaftsrecht und die Idee des „Wettbewerbs der Gesetzgeber", RabelsZ 59 (1995) 545; *Neye*, Die Vereinfachung des Europäischen Gesellschaftsrechts: Irrungen und Wirrungen, in: Festschrift für Klaus J. Hopt, 2010, S. 1079; *Pannier/Rickford*, Corporate Governance Disclosures in Europe, EBLR 2005, 975; *Riesenhuber*, Die Verschmelzungsrichtlinie: Basisrechtsakt für ein Europäisches Recht der Strukturmaßnahmen, NZG 2004, 15; *Roth/Kindler*, The Spirit of Corporate Law, 2013; *Schmidt, J.*, Der European Model Company Act (EMCA), ZHR 181 (2017) 43; *Schön*, Allgemeine Rechtsgrundsätze im Europäischen Gesellschaftsrecht, in: Festschrift für Klaus J. Hopt, 2010, S. 1343; *ders.*, Mindestharmonisierung im europäischen Gesellschaftsrecht, ZHR 160 (1996) 221; *ders.*, Der Zweck der Aktiengesellschaft – geprägt durch europäisches Gesellschaftsrecht, ZHR 180 (2016) 279; *Stein*, Harmonization Of European Company Laws, 1971; *Stolowy*, The contribution of European law to national legislation governing business law, J.B.L. 2011, 614; *Teichmann*, Binnenmarktkonformes Gesellschaftsrecht, 2006, §§ 4, 8; *ders.* in: Gebauer/Teichmann (Hrsg.), Europäisches Privat- und Unternehmensrecht, 2016, § 6; *Timmermans*, Die europäische Rechtsangleichung im Gesellschaftsrecht, RabelsZ 48 (1984) 1; *Veil*, Rechtsprinzipien und Regelungskonzepte im europäischen Gesellschaftsrecht, in: Festschrift für Hans-Joachim Priester, 2007, S. 799; *Verse*, 50 Jahre Aktiengesetz – Das deutsche Aktienrecht unter europäischem Einfluss, in: Fleischer ua (Hrsg.), 50 Jahre Aktiengesetz, 2016, S. 303; *Vervessos*, Das Informationsmodell im Gesellschaftsrecht – Überlegungen zur Information als Gläubigerschutzinstrument, in: Riesenhuber/Klinck/Karakostas (Hrsg.), Information als Schutzinstrument, 2013, S. 131; *Winkler*, Vom Mythos eines Regulierungswettbewerbs im Europäischen Gesellschaftsrecht, wbl. 2012, 421.

A. Grundlagen

I. Bedeutung gesellschaftsrechtlicher Richtlinien

1 Europäische Richtlinien sind auf dem Gebiet des Gesellschaftsrechts das wichtigste Instrument zur **Harmonisierung** des mitgliedstaatlichen Rechts und damit eine der tragenden Säulen des Europäischen Gesellschaftsrechts. Die Bedeutung und das Ausmaß der Richtlinien zeigen sich bereits an der hohen Zahl der bisher erlassenen sowie noch vorgesehenen Richtlinien mit Bezug zum Gesellschaftsrecht.[1] Richtlinien sind noch vor der Verordnung (s. dazu § 3) das vorherrschende Regelungsinstrument im Europäischen Gesellschaftsrecht.[2] Ihre praktische Bedeutung wird durch die weitreichende **Vernetzung mit dem Europäischen Kapitalmarktrecht** noch verstärkt. Denn verschiedene Richtlinien sind sowohl gesellschaftsrechtlich als auch kapitalmarktrechtlich geprägt. Musterbeispiel hierfür ist die Übernahmerichtlinie (dazu § 29). Dieses Handbuch konzentriert sich auf die gesellschaftsrechtlichen Richtlinien.[3] Das Europäische Kapitalmarktrecht wird in einem Überblick angesprochen (s. § 34).

II. Kompetenzgrundlage

2 Kompetenzgrundlage zur Schaffung gesellschaftsrechtlicher Richtlinien ist Art. 50 AEUV. Die Vorschrift ermächtigt zum Erlass von Richtlinien zur **Verwirklichung der Niederlassungsfreiheit**. Die Schöpfung von supranationalen Rechtsformen auf dieser Rechtsgrundlage ist dagegen grundsätzlich nicht möglich.[4] Das Beispiel der auf europäischer Ebene diskutierten (und gescheiterten) SUP (Societas Unius Personae, dazu § 9) zeigt jedoch zumindest den Versuch, eine „hybride" Gesellschaftsform, also eine Rechtsform, die auf der Grenze zwischen nationaler und supranationaler Ebene liegt, mithilfe einer Richtlinie zu schaffen.[5]

3 Nahezu alle gesellschaftsrechtlichen Richtlinien basieren auf **Art. 50 II lit. g) AEUV**,[6] wonach die Schutzbestimmungen des mitgliedstaatlichen Rechts im Hinblick auf die Interessen von Gesellschaftern und Dritten zu koordinieren sind. Art. 50 II lit. g) AEUV wird generell **weit ausgelegt**, so dass auch solche Maßnahmen erfasst sind, die nur im weitesten Sinne dem Schutz von Gesellschaftern und Dritten dienen.[7] Insbesondere der Begriff „Drit-

1 Vgl. auch *Verse* in: Fleischer ua (Hrsg.), 50 Jahre AktG, 2016, S. 303, 304 f.

2 *Kalss/Klampfl*, Europäisches Gesellschaftsrecht, 2015, Rn. 4; *Lutter/Bayer/Schmidt*, Europäisches Unternehmens- und Kapitalmarktrecht, 2017, Rn. 1.7. In jüngerer Zeit haben allerdings auch soft law-Ansätze an Bedeutung gewonnen. Dieser Trend ist vor allem – aber nicht nur – mit Blick auf Corporate Governance-Aspekte zu beobachten. Zur europäischen Corporate Governance s. § 33.

3 Zur Vernetzung des Kapitalmarkt- mit dem Europäischen Gesellschaftsrecht auch *Grundmann* in: Riesenhuber (Hrsg.), Europäische Methodenlehre, 3. Aufl. 2015, § 9 Rn. 52; *ders.* ZIP 2004, 2401, 2410; *Lutter/Bayer/Schmidt*, Europäisches Unternehmens- und Kapitalmarktrecht, 2017, Rn. 14.57.

4 *Kalss/Klampfl*, Europäisches Gesellschaftsrecht, 2015, Rn. 29; *Müller-Graff* in: Streinz (Hrsg.), EUV/AEUV, 2. Aufl. 2012, Art. 50 AEUV Rn. 17.

5 Zur Kategorie der hybriden Rechtsform *Jung* GesRZ 2014, 363, 365 ff. sowie § 3 Rn. 50 ff., 73 ff.

6 Die Schaffung einer Europäischen Einpersonen-Gesellschaft (SUP) (dazu § 9) im Rahmen der Änderung der Einpersonengesellschafts-Richtlinie (dazu § 28) bezieht sich davon abweichend auf Art. 50 II lit. f) AEUV, vgl. KOM(2014) 212, S. 5. Die ehemalige Richtlinie 2005/56/EG (IntVersch-RL) (= Art. 118 ff. Kodifizierungs-RL (dazu § 24) verwies zumindest dem Wortlaut nach allgemein auf Art. 50 AEUV (ex-Art. 44 EGV) als Kompetenzgrundlage. Zu bedenken ist in diesem Zusammenhang, dass Art. 50 I AEUV der EU die Rechtsetzungskompetenz zuweist, während Art. 50 II AEUV lediglich Handlungsaufträge enthält. Zur zentralen Funktion des Art. 50 II lit. g) AEUV *Kahnert*, Rechtsetzung im Europäischen Gesellschaftsrecht, 2012, S. 13; *Krolop* in: Riesenhuber (Hrsg.), Europäische Methodenlehre, 2015, § 19 Rn. 6.

7 *Krolop* in: Riesenhuber (Hrsg.), Europäische Methodenlehre, 3. Aufl. 2015, § 19 Rn. 6; *Habersack/Verse*, Europäisches Gesellschaftsrecht, 2011, § 3 Rn. 42; *Grundmann*, Europäisches Gesellschaftsrecht, 2011, Rn. 98; *Ebke* RabelsZ 62 (1998) 195, 221; *Teichmann* in: Gebauer/Teichmann (Hrsg.), Europäisches Privat- und Unternehmensrecht, 2016, § 6 Rn. 88; *Kahnert*, Rechtsetzung im Europäischen Gesellschaftsrecht, 2012, S. 14 ff.; *Lutter/Bayer/*

ter" darf nicht zu eng verstanden werden. Das bestätigt das *Daihatsu*-Urteil des EuGH,[8] in dem es klarstellt, dass daraus keine Beschränkung auf Gläubiger der Gesellschaft abgeleitet werden kann. Inwiefern darüber hinaus ein **tatsächlicher Bezug zur Niederlassungsfreiheit** notwendig ist (s. auch Rn. 5),[9] ist aus praktischer Sicht ohne größere Bedeutung, da zumindest auf europäischer Ebene mögliche Kompetenzüberschreitungen des Unionsgesetzgebers nie ernsthaft diskutiert wurden. Die Verabschiedung einer Richtlinie auf dieser Grundlage bedarf einer qualifizierten Mehrheit im Rat, da es sich um ein ordentliches Gesetzgebungsverfahren nach Art. 289 I AEUV iVm Art. 294 AEUV handelt.[10]

III. Erforderlichkeit

4 Gerade bezüglich der Kompetenzgrundlage stellt sich bei gesellschaftsrechtlichen Richtlinien die Frage nach der tatsächlichen **Erforderlichkeit** gesellschaftsrechtlicher **Rechtsangleichung.**[11] Außerdem ist beim Erlass von Richtlinien gem. Art. 50 AEUV der **Subsidiaritätsgrundsatz** (Art. 5 III EUV) zu berücksichtigen.[12] Der Subsidiaritätsgrundsatz erlaubt ein Tätigwerden der Union nur, wenn das Ziel der Regelung nicht gleichwertig durch den nationalen Gesetzgeber erreicht werden kann.[13] Aufgrund der Heterogenität der nationalen Gesellschaftsrechte weist das Europäische Gesellschaftsrecht allerdings generell Vorteile auf, soweit eine Regelung erforderlich ist. Im Sinne der Erforderlichkeit (Art. 5 IV EUV) ist es notwendig, dass die angestrebte Maßnahme geeignet ist, das Regelungsziel zu erreichen. Sie darf dabei nicht über das dafür erforderliche Maß hinausgehen.[14] Die genaue Bedeutung und Reichweite der „Erforderlichkeit", bezogen auf Art. 50 AEUV, ist umstritten. Nach einer Ansicht muss die **Erforderlichkeit** die Koordination zur Durchsetzung der Niederlassungsfreiheit betreffen.[15] Die Europäische Kommission sieht hingegen jegliche Koordination, die zur Verwirklichung einer Grundfreiheit förderlich ist, im Grundsatz als ausreichend an. Diese weite Auslegung ist mittlerweile auch herrschende Meinung.[16] Im Ergebnis wird die Erforderlichkeit in Bezug auf Maßnahmen des Gesellschaftsrechts von der Europäischen Kommission nicht ernsthaft kritisch diskutiert.[17]

5 Im Zusammenhang mit dem Subsidiaritätsgrundsatz und der Erforderlichkeit spielen auch die Aspekte „Angleichung" und „Wettbewerb" eine Rolle (s. dazu ausführlich Rn. 13 ff.). Im Rahmen der Frage, ob der europäische Regelungsgeber überhaupt eine Gesellschaftsrechtsharmonisierung durch eine Richtlinie anstreben sollte, ist zudem auf das Verhältnis der im Regelfall **„negativen" Harmonisierung** durch die **EuGH-Rechtsprechung** zur Niederlassungsfreiheit als Teil der Verwirklichung des Binnenmarktes iSv Art. 26 II AEUV und der regelmäßig **„positiven" Harmonisierung** durch Richtlinienrecht einzugehen.[18] „Negative" Harmonisierung bedeutet insofern

---

Schmidt, Europäisches Unternehmens- und Kapitalmarktrecht, 2017, Rn. 2.7; im Hinblick auf den Begriff des Dritten auch *Bröhmer* in: Calliess/Ruffert (Hrsg.), EUV/AEUV, 4. Aufl. 2011, Art. 50 AEUV Rn. 12.

8 EuGH, Rs. C-97/96 (Daihatsu), ECLI:EU:C:1997:581 = NJW 1998, 129.

9 So *Veil* in: FS Priester, 2007, S. 799, 801; *Timmermans* RabelsZ 48 (1984) 1, 6; vgl. auch *Korte* in: Calliess/Ruffert (Hrsg.), EUV/AEUV, 5. Aufl. 2016, Art. 50 AEUV Rn. 24.

10 Vgl. nur *Müller-Graff* in: Streinz (Hrsg.), EUV/AEUV, 2012, Art. 50 AEUV Rn. 6.

11 Dazu *Teichmann* in: Gebauer/Teichmann (Hrsg.), Europäisches Privat- und Unternehmensrecht, 2016, § 6 Rn. 88 ff.; *ders.*, Binnenmarktkonformes Gesellschaftsrecht, 2006, S. 200 ff.; *Armour*, Who Should Make Corporate Law? EC Legislation versus Regulatory Competition, ECGI Law Working Paper No. 54/2005, S. 6 ff.; in diesem Zusammenhang auch *Dammann* Yale J. int. L. 29 (2004) 477, 543 („the European Community would be well-advised to abandon its current trend towards harmonization").

12 *Grundmann*, Europäisches Gesellschaftsrecht, 2011, Rn. 100; *Kahnert*, Rechtsetzung im Europäischen Gesellschafsrecht, 2012, S. 19 ff.; so auch zu Art. 114 AEUV *Claussen* in: von der Groeben/Schwarze/Hatje (Hrsg.), Europäisches Unionsrecht, 7. Aufl. 2015, Art. 114 AEUV Rn. 105 ff.; *Frenz/Ehlenz* EuZW 2011, 623, 624.

13 EuGH, Rs. C-58/08 (Vodafone ua), ECLI:EU:C:2010:321 = EuZW 2010, 539, Rn. 72; *Calliess* in: Callies/Ruffert (Hrsg.), EUV/AEUV, 5. Aufl. 2016, Art. 5 EUV Rn. 19 ff.; *Bast* in: Grabitz/Hilf/Nettesheim (Hrsg.), Das Recht der Europäischen Union, 61. EL 2017, Art. 5 EUV Rn. 54.

14 *Calliess* in: Callies/Ruffert (Hrsg.), EUV/AEUV, 5. Aufl. 2016, Art. 5 Rn. 44 f.; *Bast* in: Grabitz/Hilf/Nettesheim (Hrsg.), Das Recht der Europäischen Union, 61. EL 2017, Art. 5 EUV Rn. 70.

15 Vgl. EuGH, Rs. C-122/96 (Saldanha), ECLI:EU:C:1997:458 = NJW 1997, 3299, Rn. 23; *Forsthoff* in: Grabitz/Hilf/Nettesheim (Hrsg.), Das Recht der Europäischen Union, 61. EL 2017, Art. 50 AEUV Rn. 16; *Steindorff* EuZW 1990, 251, 253.

16 *Korte* in: Calliess/Ruffert (Hrsg.), EUV/AEUV, 5. Aufl. 2016, Art. 50 AEUV Rn. 24; *Forsthoff* in: Grabitz/Hilf/Nettesheim (Hrsg.), Das Recht der Europäischen Union, 61. EL 2017, Art. 50 AEUV Rn. 16; *Grundmann*, Europäisches Gesellschaftsrecht, 2011, Rn. 98.

17 *Habersack/Verse*, Europäisches Gesellschaftsrecht, 2011, § 3 Rn. 42; *Tiedje* in: von der Groeben/Schwarze/Hatje (Hrsg.), Europäisches Unionsrecht, 7. Aufl. 2015, Art. 50 AEUV Rn. 18; *Kalss/Klampfl*, Europäisches Gesellschaftsrecht, 2015, Rn. 29; *Lutter/Bayer/Schmidt*, Europäisches Unternehmens- und Kapitalmarktrecht, 2017, Rn. 2.8; *Pipkorn* ZHR 136 (1972) 44, 51; *Schön* ZHR 160 (1996) 221, 225; aA *Behme*, Rechtsformwahrende Sitzverlegung und Formwechsel, 2015, S. 268. *Enriques* ICLQ 2017, 763, 765 betont, dass das Subsidiaritäts- und Proportionalitätsprinzip vor allem politische Kategorien sind.

18 Teilweise formuliert auch der EuGH positiv, welche Anforderungen bestehen und Richtlinien geben vor, welche Schranken für das nationale Recht vorliegen.

die Setzung von Zulässigkeitsschranken für das nationale Recht, während „positive" Harmonisierung im Sinne einzuhaltender, positiv formulierter Regeln zu verstehen ist.[19] In diesem Zusammenhang ist auf europäischer Ebene immer zu überlegen, ob die gewünschten Ziele nicht bereits durch eine negative Harmonisierung erreicht werden. Denn der EuGH trägt durch seine Entscheidungen in erheblichem Maße zur Verwirklichung des Binnenmarktes bei, wodurch in einigen Bereichen der Regulierungsbedarf sinkt. Allerdings beziehen sich die Aussagen des EuGH meist auf den konkret zu entscheidenden Einzelfall. Insofern ist die begrenzte Kompetenz des EuGH, über den zu entscheidenden Sachverhalt hinaus materielle Regelungen vorzugeben, zu bedenken. Insofern können Einzelfallurteile daher **keinen vollständigen Ersatz** für materiell- und verfahrensrechtliche Vorschriften darstellen. Vielmehr ergänzen sich negative und positive Harmonisierung.[20] Der EuGH legt in seinen Entscheidungen in der Regel nur Grundprinzipien fest, ohne harmonisierte Regelungen und Verfahren für ihre Anwendung in der Praxis vorzugeben. In diesem Sinne können die primärrechtlichen Vorgaben der Niederlassungsfreiheit die beschränkenden Maßnahmen mitgliedstaatlicher Regelungen grundsätzlich nur beseitigen, nicht jedoch eigenständige Harmonisierungsbestimmungen schaffen.[21] Entsprechende **Ungleichheiten zu beseitigen**, die sich aus der Unterschiedlichkeit der mitgliedstaatlichen Rechtsordnungen ergeben, obliegt der **sekundärrechtlichen Rechtssetzung** ua durch Richtlinien. Die Rechtsprechung zu den Grundfreiheiten reicht regelmäßig noch nicht aus, um einen harmonisierten Regelungsrahmen zum Schutz der von Art. 50 II lit. g) AEUV angesprochenen Personengruppen zu gewährleisten. Für eine in ihrer Wirkung angemessene und umfassende Rechtsangleichung bedarf es daher des Zusammenspiels von negativer Harmonisierung durch die Rechtsprechung des EuGH und positiver Harmonisierung durch das Sekundärrecht, zB durch gesellschaftsrechtliche Richtlinien.[22]

IV. Funktion gesellschaftsrechtlicher Richtlinien

6 Europäische Rechtsformen, die mittels Verordnungen geschaffen werden (dazu § 3), dienen dazu, den 28 (demnächst 27) verschiedenen nationalen Rechtsformen eine möglichst einheitlich ausgestaltete, europäische **Alternative** gegenüberzustellen („28+1" Prinzip bzw. „29tes Instrument", dazu § 3 Rn. 24). Die gesellschaftsrechtlichen Richtlinien verfolgen hingegen grundsätzlich das Ziel, nationales Recht zu harmonisieren, dh bezüglich bestimmter Aspekte europaweite Standards zu schaffen (zur Besonderheit der SUP s. § 9 Rn. 21 ff.).[23] Sie wirken damit konkret auf nationales Gesellschaftsrecht ein und führen zu einer Anpassung desselben an europäische Vorgaben.

7 Grundsätzliches Ziel einer Harmonisierung des nationalen Gesellschaftsrechts mittels Richtlinien ist die **Beseitigung** von zu großen **Rechtsunterschieden** in den Gesellschaftsrechten der Mitgliedstaaten und damit die Schaffung eines ***level playing field***.[24] Durch die Angleichung insbesondere von Schutznormen für Share- und Stakeholder soll der grenzüberschreitende Wirtschaftsverkehr im europäischen Binnenmarkt gefördert werden. Insofern bezweckt die Rechtsangleichung mittels Richtlinien in erster Linie eine Reduktion der bestehenden Unterschiede in den nationalen Rechtsordnungen, soweit diese einer Verwirklichung des Binnenmarktes entgegenstehen.[25] Für **Aktionäre** bzw. Gesellschafter sollen im Ergebnis grenzüberschreitende Investitionen erleichtert und rechtssicherer gemacht werden. Insbesondere **Minderheitsaktionäre** sowie **Gläubiger** sollen auf einen gewissen Mindestschutzstandard in der EU vertrauen dürfen.[26] Zudem soll den Gesellschaften das Agieren am Markt erleichtert werden. Eine entsprechende (*top-down*) Harmonisierung[27] des Gesellschaftsrechts der Länder beruht dabei auf der Annahme, dass grenzüberschreitende Tätigkeiten für Unternehmen erleichtert und faktische Beschränkungen abgebaut werden, wenn in den Mitgliedstaaten ein vergleichbares Regelungsumfeld vorzufinden ist.[28] In diesem Zusammenhang soll mit einer Angleichung der mitgliedstaatlichen Rechtsordnungen sichergestellt werden, dass die Wettbewerbsbedingungen für Unternehmen im EWR möglichst gleich sind (Stichwort:

19 Vgl. auch *Enriques* ICLQ 2017, 763, 774; *Hopt* EuZW-Sonderheft 2017, 1.

20 Vgl. auch *Gebauer/Teichmann* in: Gebauer/Teichmann (Hrsg.), Europäisches Privat- und Wirtschaftsrecht, 2016, § 1 Rn. 3 ff.; *Hopt* EuZW-Sonderheft 2017, 1.

21 *Teichmann*, Binnenmarktkonformes Gesellschaftsrecht, 2006, S. 194; *Hopt* ZGR 1992, 265, 293.

22 *Hopt* ZGR 2013, 165, 178 f.; *Eckert*, Internationales Gesellschaftsrecht, 2010, S. 7; ferner *Bachmann* in: FS Hommelhoff, 2012, S. 21, 29; *Behme* ECFR 2016, 31, 50.

23 *Engert* in: Langenbucher (Hrsg.), Europäisches Privat- und Wirtschaftsrecht, 2017, § 5 Rn. 34 sagt: „Das zu diesem Ziel (Rechtsangleichung) passende Regelungsinstrument ist naturgemäß die Richtlinie".

24 *Kahnert*, Rechtsetzung im Europäischen Gesellschaftsrechts, 2012, S. 93, der jedoch gegen ein gesamtumfängliches level playing field argumentiert, da dies die Vorteile eines Rechtsordnungswettbewerbs blockieren wird. *Kötz* RabelsZ 50 (1986) 1, 1 f. führt in eine historische Betrachtung zur Wahrnehmung von Rechtsunterschieden im Allgemeinen ein.

25 *Gebauer/Teichmann* in: Gebauer/Teichmann (Hrsg.), Europäisches Privat- und Unternehmensrecht, 2016, § 1 Rn. 1.

26 *Kalss/Klampfl*, Europäisches Gesellschaftsrecht, 2015, Rn. 2; vgl. *Teichmann* in: Gebauer/Teichmann (Hrsg.), Europäisches Privat- und Unternehmensrecht, 2016, § 6 Rn. 110; zum Ziel des Gläubigerschutzes s. auch Rn. 73.

27 Zu den unterschiedlichen Bedeutungen des Begriffs „Harmonisierung" siehe *Enriques* ICLQ 2017, 763, 764.

28 *Teichmann*, Binnenmarktkonformes Gesellschaftsrecht, 2006, S. 190; *ders.* in: Gebauer/Teichmann (Hrsg.), Europäisches Privat- und Unternehmensrecht, 2016, § 6 Rn. 88 f.

level playing field).[29] Im Rahmen der Angleichung ist dann wiederum zwischen Mindest- und Höchststandards zu unterscheiden. Höchststandards führen in diesem Zusammenhang zu einer Rechtsvereinheitlichung und nicht lediglich zu einer Anpassung.

Vom Ansatz einer umfassenden **Rechtsvereinheitlichung** rückte die Europäische Kommission allerdings früh ab und strebt seitdem grundsätzlich „nur" noch eine **Angleichung** des nationalen Gesellschaftsrechts an (zur Entwicklung s. Rn. 18 ff.).[30] Insofern bleiben verschiedene Aspekte des Kerngesellschaftsrechts der Mitgliedstaaten, die über diese Angleichungsbemühungen hinausgehen, weiterhin dem nationalen Gesetzgeber überlassen.[31] In einigen Bereichen, insbesondere im Personengesellschaftsrecht, wird bislang sogar gar keine Harmonisierung iS einer Angleichung angestrebt (näher unter Rn. 61). In Bereichen, in denen die EU nicht auf eine Harmonisierung abzielt und bezogen auf Aspekte, bei denen sie lediglich eine Angleichung erreichen möchte, bleibt der Wettbewerb um das attraktivste Gesellschaftsrecht (über den gesetzten Mindeststandard hinaus) bestehen. Hier kann es allerdings durch den Wettbewerb der Rechtsordnungen zu einer „*bottom-up*"-Harmonisierung kommen (dazu näher unter Rn. 17).[32] 8

Neben der Rechtsangleichungsfunktion gesellschaftsrechtlicher Richtlinien sollen diese in Teilen auch die Funktion eines ***enabling law*** übernehmen. *Enabling laws* zielen darauf ab, den Betroffenen bestimmte Handlungsmöglichkeiten überhaupt erst zu eröffnen, während Gesetze ansonsten regelmäßig einschränkend wirken, um dadurch bestimmte Interessengruppen zu schützen. Im gesellschaftsrechtlichen Bereich wurden durch bestimmte Richtlinien in verschiedenen Mitgliedstaaten die darin geregelten Rechtsinstitute eingeführt bzw. normativen Regelungen unterworfen. Zu nennen sind in diesem Zusammenhang insbesondere die ehemaligen Richtlinien hinsichtlich gesellschaftsrechtlicher Strukturmaßnahmen (die Verschmelzungsrichtlinie (= Art. 87 ff. Kodifizierungs-RL) (dazu § 22), die Internationale Verschmelzungsrichtlinie (= Art. 118 ff. Kodifizierungs-RL) (dazu § 24)) sowie die Einpersonengesellschafts-Richtlinie (dazu § 28)). Entsprechendes würde für das gerade vorgestellte Projekt gelten, das sich mit grenzüberschreitenden Spaltungen und Sitzverlegungen (zur Sitzverlegungsrichtlinie s. § 32) befasst.[33] In diesem Zusammenhang dienen Richtlinien nicht nur dazu, eine Rechtsangleichung herbeizuführen, sondern auch das Zusammenspiel verschiedener Rechtsordnungen zu erleichtern und zu koordinieren[34] und wollen dadurch die Möglichkeit eröffnen, zB die genannten Strukturmaßnahmen rechtssicher durchführen zu können. 9

V. Wirkung von Richtlinien je nach Ausgestaltung

Zur **unmittelbaren Harmonisierung** der nationalen Gesellschaftsrechte stehen der EU im Prinzip zwei Regelungsinstrumente zur Verfügung: Die Richtlinie und die Verordnung.[35] Genutzt wird in der Praxis allerdings allein das Instrument der Richtlinie.[36] Verordnungen werden mit Blick auf das Europäische Gesellschaftsrecht ausschließlich zur Schaffung supranationaler Rechtsformen verwendet (dazu bereits Rn. 6, vgl. dazu auch § 3).[37] Rechtspolitisch spricht für die Richtlinie, dass ihre Verabschiedung keiner Einstimmigkeit der Mitgliedstaaten (wie dies bei den Verordnungen der Fall ist (s. dazu § 3 Rn. 18)), sondern nur einer qualifizierten Mehrheit im Rat bedarf. Dadurch wird es teilweise überhaupt erst möglich, eine bzw. eine schnellere Einigung zu erzielen, da eine Richtlinie im Konfliktfall auch ohne Zustimmung einzelner Mitgliedstaaten verabschiedet werden kann.[38] Aus regelungstechnischer Sicht sind Richtlinien zudem grundsätzlich besser geeignet eine – ggf. von den Mitgliedstaaten geforderte – „bloße" Mindestharmonisierung herbeizuführen, obwohl ein entsprechendes 10

29 GA *Trstenjak*, Schlussanträge v. 2.6.2010 zur Rs. C-81/09 (Idryma Typou), ECLI:EU:C:2010:304, Rn. 30.

30 Vgl. Mitteilung der Kommission an den Rat und das Europäische Parlament – Modernisierung des Gesellschaftsrechts und Verbesserung der Corporate Governance in der Europäischen Union – Aktionsplan, 21.5.2003, KOM(2003) 284; *Lutter/Bayer/Schmidt*, Europäisches Unternehmens- und Kapitalmarktrecht, 2017, Rn. 2.6; *Teichmann* in: Gebauer/Teichmann (Hrsg.), Europäisches Privat- und Unternehmensrecht, 2016, § 6 Rn. 86; *Ebke* RabelsZ 62 (1998) 195, 220; *Lutter* in: Grundmann (Hrsg.), Systembildung und Systemlücken, 2000, S. 121 f.; *Nietsch* ZVglRWiss 112 (2013) 45, 53.

31 Vgl. aus jüngerer Zeit nur *Ferran* MLR 79 (2016) 813, 817.

32 *Enriques* ICLQ 2017, 763, 766, 769 stellt eine *bottom-up*-Harmonisierung fest.

33 Europäische Kommission, Vorschlag für eine Richtlinie des Europäischen Parlaments und des Rates zur Änderung der Richtlinie (EU) 2017/1132 in Bezug auf grenzüberschreitende Umwandlungen, Verschmelzungen und Spaltungen, COM(2018) 241 final.

34 Vgl. *Enriques* ICLQ 2017, 763, 764, 775 f.

35 Daneben gibt es *soft law*-Ansätze, die zB mit Hilfe von Empfehlungen und Guidelines umgesetzt werden.

36 *Engert* in: Langenbucher (Hrsg.), Europäisches Privat- und Wirtschaftsrecht, 2017, § 5 Rn. 34 sagt: „Das zu diesem Ziel passende Reglungsinstrument ist naturgemäß die Richtlinie.".

37 Die in diesem Bereich erlassenen Verordnungen stellen vielmehr ein „29stes Instrument" (demnächst 28stes Instrument) neben den nationalen Alternativen zur Verfügung (näher dazu § 3). Es wird daher mit den europäischen Rechtsformen – zumindest unmittelbar – grundsätzlich keine Rechtsangleichung oder -vereinheitlichung angestrebt.

38 Dass die Verabschiedung keinen Konsens erfordert, verändert die Verhandlungsdynamik. Reine Blockadehaltungen sind so risikoreicher.

Ergebnis theoretisch auch durch eine Verordnung erreicht werden könnte. Umgekehrt ist es auch möglich, nicht nur durch die Verordnung, sondern auch durch die Richtlinie eine Rechtsvereinheitlichung zu erzielen (zur Annäherung beider Instrumente § 2 Rn. 40 ff.). Mit Blick auf die Ausgestaltung von Richtlinien hängt deren Wirkung dann vor allem vom Harmonisierungsgrad ab (s. dazu Rn. 46 ff.), dh davon, ob ein **Mindest-** oder ein **Höchststandard** angestrebt wird.

11 Die **Vorteile** einer Mindestharmonisierung werden insbesondere in einer höheren Flexibilität und einem meist größeren Spielraum für die Mitgliedstaaten bei der Einpassung in das nationale Recht gesehen. Kehrseite dieser Flexibilität und damit **Nachteil** einer Mindestharmonisierung ist vor allem der mangelnde (tatsächliche) Rechtsangleichungserfolg.[39] Sind gesellschaftsrechtliche Richtlinien von einem geringen Maß an Harmonisierung[40] und vielen Mitgliedstaatenoptionen sowie Wahlrechten (s. Rn. 49 f.) geprägt, bestehen weiterhin größere Rechtsunterschiede. Diese und die daraus eventuell resultierende mangelnde Transparenz, vor allem im grenzüberschreitenden Wirtschaftsverkehr, lassen die vorhandenen Unsicherheiten bestehen und es verbleiben hohe Transaktionskosten.[41]

12 Andererseits kann die Mindestharmonisierung wiederum Vorteile bieten, da so über die Mindestangleichung hinaus weiterhin ein **Wettbewerb** der mitgliedstaatlichen Rechtsordnungen um das „beste" Gesellschaftsrecht möglich ist.[42] Viel diskutiert wird in diesem Zusammenhang, ob ein Wettbewerb der Rechtsordnungen in der Tat zu einer „Verbesserung" der nationalen Rechtsordnungen und damit zu einem sog ***„race to the top"***[43] führt oder im Gegenteil ein ***„race to the bottom"***, insbesondere mit Blick auf Schutzstandards, zu befürchten ist.[44] Nach letzterer Ansicht würde ein geringerer Harmonisierungsgrad eher einen Nachteil darstellen. Doch nicht nur der Harmonisierungsgrad beeinflusst den Wettbewerb der Rechtsordnungen. Gerade auch Richtlinien, die eine Verlagerung der Gesellschaft in einen anderen Mitgliedstaat ermöglichen bzw. erleichtern, tragen zu einem stärkeren Wettbewerb der Rechtsordnungen bei.[45]

VI. Wettbewerb vs Angleichung

13 Die beiden Primärziele gesellschaftsrechtlicher Richtlinien „**Wettbewerb**" und „**Angleichung**" stehen in einem gewissen Spannungsverhältnis zueinander. Die Herausforderung für die EU besteht hier darin, einen angemessenen Ausgleich zwischen diesen widerstreitenden Zielen zu finden. Bezogen auf die Grundziele des Primärrechts hängt eine Gesellschaftsrechtsangleichung mittels Richtlinien auch mit der Herstellung eines einheitlichen Binnenmarktes zusammen.[46] Denn die EU hält die Verwirklichung des Binnenmarktes allein durch einen Wettbe-

39 *Enriques*, EC Company Law Directives and Regulations: How Trivial Are They, ECGI Law Working Paper No. 39/2005, S. 34; *ders.*, Company Law Harmonization Reconsidered: What Role for the EC, ECGI Law Working Paper No. 53/2005, S. 3; *Teichmann* in: Gebauer/Teichmann (Hrsg.), Europäisches Privat- und Unternehmensrecht, 2016, § 6 Rn. 275 („begrenzte Leistungsfähigkeit"); *Armour/Hansmann/Kraakman*, The Essential Elements of Corporate Law, ECGI Law Working Paper No. 134/2009, S. 31; *Deckert* RabelsZ 64 (2000) 478, 484; *Wunderlich/Pickartz* EuR 2014, 659 ff.; *Drygala* ZEuP 2004, 337, 340.

40 Ausführlich zur Mindestharmonisierung im Gesellschaftsrecht *Schön* ZHR 160 (1996) 221 ff.

41 *Kahnert*, Rechtsetzung im Europäischen Gesellschaftsrecht, 2012, S. 57; *Teichmann* in: Gebauer/Teichmann (Hrsg.), Europäisches Privat- und Unternehmensrecht, 2016, § 6 Rn. 91; *Enriques*, Company Law Harmonization Reconsidered: What Role for the EC, ECGI Law Working Paper No. 53/2005, S. 12; *Armour*, Who Should Make Corporate Law? EC Legislation versus Regulatory Competition, ECGI Law Working Paper No. 54/2005, S. 6; *Groß* in: Grundmann (Hrsg.), Systembildung und Systemlücken, 2000, S. 189, 201; *Drygala* ZEuP 2004, 337, 338; im Umkehrschluss auch *Engle* DePaul Bus. & Comm. L. J. 4 (2006) 351, 398.

42 Zur Diskussion inwieweit ein (horizontaler) Wettbewerb der Rechtsordnungen gegeben ist: *Kieninger*, Wettbewerb der Privatrechtsordnungen, 2002, S. 224 ff.; *Klöhn* RabelsZ 76 (2012) 276, 291 ff.; *Wachter* in: Süß/Wachter (Hrsg.), Handbuch des internationalen GmbH-Rechts, 3. Aufl. 2016, § 2 Rn. 6 ff.; *Grundmann*, Europäisches Gesellschaftsrecht, 2011, Rn. 158 ff.; *Buxbaum* RabelsZ 74 (2010) 1, 9 ff.; *Harbarth* ZGR 2016, 84, 88; *Ventoruzzo* Duquesne Law Review 52 (2014) 151, 165 ff.; *Winkler* wbl. 2012, 421.

43 Hier nicht verstanden als einen Wettbewerb, der zu den höchsten Schutzstandards führt, sondern als Wettbewerb um das „beste" Gesellschaftsrecht.

44 Vgl. allgemein hierzu *Habersack/Verse*, Europäisches Gesellschaftsrecht, 2011, § 3 Rn. 37 ff.; *Gebauer/Teichmann* in: Gebauer/Teichmann (Hrsg.), Europäisches Privat- und Unternehmensrecht, 2016, § 1 Rn. 11; *Tietje* in: Grabitz/Hilf/Nettesheim (Hrsg.), Das Recht der Europäischen Union, 61. EL 2017, Art. 114 AEUV Rn. 30, der im Wettbewerb der Rechtsordnung keine allgemeine Gefahr eines „race to the bottom" sieht.

45 Vgl. auch *Winkler* wbl. 2012, 421, 422 f., die zumindest die Mobilitätsmöglichkeiten von Unternehmen als einen entscheidenden Faktor für den Wettbewerb der Rechtsordnung ansieht; *Habersack/Verse*, Europäisches Gesellschaftsrecht, 2011, § 3 Rn. 24, die darauf aufmerksam machen, dass die Rechtsprechung des EuGH zur Mobilität von Gesellschaften einen Wettbewerbsdruck auf die nationalen Rechtsordnungen ausgelöst hat.

46 *Teichmann*, Binnenmarktkonformes Gesellschaftsrecht, 2006, S. 188 f.; *Lutter* in: Grundmann (Hrsg.), Systembildung und Systemlücken, 2000, S. 121, 122 f.; *Behme* ECFR 2016, 31, 50.

werb der Rechtsordnungen nicht für möglich.[47] Sie hat sich vielmehr für eine **gesteuerte Angleichung** der mitgliedstaatlichen Rechte entschieden. Über die gesetzten Mindeststandards hinaus ist jedoch ein Wettbewerb der Rechtsordnungen (**horizontaler Wettbewerb**) möglich und auch durchaus erwünscht. Letzteres spiegelt sich vor allem in der Rechtsprechung des EuGH zur Niederlassungsfreiheit wider, die einen richtigen Wettbewerb durch die Mitgliedstaaten überhaupt erst zugelassen hat. Wenn die Harmonisierung des Gesellschaftsrechts durch europäische Vorgaben jedoch eine spürbare Intensität erreicht hat, kann der Spielraum für Konkurrenzen zwischen den nationalen Rechtsordnungen grundsätzlich geringer ausfallen. Aufgrund der Harmonisierungsdichte im **Aktienrecht** (s. dazu Rn. 63) wird insofern argumentiert, dass der Wettbewerbsdruck bei den nationalen Aktiengesellschaften geringer ist als im Bereich des weniger harmonisierten und damit auch durchaus weiterhin unterschiedlicheren GmbH-Rechts in Europa.[48] In diesem Zusammenhang ist jedoch zu bedenken, dass Aktiengesellschaften tendenziell von größeren Unternehmen gewählt werden, die generell stärker im Binnenmarkt aktiv und mobil sind, was den Wettbewerb in diesem Bereich wiederum grundsätzlich erhöht.

Ein **vertikaler Regulierungswettbewerb** zwischen den mitgliedstaatlichen Rechtsformen und den europäischen Rechtsformen (dazu auch § 3 Rn. 27 ff.) wird teilweise bezweifelt.[49] Allerdings sind sich die Mitgliedstaaten dieses potenziellen Wettbewerbs durchaus bewusst, was sich einerseits in ihrem Widerstand gegen diese Rechtsformen und andererseits bei der Ausgestaltung der Rechtsakte (man denke nur an den grenzüberschreitenden Bezug und das Verbot der Sitzaufspaltung bei der SE oder SCE) widerspiegelt. Die Verbreitung der SE in Deutschland zeigt außerdem, dass diese Rechtsform auch rein tatsächlich durchaus in **Konkurrenz** zur deutschen AG tritt[50] und vor allem von wachstumsorientierten Jungunternehmen in deren späteren Entwicklungsphase bevorzugt gegenüber der AG genutzt wird. Gerade die SPE (Societas Privata Europaea, dazu § 5) hätte das Potential gehabt, noch stärker als die anderen supranationalen Rechtsformen in Wettbewerb mit den nationalen GmbH zu treten. Die Harmonisierung bestimmter Bereiche kann insofern helfen, überhaupt eine Einigung bezüglich europäischer Rechtsformen zu finden. Zum einen können dort gefundene Kompromisse auf die supranationale Rechtsform übertragen werden. Zum anderen kann im Fall einer Nichteinigung zumindest auf harmonisiertes nationales Recht zurückgegriffen werden (wie dies zB mit Blick auf die Kapitalverfassung der SE der Fall ist, dazu § 4 Rn. 207 ff.). 14

Zudem spürt auch die EU den Wettbewerbsdruck. Entwickeln sich neue, innovative Konzepte auf nationaler Ebene, so wird dadurch auch ein **Harmonisierungsdruck** auf europäischer Ebene erzeugt, der sich häufig zunächst in Empfehlungen und ähnlichen *soft governance*-Instrumenten niederschlägt und im Laufe der Zeit dann oftmals in Richtlinien mündet. Beispielhaft zeigt sich dies bei der Frage der Abstimmung über die Vergütungspolitik („*say on pay*"), die zunächst in verschiedenen Empfehlungen thematisiert wurde, dann Bestandteil des Corporate Governance-Grünbuchs aus dem Jahr 2011 (jeweils dazu § 33 Rn. 66 ff.) war und zuletzt – obgleich in stückweise abgeänderter Form – in die reformierte Aktionärsrechterichtlinie eingeflossen ist (dazu § 30 Rn. 144 ff.). 15

47 *Tietje* in: Grabitz/Hilf/Nettesheim (Hrsg.), Das Recht der Europäischen Union, 61. EL 2017, Art. 114 AEUV Rn. 31, der keine kategorische Trennung zwischen Wettbewerb der Rechtsordnungen und Angleichung im EU-Recht sieht.

48 *Verse* in: Fleischer ua (Hrsg.), 50 Jahre AktG, 2016, S. 303, 304, 316.

49 Vgl. nur *Klöhn* RabelsZ 76 (2012) 276, 290 ff.; ferner zum Wettbewerb zwischen der SE und nationalen Aktiengesellschaften auch *Bachmann* in: FS Hommelhoff, 2012, S. 21 ff.; aA *Eidenmüller* JZ 2009, 641, 644; wohl auch *Zimmer* in: FS K. Schmidt, 2009, S. 1789, 1800.

50 Fünf der deutschen Dax-30 Unternehmen (dh Allianz, BASF, E.ON, SAP und Vonovia) haben sich für die Rechtsform der SE entschieden. Fresenius als SE & Co. KGaA ist nicht als SE, sondern als KGaA im Dax-30 notiert.

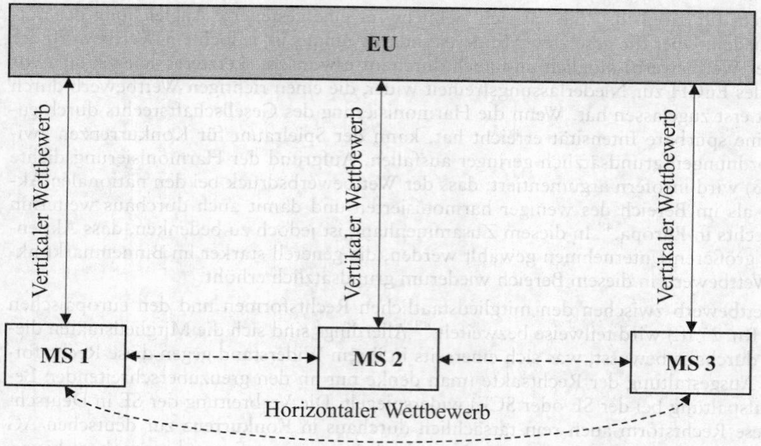

Abb. 1: Horizontaler und vertikaler Wettbewerb

16 Eine **Rechtsangleichung** durch Richtlinien kann einen **Wettbewerb der Rechtsordnungen** auf einzelnen Gebieten sogar überhaupt erst ermöglichen.[51] Dies ist dann der Fall, wenn insbesondere aufgrund der Niederlassungsfreiheit zwar die primärrechtliche Möglichkeit einer bestimmten Maßnahme besteht, jedoch wegen fehlender, einheitlicher Verfahrensvorschriften erhebliche Gestaltungsspielräume auf nationaler Ebene vorhanden sind. Dann können Richtlinien auch die Funktion eines *enabling laws* übernehmen (s. dazu bereits Rn. 9). In diesem Sinne schließen sich ein Wettbewerb der Rechtsordnungen und die Rechtsangleichung mittels Richtlinien nicht notwendigerweise gegenseitig aus.[52] Doch nicht nur Richtlinien können zur Angleichung des Gesellschaftsrechts der Mitgliedstaaten beitragen. Auch ein Wettbewerb **zwischen den mitgliedstaatlichen Rechtsordnungen** kann zu einer gewissen Rechtsangleichung führen (*bottom-up*-Harmonisierung).[53] Denn um auf dem europäischen Markt für Gesellschaftsrechte zu bestehen, werden einzelne Mitgliedstaaten ihr materielles Gesellschaftsrecht reformieren. Sie können dabei neue Wege gehen oder sich erfolgreichen, anderen Rechtsordnungen annähern.[54] Ein Beispiel für eine Annäherung der Gesellschaftsrechte durch Wettbewerb stellt das Mindestkapital bei der GmbH und ihre vergleichbaren Rechtsformen in anderen Mitgliedstaaten dar. Hier führte der Wettbewerbsdruck zu einer europaweiten Senkung des Mindestkapitals (entweder bei der GmbH selbst oder durch Einführung einer Unterform, wie zB in Deutschland der UG (haftungsbeschränkt)).[55] Auch in diesem Fall stehen sich Wettbewerb und Angleichung nicht diametral gegenüber, sondern gehen vielmehr in gewissem Umfang Hand in Hand.

---

51 *Grundmann* ZGR 2001, 783, 791; siehe auch *Schön* ZHR 160 (1996) 221, 232 ff.; *Deakin* in: Esty/Géradin (Eds.), Regulatory Competition and Economic Integration, 2001, S. 190 ff.; *Grohmann*, Das Informationsmodell im Europäischen Gesellschaftsrecht, 2006, S. 13.

52 *Dreher* JZ 1999, 105, 112; vgl. auch *Lutter* in: Grundmann (Hrsg.), Systembildung und Systemlücken, 2000, S. 121, 135 f.; zurückhaltender hingegen *Armour/Hansmann/Kraakman*, The Essential Elements of Corporate Law, ECGI Law Working Paper No. 134/2009, S. 31; offenbar auch *Schön* ZHR 160 (1996) 221, 232 („Rechtsangleichung contra Wettbewerb der Gesetzgeber"); *Armour*, Who Should Make Corporate Law? EC Legislation versus Regulatory Competition, ECGI Law Working Paper No. 54/2005, S. 50 f.

53 *Dammann* Stan. J. int. L. 49 (2013) 54, 59; *Borg-Barthet*, The Governing Law of Companies in the EU Law, 2012, S. 84; *Ventoruzzo* Duquesne Law Review 52 (2014) 151, 166; *Gebauer/Teichmann* in: Gebauer/Teichmann (Hrsg.), Europäisches Privat- und Wirtschaftsrecht, 2016, § 1 Rn. 12.

54 Zu einer entsprechenden „Verbesserung" des nationalen Gesellschaftsrechts vgl. *Van Eck/Roelofs* ECL 11 (2014) 210, 211; *Eidenmüller* ZGR 2007, 168, 174; *Szydło* ECFR 2010, 414, 417; *Dammann* Yale J. int. L. 29 (2004) 477, 542; im Zusammenhang mit dem (Gesellschafts-) Recht als „Produkt", das von den Mitgliedstaaten nicht nur angeboten, sondern auch aktiv beworben wird *Eidenmüller* JZ 2009, 641, 642 ff.; ferner in diesem Sinne *Ferran* MLR 79 (2016) 813, 817 f.

55 *Enriques* ICLQ 2017, 763, 766, 769.

B. Entwicklung des Europäischen Gesellschaftsrechts als Richtlinienrecht

I. Entwicklungslinien des Richtlinienrechts

Den Ausgangspunkt für die Entwicklung des Europäischen Gesellschaftsrechts stellt die Harmonisierung mittels gesellschaftsrechtlicher (und zT kapitalmarktrechtlicher) Richtlinien dar.[56] Europäische Rechtsformen wurden hingegen erst etwas später entwickelt (dazu § 3 Rn. 2 ff.). Beginnend mit der damaligen Publizitätsrichtlinie aus dem Jahr 1968 (zu den aktuellen Regelungen in der Kodifizierungs-Richtlinie s. § 20) bestand der Grundstock gesellschaftsrechtlicher Richtlinien vor der Kodifizierung in der Richtlinie „über bestimmte Aspekte des Gesellschaftsrechts (dazu § 19) aus **11 Richtlinien.**[57] Sechs Richtlinien sind mittlerweile in dieser neuen Kodifizierungs-Richtlinie aufgegangen. Hinzu kommen kapitalmarkt- bzw. börsenrechtlich geprägte Richtlinien. Insbesondere die Sitzverlegungsrichtlinie (dazu § 32) befindet sich zudem seit ca. 20 Jahren im Entwurfsstadium. Im April 2018 wurde insofern ein erneuter Vorstoß gewagt.[58] Der Vorschlag der Europäischen Kommission zielt auf eine Erweiterung der Kodifizierungs-Richtlinie ab, was eine Tendenz hin zu einem gesellschaftsrechtlichen „Richtlinienbuch" auf europäischer Ebene unterstreicht. Andere Richtlinienprojekte wurden im Laufe der Zeit wieder zurückgenommen und **gelten derzeit als gescheitert** (zB die Strukturrichtlinie,[59] die Konzernrichtlinie[60] und Liquidationsrichtlinie).[61] 17

Die gesellschaftsrechtliche Rechtsangleichung in Europa lässt sich in verschiedene **Harmonisierungsphasen** und Etappen unterteilen.[62] Mit der damaligen Publizitätsrichtlinie (1968) als Ausgangspunkt war bis etwa Mitte der 1980er Jahre eine relativ umfassende Rechtsvereinheitlichung mit umfangreichen Regelungsinstituten zu verzeichnen.[63] Der Schwerpunkt lag dabei vor allem – aber nicht ausschließlich – auf einer Harmonisierung des mitgliedstaatlichen Aktienrechts.[64] Konkret wurden bis 1984 die ehemalige Kapitalrichtlinie, die ehemalige Verschmelzungs- und Spaltungsrichtlinie (jetzt jeweils Teil der Kodifizierungs-Richtlinie), die ehemaligen Jahresabschluss- und Konzernbilanzrichtlinie (jetzt Bilanzrichtlinie) sowie die erste Abschlussprüferrichtlinie verabschiedet. Im Jahr 1989 kamen mit der ehemaligen Zweigniederlassungsrichtlinie (dazu § 27) und der Einpersonengesellschafts-Richtlinie (dazu § 28) zwei eher punktuelle Richtlinien mit Bezug zum GmbH-Recht hinzu. Diese dynamische Fortentwicklung des gesellschaftsrechtlichen Richtlinienrechts konnte jedoch in dieser Intensität nicht fortgesetzt werden, da die Mitgliedstaaten sich nicht auf eine fortschreitende Angleichung einigen konnten. In den 1990er Jahren kam es vielmehr zur **„Krise des Europäischen Gesellschaftsrechts"**.[65] Neue Richtlinien konnten in diesem Jahrzehnt nicht verabschiedet werden, lediglich mit Blick auf einige Änderungsrichtlinien konnten Kompromisse erzielt werden.[66] Auch zu Beginn der 2000er Jahre standen Änderungsrichtlinien im Vordergrund. 18

Neuen Schwung brachte erst der Aktionsplan „Modernisierung des Gesellschaftsrechts und Verbesserung der Corporate Governance" aus dem Jahr 2003.[67] Dieser Aktionsplan nahm endgültig von einem Vollharmonisie- 19

56 Siehe zur Entwicklung auch *Gelter*, EU Company Law Harmonization Between Convergence and Varieties of Capitalism, ECGI Law Working Paper No. 355/2017, S. 3 ff.

57 Siehe anschaulich die Grafiken bei *Grundmann*, Europäisches Gesellschaftsrecht, 2011, Rn. 117.

58 Europäische Kommission, Vorschlag für eine Richtlinie des Europäischen Parlaments und des Rates zur Änderung der Richtlinie (EU) 2017/1132 in Bezug auf grenzüberschreitende Umwandlungen, Verschmelzungen und Spaltungen, COM(2018) 241 final.

59 Vorschlag einer fünften Richtlinie zur Koordinierung der Schutzbestimmungen hinsichtlich der Struktur der Aktiengesellschaft sowie der Befugnisse und Verpflichtungen ihrer Organe, KOM(72) 887.

60 Vorentwurf für eine neunte Richtlinie auf der Grundlage von Art. 54 Abs. 3 lit. g) des EWG-Vertrages über die Verbindung zwischen Unternehmen, insbesondere über Konzerne, DOK Nr. III/1639/84 = ZGR 1985, 446 ff. Zum europäischen Konzernrecht s. § 35.

61 Vorentwurf für eine Richtlinie auf Grundlage von Art. 54 Abs. 3 lit. g) des Vertrages über die Auflösung und Abwicklung […], DOK XV/43/87-DE.

62 *Gelter*, EU Company Law Harmonization Between Convergence and Varieties of Capitalism, ECGI Law Working Paper No. 355/2017, S. 3 f.; *Verse* in: Fleischer ua (Hrsg.), 50 Jahre AktG, 2016, S. 303, 304, 308 ff.

63 Vgl. *Fici*, Pan-European Cooperative Law: Where Do We Stand?, Euricse Working Paper 47/13, S. 5. 1985 wurde auch die erste europäische Rechtsform, die Europäische Wirtschaftliche Interessenvereinigung (EWIV), verabschiedet. Zur Entwicklung der Rechtsformen näher unter § 3 Rn. 2 ff.

64 Vgl. *Habersack/Verse*, Europäisches Gesellschaftsrecht, 2011, § 4 Rn. 5; *Roth/Kindler*, The Spirit of Corporate Law, 2013, S. 1.

65 *Behrens* in: FS Mestmäcker, 1996, S. 831; *Hopt* ZIP 1998, 96; vgl. auch *Armour/Ringe* CMLR 48 (2011) 125 ff.; *Gelter*, EU Company Law Harmonization Between Convergence and Varieties of Capitalism, ECGI Law Working Paper No. 355/2017, S. 21; *Roth/Kindler*, The Spirit of Corporate Law, 2013, S. 20; vgl. auch *Deckert* RabelsZ 64 (2000) 478, 480; *Ebke* in: FS Großfeld, 1999, S. 189, 194; kritisch zur Bezeichnung im Hinblick auf die Entwicklungen des Kapitalmarktrechts zu diesem Zeitpunkt *Grundmann*, Europäisches Gesellschaftsrecht, 2011, Rn. 117.

66 Vgl. *Fici*, Pan-European Cooperative Law: Where Do We Stand?, Euricse Working Paper 47/13, S. 5.

67 Mitteilung der Kommission an den Rat und das Europäische Parlament – Modernisierung des Gesellschaftsrechts und Verbesserung der Corporate Governance in der Europäischen Union – Aktionsplan, 21.5.2003, KOM(2003) 284; dazu *Habersack* NZG 2004, 1 ff.; *Habersack/Verse*, Europäisches Gesellschaftsrecht, 2011, § 4 Rn. 17 ff.;

rungsansatz Abstand.[68] Zukünftiges Ziel war eine partielle **Kernbereichsharmonisierung.**[69] Zudem wurden neue (innovative) Projekte auf die Agenda für die nächsten Jahre gesetzt. Darauf basierend kam es im ersten Jahrzehnt des neuen Jahrtausends zu einer **„Renaissance“**[70] und einem regelrechten **„Boom“**[71] des Europäischen Gesellschaftsrechts. Im Bereich der gesellschaftsrechtlichen Richtlinien wurden wichtige Projekte wie die damalige Internationale Verschmelzungsrichtlinie (= Art. 118 ff. Kodifizierungs-RL) (dazu § 24), die Übernahmerichtlinie (dazu § 29), die Abschlussprüferrichtlinie (dazu § 26) und die Aktionärsrechterichtlinie (dazu § 30) erlassen. Die Euphorie ließ zum Ende des ersten Jahrzehnts jedoch wieder etwas nach und es fiel den Mitgliedstaaten zunehmend schwerer, neue Richtlinienvorschläge erfolgreich abzuschließen. Stattdessen wurden einige Richtlinien durch Änderungsrichtlinien angepasst.

20 Um den Harmonisierungsprozess erneut in Gang zu setzen, veröffentlichte die Kommission im Jahr **2012** ihren zweiten **Aktionsplan** „Europäisches Gesellschaftsrecht und Corporate Governance“.[72] Der Aktionsplan sollte dem Europäischen Gesellschaftsrecht neuen Antrieb verleihen und mit zukunftsweisenden Projekten die geplante Kernbereichsharmonisierung weiter vertiefen.[73] Vor allem **grenzüberschreitenden Maßnahmen** sollte dabei eine erhöhte Bedeutung zukommen (vgl. Punkt 4 des Aktionsplans). Im Hinblick auf das Richtlinienrecht wurden im Aktionsplan insbesondere Regelungen zu grenzüberschreitenden Spaltungen (vgl. Punkt 4.3. des Aktionsplans) und Sitzverlegungen (vgl. Punkt 4.1. des Aktionsplans) sowie eine Stärkung von (grenzüberschreitender) Aktionärsbeteiligungen (vgl. Punkt 3 des Aktionsplans) ins Auge gefasst. Weiterhin beabsichtigte die Europäische Kommission eine fortschreitende Harmonisierung des europäischen Börsengesellschaftsrechts.[74] Parallel hierzu und damit potenziell im Zusammenhang stehend sind die Bemühungen der Europäischen Kommission zur Schaffung einer **Europäischen Kapitalmarktunion** (s. dazu § 34 Rn. 8 ff.) zu sehen.[75] Mit Blick auf den Kernbestand des Gesellschaftsrechts lässt sich festhalten, dass der Aktionsplan nicht zu einem vergleichbaren Boom wie Anfang der 2000er Jahre führte. Verabschiedet wurde bereits im Jahr 2011 die AIFM-Richtlinie (§ 31) und im Jahr 2013 folgte die Bilanzrichtlinie (§ 25), die die bis dahin geltenden Jahresabschluss- und Konzernbilanz-Richtlinie aufhob. Danach folgten Änderungsrichtlinien; neue Projekte konnten jedoch nicht abgeschlossen werden. So wurde im Jahr 2017 beispielsweise die Änderungsrichtlinie zur Aktionärsrechterichtlinie (dazu § 30) verabschiedet. Im gleichen Jahr wurde auch die Kodifizierungs-Richtlinie (§ 19) im Rat angenommen, die jedoch grundsätzlich keine inhaltlichen Änderungen verfolgt, sondern lediglich die Publizitätsrichtlinie, die Kapitalrichtlinie, die Zweigniederlassungsrichtlinie, die Verschmelzungsrichtlinie, die Spaltungsrichtlinie und die Internationale Verschmelzungsrichtlinie (zu möglichen weiteren Entwicklungen des Richtlinienrechts s. auch Rn. 89 ff.) in einem einheitlichen Rechtsakt kodifizierte. Zukünftig könnte die Kodifizierungs-Richtlinie erweitert werden. Die Europäische Kommission hat insofern entsprechende Vorschläge mit Blick auf die Digitalisierung des Gesellschaftsrechts[76] und bezüglich grenzüberschreitender Umwandlungen[77] vorgestellt.

Haberer GesRZ 2003, 211 ff.; *Hopt* in: FS Röhricht, 2005, S. 235 ff.; *Maul/Lanfermann/Eggenhofer* BB 2003, 1289 ff.; *Merkt* RIW 2004, 1; *van Hulle/Maul* ZGR 2004, 484 ff.; *Gruber* wbl. 2013, 545 ff.

68 *Fici*, Pan-European Cooperative Law: Where Do We Stand?, Euricse Working Paper 47/13, S. 6.

69 *Kahnert*, Rechtsetzung im Europäischen Gesellschaftsrecht, 2012, S. 10.

70 *Armour/Ringe* CMLR 48 (2011) 125 ff.; *Hopt* ZGR 2013, 165, 166 f.

71 *Grundmann* ZIP 2004, 2401; *ders.*, Europäisches Gesellschaftsrecht, 2011, Rn. 1174; *Lutter/Bayer/Schmidt*, Europäisches Unternehmens- und Kapitalmarktrecht, 2012, § 18 Rn. 1.

72 Mitteilung der Kommission an das Europäische Parlament, den Rat, den Europäischen Wirtschafts- und Sozialausschuss und den Ausschuss der Region. Aktionsplan: Europäisches Gesellschaftsrecht und Corporate Governance – ein moderner Rechtsrahmen für engagiertere Aktionäre und besser überlebensfähige Unternehmen, 12.12.2012, KOM(2012) 740; dazu *Hopt* ZGR 2013, 165 ff.; *ders.* NYU J. L. & Bus. 12 (2015) 139 ff.; *Gruber* wbl. 2013, 545 ff.; *Verse* EuZW 2013, 336, 342 f.; *Behrens* EuZW 2013, 121 f.; *Roesener* NZG 2013, 241 ff.; ehemalige *Reflection Group on the Future of EU Company Law* ECFR 2013, 304 ff.; *Schmidt* GmbHR 2013, R33; *Bayer/Schmidt* BB 2013, 3, 12 ff.; *Lecourt* Revue des Sociétés 2013, 121 ff.; *Bortenlänger/Heldt* ZCG 2013, 15 ff.; *Walch* ÖBA 2013, 164 ff.

73 Zur angestrebten Kernbereichsharmonisierung im Aktionsplan von 2012 *Hopt* ZGR 2013, 165, 194 f.

74 Dieses Ziel wurde insbesondere mit Blick auf Fragen der Corporate Governance ins Auge gefasst; vgl. beispielsweise Punkt 2 des Aktionsplans.

75 Mitteilung der Kommission an das Europäische Parlament, den Rat, den Europäischen Wirtschafts- und Sozialausschuss und den Ausschuss der Region. Aktionsplan zur Schaffung einer Kapitalmarktunion, 30.9.2015, KOM(2015) 468; dazu ua *Kumpan* ZGR 2016, 2 ff.; *Heuer/Schütt* BKR 2016, 45 ff.; *Stiegler* AG 2015, R311 ff.; *Parmentier* EuZW 2016, 45, 49 f.; ferner auch *Veil* ZGR 2014, 544 ff. Durchaus kritisch zur Entwicklung des Europäischen Gesellschaftsrecht mit Hilfe von Richtlinien und Verordnungen und insbesondere deren Bedeutung *Enriques* ICLQ 2017, 763, 767 f.

76 Europäische Kommission, Vorschlag für eine Richtlinie des Europäischen Parlaments und des Rates zur Änderung der Richtlinie (EU) 2017/1132 im Hinblick auf den Einsatz digitaler Werkzeuge und Verfahren im Gesellschaftsrecht, COM(2018) 239 final; dazu *Knaier* GmbHR 2018, 560; *Noack* DB 2018, 1324.

77 Europäische Kommission, Vorschlag für eine Richtlinie des Europäischen Parlaments und des Rates zur Änderung der Richtlinie (EU) 2017/1132 in Bezug auf grenzüberschreitende Umwandlungen, Verschmelzungen und Spaltungen, COM(2018) 241 final.

Die folgende Tabelle soll die wesentlichen Entwicklungen des Richtlinienrechts im Überblick zusammenfassen: 21

Jahr	Richtlinien (RL) / Änderungsrichtlinien (Änd.-RL)/Sonstiges
1968	Publizitäts-RL (68/151/EWG)
1976	Kapital-RL (77/91/EWG)
1978	Verschmelzungs-RL (78/855/EWG) Jahresabschluss-RL (78/660/EWG)
1982	Spaltungs-RL (82/891/EWG)
1983	Konzernbilanz-RL (83/349/EWG) Änd. Jahresabschluss-RL durch Konzernbilanz-RL(83/349/EWG)
1984	Prüferbefähigungs-RL (84/253/EWG) Änd.-RL Jahresabschluss-RL (84/569/EWG)
1989	Zweigniederlassungs-RL (89/666/EWG) Einpersonengesellschafts-RL (89/667/EWG)
1990	Änd. Jahresabschluss-RL durch Mittelstands-RL (90/604/EWG) Änd. Jahresabschluss-RL durch KapCo-RL (90/605/EWG) Änd. Konzernbilanz-RL durch Mittelstands-RL (90/604/EWG) Änd. Konzernbilanz-RL durch KapCo-RL(90/605/EWG)
1992	Änd.-RL Kapital-RL (92/101/EWG)
1994	Änd.-RL Jahresabschluss-RL (94/8/EG)
1997	Vorentwurf Sitzverlegungs-RL
2001	Änd. Jahresabschluss-RL durch Fair-Value-RL (2001/65/EG) Änd. Konzernbilanz-RL durch Fair-Value-RL (2001/65/EG)
2003	Änd.-RL. Publizitäts-RL (2003/58/EG) Änd. Konzernbilanz-RL durch Modernisierungs-RL (2003/51/EG) Änd.-RL Jahresabschluss-RL (2003/38/EG) Änd. Jahresabschluss-RL durch Modernisierungs-RL (2003/51/EG) Erster Aktionsplan: „Modernisierung des Gesellschaftsrechts und Verbesserung der Corporate Governance“
2004	Übernahme-RL (2004/25/EG)
2005	Internationale Verschmelzungs-RL (2005/56/EG)
2006	Neue Abschlussprüfer-RL (2006/43/EG) Änd. Jahresabschluss-RL durch Abschlussprüfer-RL (2006/43/EG) Änd.-RL Jahresabschluss-RL (2006/46/EG) Änd. Konzernbilanz-RL durch Abschlussprüfer-RL (2006/43/EG) Änd.-RL Konzernbilanz-RL (2006/46/EG) Änd. Kapital-RL (2006/68/EG)
2007	Änd.-RL Verschmelzungs-RL (2007/63/EG) Änd.-RL Spaltungs-RL (2007/63/EG) Aktionärsrechte-RL (2007/36/EG)
2008	Änd.-RL Abschlussprüfer-RL (2008/30/EG)
2009	Änd.-RL Spaltungs-RL (2009/109/EG) Änd.-RL Kapital-RL (2009/109/EG) Änd.-RL Verschmelzungs-RL (2009/109/EG) Änd.-RL Konzernbilanz-RL (2009/49/EG) Neu-Kodifizierung der Publizitäts-RL (2009/101/EG) Neu-Kodifizierung der Einpersonengesellschafts-RL (2009/102/EG) Änd.-RL Jahresabschluss-RL (2009/49/EG)

Jahr	Richtlinien (RL) / Änderungsrichtlinien (Änd.-RL)/Sonstiges
2011	Neu-Kodifizierung der Verschmelzungs-RL (2011/35/EU) AIFM-RL (2011/61/EU)
2012	Änd.-RL Publizitäts-RL (2012/17/EU) Änd.-RL Zweigniederlassungs-RL (2012/17/EU) Neu-Kodifizierung Kapital-RL (2012/30/EU) Zweiter Aktionsplan: „Europäisches Gesellschaftsrecht und Corporate Governance“
2013	Bilanz-RL (2013/34/EU) Aufhebung Konzernbilanz-RL durch Bilanz-RL (2013/34/EU) Aufhebung Jahresabschluss-RL durch Bilanz-RL (2013/34/EU)
2014	Änd.-RL Abschlussprüfer-RL (2014/56/EU) Änd.-RL Aktionärsrechte-RL durch Bankenabwicklungs-RL (2014/59/EU) Änd. Bilanz-RL durch CSR-RL (2014/95/EU)
2017	Änd.-RL Aktionärsrechte-RL (2017/828/EU) Richtlinie über bestimmte Aspekte des Gesellschaftsrechts (2017/1132/EU); dadurch Aufhebung der Publizitäts-RL Kapital-RL Verschmelzungs-RL Spaltungs-RL IntVersch-RL Zweigniederlassungs-RL

Abb. 2: Übersicht zur Entwicklung der gesellschaftsrechtlichen Richtlinien

II. Materielle Aspekte

22 Auf materieller Ebene stehen bei den Richtlinien bestimmte Regelungsmaterien im Vordergrund. Geregelt sind insbesondere die handels- und bilanzrechtliche **Publizität**, (grenzüberschreitende) **Strukturmaßnahmen** sowie die **Finanzverfassung** von Aktiengesellschaften[78] und teilweise deren **Organisation.**[79] Hinzu kommen mit der Übernahme- und der AIFM-Richtlinie Schnittstellenregelungen mit **kapitalmarktrechtlichen Anteilen**. Bei diesen (richtlinienübergreifenden) Regelungsmaterien beschränkt sich die Rechtsangleichung weitgehend auf eine „Kernbereichsharmonisierung“.[80] Insofern ist das derzeitige Harmonisierungsprogramm im Europäischen Gesellschaftsrecht eher ein „Torso“[81] als ein in sich geschlossenes, volleinheitliches Angleichungssystem.[82] Die von der Europäischen Kommission in 2018 unterbreiteten Vorschläge zeigen, dass die EU den „Torso“ ausbauen möchte. In diesem Zusammenhang ist der Vorschlag zum grenzüberschreitenden Formwechsel zu nennen.[83] Der Richtlinienvorschlag zur Digitalisierung des Gesellschaftsrechts zielt hingegen darauf ab, den Einsatz digitaler Lösungen im gesellschaftsrechtlichen Bereich generell zu fördern und zu verankern.[84]

78 *Grundmann*, Europäisches Gesellschaftsrecht, 2011, Rn. 1134, 1155 erläutert, dass sich die Harmonisierung vor allem auf das Außenverhältnis konzentriert.

79 Dazu auch *Teichmann* in: Gebauer/Teichmann (Hrsg.), Europäisches Privat- und Unternehmensrecht, 2016, § 6 Rn. 110 ff.; *Grundmann*, Europäisches Gesellschaftsrecht, 2011, Rn. 106 ff., Rn. 1133 ff.; *Ebke* RabelsZ 62 (1998) 195, 203 ff.; *Kalss/Klampfl*, Europäisches Gesellschaftsrecht, 2015, Rn. 8.

80 *Hopt* ZGR 2013, 165, 180 f.; *ders.* ZHR 171 (2007) 199, 200 ff.; *Armour/Ringe* CMLR 48 (2011) 125, 150; *Kahnert*, Rechtsetzung im Europäischen Gesellschafsrecht, 2012, S. 7 f.; *Kort* in: Hirte/Mülbert/Roth (Hrsg.), AktG, 5. Aufl. 2015, Vor § 76 Rn. 75; *Wouters* CMLR 37 (2000) 257, 268.

81 *Lutter* ZGR 2000, 1, 8; *Teichmann* in: Gebauer/Teichmann (Hrsg.), Europäisches Privat- und Unternehmensrecht, 2016, § 6 Rn. 279; *Stolowy* J.B.L. 2011, 614, 615 f.

82 Vgl. aus jüngerer Zeit *Altmeppen* IWRZ 2017, 107, 109; ferner auch *Schön* ZHR 180 (2016) 279, 280.

83 Europäische Kommission, Vorschlag für eine Richtlinie des Europäischen Parlaments und des Rates zur Änderung der Richtlinie (EU) 2017/1132 in Bezug auf grenzüberschreitende Umwandlungen, Verschmelzungen und Spaltungen, COM(2018) 241 final.

84 Europäische Kommission, Vorschlag für eine Richtlinie des Europäischen Parlaments und des Rates zur Änderung der Richtlinie (EU) 2017/1132 im Hinblick auf den Einsatz digitaler Werkzeuge und Verfahren im Gesellschaftsrecht, COM(2018) 239 final.

Die ersten gesellschaftsrechtlichen Richtlinien waren inhaltlich teilweise von **deutschen** bzw. **französischen Vorbildern** geprägt.[85] Im Hinblick auf das deutsche Recht ist insbesondere an die unbeschränkte und unbeschränkbare Vertretungsmacht in der damaligen Publizitätsrichtlinie (= Art. 14 ff. Kodifizierungs-RL) (dazu § 20 Rn. 69) und die (strengen) Regelungen zur Kapitalaufbringung und -erhaltung bei Aktiengesellschaften in der damaligen Kapitalrichtlinie (= Art. 2 ff., Art. 43 ff. Kodifizierungs-RL) (dazu § 21 Rn. 39 ff.) zu denken. Das französische Recht inspirierte vor allem die damaligen Regelungen zur Verschmelzung und Spaltung von Aktiengesellschaften.[86] In den jüngeren Richtlinien ist insbesondere der **britische Einfluss** immer spürbarer geworden.[87] Dies zeigt sich prägnant bei der Übernahmerichtlinie (dazu § 29), aber auch bei den damaligen und der heutigen Bilanzrichtlinie(n) (dazu § 25) sowie beim geänderten EU-Abschlussprüferrecht (dazu § 26).[88] Die überarbeitete Aktionärsrechterichtlinie (dazu § 30) weist ebenfalls teilweise britische Einflüsse auf.[89] Aufgrund der verstärkten Globalisierung und der Vernetzung vor allem mit dem US-amerikanischen Wirtschaftsraum, hielt und hält zudem immer mehr eine gewisse **Angloamerikanisierung** nicht nur in den Gesellschafts- und Unternehmensrechten der Mitgliedstaaten,[90] sondern auch bei den (geplanten) Sekundärrechtsakten auf europäischer Ebene Einzug. Als Beispiel dafür mögen die Regeln zu *say on pay* in der überarbeiteten Aktionärsrechterichtlinie (s. § 30 Rn. 144 ff.), die Ausgestaltung der Übernahmerichtlinie (s. § 29 Rn. 4) sowie der *true and fair view*-Grundsatz der Bilanzrichtlinie (s. § 25 Rn. 18, 39) dienen.

III. Formelle Aspekte

Verbesserungen für das Europäische Gesellschaftsrecht sollen durch Initiativen zum Regulierungsabbau und zur „**Vereinfachung**" des **Europäischen Gesellschafts(richtlinien-)rechts**[91] erreicht werden. In diesem Zusammenhang stellte die Europäische Kommission 2012 auch Verbesserungspotenzial mit Blick auf die Anwenderfreundlichkeit des Richtlinienrechts fest. Insofern sah sie insbesondere die Zersplitterung von Regelungsbereichen auf mehrere Rechtsakte als nicht unproblematisch an. Die Europäische Kommission befürchtete ein dadurch hervorgerufenes höheres Risiko der Entstehung nicht gewollter Unvollständigkeiten, dh „Lücken" und Inkonsistenzen bzw. „Überschneidungen".[92] Daher enthielt der im Jahr 2012 veröffentlichte **Aktionsplan** der Europäischen Kommission neben anderen zentralen Punkten (s. Rn. 21) auch die Initiative einer **Teilkodifizierung** der europäischen Gesellschaftsrechtsrichtlinien.[93] Im Jahr 2017 konnte eine solche Kodifizierungs-Richtlinie verabschiedet werden (dazu § 19). Damit wurden die Publizitätsrichtlinie (dazu § 20), die Kapitalrichtlinie (dazu 21), die Zweigniederlassungsrichtlinie (dazu § 27), die Verschmelzungsrichtlinie (dazu § 22), die Spaltungsrichtlinie (dazu § 23) und die Internationale Verschmelzungsrichtlinie (dazu § 24) in einer Richtlinie zusammengefasst (s. dazu § 19 sowie bereits Rn. 21). 23

85 Vgl. *Boyle/Birds*, Company Law, 9. Aufl. 2014, Rn. 2.3; *Gelter*, EU Company Law Harmonization Between Convergence and Varieties of Capitalism, ECGI Law Working Paper No. 355/2017, S. 1, 16 ff.; *Verse* in: Fleischer ua (Hrsg.), 50 Jahre AktG, 2016, S. 303, 304, 312; *Hopt* ZGR 1992, 265, 272 f.

86 *Hopt* ZGR 1992, 265, 273.

87 Vgl. *Hopt* ZGR 1992, 265, 273 f.; *ders.* ZHR 171 (2007) 199, 201 f.; *ders.* ICCLJ 1 (1999) 41, 45; *Habersack/Verse*, Europäisches Gesellschaftsrecht, 2011, § 4 Rn. 9; *Verse* in: Fleischer ua (Hrsg.), 50 Jahre AktG, 2016, S. 303, 304, 312; *Hommelhoff* NZG 2015, 1329, 1335; *Hellwig* ZGR 2013, 216, 217 f.

88 Speziell im Hinblick auf die neue Abschlussprüferrichtlinie und Abschlussprüfer-Verordnung *Merkt* ZHR 179 (2015) 601, 632 f.; *Hommelhoff* NZG 2015, 1329, 1335.

89 Vgl. dazu, dass die Regelung zu „*related party transactions*" an das englische Recht angelehnt ist , *Bungert* DB 2017, 1190, 1193; ähnlich *Velte* NZG 2017, 521, 524.

90 Dazu aus deutscher Perspektive *v. Hein*, Die Rezeption des US-amerikanischen Gesellschaftsrechts in Deutschland, 2008; ferner *Lieder* ZVglRWiss 109 (2010) 216 ff.; *Orozco* American Business Law Journal 53 (2016) 145 ff.; *Ventoruzzo* Duquesne Law Review 52 (2014) 151, 169 f.; im Hinblick speziell auf Corporate Governance-Aspekte auch *Hansmann/Kraakman* 89 Geo. L. J. 439, 467 f. (2000-2001).

91 Siehe Mitteilung der Kommission an den Rat und das Europäische Parlament über eine Überprüfung der SLIM-Initiative: Vereinfachung der Rechtsvorschriften im Binnenmarkt, KOM(2000) 104 endg.; dazu *Drygala* AG 2001, 201 ff.; Mitteilung der Kommission an das Europäische Parlament, den Rat, den Europäischen Wirtschafts- und Sozialausschuss und den Ausschuss der Region, Strategische Überlegungen zur Verbesserung der Rechtsetzung in der Europäischen Union, KOM(2006) 689; dazu *Neye* in: FS Hopt, 2010, S. 1079 ff.

92 Mitteilung der Kommission an das Europäische Parlament, den Rat, den Europäischen Wirtschafts- und Sozialausschuss und den Ausschuss der Region. Aktionsplan: Europäisches Gesellschaftsrecht und Corporate Governance – ein moderner Rechtsrahmen für engagiertere Aktionäre und besser überlebensfähige Unternehmen, 12.12.2012, KOM(2012) 740, S. 17.

93 Mitteilung der Kommission an das Europäische Parlament, den Rat, den Europäischen Wirtschafts- und Sozialausschuss und den Ausschuss der Region. Aktionsplan: Europäisches Gesellschaftsrecht und Corporate Governance – ein moderner Rechtsrahmen für engagiertere Aktionäre und besser überlebensfähige Unternehmen, 12.12.2012, KOM(2012) 740, S. 4 f.

C. Umsetzung, Auslegung und Wirkungsweise von Richtlinienbestimmungen

24 (Gesellschaftsrechtliche) Richtlinien sind **kein unmittelbar geltendes Recht** (vgl. § 2 Rn. 42). Für ihre Wirksamkeit bedürfen sie der Umsetzung in das Recht der Mitgliedstaaten (vgl. Art. 288 III AEUV). In aller Regel beträgt die in den Richtlinien statuierte **Umsetzungsfrist** zwei Jahre. In (seltenen) Einzelfällen wurde eine längere oder gestaffelte Umsetzungsfrist vorgegeben.[94] Gleichwohl werden die vorgeschriebenen Umsetzungsfristen fast nie von allen Mitgliedstaaten eingehalten.[95] Als Paradebeispiel kann die Übernahmerichtlinie (dazu § 29) angeführt werden, deren rechtzeitige Umsetzung nur durch sieben Mitgliedstaaten erfolgte. Alle anderen Mitgliedstaaten setzten die Vorgaben zT erst signifikant nach Ablauf der Umsetzungsfrist um.[96] Insofern sind auch die Einleitung eines etwaigen Vertragsverletzungsverfahrens der Europäischen Kommission vor dem EuGH oder eine unmittelbare Richtlinienwirkung im Falle einer nicht vollständigen oder unzureichenden Umsetzung ein eher stumpfes Schwert.[97] Zwar besteht aufgrund der ***Francovich*-Doktrin**[98] ggf. die Möglichkeit, Staatshaftungsansprüche wegen nicht-fristgerechter Umsetzung geltend zu machen, doch dazu ist es im Bereich des Europäischen Gesellschaftsrechts bislang noch nicht gekommen. Auch zu einer großzügigen richtlinienkonformen Auslegung oder Rechtsfortbildung durch die nationalen Gerichte kommt es bisher nur selten.

25 Hinsichtlich des mitgliedstaatlichen **Umsetzungsspielraums** ist der Harmonisierungsgrad einer Richtlinie entscheidend. Eine Vielzahl der gesellschaftsrechtlichen Richtlinien strebt lediglich eine **Mindestharmonisierung** an (s. Rn. 46). Daraus lässt sich jedoch nicht automatisch schließen, dass jede einzelne Bestimmung, die nicht ausdrücklich als Höchstnorm formuliert ist, einen Mindeststandard darstellt.[99] Vielmehr kann sich auch insofern zB aus dem Telos der Norm oder der Systematik ergeben, dass die konkrete Vorgabe einen Maximalstandard darstellt.[100] Der Harmonisierungsgrad einzelner Richtlinienbestimmungen ist somit vielmehr einzelfallbezogen zu beurteilen (s. dazu auch § 2 Rn. 162).[101] Die Ausgestaltung der Richtlinie generell als Mindest- oder Höchstharmonisierung verschiebt allerdings die Begründungslast (s. dazu § 2 Rn. 163).[102]

26 Die nationale **Umsetzungsvorschrift** muss in jedem Fall mit dem europäischen Primärrecht sowie der entsprechend umsetzungsbedürftigen Richtlinie im Einklang stehen. Letztverbindlich entscheidet der EuGH darüber, ob eine Richtlinie einen Mindest- oder Höchststandard darstellt und der nationale Gesetzgeber damit einen gewährten Umsetzungsspielraum genutzt oder aber die Richtlinienvorgabe nicht respektiert hat. Eine über den Wortlaut einer Richtlinienvorschrift hinausgehende Umsetzung (teilweise „Vergoldung" (*gold plating*) genannt)[103] europäischer Rechtsetzung durch tiefergehende bzw. umfangreichere Umsetzungsbestimmungen ist ebenfalls nicht gegen die Wertungen der **Niederlassungs- und Kapitalverkehrsfreiheit** resistent. Sekundärrechtlich zulässige strengere Regelungen dürfen mithin nicht prohibitiv im Hinblick auf die Gewährleistung der europäischen Grundfreiheiten wirken.[104]

27 Eine **richtlinienkonforme Umsetzung** in nationales Recht muss die praktische Wirksamkeit (***effet utile***) der zugrundeliegenden Richtlinienbestimmung gewährleisten. Die Ratio einer Richtlinienregelung muss mittels wirksamer Umsetzung in vernünftiger und zweckmäßiger Weise im nationalen Recht zur Anwendung kommen können.[105] In vergleichbarem Zusammenhang ist auch die Pflicht zur normativen Umsetzung von Richtlinienrecht

94 So sah beispielsweise die ehemalige Konzernbilanzrichtlinie (Richtlinie 83/349/EWG) eine Umsetzungsfrist von fünf Jahren vor.

95 Vgl. *Ebke* RabelsZ 62 (1998) 195, 229; *Timmermans* RabelsZ 48 (1984) 1, 18; *Kahnert*, Rechtsetzung im Europäischen Gesellschaftsrecht, 2012, S. 82.

96 Europäische Kommission, Report on the implementation of the Directive on Takeover Bids, SEC(2007), 268, S. 4.

97 Vgl. *Kahnert*, Rechtsetzung im Europäischen Gesellschaftsrecht, 2012, S. 82.

98 EuGH, Rs. C-6/90 und C-9/90 (Francovich), ECLI:EU:C:1991:428 = NJW 1992, 165.

99 So jedoch *Krolop* in: Riesenhuber (Hrsg.), Europäische Methodenlehre, 3. Aufl. 2015, § 19 Rn. 41.

100 *Habersack/Verse*, Europäisches Gesellschaftsrecht, 2011, § 3 Rn. 66, die zur Bestimmung des Harmonisierungsgrades allgemein auf die Auslegung der Richtlinie verweisen; ebenso zur Bestimmung des Harmonisierungsgrades durch Auslegung *Kahnert*, Rechtsetzung im Europäischen Gesellschaftsrecht, 2012, S. 12; ähnlich *K. Krebs/Wagner* AG 1998, 467, 469.

101 In diesem Sinne *Habersack/Verse*, Europäisches Gesellschaftsrecht, 2011, § 3 Rn. 66; *P. Jung* GPR 2004, 233, 243; vgl. ausführlicher zur Bestimmung des Harmonisierungsgrades und dem nationalen Spielraum bei Richtlinien *Lutter* in: FS Everling, 1995, S. 765 ff.

102 Grundlegend zur Begründungslast aus deutscher Perspektive *Krebs* AcP 195 (1995) 171 ff.

103 Siehe *Bocci et al.*, Study: Gold-plating in the EAFRD. To what extent do national rules unnecessarily add to complexity and, as a result, increase the risk of errors?, 27.2.2014, PE 490.684, S. 27; *Hemeling* ZHR 181 (2017) 595, 601 (zum Kapitalmarktrecht); *Král* ELR 41 (2016) 220, 233 ff.; *Voermans* in: Snijders/Vogenauer (Eds.), Content and Meaning of National Law in the Context of Transnational Law, 2009, S. 79 ff. Der Begriff ist allerdings nicht uneingeschränkt zu befürworten, da eine überschießende Richtlinienumsetzung nicht unbedingt vorteilhaft sein muss, sondern unter Umständen auch zu Überregulierung führen kann.

104 Vgl. *Krolop* in: Riesenhuber (Hrsg.), Europäische Methodenlehre, 2015, § 19 Rn. 43; *Merkt* RabelsZ 61 (1997) 647, 679; *Lutter/Bayer/Schmidt*, Europäisches Unternehmens- und Kapitalmarktrecht, 2017, Rn. 3.45.

105 Generell EuGH, Rs. 8/55 (Fédéchar), ECLI:EU:C:1956:11 = BeckEuRS 1956, 334; *Potacs* EuR 2009, 465, 473 f.

einzuordnen. Für eine richtlinienkonforme Umsetzung reicht es grundsätzlich nicht aus, wenn der materielle Regelungsgehalt der Richtlinienbestimmung bereits durch nationale Rechtsprechung verwirklicht wird.[106] Vielmehr bedarf es einer **gesetzlichen Kodifikation** von (gesellschaftsrechtlichem) Richtlinienrecht. Insofern bestimmt auch der EuGH, dass Richtlinienbestimmungen durch die Mitgliedstaaten in einem „eindeutigen, genauen und transparenten gesetzlichen Rahmen" umzusetzen sind.[107]

Auch im Gesellschaftsrecht gilt das Gebot der **richtlinienkonformen Auslegung** (dazu § 2 Rn. 192 ff.) des auf einer Richtlinienbestimmung basierenden mitgliedstaatlichen Rechts.[108] Unter mehreren Auslegungsmöglichkeiten ist stets die Interpretation vorzuziehen, die mit den Wertungen der zugrundeliegenden Regelungen in der Richtlinie im Einklang steht. Zudem sind die in einem Richtlinientext verwendeten Begriffe grundsätzlich **europäisch autonom auszulegen**, dh unabhängig vom nationalen Begriffsverständnis zu bestimmen (dazu § 2 Rn. 80 ff.), sofern der europäische Gesetzgeber nicht ausnahmsweise auf ein nationales Verständnis Bezug nimmt. Daher kann grundsätzlich auch nicht auf ein eventuell bestehendes „Vorbildrecht" zurückgegriffen werden. Eine einheitliche und wahrhaft europäische Auslegung europäischen Gesellschaftssekundärrechts könnte andernfalls nicht sichergestellt werden. Die Auslegung europäischen Rechts obliegt am Ende dem EuGH.[109] Bei der Frage, ob die mitgliedstaatlichen Gerichte eine Auslegungsfrage diesem vorlegen müssen, kommt ihnen indes ein gewisser Beurteilungsspielraum zu.[110] Im Sinne der Beanspruchung der alleinigen Geltung „eigenen" nationalen Rechts verneinen nationale Gerichte teilweise recht zügig eine Vorlagepflicht an den EuGH.[111] Faktisch muss der Rechtsanwender daher für die Beurteilung einer Richtlinienbestimmung ggf. auch die diesbezüglich uU bestehende Auslegung in der mitgliedstaatlichen Praxis beobachten.[112] Auch nationale Gerichte befassen sich insofern mit der Auslegung gesellschaftsrechtlichen Sekundärrechts.[113] Im Rahmen des durch eine Richtlinie eröffneten Beurteilungsspielraums ist hierbei nicht selten ein gewisses „**Heimwärtsstreben**" zu erkennen, so dass Regelungen trotz ihres europäischen Hintergrundes und eines ggf. abweichenden Zwecks, oftmals im Sinne der nationalen Gesellschaftsrechtsdogmatik betrachtet werden.[114] Dies ist zwar verständlich, da sich die bisherigen nationalen Regeln aus Sicht der Rechtsanwender häufig bewährt haben und die Neuregelung schnell zu einem Systembruch, zumindest aber zu einem erheblichen Anpassungsbedarf führen kann, dessen tatsächliche Konsequenzen schwer absehbar sind. Diese „nationalstaatsfreundliche" Vorgehensweise verringert indes eine tatsächliche Rechtsangleichung aufgrund unterschiedlicher Auslegung von Richtlinienrecht.[115] In diesem Zusammenhang ist auch ein rechtsvergleichender Blick nationaler Gerichte bei der Umsetzung und Auslegung europäischer Bestimmungen in anderen Mitgliedstaaten noch die Ausnahme.[116] Eine unmittelbare Verpflichtung hierzu ist zumindest nach deutschem Rechtsverständnis bisher nicht anerkannt;[117] wünschenswert wäre sie gleichwohl (s. dazu auch § 2 Rn. 138). Wenn eine abweichende ausländische Rechtsprechung zur 28

106 Vgl. *Nettesheim* in: Grabitz/Hilf/Nettesheim (Hrsg.), Das Recht der Europäischen Union, 61. EL 2017, Art. 288 AEUV Rn. 125; *Ruffert* in: Callies/Ruffert (Hrsg.), EUV/AEUV, 5. Aufl. 2016, Art. 288 AEUV Rn. 35; im Hinblick auf eine hinreichende Publizität, Klarheit und Bestimmtheit für den Rechtsanwender auch EuGH, Rs. C-96/95 (Kommission/Deutschland), ECLI:EU:C:1997:165 = BB 1997, 432, Rn. 39.

107 EuGH, Rs. C-206/16 (Marco Tronchetti Provera), ECLI:EU:C:2017:572 = NZG 2017, 1063, Rn. 41.

108 Zur richtlinienkonformen Auslegung speziell auf dem Gebiet des Gesellschaftsrechts *Krolop* in: Riesenhuber (Hrsg.), Europäische Methodenlehre, 2015, § 19 Rn. 20 ff.; *Everling* ZGR 1992, 376 ff.; *Lutter/Bayer/Schmidt*, Europäisches Unternehmens- und Kapitalmarktrecht, 2017, Rn. 3.49 ff.

109 Im Rahmen der Auslegung angeglichenen Gesellschaftsrechts siehe auch *Hommelhoff* in: Schulze (Hrsg.), Auslegung europäischen Privatrechts und angeglichenen Rechts, 1999, S. 29 ff.

110 Zu gleichwohl in den mitgliedstaatlichen Grenzen gemäß der Francovich-Entscheidung, vgl. EuGH, Rs. C-6/90 und C-9/90 (Francovich), ECLI:EU:C:1991:428 = NJW 1992, 165.

111 Vgl. *Ehricke* in: Streinz (Hrsg.), EUV/AEUV, 2. Aufl. 2012, Art. 267 AEUV Rn. 47, dahingehend, dass nationale Gerichte mit Berufung auf die „acte-claire-Doktrin" eine Vorlagepflicht an den EuGH vermeiden.

112 In diesem Sinne *Enriques*, EC Company Law Directives and Regulations: How Trivial Are They, ECGI Law Working Paper No. 39/2005, S. 14; problematisierend auch *Lutter/Bayer/Schmidt*, Europäisches Unternehmens- und Kapitalmarktrecht, 2017, Rn. 3.60 f.

113 Siehe aus deutscher Perspektive BGH NZG 2014, 27; ferner BGH NJW 1990, 982, 987 ff.

114 Vgl. allgemein dazu, dass nationale Gerichte oftmals eine Vorlagepflicht an den EuGH ablehnen unter Berufung auf einen eigenen Beurteilungsspielraum *Hummert*, Neubestimmung der acte-clair-Doktrin im Kooperationsverhältnis zwischen EG und Mitgliedstaat, 2006, S. 42 f.; *Leible* in: Michalski ua (Hrsg.), GmbHG, 3. Aufl. 2017, Syst. Darst. 2, Rn. 55; ferner *Ferrari* in: Blaurock/Maultzsch (Hrsg.), Einheitliches Kaufrecht und Vereinheitlichung der Rechtsanwendung, 2017, S. 47 ff.

115 In diese Richtung auch *Engle* DePaul Bus. & Comm. L. J. 4 (2006) 351, 376.

116 Generell zur Rechtsvergleichung vor Gericht *Canivet/Andenas/Fairgrieve* (Eds.), Comparative Law before the Courts, 2005; *Kadner Graziano* RIW 2014, 473 ff.; ferner *Kischel*, Rechtsvergleichung, 2015, § 2 Rn. 53 ff.; im Hinblick auf den Harmonisierungsprozess im Europäischen Gesellschaftsrecht auch *Ventoruzzo* Duquesne Law Review 52 (2014) 151, 171.

117 Vgl. *Schoch* in: Schoch/Schneider/Bier (Hrsg.), VwGO, 32. Aufl. 2017, § 123 Rn. 68i, Fn. 506; *Schwartze* in: Riesenhuber (Hrsg.), Europäische Methodenlehre, 3. Aufl. 2015, § 4 Rn. 34, der zumindest verlangt, dass das Gericht das Verständnis der anderen Mitgliedstaaten heranzieht. Eine Bindung an fremde Entscheidung besteht jedoch nicht.

Kenntnis gelangt, scheidet allerdings grundsätzlich ein *acte clair* aus (§ 2 Rn. 138). Allerdings wird im Rahmen der Richtlinienauslegung vorgebracht, dass ein solcher Vergleich mit der Rechtsprechung von Gerichten anderer Mitgliedstaaten methodisch angebracht sei.[118]

29 Neben der richtlinienkonformen Auslegung nationalen Umsetzungsrechts ist eine **richtlinienkonforme Rechtsfortbildung** mitgliedstaatlichen Rechts ggf. geboten (näher dazu § 2 Rn. 204 ff.). Auch wenn auf dem Gebiet der gesellschaftsrechtlichen Rechtsangleichung eine solche bisher von eher geringer Relevanz ist, da die Mitgliedstaaten im Rahmen zwingender Richtlinienbestimmungen oftmals eine wortlautgetreue oder zumindest sprachlich angenäherte Umsetzung vollziehen, kommen die Grundsätze der *Quelle*-Entscheidung[119] in gleichem Maße für das Gesellschaftsrecht zur Geltung.[120] Zukünftig könnte dieser Aspekt jedoch an Relevanz gewinnen, da beispielsweise mit Blick auf die überarbeitete Aktionärsrechterichtlinie eine Übernahme nicht vollständig möglich ist, da die Richtlinie auch Regelungsaufträge erteilt und nur gewisse Rahmenbedingungen vorgibt (zB mit Blick auf die Wesentlichkeitsschwelle, s. dazu § 30 Rn. 268 ff.).

30 Abschließend ist noch die Auslegung von Richtlinienrecht im innereuropäischen Normenkontext auf dem Gebiet des Gesellschaftsrechts anzusprechen. Wie die Mitgliedstaaten ist der europäische Gesetzgeber auch bei Fragen betreffend das Gesellschaftsrecht an die primärrechtlichen **Grundfreiheiten** gebunden.[121] Im Hinblick auf die Normenhierarchie des Europarechts gilt daher das Gebot der primärrechtskonformen Auslegung des Sekundärrechts (dazu näher unter § 2 Rn. 131 ff.).[122] Indes überprüft der EuGH zumindest im gesellschaftsrechtlichen Bereich Richtlinienrecht bisher nur zurückhaltend im Hinblick auf dessen Kohärenz mit dem Primärrecht, insbesondere der Niederlassungs- und Kapitalverkehrsfreiheit.[123] Auch wenn der Unionsgesetzgeber an die Grundfreiheiten gebunden ist und diese zu beachten hat, ist der Kontrollmaßstab vor allem bei Fragen der Rechtfertigung einer beschränkenden Maßnahme weniger streng als bei mitgliedstaatlichen Regelungen.[124] Davon unbenommen bleibt, dass gesellschaftsrechtliches Richtlinienrecht im Zweifel primärrechtskonform, dh im Sinne der Wertungen insbesondere der Niederlassungs- und Kapitalverkehrsfreiheit zu interpretieren ist. Eine tatsächliche Einschränkung für den Richtliniengeber ergibt sich dadurch jedoch nur in geringem Maße.

D. Regelungssystematik gesellschaftsrechtlicher Richtlinien

31 Im Hinblick auf den formellen und materiellen **Aufbau** gesellschaftsrechtlicher Richtlinien lässt sich auf verschiedenen Ebenen und bezüglich verschiedener Bezugspunkte ein gewisses **System herausarbeiten.** Unterschieden wird im Folgenden zwischen einer aufbautechnischen Systematik (s. Rn. 33 ff.), einer regelungstechnischen Systematik (s. Rn. 41 ff.), dem persönlichen Anwendungsbereich, also den erfassten Gesellschaftsformen (s. Rn. 60 ff.), und richtlinienübergreifenden materiellen Regelungsprinzipien (s. Rn. 70 ff.) im Bereich der europäischen Gesellschaftsrechtsangleichung.

I. Aufbautechnische Systematik

32 Abgesehen von den materiellen Regelungsaspekten der jeweiligen Richtlinien, besteht richtlinienübergreifend ein **aufbautechnisches Grundmuster.** Grundsätzlich gilt dieses sowohl im Allgemeinen als auch im Speziellen für gesellschaftsrechtliche Richtlinien. Der „Gemeinsame Leitfaden des Europäischen Parlaments, des Rates und der Kommission für Personen, die an der Abfassung von Rechtstexten der Europäischen Union mitwirken" be-

118 Vgl. grundsätzlich zur gemeinsamen Auslegung von Einheitsrecht *Canaris* JZ 1987, 543, 549; zur Auslegung europäischen Rechts *Lutter* JZ 1992, 593, 604; *Mansel* JZ 1991, 529, 531; *Kötz* JZ 2002, 257, 258; *Odersky* vgl. allgemein zur rechtsvergleichenden Auslegung *Berger* in: FS Sandrock, 2000, S. 49, 59 ff.; kritisch *Herresthal*, Rechtsfortbildung im europäischen Bezugsrahmen, 2006, S. 34 f. ZEuP 1994, 1, 2 f.; *Schwartze* in: Riesenhuber (Hrsg.), Europäische Methodenlehre, 3. Aufl. 2015, § 4 Rn. 32;

119 EuGH, Rs. C-404/06 (Quelle), ECLI:EU:C:2008:231 = NJW 2008, 1433.

120 Vgl. auch *Lutter/Bayer/Schmidt*, Europäisches Unternehmens- und Kapitalmarktrecht, 2017, Rn. 3.54 ff.

121 Generell EuGH, Rs. 15/83 (Denkavit Nederland), ECLI:EU:C:1984:183 = BeckEuRS 1984, 111849, Rn. 15; EuGH, Rs. C-51/93 (Meyhui/Schott Zwiesel Glaswerke), ECLI:EU:C:1994:312 = BB 1994, 883, Rn. 11; EuGH, Rs. C-114/96 (Kieffer/Thill), ECLI:EU:C:1997:316 = BB 1997, 699, Rn. 27, 33; EuGH, Rs. C-284/95 (Safety Hi-Tech), ECLI:EU:C:1998:352 = EuZW 1999, 252, Rn. 63; EuGH, Rs. C-341/95 (Bettati), ECLI:EU:C:1998:353 = BeckEuRS 1998, 230068, Rn. 61; EuGH, Rs. C-169/99 (Schwarzkopf), E-CLI:EU:C:2001:439 = EuZW 2001, 663, Rn. 37; vgl. in der Literatur *Teichmann* in: Gebauer/Teichmann (Hrsg.), Europäisches Privat- und Unternehmensrecht, 2016, § 6 Rn. 90; *Grundmann*, Europäisches Gesellschaftsrecht, 2011, Rn. 98; *Leible* ZGR 2004, 531, 540.

122 *Leible/Domröse* in: Riesenhuber (Hrsg.), Europäische Methodenlehre, 3. Aufl. 2015, § 8 Rn. 7 ff.; *Stotz* in: Riesenhuber (Hrsg.), Europäische Methodenlehre, 3. Aufl. 2015, § 22 Rn. 20; *Müller/Christensen*, Juristische Methodik, Band II (Europarecht), 11. Aufl. 2012, S. 141 Rn. 164; *Höpfner*, Die systemkonforme Auslegung, 2008, S. 220 ff.; *Syrpis* CMLR 52 (2015) 461, 466; bezogen auf das Gesellschaftsrecht auch *Krolop* in: Riesenhuber (Hrsg.), Europäische Methodenlehre, 2015, § 19 Rn. 42 ff.; *Grundmann*, Europäisches Gesellschaftsrecht, 2011, Rn. 102.

123 *Teichmann* in: Gebauer/Teichmann (Hrsg.), Europäisches Privat- und Unternehmensrecht, 2016, § 6 Rn. 90.

124 *Teichmann* NJW 2006, 2444, 2448 f.; *Leible* ZGR 2004, 531, 543; *Caspar* EuZW 2000, 237, 240.

fasst sich in den Leitlinien 7 bis 15 mit diesem Aspekt. Auf die wichtigsten, in einer Vielzahl der Richtlinien vorkommenden Punkte bezüglich des Aufbaus wird im Folgenden eingegangen.

Zunächst enthält jede Richtlinie eine Überschrift, die zentrale Informationen enthält wie die Dokumentnummer (Jahr/Nr./EU)[125] und den Inhalt der Richtlinie.[126] Der Titel der Richtlinie soll möglichst aussagekräftig sein, weshalb der Leitfaden der Europäischen Union die Verwendung von Schlüsselworten empfiehlt.[127] Zielt ein Rechtsakt darauf ab, eine bereits bestehende Richtlinie zu ändern, so lässt der Titel dies durch ein „zur Änderung" erkennen und benennt auch konkret die dadurch geänderten Rechtsakte.[128] Die **Präambel**[129] beginnt dann mit der Nennung der Rechtsgrundlage, auf welcher die Richtlinie beruht und nach welchem Gesetzgebungsverfahren diese erlassen wurde. Der gemeinsame Leitfaden spricht insofern vom „**Bezugsvermerk**".[130] Daran schließen sich die **Erwägungsgründe** an (vgl. Art. 296 II AEUV) (immer eingeleitet durch die Worte „in Erwägung nachstehender Gründe:").[131] Die vorangestellten Erwägungsgründe zum Erlass einer Richtlinie können sich in erheblichem Maße auf einzelne Richtlinienbestimmungen auswirken. Die Erwägungsgründe sind **Bestandteil des Gesetzgebungsdokuments** und werden gemeinsam mit dem materiellen Richtlinientext verabschiedet und publiziert.[132] Sie sind daher Teil des Rechtsaktes. Bedeutung haben sie vor allem bei der Auslegung von Richtlinienbestimmungen. Insofern kommt ihnen eine faktisch größere Bedeutung zu als der deutschen Gesetzesbegründung.[133] Insbesondere im Rahmen der **teleologischen Interpretation** einzelner Vorschriften einer Richtlinie können die Erwägungsgründe wertvolle Anregungen liefern (näher dazu § 2 Rn. 110 ff.),[134] denn die Erwägungsgründe dienen gerade dazu, die Beweggründe des Gesetzgebers mit Blick auf den verfügenden Teil zu erläutern.[135] 33

Auf die Erwägungsgründe folgt der **verfügende Teil.** Wie die neueren Verordnungen sind auch die neueren (gesellschaftsrechtlichen) Richtlinien in Kapitel und Abschnitte untergliedert. Jeder Artikel trägt eine Überschrift. Diese Maßnahmen erhöhen die Lesbarkeit und Verständlichkeit der Richtlinien. Das erste Kapitel enthält grundsätzlich allgemeine Bestimmungen. Im ersten Artikel beginnen gesellschaftsrechtliche Richtlinien in aller Regel mit dem **Gegenstand** und der **Bestimmung des Geltungsbereichs** des Rechtsakts.[136] Artikel zum Gegenstand drücken aus, welchen inhaltlichen Aspekt die Richtlinie behandelt.[137] In Bezug auf den Geltungsbereich werden zumeist der sachliche und persönliche Anwendungsbereich, dh die erfassten Gesellschaften bzw. Rechtsformen (s. Rn. 60 ff.), beschrieben.[138] Teilweise wird die Vorschrift um eine Negativdefinition (welche Gesellschaften bzw. Rechtsformen nicht betroffen sind) oder/und Ausnahmen ergänzt. Nicht selten folgt der Beschreibung des Anwendungsbereichs eine Vorschrift über „**Begriffsbestimmungen**" (zB Art. 119 Kodifizierungs-RL (ex-Art. 2 IntVersch-RL); Art. 2 Übernahme-RL; Art. 2 Bilanz-RL, Art. 4 AIFM-RL). Dabei reicht die Spannweite von der Definition weniger Begriffe bis hin zu ganzen Begriffskatalogen (vgl. Art. 4 I a) bis z) sowie aa) bis ao) AIFM-RL).[139] Im Allgemeinen werden die häufig in der Richtlinie verwendeten und/oder materiell bedeutungsvollen Begriffe legal definiert. Der Gemeinsame Leitfaden zum Abfassen von Gesetzestexten empfiehlt Definitionen für alle nicht eindeutigen Begriffe.[140] Die entsprechende Begriffsbestimmung erlangt dabei grundsätzlich nur für die jeweilige Richtlinie Geltung.[141] Gleichwohl wird zT auch auf die Definitionen in anderen Richtlinien verwiesen. Vereinzelt beinhalten gesellschaftsrechtliche Richtlinien zudem eine Norm über „**Allgemeine Grundsätze**" (Art. 3 Übernahme-RL; Art. 4, 6 Bilanz-RL). Wie der Name sagt, werden hierin (Verfah- 34

125 Beziehungsweise vormals „EWG" oder „EG".
126 Gemeinsamer Leitfaden für die Abfassung von Rechtstexten, 2015, Leitlinie 7.1.
127 Vgl. Gemeinsamer Leitfaden für die Abfassung von Rechtstexten, 2015, Leitlinie 8.1.
128 Gemeinsamer Leitfaden für die Abfassung von Rechtstexten, 2015, Leitlinie 8.3.
129 Vgl. dazu Gemeinsamer Leitfaden für die Abfassung von Rechtstexten, 2015, Leitlinie 7.2.
130 Gemeinsamer Leitfaden für die Abfassung von Rechtstexten, 2015, Leitlinie 9.
131 Gemeinsamer Leitfaden für die Abfassung von Rechtstexten, 2015, Leitlinie 10.1.
132 *Köndgen* in: Riesenhuber (Hrsg.), Europäische Methodenlehre, 3. Aufl. 2015, § 6 Rn. 48; *Ahmling*, Analogiebildung durch den EuGH im Europäischen Privatrecht, 2012, S. 115.
133 *Köndgen* in: Riesenhuber (Hrsg.), Europäische Methodenlehre, 3. Aufl. 2015, § 6 Rn. 49; ferner zum Verordnungsrecht *Jung*, Die Kapitalverfassung der SPE, 2014, S. 57.
134 *Langenbucher* in: Langenbucher (Hrsg.), Europäisches Privat- und Wirtschaftsrecht, 4. Aufl. 2017, § 1 Rn. 17; *Grundmann/Riesenhuber* JuS 2001, 529, 531; *Köndgen* in: Riesenhuber (Hrsg.), Europäische Methodenlehre, 3. Aufl. 2015, § 6 Rn. 51; *Wegener* in: Calliess/Ruffert (Hrsg.), EUV/AEUV, 5. Aufl. 2016, Art. 19 EUV Rn. 16; *Gaitanides* in: von der Groeben/Schwarze/Hatje (Hrsg.), Europäisches Unionsrecht, 7. Aufl. 2015, Art. 19 EUV Rn. 46; *Veil* in: Veil (Hrsg.), Europäisches Kapitalmarktrecht, 2. Aufl. 2014, § 5 Rn. 52.
135 Gemeinsamer Leitfaden für die Abfassung von Rechtstexten, 2015, Leitlinie 10.
136 Vgl. dazu auch Gemeinsamer Leitfaden für die Abfassung von Rechtstexten, 2015, Leitlinie 13.
137 Vgl. allgemein Gemeinsamer Leitfaden für die Abfassung von Rechtstexten, 2015, Leitlinie 13.1.
138 Vgl. allgemein Gemeinsamer Leitfaden für die Abfassung von Rechtstexten, 2015, Leitlinie 13.1.
139 Gemeinsamer Leitfaden für die Abfassung von Rechtstexten, 2015, Leitlinie 14.
140 Gemeinsamer Leitfaden für die Abfassung von Rechtstexten, 2015, Leitlinie 14.
141 Dies fordernd Gemeinsamer Leitfaden für die Abfassung von Rechtstexten, 2015, Leitlinie 14.1. Uabs. 2.

rens- und andere, zT inhaltliche) Grundsätze festgeschrieben, die der Richtlinie als Ganzes oder hinsichtlich einzelner Aspekte zugrunde liegen.

35 Neben rein materiell-rechtlichen Vorgaben enthalten einzelne Richtlinien auf dem Gebiet des Gesellschaftsrechts zT auch (faktisch) **kollisionsrechtliche Regelungen**. Dies ist insbesondere bei grenzüberschreitenden Regelungsmaterien der Fall, bei denen mehrere Jurisdiktionen betroffen sein können. Die entsprechenden Bestimmungen regeln das auf den Vorgang **anwendbare Recht**. Zu nennen ist beispielsweise Art. 4 II Übernahme-RL (dazu § 29 Rn. 26 ff.) und Art. 121 I lit. b), II Kodifizierungs-RL (ex-Art. 4 I lit. b), II IntVersch-RL) (dazu § 24 Rn. 13).[142] Eine kollisionsrechtliche Regelung bzw. eine Regelung mit kollisionsrechtlichem Gehalt in einer gesellschaftsrechtlichen Richtlinie ist grundsätzlich auch von der **Kompetenznorm** des **Art. 50 I, II AEUV** gedeckt. Denn dieser lässt sich nicht entnehmen, dass die betreffenden Richtlinien zur Verwirklichung der Niederlassungsfreiheit nur eine materiell-rechtliche Reichweite haben dürfen. Zur Gewährleistung von Schutzinteressen mag es insbesondere bei grenzüberschreitenden Regelungsaspekten zum Zwecke der Koordinierung des anwendbaren Rechts geboten sein, kollisionsrechtliche Bestimmungen im Rahmen einer Richtlinie zu erlassen. Aufgrund einer konfliktträchtigen Harmonisierung vor allem des Gesellschaftskollisionsrechts, sehen Richtlinien auf dem Gebiet des Gesellschaftsrechts im Ergebnis jedoch oftmals bewusst von umfassenden kollisionsrechtlichen Vorgaben ab (zum Internationalen Privat- und Gesellschaftsrecht s. § 11).

36 Am Ende der Richtlinie findet sich dann grundsätzlich ein Kapitel mit **Schlussbestimmungen**. Hier können auch Übergangsregelungen getroffen werden. Gelegentlich enthalten (gesellschaftsrechtliche) Richtlinien zudem eine **„Revisionsklausel“**[143] (zB Art. 20 Übernahme-RL; Art. 48 Bilanz-RL; der ehemalige Art. 18 IntVersch-RL).[144] Entsprechende Vorschriften betreffen zumeist problembehaftete Regelungen, deren (ökonomischer und/oder praktischer) Mehrwert bei Erlass der jeweiligen Richtlinie noch nicht abschließend ermittelt werden konnte. Sie dienen damit auch der **Evaluierung** einer künftigen Reform der Richtlinie. Dies gilt zudem allgemein im Hinblick auf die Anwendbarkeit der nationalen Umsetzungsbestimmungen einer Richtlinie bei der **Ermittlung eines Handlungsbedarfs** hinsichtlich einer ggf. erforderlichen Änderung einzelner Richtlinienvorschriften.

37 Zu den **Schlussbestimmungen** zählen weiterhin Vorschriften zur Umsetzung der Richtlinie sowie zum Inkrafttreten der Richtlinie (die Standardformulierung lautet: „Diese Richtlinie tritt am zwanzigsten Tag nach ihrer Veröffentlichung im Amtsblatt der Europäischen Union in Kraft.“) und ihren Adressaten (die Standardformulierung lautet: „Diese Richtlinie ist an die Mitgliedstaaten gerichtet.“).

38 Teilweise verfügen die Richtlinien darüber hinaus über einen oder mehrere **Anhänge**. Diese können sich mit ganz verschiedenen Aspekten befassen. Typisch sind Auflistungen von nationalen Rechtsformen iS der Richtlinienvorgaben. Werden Richtlinien geändert, gibt es oft einen Annex, der die aufgehobenen Richtlinien auflistet. Ebenso üblich sind Entsprechungstabellen, um dem Rechtsanwender die Handhabung mit der überarbeiteten Richtlinie zu erleichtern.

39 Die neue Richtlinie „über bestimmte Aspekte des Gesellschaftsrechts“ (**„Kodifizierungs-Richtlinie“**) (dazu § 19) weist einige aufbautechnische Besonderheiten auf, die dem Gedanken der zusammenfassenden Kodifizierung geschuldet sind. So enthält sie ein Inhaltsverzeichnis – ein Novum bei den gesellschaftsrechtlichen Richtlinien. Zur besseren Übersichtlichkeit ist sie zudem nicht nur in Kapitel und Abschnitte untergliedert, sondern zusätzlich auch noch in verschiedene Titel.

II. Regelungstechnische Systematik

40 Bezogen auf die Regelungstechnik[145] von gesellschaftsrechtlichen Richtlinien sind zwei Ebenen zu unterscheiden:

- die **mitgliedstaatliche Ebene** und
- die **unternehmerische Ebene.**

41 Die gesellschaftsrechtlichen Richtlinien richten sich an die **Mitgliedstaaten**, deren umgesetztes Recht sich dann wiederum an die Adressaten, also regelmäßig Unternehmen, richtet. Bereits die Richtlinie kann allerdings vorsehen, ob eine bestimmte Regelung für die Unternehmer beispielsweise satzungsdispositiv sein soll. Lässt die Richtlinie den Mitgliedstaaten genug **Spielraum**, kann diese Entscheidung aber auch der Mitgliedstaat treffen.

142 Zum faktisch kollisionsrechtlichen Gehalt des Art. 121 I lit. b) Kodifizierungs-RL (ex-Art. 4 I lit. b) IntVersch-RL) *Drygala* in: Lutter (Hrsg.), UmwG, 5. Aufl. 2014, § 1 Rn. 44.

143 Beispielhaft der ehemalige Art. 18 IntVersch-RL: „Fünf Jahre nach […] genannten Zeitpunkt überprüft die Kommission diese Richtlinie auf der Grundlage der Erfahrungen bei ihrer Anwendung und schlägt gegebenenfalls eine Änderung vor“. Zur Löschung der Regelung im Zuge des Erlasses der Kodifizierungs-Richtlinie s. § 19 Rn. 19.

144 *Lutter/Bayer/Schmidt*, Europäisches Unternehmens- und Kapitalmarktrecht, 2017, Rn. 3.35. Vgl. zum allgemein vorgeschlagenen Aufbau des verfügenden Teils Gemeinsamer Leitfaden für die Abfassung von Rechtstexten, 2015, Leitlinie 15.

145 Rahmenrichtlinien, dh übergreifende Richtlinien, die einer Konkretisierung durch nachfolgende Richtlinien bedürfen, werden im Gesellschaftsrecht bislang nicht eingesetzt, weshalb auf die Regelungstechnik hier nicht eingegangen werden soll.

Die komplexe Mehrebenenproblematik, wie sie bei europäischen Rechtsformen, die durch Verordnungen geregelt sind, zu finden ist, wird bei § 3 Rn. 86 ff. ausführlich beschrieben (zur speziellen Problematik bei der SUP s. auch § 9 Rn. 29 ff.). Im folgenden Abschnitt geht es lediglich um die Regelungstechnik von (gesellschaftsrechtlichen) Richtlinien in Bezug auf die Umsetzung durch die Mitgliedstaaten.

Sofern keine Maximalharmonisierung angestrebt wird, setzt der EU-Regelungsgeber verschiedene Techniken ein, um den nationalen Gesetzgebern graduell mehr oder weniger **Freiheit** bei der Umsetzung zu gewähren. Die Wahl der Regelungstechnik steht dabei regelmäßig im **Spannungsverhältnis** zwischen dem Wunsch der Europäischen Kommission nach möglichst umfassenden, einheitlichen Harmonisierungsmaßnahmen und dem Bedürfnis der Mitgliedstaaten nach der Beibehaltung nationaler Bestimmungshoheit und der Durchsetzung national etablierter Regelungen. Es ist daher der Grad an Freiheit für die Mitgliedstaaten zu bestimmen, der benötigt wird, um die Verabschiedung der Richtlinie nicht zu gefährden. Gleichzeitig muss die vorgeschlagene Regelung weiterhin das gewünschte Ziel erreichen können. Die Regelungstechniken sind daher zentral für die **politische Kompromissfindung** und dem mithilfe der Richtlinie zu erzielenden Angleichungserfolg (zum Wettbewerb vs. Angleichung s. Rn. 13 ff.). Generell gilt: Je mehr Gestaltungsfreiheit den Mitgliedstaaten gewährt wird, desto geringer der Rechtsangleichungserfolg der Richtlinie. Dies kann so weit führen, dass der faktische Angleichungserfolg einer Richtlinie aufgrund zahlreicher Mindestregelungen kaum messbar ist und daher eher eine „**Scheinharmonisierung**" vorliegt.[146] Die von der Richtlinie angestrebten Ziele werden dann regelmäßig nicht erreicht. Aus politischer Sicht kann die Verabschiedung einer solchen Richtlinie dennoch unter Umständen sinnvoll sein, um so das Gebiet für europäische Regelungen zu öffnen und praktisch „einen Fuß in die Tür" zu bekommen. Darauf aufbauend kann dann in einem zweiten Schritt eine verstärkte Harmonisierung angestrebt werden. 42

1. Zielvorgaben

Es gibt generell zwei unterschiedliche Herangehensweisen für den EU-Regelungsgeber mithilfe einer Richtlinie ein Ziel zu erreichen. Zum einen kann der EU-Regelungsgeber mit **Zielvorgaben** arbeiten. In diesem Fall gibt die Rechtsetzungsinstanz das Ergebnis vor, das erreicht werden soll. Welche Instrumente die Mitgliedstaaten einsetzen, um diese Ziele zu erreichen, bleibt dabei ihnen überlassen (**bewegliche Mittel**). Diese Regelungstechnik beschäftigt sich in erster Linie mit dem zu erreichenden Ziel und nicht mit den dafür anzuwendenden Instrumenten. Diese Herangehensweise stellt im Europäischen Gesellschaftsrecht die Ausnahme dar und wird wenn, dann lediglich punktuell eingesetzt. So schreibt beispielsweise Art. 85 Kodifizierungs-RL (ex-Art. 46 Kapital-RL) vor, dass die Mitgliedstaaten die Gleichbehandlung der Aktionäre zu implementieren haben. Eingeleitet werden kann eine Zielvorgabe durch Formulierungen wie: „Die Mitgliedstaaten stellen sicher, dass (…)". Das Beispiel zeigt, dass es sich oftmals um generelle, nicht ganz hart subsumierbare Ziele handelt. Oftmals werden auch keine konkreten Sanktionen vorgegeben, sondern die Mitgliedstaaten werden aufgefordert, „wirksame, verhältnismäßige und abschreckende" Sanktionen einzuführen.[147] Auch insofern wird lediglich ein Ziel vorgegeben. 43

Zum anderen kann der EU-Regelungsgeber konkrete Maßnahmen vorschreiben, die die Mitgliedstaaten zu ergreifen haben. Sofern die Vorschrift eine Mindestvorgabe enthält, können die Mitgliedstaaten dann allerdings darüber hinausgehen. Insofern ist das anzustrebende **Ergebnis „beweglich"**. Dies ist die typische Regelungstechnik im Europäischen Gesellschaftsrecht. 44

2. Harmonisierungsgrad und Verbindlichkeit

Regelungstechnisch ist für den nationalen Gesetzgeber wie den Rechtsanwender zunächst der **Harmonisierungsgrad** gesellschaftsrechtlicher Richtlinien von Interesse. Dabei ist zwischen Mindest- und Vollharmonisierung zu unterscheiden. Eine **Mindestharmonisierung** lässt einen relativ großen Spielraum für einen Wettbewerb der nationalen Gesellschaftsrechte, insofern es um Regelungen geht, die über diesen Mindestschutz hinausgehen. Eine umfassende **Vollharmonisierung** kommt dagegen quasi einer Rechtsvereinheitlichung durch eine Verordnung gleich und lässt grundsätzlich keinen Raum für mitgliedstaatliche Gestaltungsspielräume. Sie unterbindet damit einen Wettbewerb der Rechtsordnungen, senkt aber im Vergleich zu nationalen Regelungen gleicher Qualität Transaktionskosten durch die Einheitlichkeit (s. dazu auch Rn. 13). 45

Wie bereits beschrieben (s. Rn. 45), ist in Bezug auf die einzelne Richtlinie zunächst zu ermitteln, ob sie generell eine Mindest- oder eine Vollharmonisierung anstrebt. Dies ist nicht immer evident, da nicht alle Richtlinien das von ihnen insofern verfolgte Ziel angeben.[148] Es muss dann mithilfe der gewöhnlichen Auslegungstechniken er- 46

146 *Hopt* ZGR 1992, 265, 277; *Kahnert*, Rechtsetzung im Europäischen Gesellschaftsrecht, 2012, S. 84 f.; vgl. auch *Timmermans* RabelsZ 48 (1984) 1, 26.
147 Vgl. zB Art. 14b AR-RL; s. dazu § 30 Rn. 386.
148 *Kahnert*, Rechtsetzung im Europäischen Gesellschaftsrecht, 2012, S. 12.

mittelt werden, da davon die **Begründungslast** abhängt.[149] Aber auch wenn eine Richtlinie den einen oder den anderen Standard anstrebt, ist doch für jede Regelung einzeln zu bestimmen, ob eine abschließende Regelung vorliegt oder ob die Mitgliedstaaten einen gewissen Umsetzungsspielraum besitzen (s. auch Rn. 51). Es ist zudem möglich, dass für einen bestimmten Abschnitt entweder ein Mindest- oder Höchststandard vorgesehen ist. Bei der Auslegung ergeben sich keine Besonderheiten (zur Rechtsmethodik vgl. § 2 Rn. 160 ff.). Wie auch sonst ist der Wortlaut Ausgangspunkt (zB zeigt die Formulierung „mindestens" an, dass es sich um einen Mindeststandard handelt), auch wenn die Vorschriften oftmals nicht explizit darauf eingehen, ob ein Mindest- oder ein Höchststandard gesetzt werden soll. Wertvolle Anregungen liefern zudem regelmäßig die **Erwägungsgründe.**

47 Neben dem Harmonisierungsgrad spielt die **Verbindlichkeit** eine große Rolle. Teilweise wird es den Mitgliedstaaten gestattet, von Standards nach unten abzuweichen. Umgekehrt wird es Mitgliedstaaten zT ermöglicht, über einen bestimmten Stand hinauszugehen. Es kann sogar sein, dass die Mitgliedstaaten nach oben und unten vom gesetzten Standard abweichen dürfen. In den gesellschaftsrechtlichen Richtlinien werden verschiedene Regelungstechniken eingesetzt, um diese Verbindlichkeitsgrade und die den Mitgliedstaaten damit gewährten Freiheiten zu implementieren. Von der großen Zahl an möglichen **Regelungstechniken** sollen im Folgenden einige ausgewählte, relevante Techniken angesprochen werden. Dazu zählen:

- Mitgliedstaatenoptionen/Mitgliedstaatenwahlrechte;
- Bandbreitenregelungen;
- *opt-out*/*opt-in*-Bestimmungen;
- Regelungsaufträge;
- Verweise;
- bewusste (externe und interne) Lücken.

3. Mitgliedstaatenoptionen

48 Nicht selten finden sich in gesellschaftsrechtlichen Richtlinien **Mitgliedstaatenoptionen.** Insofern wird den Mitgliedstaaten ein **Wahlrecht** hinsichtlich der Anwendbarkeit einzelner Richtlinienbestimmungen eingeräumt. Der europäische Regelungsgeber gewährt den Mitgliedstaaten diesbezüglich die Freiheit, zwischen zwei oder mehreren Optionen zu wählen. Ein prägnantes Beispiel für diese Regelungstechnik sind das Optionsmodell des Art. 12 Übernahme-RL (s. dazu § 29 Rn. 88 ff.) und die zahlreichen Wahlrechte in der Bilanzrichtlinie. Aus regelungstechnischer Sicht besteht die Möglichkeit, die Optionen entweder **zwingend** auszugestalten oder Abweichungen zuzulassen. Im ersteren Fall können die Mitgliedstaaten eine Option wählen, diese jedoch nicht modifizieren. Diese Regelungstechnik wird teilweise auch *„fixed-menu approach"* genannt.[150] Im letzteren Fall können sie die gewählte Option noch zu einem gewissen Grad selbst ausgestalten. Üblich ist es insofern, den Mitgliedstaaten die Möglichkeit zu geben, sich von einem Set an Optionen selbst eine Regelung zusammenzustellen. Dieser Ansatz wird auch als *„open-menu approach"* bezeichnet.[151] Ein **höherer Harmonisierungsgrad** wird durch **zwingende Optionen** bzw. Wahlrechte erreicht.

49 Mitgliedstaatenoptionen werden insbesondere dann verwendet, wenn **unterschiedliche Konzepte**, zB Schutzkonzepte oder Organisationsmodelle bestehen. Der europäische Gesetzgeber bietet dann verschiedene Optionen an, die unterschiedliche Instrumente beinhalten. Jedes Konzept für sich soll in der Regel einen gewissen Mindestschutz gewährleisten bzw. das gewünschte Ziel erreichen können, was jedoch nicht ausschließt, dass einige Konzepte weiter reichen als andere.

4. Bandbreitenregelungen

50 Bandbreitenregelungen legen sowohl einen Mindest- als auch einen Höchststandard fest.[152] Innerhalb dieser Bandbreite können die Mitgliedstaaten entscheiden, welchen Standard sie setzen möchten. Diese Technik, die konkrete Grenzen setzt, wird relativ selten im Europäischen Gesellschaftsrecht genutzt. Ein Beispiel für den Einsatz einer Bandbreitenregelung ist Art. 7 I 1 Übernahme-RL. Die Mitgliedstaaten müssen danach eine Annahmefrist für das Angebot statuieren, die zwischen zwei und zehn Wochen beträgt. **Ermessensregelungen** funktio-

149 Grundlegend zur Begründungslast *Krebs* AcP 195 (1995) 171 ff.
150 Europäisches Parlament, Ex-post analysis of the EU framework in the area of cross-border mergers and divisions, European Implementation Assessment, 2016, S. 60.
151 Europäisches Parlament, Ex-post analysis of the EU framework in the area of cross-border mergers and divisions, European Implementation Assessment, 2016, S. 60.
152 Teilweise wird allerdings auch kein Mindeststandard gesetzt, sodass der nationale Gesetzgeber praktisch zwischen „Null" und der Höchstgrenze den eigenen Standard wählen kann. Als Beispiel dafür kann der ehemalige Art. 6 II der Kapitalrichtlinie von 2007 angeführt werden; s. dazu § 21 Rn. 36.

nieren ähnlich.[153] Auch sie lassen den Mitgliedstaaten einen gewissen Grad an Freiheit. Allerdings wird dieser nicht durch konkret gesetzte Grenzen abgesteckt.

5. Opt-out/opt-in-Bestimmungen

Der EU-Regelungsgeber arbeitet stellenweise mit „mitgliedstaatlich-dispositiven" Regelungen (***opt-out*-Lösungen**). Die Richtlinien enthalten somit Vorgaben für die Mitgliedstaaten, von denen diese jedoch abweichen können. Diese Regelungstechnik kann mit **weiteren Techniken** verknüpft werden: 51

- Oftmals ist eine Regelung teilweise für die Mitgliedstaaten dispositiv, dh die Mitgliedstaaten können nur bezüglich eines bestimmten Aspekts etwas Abweichendes regeln.
- Es besteht auch die Möglichkeit, dass die Mitgliedstaaten nur in bestimmten Situationen von der Regelung abweichen können bzw. sie die Vorschrift nicht anwenden müssen (typische Formulierung: „Die Mitgliedstaaten brauchen diesen Artikel nicht anzuwenden, wenn […]"/"Mitgliedstaaten können beschließen, diesen Artikel […] nicht anzuwenden, wenn […]"). Ein Beispiel für eine solche *opt-out*-Regelung ist Art. 144 II Kodifizierungs-RL (ex-Art. 10 II Spaltungs-RL). Auch Art. 70 III 1 Kodifizierungs-RL (ex-Art. 31 III 1 Kapital-RL) enthält eine entsprechende Bestimmung.
- Eine Vorschrift kann aber auch vollständig zur Disposition der Mitgliedstaaten stehen.
- *Opt-out*-Bestimmungen und Mitgliedstaatenoptionen nähern sich an, wenn der EU-Regelungsgeber dem Mitgliedstaat zwar eine *opt-out*-Möglichkeit anbietet, für diesen Fall aber eine konkrete Regelungsalternative vorsieht.

Ist eine Regelung für die Mitgliedstaaten dispositiv, kann dies in Abhängigkeit der Ausgestaltung der *opt-out*-Möglichkeit verschiedene **Auswirkungen** haben. Zum einen ist es denkbar, dass der Mitgliedstaat die Vorschrift nicht anwenden muss. Es kann auch sein, dass er diesen Punkt anderweitig gestalten darf. Der europäische Richtliniengeber kann jedoch auch für den Fall Vorgaben machen, dass ein Mitgliedstaat von der *opt-out*-Möglichkeit Gebrauch macht. Dann nähert sich die *opt-out*-Regelung einer Mitgliedstaatenoption an. *Opt-outs* werden regelmäßig genutzt, wenn im Grunde eine Vollangleichung mit Blick auf einen bestimmten Aspekt gewünscht ist, jedoch einzelne lediglich eine Mindestharmonisierung mittragen möchten und somit **kompromissbezogen** zumindest eine stückweise Angleichung potenziell erreicht werden kann. 52

Als Gegenstück zu *opt-out*-Regelungen kann der europäische Gesetzgeber auch ***opt-in*-Vorschriften** verwenden. Ein Beispiel dafür ist Art. 6 Einpersonengesellschafts-RL, wonach die Mitgliedstaaten die Regelungen der Richtlinie beachten müssen, wenn sie ebenfalls Aktiengesellschaften mit nur einem Aktionär nach nationalem Recht zulassen (s. dazu § 28 Rn. 13). Solche Regelungen können insbesondere auch eine gewisse Anreizwirkung für die Mitgliedstaaten entfalten. 53

6. Regelungsaufträge

Der europäische Regelungsgeber bedient sich stellenweise sog **„Regelungsaufträge"**. Mithilfe dieser Regelungsaufträge verpflichtet er die Mitgliedstaaten, einen bestimmten Aspekt zu regeln. Wie sich das auf den **Harmonisierungsgrad** der Richtlinie auswirkt, hängt von der Ausgestaltung des Regelungsauftrags ab. Es ist möglich, dass im Regelungsauftrag ein Ziel vorgegeben wird und die Mitgliedstaaten die Mittel frei wählen dürfen. Aber auch Regelungsaufträge können mit anderen Regelungstechniken kombiniert werden und so den Gestaltungsspielraum für die Mitgliedstaaten einschränken. Da statt des europäischen Regelungsgebers die Mitgliedstaaten berufen werden, einen Aspekt zu regeln, sinkt grundsätzlich der Harmonisierungsgrad (im Verhältnis zur inhaltlichen Regelung durch die Richtlinie). 54

7. Verweise

Zahlreiche gesellschaftsrechtliche Richtlinien arbeiten an verschiedenen Stellen mit dynamischen **Verweisen.**[154] Verweise können **auf andere Sekundärrechtsakte** auf dem Gebiet des Gesellschafts- und Kapitalmarktrechts oder auch auf mitgliedstaatliche Regelungen erfolgen. Musterbeispiel für ersteres sind die (damaligen) Umwandlungsrichtlinien. Vor allem die ehemalige Spaltungsrichtlinie (= Art. 135 ff. Kodifizierungs-RL) (dazu § 23) verwies in großen Teilen auf das materielle Recht der ehemaligen Verschmelzungsrichtlinie (= Art. 87 ff. Kodifizierungs-RL) (dazu § 22) als Basisrechtsakt für das europäische Umwandlungsrecht (s. auch Rn. 83). Es werden daher zum Teil ganze Regelungskomplexe mithilfe von Verweisen übernommen. Hinsichtlich des persönlichen **Anwendungsbereichs** als auch bezüglich verschiedener **Offenlegungspflichten** wird zudem häufig auf die Normen der ehemaligen Publizitätsrichtlinie (= Art. 14 ff. Kodifizierungs-RL (dazu § 20) als erstem Rechtsakt auf 55

153 Hier sind Ermessensregelungen gemeint, die den Mitgliedstaaten bei der Umsetzung ein Ermessen gewähren, nicht hingegen Ermessensregelungen für den Anwenderkreis der Richtlinie, die die Mitgliedstaaten in der Regel eins-zu-eins umzusetzen haben.

154 Zum Teil werden sogar ganze Regelungskonzepte übernommen, zB im Rahmen des „Europäischen Modells für Strukturmaßnahmen (s. dazu Rn. 75).

dem Gebiet des Europäischen Gesellschaftsrechts verwiesen. Insbesondere bei den auch kapitalmarktorientierten Richtlinien kommen Verweise auf **Kapitalmarktrichtlinien** (s. dazu auch § 34) hinzu. Mit einer entsprechenden Verweisungstechnik kann zum einen eine gewisse Einheitlichkeit innerhalb des europäischen Richtlinienrechts auf dem Gebiet des Gesellschaftsrechts erreicht werden. Zum anderen werden dadurch materielle Wiederholungen bei inhaltlich naheliegenden Richtlinien vermieden und der betreffende Sekundärrechtsakt schlanker.[155] Durch eine zu komplexe Verweisungstechnik kann jedoch auch das Lesen und damit ggf. das Verständnis des Richtlinientextes erschwert werden. In vielen Fällen sollen zudem Vorschriften zwar in sehr ähnlicher Weise übernommen werden, aber nicht 100%ig wörtlich. Dann wird statt eines Verweises zumeist eine Wiedergabe der (leicht geänderten) Vorschrift vorgenommen.

56 Richtlinien kennen Verweise auf Definitionen in anderen Rechtsakten. Ein Beispiel für einen solchen Verweis findet sich in der Aktionärsrechte-RL. Art. 2a lit. h) AR-RL nimmt für das Verständnis des Begriffs „nahestehende Unternehmen und Personen" auf die Definition des IAS 24.9 Bezug (dazu § 30 Rn. 262 f.). Bezieht sich ein Verweis auf einen Begriff in einer anderen Richtlinie, ist dieser damit zwar grundsätzlich so zu verstehen, **wie vom anderen Rechtsakt vorgegeben**. Eine abweichende funktionale Interpretation kann bei entsprechender Begründung (funktionales Begriffsverständnis) aber dennoch gerechtfertigt sein.[156] Hierbei kann ua auch die systematische Stellung des Verweises im Gesamtgefüge einer Richtlinie von Bedeutung sein. Zu analysieren ist auch, ob die Wertungen voneinander abweichen und ggf. eine abweichende Interpretation rechtfertigen. Vor allem bei Verweisen auf Regelungen in anderen Rechtsgebieten ist daher das funktionale Begriffsverständnis besonders zu beachten (zB bei einem Verweis in einer gesellschaftsrechtlichen Richtlinie auf eine Regelung des Arbeitsrechts).

57 Aus **politischer Sicht** ist es in der Regel einfacher, die notwendige Zustimmung der Mitgliedstaaten zu erreichen, wenn sie einem solchen Kompromiss in der Vergangenheit bei einem ähnlichen Problem bereits einmal zugestimmt haben. Beispielhaft sind hierbei die Regelungen über die unternehmerische Mitbestimmung im Rahmen der Gründung einer SE bzw. von grenzüberschreitenden Umwandlungen. Die **Pfadabhängigkeit** die dadurch entsteht, kann allerdings auch ein Nachteil sein, da so schwerer neue Ideen durchgesetzt werden können. Außerdem kann es dadurch auch bei relativ unbedeutenden Projekten schwierig sein, einen Kompromiss über ein generell hochpolitisches Thema zu erzielen, eben da die Mitgliedstaaten einen „Dammbruch" fürchten.

8. Bewusste Lücken

58 Auch der Einsatz von Regelungslücken kann eine Regelungstechnik darstellen. Teilweise werden bewusst Regelungslücken gelassen. Unbewusste Regelungslücken sind ebenfalls häufig anzutreffen, stellen allerdings keine bewusst gewählte Regelungstechnik, dafür aber ein Regelungsphänomen dar. Lücken werden insbesondere im Rahmen der supranationalen Rechtsformen diskutiert (vgl. dazu allg. § 3 Rn. 111; zur SPE zum Beispiel § 5 Rn. 41 ff.), weshalb die Ausführungen hier kurzgehalten werden sollen. Wird eine Lücke festgestellt, stellt sich grundsätzlich die Frage, ob es sich um eine **interne** oder **externe Lücke** handelt, dh ob diese innerhalb der Richtlinie zu schließen oder dazu nationales Recht berufen ist.[157] Wird ein Aspekt bewusst nicht in der Richtlinie geregelt, stellt diese „Lücke" im Ergebnis ein Indiz für einen Verweis auf nationales Recht dar.

III. Erfasste Gesellschaftsformen

59 Im Hinblick auf die von gesellschaftsrechtlichen Richtlinien erfassten Gesellschaftsformen lässt sich ebenfalls eine Regelungsstruktur erkennen.[158] Der richtlinienübergreifende persönliche Anwendungsbereich beschränkt sich auf dem Gebiet des Gesellschaftsrechts grundsätzlich auf die **Kapitalgesellschaften** der Mitgliedstaaten.[159]

155 Die Herausforderung bei Verweisen besteht darin, diese exakt zuzuschneiden. Bei europäischen Rechtsakten fällt auf, dass Verweise häufig Probleme bereiten, da die Reichweite des Bezugs oft diskussionswürdig ist; vgl. zuletzt zB Art. 2a lit. h) AR-RL (dazu § 30 Rn. 262 f.).

156 *Riesenhuber* in: Riesenhuber (Hrsg.), Europäische Methodenlehre, 3. Aufl. 2015, § 10 Rn. 20; *Beck*, The Legal Reasoning of the Court of Justice of the EU, 2013, S. 192 f.; so auch zur deutschen Methodik *Larenz/Canaris*, Methodenlehre der Rechtswissenschaft, 3. Aufl. 1995, S. 141 f.

157 *Fleischer* RabelsZ 75 (2011) 700, 713 f.; *Neuner* in: Riesenhuber (Hrsg.), Europäische Methodenlehre, 3. Aufl. 2015, § 12 Rn. 28 f.; so auch zum internationalen Einheitsrecht, *Gruber*, Methoden des internationalen Einheitsrechts, 2004, S. 280 ff.

158 *Kalss/Klampfl*, Europäisches Gesellschaftsrecht, 2015, Rn. 10 f. bezeichnen diese Struktur (allerdings nicht nur bezogen auf Richtlinien) als „Schichtwerk der Harmonisierung".

159 Vgl. *Grundmann*, Europäisches Gesellschaftsrecht, 2011, Rn. 12, 1155; *ders.* in: Riesenhuber (Hrsg.), Europäische Methodenlehre, 3. Aufl. 2015, § 9 Rn. 49; *Meyer* in: Gebauer/Teichmann (Hrsg.), Europäi-
Unternehmensrecht, 2016, § 5 Rn. 100; *Tiedje* in: von der Groeben/Schwarze/Hatje (Hrsg.), Europäisches Privat- und
onsrecht, 7. Aufl. 2015, Art. 50 AEUV Rn. 19; *Krolop* in: Riesenhuber (Hrsg.), Europäisches Uni-
3. Aufl. 2015, § 19 Rn. 2; *Teichmann*, Binnenmarktkonformes Gesellschaftsrecht, 2006, S. 208; *Kalss/Klampfl*, Europäische Methodenlehre,
Europäisches Gesellschaftsrecht, 2015, Rn. 11, 17; *Schön* ZHR 160 (1996) 221, 223; *Kahnert*, Rechtsetzung im
Europäischen Gesellschaftsrecht, 2012, S. 80; *Kiem* ZHR 180 (2016) 289, 302.

Grund dafür ist die Tatsache, dass vor allem diese grenzüberschreitend agieren bzw. einen grenzüberschreitenden Gesellschafterkreis besitzen. Außerdem zeichnen sie sich durch eine beschränkte Haftung aus, weshalb gerade aus Gläubigersicht ein *level playing field* ein gewisses Vertrauen schaffen kann.[160]

Obgleich erwerbstätige **Personengesellschaften** grundsätzlich in den Genuss der Niederlassungsfreiheit kommen (vgl. Art. 54 II AEUV; zur Niederlassungsfreiheit s. § 10 Rn. 16 ff.),[161] sind sie – mit teilweiser Ausnahme der Bilanzrichtlinie (dazu § 25) und der AIFM-Richtlinie (dazu § 31) – fast nie Gegenstand gesellschaftsrechtlicher Richtlinien. Die Bilanzrichtlinie ist zudem nur dann auf Personengesellschaften anwendbar, wenn keine einzige natürliche Person im Außenverhältnis persönlich haftet. Das liegt mit Blick auf das Personengesellschaftsrecht einerseits an der zT fehlenden Bedeutung. So spielen zB die OHG und die KG in vielen Ländern eine eher untergeordnete Rolle. Hinzu kommt, dass gerade Personengesellschaften, abgesehen von der GmbH & Co. KG bzw. vergleichbarer Gestaltungen, oftmals nicht grenzüberschreitend tätig sind.[162] Schon die damaligen Publizitäts- und Kapitalrichtlinien sahen in ihrer Ursprungsfassung die Beschränkung auf Kapital- bzw. Aktiengesellschaften mit der Begründung vor, dass „die Tätigkeit dieser Gesellschaften häufig über die Grenzen des nationalen Hoheitsgebiets hinausreicht".[163] Hinzu kommt, dass für Personengesellschaften grundsätzlich keine wie für Kapitalgesellschaften im Grundsatz homogenen bzw. kompatiblen Rechtsvorschriften in den meisten Mitgliedstaaten bestehen.[164] Das Personengesellschaftsrecht ist vielmehr in weiten Teilen heterogen.[165] Aufgrund **divergierender Regelungssystematiken** im Personengesellschaftsrecht der Mitgliedstaaten ist daher eine Rechtsangleichung auf europäischer Ebene faktisch schwerer zu erreichen.[166] Hinzu kommt die relativ starke Prägung des Personengesellschaftsrechts durch das Steuerrecht (insbes. Einkommenssteuerrecht). Gleichwohl kommen im Rahmen einer **überschießenden Umsetzung** die Wertungen einzelner Richtlinienaspekte auch für das Personengesellschaftsrecht zum Tragen (zur überschießenden Richtlinienumsetzung s. § 2 Rn. 199 ff.). Zu denken sei nur an die Regelungen zum Registerwesen in der ehemaligen Publizitätsrichtlinie (= Art. 14 ff. Kodifizierungs-RL) (dazu § 20 Rn. 14 ff.) und zur Eröffnung grenzüberschreitender Verschmelzungen von Personengesellschaften unter den Umsetzungsnormen zur damaligen IntVersch-RL in einigen Mitgliedstaaten.[167] 60

Aus heutiger Sicht ist es gleichwohl nur noch bedingt nachvollziehbar, dass erwerbstätige Personengesellschaften bei der europäischen Gesellschaftsrechtsharmonisierung weiterhin nur am Rande berücksichtigt werden. (Große) **mittelständische Personengesellschaften** (mit teilweise faktisch beschränkter Haftung) sind heutzutage ebenfalls nicht selten **grenzüberschreitend tätig** und erlangen volkswirtschaftliche Relevanz (wie zB die englische LLP als quasi-Personengesellschaft iS einer Mischform zwischen Kapital- und Personengesellschaft (s. dazu § 12 Rn. 181) sowie in Deutschland die GmbH & Co. KG).[168] 61

Innerhalb des begrenzten Anwendungsbereichs auf Kapitalgesellschaften (s. Rn. 60) fokussiert sich die europäische Gesellschaftsrechtsangleichung zudem überwiegend auf **Aktiengesellschaften**.[169] Eine Vielzahl gesellschaftsrechtlicher Richtlinien beschränkt sich ausschließlich auf diese Gesellschaftsform. Vor allem in den Richtlinien der ersten Generation ging man davon aus, dass vor allem Aktiengesellschaften als auch die an diesen beteiligten Aktionäre grenzüberschreitend agieren und eine Rechtsangleichung für entsprechende **Unterneh-** 62

160 *Grundmann*, Europäisches Gesellschaftsrecht, 2011, Rn. 1155.

161 So *Schall* in: Heidel/Schall (Hrsg.), HGB, 2. Aufl. 2015, Anh. Int. PersGesR, Rn. 67 ff.; *Kalss/Klampfl*, Europäisches Gesellschaftsrecht, 2015, Rn. 12 f.; *Kalss* EuZW 2015, 252, 253; siehe auch EuGH, Rs. C-210/06 (Cartesio), ECLI:EU:C:2008:723 = NZG 2009, 61, wo der EuGH das Berufen auf die Niederlassungsfreiheit durch eine ungarische KG nicht weiter problematisierte.

162 Zur grenzüberschreitenden Mobilität von Personengesellschaften vgl. nur *Stiegler* ZGR 2017, 312 ff.

163 Erwägungsgrund 1 zur Richtlinie 68/151/EWG; Erwägungsgrund 1 zur Richtlinie 77/91/EWG.

164 Vgl. *Windbichler* ZGR 2014, 110 f.; *Kalss* EuZW 2015, 252, 253; *Kalss/Klampfl*, Europäisches Gesellschaftsrecht, 2015, Rn. 14; im Rahmen einer Sitzverlegungsrichtlinie auch *Di Marco* ZGR 1999, 3, 7; *Schwarz*, Europäisches Gesellschaftsrecht, 2000, Rn. 815; *Priester* ZGR 1999, 36, 37.

165 *Kalss/Klampfl*, Europäisches Gesellschaftsrecht, 2015, Rn. 14; *Windbichler* ZGR 2014, 110, 116 ff.

166 *Windbichler* ZGR 2014, 110; *Kalss* EuZW 2015, 252, 253.

167 Zur überschießenden Umsetzung der damaligen IntVersch-RL bzw. zur Erweiterung auf Personengesellschaften vgl. Study on the Application of the Cross-Border Mergers Directive, 2013, S. 115; Entsprechendes bereits fordernd *Bayer/Schmidt* NZG 2006, 841; *Drygala/von Bressensdorf* NZG 2016, 1161, 1166; *Vetter* AG 2006, 613, 616.

168 Zum Bedürfnis von Personengesellschaften nach grenzüberschreitender Mobilität vgl. *Mitterecker*, Grenzüberschreitende Sitzverlegungen, 2015, S. 455; *Nentwig* GmbHR 2015, 1145 f.; ferner im Zusammenhang mit der fortscheitenden Globalisierung *Albach* in: FS Lutter, 2000, S. 3, 4 f.; bezogen auf KMU auch *Ebke* ZVglRWiss 104 (2005) 1, 3.

169 *Habersack/Verse*, Europäisches Gesellschaftsrecht, 2011, § 4 Rn. 7; *Teichmann* in: Gebauer/Teichmann (Hrsg.), Europäisches Privat- und Unternehmensrecht, 2016, § 6 Rn. 93; *Kalss/Klampfl*, Europäisches Gesellschaftsrecht, 2015, Rn. 18; *Kalss* EuZW 2015, 252, 253; *Grundmann*, Europäisches Gesellschaftsrecht, 2011, Rn. 14, 75, 1157; *ders.* ZIP 2004, 2401, 2410; *Roth/Kindler*, The Spirit of Corporate Law, 2013, S. 19; *Ebke* RabelsZ 62 (1998) 195, 203; *Tiedje* in: von der Groeben/Schwarze/Hatje, Europäisches Unionsrecht, 7. Aufl. 2015, Art. 50 AEUV Rn. 19; *Andenas/Wooldridge*, European Comparative Company Law, 2009, S. 21; *Nietsch* ZVglRWiss 112 (2013) 45, 52; *Hopt* ZGR 1992, 265, 267.

men daher (auch im Hinblick auf einen freien Kapitalmarkt in Europa) besonders wichtig sei. Auch wenn im Anwendungsbereich einer Richtlinie nicht explizit aufgeführt, ist grundsätzlich auch die **Europäische Aktiengesellschaft** (SE) (dazu § 4) als in den Mitgliedstaaten verfügbare Aktiengesellschaft insofern von den Umsetzungsbestimmungen des Richtlinienrechts umfasst.[170] Dies gilt jedoch nur insofern, als die SE-VO diesen Aspekt nicht eigenständig regelt. Die SE-VO wäre in dem Fall als *lex specialis* anzusehen. Nicht immer explizit in europäischen Rechtsakten erwähnt sind die zwischen der GmbH und der Aktiengesellschaft stehende Rechtsformen, wie zB die französische SAS (dazu. § 13 Rn. 633 ff.). In diesem Zusammenhang ist generell anzunehmen, dass die Auflistungen der Rechtsformen im Anhang bezüglich der zu diesem Zeitpunkt bestehenden Rechtsformen abschließend sind (s. zur Problematik mit Blick auf die Einpersonengesellschafts-Richtlinie § 28 Rn. 11).

63 Innerhalb der Fokussierung auf das mitgliedstaatliche Aktienrecht ist wiederum eine weitgehende Konzentration auf **börsennotierte Gesellschaften** auszumachen.[171] So sind die Übernahme- und Aktionärsrechte-Richtlinie allein auf (Aktien-) Gesellschaften beschränkt, die ihre Anteile an einem geregelten Markt (Börse) handeln. Nicht zuletzt wird dadurch die vielseitige Vernetzung des Gesellschaftsrechts mit dem Europäischen Kapitalmarktrecht deutlich (s. Rn. 1 sowie § 34 Rn. 24).[172] Die (Weiter-) Entwicklung eines eigenständigen **Börsenaktienrechts** scheint nicht zuletzt durch die jüngeren Änderungen der Aktionärsrechte-Richtlinie, im Corporate Governance-Bereich (zur europäischen Corporate Governance s. § 33)[173] sowie der IFRS-Anwendung im Rahmen der Bilanzrichtlinie weiter voranzuschreiten.[174]

64 Gleichwohl ist in den letzten Jahren schrittweise die teilweise verstärkte Absicht zur Rechtsangleichung auch für **kleine und mittlere Unternehmen** (KMU)[175] auszumachen.[176] Vor allem die Rechtsprechung zur Niederlassungsfreiheit Anfang des Jahrtausends brachte für KMU Gestaltungsspielräume im Europäischen Gesellschaftsrecht. Aufgrund der Vermeidung nationaler Schutzstandards durch die Wahl einer ausländischen Rechtsform ist eine umfassendere Rechtsangleichung für KMU immer notwendiger geworden. Diesen Trend griff insbesondere die ehemalige IntVersch-RL aus dem Jahr 2005 auf und hat in ihren Anwendungsbereich auch die GmbH aufgenommen. Auch der Leitgedanke der neuen Bilanzrichtlinie **„Vorfahrt für KMU"** (s. § 25 Rn. 4) zielt in diese Richtung. Ein zentrales Projekt in diesem Bereich stellte die Societas Privata Europaea (SPE) (dazu § 5) in Form einer Verordnung dar, auf das der Vorschlag zur Regelung einer europäischen Kapitalgesellschaft mit nur einem Gesellschafter (SUP) (dazu § 9) im Rahmen der Einpersonengesellschafts-Richtlinie (dazu § 28) folgte. Neben börsennotierten Aktiengesellschaften stehen KMU daher im **aktuellen** und wohl auch **künftigen Fokus** der europäischen Gesellschaftsrechtsangleichung. Dennoch beschränkt sich bis heute lediglich die Einpersonengesellschafts-Richtlinie allein auf die nationalen Gesellschaften mbH.[177]

65 Daneben wird der Anwendungsbereich grundsätzlich auf alle Kapitalgesellschaften erstreckt, wenn es um **Transparenz**, dh insbesondere um informationellen Gläubigerschutz (s. dazu auch Rn. 73), geht. Denn Gläubiger sind immer häufiger **grenzüberschreitend** aktiv, was auch vom europäischen Gesetzgeber insofern gefördert werden sollte. Aus diesem Grund erfassen die ehemalige Publizitätsrichtlinie sowie die Bilanzrichtlinie nicht nur Aktiengesellschaften, sondern insbesondere auch die nationalen GmbH.[178]

---

170 Vgl. Art. 9 II SE-VO, der klarstellt, dass das nationale Aktiengesellschaftsrecht, das für die SE Anwendung findet, mit den geltenden Richtlinien im Einklang stehen muss. Zudem weist Art. 10 SE-VO darauf hin, dass eine SE genauso zu behandeln ist, wie eine Aktiengesellschaft nach dem Recht des Sitzstaates; vgl. auch *Schröder* in: Manz/Mayer/Schröder (Hrsg.), Europäische Aktiengesellschaft, 2. Aufl. 2010, Art. 9 Rn. 20.

171 *Kalss/Klampfl*, Europäisches Gesellschaftsrecht, 2015, Rn. 11, 19; *Kalss* EuZW 2015, 252, 254 f.; *Hopt* ZGR 2013, 165, 189 f.; *Verse* in: Fleischer ua (Hrsg.), 50 Jahre AktG, 2016, S. 303, 304, 310; *Teichmann* in: Gebauer/Teichmann (Hrsg.), Europäisches Privat- und Unternehmensrecht, 2016, § 6 Rn. 280; *Armour/Ringe* CMLR 48 (2011) 125, 152; *Melon* ESJ 2015, 170, 172; *Raiser* in: FS Priester, 2007, S. 799, 804; *Noack* NZG 2006, 321, 322; *Engert* in: Langenbucher (Hrsg.), Europäisches Privat- und Wirtschaftsrecht, 2017, § 5 Rn. 90.

172 Vgl. *Grundmann* in: Riesenhuber (Hrsg.), Europäische Methodenlehre, 3. Aufl. 2015, § 9 Rn. 51.

173 Siehe nur Empfehlung 2005/162/EG der Kommission vom 15.2.2005, ABl. EG 2005, L 52/51; Empfehlung 2004/913/EG der Kommission vom 14.12.2004, ABl. EG 2005, L 385/55; ferner Grünbuch Europäischer Corporate-Governance-Rahmen v. 5.4.2011, KOM(2011) 164/3.

174 *Teichmann* in: Gebauer/Teichmann (Hrsg.), Europäisches Privat- und Unternehmensrecht, 2016, § 6 Rn. 280; *Kalss/Klampfl*, Europäisches Gesellschaftsrecht, 2015, Rn. 19 ff.

175 Sowie faktisch damit auch für große mittelständige Unternehmen (GMU), vgl. dazu *Krebs/Jung* DB 2013, Heft 51/52 Editorial.

176 *Teichmann* in: Gebauer/Teichmann (Hrsg.), Europäisches Privat- und Unternehmensrecht, 2016, § 6 Rn. 94; siehe auch Mitteilung der Kommission an das Europäische Parlament, den Rat, den Europäischen Wirtschafts- und Sozialausschuss und den Ausschuss der Region. Aktionsplan: Europäisches Gesellschaftsrecht und Corporate Governance – ein moderner Rechtsrahmen für engagiertere Aktionäre und besser überlebensfähige Unternehmen, 12.12.2012, KOM(2012) 740, S. 15 f.; Entsprechendes bereits fordernd *Hopt* ZGR 1992, 265, 268.

177 Indes lassen mittlerweile fast alle Mitgliedstaaten auch Einpersonen-Aktiengesellschaften zu.

178 *Tiedje* in: von der Groeben/Schwarze/Hatje (Hrsg.), Europäisches Unionsrecht, 7. Aufl. 2015, Art. 50 AEUV Rn. 36.

Überblicksartig lässt sich der persönliche Anwendungsbereich des gesellschaftsrechtlichen Richtlinienbestandes wie folgt darstellen.[179] 66

Richtlinie bzw. Richtlinienregelung[180]	Erfasste Gesellschaftsformen
Artt. 14 ff. Kodifizierungs-RL (Publizitäts-RL)	Kapitalgesellschaften
Artt. 2 ff., 43 ff. Kodifizierungs-RL (Kapital-RL)	Aktiengesellschaften
Artt. 87 ff. Kodifizierungs-RL (Verschmelzungs-RL)	Aktiengesellschaften
Artt. 135 ff. Kodifizierungs-RL (Spaltungs-RL)	Aktiengesellschaften
Artt. 118 ff. Kodifizierungs-RL (IntVersch-RL)	Kapitalgesellschaften
Bilanz-RL	Kapitalgesellschaften (ggf. Personenhandelsgesellschaften)[181]
Abschlussprüfer-RL	(N/A)[182]
Artt. 29 ff. Kodifizierungs-RL (Zweigniederlassungs-RL)	Kapitalgesellschaften
Einpersonengesellschafts-RL	Gesellschaften mbH (ggf. Aktiengesellschaften)[183]
Übernahme-RL	börsennotierte Gesellschaften[184]
Aktionärsrechte-RL	börsennotierte Gesellschaften[185]
AIFM-RL	(N/A)[186]
Projekt einer Sitzverlegungs-RL	Kapitalgesellschaften

Abb. 3: Anwendungsbereich der gesellschaftsrechtlichen Richtlinien

IV. Exkurs: Leitungssystem bei Aktiengesellschaften

Im Hinblick auf den aktienrechtlichen Bezug der meisten bestehenden Richtlinien sowie auf den zunehmenden Einfluss britischen Rechts (ggf. bis zum Brexit) auf das europäische Unternehmensrecht lässt sich zudem eine gewisse **Ausrichtung** der Europäischen Kommission bei Rechtsetzungsvorhaben am **monistischen Leitungssystem** erkennen.[187] Jüngere Richtlinien (-vorschläge) sind im Grundmodell und der Tendenz zunehmend auf einen einheitlichen Verwaltungsrat anstelle eines dualistischen Systems mit Vorstand und Aufsichtsrat ausgerichtet. Dies wird insbesondere beim novellierten EU-Abschlussprüferrecht deutlich.[188] Aber auch im Hinblick auf die prägenden Neuregelungen in der reformierten Aktionärsrechterichtlinie, wie den Vorschriften zu *„say on pay"* (Art. 9a und 9b AR-RL, dazu § 30 Rn. 144 ff.) und zu *„related party transactions"* (Transaktionen mit nahestehenden Personen und Unternehmen, Art. 9c AR-RL, dazu § 30 Rn. 256 ff.), war im Kommissionsentwurf und ist auch in der nunmehr verabschiedeten Fassung eine gewisse Grundausrichtung am monistischen System zu erkennen.[189] 67

179 Siehe auch *Grundmann*, Europäisches Gesellschaftsrecht, 2011, Rn. 14.
180 In der Reihenfolge, wie sie im vorliegenden Handbuch bei §§ 20 ff. behandelt werden.
181 Personenhandelsgesellschaften werden nur insoweit erfasst, als bei diesen keine natürliche Person unbeschränkt für die Verbindlichkeiten der Gesellschaft haftet (also insbes. Kapitalgesellschaften & Co.), s. dazu § 25 Rn. 19.
182 Die Abschlussprüferrichtlinie bezieht sich nicht auf bestimmte Gesellschaftsformen, sondern reguliert vielmehr Abschlussprüfer und Prüfgesellschaften als solche, s. dazu § 26 Rn. 21 ff.
183 Abhängig, ob ein Mitgliedstaat von der Option des Art. 6 EPG-RL Gebrauch gemacht hat, s. dazu § 28 Rn. 12.
184 Die Übernahmerichtlinie betrifft insofern öffentliche Übernahmeangebote für Wertpapiere, die ganz oder zum Teil zum Handel auf einem geregelten Markt zugelassen sind, s. dazu § 28 Rn. 12 f.
185 Im Sinne des Art. 1 I AR-RL also solche Gesellschaften, die ihren Sitz in einem EU/EWR-Mitgliedstaat haben und deren Aktien an einem geregelten Markt zugelassen sind, s. dazu § 29 Rn. 19.
186 Die AIFM-Richtlinie stellt grundsätzlich nicht auf die Rechtsform des AIFM ab, sondern auf die funktionelle Tätigkeit der Gesellschaft. Zwar bestimmt Art. 4 I lit. b), dass ein AIFM eine juristische Person zu sein hat, jedoch ist aufgrund einer funktionalen Betrachtung hiervon beispielsweise auch die deutsche Investment-KG erfasst; ausführlich dazu § 31 Rn. 38 ff.
187 *Habersack* NJW-Beilage 2012, S. 94, 95; *Hommelhoff* NZG 2015, 1329, 1335, der dies gleichsam kritisch sieht.
188 *Merkt* ZHR 179 (2015) 601, 632; *Hommelhoff* NZG 2015, 1329, 1335.
189 *Velte* (NZG 2017, 368, 370) verweist darauf, dass eine Reglung des *„say on pay"* zu einem Bruch im dualistischen System führt; so bereits *Deutscher Bundesrat* Empfehlung zum VorstKoG vom 9.9.2013, BR-Drs. 637/1/13, S. 1 f.; hierzu auch *Velte* EuZW 2013, 893, 896.

68 Schon wegen des faktischen **Übergewichts des monistischen Leitungsmodells** gegenüber einer strikten Trennung zwischen Leitungs- und Aufsichts- bzw. Überwachungsorgan im dualistischen System in den Aktiengesellschaften in Europa[190] ist diese Denkrichtung der Europäischen Kommission – wenngleich aus deutscher Perspektive zT misslich – nachvollziehbar. Nur wenige Mitgliedstaaten schreiben ein dualistisches Board-System für ihre nationalen Aktiengesellschaften zwingend vor (Deutschland, Österreich, Polen, Lettland und Estland)[191] und nur einige stellen ein solches zur Wahl.[192] Selbst bei einer Wahlmöglichkeit wird überwiegend das monistische Modell gewählt.[193] Einige Länder (Belgien, Spanien und Griechenland) schreiben es sogar verpflichtend vor.[194] Selbst bei einem Austritt Großbritanniens aus der EU („Brexit") ist daher eine fortlaufende Orientierung am monistischen Board-System wahrscheinlich. Um die Zustimmung zu Regelungsprojekten von Mitgliedstaaten zu erhalten, die das dualistische System und insbesondere einen separierten Aufsichtsrat bevorzugen, werden zumeist entsprechende Mitgliedstaatenoptionen (zu dieser Regelungstechnik s. Rn. 49 f.) eingeräumt.

V. Materielle (Kern-) Regelungsziele

69 Richtlinienübergreifend lassen sich verschiedene materielle Kernthemen bei der europäischen Rechtsangleichung auf dem Gebiet des Gesellschaftsrechts ausmachen. Vor allem im Sinne des Art. 50 II lit. g) AEUV zeigen sich **Grundprinzipien der Harmonisierung** des mitgliedstaatlichen Gesellschaftsrechts durch die EU.

70 Inwiefern dabei auch eine richtlinienübergreifende **kohärente Auslegung** entsprechender (materieller) Prinzipien geboten ist, lässt sich bislang nicht abschließend feststellen (dazu § 2 Rn. 97).[195] Obgleich eine insofern systemkonforme Auslegung auch aus Rechtssicherheitsaspekten wünschenswert wäre, zeigen jüngere EuGH-Entscheidungen zum Europäischen Unternehmensrecht in der Tendenz eine eher **begrenzte** (vollständige) **Übertragbarkeit** der Auslegung richtlinienimmanenter Regelungsprinzipien.[196] Dabei wird insbesondere darauf geachtet, ob der Telos der betrachteten Vorschriften übereinstimmt (s. in diesem Sinne auch zur Verweistechnik Rn. 56 ff.).

1. Unternehmenspublizität

71 Im Zentrum der Gesellschaftsrechtsangleichung durch Richtlinien stehen Regelungen zur Unternehmenspublizität. Die Offenlegung wichtiger Unternehmensinformationen ist eine der zentralen Leitideen im Europäischen Gesellschaftsrecht.[197] **Transparenz durch Publizität** spielt eine tragende Rolle, um der Schutzfunktion der europäischen Rechtsangleichung auf dem Gebiet des Gesellschafts- und Kapitalmarktrechts gerecht zu werden und diese zu realisieren.[198]

72 Im Europäischen Gesellschaftsrecht wird das Publizitätsprinzip maßgebend vom sog **„Informationsmodell"** und damit vom Gedanken des **„Schutzes durch Information"** geprägt.[199] Das Informationsmodell dient dabei zwar

190 *Gerner-Beuerle/Paech/Schuster*, Study on Directors' Duties and Liability prepared for the European Commission DG Market, 2013, S. 4 ff.; *Merkt* ZHR 179 (2015) 601, 633.
191 *OECD*, OECD Corporate Governance Factbook, 2017, S. 93.
192 In Frankreich (§ 13 Rn. 528), in Italien (§ 14 Rn. 190 f.), in den Niederlanden (§ 16 Rn. 151), der Tschechischen Republik, Finnland, Ungarn, Slowakei, Dänemark, Luxemburg, Portugal und Slowenien wird den Unternehmen die Wahl der Organisationsverfassung überlassen; vgl. *OECD*, OECD Corporate Governance Factbook, 2017, S. 93; *Hopt* ZHR 75 (2011) 444, 469.
193 Statistisch haben allerdings europaweit die Mehrzahl bestehender SE das dualistische System gewählt. *CMS*, Veröffentlichung zur Societas Europaea, 2016, S. 5. Insofern muss allerdings angemerkt werden, dass die meisten SE auch in Deutschland registriert sind und bezüglich der Wahl der Organisationsverfassung eine gewisse Pfadabhängigkeit besteht. *Leyens* in: Eger/Schäfer (Eds.), Research Handbook on the Economics of European Union Law, 2012, S. 186. In Frankreich wird beispielsweise häufiger das monistische System für nationale Aktiengesellschaften gewählt (s. dazu § 13 Rn. 485 ff.).
194 *OECD*, OECD Corporate Governance Factbook, 2017, S. 93.
195 Für eine entsprechend kohärente Auslegung *Schön* ZHR 174 (2010) 155, 162.
196 Siehe in diesem Zusammenhang EuGH, Rs. C-101/08 (Audiolux), ECLI:EU:C:2009:626 = ZIP 2009, 2241; EuGH, Rs. C-174/12 (Hirmann), ECLI:EU:C:2013:856 = NZG 2014, 215.
197 *Raiser* in: FS Priester, 2007, S. 799, 810; *P. Jung* GPR 2004, 233, 235; *Roth/Kindler*, The Spirit of Corporate Law, 2013, S. 166; *Schön* ZHR 180 (2016) 279, 282; vgl. auch *Hopt* ZGR 2013, 165, 186 f. („Transparenz als Regelungsmethode"); ferner *Merkt*, Unternehmenspublizität, 2001, S. 132 ff.
198 Vgl. *Ebke* RabelZ 62 (1998) 195, 203; *Teichmann* in: Gebauer/Teichmann (Hrsg.), Europäisches Privat- und Unternehmensrecht, 2016, § 6 Rn. 114; *Habersack/Verse*, Europäisches Gesellschaftsrecht, 2011, § 4 Rn. 6; zum Europäischen Kapitalmarktrecht auch *Zetzsche/Eckner* in: Gebauer/Teichmann (Hrsg.), Europäisches Privat- und Unternehmensrecht, 2016, § 7 Rn. 94; *Veil* in: Veil (Hrsg.), Europäisches Kapitalmarktrecht, 2014, § 2 Rn. 12.
199 *Grundmann*, Europäisches Gesellschaftsrecht, 2011, Rn. 1169; *ders.* ZIP 2004, 2401, 2406; *Kalss/Klampfl*, Europäisches Gesellschaftsrecht, 2015, Rn. 205, 211; *Kalss* EuZW 2015, 252, 254; *Teichmann* in: Gebauer/Teichmann (Hrsg.), Europäisches Privat- und Unternehmensrecht, 2016, § 6 Rn. 114; *Hommelhoff/Riesenhuber* in: Grundmann (Hrsg.), Systembildung und Systemlücken, 2000, S. 259, 273; vgl. auch *Verse* in: Fleischer ua (Hrsg.), 50 Jahre AktG, 2016, S. 303, 304, 306; ausführlich zum Informationsmodell im Europäischen Gesellschaftsrecht *Grohmann*, Das Informationsmodell im Europäischen Gesellschaftsrecht, 2006; *ders.* EWS 2007,

primär dem Schutz durch Information, setzt aber gleichzeitig auch Investitionsanreize. Sowohl im Innen- als auch im Außenverhältnis haben Gesellschaften bzw. deren Leitungsorgane Informationen zur Verfügung zu stellen, nach denen die Anteilsinhaber und Marktteilnehmer ihr Verhalten ausrichten können. Dadurch sollen Informationsasymmetrien mittels Offenlegung beseitigt werden.[200] Im Zentrum steht dabei der informationelle Anteilseigner- sowie Gläubigerschutz.[201] Mit Blick auf die Anteilseigner dient die Information dabei auch der Überwindung der Principal-Agent-Problematik, die sich bei Kapitalgesellschaften, vor allem bei großen Kapitalgesellschaften, stellt (s. näher dazu § 33 Rn. 7 ff.). Der **Schutz der Gläubiger** basiert dabei im Wesentlichen auf einem Vertrauensschutz.[202]

Informationsregeln dienen auch dazu, eine angemessene und **sachgerechte Entscheidungsfindung** zu unterstützen. Für entsprechend wichtig erachtet der EuGH Informationspflichten und sieht daher auch grundsätzlich keinen Verstoß gegen die Niederlassungsfreiheit, wenn dem Rechtsverkehr in angemessener Weise Informationen über den betreffenden Rechtsträger bekannt zu machen sind.[203] Informationsregeln in gesellschaftsrechtlichen Richtlinien sind in aller Regel **zwingend**, dh sie stehen nicht im Sinne einer Mitgliedstaatenoption (s. Rn. 49 f.) zur Disposition der Mitgliedstaaten[204] und erst recht nicht zur Disposition der Unternehmen. 73

Im Zusammenhang mit dem Informationsmodell hat sich speziell für Umwandlungskonstellationen ein **„Europäisches Modell für Strukturmaßnahmen"** entwickelt (dazu § 22 Rn. 3).[205] Basierend auf der Verschmelzungsrichtlinie[206] wird durch verschiedene Bausteine (zB Umwandlungsplan, Umwandlungsbericht, Beschlussfassung)[207] im Sinne eines Schutzes durch Information die informationelle Entscheidungsbasis Einzelner gestärkt und das mit der Strukturmaßnahme verbundene Risiko für diese kalkulierbarer gemacht.[208] Das Informationsmodell bezweckt im Europäischen Umwandlungsrecht daher die **individuelle Informationslage** der Betroffenen zu **verbessern**. Sie sind insofern vor wirtschaftlichen Fehldispositionen aufgrund mangelnder Informationen zu schützen. 74

Daneben ist die ehemalige **Publizitätsrichtlinie** (= Art. 14 ff. Kodifizierungs-RL) ein zentraler Baustein,[209] der die Publizität bestimmter Angaben im zuständigen Register für Kapitalgesellschaften etabliert. Die Einrichtung von **Handels-** bzw. **Unternehmensregistern** wird in diesem Zusammenhang auch als „maßgebliche regulatorische Infrastrukturleistung" gelobt.[210] Eine große Leistung ist in diesem Zusammenhang zudem die elektronische Verfügbarkeit der Informationen (zur Digitalisierung s. Rn. 82). Aufgrund der allgemeinen Bedeutung vieler dort geregelter Aspekte hat die Richtlinie tatsächlich auch Auswirkungen im Personengesellschaftsrecht entfaltet.[211] Andererseits werden sehr weitreichende Publizitätsanforderungen für KMU teilweise auch aufgrund der damit verbundenen Kosten und mit Blick auf den Wunsch dieser Gruppe nach Vertraulichkeit kritisiert.[212] 75

---

540 ff.; *Vervessos* in: Riesenhuber/Klinck/Karakostas (Hrsg.), Information als Schutzinstrument, 2013, S. 131 ff.; *Grundmann* DStR 2004, 232 ff.

200 *P. Jung* GPR 2004, 233, 236; *Grundmann* in: Riesenhuber (Hrsg.), Europäische Methodenlehre, 3. Aufl. 2015, § 9 Rn. 66; *Kalss/Klampfl*, Europäisches Gesellschaftsrecht, 2015, Rn. 206; *Vervessos* in: Riesenhuber/Klinck/Karakostas (Hrsg.), Information als Schutzinstrument, 2013, S. 131, 142; kritisch zum Informationsmodell *Schön* in: FS Canaris, 2007, S. 1193 ff.

201 *Kalss/Klampfl*, Europäisches Gesellschaftsrecht, 2015, Rn. 2; *Hommelhoff/Riesenhuber* in: Grundmann (Hrsg.), Systembildung und Systemlücken, 2000, S. 259, 277 ff.; *Melon* ESJ 2015, 170, 187; in dem Sinne auch *Roth/Kindler*, The Spirit of Corporate Law, 2013, S. 7; *Verse* in: Fleischer ua (Hrsg.), 50 Jahre AktG, 2016, S. 303, 304, 306 f.

202 Vgl. *P. Jung* GPR 2004, 233, 236; *Merkt* RabelsZ 59 (1995) 545, 554; *Vervessos* in: Riesenhuber/Klinck/Karakostas (Hrsg.), Information als Schutzinstrument, 2013, S. 131, 149; ferner *Grundmann* in: Riesenhuber (Hrsg.), Europäische Methodenlehre, 3. Aufl. 2015, § 9 Rn. 45 f.

203 Vgl. EuGH, Rs. C-167/01 (Inspire Art), ECLI:EU:C:2003:512 = NJW 2003, 3331, Rn. 132 ff.

204 *Grundmann* ZIP 2004, 2401, 2408.

205 *Lutter/Bayer/Schmidt*, Europäisches Unternehmens- und Kapitalmarktrecht, 2017, Rn. 20.3; *Grundmann*, Europäisches Gesellschaftsrecht, 2011, Rn. 868; *Hommelhoff/Riesenhuber* in: Grundmann (Hrsg.), Systembildung und Systemlücken, 2000, S. 259, 272 ff.; *Teichmann* in: Gebauer/Teichmann (Hrsg.), Europäisches Privat- und Unternehmensrecht, 2016, § 6 Rn. 233.

206 *Grundmann*, Europäisches Gesellschaftsrecht, 2011, Rn. 868; *ders.* DStR 2004, 232, 235; *Grohmann*, Das Informationsmodell im Europäisches Gesellschaftsrecht, 2006, S. 385; *Riesenhuber* NZG 2004, 15.

207 „Umwandlung" bezieht sich hierbei auf das deutsche Verständnis, umfasst also Verschmelzung, Spaltung und Formwechsel. Aus europäischer Sicht wird der Begriff der Umwandlung sprachlich meist nur für eine formwechselnde Umwandlung, dh einen Rechtsformwechsel, gebraucht.

208 *Grohmann*, Das Informationsmodell im Europäisches Gesellschaftsrecht, 2006, S. 386 f.; *Riesenhuber* NZG 2004, 18 ff.; *Grundmann*, Europäisches Gesellschaftsrecht, 2011, Rn. 888.

209 *Krolop* in: Riesenhuber (Hrsg.), Europäische Methodenlehre, 2015, § 19 Rn. 13 bezeichnet die ehemalige Publizitätsrichtlinie als ersten und prägenden Transparenzansatz.

210 So *Kalss/Klampfl*, Europäisches Gesellschaftsrecht, 2015, Rn. 5.

211 *Kalss/Klampfl*, Europäisches Gesellschaftsrecht, 2015, Rn. 5.

212 Vgl. zu Ersterem *Ferrarini/Ottolia* ERCL 2014, 363 ff.

2. Aktionärsschutz

76 Vor allem betreffend das Innenverhältnis von Gesellschaften sehen Richtlinien regelmäßig besondere Schutzvorschriften für Anteilsinhaber vor. Prägend für den Anteilsinhaberschutz ist die **Zustimmung der Haupt-** bzw. **Gesellschafterversammlung** für wichtige Unternehmensentscheidungen.[213] Den Gesellschaftern bzw. Aktionären steht ein umfassendes Zustimmungs- und Entscheidungsrecht für verschiedene gesellschaftsrechtliche Maßnahmen zu. Die Anteilsinhaber haben (ggf. mit qualifizierter Mehrheit) zB über Strukturmaßnahmen in der Gesellschaft (Verschmelzung, Spaltung), über Satzungsänderungen und über Kapitalmaßnahmen abzustimmen. Die finale Beurteilung einer einschneidenden Maßnahme obliegt richtlinienübergreifend somit regelmäßig den Anteilsinhabern als Eigentümern des Unternehmens. Zur Ausübung dieser Zustimmungsrechte gewährleistet die **Aktionärsrechterichtlinie** (dazu § 30) zumindest für börsennotierte Aktiengesellschaften die Teilnahme an der Hauptversammlung und die entsprechende Kontrolle des Leitungs- bzw. Verwaltungsorgans. In diesem Sinne zielt auch die überarbeitete Aktionärsrechterichtlinie darauf ab, den Aktionären weitere Kompetenzen in Bezug auf Transaktionen mit nahestehenden Personen und Unternehmen (*related party transactions*) sowie in Bezug auf die Vergütung von Organmitgliedern (*say on pay*) zuzusprechen (dazu § 30 Rn. 144 ff.).

77 Außerdem sind Aktionäre, die sich in derselben Situation befinden, grundsätzlich gleich zu behandeln (**Gleichbehandlungsgrundsatz**, vgl. Art. 85 Kodifizierungs-RL (ex-Art. 46 Kapital-RL); Art. 4 AR-RL; Art. 3 I lit. a) Übernahme-RL). Nach Aussage des EuGH lässt sich aus den sekundärrechtlichen Vorschriften jedoch **kein** primärrechtliches Prinzip zur Gleichbehandlung aller Aktionäre ableiten (s. dazu § 2 Rn. 172).[214]

3. Shareholder activism

78 Im Rahmen der angesprochenen Aktionärsrechte börsennotierter Gesellschaften scheint sich eine gewisse Tendenz zur Stärkung eines sog ***shareholder activism*** herauszubilden.[215] Insbesondere die novellierte Aktionärsrechterichtlinie sieht faktisch einen **verstärkten Einfluss** auf die Unternehmensführung vor.[216] Auch das Grünbuch der Europäischen Kommission vom April 2011 (dazu § 33 Rn. 59 ff.)[217] tendiert in diesem Zusammenhang zu einer besseren Interaktion und Kommunikation zwischen der Unternehmensleitung einer (börsennotierten) Aktiengesellschaft und den Aktionären.[218] Ob eine (faktische) Förderung „aktivistischer Aktionäre" durch verstärkte Aktionärsrechte stets wünschenswert ist, ist dagegen umstritten.[219] Einerseits kommt man damit der zunehmenden Bedeutung institutioneller Stimmrechtsberater nach. Andererseits handelt es sich bei entsprechend aktiven Anlegern börsennotierter Gesellschaften jedoch regelmäßig um **Hedgefonds**,[220] die typischerwei-

---

213 *Grundmann* ZIP 2004, 2401, 2409; *ders.* in: Riesenhuber (Hrsg.), Europäische Methodenlehre, 3. Aufl. 2015, § 9 Rn. 54.

214 EuGH, Rs. 101/08 (Audiolux), ECLI:EU:C:2009:626 = ZIP 2009, 2241, Rn. 62 ff.; ferner zu allgemeinen Rechtsgrundsätzen im Europäischen Gesellschaftsrecht *Schön* in: FS Hopt, 2010, S. 1343 ff., wonach gleichwohl die Herausbildung allgemeiner Rechtsgrundsätze im Gesellschaftssekundärrecht möglich ist (S. 1355).

215 Zum shareholder activism (in Deutschland) vgl. *Schockenhoff/Culmann* ZIP 2015, 297 ff.; *Bunz* NZG 2014, 1049 ff.; *Kleinmanns* IRZ 2016, 341 ff.; *Thaeter/Guski* AG 2007, 301 ff.; *Heuser*, Shareholder Activism, 2012; *Schaefer* NZG 2007, 900 ff.; *Strenger/Zetzsche* AG 2013, 397 f.; siehe ferner *Hössl/Torggler* GesRZ 2016, 185, 188 ff.; *Chiu*, The Foundation and Anatomy of Shareholder Activism, 2010; *Ringe*, Shareholder Activism: a Renaissance, in: Gordon/Ringe (Eds.), The Oxford Handbook of Corporate Law and Governance, 2018 (forthcoming); *Bengtsson* International Journal of Business Governance and Ethics 3 (2007) 238 ff.; *Cziraki/Renneberg/*
Szilagyi Europ. Fin. Management 16 (2010) 738 ff.; *Filatotchev/Dotsenko* JMG 19 (2015) 5 ff.; *Klein/Zur* Jour-
nal of Finance 64 (2009) 187 ff.; *Stathopoulos/Voulgaris* Corp. Gov. (Int. Rev.) 24 (2016) 359 ff.; *McNulty/*
Nordberg Corp. Gov. (Int. Rev.) 24 (2016) 346 ff.; *Gantchev* JFE 107 (2013) 610 ff.; *Goranova/Ryan* JOM 40
(2014) 1230 ff.; *Sharfman* Tennessee L. Rev. 82 (2015) 101 ff.; *Bainbridge*, Shareholder Activism and Institutio-
nal Investors, 2005, UCLA School of Law, Law-Econ Research Paper 05-20; *CMS Corporate/M&A*, Shareholder
Activism: A European Perspective, 2016; *Rapaccioli* Fordham Law Review 84 (2016) 2947 ff.; *Rose/Sharfman*
BYU Law Review 2015, 1015 ff.

216 *Hommelhoff* NZG 2015, 1329, 1332; *Rose* JMG 16 (2012) 269 ff.; vgl. auch *Chiu* ZVglRWiss 114 (2015) 121, 152.

217 Europäische Kommission, Grünbuch Europäischer Corporate Governance-Rahmen, KOM(2011) 164; dazu *Jung* BB 2011, 1987, 1987 ff.

218 Vgl. *Weber-Rey/Reps* ZGR 2013, 597, 599 f.; *Bunz* NZG 2014, 1049; *Birkmose* ECFR 2014, 214, 218.

219 Aus US-amerikanischer Sicht vgl. auch *Anabtawi* 53 UCLA L. Rev. 561 (2006); *Coffee/Palia* Annals of Corporate Governance 1 (2016) 1, 40 ff.; *Bratton/Wachter*, U. Penn. L. Rev. 158 (2010) 653, 662 ff.; ferner *Ferran* MLR 79 (2016) 813, 832; kritisch im Hinblick auf Schwierigkeiten bei der grenzüberschreitenden Stimmrechtsausübung sowie der zunehmenden Gefahr eines acting in concert *Fleischer* ZGR 2011, 155, 165; hinsichtlich letzterem auch *European Company Law Experts*, Shareholder engagement and identification, 2015, S. 3.

220 Speziell zum sog *hedge fund activism* (in Europa) *Becht/Franks/Grant*, Hedge Fund Activism in Europe, ECGI Finance Working Paper 283/2010; *dies.* in: Hill/Thomas (Eds.), Research Handbook on Shareholder Power, 2015, S. 116 ff.; *Seretakis* Brook. J. Corp. Fin. & Com. L. 8 (2014) 438 ff.; *Weber/Zimmerman* European Financial Management 19 (2013) 1017 ff.; *Cheffins/Armour* Journal of Corporate Law 37 (2011) 51 ff.; *Brav et al.*, Hedge fund activism, Corporate Governance, and Firm Performance. ECGI Law Working Paper No. 139/2007;

se eher auf **kurzfristige Rendite** aus sind.[221] Insofern kann ein verstärkter *shareholder activism* auch im Widerspruch zu einer beabsichtigten Förderung eines langfristigen sowie auf Nachhaltigkeit ausgerichteten Unternehmenserfolgs und einer dauerhaft-substanziellen Unternehmenspolitik stehen.[222] In der Praxis kommt es dabei vor, dass sich insbesondere Hedgefonds[223] bis zu einer gewissen Beteiligungsquote in die Gesellschaft „einkaufen", um sich sodann vor allem bei anstehenden Transaktionen, bei denen ein Mehrheitsaktionär auf einen bestimmten Aktienbesitz angewiesen ist, die erworbenen Anteile teuer abkaufen zu lassen.[224]

Die Europäische Kommission scheint die Förderung eines *shareholder activism* jedoch primär aus Sicht einer gesteigerten **Aktionärsdemokratie** als Ganzes zu betrachten.[225] Zumindest greift der europäische Gesetzgeber die rechtstatsächliche Tendenz des – nicht nur im US-amerikanischen und britischen Aktienrecht bestehenden – zunehmenden Einflusses institutioneller Investoren auf die Unternehmensführung und -überwachung[226] in Europa auf.[227] Der europäische Regelungsgeber reagiert damit auf die fortgeschrittene **Aktionärsapathie** vor allem von Kleinanlegern als einem Kernproblem nachhaltiger Corporate Governance (dazu auch § 33 Rn. 17).[228] Auch ist rechtsvergleichend die (faktische) Mitgestaltungs- und Mitentscheidungsmacht der Aktionäre bei der Unternehmensführung noch sehr unterschiedlich; die **Kompetenzen** der Hauptversammlung als Entscheidungsgremium der Investoren sind mithin – abgesehen von verschiedenen Grundlagenentscheidungen (zB Kapital- oder Strukturmaßnahmen) – durchaus different in den Mitgliedstaaten.[229] 79

4. Harmonisierung innerstaatlicher und grenzüberschreitender Sachverhalte

Im Prinzip umfasst die europäische Gesellschaftsrechtsharmonisierung sowohl **innerstaatliche** als auch **grenzüberschreitende Regelungspunkte.** In jüngerer Zeit lässt sich bei den Harmonisierungsbestrebungen der Europäischen Kommission allerdings eine Tendenz zur Regelung grenzüberschreitender Fragen feststellen.[230] Dies ist zweifellos im Sinne der Niederlassungsfreiheit, die einen grenzüberschreitenden Bezug voraussetzt (s. dazu § 10 Rn. 23), nicht jedoch Vorbedingung für die Regelungskompetenz gem. Art. 50 I, II AEUV. Beispiele für die **Angleichung grenzüberschreitender Maßnahmen** sind die Regelungen zu innereuropäischen Verschmelzungen, die grenzüberschreitende Teilnahme an Hauptversammlungen sowie die Regelung länderübergreifender Unternehmensübernahmen. Hinzu zählen auch die beabsichtigten Vorgaben zu internationalen Sitzverlegungen (s. zum Projekt § 32), dh zum grenzüberschreitenden Formwechsel und zur grenzüberschreitenden Spaltung.[231] Bei der Harmonisierung grenzüberschreitender Sachverhalte liegt neben der Bestimmung des anwendbaren Rechts (s. Rn. 36) ein Augenmerk auf der Koordinierung der beteiligten Behörden unterschiedlicher Mitgliedstaaten. Mit Blick darauf wurde im Jahr 2012 die Registervernetzungs-Richtlinie (s. dazu § 20 Rn. 45 ff.) erlassen, die eine verbesserte Kommunikation der Registerbehörde insbesondere bei grenzüberschreitenden Fragestellungen 80

Vetter ZHR 179 (2015) 273, 306 f.; aus US-amerikanischer Sicht vgl. nur *Bebchuk/Brav/Jiang* Columbia L. Rev. 115 (2015) 1085 ff.; *Becht et al.* Review of Financial Studies 30 (2017) 2933, 2968; *Brav et al.* Review of Financial Studies 28 (2015) 2723 ff.

221 Vgl. nur *Ginevri* EBOR 12 (2011) 587, 602; *Mukwiri/Siems* Journal of Law and Society 41 (2014) 51, 60; *Arsalidou*, Rethinking Corporate Governance in Financial Institutions, 2016, S. 172; siehe ferner in vergleichbarem Zusammenhang Europäische Kommission, Grünbuch: Langfristige Finanzierung der Europäischen Wirtschaft, KOM(2013) 150; zur Differenzierung zwischen „klassischen" institutionellen Investoren und Hedgefonds *Rock*, Institutional Investors in Corporate Governance, Penn ILE Research Paper No. 14-37, S. 26 ff.

222 Zur Diskrepanz zwischen kurzfristigen (short-term) Anlagestrategien und einer langfristigen (long-term) Unternehmenswertsteigerung vgl. *Bebchuk/Brav/Jiang* Columbia L. Rev. 115 (2015) 1085 ff.; *Brav et al.* Journal of Finance 63 (2008) 1729 ff.; *Katelouzou* Virginia L & B Rev. 7 (2013) 459 ff.

223 Zum Begriff aus europäischer Sicht vgl. *Nabilou* ECFR 2017, 149, 165 ff.

224 Speziell auch in Bezug zur Neuregelung zu related party transactions in der Aktionärsrechterichtlinie *Vetter* ZHR 179 (2015) 273, 306 f.; *Hommelhoff* NZG 2015, 1329, 1332.

225 Vgl. auch *Rose* J. Manag. Gov. 16 (2012) 269 ff.; zu den entsprechenden Tendenzen im US-amerikanischen Recht *Dignam* Seattle University L. Rev. 36 (2013) 639.

226 Insofern zur „Macht" von (institutionellen) Anlegern *Hill* in: Hill/Thomas (Eds.), Research Handbook on Shareholder Power, 2015, S. 53 ff., 64.

227 Bis vor einiger Zeit war zumindest aus deutscher Perspektive bei Publikumsgesellschaften oftmals eine gewisse Zurückhaltung institutioneller Investoren und eine (faktische) Verbundenheit insbesondere zu (einzelnen) Mitglieder des Aufsichtsrats zu beobachten.

228 Zur Aktionärsapathie als zentralem Problem einer funktionierenden Corporate Governance *Mukwiri/Siems* Journal of Law and Society 41 (2014) 51, 63; *Zetzsche* JCLS 8 (2008) 289, 298 ff.; *Hüffer/Koch*, AktG, 13. Aufl. 2018, § 134 Rn. 21; *Spindler* in: K. Schmidt/Lutter (Hrsg.), AktG, 3. Aufl. 2015, § 134 Rn. 38; im Rahmen der Stimmrechtsvertretung auch *Habersack/Verse*, Europäisches Gesellschaftsrecht, 2011, § 7 Rn. 25; *Lutter/Bayer/Schmidt*, Europäisches Unternehmens- und Kapitalmarktrecht, 2017, Rn. 29.209.

229 *Birkmose* ECFR 2014, 214, 228; *Siems*, Convergence in Shareholder Law, 2008, S. 150 ff.

230 *Hopt* ZGR 2013, 165, 185 f.; *Armour/Ringe* CMLR 48 (2011) 125, 150; *Krolop* in: Riesenhuber (Hrsg.), Europäische Methodenlehre, 3. Aufl. 2015, § 19 Rn. 14; *Kroeze/Vletter-van Dort* ECL 5 (2008) 114, 120.

231 Europäische Kommission, Vorschlag für eine Richtlinie des Europäischen Parlaments und des Rates zur Änderung der Richtlinie (EU) 2017/1132 in Bezug auf grenzüberschreitende Umwandlungen, Verschmelzungen und Spaltungen, COM(2018) 241 final.

erreichen soll. Die reformierte Aktionärsrechterichtlinie (dazu § 30) befasst sich dagegen mit einem innerstaatlichen Regelungsaspekt. Gleiches gilt für die diskutierte SUP-Richtlinie (dazu § 9). Ziel ist allerdings in beiden Fällen auch, grenzüberschreitende Aktivitäten (also grenzüberschreitende Beteiligungen an Gesellschaften bzw. grenzüberschreitende Gründungen) zu fördern.

5. Digitalisierung

81 Ferner hat im Zuge des Aktionsplans der Europäischen Kommission aus dem Jahr 2003 vermehrt das **elektronische Zeitalter** Einzug in die europäische Rechtsangleichung auf dem Gebiet des Gesellschaftsrechts gehalten. Zu nennen sind in diesem Zusammenhang die elektronische Dokumenteneinreichung und Registerführung im Rahmen der ehemaligen Publizitätsrichtlinie (= Art. 14 ff. Kodifizierungs-RL) (dazu § 20 Rn. 15 f.), die elektronische Offenlegung des Verschmelzungs- und Spaltungsplans im Rahmen der umwandlungsrechtlichen Bestimmungen in der Kodifizierungs-Richtlinie (s. § 22 Rn. 28, § 23 Rn. 19, § 24 Rn. 50) und die Möglichkeit der elektronischen **Teilnahme an der Hauptversammlung** durch die Aktionärsrechterichtlinie (dazu § 30 Rn. 115 ff.). In diesem Zusammenhang sei auch die Einführung des europäischen **E-Justiz-Portals** (Art. 17 Kodifizierungs-RL (ex-Art. 3a Publizitäts-RL) (s. dazu § 20 Rn. 46 ff.)) durch die Richtlinie 2012/17/EU genannt. Im Zuge der „Digital-Agenda" wollte die EU-Kommission zudem mithilfe der Societas Unius Personae (SUP) die Online-Gründung zumindest für Einpersonengesellschaften einführen (dazu § 9 Rn. 72 ff.). Das Projekt scheiterte jedoch.[232] Die Digitalisierung im Europäischen Gesellschaftsrecht wird dessen ungeachtet jedoch auch zukünftig ein Regelungsgebiet sein, auf dem sich die EU verstärkt betätigen wird (s. dazu auch § 39 Rn. 27 f. sowie § 30 Rn. 13, 123). Dies zeigt schon jetzt beispielsweise der potenzielle Einsatz von *blockchain*-basierten Anwendungen bei der Erleichterung insbesondere der Ausübung von Aktionärsrechten[233] oder im Handelsregisterwesen.[234] Im April 2018 wurde zudem ein Richtlinienvorschlag „im Hinblick auf den Einsatz digitaler Werkzeuge und Verfahren im Gesellschaftsrecht" von der Europäischen Kommission vorgestellt.[235] Systematisch konsequent sollen die dortigen Änderungen in die im Juni 2017 erlassene Kodifizierungs-Richtlinie (s. dazu § 19) eingefügt werden. Inhaltlich befasst sich der Richtlinienvorschlag insbesondere mit Aspekten der Online-Einreichung, -eintragung und -offenlegung in den mitgliedstaatlichen Handels- und Gesellschaftsregistern und greift damit die Themen auf, die auch schon im Rahmen des SUP-Projekts diskutiert wurden.

6. Umstrukturierungen

82 Die Förderung von Unternehmensumstrukturierungen stand bereits früh auf der Agenda des europäischen Gesetzgebers. Bereits zu Beginn der 1970er Jahre wurden erste Vorschläge für eine Regulierung von (grenzüberschreitenden) Verschmelzungen unternommen (s. auch § 22 Rn. 1, § 24 Rn. 2). Die **Ermöglichung von Strukturmaßnahmen** wurde dabei als wichtiger Faktor zur Gewährleistung unternehmerischer Freiheit betrachtet und sollte insofern auch die europäische Wirtschaft vorantreiben. Umstrukturierungen wurden dabei primär als **Umwandlungsmöglichkeiten** im Sinne des deutschen Sprachgebrauchs verstanden. Ausgangspunkt der europäischen Harmonisierung war in diesem Zusammenhang die Angleichung des nationalen Rechts für innerstaatliche Verschmelzungen. Als „*enabling law*" (s. dazu Rn. 9) wurde das Rechtsinstitut der **Verschmelzung** von Aktiengesellschaften durch die ehemalige Verschmelzungsrichtlinie (dazu § 22) eingeführt.[236] Dies gilt insbesondere auch im Rahmen des Erlasses der damaligen Internationalen Verschmelzungsrichtlinie (dazu § 24) und der Gewährleistung von grenzüberschreitenden Verschmelzungen von Kapitalgesellschaften. Durch die ehemalige Spaltungsrichtlinie wurde hingegen das Rechtsinstitut der **Spaltung** nicht verbindlich eingeführt (s. dazu § 23 Rn. 6), weshalb insofern kein *enabling law* ieS vorliegt. Insgesamt lässt sich derzeit feststellen, dass vor allem die europäische Rechtsetzung zu grenzüberschreitenden Umstrukturierungen seit einigen Jahren der „negativen" Harmonisierung durch den EuGH (dh eine Harmonisierung durch Regelungen negativen Inhalts, s. dazu auch Rn. 5) etwas hinterher hinkt. Trotz der Zulässigkeit einer grenzüberschreitenden Spaltung und eines grenzüberschreitenden Formwechsels (s. dazu § 10 Rn. 123 ff., 159 ff.) bestehen bislang keine harmonisierten

232 Im Herbst 2017 kündigte die Europäische Kommission an, den Vorschlag zur SUP innerhalb von sechs Monaten (dh bis April 2018) zurückziehen. European Commission, Annex to the Communication from the Commission the the European Parliament, the Council, the European Economic and Social Committee and the Committee of the Regions – Commission Work Programe 2018, Annex IV, COM(2017) 650 final, 24.10.2017, Punkt 10.

233 Siehe dazu *Van der Elst/Lafarre*, Bringing the AGM to the 21st Century: Blockchain and Smart Contracting Tech for Shareholder Involvement, ECGI Law Working Paper No. 358/2017; *dies.* ECL 14 (2017) 167 ff.; *Mutter/Otto* AG 2017, R24; vgl. auch *Paech* MLR 80 (2017) 1073.

234 Siehe dazu *Knaier* GmbHR 2017, R305 f.

235 Europäische Kommission, Vorschlag für eine Richtlinie des Europäischen Parlaments und des Rates zur Änderung der Richtlinie (EU) 2017/1132 im Hinblick auf den Einsatz digitaler Werkzeuge und Verfahren im Gesellschaftsrecht, COM(2018) 239 final; dazu *Knaier* GmbHR 2018, 560; *Noack* DB 2018, 1324.

236 Vgl. EuGH, Rs. C-483/14 (KA Finanz), ECLI:EU:C:2016:205 = ZIP 2016, 712, Rn. 54.

Verfahrensbestimmungen für diese. Allerdings hat die Europäische Kommission dazu im April 2018 einen Regelungsvorschlag unterbreitet,[237] so dass zukünftig eine positive Normierung vorhanden sein könnte.

In den Bereich der Umstrukturierungen von Unternehmen lässt sich ferner die **Übernahmerichtlinie** (dazu § 29) einordnen. Sowohl aufgrund der volkswirtschaftlichen Effekte von Unternehmensübernahmen als auch aus unternehmerischer Sicht wurden mit dem Ziel der Schaffung eines funktionierenden Übernahmemarktes in Europa und damit dem Abbau von nationalen Übernahmehindernissen ausführliche Bestimmungen für Übernahmen von Unternehmen erlassen. 83

7. Bilanzierung/Jahresabschluss

Seit jeher eng mit Fragen des praktischen Gesellschafts- und Unternehmensrechts verbunden, sind bilanzrechtliche Themen.[238] Insofern wird das **Bilanzrecht** zT als das „Herzstück" des Europäischen Gesellschaftsrechts bezeichnet.[239] Ausgangspunkt war aus gesellschaftsrechtlicher Sicht dabei bereits die damalige Publizitätsrichtlinie (= Art. 14 ff. Kodifizierungs-RL), die ua vorsah, dass Kapitalgesellschaften ihre Bilanz sowie ihre Gewinn- und Verlustrechnung offenzulegen haben (s. dazu § 20 Rn. 35 f.). Darauf basierend wurde die 4. Richtlinie über den Jahresabschluss und die 7. Richtlinie über den Konzernabschluss erlassen. Beide Rechtsakte sind in der im Jahr 2013 verabschiedeten Bilanzrichtlinie aufgegangen und bilden das Kerngerüst des Europäischen Bilanzrechts. Daneben besteht mit der IFRS-Verordnung (s. dazu § 24 Rn. 10 ff.) seit dem Jahr 2002 eine EU-Verordnung betreffend die Anwendung internationaler Rechnungslegungsstandards. 84

Im Zusammenhang mit der Pflicht zur Erstellung des Jahres- bzw. konsolidierten Abschlusses steht auch die Pflichtprüfung der Rechnungslegungsunterlagen durch eine externe Person. Hierzu dienen die Harmonisierungsbestimmungen der heutigen **Abschlussprüferrichtlinie** bzw. der seit dem Jahr 2014 geltenden Abschlussprüfer-Verordnung (dazu § 26). Die Regulierung der Abschlussprüfung wird vor allem bei kapitalmarktorientierten Unternehmen dabei immer mehr auch als ein **Corporate Governance**-Aspekt gesehen (s. dazu § 33 Rn. 75 f.) und hat insofern Einfluss auf das Aktienrecht in den Mitgliedstaaten. Dies zeigt in der Konsequenz auch, dass der europäische Gesetzgeber bei der Regulierung des Gesellschaftsrechts durchaus um einen ganzeinheitlichen Ansatz bemüht ist und vor allem bei der kapitalmarktbezogenen Rechtangleichung andere Bereiche des Unternehmensrechts einbezieht. 85

E. Exkurs: Bedeutung des EMCA für das Richtlinienrecht

Die Rechtsangleichung im Gesellschaftsrecht mittels europäischer Richtlinien[240] ist immer wieder ins Stocken geraten (s. auch Rn. 19) und ist nicht unerheblich auch von rechtspolitischen Gegebenheiten beeinflusst. In den letzten Jahren ist daher – aus Sicht vor allem der Rechtswissenschaft – eine **weitere Harmonisierungsmethode** neben der klassischen Rechtssetzung im Europäischen Gesellschafts- und Unternehmensrechts (Verordnungen, Richtlinien und Empfehlungen) und dem Wettbewerb der Rechtsordnungen (s. dazu Rn. 13) ins Blickfeld geraten:[241] der ***European Model Company Act*** (EMCA)[242] als ein privatautonomes **Modellgesetzbuch** (ausführlich dazu § 38).[243] Der europaweit einheitliche Vertragstext des EMCA kann dabei auf freiwilliger Basis von den Mitgliedstaaten vollständig oder auch nur teilweise für bestimmte Bereiche in nationales Recht übernommen werden.[244] Vorteil einer entsprechenden Modellgesetzgebung ist die Möglichkeit der Angleichung des mitglied- 86

---

237 Europäische Kommission, Vorschlag für eine Richtlinie des Europäischen Parlaments und des Rates zur Änderung der Richtlinie (EU) 2017/1132 in Bezug auf grenzüberschreitende Umwandlungen, Verschmelzungen und Spaltungen, COM(2018) 241 final.

238 Vgl. auch *Meyer* in: Gebauer/Teichmann (Hrsg.), Europäisches Privat- und Unternehmensrecht, 2016, § 5 Rn. 101 f.

239 So *Grundmann*, Europäisches Gesellschaftsrecht, 2011, Rn. 117, 495; *ders.* in: Riesenhuber (Hrsg.), Europäische Methodenlehre, 3. Aufl. 2015, § 9 Rn. 66; *Kalss/Klampfl*, Europäisches Gesellschaftsrecht, 2015, Rn. 208.

240 Dies gilt in gleicher Weise für die Rechtsvereinheitlichung mittels europäischer Verordnungen (s. dazu § 3).

241 Vgl. nur *J. Schmidt* ZHR 181 (2017) 43, 44.

242 Die aktuelle Fassung ist abrufbar unter: http://law.au.dk/forskning/projekter/emca/.

243 Dazu *Andersen* in: Bernitz/Ringe (Eds.), Company Law and Economic Protectionism – New Challenges to European Integration, 2010, S. 303; *Baums*, Europäische Modellgesetze im Gesellschaftsrecht, ILF Working Paper 75; *Baums/Andersen* in: FS Wymeersch, 2009, S. 5 = ECGI Law Working Paper No. 97/2008; *Cleff* International Journal of Private Law 4 (2011) 156; *J. Schmidt* ZHR 181 (2017) 43; *Conac* ECFR 2016, 301; *Engrácia Antunes/Fuentes Naharro* ECFR 269; *Gilson* ECFR 2016, 351; *Hommelhoff* ECFR 2016, 254; *Kalss* ECFR 2009, 324; *Kahnert*, Rechtsetzung im Europäischen Gesellschaftsrecht, 2012, S. 209 ff.; *Klausner* ECFR 2016, 363; *Lutter/Bayer/Schmidt*, Europäisches Unternehmens- und Kapitalmarktrecht, 2012, § 18 Rn. 107; *Patakyova/Gramblickova* ECFR 2016, 322; *Perakis* ECFR 2016, 200; *Teichmann* ECFR 2016, 277; *ders.* KSzW 2014, 77; *de Wulf* ECFR 2016, 215; ferner auch *Ebke* in: FS Großfeld, 1999, S. 189 ff.

244 Vgl. EMCA 2017, Introduction 1. Vorbild hierfür ist der US-amerikanische Model Business Corporation Act (MBCA), der von der American Bar Association erstellt und laufen aktualisiert wird. Der MBCA wird derzeit

staatlichen Gesellschaftsrechts *„from bottom up"*[245] zuzüglich der **Flexibilität** der nationalen Umsetzung und deren Reichweite. Ob der EMCA im Ergebnis jedoch tatsächlich die gewünschten Effekte erzielen kann, ist fraglich (vgl. dazu § 38 Rn. 83).

87 Neben der unmittelbaren Übernahmemöglichkeit (von Teilen) des EMCA durch die Mitgliedstaaten in nationales Recht[246] könnte der EMCA auch **Einfluss** auf die **Richtliniengesetzgebung** im Europäischen Gesellschaftsrecht haben. Er könnte aufgrund seiner rechtsvergleichenden und überwiegend systemstimmigen Basis durchaus als eine Art **„Werkzeugkasten"** sowie Ideengeber für europäische Rechtssetzungsvorhaben auf dem Gebiet des Gesellschaftsrechts dienen.[247] Einzelne Aspekte des EMCA können insofern auch eine **Vorbildfunktion** für künftige legislative Maßnahmen und Reformen auf europäischer Ebene haben.[248] Zudem könnte eine darauf basierende Richtlinienumsetzung in einzelnen Mitgliedstaaten leichter fallen, sofern diese bereits einzelne Aspekte des EMCA – modifiziert – in nationales Recht übernommen haben. Inwieweit die entsprechenden Überlegungen jedoch tatsächlich Einfluss auf die Rechtssetzung im gesellschaftsrechtlichen Richtlinienrecht haben werden, ist aufgrund der bisher kurzen Bestandszeit des EMCA nur wenig prognostizierbar. Eine Harmonisierung *„from top down"* durch Richtlinien- bzw. Verordnungsrecht wird ein entsprechendes (unverbindliches) Modellgesetz in jedem Fall **nicht ersetzen** können.[249]

F. Zukunft des europäischen Richtlinienrechts im Gesellschaftsrecht

88 Nachdem mit der Zusammenführung von sechs Richtlinien in der Kodifizierungs-Richtlinie eine zwar nicht materiell, aber formell spürbare Änderung im gesellschaftsrechtlichen Richtlinienbestand sowie mit der Verabschiedung der neuen Aktionärsrechterichtlinie auch inhaltlich im Jahr 2017 eine prägende Neugestaltung des Europäischen Gesellschaftsrechts erfolgte, stellt sich die Frage, mit welchen **Änderungen/Neuerungen** beim europäischen Richtlinienrecht im Gesellschaftsrecht in näherer Zukunft zu rechnen ist. Derzeit (Mai 2018) am wahrscheinlichsten erscheint dabei eine Erweiterung der Kodifizierungs-Richtlinie um Regelungen für **grenzüberschreitende Spaltungen** von Kapitalgesellschaften (s. dazu auch § 10 Rn. 159 ff.). Verschiedene Studien, Konsultationen und Entschließungen wiesen im Jahr 2017 darauf hin,[250] dass die Europäische Kommission hier schon bald einen Richtlinien(änderungs-)vorschlag unterbreiten könnte. Dies geschah sodann im April 2018 mit dem Richtlinienvorschlag „über grenzüberschreitende Umwandlungen, Verschmelzungen und Spaltungen".[251] Vor allem eine Harmonisierung des Verfahrens einer grenzüberschreitenden Spaltung sowie eines grenzüberschreitenden Formwechsels wäre auch uneingeschränkt zu befürworten.[252] Nicht zuletzt durch die Polbud-Entscheidung vom Oktober 2017 (dazu § 10 Rn. 46 ff.) ist der Ruf nach europäischen Harmonisierungsbestimmungen für einen **grenzüberschreitenden Formwechsel** wieder lauter geworden.[253] Allerdings wurde ein entsprechendes Vorhaben von der Europäischen Kommission noch in ihren vor dem Richtlinienvorschlag vom April 2018 in Aussicht gestellten Vorhaben nicht explizit erwähnt, womit die Wahrscheinlichkeit eines (neuen) Legislativvorschlags (zum Projekt einer Sitzverlegungsrichtlinie s. § 32) zunächst geringer schien als für grenzüberschreitende Spaltungen. Der neue Richtlinienvorschlag betrifft jedoch nunmehr neben Änderungen der Art. 118 ff. Kodifizierungs-RL (s. dazu § 24) sowohl Verfahrensvorgaben für eine grenzüberschreitende Spaltung als auch für einen grenzüberschreitenden Formwechsel. Inwiefern – und ob überhaupt – der diesbezügliche Richtlinienvorschlag tatsächlich zu einer Änderung der Kodifizierungs-Richtlinien führen wird, ist beim derzeitigen Stand (Mai 2018) noch nicht abzusehen. Es ist in jedem Fall mit umfangreichen Diskussionen

von 24 US-Bundesstaaten vollständig und von den restlichen US-Bundesstaaten in Teilen bzw. modifiziert angewandt.

245 In diesem Zusammenhang bereits *Ebke* in: FS Großfeld, 1999, S. 189, 196.

246 Pessimistisch jedoch *Hopt* ZGR 2013, 165, 193 („nur geringe Vorteile").

247 Vgl. *Baums/Krüger* in: FS Wymeersch, 2009, S. 5; *Gebauer/Teichmann* in: Gebauer/Teichmann (Hrsg.), Europäisches Privat- und Unternehmensrecht, 2016, § 1 Rn. 40; *Kahnert*, Rechtsetzung im Europäischen Gesellschaftsrecht, 2012, S. 209 ff.

248 *J. Schmidt* ZHR 181 (2017) 43, 86. Der EMCA gilt indes nur für (mitgliedstaatliche) Kapitalgesellschaften; Personengesellschaften sind nicht erfasst.

249 *J. Schmidt* ZHR 181 (2017) 43, 86.

250 Siehe nur *J. Schmidt*, Study on Cross-border mergers and divisions, transfers of seat: Is there a need to legislate?, 2016; *Reynolds/Scherrer*, Ex-post analysis of the EU framework in the area of cross-border mergers and divisions, 2016; damit zusammenhängend auch Europäisches Parlament, Entwurf eines Berichts über die Durchführung grenzüberschreitender Unternehmensverschmelzungen und -spaltungen, 15.12.2016, 2016/2065(INI).

251 Europäische Kommission, Vorschlag für eine Richtlinie des Europäischen Parlaments und des Rates zur Änderung der Richtlinie (EU) 2017/1132 in Bezug auf grenzüberschreitende Umwandlungen, Verschmelzungen und Spaltungen, COM(2018) 241 final.

252 So aus jüngerer Zeit auch *Drygala/von Bressensdorf* NZG 2016, 1161, 1168; *Kleba* RNotZ 2016, 273, 288.

253 Vgl. nur *Bayer/Schmidt* ZIP 2017, 2225; *Bochmann/Cziupka* GmbHR 2017, 1267; *Christoph* BB 2017, 2829; *Feldhaus* BB 2017, 2819; *Korch/Thelen* IPRax 2018, 248; *Kieninger* ZEuP 2018, 309; *dies.* NJW 2017, 3624; *Kleba* RNotZ 2016, 273; *Paefgen* WM 2018, 981, 1029; *Schollmeyer* ZGR 2018, 186; RNotZ 2016, 273; *Sogaard* ECL 15 (2018) 21; *Stiegler* AG 2017, 846; *Teichmann* GmbHR 2017, R356; *Teichmann/Knaier* GmbHR 2017, 1314; *Ulrich* GmbHR 2017, R258; *Wachter* NZG 2017, 1312.

unter Mitgliedstaaten und mit den anderen EU-Institutionen zu rechnen. Zudem wurde parallel zum Richtlinienvorschlag zu grenzüberschreitenden Umwandlungen ein Vorschlag für eine Richtlinie „im Hinblick auf den Einsatz digitaler Werkzeuge und Verfahren im Gesellschaftsrecht" von der Europäischen Kommission vorgestellt (s. dazu bereits Rn. 81).[254]

Einfluss auf das Gesellschaftsrecht hätte auch eine etwaige Verabschiedung der Richtlinie über **präventive Restrukturierungsmaßnahmen**[255] (dazu § 36 Rn. 7 ff.). Denn durch eine entsprechende Richtlinie würde eine materielle Harmonisierung des Gesellschaftsinsolvenzrechts der Mitgliedstaaten eintreten, die auch Einfluss auf die Praxis der Unternehmensführung haben kann. So würde zB die Möglichkeit bestehen, dass sich eine in finanziellen Schwierigkeiten befindliche Gesellschaft im Rahmen eines vorinsolvenzlichen Restrukturierungsplans entschulden kann. Aus gesellschaftsrechtlicher Sicht von Interesse wäre auch eine Regelung, wonach die Geschäftsleiter der Schuldnergesellschaft bei einer wahrscheinlichen Insolvenz die Pflicht haben, sofortige Schritte zur Minimierung der Risiken für Gläubiger, Arbeitnehmer und Gesellschafter zu unternehmen (s. dazu § 36 Rn. 12.). 89

Neben diesen neuen Richtlinienprojekten stehen auch potenzielle **Änderungen** bei den bestehenden Richtlinien mit Bezug zum Gesellschaftsrecht auf der Agenda. Am wahrscheinlichsten erschien dabei zunächst eine Änderung der Regelungen für **grenzüberschreitende Verschmelzungen** in der Kodifizierungs-Richtlinie (Art. 118 ff. Kodifizierungs-RL, dazu § 24). In Folge einer Studie aus dem Jahr 2013 hatte die Europäische Kommission hier bereits materielle Änderungen zumindest in Aussicht gestellt.[256] Im April 2018 veröffentlichte die Europäische Kommission nunmehr Änderungsvorschläge für die bestehende Kodifizierungs-Richtlinie, die sich neben einer Änderung/Ergänzung der Art. 118 ff. Kodifizierungs-RL auch mit der erstmaligen Regulierung eines grenzüberschreitenden Formwechsels sowie einer grenzüberschreitenden Spaltung befassen.[257] Auch Erweiterungen bei der bestehenden **Bilanzrichtlinie** (dazu § 25) sind aufgrund der praktischen Relevanz nicht ausgeschlossen. Dies könnte basierend auf einen Richtlinienvorschlag aus dem Jahr 2016 vor allem die Pflicht zur Erstellung eines sog Ertragssteuerinformationsberichts (s. dazu § 25 Rn. 69) betreffen.[258] Gleichwohl wurde das entsprechende Vorhaben bereits kritisiert,[259] so dass in nächster Zeit zumindest ein nicht unerheblicher Diskussionsbedarf besteht. Nicht ausgeschlossen sind zudem Änderungen der Bilanzrichtlinie im Hinblick auf das CSR-Reporting (dazu § 25 Rn. 55 ff. sowie § 33 Rn. 95). Die Einbeziehung weiterer bzw. konkretisierender Angaben für eine Erklärung über nicht-finanzielle Indikatoren in den Lagebericht ist insofern ein aktueller Schwerpunkt bei der Rechtssetzung auf dem Gebiet des Europäischen Unternehmensrechts.[260] Trotz der erst umfassenden Änderung der **Aktionärsrechterichtlinie** im Jahr 2017 kann im Hinblick auf die fortschreitende Digitalisierung und deren Schwerpunktsetzung auf Ebene der EU auch eine weitere Ergänzung der Richtlinie im Hinblick auf digitalisierungsbezogene Fragestellungen wie zB die Möglichkeit einer rein virtuellen Hauptversammlung oder den Einsatz von *blockchain*-basierten Anwendungen (s. bereits Rn. 82) demnächst lanciert werden. Dies wäre ausdrücklich zu begrüßen. 90

Im Zuge des anstehenden **EU-Austritts Großbritanniens** („Brexit") wird sich hingegen wohl zunächst nichts bzw. nur wenig bezogen auf die gesellschaftsrechtlichen Richtlinien ändern.[261] Zukünftig sind gewisse Auswirkungen jedoch nicht unwahrscheinlich. So wird sich die durchaus starke Lobbyarbeit Großbritanniens im Hinblick auf die Gesetzgebung im Europäischen Gesellschaftsrecht wohl reduzieren, so dass bei ehemals divergierenden Rechtsvorstellungen zwischen dem Vereinigten Königreich und Kontinentaleuropa ggf. leichter ein 91

254 Europäische Kommission, Vorschlag für eine Richtlinie des Europäischen Parlaments und des Rates zur Änderung der Richtlinie (EU) 2017/1132 im Hinblick auf den Einsatz digitaler Werkzeuge und Verfahren im Gesellschaftsrecht, COM(2018) 239 final; dazu *Knaier* GmbHR 2018, 560; *Noack* DB 2018, 1324.

255 Europäische Kommission, Vorschlag für eine Richtlinie des Europäischen Parlaments und des Rates über präventive Restrukturierungsrahmen, die zweite Chance und Maßnahmen zur Steigerung der Effizienz von Restrukturierungs-, Insolvenz- und Entschuldungsverfahren und zur Änderung der Richtlinie 2012/30/EU, COM(2016) 723 final.

256 Siehe auch Europäisches Parlament, Entschließung des Europäischen Parlaments vom 13. Juni 2017 zur Durchführung grenzüberschreitender Unternehmensverschmelzungen und -spaltungen (2016/2065(INI)), P8_TA-PROV(2017)0248; *J. Schmidt*, Study on Cross-border mergers and divisions, transfers of seat: Is there a need to legislate?, 2016, S. 37.

257 Europäische Kommission, Vorschlag für eine Richtlinie des Europäischen Parlaments und des Rates zur Änderung der Richtlinie (EU) 2017/1132 in Bezug auf grenzüberschreitende Umwandlungen, Verschmelzungen und Spaltungen, COM(2018) 241 final.

258 Europäische Kommission, Vorschlag für eine Richtlinie des Europäischen Parlaments und des Rates zur Änderung der Richtlinie 2013/34/EU im Hinblick auf die Offenlegung von Ertragssteuerinformationen durch bestimmte Unternehmen und Zweigniederlassungen v. 12.4.2016, COM(2016) 198 final.

259 Vgl. aus deutscher Sicht nur *WPK*, Stellungnahme: Vorschlag der EU-Kommission zur Offenlegung von Ertragssteuerinformationen durch bestimmte multinationale Unternehmen, 18. Mai 2016.

260 Vgl. dazu auch *Möslein/Sørensen*, Nudging for Corporate Long-termism and Sustainability?, Nordic & European Company Law Research Paper No. 16-24, S. 19 ff.; *Fleischer* AG 2017, 509, 521 ff.

261 Vgl. auch *Stiegler* in: Kramme/Baldus/Schmidt-Kessel (Hrsg.), Brexit und die juristischen Folgen, 2017, S. 129, 141 ff.

Kompromiss gefunden werden könnte. Spiegelbildlich wird wegen der geringeren Einflussnahme Großbritanniens sodann in gewisser Weise auch ein Antriebsmotor für das Europäische Gesellschaftsrecht fehlen, innovative Änderungen bzw. Neuerungen voranzubringen. Inwiefern der bevorstehende Brexit daher eher Fluch oder Segen für die Rechtsangleichung im Europäischen Gesellschaftsrecht mittels Richtlinien sein wird, kann zum derzeitigen Stand noch nicht abschließend bewertet werden.

§ 19 Kodifizierung gesellschaftsrechtlicher Richtlinien

Literatur (Auswahl): *Böhm*, Gesellschaftsrecht: Kodifizierung gesellschaftsrechtlicher Richtlinien, EuZW 2017, 547; *Drygala*, Die Vorschläge der SLIM-Arbeitsgruppe zur Vereinfachung des Europäischen Gesellschaftsrechts, AG 2001, 291; *Fondation pour le Droit Continental* in: Association Henri Capitant, Der Europäische Aufbau im Wirtschaftsrecht: Besitzstand und Perspektiven, 2016, S. 138; *Former Reflection Group on the Future of Company Law*, Response to the European Commission's Action Plan on Company Law and Corporate Governance, ECFR 2013, 304, 326 f.; *Hopt*, Europäisches Gesellschaftsrecht im Lichte des Aktionsplans der Europäischen Kommission vom Dezember 2012, ZGR 2013, 165; *Lehmann*, Braucht Europa ein Handelsgesetzbuch, ZHR 181 (2017) 9; *Lehmann/Schmidt/Schulze*, Das Projekt eines Europäischen Wirtschaftsgesetzbuches, ZRP 2017, 225; *Müller*, Kodifizierung der Gesellschaftsrechtsrichtlinien ist abgeschlossen, GmbHR 2017, R250; *Neye*, Die Vereinfachung des Europäischen Gesellschaftsrechts: Irrungen und Wirrungen, in: Festschrift für Klaus J. Hopt, 2010, S. 1079; *Riesenhuber*, Und jetzt ein Europäisches Wirtschaftsgesetzbuch?, GPR 2017, 270; *Sensburg*, Kompetenzen bei der Kodifizierung bestehender EU-Rechtsakte. Spannungsverhältnis zwischen Brüssel und Berlin am Beispiel des gesellschaftsrechtlichen REFIT, NJW 2016, 3287; *Stiegler*, Kodifizierung des Europäischen Gesellschaftsrechts, AG 2016, R48; *Ungerer*, Braucht Europa ein Wirtschaftsgesetzbuch?, ZEuP 2017, 1007.

A. Entwicklung der Richtlinie „über bestimmte Aspekte des Gesellschaftsrechts"

Im Juni 2017 wurde mit der Richtlinie „über bestimmte Aspekte des Gesellschaftsrechts"[1] ein (formal) neuer europäischer Rechtsakt auf dem Gebiet des Gesellschaftsrechts verabschiedet.[2] Diese, im Folgenden als „Kodifizierungs-Richtlinie" (abgekürzt mit Kodifizierungs-RL) bezeichnete, europäische Richtlinie führt verschiedene der bisher bestehenden Richtlinien auf dem Gebiet des Gesellschaftsrechts zusammen und ersetzt damit die bis dahin einzelnen Rechtsakte. Mit **Wirkung seit dem 19. Juli 2017** bestehen damit die Publizitätsrichtlinie (dazu § 20), die Kapitalrichtlinie (dazu § 21), die Zweigniederlassungsrichtlinie (dazu § 27), die Verschmelzungsrichtlinie (dazu § 22), die Spaltungsrichtlinie (dazu § 23) und die Internationale Verschmelzungsrichtlinie (dazu § 24) als eigenständige Rechtsakte nicht mehr. Sie sind in ihrer materiell zu dieser Zeit bestehenden Form vollständig in die neue Richtlinie „über bestimmte Aspekte des Gesellschaftsrechts" übergegangen. 1

Bereits im Jahr 1999 sah der Bericht der **SLIM-Arbeitsgruppe**[3] ua „Initiativen zum Regulierungsabbau" und zur „Vereinfachung" des gesellschaftsrechtlichen Richtlinienrechts vor.[4] In Abweichung zur jetzigen, rein formalen Zusammenführung einzelner Richtlinien (s. dazu auch Rn. 15), wurden von der SLIM-Arbeitsgruppe jedoch vor allem materielle Aspekte (insbesondere mit Blick auf die damalige Publizitäts- sowie die Kapitalrichtlinie) im Rahmen einer Deregulierung und einer damit zusammenhängenden Vereinfachung des Europäischen Gesellschaftsrechts vorgeschlagen.[5] Diese Vorschläge aufnehmend, sah auch die Europäische Kommission in zwei Mitteilungen aus den Jahren 2006[6] und 2007[7] eine **„Vereinfachung im Bereich des Gesellschaftsrechts"** vor und stellte sogar die Abschaffung einzelner Richtlinien zur Diskussion.[8] Auch dabei ging es jedoch vielmehr um materielle Deregulierungsmaßnahmen als um eine Kodifizierung des Bestands an gesellschaftsrechtlichen Richtlinien. Gemeinsamkeiten mit der neuen Kodifizierungs-Richtlinie bestehen allerdings insoweit, als das ge- 2

1 Engl.: relating to certain aspects of company law; Franz.: relative à certains aspects du droit des sociétés; Span.: sobre determinados aspectos del Derecho de sociedades; Ital.: relativa ad alcuni aspetti di diritto societario; Niederl.: aangaande bepaalde aspecten van het vennootschapsrecht; Poln.: w sprawie niektórych aspektów prawa spółek.

2 Richtlinie (EU) 2017/1132 des Europäischen Parlaments und des Rates vom 14. Juni 2017 über bestimmte Aspekte des Gesellschaftsrechts, ABl. EU v. 30.6.2017, L 169/46.

3 SLIM steht dabei für *Simpler Legislation for the Internal Market*.

4 Empfehlungen der Arbeitsgruppe zur Vereinfachung des Gesellschaftsrechts bezüglich der Vereinfachung der Ersten und Zweiten Gesellschaftsrechts-Richtlinie (abgedruckt in ZIP 1999, 1944); s. auch Mitteilung der Kommission an den Rat und das Europäische Parlament über eine Überprüfung der SLIM-Initiative: Vereinfachung der Rechtsvorschriften im Binnenmarkt, KOM(2000) 104 endg.; dazu *Drygala* AG 2001, 291 ff.; *Baldamus*, Reform der Kapitalrichtlinie, 2002, S. 39 ff.; *Kallmeyer* AG 2001, 406 ff.

5 *Drygala* AG 2001, 291, 292.

6 Europäische Kommission, Mitteilung der Kommission an das Europäische Parlament, den Rat, den Europäischen Wirtschafts- und Sozialausschuss und den Ausschuss der Region, Strategische Überlegungen zur Verbesserung der Rechtsetzung in der Europäischen Union, KOM(2006) 689.

7 Europäische Kommission, Mitteilung der Kommission über ein vereinfachtes Unternehmensumfeld in den Bereichen Gesellschaftsrecht, Rechnungslegung und Abschlussprüfung, Ratsdokument 11771/07 v. 11.7.2007.

8 Siehe dazu *Neye* in: FS Hopt, 2010, S. 1079, 1080 ff.

sellschaftsrechtliche Richtlinienrecht durch die Kodifizierung im weitesten Sinne anwenderfreundlicher und damit für den Rechtsverkehr besser fassbar gemacht werden soll (dazu auch sogleich bei Rn. 6 f.).

3 Einige Jahre später stellte die Europäische Kommission dann auch in ihrem **Aktionsplan** aus dem Jahr 2012 Verbesserungspotenzial mit Blick auf die Nutzerfreundlichkeit des europäischen Richtlinienrechts fest.[9] Insofern sah sie insbesondere die Zersplitterung von Regelungsbereichen auf mehrere Rechtsakte als problematisch an. Die Europäische Kommission befürchtete ein dadurch hervorgerufenes höheres Risiko der Entstehung nicht gewollter Unvollständigkeiten im Sinne von „Lücken" und Inkonsistenzen bzw. „Überschneidungen".[10] Daher enthielt der Aktionsplan neben anderen zentralen Punkten (s. dazu § 18 Rn. 21) auch die Initiative einer **Teilkodifizierung** der europäischen Gesellschaftsrechtsrichtlinien.[11] Im Jahr 2015 legte die Europäische Kommission daraufhin einen entsprechenden Richtlinienvorschlag für die Zusammenlegung von sechs Richtlinien vor (im Folgenden: Kodifizierungs-RL-KOM).[12]

4 Auf Basis von Art. 50 I und II lit. g) AEUV strebte die Europäische Kommission damit die **Zusammenführung der og sechs Richtlinien** (s. Rn. 1) an.[13] Im März 2017 legte der Rechtsausschuss des Europäischen Parlaments einen Bericht zu dem Vorhaben vor, worin er das entsprechende Kodifikationsprojekt positiv beurteilte.[14] Anfang April 2017 fasste das Europäische Parlament daraufhin eine korrespondierende legislative Entschließung.[15] Da der dabei dargelegte Standpunkt in informellen Gesprächen zwischen dem Europäischen Parlament, der Europäischen Kommission und dem Rat abgestimmt wurde, konnte der Rat der Entschließung des Europäischen Parlaments bereits am 29.5.2017 zustimmen.[16] Hintergrund ist, dass für reine Kodifizierungsprojekte, mit denen keine materiell-rechtlichen Änderungen des bestehenden (Richtlinien-) Rechts verbunden sind, ein **vereinfachtes Gesetzgebungsverfahren** und damit eine schnelle Annahme kodifizierter Rechtsakte möglich ist.[17]

5 Am 14.6.2017 wurde sodann der **168 Artikel** und **81 Erwägungsgründe** umfassende kodifizierte Text vom Präsidenten des Europäischen Parlaments sowie dem Präsidenten des Rates unterzeichnet. Am 30.6.2017 wurde die Richtlinie „über bestimmte Aspekte des Gesellschaftsrechts" daraufhin im Amtsblatt der EU veröffentlicht und trat am 19.7.2017 offiziell in Kraft.

B. Hintergrund und Ziele der Richtlinie

6 Anders als noch aus der dem Richtlinienvorschlag der Europäischen Kommission vorangestellten „Begründung" wird aus der verabschiedeten Richtlinie nicht direkt der damit verfolgte Zweck erkennbar. Erwägungsgrund 1 Kodifizierungs-RL sagt lediglich: „Aus Gründen der Klarheit und der **Übersichtlichkeit** empfiehlt es sich, sie [die zu kodifizierenden Richtlinien] zu kodifizieren". Erwägungsgrund 1 Kodifizierungs-RL begründet dieses Kodifizierungsbedürfnis mit den („mehrfachen und erheblichen") Änderungen, die an den Richtlinien zuvor vorgenommen wurden. Die Änderungen stellen allerdings noch nicht unmittelbar einen Grund für eine Zusammenfassung mehrerer Richtlinien zu einem **einheitlichen Rechtsakt** dar. Diesbezüglich wäre eine Konsolidierung jeder einzelnen der betroffenen Richtlinien grundsätzlich ebenso im Stande gewesen, die so beschriebene „Klarheit" zu schaffen. Dies ist auch das gewöhnliche Vorgehen der EU. Werden Richtlinien erheblich geändert, werden diese Änderungen irgendwann in die ursprüngliche Fassung eingearbeitet, um so eine aktuelle Fassung zu erhalten. Dass die EU die beiden erwähnten Formulierungen gewählt hat, ist allerdings wohl kein Zufall,

9 Europäische Kommission, Aktionsplan: Europäisches Gesellschaftsrecht und Corporate Governance – ein moderner Rechtsrahmen für engagiertere Aktionäre und besser überlebensfähige Unternehmen, KOM(2012) 740/2, S. 4, 17.

10 Europäische Kommission, Aktionsplan: Europäisches Gesellschaftsrecht und Corporate Governance – ein moderner Rechtsrahmen für engagiertere Aktionäre und besser überlebensfähige Unternehmen, KOM(2012) 740/2, S. 17 f.

11 Europäische Kommission, Aktionsplan: Europäisches Gesellschaftsrecht und Corporate Governance – ein moderner Rechtsrahmen für engagiertere Aktionäre und besser überlebensfähige Unternehmen, KOM(2012) 740/2, S. 4 f.

12 Europäische Kommission, Vorschlag für eine Richtlinie des Europäischen Parlaments und des Rates über bestimmte Aspekte des Gesellschaftsrechts, KOM(2015) 616 final; dazu *Stiegler* AG 2016, R48 ff.; *Sensburg* NJW 2016, 3287, 3288 ff.

13 Europäische Kommission, Vorschlag für eine Richtlinie des Europäischen Parlaments und des Rates über bestimmte Aspekte des Gesellschaftsrechts, KOM(2015) 616 final, Begründung 4.

14 Europäisches Parlament, Bericht über den Vorschlag für eine Richtlinie des Europäischen Parlaments und des Rates über bestimmte Aspekte des Gesellschaftsrechts (kodifizierter Text) (COM(2015)0616 – C8-0388/2015 – 2015/0283(COD)), A8-0088/2017.

15 Europäisches Parlament, Legislative Entschließung des Europäischen Parlaments vom 5. April 2017 zu dem Vorschlag für eine Richtlinie des Europäischen Parlaments und des Rates über bestimmte Aspekte des Gesellschaftsrechts (kodifizierter Text), P8_TA(2017)0103.

16 Rat der Europäischen Union, 29. Mai 2017, 2015/0283 (COD), 9738/17.

17 Siehe Rat der Europäischen Union/Europäisches Parlament/Europäische Kommission, Interinstitutionelle Vereinbarung vom 20. Dezember 1994 über ein beschleunigtes Arbeitsverfahren für die amtliche Kodifizierung von Rechtstexten, ABl. EG v. 4.4.1996, C 102/02.

denn die „Muster und Hinweise für Rechtsakte im Rahmen des Rates der Europäischen Gemeinschaften" erwähnen diese als Standardformulierungen für Kodifizierungen, wobei mit Kodifizierung dort allerdings nur die Kodifizierung von einzelnen Rechtsakten gemeint ist.[18]

Die mit der Kodifizierungs-Richtlinie beabsichtigten Ziele lassen sich jedoch weitgehend der dem Richtlinienvorschlag der Europäischen Kommission vorangestellten Begründung für deren Erlass entnehmen. Übergeordnetes und „allgemeines" Ziel ist es danach, das EU-Recht „für die Bürger **besser verständlich und zugänglich**" zu machen und dieses insofern durch Zusammenführung mehrerer Sekundärrechtsakte zu einem einheitlichen Gesetzestext zu „vereinfachen".[19] Die Kodifizierung soll daher insbesondere europaweit tätigen Unternehmen, Arbeitnehmern, Verbrauchern, Richtern, Anwälten und Notaren einen Zugewinn an Rechtssicherheit und **Transparenz** bringen.[20] Damit soll das Europäische Gesellschaftsrecht für diese Personen übersichtlicher und letztlich nutzerfreundlicher ausgestaltet werden.[21] Um insofern das bestehende europäische Recht anwendungsorientierter zu gestalten und das Risiko von Inkonsistenzen zwischen den einzelnen von der Kodifizierung erfassten Richtlinien zu verringern, sollen deren Vorgaben zu einem einheitlichen Rechtsakt zusammengeführt werden.[22] Hiervon erhofft sich der Gesetzgeber vor allem eine höhere Verständlichkeit des auf europäischen Bestimmungen basierenden Gesellschaftsrechts der Mitgliedstaaten.[23] Zusammenfassend besteht die Idee einer gegliederten Sammlung und Kodifizierung bestehender Richtlinien somit darin, den verschiedenen Rechtsanwendern die Anwendung, Auslegung, Umsetzung sowie die Durchsetzung zu erleichtern.[24] 7

In diesem Sinne lässt sich die Richtlinie über bestimmte Aspekte des Gesellschaftsrechts und deren Zusammenführung einzelner Rechtsakte zu einer einheitlichen Fassung auch als ein erster Schritt auf dem Weg zu einem **kodifizierten Gesamtbestand** des Europäischen Gesellschaftsrechts – als eine Art *Single Rulebook* des Gesellschaftsrechts[25] – betrachten.[26] Aus politischer Sicht könnte ein Vorteil einer solchen vollständigen Kodifizierung darin bestehen, dass das Gebiet des Europäischen Gesellschaftsrechts eher als Gesamtmaterie verstanden wird, die einer inhaltlichen Fortentwicklung bedarf. Die Fortentwicklung bedarf dann allerdings auch inhaltlichen Inputs. Dass es der Europäischen Kommission in der Tat langfristig um die Schaffung eines europäischen „Gesetzbuches zum Gesellschaftsrecht" geht, zeigt sich auch anhand der jüngsten Vorschläge der Europäischen Kommission zu grenzüberschreitenden Umwandlungen und zur Digitalisierung im Gesellschaftsrecht.[27] Die Europäische Kommission beabsichtigt dabei die Regelungen zum grenzüberschreitenden Formwechsel, zu grenzüberschreitenden Verschmelzungen, zu grenzüberschreitenden Spaltungen und zur Digitalisierung in die bereits bestehende Kodifizierungs-RL zu integrieren und damit fortschreitend ein genuines gesellschaftsrechtliches Richtlinienrecht in Europa zu schaffen. 8

In der Begründung zum Richtlinienvorschlag der Europäischen Kommission wird ausdrücklich klargestellt, dass mit der Kodifizierungs-Richtlinie **keinerlei materiell-rechtlichen Änderungen** bezüglich der zusammenzuführenden Richtlinien verbunden sind und deren Inhalt „vollständig" beibehalten wird.[28] Die Richtlinie beschränkt sich daher nach Ansicht der Europäischen Kommission auch tatsächlich nur auf eine bloße Kodifizierung. Andernfalls wäre auch das beschleunigte Rechtssetzungsverfahren (s. Rn. 4) nicht möglich gewesen. Die Kodifizie- 9

18 Generalsekretariat des Rates der Europäischen Gemeinschaften, Muster und Hinweise für Rechtsakte im Rahmen des Rates der Europäischen Gemeinschaften, 1990, S. 138.

19 Europäische Kommission, Vorschlag für eine Richtlinie des Europäischen Parlaments und des Rates über bestimmte Aspekte des Gesellschaftsrechts, KOM(2015) 616 final, Begründung 1.

20 Europäische Kommission, Vorschlag für eine Richtlinie des Europäischen Parlaments und des Rates über bestimmte Aspekte des Gesellschaftsrechts, KOM(2015) 616 final, S. 2 spricht umfassend von „Bürgern".

21 *Stiegler* AG 2016, R48.

22 Vgl. Europäische Kommission, Vorschlag für eine Richtlinie des Europäischen Parlaments und des Rates über bestimmte Aspekte des Gesellschaftsrechts, KOM(2015) 616 final, Begründung 1; Europäische Kommission, Aktionsplan: Europäisches Gesellschaftsrecht und Corporate Governance – ein moderner Rechtsrahmen für engagiertere Aktionäre und besser überlebensfähige Unternehmen, KOM(2012) 740/2 S. 17.

23 *Stiegler* AG 2016, R48; *Sensburg* NJW 2016, 3287, 3288; *Müller* GmbHR 2017, R250.

24 EWSA, Stellungnahme Vorschlag für eine Richtlinie des Europäischen Parlaments und des Rates über bestimmte Aspekte des Gesellschaftsrechts (kodifizierter Text), COM(2015) 616 final – 2015/0283 (COD), INT/780 S. 4, Rn. 2.3.

25 Zu einem geplanten *Single Rulebook* im Europäischen Kapitalmarktrecht s. § 34 Rn. 3, 6.

26 *Fondation pour le Droit Continental* in: Association Henri Capitant (Hrsg.), Der Europäische Aufbau im Wirtschaftsrecht: Besitzstand und Perspektiven, 2016, S. 138 fordert ein „Gesetzbuch für Europa", das in verschiedene Bücher aufgegliedert sein sollte.

27 Europäische Kommission, Vorschlag für eine Richtlinie des Europäischen Parlaments und des Rates zur Änderung der Richtlinie (EU) 2017/1132 in Bezug auf grenzüberschreitende Umwandlungen, Verschmelzungen und Spaltungen, COM(2018) 241 final und Europäische Kommission, Vorschlag für eine Richtlinie des Europäischen Parlaments und des Rates zur Änderung der Richtlinie (EU) 2017/1132 im Hinblick auf den Einsatz digitaler Werkzeuge und Verfahren im Gesellschaftsrecht, COM(2018) 239 final. Zu letzterem Vorschlag *Knaier* GmbHR 2018, 560, 560 ff.; *Noack* DB 2018, 1324, 1324 ff.

28 Europäische Kommission, Vorschlag für eine Richtlinie des Europäischen Parlaments und des Rates über bestimmte Aspekte des Gesellschaftsrechts, KOM(2015) 616 final, Begründung 4.

rungs-Richtlinie selbst enthält zu diesem Aspekt jedoch keine Aussage, insbesondere auch nicht in den Erwägungsgründen. Lediglich aus der Verwendung des Begriffs „kodifizieren" in Erwägungsgrund 1 S. 2 Kodifizierungs-RL lässt sich erkennen, dass auch die verabschiedete Richtlinie wie der Kommissionsentwurf keine inhaltliche Änderung anstrebt. Selbst inhaltliche Anpassungen zur Ausräumung von Widersprüchen und Unstimmigkeiten waren sogar im frühen Stadium der Überlegungen nicht geplant, obwohl dies durchaus wünschenswert gewesen wäre.[29] Auch eine umfassendere gesellschaftsrechtliche Kodifizierung, die beispielsweise den Gesamtbestand der Richtlinien sowie die europäischen Rechtsformen hätte umfassen können (statt lediglich sechs Richtlinien), schien von Anfang an **nicht umsetzbar.**[30] Dementsprechend beschränkte sich die Europäische Kommission bereits in ihrem Aktionsplan aus dem Jahr 2012 auf die Zusammenlegung einiger ausgewählter Richtlinien (Rn. 3), dh auf einen Kernbereich,[31] und die Kodifizierungs-Richtlinie behielt diese Ausrichtung bei. Dass die Europäische Kommission die Teilkodifizierung allerdings nur als ersten Schritt ansieht, zeigt sich an den bereits angesprochenen Vorschlägen zu grenzüberschreitenden Umwandlungen und zur Digitalisierung, die beide auf eine Erweiterung der Kodifizierungs-Richtlinie abzielen.[32]

C. Inhaltliche Ausgestaltung

10 Die Richtlinie über bestimmte Aspekte des Gesellschaftsrechts bündelt somit im Ergebnis bereits geschaffene Rechtsakte **in einem einzigen**, besser fassbaren **Gesetzesakt.** Durch sie werden die vorher kodifizierten Rechtsakte aufgehoben (Art. 166 S. 1 Kodifizierungs-RL). Inhaltliche Änderungen sieht die Richtlinie dagegen, unter Vorbehalt notwendiger formeller Änderungen, nicht vor (Rn. 9). Zur Gewährleistung einer systemkonformen Transformation stellt die Kodifizierungs-Richtlinie außerdem klar, dass Bezugnahmen in anderen europäischen Rechtsakten auf die aufgehobenen Richtlinien als Bezugnahmen auf die neue Richtlinie gelten und nach Maßgabe der der Richtlinie beigefügten Entsprechungstabelle gemäß Anhang IV (s. dazu Rn. 14) zu lesen sind (Art. 166 S. 2 Kodifizierungs-RL). Ferner bleiben die Umsetzungsfristen zur Transformation der aufgehobenen Richtlinienbestimmungen materiell in Kraft (Erwägungsgrund 81 Kodifizierungs-RL).

I. (Formaler) Aufbau der Richtlinie

11 Zunächst beruht die Kodifizierungs-Richtlinie, wie von der Europäischen Kommission vorgeschlagen, auf der Kompetenzgrundlage des **Art. 50 I, II lit. g) AEUV.** Diese diente bereits bisher als „allgemeine" Kompetenzgrundlage für die Harmonisierung des mitgliedstaatlichen Gesellschaftsrechts mittels Richtlinien (s. auch § 18 Rn. 3).[33] Einzig bezogen auf die (damalige) Internationale Verschmelzungsrichtlinie (Richtlinie 2005/56/EG) (dazu § 24) ist dies – formal – eine Änderung der einschlägigen Kompetenzgrundlage, da zumindest nach dem dortigen Wortlaut generell auf Art. 50 AEUV (ex-Art. 44 EGV) als Kompetenzgrundlage für den Erlass der Richtlinie Bezug genommen wurde. Dies war jedoch schon seinerzeit grundsätzlich ohne materielle Bedeutung (s. § 24 Rn. 3).[34] Eine diesbezügliche Abweichung vom vormals bestehenden Regelungsgefüge bzw. von der Reichweite der ehemaligen Richtlinienbestimmungen ist mit der Kodifizierung im Rahmen der Richtlinie über bestimmte Aspekte des Gesellschaftsrechts daher nicht verbunden.

12 Wie die bestehenden (gesellschaftsrechtlichen) Richtlinien (s. § 18 Rn. 33) beginnt auch die Kodifizierungs-Richtlinie mit den in Erwägung stehenden Gründen für den Erlass der Richtlinie. Insgesamt enthält die Richtlinie 81 **Erwägungsgründe.** Abgesehen von den Erwägungsgründen 1 und 2 sowie 79–81 Kodifizierungs-RL entsprechen die Erwägungsgründe inhaltlich 1:1 denen der aufgehobenen Richtlinien. Es wurden lediglich formale Anpassungen und Klarstellungen im Hinblick auf die dort niedergelegten Erwägungsgründe vorgenommen.[35] Dadurch kommt es auch zu leichten sprachlichen Änderungen. Selbst wenn sich bezogen auf den Wortlaut eines

29 So bereits *Hopt* ZGR 2013, 165, 192.

30 *Hopt* ZGR 2013, 165, 191 f., in Bezug auf eine Kodifizierung „im Sinne eines europäischen Aktiengesetzes"; EWSA, Stellungnahme Vorschlag für eine Richtlinie des Europäischen Parlaments und des Rates über bestimmte Aspekte des Gesellschaftsrechts (kodifizierter Text), COM(2015) 616 final – 2015/0283 (COD), INT/780, S. 6. Pkt. 4.4. hätte sich ein „ehrgeizigeres Vorhaben" gewünscht, bei dem acht weitere Richtlinien hätten berücksichtigt werden sollen.

31 Vgl. Europäische Kommission, Aktionsplan: Europäisches Gesellschaftsrecht und Corporate Governance – ein moderner Rechtsrahmen für engagiertere Aktionäre und besser überlebensfähige Unternehmen, KOM(2012) 740/2, S. 17 f.

32 Europäische Kommission, Vorschlag für eine Richtlinie des Europäischen Parlaments und des Rates zur Änderung der Richtlinie (EU) 2017/1132 in Bezug auf grenzüberschreitende Umwandlungen, Verschmelzungen und Spaltungen, COM(2018) 241 final sowie Europäische Kommission, Vorschlag für eine Richtlinie des Europäischen Parlaments und des Rates zur Änderung der Richtlinie (EU) 2017/1132 im Hinblick auf den Einsatz digitaler Werkzeuge und Verfahren im Gesellschaftsrecht, COM(2018) 241 final; dazu *Knaier* GmbHR 2018, 560.

33 Vgl. *Kalss/Klampfl*, Europäisches Gesellschaftsrecht, 2015, Rn. 29; *Tiedje* in: von der Groben/Schwarze/Hatje (Hrsg.), Europäisches Unionsrecht, 7. Aufl. 2015, Art. 50 AEUV Rn. 1.

34 Problematisierend jedoch *Behme*, Rechtsformwahrende Sitzverlegung und Formwechsel, 2015, S. 274.

35 Siehe die konsolidierte Fassung des Richtlinienvorschlags der Europäischen Kommission, KOM(2015) 616 final.

in Rede stehenden Erwägungsgrundes dadurch dessen Auslegung ändern könnte, bleibt die vom europäischen Gesetzgeber ausdrücklich betonte inhaltliche Gleichbedeutung der entsprechenden Richtlinienbestimmung maßgebend, so dass aufgrund der Überführung des ehemaligen Richtlinienrechts in die Kodifizierungs-Richtlinie **keine abweichende Auslegung** statthaft ist. Ferner wurden einzelne Erwägungsgründe der ehemaligen Richtlinien bewusst nicht übernommen, da diese aus Sicht des Gesetzgebers materiell keine Bedeutung mehr erlangen. So wurde beispielsweise Erwägungsgrund 1 der IntVersch-RL nicht übernommen, da gerade im Zuge des Erlasses der Richtlinie die „rechtliche[n] und administrative[n] Schwierigkeiten" bei der Durchführung einer grenzüberschreitenden Verschmelzung so nicht mehr bestehen.

Nach den Erwägungsgründen wird in Art. 1 Kodifizierungs-RL der „**Gegenstand**" der Richtlinie festgelegt. Dieser Artikel ist im Vergleich zu den kodifizierten Richtlinien ebenfalls neu. Darin werden jedoch lediglich die Richtlinien genannt, die im Zuge der Kodifizierungs-Richtlinie aufgehoben wurden. Folgend werden in den Art. 2-160 Kodifizierungs-RL geordnet nach Titeln und Kapiteln die inhaltlichen Bestimmungen der aufgehobenen Richtlinien wiedergegeben (s. auch Rn. 15). Danach werden in den „**Schlussbestimmungen**" (Art. 161–168 Kodifizierungs-RL) ua Fragen des Datenschutzes,[36] des Informationsaustauschs und das Inkrafttreten der Richtlinie gemeinsam für die zuvor behandelten Themenkomplexe bestimmt.[37] Abschließend enthält die Richtlinie vier Anhänge. Anhang I Kodifizierungs-RL listet die mitgliedstaatlichen Aktiengesellschaften auf, auf die bereits die Regelungen der damaligen Kapital-, Verschmelzungs- und Spaltungsrichtlinie Anwendung fanden. Anhang II Kodifizierungs-RL listet die mitgliedstaatlichen Kapitalgesellschaften auf, auf die sich schon die Regelungen der damaligen Publizitäts-, Zweigniederlassungs- und Internationalen Verschmelzungsrichtlinie bezogen. Änderungen beim persönlichen Anwendungsbereich bestehen im Zuge der Verabschiedung der Kodifizierungs-Richtlinie daher ebenfalls nicht. Anhang III Kodifizierungs-RL listet nochmals die gem. Art. 166 S. 1 Kodifizierungs-RL aufgehobene Richtlinie inklusive ihrer nachfolgenden Änderungen und den Gegenstand dieser auf. Zudem sind die Umsetzungsfristen für die Mitgliedstaaten gemäß Art. 166 S. 2 Kodifizierungs-RL aufgezählt. 13

Zur besseren Übersicht schuf zudem bereits die Europäische Kommission einen Anhang IV, der eine **Entsprechungstabelle** enthielt, in der die alten den neuen Artikeln gegenübergestellt wurden. Einen entsprechenden Anhang IV enthält auch die verabschiedete Kodifizierungs-RL. Eine solche Entsprechungstabelle erscheint aus praktischer Sicht auch dringend notwendig, da andernfalls eine aufwändige Suche nach der entsprechenden Norm in der neuen Kodifizierungs-Richtlinie erforderlich wäre. Zudem ist es seit einigen Jahren bei europäischen Gesetzgebungsakten, die eine andere Richtlinie bzw. Verordnung ersetzen oder (neu) kodifizieren, üblich, dass sich dort als Anhang eine solche Entsprechungstabelle findet.[38] 14

II. Materielle Regelungsinhalte

Durch die Richtlinie über bestimmte Aspekte des Gesellschaftsrechts werden die von dieser umfassten **Richtlinien aufgehoben** (Art. 166 S. 1 Kodifizierungs-RL). Von der Aufhebung betroffen sind die zum Zeitpunkt des Erlasses der Richtlinie 2017/1132/EU gültigen (kodifizierten) Fassungen der 15

- Publizitätsrichtlinie (Richtlinie 2009/101/EG);[39]
- Kapitalrichtlinie (Richtlinie 2012/30/EU);[40]
- Zweigniederlassungsrichtlinie (Richtlinie 89/666/EWG);[41]
- Verschmelzungsrichtlinie (Richtlinie 2011/35/EU);[42]

36 Der dortige Bezug auf die Richtlinie 95/46/EG ist durch die seit dem 25.5.2018 geltende Datenschutz-Grundverordnung (Verordnung (EU) 2016/679) zu ersetzen.

37 Vgl. *Böhm* EuZW 2017, 547.

38 So zB auch bei der neuen Bilanzrichtlinie (Richtlinie 2013/34/EU) oder der im Jahr 2012 neugefassten (damaligen) Kapitalrichtlinie (Richtlinie 2012/30/EU).

39 Richtlinie 2009/101/EG des Europäischen Parlaments und des Rates vom 16. September 2009 zur Koordinierung der Schutzbestimmungen, die in den Mitgliedstaaten den Gesellschaften im Sinne des Artikels 48 Absatz 2 des Vertrags im Interesse der Gesellschafter sowie Dritter vorgeschrieben sind, um diese Bestimmungen gleichwertig zu gestalten, ABl. EG v. 1.10.2009, L 258/11.

40 Richtlinie 2012/30/EU des Europäischen Parlaments und des Rates v. 25. Oktober 2012 zur Koordinierung der Schutzbestimmungen, die in den Mitgliedstaaten den Gesellschaften im Sinne des Artikels 54 Absatz 2 des Vertrages über die Arbeitsweise der Europäischen Union im Interesse der Gesellschafter sowie Dritter für die Gründung der Aktiengesellschaft sowie für die Erhaltung und Änderung ihres Kapitals vorgeschrieben sind, um diese Bestimmungen gleichwertig zu gestalten (Kapital-RL), ABl. EU v. 14.11.2012, L 315/74.

41 Elfte Richtlinie 89/666/EG des Rates vom 21.12.1989 über die Offenlegung von Zweigniederlassungen, die in einem Mitgliedstaat von Gesellschaften bestimmter Rechtsformen errichtet wurden, die dem Recht eines anderen Staates unterliegen, ABl. EG v. 30.12.1989, L 395/36.

42 Richtlinie 2011/35/EU des Europäischen Parlaments und des Rates v. 5.4.2011 über die Verschmelzung von Aktiengesellschaften, ABl. EU v. 29.4.2011, L 110/1.

- Spaltungsrichtlinie (Richtlinie 82/891/EWG);[43]
- Internationale Verschmelzungsrichtlinie (Richtlinie 2005/56/EG).[44]

16 Bei genauerer Betrachtung handelt es sich bei den insofern „kodifizierten" Richtlinien um die gesellschaftsrechtlichen **Richtlinien „der ersten Stunde"** (vgl. auch § 18 Rn. 17 f.) sowie um die Richtlinien, deren erstmalige Umsetzung in mitgliedstaatliches Recht bereits seit einigen Jahrzehnten abgeschlossen ist. Im Hinblick auf die vormalige Internationale Verschmelzungsrichtlinie erklärt sich deren Aufnahme aufgrund der Nähe zur damaligen Verschmelzungs- und Spaltungsrichtlinie als Rechtsakte betreffend Umwandlungsmaßnahmen von Gesellschaften.[45] Neuere Richtlinien sind dagegen nicht Gegenstand der Kodifizierungs-Richtlinie. Es fehlen damit insbesondere die Übernahmerichtlinie (dazu § 29) und die Aktionärsrechterichtlinie (dazu § 30). Die Einpersonengesellschafts-Richtlinie (dazu § 28) wurde im Ergebnis ebenfalls nicht aufgenommen.

17 Nach dem Aktionsplan der Europäischen Kommission aus dem Jahr 2012 sollte die **Einpersonengesellschafts-Richtlinie** allerdings noch Gegenstand der geplanten Kodifizierung sein.[46] Jedoch war diese bereits im Richtlinienvorschlag aus dem Jahr 2015 nicht mehr enthalten. Das Fehlen dieser Richtlinie lässt sich wohl mit der zum damaligen Zeitpunkt noch geplanten Einführung der harmonisierten Einpersonengesellschaften (*Societas Unius Personae* – SUP (dazu § 9 sowie § 28 Rn. 49 ff.)) und der damit einhergehenden Neujustierung der Richtlinie 2009/102/EG, die damit verbunden gewesen wäre, erklären.[47]

18 Auch wenn die **Registervernetzungs-Richtlinie** (dazu § 20 Rn. 45 ff., § 27 Rn. 42 ff.) nicht explizit Gegenstand der Kodifizierungs-Richtlinie ist, so sind die entsprechenden Vorgaben der Registervernetzungs-Richtlinie doch insofern in der neuen Richtlinie mit aufgegangen, als deren Bestimmungen sich vor allem in der Publizitäts- und Zweigniederlassungsrichtlinie wiederfanden und somit auch in die Kodifizierungs-Richtlinie eingeflossen sind (vgl. insbesondere Art. 20 ff. Kodifizierungs-RL). Dies gilt entsprechend auch für einzelne Erwägungsgründe der Registervernetzungsrichtlinie. Die inhaltlich korrespondierenden Regelungen zur Registervernetzung in der ehemaligen Publizitäts- und Zweigniederlassungsrichtlinie wurden jedoch formal in Art. 20 ff. Kodifizierungs-RL zusammengefasst. Materielle Änderungen sind damit allerdings nicht verbunden.

19 Nicht alle Regelungen der ehemaligen Richtlinien sind **1:1 übernommen** worden. Zum Teil gab es sprachliche Konkretisierungen. Aber aufgrund der Aussage der Europäischen Kommission, dass keine materiellen Änderungen vorgenommen werden sollten, hat dies auf die Auslegung und Interpretation der in die Kodifizierungs-Richtlinie überführten Normen grundsätzlich keine Auswirkungen. Zudem wurden Änderungen dergestalt vorgenommen, dass insbesondere **Verweise** in den ehemaligen Richtlinien auf andere europäische Rechtsakte angepasst wurden. So wurde beispielsweise der Verweis in der ehemaligen Zweigniederlassungsrichtlinie auf die damals noch bestehende Jahresabschluss- und Konzernabschlussrichtlinie als Verweis auf die neue Bilanzrichtlinie (dazu § 25) angepasst. Dies betrifft auch die nunmehr richtlinieninternen Verweise auf andere Kapitel der Kodifizierungs-Richtlinie (zB wurde die Vielzahl an Verweisen in der ehemaligen Verschmelzungs- und Spaltungsrichtlinie auf die damalige Publizitätsrichtlinie als Verweis auf den entsprechenden Abschnitt für die Regelungen zur handelsrechtlichen Publizität für Kapitalgesellschaften in der Kodifizierungs-Richtlinie angepasst). Der fortbestehende Verweis auf eine ehemals bestehende Richtlinie wäre insofern widersinnig. Es bestehen aber auch Änderungen dergestalt, dass einzelne Regelungen in den damaligen Richtlinien weggefallen sind, dh nicht mit übernommen wurden. Dies gilt vor allem für Überprüfungsregelungen, bei der die in der entsprechenden Richtlinie bestimmte Evaluierungsfrist bereits abgelaufen ist. So ist der ehemalige Art. 18 IntVersch-RL, wonach „fünf Jahre nach dem [...] genannten Zeitpunkt" die Kommission die Richtlinie „auf der Grundlage der Erfahrungen bei ihrer Anwendung" überprüfen sollte, im Zuge des darauf basierenden Berichts der Europäischen Kommission und einer damit zusammenhängenden Studie[48] materiell wirkungslos geworden und richtigerweise entfernt worden.

D. Praktische Auswirkungen und Bedeutung der Kodifizierungs-Richtlinie

20 Dem hohen Anspruch, den Rechtsanwendern vor allem die Auslegung, Umsetzung sowie Durchsetzung zu erleichtern (s. Rn. 6 f.), kann die so erlassene Richtlinie über bestimmte Aspekte des Gesellschaftsrechts **nur be-**

43 Sechste Richtlinie 82/891/EWG des Rates v. 17.12.1982 gemäß Artikel 54 Absatz 3 Buchstabe g) des Vertrages betreffend die Spaltung von Aktiengesellschaften, ABl. EWG v. 31.12.1982, L 378/47.

44 Richtlinie 2005/56/EG des Europäischen Parlaments und des Rates vom 26. Oktober 2005 über die Verschmelzung von Kapitalgesellschaften aus verschiedenen Mitgliedstaaten, ABl. EG v. 25.11.2005, L 310/1.

45 Das bedeutet, dass auch europäische Regelungen insbesondere über eine grenzüberschreitende Spaltung (s. dazu § 10 Rn. 159 ff.) sowie einen grenzüberschreitenden Formwechsel (s. dazu § 10 Rn. 123 ff.) zukünftig von der Kodifizierungs-Richtlinie geregelt werden müssten.

46 *Stiegler* AG 2016, R48, R49.

47 *Stiegler* AG 2016, R48, R49.

48 Study on the Application of the Cross-Border Mergers Directive, 2012.

dingt gerecht werden.[49] Zum einen sind die Richtlinien bereits (seit langem) umgesetzt, weshalb sich für die Mitgliedstaaten selbst kein Vorteil ergibt. Die Kodifizierung soll daneben allerdings vor allem europaweit tätigen Unternehmen, Arbeitnehmern, Verbrauchern, Richtern, Anwälten und Notaren einen Mehrwert an Rechtssicherheit und Transparenz bringen.[50] Aufgrund der Tatsache, dass (gesellschaftsrechtliche) Richtlinien in nationales Recht umgesetzt werden müssen und somit grundsätzlich nicht unmittelbar gegenüber dem „Bürger" zur Anwendung kommen, ist der Mehrwert der Kodifizierung jedoch auch insofern begrenzt. Allerdings ist ein gewisser Vorteil in Bezug auf eine richtlinienkonforme Auslegung (dazu § 2 Rn. 75 ff.) sowie eine **richtlinienübergreifende konsistente Auslegung** möglich. Die Kodifizierungs-Richtlinie mag eventuell dem ein oder anderen helfen, die Harmonisierungsvorgaben, dh den aktuellen europäischen Gesetzgebungsstand, leichter zu überblicken,[51] wobei hier allerdings zu beachten ist, dass nur ein Teil der Richtlinien erfasst ist. Zahlreiche, aus praktischer Sicht und auch in der Umsetzung zT problematische Richtlinien auf dem Gebiet des Gesellschaftsrechts (zB die (neue) Aktionärsrechterichtlinie (dazu § 30) oder die Übernahmerichtlinie (dazu § 29)) wurden beim Kodifizierungsprojekt außen vor gelassen.[52] Trotz der genannten Probleme befürwortete gemäß einer Umfrage der Europäischen Kommission zumindest im Vorfeld eine große Mehrheit die Kodifizierung.[53]

Teilweise wurde auch angeführt, dass es von größerer Bedeutung gewesen wäre, die bestehenden Verordnungen bezüglich der **supranationalen Rechtsformen** (dh der EWIV, der SE und der SCE) zu bündeln.[54] Durch die direkte Anwendbarkeit der Verordnungen hätte hier in der Tat ggf. ein höherer Mehrwert für die Unternehmen, Anwälte und andere Gruppen geschaffen werden können. 21

E. Ausblick und zukünftige Regelungsvorhaben

Konkrete Pläne hinsichtlich einer **Erweiterung** bzw. **Ergänzung** der Richtlinie über bestimmte Aspekte des Gesellschaftsrechts bestehen mit Blick auf den Richtlinienvorschlag über die Ergänzung von Regelungen für grenzüberschreitende Spaltungen, einen grenzüberschreitenden Formwechsel sowie der Änderungen der Regelungen für grenzüberschreitende Verschmelzungen sowie den Richtlinienvorschlag zur Digitalisierung des Gesellschaftsrechts vom April 2018. Weitere konkrete Erweiterungsprojekte sind zum jetzigen Zeitpunkt (Stand: Mai 2018) nicht bekannt. Zukünftig könnte man sich allerdings durchaus vorstellen, dass beispielsweise auch Rechtsakte wie die Aktionärsrechterichtlinie und/oder die Übernahmerichtlinie aufgenommen werden. Die Kodifizierungs-Richtlinie hätte dann wohl auch tatsächlich einen (systematischen) Mehrwert und es könnte damit eine Art *Single Rulebook* im Europäischen Gesellschaftsrecht entstehen. Zudem würden in diesem Zusammenhang dann auch explizit Aspekte der Corporate Governance (dazu § 33) in einer solchen Richtlinie enthalten sein. 22

Im Hinblick auf die von der Europäischen Kommission und dem Europäischen Parlament in jüngerer Zeit in Aussicht gestellte Harmonisierung des Rechts auch von **grenzüberschreitenden Spaltungen** und ggf. einem grenzüberschreitenden **Formwechsel** in Gestalt einer identitätswahrenden Satzungssitzverlegung (s. zur Projekt einer Sitzverlegungsrichtlinie § 32), wäre vor allem eine Erweiterung des Teils II der Kodifizierungs-Richtlinie vorstellbar.[55] Die bisher postulierte Idee einer „allgemeinen Mobilitätsrichtlinie"[56] würde dann in dem entsprechenden Abschnitt der Kodifizierungs-Richtlinie aufgehen.[57] 23

In einem durchaus vergleichbaren Zusammenhang mit der Kodifizierung des europäischen Gesellschaftsrichtlinienrechts lassen sich auch die Tendenzen zur Schaffung eines **Europäischen Wirtschaftsgesetzbuches** einordnen 24

49 Kritisch auch *Bayer/Schmidt* BB 2017, 2114 („mehr als zweifelhaft"); *Stiegler* AG 2016, R48, R50 („kein wirklicher Mehrwert"); *Schmidt* in: Michalski ua (Hrsg.), GmbHG, Bd. 1, 3. Aufl. 2017, § 4a Rn. 27 („rechtspolitisch zweifelhaft").

50 Europäische Kommission, Vorschlag für eine Richtlinie des Europäischen Parlaments und des Rates über bestimmte Aspekte des Gesellschaftsrechts, KOM(2015) 616 final, S. 2 spricht umfassend von „Bürgern".

51 *Fondation pour le Droit Continental* in: Association Henri Capitant (Hrsg.), Der Europäische Aufbau im Wirtschaftsrecht: Besitzstand und Perspektiven, 2016, S. 138 spricht davon, dass unter Berücksichtigung einer didaktischeren Struktur, die Texte so zugängliche gemacht werden könnten.

52 *Stiegler* AG 2016, R48, R50.

53 Feedback Statement, Summary of Responses to the Public Consultation on the Future of European Company Law, 2012, Frage 8.

54 Vgl. *Fondation pour le Droit Continental* in: Association Henri Capitant (Hrsg.), Der Europäische Aufbau im Wirtschaftsrecht: Besitzstand und Perspektiven, 2016, S. 138.

55 *Bayer/Schmidt* BB 2017, 2114, 2118.

56 *Schmidt* GmbHR 2013, R33, R34; *dies.*, Study on Cross-border mergers and divisions, transfers of seat: Is there a need to legislate?, 2016, S. 37; *dies.* in: Michalski ua (Hrsg.), GmbHG, Bd. 1, 3. Aufl. 2017, § 4a Rn. 27; *Bayer/Schmidt* BB 2015, 1731, 1735; *Stiegler* DB 2014, 525, 529 f.

57 Hingegen für eine Herauslösung der Regelungen für grenzüberschreitende Verschmelzungen aus der Kodifizierungs-Richtlinie dem Festhalten an einer gesonderten allgemeinen Mobilitätsrichtlinie *Bayer/Schmidt* ZIP 2017, 2225, 2233.

(dazu auch § 39 Rn. 31 ff.).[58] Im März 2017 stellte die Europäische Kommission in ihrem Weißbuch zur Zukunft Europas die Erarbeitung eines solchen Wirtschaftsgesetzbuches für Europa in Aussicht.[59] Inhaltlich könnten dabei ua Teile des bestehenden Handels-, Gesellschafts- und Insolvenzrechts in einem *Single Rulebook* (s. zur Idee im Kapitalmarktrecht bereits § 34 Rn. 3, 6) zusammengefasst und damit bestenfalls systematisiert werden.[60] Insofern könnte man die Kodifizierung im Rahmen der Richtlinien über bestimmte Aspekte des Gesellschaftsrechts auch als einen ersten Schritt hin zu einem Europäischen Wirtschaftsgesetzbuch als ***acquis*** **des Unternehmensrechts in Europa** betrachten. Denkbar wäre es in diesem Sinne zB auch, die bestehende Bilanzrichtlinie (dazu § 25) und die Abschlussprüferrichtlinie (dazu § 26) in die Kodifizierungs-Richtlinie aufzunehmen, um so einen handelsrechtlichen Bezug im Sinne eines allgemeinen Wirtschaftsgesetzbuches herzustellen.

58 Siehe dazu *Dupichot* Droit et Patrimoine, 2016, n°262; *Lehmann* ZHR 181 (2017) 9; *ders.* GPR 2017, 262; *Lehmann/Schmidt/Schulze* ZRP 2017, 225; *Riesenhuber* GPR 2017, 270; *Schmidt* GmbHR 2016, R369; *Ungerer* ZEuP 2017, 1007.

59 Europäische Kommission, Weißbuch zur Zukunft Europas. Die EU der 27 im Jahr 2025 – Überlegungen und Szenarien, COM(2017) 2025, S. 12.

60 Vgl. *Lehmann/Schmidt/Schulze* ZRP 2017, 225, 226.

§ 20 Handelsrechtliche Publizität

Literatur (Auswahl): *Ankele*, Die Anpassung des deutschen Rechts an die Erste gesellschaftsrechtliche Richtlinie des Rates der Europäischen Gemeinschaft und ihre Auswirkungen für die GmbH, GmbHR 1969, 52; *Auer*, Missbrauch der Vertretungsmacht im Handels- und Gesellschaftsrecht, GesRZ 2000, 138; *Bayer/Schmidt*, Überlagerungen des deutschen Aktienrechts durch das Europäische Unternehmensrecht, in: Bayer/Habersack (Hrsg.), Aktienrecht im Wandel, Bd. 1, 2007, Kapitel 18; *Bock*, Der Harmonisierungserfolg der Publizitätsrichtlinie, 2016; *Bokelmann*, Anmeldung und Eintragung der Vertretungsbefugnis von Geschäftsführern und Vorstandsmitgliedern in das Handelsregister nach neuen EWG-Recht, NJW 1969, 2120; *Dreibus*, Die Vertretung bei Rechtsträgern des privaten und öffentlichen Rechts im Vereinigten Königreich von Großbritannien und Nordirland, 1999; *Edwards*, EC Company Law, 1999, Chapter 2; *Einmahl*, Die erste gesellschaftsrechtliche Richtlinie des Rates der Europäischen Gemeinschaft und ihre Bedeutung für das deutsche Aktienrecht, AG 1969, 131, 167, 210; *Farrar/Powles*, The Effect of Section 9 of the European Communities Act 1972 on English Company Law, MLR 36 (1973) 270; *Fikentscher/Großfeld*, The proposed directive on company law, CMLR 2 (1964) 259; *Fischer-Zernin*, Der Rechtsangleichungserfolg der Ersten gesellschaftsrechtlichen Richtlinie der EWG, 1986; *Fleischer*, Reichweite und Grenzen der unbeschränkten Organvertretungsmacht im Kapitalgesellschaftsrecht, NZG 2005, 529; *Fleischer*, Zur unbeschränkten Vertretungsmacht der Geschäftsleiter im Europäischen Gesellschaftsrecht und ihren nationalen Beschränkungen, in: Festschrift für U. Huber, 2006, S. 719; *Grohmann*, Das Informationsmodell im Europäischen Gesellschaftsrecht, 2006; *Grundmann*, Europäisches Gesellschaftsrecht, 2. Aufl. 2011, §§ 7 f.; *Gustavus*, Die registerrechtlichen Bestimmungen des Gesetzes zur Durchführung der Ersten EWG-Richtlinie zur Koordinierung des Gesellschaftsrechts, BB 1969, 1335; *Habersack/Verse*, Europäisches Gesellschaftsrecht, 4. Aufl. 2011, § 5 I; *Heller*, Die organschaftliche Vertretungsmacht im Kapitalgesellschaftsrecht, ZVglRWiss 107 (2008) 293; *Hirte*, Daihatsu – Durchbruch für die Publizität, NJW 1999, 36; *Kalss*, Die Bedeutung der Publizitäts-, Zweigniederlassungs- und Einpersonengesellschaftsrichtlinie der Europäischen Union für das Österreichische Gesellschaftsrecht, in: Koppensteiner (Hrsg.), Österreichisches und Europäisches Wirtschaftsrecht, Teil 1: Gesellschaftsrecht, 2. Aufl. 1998, S. 119; *Kersting*, Die Vorgesellschaft im europäischen Gesellschaftsrecht, 2000; *Kersting*, Europäische Vorgaben zur Handelnden-Haftung und zur Haftung in der Vorgesellschaft, GmbHR 2004, 1466; *Kilian*, EU-Richtlinie zur Verknüpfung der Handelsregister verabschiedet, FGPrax 2012, 185; *Kindler*, Die sachliche Reichweite der Vertretungsmacht des Verwaltungsrates im italienischen Kapitalgesellschaftsrecht – Publizitätsrichtlinie und innerstaatliches Recht im Vergleich, in: Festschrift für Marcus Lutter, 2000, S. 483; *Klein*, Das Insichgeschäft organschaftlicher Vertreter im Kapitalgesellschaftsrecht ausgewählter europäischer Länder, dargestellt am Beispiel der Gesellschaft mit beschränkter Haftung, in: Notar und Internationalisierung. Festschrift für Helmut Fessler, 2013, S. 215; *Lutter*, Die erste Angleichungs-Richtlinie zu Art. 54 Abs. 3 lit. g) EWGV und ihre Bedeutung für das geltende deutsche Unternehmensrecht, EuR 1969, 1; *Lutter/Bayer/Schmidt*, Europäisches Unternehmens- und Kapitalmarktrecht, 6. Aufl. 2017, §§ 8, 18; *Meilicke*, Selbstkontrahieren nach europäischem Gemeinschaftsrecht, RIW 1996, 713; *Meilicke*, Vertrauensschutz in Vertretungsmacht nach europäischem Gemeinschaftsrecht, DB 1999, 785; *Meyer* in: Gebauer/Teichmann (Hrsg.), Europäisches Privat- und Unternehmensrecht, 2016, § 5 Rn. 127 ff.; *Meyer-Ladewig*, Die Durchführung der Ersten Richtlinie des Rates der Europäischen Gemeinschaft zur Koordinierung des Gesellschaftsrechts in der Bundesrepublik, MDR 1969, 818; *Morse*, The First Directive and United Kingdom Company Law, ELR 3 (1978) 60; *Mühlbert/Nienhaus*, Europäisches Gesellschaftsrecht und die Neubildung nationaler Gesellschaftsformen – oder: unterliegt die Vorgesellschaft der Publizitätsrichtlinie, RabelsZ 65 (2001) 513; *North*, Mandatory Company Disclosure Schemes, 2015; *Opalski*, Europejskie prawo spółek, 2010, Kapitel V; *Pfisterer*, Unternehmensprivatsphäre, 2014; *Ratka*, The „European Business Register EEIG" as a Network of European Commercial Registers, in: Fenwick/Van Uytsel/Wrbka (Eds.), Networked Governance, Transnational Business an the Law, 2014; *Ries*, Die europaweite Verknüpfung von Handelsregistern – Risiken und Chancen, ZIP 2013, 866; *Schemmann*, Die Neufassung der ersten gesellschaftsrechtlichen Richtlinie, GPR 2004, 92; *Schmid*, Die gemeinschaftsrechtliche Überlagerung der Tatbestände des Mißbrauchs der Vertretungsmacht und des Insichgeschäfts, AG 1998, 127; *Schneider*, Europäisches Handelsregister? Europäisches Konzernregister?, EuZW 2011, 649; *Scholz*, Die Einführung elektronischer Handelsregister im Europarecht, EuZW 2004, 172; *Schubel*, Gesetzliche Beschränkungen der Vertretungsmacht von Kapitalgesellschaftsorganvertretern im Europäischen Recht, in: Festschrift für Peter Hommelhoff, 2012, S. 1059; *Schwarz*, Europäisches Gesellschaftsrecht, 2000, S. 190 ff.; *Stiegler*, Die Regelung zur europäischen Registervernetzung im deutschen Recht, NotBZ 2015, 329; *Stiegler*, Renaissance der ultra vires-Doktrin in den Gesellschaftsrechten Europas? Tendenzen zur Aufweichung unbeschränkter Vertretungsmacht und deren europarechtliche Implikationen, in: Nueber/Przeszlowska/Zwirchmayr (Hrsg.), Privatautonomie und ihre Grenzen im Wandel, 2015, S. 39; *Teichmann* in: Gebauer/Teichmann (Hrsg.), Europäisches Privat- und Unternehmensrecht, 2016, § 6 Rn. 115 ff.; *Terbrack*, Das gläserne Unternehmen – Die Umsetzung der europaweiten Verknüpfung von Handelsregistern in das deutsche Recht, DStR 2015, 236; *Wooldridge*, The

Harmonization of Company Law: The First and Second Directives of the Council of Ministers of the European Economic Community, [1978] Acta Juridica 327; *Wyatt*, The First Directive and Company Law, LQR 94 (1978) 182.

A. Entwicklung und Zweck handelsrechtlicher Publizität

I. Entwicklung

1 Nach mehrjährigen Beratungen wurde im Jahr 1968 die **1. gesellschaftsrechtliche Richtlinie** der damals noch aus sechs Mitgliedstaaten bestehenden Europäischen Gemeinschaft zur Harmonisierung der nationalen Handels- und Gesellschaftsrechte erlassen.[1] Mit der so bezeichneten Publizitätsrichtlinie begann ein neuer Abschnitt bei der Angleichung mitgliedstaatlichen Rechts, die sich erstmals mit dem materiellen Gesellschaftsrecht der einzelnen Mitgliedstaaten befasste.[2] Die ehemalige Publizitätsrichtlinie galt daher auch als **„Basisregelung des europäischen Publizitätsrechts"**[3] und damit als Grundbaustein des sich in den folgenden gesellschafts- sowie kapitalmarktrechtlichen Richtlinien sowie Verordnungen entwickelten **„europäischen Informationsmodells"**.[4] Neben den allgemeinen Bestimmungen der ehemaligen Publizitätsrichtlinie wird die Gesamtheit der einer Gesellschaft obliegenden Publizitätspflichten zudem durch eine Reihe sektor- sowie rechtsformabhängiger Anforderungen erweitert (s. auch Rn. 29 f.).[5]

2 Abgesehen von zahlreichen Änderungen der ehemaligen Publizitätsrichtlinie infolge des Beitritts weiterer Mitgliedstaaten zur EG bzw. EU,[6] erfolgte eine wesentliche Änderung durch die auf die sog SLIM-Initiative[7] zurückgehende Änderungsrichtlinie 2003/58/EG.[8] Hierdurch wurden insbesondere die **Pflicht zur elektronischen Registerführung** sowie die zwingende Möglichkeit zur Einreichung der erforderlichen Angaben in elektronischer Form vorgeschrieben.[9] Weiterhin wurde mit dem damaligen Art. 4 Publizitäts-RL eine Regelung zur Sprache der Offenlegung eingeführt.[10] Dies war aufgrund der wachsenden Mitgliederzahl der Gemeinschaft und der damit einhergehenden steigenden Sprachenvielfalt erforderlich geworden. Eine weitere Änderung erfolgte 2009 durch die Neu-Kodifizierung der Publizitätsrichtlinie als **Richtlinie 2009/101/EG**.[11] Hierdurch änderte sich jedoch größtenteils nur die Nummerierung der damaligen Artikel.

3 Um den grenzüberschreitenden Zugang zu Unternehmensinformationen weiter zu verbessern, erließ der europäische Gesetzgeber im Juni 2012 die Richtlinie zur **europaweiten Verknüpfung der nationalen Handelsregis-**

1 Erste Richtlinie 68/151/EWG des Rates vom 9. März 1968 zur Koordinierung der Schutzbestimmungen, die in den Mitgliedstaaten den Gesellschaften im Sinne des Artikels 58 Absatz 2 des Vertrages im Interesse der Gesellschafter sowie Dritter vorgeschrieben sind, um diese Bestimmungen gleichwertig zu gestalten, ABl. EWG v. 14.3.1968, L 65/8 ff.

2 *Lutter/Bayer/Schmidt*, Europäisches Unternehmens- und Kapitalmarktrecht, 2017, Rn. 18.1; *Spahlinger/Wegen*, Internationales Gesellschaftsrecht in der Praxis, 2005, Rn. 816; vgl. auch *Merkt*, Unternehmenspublizität, 2001, S. 132.

3 *Grundmann*, Europäisches Gesellschaftsrecht, 2011, Rn. 191; *Lutter/Bayer/Schmidt*, Europäisches Unternehmens- und Kapitalmarktrecht, 2017, Rn. 18.4.

4 *Lutter/Bayer/Schmidt*, Europäisches Unternehmens- und Kapitalmarktrecht, 2017, Rn. 18.4; *Grundmann*, Europäisches Gesellschaftsrecht, 2011, Rn. 193, 228 ff.; allgemein zur Informationsfunktion der Publizität *Meier-Schatz*, Wirtschaftsrecht und Unternehmenspublizität, 1999, S. 105 f.

5 *Habersack/Verse*, Europäisches Gesellschaftsrecht, 2011, § 5 Rn. 4; *Lutter/Bayer/Schmidt*, Europäisches Unternehmens- und Kapitalmarktrecht, 2017, Rn. 18.4; *Preuß* in: Oetker (Hrsg.), HGB, 5. Aufl. 2017, § 8 Rn. 15.

6 Vgl. nur Änderungsrichtlinie 2006/99/EG (Richtlinie 2006/99/EG des Rates vom 20. November 2006 zur Anpassung bestimmter Richtlinien im Bereich Gesellschaftsrecht anlässlich des Beitritts Bulgariens und Rumäniens, ABl. EG v. 20.12.2006, L 363/137) oder durch den Beitritt Kroatiens zur EU durch die Änderungs-Richtlinie 2013/24/EU (Richtlinie des Rates vom 13. Mai 2013 zur Anpassung bestimmter Richtlinien auf dem Gebiet des Gesellschaftsrechts aufgrund des Beitritts der Republik Kroatien, ABl. EU v. 10.6.2013, L 158/365).

7 SLIM steht dabei für *Simpler Legislation for the Internal Market*.

8 Richtlinie 2003/58/EG des Europäischen Parlaments und des Rates vom 15. Juli 2003 zur Änderung der Richtlinie 68/151/EWG des Rates vom 9. März 1968 in Bezug auf die Offenlegungspflichten von Gesellschaften bestimmter Rechtsformen, Publizitätsrichtlinie vom 9. März 1968, ABl. EG v. 4.9.2003, L 221/13 (sog SLIM IV-Richtlinie); nach *Scholz* läutete die Änderung der Publizitätsrichtlinie einen grundlegenden Wandel in der Rechtspraxis ein und stellt einen Meilenstein im Streben nach Transparenz und Effizienz dar, *Scholz* EuZW 2004, 172, 176; vgl. auch *Gernoth*, Pseudo Foreign Companies – Who Are Thou?, 2005, S. 346 ff.

9 Vgl. zur Umsetzung in deutsches Recht durch das EHUG (Gesetz über elektronische Handelsregister und Genossenschaftsregister sowie das Unternehmensregister v. 10.11.2006, BGBl. I, 2553) *Apfelbaum* DNotZ 2007, 166 ff.; *Kußmaul/Ruiner* KoR 2007, 672 ff.; *Liebscher/Scharff* NJW 2006, 3745 ff.; *Noack* NZG 2006, 801 ff.; *Schlotter* BB 2007, 1 ff.; *Seibert/Decker* DB 2006, 2446 ff.; *Spindler* WM 2006, 109 ff.

10 Dazu *Scholz* EuZW 2004, 172, 174; *Schemmann* GPR 2004, 92, 93 f.

11 Richtlinie 2009/101/EG des Europäischen Parlaments und des Rates vom 16. September 2009 zur Koordinierung der Schutzbestimmungen, die in den Mitgliedstaaten den Gesellschaften im Sinne des Artikels 48 Absatz 2 des Vertrags im Interesse der Gesellschafter sowie Dritter vorgeschrieben sind, um diese Bestimmungen gleichwertig zu gestalten, ABl. EG v. 1.10.2009, L 258/11.

ter.[12] Durch diese „Registervernetzungsrichtlinie" wurde beabsichtigt, die (elektronischen) Handelsregister der einzelnen Mitgliedstaaten zu einem europäischen Netzwerk zu verknüpfen und damit die grenzüberschreitende Zusammenarbeit der Registerbehörden zu verbessern.[13] Es wurde jedoch ausdrücklich festgehalten,[14] dass lediglich ein Netzwerk in Form einer zentralen europäischen Plattform geschaffen werden soll (s. dazu Rn. 47 ff.); ein einheitliches europäisches Handelsregister ist derzeit nicht geplant und die Mitgliedstaaten wurden auch nicht verpflichtet, ihr nationales Register zu ändern.[15] Vorgesehen war vielmehr die Einrichtung eines **„Systems der Registervernetzung"**, das aus den Registern der einzelnen Mitgliedstaaten, einer gemeinsamen IT-Plattform und einem gemeinsamen europäischen Internetportal besteht. Dadurch sollte insbesondere eine elektronische Kommunikation zwischen den nationalen Registern ermöglicht werden und Nutzer sollten leichter Informationen mit standardisierten Inhalten abrufen können.[16] Die Richtlinie 2012/17/EU über die Verknüpfung der nationalen Handelsregister sah insofern auch eine Änderung der damaligen Publizitätsrichtlinie vor. Dadurch sollte sichergestellt werden, dass bestimmte Informationen über die Gesellschaft (wie zB Gründungsurkunden, Satzungsänderungen oder Sitzverlegung) binnen drei Wochen durch das zuständige nationale Handelsregister geprüft, eingetragen und veröffentlicht werden.[17] Insgesamt wurden durch die Richtlinie 2012/17/EU bezüglich der Registerverknüpfung die Art. 2a, Art. 3a-3d, Art. 4a-4e, Art. 7a,[18] Art. 13a neu in die damals bestehende Publizitätsrichtlinie aufgenommen. Änderung erfolgen zudem bei der damaligen Zweigniederlassungsrichtlinie (s. § 27 Rn. 42 ff.) und der damaligen Richtlinie über grenzüberschreitende Verschmelzungen (s. § 24 Rn. 121 f.). Die in der Registervernetzungsrichtlinie enthaltenen Vorgaben zum europäischen System der Registervernetzung wurden – wenngleich nicht fristgerecht – mit Neueinfügung des § 9b HGB sowie § 26 HRV ins deutsche Recht umgesetzt.[19] Im Zuge der Kodifizierung gesellschaftsrechtlicher Richtlinie im Jahr 2017 (s. Rn. 4) wurden die einzelnen in der Publizitätsrichtlinie bestehenden Bestimmungen zur Registervernetzung und zur Schaffung einer europäischen Plattform in Art. 17 ff. Kodifizierungs-RL normiert.

Wie auch die Kapital-, Zweigniederlassungsrichtlinie und die bis dahin bestehenden Umwandlungsrichtlinien wurde die Publizitätsrichtlinie im Juni 2017 aufgehoben und durch die Richtlinie „über bestimmte Aspekte des Gesellschaftsrechts" (s. dazu § 19)[20] ersetzt. Die (europäischen) Vorgaben für die handelsrechtlichen Publizitätsanforderungen von Kapitalgesellschaften sind nunmehr in **Art. 2 ff., Art. 43 ff. der Kodifizierungs-Richtlinie** geregelt. Inhaltliche Änderungen sowie ein Umsetzungsbedarf für den mitgliedstaatlichen Gesetzgeber sind/ist damit jedoch nicht verbunden. Zur Verständlichkeit werden im Folgen die ehemaligen („alten") Normen der Publizitätssrichtlinie hinter die einschlägigen Regelungen der neuen Kodifizierungs-Richtlinie in Klammern genannt. 4

Darüber hinaus ist noch über eine weitergehende (materielle) Reform der Regelungen in der Kodifizierungs-Richtlinie für die handelsrechtliche Publizität von Gesellschaften in Zukunft nachzudenken.[21] Diese könnten vor allem die **Vereinfachung bestehender Offenlegungspflichten** und Einreichungsobliegenheiten von kleinen geschlossenen Kapitalgesellschaften betreffen. Insbesondere eine weitere Differenzierung bezüglich der Publizitätsvorschriften innerhalb der einschlägigen Richtlinienbestimmungen zwischen Aktiengesellschaften und Gesell- 5

12 Richtlinie 2012/17/EU des Europäischen Parlaments und des Rates vom 13. Juni 2012 zur Änderung der Richtlinie 89/666/EWG des Rates sowie der Richtlinien 2005/56/EG und 2009/101/EG des Europäischen Parlaments und des Rates in Bezug auf die Verknüpfung von Zentral-, Handels- und Gesellschaftsregistern, ABl. EU v. 16.6.2012, L 156/1; dazu bzw. zum Vorentwurf und Idee *Stiegler* NotBZ 2015, 329, 330 ff.; *Ries* ZIP 2013, 866 ff.; *Kilian* FGPrax 2012, 185 ff.; *Verse* EuZW 2013, 336, 338; *Schneider* EuZW 2011, 649 ff.; *Bayer/Schmidt* BB 2015, 1731, 1735; *dies.* BB 2010, 387, 388; *Grundmann*, Europäisches Gesellschaftsrecht, 2011, Rn. 263; ferner *Bocchini* Giurisprudenza Commerciale 2014, 249.

13 *Stiegler* NotBZ 2015, 329, 331; *Verse* EuZW 2013, 336, 338; *Ries* ZIP 2013, 866, 867.

14 Vgl. Erwägungsgrund 11 zur Richtlinie 2012/17/EU.

15 *Stiegler* NotBZ 2015, 329, 331; *Ries* ZIP 2013, 866, 867; *Verse* EuZW 2013, 336, 338; *Schneider* EuZW 2011, 649; siehe auch *Rupp* notar 2014, 105; vgl. zum europäischen Handelsregister *Nedden-Boeger* FGPrax 2001, 1, 6; *Gernoth*, Pseudo Foreign Companies – Who Are Thou?, 2005, S. 348 ff.

16 *Ries* ZIP 2013, 866, 867; vgl. auch Erwägungsgrund 9 zur Richtlinie 2012/17/EU.

17 Vgl. Art. 3 Nr. 1 Richtlinie 2012/17/EU.

18 Zur Verarbeitung „personenbezogenen Daten" im Rahmen einzelner, gem. Art. 14 I Kodifizierungs-RL (ex-Art. 2 I Publizitäts-RL) im Register eingetragener Informationen im Vorfeld der Neuregelung vgl. EuGH, Rs. C-398/15 (Manni), ECLI:EU:C:2017:197 = BB 2017, 652, Rn. 34 ff.

19 Gesetz zur Umsetzung der Richtlinie 2012/17/EU in Bezug auf die Verknüpfung von Zentral-, Handels- und Gesellschaftsregistern in der Europäischen Union vom 22.12.2014, BGBl. 2014, I, 2409, dazu *Stiegler* NotBZ 2015, 329 ff.; *Terbrack* DStR 2015, 236 ff.; im Englischen Recht erfolgte die Umsetzung mit Einfügung von sec. 1079A CA 2006 durch die Companies Act 2006 (Interconnection of Registers) Order 2014, SI 2014 No. 1557.

20 Richtlinie (EU) 2017/1132 des Europäischen Parlaments und des Rates vom 14. Juni 2017 über bestimmte Aspekte des Gesellschaftsrechts, ABl. EU v. 30.6.2017, L 169/46.

21 *Hommelhoff* AG 2013, 211, 214; *Zhang*, Das Regelungsinstrument der Publizität und seine europäischen Quellen, 2014, S. 90.

schaften mit beschränkter Haftung[22] wäre mit Blick auf jüngere Vorhaben der Europäischen Kommission durchaus angebracht. So sind beispielsweise in der neugefassten Bilanzrichtlinie aus dem Jahr 2013 (dazu § 25)[23] bestimmte bilanzierungsrechtliche Ausnahmevorschriften für kleine und mittlere Unternehmen (KMU) vorgesehen (vgl. Art. 31 Bilanz-RL, dazu Rn. 25 Rn. 32 ff.). Auch der im April 2014 veröffentlichte Richtlinienvorschlag über eine nationale Einpersonengesellschaft mit europaweit einheitlicher Bezeichnung – *Societas Unius Personae* (SUP) (dazu § 9 sowie § 28 Rn. 49 ff.) – sah ua vereinfachte Registrierungsvorgaben für Gesellschaften mit nur einem Gesellschafter vor.[24] Die Einführung der „SUP" wird derzeit jedoch nicht weiter verfolgt. Für eine diesbezügliche Reform der Regelungen in der Kodifizierungs-Richtlinie für die handelsrechtliche Publizität von Gesellschaften würde ebenfalls die von der Europäischen Kommission in den letzten Jahren mehrfach betonte Stärkung von KMU im europäischen Binnenmarkt sprechen.[25] Insgesamt ist der zusätzliche Nutzen der Publizitätspflicht aus Sicht kleinerer Unternehmen mit Blick auf das bereits geschaffene Schutzsystem häufig um einiges geringer als die tatsächlichen Kosten, die eine allumfassende Publizitätspflicht verursacht.[26]

6 Aus praktischer Sicht wären auch Ergänzungen der Richtlinienbestimmungen im Hinblick auf die **Konzernstruktur des Unternehmens** zT wünschenswert. Führt man sich vor Augen, dass europaweit eine Vielzahl von Unternehmen in nationalen sowie internationalen Konzernen organisiert sind, wären schon aus Gründen des Verkehrsschutzes europaweit einheitliche Vorgaben zur Heranführung an eine Art Konzernregister angebracht, da Unternehmen, die im Rahmen eines Konzernverbundes tätig werden, besondere Risiken darstellen und ebenfalls Einfluss auf die Vertragsgestaltung haben können.[27] Dies gilt umso mehr, betrachtet man die aktuellen Vorschläge zur Herausbildung eines europäischen Konzerninteresses (s. dazu auch § 35 Rn. 75 ff.).[28]

II. Zweck und verfolgte Ziele

7 Die Handelsregisterpublizität bildet neben der Rechnungslegungspublizität (dazu § 25) und der Kapitalmarktpublizität (dazu § 34 Rn. 40 ff.) den wesentlichen Baustein der Offenlegungsbestimmungen für Unternehmen.[29] Die **Gewährleistung von Publizität und Transparenz** ist insgesamt eines der Grundprinzipien des Gesellschafts- sowie Kapitalmarktrechts in Europa. Neben Anlegern und Gläubigern erhalten auch Wettbewerber, Arbeitnehmer und andere Stakeholder durch die vorgegebenen Publizitätsanforderungen Einblick in den organisatorischen Aufbau der Gesellschaft sowie zT deren Vermögens- und Ertragslage.[30] Für Geschäftspartner und potentielle Investoren sind die publizierten Unternehmensinformationen aus wirtschaftlicher Sicht insofern von Bedeutung, als das hierauf ein rationales Investitionsverhalten und die Optimierung von Geschäftsentscheidungen gestützt werden.

8 Die Regelungen in der Kodifizierungs-Richtlinie für die handelsrechtliche Publizität von Gesellschaften dienen in diesem Zusammenhang insbesondere der **Harmonisierung der Offenlegungspflichten** von Kapitalgesellschaften in Europa.[31] Gesellschaftsfremden Dritten soll europaweit einheitlich der Zugang zu amtlichen Unterneh-

22 Besteht eine derartige explizite Unterscheidung beider Gesellschaftstypen in einem Mitgliedstaat nicht, wäre eine Differenzierung nach offenen (öffentlichen) und geschlossenen Kapitalgesellschaften möglich. Die publizitätsrechtlichen Besonderheiten von börsennotierten Kapitalgesellschaften sind hingegen bereits durch die einschlägigen kapitalmarktrechtlichen Rechtsakte wie der Transparenzrichtlinie oder der (neuen) Prospektverordnung gesondert erfasst (s. dazu auch § 34 Rn. 40 ff.).

23 Richtlinie 2013/34/EU über den Jahresabschluss, den konsolidierten Abschluss und damit verbundene Berichte von Unternehmen bestimmter Rechtsformen vom 26.6.2013, ABl. EU v. 29.6.2013, Nr. L 182/19.

24 Vorschlag für eine Richtlinie des Europäischen Parlaments und des Rates über Gesellschaften mit beschränkter Haftung mit einem einzigen Gesellschafter, COM/2014/0212 final; ebenfalls die Verbindung zwischen dem Sonderrecht für Einpersonengesellschaften und einer eventuellen Reform der Publizitätsrichtlinie herstellend *Hommelhoff* AG 2013, 211, 214.

25 Vgl. Aktionsplan der Europäischen Kommission über das Europäische Gesellschafsrecht und Corporate Governance, COM(2012) 740/2, S. 5, 15; in diesem Zusammenhang steht auch der „Small Business Act" von 2008 (Mitteilung der Kommission an das Europäische Parlament, den Rat, den Europäischen Wirtschafts- und Sozialausschuss und den Ausschuss der Regionen – Vorfahrt für KMU in Europa – Der „Small Business Act" für Europa SEK(2008) 2101, SEK(2008) 2102 (COM/2008/0394) endg.).

26 *Lehne* in: Ebke (Hrsg.), Rechnungslegung, Publizität und Wettbewerb, 2010, S. 225 f.

27 *Schneider* EuZW 2011, 649, 650.

28 Dazu Aktionsplan der Europäischen Kommission über das Europäische Gesellschafsrecht und Corporate Governance, COM(2012) 740, S. 4; *Ekkenga* AG 2013, 181ff.; *Teichmann* AG 2013, 184 ff.; *Drygala* AG 2013, 198 ff.; *Verse* EuZW 2013, 336, 343; *Hommelhoff* KSzW 2014, 63 ff.; *Hopt* EuZW 2013, 481, 482; ehemalige *Reflection Group on the Future of Company Law* ECFR 2013, 304, 325 f.

29 *Mayer* in: Gebauer/Teichmann (Hrsg.), Europäisches Privat- und Unternehmensrecht, 2016, § 5 Rn. 127; *Merkt*, Unternehmenspublizität, 2001, S. 172.

30 Vgl. LG Köln MMR 2009, 2178; *Schreiber* in: Ebke (Hrsg.), Rechnungslegung, Publizität und Wettbewerb, 2010, S. 124 f.

31 *Scholz* EuZW 2004, 172; *Habersack* in: MüKo AktG, 4. Aufl. 2016, Einl. Rn. 115.

mensinformationen gewährleistet werden. Die verfolgten Ziele der einschlägigen Richtlinienbestimmungen sind Drittschutz und Rechtssicherheit.[32] In den entsprechenden Erwägungsgründen heißt es, dass zum **Schutz der Interessen Dritter** der Koordinierung der einzelstaatlichen Vorschriften über die Wirksamkeit eingegangener Verpflichtungen besondere Bedeutung zukommt. Die Regelungen in der Kodifizierungs-Richtlinie für die handelsrechtliche Publizität von Gesellschaften beabsichtigen damit vorrangig den Schutz zukünftiger Vertragspartner.[33] Der potentielle Geschäftspartner sei schutzbedürftiger als die Gesellschaft.[34] Sinn und Zweck ist es daher nicht nur den Rechtsverkehr zu schützen,[35] sondern auch ein vergleichbares Schutzniveau zu garantieren.[36] Dies soll mit Hilfe eines **informationellen Gläubigerschutzsystems**[37] erreicht werden.[38] Insofern tendieren die Richtlinienbestimmungen vielmehr zu einem Drittschutz als zu shareholder-orientierten Schutzmechanismen. Die entsprechenden Offenlegungspflichten dienen dabei gleichermaßen solchen Dritten, die im Grundsatz kein schutzwürdiges Recht oder Interesse an der Gesellschaft haben.[39]

Über den Anwendungsbereich der Regelungen in der Kodifizierungs-Richtlinie für die handelsrechtliche Publizität von Gesellschaften (s. Rn. 10 ff.) hinaus, haben diese hinsichtlich der Errichtung und Etablierung eines Handels- bzw. Gesellschaftsregisters, der Offenlegung von Gründungsdaten sowie der Publizitätswirkungen der Eintragung Modellcharakter und Auswirkungen für das gesamte Gesellschaftsrecht der Mitgliedstaaten.[40] Vielfach haben die Mitgliedstaaten verschiedene Regelungen der damaligen Publizitätsrichtlinie überschießend auch für Personenhandelsgesellschaften umgesetzt oder im nachhinein den Anwendungsbereich der Umsetzungsnormen auf diese erweitert. 9

III. Anwendungsbereich

Die Regelungen in der Kodifizierungs-Richtlinie für die handelsrechtliche Publizität von Gesellschaften betreffen ausschließlich die mitgliedstaatlichen **Kapitalgesellschaftsformen.** Diese Beschränkung beruht darauf, dass vor allem bei haftungsbeschränkten Gesellschaftsformen ein besonderes Schutzbedürfnis für Gläubiger besteht.[41] Zudem werden insbesondere Kapitalgesellschaften grenzüberschreitend in der EU tätig,[42] weshalb sie eine größere Bedeutung für die Verwirklichung eines gemeinsamen, harmonisierten Binnenmarktes haben.[43] Hintergrund der Beschränkung des Anwendungsbereichs auf Kapitalgesellschaften war aber auch, dass eine Harmonisierung im Bereich des stark vom nationalen Zivilrecht geprägten Personengesellschaftsrechts zum Zeitpunkt des Erlasses der ursprünglichen Publizitätsrichtlinie noch als nicht machbar erschien.[44] 10

---

32 *Auer* GesRZ 2000, 138, 144; *Timmermanns* RabelsZ 48 (1984) 20 ff.; *Lutter* EuR 1969, 1 ff.; *Mayer* in: Gebauer/Teichmann (Hrsg.), Europäisches Privat- und Unternehmensrecht, § 5 Rn. 132; *Mélon* ESJ 2015, 170, 182; vgl. auch EuGH, Rs. 32/74 (Haaga), ECLI:EU:C:1974:116 = BeckEuRS 1974, 40249, Rn. 6; EuGH, Rs. C-97/96 (Daihatsu), ECLI:EU:C:1997:581 = NJW 1998, 129, Rn. 19 ff.; EuGH, Rs. C-398/15 (Manni), ECLI:EU:C:2017:197 = BB 2017, 652, Rn. 50.

33 *Fischer-Zernin*, Der Rechtsangleichungserfolg der Ersten gesellschaftsrechtlichen Richtlinie der EWG, 1986, S. 95 ff.; *Auer* GesRZ 2000, 138, 144; *Schubel* in: FS Hommelhoff, 2012, S. 1059, 1060.

34 Vgl. Sitzdokumente des Europäischen Parlaments, Dok. 53/1966-1967, Bericht im Namen des Binnenmarktausschusses über den Vorschlag der Kommission der Europäischen Wirtschaftsgemeinschaft an den Rat (Dok. 10/1964-1965) zu einer Richtlinie zur Koordinierung der Schutzbestimmungen [...] im Interesse der Gesellschaft sowie Dritter vorgeschrieben sind, S. 35 (sog Berkhouwer-Bericht).

35 *Weller* in: Gebauer/Wiedmann (Hrsg.), Zivilrecht unter europäischem Einfluss, 2. Aufl. 2010, S. 1029; *Habersack/Verse*, Europäisches Gesellschaftsrecht, 2011, § 5 Rn. 2; *Servatius* in: MüHdB GesR, IntGesR, 4. Aufl. 2013, § 13 Rn. 6; *Schubel* in: FS Hommelhoff, 2012, S. 1059, 1060.

36 *Habersack/Verse*, Europäisches Gesellschaftsrecht, 2011, § 5 Rn. 3.

37 *Grundmann*, Europäisches Gesellschaftsrecht, 2011, Rn. 246; *Mélon* ESJ 2015, 170, 182.

38 In diesem Sinne auch EuGH, Rs. C-398/15 (Manni), ECLI:EU:C:2017:197 = BB 2017, 652, Rn. 49.

39 EuGH, Rs. C-398/15 (Manni), ECLI:EU:C:2017:197 = BB 2017, 652, Rn. 51.

40 *Kalss* EuZW 2015, 252, 253; *Kalss/Klampfl*, Europäisches Gesellschaftsrecht, 2015, Rn. 5.

41 Vgl. Erwägungsgrund 1 und 2 der ursprünglichen Richtlinienfassung 68/151/EWG; siehe auch Erwägungsgrund 2 (ex-Erwägungsgrund 2 der Kapital-RL); durch Anwendung der Grundsätze des § 15 II, III HGB wurde die Richtlinie diesbezüglich überschießend in deutsches Recht umgesetzt, vgl. *Preuß* in: Oetker (Hrsg.), HGB, 5. Aufl. 2017, § 15 Rn. 5.

42 *Grundmann*, Europäisches Gesellschaftsrecht, 2011, Rn. 192; vgl. auch *Kalss/Klampfl*, Europäisches Gesellschaftsrecht, 2015, Rn. 217; *Habersack/Verse*, Europäisches Gesellschaftsrecht, 2011, § 5 Rn. 9; *Weller* in: Gebauer/Wiedmann (Hrsg.), Zivilrecht unter europäischem Einfluss, 2. Aufl. 2010, S. 1029; *Riehm* in: Langenbucher (Hrsg.), Europäisches Privat- und Wirtschaftsrecht, 4. Aufl. 2017, § 5 Rn. 21.

43 *Fleckner* in: FS Hopt, 2010, S. 659, 682; *Lutter/Bayer/Schmidt*, Europäisches Unternehmens- und Kapitalmarktrecht, 2017, Rn. 18.10; einschränkend zu den Beschränkungen auf Kapitalgesellschaften im europäischen Recht hingegen *Koch* ZHR 173 (2009) 101, 113; kritisch auch *Mayer* in: Gebauer/Teichmann (Hrsg.), Europäisches Privat- und Unternehmensrecht, 2016, § 5 Rn. 135.

44 *Lutter/Bayer/Schmidt*, Europäisches Unternehmens- und Kapitalmarktrecht, 2017, Rn. 18.10; *Einmahl* AG 1969, 131, 132; *Fischer-Zernin*, Der Rechtsangleichungserfolg der Ersten gesellschaftsrechtlichen Richtlinie der EWG, 1986, S. 31 f.

11 In diesem Zusammenhang stellte der EuGH klar, dass das europäische Gesellschaftsrecht **keinen allgemeinen Grundsatz der unbedingten Haftungsbeschränkung** von Anteilsinhabern der Kapitalgesellschaften kennt.[45] Daher sind insbesondere etwaige nationale Regelungen betreffend einer in Betracht kommenden Durchgriffshaftung der Aktionäre bzw. Gesellschafter von Kapitalgesellschaften zu beachten. Auch diese müssen sich jedoch an den Vorgaben der europäischen Niederlassungs- und Kapitalverkehrsfreiheit messen lassen.[46]

12 Im ehemaligen Art. 1 Publizitäts-RL wird bei der Bestimmung des Anwendungsbereichs allerdings nicht ausdrücklich der Begriff der „Kapitalgesellschaft" verwendet. Dies kommt daher, dass der Begriff nicht einheitlich in den europäischen Mitgliedstaaten gebraucht wird. Um Widersprüchen von Beginn an entgegenzutreten, bediente man sich deshalb der abschließenden Aufzählung der jeweils in den einzelnen Mitgliedstaaten von der damaligen Richtlinie betroffenen Gesellschaftsformen.[47] Dies wurde insofern auch in der neuen Kodifizierungs-Richtlinie beibehalten und in Anhang II umgesetzt. In Deutschland sind somit die AG, KGaA und die GmbH von den Regelungen in der Kodifizierungs-Richtlinie für die handelsrechtliche Publizität von Gesellschaften erfasst.[48] Aufgrund der Anwendung nationalen Aktienrechts auf eine Europäische Aktiengesellschaft (SE) nach Art. 9 I lit. c (ii) SE-VO gelten die nationalen Umsetzungsvorschriften der einzelnen Mitgliedstaaten **auch für die SE**.[49]

13 Zum Teil umstritten ist der **Harmonisierungsgrad** der Regelungen in der Kodifizierungs-Richtlinie für die handelsrechtliche Publizität von Gesellschaften, dh ob diese generell eine Vollharmonisierung des angeglichenen Rechts statuieren oder nur Mindestvorschriften für die handelsrechtliche Unternehmenspublizität vorgeben.[50] Richtigerweise lässt sich die Frage nur **differenziert** und für jede Richtlinienbestimmung gesondert betrachten.[51] So wird aus einzelnen Regelungen (unmmittelbar) ersichtlich, dass diese nur einen Mindestcharakter haben (zB Art. 14, Art. 13 Kodifizierungs-RL (ex-Art. 2, ex-Art. 12 Publizitäts-RL)), wohingegen andere Vorschriften grundsätzlich als abschließend anzusehen sind und damit grundsätzlich keine strengere Umsetzung durch das nationale Recht zulassen (zB Art. 16 VI Uabs. 2 Kodifizierungs-RL (ex-Art. 3 VI Uabs. 2 Publizitäts-RL)).[52]

B. Primäre Publizitätsinstrumente

I. Registerpublizität

14 Im Rahmen der handelsrechtlichen Publizitätsinstrumente kann zwischen **primären und sekundären Publizitätsinstrumenten** unterschieden werden. Die „primären" Publizitätsmittel stellen die nach Art. 14 Kodifizierungs-RL (ex-Art. 2 Publizitäts-RL) anzugebenden Umstände unmittelbar dar.[53] Hierzu gehören die Publizität durch das jeweilige Register der Gesellschaft und öffentliche Bekanntmachungen auf anderem Weg. Die „sekundären" Publizitätsmittel sollen hingegen schutzbedürftigen Dritten die Möglichkeit einräumen, sich über die veröffentlichten Umstände in Form der Zusendung von Abschriften zu informieren.[54]

15 Grundvoraussetzung für eine Harmonisierung der handelsrechtlichen Publizität ist die **Errichtung von Registern** in allen Mitgliedstaaten.[55] Die Mitgliedstaaten haben dabei die Wahl, ob sie ein entsprechendes Register zentral in ihrem Hoheitsgebiet oder beim jeweiligen Handelsregister, in dem die Gesellschaft eingetragen ist, errichten (vgl. Art. 16 I Kodifizierungs-RL (ex-Art. 3 I Publizitäts-RL)). Auf nationaler Ebene angesiedelt ist das Register

45 Vgl. EuGH, Rs. C-81/09 (Idryma Typou), ECLI:EU:C:2010:622 = EuZW 2011, 149, Rn. 43; dazu *Möslein* NZG 2011, 174 f.; *Eckert* GesRZ 2011, 176 f.; *Schmidt* EWiR 2010, 693 f.; *Kindler* in: FS Säcker, 2011, S. 393 ff.; *Papadopoulos* CMLR 49 (2012) 401 ff.; *Rüffler* GeS 2011, 99 ff.

46 *Lutter/Bayer/Schmidt*, Europäisches Unternehmens- und Kapitalmarktrecht, 2017, Rn. 18.12.

47 Zur Heranziehung des „Enumerationsprinzips" vgl. *Einmahl* AG 1969, 131; *Grundmann*, Europäisches Gesellschaftsrecht, 2011, Rn. 194; *Lutter/Bayer/Schmidt*, Europäisches Unternehmens- und Kapitalmarktrecht, 2017, Rn. 18.11.

48 Nicht erfasst ist hingegen die „normale" deutsche KG; dies gilt auch, wenn die in- oder ausländische Kapitalgesellschaft Komplementärin ist, vgl. OLG Frankfurt ZIP 2008, 1286; *Servatius* in: MüHdB GesR, IntGesR, 4. Aufl. 2013, § 13 Rn. 5; aA *Wachter* GmbHR 2006, 80.

49 *Lutter/Bayer/Schmidt*, Europäisches Unternehmens- und Kapitalmarktrecht, 2017, Rn. 18.11; *Schmidt*, „Deutsche" vs. „britische" SE, 2006, S. 75; im Ergebnis auch *Grundmann*, Europäisches Gesellschaftsrecht, 2011, Rn. 195, der jedoch für eine direkte Anwendung auf Art. 10 SE-VO abstellt.

50 Grundsätzlich für eine Vollharmonisierung *Schmidt-Kessel* in: Schulze/Zuleeg/Kadelbach (Hrsg.), Europarecht, 3. Aufl. 2015, § 19 Rn. 19; für eine Mindestharmonisierung *Lutter* in: FS Everling, 1995, S. 765, 776 f.; wohl auch *Frotz* in: Frotz/Kaufmann (Hrsg.), Grenzüberschreitende Verschmelzungen, 2. Aufl. 2012, § 1 EU-VerschG Rn. 18b; *Riehm* in: Langenbucher (Hrsg.), Europäisches Privat- und Wirtschftsrecht, 4. Aufl. 2017, § 5 Rn. 28.

51 *Habersack/Verse*, Europäisches Gesellschaftsrecht, 2011, § 5 Rn. 6; *Mayer* in: Gebauer/Teichmann (Hrsg.), Europäisches Privat- und Unternehmensrecht, 2016, § 5 Rn. 133.

52 Zur Regelung des Art. 16 VI Uabs. 2 Kodifizierungs-RL (ex-Art. 3 VI Uabs. 2 Publizitäts-RL) vgl. *Krebs* in: MüKo HGB, 4. Aufl. 2016, § 15 Rn. 4; *Habersack/Verse*, Europäisches Gesellschaftsrecht, 2011, § 5 Rn. 6; *Mayer* in: Gebauer/Teichmann (Hrsg.), Europäisches Privat- und Unternehmensrecht, 2016, § 5 Rn. 133.

53 *Habersack/Verse*, Europäisches Gesellschaftsrecht, 2011, § 5 Rn. 13.

54 *Habersack/Verse*, Europäisches Gesellschaftsrecht, 2011, § 5 Rn. 13.

55 *Grundmann*, Europäisches Gesellschaftsrecht, 2011, Rn. 262; *Lutter/Bayer/Schmidt*, Europäisches Unternehmens- und Kapitalmarktrecht, 2017, Rn. 18.14; *Holzborn/Israel* NJW 2003, 3014, 3015.

zB in Schweden, Irland und Dänemark, auf regionaler Ebene zB in Österreich und Großbritannien und in Deutschland mit der Ansiedlung beim Amtsgericht auf kommunaler Ebene. In diesem zentralen oder dezentralen nationalen Register ist für jede Gesellschaft eine Akte zu hinterlegen oder in das Register einzutragen. Hinterlegung und Eintragung der erforderlichen Unterlagen sowie Angaben sind dabei gleichwertig. Die Hinterlegung bzw. Eintragung muss zwingend in **elektronischer Form** vollzogen werden. Dadurch soll es insbesondere erleichtert werden, über das Internet Informationen aus dem Register zu erhalten.[56] Elektronische Form bedeutet iS von Art. 16 II Kodifizierungs-RL (ex-Art. 3 II Publizitäts-RL), dass die Information mittels Geräten für die elektronische Verarbeitung und Speicherung von Daten am Ausgangspunkt gesendet und am Endpunkt empfangen wird, und sie vollständig über Draht, über Funk, auf optischem oder anderem elektromagnetischen Wege in der von den Mitgliedstaaten bestimmten Art und Weise gesendet, weitergeleitet und empfangen wird. Neben der elektronischen Führung des Registers müssen es die Mitgliedstaaten ebenfalls zulassen, dass die Gesellschaften ihre jeweiligen Unterlagen auch auf elektronischem Wege einreichen (lassen) können (vgl. Art. 16 III Uabs. 1 S. 1 Kodifizierungs-RL (ex-Art. 3 III Uabs. 1 S. 1 Publizitäts-RL)).

Die **elektronische Einreichung der Unterlagen** der Gesellschaft ist seitens des Registers jedoch nur dann zu ermöglichen, wenn dieser keine nationalen Verfahrensvorschriften entgegenstehen.[57] Solange es insbesondere nicht die Möglichkeit der amtlichen elektronischen Beglaubigung im jeweiligen Mitgliedstaat gibt, besteht zumindest bei der Anmeldung zur Eintragung die Möglichkeit der elektronischen Einreichung nicht.[58] In der heutigen Zeit wird dies jedoch wohl nur in den wenigsten Mitgliedstaaten der Fall sein. So hat auch die *Informal Company Law Expert Group* vorgeschlagen, dass Gesellschaften auch über Art. 14 Kodifizierungs-RL (ex-Art. 2 Publizitäts-RL) hinaus alle notwendigen Unterlagen auf elektronischem Wege beim Register einreichen können sollen.[59] 16

Durch die Richtlinie 2012/17/EU wurde ein Unterabsatz 1 in den damaligen Art. 3 I Publizitäts-RL (= Art. 16 I Kodifizierungs-RL) neu eingefügt. Dadurch erhält jede registrierte Gesellschaft eine **europaweit einheitliche Kennung** (*European Unique Identifier* – „EUID"), durch die sie eindeutig bei der Kommunikation zwischen den nationalen Registern über das System der Vernetzung von Zentral-, Handels- und Gesellschaftsregistern ermittelt werden kann (Art. 16 I Uabs. 1 S. 1 Kodifizierungs-RL (ex-Art. 3 I Uabs. 1 S. 1 Publizitäts-RL)). Die einheitliche Kennung gilt für die **interne Kommunikation zwischen** den mitgliedstaatlichen Registerbehörden und der Europäischen Plattform gem. Art. 22 Kodifizierungs-RL (ex-Art. 4a Publizitäts-RL). Sie dient nicht dem Gebrauch im Rechtsverkehr zB durch die Angabe auf Geschäftsbriefen und Bestellscheinen. Sie ersetzt somit nicht die nationale Handelsregisternummer der Gesellschaft.[60] Diese bleibt neben der europäischen Kennung bestehen.[61] Der damalige Art. 3 I Uabs. 1 Publizitäts-RL wurde mit **§ 9b II 2 HGB** ins deutsche Recht umgesetzt. Für die konkrete Struktur, Zuordnung und Verwendung der einheitlichen Kennung nach Maßgabe der Durchführungsverordnung 2015/884 der Europäischen Kommission enthält § 9b IV Nr. 1 HGB seinerseits eine Verordnungsermächtigung an das BMJV. 17

Die einheitliche Kennung besteht dabei aus Elementen, die es eindeutig ermöglichen sollen, den Mitgliedstaat, das entsprechende inländische Register und die jeweils eingetragene Gesellschaft **zu identifizieren** (Art. 16 I Uabs. 1 S. 2 Kodifizierungs-RL (ex-Art. 3 I Uabs. 1 S. 2 Publizitäts-RL)). Im Zuge der Durchführungsverordnung 2015/884 setzt sich die einheitliche Kennung aus dem Ländercode des Mitgliedstaates (zB „DE" für Deutschland), der Kennung des jeweiligen nationalen Registers sowie der Eintragungs- bzw. Registernummer der jeweiligen Kapitalgesellschaft im inländischen Register zusammen. Darüber hinaus können die Mitgliedstaaten vorsehen, dass die einheitliche Kennung eine Prüfziffer enthält, die der Vermeidung von Fehlern bei der Identifizierung der Gesellschaft vorbeugen soll.[62] 18

Die Einreichung sowie Veröffentlichung gesellschaftsbezogener Daten ist in **Deutschland** seit jeher anerkannt.[63] 19
So basiert die ursprüngliche Richtlinienfassung aus dem Jahr 1968 auch zu großen Teilen auf dem damals geltenden deutschen Recht.[64] Eine Anpassung der deutschen Rechtslage war insofern nicht erforderlich.[65] Die Ein-

56 *Scholz* EuZW 2004, 172; zu den Bedenken gegen die umfassende (elektronische) Offenlegungspflicht siehe EuGH, Rs. C-182/00 (Lutz), ECLI:EU:C:2002:19 = EuZW 2002, 127.

57 Vgl. Begr. zum Vorschlag der Richtlinie 2003/58/EG, KOM(2002) 279, Ziff. 3.1.3. Absatz 6.

58 *Scholz* EuZW 2004, 172, 175.

59 *Informal Company Law Expert Group*, Report on digitalisation in company law, März 2016, Empfehlung 7.

60 Vgl. Regierungsbegründung zum Entwurf eines Gesetzes zur Umsetzung der Richtlinie 2012/17/EU in Bezug auf die Verknüpfung von Zentral-, Handels- und Gesellschaftsregistern in der Europäischen Union, BT-Drs. 18/2137, S. 12; *Preuß* in: Oetker (Hrsg.), HGB, 5. Aufl. 2017, § 9b Rn. 7; *Stiegler* NotBZ 2015, 329, 332.

61 *Ries* ZIP 2013, 866, 868; *Verse* EuZW 2013, 336, 338; *Stiegler* NotBZ 2015, 329, 332; *Kilian* notar 2013, 10, 15.

62 Durchführungsverordnung 2015/884, S. 7; *Stiegler* NotBZ 2015, 329, 332; siehe auch *Ries* ZIP 2013, 866, 868.

63 Vgl. nur *Krafka* in: MüKo HGB, 4. Aufl. 2016, § 8 Rn. 2; *Hopt* in: Baumbach/Hopt (Hrsg.), HGB, 37. Aufl. 2016, § 8 Rn. 1.

64 *Habersack* ZIP 2006, 445, 446; *Lutter/Bayer/Schmidt*, Europäisches Unternehmens- und Kapitalmarktrecht, 2017, Rn. 18.9.

65 *Einmahl* AG 1969, 131, 133; *Lutter* EuR 1969, 1; *Lutter/Bayer/Schmidt*, Europäisches Unternehmens- und Kapitalmarktrecht, 2017, Rn. 18.18.

führung einer elektronischen Registerführung durch die Änderungsrichtlinie 2003/58/EG war in Deutschland hingegen ein Novum.[66] Infolge des **EHUG** wird das deutsche Handelsregister nunmehr elektronisch geführt (§ 8 I HGB).[67] Auch die Anmeldung und Einreichung der erforderlichen Unterlagen hat nach § 12 HGB elektronisch zu erfolgen. Zudem werden sämtliche beim Handelsregister eingereichten Unterlagen in das ebenfalls elektronisch geführte Unternehmensregister eingestellt (§ 8b II Nr. 1 HGB). Da aus deutscher Sicht neben den handelsrechtlichen Publizitätsgegenständen, wenn auch getrennt, ebenfalls die bilanzrechtlichen Publizitätsgegenstände beim Unternehmensregister eingestellt werden (vgl. § 8b II Nr. 4 HGB), ist die Trennung zwischen Einreichung beim Handelsregister und beim elektronischen Bundesanzeiger (vgl. § 325 I 1 HGB) auch mit Art. 16 I Kodifizierungs-RL (ex-Art. 3 I Publizitäts-RL) vereinbar.[68]

II. Bekanntmachungen

20 Neben der Publizität durch das nationale Handelsregister stellt die **Bekanntmachung** der erforderlichen Unterlagen sowie **Angaben im Amtsblatt** die zweite Säule der primären Publizitätsinstrumente dar. Nach Art. 16 V Kodifizierungs-RL (ex-Art. 3 V Publizitäts-RL) müssen die zu veröffentlichenden Unterlagen und Angaben einer Gesellschaft in einem durch die Mitgliedstaaten zu bestimmenden Amtsblatt („*Gazette*") bekannt gemacht werden. Eine vollständige Wiedergabe des jeweiligen Registerinhalts ist jedoch nicht erforderlich.[69] Vielmehr genügt eine auszugsweise Wiedergabe oder lediglich ein Verweis auf das Vorhandensein der entsprechenden Dokumente beim Register, auf die nach Anfrage Einsicht genommen werden kann.[70] Seit der Änderungsrichtlinie 2003/58/EG besteht für die Mitgliedstaaten zudem die Möglichkeit, die Bekanntmachung im Amtsblatt durch eine **„andere ebenso wirksame Form der Veröffentlichung"** (Art. 16 V 3 Kodifizierungs-RL (ex-Art. 3 V 3 Publizitäts-RL)) zu ersetzen.

21 Die Vorgaben des Art. 16 V Kodifizierungs-RL (ex-Art. 3 V Publizitäts-RL) für die Bekanntmachung der offenlegungspflichtigen Unterlagen stellen insgesamt nur eine **Mindestharmonisierung** dar.[71] Den Mitgliedstaaten steht es daher frei, darüber hinausgehende Veröffentlichungspflichten vorzuschreiben, wie zB in lokalen Tageszeitungen oder anderen öffentlich zugänglichen Medien. Nach deutschem Recht erfolgt die Bekanntmachung nach § 10 HGB über ein deutschlandweit geltendes Registerportal.[72] Besonderheiten gelten lediglich für die nach Art. 14 I lit. f) Kodifizierungs-RL (ex-Art. 2 I lit. f) Publizitäts-RL) offenzulegenden Rechnungslegungsunterlagen, die nach § 325 II HGB zusätzlich im elektronischen Bundesanzeiger bekanntzumachen sind.

C. Sekundäre Publizitätsinstrumente

I. Kopie offenlegungspflichtiger Unterlagen

22 Nach Art. 16 IV Kodifizierungs-RL (ex-Art. 3 IV Publizitäts-RL) muss es jedem Dritten auf (schriftlichen oder elektronischen) Antrag möglich sein, beim Register eine **Kopie** der offenlegungspflichtigen Unterlagen einer Gesellschaft zu erhalten. Die Regelungen in der Kodifizierungs-Richtlinie für die handelsrechtliche Publizität von Gesellschaften statuieren damit ein sog **Recht auf Abschriften**.[73] Der Antragsteller hat dabei die Wahl, in welcher Form er die beantragte Kopie ausgestellt haben will. Er kann somit nicht nur angeben, ob er die hinterlegten Dokumente vollständig oder lediglich einen bestimmten Auszug benötigt, sondern auch zwischen der be-

---

66 *Seibert/Decker* DB 2006, 2446; *Lutter/Bayer/Schmidt*, Europäisches Unternehmens- und Kapitalmarktrecht, 2017, Rn. 18.18.

67 Dazu *Willer/Krafka* DNotZ 2006, 885 ff.; *Apfelbaum/Bettendorf* RNotZ 2007, 89 ff.; *Kort* AG 2007, 801; *Scharff/Liebscher* NJW 2006, 3745 ff.; *Noack* NZG 2006, 801 ff.

68 *Lutter/Bayer/Schmidt*, Europäisches Unternehmens- und Kapitalmarktrecht, 2017, Rn. 18.18; *Nedden-Boeger* FGPrax 2007, 1, 5 f.; *Paefgen* ZIP 2008, 1653, 1654; *Noack* NZG 2006, 801, 803.

69 *Lutter/Bayer/Schmidt*, Europäisches Unternehmens- und Kapitalmarktrecht, 2017, Rn. 18.19; *Habersack* in: MüKo AktG, 4. Aufl. 2016, Einl. Rn. 118.

70 *Grundmann*, Europäisches Gesellschaftsrecht, 2011, Rn. 266; *Kalss/Klampfl*, Europäisches Gesellschaftsrecht, 2015, Rn. 222; *Grohmann*, Das Informationsmodell im Europäischen Gesellschaftsrecht, 2006, S. 157; *Lutter/Bayer/Schmidt*, Europäisches Unternehmens- und Kapitalmarktrecht, 2017, Rn. 18.19.

71 *Lutter/Bayer/Schmidt*, Europäisches Unternehmens- und Kapitalmarktrecht, 2017, Rn. 18.21; *Kort* AG 2007, 801, 805 f.; *Mélon* ESJ 2015, 170, 182.

72 Das elektronische Registerportal wird unter der Website www.handelsregister.de geführt. Zumindest in Verbindung mit der Weiterleitung der Unterlagen an das Unternehmensregister und dessen Bekanntmachungen (www.unternehmensregister.de) wird es damit auch der von der Richtlinie vorgegebenen zentralen elektronischen Plattform gerecht, vgl. *Lutter/Bayer/Schmidt*, Europäisches Unternehmens- und Kapitalmarktrecht, 2017, Rn. 18.22; *Krafka* in: MüKo HGB, 4. Aufl. 2016, § 10 Rn. 12; *Bayer/Schmidt* ZIP 2010, 953, 954; *Neye/Jäckel* AG 2010, 237, 238; *Noack* NZG 2006, 801, 803; *Paefgen* ZIP 2008, 1653, 1654.

73 *Lutter/Bayer/Schmidt*, Europäisches Unternehmens- und Kapitalmarktrecht, 2017, Rn. 18.23.

glaubigten und unbeglaubigten sowie der Papier- und elektronischen Form auswählen.[74] Anders als bei der Papierform, müssen elektronische Dokumente allerdings nur auf ausdrücklichen Antrag beglaubigt werden.[75]

Ein Antrag auf Kopien der offenlegungspflichtigen Unterlagen kann von **jedem Dritten** gestellt werden. Antragsberechtigt ist grundsätzlich jedermann.[76] Eine Beschränkung auf bestimmte Personengruppen oder das Bestehen eines berechtigten Interesses des Antragsstellers ist nach Aussagen des EuGH nicht zulässig.[77] Zumindest aus deutscher Sicht ist das Recht auf Einsicht in das Handelsregister weit gefasst und umfasst auch die Durchsicht großer Teile oder des ganzen Registers.[78] Ob von dieser grundsätzlich unbeschränkten Einsichtnahme auch das Recht auf eine **komplette Kopie sämtlicher Registerdaten** aller eingetragenen Gesellschaften zu rein kommerziellen Zwecken erfasst ist, ist umstritten.[79] Begreift man den Schutzzweck der Regelungen in der Kodifizierungs-Richtlinie für die handelsrechtliche Publizität von Gesellschaften in dem Sinne, dass sich bestehende oder potentielle in- sowie ausländische Vertragspartner einer Gesellschaft mittels der offenzulegenden Unterlagen im Register über deren interne Verhältnisse informieren können sollen, ist eine diesbezügliche Beschränkung wohl mit den Vorgaben des Art. 16 IV Kodifizierungs-RL (ex-Art. 3 IV Publizitäts-RL) vereinbar.[80] Hierfür spricht auch der Bezug zum zweiten sekundären Publizitätsinstrument des Art. 26 Kodifizierungs-RL (ex-Art. 5 Publizitäts-RL), der sich nur auf die von der Gesellschaft eingehenden Korrespondenzen bezieht. So ist es – richtlinienkonform – auch in Deutschland (elektronisch) nicht möglich, den ganzen Registerinhalt eines Registergerichts herunterzuladen. Gleichwohl besteht auch keine Höchstgrenze zulässiger Downloads. 23

Für die Erteilung der Kopien der offenlegungspflichtigen Unterlagen dürfen vom jeweiligen mitgliedstaatlichen Register auch **Gebühren erhoben werden**. Diese dürfen allerdings die angefallenen Verwaltungskosten nicht übersteigen (Art. 16 IV Uabs. 3 Kodifizierungs-RL (ex-Art. 3 IV Uabs. 3 Publizitäts-RL)). Im europäischen Vergleich sind die Kosten in Deutschland dabei verhältnismäßig hoch. Ein „aktueller Abdruck" kostet EUR 4,50 und der Download zB der aktuellen Gesellschafterliste einer GmbH EUR 1,50. Praktisch ist außerdem der Zugang zu **ausländischen Registerstellen** nicht immer problemlos möglich, da es zum einen häufig einer vorherigen Registrierung bei der entsprechenden Registerbehörde bedarf und zum anderen auch Sprachbarrierern nicht unterschätzt werden sollten. Betreffend Letzterem hat das europäischer Registersystem („*BRIS*") (s. dazu Rn. 45 ff.) jedoch stückweise Erleichterung geschaffen. 24

II. Angaben auf Geschäftsdokumenten

Neben dem Recht auf Abschriften aus dem Register sind unter die sekundären Publizitätsinstrumente die Korrespondenzregelungen des Art. 26 Kodifizierungs-RL (ex-Art. 5 Publizitäts-RL) zu fassen. Danach müssen auf **Briefen und Bestellscheinen** der Gesellschaften bestimmte, das Unternehmen betreffende, Informationen angegeben sein. Die Form des jeweiligen Dokuments ist dabei unerheblich.[81] So gilt Art. 26 Kodifizierungs-RL (ex-Art. 5 Publizitäts-RL) gleichsam für Briefe und Bestellscheine in Papier-, Fax- und elektronischer Form.[82] Ferner gilt die Pflicht zur Angabe von Unternehmensinformationen auf der **Website der Gesellschaft** (Art. 26 III Kodifizierungs-RL (ex-Art. 5 III Publizitäts-RL)).[83] Dies gilt jedoch nur, sofern die Gesellschaft auch eine eigene Web- 25

74 Die Richtlinie räumt mit Art. 16 IV Uabs. 2 S. 3, 4 Kodifizierungs-RL (ex-Art. 3 IV Uabs. 2 S. 3, 4 Publizitäts-RL) jedoch die Möglichkeit ein, Altunterlagen (max. 10 Jahre vor Antragsstellung) nur in Papier auszugeben, dazu *Schemmann* GPR 2004, 92, 93; *Scholz* EuZW 2004, 172, 173. Deutschland hat durch § 9 II HGB von dieser Option Gebrauch gemacht.

75 *Scholz* EuZW 2004, 172, 173. Dies sieht auch das deutsche Recht entsprechend vor und die elektronisch über das Handelsregister herunterzuladenen Abdrucke und Dokumente sind unbeglaubigt.

76 *Grundmann*, Europäisches Gesellschaftsrecht, 2011, Rn. 265; *Kalss/Klampfl*, Europäisches Gesellschaftsrecht, 2015, Rn. 224; *Grohmann*, Das Informationsmodell im Europäischen Gesellschaftsrecht, 2006, S. 155; *Leible* ZHR 162 (1998), 594, 606; *Schmidt-Kessel* GPR 2006, 6, 9; *Lutter/Bayer/Schmidt*, Europäisches Unternehmens- und Kapitalmarktrecht, 2017, Rn. 18.23; *Scholz* EuZW 2004, 172.

77 Vgl. EuGH, Rs. C-97/96 (Daihatsu), ECLI:EU:C:1997:581 = NJW 1998, 129, Rn. 20, 22 f.; EuGH, Rs. C-435/02 u. C-103/03 (Axel Springer), ECLI:EU:C:2004:552 = EuZW 2004, 764, Rn. 29.

78 BGH NJW 1989, 2818.

79 Dafür *Hopt* in: Baumbach/Hopt (Hrsg.), HGB, 37. Aufl. 2016, § 9 Rn. 3; *Dauner-Lieb* DB 2006, 767, 768 f.; wohl dagegen BGH NJW 1989, 2818, 2819, siehe auch OLG Hamm NJW-RR 1991, 1256, 1257; OLG Köln NJW-RR 1991, 1255, 1256.

80 Zu § 9 HGB zumindest ansatzweise auch BGH NJW 1989, 2818, 2819; offen lassend *Lutter/Bayer/Schmidt*, Europäisches Unternehmens- und Kapitalmarktrecht, 2017, Rn. 18.23.

81 Vgl. Begründung zur Änderungs-Richtlinie 2003/58/EG, KOM(2002) 279 endg., S. 8; siehe auch *Apfelbaum* DNotZ 2007, 166, 171 f.; *Glaus/Gabel* BB 2007, 1744; *Hoeren/Pfaff* MMR 2007, 207 f.; *Meier* GmbHR 2007, 922, 923.

82 *Habersack/Verse*, Europäisches Gesellschaftsrecht, 2011, § 5 Rn. 13; *Grundmann*, Europäisches Gesellschaftsrecht, 2011, Rn. 269.

83 Im deutschen Recht siehe auch die Impressumspflicht des § 5 TMG.

site unterhält. Die Regelungen in der Kodifizierungs-Richtlinie für die handelsrechtliche Publizität von Gesellschaften schreibt eine zwingende Internetpräsenz indes nicht vor.[84]

26 Der **Mindestinhalt der Angabepflicht** wird in Art. 26 I lit. a) und lit. b) Kodifizierungs-RL (ex-Art. 5 I lit. a) und lit. b) Publizitäts-RL) aufgeführt. Er beinhaltet die Angabe des Registers, der Registernummer, der Rechtsform, des Satzungssitzes sowie ggf. Hinweise auf eine eingeleitete Liquidation der Gesellschaft. Anhand dieser Angaben kann sich ein (potentieller) Geschäftspartner dann weitere unternehmensbezogene Informationen über das Register nach Art. 16 IV Kodifizierungs-RL (ex-Art. 3 IV Publizitäts-RL) ausstellen lassen bzw. besorgen.[85] Durch die Angabepflichten des Art. 26 I Kodifizierungs-RL (ex-Art. 5 I Publizitäts-RL) sollen damit bestimmte Standardinforamtionen über eine Gesellschaft problemlos auch **in anderen Mitgliedstaaten verfügbar** sein.[86] Die entsprechenden Regelungen in der Kodifizierungs-Richtlinie für die handelsrechtliche Publizität von Gesellschaften sind in Deutschland für Kapitalgesellschaften in § 35a I GmbHG und § 80 I AktG umgesetzt.

27 Da bisher auf europäischer Ebene keine Einigkeit erzielt werden konnte, besteht nach den aktuellen Regelungen in der Kodifizierungs-Richtlinie für die handelsrechtliche Publizität von Gesellschaften keine Pflicht auch zur **Angabe des Gesellschaftskapitals** auf den Korrespondenzen des Unternehmens.[87] Schreiben die Mitgliedstaaten jedoch vor, dass für nationale Gesellschaften deren Kapital angegeben werden muss, sieht Art. 26 II, III Kodifizierungs-RL (ex-Art. 5 II, III Publizitäts-RL) vor, dass dann sowohl das gezeichnete als auch das eingezahlte Kapital anzugeben sind. Dadurch sollen (beabsichtigte oder unbeabsichtigte) Irreführungen über die tatsächliche finanzielle Ausstattung der Gesellschaft vorgebeugt werden.[88]

D. Offenlegungspflichtige Unterlagen und Angaben

28 Die mittels der og Publizitätsmittel (s. Rn. 22 ff.) offenzulegenden Unterlagen und sonstigen Angaben der Gesellschaft werden in Art. 14 I lit. a) bis lit. k) Kodifizierungs-RL (ex-Art. 2 I lit. a) bis lit. k) Publizitäts-RL) **enumerativ aufgelistet**. Die Aufzählung der dortigen Publizitätsobjekte ist nicht abschließend. Sie stellen vielmehr den essentiellen Kern der zu veröffentlichen Unterlagen und Angaben von allen Kapitalgesellschaften in der EU dar.[89] Aufgrund der Festlegung lediglich **erforderlicher Mindestangaben** steht es den Mitgliedstaaten daher frei, darüber hinausgehend die Offenlegung weitere Unterlagen und Angaben für deren (Kapital-) Gesellschaften zu fordern.[90]

29 Der Katalog des Art. 14 Kodifizierungs-RL (ex-Art. 2 Publizitäts-RL) ist auch aus europäischer Sicht für die jeweils betroffene Gesellschaft unter Umständen nicht abschließend. In Abhängigkeit von der konkreten Rechtsform der Gesellschaft sowie weiteren Strukturmerkmalen ergeben sich auf Grundlage anderer europäischer Rechtsakte noch **ergänzende Publizitätsanforderungen**.[91] Zu beachten sind insbesondere die weiteren Offenlegungspflichten der (ehemaligen) Kapital-, Bilanz-, Zweigniederlassungs- sowie Transparenzrichtlinie (dazu § 34 Rn. 58 ff.).

30 Im Zuge der **Vierten Geldwäscherichtlinie** aus dem Jahr 2015[92] hatten die Mitgliedstaaten zum Zweck der Transparenz und damit zusammenhängend zur Bekämpfung von Geldwäsche zudem ein „zentrales Register“ zu errichten, in dem Informationen über den wirtschaftlich Berechtigten einer Gesellschaft hinterlegt sind (vgl. Art. 30 I-III 4. Geldwäsche-RL). Die betroffenen Gesellschaften haben dabei „angemessene, präzise und aktuelle Angaben zu ihren wirtschaftlichen Eigentümern“ zu beschaffen und an ein solches **Transparenzregister** (so

84 Vgl. Begründung zur Änderungs-Richtlinie 2003/58/EG, KOM(2002) 279 endg., S. 8; *Schemmann* GPR 2004, 92, 93; *Lutter/Bayer/Schmidt*, Europäisches Unternehmens- und Kapitalmarktrecht, 2017, Rn. 18.25.

85 *Grundmann*, Europäisches Gesellschaftsrecht, 2011, Rn. 270; *Grohmann*, Das Informationsmodell im Europäischen Gesellschaftsrecht, 2006, S. 149; *Lutter/Bayer/Schmidt*, Europäisches Unternehmens- und Kapitalmarktrecht, 2017, Rn. 18.25.

86 *Beurskens* NJW 2017, 1265, 1267.

87 *Lutter/Bayer/Schmidt*, Europäisches Unternehmens- und Kapitalmarktrecht, 2017, Rn. 18.26; *Schwarz*, Europäisches Gesellschaftsrecht, 2000, Rn. 318; *Edwards*, EC Company Law, 1999, S. 24.

88 *Grundmann*, Europäisches Gesellschaftsrecht, 2011, Rn. 270; *Lutter/Bayer/Schmidt*, Europäisches Unternehmens- und Kapitalmarktrecht, 2017, Rn. 18.26.

89 *Habersack/Verse*, Europäisches Gesellschaftsrecht, 2011, § 5 Rn. 14; *Grundmann*, Europäisches Gesellschaftsrecht, 2011, Rn. 246; *Lutter/Bayer/Schmidt*, Europäisches Unternehmens- und Kapitalmarktrecht, 2017, Rn. 18.29; *Servatius* in: MüHdB GesR, IntGesR, 4. Aufl. 2013, § 13 Rn. 9.

90 Vgl. nur *Mayer* in: Gebauer/Teichmann (Hrsg.), Europäisches Privat- und Unternehmensrecht, 2016, § 5 Rn. 133.

91 *Habersack/Verse*, Europäisches Gesellschaftsrecht, 2011, § 5 Rn. 14; *Grundmann*, Europäisches Gesellschaftsrecht, 2011, Rn. 246; *Lutter/Bayer/Schmidt*, Europäisches Unternehmens- und Kapitalmarktrecht, 2017, Rn. 18.29.

92 Richtlinie (EU) 2015/849 des Europäischen Parlaments und des Rates v. 20.5.2015 zur Verhinderung der Nutzung des Finanzsystems zum Zwecke der Geldwäsche und der Terrorismusfinanzierung, zur Änderung der Verordnung (EU) Nr. 648/2012 des Europäischen Parlaments und des Rates und zur Aufhebung der Richtlinie 2005/60/EG des Europäischen Parlaments und des Rates und der Richtlinie 2006/70/EG der Kommission, ABl. EU v. 5.6.2015, L 141/73.

die deutsche Bezeichnung gem. § 18 GWG) weiterzuleiten, sofern die entsprechenden Anforderungen erfüllt sind.[93] Diese Pflicht gilt grundsätzlich zusätzlich zu den sonstigen Publizitätspflichten gemäß den Bestimmungen der Kodifizierungs-Richtlinie für die handelsrechtliche Publizität von Gesellschaften. In diesem Zusammenhang hat die Europäische Kommission im Juli 2016 eine unmittbare Änderung der damals noch bestehenden Publizitätsrichtlinie vorgeschlagen.[94] Auch hier sollten durch einen neu einzufügenden Art. 7b (ehemalige) Publizitäts-RL die Mitgliedstaaten die betroffenen Gesellschaften verpflichten, Angaben über ihre wirtschaftlichen Eigentümer iSd Art. 30 f. 4. Geldwäsche-RL offenzulegen.[95] In Deutschland gelten die Neuregelungen zum Transparenzregister gem. §§ 18 ff. GWG seit dem 26. Juni 2017. Danach haben insbesondere juristische Personen und eingetragene Personengesellschaften **Angaben zu ihren wirtschaftlich Berechtigten** einzuholen, aufzubewahren, zu aktualisieren und dem Transparenzregister mitzuteilen. Eine Ausnahme von der Mitteilungspflicht besteht jedoch dann, wenn sich die entsprechenden Informationen über den wirtschaftlich Berechtigten bereits aus einem anderen Handelsregister ergeben. Wirtschaftlich Berechtigter ist dabei nur eine natürlich Person, die unmittelbar oder mittelbar mehr als 25% der Kapitalanteile oder Stimmrechte an der Gesellschaft hält oder auf sonstige Weise Kontrolle[96] über diese ausüben kann.[97] Dies gilt auch bei einer mittelbare Kontrolle einer natürlichen Personen, dh in dem Fall, dass der Gesellschafter wiederum eine Gesellschaft ist. Voraussetzung ist dabei aber unmittelbare Kontrolle der natürlichen Person an dieser. Mittlerweile wurde bereits die Fünfte Geldwäscherichtlinie erlassen, die im Hinblick auf die Regelungen zum Transparenz- bzw. einem vergleichbaren Register im Grundsatz jedoch keine tiefgreifenden materiell-rechtlichen Änderungen vorsieht.

Zu den nach Art. 14 I Kodifizierungs-RL (ex-Art. 2 I Publizitäts-RL) offenzulegenden Unterlagen und Angaben gehören insbesondere: 31

- **Errichtungsakt bzw. Satzung** der Gesellschaft (lit. a);
- **Satzungsänderungen** bzw. Änderungen des Errichtungsaktes (lit. b);
- Bestellung, Ausscheiden sowie Vertretungsbefugnisse der gesetzlich vorgeschriebenen **Organe der Gesellschaft** (lit. d);[98]
- **jährliche Angaben** über das gezeichnete Kapital, sofern eine Kapitalerhöhung bzw. -herabsetzung in dem jeweiligen Mitgliedstaat keine Satzungsänderung darstellt (lit. e);
- Unterlagen der **Rechnungslegung** der Gesellschaft (lit. f);
- **Verlegungen des** (Satzungs-) **Sitzes** der Gesellschaft (lit. g);
- Angaben über die **Auflösung, Nichtigkeit und Liquidation** der Gesellschaft (lit. h) bis lit. k).

Von jeder von den einschlägigen Richtlinienbestimmungen nach Anhang II der Kodifizierungs-RL betroffenen Gesellschaft offenzulegen sind zunächst deren Errichtungsakt bzw. Satzung sowie Änderungen derselben. Hintergrund der Differenzierung zwischen dem Errichtungsakt und der Satzung einer Gesellschaft ist die von manchen Mitgliedstaaten vorgenommene Trennung beider. So betrifft beispielsweise im englischen Rechts die Gründungsurkunde iS eines Errichtungsaktes (*Memorandum of Association*) das Außenverhältnis der Gesellschaft, während die Satzung (*Articles of Association*) die innere Struktur betrifft (s. dazu § 12 Rn. 305 ff.).[99] Im deutschen und österreichischen Recht werden hingegen beide zusammengefasst und einheitlich als Satzung bezeichnet. Zweck der **Satzungspublizität** ist, dass sich der Rechtsverkehr jederzeit und schnellstmöglich über den aktuellen Stand der Satzung bzw. des Gesellschaftsvertrags der Gesellschaft informieren können soll.[100] Im deutschen Recht ist die Offenlegung der Satzung bzw. des Gesellschaftsvertrags von Kapitalgesellschaften in § 181 I 2 AktG bzw. § 54 I 2 GmbHG geregelt. 32

93 Zum deutschen Transparenzregister *Assmann/Hütten* AG 2017, 449; *Bochmann* DB 2017, 1310; *Fisch* NZG 2017, 408; *Lakenberg* NJW-S 2017, 463; *Longrée/Pesch* NZG 2017, 1081; *Kirschhof* ZRP 2017, 127; *Krais* CCZ 2017, 98; *Melchior* NotBZ 2017, 281; *Rieg* BB 2017, 2310; *Rosner* NWB 2017, 2594; *Schaub* DStR 2017, 1438; *Seibert* GmbHR 2017, R97; *Spoerr/Roberts* WM 2017, 1142, 1146 ff.; *Kieninger* ZfPW 2018, 121; *Seibert/Bochmann/Cziupka* GmbHR 2017, 1128; *Weiske/Mocker* GWR 2017, 445; *Kotzenberg/Lorenz* NZG 2017, 1325; *Wicke* DB 2017, 2528.

94 Vorschlag für einen Richtlinie des Europäischen Parlaments und des Rates ur Änderung der Richtlinie (EU) 2015/849 zur Verhinderung der Nutzung des Finanzsystems zum Zwecke der Geldwäsche und der Terrorismusfinanzierung und zur Änderung der Richtlinie 2009/101/EG, COM(2016) 450 final.

95 Zudem sollte der Anwendungsbereich der damaligen Publizitätsrichtlinie entsprechend erweitert und an Art. 30 4. Geldwäsche-RL angepasst werden.

96 Kontrolle besteht dabei insbesondere bei einem beherrschenden Einfluss gem. § 290 II-IV HGB.

97 Wurde anhand dieser Kriterien kein wirtschaftlich Berechtigter ermittelt, gilt der/die Geschäftsführer als wirtschaftlich Berechtigte(r) der Gesellschaft.

98 Hierzu im Rahmen „personenbezogener Daten" der entsprechenden Personen EuGH, Rs. C-398/15 (Manni), ECLI:EU:C:2017:197 = BB 2017, 652, Rn. 34 ff.; ferner speziell zu Art. 14 I lit. d) Kodifizierungs-RL (ex-Art. 2 I lit. d) Publizitäts-RL) *Servatius* in: MüHdB GesR, IntGesR, 4. Aufl. 2013, § 13 Rn. 8.

99 *Just*, Die englische Limited in der Praxis, 4. Aufl. 2012, Rn. 75 ff.; *Hannigan*, Company Law, 4. Aufl. 2015, Rn. 1-23 ff.; *Schall* in: Schall (Hrsg.), Companies Act, 2014, sec. 18 Rn. 3; infolge des CA 2006 hat das Memorandum of Association jedoch weitgehend an Bedeutung verloren (s. dazu auch § 12 Rn. 275 f.).

100 *Lutter/Bayer/Schmidt*, Europäisches Unternehmens- und Kapitalmarktrecht, 2017, Rn. 18.31; *Grundmann*, Europäisches Gesellschaftsrecht, Rn. 247.

33 Offenlegungspflichtig ist ferner die **Besetzung der gesetzlich vorgeschriebenen Organe** der Gesellschaft (Art. 14 I lit. d) Kodifizierungs-RL (ex-Art. 2 I lit. d) Publizitäts-RL)). Insbesondere sind die Bestellung und das Ausscheiden von Organmitgliedern zu publizieren. Die Offenlegungspflicht umfasst die Personen, die als gesetzlich vorgeschriebene Organe der Gesellschaft entweder vertretungsbefugt oder an der Verwaltung, Beaufsichtigung oder Kontrolle der Gesellschaft beteiligt sind. Bei Aktiengesellschaften im dualistischen System sind demnach sowohl die Personalien des Vorstands als auch des Aufsichtsrates anzugeben. Im monistischen System alle Mitglieder des Verwaltungsrates. Bei den nationalen Gesellschaften mit beschränkter Haftung sind die Bestellung sowie das Ausscheiden der Mitglieder der Geschäftsführung offenzulegen. Nach dem eindeutigen Wortlaut des Art. 14 I lit. d) Kodifizierungs-RL (ex-Art. 2 I lit. d) Publizitäts-RL) („gesetzlich vorgeschriebene Organe") ist der nach deutschem Recht bekannte **GmbH-Beirat** hiervon nicht erfasst.[101] Zumindest für den fakultativen Aufsichtsrat einer GmbH, dem durch gesellschaftsvertragliche Regelungen vergleichbare Befugnisse und Aufgaben wie dem zwingenden Aufsichtsrat einer AG zukommen, wäre aus Gründen eines in der Richtlinie angelegten umfassenden Verkehrsschutzes eine Offenlegungspflicht jedoch zu bejahen. Viele deutsche Registergerichte in Deutschland fordern dies mittlerweile auch ein und fordern von der Gesellschaft eine (aktuelle) Liste der Aufsichtsrats- bzw. Beiratsmitglieder ein. Für Mitglieder eines Beirats, bei den, wie in der Praxis häufig regelt, die Bestimmungen für einen fakultativen Aufsichtsrat nicht zu Anwendung kommen sollen, ist dies allerdings wenig überzeugend und auch von der Richtlinienbestimmung zwar nicht verboten, aber auch nicht gefordert.[102]

34 Über die Angaben zur Bestellung und zum Ausscheiden von Organmitgliedern hinaus, wird von Art. 14 I lit. d) Kodifizierungs-RL (ex-Art. 2 I lit. d) Publizitäts-RL) ebenfalls die **Offenlegung der Vertretungsbefugnisse** der Organe erfasst. Dies dient vorrangig dem Rechtsverkehr über die Vertretungsverhältnisse in der Gesellschaft als (potentieller) Vertragspartner. Die Publizitätspflicht bezieht sich dabei nur auf die gesetzliche Vertretungsmacht. Nicht betroffen sind mögliche Anscheins- oder Duldungsvollmachen sowie rein formale Zeichnungsbefugnisse.[103] Weiterhin ist anzugeben, ob dem Vertretungsorgan eine **Einzel- oder Gesamtvertretungsbefugnis** zukommt (Art. 14 I lit. d) (i) Hs. 2 Kodifizierungs-RL (ex-Art. 2 I lit. d) (i) Hs. 2 Publizitäts-RL)). Dies gilt selbst dann, wenn sich eine solche Befugnis bereits ohne weiteres aus dem nationalen Recht ergibt.[104] Ausländische Geschäftspartner der Gesellschaft, die zumeist nicht näher mit den inländischen Rechtsgepflogenheiten vertraut sind, sollen sich allein durch den Blick in das zuständige Register schnell und einfach über die für sie wichtigen Vertretungsverhältnisse der Gesellschaft als Vertragspartner informieren können.[105]

35 Art. 14 I lit. f) Kodifizierungs-RL (ex-Art. 2 I lit. f) Publizitäts-RL) schreibt die **Offenlegung der nach den bilanzrechtlichen Richtlinien** zu erstellenden Dokumente betreffend der Rechnungslegung der Gesellschaft vor. Die Pflicht zur Erstellung der Rechnungslegungsunterlagen ergibt sich dabei aus der im Jahr 2013 neu erlassenen, die vormalige Jahresabschluss- und Konzernbilanzrichtlinie ersetzende, Richtlinie 2013/34/EU (Bilanzrichtlinie) (dazu § 25). Besonderheiten der Rechnungslegung sind nach den einschlägigen Richtlinien für Bank- und Versicherungsunternehmen vorgesehen.[106] Die durch Art. 14 I lit. f) Kodifizierungs-RL (ex-Art. 2 I lit. f) Publizitäts-RL) zum Ausdruck kommende Rechnungslegungspublizität ist dabei auch mit den verschiedenen Unionsgrundrechten und insbesondere dem Schutz personenbezogener Daten vereinbar.[107]

36 Die **Einhaltung der Bilanzpublizität** hatte für den (damaligen) Richtliniengeber anscheinend besondere Bedeutung.[108] So sind die Mitgliedstaaten nach Art. 28 lit. a) Kodifizierungs-RL (ex-Art. 7 lit. a) Publizitäts-RL) ermächtigt, insbesondere für Verstöße gegen die Offenlegungspflichten aus Art. 14 I lit. f) Kodifizierungs-RL (ex-Art. 2 I lit. f) Publizitäts-RL) entsprechende Sanktionen vorzusehen. Die Wahl der konkreten Sanktionsmaßnahmen obliegt dabei den Mitgliedstaaten. Diese müssen jedoch mit den europäischen Vorgaben einer wirksamen,

---

101 *Lutter/Bayer/Schmidt*, Europäisches Unternehmens- und Kapitalmarktrecht, 2017, Rn. 18.33 f.; *Grundmann*, Europäisches Gesellschaftsrecht, 2011, Rn. 249; *Grohmann*, Das Informationsmodell im Europäischen Gesellschaftsrecht, 2006, S. 135; *Zöllner/Noack* in: Baumbach/Hueck, GmbHG, 21. Aufl. 2017, § 45 Rn. 22; aA *Reuter* in: FS 100 Jahre GmbHG, 1992, S. 631, 632 f.

102 In der Praxis finden sich in Deutschland daher durchaus viele im Handelsregister hinterlegten Listen von Beiratsmitgliedern, die nicht mehr aktuell sind.

103 *Lutter/Bayer/Schmidt*, Europäisches Unternehmens- und Kapitalmarktrecht, 2017, Rn. 33 f.; aA *Morse* ELR 3 (1978) 60, 62.

104 EuGH, Rs. 32/74 (Haaga), ECLI:EU:C:1974:116 = BeckEuRS 1974, 40249, Rn. 6; *Habersack* in: MüKo AktG, 4. Aufl. 2016, Einl. Rn. 119.

105 Vgl. BGH NJW 1975, 213, 214; BGH NJW 1983, 1676 f.; BGH NJW-RR 1997, 673; BGH NZG 2007, 595, 596; siehe auch *Habersack/Verse*, Europäisches Gesellschaftsrecht, 2011, § 5 Rn. 14 ff.; *Grundmann*, Europäisches Gesellschaftsrecht, 2011, Rn. 249; *Lutter/Bayer/Schmidt*, Europäisches Unternehmens- und Kapitalmarktrecht, 2017, Rn. 18.35; *Schmidt-Kessel* GPR 2006, 6, 8; *Servatius* in: MüHdB GesR, IntGesR, 4. Aufl. 2013, § 13 Rn. 8.

106 Richtlinie 86/635/EG und Richtlinie 91/674/EG.

107 Vgl. EuGH, Rs. C-435/02 u. C-103/03 (Axel Springer), ECLI:EU:C:2004:552 = EuZW 2004, 764, Rn. 47 ff.; EuG, Rs. T-47/02 (Danzer), ECLI:EU:T:2006:167 = IStR 2006, 489, Rn. 43.

108 *Lutter/Bayer/Schmidt*, Europäisches Unternehmens- und Kapitalmarktrecht, 2017, Rn. 18.40; *Grundmann*, Europäisches Gesellschaftsrecht, 2011, Rn. 282; *Schmidt-Kessel* GPR 2004, 6, 16.

verhältnismäßigen und abschreckenden Sanktionierung vereinbar sein.[109] Die jeweiligen Maßnahmen der Mitgliedstaaten sind jedoch anhand ihrer Intensität durchaus unterschiedlich. So kann nach zB englischem Gesellschaftsrecht bei mehrmaliger Versäumnis des fristgerechten Einreichens der **Rechnungslegungsunterlagen** (*annual report*) sogar die Amtslöschung der Gesellschaft angeordnet werden.[110] Hingegen bestehen im deutschen Recht nur verhältnismäßig geringfügige Sanktionen gegen Verstöße der bilanziellen Offenlegungspflichten. Die Verhängung von Sanktionen nur auf Antrag bestimmter Personen bzw. Personengruppen, wie sie vormals in Deutschland bestand, ist in diesem Rahmen allerdings nicht europarechtskonform.[111]

Offenzulegen sind nach Art. 14 I lit. h) bis lit. k) Kodifizierungs-RL (ex-Art. 2 I lit. h) bis k) Publizitäts-RL) ferner Angaben über die **Auflösung**, die gerichtliche Nichtigkeitserklärung, der Abschluss der Liquidation sowie die **Löschung** der Gesellschaft. Die Publizierung der Löschung der Gesellschaft ist jedoch nur obligatorisch, wenn sie nach dem jeweiligen mitgliedstaatlichen Recht auch Rechtswirkungen auslöst. Darüber hinaus müssen auch die Bestellungen, Personalien sowie ggf. Befugnisse der Liquidatoren angegeben werden (Art. 14 I lit. j) Kodifizierungs-RL (ex-Art. 2 I lit. j) Publizitäts-RL)). Vor allem für Gläubiger sind diese Informationen bezüglich der Beendigung der Gesellschaft von eminenter Bedeutung.[112] 37

Neu durch die Registervernetzungsrichtlinie 2012/17/EU eingefügt wurde mit dem damaligen Art. 2a Publizitäts-RL (= Art. 15 Kodifizierungs-RL) eine **Eintragungsfrist** für die offenzulegenden Unterlagen und Angaben der Gesellschaft. Danach müssen Änderungen der in Art. 14 Kodifizierungs-RL (ex-Art. 2 Publizitäts-RL) genannten Unterlagen und Angaben innerhalb von **21 Tagen** nach deren Eingang beim zuständigen Register eingetragen und offengelegt werden. Dadurch soll primär die Aktualität des Registerinhalts in den Mitgliedstaaten verbessert werden.[113] Art. 15 I Kodifizierungs-RL (ex-Art. 2a I Publizitäts-RL) statuiert keine starre Frist, sondern lediglich eine **Regelfrist** („in der Regel innerhalb von 21 Tagen). In Ausnahmefällen kann die 21-Tage-Frist daher auch überschritten werden. Die Begründung, warum die Frist nicht eingehalten wurde, obliegt im Zweifel der zuständigen Registerbehörde. Die 21-Tage-Frist beginnt ausweislich des Wortlauts des Art. 15 I Kodifizierungs-RL (ex-Art. 2a I Publizitäts-RL) ferner erst mit Beendigung der nach nationalem Recht für die Eintragung vorgeschriebenen Rechtmäßigkeitsprüfung zu laufen.[114] 38

Die Modalitäten der Eintragung sowie Offenlegung richten sich nach den Vorgaben des Art. 16 Kodifizierungs-RL (ex-Art. 3 Publizitäts-RL). Die Eintragungsfrist gilt jedoch nach dem Wortlaut des Art. 15 I Kodifizierungs-RL (ex-Art. 2a I Publizitäts-RL) nur für **Änderungen der bereits im Register vorliegenden Unterlagen** und Angaben. Nicht davon erfasst ist die erstmalige Offenlegung im Zuge der Gründung der Gesellschaft. Auch die Ratio des Art. 15 Kodifizierungs-RL (ex-Art. 2a Publizitäts-RL) spricht für eine Beschränkung auf lediglich die Änderung der entsprechenden Dokumente. Einem Dritten sollen durch Blick ins Register die richtigen Tatsachen über die entsprechende Gesellschaft vermittelt werden, damit Abweichungen von veröffentlichtem Registerinhalt und tatsächlicher Lage bei der Gesellschaft auf einen möglichst kurzen Zeitraum verringert werden. Diese Abweichung besteht bei erstmaliger Eintragung und Offenlegung in diesem Sinne nicht, sodass es hierbei auch nicht einer ausdrücklichen Regelung über den Zeitraum zwischen Einreichung und Offenlegung bedarf. 39

Nach Art. 15 II Kodifizierungs-RL (ex-Art. 2a II Publizitäts-RL) gilt die Eintragungsfrist **nicht** für die **Unterlagen der Rechnungslegung** nach Art. 14 I lit. f) Kodifizierungs-RL (ex-Art. 2 I lit. f) Publizitäts-RL). Grund dafür ist, dass es sich hierbei nicht um eine „Änderung" der Unterlagen handelt, sondern vielmehr um ein neues, unabhängiges Dokument. Die Unterlagen der Rechnungslegung sind per Gesetz jährlich (bzw. halbjährlich) einzureichen und zu veröffentlichen, was im Wissenshorizont eines Dritten liegt, womit er sich bei „veralteten" Rechnungslegungsunterlagen deren mangelnder Aktualität bewusst sein kann. In diesem Fall bedarf es daher keines besonderen Schutzes. 40

Die Vorgaben des Art. 15 Kodifizierungs-RL (ex-Art. 2a Publizitäts-RL) wurden durch Wiedereinfügung des **§ 26 HRV** ins deutsche Recht umgesetzt. § 26 HRV beschränkt sich indes nicht auf Kapitalgesellschaften, son- 41

---

109 Vgl. EuGH, Rs. C-97/96 (Daihatsu), ECLI:EU:C:1997:581 = NJW 1998, 129, Rn. 20; EuGH, Rs. C-387/02, C-403/02, C-391/02 (Berlusconi), ECLI:EU:C:2005:270 = EuZW 2005, 369, Rn. 65; *Servatius* in: MüHdB GesR, IntGesR, 4. Aufl. 2013, § 17 Rn. 18; vgl. zum deutschen Recht *Nedden-Boeger* FGPrax 2001, 1, 3; *Noack* NZG 2006, 801, 805.

110 *Süß* DNotZ 2005, 180, 188 f.; *Happ/Holler* DStR 2004, 730, 736; siehe auch *Knütel* RIW 2004, 503 ff.; vgl. zu den Folgen der Löschung von Limiteds mit Verwaltungssitz in Deutschland BGH NZG 2017, 347, 349; OLG Hamm NZG 2014, 703; OLG Celle NZG 2012, 738; KG NZG 2010, 310; OLG Brandenburg BB 2016, 2899; OLG Jena NZG 2007, 877.

111 Vgl. EuGH, Rs. C-97/96 (Daihatsu), ECLI:EU:C:1997:581 = NJW 1998, 129, Rn. 23.

112 *Grundmann*, Europäisches Gesellschaftsrecht, 2011, Rn. 260; *Grohmann*, Das Informationsmodell im Europäischen Gesellschaftsrecht, 2006, S. 147; *Lutter/Bayer/Schmidt*, Europäisches Unternehmens- und Kapitalmarktrecht, 2017, Rn. 18.42.

113 Vgl. Erwägungsgrund 18 zur Richtlinie 2012/17/EU; *Stiegler* NotBZ 2015, 329, 332.

114 Vgl. auch *Kilian* FGPrax 2012, 185, 186; *Stiegler* NotBZ 329, 332.

der umfasst generell die Änderung von den ins Handelsregister eingetragenen Angaben.[115] Eine entsprechend überschießende Umsetzung ist auch richtlinienkonform.

E. Sprachregelungen

42 Mit Art. 21 Kodifizierungs-RL (ex-Art. 4 Publizitäts-RL) wurden durch die damalige Änderungsrichtlinie 2003/58/EG erstmals Sprachregelungen über die zum Register einzureichenden Unterlagen und Angaben eingefügt.[116] Nach Art. 21 I Kodifizierungs-RL (ex-Art. 4 I Publizitäts-RL) richtet sich die **Sprache,** in denen die Dokumente nach Art. 14 Kodifizierungs-RL (ex-Art. 2 Publizitäts-RL) **offengelegt werden müssen,** nach der jeweiligen Sprachregelung des Mitgliedstaates, in dem sich das Register der betroffenen Gesellschaft befindet. Zusätzlich zur Offenlegung in der bzw. den Landessprache(n) können die Gesellschaften ihre Unterlagen zusätzlich in einer anderen Amtssprache der EU veröffentlichen lassen (Art. 21 II 1 Kodifizierungs-RL (ex-Art. 4 II 1 Publizitäts-RL)). Die Mitgliedstaaten können hierbei lediglich vorschreiben, dass die Übersetzung dieser Urkunden und Angaben zu beglaubigen ist. Dadurch soll der **grenzüberschreitende Zugang** zu Unternehmensinformationen erleichtert werden (Erwägungsgrund 12 (ex-Erwägungsgrund 7)).

43 Im Falle einer Abweichung zwischen den in den Amtssprachen des Registers offengelegten Unterlagen und deren freiwillig offengelegten Übersetzungen können letztere Dritten **nicht entgegengehalten werden.** Diese können sich jedoch auf die freiwillig offengelegten Übersetzungen berufen, es sei denn, die Gesellschaft weist nach, dass ihnen die Fassung, für die die Offenlegungspflicht gilt, bekannt war (Art. 21 IV Kodifizierungs-RL (ex-Art. 4 IV Publizitäts-RL)). Bei der entsprechenden Vorschrift handelt es sich somit um einen Schutz gutgläubiger Dritter vor Übersetzungsfehlern.[117]

44 Das deutsche Handelsregister wird **in deutscher Sprache** geführt (§ 184 GVG).[118] Die Umsetzung der zusätzlichen freiwilligen Offenlegung nach Art. 21 II Kodifizierungs-RL (ex-Art. 4 II Publizitäts-RL) erfolgte durch eine Neufassung des § 11 I 1 HGB. Danach können die zum Handelsregister einzureichenden Dokumente sowie der Inhalt einer Eintragung zusätzlich in jeder Amtssprache eines Mitgliedstaats der Europäischen Union publiziert werden.

F. System der Registervernetzung

45 Im Zuge der Richtlinie 2012/17/EU wurden in der damaligen Publizitätsrichtlinie die Voraussetzungen für ein europäisches System der Registervernetzung (*Business Registers Interconnection System* – „BRIS") mit einer **Verknüpfung** der mitgliedstaatlichen Zentral-, Handels- und Gesellschaftsregister geschaffen. Eine vergleichbare Verknüpfung wurde im Rahmen der Neufassung der Europäischen Insolvenzverordnung (dazu § 36 Rn. 73)[119] mit der Vernetzung der nationalen Insolvenzregister (vgl. Art. 25 ff. EuInsVO) statuiert. Die Regelungen zur Registervernetzungen finden sich nunmehr in Art. 17 ff. Kodifizierungs-RL. Das System der Registervernetzung besteht gem. Art. 22 II Kodifizierungs-RL (ex-Art. 4a II Publizitäts-RL) aus (1) den Registern der Mitgliedstaaten, (2) der **zentralen Europäischen Plattform** sowie (3) dem **Europäischen Justizportal.** Ausgangspunkt für die Schaffung eines europäischen Systems der Registervernezung war die liberale Rechtsprechung des EuGH zur Niederlassungsfreiheit von Gesellschaften (dazu § 10 Rn. 32 ff.) sowie die fortwährenden Entwicklungen im europäischen Sekundärrecht bezüglich grenzüberschreitender Unternehmenstätigkeiten und der Mobilität von

115 Vgl. Begr. zum Entwurf eines Gesetzes zur Umsetzung der Richtlinie 2012/17/EU in Bezug auf die Verknüpfung von Zentral-, Handels- und Gesellschaftsregistern in der Europäischen Union, BT-Drs. 18/2137, S. 14; *Stiegler* NotBZ 2015, 329, 333.

116 Ausführlich dazu *Scholz* EuZW 2004, 172, 174; *Schemmann* GPR 2004, 92, 93 f.

117 *Riehm* in: Langenbucher (Hrsg.), Europäisches Privat- und Wirtschftsrecht, 4. Aufl. 2017, § 5 Rn. 20; *Lutter/Bayer/Schmidt*, Europäisches Unternehmens- und Kapitalmarktrecht, 2017, Rn. 18.58; *Schemmann* GPR 2004, 92, 94; *Schmidt-Kessel* GPR 2006, 6, 14 f.

118 Im April 2014 hat der deutsche Bundesrat jedoch einen Gesetzentwurf vorgebracht, der die Einführung einer internationalen Kammer für Handelssachen bei Landgerichten vorsieht (Entwurf eines Gesetzes zur Einführung von Kammern für internationale Handelssachen (KfiHG) v. 30.4.2014, Drs. 18/1287). Für die vor der neuen Kammer für internationale Handelssachen zu entscheidenden Fälle soll neben deutsch auch englisch als verbindliche Gerichtssprache genutzt werden können; siehe in ähnlichem Zusammenhang auch *Fleischer/Bong/Cools* RabelsZ 81 (2017) 608 ff.

119 Verordnung des Europäischen Parlaments und des Rates vom 20.5.2015 über Insolvenzverfahren ABl. EU v. 5.6.2015, L 141/19; dazu *Amey* Int. Corp. Rescue 12 (2015) 205; *Bewick* IIR 24 (2015) 172; *Cohen/Dammann/Sax* IILR 2015, 117; *Eastby* Chicago J. Int'l L. 17 (2016) 121; *Garcimartín* ZEuP 2015, 694; *Fritz* DB 2015, 1882, 1945; *Kindler/Sakka* EuZW 2015, 460; *McCormack* MLR 79 (2016) 121; *Mucciarelli* ECFR 2016, 1; *Parzinger* NZI 2016, 63; *Vallender* ZIP 2015, 1513; *ders.* in: FS Beck, 2016, S. 537; *Wimmer/Bornemann/Lienau* (Hrsg.), Die Neufassung der EuInsVO, 2016; *Weiss* IIR 24 (2015) 192; *Wessels* IIR 24 (2015) 96; *ders.* ECL 13 (2016) 129.

Gesellschaften in Europa, wo vermehrt die Zusammenarbeit der nationalen Registerbehörden vorgesehen ist.[120] Ziel der Regelungen zum System der Registervernetzung ist in diesem Zusammenhang den Zugang zu grenzüberschreitenden Unternehmensinformationen für die Öffentlichkeit, die registerführenden Stellen und die Ordnungs- und Ermittlungsbehörden zu verbessern, womit der zunehmenden Bedeutung länderübergreifender Unternehmenstätigkeiten im Binnenmarkt und damit zusammenhängend der wachsenden Rolle von Registeranfragen im EU-Ausland Rechnung getragen werden soll.[121]

Erster Bestandteil des europäischen Systems der Registervernetzung ist das **Europäische Justizportal** (E-Jusitz-Portal).[122] Dieses dient als elektronischer Zugangspunkt zu den nach den Regelungen in der Kodifizierungs-Richtlinie für die handelsrechtliche Publizität von Gesellschaften offenzulegenden Angaben und Tatsachen (vgl. Art. 22 II Spiegelstrich 3, Art. 22 V Kodifizierungs-RL (ex-Art. 4a II Spiegelstrich 3, Art. 4a V Publizitäts-RL)). Das E-Justiz-Portal stellt insofern einen Zugang der Öffentlichkeit zu den nationalen Handels- bzw. Gesellschaftregistern her, wo die entsprechenden Daten der betreffenden Gesellschaft in elektronischer Form hinterlegt sind.[123] Daneben können die Mitgliedstaaten nach Art. 22 IV 1 Kodifizierungs-RL (ex-Art. 4a IV 1 Publizitäts-RL) **optionale Zugangspunkte** zum System der Registervernetzung einrichten. Hierbei haben sie die Europäische Kommission „ohne unangemessene Verzögerung" über die Errichtung solcher Zugangspunkte zu unterrichten (Art. 22 IV 2 Kodifizierungs-RL (ex-Art. 4a IV 2 Publizitäts-RL)) sowie über die Anzahl der optionalen Zugangspunkte und die Kontaktdaten der Person(en), welche zum Zwecke der Herstellung der technischen Verbindung kontaktiert werden können, zu informieren.[124] 46

Nicht unmittelbar aus Art. 22 IV Kodifizierungs-RL (ex-Art. 4a IV Publizitäts-RL), jedoch aus funktionaler Sicht mit Blick auf die Durchführungsverordnung 2015/884 und Art. 22 V Kodifizierungs-RL (ex-Art. 4 V Publizitäts-RL) wird erkennbar, dass die entsprechend optionalen Zugangspunkte der Mitgliedstaaten eine Verbindung mit der **Europäischen Plattform** als Teil des Systems der Registervernetzung herstellen, worüber dann auf die gem. Art. 17 Kodifizierungs-RL (ex-Art. 3a Publizitäts-RL) im E-Justiz-Portal veröffentlichten Informationen über die Gesellschaft zugegriffen werden kann. In diesem Zusammenhang haben die Mitgliedstaaten an jedem geschaffenen optionalen Zugangspunkt darauf hinzuweisen, dass der **Suchdienst** über das System der Registervernetzung betrieben wird.[125] Damit wird ersichtlich, dass sich Dritte die erforderlichen Informationen über die Gesellschaft entweder direkt über das E-Justiz-Portal besorgen können, oder diese über einen ggf. bestehenden optionalen Zugangspunkt zur Europäischen Plattform als **„Vermittler"** erhalten. So bestimmt letztlich auch Art. 22 V Kodifizierungs-RL (ex-Art. 4a V Publizitäts-RL), dass der Zugang zu den Informationen aus dem System der Registervernetzung über das Portal und über die von den Mitgliedstaaten eingerichteten optionalen Zugangspunkte gewährt wird. In diesem Sinne sieht auch die deutsche Umsetzungsnorm des § 9b I 2 HGB vor, dass die Daten des Handelsregisters und die Daten der Rechnungslegungsunterlagen nur dann an die Europäische Plattform übermittelt werden müssen, wenn die Übermittlung für die Eröffnung eines Zugangs zu den Originaldaten über den Suchdienst auf der Internetseite des E-Justiz-Portals erforderlich ist. 47

Nach Art. 17 II Kodifizierungs-RL (ex-Art. 3a II Publizitäts-RL) haben die Mitgliedstaaten die für die Veröffentlichung im E-Justiz-Portal erforderlichen Informationen an das System der Registervernetzung zu übermitteln. Bei diesen **„Informationen"** handelt es sich um die nach Art. 14 Kodifizierungs-RL (ex-Art. 2 Publizitäts-RL) offenzulegenden Urkunden und Angaben. Die Informationen werden von der Europäischen Kommission im E-Justiz-Portal auf **allen Amtssprachen** der EU veröffentlicht (Art. 17 III Kodifizierungs-RL (ex-Art. 3a III Publizitäts-RL)). Zudem werden elektronische Kopien der in Art. 14 Kodifizierungs-RL (ex-Art. 2 Publizitäts-RL) aufgeführten Urkunden und Angaben öffentlich zugänglich gemacht (Art. 18 I Kodifizierungs-RL (ex-Art. 3b I Publizitäts-RL)). Des Weiteren wird über das E-Justiz-Portal ein **Suchdienst** in allen Amtssprachen der EU zu den in den Mitgliedstaaten eingetragenen Kapitalgesellschaften angeboten, womit ein unmittelbarer Zugang zu den nach Art. 14 Kodifizierungs-RL (ex-Art. 2 Publizitäts-RL) offengelegten Urkunden und Angaben gewährleistet wird. Für den Zugang Dritter zu diesen Informationen sieht Art. 19 I Kodifizierungs-RL (ex-Art. 3c I Publizitäts-RL) vor, dass die von den Mitgliedstaaten erhobenen Gebühren für den Abruf nicht über die dadurch verursachten Verwaltungskosten hinausgehen dürfen. Dies deckt sich insofern mit der Regelung des Art. 16 IV Uabs. 3 Kodifizierungs-RL (ex-Art. 3 IV Uabs. 3 Publizitäts-RL). Eine Besonderheit besteht jedoch dergestalt, dass die Mitgliedstaaten dafür zu sorgen haben, dass bestimmte, **essentielle Angaben** über die Gesellschaft **kostenlos zugänglich** sind. Nach Art. 19 II 1 Kodifizierungs-RL (ex-Art. 3c II 1 Publizitäts-RL) können **gebührenfrei** abgerufen werden: Name und Rechtsform der Gesellschaft (lit. a), (Satzungs-) Sitz der Ge- 48

120 *Kilian* FGPrax 2012, 185; *Stiegler* NotBZ 2015, 329, 330; *Ries* ZIP 2013, 866; siehe auch *Lamsa* in: Heidel/Schall (Hrsg.), HGB, 2. Aufl. 2015, § 9b Rn. 1.

121 *Terbrack* DStR 2015, 236; *Stiegler* NotBZ 2015, 329, 330; *Preuß* in: Oetker (Hrsg.), HGB, 5. Aufl. 2017, § 9b Rn. 1; hierzu auch *Informal Company Law Expert Group*, Report on digitalisation in company law, März 2016, Empfehlung 4.

122 Https://e-justice.europa.eu/home.do?plang=de&action=home.

123 Vgl. auch *Mayer* in: Gebauer/Teichmann (Hrsg.), Europäisches Privat- und Unternehmensrecht, 2016, § 5 Rn. 139.

124 Durchführungsverordnung 2015/884, S. 8 (Punkt 14.1.).

125 Durchführungsverordnung 2015/884, S. 9 (Punkt 14.2. Absatz 5).

sellschaft und der Mitgliedstaat, in dem sie eingetragen ist (lit. b) sowie die Registernummer der Gesellschaft (lit. c). Wie sich mit Blick auf Art. 19 II 2 Kodifizierungs-RL (ex-Art. 3c II 2 Publizitäts-RL) zeigt, handelt es sich hierbei um Mindestanforderungen. Die Mitgliedstaaten können daher auch weitere Urkunden und Angaben kostenlos zugänglich machen.

49 Zweiter Kernbestandteil des Systems der Registervernetzung ist die **zentrale Europäische Plattform.** Hierzu bestimmt Art. 22 I Kodifizierungs-RL (ex-Art. 4a I Publizitäts-RL) zunächst allgemein, dass eine zentrale Europäische Plattform errichtet wird. Die Mitgliedstaaten haben für die Interoperabilität ihrer nationalen Registerbehörden innerhalb des Systems der Registervernetzung über die Europäische Plattform zu sorgen (Art. 22 III Kodifizierungs-RL (ex-Art. 4a III Publizitäts-RL).[126] Im Hinblick auf die deutsche Umsetzungsnorm des § 9b II 1 HGB haben die nationalen Registerbehörden daher am Informationsaustausch zwischen den mitgliedstaatlichen Registern über die zentrale Europäische Plattform teilzunehmen. Im Unterschied zum E-Justiz-Portal, das den Zugang zu Informationen für den (europäischen) Rechtsverkehr gewährleisten soll (s. Rn. 46), kommt die zentrale Europäische Plattform dem Informationsbedürfnis der nationalen Registerbehörden bei der **Kommunikation** mit den Zentral-, Handels-, und Gesellschaftsregistern anderer Mitgliedstaaten bei grenzüberschreitenden Sachverhalten nach.

50 Im Rahmen des Systems der Registervernetzung hat die Registerbörde der Gesellschaft gem. Art. 20 I Kodifizierungs-RL (ex-Art. 3d I Publizitäts-RL) Informationen über die **Eröffnung** und **Beendigung von Verfahren zur Abwicklung oder Insolvenz** der Gesellschaft sowie über die **Löschung** der Gesellschaft aus dem Register unverzüglich zur Verfügung zu stellen. Dies jedoch nur, soweit die entsprechende Information auch Rechtsfolgen im Mitgliedstaat des Registers der Gesellschaft auslöst.[127] Insbesondere mit Blick auf die vergleichbare Regelung in Art. 14 I lit. k) Kodifizierungs-RL (ex-Art. 2 I lit. k) Publizitäts-RL), wonach die Löschung der Gesellschaft nur dann offenzulegen ist, wenn die Löschung in dem jeweiligen Mitgliedstaat Rechtswirkungen auslöst, wird man auch den in Art. 20 I Kodifizierungs-RL (ex-Art. 3d I Publizitäts-RL) statuierten Rechtsfolgenvorbehalt so zu verstehen haben, dass sich dieser **nur** auf die Löschung der Gesellschaft aus dem Register bezieht. Informationen über die Eröffnung und Beendigung von Verfahren zur Abwicklung oder Insolvenz der Gesellschaft bleiben hiervon unberührt und sind somit stets über das System der Registervernetzung zur Verfügung zu stellen.[128]

51 Nach dem Wortlaut von Art. 23 I Kodifizierungs-RL (ex-Art. 4b I Publizitäts-RL) wurde zunächst offen gelassen, ob die Europäische Plattform von der Europäischen Kommission **selbst** entwickelt und/oder betrieben **oder durch einen Dritten** entwickelt und/oder betrieben werden soll. Die Möglichkeit, dass die Europäische Plattform auch von privatrechtlichen Organisationen entwickelt und/oder betrieben werden kann, ist jedoch überwiegend auf Ablehnung gestoßen.[129] Obwohl Art. 23 II-IV iVm Art. 24 Kodifizierungs-RL (ex-Art. 4b II-IV iVm Art. 4c Publizitäts-RL) durchaus strenge Anforderungen an den Betrieb der Europäischen Plattform stellt, ist im Hinblick sowohl auf die Vertraulichkeit der dort abrufbaren Daten als auch die Beibehaltung der hohen Standards und der Datenqualität zumindest des kontinentaleuropäischen Registerwesens die Verwaltung der Europäischen Plattform durch die Europäische Kommission selbst zu bevorzugen.[130] **Seit Juni 2017** sind die nationalen Register nunmehr über die – von der Europäischen Kommission – betriebene Europäische Plattform über das System der Registervernetzung (*BRIS*) miteinander verknüpft. Über das Europäische Justizportal kann dabei anhand der Unternehmens- bzw. Registernummer oder des Firmennamens nach einer Gesellschaft eines (der bislang teilnehmenden) Mitgliedstaates gesucht werden.[131]

52 Art. 24 Kodifizierungs-RL (ex-Art. 4c Publizitäts-RL) befasst sich des Weiteren mit den von der Europäischen Kommission zu erlassenden **Durchführungakten.** So erlässt sie im Wege von Durchführungsakten ua die technischen Anforderungen zur Festlegung der Methoden zur Kommunikation auf elektronischem Wege für die Zwecke des Systems der Registervernetzung (Art. 24 lit. a) Kodifizierungs-RL (ex-Art. 4c lit. a) Publizitäts-RL)), die technische Spezifikation für die Übertragungsprotokolle (Art. 24 lit. b) Kodifizierungs-RL (ex-Art. 4c lit. b) Publizitäts-RL)) und die technischen Maßnahmen, durch die die IT-Mindestsicherheitsstandards für die Bereitstellung und Verbreitung von Informationen innerhalb des Systems der Registervernetzung gewährleistet werden (Art. 24 lit. c) Kodifizierungs-RL (ex-Art. 4c lit. c) Publizitäts-RL)). Art. 25 Kodifizierungs-RL (ex-Art. 4d Publizitäts-RL) und Art. 165 Kodifizierungs-RL (ex-Art. 4e Publizitäts-RL) befassen sich mit der **Finanzierung** der Errichtung und Instandhaltung der Europäischen Plattform bzw. mit Durchführungsbefugnissen der Kommission, die dabei von einem zu bildenden Ausschuss unterstützt werden soll.

53 Das zur Verfügung stellen der Informationen hat durch **Übermittlung** dieser **an die Europäische Plattform** zu erfolgen. Zwar bezieht sich Art. 20 I Kodifizierungs-RL (ex-Art. 3d I Publizitäts-RL) dem Wortlaut nach allgemein auf das System der Registervernetzung, aus funktionaler Sicht und der Bedeutung der Europäischen Platt-

126 Vgl. auch EuGH, Rs. C-398/15 (Manni), ECLI:EU:C:2017:197 = BB 2017, 652, Rn. 36.
127 Zu diesem Vorbehalt *Kilian* FGPrax 2012, 185, 186; *ders.* notar 2012, 302, 303; *Ries* ZIP 2013, 866, 868.
128 *Stiegler* NotBZ 2015, 329, 332.
129 Siehe *Kilian* FGPrax 2012, 185, 186; *Ries* ZIP 2013, 866, 870; *Schemmann* in: Fleischauer/Preuß (Hrsg.), Handelsregisterrecht, 3. Aufl. 2014, B II Rn. 25.
130 *Stiegler* NotBZ 2015, 329, 332.
131 Siehe https://e-justice.europa.eu/content_find_a_company-489-de.do?clang=de.

form kann damit jedoch nur eine Übermittlung an die Europäische Plattform zu verstehen sein. Die Übermittlung der entsprechenden Informationen hat dabei **unverzüglich** zu erfolgen. Die deutsche Umsetzungsnorm des § 9b II 3 HGB, bei der diese zeitliche Komponente nicht enthalten ist, ist daher entsprechend richtlinienkonform auszulegen.[132] Das Verfahren des Informationsaustauschs zwischen den Registerbehörden der Mitgliedstaaten über die Europäische Plattform wurde durch die Durchführungsverordnung 2015/884 konkretisiert.[133] Zunächst übermittelt das zuständige Register der Kapitalgesellschaft unverzüglich die Informationen gem. Art. 20 I Kodifizierungs-RL (ex-Art. 3d I Publizitäts-RL) an die Europäische Plattform. Danach hat das Register der (ausländischen) Zweigniederlassung im Sinne von Art. 20 II Kodifizierungs-RL (ex-Art. 3d II Publizitäts-RL) die betreffenden Informationen über die Europäische Plattform anzufordern. Auf diese Anforderung hin sorgt der Betreiber der Europäischen Plattform dafür, dass das Register der Zweigniederlassung Zugang zu den von dem Register der entsprechenden Kapitalgesellschaft übermittelten Informationen erhält. Der Austausch der Informationen zwischen den Registern ist für die mitgliedstaatlichen Registerbehörden dabei **kostenlos** (Art. 20 III Kodifizierungs-RL (ex-Art. 3d III Publizitäts-RL)).

Die Regelung des Art. 20 Kodifizierungs-RL (ex-Art. 3d Publizitäts-RL) wurde mit **§ 9b II 3 Nr. 1-3 HGB** in deutsches Recht umgesetzt. Sprachlich vorzugswürdig und richtlinienkonform ist hierin unmittelbar von einer Übermittlung der Informationen an die zentrale Europäische Plattform die Rede, womit insbesondere der funktionale Unterschied zwischen dem E-Justiz-Portal und der Europäischen Plattform als Teile des Systems der Registervernetzung hervortritt. Das deutsche Registergericht, bei dem die betreffende Kapitalgesellschaft eingetragen ist, hat nach § 9b II 3 HGB Informationen über die Eintragung der Eröffnung, Einstellung oder Aufhebung eines Insolvenzverfahrens über das Vermögen der Gesellschaft (Nr. 1), die Eintragung der Auflösung der Gesellschaft und die Eintragung über den Schluss der Liquidation oder Abwicklung oder über die Fortsetzung der Gesellschaft (Nr. 2), die Löschung der Gesellschaft (Nr. 3) sowie das Wirksamwerden einer grenzüberschreitenden Verschmelzung mit deutschem Zielrechtsträger (Nr. 4) an die zentrale Europäische Plattform zu übermitteln (s. auch § 24 Rn. 122). 54

G. Wirkung der Publizität

I. Negative Publizitätswirkung

Art. 16 VI, VII Kodifizierungs-RL (ex-Art. 3 VI, VII Publizitäts-RL) befasst sich mit der eigentlichen **Wirkung** der nach Art. 14 Kodifizierungs-RL (ex-Art. 2 Publizitäts-RL) offengelegten Urkunden und Angaben. Die Vorgaben der materiellen Publizitätswirkung in Art. 16 VI, VII Kodifizierungs-RL (ex-Art. 3 VI, VII Publizitäts-RL) wurden in vielen Mitgliedstaaten überschießend umgesetzt und gelten neben Kapitalgesellschaften auch zT für eintragungsfähige Personengesellschaften.[134] Wie im deutschen Recht, kann zwischen der negativen und positiven Registerpublizität unterschieden werden.[135] Dabei statuiert Art. 16 VII Uabs. 3 Kodifizierungs-RL (ex-Art. 3 VII Uabs. 3 Publizitäts-RL) zunächst, dass sich Dritte stets auf Urkunden und Angaben berufen können, für die die Formalitäten der Offenlegung noch nicht erfüllt worden sind, es sei denn, die Urkunden oder Angaben sind mangels Offenlegung nicht wirksam. Gutgläubigen Dritten steht daher stets die **Berufung auf die wahre** (tatsächliche) **Rechtslage** zu, wenn die Formalien der Publizität nicht eingehalten worden sind.[136] Dies gilt jedoch nur insoweit, wie die Eintragung bzw. Offenlegung selbst keine konstitutive Wirkung hat (vgl. Art. 16 VII Uabs. 3 Hs. 2 Kodifizierungs-RL (ex-Art. 3 VII Uabs. 3 Hs. 2 Publizitäts-RL)).[137] 55

Nach Art. 16 VI 1 Kodifizierungs-RL (ex-Art. 3 VI 1 Publizitäts-RL) können die eingereichten Dokumente Dritten von der Gesellschaft **erst nach ihrer Bekanntmachung** entgegengehalten werden, es sei denn, die Gesellschaft weist nach, dass die Urkunden oder Angaben den Dritten **bekannt waren**. Die Nachweisobliegenheit der positiven Kenntnis des Dritten liegt somit bei der Gesellschaft. Ob dem Dritten jedoch lediglich positive Kennt- 56

---

132 *Stiegler* NotBZ 2015, 329, 335 f.

133 Siehe Durchführungsverordnung 2015/884, S. 3 (Punkt 4).

134 *Mayer* in: Gebauer/Teichmann (Hrsg.), Europäisches Privat- und Unternehmensrecht, 2016, § 5 Rn. 130; zum deutschen Recht auch *Riehm* in: Langenbucher (Hrsg.), Europäisches Privat- und Wirtschftsrecht, 4. Aufl. 2017, § 5 Rn. 7.

135 *Habersack/Verse*, Europäisches Gesellschaftsrecht, 2011, § 5 Rn. 18 ff.; *Grundmann*, Europäisches Gesellschaftsrecht, 2011, Rn. 272 ff.; *Grohmann*, Das Informationsmodell im Europäischen Gesellschaftsrecht, 2006, S. 162; *Lutter/Bayer/Schmidt*, Europäisches Unternehmens- und Kapitalmarktrecht, 2017, Rn. 18.47 ff.; *Preuß* in: Oetker (Hrsg.), HGB, 5. Aufl. 2017, § 15 Rn. 17.

136 *Lutter/Bayer/Schmidt*, Europäisches Unternehmens- und Kapitalmarktrecht, 2017, Rn. 18.48.

137 *Einmahl* AG 1969, 131, 137; *Fischer-Zernin*, Der Rechtsangleichungserfolg der Ersten gesellschaftsrechtlichen Richtlinie der EWG, 1986, S. 89 f.; *Schmidt-Kessel* GPR 2006, 6, 12; *Grundmann*, Europäisches Gesellschaftsrecht, 2011, Rn. 272; *Habersack/Verse*, Europäisches Gesellschaftsrecht, 2011, § 5 Rn. 20; *Lutter/Bayer/Schmidt*, Europäisches Unternehmens- und Kapitalmarktrecht, 2017, Rn. 18.48.

nis schadet oder ob insbesondere auch grob fahrlässige Nicht-Kenntnis bereits von der Ausnahme des Art. 16 VI 1 Kodifizierungs-RL (ex-Art. 3 VI 1 Publizitäts-RL) erfasst sein kann, ist umstritten.[138]

57 Für die ersten 15 Tage nach Bekanntmachung der Dokumente können nach Art. 16 VI Uabs. 2 Kodifizierungs-RL (ex-Art. 3 VI Uabs. 2 Publizitäts-RL) die Urkunden und Angaben einem Dritten jedoch nicht entgegengehalten werden, sofern er **nachweisen** kann, dass es ihm unmöglich war, die Urkunden oder Angaben zu kennen. An diesen „Entlastungsbeweis" der Unmöglichkeit seitens des Dritten sind grundsätzlich hohe Anforderungen zu stellen,[139] sodass insbesondere in der heutigen Zeit, in der so gut wie weltweit per Internet Zugang zum Register besteht, die **„Schonfrist"** des Art. 16 VI Uabs. 2 Kodifizierungs-RL (ex-Art. 3 VI Uabs. 2 Publizitäts-RL) praktisch ohne größere Bedeutung ist.[140] Insofern hat sich durch die (europaweite) Einführung des elektronischen Handelsregisters (s. dazu Rn. 2, 15) die Informationsbeschaffung erheblich vereinfacht. Durch die Zugänglichmachung der entsprechenden Informationen über das E-Justiz-Portal (vgl. Art. 17 I, II Kodifizierungs-RL (ex-Art. 3a I, II Publizitäts-RL), s. dazu Rn. 46) gilt dies in weitgehend gleichem Maße auch für den grenzüberschreitenden Rechtsverkehr.

58 Im Hinblick auf das deutsche Recht spricht **§ 15 II 2 HGB** in Abweichung von der Richtlinienbestimmung vom Kennenmüssen der bekanntgemachten Tatsache („kennen musste"). Aufgrund des von den Regelungen in der Kodifizierungs-Richtlinie für die handelsrechtliche Publizität von Gesellschaften bezweckten „abstrakt-generellen Verkehrsschutz",[141] ist Kennenmüssen iSd § 15 II 2 HGB daher insofern **richtlinienkonform eng auszulegen,** sodass ein Dritter die eingetragene und bekannt gemachte Tatsache in diesem Zusammenhang nur dann nicht von der Gesellschaft gegen sich gelten lassen muss, wenn es ihm gem. Art. 16 VI Uabs. 2 Kodifizierungs-RL (ex-Art. 3 VI Uabs. 2 Publizitäts-RL) „unmöglich" war, den entsprechenden Registerinhalt zu kennen. Wie angesprochen (s. Rn. 57), wird der betroffene Dritte diesen Nachweis im Rahmen der elektronischen Zugänglichkeit des Registerinhalts via Internet kaum noch erfolgreich erbringen können.

II. Positive Publizitätswirkung

59 Die positive Publizität wird durch Art. 16 VII Kodifizierungs-RL (ex-Art. 3 VII Publizitäts-RL) sichergestellt. Danach kann sich ein Dritter grundsätzlich auf den durch die **Bekanntmachung des jeweiligen Registerinhalts** erweckten Rechtsschein einer bestimmten Rechtslage **verlassen.** (Art. 16 VII Uabs. 2 Kodifizierungs-RL (ex-Art. 3 VII Uabs. 2 Publizitäts-RL)). Eine Abweichung zwischen dem tatsächlichen Registerinhalt und dem Inhalt der Bekanntmachung kann einem Dritten nicht entgegengehalten werden. Ein Dritter kann sich somit auch auf eine (fehlerhafte) Bekanntmachung berufen. Eine Einschränkung gilt nur, wenn die Gesellschaft nachweisen kann, dass dem Dritten der wahre Registerinhalt bereits bekannt war (Art. 16 VII Uabs. 2 Hs. 2 Kodifizierungs-RL (ex-Art. 3 VII Uabs. 2 Hs. 2 Publizitäts-RL)). Wie auch bei der negativen Registerpublizität schadet einem Dritten also auch hier grundsätzlich nur **positive Kenntnis** von der unrichtigen Bekanntmachung.[142] Ob er den Registerinhalt kannte (oder sogar hätte kennen müssen), ist dagegen unerheblich.[143]

60 Nach überwiegender Auffassung betrifft die positive Publizität des Art. 16 VII Kodifizierungs-RL (ex-Art. 3 VII Publizitäts-RL) nicht nur die dort unmittelbar angesprochene Konstellation, dass der Registerinhalt richtig, die Bekanntmachung aber fehlerhaft ist. Vielmehr sind auch Fälle erfasst, in denen sowohl der **Registerinhalt** als auch die **Bekanntmachung falsch** sind.[144] Auch hierbei sind Dritte schützenswert.

138 Vgl. dazu *Fankhauser*, Gemeinschaftsrechtliche Publizitäts- und Kapital-Richtlinie, 2001, S. 78; *Schmidt-Kessel* GPR 2006, 6, 12 f.; *Prentice* LQR 89 (1973) 518, 536 f.; *Grohmann*, Das Informationsmodell im Europäischen Gesellschaftsrecht, 2006, S. 165; *Van Ommeslaghe* CDE 1969, 495, 551; *Wooldridge* Acta Juridica 1978, 327, 330.

139 *Fischer-Zernin*, Der Rechtsangleichungserfolg der Ersten gesellschaftsrechtlichen Richtlinie der EWG, 1986, S. 89 f.; *Van Ommeslaghe* CDE 1969, 495, 551; *Lutter/Bayer/Schmidt*, Europäisches Unternehmens- und Kapitalmarktrecht, 2017, Rn. 18.50.

140 Zur deutschen Umsetzungsnorm des § 15 II 2 HGB *Krebs* in: MüKo HGB, 4. Aufl. 2016, § 15 Rn. 73; *Hopt* in: Baumbach/Hopt (Hrsg.), HGB, 37. Aufl. 2016, § 15 Rn. 14.

141 *Krebs* in: MüKo HGB, 4. Aufl. 2016, § 15 Rn. 73.

142 *Lutter/Bayer/Schmidt*, Europäisches Unternehmens- und Kapitalmarktrecht, 2017, Rn. 18.52.

143 *Grundmann*, Europäisches Gesellschaftsrecht, 2011, Rn. 277; *Grohmann*, Das Informationsmodell im Europäischen Gesellschaftsrecht, 2006, S. 167; *Fischer-Zernin*, Der Rechtsangleichungserfolg der Ersten gesellschaftsrechtlichen Richtlinie der EWG, 1986, S. 87 f.; *Lutter/Bayer/Schmidt*, Europäisches Unternehmens- und Kapitalmarktrecht, 2017, Rn. 18.52.

144 *Habersack/Verse*, Europäisches Gesellschaftsrecht, 2011, § 5 Rn. 24; *Krebs* in: MüKo HGB, 4. Aufl. 2016, § 15 Rn. 80; *Schwarz*, Europäisches Gesellschaftsrecht, 2000, Rn. 321; *Kalss/Klampfl*, Europäisches Gesellschaftsrecht, 2015, Rn. 228; *Schmidt-Kessel* GPR 2006, 6, 13; aA *Grundmann*, Europäisches Gesellschaftsrecht, 2011, Rn. 278.

Dies gilt allerdings nicht für die Situation, bei der die Bekanntmachung korrekt, der **Registerinhalt aber falsch** ist.[145] Art. 16 VII Uabs. 2 Kodifizierungs-RL (ex-Art. 3 VII Uabs 2 Publizitäts-RL) spricht insofern lediglich von einer „Abweichung" des Inhalts und der Bekanntmachung. In welche Richtung die Abweichung abzielt, ist nicht genannt. Der Tatbestand des Art. 16 VII Uabs. 2 Kodifizierungs-RL (ex-Art. 3 VII Uabs. 2 Publizitäts-RL) ist also auch bei der umgekehrten Konstellation, wie primär von der Vorschrift erfasst, betroffen. Aus Sicht der mit Art. 16 VII Uabs. 2 Kodifizierungs-RL (ex-Art. 3 VII Uabs. 2 Publizitäts-RL) beabsichtigten Rechtsfolge, dass sich ein Dritter auf den Inhalt der Bekanntmachung berufen kann, passt jedoch nicht für den Fall, dass die Bekanntmachung nun gerade die wahre Rechtslage wiedergibt und der tatsächliche Registerinhalt davon abweichend inkorrekt ist. Eine direkte als auch analoge Anwendung des Art. 16 VII Uabs. 2 Kodifizierungs-RL (ex-Art. 3 VII Uabs. 2 Publizitäts-RL) würde auch aus Gründen einer tatsächlichen Schutzbedürftigkeit eines Dritten nicht in Betracht kommen.[146] Besteht eine **Abweichung zwischen Registerinhalt** und **Bekanntmachung**, kann sich, nach eindeutigem Wortlaut der Vorschrift, ein Dritter auf die bekannt gemachten Tatsachen berufen. Der tatsächliche Registerinhalt tritt demnach hinter dem Inhalt der Bekanntmachung zurück. Bei einer Abweichung iS eines nur falschen Registerinhalts und der Berufung des Dritten auf diesen (denn nur die Berufung auf den (falschen) Registerinhalt steht hier wirklich in Frage, da es ansonsten bei der positiven Publizität iS der Berufung auf den Inhalt der Bekanntmachung nach Art. 16 VII Uabs. 2 Kodifizierungs-RL (ex-Art. 3 VII Uabs. 2 Publizitäts-RL) bleibt) würde gerade das Gegenteil hiervon bezweckt, nämlich die primäre Geltung des (falschen) Registerinhalts bei Zurücktreten der Bekanntmachung. Die Berufung auf einen wissentlich falschen oder zumindest von der Bekanntmachung abweichenden Registerinhalt kann auch nicht vom Schutzweck des Art. 16 VII Kodifizierungs-RL (ex-Art. 3 VII Publizitäts-RL) gedeckt sein.[147] Ein Beharren auf die falsche Rechtslage trotz öffentlicher Kenntnis des richtigen Inhalts ist **nicht schutzwürdig**. Für den Fall der bisherigen Nichtbekanntmachung des (unwissentlich falschen) Registerinhalts gelten wiederum die Regelungen bezüglich der negativen Registerpublizität. 61

Die positive Registerpublizität wurde in Deutschland durch Einfügung des **§ 15 III HGB** umgesetzt. § 15 III HGB wird dabei überwiegend so verstanden, dass er – anders als die einschlägigen Richtlinienbestimmungen – jegliche Bekanntmachung erfasst, und zwar unabhängig davon, ob die Eintragung richtig ist oder nicht.[148] Die europäischen Regelungen in der Kodifizierungs-Richtlinie für die handelsrechtliche Publizität von Gesellschaften bezüglich der positiven Registerpublizität wurden daher **überschießend** in deutsches Recht umgesetzt.[149] 62

H. Handlungen vor Eintragung ins Register

Die Art. 7 II, Art. 8-9 Kodifizierungs-RL (ex-Art. 8-10 Publizitäts-RL) betreffen die Gültigkeit der von der Gesellschaft eingegangen Verpflichtungen, also die **Wirksamkeit von Handlungen der Organe** der von den Richtlinienbestimmungen erfassten Gesellschaftsformen als juristische Personen.[150] Die dahinterstehende Konzeption ist, dass zum Schutz des Rechtsverkehrs, die Gründe, aus denen im Namen der Gesellschaft eingegangene Verpflichtungen unwirksam sein können, so weit wie möglich beschränkt werden sollen (Erwägungsgrund 5 (ex-Erwägungsgrund 9)). 63

Art. 7 II Kodifizierungs-RL (ex-Art. 8 Publizitäts-RL) gibt Vorgaben für den **Schutz des Rechtsverkehrs** im Hinblick auf Gesellschaften in der Gründungsphase. Hierzu wird eine gesamtschuldnerische Haftung derjenigen Personen angeordnet, die im Namen der sich in Gründung befindenden Gesellschaft gehandelt haben. Es besteht also eine aus dem deutschem Recht bekannte **Handelndenhaftung** (vgl. § 11 II GmbHG, § 41 I 2 AktG) für die Personen, die vor Entstehung der Gesellschaft als juristische Person, also vor deren konstitutiven Eintragung in das zuständige Register, in deren Namen tätig geworden sind. Die Anordnung einer gesamtschuldnerischen Haftung nach Art. 7 II Kodifizierungs-RL (ex-Art. 8 Publizitäts-RL) ist dabei eine reine Haftungsnorm.[151] 64

145 *Habersack/Verse*, Europäisches Gesellschaftsrecht, 2011, § 5 Rn. 19; *Schwarz*, Europäisches Gesellschaftsrecht, 2000, Rn. 321; aA *Kalss/Klampfl*, Europäisches Gesellschaftsrecht, 2015, Rn. 228; *Lutter/Bayer/Schmidt*, Europäisches Unternehmens- und Kapitalmarktrecht, 2017, Rn. 18.55; *Grundmann*, Europäisches Gesellschaftsrecht, 2011, Rn. 278; *Schmidt-Kessel* GPR 2006, 6, 15.

146 AA *Lutter/Bayer/Schmidt*, Europäisches Unternehmens- und Kapitalmarktrecht, 2017, Rn. 18.55.

147 Wohl auch *Preuß* in: Oetker (Hrsg.), HGB, 5. Aufl. 2017, § 15 Rn. 28; ähnlich, wenn auch in anderer Verbindung *P. Bydlinski* in: FS Bydlinski, 2002, S. 19, 33; aA *Lutter/Bayer/Schmidt*, Europäisches Unternehmens- und Kapitalmarktrecht, 2017, Rn. 18.55; *Paefgen* ZIP 2008, 1653, 1658.

148 BayObLG NJW-RR 1989, 934, 935; *Krebs* in: MüKo HGB, 4. Aufl. 2016, § 15 Rn. 81; *Preuß* in: Oetker (Hrsg.), HGB, 4. Aufl. 2016, § 15 Rn. 57; vgl. auch RegE, BT-Drs. 5/3862 S. 11.

149 *Krebs* in: MüKo HGB, 4. Aufl. 2016, § 15 Rn. 81; vgl. auch *Koch* in: Staub, HGB, 5. Aufl. 2009, § 15 Rn. 103; *Preuß* in: Oetker (Hrsg.), HGB, 5. Aufl. 2017, § 15 Rn. 57.

150 *Lutter/Bayer/Schmidt*, Europäisches Unternehmens- und Kapitalmarktrecht, 2017, Rn. 18.61; *Habersack* in: MüKoAktG, 4. Aufl. 2016, Einl. Rn. 121.

151 *Kalss/Klampfl*, Europäisches Gesellschaftsrecht, 2015, Rn. 244; *Habersack/Verse*, Europäisches Gesellschaftsrecht, 2011, § 5 Rn. 26; *Lutter/Bayer/Schmidt*, Europäisches Unternehmens- und Kapitalmarktrecht, 2017, Rn. 18.62; *Kalss* ZHR 155 (2002) 133, 134; *Mülbert/Nienhaus* RabelsZ 65 (2001) 513, 521.

Damit soll sichergestellt werden, dass Dritten auf jeden Fall ein haftendes Rechtssubjekt zur Verfügung steht.[152] Daher bestimmt die Vorschrift, dass nur dann eine gesamtschuldnerische Haftung der gehandelten Personen greifen soll, sofern die durch Eintragung entstehende juristische Person die eingegangenen Verpflichtungen nicht übernimmt. Die Regelung des Art. 7 II Kodifizierungs-RL (ex-Art. 8 Publizitäts-RL) gibt dabei lediglich einen **Mindeststandard** vor, sodass die Mitgliedstaaten auch auf den Vorbehalt der Übernahme verzichten können.[153] Die im Gründungsstadium handelnden Personen werden jedoch zwecks Selbstschutzes zumindest darauf bedacht sein, sofern möglich, durch privatautonome Vereinbarungen mit der Gesellschaft in Gründung eine Übernahme der Haftung nach Eintragung dieser ins Register zu vereinbaren.[154] Die Handelndenhaftung erlischt damit, sobald die Gesellschaft die eingegangenen Verpflichtungen übernimmt.[155]

65 Von der gesamtschuldnerischen Handelndenhaftung des Art. 7 II Kodifizierungs-RL (ex-Art. 8 Publizitäts-RL) wird neben rein rechtsgeschäftlichem auch rechtsgeschäftsähnliches Handeln, wie zB auf einen tatsächlichen Erfolg gerichtete Erklärungen, deren Rechtsfolgen **kraft Gesetzes** eintreten, erfasst.[156] Umstritten ist, ob für die Haftung zwingend ein Handeln im Namen der künftigen Kapitalgesellschaft erforderlich ist, oder ob die Haftung nicht auch bei Handlungen im Namen der Gesellschaft in Gründung oder der Vor-Gesellschaft eingreift. Mit Blick auf den primären Schutzzweck des Art. 7 II Kodifizierungs-RL (ex-Art. 8 Publizitäts-RL), dass zumindest immer ein Haftungssubjekt (die handelnden Personen oder die (Vor-) Gesellschaft) für Verbindlichkeiten haftet, wird man nicht umher kommen, **eine gesamtschuldnerische Haftung** auch bei Handlungen im Namen der Vor-Gesellschaft sowie der Gesellschaft in Gründung zu bejahen.[157] Bestünde nämlich vor Eintragung der Gesellschaft als juristische Person gar kein Rechtssubjekt (wie zB im Englischen Gesellschaftsrecht (vgl. dazu auch § 12 Rn. 301)), dem die Verbindlichkeiten in der Gründungsphase zugeordnet werden könnten, würde der Schutzzweck des Art. 7 II Kodifizierungs-RL (ex-Art. 8 Publizitäts-RL) mangels Eingreifen der Handelndenhaftung zu großen Teilen ins Leere laufen.[158]

I. Wirksamkeit der Bestellung von Organen

66 Da insbesondere die Wirksamkeit der Bestellung der Organe von außenstehenden Dritten nur bedingt zuverlässig beurteilt werden kann, enthält Art. 8 Kodifizierungs-RL (ex-Art. 9 Publizitäts-RL) einen zusätzlichen Schutz zu den Vorgaben des Art. 16 VI, VII Kodifizierungs-RL (ex-Art. 3 VI, VII Publizitäts-RL).[159] Nach Art. 8 Kodifizierungs-RL (ex-Art. 9 Publizitäts-RL) kann ein **Mangel bei der Bestellung** der vertretungsberechtigten Organe Dritten nur dann entgegengehalten werden, wenn die Gesellschaft beweist, dass der Dritten diesen Mangel kannte. Art. 8 Kodifizierungs-RL (ex-Art. 9 Publizitäts-RL) ist insofern eine Spezialisierung der Publizitätswirkungen des Art. 16 VI, VII Kodifizierungs-RL (ex-Art. 3 VI, VII Publizitäts-RL).[160]

152 *Lutter/Bayer/Schmidt*, Europäisches Unternehmens- und Kapitalmarktrecht, 2017, Rn. 18.62; vgl. auch *Krebs* in: MüKo HGB, 4. Aufl. 2016, § 15 Rn. 98a.

153 *Habersack/Verse*, Europäisches Gesellschaftsrecht, 2011, § 5 Rn. 26; *Lutter/Bayer/Schmidt*, Europäisches Unternehmens- und Kapitalmarktrecht, 2017, Rn. 18.64; im Ergebnis auch *Einmahl* AG 1969, 167, 168; *Fankhauser*, Gemeinschaftsrechtliche Publizitäts- und Kapital-Richtlinie, 2001, S. 90; aA *Kersting*, Die Vorgesellschaft im europäischen Gesellschaftsrecht, 2000, S. 284; *Hilpert*, Die Gründerhaftung in der Gesellschaft mit beschränkter Haftung in Deutschland, Frankreich und England, 2003, S. 109.

154 *Hilpert*, Die Gründerhaftung in der Gesellschaft mit beschränkter Haftung in Deutschland, Frankreich und England, 2003, S. 112; *Fischer-Zernin*, Der Rechtsangleichungserfolg der Ersten gesellschaftsrechtlichen Richtlinie der EWG, 1986, S. 107 f.; *Kalss* in: Koppensteiner (Hrsg.), Österreichisches und europäisches Wirtschaftsprivatrecht, Gesellschaftsrecht, 1994, S. 119.

155 *Habersack/Verse*, Europäisches Gesellschaftsrecht, 2011, § 5 Rn. 26; *Schwarz*, Europäisches Gesellschaftsrecht, 2000, Rn. 337; *Lutter/Bayer/Schmidt*, Europäisches Unternehmens- und Kapitalmarktrecht, 2017, Rn. 18.65; *Kersting* GmbHR 2003, 1466, 1469.

156 *Michalski* NZG 1998, 248, 249; *Fastricht* in: Baumbach/Hueck (Hrsg.), GmbHG, 21. Aufl. 2017, § 11 Rn. 49; *Strehle* in: Römermann (Hrsg.), Münchener Anwaltshandbuch GmbH-Recht, 3. Aufl. 2014, § 3 Rn. 101; vgl. zur Erfassung auch rechtsgeschäftsähnlicher Handlungen nach deutschem Recht OLG Karlsruhe NZG 1998, 268 f.; BSG BB 1986, 2271, 2272; aA *K. Schmidt* in: Scholz, GmbHG, 12. Aufl. 2018, § 11 Rn. 117; RG LZ 1927, 1473 f.

157 *Kalss/Klampfl*, Europäisches Gesellschaftsrecht, 2015, Rn. 244; *Lutter/Bayer/Schmidt*, Europäisches Unternehmens- und Kapitalmarktrecht, 2017, Rn. 18.63; *Habersack/Verse*, Europäisches Gesellschaftsrecht, 2011, § 5 Rn. 27; *Habersack* in: MüKo AktG, 4. Aufl. 2016, Einl. Rn. 122; *Hilpert*, Die Gründerhaftung in der Gesellschaft mit beschränkter Haftung in Deutschland, Frankreich und England, 2003, S. 108; *Kersting*, Die Vorgesellschaft im europäischen Gesellschaftsrecht, 2000, S. 269; aA *Grundmann*, Europäisches Gesellschaftsrecht, 2011, Rn. 209; *Kalss* in: Koppensteiner (Hrsg.), Österreichisches und europäisches Wirtschaftsprivatrecht, Gesellschaftsrecht, 1994, S. 119; *Mülbert/Nienhaus* RabelsZ 65 (2001) 513, 527.

158 Im Ergebnis auch *Lutter/Bayer/Schmidt*, Europäisches Unternehmens- und Kapitalmarktrecht, 2017, Rn. 18.63.

159 *Lutter/Bayer/Schmidt*, Europäisches Unternehmens- und Kapitalmarktrecht, 2017, Rn. 18.68; *Grohmann*, Das Informationsmodell im Europäischen Gesellschaftsrecht, 2006, S. 175; *Lutter* EuR 1969, 1, 6; *Schwarz*, Europäisches Gesellschaftsrecht, 2000, Rn. 324; aA *Habersack/Verse*, Europäisches Gesellschaftsrecht, 2011, § 5 Rn. 28.

160 *Lutter/Bayer/Schmidt*, Europäisches Unternehmens- und Kapitalmarktrecht, 2017, Rn. 18.68; *Kalss/Klampfl*, Europäisches Gesellschaftsrecht, 2015, Rn. 245; *Grohmann*, Das Informationsmodell im Europäischen Gesell-

Voraussetzung ist das Vorliegen eines **Bestellungsmangels**. Der Mangel muss dabei nach nationalem Recht zur Unwirksamkeit der Bestellung führen. Ferner muss er offengelegt worden sein, indem er durch das Register bekannt gemacht wurde. Ist dies nicht der Fall, bleibt den Betroffenen allerdings der Rückgriff auf Art. 16 Kodifizierungs-RL (ex-Art. 3 Publizitäts-RL) (s. Rn. 14 ff.). Wie bei diesem kann auch nach Art. 8 Kodifizierungs-RL (ex-Art. 9 Publizitäts-RL) der Mangel seitens der Gesellschaft dem Dritten nur entgegengehalten werden, wenn dieser den Mangel kannte. Dem Dritten schadet insofern grundsätzlich **nur die positive Kenntnis** von dem Mangel der Bestellung, wobei die Gesellschaft dies zu beweisen hat.[161] 67

J. Vertretungsmacht

Die Regelungen über die Vertretungsmacht der Organe der Gesellschaft in Art. 9 Kodifizierungs-RL (ex-Art. 10 Publizitäts-RL) gehören zu den **Kernpunkten** der damaligen Publizitätsrichtlinie und den heutigen Regelungen in der Kodifizierungs-Richtlinie für die handelsrechtliche Publizität von Gesellschaften.[162] Aufgrund der unterschiedlichen Interpretation der Vertretung einer Gesellschaft durch ihre Organe in den einzelnen Mitgliedstaaten, stellen die Vorschriften zur Vertretungsmacht überwiegend einen **Kompromiss** dar.[163] 68

I. Unbeschränktheit und Unbeschränkbarkeit der Vertretungsmacht

Die Richtlinienbestimmungen statuieren mit Art. 9 I 1 Kodifizierungs-RL (ex-Art. 10 I 1 Publizitäts-RL) zunächst den allgemeinen **Grundsatz der Unbeschränktheit der Vertretungsmacht**. Danach wird die Gesellschaft Dritten gegenüber grundsätzlich durch die Handlungen ihrer Organe verpflichtet. Dies gilt ausdrücklich auch dann, wenn die Handlungen der Vertretungsorgane nicht zum Gegenstand des Unternehmens gehören. Diese Ergänzung ist insofern von Bedeutung, als in verschiedenen Mitgliedstaaten (insbesondere England (s. dazu § 12 Rn. 480) und Frankreich) früher genau solch eine Beschränkung auf den Unternehmenszweck für Kapitalgesellschaften bestand.[164] Die unter dem Begriff der sog **ultra-vires-Lehre**[165] bekannt gewordene, nach außen gültige Beschränkung der Vertretungsmacht wurde durch Art. 9 I 1 Kodifizierungs-RL (ex-Art. 10 I 1 Publizitäts-RL) aufgehoben.[166] 69

Die ultra-vires-Lehre besagt, dass eine Gesellschaft nur dann **Rechts- und Handlungsfähigkeit** besitzt, wenn sie im Rahmen ihres zumeist im Gesellschaftsvertrag festgelegten Unternehmensgegenstands tätig wird. Schließt das Geschäftsführungsorgan der Gesellschaft im Namen dieser einen Vertrag ab, der nicht vom Unternehmens- 70

---

schaftsrecht, 2006, S. 176; *Schmidt-Kessel* GPR 2006, 6, 14; *Fischer-Zernin*, Der Rechtsangleichungserfolg der Ersten gesellschaftsrechtlichen Richtlinie der EWG, 1986, S. 221.

161 *Fischer-Zernin*, Der Rechtsangleichungserfolg der Ersten gesellschaftsrechtlichen Richtlinie der EWG, 1986, S. 220; *Lutter/Bayer/Schmidt*, Europäisches Unternehmens- und Kapitalmarktrecht, 2017, Rn. 18.70; *Kalss/Klampfl*, Europäisches Gesellschaftsrecht, 2015, Rn. 245.

162 *Habersack/Verse*, Europäisches Gesellschaftsrecht, 2011, § 5 Rn. 30; *Lutter/Bayer/Schmidt*, Europäisches Unternehmens- und Kapitalmarktrecht, 2017, Rn. 18.73, welche die Vorschrift sogar als einen der bedeutendsten Eckpunkte der gesamten Harmonisierung des Europäischen Gesellschaftsrechts ansehen.

163 *Lutter/Bayer/Schmidt*, Europäisches Unternehmens- und Kapitalmarktrecht, 2017, Rn. 18.74; vgl. auch *Kalss/Klampfl*, Europäisches Gesellschaftsrecht, 2015, Rn. 246; *Schmidt* AG 1998, 127, 129; letztlich sind sie jedoch maßgeblich vom deutschen Recht geprägt worden, dazu *Habersack/Verse*, Europäisches Gesellschaftsrecht, 2011, § 5 Rn. 30; *Grundmann*, Europäisches Gesellschaftsrecht, 2011, Rn. 213 f.; *Schmidt* AG 1998, 127, 129; zum Englischen Recht *Green* J.B.L. 1983, 303.

164 *Stiegler* in: Nueber/Przeszlowska/Zwirchmayr (Hrsg.), Privatautonomie und ihre Grenzen im Wandel, 2015, S. 39, 40 f.

165 Zum Begriff und Ausgestaltung der ultra vires-Doktrin siehe *Großfeld* in: Conrad/Vagts (Hrsg.), International Encyclopedia of Comparative Law, Band XIII, 2. Aufl. 2006, Kapitel 4, Rn. 4-71 ff.; *Stiegler* in: Nueber/Przeszlowska/Zwirchmayr (Hrsg.), Privatautonomie und ihre Grenzen im Wandel, 2015, S. 39, 40 ff.; ferner auch *Dreibus*, Die Vertretung bei Rechtsträgern des privaten und öffentlichen Rechts im Vereinigten Königreich und Nordirland, 1999, S. 81 ff.; nach Englischem Recht *Bourne*, Company Law, 7. Aufl. 2016, S. 94 f.; *Mortimore* in: ders. (Hrsg.), Company Directors. Duties, Liabilities, and Remedies, 2. Aufl. 2013, Rn. 1.10 ff.; *Nyombi* IJLM 56 (2014) 347 ff.; *Wedderburn* MLR 29 (1966) 191 ff.

166 *Habersack/Verse*, Europäisches Gesellschaftsrecht, 2011, § 5 Rn. 31; *Kalss/Klampfl*, Europäisches Gesellschaftsrecht, 2015, Rn. 248; *Lutter/Bayer/Schmidt*, Europäisches Unternehmens- und Kapitalmarktrecht, 2017, Rn. 18.77; *Edwards* Co. Lawyer 16 (1995) 202, 203; *Schmidt* AG 1998, 127, 128; *Schwab* ZGR 2000, 446, 450; *Servatius* in: MüHdB GesR, IntGesR, 4. Aufl. 2013, § 13 Rn. 13; *Schubel* in: FS Hommelhoff, 2012, S. 1059, 1060 f.; *Schmitt/Geier* WM 2014, 1902, 1903; speziell aus englischer Perspektive *Farrar/Powles* MLR 36 (1973) 270 ff.; *Wyatt* LQR 94 (1978) 182 ff.; in der Schweiz besteht zB per gesetzlicher Regelung für Kapitalgesellschaften für die Vertretungsmacht im Außenverhältnis die wirksame Beschränkung im Rahmen des Unternehmenszwecks, vgl. Art. 718a I OR (bzw. Art. 814 IV OR iVm Art. 718a I OR). Teilweise Ausnahmen bestehen – in zulässiger Weise – für juristische Personen des öffentlichen Rechts und gemeinnützige Stiftungen, vgl. *Fleischer* NZG 2005, 529; *Schneider/Busch* WM 1995, 326 f.; *Becker* ZaöRV 2001, 85 f.; siehe auch *Höhne* RdW 2013, 317 ff.

gegenstand erfasst ist, wird die Gesellschaft dadurch **nicht gebunden.**[167] Zweck der ultra-vires-Lehre ist, dass eine Gesellschaft als eigenständiges, organisatorisches Gebilde nicht über ihren festgelegten Unternehmensinhalt hinaus gegenüber Dritten in Aktion treten soll. An ihre nicht zurechenbaren Handlungen ist die Gesellschaft daher nicht gebunden. Die ultra-vires-Lehre ist infolge der eindeutigen Regelung in der damaligen Publizitätsrichtlinie für Kapitalgesellschaften grundsätzlich **nicht mehr anwendbar**, sodass die Gesellschaft auch in diesem Fall an die von ihrem Vertretungsorgan eingegangenen Verpflichtungen gebunden ist. Für die nicht von den Richtlinienbestimmungen betroffenen Personengesellschaften besteht in einigen Ländern die ultra-vires-Doktrin jedoch fort.[168] (vgl. Italien: Art. 2266 II c.c. (dazu § 14 Rn. 47, 101) und Art. 2298 I 1 c.c.; Spanien: Art. 234 II LSC; Frankreich: Art. 1849 I c.civ. und Art. 221-5 I c.com. (dazu § 13 Rn. 105, 162); Portugal: Art. 258 C.C. Português). In Deutschland und Österreich gilt traditionell kein entsprechender Vorbehalt der Unbeschränktheit der Vertretungsmacht (vgl. Deutschland: § 126 II HGB, § 37 GmbHG, § 82 AktG; Österreich: § 126 UGB, § 20 II GmbHG, § 74 II AktG).

71 Eine **Ausnahme** vom strengen ultra-vires-Verbot des Art. 9 I 1 Kodifizierungs-RL (ex-Art. 10 I 1 Publizitäts-RL) ist in Art. 9 I 2 Kodifizierungs-RL (ex-Art. 10 I 2 Publizitäts-RL) statuiert.[169] Für Handlungen, die den Rahmen des Unternehmensgegenstands überschreiten, können die Mitgliedstaaten vorsehen, dass die Gesellschaft nicht verpflichtet wird, wenn sie beweist, dass dem Dritten bekannt war, dass die Handlung den Unternehmensgegenstand überschritt, oder dass er darüber nach den Umständen nicht in Unkenntnis sein konnte. Die Bekanntmachung der Satzung mit angegebenem Unternehmensgegenstand reicht hierzu nach ausdrücklicher Aussage der Richtlinienregelung jedoch nicht aus (Art. 9 II Kodifizierungs-RL (ex-Art. 10 II Publizitäts-RL)). Dadurch wird neben der Unbeschränktheit auch eine grundsätzliche **Unbeschränkbarkeit der Vertretungsmacht** vorgegeben.[170] Neben der positiven Kenntnis der Überschreitung des festgelegten Unternehmensgegenstands schadet nach dem Wortlaut der Norm einem Dritten hier auch grobe Fahrlässigkeit (**„nicht in Unkenntnis sein konnte"**).[171] Wie genau die Anforderungen an eine grobe Fahrlässigkeit diesbezüglich ausgestaltet sind, ist jedoch Sache der Mitgliedstaaten, sodass uU eine unterschiedliche Reichweite der unbeschränkten Vertretungsmacht in den jeweiligen Mitgliedstaaten besteht. Die Unbeschränkbarkeit der Vertretungsmacht nach Art. 9 II Kodifizierungs-RL (ex-Art. 10 II Publizitäts-RL) gilt jedoch nur im Außenverhältnis zu gesellschaftsfremden Dritten. Im Innenverhältnis bleiben die Vertretungsorgane an die satzungs- und beschlussmäßigen Beschränkungen des Umfangs ihrer Vertretungsmacht gebunden. Handelt das Vertretungsorgan entgegen dieser internen Bestimmungen, ist die Gesellschaft gleichwohl im Außenverhältnis trotzdem daran gebunden. Durch die Verletzung der Bestimmungen im Innenverhältnis wird die Gesellschaft in diesem Fall, sofern es sich um ein offensichtlich negatives Geschäft für sie handelt, zumeist Regress oder Schadensersatz von der das Geschäft abgeschlossenen Vertretungsperson verlangen.

72 Eine weitere **Einschränkung** der unbeschränkten Vertretungsmacht besteht in der Form, dass die Gesellschaft dann nicht durch die Handlung ihrer Organe gegenüber Dritten verpflichtet wird, wenn diese Handlungen die **Befugnisse überschreiten**, die nach dem Gesetz den Organen zugewiesen sind oder zugewiesen werden können (Art. 9 I aE Kodifizierungs-RL (ex-Art. 10 I aE Publizitäts-RL)). Die genaue Reichweite der Vertretungsmacht wird somit auch diesbezüglich nicht durch die Richtlinie festgelegt. Insbesondere Fragen des Missbrauchs der Vertretungsmacht (s. Rn. 76), und ab wann ein solcher zu bejahen ist, richten sich daher nach nationalem Recht.

II. Ausgestaltung der Vertretungsmacht

73 Hinsichtlich der personellen Ausgestaltung der Vertretungsmacht, dh ob **Einzelvertretungsbefugnis** oder **Gesamtvertretungsbefugnis** vorliegt, enthalten die Regelungen in der Kodifizierungs-Richtlinie für die handelsrechtliche Publizität von Gesellschaften keine unmittelbar einschlägige Regelung.[172] Den Mitgliedstaaten steht es daher frei, ihr nationales Recht entsprechend auszugestalten. Art. 9 III Kodifizierungs-RL (ex-Art. 10 III Pu-

167 *Zimmer*, Internationales Gesellschaftsrecht, 1996, S. 241 f.; *Kindler* in: MüKo BGB, 6. Aufl. 2015, IntGesR, 6. Aufl. 2015, Rn. 544 f.

168 Vgl. zu Italien *Presti/Rescigno*, Corso di diritto commerciale, 5.Aufl. 2011, S. 349; *Magrini*, Italienisches Gesellschaftsrecht, 2004, S. 19; zu Frankreich *Cozian/Viandier/Deboissy*, Droit des sociétés, 28. Aufl. 2015, Rn. 289 ff.; allgemein auch *Zimmer*, Internationales Gesellschaftsrecht, 1996, S. 244 ff.

169 Siehe hierzu *Stiegler* in: Nueber/Przeszlowska/Zwirchmayr (Hrsg.), Privatautonomie und ihre Grenzen im Wandel, 2015, S. 39, 48 f.

170 *Habersack/Verse*, Europäisches Gesellschaftsrecht, 2011, § 5 Rn. 31; *Grundmann*, Europäisches Gesellschaftsrecht, 2011, Rn. 221; *Kalss/Klampfl*, Europäisches Gesellschaftsrecht, 2015, Rn. 247; *Lutter/Bayer/Schmidt*, Europäisches Unternehmens- und Kapitalmarktrecht, 2017, Rn. 18.79; *Schwab* ZGR 2000, 446, 450.

171 *Lutter/Bayer/Schmidt*, Europäisches Unternehmens- und Kapitalmarktrecht, 2017, Rn. 18.77; vgl. auch *Kalss/Klampfl*, Europäisches Gesellschaftsrecht, 2015, Rn. 248; *Grohmann* EWS 2007, 540, 546; *Grundmann*, Europäisches Gesellschaftsrecht, 2011, Rn. 219; *Habersack/Verse*, Europäisches Gesellschaftsrecht, 2011, § 5 Rn. 32; *Fleischer* NZG 2005, 529, 534.

172 *Kalss/Klampfl*, Europäisches Gesellschaftsrecht, 2015, Rn. 250; *Lutter/Bayer/Schmidt*, Europäisches Unternehmens- und Kapitalmarktrecht, 2017, Rn. 18.83; *Stiegler* in: Nueber/Przeszlowska/Zwirchmayr (Hrsg.), Privatautonomie und ihre Grenzen im Wandel, 2015, S. 39, 49; siehe auch *Hausmann* in: Reithmann/Martiny (Hrsg.), Internationales Vertragsrecht, 8. Aufl. 2015, 7. Teil Rn. 7.188.

blizitäts-RL) betrifft lediglich die Konstellation, dass der nach nationalem Recht geltende Normalfall von der satzungsmäßigen Bestimmung über den Umfang der Vertretungsmacht bezüglich des Zusammenwirkens aller Vertretungsorgane abweicht. Grund dafür ist, dass die nationalen Bestimmungen über eine Einzel- bzw. Gesamtvertretungsbefugnis zumeist dispositiv sind und von den Gesellschaften abbedungen werden können. Nach Art. 9 III Kodifizierungs-RL (ex-Art. 10 III Publizitäts-RL) können die Mitgliedstaaten in solch einem Fall vorsehen, dass entsprechende Satzungsbestimmungen einem Dritten in Abkehr von Art. 9 I Kodifizierungs-RL (ex-Art. 10 I Publizitäts-RL) entgegengehalten werden können. Art. 9 III Kodifizierungs-RL (ex-Art. 10 III Publizitäts-RL) stellt insofern eine Ausnahme zum Grundsatz der unbeschränkten Vertretungsmacht dar.[173]

Voraussetzung des Eingreifens des Art. 9 III Kodifizierungs-RL (ex-Art. 10 III Publizitäts-RL) ist zum einen, dass die entsprechende Satzungsbestimmung der Gesellschaft die Vertretungsbefugnis **generell** und nicht nur in bestimmten Einzelfällen betrifft.[174] Weitere Voraussetzung ist, dass die jeweilige Satzungsregelung auch nach Maßgabe der Art. 16 Kodifizierungs-RL (ex-Art. 3 Publizitäts-RL) **im Register eingetragen** und wirksam bekannt gemacht worden ist. 74

Viele Mitgliedstaaten haben von der Option des Art. 9 III Kodifizierungs-RL (ex-Art. 10 III Publizitäts-RL) Gebrauch gemacht. Aus **praktischer Sicht** ist daher bei (größeren) Geschäften mit EU-ausländischen Gesellschaften deren Satzung nach etwaigen Abweichungen vom gesetzlich vorgesehen Regelfall betreffend die Ausgestaltung der Vertretungsbefugnis (Einzel- bzw. Gesamtvertretung oder eine Mischform)[175] zu untersuchen. Denn diese könnten einem Dritten ggf. wirksam entgegengehalten werden. 75

III. Missbrauch der Vertretungsmacht

Besonderer Beachtung bedarf die im Zusammenhang mit den Vorgaben des Art. 9 Kodifizierungs-RL (ex-Art. 10 Publizitäts-RL) bestehende Problematik über den Missbrauch der Vertretungsbefugnis. Fragen eines Missbrauchs der Vertretungsmacht sind von den Richtlinienbestimmungen gleichwohl **nicht ausdrücklich angesprochen,**[176] sodass auch hierbei nationales Recht, in den normzweckspezifischen Grenzen des Art. 9 Kodifizierungs-RL (ex-Art. 10 Publizitäts-RL), heranzuziehen ist. Ein weiteres Sonderproblem stellen im Rahmen des Art. 9 Kodifizierungs-RL (ex-Art. 10 Publizitäts-RL) Interessenkollisionen zwischen dem Vertretungsorgan und der Gesellschaft dar. Diesbezüglich entschied der EuGH, dass diese Fragen nicht von der damaligen Publizitätsrichtlinie erfasst sind und deshalb allein der Zuständigkeit der nationalen Gesetzgeber zufallen.[177] Die gilt in gleicher Weise auch für die Regelungen in der Kodifizierungs-Richtlinie für die handelsrechtliche Publizität von Gesellschaften. 76

Bei einer isolierten Betrachtung des Wortlautes von Art. 9 II Kodifizierungs-RL (ex-Art. 10 II Publizitäts-RL) sind alle satzungsmäßigen oder auf einem Beschluss beruhenden Beschränkungen für die Wirksamkeit des Rechtsgeschäfts irrelevant. Auch bei einem „Missbrauch" der Vertretungsmacht wäre die Gesellschaft daher an das Rechtsgeschäft gebunden.[178] Für den Fall, dass der „Missbrauch" in der Überschreitung des Unternehmensgegenstands besteht, ist Art. 9 II Kodifizierungs-RL (ex-Art. 10 II Publizitäts-RL) jedoch als **Generalnorm zur speziellen Konstellation** des Art. 9 I 2 Kodifizierungs-RL (ex-Art. 10 I 2 Publizitäts-RL) zu sehen.[179] Nach Art. 9 I 2 Kodifizierungs-RL (ex-Art. 10 I 2 Publizitäts-RL) können die Mitgliedstaaten vorsehen, dass die Gesellschaft bei Überschreitung des Unternehmensgegenstands dann nicht gebunden ist, wenn der Dritte bezüglich dieser Überschreitung zumindest nicht in Unkenntnis sein konnte. Dies wird auch dadurch ersichtlich, dass in den meisten Mitgliedstaaten ein etwaiger Unternehmensgegenstand in der Satzung aufzuführen ist. Die **Überschreitung des Unternehmensgegenstands** stellt daher gleichzeitig einen Verstoß gegen satzungsmäßige Beschränkungen dar. Wenn es sich also bei der Verletzung der internen Bestimmungen (Missbrauch) durch den Vertreter um den besonderen Fall der Überschreitung des Unternehmensgegenstands handelt, ist der Missbrauch der Vertretungsmacht insofern von den Richtlinienbestimmungen erfasst, als die Mitgliedstaaten in zulässiger Weise Regelungen vorsehen dürfen, wonach die Gesellschaft nicht an das abgeschlossene Rechtsgeschäft gebunden ist, 77

173 *Lutter/Bayer/Schmidt*, Europäisches Unternehmens- und Kapitalmarktrecht, 2017, Rn. 18.83; *Stiegler* in: Nueber/Przeszlowska/Zwirchmayr (Hrsg.), Privatautonomie und ihre Grenzen im Wandel, 2015, S. 39, 49.

174 *Grundmann*, Europäisches Gesellschaftsrecht, 2011, Rn. 220; *Lutter/Bayer/Schmidt*, Europäisches Unternehmens- und Kapitalmarktrecht, 2017, Rn. 18.83.

175 Vgl. zu den Mischformen *Schwarz*, Europäisches Gesellschaftsrecht, 2000, Rn. 345; *Fischer-Zernin*, Der Rechtsangleichungserfolg der Ersten gesellschaftsrechtlichen Richtlinie der EWG, 1986, S. 243 ff.

176 *Lutter/Bayer/Schmidt*, Europäisches Unternehmens- und Kapitalmarktrecht, 2017, Rn. 18.81; *Kalss/Klampfl*, Europäisches Gesellschaftsrecht, 2015, Rn. 249.

177 Vgl. EuGH, Rs. C-104/96 (Rabobank), ECLI:EU:C:1997:610 = EuZW 1998, 92, Rn. 24; aA *Grundmann*, Europäisches Gesellschaftsrecht, 2011, Rn. 226; *Meilicke* DB 1999, 785, 787.

178 *Auer* GesRZ 2000, 138, 145; *Schmid* AG 1998, 127, 131; *Fleischer* NZG 2005, 529, 533 f.; *Lutter/Bayer/Schmidt*, Europäisches Unternehmens- und Kapitalmarktrecht, 2017, Rn. 18.81.

179 *Stiegler* in: Nueber/Przeszlowska/Zwirchmayr (Hrsg.), Privatautonomie und ihre Grenzen im Wandel, 2015, S. 39, 51; vgl. auch *Auer* GesRZ 2000, 138, 147; *Schmid* AG 1998, 127, 130.

wenn der Dritte darüber zumindest nicht in Unkenntnis sein konnte.[180] Die Regelungen in der Kodifizierungs-Richtlinie für die handelsrechtliche Publizität von Gesellschaften ermöglichen damit eine Ausnahme der unbeschränkten Vertretungsmacht im Sinne eines Missbrauchs der Vertretungsmacht ultra vires.[181]

78 Art. 9 I 2 Kodifizierungs-RL (ex-Art. 10 I 2 Publizitäts-RL) erfasst nach seinem Wortlaut allerdings nur die Konstellation, dass der Missbrauch der Vertretungsmacht in der Überschreitung des Unternehmensgegenstands besteht. Ein Missbrauch der Vertretungsmacht kann jedoch auch in anderen Fällen zur Geltung kommen, wie beispielsweise die **Missachtung interner Zustimmungserfordernisse** bei bestimmten Rechtsgeschäften oder die Nichtbeachtung der internen Grenzen für die Einzelvertretungsbefugnis bis zu einem bestimmten monetären Wert. Eine direkte Anwendung des Art. 9 I 2 Kodifizierungs-RL (ex-Art. 10 I 2 Publizitäts-RL) ist hierbei nicht möglich, da sich die Norm ausdrücklich auf die Überschreitung des Unternehmensgegenstands bezieht. Eine analoge Anwendung des Art. 9 I 2 Kodifizierungs-RL (ex-Art. 10 I 2 Publizitäts-RL) dahingehend, dass die Gesellschaft auch dann nicht nach europäischen Vorgaben zwingend verpflichtet wird, wenn der Missbrauch in sonstiger Überschreitung interner Beschränkungen liegt, kommt ebenfalls **nicht** in Betracht.[182] Eine diesbezügliche analoge Anwendung des Art. 9 I 2 Kodifizierungs-RL (ex-Art. 10 I 2 Publizitäts-RL) wäre mit der Ratio des Art. 9 Kodifizierungs-RL (ex-Art. 10 Publizitäts-RL) in Form eines umfassenden Dritt- und Verkehrsschutzes als Ganzes nicht in Einklang zu bringen. Dies zeigt auch der Blick auf den Grundsatz des Art. 9 I 1 Kodifizierungs-RL (ex-Art. 10 I 1 Publizitäts-RL): „Die Gesellschaft wird Dritten gegenüber durch Handlungen ihrer Organe verpflichtet". Aufgrund der Nichtanwendbarkeit des Art. 9 I 2 Kodifizierungs-RL (ex-Art. 10 I 2 Publizitäts-RL) auf sonstige Fälle des Missbrauchs der Vertretungsmacht außerhalb der Überschreitung des Unternehmensgegenstands kommt somit die diesbezügliche Generalaussage des Art. 9 II Kodifizierungs-RL (ex-Art. 10 II Publizitäts-RL) zur Geltung. Dieser besagt jedoch eindeutig, dass **interne Beschränkungen Dritten nicht entgegengesetzt** werden können.

79 Um einen Missbrauch der Vertretungsmacht in Form irgendeiner Verletzung interner Beschränkungen seitens des Vertreters von den Richtlinienbestimmungen zu erfassen, könnte auch eine **teleologische Reduktion** des Art. 9 II Kodifizierungs-RL (ex-Art. 10 II Publizitäts-RL) für diesen Fall in Betracht gezogen werden.[183] Der Zweck des Art. 9 II Kodifizierungs-RL (ex-Art. 10 II Publizitäts-RL) besteht im Schutz und der Gewährleistung eines (redlichen) Rechtsverkehrs und der Verringerung des Risikos des Geschäftspartners, dass abgeschlossene Geschäfte aufgrund von Divergenzen im Innenverhältnis der Gesellschaft zu seinen Lasten unwirksam sind. Ist dem Dritten diese Divergenz aber offensichtlich bekannt bzw. hätte sie ihm bekannt sein müssen (Extremfall: Kollusion), ist er nicht mehr in der Art schützenswert. Für eine teleologische Reduktion bedarf es jedoch einer (internen) Regelungslücke.[184] Eine solche liegt in diesem Fall nicht vor. Der Unionsgesetzgeber hat bewusst von einer entsprechenden Ausnahme in den Richtlinienbestimmungen abgesehen.[185] Denn Art. 9 II Kodifizierungs-RL (ex-Art. 10 II Publizitäts-RL) betrifft die sachliche Unbeschränkbarkeit der Vertretungsmacht, sagt aber nichts über den **Einfluss subjektiver Umstände** auf die korrekte Ausübung der Vertretungsmacht und den Kenntnisstand des Dritten aus.[186] Dies wird auch mit Blick auf Art. 9 I 2 Kodifizierungs-RL (ex-Art. 10 I 2 Publizitäts-RL) erkennbar, wo der europäische Gesetzgeber im Fall des Missbrauchs durch Überschreitung des Unternehmensgegenstands den Mitgliedstaaten die Gestaltungshoheit einräumt. Eine teleologische Reduktion würde auch den og Wertungen des Art. 9 Kodifizierungs-RL (ex-Art. 10 Publizitäts-RL) als Ganzen zuwiderlaufen. Lehnt man zudem die analoge Anwendung des Art. 9 I 2 Kodifizierungs-RL (ex-Art. 10 I 2 Publizitäts-RL) ab, ist es nur schwer zu vertreten, das gleiche Ergebnis über eine teleologische Reduktion des Art. 9 II Kodifizierungs-RL (ex-Art. 10 II Publizitäts-RL) von den einschlägigen Regelungen der Richtlinie zu erfassen. Man kommt daher zu dem Ergebnis, dass, außer bei Überschreitung des Unternehmensgegenstands, der Missbrauch der Vertretungsmach und dessen Folgen **nicht von den Richtlinienbestimmungen erfasst** sind und dessen Ausgestaltung somit der Gestaltungshoheit der Mitgliedstaaten überlassen wurde. Betrifft der Missbrauch jedoch den

180 *Stiegler* in: Nueber/Przeszlowska/Zwirchmayr (Hrsg.), Privatautonomie und ihre Grenzen im Wandel, 2015, S. 39, 51.

181 *Auer* GesRZ 2000, 138, 147; *Meilicke* RIW 1996, 713, 715; *Schmid* AG 1999, 127, 130.

182 *Auer* GesRZ 2000, 138, 147; *Stiegler* in: Nueber/Przeszlowska/Zwirchmayr (Hrsg.), Privatautonomie und ihre Grenzen im Wandel, 2015, S. 39, 52; vgl. auch *Schubel* in: FS Hommelhoff, 2012, S. 1059, 1071 f., 1074; *Habersack/Verse*, Europäisches Gesellschaftsrecht, 2011, § 5 Rn. 34; aA *Schmid* AG 1998, 127, 130 f.

183 So *Schmid* AG 1998, 127, 130 f.; zu einer vergleichbaren teleologischen Reduktion nationalen Rechts *P. Bydlinski* in: FS Bydlinski, 2002, S. 19, 38 f.

184 *Schmid* AG 1998, 127, 131; vgl. zum Vorliegen einer Lücke und Lückenfüllung im Unionsrecht *Franzen*, Privatrechtsangleichung durch die Europäische Gemeinschaft, 1999, S. 604 ff., 637; *Riesenhuber*, System und Prinzipien des Europäischen Vertragsrechts, 2003, S. 68 ff.; siehe auch *Casper* in: FS Ulmer, 2003, S. 51, 62; *Jung*, Die Kapitalverfassung der SPE, 2014, S. 40 ff.

185 *Auer* GesRZ 2000, 138, 147; *P. Bydlinski* in: FS Bydlinski, 2002, S. 19, 43; *Stiegler* in: Nueber/Przeszlowska/Zwirchmayr (Hrsg.), Privatautonomie und ihre Grenzen im Wandel, 2015, S. 39, 53; wohl auch *Krebs* in: MüKo HGB, 4. Aufl. 2016, Vor § 48 Rn. 72; aA *Schmid* AG 1998, 127, 131.

186 *Auer* GesRZ 2000, 138, 149; vgl. auch zum Parallelproblem bei Interessenkonflikten EuGH, Rs. C-104/96 (Rabobank), ECLI:EU:C:1997:610 = EuZW 1998, 92, Rn. 22 ff.

Fall der Überschreitung des Unternehmensgegenstands, ist zwar ebenfalls nationales Recht anwendbar, jedoch sind in richtlinienkonformer Auslegung die Wertungen des Art. 9 I 2 Kodifizierungs-RL (ex-Art. 10 I 2 Publizitäts-RL) zu beachten.[187]

Im deutschen Recht sind Voraussetzungen für das Eingreifen eines Missbrauchs der Vertretungsmacht die **objektive Verletzung der internen Beschränkungen** durch den Vertreter[188] sowie die „objektive Evidenz" (entspricht weitgehend grober Fahrlässigkeit) der Überschreitung interner Beschränkungen seitens des Dritten.[189] Besondere Eigenschaften des Dritten können allerdings die subjektiven Anforderungen verringern.[190] Gleiches gilt, wenn der Geschäftspartner der Gesellschaft selbst Gesellschafter oder ein sonstiges Organmitglied der Gesellschaft ist.[191] Für das Vorliegen eines Missbrauchs der Vertretungsmacht nicht mehr gefordert wird hingegen die subjektive Vorwerfbarkeit (insbesondere vorsätzliches Handeln) der Überschreitung interner Beschränkungen sowie ein Nachteil bei der Gesellschaft als Vertretene.[192] Diese bestehende Ausgestaltung der Voraussetzungen eines Missbrauchs der Vertretungsmacht ist auch mit denen der meisten Mitgliedstaaten vergleichbar und mit den Vorgaben in der Kodifizierungs-Richtlinie für die handelsrechtliche Publizität von Gesellschaften vereinbar.[193] 80

K. Nichtigkeit von Gesellschaften

Die Art. 10-12 Kodifizierungs-RL (ex-Art. 11-13 Publizitäts-RL) regeln Fragen der Nichtigkeit von Gesellschaften. Um die Rechtssicherheit in den Beziehungen zwischen der Gesellschaft und Dritten sowie im Verhältnis der Gesellschafter untereinander zu gewährleisten, ist es daher besonders erforderlich, die Fälle der **Nichtigkeit** sowie die Rückwirkung der Nichtigkeitserklärung zu **beschränken** und für den Einspruch Dritter gegen diese Erklärung eine kurze Frist vorzuschreiben (Erwägungsgrund 6 (ex-Erwägungsgrund 10)). Vor dem Hintergrund der schon damals bestehenden Unterschiede zwischen den nationalen Regelungen statuierte die damalige Publizitätsichtlinie und die heutigen Regelungen in der Kodifizierungs-Richtlinie für die handelsrechtliche Publizität von Gesellschaften auch insoweit grundsätzlich nur einen **Mindeststandard**, sodass die einzelnen Mitgliedstaaten befugt sind, weitergehende Beschränkungen bezüglich der Nichtigkeit einer Gesellschaft aufzustellen.[194] 81

Spezialregelungen zu Art. 10-12 Kodifizierungs-RL (ex-Art. 11-13 Publizitäts-RL) gelten im Falle der Neugründung einer Gesellschaft im Wege der nationalen Verschmelzung (vgl. Art. 108 Kodifizierungs-RL (ex-Art. 22 Verschmelzungs-RL) (dazu § 22 Rn. 76), der grenzüberschreitenden Verschmelzung (vgl. Art. 134 Kodifizierungs-RL (ex-Art. 17 IntVersch-RL) (dazu § 24 Rn. 132) sowie für innerstaatliche Spaltungen (vgl. Art. 153 Kodifizierungs-RL (ex-Art. 19 Spaltungs-RL) (dazu § 23 Rn. 49). 82

Der Anwendungsbereich der entsprechenden Regelungen in der Kodifizierungs-Richtlinie für die handelsrechtliche Publizität von Gesellschaften ist allerdings nur dann eröffnet, wenn Dritten durch die publizierten Unterlagen und Angaben zu der **Annahme** veranlasst wurden, **es bestehe überhaupt** eine Gesellschaft iS der Richtlinienbestimmungen.[195] Voraussetzung ist also die tatsächliche oder nach Maßgabe der Vorgaben der Richtlinie publizierte Existenz der Gesellschaft.[196] 83

---

187 *Grundmann*, Europäisches Gesellschaftsrecht, 2011, Rn. 223; *Stiegler* in: Nueber/Przeszlowska/Zwirchmayr (Hrsg.), Privatautonomie und ihre Grenzen im Wandel, 2015, S. 39, 54; wohl auch *Habersack* in: MüKo AktG, 4. Aufl. 2016, Einl. Rn. 123.

188 Vgl. BGH ZIP 2014, 615, 617; BGH NJW 2012, 1718, 1719; OLG Zweibrücken NZG 2001, 763; BGH WM 1988, 706; OLG Koblenz ZIP 1990, 1572, 1575; *Fleischer* NZG 2005, 529, 535; zum österreichischen Recht *P. Bydlinski* in: FS Bydlinski, 2002, S. 19, 39 ff.

189 Vgl. BGH ZIP 2014, 615, 617; BGH NJW 2012, 1718, 1719; *Fleischer* NZG 2005, 529, 530; *Hüffer/Koch*, AktG, 12. Aufl. 2016, § 82 Rn. 7; *Altmeppen* in: Roth/Altmeppen (Hrsg.), GmbHG, 8. Aufl. 2015, § 37 Rn. 42; *Kalss/Klampfl*, Europäisches Gesellschaftsrecht, 2015, Rn. 249; *Lutter/Bayer/Schmidt*, Europäisches Unternehmens- und Kapitalmarktrecht, 2017, Rn. 77; zum österreichischen Recht *P. Bydlinski* in: FS Bydlinski, 2002, S. 19, 20 f., 28; *Auer* GesRZ 2000, 138, 150, vgl. auch OGH SZ 37/16.

190 Vgl. aus der französischen Rechtspraxis CA Grenoble v. 31.5.1983, JCP, éd. E, 1984, II, 14389; Cass. com. v. 25.6.1985, Rev. soc. 1985, 829.

191 Vgl. OLG Zweibrücken NZG 2001, 763.

192 BGH NJW 1996, 589, 590; OLG Stuttgart NZG 1999, 1009; *Fleischer* NZG 2005, 529, 535; *P. Bydlinski* in: FS Bydlinski, 2002, S. 19, 40.

193 *Auer* GesRZ 2000, 138, 149 f.; *Fleischer* NZG 2005, 529, 535; *Schmid* AG 1998, 127, 131.

194 *Habersack/Verse*, Europäisches Gesellschaftsrecht, 2011, § 5 Rn. 40; *Habersack* in: MüKo AktG, 4. Aufl. 2016, Einl. Rn. 124; *Lutter/Bayer/Schmidt*, Europäisches Unternehmens- und Kapitalmarktrecht, 2017, Rn. 18.85; *Schwarz*, Europäisches Gesellschaftsrecht, 2000, Rn. 362.

195 Vgl. EuGH, Rs. 136/87 (Ubbink Isolatie), ECLI:EU:C:1988:423 = BeckEuRS 1988, 142390, Rn. 16.

196 *Habersack/Verse*, Europäisches Gesellschaftsrecht, 2011, § 5 Rn. 43; *Lutter/Bayer/Schmidt*, Europäisches Unternehmens- und Kapitalmarktrecht, 2017, Rn. 18.86; *Schwarz*, Europäisches Gesellschaftsrecht, 2000, Rn. 364; vgl. auch *Kalss/Klampfl*, Europäisches Gesellschaftsrecht, 2015, Rn. 252.

I. Gründungskontrolle

84 Zur Gewährleistung eines Mindestschutzes des Rechtsverkehrs bezüglich des Bestehens einer Gesellschaft bedarf es nach Art. 10 Kodifizierungs-RL (ex-Art. 11 Publizitäts-RL) zunächst einer **Gründungskontrolle**, durch die eine Nichtigkeit der Gesellschaft schon von vornherein begrenzt werden soll.[197] Die Regelungen in der Kodifizierungs-Richtlinie für die handelsrechtliche Publizität von Gesellschaften sehen dabei zwei alternative Formen der Gründungskontrolle vor:

- eine vorbeugende Verwaltungs- oder gerichtliche Kontrolle (Var. 1);
- öffentliche Beurkundung des Errichtungsaktes bzw. der Satzung der Gesellschaft sowie Änderungen dieser (Var. 2).

85 Die Richtlinienbestimmungen verlangen daher nicht zwingend eine **registergerichtliche Kontrolle der Gründung**, wie sie zB nach deutschem Recht besteht (vgl. § 9c GmbHG, § 38 AktG). Auch ist eine notarielle Beurkundung des Errichtungsaktes bzw. der Satzung nicht zwingend vorgeschrieben, sofern eine vorbeugende Verwaltungs- oder gerichtliche Gründungskontrolle besteht. Im deutschen Recht bedient man sich seit jeher eines Doppelschutzes. Sowohl durch Vorgabe **der notariellen Beurkundung** des Gesellschaftsvertrags bzw. der Satzung (§ 2 I GmbHG, § 23 I AktG) als auch einer ausführlichen Gründungskontrolle durch das zuständige Registergericht, in dem die Gesellschaft ins Handelsregister eingetragen werden soll.

II. Nichtigkeitsvoraussetzungen und -folgen

86 Art. 11 Kodifizierungs-RL (ex-Art. 12 Publizitäts-RL) regelt die **abschließenden Voraussetzungen**, nach denen eine Gesellschaft für nichtig erklärt werden kann. Nicht von der Nichtigkeit und deren Folgen nach Art. 11 f. Kodifizierungs-RL (ex-Art. 12 f. Publizitäts-RL) erfasst ist die aufgrund gesetzlich angeordneten Aktienrückkauf drohende Insolvenz der Gesellschaft bzw. der darauf folgenden „Nichtigkeit".[198] Die aufgezählten Nichtigkeitsgründe sind zwingend abschließend (die „Mitgliedstaaten können die Nichtigkeit der Gesellschaften **nur** nach Maßgabe folgender Bedingungen regeln", Art. 11 S. 1 Kodifizierungs-RL (ex-Art. 12 S. 1 Publizitäts-RL)).[199] Den Mitgliedstaaten ist es daher nicht gestattet, noch weitere Gründe für die Nichtigkeit einer von den Richtlinienbestimmungen erfassten Gesellschaftsform aufzustellen. Der Begriff der **„Nichtigkeit"** ist mit Blick auf den Verkehrsschutz dabei weit zu verstehen.[200] Erfasst sind nach Art. 11 S. 2 Kodifizierungs-RL (ex-Art. 12 S. 2 Publizitäts-RL) auch Fälle der relativen Nichtigkeit sowie der Inexistenz der Gesellschaft. Dadurch soll verhindert werden, dass die Mitgliedstaaten durch bloße Änderung der wörtlichen Bezeichnung der Nichtigkeit einer Gesellschaft, die in Art. 11 Kodifizierungs-RL (ex-Art. 12 Publizitäts-RL) aufgestellten Nichtigkeitsbeschränkungen umgehen.[201]

87 Art. 11 S. 1 lit. a) Kodifizierungs-RL (ex-Art. 12 S. 1 lit. a) Publizitäts-RL) stellt klar, dass die Nichtigkeit einer Gesellschaft **nur durch gerichtliche Entscheidung** ausgesprochen werden kann. Der eindeutige Wortlaut verbietet es insofern zwingend, die Nichtigkeit auf andere Art und Weise auszusprechen. Die durch gerichtliche Entscheidung auszusprechende Nichtigkeit einer Gesellschaft kann nur nach den von Art. 11 S. 1 lit. b) Kodifizierungs-RL (ex-Art. 12 S. 1 lit. b) Publizitäts-RL) abschließend aufgezählten Gründen erfolgen. Im Sinne des Verkehrsschutzes und der Rechtssicherheit sind diese **eng auszulegen.**[202] Zudem handelt es sich bei den genannten Nichtigkeitsgründen um einen **„Maximalkatalog"**, dh den Mitgliedstaaten steht es frei, nicht alle aufgeführten Gründe in nationales Recht zu übernehmen.[203] Dies ergibt sich im Umkehrschluss aus der abschließenden Aufzählung der Nichtigkeitsvoraussetzungen in Art. 11 S. 1 Kodifizierungs-RL (ex-Art. 12 S. 1 Publizitäts-RL). Ist es von den Richtlinienbestimmungen beabsichtigt die Voraussetzungen für die Nichtigkeit einer Gesellschaft

197 *Lutter/Bayer/Schmidt*, Europäisches Unternehmens- und Kapitalmarktrecht, 2017, Rn. 18.87; *Grundmann*, Europäisches Gesellschaftsrecht, 2011, Rn. 200; *Habersack/Verse*, Europäisches Gesellschaftsrecht, 2011, § 5 Rn. 39; vgl. auch *Kalss/Klampfl*, Europäisches Gesellschaftsrecht, 2015, Rn. 252.

198 Vgl. EuGH, Rs. C-174/12 (Hirmann), ECLI:EU:C:2013:856 = NZG 2014, 215, Rn. 54 f., 63; dazu *Verse/Wiersch* EuZW 2014, 375, 376 f.; *Bayer/Schmidt* KSzW 2014, 69, 72 f.; *Stiegler* DB 2014, 525, 526 f.; *Seulen* EWiR 2014, 105 f.

199 Vgl. EuGH, Rs. C-174/12 (Hirmann), ECLI:EU:C:2013:856 = NZG 2014, 215, Rn. 50; EuGH, Rs. C-106/89 (Marleasing), ECLI:EU:C:1990:395 = DB 1991, 157, Rn. 10.

200 *Lutter/Bayer/Schmidt*, Europäisches Unternehmens- und Kapitalmarktrecht, 2017, Rn. 18.89.

201 *Lutter/Bayer/Schmidt*, Europäisches Unternehmens- und Kapitalmarktrecht, 2017, Rn. 18.89; *Grundmann*, Europäisches Gesellschaftsrecht, 2011, Rn. 201; *Habersack/Verse*, Europäisches Gesellschaftsrecht, 2011, § 5 Rn. 42; *Grohmann*, Das Informationsmodell im Europäischen Gesellschaftsrecht, 2006, S. 185; *Einmahl* AG 1969, 210, 211.

202 EuGH, Rs. C-106/89 (Marleasing), ECLI:EU:C:1990:395 = DB 1991, 157, Rn. 12; *Habersack* in: MüKo AktG, 4. Aufl. 2016, Einl. Rn. 124; *Samara-Krispis/Steindorff* CMLR 29 (1992) 615, 616; *Mélon* ESJ 2015, 170, 182.

203 *Goldmann* in: FS Sander, 1972, S. 59, 61; *Lutter/Bayer/Schmidt*, Europäisches Unternehmens- und Kapitalmarktrecht, 2017, Rn. 18.91; *Grundmann*, Europäisches Gesellschaftsrecht, 2011, Rn. 203; *Habersack/Verse*, Europäisches Gesellschaftsrecht, 2011, § 5 Rn. 40; *Lutter* EuR 1968, 1, 18; *Kalss/Klampfl*, Europäisches Gesellschaftsrecht, 2015, Rn. 253.

zum Wohle des Verkehrsschutzes möglichst umfangreich zu beschränken, stehen sie auch einer noch weitergehenden Einschränkung von Nichtigkeitsgründen nicht entgegen.

Die nach Art. 11 S. 1 lit. b) Kodifizierungs-RL (ex-Art. 12 S. 1 lit. b) Publizitäts-RL) aufgeführten Nichtigkeitsgründe sind: 88

- **Fehlen** des Errichtungsaktes bzw. der Satzung;
- Nichtbeachtung der vorbeugenden Kontrolle oder notariellen Beurkundung;[204]
- **Rechtswidrigkeit des tatsächlichen Unternehmensgegenstands** bzw. Verstoß dessen gegen die öffentliche Ordnung;[205]
- Nichtaufführen der Firma der Gesellschaft, deren Einlagen, den Betrag des gezeichneten Kapitals oder den Gegenstand des Unternehmens im Errichtungsakt bzw. in der Satzung;
- Nichtbeachtung der nach mitgliedstaatlichem Recht geltenden **Mindestkapitalvorschriften**;[206]
- Geschäftsunfähigkeit aller an der Gründung beteiligter Gesellschafter;
- Unterschreitung der durch einzelstaatliches Recht vorgesehenen Mindestgesellschafterzahl bei der jeweiligen nationalen Gesellschaftsform.[207]

Die **Folgen**, der durch einen in Art. 11 S. 1 lit. b) Kodifizierungs-RL (ex-Art. 12 S. 1 lit. b) Publizitäts-RL) genannten Gründe auszusprechenden Nichtigkeit einer Gesellschaft werden in Art. 12 Kodifizierungs-RL (ex-Art. 13 Publizitäts-RL) geregelt. Danach bewirkt die Nichtigkeit zunächst, dass die **Gesellschaft in Liquidation tritt** (Art. 12 II Kodifizierungs-RL (ex-Art. 13 II Publizitäts-RL)). Das bedeutet, dass die Nichtigkeit nicht rückwirkend (ex tunc), sondern lediglich ex nunc eintritt.[208] Weiterhin wird dadurch die Gesellschaft nicht sofort vollbeendigt. Vielmehr bleibt sie bis zum Ablauf des Liquidationsverfahrens bestehen. Ihr Unternehmenszweck besteht in der Folge jedoch nur noch in der Begleichung der Verbindlichkeiten und der Auflösung der Gesellschaft. Damit sollen Dritte nicht vor die vollendete Tatsache der plötzlichen Inexistenz eines Rechtsträgers gestellt werden. Das angeordnete Liquidationsverfahren richtet sich dann, mangels Vorgaben der Richtlinienbestimmungen, nach nationalem Recht.[209] 89

Zum Schutz des Rechtsverkehrs ordnet Art. 12 III Kodifizierungs-RL (ex-Art. 13 III Publizitäts-RL) an, dass die gerichtlich festgestellte Nichtigkeit einer Gesellschaft **nicht die Gültigkeit von Verpflichtungen** beeinträchtigt, die die Gesellschaft vor Eröffnung des Liquidationsverfahrens eingegangen hat oder die ihr gegenüber eingegangen wurden. Hinzu kommt, dass die Erklärung der Nichtigkeit Dritten gegenüber nur nach Maßgabe des Art. 16 Kodifizierungs-RL (ex-Art. 3 Publizitäts-RL) entgegengehalten werden kann, dh nur nach ordnungsgemäßer Eintragung ins Register und der Bekanntmachung.[210] Die Regelungen der Wirkung der Nichtigkeit im Innenverhältnis der Gesellschaft bleiben hingegen den **Mitgliedstaaten** selbst **überlassen** (Art. 12 IV Kodifizierungs-RL (ex-Art. 13 IV Publizitäts-RL)). Die Regelungen in der Kodifizierungs-Richtlinie für die handelsrechtliche Publizität von Gesellschaften bestimmen insofern lediglich, dass die Anteilsinhaber der sich in Liquidation befindlichen Gesellschaft weiterhin zur Zahlung des gezeichneten, jedoch noch nicht vollständig erbrachten Kapitals verpflichtet bleiben, soweit dies zur Befriedigung der Gläubiger erforderlich ist (Art. 12 V Kodifizierungs-RL (ex-Art. 13 V Publizitäts-RL). 90

204 Siehe zum Erfordernis einer gerichtlichen Gründungskontrolle oder einer öffentlichen Beurkundung des Errichtungsaktes bzw. der Satzung Art. 10 Kodifizieruns-RL (ex-Art. 11 Publizitäts-RL).

205 Der Ausdruck „tatsächlicher Gegenstand des Unternehmens" bezieht sich dabei auf den im Errichtungsakt bzw. der Satzung angegebenen Unternehmensgegenstand. Eine Gesellschaft darf daher nicht schon deshalb für nichtig erklärt werden, weil ihre tatsächliche, nach außen gerichtete Tätigkeit rechtswidrig ist, EuGH, Rs. C-106/89 (Marleasing), ECLI:EU:C:1990:395 = DB 1991, 157, Rn. 11 f.

206 Dieser Punkt ist aufgrund der immer noch zT stark divergierenden Mindestkapitalanforderungen bei den jeweiligen nationalen Gesellschaftsformen in Europa besonders zu beachten.

207 Da durch die Einpersonengesellschafts-Richtlinie (dazu § 28) zumindest für Gesellschaften mit beschränkter Haftung eine umfassende Zulässigkeit für Gesellschaften mit nur einem Gesellschafter besteht, kommt diesem Nichtigkeitsgrund idR nur für nationale Aktiengesellschaften Bedeutung zu (in Deutschland ferner auch für die KGaA als eigentliche Personengesellschaft).

208 *Habersack/Verse*, Europäisches Gesellschaftsrecht, 2011, § 5 Rn. 45; *Kalss/Klampfl*, Europäisches Gesellschaftsrecht, 2015, Rn. 254; *Lutter/Bayer/Schmidt*, Europäisches Unternehmens- und Kapitalmarktrecht, 2017, Rn. 18.94; *Grundmann*, Europäisches Gesellschaftsrecht, 2011, Rn. 206; *Grohmann*, Das Informationsmodell im Europäischen Gesellschaftsrecht, 2006, S. 188.

209 *Grundmann*, Europäisches Gesellschaftsrecht, 2011, Rn. 206; *Lutter/Bayer/Schmidt*, Europäisches Unternehmens- und Kapitalmarktrecht, 2017, Rn. 18.94.

210 *Lutter/Bayer/Schmidt*, Europäisches Unternehmens- und Kapitalmarktrecht, 2017, Rn. 18.95; *Schwarz*, Europäisches Gesellschaftsrecht, 2000, Rn. 365; *Einmahl* AG 1969, 210, 216.

§ 21 Kapitalanforderungen bei Aktiengesellschaften

Literatur (Auswahl): *Amour*, Legal Capital – An Outdated Concept?, EBOR 7 (2006) 5; *Ankele*, Zum Vorschlag der Kommission der Europäischen Gemeinschaft für eine Zweite gesellschaftsrechtliche Richtlinie, BB 1970, 988; *Arminger*, Bilanzielle Kapitalerhaltung – ein Auslaufmodell?, RWZ 2012, 285; *Bachmann*, Der beschleunigte Anteilserwerb nach dem Finanzmarktstabilisierungsergänzungsgesetz vor dem Hintergrund des Verfassungs- und Europarechts, ZIP 2009, 1249; *Bagel*, Der Ausschluß des Bezugsrechts in Europa, 1999; *Baldamus*, Reform der Kapitalrichtlinie, 2002; *Bayer/Schmidt*, Die Reform der Kapitalaufbringung bei der Aktiengesellschaft durch das ARUG, ZGR 2009, 805; *Bezzenberger*, Das Kapital der Aktiengesellschaft, 2005; *Binder*, Dogmatik des Aktionärsschutzes in der Krise – die Zweite gesellschaftsrechtliche Richtlinie im Wandel?, ZVglRWiss 112 (2013) 23; *Böttcher*, Die kapitalschutzrechtlichen Aspekte der Aktionärsrechterichtlinie (ARUG), NZG 2008, 481; *Burhoff*, Die Kapitalschutzrichtlinie – Zweite Richtlinie des Rates der Europäischen Gemeinschaft zur Koordinierung des Gesellschaftsrechts, NWB 1979, 2481; *Cahn*, Die Auswirkungen der Richtlinie zur Änderung der Kapitalrichtlinie auf den Erwerb eigener Aktien, DK 2007, 385; *Drinkuth*, Die Kapitalrichtlinie – Mindest- oder Höchstnorm, 1998; *Drygala*, Finanzielle Unterstützung des Aktienerwerbs nach der Reform der Kapitalrichtlinie, DK 2007, 396; *Ebenroth/Kräutter*, Der Einfluss der 2. gesellschaftsrechtlichen EG-Richtlinie auf die Lehre von der verdeckten Sacheinlage bei der Aktiengesellschaft, DB 1990, 2153; *Ebenroth/Neiß*, Zur Vereinbarkeit der Lehre von der verdeckten Sacheinlage mit EG-Recht, BB 1992, 2085; *Edwards*, EC Company Law, 1999, Chapter II: The second directive; *Einsele*, Verdeckte Sacheinlage, Grundsatz der Kapitalaufbringung und Kapitalerhaltung, NJW 1996, 2681; *Ekkenga*, Die Kapitalherabsetzung nach der neuen EG-Kapitalrichtlinie: Änderungen, Ergänzungen und Umsetzungsbedarf, DK 2007, 413; *Engert* in: Langenbucher (Hrsg.), Europäisches Privat- und Wirtschaftsrecht, 4. Aufl. 2017, § 5 Rn. 56 ff.; *Enriques/Macey*, Creditors Versus Capital Formation: The Case Against the European Legal Capital Rules, Cornell L. Rev. 86 (2001) 1165; *Escher-Weingart/Kübler*, Erwerb eigener Aktien – Deutsche Reformbedürfnisse und europäische Fesseln, ZHR 162 (1998) 537; *Ferran*, Simplification of European Company Law on Financial Assistance, EBOR 6 (2005) 93; *Ferran*, The Place for Creditor Protection on the Agenda for Modernisation of Company Law in the European Union, ECFR 2006, 178; *Freitag*, „Financial Assistance" durch die Aktiengesellschaften nach der Reform der Kapitalrichtlinie – (k)ein Freifahrtschein für LBOs?, AG 2007, 157; *Frey*, Das IBH-Urteil, ZIP 1990, 288; *Fuchs Mtwebana*, The Regulation of Companies' Capital in the European Union: What is the Current State of Affairs?, EBLR 2011, 237; *Ganske*, Die Zweite gesellschaftsrechtliche Koordinierungsgesetz vom 13. Dezember 1978, DB 1978, 2461; *Gelter*, Funktionen des gesellschaftsrechtlichen Kapitalschutzes, in: Festschrift für Christian Nowotny, 2015, S. 315; *Groß*, Die Lehre von der verdeckten Sacheinlage, AG 1991, 217; *Groß*, Verdeckte Sacheinlage, Vorfinanzierung und Emissionskonsortium, AG 1993, 108; *Grundmann*, Europäisches Gesellschaftsrecht, 2. Aufl. 2011, Rn. 314 ff.; *Habersack*, Verdeckte Sacheinlage und Hin- und Herzahlen nach dem ARUG – gemeinschaftsrechtlich betrachtet, AG 2009, 557; *Habersack/Verse*, Europäisches Gesellschaftsrecht, 4. Aufl. 2011, § 6; *Hansen*, Die verdeckte Sacheinlage in Frankreich, Belgien und Deutschland und ihre Behandlung durch die zweite EG-Gesellschaftsrechtsrichtlinie, 1996; *Herrler/Reymann*, Die Neuerungen im Aktienrecht durch das ARUG – Unter besonderer Berücksichtigung der Neuregelungen zur Hauptversammlung und zur Kapitalaufbringung bei der AG – (Teil 2), DNotZ 2009, 914; *Hirte*, Vereinbarkeit der Inhaltskontrolle des Bezugsrechtsausschlusses bei Sacheinlagen mit europäischem Recht?, DB 1995, 1113; *Hirte*, Bezugsrecht, Berichtspflicht, genehmigtes Kapital und europäisches Recht, DStR 2001, 577; *Hoffmann-Becking*, Gesetz zur „kleinen AG" – unwesentliche Randkorrekturen oder grundlegende Reform?, ZIP 1995, 1; *Hofmeister*, Der Ausschluss des aktiengesetzlichen Bezugsrechts bei börsennotierten AG – Konsequenzen aus BGHZ 136, 133 ff. – Siemens/Nold, NZG 2000, 713; *Hüffer*, Harmonisierung des aktienrechtlichen Kapitalschutzes, NJW 1979, 1065; *Kallmeyer*, SLIM Schlankheitskur für das EU-Gesellschaftsrecht, AG 2001, 406; *Kalss/Klampfl*, Europäisches Gesellschaftsrecht, 2015, Rn. 309 ff.; *Kindl*, Der Erwerb eigener Aktien nach Europäischem Gemeinschaftsrecht, ZEuP 1994, 77; *Kindler*, Die sachliche Rechtfertigung des aktienrechtlichen Bezugsrechtsausschlusses im Lichte der Zweiten Gesellschaftsrechtlichen Richtlinie der Europäischen Gemeinschaft, ZHR 158 (1994) 339; *ders.*, Verdeckte Sacheinlage und Kapitalschutzrichtlinie – Zur Umwandlung von Geldkrediten in Nennkapital der AG, in: Festschrift für Karlheinz Boujong, 1996, S. 299; *ders.*, Bezugsrechtsausschluß und unternehmerisches Ermessen nach deutschem und europäischem Recht, ZGR 1998, 35; *Koutsogianni-Hanke*, Die Lehre von der verdeckten Sacheinlage im Gemeinschaftsgesellschaftsrecht, 2012; *Krebs, K./Wagner*, Der Leistungszeitpunkt von Sacheinlagen nach § 36a Abs. 2 AktG – Zugleich ein Beispiel für die Auslegung angeglichenen Rechts, AG 1998, 467; *Krolop*, Europäisches Gesellschaftsrecht, in: Riesenhuber (Hrsg.), Europäische Methodenlehre, 3. Aufl. 2015, § 19 Rn. 24 ff.; *Leinekugel*, Die Sachdividende im deutschen und europäischen Aktienrecht, 2001; *Lösekrug*, Die Umsetzung der Kapital-, Verschmelzungs- und Spaltungsrichtlinie der EG in das nationale deutsche Recht, 2004; *Lutter* (Hrsg.), Das Kapital der Aktiengesellschaft in Europa, 2006; *ders.*, Kapital, Sicherung der Kapitalaufbringung und Kapitalerhaltung in den Aktien- und GmbH-Rechten der EWG, 1964; *Lutter/Bayer/Schmidt*, Europäisches Unternehmens- und Kapitalmarktrecht, 6. Aufl. 2017, § 19; *Lutter/Gehling*, Verdeckte Sacheinlagen. Zur Entwicklung der Lehre und zu den europäischen Aspekten, WM 1989, 1445; *Meilicke*, Die Kapitalaufbringungsvorschriften als Sanierungsbremse – Ist die deutsche Interpretation des § 27 Abs. 2 AktG richtlinienkonform?, DB 1989, 1067 (Teil 1), 1119 (Teil 2); *ders.*, „Verschleierte“ Sacheinlage und EWG-Vertrag, DB 1990, 1173; *ders.*, Vereinbarkeit der Inhaltskontrolle des Bezugsrechtsausschlusses mit europäischem Recht, DB 1996, 513; *Miola*, Legal Capital and Limited Liability Companies: the European Perspective, ECFR 2005, 413; *Morse*, The Second Directive: raising and maintenance of capital, E. L. Rev. 1977, 126; *Müller*, Zum Entwurf eines Gesetzes zur Durchführung der Zweiten Richtlinie des Rates der Europäischen Gemeinschaft zur Koordinierung des Gesellschaftsrechts (Kapitalschutzrichtlinie), WPg 1978, 565; *Natterer*, Bezugsrechtsauschluss und zweite gesellschaftsrechtliche Richtlinie, ZIP 1995, 1481; *Niessen*, Gründung und Kapital von Aktiengesellschaften im Gemeinsamen Markt, AG 1970, 281; *Nobel*, Internationales und Transnationales Aktienrecht, Bd. 2, 2. Aufl. 2012, Kap. 3; *Notari*, The appraisal regime of contributions in kind in light of amendments to the second EEC directive, ECFR 2010, 63; *Oechsler*, Die Änderung der Kapitalrichtlinie und der Erwerb eigener Aktien, ZHR 170 (2006) 72; *Panetsos*, Accounting Standards and Legal Capital in EU Law, Utrecht L. Rev. 12 (2016) 139; *Rammeloo*, The EC Commission's Company Law Action Plan – A Proposal to Amend the 2nd EC Company Law Directive. Law Competition in a Globalizing World?, MJ 13 (2006) 3; *Rickford*, Reforming Capital, EBLR 2004, 919; *Santella/Turrini*, Capital maintenance in the EU: Is the Second Company Law really that restrictive? EBOR 9 (2008) 427; *Rosen, v./Helm*, Der Erwerb eigener Aktien durch die Gesellschaft, Plädoyer für ein neues Instrument der Unternehmensfinanzierung in Deutschland und einen wichtigen Impuls für den deutschen Kapitalmarkt, AG 1996, 434; *Schäfer*, Vereinfachung der Kapitalrichtlinie – Sacheinlage, DK 2007, 407; *Schäfers*, Anmerkung zu EuGH, Urt. v. 8.11.2016 – Rs. C-41/15 (Dowling ua/Minister for Finance), GPR 2017, 231; *Schmitthoff*, The Second EEC Directive on Company Law, CMLR 15 (1978) 43; *Schön*, Deutsches Konzernprivileg und europäischer Kapitalschutz – ein Widerspruch?, in: Aktien- und Bilanzrecht. Festschrift für Bruno Kropff, 1997, S. 286; *ders.*, Das Bild des Gesellschafters im Europäischen Gesellschaftsrecht, RabelsZ 64 (2000) 1; *ders.*, Europäische Kapitalrichtlinie – eine Sanierungsbremse?, ZHR 174 (2010) 155; *Schruff/Lanfermann*, EU-Machbarkeitsstudie für ein alternatives Kapitalschutzsystem, WPg 2008, 1099; *Schuster, P.*, Gesetzliches Garantiekapital als Problem europäischer und deutscher Rechtspolitik, AG 1998, 379; *Schuster, G.*, Zur Stellung der Anteilseigner in der Sanierung, ZGR 2010, 325; *Schwarz*, Europäisches Gesellschaftsrecht, 2000, Rn. 566 ff.; *Simões*, Legal capital rules in Europe, is there still room for creditor protection?, ICCLR 24 (2013) 166; *Spickhoff*, Der verbotswidrige Rückerwerb eigener Aktien: Internationales Privatrecht und europäische Rechtsangleichung, BB 1997, 2593; *Steindorff*, Gesellschaftsrechtliche Richtlinien der EG und strengeres staatliches Recht, EuZW 1990, 251; *Teichmann* in: Gebauer/Teichmann (Hrsg.), Europäisches Privat- und Unternehmensrecht, 2016, § 6 Rn. 174 ff.; *Temple Lang*, Three EEC Draft Directives on company law – capital, mergers and management, Irish Jurist 1972, 306; *Tridimas*, Direct Effect and the Second Company Law Directive, E. L. Rev. 1992, 158; *Ullrich*, Verdeckte Vermögensverlagerungen in den Aktien- und GmbH-Rechten Frankreichs, Belgiens und Deutschlands, 1994; *Van Gerven* (Ed.), Capital Directive in Europe, 2014; *Verse*, Der Gleichbehandlungsgrundsatz im Recht der Kapitalgesellschaften, 2006; *ders.*, Anteilseigner im Insolvenzverfahren. Überlegungen zur Reform des Insolvenzplanverfahrens aus gesellschaftsrechtlicher Sicht, ZGR 2010, 299; *Werlauff*, EU-Company Law. Common business law of 28 states, 2. Aufl. 2003; *Wicke*, Einführung in das Recht der Hauptversammlung, das Recht der Sacheinlagen und das Freigabeverfahren nach dem ARUG, 2009; *Wooldridge*, The Harmonization of Company Law: The First and Second Directives of the Council of Ministers of the European Economic Community, Acta Juridica 1978, 327; *Wymeersch*, Art. 23 of the second company law directive: the prohibition on financial assistance to acquire shares of the company, in: Festschrift für Ulrich Drobnig, 1998, S. 725; *Wymeersch*, Das Bezugsrecht der alten Aktionäre in der Europäischen Gemeinschaft: eine rechtsvergleichende Untersuchung, AG 1998, 382; *ders.*, Reforming the Second Company Law Directive, Financial Law Institute Working Paper 2006-15; *Ziebe*, Die Regelung des Erwerbs eigener Aktien in den Mitgliedstaaten der Europäischen Gemeinschaft, AG 1982, 175.

A. Entwicklung der (ehemaligen) Kapitalrichtlinie

I. Bisherige Entwicklung

Die (ehemalige) sog Kapitalrichtlinie[1] wurde am 13. Dezember 1976 verabschiedet.[2] Einen ersten Vorentwurf für diese zweite gesellschaftsrechtliche Richtlinie der Europäischen Gemeinschaft legte die Europäische Kom- 1

1 Kritik an der gebrauchten Bezeichnung übend *Lutter/Bayer/Schmidt*, Europäisches Unternehmens- und Kapitalmarktrecht, 2017, Rn. 19.2.

2 Zweite Richtlinie 77/91/EWG des Rates vom 13. Dezember 1976 zur Koordinierung der Schutzbestimmungen, die in den Mitgliedstaaten den Gesellschaften im Sinne des Artikels 58 Absatz 2 des Vertrages im Interesse der Gesellschafter sowie Dritter für die Gründung der Aktiengesellschaft sowie für die Erhaltung und Änderung ihres Kapitals vorgeschrieben sind, um diese Bestimmungen gleichwertig zu gestalten, ABl. EWG v. 31.1.1977, L 26/1.

mission bereits im Jahr 1965 vor.[3] 1970 folgte dann ein erneuter Vorstoß[4] und ein nochmals geänderter Richtlinienvorschlag wurde 1972 erstellt.[5] Aufgrund des zwischenzeitlichen Beitritts von Großbritannien, Irland und Dänemark zur damaligen Europäischen Wirtschaftsgemeinschaft (EWG) zogen sich die Verhandlungen über die Kapitalrichtlinie dann noch bis ins Jahr 1976 hin.[6] Ende des Jahres 1976 wurde sie dann jedoch endgültig als **zweite gesellschaftsrechtliche Richtlinie** der EWG verabschiedet. Im Jahr 1994 bzw. 1995 wurde sie in ihrem Anwendungsbereich auf die EWR-Staaten ausgedehnt.[7] Die ursprüngliche Kapitalrichtlinie geht im Kern auf **kontinentaleuropäische Einflüsse** zurück und war/ist insbesondere vom deutschen Aktienrecht geprägt.[8]

2 Die bis Juni 2017 geltende Kapitalrichtlinie wurde seit ihrer Verabschiedung im Jahr 1976 bereits sechsmal **geändert**. Die erste Änderung erfolgte durch die Änderungsrichtlinie **92/101/EWG** vom November 1992.[9] Hierbei wurde ein neuer Art. 24a Kapital-RL (heute: Art. 67 Kodifizierungs-RL (ex-Art. 28 Kapital-RL)) (s. Rn. 111 ff.) eingefügt, der eine spezielle Regelung für den Erwerb von Aktien durch Tochtergesellschaften vorsieht. Die nächste Änderung geschah durch die Änderungsrichtlinie **2006/68/EG** vom September 2006.[10] Im Fokus standen dabei die Deregulierung bzgl. der Vorschriften über die Sacheinlageprüfung, die Neuregelung des Erwerbs eigener Aktien sowie der finanziellen Unterstützung beim Erwerb eigener Aktien.[11] Eine weitere Änderungsrichtlinie (**Richtlinie 2006/99/EG**)[12] berücksichtigte bei Art. 2 und Art. 44 Kodifizierungs-RL (ex-Art. 1 Kapital-RL) den Beitritt der neuen Mitgliedstaaten Bulgarien und Rumänien. Die Änderungsrichtlinie **2009/109/EG** vom September 2009[13] beinhaltete vor allem Vereinfachungen für Sachgründungen und Sachkapitalerhöhungen im Rahmen von Verschmelzungen und Spaltungen.[14]

3 Diese mehrfachen Änderungen waren Anlass für die Überlegung, die Kapitalrichtlinie im Sinne der Klarheit und besseren Lesbarkeit neu zu fassen und diese konsolidierte Fassung neu zu verabschieden.[15] Dies geschah dann auch im Oktober 2012, so dass die damalige Kapitalrichtlinie ab diesen Zeitpunkt offiziell als **Richtlinie 2012/30/EU** bezeichnet wurde.[16] Neben einer geringfügigen Änderung des Art. 45 Kodifizierungs-RL (ex-Art. 6

3 Vorentwurf zu einer zweiten Richtlinie v. 4.5.1965, Dok. Kom. 6063/III c 65-D.

4 Vorschlag einer zweiten Richtlinie v. 9.3.1970, ABl. EWG 1970 C 48/8, KOM(70) 232 endg.; dazu Stellungnahmen in ABl. EWG 1971 C 88/1 und ABl. EWG 1971 C 114/18.

5 Geänderter Vorschlag einer zweiten Richtlinie v. 30.10.1972, KOM(72) 1310.

6 *Lutter/Bayer/Schmidt*, Europäisches Unternehmens- und Kapitalmarktrecht, 2017, Rn. 19.1.

7 Vgl. Abkommen über den Europäischen Wirtschaftsraum – Anhang XXII, Nr. 2, ABl. EG v. 3.1.1994, L XXX/S. 3; für Island und Norwegen zum 1.1.1994 und für Liechtenstein zum 1.1.1995.

8 Vgl. *Habersack* ZIP 2006, 445, 446; *Ekkenga* in: KK-AktG, Bd. 4/1, 2017, Vorb. § 182 Rn. 64; *Verse* in: Fleischer ua (Hrsg.), 50 Jahre Aktiengesetz, 2015, S. 303, 312; *Klinke* in: Heidel (Hrsg.), Aktienrecht und Kapitalmarktrecht, 4. Aufl. 2014, Kap. 6 Rn. 299; vgl. bezüglich des kontinentaleuropäischen Einflusses *Fankhauser*, Gemeinschaftsrechtliche Publizitäts- und Kapital-Richtlinie, S. 121; vgl. zu den deutschen und französischen Einflüssen der ursprünglichen Richtlinie *Wooldridge* Acta Juridica 1978, 327, 334 ff.; vgl. auch *Edwards*, EC Company Law, 1999, S. 51 differenziert dahingehend, dass die Richtlinie viele Aspekte des kontinentaleuropäischen Rechts aufnimmt, einige Regelungen aber stark von britischem und irischem Recht beeinflusst wurden.

9 Richtlinie 92/101/EWG des Rates vom 23. November 1992 zur Änderung der Richtlinie 77/91/EWG über die Gründung der Aktiengesellschaft sowie die Erhaltung und Änderung ihres Kapitals, ABl. EWG v. 28.11.1992, L 347/64.

10 Richtlinie 2006/68/EG des Europäischen Parlaments und des Rates vom 6. September 2006 zur Änderung der Richtlinie 77/91/EWG des Rates in Bezug auf die Gründung von Aktiengesellschaften und die Erhaltung und Änderung ihres Kapitals, ABl. EG v. 25.9.2006, L 264/32.

11 *Lutter/Bayer/Schmidt*, Europäisches Unternehmens- und Kapitalmarktrecht, 2017, Rn. 19.6; *Habersack/Verse*, Europäisches Gesellschaftsrecht, 2011, § 6 Rn. 1; vgl. auch *Bayer* in: MüKo AktG, Bd. 1, 4. Aufl. 2016, § 57 Rn. 247.

12 Richtlinie 2006/99/EG des Rates vom 20. November 2006 zur Anpassung bestimmter Richtlinien im Bereich Gesellschaftsrecht anlässlich des Beitritts Bulgariens und Rumäniens, ABl.EG v. 20.12.2006, L 363/137.

13 Richtlinie 2009/109/EG des Europäischen Parlaments und des Rates vom 16. September 2009 zur Änderung der Richtlinien 77/91/EWG, 78/855/EWG und 82/891/EWG des Rates sowie der Richtlinie 2005/56/EG hinsichtlich der Berichts- und Dokumentationspflicht bei Verschmelzungen und Spaltungen, ABl.EG v. 16.9.2009, L 259/14.

14 *Habersack/Verse*, Europäisches Gesellschaftsrecht, 2011, § 6 Rn. 1; *Lutter/Bayer/Schmidt*, Europäisches Unternehmens- und Kapitalmarktrecht, 2017, Rn. 19.8.

15 Vgl. Vorschlag für eine Richtlinie des Europäischen Parlaments und des Rates zur Koordinierung der Schutzbestimmungen, die in den Mitgliedstaaten den Gesellschaften im Sinne des Artikels 54 Absatz 2 des Vertrages über die Arbeitsweise der Europäischen Union im Interesse der Gesellschafter sowie Dritter für die Gründung der Aktiengesellschaft sowie für die Erhaltung und Änderung ihres Kapitals vorgeschrieben sind, um diese Bestimmungen gleichwertig zu gestalten, 1.2.2011, KOM(2011) 29.

16 Richtlinie 2012/30/EU des Europäischen Parlaments und des Rates vom 25. Oktober 2012 zur Koordinierung der Schutzbestimmungen, die in den Mitgliedstaaten den Gesellschaften im Sinne des Artikels 54 Absatz 2 des Vertrages über die Arbeitsweise der Europäischen Union im Interesse der Gesellschafter sowie Dritter für die Gründung der Aktiengesellschaft sowie für die Erhaltung und Änderung ihres Kapitals vorgeschrieben sind, um diese Bestimmungen gleichwertig zu gestalten, ABl. EU v. 14.11.2012, L 315/74.

Kapital-RL), änderte sich durch die Neufassung allerdings faktisch nur die Nummerierung der einzelnen Artikel der Richtlinie.[17]

Im Rahmen der sog **Bankenabwicklungsrichtlinie**[18] erfolgte im Jahr 2014 eine materielle Beschränkung des Anwendungsbereichs einzelner Regelungen der Kapitalrichtlinie für bestimmte Restrukturierungs- und Abwicklungsmaßnahmen von Kreditinstituten und Wertpapierfirmen (vgl. Art. 84 III Kodifizierungs-RL (ex-Art. 45 III Kapital-RL)) (s. Rn. 18). Ferner ist im Hinblick auf eine etwaige künftige Richtlinie über (vorinsolvenzliche) **Restrukturierungsmaßnahmen** und Unternehmensinsolvenzen (s. dazu § 36 Rn. 7 ff.) die Einfügung eines neuen Art. 84 IV Kodifizierungs-RL geplant.[19] Die mit Art. 32 des Richtlinienvorschlags einhergehende, beabsichtigte Änderung der damaligen Kapitalrichtlinie und damit des jetzigen Art. 84 III Kodifizierungs-RL[20] sah dabei eine Abweichungsmöglichkeit der Mitgliedstaaten von mehreren, insbesondere aktionärsschützenden Vorschriften im sanierungsbedürftigen Krisenfall einer Aktiengesellschaft vor. Die Mitgliedstaaten hätten danach ua die Option gehabt, keine zwingende Hauptversammlungszuständigkeit mehr bei schweren Verlusten des gezeichneten Kapitals, bei Kapitalerhöhungen und -herabsetzungen sowie bei Aktieneinziehungen vorzusehen. 4

Im Juni des Jahres 2017 erließen das Europäische Parlament und der Rat schließlich die **Richtlinie 2017/1132** „über bestimmte Aspekte des Gesellschaftsrechts“[21] (im Folgenden: **Kodifizierungs-Richtlinie**) (dazu § 19). Diese Richtlinie stellt eine zusammenführende Kodifizierung der Richtlinien 82/891/EWG (Spaltungsrichtlinie (dazu § 23), 89/666/EWG (Zweigniederlassungsrichtlinie (dazu § 27)), 2005/56/EG (Internationale Verschmelzungsrichtlinie (dazu § 24)), 2009/101/EG (Publizitätsrichtlinie (dazu § 20), 2011/35/EU (Verschmelzungsrichtlinie (dazu § 22) und schließlich der Kapitalrichtlinie 2012/30/EU dar, die aus Gründen der Klarheit und der Übersichtlichkeit erfolgte.[22] Inhaltliche Änderungen waren nicht beabsichtigt, aufgrund von Formulierungsänderungen bleibt jedoch abzuwarten, ob sich in Einzelfragen eventuell doch auch materielle Änderungen ergeben (vgl. auch § 19 Rn. 19 f.). Der im Vorherigen und Folgenden verwendete Begriff „Kapitalrichtlinie“ bezieht sich daher auf den Teil der Kodifizierungs-Richtlinie, der ursprünglich die Kapitalrichtlinie darstellte. Die Kapitalrichtlinie ist insbesondere in den **Art. 2 bis 6** Kodifizierungs-RL sowie den **Art. 43 bis 85** Kodifizierungs-RL aufgegangen. Zum besseren Verständnis ist die jeweils ehemalige Regelung der Kapitalrichtlinie 2012/30/EU in Klammern ergänzt. 5

17 *Verse* EuZW 2013, 336, 339.

18 Richtlinie 2014/59/EU des Europäischen Parlaments und des Rates vom 15. Mai 2014 zur Festlegung eines Rahmens für die Sanierung und Abwicklung von Kreditinstituten und Wertpapierfirmen und zur Änderung der Richtlinie 82/891/EWG des Rates, der Richtlinien 2001/24/EG, 2002/47/EG, 2004/25/EG, 2005/56/EG, 2007/36/EG, 2011/35/EU, 2012/30/EU und 2013/36/EU sowie der Verordnungen (EU) Nr. 1093/2010 und (EU) Nr. 648/2012 des Europäischen Parlaments und des Rates, ABl. EU v. 12.6.2014, L 173/190; dazu bzw. zum deutschen BRRD-UmsetzungsG *Gordon/Ringe* Columbia L. Rev. 115 (2015) 1297, 1338 ff.; *Moss/Wessels/Haentjens*, EU Banking and Insurance Insolvency, 2017; *Engelbach/Friedrich* WM 2015, 662; *Hübner/Leunert* ZIP 2015, 2259; *Wojcik/Ceyssens* EuZW 2014, 893; *Grundmann* ZHR 179 (2015) 563, 587 ff.; *Binder* ZBB 2017, 57 ff.; *ders.* ZHR 179 (2015) 83 ff.; *Bauer/Hildner* DZWiR 2015, 251 ff.; *Lutter* ZIP 2014, 910 ff.; *Nicolaides* MJ 2016, 222 ff.; *Potacs* EuZW 2017, 10 ff.; *Gstädtner* RdF 2013, 180 ff.; aus österreichischer Sicht *Katzengruber* ÖBA 2014, 513 ff.; ausführlich zu seinen Einzelaspekten auch *Jahn/Schmitt/Geier* (Hrsg.), Handbuch Bankensanierung und -abwicklung, 2016.

19 Europäische Kommission, Vorschlag für eine Richtlinie des Europäischen Parlaments und des Rates über präventive Restrukturierungsrahmen, die zweite Chance und Maßnahmen zur Steigerung der Effizienz von Restrukturierungs-, Insolvenz- und Entschuldungsverfahren und zur Änderung der Richtlinie 2012/30/EU, 22.11.2016, COM(2016) 723 final; dazu *Albrecht* ZInsO 2016, 2415; *Berger* ZInsO 2016, 2413; *Blankenburg* ZInsO 2017, 241; *Bork* ZIP 2017, 1441; *BRAK-Stellungnahme* ZIP 2017, 789; *DAV-Stellungnahme* Nr. 17/17; *Eidenmüller* EBOR 18 (2017) 273; *Graf-Schlicker* ZIP 2017, Beilage Heft 1, S. 3; *Gravenbrucher Kreis* ZIP 2017, 203; *Hölzle* ZIP 2017, 1307; *Hübler* NZI 2016, 990; *Jacobi* ZInsO 2017, 1; *Kayser* ZIP 2017, 1393; *Klupsch/Schulz* EuZW 2017, 85; *Madaus* NZI 2017, 329; *McCormack* JCLS 17 (2017) 167; *Mock* NZI 2016, 977; *Müller* GmbHR 2017, R42; *Naumann* NZI-Beilage 2017, 35; *Paulus* ZIP 2017, 910; *ders.* IWRZ 2017, 99; *Payne/Sarra* Oxford Legal Studies Research Paper No. 41/2017; *Rauscher ua* ZInsO 2016, 2420; *Rieser* WPg 2017, 113; *Riewe* ZRP 2017, 179; *Riggert/Seagon* NZI-Beilage 2017, 3; *Sax/Ponseck/Swierczok* BB 2017, 323; *Schluck-Amend* WPg 2017, 341; *dies.* KSI 2017, 21; *dies.* ZRP 2017, 6; *Schmidt* WM 2017, 1735; *Thole* ZIP 2017, 101; *Westpfahl* NZI-Beilage 2017, 49; *Vallender* IWRZ 2017, 51.

20 Die Änderungsabsicht des damaligen Art. 45 Kapital-RL im Richtlinienvorschlag für vorinsolvenzliche Restrukturierungsmaßnahmen ist im Zuge der Geltung der Kodifizierungs-Richtlinie insofern als Änderung des Art. 84 Kodifizierungs-RL zu lesen. In diesem Sinne zur entsprechenden Verweistechnik im Rahmen des Kodifizierungs-Richtlinie s. § 19 Rn. 19.

21 Richtlinie 2017/1132/EU des Europäischen Parlaments und des Rates vom 14. Juni 2017 über bestimmte Aspekte des Gesellschaftsrechts, ABl. EU v. 30.6.2017, L 169/46.

22 Vgl. Erwägungsgrund 1 Kodifizierungs-RL.

II. Reform der Richtlinienbestimmungen bzw. der ehemaligen Kapitalrichtlinie

6 Insbesondere seit der Jahrtausendwende ist eine lebhafte Diskussion über eine grundlegende Reform der Kapitalrichtlinie im Gange.[23] Teilweise wurde sogar die Abschaffung der Richtlinie zur Diskussion gestellt.[24] Die **rechtspolitische Kritik** an der Kapitalrichtlinie bezieht sich dabei in erster Linie auf das System des gesellschaftsrechtlichen Kapitalschutzes und diesbezüglich insbesondere auf das Erfordernis eines **Mindestkapitals** (s. Rn. 33 ff.).[25] Vor allem im anglo-amerikanischen Schrifttum wird die Notwendigkeit eines Mindestkapitals (für Aktiengesellschaften) überwiegend als zu starr und unflexibel empfunden.[26] Zudem ist fraglich, ob ein solches System überhaupt einen effektiven Gläubigerschutz gewährleisten kann und ob dieser Schutz effektiver als eine reine Ausschüttungskontrolle ist.[27] Gesicherte empirische Erkenntnisse gibt es dazu bislang nicht. Im Rahmen der Reformdebatte wurde daher auch überlegt, ob der Verzicht auf ein Mindestkapital sinnvoll sein könnte und das Kapitalschutzsystem eher auf **Ausschüttungskontrollen** in Form von **Solvenz**- und ggf. **Bilanztests** beruhen sollte.[28] Beim Solvenztest kann die Gesellschaft im Rahmen ihrer bilanziellen Möglichkeiten ihr Vermögen an die Anteilseigner ausschütten, sofern nachgewiesen werden kann, dass auch weiterhin ihre Verbindlichkeiten aus den zu erwartenden Einkünften gedeckt werden.[29] Bei einer geplanten Gewinnausschüttung hat dann die Geschäftsführung eine Prognose über die künftige Solvenz der Gesellschaft über einen bestimmten Zeitraum zu erstellen (*solvency statement*).[30] Beim Bilanztest wird der ausschüttungsfähige Betrag mit Hilfe der Bilanz berechnet. Ausschüttungen sind grundsätzlich dann gestattet, wenn das Nettoaktivvermögen das Grund- bzw. Stammkapital zuzüglich der nicht-ausschüttungsfähigen Rücklagen übersteigt. Mit Blick auf die Ausschüttungskontrolle wird zudem das Verhältnis von Solvenz- und Bilanztest diskutiert.[31] Eine vergleichbare Debatte um die Kapitalverfassung wurde bei der geplanten Einführung einer Europäischen Privatgesellschaft (SPE) geführt (dazu § 5).

7 Mit Blick auf die Reformüberlegungen zum Kapitalschutzsystem gab die Europäische Kommission im Jahr 2006 eine **Machbarkeitsstudie** in Auftrag.[32] Die Ergebnisse dieser Studie zeigten jedoch, dass zur damaligen Zeit kein alternatives Kapitalschutzsystem deutliche Vorzüge aufwies, weshalb sich die Europäische Kommission entschloss vorerst **keine** diesbezügliche **Änderung** der ehemaligen Kapitalrichtlinie vorzunehmen.[33] Auch im Rahmen der Neu-Kodifizierung als Richtlinie 2012/30/EU sowie deren Überführung in die Kodifizierungs-

---

23 Zur Reformdebatte vgl. nur *Habersack/Verse*, Europäisches Gesellschaftsrecht, 2011, § 6 Rn. 19 ff.; *Roth/Kindler*, The Spirit of Corporate Law, 2013, S. 38 f.; *Teichmann* in: Gebauer/Teichmann (Hrsg.), Europäisches Privat- und Unternehmensrecht, 2016, § 6 Rn. 186 ff.; ferner *Rickford* EBLR 2004, 919 ff.; *Lutter*, Das Kapital der Aktiengesellschaft in Europa, 2006; *Schutte-Veenstra/Boschma/Lennarts*, Alternative Systems for Capital Protection, 2005; *Bachmann ua*, Rechtsregeln für die geschlossene Kapitalgesellschaft, 2012, S. 155 ff.

24 Vgl. Europäische Kommission, Mitteilung über ein vereinfachtes Unternehmensumfeld in den Bereichen Gesellschaftsrecht, Rechnungslegung und Abschlussprüfung, 10.7.2007, KOM(2007) 394 endg., S. 5.

25 Aus jüngerer Zeit vgl. *Gelter* in: FS Nowotny, 2015, S. 315 ff.; *Simões* ICCLR 24 (2013) 166 ff.; *Schall/Günther* in: Schall (Hrsg.), Companies Act, 2014, sec. 641 Rn. 2 ff.; *Teichmann* in: Gebauer/Teichmann (Hrsg.), Europäisches Privat- und Unternehmensrecht, 2016, § 6 Rn. 188 ff.; *Bielak*, Kapitalschutz im Konzern, 2015, S. 45 ff.; stellvertretend für die aA aus jüngerer Zeit *Roth/Kindler*, The Spirit of Corporate Law, 2013, S. 179; vgl. auch aus Gläubigerschutzsicht mit einem Vergleich unterschiedlicher Schutzkonzepte *Andersson* in: Krüger Andersen/Sørensen (Eds.), Company Law and Finance, 2008, S. 151 ff.

26 Vgl. *Rickford* EBLR 2004, 919, 921 ff.; *Armour* MLR 63 (2000) 355 ff.; *Ferran* ECFR 2006, 178 ff.; *Cheffins*, Company Law, 1997, S. 531 ff.

27 Vgl. dazu *Armour* EBOR 7 (2006) 5 ff.; *Enriques/Macey* Cornell L. Rev. 86 (2001) 1165, 1185 ff.; *Gelter* in: FS Nowotny, 2015, S. 315, 321 ff.; *Hansmann/Kraakman* Yale L. J. 110 (2000) 1879 ff.; *Jungmann* ZGR 2006, 638, 642; *Mülbert* DK 2004, 151, 157; *Panetsos* Utrecht L. Rev. 12 (2016) 139, 152; siehe auch *Payne* in: Armour/Payne (Eds.), Rationality in Company Law, 2009, S. 123, 129 ff.

28 Vgl. Bericht der Hochrangigen Gruppe von Experten auf dem Gebiet des Gesellschaftsrechts über moderne gesellschaftsrechtliche Rahmenbedingungen in Europa, 4.11.2002, S. 14 ff., in dem die Gruppe ein entsprechendes Alternativsystem anregte; vgl. auch *Schutte-Veenstra/Boschma/Lennarts*, Alternative Systems for Capital Protection, 2005, S. 69 ff.; *Rickford* EBLR 2004, 919, 980.

29 Vgl. dazu *Miola* ECFR 2005, 413, 454; *Santella/Turrini* EBOR 9 (2008) 427, 454; *Engert* ZHR 170 (2006) 296, 325 ff.; *Rickford* EBOR 7 (2006) 135, 171; *Schall/Günther* in: Schall (Hrsg.), Companies Act, 2014, sec. 641 Rn. 4.

30 Ein vergleichbares Modell besteht zB auch bei der englischen Ltd., s. dazu § 12 Rn. 512.

31 Vgl. *Arminger* IRZ 2012, 343 ff.; *Jungmann* ZGR 2006, 638, 649 ff.

32 Dies kündigte sie bereits in ihrem Aktionsplan aus dem Jahr 2003 an, vgl. Europäische Kommission, Aktionsplan für die Modernisierung des Gesellschaftsrechts und Verbesserung der Corporate Governance in der Europäischen Union, 21.5.2003, KOM(2003) 284 endg., S. 21. Die Ergebnisse wurden im Jahr 2008 veröffentlicht, vgl. *KPMG*, Feasibility study on an alternative to the capital maintenance regime established by the Second Company Law Directive 77/91/EEC of 13 December 1976 and an examination of the impact on profit distribution of the new EU accounting regime, 2008.

33 Vgl. dazu auch *Schruff/Lanfermann* WPg 2008, 1099 ff.; *Fuchs Mtwebana* EBLR 2011, 237 ff., die noch weiter geht und erklärt, dass die Studie die Europäische Kommission nicht einmal dazu in die Lage versetzte auch nur die „*most basic questions*" über alternative Kapitalschutzsysteme zu beantworten, (S. 245).

Richtlinie wurde eine entsprechende Reform der Kapitalrichtlinie nicht thematisiert, weshalb es beim Prinzip des festen Grundkapitals geblieben ist.

Darüber hinaus wird der **beschränkte Anwendungsbereich** der Kapitalrichtlinie auf Aktiengesellschaften (Rn. 14) zT kritisch gesehen und es werden entsprechende Reformen gefordert.[34] Diskutiert wird insofern insbesondere die Rechtsangleichung der nationalen **Kapitalregime von GmbH**. Aufgrund der liberalen Rechtsprechung des EuGH zur Niederlassungsfreiheit von Gesellschaften (dazu § 10 Rn. 32 ff.) standen vor allem die Mindestkapitalanforderungen für GmbH in den Mitgliedstaaten in den letzten Jahren in einem sog Wettbewerb der Rechtsordnungen.[35] Gleichwohl zeigen sich gerade auch bezüglich des Mindestkapitals die weiterhin bestehenden Divergenzen in den mitgliedstaatlichen GmbH-Rechten, die einen Kompromiss auf europäischer Ebene (auch hinsichtlich anderer Kapitalschutzaspekte) auch heute noch **weitgehend illusorisch** erscheinen lassen. Eine Einigung auf die (stückweise) Erstreckung der Kapitalrichtlinie auch auf Gesellschaften mbH ist daher auf absehbare Zeit nicht realisierbar und steht auch nicht auf der Prioritätenliste des europäischen Gesetzgebers. 8

Weiterhin wird die Ineffizienz und Komplexität der Kapitalrichtlinie sowie ihr hohes Maß an Regulierung **kritisiert.**[36] Entsprechende Reformüberlegungen werden derzeit jedoch nicht angestellt. Gleichwohl lassen sich in jüngerer Zeit auf andere Weise Tendenzen zu einem verringerten Bedeutungsgehalt einzelner Vorschriften der Kapitalrichtlinie ausmachen. Dies gilt vor allem im Zusammenhang mit Fragen der Unternehmenssanierung.[37] Insbesondere in der Rs. *Dowling* hatte der EuGH trotz eines Verstoßes gegen die Regelungen zur Hauptversammlungszuständigkeit bei Kapitalerhöhungen und dem diesbezüglichen Bezugsrecht der Altaktionäre eine Europarechtswidrigkeit der in Rede stehenden Maßnahme verneint.[38] Zudem wurden bereits im Zuge der Bankenabwicklungsrichtlinie (s. Rn. 18) und umfassend im Rahmen einer künftigen Richtlinie über Unternehmensinsolvenzen (s. Rn. 116 sowie § 36 Rn. 7 ff.) zahlreiche, die Hauptversammlungszuständigkeit betreffende Vorschriften der Kapitalrichtlinie, in entsprechenden Situationen zur Wahl der Mitgliedstaaten gestellt und sind nicht mehr verpflichtend (vgl. Art. 32 RL-Vorschlag).[39] Danach hätten die Mitgliedstaaten ua die Wahl keine zwingende Hauptversammlungszuständigkeit mehr bei schweren Verlusten des gezeichneten Kapitals, bei Kapitalerhöhungen und -herabsetzungen sowie bei der Einziehung von Aktien vorzusehen. 9

B. Zweck und Zielsetzung der Richtlinienbestimmungen

Die Kapitalrichtlinie statuiert das **Prinzip des festen Grundkapitals** auf europäischer Ebene.[40] Sie bezweckt dabei insbesondere, die mitgliedstaatlichen Rechtsvorschriften über die **Aufbringung** (s. Rn. 39 ff.) und die **Erhaltung** (s. Rn. 70 ff.) eines bestimmten Grundkapitals mit Blick auf nationale Aktiengesellschaften anzugleichen.[41] Darüber hinaus regelt sie auch einzelne Aspekte der Gründung einer Gesellschaft, wie zB den notwendigen Satzungsinhalt. Schwerpunkt der Kapitalrichtlinie ist es, einen angemessenen **Schutz der Gläubiger** und **Aktionäre** sowie des allgemeinen Rechtsverkehrs innerhalb der EU herzustellen.[42] So beinhalten die Richtlinienbestim- 10

34 So *Deckert* RabelsZ 64 (2000) 478, 493; *Lutter* ZGR 2000, 1, 7; wohl auch *Habersack/Verse*, Europäisches Gesellschaftsrecht, 2011, § 4 Rn. 7.

35 In diesem Zusammenhang auch *Gelter* in: FS Nowotny, 2015, S. 315, 317 f.; *Simões* ICCLR 24 (2013) 166, 169 f.; *Gernoth*, Pseudo Foreign Companies, 2005, S. 361 f.

36 Vgl. *Eidenmüller/Grunewald/Noack* in: Lutter (Hrsg.), Das Kapital der Aktiengesellschaft in Europa, 2006, S. 17, 20; *Grundmann*, Europäisches Gesellschaftsrecht, 2011, Rn. 318, 320 ff.; *Merkt* ZGR 2004, 305 ff.; *Rammeloo* MJ 2006, 3, 4 f.

37 Im Zusammenhang mit der „Griechenland-Rechtsprechung" des EuGH bereits problematisierend *Schön* ZHR 174 (2010) 155 ff.

38 Vgl. EuGH, Rs. C-41/15 (Dowling ua), ECLI:EU:C:2016:836 = ZIP 2016, 2215, Rn. 42 iVm Rn. 50 f.; dazu *Schäfers* GPR 2017, 231; *Stiegler* EuZW 2016, 921.

39 Dadurch soll Art. 84 Kodifizierungs-RL (ex-Art. 45 Kapital-RL) ein vierter Absatz angefügt werden, der die Abweichung der Mitgliedstaaten von verschiedenen (aktionärsschützenden) Vorschriften ermöglicht.

40 *Weller* in: Gebauer/Wiedmann (Hrsg.), Zivilrecht unter europäischem Einfluss, 2. Aufl. 2010, Kap. 21 Rn. 46; *Habersack/Verse*, Europäisches Gesellschaftsrecht, 2011, § 6 Rn. 3; *Lutter/Bayer/Schmidt*, Europäisches Unternehmens- und Kapitalmarktrecht, 2017, Rn. 19.37; *Grundmann*, Europäisches Gesellschaftsrecht, 2011, Rn. 330; *Teichmann* in: Gebauer/Teichmann (Hrsg.), Europäisches Privat- und Unternehmensrecht, 2016, § 6 Rn. 175; *Nobel*, Internationales und Transnationales Aktienrecht, Bd. 2, 2012, Kap. 3 Rn. 13; *Bayer/Schmidt* in: Bayer/Habersack (Hrsg.), Aktienrecht im Wandel, Bd. 1, 2007, Kap. 18 Rn. 24; *Fankhauser*, Gemeinschaftsrechtliche Publizitäts- und Kapital-Richtlinie, 2001, S. 121.

41 EuGH, Rs. C-526/14 (Kotnik ua), ECLI:EU:C:2016:570 = EuZW 2016, 793, Rn. 86; EuGH, Rs. C-41/15 (Dowling ua), ECLI:EU:C:2016:836 = ZIP 2016, 2215, Rn. 49; *Habersack/Verse*, Europäisches Gesellschaftsrecht, 2011, § 6 Rn. 1, 3; *Lutter/Bayer/Schmidt*, Europäisches Unternehmens- und Kapitalmarktrecht, 2017, Rn. 19.3; *Binder* ZVglRWiss 112 (2013) 23 f.; *Fankhauser*, Gemeinschaftsrechtliche Publizitäts- und Kapital-Richtlinie, 2001, S. 121.

42 EuGH, Rs. C-526/14 (Kotnik ua), ECLI:EU:C:2016:570 = EuZW 2016, 793, Rn. 87; *Lutter/Bayer/Schmidt*, Europäisches Unternehmens- und Kapitalmarktrecht, 2017, Rn. 19.4; *Grundmann*, Europäisches Gesellschaftsrecht, 2011, Rn. 325; *Kalss/Klampfl*, Europäisches Gesellschaftsrecht, 2015, Rn. 313; *Habersack/Verse*, Europäisches Gesellschaftsrecht, 2011, § 6 Rn. 3; *Binder* ZVglRWiss 112 (2013) 23, 32; *Hüffer* NJW 1979, 1065; *Teichmann*

mungen eine Vielzahl speziell gläubiger- und aktionärsschützender Vorschriften. Erstmalig wurde zudem ausdrücklich und in einer gesonderten Vorschrift ein **Gleichbehandlungsgrundsatz** statuiert (Art. 85 Kodifizierungs-RL (ex-Art. 46 Kapital-RL)) (s. Rn. 140 f.). Vergleichbare Regelungen wurden in der Folge auch für andere Richtlinien wie die Transparenzrichtlinie[43] (Art. 17 Transparenz-RL), die Übernahmerichtlinie[44] (Art. 3 I lit. a) Übernahme-RL) (dazu § 29 Rn. 17) und die Aktionärsrechterichtlinie[45] (Art. 4 AR-RL) (dazu § 30 Rn. 86 f.) übernommen. Weiterhin sollte mit dem Erlass der damaligen Kapitalrichtlinie auch die Bedeutung der nach der ehemaligen Publizitätsrichtlinie (dazu § 20, jetzt der Teil Kodifizierungs-RL)[46] offenzulegenden Dokumente und Angaben untermauert werden.[47]

C. Harmonisierungsgrad

11 Bislang umstritten ist die Frage, ob die Kapitalrichtlinie lediglich **Mindeststandards** setzt oder **Höchstregelungen** vorgibt, die auch strengere nationale Regelungen untersagen.[48] Zwar sind einige Vorschriften offensichtlich als Mindeststandardregelungen konzipiert (zB Art. 3, 4, 45 Kodifizierungs-RL (ex-Art. 2, 3, 6 Kapital-RL)), so dass insofern von den Mitgliedstaaten auch strengere Regelungen erlassen bzw. beibehalten werden können. Jedoch enthält die Kapitalrichtlinie auch Vorschriften, aus denen sich nicht unmittelbar ergibt, ob es sich bei ihnen um Mindest- oder Höchststandards handelt. Die EuGH-Rechtsprechung geht jedoch auch bei diesen Vorschriften grundsätzlich von **Mindeststandardregelungen** aus.[49] Diese Entscheidungen betrafen allerdings immer nur die Auslegung einer bestimmten Vorschrift der Kapitalrichtlinie, so dass sich daraus grundsätzlich keine generelle Aussage über den Harmonisierungsgrad ableiten lässt. Insgesamt wird man bei der Beurteilung einer Vorschrift der Kapitalrichtlinie als Mindest- oder Höchstnorm auf deren **individuellen Schutzzweck** und deren Stellung innerhalb der Richtlinienbestimmungen abstellen müssen.[50]

12 Überblicksartig lässt sich eine Auswahl einiger der wichtigsten Regelungen der Kapitalrichtlinie hinsichtlich ihres Harmonisierungsgrades wie folgt schematisch darstellen:

Norm	Mindestnorm / Höchstnorm
Art. 3 Kodifizierungs-RL (ex-Art. 2 Kapital-RL)	Mindestnorm
Art. 4 Kodifizierungs-RL (ex-Art. 3 Kapital-RL)	Mindestnorm
Art. 45 I Kodifizierungs-RL (ex-Art. 6 I Kapital-RL)	Mindestnorm

in: Gebauer/Teichmann (Hrsg.), Europäisches Privat- und Unternehmensrecht, 2016, § 6 Rn. 174; *Mélon* ESJ 2015, 170, 184; *Wymeersch*, Reforming the Second Company Law Directive, Financial Law Institute Working Paper 2006-15, S. 3; *Bayer/Schmidt* in: Bayer/Habersack (Hrsg.), Aktienrecht im Wandel, Bd. 1, 2007, Kap. 18 Rn. 25; zu Aktionären und Gläubigern auch *Engert* in: Langenbucher (Hrsg.), Europäisches Privat- und Wirtschaftsrecht, 2017, § 5 Rn. 56 f.; vgl. zum Schutzzweck der Gläubiger und vor allem der Minderheitsaktionäre *Santella/Turrini* EBOR 9 (2008) 427, 430.

43 Richtlinie 2004/109/EG des Europäischen Parlaments und des Rates vom 15. Dezember 2004 zur Harmonisierung der Transparenzanforderungen in Bezug auf Informationen über Emittenten, deren Wertpapiere zum Handel auf einem geregelten Markt zugelassen sind, und zur Änderung der Richtlinie 2001/34/EG, ABl. EG v. 31.12.2004, L 390/38.

44 Richtlinie 2004/25/EG des Europäischen Parlaments und des Rates vom 21. April 2004 betreffend Übernahmeangebote, ABl. EG v. 30.4.2004, L 142/12.

45 Richtlinie 2007/36/EG des Europäischen Parlaments und des Rates vom 11. Juli 2007 über die Ausübung bestimmter Rechte von Aktionären in börsennotierten Gesellschaften, ABl. EG v. 14.7.2007, L 184/17.

46 Richtlinie 2009/101/EG des Europäischen Parlaments und des Rates vom 16. September 2009 zur Koordinierung der Schutzbestimmungen, die in den Mitgliedstaaten den Gesellschaften im Sinne des Artikels 48 Absatz 2 des Vertrags im Interesse der Gesellschafter sowie Dritter vorgeschrieben sind, um diese Bestimmungen gleichwertig zu gestalten, ABl. EG v. 1.10.2009, L 258/11.

47 *Habersack/Verse*, Europäisches Gesellschaftsrecht, 2011, § 6 Rn. 5.

48 Vgl. *Habersack/Verse*, Europäisches Gesellschaftsrecht, 2011, § 6 Rn. 5 f.; *Grundmann*, Europäisches Gesellschaftsrecht, 2011, Rn. 315; *Merkt* RabelsZ 61 (1997) 647, 650 ff.; *Kindler* ZHR 158 (1994) 339, 352 f.

49 EuGH, Rs. C-42/95 (Siemens/Nold), ECLI:EU:C:1996:444 = NJW 1997, 721, Rn. 15 ff.; EuGH, Rs. C-338/06 (Kommission/Spanien), ECLI:EU:C:2008:740 = NZG 2009, 187, Rn. 26; vgl. auch EuGH, Rs. C-101/08 (Audiolux), ECLI:EU:C:2009:626 = EuZW 2009, 894, Rn. 39.

50 *Habersack/Verse*, Europäisches Gesellschaftsrecht, 2011, § 6 Rn. 6; *Drygala* AG 2001, 291, 294 f.; *Mülbert/Birke* EBOR 2002, 695, 701; für einen generellen Mindestnormcharakter hingegen *Krolop* in: Riesenhuber (Hrsg.), Europäische Methodenlehre, 2015, § 19 Rn. 27; so offenbar auch *Wymeersch*, Reforming the Second Company Law Directive, Financial Law Institute Working Paper 2006-15, S. 2; *Tiedje* in: von der Groeben/Schwarze/Hatje (Hrsg.), Europäisches Unionsrecht, 7. Aufl. 2015, Art. 50 AEUV Rn. 49; vgl. allgemein dazu, dass der Harmonisierungsgrad der einzelnen Regelungen durch Auslegung zu bestimmen ist, sofern keine ausdrückliche Regelung in der Richtlinie erfolgt *K. Krebs/Wagner* AG 1998, 467, 469.

Norm	Mindestnorm / Höchstnorm
Art. 48 I Kodifizierungs-RL (ex-Art. 9 I Kapital-RL)	Mindestnorm
Art. 49 II Kodifizierungs-RL (ex-Art. 10 II Kapital-RL)	Mindestnorm
Art. 51 II Kodifizierungs-RL (ex-Art. 12 II Kapital-RL)	Höchstnorm
Art. 56 III Kodifizierungs-RL (ex-Art. 17 III Kapital-RL)	Höchstnorm
Art. 56 V Kodifizierungs-RL (ex-Art. 17 V Kapital-RL)	Mindestnorm
Art. 58 II Kodifizierungs-RL (ex-Art. 19 II Kapital-RL)	Höchstnorm
Art. 61 I Kodifizierungs-RL (ex-Art. 22 I Kapital-RL)	Mindestnorm
Art. 61 II Kodifizierungs-RL (ex-Art. 22 II Kapital-RL)	Höchstnorm
Art. 62 Kodifizierungs-RL (ex-Art. 23 Kapital-RL)	Höchstnorm
Art. 63 I, II Kodifizierungs-RL (ex-Art. 24 I, II Kapital-RL)	Mindestnorm
Art. 64 IV Kodifizierungs-RL (ex-Art. 25 IV Kapital-RL)	Höchstnorm
Art. 69 S. 1 Kodifizierungs-RL (ex-Art. 30 S. 1 Kapital-RL)	Mindestnorm
Art. 70 I Kodifizierungs-RL (ex-Art. 31 I Kapital-RL)	Höchstnorm
Art. 72 III 4 Kodifizierungs-RL (ex-Art. 33 III 4 Kapital-RL)	Mindestnorm
Art. 72 V 2 Kodifizierungs-RL (ex-Art. 33 V 2 Kapital-RL)	Höchstnorm
Art. 73 Uabs. 2 Kodifizierungs-RL (ex-Art. 34 Uabs. 2 Kapital-RL)	Mindestnorm
Art. 74 Kodifizierungs-RL (ex-Art. 35 Kapital-RL)	Mindestnorm
Art. 75 I, II Kodifizierungs-RL (ex-Art. 36 I, II Kapital-RL)	Mindestnorm
Art. 76 II Kodifizierungs-RL (ex-Art. 37 II Kapital-RL)	Mindestnorm
Art. 78 Kodifizierungs-RL (ex-Art. 39 Kapital-RL)	Mindestnorm
Art. 79 I Kodifizierungs-RL (ex-Art. 40 I Kapital-RL)	Mindestnorm
Art. 82 Kodifizierungs-RL (ex-Art. 43 Kapital-RL)	Mindestnorm
Art. 83 S. 1 Kodifizierungs-RL (ex-Art. 44 S. 1 Kapital-RL)	Mindestnorm

Abb. 1: Überblick zum Harmonisierungsgrad ausgewählter Vorschriften

Im Vergleich zu den Vorgaben der Kapitalrichtlinie ist die Etablierung strengeren mitgliedstaatlichen Rechts allerdings generell nur insoweit zulässig, wie dies mit der Fähigkeit der betroffenen nationalen Aktiengesellschaft, ungehindert am europäischen Binnenmarkt auftreten zu können, vereinbar ist.[51] Selbst wenn eine Vorschrift der Kapitalrichtlinie also nur einen Mindeststandard setzt, sind die darüber hinausgehenden nationalen Regelungen an den **Grundfreiheiten** des AEUV, insbesondere der Niederlassungs- und Kapitalverkehrsfreiheit, zu messen. 13

D. Anwendungsbereich

Im Gegensatz zur (ehemaligen) Publizitätsrichtlinie (dazu § 20, jetzt Teil der Kodifizierungs-RL) gilt die Kapitalrichtlinie ausschließlich nur für **Aktiengesellschaften**. Der Grund dieser Beschränkung auf die nationale Aktiengesellschaft wird durch Erwägungsgrund 2 Kodifizierungs-RL (ex-Erwägungsgrund 2 Kapital-RL) deutlich. Hiernach ist eine Harmonisierung vor allem bei Aktiengesellschaften aufgrund ihrer hohen wirtschaftlichen Bedeutung und ihrer meist grenzüberschreitenden Tätigkeiten besonders wichtig. Hinzu kommt, dass damals die Aktiengesellschaft einer Vielzahl der Mitgliedstaaten die am weitesten entwickelte Gesellschaftsform war und man der Auffassung war, dass eine Koordinierung insbesondere auf diesem Gebiet am erfolgversprechendsten sei.[52] 14

51 *Grundmann*, Europäisches Gesellschaftsrecht, 2011, Rn. 315, 328; vgl. auch *Mélon* ESJ 2015, 170, 184.

52 Vgl. Vorschlag einer zweiten Richtlinie v. 9.3.1970, ABl. EWG 1970, C 48/8, KOM(70) 232 endg., S. 9; ferner *Lutter/Bayer/Schmidt*, Europäisches Unternehmens- und Kapitalmarktrecht, 2017, Rn. 19.16; *Nobel*, Internationales und Transnationales Aktienrecht, Bd. 2, 2012, Kap. 3 Rn. 14; *Niessen* AG 1970, 281, 282.

15 Andere nationale Kapitalgesellschaften der Mitgliedstaaten wie die **GmbH** und vergleichbare Rechtsformen unterfallen somit **nicht** der Kapitalrichtlinie. Gleichwohl haben einige Mitgliedstaaten[53] den Anwendungsbereich der Kapitalrichtlinie (faktisch) auch auf die jeweils nationale GmbH erweitert und wenden einige bzw. eine Vielzahl der Bestimmungen entsprechend auf diese an.[54] Ebenfalls nicht von den Richtlinienbestimmungen betroffen ist die Kommanditgesellschaft auf Aktien (KGaA). Auch wenn sie mit einer AG gemein hat, dass ihre Anteile auf einem organisierten Kapitalmarkt frei übertragbar sein können, ist die in Art. 2 I iVm Anhang I Kodifizierungs-RL (ex-Art. 1 I Kapital-RL) enthaltene Aufzählung von Rechtsformen abschließend, so dass die **KGaA** oder vergleichbare nationale Rechtsformen nicht von der Kapitalrichtlinie erfasst werden und auch insbesondere keine Analogie in Betracht kommt.[55] Sofern die Mitgliedstaaten die Richtlinie in gewissen Formen überschießend und autonom auch für die Modalitäten einer KGaA oder einer vergleichbaren Rechtsform umsetzen, ist jedoch auch der über die Richtlinie hinausgehende Teil richtlinienkonform auszulegen, soweit der nationalen Regelung der Gleichbehandlungswille mit den originär europäischen Fällen zu entnehmen ist (vgl. dazu § 2 Rn. 202). Bei der deutschen KGaA ist dies allenfalls bei der Anwendung des auf der Kapitalrichtlinie basierenden AG-Rechts nach § 278 III AktG möglich.

16 Von den Richtlinienbestimmungen über das Kapital von Aktiengesellschaften ist weiterhin auch nicht die **Europäische Aktiengesellschaft** (SE) (dazu § 4) unmittelbar erfasst, obwohl es sich auch bei ihr um eine, auf der SE-Verordnung beruhende, jedoch aufgrund der Lückenhaftigkeit auch national geprägte, Aktiengesellschaft handelt. Für die SE gelten die spezielleren Vorschriften der **SE-VO vorrangig**. Bei der subsidiären Anwendung des nationalen Aktienrechts auf eine SE nach Art. 9 I c) (ii) SE-VO sind die Ausführungen zur Kapitalrichtlinie allerdings zu berücksichtigen, sofern sie nicht den Vorgaben der SE-VO widersprechen.[56] Da die SE-VO insbesondere die Kapitalverfassung nicht regelt, gewinnt die Kapitalrichtlinie über die lückenfüllende Anwendung des nationalen Rechts für die SE Bedeutung. Das nationale Recht der Aktiengesellschaft wird insoweit von der Kapitalrichtlinie geprägt.

17 Weiterhin wird nach Art. 2 II Kodifizierungs-RL (ex-Art. 1 II Kapital-RL) den Mitgliedstaaten die Möglichkeit gewährt, die Vorgaben der Richtlinie nicht auf **Investmentaktiengesellschaften mit veränderlichem Kapital** sowie nicht auf **Genossenschaften**, die in der Rechtsform einer AG gegründet wurden, zu erstrecken.[57] Deutschland hat diesen Spielraum bezüglich der Investmentaktiengesellschaften mit veränderlichem Kapital genutzt.[58]

18 Im Zuge der sog **Bankenabwicklungsrichtlinie** sind seit Anfang Juli 2014 zudem einzelne Vorschriften der Kapitalrichtlinie – zwingend – **nicht** auf bestimmte Restrukturierungs- und Abwicklungsinstrumente von Kreditinstituten und Wertpapierfirmen **anzuwenden** (Art. 84 III Kodifizierungs-RL (ex-Art. 45 III Kapital-RL)).[59] Ausgelöst durch die weltweite Finanzkrise ab 2008 soll hierdurch die Sanierung krisenbetroffener Banken vereinfacht werden, indem ua die nationalen Umsetzungsbestimmungen zur Wertprüfung bei Sacheinlagen (s. Rn. 52 ff.), die Einberufungspflicht der Hauptversammlung bei schweren Verlusten der Gesellschaft (s. Rn. 87) sowie die Hauptversammlungszuständigkeit bei Kapitalmaßnahmen (s. Rn. 119) keine Geltung beanspruchen.[60] Bereits im Vorfeld der Richtlinie 2014/59/EU zur Sanierung und Abwicklung von (systemrelevanten) Banken war vor allem die zwingende Beibehaltung einzelner Kapitalerhaltungs- und Kapitalerhöhungsregeln der Kapitalrichtlinie und die damit verbundene EuGH-Rechtsprechung (sog „griechische Urteile“)[61] kritisiert worden.[62] In Teilen sind einzelne Aussagen dieser Rechtsprechung durch die Beschränkung des Anwendungsbereichs gem. Art. 84 III Kodifizierungs-RL (ex-Art. 45 III Kapital-RL) obsolet geworden. Dies könnte zT auch für Altfälle gelten, da der EuGH in der Rs. *Kotnik* festgehalten hat, dass die Neuregelung in Art. 84 III Kodifizierungs-RL (ex-Art. 45 III Kapital-RL) nicht zwingend impliziert, dass „derartige Abweichungen [der entsprechend aktionärsschützen-

53 Zum Beispiel Großbritannien, vgl. *Payne* in: Armour/Payne (Eds.), Rationality in Company Law, 2009, S. 123, 128; siehe zur Problematik des Anwendungsbereichs der (ehemaligen) Kapitalrichtlinie im Common Law *Temple Lang* Irish Jurist 1972, 306, 326 f.; *Schmitthoff* CMLR 15 (1978) 43 ff.

54 Vgl. *van Gerven* in: van Gerven (Ed.), Capital Directive in Europe, 2014, S. 4 f.; *Nobel*, Internationales und Transnationales Aktienrecht, Bd. 2, 2012, Kap. 3 Rn. 15.

55 Vgl. zum Anwendungsbereich auf Gesellschaftsformen mit frei übertragbaren Anteilen *Habersack/Verse*, Europäisches Gesellschaftsrecht, 2011, § 6 Rn. 2.

56 Vgl. auch *Kalss/Klampfl*, Europäisches Gesellschaftsrecht, 2015, Rn. 316.

57 *Lutter/Bayer/Schmidt*, Europäisches Unternehmens- und Kapitalmarktrecht, 2017, Rn. 19.17; *van Gerven* in: van Gerven (Ed.), Capital Directive in Europe, 2014, S. 7 f.; *Fankhauser*, Gemeinschaftsrechtliche Publizitäts- und Kapital-Richtlinie, 2001, S. 123.

58 Vgl. BegrRegE zum InvModG, BT-Drs. 15/1553, S. 106; BegrRegE zum InvÄndG, BT-Drs. 17/5576, S. 83.

59 Vgl. auch *Lutter/Bayer/Schmidt*, Europäisches Unternehmens- und Kapitalmarktrecht, 2017, Rn. 19.256.

60 *Kalss/Klampfl*, Europäisches Gesellschaftsrecht, 2015, Rn. 315.

61 Vgl. Vgl. EuGH, Rs. C-381/89 (Eleftheras Evangelikis), ECLI:EU:C:1992:142 = BeckEuRS 1992, 189963; EuGH, Rs. C- 134/91 u. 135/91 (Kerafina), ECLI:EU:C:1992:434 = BeckEuRS 1992, 190358; EuGH, Rs. C-441/93 (Pafitis), ECLI:EU:C:1996:92 = BeckEuRS 1996, 212095; EuGH, Rs. C-367/96 (Kefalas), ECLI:EU:C:1998:222 = EuZW 1999, 56.

62 So vor allem *Schön* ZHR 174 (2010) 155 ff.; siehe auch *Noack* AG 2009, 227 ff.

den Vorschriften] vor diesem Zeitpunkt verboten waren".[63] Nunmehr bedarf es jedoch explizit bei entsprechenden Kreditinstituten und Wertpapierfirmen auch außerhalb eines (staatlichen) Zwangsvollstreckungsverfahrens **keiner** zwingenden **Zustimmung der Hauptversammlung** bei einer sanierungsbedingten Kapitalerhöhung der Gesellschaft mehr.

Darüber hinaus enthält die Kapitalrichtlinie an verschiedenen Stellen weitere **Mitgliedstaatenoptionen**, die nach Wahl (und ggf. bestimmten Voraussetzungen) der Mitgliedstaaten entweder eine Ausnahme vom Anwendungsbereich der jeweiligen Richtlinienbestimmung oder deren Anwendbarkeit auch auf andere Fälle erlaubt. Überblicksartig lässt sich eine Auswahl einiger der wichtigsten solcher Mitgliedstaatenoptionen in der Kapitalrichtlinie wie folgt schematisch darstellen: 19

Norm	Mitgliedstaatenoption (opt-in / opt-out)
Art. 49 IV Kodifizierungs-RL (ex-Art. 10 IV Kapital-RL)	opt-out
Art. 49 V Kodifizierungs-RL (ex-Art. 10 V Kapital-RL)	opt-out
Art. 50 I Kodifizierungs-RL (ex-Art. 11 I Kapital-RL)	opt-out
Art. 50 II Kodifizierungs-RL (ex-Art. 11 II Kapital-RL)	opt-out
Art. 50 III Kodifizierungs-RL (ex-Art. 11 III Kapital-RL)	opt-out
Art. 52 I Uabs. 3 Kodifizierungs-RL (ex-Art. 13 I Uabs. 3 Kapital-RL)	opt-in
Art. 59 III Uabs. 2 Kodifizierungs-RL (ex-Art. 20 III Uabs. 2 Kapital-RL)	opt-out
Art. 60 II Kodifizierungs-RL (ex-Art. 21 II Kapital-RL)	opt-out
Art. 60 III Kodifizierungs-RL (ex-Art. 21 III Kapital-RL)	opt-out
Art. 66 II Kodifizierungs-RL (ex-Art. 27 II Kapital-RL)	opt-out
Art. 67 III, IV, V Kodifizierungs-RL (ex-Art. 28 III, IV, V Kapital-RL)	opt-out
Art. 70 III, IV Kodifizierungs-RL (ex-Art. 31 III, IV Kapital-RL)	opt-out
Art. 72 II Kodifzierungs-RL (ex-Art. 33 II Kapital-RL)	opt-out
Art. 72 III 2 Kodifizierungs-RL (ex-Art. 33 III 2 Kapital-RL)	opt-out
Art. 72 V 1 Kodifizierungs-RL (ex-Art. 33 V 1 Kapital-RL)	opt-out
Art. 76 I Kodifizierungs-RL (ex-Art. 37 I Kapital-RL)	opt-out
Art. 77 S. 2 Kodifizierungs-RL (ex-Art. 38 S. 2 Kapital-RL)	opt-out
Art. 84 I, II Kodifizierungs-RL (ex-Art. 45 I, II Kapital-RL)	opt-out
Art. 86 Kodifizierungs-RL (ex-Art. 47 I Kapital-RL)	opt-out

Abb. 2: Überblick zu Mitgliedstaatenoptionen

E. Gründung der Gesellschaft

I. Mindestangaben in der Satzung

Art. 3 und 4 Kodifizierungs-RL (ex-Art. 2, 3 Kapital-RL) bestimmen, welche Mindestangaben über die Aktiengesellschaft in der Satzung, dem Errichtungsakt oder einem gesonderten Schriftstück enthalten sein müssen. Mit dieser Vielfalt an „Dokumenten" werden nationale Besonderheiten berücksichtigt. Denn in vielen nationalen Rechtsordnungen wird zwischen Satzung und Errichtungsakt unterschieden (zB in Italien, s. dazu § 14 Rn. 174, 390, 405). Diese Vorschriften über die Mindestangaben stehen in einem engen Zusammenhang mit den Publizitätsvorschriften der ehemaligen Publizitätsrichtlinie (= Art. 14 ff. Kodifizierungs-RL, dazu § 20).[64] Bei Aktiengesellschaften wird daher nicht nur bestimmt, dass die Satzung überhaupt offengelegt wird (vgl. Art. 14 Kodifizie- 20

63 EuGH, Rs. C-526/14 (Kotnik ua), ECLI:EU:C:2016:570 = EuZW 2016, 793, Rn. 93; vgl. auch *Schmidt* AG 2016, 713, 715 f.

64 *Habersack/Verse*, Europäisches Gesellschaftsrecht, 2011, § 6 Rn. 9; *Habersack* in: MüKo AktG, Bd. 1, 4. Aufl. 2016, Einl. Rn. 127; *Lutter/Bayer/Schmidt*, Europäisches Unternehmens- und Kapitalmarktrecht, 2017, Rn. 19.18; *Lösekrug*, Die Umsetzung der Kapital-, Verschmelzungs- und Spaltungsrichtlinie der EG in das nationale deutsche Recht, 2004, S. 67; als Ergänzung zur (ehemaligen) Publizitätsrichtlinie *Bayer/Schmidt* in: Bayer/Habersack (Hrsg.), Aktienrecht im Wandel, Bd. 1, 2007, Kap. 18 Rn. 27; *Fankhauser*, Gemeinschaftsrechtliche Publizitäts- und Kapital-Richtlinie, 2001, S. 124.

rungs-RL (ex-Art. 2 Publizitäts-RL)), sondern die Kapitalrichtlinie gibt auch einen Mindestinhalt dieser vor.[65] Da es sich um Mindestvorgaben handelt, können die Mitgliedstaaten weitere Angaben verlangen. Nach Erwägungsgrund 4 Kodifizierungs-RL (ex-Erwägungsgrund 4 Kapital-RL) soll dadurch insbesondere Interessierten, also vor allem (potenziellen) Gläubigern, die Möglichkeit gegeben werden, „die wesentlichen Merkmale der Gesellschaft und insbesondere die genaue Zusammensetzung des Gesellschaftskapitals zu kennen".[66]

21 Zwischen den Mindestangaben nach Art. 3 und 4 Kodifizierungs-RL (ex-Art. 2 und 3 Kapital-RL) ist allerdings zu differenzieren: Nur die in Art. 3 Kodifizierungs-RL (ex-Art. 2 Kapital-RL) statuierten Angaben müssen **zwingend** in der Satzung oder einem entsprechenden Errichtungsakt der Gesellschaft aufgeführt werden. Bei den in Art. 4 Kodifizierungs-RL (ex-Art. 3 Kapital-RL) genannten Angaben reicht es hingegen aus, dass sie in einem **gesonderten Schriftstück** der Gesellschaft offengelegt werden.[67]

22 Nach Art. 3 Kodifizierungs-RL (ex-Art. 2 Kapital-RL) muss die Satzung bzw. der Errichtungsakt der Aktiengesellschaft **mindestens** folgende Angaben enthalten:[68]

- Firma und Rechtsform der Gesellschaft (lit. a));[69]
- Unternehmensgegenstand der Gesellschaft (lit. b));
- Höhe des gezeichneten und genehmigten Kapitals in den Fällen, in denen ein solches besteht (lit. c) und d));
- Bestimmungen zu Anzahl, Bestellungsverfahren und Kompetenzen der geschäftsführenden Organmitglieder der Gesellschaft (lit. e));
- Dauer der Gesellschaft, sofern diese nicht auf unbefristete Zeit gegründet ist (lit. f)).

23 Die in Art. 3 Kodifizierungs-RL (ex-Art. 2 Kapital-RL) aufgeführten Mindestinhalte der Satzung stellen sowohl für Investoren als auch für Gläubiger der Gesellschaft wichtige Informationen bereit.[70] Angaben zur **Firma** und vor allem zur **Rechtsform** durch den Rechtsformzusatz erlauben es sowohl interessierten Investoren wie zukünftigen Gläubigern sich im Vorfeld damit auseinanderzusetzen, welche Risiken bei Geschäften mit der Gesellschaft bestehen.

24 Eine Festlegung auf einen **Unternehmensgegenstand** hat insbesondere Bedeutung für eine mögliche Beschränkung der Vertretungsbefugnis (vgl. *ultra vires*-Doktrin) (s. dazu auch § 20 Rn. 70). Auch wenn viele Mitgliedstaaten von der Beschränkung der Vertretungsbefugnis bei Überschreitung des Unternehmensgegenstands abgerückt sind, erlaubt es das europäische Gesellschaftsrecht dennoch, eine derartige Beschränkung einzuführen. Für Anleger wie auch für Gläubiger ist die Festlegung wie auch die Veröffentlichung des Unternehmensgegenstands allerdings auch abseits davon von Bedeutung. Weiterhin ist die Angabe des Unternehmensgegenstands für interessierte Investoren ein Kriterium, um über eine Beteiligung an der Gesellschaft zu entscheiden. Die Vorgaben für den „Gegenstand des Unternehmens", dessen jeweilige Zulässigkeit und weitere spezifische Anforderungen (zB bei erlaubnispflichtigen Geschäften) bestimmen sich ferner nach nationalem Recht. Die Ratio des Art. 3 lit. b) Kodifizierungs-RL (ex-Art. 2 lit. b) Kapital-RL) fordert insofern nur, dass eine hinreichende Aussagekraft mit der Darstellung des Unternehmensgegenstandes zum Schutz des Rechtsverkehrs verbunden ist.[71]

25 Wie Erwägungsgrund 4 Kodifizierungs-RL (ex-Erwägungsgrund 4 Kapital-RL) bereits deutlich macht, sollen durch die Mindestangaben der Satzung Interessierte insbesondere auch über die **gesellschaftliche Kapitalstruktur informiert** werden. Informationen hierzu sind für potenzielle Investoren und Gläubiger gleichermaßen wertvoll, da hierin ein entscheidendes Kriterium für die Entscheidung zu sehen ist, ob eine Beteiligung an der Gesellschaft begründet bzw. ob mit der Gesellschaft Geschäfte eingegangen werden sollen. Daher fordert die Richtlinie Angaben zur Höhe des gezeichneten und ggf. genehmigten Kapitals.

65 *Habersack/Verse*, Europäisches Gesellschaftsrecht, 2011, § 6 Rn. 9; *Lutter/Bayer/Schmidt*, Europäisches Unternehmens- und Kapitalmarktrecht, 2017, Rn. 19.18; *Niessen* AG 1970, 281, 283; *Pipkorn* ZHR 141 (1977) 330, 345; *Lösekrug*, Die Umsetzung der Kapital-, Verschmelzungs- und Spaltungsrichtlinie der EG in das nationale deutsche Recht, 2004, S. 67; vgl. zur Lockerung nationaler Satzungsstrenge aus deutsch-österreichischer Sicht *Kalss/Fleischer* AG 2013, 693 ff.; *Fankhauser*, Gemeinschaftsrechtliche Publizitäts- und Kapital-Richtlinie, 2001, S. 124 f.

66 Erwägungsgrund 4 Kodifizierungs-RL (ex-Erwägungsgrund 4 Kapital-RL).

67 *Lutter/Bayer/Schmidt*, Europäisches Unternehmens- und Kapitalmarktrecht, 2017, Rn. 19.19.

68 Näher zu den einzelnen Pflichtangaben und zur Umsetzung in deutsches Recht *Lutter/Bayer/Schmidt*, Europäisches Unternehmens- und Kapitalmarktrecht, 2017, Rn. 19.20 ff.; *Habersack/Verse*, Europäisches Gesellschaftsrecht, 2011, § 6 Rn. 10 ff.

69 Die Firma einer AG bestimmt sich dabei nach nationalem Recht. Da die Richtlinienbestimmungen den Rechtsformzusatz nicht zwingend als Firmenbestandteil statuieren, wird die Angabe der Rechtsform insofern separat in Art. 3 lit. a) Kodifizierungs-RL (ex-Art. 2 lit. a) Kapital-RL) verlangt, vgl. *Kalss/Klampfl*, Europäisches Gesellschaftsrecht, 2015, Rn. 317, Fn. 919; *Lutter/Bayer/Schmidt*, Europäisches Unternehmens- und Kapitalmarktrecht, 2017, Rn. 19.21.

70 Vgl. *Grundmann*, Europäisches Gesellschaftsrecht, 2011, Rn. 246.

71 Vgl. aus deutscher Sicht auch *Pentz* in: MüKo AktG, Bd. 1, 4. Aufl. 2016, § 23 Rn. 78.

Mit der Regelung des Art. 3 lit. e) Kodifizierungs-RL (ex-Art. 2 lit. e) Kapital-RL) wird es der Gesellschaft erspart, für jede **Größenänderung des Vorstandes** eine Satzungsänderung durchzuführen.[72] Denn die Richtlinie verlangt nicht, dass die Satzung die genaue Anzahl der Vorstandsmitglieder angeben muss. Sie lässt vielmehr statuarische Bestimmungen genügen, die vorgeben, wie die genaue Anzahl zu ermitteln ist.[73] So kann die Satzung auch eine Mindest- bzw. Höchstzahl für den Vorstand festlegen.[74] Da es in einigen Mitgliedstaaten (zB Frankreich, § 13) üblich ist, Gesellschaften auf bestimmte Zeit zu gründen, gehört dieser Aspekt ebenfalls zum Mindestinhalt, sofern die Dauer nicht unbeschränkt ist. 26

Art. 4 Kodifizierungs-RL (ex-Art. 3 Kapital-RL) nennt weitere Angaben, die zwar **nicht unbedingt** in der Satzung bzw. einem entsprechenden Errichtungsakt anzugeben sind, jedoch in einem gesonderten **Schriftstück** enthalten und nach der Publizitätsrichtlinie offengelegt werden müssen. Dies sind ua: 27

- Sitz der Gesellschaft (lit. a));[75]
- Nennbetrag und Art der Aktien (lit. b und f));
- Zahl der gezeichneten Aktien (lit. c));
- besondere Übertragungsbeschränkungen (lit. d));
- im Fall von Aktiengattung entsprechende Informationen zu den Gattungen (lit. e));
- eingezahlter Betrag des gezeichneten Kapitals z. Z. der Gründung (lit. g));
- Nennbetrag bzw. Anzahl der Aktien, die im Rahmen von Sacheinlagen ausgegeben wurden (lit. h));
- Personalien der Gründer (lit. i));
- Gründungskosten (lit. j));
- ggf. gewährte Sondervorteile (lit. k)).

Allgemein lässt sich Art. 4 Kodifizierungs-RL (ex-Art. 3 Kapital-RL) dahin gehend einteilen, dass zum einen Informationen über die Aktien und insbesondere über die Aktienstruktur der Gesellschaft bereitzustellen sind. Darüber hinaus sind Angaben über den Gründungsakt und die daran beteiligten Personen zu machen. Die weiteren Angaben in Art. 4 Kodifizierungs-RL (ex-Art. 3 Kapital-RL) stellen somit für bestehende Aktionäre und zukünftige Aktionäre Informationen bereit, die für ihre Beziehung zur Gesellschaft und den anderen Aktionären von Bedeutung sind. So verlangt Art. 4 Kodifizierungs-RL (ex-Art. 3 Kapital-RL) insbesondere Angaben über Aktien und Aktiengattungen und welche Rechte an diesen Aktien bestehen. Weiterhin müssen Angaben über bestehende Übertragungsbeschränkungen gemacht werden. Für bestehende Aktionäre kann eine derartige Beschränkung den Verkauf ihrer Aktien beeinträchtigen. Zukünftigen Aktionären kann durch die Übertragungsbeschränkung zudem eine Beteiligung an der Gesellschaft versagt oder zumindest erschwert werden. 28

Das **Sanktionsregime** bei Verstößen der Gesellschaft gegen die Mindestanforderungen der Art. 3 und 4 Kodifizierungs-RL (ex-Art. 2 und 3 Kapital-RL) richtet sich grundsätzlich nach autonom-nationalem Recht, da die Richtlinie hierzu keine Bestimmungen enthält.[76] Allerdings gibt die ehemalige Publizitätsrichtlinie diesbezüglich einen Standard vor. Art. 11 I lit. b) iii) Kodifizierungs-RL (ex-Art. 12 I lit. b) iii) Publizitätsrichtlinie) regelt die Nichtigkeit der Gesellschaft für den Fall, dass „die Firma der Gesellschaft, die Einlagen, der (den) Betrag des gezeichneten Kapitals oder der (den) Gegenstand des Unternehmens" nicht im Gründungsakt bzw. der Satzung aufgeführt wurden. Da die ehemalige Publizitätsrichtlinie in Bezug auf die Nichtigkeitsgründe einen „Maximalkatalog" aufstellt, dürfen dort nicht genannte Aspekte auch nicht zur Nichtigkeit der Gesellschaft führen (vgl. § 20 Rn. 86 ff.). Umgekehrt dürfen die Mitgliedstaaten sich aber dazu entscheiden, nicht alle aufgeführten Gründe in nationales Recht zu übernehmen.[77] Abgesehen von der Nichtigkeit der Gesellschaft, bleibt den Mitgliedstaaten daher ein großer Gestaltungsspielraum bei der Festlegung von Sanktionen für Verstöße gegen Artt. 3 f. Kodifizierungs-RL (ex-Artt. 2 f. Kapital-RL). 29

72 *Müller* WPg 1978, 565, 566. Zur Vereinbarkeit des deutschen § 23 III Nr. 6 AktG – mit Blick auch auf andere Sprachfassungen der Richtlinienbestimmung –, wonach die Angabe einer konkreten Zahl nicht erforderlich ist, *Arnold* in: KK-AktG, Bd. 1, 3. Aufl. 2012, § 23 Rn. 124.

73 *Müller* WPg 1978, 565, 566; *Klinke* in: Heidel (Hrsg.), Aktienrecht und Kapitalmarktrecht, 4. Aufl. 2014, Kap. 6 Rn. 308; *Fankhauser*, Gemeinschaftsrechtliche Publizitäts- und Kapital-Richtlinie, 2001, S. 126; vgl. auch *Kalss/Klampfl*, Europäisches Gesellschaftsrecht, 2015, Rn. 318; *Schwarz*, Europäisches Gesellschaftsrecht, 2000, Rn. 576, mit Hinweis auf die ungenaue deutsche Sprachfassung und einem Verweis auf andere Sprachfassungen.

74 Vgl. *Habersack* in: MüKo AktG, Bd. 1, 4. Aufl. 2016, Einl. Rn. 127; *Lutter* in: FS Ferid, 1978, S. 599, 613; *Kalss/Klampfl*, Europäisches Gesellschaftsrecht, 2015, Rn. 318; *Schwarz*, Europäisches Gesellschaftsrecht, 2000, Rn. 576; *Ganske* DB 1978, 2461, 2462; *Fankhauser*, Gemeinschaftsrechtliche Publizitäts- und Kapital-Richtlinie, 2001, S. 126 argumentiert, dass zumindest eine Höchst- und Mindestzahl in der Satzung festzulegen ist und darüber hinaus eine Regelung zur Bestimmung der genauen Anzahl innerhalb dieser Grenzen.

75 Die Beschränkung auf einen einzigen Sitz ist dabei jedoch nicht zwingend, sodass auch ein „Doppelsitz" zulässig ist, vgl. *Bachmann* in: Hirte/Mülbert/Roth (Hrsg.), AktG, Bd. 1, 5. Aufl. 2017, § 5 Rn. 13.

76 Vgl. *van Gerven* in: van Gerven (Ed.), Capital Directive in Europe, 2014, S. 11.

77 *Goldmann* in: FS Sander, 1972, S. 59, 61; *Lutter/Bayer/Schmidt*, Europäisches Unternehmens- und Kapitalmarktrecht, 2017, Rn. 18.91; *Grundmann*, Europäisches Gesellschaftsrecht, 2011, Rn. 203; *Habersack/Verse*, Europäisches Gesellschaftsrecht, 2011, § 5 Rn. 40; *Lutter* EuR 1968, 1, 18; *Kalss/Klampfl*, Europäisches Gesellschaftsrecht, 2015, Rn. 253.

II. Haftung bei staatlicher Genehmigung

30 Gemäß Art. 5 I Kodifizierungs-RL (ex-Art. 4 I Kapital-RL) haben die Mitgliedstaaten, sofern sie die Aufnahme der Geschäftstätigkeit der Aktiengesellschaft von einer Genehmigung abhängig machen (zB im britischen Recht nach sec. 761 CA 2006) (dazu § 12 Rn. 573 f.) oder nach deutschem Recht gem. § 32 KWG), Regelungen bereitzustellen, die die **Haftung** für die von der Gesellschaft vor der Genehmigung **eingegangenen Verbindlichkeiten** regeln.[78] Nach Art. 5 II Kodifizierungs-RL (ex-Art. 4 II Kapital-RL) erfasst dies jedoch nicht Verbindlichkeiten aus Verträgen, die die Gesellschaft unter der Bedingung geschlossen hat, dass ihr die staatliche Genehmigung zur Aufnahme der Geschäftstätigkeit erteilt wird. Davon unbenommen bleiben Regelungen der Mitgliedstaaten, die daneben eine Haftung der handelnden Personen (insbes. der Vorstands- bzw. geschäftsführenden Verwaltungsratsmitglieder)[79] im Vorfeld der entstehungsbegründenden Eintragung der Gesellschaft vorsehen. In diesem Fall gilt jedoch die **Handelndenhaftung** gem. Art. 7 II Kodifizierungs-RL (ex-Art. 8 Publizitäts-RL) (s. dazu § 20 Rn. 64 f.), die von den Mitgliedstaaten in nationales Recht umgesetzt werden musste.[80]

III. Absinken der Aktionärszahl

31 Art. 6 Kodifizierungs-RL (ex-Art. 5 Kapital-RL) behandelt den besonderen Fall, dass die Zahl der Aktionäre unter die **nationalgesetzliche Mindestzahl** von Gesellschaftern einer Aktiengesellschaft fällt. Eine entsprechende Mindestaktionärszahl gilt zB gemäß dem französischen Aktienrecht (vgl. Art. L. 225-1 I 2 C. com.) im Falle börsennotierter Gesellschaften (dazu § 13 Rn. 474). Für die deutsche Aktiengesellschaft ist auch die Gründung bzw. die nachträgliche Entstehung einer Einmann-AG möglich (vgl. § 2 AktG). Nach Art. 6 I Kodifizierungs-RL (ex-Art. 5 I Kapital-RL) darf bei Absinken der Zahl der Aktionäre unter die gesetzlich vorgesehene Mindestgesellschafterzahl **nicht unmittelbar** die **Auflösung** der Gesellschaft **angeordnet werden**. Zulässig ist nach Art. 6 II Kodifizierungs-RL (ex-Art. 5 II Kapital-RL) lediglich die Auflösung durch gerichtliche Entscheidung mittels eines Liquidationsverfahrens.[81] Da es in den meisten europäischen Aktiengesetzen die Möglichkeit zur Gründung bzw. Entstehung einer nationalen Aktiengesellschaft mit nur einem Aktionär gibt, besitzt auch diese Vorschrift seit den entsprechenden nationalen Reformen nur noch geringe Bedeutung.[82] Sinn und Zweck des Art. 6 Kodifizierungs-RL (ex-Art. 5 Kapital-RL) besteht letztendlich darin, ein gewisses Maß an Rechtssicherheit und Vertrauensschutz bei den Folgen des Absinkens der Aktionärszahl der Gesellschaft unter eine gesetzlich vorgesehene Mindestzahl zu gewährleisten.[83]

F. Grundlagen der Kapitalverfassung

I. Grundsatz des festen Kapitals

32 Die Kapitalrichtlinie führte auf europäischer Ebene das kontinentaleuropäische **Prinzip des festen Kapitals** ein.[84] Das bedeutet, dass die Gesellschaft ein bestimmtes Kapital in der Satzung festlegen muss. Die Richtlinienbestimmungen setzen durch das Mindestkapital insofern einen Mindeststandard, wobei das Mindestkapital jedoch kein zwingendes Element des Prinzips des festen Kapitals ist.[85] Das satzungsmäßig bestimmte Kapital

---

78 *Habersack/Verse*, Europäisches Gesellschaftsrecht, 2011, § 6 Rn. 15; *Lutter/Bayer/Schmidt*, Europäisches Unternehmens- und Kapitalmarktrecht, 2017, Rn. 19.31; im britischen Recht vgl. die Regelung von sec. 767 (3) CA 2006, wonach in diesem Fall eine gesamtschuldnerische Haftung der Direktoren vorgesehen ist.

79 Nach deutschem Recht nicht haftbar sind daher insbesondere Aufsichtsratsmitglieder, sofern sie die (künftige) AG nur im Innenverhältnis vertreten, vgl. BGH NJW 2004, 2519; OLG Köln NZG 2002, 1066.

80 *Kalss/Klampfl*, Europäisches Gesellschaftsrecht, 2015, Rn. 320, Fn. 930; *Lutter/Bayer/Schmidt*, Europäisches Unternehmens- und Kapitalmarktrecht, 2017, Rn. 19.32.

81 *Lutter/Bayer/Schmidt*, Europäisches Unternehmens- und Kapitalmarktrecht, 2017, Rn. 19.35; *Habersack/Verse*, Europäisches Gesellschaftsrecht, 2011, § 6 Rn. 16; *Lösekrug*, Die Umsetzung der Kapital-, Verschmelzungs- und Spaltungsrichtlinie der EG in das nationale deutsche Recht, 2004, S. 69 f.

82 Aus deutscher Sicht zur „Keinpersonen-AG" *Habersack/Verse*, Europäisches Gesellschaftsrecht, 2011, § 6 Rn. 16.

83 *Lutter/Bayer/Schmidt*, Europäisches Unternehmens- und Kapitalmarktrecht, 2017, Rn. 19.34; *Drinkuth*, Die Kapitalrichtlinie – Mindest- oder Höchstnorm?, 1998, S. 127.

84 *Weller* in: Gebauer/Wiedmann (Hrsg.), Zivilrecht unter europäischem Einfluss, 2. Aufl. 2010, Kap. 21 Rn. 46; *Habersack/Verse*, Europäisches Gesellschaftsrecht, 2011, § 6 Rn. 1; *Lutter/Bayer/Schmidt*, Europäisches Unternehmens- und Kapitalmarktrecht, 2017, Rn. 19.3, 19.37; *Grundmann*, Europäisches Gesellschaftsrecht, 2011, Rn. 330; *Teichmann* in: Gebauer/Teichmann (Hrsg.), Europäisches Privat- und Unternehmensrecht, 2016, § 6 Rn. 175; *Nobel*, Internationales und Transnationales Aktienrecht, Bd. 2, 2012, Kap. 3 Rn. 13; siehe auch *Schmitthoff* CMLR 15 (1978) 43, 48 f.; *Ullrich*, Verdeckte Vermögensverlagerungen in den Aktien- und GmbH-Rechten Frankreichs, Belgiens und Deutschlands, 1994, S. 5; *Morse* E. L. Rev. 1977, 126, 128, zu den Unterschieden zwischen dem Kapitalerhaltungssystem Großbritanniens und dem sich letztlich durchgesetzten System nach deutschem und französischem Vorbild.

85 *Lutter/Bayer/Schmidt*, Europäisches Unternehmens- und Kapitalmarktrecht, 2017, Rn. 19.37.

kann dann nur durch Kapitalerhöhungen und -herabsetzungen geändert werden.[86] Die Kapitalrichtlinie enthält zudem Vorschriften zur ordnungsgemäßen Aufbringung und Erhaltung des Kapitals.[87]

II. Mindestkapital

Art. 45 Kodifizierungs-RL (ex-Art. 6 Kapital-RL) schreibt für die nationalen Aktiengesellschaften ein bestimmtes gezeichnetes Mindestkapital vor, das im Grundsatz zu keiner Zeit unterschritten werden darf. Dieses Mindestkapital muss bei Gründung der Gesellschaft bzw. bei Aufnahme der Geschäftstätigkeit **mind. EUR 25.000** (bzw. bei anderen Währungen dem entsprechenden Äquivalent (s. dazu auch Rn. 35)) betragen. Den Mitgliedstaaten steht es frei auch ein höheres Mindestkapital vorzuschreiben. In Deutschland beträgt es beispielsweise EUR 50.000, ebenso in Italien (s. dazu § 14 Rn. 323), in den Niederlanden liegt es mit EUR 45.000 etwas niedriger als in Deutschland (s. § 16 Rn. 146) und in Frankreich mit EUR 37.000 noch etwas darunter (s. dazu § 13 Rn. 583). Spanien hat mit EUR 60.000 ein höheres Mindestkapital als Deutschland gewählt (s. dazu § 15 Rn. 322). Großbritannien und die Schweiz, die den Euro nicht eingeführt haben, haben als Mindestkapital 50.000 Pfund (s. dazu § 12 Rn. 601) bzw. sogar 100.000 Schweizer Franken festgelegt.[88] Das niedrigste mögliche Mindestkapital, also EUR 25.000, hat beispielsweise die Slowakei vorgegeben (člen 171 Zakon o gospodarskih družbah). Gleiches gilt für Irland (sec. 1000 I lit. a) CA 2014). Auch Polen (zum polnischen Gesellschaftsrecht s. § 17) orientiert sich an der von den Richtlinienbestimmungen vorgegebenen Mindestvorgabe (dazu gleich bei Rn. 35). Darüber hinaus bestimmen die Gründer der Gesellschaft den Eigenkapitalbedarf dieser. Sie können das Eigenkapital nach der Gründung durch Kapitalerhöhung und -herabsetzung verändern. Eine Kapitalherabsetzung (s. dazu Rn. 132 ff.) ist jedoch nur insoweit möglich, als dass das Kapital nicht unter das durch Art. 45 I Kodifizierungs-RL (ex-Art. 6 I Kapital-RL) vorgeschriebene Mindestkapital bzw. unter den von den Mitgliedstaaten darüberhinausgehenden Wert des Mindestgrundkapitals absinkt. Die europäische Vorgabe eines Mindestkapitals sollte ursprünglich im **Interesse der Gläubiger** der Gesellschaft geschehen,[89] da diese trotz der beschränkten Haftung der Anteilseigner so auf eine bestimmte (ursprünglich vorhandene) Mindesthöhe des Eigenkapitals ihres Schuldners vertrauen können sollen. Bis heute wird das Mindestkapitalerfordernis oftmals zudem noch als gewisse **„Seriositätsschranke“** angesehen, die vor einer übereilten und fahrlässigen Gründung einer Aktiengesellschaft abhalten soll.[90] 33

Schon fast seit dem Erlass der damaligen Kapitalrichtlinie ist das **Mindestkapital** jedoch in ständiger Diskussion (s. bereits Rn. 6).[91] Es wird insbesondere in Frage gestellt, ob es für einen **effektiven Gläubigerschutz** überhaupt ein Mindestkapital der Gesellschaft bei deren Gründung bedarf.[92] Das Mindestkapital wird vor allem dahin gehend kritisiert, dass es den Gläubigern keine Haftungsmasse garantiert, da das Eigenkapital im Krisenfall aufgebraucht sein kann. Zudem wird kritisiert, dass sich ein fixes Mindestkapital unabhängig von der Größe der Gesellschaft nicht am konkreten Kapitalbedarf orientiert.[93] 34

Art. 45 Kodifizierungs-RL (ex-Art. 6 Kapital-RL) enthält seit der damaligen Fassung von 2012 (Richtlinie 2012/30/EU) keine Vorschrift mehr, die sich mit **anderen Währungen in der Europäischen Union als dem Euro** auseinandersetzt. Für Mitgliedstaaten, die den Euro bislang nicht eingeführt haben, bedeutet dies zunächst, dass das von ihnen festgesetzte Mindestkapital umgerechnet zumindest EUR 25.000 entsprechen muss. Ist dies nicht 35

86 *Eidenmüller/Grunewald/Noack* in: Lutter (Hrsg.), Das Kapital der Aktiengesellschaft in Europa, 2006, S. 20; *Lutter/Bayer/Schmidt*, Europäisches Unternehmens- und Kapitalmarktrecht, 2017, Rn. 19.37.

87 *Kalss/Klampfl*, Europäisches Gesellschaftsrecht, 2015, Rn. 322.

88 *Fankhauser*, Gemeinschaftsrechtliche Publizitäts- und Kapital-Richtlinie, 2001, S. 139. Die Schweiz ist zwar kein Mitgliedstaat der EU bzw. des EWR, aber aufgrund von Assoziierungsabkommen zur Umsetzung der Kapital-Richtlinie verpflichtet.

89 Vgl. nur *Panetsos* Utrecht L. Rev. 12 (2016) 139, 150; *Andersson* in: Krüger Andersen/Engsig Sørensen (Eds.), Company Law and Finance, 2008, S. 151, 154 merkt dies als eher traditionelles Argument an.

90 *Lutter/Bayer/Schmidt*, Europäisches Unternehmens- und Kapitalmarktrecht, 2017, Rn. 19.42; *Bayer/Schmidt* in: Bayer/Habersack (Hrsg.), Aktienrecht im Wandel, Bd. 1, 2007, Kap. 18 Rn. 29; *Kalss/Klampfl*, Europäisches Gesellschaftsrecht, 2015, Rn. 323; *Pentz/Priester/Schwanna* in: Lutter (Hrsg.), Das Kapital der Aktiengesellschaften in Europa, 2006, S. 42, 51 f.; *Goette* DStR 2005, 197, 198; *U. H. Schneider* ZGR 1984, 497, 509; als eher vorrangiger Zweck *Bayer/Schmidt* in: Bayer/Habersack (Hrsg.), Aktienrecht im Wandel, Bd. 1, 2007, Kap. 18 Rn. 29; vgl. auch *Andersson* in: Krüger Andersen/Engsig Sørensen (Eds.), Company Law and Finance, 2008, S. 151, 154.

91 Vgl. *Eidenmüller/Grunewald/Noack* in: Lutter (Hrsg.), Das Kapital der Aktiengesellschaft in Europa, 2006, S. 17, 20; *Lutter/Bayer/Schmidt*, Europäisches Unternehmens- und Kapitalmarktrecht, 2017, Rn. 19.37; vgl. für einen kurzen Überblick der jeweiligen Argumente und mit weiterführenden Nachweisen *Santella/Turrini* EBOR 9 (2008) 427, 431 ff.

92 Vgl. *Grundmann*, Europäisches Gesellschaftsrecht, 2011, Rn. 318; *Panetsos* Utrecht L. Rev. 12 (2016) 139, 151 f.; *Enriques/Macey* Cornell L. Rev. 86 (2001) 1165, 1185 f.; vgl. auch *Bayer/Schmidt* in: Bayer/Habersack (Hrsg.), Aktienrecht im Wandel, Bd. 1, 2007, Kap. 18 Rn. 29, dass das Erfordernis des Grundkapitals „weniger als Mittel eines effektiven Gläubigerschutzes“ dient, sondern eher als „Seriositätszeichen“.

93 Vgl. *Grundmann*, Europäisches Gesellschaftsrecht, 2011, Rn. 318; *Schuster* AG 1998, 379, 380; *Bauer*, Gläubigerschutz durch eine formelle Nennkapitalziffer – Kapitalgesellschaftsrechtliche Notwendigkeit oder überholtes Konzept, 1995, S. 134 ff.; *Schall*, Kapitalgesellschaftlicher Gläubigerschutz, 2009, S. 37 ff.

der Fall, setzt der Mitgliedstaat die Richtlinie nicht ordnungsgemäß um. Durch Währungsschwankungen kann es allerdings zu einer Situation kommen, in der der im nationalen Recht angegebene Betrag nicht (mehr) den Vorgaben der Richtlinienbestimmungen entspricht. Derzeit (Januar 2018) ist dies beispielsweise in **Polen** der Fall. Art. 308 § 1 KSH schreibt für die polnische Aktiengesellschaft ein Mindestgrundkapital von 100.000 Zloty vor (s. dazu auch § 17 Rn. 361), was nach derzeitigem Umrechnungskurs (Stand: Januar 2018) etwa EUR 24.080 entspricht und somit das von der Kapitalrichtlinie vorgegebene Mindestkapital unterschreitet. Auch in **Rumänien** beträgt das Mindestgrundkapital für Aktiengesellschaften RON 90.000, was umgerechnet derzeit (Stand: Januar 2018) etwa EUR 21.440 entspricht und damit nicht unerheblich hinter den Vorgaben des Art. 45 Kodifizierungs-RL (ex-Art. 6 Kapital-RL) zurückbleibt.

36 In den älteren Fassungen der Kapitalrichtlinie (vor der Konsolidierung im Jahr 2012, vgl. Rn. 3) fand sich noch eine Vorschrift, die sich mit entsprechenden **Währungsschwankungen** befasste (Art. 6 II Kapital-RL (77/91/EWG), dort noch mit ECU, wobei ein Euro rechnerisch einem ECU entspricht). Danach war eine Änderung nationalen Rechts notwendig, wenn die nationale Währung eines Mitgliedstaats ein Jahr lang unter dem Wert von ECU 22.500 blieb. Die **Streichung dieser Vorschrift** kann unterschiedlich interpretiert werden. Nicht im Sinn des Gesetzes erschiene die Auslegung, dass der Mitgliedstaat die Mindestvorgabe von EUR 25.000 allein im Zeitpunkt der Umsetzung zu erfüllen hat. Andererseits ist es nicht praktikabel im Falle einzelner, nicht längerfristiger und geringfügiger Unterschreitungen sofort eine mangelhafte Umsetzung zu konstatieren. Die gestrichene Vorschrift schien insofern einen Kompromiss zwischen der Durchsetzung der europäischen Mindeststandards und der Praktikabilität mit Bezug auf zu erwartende Währungsschwankungen darzustellen. Danach müsste Rumänien sein Mindestkapital anpassen, Polen hingegen (bislang) nicht. Aufgrund der Streichung der entsprechenden Vorschrift scheint es jedoch nun keinen Währungsschwankungs- und Anpassungsspielraum mehr zu geben, so dass wohl auch eine nur **kurzfristige umrechnungsbezogene Unterschreitung** des in Art. 45 Kodifizierungs-RL (ex-Art. 6 Kapital-RL) statuierten Mindestkapitals richtlinienwidrig ist.

III. Zerlegung in Aktien

37 Nach Art. 47 S. 1 Kodifizierungs-RL (ex-Art. 8 S. 1 Kapital-RL) dürfen die Aktien der Gesellschaft nicht unter dem Nennbetrag bzw. dem rechnerischen Wert an die künftigen Aktionäre ausgegeben werden. Dadurch ergibt sich, dass das Grundkapital der Aktiengesellschaft **in Anteile zerlegt** ist und diese Anteile (Aktien) jeweils einen Teil des Kapitals der Gesellschaft darstellen. Art. 47 Kodifizierungs-RL (ex-Art. 8 Kapital-RL) schreibt nicht vor, dass es sich dabei um **Nennbetragsaktien**, also Aktien, die auf einen bestimmten Geldwert lauten, handeln muss. Vielmehr ist es ausreichend, wenn der durch eine Aktie verkörperte Anteil am Grundkapital der Gesellschaft aus der Höhe des Grundkapitals und der Anzahl der Aktien ermittelt werden kann (**Stückaktien**).[94] Nicht gestattet sind nach hM sog echte nennwertlose Aktien (*true no par value shares*), die zB in den USA durchaus beliebt sind.[95]

38 Zugleich regelt Art. 47 S. 1 Kodifizierungs-RL (ex-Art. 8 S. 1 Kapital-RL) ausdrücklich die Unzulässigkeit einer sog **Unter-pari-Emission**,[96] da eine Ausgabe unter dem Nennbetrag bzw. dem rechnerischen Wert untersagt wird. Insgesamt ist Art. 47 Kodifizierungs-RL (ex-Art. 8 Kapital-RL) allgemein formuliert, so dass die Vorschrift sowohl im Zuge der Kapitalaufbringung bei Gründung als auch bei Kapitalerhöhungen (s. dazu Rn. 39 ff., 112 ff.) Anwendung findet.[97]

G. Kapitalaufbringung

39 Die Artt. 46 bis 55 Kodifizierungs-RL (ex-Artt. 7 bis 16 der Kapital-RL) enthalten zahlreiche Schutzvorschriften, die sicherstellen sollen, dass die Gesellschaft auch tatsächlich die von den Inferenten zu leistenden Einlagen

94 *Lutter/Bayer/Schmidt*, Europäisches Unternehmens- und Kapitalmarktrecht, 2017, Rn. 19.45; *Kalss/Klampfl*, Europäisches Gesellschaftsrecht, 2015, Rn. 325; *Nobel*, Internationales und Transnationales Aktienrecht, Bd. 2, 2012, Kap. 3 Rn. 27; vgl. auch *Wymeersch*, Reforming the Second Company Law Directive, Financial Law Institute Working Paper 2006-15, S. 6.

95 Vgl. nur *Habersack/Verse*, Europäisches Gesellschaftsrecht, 2011, § 6 Rn. 23, Fn. 61; *Grundmann*, Europäisches Gesellschaftsrecht, 2011, Rn. 330; *Kalss/Klampfl*, Europäisches Gesellschaftsrecht, 2015, Rn. 325; *Lutter/Bayer/Schmidt*, Europäisches Unternehmens- und Kapitalmarktrecht, 2017, Rn. 19.45; aA *De Wulf* ECFR 2016, 215, 244 f.

96 *Lutter/Bayer/Schmidt*, Europäisches Unternehmens- und Kapitalmarktrecht, 2017, Rn. 19.50; *Habersack/Verse*, Europäisches Gesellschaftsrecht, 2011, § 6 Rn. 23; *Kalss/Klampfl*, Europäisches Gesellschaftsrecht, 2015, Rn. 325; *Teichmann* in: Gebauer/Teichmann (Hrsg.), Europäisches Privat- und Unternehmensrecht, 2016, § 6 Rn. 175; zum Verbot der Unter-pari-Emission aus rechtsvergleichender Sicht *Lutter*, Kapital, Sicherung der Kapitalaufbringung und Kapitalerhaltung in den Aktien- und GmbH-Rechten der EWG, 1964, S. 158, 513 ff.; kritisch hingegen zum strikten Verbot der Unter-pari-Emission *Grohmann*, Das Informationsmodell im Europäischen Gesellschaftsrecht, 2006, S. 272.

97 *Grundmann*, Europäisches Gesellschaftsrecht, 2011, Rn. 332.

auf die auszugebenden Aktien erhält. Die Vorschriften sollen also eine **reale Kapitalaufbringung** gewährleisten.[98]

I. Einlagepflicht

40 Die Aufbringung des Grundkapitals der Aktiengesellschaft erfolgt durch die Aktionäre. Die ausgegebenen Aktien implizieren dabei die **Verpflichtung des Inferenten zur entsprechenden Einlagezahlung** (s. bereits Rn. 39).[99] Die Einlagepflicht besteht bei Nennbetragsaktien mindestens in Höhe des Nennbetrags der Aktie, bei Stückaktien mindestens in Höhe des rechnerischen Werts der Aktie.

41 Eine **Befreiung von der Einlageverpflichtung** ist nach Art. 53 Kodifizierungs-RL (ex-Art. 14 Kapital-RL) ausdrücklich unzulässig. Die Einlagepflicht der Aktionäre ist **unabdingbar.**[100] Grundsätzlich kann ein Aktionär von seiner Einlagepflicht nur im Rahmen einer damit verbundenen Kapitalherabsetzung (s. Rn. 41) und maximal bis zum vorgeschriebenen Mindestkapital befreit werden, wobei jedoch bestimmte Sicherungsmaßnahmen zugunsten der Gläubiger vorzusehen sind (s. dazu Rn. 135 ff.).[101] Die Gläubiger sind insofern auch bei einer Kapitalherabsetzung der Gesellschaft ausreichend geschützt.

II. Zeitpunkt der Aufbringung

42 Art. 48 Kodifizierungs-RL (ex-Art. 9 Kapital-RL) regelt den Zeitpunkt, zu dem die Einlageverpflichtung des Aktionärs an die Gesellschaft zu erfüllen ist. Art. 48 S. 1 Kodifizierungs-RL (ex-Art. 9 S. 1 Kapital-RL) sieht für Bareinlagen mindestens eine Leistung von **25% des Nennbetrags** oder des rechnerischen Wertes der Aktie zum Zeitpunkt der Gründung der Gesellschaft vor.[102] Die Richtlinienbestimmungen regeln dagegen nicht, bis wann die restlichen 75% spätestens eingezahlt werden müssen. Diese Entscheidung obliegt vielmehr den Mitgliedstaaten.[103] In Abhängigkeit von der jeweiligen Zulässigkeit nach nationalem Recht, bleibt es der betreffenden Gesellschaft daher zumindest nach europäischen Vorgaben im Grundsatz unbenommen, in der Satzung oder individualvertraglich einen früheren Einzahlungszeitpunkt zu bestimmen.

43 Streitig ist, ob Art. 48 S. 1 Kodifizierungs-RL (ex-Art. 9 S. 1 Kapital-RL) auch Fälle erfasst, in denen die Einlagepflicht des Gesellschafters an die Gesellschaft geleistet und im Anschluss daran von der Gesellschaft an den Gesellschafter zurückgezahlt wurde (sog Hin- und Herzahlen).[104] Dabei geht es darum, ob im Falle eines **Hin- und Herzahlens** die Pflicht zur Leistung von 25% des Nennbetrags trotz der Rücküberweisung erfüllt wurde.[105] § 27 IV AktG erkennt ein derartiges Hin- und Herzahlen grundsätzlich an, solange der Gesellschaft ein vollwertiger und jederzeit fälliger Rückzahlungsanspruch zusteht. Aus europäischer Perspektive wird hierzu jedoch vorgebracht, dass der Sinn und Zweck der Mindesteinzahlung darin besteht, dass der Gesellschaft diese 25% auch effektiv zur Verfügung stehen.[106] Dies sei jedoch nicht der Fall, wenn der Gesellschaft lediglich ein Rückzahlungsanspruch zusteht.[107] Richtig daran ist, dass im Hinblick auf das Prinzip der realen Kapitalaufbringung (s. Rn. 122) der Gesellschaft zumindest 25% der Höhe der vereinbarten Bareinlage als *„working capital"* zur Verfügung stehen müssen. Im Grundsatz gewährt jedoch auch ein Rückzahlungsanspruch, der vor allem zu jeder Zeit und bedingungslos von der Gesellschaft gegenüber dem betreffenden Aktionär vollumfänglich fällig gestellt werden kann, der Gesellschaft bezüglich dieses Betrags Verfügbarkeit. Auch aus Gläubigersicht ist es

98 *Lutter/Bayer/Schmidt*, Europäisches Unternehmens- und Kapitalmarktrecht, 2017, Rn. 19.47; *Habersack/Verse*, Europäisches Gesellschaftsrecht, 2011, § 6 Rn. 24 f.; *Kalss/Klampfl*, Europäisches Gesellschaftsrecht, 2015, Rn. 326.

99 *Habersack/Verse*, Europäisches Gesellschaftsrecht, 2011, § 6 Rn. 24.

100 *Lutter/Bayer/Schmidt*, Europäisches Unternehmens- und Kapitalmarktrecht, 2017, Rn. 19.48.

101 *Grundmann*, Europäisches Gesellschaftsrecht, 2011, Rn. 331; *Lutter/Bayer/Schmidt*, Europäisches Unternehmens- und Kapitalmarktrecht, 2017, Rn. 19.48.

102 AA *Cavin* NZG 2016, 734, 736, der unter der Regelung des ehemaligen Art. 9 I Kapital-RL jegliche Einlageformen erfasst; mit einer methodischen Herleitung *ders.*, Kapitalaufbringung in GmbH und AG, 2012, S. 82 ff.

103 *Habersack/Verse*, Europäisches Gesellschaftsrecht, 2011, § 6 Rn. 26; *Lutter/Bayer/Schmidt*, Europäisches Unternehmens- und Kapitalmarktrecht, 2017, Rn. 19.58; *Kalss/Klampfl*, Europäisches Gesellschaftsrecht, 2015, Rn. 328; *Fankhauser*, Gemeinschaftsrechtliche Publizitäts- und Kapital-Richtlinie, 2001, S. 137; *Klinke* in: Heidel (Hrsg.), Aktienrecht und Kapitalmarktrecht, 4. Aufl. 2014, Kap. 6 Rn. 320; *Werlauff*, EU Company Law, 2003, S. 208.

104 Vgl. hierzu *Herrler/Reymann* DNotZ 2009, 914, 927.

105 *Herrler/Reymann* DNotZ 2009, 914, 927; vgl. ebenfalls zu der Frage *Cavin*, Kapitalaufbringung in GmbH und AG, 2012, S. 624; *Klinke* in: Heidel (Hrsg.), Aktienrecht und Kapitalmarktrecht, 4. Aufl. 2014, Kap. 6 Rn. 321.

106 *Habersack* AG 2009, 557, 561; vgl. auch *Herrler/Reymann* DNotZ 2009, 914, 927; wohl auch dieser Ansicht mit der Folge, dass dies einen Verstoß gegen die Richtlinie darstellt *Klinke* in: Heidel (Hrsg.), Aktienrecht und Kapitalmarktrecht, 4. Aufl. 2014, Kap. 6 Rn. 321.

107 *Habersack* AG 2009, 557, 561; *Herrler/Reymann* DNotZ 2009, 914, 927; vgl. auch *Wicke*, Einführung in das Recht der Hauptversammlung, das Recht der Sacheinlagen und das Freigabeverfahren nach dem ARUG, 2009, S. 56, wonach 25% nicht an den Gesellschafter zurückgezahlt werden dürfen.

grundsätzlich unerheblich, ob der vereinbarte Teileinlagebetrag (bilanziell) als eingezahltes Grundkapital oder als **gleichwertiger, jederzeit fälliger Rückzahlungsanspruch** vorhanden ist.[108] Ferner ist aus deutscher Sicht über § 27 IV 2 AktG iVm § 37 AktG auch eine gewisse Publizität gewährleistet. Im Ergebnis sprechen daher die besseren Gründe dafür, dass die Regelung des § 27 IV AktG mit den Vorgaben des Art. 48 f. Kodifizierungs-RL (ex-Art. 9 f. Kapital-RL) in Einklang steht.[109]

44 **Sacheinlagen** („Einlagen, die nicht Bareinlagen sind") müssen an die Gesellschaft spätestens **fünf Jahre nach Gründung** vollständig, dh in voller Höhe und vollem Umfang, vom Aktionär an die Gesellschaft erbracht worden sein (Art. 48 S. 2 Kodifizierungs-RL (ex-Art. 9 S. 2 Kapital-RL)). Im Gegensatz zur Aufbringung von Bareinlagen muss zum Zeitpunkt der Gründung daher kein Teil der Einlage erbracht werden.[110] Dies ist der Tatsache geschuldet, dass Sacheinlagen oftmals nicht teilbar sind.[111] Wie bei den Bareinlagen kann die Gesellschaft in der Satzung oder einer individualvertraglichen Vereinbarung mit dem jeweiligen Aktionär jedoch auch eine frühere oder sofortige Einlagebegleichung statuieren. Zudem gibt Art. 48 Kodifizierungs-RL (ex-Art. 9 Kapital-RL) lediglich einen Mindeststandard vor, so dass das nationale Recht auch strengere Aufbringungsvorschriften vorsehen kann.[112]

III. Art der Einlage

45 Einlagefähig sind nur Vermögensgegenstände, deren wirtschaftlicher Wert feststellbar ist (Art. 46 S. 1 Kodifizierungs-RL (ex-Art. 7 S. 1 Kapital-RL)). Der Wert der Gegenstände muss sich im Grundsatz objektiv in Geld bewerten lassen können.[113] Hierzu wird man auch die in der Praxis immer relevanter werdenden Kryptowährungen (zB Bitcoins) zählen können, da die Richtlinienbestimmung lediglich die wirtschaftliche Bestimmbarkeit statuiert. Nicht notwendig sind hingegen die Vollstreckbarkeit und die Bilanzierungsfähigkeit[114] – obwohl beide wohl regelmäßig gegeben sein werden. Es ist europäisch-autonom (dazu § 2 Rn. 80 ff.) zu ermitteln, ob ein Wert feststellbar ist.[115] Anderenfalls würde die europäisch-autonome Interpretation von Bar- und Sacheinlage ins Leere laufen. Gleiches muss insofern für den in Art. 46 S. 1 Kodifizierungs-RL (ex-Art. 7 S. 1 Kapital-RL) verwendeten Begriff „Vermögensgegenstände" gelten.

46 Die Kapitalaufbringung kann im Ergebnis sowohl durch **Bareinlagen** als auch durch **Sacheinlagen** erfolgen. Zur Begleichung der Einlageschuld des Inferenten sind auch sog **gemischte Einlagen**,[116] dh ein Nebeneinander von Bar- und Sacheinlage gestattet, wenngleich diese in der Kapitalrichtlinie nicht ausdrücklich genannt werden.[117] Nicht einlagefähig sind dagegen Verpflichtungen zu **Arbeits-** oder **Dienstleistungen** (Art. 46 S. 2 Kodifizierungs-RL (ex-Art. 7 S. 2 Kapital-RL)).[118] Diese Einschränkung wird damit gerechtfertigt, dass solche Einlagen schwer

108 Einzig im Fall der Insolvenz des betreffenden Aktionärs, wobei der bestehende Rückzahlungsanspruch der Gesellschaft ggf. nicht voll wirtschaftlich verwertbar ist, könnte man dies bezweifeln.

109 Im Ergebnis auch *Lutter/Bayer/Schmidt*, Europäisches Unternehmens- und Kapitalmarktrecht, 2017, Rn. 19.90.

110 *Lutter/Bayer/Schmidt*, Europäisches Unternehmens- und Kapitalmarktrecht, 2017, Rn. 19.59; *Fankhauser*, Gemeinschaftsrechtliche Publizitäts- und Kapital-Richtlinie, 2001, S. 148.

111 *K. Krebs/Wagner* AG 1998, 467, 471 f.; vgl. auch *Hoffmann-Becking* ZIP 1995, 1, 2.

112 *Kalss/Klampfl*, Europäisches Gesellschaftsrecht, 2015, Rn. 328; *Lutter/Bayer/Schmidt*, Europäisches Unternehmens- und Kapitalmarktrecht, 2017, Rn. 19.59; *Fankhauser*, Gemeinschaftsrechtliche Publizitäts- und Kapital-Richtlinie, 2001, S. 147; *K. Krebs/Wagner* AG 1998, 467, 470; vgl. auch *Werlauff*, EU Company Law, 2003, S. 208.

113 *GA Tesauro*, Schlussanträge v. 8.4.1992 zu EuGH, Rs. C- 83/91 (Meilicke), ECLI:EU:C:1992:332 = BeckEuRS 1992, 190341; *Lutter/Bayer/Schmidt*, Europäisches Unternehmens- und Kapitalmarktrecht, 2017, Rn. 19.52; *Kalss/Klampfl*, Europäisches Gesellschaftsrecht, 2015, Rn. 327; *Lösekrug*, Die Umsetzung der Kapital-, Verschmelzungs- und Spaltungsrichtlinie der EG in das nationale deutsche Recht, 2004, S. 76.

114 Vgl. Europäische Kommission, Stellungnahme vom 24.4.1970, Nr. C 48/11; *Lutter/Bayer/Schmidt*, Europäisches Unternehmens- und Kapitalmarktrecht, 2017, Rn. 19.52, *Lösekrug*, Die Umsetzung der Kapital-, Verschmelzungs- und Spaltungsrichtlinie der EG in das nationale deutsche Recht, 2004, S. 80; *Cavin*, Kapitalaufbringung in GmbH und AG, 2012, S. 278 ff.; vgl. auch *Meilicke* DB 1989, 1067, 1075, der der Bilanzierungsfähigkeit jedoch eine Indizwirkung zusprechen möchte; vgl. bereits vorher Abkehr vom Erfordernis der Bilanzierbarkeit, jedoch für eine Indizwirkung *Hüffer* NJW 1979, 1065, 1067.

115 AA *van Gerven* in: van Gerven (Ed.), Capital Directive in Europe, 2014, S. 14.

116 Der Begriff wird hier abweichend von den im deutschen Recht verwendeten Termini „Mischeinlage" und „gemischte Sacheinlage" ausschließlich für Fälle verwendet, in denen ein Aktionär sowohl Bar- als auch Sacheinlagen erbringt.

117 *Lutter/Bayer/Schmidt*, Europäisches Unternehmens- und Kapitalmarktrecht, 2017, Rn. 19.55.

118 Zur Problematik, dass – ähnlich wie bei einer verdeckten Sacheinlage – zwar eine Bareinlage vereinbart und erbracht wurde, jedoch aufgrund eines (Geschäftsführer-) Dienstvertrags finanzielle Mittel wieder an den entsprechenden Aktionär zurück fließen *Cavin*, Kapitalaufbringung in GmbH und AG, 2012, S. 225 f.

zu bewerten wären und die Durchsetzung der Erbringung problematisch sein kann.[119] Darum sind auch weder Dienstleistungen der Gesellschafter noch Dienstleistungen Dritter einlagefähig.[120]

Bareinlagen sind Einlagen, die in Form von Geld an die Gesellschaft erbracht werden. Sacheinlagen sind hingegen Einlagen, die keine Bareinlagen darstellen, also der Gesellschaft nicht in Form von Geld zufließen. In den meisten Sprachfassungen der Kapitalrichtlinie wird jedoch nicht wie in Deutschland von „Sacheinlagen" gesprochen, sondern vielmehr von **„Einlagen, die nicht Bareinlagen sind"**.[121] Auch die deutsche Fassung spricht in Art. 48 S. 2 Kodifizierungs-RL (ex-Art. 9 S. 2 Kapital-RL) von „Einlagen, die nicht Bareinlagen sind". An anderen Stellen wird jedoch der Begriff „Sacheinlage" verwendet.[122] 47

Die Kapitalrichtlinie verzichtet auf eine Definition von Bareinlagen und Einlagen, die nicht Bareinlagen sind (Sacheinlagen). Dennoch können die Mitgliedstaaten nicht bestimmen, was darunter zu verstehen ist. Vielmehr ist weitgehend anerkannt, dass beide Begriffe **europäisch-autonom**, also unabhängig vom nationalen Begriffsverständnis, auszulegen sind (dazu § 2 Rn. 80 ff.).[123] Trotz einer fehlenden Definition in der Richtlinie dürfte feststehen, dass unter einer **Bareinlage** allgemeine **Zahlungsmittel** wie **Bar- oder Buchgeld** zu verstehen sind. Sacheinlagen (Einlagen, die keine Bareinlagen sind; Nicht-Bareinlagen) sind allgemein „Sachen" oder „Sachgesamtheiten", wie zB Unternehmen, Immaterialgüterrechte und bestimmte Nutzungsrechte.[124] 48

Ein zukünftig relevantes Thema könnte in diesem Zusammenhang sein, ob auch sog **Kryptowährungen**, wie zB **Bitcoins**, als eine Form von Geld und damit „Quasi-Barleinlage" im Sinne der Richtlinienbestimmungen verstanden werden können. Zumindest Art. 46 S. 1 Kodifizierungs-RL (ex-Art. 7 S. 1 Kapital-RL) steht dem wohl nicht entgegen, da der wirtschaftliche Wert von Kryptowährungen sehr wohl (zumindest bezogen auf einen konkreten Stichtag) feststellbar ist. Andererseits ist der umgerechnete monetäre Wert zB eines Bitcoins – vergleichbar mit börsengehandelten Aktien – äußerst schwankend. Bereits im Sinne der realen Kapitalaufbringung (vgl. Rn. 122) ist die Bareinlagefähigkeit von Kryptowährungen daher sehr zweifelhaft. Ferner werden – zumindest aus deutscher Sicht – insbesondere Bitcoins als nicht unter den Geldbegriff fallend angesehen,[125] da es sich lediglich um eine private Währung handelt. Private Währungen sind gerade nicht als staatliches Geld zu qualifizieren und können daher grundsätzlich auch keine Bareinlage im Sinne der Richtlinienbestimmungen darstellen. In Betracht käme danach uU die Qualifizierung von Kryptowährungen als Sacheinlage. Dies könnte vor allem Art. 50 I Kodifizierungs-RL (ex-Art. 11 I Kapital-RL) nahelegen, wonach Wertpapiere oder **Geldmarktinstrumente** im Sinne der MiFiD II (s. dazu § 34 Rn. 34 ff.) **„als Sacheinlage eingebracht werden"** können, sofern bestimmte Voraussetzungen erfüllt sind. Nach derzeitiger Auffassung handelt es sich bei Kryptowährungen jedoch weder um Wertpapiere[126] noch um Geldmarkinstrumente.[127] Gleichwohl kann der gewichtete Durchschnittspreis[128] zB eines Bitcoins innerhalb einer gewissen Zeitspanne ermittelt werden, was eine Wertermittlung durch einen Sachverständigen (s. Rn. 52 ff.) entbehrlich machen würde. Eine teleologische Reduktion des Art. 50 I Kodifizierungs-RL (ex-Art. 11 I Kapital-RL) im Hinblick auf die Erforderlichkeit der MiFiD II-Begriffsbestimmungen wäre somit durchaus denkbar. Aufgrund der Charakteristika von Kryptowährungen und den damit verbundenen „Kursschwankungen" wäre jedoch gleichzeitig eine entsprechende Anwendung von Art. 50 I Uabs. 2 Kodifizierungs-RL (ex-Art. 11 I Uabs. 2 Kapital-RL), als eine **Neubewertung** der „Sacheinlage" **in regelmäßigen Abständen** geboten, um die tatsächliche Werthaltigkeit der entsprechend als Sacheinlage eingebrachten Bitcoins turnusmäßig sicherzustellen. 49

---

119 *Lutter/Bayer/Schmidt*, Europäisches Unternehmens- und Kapitalmarktrecht, 2017, Rn. 19.53.

120 Der Wortlaut spricht ganz allgemein von Arbeits- oder Dienstleistungen; vgl. zur Problematik *Lutter/Bayer/Schmidt*, Europäisches Unternehmens- und Kapitalmarktrecht, 2017, Rn. 19.53; *Kalss/Klampfl*, Europäisches Gesellschaftsrecht, 2015, Rn. 327; *Habersack/Verse*, Europäisches Gesellschaftsrecht, 2011, § 6 Rn. 29; *Lösekrug*, Die Umsetzung der Kapital-, Verschmelzungs- und Spaltungsrichtlinie der EG in das nationale deutsche Recht, 2004, S. 81.

121 Engl.: „consideration other than cash". Ital.: „conferimento non in contain". Span.: „aportacion no dineraria". Franz.: „les apports autres qu'en numéraire". Niederl.: „inbreng anders dan in geld".

122 So in Art. 49 IV, Art. 50 I-III, Art. 51 I-III, Art. 70 IV Kodifizierungs-RL (ex-Art. 10 IV, ex-Art. 11 I-III, ex-Art. 12 I-III, ex-Art. 31 IV Kapital-RL).

123 *Lutter/Bayer/Schmidt*, Europäisches Unternehmens- und Kapitalmarktrecht, 2017, Rn. 19.56; *Drinkuth*, Die Kapitalrichtlinie – Mindest- oder Höchstnorm?, 1998, S. 154, 156 f.; *Fankhauser*, Gemeinschaftsrechtliche Publizitäts- und Kapital-Richtlinie, 2001, S. 142; *Groß* AG 1993, 108, 111; *Meilicke* DB 1989, 1067, 1072; *ders.* DB 1990, 1173, 1175; aA *Wiedemann* JZ 1997, 1058, 1059.

124 *Lutter/Bayer/Schmidt*, Europäisches Unternehmens- und Kapitalmarktrecht, 2017, Rn. 19.56.

125 Vgl. *Spindler/Bille* WM 2014, 1357, 1361; *Schäfer* in: Boos/Fischer/Schulte-Mattler (Hrsg.), KWG, CRR-VO, 5. Aufl. 2016, § 1 KWG Rn. 37; *Lerch* ZBB 2015, 190 ff.

126 *Spindler/Bille* WM 2014, 1357, 1361; vgl. auch *Terlau* in: Schimansky/Bunte/Lwowski (Hrsg.), Bankrechts-Handbuch, 5. Aufl. 2017, § 55a Rn. 175.

127 *Beck* NJW 2015, 580, 581 ff.

128 Vgl. zu Art. 50 I Kodifizierungs-RL (ex-Art. 11 I Kapital-RL) *Lutter/Bayer/Schmidt*, Europäisches Unternehmens- und Kapitalmarktrecht, 2017, Rn. 19.71.

50 Umstritten ist weiterhin, wie **Forderungen** klassifiziert werden sollen. Dies kommt daher, dass auch in den einzelnen Mitgliedstaaten Forderungen unterschiedlich beurteilt werden. Beispielsweise werden in Deutschland[129] Forderungen grundsätzlich als **Sacheinlagen** behandelt,[130] während sie vor allem im britischen Recht[131] vielmehr als **Bareinlagen** angesehen werden. Generalanwalt *Tesauro* hat in seinen Schlussanträgen zur Rs. *Meilicke*[132] befürwortet, dass die Einbringung von Forderungen jedenfalls dann eine Bareinlage darstellen sollte, wenn es sich um eine zweifelsfreie, fällige und liquide Forderung handelt.[133] Da die Vorlage in der entsprechenden Rechtssache nach Ansicht des EuGH jedoch bereits nicht zulässig war, nahm das Gericht zu diesem Punkt nicht Stellung.[134] Eine endgültige höchstrichterliche Klärung dieser Frage steht also weiterhin aus. Aufgrund der mit dem Vorliegen einer Sacheinlage verknüpften besonderen Anforderungen an diese wäre eine Klarstellung jedoch dringend angebracht.[135]

IV. Erbringung von Sacheinlagen

51 Für Sacheinlagen („Einlagen, die nicht Bareinlagen sind") statuiert die Kapitalrichtlinie einige **Sondervorschriften** (zu den Unterschieden bzgl. des Zeitpunkts der Einbringung s. Rn. 42 ff.). Nach Art. 4 lit. h) Kodifizierungs-RL (ex-Art. 3 lit. h) Kapital-RL) müssen beispielsweise die Sacheinlage, deren Einbringungswert und der Name des einbringenden Inferenten in der offenzulegenden Satzung bzw. sonstigen Urkunde angegeben werden.

1. Wertprüfung durch einen Sachverständigen

52 Zudem befassen sich die Artt. 49 bis 51 Kodifizierungs-RL (ex-Artt. 10 bis 12 der Kapitalrichtlinie) ausschließlich mit den Modalitäten der Aufbringung von Sacheinlagen. Um eine zu hohe Bewertung von Sacheinlagen zu verhindern[136] und dadurch eine tatsächliche, werthaltige Kapitalaufbringung zu gewährleisten, fordert die Kapitalrichtlinie in Art. 49 I, II Kodifizierungs-RL (ex-Art. 10 I, II Kapital-RL) eine **unabhängige Wertprüfung** des einzulegenden Gegenstandes durch ein oder mehrere Sachverständige. Die Vorschrift bezweckt den Schutz der Aktionäre und Gläubiger der Aktiengesellschaft.[137] Der durch den **unabhängigen Sachverständigen**[138] erstellte Prüfungsbericht ist nach Art. 49 III Kodifizierungs-RL (ex-Art. 10 III Kapital-RL) offenzulegen. Die Richtlinie erlaubt ausdrücklich, dass sowohl natürliche als auch juristische Personen und (Personen-)Gesellschaften Sachverständige iSd Vorschrift sein können (Art. 49 I 2 Kodifizierungs-RL (ex-Art. 10 I 2 Kapital-RL)). Eine besondere Qualifikation des bzw. der Sachverständigen wird jedoch nicht gefordert. Es wird lediglich vorgeschrieben, dass er „unabhängig" von der Gesellschaft sein muss; obwohl auch hier nicht näher beschrieben wird, was darunter konkret zu verstehen ist.[139] Insofern gelten diesbezüglich – im Rahmen des *effet utile* (dazu § 2 Rn. 127 ff.) – grundsätzlich die nationalen Vorschriften für die Qualifikationsanforderungen von Sachverständigen.[140] Die Bestellung und Zulassung von **Sachverständigen** muss durch eine Verwaltungsbehörde oder ein Gericht erfolgen (Art. 49 I 1 Kodifizierungs-RL (ex-Art. 10 I 1 Kapital-RL)). Durch diese Kompetenzzuweisung regelt die Richtlinie nicht, wer Sachverständiger werden kann. Dieser Aspekt wird vielmehr den einzelnen Mitgliedstaaten zur Regelung überlassen.[141]

129 Vgl. BGH NJW 1990, 982, 985; *Hüffer/Koch*, AktG, 13. Aufl. 2018, § 27 Rn. 17; *Ekkenga* ZGR 2009, 581, 589; *Pentz* in: MüKo AktG, Bd. 1, 4. Aufl. 2016, § 27 Rn. 29; *Lösekrug*, Die Umsetzung der Kapital-, Verschmelzungs- und Spaltungsrichtlinie der EG in das nationale deutsche Recht, 2004, S. 106.

130 Insofern zur Vereinbarkeit von § 194 I 2 AktG mit der Kapitalrichtlinie, wenn der Forderung eine Barzahlung an die Gesellschaft zugrunde liegt *Cahn/Simon/Theiselmann* CFL 2010, 238, 250; *Florstedt* ZHR 180 (2016) 152, 155 f.

131 *Davie/Worthington* in: Gower and Davies' Principles of Modern Company Law, 10. Ed. 2016, Rn. 11-14; *Fankhauser*, Gemeinschaftsrechtliche Publizitäts- und Kapital-Richtlinie, 2001, S. 144; *Einsele* NJW 1996, 2681, 2685.

132 EuGH, Rs. C-83/91 (Meilicke), ECLI:EU:C:1992:332 = BeckEuRS 1992, 190341.

133 *GA Tesauro*, Schlussanträge vom 8.4.1992 zu Rs. C- 83/91 (Meilicke), ECLI:EU:C:1992:178 = BeckEuRS 1992, 190212, Rn. 16.

134 Vgl. EuGH, Rs. C- 83/91 (Meilicke), ECLI:EU:C:1992:332 = BeckEuRS 1992, 190341, Rn. 13.

135 Vgl. *Lutter/Bayer/Schmidt*, Europäisches Unternehmens- und Kapitalmarktrecht, 2017, Rn. 19.57.

136 Zu den Risiken für Gläubiger und Mitgesellschafter bei der Aufbringung von Sacheinlagen siehe *Grohmann*, Das Informationsmodell im Europäischen Gesellschaftsrecht, 2006, S. 273 f.

137 *Lutter/Bayer/Schmidt*, Europäisches Unternehmens- und Kapitalmarktrecht, 2017, Rn. 19.61; *Habersack/Verse*, Europäisches Gesellschaftsrecht, 2011, § 6 Rn. 30; vgl. zur Bewertung von Sacheinlagen im Rahmen der Kapitalerhöhung *Bayer* in: FS Ulmer, 2003, S. 21, 33.

138 Kritisch in Bezug auf die tatsächliche Unabhängigkeit *Santella/Turrini* EBOR 9 (2008) 427, 439; *Enriques/Macey* Cornell L. Rev. 86 (2001) 1165, 1187 f.; *Wymeersch*, Reforming the Second Company Law Directive, Financial Law Institute Working Paper 2006-15, S. 15.

139 *Lutter/Bayer/Schmidt*, Europäisches Unternehmens- und Kapitalmarktrecht, 2017, Rn. 19.62.

140 Vgl. auch *Fankhauser*, Gemeinschaftsrechtliche Publizitäts- und Kapital-Richtlinie, 2001, S. 146.

141 *Lutter/Bayer/Schmidt*, Europäisches Unternehmens- und Kapitalmarktrecht, 2017, Rn. 19.62; *Fankhauser*, Gemeinschaftsrechtliche Publizitäts- und Kapital-Richtlinie, 2001, S. 146.

53 Der **Mindestinhalt** des vom Sachverständigen zu erstellenden Prüfungsberichts ist nach Art. 49 II Kodifizierungs-RL (ex-Art. 10 II Kapital-RL) die genaue Beschreibung der Einlage, die Nennung des zur Wertermittlung angewandten Bewertungsverfahrens sowie die Angabe, ob der objektive Wert der Sacheinlage zumindest dem dafür ausgegebenen Wert der Aktien an den Aktionär entspricht. Der Wert der Sacheinlage muss diesbezüglich auch ein etwaiges Agio abdecken.[142] Dem Wortlaut der Vorschrift nach[143] muss der Bericht nicht den konkreten Wert der Sacheinlage angeben, sondern **lediglich, ob er dem Wert der Aktien entspricht.**[144] Der ursprüngliche Kommissionsentwurf reichte weiter und forderte seinem Wortlaut nach auch die Angabe des Werts der Sacheinlage (vgl. Art. 8 II Kapital-RL-Entwurf). Im Sinn der Aktionärs- und Gläubigerinteressen könnte befürwortet werden, den Sachverständigen auch dazu zu verpflichten, den Wert der Sacheinlage anzugeben. Denn nur dann können die Aktionäre den in der Satzung angegebenen Wert aufgrund des Gutachtens entsprechend anpassen. Dies würde nicht allein einem reinen Informationsverlangen dienen, sondern auch dem Interesse der Aktionäre daran, dass der Wert ihrer Aktien den Wert ihrer Einlage widerspiegelt. Art. 49 II Kodifizierungs-RL fordert seinem Wortlaut nach im Ergebnis jedoch nur die Angabe, ob die Einlage dem Wert der Aktien entspricht. Da Art. 49 II Kodifizierungs-RL (ex-Art. 10 II Kapital-RL) nur einen Mindeststandard darstellt, können aber zumindest die Mitgliedstaaten Entsprechendes vorsehen.

54 Der Prüfungsbericht des Sachverständigen ist für die Aktionäre **nicht bindend,**[145] dh sie können trotz des Berichts in der Satzung einen anderen Wert angeben. Die Kapitalrichtlinie sieht keine Konsequenzen für diesen Fall vor. Die Mitgliedstaaten können jedoch entsprechende Regelungen treffen, da es sich bei den Vorgaben um einen Mindeststandard handelt. In Frankreich besteht allerdings beispielsweise keine Pflicht, den im Sacheinlagegutachten festgestellten Wert anzusetzen (vgl. § 13 Rn. 587). Die **Veröffentlichung** des Sachverständigenberichts setzt für die Aktionäre jedoch Anreize den in der Satzung angegebenen Wert an die Wertermittlung des Sachverständigen anzupassen.[146]

55 Eine **zusätzliche Kontrolle** der Werthaltigkeit einer Sacheinlage ist in der Kapitalrichtlinie nicht vorgesehen. Da es sich bei Art. 49 Kodifizierungs-RL (ex-Art. 10 Kapital-RL) allerdings nur um Mindestanforderungen handelt, können die Mitgliedstaaten eine weitere (gerichtliche) Kontrolle des einzubringenden Gegenstandes vorschreiben (vgl. zB § 38 II 2 Alt. 2 AktG).[147]

56 Bedauerlich ist, dass Art. 49 Kodifizierungs-RL (ex-Art. 10 Kapital-RL) keine Vorgaben zur Bewertungsmethode macht. Art. 49 II Kodifizierungs-RL (ex-Art. 19 II Kapital-RL) schreibt lediglich vor, dass das Bewertungsverfahren zur Ermittlung genannt werden muss. Diese fehlende Konkretisierung vermittelt dem Sachverständigen im Ergebnis ein Ermessen im Rahmen der Bewertung durch die Wahl des Bewertungsverfahrens. Dieser Spielraum kann auch ausgenutzt werden, um eine interessengerichtete Bewertung durchzuführen.[148]

2. Optionalität der Wertprüfung in bestimmten Fällen

57 **Ausnahmen** von dem Erfordernis des Wertprüfungsberichts und dessen Offenlegung werden zunächst in Art. 49 IV und V Kodifizierungs-RL (ex-Art. 10 IV, V Kapital-RL) genannt.[149] Diese Ausnahmen stellen Regelungsoptionen für die Mitgliedstaaten dar. Macht ein Mitgliedstaat davon keinen Gebrauch, gilt das Gebot des Sachverständigengutachtens daher uneingeschränkt.

142 *Lutter/Bayer/Schmidt*, Europäisches Unternehmens- und Kapitalmarktrecht, 2017, Rn. 19.63; *Habersack/Verse*, Europäisches Gesellschaftsrecht, 2011, § 6 Rn. 30; *Grundmann*, Europäisches Gesellschaftsrecht, 2011, Rn. 337; *Kalss/Klampfl*, Europäisches Gesellschaftsrecht, 2015, Rn. 329; *Hirte* DB 1995, 1113, 1114; *Bayer* in: FS Ulmer, 2003, S. 21, 31 ff.; *ders.* in: MüKo AktG, Bd. 4, 2016, § 205 Rn. 20; *Bayer/Schmidt* ZGR 2009, 805, 843 f.

143 Englischer Wortlaut: „shall state whether the values arrived at by the application of those methods correspond at least to the number and nominal value". Französischer Wortlaut: „indique si les valeurs auxquelles conduisent ces modes correspondent au moins au nombre et à la valeur nominale". Spanischer Wortlaut: „indicará si los valores a los que conducen dichos métodos corresponden al menos al número y al valor nominal". Italienischer Wortlaut: „indicare se i valori risultanti dall'applicazione di tali criteri corrispondono almeno al numero e al valore nominale". Niederländischer Wortlaut: „aangeven of de waarden waartoe die methoden leiden, ten minste overeenkomen met het aantal en de nominale waarde". Polnischer Wortlaut: „czy wartość odpowiada co najmniej liczbie i wartości nominalnej, lub (...) wartości księgowej i, o ile ma to miejsce, nadwyżki emisyjnej akcji".

144 Vgl. *Grohmann*, Das Informationsmodell im Europäischen Gesellschaftsrecht, 2006, S. 274; *DAV-Handelsrechtsausschuss* NZG 2005, 426, 428.

145 *Niessen* AG 1970, 281, 288; *Grohmann*, Das Informationsmodell im Europäischen Gesellschaftsrecht, 2006, S. 274 f.; *Lutter/Bayer/Schmidt*, Europäisches Unternehmens- und Kapitalmarktrecht, 2017, Rn. 19.64; *Fankhauser*, Gemeinschaftsrechtliche Publizitäts- und Kapital-Richtlinie, 2001, S. 146.

146 *Grohmann*, Das Informationsmodell im Europäischen Gesellschaftsrecht, 2006, S. 275.

147 *Lutter/Bayer/Schmidt*, Europäisches Unternehmens- und Kapitalmarktrecht, 2017, Rn. 19.65.

148 Vgl. *Santella/Turrini* EBOR 9 (2008) 427, 439; *Enriques/Macey* Cornell L. Rev. 86 (2001) 1165, 1187 f., dass lediglich eine offensichtliche Überbewertung vermieden wird; *Wymeersch*, Reforming the Second Company Law Directive, Financial Law Institute Working Paper 2006-15, S. 15.

149 Die Ausnahme wurde auf Wunsch der Niederlande aufgenommen, vgl. *Lutter/Bayer/Schmidt*, Europäisches Unternehmens- und Kapitalmarktrecht, 2017, Rn. 19.67.

58 Nach Art. 49 IV Kodifizierungs-RL (ex-Art. 10 IV Kapital-RL) brauchen die Mitgliedstaaten bei bestimmten konzerninternen Gründungen von Tochtergesellschaften die Vorgaben des Art. 49 I-III Kodifizierungs-RL (ex-Art. 10 I-III Kapital-RL) nicht anzuwenden. Eine entsprechende Ausnahme ist danach nur gestattet, wenn **mindestens 90% der Aktien** gegen Sacheinlagen an eine Gesellschaft oder mehrere Gesellschaften ausgegeben und die spezifischen Vorgaben des Art. 49 IV lit. a) bis f) Kodifizierungs-RL (ex-Art. 10 IV lit. a) bis f) Kapital-RL) eingehalten werden. Erforderlich ist ua ein ausdrücklicher Verzicht auf eine Sacheinlageprüfung durch die Personen, in deren Namen die Satzung oder der Errichtungsakt unterzeichnet worden sind (lit. a) und die Bildung bestimmter Rücklagen durch die Gesellschaft, die die Aktien erhalten soll (lit. c).

59 Eine weitere mögliche Ausnahme (Mitgliedstaatenoption) besteht nach Art. 49 V Kodifizierungs-RL (ex-Art. 10 V Kapital-RL) bei Gesellschaftsgründung infolge einer **Verschmelzung** bzw. **Spaltung**. Ist im Wege der Verschmelzung bzw. Spaltung bereits ein unabhängiger Bericht eines Sachverständigen über den Verschmelzungs- bzw. Spaltungsplan erstellt worden, können die Mitgliedstaaten von dem Erfordernis eines weiteren Sachverständigenberichts absehen oder die Erstellung eines gemeinsamen Berichts gestatten. Diese Ausnahme dient vor allem der Kosten- und Aufwandsreduktion bezüglich der mit der Sachverständigenprüfung verbundenen Arbeit[150] und erlaubt die Vermeidung doppelter Arbeit ohne neuen Kenntnisgewinn.

60 Weiterhin können sich die Mitgliedstaaten gem. Art. 50 Kodifizierungs-RL (ex-Art. 11 Kapital-RL) dazu entscheiden (Mitgliedstaatenoption), in bestimmten Konstellationen die Vorschriften über den **Sachverständigenbericht** nach Art. 49 I bis III Kodifizierungs-RL (ex-Art. 10 I bis III Kapital-RL) **nicht anzuwenden**.[151] Dies ist möglich, wenn andere zuverlässige Bezugspunkte für die Bewertung der Sacheinlage vorhanden sind, wie bei

- Wertpapieren und Geldmarktinstrumenten MiFiD II (Art. 50 I);
- anderen Vermögensgegenständen (Art. 50 II, III).

61 In Bezug auf Wertpapiere und andere Geldmarktinstrumente (Abs. 1) kann der **Börsenkurs zur Wertbestimmung** herangezogen werden (s. dazu im Rahmen von Kryptowährungen auch Rn. 49). Bei anderen Vermögensgegenständen können die Mitgliedstaaten auf einen Sachverständigenbericht gem. Art. 50 I bis III Kodifizierungs-RL (ex-Art. 10 I bis III Kapital-RL) **verzichten**, sofern ein unabhängiger Sachverständiger bereits einen Bericht erstellt hat (Abs. 2).[152] Die Befreiung von einem Sachverständigenbericht dient dem Zweck, dass der Wert der Sacheinlage bereits auf andere Weise festgestellt wurde und die Gesellschaft so vor unnötigen Kosten, Zeit- und sonstigen Aufwendungen entlastet werden soll.[153]

62 Der Wert der Sacheinlage wird im Sachverständigenbericht grundsätzlich für einen Stichtag bestimmt. Dieser **Stichtag** darf nicht mehr als sechs Monate vor dem Tag der tatsächlichen Einbringung liegen, damit die Ausnahmeregelung greifen kann (Art. 50 II 1 lit. a) Kodifizierungs-RL (ex-Art. 10 II 1 lit. a) Kapital-RL)). Die zeitliche Begrenzung ist notwendig, da sich der Wert von Vermögensgegenständen im Zeitverlauf verändert. Da es allerdings Gegenstände gibt, die auch innerhalb von sechs Monaten einer Wertschwankung unterliegen können, ordnen die Richtlinienbestimmungen zudem an, dass das Leitungs- bzw. Verwaltungsorgan auch dann ein neues Wertgutachten in Auftrag geben muss, wenn der Zeitraum von sechs Monaten zwar nicht überschritten wurde, aber „erhebliche Umstände" eingetreten sind, die eine „**wesentliche Änderung**" des Werts des Vermögensgegenstands nahelegen (Art. 50 II 2 Kodifizierungs-RL (ex-Art. 11 II 2 Kapital-RL)). Die Formulierung deutet allerdings auf eine relativ hohe Schwelle hin („erheblich"/„wesentlich").[154] Diese Neubewertung ist dabei unter der Verantwortung des Leitungs- bzw. Verwaltungsorgans durchzuführen.[155] Den Mitgliedstaaten steht es außerdem frei, auch dann auf ein Sachverständigengutachten zu verzichten, wenn der Wert aus der „Vermögensaufstellung des gesetzlichen Abschlusses des vorausgegangenen Geschäftsjahrs hervorgeht" (Art. 50 III Kodifizierungs-RL (ex-Art. 11 III Kapital-RL)).[156]

63 Der europäische Gesetzgeber sieht in den genannten Situationen keine zwingende Notwendigkeit für ein Sachverständigengutachten und möchte es den Mitgliedstaaten daher ermöglichen, auf ein solches zur Reduzierung

150 Vgl. *Lutter/Bayer/Schmidt*, Europäisches Unternehmens- und Kapitalmarktrecht, 2017, Rn. 19.68.

151 Speziell dazu *Schäfer* DK 2007, 407 ff.; vgl. auch *Merkner/Decker* NZG 2009, 887, 888.

152 Art. 50 II Kodifizierungs-RL (ex-Art. 11 II Kapital-RL) regelt detailliert, wann ein solcher Sachverständigenbericht ausreichend sein kann.

153 *Santella/Turrini* EBOR 9 (2008) 427, 439.

154 Englisch: „qualifying/significantly". Der englische Wortlaut spricht allerdings nicht unbedingt von „erheblich". In der französischen Fassung findet sich gar kein entsprechendes Adjektiv. Die französische Fassung spricht mit Blick auf die Änderung aber entsprechend von „sensiblement". Der spanische Wortlaut entspricht der französischen Fassung (lediglich „sensiblemente"). Italienisch: „rilevanti/sensibilmente". Niederländisch: „bijzondere/aanzienlijke".

155 Siehe Art. 50 I 2 Kodifizierungs-RL (ex-Art. 11 I 2 Kapital-RL). Die Korrektur des Fehlers in der ehemaligen Richtlinienfassung 2012/30/EU wurde bereits durch eine offizielle Berichtigung in 2016 vorgenommen (ABl. EU, L 161/41). Die korrigierte Fassung wurde in der Kodifizierungs-Richtlinie übernommen.

156 *Kalss/Klampfl*, Europäisches Gesellschaftsrecht, 2015, Rn. 330; ausführlich zu den einzelnen Aspekten und der Umsetzung ins deutsche Recht auch *Lutter/Bayer/Schmidt*, Europäisches Unternehmens- und Kapitalmarktrecht, 2017, Rn. 19.71.

der damit verbundenen Kosten zu verzichten.[157] Wird der von Art. 50 Kodifizierungs-RL (ex-Art. 11 Kapital-RL) gewährte Regelungsspielraum von den Mitgliedstaaten genutzt, sind gemäß Art. 51 I Kodifizierungs-RL (ex-Art. 12 I Kapital-RL) **spezielle Publizitätsbestimmungen zu beachten**, damit trotz des fehlenden Sachverständigenberichts eine angemessene Transparenz gewährleistet ist.[158]

3. Nachgründungsregeln

Wie deutlich geworden ist, ist die Kapitalaufbringung mittels Sacheinlagen sowohl kosten- als auch aufwandsintensiver als die bloße Einbringung von Bareinlagen. Der Richtliniengeber erkannte dies und die damit einhergehende **Umgehungsgefahr** der Vorschriften für die Erbringung von Sacheinlagen.[159] Daher wurden zum Schutz vor der Umgehung dieser Vorschriften die Regelung über die **Nachgründung** gem. Art. 52 Kodifizierungs-RL (ex-Art. 13 Kapital-RL) in die Richtlinie aufgenommen. Die Vorschrift besagt, dass beim Erwerb eines Vermögensgegenstandes von einem Gründer der Gesellschaft, sofern dieser innerhalb von zwei Jahren nach der Gründung erfolgt und mindestens[160] in Höhe von **10% des gezeichneten Kapitals** vergütet wird, die Sacheinlagevorschriften nach Art. 49 I bis III Kodifizierungs-RL (ex-Art. 10 I bis III Kapital-RL) anwendbar sind. Außerdem bedarf der Erwerb durch den Gründer der Zustimmung durch die Hauptversammlung der Aktiengesellschaft. Die Vorschrift legt nicht ausdrücklich den Zeitpunkt fest, bis zu dem die Zustimmung zu erfolgen hat. Der deutsche Wortlaut („Zustimmung") könnte nahelegen, dass die Abstimmung vor dem Abschluss des Vertrags vorzunehmen ist.[161] Die anderen Sprachfassungen weisen jedoch nicht explizit darauf hin, dass eine vorherige Zustimmung notwendig ist.[162] Art. 52 Kodifizierungs-RL (ex-Art. 13 Kapital-RL) lässt den Zeitpunkt ebenso wie die konkrete Konsequenz einer fehlenden Zustimmung vielmehr offen, womit im Ergebnis der nationale Gesetzgeber entscheidet. Der rechtstatsächliche Unterschied zwischen einer vorherigen Einwilligung und einer nachträglichen Genehmigung als Zustimmung ist jedoch dann gering, wenn die nach nationalem Recht statuierte Rechtsfolge jeweils dieselbe wäre (dh konkret insbesondere die (schwebende) Unwirksamkeit des entsprechenden Nachgründungsvertrags). 64

Allerdings regelt die Kapitalrichtlinie auch bezüglich des Wertgutachtens im Rahmen der Nachgründung **Ausnahmen**. Art. 52 II Kodifizierungs-RL (ex-Art. 13 II Kapital-RL) enthält sogar zwingende Vorgaben,[163] dh es liegt insofern nicht bei den Mitgliedstaaten zu entscheiden, ob die Ausnahmen zur Anwendung kommen. Gemäß Art. 52 II Kodifizierungs-RL (ex-Art. 13 II Kapital-RL) entfällt demnach das Erfordernis eines Wertgutachtens, wenn 65

- es sich um eine Maßnahme im Rahmen laufender Geschäfte handelt;
- es um einen Erwerb „auf Anordnung oder unter Aufsicht einer Verwaltungsbehörde oder eines Gerichts" geht;[164] oder
- ein Erwerb an der Börse betroffen ist.

Mit Blick auf die Ausnahme zu den **laufenden Geschäften** wird diskutiert, ob davon nur Erwerbsvorgänge im Rahmen des Tagesgeschäfts (alltägliche Geschäfte)[165] oder alle vom Unternehmensgegenstand gedeckten Ge- 66

157 Vgl. *Bayer/Schmidt* ZGR 2009, 805, 807; *Grundmann*, Europäisches Gesellschaftsrecht, 2011, Rn. 338; *Lutter/Bayer/Schmidt*, Europäisches Unternehmens- und Kapitalmarktrecht, 2017, Rn. 19.70; *Notari* ECFR 2010, 63, 66.

158 Vgl. *Lutter/Bayer/Schmidt*, Europäisches Unternehmens- und Kapitalmarktrecht, 2017, Rn. 19.76; ferner auch *Merkner/Decker* NZG 2009, 887, 889.

159 Vgl. *Habersack/Verse*, Europäisches Gesellschaftsrecht, 2011, § 6 Rn. 33, 36; *Lutter/Bayer/Schmidt*, Europäisches Unternehmens- und Kapitalmarktrecht, 2017, Rn. 19.78, 84 ff.; *Kalss/Klampfl*, Europäisches Gesellschaftsrecht, 2015, Rn. 331, 333; *Lösekrug*, Die Umsetzung der Kapital-, Verschmelzungs- und Spaltungsrichtlinie der EG in das nationale deutsche Recht, 2004, S. 90; *Fankhauser*, Gemeinschaftsrechtliche Publizitäts- und Kapital-Richtlinie, 2001, S. 153.

160 Zur insofern nicht vollumfänglich im Einklang stehenden deutschen Regelung (§ 52 AktG) *Bayer* in: K. Schmidt/Lutter (Hrsg.), AktG, Bd. 1, 3. Aufl. 2015, § 52 Rn. 6; *Habersack/Verse*, Europäisches Gesellschaftsrecht, 2011, § 6 Rn. 35; *Lutter/Bayer/Schmidt*, Europäisches Unternehmens- und Kapitalmarktrecht, 2017, Rn. 19.83; *Pentz* in: MüKo AktG, Bd. 1, 4. Aufl. 2016, § 52 Rn. 4.

161 Vgl. zur Unbestimmtheit des Begriffs der „Zustimmung" aus deutscher Sicht auch *Pentz* in: MüKo AktG, Bd. 1, 4. Aufl. 2016, § 52 Rn. 33.

162 Englischer Wortlaut: „approval". Französischer Wortlaut: „approbation". Spanischer Wortlaut: „aprobación". Italienischer Wortlaut: „approvazione". Niederländischer Wortlaut: „goedkeuring". Polnischer Wortlaut: „zatwierdzenia".

163 *Kalss/Klampfl*, Europäisches Gesellschaftsrecht, 2015, Rn. 332; *Lutter/Bayer/Schmidt*, Europäisches Unternehmens- und Kapitalmarktrecht, 2017, Rn. 19.80; *Habersack/Verse*, Europäisches Gesellschaftsrecht, 2011, § 6 Rn. 34; *Fankhauser*, Gemeinschaftsrechtliche Publizitäts- und Kapital-Richtlinie, 2001, S. 155.

164 Zum Problem der Umsetzung ins deutsche Recht (§ 52 AktG) siehe *Bayer* in: K. Schmidt/Lutter (Hrsg.), AktG, Bd. 1, 3. Aufl. 2015, § 52 Rn. 6; *Habersack/Verse*, Europäisches Gesellschaftsrecht, 2011, § 6 Rn. 35.

165 Mit Blick auf das deutsche Recht *Habersack/Verse*, Europäisches Gesellschaftsrecht, 2011, § 6 Rn. 34; *Bayer* in: K. Schmidt/Lutter (Hrsg.), AktG, Bd. 1, 3. Aufl. 2015, § 52 Rn. 46.

schäfte erfasst sind.[166] Nach hier vertretener Ansicht nimmt Art. 52 II Kodifizierungs-RL (ex-Art. 13 II Kapital-RL) **nur Erwerbsvorgänge** im Rahmen des Tagesgeschäfts von der Pflicht zur Erstellung eines Wertgutachtens aus. Anderenfalls würden fast alle Geschäfte von den Nachgründungsvorschriften ausgenommen und die Vorschrift könnte die angestrebte Schutzwirkung nicht bzw. nur sehr eingeschränkt erzielen. Außerdem scheint auch der Wortlaut darauf hinzudeuten.[167] Gleichzeitig bewahrt die 10%-Hürde Unternehmen davor, einer zu hohen Belastung aufgrund der Nachgründungsvorschriften ausgesetzt zu sein.

67 Zudem sollen auch bei der Nachgründung die **Ausnahmen** der Art. 50, Art. 51 Kodifizierungs-RL (ex-Art. 11, 12 Kapital-RL) **entsprechend gelten** (Art. 52 I 2 Kodifizierungs-RL (ex-Art. 13 I 2 Kapital-RL)). Die Ausnahmen des Art. 49 IV, V Kodifizierungs-RL (ex-Art. 10 IV, V Kapital-RL) greifen hingegen nicht, da es dort um spezielle Gründungsvorgänge geht. Der Verweis in Art. 52 I 1 Kodifizierungs-RL (ex-Art. 13 I 1 Kapital-RL) ist jedoch **zweideutig formuliert**. Er könnte so verstanden werden, dass dadurch lediglich auf das Wertgutachten verzichtet werden kann, nicht jedoch auf den Hauptversammlungsbeschluss. Denn Art. 50, 51 Kodifizierungs-RL (ex-Art. 11, 12 Kapital-RL) beziehen sich lediglich auf die Prüfung durch den Sachverständigen. Es ließe sich aber auch eine rechtsfolgenmodifizierende Analogie (s. zu den Analogievoraussetzungen und der Rechtsfolgenmodifizierung § 2 Rn. 169, 176) für das Entfallen des Hauptversammlungsbeschlusses vertreten.[168] Problematisch ist, dass der **Telos nicht leicht zu ermitteln** ist. Es könnte insofern angeführt werden, dass der Verweis generell der Flexibilisierung und Liberalisierung dient.[169] Andererseits bleibt zu bedenken, dass die in Art. 50, 51 Kodifizierungs-RL (ex-Art. 11, 12 Kapital-RL) genannten Ausnahmen präzise auf Sachverständigengutachten zugeschnitten sind. Der Hauptversammlungsbeschluss könnte unabhängig davon Bedeutung haben, da er den Aktionären Entscheidungsspielraum über solche wichtigen Transaktionen lässt. Ginge es lediglich um die Sicherstellung der Werthaltigkeit der Sacheinlage, hätte der Gesetzgeber uU auch im Rahmen der Nachgründung ein Sachverständigengutachten ausreichen lassen können. Dass diese Interpretation nicht ausgeschlossen ist, zeigen auch die Regelungen zu Transaktionen mit nahestehenden Personen und Unternehmen im Rahmen der überarbeiteten Aktionärsrechterichtlinie (vgl. § 30 Rn. 256 ff.). Ein eindeutiges Ergebnis lässt sich daher nicht erzielen. In der Tendenz wird hier aber eine rechtsfolgenmodifizierende Analogie aus den genannten Gründen abgelehnt.

68 Die Mitgliedstaaten können den Anwendungsbereich der Vorschrift allerdings nicht nur einschränken, sondern auch **ausweiten**, indem sie die Nachgründungsvorschriften nicht nur auf Geschäfte mit Gründern anwenden, sondern auf alle Aktionäre und/oder weitere Personen (Art. 52 I 3 Kodifizierungs-RL (ex-Art. 13 I 3 Kapital-RL)). Ihnen ist es ebenfalls gestattet, einen **längeren Zeitraum** als zwei Jahre festzulegen (Art. 52 I 1 Kodifizierungs-RL (ex-Art. 13 I 2 Kapital-RL)).[170] Eine Ausweitung des Anwendungsbereichs in dem Sinne, dass auch bei einem Gegenwert von weniger als 10% des Grundkapitals die Anwendung der Nachgründungsvorschriften für die Gesellschaft vorgeschrieben wird, ist hingegen nicht zulässig, da der Richtliniengeber erst bei mindestens 10% einem Geschäft eine entsprechend große Bedeutung beimisst und erst hierfür eine Kontrolle zulassen will. Bei einer geringeren Schwelle würde zwar der Rechtsverkehr noch weitgehender geschützt, jedoch käme eine so strenge Regelung auch einer gewissen Einschränkung der unternehmerischen Freiheit der Gesellschaft gleich.[171]

4. Weiterreichender nationaler Umgehungsschutz

69 Nach überwiegender deutscher Auffassung sind die mitgliedstaatlichen Regelungen über **Sachübernahmen** und insbesondere über die **verdeckte Sacheinlage** mit der Kapitalrichtlinie im Ergebnis vereinbar.[172] Dies lässt sich

166 *Lutter/Ziemons* ZGR 1999, 479, 492, 498; offen lassend *Lutter/Bayer/Schmidt*, Europäisches Unternehmens- und Kapitalmarktrecht, 2017, Rn. 19.80.

167 Englisch: „normal course of the company's business". Französisch: „opérations courantes". Spanisch: „operaciones corrientes". Italienisch: „amministrazione ordinaria". Niederländisch: „gewone bedrijf". Der polnisch Wortlaut entspricht hier eher dem deutschen Wortlaut und spricht von laufenden Geschäften: „bieżącej działalności spółki".

168 In diese Richtung möglicherweise auch *Lutter/Bayer/Schmidt*, Europäisches Unternehmens- und Kapitalmarktrecht, 2017, Rn. 19.81.

169 So *Lutter/Bayer/Schmidt*, Europäisches Unternehmens- und Kapitalmarktrecht, 2017, Rn. 19.81.

170 *Kalss/Klampfl*, Europäisches Gesellschaftsrecht 2015, Rn. 332; *Fankhauser*, Gemeinschaftsrechtliche Publizitäts- und Kapital-Richtlinie, 2001, S. 156; *Klinke* in: Heidel (Hrsg.), Aktienrecht und Kapitalmarktrecht, 4. Aufl. 2014, Kap. 6 Rn. 337; *Frey* ZIP 1990, 288, 293.

171 Vgl. *Fankhauser*, Gemeinschaftsrechtliche Publizitäts- und Kapital-Richtlinie, 2001, S. 155 f.; siehe auch *Frey* ZIP 1990, 288, 293.

172 *Habersack/Verse*, Europäisches Gesellschaftsrecht, 2015, § 6 Rn. 38 ff.; *Habersack* AG 2009, 557, 559; *ders.* in: MüKo AktG, Bd. 1, 4. Aufl. 2016, Einl. Rn. 128; *Kalss/Klampfl*, Europäisches Gesellschaftsrecht, 2015, Rn. 333; *Lutter/Bayer/Schmidt*, Europäisches Unternehmens- und Kapitalmarktrecht, 2017, Rn. 19.85 ff.; *Grundmann*, Europäisches Gesellschaftsrecht, 2011, Rn. 341; *Weller* in: Gebauer/Wiedmann (Hrsg.), Zivilrecht unter europäischem Einfluss, 2. Aufl. 2010, Kap. 21 Rn. 47; *Groß* AG 1991, 217, 221; *ders.* EuZW 1994, 395, 401; *Joost* ZIP 1990, 549, 565; dies zumindest nicht als offenkundig erachtend *Teichmann* in: Gebauer/Teichmann (Hrsg.), Europäisches Privat- und Unternehmensrecht, 2016, § 6 Rn. 177; *Goette* DStR 1994, 512, 513; *Wicke*, Einführung

letztlich damit begründen, dass die Artt. 49 ff. Kodifizierungs-RL (ex-Artt. 10 ff. Kapital-RL) nur Mindestvorschriften vorgeben und, dass gerade mit Blick auf den von der Richtlinie in Art. 52 Kodifizierungs-RL (ex-Art. 13 Kapital-RL) beschriebenen Umgehungsschutz zur Erbringung von Sacheinlagen auch andere Schutzinstrumente zur Vermeidung der Sacheinlagevorschriften von den Mitgliedstaaten geschaffen werden können.[173] Mit der Kapitalrichtlinie **vereinbar** ist daher beispielsweise die deutsche Regelung von Sachübernahmen (§ 27 I 1 AktG), also im Rahmen der Gesellschaftsgründung erfolgte Erwerbsabreden, denen zufolge die von der Gesellschaft geschuldete Vergütung nicht auf die Einlage des Aktionärs angerechnet werden soll. Auch die Regelung über die verdeckte Sacheinlage (§ 27 III AktG) ist anwendbar.[174] Eine verdeckte Sacheinlage liegt vor, wenn formal eine Bareinlage vereinbart wurde, diese jedoch nach vorheriger Absprache mit einem Verkehrsgeschäft (zB Kaufvertrag) über den Erwerb eines Gegenstandes der Gesellschaft vom Aktionär verbunden ist, so dass im wirtschaftlichen Ergebnis anstatt einer Bar- eine Sacheinlage erbracht wurde, wodurch die für eine Sacheinlage vorgegebenen Regelungen *de facto* unterlaufen wurden.[175] Nach deutschem Recht wird der Inferent dadurch zwar nicht von seiner Einlagepflicht befreit, jedoch kann der (objektive) wirtschaftliche Wert des erbrachten Gegenstandes auf den noch offenen Einlagebetrag **angerechnet** werden.[176]

H. Kapitalerhaltung

Neben den Regelungen über die Kapitalaufbringung einer Aktiengesellschaft wird auch die Kapitalerhaltung ausführlich in den Artt. 56 bis 67 Kodifizierungs-RL (ex-Artt. 17 bis 28 Kapital-RL) behandelt. Art. 55 Kodifizierungs-RL (ex-Art. 16 Kapital-RL) macht diesbezüglich zunächst deutlich, dass die Regelungen über die Kapitalerhaltung die nationalen Vorgaben über die **Zuständigkeit** sowie das **Verfahren** von Satzungsänderungen bzw. Änderungen des Errichtungsaktes der Gesellschaft **unberührt** lassen.[177] 70

I. Ausschüttungen an die Aktionäre

Die Erhaltung des festgelegten Grundkapitals der Aktiengesellschaft dient dem **Schutz der Gläubiger**. Daneben erlangt sie auch Bedeutung in Bezug auf den Schutz insbesondere von Minderheitsaktionären. Art. 56 Kodifizierungs-RL (ex-Art. 17 Kapital-RL) schreibt daher vor, dass nur unter besonderen Umständen eine Ausschüttung an die Aktionäre erfolgen darf. Ausschüttungen sind dabei insbesondere die Zahlung von Dividenden und Zinsen auf Aktien (Art. 56 IV Kodifizierungs-RL (ex-Art. 17 IV Kapital-RL)). Die Formulierung „*insbesondere*“[178] macht deutlich, dass neben den genannten Ausschüttungsformen weitere in Betracht kommen können. Eine weiterreichende Definition enthalten die Richtlinienbestimmungen allerdings nicht.[179] Neben Bardividenden sind nach allgemeiner Auffassung aber auch Sachdividenden gestattet.[180] 71

---

in das Recht der Hauptversammlung, das Recht der Sacheinlagen und das Freigabeverfahren nach dem ARUG, 2009, S. 48; *Fankhauser*, Gemeinschaftsrechtliche Publizitäts- und Kapital-Richtlinie, 2001, S. 161 ff.; ferner zur deutschen Rechtsprechung BGH NJW 1990, 982, 987; BGH NJW 1992, 2222, 2227; BGH DStR 2006, 2326; aA *Meilicke* DB 1990, 1173 ff. mit einer genaueren Analyse und Herleitung, vor allem der Rechtsprechung des BGH zur Mindestharmonisierung; *Einsele* NJW 1996, 2681, 2684; vgl. auch *Steindorff* EuZW 1990, 251, 254, der die Entscheidung des BGH zur europäischen Vereinbarkeit der verdeckten Sacheinlagen kritisiert; *Cavin*, Kapitalaufbringung in GmbH und AG, 2012, S. 548, der hierin Konflikte mit den Nachgründungsregelungen der Richtlinie sieht.

173 *Lutter/Bayer/Schmidt*, Europäisches Unternehmens- und Kapitalmarktrecht, 2017, Rn. 19.87; *Grundmann*, Europäisches Gesellschaftsrecht, 2011, Rn. 341; *Wicke*, Einführung in das Recht der Hauptversammlung, das Recht der Sacheinlagen und das Freigabeverfahren nach dem ARUG, 2009, S. 48; *Bayer/Schmidt* in: Bayer/Habersack (Hrsg.), Aktienrecht im Wandel, Bd. 1, 2007, Kap. 18 Rn. 34; wohl auch *Teichmann* in: Gebauer/Teichmann (Hrsg.), Europäisches Privat- und Unternehmensrecht, 2016, § 6 Rn. 176; wohl anderer Ansicht *Klinke* in: Heidel (Hrsg.), Aktienrecht und Kapitalmarktrecht, 4. Aufl. 2014, Kap. 6 Rn. 342 f.; aA auch *Meilicke* DB 1990, 1173 ff.; *Einsele* NJW 1996, 2681, 2684.

174 Die Frage der Vereinbarkeit solch nationaler Vorschriften mit der ehemaligen Kapitalrichtlinie wurde dem EuGH bereits vorgelegt; dieser lehnte eine Vorabentscheidung jedoch aufgrund der Unzulässigkeit der Vorlage ab, vgl. EuGH, Rs. C-83/91 (Meilicke), ECLI:EU:C:1992:332 = BeckEuRS 1992, Rn. 30 ff.

175 Vgl. nur *Hüffer/Koch*, AktG, 13. Aufl. 2018, § 27 Rn. 23; *Solveen* in: Hölters (Hrsg.), AktG, 3. Aufl. 2017, § 27 Rn. 26; *Pentz* in: MüKo AktG, Bd. 1, 4. Aufl. 2016, § 27 Rn. 84.

176 Vgl. *Hüffer/Koch*, AktG, 13 Aufl. 2018, § 27 Rn. 38 f.; *Solveen* in: Hölters (Hrsg.), AktG, 3. Aufl. 2017, § 27 Rn. 38; *Pentz* in: MüKo AktG, Bd. 1, 4. Aufl. 2016, § 27 Rn. 98 ff.

177 *Lutter/Bayer/Schmidt*, Europäisches Unternehmens- und Kapitalmarktrecht, 2017, Rn. 19.93; *Denecker* Rev. soc. 1977, 661, 669; *Drinkuth*, Die Kapitalrichtlinie – Mindest- oder Höchstnorm?, 1998, S. 182.

178 Englisch: „in particular“. Französische: „notamment“. Spanisch: „en particular“. Italienisch: „in particolare“. Niederländisch: „in het bijzonder“. Polnisch: „w szczególności“.

179 Im Gegensatz dazu enthielt der Verordnungsentwurf zur SPE eine Definition (siehe dazu § 5 Rn. 206 ff.); vgl. zur dortigen Definition *Jung*, Die Kapitalverfassung der SPE, 2014, S. 183 ff.

180 *Kalss/Klampfl*, Europäisches Gesellschaftsrecht, 2015, Rn. 336; *Habersack/Verse*, Europäisches Gesellschaftsrecht, 2011, § 6 Rn. 42; *Leinekugel*, Die Sachdividende im deutschen und europäischen Aktienrecht, 2001, S. 11 ff.; vgl. auch *Klinke* in: Heidel (Hrsg.), Aktienrecht und Kapitalmarktrecht, 4. Aufl. 2014, Kap. 6 Rn. 345.

72 Art. 56 I bis III Kodifizierungs-RL (ex-Art. 17 I bis III Kapital-RL) regeln die Grenzen der Ausschüttung. Art. 56 I Kodifizierungs-RL (ex-Art. 17 I Kapital-RL) regelt zunächst den sog **Bilanztest** bzw. ***balance sheet test***. Die Vorschrift verbietet Ausschüttungen an Aktionäre, welche dazu führen würden, dass das „Nettoaktivvermögen" der Gesellschaft unter den Betrag des gezeichneten Kapitals inklusive nicht ausschüttungsfähiger Rücklagen fällt.[181] Die Regelungen in der Kodifizierungs-Richtlinie über das Kapital von Aktiengesellschaften statuieren folglich das Prinzip der **bilanziellen Kapitalerhaltung**.[182] Der Gesellschaft sind damit solche Ausschüttungen verboten, die zur Folge haben, dass das in der Satzung vorgegebene Grundkapital nicht mehr gedeckt ist.[183] Nach hM sind hiervon auch verdeckte Gewinnausschüttungen umfasst.[184]

73 Art. 56 II Kodifizierungs-RL (ex-Art. 17 II Kapital-RL) stellt eine einheitliche Berechnung sicher, indem mögliche Unterschiede beim Ausweis des gezeichneten Kapitals berücksichtigt werden. Diesbezüglich sieht die Vorschrift vor, dass das gezeichnete Kapital um den noch ausstehenden Betrag vermindert wird, sofern dieser nicht auf der Aktivseite der Bilanz ausgewiesen wird. Eine Mitgliedstaatenoption besteht zudem für Investmentgesellschaften mit festem Kapital. Die Mitgliedstaaten können diesbezüglich entscheiden, ob die Regelung des Art. 56 I Kodifizierungs-RL (ex-Art. 17 I Kapital-RL) zur Anwendung kommen soll (Art. 56 VI Kodifizierungs-RL (ex-Art. 17 VI Kapital-RL)). Art. 56 VI Kodifizierungs-RL (ex-Art. 17 VI Kapital-RL) gibt insofern vor, welche Gesellschaften vom Begriff „Investmentgesellschaften mit festem Kapital" erfasst sind und welche Regeln gelten, sofern ein Mitgliedstaat von dieser Option Gebrauch macht.

74 Zusätzlich zum Bilanztest schreibt Art. 56 III Kodifizierungs-RL (ex-Art. 17 III Kapital-RL) einen sog Gewinn- und Verlustrechnungstest bzw. ***earned surplus test*** vor. Nach der Vorschrift darf der Betrag einer Ausschüttung an die Aktionäre den Betrag des Jahresergebnisses der Gesellschaft zuzüglich des Gewinnvortrags und der Entnahmen aus hierfür verfügbaren Rücklagen nicht überschreiten. Die Richtlinie regelt jedoch nicht, welche Leistungen überhaupt als Rücklage zu bilanzieren sind, so dass sich die Frage, welche Rücklagen generell ausschüttungsfähig sind, nach mitgliedstaatlichem Recht beurteilt.[185]

75 Art. 56 Kodifizierungs-RL (ex-Art. 17 Kapital-RL) sieht hingegen nicht zwingend einen **Solvenztest** (*solvency test*) vor. Da die Vorschrift allerdings einen Mindeststandard festlegt, so dass die Mitgliedstaaten auch strengere, darüber hinausgehende Regelungen schaffen können,[186] bleibt es ihnen unbelassen, neben dem *balance sheet test* und dem *earned surplus test* auch einen Solvenztest vorzusehen.[187] Praktische Schwierigkeiten bei einem an Zahlungsströmen der Gesellschaften orientierten Solvenztest ergeben sich häufig jedoch bei der konkreten Ermittlung künftiger Zahlungsströme,[188] so dass auch der europäische Gesetzgeber bislang davon abgesehen hat zumindest die alleinige Zulässigkeit des Solvenztests festzuschreiben.

76 Art. 56 V Kodifizierungs-RL (ex-Art. 17 V Kapital-RL) beinhaltet eine Spezialregelung für Abschlagszahlungen auf Dividenden. Lassen die Mitgliedstaaten solche **Abschlagszahlungen** zu, müssen auch für diese spezielle Re-

181 *Habersack/Verse*, Europäisches Gesellschaftsrecht, 2011, § 6 Rn. 41; *Lutter/Bayer/Schmidt*, Europäisches Unternehmens- und Kapitalmarktrecht, 2017, Rn. 19.96; *Kalss/Klampfl*, Europäisches Gesellschaftsrecht, 2015, Rn. 335; *De Wulf* ECFR 2016, 215, 239; siehe ferner *Payne* in: Armour/Payne (Eds.), Rationality in Company Law, 2009, S. 123, 126 f.; *Morse* E. L. Rev. 1977, 126, 129; *Klinke* in: Heidel (Hrsg.), Aktienrecht und Kapitalmarktrecht, 4. Aufl. 2014, Kap. 6 Rn. 364; *Wooldridge* Acta Juridica 1978, 327, 337.

182 Dazu (kritisch) *Arminger* RWZ 2012, 285 ff.; *Grottke* KoR 2009, 261 ff.

183 Nach dem Kommissionsentwurf zur SPE war dieser Aspekt umstritten. Nach wohl hM hätte dort auch das Gesellschaftskapital ausgeschüttet werden können; vgl. *Jung*, Die Kapitalverfassung der SPE, 2014, S. 33; *dies.* DStR 2009, 1700. 1701; *Hadding/Kiessling* WM 2009, 145, 149; *Maul/Roehricht* BB 2008, 1574, 1576; aA *Hommelhoff/Teichmann* GmbHR 2008, 897, 906; *Meller*, Der institutionelle Gläubigerschutz in der Europäischen Privatgesellschaft, 2010, S. 166 f.

184 Vgl. *Bayer/Selentin* NZG 2015, 7, 10 f.; *Fleischer* WM 2007, 909, 911; *Kalss/Klampfl*, Europäisches Gesellschaftsrecht, 2015, Rn. 336; *Grundmann*, Europäisches Gesellschaftsrecht, 2011, Rn. 343; *Lutter/Bayer/Schmidt*, Europäisches Unternehmens- und Kapitalmarktrecht, 2017, Rn. 19.98; *Habersack/Verse*, Europäisches Gesellschaftsrecht, 2011, § 6 Rn. 42; *Vetter* ZHR 179 (2015) 273, 297; hingegen auf offene Ausschüttungen beschränkend *Bezzenberger*, Das Kapital der Aktiengesellschaft, 2005, S. 259 ff.; *Koll-Möllenhoff*, Das Prinzip des festen Grundkapitals im europäischen Gesellschaftsrecht, 2005, S. 159 f.; *Lösekrug*, Die Umsetzung der Kapital-, Verschmelzungs- und Spaltungsrichtlinie der EG in das nationale deutsche Recht, 2004, S. 124; *Fankhauser*, Gemeinschaftsrechtliche Publizitäts- und Kapital-Richtlinie, 2001, S. 170.

185 *Bezzenberger*, Das Kapital der Aktiengesellschaft, 2005, S. 27; *Kuntz*, Gestaltung von Kapitalgesellschaften zwischen Freiheit und Zwang, 2016, S. 669; *Schall*, Kapitalgesellschaftsrechtlicher Gläubigerschutz, 2009, S. 35 f.

186 *Lutter/Bayer/Schmidt*, Europäisches Unternehmens- und Kapitalmarktrecht, 2017, Rn. 19.103; *Habersack/Verse*, Europäisches Gesellschaftsrecht, 2011, § 6 Rn. 44; *Kalss/Klampfl*, Europäisches Gesellschaftsrecht, 2015, Rn. 335; *Schwarz*, Europäisches Gesellschaftsrecht, 2000, Rn. 596: *Drinkuth*, Die Kapitalrichtlinie – Mindest- oder Höchstnorm?, 1998, S. 188.

187 *Habersack/Verse*, Europäisches Gesellschaftsrecht, 2011, § 6 Rn. 44.

188 Vgl. *Arminger* RWZ 2012, 285, 289.

gelungen bestehen, die eine Umgehung unterbinden können.[189] Konkret muss eine Zwischenbilanz erstellt werden (Art. 56 V lit. a) Kodifizierungs-RL (ex-Art. 17 V lit. a Kapital-RL)). Die Erstellung (und ggf. die Prüfung) der Zwischenbilanz richtet sich nach nationalem Recht. Zudem muss ein *earned surplus test* zeigen, dass genügend Mittel zur Verfügung stehen (Art. 56 V lit. b) Kodifizierungs-RL (ex-Art. 17 V lit. b) Kapital-RL)). Ein (Zwischen-) Bilanztest ist für Abschlagszahlungen dagegen nicht zwingend erforderlich.[190]

Lange Zeit umstritten war im Zusammenhang mit der Ausschüttungssperre gem. Art. 56 Kodifizierungs-RL (ex-Art. 17 Kapital-RL) die Vereinbarkeit der **Emittentenhaftung** aufgrund **fehlerhafter Kapitalmarktinformationen** mit dem dort niedergelegten Kapitalschutz. Insbesondere in der deutschen und österreichischen Literatur[191] sowie der Rechtsprechung beider Länder[192] wurde in der Emittentenhaftung einer Publikumsgesellschaft kein Verstoß gegen die (nationalen) Kapitalerhaltungsvorschriften gesehen. Im Hinblick hierauf legte das Handelsgericht Wien dem EuGH die Frage vor, ob es mit den Regelungen zum Kapitalschutz in der ehemaligen Kapitalrichtlinie vereinbar sei, wenn eine Gesellschaft wegen Verletzung ihrer Informationspflichten als Emittent dazu verpflichtet werde, ihre Aktien zurückzunehmen und dem Anleger den entsprechenden Kaufpreis zu erstatten und zwar auch dann, wenn durch die Rückzahlung die Grundsätze der Kapitalerhaltung verletzt würden.[193] In der Rs. *Hirmann* entschied der EuGH, dass die Vorgaben des Art. 56 Kodifizierungs-RL (ex-Art. 17 Kapital-RL) Haftungsansprüchen wegen Prospekt- oder anderweitigen Kapitalmarktinformationsmängeln grundsätzlich nicht entgegenstehen.[194] In der Verpflichtung zur Rückzahlung des Kaufpreises der Aktien liegt **kein Verstoß gegen das Ausschüttungsverbot**. Vielmehr handelt es sich bei der in Rede stehenden Kaufpreisrückzahlung nicht um eine Ausschüttung iSd Art. 56 Kodifizierungs-RL (ex-Art. 17 Kapital-RL).[195] 77

Der Begriff einer **Ausschüttung**[196] ist vielmehr so zu verstehen, dass dieser nur die Zahlung an einen Aktionär in seiner Eigenschaft als Aktionär erfasst und sich nicht auf die hier maßgebliche Funktion des Anlegers als Gläubiger der Gesellschaft bezieht.[197] Denn nach dem Wortlaut und Zweck der betreffenden Kapitalschutzbestimmungen sollen diese lediglich rechtliche Beziehungen zwischen der Gesellschaft und ihren Aktionären regeln und das Innenverhältnis der Gesellschaft betreffen.[198] Gleiches wird man wohl in den praktisch ebenfalls bedeutenden Fällen einer etwaigen Ersatzleistungspflicht der Gesellschaften aus **gebundenen Unternehmensvermögen** annehmen müssen.[199] Gleichwohl sollte hieraus nicht gefolgert werden, dass die kapitalmarktrechtlichen Prospektbestimmungen generell Vorrang vor den gesellschaftsrechtlichen Kapitalschutzregeln haben.[200] Dies ist 78

189 *Lutter/Bayer/Schmidt*, Europäisches Unternehmens- und Kapitalmarktrecht, 2017, Rn. 19.99; *Kalss/Klampfl*, Europäisches Gesellschaftsrecht, 2015, Rn. 335; *Fankhauser*, Gemeinschaftsrechtliche Publizitäts- und Kapital-Richtlinie, 2001, S. 171.

190 So zur gleichlautenden Regelung im Verordnungsentwurf der SPE *Jung*, Die Kapitalverfassung der SPE, 2014, S. 221 f.

191 Vgl. zur Problematik *Bayer* WM 2013, 961; *Fleischer/Schneider/Thaten* NZG 2012, 801; *Weber* ZHR 176 (2012) 184, 189; *Fleischer* ZIP 2005, 1805, 1811; *Möllers* BB 2005, 1637, 1642; *Kalss* GesRZ 2012, 149; *Karollus* ÖBA 2011, 450, 453 f.; *Krejci* GesRZ 2011, 193, 198 f.; *G. Roth* Jbl 2012, 73, 81; *Graf* ecolex 2011, 599; *Doralt/Winner* in: MüKo AktG, Bd. 1, 4. Aufl. 2016, § 57 Rn. 350 ff.

192 Aus deutscher Sicht vgl. BGH NZG 2005, 672; BGH ZIP 2007, 681; BGH ZIP 2007, 326; BGH NJW 2008, 76; BGH NZG 2008, 382; aus österreichischer Sicht OGH GesRZ 2011, 251; OGH ecolex 2012, 482.

193 Vgl. HG Wien GesRZ 2012, 196; siehe auch GA *Sharpston*, Schlussanträge vom 12.9.2013 zur Rs. C-174/12 (Hirmann), ECLI:EU:C:2013:555 = BeckRS 2013, 81775, Rn. 3; ferner zur Thematik *Sindelar* RdW 2011, 450 ff.; *G. Roth* Jbl 2012, 73 ff.

194 EuGH, Rs. 174/12 (Hirmann), ECLI:EU:C:2013:856 = NZG 2014, 215, Rn. 27 ff.; dazu *Bayer* in: MüKo AktG, Bd. 1, 2016, § 57 Rn. 22 ff.; *Bayer/Schmidt* BB 2014, 1219, 1228 f. = KSzW 2014, 69, 72 f.; *Haar* GPR 2015, 238, 242; *Kalss* EuZW 2014, 227 f.; *Kalss/Klampfl*, Europäisches Gesellschaftsrecht, 2015, Rn. 337; *Krolop* in: Riesenhuber (Hrsg.), Europäische Methodenlehre, 2015, § 19 Rn. 28 ff.; *Stiegler* DB 2014, 525, 526 f.; *Verse/Wiersch* EuZW 2014, 375, 376 f.; *Vos* GWR 2014, 58; vgl. auch *Lutter/Bayer/Schmidt*, Europäisches Unternehmens- und Kapitalmarktrecht, 2017, Rn. 19.102; *Fleischer* in: K. Schmidt/Lutter (Hrsg.), AktG, Bd. 1, 3. Aufl. 2015, § 57 Rn. 67; *Langenbucher* ZIP 2005, 239, 241 f.

195 EuGH, Rs. 174/12 (Hirmann), ECLI:EU:C:2013:856 = NZG 2014, 215, Rn. 32; zustimmend *Bayer* in: MüKo AktG, Bd. 1, 2016, § 57 Rn. 23; *Habersack* in: MüKo AktG, Bd. 1, 2016, Einl. Rn. 129; *Stiegler* DB 2014, 525, 527; *Lutter/Bayer/Schmidt*, Europäisches Unternehmens- und Kapitalmarktrecht, 2017, Rn. 19.102.

196 Ferner zum Ausschüttungsbegriff *Fleischer/Schneider/Thaten* NZG 2012, 801, 804; *Fleischer* in: Lutter (Hrsg.), Das Kapital der Aktiengesellschaft in Europa, 2006, S. 114, 118; *Bezzenberger*, Das Kapital der Aktiengesellschaft, 2005, S. 259; *Kalss/Klampfl*, Europäisches Gesellschaftsrecht, 2015, Rn. 336; *Koll-Möllenhoff*, Das Prinzip des festen Grundkapitals im europäischen Gesellschaftsrecht, 2005, S. 159 f.; *Krolop* in: Riesenhuber (Hrsg.), Europäische Methodenlehre, 2015, § 19 Rn. 34.

197 So auch auch GA *Sharpston*, Schlussanträge vom 12.9.2013 zur Rs. C-174/12 (Hirmann), ECLI:EU:C:2013:555 = BeckRS 2013, 81775, Rn. 70 ff.

198 EuGH, Rs. 174/12 (Hirmann), ECLI:EU:C:2013:856 = NZG 2014, 215, Rn. 27.

199 *Verse/Wiersch* EuZW 2014, 375, 376 f.

200 Vgl. *Fleischer/Schneider/Thaten* NZG 2012, 801, 805; *Krolop* in: Riesenhuber (Hrsg.), Europäische Methodenlehre, 2015, § 19 Rn. 32; zumindest in Deutschland scheint dies gleichwohl herrschende Meinung zu sein, vgl.

vielmehr in Abwägung der in Rede stehenden Richtlinien- bzw. Verordnungsbestimmungen und deren Telos sowie den zugrundeliegenden Interessen der Beteiligten im Einzelfall zu ermitteln.

79 Weiterhin wird die Frage diskutiert, ob von Art. 56 Kodifizierungs-RL (ex-Art. 17 Kapital-RL) auch **Konzernsachverhalte** erfasst werden (s. generell zum Verhältnis der Kapitalrichtlinie und zum Konzernrecht Rn. 142 ff.). Vertreten wird diesbezüglich, dass eine „ungeschriebene Bereichsausnahme für das Konzernrecht" besteht.[201] Dafür wird insbesondere angeführt, dass gleichzeitig mit der Kapitalrichtlinie eine Konzernrechts-Richtlinie[202] ins Auge gefasst wurde, die jedoch im Ergebnis nicht verabschiedet werden konnte und auch nicht weiter verfolgt wird.[203] Es gibt allerdings auch Stimmen, die diese Bereichsausnahme ablehnen und für die Richtlinienkonformität darauf abstellen, ob das nationale Recht ein angemessenes Prozedere zur Verfügung stellt, um einen hinreichend vergleichbaren Schutz gleichsam für Gläubiger und Minderheitsaktionäre zu gewährleisten.[204]

80 Als Sanktionsmittel bei Verstößen gegen ein **Ausschüttungsverbot** normiert Art. 57 Kodifizierungs-RL (ex-Art. 18 Kapital-RL) eine Rückgewährpflicht für zu Unrecht erhaltene Ausschüttungen (s. dazu sogleich bei Rn. 81 ff.).

II. Rückgewährpflicht

81 Um das Ausschüttungsverbot des Art. 56 Kodifizierungs-RL (ex-Art. 17 Kapital-RL) zu verstärken, statuiert Art. 57 Kodifizierungs-RL (ex-Art. 18 Kapital-RL) eine Rückgewährpflicht der von den Aktionären unrechtmäßig erhaltenen Leistungen. Ausschüttungen, die entgegen den Vorgaben des Art. 56 Kodifizierungs-RL (ex-Art. 17 Kapital-RL) erfolgt sind, sind von den Aktionären, die sie empfangen haben, **zurückzugewähren**. Damit sind insbesondere Verstöße gegen den *balance sheet test* und den *earned surplus test* gemeint. Fraglich ist, ob Ausschüttungen auch dann zurückgefordert werden können, wenn zwar kein Berechnungsfehler vorliegt, sondern der Test auf einer fehlerhaften Berechnungsgrundlage, also einem fehlerhaften Jahresabschluss, beruht. Der Wortlaut der Vorschrift lässt darauf nicht zwingend schließen. Da Art. 57 Kodifizierungs-RL (ex-Art. 18 Kapital-RL) allerdings einen Mindeststandard festlegt, können die Mitgliedstaaten eine entsprechend schärfere Rückgewährpflicht festlegen.

82 Im Fall von **Zwischendividenden** besteht zudem dann eine Rückgewährpflicht, wenn gegen die Vorgaben zur Ausschüttung von Zwischendividenden verstoßen wurde. Dies umfasst auch die fehlende Erstellung einer Zwischenbilanz (Art. 56 V lit. a) Kodifizierungs-RL (ex-Art. 17 V lit. a) Kapital-RL)). Im Fall einer fehlenden Zwischenbilanz können die Aktionäre dabei nicht anführen, dass aber dennoch genügend Mittel für die Zwischendividende zur Verfügung standen.[205]

83 Für den Fall eines fehlenden oder **nicht ordnungsgemäßen Gesellschafterbeschlusses** sieht Art. 57 Kodifizierungs-RL (ex-Art. 18 Kapital-RL) dagegen nicht zwingend die Rückgewähr der ausgeschütteten Einlagen vor, denn die Richtlinienbestimmungen regeln einen solchen Beschluss weder in Art. 56 Kodifizierungs-RL (ex-Art. 17 Kapital-RL) noch an anderer Stelle.

84 Die **Rückgewährpflicht** ist jedoch nur einschlägig, sofern die Gesellschaft nachweisen kann, dass dem Aktionär die Unzulässigkeit der Ausschüttung bekannt war oder hätte bekannt sein müssen (Art. 57 Kodifizierungs-RL (ex-Art. 18 Kapital-RL)).[206] Die Gutgläubigkeit der Aktionäre steht damit einer Rückforderung entgegen.

Weber ZHR 176 (2012) 184, 216 ff.; *Zimmer/Cloppenburg* ZHR 171 (2007) 619, 625 ff.; *Schäfer* ZGR 2006, 40, 75 f.; *Schürnbrand* ZGR 2014, 256, 279.

201 Vgl. *Lutter/Bayer/Schmidt*, Europäisches Unternehmens- und Kapitalmarktrecht, 2017, Rn. 19.101.

202 Vorentwurf einer Richtlinie auf der Grundlage des Artikels 54 Abs. 3 g) des EWG-Vertrages zur Angleichung des Konzernrechts, Dok. XI/328/74-D und Dok. XI/593/75-D.

203 Für eine Bereichsausnahme *Fleischer* in: Lutter (Hrsg.), Das Kapital der Aktiengesellschaft in Europa, 2006, S. 132; *Lösekrug*, Die Umsetzung der Kapital-, Verschmelzungs- und Spaltungsrichtlinie der EG in das nationale deutsche Recht, 2004, S. 129; *Lutter/Bayer/Schmidt*, Europäisches Unternehmens- und Kapitalmarktrecht, 2017, Rn. 19.101; ebenfalls in diese Richtung tendierend *Kalss/Klampfl*, Europäisches Gesellschaftsrecht, 2015, Rn. 338.

204 Vgl. *Bayer* in: MüKo AktG, Bd. 1, 2016, § 57 Rn. 146; *Bezzenberger*, Das Kapital der Aktiengesellschaft, 2005, S. 325; *Lutter/Bayer/Schmidt*, Europäisches Unternehmens- und Kapitalmarktrecht, 2017, Rn. 19.101.

205 Vgl. *Jung*, Die Kapitalverfassung der SPE, 2014, S. 235 zu den Ausschüttungsregeln bei der SPE.

206 Vgl. zur Thematik *Lutter/Bayer/Schmidt*, Europäisches Unternehmens- und Kapitalmarktrecht, 2017, Rn. 19.108; *Klinke* in: Heidel (Hrsg.), Aktienrecht und Kapitalmarktrecht, 4. Aufl. 2014, Kap. 6 Rn. 349; *Bayer/Schmidt* in: Bayer/Habersack (Hrsg.), Aktienrecht im Wandel, Bd. 1, 2007, Kap. 18 Rn. 42; *Fankhauser*, Gemeinschaftsrechtliche Publizitäts- und Kapital-Richtlinie, 2001, S. 172; *Edwards*, EC Company Law, 1999, S. 70; vgl. auch *Ganske* DB 1978, 2461, 2463 mit Bezug auf das nationale Umsetzungsrecht; *Mähönen* in: Krüger Andersen/Engsig Sørensen (Eds.), Company Law and Finance, 2008, S. 119, 129; bezüglich der Beweislastumkehr *Müller* WPg 1978, 565, 569; *Werlauff*, EU Company Law, 2003, S. 259.

Die Verwendung der Vergangenheitsform („bekannt war"/„konnten")[207] zeigt an, dass es lediglich auf den Kenntnisstand im Zeitpunkt der Ausschüttung ankommt.[208] Bezüglich des Kennenmüssens formuliert die Richtlinie: „sie [die Aktionäre] darüber nach den Umständen nicht in Unkenntnis sein konnten". Die Gesellschaft muss damit nachweisen, dass es tatsächliche Gegebenheiten gab, die auf eine Unregelmäßigkeit hingewiesen haben. Aus diesen Umständen hätte der Aktionär dann schließen müssen, dass er keine rechtmäßige Ausschüttung erhält.[209] Nach hM in der deutschsprachigen Literatur reicht es für eine Rückgewährpflicht aus, dass der Aktionär **leicht fahrlässig** die Unrechtmäßigkeit nicht erkannt hat.[210] Für diese Interpretation wird die Effektivität des Kapitalschutzes angeführt.[211] Dafür könnte auch der Wortlaut sprechen („konnten"),[212] insbesondere im Verhältnis zum Vorschlag für eine SPE-Verordnung (dazu § 5), wo die entsprechende Vorschrift schärfer formuliert wurde („hätte bekannt sein *müssen*").[213] Allerdings ist zu bedenken, dass es keine Erkundigungspflicht für die Aktionäre gibt. Es müsste sich also nach hier vertretener Auffassung wohl um Unregelmäßigkeiten handeln, die offenkundig waren.

Aufgrund der Einschränkung der Rückgabepflicht auf **bösgläubige Aktionäre** sowie der Beweislast der Gesellschaft in diesem Zusammenhang ist Art. 57 Kodifizierungs-RL (ex-Art. 18 Kapital-RL) nicht als allzu scharfe Sanktion zu werten.[214] Art. 57 Kodifizierungs-RL (ex-Art. 18 Kapital-RL) ist jedoch als Mindestnorm zu werten, so dass die Mitgliedstaaten die Rückgewährpflicht auch auf gutgläubige Aktionäre ausweiten und/oder eine Beweislastumkehr festlegen können.[215] 85

Liegen die Voraussetzungen des Art. 57 Kodifizierungs-RL (ex-Art. 18 Kapital-RL) vor, so sind die unrechtmäßigen **Ausschüttungen zurückzugewähren.** Dem Wortlaut lässt sich jedoch nicht eindeutig entnehmen, ob die Vorschrift auch den Rückgewährgegenstand regelt. Wurde dem Aktionär die Dividende in Geld gewährt, so ist der Erstattungsanspruch wohl jedenfalls auf eine **Geldleistung** gerichtet.[216] Fraglich ist, ob im Fall einer Sachdividende der erhaltene Gegenstand an die Gesellschaft zurückgegeben wird oder sich der Anspruch in diesem Fall auch auf eine Geldzahlung richtet bzw. die Richtlinienbestimmungen diese Entscheidung dem nationalen Gesetzgeber überlassen. Letzteres wäre dann der Fall, wenn die Vorschrift diesen Aspekt nicht regeln würde. Da der Wortlaut der Regelung diesbezüglich praktisch keine Anhaltspunkte enthält und auch der Telos nicht zu einem eindeutigen Ergebnis führt, wird hier befürwortet, dass die Mitgliedstaaten dies entscheiden dürfen. 86

III. Einberufungs- und Informationspflichten

Nach Art. 58 Kodifizierungs-RL (ex-Art. 19 Kapital-RL) muss bei **„schweren Verlusten"** des Grundkapitals der Gesellschaft die Hauptversammlung innerhalb einer von den einzelnen Mitgliedstaaten zu bestimmenden Frist 87

207 Englisch: „knew/could". Französisch: „connaissaient/pouvaient". Spanisch: „conocían/podían". Italienisch: „erano a conoscenza/potevano". Niederländisch: „wist/kon". Polnisch: „wiedzieli/powinni byli".

208 Vgl. *Jung*, Die Kapitalverfassung der SPE, 2014, S. 243 zur vergleichbaren Regelung bei der SPE.

209 Vgl. *Jung*, Die Kapitalverfassung der SPE, 2014, S. 245 zur vergleichbaren Regelung bei der SPE.

210 So bereits der Gesetzentwurf zur zweiten gesellschaftsrechtlichen Richtlinie, BT-Drs. 8/1678, 1978, S. 14; *Kalss/Klampfl*, Europäisches Gesellschaftsrecht, 2015, Rn. 339; *Lutter/Bayer/Schmidt*, Europäisches Unternehmens- und Kapitalmarktrecht, 2017, Rn. 19.110; *Müller* WPg 1978, 565, 568; *Fankhauser*, Gemeinschaftsrechtliche Publizitäts- und Kapital-Richtlinie, 2001, S. 172; *Bayer/Schmidt* in: Bayer/Habersack (Hrsg.), Aktienrecht im Wandel, Bd. 1, 2007, Kap. 18 Rn. 42; *Müller* WPg 1978, 565, 568 f.; aA *Grundmann*, Europäisches Gesellschaftsrecht, 2011, Rn. 344.

211 *Lutter/Bayer/Schmidt*, Europäisches Unternehmens- und Kapitalmarktrecht, 2017, Rn. 19.110.

212 Englischer Wortlaut: „could not in view of the circumstances have been unaware". Französischer Wortlaut: „ne pouvaient l'ignorer compte tenu des circonstances". Spanischer Wortlaut: „no podían ignorarlo teniendo en cuenta las circunstancias". Italienischer Wortlaut: „non potevan o ignorarla, tenuto conto delle circostanze". Niederländischer Wortlaut: „daarvan, gezien de omstandigheden, niet onkundig kon zijn". Der polnische Wortlaut ähnelt eher der dem Vorschlag der SPE-Verordnung: „powinni byli o nich wiedzieć biorąc pod uwagę okoliczności".

213 Art. 22 SPE-VO-U. Siehe zu der Vorschrift näher unter § 5 Rn. 224 ff; vgl. zur SPE *Jung*, Die Kapitalverfassung der SPE, 2014, S. 246.

214 *Lutter/Bayer/Schmidt*, Europäisches Unternehmens- und Kapitalmarktrecht, 2017, Rn. 19.109; *Drinkuth*, Kapitalrichtlinie – Mindest- oder Höchstnorm?, 1998, S. 191; gleichwohl können die Mitgliedstaaten aufgrund des Mindestnormcharakters der Vorschrift diese auch auf gutgläubige Aktionäre erstrecken, vgl. *Grundmann*, Europäisches Gesellschaftsrecht, 2011, Rn. 344; *Kalss/Klampfl*, Europäisches Gesellschaftsrecht, 2015, Rn. 339; ferner auch *Mähönen* in: Krüger Andersen/Engsig Sørensen (Eds.), Company Law and Finance, 2008, S. 119, 129, mit der Anmerkung, dass der Beweis der Bösgläubigkeit fast unmöglich ist.

215 *Kalss/Klampfl*, Europäisches Gesellschaftsrecht, 2015, Rn. 339; *Grundmann*, Europäisches Gesellschaftsrecht, 2011, Rn. 344; *Habersack/Verse*, Europäisches Gesellschaftsrecht, 2011, § 6 Rn. 44; *Lutter/Bayer/Schmidt*, Europäisches Unternehmens- und Kapitalmarktrecht, 2017, Rn. 19.109; *Schwarz*, Europäisches Gesellschaftsrecht, 2000, Rn. 597; vgl. allgemein dazu, dass es sich um eine Mindestharmonisierung handelt *Klinke* in: Heidel (Hrsg.), Aktienrecht und Kapitalmarktrecht, 2014, Kap. 6 Rn. 349; aA *Fankhauser*, Gemeinschaftsrechtliche Publizitäts- und Kapital-Richtlinie, 2001, S. 172.

216 Vgl. zur vergleichbaren Vorschrift bei der SPE *Jung*, Die Kapitalverfassung der SPE, 2014, S. 248.

einberufen werden, um zu prüfen, ob die Gesellschaft aufzulösen ist oder andere Maßnahmen, zB eine Kapitalerhöhung oder die Abberufung und Neubesetzung von Organmitgliedern, ergriffen werden müssen. Diese Vorschrift strebt den **Schutz der Aktionäre** sowie der **Gläubiger** der Gesellschaft an.[217] Bei schweren Verlusten des gezeichneten Kapitals sollen die Aktionäre als Eigentümer der Aktiengesellschaft die Gelegenheit haben, über das weitere Schicksal des Unternehmens zu entscheiden und ggf. notwendige Maßnahmen zu beschließen. Die Hauptversammlung muss Maßnahmen allerdings nur prüfen, es gibt **keine Verpflichtung** der Hauptversammlung geeignete Maßnahmen zu treffen.[218] Die Gläubiger sollen indirekt von der Vorschrift profitieren und zwar durch das von der Hauptversammlung beschlossene Krisenmanagement.[219]

88 Aus den Richtlinienbestimmungen nicht unmittelbar ersichtlich wird, was genau unter „schweren Verlusten" zu verstehen ist. Art. 58 II Kodifizierungs-RL (ex-Art. 19 II Kapital-RL) gibt vor, dass es grundsätzlich Sache der Mitgliedstaaten ist, dies konkret festzulegen.[220] Eine europäisch-autonome Auslegung des Begriffs (s. dazu § 2 Rn. 80 ff.) kommt hier also nicht in Betracht. Art. 58 II Kodifizierungs-RL (ex-Art. 19 II Kapital-RL) regelt allerdings, dass ein schwerer Verlust auf jeden Fall dann vorliegt, wenn die **Hälfte des Grundkapitals** verloren gegangen ist. Ferner können die Mitgliedstaaten ihre nationalen Vorgaben zB hinsichtlich der Einberufungsfrist, der Berechnungsmethode sowie der möglichen Sanktionen bei Verletzung der Einberufungspflicht grundsätzlich autonom ausgestalten.[221]

89 Aufgrund einer entsprechenden Regelung des **§ 92 I AktG** bedurfte es diesbezüglich keiner Anpassung des deutschen Aktiengesetzes.[222] Gleichwohl ist § 92 I AktG im Sinne der Kapitalrichtlinie **richtlinienkonform auszulegen** (zur richtlinienkonformen Auslegung s. § 2 Rn. 192 ff.).[223] Die hM macht auf nationaler Ebene das Vorliegen eines Verlustes in Höhe der Hälfte des Grundkapitals davon abhängig, ob das Gesellschaftsvermögen noch die Hälfte des Nennkapitals deckt. Dazu wird der Verlust dem gesamten, offen ausgewiesenen Eigenkapital gegenübergestellt.[224] Demgegenüber legt die Ratio des Art. 58 Kodifizierungs-RL (ex-Art. 19 Kapital-RL) – Schutz von Aktionären sowie von Gläubigern – eine **Vorverlagerung** der **Einberufungs- und Anzeigepflicht** nahe, da dies den Interessen von Aktionären und Gläubigern eher entsprechen würde.[225] So soll Art. 58 Kodifizierungs-RL (ex-Art. 19 Kapital-RL) insbesondere den Aktionären die Möglichkeit eröffnen, Unternehmenskrisen frühzeitig zu erkennen.[226] Dies ist jedoch bei der **engen Auslegung des § 92 I AktG** gerade nicht der Fall, da auf der Grundlage dieser handelsrechtlichen Ansatz- und Bewertungsvorschriften bereits alle Rücklagen und etwaige Gewinnvorträge sowie das halbe gezeichnete Kapital aufgebraucht sind. Die Notlage des § 92 I AktG ist in diesem Sinne eine Vorstufe des sich möglicherweise anbahnenden Vermögensverfalls, der zur Zahlungsunfähigkeit oder Überschuldung der Gesellschaft führt und den Vorstand nach § 92 II AktG bereits zur Beantragung des Insolvenzverfahrens verpflichtet.[227] Art. 58 Kodifizierungs-RL (ex-Art. 19 Kapital-RL) setzt jedoch seinem Te-

217 *Habersack/Verse*, Europäisches Gesellschaftsrecht, 2011, § 6 Rn. 50; *Kalss/Klampfl*, Europäisches Gesellschaftsrecht, 2015, Rn. 340; *Ankele* BB 1970, 988, 991; *Lutter/Bayer/Schmidt*, Europäisches Unternehmens- und Kapitalmarktrecht, 2017, Rn. 19.115; vgl. auch *Binder* ZVglRWiss 112 (2013) 23, 29 f.

218 *Kalss/Klampfl*, Europäisches Gesellschaftsrecht, 2015, Rn. 340; *Lutter/Bayer/Schmidt*, Europäisches Unternehmens- und Kapitalmarktrecht, 2017, Rn. 19.113.

219 *Kalss/Klampfl*, Europäisches Gesellschaftsrecht, 2015, Rn. 340; *Lutter/Bayer/Schmidt*, Europäisches Unternehmens- und Kapitalmarktrecht, 2017, Rn. 19.112.

220 *Habersack/Verse*, Europäisches Gesellschaftsrecht, 2011, § 6 Rn. 51; *Fankhauser*, Gemeinschaftsrechtliche Publizitäts- und Kapital-Richtlinie, 2001, S. 173; *Edwards*, EC Company Law, 1999, S. 67.

221 *Kalss/Klampfl*, Europäisches Gesellschaftsrecht, 2015, Rn. 341. *Lutter/Bayer/Schmidt*, Europäisches Unternehmens- und Kapitalmarktrecht, 2017, Rn. 19.114 weisen insofern auf die Grenze für die nationalen Gesetzgeber hin, die sich aus dem effet utile ergibt; vgl. zur Kompetenz der Mitgliedstaaten für die Fristfestlegung *Edwards*, EC Company Law, 1999, S. 67.

222 *Habersack/Verse*, Europäisches Gesellschaftsrecht, 2011, § 6 Rn. 52; *Lutter/Bayer/Schmidt*, Europäisches Unternehmens- und Kapitalmarktrecht, 2017, Rn. 19.115; *Klinke* in: Heidel (Hrsg.), Aktienrecht und Kapitalmarktrecht, 4. Aufl. 2014, Kap. 6 Rn. 350; *Bayer/Schmidt* in: Bayer/Habersack (Hrsg.), Aktienrecht im Wandel, Bd. 1, 2007, Kap. 18 Rn. 43.

223 *Klinke* in: Heidel (Hrsg.), Aktienrecht und Kapitalmarktrecht, 4. Aufl. 2014, Kap. 6 Rn. 350; ausführlich zu diesbezüglichen Problemen bei der richtlinienkonformen Auslegung *Lutter/Bayer/Schmidt*, Europäisches Unternehmens- und Kapitalmarktrecht, 2017, Rn. 19.115; *Habersack/Verse*, Europäisches Gesellschaftsrecht, 2011, § 6 Rn. 52 ff.

224 BGH WM 1958, 1416, 1417; OLG Köln AG 1978, 17, 22; *Fleischer* in: Spindler/Stilz (Hrsg.), AktG, Bd. 1, 2015, § 92 Rn. 7; *Mertens/Cahn* in: KK-AktG, Bd. 2/1, 3. Aufl. 2009, § 92 Rn. 8; *Hüffer/Koch*, AktG, 13. Aufl. 2018, § 92 Rn. 2.

225 *Habersack/Verse*, Europäisches Gesellschaftsrecht, 2011, § 6 Rn. 53.

226 *Habersack/Verse*, Europäisches Gesellschaftsrecht, 2011, § 6 Rn. 53; vgl. auch *Klinke* in: Heidel (Hrsg.), Aktienrecht und Kapitalmarktrecht, 4. Aufl. 2014, Kap. 6 Rn. 350.

227 *Spindler* in: MüKo AktG, Bd. 2, 2014, § 92 Rn. 9; *Hüffer/Koch*, AktG, 13. Aufl. 2018, § 92 Rn. 4 ff.; *Fleischer* in: Spindler/Stilz (Hrsg.), AktG, Bd. 1, 3. Aufl. 2015, § 92 Rn. 8.

los nach früher an, so dass § 92 I AktG einer einschränkenden, richtlinienkonformen Auslegung[228] dergestalt bedarf,[229] dass ggf. schon vor einem anzunehmenden Verlust in Höhe der Hälfte des Grundkapitals eine Hauptversammlung einzuberufen ist.

IV. Erwerb eigener Aktien

Ein weiterer Kernpunkt des **Kapitalerhaltungssystems** in den Richtlinienbestimmungen über das Kapital von Aktiengesellschaften sind die Vorschriften über die Zeichnung, den Erwerb und das Halten eigener Aktien. Die Regelungen über eigene Aktien sind in den Art. 59 ff. Kodifizierungs-RL (ex-Art. 20 ff. Kapital-RL) statuiert. Die Vorschriften sind umfangreich und **komplex.**[230] Dies liegt unter anderem daran, dass der europäische Gesetzgeber hierbei zahlreiche Besonderheiten im Recht der Mitgliedstaaten zu berücksichtigen hatte, wie zB den Erwerb durch abhängige Konzernunternehmen sowie Eigenheiten bei Verschmelzungen und Spaltungen. Hinzu kommen Regelungen zur Verhinderung der Umgehung der Vorschriften.[231] Im Vergleich vor allem zum US-amerikanischen Recht nahmen und nehmen die meisten Mitgliedstaaten – im Rahmen europäischer Vorgaben – dabei eine weitgehend restriktive Haltung gegenüber dem Erwerb eigener Aktien durch die Gesellschaft ein.[232] 90

1. Originärer Erwerb eigener Aktien

Nach Art. 59 I Kodifizierungs-RL (ex-Art. 20 I Kapital-RL) ist die Zeichnung eigener Aktien ausdrücklich verboten. Das **Verbot** des **originären Erwerbs eigener Aktien** soll die reale Aufbringung des gezeichneten Kapitals sicherstellen und dient daher auch dem Prinzip der ordnungsgemäßen Kapitalaufbringung.[233] Die Vorschrift verhindert auch, dass die Gesellschaft gleichzeitig Schuldner und Gläubiger der Einlageleistung wird.[234] Das Problem bei einem originären Erwerb eigener Anteile besteht ua darin, dass der Gesellschaft aufgrund einer solchen Transaktion keine neuen Mittel zufließen würden. Denn die Gesellschaft würde beim originären Erwerb die Anteile nur mit dem bereits vorhandenen Vermögen kaufen.[235] Hinzu könnten **Interessenkonflikte** kommen, sofern es dem Leitungsorgan gestattet wäre, die mit den Anteilen verbundenen Rechte auf der Hauptversammlung auszuüben.[236] 91

Die Richtlinie sieht keine Ausnahmen vom Verbot des Art. 59 I Kodifizierungs-RL (ex-Art. 20 I Kapital-RL) vor. Vielmehr werden in den folgenden Absätzen des Art. 59 Kodifizierungs-RL (ex-Art. 20 Kapital-RL) weitere Konstellationen bezeichnet, die einer Zeichnung eigener Aktien **gleichkommen**. Beispielsweise ist nach Art. 59 II Kodifizierungs-RL (ex-Art. 20 II Kapital-RL) die Zeichnung der Aktien durch eine Person, die im eigenen Namen, aber für Rechnung der Gesellschaft handelt, mit der Zeichnung durch die Gesellschaft selbst gleichgesetzt 92

228 Vgl. zum Erfordernis der Auslegung nationalen Rechts im Sinne des Ziels und Zwecks einer Richtlinie EuGH, Rs. C-106/89 (Marleasing), ECLI:EU:C:1990:395 = DB 1991, 157, Rn. 9 f.; EuGH, Rs. C-555/07 (Kücükdeveci), ECLI:EU:C:2010:21 = NJW 2010, 427, Rn. 49.

229 *Habersack/Verse*, Europäisches Gesellschaftsrecht, 2011, § 6 Rn. 53 f.; *Habersack/Förster* in: Hirte/Mülbert/Roth, AktG, Bd. 4/2, 5. Aufl. 2015, § 92 Rn. 10; *Grundmann*, Europäisches Gesellschaftsrecht, 2011, Rn. 345; aA *Schwarz*, Europäisches Gesellschaftsrecht, 2000, Rn. 598; *Lutter/Bayer/Schmidt*, Europäisches Unternehmens- und Kapitalmarktrecht, 2017, Rn. 19.115; *Fankhauser*, Gemeinschaftsrechtliche Publizitäts- und Kapital-Richtlinie, 2001, S. 174; *Lösekrug*, Die Umsetzung der Kapital-, Verschmelzungs- und Spaltungsrichtlinie der EG in das nationale deutsche Recht, 2004, S. 134 f.

230 *Habersack/Verse*, Europäisches Gesellschaftsrecht, 2011, § 6 Rn. 56; *Lutter/Bayer/Schmidt*, Europäisches Unternehmens- und Kapitalmarktrecht, 2017, Rn. 19.117; siehe auch *Skog* ZGR 1997, 306 ff.; *Kindl* ZEuP 1994, 77 ff.; *Wymeersch* in: FS Drobnig, 1998, S. 725 ff.; *Geiger* AG 1997, 163; *Klinke* in: Heidel (Hrsg.), Aktienrecht und Kapitalmarktrecht, 4. Aufl. 2014, Kap. 6 Rn. 351 f.; *Bayer/Schmidt* in: Bayer/Habersack (Hrsg.), Aktienrecht im Wandel, Bd. 1, 2007, Kap. 18 Rn. 44.

231 *Lutter/Bayer/Schmidt* Europäisches Unternehmens- und Kapitalmarktrecht, 2017, Rn. 19.117; vgl. auch *Habersack/Verse*, Europäisches Gesellschaftsrecht, 2011, § 6 Rn. 56.

232 *Kindl* ZEuP 1994, 77; vgl. auch *Ziebe* AG 1982, 175 ff.; *von Rosen/Helm* AG 1996, 434, 436 f.

233 *Habersack/Verse*, Europäisches Gesellschaftsrecht, 2011, § 6 Rn. 58; ferner de lege ferenda zur Kategorisierung des Erwerbs eigener Aktien als Ausschüttung anstatt als (verbotene) Einlagenrückgewähr *Escher-Weingart/Kübler* ZHR 162 (1998) 537, 558; vgl. *Klinke* in: Heidel (Hrsg.), Aktienrecht und Kapitalmarktrecht, 4. Aufl. 2014, Kap. 6 Rn. 351.

234 *Kalss/Klampfl*, Europäisches Gesellschaftsrecht, 2015, Rn. 344; *Lutter/Bayer/Schmidt*, Europäisches Unternehmens- und Kapitalmarktrecht, 2017, Rn. 19.119; *Fankhauser*, Gemeinschaftsrechtliche Publizitäts- und Kapital-Richtlinie, 2001, S. 176; *Klinke* in: Heidel (Hrsg.), Aktienrecht und Kapitalmarktrecht, 2014, Kap. 6 Rn. 351.

235 *Kalss/Klampfl*, Europäisches Gesellschaftsrecht, 2015, Rn. 343; *Fankhauser*, Gemeinschaftsrechtliche Publizitäts- und Kapital-Richtlinie, 2001, S. 176; *Lösekrug*, Die Umsetzung der Kapital-, Verschmelzungs- und Spaltungsrichtlinie der EG in das nationale deutsche Recht, 2004, S. 119; *Lutter/Bayer/Schmidt*, Europäisches Unternehmens- und Kapitalmarktrecht, 2017, Rn. 19.116.

236 *Kalss/Klampfl*, Europäisches Gesellschaftsrecht, 2015, Rn. 343; *Lutter/Bayer/Schmidt*, Europäisches Unternehmens- und Kapitalmarktrecht, 2017, Rn. 19.116; hierzu auch *Klinke* in: Heidel (Hrsg.), Aktienrecht und Kapitalmarktrecht, 4. Aufl. 2014, Kap. 6 Rn. 351.

(Fiktion), so dass auch dies verboten ist. Dadurch sollen mögliche Konstruktionen zur Vermeidung des Verbots des originären Erwerbs eigener Aktien verhindert werden.[237]

93 Im Gegensatz zu anderen Vorschriften überlässt die Kapitalrichtlinie an dieser Stelle die Ausgestaltung der **Sanktionen für Verstöße** nicht ausschließlich den nationalen Gesetzgebern. Vielmehr regelt Art. 59 III Kodifizierungs-RL (ex-Art. 20 III Kapital-RL) die Konsequenzen im Fall einer Zuwiderhandlung. Statt der Nichtigkeit des Vorgangs sieht die Vorschrift vielmehr ein **Haftungssystem** vor. Danach müssen die Gründer bzw. – sofern eine Zuwiderhandlung im Rahmen einer Kapitalerhöhung vorkommt – die Mitglieder des Leitungs- bzw. Verwaltungsorgans die Einlagen auf die unrechtmäßig erworbenen Aktien leisten (Art. 59 III 1 Kodifizierungs-RL (ex-Art. 20 III 1 Kapital-RL)). Die Haftung ist grundsätzlich **verschuldensunabhängig** ausgestaltet. Den Mitgliedstaaten ist es jedoch gestattet, eine Exkulpationsmöglichkeit vorzusehen (Art. 59 III 2 Kodifizierungs-RL (ex-Art. 20 III 2 Kapital-RL)).

2. Derivativer Erwerb eigener Aktien

94 Das Verbot der Zeichnung eigener Aktien bedeutet allerdings nicht, dass auch der Erwerb eigener Aktien **in jedem Fall verboten** ist. Das Problem beim derivativen Erwerb eigener Aktien besteht vor allem auch in der Gefahr von unrechtmäßigen Ausschüttungen an die Aktionäre.[238] Zudem muss verhindert werden, dass eine Gesellschaft entsteht, die ausschließlich sich selbst gehört, dh bei der die Gesellschaft alle Anteile an sich selbst erwirbt.

95 Um den verschiedenen Gefahren zu begegnen, **verbietet** Art. 60 Kodifizierungs-RL (ex-Art. 21 Kapital-RL) zwar den Erwerb eigener Anteile **nicht**, unterstellt ihn aber bei Zulassung durch die Mitgliedstaaten zugleich gewissen Regeln. Die Mitgliedstaaten müssen einen derivativen Erwerb allerdings nicht gestatten, ihnen wird durch Art. 60 Kodifizierungs-RL (ex-Art. 21 Kapital-RL) lediglich die Möglichkeit gewährt.[239] Machen sie davon jedoch Gebrauch, so müssen sie die Vorgaben des Art. 60 I 2 lit. a) bis c) Kodifizierungs-RL (ex-Art. 21 I 2 lit. a) bis c) Kapital-RL) berücksichtigen. **Fakultativ** kann das nationale Recht weitere, in Art. 60 I 3 lit. a) bis e) Kodifizierungs-RL (ex-Art. 21 I 3 lit. a) bis e) Kapital-RL) genannte Bedingungen aufstellen.[240] Der Gleichbehandlungsgrundsatz sowie die Vorschriften der Marktmissbrauchs-Verordnung (s. dazu § 34 Rn. 76 ff.) sind im Rahmen des Erwerbs eigener Anteile ebenfalls zu berücksichtigen (so ausdrücklich Art. 60 I 1 Kodifizierungs-RL (ex-Art. 21 I 1 Kapital-RL)).[241]

96 Nach Art. 60 I 2 Kodifizierungs-RL (ex-Art. 21 I 2 Kapital-RL) können die Mitgliedstaaten unter bestimmten Voraussetzungen einer Aktiengesellschaft gestatten, ihre Aktien selbst oder durch eine auf ihre Rechnung handelnde Person zu erwerben. Die **Genehmigung** für den Erwerb eigener Aktien durch die Gesellschaft muss dafür grundsätzlich von der **Hauptversammlung** erteilt werden (Art. 60 I 2 lit. a) Kodifizierungs-RL (ex-Art. 21 I 2 lit. a Kapital-RL)). Der Erwerb eigener Anteile unterliegt damit der Kontrolle der Aktionäre.[242] Diese legen die zentralen Rahmenbedingungen des Erwerbs fest. Insbesondere sind sie dafür zuständig, die Höchstzahl der zu erwerbenden Aktien, die Geltungsdauer der Genehmigung (max. 5 Jahre) und den Mindest-[243] und Höchstpreis zu bestimmen (Art. 60 I 2 lit. a) Kodifizierungs-RL (ex-Art. 21 I 2 lit. a) Kapital-RL)).

97 Eine **Ausnahme** von dieser Hauptversammlungskompetenz kann von den Mitgliedstaaten jedoch dann aufgestellt werden, wenn

- der Erwerb eigener Aktien durch die Gesellschaft notwendig ist, um einen **„schweren unmittelbar bevorstehenden Schaden"** von der Gesellschaft abzuwenden (Art. 60 II Kodifizierungs-RL (ex-Art. 21 II Kapital-RL)) oder
- die eigenen Aktien erworben wurden, um diese innerhalb **eines Jahres** an die Arbeitnehmer der Gesellschaft bzw. die Arbeitnehmer eines mit dieser Gesellschaft verbundenen Unternehmens **auszugeben** (Art. 60 III Kodifizierungs-RL (ex-Art. 21 III Kapital-RL)).

237 *Lutter/Bayer/Schmidt*, Europäisches Unternehmens- und Kapitalmarktrecht, 2017, Rn. 19.119.

238 *Kalss/Klampfl*, Europäisches Gesellschaftsrecht, 2015, Rn. 343.

239 *Habersack/Verse*, Europäisches Gesellschaftsrecht, 2011, § 6 Rn. 60; *Kalss/Klampfl*, Europäisches Gesellschaftsrecht, 2015, Rn. 346; *Lutter/Bayer/Schmidt*, Europäisches Unternehmens- und Kapitalmarktrecht, 2017, Rn. 19.125.

240 *Lutter/Bayer/Schmidt*, Europäisches Unternehmens- und Kapitalmarktrecht, 2017, Rn. 19.125.

241 Es handelt sich dabei um eine deklaratorische Regelung, vgl. *Kalss/Klampfl*, Europäisches Gesellschaftsrecht, 2015, Rn. 346, insbes. Fn. 1004; *Lutter/Bayer/Schmidt*, Europäisches Unternehmens- und Kapitalmarktrecht, 2017, Rn. 19.123, insbes. Fn. 442.

242 *Kalss/Klampfl*, Europäisches Gesellschaftsrecht, 2015, Rn. 347; *Lutter/Bayer/Schmidt*, Europäisches Unternehmens- und Kapitalmarktrecht, 2017, Rn. 19.127; vgl. auch *Werlauff*, EU Company Law, 2003, S. 265.

243 Kritisch zum Mindestpreis *DAV-Handelsrechtsausschuss* NZG 2005, 426, 428.

Der Erwerb eigener Aktien ist zudem nur dann **möglich**, sofern es sich um voll eingezahlte Aktien handelt (vgl. Art. 60 I 2 lit. c) Kodifizierungs-RL (ex-Art. 21 I 2 lit. c) Kapital-RL)).[244] Der Veräußerer der Aktie bzw. dessen Rechtsvorgänger muss die Einlage also **vollständig** erbracht haben. Ein eventuelles Emissionsagio muss daher auch bereits geleistet sein. Die Regelung stellt sicher, dass die Einlageforderung nicht durch Konfusion untergeht.[245] 98

Darüber hinaus legt Art. 60 I 2 lit. b) Kodifizierungs-RL (ex-Art. 21 I 2 lit. b) Kapital-RL) eine unternehmensspezifische **Grenze** für den Erwerb eigener Anteile fest. Danach darf eine Gesellschaft nur eigene Anteile erwerben, sofern ihr dafür freie Mittel zur Verfügung stehen.[246] Zur Berechnung der freien Mittel verweist die Vorschrift auf den Bilanztest (nicht den *earned surplus test*), der in Art. 56 I Kodifizierungs-RL (ex-Art. 17 I Kapital-RL) geregelt ist (dazu Rn. 72). 99

Neben diesen zwingenden Schranken für den Erwerb eigener Anteile haben die Mitgliedstaaten die Möglichkeit, eine oder mehrere der in Art. 60 I 3 lit. a) bis e) Kodifizierungs-RL (ex-Art. 21 I 3 lit. a) bis e) Kapital-RL) genannten **Auflagen einzuführen**. Die Auflistung ist abschließend. Das bedeutet, dass die Mitgliedstaaten die Wahl haben, keine, eine oder mehrere der dort genannten Schranken zu etablieren, sie dürfen den Erwerb eigener Anteile aber keinen anderen Beschränkungen unterwerfen.[247] Zulässig ist es danach insbesondere, eine Höchstgrenze für den Erwerb eigener Aktien festzulegen, wobei die Höchstgrenze allerdings **10% des gezeichneten Kapitals nicht unterschreiten** darf (Art. 60 I 3 lit. a) Kodifizierungs-RL (ex-Art. 21 I 3 lit. a) Kapital-RL)).[248] 100

Nach Art. 61 Kodifizierungs-RL (ex-Art. 22 Kapital-RL) gibt es zudem Konstellationen, bei denen die Voraussetzungen des Art. 60 Kodifizierungs-RL (ex-Art. 21 Kapital-RL) beim Erwerb eigener Aktien **nicht** von den Mitgliedstaaten **beachtet werden müssen**. Es kann danach also nicht nur das Erfordernis des Hauptversammlungsbeschlusses entfallen, sondern auch das Volleinzahlungsgebot und die unternehmensspezifische Grenze (also Art. 60 I 2 lit. a) bis c) Kodifizierungs-RL (ex-Art. 21 I 2 lit. a) bis c) Kapital-RL)).[249] 101

Hierzu sind nach Art. 61 I Kodifizierungs-RL (ex-Art. 22 I Kapital-RL) zB folgende Konstellationen erfasst: 102

- Aktien, die zur Durchführung einer **Kapitalherabsetzung** erworben wurden (lit. a));
- Aktien, die durch Vermögensübertragung für eine **Verschmelzung** oder **Spaltung** durch Gesamtrechtsnachfolge erworben wurden (lit. b));
- Aktien, die aufgrund einer **gesetzlichen Verpflichtung** oder einer gerichtlichen Entscheidung zum Schutz der Minderheitsaktionäre zB bei einer Verschmelzung, einem Formwechsel oder einer grenzüberschreitenden Sitzverlegung[250] erworben wurden (lit. d));[251]
- Aktien, die von einem Aktionär erworben wurden, weil dieser seine Einlage nicht bzw. nicht vollständig geleistet hat (lit. e));
- Aktien, die erworben wurden, um **Minderheitsaktionäre** verbundener bzw. übernommener Gesellschaften **abzufinden** (lit. f)).

Die zwingenden, von den Regelungen in der Kodifizierungs-Richtlinie über das Kapital von Aktiengesellschaften vorgegebenen Bedingungen für einen derivativen Erwerb eigener Aktien durch die Gesellschaft sind demnach: 103

244 Weitere Beschränkungen des derivativen Erwerbs eigener Aktien können sich bei börsennotierten Gesellschaften insbesondere aus der neuen Marktmissbrauchs-Verordnung (VO(EU) 596/2014) (dazu § 34 Rn. 76 ff.) ergeben, vgl. insbesondere im Verhältnis von Rückkaufprogrammen zur Kapitalrichtlinie auch *Cahn* in: Spindler/Stilz (Hrsg.), AktG, Bd. 1, 3. Aufl. 2015, § 71 Rn. 169 ff.

245 *Lutter/Bayer/Schmidt*, Europäisches Unternehmens- und Kapitalmarktrecht, 2017, Rn. 19.131; *Kalss/Klampfl*, Europäisches Gesellschaftsrecht, 2015, Rn. 347.

246 *Lutter/Bayer/Schmidt*, Europäisches Unternehmens- und Kapitalmarktrecht, 2017, Rn. 19.129; vgl. auch *Klinke* in: Heidel (Hrsg.), Aktienrecht und Kapitalmarktrecht, 4. Aufl. 2014, Kap. 6 Rn. 359 mit dem Hinweis, dass eigene Aktien nur mit Mitteln erworben werden dürfen, die an die Aktionäre als Gewinn ausgeschüttet werden könnten; *Bayer/Schmidt* in: Bayer/Habersack (Hrsg.), Aktienrecht im Wandel, Bd. 1, 2007, Kap. 18 Rn. 48.

247 *Lutter/Bayer/Schmidt*, Europäisches Unternehmens- und Kapitalmarktrecht, 2017, Rn. 19.132; *Kalss/Klampfl*, Europäisches Gesellschaftsrecht, 2015, Rn. 349.

248 Zu dieser und den weiteren Regelungsoptionen siehe *Lutter/Bayer/Schmidt*, Europäisches Unternehmens- und Kapitalmarktrecht, 2017, Rn. 19.134 ff.

249 Ausführlich zu den Bereichsausnahmen *Lutter/Bayer/Schmidt*, Europäisches Unternehmens- und Kapitalmarktrecht, 2017, Rn. 19.137 ff.

250 Abzustellen ist hierbei auf den für die Anknüpfung an das nationale Gesellschaftsstatut maßgebenden Sitz, vgl. *van Gerven* in: van Gerven (Ed.), Capital Directive in Europe, 2014, S. 28; eine grenzüberschreitende Satzungssitzverlegung führt daher in allen Mitgliedstaaten zu einem entsprechenden Formwechsel; eine Verwaltungssitzverlegung in Abhängigkeit von der vertretenen Anknüpfungstheorie in dem entsprechenden Mitgliedstaat.

251 Hierzu zählt ua auch eine Emittentenhaftung wegen fehlerhafter Prospektinformationen, vgl. EuGH, Rs. C-174/12 (Hirmann), ECLI:EU:C:2013:856 = NZG 2014, 215, Rn. 31.

Zwingende Bedingungen für einen derivativen Erwerb eigener Aktien	
1.	Hauptversammlungszustimmung zum Erwerb eigener Aktien (Art. 60 I 2 lit. a) Kodifizierungs-RL (ex-Art. 21 I 2 lit. a) Kapital-RL))
2.	Keine Verringerung des Nettoaktivvermögens entgegen den Ausschüttungsbestimmungen der Richtlinie (s. Rn. 70 ff.) (Art. 60 I 2 lit. b) Kodifizierungs-RL (ex-Art. 21 I 2 lit. b) Kapital-RL))
3.	Erwerb nur von volleingezahlten Aktien (Art. 60 I 2 lit. c) Kodifizierungs-RL (ex-Art. 21 I 2 lit. c) Kapital-RL))
4.	Beachtung des Gleichbehandlungsgrundsatzes (s. Rn. 140) und der Bestimmungen der Marktmissbrauchs-Verordnung (s. dazu § 34 Rn. 76 ff.)

Abb. 3: Zwingende Bedingungen für einen derivativen Erwerb eigener Aktien

104 Art. 63 Kodifizierungs-RL (ex-Art. 24 Kapital-RL) beschäftigt sich mit dem Halten eigener Anteile. Die Vorschrift sieht insofern insbesondere vor, dass eigenen Aktien in keinem Fall ein **Stimmrecht der Gesellschaft**, vertreten durch das Leitungsorgan, eingeräumt wird (Art. 63 I lit. a) Kodifizierungs-RL (ex-Art. 24 I lit. a) Kapital-RL)).[252] Für Aktien, die von einer abhängigen Gesellschaft gehalten werden, gilt dies nach Art. 67 Kodifizierungs-RL (ex-Art. 28 Kapital-RL) entsprechend (s. Rn. 111).[253] Die Vorschrift stellt einen Mindeststandard dar, über den die Mitgliedstaaten hinausgehen dürfen.[254]

105 Werden eigene Aktien nicht nach den Vorgaben der Art. 60, 61 Kodifizierungs-RL (ex-Art. 21, 22 Kapital-RL) erworben, greift die Sanktion des Art. 62 Kodifizierungs-RL (ex-Art. 23 Kapital-RL). Die unrechtmäßig erworbenen Aktien müssen dann **binnen eines Jahres nach Erwerb** dieser wieder veräußert werden (Art. 62 S. 1 Kodifizierungs-RL (ex-Art. 23 S. 1 Kapital-RL)). Geschieht dies nicht innerhalb der Frist, müssen die Aktien für nichtig erklärt und muss damit zusammenhängend ggf. eine Kapitalherabsetzung vollzogen werden (Art. 62 S. 2 iVm Art. 61 III Kodifizierungs-RL (ex-Art. 23 S. 2 iVm Art. 22 III Kapital-RL)).

3. Verbot finanzieller Unterstützung/Zwischenhalten von Tochtergesellschaften

106 Zur Sicherstellung der Einhaltung der Vorschriften über den Erwerb eigener Aktien schreiben die Art. 64 f. Kodifizierungs-RL (ex-Art. 25 f. Kapital-RL) besondere Regelungen für die finanzielle Unterstützung (***financial assistance***) vor.[255] Die Kapitalrichtlinie widmet sich hierbei der Frage, unter welchen Bedingungen Dritte beim Erwerb eigener Aktien unmittelbar oder mittelbar durch Kreditgewährung, Zahlung von Vorschüssen oder durch Stellung von Sicherheiten seitens der Gesellschaft unterstützt werden dürfen.[256] Die hM vertritt diesbezüglich die Ansicht, dass Art. 64 I Kodifizierungs-RL (ex-Art. 25 I Kapital-RL) alle Formen finanzieller Unterstützung erfasst, auch wenn der Wortlaut[257] keinen expliziten Hinweis auf eine nicht abschließende Auflistung gibt.[258]

---

252 *Morse* E. L. Rev. 1977, 126, 130; *Klinke* in: Heidel (Hrsg.), Aktienrecht und Kapitalmarktrecht, 2014, Kap. 6 Rn. 361; *Bayer/Schmidt* in: Bayer/Habersack (Hrsg.), Aktienrecht im Wandel, Bd. 1, 2007, Kap. 18 Rn. 52, wonach nicht nur das Stimmrecht, sondern sämtliche Rechte aus den Aktien ausgeschlossen sind; so auch *Werlauff*, EU Company Law, 2003, S. 270; weiterführend zur Vorschrift *Lutter/Bayer/Schmidt*, Europäisches Unternehmens- und Kapitalmarktrecht, 2017, Rn. 19.148.

253 *Habersack/Verse*, Europäisches Gesellschaftsrecht, 2011, § 6 Rn. 63; *Fankhauser*, Gemeinschaftsrechtliche Publizitäts- und Kapital-Richtlinie, 2001, S. 189; zur Umsetzung in deutsches Aktienrecht siehe §§ 71b, 71d S. 4 AktG.

254 *Lutter/Bayer/Schmidt*, Europäisches Unternehmens- und Kapitalmarktrecht, 2017, Rn. 19.147; *Fankhauser*, Gemeinschaftsrechtliche Publizitäts- und Kapital-Richtlinie, 2001, S. 185.

255 Kritisch hierzu *Habersack* in: FS Röhricht, 2005, S. 155 ff.; *Freitag* AG 2007, 157, 159 ff.; *Schmolke* WM 2005, 1828, 1831 ff.

256 *Habersack/Verse*, Europäisches Gesellschaftsrecht, 2011, § 6 Rn. 64; *Lutter/Bayer/Schmidt*, Europäisches Unternehmens- und Kapitalmarktrecht, 2017, Rn. 19.151; *Klinke* in: Heidel (Hrsg.), Aktienrecht und Kapitalmarktrecht, 4. Aufl. 2014, Kap. 6 Rn. 365; *Bayer/Schmidt* in: Bayer/Habersack (Hrsg.), Aktienrecht im Wandel, Bd. 1, 2007, Kap. 18 Rn. 56; aus englischer Sicht vgl. auch § 12 Rn. 605.

257 Deutscher Wortlaut: „Vorschüsse zu zahlen, Darlehen zu gewähren oder Sicherheiten zu leisten". Englischer Wortlaut: „advance funds or make loans or provide security ". Französischer Wortlaut: „d'avancer des fonds, d'accorder des prêts ou de donner des sûreté". Spanischer Wortlaut: „adelantar fondos, conceder préstamos o dar garantías". Italienischer Wortlaut: „di anticipare fondi, accordare prestiti o fornire garanzie". Polnischer Wortlaut: „dokonywanie zaliczkowych wypłat, udzielanie pożyczek lub ustanawianie zabezpieczeń".

258 Vgl. *Bezzenberger* in: K. Schmidt/Lutter (Hrsg.), AktG, Bd. 1, 3. Aufl. 2015, § 71a Rn. 11 ff.; *Drygala* DK 2007, 396, 937; *Kalss/Klampfl*, Europäisches Gesellschaftsrecht, 2015, Rn. 354; *Lutter/Bayer/Schmidt*, Europäisches Unternehmens- und Kapitalmarktrecht, 2017, Rn. 19.153.

Die Mehrheit geht hierbei zudem davon aus, dass die Vorschrift sowohl den originären als auch den derivativen Erwerb von Aktien erfassen möchte.[259]

Vor der Einfügung des Art. 65 Kodifizierungs-RL (ex-Art. 26 Kapital-RL) durfte eine Gesellschaft, abgesehen von einigen wenigen engen Ausnahmen, grundsätzlich **keine finanzielle Unterstützung** im Hinblick auf den Erwerb eigener Aktien an Dritte leisten.[260] Aus praktischer Sicht wurde ein entsprechendes Verbot jedoch vor allem im Hinblick auf die Durchführung eines *leveraged buyout* (LBO)[261] als Hindernis betrachtet.[262] Deshalb ist nunmehr nach Änderung des Art. 64 Kodifizierungs-RL (ex-Art. 25 Kapital-RL) und Einfügung des Art. 65 Kodifizierungs-RL (ex-Art. 26 Kapital-RL) eine *financial assistance* nicht mehr prinzipiell verboten, sondern unter Erfüllung bestimmter, in Art. 64 II bis V Kodifizierungs-RL (ex-Art. 25 II bis V Kapital-RL) aufgeführter Voraussetzungen dürfen die Mitgliedstaaten entsprechende Vorgänge gestatten.[263] Insofern hat sich auch die Auffassung des europäischen Gesetzgebers im Hinblick auf einen *leveraged buyout* wohl geändert.[264] 107

Materielle **Voraussetzungen für eine *financial assistance*** durch die Gesellschaft (dh wenn die Gesellschaft „im Hinblick auf den Erwerb eigener Aktien durch einen Dritten unmittelbar oder mittelbar Vorschüsse zu zahlen, Darlehen zu gewähren oder Sicherheiten zu leisten" beabsichtigt (Art. 64 I Kodifizierungs-RL (ex-Art. 25 I Kapital-RL)), sind kumulativ: 108

	Materielle Voraussetzungen für eine *financial assistance* durch die Gesellschaft
1.	Abwicklung des Geschäfts zu „fairen, marktüblichen Konditionen" (Art. 64 II UAbs. 1 Kodifizierungs-RL (ex-Art. 25 II UAbs. 1 Kapital-RL))
2.	Angemessene Überprüfung der „Kreditwürdigkeit des Dritten" (Art. 64 II Uabs. 2 Kodifizierungs-RL (ex-Art. 25 II Uabs. 2 Kapital-RL))
3.	Berichterstattung des Verwaltungs- oder Leitungsorgan ua über die Gründe, Konditionen und Risiken des Geschäfts (Art. 64 III Uabs. 2 Kodifizierungs-RL (ex-Art. 25 III Uabs. 2 Kapital-RL))
4.	Vorherige Zustimmung durch die Hauptversammlung (Art. 64 III Uabs. 1 Kodifizierungs-RL (ex-Art. 25 III Uabs. 1 Kapital-RL))
5.	Keine Verringerung des Nettoaktivvermögens entgegen den Ausschüttungsbestimmungen der Richtlinie (s. Rn. 70 ff.) (Art. 64 IV Kodifizierungs-RL (ex-Art. 25 IV Kapital-RL))
6.	Angemessenheit des von dem Dritten zu zahlenden Erwerbspreises für die in Rede stehenden Aktien der Gesellschaft (Art. 64 V Kodifizierungs-RL (ex-Art. 25 V Kapital-RL))

Abb. 4: Materielle Voraussetzungen für eine financial assistance durch die Gesellschaft

Zentraler Schutzmechanismus ist die Berichterstattung durch das Verwaltungs- oder Leitungsorgan gegenüber den Aktionären. Art. 64 III 2 lit. a) bis e) Kodifizierungs-RL (ex-Art. 25 III 2 lit. a) bis e) Kapital-RL) regelt den Mindestinhalt des Berichts. Die Aktionäre entscheiden dann in der **Hauptversammlung mit qualifizierter Mehrheit** über die finanzielle Unterstützung (Art. 64 III 1 Kodifizierungs-RL (ex-Art. 25 III 1 Kapital-RL)). Damit 109

259 *Lutter/Bayer/Schmidt*, Europäisches Unternehmens- und Kapitalmarktrecht, 2017, Rn. 19.154; *Habersack/Verse*, Europäisches Gesellschaftsrecht, 2011, § 6 Rn. 65; *Kalss/Klampfl*, Europäisches Gesellschaftsrecht, 2015, Rn. 355; vgl. auch *Schmolke* WM 2005, 1828, 1829; aA *Herrler* in: Spindler/Stilz (Hrsg.), AktG, Bd. 1, 3. Aufl. 2015, § 27 Rn. 295 ff.; *Bezzenberger* in: K. Schmidt/Lutter (Hrsg.), AktG, Bd. 1, 3. Aufl. 2015, § 71a Rn. 20; *Herrler/Reymann* DNotZ 2009, 914, 929 f.

260 Vgl. *Lutter/Bayer/Schmidt*, Europäisches Unternehmens- und Kapitalmarktrecht, 2017, Rn. 19.152; *Nobel*, Internationales und Transnationales Aktienrecht, Bd. 2, 2012, Kap. 3 Rn. 49; siehe auch *Freitag* AG 2007, 157 ff.

261 Kritisch zu dieser Finanzierungsart *Drygala* AG 2001, 291, 294 (mit Bezug zu den Vorschlägen der SLIM-Arbeitsgruppe und der Frage, ob in der Regelung ein Höchststandard besteht); vgl. zum Missbrauchspotential und hiermit verbunden die Frage nach der Zulässigkeit auch *Fleischer* AG 1996, 494, 499; bezüglich der Risiken *Schmolke* WM 2005, 1828, 1829.

262 *Freitag* AG 2007, 157, 158; zum mit Art. 23 I Kapital-RL aF verbundenen Verbot einer solchen fremdfinanzierten Übernahme vgl. auch *Oechsler* ZHR 170 (2006) 72, 81 ff.; *Schmolke* WM 2005, 1828, 1829, wonach fremdfinanzierte Unternehmensübernahmen durch Art. 65 Kodifizierungs-RL (ex-Art. 26 Kapital-RL) nicht generell verboten werden, sondern so auszugestalten sind, dass die Risiken für Gläubiger und Aktionäre Berücksichtigung finden, vgl. auch S. 1831.

263 Zur *financial assistance* vgl. auch *Lutter/Bayer/Schmidt*, Europäisches Unternehmens- und Kapitalmarktrecht, 2017, Rn. 19.151 ff.; *Habersack/Verse*, Europäisches Gesellschaftsrecht, 2011, § 6 Rn. 64 ff.; *Freitag* AG 2007, 157 ff.; *Wymeersch*, Reforming the Second Company Law Directive, Financial Law Institute Working Paper 2006-15, S. 9 ff.; vgl. auch *Schmolke* WM 2005, 1828, 1831; *Ferran* EBOR 6 (2005) 93 ff., mit der These, dass die Lockerung zur finanziellen Unterstützung nicht weit genug reichen und, dass dieses Konzept nicht praxistauglich sei.

264 *Ferran*, Principles of Corporate Finance Law, 2009, S. 273.

eine finanzielle Unterstützung überhaupt infrage kommt, muss sie zudem einem Drittvergleich standhalten (Art. 64 II 1 Kodifizierungs-RL (ex-Art. 25 II 1 Kapital-RL)) und die Kapitalerhaltungsregeln in Form der Ausschüttungsregeln (Art. 56 I, II Kodifizierungs-RL (ex-Art. 17 I, II Kapital-RL)) müssen beachtet werden. Darüber hinaus muss ein angemessener Preis festgelegt werden, wenn die finanzielle Unterstützung für den Erwerb eigener Aktien der Gesellschaft oder die Zeichnung von Aktien im Rahmen einer Kapitalerhöhung vorgesehen ist (Art. 56 V Kodifizierungs-RL (ex-Art. 17 V Kapital-RL)).[265] Darüber hinaus enthalten die Art. 64 VI, VII Kodifizierungs-RL (ex-Art. 25 VI, VII Kapital-RL) Ausnahmen, in denen die genannten Vorschriften zur finanziellen Unterstützung keine Anwendung finden.

110 Die Umsetzung der europäischen Regelungen zur finanziellen Unterstützung beim Erwerb eigener Aktien durch die Gesellschaft in deutsches Recht geschah durch die Einfügung des **§ 71a I AktG**. Dieser ist bei Zweifelsfragen somit **richtlinienkonform** nach den Bestimmungen der Kapitalrichtlinie auszulegen. Zweifelsfragen bestehen zum einen mit der Vereinbarkeit von Teilen des deutschen Konzernrechts, da § 71a I 3 AktG den Vertragskonzern vom Anwendungsbereich ausnimmt sowie bei den durch das ARUG geschaffenen Regelungen zum Hin- und Herzahlen gem. § 27 IV AktG.[266]

4. Umgehungsschutz

111 Um einen weitreichenden Umgehungsschutz durch die Möglichkeit der **Zwischenschaltung** einer abhängigen **Tochtergesellschaft** zum Erwerb eigener Aktien durch die Muttergesellschaft zu gewährleisten, regelt der durch die Änderungsrichtlinie 91/101/EWG[267] eingefügte Art. 24a Kapital-RL (heute: Art. 67 Kodifizierungs-RL (ex-Art. 28 Kapital-RL)) umfangreich den **Erwerb von Aktien** der **beherrschenden Gesellschaft** durch eine abhängige Gesellschaft. Die Kernaussage des Art. 67 Kodifizierungs-RL (ex-Art. 28 Kapital-RL) besteht darin, dass Fälle, bei denen eine (Tochter-)Gesellschaft Aktien ihrer (Mutter-)Gesellschaft, die unmittelbar oder mittelbar einen beherrschenden Einfluss ausüben kann, zeichnet, erwirbt oder besitzt, so **behandelt werden, als wenn** die herrschende Gesellschaft selbst die Aktien zeichnet, erwirbt oder besitzt (Art. 67 I lit. a) Kodifizierungs-RL (ex-Art. 28 I lit. a) Kapital-RL)). Die diskutierten Regeln sind auf diesen Sachverhalt dann entsprechend anzuwenden.[268] In der Folge beschreibt Art. 67 Kodifizierungs-RL (ex-Art. 28 Kapital-RL) ausführlich Modalitäten, Ausnahmen und Sanktionen im Hinblick auf den Erwerb eigener Aktien durch eine abhängige (Tochter-)Gesellschaft.[269]

I. Kapitalerhöhung

112 Neben dem Erfordernis eines bestimmten Mindestkapitals und den ausführlichen Vorgaben über die Kapitalaufbringung bei der nationalen Aktiengesellschaft stellen die Regelungen über Kapitalerhöhungen in Art. 68 bis 72 Kodifizierungs-RL (ex-Art. 29 bis 33 Kapital-RL) eine weitere **Säule** des durch die Kapitalrichtlinie zu gewährleistenden Kapital- und damit **Aktionärs-** und **Gläubigerschutzes** dar. Die Maßnahmen der Regulierung einer Kapitalerhöhung dienen dabei vor allem dem **Schutz** der **Altaktionäre.**[270] Für die Gläubiger der Gesellschaft stellt eine Kapitalerhöhung in der Regel einen positiven Vorgang dar, da der Gesellschaft dadurch zusätzliches Eigenkapital zugeführt wird und die Gesellschaft so für Krisenfälle besser aufgestellt ist.[271] Der Schutz der Gläubiger steht daher hier nicht im Mittelpunkt.

---

265 Zu den Regelungen vgl. *Lutter/Bayer/Schmidt*, Europäisches Unternehmens- und Kapitalmarktrecht, 2017, Rn. 19.157 ff.; *Kalss/Klampfl*, Europäisches Gesellschaftsrecht, 2015, Rn. 354; *Schmolke* WM 2005, 1828, 1832 ff.

266 Vgl. *Habersack/Verse*, Europäisches Gesellschaftsrecht, 2011, § 6 Rn. 67; *Lutter/Bayer/Schmidt*, Europäisches Unternehmens- und Kapitalmarktrecht, 2017, Rn. 19.162; *Emmerich/Habersack*, Aktien- und GmbH-Konzernrecht, 8. Aufl. 2016, § 311 Rn. 82 f.; *Krieger* in: MüHdB GesR, Bd. 4, 4. Aufl. 2015, § 69 Rn. 54; *Bayer/Schmidt* ZGR 2009, 805, 840; *Habersack* AG 2009, 557, 562.

267 Richtlinie 92/101/EWG des Rates vom 23. November 1992 zur Änderung der Richtlinie 77/91/EWG über die Gründung der Aktiengesellschaft sowie die Erhaltung und Änderung ihres Kapitals, ABl. EG v. 28.11.1992, L 347/64.

268 *Kalss/Klampfl*, Europäisches Gesellschaftsrecht, 2015, Rn. 356; *Lösekrug*, Die Umsetzung der Kapital-, Verschmelzungs- und Spaltungsrichtlinie der EG in das nationale deutsche Recht, 2004, S. 149.

269 Vgl. dazu *Lutter/Bayer/Schmidt*, Europäisches Unternehmens- und Kapitalmarktrecht, 2017, Rn. 19.168 f.

270 *Lutter/Bayer/Schmidt*, Europäisches Unternehmens- und Kapitalmarktrecht, 2017, Rn. 19.172; *Grundmann*, Europäisches Gesellschaftsrecht, 2011, Rn. 353; *Binder* ZVglRWiss 112 (2013) 23, 30 f.; *Kalss/Klampfl*, Europäisches Gesellschaftsrecht, 2015, Rn. 358; *Klinke* in: Heidel (Hrsg.), Aktienrecht und Kapitalmarktrecht, 4. Aufl. 2014, Kap. 6 Rn. 369; *Bayer/Schmidt* in: Bayer/Habersack (Hrsg.), Aktienrecht im Wandel, Bd. 1, 2007, Kap. 18 Rn. 59; *Engert* in: Langenbucher (Hrsg.), Europäisches Privat- und Wirtschaftsrecht, 2017, § 5 Rn. 59; vgl. auch EuGH, Rs. C-381/89 (Eleftheras Evangelikis), ECLI:EU:C:1992:142 = BeckEuRS 1992, 189963, Rn. 32; EuGH, Rs. C-441/93 (Pafitis), ECLI:EU:C:1996:92 = BeckEuRS 1996, 212095, Rn. 38; EuGH, Rs. C- 373/97 (Diamantis), ECLI:EU:C:2000:150 = IStR 2000, 319, Rn. 32.

271 *Habersack/Verse*, Europäisches Gesellschaftsrecht, 2011, § 6 Rn. 69; *Fankhauser*, Gemeinschaftsrechtliche Publizitäts- und Kapital-Richtlinie, 2001, S. 199; *Lösekrug*, Die Umsetzung der Kapital-, Verschmelzungs- und Spal-

I. Hauptversammlungszuständigkeit

Art. 68 I Kodifizierungs-RL (ex-Art. 29 I Kapital-RL) legt ausdrücklich fest, dass jede Kapitalerhöhung von der Hauptversammlung beschlossen werden muss.[272] Dies soll den an der Gesellschaft beteiligten Aktionären die Möglichkeit verschaffen, eine Entscheidung, die das Grundkapital und damit ggf. deren Anteilsverhältnisse am Gesamtkapital beeinträchtigt, selbst zu treffen. Die **Zuständigkeit der Hauptversammlung** über Kapitalerhöhungen zu entscheiden ist zwingend und kann **nicht** durch die Satzung oder anderweitige Schriftstücke abbedungen werden.[273] Nach deutschem Recht gilt dies aufgrund § 119 I Nr. 6 AktG (iVm § 23 V AktG) richtlinienkonform in gleicher Weise.[274] Eine Ausnahme besteht nach europäischem Recht hingegen in der Vornahme einer „Kapitalerhöhung" aus genehmigtem Kapital mittels Ermächtigung an den Vorstand der Gesellschaft (Art. 68 II Kodifizierungs-RL (ex-Art. 29 II Kapital-RL)).[275] 113

Die zwingende Hauptversammlungszuständigkeit gilt grundsätzlich auch bei notwendigen Sanierungsmaßnahmen in **Krisensituationen der Gesellschaft.**[276] Nicht abschließend geklärt ist jedoch, ob und in welchem Umfang die Zuständigkeit der Hauptversammlung zur Kapitalerhöhung nach Eröffnung des Insolvenzverfahrens der Gesellschaft besteht (zB in Form eines ***debt-equity-swap***). Aus deutscher Sicht ist im Zuge des ESUG vor allem die Vereinbarkeit einer Kapitalerhöhung ohne Hauptversammlungsbeschluss im Rahmen eines **Insolvenzplanverfahrens** gem. § 225a II InsO bislang nicht abschließend geklärt. In der Regierungsbegründung zum ESUG geht der deutsche Gesetzgeber davon aus, dass die entsprechende Neuregelung mit der Kapitalrichtlinie vereinbar sei.[277] 114

Nach Ansicht des EuGH darf von den Regelungen der Richtlinie betreffend Kapitalerhöhungen zwar grundsätzlich auch in Krisensituationen der Gesellschaft nicht abgewichen werden. Jedoch kommen die Wertungen des Art. 68 Kodifizierungs-RL (ex-Art. 29 Kapital-RL) dann nicht zur Geltung, wenn es sich um eine **kollektive Zwangsvollstreckungsmaßnahme** handelt, die zur Liquidation der Gesellschaft führt und in deren Rahmen nicht nur vorübergehend eine Entmachtung der Gesellschaftsorgane besteht.[278] Insofern differenziert der EuGH zwischen **„bloßen Sanierungsregeln"** iS eines einfachen Sanierungs- bzw. Restrukturierungsverfahrens und (staatlichen) Abwicklungsbestimmungen. Entscheidend für die Vereinbarkeit des § 225a II InsO mit Art. 68 I 1 Kodifizierungs-RL (ex-Art. 29 I 1 Kapital-RL) ist daher, ob es sich bei einer entsprechenden Kapitalerhöhung im Insolvenzplanverfahren gem. §§ 217 ff. InsO um solch ein kollektives Zwangsvollstreckungsverfahren oder vielmehr um ein Sanierungsverfahren iS der Aussagen des EuGH handelt.[279] Maßgebliches Kriterium ist hierbei, inwieweit in einem entsprechenden Verfahren den Gläubigerinteressen Vorrang vor den Mitentscheidungsinteressen der Aktionäre mittels Hauptversammlungsbeschluss eingeräumt wird.[280] 115

Im Rahmen eines **insolvenzrechtlichen** Sanierungsverfahrens mittels eines Insolvenzplans dient nach § 1 S. 1 InsO das Planverfahren eben einer solchen **Gläubigerbefriedigung.** Nach der gesetzgeberischen Intention werden insofern auch bei einer beabsichtigten Fortführung des Unternehmens die Gläubiger beim Insolvenzplanverfahren bevorzugt. An die Stelle der Hauptversammlung tritt dann (vorübergehend) die Versammlung der am Insolvenzplan Beteiligten (§§ 235 ff. InsO), wozu auch die Anteilsinhaber der Gesellschaft gehören. Dies ist 116

tungsrichtlinie der EG in das nationale deutsche Recht, 2004, S. 151; vgl. auch *Engert* in: Langenbucher (Hrsg.), Europäisches Privat- und Wirtschaftsrecht, 2017, § 5 Rn. 59.

272 Vgl. auch EuGH, Rs. C-526/14 (Kotnik ua), ECLI:EU:C:2016:570 = EuZW 2016, 793, Rn. 82.

273 *Lutter/Bayer/Schmidt*, Europäisches Unternehmens- und Kapitalmarktrecht, 2017, Rn. 19.174; *Grundmann*, Europäisches Gesellschaftsrecht, 2011, Rn. 354; *Kalss/Klampfl*, Europäisches Gesellschaftsrecht, 2015, Rn. 359; vgl. *Klinke* in: Heidel (Hrsg.), Aktienrecht und Kapitalmarktrecht, 2014, Kap. 6 Rn. 371; *Werlauff*, EU-Company Law, 2003, S. 232 f.

274 Vgl. *Ekkenga* in: KK-AktG, Bd. 4/1, 3. Aufl. 2017, § 182 Rn. 2; *Schürnbrand* in: MüKo AktG, Bd. 4, 4. Aufl. 2016, § 182 Rn. 18; *Servatius* in: Spindler/Stilz (Hrsg.), AktG, Bd. 2, 3. Aufl. 2015, § 182 Rn. 11.

275 Im deutschen Recht finden sich entsprechende Vorschriften zum genehmigten Kapital in den §§ 202 ff. AktG.

276 Vgl. EuGH, Rs. C-381/89 (Eleftheras Evangelikis), ECLI:EU:C:1992:142 = BeckEuRS 1992, 189963, Rn. 35; EuGH, Rs. C- 134/91 u. 135/91 (Kerafina), ECLI:EU:C:1992:434 = BeckEuRS 1992, 190358, Rn. 18; EuGH, Rs. C-441/93 (Pafitis), ECLI:EU:C:1996:92 = BeckEuRS 1996, 212095, Rn. 39 f.; EuGH, Rs. C-367/96 (Kefalas), ECLI:EU:C:1998:222 = EuZW 1999, 56, Rn. 24; EuGH, Rs. C-373/97 (Diamantis), ECLI:EU:C:2000:150 = IStR 2000, 319, Rn. 32; hierzu auch *Schön* ZHR 174 (2010) 155 ff.; *Lutter/Bayer/Schmidt*, Europäisches Unternehmens- und Kapitalmarktrecht, 2017, Rn. 19.175; *Edwards*, EC Company Law, 1999, S. 79 f.

277 RegE ESUG, BT-Drs. 17/5712, S. 20; ebenso *Engert* in: Langenbucher (Hrsg.), Europäisches Privat- und Wirtschaftsrecht, 2017, § 5 Rn. 62; vgl. auch *Eidenmüller/Engert* ZIP 2009, 541, 547 f.; *Verse* ZGR 2010, 299, 313.

278 Vgl. EuGH, Rs. C-19/90 (Karella), ECLI:EU:C:1991:229 = DB 1991, 1616, Rn. 30 f.; *Engert* in: Langenbucher (Hrsg.), Europäisches Privat- und Wirtschaftsrecht, 2017, § 5 Rn. 60 erläutert, dass die meisten zur ehemaligen Kapitalrichtlinie ergangenen Entscheidungen „auf die Hartnäckigkeit der griechischen Gerichte" zurückzuführen sind.

279 Insofern auch *Eidenmüller/Engert* ZIP 2009, 541, 547 ff.; *Schluck-Amend* in: Gesellschaftsrechtliche Vereinigung (Hrsg.), Gesellschaftsrecht in der Diskussion 2014, 2015, S. 151, 183; *Schuster* ZGR 2010, 325, 349 ff.; *Verse* ZGR 2010, 299, 313 ff.

280 *Eidenmüller/Engert* ZIP 2009, 541, 548; *Verse* ZGR 2010, 299, 314.

auch mit den Vorgaben der Kapitalrichtlinie grundsätzlich **vereinbar.**[281] Man wird jedoch – obgleich unabhängig von der nationalen Einordnung – die mangelnde Bereichsausnahme von einer Hauptversammlungszuständigkeit bei einem „bloßen Sanierungsverfahren" nicht lediglich auf den Fortbestand der Gesellschaft herunterbrechen dürfen, sondern diese vielmehr vom tatsächlichen Insolvenzeintritt und insofern von einer freiwilligen Restrukturierungs- iS einer Sanierungsmaßnahme abhängig machen müssen. Das bedeutet gleichwohl auch, dass **vorinsolvenzliche Sanierungsverfahren** weiterhin von Art. 68 I Kodifizierungs-RL (ex-Art. 29 I Kapital-RL) erfasst werden und eine damit verbundene Kapitalerhöhung daher grundsätzlich zwingend einer Zustimmung der Hauptversammlung bedarf.[282] Die entsprechende Thematik würde jedoch von einer künftigen Richtlinie über Restrukturierungsmaßnahmen und Unternehmensinsolvenzen erfasst werden.[283] Art. 32 des diesbezüglichen **Richtlinienvorschlags** sieht die Einfügung eines Art. 84 IV Kodifizierungs-RL vor, nachdem zum Zwecke der Sanierung in Krisensituationen einer Gesellschaft die Vorgaben zur Hauptversammlungszuständigkeit bei Kapitalerhöhungen zur Wahl der Mitgliedstaaten stehen sollen.

117 Nach Art. 68 II Kodifizierungs-RL (ex-Art. 29 II Kapital-RL) kann somit im Regelfall allenfalls eine **Ermächtigung** in der Satzung bzw. im Beschluss zur Erhöhung des Grundkapitals bis zu einem bestimmten Höchstbetrag von der Hauptversammlung an ein Organ der Gesellschaft erteilt werden. Ein genereller Verzicht der Hauptversammlung über jede Kapitalerhöhung zu entscheiden, ist wie bereits erwähnt **nicht** möglich (s. Rn. 114). Den Aktionären ist es dem Wortlaut nach gestattet, die Entscheidung über die Kapitalerhöhung an ein „Organ" der Gesellschaft zu delegieren. Es muss sich dabei nicht zwangsläufig um das Verwaltungsorgan handeln. Denkbar wäre auch eine Delegation an das Überwachungsorgan. Die Richtlinie bietet insofern allerdings lediglich einen Mindeststandard, so dass es den Mitgliedstaaten möglich bleibt, das Organ vorzugeben. Die Genehmigung des Kapitals ist zudem nur für eine Höchstdauer von **fünf Jahren** möglich (Art. 68 II 2 Kodifizierungs-RL (ex-Art. 29 II 2 Kapital-RL)). Die Vorschrift soll sicherstellen, dass sich die Aktionäre insofern nicht langfristig selbst entmachten.[284] Die Aktionäre können jedoch entscheiden, diesen Zeitraum einmal oder auch mehrfach zu verlängern. Bezüglich der Verlängerung gilt dann wiederum die Fünf-Jahres-Frist (Art. 68 II 3 Kodifizierungs-RL (ex-Art. 29 II 3 Kapital-RL)). Auch die genannten Regelungen geben insofern einen Mindeststandard vor, weshalb die Mitgliedstaaten strengere Vorschriften, zB eine Verkürzung der Höchstdauer, vorsehen können.[285] Spielraum besteht für die Mitgliedstaaten auch bzgl. des Höchstbetrags, für den sie eine Grenze festlegen können (Art. 68 I 1 Kodifizierungs-RL (ex-Art. 29 I 1 Kapital-RL)). Bis zu dieser ggf. bestehenden Grenze können dann wiederum die Aktionäre einen Höchstbetrag für die Kapitalerhöhung festlegen.

118 Speziell aus Sicht **krisenbetroffener** und **sanierungsbedürftiger Kreditinstitute** hat sich durch zwei EuGH-Entscheidungen aus dem Jahr 2016 zudem ein gewisses Sonderrecht für systemrelevante Banken in den Mitgliedstaaten herausgebildet.[286] Danach liegt **trotz Nicht-Befolgung,** insbesondere der europäischen Vorschriften zur Hauptversammlungszuständigkeit bei Kapitalerhöhungen (vgl. Art. 68 I 1 Kodifizierungs-RL (ex-Art. 29 I 1 Kapital-RL)) und der diesbezüglichen Gewährung eines Bezugsrechts (vgl. Art. 72 I Kodifizierungs-RL (ex-Art. 33 I Kapital-RL)), **kein Verstoß** gegen die Kapitalrichtlinie vor, wenn es sich (1) um eine „außergewöhnliche Maßnahme" handelt[287] und (2) dadurch eine „gravierende Störung der Volkswirtschaft und des Finanzsystems" eines Mitgliedstaates aufgrund der Insolvenz der entsprechenden Bank verhindert werden kann.[288] Die Zulässigkeit entsprechender Maßnahmen sei auch mit der *Pafitis*-Entscheidung vereinbar,[289] da es dort lediglich um die Insolvenz einer Bank ohne systematisches Risiko für die **Stabilität des Finanzsystems** ging.[290] Mit der durch die

281 *Eidenmüller/Engert* ZIP 2009, 541, 548; *Engert* in: Langenbucher (Hrsg.), Europäisches Privat- und Wirtschaftsrecht, 2017, § 5 Rn. 62; *Spahlinger* in: Kübler/Prütting/Bork (Hrsg.), InsO, 73. Lieferung, 2017, § 225a; *Thole*, Gesellschaftsrechtliche Maßnahmen in der Insolvenz, 2015, Rn. 223; *Verse* ZGR 2010, 299, 314; aA *Bormann* NZI 2011, 892, 894 f.; *Drouven* ZIP 2009, 1052; *Stöber* ZInsO 2013, 2457, 2460 f.; wohl auch *Madaus* ZIP 2014, 500, 506; *Schuster* ZGR 2010, 325, 350.

282 Vgl. *Eidenmüller/Engert* ZIP 2009, 541, 549; *Schuster* ZGR 2010, 325, 350; wohl auch *Binder* ZVglRWiss 112 (2013) 23, 44.

283 Siehe Europäische Kommission, Vorschlag für eine Richtlinie des Europäischen Parlaments und des Rates über präventive Restrukturierungsrahmen, die zweite Chance und Maßnahmen zur Steigerung der Effizienz von Restrukturierungs-, Insolvenz- und Entschuldungsverfahren und zur Änderung der Richtlinie 2012/30/EU, COM/2016/0723 final.

284 *Engert* in: Langenbucher (Hrsg.), Europäisches Privat- und Wirtschaftsrecht, 2017, § 5 Rn. 59.

285 *Lutter/Bayer/Schmidt*, Europäisches Unternehmens- und Kapitalmarktrecht, 2017, Rn. 19.185; vgl. auch *Bayer/Schmidt* in: Bayer/Habersack (Hrsg.), Aktienrecht im Wandel, Bd. 1, 2007, Kap. 18 Rn. 60; *Habersack/Verse*, Europäisches Gesellschaftsrecht, 2011, § 6 Rn. 75.

286 Vgl. EuGH, Rs. C-526/14 (Kotnik ua), ECLI:EU:C:2016:570 = EuZW 2016, 793; EuGH, Rs. C-41/15 (Dowling ua), ECLI:EU:C:2016:836 = ZIP 2016, 2215.

287 EuGH, Rs. C-41/15 (Dowling ua), ECLI:EU:C:2016:836 = ZIP 2016, 2215, Rn. 50; *Schäfers* GPR 2017, 231, 232.

288 EuGH, Rs. C-41/15 (Dowling ua), ECLI:EU:C:2016:836 = ZIP 2016, 2215, Rn. 50; EuGH, Rs. C-526/14 (Kotnik ua), ECLI:EU:C:2016:570 = EuZW 2016, 793, Rn. 88.

289 EuGH, Rs. C-441/93 (Pafitis), ECLI:EU:C:1996:92 = BeckEuRS 1996, 212095.

290 Vgl. EuGH, Rs. C-526/14 (Kotnik ua), ECLI:EU:C:2016:570 = EuZW 2016, 793, Rn. 90.

Kontnik- und die *Dowling*-Entscheidung stückweise einhergehenden **Verwässerung** aktionärsschützender Vorschriften der Kapitalrichtlinie bringt der EuGH zum Ausdruck, dass die Gewährleistung eines einheitlichen Schutzes der Aktionäre und Gläubiger nicht in jedem Fall Vorrang vor den öffentlichen Interessen an der Gewährleistung von Stabilität des Finanzsystems hat (zur dahinterstehenden Dynamik des Normzwecks s. § 2 Rn. 106).[291]

Zumindest im Anwendungsbereich der Bankenabwicklungsrichtlinie ist diese Problematik aufgrund des inzwischen bestehenden Art. 84 III Kodifizierungs-RL (ex-Art. 45 III Kapital-RL) (vgl. Rn. 18) mittlerweile von geringer Bedeutung. Etwas überraschend scheint in diesem Zusammenhang jedoch, dass die Europäische Kommission in ihrem **Vorschlag für eine Richtlinie** über vorinsolvenzliche Sanierungsmaßnahmen und Unternehmensinsolvenzen (Rn. 9),[292] unabhängig von einer Gefährdung des Finanzsystems, die Möglichkeit der Abweichung von ua den Regelungen zur Hauptversammlungszuständigkeit bei Kapitalerhöhungen und zum Bezugsrecht einführen will (vgl. Art. 32 RL-Vorschlag). Die mit Art. 32 RL-Vorschlag einhergehenden Änderungen beziehen sich dabei auf Abweichungsmöglichkeit der Mitgliedstaaten von verschiedenen, insbesondere aktionärsschützenden Vorschriften im sanierungsbedürftigen Krisenfall der Gesellschaft. Die Mitgliedstaaten hätten danach ua die Möglichkeit **keine** zwingende **Hauptversammlungszuständigkeit** mehr bei schweren Verlusten des gezeichneten Kapitals, bei Kapitalerhöhungen und -herabsetzungen sowie bei Aktieneinziehungen vorzusehen. 119

Gibt es mehrere Gattungen von Aktien, ist ein gesonderter Beschluss der Aktionäre jeder Gattung, deren Rechte durch die Kapitalerhöhung berührt werden, erforderlich (Art. 68 III Kodifizierungs-RL (ex-Art. 29 III Kapital-RL)). Dieser **Sonderbeschlüsse** bedarf es, weil sich durch eine Kapitalerhöhung auch das Verhältnis der Aktiengattungen untereinander ändern kann und insofern die Aktionäre jeder Gattung auch als Gruppe schützenswert sind.[293] Bislang ist jedoch nicht abschließend geklärt, unter welchen Bedingungen die Rechte der Mitglieder einer bestimmten Gattung von Aktien iSd Art. 68 III Kodifizierungs-RL (ex-Art. 29 III Kapital-RL) „berührt" sind. Hierfür nicht entscheidend ist allerdings, ob es sich um Aktien mit Stimmrecht oder stimmrechtslose Aktien handelt.[294] 120

Die Kapitalrichtlinie regelt nicht explizit das **Mehrheitserfordernis der Beschlussfassung** für eine entsprechende Kapitalerhöhung. Art. 83 I Kodifizierungs-RL (ex-Art. 44 I Kapital-RL) kann jedoch im Umkehrschluss entnommen werden, dass die Richtlinienbestimmungen zumindest keine qualifizierte Mehrheit vorschreiben.[295] Auch eine einfache Beschlussmehrheit ist daher grundsätzlich ausreichend, sofern das jeweils nationale Recht eine solche zulässt. Maßgebend sind insofern also die autonom-mitgliedstaatlichen Vorschriften. Schon aufgrund ihres diesbezüglichen Mindestcharakters verbietet es die Kapitalrichtlinie den Mitgliedstaaten allerdings nicht, höhere Anforderungen an die Beschlussmehrheit bei einer Kapitalerhöhung (zB qualifizierte Mehrheit) zu stellen.[296] Rechtstatsächlich sehen die meisten Mitgliedstaaten auch bei einer Kapitalerhöhung grundsätzlich eine qualifizierte Mehrheit vor (zB Spanien (s. § 15 Rn. 351) und Polen (s. § 17 Rn. 381)). 121

---

291 Vgl. EuGH, Rs. C-526/14 (Kotnik ua), ECLI:EU:C:2016:570 = EuZW 2016, 793, Rn. 91; EuGH, Rs. C-41/15 (Dowling ua), ECLI:EU:C:2016:836 = ZIP 2016, 2215, Rn. 54; *Schäfers* GPR 2017, 231, 232; *Stiegler* EuZW 2016, 921 f.

292 Europäische Kommission, Vorschlag für eine Richtlinie des Europäischen Parlaments und des Rates über präventive Restrukturierungsrahmen, die zweite Chance und Maßnahmen zur Steigerung der Effizienz von Restrukturierungs-, Insolvenz- und Entschuldungsverfahren und zur Änderung der Richtlinie 2012/30/EU, 22.11.2016, COM(2016) 723 final; dazu *Albrecht* ZInsO 2016, 2415; *Berger* ZInsO 2016, 2413; *Blankenburg* ZInsO 2017, 241; *Bork* ZIP 2017, 1441; *BRAK-Stellungnahme* ZIP 2017, 789; *DAV-Stellungnahme* Nr. 17/17; *Eidenmüller* EBOR 18 (2017) 273; *Frind* NZI 2018, 431; *Graf-Schlicker* ZIP 2017, Beilage Heft 1, S. 3; *Gravenbrucher Kreis* ZIP 2017, 203; *Hölzle* ZIP 2017, 1307; *Hübler* NZI 2016, 990; *Jacobi* ZInsO 2017, 1; *Kayser* ZIP 2017, 1393; *Klupsch/Schulz* EuZW 2017, 85; *Madaus* NZI 2017, 329; *McCormack* JCLS 17 (2017) 167; *Mock* NZI 2016, 977; *Müller* GmbHR 2017, R42; *Naumann* NZI-Beilage 2017, 35; *Paulus* ZIP 2017, 910; *ders.* IWRZ 2017, 99; *Payne/Sarra* Oxford Legal Studies Research Paper No. 41/2017; *Rauscher ua* ZInsO 2016, 2420; *Rieser* WPg 2017, 113; *Riewe* ZRP 2017, 179; *Riggert/Seagon* NZI-Beilage 2017, 3; *Sax/Ponseck/Swierczok* BB 2017, 323; *Schluck-Amend* WPg 2017, 341; *dies.* KSI 2017, 21; *dies.* ZRP 2017, 6; *Schmidt* WM 2017, 1735; *Thole* ZIP 2017, 101; *Westpfahl* NZI-Beilage 2017, 49; *Vallender* IWRZ 2017, 51.

293 EuGH, Rs. C-441/93 (Pafitis), ECLI:EU:C:1996:92 = BeckEuRS 1996, 212095, Rn. 39 ff.; *Fankhauser*, Gemeinschaftsrechtliche Publizitäts- und Kapital-Richtlinie, 2001, S. 200; *Lutter/Bayer/Schmidt*, Europäisches Unternehmens- und Kapitalmarktrecht, 2017, Rn. 19.179; *Edwards*, EC Company Law, 1999, S. 78.

294 Vgl. *Grundmann*, Europäisches Gesellschaftsrecht, 2011, Rn. 354; *Lutter/Bayer/Schmidt*, Europäisches Unternehmens- und Kapitalmarktrecht, 2017, Rn. 19.181.

295 *Klinke* in: Heidel (Hrsg.), Aktienrecht und Kapitalmarktrecht, 4. Aufl. 2014, Kap. 6 Rn. 372; vgl. auch *Bayer/Schmidt* in: Bayer/Habersack (Hrsg.), Aktienrecht im Wandel, Bd. 1, 2007, Kap. 18 Rn. 61.

296 *Drinkuth*, Die Kapitalrichtlinie – Mindest- oder Höchstnorm?, 1998, S. 226; *Schwarz*, Europäisches Gesellschafsrecht, 2000, Rn. 615; *Meilicke* DB 1995, 513, 517; *Habersack/Verse*, Europäisches Gesellschaftsrecht, 2011, § 6 Rn. 73; *Klinke* in: Heidel (Hrsg.), Aktienrecht und Kapitalmarktrecht, 4. Aufl. 2014, Kap. 6 Rn. 372.

II. Reale Kapitalaufbringung

122 Die Modalitäten der Aufbringung des neuen Kapitals in Folge einer Kapitalerhöhung der Gesellschaft ist in den Art. 69 ff. Kodifizierungs-RL (ex-Art. 30 ff. Kapital-RL) geregelt. Da es sich bei einer Kapitalerhöhung letztlich um eine erneute Kapitalaufbringung über einen bestimmten Betrag zusätzlich zum bereits bestehenden Grundkapital handelt, gilt auch für die Aufbringung des Kapitalerhöhungsbetrags das **„Prinzip der realen Kapitalaufbringung"**.[297] Die Regelungen über die Kapitalerhöhung entsprechen daher materiell überwiegend denen der originären Kapitalaufbringung im Rahmen der Gründung der Gesellschaft (s. Rn. 39 ff.). Beispielsweise bedarf es auch bei einer Sachkapitalerhöhung grundsätzlich einer Wertprüfung durch einen unabhängigen Sachverständigen (vgl. Art. 70 II 2 iVm Art. 49 II Kodifizierungs-RL (ex-Art. 31 II 2 iVm Art. 10 II Kapital-RL)). Art. 69 S. 2 Kodifizierungs-RL (ex-Art. 30 S. 2 Kapital-RL) schreibt jedoch im Unterschied zur Parallelnorm für die Kapitalaufbringung die **komplette Leistung** eines durch Barkapitalerhöhung erhobenen Agios im Zeitpunkt der Aktienausgabe vor.[298] Art. 70 Kodifizierungs-RL (ex-Art. 31 Kapital-RL) betreffend der Einlage von Sachgegenständen bei einer Kapitalerhöhung verweist auch (bewusst) nicht auf die Regelungen über die Nachgründung bei der Kapitalaufbringung nach Art. 52 Kodifizierungs-RL (ex-Art. 13 Kapital-RL) (s. Rn. 64 ff.), woraus sich schließen lässt, dass die Mitgliedstaaten zwar **berechtigt**, nicht jedoch verpflichtet sind, die Vorschriften über die Nachgründung auch auf Kapitalerhöhungen anzuwenden.[299] Die nationalen Regelungen über verdeckte Sacheinlagen sind, wie bei der Kapitalaufbringung, auch von der Kapitalrichtlinie gedeckt, da sie eine reale Kapitalaufbringung bzw. -erhöhung durch einen angemessenen Umgehungsschutz gewährleisten sollen.

III. Vollständige Zeichnung

122a Die Regelung des Art. 71 Kodifizierungs-RL (ex-Art. 32 Kapital-RL) verdeutlicht, dass der europäische Gesetzgeber davon ausgeht, dass eine ordnungsgemäße Kapitalerhöhung grundsätzlich der vollständigen Zeichnung bedarf. Ist dies nicht der Fall, so wird keine Kapitalerhöhung durchgeführt. Etwas Anderes gilt nur, „wenn die Ausgabebedingungen diese Möglichkeit ausdrücklich vorgesehen haben (Art. 71 Kodifizierungs-RL (ex-Art. 32 Kapital-RL)).

IV. Bezugsrecht

1. Bedeutung der Regelung

123 Für die (Alt-) Aktionäre einer Aktiengesellschaft sind die Regelungen des Art. 72 Kodifizierungs-RL (ex-Art. 33 Kapital-RL) über das **Bezugsrecht** und den Bezugsrechtsausschluss bei Kapitalerhöhungen von besonderer Bedeutung. Nach Art. 72 I Kodifizierungs-RL (ex-Art. 33 I Kapital-RL) müssen bei jeder Kapitalerhöhung durch **Bareinlagen** die neuen Aktien vorzugsweise den (Alt-) Aktionären im Verhältnis zu deren bisherigen, durch deren Aktien verkörperten Teil des Grundkapitals angeboten werden.[300] Dadurch soll sichergestellt werden, dass jeder Aktionär entsprechend seiner bisherigen Beteiligungsquote auch an der Kapitalerhöhung beteiligt wird und sein Anteilsverhältnis im Vergleich zum Gesamtgrundkapital wahren kann. Das Bezugsrecht soll den Aktionären gleichzeitig auch vor einer **Verwässerung** ihrer **Anteilswerte Schutz bieten**, indem es einen Eingriff in die Besitzstände der Aktionäre grundsätzlich ausschließt.[301] Das Bezugsrecht gewährt dem Altaktionär das Recht, sich im Verhältnis seiner Anteile an der Kapitalerhöhung zu beteiligen. Eine korrespondierende Pflicht, von diesem Recht auch Gebrauch zu machen, besteht dagegen nicht.[302]

---

297 Vgl. *Lutter/Bayer/Schmidt*, Europäisches Unternehmens- und Kapitalmarktrecht, 2017, Rn. 19.189; *Kalss/Klampfl*, Europäisches Gesellschaftsrecht, 2015, Rn. 363; wohl auch *Grundmann*, Europäisches Gesellschaftsrecht, 2011, Rn. 332.

298 *Habersack/Verse*, Europäisches Gesellschaftsrecht, 2011, § 6 Rn. 77; *Kalss/Klampfl*, Europäisches Gesellschaftsrecht, 2015, Rn. 363; *Grundmann*, Europäisches Gesellschaftsrecht, 2011, Rn. 356; *Lutter/Bayer/Schmidt*, Europäisches Unternehmens- und Kapitalmarktrecht, 2017, Rn. 19.191.

299 *Habersack/Verse*, Europäisches Gesellschaftsrecht, 2011, § 6 Rn. 78; *Nobel*, Internationales und Transnationales Aktienrecht, Bd. 2, 2012, Kap. 3 Rn. 53; *Lösekrug*, Die Umsetzung der Kapital-, Verschmelzungs- und Spaltungsrichtlinie der EG in das nationale deutsche Recht, 2004, S. 166 ff.

300 Vgl. auch EuGH, Rs. C-41/15 (Dowling ua), ECLI:EU:C:2016:836 = ZIP 2016, 2215, Rn. 41.

301 *Binder* ZVglRWiss 112 (2013) 23, 31, 40; *Ekkenga* in: KK-AktG, Bd. 4/1, 3. Aufl. 2017, § 186 Rn. 7; *Habersack/Verse*, Europäisches Gesellschaftsrecht, 2011, § 6 Rn. 79; *Schön* ZHR 174 (2010) 155, 158; *Teichmann* in: Gebauer/Teichmann (Hrsg.), Europäisches Privat- und Unternehmensrecht, 2016, § 6 Rn. 182; *Weller* in: Gebauer/Wiedmann (Hrsg.), Zivilrecht unter europäischem Einfluss, 2. Aufl. 2010, Kap. 21 Rn. 48; *Engert* in: Langenbucher (Hrsg.), Europäisches Privat- und Wirtschaftsrecht, 2017, § 5 Rn. 66; *Bayer/Schmidt* in: Bayer/Habersack (Hrsg.), Aktienrecht im Wandel, Bd. 1, 2007, Kap. 18 Rn. 66; vgl. zum Regelungsziel auch *Wymeersch* AG 1998, 382, 383.

302 *Kalss/Klampfl*, Europäisches Gesellschaftsrecht, 2015, Rn. 365; *Lutter/Bayer/Schmidt*, Europäisches Unternehmens- und Kapitalmarktrecht, 2017, Rn. 19.204.

2. Zwingendes Bezugsrecht bei Barkapitalerhöhungen

Art. 72 I Kodifizierungs-RL (ex-Art. 33 I Kapital-RL) gewährt ein zwingendes Bezugsrecht nur für Barkapitalerhöhungen. Für Kapitalerhöhungen mittels Sacheinlagen enthält die Kapitalrichtlinie hingegen keine Vorgaben.[303] Diese **Nichtregelung** des Bezugsrechts **bei Sachkapitalerhöhungen** basiert darauf, dass die Einlagepflicht bei Sacheinlagen im Grundsatz nur individuell von dem entsprechenden Aktionär erfüllt werden kann und eine diesbezügliche Generalisierung bezogen auf eine allgemeine Bezugsrechtsregelung daher ausscheidet.[304] In einigen Mitgliedstaaten wie Italien (Art. 2441 IV c.c.) (dazu § 14 Rn. 346), Großbritannien (sec. 565 CA 2006) (dazu § 12 Rn. 498) und Frankreich (dazu § 13 Rn. 604) wird daher auch *per se* ein Bezugsrecht bei Sachkapitalerhöhungen ausgeschlossen. In Deutschland ist nach § 186 AktG hingegen auch bei einer Kapitalerhöhung mittels Sacheinlagen ein Bezugsrecht vorgesehen. Eine strengere Regelung des Bezugsrechtsausschlusses ist mit der Richtlinienbestimmung auch vereinbar.[305] 124

3. Ausschluss des Bezugsrechts

Ein Bezugsrechtsausschluss ist nach deutschem Recht nur möglich, sofern der mit dem Bezugsrechtsausschluss einhergehende Eingriff in die Aktionärsrechte durch sachliche Gründe im Interesse der Gesellschaft gerechtfertigt und verhältnismäßig ist.[306] Diese deutsche Vorgehensweise ist mit der Kapitalrichtlinie vereinbar.[307] Ebenfalls mit Art. 72 I Kodifizierungs-RL (ex-Art. 33 I Kapital-RL) **vereinbar** ist ein etwaiger Bezugsrechtsausschluss bei einer Sachkapitalerhöhung im **Insolvenzplanverfahren** gem. § 225a II 3 InsO.[308] Die Richtlinie sieht lediglich bei einer Kapitalerhöhung gegen Bareinlagen ein Bezugsrecht der Aktionäre vor, so dass die vorzugsweise Zeichnung bei Sacheinlagen insofern beschränkt werden kann bzw. es den Mitgliedstaaten frei steht, ein Bezugsrecht auch bei Sachkapitalerhöhungen vorzusehen. 125

Daneben ist ein Bezugsrechtsauschluss bei Unternehmen des Finanzsektors gem. **§ 7 III 4 FMStBG** zugunsten des Finanzmarktstabilisierungsfonds oder Dritter nach deutschem Recht zulässig. Die Europarechtskonformität dieser nationalen Regeln konnte bis vor kurzem jedoch bezweifelt werden.[309] Dadurch, dass die nationalen Umsetzungsbestimmungen zum Bezugsrecht im Zuge der Bankenabwicklungsrichtlinie in Krisensituationen grundsätzlich **nicht mehr zur Geltung kommen** dürfen (vgl. Art. 84 III Kodifizierungs-RL (ex-Art. 45 III Kapital-RL)) und auch der EuGH zumindest im Falle einer „Bedrohung der finanziellen Stabilität" eines Mitgliedstaates keinen Verstoß gegen Art. 72 Kodifizierungs-RL (ex-Art. 33 Kapital-RL) sieht,[310] stellt sich für die betroffenen Kreditinstitute und Wertpapierfirmen diese Problematik jedoch nun grundsätzlich nicht mehr.[311] 126

4. Reichweite des Bezugsrechts

Art. 72 VI Kodifizierungs-RL (ex-Art. 33 VI Kapital-RL) erweitert das Bezugsrecht bei Barkapitalerhöhungen auf **sämtliche Wertpapiere**, die in Aktien umgewandelt werden können oder mit einem Bezugsrecht auf Aktien ausgestattet sind. Neben **Wandel-** und **Optionsanleihen** geht es dabei insbesondere um Optionsrechte.[312] Inwiefern (reine) Optionsrechte überhaupt von der Gesellschaft ausgegeben werden dürfen, richtet sich hingegen allein nach nationalem Recht. Nationale Regelungen, die außer Aktionären auch anderen Personen (zB Inhabern von Wandelschuldverschreibungen oder Wandeldarlehen) ein korporatives Bezugsrecht gewähren, stehen nicht 127

303 Vgl. EuGH, Rs. C-42/95 (Siemens/Nold), ECLI:EU:C:1996:444 = NJW 1997, 72, Rn. 19 ff.; BGH NZG 2006, 18, 20.

304 *Habersack/Verse*, Europäisches Gesellschaftsrecht, 2011, § 6 Rn. 84; *Schürnbrand* in: MüKo AktG, Bd. 4, 4. Aufl. 2016, § 186 Rn. 18; *Hirte* DB 1995, 1113; *Werlauff*, EU-Company Law, 2003, S. 239 f. mit der Begründung, dass der Erwerber einen bestimmten Wertgegenstand besitzt, der für die Gesellschaft bedeutsam ist; *Klinke* in: Heidel (Hrsg.), Aktienrecht und Kapitalmarktrecht, 4. Aufl. 2014, Kap. 6 Rn. 386 argumentiert dahingehend, dass die Richtlinie einen Bezugsrechtsausschluss für Sacheinlagen nicht regelt, da einige Mitgliedstaaten eine Kapitalerhöhung durch Sacheinlagen überhaupt nicht kennen.

305 *Werlauff*, EU Company Law, 2003, S. 240.

306 BGHZ 71, 40, 46; vgl. auch BGHZ 83, 319, 321 ff.; BGHZ 125, 239, 241; *Hirte* DB 1995, 1113.

307 EuGH, Rs. C-42/95 (Siemens/Nold), ECLI:EU:C:1996:444 = NJW 1997, 72, Rn. 19 ff.

308 Vgl. *Binder* ZVglRWiss 112 (2013) 23, 36; *Eidenmüller/Engert* ZIP 2009, 541, 547; wohl auch *Decher/Voland* ZIP 2013, 103, 105.

309 Vgl. dazu *Wieneke/Fett* NZG 2009, 8, 11 ff.; *Gurlitt* NZG 2009, 601; *Böckenförde* NJW 2009, 2484; *Köndgen* ZBB 2009, 144, 147; *Hopt ua* WM 2009, 821, 826.

310 Vgl. EuGH, Rs. C-526/14 (Kotnik ua), ECLI:EU:C:2016:570 = EuZW 2016, 793, Rn. 88 ff.; EuGH, Rs. C-41/15 (Dowling ua), ECLI:EU:C:2016:836 = ZIP 2016, 2215, Rn. 50 f.

311 *Schäfers* GPR 2017, 231, 232 f.; *Stiegler* EuZW 2016, 921, 922.

312 *Habersack/Verse*, Europäisches Gesellschaftsrecht, 2011, § 6 Rn. 80; *Habersack* in: MüKo AktG, Bd. 4, 4. Aufl. 2016, § 221 Rn. 36 ff.; *Lutter/Bayer/Schmidt*, Europäisches Unternehmens- und Kapitalmarktrecht, 2017, Rn. 19.206; *Kalss/Klampfl*, Europäisches Gesellschaftsrecht, 2015, Rn. 362.

mit den Vorgaben der Kodifizierungs-Richtlinie über das Kapital von Aktiengesellschaften in Einklang.[313] Denn nur so kann die Richtlinie die Altaktionäre effektiv vor der Gefahr der Verwässerung ihrer Anteile bewahren.[314] Gleichwohl kann zB im Rahmen einer **schuldrechtlichen Aktionärsvereinbarung** (*stockholders' agreement*) die Bestimmung bzw. der Ausschluss eines Bezugsrechts in diesem Fall geregelt werden. Einer individualvertraglichen und privatautonomen Regelung durch (alle) Aktionäre stehen die Richtlinienbestimmungen insofern nicht entgegen. In der deutschsprachigen Literatur wird gleichzeitig angenommen, dass die Mitgliedstaaten jedoch die Möglichkeit haben, den Schutz für Aktionäre durch ein Bezugsrecht für Genussrechte oder Gewinnschuldverschreibungen zu erweitern.[315] Dies sei möglich, da die Richtlinie nur einen Mindeststandard setze.[316]

128 In Art. 72 IV 2 Kodifizierungs-RL (ex-Art. 33 IV 2 Kapital-RL) wird klargestellt, dass das Bezugsrecht der Aktionäre bei Barkapitalerhöhungen nicht durch die Satzung bzw. einen anderen Errichtungsakt der Gesellschaft beschränkt oder ausgeschlossen werden darf. Ein generell festgeschriebener **Bezugsrechtsausschluss** ist also nicht möglich. Nach Art. 72 IV 2 Kodifizierungs-RL (ex-Art. 33 IV 2 Kapital-RL) kann das Bezugsrecht der Aktionäre jedoch durch einen **Beschluss der Hauptversammlung** ausgeschlossen bzw. beschränkt werden. Eine Beschränkung des Bezugsrechts bei einer konkreten Kapitalerhöhung ist im Einzelfall daher dennoch möglich. Die Aktionäre haben mittels dieser Hauptversammlungszuständigkeit somit die Möglichkeit über ihre Eigentumsinteressen iS eines Bezugsrechts bei einer Kapitalerhöhung zu entscheiden. Praktisch relevant ist ein entsprechender Ausschluss des Bezugsrechts zB dann, wenn mittels einer Kapitalerhöhung ein **neuer Investor hinzutreten** soll.[317] Daneben können die Mitgliedstaaten zulassen, dass das Gesellschaftsorgan, das über genehmigtes Kapital entscheidet, auch über einen eventuellen Bezugsrechtsausschluss bzw. die Beschränkung des Bezugsrechts entscheiden darf, sofern es dazu durch die Satzung, den Errichtungsakt oder einen Hauptversammlungsbeschluss ermächtigt wurde (Art. 72 V 1 Kodifizierungs-RL (ex-Art. 33 V 1 Kapital-RL)). Das Leitungsorgan muss in diesem Fall den Aktionären vor Ausübung der Ermächtigung zur Kapitalerhöhung keinen Bericht über die Gründe des Ausschlusses vorlegen.[318] Die Ermächtigung ist dabei derselben zeitlichen Begrenzung unterworfen wie das gezeichnete Kapital (Art. 72 V 2 Kodifizierungs-RL (ex-Art. 33 V 2 Kapital-RL)).

129 Ist ein Bezugsrechtsausschluss durch **Beschluss der Hauptversammlung** geplant, muss der Vorstand der Aktiengesellschaft nach Art. 72 IV 3 Kodifizierungs-RL (ex-Art. 33 IV 3 Kapital-RL) der Hauptversammlung schriftlich Bericht über die Gründe einer geplanten Beschränkung oder eines Ausschlusses des Bezugsrechts erstatten und den geplanten Ausgabekurs bei der Versammlung ausführlich begründen. Innerhalb der Hauptversammlung ist ein gesonderter Beschluss über den Bezugsrechtsausschluss notwendig.[319] Nach Art. 72 IV 4 iVm Art. 83 I Kodifizierungs-RL (ex-Art. 33 I iVm Art. 44 I Kapital-RL) bedarf der Beschluss der Hauptversammlung über den Bezugsrechtsausschluss einer **qualifizierten Mehrheit** von mindestens **2/3 der Stimmen** des vertretenen Kapitals oder der vertretenden Stimmrechte. Bei den genannten formellen Anforderungen handelt es sich um Mindeststandards, weshalb es den Mitgliedstaaten unbenommen bleibt, höhere Anforderungen zu stellen.[320]

130 In bestimmten Situationen dürfen zudem die Mitgliedstaaten die Pflicht des Bezugsrechts für Kapitalerhöhungen durch Bareinlage **modifizieren.** Geregelt werden diese Fälle in Art. 72 II lit. a) und b) Kodifizierungs-RL (ex-Art. 33 II lit. a) Kapital-RL). Nach Art. 72 II lit. a) Kodifizierungs-RL (ex-Art. 33 II lit. a) Kapital-RL) können die Mitgliedstaaten ein Bezugsrecht für Aktien ganz ausschließen, „bei denen das **Recht eingeschränkt ist,** an den Ausschüttungen im Sinne des Artikels 17 und/oder an der Verteilung des Gesellschaftsvermögens im Falle der Liquidation teilzunehmen". Dem Wortlaut nach gestattet die Vorschrift damit einen Bezugsrechtsausschluss auch, wenn das Recht auf Teilhabe am Gewinn nur minimal eingeschränkt ist. Hat eine Gesellschaft unterschiedliche Aktiengattungen und sind an diese unterschiedliche Stimm- bzw. Teilhaberechte am Gewinn- bzw. Liquidationserlös gebunden, können die Mitgliedstaaten auch vorsehen, dass zunächst den Aktionären ein Bezugsrecht zusteht, in deren Gattung es zur Kapitalerhöhung kommt. Subsidiär haben dann die Aktionäre der

313 EuGH, Rs. C-338/06 (Kommission/Spanien), ECLI:EU:C:2008:740 = NZG 2009, 187, Rn. 38 ff.; *Habersack/Verse*, Europäisches Gesellschaftsrecht, 2011, § 6 Rn. 80; *Lutter/Bayer/Schmidt*, Europäisches Unternehmens- und Kapitalmarktrecht, 2017, Rn. 19.205; *Schürnbrand* in: MüKo AktG, Bd. 4, 4. Aufl. 2016 § 186 Rn. 17; aA *Grechening* ECFR 2007, 571, 583 f.; *Lösekrug*, Die Umsetzung der Kapital-, Verschmelzungs- und Spaltungsrichtlinie der EG in das nationale deutsche Recht, 2004, S. 200.

314 *Habersack/Verse*, Europäisches Gesellschaftsrecht, 2011, § 6 Rn. 80.

315 Vgl. *Habersack/Verse*, Europäisches Gesellschaftsrecht, 2011, § 6 Rn. 80; *Lutter/Bayer/Schmidt*, Europäisches Unternehmens- und Kapitalmarktrecht, 2017, Rn. 19.206; *Kalss/Klampfl*, Europäisches Gesellschaftsrecht, 2015, Rn. 367.

316 *Habersack/Verse*, Europäisches Gesellschaftsrecht, 2011, § 6 Rn. 80; *Kalss/Klampfl*, Europäisches Gesellschaftsrecht, 2015, Rn. 367.

317 *Teichmann* in: Gebauer/Teichmann (Hrsg.), Europäisches Privat- und Unternehmensrecht, 2016, § 6 Rn. 182; *Apfelbacher/Niggemann* in: Hölters (Hrsg.), AktG, 3. Aufl. 2017, § 186 Rn. 37.

318 BGH NJW 2006, 371, 372; *Habersack/Verse*, Europäisches Gesellschaftsrecht, 2011, § 6 Rn. 82.

319 Vgl. EuGH, Rs. C-367/96 (Kefalas), ECLI:EU:C:1998:222 = EuZW 1999, 56, Rn. 26.

320 *Lutter/Bayer/Schmidt*, Europäisches Unternehmens- und Kapitalmarktrecht, 2017, Rn. 19.222; *Bayer/Schmidt* in: Bayer/Habersack (Hrsg.), Aktienrecht im Wandel, Bd. 1, 2007, Kap. 18 Rn. 72.

anderen Gattungen das Recht, an der Kapitalerhöhung beteiligt zu werden (vgl. Art. 72 II lit. b) Kodifizierungs-RL (ex-Art. 33 II lit. b) Kapital-RL)).

Mit den **materiellen Anforderungen** an einen Bezugsrechtsausschluss befasst sich Art. 72 Kodifizierungs-RL (ex-Art. 33 Kapital-RL) nicht explizit. Umstritten ist, inwieweit die Richtlinienbestimmungen auch materielle Anforderungen an den Ausschluss des Bezugsrechts regeln bzw. inwieweit nationales Recht solche Regelungen aufstellen muss bzw. kann. Die hM versteht Art. 72 Kodifizierungs-RL (ex-Art. 33 Kapital-RL) in dem Sinne, dass die Vorschrift keine materiellen Anforderungen stellt.[321] Auch die etwaige Berichtspflicht des Verwaltungs- bzw. Leitungsorgans der Gesellschaft bezüglich eines Ausschlusses bzw. einer Beschränkung des Bezugsrechts (Art. 72 IV 3 Kodifizierungs-RL) ((ex-Art. 33 IV 3 Kapital-RL)) stellt in diesem Sinne zumindest keine unmittelbar materielle Regelung dar,[322] sondern statuiert vielmehr eine entsprechende formelle Zulässigkeitsvoraussetzung. Demnach muss auch das mitgliedstaatliche Recht grundsätzlich keine Anforderungen stellen, kann es jedoch.[323] Der Gleichbehandlungsgrundsatz (s. Rn. 140 f.) ist allerdings generell zu berücksichtigen.[324] **Unumstritten** ist auch, ob die Mitgliedstaaten materielle Anforderungen aufstellen können.[325] Verpflichtet werden sie dazu im Ergebnis wohl nicht. Dies lässt sich insbesondere nicht aus den Berichtspflichten herleiten.[326] 131

J. Kapitalherabsetzung

Neben der Kapitalerhöhung ist die Herabsetzung des Grundkapitals der Aktiengesellschaft eine weitere Säule der Kapitalmaßnahmen im laufenden Geschäftsbetrieb. Die Kapitalherabsetzung ist in der Richtlinie in den Art. 73 bis 82 Kodifizierungs-RL (ex-Art. 34 bis 43 Kapital-RL) geregelt. Eine Kapitalherabsetzung betrifft vor allem die **Gläubiger**, da es zu einer **Verringerung des Eigenkapitals** der Gesellschaft kommt und somit die Haftungsmasse, auf die zurückgegriffen werden kann, potenziell weniger wird.[327] Eine Kapitalherabsetzung berührt jedoch genau wie die Kapitalerhöhung auch die Interessen der Aktionäre, da deren mitgliedschaftlichen Befugnisse dadurch verkürzt werden können bzw. sie ggf. sogar um den Verlust ihrer Mitgliedschaft fürchten müssen.[328] Die Regeln der Kapitalrichtlinie nehmen beide Schutzbedürfnisse in den Blick. 132

Zum **Schutz der Aktionäre** muss mit Ausnahme einer gerichtlich angeordneten Kapitalherabsetzung grundsätzlich jede Verringerung des Grundkapitals von der **Hauptversammlung** beschlossen werden (Art. 73 S. 1 Kodifi- 133

---

321 *Ekkenga* in: KK-AktG, Bd. 4/1, 3. Aufl. 2017, § 186 Rn. 7 ausdrücklich gegen eine mittelbare Anforderung aufgrund der Berichts- und Begründungspflichten; *Bayer/Schmidt* in: Bayer/Habersack (Hrsg.), Aktienrecht im Wandel, Bd. 1, 2007, Kap. 18 Rn. 75; *Kindler* ZGR 1998, 35, 48; *Natterer* ZIP 1995, 1481, 1487; *Nobel*, Internationales und Transnationales Aktienrecht, Bd. 2, 2012, Kap. 3 Rn. 57; *Wymeersch* AG 1998, 382, 383; auch eher dahingehend, dass die Richtlinienbestimmungen nur mittelbar materielle Anforderungen verlangen *Groß* EuZW 1994, 395, 399; vgl. allgemein zum Meinungsstreit *Bachmann* ZIP 2009, 1249, 1251, scheint sich jedoch der Ansicht anzuschließen, dass die Richtlinienbestimmungen keine materiellen Anforderungen stellen; aA *Hofmeister* NZG 2000, 713, 715, mit Verweis auf Art. 29 IV 3 Kapital-RL aF (= Art. 72 IV 3 Kodifizierungs-RL); vgl. für einen Rechtsvergleich zur Umsetzung der ehemaligen Richtlinie in den verschiedenen Mitgliedstaaten *Wymeersch* AG 1998, 382, 383 ff.

322 Vgl. *Lutter/Bayer/Schmidt*, Europäisches Unternehmens- und Kapitalmarktrecht, 2017, Rn. 19.223.

323 *Lutter/Bayer/Schmidt*, Europäisches Unternehmens- und Kapitalmarktrecht, 2017, Rn. 19.223, mit Verweis auf die EuGH-Entscheidung Siemens/Nold; *Habersack/Verse*, Europäisches Gesellschaftsrecht, 2011, § 6 Rn. 83; *Bachmann* ZIP 2009, 1249, 1251; *Grundmann*, Europäisches Gesellschaftsrecht, 2011, Rn. 360; *Verse*, Der Gleichbehandlungsgrundsatz im Recht der Kapitalgesellschaften, 2006, S. 60 f.; *Kalss/Klampfl*, Europäisches Gesellschaftsrecht, 2015, Rn. 370; *Bayer/Schmidt* in: Bayer/Habersack (Hrsg.), Aktienrecht im Wandel, Bd. 1, 2007, Kap. 18 Rn. 75; *Ekkenga* in: KK-AktG, Bd. 4/1, 3. Aufl. 2017, § 186 Rn. 57. Dafür, dass die Richtlinienbestimmungen den Bezugsrechtsausschluss auch materiellen Anforderungen unterwerfen, deren Ausgestaltung jedoch im Einzelnen den Mitgliedstaaten überlassen ist *Drinkuth*, Die Kapitalrichtlinie – Mindest- oder Höchstnorm?, 1998, S. 245 ff. und *Natterer* ZIP 1995, 1481, 1487 f.; ebenfalls für eine nationale Pflicht, materielle Anforderungen vorzuschreiben *Groß* EuZW 1994, 395, 399.

324 *Habersack/Verse*, Europäisches Gesellschaftsrecht, 2011, § 6 Rn. 83; *Kalss/Klampfl*, Europäisches Gesellschaftsrecht, 2015, Rn. 370; *Bachmann* ZIP 2009, 1249, 1251; vgl. auch *Werlauff*, EU Company Law, 2003, S. 243.

325 Vgl. EuGH, Rs. C-42/95 (Siemens/Nold), ECLI:EU:C:1996:444 = NJW 1997, 721; *Lutter/Bayer/Schmidt*, Europäisches Unternehmens- und Kapitalmarktrecht, 2017, Rn. 19.223; *Habersack/Verse*, Europäisches Gesellschaftsrecht, 2011, § 6 Rn. 83; *Ekkenga* in: KK-AktG, Bd. 4/1, 3. Aufl. 2017, § 186 Rn. 7.

326 Vgl. *Lutter/Bayer/Schmidt*, Europäisches Unternehmens- und Kapitalmarktrecht, 2017, Rn. 19.223; *Habersack/Verse*, Europäisches Gesellschaftsrecht, 2011, § 6 Rn. 85.

327 *Habersack/Verse*, Europäisches Gesellschaftsrecht, 2011, § 6 Rn. 85; *Lutter/Bayer/Schmidt*, Europäisches Unternehmens- und Kapitalmarktrecht, 2017, Rn. 19.227; *Kalss/Klampfl*, Europäisches Gesellschaftsrecht, 2015, Rn. 371; *Grohmann*, Das Informationsmodell im Europäischen Gesellschaftsrecht, 2006, S. 297; zum Gläubigerschutzzweck *Klinke* in: Heidel (Hrsg.), Aktienrecht und Kapitalmarktrecht, 4. Aufl. 2014, Kap. 6 Rn. 369, 387; vgl. auch *Bayer/Schmidt* in: Bayer/Habersack (Hrsg.), Aktienrecht im Wandel, Bd. 1, 2007, Kap. 18 Rn. 77.

328 *Lutter/Bayer/Schmidt*, Europäisches Unternehmens- und Kapitalmarktrecht, 2017, Rn. 19.227; *Habersack/Verse*, Europäisches Gesellschaftsrecht, 2011, § 6 Rn. 85; vgl. auch zum Zweck des Aktionärsschutzes *Klinke* in: Heidel (Hrsg.), Aktienrecht und Kapitalmarktrecht, 4. Aufl. 2014, Kap. 6 Rn. 387 f.

zierungs-RL (ex-Art. 34 S. 1 Kapital-RL)).[329] Der Beschluss der Hauptversammlung muss mindestens mit einer qualifizierten Mehrheit von 2/3 der vertretenen Stimmen oder des vertretenen Kapitals gefasst werden. Das Recht der Mitgliedstaaten kann jedoch vorsehen, dass die einfache Mehrheit ausreicht, sofern mindestens die Hälfte des gezeichneten Kapitals vertreten ist (vgl. Art. 83 II iVm Art. 83 I iVm Art. 73 S. 1 Kodifizierungs-RL (ex-Art. 44 II iVm Art. 44 I iVm Art. 34 S. 1 Kapital-RL). Sind mehrere Aktiengattungen vorhanden, so muss jede Gattung für sich in einem **gesonderten Beschluss** über die Kapitalherabsetzung abstimmen (Art. 74 Kodifizierungs-RL (ex-Art. 35 Kapital-RL)). Der Zweck der Kapitalherabsetzung sowie das Verfahren muss den Aktionären in der Mitteilung über die Einberufung angegeben werden, um ein Mindestmaß an Vorabinformationen zu gewährleisten und den Aktionären damit eine informierte Entscheidung zu ermöglichen. Der bzw. die Beschlüsse über die Kapitalherabsetzung sind nach Maßgabe des ehemaligen Art. 2 Publizitäts-RL (s. dazu § 20 Rn. 31) offenzulegen.

134 Im Zuge der durch das ESUG eingeführten Möglichkeit im **Insolvenzplanverfahren** eine Kapitalherabsetzung auch ohne die Zustimmung der Hauptversammlung durchzuführen (vgl. § 225a II 3 Var. 1 InsO) wurde teilweise die Frage aufgeworfen, ob dies mit den Regelungen der (ehemaligen) Kapitalrichtlinie zur Herabsetzung des gezeichneten Gesellschaftskapitals vereinbar ist.[330] Art. 73 S. 1 Kodifizierungs-RL (ex-Art. 34 S. 1 Kapital-RL) nimmt indes ausdrücklich den Fall einer gerichtlich angeordneten Kapitalherabsetzung von dem Erfordernis eines Hauptversammlungsbeschlusses aus. Eine etwaige Kapitalherabsetzung im Insolvenzplan bedarf gem. § 248 I InsO zwingend der Bestätigung durch das Insolvenzgericht, so dass insofern die diesbezüglich in der Richtlinie formulierte **Ausnahme einschlägig** ist. Ein Verstoß gegen Art. 73 Kodifizierungs-RL (ex-Art. 34 Kapital-RL) liegt mithin **nicht** vor.[331] Ausdrücklich würde dies auch ein durch eine Richtlinie über Restrukturierungsmaßnahmen und Unternehmensinsolvenzen eingefügter Art. 84 IV Kodifizierungs-RL (ex-Art. 45 IV Kapital-RL) bestätigen. Danach bedarf es in bestimmten Krisensituationen bei der Sanierung einer Aktiengesellschaft nicht zwingend einer Zustimmung der Hauptversammlung zur Herabsetzung des Grundkapitals, sofern das nationale Recht Entsprechendes zulässt. Ferner hat der EuGH jüngst festgestellt, dass im Rahmen der drohenden Insolvenz einer systemrelevanten Bank eine Nicht-Beachtung des Art. 73 I 1 Kodifizierungs-RL (ex-Art. 34 I 1 Kapital-RL) nicht zwingend europarechtswidrig ist (zu den Voraussetzungen s. Rn. 133 f.).[332]

135 Um den **Schutz der Gläubiger** bei einer Kapitalherabsetzung der Aktiengesellschaft zu gewährleisten, haben diese nach Art. 75 Kodifizierungs-RL (ex-Art. 36 Kapital-RL) unter bestimmten Voraussetzungen einen **Anspruch auf Sicherheitsleistungen** gegen die Gesellschaft. Ein Anspruch eines Gläubigers der Aktiengesellschaft bei Kapitalherabsetzung besteht nach Art. 75 I Kodifizierungs-RL (ex-Art. 36 I Kapital-RL) auf jeden Fall zumindest dann, wenn

- der Gläubiger eine noch **nicht fällige**, offene Forderung gegen die Gesellschaft hat,
- die Forderung **vor** der Bekanntmachung der Entscheidung über die Kapitalherabsetzung entstanden ist,
- der Gläubiger **glaubhaft machen** kann, dass durch die Kapitalherabsetzung seine bestehende Forderung **gefährdet** sei,
- noch **keine** angemessenen Sicherheiten an den Gläubiger geleistet wurden oder eine Sicherheitsleistung in Anbetracht des Gesellschaftsvermögens nicht notwendig sei,
- die angesprochene Sicherheit bei der zuständigen Behörde bzw. dem zuständigen Gericht ordnungsgemäß **beantragt** wurde.

136 Solange den anspruchsberechtigten Gläubigern keine entsprechenden Sicherheiten gewährt wurden, muss von den Mitgliedstaaten sichergestellt werden, dass die Kapitalherabsetzung **unwirksam** ist bzw. keine **Auszahlungen** an die Aktionäre **geleistet** werden (Art. 75 II Kodifizierungs-RL (ex-Art. 36 II Kapital-RL).

137 Die Mitgliedstaaten brauchen die Vorgaben des Art. 75 Kodifizierungs-RL (ex-Art. 36 Kapital-RL) über die Sicherheitsleistungen an Gläubiger der Gesellschaft jedoch dann **nicht anzuwenden**, wenn durch die Kapitalherabsetzung Verluste der Gesellschaft ausgeglichen werden sollen oder der Betrag der Kapitalherabsetzung einer **Rücklage zugeführt** werden soll (Art. 76 I 1 Kodifizierungs-RL (ex-Art. 37 I 1 Kapital-RL)). Bei der Rücklagenbildung durch Kapitalherabsetzung gilt dies jedoch nur dann, wenn der Betrag der Rücklage nicht mehr als 10% des herabgesetzten neuen Grundkapitals beträgt. Die gebildete Rücklage darf nicht an die Aktionäre ausgezahlt werden (Art. 76 I 2 Kodifizierungs-RL (ex-Art. 37 I 2 Kapital-RL)).

138 Mit Blick auf die Vorschriften der Kapitalrichtlinie über das Mindestkapital in Art. 45 Kodifizierungs-RL (ex-Art. 6 Kapital-RL) versteht sich, dass das Grundkapital durch eine Kapitalherabsetzung nicht unter

329 Vgl. auch EuGH, Rs. C-526/14 (Kotnik ua), ECLI:EU:C:2016:570 = EuZW 2016, 793, Rn. 82.

330 Siehe nur *Binder* ZVglRWiss 112 (2013) 23, 37; *Eidenmüller/Engert* ZIP 2009, 541, 547 f.; *Piekenbrock* NZI 2012, 905, 907.

331 Vgl. *Binder* ZVglRWiss 112 (2013) 23, 37; *Eidenmüller/Engert* ZIP 2009, 541, 547 f.; *Piekenbrock* NZI 2012, 905, 907; *Schluck-Amend* in: Gesellschaftsrechtliche Vereinigung (Hrsg.), Gesellschaftsrecht in der Diskussion 2014, S. 151, 183; *Verse* ZGR 2010, 299, 313; siehe ferner AG Charlottenburg NZI 2015, 415 („Eine Regelung in einem Insolvenzplan zur Kapitalherabsetzung durch Einziehung von Aktien […] ist gesellschaftsrechtlich unzulässig“).

332 EuGH, Rs. C-526/14 (Kotnik ua), ECLI:EU:C:2016:570 = EuZW 2016, 793, Rn. 88 ff.

25.000 EUR bzw. unter den von den Mitgliedstaaten darüber hinausgehenden Wert des Mindestgrundkapitals (vgl. Art. 77 S. 1 Kodifizierungs-RL (ex-Art. 38 S. 1 Kapital-RL)) fallen darf. Eine **Ausnahme** hiervon besteht nach Art. 77 S. 2 Kodifizierungs-RL (ex-Art. 38 S. 2 Kapital-RL) nur, sofern das Grundkapital gleichzeitig durch eine Kapitalerhöhung wieder auf den vorgegebenen Mindestbetrag angehoben wird.

Besondere Regelungen bestehen ferner insbesondere für **rückerwerbbare Aktien** (*redeemable shares*) (vgl. 139
Art. 82 Kodifizierungs-RL (ex-Art. 43 Kapital-RL)) sowie für Tilgungen von gezeichnetem Kapital ohne Kapitalherabsetzung (vgl. Art. 78 Kodifizierungs-RL (ex-Art. 39 Kapital-RL)) und für Besonderheiten der Kapitalherabsetzung durch Zwangseinziehung (vgl. Art. 40 f. Kapital-RL).

K. Gleichbehandlungsgrundsatz

Von übergeordneter Bedeutung ist der in Art. 85 Kodifizierungs-RL (ex-Art. 46 Kapital-RL) statuierte Gleichbe- 140
handlungsgrundsatz. Hiernach müssen die Mitgliedstaaten für die Anwendung der Kapitalrichtlinie die **Gleichbehandlung der Aktionäre** sicherstellen, die sich in denselben Verhältnissen befinden. Über die Kapitalrichtlinie hinaus ist ein entsprechender Gleichbehandlungsgrundsatz der Aktionäre auch in der Transparenzrichtlinie (§ 34 Rn. 63 ff.),[333] der Übernahmerichtlinie (dazu § 29 Rn. 17)[334] sowie der Aktionärsrechterichtlinie (dazu § 30 Rn. 86 f.)[335] verankert.[336] Der Gleichbehandlungsgrundsatz in Art. 85 Kodifizierungs-RL (ex-Art. 46 Kapital-RL) dient quasi als **„Leitmotiv"** für die Einzelvorschriften der Regelungen in der Kodifizierungs-Richtlinie über das Kapital von Aktiengesellschaften, die diesen konkretisieren (vgl. zB das Bezugsrecht nach Art. 72 Kodifizierungs-RL (ex-Art. 33 Kapital-RL) (s. Rn. 123 ff.)).[337] Art. 85 Kodifizierungs-RL (ex-Art. 46 Kapital-RL) dient daher auch der **Auslegung einzelner Bestimmungen** der Kapitalrichtlinie. Im Zweifel ist daher grundsätzlich jede Bestimmung der Richtlinie im Lichte des Gleichbehandlungsgrundsatzes zu interpretieren.[338] Dies gilt aber nur für Regelungen innerhalb der Kapitalrichtlinie selbst. Auch wenn ein entsprechender Gleichbehandlungsgrundsatz auch in anderen Richtlinien enthalten ist, gilt dieser jeweils nur für die spezifische Richtlinie und nicht darüber hinaus für andere Sekundärrechtsakte.[339] Ein allgemeiner primärrechtlicher Grundsatz der Gleichbehandlung von Aktionären ist vom EuGH abgelehnt worden (s. dazu auch § 2 Rn. 38).[340]

Art. 85 Kodifizierungs-RL (ex-Art. 46 Kapital-RL) verpflichtet die Mitgliedstaaten allerdings nur zur Gleichbe- 141
handlung von Aktionären, die **„sich in denselben Verhältnissen befinden"**.[341] Die Vorschrift regelt also, dass sich Aktionäre nur im Fall von gleichen Bedingungen und Voraussetzungen auf die Gleichbehandlung verlassen können. Befinden sich die Aktionäre hingegen nicht in denselben Verhältnissen, müssen sie auch nicht zwingend gleich behandelt werden. Sachlich begründete Unterscheidungen sind daher grundsätzlich zulässig.[342]

---

333 Richtlinie 2004/109/EG des Europäischen Parlaments und des Rates vom 15. Dezember 2004 zur Harmonisierung der Transparenzanforderungen in Bezug auf Informationen über Emittenten, deren Wertpapiere zum Handel auf einem geregelten Markt zugelassen sind, und zur Änderung der Richtlinie 2001/34/EG, ABl. EG v. 31.12.2004, L 390/38.

334 Richtlinie 2004/25/EG des Europäischen Parlaments und des Rates vom 21. April 2004 betreffend Übernahmeangebote, ABl. EG v. 30.4.2004, L 142/12.

335 Richtlinie 2007/36/EG des Europäischen Parlaments und des Rates vom 11. Juli 2007 über die Ausübung bestimmter Rechte von Aktionären in börsennotierten Gesellschaften, ABl. EG v. 14.7.2007, L 184/17.

336 Im Rahmen der SPE-Verordnung wurde der Grundsatz der Gleichbehandlung nur in Erwägungsgrund 13 S. 5 SPE-VO angesprochen; erfuhr jedoch keine eigenständige Regelung in der Verordnung; vgl. dazu *Jung*, Die Kapitalverfassung der SPE, S. 177 ff.

337 *Lutter/Bayer/Schmidt*, Europäisches Unternehmens- und Kapitalmarktrecht, 2017, Rn. 19.258 f.; *Nobel*, Internationales und Transnationales Aktienrecht, Bd. 2, 2012, Kap. 3 Rn. 66; gegen eine weite Auslegung des Gleichbehandlungsgrundsatzes und folglich zumindest gegen eine diesbezügliche Herausbildung eines generellen Grundsatzes der Gleichbehandlung im Unionsrecht vgl. EuGH, Rs. C-338/06 (Kommission/Spanien), ECLI:EU:C:2008:740 = NZG 2009, 187, Rn. 32 f. und EuGH, Rs. C-101/08 (Audiolux), ECLI:EU:C:2009:626 = EuZW 2009, 894, Rn. 40; kritisch dazu, wie der Gleichbehandlungsgrundsatz zu konkretisieren ist *Verse* in: Bayer/Habersack (Hrsg.), Aktienrecht im Wandel, Bd. 2, 2007, Kap. 13 Rn. 10.

338 Vgl. *Lutter/Bayer/Schmidt*, Europäisches Unternehmens- und Kapitalmarktrecht, 2017, Rn. 19.259.

339 EuGH, Rs. C-101/08 (Audiolux), ECLI:EU:C:2009:626 = EuZW 2009, 894, Rn. 34 ff.; so auch GA *Sharpston*, Schlussanträge vom 12.9.2013 zur EuGH Rs. C-174/12 (Hirmann), ECLI:EU:C:2013:555 = BeckEuRS 2013, 736466 Rn. 81.

340 Vgl. EuGH, Rs. C-101/08 (Audiolux), ECLI:EU:C:2009:626 = EuZW 2009, 894, Rn. 34 ff.; zustimmend *Engert* in: Langenbucher (Hrsg.), Europäisches Privat- und Wirtschaftsrecht, 2017, § 5 Rn. 35; *Habersack/Tröger* NZG 2010, 1, 4.

341 AA *Klinke* in: Heidel (Hrsg.), Aktienrecht und Kapitalmarktrecht, 4. Aufl. 2014, Kap. 6 Rn. 389, der mit Verweis auf die Rechtsprechung des EuGH darauf aufmerksam macht, dass der Gleichbehandlungsgrundsatz nur im Verhältnis zwischen Gesellschaft zu Aktionär gilt und nicht zwischen den Aktionären.

342 *Lutter/Bayer/Schmidt*, Europäisches Unternehmens- und Kapitalmarktrecht, 2017, Rn. 19.259; s. auch *Kalss/Klampfl*, Europäisches Gesellschaftsrecht, 2015, Rn. 376; vgl. auch BGH NJW 1993, 400, 402.

L. Richtlinienbestimmungen und Konzernrecht

142 Noch nicht abschließend und im Detail geklärt ist, ob und inwiefern die Vorschriften der Kapitalrichtlinie auch uneingeschränkt auf konzernrechtliche Fragen Anwendung finden oder ob es gewisse **ungeschriebene Bereichsausnahmen** für das Kapitalsystem innerhalb eines Konzerns gibt bzw. geben sollte. Allgemein enthält das europäische Gesellschaftsrecht bislang keine umfassenden speziellen Vorschriften für das Konzernrecht[343] und kennt insbesondere den Vertragskonzern als solchen nicht (zum Konzernrecht s. § 35).[344] Die Kapitalrichtlinie schreibt jedoch in verschiedenen Vorschriften ausdrücklich Ausnahmen von Grundregelungen für verbundene Unternehmen vor bzw. spricht Konzernsachverhalte konkret an. So betrifft Art. 67 Kodifizierungs-RL (ex-Art. 28 Kapital-RL) (s. Rn. 111) eine spezielle Regelung für den **Erwerb von Aktien** durch ein **abhängiges Unternehmen**. Weitere Besonderheiten für Konzerne bzw. anderweitig verbundene Unternehmen bestehen in Art. 49 IV Kodifizierungs-RL (ex-Art. 10 IV Kapital-RL) (s. Rn. 57 f.), Art. 60 III Kodifizierungs-RL (ex-Art. 21 III Kapital-RL) (s. Rn. 97), Art. 61 I lit. f) Kodifizierungs-RL (ex-Art. 22 I lit. f) Kapital-RL) (s. Rn. 102) und zT auch in Art. 65 Kodifizierungs-RL (ex-Art. 26 Kapital-RL) (s. Rn. 107). Diskutiert wird auch die Frage, ob die Ausschüttungsregelung des Art. 56 Kodifizierungs-RL (ex-Art. 17 Kapital-RL) (s. Rn. 71 ff.) in gleichem Umfang auf konzerngebundene Aktiengesellschaften Anwendung findet.[345]

143 Grundsätzlich kommen für die Beurteilung der Regelungen der Kapitalrichtlinie bei konzernrechtlichen Implikationen drei **mögliche Sichtweisen** in Betracht:

(1) Annahme einer umfassenden **ungeschriebenen Bereichsausnahme** für das Konzernrecht iS einer teleologischen Reduktion der Kapitalrichtlinie;
(2) Annahme, dass es keine – nicht explizit in der Kapitalrichtlinie genannten – Ausnahmeregelungen iS von **besonderen Einschränkungen** für das Konzernrecht gibt und
(3) Annahme einer **einzelfallbezogenen Abwägung** in Abhängigkeit von den konkreten Schutzzwecken der jeweiligen Regelungen der Kapitalrichtlinie für das Konzernrecht.

144 Für ungeschriebene Bereichsausnahmen für Konzerne im Rahmen der Richtlinienbestimmungen könnte sprechen, dass die damalige Kapitalrichtlinie annähernd parallel zu dem Vorhaben für einen Vorentwurf zu einer Konzernrichtlinie[346] ins Auge gefasst wurde und man daher keine umfangreichen Regelungen bezüglich verbundener Unternehmen in mehreren Richtlinien anbringen wollte.[347] Das Vorhaben einer Konzernrichtlinie scheiterte jedoch, sodass bislang keine bzw. nur fragmentarische europarechtliche Regelungen speziell für Konzerne bestehen (s. dazu § 30 Rn. 256). Um jedoch deren **wirtschaftlicher Relevanz** gerecht zu werden, müssten Erleichterungen bezüglich der durchaus strengen und umfangreichen Regelungen der Kapitalrichtlinie gestattet sein, um die Förderung eines wirtschaftlich starken Binnenmarktes mittels bestimmter **Konzernprivilegien** zu gewährleisten.

145 Gegen ungeschriebene Bereichsausnahmen für Konzerne in der Kapitalrichtlinie iS einer **teleologischen Reduktion** einzelner Vorschriften könnte allerdings sprechen, dass die Richtlinie an manchen Stellen (s. Rn. 142) bewusst und ausdrücklich Ausnahmen für verbundene Unternehmen von der Grundregel vorsieht. Es kann daher nicht behauptet werden, dass der Richtliniengeber das Konzernrecht vergessen hat. Vielmehr hat er sich für eine bewusste Nichtregelung von konzernbetreffenden Fragen als Spezialmaterie entschieden. Dies kommt auch dadurch zum Ausdruck, dass in Art. 67 II Kodifizierungs-RL (ex-Art. 28 II Kapital-RL) (Rn. 111) ein spezieller Vorbehalt hinsichtlich einzelstaatlicher Vorschriften bezüglich des Konzernrechts eingefügt worden ist. Etwaige Konzernprivilegien sind daher bewusst nicht geregelt worden, woraus sich schließen lässt, dass auch eine teleologische Reduktion in Form einer ungeschriebenen Bereichsausnahme nicht mehr vom Willen des Richtliniengebers erfasst wäre.[348]

146 Wird das Konzernrecht nicht ausdrücklich von der Kapitalrichtlinie erfasst, könnte es auch den Mitgliedstaaten obliegen, bestimmte **Konzernprivilegien** im Sinne von (ungeschriebenen) **Bereichsausnahmen** aufzustellen.[349] Geht das zur Umsetzung der Kapitalrichtlinie geschaffene nationale Recht insofern über die Richtlinie hinaus, als hierbei eine auf der Richtlinie beruhende nationale Bereichsausnahme für verbundene Unternehmen einge-

343 Einzelne Regelungen in diesem Bereich kennt das europäische Recht allerdings (s. zB die Regeln zu *related party transactions*, s. dazu § 30 Rn. 256).
344 *Vetter* ZHR 179 (2015) 273, 317.
345 *Lutter/Bayer/Schmidt*, Europäisches Unternehmens- und Kapitalmarktrecht, 2017, Rn. 19.101; *Schön* RabelsZ 64 (2000) 1, 22 ff.; *Kalss/Klampfl*, Europäisches Gesellschaftsrecht, 2015, Rn. 338.
346 Vorentwurf einer Richtlinie auf der Grundlage des Artikels 54 III lit. g) des EWG-Vertrages zur Angleichung des Konzernrechts, Dok. XI/328/74-D und Dok. XI/593/75-D; dieser orientiere sich umfassend am bestehenden deutschen Konzernrecht, vgl. *Teichmann* ZGR 2014, 45, 54.
347 Vgl. *Lutter/Bayer/Schmidt*, Europäisches Unternehmens- und Kapitalmarktrecht, 2017, Rn. 19.101; *Kalss/Klampfl*, Europäisches Gesellschaftsrecht, 2015, Rn. 338; *Teichmann* in: Gebauer/Teichmann (Hrsg.), Europäisches Privat- und Unternehmensrecht, 2016, § 6 Rn. 179.
348 *Schön* in: FS Kropff, 1997, S. 285; *Verse*, Der Gleichbehandlungsgrundsatz im Recht der Kapitalgesellschaften, 2006, S. 101 ff.; aA *Schwarz*, Europäisches Gesellschaftsrecht, 2000, Rn. 596.
349 Vgl. *Lutter/Bayer/Schmidt*, Europäisches Unternehmens- und Kapitalmarktrecht, 2017, Rn. 19.101.

fügt wurde, so ist zu prüfen, ob dadurch nicht der Zweck der dahinterstehenden Richtlinienregelung unterlaufen wird.[350] Nur dann kann ein Konzernprivileg diesbezüglich mit der Kapitalrichtlinie vereinbar sein. Insgesamt wird diese Einschätzung jedoch von der konkreten Regelung der Kapitalrichtlinie abhängig sein sowie davon, wie weit ein nationales Konzernprivileg eine Umgehung dieser darstellen könnte. Hierbei spielt dann auch die **Abwägung** zwischen der wirtschaftlichen Notwendigkeit einer möglichen Erleichterung für Konzerne und den Interessen anderer Minderheitsaktionäre und Gläubiger eine Rolle.

Ist die Richtlinie bei Kapitalmaßnahmen eines Konzerns oder anderweitig verbundener Unternehmen betroffen, 147
ist daher insgesamt immer eine genaue und **sensible Betrachtung** der diesbezüglichen Norm der Kapitalrichtlinie notwendig und zumindest kritisch zu fragen, ob hier nach den oben genannten Ausführungen eine (ungeschriebene) Bereichsausnahme für Konzerne möglich ist. Eine generalisierte Bereichsausnahme wird man schon aufgrund der unterschiedlichen Regelungskonzepte für Unternehmensgruppen in den Mitgliedstaaten sowie aufgrund der Abhängigkeit von den bei der konkreten, nationalstaatlichen Vorschrift bestehenden Gefahren einer Verwässerung der Regelungen der Kapitalrichtlinie nicht annehmen können.

350 Im weitesten Sinne auch *Habersack/Verse*, Europäisches Gesellschaftsrecht, 2011, § 6 Rn. 46.

§ 22 Innerstaatliche Verschmelzungen

Literatur (Auswahl): *Barbaso*, The harmonisation of company law with regards to mergers and divisions, J.B.L. 1984, 176; *Bayer/Schmidt*, Der Referentenentwurf zum 3 UmwÄndG: Vereinfachungen bei Verschmelzungen und Spaltungen und ein neuer verschmelzungsspezifischer Squeeze out, ZIP 2010, 953; *Bayer/Schmidt*, Gläubigerschutz bei (grenzüberschreitenden) Verschmelzungen, ZIP 2016, 841; *Freytag*, Neues zum Recht der Konzernverschmelzung und des Squeeze-out, BB 2010, 1611; *Ganske*, Änderungen des Verschmelzungsrechts, DB 1981, 1551; *Fritzer/Hartlieb*, § 226 Abs. 3 AktG und die Grenzen der richtlinienkonformen Interpretation, ÖBA 2017, 16; *Grohmann*, Das Informationsmodell im Europäischen Gesellschaftsrecht, 2006; *Grundmann*, Europäisches Gesellschaftsrecht, 2. Aufl. 2011, § 25; *Habersack/Verse*, Europäisches Gesellschaftsrecht, 4. Aufl. 2011, § 8; *Haspl*, Anmerkung zu EuGH, Urt. v. 5.3.2015, Rs. C-343/13 (MCH/ACT), EuZW 2015, 350; *Heenen*, La directive sur les fusions interes, CDE 1981, 15; *Hommelhoff/Riesenhuber*, Strukturmaßnahmen, insbesondere Verschmelzung und Spaltung im Europäischen und deutschen Gesellschaftsrecht, in: Grundmann (Hrsg.), Systembildung und Systemlücken in Kerngebieten des Europäischen Privatrechts, 2000, S. 259; *Houet*, Clarification on the Transfer of Liabilities in Merger Procedures, ELR 2015, 13; *Kalss*, Europarechtliche und verfassungsrechtliche Rahmenbedingungen für das Umwandlungsrecht, JBl. 1995, 420; *Kalss/Klampfl*, Europäisches Gesellschaftsrecht, 2015, Rn. 148 ff.; *Koller*, Die europäische Harmonisierung des Rechts der Verschmelzung, 2004; *Koppensteiner*, Österreichisches und Europäisches Verschmelzungsrecht, in: Festschrift Johannes Semler, 1993, S. 485; *Leitzen*, Die Änderung des Umwandlungsgesetzes durch das Dritte Gesetz zur Änderung des Umwandlungsgesetzes, DNotZ 2011, 526; *Lösekrug*, Die Umsetzung der Kapital-, Verschmelzungs- und Spaltungsrichtlinie der EG in das nationale deutsche Recht, 2004; *Lutter*, Die Entwicklung des Gesellschaftsrechts in Europa, EuR 1975, 44; *Lutter/Bayer/Schmidt*, Europäisches Unternehmens- und Kapitalmarktrecht, 6. Aufl. 2017, § 20; *Meyer-Ladewig*, Der Kommissionsvorschlag für eine Dritte Richtlinie des Rates zur Koordninierung des Gesellschaftsrechts (Nationale Fusion), BB 1970, 1517; *Neye/Jäckel*, Umwandlungsrecht zwischen Brüssel und Berlin. Der Referentenentwurf für ein Drittes Gesetz zur Änderung des Umwandlungsrechts, AG 2010, 237; *Neye/Kraft*, Neuigkeiten im Umwandlungsrecht, NZG 2011, 681; *Potyka*, EuGH-Urteil in der Rs. KA Finanz – Änderung des § 226 Abs. 3 AktG erforderlich?, RdW 2016, 388; *Priester*, Das neue Verschmelzungsrecht, NJW 1983, 1459; *Riesenhuber*, Die Verschmelzungsrichtlinie: „Basisrechtsakt für ein europäisches Recht der Strukturmaßnahmen" – Zum Schutz durch Information im Europäischen Gesellschaftsrecht, NZG 2004, 15; *Schimka/Schörghöfer*, Neue europäische Vorgaben für die Berichts- und Dokumentationspflicht bei Verschmelzungen und Spaltungen – Zur Änderung der Fusions-RL, der Spaltungs-RL und der EU-Verschmelzungs-RL sowie der Kapital-RL, wbl. 2010, 109; *Schmidt*, § 123 Abs. 1 AktG i. d. F. des UMAG und §§ 61 Satz 1, 63 Abs. 1 UmwG – ein unbeabsichtigter Richtlinienverstoß, DB 2006, 375; *Schwarz*, Europäisches Gesellschaftsrecht, 2000, S. 401 ff. *Simon/Merkelbach*, Das Dritte Gesetz zur Änderung des UmwG, DB 2011, 1317; *Sonnenberger*, Interne Fusion von Aktiengesellschaften im Gemeinsamen Markt, AG 1971, 76; *Stiegler*, Übergang ordnungswidrigkeitsrechtlicher Haftung auf übernehmenden Rechtsträger bei einer Verschmelzung durch Aufnahme, EWiR 2015, 369; *Teichmann* in: Gebauer/Teichmann (Hrsg.), Europäisches Privat- und Unternehmensrecht, 2016, § 6 Rn. 234 ff.; *Temple Lang*, Three EEC Draft Directives on company law – capital, mergers and management, Irish Jurist 1972, 306; *Van Ommeslaghe*, Unternehmenskonzentration und Rechtsangleichung in der EWG, ZHR 132 (1969) 201; *Wimmer*, Klarstellungen zu Fragen bei (grenzüberschreitenden) Umgründungen, wbl. 2017, 9; *Wooldridge*, The Third directive and the meaning of mergers, Co. Lawyer 1 (1980) 75.

A. Entwicklung der Verschmelzungsrichtlinie

1 Ein erster Entwurf für eine **dritte gesellschaftsrechtliche Richtlinie** betreffend **innerstaatliche Fusionen** wurde bereits im Jahr 1970 vorgelegt.[1] Ein weiterer geänderter Richtlinienvorschlag wurde seitens der Europäischen

1 Vorschlag für eine Dritte Richtlinie des Rates zur Koordinierung der Schutzbestimmungen, die in den Mitgliedstaaten den Gesellschaften im Sinne des Artikels 58 Absatz 2 des Vertrages im Interesse der Gesellschafter sowie Dritter bei Fusionen von Aktiengesellschaften vorgeschrieben sind v. 16.6.1970, KOM(70) 633, ABl. EG v. 14.7.1970, C. 89/20.

Kommission Ende des Jahres 1975 an den Rat übermittelt.[2] Am 9. Oktober 1978 wurde die Richtlinie 78/855/EWG über die Verschmelzung von Aktiengesellschaften als dritte europäische Richtlinie auf dem Gebiet des Gesellschaftsrechts erlassen.[3] In der Folge wurde der Anwendungsbereich im Jahr 1994 bzw. 1995 auf die damaligen EWR-Staaten ausgedehnt.[4] In den letzten Jahren kam es vermehrt zu verschiedenen Änderungen der Verschmelzungsrichtlinie. Durch die Änderungsrichtlinie 2007/63/EG[5] wurde die Möglichkeit des Verzichts auf die Verschmelzungsprüfung eingefügt. Die Änderungsrichtlinie 2009/109/EG[6] brachte eine Modernisierung der Berichts- und Dokumentationspflichten, Erleichterungen für Konzernverschmelzungen sowie eine generelle Anpassung der Verschmelzungsrichtlinie an Parallelregelungen anderer gesellschaftsrechtlicher Richtlinien. Mit Wirkung zum 1. Juli 2011 erfolgte die Kodifizierung der Verschmelzungsrichtlinie als **Richtlinie 2011/35/EU**.[7]

Wie auch die anderen gesellschaftsrechtlichen Richtlinien betreffend Umwandlungsmaßnahmen sowie die Publizitäts-, Kapital- und Zweigniederlassungsrichtlinie wurde die Verschmelzungsrichtlinie im Juni 2017 aufgelöst und durch die Richtlinie „über bestimmte Aspekte des Gesellschaftsrechts" (s. dazu § 19)[8] ersetzt. Die (europäischen) Vorgaben für innerstaatliche Verschmelzungen sind nunmehr in **Art. 87 ff. Kodifizierungs-Richtlinie** geregelt. Inhaltliche Änderungen sowie ein Umsetzungsbedarf für den mitgliedstaatlichen Gesetzgeber ist damit jedoch nicht verbunden. Zur Verständlichkeit werden im Folgen die ehemaligen („alten") Normen der Verschmelzungsrichtlinie hinter die einschlägigen Regelungen der neuen Kodifizierungs-Richtlinie in Klammern genannt. 2

B. Zweck der Richtlinienregelungen über innerstaatliche Verschmelzungen

Ausweislich Erwägungsgrund 49 (ex-Erwägungsgrund 4) verfolgt(e) die Verschmelzungsrichtlinie ein **„doppeltes Harmonisierungsziel"**.[9] Zum einen wurde durch die Richtlinie überhaupt erst das Rechtsinstitut der Verschmelzung als Strukturmaßnahme von Unternehmen in den Mitgliedstaaten eingeführt.[10] Zum anderen werden zum Schutz der Interessen von Gesellschaftern und Dritten[11] die nationalen Rechtsvorschriften zur Durchführung einer innerstaatlichen Verschmelzung harmonisiert. Darüber hinaus stellt das in der Richtlinie vorgegebene Verschmelzungsverfahren den Basisrechtsakt für das **europäische Modell für Strukturmaßnahmen** dar.[12] Auf der Grundkonzeption der Verschmelzungsrichtlinie basieren sodann die Vorgaben der ehemaligen Spaltungsrichtlinie (= Art. 135 ff. Kodifizierungs-RL) (dazu § 23),[13] der ehemaligen Internationalen Verschmelzungsrichtlinie (= Art. 118 ff. Kodifizierungs-RL) (dazu § 24)[14] sowie die Verschmelzungsvorschriften für die je- 3

2 Geänderter Richtlinienvorschlag v. 11.12.1975, KOM(75) 671.

3 Dritte Richtlinie 78/855/EWG des Rates v. 9.10.1978 gemäß Art. 54 Absatz 3 Buchstabe g) des Vertrages betreffend die Verschmelzung von Aktiengesellschaften, ABl. EG v. 20.10.1978, L 295/36; vgl. zur starken Prägung der Richtlinie durch die damals entsprechenden Vorschriften des französischen Rechts *Ganske* DB 1981, 1552.

4 Abkommen über den Europäischen Wirtschaftsraum – Anhang XXII, Nr. 3, ABl. EG v. 3.1.1994, L 1/3; die letzte Änderung der Verschmelzungs-RL erfolgte 2013 durch den Beitritt Kroatiens zur Union, vgl. Richtlinie 2013/24/EU des Rates v. 13.5.2013 zur Anpassung bestimmter Richtlinien auf dem Gebiet des Gesellschaftsrechts aufgrund des Beitritts der Republik Kroatien, ABl. EU v. 10.6.2013, L 158/365.

5 Richtlinie 2007/63/EG des Europäischen Parlaments und des Rates v. 13.11.2007 zur Änderung der Richtlinien 78/855/EWG und 82/891/EWG des Rates hinsichtlich des Erfordernisses der Erstellung eines Berichts durch einen unabhängigen Sachverständigen anlässlich der Verschmelzung oder der Spaltung von Aktiengesellschaften, ABl. EU v. 17.11.2007, L 300/47.

6 Richtlinie 2009/109/EG des Europäischen Parlaments und des Rates v. 16.9.2009 zur Änderung der Richtlinien 77/91/EWG, 78/855/EWG, 82/891/EWG des Rates sowie der Richtlinie 2005/56/EG hinsichtlich der Berichts- und Dokumentationspflichten bei Verschmelzungen und Spaltungen, ABl. EU v. 2.10.2009, L 259/14.

7 Richtlinie 2011/35/EU des Europäischen Parlaments und des Rates v. 5.4.2011 über die Verschmelzung von Aktiengesellschaften, ABl. EU v. 29.4.2011, L 110/1.

8 Richtlinie (EU) 2017/1132 des Europäischen Parlaments und des Rates vom 14. Juni 2017 über bestimmte Aspekte des Gesellschaftsrechts, ABl. EU v. 30.6.2017, L 169/46.

9 *Lutter/Bayer/Schmidt*, Europäisches Unternehmens- und Kapitalmarktrecht, 2017, Rn. 20.2; *Kalss/Klampfl*, Europäisches Gesellschaftsrecht, 2015, Rn. 148.

10 Vgl. Erwägungsgrund 49; EuGH, Rs. C-483/14 (KA Finanz), ECLI:EU:C:2016:205 = ZIP 2016, 712, Rn. 54; *Kalss/Klampfl*, Europäisches Gesellschaftsrecht, 2015, Rn. 148; *Habersack/Verse*, Europäisches Gesellschaftsrecht, 2011, § 8 Rn. 1; *Lutter/Bayer/Schmidt*, Europäisches Unternehmens- und Kapitalmarktrecht, 2017, Rn. 20.2, 16.

11 Vgl. auch EuGH, Rs. C-343/13 (Modelo Continente Hipermercados), ECLI:EU:C:2015:146 = BB 2015, 1294, Rn. 30; *Houet* ELR 2015, 13, 16; *Mélon* ESJ 2015, 170, 185.

12 *Riesenhuber* NZG 2004, 15; *Grundmann*, Europäisches Gesellschaftsrecht, 2011, Rn. 868; *Lutter/Bayer/Schmidt*, Europäisches Unternehmens- und Kapitalmarktrecht, 2017, Rn. 20.3, 29; *Kalss/Klampfl*, Europäisches Gesellschaftsrecht, 2015, Rn. 148; *Bayer/Schmidt* NJW 2006, 401, 402; *Bayer* in: Lutter (Hrsg.), UmwG, Bd. 1, 5. Aufl. 2014, § 122c Rn. 3.

13 Sechste Richtlinie 82/891/EWG des Rates vom 17.12.1982 gemäß Artikel 54 Absatz 3 Buchstabe g) des Vertrages betreffend die Spaltung von Aktiengesellschaften, ABl. EG v. 31.12.1982, L 378/47.

14 Richtlinie 2005/56/EG des Europäischen Parlaments und des Rates vom 26.10.2005 über die Verschmelzung von Kapitalgesellschaften aus verschiedenen Mitgliedstaaten, ABl. EG v. 25.11.2005, L 310/1.

weiligen supranationalen Rechtsformen der EU (zB für die Europäische Aktiengesellschaft (SE) (dazu § 4 Rn. 19 ff.).[15]

4 Die Umwandlungsform der Verschmelzung dient Unternehmen in verschiedenen Zielen.[16] Ziele der Verschmelzung von Rechtsträgern sind dabei insbesondere mehrere Unternehmen zusammenzufassen, um beispielsweise **Synergien** im operativen Geschäftsverlauf oder eine breitere Kapitaldecke zu erreichen,[17] oder **Konzernstrukturen zu vereinfachen**, um interne Entscheidungsstrukturen zu optimieren.[18] In der Regeln spielen sich (nationale wie grenzüberschreitende) Verschmelzungen unter bereits rechtlich oder faktisch verbundenen Unternehmen innerhalb eines Konzerns ab, dh die an der Verschmelzung beteiligten Gesellschaften sind in irgendeiner Weise voneinander bzw. von einem gemeinsamen Mutterunternehmen unmittelbar oder mittelbar abhängig.[19] Die Verschmelzung unabhängiger, nicht verbundener Rechtsträger zum Zwecke des **externen Wachstums** sowie der **Expansion** eines Unternehmens ist hingegen funktional mit der Übernahme anderer Unternehmen vergleichbar. In Ländern wie Deutschland, Österreich und Frankreich ist die Verschmelzung von Rechtsträgern (noch) das primäre Mittel um durch Umstrukturierung des Unternehmens die genannten Ziele zu erreichen, wohingegen vor allem in Großbritannien und den Niederlanden das Rechtsinstrument der Anteilsübernahme (Aktienkauf) die übliche Strukturierungsmaßnahme darstellt.[20] In Abhängigkeit von den mit der Strukturmaßnahme verbundenen Ziele und der bzw. den beteiligten nationalen Rechtsordnung(en), können eine **Verschmelzung** und eine **Übernahme** von Unternehmen in diesem Kontext grundsätzlich alternative Gestaltungsmöglichkeiten darstellen.[21]

5 Im Rahmen des verfolgten Schutzzweckes ist es insbesondere von Bedeutung, dass den Aktionären der sich verschmelzenden Gesellschaften durch die Vorgaben der Richtlinie die angemessene und objektive Möglichkeit gegeben wird, sich über den Ablauf und die damit verbundenen Konsequenzen gebührend zu informieren (Erwägungsgrund 50 (ex-Erwägungsgrund 5)). Der **Schutz durch Vorab-Informationen** wird dabei vor allem durch einen ausführlichen schriftlichen Verschmelzungsbericht (Art. 95 Kodifizierungs-RL (ex-Art. 9 Verschmelzungs-RL)) sowie der Prüfung dieses durch einen unabhängigen Sachverständigen gewährleistet (Art. 96 Kodifizierungs-RL (ex-Art. 10 Verschmelzungs-RL)). Wie schon in der ehemaligen Publizitätsrichtlinie (dazu § 20) setzt der Richtliniengeber auch in den die innerstaatliche Verschmelzung betreffenden Regelungen der Kodifizierungs-Richtlinie somit grundsätzlich auf ein umfassendes **Informationsmodell als Schutzinstrument**.[22] Eines gesonderten Schutzes bedürfen daneben die Gesellschaftsgläubiger, die durch die Verschmelzung potentiell in ihren Rechten betroffen sind (Erwägungsgrund 51 (ex-Erwägungsgrund 7)).[23] Zu deren Schutz bestimmt die Richtlinie, dass die Mitgliedstaaten ein angemessenes Schutzsystem vorsehen, das vor allem in der Einräumung eines Anspruchs auf Sicherheitsleistungen gegen die verschmelzenden Rechtsträger besteht (vgl. Art. 99 Kodifizierungs-RL (ex-Art. 13 Verschmelzungs-RL)).

15 Siehe Art. 17 ff. SE-VO; Art. 19 ff. SCE-VO.

16 Vgl. zu den betriebswirtschaftlichen und rechtlichen Gründen für Verschmelzungen *Semler/Stengel* in: Semler/Stengel (Hrsg.), UmwG, 4. Aufl. 2017, Einl. A, Rn. 4 f.; *Dauner-Lieb* in: KK-UmwG, 2009, Einl. A, Rn. 10 ff.; *Grundmann*, Europäisches Gesellschaftsrecht, 2011, Rn. 869.

17 *Grundmann*, Europäisches Gesellschaftsrecht, 2011, Rn. 869; *Lutter/Bayer* in: Lutter (Hrsg.), UmwG, Bd. 1, 5. Aufl. 2014, Einl. I, Rn. 2 ff.; vgl. auch *Ahern/Daminelli/Fracassi*, Journal of Financial Economics 117 (2015) 165, 167.

18 *Grundmann*, Europäisches Gesellschaftsrecht, 2. Aufl. Rn. 869; *Kalss/Klampfl*, Europäisches Gesellschaftsrecht, 2015, Rn. 148.

19 *Stengel* in: Semler/Stengel (Hrsg.), UmwG, 4. Aufl. 2017, § 2 Rn. 20; *Heidinger* in: Henssler/Strohn (Hrsg.), Gesellschaftsrecht, 3. Aufl. 2016, § 2 UmwG Rn. 14; siehe auch *Stratz* in: Schmitt/Hörtnagl/Stratz (Hrsg.), UmwG, 7. Aufl. 2016, § 2 Rn. 17 ff.; *Lutter/Timm* NJW 1982, 409, 413; *Priester* NJW 1983, 1459, 1465.

20 *Grundmann*, Europäisches Gesellschaftsrecht, 2011, Rn. 868; *Hommelhoff/Riesenhuber* in: Grundmann (Hrsg.), Systembildung und Systemlücken, 2000, S. 259, 266; *Edwards*, EC Company Law, 1999, S. 91; *Barbaso* J.B.L. 1984, 176, 178; *Farmery* BLR 1987, 35; zu den europäischen Vorgaben für die Übernahme von Gesellschaften siehe Richtlinie 2004/25/EG (Übernahmerichtlinie) (dazu § 29); damit zusammenhängend ist auch die ehemalige Verschmelzungsrichtlinie maßgeblich vom romanischen Rechtskreis geprägt, vgl. *Lösekrug*, Die Umsetzung der Kapital-, Verschmelzungs- und Spaltungs-RL der EG in das nationale deutsche Recht, 2004, S. 213; *Priester* NJW 1983, 1459; die Übernahmerichtlinie hingegen überwiegend vom anglo-amerikanischen bzw. britischen Recht.

21 *Grundmann*, Europäisches Gesellschaftsrecht, 2011, Rn. 945.

22 *Lutter/Bayer/Schmidt*, Europäisches Unternehmens- und Kapitalmarktrecht, 2017, Rn. 20.29; *Grohmann*, Das Informationsmodell im Europäischen Gesellschaftsrecht, 2006, S. 320 ff.; *Riesenhuber* NZG 2004, 15, 19 ff.; *Kalss/Klampfl*, Europäisches Gesellschaftsrecht, 2015, Rn. 153; siehe auch BGH NJW 1989, 2689, 2690; BGH NJW-RR 1990, 350, 351 f.; BGH NJW-RR 1991, 358, 359; zum Grundsatz des Schutzes durch Information in der ehemaligen Publizitätsrichtlinie *Grundmann*, Europäisches Gesellschaftsrecht, 2011, Rn. 228 ff.

23 *Habersack/Verse*, Europäisches Gesellschaftsrecht, 2011, § 8 Rn. 15; *Kalss/Klampfl*, Europäisches Gesellschaftsrecht, 2015, Rn. 153.

C. Anwendungsbereich

Der Anwendungsbereich der Vorgaben über innerstaatliche Verschmelzungen beschränkt sich auf nationale **Aktiengesellschaften.** Von der Richtlinie betroffen sind ausschließlich die in Art. 87 I iVm Anhang I Kodifizierungs-RL (ex-Art. 1 I Verschmelzungs-RL) und in Anhang XXII Nr. 3 zum EWR-Abkommen aufgelisteten Gesellschaftsformen. Grund für die Beschränkung ist, dass man sich zur Zeit der Verabschiedung der damaligen Verschmelzungsrichtlinie zunächst auf die Koordinierung des Rechts von Aktiengesellschaften als bedeutendste und juristisch am weitesten ausgebildete Gesellschaftsform konzentrieren wollte. Tatsächlich wurden in der Folge in den meisten Mitgliedstaaten die umzusetzenden Vorgaben der Richtlinie in vergleichbarer Form zumindest auch für nationale Gesellschaften mit beschränkter Haftung angewandt und insofern überschießend umgesetzt (neben Deutschland zB auch in Italien, Belgien, den Niederlanden und teilweise in Großbritannien[24] und Frankreich).[25][26] Auch hinsichtlich der generell auf Kapitalgesellschaften anwendbaren Bestimmungen über Internationale Verschmelzungen gem Art. 118 ff. Kodifizierungs-RL (s. dazu § 24) ist de facto für GmbH das Verfahren der innerstaatlichen Verschmelzung (teil-)harmonisiert. 6

Auch wenn nicht ausdrücklich aufgeführt, gelten die Vorgaben der Richtlinie auch für die **Europäische Aktiengesellschaft** (SE), sofern sich nicht aus der SE-VO etwas anderes ergibt. Nach Art. 3 I SE-VO gilt die SE als nationale Aktiengesellschaft, in dem sie ihren Satzungssitz hat (s. dazu auch § 4 Rn. 20). Die SE kann daher grundsätzlich sowohl übertragender als auch übernehmender Rechtsträger einer Verschmelzung nach Art. 87 ff. Kodifizierungs-RL sein. Die nationalen Umsetzungsvorschriften gelten somit auch für diese, sofern keine mitgliedstaatlichen Sonderregelungen bestehen. Nicht vom Anwendungsbereich der diesbezüglichen Richtlinienbestimmungen erfasst ist allerdings die Neugründung einer SE durch Verschmelzung zweier Aktiengesellschaften. Zum einen greifen hierbei die **speziellen Vorgaben** der Gründung einer SE durch Verschmelzung gem Art. 17 ff. SE-VO ein (s. dazu § 4 Rn. 19 ff.). Zum anderen bedarf es bei einer entsprechenden Gründung einer SE eines grenzüberschreitenden Bezugs in der Form, dass die beteiligten Aktiengesellschaften aus unterschiedlichen Mitgliedstaaten sein müssen, sodass die auf innerstaatliche Vorgänge beschränkten Regelungen der Art. 87 ff. Kodifizierungs-RL diesbezüglich nicht anwendbar sind. 7

Die Regelungen der Art. 87 ff. Kodifizierungs-RL betreffen **nur innerstaatliche** (nationale) **Verschmelzungen**, dh Verschmelzungen, bei denen alle beteiligten Aktiengesellschaften dem Recht desselben Mitgliedstaates unterliegen (vgl. Art. 88 Kodifizierungs-RL (ex-Art. 2 Verschmelzungs-RL)).[27] Für grenzüberschreitende Verschmelzungen gelten die Umsetzungsbestimmungen der im Jahr 2005 erlassenen (ehemaligen) Internationalen Verschmelzungsrichtlinie (dazu § 24). Für die Beurteilung als nationale Gesellschaftsform ist dabei das Vorhandensein eines **sich im Inland befindlichen Satzungs-** bzw. Registersitzes maßgeblich.[28] Selbst wenn die betroffene nationale Aktiengesellschaft ihre tatsächliche wirtschaftliche Tätigkeit ausschließlich in einem anderen Mitgliedstaat ausübt, sich der Verwaltungssitz der Gesellschaft insofern also im Ausland befindet, ist der Anwendungsbereich der Art. 87 ff. Kodifizierungs-RL eröffnet. 8

Nach Art. 87 II Kodifizierungs-RL (ex-Art. 1 II Verschmelzungs-RL) brauchen die Mitgliedstaaten die Richtlinie **nicht** auf nationale **Genossenschaften** anzuwenden, die in der Rechtsform einer Aktiengesellschaft organisiert sind. Dadurch soll den bestehenden Besonderheiten solcher Organisationsformen Rechnung getragen werden. In Deutschland ist diese Option für innerstaatliche Verschmelzungen ohne Bedeutung.[29] Sofern jedoch ein Mitgliedstaat von der Ausnahme des Art. 87 II Kodifizierungs-RL (ex-Art. 1 II Verschmelzungs-RL) gebraucht macht, müssen die betroffenen Gesellschaften verpflichtet werden, die Bezeichnung als Genossenschaft auf ihren Korrespondenzen (Briefen und Bestellscheinen) nach Art. 26 Kodifizierungs-RL (ex-Art. 5 **Publizitäts-RL**) (s. dazu § 20 Rn. 25 ff.) anzugeben, dh es muss aus Sicht eines Dritten erkennbar sein, dass es sich bei der Akti- 9

---

24 In England gelten die Vorgaben des Part 26 CA 2006 grundsätzlich generell, in Abhängigkeit, ob es sich um eine Public oder Private Company handelt, enthalten sie jedoch auch zahlreiche Abweichungen, wie beispielsweise das Erfordernis eines Hauptversammlungsbeschlusses bei allen beteiligten Gesellschaften bei einer plc im Vergleich zur Ltd., vgl. *Edwards*, EC Company Law, 1999, S. 116; *Grundmann*, Europäisches Gesellschaftsrecht, 2011, Rn. 917, Fn. 90.

25 In Frankreich gelten die Art. L 236-1 bis 236-7 c.com. als eine Art allgemeine Vorschriften wie in Deutschland, dazu kommen rechtsformspezifische Besonderheiten (für die S.A., s. Art. L 236- 8 ff. c.com.).

26 *Wymeersch* in: Hopt et al. (Eds.), Comparative Corporate Governance, 1998, S. 1045, 1064; *Kalss/Klampfl*, Europäisches Gesellschaftsrecht, 2015, Rn. 149; *Grundmann*, Europäisches Gesellschaftsrecht, 2011, Rn. 917; *Teichmann* ECFR 2016, 277, 283.

27 *Habersack/Verse*, Europäisches Gesellschaftsrecht, 2011, § 8 Rn. 7; *Lutter/Bayer/Schmidt*, Europäisches Unternehmens- und Kapitalmarktrecht, 2017, Rn. 20.12; *Grundmann*, Europäisches Gesellschaftsrecht, 2011, Rn. 875; *Kalss/Klampfl*, Europäisches Gesellschaftsrecht, 2015, Rn. 149; *Teichmann* ECFR 2016, 277, 281.

28 *Grundmann*, Europäisches Gesellschaftsrecht, 2011, Rn. 875.

29 Für grenzüberschreitende Verschmelzungen sind nach § 122b II Nr. 1 UmwG die Regelungen der §§ 122a UmwG zur Umsetzung der damaligen Richtlinie 2005/56/EG nicht anwendbar; dazu *Marsch-Barner* in: Kallmeyer (Hrsg.), UmwG, 6. Aufl. 2017, § 122b Rn. 8; *Drinhausen* in: Semler/Stengel (Hrsg.), UmwG, 4. Aufl. 2017, § 122b Rn. 10 f. Bedeutung erlangt die Ausnahmemöglichkeit vor allem für den romanischen Rechtskreis, vgl. *Grundmann*, Europäisches Gesellschaftsrecht, 2011, Rn. 875; *Ganske* DB 1981, 1551; *Sonnenberger* AG 1971, 76, 77.

engesellschaft um eine Genossenschaft handelt. Nur dann sind abweichende nationale Regelungen im Vergleich zu den in nationales Recht umgesetzten Vorschriften der ehemaligen Verschmelzungsrichtlinie zulässig.

10 Den Mitgliedstaaten steht es offen, ob sie die Vorgaben der Richtlinienbestimmungen betreffend innerstaatliche Verschmelzungen anwenden, wenn eine oder mehrere an der Verschmelzung beteiligten Gesellschaften Gegenstand eines **Konkurs-, Vergleichs- oder ähnlichen Verfahrens** sind (Art. 87 III Kodifizierungs-RL (ex-Art. 1 III Verschmelzungs-RL)). Aktiengesellschaften, die sich zum Zeitpunkt des Abschlusses des Verschmelzungsvertrags in einem Insolvenz- oder anderem Gesamtvollstreckungsverfahren befinden, können danach von den Vorgaben der Richtlinienbestimmungen ausgenommen werden. Sofern die Mitgliedstaaten eine entsprechende Verschmelzung in der Insolvenz nach nationalem Recht zulassen, bedarf es insofern grundsätzlich keiner richtlinienkonformen Betrachtung der Verfahrensnormen.[30]

11 Nach Art. 87 IV Kodifizierungs-RL (ex-Art. 1 IV Verschmelzungs-RL) finden die Regelungen des folgenden Abschnitts ferner **keine Anwendung** auf Gesellschaften, die von den Vorgaben des Titel IV (Art. 31-86) der **Richtlinie 2014/59/EU**[31] (Bankenabwicklungsrichtlinie) erfasst sind. Insbesondere für die von dieser Richtlinie erfassten **Kredit- und Finanzinstitute** gelten insofern besondere Bestimmungen, die einer lückenlosen Anwendung der mitgliedstaatlichen Umsetzungsnormen zur (ehemaligen) Verschmelzungsrichtlinie entgegenstehen. Für die Verschmelzung entsprechender Kredit- und Finanzinstitute sieht die Bankenabwicklungsrichtlinie besondere Bestimmungen vor, damit bei diesen vor allem ein zügiges Eingreifen der Abwicklungsbehörden ermöglicht wird.[32] Der Zweck besteht darin, eine rechtzeitige Intervention seitens der zuständigen mitgliedstaatlichen Behörden sicherzustellen, sodass der Fortbestand der kritischen Finanz- und Wirtschaftsfunktionen des Instituts garantiert wird und gleichzeitig die Auswirkungen des Ausfalls eines Instituts auf die Wirtschaft und das Finanzsystem so gering wie möglich gehalten werden.[33] Hierfür bedarf es einer fallspezifischen Vorgehensweise, die teilweise mit der konzeptionellen Ausgestaltung der (ehemaligen) Verschmelzungsrichtlinie im Widerspruch steht, weshalb die Mitgliedstaaten letztlich dafür zu sorgen haben, dass in diesen Fälle die nationalen Umsetzungsnormen der Verschmelzungsrichtlinie nicht zur Geltung gelangen.

12 Von den Regelungen in der Kodifizierungs-Richtlinie zur innerstaatlichen Verschmelzung unberührt bleiben ferner Wirksamkeitshindernisse aus nicht-gesellschaftsrechtlichen Gründen (Art. 108 III Kodifizierungs-RL (ex-Art. 22 III Verschmelzungs-RL)). Hierbei kommen aus europäischer Sicht insbesondere wettbewerbsrechtliche Einwände durch die **Fusionskontroll-Verordnung**,[34] steuerliche durch die Fusionsbesteuerungs-Richtlinie[35] und Konzernbesteuerungs-Richtlinie[36] sowie kollektivarbeitsrechtliche durch die Betriebsübergangs-Richtlinie[37] in Betracht. Die in den Regelungen in der Kodifizierungs-Richtlinie zur innerstaatlichen Verschmelzung genannten Verschmelzungsformen der Verschmelzung zur Aufnahme und Verschmelzung zur Neugründung müssen dadurch jedoch auf jeden Fall eröffnet bleiben.[38]

D. Verschmelzung durch Aufnahme

I. Begriff und Einordnung der Verschmelzung durch Aufnahme

13 Nach Art. 88 Kodifizierungs-RL (ex-Art. 2 Verschmelzungs-RL) werden die Mitgliedstaaten verpflichtet, die **Verschmelzung durch Aufnahme** einer oder mehrerer Aktiengesellschaften durch eine andere für Gesellschaften, die nach Art. 87 I Kodifizierungs-RL (ex-Art. 1 I Verschmelzungs-RL) vom Anwendungsbereich der Regelungen in der Kodifizierungs-Richtlinie zur innerstaatlichen Verschmelzung betroffen sind, zu regeln. Ermöglicht wer-

30 *Madaus* ZIP 2012, 2133, 2135; *Wachter* NZG 2015, 858, 861.

31 Richtlinie 2014/59/EU des Europäischen Parlaments und des Rates vom 15. Mai 2014 zur Einführung eines Rahmens für die Sanierung und Abwicklung von Kreditinstituten und Wertpapierfirmen und zur Änderung der Richtlinien 82/891/EWG, 2001/24/EG, 2002/47/EG, 2004/25/EG, 2005/56/EG, 2007/36/EG, 2011/35/EU, 2012/30/EU und 2013/36/EU des Rates sowie der Verordnungen (EU) Nr. 1093/2010 und (EU) Nr. 648/2012 des Europäischen Parlaments und des Rates, ABl. EU v. 12.6.2014, L 173/190.

32 Vgl. Erwägungsgrund 122 zur Richtlinie 2014/59/EU.

33 Vgl. Erwägungsgrund 5 zur Richtlinie 2014/59/EU.

34 Verordnung (EG) Nr. 139/2004 des Rates v. 20. Januar 2004 über die Kontrolle von Unternehmenszusammenschlüssen („EG-Fusionskontrollverordnung"), ABl. EG v. 29.1.2004, L 24/1.

35 Richtlinie 90/434/EWG des Rates v. 23. Juli 1990 über das gemeinsame Steuersystem für Fusionen, Spaltungen, die Einbringung von Unternehmensteilen und den Austausch von Anteilen, die Gesellschaften verschiedener Mitgliedstaaten betreffen, ABl. EG v. 20.8.1990, L 225/1.

36 Richtlinie 90/435/EWG des Rates v. 23. Juli 1990 über das gemeinsame Steuersystem der Mutter- und Tochtergesellschaften verschiedener Mitgliedstaaten, ABl. EG 20.8.1990, L 225/6.

37 Richtlinie 2001/23/EG des Rates v. 12. März 2001 zur Angleichung der Rechtsvorschriften der Mitgliedstaaten über die Wahrung von Ansprüchen beim Übergang von Unternehmen, Betrieben oder Unternehmens- und Betriebsteilen, ABl. EG v. 22.3.2001, L 82/16.

38 *Grundmann*, Europäisches Gesellschaftsrecht, 2, Aufl. 2011, Rn. 877; *Habersack/Verse*, Europäisches Gesellschaftsrecht, 2011, § 8 Rn. 13.

den muss danach insbesondere auch die gleichzeitige Aufnahme mehrerer Gesellschaften.[39] Ergänzt wird Art. 88 Kodifizierungs-RL (ex-Art. 2 Verschmelzungs-RL) durch Art. 110 S. 1 Kodifizierungs-RL (ex-Art. 24 S. 1 Verschmelzungs-RL), wonach die Mitgliedstaaten auch den Sonderfall des **upstream-mergers** einer 100%igen Tochtergesellschaften auf das Mutterunternehmen zu regeln haben.

Was genau unter einer Verschmelzung durch Aufnahme zu verstehen ist, wird in Art. 89 I Kodifizierungs-RL (ex-Art. 3 I Verschmelzungs-RL) näher beschrieben. Danach ist die Verschmelzung durch Aufnahme „der Vorgang, durch den eine oder mehrere Gesellschaften ihr gesamtes Aktiv- und Passivvermögen[40] im Wege der Auflösung ohne Abwicklung auf eine andere Gesellschaft übertragen, und zwar gegen Gewährung von Aktien der übernehmenden Gesellschaft an die Aktionäre der übertragenden Gesellschaft oder Gesellschaften und gegebenenfalls einer baren Zuzahlung, die den zehnten Teil des Nennbetrags oder, wenn kein Nennbetrag vorhanden ist, des rechnerischen Wertes der gewährten Aktien nicht übersteigt". Hauptmerkmale einer Verschmelzung durch Aufnahme sind demnach: (1) **Gesamtrechtsnachfolge** (Universalsukzession), (2) **Auflösung der übertragenden Gesellschaft(en)** ohne Liquidation und (3) **Aktientausch** und ggf bare Zuzahlungen.[41] Der maßgebliche Unterschied zur Verschmelzung durch Neugründung besteht darin, dass bei einer Verschmelzung durch Aufnahme die übernehmende Aktiengesellschaft bereits vor der Verschmelzung besteht, während bei einer Verschmelzung durch Neugründung erst im Zuge der Verschmelzung die übernehmende Gesellschaft neu gegründet wird.[42] 14

Die Mitgliedstaaten können nach Art. 89 II Kodifizierungs-RL (ex-Art. 3 II Verschmelzungs-RL) vorsehen, dass eine Verschmelzung durch Aufnahme auch dann möglich ist, wenn sich eine oder mehrere der **übertragende(n) Gesellschaft(en)** in Abwicklung befindet bzw. befinden. Dadurch sollen insbesondere sog **Sanierungsfusionen** erleichtert werden.[43] Die Beteiligungsmöglichkeit der sich in Abwicklung befindlichen Gesellschaft besteht jedoch nur insofern, als die betreffende Gesellschaft noch nicht mit der Verteilung ihres Vermögens an die Aktionäre begonnen hat. 15

Unklar ist hingegen, ob die Mitgliedstaaten auch vorsehen können, dass die Verschmelzung nach Maßgabe der Richtlinie auch dann erfolgen kann, wenn sich der **übernehmende Rechtsträger in Liquidation** befindet und noch nicht mit der Verteilgung des Vermögens begonnen wurde, oder ob dieser Fall nicht erfasst bzw. eine entsprechende Vorgehensweise gänzlich verboten wird. Hierbei ist zunächst festzuhalten, dass es im Hinblick auf den Zweck der Regelungen in der Kodifizierungs-Richtlinie zur innerstaatlichen Verschmelzung grundsätzlich nur darum gehen kann, ob die Verschmelzung auf einen sich bereits in Abwicklung befindlichen Rechtsträger generell verboten ist oder nicht. Lediglich die Nicht-Erfassung vom Anwendungsbereich würde nämlich dazu führen, dass trotz einer etwaiger Zulässigkeit eines entsprechenden Vorgangs nach mitgliedstaatlichem Recht insbesondere die durch die Regelungen in der Kodifizierungs-Richtlinie zur innerstaatlichen Verschmelzung harmonsierten Schutzbestimmungen nicht zwingend zur Anwendung zu gelangen haben. Dies kann jedoch vom europäischen Gesetzgeber nicht beabsichtigt gewesen sein. So ist auch Art. 89 II Kodifizierungs-RL (ex-Art. 3 II Verschmelzungs-RL) dergestalt zu verstehen, dass, wenn ein Mitgliedstaat von der **Option** der Verschmelzung eines sich in Abwicklung befindlichen übertragenden Rechtsträgers Gebrauch macht, dieser die materiellen Vorgaben der Art. 87 ff. Kodifizierungs-RL einzuhalten hat. 16

Für ein **Verbot, die Verschmelzung** auf einen sich **in Abwicklung befindlichen Rechtsträger** zuzulassen, lässt sich zunächst der Umkehrschluss aus Art. 89 II Kodifizierungs-RL (ex-Art. 3 II Verschmelzungs-RL) anführen: Regelt die Richtlinie ausdrücklich nur die Mitgliedstaatenoption für den Fall, dass sich bzwdie übertragende(n) Gesellschaft(en) in Abwicklung befinden, ist der Fall, dass sich die übernehmende Gesellschaft in Abwicklung befindet, nicht erfasst und nach dem Gesagten damit unzulässig.[44] Dem könnte erwidert werden, dass das Wort „auch" in Art. 89 II Kodifizierungs-RL (ex-Art. 3 II Verschmelzungs-RL) zeigt, dass die Richtlinienregelung 17

39 *Lutter/Bayer/Schmidt*, Europäisches Unternehmens- und Kapitalmarktrecht, 2017, Rn. 20.16.

40 Die Begriffe des Aktiv- und Passivvermögens sind dabei weder in den Richtlinienbestimmungen definiert noch enthalten sie diesbezüglich für die Begriffsbestimmung einen Verweis auf mitgliedstaatliches Recht; mithin ergibt sich der Gehalt durch eine europäische-autonome Auslegung unter Berücksichtigung der mit der Richtlinie verfolgten Ziele, vgl. EuGH, Rs. C-343/13 (Modelo Continente Hipermercados), ECLI:EU:C:2015:146 = BB 2015, 1294, Rn. 26 f.

41 *Lutter/Bayer/Schmidt*, Europäisches Unternehmens- und Kapitalmarktrecht, 2017, Rn. 20.21; *Grundmann*, Europäisches Gesellschaftsrecht, 2011, Rn. 879; *Riesenhuber* NZG 2004, 15, 17; *Kalss/Klampfl*, Europäisches Gesellschaftsrecht, 2015, Rn. 151.

42 *Kalss/Klampfl*, Europäisches Gesellschaftsrecht, 2015, Rn. 150; *Habersack/Verse*, Europäisches Gesellschaftsrecht, 2011, § 8 Rn. 9; *Lutter/Bayer/Schmidt*, Europäisches Unternehmens- und Kapitalmarktrecht, 2017, Rn. 20.22; *Schwarz*, Europäisches Gesellschaftsrecht, 2000, Rn. 642.

43 *Stengel* in: Semler/Stengel (Hrsg.), UmwG, 4. Aufl. 2017, § 3 Rn. 36; *Stratz* in: Schmitt/Hörtnagl/Stratz (Hrsg.), UmwG, 7. Aufl. 2016, § 3 Rn. 47.

44 So auch OLG Naumburg GmbHR 1997, 1152, 1155; *Lutter/Bayer/Schmidt*, Europäisches Unternehmens- und Kapitalmarktrecht, 2017, Rn. 20.26; *Stengel* in: Semler/Stengel (Hrsg.), UmwG, 4. Aufl. 2017, § 3 Rn. 47; *Madaus* ZIP 2012, 2133, 2135; ferner aus deutscher Perspektive *Drygala* in: Lutter (Hrsg.), UmwG, Bd. 1, 5. Aufl. 2014, § 3 Rn. 31; OLG Brandenburg NZG 2015, 884 f.

nicht abschließend und damit eine Verschmelzung auf einen sich in Liquidation befindlichen Rechtsträger möglich und mit der Richtlinienregelung vereinbar sei.[45] Indes bezieht sich dieses **„auch"** jedoch auf den Begriff einer Verschmelzung zur Aufnahme nach Art. 89 I Kodifizierungs-RL (ex-Art. 3 I Verschmelzungs-RL) und den „Normalfall" einer Verschmelzung zwischen werbenden Gesellschaften. Aus dem Wortlaut lässt sich somit nicht die Zulässigkeit einer Verschmelzung auf einen sich in Liquidation befindlichen Rechtsträger ableiten. Dies zeigt zudem ein Blick auf Art. 87 III Kodifizierungs-RL (ex-Art. 1 III Verschmelzungs-RL), wo den Mitgliedstaaten auch nur in Fällen der Insolvenz des bzw. der übertragenden oder untergehenden Gesellschaft(en) die Option eingeräumt wird, die Richtlinie unangewendet zu lassen. De lege lata spricht somit Vieles dafür, dass Art. 89 II Kodifizierungs-RL (ex-Art. 3 II Verschmelzungs-RL) insofern eine **abschließende** und diesbezüglich **nicht-analogiefähige Sonderregelung** darstellt.[46]

18 Die mangelnde Eindeutigkeit der Richtlinienbestimmung in diesem Fall zeigt jedoch die damit verbundene praktische Problematik. Insbesondere die Gläubiger der übertragenden Gesellschaft können – sofern aus isoliert nationaler Sicht der betreffende Mitgliedstaat dem nicht entgegensteht – bei einer Verschmelzung auf eine sich in Abwicklung befindliche Aktiengesellschaft ggf die Richtlinienwidrigkeit eines solches Vorgangs geltend machen und im Rahmen des Art. 108 Kodifizierungs-RL (ex-Art. 22 Verschmelzungs-RL) die Nichtigkeit der Verschmelzung fordern. Die wirtschaftlich zT vorteilhafte Variante einer **Abwicklungsfusion** würde damit vorbehaltslos unterbunden werden. Aus heutiger Sicht wird in einigen Mitgliedstaaten in der Liquidation und insbesondere der Insolvenz einer Gesellschaft vermehrt auch eine **Restrukturierungsoption mit Fortsetzung des Unternehmens** gesehen. Demzufolge erscheint eine (ausdrückliche) Ermöglichung dieser Fälle durch die Richtlinienbestimmungen zur innerstaatlichen Verschmelzung de lege ferenda als durchaus angebracht. Durch eine Verschmelzung auf einen sanierungsbedürftigen Rechtsträger würde man die **Sanierung** auch des übernehmenden Rechtsträgers **vereinfachen**, was wiederum aus Sicht eines wirtschaftlich geprägten Binnenmarktes vorteilhaft sein könnte. Diese Sichtweise zeigt in der Sache auch der Richtlinienvorschlag der Europäischen Kommission zu vorinsolvenzlichen Restrukturierungsmaßnahmen (dazu § 36 Rn. 7 ff.).[47] Dem übernehmenden, sanierungsbedürftigen Rechtsträger würden durch die Verschmelzung neue finanzielle, strukturelle und organisatorische Möglichkeiten für seine Fortführung eröffnet werden.[48] Mit Einbeziehung des Gläubigerschutzaspektes bei den Regelungen in der Kodifizierungs-Richtlinie zur innerstaatlichen Verschmelzung ist daher zumindest für den Fall, dass die übertragende(n) Gesellschaft(en) keine sicherungsberechtigten Gläubiger zum Verschmelzungszeitpunkt (mehr) haben, eine Ermöglichung auch von Verschmelzung, bei den sich die übernehmende Aktiengesellschaft in Abwicklung befindet und noch nicht mit der Verteilgung des Vermögens an die Aktionäre begonnen wurde, zu befürworten.[49]

II. Verschmelzungsplan

19 Die Grundlage des Verschmelzungsverfahrens ist der nach Art. 91 Kodifizierungs-RL (ex-Art. 5 Verschmelzungs-RL) aufzustellende Verschmelzungsplan, in dem die **wesentlichen Bedingungen der Verschmelzung** festgehalten werden sollen.[50] Der begriffliche Unterschied zum im deutschen Recht gebrauchten Terminus des „Verschmelzungsvertrags" ist dabei grundsätzlich unerheblich.[51] Bei beiden handelt es sich um einen entsprechenden Organisationsakt mit Beteiligung aller der in der beabsichtigten Verschmelzung involvierten Gesellschaften.

20 Nach Art. 91 I Kodifizierungs-RL (ex-Art. 5 I Verschmelzungs-RL) sind für die Erstellung des schriftlichen Verschmelzungsplans das Verwaltung- bzw. Leitungsorgan der sich verschmelzenden Gesellschaften zuständig. Bei Aktiengesellschaften mit monistischer Organisationsstruktur somit das Verwaltungsorgan und bei dualistisch organisierten Gesellschaften das Leitungsorgan, dh der Vorstand der AG. Die Zuständigkeit innerhalb der be-

45 So *Wachter* NZG 2015, 858, 861; aus deutscher Perspektive zur Regelung des § 3 III UmwG auch *Heckschen* DB 1998, 1385, 1387; *Stratz* in: Schmitt/Hörtnagl/Stratz (Hrsg.), UmwG, 7. Aufl. 2016, § 3 Rn. 47.

46 *Lutter/Bayer/Schmidt*, Europäisches Unternehmens- und Kapitalmarktrecht, 2017, Rn. 20.26; aus deutscher Sicht zu § 3 III UmwG auch *Drygala* in: Lutter (Hrsg.), UmwG, Bd. 1, 5. Aufl. 2015, § 3 Rn. 31; AG Erfurt RPfleger 1996, 163.

47 *Europäische Kommission*, Vorschlag für eine Richtlinie des Europäischen Parlaments und des Rates über präventive Restrukturierungsrahmen, die zweite Chance und Maßnahmen zur Steigerung der Effizienz von Restrukturierungs-, Insolvenz- und Entschuldungsverfahren und zur Änderung der Richtlinie 2012/30/EU, 22.11.2016, COM(2016) 723 final.

48 Aus deutscher Sicht vgl. *Bayer* ZIP 1997, 1613, 1614; *Heckschen* DB 1998, 1385, 1387.

49 Ebenso aus deutscher Sicht *Madaus* ZIP 2012, 2133, 2135; *Drygala* in: Lutter (Hrsg.), UmwG, Bd. 1, 5. Aufl. 2015, § 3 Rn. 31; *Heckschen* ZInsO 2008, 824, 828.

50 *Lutter/Bayer/Schmidt*, Europäisches Unternehmens- und Kapitalmarktrecht, 2017, Rn. 20.30; *Kalss/Klampfl*, Europäisches Gesellschaftsrecht, 2015, Rn. 153.

51 Vgl. zur Terminologie *Lutter/Bayer/Schmidt*, Europäisches Unternehmens- und Kapitalmarktrecht, 2017, Rn. 20.30, 40; siehe auch *Kalss/Klampfl*, Europäisches Gesellschaftsrecht, 2015, Rn. 156, Fn. 390; problematisierend bei grenzüberschreitenden Verschmelzungen *Bayer* in: Lutter (Hrsg.), UmwG, Bd. 1, 5. Aufl. 2015, § 122c Rn. 3 f.

treffenden Organe bestimmt sich nach nationalem Recht.[52] Bei einer monistisch organisierten Aktiengesellschaft eines Mitgliedstaates können daher grundsätzlich auch nur die geschäftsführenden Verwaltungsratsmitglieder zur Erstellung des Verschmelzungsplans verpflichtet sein. Aus praktischer Sicht empfiehlt sich aber – unter Berücksichtigung des einschlägigen nationalen Rechts – auch die nicht-geschäftsführenden Organmitglieder einzubinden iS von frühzeitig zu unterrichten und ggf zu konsultieren.

Der Verschmelzungsplan bedarf der **Schriftform**. Da Art. 91 I Kodifizierungs-RL (ex-Art. 5 I Verschmelzungs-RL) als europäischer Rechtsakt europäisch-autonom auszulegen ist, ist die Schriftform in diesem Zusammenhang jedoch nicht mit der Schriftform nach deutschem Verständnis des § 126 I BGB weitestgehend deckungsgleich. Aus rechtsvergleichender Sicht und dem Verständnis der Regelungen zur innerstaatlichen Verschmelzung in der Richtlinie ergibt sich vielmehr, dass ein Dokument, dass der deutschen **Textform** gem § 126b BGB entspricht, als ausreichend iSd Art. 91 I Kodifizierungs-RL (ex-Art. 5 I Verschmelzungs-RL) zu betrachten ist.[53] Dieses Begriffsverständnis ist jedoch insofern überwiegend nur dogmatischer Natur, als dass das Schriftformerfordernis des Art. 91 I Kodifizierungs-RL (ex-Art. 5 I Verschmelzungs-RL) lediglich eine Mindestregelung darstellt, die Mitgliedstaaten also darüber hinaus auch strengere Formvorschriften verlangen können, wie zB die notarielle Beurkundung des Verschmelzungsplans.[54] Falls die Mitgliedstaaten jedoch keine vorbeugende gerichtliche oder Verwaltungskontrolle der Rechtmäßigkeit der Verschmelzung vorsehen, ist ggf der nach den Hauptversammlungen geschlossene Verschmelzungsplan öffentlich zu beurkunden. Dies gilt auch, wenn die Verschmelzung nicht von den Hauptversammlungen aller sich verschmelzenden Gesellschaften gebilligt werden muss (Art. 102 I Kodifizierungs-RL (ex-Art. 16 I Verschmelzungs-RL)). 21

Art. 91 II Kodifizierungs-RL (ex-Art. 5 II Verschmelzungs-RL) normiert den zwingenden **Inhalt des Verschmelzungsplans.** Bei der Aufzählung (lit. a) bis lit. g)) handelt es sich um einen Katalog von **Mindestangaben**, sodass die Mitgliedstaaten in ihren nationalen Rechtsvorschriften den Mindestinhalt des Verschmelzungsplans auch erweitern können. Den beteiligten Gesellschaften steht es zudem grundsätzlich frei, weitere Inhalte in das Dokument aufzunehmen.[55] Insofern versteht sich der Verschmelzungsplan als umfassendes Inforamtionsdokument und aus Sicht der an der Verschmelzung beteiligten Gesellschaften kann es aus verschiedenen Gründen sachgerecht sein, **weitere Angaben** in den Verschmelzungsplan aufzunehmen. Eine Grenze würde insofern jedoch die Verständlichkeit des Verschmelzungsplans und der zumindest mittelbare Bezug zur geplanten Umwandlungsmaßnahme bilden. 22

Der Verschmelzungsplan muss nach Art. 91 II Kodifizierungs-RL (ex-Art. 5 II Verschmelzungs-RL) **mindestens** folgende Informationen enthalten:[56] 23

- **Rechtsform, Firma** und **Satzungssitz** der sich verschmelzenden Gesellschaften (lit. a);
- **Umtauschverhältnis der Aktien** und ggf die Höhe der **baren Zuzahlungen** (lit. b);
- die Einzelheiten der Übertragung der Aktien der übernehmenden Gesellschaft (lit. c);
- Angabe des **Zeitpunktes der Gewinnberechtigung** (lit. d);
- Angabe des **Verschmelzungsstichtages** (lit. e);
- Rechte, die die übernehmende Gesellschaft den Aktionären mit **Sonderrechten** und den Inhabern anderer Wertpapiere als Aktien gewährt (lit. f);
- Angabe von **Sondervorteilen** (besondere Vorteile die dem Sachverständigen nach Art. 96 I Kodifizierungs-RL (ex-Art. 10 I Verschmelzungs-RL) sowie den Mitgliedern der Verwaltungs- bzw. Leitungs-, Aufsichts- bzw. Kontrollorganen der sich verschmelzenden Gesellschaften gewährt werden) (lit. g).

Sofern in bestimmten Verschmelzungskonstellationen, insbesondere im Fall einer Konzernverschmelzung, auf einzelne Angaben verzichtet werden kann bzw. deren Inhalt nicht einschlägig ist, empfiehlt es sich denoch zumindest eine entsprechende **Negativerklärung** in dem Verschmelzungsplan aufzunehmen. Dies gilt auch hinsichtlich aller weiteren ggf nach nationalem Recht geforderten Mindestangaben im Verschmelzungsplan. 24

52 *Grundmann*, Europäisches Gesellschaftsrecht, 2011, Rn. 889; *Lutter/Bayer/Schmidt*, Europäisches Unternehmens- und Kapitalmarktrecht, 2017, Rn. 20.31.

53 *Lutter/Bayer/Schmidt*, Europäisches Unternehmens- und Kapitalmarktrecht, 2017, Rn. 20.32; *Kalss/Klampfl*, Europäisches Gesellschaftsrecht, 2015, Rn. 156, Fn. 389.

54 *Lutter/Bayer/Schmidt*, Europäisches Unternehmens- und Kapitalmarktrecht, 2017, Rn. 20.32; *Kalss/Klampfl*, Europäisches Gesellschaftsrecht, 2015, Rn. 156, Fn. 389; im deutschen Recht bedarf der Verschmelzungsvertrag nach § 6 UmwG der notariellen Beurkundung.

55 *Lutter/Bayer/Schmidt*, Europäisches Unternehmens- und Kapitalmarktrecht, 2017, Rn. 20.33.

56 Nach deutschem Recht werden nach § 5 I UmwG zusätzlich gefordert die Vereinbarung der Vermögensübertragung gegen Anteile (Nr. 2), Angaben zu Rechten, die einzelnen Anteilsinhabern gewährt werden (Nr. 7), Sondervorteile für Abschlussprüfer (Nr. 8) und die Angaben der Folgen der Verschmelzung für die betroffenen Arbeitnehmer (Nr. 9).

III. Offenlegung des Verschmelzungsplans

25 Der Verschmelzungsplan ist nach Art. 92 I Kodifizierungs-RL (ex-Art. 6 I Verschmelzungs-RL) offenzulegen iS von öffentlich bekannt zu machen. Damit soll insbesondere gewährleistet werden, dass Aktionäre und Gläubiger der sich verschmelzenden Gesellschaften **rechtzeitig** und **umfassend** über die geplante Strukturmaßnahme **informiert** werden.[57] Die Offenlegung hat dabei nach den jeweiligen mitgliedstaatlichen Umsetzungsvorschriften zum (ehemaligen) Art. 3 Publizitäts-RL (= Art. 16 Kodifizierungs-RL (s. dazu § 20 Rn. 14 ff.) zu erfolgen.

26 Die Offenlegung erfolgt für jede der sich verschmelzenden Gesellschaften **gesondert** und muss spätestens **einen Monat** vor dem Tag der über den Verschmelzungsplan beschließenden Hauptversammlung erfolgen (Art. 92 I Kodifizierungs-RL (ex-Art. 6 I Verschmelzungs-RL)). Der exakte Umfang der Monatsfrist ist dabei uU variabel in Abhängigkeit von der Anzahl der Tage des jeweiligen Monats (28 bis 31 Tage). Aus Rechtssicherheitsaspekten wäre daher die Normierung einer genauen Tagesangabe vorteilhaft gewesen. Insofern ist die deutsche Regelung des § 61 S. 1 UmwG iVm § 123 I AktG, der eine 30-Tage-Frist vorsieht, ggf nicht mit den Vorgaben des Art. 92 I Kodifizierungs-RL (ex-Art. 6 I Verschmelzungs-RL) vereinbar und bei einer längeren Monatsdauer richtlinienkonform auszulegen.[58] In der Praxis empfiehlt es sich daher, den Verschmelzungsplan auf jeden Fall mindestens einen ganzen Monat vorher offenzulegen.[59]

27 Eine praktisch wichtige Frage ist, ob die Aktionäre einer der an der Verschmelzung beteiligten Gesellschaft auf diese **Offenlegungspflicht verzichten** können. Wäre dies der Fall, könnte vor allem bei nicht-börsennotierten Aktiengesellschaften der Verschmelzungsprozess um bis zu einem Monat beschleunigt werden. Aus deutscher Sicht zB in dem Fall, wenn iS von § 121 VI AktG eine Einberufungsfrist für die beschließende Hauptversammlung (vgl. § 123 I AktG) nicht erforderlich ist und auch auf die Vorbereitungsmaßnahmen gem § 63 UmwG verzichtet wurde. Unter Bezugnahme auf den ausschließlichen Aktionärsschutz des auf Art. 92 Kodifizierungs-RL (ex-Art. 6 Verschmelzungs-RL) basierenden § 61 UmwG wird eine Verzichtsmöglichkeit nach hM bejaht[60] und dies auch als europarechtlich zulässig angesehen.[61] Der (isoliert betrachtete) Wortlaut des Art. 92 Kodifizierungs-RL (ex-Art. 6 Verschmelzungs-RL) sieht eine Verzichtsmöglichkeit nicht explizit vor, und auch Art. 92 II 1 Kodifizierungs-RL (ex-Art. 6 II 1 Verschmelzungs-RL) bezieht sich ausdrücklich auf die Zugänglichmachung via der Internetseite der Gesellschaft für die „**Öffentlichkeit**" und nicht nur für die Aktionäre (s. Rn. 28). Auch wurden im Zuge der Änderungsrichtlinie 2009/109/EG Verzichtsmöglichkeiten auf bestimmte Unterlagen bzw. Prüfungen ausdrücklich in der damaligen Verschmelzungsrichtlinie geregelt; nicht jedoch im Rahmen der Offenlegungspflicht gem Art. 92 Kodifizierungs-RL (ex-Art. 6 Verschmelzungs-RL). Sowohl Wortlaut als auch Systematik sprechen daher durchaus für ein Verbot auf einen Verzicht auf die Offenlegungspflicht durch die Aktionäre. **Zweckbezogen** ist in diesem Zusammenhang jedoch die Verbindung zum individuellen Gläubigerschutz nach Art. 99 Kodifizierungs-RL (ex-Art. 13 Verschmelzungs-RL) (s. dazu Rn. 51 ff.) zu berücksichtigen. Der angemessene Schutz der Gläubiger, den die Mitgliedstaaten sicherzustellen haben, bezieht sich dabei auf die Forderungen, die „vor der Bekanntmachung des Verschmelzungsplans entstanden und zum Zeitpunkt dieser Bekanntmachung noch nicht erloschen sind". Da nach deutschem Recht (§ 22 UmwG) jedoch die Anmeldung von Sicherheiten nicht an die Offenlegung des Verschmelzungsvertrags bzw. dessen Entwurf gekoppelt ist und die Gläubiger bis zu sechs Monaten nach Eintragung der Verschmelzung Sicherheiten anmelden können (insofern geht das deutsche Recht sogar über den Mindeststandard der Richtlinienregelung hinaus), ist aus teleologischen Erwägungen die in Art. 92 Kodifizierungs-RL (ex-Art. 6 Verschmelzungs-RL) angelegte Verbindung zwischen Offenlegungspflicht und Gläubigerschutz nicht zwingend.[62] Im Hinblick darauf bezweckt diesbezüglich die Offenlegungspflicht des Verschmelzungsplan allein den Schutz der Aktionäre. Im Zusammenhang mit den Mindestnormcharakter der Vorschriften sowie damit zusammenhängend auch den Schutzzweck, ist – im Rahmen

---

57 *Grohmann*, Das Informationsmodell im Europäischen Gesellschaftsrecht, 2006, S. 321 ff.; *Grundmann*, Europäisches Gesellschaftsrecht, 2011, Rn. 891; *Lutter/Bayer/Schmidt*, Europäisches Unternehmens- und Kapitalmarktrecht, 2017, Rn. 20.43; *Riesenhuber* NZG 2004, 15, 20 f.; *Kalss/Klampfl*, Europäisches Gesellschaftsrecht, 2015, Rn. 156.

58 *Lutter/Bayer/Schmidt*, Europäisches Unternehmens- und Kapitalmarktrecht, 2017, Rn. 20.46; *Kalss/Klampfl*, Europäisches Gesellschaftsrecht, 2015, Rn. 156, Fn. 392. In der Praxis empfiehlt es sich daher, den Verschmelzungsplan auf jeden Fall mindestens einen ganzen Monat vorher offenzulegen, vgl. *Schmidt* DB 2006, 375 f.; *Marsch-Barner* in: Kallmeyer (Hrsg.), UmwG, 6. Aufl. 2017, § 61 Rn. 2.

59 *Schmidt* DB 2006, 375 f.; *Marsch-Barner* in: Kallmeyer (Hrsg.), UmwG, 6. Aufl. 2017, § 61 Rn. 2.

60 *Diekmann* in: Semler/Stengel (Hrsg.), UmwG, 4. Aufl. 2017, § 61 Rn. 17; *Grunewald* in: Lutter (Hrsg.), UmwG, Bd. 1, 5. Aufl. 2014, § 61 Rn. 7; *Habersack* in: BeckOGK UmwG (Stand 1.1.2017), § 61 Rn. 13; *Marsch-Barner* in: Kallmeyer (Hrsg.), UmwG, 6. Aufl. 2017, § 61 Rn. 1; *Rose* in: Maulbetsch/Klumpp/Rose (Hrsg.), UmwG, 2. Aufl. 2017, § 61 Rn. 7; *Simon* in: KK-UmwG, 2009, § 61 Rn. 19; aA *Rieger* in: Widmann/Mayer (Hrsg.), Umwandlungsrecht, 169. Lieferung 2018, § 61 UmwG Rn. 10.1; *Brügel* in: Keßler/Kühnberger (Hrsg.), UmwG, 2009, § 61 Rn. 5; zweifelnd auch *Habighorst* in: Böttcher/Habighorst/Schulte (Hrsg.), Umwandlungsrecht, 2015, § 61 UmwG Rn. 8.

61 *Grunewald* in: Lutter (Hrsg.), UmwG, Bd. 1, 5. Aufl. 2014, § 61 Rn. 7; *Habersack* in: BeckOGK UmwG (Stand 1.1.2017), § 61 Rn. 13.

62 *Habersack* in: BeckOGK UmwG (Stand 1.1.2017), § 61 Rn. 13.

des deutschen Verschmelzungsrechts – ein Verzicht auf die Bekanntmachung des Verschmelzungsvertrags **zulässig und mit den Vorgaben der Richtlinie vereinbar**. Die Basis hierfür bildet jedoch eine entsprechende teleologische Betrachtung des europäischen Rechts und dessen konkrete Ausgestaltung in den Mitgliedstaaten. Vor allem sofern das Verschmelzungsrecht eines Mitgliedstaates wie Art. 99 I Kodifizierungs-RL (ex-Art. 13 I Verschmelzungs-RL) die Offenlegung des Verschmelzungsplans unmittelbar mit dem Schutz der Gläubiger verknüpft, ist ein Verzicht durch die Aktionäre nicht möglich und verstößt gegen Art. 92 Kodifizierungs-RL (ex-Art. 6 Verschmelzungs-RL).

Nach Art. 92 II 1 Kodifizierungs-RL (ex-Art. 6 II 1 Verschmelzungs-RL) kann alternativ zur Offenlegung nach Art. 16 Kodifizierungs-RL (ex-Art. 3 Publizitäts-RL) jede der beteiligten Gesellschaften den Verschmelzungsplan auch über ihre eigene **Internetseite publizieren**. Hierfür muss der Verschmelzungsplan mindestens einen Monat vor dem Tag der Hauptversammlung und bis zu dessen Ende für die Öffentlichkeit kostenlos auf den Internetseiten zugänglich gemacht werden. Anstatt einer Offenlegung über die Internetseiten der Gesellschaften können die Mitgliedstaaten die Veröffentlichung auch nach Art. 92 III Kodifizierungs-RL (ex-Art. 6 III Verschmelzungs-RL) über eine zentrale elektronische Plattform im Sinne des Art. 16 V Kodifizierungs-RL (ex-Art. 3 V Publizitäts-RL) oder anderen, hierfür benannten Internetseiten verlangen.[63] Im Falle der Offenlegung auf einer anderen benannten Interseite, muss auf der jeweiligen nationalen elektronischen Plattform mindestens einem Monat vor der beschließenden Hauptversammlung ein entsprechender Verweis zur benannten Internetseite veröffentlicht werden (Art. 92 IV Kodifizierungs-RL (ex-Art. 6 IV Verschmelzungs-RL)). Für die jeweils in Art. 92 I-III Kodifizierungs-RL (ex-Art. 6 I-III Verschmelzungs-RL) genannten Veröffentlichungen dürfen die Mitgliedstaaten von den verschmelzenden Gesellschaften keine zusätzlichen Gebühren verlangen (vgl. Art. 92 III 3, IV 3, V Kodifizierungs-RL (ex-Art. 6 III 3, IV 3, V Verschmelzungs-RL)). Im Sinne des *effet utile* dürfen diese jedoch nicht unverhältnismäßig hoch sein. 28

IV. Verschmelzungsbericht

Nach Art. 95 I Kodifizierungs-RL (ex-Art. 9 I Verschmelzungs-RL) muss das Verwaltungs- oder Leitungsorgan jeder der sich verschmelzenden Gesellschaften einen **ausführlichen schriftlichen Bericht** erstellen, „in dem der Verschmelzungsplan und insbesondere das Umtauschverhältnis der Aktien rechtlich und wirtschaftlich erläutert und begründet werden". Wie beim Verschmelzungsplan (s. Rn. 19 ff.) ist auch hier „schriftlich" aus deutscher Sicht vielmehr im Sinne der Textform des § 126b BGB und als Mindeststandard zu verstehen.[64] Der Vorstand bzw. die zuständigen Mitglieder des Verwaltungsrates der jeweils beteiligten Aktiengesellschaft haben aus ihrer Sicht den entsprechenden Inhalt des Verschmelzungsplans zu **erläutern und zu begründen**.[65] Schuldner der Berichtspflicht ist jedoch generell der an der Verschmelzung beteiligte Rechtsträger. Die Nennung der Verwaltungs- oder Leitungsorgane bringt hierbei lediglich die Zuständigkeit zum Ausdruck, welches Organ der Gesellschaft zur Erstellung verpflichtet ist. Von den Regelungen der Kodifizierungs-Richtlinie nicht erfasst ist die aus praktischer Sicht durchaus bedeutende Frage, ob der Verschmelzungsbericht von allen Mitgliedern des Verwaltungs- bzw. Leitungsorgans unterschrieben werden muss. Insofern bestimmt sich die Antwort diese Frage nach dem jeweiligen nationalen Recht. In Deutschland ist nach hM die Unterzeichnung in **vertretungsberechtigter Zahl** ausreichend, da es sich bei der Berichtspflicht (nur) um eine Wissen- und nicht um eine Willenserklärung handelt.[66] 29

Der Verschmelzungsbericht stellt eine der tragenden Säulen im **Informationssystem zugunsten der Aktionäre** der sich verschmelzenden Aktiengesellschaften dar.[67] Die Aktionäre sollen dadurch über die rechtlichen und ökonomischen Gegebenheiten unterrichtet werden, damit sie sich eine hinreichend umfassendes Bild von der beabsichtigten Umwandlungsmaßnahme und vor allem deren Konsequenzen machen können. Art. 95 Kodifizierungs-RL (ex-Art. 9 Verschmelzungs-RL) wurde insofern überschießend in deutsches Recht umgesetzt, dass die Vorgaben des § 8 UmwG grundsätzlich für alle Rechtsformen und nicht nur für Verschmelzungen von Aktiengesell- 30

63 *Lutter/Bayer/Schmidt*, Europäisches Unternehmens- und Kapitalmarktrecht, 2017, Rn. 20.44; *Kalss/Klampfl*, Europäisches Gesellschaftsrecht, 2015, Rn. 156.

64 *Kalss/Klampfl*, Europäisches Gesellschaftsrecht, 2015, Rn. 157, Fn. 394; *Lutter/Bayer/Schmidt*, Europäisches Unternehmens- und Kapitalmarktrecht, 2017, Rn. 20.47.

65 *Grundmann*, Europäisches Gesellschaftsrecht, 2011, Rn. 892; *Lutter/Bayer/Schmidt*, Europäisches Unternehmens- und Kapitalmarktrecht, 2017, Rn. 20.47; *Riesenhuber* NZG 2004, 15, 20; *Kalss/Klampfl*, Europäisches Gesellschaftsrecht, 2015, Rn. 157, Fn. 395.

66 Vgl. BGH BB 2007, 1977, 1979; *Müller* NJW 2000, 2001; *Drygala* in: Lutter (Hrsg.), UmwG, Bd. 1, 5. Aufl. 2014, § 8 Rn. 6; *Gehling* in: Semler/Stengel (Hrsg.), UmwG, 4. Aufl. 2017, § 8 Rn. 7.

67 *Kalss/Klampfl*, Europäisches Gesellschaftsrecht, 2015, Rn. 153; *Schwarz*, Europäisches Gesellschaftsrecht, 2000, Rn. 646.

schaften gelten. Ausnahmeregelungen bestehen nach § 41 UmwG für Personenhandelsgesellschaften und ggf analog für die Berichtspflicht von GmbH.[68]

31 Der Verschmelzungsbericht nach Art. 95 I Kodifizierungs-RL (ex-Art. 9 I Verschmelzungs-RL) muss **ausführlich und detailliert** erstellt werden. Die bloße Wiedergabe des Verschmelzungsplans oder nur genereller Regelungspunkte ist **nicht ausreichend.**[69] Vielmehr muss er den Aktionären ein umfassendes Bild von den mit der Verschmelzung beabsichtigten Zielen und deren rechtlichen sowie wirtschaftlichen Folgen geben („**Plausibilitätskontrolle**").[70] Dabei muss der Verschmelzungsbericht für den Durchschnittsaktionär verständlich sein.[71] In diesem Zusammenhang muss insbesondere das Umtauschverhältnis der Aktien sowohl unter rechtlichen als auch wirtschaftlichen Gesichtspunkten erläutert und begründet werden.[72] Hierbei ist nach Art. 95 I 2 Kodifizierungs-RL (ex-Art. 9 I 2 Verschmelzungs-RL) außerdem auf die besonderen Schwierigkeiten, die bei der Bewertung ggf aufgetreten sind, hinzuweisen. Dies ist in der Praxis zumeist der problemträchtigste Aspekt des Verschmelzungsberichts, da **Bewertungsfragen des Umtauschverhältnisses** in der Regelung zu den umstrittensten Fragen des Verschmelzungsvorgangs zählen.[73] Im Sinne einer wie von den entsprechenden Regelungen in der Richtlinie vorgegebenen ausführlichen und nachvollziehbaren Ausgestaltung des Verschmelzungsberichts wird man aber zumindest die gewählte Bewertungsmethode mitzuteilen sowie die wichtigsten Determinanten und Ergebnisse des Bewertungsvorgangs selbst zu erläutern haben.[74] Eine Pflicht zur abschließenden, volldetailierten Angabe aller Berechnungen und zahlenmäßigen Werte im Verschmelzungsbericht wird man zumindest dann nicht zwingend verlangen können, wenn hinsichtlich der Bewertungsfragen des Umtauschverhältnisses als solches der Bericht hinreichend ausführlich und aussagekräftig ausgestaltet ist. Die konkreten Details und Einzelfragen ergeben sich im Rahmen dieser europäischen Vorgaben jedoch aus dem jeweiligen mitgliedstaatlichen Recht, dem die sich verschmelzenden Gesellschaften unterliegen.

32 Wie bei den vorherigen Regelungen normiert Art. 95 Kodifizierungs-RL (ex-Art. 9 Verschmelzungs-RL) lediglich einen **Mindeststandard** zum Schutz der betroffenen Aktionäre.[75] Die Mitgliedstaaten können dem Verschmelzungsbericht somit auch noch strengere Anforderungen unterwerfen. So sind beispielsweise nach britischem Recht gem sec. 908 iVm sec. 897 (2), (3) CA 2006 zusätzlich alle mit der Verschmelzung verbundenen materiellen Interessen der Direktoren des Unternehmens und in Fällen, in denen die Verschmelzung auch die Rechte von Anleihegläubigern tangiert, die an diese zu leistenden Sicherheiten, im Verschmelzungsbericht anzugeben. Der Umfang der Berichtspflicht findet seine Grenze jedoch dort, wo die Offenlegung bestimmter Tatsachen im Einzelfall zu Nachteilen für die Gesellschaft und damit letztlich auch für die Aktionäre führen könnte.[76] Hierbei handelt es sich dann nicht mehr um wie von Erwägungsgrund 50 (ex-Erwägungsgrund 5) angedachte angemessene Informationen.

33 Obwohl Art. 95 Kodifizierungs-RL (ex-Art. 9 Verschmelzungs-RL) von seinem Wortlaut eine separate Berichterstattung der jeweils an der Verschmelzung beteiligten Gesellschaften („jeder der sich verschmelzenden Gesellschaften") fordert, besteht nach überwiegender Auffassung auch die Möglichkeit der Erstellung eines **gemeinsa-**

68 Vgl. zur analogen Anwendung des § 41 UmwG auf GmbH *Drygala* in: Lutter (Hrsg.), UmwG, Bd. 1, 5. Aufl. 2014, § 8 Rn. 58; *Gehling* in: Semler/Stengel (Hrsg.), UmwG, 4. Aufl. 2017, § 8 Rn. 75; aA *Ihrig* in: Semler/Stengel (Hrsg.), UmwG, 4. Aufl. 2017, § 41 Rn. 3.

69 *Lutter/Bayer/Schmidt*, Europäisches Unternehmens- und Kapitalmarktrecht, 2017, Rn. 20.48; nach deutscher Rechtsprechung zu § 8 UmwG bzw. § 192 UmwG muss der Umwandlungs- bzw. Verschmelzungsbericht die unternehmerischen Ziele, die der Umwandlung zugrunde liegen, angeben. Dabei sind auch andere, in Frage kommende gesellschaftsrechtliche Strukturmaßnahmen als Alternativen darzustellen und zu begründen, warum die Vorteile der gewählten Umstrukturierungsmaßnahme im konkreten Fall vorteilhaft sind, LG Mannheim ZIP 2014, 970, 971; LG Köln v. 30.1.2008 – 82 O 218/07.

70 *Lutter/Bayer/Schmidt*, Europäisches Unternehmens- und Kapitalmarktrecht, 2017, Rn. 20.48; *Koppensteiner* in: FS Semler, 1993, S. 485, 490; zur deutschen Umsetzung in § 8 I 1 UmwG OLG Düsseldorf AG 2007, 363, 365; OLG Düsseldorf NZG 2004, 429, 430; OLG Frankfurt ZIP 2000, 1928, 1930; LG Mannheim ZIP 2014, 970, 971; *Marsch-Barner* in: Kallmeyer (Hrsg.), UmwG, 6. Aufl. 2017, § 8 Rn. 6.

71 *Grundmann*, Europäisches Gesellschaftsrecht, 2011, Rn. 892; *Lutter/Bayer/Schmidt*, Europäisches Unternehmens- und Kapitalmarktrecht, 2017, Rn. 20.48; *Riesenhuber* NZG 2004, 15, 20.

72 Vgl. zu den Anforderungen an die Berichtspflicht aus deutscher Sicht im Einzelnen BGH NJW 1989, 2689; BGH ZIP 1990, 168.

73 *Lutter/Bayer/Schmidt*, Europäisches Unternehmens- und Kapitalmarktrecht, 2017, Rn. 20.48; siehe auch *Koppensteiner* in: FS Semler, 1993, S. 485, 490 f.

74 *Koppensteiner* in: FS Semler, 1993, S. 485, 491.

75 *Habersack/Verse*, Europäisches Gesellschaftsrecht, 2011, § 8 Rn. 17; *Lutter/Bayer/Schmidt*, Europäisches Unternehmens- und Kapitalmarktrecht, 2017, Rn. 20.49; *Kalss/Klampfl*, Europäisches Gesellschaftsrecht, 2015, Rn. 157.

76 *Lutter/Bayer/Schmidt*, Europäisches Unternehmens- und Kapitalmarktrecht, 2017, Rn. 20.50; *Rodewald* BB 1992, 237, 239.

men **Verschmelzungsberichts.**[77] Voraussetzung dafür ist jedoch, dass die inhaltlichen Anforderungen an die Berichtspflicht vollständig gewahrt bleiben und die Auskünfte über die für jede der beteiligten Gesellschaften berichtsrelevanten Tatsachen gesondert aufgeführt sind. Im Ergebnis muss es sich bei der Erstellung eines gemeinsamen Berichts somit nur um eine aus organisatorischen Gründen **formale** Zusammenfassung der jeweiligen, für jede der sich verschmelzenden Gesellschaften notwendigen Informationen in einer Urkunde bzw. einem Schriftstück handeln.

Seit der Änderungsrichtlinie 2009/109/EG ist im damaligen Art. 9 III Verschmelzungs-RL und dem jetzigen Art. 95 III Kodifizierungs-RL ausdrücklich die Möglichkeit des **Verzichts auf den Verschmelzungsbericht** normiert. Der Verzicht muss allerdings durch alle Aktionäre und Inhaber von Sonderrechten aller sich verschmelzenden Gesellschaften erklärt werden. Nach deutschem Recht müssen die jeweiligen Verzichtserklärungen zudem notariell beurkundet werden (vgl. § 8 III 2 UmwG). Hierwegen wird **in Deuschland** hinsichtlich einer Vollmacht zur Vertretung des Erklärenden zT eine zumindest beglaubigte Form verlangt.[78] Bei Publikumsaktiengesellschaften wird aus praktischer Sicht eine Zustimmung insbesondere aller Aktionäre indes nur schwer realisierbar sein.[79] Die Möglichkeit des Verzichts auf den Verschmelzungsbericht spielt daher vor allem bei börsennotierten Aktiengesellschaften keine Rolle. Ansonst werden in Deutschland bei dem notariell zu beurkundenden Hauptversammlungsbeschluss auch die Verzichtserklärungen in der Regel mit aufgenommen. 34

Nach Art. 95 II Kodifizierungs-RL (ex-Art. 9 II Verschmelzungs-RL) muss das Verwaltungs- bzw. Leitungsorgan der sich verschmelzenden Gesellschaft die Hauptversammlung über **wesentliche Veränderungen** des Aktiv- oder Passivvermögens der jeweiligen Gesellschaft im Zeitraum zwischen Aufstellung des Verschmelzungsplans und dem Tag der beschließenden Hauptversammlung **unterrichten.** Diese Unterrichtungspflicht besteht auch gegenüber dem Verwaltungs- bzw. Leitungsorgan der anderen an der Verschmelzung beteiligten Gesellschaft(en), damit diese wiederum ihre Hauptversammlung davon in Kenntnis setzen können. Mit dieser Regelung soll sichergestellt werden, dass den Aktionären bei der Beschlussfassung die wesentlichen Wertschwankungen bekannt sind.[80] Wesentlich sind dabei vor allem solche Veränderungen, die aus objektiver Sicht Anlass dazu geben, die frühere Unternehmensbewertung nochmals zu überprüfen.[81] 35

V. Verschmelzungsprüfung

Zum weiteren Schutz der Aktionäre ist der Verschmelzungsplan nach Art. 96 Kodifizierungs-RL (ex-Art. 10 Verschmelzungs-RL) durch **unabhängige Sachverständige** zu prüfen und ein Verschmelzungsprüfungsbericht zu erstellen. Den Verschmelzungsprüfungsbericht können die Aktionäre der sich jeweils verschmelzenden Gesellschaften im Rahmen der Vorabinformation gem Art. 97 Kodifizierungs-RL (ex-Art. 11 Verschmelzungs-RL) (dazu Rn. 61 f.) einsehen. Grundsätzlich ist für **jede** der betroffenen Gesellschaften eine Verschmelzungsprüfung vorzunehmen. Nach Art. 96 I 2 Kodifizierungs-RL (ex-Art. 10 I 2 Verschmelzungs-RL) besteht jedoch die Möglichkeit einer gemeinsamen Prüfung, wenn die Bestellung des unabhängigen Sachverständigen zur Prüfung des Verschmelzungsplans auf gemeinsamen Antrag der Gesellschaften durch ein Gericht oder eine Verwaltungsbehörde erfolgt. 36

Inhalt des Prüfungsberichts ist der Verschmelzungsplan. Nicht Gegenstand des Prüfungsberichts ist die Prüfung des Verschmelzungsberichts.[82] Dies ergibt sich ua aus dem eindeutigen Wortlaut des Art. 96 I 1 Kodifizierungs-RL (ex-Art. 10 I 1 Verschmelzungs-RL). Gleichwohl steht es den Mitgliedstaaten aufgrund des Mindestcharakters des Art. 96 Kodifizierungs-RL (ex-Art. 10 Verschmelzungs-RL) frei, auch den Verschmelzungsbericht vom Gegenstand der Prüfung zu umfassen.[83] Der Verschmelzungsplan ist durch den vom Gericht oder einer anderen nationalen Verwaltungsbehörde bestellten unabhängigen Sachverständigen auf Vollständigkeit und Richtigkeit 37

77 *Koppensteiner* in: FS Semler, 1993, S. 485, 490; *Harrer* in: Koppensteiner (Hrsg.), Österreichisches und europäisches Wirtschaftsprivatrecht, Bd. 1, 1994, S. 307, 318; *Lösekrug*, Die Umsetzung der Kapital-, Verschmelzungs- und Spaltungs-RL der EG in das nationale deutsche Recht, 2004, S. 249; *Lutter/Bayer/Schmidt*, Europäisches Unternehmens- und Kapitalmarktrecht, 2017, Rn. 20.51; *Drygala* in: Lutter (Hrsg.), UmwG, Bd. 1, 5. Aufl. 2014, § 8 Rn. 8; vgl. auch *Kalss/Klampfl*, Europäisches Gesellschaftsrecht, 2015, Rn. 157, Fn. 396.

78 So ua *Heidinger/Blath* in: FS Spiegelberger, 2009, S. 692, 710; zu Recht aA *Melchior* GmbHR 1999, 520; *Suttmann* notar 2016, 316; *Heckschen* in: Beck'sches Notar-Handbuch, 6. Aufl. 2015, Kapital D.IV Rn. 56.

79 *Kalss/Klampfl*, Europäisches Gesellschaftsrecht, 2015, Rn. 157.

80 *Lutter/Bayer/Schmidt*, Europäisches Unternehmens- und Kapitalmarktrecht, 2017, Rn. 20.52.

81 Vgl. zum deutschen Recht *Marsch-Barner* in: FS Maier-Reimer, 2010, S. 425, 427 f.

82 *Lutter/Bayer/Schmidt*, Europäisches Unternehmens- und Kapitalmarktrecht, 2017, Rn. 20.57; *Lösekrug*, Die Umsetzung der Kapital-, Verschmelzungs- und Spaltungs-RL der EG in das nationale deutsche Recht, 2004, S. 254; *Koller*, Die europäische Harmonisierung des Rechts der Verschmelzung, 2004, S. 203; *Veil* in: FS Priester, 2007, S. 799, 806; aA *Hommelhoff* ZGR 1993, 452, 465.

83 *Lösekrug*, Die Umsetzung der Kapital-, Verschmelzungs- und Spaltungs-RL der EG in das nationale deutsche Recht, 2004, S. 254; *Lutter/Bayer/Schmidt*, Europäisches Unternehmens- und Kapitalmarktrecht, 2017, Rn. 20.57.

zu überprüfen.[84] Im Mittelpunkt steht dabei das aus Aktionärssicht besonders bedeutsame Umtauschverhältnis (vgl. Art. 96 II Kodifizierungs-RL (ex-Art. 10 II Verschmelzungs-RL)).[85] Die wirtschaftliche Zweckmäßigkeit ist dagegen nicht zwingend Gegenstand des Prüfungsberichts, da diese Beurteilung allein den betroffenen Aktionären obliegt.[86] Auch hier können die Mitgliedstaaten jedoch strengere Regelungen vorsehen.

38 Über das Resultat der Prüfung des Verschmelzungsplans ist ein **schriftlicher Prüfungsbericht** von dem/den Sachverständigen zu erstellen. Wie beim Verschmelzungsplan ist das Schriftformerfordernis auch hier europäisch-autonom auszulegen (s. Rn. 20).

39 Nach Art. 96 II Kodifizierungs-RL (ex-Art. 10 II Verschmelzungs-RL) muss der Prüfungsbericht **mindestens** enthalten:

- nach welcher/n Methode(n)[87] das Umtauschverhältnis bestimmt worden ist (lit. a);
- ob diese angewandte(n) Methode(n) im vorliegenden Fall angemessen ist/sind und welcher Werte sich bei jeder dieser Methoden ergibt (lit. b).

40 Als sachverständige Prüfer können **ein** oder **mehrere natürliche** oder **juristische Personen** bestellt werden. Den Mitgliedstaaten steht es dabei frei, ob sie die Bestellung unmittelbar durch ein Gericht oder eine nationale Verwaltungsbehörde vorschreiben, oder ob sie auch eine Bestellung des Prüfers durch die jeweilige(n) Gesellschaft(en) selbst gestatten. Bei einer Bestellung durch die betroffenen Gesellschaften selbst muss der bzw. die Prüfer jedoch als solche(r) durch ein Gericht oder eine Verwaltungsbehörde **zugelassen sein** (vgl. Art. 96 I 1 Kodifizierungs-RL (ex-Art. 10 I 1 Verschmelzungs-RL)). Die genaue Qualifikation des bzw. der sachverständigen Prüfer ist in den Regelungen der Richtlinie zur innerstaatliche Verschmelzung nicht ausdrücklich geregelt, sodass die Mitgliedstaaten diese ausgestalten können.[88] Vorgegeben ist jedoch, dass der Sachverständige von der Gesellschaft **unabhängig** sein muss. Insofern besteht eine Nähe zu den Anforderungen an die Abschlussprüfer gemäß den Vorgaben der Abschlussprüferrichtlinie bzw. -verordnung (s. dazu § 26 Rn. 50 ff.). So wird beispielsweise auch in Deutschland gem § 11 UmwG hinsichtlich der Auswahl und Verantwortlichkeit der Verschmelzungsprüfung auf die einschlägigen Vorschriften zur Abschlussprüfung im HGB verwiesen.

41 Zur sach- und ordnungsgemäßen Erfüllung seiner Aufgaben hat jeder sachverständige Prüfer nach Art. 96 III Kodifizierungs-RL (ex-Art. 10 III Verschmelzungs-RL) weiterhin das Recht, bei allen sich verschmelzenden Gesellschaften alle **zweckdienlichen Auskünfte** und **Unterlagen** anzufordern und alle erforderlichen Nachprüfungen vorzunehmen. Den Sachverständigen wird damit ein umfassendes Auskunfts- und Nachprüfungsrecht eingeräumt.[89]

42 In der Praxis kommt es immer wieder zu Anfechtungsklagen gegen den Beschluss der Hauptversammlung über die Verschmelzung aufgrund **materieller Mängel** des Prüfungsberichts. Über die Vorgaben des Art. 96 Kodifizierungs-RL (ex-Art. 10 Verschmelzungs-RL) hinaus empfiehlt es sich daher, den Prüfungsbericht durchaus **ausführlich** und **detailliert** erstellen zu lassen. Hierbei kann insbesondere auch eine konkrete Bezugnahme zu den betreffenden Ausführungen im Verschmelzungsplan und Verschmelzungsbericht zweckdienlich sein.

43 Nach Art. 96 IV Kodifizierungs-RL (ex-Art. 10 IV Verschmelzungs-RL) ist die Prüfung des Verschmelzungsplans und damit die Erstellung eines Prüfungsberichts **nicht erforderlich**, wenn alle Aktionäre und andere Inhaber von Sonderrechten aller an der Verschmelzung beteiligten Gesellschaften darauf verzichtet haben. Für den genauen Umfang der Verzichtserklärung sind die Vorgaben für den **Verzicht** auf den Verschmelzungsbericht entsprechend heranzuziehen (s. Rn. 34). Jedoch mit dem Unterschied, dass beim Verzicht des Prüfungsberichts nach Art. 96 IV Kodifizierungs-RL (ex-Art. 10 IV Verschmelzungs-RL) den Mitgliedstaaten nicht wie bei Art. 95 III Kodifizierungs-RL (ex-Art. 9 III Verschmelzungs-RL) die Option eingeräumt wird, ob sie die Verzichtsmöglichkeit nach ihren Rechtsvorschriften zulassen oder nicht. Sind somit die Voraussetzungen des Art. 96 IV Kodifizierungs-RL (ex-Art. 10 IV Verschmelzungs-RL) erfüllt, ist die Verzichtsmöglichkeit von den betroffenen Mitgliedstaaten grundsätzlich anzuerkennen. Wie beim Verschmelzungsbericht wird zumindest bei Publikumsaktiengesellschaften indes auch hier ein **einvernehmlicher Verzicht aller Aktionäre** auf die Sachverständigenprüfung und -berichterstattung weitgehend illusorisch sein. Dies gilt umso mehr, da eines der Hauptbestandteile der Verschmelzungsprüfung die Überprüfung der Angemessenheit des angebotenen Umtauschverhältnisses ist. Entbehrlich ist der Prüfungsbericht außerdem unter bestimmten Voraussetzungen bei Konzernverschmelzungen (vgl. Art. 114 Kodifizierungs-RL (ex-Art. 28 Verschmelzungs-RL)) (s. Rn. 60).

84 *Lutter/Bayer/Schmidt*, Europäisches Unternehmens- und Kapitalmarktrecht, 2017, Rn. 20.57; *Grohmann*, Das Informationsmodell im Europäischen Gesellschaftsrecht, 2006, S. 323; *Ganske* DB 1981, 1551, 1553.

85 *Grundmann*, Europäisches Gesellschaftsrecht, 2011, Rn. 894; *Kalss/Klampfl*, Europäisches Gesellschaftsrecht, 2015, Rn. 158.

86 *Lutter/Bayer/Schmidt*, Europäisches Unternehmens- und Kapitalmarktrecht, 2017, Rn. 20.57; *Bayer* AG 1988, 323, 328.

87 Zum Beispiel der Ertragswertmethode oder dem DCF-Verfahren.

88 *Lutter/Bayer/Schmidt*, Europäisches Unternehmens- und Kapitalmarktrecht, 2017, Rn. 20.61; *Kalss/Klampfl*, Europäisches Gesellschaftsrecht, Rn. 158; *Wooldrigde* Co. Lawyer 1 (1980) 75, 77.

89 *Lutter/Bayer/Schmidt*, Europäisches Unternehmens- und Kapitalmarktrecht, 2017, Rn. 20.61; vgl. auch *Grundmann*, Europäisches Gesellschaftsrecht, 2011, Rn. 895; *Riesenhuber* NZG 2004, 15, 20.

VI. Beschlussfassung über die Verschmelzung

Weiteres zentrales Element des Aktionärsschutzes im europäischen Modell für Strukturmaßnahmen ist das in Art. 93 Kodifizierungs-RL (ex-Art. 7 Verschmelzungs-RL) normierte Erfordernis der **Zustimmung der Hauptversammlung** jeder an der Verschmelzung beteiligten Gesellschaften.[90] Der Beschluss erstreckt sich dabei auf die Genehmigung des Verschmelzungsplans und, sofern es bei der geplanten Verschmelzung durch Aufnahme zu einer Änderung der Satzung der jeweiligen Gesellschaft kommt, was in aller Regel der Fall ist, auf die entsprechende **Satzungsänderung** (Art. 93 III Kodifizierungs-RL (ex-Art. 7 III Verschmelzungs-RL)). Beide Beschlussgegenstände werden dabei in der Praxis häufig miteinander verknüpft, in dem im Verschmelzungsbeschluss auch auf die zu ändernde, als Anlage beigfügte Satzung verwiesen wird. 44

Der Beschluss über die Verschmelzung bedarf nach Art. 93 I 2 Kodifizierungs-RL (ex-Art. 7 I 2 Verschmelzungs-RL) **mindestens einer 2/3-Mehrheit** der bei der Beschlussfassung vertretenen Stimmen oder des vertretenen gezeichneten Kapitals. Die Mitgliedstaaten können jedoch vorsehen, dass auch eine einfache Stimmenmehrheit ausreicht, wenn mindestens die Hälfte des gezeichneten Kapitals vertreten ist (Art. 93 I 3 Kodifizierungs-RL (ex-Art. 7 I 3 Verschmelzungs-RL)). Sofern die Verschmelzung zur Aufnahme eine Änderung der Satzung erfordert, sind jedoch weiterhin die nationalen Mehrheitserfordernisse für Satzungsänderungen einzuhalten (Art. 93 I 4 Kodifizierungs-RL (ex-Art. 7 I 4 Verschmelzungs-RL)). Dies ist jedoch nur dann erforderlich, wenn die Verschmelzung tatsächlich eine Änderung der Satzung erforderlich macht.[91] 45

In **Deutschland** bedarf es grundsätzlich einer qualifizierten Mehrheit von mindestens 3/4 des bei der Beschlussfassung vertretenen Grundkapitals (§ 65 I 1 UmwG). In **Frankreich** bedarf es dahingegen einer satzungsändernden Mehrheit von 2/3 des vertretenen Kapitals (Art. L 236-2 c.com.) und in **Großbritannien** einer 3/4-Mehrheit des vertretenen Kapitals (sec. 907 CA 2006). In **Italien** ist in Übereinstimmung mit Art. 93 I 3 Kodifizierungs-RL (ex-Art. 7 I 3 Verschmelzungs-RL) die Hälfte des vertretenen Kapitals ausreichend, wenn dies auch mindestens der Hälfte des Gesamtkapitals entspricht (Art. 2502, Art. 2368 C.C.). 46

Sind mehrere Aktiengattungen vorhanden, ist nach Art. 93 II Kodifizierungs-RL (ex-Art. 7 II Verschmelzungs-RL) ein **Sonderbeschluss über die Verschmelzung** zumindest jeder Gattung derjenigen Aktionäre erforderlich, deren Rechte durch die Verschmelzung beeinträchtigt werden. Im deutschen Recht ging man mit der Einführung des § 65 II UmwG insofern über den Mindeststandard der damaligen Richtlinienregelung hinaus, dass es auch dann grundsätzlich eines Sonderbeschlusses bedarf, wenn die Rechte der jeweiligen Gattungsaktionäre nicht durch die Verschmelzung beeinträchtigt sind.[92] 47

Nach Art. 94 Kodifizierungs-RL (ex-Art. 8 Verschmelzungs-RL) können die Mitgliedstaaten vorsehen, dass unter bestimmten Bedingungen das Erfordernis eines Hauptversammlungsbeschlusses der übernehmenden Gesellschaft **entbehrlich** ist. Die Ausnahmeregelung des Art. 94 Kodifizierungs-RL (ex-Art. 8 Verschmelzungs-RL) gilt dabei ausdrücklich nur für die Beschlussfassung bei der übernehmenden Gesellschaft. Zum Schutz der durch die Verschmelzung tendenziell in größerem Ausmaß betroffenen Aktionäre des übertragenden Rechtsträgers ist die Entbehrlichkeit des Hauptversammlungsbeschlusses grundsätzlich nicht möglich[93] und kann auch nicht durch die Mitgliedstaaten eingeführt werden. 48

Voraussetzungen für die Entbehrlichkeit des Beschlusses der übernehmenden Gesellschaft sind: 49

- die ordnungsgemäße **Offenlegung** des Verschmelzungsplans mindestens einen Monat vor einer beschließenden Hauptversammlung (lit. a);
- die Gewährleistung der **Vorabinformationen** der Aktionäre gem Art. 97 I Kodifizierungs-RL (ex-Art. 11 I Verschmelzungs-RL) (lit. b);
- die Einräumung einer Aktionärsminderheit von max. 5% auf ein Recht auf Herbeiführung einer Beschlussfassung über die Verschmelzung (lit. c).

Geht mit der Verschmelzung zur Aufnahme bei der übernehmenden Gesellschaft notwendigerweise eine **Änderung der Satzung** einher, ist die Beschlussfassung nur insofern entbehrlich, wie dadurch eine Beschlussfassung über entsprechende Satzungsänderungen nicht unterlaufen wird. 50

90 *Lutter/Bayer/Schmidt*, Europäisches Unternehmens- und Kapitalmarktrecht, 2017, Rn. 20.68; *Kalss/Klampfl*, Europäisches Gesellschaftsrecht, 2015, Rn. 159.

91 *Grundmann*, Europäisches Gesellschaftsrecht, 2011, Rn. 897; *Lutter/Bayer/Schmidt*, Europäisches Unternehmens- und Kapitalmarktrecht, 2017, Rn. 20.83; *Hommelhoff/Riesenhuber* in: Grundmann (Hrsg.), Systembildung und Systemlücken, 2000, S. 259, 272; *Lösekrug*, Die Umsetzung der Kapital-, Verschmelzungs- und Spaltungs-RL der EG in das nationale deutsche Recht, 2004, S. 224, 232; aA *Schwarz*, Europäisches Gesellschaftsrecht, 2000, Rn. 650.

92 *Priester* NJW 1983, 1459, 1462; *Brause*, Stimmrechtslose Vorzugsaktien bei Umwandlungen, 2002, S. 21.

93 *Koppensteiner* in: FS Semler, 1993, S. 485, 493.

VII. Schutzinstrumente

1. Gläubigerschutz

51 Eine Verschmelzung als Umstrukturierungsmaßnahme von Unternehmen kann durch die damit verbundenen Rechtsfolgen zu einer nicht unerheblichen Interessengefährung der Gläubiger der beteiligten Rechtsträger führen.[94] Um diesen Gefahren zu begegnen, sehen die Regelungen der Kodifizierungs-Richtlinie für innerstaatliche Verschmelzungen besondere Vorschriften für den individuellen Schutz der Gläubiger vor. Der **individuelle Gläubigerschutz** ergänzt dabei den institutionellen Gläubigerschutz, wo dieser zum Schutz der Gläubiger vor der Beeinträchtigung der Befriedungschancen ihrer Forderungen nicht ausreicht. Die Gläubiger der sich verschmelzenden Gesellschaften sollen somit davor geschützt werden, durch die Verschmelzung einen Schaden zu erleiden (Erwägungsgrund 51 (ex- Erwägungsgrund 7)). Art. 99 Kodifizierungs-RL (ex-Art. 13 Verschmelzungs-RL) sieht dafür ein **„angemessenes Schutzsystem für die Interessen der Gläubiger"** vor.[95] Insbesondere soll ihnen zumindest ein Anspruch auf Garantien (Sicherheitsleistungen) zugestanden werden (Art. 99 II 1 Kodifizierungs-RL (ex-Art. 13 II 1 Verschmelzungs-RL)).

52 Im Hinblick auf einen **institutionellen Gläubigerschutz** bei Verschmelzungen schreiben die Regelungen der Kodifizierungs-Richtlinie für innerstaatliche Verschmelzungen indes nicht vor, dass zB bei einer Verschmelzung durch Neugründung (dazu Rn. 80 ff.) das Grundkapital des neuen Rechtsträgers mindestens in Höhe des summenmäßigen Grundkapitals der übertragenden, sich verschmelzenden Gesellschaften vorhanden sein muss. Ein sog **Summengrundsatz** wird daher **nicht vorgeschrieben**, sodass insofern gesetzliche Unterschiede im Recht der Mitgliedstaaten bestehen können. Beispielsweise sieht das deutsche Umwandlungsrecht keinen Summengrundsatz vor; das österreichische Recht hingegen schon.[96]

53 Die wirtschaftliche Interessenlage der betroffenen Gläubiger macht einen angemessenen Schutz vor allem deshalb notwendig, da durch die Verschmelzung die Gläubiger der übertragenden Gesellschaft(en) einen **neuen Schuldner erhalten**, ohne dass sie dies verhindern können bzw. ihnen ein Zustimmungsrecht zusteht.[97] Aus Sicht der Gläubiger der übernehmenden Gesellschaft konkurrieren diese in Folge der Verschmelzung mit den Gläubigern der ehemaligen übertragenden Gesellschaft(en) um die Befriedungsmasse (Gesellschaftsvermögen). Das Schutzbedürfnis sowohl für die Gläubiger der/des **übertragenden Rechtsträger**(s) als auch für die des **übernehmenden Rechtsträgers** ist somit evident. In diesem Sinne erstreckt sich der Schutz nach Art. 99 Kodifizierungs-RL (ex-Art. 13 Verschmelzungs-RL) nicht nur auf die Gläubiger der übertragenden, sondern auch auf die der übernehmenden Gesellschaft (vgl. Art. 99 I Kodifizierungs-RL (ex-Art. 13 I Verschmelzungs-RL): „Gläubiger der sich verschmelzenden Gesellschaften").

54 Art. 99 Kodifizierungs-RL (ex-Art. 13 Verschmelzungs-RL) hat generell nur einen **Mindestcharakter.**[98] Geschützt werden müssen danach nur Gläubiger, die bestimmte Voraussetzungen erfüllen. Darüber hinaus bleibt es den Mitgliedstaaten überlassen den Schutz vor allem in Form eines **Anspruchs auf Sicherheitsleistung** auch auf andere Gläubiger oder sonstige Stakeholder auszudehnen.

55 Die zwingenden **Voraussetzungen** eines Anspruchs auf Sicherheitsleistung nach Art. 99 II 1 Kodifizierungs-RL (ex-Art. 13 II 1 Verschmelzungs-RL) ergeben sich aus Art. 99 I, II 2 Kodifizierungs-RL (ex-Art. 13 I, II 2 Verschmelzungs-RL). Diese sind:

- die Forderungen der Gläubiger müssen vor der Bekanntmachung des Verschmelzungsplans entstanden sein (sog **Altgläubiger**);
- die Forderungen dürfen zum Zeitpunkt der Bekanntmachung noch **nicht fällig** sein;
- Nachweis, dass die Befriedigung der bestehenden Forderung durch die Verschmelzung (konkret) **gefährdet** ist;
- die Gläubiger noch **keine vergleichbaren Sicherheiten** erhalten haben.

56 Der Schutz kann für die Gläubiger der übernehmenden Gesellschaft und für die Gläubiger der übertragenden Gesellschaft(en) **unterschiedlich** ausgestaltet sein (Art. 99 III Kodifizierungs-RL (ex-Art. 13 III Verschmelzungs-RL)). Bestehen mehrere übertragende Rechtsträger, kann auch innerhalb dieser der Schutz der jeweiligen Gläubiger grundsätzlich differieren. Die geforderten Sicherheitsleistungen können weiterhin sowohl in einem **ex post**

94 *Kalss/Klampfl*, Europäisches Gesellschaftsrecht, 2015, Rn. 153; *Habersack/Verse*, Europäisches Gesellschaftsrecht, 2011, § 8 Rn. 15.

95 Für Anleihegläubiger sieht Art. 100 Kodifizierungs-RL (ex-Art. 14 Verschmelzungs-RL) bestimmte Sonderregelungen vor, dazu *Lutter/Bayer/Schmidt*, Europäisches Unternehmens- und Kapitalmarktrecht, 2017, Rn. 20.129 f.; *Grundmann*, Europäisches Gesellschaftsrecht, 2011, Rn. 903.

96 Zur Spaltung vgl. *Hügel* in: FS Haarmann, 2015, S. 89 ff.

97 *Habersack/Verse*, Europäisches Gesellschaftsrecht, 2011, § 8 Rn. 25; *Kalss/Klampfl*, Europäisches Gesellschaftsrecht, 2015, Rn. 163.

98 *Grundmann*, Europäisches Gesellschaftsrecht, 2011, Rn. 902; *Habersack/Verse*, Europäisches Gesellschaftsrecht, 2011, § 8 Rn. 25; *Kalss/Klampfl*, Europäisches Gesellschaftsrecht, 2015, Rn. 154, 163.

als auch in einem **ex ante** wirkenden Anspruch auf Sicherheitsleistung bestehen.[99] Den Mitgliedstaaten steht es daher grundsätzlich frei, einen sog vorgelagerten oder nachgelagerten Gläubigerschutz vorzuschreiben.[100] Bei einem ex post wirkenden Anspruch richtet sich dieser notwendigerweise nur gegen den übernehmenden Rechtsträger der Verschmelzung, da der übertragende Rechtsträger infolge des Wirksamwerdens der Verschmelzung erloschen ist. Die Möglichkeit der insofern unterschiedlichen Ausgestaltung zeigt exemplarisch, dass hinsichtlich des Gläubigerschutzes die Regelungen der Kodifizierungs-Richtlinie für innerstaatliche Verschmelzungen den Mitgliedstaaten einen relativ großen **Regelungsspielraum** einräumen.[101] Im Hinblick auf grenzüberschreitende Verschmelzungen, bei denen zahlreiche Mitgliedsstaaten iSd damaligen Art. 4 I lit. b), II 1 IntVersch-RL (= Art. 121 I lit. b), II 1 Kodifizierungs-RL) (dazu § 24 Rn. 82 f.) das Gläubigerschutzmodell für innerstaatliche Verschmelzungen auf entsprechend grenzüberscheitende Vorgänge übernommen haben,[102] kann dies jedoch zu praktischen Problemen bei der Durchführung der grenzüberschreitenden Verschmelzung führen. Einer **eindeutigeren Regelung** hätte in diesem Sinne der Vorzug gegeben werden sollen. Aufgrund der bestehenden Unterschiede und Vorstellungen in den Mitgliedstaaten war dies rechtspolitisch jedoch nicht vermittelbar.

Neben den Regelungen zu Forderungs- und Anleihegläubigern (Art. 99 Kodifizierungs-RL (ex-Art. 13 f. Verschmelzungs-RL)) sieht Art. 101 Kodifizierungs-RL (ex-Art. 15 Verschmelzungs-RL) einen besonderen „**Verwässerungsschutz**“[103] für die Inhaber von mit **Sonderrechten verbunden Wertpapieren** einer übertragenden Gesellschaft, die jedoch keine Aktien sind, vor. Materiell umfasst werden hiervon ua **Schuldverschreibungen**, bei denen ein Umtausch- oder Bezugsrecht auf Aktien, ein Vorzugsrecht auf Zeichnung des Gesellschaftskapitals oder ein Anspruch auf Gewinnbeteiligung eingeräumt wird.[104] Es handelt sich mithin um Wertpapiere, deren Inhaber mehr Rechte haben als das auf bloße Tilgung der Verbindlichkeiten und die Zahlung der vereinbarten Zinsen.[105] Dies gilt insbesondere für die Wertpapiere, deren Inhaber das Recht auf Umtausch gegen Aktien oder Anspruch auf Gewinnbeteiligung an der Emittentin haben.[106] 57

Ist Art. 101 Kodifizierungs-RL (ex-Art. 15 Verschmelzungs-RL) einschlägig, müssen Inhabern solcher Sonderrechte in der übernehmenden Gesellschaft mindestens (wirtschaftlich) **gleichwertige Rechte** erhalten wie sie im übertragenden Rechtsträger besaßen. Eine **Ausnahme** besteht jedoch dann, wenn eine Versammlung der Inhaber der Änderung dieser Rechte oder dass jeder einzelne Inhaber der Änderung seines Rechts zugestimmt hat oder dass diese Inhaber einen Anspruch auf Rückkauf ihrer Wertpapiere durch die übernehmende Gesellschaft haben. Von dieser Ausnahme wird nach Aussage des EuGH jedoch allein der Inhaber der Wertpapiere berechtigt. Insbesondere kann die übertragende oder auch die übernehmende Gesellschaft nicht eigenmächtig ohne Zustimmung des Wertpapierinhabers von der Ausnahme Gebrauch machen.[107] Deutschland hat mit **§ 23 UmwG** keinen Gebrauch von der Ausnahmeoption des Art. 101 Hs. 2 Kodifizierungs-RL (ex-Art. 15 Hs. 2 Verschmelzungs-RL) gemacht, sodass stets wirtschaftlich gleichwertige Rechte im übernehmenden Rechtsträger einzuräumen sind. 58

2. Anteilsinhaberschutz (insbesondere Minderheitenschutz)

Der Schutz der (Minderheits-) Aktionäre wird in den Regelungen der Kodifizierungs-Richtlinie für innerstaatliche Verschmelzungen durch verschiedene Instrumente sichergestellt. Neben dem grundsätzlichen Erfordernis ei- 59

99 *Lutter/Bayer/Schmidt*, Europäisches Unternehmens- und Kapitalmarktrecht, 2017, Rn. 20.127; *Ganske* DB 1981, 1551, 1555; *Kalss* ZGR 2009, 74, 83; *Kalss/Klampfl*, Europäisches Gesellschaftsrecht, 2015, Rn. 163, Fn. 427.

100 Vgl. zur Problematik des vorgelagerten Gläubigerschutzes bei grenzüberschreitenden Verschmelzungen und dessen Unionsrechtskonformität *Bayer* in: Lutter (Hrsg.), UmwG, Bd. 1, 5. Aufl. 2014, § 122j Rn. 4 f.; *Bayer/Schmidt* NJW 2006, 401, 405; ferner § 24 Rn. 83 ff.

101 *Koppensteiner* in: FS Semler, 1993, S. 485, 501; *Kalss/Klampfl*, Europäisches Gesellschaftsrecht, 2015, Rn. 163; *Kalss* ZGR 2009, 74, 83.

102 Nicht jedoch Deutschland, wo für eine innerstaatliche Verschmelzung nach § 22 UmwG ein nachgelagerter Gläubigerschutz, für grenzüberschreitende Verschmelzungen mit §§ 122j, 122k I 3 UmwG jedoch ein vorgelageter Gläubigerschutz besteht; zur Problematik siehe § 24 Rn. 82 ff.; ggf ergibt sich eine entsprechende Pflicht jedoch aus EuGH, Rs. C-483/14 (KA Finanz), ECLI:EU:C:2016:205 = ZIP 2016, 712, Rn. 60 f.

103 *Lutter/Bayer/Schmidt*, Europäisches Unternehmens- und Kapitalmarktrecht, 2017, Rn. 20.131; *Riesenhuber* NZG 2004, 15, 22; *Hübner* IPRax 2016, 553, 556.

104 EuGH, Rs. C-483/14 (KA Finanz), ECLI:EU:C:2016:205 = ZIP 2016, 712, Rn. 65; *Lutter/Bayer/Schmidt*, Europäisches Unternehmens- und Kapitalmarktrecht, 2017, Rn. 20.132; *Kalss* in: Semler/Stengel (Hrsg.), UmwG, 4. Aufl. 2017, § 23 Rn. 5.

105 *Bayer/Schmidt* ZIP 2016, 848; *Kalss* GesRZ 2016, 233.

106 EuGH, Rs. C-483/14 (KA Finanz), ECLI:EU:C:2016:205 = ZIP 2016, 712, Rn. 66.

107 Vgl. EuGH, Rs. C-483/14 (KA Finanz), ECLI:EU:C:2016:205 = ZIP 2016, 712, Rn. 60 f.; *Stiegler* EuZW 2016, 342, 343.

nes qualifizierten Hauptversammlungsbeschlusses (formales Mitentscheidungsrecht der Anteilsinhaber)[108] in den sich verschmelzenden Gesellschaften soll der Schutz der Aktionäre durch den Grundsatz **„Schutz durch Information"** (sog Informationsmodell) (s. dazu auch § 18 Rn. 73) gewährleistet werden.[109] Hierzu zählen insbesondere die Informationen durch den Verschmelzungsplan, den Verschmelzungsbericht und -prüfungsbericht. Durch die Offenlegung und den Vorgaben zur Vorabinformation nach Art. 97 Kodifizierungs-RL (ex-Art. 11 Verschmelzungs-RL) soll sichergestellt werden, dass die Aktionäre von ihrem Mitentscheidungsrecht auch effektiv und in Kenntnis aller relevanten Umstände Gebrauch machen können.[110]

60 Darüber hinausgehende Schutzvorschriften enthalten die Regelungen der Kodifizierungs-Richtlinie für innerstaatliche Verschmelzungen nicht, sodass es vielmehr dem jeweiligen Mitgliedstaat überlassen ist, ob und inwiefern er weitergehende Schutzinstrumente zugunsten der (Minderheits-) Aktionäre nach nationalem Recht vorsieht.[111] Insbesondere das aus praktischer Sicht bedeutsame **Recht auf Austritt gegen Barabfindung** infolge der Verschmelzung beurteilt sich daher autonom nach mitgliedstaatlichem Recht (vgl. Art. 114 I Kodifizierungs-RL (ex-Art. 28 I Verschmelzungs-RL)).[112]

61 Besonderer Betrachtung bedürfen weiterhin die Regelungen über die **Vorabinformationen** an die Aktionäre gem Art. 97 Kodifizierungs-RL (ex-Art. 11 Verschmelzungs-RL). Um zu gewährleisten, dass die Aktionäre auch tatsächlich eine informierte Entscheidung über die Verschmelzung treffen können, sieht Art. 97 I Kodifizierungs-RL (ex-Art. 11 I Verschmelzungs-RL) vor, dass **mindestens einen Monat** vor dem Tag der über die Verschmelzung beschließenden Hauptversammlung jedem Aktionär das Recht eingeräumt wird, am (Satzungs-) Sitz der Gesellschaft die entsprechenden Verschmelzungsunterlagen (Art. 97 I 1 lit. a) bis e) Kodifizierungs-RL (ex-Art. 11 I 1 lit. a) bis e) Verschmelzungs-RL)) einzusehen. Die Auslegung der Verschmelzungsunterlagen muss dabei bis zum Abschluss der beschließenden Hauptversammlung andauern.[113] Alternativ zur Auslage der Unterlagen am Satzungssitz der Gesellschaft besteht nach Art. 97 IV 1 Kodifizierungs-RL (ex-Art. 11 IV 1 Verschmelzungs-RL) die Möglichkeit der Veröffentlichung lediglich auf der Internetseite der Gesellschaft. Die Pflicht zur Auslegung in Papierform entfällt jedoch nur dann, wenn die entsprechenden Unterlagen während eines Zeitraums, der mindestens einen Monat vor der beschließenden Hauptversammlung beginnt und nicht vor deren Abschluss endet, auf der **Internetseite** der Gesellschaft zugänglich sind (Art. 97 IV 1 Kodifizierungs-RL (ex-Art. 11 IV 1 Verschmelzungs-RL)).[114] Die Rechtsfolgen einer technisch bedingten Störung einer durchgänglichen Zugänglichmachung auf der Internetseite der Gesellschaft werden nicht in den Regelungen der Kodifizierungs-Richtlinie für innerstaatliche Verschmelzungen angesprochen; insofern gilt daher nationales Recht, jedoch unter der Bedingung, dass der Zweck der Internetveröffentlichung als komplementär gleichwertige Vorabinformation an die Aktionäre im Sinne des Art. 97 Kodifizierungs-RL (ex-Art. 11 Verschmelzungs-RL) gewahrt bleibt. So mag man auch argumentieren, dass die Mitgliedstaaten die bloße Internetveröffentlichung nicht als ausreichend zu betrachten haben, wenn über einen Zeitraum von mehreren aufeinanderfolgenden Tagen (in der Regel bei mehr als drei Tagen) kein Zugang zu den Verschmelzungsunterlagen über die Homepage der Gesellschaft möglich ist und diese keine Maßnahmen unternommen hat (zB Verschiebung der Hauptversammlung auf einen späteren Tag), um dem Informationsbedürfnis der Aktionäre insofern abzuhelfen. Dies gilt auch trotz der Regelung in Art. 97 IV Uabs. 3 S. 2 Kodifizierungs-RL (ex-Art. 11 IV Uabs. 3 S. 2 Verschmelzungs-RL), wonach die Mitgliedstaaten die Folgen einer vorübergehenden Unterbrechung des Zugriffs auf die Internetseiten aufgrund technischer oder sonstiger Ursachen bestimmen können.

62 Neben dem Recht auf Einsicht haben die Aktionäre gem Art. 96 III 1 Kodifizierungs-RL (ex-Art. 10 III 1 Verschmelzungs-RL) ebenfalls ein Recht auf Erteilung vollständiger oder auszugsweiser **kostenloser Abschriften** der Verschmelzungsunterlagen. Nach Art. 97 III 3 Kodifizierungs-RL (ex-Art. 11 III 3 Verschmelzungs-RL) können die Informationen dem Aktionär mit seiner Zustimmung auch auf elektronischem Wege (insbesondere via E-Mail) bereitgestellt werden.

---

108 *Habersack/Verse*, Europäisches Gesellschaftsrecht, 2011, § 8 Rn. 17; *Riesenhuber* NZG 2004, 15, 19, *Lutter/Bayer/Schmidt*, Europäisches Unternehmens- und Kapitalmarktrecht, 2017, Rn. 20.119; siehe auch *Grohmann*, Das Informationsmodell im Europäischen Gesellschaftsrecht, 2006, S. 328.

109 *Kalss/Klampfl*, Europäisches Gesellschaftsrecht, 2015, Rn. 153; *Lutter/Bayer/Schmidt*, Europäisches Unternehmens- und Kapitalmarktrecht, 2017, Rn. 20.29.

110 *Lutter/Bayer/Schmidt*, Europäisches Unternehmens- und Kapitalmarktrecht, 2017, Rn. 20.119; *Houet* ELR 2015, 13, 17; vgl. auch *Habersack/Verse*, Europäisches Gesellschaftsrecht, 2011, § 8 Rn. 18.

111 *Grundmann*, Europäisches Gesellschaftsrecht, 2011, Rn. 901; *Lutter/Bayer/Schmidt*, Europäisches Unternehmens- und Kapitalmarktrecht, 2017, § 42.

112 *Lutter/Bayer/Schmidt*, Europäisches Unternehmens- und Kapitalmarktrecht, 2017, Rn. 20.120.

113 *Lutter/Bayer/Schmidt*, Europäisches Unternehmens- und Kapitalmarktrecht, 2017, Rn. 20.70.

114 Die aus praktischer Sicht wichtigen Regelungen der Folgen technischer Störungen bei der Verfügbarkeit via Internet bleiben dabei nach Art. 97 IV Uabs. 3 S. 2 Kodifizierungs-RL (ex-Art. 11 IV Uabs. 3 S. 2 Verschmelzungs-RL) ausdrücklich den Mitgliedstaaten überlassen.

3. Arbeitnehmerschutz

63 Die Regelungen der Kodifizierungs-Richtlinie für innerstaatliche Verschmelzungen enthalten selbst **keine speziellen Regelungen** zum Schutz der Arbeitnehmer, die durch die Verschmelzung unter Umständen betroffen sind. Für den Arbeitnehmerschutz bei innerstaatlichen Verschmelzungen ist daher allein das jeweilige **nationale Recht** einschlägig. Auch Fragen der **Arbeitnehmermitbestimmung** in Folge der Verschmelzung werden nicht angesprochen. Das für grenzüberschreitende Sachverhalte für die Umwandlung in eine Europäische Aktiengesellschaft (SE) entwickelte und auch überwiegenden für internationale Verschmelzungen angewandte (vgl. Art. 133 Kodifizierungs-RL (ex-Art. 16 IntVersch-RL) (s. dazu § 24 Rn. 89 ff.)) Verhandlungsmodell bestand bei erstmaliger Verabschiedung der ehemaligen Verschmelzungsrichtlinie noch nicht und ist nicht auf die innerstaatliche Konstellation anwendbar. Hieran hat sich auch die Zusammenführung, ua mit der ehemaligen Internationalen Verschmelzungsrichtlinie im Rahmen der Kodifizierungs-Richtlinie, nichts geändert. Obgleich formal nunmehr in einem Rechtsakt zusammengefasst, besteht insofern keine materielle Überschneidung und auch an dem Bedürfnis einer systemkonformen (in diesem Sinne rechtsaktinternen) Auslegung hat sich nichts geändert.

64 Nach Art. 98 Kodifizierungs-RL (ex-Art. 12 Verschmelzungs-RL) wird die Wahrung der Ansprüche der Arbeitnehmer der sich verschmelzenden Gesellschaften gemäß der Richtlinie 2001/23/EG (**Betriebsübergangs-Richtlinie)**[115] geregelt. Danach gilt für eine Verschmelzung zur Aufnahme der Grundsatz, dass die Rechte und Pflichten der übertragenden Gesellschaft(en) aus einem mit dieser Gesellschaft zugehörigen Arbeitnehmer bestehenden Arbeitsvertrag bzw. Arbeitsverhältnisses auf die übernehmende Gesellschaft übergehen (Art. 3 I 1 Betriebsübergangs-RL).[116] Weiterhin stellt der durch die Verschmelzung eintretende Übergang des Unternehmens grundsätzlich weder für die übertragende noch die übernehmende Gesellschaft einen Grund zur Kündigung dar (Art. 4 I 1 Betriebsübergangs-RL). Im deutschen Recht wurden die entsprechenden Vorgaben der Betriebsübergangsrichtlinie für Verschmelzungen in **§ 324 UmwG** (iVm **§ 613a BGB**) umgesetzt.

VIII. Rechtmäßigkeit und Wirksamkeit der Verschmelzung

1. Rechtmäßigkeitskontrolle

65 Zum Schutz des Rechtsverkehrs ist ein zentraler Regelungspunkt der Regelungen der Kodifizierungs-Richtlinie für innerstaatliche Verschmelzungen die Kontrolle über die Rechtmäßigkeit der Verschmelzung. Den Mitgliedstaaten bleibt bezüglich der Rechtmäßigkeitskontrolle die **Wahl**, ob sie die Rechtmäßigkeit der Verschmelzung mittels einer vorbeugenden **gerichtlichen** oder verwaltungsbehördlichen **Kontrolle** oder mittels öffentlicher (idR notariellen) Beurkundung feststellen.[117] Auch eine Kombination aus beiden, wie sie insbesondere im deutschen und österreichischen Recht besteht, ist zulässig.[118] Falls ein Mitgliedstaat keine gerichtliche oder verwaltungsbehördliche Kontrolle vorsieht oder sich diese nicht auf alle für die Verschmelzung erforderlichen Rechtshandlungen bezieht, so sind die Niederschriften der beschließenden Hauptversammlung und ggf der danach geschlossene Verschmelzungsplan öffentlich (notariell) zu beurkunden (Art. 102 I 1 Kodifizierungs-RL (ex-Art. 16 I 1 Verschmelzungs-RL)). Falls die Verschmelzung nicht von den Hauptversammlungen aller an der Verschmelzung beteiligten Gesellschaften gebilligt werden muss, ist der Verschmelzungsplan ebenfalls öffentlich zu beurkunden (Art. 102 I 2 Kodifizierungs-RL (ex-Art. 16 I 2 Verschmelzungs-RL)).

66 Eine **vorbeugende gerichtliche Kontrolle** besteht beispielsweise – in Verbindung mit oder ohne notarielle Beurkundung – neben Deutschland und Österreich traditionell in Frankreich, England, Italien und den Niederlanden. Dies hängt insbesondere mit dem Interesse des Rechtsverkehrs zusammen, dass eine einmal wirksam gewordene Verschmelzung nur unter eng bemessenen Bedingungen (s. Rn. 78) rückgängig gemacht werden kann.[119] Hingegen bedarf es zB nach belgischem Recht nur einer notariellen Beurkundung des Verschmelzungsvorgangs.

---

115 Richtlinie 2001/23/EG des Rates v. 12. März 2001 zur Angleichung der Rechtsvorschriften der Mitgliedstaaten über die Wahrung von Ansprüchen beim Übergang von Unternehmen, Betrieben oder Unternehmens- und Betriebsteilen, ABl. EG v. 22.3.2001, L 82/16.

116 Dazu *Lutter/Bayer/Schmidt*, Europäisches Unternehmens- und Kapitalmarktrecht, 2017, Rn. 20.122; ausführlich § 38; vgl. zum Sonderproblem der dynamischen Bezugnahme des Tarifvertrags nach Betriebsübergang EuGH, Rs. C-426/11 (Alemo-Herron), ECLI:EU:C:2013:521 = ZIP 2013, 1683, dazu *Latzel* RdA 2014, 110 ff.; *Kleinebrink/Commandeur* BB 2014, 181 ff.; *Grau/Willemsen* NJW 2014, 12 ff.; *Seel* öAT 2013, 224 ff.; siehe auch EuGH, Rs. C-108/10 (Scattolon), ECLI:EU:C:2011:542 = NZA 2011, 1077; EuGH, Rs. C-499/04 (Werhof), ECLI:EU:C:2006:168 = NZA 2006, 376.

117 *Habersack/Verse*, Europäisches Gesellschaftsrecht, 2011, § 8 Rn. 21; *Grundmann*, Europäisches Gesellschaftsrecht, 2011, Rn. 905; *Lutter/Bayer/Schmidt*, Europäisches Unternehmens- und Kapitalmarktrecht, 2017, Rn. 20.88; *Kalss/Klampfl*, Europäisches Gesellschaftsrecht, 2015, Rn. 161, Fn. 414.

118 *Habersack/Verse*, Europäisches Gesellschaftsrecht, 2011, § 8 Rn. 21; *Lutter/Bayer/Schmidt*, Europäisches Unternehmens- und Kapitalmarktrecht, 2017, Rn. 20.88; *Kalss/Klampfl*, Europäisches Gesellschaftsrecht, 2015, Rn. 161; *Hommelhoff/Riesenhuber* in: Grundmann (Hrsg.), Systembildung und Systemlücken, 2000, S. 259, 273.

119 *Koppensteiner* in: FS Semler, 1993, S. 485, 494.

2. Zeitpunkt des Wirksamwerdens und Offenlegung

67 Der Zeitpunkt, ab wann die Verschmelzung tatsächlich **Wirksamkeit erlangt** und die damit einhergehenden entsprechenden Rechtsfolgen eingreifen, wird nach Art. 103 Kodifizierungs-RL (ex-Art. 17 Verschmelzungs-RL) den Mitgliedstaaten überlassen. Gefordert ist lediglich, dass aus Rechtssicherheitsgründen ein **konkreter Zeitpunkt** festgelegt wird.[120] Nach deutschem Recht ist beispielsweise nach § 20 I UmwG der Zeitpunkt der Eintragung der Verschmelzung in das Register der übernehmenden Gesellschaft maßgeblich.

68 Um den Rechtsverkehr über die Verschmelzung zu unterrichten, sieht Art. 104 I Kodifizierungs-RL (ex-Art. 18 I Verschmelzungs-RL) die **Offenlegung** der Verschmelzung für **jede** der sich verschmelzenden Gesellschaften vor. Die Offenlegung erfolgt dabei nach Maßgabe des Art. 16 Kodifizierungs-RL (ex-Art. 3 Publizitäts-RL) (dazu § 20 Rn. 14 ff.), dh in Form der Eintragung der Verschmelzung in das jeweils zuständige Register und deren Bekanntmachung. Art. 104 II Kodifizierungs-RL (ex-Art. 18 II Verschmelzungs-RL) gestattet es dabei, dass die übernehmende Gesellschaft auch die Offenlegung für die übertragende Gesellschaft veranlasst.

IX. Rechtsfolgen der Verschmelzung

69 Die Rechtsfolgen einer Verschmelzung von innerstaatlichen Aktiengesellschaften sind in Art. 105 Kodifizierungs-RL (ex-Art. 19 Verschmelzungs-RL) geregelt. Die mit der Verschmelzung einhergehenden Rechtsfolgen treten ***ipso iure*** ein, dh es bedarf keiner weiteren Rechtsakte zu deren Wirksamkeit. Die Rechtsfolgen einer Verschmelzung sind gem Art. 105 I Kodifizierungs-RL (ex-Art. 19 I Verschmelzungs-RL):

- **Gesamtrechtsnachfolge** (Universalsukzession) (lit. a);
- **„Aktientausch"** (lit. b);
- **Erlöschen der übertragenden Gesellschaft(en)** (lit. c).

70 In Folge der Verschmelzung geht nach Art. 105 I lit. a) Kodifizierungs-RL (ex-Art. 19 I lit. a) Verschmelzungs-RL) das gesamte Aktiv- und Passivvermögen der übertragenden Gesellschaft(en) **automatisch** und **ohne zusätzliche Durchführungsakte** auf die übernehmende Gesellschaft über. Den Beteiligten ist es dabei nicht gestattet, einzelne Vermögensgegenstände von der Gesamtrechtsnachfolge auszunehmen.[121] Die Gesamtrechtsnachfolge gilt grundsätzlich sowohl im Verhältnis der beteiligten Gesellschaften untereinander als auch im Verhältnis zu Dritten. Eine Ausnahme stellt Art. 105 III Kodifizierungs-RL (ex-Art. 19 III Verschmelzungs-RL) dar. Danach können die Mitgliedstaaten die Wirksamkeit der Übertragung bestimmter Vermögensgegenstände im Verhältnis zu Dritten von besonderen Förmlichkeiten abhängig machen. Gedacht ist dabei vor allem an bestimmte Vermögensgegenstände, die nach nationalem Recht zu ihrer Übertragung insbesondere der notariellen Form oder sonstigen öffentlichen Beglaubigungen bedürfen, wie zB **Immobilien.**[122] Art. 105 III 2 Kodifizierungs-RL (ex-Art. 19 III 2 Verschmelzungs-RL) gestattet es allerdings der übernehmenden Gesellschaft und, unter der Voraussetzung, dass die Förmlichkeiten innerhalb von sechs Monaten vor Wirksamwerden der Verschmelzung vollzogen werden, auch der/den übertragenden Gesellschaft(en), die Förmlichkeiten selbst vorzunehmen. Zudem werden im Hinblick auf den Anteilstausch gem Art. 105 II Kodifizierungs-RL (ex-Art. 19 II Verschmelzungs-RL) für Aktien, die der übernehmende Rechtsträger bisher gehalten hat, für **eigene Aktien** der bzw. des übertragenden Rechtsträger(s) sowie für Aktien, die durch Dritte auf Rechnung der Gesellschaften gehalten werden, keine Anteile ausgegeben. Dadurch soll im Einklang mit den Regelungen der ehemaligen Kapitalrichtlinie (= Art. 2 ff., 43 ff. Kodifizeirungs-RL) (s. dazu § 21 Rn. 90 ff.) die **Entstehung eigener Aktien** infolge der Verschmelzung **verhindert werden.**[123]

71 **„Dritte"** iSd Art. 105 I lit. a) Kodifizierungs-RL (ex-Art. 19 I lit. a) Verschmelzungs-RL) können dabei sowohl private als auch öffentliche Gläubiger der übertragenden Gesellschaft sein.[124] Zudem ist der Begriff des Dritten insofern **weit auszulegen**, dass er auch solche Rechtssubjekte umfasst, die zwar zum Zeitpunkt des Wirksam-

---

120 Vgl. Richtlinienentwurf v. 16.6.1970, KOM(70) 633, ABl. EG v. 14.7.1970, S. 12; *Schwarz*, Europäisches Gesellschaftsrecht, 2000, Rn. 642.

121 *Habersack/Verse*, Europäisches Gesellschaftsrecht, 2011, § 8 Rn. 13; *Lutter/Bayer/Schmidt*, Europäisches Unternehmens- und Kapitalmarktrecht, 2017, Rn. 20.97.

122 *Lutter/Bayer/Schmidt*, Europäisches Unternehmens- und Kapitalmarktrecht, 2017, Rn. 20.100; siehe auch *Houet* ELR 2015, 13, 17.

123 *Kalss/Klampfl*, Europäisches Gesellschaftsrecht, 2015, Rn. 151; *Lutter/Bayer/Schmidt*, Europäisches Unternehmens- und Kapitalmarktrecht, 2017, Rn. 20.102; *Habersack/Verse*, Europäisches Gesellschaftsrecht, 2011, § 8 Rn. 14.

124 Vgl. EuGH, Rs. C-343/13 (Modelo Continente Hipermercados), ECLI:EU:C:2015:146 = BB 2015, 1294, Rn. 31 ff.; dazu *Haspl* EuZW 2015, 350 f.; *Stiegler* EWiR 2015, 369 f.; *Kessler* GWR 2015, 139; *Bayer/Schmidt* BB 2015, 1731, 1739; *Hout* ELR 2015, 13 ff.; *Saucken* ZWH 2015, 217; *Langheld* NZG 2015, 1066 ff.; zum Vorabentscheidungsersuchen auch *Haspl* EuZW 2013, 888 ff.

werdens der Verschmelzung noch nicht als Gläubiger iSd Richtlinienregelungen einzustufen waren, allerdings nach der vollzogenen Verschmelzung als solche eingestuft werden können.[125]

Von der Gesamtrechtsnachfolge erfasst sind insbesondere jegliche **dingliche Rechte**, dh Eigentum an beweglichen Sachen und Immobilien; Immaterialgüterrechte, wie Patente und eingetragene Marken; Forderungen und Verbindlichkeiten gegenüber Dritten;[126] öffentlich-rechtliche Genehmigungen; **gesetzliche Schuldverhältnisse**, wie Miet-, Pacht- und Dienstverträge sowie Anteile an anderen Kapitalgesellschaften. Nach Aussage des EuGH sind zudem ordnungswidrigkeitsrechtliche **Geldbußen**, die vor Wirksamwerden der Verschmelzung gegen die übertragende(n) Gesellschaft(en) verhängt wurden, von der Gesamtrechtsnachfolge des Art. 105 I lit. a) Kodifizierungs-RL (ex-Art. 19 I lit. a) Verschmelzungs-RL) erfasst.[127] Insofern umfasst das übergehende Passivvermögen des übertragenden Rechtsträgers auch eine entsprechende öffentlich-rechtliche Haftung. Dies ist letztlich konsequent, da das Erlöschen der übertragenden Gesellschaft nur dann gerechtfertigt ist, wenn auch das Passivvermögen dieser in seiner Gesamtheit auf die übernehmende Gesellschaft übergeht.[128] Wenn jedoch eine ordnungswidrigkeitsrechtliche Geldbuße nicht mit überginge, würde die Verschmelzung ein Mittel darstellen den Folgen der begangenen Zuwiderhandlung zu entgehen.[129] Dies ist jedoch nicht mit der Zielsetzung der Richtlinienbestimmungen (s. Rn. 3 ff.) in Einklang zu bringen. Diesbezüglich ist auch der in Deutschland durch die 8. GWB-Novelle eingefügte **§ 30 IIa OWiG** mit den Aussagen des EuGH grundsätzlich vereinbar, wonach im Falle einer (partiellen) Gesamtrechtsnachfolge die Geldbuße auch gegen den oder die Rechtsnachfolger festgesetzt werden kann.[130] Aus praktischer Sicht ist im Zuge der Planung einer Verschmelzung auf Seiten des übernehmenden Rechtsträgers daher im Rahmen einer Due Diligence auch auf laufende ordnungswidrigkeitsrechtliche Verfahren gegen den übertragenden Rechtsträger und ggf hieraus resultierender Sanktionen zu achten.[131] 72

Grundsätzlich gehen (zumindest nach deutschem Recht) Gewinnabführungs- bzw. **Beherrschungsverträge** der übernehmenden Gesellschaft mit einem Dritten herrschenden Unternehmen[132] und höchstpersönliche Rechte, wie das Amt als Vorstands- bzw. Verwaltungsorganmitglied oder als Aufsichtsratsmitglied in der übertragenden Gesellschaft, **nicht** im Wege der Gesamtrechtsnachfolge über. Dies ist auch mit den Vorgebn der Richtlinienbestimmungen für innerstaatliche Verschmelzungen vereinbar. 73

Durch den von Art. 105 I lit. b) Kodifizierungs-RL (ex-Art. 19 I lit. b) Verschmelzungs-RL) angeordneten Aktientausch werden die Aktionäre der übertragenden Gesellschaft **Aktionäre der übernehmenden Gesellschaft**. Zugleich gehen die Aktien der übertragenden Gesellschaft(en) mit deren Erlöschen unter. Es bedarf keiner weiteren Übertragungsakte; der Aktientausch tritt ebenfalls *ipso iure* ein. Um das Entstehen eigener Aktien zu verhindern, enthält Art. 105 II Kodifizierungs-RL (ex-Art. 19 II Verschmelzungs-RL) Ausnahmen vom Anteilserwerb in Form des Aktientauschs.[133] Danach werden keine Aktien der übernehmenden Gesellschaft im Tausch gegen Aktien der übertragenden Gesellschaften ausgegeben, die sich im Besitz der übernehmenden (lit. a) oder übertragenden (lit. b) Gesellschaft selbst oder einer Person befinden, die im eigenen Namen, jedoch auf Rechnung der Gesellschaft handelt. 74

Nach Art. 105 I lit. c) Kodifizierungs-RL (ex-Art. 19 I lit. c) Verschmelzungs-RL) erlöschen die an der Verschmelzung beteiligte(n) übertragende(n) Gesellschaft(en) **ohne weitere Rechtsakte**. Eine besondere Löschung sowie ein Liquidationsverfahren sind nicht erforderlich bzw. finden nicht statt. 75

125 Vgl. EuGH, Rs. C-343/13 (Modelo Continente Hipermercados), ECLI:EU:C:2015:146 = BB 2015, 1294, Rn. 32; *Stiegler* EWiR 2015, 369, 370.

126 Forderungen bzw. Verbindlichkeiten gegenüber dem übernehmenden Rechtsträger erlöschen aufgrund Konfusion, vgl. *Stratz* in: Schmitt/Hörtnagl/Stratz (Hrsg.), UmwG, 7. Aufl. 2016, § 20 Rn. 53; *Kübler* in: Semler/Stengel (Hrsg.), UmwG, 4. Aufl. 2017, § 20 Rn. 13.

127 Vgl. EuGH, Rs. C-343/13 (Modelo Continente Hipermercados), ECLI:EU:C:2015:146 = BB 2015, 1294, Rn. 35; zustimmend *Stiegler* EWiR 2015, 369, 370; *Bayer/Schmidt* BB 2015, 1731, 1739; kritisch hierzu *Hasple* EuZW 2015, 350, 351 f.; *Langheld* NZG 2015, 1066, 1067 f.

128 *Stiegler* EWiR 2015, 369, 370; *Bayer/Schmidt* BB 2015, 1731, 1733; in dem Sinne auch *Houet* ELR 2015, 13, 17.

129 *Grunewald* in: Lutter (Hrsg.), UmwG, Bd. 1, 5. Aufl. 2014, § 20 Rn. 43; *Stiegler* EWiR 2015, 369, 370.

130 *Kessler* GWR 2015, 139; *Stiegler* EWiR 2015, 369, 370; *Haspl* EuZW 2015, 350, 351; *Meyberg* in: BeckOK OWiG, 18. Ed. 2018, § 30 Rn. 44; zT kritisch hingegen *Saucken* ZWH 2015, 217 f.

131 Vgl. *Saucken* ZWH 2015, 217, 218.

132 Die Zustimmung des übernehmenden mit dem übertragenden Rechtsträger ist nicht gleichbedeutend mit der Zustimmung der übernehmenden Gesellschaft zum Gewinnabführungs- und Beherrschungsvertrag, vgl. *Kübler* in: Semler/Stengel (Hrsg.), UmwG, 4. Aufl. 2017, § 20 Rn. 13; siehe auch LG Mannheim AG 1994, 89; OLG Karlsruhe ZIP 1994, 1529, 1531.

133 *Lutter/Bayer/Schmidt*, Europäisches Unternehmens- und Kapitalmarktrecht, 2017, Rn. 20.102; *Ganske* DB 1981, 1551, 1556; *Lösekrug*, Die Umsetzung der Kapital-, Verschmelzungs- und Spaltungs-RL der EG in das nationale deutsche Recht, 2004, S. 270.

X. Nichtigkeit und Bestandsschutz der Verschmelzung

76 Art. 108 Kodifizierungs-RL (ex-Art. 22 Verschmelzungs-RL) regelt die Konstellationen und Voraussetzungen, unter denen eine nach Art. 103 Kodifizierungs-RL (ex-Art. 17 Verschmelzungs-RL) wirksam gewordene Verschmelzung für nichtig erklärt werden kann. Wie bei den **Nichtigkeitsgründen** aus Art. 11 Kodifizierungs-RL (ex-Art. 12 Publizitäts-RL) (s. dazu § 20 Rn. 81 ff.) sollen dadurch zum Zwecke des Verkehrsschutzes die Fälle der Nichtigkeit einer Verschmelzung weitestgehend eingeschränkt werden (vgl. Erwägungsgrund 54 (ex-Erwägungsgrund 10)). Die Rückabwicklung einer einmal wirksam gewordenen Verschmelzung ist aus praktischer Sicht mit schwerwiegenden Problemen verbunden.[134] Art. 108 Kodifizierungs-RL (ex-Art. 22 Verschmelzungs-RL) beschränkt sich daher darauf einen **numerus clausus** an Nichtigkeitsgründen sowie Regelungen zum Schutz des Rechtsverkehrs vorzugeben.[135] Aus dem **Mindestcharakter** der Vorschrift ergibt sich jedoch, dass die Mitgliedstaaten befugt sind, die Nichtigkeit der Verschmelzung darüber hinaus weiter einzuschränken.[136]

77 Zulässige **Nichtigkeitsgründe** sind nach Art. 108 I lit. b) Kodifizierungs-RL (ex-Art. 22 I lit. b) Verschmelzungs-RL) lediglich das völlige Fehlen einer Rechtmäßigkeitskontrolle gem Art. 102 Kodifizierungs-RL (ex-Art. 16 Verschmelzungs-RL) oder die Nichtigkeit bzw. Anfechtbarkeit des über die Verschmelzung abzustimmenden Hauptversammlungsbeschlusses nach nationalem Recht.

78 Auch wenn einer der genannten Nichtigkeitsgründe vorliegt, ist eine **Nichtigkeitserklärung** allerdings nur dann wirksam, wenn

- die Nichtigkeit durch gerichtliche oder verwaltungsbehördliche Entscheidung ausgesprochen wurde (lit. a), Abs. 2);
- innerhalb von **sechs Monaten nach Wirksamkeit** der Verschmelzung gegenüber dem, der sich auf die Nichtigkeit beruft, eine Nichtigkeitsklage erhoben worden ist (lit. c) Var. 1);
- der zur Nichtigkeitsklage führende Mangel noch nicht behoben wurde (lit. c) Var. 2).

79 Zum Schutz des Rechtsverkehrs gewährleistet Art. 108 I lit. g) Kodifizierungs-RL (ex-Art. 22 I lit. g) Verschmelzungs-RL) weiterhin, dass in Fällen einer zulässigen Nichtigkeitserklärung die Wirksamkeit der Verschmelzung bezüglich begründeter Verpflichtungen im Zeitraum zwischen Wirksamwerden der Verschmelzung und Nichtigkeitserklärung zugunsten oder zulasten der übernehmenden Gesellschaft **nicht berührt wird**. Zudem **haften** die an der Verschmelzung beteiligten Gesellschaften als Gesamtschuldner für entsprechende Verpflichtungen (lit. h). Unberührt von den Regelungen zum Bestandschutz und Nichtigkeitserklärung einer einmal wirksam gewordenen Verschmelzung bleiben nach Art. 108 III Kodifizierungs-RL (ex-Art. 22 III Verschmelzungs-RL) Aspekte, die nicht im (gesellschaftsrechtlichen) Anwendungsbreich der Richtlinienbestimmungen für innerstaatliche Verschmelzungen liegen. Zu denken ist hierbei insbesondere an Verstöße gegen **kartellrechtliche Bestimmungen**.

E. Verschmelzung durch Neugründung

I. Begriff und Einordnung der Verschmelzung durch Neugründung

80 Neben der Verschmelzung durch Aufnahme verpflichtet Art. 88 Kodifizierungs-RL (ex-Art. 2 Verschmelzungs-RL) die Mitgliedstaaten ebenfalls dazu, die Verschmelzung durch **Gründung einer neuen Gesellschaft** zu regeln. Dadurch wird das in Erwägungsgrund 49 (ex-Erwägungsgrund 4) zum Ausdruck kommende Harmonisierungsziel der Etablierung des Rechtsinstituts der Verschmelzung in allen Mitgliedstaaten umfassend verwirklicht.[137]

81 Der Begriff der **Verschmelzung durch Neugründung** wird in Art. 90 I Kodifizierungs-RL (ex-Art. 4 I Verschmelzungs-RL) definiert. Danach ist eine Verschmelzung durch Neugründung der Vorgang, durch den mehrere Gesellschaften ihr gesamtes Aktiv- und Passivvermögen im Wege der Auflösung ohne Abwicklung auf eine Gesellschaft, die sie gründen, übertragen, und zwar gegen Gewährung von Aktien der neuen Gesellschaft an ihre Aktionäre und gegebenenfalls einer baren Zuzahlung, die den zehnten Teil des Nennbetrags oder, wenn der Nennbetrag nicht vorhanden ist, des rechnerischen Wertes der gewährten Aktien nicht übersteigt. Die Hauptmerkmale einer Verschmelzung durch Neugründung sind damit mit denen einer Verschmelzung durch Aufnahme

---

134 *Kalss/Klampfl*, Europäisches Gesellschaftsrecht, 2015, Rn. 165; *Lutter/Bayer/Schmidt*, Europäisches Unternehmens- und Kapitalmarktrecht, 2017, Rn. 20.106; *Habersack/Verse*, Europäisches Gesellschaftsrecht, § 8 Rn. 26; ferner aus deutscher Sicht *Grunewald* in: Lutter (Hrsg.), UmwG, Bd. 1, 5. Aufl. 2014, § 20 Rn. 76 f.; *Kübler* in: Semler/Stengel (Hrsg.), UmwG, 4. Aufl. 2017, § 20 Rn. 84.

135 *Lutter/Bayer/Schmidt*, Europäisches Unternehmens- und Kapitalmarktrecht, 2017, Rn. 20.106; *Kalss/Klampfl*, Europäisches Gesellschaftsrecht, 2015, Rn. 165.

136 *Habersack/Verse*, Europäisches Gesellschaftsrecht, 2011, § 8 Rn. 27; *Lutter/Bayer/Schmidt*, Europäisches Unternehmens- und Kapitalmarktrecht, 2017, Rn. 20.106; *Kalss/Klampfl*, Europäisches Gesellschaftsrecht, 2015, Rn. 165.

137 *Lutter/Bayer/Schmidt*, Europäisches Unternehmens- und Kapitalmarktrecht, 2017, Rn. 20.106; *Kalss/Klampfl*, Europäisches Gesellschaftsrecht, 2015, Rn. 165.

übereinstimmend: (1) Gesamtrechtsnachfolge (Universalsukzession),[138] (2) Auflösung der übertragenden Gesellschaft(en) ohne Liquidation und (3) Aktientausch und ggf bare Zuzahlungen.[139] Der Unterschied zur Verschmelzung durch Aufnahme ist vor allem, dass die Gesellschaft erst im Zuge der Verschmelzung **neu gegründet** wird.[140] Dies ist insbesondere dafür von Bedeutung, dass nach Art. 109 I Uabs. 1 S. 1 Kodifizierungs-RL (ex-Art. 23 I Uabs. 1 S. 1 Verschmelzungs-RL) ein Großteil der Verfahrensvorschriften für die Verschmelzung durch Aufnahme entsprechend auch für die Verschmelzung durch Neugründung anwendbar sind.

II. Verschmelzungsverfahren

Das bereits für die Verschmelzung durch Aufnahme dargestellte europäische Modell für Strukturmaßnahmen (s. Rn. 19 ff.) gilt grundsätzlich auch für die Verschmelzung durch Gründung einer neuen Gesellschaft. In diesem Sinne erklärt Art. 109 I 1 Kodifizierungs-RL (ex-Art. 23 I 1 Verschmelzungs-RL) die **Art. 91-93** Kodifizierungs-RL (ex-Art. 5-7 Verschmelzungs-RL) sowie die **Art. 95-108** Kodifizierungs-RL (ex-Art. 9-22 Verschmelzungs-RL) ausdrücklich auch für das Verfahren einer Verschmelzung durch Neugründung für anwendbar. Als übernehmende Gesellschaft ist in diesem Zusammenhang die neu gegründete Gesellschaft zu verstehen. Nicht verwiesen wird auf Art. 94 Kodifizierungs-RL (ex-Art. 8 Verschmelzungs-RL). Dies liegt daran, dass es bei der Verschmelzung durch Neugründung in dem Sinne keine übernehmende Gesellschaft gibt, deren Zustimmung entbehrlich sein könnte.[141] 82

In Ergänzung der Verfahrensregelungen der Verschmelzung durch Aufnahme sieht der Richtliniengeber für die Verschmelzung durch Neugründung weiterhin vor, dass zum einen Art. 91 II lit. a) Kodifizierungs-RL (ex-Art. 5 II lit. a) Verschmelzungs-RL) auch auf die neue Gesellschaft anzuwenden ist, dh dass im Verschmelzungsplan auch die **Rechtsform**, die **Firma** und der **Sitz** der neu zu gründen Gesellschaft anzugeben sind. Weiterhin erstreckt Art. 109 II Kodifizierungs-RL (ex-Art. 23 II Verschmelzungs-RL) den Gegenstand der Verschmelzungsbeschlüsse zusätzlich auf die Satzung der neuen Gesellschaft.[142] 83

F. Konzernverschmelzungen

In der Praxis haben konzerninterne Verschmelzungen eine **übergeordnete Bedeutung** und stellen den Regelfall innerstaatlicher sowie grenzüberschreitender Verschmelzungen dar.[143] Die Art. 110-117 Kodifizierungs-RL (ex-Art. 24-31 Verschmelzungs-RL) enthalten daher spezielle Regelungen für Verschmelzungen innerhalb eines Konzerns, die eine stückweise Vereinfachung und effektivere Durchführung einer Verschmelzung ermöglichen sollen.[144] Hierbei wird unterschieden zwischen der Verschmelzung einer **100%igen** Tochtergesellschaft auf das Mutterunternehmen und der Verschmelzung einer mindestens **90%igen** Tochtergesellschaft auf das Mutterunternehmen. Von den Regelungen der Richtlinie erfasst sind dabei jedoch nur Fälle des sog ***upstream-mergers***, dh die Verschmelzung der Tochtergesellschaft auf die Muttergesellschaft.[145] Die Art. 110-117 Kodifizierungs-RL (ex-Art. 24-31 Verschmelzungs-RL) gelten nicht für Verschmelzungen der Mutter auf die Tochter (*downstream-merger*) und Verschmelzungen zwischen Tochtergesellschaften. Auch bei Konzernverschmelzungen ist für die Anwendung der Richtlinienbestimmungen für innerstaatliche Verschmelzungen zu beachten, dass sowohl Tochter- als auch Muttergesellschaft nationale Aktiengesellschaften iS von Art. 87 I Kodifizierungs-RL (ex-Art. 1 I Verschmelzungs-RL) sein müssen. Die in der ehemaligen Verschmelzungsrichtlinie und den heutigen Art. 87 ff. Kodifizierungs-RL statuierten Konzernerleichterungen haben infolge der Änderungsrichtlinie 2009/109/EG zudem zwingenden Charakter, sodass die Mitgliedstaaten die diesbezüglichen Vereinfachungen für Unternehmensgruppen im nationalen Recht vorsehen müssen.[146] 84

138 Wie bei der Verschmelzung durch Aufnahme gehen hierbei auch ordnungswidrigkeitsrechtliche Geldbußen als Teil des Passivvermögens der übertragenden Gesellschaft(en) über, vgl. EuGH, Rs. C-343/13 (Modelo Continente Hipermercados), ECLI:EU:C:2015:146 = BB 2015, 1294, Rn. 31 ff.); *Bayer/Schmidt* BB 2015, 1731, 1739.

139 *Lutter/Bayer/Schmidt*, Europäisches Unternehmens- und Kapitalmarktrecht, 2017, Rn. 20.21; *Grundmann*, Europäisches Gesellschaftsrecht, 2011, Rn. 897; *Riesenhuber* NZG 2004, 15, 17.

140 *Habersack/Verse*, Europäisches Gesellschaftsrecht, 2011, § 8 Rn. 9; *Lutter/Bayer/Schmidt*, Europäisches Unternehmens- und Kapitalmarktrecht, 2017, Rn. 20.22; *Schwarz*, Europäisches Gesellschaftsrecht, 2000, Rn. 642.

141 *Lösekrug*, Die Umsetzung der Kapital-, Verschmelzungs- und Spaltungs-RL der EG in das nationale deutsche Recht, 2004, S. 290; *Lutter/Bayer/Schmidt*, Europäisches Unternehmens- und Kapitalmarktrecht, 2017, Rn. 20.137.

142 *Kalss/Klampfl*, Europäisches Gesellschaftsrecht, 2015, Rn. 159.

143 *Bayer/Schmidt* in: Lutter/Bayer (Hrsg.), Holding-Handbuch, 5. Aufl. 2015, Rn. 19.7; *Lutter/Bayer/Schmidt*, Europäisches Unternehmens- und Kapitalmarktrecht, 2017, Rn. 20.142; *Schwarz*, Europäisches Gesellschaftsrecht, 2000, Rn. 662; *Lutter/Timm* NJW 1982, 409, 413; *Priester* NJW 1983, 1459, 1465.

144 Vgl. nur *Bayer/Schmidt* in: Lutter/Bayer (Hrsg.), Holding-Handbuch, 5. Aufl. 2015, Rn. 19.7.

145 *Kalss/Klampfl*, Europäisches Gesellschaftsrecht, 2015, Rn. 166.

146 *Kalss/Klampfl*, Europäisches Gesellschaftsrecht, 2015, Rn. 167; *Bayer/Schmidt* ZIP 2010, 953, 958; *Neye/Jäckle* AG 2010, 237; *Sandhaus* NZG 2009, 41, 45.

I. Verschmelzung einer 100%igen Tochtergesellschaft

85 Die Art. 110-112 Kodifizierungs-RL (ex-Art. 24-26 Verschmelzungs-RL) regeln den Fall der Verschmelzung, dass die übernehmende Gesellschaft zu 100% an der übertragenden Tochtergesellschaft beteiligt ist. Art. 110 S. 1 Kodifizierungs-RL (ex-Art. 24 S. 1 Verschmelzungs-RL) bestimmt dabei zunächst, dass die Mitgliedstaaten Verschmelzungen zu regeln haben, bei denen einer Gesellschaft alle Aktien sowie alle sonstigen Anteile der übertragenden Gesellschaft(en) gehören, die in der Hauptversammlung ein Stimmrecht gewähren. Die Verschmelzung einer 100%igen Tochtergesellschaft auf ihre Mutter muss also auf jeden Fall nach nationalem Recht zulässig sein. Art. 112 Kodifizierungs-RL (ex-Art. 26 Verschmelzungs-RL) erstreckt den Anwendungsbereich des Art. 110 f. Kodifizierungs-RL (ex-Art. 24 f. Verschmelzungs-RL) noch auf Fälle einer nur **„wirtschaftlichen"** 100%igen Beteiligung.[147] Auf diesen Vorgang sind zunächst generell die Bestimmungen der Art. 91-108 Kodifizierungs-RL (ex-Art. 5-22 Verschmelzungs-RL) anzuwenden (Art. 110 S. 2 Kodifizierungs-RL (ex-Art. 24 S. 2 Verschmelzungs-RL)). Um der Sonderkonstellation der Konzernverschmelzung angemessen gerecht zu werden, sehen Art. 110 S. 3 und Art. 111 Kodifizierungs-RL (ex-Art. 24 S. 3 und Art. 25 Verschmelzungs-RL) jedoch zahlreiche Ausnahmen vor.[148]

86 So dürfen die Mitgliedstaaten auf den *upstream-merger* einer 100%igen Tochtergesellschaft **keine** der in den folgenden Vorschriften beschriebenen **Anforderungen auferlegen:**

- die Angabe des Umtauschverhältnisses der Aktien, die Einzelheiten bzgl. der Übertragung der Aktien der übernehmenden Gesellschaft und den Zeitpunkt der Gewinnberechtigung (Art. 91 II lit. b), c), d) Kodifizierungs-RL (ex-Art. 5 II lit. b), c), d) Verschmelzungs-RL));
- Erstellung eines Verschmelzungsberichts (Art. 95 Kodifizierungs-RL (ex-Art. 9 Verschmelzungs-RL));
- Erstellung eines Verschmelzungsprüfungsberichts (Art. 96 Kodifizierungs-RL (ex-Art. 10 Verschmelzungs-RL));
- die Auslage der Vorabinformationen iS von Art. 97 I lit. d), e) Kodifizierungs-RL (ex-Art. 11 I lit. d), e) Verschmelzungs-RL);
- dass die Aktionäre der übertragenden Gesellschaft Aktionäre der übernehmenden Gesellschaft werden (Art. 105 I lit.b) Kodifizierungs-RL (ex-Art. 19 I lit. b) Verschmelzungs-RL);
- die Haftungsvorschriften der Art. 107 f. Kodifizierungs-RL (ex-Art. 21 f. Verschmelzungs-RL).

87 Weiterhin dürfen die Mitgliedstaaten die Regelungen über die **Beschlussfassung** nach Art. 93 Kodifizierungs-RL (ex-Art. 7 Verschmelzungs-RL) **nicht anwenden, wenn** der Verschmelzungsplan mindestens einen Monat vor dem Wirksamwerden der Verschmelzung nach Art. 92 Kodifizierungs-RL (ex-Art. 6 Verschmelzungs-RL) offengelegt wird (Art. 111 S. 1 lit. a) Kodifizierungs-RL (ex-Art. 25 S. 1 lit. a) Verschmelzungs-RL)), das Vorabinformationsrecht der Aktionäre nach Art. 97 I lit. a), b), c) Kodifizierungs-RL (ex-Art. 11 I lit. a), b), c) Verschmelzungs-RL) gewahrt ist (lit. b) und Art. 94 I lit. c) Kodifizierungs-RL (ex-Art. 8 I lit. c) Verschmelzungs-RL) anzuwenden ist.

II. Verschmelzung einer mindestens 90%igen Tochtergesellschaft

88 Sonderregelungen für Verschmelzungen durch Aufnahme einer nicht 100%igen, aber mindestens 90%igen Tochtergesellschaft auf ihr Mutterunternehmen sind in Art. 113 f. Kodifizierungs-RL (ex-Art. 27 f. Verschmelzungs-RL) vorgesehen. Die Regelungen der Art. 113 f. Kodifizierungs-RL (ex-Art. 27 f. Verschmelzungs-RL) gelten dabei nach Art. 115 Kodifizierungs-RL (ex-Art. 29 Verschmelzungs-RL) **auch** für Fälle einer nur wirtschaftlich mindestens 90%igen Beteiligung.

89 Nach Art. 113 S. 1 Kodifizierungs-RL (ex-Art. 27 S. 1 Verschmelzungs-RL) ist bei einer entsprechenden Verschmelzung ggf **kein Hauptversammlungsbeschluss** der übernehmenden Muttergesellschaft erforderlich. Die Voraussetzungen für die Entbehrlichkeit der Beschlussfassung sind dabei grundsätzlich die Gleichen, wie bei der Parallelregelung des Art. 111 Kodifizierungs-RL (ex-Art. 25 Verschmelzungs-RL) für 100%ige Tochtergesellschaften (s. Rn. 85 ff.). Da das Erfordernis der Beschlussfassung bei der/den übertragenden Gesellschaft(en) unberührt bleibt, beziehen sie sich jedoch ausschließlich auf die übernehmende Gesellschaft.[149] Nach Art. 114 Kodifizierungs-RL (ex-Art. 28 Verschmelzungs-RL) sind bei einer mind. 90%igen Beteiligung ggf auch der Verschmelzungsbericht und -prüfungsbericht und die gesamten Vorabinformationen des Art. 97 Kodifizierungs-RL (ex-Art. 11 Verschmelzungs-RL) entbehrlich. Bedingung hierfür ist jedoch, dass die jeweils nationale Rechtsordnung den Minderheitsaktionären ein Recht auf Austritt gegen Barabfindung (***sell-out***) einräumt. Die Mitgliedstaaten brauchen Art. 114 Kodifizierungs-RL (ex-Art. 28 I Verschmelzungs-RL) jedoch dann nicht anzu-

147 *Lutter/Bayer/Schmidt*, Europäisches Unternehmens- und Kapitalmarktrecht, 2017, Rn. 20.148; *Bayer/Schmidt* ZIP 2010, 953, 961 f.; *dies.* in: Lutter/Bayer (Hrsg.), Holding-Handbuch, 5. Aufl. 2015, Rn. 19.8.

148 *Habersack/Verse*, Europäisches Gesellschaftsrecht, 2011, § 8 Rn. 10 f.

149 *Lösekrug*, Die Umsetzung der Kapital-, Verschmelzungs- und Spaltungs-RL der EG in das nationale deutsche Recht, 2004, S. 299; *Lutter/Bayer/Schmidt*, Europäisches Unternehmens- und Kapitalmarktrecht, 2017, Rn. 20.151.

wenden, wenn die übernehmende Gesellschaft nach nationalem Recht dazu berechtigt ist, ohne vorheriges Übernahmeangebot von allen verbleibenden Minderheitsaktionären zu verlangen, ihr deren Anteile zu einen angemessenen Preis zu verkaufen (***squeeze-out***).[150]

150 *Habersack/Verse*, Europäisches Gesellschaftsrecht, 2011, § 8 Rn. 11; *Kalss/Klampfl*, Europäisches Gesellschaftsrecht, Rn. 168; dazu im deutschen Recht *Austmann* NZG 2011, 684, 686; *Kiefner/Brügel* AG 2011, 525, 526.

§ 23 Innerstaatliche Spaltungen

Literatur (Auswahl): *Barbaso*, The harmonisation of company law with regard to mergers and divisions, J.B.L. 1984, 176; *Bayer/Schmidt*, Der Referentenentwurf zum 3. UmwÄndG: Vereinfachungen bei Verschmelzungen und Spaltungen und ein neuer verschmelzungsrechtlicher Squeeze-out, ZIP 2010, 953; *Costan*, Subsidiäre solidarische Haftung der an einer Spaltung beteiligten Gesellschaften, RIW 2010, 192; *Fida*, Die Verschmelzung und Spaltung von Aktiengesellschaften in England und Österreich unter besonderer Berücksichtigung der Vorgaben der Verschmelzungs- und Spaltungsrichtlinie, 2005; *Grundmann*, Europäisches Gesellschaftsrecht, 2. Aufl. 2011, § 25; *Habersack*, Grundfragen der Spaltungshaftung nach § 133 Abs. 1 S. 1 UmwG, in: Festschrift für Gerold Bezzenberger, 2000, S. 93; *Habersack/Verse*, Europäisches Gesellschaftsrecht, 4. Aufl. 2011; § 8 Rn. 28 ff.; *Harrer*, Die EG-Gesellschaftsrechtlichen Vorgaben für die Regelungen der Verschmelzung und der Spaltung von Aktiengesellschaften, in: Koppensteiner (Hrsg.), Österreichisches und europäisches Wirtschaftsprivatrecht, Band 1, 1994, S. 307; *Heidenhain*, Fehlerhafte Umsetzung der Spaltungs-Richtlinie, EuZW 1995, 327; *Heidenhain*, Sonderrechtsnachfolge bei der Spaltung, ZIP 1995, 801; *Heiss*, Gläubigerschutz bei der Unternehmensspaltung, DZWiR 1993, 12; *Hommelhoff/Riesenhuber*, Strukturmaßnahmen, insbesondere Verschmelzung und Spaltung im Europäischen und deutschen Gesellschaftsrecht, in: Grundmann (Hrsg.), Systembildung und Systemlücken in Kerngebieten des Europäischen Privatrechts, 2000, S. 259; *Kalss/Klampfl*, Europäisches Gesellschaftsrecht, 2015, Rn. 169 ff.; *Lösekrug*, Die Umsetzung der Kapital-, Verschmelzungs- und Spaltungsrichtlinie der EG in das nationale deutsche Recht, 2004; *Lutter/Bayer/Schmidt*, Europäisches Unternehmens- und Kapitalmarktrecht, 6. Aufl. 2017, § 21; *Prüm*, Die grenzüberschreitende Spaltung, 2006, S. 166 ff.; *Schimka/Schörghöfer*, Neue europäische Vorgaben für die Berichts- und Dokumentationspflichten bei Verschmelzungen und Spaltungen – Zur Änderung der Fusions-RL, der Spaltungs-RL und der EU-Verschmelzungs-RL sowie der Kapital-RL, wbl. 2010, 109; *Scholtissek*, Umsetzung der Verschmelzungs- und Spaltungs-EG-Richtlinien in Belgien, RIW 1994, 251; *Schwarz*, Europäisches Gesellschaftsrecht, 2000, Rn. 669 ff.; *Stern*, Die Spaltungsrichtlinie (Sechste Richtlinie), in: Doralt/Nowotny (Hrsg.), Der EG-rechtliche Anpassungsbedarf des österreichischen Gesellschaftsrechts, 1993, S. 137; *Teichmann*, Die Spaltung einer Aktiengesellschaft als gesetzgeberische Aufgabe, AG 1980, 85; *Teichmann* in: Gebauer/Teichmann (Hrsg.), Europäisches Privat- und Unternehmensrecht, 2016, § 6 Rn. 260 ff.; *Wöhlert*, Gestaltungsfreiheit und Gläubigerschutz bei Spaltungen, 2010.

A. Entwicklung des innerstaatlichen Spaltungsrechts in Europa

1 Das Rechtsinstitut der Spaltung von Rechtsträgern stammt traditionell aus dem französischen Recht (*scission*).[1,2] Auf europäischer Ebene sollte die Spaltung als **„Spiegelbild" der Verschmelzung** ursprünglich bereits in der damaligen Verschmelzungsrichtlinie[3] geregelt werden.[4] Dort sollten die jeweiligen Verfahrensvorschriften entsprechend auch auf „fusionsähnliche Vorgänge", worunter auch die Spaltung fallen sollte, zur Anwendung

1 Vgl. Art. 371 ff. Loi n° 66-537 du 24 juillet 1966 sur les sociétés commerciales. Eine *scission* ist nach französischem Recht allerdings mit nur der im deutschen Recht bekannten Aufspaltung zu vergleichen; *Wöhlert*, Gestaltungsfreiheit und Gläubigerschutz bei Spaltungen, 2010, S. 90 f.; eine „Abspaltung" kennt das französische Recht in dem Sinne nicht; eine „Ausgliederung" wird vielmehr als apport *partiel d' actif* bezeichnet.

2 *Stern* in: Doralt/Nowotny (Hrsg.), Der EG-rechtliche Anpassungsbedarf im österreichischen Gesellschaftsrecht, 1993, S. 149; *Wöhlert*, Gestaltungsfreiheit und Gläubigerschutz bei Spaltungen, 2010, S. 111; *Verse* in: BeckOGK-UmwG (Stand 1.1.2017), § 123 Rn. 10; insofern basiert die Spaltungsrichtlinie in weiten Teilen auf dem französischen Recht, vgl. nur *Hopt* ICCLJ 1 (1999) 41, 45.

3 Ehemalige Richtlinie 2011/35/EU (= Art. 87 ff. Kodifizierungs-RL).

4 *Lutter/Bayer/Schmidt*, Europäisches Unternehmens- und Kapitalmarktrecht, 2017, Rn. 21.1; *Kalss/Klampfl*, Europäisches Gesellschaftsrecht, 2015, Rn. 169, Fn. 450; *Teichmann* in: Gebauer/Teichmann (Hrsg.), Europäisches Privat- und Unternehmensrecht, 2016, § 6 Rn. 262; vgl. auch ex-Erwägungsgrund 4 der Spaltungsrichtlinie. Dass die Kodifizierungs-Richtlinie keinen entsprechenden Erwägungsgrund zur strukturellen „Verwandtschaft" zwischen Verschmelzung und Spaltung mehr enthält, ist offenbar ein Redaktionsversehen.

kommen.[5] Im Ergebnis entschied sich die Europäische Kommission jedoch dafür, die Spaltung von Rechtsträgern in einer eigenständigen Richtlinie zu regeln.[6] Nach einem ersten Vorentwurf[7] wurde die Spaltungsrichtlinie schließlich zum Ende des Jahres 1982 als **6. gesellschaftsrechtliche Richtlinie** der EG verabschiedet.[8] Durch das EWR-Abkommen wurde der Anwendungsbereich der Richtlinie mit Wirkung vom 1.1.1994 bzw. 1.1.1995 auf die jetzigen EWR-Staaten (Norwegen, Island und Liechtenstein) ausgedehnt.[9] Durch die Richtlinie 2007/63/EG[10] wurde die Spaltungsrichtlinie erstmals materiell geändert, indem die Möglichkeit des Verzichts auf die Prüfung des Spaltungsplans unabhängig von der Zustimmung der Mitgliedstaaten eingeräumt wurde. Die Änderungsrichtlinie 2009/109/EG[11] brachte eine **Modernisierung** der Berichts- und Dokumentationspflichten, eine Angleichung mit den entsprechenden Regelungen der (ehemaligen) Kapitalrichtlinie (= Art. 2 ff., Art. 43 ff. Kodifizierungs-RL) (dazu § 21),[12] der (ehemaligen) Verschmelzungsrichtlinie (= Art. 87 ff. Kodifizierungs-RL) (dazu § 22),[13] und der (ehemaligen) Internationalen Verschmelzungsrichtlinie (= Art. 118 ff. Kodifizierungs-RL) (dazu § 24)[14] sowie Erleichterungen für Konzernspaltungen.[15]

Wie auch die anderen gesellschaftsrechtlichen Richtlinien betreffend Umwandlungsmaßnahmen sowie die Publizitäts- und Kapitalrichtlinie wurde die Spaltungsrichtlinie im Juni 2017 aufgehoben und durch die Richtlinie „über bestimmte Aspekte des Gesellschaftsrechts“ (dazu § 19)[16] ersetzt. Die (europäischen) Vorgaben für innerstaatliche Spaltungen sind nunmehr in **Art. 135 ff. der Kodifizierungs-Richtlinie** geregelt. Inhaltliche Änderungen sowie ein Umsetzungsbedarf für den mitgliedstaatlichen Gesetzgeber ist damit jedoch nicht verbunden. Zur Verständlichkeit werden im Folgenden die ehemaligen („alten“) Normen der Spaltungsrichtlinie hinter die einschlägigen Regelungen der neuen Kodifizierungs-Richtlinie in Klammern genannt. 2

Im **deutschen Recht** war das Rechtsinstitut der Spaltung bis zur Verabschiedung der damaligen Spaltungsrichtlinie unbekannt. Da die ehemalige Spaltungsrichtlinie und auch die Art. 135 ff. Kodifizierungs-RL im Gegensatz zur (ehemaligen) Verschmelzungsrichtlinie **keine Verpflichtung** der Mitgliedstaaten zur Ermöglichung der Spaltung von Rechtsträgern nach nationalem Recht vorsahen, wurde die Spaltung erst im Zuge der Konsolidierung des gesamten Umwandlungsrechts im UmwG von 1994 gesetzlich geregelt.[17] 3

B. Zweck der Regelungen für innerstaatliche Spaltungen

Die übergeordnete Zielsetzung der Regelungen in der Kodifizierungs-Richtlinie für innerstaatliche Spaltungen besteht in der Gewährleistung sowie Koordinierung der **Schutzinteressen von Aktionären und Gläubigern**, der 4

5 Vorschlag für eine Dritte Richtlinie des Rates zur Koordinierung der Schutzbestimmungen, die in den Mitgliedstaaten den Gesellschaften im Sinne des Artikels 58 Absatz 2 des Vertrages im Interesse der Gesellschafter sowie Dritter bei Fusionen von Aktiengesellschaften vorgeschrieben sind v. 16.6.1970, KOM(70) 633, ABl. EG v. 14.7.1970, C 89/20; siehe auch Vorentwurf von 1968 über innerstaatliche Verschmelzungen, Document de travail n° 6. Avant-projet de directive, 10.4.1968, Dok. 11409/2/XIV/C/68 – F, S. 48 f.

6 Vgl. dazu *Hommelhoff/Riesenhuber* in: Grundmann (Hrsg.), Systembildung und Systemlücken, 2000, S. 259, 266; *Edwards*, EC Company Law, 1999, S. 99 f.; *Barbaso* J.B.L. 1984, 176, 177.

7 Vorentwurf einer Spaltungsrichtlinie v. 20.9.1978, R/2294/78.

8 Sechste Richtlinie 82/891/EWG des Rates v. 17.12.1982 gemäß Artikel 54 Absatz 3 Buchstabe g) des Vertrages betreffend die Spaltung von Aktiengesellschaften, ABl. EWG v. 31.12.1982, L 378/47.

9 Vgl. Abkommen über den Europäischen Wirtschaftsraum – Anhang XXII, Nr. 5. ABl. EG v. 3.1.1994, L 1/3.

10 Richtlinie 2007/63/EG des Europäischen Parlaments und des Rates v. 13.11.2007 zur Änderung der Richtlinien 78/855/EWG und 82/891/EWG des Rates hinsichtlich des Erfordernisses der Erstellung eines Berichts durch einen unabhängigen Sachverständigen anlässlich der Verschmelzung oder der Spaltung von Aktiengesellschaften, ABl. EU v. 17.11.2007, L 300/47.

11 Richtlinie 2009/109/EG des Europäischen Parlaments und des Rates v. 16.9.2009 zur Änderung der Richtlinie 77/91/EWG, 78/855/EWG, 82/891/EWG des Rates sowie der Richtlinie 2005/56/EG hinsichtlich der Berichts- und Dokumentationspflicht bei Verschmelzungen und Spaltungen, ABl. EU v. 2.10.2009, L 259/14.

12 Richtlinie 2012/30/EU des Europäischen Parlaments und des Rates v. 25.10.2012 zur Koordinierung der Schutzbestimmungen, die in den Mitgliedstaaten den Gesellschaften im Sinne des Artikels 54 Absatz 2 des Vertrages über die Arbeitsweise der Europäischen Union im Interesse der Gesellschafter sowie Dritter für die Gründung der Aktiengesellschaft sowie für die Erhaltung und Änderung ihres Kapitals vorgeschrieben sind, um diese Bestimmungen gleichwertig zu gestalten, ABl. EU v. 14.11.2012, L 315/74.

13 Richtlinie 2011/35/EU des Europäischen Parlaments und des Rates v. 5.4.2011 über die Verschmelzung von Aktiengesellschaften, ABl. EU v. 29.4.2011, L 110/1.

14 Richtlinie 2005/56/EG des Europäischen Parlaments und des Rates vom 26.10.2005 über die Verschmelzung von Kapitalgesellschaften aus verschiedenen Mitgliedstaaten, ABl. EG v. 25.11.2005, L 310/1.

15 *Lutter/Bayer/Schmidt*, Europäisches Unternehmens- und Kapitalmarktrecht, 2017, Rn. 21.4.

16 Richtlinie (EU) 2017/1132 des Europäischen Parlaments und des Rates vom 14. Juni 2017 über bestimmte Aspekte des Gesellschaftsrechts, ABl. EU v. 30.6.2017, L 46/127.

17 *Lutter/Bayer/Schmidt*, Europäisches Unternehmens- und Kapitalmarktrecht, 2017, Rn. 21.6; *Schwarz* DStR 1994, 1694, 1697; *Teichmann* ECFR 2016, 277, 282; siehe zur Entwicklung des deutschen Umwandlungsrechts *Stengel* in: Semler/Stengel (Hrsg.), UmwG, 4. Aufl. 2017, Einl. A, Rn. 6 ff.; *Stratz* in: Schmitt/Hörtnagl/Stratz (Hrsg.), UmwG, 7. Aufl. 2016, Einführung zum UmwG, Rn. 7 ff.

an der Spaltung beteiligten Rechtsträgern (vgl. Erwägungsgrund 68 (ex-Erwägungsgrund 5)).[18] Im Rahmen dieser Koordinierung ist es zunächst besonders wichtig, die Aktionäre der an der Spaltung beteiligten Gesellschaften angemessen und so objektiv wie möglich zu unterrichten und ihre Rechte in geeigneter Weise zu schützen (Erwägungsgrund 69 (ex-Erwägungsgrund 6)). Auch die Gesellschaftsgläubiger und andere Rechteinhaber müssen insofern geschützt werden, als sie durch eine Spaltung möglichst keinen Schaden erleiden (Erwägungsgrund 70 (ex-Erwägungsgrund 8)). Den Mitgliedstaaten werden dabei verschiedene „Schutzpakete"[19] zur Gewährleistung eines **angemessenen Gläubigerschutzsystems** an die Hand gegeben (s. dazu Rn. 29 ff.), die grundsätzlich in der Leistung von Sicherheitsleistung, der Anordnung einer gesamtschuldnerischen Haftung der beteiligten Rechtsträgern oder wahlweise einer Kombination aus beiden Schutzpaketen bestehen (vgl. Art. 146 Kodifizierungs-RL (ex-Art. 12 Spaltungs-RL)).

5 Angesichts der Verwandtschaft zwischen Spaltung und Verschmelzung soll durch die Regelungen in der Kodifizierungs-Richtlinie für innerstaatliche Spaltungen ebenfalls eine etwaige Umgehung der Vorschriften der Regelungen in der Kodifizierungs-Richtlinie für innerstaatliche Verschmelzungen durch die Etablierung gleichwertiger Schutzinstrumente auch für Spaltungen verhindert werden (vgl. ex-Erwägungsgrund 4).[20] Die Verfahrensvorschriften der Regelungen in der Kodifizierungs-Richtlinie für innerstaatliche Spaltungen entsprechen daher **weitgehend** denen der Regelungen in der Kodifizierungs-Richtlinie für innerstaatliche **Verschmelzungen**. In diesem Sinne wird an zahlreichen Stellen explizit auf die entsprechenden Regelungen der Regelungen für innerstaatliche Verschmelzungen verwiesen. Damit kann ein überwiegender **Gleichlauf der Verfahrens- sowie Schutzinstrumente** beider Strukturmaßnahmen sichergestellt werden.[21] Diese Prämisse gilt in gleicher Weise und – zumindest formal aufgrund eines einzigen Rechtaktes – sogar noch mehr im Rahmen der entsprechenden Bestimmungen in der neuen Kodifizierungs-Richtlinie. Davon unberührt bleiben indes die auf das Rechtsinstitut der Spaltung zugeschnittenen Sonderregelungen, wie beispielsweise spaltungsspezifische Anforderungen an den Spaltungsplan und -bericht sowie das bereits angesprochene Gläubigerschutzsystem.

6 Im Unterschied zu den Regelungen in der Kodifizierungs-Richtlinie für innerstaatliche Verschmelzungen[22] beabsichtigen die Regelungen für innerstaatliche Spaltungen **nicht** die europaweite Einführung des entsprechenden Rechtsinstituts (Spaltung).[23] Auch durch die Kodifizierungs-Richtlinie hat sich daran nichts geändert. Den Mitgliedstaaten steht es somit frei, die Spaltung von (Aktien-) Gesellschaften überhaupt in ihrem nationalen Recht zuzulassen.[24] Für diejenigen Mitgliedstaaten, die die Möglichkeit einer (innerstaatlichen) Spaltung vorsehen, sind jedoch zwingend die **Vorgaben** der Kodifizierungs-Richtlinie für innerstaatliche Spaltungen **zu beachten** und in nationales Recht umzusetzen. De facto bestehen heute in nahezu allen Mitgliedstaaten der EU bzw. EWR normative Vorgaben für die Spaltung von Rechtsträgern, seien es explizit auf die Spaltung anwendbaren Vorschriften oder durch entsprechende Anwendung der nationalen Regelungen für innerstaatliche Verschmelzungen.

7 Die Ausgestaltung des Spaltungsverfahrens basiert auf dem in der damaligen Verschmelzungsrichtlinie entwickelten **europäischen Modell für Strukturmaßnahmen**[25] und dem Generalprinzips des **„Schutzes durch Information"** (sog Informationsmodell).[26] Entsprechend den Regelungen in der Kodifizierungs-Richtlinie für innerstaatliche Verschmelzungen sind die Grundbausteine des Spaltungsverfahrens: der Spaltungsplan, der Spaltungsbericht, die Spaltungsprüfung, die Beschlussfassung über die Spaltung sowie die Rechtmäßigkeitskontrolle der Spaltung.

18 Vgl. auch *Habersack/Verse*, Europäisches Gesellschaftsrecht, 2011, § 8 Rn. 28; *Teichmann* ECFR 2016, 277, 282.
19 *Lutter/Bayer/Schmidt*, Europäisches Unternehmens- und Kapitalmarktrecht, 2017, Rn. 21.92.
20 Vgl. auch *Kalss/Klampfl* Europäisches Gesellschaftsrecht, 2015, Rn. 169.
21 *Grundmann*, Europäisches Gesellschaftsrecht, 2011, Rn. 874; *Teichmann* ECFR 2016, 277, 282.
22 Siehe insofern Erwägungsgrund 49 (ex-Erwägungsgrund 4 der Verschmelzungsrichtlinie).
23 *Habersack/Verse*, Europäisches Gesellschaftsrecht, 2011, § 8 Rn. 28; *Hommelhoff/Riesenhuber* in: Grundmann (Hrsg.), Systembildung und Systemlücken, 2000, S. 259, 266; *Lutter/Bayer/Schmidt*, Europäisches Unternehmens- und Kapitalmarktrecht, 2017, Rn. 21.3; *Kalss/Klampfl*, Europäisches Gesellschaftsrecht, 2015, Rn. 169; *Dorresteijn et al.*, European Corporate Law, 2. Aufl. 2009, Rn. 3.65; *Grundmann*, Europäisches Gesellschaftsrecht, 2011, Rn. 874, Fn. 14; *Andenas/Wooldridge*, European Comparative Company Law, 2009, S. 20; *Roelofs* ECL 4 (2010) 142, 143; *Verse* in: BeckOGK-UmwG (Stand 1.1.2017), § 123 Rn. 12; *Hoffmann* in: MüHdB GesR, IntGesR, 4. Aufl. 2013, § 56 Rn. 2.
24 Zur Begründung vgl. *Verse* in: BeckOGK-UmwG (Stand 1.1.2017), § 123 Rn. 12.1.
25 Dazu *Riesenhuber* NZG 2004, 15; *Grundmann*, Europäisches Gesellschaftsrecht, 2011, Rn. 868; *Lutter/Bayer/Schmidt*, Europäisches Unternehmens- und Kapitalmarktrecht, 2017, Rn. 20.3, 29, Rn. 22.28; *Bayer/Schmidt* NJW 2006, 401, 402; *Bayer* in: Lutter (Hrsg.), UmwG, 5. Aufl. 2014, § 122c Rn. 3; siehe zur innerstaatlichen Verschmelzung von Aktiengesellschaften § 22 Rn. 3.
26 Dazu *Lutter/Bayer/Schmidt*, Europäisches Unternehmens- und Kapitalmarktrecht, 2017, Rn. 20.29, Rn. 21.28; *Grohmann*, Das Informationsmodell im Europäischen Gesellschaftsrecht, 2006, S. 320 ff.; *Riesenhuber* NZG 2004, 15, 19 ff.

C. Anwendungsbereich

8 Der persönliche Anwendungsbereich der Regelungen in der Kodifizierungs-Richtlinie für innerstaatliche Spaltungen beschränkt sich nach Art. 135 I Kodifizierungs-RL (ex-Art. 1 I Spaltungs-RL) – ebenso wie die entsprechende Regelung für innerstaatliche Verschmelzungen (s. § 22 Rn. 6) – auf **Aktiengesellschaften**. Art. 135 I Kodifizierungs-RL (ex-Art. 1 I Spaltungs-RL) verweist diesbezüglich auf die in Art. 87 I Kodifizierungs-RL (ex-Art. 1 I Verschmelzungs-RL) aufgeführten Rechtsformen sowie die entsprechenden Ausnahmen des Art. 87 II, III Kodifizierungs-RL (ex-Art. Art. 1 II, III Verschmelzungs-RL). Insofern kann auf die dortigen Ausführungen verwiesen werden (§ 22 Rn. 6 ff.).[27] In Deutschland sowie einer Vielzahl weiterer Mitgliedstaaten wurden die Vorgaben der ehemaligen Spaltungsrichtlinie jedoch mittlerweile auch für andere nationale Kapital- und Personengesellschaften entsprechend umgesetzt. In diesem Zusammenhang bestehen in fast allen Mitgliedstaaten gesetzlichen Regelungen für die Durchführung von Unternehmensspaltungen.

9 Die Regelungen in der Kodifizierungs-Richtlinie erfassen weiterhin nur die **innerstaatliche Spaltung** von Aktiengesellschaften, dh Spaltungen bei denen alle beteiligten Rechtsträger dem Recht desselben Mitgliedstaates unterliegen.[28] Grenzüberschreitende Spaltungen sind nicht umfasst (zur grenzüberschreitenden Spaltung s. § 10 Rn. 159 ff.). Im Unterschied zur grenzüberschreitenden Verschmelzung bestehen für diese bisher auch noch keine sekundärrechtlichen Verfahrensvorschriften.[29] Basierend auf den Aussagen des Europäischen Gerichtshofs zu grenzüberschreitenden Umwandlungsvorgängen[30] wird nach überwiegender Auffassung die **grenzüberschreitende Spaltung** gleichwohl als in Europa zumindest **zulässig** erachtet.[31] Mangels harmonisierter Rechtsvorschriften ist eine rechtssichere Durchführung grenzüberschreitender Spaltungen jedoch bisweilen nur schwer handhabbar (zur Verfahren aus deutscher Sicht s. § 10 Rn. 167 ff.).[32] Am 25. April 2018 legte die Europäische Kommission jedoch im Rahmen ihres „Company Law Package"[33] nunmehr einen Richtlinienvorschlag zur Ergänzung der Richtlinie über bestimmte Aspekte des Gesellschaftsrechts (s. dazu § 19) vor, der erstmals auch explizite Durchführungsbestimmungen für eine grenzüberschreitenden Spaltung („*cross-border division*") beinhaltet.[34] In den einzufügenden Art. 160a ff. Kodifizierungs-RL sollen demnach Regelungen betreffend das Verfahren einer grenzüberschreitenden Spaltung und der damit verbundene Schutz von Share- und Stakeholder geschaffen werden (s. dazu auch § 10 Rn. 180 ff.).

10 Die Regelungen in der Kodifizierungs-Richtlinie für innerstaatliche Spaltungen regeln ferner grundsätzlich nur die – nach deutscher Terminologie – **Aufspaltung** (§ 123 I UmwG) von Aktiengesellschaften.[35] Die im deutschen Umwandlungsrecht geregelten Spaltungsvarianten der **Abspaltung** nach § 123 II UmwG (Übertragung nur eines Teilvermögens – zumeist ein Betrieb oder Betriebsteil – auf einen oder mehrere Rechtsträger, bei Fortbestand des übertragenden Rechtsträgers) und **Ausgliederung** nach § 123 III UmwG (Übertragung nur eines Teilvermögens, bei Fortbestand des übertragenden Rechtsträgers, wobei – im Unterschied zur Abspaltung – der „gespalte-

27 Zum übereinstimmenden persönlichen Anwendungsbereich beider (ehemaligen) Richtlinien auch *Weller* in: Gebauer/Wiedmann (Hrsg.), Zivilrecht unter europäischem Einfluss, 2. Aufl. 2011, Kapitel 21, Rn. 52.

28 *Habersack/Verse*, Europäisches Gesellschaftsrecht, 2011, § 8 Rn. 29; *Kalss/Klampfl*, Europäisches Gesellschaftsrecht, 2015, Rn. 170; siehe auch *Krause/Kulpa* ZHR 171 (2007) 38, 46 f.; *Siems* EuZW 2006, 135, 139; *Bungert* BB 2006, 340, 344; *Hoffmann* in: MüHdB GesR, IntGesR, 4. Aufl. 2013, § 56 Rn. 2.

29 Forderung nach einer unionsrechtlichen Regelung ua von *Drygala/von Bressensdorf* NZG 2016, 1161, 1168; *Lutter/Bayer/Schmidt*, Europäisches Unternehmens- und Kapitalmarktrecht, 2017, Rn. 21.8; *Bayer/Schmidt* ZHR 171 (2009) 735, 771.

30 Hier insbesondere Rn. 19 des Sevic-Urteils (EuGH, Rs. C-411/03 (Sevic), ECLI:EU:C:2005:762 = NJW 2006, 425), „auch *andere Gesellschaftsumwandlungen* [stellen] wichtige Modalitäten bei der Ausgestaltung der Niederlassungsfreiheit von *Gesellschaften*" dar, siehe dazu § 10 Rn. 77.

31 *Spahlinger/Wegen* NZG 2006, 725; *Geyrhalter/Weber* DStR 2006, 123, 126; *Engert* in: Langenbucher (Hrsg.), Europäisches Privat- und Wirtschaftsrecht, 4. Aufl. 2017, § 5 Rn. 106; *Habersack/Verse*, Europäisches Gesellschaftsrecht, 2011, § 8 Rn. 29; *Ege/Klett* DStR 2012, 2442, 2446; *Rubner/Leuering* NJW-S 2012, 527; *Bergmann* ZEuS 2012, 233, 249; *Bungert/de Raet* DB 2014, 761, 765; *Süß* in: Süß/Wachter (Hrsg.), Handbuch des internationalen GmbH-Rechts, 3. Aufl. 2016, § 1 Rn. 162, 174.

32 Vgl. zur überwiegend ähnlichen Konstellation bei einem grenzüberschreitenden Wechsel der Rechtsform *Behrens* EuZW 2013, 121, 122; *Schön* ZGR 2013, 333, 337; *Leible* in: FS G. Roth, 2011, S. 447, 451, 454; *Otte/Rietschel* GmbHR 2009, 983, 988; *Ringe* ECFR 2013, 230, 234.

33 Siehe auch *Europäische Kommission*, Pressemitteilung v. 25. April 2018, Gesellschaftsrecht: Neue Regeln sollen Unternehmen den Schritt ins Ausland erleichtern und mehr Online-Kontakte mit Verwaltungen ermöglichen, IP/18/3508.

34 *Europäische Kommission*, Vorschlag für eine Richtlinie des Europäischen Parlaments und des Rates zur Änderung der Richtlinie (EU) 2017/1132 in Bezug auf grenzüberschreitende Umwandlungen, Verschmelzungen und Spaltungen, COM(2018) 241 final; s. im Hinblick auf grenzüberschreitende Spaltungen auch bereits *Bungert/Wansleben* DB 2017, 2591, 2593 f.

35 Vgl. nur *Verse* in: BeckOGK-UmwG (Stand 1.1.2017), § 123 Rn. 13.

ne" Rechtsträger Anteilsinhaber des übernehmenden Rechtsträger wird) sind nicht erfasst.[36] Hieran ändert auch Art. 159 Kodifizierungs-RL (ex-Art. 25 Spaltungs-RL) nichts, da diese Norm bewusst nur Art. 151 I lit. c) Kodifizierungs-RL (ex-Art. 17 I lit. c) Spaltungs-RL) von der Anwendung der vorangegangenen Vorschriften ausnimmt, wenn ein Mitgliedstaat nicht zwingend die Auflösung des übertragenden Rechtsträgers bei einer Spaltung vorsieht; eine Abspaltung ist hiervon also nicht betroffen (s. auch Rn. 15).[37] Die Regelungen in der Kodifizierungs-Richtlinie für innerstaatliche Spaltungen verbieten es andererseits jedoch nicht, auch andere „Arten" der Spaltung von Gesellschaften zuzulassen und gesetzlich zu regeln.[38] Auch wenn insofern der deutsche Gesetzgeber alle drei Spaltungsarten (Aufspaltung, Abspaltung, Ausgliederung) überwiegend denselben Vorgaben unterworfen hat, ist grundsätzlich **nur für** die von den Richtlinienregelungen betroffene **Aufspaltung** eine richtlinienkonforme Auslegung geboten;[39] obgleich eine entsprechende europäische Betrachtungsweise faktisch Einfluss auf die Vorgaben für Abspaltungen und Ausgliederungen hat.

D. Spaltung durch Übernahme

I. Begriff und Einordnung der Spaltung durch Übernahme

11 Wie entsprechend den Vorgaben für innerstaatliche Verschmelzungen differenzieren auch die Regelungen in der Kodifizierungs-Richtlinie für innerstaatliche Spaltungen zwischen zwei Arten der Spaltung: Die Spaltung **durch Übernahme** und die Spaltung **durch Neugründung** einer neuen Gesellschaft. Nach Art. 135 III Kodifizierungs-RL (ex-Art. 1 III Spaltungs-RL) ist ebenfalls eine Kombination aus beiden Spaltungsarten möglich.

12 Was unter einer Spaltung durch Übernahme zu verstehen ist, wird in Art. 136 I Kodifizierungs-RL (ex-Art. 2 I Spaltungs-RL) definiert. Danach ist eine Spaltung durch Übernahme der Vorgang, bei dem eine Gesellschaft „ihr gesamtes Aktiv- und Passivvermögen im Wege der Auflösung ohne Abwicklung auf mehrere Gesellschaften überträgt, und zwar gegen Gewährung von Aktien der Gesellschaften, denen die sich aus der Spaltung ergebenden Einlagen zugutekommen, an die Aktionäre der gespaltenen Gesellschaft und ggf Gewährung einer baren Zuzahlung, die den zehnten Teil des Nennbetrags, oder, wenn kein Nennbetrag vorhanden ist, des rechnerischen Wertes der gewährten Aktien nicht übersteigt". Die Hauptmerkmale einer Spaltung durch Übernahme sind somit:[40] (1) **partielle Gesamtrechtsnachfolge**, (2) **Auflösung der gespaltenen Gesellschaft** ohne Liquidation und (3) **Aktientausch** und ggf bare Zuzahlungen. Auch aus diesen Charakteristika wird wiederum die enge Verwandtschaft zur in den Art. 87 ff. Kodifizierungs-RL regelten Verschmelzung erkennbar.[41] Der maßgebliche Unterschied zur Spaltung durch Neugründung besteht darin, dass bei einer Spaltung durch Übernahme die übernehmende Aktiengesellschaft bereits **vor** der Spaltung vorhanden ist, während diese bei einer Spaltung durch Neugründung erst im Zuge der Spaltung entsteht.[42]

13 Des Weiteren kann sowohl die Spaltung durch Übernahme als auch die Spaltung durch Neugründung im Wege einer verhältniswahrenden als auch einer sog **nicht-verhältniswahrenden Spaltung** durchgeführt werden. Dies ergibt sich aus Art. 137 II lit. i) Kodifizierungs-RL (ex-Art. 3 II lit. i) Spaltungs-RL) (der Spaltungsplan muss den „Aufteilungsmaßstab" enthalten) und Art. 139 II Kodifizierungs-RL (ex-Art. 5 II Spaltungs-RL) („Werden die Aktien […] nicht im Verhältnis zu ihren Rechten […] gewährt").[43] Bei einer verhältniswahrenden Spaltung erhalten alle Aktionäre des gespaltenen Rechtsträgers entsprechend ihrer Beteiligung an diesem Aktien sämtlicher begünstigter Rechtsträger. Eine nicht-verhältniswahrende Spaltung liegt vor, wenn bei einer Abspaltung die Beteiligungsquoten am übertragenden Rechtsträger verändert werden bzw. Anteilsinhaber im Zuge der Spaltung aus dem übertragenden Rechtsträger ausscheiden. Der klassische Fall ist, dass im Zuge einer Spaltung einem Gesellschafterstamm alle Anteile am übernehmenden Rechtsträger zugewiesen werden und der Ausgleich durch

36 *Lutter/Bayer/Schmidt*, Europäisches Unternehmens- und Kapitalmarktrecht, 5. Aufl. 2017, Rn. 21.21; *Verse* in: BeckOGK-UmwG (Stand 1.1.2017), § 123 Rn. 13 f.; *Seulen* in: Semler/Stengel (Hrsg.), UmwG, 4. Aufl. 2017, § 133 Rn. 6.

37 *Lutter/Bayer/Schmidt*, Europäisches Unternehmens- und Kapitalmarktrecht, 2017, Rn. 21.21; *Seulen* in: Semler/Stengel (Hrsg.), UmwG, § 133 Rn. 6; aA *Habersack/Verse*, Europäisches Gesellschaftsrecht, 2011, § 8 Rn. 39; *Prüm*, Die grenzüberschreitende Spaltung, 2006, S. 167; *Riesenhuber* NZG 2004, 15, 18; *Kalss/Klampfl*, Europäisches Gesellschaftsrecht, 2015, Rn. 174.

38 *Teichmann* in: Gebauer/Teichmann (Hrsg.), Europäisches Privat- und Unternehmensrecht, 2016, § 6 Rn. 263.

39 *Verse* in: BeckOGK-UmwG (Stand 1.1.2017), § 123 Rn. 15.

40 *Grundmann*, Europäisches Gesellschaftsrecht, 2011, Rn. 884; *Lutter/Bayer/Schmidt*, Europäisches Unternehmens- und Kapitalmarktrecht, 2017, Rn. 21.14; *Edwards*, EC Company Law, 1999, S. 101.

41 Siehe zu den Hauptmerkmalen einer Verschmelzung durch Aufnahme § 22 Rn. 14.

42 *Habersack/Verse*, Europäisches Gesellschaftsrecht, 2011, § 8 Rn. 34; *Lutter/Bayer/Schmidt*, Europäisches Unternehmens- und Kapitalmarktrecht, 2017, Rn. 21.15; *Edwards*, EC Company Law, 1999, S. 101.

43 *Lutter/Bayer/Schmidt*, Europäisches Unternehmens- und Kapitalmarktrecht, 2017, Rn. 21.18; *Grundmann*, Europäisches Gesellschaftsrecht, 2011, Rn. 911; *Habersack/Verse*, Europäisches Gesellschaftsrecht, 2011, § 8 Rn. 37; *Kalss/Klampfl*, Europäisches Gesellschaftsrecht, 2015, Rn. 173.

Zuweisung bestimmter Anteile am übertragenden Rechtsträger an den anderen Stamm herbeigeführt wird.[44] Dies umfasst insofern auch eine sog **Spaltung zu Null**, dh wenn Aktionäre des gespaltenen Rechtsträgers an einem übernehmenden oder neuen Rechtsträger überhaupt nicht beteiligt werden.[45] Es ist somit auch eine Beteiligungsabspaltung auf den Mehrheitsaktionär ohne jegliche Anteilsgewährung möglich.[46] Dies ist vor allem bei der in der Praxis in diesem Sinne häufig beabsichtigten **Trennung von Gesellschaftergruppen** oder Familienstämmen von Bedeutung.[47]

Für den Sonderfall der Spaltung einer sich in **Liquidation befindlichen Gesellschaft** kann auf die entsprechenden Ausführungen zu den Regelungen für die innerstaatliche Verschmelzung verwiesen werden (s. § 22 Rn. 10). Die Mitgliedstaaten können nach Art. 136 II Kodifizierungs-RL (ex-Art. 2 II Spaltungs-RL) eine Spaltung auch dann zulassen, wenn die gespaltene Gesellschaft sich in Abwicklung befindet. Nicht davon erfasst und somit unzulässig ist hingegen die Beteiligung von Liquidationsgesellschaften als begünstigter (übernehmender) Rechtsträger im Rahmen einer Spaltung.[48] 14

Nach Art. 159 Kodifizierungs-RL (ex-Art. 25 Spaltungs-RL) ist es möglich, dass eine Spaltung auch ohne die Auflösung des gespaltenen Rechtsträgers vollzogen wird. In diesem Fall sind ebenfalls die Art. 136 ff. Kodifizierungs-RL (ex-Art. 2 ff. Spaltungs-RL) – mit Ausnahme des Art. 151 I lit. c) Kodifizierungs-RL (ex-Art. 17 I lit. c) Spaltungs-RL („die gespaltene Gesellschaft erlischt" *ipso iure* mit der Spaltung) – anzuwenden. Wie bereits an obiger Stelle ausgeführt (s. Rn. 10) umfasst Art. 159 Kodifizierungs-RL (ex-Art. 25 Spaltungs-RL) dabei auch **nicht** die nach deutschem Recht bekannte **Abspaltung** iS von § 123 II UmwG.[49] Dies ist jedoch **streitig**.[50] Maßgebend ist insofern vor allem der eindeutige Wortlaut der Norm und dessen Verweis auf Art. 135 Kodifizierungs-RL (ex-Art. 1 Spaltungs-RL).[51] Denn dieser verweist unmittelbar auch auf Art. 136 I Kodifizierungs-RL (ex-Art. 2 I Spaltungs-RL), wonach eine von den Richtlinienbestimmungen erfasste Spaltung den Übergang des **gesamten Aktiv- und Passivvermögens** erfasst. Dies ist auch nicht nur eine theoretische Konstellation, da es – anders als Deutschland – durchaus Mitgliedstaaten geben kann, die eine Übertragung des ganzen Aktiv- und Passivvermögens ermöglichen, ohne das die übertragende Gesellschaft zwingend aufgelöst wird.[52] Gleichwohl wäre ein weitergehender Umgehungsschutz durch Art. 159 Kodifizierungs-RL (ex-Art. 25 Spaltungs-RL) wünschenswert gewesen,[53] um, wenngleich als Mitgliedstaatenoption ausgestaltet, den sachlichen Anwendungsbereich der Richtlinienbestimmungen zu erweitern (dies vor allem auch im Hinblick darauf, dass in der Praxis die Abspaltung häufiger als eine Aufspaltung vorkommt).[54] Mit der Erfassung nur der Aufspaltung (s. Rn. 10) hat der damalige Richtliniengeber jedoch eine andere Grundentscheidung getroffen. 15

II. Spaltungsplan

Grundlage des gesamten Spaltungsverfahrens ist der Spaltungsplan, in dem die wesentlichen **Bedingungen für die Durchführung der Spaltung** festgehalten werden. Wie beim Verschmelzungsplan (s. § 22 Rn. 19 ff.) sind für die Aufstellung des Spaltungsplans das Verwaltungs- bzw. Leitungsorgan der jeweils beteiligten Gesellschaften (Art. 137 I Kodifizierungs-RL (ex-Art. 3 I Spaltungs-RL)) zuständig. 16

44 Vgl. zur nicht-verhältniswahrenden Spaltung und zur Verschiebung der Beteiligungsquoten *Schröer* in: Semler/Stengel (Hrsg.), UmwG, 4. Aufl. 2017, § 128 Rn. 6 ff.; *Hörtnagl* in: Schmitt/Hörtnagl/Stratz (Hrsg.), UmwG, 7. Aufl. 2016, § 128 Rn. 4 ff.; *Priester* in: Lutter (Hrsg.), UmwG, 5. Aufl. 2014, § 128 Rn. 8 ff.; *Sickinger* in: Kallmeyer (Hrsg.), UmwG, 6. Aufl. 2017, § 128 Rn. 4, § 123 Rn. 4 f.; *Rubner/Fischer* NZG 2014, 761.

45 *Lutter/Bayer/Schmidt*, Europäisches Unternehmens- und Kapitalmarktrecht, 2017, Rn. 21.18; *Habersack/Verse*, Europäisches Gesellschaftsrecht, 2011, § 8 Rn. 37; *Kalss/Klampfl*, Europäisches Gesellschaftsrecht, 2015, Rn. 173; *Schwarz*, Europäisches Gesellschaftsrecht, 2000, Rn. 695; zur Zulässigkeit nach deutschem Recht OLG München NZG 2013, 951; LG Essen ZIP 2002, 893 f.; LG Konstanz GmbHR 1998, 387; siehe zu den steuerlichen Konsequenzen einer nicht-verhältniswahrenden Verschmelzung auf Ebene der Anteilsinhaber auch BFH DStR 2011, 212.

46 Vgl. zum deutschen, in diesem Sinne auch richtlinienkonformen, Recht OLG München NZG 2013, 951; LG Konstanz GmbHR 1998, 387; *Sickinger* in: Kallmeyer (Hrsg.), UmwG, 6. Aufl. 2017, § 123 Rn. 4.

47 Vgl. zum deutschen Recht OLG München NZG 2013, 951; *Priester* in: Lutter (Hrsg.), UmwG, 5. Aufl. 2014, § 128 Rn. 13.

48 *Lutter/Bayer/Schmidt*, Europäisches Unternehmens- und Kapitalmarktrecht, 2017, Rn. 21.19.

49 *Lutter/Bayer/Schmidt*, Europäisches Unternehmens- und Kapitalmarktrecht, 2017, Rn. 21.21; *Verse* in: BeckOGK-UmwG (Stand 1.1.2017), § 123 Rn. 13 f.; *Seulen* in: Semler/Stengel (Hrsg.), UmwG, 4. Aufl. 2017, § 133 Rn. 6.

50 Für die Erfassung der Abspaltung *Habersack/Verse*, Europäisches Gesellschaftsrecht, 2011, § 8 Rn. 39; *Prüm*, Die grenzüberschreitende Spaltung, 2006, S. 167; *Riesenhuber* NZG 2004, 15, 18; *Kalss/Klampfl*, Europäisches Gesellschaftsrecht, 2015, Rn. 174; *Gehling* in: Semler/Stengel (Hrsg.), UmwG, 4. Aufl. 2017, Rn. 4.

51 *Lutter/Bayer/Schmidt*, Europäisches Unternehmens- und Kapitalmarktrecht, 2017, Rn. 21.21; *Lösekrug*, Die Umsetzung der Kapital-, Verschmelzungs- und Spaltungs-RL der EG in das nationale deutsche Recht, 2004, S. 389.

52 *Verse* in: BeckOGK-UmwG (Stand 1.1.2017), § 123 Rn. 13.1.

53 Hierauf abstellend *Kalss/Klampfl*, Europäisches Gesellschaftsrecht, 2015, Rn. 174.

54 Für Deutschland vgl. nur *Schwanna* in: Semler/Stengel (Hrsg.), UmwG, 4. Aufl. 2017, § 123 Rn. 14.

17 Der Spaltungsplan bedarf der **Schriftform** (Art. 137 I Kodifizierungs-RL (ex-Art. 3 I Spaltungs-RL)). Hinsichtlich der „schriftlichen" Abfassung des Spaltungsplans gelten die gleichen Vorgaben wie für den Verschmelzungsplan, so dass die entsprechende Mindestregelung die Textform grundsätzlich ausreichen lässt (s. § 22 Rn. 21). Die Mitgliedstaaten können jedoch darüber hinaus auch zB die notarielle Beurkundung des Spaltungsplans vorschreiben (so beispielsweise in Deutschland gem § 125 S. 1 UmwG iVm § 6 UmwG).

18 Der **Mindestinhalt des Spaltungsplans** nach Art. 137 II Kodifizierungs-RL (ex-Art. 3 II Spaltungs-RL) ist weitgehend mit den Vorgaben zum Inhalt des Verschmelzungsplans gem Art. 91 II Kodifizierungs-RL (ex-Art. 5 II Verschmelzungs-RL) kongruent. Diesbezüglich kann somit auf die entsprechenden Ausführungen verwiesen werden (s. § 22 Rn. 22 f.). Abweichend davon bestehen mit Art. 137 II lit. h) und lit. i) Kodifizierungs-RL (ex-Art. 3 II lit. h) und lit. i) Spaltungs-RL) jedoch zwei **spaltungsspezifische Besonderheiten**:[55] Nach Art. 137 II lit. h) Kodifizierungs-RL (ex-Art. 3 II lit. h) Spaltungs-RL) muss der Spaltungsplan auch die genaue Bezeichnung und Aufteilung der Gegenstände des Aktiv- und Passivvermögens, das an die begünstigten Gesellschaften übertragen werden soll, beschreiben. Es muss daher klar sein, welche Aktiva und Passiva im Wege der partiellen Gesamtrechtsnachfolge auf welchen übernehmenden Rechtsträger übergehen.[56] Wie die Vermögensgegenstände in welchem Umfang auf die jeweiligen übernehmenden Rechtsträger aufgeteilt werden, bestimmen die Regelungen in der Kodifizierungs-Richtlinie für innerstaatliche Spaltungen jedoch nicht. Die Parteien genießen insoweit – vorbehaltlich der arbeitsrechtlichen Vorgaben der Betriebsübergangs-Richtlinie[57] – eine Aufteilungs- iS von Spaltungsfreiheit.[58] In diesem Zusammenhang sieht Art. 137 III Kodifizierungs-RL (ex-Art. 3 III Spaltungs-RL) für nicht zugeteilte (sog **vergessene**) **Gegenstände** vor, dass ein Gegenstand des Aktivvermögens, der im Spaltungsplan nicht zugeteilt wird und bei dem sich auch durch Auslegung (des Spaltungsvorgangs als Ganzes) keine Zuteilung vornehmen lässt, auf alle übernehmenden Gesellschaften anteilig im Verhältnis zu dem nach dem Spaltungsplan auf diese entfallenden Nettoaktivvermögen übertragen wird (Art. 137 III UAbs. 1 Kodifizierungs-RL (ex-Art. 3 III lit. a) Spaltungs-RL)). Für Gegenstände des Passivvermögens (insbesondere Verbindlichkeiten), die nicht im Rahmen des Spaltungsplans zugeteilt wurden bzw. sich nach Auslegung nicht zuteilen lassen, gilt, dass grundsätzlich jeder der beteiligten Rechtsträger gesamtschuldnerisch dafür einzustehen hat (Art. 137 III UAbs. 2 Kodifizierungs-RL (ex-Art. 3 III lit. b) Spaltungs-RL)). Da die Regelungen in der Kodifizierungs-Richtlinie für innerstaatliche Spaltungen insofern nur die Aufspaltung eines Rechtsträgers regeln und damit die übertragende Gesellschaft – vorbehaltlich des Art. 159 Kodifizierungs-RL (ex-Art. 25 Spaltungs-RL) (s. dazu Rn. 15) – erlischt, gelten für die Abspaltung sowie Ausgliederung die jeweils nationalen Vorgaben. Im deutschen Recht verbleiben hierbei vergessene Gegenstände grundsätzlich bei der übertragenden Gesellschaft.[59]

III. Offenlegung des Spaltungsplans

19 Der Spaltungsplan ist **mindestens einen Monat** vor dem Tag der Hauptversammlung, die über den Spaltungsplan zu beschließen hat, grundsätzlich für jeden der an der Spaltung beteiligten Rechtsträger offenzulegen (Art. 138 I 1 Kodifizierungs-RL (ex-Art. 4 I 1 Spaltungs-RL)). Die Vorgaben für die Offenlegung des Spaltungsplans entsprechen denen der Offenlegung des Verschmelzungsplans nach Art. 92 Kodifizierungs-RL (ex-Art. 6 Verschmelzungs-RL). Es kann daher, insbesondere auch mit Blick auf die **Befreiung von der Offenlegungspflicht**, auf die entsprechenden Ausführungen innerhalb der Verschmelzungsrichtlinie verwiesen werden (s. § 22 Rn. 28). Auch ein Verzicht auf die Offenlegung des Spaltungsplans durch die Aktionäre wird durch die Richtlinienbestimmung nicht per se ausgeschlossen, sondern hängt von der Ausgestaltung der nationalen Umsetzungsnormen ab (ausführlich im Rahmen der innerstaatlichen Verschmelzung s. § 22 Rn. 27).

IV. Spaltungsbericht

20 Wie bei der Verschmelzung stellt auch bei der Spaltung von Rechtsträgern die Erstellung eines Berichts einen Grundbaustein innerhalb des europäischen Modells für Strukturmaßnahmen dar.[60] Nach Art. 141 I Kodifizierungs-RL (ex-Art. 7 I Spaltungs-RL) hat das Verwaltungs- bzw. Leitungsorgan jeder der an der Spaltung betei-

55 Überblicksartig zu den spaltungsspezifischen Besonderheiten gegenüber dem Verfahren nach der Verschmelzungsrichtlinie die Grafik bei *Grundmann*, Europäisches Gesellschaftsrecht, 2011, Rn. 909.

56 *Dorresteijn et al.*, European Corporate Law, 2. Aufl. 2009, Rn. 3.66; *Lutter/Bayer/Schmidt*, Europäisches Unternehmens- und Kapitalmarktrecht, 2017, Rn. 21.30; ausführlich zum deutschen Recht (§ 126 I Nr. 9 UmwG) *Schröer* in: Semler/Stengel (Hrsg.), UmwG, 4. Aufl. 2017, § 126 Rn. 55 ff.; *Priester* in: Lutter (Hrsg.), UmwG, 5. Aufl. 2014, § 126 Rn. 47 ff.

57 Richtlinie 2001/23/EG des Rates v. 12. März 2001 zur Angleichung der Rechtsvorschriften der Mitgliedstaaten über die Wahrung von Ansprüchen beim Übergang von Unternehmen, Betrieben oder Unternehmens- und Betriebsteilen, ABl. EG v. 22.3.2001, L 82/16.

58 Ausführlich zu Umfang und Grenzen der Aufteilungsfreiheit nach deutschem Recht *Priester* in: Lutter (Hrsg.), UmwG, 4. Aufl.2014, § 126 Rn. 53 ff.; *Sickinger* in: Kallmeyer (Hrsg.), UmwG, 6. Aufl. 2017, § 126 Rn. 20 ff.

59 Vgl. *Schröer* in: Semler/Stengel (Hrsg.), UmwG, 4. Aufl.2017, § 126 Rn. 80; *Priester* in: Lutter (Hrsg.), UmwG, 5. Aufl. 2014, § 126 Rn. 58.

60 *Lutter/Bayer/Schmidt*, Europäisches Unternehmens- und Kapitalmarktrecht, 2017, Rn. 21.38.

ligten Gesellschaften einen **ausführlichen schriftlichen Bericht** zu erstellen, in dem der Spaltungsplan rechtlich und wirtschaftlich erläutert und begründet werden muss. Der Spaltungsbericht ist, sofern er erforderlich ist, nach Art. 143 I lit. d) Kodifizierungs-RL (ex-Art. 9 I lit. d) Spaltungs-RL) wiederum **mindestens einen Monat** vor der bzw. den beschließenden Hauptversammlung(en) den Aktionären zur Verfügung zu stellen. Da auch auf die Erstellung des Spaltungsberichts durch die Aktionäre verzichtet werden kann (s. Rn. 22 iVm § 22 Rn. 34), ist auch die diesbezügliche Offenlegungspflicht des Berichts einem Verzicht zugänglich.

Im Gegensatz zum Verschmelzungsbericht nach Art. 95 Kodifizierungs-RL (ex-Art. 9 Verschmelzungs-RL) muss im Spaltungsbericht auch der nach Art. 137 II lit. i) Kodifizierungs-RL (ex-Art. 3 II lit. i) Spaltungs-RL) anzugebende **Maßstab für die Aufteilung der Aktien** rechtlich und wirtschaftlich erläutert und begründet werden. Dies ist vor allem für eine nicht-verhältniswahrende Spaltung von Bedeutung.[61] Nach Art. 141 II 2 Kodifizierungs-RL (ex-Art. 7 II 2 Spaltungs-RL) ist im Spaltungsbericht weiterhin auf die zu erstellenden **Sacheinlageprüfungsberichte** hinzuweisen, sofern diese erforderlich sind.[62] Grund für diese im Vergleich zur Verschmelzung gesonderte Hinweispflicht ist, dass aufgrund der spaltungsspezifischen Gefahren auch insoweit eine umfassende Informationsgewährung der Anteilsinhaber des spaltenden Rechtsträgers gewährleistet werden soll.[63] 21

In Bezug auf die Erstellung eines **gemeinsamen Spaltungsberichts**, den **Verzicht** auf den Spaltungsbericht in den jeweils an der Spaltung beteiligten Rechtsträgern sowie bezüglich der Unterrichtungspflicht nach Art. 141 III Kodifizierungs-RL (ex-Art. 7 III Spaltungs-RL) kann aufgrund der überwiegenden Kongruenz mit den Vorgaben für den Verschmelzungsbericht nach Art. 95 Kodifizierungs-RL (ex-Art. 9 Verschmelzungs-RL) auf die entsprechenden Ausführungen innerhalb der Regelungen in der Kodifizierungs-Richtlinie für innerstaatliche Verschmelzungen verwiesen werden (§ 22 Rn. 33 f.). 22

Abweichungen bestehen hingegen ua beim **Adressat der Unterrichtungspflicht** nach Art. 141 III Kodifizierungs-RL (ex-Art. 7 III Spaltungs-RL). Dies trifft – im Gegensatz zur Parallelregelung bei der Verschmelzung – **nur** das Verwaltungs- bzw. Leitungsorgan des **gespaltenen Rechtsträgers**, nicht hingegen die weiteren, an der Spaltung beteiligten Gesellschaften. Anders als beim Verschmelzungsbericht ist weiterhin der Spaltungsbericht – vorbehaltlich eines etwaigen Verzichts – auch bei Konzernspaltungen stets erforderlich. Dies ergibt sich daraus, dass der Aufteilungsmaßstab auch in dieser Konstellation zumindest erklärungsbedürftig bleibt.[64] 23

V. Spaltungsprüfung

Betreffend die Prüfung des Spaltungsplans durch einen oder mehrere **unabhängige Sachverständige** nach Art. 142 Kodifizierungs-RL (ex-Art. 8 Spaltungs-RL) kann aufgrund der entsprechenden Anwendung der jeweiligen Regelungen in der Kodifizierungs-Richtlinie für innerstaatliche Verschmelzungen wiederum größtenteils darauf verwiesen werden (s. § 22 Rn. 36 ff.). Wie bei der Verschmelzungsprüfung hat die Prüfung grundsätzlich **gesondert für jede** an der Spaltung beteiligte Gesellschaft zu erfolgen (Art. 142 I 1 Kodifizierungs-RL (ex-Art. 8 I 1 Spaltungs-RL)). Die Mitgliedstaaten können nach Art. 142 I 2 Kodifizierungs-RL (ex-Art. 8 I 2 Spaltungs-RL) jedoch auch hier eine gemeinsame Prüfung zulassen. 24

Für Fragen des **Prüfungsgegenstandes** der Sachverständigen sowie deren **Qualifikation** und Unabhängigkeit, des Inhalts des Prüfungsberichts und des Auskunftsrechts der Sachverständigen (Art. 142 II Kodifizierungs-RL (ex-Art. 8 II Spaltungs-RL)) sind die Vorgaben des Art. 96 II-IV Kodifizierungs-RL (ex-Art. 10 II-IV Verschmelzungs-RL) entsprechend heranzuziehen (s. § 22 Rn. 37 ff.). 25

Nicht erforderlich ist die Spaltungsprüfung bei einer **Spaltung zur Neugründung** (Art. 156 V Kodifizierungs-RL (ex-Art. 22 V Spaltungs-RL)). Wie beim Spaltungsbericht bleibt die Spaltungsprüfung jedoch – im Unterschied zur Verschmelzungsprüfung – auch bei Konzernspaltungen grundsätzlich obligatorisch.[65] 26

---

61 *Lutter/Bayer/Schmidt*, Europäisches Unternehmens- und Kapitalmarktrecht, 2017, Rn. 21.38; zur deutschen Umsetzung *Schwab* in: Lutter (Hrsg.), UmwG, 5. Aufl. 2014, § 127, Rn. 32; *Hörtnagel* in: Schmitt/Hörtnagl/Stratz (Hrsg.), UmwG, 7. Aufl. 2016, § 127 Rn. 6 ff.; *Gehling* in: Semler/Stengel (Hrsg.), UmwG, 4. Aufl. 2017, § 127 Rn. 28 f.

62 Siehe zum Erfordernis eines Hinweises auf die entsprechenden Berichte anstelle einem, wie in der deutschen Übersetzung der Norm, lediglichen „erwähnen“ dieser *Lutter/Bayer/Schmidt*, Europäisches Unternehmens- und Kapitalmarktrecht, 2017, Rn. 21.38, Fn. 82.

63 Vgl. Begr. RegE zum UmwG, BT-Drs. 12/6699, S. 126; siehe auch *Lutter/Bayer/Schmidt*, Europäisches Unternehmens- und Kapitalmarktrecht, 2017, Rn. 21.38.

64 *Grundmann*, Europäisches Gesellschaftsrecht, 2011, Rn. 910; *Lutter/Bayer/Schmidt*, Europäisches Unternehmens- und Kapitalmarktrecht, 2017, Rn. 21.42; *Lösekrug*, Die Umsetzung der Kapital-, Verschmelzungs- und Spaltungs-RL der EG in das nationale deutsche Recht. 2004, S. 342 f.

65 Vgl. *Grundmann*, Europäisches Gesellschaftsrecht, 2011, Rn. 910; *Lutter/Bayer/Schmidt*, Europäisches Unternehmens- und Kapitalmarktrecht, 2017, Rn. 21.51; *Lösekrug*, Die Umsetzung der Kapital-, Verschmelzungs- und Spaltungs-RL der EG in das nationale deutsche Recht, 2004, S. 344 f.

VI. Beschlussfassung über die Spaltung

27 Zentrales Element des Aktionärsschutzes ist die **Zustimmung der Hauptversammlung** zur Spaltung der Gesellschaft. Nach Art. 139 I 1 Kodifizierungs-RL (ex-Art. 5 I 1 Spaltungs-RL) bedarf die Spaltung grundsätzlich der Zustimmung der Hauptversammlungen jeder der an der Spaltung beteiligten Rechtsträger. In Bezug auf die Mehrheitserfordernisse innerhalb der beschließenden Hauptversammlung, den Gegenstand der Beschlussfassung sowie das etwaige Erfordernis von Sonderbeschlüssen einzelner Aktionäre bzw. Aktionärsgruppen wird nach Art. 139 I 2 Kodifizierungs-RL (ex-Art. 5 I 2 Spaltungs-RL) ausdrücklich auf die entsprechenden Vorgaben der Kodifizierungs-Richtlinie für innerstaatliche Verschmelzungen (Art. 93 f. Kodifizierungs-RL (ex-Art. 7 f. Verschmelzungs-RL)) verwiesen. Die dortigen Ausführungen (§ 22 Rn. 44 ff.) gelten daher spiegelbildlich auch für die Modalitäten der Beschlussfassung über die Spaltung. Es bedarf somit mindestens einer Zustimmung von **2/3** der bei der Beschlussfassung vertretenden Stimmen oder des vertretenden gezeichneten Kapitals,[66] wobei die Mitgliedstaaten auch höher Zustimmungsquoten vorsehen können. Nach Art. 140 Kodifizierungs-RL (ex-Art. 6 Spaltungs-RL) können die Mitgliedstaaten in Parallele zu Art. 94 Kodifizierungs-RL (ex-Art. 8 Verschmelzungs-RL) weiterhin unter bestimmten Voraussetzungen auf das Zustimmungserfordernis in der bzw. den begünstigten Gesellschaften **verzichten.** Für die Ausgestaltung der Verzichtsmöglichkeit kann wiederum auf die entsprechende Regelungen in der Kodifizierungs-Richtlinie für innerstaatliche Verschmelzungen verwiesen werden (§ 22 Rn. 48 f.). Zudem ist bei Konzernspaltungen unter bestimmten Bedingungen auch bei der gespaltenen Gesellschaft der Hauptversammlungsbeschluss entbehrlich (vgl. Art. 154 Kodifizierungs-RL (ex-Art. 20 Spaltungs-RL)).

28 Liegt ein Fall einer **nicht-verhältniswahrenden Spaltung** vor, können die Mitgliedstaaten nach Art. 139 II Kodifizierungs-RL (ex-Art. 5 II Spaltungs-RL) vorsehen, dass die Minderheitsaktionäre der gespaltenen Gesellschaft ihre Aktien aufkaufen lassen können. In diesem Fall haben die Minderheitsaktionäre Anspruch auf eine dem Wert ihrer Aktien entsprechende **Barabfindung** gegen die gespaltene Gesellschaft.

VII. Schutzinstrumente

1. Gläubigerschutz

29 Der Schutz der Gläubiger ist eines der zentralen Anliegen innerhalb der einschlägigen Regelungen der Kodifizierungsrichtlinie (vgl. Erwägungsgrund 70 (ex-Erwägungsgrund 8)).[67] Dafür bestimmt Art. 146 I Kodifizierungs-RL (ex-Art. 12 I Spaltungs-RL) zunächst allgemein, dass für Forderungsgläubiger der an der Spaltung beteiligten Gesellschaften ein **angemessenes Schutzsystem** zu etablieren ist. Im Unterschied zur Parallelregelung in der Kodifizierungs-Richtlinie für innerstaatliche Verschmelzungen eröffnen die Regelungen für innerstaatliche Spaltungen dem Mitgliedstaat die Möglichkeit, zwischen zwei verschiedenen **„Schutzpaketen"** zu wählen.[68] Dieses erweiterte Schutzsystem beruht auf der Prämisse, dass bei Spaltungen grundsätzlich eine erhöhte Gefährdungslage für die betroffenen Gläubiger besteht, die aus der erwähnten Spaltungsfreiheit und der damit einhergehenden grundsätzlichen Freiheit zur selbstbestimmten Verteilung von Aktiva und Passiva auf die begünstigten Gesellschaften resultiert.[69]

30 Innerhalb des Art. 146 Kodifizierungs-RL (ex-Art. 12 Spaltungs-RL) wird zwischen den Forderungsgläubigern der gespaltenen Gesellschaft und denen der begünstigten Gesellschaften unterschieden: Die Gläubiger der gespaltenen Gesellschaften erscheinen dabei **besonders schutzbedürftig**, da sie sowohl einen neuen Schuldner erhalten, als auch in besonderem Maße von der Spaltungsfreiheit und einer „willkürlichen" Vermögensaufteilung betroffen sein können.[70] Für die Gläubiger der begünstigten Gesellschaften wird in Art. 146 IV Kodifizierungs-RL (ex-Art. 12 IV Spaltungs-RL) auf die entsprechende Regelung für innerstaatliche Verschmelzungen verwiesen (s. dazu § 22 Rn. 51 ff.).

31 Das erste Schutzpaket besteht nach Art. 146 II, III Kodifizierungs-RL (ex-Art. 12 II, III Spaltungs-RL) aus einem **Anspruch auf Sicherheitsleistung** der Gläubiger der gespaltenen Gesellschaft und ggf einer Ausfallhaftung der begünstigten Gesellschaften. Für den in Art. 146 II Kodifizierungs-RL (ex-Art. 12 II Spaltungs-RL) normierten Anspruch auf Sicherheitsleistung kann aufgrund dessen inhaltlicher Gleichstellung mit der Parallelregelung für

66 Zu den jeweiligen Beschlussmehrheiten in einzelnen Mitgliedstaaten vgl. *Grundmann*, Europäisches Gesellschaftsrecht, 2011, Rn. 917, Fn. 95.

67 Vgl. auch *Schwarz*, Europäisches Gesellschaftsrecht, 2000, Rn. 699.

68 Vgl. *Costan* RIW 2010, 193; *Bakos-Kovács* in: Attila ua (Hrsg.), Internationale Konferenz zum zehnjährigen Bestehen des Instituts für Rechtsvergleichung der Universität Szeged, 2014, S. 51, 52.

69 *Habersack/Verse*, Europäisches Gesellschaftsrecht, 2011, § 8 Rn. 45; *Grundmann*, Europäisches Gesellschaftsrecht, 2011, Rn. 912; *Lutter/Bayer/Schmidt*, Europäisches Unternehmens- und Kapitalmarktrecht, 2017, Rn. 21.90; *Kalss/Klampfl*, Europäisches Gesellschaftsrecht, 2015, Rn. 180; *Mélon* ESJ 2015, 170, 185.

70 *Habersack/Verse*, Europäisches Gesellschaftsrecht, 2011, § 8 Rn. 45; *Lutter/Bayer/Schmidt*, Europäisches Unternehmens- und Kapitalmarktrecht, 2017, Rn. 21.93; *Kalss/Klampfl*, Europäisches Gesellschaftsrecht, 2015, Rn. 180; *Teichmann* in: Gebauer/Teichmann (Hrsg.), Europäisches Privat- und Unternehmensrecht, 2016, § 6 Rn. 266.

innerstaatliche Verschmelzungen auf diese verwiesen werden. Dies gilt insbesondere auch für die Voraussetzungen eines solchen Anspruchs. Es muss sich daher um einen sog **Altgläubiger** handeln, dessen Forderung noch nicht fällig sowie deren Befriedigung gefährdet ist und dem noch keine vergleichbaren Sicherheiten gewährt wurden.

Eine **Ausfallhaftung** der begünstigten Gesellschaften greift nach Art. 146 III 1 Kodifizierungs-RL (ex-Art. 12 III 1 Spaltungs-RL) dann ein, wenn ein Gläubiger der gespaltenen Gesellschaft von der Gesellschaft, auf die seine Forderung nach dem Spaltungsplan übertragen wurde, keine Befriedigung erlangen konnte. Die begünstigten Gesellschaften haften dann gegenüber diesem Gläubiger als Gesamtschuldner für die noch offene Forderung. Nach Art. 146 III 2 Kodifizierungs-RL (ex-Art. 12 III 2 Spaltungs-RL) können die Mitgliedstaaten eine solche Ausfallhaftung jedoch auf das der jeweiligen Gesellschaft zugeteilte **Nettoaktivvermögen beschränken**. Zudem kann unter bestimmten Voraussetzungen auf eine Ausfallhaftung verzichtet werden, wenn die Spaltung unter der gerichtlichen Aufsicht nach Art. 157 Kodifizierungs-RL (ex-Art. 23 Spaltungs-RL) erfolgt. 32

Neben einem Anspruch auf Sicherheitsleistung besteht zur Gewährleistung eines angemessenen Gläubigerschutzes weiterhin die Möglichkeit nach Art. 146 VI Kodifizierungs-RL (ex-Art. 12 VI Spaltungs-RL) eine **gesamtschuldnerische Haftung** aller begünstigten Gesellschaften für die Verbindlichkeiten der gespaltenen Gesellschaft vorzusehen. Im Gegensatz zur Ausfallhaftung nach Art. 146 III 2 Kodifizierungs-RL (ex-Art. 12 III 2 Spaltungs-RL) kann diese auch **nicht** auf das jeweils übernommene Nettoaktivvermögen der begünstigten Gesellschaften beschränkt werden.[71] 33

Art. 147 VII Kodifizierungs-RL (ex-Art. 13 VII Spaltungs-RL) gestattet den Mitgliedstaaten darüber hinaus, beide Schutzpakete miteinander zu kombinieren. Neben einem Anspruch auf Sicherheitsleistung kann daher auch die (nicht subsidiäre) gesamtschuldnerische Haftung der begünstigten Gesellschaften treten. Entscheidet sich ein Mitgliedstaat für eine solche **Kombination beider Schutzpakete**, steht es diesem – im Gegensatz zur isolierten Wahl des zweiten Schutzpaketes – zu, die gesamtschuldnerische Haftung auf das der jeweiligen Gesellschaft zugeteilten Nettoaktivvermögen zu begrenzen (Art. 146 VII Hs. 2 Kodifizierungs-RL (ex-Art. 12 VII Hs. 2 Spaltungs-RL)). 34

Deutschland hat sich bei der Umsetzung der damaligen Spaltungsrichtlinie mit **§ 133 I UmwG** für eine solche Kombination aus dem Anspruch auf Sicherheitsleistung der Forderungsgläubiger der gespaltenen Gesellschaft und der gesamtschuldnerischer Haftung der begünstigten Gesellschaften entschieden.[72] 35

Die Regelungen zum Schutz von **Anleihegläubigern** (Art. 146 IV Kodifizierungs-RL (ex-Art. 12 IV Spaltungs-RL)) und **Inhabern von Sonderrechten** (Art. 147 Kodifizierungs-RL (ex-Art. 13 Spaltungs-RL)) korrespondieren weitestgehend mit den entsprechenden Vorgaben in der Kodifizierungs-Richtlinie für innerstaatliche Verschmelzungen, weshalb auf die diesbezüglichen Ausführungen verwiesen werden kann (s. § 22 Rn. 57 f.). 36

2. Anteilsinhaberschutz (insbesondere Minderheitenschutz)

Der Schutz der (Minderheits-) Aktionäre wird in den Regelungen in der Kodifizierungs-Richtlinie für innerstaatliche Spaltungen ebenfalls durch verschiedene Instrumente sichergestellt. Neben dem grundsätzlichen Erfordernis eines qualifizierten Hauptversammlungsbeschlusses (formales **Mitentscheidungsrecht der Anteilsinhaber**)[73] in den an der Spaltung beteiligten Gesellschaften werden die Aktionäre durch Information geschützt (**„Schutz durch Information"**).[74] Hierzu zählen insbesondere die Informationen durch den Spaltungsplan, den Spaltungsbericht und die Prüfung des Spaltungsplans durch unabhängige Sachverständige. Durch die Offenlegung und die Vorgaben zur Vorabinformation nach Art. 143 Kodifizierungs-RL (ex-Art. 9 Spaltungs-RL) wird sichergestellt, dass die Aktionäre von ihrem Mitentscheidungsrecht effektiv und in Kenntnis aller relevanten Umstände Gebrauch machen können.[75] Einstimmig können sie hierauf jedoch auch verzichten. 37

Für die Ausgestaltung der Zugänglichmachung der **Vorabinformationen** nach Art. 143 Kodifizierungs-RL (ex-Art. 9 Spaltungs-RL) kann auf die diesbezüglichen Ausführungen zu den Regelungen in der Kodifizierungs-Richtlinie für innerstaatliche Verschmelzungen verwiesen werden (s. § 22 Rn. 61). Um zu gewährleisten, dass 38

71 *Lutter/Bayer/Schmidt*, Europäisches Unternehmens- und Kapitalmarktrecht, 2017, Rn. 21.97; *Habersack/Verse*, Europäisches Gesellschaftsrecht, 2011, § 8 Rn. 47; *Costan* RIW 2010, 192, 194; in diesem Zusammenhang zur Behandlung von Dauerschuldverhältnissen auch *Schwarz*, Europäisches Gesellschasftsrecht, 2000, Rn. 700; *Prüm*, Die grenzüberschreitende Spaltung, 2006, S. 171.

72 Vgl. zur deutschen Regelung des § 133 I UmwG *Schwab* in: Lutter (Hrsg.), UmwG, 5. Aufl. 2014, § 133 Rn. 5 ff.; *Sickinger* in: Kallmeyer (Hrsg.), UmwG, 6. Aufl. 2017, § 133 Rn. 1 ff.; *Seulen* in: Semler/Stengel (Hrsg.), UmwG, 4. Aufl. 2017, § 133 Rn. 4 ff.

73 Vgl. zur Parallelregelung für die Verschmelzung *Habersack/Verse*, Europäisches Gesellschaftsrecht, 2011, § 8 Rn. 18; *Riesenhuber* NZG 2004, 15, 19; *Lutter/Bayer/Schmidt*, Europäisches Unternehmens- und Kapitalmarktrecht, 2017, Rn. 20.119.

74 *Lutter/Bayer/Schmidt*, Europäisches Unternehmens- und Kapitalmarktrecht, 2017, Rn. 21.84; *Grundmann*, Europäisches Gesellschaftsrecht, 2011, Rn. 234.

75 Vgl. zur Parallelregelung für die Verschmelzung *Lutter/Bayer/Schmidt*, Europäisches Unternehmens- und Kapitalmarktrecht, 2017, Rn. 20.119; ferner *Habersack/Verse*, Europäisches Gesellschaftsrecht, 2011, § 8 Rn. 18.

die Aktionäre auch tatsächlich eine informierte Entscheidung über die Spaltung treffen können, ist der Spaltungsplan, der Spaltungsbericht sowie der Spaltungsprüfungsbericht – sofern auf diese nicht jeweils in zulässiger Weise verzichtet wurde – daher **mindestens einen Monat** vor dem Tag der über die Spaltung beschließenden Hauptversammlung jedem Aktionär zur Einsichtnahme **vorzulegen** (vgl. Art. 143 I Kodifizierungs-RL (ex-Art. 9 I Spaltungs-RL)).

39 Im Unterschied zu den Regelungen für innerstaatliche Verschmelzungen enthalten die Bestimmungen in der Kodifizierungs-Richtlinie für innerstaatliche Spaltungen nach Art. 139 II Kodifizierungs-RL (ex-Art. 5 II Spaltungs-RL) eine explizite Regelung über das Recht von Minderheitsaktionären auf **Austritt gegen Barabfindung.** Da bei einer Verschmelzung stets das gesamte Aktiv- und Passivvermögen im Wege der Gesamtrechtsnachfolge übergeht, bedurfte es einer entsprechenden Regelung dieser (spaltungsspezifischen) Sonderproblematik nicht.[76] Im Fall einer nicht-verhältniswahrenden Spaltung gestattet Art. 139 II 1 Kodifizierungs-RL (ex-Art. 5 II 1 Spaltungs-RL) den Mitgliedstaaten, den Minderheitsaktionären in diesem Fall ein sell-out-Recht einzuräumen. Voraussetzung dafür ist jedoch, dass den Minderheitsaktionären ein Anspruch auf eine dem Wert ihrer Aktien entsprechende Gegenleistung zusteht (Art. 139 II 2, 3 Kodifizierungs-RL (ex-Art. 5 II 2, 3 Spaltungs-RL)). Den Mitgliedstaaten steht es darüber hinaus frei, auch weitergehende Schutzinstrumente für Minderheitsaktionäre vorzusehen (zB Austrittsrecht auch bei verhältniswahrenden Spaltungen oder einen Anspruch auf Verbesserung des Umtauschverhältnisses).[77]

3. Arbeitnehmerschutz

40 Der Schutz der Arbeitnehmer wird bei einer Spaltung wie bei der Verschmelzung nach Art. 145 Kodifizierungs-RL (ex-Art. 11 Spaltungs-RL) durch einen Verweis auf die Regelungen der **Betriebsübergangs-Richtlinie**[78] gewährleistet. Diesbezüglich kann daher ebenfalls auf die entsprechenden Ausführungen zu den Regelungen in der Kodifizierungs-Richtlinie für innerstaatliche Verschmelzungen verwiesen werden (s. § 22 Rn. 64).

VIII. Rechtmäßigkeit und Wirksamkeit der Spaltung

1. Rechtmäßigkeitskontrolle

41 Wie auch bei der Verschmelzung besteht bei einer Spaltung von Aktiengesellschaften eine Pflicht zur umfassenden **Kontrolle der Rechtmäßigkeit** der Spaltung. Art. 148 Kodifizierungs-RL (ex-Art. 14 Spaltungs-RL) erklärt insofern die entsprechenden Regelungen des Art. 102 Kodifizierungs-RL (ex-Art. 16 Verschmelzungs-RL) für anwendbar. Auch diesbezüglich kann daher auf die Ausführungen zu den Regelungen in der Kodifizierungs-Richtlinie für innerstaatliche Verschmelzungen verwiesen werden (s. § 22 Rn. 65 ff.). Insbesondere haben die Mitgliedstaaten die Wahl, ob sie die Rechtmäßigkeitskontrolle mittels einer vorbeugenden **gerichtlichen** bzw. verwaltungsbehördlichen **Kontrolle** oder einer **öffentlichen Beurkundung** durch einen Notar bewerkstelligen. Auch eine **Kombination** beider ist denkbar. Zur Gewährleistung eines umfassenden Aktionärs- und Rechtsverkehrsschutzes verfolgt das deutsche Umwandlungsrecht traditionell eine doppelte Kontrolle aus notarieller Beurkundung und registergerichtlicher Kontrolle.[79]

2. Zeitpunkt des Wirksamwerdens und Offenlegung

42 Wie bei der Parallelregelung des Art. 103 Kodifizierungs-RL (ex-Art. 17 Verschmelzungs-RL) überlässt es Art. 149 Kodifizierungs-RL (ex-Art. 15 Spaltungs-RL) den Mitgliedstaaten, über den Zeitpunkt des Wirksamwerdens der Spaltung zu bestimmen. Im Interesse der Rechtssicherheit muss dieser Zeitpunkt aber genau bestimmenbar sein.[80] Die Regelungen in der Kodifizierungs-Richtlinie für innerstaatliche Spaltungen fordern insofern zumindest eine eindeutige **Festlegung auf einen konkreten Zeitpunkt.**

43 Nach Art. 150 I Kodifizierungs-RL (ex-Art. 16 I Spaltungs-RL) muss die Spaltung für jede der an dieser beteiligten Gesellschaft in Übereinstimmung mit Art. 16 Kodifizierungs-RL (ex-Art. 3 Publizitäts-RL) (s. dazu § 20 Rn. 14 ff.) **offengelegt** werden. Als Erleichterung für die Praxis gestattet Art. 150 II Kodifizierungs-RL (ex-

76 *Grundmann*, Europäisches Gesellschaftsrecht, 2011, Rn. 911; *Lutter/Bayer/Schmidt*, Europäisches Unternehmens- und Kapitalmarktrecht, 2017, Rn. 21.85, Fn. 157.

77 *Lutter/Bayer/Schmidt*, Europäisches Unternehmens- und Kapitalmarktrecht, 2017, Rn. 21.86; *Grundmann*, Europäisches Gesellschaftsrecht, 2011, Rn. 912; *Kalss/Klampfl*, Europäisches Gesellschaftsrecht, 2011, Rn. 173.

78 Richtlinie 2001/23/EG des Rates v. 12. März 2001 zur Angleichung der Rechtsvorschriften der Mitgliedstaaten über die Wahrung von Ansprüchen beim Übergang von Unternehmen, Betrieben oder Unternehmens- und Betriebsteilen, ABl. EG v. 22.3.2001, L 82/16, dazu ua *Lutter/Bayer/Schmidt*, Europäisches Unternehmens- und Kapitalmarktrecht, 2017, § 42; *Oppertshäuser* in: Gebauer/Wiedmann (Hrsg.), Zivilrecht unter europäischem Einfluss, 2. Aufl. 2011, Kapital 19, Rn. 177 ff.

79 Dazu *Priester* in: Lutter (Hrsg.), UmwG, 5. Aufl. 2014, § 130 Rn. 5 ff.; *Zimmermann* in: Kallmeyer (Hrsg.), UmwG, 6. Aufl. 2017, § 130 Rn. 2 ff.

80 *Lutter/Bayer/Schmidt*, Europäisches Unternehmens- und Kapitalmarktrecht, 2017, Rn. 21.66.

Art. 16 II Spaltungs-RL) dabei, dass jede begünstigte Gesellschaft die Offenlegung für die gespaltene Gesellschaft auch selbst veranlassen kann. Im Übrigen besteht Kongruenz zu der entsprechenden Regelung für innerstaatliche Verschmelzungen, so dass auf die dortigen Ausführungen verwiesen werden kann (s. § 22 Rn. 68).

IX. Rechtsfolgen der Spaltung

Die mit der Spaltung von Gesellschaften einhergehenden Rechtsfolgen ergeben sich aus Art. 151 I lit. a) bis lit. c) Kodifizierungs-RL (ex-Art. 17 I lit. a) bis lit. c) Spaltungs-RL). Danach bewirkt die Spaltung *ipso iure*: 44

- die **partielle Gesamtrechtsnachfolge** der begünstigten Rechtsträger (Art. 151 I lit. a) Kodifizierungs-RL (ex-Art. 17 I lit. a) Spaltungs-RL));
- einen „**Aktientausch**" von Aktien des gespaltenen Rechtsträgers zu Aktien des begünstigten Rechtsträgers (Art. 151 I lit. b) Kodifizierungs-RL (ex-Art. 17 I lit. b) Spaltungs-RL));
- das **Erlöschen** der gespaltenen Gesellschaft (Art. 151 I lit. c) Kodifizierungs-RL (ex-Art. 17 I lit. c) Spaltungs-RL)).

Nach Art. 151 I lit. a) Kodifizierungs-RL (ex-Art. 17 I lit. a) Spaltungs-RL) geht das gesamte Aktiv- und Passivvermögen der gespaltenen Gesellschaft[81] automatisch und ohne dass es hierzu besonderer Übertragungsakte bedürfte, anteilig auf die begünstigten Gesellschaften über. Maßgeblich ist insofern grundsätzlich die im Spaltungsplan vorgenommene Aufteilung auf die begünstigten Gesellschaften. Die partielle Universalsukzession gilt dabei nicht nur im Verhältnis der beteiligten Gesellschaften zueinander, sondern grundsätzlich auch **im Verhältnis zu Dritten.** In diesem Zusammenhang ist jedoch auch die Ausnahmeregelung des Art. 151 III Kodifizierungs-RL (ex-Art. 17 III Spaltungs-RL) zu beachten. Danach bleiben die mitgliedstaatlichen Rechtsvorschriften über die Wirksamkeit der Übertragung bestimmter Vermögensgegenstände, die **speziellen Förmlichkeiten** bedürfen, von den Regelungen für innerstaatliche Spaltungen unberührt. 45

Welche **Reichweite** Art. 151 III Kodifizierungs-RL (ex-Art. 17 III Spaltungs-RL) dabei genau in Bezug auf den Umfang der Gesamtrechtsnachfolge gem Art. 151 I lit. a) Kodifizierungs-RL (ex-Art. 17 I lit. a) Spaltungs-RL) hat, ist im Schrifttum **umstritten.**[82] Teilweise wird vertreten, dass aufgrund der Formulierung des Art. 151 I lit. a) Kodifizierungs-RL (ex-Art. 17 I lit. a) Spaltungs-RL) das *gesamte* Aktiv- und Passivvermögen übergeht und jede Einschränkung der partiellen Gesamtrechtsnachfolge bei der Aufspaltung mit den Richtlinienbestimmungen unvereinbar sei.[83] Nach anderer Ansicht nimmt Art. 151 III 1 Kodifizierungs-RL (ex-Art. 17 III 1 Spaltungs-RL) lediglich *auf besondere Förmlichkeiten* Rücksicht, woraus sich im Gegenschluss ergebe, dass andere Übertragungsbeschränkungen der Mitgliedstaaten, die viel schwerwiegender und bedeutsamer seien, erst recht nicht für Spaltungen aufzuheben seien. Die Regelungen in der Kodifizierungs-Richtlinie für innerstaatliche Spaltungen fordere daher bei der Aufspaltung nicht zwingend eine vollständige Vermögensübertragung.[84] Eine Dritte Ansicht nimmt an, dass Art. 151 III 1 Kodifizierungs-RL (ex-Art. 17 III 1 Spaltungs-RL) den angeordneten Vermögensübergang generell unter den Vorbehalt des allgemeinen Zivilrechts der Mitgliedstaaten stelle.[85] Diese Auffassungen sind jedoch nicht zu teilen. Im Ergebnis ergibt sich vielmehr, dass mit Blick auf das Koordinationsziel der Regelungen in der Kodifizierungs-Richtlinie für innerstaatliche Spaltungen sowie Verschmelzungen diese nicht darauf ausgerichtet sind, **sämtliche nationalen Gegebenheiten** zur Übertragbarkeit von Vermögensgegenständen durch die Anordnung einer Gesamtrechtsnachfolge zu durchbrechen. Wenn die entsprechenden Richtlinien den Übergang des *gesamten* Vermögens anordnen, so wird vom Richtliniengeber vielmehr vorausgesetzt, dass es sich um Vermögen handelt, welches durch Gesamtrechtsnachfolge übergangsfähig ist.[86] Darüber hinaus ist Art. 151 III 1 Kodifizierungs-RL (ex-Art. 17 III 1 Spaltungs-RL) nicht dahin gehend zu verstehen, dass er für die Wirksamkeit der Übertragung besondere Förmlichkeiten gegenüber Dritten für beachtlich hält. Vielmehr nimmt Art. 151 III 1 Kodifizierungs-RL (ex-Art. 17 III 1 Spaltungs-RL) Bezug auf die mitgliedstaatlichen Vorschriften, die für die Wirksamkeit der Übertragung ggü Dritten besondere Förmlichkeiten fordern. Die Wirksamkeit *inter partes* bleibt davon unberührt.[87] Im Ergebnis ordnet Art. 151 I lit. a) Kodifizierungs-RL (ex-Art. 17 I lit. a) Spaltungs-RL) daher für die Aufspaltung den **Übergang des gesamten Aktiv- und Passivvermö-** 46

81 In Übertragung von EuGH, Rs. C-343/13 (Modelo Continente Hipermercados), ECLI:EU:C:2015:146 = BB 2015, 1294 muss auch bei der Spaltung eine ordnungswidrigkeitsrechtliche Haftung des übertragenden Rechtsträgers entweder bei diesem verbleiben oder auf einen übernehmenden Rechtsträger übergehen, vgl. *Bayer/Schmidt* BB 2015, 1731, 1739; prognostizierend auch *Haspl* EuZW 2015, 350, 351; kritisch zur Übertragung auf eine Spaltung hingegen *Houet* ELR 2015, 13, 17.

82 Vgl. die entsprechenden Nachweise bei *Wöhlert*, Gestaltungsfreiheit und Gläubigerschutz bei Spaltungen, 2010, S. 103 ff.

83 So in Bezug auf § 132 UmwG aF *Heidenhain* ZIP 1995, 801 ff.; *Mayer* in: Widmann/Mayer (Hrsg.), Umwandlungsrecht, 169. Lieferung 2018, § 132 UmwG Rn. 7.

84 So *Gutzler*, Übertragungshindernisse bei der Unternehmensspaltung, 2000, S. 18 ff.

85 So *Schwarz*, Europäisches Gesellschaftsrecht, 2000, Rn. 694; wohl auch *Jesch*, Beiheft zu ZHR 68 (1999), S. 148 ff.

86 *Wöhlert*, Gestaltungsfreiheit und Gläubigerschutz bei Spaltungen, 2010, S. 107.

87 *Wöhlert*, Gestaltungsfreiheit und Gläubigerschutz bei Spaltungen, 2010, S. 110.

gens an. Ausnahmen stellen lediglich solche Rechte dar, die schon von ihrer Natur her nicht auf andere Rechtsträger übertragen werden können sowie Vermögensgegenstände, die kraft mitgliedstaatlichem Recht einer Gesamtrechtsnachfolge überhaupt nicht zugänglich sind.

47 Nach Art. 151 I lit. b) Kodifizierungs-RL (ex-Art. 17 I lit. b) Spaltungs-RL) werden die Aktionäre der gespaltenen Gesellschaft Aktionäre einer oder mehrerer begünstigter Gesellschaften. Maßgeblich ist auch insoweit die **im Spaltungsplan vorgesehene Aktienaufteilung.** Der Anteilserwerb vollzieht sich **automatisch** in Folge der Spaltung, dh grundsätzlich unabhängig von ansonsten bestehenden Übertragungsakten. Zugleich gehen im Zuge des Aktientausches die Aktien der gespaltenen Gesellschaft notwendigerweise unter. Wie bei der entsprechenden Regelung innerhalb Vorgaben für die innerstaatliche Verschmelzung kommt es nach Art. 151 II Kodifizierungs-RL (ex-Art. 17 II Spaltungs-RL) jedoch bei Aktien, die sich bereits im Besitz der jeweils begünstigten Gesellschaft selbst befinden (lit. a) oder solchen, die die gespaltene Gesellschaft selbst hält (lit. b), nicht zum Anteilserwerb.

48 Schließlich erlischt nach Art. 151 I lit. c) Kodifizierungs-RL (ex-Art. 17 I lit. c) Spaltungs-RL) die gespaltene Gesellschaft. Weitere Rechtsakte, wie die Löschung des Rechtsträgers, sind nicht erforderlich. Auch ein Liquidationsverfahren findet **nicht** statt.[88]

X. Nichtigkeit und Bestandsschutz der Spaltung

49 Da mit einer Rückabwicklung einer Spaltung (sog „**Entspaltung**")[89] wie bei einer Entschmelzung verschiedene Schwierigkeiten verbunden sind,[90] sah sich der Richtliniengeber veranlasst, auch Regelungen über die Nichtigkeit und den Bestandsschutz der Spaltung zu erlassen (vgl. Erwägungsgrund 73 (ex-Erwägungsgrund 11)). Dazu statuiert Art. 153 I Kodifizierungs-RL (ex-Art. 19 I Spaltungs-RL) einen **abschließenden Katalog von Nichtigkeitsgründen.** Nur nach den dort aufgezählten Voraussetzungen kann eine Spaltung nachträglich für nichtig erklärt werden. Inhaltlich ist Art. 153 Kodifizierungs-RL (ex-Art. 19 Spaltungs-RL) nahezu identisch mit der Parallelvorschrift des Art. 108 Kodifizierungs-RL (ex-Art. 22 Verschmelzungs-RL), weshalb weitgehend auf die dortigen Ausführungen verwiesen werden kann (§ 22 Rn. 76). Einzig relevanter Unterschied ist die Haftungsregel des Art. 153 I lit. h) Kodifizierungs-RL (ex-Art. 19 I lit. h) Spaltungs-RL).[91] Danach haftet jede begünstigte Gesellschaft sowie die gespaltene Gesellschaft für die Verpflichtungen, die nach dem Zeitpunkt des Wirksamwerdens der Spaltung und vor dem Zeitpunkt, zu dem der Beschluss über die Nichtigkeit der Spaltung offengelegt worden ist, entstanden sind. Die Mitgliedstaaten können jedoch vorsehen, dass diese Haftung auf den Teil des Nettoaktivvermögens **beschränkt ist,** welcher auf die begünstigte Gesellschaft entfällt, zu deren Lasten diese Verpflichtungen entstanden sind (Art. 153 I lit. h) S. 2 Kodifizierungs-RL (ex-Art. 19 I lit. h) S. 2 Spaltungs-RL)).

E. Spaltung durch Neugründung

I. Begriff und Einordnung der Spaltung durch Neugründung

50 Der Begriff der Spaltung durch (Neu-) Gründung wird in Art. 155 I Kodifizierungs-RL (ex-Art. 21 I Spaltungs-RL) definiert. Danach ist die Spaltung durch **Gründung einer neuen Gesellschaft** der Vorgang, durch den eine Gesellschaft ihr gesamtes Aktiv- und Passivvermögen im Wege der Auflösung ohne Abwicklung auf mehrere neugegründete Gesellschaften überträgt, und zwar gegen Gewährung von Anteilen der begünstigten Gesellschaften an die Aktionäre der gespaltenen Gesellschaft und ggf Gewährung einer baren Zuzahlung. Der Unterschied zur Spaltung durch Übernahme ist, dass bei einer Spaltung durch Neugründung die begünstigten Aktiengesellschaften **erst im Zuge der Spaltung** gegründet werden, während bei einer Spaltung durch Übernahme die begünstigten Gesellschaft bereits vorher existieren. Hauptcharakteristika einer Spaltung durch Gründung neuer Gesellschaften sind dennoch wie bei der Spaltung durch Übernahme die partielle Gesamtrechtsnachfolge, die Auflösung der gespaltenen Gesellschaften ohne Liquidation und ein Aktientausch sowie ggf eine bare Zuzahlung.

II. Spaltungsverfahren

51 Das für die Spaltung durch Übernahme entwickelte Spaltungsverfahren gilt weitgehend entsprechend auch für das Verfahren einer Spaltung durch Gründung neuer Gesellschaften (s. Rn. 16 ff.). In diesem Sinne verweist Art. 156 I 1 Kodifizierungs-RL (ex-Art. 22 I 1 Spaltungs-RL) auf die Vorschriften der **Art. 137-139** und **Art. 141-153** Kodifizierungs-RL (ex-Art. 3-5 und Art. 7-19 Spaltungs-RL). Diese gelten somit sinngemäß auch

88 *Lutter/Bayer/Schmidt*, Europäisches Unternehmens- und Kapitalmarktrecht, 2017, Rn. 21.77.
89 *Lutter/Bayer/Schmidt*, Europäisches Unternehmens- und Kapitalmarktrecht, 2017, Rn. 21.77.
90 *Habersack/Verse*, Europäisches Gesellschaftsrecht, 2011, § 8 Rn. 51.
91 *Lutter/Bayer/Schmidt*, Europäisches Unternehmens- und Kapitalmarktrecht, 2017, Rn. 21.79; *Grundmann*, Europäisches Gesellschaftsrecht, 2011, Rn. 913; *Edwards*, EC Company Law, 1999, S. 116.

für die Spaltung durch Neugründung. Dabei sind nach Art. 156 I 2 Kodifizierungs-RL (ex-Art. 22 I 2 Spaltungs-RL) unter „an der Spaltung beteiligte Gesellschaften" die gespaltene Gesellschaft und unter „begünstigte Gesellschaft" jede der neuen Gesellschaften zu verstehen.

Ergänzend sind bei einer Spaltung durch Neugründung im Spaltungsplan zusätzlich die **Rechtsform**, **Firma** und der (Satzungs-) **Sitz** jeder neu zu gründenden Gesellschaft anzugeben (Art. 156 II Kodifizierungs-RL (ex-Art. 22 II Spaltungs-RL)). Weiterhin bedürfen der Spaltungsplan sowie die Satzung **jeder neu zu gründenden Gesellschaft** der Zustimmung der Hauptversammlung der zu spaltenden Gesellschaft (Art. 156 III Kodifizierungs-RL (ex-Art. 22 III Spaltungs-RL)). In diesem Sinne würde eine unter bestimmten Voraussetzungen bestehende Entbehrlichkeit eines Hauptversammlungsbeschlusses in den neuen Gesellschaften unter Verweis auf Art. 140 Kodifizierungs-RL (ex-Art. 6 Spaltungs-RL) auch ins Leere laufen. 52

Eine Besonderheit gegenüber dem Verfahren einer Spaltung durch Übernahme besteht weiterhin gem Art. 156 V Kodifizierungs-RL (ex-Art. 22 V Spaltungs-RL). Danach dürfen die Mitgliedstaaten bei einer verhältniswahrenden Spaltung, dh wenn die Anteile jeder der neuen Gesellschaften den Aktionären der gespaltenen Gesellschaft im Verhältnis zu ihren Rechten am Kapital dieser gewährt werden, **weder** einen Spaltungsbericht noch eine Spaltungsprüfung oder eine Zwischenbilanz **zwingend vorschreiben**. Dahinterstehender Zweck dieser Regelung ist, dass der Maßstab für die Anteilsaufteilung hier keiner näheren Erläuterung und Begründung bedarf, da die Anteilsquoten fortgeschrieben werden und somit auch keine Unternehmensbewertungen anfallen.[92] 53

Da die Aktiva der gespaltenen Gesellschaft im Falle der Spaltung durch Neugründung als Sacheinlage in die neuen Gesellschaften eingebracht werden, sind grundsätzlich auch die Vorgaben für die Erbringung von **Sacheinlagen** nach den Regelungen in der Kodifizierungs-Richtlinie für das Kapital von Aktiengesellschaften (ehemalige **Kapitalrichtlinie**) anzuwenden (s. dazu § 21 Rn. 51 ff.). 54

F. Konzernspaltungen

Wie bei der innerstaatlichen Verschmelzung (s. § 22 Rn. 84 ff.) sah der europäische Richtliniengeber auch bei Spaltungen innerhalb eines Konzerns ein Bedürfnis für gewisse **Erleichterungen**.[93] Die entsprechende Regelung des Art. 154 Kodifizierungs-RL (ex-Art. 20 Spaltungs-RL) bezieht sich dabei nur auf Fälle der Spaltung durch Übernahme, da bei einer Spaltung durch Neugründung die begünstigten Gesellschaften erst im Wege der Spaltung entstehen und folglich nicht bereits vorher in eine Konzernstruktur eingebunden sein können. 55

Nach Art. 154 Kodifizierungs-RL (ex-Art. 20 Spaltungs-RL) bedarf es in Fällen, bei denen den begünstigten Gesellschaften insgesamt alle Aktien der gespaltenen Gesellschaft sowie alle sonstigen Anteile der gespaltenen Gesellschaft, die in der Hauptversammlung ein Stimmrecht gewähren (**100%-upstream-Spaltung**), übertragen werden, nicht zwingend eines über die Spaltung beschließenden Hauptversammlungsbeschluss bei der gespaltenen Gesellschaft, wenn der Spaltungsplan mindestens einen Monat vor Wirksamwerden der Spaltung offengelegt wurde (lit. a), alle Aktionäre der beteiligten Gesellschaften mindestens einen Monat vor Wirksamwerden der Spaltung die Möglichkeit zur Vorabinformation haben (lit. b) und die Unterrichtungspflicht infolge des Wegfalls des Hauptversammlungsbeschlusses bei jeder wesentlichen Vermögensänderung erfolgt (lit. c). 56

G. Spaltung unter Aufsicht eines Gerichts

Eine **Sonderregelung** enthält Art. 157 Kodifizierungs-RL (ex-Art. 23 Spaltungs-RL) für den Fall der Spaltung unter Aufsicht eines Gerichts. Der ursprüngliche Art. 23 Spaltungs-RL war vor allem als Zugeständnis an das Vereinigte Königreich eingefügt worden.[94] Nach Art. 157 II Kodifizierungs-RL (ex-Art. 23 II Spaltungs-RL) können mit der Spaltung unter Aufsicht eines Gerichts verschiedene **Erleichterungen** einhergehen. So kann auf die Erstellung eines Spaltungsplans verzichtet werden, wenn ein angemessenes Gläubigerschutzsystem gewährleistet ist (lit. a); es bedarf keiner Offenlegung des Spaltungsplans und entsprechender Vorabinformation an die Aktionäre, wenn die Möglichkeit der ausnahmsweisen Entbehrlichkeit des Hauptversammlungsbeschlusses in einer begünstigten Gesellschaft nach mitgliedstaatlichem Recht besteht (lit. b); der Verzicht auf die Frist zur Vorabinformation an die Aktionäre und der darin festgelegten Möglichkeit, dass die Aktionäre von den entsprechenden Unterlagen Kenntnis nehmen (lit. c). 57

Diese Erleichterungen können nach Art. 157 I Kodifizierungs-RL (ex-Art. 23 I Spaltungs-RL) jedoch **nur dann** zur Anwendung gelangen, wenn das zur Aufsicht der Spaltung berufene Gericht befugt ist (1) die über die Spaltung beschließende Hauptversammlung einzuberufen (lit. a), (2) sich zu vergewissern, dass die Aktionäre jeder an der Spaltung beteiligten Gesellschaften zumindest die Vorabinformationen nach Art. 143 Kodifizierungs- 58

92 *Lutter/Bayer/Schmidt*, Europäisches Unternehmens- und Kapitalmarktrecht, 2017, Rn. 21.109; *Bayer/Schmidt* ZIP 2010, 953, 957 f.; *Grundmann*, Europäisches Gesellschaftsrecht, 2011, Rn. 910; *Kalss/Klampfl*, Europäisches Gesellschaftsrecht, 2015, Rn. 179.

93 Vgl. auch *Bayer/Schmidt* in: Lutter/Bayer (Hrsg.), Holding-Handbuch, 5. Aufl. 2015, Rn. 19-16.

94 *Grundmann*, Europäisches Gesellschaftsrecht, 2011, Rn. 909; *Lutter/Bayer/Schmidt*, Europäisches Unternehmens- und Kapitalmarktrecht, 2017, Rn. 21.115; *Edwards*, EC Company Law, 1999, S. 101.

RL (ex-Art. 9 Spaltungs-RL) innerhalb einer Frist erhalten können (lit. b), (3) eine Gläubigerversammlung jeder der an der Spaltung beteiligten Gesellschaft einzuberufen (lit. c), (4) sich zu vergewissern, dass sich die Gläubiger jeder an der Spaltung beteiligten Gesellschaft den Spaltungsplan innerhalb einer gewissen Frist zumindest beschaffen können (lit. d) und (5) den Spaltungsplan zu genehmigen.

§ 24 Internationale Verschmelzungen

Literatur (Auswahl): *Adensamer/Eckert*, Das Kollisionsrecht der grenzüberschreitenden Verschmelzung, GeS 2007, 95, 143; *Ahern/Daminelli/Fracassi*, Lost in translation? The effect of cultural values on mergers around the world, Journal of Financial Economics 117 (2015) 165; *Armour et al.*, Brexit and Corporate Citizenship, EBOR 18 (2017) 225, 240 ff.; *Bascope*, Die grenzüberschreitende Verschmelzung unter Beteiligung deutscher und spanischer Kapitalgesellschaften, 2012; *Bauckhage-Hoffer/Rupietta*, Implementierung von Mitbestimmungssystemen bei grenzüberschreitenden Verschmelzungen, EWS 2012, 417; *Bayer/Schmidt*, Der Regierungsentwurf zur Änderung des Umwandlungsgesetzes. Eine kritische Stellungnahme, NZG 2006, 841; *Bayer/Schmidt*, Die neue Richtlinie über die grenzüberschreitende Verschmelzung von Kapitalgesellschaften, NJW 2006, 401; *Bayer/Schmidt*, Gläubigerschutz bei (grenzüberschreitenden) Verschmelzungen, ZIP 2016, 841; *Behrens*, Die grenzüberschreitende Verschmelzung nach der Richtlinie 2005/56/EG – Verschmelzungsrichtlinie, 2007; *Beutel*, Der neue rechtliche Rahmen für grenzüberschreitender Verschmelzungen in der EU, 2008; *Blasy*, Grenzüberschreitende Verschmelzung von Kapitalgesellschaften – Die 10. gesellschaftsrechtliche Richtlinie, RdW 2006, 128, 138; *Bormann/Trautmann*, Ungeklärte Fragen zum Verschmelzungsstichtag und zur Bilanz bei grenzüberschreitenden Verschmelzungen, KSzW 2013, 70; *Brandes*, Mitbestimmungsvermeidung mittels grenzüberschreitender Verschmelzungen, ZIP 2008, 2193; *Brocker*, Die grenzüberschreitende Verschmelzung von Kapitalgesellschaften, BB 2010, 971; *Bule*, Grenzüberschreitende Umstrukturierungen der Kapitalgesellschaften nach der Richtlinie 2005/56/EG und der SE-VO, 2015; *Buxbaum*, Grenzüberschreitende Verschmelzung – Lücken in der Harmonisierung der nationalen Rechtsvorschriften, GesRZ 2012, 111; *Conac* (Ed.), Fusions transfrontalières de sociétés, 2011; *Decher*, Cross Border Mergers: Traditional Structures and SE-Merger Structures, ECFR 2007, 5; *Dobbelaere/Pottier*, A Practical Guide to Cross-Border Mergers in Belgium, ECL 10 (2013) 187; *Doralt*, Zur Verschmelzung auf eine Scheinauslandsgesellschaft – Beschluss des OLG München vom 2.5.2006 im Lichte von Sevic, GeS 2006, 391; *Drinhausen/Keinath*, Die grenzüberschreitende Verschmelzung inländischer Gesellschaften nach Erlass der Richtlinie zur grenzüberschreitenden Verschmelzung von Kapitalgesellschaften in Europa, RIW 2006, 81; *Drygala/von Bressensdorf*, Gegenwart und Zukunft grenzüberschreitender Verschmelzungen und Spaltungen, NZG 2016, 1161; *Eckert*, EU-VerschG, in: Kalss (Hrsg.), Verschmelzung – Spaltung – Umwandlung, 2. Aufl. 2010; *Eckert/Schimka*, Die Arbeitnehmermitbestimmung bei grenzüberschreitenden Verschmelzungen nach dem EU-VerschG, wbl 2008, 201; *Ege/Klett*, Praxisfragen bei der grenzüberschreitenden Verschmelzung im Konzern, GWR 2011, 399; *Felzer*, Mobilität von Gesellschaften in Europa – unter besonderer Berücksichtigung der grenzüberschreitenden Verschmelzung nach der SE-VO und der Verschmelzungsrichtlinie, 2009; *Forst*, Neues aus Luxemburg zur Arbeitnehmerbeteiligung bei der grenzüberschreitenden Verschmelzung von Gesellschaften, AG 2013, 588; *Forsthoff*, Internationale Verschmelzungsrichtlinie: Verhältnis zur Niederlassungsfreiheit und Vorwirkung, DStR 2006, 613; *Frenzel*, Grenzüberschreitende Verschmelzung von Kapitalgesellschaften, 2008; *Freundorfer/Festner*, Praxisempfehlungen für die grenzüberschreitende Verschmelzung, GmbHR 2010, 195; *Frischut*, Grenzüberschreitende Verschmelzungen von Kapitalgesellschaften – ein Überblick über die Zehnte gesellschaftsrechtliche Richtlinie, EWS 2006, 55; *Frotz/Kaufmann* (Hrsg.), Grenzüberschreitende Verschmelzungen, 2. Aufl. 2012; *Ganske*, Internationale Fusion von Gesellschaften in der Europäischen Gemeinschaft – ein neuer Ansatz, DB 1985, 581; *Gaul/Ludwig/Forst* (Hrsg.), Europäisches Mitbestimmungsrecht, 2015, § 5; *Grohmann*, Das Informationsmodell im Europäischen Gesellschaftsrecht, 2006; *Grundmann*, Europäisches Gesellschaftsrecht, 2. Aufl. 2011, § 26; *Grunewald*, Der Gläubigerschutz bei der grenzüberschreitenden Verschmelzung nach dem Entwurf eines zweiten Gesetzes zur Änderung des UmwG, DK 2007, 106; *Günther*, Grenzüberschreitende Unternehmenszusammenschlüsse zwischen Marktmacht und Effizienz: materielle und verfahrensrechtliche Perspektiven, 2010; *Habersack/Verse*, Europäisches Gesellschaftsrecht, 4. Aufl. 2011, § 8 III; *Heckschen*, Die Reform des Umwandlungsrechts, DNotZ 2007, 444; *Herrler*, Ermöglichung grenzüberschreitender Verschmelzungen von Kapitalgesellschaften durch Änderung des Umwandlungsgesetzes – Umsetzung der Verschmelzungsrichtlinie unter Vernachlässigung der primärrechtlichen Rahmenbedingungen, EuZW 2007, 295; *Herrler/Schneider*, § 5 Grenzüberschreitende Verschmelzung, in: Süß/Wachter (Hrsg.), Handbuch des internationales GmbH-Recht, 3. Aufl. 2016; *Hoffmann*, § 53 Grenzüberschreitende Verschmelzung, in: Münchener Handbuch des Gesellschaftsrechts, Bd. 6 (Internationales Gesellschaftsrecht. Grenzüberschreitende Umwandlungen), 4. Aufl. 2013; *Inwinkl/Schneider*, Fusionsverbote nach der Internationalen Verschmelzungsrichtlinie 2005/56/EG und dem österreichischem EU-VerschG, RIW 2008, 4; *Kallmeyer*, Der gemeinsame Verschmelzungsplan für grenzüberschreitende Verschmelzungen, AG 2007, 472; *Kallmeyer/Kappes*, Grenzüberschreitende Verschmelzungen und Spaltungen nach SEVIC Systems und der EU-Verschmelzungsrichtlinie, AG 2006, 224; *Kalss/Eckert*, Internationale Verschmelzungen nach dem EU-Verschmelzungsgesetz, eastlex 2008, 5; *Kalss/Klampfl*, Europäisches Gesellschaftsrecht, 2015, Rn. 183 ff.; *Kaufmann*, Arbeitnehmermitbestimmung bei grenzüberschreitenden Verschmelzungen, RdW 2008, 150; *Kissi*, Unternehmenszusammenschlüsse nach österreichischem und deutschem Recht unter besonderer Berücksichtigung europarechtlicher Vorgaben, 2009; *Klausberger*, Grenzüberschreitende Unternehmensverschmelzungen in der EU, 2007; *Klein*, Grenzüberschreitende Verschmelzung von Kapitalgesellschaften, RNotZ 2007, 565; *Kohlhauser*, Gläubigerschutz bei grenzüberschreitenden Verschmelzungen europarechtskonform?, RdW 2008, 441; *Krauel/Mense/Wind*, Praxisfragen der grenzüberschreitenden Verschmelzung, DK 2010, 541; *Krause/Kulpa*, Grenzüberschreitende Verschmelzungen – Vor dem Hintergrund der „Sevic"-Entscheidung und der Reform des deutschen Umwandlungsgesetzes, ZHR 171 (2007) 38; *Krüger*, Das auf den Verschmelzungsplan nach § 122c UmwG anwendbare Recht, in: Gedächnisschrift für Michael Gruson, 2009, S. 265; *Lange*, Grenzüberschreitende Verschmelzungen, 2010; *Kurtulan*, Minority Shareholder Protection in Cross-Border Mergers: A Must for or an Impediment to the European Single Market?, EBOR 18 (2017) 101; *Lencou/Menjucq*, Les fusions transfrontalières de sociétés de capitaux: enfin une réalité mais des difficultés persistantes, Dalloz 2009, 886; *Lennerz*, Die internationale Verschmelzung und Spaltung unter Beteiligung deutscher Gesellschaften, 2001; *Leutner/Wagner*, Verabschiedung der EG-Verschmelzungsrichlinie, GPR 2006, 32; *Limmer*, Grenzüberschreitende Umwandlungen nach dem Sevic-Urteil des EuGH und den Neuregelungen des UmwG, ZNotP 2007, 242; *Lunk/Hinrichs*, Die Mitbestimmung der Arbeitnehmer bei der grenzüberschreitenden Verschmelzung, NZA 2007, 773; *Lutter/Bayer/Schmidt*, Europäisches Unternehmens- und Kapitalmarktrecht, 6. Aufl. 2017, § 22; *Lutz*, Hinweise für den Vertragsgestalter bei einer grenzüberschreitenden Verschmelzung unter dem besonderen Gesichtspunkt der Herausverschmelzung, BWNotZ 2012, 23; *Mader*, Zur Zukunft des europäischen Gesellschaftsrechts – Das neue europäische Gesellschaftsrecht nach SEVIC-Urteil und Verschmelzungsrichtlinie, RWZ 2006, 37; *Maul/Teichmann/Wenz*, Der Richtlinienvorschlag zur grenzüberschreitenden Verschmelzung von Kapitalgesellschaften, BB 2003, 2633; *Menjucq*, Droit international et européen des sociétés, 4. Aufl. 2016; *Mitterecker*, Die grenzüberschreitende Verschmelzung von Kapitalgesellschaften in der EU und ihre Gewährleistung durch die Grundfreiheiten des Europäischen Binnenmarktes, 2012; *Mitterecker*, Verzichtsmöglichkeiten bei der Erstellung eines Verschmelzungsberichts bei grenzüberschreitenden Verschmelzungen, ecolex 2017, 134; *Morgenroth/Salzmann*, Grenzüberschreitende Umwandlungen in der EU und unternehmerische Mitbestimmung, NZA-RR 2013, 449; *Müller-Bonanni/Müntefering*, Grenzüberschreitende Verschmelzung ohne Arbeitnehmerbeteiligung? Praxisfragen zum Anwendungsbereich der Beteiligungsverfahren des MgVG, NJW 2009, 347; *Nagel*, Die Richtlinie zur grenzüberschreitenden Verschmelzung, NZG 2006, 97; *Neye*, Die neue Richtlinie zur grenzüberschreitenden Verschmelzung, ZIP 2005, 1893; *Neye/Timm*, Die geplante Umsetzung der Richtlinie zur grenzüberschreitenden Verschmelzung von Kapitalgesellschaften im Umwandlungsgesetz, DB 2006, 488; *Neye/Timm*, Mehr Mobilität für die GmbH in Europa. Das neue Recht der grenzüberschreitenden Verschmelzung, GmbHR 2007, 561; *Nohlen*, Binnenmarktkonformer Minderheitenschutz bei der grenzüberschreitenden Verschmelzung von Aktiengesellschaften, 2012; *Oechsler*, Die Richtlinie 2005/56/EG über die Verschmelzung von Kapitalgesellschaften aus verschiedenen Mitgliedstaaten, NZG 2006, 161; *Pannier*, The Cross Border Merger Directive, EBLR 2005, 1424; *Pröbsting*, Minderheitenschutzrechte bei grenzüberschreitenden Verschmelzungen von Kapitalgesellschaften innerhalb der EU, 2010; *Ratka*, Die neue Richtlinie zur grenzüberschreitenden Verschmelzung von Kapitalgesellschaften, GeS 2006, 52; *Rickford*, The proposed tenth company law directive on cross border mergers and ist impact in the UK, EBLR 2006, 1393; *Roßmann*, Unternehmensmitbestimmung und grenzüberschreitende Verschmelzung in der Europäischen Union, 2011; *Schmidt*, Study on Cross-border mergers and divisions, transfers of seat: Is there a need to legislate?, 2016; *Siems*, The European Directive on Cross-Border Mergers: An International Model?, CJEL 11 (2005) 167; *Simon/Hinrichs*, Unterrichtung der Arbeitnehmer und ihrer Vertreter bei grenzüberschreitenden Verschmelzungen, NZA 2008, 391; *Spahlinger/Wegen*, Deutsche Gesellschaften in grenzüberschreitenden Umwandlungen nach „SEVIC" und und der Verschmelzungsrichtlinie in der Praxis, NZG 2006, 721; *Stiegler*, Zehn Jahre Internationale Verschmelzungsrichtlinie – Erreichtes, Stand und Perspektiven, GmbHR 2016, 406; *Talos/Winner* (Hrsg.), EU-Verschmelzungsgesetz inkl. Arbeitnehmermitbestimmung, 2. Aufl. 2016; *Teichmann*, Mitbestimmung und grenzüberschreitende Verschmelzung, DK 2007, 69; *Teichmann* in: Gebauer/Teichmann (Hrsg.), Europäisches Privat- und Unternehmensrecht, 2016, § 6 Rn. 245 ff.; *Teicke*, Herausforderungen bei Planung und Umsetzung einer grenzüberschreitenden Verschmelzung, DB 2012, 2675; *Thiermann*, Grenzüberschreitende Verschmelzung deutscher Kapitalgesellschaften, 2010; *Ugliano*, The New Cross-Border Merger Directive: Harmonisation of European Company Law and Free Movement, EBLR 2007, 585; *Vermeylen/Vande Velde* (Eds.), European Cross-Border Mergers and Reorganizations, 2012; *Weng*, Zulässigkeit und Durchführung grenzüberschreitender Verschmelzungen, 2008; *Wepper*, Der gesellschaftsrechtliche Minderheitenschutz bei der grenzüberschreitenden Verschmelzung von Kapitalgesellschaften, 2010; *Weyde/Hafemann*, Praxisrelevante gesellschaftsrechtliche und steuerrechtliche Aspekte bei grenzüberschreitenden Verschmelzungen, in: Feschrift für Wienand Meilicke, 2010, S. 779; *Wimmer*, Klarstellungen zu Fragen bei (grenzüberschreitenden) Umgründungen, wbl. 2017, 9; *Winter*, Planung und Vorbereitung einer grenzüberschreitenden Verschmelzung, DK 2007, 24; *Wolter*, Der Gläubigerschutz bei der grenzüberschreitenden Verschmelzung von Kapitalgesellschaften unter Beteiligung einer GmbH, 2012; *Wooldridge*, The 10th company law Directive on cross border mergers, Co. Lawyer 27 (2006) 309; *Wooldrigde*, The employee participation provisions of the cross border mergers directive, Co. Lawyer 28 (2007) 118; *Wyckaert/Geens*, Cross-Border mergers and minority protection. An open-ended harmonization, ULR 4 (2008) 40; *Zuhorn*, Grenzüberschreitende Verschmelzungen zwischen deutschen und englischen börsennotierten Aktiengesellschaften – ein Harmonisierungserfolg?, 2017.

A. Entwicklung Internationaler EU-Verschmelzungen

I. Bisherige Entwicklung

Die Ermöglichung grenzüberschreitender Umwandlungen stellt eines der ältesten Harmonisierungsprojekte der Europäischen Gemeinschaft/Union dar,[1] das durch die Umsetzung der Internationalen Verschmelzungsrichtlinie[2] (**IntVersch-RL**) einen wesentlichen Beitrag erfahren hat. Die Idee einer Richtlinie zur Regelung von Verschmelzungen mit Beteiligung von Gesellschaften aus verschiedenen Mitgliedstaaten blickt dabei auf eine lange und zT beschwerliche Entwicklungsgeschichte zurück.[3] 1

Bereits **Anfang der 1970er** Jahre hatte es auf europäischer Ebene Bestrebungen gegeben, grenzüberschreitende Verschmelzungen zu regeln und das nationale Recht der Mitgliedstaaten entsprechend zu harmonisieren.[4] Dies sollte zunächst im Wege eines Übereinkommens auf Basis des damaligen Art. 220 EWG-Vertrag erfolgen.[5] Vor dem Hintergrund der bereits erlassenen Verschmelzungsrichtlinie (dazu § 22)[6] entschloss sich die Europäische Kommission in den 1980er Jahren auch die grenzüberschreitende Verschmelzung durch eine eigenständige Richtlinie regeln zu wollen. Der im Jahr 1985 erstmalig veröffentlichte Vorschlag bezüglich einer Richtlinie über grenzüberschreitende Verschmelzungen[7] wurde jedoch Anfang des neuen Jahrtausends offiziell zurückgezogen. Grund hierfür waren insbesondere der anhaltende **Streit um Fragen der unternehmerischen Mitbestimmung** und deren Beibehaltung im Zuge einer Verschmelzung zwischen Gesellschaften aus verschiedenen Mitgliedstaaten.[8] Erst der Erlass der Verordnung zur Europäischen Aktiengesellschaft (SE) (dazu § 4) sowie die diese ergänzende Richtlinie zur Arbeitnehmerbeteiligung in der SE (SE-Richtlinie)[9] brachten neuen Antrieb in die Entwicklungen der Internationalen Verschmelzungsrichtlinie. Die SE-VO ermöglichte dabei auch erstmals ein faktisch grenzüberschreitende Verschmelzung mit Gründung einer SE (dazu § 4 Rn. 19 ff.). 2

Ende des Jahres 2003 wurde ein neuer und modernisierter Richtlinienentwurf[10] von der Europäischen Kommission vorgelegt und am **26.10.2005** wurde die Internationale Verschmelzungsrichtlinie[11] schlussendlich **verabschiedet**. Das in der (ehemaligen) Richtlinie dabei allgemein auf Art. 50 AEUV (ex-Art. 44 EGV) und nicht wie die sonstigen gesellschaftsrechtlichen Richtlinie speziell auf Art. 50 II lit. g) AEUV als Kompetenzgrundlage verwiesen wurde, ist grundsätzlich ohne Bedeutung.[12] Das zeigt auch die neue Kodifizierungs-Richtlinie, die vollständig, also auch im Hinblick auf die Regelungen zur grenzüberschreitenden Verschmelzung, auf Art. 50 II lit. g) AEUV gestützt ist. Hingegen ist der Richtlinienvorschlag der Europäischen Kommission vom April 2018 (s. dazu Rn. 138) zur Änderung der bestehenden Kodifizierungs-RL wiederum allgemein auf Art. 50 I, II AEUV als Kompetenzgrundlage gestützt. Im Jahr 2009 erfolgte durch die **Änderungsrichtlinie 2009/109/EG**[13] eine Modernisierung der Berichts- und Dokumentationspflichten innerhalb der damals bestehenden Richtlinie, die verschiedene, jedoch überwiegend nur punktuelle Neuerungen brachte. Eine weitere Änderung erfolgte durch 3

1 *Oechsler* NZG 2006, 161; vgl. auch *Lutter/Bayer/Schmidt*, Europäisches Unternehmens- und Kapitalmarktrecht, 2017, Rn. 22.1; *Vermeylen* in: Vermeylen/Vande Velde (Eds.), European Cross-Border Mergers and Reorganizations, 2012, Rn. 1.01.

2 Richtlinie 2005/56/EG des Europäischen Parlaments und des Rates vom 26. Oktober 2005 über die Verschmelzung von Kapitalgesellschaften aus verschiedenen Mitgliedstaaten, ABl. EG v. 25.11.2005, L 310/1.

3 *Siems* CJEL 11 (2005) 167, 170.

4 *Neye* ZIP 2005, 1893; *Frischhut* EWS 2006, 55, 56; *Ganske* DB 1985, 581 ff.; *Nohlen*, Binnenmarktkonformer Minderheitenschutz bei der grenzüberschreitenden Verschmelzung von Aktiengesellschaften, 2012, S. 1.

5 Vgl. Entwurf eines Übereinkommens über die Internationale Verschmelzung von Aktiengesellschaften, Dok. 529/XIV/72 = RabelsZ 39 (1975) 539 ff.

6 Dritte Richtlinie 78/855/EWG des Rates vom 9. Oktober 1978 gemäß Artikel 54 Absatz 3 Buchstabe g) des Vertrages betreffend die Verschmelzung von Aktiengesellschaften, ABl. EWG v. 20.10.1978, L 295/36.

7 Vorschlag einer zehnten Richtlinie des Rates nach Art. 54 Abs. 3 Buchstabe g) des Vertrages über die grenz-überschreitende Verschmelzung von Aktiengesellschaften, KOM(1984), 727 endg., ABl. EG v. 25.1.1985, C 23/11.

8 *Lutter/Bayer/Schmidt*, Europäisches Unternehmens- und Kapitalmarktrecht, 2017, Rn. 22.2; *Habersack/Verse*, Europäisches Gesellschaftsrecht, 2011, § 8 Rn. 52; *Raiser/Veil*, Recht der Kapitalgesellschaften, 6. Aufl. 2015, § 7 Rn. 28; *Teichmann* ECFR 2016, 277, 282; *Nobel*, Internationales und Transnationales Aktienrecht, Bd. 1, 2012, S. 206; *Maul/Teichmann/Wenz* BB 2003, 2633; *Frischhut* EWS 2006, 55, 56; *Koppensteiner* in: FS Semler,1993, S. 485, 486.

9 Richtlinie 2001/86/EG des Rates vom 8. Oktober 2001 zur Ergänzung des Statuts der Europäischen Gesellschaft hinsichtlich der Beteiligung der Arbeitnehmer, ABl. EG v. 10.11.2001, L 294/22.

10 Vorschlag für eine Richtlinie des Europäischen Parlaments und des Rates über die Verschmelzung von Kapitalgesellschaften aus verschiedenen Mitgliedstaaten, KOM(2003), 703.

11 Richtlinie 2005/56/EG des Europäischen Parlaments und des Rates vom 26. Oktober 2005 über die Verschmelzung von Kapitalgesellschaften aus verschiedenen Mitgliedstaaten, ABl. EG v. 25.11.2005, L 310/1.

12 Dies jedoch problematisierend *Behme*, Rechtsformwahrende Sitzverlegung und Formwechsel, 2015, S. 274.

13 Richtlinie 2009/109/EG des Europäischen Parlaments und des Rates vom 16. September 2009 zur Änderung der Richtlinien 77/91/EWG, 78/855/EWG und 82/891/EWG des Rates sowie der Richtlinie 2005/56/EG hinsichtlich der Berichts- und Dokumentationspflicht bei Verschmelzungen und Spaltungen, ABl. EG v. 16.9.2009, L 259/14.

die Richtlinie 2012/17/EU über die Verknüpfung von Zentral-, Handels- und Gesellschaftsregistern.[14] Hierbei wurde jedoch lediglich Art. 130 II 1 Kodifizierungs-RL (ex-Art. 13 II 1 IntVersch-RL) entsprechend abgeändert und mit Art. 161 Kodifizierungs-RL (ex-Art. 17a IntVersch-RL) eine Regelung zum Datenschutz eingefügt.

4 Wie auch die anderen gesellschaftsrechtlichen Richtlinien betreffend Umwandlungsmaßnahmen sowie die Publizitäts-, Kapital- und Zweigniederlassungsrichtlinie wurde die IntVersch-RL im Juni 2017 aufgehoben und durch die Richtlinie „über bestimmte Aspekte des Gesellschaftsrechts" (dazu § 19)[15] ersetzt. Die (europäischen) Vorgaben für grenzüberschreitende Verschmelzungen sind nunmehr in den **Art. 118 ff. Kodifizierungs-Richtlinie** geregelt. Inhaltliche Änderungen sowie ein Umesetzungsbedarf für den mitgliedstaatlichen Gesetzgeber ist damit jedoch nicht verbunden. Zur Verständlichkeit werden im Folgenden die ehemaligen („alten") Normen der IntVersch-RL hinter die einschlägigen Regelungen der neuen Kodifizierungs-Richtlinie in Klammern genannt.

II. Weitere Reformbestrebungen

5 Bereits im Aktionsplan „Europäisches Gesellschaftsrecht und Corporate Governance" aus dem Jahr 2012[16] sprach sich die Europäische Kommission für eine etwaige **Änderung der** (damaligen) **IntVersch-RL** aus. Hierzu kündigte sie eine Studie über die Auswirkungen und Anwendung der Richtlinie in den Mitgliedstaaten an. Die entsprechende Studie wurde im September 2013 veröffentlicht.[17] Hieraus geht ua hervor, dass grenzüberschreitende Verschmelzungen infolge des Erlasses der Richtlinie im Jahr 2005 in den letzten Jahren immer mehr an Bedeutung erlangt haben.[18] Als **Hauptvorteile** der IntVersch-RL wurden insbesondere die Verringerung von Verwaltungs-, Organisations- und Agency-Kosten sowie eine vereinfachte Durchführung einer grenzüberschreitenden Verschmelzung ausgemacht.[19] Allerdings wurden auch immanente Punkte ermittelt, die sich derzeit noch als **Hindernisse bei der Durchführung** einer grenzüberschreitenden Verschmelzung zeigen. Diese sind ua die noch nicht weit genug gehende Harmonisierung der nationalen Vorschriften durch die (damalige) Richtlinie und das in Art. 133 Kodifizierungs-RL (ex-Art. 16 IntVersch-RL) geregelte umständliche Prozedere der unternehmerischen Mitbestimmung der Arbeitnehmer im Zuge der Verschmelzung.[20]

6 In Folge der vorgelegten Studie bildete die Europäische Kommission zu beginn des Jahres 2014 eine Expertengruppe aus hochrangigen Wissenschaftlern verschiedener Mitgliedstaaten, um sie bei einer möglichen Ausarbeitung weiterer Initiativen im Bereich grenzüberschreitender Umstrukturierungen von Unternehmen sowie bei der Erweiterung der (damaligen) IntVersch-RL zu unterstützen. In diesem Zusammenhang startete die Europäische Kommission im September 2014 eine öffentliche Konsultation.[21] Hierbei ging es neben der in der Studie aus dem Jahr 2013 angesprochen Schwachstellen der (damaligen) IntVersch-RL ebenfalls um die **Erweiterung** dieser um Vorschriften im Hinblick **grenzüberschreitender Spaltungen** innerhalb Europas (s. dazu auch § 10 Rn. 159 ff.). Bereits die Reflection Group on the Future of Company Law hatte in ihrem Bericht aus dem Jahr 2011 die Idee einer Erweiterung der (damaligen) IntVersch-RL zu einer **„allgemeinen Mobilitätsrichtlinie"** iS einer Internationalen Umwandlungsrichtlinie, die neben der grenzüberschreitenden Verschmelzung auch grenzüberschreitende Spaltungen sowie einen grenzüberschreitenden Formwechsel umfassen würde, vorgebracht.[22] Eine Regelung auch eines grenzüberschreitenden Formwechsel iS einer identitätswahrenden statusändernden Satzungssitzverlegung wurde allerdings in der öffentlichen Konsultation im Jahr 2014 nicht bzw. nur am Rande angesprochen (s. zum Projekt einer Sitzverlegung-Richtlinie § 32). Allerdings hat das Europäische Parlament im Juni 2017 eine Entschließung über die Überarbeitung der Regelungen für grenzüberschreitende Verschmelzun-

14 Richtlinie 2012/17/EU des Europäischen Parlaments und des Rates vom 13. Juni 2012 zur Änderung der Richtlinie 89/666/EWG des Rates sowie der Richtlinien 2005/56/EG und 2009/101/EG des Europäischen Parlaments und des Rates in Bezug auf die Verknüpfung von Zentral-, Handels- und Gesellschaftsregistern, ABl. EU v. 16.6.2012, L 156/1.

15 Richtlinie (EU) 2017/1132 des Europäischen Parlaments und des Rates vom 14. Juni 2017 über bestimmte Aspekte des Gesellschaftsrechts, ABl. EU v. 30.6.2017, L 169/46.

16 Aktionsplan der Europäischen Kommission über das Europäische Gesellschafsrecht und Corporate Governance, COM(2012) 740/2, S. 14; dazu *Hopt* EuZW 2013, 481 f.; *ders.* ZGR 2013, 165 ff.; *Verse* EuZW 2013, 336, 342 f.; *Behrens* EuZW 2013, 121 ff.; ehemalige *Reflection Group on the Future of Company Law* ECFR 2013, 303 ff.

17 Study on the Application of the Cross-border Mergers Directive, abrufbar unter: http://ec.europa.eu/internal_market/company/docs/mergers/131007_study-cross-border-mergerdirective_en.pdf; dazu *Stiegler* DB 2014, 525, 529; *Drygala/von Bressensdorf* NZG 2016, 1161, 1166.

18 Study on the Application of the Cross-border Mergers Directive, S. 5.

19 Study on the Application of the Cross-border Mergers Directive, S. 15.

20 Study on the Application of the Cross-border Mergers Directive, S. 32; vgl. auch *Wooldridge* Co. Lawyer 27 (2006) 309, 310; *Drygala/von Bressensdorf* NZG 2016, 1161, 1163.

21 Konsultation zu grenzüberschreitenden Verschmelzungen und Spaltungen, http://ec.europa.eu/internal_market/consultations/2014/cross-border-mergers-divisions/index_de.htm#140908.

22 Zur Idee einer allgemeinen Mobilitätsrichtlinie *Reflection Group on the Future of Company Law*, 2011, S. 22, 76, abrufbar unter: http://ec.europa.eu/internal_market/company/docs/modern/reflectiongroup_report_en.pdf; *Schmidt* GmbHR 2013, R33, R34; *dies.* GmbHR 2011, R177; *Stiegler* DB 2014, 525, 529 f.

gen in der Kodifizierungs-Richtlinie und eine damit zusammenhängende Regelung grenzüberschreitender Spaltungen in der Richtlinie verabschiedet.[23] Schließlich veröffentlichte die Europäische Kommission im April 2018 einen ersten Richtlinienvorschlag (s. dazu Rn. 138), der sich ua mit Änderungen der Art. 118 ff. Kodifizierungs-RL betreffend einer grenzüberschreitenden Verschmelzung sowie mit der Regulierung einer grenzüberschreitenden Spaltung befasst.

Für eine einheitliche **Internationale Umwandlungsrichtlinie** würde aus Sicht der Europäischen Kommission 7
gleichwohl sprechen, dass die bloße Änderung einer bereits bestehenden Richtlinie im Vergleich zum Erlass einer neuen, separaten Richtlinie für weniger Widerstand seitens der Mitgliedstaaten sorgen könnte und dass das damit verbundene Ziel der Europäischen Kommission, grenzüberschreitende Umwandlungen umfassend zu regeln, einfacher durchgesetzt werden könnte.[24] Dies gilt grundsätzlich im gleichen Maße auch innerhalb der neuen Kodifizierungs-Richtlinie, wo beispielsweise bereits die innerstaatliche Spaltung geregelt ist. Weiterhin könnte durch eine Verbindung der einzelnen grenzüberschreitenden Umwandlungsarten im Rahmen des Titel II der Kodifizierungs-Richtlinie („Verschmelzung und Spaltung von Kapitalgesellschaften“) eine **Vereinheitlichung** überwiegend kongruenter Abläufe des Umwandlungsverfahrens geschaffen und so Widersprüche verringert werden. Indes muss man feststellen, dass im Zuge der Kodifizierung der bestehenden Umwandlungsrichtlinie durch die Richtlinie „über bestimmte Aspekte des Gesellschaftsrechts“ (dazu § 19) sowohl gerade keine solche (materielle) Vereinheitlichung erfolgt ist und auch keine Vorhaben seitens des europäischen Gesetzgebers erkennbar wurden, gleichsam mit dem Erlass der neuen Richtlinie auch andere grenzüberschreitende Umwandlungsarten – systemkonform –regeln zu wollen. Zum jetzigen Zeitpunkt bleibt eine europäische Harmonisierung des Rechts aller grenzüberschreitenden Umwandungsmaßnahmen (dh insbesondere internationaler Spaltungen und Formwechsel) ein – praktisch erforderliches – Desiderat.[25] Allerdings veröffentlichte die Europäische Kommission im April 2018 einen Richtlinievorschlag zur Änderung der Kodifizierungs-Richtlinie (s. dazu Rn. 138), der sich sowohl mit der Regulierung eines grenzüberschreitenden Formwechsels als auch einer grenzüberschreitenden Spaltung befasst (s. bereits Rn. 6).

B. Zweck und Umsetzung der Regelungen für internationale Verschmelzungen

Nach dem Erlass der (damaligen) IntVersch-RL und deren Umsetzung in nationales Recht sind grenzüberschrei- 8
tende Verschmelzungen **immer häufiger** geworden und zählen mittlerweile zu einem Kernbestandteil der Verwirklichung des europäischen Binnenmarktes.[26] Es ist davon auszugehen, dass auf Basis der Richtlinienregelungen bereits mehr als 2.000 grenzüberschreitende Verschmelzungen durchgeführt wurden.[27] Dies zeigt eindrucksvoll die **wirtschaftliche Bedeutung grenzüberschreitender Verschmelzungen** in Europa. Motive für eine grenzüberschreitende Verschmelzung sind dabei in der Regel entweder rechtlich-organisatorischer Art (zB im Rahmen einer Konzernverschmelzung) oder aufgrund steuerlichen Vorteilen oder die Nutzung von Rationalisierungs- bzw. Synergieeffekten.[28] Auch ein Wechsel des anwendbaren Rechts kann ein Grund für eine grenzüberschreitende Verschmelzung darstellen. So stellt im Hinblick auf den EU-Austritt Großbritanniens („**Brexit**“) eine grenzüberschreitende Verschmelzung einer britischen Limited zB auf eine deutsche GmbH ein probates Mittel dar, um einer eventuell drohenden Zwangsauflösung einer britischen Gesellschaft mit Verwaltungssitz in Deutschland zu entgehen (s. auch § 10 Rn. 114).[29] In der Praxis ist diese Methode bislang auch am häufigtsten zu beobachten.

Ziel der Regelungen in der Kodifizierungs-Richtlinie für internationale Verschmelzungen ist es **grenzüberschrei-** 9
tende Verschmelzungen zu erleichtern, so dass für jede an einer Umwandlung beteiligte Gesellschaft und jeden beteiligten Dritten weiterhin die Vorschriften und Formalitäten des innerstaatlichen Rechts gelten, die im Falle

23 *Europäisches Parlament*, Entschließung des Europäischen Parlaments vom 13. Juni 2017 zur Durchführung grenzüberschreitender Unternehmensverschmelzungen und -spaltungen (2016/2065(INI)), P8_TA-PROV(2017)0248.

24 *Stiegler* DB 2014, 525, 530; *Schmidt*, Study on Cross-border mergers and divisions, transfers of seat: Is there a need to legislate?,2016, S. 37.

25 Vgl. nur *Schmidt*, Study on Cross-border mergers and divisions, transfers of seat: Is there a need to legislate? ,2016, S. 9.

26 *Stiegler* GmbHR 2016, 406, 414; *Siems* CJEL 11 (2005) 167; *Schmidt*, Study on Cross-border mergers and divisions, transfers of seat: Is there a need to legislate?, 2016, S. 16; kritisch jedoch auch *Drygala/von Bressensdorf* NZG 2016, 1161.

27 *Stiegler* GmbHR 2016, 406; siehe auch die statistischen Erhebungen bei Study on the Application of the Cross-border Mergers Directive, 2013, S. 10, 41 f.; *Bayer*, Grenzüberschreitende Verschmelzungen im Zeitraum von 2007 bis 2012, S. 7 ff.; aus deutscher Sicht ferner *Köster/Pütz* AG 2013, R180 f.; *Marsch-Barner* in: FS Haarmann, 2015, S. 118, 131 f.; *Bayer/Schmidt/Hoffmann* DK 2012, 225 ff.

28 *Talos/Arzt* in: Talos/Winner (Hrsg.), EU-VerschG, 2016, § 1 Rn. 2.

29 In diesem Zusammenhang *Schall* ZfPW 2016, 407, 438; *Freitag/Korch* ZIP 2016, 1361, 1364; *Teichmann/Knaier* IWRZ 2016, 243, 247; *Hagemann/von der Höh* DB 2017, 830, 831.

einer innerstaatlichen Verschmelzung anwendbar wären (Erwägungsgrund 56 (ex-Erwägungsgrund 3)).[30] Hierdurch wird die Verschmelzungsfähigkeit von Gesellschaften in Gestalt eines **Diskriminierungsverbots** – eben durch die Gleichbehandlung von innerstaatlichen und europäischen Verschmelzungen – manifestiert. Zu diesem Zweck verpflichten die Regelungen in der Kodifizierungs-Richtlinie für internationale Verschmelzungen die Mitgliedstaaten zunächst, grenzüberschreitende Verschmelzungen von Kapitalgesellschaften in ihren nationalen Rechtsordnungen grundsätzlich zuzulassen.[31] Damit soll insbesondere dafür Sorge getragen werden, dass grenzüberschreitende Verschmelzungen innerhalb der EU rechtspraktisch besser handhabbar werden und sich die **Transaktionssicherheit verschmelzender Unternehmen erhöht.** Dies gilt vor allem auch für kleine und mittelgroße Kapitalgesellschaften, die über die eigenen Ländergrenzen hinweg tätig werden, nicht jedoch erst eine nationale Aktiengesellschaft oder SE gründen bzw. sich in eine solche formwechselnd umwandeln wollen.[32] Auch wenn eine grenzüberschreitende Verschmelzung bereits vor Umsetzung der Richtlinie in nationales Recht durch die Niederlassungsfreiheit weitgehend garantiert und damit zumindest theoretisch möglich war (s. auch § 10 Rn. 77 ff.), bestanden noch zahlreiche Probleme und Unklarheiten bei deren praktischen Durchführung.[33] Die Möglichkeit einer grenzüberschreitenden Verschmelzung bei Gründung einer Europäischen Aktiengesellschaft (SE) war zudem für KMU überwiegend unattraktiv.[34]

10 Die Regelungen in der Kodifizierungs-Richtlinie für internationale Verschmelzungen sind jedoch nicht ausschließlich auf den Zweck bezogen, EU/EWR-Gesellschaften die Möglichkeit einer grenzüberschreitenden Umstrukturierung mittels Verschmelzung zu eröffnen. Sie befassen sich vielmehr auch mit den von einer grenzüberschreitenden Verschmelzung betroffenen Share- und Stakeholdern. Dies sind insbesondere die **Gesellschafter**, die **Arbeitnehmer** sowie die **Gläubiger** der sich verschmelzenden Gesellschaften (vgl. Erwägungrund 58, 61, 66 (ex-Erwägungsgrund 5, 8, 13)).[35] Hierbei kommt hinzu, dass grenzüberschreitende Verschmelzungen, die vom Anwendungsbereich der entsprechenden Richtlinienregelungen (s. dazu Rn. 16 ff.) erfasst sind, auch zwingend nach den Regelungen der mitgliedstaatlichen Umsetzungsbestimmung zu behandeln sind.[36] Dies gilt vor allem für die explizit in den Vorgaben in der Kodifizierungs-Richtlinie für internationale Verschmelzungen geregelten Schutzbestimmung für die Arbeitnehmermitbestimmung (dazu Rn. 89 ff.).

11 Inhaltlich bauen die Regelungen in der Kodifizierungs-Richtlinie für internationale Verschmelzungen auf der damals bereits erlassenen (ehemaligen) **Verschmelzungsrichtlinie** auf und ergänzen diese bezüglich des grenzüberschreitenden Charakters der Umwandlungsmaßnahme.[37] Wie auch andere europäische Rechtsakte betreffend grenzüberschreitender Strukturmaßnahmen (Art. 91 ff. Kodifizierungs-RL (ex-Art. 5 ff. Verschmelzungs-RL); Art. 137 ff. Kodifizierungs-RL (ex-Art. 3 ff. Spaltungs-RL); Art. 8 SE-VO; Art. 7 SCE-VO; Art. 14 EWIV-VO) basieren die Regelungen in der Kodifizierungs-Richtlinie für internationale Verschmelzungen auf dem europäischen Modell für Strukturmaßnahmen mit einem Fokus auf dem Grundsatz des **„Schutzes durch Information"** (sog Informationsmodell).[38] Grundbausteine des Verschmelzungsverfahrens sind demnach die Erstellung eines Verschmelzungsplans und dessen Offenlegung (s. Rn. 36 ff.), die Erstellung eines Verschmelzungsberichts (s. Rn. 56 ff.), die Prüfung des Verschmelzungsplans durch einen unabhängigen Sachverständigen und

30 Vgl. auch EuGH, Rs. C-483/14 (KA Finanz), ECLI:EU:C:2016:205 = ZIP 2016, 712, Rn. 54; bezüglich des Gläubigerschutzes *Hübner* IPRax 2016, 553, 555 f.; aus deutscher Sicht LG Bonn RNotZ 2015, 368, 370.

31 *Grohmann*, Das Informationsmodell im Europäischen Gesellschaftsrecht, 2006, S. 351; *Nohlen*, Binnenmarktkonformer Minderheitenschutz bei der grenzüberschreitenden Verschmelzung von Aktiengesellschaften, 2012, S. 22; *Nobel*, Internationales und Transnationales Aktienrecht, Bd. 1, 2012, S. 208 f.; *Klett* in: BeckOGK UmwG (Stand 1.1.2017), § 122a Rn. 6; *Siems* CJEL 11 (2005) 167, 174; *Girvin/Frisby/Hudson* in: Charlesworth's Company Law, 18 Aufl. 2010, Rn. 34-005.

32 *Raiser/Veil*, Recht der Kapitalgesellschaften, 6. Aufl. 2015, § 7 Rn. 28; *Wooldridge* Co. Lawyer 27 (2006) 309; vgl. auch *Lutter/Bayer/Schmidt*, Europäisches Unternehmens- und Kapitalmarktrecht, 2017, Rn. 22.6.

33 *Vermeylen* in: Vermeylen/Vande Velde (Eds.), European Cross-Border Mergers and Reorganizations, 2012, Rn. 1.08; vgl. auch ex-Erwägungsgrund 1 der IntVersch-RL.

34 Vor allem für große mittelständige Unternehmen hat sich dies jedoch mittlerweile geändert, da zum einen immer mehr praktische Erfahrungen bei der Gründung einer SE bestehen und zum anderen vor allem eine zukünftige Arbeitnehmermitbestimmung bereits frühzeitig vermieden werden soll (s. dazu auch § 4 Rn. 8).

35 Zum besonderen Schutzinteresse dieser bei einer grenzüberschreitenden Verschmelzung *Eckert* in: Kalss (Hrsg.), Verschmelzung – Spaltung – Umwandlung, 2010, EU-VerschG, Rn. 10.

36 *Vermeylen* in: Vermeylen/Vande Velde (Eds.), European Cross-Border Mergers and Reorganizations. 2012, Rn. 1.10; *Storm* in: Van Gerven (Ed.), Cross-Border Mergers in Europa, Volume I, 2010, S. 54, 73.

37 *Lutter/Bayer/Schmidt*, Europäisches Unternehmens- und Kapitalmarktrecht, 2017, Rn. 22.3; *Wooldridge* Co. Lawyer 27 (2006) 309.

38 *Lutter/Bayer/Schmidt*, Europäisches Unternehmens- und Kapitalmarktrecht, 2017, Rn. 22.32; *Bayer* in: Lutter (Hrsg.), UmwG, Bd. 1, 5. Aufl. 2014, § 122a Rn. 6; *Bayer/Schmidt* NJW 2006, 401; ausführlich zur Funktion und Wirkung des europäischen Informationsmodells *Grohmann*, Das Informationsmodell im Europäischen Gesellschaftsrecht, 2006, S. 56 ff.; speziell zur (damaligen) Richtlinie 2005/56/EG S. 349 ff.; allgemein auch *Grundmann*, Europäisches Gesellschaftsrecht, 2011, Rn. 1169; *ders.* in: FS Lutter, 2000, S. 61 ff.; *Kalss* EuZW 2015, 252, 254; *Hommelhoff/Riesenhuber* in: Grundmann (Hrsg.), Systembildung und Systemlücken, 2000, S. 259, 272 ff.; *Vervessos* in: Riesenhuber/Klinck/Karakostas (Hrsg.), Information als Schutzinstrument, 2013, S. 131, 149 f.

dessen Erstellung eines Sachverständigenberichts (s. Rn. 64 ff.), die Beschlussfassung der Anteilsinhaber über die Verschmelzung (s. Rn. 72 ff.) sowie eine Rechtmäßigkeitskontrolle der Verschmelzung (s. Rn. 99 ff.).

Die europäischen Vorschriften über die kartellrechtliche Fusionskontrolle von Unternehmen durch die **Fusionskontroll-Verordnung** (FKVO)[39] werden durch die Regelungen in der Kodifizierungs-Richtlinie für internationale Verschmelzungen ausdrücklich **nicht berührt** (vgl. Art. 121 I lit. b) S. 3 Kodifizierungs-RL und Erwägungsgrund 62 (ex-Art. 4 I lit. b) S. 3 IntVersch-RL und ex-Erwägungsgrund 9)). Ebenso wenig enthalten die entsprechenden Richtlinienbestimmungen steuerrechtliche Aspekte bei einer grenzüberschreitenden Verschmelzung. Zur überwiegend steuerneutralen Durchführung besteht jedoch die **Fusionssteuerrichtlinie**,[40] die auch auf grenzüberschreitende Verschmelzungen Anwendung findet. 12

Die Regelungen in der Kodifizierungs-Richtlinie für internationale Verschmelzungen beruhen zudem auf dem Grundsatz der **ergänzenden Anwendung mitgliedstaatlichen Rechts** (vgl. Erwägungsgrund 56 (ex-Erwägungsgrund 3)). Sie regeln demnach nicht alle Fragen einer grenzüberschreitenden Verschmelzung erschöpfend, sondern enthalten nur solche Vorschriften, die aufgrund des transnationalen Charakters der Verschmelzung europaweit harmonisierter Regelungen bedürfen.[41] In diesem Sinne wird in Art. 121 I lit. b) Kodifizierungs-RL (ex-Art. 4 I lit. b) IntVersch-RL) vorgesehen, dass auf die an der Verschmelzung beteiligten Gesellschaften die jeweilige nationale Rechtsordnung Anwendung finden soll, sofern die einschlägigen Richtlinienbestimmungen nicht etwas anderes vorsehen. Dies entspricht im Grundsatz der für internationale Umstrukturierungen geltenden kollisionsrechtlichen **Vereinigungstheorie**.[42] 13

Die Vorgaben der damaligen IntVersch-RL wurden in Deutschland durch Einfügung der **§§ 122a-122l** in das Umwandlungsgesetz umgesetzt. Im Zuge der neuen Richtlinie über bestimmte Aspekte des Gesellschaftsrechts gelten sie als die deutschen Umsetzungsbestimmungen für die Art. 118 ff. Kodifizierungs-RL. Die Vorgaben des damaligen Art. 16 IntVersch-RL (= Art. 133 Kodifizierungs-RL) hinsichtlich der Beteiligung der Arbeitnehmer wurden separat durch das Gesetz über die Mitbestimmung der Arbeitnehmer bei einer grenzüberschreitenden Verschmelzung (**MgVG**) in deutsches Recht umgesetzt. Diese sind dementsprechend in ihrer Anwendung richtlinienkonform auszulegen (zur richtlinienkonformen Auslegung s. § 2 Rn. 192 ff.). Auch § 1 I UmwG ist insofern europarechtskonform auszulegen, dass er zumindest einer grenzüberschreitenden Verschmelzung von Kapitalgesellschaften nicht entgegenstehen darf. Wie der Richtliniengeber bedient sich der deutsche Gesetzgeber bei der Regelung grenzüberschreitender Verschmelzungen hinsichtlich Fragen, die aufgrund des grenzüberschreitenden Charakters der Umstrukturierung keiner abweichenden Beurteilung iS der §§ 122a ff. UmwG bedürfen, dem Verweis auf die Vorschriften über innerstaatliche Verschmelzungen (vgl. § 122 II UmwG). Für die Verschmelzung von Aktiengesellschaft sind diese durch die (ehemalige) Richtlinie 2011/35/EU (dazu § 22) und die jetzigen Art. 87 ff. Kodifizierungs-RL europaweit harmonisiert. 14

Im Unterschied zum deutschen Recht wurde die IntVersch-RL beispielsweise in **Österreich** durch Erlass eines eigenständigen Gesetzes, das EU-Verschmelzungsgesetz,[43] umgesetzt.[44] Ebenso erfolgte im **Englischen Recht** mit den Cross-Border Mergers Regulations 2007 (CBMR) die Umsetzung in einem einheitlichen „Gesetz". In **Frankreich** regeln die infolge der (damaligen) IntVersch-RL in den Code Commerce eingefügten Art. L 236-25 ff. C.com. die grenzüberschreitende Verschmelzung von Kapitalgesellschaften. Im **Spanischen Recht** finden sich die entsprechenden Regelungen in Art. 54 ff. des spanischen Umwandlungsgesetzes (LME). In den **Niederlanden** wurde die Richtlinie durch Einfügung der Art. 2:333b ff. in das niederländische Bürgerliche Gesetzbuch (*Burgerlijk Wetboek*) umgesetzt. 15

39 Verordnung (EG) Nr. 139/2004 des Rates v. 20.1.2004 über die Kontrolle von Unternehmenszusammenschlüssen, ABl. EU v. 29.1.2004, L 24/1.

40 Richtlinie 2009/133/EG des Rates vom 19. Oktober 2009 über das gemeinsame Steuersystem für Fusionen, Spaltungen, Abspaltungen, die Einbringung von Unternehmensteilen und den Austausch von Anteilen, die Gesellschaften verschiedener Mitgliedstaaten betreffen, sowie für die Verlegung des Sitzes einer Europäischen Gesellschaft oder einer Europäischen Genossenschaft von einem Mitgliedstaat in einen anderen Mitgliedstaat, ABl. EU v. 25.11.2009, L 310/34.

41 *Frotz* in: Frotz/Kaufmann (Hrsg.), Grenzüberschreitende Verschmelzungen, 2012, § 1 EU-VerschG Rn. 1; *Lutter/Bayer/Schmidt*, Europäisches Unternehmens- und Kapitalmarktrecht, 2017, Rn. 22.3; *Krause/Kulpa* ZHR 171 (2007) 38, 52; *Nohlen*, Binnenmarktkonformer Minderheitenschutz bei der grenzüberschreitenden Verschmelzung von Aktiengesellschaften, 2012, S. 24.

42 *Krause/Kulpa* ZHR 171 (2007), 38, 52; *Wall* in: Hausmann/Odersky (Hrsg.), Internationales Privatrecht in der Notar- und Gestaltungspraxis, 3. Aufl. 2016; § 18 Rn. 71; *Frotz* in: Frotz/Kaufmann (Hrsg.), Grenzüberschreitende Verschmelzungen, 2012, § 1 EU-VerschG Rn. 30; *Bule*, Grenzüberschreitende Umstrukturierungen, 2015, S. 19.

43 Dazu *Eckert* in: Kalss (Hrsg.), Verschmelzung – Spaltung – Umwandlung, 2010, EU-VerschG; *Talos/Winner* (Hrsg.), EU-VerschG, 2016; *Frotz/Kaufmann* (Hrsg.), Grenzüberschreitende Verschmelzungen, 2012.

44 Zu den Gründen *Frotz* in: Frotz/Kaufmann (Hrsg.), Grenzüberschreitende Verschmelzungen, 2012, § 1 EU-VerschG Rn. 27.

C. Anwendungsbereich

I. Persönlicher Anwendungsbereich

16 Die Regelungen in der Kodifizierungs-Richtlinie für internationale Verschmelzungen gelten nach Art. 118 Kodifizierungs-RL (ex-Art. 1 IntVersch-RL) für die Verschmelzung von Kapitalgesellschaften aus verschiedenen EU- bzw. EWR-Mitgliedstaaten. (Bisher) **nicht** erfasst sind hingegen andere grenzüberschreitende Umwandlungsvorgänge wie grenzüberschreitende **Spaltungen** oder ein grenzüberschreitender **Formwechsel** (s. bereits Rn. 6). In jüngerer Zeit wurde jedoch zumindest eine Harmonisierung von Spaltungen mit Beteiligung verschiedener Mitgliedstaaten erwogen und dies – auch auf Seiten des Europäischen Parlaments – in Aussicht gestellt.[45] Zudem veröffentlichte die Europäische Kommission im April 2018 einen ersten Richtlinievorschlag, der sich ua mit der Regulierung einer grenzüberschreitenden Spaltung (vgl. Art. 160a RL-Vorschlag) befasst (s. dazu auch Rn. 138).

17 Im Einklang mit Art. 54 I AEUV gelten die entsprechenden Richtlinienbestimmungen nur für solche grenzüberschreitende Verschmelzungen unter Beteiligung von Gesellschaften, die nach dem Recht eines Mitgliedstaates gegründet worden sind und ihren **satzungsmäßigen Sitz,** ihre **Hauptverwaltung** oder ihre **Hauptniederlassung** in der EU haben. Dadurch soll sichergestellt werden, das an einer grenzüberschreitenden Verschmelzung nur solche Gesellschaften partizipieren, die einen tatsächlichen Bezug zur EU bzw. zum EWR haben. Nicht vom Anwendungsbereich der Regelungen in der Kodifizierungs-Richtlinie für internationale Verschmelzungen erfasst sind grenzüberschreitende Verschmelzungen mit Beteiligung von Gesellschaften aus Nicht-EU/EWR-Staaten („Drittstaaten").[46]

18 Nach dem ausdrücklichen Wortlaut des Art. 118 Kodifizierungs-RL (ex-Art. 1 IntVersch-RL) gelten die Richtlinienbestimmungen nur für die **Kapitalgesellschaften** in den Mitgliedstaaten.[47] Personengesellschaften sind daher nicht erfasst. Inwieweit die Mitgliedstaaten die in nationales Recht umzusetzenden Vorgaben auch auf die grenzüberschreitende Verschmelzung von Personengesellschaften anwenden, bleibt ihnen somit selbst überlassen. Deutschland[48] sowie die meisten anderen Mitgliedstaaten beschränken den Anwendungsbereich der auf der ehemaligen IntVersch-RL und den heutigen Bestimmungen in der Kodifizierungs-Richtlinie für internationale Verschmelzungen beruhenden Regelungen ebenfalls ausdrücklich auf Kapitalgesellschaften.[49] Grund für den insofern beschränkten Anwendungsbereich der Richtlinienbestimmungen ist offenbar, dass man für Personengesellschaften kein derartig immanentes Bedürfnis wie für Kapitalgesellschaften sah.[50] Hinzu kommt, dass eine **Erweiterung auf Personengesellschaften** in der Regel zu verschiedenen Sonderproblemen führen könnte, die so bzw. in dieser Form bei Kapitalgesellschaften nicht bestehen.[51] Im September 2018 veröffentlichte das deutsche BMJV jedoch einen Referentenentwurf, der sich im Hinblick auf den bevorstehenden Brexit (s. dazu auch § 10 Rn. 113 f.) mit einer Hereinverschmelzung einer britischen Limited auf eine deutsche Personengesellschaft unter dem Regime der §§ 122a ff. UmwG beschäftigt. Eine umfassende Erweiterung der deutschen Regelungen für eine grenzüberschreitende Verschmelzung auf Personengesellschaften ist damit jedoch offenbar nicht bezweckt.

19 Von einer Beschränkung des Anwendungsbereichs der Richtlinienbestimmungen nur auf Aktiengesellschaften, wie sie in den Regelungen in der Kodifizierungs-Richtlinie für innerstaatliche Verschmelzungen und Spaltungen und auch vielen anderen gesellschaftsrechtlichen Richtlinien vorgesehen ist (s. dazu auch § 18 Rn. 62), wurde für die damalige IntVersch-RL und die heutigen Regelungen in der Kodifizierungs-Richtlinie für internationale Verschmelzungen allerdings abgesehen. Erfasst werden vielmehr **alle Kapitalgesellschaften.** Grund dafür ist, dass vor allem auch für KMU sowie größere (mittelständige) Unternehmen, die nicht in der Rechtsform einer Aktiengesellschaft organisiert sind, die Möglichkeit einer grenzüberschreitenden Kooperation und Reorganisati-

---

45 *Schmidt*, Study on Cross-border mergers and divisions, transfers of seat: Is there a need to legislate?, 2016, S. 37; *Drygala/von Bressensdorf* NZG 2016, 1161, 1168.

46 *Bayer/Schmidt* NJW 2006, 401; *Vermeylen* in: Vermeylen/Vande Velde (Eds.), European Cross-Border Mergers and Reorganizations, 2012, Rn. 1.30.

47 Nach dem Richtlinienentwurf von 1985 (KOM(84) 727 = BT-Drs. 10/2856) war der Anwendungsbereich der Richtlinie hingegen noch auf Aktiengesellschaften beschränkt.

48 Indes wurde auf dem 71. Deutschen Juristentag mit deutlicher Mehrheit (48:0:4) eine Erweiterung der §§ 122a ff. UmwG auf Personengesellschaften beschlossen, vgl. Beschluss 27 der Abteilung Wirtschaftsrecht beim 71. DJT, 2016; abrufbar unter: http://www.djt.de/fileadmin/downloads/71/Beschluesse_gesamt.pdf, S. 37; aus jüngerer Zeit auch *Drygala/von Bressensdorf* NZG 2016, 1161, 1164 f.; *Stiegler* ZGR 2017, 312, 345.

49 Vgl. Study on the Application of the Cross-border Mergers Directive, S. 115; nach deutschem Recht siehe § 122b I UmwG; nicht jedoch im Vereinigen Königreich, wo die CBMR 2007 (in zT modifizierter Form) auch auf die LLP Anwendung findet, vgl. Reg. 46 (1) Limited Liability Partnerships (Application of Companies Act 2006) Regulations 2009, SI 2009 No. 1804 v. 8. Juli 2009.

50 *Lutter/Bayer/Schmidt*, Europäisches Unternehmens- und Kapitalmarktrecht, 2017, Rn. 22.11; *Stiegler* ZGR 2017, 312, 345.

51 *Lutter/Bayer/Schmidt*, Europäisches Unternehmens- und Kapitalmarktrecht, 2017, Rn. 22.15; *Stiegler* GmbHR 2016, 406, 410; *ders.* ZGR 2017, 312, 345; *Schmidt*, Study on Cross-border mergers and divisions, transfers of seat: Is there a need to legislate?, 2016, S. 17 (gleichsam de lege ferenda jedoch für eine Erweiterung auf alle von Art. 54 II AEUV erfassten Gesellschaftsformen).

on gegeben und damit eine umfassende Verwirklichung der Binnenmarktmobilität erreicht werden soll.[52] Rechtstatsächlich ist zudem festzustellen, dass sich vor allem die nationalen Gesellschaften mit beschränkter Haftung an einer grenzüberschreitenden Verschmelzungen beteiligen. Für Aktiengesellschaft kommt die Option einer entsprechenden Strukturmaßnahme häufig nur im Rahmen von **Konzernstrukturierungen** (s. Rn. 134 ff.) in Betracht. Oftmals ist damit zudem die Gründung einer Europäischen Aktiengesellschaft (SE) beabsichtigt, wo die Regelungen der SE-VO in diesem Fall vorrangig anzuwenden sind. Aus deutscher Sicht ist für börsennotierte Unternehmen ferner insbesondere das Pflichtangebot zur Barabfindung an die Widerspruch zur Niederschrift erklärenden Aktionäre (§ 122i I 1 UmwG) ein immanentes **Hindernis** für die Durchführung einer grenzüberschreitenden Verschmelzung.[53]

Kapitalgesellschaften iS der Regelungen in der Kodifizierungs-Richtlinie für internationale Verschmelzungen sind gem Art. 119 Nr. 1 lit. a) Kodifizierungs-RL (ex-Art. 2 Nr. 1 lit. a) IntVersch-RL) zunächst alle **Gesellschaften** gemäß des Anhangs II zur Kodifizierungs-Richtlinie (ex-Art. 1 Publizitäts-RL) (dazu § 20). In Deutschland somit die **AG, GmbH** und **KGaA**. Darüber hinaus sollen die entsprechenden Richtlinienbestimmungen gem Art. 119 Nr. 1 lit. b) Kodifizierungs-RL (ex-Art. 2 Nr. 1 lit. b) IntVersch-RL) generell für Gesellschaften gelten, die Rechtspersönlichkeit besitzen, über Haftungskapital verfügen und entsprechenden Publizitätsvorschriften unterliegen. Damit soll sichergestellt werden, dass sämtliche mitgliedstaatliche sowie europäische Gesellschaftsformen, die die genannten Kriterien erfüllen, vom Anwendungsbereich erfasst sind, ohne dass es hierfür einer Änderung der Regelungen in der Kodifizierungs-Richtlinie für internationale Verschmelzungen bedarf.[54] Auch die **Europäische Aktiengesellschaft** (SE) zählt daher, aufgrund ihres Verweises gem Art. 9 I lit. c) (ii) SE-VO auf nationales Aktienrecht, zu den von den Richtlinienbestimmungen erfassten Gesellschaften.[55] Entsprechendes würde auch für eine künftige Europäische Privatgesellschaft (SPE) (dazu § 5) und Europäische Einpersonengesellschaft (SUP) (dazu § 9) gelten. Sofern es sich jedoch um eine grenzüberschreitende Verschmelzung zur Neugründung einer SE handelt, gelten die entsprechenden Regelungen der **Art. 2, 17 ff. SE-VO** als **lex specialis** und verdrängen die nationalen Umsetzungsbestimmungen für grenzüberschreitende Verschmelzungen.[56] Gleichwohl kommt über Art. 18 SE-VO subsidiär das nationale Umsetzungsrecht der ehemaligen Verschmelzungsrichtlinie zur Anwendung, welches zB in Deutschland über den Verweis in § 122a II UmwG ebenfalls teilweise zur Anwendung kommen kann. An einer grenzüberschreitenden Verschmelzung zur Aufnahme kann sich eine SE sowohl als übertragender als auch als übernehmender Rechtsträger beteiligen.[57] 20

Nach Art. 120 Kodifizierungs-RL (ex-Art. 3 II IntVersch-RL) können die Mitgliedstaaten vorsehen, dass die entsprechenden Bestimmungen der Richtlinie nicht auf grenzüberschreitende Verschmelzungen Anwendung fin- 21

52 Vgl. KOM(2003) 703, S. 3; *Habersack/Verse*, Europäisches Gesellschaftsrecht, 2011, § 8 Rn. 54; *Lutter/Bayer/Schmidt*, Europäisches Unternehmens- und Kapitalmarktrecht, 2017, Rn. 22.16; ferner *Siems* CJEL 11 (2005) 167, 173.

53 Insofern kritisch zur deutschen Regelung *Bayer/Schmidt* NZG 2006, 841, 844; *Drygala/von Bressensdorf* NZG 2016, 1161, 1162 f.; *Kiem* in: Habersack/Drinhausen (Hrsg.), SE-Recht, 2. Aufl. 2016, § 122h Rn. 3 ff.

54 *Vermeylen* in: Vermeylen/Vande Velde (Eds.), European Cross-Border Mergers and Reorganizations, 2012, Rn. 1.20; *Lutter/Bayer/Schmidt*, Europäisches Unternehmens- und Kapitalmarktrecht, 2017, Rn. 22.17; *Drinhausen* in: Semler/Stengel (Hrsg.), UmwG, 4. Aufl. 2017, § 122b Rn. 4; *Heckschen* in: Widmann/Mayer (Hrsg.), Umwandlungsrecht, 169. EL 2018, § 122b UmwG Rn. 51 ff.; *Neye* ZIP 2005, 1893, 1894; offenlassend noch *Wooldridge* Co. Lawyer 27 (2006) 309.

55 *Lutter/Bayer/Schmidt*, Europäisches Unternehmens- und Kapitalmarktrecht, 2017, Rn. 22.18; *Bayer* in: Lutter (Hrsg.), UmwG, 5. Aufl. 2014, § 122b Rn. 7; *Drygala/von Bressensdorf* NZG 2016, 1161, 1162; *Kalss/Klampfl*, Europäisches Gesellschaftsrecht, 2015, Rn. 565; *Habersack/Verse*, Europäisches Gesellschaftsrecht, 2011, § 8 Rn. 56; *Klett* in: BeckOGK UmwG (Stand 1.1.2017), § 122b Rn. 13; *Heckschen* in: Widmann/Mayer (Hrsg.), Umwandlungsrecht, 169. EL 2018, § 122b UmwG Rn. 66 f.; *Drinhausen* in: Semler/Stengel (Hrsg.), UmwG, 4. Aufl. 2017, § 122b Rn. 5; *Brocker* BB 2010, 971, 972; *Krause/Kulpa* ZHR 171 (2007) 38, 54; *Marsch-Barner* in: FS Haarmann, 2015, S. 118, 130; *Klein* RNotZ 2007, 565, 573; *Müller* NZG 2006, 286, 287; *Oetker* in: Franzen/Gallner/Oetker (Hrsg.), Europäisches Arbeitsrecht, 2016, RL 2005/56/EG Art. 1 Rn. 7; de lege ferenda für ein spezielles Eingehen auf die SE in der ehemaligen IntVersch-RL *Cannistra*, Das Verhandlungsverfahren zur Regelung der Mitbestimmung, 2014, S. 281.

56 *Lutter/Bayer/Schmidt*, Europäisches Unternehmens- und Kapitalmarktrecht, 2017, Rn. 22.19; *Bayer* in: Lutter (Hrsg.), UmwG, 5. Aufl. 2014, § 122b Rn. 7; *Drinhausen* in: Semler/Stengel (Hrsg.), UmwG, 4. Aufl. 2017, § 122b Rn. 5; *Drygala/von Bressensdorf* NZG 2016, 1161, 1162; *Lieder/Bialluch* NotBZ 2017, 209, 210; *Klett* in: BeckOGK UmwG (Stand 1.1.2017), § 122b Rn. 13; *Vermeylen* in: Vermeylen/Vande Velde (Eds.), European Cross-Border Mergers and Reorganizations, 2012, Rn. 1.20; *Frotz* in: Frotz/Kaufmann (Hrsg.), Grenzüberschreitende Verschmelzungen, 2012, § 3 EU-VerschG Rn. 6; *Krause/Kulpa* ZHR 171 (2007) 38, 54; *Forst* in: Gaul/Ludwig/Forst (Hrsg.), Europäisches Mitbestimmungsrecht, 2015, § 5 Rn. 18.

57 *Vermeylen* in: Vermeylen/Vande Velde (Eds.), European Cross-Border Mergers and Reorganizations, 2012, Rn. 1.18; *Lutter/Bayer/Schmidt*, Europäisches Unternehmens- und Kapitalmarktrecht, 2017, Rn. 22.19; *Bayer* in: Lutter (Hrsg.), UmwG, 5. Aufl. 2014, § 122b Rn. 7; *Drinhausen* in: Semler/Stengel (Hrsg.), UmwG, 4. Aufl. 2017, § 122b Rn. 5; *Lieder/Bialluch* NotBZ 2017, 209, 210; *Marsch-Barner* in: Kallmeyer (Hrsg.), UmwG, 6. Aufl. 2017, § 122b Rn. 3; *ders.* in: FS Haarmann, 2015, S. 118, 130; *Simon/Rubner* in: KK-UmwG, 2009, § 122b Rn. 10.

Inhalt der Verschmelzungsprüfung ist nach Art. 125 II Kodifizierungs-RL (ex-Art. 8 II IntVersch-RL) der Verschmelzungsplan. Dieser ist durch den/die Sachverständigen auf seine Vollständigkeit und Richtigkeit zu prüfen.[145] Der Fokus liegt dabei insbesondere auf der Prüfung der **Angemessenheit des Umtauschverhältnisses.**[146] Nicht zwingender Gegenstand der Prüfung ist die wirtschaftliche Zweckmäßigkeit der grenzüberschreitenden Verschmelzung.[147] Diese Beurteilung obliegt allein den betroffenen Anteilsinhabern der jeweiligen Gesellschaften. Gleichwohl steht es den Mitgliedstaaten grundsätzlich frei, auch diese von der Prüfungspflicht erfassen zu lassen, um so den Schutz der Anteilsinhaber zu erhöhen.[148] In diesem Sinne kann auch der Verschmelzungsbericht von der Prüfung durch einen oder mehrere Sachverständige erfasst sein. Nach deutschem Recht ist lediglich der Verschmelzungsplan bzw. sein Entwurf Berichtsinhalt (vgl. § 122f S. 1 UmwG iVm § 9 I UmwG). 66

Bezüglich des **Inhalts des Prüfungsberichts** verweist Art. 125 III 1 Kodifizierungs-RL (ex-Art. 8 III 1 IntVersch-RL) auf die entsprechende Regelung für die innerstaatliche Verschmelzung (Art. 96 II Kodifizierungs-RL (ex-Art. 10 II Verschmelzungs-RL)). Danach muss der Prüfungsbericht **mindestens** enthalten: 67

- nach welcher/n Methode(n)[149] das Umtauschverhältnis bestimmt worden ist;
- ob diese angewandte(n) Methode(n) im vorliegenden Fall angemessen ist/sind und welcher Wert sich bei jeder dieser Methoden ergibt.

Als sachverständige Prüfer können ein oder mehrere **natürliche** oder **juristische Personen** bestellt werden (vgl. Art. 125 I 2 Kodifizierungs-RL (ex-Art. 8 I 2 IntVersch-RL)). Den Mitgliedstaaten steht es dabei frei, ob sie die Bestellung unmittelbar durch ein Gericht oder durch eine nationale Verwaltungsbehörde vorschreiben, oder ob sie auch eine Bestellung des Prüfers durch die jeweilige(n) Gesellschaft(en) selbst gestatten. Bei einer Bestellung durch die betroffenen Gesellschaften selbst muss der bzw. die Prüfer jedoch als solche(r) durch ein Gericht oder eine Verwaltungsbehörde zugelassen sein. Die genaue Qualifikation des bzw. der sachverständigen Prüfer ist in den Richtlinienbestimmungen nicht ausdrücklich geregelt, so dass die Mitgliedstaaten diese ausgestalten können. Von der Richtlinie zwingend vorgegeben ist allerdings, dass der Sachverständige von der Gesellschaft unabhängig sein muss. Auch insoweit wird nicht definiert, was unter der **Unabhängigkeit des/der Sachverständigen** zu verstehen ist. Die genaue Ausgestaltung obliegt daher den Mitgliedstaaten.[150] Zu beachten sind jedoch ggf die Anforderungen an die Abschlussprüfer gemäß den Vorgaben der Abschlussprüferrichtlinie bzw. -verordnung (s. dazu § 26 Rn. 29 ff.). Entsprechendes wird auch durch den Richtlinienvorschlag der Europäischen Kommission vom April 2018 erkennbar, wo ein neuer Art. 125 I Uabs. 2 RL-Vorschlag eingefügt werden soll, der explizit auf die Anwendung der Umsetzungsbestimmungen zur Abschlussprüferrichtlinie verweist. Dies wird zudem nach deutschem Recht erkennbar, da gem § 122 f. S. 1 UmwG iVm § 11 UmwG hinsichtlich der Auswahl und Verantwortlichkeit der Verschmelzungsprüfung auf die einschlägigen Vorschriften zur Abschlussprüfung im HGB verwiesen wird. 68

Zur ordnungsgemäßen Erfüllung seiner Aufgaben[151] hat jeder sachverständige Prüfer nach Art. 125 III 2 Kodifizierungs-RL (ex-Art. 8 III 2 IntVersch-RL) das Recht, bei allen sich verschmelzenden Gesellschaften alle zweckdienlichen Auskünfte und Unterlagen anzufordern und alle erforderlichen Nachprüfungen vorzunehmen. Den/Dem Sachverständigen wird damit ein umfassendes **Auskunfts- und Nachprüfungsrecht** eingeräumt.[152] Dieses Recht besteht gegenüber dem Leitungs- bzw. Verwaltungsorgan der sich verschmelzenden Gesellschaften, bei der dieser die Prüfung durchführt. Bei einer gemeinsamen Verschmelzungsprüfung (s. Rn. 65) besteht das Auskunfts- und Nachprüfungsrecht gegenüber allen beteiligten Gesellschaften, für die eine gemeinsame Prüfung vorgenommen werden soll. 69

Nach Art. 125 IV Kodifizierungs-RL (ex-Art. 8 IV IntVersch-RL) ist die Prüfung des Verschmelzungsplans und damit die Erstellung eines Prüfungsberichts **nicht erforderlich**, wenn alle Anteilsinhaber aller an der Verschmelzung beteiligten Gesellschaften darauf **verzichtet haben**. Es kann dabei sowohl separat auf die Prüfung bzw. den Prüfungsbericht, als auch auf beide gemeinsam verzichtet werden. Faktisch impliziert jedoch der Verzicht auf die Verschmelzungsprüfung auch die Erstellung eines entsprechenden Prüfberichts. Gleichwohl sollten sich die 70

145 *Lutter/Bayer/Schmidt*, Europäisches Unternehmens- und Kapitalmarktrecht, 2017, Rn. 22.77; *Bayer* in: Lutter (Hrsg.), UmwG, 5. Aufl. 2014, § 122f Rn. 9.

146 *Grohmann*, Das Informationsmodell im Europäischen Gesellschaftsrecht, 2006, S. 355; *Lutter/Bayer/Schmidt*, Europäisches Unternehmens- und Kapitalmarktrecht, 2017, Rn. 22.77; *Bayer* in: Lutter (Hrsg.), UmwG, 5. Aufl. 2014, § 122f Rn. 9; *Klein* RNotZ 2007, 565, 593; ausführlich zur Ermittlung der Verschmelzungswertrelation *Kiem* ZGR 2007, 542 ff.; *Reuter* AG 2007, 881 ff.

147 *Lutter/Bayer/Schmidt*, Europäisches Unternehmens- und Kapitalmarktrecht, 2017, Rn. 22.77; *Bayer* in: Lutter (Hrsg.), UmwG, 5. Aufl. 2014, § 122f Rn. 10.

148 *Lutter/Bayer/Schmidt*, Europäisches Unternehmens- und Kapitalmarktrecht, 2017, Rn. 22.68.

149 Zum Beispiel die Ertragswertmethode oder das DCF-Verfahren.

150 *Lutter/Bayer/Schmidt*, Europäisches Unternehmens- und Kapitalmarktrecht, 2017, Rn. 22.81; *Vermeylen* in: Vermeylen/Vande Velde (Eds.), European Cross-Border Mergers and Reorganizations, 2012, Rn. 1.63.

151 Zu den Anforderungen an Abschlussprüfer auf europäischer Ebene siehe auch § 26 Rn. 61 ff.

152 *Lutter/Bayer/Schmidt*, Europäisches Unternehmens- und Kapitalmarktrecht, 2017, Rn. 22.82; *Grohmann*, Das Informationsmodell im Europäischen Gesellschaftsrecht, 2006, S. 356.

Verzichtserklärungen explizit auf beide Aspekte beziehen. Welche Anforderungen an die entsprechenden Verzichtserklärungen zu stellen sind, dh insbesondere, ob sie zwingend in der Anteilsinhaberversammlung zu fassen sind oder einer bestimmen Form bedürfen, wird aus den Richtlinienbestimmung nicht unmittelbar ersichtlich. Insofern ist nach Art. 121 I lit. b) Kodifizierungs-RL (ex-Art. 4 I lit. b) IntVersch-RL) grundsätzlich das nationales Recht maßgeblich.[153] Im deutschen Recht bedarf es nach § 122f S. 1 UmwG iVm § 12 III UmwG iVm § 8 III 2 UmwG der notariellen Beurkundung der Verzichtserklärung des an der grenzüberschreitenden Verschmelzung beteiligten deutschen Rechtsträgers.[154] Bei einer Verschmelzung durch Aufnahme geht die Strukturmaßnahme in der Regel mit einer (Sach-)Kapitalerhöhung bei der übernehmenden Gesellschaft einher. Eine ggf bestehende Pflicht zur Wertprüfung gemäß den Vorgaben in der Kodifizierungs-Richtlinie über das Kapital von Aktiengesellschaften (ehemalige Kapitalrichtlinie) (dazu § 21) macht die Verschmelzungsprüfung indes **nicht automatisch entbehrlich.**[155] Jedoch können die Mitgliedstaaten nach Art. 49 V Kodifizierungs-RL (ex-Art. 10 V Kapital-RL) (s. dazu § 21 Rn. 59) vorsehen, dass, wenn ein Verschmelzungsprüfungsbericht erstellt wurde, auf die dort normierte Wertprüfung nach verzichtet werden kann bzw. beide Prüfungsberichte durch den- bzw. dieselben Sachverständigen vorgenommen werden können. Entbehrlich ist die Verschmelzungsprüfung und ein entsprechender Prüfungsbericht außerdem unter bestimmten Voraussetzungen bei Konzernverschmelzungen (vgl. Art. 132 I Kodifizierungs-RL (ex-Art. 15 I IntVersch-RL)) (s. dazu Rn. 134 ff.).

71 Da es sich auch bei den Vorgaben zur Verschmelzungsprüfung grundsätzlich um **Mindestanforderungen** des europäischen Rechts handelt, können die Mitgliedstaaten im Rahmen dessen, dass die grenzüberschreitenden Verschmelzung dadurch nicht übermäßig erschwert und damit der Zweck der Richtlinienbestimmungen für diese in der Kodifizierungs-Richtlinie nicht faktisch beschränkt wird, für die ihrem Recht unterliegenden, sich verschmelzenden Gesellschaft auch **zusätzliche Prüfungsobliegenheiten** vorschreiben.[156] So sieht zB das österreichische Recht vor, dass bei einer beteiligten Aktiengesellschaft österreichischen Rechts grundsätzlich auch der Aufsichtsrat die Verschmelzung zu prüfen und einen schriftlichen Bericht zu erstatten hat (§ 3 II EU-VerschG iVm § 220c S. 1 öAktG). Nach deutschem Recht könnte sich solch eine (jedoch weniger weitreichende) Prüfpflicht des **Aufsichtsrates** ggf aus dessen allgemeiner Kontrollpflicht gem § 122a II UmwG iVm 116 S. 1 AktG iVm § 93 AktG ergeben.[157] Der Aufsichtsrat kann hierbei bei einer grenzüberschreitenden Verschmelzung als einschneidende Strukturmaßnahme der Gesellschaft zudem einen Bericht vom Vorstand über den geplanten Verschmelzungsvorgang im Sinne von § 90 III 1 AktG verlangen. Auch der Vorstand selbst wird im Hinblick auf § 90 I 3 AktG wohl von sich aus zumindest dem Aufsichtsratsvorsitzenden über die geplante grenzüberschreitende Verschmelzung rechtzeitig zu informieren haben. Dies ist ebenfalls ohne Zweifel mit den Vorgaben der Kodifizierungs-Richtlinie für internationale Verschmelzungen vereinbar.

H. Beschlussfassung

72 Zentrales Element des Anteilsinhaberschutzes bei einer grenzüberschreitenden Verschmelzung ist, wie auch bei anderen Strukturmaßnahmen, die **Zustimmung** der Gesellschafter- bzw. Hauptversammlung zu dem Umwandlungsvorgang. Nach Art. 126 I Kodifizierungs-RL (ex-Art. 9 I IntVersch-RL) bedarf es grundsätzlich einer Beschlussfassung in **jeder der sich verschmelzenden Gesellschaften.** Eine Ausnahme davon besteht neben bestimmten Konzernkonstellationen gem Art. 126 III Kodifizierungs-RL (ex-Art. 9 III IntVersch-RL). Danach brauchen die Mitgliedstaaten eine Zustimmung der Anteilsinhaberversammlung bei der übernehmenden Gesellschaft nicht vorsehen, wenn nach den Vorgaben des Art. 94 Kodifizierungs-RL (ex-Art. 8 Verschmelzungs-RL) **kumulativ**

- die ordnungsgemäße Offenlegung des Verschmelzungsplans mindestens einen Monat vor einer beschließenden Anteilsinhaberversammlung erfolgte;
- die Gewährleistung der Vorabinformationen der Gesellschafter gem Art. 97 I Kodifizierungs-RL (ex-Art. 11 I Verschmelzungs-RL) (s. dazu § 22 Rn. 61) sichergestellt ist und
- die Einräumung einer Gesellschafterminderheit von max. 5% ein Recht auf Herbeiführung einer Beschlussfassung über die Verschmelzung hat.

153 *Lutter/Bayer/Schmidt*, Europäisches Unternehmens- und Kapitalmarktrecht, 2017, Rn. 22.85; *Bayer* in: Lutter (Hrsg.), UmwG, 5. Aufl. 2014, § 122f Rn. 17; *Klein* RNotZ 2007, 565, 594; *Simon/Rubner* in: KK-UmwG, 2009, § 122f Rn. 13.

154 *Bayer* in: Lutter (Hrsg.), UmwG, 5. Aufl. 2014, § 122f Rn. 17; *Kiem* in: Habersack/Drinhausen (Hrsg.), SE-Recht, 2. Aufl. 2016, § 122f UmwG Rn. 8; *Müller* in: Kallmeyer (Hrsg.), UmwG, 6. Aufl. 2017, § 122f Rn. 4; *Simon/Rubner* in: KK-UmwG, 2009, § 122f Rn. 13; *Becker/Uxa* in: Maulbetsch/Klumpp/Rose, UmwG, 2. Aufl. 2017, § 122f Rn. 11.

155 *Lutter/Bayer/Schmidt*, Europäisches Unternehmens- und Kapitalmarktrecht, 2017, Rn. 22.86; vgl. auch *Vermeylen* in: Vermeylen/Vande Velde (Eds.), European Cross-Border Mergers and Reorganizations, 2012, Rn. 1.70a.

156 In diesem Sinne *Talos/Rericha* in: Talos/Winner (Hrsg.), EU-VerschG, 2016, § 6 Rn. 78.

157 Allgemein *Rieder* in: BeckOGK UmwG (Stand: 1.1.2017), § 25 Rn. 8 (auch mit Verweis auf BGH NZG 2013, 339).

Voraussetzung für die Beschlussfassung der Anteilsinhaber ist nach Art. 126 I Kodifizierungs-RL (ex-Art. 9 I IntVersch-RL) zunächst, dass diese von dem zu erstellenden Verschmelzungsbericht nach Art. 124 Kodifizierungs-RL (ex-Art. 7 IntVersch-RL) und dem Verschmelzungsprüfungsbericht nach Art. 125 Kodifizierungs-RL (ex-Art. 8 IntVersch-RL) **Kenntnis erlangt** haben. Dies gilt selbstverständlich jedoch nur insofern, wie der jeweilige Bericht nicht entbehrlich ist bzw. wirksam auf dessen Erstellung verzichtet wurde. Aus den Vorgaben zum Verschmelzungs- und Sachverständigenbericht ergibt sich weiterhin, dass die jeweiligen Berichte den Anteilsinhabern **mindestens einem Monat** vor dem Tag der beschließenden Gesellschafter- bzw. Hauptversammlung zur Verfügung stehen müssen. Neben der Bekanntmachung des Verschmelzungsplans nach Art. 123 Kodifizierungs-RL (ex-Art. 6 IntVersch-RL) ist eine gesonderte Zugänglichmachung hingegen nicht Voraussetzung für die Beschlussfassung. Die Zugänglichmachung weiterer Unterlagen (zB Zwischenbilanzen und Jahresabschlüsse) ergibt sich jedoch ggf aus nationalem (zT aufgrund der ehemaligen Verschmelzungsrichtlinie harmonisiertem) Recht. 73

Nach Art. 9 I IntVersch-RL bezieht sich die **Zustimmung** der jeweiligen Anteilsinhaberversammlung auf den **gemeinsamen Verschmelzungsplan.** Inhalt der Beschlussfassung ist somit der vom Leitungs- bzw. Verwaltungsorgan der sich verschmelzenden Gesellschaften erstellte Verschmelzungsplan (s. Rn. 36 ff.). 74

Unklar ist, wie Art. 126 I Kodifizierungs-RL (ex-Art. 9 I IntVersch-RL) im Hinblick auf Änderung des Verschmelzungsplans durch die Anteilsinhaber innerhalb der Gesellschafter- bzw. Hauptversammlung zu betrachten ist, dh in dem Fall, wenn die Anteilsinhaber einer der sich verschmelzenden Gesellschaften dem Verschmelzungsplan nur mit Änderungen gegenüber der vorgelegten Fassung zustimmen. In zahlreichen Mitgliedstaaten wird unter einer entsprechenen **Änderung des vorgelegten Verschmelzungsplans** die Ablehnung der Zustimmung zu diesem verstanden.[158] In Deutschland wird nach hM ebenfalls unter der Änderung des vorgelegten Verschmelzungsvertrags durch die Anteilsinhaber die Ablehnung der Zustimmung zu dem vorgelegten Verschmelzungsvertrag oder seinem Entwuf gesehen.[159] Auch der Wortlaut des Art. 126 I Kodifizierungs-RL (ex-Art. 9 I IntVersch-RL) scheint dafür zu sprechen, dass die beschließende Anteilsinhaberversammlung dem vorgelegten Verschmelzungsplan nur entweder zustimmen oder ablehnen kann.[160] In anderen Mitgliedstaaten ist der Beschluss über einen abgeänderten Verschmelzungsplan hingegen nicht per se als Ablehnung des vorgelegten Plans zu verstehen. Dies hat zur Folge, dass das Verschmelzungsverfahren auf Basis des neuen (geänderten) Plans zu wiederholen ist.[161] Diese Vorgehensweise steht nicht zwingend im Widerspruch zu Art. 126 I Kodifizierungs-RL (ex-Art. 9 I IntVersch-RL). Materiell ist Art. 126 I Kodifizierungs-RL (ex-Art. 9 I IntVersch-RL) hierbei nur wenig aufschlussreich und auch aus Wertungsgesichtspunkten lässt sich der Vorschrift grundsätzlich **kein** Verstoß gegen die entsprechenden Richtlinienbestimmungen in diesem Fall festmachen.[162] Gleichwohl gilt dies nur unter der Prämisse, dass die Anteilsinhaberversammlungen aller an der Verschmelzung beteiligten Gesellschaften dem (inhaltlich) **gleichen Verschmelzungsplan zustimmen**. Eine Zustimmung zu unterschiedlichen Plänen kann im Ergebnis nur zur Ablehnung der grenzüberschreitenden Verschmelzung führen. Nach Art. 126 I Kodifizierungs-RL (ex-Art. 9 I IntVersch-RL) bedarf es nämlich der Zustimmung der „Gesellschafterversammlung jeder der sich verschmelzenden Gesellschaften" zum „gemeinsamen Verschmelzungsplan". 75

Dies bedeutet aus praktischer Sicht, dass, wenn die Anteilsinhaber einer der an der Verschmelzung beteiligten Gesellschaft dem Verschmelzungsplan nur unter Abänderung dessen zustimmt, auch die Anteilsinhaber der anderen an der Verschmelzung beteiligten Gesellschaft(en) der geänderten Fassung des Verschmelzungslans zustimmen müssen. Andernfalls bestehen keine inhaltlich korrespondierenden Zustimmungsbeschlüsse als Voraussetzung des Art. 126 I Kodifizierungs-RL (ex-Art. 9 I IntVersch-RL). Bei einer **Konzernverschmelzung** iS von Art. 132 I Kodifizierungs-RL (ex-Art. 15 I IntVersch-RL) (s. Rn. 134 ff.) wird sich dieses Problem mangels Beschlussfassung bei der übertragenden Tochtergesellschaft indes nicht stellen. Ob und inwieweit ein Beschluss über den geänderten Verschmelzungsplan darüber hinaus zulässig ist, richtet sich im Rahmen des Art. 121 I lit. b), II 2 Kodifizierungs-RL (ex-Art. 4 I lit. b), II 2 IntVersch-RL) nach mitgliedstaatlichem Recht. 76

Das formelle und materielle **Beschlussfassungsverfahren** über die Zustimmung zur grenzüberschreitenden Verschmelzung wird darüber hinaus nicht von den Richtlinienbestimmungen geregelt. Fragen bezüglich der Einberufung der abstimmenden Versammlung, der Modalitäten des Abstimmungsverfahrens sowie der Mehrheitserfordernisse bestimmen sich daher **nach nationalem Recht** (vgl. Art. 121 II 1 Kodifizierungs-RL (ex-Art. 4 II 1 77

158 Zum Beispiel in Spanien und den Niederlanden. In Deutschland kommen über § 122a II UmwG die Bestimmungen des § 13 UmwG zum Tragen.

159 *Gehling* in: Semler/Stengel (Hrsg.), UmwG, 4. Aufl. 2017, § 13 Rn. 28a; *Heidinger* in: Henssler/Strohn (Hrsg.), Gesellschaftsrecht, 3. Aufl. 2016, § 13 UmwG Rn. 19; *Stratz* in: Schmitt/Hörtnagl/Stratz (Hrsg.), UmwG, 7. Aufl. 2016, § 13 Rn. 21; wohl aA *Simon* in: KK-UmwG, 2009, § 13 Rn. 37.

160 *Vermeylen* in: Vermeylen/Vande Velde (Eds.), European Cross-Border Mergers and Reorganizations, 2012, Rn. 1.88.

161 So zum Beispiel in Belgien und Frankreich, vgl. *Vermeylen et al.* bzw. *Flanigan et al.* in: Vermeylen/Vande Velde (Eds.), European Cross-Border Mergers and Reorganizations, 2012, Rn. 5.65 bzw. Rn. 7.61.

162 So auch *Vermeylen* in: Vermeylen/Vande Velde (Eds.), European Cross-Border Mergers and Reorganizations, 2012, Rn. 1.88.

IntVersch-RL)).[163] Insofern sind die entsprechenden Normen für die an der Verschmelzung beteiligten Gesellschaften zu beachten. Mithin dürfen die Mitgliedstaaten diesbezüglich keine strengeren Vorgaben als für entsprechende innerstaatliche Verschmelzungen statuieren.[164] Zumindest für (börsennotierte) Aktiengesellschaften besteht jedoch eine teilweise Harmonisierung des Hauptversammlungsrechts (s. dazu § 30 Rn. 88 ff.).[165]

78 Eine Besonderheit gegenüber den Vorgaben in der Kodifizierungs-Richtlinie für innerstaatliche Verschmelzungen besteht mit dem **Zustimmungsvorbehalt** des Art. 126 II Kodifizierungs-RL (ex-Art. 9 II IntVersch-RL). Danach kann die Anteilsinhaberversammlung jeder der sich verschmelzenden Gesellschaften die grenzüberschreitende Verschmelzung davon abhängig machen, dass die **Modalitäten für die Mitbestimmung der Arbeitnehmer** in der aus der grenzüberschreitenden Verschmelzung hervorgehenden Gesellschaft ausdrücklich von ihr bestätigt werden. Hintergrund dieses Zustimmungsvorbehalts ist, dass für die Verhandlung über die Arbeitnehmermitbestimmung in der übernehmenden bzw. neuen Gesellschaft nicht die Gesellschafter- bzw. Hauptversammlung zuständig ist, sondern das Geschäftsführungsorgan der jeweiligen Gesellschaft sowie das besondere Verhandlungsgremium der Arbeitnehmer und der Ausgang der Verhandlungen gem Art. 133 Kodifizierungs-RL (ex-Art. 16 IntVersch-RL) zum Zeitpunkt der Beschlussfassung idR noch nicht feststehen wird.[166] Im Ergebnis kann daher mit der Genehmigung nach Art. 126 II Kodifizierungs-RL (ex-Art. 9 II IntVersch-RL) das diesbezügliche Mitentscheidungsrecht der Anteilsinhaber gesichert werden.[167]

79 Wollen die Anteilsinhaber von dem Zustimmungsvorbehalt Gebrauch machen, erfolgt dies in zwei Schritten. Zunächst ist der **Vorbehalt** in den Beschluss über die Zustimmung zum Verschmelzungsplan aufzunehmen. Dies erfolgt durch entsprechenden Beschluss der Anteilsinhaberversammlung. Vorbehalt bedeutet iSd Art. 126 II Kodifizierungs-RL (ex-Art. 9 II IntVersch-RL), dass der Verschmelzungsplan unter der aufschiebenden Bedingung der **nochmaligen Beschlussfassung** gestellt wird.[168] Sobald eine Regelung der Mitbestimmung feststeht,[169] ist eine weitere Versammlung der Anteilsinhaber zur Fassung des **Bestätigungsbeschlusses** hierüber erforderlich.[170] Umstritten ist, welche Mehrheitserfordernisse bei der Erklärung des Vorbehalts bzw. des Bestätigungsbeschlusses zur Geltung kommen. Kategorisiert man bereits die Erklärung des Vorbehalts als Teil des Beschlusses über die grenzüberschreitende Verschmelzung, würden auch für die Entscheidung der Anteilsinhaber, ob man die grenzüberschreitende Verschmelzung von der Bestätigung der Modalitäten des Arbeitnehmermitbestimmungsverfahrens abhängig macht, die nationalen Mehrheitserfordernisse für eine (grenzüberschreitende) Verschmelzung als Strukturmaßnahme gelten.[171]

80 Lässt man der Erklärung des Vorbehalts hingegen keinen solchen Grundlagencharakter zukommen, würde eine **einfache Mehrheit** grundsätzlich ausreichen.[172] Dem ist im Ergebnis zuzustimmen. Die Anteilsinhaber entscheiden hierbei lediglich darüber, dass ein entsprechender Vorbehalt in die Beschlussfassung über den Verschmelzungsplan mit aufzunehmen ist. Es ist daher vielmehr die Folge der Vorbehaltserklärung, dass dieser in den Beschluss mit aufgenommen werden soll. Die Erklärung an sich ist jedoch noch kein Bestandteil dessen. Insofern

---

163 *Grundmann*, Europäisches Gesellschaftsrecht, 2011, Rn. 921; *Habersack/Verse*, Europäisches Gesellschaftsrecht, 2011, § 8 Rn. 63; *Lutter/Bayer/Schmidt*, Europäisches Unternehmens- und Kapitalmarktrecht, 2017, Rn. 22.91; *Vermeylen* in: Vermeylen/Vande Velde (Eds.), European Cross-Border Mergers and Reorganizations, 2012, Rn. 1.85 f.; *Bayer/Schmidt* NJW 2006, 401, 404; *Drinhausen/Keinath* RIW 2006, 81, 84; *Klein* RNotZ 2007, 565, 595; *Neye* ZIP 2005, 1893, 1896.

164 *Vermeylen* in: Vermeylen/Vande Velde (Eds.), European Cross-Border Mergers and Reorganizations, 2012, Rn. 1.85 f.

165 Siehe zB Art. 93 f. Kodifizierungs-RL (ex-Art. 7 f. Verschmelzungs-RL) (dazu § 22 Rn. 44 ff.) und Art. 5 ff. Aktionärsrechte-RL (dazu § 30 Rn. 88 ff.).

166 *Lutter/Bayer/Schmidt*, Europäisches Unternehmens- und Kapitalmarktrecht, 2017, Rn. 22.93; *Bayer* in: Lutter (Hrsg.), UmwG, 5. Aufl. 2014, § 122g Rn. 2.

167 *Lutter/Bayer/Schmidt*, Europäisches Unternehmens- und Kapitalmarktrecht, 2017, Rn. 22.93.

168 *Eckert* in: Kalss (Hrsg.), Verschmelzung – Spaltung – Umwandlung, 2010, § 9 EU-VerschG, Rn. 17; *Heckschen* in: Widmann/Mayer (Hrsg.), Umwandlungsrecht, 169. EL 2018, § 122g UmwG Rn. 109.

169 Erfasst sind dabei alle möglichen Arten der Mitbestimmungsvereinbarung, dh insbesondere sowohl das Verhandlungsverfahren als auch die Auffanglösung, vgl. *Klett* in: BeckOGK UmwG (Stand 1.1.2017), § 122g Rn. 25.

170 *Drinhausen* in: Semler/Stengel (Hrsg.), UmwG, 4. Aufl. 2017, § 122g Rn. 11; *Heckschen* in: Widmann/Mayer (Hrsg.), Umwandlungsrecht, 169. EL 2018, § 122g UmwG Rn. 113; *Hörtnagl* in: Schmitt/Hörtnagl/Stratz (Hrsg.), UmwG, 7. Aufl. 2016, § 122g Rn. 9; *Zimmermann* in: Kallmeyer (Hrsg.), UmwG, 6. Aufl. 2017, § 122g Rn. 18.

171 So zu § 122g UmwG *Heckschen* in Widmann/Mayer (Hrsg.), Umwandlungsrecht, 169. EL 2018, § 122g UmwG Rn. 109; *Klein* RNotZ 2007, 565, 597; *Müller* ZIP 2007, 1081, 1085; *Limmer* ZNotP 2007, 282, 285; *Simon/Rubner* DK 2006, 835, 839; zum österreichischen § 9 EU-VerschG *Eckert* in: Kalss (Hrsg.), Verschmelzung – Spaltung – Umwandlung, 2010, § 9 EU-VerschG, Rn. 17; *Wenger* in: Frotz/Kaufmann (Hrsg.), Grenzüberschreitende Verschmelzungen, 2012, § 9 EU-VerschG, Rn. 10c f.

172 So *Lutter/Bayer/Schmidt*, Europäisches Unternehmens- und Kapitalmarktrecht, 2017, Rn. 22.95; *Bayer* in: Lutter (Hrsg.), UmwG, 5. Aufl. 2014, § 122g Rn. 30; *Drinhausen* in: Semler/Stengel (Hrsg.), UmwG, 4. Aufl. 2017, § 122g Rn. 10; *Stiegler* GmbHR 2016, 406, 412.

wird damit auch noch keine Entscheidung über die Zustimmung zur Verschmelzung als Grundlagengeschäft getroffen, so dass es nach europäischem Recht keiner qualifizierten Mehrheit bedarf.

Ist der Vorbehalt Bestandteil des Verschmelzungsbeschlusses geworden und diesem entsprechend nach nationalem Recht mit qualifizierter Mehrheit zugestimmt, stellt sich die Frage, mit welcher Mehrheit der nachfolgende Bestätigungsbeschluss bezüglich der Modalitäten der Arbeitnehmermitbestimmung zu fassen ist. Zunächst muss diese Genehmigungserklärung nach dem eindeutigen Wortlaut des Art. 126 II Kodifizierungs-RL (ex-Art. 9 II IntVersch-RL) durch **ausdrücklichen Beschluss der Anteilsinhaber** erfolgen. Konkludentes Handeln oder bloße Untätigkeit genügt insofern nicht.[173] Eine Delegation der Genehmigung ist insofern ebenfalls nicht möglich.[174] Bedenkt man, dass die Bestätigung des Arbeitnehmermitbestimmungsverfahrens aufgrund des in die Beschlussfassung über die Verschmelzung aufgenommenen Vorbehalts Bedingung für die Wirksamkeit des Verschmelzungsbeschlusses ist, wird man auch auf diese die für die Zustimmung zum vorherigen Verschmelzungsbeschluss anzuwendenden Mehrheitserfordernisse (idR also eine **qualifizierte Mehrheit**) anzuwenden haben.[175] Hierfür spricht auch, dass die Modalitäten der Mitbestimmung Teil der gesellschaftsrechtlichen Organisation sind, und die mit der Mitbestimmung ggf einhergehende Beschneidung der Einflussrechte der Gesellschafter gerade einer der Zwecke des Vorbehalts nach Art. 126 II Kodifizierungs-RL (ex-Art. 9 II IntVersch-RL) ist.[176] Insofern ist es ebenfalls unerheblich, dass der Vorbehalt nicht Inhalt des Verschmelzungsplans ist. Er ist jedoch Teil des Beschlusses über die Zustimmung der Anteilsinhaber zum Verschmelzungsplan. Eine einfache Mehrheit reicht daher – vorbehaltlich einer anderweiten Regelung innerhalb des Verschmelzungsbeschlusses[177] – grundsätzlich nicht aus. 81

I. Schutzinstrumente

I. Gläubigerschutz

Im Gegensatz zu den Regelungen in der Kodifizierungs-Richtlinie über innerstaatliche Verschmelzungen (vgl. Art. 99 Kodifizierungs-RL (ex-Art. 13 Verschmelzungs-RL) und zur innerstaatlichen Spaltung (Art. 146 Kodifizierungs-RL (ex-Art. 12 Spaltungs-RL)) enthalten die Regelungen über internationale Verschmelzungen selbst **keine materiellen Regelungen** betreffend des Schutzes der jeweils betroffenen Gesellschaftsgläubiger. Art. 121 II 2 Kodifizierungs-RL (ex-Art. 4 II 2 IntVersch-RL) schreibt insofern lediglich vor, dass die nach innerstaatlichem Recht bestehenden Vorschriften und Formalitäten für die an der grenzüberschreitenden Verschmelzung beteiligte nationale Gesellschaft insbesondere auch – „angesichts des grenzüberschreitenden Charakters der Verschmelzung“[178] – die Bestimmungen über den Gläubigerschutz erfassen. Umstritten ist, welche Tragweite diese Formulierung („**angesichts des grenzüberschreitenden Charakters der Verschmelzung**“) für die Regelungsbefugnis der Mitgliedstaaten hinsichtlich der Aufstellung spezieller, von den Regelungen für innerstaatliche Verschmelzungen abweichende, Gläubigerschutzvorschriften für grenzüberschreitende Verschmelzungen besitzt.[179] Im Zuge des Richtlinienvorschlags der Europäischen Kommission vom April 2018 sollen nunmehr ausdrückliche Regelun- 82

173 *Lutter/Bayer/Schmidt*, Europäisches Unternehmens- und Kapitalmarktrecht, 2017, Rn. 22.96.

174 *Lutter/Bayer/Schmidt*, Europäisches Unternehmens- und Kapitalmarktrecht, 2017, Rn. 22.96; *Marsch-Barner* in: Kallmeyer (Hrsg.), UmwG, 6. Aufl. 2017, § 122g Rn. 19; *Bayer* in: Lutter (Hrsg.), UmwG 5. Aufl. 2014, § 122g Rn. 34; *Heckschen* in: Widmann/Mayer (Hrsg.), Umwandlungsrecht, 169. EL 2018, § 122g UmwG Rn. 132 f.; aA *Eckert* in: Kalss (Hrsg.), Verschmelzung – Spaltung – Umwandlung, 2010, § 9 EU-VerschG, Rn. 17; *Simon/Rubner* in: KK-UmwG, 2009, § 122g Rn. 18.

175 *Eckert* in: Kalss (Hrsg.), Verschmelzung – Spaltung – Umwandlung, 2010, § 9 EU-VerschG, Rn. 18; *Heckschen* in: Widmann/Mayer (Hrsg.), Umwandlungsrecht, 169. EL 2018, § 122g UmwG Rn. 137; *Müller* ZIP 2007, 1081, 1085; *Wenger* in: Frotz/Kaufmann (Hrsg.), Grenzüberschreitende Verschmelzungen, 2012, § 9 EU-VerschG, Rn. 10c; *Zimmermann* in: Kallmeyer (Hrsg.), UmwG, 6. Aufl. 2017, § 122g Rn. 20; *Simon/Rubner* in: KK-UmwG, 2009, § 122g Rn. 19; *Hörtnagl* in: Schmitt/ Hörtnagl/Stratz, UmwG, 7. Aufl. 2016, § 122g Rn. 10; *Stiegler* GmbHR 2016, 406, 412; aA *Lutter/Bayer/Schmidt*, Europäisches Unternehmens- und Kapitalmarktrecht, 2017, Rn. 22.96; *Bayer* in: Lutter (Hrsg.), UmwG, 5. Aufl. 2014, § 122g Rn. 33; *Drinhausen* in: Semler/Stengel (Hrsg.), UmwG, 4. Aufl. 2017, § 122g Rn. 11; *Gutkès* in: Sagasser/Bula/Brünger (Hrsg.), Umwandlungen, 5. Aufl. 2017, § 13 Rn. 156.

176 *Eckert* in: Kalss (Hrsg.), Verschmelzung – Spaltung – Umwandlung, 2010, § 9 EU-VerschG, Rn. 18.

177 *Klein* RNotZ 2007, 565, 597; *Simon/Rubner* in: KK-UmwG, 2009, § 122g Rn. 19; *Eckert* in: Kalss (Hrsg.), Verschmelzung – Spaltung – Umwandlung, 2010, § 9 EU-VerschG, Rn. 18.

178 Wie sich aus anderen Sprachfassungen ergibt, müsste es jedoch vielmehr „unter Berücksichtigung“ anstatt „angesichts“ heißen, vgl. *Habersack/Verse*, Europäisches Gesellschaftsrecht, 2011, § 8 Rn. 60, Fn. 120; *Lutter/Bayer/Schmidt*, Europäisches Unternehmens- und Kapitalmarktrecht, 2017, Rn. 22.152.

179 Für eine diesbezügliche Ermächtigung der Mitgliedstaaten *Andenas/Wooldridge*, European Comparative Company Law, 2009, S. 497; *Eckert* in: Kalss (Hrsg.), Verschmelzung – Spaltung – Umwandlung, 2010, § 13 EU-VerschG, Rn. 5; *Krause/Kulpa* ZHR 171 (2007) 38, 75; *Müller* NZG 2006, 286, 289; wohl auch *Herrler/Schneider* GmbHR 2011, 795, 803; *Passarge/Stark* GmbHR 2007, 803; zur Parallelnorm des Art. 24 I SE-VO *Neye/Teichmann* AG 2003, 169, 175; zum ebenfalls vorverlagerten Gläubigerschutz nach Art. 8 VII SE-VO iVm § 14 SEG *Kalss* in: Kalss/Hügel (Hrsg.), SE-Kommentar, 2004, § 14 SEG Rn. 12.

gen für den Gläubigerschutz eingefügt werden (vgl. Art. 126b RL-Vorschlag), wonach ein vorverlagerter Gläubigerschutz verpflichtend sein soll.

83 Im deutschen Recht hat sich der Gesetzgeber mit §§ 122j, 122k I 3 UmwG für einen sog **vorgelagerten Schutz der Gläubiger** entschieden.[180] Der Gesellschaft wird demnach nur dann eine Verschmelzungsbescheinigung über die Rechtmäßigkeit der Verschmelzung ausgestellt (s. Rn. 102 ff.), wenn auch eine Versicherung abgegeben wurde, dass den Gläubigern, denen ein Anspruch auf Sicherheitsleistung zusteht, eine angemessene Sicherheit geleistet wurde (vgl. § 122k II 4 UmwG). Vergleichbares gilt nach § 13 EU-VerschG auch für das österreichische Recht. Rechtsvergleichend verfolgen derzeit 13 EU-/EWR-Mitgliedstaaten einen entsprechenden ex ante-Gläubigerschutz; 16 Mitgliedstaaten schützen die Gläubiger hingegen erst ex post ab dem Zeitpunkt des Abschlusses des Verschmelzungsbeschlusses bzw. dessen Eintragung.[181] Der im Richtlinienvorschlag der Europäischen Kommission in Aussicht gestellte vorverlagerte Gläubigerschutz (vgl. 126b II RL-Vorschlag) ist daher nur bedingt zu befürworten. Gleichwohl wird damit andererseits jedoch ein gewisser Gleichlauf zu den Verschmelzungsregelungen bei der SE-Gründung geschaffen. Im Ergebnis kommt man jedoch dazu, dass entsprechende Sonderregelungen für grenzüberschreitende Verschmelzungen im Vergleich zur innerstaatlichen Verschmelzung **nicht** mit den Vorgaben der (derzeitigen) Richtlinienbestimmungen für internationale Verschmelzungen vereinbar sind.[182] Es besteht daher **keine Ermächtigung** der Mitgliedstaaten zur Vorverlagerung des Gläubigerschutzes, wenn für innerstaatliche Verschmelzungen nicht ebenfalls ein solcher besteht. Vielmehr gilt in Anlehnung an Art. 121 I lit. b) Kodifizierungs-RL (ex-Art. 4 I lit. b) IntVersch-RL), dass für eine an einer grenzüberschreitenden Verschmelzung beteiligten Gesellschaft formell die gleichen Voraussetzungen zu stellen sind wie bei einer vergleichbaren innerstaatlichen Verschmelzung. Dies gilt auch unabhängig von dem Richtlinienvorschlag der Europäischen Kommission vom April 2018 (s. dazu Rn. 138) und den diesbezüglichen Begründungen für einen vorgelagerten Gläubigerschutz, da sich der Richtlinienvorschlag derzeit (Juli 2018) noch im Gesetzgebungsverfahren befindet. Gleiches gilt – mangels spezieller Regelungen – auch für die Inhaber von Sonderrechten.[183] Die Passage „angesichts des grenzüberschreitenden Charakters der Verschmelzung" bezieht sich somit nur auf die **materiellen Voraussetzungen** eines Anspruchs auf Sicherheitsleistung.[184] Insofern wird es dem betreffenden Gesellschaftsgläubigern bei einer grenzüberschreitenden Verschmelzung tendenziell eher möglich sein, die konkrete Gefährdung seiner Forderung im Vergleich zu einer innerstaatlichen Verschmelzung nachzuweisen und so einen Anspruch auf Sicherheitsleistung geltend zu machen.[185] Der Anspruch richtet sich dann ggf gegen den übernehmenden bzw. den durch die Verschmelzung neu entstandenen ausländischen Rechtsträger. Eine Gefährdungslage kann beispielsweise bei erheblichen Bilanzverlusten im übernehmenden bzw. neuen Rechtsträger oder einer deutlich längeren und aufwendigeren Prozessdauer im Ausland begründet werden,[186] ist im Ergebnis jedoch weitgehend einzelfallabhängig.

84 Die entsprechende Sichtweise lässt sich im Ansatz durch die EuGH-Entscheidung in der Rs. *KA Finanz* stützen.[187] Hinsichtlich des Gläubigerschutzes gem Art. 121 Kodifizierungs-RL (ex-Art. 4 IntVersch-RL) bezog sich der EuGH auf die Vorschriften des nationalen Rechts zur innerstaatlichen Verschmelzung („für eine grenzüberschreitenden Verschmelzung […] weiterhin die Vorschriften und Formalitäten des innerstaatlichen Rechts gelten, das im Rahmen einer **innerstaatlichen Verschmelzung anwendbar wäre**").[188] Hieraus lässt sich durchaus eine Pflicht zur Anwendung der gleichen Gläubigerschutzvorschriften für eine innerstaatliche wie für eine

---

180 Vgl. Begr. RegE, BR-Drs. 548/06, S. 36; *Drinhausen* in: Semler/Stengel (Hrsg.), UmwG, 4. Aufl. 2017, § 122j Rn. 1; *Krause/Kulpa* ZHR 171 (2007) 38, 74.

181 Study on the Application of the Cross-border Mergers Directive, S. 52 ff.; vgl. auch *Drygala/von Bressensdorf* NZG 2016, 1161, 1166; *Lutter/Bayer/Schmidt*, Europäisches Unternehmens- und Kapitalmarktrecht, 2017, Rn. 22.150.

182 Vgl. nur *Lutter/Bayer/Schmidt*, Europäisches Unternehmens- und Kapitalmarktrecht, 2017, Rn. 22.152; *Drygala/von Bressensdorf* NZG 2016, 1161, 1166; *Klett* in: BeckOGK UmwG (Stand 1.1.2017), § 122j Rn. 4; *Becker/Uxa* in: Maulbetsch/Klumpp/Rose (Hrsg.), UmwG, 2. Aufl. 2017, § 122j Rn. 9; *Louven* ZIP 2006, 2028; ferner *Vermeylen* in: Vermeylen/Vande Velde (Eds.), European Cross-Border Mergers and Reorganizations, 2012, Rn. 1.37, 1.123; aA *Talos/Arzt* in: Talos/Winner (Hrsg.), EU-VerschG, 2016, § 13 Rn. 6; *Passarge/Starke* GmbHR 2007, 805 f.

183 *Kalss/Klampfl*, Europäisches Gesellschaftsrecht, Rn. 199.

184 *Lutter/Bayer/Schmidt*, Europäisches Unternehmens- und Kapitalmarktrecht, 2017, Rn. 22.152; *Schmidt* AG 2016, 713, 714; *Stiegler* GmbHR 2016, 406, 412; zur Parallelnorm des Art. 24 I SE-VO *Schwarz*, SE-VO, 2005, Art. 24 Rn. 8; *Schröder* in: Manz/Mayer/Schröder (Hrsg.), Europäische Aktiengesellschaft, 2. Aufl. 2010, Art. 24 Rn. 14 ff.

185 *Eckert* in: Kalss, Verschmelzung – Spaltung – Umwandlung, 2010, § 13 EU-VerschG, Rn. 3; siehe auch Study on the Application of the Cross-border Mergers Directive, S. 32; kritisch hierzu *Drygala/von Bressensdorf* NZG 2016, 1161, 1163.

186 *Hörtnagl* in: Schmitt/Hörtnagl/Stratz (Hrsg.), UmwG, § 122j Rn. 8; *Polley* in: Henssler/Strohn (Hrsg.), Gesellschaftsrecht, 3. Aufl. 2016, § 122j Rn. 8.

187 EuGH, Rs. C-483/14 (KA Finanz), ECLI:EU:C:2016:205 = ZIP 2016, 712.

188 EuGH, Rs. C-483/14 (KA Finanz), ECLI:EU:C:2016:205 = ZIP 2016, 712, Rn. 60.

grenzüberschreitende Verschmelzung und damit eine Absage an einen vorgelagerten Gläubigerschutz gem § 122j UmwG bzw. § 13 des österreichischen EU-VerschG ableiten.[189]

Gleichwohl kann zum jetzigen Zeitpunkt **nicht mit abschließender Gewissheit** davon ausgegangen werden, dass der EuGH bezüglich des nach deutschem und österreichischem Recht bestehenden vorverlagerten Gläubigerschutzes bei grenzüberschreitenden Verschmelzungen ebenfalls zu dem Ergebnis kommen würde, dass eine entsprechende Sonderregelung nicht mit den Richtlinienbestimmungen vereinbar ist.[190] Es kann durchaus bezweifelt werden, dass der EuGH die Reichweite seiner diesbezüglichen Aussage in der Rs. KA Finanz tatsächlich erkannte. Auch die Auslegung des europäischen Sekundärrechts obliegt allein dem EuGH, und nur dieser kann insofern Klarheit bringen. Indes hatte er bislang nicht die Gelegenheit, sich hierzu ausdrücklich zu äußern. **Aus praktischer Sicht** ist es daher trotz der wie hier vertretenen Unvereinbarkeit des vorgelagerten Gläubigerschutzes mit europäischem Recht zu empfehlen, eine entsprechende Versicherung gem § 122k I 3 UmwG zur Prüfung durch das deutsche Registergericht als Kontrollstelle iSd Art. 127 Kodifizierungs-RL (ex-Art. 10 IntVersch-RL) einzureichen, dh den anspruchsberechtigten Gläubigern der deutschen übertragenden Gesellschaft bereits **vor Wirksamwerden** der **grenzüberschreitenden Verschmelzung** Sicherheiten zu leisten. Entsprechendes mag man derzeit wohl auch auf Erwägungsgrund 33 des Richtlinienvorschlags der Europäischen Kommission vom April 2018 stützen, wo in der Konsequenz ein vorverlagerter Gläubigerschutz versucht wird zu rechtfertigen – obgleich dies nicht zwingend ist. Dies ändert gleichwohl nichts daran, dass nunmehr eigentlich über § 122a II UmwG grundsätzlich das Gläubigerschutzrecht bei einer innerstaatlichen Verschmelzung gem § 22 UmwG anzuwenden wäre.[191] Eine europarechtskonforme Auslegung hilft hierbei jedoch nur wenig weiter, da der Wortlaut des § 122k I 3 UmwG iVm § 122j UmwG insofern eindeutig ist und nach hM auch eine europarechtskonforme Auslegung grundsätzlich nur in den Grenzen des weitestmöglichen Wortlauts der Norm denkbar ist.[192] Sofern auch eine teleologische (iS von richtlinienkonforme) Reduktion der deutschen Norm nicht weiter helfen würde, müsste man einen Verstoß gegen die europäische **Niederlassungsfreiheit** geltend machen. Aufgrund der unterschiedlicher Behandlung zwischen einer innerstaatlichen und einer grenzüberschreitenden Verschmelzung, die nicht von den Richtlinienbestimmungen gedeckt ist, würde man einen solchen wohl auch annehmen können. 85

II. Anteilsinhaberschutz (insbesondere Minderheitenschutz)

Die Anteilsinhaber der sich verschmelzenden Gesellschaften werden zunächst allgemein im Sinne des europäischen Modells für Strukturmaßnahmen (s. dazu § 18 Rn. 74) durch die verfahrensmäßigen Instrumente einer grenzüberschreitenden Verschmelzung in den Regelungen der Kodifizierungs-Richtlinie für internationale Verschmelzungen geschützt. So dient vor allem die **Beschlussfassung** innerhalb der Gesellschafter- bzw. Hauptversammlung primär dem Schutz der Anteilsinhaber. Der Vollzug der grenzüberschreitenden Verschmelzung ist daher von deren Zustimmung abhängig. Daneben kommt vor allem dem europäischen Informationsmodell und dem dadurch statuierten Grundsatz des **Schutzes durch Information** entscheidende Bedeutung zu (s. bereits Rn. 11). In diesem Sinne ist insbesondere der Verschmelzungsbericht nach Art. 124 Kodifizierungs-RL (ex-Art. 7 IntVersch-RL) und der Verschmelzungsprüfungsbericht nach Art. 8 IntVersch-RL ebenfalls als Schutzinstrument der Anteilsinhaber konzipiert worden. 86

Auch die Minderheitsgesellschafter der sich verschmelzenden Gesellschaften werden in erster Linie durch Einräumung eines **formalen Mitentscheidungsrechts** in Form der Beschlussfassung in der Anteilsinhaberversammlung und durch das beschriebene Informationsmodell geschützt.[193] Ein spezieller Minderheitenschutz wird darüber hinaus in Art. 121 II 2 Kodifizierungs-RL (ex-Art. 4 II 2 IntVersch-RL) angesprochen.[194] Danach kann die Rechtsordnung einer an der Verschmelzung beteiligten Gesellschaft Vorschriften erlassen, um einen **angemessenen Schutz** der Minderheitsgesellschafter, die die grenzüberschreitende Verschmelzung abgelehnt haben, 87

189 *Bayer/Schmidt* ZIP 2016, 841, 847; *Drygala/von Bressensdorf* NZG 2016, 1161, 1163; *Hübner* IPRax 2016, 553, 556 f.; *Schmidt* AG 2016, 713, 714; *Stiegler* EuZW 2016, 342, 343; *ders.* GmbHR 2016, 406, 408; *Vossius* in: Widmann/Mayer (Hrsg.), Umwandlungsrecht, 169. EL 2018, § 122j UmwG Rn. 4; *Lutter/Bayer/Schmidt*, Europäisches Unternehmens- und Kapitalmarktrecht, 2017, Rn. 22.154; zurückhaltender *Teichmann* LMK 2016, 380518; *Kiem* in: Habersack/Drinhausen (Hrsg.), SE-Recht, 2. Aufl. 2016, 2. Aufl. 2016, § 122j Rn. 5; dazu auch *Schmidt*, Study on Cross-border mergers and divisions, transfers of seat: Is there a need to legislate?, 2016, S. 17 f.

190 Ferner zur Frage der Vereinbarkeit eines vorverlagerten Gläubigerschutzes mit der Niederlassungsfreiheit *Eckert*, Internationales Gesellschaftsrecht, 2010, S. 561 ff.; *Grunewald* DK 2007, 106, 107; *Bayer/Schmidt* NJW 2006, 401, 405; *Kohlhauser* RdW 2008, 441, 445; *Oechsler* NZG 2006, 161, 165.

191 *Hübner* IPRax 2016, 553, 557; *Becker/Uxa* in: Maulbetsch/Klumpp/Rose (Hrsg.), UmwG, 2. Aufl. 2017, § 122j Rn. 10.

192 Vgl. im Rahmen des § 17 V Nr. 1 KSchG und der Massenentlassungsrichtlinie *Forst* EuZW 2015, 664, 666; *Hohenstatt/Naber* EuZW 2016, 25, 29; *Weber/Zimmer* EuZA 2016, 224, 235; ferner auch für eine richtlinienkonforme Rechtsfortbildung *Pötters/Christensen* JZ 2011, 387, 394.

193 *Lutter/Bayer/Schmidt*, Europäisches Unternehmens- und Kapitalmarktrecht, 2017, Rn. 22.140.

194 Vgl. dazu aus jüngerer Zeit *Kurtulan* EBOR 18 (2017) 101 ff.

zu gewährleisten. Den Mitgliedstaaten steht es insofern frei, den durch die Richtlinienbestimmungen vorgegebenen Anteilsinhaberschutz für die Minderheitsgesellschafter der ihrem Recht unterliegenden Gesellschaften stärker auszugestalten.[195]

88 Bei der Ausgestaltung eines zusätzlichen Minderheitenschutzes sind die Mitgliedstaaten ebenfalls im Grundsatz – derzeit noch – frei.[196] In Betracht kommen beispielsweise ein Recht auf Austritt aus der Gesellschaft gegen **Barabfindung** und/oder ein Anspruch auf **Verbesserung des Umtauschverhältnisses** nach Art. 127 III Kodifizierungs-RL (ex-Art. 10 III IntVersch-RL) über die Vorgaben der Richtlinie hinausgehende Informationsrechte einzelner Anteilsinhaber oder spezielle Zustimmungs- sowie Mehrheitserfordernisse.[197] Der Richtlinienvorschlag der Europäischen Kommission vom April 2018 sieht nunmehr ebenfalls insbesondere ein Recht auf Barabfindung vor. Die zusätzlichen Schutzinstrumente müssen jedoch angemessen iS von verhältnismäßig sein.[198] Art. 121 II 2 Kodifizierungs-RL (ex-Art. 4 II 2 IntVersch-RL) ermächtigt die Mitgliedstaaten weiterhin dazu, Schutzvorschriften zugunsten von Minderheitsgesellschaftern aufzustellen, die der grenzüberschreitenden Verschmelzung innerhalb der Anteilsinhaberversammlung nicht zugestimmt haben. Die Mitgliedstaaten können dabei ebenfalls spezielle, von den Regelungen zur innerstaatlichen Verschmelzung abweichende Bestimmungen hinsichtlich des Minderheitenschutzes bei einer grenzüberschreitenden Verschmelzung aufstellen.[199] Dem Wortlaut des Art. 121 II 2 Kodifizierungs-RL (ex-Art. 4 II 2 IntVersch-RL) lässt sich – im Gegensatz zur entsprechenden Problematik beim Gläubigerschutz (s. Rn. 82 ff.) – keine Beschränkung entnehmen, dass der Minderheitenschutz nicht strenger als bei einer innerstaatlichen Verschmelzung ausgestaltet sein darf. Dies gilt jedoch wiederum nur im Rahmen der Verhältnismäßigkeit zusätzlicher Schutzinstrumente im grenzüberschreitenden Kontext.

III. Arbeitnehmermitbestimmung

89 Die aus der grenzüberschreitenden Verschmelzung hervorgehende Gesellschaft kann grundsätzlich erst dann eingetragen werden, wenn eine Vereinbarung über die Beteiligung der Arbeitnehmer zustande gekommen ist (vgl. Art. 128 I 2 Kodifizierungs-RL (ex. Art. 11 I 2 IntVersch-RL)). Fragen der unternehmerischen Mitbestimmung der Arbeitnehmer in der aus der grenzüberschreitenden Verschmelzung hervorgehenden Gesellschaft gehörten im Gesetzgebungsverfahren zum Erlass der damaligen IntVersch-RL zu den **Hauptstreitpunkten.** In diesem Sinne stellt die entsprechende Regelung zur Arbeitnehmermitbestimmung in Art. 133 Kodifizierungs-RL (ex-Art. 16 IntVersch-RL) überwiegend einen **Kompromiss** dar.[200] Auch aufgrund dessen sind die Regelungen zur Beteiligung der Arbeitnehmer in der aus der grenzüberschreitenden Verschmelzung hervorgehenden Gesellschaft durchaus komplex. Insbesondere die modifizierte Anwendung der Regelungen der SE-Richtlinie[201] sowie die Ausnahmen vom „Normalfall" des sog Sitzstaatprinzips können die Durchführung einer grenzüberschreitenden Verschmelzung aus praktischer Sicht sowohl erschweren als auch in die Länge ziehen.[202] Insbeson-

195 *Lutter/Bayer/Schmidt*, Europäisches Unternehmens- und Kapitalmarktrecht, 2017, Rn. 22.141; *Borg-Barthet*, The Governing Law of Companies in EU Law, 2012, S. 56; *Kalss/Klampfl*, Europäisches Gesellschaftsrecht, 2015, Rn. 200, Fn. 573; zu einer weitergehenden Harmonsierung auf europäischer Ebene siehe auch *Drygala/von Bressensdorf* NZG 2016, 1161, 1167.

196 *Borg-Barthet*, The Governing Law of Companies in EU Law, 2012, S. 56; *Lutter/Bayer/Schmidt*, Europäisches Unternehmens- und Kapitalmarktrecht, 2017, Rn. 22.143; de lege ferenda hingegen für eine Vollharmonsierung *Schmidt*, Study on Cross-border mergers and divisions, transfers of seat: Is there a need to legislate?, 2016, S. 20 f.; kritisch auch *Frotz* in: Frotz/Kaufmann (Hrsg.), Grenzüberschreitende Verschmelzungen, 2012, § 1 EU-VerschG Rn. 22.

197 *Lutter/Bayer/Schmidt*, Europäisches Unternehmens- und Kapitalmarktrecht, 2017, Rn. 22.133; *Bayer/Schmidt* NJW 2006, 401, 405; *Herrler/Schneider* GmbHR 2011, 795, 804.

198 *Lutter/Bayer/Schmidt*, Europäisches Unternehmens- und Kapitalmarktrecht, 2017, Rn. 22.143; *Adolff* ZHR 173 (2009) 67, 80.

199 *Borg-Barthet*, The Governing Law of Companies in EU Law, 2012, S. 56; aA *Vermeylen* in: Vermeylen/Vande Velde (Eds.), European Cross-Border Mergers and Reorganizations, 2012, Rn. 1.120; *Behrens*, Die grenzüberschreitende Verschmelzung nach der Richtlinie 2005/56/EG, 2007, S. 165.

200 *Wooldridge* Co. Lawyer 28 (2007) 118; *Wiesner* DB 2005, 91, 92; *Lutter/Bayer/Schmidt*, Europäisches Unternehmens- und Kapitalmarktrecht, 2017, Rn. 22.159; *Teichmann* ECFR 2016, 277, 282; *Schmidt*, Study on Cross-border mergers and divisions, transfers of seat: Is there a need to legislate?, 2016, S. 21; *Stiegler* GmbHR 2016, 406, 410; *Siems* CJEL 11 (2005) 167, 176 f.; *Cannistra*, Das Verhandlungsverfahren zur Regelung der Mitbestimmung, 2014, S. 47.

201 Richtlinie 2001/86/EG des Rates vom 8. Oktober 2001 zur Ergänzung des Statuts der Europäischen Gesellschaft hinsichtlich der Beteiligung der Arbeitnehmer, ABl. EG v. 10.11.2001, L 294/22.

202 *Wooldridge* Co. Lawyer 27 (2006) 309, 310; *ders.* Co. Lawyer 28 (2007) 118 f.; *Vermeylen* in: Vermeylen/Vande Velde (Eds.), European Cross-Border Mergers and Reorganizations, 2012, Rn. 1.09; siehe auch Study on the Application of the Cross-border Mergers Directive, S. 76 ff.

dere für mitbestimmte KMU wirkt das Mitbestimmungsprocedere des Art. 133 Kodifizierungs-RL (ex-Art. 16 IntVersch-RL) in der Praxis daher zT abschreckend.[203]

Art. 133 Kodifizierungs-RL (ex-Art. 16 IntVersch-RL) regelt nur die unternehmerische Mitbestimmung.[204] Die **betriebliche Mitbestimmung** wird von den Regelungen in der Kodifizierungs-Richtlinie für internationale Verschmelzungen nicht erfasst und richtet sich daher allein nach nationalem Recht.[205] Auch das betriebliche Mitbestimmungsrecht ist indes durch verschiedene Richtlinien und Maßnahmen auf europäischer Ebene in Teilen angeglichen.[206] Bei einer grenzüberschreitenden Verschmelzung sind – aus europäischer Sicht – die betrieblichen Mitbestimmungsrechte der Arbeitnehmer daher ausreichend geschützt, so dass es auch faktisch keiner Sonderbestimmungen hierfür bedurfte. 90

Der deutsche Gesetzgeber hat die mitbestimmungsrechtlichen Vorgaben des Art. 133 Kodifizierungs-RL (ex-Art. 16 IntVersch-RL) sowohl aufgrund seiner Besonderheit als auch seines Umfangs nicht innerhalb des Umwandlungsgesetzes, sondern mit dem Gesetz über die Mitbestimmung der Arbeitnehmer bei einer grenzüberschreitenden Verschmelzung (**MgVG**)[207] in einem eigenständigen Gesetz umgesetzt. Die entsprechenden Regelungen des MgVG sind insofern in richtlinienkonformer Weise zu betrachten. Bei den Regelungen zur Arbeitnehmermitbestimmung handelt es sich um eine **Mindestharmonisierung**.[208] Der Mitgliedstaat, in dem sich die übernehmende bzw. neue Gesellschaft befindet, kann grundsätzlich auch strengere Anforderungen an die Mitbestimmung für den aus der Verschmelzung hervorgehenden Rechtsträger vorschreiben. Dies jedoch insofern eingeschränkt, wie dadurch die Durchführung der grenzüberschreitenden Verschmelzung nicht übermäßig und unangemessen erschwert wird. 91

Art. 133 I Kodifizierungs-RL (ex-Art. 16 I IntVersch-RL) gibt vor, dass auf die aus der grenzüberschreitenden Verschmelzung hervorgehende Gesellschaft die Regelungen der unternehmerischen Arbeitnehmermitbestimmung zur Anwendung kommen, die – sofern solche bestehen – in dem Mitgliedstaaten gelten, in dem die Gesellschaft ihren Satzungs- bzw. Registersitz hat, also nach dessen Recht sich ihr Gesellschaftsstatut bestimmt. Es gilt daher zunächst das sog **Sitzstaatprinzip**.[209] 92

Das Sitzstaatprinzip findet jedoch dann keine Anwendung, wenn einer der in Art. 133 II Kodifizierungs-RL (ex-Art. 16 II IntVersch-RL) genannten Fälle einschlägig ist. Kommt einer dieser – durchaus weitreichenden – **Ausnahmen**[210] des Sitzstaatprinzips zur Geltung, kommen die mitbestimmungsrechtlichen Regelungen des Art. 133 III Kodifizierungs-RL (ex-Art. 16 III IntVersch-RL) zur Anwendung. Diese entsprechen in modifizierter Form dem Verhandlungsmodell bei der Gründung einer SE (s. dazu § 4 Rn. 232 ff.). Insofern wird – vorbehaltlich verschiedener Besonderheiten bei der grenzüberschreitenden Verschmelzung (vgl. Art. 133 IV-VII Kodifizierungs-RL (ex-Art. 16 IV-VII IntVersch-RL)) – umfangreich auf die diesbezüglichen Vorgaben der SE-Verordnung und der SE-Richtlinie verwiesen. Wie bei der Gründung einer SE gilt das sog **„Vorher-Nachher-Prinzip“**,[211] dh das sich der Bestand der Arbeitnehmerrechts in den übertragenden Gesellschaften auch in der übernehmenden bzw. neuen Gesellschaft wiederfindet muss. 93

Art. 133 II Kodifizierungs-RL (ex-Art. 16 II IntVersch-RL) sieht **drei Ausnahmetatbestände** vor, bei deren Vorliegen das Sitzstaatprinzip des Art. 133 I Kodifizierungs-RL (ex-Art. 16 I IntVersch-RL) verdrängt wird.[212] Das Sitzstaatprinzip kommt nicht zur Geltung, wenn 94

- eine der an der Verschmelzung beteiligten Gesellschaften in den sechs Monaten vor der Offenlegung des Verschmelzungsplans nach Art. 123 Kodifizierungs-RL (ex-Art. 6 IntVerschm-RL) durchschnittlich **mehr als**

203 *Vermeylen* in: Vermeylen/Vande Velde (Eds.), European Cross-Border Mergers and Reorganizations, 2012, Rn. 1.09; kritisch auch *Drygala/von Bressensdorf* NZG 2016, 1161, 1163.

204 Ausführlich hierzu *Forst* in: Gaul/Ludwig/Forst (Hrsg.), Europäisches Mitbestimmungsrecht, 2015, § 5 Rn. 22 ff.

205 Vgl. Erwägungsgrund 65 (ex-Erwägungsgrund 12).

206 Vgl. nur *Otto* in: Gaul/Ludwig/Forst (Hrsg.), Europäisches Mitbestimmungsrecht, 2015, § 1 Rn. 46 ff.; *Hennecke* in: Schlachter/Heinig (Hrsg.), Europäisches Arbeits- und Sozialrecht, 2016, § 21 Rn. 46 ff.

207 Gesetz über die Mitbestimmung der Arbeitnehmer bei einer grenzüberschreitenden Verschmelzung v. 21.12.2006, BGBl. I, 3332.

208 Für eine Vollharmonisierung hingegen *Forst* in: Gaul/Ludwig/Forst (Hrsg.), Europäisches Mitbestimmungsrecht, 2015, § 5 Rn. 23.

209 *Lutter/Bayer/Schmidt*, Europäisches Unternehmens- und Kapitalmarktrecht, 2017, Rn. 22.161; *Forst* in: Gaul/Ludwig/Forst (Hrsg.), Europäisches Mitbestimmungsrecht, 2015, § 5 Rn. 32; *Marsch-Barner* in: FS Haarmann, 2015, S. 118, 132; *Oetker* in: Franzen/Gallner/Oetker (Hrsg.), Europäisches Arbeitsrecht, 2015, RL 2005/56/EG Art. 16 Rn. 5; *Stiegler* DB 2014, 525, 526.

210 *Nagel* NZG 2006, 97, 98 („gravierende Ausnahmen“); *Brandes* ZIP 2008, 2193, 2195 („in sein Gegenteil verkehrt“). Das Eingreifen eines der Fälle des Art. 16 II IntVersch-RL wird dabei relativ häufig zu erwarten sein.

211 *Gaul/Ludwig* in: Gaul/Ludwig/Forst (Hrsg.), Europäisches Mitbestimmungsrecht, 2015, § 1 Rn. 245; *Krause/Janko* BB 2007, 2194, 2195; *Lunk/Hinrichs* NZA 2007, 773, 774.

212 *Nagel* NZG 2006, 97, 98; *Lutter/Bayer/Schmidt*, Europäisches Unternehmens- und Kapitalmarktrecht, 2017, Rn. 22.162; *Heuschmid* AuA 2006, 184, 186 f.; *Oetker* in: Franzen/Gallner/Oetker (Hrsg.), Europäisches Arbeitsrecht, 2016, RL 2005/56/EG Art. 16 Rn. 7; *Teichmann* DK 2007, 89, 91 f.; *Wooldridge* Co. Lawyer 28 (2007) 118.

500 **Arbeitnehmer**[213] beschäftigt und in dieser Gesellschaft ein System der Arbeitnehmermitbestimmung iSd Art. 2 lit. k) SE-RL besteht (Art. 16 II Halbsatz 1 Kodifizierungs-RL (ex-Art. 16 II Halbsatz 1 IntVersch-RL));

- das für die aus der grenzüberschreitenden Verschmelzung hervorgehende Gesellschaft maßgebliche nationale Recht nicht mindestens den **gleichen Umfang an der Mitbestimmung** der Arbeitnehmer vorsieht, wie er in den jeweiligen an der Verschmelzung beteiligten Gesellschaft bestand (Art. 133 II Halbsatz 2 lit. a) Kodifizierungs-RL (ex-Art. 16 II Halbsatz 2 lit. a) IntVersch-RL));
- für **Arbeitnehmer in Betrieben** der aus der grenzüberschreitenden Verschmelzung hervorgehenden Gesellschaft, die sich in anderen Mitgliedstaaten befinden, **nicht** der gleiche Anspruch auf Ausübung von Mitbestimmungsrechten vorgesehen ist wie für die Arbeitnehmer in dem Mitgliedstaat gewährt werden, in dem die aus der grenzüberschreitenden Verschmelzung hervorgehende Gesellschaft ihren Satzungssitz hat (Art. 133 II Halbsatz 2 lit. b) Kodifizierungs-RL (ex-Art. 16 II Hs. 2 lit. b) IntVersch-RL)).

95 Die Ausnahmetatbestände des Art. 133 II Kodifizierungs-RL (ex-Art. 16 II IntVersch-RL) stehen in einem strengen **Alternativverhältnis** zueinander.[214] Vor allem kommt es also bereits dann zu Verhandlungen über die Arbeitnehmermitbestimmung nach Art. 133 III Kodifizierungs-RL (ex-Art. 16 III IntVersch-RL), wenn entweder die Konstellation des Art. 133 II Halbsatz 2 lit. a) vorliegt oder Art. 133 II Halbsatz 2 lit. b) Kodifizierungs-RL einschlägig ist (ex-Art. 16 II Halbsatz 2 lit. a) bzw. ex-Art. 16 II Halbsatz 2 lit. b) IntVersch-RL).[215] Eine mitgliedstaatliche Umsetzungsvorschrift, bei der nur eine der beiden Ausnahmen in nationales Recht umgesetzt wurde, ist insofern nicht mit den Vorgaben der entsprechenden Richtlinienbestimmungen vereinbar.[216] Der Zweck des Art. 133 II Kodifizierungs-RL (ex-Art. 16 II IntVersch-RL) und der Blick auf Erwägungsgrund 66 (ex-Erwägungsgrund 13) gebieten einen **umfassenden Schutz der Arbeitnehmer** bei einer grenzüberschreitenden Verschmelzung, also insbesondere auch der Beschäftigten eines sich im Ausland befindlichen Betriebs der aus der Verschmelzung hervorgehenden Gesellschaft.[217]

96 Dieses Alternativverhältnis gilt darüber hinaus auch bezüglich des Halbsatz 1 und des Halbsatz 2 des Art. 133 II Kodifizierungs-RL (ex-Art. 16 II IntVersch-RL). Im deutschen Schrifttum war dies indes bisher durchaus umstritten.[218] Unklar war insofern, ob Art. 16 III IntVersch-RL bereits dann eingreift, wenn einer der Fälle des Art. 133 II Hs. 2 Kodifizierungs-RL (ex-Art. 16 II Hs. 2 IntVersch-RL) einschlägig ist oder die Pflicht zum Verhandeln über die Arbeitnehmermitbestimmung nur dann besteht, wenn daneben auch der Schwellenwert des Art. 133 II Halbbsatz 1 Kodifizierungs-RL (ex-Art. 16 II Hs. 1 IntVersch-RL) (500 Arbeitnehmer) erfüllt ist, diesbezüglich also ein Kumulativverhältnis besteht.[219] Der EuGH trennt hingegen die Fälle des Art. 133 II Hs. 1 und Hs. 2 Kodifizierungs-RL (ex-Art. 16 II Hs. 1 und Hs. 2 IntVersch-RL) **strikt voneinander**, so dass das Verhandlungsmodell auch dann eingreift, wenn weniger als 500 Arbeitnehmer bei einer der an der grenzüberschreitenden Verschmelzung beteiligten Gesellschaften beschäftigt sind.[220] Insofern ist auch die deutsche Regelung des § 5 MgVG richtlinienkonform, der durch eine numerische Aufzählung die Fälle, bei denen das Verhandlungsmodell eingreift, getrennt auflistet. Ob diese Feststellung des EuGH auch mit dem **Zweck des Schwellen-**

213 Im Sinne des *effet utile* und dem Schutzgedanke der Norm ist diesbezüglich der Arbeitnehmerbegriff europäisch-autonom und grundsätzlich nicht nach nationalen Verständnis zu bestimmen; aA *Sagan* in: Preis/Sagan (Hrsg.), Europäisches Arbeitsrecht, 2015, § 1 Rn. 109; aufgrund des Verweises auf Art. 2 II Richtlinie 2009/38/EG offenbar auch *Oetker* in: Franzen/Gallner/Oetker (Hrsg.), Europäisches Arbeitsrecht, 2016, RL 2005/56/EG Art. 16 Rn. 11. In dieser Konsequenz ist die deutsche Regelung des § 2 I 1 MgVG nicht richtlinienkonform.

214 *Oetker* in: Franzen/Gallner/Oetker (Hrsg.), Europäisches Arbeitsrecht, 2016, RL 2005/56/EG Art. 16 Rn. 7; *Stiegler* DB 2014, 525, 527; wohl auch *Eckert* in: Kalss (Hrsg.), Verschmelzung – Spaltung – Umwandlung, 2010, EU-VerschG, Rn. 18 f.; *Wooldridge* Co. Lawyer 28 (2007) 118; *Cannistra*, Das Verhandlungsverfahren zur Regelung der Mitbestimmung, 2014, S. 283; zur deutschen Regelung des § 5 MgVG *Habersack* in: Ulmer/Habersack/Henssler (Hrsg.), Mitbestimmungrecht, 3. Aufl. 2013, § 5 MgVG Rn. 4; *Hohenstatt/Dzida* in: Henssler/Willemsen/Kalb (Hrsg.), Arbeitsrecht-Kommentar, 8. Aufl. 2018, MgVG, Rn. 8; *Brandes* ZIP 2008, 2193, 2195; *Heuschmid* AuR 2006, 184, 186; *Krause/Janko* BB 2007, 2194, 2195; *Müller-Bonanni/Müntefering* NJW 2009, 2347, 2349; *Nagel* NZG 2007, 57, 58.

215 Vgl. EuGH, Rs. C-635/11 (Kommission/Niederlande), ECLI:EU:C:2013:408 = EuZW 2013, 662, Rn. 50; dazu *Forst* AG 2013, 588 ff.; *Stiegler* DB 2014, 525, 527; siehe auch *Thüsing/Forst* in: Habersack/Drinhausen (Hrsg.), SE-Recht, 2. Aufl. 2016, Einl. MgVG Rn. 14; *Oetker* in: Franzen/Gallner/Oetker (Hrsg.), Europäisches Arbeitsrecht, 2016, RL 2005/56/EG Art. 16 Rn. 7 ff.

216 EuGH, Rs. C-635/11 (Kommission/Niederlande), ECLI:EU:C:2013:408 = EuZW 2013, 662, Rn. 50.

217 Vgl. EuGH, Rs. C-635/11 (Kommission/Niederlande), ECLI:EU:C:2013:408 = EuZW 2013, 662, Rn. 43; *Stiegler* DB 2014, 525, 527.

218 Siehe *Drinhausen/Keinath* RIW 2006, 81, 85; *Forst* AG 2013, 588, 589 f.; *Heuschmid* AuR 2006, 184, 186; *Kisker* RdA 2006, 211; zur Umsetzungsnorm des § 5 MgVG ua *Habersack* in: Ulmer/Habersack/Henssler (Hrsg.), Mitbestimmungsrecht, 3. Aufl. 2013, § 5 MgVG Rn. 4; *Thüsing/Forst* in: Habersack/Drinhausen (Hrsg.), SE-Recht, 2. Aufl. 2016, 2. Aufl. 2016, § 5 MgVG Rn. 2 ff.

219 So zu § 5 MgVG *Thüsing/Forst* in: Habersack/Drinhausen (Hrsg.), SE-Recht, 2. Aufl. 2016, § 5 MgVG Rn. 2 f.; *Drinhausen/Keinath* AG 2010, 398, 403; *dies.* RIW 2006, 81, 85; *Lunk/Hinrichs* NZA 2007, 773, 774.

220 Vgl. EuGH, Rs. C-635/11 (Kommission/Niederlande), ECLI:EU:C:2013:408 = EuZW 2013, 662, Rn. 31.

werts in Art. 133 II Hs. 1 Kodifizierungs-RL (ex-Art. 16 II Halbsatz 1 IntVersch-RL), nämlich KMU vom Verhandlungsmodell auszunehmen, vereinbar ist, kann allerdings bezweifelt werden.[221]

Ist also bereits einer der Ausnahmetatbestände des Art. 133 II Kodifizierungs-RL (ex-Art. 16 II IntVersch-RL) einschlägig, kommt Art. 133 III Kodifizierungs-RL (ex-Art. 16 III IntVersch-RL) mit seiner weitgehenden Anwendung des europäischen Verhandlungsmodells bezüglich der Arbeitnehmermitbestimmung zur Geltung.[222] 97
Art. 133 Kodifizierungs-RL (ex-Art. 16 III IntVersch-RL) gibt dabei vor, welche konkreten Vorschriften der entsprechenden Regelungen der SE-VO und der SE-Richtlinie anzuwenden sind. Mit Art. 133 IV-VII Kodifizierungs-RL (ex-Art. 16 IV-VII IntVersch-RL) erfährt das Verhandlungsmodell der SE-Gründung allerdings **verschiedene Modifikationen,** die aufgrund des Charakters einer grenzüberschreitenden Verschmelzung nach den Richtlinienbestimmungen notwendig erschienen (vgl. Erwägungsgrund 66 S. 2 (ex-Erwägungsgrund 13 S. 2)).

Diese Unterschiede sind:[223] 98

- Die Auffangregelungen der SE-Richtlinie (s. dazu § 4 Rn. 249 ff.) greift erst dann ein, wenn vor der Verschmelzung **mindestens einem Drittel** der Arbeitnehmer Mitbestimmungsrechte zustanden (Art. 133 III lit. e) Kodifizierungs-RL (ex-Art. 16 III lit. e) IntVersch-RL)).
- Die Organe der an der Verschmelzung beteiligten Gesellschaften können entscheiden, dass auch **ohne vorherige Verhandlung** die Auffangregelung eingreift (Art. 133 IV lit. a) Kodifizierungs-RL (ex-Art. 16 IV lit. a) IntVersch-RL)).[224]
- Das sog besondere Verhandlungsgremium kann mit einer **qualifizierten Mehrheit**[225] die Anwendung des Sitzstaatprinzips nach Art. 133 I Kodifizierungs-RL (ex-Art. 16 I IntVersch-RL) auch ohne vorherige Verhandlungen über die Mitbestimmung bzw. unter Abbruch der bereits laufenden Verhandlungen beschließen (Art. 133 IV lit. b) Kodifizierungs-RL (ex-Art. 16 IV lit. b) IntVersch-RL)).
- Im Rahmen der Auffangregelung können die Mitgliedstaaten den Anteil der Arbeitnehmervertreter auf **ein Drittel** begrenzen (Art. 133 IV lit. c) Kodifizierungs-RL (ex-Art. 16 IV lit. c) IntVersch-RL)).
- Die aus der grenzüberschreitenden Verschmelzung hervorgehende Gesellschaft ist verpflichtet, eine Rechtsform anzunehmen, die die Ausübung von Mitbestimmungsrechten ermöglicht, wenn in mindestens einer der beteiligten Gesellschaften ein System der Arbeitnehmermitbestimmung besteht (Art. 133 VI Kodifizierungs-RL (ex-Art. 16 VI IntVersch-RL)).
- Besteht für die aus der grenzüberschreitenden Verschmelzung hervorgehende Gesellschaft ein System der Arbeitnehmermitbestimmung, so muss die Gesellschaft sicherstellen, dass die Mitbestimmungsrechte der Arbeitnehmer im Falle nachfolgender innerstaatlicher Verschmelzungen **während drei Jahren nach Wirksamwerden** der grenzüberschreitenden Verschmelzung durch entsprechende Anwendung des Art. 133 Kodifizierungs-RL (ex-Art. 16 IntVersch-RL) geschützt werden (Art. 133 VII Kodifizierungs-RL (ex-Art. 16 VII IntVersch-RL)).

J. Rechtmäßigkeit und Wirksamkeit

I. Rechtmäßigkeitskontrolle

Aus Gründen der Rechtssicherheit sehen die Regelungen in der Kodifizierungs-Richtlinie für internationale Verschmelzungen eine umfassende Rechtmäßigkeitskontrolle der grenzüberschreitenden Verschmelzung vor. Entsprechend der Gründung einer SE durch Verschmelzung (vgl. Art. 25 f. SE-VO) (dazu § 4 Rn. 59) besteht auch bei einer grenzüberschreitenden Verschmelzung eine **„zweistufige Rechtmäßigkeitskontrolle“**.[226] Zunächst wird 99

221 *Stiegler* DB 2014, 525, 527; *Forst* in: Gaul/Ludwig/Forst (Hrsg.), Europäisches Mitbestimmungsrecht, 2015, § 5 Rn. 33; *ders.* AG 2013, 588, 590 f.

222 *Lutter/Bayer/Schmidt*, Europäisches Unternehmens- und Kapitalmarktrecht, 2017, Rn. 22.163; *Kalss/Klampfl*, Europäisches Gesellschaftsrecht, 2015, Rn. 204; ausführlich zur konkreten Festlegung der Mitbestimmung iS von Art. 133 III Kodifizierungs-RL (ex-Art. 16 III IntVersch-RL) *Eckert* in: Kalss (Hrsg.), Verschmelzung – Spaltung – Umwandlung, 2010, EU-VerschG, Rn. 22 ff. (zum österreichischen Recht).

223 Ausführlich zu den entsprechenden Besonderheiten *Oetker* in: Franzen/Gallner/Oetker (Hrsg.), Europäisches Arbeitsrecht, RL 2005/56/EG Art. 16 Rn. 48 ff.

224 Durch diese Regelung soll die praktische Möglichkeit einer zügigen Durchführung einer grenzüberschreitenden Verschmelzung gewährleistet werden, vgl. *Teichmann* DK 2007, 89, 92; *Brandes* ZIP 2008, 2193, 2194; *Heuschmid* AuA 2006, 184, 188; *Schubert* RdA 2009, 7, 9. In der Praxis ist diese Vorgehensweise auch der überwiegende Regelfall. Bei Gründung einer SE hat die Verhandlung über die Arbeitnehmermitbestimmung hingegen grundsätzlich Vorrang vor einer etwaigen Auffangregelung.

225 Nach dem Wortlaut der Bestimmung besteht die qualifizierte Mehrheit dabei aus mindestens zwei Drittel der Arbeitnehmer bzw. diese vertretenen Mitglieder, wobei diese Arbeitnehmer in mindestens zwei verschiedenen Mitgliedstaaten vertreten sein müssen.

226 *Lutter/Bayer/Schmidt*, Europäisches Unternehmens- und Kapitalmarktrecht, 2017, Rn. 22.100; *Bayer* in: Lutter (Hrsg.), UmwG, 5. Aufl. 2014, § 122k Rn. 1; *Kallmeyer/Kappes* AG 2006, 224, 233; *Klett* in: BeckOGK UmwG (Stand 1.1.2017), § 122k Rn. 7; *Koppensteiner* GesRZ 2006, 111, 124; *Grohmann*, Das Informationsmodell im Europäischen Gesellschaftsrecht, 2006, S. 357; *Eckert* in: Kalss (Hrsg.), Verschmelzung – Spaltung – Umwand-

bei jeder an der Verschmelzung beteiligten Gesellschaft die Einhaltung der jeweiligen nationalen Verfahrensschritte kontrolliert. Die Kontrolle erfolgt dabei allein durch den Mitgliedstaat, dessen Recht die jeweilige, sich verschmelzende Gesellschaft unterliegt.[227] Fällt diese Kontrolle der jeweils sich verschmelzenden Gesellschaft positiv aus, ist darüber eine entsprechende Bescheinigung („Verschmelzungsbescheinigung") (s. Rn. 102 ff.) auszustellen. **In einem zweiten Schritt** erfolgt dann in dem Mitgliedstaat der aus der grenzüberschreitenden Verschmelzung hervorgehenden Gesellschaft eine weitere Rechtmäßigkeitskontrolle bezüglich der eigentlichen Durchführung der Verschmelzung sowie ggf über die Gründung der neuen Gesellschaft.[228] Erst wenn auch diese Kontrolle erfolgreich abgeschlossen ist, kann die grenzüberschreitende Verschmelzung mit Eintragung wirksam werden.

100 Nach Art. 127 I Kodifizierungs-RL (ex-Art. 10 I IntVersch-RL) hat für **jede** der sich verschmelzenden Gesellschaften eine Rechtmäßigkeitskontrolle in demjenigen Mitgliedstaat stattzufinden, dessen Recht die jeweilige Gesellschaft unterliegt. Die zuständige Kontrollstelle ist dabei durch die Mitgliedstaaten zu bestimmen. Die Richtlinienbestimmungen stellen es den Mitgliedstaaten frei, ob die Kontrolle durch ein Gericht, einen Notar oder eine sonstige zuständige Behörde zu erfolgen hat.[229] Bei dieser Prüfung werden ausschließlich die Verfahrensschritte überprüft, die die **jeweilige nationale Gesellschaftsform betreffen.**[230] Zum Prüfungsprogramm zählen insbesondere die Verschmelzungsfähigkeit der betroffenen Gesellschaft, der Verschmelzungsplan, die ordnungsgemäße Bekanntmachung des Verschmelzungsplans, der Verschmelzungsbericht, der Verschmelzungsprüfungsbericht, der Verschmelzungsbeschluss und ggf die Bestätigung des Arbeitnehmermitbestimmungsverfahrens sowie die Beachtung der einschlägigen Gläubiger- und Minderheitenschutzvorschriften. Für die Dauer der Prüfung durch die nationale Behörde sollte in der Praxis durchaus einige Wochen eingeplant werden. Vor allen in Mitgliedstaaten, wo grenzüberschreitende Verschmelzungen eher selten vorkommen, kann die Bestätigung der entsprechenden Verfahrensschritte und die Austellung der Verschmelzungsbescheinigung durchaus Zeit in Anspruch nehmen.[231]

101 Auch wenn nicht explizit in Art. 127 Kodifizierungs-RL (ex-Art. 10 IntVersch-RL) genannt, hat die **Anmeldung** der grenzüberschreitenden Verschmelzung beim Register der beteiligten Rechtsträger innerhalb einer bestimmten Frist zu erfolgen.[232] Nur so kann hinsichtlich der Prüfung der nationalen Kontrollstellte gewährleistet werden, dass die eingereichten Unterlagen und Dokumente hinreichend aktuell und damit zum Prüfungszeitpunkt noch „richtig" sind. Für eine Maximalfrist könnte man sich an der sechs-Monats-Grenze des Art. 128 II Kodifizierungs-RL (ex-Art. 11 II IntVersch-RL) orientieren. Da Art. 127 Kodifizierungs-RL (ex-Art. 10 IntVersch-RL) dies jedoch nicht ausdrücklich vorsieht, bleibt den Mitgliedstaaten zumindest nach unten ein gewisser Spielraum. In Anlehnung an die Vorgaben zur innerstaatlichen Verschmelzung haben nach deutschem Recht die Vertretungsorgane der sich verschmelzenden Gesellschaft grundsätzlich **unverzüglich** die Anmeldung der Verschmelzung beim zuständigen Registergericht vorzunehmen, sobald der Verschmelzungsvertrag wirksam abgeschlossen und die Verschmelzungsbeschlüsse aller beteiligten Rechtsträger gefasst worden sind.[233] Eine öffentlich-rechtlich Anmeldepflicht besteht jedoch nicht. Zudem darf bei Anwendung des § 17 II 4 UmwG auf eine grenzüberschreitende Verschmelzung die Anmeldung beim übertragenden Rechtsträger nicht später als **acht Monate nach dem letzten Bilanzstichtag** erfolgen.[234] Wurden die genannten Frist nicht eingehalten, kann die Kontrollstelle die Austellung einer Verschmelzungsbescheinigung im Einklang mit Art. 127 II Kodifizierungs-RL (ex-Art. 10 II IntVersch-RL) (s. sogleich bei Rn. 102) verweigern.

102 Wurden die formellen sowie materiellen Anforderungen der jeweiligen Verfahrensschritte aus Sicht der zuständigen nationalen Kontrollstelle für die betreffende, sich verschmelzende Gesellschaft eingehalten, hat nach

---

lung, 2010, EU-VerschG, Rn. 11; *Talos/Arzt* in: Talos/Winner (Hrsg.), EU-VerschG, 2016, § 2 Rn. 3; *Vermeylen* in: Vermeylen/Vande Velde (Eds.), European Cross-Border Mergers and Reorganizations, 2012, Rn. 1. 94 („two steps").

227 *Lutter/Bayer/Schmidt*, Europäisches Unternehmens- und Kapitalmarktrecht, 2017, Rn. 22.100; *Kalss/Klampfl*, Europäisches Gesellschaftsrecht, 2015, Rn. 198.

228 *Lutter/Bayer/Schmidt*, Europäisches Unternehmens- und Kapitalmarktrecht, 2017, Rn. 22.100; *Vermeylen* in: Vermeylen/Vande Velde (Eds.), European Cross-Border Mergers and Reorganizations, 2012, Rn. 1.94, 1.102.

229 Zu einigen der zuständigen Behörden siehe die veröffentlichte Übersicht der Europäischen Kommission, abrufbar unter: http://ec.europa.eu/internal_market/company/docs/mergers/scope_en.pdf.

230 *Lutter/Bayer/Schmidt*, Europäisches Unternehmens- und Kapitalmarktrecht, 2017, Rn. 22.102; *Vermeylen* in: Vermeylen/Vande Velde (Eds.), European Cross-Border Mergers and Reorganizations, 2012, Rn. 1.97.

231 Vgl. *Armour et al.* EBOR 18 (2017) 225, 241.

232 So zur englischen Umsetzungsnorm der reg. 6 CBMR 2007 *Re House-Clean Ltd.* [2013] EWHC 2337 (Ch).

233 Zu § 16 I 1 UmwG *Decher* in: Lutter (Hrsg.), UmwG, 5. Aufl. 2014, § 16 Rn. 6; *Schwanna* in: Semler/Stengel (Hrsg.), UmwG, 4. Aufl. 2017, § 16 Rn. 4.

234 Im deutschem Recht zT umstritten ist hierbei im Allgemeinen, ob für die Einhaltung einer entsprechenden Frist eine vollständige und „richtige" Anmeldung vorliegen muss. Bei nur kleineren Mängeln der Anmeldung (zB einer fehlenden Apostille bei einer im Ausland beglaubigten Vollmacht) wird man die Frist als gewahrt anzusehen haben, auch wenn diesbezüglich eine Zwischenverfügung des Registergerichts erteilt wurden sein sollte.

Art. 127 II Kodifizierungs-RL (ex-Art. 10 II IntVersch-RL) die benannte Kontrollstelle unverzüglich[235] eine Bescheinigung auszustellen, aus der zweifelsfrei hervorgeht, dass die der Verschmelzung vorangehenden Rechtshandlungen und Formalitäten ordnungsgemäß vollzogen wurden (sog **Verschmelzungsbescheinigung** (*Pre-Merger Certificate*)). Hierbei muss es sich um ein offizielles Dokument handeln,[236] aus dem hervorgeht, dass alle an die grenzüberschreitende Verschmelzung der betroffenen nationalen Gesellschaftsform gestellten Bedingungen erfüllt sind und damit der entsprechende Mitgliedstaat der Strukturmaßnahme nicht entgegensteht.

Bezüglich der formellen Anforderungen an die Verschmelzungsbescheinigung lässt sich aus dem Begriff „eine Bescheinigung“ (Engl.: *a certificate*; Franz.: *un certificat*) ableiten, dass dieser zumindest nach deutschem Verständnis mindestens in **Textform** von der zuständigen Stelle zu erteilen ist.[237] Eine mündliche oder telefonische Bestätigung reicht insofern nicht aus. Dies ergibt sich daraus, dass die Bescheinigung bei der nationalen Kontrollstelle der aus der Verschmelzung hervorgehenden Gesellschaft vorzulegen ist. Welche Form die Bescheinigung im Übrigen haben muss, richtet sich grundsätzlich nach nationalem Recht, dem die jeweilige, sich verschmelzende Gesellschaft unterliegt. Einer (notariell) beglaubigten Form der ausgestellten Bescheinung (sowie einer damit ggf zusammenhängenden Apostillierung) bedarf es für die Einreichung bei der Registerstelle der übernehmenden bzw. neu zu gründenden Gesellschaft dabei nicht; diese ist jedoch auch nicht schädlich. 103

Adressat der auszustellenden Verschmelzungsbescheinigung ist die sich verschmelzende Gesellschaft. Eine unmittelbare Übermittlung an die zuständige Behörde der aus der Verschmelzung hervorgehenden Gesellschaft hat nicht zu erfolgen. In diesem Zusammenhang hat die betreffende Gesellschaft im Falle einer positiven Rechtmäßigkeitskontrolle einen **Anspruch** gegen die zuständige Kontrollstelle **auf Ausstellung** der Bescheinigung.[238] Dieser Anspruch kann von der ausstellenden Behörde auch nicht mit dem Verweis auf eine Direktübermittlung an die zuständige Behörde der übernehmenden bzw. neu zu gründenden Gesellschaft abgewehrt werden. 104

Inhaltlich muss aus der Verschmelzungsbescheinigung **zweifelsfrei hervorgehen**, dass die vorangegangenen Rechtshandlungen und Formalitäten eingehalten wurden. In diesem Sinne muss die Bescheinigung deutlich machen, dass die zuständige Stelle die Prüfung derjenigen Verfahrensschritte, welche die jeweilige Gesellschaft betreffen, auf Einhaltung der einschlägigen Rechtsvorschriften überprüft hat und sich dabei keine Beanstandungen ihrerseits ergeben haben.[239] 105

Fraglich ist in diesem Zusammenhang jedoch, welche konkreten **inhaltlichen Anforderungen** an die Verschmelzungsbescheinigung zu stellen sind. Diesbezüglich wird erwogen, dass neben der tatbestandlichen Darstellung, dass die Rechtshandlungen und Formalitäten ordnungsgemäß durchgeführt wurden, auch eine Begründung dieses Tatbestandes in die Bescheinigung aufzunehmen ist.[240] Die Erteilung der Verschmelzungsbescheinigung stellt jedoch das Ergebnis der Rechtmäßigkeitsprüfung nach Art. 127 I Kodifizierungs-RL (ex-Art. 10 I IntVersch-RL) dar und steht in einem direkten inhaltlichen Zusammenhang damit.[241] Die Ausstellung der Bescheinigung impliziert daher bereits, dass die Prüfung der Rechtmäßigkeit in formeller wie materieller Hinsicht ordnungsgemäß durchgeführt wurde. Die zusätzliche **Angabe von Entscheidungsgründen** ist folglich nicht zwingend erforderlich.[242] Die der Verschmelzungsbescheinigung zukommende **Bindungswirkung** steht dem ebenfalls nicht entgegen.[243] Für die Kontrollstelle der aus der Verschmelzung hervorgehenden Gesellschaft ist es ausreichend, wenn aus der Bescheinigung ersichtlich wird, dass die zuständige Behörde der jeweils sich verschmelzenden Gesellschaften der Strukturmaßnahme nicht entgegensteht. Erforderlich ist insofern mindestens jedoch auch, dass 106

235 In der Praxis kommt es jedoch nicht selten vor, dass die Verschmelzungsbescheinigung von der zuständigen Behörde verspätet ausgestellt wird, *Armour et al.* EBOR 18 (2017) 225, 241.

236 *Lutter/Bayer/Schmidt*, Europäisches Unternehmens- und Kapitalmarktrecht, 2017, Rn. 22.104; *Kalss/Klampfl*, Europäisches Gesellschaftsrecht, 2015, Rn. 198.

237 Zur Verschmelzungsbescheinigung nach Art. 25 II SE-VO *Schröder* in: Manz/Mayer/Schröder (Hrsg.), Europäische Aktiengesellschaft, 2. Aufl. 2010, Art. 25 Rn. 19; *Schwarz*, SE-VO, 2005, Art. 25 Rn. 17.

238 Zur Verschmelzungsbescheinigung nach Art. 25 II SE-VO *Schäfer* in: MüKo AktG, 4. Aufl. 2017, Art. 25 SE-VO Rn. 6.

239 Zur Verschmelzungsbescheinigung nach Art. 25 II SE-VO *Schröder* in: Manz/Mayer/Schröder (Hrsg.), Europäische Aktiengesellschaft, 2. Aufl. 2010, Art. 25 Rn. 16; vgl. auch *Lutter/Bayer/Schmidt*, Europäisches Unternehmens- und Kapitalmarktrecht, 2017, Rn. 22.104.

240 Siehe *Lutter/Bayer/Schmidt*, Europäisches Unternehmens- und Kapitalmarktrecht, 2017, Rn. 22.104; *Bayer/Schmidt* NZG 2006, 841, 843; ferner zur Parallelregelung des Art. 25 II SE-VO *Bayer* in: Lutter/Hommelhoff/Teichmann (Hrsg.), SE-Kommentar, 2. Aufl. 2016, Art. 25 Rn. 15; *Schmidt*, „Deutsche“ vs. „britische“ SE, 2006, S. 251 f.

241 Zur Verschmelzungsbescheinigung nach Art. 25 II SE-VO *Schwarz*, SE-VO, 2005, Art. 25 Rn. 18.

242 Zur Verschmelzungsbescheinigung nach Art. 25 II SE-VO *Schröder* in: Manz/Mayer/Schröder (Hrsg.), Europäische Aktiengesellschaft, 2. Aufl. 2010, Art. 25 Rn. 17; *Schwarz*, SE-VO, 2005, Art. 25 Rn. 20; *Schäfer* in: MüKo AktG, 4. Aufl. 2017, Art. 25 SE-VO Rn. 6.

243 Zur Verschmelzungsbescheinigung nach Art. 25 II SE-VO *Schröder* in: Manz/Mayer/Schröder (Hrsg.), Europäische Aktiengesellschaft, 2. Aufl. 2010, Art. 25 Rn. 43.

die Identifikation der grenzüberschreitenden Verschmelzung durch die Registerbehörde des ansonsten beteiligten Mitgliedstaates problemlos möglich ist.[244]

107 In diesem Zusammenhang ist **zweifelhaft**, ob die deutsche Umsetzungsnorm des **§ 122k II 2 UmwG** mit den inhaltlichen Anforderungen an die Verschmelzungsbescheinigung nach Maßgabe der Regelungen in der Kodifizierungs-Richtlinie für internationale Verschmelzungen vereinbar ist. Nach § 122k II 2 UmwG gilt als Verschmelzungsbescheinigung die Nachricht über die Eintragung der Verschmelzung der übertragenden Gesellschaft. Nach Maßgabe des Art. 127 II Kodifizierungs-RL (ex-Art. 10 II IntVersch-RL) muss aus der Bescheinigung ersichtlich werden, dass eine Rechtmäßigkeitskontrolle erfolgt ist. Gleichwohl hierbei die tatbestandliche Darstellung, dass das bisherige Verschmelzungsverfahren ordnungsgemäß durchgeführt wurde, als ausreichend anzusehen ist (s. Rn. 106), muss aus Sicht der Kontrollstelle der aus der Verschmelzung hervorgehenden Gesellschaft zweifelsfrei ersichtlich werden, dass tatsächlich eine entsprechende Prüfung **mit positivem Ergebnis erfolgt** ist. Für die zuständige Kontrollstelle, der die Bescheinigung vorzulegen ist, dürfte es jedoch schwierig sein, eine bloße Eintragungsnachricht des deutschen Registergerichts ohne Weiteres als Bescheinigung über die Rechtmäßigkeit des bisherigen Verschmelzungsverfahrens zu identifizieren.[245] Aus der Nachricht über die Eintragung geht dies insofern nicht zweifelsfrei hervor. In diesem Zusammenhang bestehen aus praktischer Sicht erhebliche Zweifel daran, dass die Kontrollstelle der aus der Verschmelzung hervorgehenden Gesellschaft die Eintragungsnachricht des deutschen Registergerichts problemlos als Verschmelzungsbescheinigung iS der Richtlinienregelung identifizieren und damit als ausreichend akzeptieren wird.[246]

108 Die Bezeichnung der **Eintragungsnachricht als Verschmelzungsbescheinigung** ist damit in zweifacher Hinsicht problematisch. Zum einen würde aus praktischer Sicht ein nicht unerheblicher Erklärungsaufwand gegenüber den zuständigen (ausländischen) Kontrollstellen, die die Durchführung der grenzüberschreitenden Verschmelzung zu überprüfen haben, hervorgerufen werden.[247] Zum anderen bestehen im Hinblick auf die **Dokumentationsfunktion** der Bescheinigung große Bedenken hinsichtlich der Richtlinienkonformität des § 122k II 2 UmwG.[248]

109 Eine Sonderregelung besteht mit Art. 127 III Kodifizierungs-RL (ex-Art. 10 III IntVersch-RL) im Hinblick auf das im deutschsprachigen Raum bekannte **Spruchverfahren.** Nach den Worten des Art. 127 I 1 Kodifizierungs-RL (ex-Art. 10 I 1 IntVersch-RL) meint dies das Verfahren, das „zur Kontrolle und Änderung des Umtauschverhältnisses der Aktien oder sonstigen Anteile oder zur Abfindung von Minderheitsgesellschaftern vorgesehen ist, der Eintragung der grenzüberschreitenden Verschmelzung jedoch nicht entgegensteht".

110 Nach Art. 127 III 1 Kodifizierungs-RL (ex-Art. 10 III 1 IntVersch-RL) kann das nach der Rechtsordnung einer der sich verschmelzenden Gesellschaften vorgesehene Spruchverfahren zunächst nur dann zur Anwendung kommen, wenn das jeweilige Recht **aller an der Verschmelzung beteiligten Gesellschaften** ein solches Spruchverfahren zum Schutz von Minderheitsgesellschaftern vorsieht.[249] Die entsprechenden nationalen Verfahren zur Änderung und Kontrolle des Umtauschverhältnisses oder zur Abfindung von Anteilsinhabern müssen jedoch nicht gänzlich übereinstimmen. Vielmehr ist es ausreichend, wenn sie zumindest **funktional vergleichbar** sind und einen ähnlichen Schutz der betroffenen Gesellschafter gewährleisten.[250] Ist jedoch nicht in allen beteiligten Rechtsordnungen solch ein vergleichbares Spruchverfahren vorhanden,[251] kann das in einer der beteiligten Rechtsordnungen vorgesehene Spruchverfahren nach Art. 127 I 1 Kodifizierungs-RL (ex-Art. 10 I 1 IntVersch-RL) nur dann zur Anwendung gelangen, wenn die anderen sich verschmelzenden Gesellschaften, deren Recht ein solches Verfahren nicht vorsieht, bei der Zustimmung zum Verschmelzungsplan ausdrücklich akzeptieren, dass ein solchen Verfahren nach der Rechtsordnung der dies betreffenden Gesellschaft durchgeführt werden kann. Der dahinterstehende Zweck ist, dass durch eine eventuelle Verbesserung des Umtauschverhältnisses der Anteilsinhaber einer der sich verschmelzenden Gesellschaften sich ggf der Wert der Gesellschafteranteile der anderen an der Verschmelzung beteiligten Gesellschafter in dem übernehmenden bzw. neuen Rechtsträger verrin-

244 *Rericha* in: Talos/Winner (Hrsg.), EU-VerschG, 2016, § 15 Rn. 35.
245 *Drinhausen* in: Semler/Stengel (Hrsg.), UmwG, 4. Aufl. 2017, § 122k Rn. 6, 22.
246 *Drinhausen* in: Semler/Stengel (Hrsg.), UmwG, 4. Aufl. 2017, § 122k Rn. 6, 22; *Hörtnagl* in: Schmitt/Hörtnagl/Stratz (Hrsg.), UmwG, 7. Aufl. 2016, § 122k Rn. 16; *Polley* in: Henssler/Strohn (Hrsg.), Gesellschaftsrecht, 3. Aufl. 2016, § 122k UmwG Rn. 14.
247 *Brocker* BB 2010, 971, 975; zur Verschmelzungsbescheinigung nach Art. 25 II SE-VO *Schröder* in: Manz/Mayer/Schröder (Hrsg.), Europäische Aktiengesellschaft, 2. Aufl. 2010, Art. 25 Rn. 13, 40.
248 Ebenfalls an der Richtlinienkonformität des § 122k II 2UmwG zweifelnd *Bayer* in: Lutter (Hrsg.), UmwG, 5. Aufl. 2014, § 122k Rn. 21; *Drinhausen* in: Semler/Stengel (Hrsg.), UmwG, 4. Aufl. 2017, § 122k Rn. 6; *Hörtnagl* in: Schmitt/Hörtnagl/Stratz (Hrsg.), UmwG, 7. Aufl. 2016, § 122k Rn. 16; *Stiegler* GmbHR 2016, 406, 413.
249 *Lutter/Bayer/Schmidt*, Europäisches Unternehmens- und Kapitalmarktrecht, 2017, Rn. 22.146.
250 *Lutter/Bayer/Schmidt*, Europäisches Unternehmens- und Kapitalmarktrecht, 2017, Rn. 22.146.
251 Dies wird wohl der Regelfall sein, da neben Deutschland und Österreich nur wenige Mitgliedstaaten ein funktional vergleichbares Verfahren zum Schutz der Minderheitsgesellschafter bereitstellen, vgl. *Klein* RNotZ 2007, 565, 598.

gert.[252] Die insofern erforderliche **Zustimmungserklärung** hat sich dabei auf alle von einem Mitgliedstaat im Sinne des Art. 127 III 1 Kodifizierungs-RL (ex-Art. 10 III 1 IntVersch-RL) genannten Maßnahmen innerhalb eines Spruchverfahrens zu beziehen, dh, dass wenn ein Mitgliedstaat sowohl eine Überprüfung des Umtauschverhältnisses als auch der angemessenen Höhe eines Barabfindungsangebots zum Gegenstand des nationales Spruchverfahrens macht, auch für beide Aspekte eine Zustimmungserklärung erforderlich ist.[253]

Welcher Mehrheit es für die Zustimmung der Anteilsinhaber zur Durchführung eines Spruchverfahrens bei der bzw. den anderen an der Verschmelzung beteiligten Gesellschaft(en) bedarf, bestimmt sich nach der Rechtsordnung der ausländischen Gesellschaft.[254] In der Regel wird es jedoch auch dort zumindest einer **qualifizierten Mehrheit** des vertretenen Grundkapitals bzw. der abgegebenen Stimmen bedürfen. Die Zustimmung muss dabei jedoch nicht zwingend mit der Abstimmung über den Verschmelzungsplan verbunden sein, sondern kann auch in einer isolierten Beschlussfassung erfolgen.[255] Gleichwohl muss sie in einer Versammlung der Anteilsinhaber vollzogen werden. Dies schließt – nach europäischem Verständnis – jedoch nicht aus, dass beispielsweise auch ein schriftlicher Umlaufbeschluss der Gesellschafter im Hinblick auf deren Zustimmung ausreichend ist. 111

Art. 127 III 2 Kodifizierungs-RL (ex-Art. 10 III 2 IntVersch-RL) stellt klar, dass die **Anhängigkeit eines Spruchverfahrens** der Ausstellung der og Verschmelzungsbescheinigung nicht entgegensteht. Nach Art. 127 III 3 Kodifizierungs-RL (ex-Art. 10 III 3 IntVersch-RL) muss in der Bescheinigung jedoch angegeben werden, dass ein solches Verfahren anhängig ist. Die dann in dem entsprechenden Spruchverfahren ergehende Entscheidung ist nach ausdrücklicher Aussage des Art. 127 III 4 Kodifizierungs-RL (ex-Art. 10 III 4 IntVersch-RL) für die aus der grenzüberschreitenden Verschmelzung hervorgehende Gesellschaft und alle ihre Anteilsinhaber **bindend**. Die Rechtskraft der Spruchverfahrensentscheidung erstreckt sich somit auch dann auf die übernehmende bzw. durch die grenzüberschreitende Verschmelzung entstandene Gesellschaft, wenn diese einer anderen Rechtsordnung unterliegt als die, nach deren Recht das Spruchverfahren angestrengt wurde.[256] 112

Der zweite Schritt der **Rechtmäßigkeitsprüfung** einer grenzüberschreitenden Verschmelzung ist in Art. 128 Kodifizierungs-RL (ex-Art. 11 IntVersch-RL) niedergelegt. Eine zusätzliche Kontrolle erfolgt nach Art. 128 I Kodifizierungs-RL (ex-Art. 11 I IntVersch-RL) durch den Mitgliedstaat, dessen Recht die aus der grenzüberschreitenden Verschmelzung hervorgehende Gesellschaft unterliegt bzw. unterliegen soll. Wie bei der Kontrolle nach Art. 127 I Kodifizierungs-RL (ex-Art. 10 I IntVersch-RL) bestimmt auch hier der betroffene Mitgliedstaat die zuständige Kontrollstelle. 113

Die Verschmelzungsbescheinigung ist nach Art. 128 II Halbsatz 1 Kodifizierungs-RL (ex-Art. 11 II Halbsatz 1 IntVersch-RL) innerhalb von **sechs Monaten nach deren Ausstellung** jeweils von den sich verschmelzenden Gesellschaften IntVersch-RL bei der Kontrollstelle der aus der Verschmelzung hervorgehenden Gesellschaft vorzulegen. Die Kontrollstelle hat bei der Anmeldung zur Eintragung der Verschmelzung zu kontrollieren, ob die Frist eingehalten wurde.[257] Liegen zwischen der Ausstellung der Verschmelzungsbescheinigung und deren Vorlage mehr als sechs Monate, hat die Kontrollstelle der aus der Verschmelzung hervorgehenden Gesellschaft die Anmeldung zurückzuweisen und die Eintragung abzulehnen. Die Einhaltung des in Art. 128 II Halbsatz 1 Kodifizierungs-RL (ex-Art. 11 II Halbsatz 1 IntVersch-RL) statuierten „**Verfallsdatums**"[258] stellt insofern eine zwingende Eintragungsvoraussetzung dar. Aus dem Wortlaut der Regelung ergibt sich, dass sich der Fristbeginn 114

252 *Lutter/Bayer/Schmidt*, Europäisches Unternehmens- und Kapitalmarktrecht, 2017, Rn. 22.157; *Simon/Rubner* in: KK-UmwG, 2009, § 122h Rn. 2.

253 *Winner/Obradovic* in: Talos/Winner (Hrsg.), EU-VerschG, 2016, § 11 Rn. 4 (ebenfalls mit Verweis auf die insofern bestehende Richtlinienwidrigkeit des österreichischen Rechts).

254 *Kiem* in: Habersack/Drinhausen (Hrsg.), SE-Recht, 2. Aufl. 2016, § 122h Rn. 8; *Drinhausen* in: Semler/Stengel (Hrsg.), UmwG, 4. Aufl. 2017, § 122h Rn. 6; hingegen auf das gleiche Mehrheitserfordernis wie beim Verschmelzungsplan abstellend *Lutter/Bayer/Schmidt*, Europäisches Unternehmens- und Kapitalmarktrecht, 2017, Rn. 22.147; *Bayer* in: Lutter (Hrsg.), UmwG, 5. Aufl. 2014, § 122h Rn. 12; *Simon/Rubner* in: KK-UmwG, 2009, § 122h Rn. 8; *Hörtnagl* in: Schmitt/Hörtnagl/Stratz (Hrsg.), UmwG, 7. Aufl. 2016, § 122h Rn. 8.

255 *Lutter/Bayer/Schmidt*, Europäisches Unternehmens- und Kapitalmarktrecht, 2017, Rn. 22.147; *Bayer* in: Lutter (Hrsg.), UmwG, 5. Aufl. 2014, § 122h Rn. 11; *Drinhausen* in: Semler/Stengel (Hrsg.), UmwG, 4. Aufl. 2017, § 122h Rn. 6; *Marsch-Barner* in: Kallmeyer (Hrsg.), UmwG, 6. Aufl. 2016, § 122h Rn. 3; *Kiem* in: Habersack/Drinhausen (Hrsg.), SE-Recht, 2. Aufl. 2016, § 122h UmwG Rn. 8.

256 *Vermeylen* in: Vermeylen/Vande Velde (Eds.), European Cross-Border Mergers and Reorganizations, 2012, Rn. 1.100.

257 Der zusätzlich zur Umsetzungsnorm des § 122l II Hs. 2 UmwG bestehenden Regelung des § 122k III UmwG kommt insofern nur eingeschränkte Bedeutung zu. Deren Wirkung ist mithin zweifelhaft, da die Nichtvorlage bzw. verspätete Vorlage der Verschmelzungsbescheinigung nicht bußgeldbewehrt ist, vgl. *Drinhausen* in: Semler/Stengel (Hrsg.), UmwG, 4. Aufl. 2017, § 122k Rn. 20. Das deutsche Recht kann insofern nicht wirksam verhindern, dass die Frist für die Einreichung in Deutschland ausgestellter Verschmelzungsbescheinigungen bei der zuständigen ausländischen Stelle eingehalten wird, vgl. *Drinhausen* in: Semler/Stengel (Hrsg.), UmwG, 4. Aufl. 2017, § 122k Rn. 20; *Zimmermann* in: Kallmeyer (Hrsg.), UmwG, 6. Aufl. 2017, § 122k Rn. 18; *DAV-Handelsrechtsausschuss* NZG 2006, 737, 742; aA *Becker/Uxa* in: Maulbetsch/Klumpp/Rose, UmwG, 2. Aufl. 2017, § 122k Rn. 19.

258 *Lutter/Bayer/Schmidt*, Europäisches Unternehmens- und Kapitalmarktrecht, 2017, Rn. 22.106.

nach der Ausstellung der Bescheinigung durch die Kontrollstelle der sich verschmelzenden Gesellschaften bemisst. Mangels Vorgabe in den Regelungen in der Kodifizierungs-Richtlinie für internationale Verschmelzungen bestimmt sich die konkrete **Berechnung** der Frist nach dem nationalen Recht, dem die aus der Verschmelzung hervorgehende Gesellschaft unterliegt.

115 Der **Prüfungsgegenstand** der zuständigen nationalen Kontrollstelle beschränkt sich grundsätzlich auf Fragen der Durchführung der grenzüberschreitenden Verschmelzung als solche. Zu prüfen ist nach Art. 128 I 2 Kodifizierungs-RL (ex-Art. 11 I 2 IntVersch-RL) insbesondere die Zustimmung der sich verschmelzenden Gesellschaften zu einem gemeinsamen gleich lautenden Verschmelzungsplan. Hierbei erfolgt jedoch **nur eine formelle Kontrolle** des Verschmelzungsplans.[259] Denn eine materielle Überprüfung wurde bereits durch die zuständige Kontrollstelle der jeweils sich verschmelzenden Gesellschaften vorgenommen.[260] Darüber hinaus ist zu prüfen, ob ein ggf erforderliches Verfahren über die Mitbestimmung der Arbeitnehmer nach Art. 133 Kodifizierungs-RL (ex-Art. 16 IntVersch-RL) ordnungsgemäß abgeschlossen wurde. Handelt es sich um eine Verschmelzung durch Neugründung einer Gesellschaft, ist zudem zu prüfen, ob die für die formellen sowie materiellen Gründungsvoraussetzungen des neuen Rechtsträgers nationaler Rechtsform erfüllt sind.[261] Insbesondere zu prüfen ist, ob die einschlägigen Kapitalaufbringungsvorschriften beachtet wurden und das Gründungsdokument bzw. die Satzung der neuen Gesellschaft den Anforderungen der einschlägigen Rechtsordnung gerecht wird.

116 **Kein Prüfungsgegenstand** nach Art. 128 Kodifizierungs-RL (ex-Art. 11 IntVersch-RL) sind hingegen diejenigen Verfahrensschritte, die allein die sich verschmelzenden Gesellschaften betreffen.[262] Die materielle Richtigkeit dieser Verfahrensschritte ist vielmehr durch die nach Art. 127 II Kodifizierungs-RL (ex-Art. 10 II IntVersch-RL) auszustellende Verschmelzungsbescheinigung zu unterstellen.[263] Dies ergibt sich sowohl aus Art. 128 I 1 Kodifizierungs-RL (ex-Art. 11 I 1 IntVersch-RL) selbst, der explizit von der Durchführung der grenzüberschreitenden Verschmelzung als Prüfungsgegenstand spricht, als auch aufgrund des europäischen **Effektivitätsprinzips**, wonach den durch eine ausländische Behörde bzw. Kontrollstelle ausgestellten Dokumente gebührend Rechnung zu tragen ist und diese grundsätzlich anzuerkennen sind.[264] In einer jüngeren Entscheidung war der englische High Court jedoch der – auch dort streitigen – Auffassung, dass die materielle Richtigkeit der von einer ausländischen Kontrollstelle ausgestellten Verschmelzungsbescheinigung durchaus hinterfragt werden könne.[265] Ein entsprechendes Vorgehen wird man im Einklang mit den Wertungen des Art. 128 Kodifizierungs-RL (ex-Art. 11 IntVersch-RL) jedoch allenfalls dann als zulässig erachten können, wenn offensichtliche und begründete Zweifel an der Richtigkeit der ausgestellten Verschmelzungsbescheinigung bestehen.[266]

117 Aus dem diesbezüglichen **Gegenstand der Prüfung** durch die zuständige Kontrollstelle ergeben sich mithin die bei dieser vorzulegenden Unterlagen. Dies sind:

- der von der jeweiligen Anteilsinhaberversammlung genehmigte **Verschmelzungsplan** jeder der sich verschmelzenden Gesellschaften;
- eine etwaige Vereinbarung über die **Mitbestimmung der Arbeitnehmer** gem Art. 133 Kodifizierungs-RL (ex-Art. 16 IntVersch-RL);
- die von der nach Art. 127 I Kodifizierungs-RL (ex-Art. 10 I IntVersch-RL) durch die jeweilige nationale Kontrollstelle ausgestellte **Verschmelzungsbescheinigung** jeder der sich verschmelzenden Gesellschaften (Art. 128 II Kodifizierungs-RL (ex-Art. 11 II IntVersch-RL));
- weitere **Vorlagepflichten** nach dem jeweiligen mitgliedstaatlichen Recht (zB bezüglich der Gründung einer neuen Gesellschaft durch die Verschmelzung oder zur Sicherstellung des Gläubiger- und Minderheitenschutzes).[267]

259 *Bayer* in: Lutter (Hrsg.), UmwG, 5. Aufl. 2014, § 122l Rn. 14; *Kalss/Klampfl*, Europäisches Gesellschaftsrecht, 2015, Rn. 198; *Kiem* in: Habersack/Drinhausen (Hrsg.), SE-Recht, 2. Aufl. 2016, 2. Aufl. 2016, § 122l Rn. 8; *Lutter/Bayer/Schmidt*, Europäisches Unternehmens- und Kapitalmarktrecht, 2017, Rn. 22.108; *Oechsler* NZG 2006, 161, 163.

260 *Lutter/Bayer/Schmidt*, Europäisches Unternehmens- und Kapitalmarktrecht, 2017, Rn. 22.108.

261 *Bayer* in: Lutter (Hrsg.), UmwG, 5. Aufl. 2014, § 122l Rn. 7; *Lutter/Bayer/Schmidt*, Europäisches Unternehmens- und Kapitalmarktrecht, 2017, Rn. 22.107.

262 *Lutter/Bayer/Schmidt*, Europäisches Unternehmens- und Kapitalmarktrecht, 2017, Rn. 22.109.

263 *Lutter/Bayer/Schmidt*, Europäisches Unternehmens- und Kapitalmarktrecht, 2017, Rn. 22.110; *Bayer* in: Lutter (Hrsg.), UmwG, 5. Aufl. 2014, § 122l Rn. 19; *Bayer/Schmidt* NZG 2006, 841, 843; *Klein* RNotZ 2007, 565, 607; *Krauel/Mense/Wind* DK 2010, 541, 542.

264 Vgl. EuGH, Rs. C-378/10 (Vale), ECLI:EU:C:2012:440 = NJW 2012, 2715, Rn. 48, 61.

265 *Re Diamonds Resorts (Europe) Ltd.* [2012] EWHC 3576 (Ch); kritisch dazu *Re Livanova Plc* [2015] EWHC 2865 (Ch).

266 So zur „Wegzugsbescheinigung" bei einem grenzüberschreitenden Formwechsel auch *Stiegler*, Grenzüberschreitende Sitzverlegungen nach deutschem und europäischem Recht, 2017, S. 374 f.

267 *Lutter/Bayer/Schmidt*, Europäisches Unternehmens- und Kapitalmarktrecht, 2017, Rn. 22.106.

II. Zeitpunkt des Wirksamwerdens und Offenlegung

Der Zeitpunkt, an dem die grenzüberschreitende Verschmelzung im Außenverhältnis wirksam wird, bestimmt sich gem Art. 129 S. 1 Kodifizierungs-RL (ex-Art. 12 S. 1 IntVersch-RL) nach dem Recht des Mitgliedstaates, dem die aus der grenzüberschreitende Verschmelzung **hervorgehende Gesellschaft** unterliegt. Maßgeblich sind also die nationalen Bestimmungen, die der übernehmenden bzw. im Zuge der Verschmelzung neu gegründeten Gesellschaft mittels Eintragung in das entsprechende Register Wirksamkeit verleihen.[268] Bezogen auf Fragen der Rechnungslegung (dh den Verschmelzungsstichtag) können die sich verschmelzenden Gesellschaften für das Innenverhältnis im Hinblick auf Art. 122 S. 2 lit. f) Kodifizierungs-RL (ex-Art. 5 S. 2 lit. f) IntVersch-RL) jedoch grundsätzlich selbst bestimmen, zu welchem Zeitpunkt die Handlungen der aus der Verschmelzung hervorgehenden Gesellschaft wirksam wird.[269] 118

Nach Art. 129 S. 2 Kodifizierungs-RL (ex-Art. 12 S. 2 IntVersch-RL) kann die grenzüberschreitende Verschmelzung jedoch erst dann gegenüber dem Geschäftsverkehr und Dritten Wirksamkeit erlangen, wenn die Rechtmäßigkeitskontrolle abgeschlossen ist. **Voraussetzung für das Wirksamwerden** der Verschmelzung und damit für den Abschluss des Verschmelzungsverfahrens ist daher, dass eine Verschmelzungsbescheinigung nach Art. 127 Kodifizierungs-RL (ex-Art. 10 IntVersch-RL) durch den Mitgliedstaat jeder der sich verschmelzenden Gesellschaften ausgestellt und eine Kontrolle der Durchführung der grenzüberschreitenden Verschmelzung durch den Mitgliedstaat der aus der Verschmelzung hervorgehenden Gesellschaft nach Art. 128 Kodifizierungs-RL (ex-Art. 11 IntVersch-RL) mit positivem Ergebnis erfolgte. Der Verweis in Art. 129 S. 2 Kodifizierungs-RL (ex-Art. 12 S. 2 IntVersch-RL) auf die Rechtmäßigkeitskontrolle nach Art. 128 Kodifizierungs-RL (ex-Art. 11 IntVersch-RL) impliziert insofern die vorherige Kontrolle nach Art. 127 Kodifizierungs-RL (ex-Art. 10 IntVersch-RL) und die Ausstellung einer entsprechenden Verschmelzungsbescheinigung. 119

Um den Rechtsverkehr über den Vollzug der grenzüberschreitenden Verschmelzung zu informieren, sieht Art. 130 I Kodifizierungs-RL (ex-Art. 13 I IntVersch-RL) die **Eintragung** und **Offenlegung** der Strukturmaßnahme vor. Die Offenlegung hat dabei für jede an der Verschmelzung beteiligte Gesellschaft nach Maßgabe des Art. 16 Kodifizierungs-RL (ex-Art. 3 Publizitäts-RL) zu erfolgen. Die weiteren Modalitäten der Eintragung und Offenlegung der grenzüberschreitenden Verschmelzung bestimmen sich **nach dem nationalen Recht** der Mitgliedstaaten, dem die jeweilige Gesellschaft unterliegt.[270] Aus deutscher Sicht genügt dabei die Eintragung der Verschmelzung im Handelsregister gem § 122k IV UmwG als Nachweis der Wirksamkeit der grenzüberschreitenden Verschmelzung.[271] 120

Das nationale Register, in dem die aus der grenzüberschreitenden Verschmelzung hervorgehende Gesellschaft eingetragen wird, hat nach Art. 130 II 1 Kodifizierungs-RL (ex-Art. 13 II 1 IntVersch-RL) dem Register, bei dem jede der sich verschmelzenden Gesellschaften seine Verschmelzungsunterlagen zu hinterlegen hatte, **Meldung** zu geben, dass die grenzüberschreitende Verschmelzung wirksam geworden ist. Die Meldung hat dabei **unverzüglich nach Eintragung** gegenüber allen entsprechend beteiligten Registern zu erfolgen. Im Zuge der Änderung des Art. 130 II 1 Kodifizierungs-RL (ex-Art. 13 II 1 IntVersch-RL) durch die damalige Richtlinie 2012/17/EU über die Verknüpfung von Zentral-, Handels- und Gesellschaftsregistern[272] hat die Meldung über das nach Art. 22 II Kodifizierungs-RL (ex-Art. 4a II Publizitäts-RL) (dazu § 20 Rn. 45 ff.) eingerichtete **System der Registervernetzung** („BRIS")[273] zu erfolgen.[274] Damit soll sichergestellt werden, dass die Mitteilung über die Wirksamkeit der grenzüberschreitenden Verschmelzung tatsächlich so schnell wie möglich erfolgt und den jeweiligen Registern der an der Verschmelzung beteiligten Gesellschaften zweifelsfrei ohne Verzögerungen zugeht. Gerade weil bis vor der entsprechenden Änderung des damaligen Art. 13 II 1 IntVersch-RL aus praktischer Sicht durchaus Probleme bezüglich der Meldepflicht bestanden,[275] war eine solche Registervernetzung von immanenter Bedeutung. Denn im Zeitraum zwischen Eintragung und Offenlegung der grenzüberschreitenden Verschmelzung im Register der aus der Verschmelzung hervorgehenden Gesellschaften und der Eintragung 121

268 *Grundmann*, Europäisches Gesellschaftsrecht, 2011, Rn. 936; *Lutter/Bayer/Schmidt*, Europäisches Unternehmens- und Kapitalmarktrecht, 2017, Rn. 22.114; *Bayer/Schmidt* NJW 2006, 401, 404.

269 *Vermeylen* in: Vermeylen/Vande Velde (Eds.), European Cross-Border Mergers and Reorganizations, 2012, Rn. 1.106.

270 *Lutter/Bayer/Schmidt*, Europäisches Unternehmens- und Kapitalmarktrecht, 2017, Rn. 22.116.

271 LG Bonn RNotZ 2015, 368, 370.

272 Richtlinie 2012/17/EU des Europäischen Parlaments und des Rates vom 13. Juni 2012 zur Änderung der Richtlinie 89/666/EWG des Rates sowie der Richtlinien 2005/56/EG und 2009/101/EG des Europäischen Parlaments und des Rates in Bezug auf die Verknüpfung von Zentral-, Handels- und Gesellschaftsregistern, ABl. EU v. 16.6.2012, L 156/1.

273 Business Registers Interconnection System.

274 Zu der Regelung in der Richtlinie 2012/17/EU, die der Neufassung des damaligen Art. 13 II 1 IntVersch-RL (= Art. 130 II 1 Kodifizierungs-RL) zugrunde liegt, siehe *Ries* ZIP 2013, 866, 868; *Kilian* FGPrax 2012, 185, 187; *Stiegler* NotBZ 2015, 329, 330 ff.; zur deutschen Umsetzung durch § 9b II 3 Nr. 4 HGB *Stiegler* NotBZ 2015, 329, 337 f.

275 Vgl. Study on the Application of the Cross-border Mergers Directive, S. 41 ff.; *Brocker* BB 2010, 971, 976.

der Löschung der übertragenden Gesellschaft(en) besteht/bestehen diese nach der Registerpublizität der Art. 16 ff. Kodifizierungs-Richtlinie fort, obwohl die Durchführung der grenzüberschreitenden Verschmelzung aus Sicht der übernehmenden bzw. neuen Gesellschaft bereits abgeschlossen ist. Dies würde zu einem erheblichen Maß an Rechtsunsicherheit führen.

122 Der Verweis innerhalb des Art. 130 II 1 Kodifizierungs-RL (ex-Art. 13 II 1 IntVersch-RL) auf Art. 22 Kodifizierungs-RL (ex-Art. 4a II Publizitäts-RL) ist jedoch zT missverständlich. Art. 22 Kodifizierungs-RL (ex-Art. 4a II Publizitäts-RL) beschreibt die Zusammensetzung des europäischen Systems der Registervernetzung. Dieses besteht aus den Registern der Mitgliedstaaten, der zentralen Europäischen Plattform sowie dem E-Justiz-Portal. Ziel der damaligen Neuregelung des Art. 13 II 1 IntVersch-RL war es, die entsprechende **Kommunikation** zwischen den mitgliedstaatlichen Registern bei grenzüberschreitenden Verschmelzungen **zu verbessern** (Erwägungsgrund 3 zur Richtlinie 2012/17/EU)). Der generelle Verweis auf Art. 22 Kodifizierungs-RL (ex-Art. 4a II Publizitäts-RL) ist insofern unkonkret. Eine Meldeverpflichtung innerhalb der Register der Mitgliedstaaten (Art. 22 Spiegelstrich 1 Kodifizierungs-RL (ex-Art. 4a II Spiegelstrich 1 Publizitäts-RL))) würde nur die Rechtslage vor der Änderung des ehemaligen Art. 13 II 1 IntVersch-RL und jetzigen Art. 130 II 1 Kodifizierungs-RL beschreiben und brächte insoweit keine Verbesserung der Kommunikationswege. Eine Mitteilung über das Europäische Justizportal (Art. 22 Spiegelstrich 3 Kodifizierungs-RL (ex-Art. 4a II Spiegelstrich 3 Publizitäts-RL)) scheidet wegen der funktionalen Konzeption aus. In Betracht kommt daher einzig eine Meldung der Eintragung über die **zentrale Europäische Plattform** (Art. 22 Spiegelstrich 2 Kodifizierungs-RL (ex-Art. 4a II Spiegelstrich 2 Publizitäts-RL)). Der Verweis innerhalb des Art. 130 II 1 Kodifizierungs-RL (ex-Art. 13 II 1 IntVersch-RL) auf die Regelung des Art. 22 Kodifizierungs-RL (ex-Art. 4a II Publizitäts-RL) bezieht sich aus funktionaler Sicht daher einzig auf die Plattform iS von Art. 23 Kodifizierungs-RL (ex-Art. 4b Publizitäts-RL). Trotz Abweichung vom Wortlaut des Art. 130 II 1 Kodifizierungs-RL (ex-Art. 13 II 1 IntVersch-RL) bezieht sich die diesbezügliche Umsetzungsnorm des **§ 9b II 3 Nr. 4 HGB** richtigerweise konkret auf die Übermittlung der Eintragung der Verschmelzung an die Europäische Plattform. Diese ist insofern auch richtlinienkonform.

123 Nach Art. 130 II 2 Kodifizierungs-RL (ex-Art. 13 II 2 IntVersch-RL) erfolgt die ggf nach dem jeweiligen Recht der übertragenden Gesellschaft(en) durchzuführende **Löschung** dieser erst nach Eingang der Meldung nach Art. 130 I 1 Kodifizierungs-RL (ex-Art. 13 I 1 IntVersch-RL). Eine vorherige Löschung ist im Hinblick auf den Schutz des Rechtsverkehrs ausdrücklich ausgeschlossen.

K. Rechtsfolgen der grenzüberschreitenden Verschmelzung

124 Die Rechtsfolgen einer grenzüberschreitenden Verschmelzung sind in Art. 131 Kodifizierungs-RL (ex-Art. 14 IntVersch-RL) geregelt. Dieser ist weitestgehend mit der Parallelregelung für die innerstaatliche Verschmelzung von Aktiengesellschaften in Art. 105 Kodifizierungs-RL (ex-Art. 19 Verschmelzungs-RL) kongruent. Insofern kann überwiegend auf die dortigen Ausführungen verwiesen werden (§ 22 Rn. 69 ff.). Die mit der grenzüberschreitenden Verschmelzung einhergehenden Rechtsfolgen treten dabei **ipso iure** ein, dh es bedarf keiner weiteren Rechtsakte zu deren Wirksamkeit.

125 Die grenzüberschreitende Verschmelzung hat folgende Wirkung:

- das **gesamte Aktiv- und Passivvermögen** der übertragenden bzw. sich verschmelzenden Gesellschaft(en) geht auf die übernehmende bzw. in Folge der Verschmelzung neu entstandene Gesellschaft über (Abs. 1 lit. a) bzw. Abs. 2 lit. a)) – Gesamtrechtsnachfolge (Universalsukzession);
- die Gesellschafter der übertragenden bzw. sich verschmelzenden Gesellschaft(en) werden Gesellschafter der übernehmenden bzw. in Folge der Verschmelzung neu entstandenen Gesellschaft (Abs. 1 lit. b) bzw. Abs. 2 lit. b)) – **„Anteilserwerb"**;
- die übertragende(n) bzw. sich verschmelzende(n) Gesellschaft(en) **erlischt** bzw. **erlöschen** (Abs. 1 lit. c) bzw. Abs. 2 lit. c)).

126 Nach **Wirksamwerden** der grenzüberschreitenden Verschmelzung beurteilt sich das auf die übernehmende bzw. neue Gesellschaft anwendbare Recht nach **ihrem Gesellschaftsstatut**, dem sie infolge der Strukturmaßnahme unterliegt.[276] Dies gilt insbesondere auch für das damit verbundene Anknüpfungsmoment des nationalen Gesellschaftsstatuts. Folgt der Mitgliedstaat, dessen Recht die übernehmende bzw. neue Gesellschaft unterliegen, daher kollisionsrechtlich der Sitztheorie, bedarf es bei einer grenzüberschreitenden Verschmelzung zur Neugründung eines Verwaltungssitzes im Zielmitgliedstaat.[277] Sind nur zwei Mitgliedstaaten beteiligt, wird dies unproblematisch sein, da – weil die Richtlinienbestimmungen hierbei eine sog NewCo-Verschmelzung nicht erfasst (s. Rn. 31) – bereits eine der übertragenden Gesellschaften eine als Verwaltungssitz zu charakterisierende **wirtschaftliche Betätigung im Zielmitgliedstaat** der neu zu gründenden Gesellschaft haben. In dem Fall, dass die übertragenden Gesellschaften iSd Art. 118 Kodifizierungs-RL (ex-Art. 1 IntVersch-RL) dem Recht unterschiedlicher Mitgliedstaaten unterliegen und die Zielgesellschaft aufgrund der grenzüberschreitenden Verschmelzung in einem dritten Mitgliedstaat gegründet werden soll, muss daher im Zuge der Strukturmaßnahme ggf auch der

276 *Rickford* EBLR 2004, 1225, 1253; *Wooldridge* Co. Lawyer 27 (2006) 309, 310.
277 *Wooldridge* Co. Lawyer 27 (2006) 309, 310.

Verwaltungssitz in diesen Mitgliedstaat „verlegt" werden. Dies gilt nicht nur aus kollisionsrechtlicher Sicht der Sitztheorie, sondern auch aufgrund etwaiger materiellrechtlichen Bedingungen des Gründungssstaats der neuen Gesellschaft. Die Gründung einer sog **Briefkastengesellschaft** mittels einer grenzüberschreitenden Verschmelzung in einen Mitgliedstaat, dessen Recht keine der übertragenden Gesellschaften vor der Umwandlung unterliegt, ist daher vom autonomen Recht dieses Zielmitgliedstaates abhängig. Lässt dieser Vorrats- bzw. Mantelgesellschaften per se nicht zu, wird er auch die Gründung einer entsprechenden Briefkastengesellschaften richtlinienkonform unterbinden können.

In Folge der grenzüberschreitenden Verschmelzung erlischt die an der Verschmelzung beteiligte übertragende Gesellschaft (Art. 131 I lit. c) bzw. II lit. c) Kodifizierungs-RL (ex-Art. 14 I lit. c) bzw. II lit. c) IntVersch-RL)) (s. Rn. 125). Da die übertragende Gesellschaft regelmäßig in ihrem Heimatmitgliedstaat wirtschaftlich tätig war, bedarf es zur Fortführung dieser Aktivitäten in dem entsprechenden Mitgliedstaat ggf der Gründung und Registrierung einer inländischen Zweigniederlassung durch die ausländische übernehmende bzw. neue Gesellschaft.[278] Hierbei sind die nationalen Umsetzungsvorschriften zur ehemaligen Zweigniederlassungsrichtlinie und der jetzigen Art. 29 ff. Kodifizierungs-RL (dazu § 27) in dem Gründungsmitgliedstaat der ehemaligen übertragenden Gesellschaft zu beachten. 127

Bezüglich der Gesamtrechtsnachfolge bestimmt Art. 131 III Kodifizierungs-RL (ex-Art. 14 III IntVersch-RL), dass die mitgliedstaatlichen Rechtsordnungen vorsehen können, dass besondere **Formalitäten des nationalen Rechts** bezüglich grenzüberschreitender Verschmelzungen eingehalten werden müssen bevor die Übertragung bestimmter Vermögensgegenstände gegenüber Dritten wirksam wird. Die entsprechenden Formalitäten sind dabei von der aus der grenzüberschreitenden Verschmelzung hervorgehenden Gesellschaft zu erfüllen.[279] 128

Art. 131 IV Kodifizierungs-RL (ex-Art. 14 IV IntVersch-RL) stellt darüber hinaus klar, dass die Gesamtrechtsnachfolge gem Art. 131 I lit. a), II lit. a) Kodifizierungs-RL (ex-Art. 14 I lit. a), II lit. a) IntVersch-RL) auch die bestehenden Rechte und Pflichten der sich verschmelzenden Gesellschaften aus **Arbeitsverträgen** oder **Beschäftigungsverhältnissen** erfasst.[280] Ein Neuabschluss oder eine -verhandlung von bestehenden Arbeitsverträgen ist daher nicht erforderlich. Änderungen ergeben sich jedoch regelmäßig bei den Anstellungsverträgen mit Geschäftsführern bzw. Vorstandsmitgliedern. Hierbei sind auch etwaige change of control-Klauseln in den entsprechenden Verträgen zu beachten. 129

Wie sich aus der EuGH-Entscheidung *Modelo Continente Hipermercados* zur innerstaatlichen Verschmelzung (s. dazu auch § 22 Rn. 72)[281] ableiten lässt, zählt zu dem von der Gesamtrechtsnachfolge erfassten **Passivvermögen** der übertragenden Gesellschaft(en) insbesondere auch eine rechtskräftig verhängte **ordnungswidrigkeitsrechtliche Geldschuld** gegenüber der vor dem Wirksamwerden der grenzüberschreitenden Verschmelzung bestehenden Gesellschaft, die an der Verschmelzung als übertragender Rechtsträger beteiligt war.[282] Im deutschen Recht wird dies ferner durch die Regelung des § 30 IIa OWiG erkennbar. Praktische Probleme können in diesem Fall jedoch bei der effektiven Durchsetzung der Sanktionierung des ausländischen übernehmenden bzw. neuen Rechtsträgers durch den Mitgliedstaat des ehemals übertragenden inländischen Rechtsträgers auftreten, gegen den die ordnungsrechtswidrigkeitsrechtliche Geldbuße ursprünglich gerichtet war.[283] Dies ist indes keine umwandlungs- sondern vielmehr eine vollstreckungsrechtliche Frage, weshalb die Richtlinienbestimmungen naturgemäß hierauf keine Anwort zur Lösung parat halten. 130

Betreffend den Anteilserwerb nach Art. 131 I lit. b), II lit. b) Kodifizierungs-RL (ex-Art. 14 I lit. b), II lit. b) IntVersch-RL) sieht Art. 131 V Kodifizierungs-RL (ex-Art. 14 V IntVersch-RL) zwei **Ausnahmen** vor, wodurch die Entstehung eigener Anteile durch die übernehmende Gesellschaft verhindert werden soll.[284] Anteile an der übernehmenden Gesellschaft werden danach nicht gegen Anteile an der übertragenden Gesellschaft getauscht, wenn alternativ 131

- Anteile von der übernehmenden Gesellschaft selbst oder für Rechnung der übernehmenden Gesellschaft handelnden Personen gehalten werden (lit. a);
- Anteile von der übertragenden Gesellschaft selbst oder für Rechnung der übertragenden Gesellschaft handelnden Personen gehandelt werden (lit. b).

278 *Vermeylen* in: Vermeylen/Vande Velde (Eds.), European Cross-Border Mergers and Reorganizations, 2012, Rn. 1.118 f.

279 *Lutter/Bayer/Schmidt*, Europäisches Unternehmens- und Kapitalmarktrecht, 2017, Rn. 22.121; *Frischhut* EWS 2006, 57, 58.

280 *Behrens*, Die grenzüberschreitende Verschmelzung nach der Richtlinie 2005/56/EG, 2007, S. 92; *Beutel*, Der neue rechtliche Rahmen grenzüberschreitender Verschmelzungen in der EU, 2008, S. 150.

281 EuGH, Rs. C-343/13 (Modelo Continente Hipermercados), ECLI:EU:C:2015:146 = BB 2015, 1294.

282 *Bayer/Schmidt* BB 2015, 1731, 1739; *Langheld* NZG 2015, 1066, 1068; *Stiegler* GmbHR 2016, 406, 408; prognostizierend, jedoch gleichsam kritisierend auch *Haspl* EuZW 2015, 350, 351.

283 Dies problematisierend auch *Haspl* EuZW 2015, 350, 351.

284 *Grundmann*, Europäisches Gesellschaftsrecht, 2011, Rn. 937; *Lutter/Bayer/Schmidt*, Europäisches Unternehmens- und Kapitalmarktrecht, 2017, Rn. 22.124; *Vermeylen* in: Vermeylen/Vande Velde (Eds.), European Cross-Border Mergers and Reorganizations, 2012, Rn. 1.116.

L. Nichtigkeit und Bestandsschutz

132 Art. 134 Kodifizierungs-RL (ex-Art. 17 IntVersch-RL) ordnet unmissverständlich an, dass eine grenzüberschreitende Verschmelzung, die nach den nationalen Umsetzungsvorschriften zu Art. 129 Kodifizierungs-RL (ex-Art. 12 IntVersch-RL) wirksam geworden ist, **nicht mehr für nichtig erklärt** werden kann. Die Anordnung der Rückabwicklung einer grenzüberschreitenden Verschmelzung durch einen Mitgliedstaat ist daher ausdrücklich nicht gestatten. Im Interesse der Rechtssicherheit (vgl. Erwägungsgrund 61 S. 2 (ex-Erwägungsgrund 8 S. 2)) wird dadurch ein **absoluter Bestandsschutz** der Strukturmaßnahme gewährleistet.[285]

133 Im Unterschied zur den Regelungen für innerstaatliche Verschmelzungen und innerstaatliche Spaltungen in der neuen Kodifizierungs-Richtlinie wird der Bestandsschutz auch nicht durch das Bestehen bestimmter Nichtigkeitsgründe aufgeweicht. Er gilt daher umfassend und **ohne Ausnahme**, sobald die grenzüberschreitende Verschmelzung nach Maßgabe der Rechtsordnung der aus der Verschmelzung hervorgehenden Gesellschaft Wirksamkeit erlangt hat.[286] Zudem wäre eine „Entschmelzung" aufgrund des grenzüberschreitenden Charakters der Strukturmaßnahme aus praktischer Sicht auch kaum möglich und würde zu fast überwindbaren Hindernissen führen.[287]

M. Konzernverschmelzungen

134 Sowohl innerstaatliche als auch grenzüberschreitende Verschmelzungen finden in der Regel innerhalb eines Konzerns statt. Aus praktischer Sicht kommen Konzernverschmelzungen daher einer maßgeblichen Bedeutung zu.[288] In diesem Sinne sehen auch die Regelungen in der Kodifizierungs-Richtlinie für internationale Verschmelzungen verschiedene **Erleichterungen** für die Durchführung einer grenzüberschreitenden Verschmelzung vor, bei der die übernehmende Gesellschaft sämtliche Anteile (Art. 132 I Kodifizierungs-RL (ex-Art. 15 I IntVersch-RL)) oder mindestens 90% der Anteile (Art. 132 II Kodifizierungs-RL (ex-Art. 15 II IntVersch-RL)) der übertragenden Gesellschaft(en) hält. Im Gegensatz zu den Parallelvorschriften für innerstaatliche Verschmelzungen (s. dazu § 22 Rn. 84 ff.), bezieht sich die Beteiligung der übernehmenden Gesellschaft an der bzw. den übertragenden Gesellschaft(en) jedoch ausschließlich auf die **rechtliche Inhaberschaft** der jeweiligen Anteile.[289] Die Möglichkeit einer nur wirtschaftlichen Beteiligung als Voraussetzung für das Eingreifen der Konzernerleichterung, wie sie in Art. 112, 115 Kodifizierungs-RL (ex-Art. 26, 29 Verschmelzungs-RL) vorgesehen ist, besteht nicht.

135 Art. 132 I Kodifizierungs-RL (ex-Art. 15 I IntVersch-RL) sieht verschiedene Erleichterungen für den Fall eines ***Upstream-Mergers*** einer 100%igen Tochtergesellschaft vor. Bei einer entsprechenden Konzernverschmelzung findet mit Blick auf Art. 131 V lit. a) Kodifizierungs-RL (ex-Art. 14 V lit. a) IntVersch-RL) **kein** Anteilstausch statt. Dementsprechend kommt die Rechtsfolge des Art. 131 I lit. b) Kodifizierungs-RL (ex-Art. 14 I lit. b) IntVersch-RL) hier nicht zum Tragen. Gleiches gilt für die entsprechenden Angaben im Verschmelzungsplan iS von Art. 122 lit. b), c) und e) Kodifizierungs-RL (ex-Art. 5 lit. b), c) und e) IntVersch-RL). Da bei der Verschmelzung einer 100%igen Tochtergesellschaft auf das Mutterunternehmen naturgemäß keine Minderheitsgesellschafter vorhanden sind, bedarf es auch deren Schutz mittels einer **Verschmelzungsprüfung** und Erstellung eines entsprechenden Prüfungsberichts nicht.[290] Insofern sieht Art. 132 I Kodifizierungs-RL (ex-Art. 15 I IntVersch-RL) ebenfalls vor, dass Art. 125 Kodifizierungs-RL (ex-Art. 8 IntVersch-RL) in diesem Fall nicht zur Anwendung gelangt. Eine diesbezügliche Verzichtsmöglichkeit auf den Verschmelzungsbericht besteht hingegen nicht, da – sofern die betreffende Gesellschaft Arbeitnehmer besitzt – dem Verschmelzungsbericht nach Art. 124 Kodifizierungs-RL (ex-Art. 7 IntVersch-RL) auch eine Arbeitnehmerschutzfunktion zukommt, die auch bei einer entsprechenden Konzernverschmelzung nicht revidiert wird.[291]

136 Eine weitere Erleichterung für den Upstream-Merger einer 100%igen Tochtergesellschaft besteht dergestalt, dass die Regelung des Art. 126 I Kodifizierungs-RL (ex-Art. 9 I IntVersch-RL) keine Anwendung findet. Dies gilt allerdings nach ausdrücklichem Wortlaut nur bezüglich der **übertragenden Gesellschaft(en)**. Nur diese hat

---

285 *Grundmann*, Europäisches Gesellschaftsrecht, 2011, Rn. 940; *Drygala/von Bressensdorf* NZG 2016, 1161, 1164; *Lutter/Bayer/Schmidt*, Europäisches Unternehmens- und Kapitalmarktrecht, 2017, Rn. 22.128; *Kalss/Klampfl*, Europäisches Gesellschaftsrecht, 2015, Rn. 202; *Drinhausen/Keinath* BB 2006, 725, 730; *Klein* RNotZ 2007, 565, 608; *Stiegler* GmbHR 2016, 406, 410; *Vermeylen* in: Vermeylen/Vande Velde (Eds.), European Cross-Border Mergers and Reorganizations, 2012, Rn. 1.127.

286 Dies zeigt sich eindeutig auch nach der Änderung der britischen CBMR 2007 durch die Companies (Cross-Border Mergers) (Amendment) Regulation 2015, SI 2015 No. 180, „[…] the cross-border merger may not be declared null and void." (reg. 16 (3) (b) CBMR 2007).

287 *Lutter/Bayer/Schmidt*, Europäisches Unternehmens- und Kapitalmarktrecht, 2017, Rn. 22.128; *Stiegler* GmbHR 2016, 406, 410.

288 Vgl. nur *Bayer/Schmidt/Hoffmann* DK 2012, 225, 228; bezogen auf die (ehemalige) IntVersch-RL *Vermeylen* in: Vermeylen/Vande Velde (Eds.), European Cross-Border Mergers and Reorganizations, 2012, Rn. 1.09; *Stiegler* GmbHR 2016, 406, 409; *Kiem* ZHR 180 (2016) 289, 293.

289 *Lutter/Bayer/Schmidt*, Europäisches Unternehmens- und Kapitalmarktrecht, 2017, Rn. 22.131.

290 *Lutter/Bayer/Schmidt*, Europäisches Unternehmens- und Kapitalmarktrecht, 2017, Rn. 22.133.

291 *Bayer/Schmidt* in: Lutter/Bayer (Hrsg.), Holding-Handbuch, 5. Aufl. 2015, Rn. 19.13.

bzw. haben demnach die Möglichkeit, auf die Zustimmung der Anteilsinhaber zur Verschmelzung zu verzichten. Indes wäre eine Beschlussfassung als Schutzinstrument der Anteilsinhaber in diesem Fall auch unnötig, da die übernehmende Gesellschaft als einziger Anteilsinhaber bereits an der Erstellung des Verschmelzungsplans und dessen Inhalt mitgewirkt und diesen der übertragenden Gesellschaft in der Regel auch diktiert hat. Dies gilt im Grundsatz auch für **sonstige Formalitäten**, die keine Beschlussfassung der Anteilsinhaber im engeren Sinne darstellen, jedoch ebenso eine Bestätigung der Verschmelzung durch den Alleingesellschafter implizieren.[292] Auch wenn sich Art. 132 I Spiegelstrich 2 Kodifizierungs-RL (ex-Art. 15 I Spiegelstrich 2 IntVersch-RL) dem Wortlaut nach nur auf die Zustimmung gem Art. 126 I Kodifizierungs-RL (ex-Art. 9 I IntVersch-RL) bezieht, ergibt sich aus der Ratio der Bestimmung, dass auch sonstige, von den Mitgliedstaaten diesbezüglich aufgestellten, Formalitäten im Falle einer entsprechenden Konzernverschmelzung nicht zulässig sind. Dieser Bedeutungsgehalt des Art. 132 I Spiegelstrich 2 Kodifizierungs-RL (ex-Art. 15 I Spiegelstrich 2 IntVersch-RL) stellt insofern eine Bestimmung der Richtlinienregelungen für internationale Verschmelzungen dar, so dass der Rückgriff auf die Vorschriften und Formalitäten des innerstaatlichen Rechts gem Art. 121 I lit. b) Kodifizierungs-RL (ex-Art. 4 I lit. b) IntVersch-RL) versperrt ist. Hinsichtlich der Beschlussfassung der Anteilsinhaber der übernehmenden Muttergesellschaft bleibt es hingegen bei der Geltung des Art. 126 Kodifizierungs-RL (ex-Art. 9 Int-Versch-RL) und der Notwendigkeit der Zustimmung dieser.[293]

Eine gewisse Erleichterung sieht Art. 132 II Kodifizierungs-RL (ex-Art. 15 II IntVersch-RL) für Konzernverschmelzungen einer **mindestens 90%igen Tochtergesellschaft** auf das Mutterunternehmen vor. Eine Verschmelzungsprüfung sowie ein entsprechender Verschmelzungsprüfungsbericht sind danach nur insofern erforderlich, wie dies nach den jeweiligen nationalen Rechtsvorschriften der übernehmenden oder übertragenden Gesellschaft vorgesehen ist. Im **Unterschied** zur Konzernverschmelzung einer 100%igen Tochtergesellschaft ist es bei einer Konzernverschmelzung nach Art. 132 II Kodifizierungs-RL (ex-Art. 15 II IntVersch-RL) allerdings grundsätzlich möglich, dass allein aufgrund dessen auf den Verschmelzungsbeschluss der übertragenden Gesellschaft(en) verzichtet wird.[294] 137

N. Richtlinienvorschlag der Europäischen Kommission vom April 2018

Basierend vor allem auf der Studie aus dem Jahr 2013 (s. dazu Rn. 5) veröffentlichte die Europäische Kommission am 25. April 2018 im Rahmen ihres „Company Law Package"[295] schließlich einen Richtlinienvorschlag zur Ergänzung der Richtlinie über bestimmte Aspekte des Gesellschaftsrechts (s. dazu § 19), der auch Ergänzungen und Änderungen der bestehenden Regelungen für grenzüberschreitende Verschmelzungen beinhaltet.[296] Kernpunkte des Richtlinienvorschlags sind die Ergänzung einer Regelung zum Verschmelzungsstichtag (Art. 122a RL-Vorschlag),[297] die Neustrukturierung der Regelungen für den Verschmelzungsbericht inkl. die Möglichkeit auf dessen Verzicht (Art. 124 RL-Vorschlag), die Verpflichtung zur Erstattung eines isolierten Berichts für die Arbeitnehmer (Art. 124a RL-Vorschlag), explizite Regelungen betreffend den Schutz der Gläubiger in Form eines vorverlagerten Gläubigerschutzes (Art. 126a RL-Vorschlag), explizite Regelungen zum Minderheitenschutz (Art. 126b RL-Vorschlag) sowie eine Modifizierung der bestehenden Regelungen zum Arbeitnehmermitbestimmungsverfahren gem Art. 133 Kodifizierungs-RL. 138

Derzeit (Juli 2018) befindet sich der Richtlinienvorschlag der Europäischen Kommission noch im Entwurfsstadium; Anmerkungen, Ergänzungen und Kritik der Mitgliedstaaten, des Europäischen Parlaments und des Rates sind bislang nicht veröffentlicht. Bis eine entsprechende Änderung der Kodifizierungs-Richtlinie verabschiedet wird, kann es daher durchaus noch 1-2 Jahre dauern. Dies auch zumal noch der nicht unumstrittene grenzüberschreitende Formwechsel ebenfalls im Rahmen der Änderungsrichtlinie geregelt werden und auch eine erstmalige Regulierung einer grenzüberschreitenden Spaltung erfolgen soll. 139

---

292 *Vermeylen* in: Vermeylen/Vande Velde (Eds.), European Cross-Border Mergers and Reorganizations, 2012, Rn. 1.78.

293 *Lutter/Bayer/Schmidt*, Europäisches Unternehmens- und Kapitalmarktrecht, 2017, Rn. 22.134.

294 *Lutter/Bayer/Schmidt*, Europäisches Unternehmens- und Kapitalmarktrecht, 2017, Rn. 22.134.

295 Siehe auch *Europäische Kommission*, Pressemitteilung v. 25. April 2018, Gesellschaftsrecht: Neue Regeln sollen Unternehmen den Schritt ins Ausland erleichtern und mehr Online-Kontakte mit Verwaltungen ermöglichen, IP/18/3508.

296 *Europäische Kommission*, Vorschlag für eine Richtlinie des Europäischen Parlaments und des Rates zur Änderung der Richtlinie (EU) 2017/1132 in Bezug auf grenzüberschreitende Umwandlungen, Verschmelzungen und Spaltungen, COM(2018) 241 final; s. im Hinblick auf grenzüberschreitende Spaltungen auch bereits *Bungert/Wansleben* DB 2017, 2591, 2592 f.

297 Eine Regelung bereits fordernd *Lutter/Bayer/Schmidt*, Europäisches Unternehmens- und Kapitalmarktrecht, 2017, Rn. 22.43.

§ 25 Bilanzrichtlinie

Literatur (Auswahl): *Ahern*, Turning Up the Heat? EU Sustainability Goals and the Role of Reporting under the Non-Financial Reporting Directive, ECFR 2016, 599; *Albach/Klein* (Hrsg.), Harmonisierung der Konzernrechnungslegung in Europa, 1990; *Amort*, Die Einzelbewertung im Lichte des europäischen Bilanzrechts – ein Plädoyer für eine europarechtsfördernde Auslegung, WM 2013, 1250; *Arbeitskreis Bilanzrecht Hochschullehrer Rechtswissenschaft*, Stellungnahme zum BilRUG-RefE, BB 2014, 2731; *Arbeitskreis Bilanzrecht Hochschullehrer Rechtswissenschaft*, Überlegungen zur Umsetzung der EU-Bilanzrichtlinie RL 2013/34/EU vom 26.6.2013 in deutsches Recht, NZG 2014, 892; *Asche*, Europäisches Bilanzrecht und nationales Gesellschaftsrecht, 2007; *Beckmann*, Die Internationalisierung der Rechnungslegung und ihre Implikationen für das Europäische Bilanzrecht, 2009; *Biener/Schatzmann*, Konzern-Rechnungslegung, 1983; *Bird*, What is „a true and fair view"?, JBL 1984, 480; *Blöink*, Die Reform der EU-Bilanzrichtlinien, KSzW 2013, 318; *Böcking/Gros*, Internationalisierung der Rechnungslegung und Corporate Governance, in: Feschrift für Klaus J. Hopt, 2010, S. 413; *Bolik/Kindler*, Das Bilanzrichtlinie-Umsetzungsgesetz – Wesentliche Neuregelungen für Handels- und Steuerbilanz, SteuK 2015, 409; *Bormann*, Internationale Harmonisierung der Rechnungslegung, RIW 1996, 35; *Cooke*, The Seventh Directive – an accountant's perspective, E.L.Rev. 9 (1984) 143; *de la Paix/Plankensteiner*, Neue Definition des Umsatzerlöses nach HGB im Rahmen des BilRUG – eine neue Lücke zu IFRS?, IRZ 2015, 331; *Eisele*, Der Jahresabschluss nach dem Bilanzrichtliniengesetz. Strukturmerkmale im Vergleich zur 4. EG-Richtlinie und zum bisher geltenden Recht, BB 1986, 493; *Freiberg/Lüdenbach*, BilRUG-RegE: Mehr als selektive Nachbesserungen?, BB 2015, 363; *Fresl*, Die Europäisierung des deutschen Bilanzrechts, 2000; *Glaser/Hachmeister*, „True and fair view" für Nicht-Kapitalgesellschaften aus europarechtlicher Sicht, DB 2015, 565; *Grundmann*, Europäisches Gesellschaftsrecht. 2. Aufl. 2011, §§ 14 f., § 17; *Haaker*, Überzogene Richtlinientreue vs. goldene Brücke für die GoB-konforme Auslegung in der BilRUG-Beschlussempfehlung, DB 2015, 1545; *Habersack/Verse*, Europäisches Gesellschaftsrecht, 4. Aufl. 2011, § 9; *Hennrichs*, Stand und Perspektiven des Europäischen Bilanzrechts, GmbHR 2011, 1065; *Hennrichs/Pöschke*, Die Bedeutung der IFRS für die Auslegung und Anwendung des (Konzern-) Bilanzrechts nach dem BilMoG, DK 2009, 532; *Hommelhoff*, Europäisches Bilanzrecht im Aufbruch, RabelsZ 62 (1998) 381; *Jessen/Haaker*, Implikationen der neuen Rechnungslegungsrichtlinie für die Fortentwicklung des deutschen Bilanzrechts, DB 2013, 1617; *Kalss/Klampfl*, Europäisches Gesellschaftsrecht, 2015, Rn. 255 ff.; *Kolb/Roß*, Änderungen der Gewinn- und Verlustrechnung durch das BilRUG – Neudefinition der Umsatzerlöse und Eliminierung außerordentlicher Posten, WPg 2015, 869; *Kreiple*, Konsequenzen der neuen EU-Richtlinie zur Berichterstattung über Sozial-, Umwelt- und Arbeitnehmerbelange sowie der Ausdehnung des country-by-country Reporting für deutsche Unternehmen, ZfU 38 (2015) 98; *Kreiple*, Neue EU-Bilanzrichtlinie verabschiedet: Was sind die wesentlichen Änderungen, BC 2013, 399; *Lüdenbach/Freiberg*, Die Regelungen des BilRUG im Konzernabschluss, StuB 2015, 619; *Lutter/Bayer/Schmidt*, Europäisches Unternehmens- und Kapitalmarktrecht, 6. Aufl. 2017, § 23; *Luttermann*, Europäisches Bilanzrecht für mittelständige Gesellschaften: IFRS (for SMEs) als Reformkonzept?, RIW 2010, 417; *Luttermann*, Neue Bilanzrichtlinie: Europäisches Bewertungsrecht in prozessualer Praxis, NZG 2013, 1128; *Luttermann/Wiese-Ptak*, Polnisches Bilanzrecht und die Europäische Bilanzrichtlinie (2013/35/EU), RIW 2014, 556; *Mosel/Peters*, Die neue EU-Bilanzrichtlinie: Stärkung des Vertrauens in Jahres- und Konzernabschlüsse, GWR 2014, 97; *Möslein/Sørensen*, Nudging for Corporate Long-termism and Sustainability?, Nordic & European Company Law Research Paper No. 16-24, S. 19 ff.; *Müller/Stawinoga*, Implikationen der rückwirkenden Schwellenwerterhöhung mit dem BilRUG-RefE bei der Bestimmung der Unternehmensgrößenklassen, BB 2014, 2411; *Niehus*, Zur Harmonisierung der Rechnungslegung in der EG, WPg 1987, 248; *Niehus*, Zur Transformation der 4. EG-(Bilanz-)Richtlinie in den Mitgliedstaaten der Europäischen Gemeinschaft – Überblick und erste Würdigung, ZGR 1985, 536; *Niessen*, Zur Angleichung des Bilanzrechts in der Europäischen Gemeinschaft, RabelsZ 48 (1984) 81; *Nobes*, The harmonisation of company law relating to the published accounts of companies, E. L. Rev. 5 (1980) 38; *Oser*, Wider eine Pflicht zur Neubewertung bei Gründung einer neuen Konzernholding – Plädoyer für eine Umsetzung von Art. 25 der neuen EU-Bilanzrichtlinie, BB 2014, 1387; *Panetsos*, Accounting Standards and Legal Capital in EU Law, Utrecht L. Rev. 12 (2016) 139; *Pennington*, Consolidated accounts: the Seventh Directive, Co. Lawyer 5 (1984) 63; *Petite*, The conditions for consolidation under the 7th Company Law Directive, CMLR 21 (1984) 81; *Reitmeier/Deubert*, Befreiungsmöglichkeiten für Tochterunternehmen nach

§§ 264 Abs. 3, 264b HGB i. d. F. des BilRUG-RefE, BB 2014, 2283; *Savage*, Law and Accounting – the Impact of EEC Directives on Company Law (1), Co. Lawyer 1 (1980) 24; *Schiffers*, BilRUG: Änderungen im Jahresabschluss der GmbH, GmbHR 2015, 1018; *Schiffers/Theile*, Bilanzrecht der GmbH, 2016; *Schmidt/Prinz*, BilRUG in der Praxis, 2016; *Schön*, Gesellschafter-, Gläubiger- und Anlegerschutz im Europäischen Bilanzrecht, ZGR 2000, 706; *Schruff*, Stand und Perspektiven des Europäischen Bilanzrechts, ZEW 184 (2011) 1; *Schulze-Osterloh*, Internationalisierung der Rechnungslegung und ihre Auswirkungen auf die Grundprinzipien des deutschen Rechts, DK 2004, 173; *Schütte*, Der Referentenentwurf (BilRUG) zur Umsetzung der Richtlinie 2013/34/EU in deutsches Recht – Überblick über die wesentlichen Änderungen im Konzernabschluss, StB 2014, 439; *Schwab*, Harmonisierung der europäischen Rechnungslegung: Die EU-Bilanzrichtlinie, 2015; *Schwarz*, Europäisches Gesellschaftsrecht, 2000, S. 239 ff.; *Szabó/Sørensen*, Non-financial reporting, CSR framework and groups of undertakings: apllication and consequences, JCLS 17 (2017) 137; *Teichmann* in: Gebauer/Teichmann (Hrsg.), Europäisches Privat- und Unternehmensrecht, 2016, § 6 Rn. 147 ff.; *Theile*, Der Konzernabschluss nach dem Bilanzrichtlinie-Umsetzungsgesetz, BBK 2015, 702; *Theile*, Vorzeitige Anwendung neuer Schwellenwerte für den Jahres- und Konzernabschluss der GmbH, GmbHR 2015, 172; *Van Hulle*, The EEC Accounting Directives in perspective: problems of harmonisation, CMLR 18 (1981) 121; *Velte*, (Un)geprüfte Nachhaltigkeitsinformationen im (Konzern-) Lagebericht nach der modifizierten EU-Rechnungslegungsrichtlinie, NZG 2014, 1046; *Velte*, Die neue EU-Bilanzrichtlinie, GmbHR 2013, 1125; *Velte*, Verlängerung der Nutzungsdauer für den derivaten Geschäfts- oder Firmenwert und selbst erstellte immaterielle Anlagegüter durch das Bilanzrichtlinie-Umsetzungsgesetz (BilRUG), NZG 2015, 856; *Weerth*, Bilanzrecht und Europarecht. Zugleich eine Anmerkung zur EuGH-Entscheidung „Tomberger", RIW 1996, 873; *Wengerofsky*, Abweichungen von den Bewertungsgrundsätzen der EU-Bilanzrichtlinie 2013/34/EU, DB 2015, 873; *Wooldridge*, The EEC Council Seventh Directive on Consolidated Accounts, ICLQ 37 (1988) 714; *Wüstemann/Kierzek*, Das europäische Harmonisierungsprogramm zur Rechnungslegung: Endorsement und Enforcement von IFRS, BB 2006, 14; *Zwirner*, BilRUG – die wesentlichen Änderungen im Einzelabschluss, BC 2015, 390; *Zwirner*, Neue Rechnungslegungsvorschriften ab 2016 – EU-Rechnungslegungsrichtlinie: Zusammenfassung und Überarbeitung der Bilanz- und Konzernbilanzrichtlinie, DStR 2014, 439; *Zwirner*, BilRUG, 2016; *Zwirner/Vodermeier*, Bilanzrichtlinie-Umsetzungsgesetz: Einzelabschluss, BC 2015, 50.

A. Entwicklung und Struktur des europäischen Bilanzrechts

I. Die (ehemalige) Jahresabschluss- und Konzernbilanz-Richtlinie

Die Rechnungslegung von Gesellschaften ist ein zentraler Teil der Unternehmensstruktur sowie der Finanzverfassung.[1] Insofern gilt das Bilanzrecht auch als das „**Herzstück**" des europäischen Gesellschaftsrechts.[2] Die Geschichte eines europäischen Bilanzrechts geht bis in die **1960/70er** Jahre zurück und beginnt mit den ersten Vorschlägen für eine Richtlinie über den Jahresabschluss von Gesellschaften[3] und den konsolidierten Konzernabschluss.[4] Bereits die damalige Publizitätsrichtlinie aus dem Jahr 1968[5] (= Art. 14 ff. Kodifizierungs-RL) (dazu § 20) sah in Art. 2 I lit. f) vor, dass Kapitalgesellschaften ihre Bilanz sowie ihre Gewinn- und Verlustrechnung offenzulegen haben.[6] Schon bei Verabschiedung der damaligen Publizitätsrichtlinie war jedoch klar, dass die darauf basierenden Vorgaben für die Offenlegung des Jahresabschlusses der Angleichung des mitgliedstaatlichen Rechts durch eine eigenständige Richtlinie bedürfen.[7] Um diese Lücke zu schließen, wurde im Jahr 1978 zunächst die Jahresabschluss-Richtlinie als **4. Richtlinie**[8] und im Jahr 1983 die Konzernbilanz-Richtlinie als **7. Richtlinie**[9] erlassen.[10] Die Jahresabschluss- und Konzernbilanz-Richtlinie waren zur damaligen Zeit eines der 1

1 Vgl. nur *Großfeld* ZVglRWiss 116 (2017) 1, 9.

2 *Grundmann*, Europäisches Gesellschaftsrecht, 2011, Rn. 117, 495; *ders.* in: Riesenhuber (Hrsg.), Europäische Methodenlehre, 3. Aufl. 2015, § 9 Rn. 66; *Kalss/Klampfl*, Europäisches Gesellschaftsrecht, 2015, Rn. 208; *Krause*, Harmonisierung der Rechnungslegung, in: Malms (Hrsg.), Erfolgreiche Abschlussarbeiten – Steuern und Rechnungslegung, 2013, S. 259, 274; ferner *Großfeld* in: Grundmann (Hrsg.), Systembildung und Systemlücken, 2000, S. 289, 294 f.; *Beckmann*, Die Internationalisierung der Rechnungslegung, 2009, S. 8; *Panetsos* Utrecht L. Rev. 12 (2016) 139.

3 Vorschlag einer Vierten Richtlinie (EWG) des Rates […] hinsichtlich der Gliederung und des Inhalts des Jahresabschlusses und des Lageberichts sowie hinsichtlich der Bewertungsmethoden und der Offenlegung dieser Dokumente […], 16.11.1971, KOM(71) 1232.

4 Vorschlag einer 7. Richtlinie aufgrund von Artikel 54 Absatz 3 Buchstabe g) des EWG-Vertrages für den Konzernabschluß, 28.4.1976, KOM(76) 170.

5 Erste Richtlinie 68/151/EWG des Rates vom 9. März 1968 zur Koordinierung der Schutzbestimmungen, die in den Mitgliedstaaten den Gesellschaften im Sinne des Artikels 58 Absatz 2 des Vertrages im Interesse der Gesellschafter sowie Dritter vorgeschrieben sind, um diese Bestimmungen gleichwertig zu gestalten, ABl. EWG v. 14.3.1968, L 65/8.

6 Entsprechendes gilt für ausländische Zweigniederlassungen (dazu § 27 Rn. 30).

7 *Habersack/Verse*, Europäisches Gesellschaftsrecht, 2011, § 9 Rn. 1; vgl. auch *Beckmann*, Die Internationalisierung der Rechnungslegung, 2009, S. 9 f.

8 Vierte Richtlinie 78/660/EWG des Rates vom 25. Juli 1978 aufgrund von Artikel 54 Absatz 3 Buchstabe g des Vertrags über den Jahresabschluss von Gesellschaften bestimmter Rechtsformen, ABl. EWG v. 14.8.1978, L 222/11.

9 Siebente Richtlinie 83/349/EWG des Rates vom 13. Juni 1983 aufgrund von Artikel 54 Absatz 3 Buchstabe g des Vertrags über den konsolidierten Abschluss, ABl. EWG v. 18.7.1983, L 193/1.

10 Ferner zur Entwicklung des Europäischen Bilanzrechts bis zur Jahrtausendwende *Schön* ZGR 2000, 706, 713 ff.

größten Angleichungsvorhaben auf europäischer Ebene und führten zu einer europaweiten Standardisierung der **handelsrechtlichen Rechnungslegung** für Kapitalgesellschaften.[11] War doch vor allem die Methode des konsolidierten Abschlusses zzgl. Anhang und Lagebericht zur damaligen Zeit nur in wenigen Mitgliedstaaten bekannt.[12] Gleichwohl waren schon bei Erlass der beiden Bilanzrichtlinien und auch in Folge der Umsetzung in nationales Recht unterschiedliche Prinzipien bei der Bilanzierung in den einzelnen Mitgliedstaaten festzustellen.[13] Diese wurden insbesondere auch durch die Jahresabschluss-Richtlinie nicht vollends beseitigt. Vielmehr sah die Richtlinie zahlreiche Mitgliedstaatenoptionen vor, um den **unterschiedlichen Bilanzierungstraditionen** gerecht zu werden.[14]

2 Im Zusammenhang mit der Pflicht zur Erstellung eines Jahres- bzw. konsolidierten Abschlusses durch die von der 4. und 7. Richtlinie erfassten Gesellschaftsformen steht auch die Pflichtprüfung der Rechnungslegungsunterlagen durch eine externe Person. Hierzu dienen die Harmonisierungsbestimmungen der heutigen **Abschlussprüferrichtlinie**[15] (dazu § 26). Auch diese sowie die seit 2014 bestehende **Abschlussprüfer-VO** für Unternehmen von öffentlichem Interessen[16] (dazu § 26 Rn. 82 ff.) sind somit Bestandteil des Europäischen Bilanzrechts.

3 Sowohl die Jahresabschluss- als auch die Konzernabschluss-Richtlinie waren seit ihrer Verabschiedung zahlreicher Änderungen und Ergänzungen unterworfen. Von Bedeutung sind vor allem die Änderungen durch die **Mittelstands-Richtlinie 90/604/EWG,**[17] die verschiedene Erleichterungen für kleine und mittlere Unternehmen einführte, durch die **KapCo-Richtlinie 90/605/EWG,**[18] die den Anwendungsbereich der 4. und 7. Richtlinie auf Kapitalgesellschaften & Co. erweiterte, durch die ***Fair Value*-Richtlinie 2001/65/EG,**[19] die weitere Mitgliedstaatenwahlrechte und den Wertansatz zum Zeitwert für bestimmte Finanzinstrumente einführte, durch die **Modernisierungs-Richtlinie 2003/51/EG,**[20] zur Annäherung der Bilanzrichtlinien an die internationalen Rechnungslegungsstandards (s. Rn. 10 ff.), sowie durch die **Änderungs-Richtlinie 2006/46/EG,**[21] die in Reaktion auf die vorangegangen Bilanzskandale (zB *Enron*) das Vertrauen in die Richtigkeit und Vollständigkeit der Rech-

11 Vgl. *Lutter/Bayer/Schmidt*, Europäisches Unternehmens- und Kapitalmarktrecht, 2017, Rn. 23.1; vgl. auch *Hopt* ZIP 1998, 96, 97; *Asche*, Europäisches Bilanzrecht und nationales Gesellschaftsrecht, 2007, S. 90 f.; *Velte* GmbHR 2013, 1125.

12 Vgl. *Lutter/Bayer/Schmidt*, Europäisches Unternehmens- und Kapitalmarktrecht, 2017, Rn. 23.1.

13 *Habersack/Verse*, Europäisches Gesellschaftsrecht, 2011, § 9 Rn. 2; *Grundmann*, Europäisches Gesellschaftsrecht, 2011, Rn. 497.

14 *Grundmann*, Europäisches Gesellschaftsrecht, 2011, Rn. 498; *Schwarz*, Europäisches Gesellschaftsrecht, 2000, Rn. 406 f.; *Mélon* ESJ 2015, 170, 185; *Baetge/Brembt* WPg 2011, 572, 573; eingehend zu den unterschiedlichen Bilanztraditionen *Arbeitskreis Bilanzrecht* BB 2002, 2372 ff.; *Hommelhoff* RabelsZ 62 (1988) 381, 386 ff.; *Kübler* ZHR 159 (1995) 550, 552 ff.; *Schön* ZHR 161 (1997) 133 ff.; *Asche*, Europäisches Bilanzrecht und nationales Gesellschaftsrecht, 2007, S. 84 ff.

15 Richtlinie 2006/43/EG des Europäischen Parlaments und des Rates vom 17. Mai 2006 über Abschlussprüfungen von Jahresabschlüssen und konsolidierten Abschlüssen, zur Änderung der Richtlinien 78/660/EWG und 83/349/EWG des Rates und zur Aufhebung der Richtlinie 84/253/EWG des Rates, ABl. EG v. 9.6.2006, L 157/87. Die Richtlinie 2006/43/EG ist Nachfolger der Achte Richtlinie 84/253/EWG (ABl. EWG v. 12.5.1984, L 126/20).

16 Verordnung (EU) Nr. 537/2014 des Europäischen Parlaments und des Rates vom 16. April 2014 über spezifische Anforderungen an die Abschlussprüfung bei Unternehmen von öffentlichem Interesse und zur Aufhebung des Beschlusses 2005/909/EG der Kommission, ABl. EU v. 27.5.2015, L 158/77.

17 Richtlinie 90/604/EWG des Rates vom 8. November 1990 zur Änderung der Richtlinie 78/660/EWG über den Jahresabschluß und der Richtlinie 83/349/EWG über den konsolidierten Abschluß hinsichtlich der Ausnahme für kleine und mittlere Gesellschaften sowie der Offenlegung von Abschlüßen, ABl. EWG v. 16.11.1990, L 317/57.

18 Richtlinie 90/605/EWG des Rates vom 8. November 1990 zur Änderung der Richtlinien 78/660/EWG und 83/349/EWG über den Jahresabschluß bzw. den konsolidierten Abschluß hinsichtlich ihres Anwendungsbereichs, ABl. EWG v. 16.11.1990, L 317/60.

19 Richtlinie 2001/65/EG des Europäischen Parlaments und des Rates vom 27. September 2001 zur Änderung der Richtlinien 78/660/EWG, 83/349/EWG und 86/635/EWG des Rates im Hinblick auf die im Jahresabschluss bzw. im konsolidierten Abschluss von Gesellschaften bestimmter Rechtsformen und von Banken und anderen Finanzinstituten zulässigen Wertansätze, ABl. EG v. 27.10.2001, L 283/28.

20 Richtlinie 2003/51/EG des Europäischen Parlaments und des Rates vom 18. Juni 2003 zur Änderung der Richtlinien 78/660/EWG, 83/349/EWG, 86/635/EWG und 91/674/EWG über den Jahresabschluss und den konsolidierten Abschluss von Gesellschaften bestimmter Rechtsformen, von Banken und anderen Finanzinstituten sowie von Versicherungsunternehmen, ABl. EG v. 17.7.2003, L 178/16.

21 Richtlinie 2006/46/EG des Europäischen Parlaments und des Rates vom 14. Juni 2006 zur Änderung der Richtlinien des Rates 78/660/EWG über den Jahresabschluss von Gesellschaften bestimmter Rechtsformen, 83/349/EWG über den konsolidierten Abschluss, 86/635/EWG über den Jahresabschluss und den konsolidierten Abschluss von Banken und anderen Finanzinstituten und 91/674/EWG über den Jahresabschluss und den konsolidierten Abschluss von Versicherungsunternehmen, ABl. EG v. 16.8.2006, L 224/1.

nungslegung wieder stärken sollte.[22] Hinzu kommt die Verabschiedung **branchenspezifischer Bilanzrichtlinien**, die Besonderheiten für Kreditinstitute und Versicherungsunternehmen vorsehen.[23]

II. Richtlinie 2013/34/EU (Bilanzrichtlinie)

Zwar waren sowohl die Jahresabschluss- als auch die Konzernbilanz-Richtlinie über die Jahre verschiedensten Änderungen und Reformen unterworfen (s. Rn. 3), im Rahmen des aufkommenden Prinzips „**Vorfahrt für KMU**" und einer *„think small first*-Orientierung der europäischen Rechtsetzung[24] sah sich die Europäische Kommission dennoch berufen, eine umfassende sowohl formelle als auch inhaltliche **Novellierung des europäischen Bilanzrechts** vorzunehmen.[25] Neben Erleichterungen für KMU war Hauptanliegen der neuen Bilanzrichtlinie die Erhöhung der Transparenz und die fortschreitende Harmonisierung von Jahres- und Konzernabschlüssen.[26] 4

Basierend auf einer vorangegangenen Konsultation sowie einem Richtlinienvorschlag zur Änderung der damaligen Jahresabschluss-Richtlinie im Hinblick auf Kleinstunternehmen[27] veröffentlichte die Europäische Kommission im Oktober 2011 einen ersten Vorschlag für eine Richtlinie über den Jahresabschluss, den konsolidierten Abschluss und damit verbundene Berichte von Unternehmen bestimmter Rechtsformen.[28] Nach weiteren Änderungen und Ergänzungen des ursprünglichen Richtlinienvorschlags[29] wurde die neue **Bilanzrichtlinie 2013/34/EU**[30] im Juni 2013 erlassen. Sie war bis zum 20.7.2015 in nationales Recht umzusetzen und erstmals auf die Rechnungslegung für Geschäftsjahre anzuwenden, die nach dem 31.12.2015 begonnen haben (vgl. Art. 53 I Uabs. 2 Bilanz-RL). Die Richtlinie 2013/34/EU hob die bis dahin geltenden Jahresabschluss- und Konzernbilanz-Richtlinie auf (vgl. Art. 52 Bilanz-RL), sodass diese seit Inkrafttreten der neuen Bilanzrichtlinie keine Geltung mehr beanspruchen. 5

Bei der Entwicklung der neuen Bilanzrichtlinie stand auch eine potenzielle Freigabe von IFRS für kleine und mittlere Unternehmen im Raum (***IFRS for SME***).[31] Die Kommission hat sich jedoch **gegen die Freigabe** der 6

22 Zu den einzelnen Änderungen der Bilanzrichtlinien siehe auch *Habersack/Verse*, Europäisches Gesellschaftsrecht, 2011, § 9 Rn. 5 ff., 41; *Lutter/Bayer/Schmidt*, Europäisches Unternehmens- und Kapitalmarktrecht, 2017, Rn. 23.7; *Schwarz*, Europäisches Gesellschaftsrecht, 2000, Rn. 401 ff.; *Asche*, Europäisches Bilanzrecht und nationales Gesellschaftsrecht, 2007, S. 79 ff.; aus deutscher Perspektive auch *Merkt* in: Baumbach/Hopt (Hrsg.), HGB, 38. Aufl. 2018, Einl. vor § 238 Rn. 4 ff.

23 Siehe Richtlinie 86/635/EWG des Rates vom 8. Dezember 1986 über den Jahresabschluß und den konsolidierten Abschluß von Banken und anderen Finanzinstituten (Bankbilanz-Richtlinie), ABl. EWG v. 31.12.1986, L 372/1; Richtlinie des Rates vom 19. Dezember 1991 über den Jahresbeschluß und den konsolidierten Abschluß von Versicherungsunternehmen (91/674/EWG), ABl. EWG v. 31.12.1991, L 374/7.

24 *Blöink* KSzW 2013, 318; *Velte* GmbHR 2013, 1125, 1126; *Mosel/Peters* GWR 2014, 97; *Theile*, BilRUG, 2015, S. 2; siehe auch Erwägungsgrund 1 S. 2; *Kalss/Klampfl*, Europäisches Gesellschaftsrecht, 2015, Rn. 260; *Bayer/Schmidt* BB 2010, 387, 389.

25 Zum Ziel der Reform der Bilanzrichtlinien siehe *Blöink* KSzW 2013, 318 f.; *Žárová* EFAJ 8 (2013) 21, 22 f.

26 *Luttermann/Wiese-Ptak* RIW 2014, 556, 562; *Reitmeyer/Rimmelspacher* DB Beilage Nr. 5 v. 4.9.2015, S. 1; *Schiffers/Theile*, Bilanzrecht der GmbH, 2016, Rn. 105; *Jaufmann/Velte* NWB 2015, 2492, 2493; *Schütte* StB 2014, 439; *Wengerofsky* DB 2015, 873, 874; *Mosel/Peters* GWR 2014, 97; *Schütte* StB 2014, 352.

27 Vorschlag einer Richtlinie des Europäischen Parlaments und des Rates zur Änderung der Richtlinie 78/660/EWG des Rates über den Jahresabschluss von Gesellschaften bestimmter Rechtsformen im Hinblick auf Kleinstunternehmen, KOM(2009) 83; dazu *Zwirner* BRZ 2009, 1630 ff.; *Bayer/Schmidt* BB 2010, 387, 389.

28 Vorschlag einer Richtlinie des Europäischen Parlaments und des Rates über den Jahresabschluss, den konsolidierten Abschluss und damit verbundene Berichte von Unternehmen bestimmter Rechtsformen, KOM(2011) 684 endg.; dazu *Blöink* WPg 2012, 299 ff.; *Lanfermann* BB 2011, 3051 ff.; *Meyer* DStR 2012, 315 ff.; *Scheffler* AG 2011, R425 f.; *Zülch/Güth/Stamm* DB 2012, 413 ff.; *Zwirner/Froschhammer* BC 2012, 264 ff.

29 Vgl. Vorschlag für eine Richtlinie des Europäischen Parlaments und des Rates über den Jahresabschluss, den konsolidierten Abschluss und damit verbundene Berichte von Unternehmen bestimmter Rechtsformen, KOM(2011) 684 endg./2 (11.11.2011); Vorschlag für eine Richtlinie des Europäischen Parlaments und des Rates über den Jahresabschluss, den konsolidierten Abschluss und damit verbundene Berichte von Unternehmen bestimmter Rechtsformen, KOM(2011) 684 endg./3 (8.5.2012.).

30 Richtlinie 2013/34/EU des Europäischen Parlaments und des Rates vom 26. Juni 2013 über den Jahresabschluss, den konsolidierten Abschluss und damit verbundene Berichte von Unternehmen bestimmter Rechtsformen und zur Änderung der Richtlinie 2006/43/EG des Europäischen Parlaments und des Rates und zur Aufhebung der Richtlinien 78/660/EWG und 83/349/EWG des Rates, ABl. EU v. 29.6.2013, L 182/19; dazu *Blöink* KSzW 2014, 318 ff.; *Kreipl* BC 2013, 399 ff.; *Luttermann* NZG 2013, 1128 ff.; *Mosel/Peters* GWR 2014, 97 ff.; *Velte* GmbHR 2013, 1125 ff.; *Žárová* EFAJ 8 (2013) 4 ff.

31 Dazu *Eierle/Haller/Beiersdorf* DB 2011, 1589 ff.; *Luttermann* RIW 2010, 417 ff.; *Kleindiek* GmbHR 2010, 1333 ff.; *Fülbier/Gassen/Ott* DB 2010, 1357 ff.; *Jessen/Haaker* DB 2013, 1617 f.; *Haaker* PiR 2012, 361; *Lutter/Bayer/Schmidt*, Europäisches Unternehmens- und Kapitalmarktrecht, 2017, Rn. 24.19; *Schneiß* WPg-Sh 2010, 27 ff.; *Schreiner* WPg-Sh 2010, 20 ff.; *Vaessen* WPg-Sh 2010, 17 ff.; *Zülch/Güth/Stamm* WPg 2011, 709 ff.; *Schildbach* WPg 2011, 114 ff.; *Baetge/Brembt* WPg 2011, 572, 574 ff.

IFRS für KMU in Form eines befreienden Einzelabschlusses ausgesprochen.[32] Die Bilanzrichtlinie sieht weder einen Ausschluss der IFRS-Anwendung für kapitalmarktorientierte Konzern-KMU noch ein diesbezügliches Mitgliedstaatenwahlrecht vor. Aus nationaler Sicht folgt hieraus, dass eine freiwillige Anwendung der IFRS für KMU nur insoweit möglich ist, wie sie in Einklang mit der neuen Bilanzrichtlinie stehen.[33]

7 Im Rahmen der neuen Bilanzrichtlinie kam es indes nicht nur zu einer bloßen Konsolidierung des europäischen Bilanzsekundärrechts in einem einzigen Rechtsakt, sondern auch materiell wurden verschiedene Neuerungen eingefügt.[34] In Deutschland erfolgte die Umsetzung der entsprechenden Vorgaben durch das Bilanzrichtlinie-Umsetzungsgesetz (**BilRUG**).[35] Umfangreiche (materielle) Änderungen betrafen dabei insbesondere die §§ 253, 264, 264a, 267, 275, 284 f., 288, 292 f., 313 f. HGB.[36]

8 Die neue Bilanzrichtlinie wurde bereits im Oktober 2014 durch die Änderungs-Richtlinie 2014/95/EU (sog **CSR-Richtlinie**)[37] betreffend die **nicht-finanzielle Berichterstattung** von großen Unternehmen und Gruppen ergänzt. Nach dem neu eingefügten Art. 19a Bilanz-RL haben bestimmte große Unternehmen (vgl. Art. 3 IV Bilanz-RL) in dem zu erstellenden Lagebericht (dazu Rn. 55 ff.) eine nicht-finanzielle Erklärung aufzunehmen, die ua Angaben über die Achtung der Menschenrechte sowie der Bekämpfung von Bestechung und Korruption durch das Unternehmen zu enthalten hat. Entsprechendes gilt für bestimmte Mutterunternehmen eines Konzerns (Art. 29a Bilanz-RL). Auch zukünftig zeichnen sich bereits weitere **Änderungen** und **Ergänzungen** der **Bilanzrichtlinie** ab.[38] So sollte eigentlich noch im Rahmen einer Änderung der Aktionärsrechterichtlinie (dazu § 30) die Erklärung der Unternehmensführung gem Art. 20 I Bilanz-RL um einen Bericht über die Vergütung von Mitgliedern der Unternehmensleitung (vgl. Art. 9b AR-RL, dazu § 30 Rn. 206 ff.) ergänzt werden.[39] Dazu ist es im Ergebnis aber nicht gekommen. Zudem beabsichtigt die Europäische Kommission im Hinblick auf die Schaffung einer Europäischen Kapitalmarktunion (dazu § 34 Rn. 8 ff.) ggf gesonderte (vereinfachte) Rechnungslegungsstandards für KMU zu schaffen.[40] Des Weiteren hat die Europäische Kommission gem **Art. 36 IX Bilanz-RL** einen Bericht über die Lage der Kleinstunternehmen vorzulegen, der die tatsächliche Verringerung des Verwaltungsaufwands für Kleinstunternehmen infolge der Befreiung von der Offenlegungspflicht evaluiert.

9 Eine weitere Änderung der bestehenden Bilanzrichtlinie ist von der Europäischen Kommission im Hinblick auf eine effektive Bekämpfung von Steuervermeidung durch ein sog ***country by country-reporting*** im Rahmen eines

---

32 *Velte* GmbHR 2013, 1125, 1126; *ders.* NZG 2015, 856, 858; *Jessen/Haaker* DB 2013, 1617; *Blöink* KSzW 2013, 318, 319. Das International Accounting Standards Board (ISAB) hat indes im Mai 2015 ausführliche Amendments zum „IFRS for SME" veröffentlicht und zeigt damit einen Trend die IFRS auch für KMU freizugeben; ausführlich dazu *Kirsch*, IFRS-Rechnungslegung für kleine und mittlere Unternehmen, 3. Aufl. 2016.

33 *Velte* GmbHR 2013, 1125, 1126; *Wulf* DStZ 2014, 635, 637; *Schiffers/Theile*, Bilanzrecht der GmbH, 2016, Rn. 110.

34 *Bayer/Schmidt* BB 2014, 1219, 1224; *Schmidt* in: Gesellschaftsrecht in der Diskussion 2014, 2015, S. 25, 42; ferner auch *Blöink* KSzW 2014, 318 ff.; *Velte* GmbHR 2013, 1125 ff.

35 Gesetz zur Umsetzung der Richtlinie 2013/34/EU des Europäischen Parlaments und des Rates vom 26. Juni 2013 über den Jahresabschluss, den konsolidierten Abschluss und damit verbundene Berichte von Unternehmen bestimmter Rechtsformen und zur Änderung der Richtlinie 2006/43/EG des Europäischen Parlaments und des Rates und zur Aufhebung der Richtlinien 78/660/EWG und 83/349/EWG des Rates (Bilanzrichtlinie-Umsetzungsgesetz – BilRUG), BGBl. 2015, I, 1245; dazu ua *Bolink/Kindler* SteuK 2015, 409 ff.; *Kolb/Roß* WPg 2015, 869 ff.; *Kreipl/Müller* ZCG 2015, 229 ff.; *Lüdenbach/Freiberg* StuB 2015, 619 ff.; *Maier-Siegert* BC 2017, 197; *Schiffers* GmbHR 2015, 1018 ff.; *Theile* BBK 2015, 702 ff.; *ders.*, BilRUG, 2015; *Zwirner* BC 2015, 390 ff.; *ders.* BC 2015, 444 ff.; *ders.* BOARD 2015, 262 ff.; *Schmidt/Prinz*, BilRUG in der Praxis, 2016; ferner zur Umsetzung in Großbritannien *Graham* C.S.R. 38 (2014) 97 ff.; *Bailey* Co. L.N. 2014, 361, 1 ff.; *Penny* Accountancy 154 (2015) 58 ff.

36 Überblicksartig dazu *Müller/Stawinoga* BB 2014, 2411 ff.; *Schiffers/Theile*, Bilanzrecht der GmbH, 2016, Rn. 109 ff.; *Zwirner/Vodermeier* BC 2015, 50 ff.; *Zwirner* BC 2015, 390 ff.; *ders.* BC 2015, 535 f.; *ders.* BC 2016, 23 ff.; *Jaufmann/Velte* NWB 2015, 2492, 2493 ff.; *Oser/Orth/Wirtz* DB 2015, 197 ff.; *Schmidt/Prinz*, BilRUG in der Praxis, 2016, Rn. 7; *Kußmaul/Ollinger/Müller* StB 2015, 426 ff.; *dies.* StB 2016, 7 ff.; *Schütte* StB 2014, 439 ff.; *Hüning* StB 2015, 110 ff.; *Schütte* StB 2014, 352, 353 ff.

37 Richtlinie 2014/95/EU des Europäischen Parlaments und des Rates vom 22. Oktober 2014 zur Änderung der Richtlinie 2013/34/EU im Hinblick auf die Angabe nicht-finanzieller und die Diversität betreffender Informationen durch bestimmte große Unternehmen und Gruppen, ABl. EU v. 15.11.2014, L 330/1; dazu *Bortenlänger/v. Altenbockum* BOARD 2015, 213 ff.; *Chiu* ECL 14 (2017) 193 ff.; *Eufinger* EuZW 2015, 424 ff.; *Kreipl* ZfU 38 (2015) 98 ff.; *Roth-Mingram* NZG 2015, 1341 ff.; *Spießhofer* NZG 2014, 1281 ff.; *Petrin* MLR 79 (2016) 537, 559 ff.; *Pfeifer/Wulf* ZCG 2017, 225 ff.; *Sommer* RdA 2016, 291 ff.; *Szabó/Sørensen* ECFR 2015, 307 ff.; *dies.* JCLS 17 (2017) 137; *Velte* NZG 2014, 1046 ff.; *Velte/Stawinoga* DK 2016, 13 ff.; *Voland* DB 2014, 2815 ff.; *Haaker* PiR 2015, 295 ff.; ferner zum Vorentwurf (KOM(2013) 207) *Glaser/Hachmeister* IZR 2014, 119; *Hoffmann* GWR 2013, 458, 459 ff.; *Lanfermann* BB 2013, 1323; *Verse/Wiersch* EuZW 2014, 375, 379; *de Roo* ECL 12 (2015) 278 ff.; *Ahern* ECFR 2016, 599, 601; generell zur CSR-Debatte im Unionsrecht *Glöckner* in: Hilty/Henning-Bodewig (Hrsg.), Corporate Social Responsibility, 2014, S. 127 ff.; *Neureiter* in: Köppl/Neureiter (Hrsg.), Corporate Social Responsibility, 2004, S. 43 ff.

38 *Kalss/Klampfl*, Europäisches Gesellschaftsrecht, 2015, Rn. 261.

39 Dazu *Velte* NZG 2016, 294 ff.

40 Vgl. Aktionsplan zur Schaffung einer Kapitalmarktunion v. 30.9.2015, KOM(2015) 468, S. 14.

Ertragsteuerinformationsberichts geplant (s. Rn. 69 ff.).[41] Der im April 2016 vorgestellte Richtlinienvorschlag zur Änderung der Bilanzrichtlinie betreffend die Offenlegung von Ertragsteuerinformationen[42] sieht dabei insbesondere vor, dass das „oberste Mutterunternehmen" einer (multinationalen) großen Unternehmensgruppe einen jährlichen Bericht hinsichtlich bestimmter Informationen zur geleisteten Ertragsteuer erstellen und veröffentlichen (Art. 48b I RL-Vorschlag) muss. Ziel des Richtlinienvorschlags ist eine Verbesserung der **Transparenz der Unternehmensbesteuerung** und damit der öffentlichen Kontrolle der tatsächlich gezahlten Ertragsteuer großer Konzerne.[43]

III. IAS/IFRS-Verordnung

Die Internationalisierung des Wirtschaftslebens und der Unternehmen bringt die Notwendigkeit einer international verbindlichen und akzeptierten Rechnungslegung mit sich. In den 1990er Jahren wurde vermehrt erkennbar, dass insbesondere die Regelungen der damaligen Konzernbilanz-Richtlinie zum konsolidierten Abschluss international **nicht** anerkannt wurden.[44] Dies wurde durch die zahlreichen Mitgliedstaatenwahlrechte in den Bilanzrichtlinien und dem weiterhin bestehenden Spannungsverhältnis verschiedener Rechnungslegungsgrundsätze im Bilanzrecht der Mitgliedstaaten verstärkt.[45] Europäische Konzerne mussten für eine Teilnahme an internationalen Finanzmärkten daher neben einem konsolidierten Abschluss nach europäischem Recht zumeist auch einen Abschluss nach den akzeptierten internationalen Rechnungslegungsstandards (insbes. US-GAAP) erstellen.[46] Vor diesem Hintergrund wurde im Juli 2002 eine europäische Verordnung betreffend die Anwendung internationaler Rechnungslegungsstandards (**IAS**- bzw. **IFRS-VO**) verabschiedet.[47] Die IFRS-VO schreibt für **kapitalmarktorientierte Konzernmuttergesellschaften** die Übernahme und Anwendung internationaler Rechnungslegungsstandards (IFRS- bzw. ehemals IAS) vor. Entsprechend kapitalmarktorientierte Gesellschaften haben gem Art. 4 IFRS-VO für Geschäftsjahre, die am oder nach dem 1.1.2005 beginnen, ihren **konsolidierten Abschluss** in Übereinstimmung mit den auf europäischer Ebene übernommenen internationalen Standards zu erstellen. Als europäische Verordnung stellt die IFRS-VO unmittelbar geltendes Recht dar und braucht – anderer als die ehemalige 4. sowie 7. Richtlinie und die heutige Bilanzrichtlinie – nicht in mitgliedstaatliches Recht umgesetzt zu werden. Die Verpflichtung für kapitalmarktorientierte Gesellschaften, ihren konsolidierten Abschluss nach IFRS zu erstellen, richtet sich daher direkt an die betreffenden Unternehmen.[48] 10

Das Ziel der IFRS-VO besteht darin, die **Vergleichbarkeit von konsolidierten Abschlüssen** kapitalmarktorientierter Unternehmen in der EU zu erhöhen.[49] Dadurch soll ein hoher Grad an Transparenz der Abschlüsse und eine effiziente Funktionsweise des europäischen Kapitalmarkts und im Binnenmarkt sichergestellt werden (vgl. Art. 1 IFRS-VO). Im Vergleich zu den Bestimmungen der Bilanzrichtlinie zeichnen sich die IFRS aufgrund weniger Wahlrechte vor allem durch eine größere Einheitlichkeit und das weiterreichende ***fair value*-Prinzip** (Bewertung der Aktiva und Passiva nach dem wahren Wert zum Bilanzstichtag) aus.[50] 11

41 Vgl. auch *Bremer* NZG 2016, 578 f.

42 Vorschlag für eine Richtlinie des Europäischen Parlaments und des Rates zur Änderung der Richtlinie 2013/34/EU im Hinblick auf die Offenlegung von Ertragssteuerinformationen durch bestimmte Unternehmen und Zweigniederlassungen v. 12.4.2016, COM(2016) 198 final.

43 Vgl. Erwägungsgrund 2, 12 RL-Vorschlag.

44 *Dicken/Henssler*, Bilanzrecht, 2015, Rn. 883; *Lutter/Bayer/Schmidt*, Europäisches Unternehmens- und Kapitalmarktrecht, 2017, Rn. 11.2; *Asche*, Europäisches Bilanzrecht und nationales Gesellschaftsrecht, 2007, S. 96 f.; *Kalss/Klampfl*, Europäisches Gesellschaftsrecht, 2015, Rn. 293; *Hommelhoff* RabelsZ 62 (1998) 381, 382 f.

45 *Kalss/Klampfl*, Europäisches Gesellschaftsrecht, 2015, Rn. 293; *Velte* GmbHR 2013, 1125; vgl. auch *Kreipl* ZfU 38 (2015) 98, 109; *Hommelhoff* RabelsZ 62 (1998) 381, 395 f.; *Bormann* RIW 1996, 35; ferner zu den Wahlrechten nach alter Rechtslage *Schwarz*, Europäisches Gesellschaftsrecht, 2000, Rn. 430 ff.

46 *Asche*, Europäisches Bilanzrecht und nationales Gesellschaftsrecht, 2007, S. 97; *Habersack/Verse*, Europäisches Gesellschaftsrecht, 2011, § 9 Rn. 62; *Hopt* ZGR 2000, 779, 794; *Kalss/Klampfl*, Europäisches Gesellschaftsrecht, 2015, Rn. 293; *Lutter/Bayer/Schmidt*, Europäisches Unternehmens- und Kapitalmarktrecht, 2017, Rn. 11.2; *Dorresteijn et al.*, European Corporate Law, 2. Aufl. 2009, Rn. 357; *Gebauer/Teichmann* in: dies. (Hrsg.), Europäisches Privat- und Unternehmensrecht, 2016, § 1 Rn. 63.

47 Verordnung (EG) Nr. 1606/2002 des Europäischen Parlaments und des Rates vom 19. Juli 2002 betreffend die Anwendung internationaler Rechnungslegungsstandards, ABl. EG v. 11.9.2002, L 243/1.

48 *Senger/Brune* in: MüKo Bilanzrecht, 2013, § 315a Rn. 8; *Grottel/Kreher* in: BeckBilKo, 10. Aufl. 2016, § 315a Rn. 3; *Gattung/Keßler* in: Heidel/Schall (Hrsg.), HGB, 2. Aufl. 2015, § 315a Rn. 6; *Busse von Colbe* in: MüKo HGB, 4. Aufl. 2016, § 315a Rn. 6.

49 Die IFRS haben sich mittlerweile zum „Weltstandard für die Rechnungslegung" entwickelt und haben im internationalen Wirtschaftsverkehr große Bedeutung, vgl. *Hennrichs* GmbHR 2011, 1065, 1066.; *Böcking* DK 2004, 177, 179.

50 *Kalss/Klampfl*, Europäisches Gesellschaftsrecht, 2015, Rn. 298; *Lutter/Bayer/Schmidt*, Europäisches Unternehmens- und Kapitalmarktrecht, 2012, § 26 Rn. 7; vgl. auch *Grundmann*, Europäisches Gesellschaftsrecht, 2011, Rn. 606 ff.; *Großfeld* ZVglRWiss 116 (2017) 1, 12 ff.; *Luttermann* RIW 2009, 1 ff.

12 Im Anwendungsbereich der IFRS-VO werden die in der **Bilanzrichtlinie** bestimmten Rechnungslegungsvorschriften und ihre nationalen Umsetzungsvorschriften **verdrängt.**[51] Die entsprechenden Regelungen der Bilanzrichtlinie für den konsolidierten Abschluss (insbes. Art. 21 ff. Bilanz-RL, dazu Rn. 70 ff.) finden für kapitalmarktorientierte Gesellschaften iS von Art. 4 IFRS-VO somit **keine** Anwendung mehr. Fragen insbesondere zum konsolidierten Lagebericht, zur Abschlussprüfung sowie zur Offenlegung des konsolidierten Abschlusses sind indes nicht von der IFRS-VO erfasst und beurteilen sich nach den nationalen Umsetzungsvorschriften zur Bilanzrichtlinie.[52]

13 Art. 5 IFRS-VO sieht für die Mitgliedstaaten ein **Wahlrecht** hinsichtlich der Anwendung der IFRS auf nicht unmittelbar von der Verordnung erfasste Unternehmen vor. Die Mitgliedstaaten können gestatten oder vorschreiben, dass kapitalmarktorientierte Gesellschaften iSd Art. 4 IFRS-VO ihre Jahresabschlüsse (lit. a) und/oder nicht-kapitalmarktorientierte Gesellschaften ihre konsolidierten Abschlüsse und/oder ihre Jahresabschlüsse gemäß der durch die IFRS-VO übernommenen internationalen Standards erstellen.[53] Insofern liegt es im **Ermessen der Mitgliedstaaten**, den Geltungsbereich der IFRS-Rechnungslegung über den konsolidierten Abschluss von kapitalmarktorientierten Unternehmen zu erweitern und damit auch die in Art. 5 lit. a) und b) IFRS-VO genannten Gesellschaften von den Regelungen der Bilanzrichtlinie zu entziehen.[54] Im Ergebnis besteht damit für eine kapitalmarktorientierte Konzernmuttergesellschaft die zwingende IFRS-Rechnungslegung; für den Einzelanschluss sowie den konsolidierten Abschluss eines nicht-kapitalmarktorientierten Unternehmens kommt es in Abhängigkeit von der Anwendung des Wahlrechts gem Art. 5 IFRS-VO durch den entsprechenden Mitgliedstaat entweder zur (nationalen) Rechnungslegung nach den Regelungen der Bilanzrichtlinie oder zur pflichtgemäßen IFRS-Rechnungslegung. In Deutschland setzte der durch das BilReG[55] eingefügte **§ 315a HGB** das Mitgliedstaatenwahlrecht der IFRS-VO hinsichtlich der Konzernrechnungslegungspflicht nach IFRS in nationales Recht um.

14 Die Entwicklung von internationalen Rechnungslegungsstandards (IFRS) erfolgt durch das privatwirtschaftlich organisierte **International Accounting Standards Board** (IASB). Die durch das IASB entwickelten IFRS sind noch nicht verbindlich und müssen erst auf europäischer Ebene rechtlich anerkannt werden.[56] Dies geschieht durch ein Komitologieverfahren, bei dem die einzelnen Rechnungslegungsstandards in europäisches Recht übernommen werden (sog ***endorsement*-Verfahren**) (vgl. Art. 3 I IFRS-VO). Bei diesem Verfahren handelt es sich um ein verkürztes Verfahren, das eine schnellere und flexiblere Übernahme neuer IFRS in EU-Recht gewährleisten soll.[57] Die von der EU übernommenen IFRS erlangen die Verbindlichkeit einer Verordnung und damit die bindende Kraft europäischen Sekundärrechts.[58] Neue IFRS werden gem Art. 3 II IFRS-VO jedoch **nur dann** in europäisches Recht übernommen, wenn sie dem *true and fair view*-Grundsatz[59] der Bilanzrichtlinie nicht widersprechen, dem europäischen öffentlichen Interesse dienen und den Kriterien der Verständlichkeit, Erheblichkeit, Verlässlichkeit und Vergleichbarkeit genügen.

51 *Kalss, Klampfl*, Europäisches Gesellschaftsrecht, 2015, Rn. 295; *Grundmann*, Europäisches Gesellschaftsrecht, 2011, Rn. 600; *Habersack/Verse*, Europäisches Gesellschaftsrecht, 2011, § 9 Rn. 62; insofern zur „Zweispurigkeit der europäischen Rechnungslegung" *Gebauer/Teichmann* in: dies. (Hrsg.), Europäisches Privat- und Unternehmensrecht, 2016, § 1 Rn. 64.

52 *Grundmann*, Europäisches Gesellschaftsrecht, 2011, Rn. 595; *Kalss/Klampfl*, Europäisches Gesellschaftsrecht, 2015, Rn. 295; dazu aus deutscher Sicht: *Gattung/Keßler* in: Heidel/Schall (Hrsg.), HGB, 2. Aufl. 2015, § 315a Rn. 20; *Senger/Brune* in: MüKo Bilanzrecht, 2013, § 315a Rn. 19.

53 *Kalss/Klampfl*, Europäisches Gesellschaftsrecht, 2015, Rn. 296; *Grundmann*, Europäisches Gesellschaftsrecht, 2011, Rn. 611; *Lutter/Bayer/Schmidt*, Europäisches Unternehmens- und Kapitalmarktrecht, 2017, Rn. 24.16; *Hennrichs* GmbHR 2011, 1065, 1066; *Winnefeld* in: ders. (Hrsg.), Bilanz-Handbuch, 5. Aufl. 2015, Rn. 200; *Böcking/Gros* in: FS Hopt, 2010, S. 413, 421 f.

54 *Senger/Brune* in: MüKo Bilanzrecht, 2013, § 315a Rn. 13; *Kalss/Klampfl*, Europäisches Gesellschaftsrecht, 2015, Rn. 296; *Grottel/Kreher* in: BeckBilKo, 10. Aufl. 2016, § 315a Rn. 6; *Busse von Colbe* in: MüKo HGB, 4. Aufl. 2016, § 315a Rn. 9.

55 Gesetz zur Einführung internationaler Rechnungslegungsstandards und zur Sicherung der Qualität der Abschlussprüfung (Bilanzrechtsreformgesetz – BilReG), BGBl. 2004, I, 3166.

56 *Hennrichs* in: MüKo Bilanzrecht, 2013, Einf. IFRS, Rn. 47; *Senger/Brune* in: MüKo Bilanzrecht, 2013, § 315a Rn. 15; *Kalss/Klampfl*, Europäisches Gesellschaftsrecht, 2015, Rn. 297; *Dicken/Henssler*, Bilanzrecht, 2015, Rn. 907; *Asche*, Europäisches Bilanzrecht und nationales Gesellschaftsrecht, 2007, S. 99 f.

57 *Senger/Brune* in: MüKo Bilanzrecht, 2013, § 315a Rn. 15; *Ernst* BB 2001, 823; ferner *Wüstemann/Kierzek* BB 2006, 14 ff.

58 *Hennrichs* in: MüKo Bilanzrecht, 2013, Einf. IFRS, Rn. 48; *Winnefeld* in: ders. (Hrsg.), Bilanz-Handbuch, Rn. 200; *Schön* BB 2004, 763, 764; *Hauck/Prinz* DK 2005, 635, 636.

59 Zu den Funktionen des True and Fair View-Grundsatzes siehe *van Hulle* in: FS Budde, 1995, S. 319 ff.; *Glaser/Hachmeister* DB 2015, 565.

B. Zweck und Bedeutung des europäischen Bilanzrechts

Das allgemeine Regelungsziel des europäischen Bilanzrechts besteht darin, Gesellschaftern, Gläubigern, künftigen Geschäftspartnern und sonstigen Dritten die Möglichkeit zu verschaffen, **bilanzielle Informationen** über mitgliedstaatliche Gesellschaften und Unternehmensgruppen **einzuholen**.[60] Hierzu bedarf es einer Koordinierung der einzelstaatlichen Vorschriften im Hinblick auf die Gliederung und den Inhalt des Jahres- bzw. Konzernabschluss sowie den Lagebericht, die Bewertungsmethoden und die Offenlegung der entsprechenden Unterlagen.[61] Im Interesse insbesondere der Gläubiger und Anleger wird durch die damalige 4. und 7. Richtlinie und heutige Bilanzrichtlinie ein unionsweit **gleichwertiges und verlässliches System** von Informationen bezüglich der Rechnungslegung von Gesellschaften bezweckt.[62] Nach Erwägungsgrund 4 der Bilanzrichtlinie ist bei den europäischen Rechnungslegungsvorschriften zudem ein „**angemessenes Gleichgewicht** zwischen den Interessen der Adressaten von Abschlüssen und dem Interesse von Unternehmen", nicht übermäßig durch die Berichtspflichten belastet zu werden, zu finden. Aufgabe des europäischen Bilanzrechts ist die Marktintegration für Unternehmen zu fördern sowie Dritten ein angemessenes Schutzniveau zuzusichern.[63] 15

Das Gesellschaftsrecht ist sowohl auf nationaler als auch europäischer Ebene eng mit der Rechnungslegung verknüpft.[64] Die Bedeutung des europäischen Bilanzrechts in der Form harmonisierter Rechnungslegungsvorschriften zeigt sich in diesem Zusammenhang auch in **anderen gesellschaftsrechtlichen Richtlinien**. Dort spielt die Offenlegung bzw. Zugänglichmachung des Jahresabschlusses eine nicht unerhebliche Rolle. So sah sowohl die ehemalige Publizitätsrichtlinie (Art. 2 I lit. f) Publizitäts-RL (= Art. 14 I lit. f) Kodifizierungs-RL)) als auch die ehemalige Zweigniederlassungsrichtlinie (Art. 3, 9 Zweigniederlassungs-RL (= Art. 31, 38 Kodifizierungs-RL)) die **Offenlegung** der Rechnungslegungsunterlagen vor. Das europäische Umwandlungsrecht sieht ferner in Art. 11 I lit. b) Verschmelzungs-RL (dazu § 22) und Art. 9 I lit. b) Spaltungs-RL (dazu § 23) die Pflicht der **Zugänglichmachung der Jahresabschlüsse** und den Geschäftsberichten der beteiligten Gesellschaften für die letzten drei Geschäftsjahre vor. Insoweit kommt dem europäischen Bilanzrecht sowohl aus Sicht der Gläubiger als auch der Anteilsinhaber eine Informationsfunktion zu[65] und dient dem Abbau von Informationsasymmetrien durch Offenlegung der Rechnungslegungsunterlagen.[66] 16

(Europäische und internationale) Regelungen für die Rechnungslegung prägen – zusammen mit denen für die Abschlussprüfung – zudem **Wettbewerbsvor- und -nachteile** für einzelne Unternehmen im transnationalen Kontext. Die Präsentation von Gesellschaften auf (internationalen) Märkten durch Rechnungslegung wird durch das jeweils geltenden Bilanzrecht bestimmt. Insofern ist das (europäische) Bilanzrecht auch „**Lenkungsinstrument**" für weltweite Kapitalströme und die Verbindung des Binnenmarktes zu internationalen Finanzmärkten.[67] 17

Die angestrebte Gleichwertigkeit und Vergleichbarkeit der mitgliedstaatlichen Rechnungslegungsvorschriften wurde und wird indes durch die zwei in Europa vorherrschenden Bilanzierungskonzepte beeinträchtigt.[68] Gegenüber stehen sich das in erster Linie im anglo-amerikanischen Rechtskreis vorzufindende Prinzip des „***true and fair view***" (Grundsatz der Bilanzwahrheit) und das kontinentaleuropäische „**Prinzip der Vorsicht**". Die Bilanzrichtlinie versucht beide Prinzipien angemessen in Einklang zu bringen, indem sie verschiedene Mitgliedstaatenwahlrechte vorsieht (vgl. zB Art. 7, 8 Bilanz-RL). Das grundsätzliche Nebeneinander beider Bilanzierungsprinzipien[69] wird auch nach Erwägungsgrund 9 ersichtlich, wonach der Jahresabschluss unter Beachtung 18

60 *Habersack/Verse*, Europäisches Gesellschaftsrecht, 2011, § 9 Rn. 1; *Kalss/Klampfl*, Europäisches Gesellschaftsrecht, 2015, Rn. 255; *Schwarz*, Europäisches Gesellschaftsrecht, 2000, Rn. 397; *Engert* in: Langenbucher (Hrsg.), Europäisches Privat- und Unternehmensrecht, 4. Aufl. 2017, § 5 Rn. 112; ausführlich dazu *Schön* ZGR 2000, 706 ff.

61 Vgl. Erwägungsgrund 3 zur Richtlinie 2013/34/EU.

62 *Habersack/Verse*, Europäisches Gesellschaftsrecht, 2011, § 9 Rn. 1; *Habersack* in: MüKo AktG, 4. Aufl. 2016, Einl. Rn. 115; *Mélon* ESJ 2015, 170, 185 f.; vgl. auch EuGH, Rs. C-322/12 (GIMLE), ECLI:EU:C:2013:632 = ZIP 2014, 166, Rn. 29; auch im Zuge der Bilanzrichtlinie jedoch weiterhin kritisch zum Angleichungserfolg *Panetsos* Utrecht L. Rev. 12 (2016) 139, 149.

63 Vgl. EuGH, Rs. C-97/96 (Daihatsu), ECLI:EU:C:1997:581 = NJW 1998, 129, Rn. 22 f.; *Schön* ZGR 2000, 706, 708; *Merkt* ZGR 2017, 460, 465.

64 Vgl. nur *Eidenmüller/Rehberg* ZVglRWiss 105 (2006) 427, 442; *Meyer* in: Gebauer/Teichmann (Hrsg.), Europäisches Privat- und Unternehmensrecht, 2016, § 5 Rn. 101; *Panetsos* Utrecht L. Rev. 12 (2016) 139, 144; ferner zur Bedeutung der Bilanz für das Gesellschaftsrecht *Winnefeld* in: ders. (Hrsg.), Bilanz-Handbuch, 5. Aufl. 2015, Rn. 2.

65 *Grundmann*, Europäisches Gesellschaftsrecht, 2011, Rn. 496 f.; *Grohmann*, Das Informationsmodell im Europäischen Gesellschaftsrecht, 2006, S. 189 f.; ferner *Schön* ZGR 2000, 706, 709.

66 *Arruñada* Eur. J. Law Econ. 32 (2011) 377, 389.

67 *Luttermann* ZVglRWiss 103 (2004) 18, 20; *Großfeld* AG 1999, 155, 160.

68 *Kalss/Klampfl*, Europäisches Gesellschaftsrecht, 2015, Rn. 256; *Habersack/Verse*, Europäisches Gesellschaftsrecht, 2011, § 9 Rn. 2; siehe auch *Grundmann*, Europäisches Gesellschaftsrecht, 2011, Rn. 513 f.; *Arbeitskreis Fortentwicklung der Rechnungslegung für KMU* DB 2012, 991, 992.

69 Vgl. auch *Panetsos* Utrecht L. Rev. 12 (2016) 139, 144 f.

des Vorsichtsprinzips erstellt werden und ein den tatsächlichen Verhältnissen entsprechendes Bild der Vermögens-, Finanz- und Ertragslage eines Unternehmens vermitteln soll. Gleichwohl wird der Grundsatz des *true and fair view* als **übergeordnetes Prinzip der Bilanzrichtlinie** angesehen.[70] Nach Art. 4 III 1 Bilanz-RL (s. Rn. 39) hat der Jahresabschluss ebenfalls ein den tatsächlichen Verhältnissen entsprechendes Bild der Vermögens-, Finanz- und Ertragslage des Unternehmens zu vermitteln. Die Angaben im Jahresabschluss sollen insofern „möglichst verlässlich" und in „geeigneter Weise das Informationsbedürfnis Dritter befriedigen".[71] Im Rahmen der neuen Bilanzrichtlinie wurde weiterhin ein Schwerpunkt auf die Erleichterung der Rechnungslegungspflicht für kleine und mittlere Unternehmen gelegt (***„think small first"***) (s. Rn. 4).

C. Anwendungsbereich

19 Der **persönliche Anwendungsbereich** der Bilanzrichtlinie wird durch Art. 1 Bilanz-RL iVm den Anhängen I, II bestimmt. Nach Art. 1 I lit. a) Bilanz-RL iVm Anhang I sind zunächst alle mitgliedstaatlichen Kapitalgesellschaften erfasst; in Deutschland damit die AG, KGaA und GmbH.[72] Auch wenn nicht explizit in Anhang I aufgeführt, gilt für die Europäische Aktiengesellschaft (SE) (dazu § 4) hinsichtlich der Aufstellung des Jahresabschlusses und ggf des konsolidierten Abschlusses gem Art. 61 SE-VO das Recht des Sitzstaates der SE unterliegende Aktiengesellschaften. Die **SE** ist damit ebenso vom persönlichen Anwendungsbereich der Bilanzrichtlinie erfasst. Gleichwohl werden die meisten SE bereits dem Geltungsbereich der IFRS-VO unterfallen, sodass die nationalen Umsetzungsvorschriften der Bilanzrichtlinie nicht zur Anwendung kommen (s. Rn. 12). Nach Art. 1 I lit. b) Bilanz-RL iVm Anhang II sind weiterhin solche **Personenhandelsgesellschaften** vom persönlichen Anwendungsbereich der Richtlinien erfasst, bei denen keine natürliche Person unbeschränkt für die Verbindlichkeiten der Gesellschaft haftet. Der bzw. die persönlich haftenden Gesellschafter müssen mithin eine Kapitalgesellschaft iSd Anhang I sein. Dabei ist es ohne Belang, ob es sich um eine inländische oder ausländische EU-Kapitalgesellschaft handelt (vgl. Art. 1 I lit. b) (ii) Bilanz-RL). Erfasst sind somit auch Kapitalgesellschaften & Co-Gesellschaften bzw. atypische Personenhandelsgesellschaften.[73] In Deutschland ist daher typischerweise die **GmbH & Co. KG** bzw. Auslandsgesellschaft & Co. KG von den Regelungen der Bilanzrichtlinie betroffen. Die vor allem bei (großen) mittelständigen Familienunternehmen immer beliebter werdende SE & Co. KGaA ist bereits über Art. 1 I lit. a) Bilanz-RL vom Anwendungsbereich der Richtlinie erfasst.

20 Innerhalb des persönlichen Anwendungsbereichs ist die Bilanzrichtlinie im Grundsatz **rechtsformunabhängig** ausgestaltet, dh die materiellen Regelungen der Richtlinie sehen keine rechtsformspezifischen Sondervorschriften vor.[74] Eine Differenzierung erfolgt indes nach der **Größe der Gesellschaften** und **Gruppen** sowie nach der **Kapitalmarktorientierung**. So unterscheidet Art. 3 Bilanz-RL zwischen Kleinstunternehmen, kleinen Unternehmen und Gruppen, mittleren Unternehmen und Gruppen sowie großen Unternehmen und Gruppen (s. Rn. 22 ff.). An die verschiedenen Größenkategorien knüpfen sodann jeweils unterschiedliche Ausnahmevorschriften und Mitgliedstaatenoptionen an.

21 Der **zeitliche Anwendungsbereich** bestimmt sich gem Art. 53 I Uabs. 2 Bilanz-RL (s. bereits Rn. 4). Danach sind die mitgliedstaatlichen Umsetzungsvorschriften der neuen Bilanzrichtlinie erstmals auf die Rechnungslegung für Geschäftsjahre anzuwenden, die nach dem **31.12.2015** begonnen haben.

---

70 Zur Jahresabschluss-Richtlinie vgl. EuGH, Rs. C-234/94 (Tomberger), ECLI:EU:C:1996:252 = NJW 1996, 2363, Rn. 17; EuGH, Rs. C-322/12 (GIMLE), ECLI:EU:C:2013:632 = ZIP 2014, 166, Rn. 30; EuGH, verb. Rs. C-444/16, C-445/16 (Immo Chiaradia), ECLI:EU:C:2017:465 = DStR 2017, 1669, Rn. 40; *Habersack/Verse*, Europäisches Gesellschaftsrecht, 2011, § 9 Rn. 33; *Grundmann*, Europäisches Gesellschaftsrecht, 2011, Rn. 513, kritisch dazu auch Rn. 515; *Engert* in: Langenbucher (Hrsg.), Europäisches Privat- und Wirtschaftsrecht, 4. Aufl. 2017, § 5 Rn. 115; zur Richtlinie 2013/34/EU *Kalss/Klampfl*, Europäisches Gesellschaftsrecht, 2015, Rn. 256; *Luttermann/Wiese-Ptak* RIW 2014, 556, 561; *Glaser/Hachmeister* DB 2015, 565, 568; *Tiedje* in: von der Groeben/Schwarze/Hatje (Hrsg.), Europäisches Unionsrecht, 7. Aufl. 2015, Art. 50 AEUV Rn. 39; *Kreipl* BC 2013, 399 („overriding principle"); *Panetsos* Utrecht L. Rev. 12 (2016) 139, 145.

71 EuGH, verb. Rs. C-444/16, C-445/16 (Immo Chiaradia), ECLI:EU:C:2017:465 = DStR 2017, 1669, Rn. 41.

72 Hierunter fällt auch die UG (haftungsbeschränkt) als Unterform der GmbH, vgl. OLG Köln GmbHR 2016, 61 f.

73 *Habersack/Verse*, Europäisches Gesellschaftsrecht, 2011, § 9 Rn. 5, 20; *Kalss/Klampfl*, Europäisches Gesellschaftsrecht, 2015, Rn. 263; *Engert* in: Langenbucher (Hrsg.), Europäisches Privat- und Wirtschaftsrecht, 4. Aufl. 2017, § 5 Rn. 110; ausführlich zur Einbeziehung der Kapitalgesellschaft & Co. in das europäische Bilanzrecht *Asche*, Europäisches Bilanzrecht und nationales Gesellschaftsrecht, 2007, S. 203 ff.

74 *Grundmann*, Europäisches Gesellschaftsrecht, 2011, Rn. 507; *Lutter/Bayer/Schmidt*, Europäisches Unternehmens- und Kapitalmarktrecht, 2017, Rn. 23.20; *Habersack/Verse*, Europäisches Gesellschaftsrecht, 2011, § 9 Rn. 20; *Kalss/Klampfl*, Europäisches Gesellschaftsrecht, 2015, Rn. 257.

D. Kategorien von Unternehmen und Unternehmensgruppen

I. Größenkategorien

Wie schon die 4. und die 7. Richtlinie nimmt die Bilanzrichtlinie eine größenspezifische Einteilung von Unternehmen[75] und Gruppen vor. **Art. 3 Bilanz-RL unterscheidet jeweils** zwischen Kleinstunternehmen, kleinen, mittleren und großen Unternehmen und Gruppen. An die verschiedenen Größenkategorien knüpfen verschiedene Ausnahmevorschriften und Mitgliedstaatenoptionen an (s. Rn. 30 ff.). Zur Bestimmung der einzelnen Größenkategorien werden jeweils drei Kriterien mit unterschiedlichen Schwellenwerten herangezogen (**Bilanzsumme, Nettoumsatzerlös, durchschnittliche Arbeitnehmerzahl**). Zur Zuordnung in eine der Größenklassen müssen die Schwellenwerte von mindestens zwei der drei Kriterien eingehalten werden. 22

Die bereits in der 4. und der 7. Richtlinie mehrfach angehoben **Schwellenwerte** für die einzelnen Größenkategorien von Unternehmen und Gruppen wurden auch im Zuge der Bilanzrichtlinie weiter nach oben verschoben.[76] Im Sinne der *think small first*-Ausrichtung der Bilanzrichtlinie (s. Rn. 4) wurde neben einer Erhöhung der Schwellenwerte für die Mitgliedstaaten die Möglichkeit geschaffen, die Schwellenwerte für kleine Gesellschaften bis zu einer Höchstgrenze zu erhöhen.[77] Im Rahmen der Reform des europäischen Bilanzrechts und der Verabschiedung der Bilanzrichtlinie wurde zudem eine neue Größenklasse eingeführt. Nach Art. 3 I Bilanz-RL werden nun auch sog **Kleinstunternehmen** (*microentities*) kategorisiert und verschiedene Ausnahmen von der Pflicht zur Rechnungslegung für diese in der Richtlinie statuiert. Der damalige Kommissionsvorschlag zur Änderung der 4. Richtlinie, nach dem den Mitgliedstaaten die Option eingeräumt werden sollte, Kleinstunternehmen vollständig vom Anwendungsbereich der Richtlinie auszunehmen, wurde nicht verfolgt. Vielmehr entschied man sich für die Etablierung (**weitreichender**) **Erleichterungen für Kleinstunternehmen**.[78] 23

Die folgende Tabelle zeigt die Schwellenwerte bei den einzelnen Kriterien (Bilanzsumme, Nettoumsatzerlös, durchschnittliche Arbeitnehmerzahl) für die jeweiligen Größenkategorien von **Unternehmen** gem Art. 3 I-IV Bilanz-RL. 24

	Bilanzsumme	**Nettoumsatzerlös**	**Arbeitnehmer**
Kleinstunternehmen (Art. 3 I)	≤ 350.000 €	≤ 700.000 €	≤ 10
Kleine Unternehmen (Art. 3 II)	> 350.000 € ≤ 4 Mio. €	> 700.000 € ≤ 8 Mio. €	11-50
Mittlere Unternehmen (Art. 3 III)	> 4 Mio. € ≤ 20 Mio. €	> 8 Mio. € ≤ 40 Mio. €	51-250
Große Unternehmen (Art. 3 IV)	< 20 Mio. €	< 40 Mio. €	< 250

Abb. 1: Größenklassen von Unternehmen

Für kleine Unternehmen können die Mitgliedstaaten hinsichtlich der Bilanzsumme und des Nettoumsatzerlöses auch höhere Schwellenwerte festlegen. Diese Schwellenwerte dürfen jedoch **EUR 6 Mio.** für die Bilanzsumme und **EUR 12 Mio.** für die Nettoumsatzerlöse nicht überschreiten (Art. 3 II Uabs. 2 S. 2 Bilanz-RL). 25

Die folgende Tabelle zeigt die Schwellenwerte bei den einzelnen Kriterien für die jeweiligen Größenkategorien von **Gruppen** gem Art. 3 V-VII Bilanz-RL. Die Bilanzrichtlinie versteht dabei unter einer „Gruppe" iSd Art. 3 Bilanz-RL Unternehmensverbindungen, die aus **Mutter- und Tochterunternehmen** bestehen, welche in eine Konsolidierung einzubeziehen sind (Art. 3 V, VI, VII Bilanz-RL, vgl. auch Art. 2 Nr. 11 Bilanz-RL). Ein „Mutterunternehmen" ist dabei ein Unternehmen, das ein oder mehrere Tochterunternehmen kontrolliert (Art. 2 Nr. 9 Bilanz-RL). Ein „Tochterunternehmen" ist ein von einem Mutterunternehmen kontrolliertes Unternehmen, einschließlich jedes mittelbar kontrollierten Tochterunternehmens eines Mutterunternehmens (Art. 2 Nr. 10 Bilanz-RL). 26

---

75 Im Gegensatz zur ehemaligen 4. Richtlinie verwendet die Bilanzrichtlinie den Begriff des „Unternehmens" und nicht mehr den der „Gesellschaft", kritisch hierzu *Luttermann* NZG 2013, 1128, 1131 f.; *Kalss/Klampfl*, Europäisches Gesellschaftsrecht, Rn. 264, Fn. 764.

76 Zur Anhebung der Schwellenwerte im Vergleich zur 4. Richtlinie siehe tabellarisch *Velte* GmbHR 2013, 1125, 1126.

77 *Zwirner* DStR 2014, 439, 440; *Kalss/Klampfl*, Europäisches Gesellschaftsrecht, Rn. 264.

78 Zur Beibehaltung der Rechnungslegungspflicht auch für Kleinstunternehmen vgl. *Bräuer* NZG 2011, 53 ff.; *Bayer/Schmidt* BB 2010, 387, 389; ferner zu den Neuregelungen für Kleinstunternehmen durch das BilRUG *Henckel/Rimmelspacher* DB Beilage Nr. 5 v. 4.9.2015, S. 37 ff.

	Bilanzsumme	Nettoumsatzerlös	Arbeitnehmer
Kleine Gruppen (Art. 3 V)	≤ 4 Mio. €	≤ 8 Mio. €	≤ 50
Mittlere Gruppen (Art. 3 VI)	> 4 Mio. € ≤ 20 Mio. €	> 8 Mio. € ≤ 40 Mio. €	51-250
Große Gruppen (Art. 3 VII)	< 20 Mio. €	< 40 Mio. €	< 250

Abb. 2: Größenklassen von Gruppen

27 Wie für kleine Unternehmen können die Mitgliedstaaten auch für kleine Gruppen iSd Art. 3 V Bilanzrichtlinie höhere Schwellenwerte vorsehen, die jedoch **EUR 6 Mio.** für die Bilanzsumme und **EUR 12 Mio.** für die Nettoumsatzerlöse nicht überschreiten dürfen.

28 Überschreitet ein Unternehmen oder eine Gruppe iS von Art. 3 Bilanz-RL zum Bilanzstichtag die Schwellenwerte von zwei der drei genannten Kriterien oder überschreitet es diese nicht mehr, so wirkt sich dies auf die in dieser Richtlinie vorgesehenen Ausnahmen **nur dann** aus, wenn sie während **zwei aufeinanderfolgenden Geschäftsjahren** fortbestanden haben (Art. 3 X Bilanz-RL).

29 Im Zuge der Umsetzung des Art. 3 Bilanz-RL in **deutsches Recht** durch das BilRUG kam es in **§ 267 HGB** und **§ 293 HGB** zu einer Anhebung der monetären Größenmerkmale. Der deutsche Gesetzgeber hat den in der Richtlinie eingeräumten Spielraum bei der Anhebung der Schwellenwerte für den handelsrechtlichen Jahresabschluss und die Befreiung von der Konzernrechnungslegungspflicht dabei in vollem Umfang ausgenutzt. Dadurch sollen insbesondere kleine Unternehmen und Konzerne von den größenabhängigen Erleichterungen profitieren.[79] Insbesondere für „kleine" Kapitalgesellschaften und Personenhandelsgesellschaften iSd § 264a HGB kam es zu einer spürbaren Anhebung der Schwellenwerte (ca. 24%).[80] Im Rahmen des BilRUG wurde mit **§ 267 IVa HGB** zudem erstmals eine gesetzliche Definition der „Bilanzsumme" für alle Unternehmen eingefügt. Bis dahin war mit § 267a I 2 HGB aF nur für Kleinstkapitalgesellschaften eine entsprechende Begriffsbestimmung gesetzlich normiert. Indes wurde auch für die anderen Unternehmen auf die dortige Bilanzsummendefinition Bezug genommen,[81] sodass sich grundsätzlich keine materielle Änderung zur Neuregelung in § 267 IVa HGB ergibt. Weiterhin ist bei der Ermittlung der Umsatzerlöse im Hinblick auf die Einhaltung der Schwellenwerte die geänderte **Umsatzerlösdefinition** des **§ 277 I HGB** nF zu berücksichtigen.[82] Nach § 277 I HGB sind die unter den Umsatzerlösen auszuweisenden Erlöse nicht mehr auf das für die gewöhnliche Geschäftstätigkeit typische Leistungsangebot beschränkt.[83] Zu beachten ist ferner, dass die neuen Schwellenwerten in §§ 267, 293 HGB erstmals verpflichtend für das nach dem 31.12.2015 beginnende Geschäftsjahr anzuwenden sind (Art. 75 II 2 EGHGB). Zudem besteht für Unternehmen die Möglichkeit einer vorzeitigen Anwendung für die nach dem 31.12.2013 beginnenden Geschäftsjahre (Art. 75 II 1 EGHGB). In diesem Fall ist jedoch darauf zu achten, dass

79 Vgl. Begr. RegE BilRUG, BR-Drs. 23/15, S. 55; *Röser/Roland/Rimmelspacher* DB Beilage Nr. 5 v. 4.9.2015, S. 4; *Jaufmann/Velte* NWB 2015, 2492, 2495; *Theile*, BilRUG, 2015, S. 73; *Lopatta ua* DB 2016, 1516; *Kußmaul/Ollinger/Müller* StB 2015, 426, 430; *Hüning* StB 2015, 110.

80 *Roland/Rimmelspacher* DB Beilage Nr. 5 v. 4.9.2015, S. 4; *Kreipl* BC 2013, 399, 400; *Theile* GmbHR 2015, 172, 175; *Schiffers/Theile*, Bilanzrecht der GmbH, 2016, Rn. 118; *Bolik/Kindler* SteuK 2015, 409; *Schmidt/Prinz*, BilRUG in der Praxis, 2016, Rn. 53; *Kußmaul/Ollinger/Müller* StB 2015, 426, 430; *Kreipl/Müller* ZCG 2015, 229, 230.

81 *Theile* GmbHR 2015, 172, 175; *Schiffers/Theile*, Bilanzrecht der GmbH, 2016, Rn. 118; zur Problematik auch *Nemet/Zilch* WPg 2016, 843 ff.

82 Zur neuen Definition der Umsatzerlöse *Lopatta ua* DB 2016, 1516 ff.; *Richter* DB 2013, 386 ff.; *Kolb/Roß* WPg 2015, 869, 870 ff.; *Kirsch* DStR 2015, 664 ff.; *ders.* DStZ 2015, 103, 108; *Schiffers/Theile*, Bilanzrecht der GmbH, 2016, Rn. 1596 ff.; *Jaufmann/Velte* NWB 2015, 2492, 2496 ff.; *Müller* BC 2016, 8 f.; *de la Paix/Plankensteiner* IRZ 2015, 331 ff.; *Oser/Philippsen/Sultana* DB 2017, 1097 ff.; *Scheffler* AG 2015, R210, R211; *Peun/Rimmelspacher* DB Beilage Nr. 5 v. 4.9.2015, S. 12 ff.; *Kußmaul/Ollinger/Müller* StB 2016, 49 ff.; *Hüning* StB 2015, 110, 112; kritisch auch *Theile* GmbHR 2015, 172, 175 ff.; *Schmidt/Prinz*, BilRUG in der Praxis, 2016, Rn. 100 ff.; *Kreipl/Müller* ZCG 2015, 229, 230.

83 Vgl. Begr. RegE BilRUG, BR-Drs. 23/15, S. 76; *Müller/Stawinoga* BB 2015, 241, 242; *Hafner/Spitz* DStR 2015, 2623; *Peun/Rimmelspacher* DB Beilage Nr. 5 v. 4.9.2015, S. 12, 14; *de la Paix/Plankensteiner* IRZ 2015, 331; *Bolik/Kindler* SteuK 2015, 409, 410; *Schmidt/Prinz*, BilRUG in der Praxis, 2016, Rn. 100; *Schmidt/Peun* in: BeckBil-Ko, 10. Aufl. 2016 § 267 HGB, Rn. 7; *Kußmaul/Ollinger/Müller* StB 2016, 49, 50; *Hüning* StB 2015, 110, 112; *Schütte* StB 2014, 352, 357.

auch die §§ 267, 277 I, 293 HGB entsprechend vorzeitig anzuwenden sind.[84] Die Änderungen dürfen dabei nur insgesamt, dh zusammen vorzeitig angewendet werden.[85]

II. Größenspezifische Erleichterungen bzw. Befreiungen

Zahlreiche Vorgaben der Bilanzrichtlinie sind nach Größenkategorien von Unternehmen bzw. Gruppen gestaffelt.[86] Auch knüpfen verschiedene **Mitgliedstaatenoptionen** in der Richtlinie hinsichtlich der **Erleichterung** bzw. **Befreiung** von der Rechnungslegungspflicht an die verschiedenen Größenkategorien von Unternehmen bzw. Gruppen an.[87] Dies gilt vor allem für Kleinst- und kleine Unternehmen. Vor allem Kleinstunternehmen verfügen nur über begrenzte Mittel, womit sie in Bezug auf ihre Größe mit einem höheren Verwaltungsaufwand zur Erfüllung der für andere Unternehmenskategorien bestehenden Anforderungen an die Rechnungslegung konfrontiert sind.[88] 30

Art. 36 Bilanz-RL schreibt zahlreiche Befreiungen von einzelnen Richtlinienbestimmungen für **Kleinstunternehmen** iS von Art. 3 I Bilanz-RL vor. Die Mitgliedstaaten können Kleinstunternehmen demnach von verschiedenen Pflichten entbinden. Hervorzuheben sind hierbei die **Befreiung** von der verpflichtenden Erstellung des Anhangs zum Jahresabschluss (Art. 36 I lit. b) Bilanz-RL) und vom Lagebericht (Art. 36 I lit. c) Bilanz-RL) sowie die Befreiung von der Pflicht zur Offenlegung des Jahresabschlusses, sofern die in der Bilanz enthaltenen Informationen anderweitig bei einer zuständigen Behörde ordnungsgemäß hinterlegt werden (Art. 36 I lit. d) Bilanz-RL). Ferner können es die Mitgliedstaaten Kleinstunternehmen gestatten, eine **verkürzte Bilanz** sowie eine **verkürzte Gewinn- und Verlustrechnung** aufzustellen bzw. zu erstellen (Art. 36 II Bilanz-RL). Von den Mitgliedstaatenoptionen speziell für Kleinstunternehmen unbenommen, werden diese gem Art. 36 VI Bilanz-RL im Übrigen als kleine Unternehmen angesehen, womit die in der Richtlinie statuierten Befreiungen und Erleichterung für kleine Unternehmen entsprechend auch für Kleinstunternehmen Geltung erlangen.[89] 31

Weiterhin bestehen für **kleine Unternehmen** iS von Art. 3 II Bilanz-RL verschiedene Erleichterung und Befreiungsmöglichkeiten. So können beispielsweise gem Art. 14 I Bilanz-RL die Mitgliedstaaten vorsehen, dass auch kleine Unternehmen nur eine **verkürzte Bilanz** aufzustellen haben. Gleiches gilt grundsätzlich für die Erstellung einer **verkürzten Gewinn- und Verlustrechnung** (vgl. Art. 14 II Bilanz-RL). Nach Art. 19 IV Bilanz-RL können die Mitgliedstaaten des Weiteren kleine und mittlere Unternehmen von der Erstellung eines Lageberichts ausnehmen, sofern es sich um nicht-finanzielle Informationen handelt. Eine besondere Erleichterung stellt zudem die Regelung des Art. 31 I Bilanz-RL dar, wonach die Mitgliedstaaten kleine Unternehmen von der Pflicht zur **Offenlegung** der **Gewinn- und Verlustrechnung** sowie des **Lageberichts** ausnehmen können. 32

Ferner bestehen besondere Vorschriften bzw. Erleichterungen für kleine Unternehmen in Art. 16 III Bilanz-RL (abschließender Inhalt für den Anhang zum Jahresabschluss) und in Art. 20 V Bilanz-RL (keine Beschreibung eines „Diversitätskonzepts" in der Erklärung zur Unternehmensführung gem Art. 20 I Bilanz-RL). Obgleich die ehemalige Regelung des Art. 51 II der 4. Richtlinie (**Befreiungsmöglichkeit** für kleine Unternehmen von der Pflichtprüfung) nicht expressis verbis in die neue Bilanzrichtlinie aufgenommen wurde, sieht Art. 34 I Bilanz-RL eine externe Abschlussprüfung nur bei Unternehmen von öffentlichem Interesse sowie mittleren und großen Unternehmen vor. Aufgrund der Nicht-Übernahme der ehemaligen Befreiungsoption und dem Wortlaut des Art. 34 I Bilanz-RL sollte jedoch nicht auf ein Verbot gegenüber den Mitgliedstaaten geschlossen werden, eine Pflichtprüfung auch für kleine Unternehmen vorzuschreiben. Vielmehr ergibt sich aus Erwägungsgrund 43, dass für den Jahresabschluss kleiner Unternehmen zwar keine Prüfungspflicht bestehen *sollte*, die Mitgliedstaaten „unter Berücksichtigung der besonderen Gegebenheiten und Bedürfnisse kleiner Unternehmen" jedoch auch **nicht** daran gehindert werden, eine Abschlussprüfung für diese vorzuschreiben. Insofern haben die Mitgliedstaaten unter dieser Voraussetzung auch weiterhin die Möglichkeit eine Prüfungspflicht für kleine Unternehmen zu etablieren. Gleichwohl wird aus Erwägungsgrund 43 erkennbar, dass der europäische Gesetzgeber in der Tendenz gegen eine verpflichtende Abschlussprüfung für Kleinst- und kleine Unternehmen ist. Dies würde sich auch mit dem Leitgedanken „Vorfahrt für KMU" (Erwägungsgrund 1) decken. 33

Auch für **mittlere Unternehmen** iSd Art. 3 III Bilanz-RL sieht die Richtlinie einzelne Erleichterungen vor. Gemeinsam mit kleinen Unternehmen besteht für die Mitgliedstaaten die Möglichkeit mittlere Unternehmen gem 34

84 *Zwirner/Vodermeier* BC 2015, 50; *Schiffers* GmbHR 2015, 1018, 1019; *Theile* GmbHR 2015, 172, 174; *Oser/Orth/Wirtz* DB 2015, 197, 198.; *Schiffers/Theile*, Bilanzrecht der GmbH, 2016, Rn. 111; *Schmidt/Prinz*, BilRUG in der Praxis, 2016, Rn. 60.

85 *Schubert* in: BeckBilKo, 10. Aufl. 2016, Art. 75 EGHGB Rn. 6; *Kußmaul/Ollinger/Müller* StB 2016, 49, 52; *Hüning* StB 2015, 110, 111; *Kreipl/Müller* ZCG 2015, 229, 230.

86 *Kalss/Klampfl*, Europäisches Gesellschaftsrecht, 2015, Rn. 266; *Scheffler* AG 2013, R228, R229; zur alten Rechtslage vgl. *Habersack/Verse*, Europäisches Gesellschaftsrecht, 2011, § 9 Rn. 20; *Grundmann*, Europäisches Gesellschaftsrecht, 2011, Rn. 509; *Lutter/Bayer/Schmidt*, Europäisches Unternehmens- und Kapitalmarktrecht, 2017, Rn. 23.20 ff.

87 *Kalss/Klampfl*, Europäisches Gesellschaftsrecht, 2015, Rn. 266.

88 Vgl. Erwägungsgrund 13.

89 Siehe auch Erwägungsgrund 13 S. 2.

Art. 14 II Bilanz-RL die Erstellung einer **verkürzten Gewinn- und Verlustrechnung** zu ermöglichen sowie nach Art. 19 IV Bilanz-RL bezüglich der Verpflichtung zur Aufnahme nicht-finanzieller Informationen im Lagebericht ausnehmen. Zudem ist ebenso wie für kleine Unternehmen keine Beschreibung eines Diversitätskonzepts (Art. 20 I lit. g) Bilanz-RL) in die Erklärung zur Unternehmensführung aufzunehmen. Weiterhin können die Mitgliedstaaten gestatten, dass mittlere Unternehmen gem Art. 31 II lit. b) Bilanz-RL nur eine **verkürzte Bilanz** und einen **verkürzten Anhang** zum Jahresabschluss offenlegen.

35 Im Hinblick auf die **Konsolidierungspflicht von Konzernunternehmen** (Gruppen) bestehen ebenfalls größenspezifische Erleichterungen. Nach Art. 23 I Bilanz-RL sind **kleine Gruppen** iSd Art. 3 V Bilanz-RL von der Verpflichtung zur Erstellung eines konsolidierten Abschlusses und eines konsolidierten Lageberichts ausgenommen. Dies gilt jedoch nicht, sofern eines der verbundenen Unternehmen ein Unternehmen von öffentlichem Interesse (Art. 2 Nr. 1 Bilanz-RL) ist. Anders als die ehemalige Regelung des Art. 6 I der 7. Richtlinie[90] besteht kein Optionsrecht für die Mitgliedstaaten, kleine Konzerne von der Konsolidierungspflicht zu befreien. Vielmehr besteht gem Art. 23 I Bilanz-RL die Pflicht diese von der Verpflichtung zur Erstellung eines konsolidierten Abschlusses und eines konsolidierten Lageberichts **auszunehmen**.[91] Hintergrund ist, dass die Nutzer der Abschlüsse kleiner Unternehmen grundsätzlich „keinen spezifischen Informationsbedarf" haben und es kostspielig sein kann, zusätzlich zum Jahresabschluss des Mutter- und des Tochterunternehmens noch einen konsolidierten Abschluss zu erstellen.[92]

36 Auch für **mittlere Gruppen** sieht die Bilanzrichtlinie Erleichterungen vor. Nach Art. 23 II Bilanz-RL können die Mitgliedstaaten mittlere Gruppen iS Art. 3 VI Bilanz-RL von der Verpflichtung zur Erstellung eines konsolidierten Abschlusses und eines konsolidierten Lageberichts befreien, es sei denn, eines der verbundenen Unternehmen ist ein Unternehmen von öffentlichem Interesse. Im Gegensatz zur Befreiung für kleine Gruppen ist Art. 23 II Bilanz-RL – ebenso wie die Vorgängernorm des Art. 6 I der 7. Richtlinie, die sowohl kleine als auch mittelgroße Konzerne erfasste – als **Mitgliedstaatenoption** ausgestaltet. Die Mitgliedstaaten haben daher die Wahl, ob sie die entsprechenden Erleichterungen auch für mittlere Gruppen vorsehen. Hintergrund ist, dass die Mitgliedstaaten mittlere Unternehmen aus denselben „Kosten-Nutzen-Erwägungen" von der Pflicht zur Erstellung eines konsolidierten Abschlusses befreien können.[93]

E. Allgemeine Bestimmungen und Grundsätze

37 Wie schon die 4. und 7. Richtlinie sieht die Bilanzrichtlinie „Allgemeine Bestimmungen" und „Allgemeine Grundsätze für die Rechnungslegung" vor. Diese Bestimmungen und Grundsätze einer ordnungsgemäßen Buchführung sind zunächst auf den Jahresabschluss von Einzelunternehmen bezogen, gelten über den Verweis des Art. 24 I Bilanz-RL jedoch weitgehend entsprechend für den konsolidierten Abschluss von Konzernunternehmen.[94] Art. 4 Bilanz-RL beschreibt die **allgemeinen Bestimmungen** hinsichtlich der Aufstellung und des Inhalts des Jahresabschlusses. Art. 6 Bilanz-RL bezieht sich auf die **allgemeinen Grundsätze** für die Rechnungslegungslegung als solche, dh insbesondere auf die Bewertungsgrundlagen und die Rechnungslegungsmethoden bei der Bilanzierung. Hinzu kommen die allgemeinen Vorschriften für die Bilanz und die Gewinn- und Verlustrechnung in Art. 9 Bilanz-RL.

38 Art. 4 I Bilanz-RL gibt zunächst generell vor, dass der Jahresabschluss aus der **Bilanz**, der **Gewinn- und Verlustrechnung** und dem **Anhang** zum Jahresabschluss besteht. Diese Unterlagen und damit der Jahresabschluss als Ganzes sind als **Einheit** anzusehen. Entsprechendes gilt für den konsolidierten Abschluss von Konzernunternehmen. Für mittlere und große Unternehmen bzw. Gruppen können die Mitgliedstaaten vorschreiben oder gestatten, dass der Jahresabschluss bzw. der konsolidierte Abschluss weitere Bestandteile enthält. Hinzu kommt die Erstellung eines Lageberichts gem Art. 19 ff. Bilanz-RL (s. Rn. 53 ff.) als Bestandteil der Rechnungslegung. Der Jahresabschluss sowie der konsolidierte Abschluss sind des Weiteren **klar und übersichtlich** aufzustellen ([Art. 24 I Bilanz-RL iVm] Art. 4 II Bilanz-RL). Damit sollen die Abschlüsse ihrer umfassenden Informationsfunktion gerecht werden.[95] Der Einhaltung dieses Grundsatzes dienen die Vorschriften zur Aufstellung der Bilanz (Art. 10 Bilanz-RL iVm Anhang III, IV) und der Gewinn- und Verlustrechnung (Art. 13 I Bilanz-RL iVm Anhang V, VI).

---

90 Zur Befreiungsmöglichkeit des Art. 6 Richtlinie 83/349/EWG siehe *Grundmann*, Europäisches Gesellschaftsrecht, 2011, Rn. 568; *Habersack/Verse*, Europäisches Gesellschaftsrecht, 2011, § 9 Rn. 48; *Lutter/Bayer/Schmidt*, Europäisches Unternehmens- und Kapitalmarktrecht, 2017, Rn. 23.21; *Schwarz*, Europäisches Gesellschaftsrecht, 2000, Rn. 479.

91 *Kalss/Klampfl*, Europäisches Gesellschaftsrecht, 2015, Rn. 282; *Verse/Wiersch* EuZW 2014, 375, 378; wohl auch *Kreipl* BC 2013, 399, 400.

92 Vgl. Erwägungsgrund 33 S. 1.

93 Vgl. Erwägungsgrund 33 S. 2.

94 Zur alten Rechtslage *Grundmann*, Europäisches Gesellschaftsrecht, 2011, Rn. 573.

95 *Habersack/Verse*, Europäisches Gesellschaftsrecht, 2011, § 9 Rn. 30.

Als übergeordnetes Bilanzierungsprinzip sieht die Richtlinie den Grundsatz des ***true and fair view*** vor (s. Rn. 18 ff.). Nach Art. 4 III 1 Bilanz-RL hat der Jahresabschluss ein den tatsächlichen Verhältnissen entsprechendes Bild der Vermögens-, Finanz- und Ertragslage des Unternehmens zu vermitteln. Es gilt also der **Grundsatz der Bilanzwahrheit.**[96] Um diese Anforderungen zu erfüllen, sind ggf zusätzlich zu den Bestimmungen der Richtlinie im Anhang weitere Angaben zu machen, damit der Jahres- bzw. konsolidierte Abschluss ein den tatsächlichen Verhältnissen entsprechendes Bild der Vermögens-, Finanz- und Ertragslage des Unternehmens vermittelt (Art. 4 III 2 Bilanz-RL). Darüber hinaus muss gem Art. 4 IV I Bilanz-RL im Zweifel sogar von den Bestimmungen der Richtlinie **abgewichen** werden, damit sichergestellt werden kann, dass den Anforderungen an den *true and fair view*-Grundsatz auch tatsächlich nachgekommen wird.[97] Insofern fordert die Richtlinie ausdrücklich dazu auf, ihre (materiellen) Einzelbestimmungen stets im Lichte der Zielvorgabe des Art. 4 III 1 Bilanz-RL auszulegen.[98] Gleichwohl wird dadurch das gegenstreitende Prinzip der Vorsicht (s. Rn. 18) auch nicht vollends durch die Richtlinie verworfen. Vielmehr bestimmt Art. 6 I lit. c) Bilanz-RL, dass bei Ansatz und Bewertung einzelner Rechnungslegungsposten das Vorsichtsprinzip in jedem Fall zu beachten ist.[99] Dies wird ua dadurch gewährleistet, dass grundsätzlich alle relevanten Faktoren (dh beispielsweise jegliche realisierten Gewinne, Aufwendungen, Erträge, Risiken und Verluste) für die bilanzielle Beurteilung des letzten Geschäftsjahres zu berücksichtigen sind.[100] 39

Art. 6 I Bilanz-RL bestimmt weitere Grundsätze für die Rechnungslegung. Hervorzuheben ist hierbei insbesondere das **Prinzip der Stetigkeit.**[101] Sowohl bei den Rechnungslegungsmethoden und Bewertungsgrundlagen von einem Geschäftsjahr zum nächsten (Art. 6 I lit. b) Bilanz-RL) als auch bei der Gliederung aufeinanderfolgender Bilanzen und Gewinn- und Verlustrechnungen (Art. 9 I 1 Bilanz-RL) ist Stetigkeit zu wahren. Ziel dieser **formellen und materiellen Bilanzkontinuität** ist es, die Geschäftsentwicklung des Unternehmens über einen längeren Zeitraum verfolgen zu können.[102] Betreffend die Stetigkeit bei der Gliederung aufeinanderfolgender Bilanzen und Gewinn- und Verlustrechnungen sind im Hinblick auf den *true and fair view*-Grundsatz in Ausnahmefällen auch Abweichungen zulässig (Art. 9 I 2 Bilanz-RL). Die entsprechenden Abweichungen und die ihnen zugrunde liegenden Gründe sind jedoch im Anhang zum Jahres- bzw. Konzernabschluss anzugeben (Art. 9 I 3 Bilanz-RL). 40

Weiterhin sieht Art. 6 I Bilanz-RL ua die folgenden Grundsätze vor: In der Bilanz und in der Gewinn- und Verlustrechnung angesetzte Beträge sind nach dem Prinzip der Periodenabgrenzung zu berechnen (**Grundsatz der Periodenabgrenzung**) (lit. d); die Eröffnungsbilanz eines Geschäftsjahres muss mit der Schlussbilanz des vorhergehenden Geschäftsjahres übereinstimmen (lit. e); die in den Aktiv- und Passivposten enthaltenen Vermögensgegenstände und Schulden sind einzeln zu bewerten (**Grundsatz der Einzelbewertung**) (lit. f); eine Verrechnung zwischen Aktiv- und Passivposten sowie zwischen Aufwands- und Ertragsposten ist unzulässig (lit. f); Posten im Abschluss werden gemäß dem Anschaffungs- oder dem Herstellungskostenprinzip bewertet[103] (lit. i); die Anforderungen der Richtlinie in Bezug auf Ansatz, Bewertung, Darstellung, Offenlegung und Konsolidierung müssen 41

96 *Luttermann* NZG 2013, 1128, 1130; zur alten Rechtslage vgl. EuGH, Rs. C-322/12 (GIMLE), ECLI:EU:C:2013:632 = ZIP 2014, 166, Rn. 25, 30 f.; ferner *Amort* WM 2013, 1250, 1253 f.; *Luttermann* ZVglRWiss 103 (2004) 18, 21 ff.

97 Dies ist gleichwohl auf (atypische) Ausnahmefälle zu beschränken, vgl. *Grundmann*, Europäisches Gesellschaftsrecht, 2011, Rn. 513, Fn. 37; *Edwards*, EC Company Law, 1999, S. 128 ff.; *Groh* DStR 1998, 813, 817 (jeweils zur alten Rechtslage); zur Bilanzrichtlinie *Velte* GmbHR 2013, 1125, 1127; siehe auch EuGH, Rs. C-322/12 (GIMLE), ECLI:EU:C:2013:632 = ZIP 2014, 166, Rn. 36 ff.; speziell zu Abweichungen von den Bewertungsgrundsätzen der Bilanzrichtlinie *Wengerofsky* DB 2015, 873 ff.

98 *Habersack/Verse*, Europäisches Gesellschaftsrecht, 2011, § 9 Rn. 33.

99 *Velte* NZG 2015, 856; *Mosel/Peters* GWR 2014, 97; ferner zum Vorsichtsprinzip *Hommelhoff* RabelsZ 62 (1998) 381, 386 ff.; *Grundmann*, Europäisches Gesellschaftsrecht, 2011, Rn. 497, 514; *Edwards*, EC Company Law, 1999, S. 134 ff.; *Kessler* DB 1997, 1 ff.; *Niehus* DB 1997, 1421 ff.; *Kropff* in: FS Baetge, 1997, S. 65 ff.; ferner zu § 252 I Nr. 4 HGB *Ballwieser* in: MüKo HGB, 4. Aufl. 2016, § 252 Rn. 38 ff.; *Tiedschen* in: MüKo Bilanzrecht, 2013, § 252 Rn. 47 ff.; *Amort* WM 2013, 1250, 1251.

100 EuGH, verb. Rs. C-444/16, C-445/16 (Immo Chiaradia), ECLI:EU:C:2017:465 = DStR 2017, 1669, Rn. 43.

101 Zum Stetigkeitsgrundsatz im deutschen Recht vgl. *Küting/Tesche* DStR 2009, 1491 ff.; *Schulz* WPg 1990, 357 ff.

102 *Habersack/Verse*, Europäisches Gesellschaftsrecht, 2011, § 9 Rn. 31.

103 Die Mitgliedstaaten können allerdings gem Art. 7 Bilanz-RL eine erfolgsneutrale Neubewertung des Anlagevermögens und gem Art. 8 Bilanz-RL eine erfolgswirksame Bewertung zum beizulegenden Zeitwert neben Finanzinstrumenten auch für bestimmte andere Vermögensgegenstände vorsehen, vgl. dazu *Arbeitskreis Bilanzrecht Hochschullehrer Rechtswissenschaft* NZG 2014, 892, 896; *Luttermann* NZG 2013, 1128, 1129 f.; *Mosel/Peters* GWR 2014, 97 ff.; *Velte* GmbHR 2013, 1125, 1127 f.; ferner zur Darstellung des Anlagevermögens gem § 284 III HGB *Zwirner* WPg 2017, 561, 562 ff.

nicht erfüllt werden, wenn die Wirkung ihrer Einhaltung unwesentlich ist (**Grundsatz der Wesentlichkeit**)[104] (lit. j).[105]

42 Der Grundsatz der Wesentlichkeit wurde in Deutschland im Zuge des BilRUG jedoch **nicht** ausdrücklich gesetzlich **kodifiziert**. Obgleich er im deutschen Recht nach hM zu den nicht-kodifizierten Grundsätzen ordnungsgemäßer Buchführung (**GoB**) gehört,[106] scheint lediglich der Verweis in § 243 I, § 264 II HGB auf die idR von der Rechtsprechung und Fachkreisen entwickelten GoB **nicht** ausreichend, um den Vorgaben der Bilanzrichtlinie (iS der Umsetzung Art. des 6 I lit. j) Bilanz-RL) ordnungsgemäß nachzukommen.[107] Im Sinne einer hinreichenden „Publizität, der Klarheit und der Bestimmtheit"[108] bedarf es bei einer entsprechenden Richtlinienbestimmung mit privatrechtsgestaltendem Gehalt vielmehr einer gesetzlichen Kodifizierung des Wesentlichkeitsprinzips.[109] So hat beispielsweise auch Österreich im Zuge der Umsetzung der Bilanzrichtlinie den zuvor wie in Deutschland im Rahmen der GoB anerkannten Grundsatz der Wesentlichkeit gesetzlich verankert (vgl. § 189a Nr. 10 UGB).[110]

43 Weiterhin gilt der Grundsatz der **hinreichenden Genauigkeit und Darstellungstiefe.**[111] Nach Art. 9 II 1 Bilanz-RL ist für die Aufstellung der Bilanz und der Gewinn- und Verlustrechnung die in den Anhängen vorgegebene Gliederungsreihenfolge einzuhalten. Einzelne Posten dürfen daher grundsätzlich nicht zusammengefasst und die Reihenfolge nicht verändert werden.[112] Eine weitere Untergliederung der Posten oder das Hinzufügen neuer Zwischensummen und/oder Posten ist gem Art. 9 II 2, 3 Bilanz-RL gleichwohl möglich.

F. Bestandteile der Rechnungslegung

44 Nach der Konzeption der Bilanzrichtlinie hat die Rechnungslegung von Einzelunternehmen durch den **Jahresabschluss** und den **Lagebericht** zu erfolgen. Abgesehen von Kleinstunternehmen (s. Rn. 30) hat jede vom Anwendungsbereich der Richtlinie erfasste Gesellschaft einen Jahresabschluss und einen Lagebericht zu erstellen. Der Jahresabschluss besteht dabei aus der Bilanz, der Gewinn- und Verlustrechnung (Art. 9-14 Bilanz-RL) sowie dem Anhang (Art. 15-18 Bilanz-RL) (s. Rn. 49). Für mittlere und große Unternehmen können die Mitgliedstaaten gem Art. 4 I Uabs. 2 Bilanz-RL auch **weitere Bestandteile** für den Jahresabschluss vorschreiben.

I. Jahresabschluss

1. Aufstellung der Bilanz

45 Die Bilanz stellt die Vermögensgegenstände und die Schulden einer Gesellschaft im Rahmen des Jahresabschlusses gegenüber.[113] Wie schon die 4. Richtlinie gibt die Bilanzrichtlinie die **Gliederung der Bilanz** weitgehend vor. Nach Art. 10 S. 1 Bilanz-RL können die Mitgliedstaaten zwischen den zwei in **Anhang III** und **Anhang IV** vorgegebenen Gliederungsformen wählen. Zum Zwecke der Übersichtlichkeit der neuen Bilanzrichtlinie sind die Gliederungsformen nicht mehr (vgl. Art. 9 f. der 4. Richtlinie) in den Artikeln der Richtlinie selbst geregelt, sondern im Anhang aufgeführt. Schreibt ein Mitgliedstaat beide Gliederungen vor, so gestattet er es den Unternehmen, sich für eine der beiden Gliederungen zu entscheiden (Art. 10 S. 2 Bilanz-RL). Indes sind die (materiellen)

---

104 Zum Wesentlichkeitsgrundsatz *Kreipl* BC 2013, 399; *Velte* GmbHR 2013, 1125, 1127; *Blöink* KSzW 2013, 318, 320 f.; *Arbeitskreis Bilanzrecht Hochschullehrer Rechtswissenschaft* BB 2014, 2731 f.; *dies.* NZG 2014, 892, 894 f.; *Scheffler* AG 2013, R228, R229; im Rahmen der nicht-finanziellen Berichterstattung auch *Bortenlänger/v. Altenbockum* BOARD 2015, 213.

105 Zu den einzelnen Grundsätzen (in der ehemaligen 4. Richtlinie) siehe auch *Grundmann*, Europäisches Gesellschaftsrecht, 2011, Rn. 517 ff.; *Habersack/Verse*, Europäisches Gesellschaftsrecht, 2011, § 9 Rn. 30 ff.; *Edwards*, EC Company Law, 1999, S. 128 ff.; *Schwarz*, Europäisches Gesellschaftsrecht, 2000, Rn. 439 ff.; *Grohmann*, Das Informationsmodell im Europäischen Gesellschaftsrecht, 2006, S. 211 ff.; aus deutscher Sicht statt Vieler *K. Schmidt*, Handelsrecht, 6. Aufl. 2014, § 15 Rn. 64 ff., 74 ff.

106 Vgl. nur *Schiffers/Theile*, Bilanzrecht der GmbH, 2016, Rn. 113, 173 f.; *Marx* FR 2011, 267; *Ballwieser* in: MüKo HGB, 4. Aufl. 2016, § 243 Rn. 63 ff.; allgemein zu nicht-kodifizierten GoB siehe *Winnefeld* in: ders., Bilanz-Handbuch, 5. Aufl. 2015, Kapitel D Rn. 20 ff.; *Kleindiek* in: MüKo Bilanzrecht, 2013, § 243 Rn. 7 ff.

107 Im weitesten Sinne im Hinblick auf das Vertrauen des Rechtsanwenders (generell) auch *Bydlinski* JBl 2015, 2, 9; wohl aA *Schiffers/Theile*, Bilanzrecht der GmbH, 2016, Rn. 113; *Schmidt/Prinz*, BilRUG in der Praxis, 2016, Rn. 5.

108 EuGH, Rs. C-96/95 (Kommission/Deutschland), ECLI:EU:C:1997:165 = BB 1997, 432, Rn. 39.

109 Allgemein in diesem Sinne *Nettesheim* in: Grabitz/Hilf/Nettesheim (Hrsg.), Das Recht der Europäischen Union, 61. EL 2017, Art. 288 AEUV Rn. 125; *Ruffert* in: Callies/Ruffert (Hrsg.), EUV/AEUV, 5, Aufl. 2016, Art. 288 AEUV Rn. 35; *Mock* NZI 2016, 977, 981.

110 Speziell in diesem Zusammenhang *Moser* GeS 2015, 203 f.

111 Zur alten Rechtslage vgl. *Grundmann*, Europäisches Gesellschaftsrecht, 2011, Rn. 519.

112 *Grundmann*, Europäisches Gesellschaftsrecht, 2011, Rn. 519.

113 *K. Schmidt*, Handelsrecht, 6. Aufl. 2014, § 15 Rn. 52; *Ballwieser* in: MüKo HGB, 4. Aufl. 2016, § 242 Rn. 6; *Kuhn* in: Heidel/Schall (Hrsg.), HGB, 2. Aufl. 2015, § 242 Rn. 7; ferner zur Funktion einer Bilanz *Kleindiek* in: MüKo Bilanzrecht, 2013, § 242 Rn. 5; *Ballwieser* in: MüKo HGB, 4. Aufl. 2016, § 242 Rn. 1.

Unterschiede zwischen beiden Gliederungsformen der Bilanz nur minimal.[114] Zudem können die Mitgliedstaaten Gesellschaften gestatten oder vorschreiben, bei der Gliederung der Bilanz – anders als in den Anhängen III, IV festgelegt – zwischen kurz- und langfristigen Posten zu unterscheiden (Art. 11 Bilanz-RL). Dies jedoch nur, sofern der Informationsgehalt der Bilanz davon nicht beeinträchtigt wird. Art. 12 Bilanz-RL sieht ferner besondere Vorschriften zu einzelnen Posten der Bilanz vor.[115]

2. Aufstellung der Gewinn- und Verlustrechnung

Die Gewinn- und Verlustrechnung (**GuV**) bildet zusammen mit der Bilanz und dem Anhang den Jahresabschluss. Sie zeigt die Entstehung des Jahresergebnisses aus den einzelnen Erfolgsarten und -quellen und **informiert über die Ertragslage** des Unternehmens.[116] Während in der Bilanz der Gewinn zeitpunktbezogen ermittelt wird, stehen sich in der GuV sämtliche Aufwendungen und Erträge des Geschäftsjahres zeitraumbezogen gegenüber.[117] Auf diese Weise gibt die GuV neben dem Ausweis des Gesamtergebnisses auch über weitere Aspekte Auskunft, zum Beispiel darüber, in welchen Bereichen das Jahresergebnis erwirtschaftet wurde oder ob die Erträge aus dem originären Geschäft des Unternehmens resultieren.[118] Insofern kommt der GuV eine die Bilanz ergänzende Funktion zu.[119] Darüber hinaus stellt sie vor allem bei börsennotierten Aktiengesellschaften ein wichtiges Instrument für die externe Analyse und damit zur Information der interessierten Öffentlichkeit dar.[120] 46

Die Anhänge V und VI zur Bilanzrichtlinie sehen die **zwei Gliederungsmöglichkeiten** bei der Aufstellung der Gewinn- und Verlustrechnung vor. Anhang V beschreibt die Gliederung der GuV „nach Eigenart der Aufwendungen". In der deutschen Terminologie des § 275 HGB handelt es sich dabei um die Darstellung im **Gesamtkostenverfahren**. Anhang VI gibt die Gliederung der GuV „nach Funktion der Aufwendung", dh **Umsatzkostenverfahren** vor. Für die Aufstellung der GuV haben die Mitgliedstaaten gem Art. 13 I Bilanz-RL den ihrem Recht unterfallenden Unternehmen **eine oder beide** Gliederungsmöglichkeiten vorzuschreiben. Schreibt ein Mitgliedstaat beide Gliederungen vor, kann er den Unternehmen die Wahl überlassen, welche der vorgeschriebenen Gliederungen sie nutzen. Wie Erwägungsgrund 20 S. 5 zeigt („es sollte ihnen gestattet sein, die Auswahl von mehreren erlaubten Gliederungen anzubieten"), müssen die Mitgliedstaaten in diesem Fall jedoch nicht zwingend den Unternehmen die entsprechende Wahlmöglichkeit zugestehen. **Anstelle** der Gliederung der GuV gemäß den Anhängen V und VI können die Mitgliedstaaten auch gestatten oder vorschreiben, eine Ergebnisrechnung („*statement of performance*") aufzustellen (Art. 13 II Bilanz-RL). Dies jedoch nur, sofern der Informationsgehalt der in den Anhängen V und VI geforderten Gliederungsposten nicht beeinträchtigt wird. Ferner können die Mitgliedstaaten nach Art. 14 II Bilanz-RL kleinen und mittleren Unternehmen die Aufstellung einer **verkürzten GuV** unter Beachtung einzelner Beschränkungen gestatten. Vergleichbares gilt für Kleinstunternehmen gem Art. 36 II lit. b) Bilanz-RL (s. Rn. 31). 47

In Abweichung von der ehemaligen Jahresabschluss-RL kann die GuV **nur** noch in **Staffelform** aufgestellt werden. Die noch in Art. 24, 26 der 4. Richtlinie vorgesehene Kontoform der GuV ist nicht mehr möglich.[121] Hintergrund ist zum einen die vermeintlich größere Übersichtlichkeit und Aussagekraft der Staffelform, eine weitreichendere Rechtsvereinheitlichung aufgrund weniger Gliederungsalternativen[122] sowie eine Annäherung an IFRS und US-GAAP, wo die Staffelform die gebräuchliche Darstellungsart ist. Da Deutschland in **§ 275 HGB** bereits vor dem BilRUG ausschließlich die Staffelform für Kapitalgesellschaften und Kapitalgesellschaften & Co. iSv § 264a HGB zugelassen hatte,[123] ergaben sich insofern keine Änderungen der Rechtspraxis. Hinsicht- 48

114 Zur alten Rechtslage *Grundmann*, Europäisches Gesellschaftsrecht, 2011, Rn. 520; ferner zur Gliederung der Bilanz nach der Richtlinie 2013/34/EU *Zwirner* DStR 2014, 439, 441 f.; *Kreipl* BC 2013, 399, 401 f.

115 Zu einzelnen Aspekten siehe *Velte* GmbHR 2013, 1125, 1128; *Kreipl* BC 2013, 399, 402; zur Umsetzung des Art. 12 XI Uabs. 2 Bilanz-RL in deutsches Recht auch *Behrendt-Geisler/Rimmelspacher* DB Beilage Nr. 5 v. 4.9.2015, S. 8 ff.

116 *Heinemann* in: Heidel/Schall (Hrsg.), HGB, 2. Aufl. 2015, § 275 Rn. 1; *Böcking/Gros* in: Ebenroth ua (Hrsg.), HGB, 3. Aufl. 2014, § 275 Rn. 1; *Morck* in: Koller ua (Hrsg.), HGB, 8. Aufl. 2015, § 275 Rn. 1; *Reiner/Haußer* in: MüKo HGB, 4. Aufl. 2016, § 275 Rn. 1; *Schmidt/Peun* in: BeckBilKo, 10. Aufl. 2016, § 275 Rn. 7.

117 *Reiner/Haußer* in: MüKo HGB, 4. Aufl. 2016, § 275 Rn. 1; *Kessler/Freisleben* in: MüKo Bilanzrecht, 2013, § 275 Rn. 2; vgl. auch *K. Schmidt*, Handelsrecht, 6. Aufl. 2014, § 15 Rn. 60; speziell zur Bilanz- bzw. ehemaligen 4. Richtlinie *Habersack/Verse*, Europäisches Gesellschaftsrecht, 2011, § 9 Rn. 25; *Grundmann*, Europäisches Gesellschaftsrecht, 2011, Rn. 547; *Kalss/Klampl*, Europäisches Gesellschaftsrecht, 2015, Rn. 269.

118 *Reiner/Haußer* in: MüKo HGB, 4. Aufl. 2016, § 275 Rn. 1.

119 Zur alten Rechtslage *Habersack/Verse*, Europäisches Gesellschaftsrecht, 2011, § 9 Rn. 25; vgl. auch *Grundmann*, Europäisches Gesellschaftsrecht, 2011, Rn. 547.

120 *Kessler/Freisleben* in: MüKo Bilanzrecht, 2013, § 275 Rn. 2.

121 Zur Zulässigkeit der Kontoform nach der ehemaligen 4. Richtlinie vgl. *Grundmann, Europäisches Gesellschaftsrecht, 2011*, Rn. 548; *Reiner/Haußer* in: MüKo HGB, 4. Aufl. 2016, § 275 Rn. 12; *Kessler/Freisleben* in: MüKo Bilanzrecht, 2013, § 275 Rn. 7.

122 *Žárová* EFAJ 8 (2013) 21, 28.

123 Vgl. nur *Morck* in: Koller ua (Hrsg.), HGB, § 275 Rn. 3; *Schmidt/Peun* in: BeckBilKo, 10. Aufl. 2016, § 275 Rn. 2; *Reiner/Haußer* in: MüKo HGB, 4. Aufl. 2016, § 275 Rn. 12.

lich des Art. 13 I Bilanz-RL sieht § 275 HGB sowohl das Gesamtkostenverfahren (Abs. 2) als auch das Umsatzkostenverfahren (Abs. 3) vor. Die betroffenen Unternehmen haben die **Wahl**, nach welchem Verfahren sie ihre GuV aufstellen (vgl. § 275 I 1 HGB: „oder").Während in Deutschland überwiegend das Gesamtkostenverfahren gebräuchlich ist,[124] wird vor allem im anglo-amerikanischen Rechtsraum das Umsatzkostenverfahren bevorzugt.[125] Für Kleinstkapitalgesellschaften iS von § 267a HGB ist zudem ein verkürztes Gliederungsschema der GuV auf Basis des Gesamtkostenverfahrens möglich (§ 275 V HGB).

3. Anhang zum Jahresabschluss

49 Der Anhang zum Jahresabschluss dient der **Erläuterung** und **Ergänzung** der Bilanz und der Gewinn- und Verlustrechnung.[126] Die Richtlinie regelt in Art. 15-18 Bilanz-RL ausführlich die Bestimmungen und den Inhalt des Anhangs. Dabei knüpft sie an die verschiedenen **Unternehmensgrößenklassen** an. Art. 16 Bilanz-RL beschreibt zunächst die Anhangangaben für alle berichtspflichtigen Unternehmen, Art. 17 Bilanz-RL zusätzliche Angaben für mittlere und große Unternehmen und Unternehmen von öffentlichem Interesse und Art. 18 Bilanz-RL nochmals ergänzende Angaben für große Unternehmen und Unternehmen von öffentlichem Interesse.[127] Diese Konzeption in Abhängigkeit von der Größe des Unternehmens basiert auf dem ggf hohen administrativen Aufwand zur Erstellung des Anhangs.[128] Kleine Unternehmen haben daher die wenigsten Angaben im Anhang zu machen. Ferner können die Mitgliedstaaten **Kleinstunternehmen** von der Pflicht zur Erstellung eines Anhang vollständig **befreien**, sofern bereits in der Bilanz Angaben zum Gesamtbetrag etwaiger finanzieller Verpflichtungen, Garantien oder Eventualverbindlichkeiten, zu Beträgen der den Mitgliedern der Verwaltungs- und Geschäftsführungs- oder Aufsichtsorgane gewährten Vorschüsse und Kredite und ggf zum Erwerb eigener Aktien gem Art. 63 II Kodifizierungs-RL (ex-Art. 24 II Kapital-RL) (dazu § 21 Rn. 90 ff.) gemacht wurden (Art. 36 I lit. b) Bilanz-RL).

50 Im Vergleich zu den Regelung in der 4. Richtlinie (Art. 43 ff.) neu ist der Ansatz, dass die Mitgliedstaaten von kleinen Unternehmen keine über die in Art. 16 Bilanz-RL statuierten Pflichtangaben hinausgehenden Angaben verlangen dürfen (Art. 16 III Bilanz-RL). In Sinne einer **Voll-** bzw. **Maximalharmonisierung** sind für kleine Unternehmen die Vorgaben der Anhangangaben damit abschließend.[129] Damit wird dem *think small first*-Ansatz der neuen Bilanzrichtlinie nachgekommen.[130] Es besteht damit grundsätzlich keine Möglichkeit der Mitgliedstaaten mehr, den Umfang der Anhangangaben für kleine Unternehmen auszuweiten oder zu beschränken. Dennoch sieht Art. 16 II Bilanz-RL vor, dass die Mitgliedstaaten für kleine Unternehmen zusätzlich bestimmte Angaben nach Art. 17 Bilanz-RL verlangen dürfen.

51 Unternehmensübergreifend sind im Anhang insbesondere **Angaben** zu den **Bewertungs-** bzw. **Rechnungslegungsmethoden** zu machen (Art. 16 I lit. a) Bilanz-RL). Diese Angaben sollen insbesondere die Bewertungsgrundlage für die verschiedenen Posten, eine Angabe zur Übereinstimmung dieser Rechnungslegungsmethoden mit dem Konzept der Unternehmensfortführung und wesentliche Änderungen der Rechnungslegungsmethoden umfassen.[131] Neu ist ferner, dass auch kleine Unternehmen gem Art. 16 I lit. h) Bilanz-RL im Anhang Angaben über die durchschnittliche Zahl der während des Geschäftsjahres Beschäftigten zu machen haben. Betreffend die zusätzlichen Angaben für mittlere und große Unternehmen gem Art. 17 Bilanz-RL sind vor allem die (neuen) Angaben zu latenten Steuern (lit. f) sowie zu Geschäften mit nahestehenden Unternehmen und Personen (*related party transactions*) (lit. r).[132] Hierbei können die Mitgliedstaaten jedoch vorschreiben, dass nur Ge-

---

124 *Kessler/Freisleben* in: MüKo Bilanzrecht, 2013, § 275 Rn. 39.

125 *Heinemann* in: Heidel/Schall (Hrsg.), HGB, 2. Aufl. 2015, § 275 Rn. 8; *Grundmann*, Europäisches Gesellschaftsrecht, 2011, Rn. 549.

126 Bezogen auf das Europäische Bilanzrecht *Kalss/Klampfl*, Europäisches Gesellschaftsrecht, 2015, Rn. 270; *Grundmann*, Europäisches Gesellschaftsrecht, 2011, Rn. 555; *Habersack/Verse*, Europäisches Gesellschaftsrecht, 2011, § 9 Rn. 26; *Velte* GmbHR 2013, 1125, 1129; *Grohmann*, Das Informationsmodell im Europäischen Gesellschaftsrecht, 2006, S. 196 f.; *Amort* WM 2013, 1250, 1256.

127 Zur Differenzierung nach Größenklassen siehe auch *Kreipl* BC 2013, 399, 403; *Velte* GmbHR 2013, 1125, 1129; *Zwirner* DStR 2014, 439, 442 f.

128 Vgl. Erwägungsgrund 23 S. 2; *Velte* GmbHR 2013, 1125, 1129.

129 *Blöink* KSzW 2013, 318, 321; *Zwirner/Vodermeier* BC 2015, 50, 58; *Zwirner* DStR 2014, 439, 442; *ders.* BC 2015, 390, 396; *Kalss/Klampfl*, Europäisches Gesellschaftsrecht, 2015, Rn. 270; *Verse/Wiersch* EuZW 2014, 375, 378; *Rimmelspacher/Meyer* DB Beilage Nr. 5 v. 4.9.2015, S. 23, 33; *Scheffler* AG 2015, R210, R212.

130 *Zülch/Güth/Stamm* DB 2012, 413, 418; *Zwirner* DStR 2014, 439, 442.

131 Vgl. Erwägungsgrund 24 S. 2.

132 Zur Angabe von Related Party Transactions siehe auch *Grundmann*, Europäisches Gesellschaftsrecht, 2011, Rn. 555; *Lanfermann/Maul* BB 2006, 2011 f.; *Niemeier* WPg 2006, 173, 178 ff.; *Lenfter/Weber* DB 2006, 2357 f.; aus deutscher Sicht (§ 285 Nr. 21 HGB) *Kessler* in: MüKo Bilanzrecht, 2013, § 285 Rn. 226 ff.; *Thomas* in: Heidel/Schall (Hrsg.), HGB, 2. Aufl. 2015, § 285 Rn. 121 ff.; *Pentz* in: MüKo HGB, 4. Aufl. 2016, § 285 Rn. 347 ff.; rechtsvergleichend ferner *Ariff/Hashim* IJTEF 4 (2013) 388 ff.; *Pozzoli/Venuti* OJAcct 2014, 28 ff.; *Carmichael* The CPA Journal 85 (2015) 36 ff.

schäfte mit nahestehenden Unternehmen und Personen, die unter marktunüblichen Bedingungen zustande gekommen sind, angegeben werden.[133]

Im deutschen Recht führte das BilRUG zu umfangreichen Änderungen bei der Anhangberichterstattung nach **§§ 284 f. HGB.**[134] Aufgrund der Vollharmonisierung der Anhangangaben gem Art. 16 III Bilanz-RL (s. Rn. 50) sind kleine Kapitalgesellschaften nun von mehr Angaben zu befreien als zuvor. Für mittlere und große Unternehmen haben die Angabepflichten hingegen zugenommen. Vor allem für diese ist die Anhangberichterstattung infolge des BilRUG **aufwendiger** und **detaillierter** geworden.[135] 52

II. Lagebericht

1. Konzeption

Als Bestandteil der Rechnungslegung tritt neben die Erstellung des Jahresabschlusses der Lagebericht. Nach Art. 4 I Bilanz-RL ist der Lagebericht indes kein Teil des Jahresabschlusses[136] und damit gesondert zu erstellen. Gleichwohl sind der Lagebericht sowie der konsolidierte Lagebericht wichtige **Elemente der Finanzberichterstattung.**[137] Sie sind die „verbalisierte Darstellung" des Jahres- bzw. konsolidierten Abschlusses vor allem für die Anleger des Unternehmens.[138] Der Lagebericht hat den Geschäftsverlauf, das Geschäftsergebnis und die Lage des Unternehmens so darzustellen, dass ein den tatsächlichen Verhältnissen entsprechendes Bild entsteht (Art. 19 I Uabs. 1 Bilanz-RL). Er hat weiterhin aus einer ausgewogenen und umfassenden **Analyse des Geschäftsverlaufs**, des Geschäftsergebnisses und der Lage des Unternehmens zu bestehen, die dem Umfang und der Komplexität der Geschäftstätigkeit angemessen ist (Art. 19 I Uabs. 2 Bilanz-RL). Der Lagebericht bezieht sich nicht nur auf das vergangene Geschäftsjahr, sondern soll auch ein **zukunftsorientiertes Bild** von den Verhältnissen des Unternehmens vermitteln.[139] Dabei wird im Lagebericht aus Sicht des Managements dargestellt, wie sich die Gesellschaft im Vergleich zu den ökonomischen Rahmenbedingungen und der jeweiligen Branche entwickelt hat sowie was die **tatsächlichen Leistungsindikatoren** des Unternehmens sind. Insofern stellt der Lagebericht die „Visitenkarte" des Unternehmens aus Sicht des Managements dar. Soweit erforderlich, sind für das Verständnis in den Lagebericht neben finanziellen auch **nicht-finanzielle** Leistungsindikatoren aufzunehmen, die für die Geschäftstätigkeit von Bedeutung sind (Art. 19 I Uabs. 3 S. 1 Bilanz-RL). Dazu gehören insbesondere Informationen in Bezug auf Umwelt- und Arbeitnehmerbelange.[140] 53

Für kleine Unternehmen besteht mit Art. 19 III Bilanz-RL ein **Mitgliedstaatenwahlrecht.** Dieses gestattet, dass die kleinen Unternehmen nicht zur Erstellung eines Lageberichts verpflichtet sind, sofern Angaben zu einem etwaigen Erwerb eigener Aktien im Anhang zum Jahresabschluss gemacht wurden. Zudem können die Mitgliedstaaten kleine und mittlere Unternehmen von der Verpflichtung zur Angabe nicht-finanzieller Leistungsindikatoren befreien (Art. 19 IV Bilanz-RL). 54

2. Nicht-finanzielle Erklärung (CSR-Reporting)

Nachhaltigkeitsaspekte haben in den letzten Jahren eine immer größere Bedeutung in der unternehmerischen Praxis erlangt. Um dem gerecht zu werden, wurde durch die sog **CSR-Richtlinie**[141] die Regelung des Art. 19a Bilanz-RL zur Aufnahme einer **„nicht-finanziellen Erklärung"** (*non-financial reporting*) in den Lagebericht ein- 55

---

133 Ferner zu den inhaltlich neuen Angaben in Art. 16 f. Bilanz-RL *Velte* GmbHR 2013, 1125, 1129; *Blöink* KSzW 2013, 318, 321; *Kreipl* BC 2013, 399, 404.

134 Zu den Änderungen infolge des BilRUG siehe *Theile*, BilRUG, 2015, S. 121 ff.; *Zwirner* BC 2015, 390, 395 f.; *Jaufmann/Velte* NWB 2015, 2492, 2498 f.; *Schiffers* GmbHR 2015, 1018, 1026 ff.; *Schmidt/Prinz*, BilRUG in der Praxis, 2016, Rn. 131 ff.; *Kußmaul/Ollinger/Müller* StB 2016, 49, 50 ff.; *Schütte* StB 2014, 352, 355 ff.; *Kreipl/Müller* ZCG 2015, 229, 232.

135 *Zwirner* BC 2015, 390, 396; *ders.* BC 2015, 50, 58; *Rimmelspacher/Meyer* DB Beilage Nr. 5 v. 4.9.2015, S. 23, 36; vgl. auch *Kreipl* BC 2013, 399, 405; *Schütte* StB 2014, 352, 360.

136 Zur alten Rechtslage vgl. *Grundmann*, Europäisches Gesellschaftsrecht, 2011, Rn. 557; *Schäfer/Rimmelspacher* DB Beilage Nr. 5 v. 4.9.2015, S. 57.

137 Erwägungsgrund 26 S. 1.

138 *Grundmann*, Europäisches Gesellschaftsrecht, 2011, Rn. 557; *Lutter/Bayer/Schmidt*, Europäisches Unternehmens- und Kapitalmarktrecht, 2017, Rn. 23.27; vgl. auch *Kalss/Klampfl*, Europäisches Gesellschaftsrecht, 2015, Rn. 271.

139 *Habersack/Verse*, Europäisches Gesellschaftsrecht, 2011, § 9 Rn. 27; *Kalss/Klampfl*, Europäisches Gesellschaftsrecht, 2015, Rn. 271; *Grundmann*, Europäisches Gesellschaftsrecht, 2011, Rn. 557; aus deutscher Sicht vgl. auch § 289 I 4 HGB: „Ferner ist im Lagebericht die voraussichtliche Entwicklung mit ihren wesentlichen Chancen und Risiken zu beurteilen und zu erläutern.").

140 Speziell zu Umweltbelangen im Lagebericht *Hoffmann* GWR 2013, 458 ff.; *Haaker/Freiberg* PiR 2013, 191 ff.

141 Richtlinie 2014/95/EU des Europäischen Parlaments und des Rates vom 22. Oktober 2014 zur Änderung der Richtlinie 2013/34/EU im Hinblick auf die Angabe nicht-finanzieller und die Diversität betreffender Informationen durch bestimmte große Unternehmen und Gruppen, ABl. EU v. 15.11.2014, L 330/1.

gefügt.[142] Im Schrifttum wurde die Notwendigkeit einer solchen Regelung bereits umfassend diskutiert, da bereits vor Erlass der CSR-Richtlinie viele multinationale Unternehmen eine vergleichbare Erklärung unter der Anwendung international anerkannter Standards auf freiwilliger Basis verfasst haben.[143] Die CSR-Richtlinie strebt an, die nationalen Bestimmungen für die Angabe nicht-finanzieller Informationen zu koordinieren und rechtliche **Mindestanforderungen** in Bezug auf den Umfang der Informationen festzulegen,[144] um so eine Vergleichbarkeit der entsprechenden Informationen zu erreichen. Die bislang in der Finanzberichterstattung vorherrschende Shareholderperspektive wird durch die Vorgaben der CSR-Richtlinie stückweise in die Richtung einer Stakeholderperspektive gelenkt.[145]

56 Große Unternehmen von öffentlichem Interesse (s. Rn. 24), die durchschnittlich **mehr als 500 Mitarbeiter** beschäftigen, haben als Teil des Lageberichts nunmehr eine nicht-finanzielle Erklärung abzugeben.[146] Den Mitgliedstaaten wird jedoch auch die Möglichkeit eingeräumt, Unternehmen von einer Veröffentlichung des nicht-finanziellen Berichts im Lagebericht **zu befreien**, wenn stattdessen eine inhaltsgleiche nicht-finanzielle Erklärung als gesonderter Bericht angefertigt wird.[147]

57 Die nicht-finanzielle Erklärung **enthält Angaben**, die für das Verständnis des Geschäftsverlaufs, des Geschäftsergebnisses, der Lage des Unternehmens sowie der Auswirkungen seiner Tätigkeit erforderlich sind und hat sich insbesondere auf Umwelt-, Sozial-, und Arbeitnehmerbelange, auf die Achtung der Menschenrechte[148] und auf die Bekämpfung von Korruption und Bestechung zu beziehen (Art. 19a I Uabs. 1 Bilanz-RL). Des Weiteren hat die Erklärung eine Beschreibung der von dem Unternehmen in Bezug auf die jeweiligen Belange verfolgten Konzepte, die damit verfolgten Ziele sowie die daraus resultierenden Ergebnisse zu enthalten.[149] Wird hinsichtlich eines oder mehrerer Aspekte kein Konzept verfolgt, ist der nicht-finanziellen Erklärung gem Art. 19a I Uabs. 2 Bilanz-RL eine nachvollziehbare Begründung dafür beizufügen. Insofern ist der CSR-Richtlinie und Art. 19a Bilanz-RL der sog ***comply or explain*-Ansatz** zugrunde gelegt.[150]

58 Die nicht-finanzielle Erklärung hat weiterhin ua eine kurze **Beschreibung des Geschäftsmodells** des Unternehmens sowie die wichtigsten nicht-finanziellen Leistungsindikatoren, die für die betreffende Geschäftstätigkeit von Bedeutung sind, zu enthalten. Die Erklärung enthält ggf auch Hinweise auf die im Jahresabschluss ausgewiesenen Beträge und zusätzliche Erläuterungen dazu (Art. 19a I Uabs. 3 Bilanz-RL). Zu berichten ist außerdem über wesentliche Risiken,[151] die mit der Geschäftstätigkeit sowie den Produkten und Dienstleistungen des Unternehmens verbunden sind. Die Mitgliedstaaten können jedoch gestatten, dass Informationen über künftige Entwicklungen oder Belange, über die noch Verhandlungen geführt werden, **in Ausnahmefällen weggelassen** werden, sofern diese der Geschäftslage des Unternehmens ernsthaft schaden würden (Art. 19a I Uabs. 4 Bilanz-RL).

59 Die Verpflichtung zur Erstellung einer nicht-finanziellen Erklärung besteht gem Art. 19a III Bilanz-RL nicht für Unternehmen, die als Tochtergesellschaften in die nicht-finanzielle Erklärung des konsolidierten Lageberichts gem Art. 29a Bilanz-RL ihres Mutterunternehmens einbezogen sind (sog **Konzernklausel**).[152] Praktisch erfolgt

---

142 Dazu *Dienes/Velte* ZCG 2013, 230 ff.; *Lanfermann* WPg 2015, 322 ff.; *ders.* BB 2013, 1323 ff.; *Spießhofer* NZG 2014, 1281 ff.; *Velte* NZG 2014, 1046 ff.; *Glaser* IRZ 2015, 55 ff.; *Petrin* MLR 79 (2016) 537, 559 ff.; *Ahern* ECFR 2016, 599 ff.

143 *Schön* ZHR 180 (2016) 279, 284 f.; *Lühn* ZRFC 2015, 102; *Nietsch/Munerotto* CB 2016, 177 ff.; des Weiteren unterliegen DAX30-Unternehmen uU bereits unter bestimmten Voraussetzungen einer vergleichbaren Berichterstattungspflicht, dazu *Lühn* ZRFC 2015, 102, 105; *Bortenlänger/Altenbockum* ZCG 2014, 87 ff.

144 *Fleischer* AG 2017, 509, 521; Insofern auch zum Kompromisscharakter der CSR-Richtlinie *Ahern* ECFR 2016, 599, 603 f.; *Weller/Meyer* PiR 2017, 125 f.; kritisch auch *de Roo* ECL 12 (2015) 278, 284 f.

145 *Lühn* ZFRC 2015, 102, 107; *Gruber* ZFR 2015, 103, 104; *Kajüter* DB 2017, 617, 618; *Möslein/Sørensen*, Nudging for Corporate Long-termism and Sustainability?, Nordic & European Company Law Research Paper No. 16-24, S. 19; *Boecker/Zwirner* SteuK 2016, 426.

146 Europaweit sind derzeit ca. 6.000 Unternehmen von der Pflicht zur Erstellung einer nicht-finanziellen Erklärung gem Art. 19a bzw. 29a Bilanz-RL betroffen, vgl. *Glaser* IRZ 2015, 55, 56; *Voland* DB 2014, 2815, 2817; *Schön* ZHR 180 (2016) 279, 282; *Meeh-Bunse/Hermeling/Schomaker* DStR 2016, 2769, 2771.

147 In Deutschland wird dies durch § 289b III Nr. 2a HGB und § 315b III Nr. 2a HGB ermöglicht; dazu *Lühn* ZRFC 2015, 102, 103; *Lanfermann* BB 2017, 747, 748; *Blöink/Halbleib* DK 2017, 182, 190; *Velte* StuB 2017, 293.

148 Speziell dazu *de Roo* ECL 12 (2015) 278 ff.

149 *Gruber* ZFR 2015, 103, 106; *Schön* ZHR 180 (2016) 279, 286; *Blöink/Halbleib* DK 2017, 182, 186.

150 *Kumpan/Pauschinger* EuZW 2017, 327, 330; *Blöink/Halbleib* DK 2017, 182, 188; *Ahern* ECFR 2016, 599, 620; *Kajüter* DB 2017, 617, 621; *Möslein/Sørensen*, Nudging for Corporate Long-termism and Sustainability. Regulatory Instruments from a Comparative and Functional Perspective, LSN Research Paper Series No. 16-24, S. 21; zum deutschen Recht *Velte* StuB 2017, 293, 296.

151 Der Begriff der „wesentlichen Risiken" ist dabei zwar nicht selbst in der Richtlinie definiert, jedoch europäisch-autonom auszulegen.

152 *Kalss/Klampfl*, Europäisches Gesellschaftsrecht, 2015, Rn. 272; *Glaser* IRZ 2015, 55, 57; *Szabó/Sørensen* ECFR 2015, 307, 319; *dies.* JCLS 17 (2017) 137*Lühn* ZRFC 2015, 102, 103; dazu aus deutscher Sicht *Lanfermann* BB 2017, 747; *Scheffler* AG 2017, R125; *Kajüter* DB 2017, 617, 618; *Holzmeier/Burth/Hachmeister* IZR 2017, 215, 216; *Nietsch/Munerotto* CB 2016, 177, 178.

die CSR-Berichterstattung somit überwiegend auf Ebene der Konzernmutter, sofern diese vom Anwendungsbereich des Art. 19a I Bilanz-RL erfasst ist.[153]

Bei Erstellung der nicht-finanziellen Erklärung können sich die dazu verpflichteten Unternehmen gem Art. 19a I Uabs. 1 Bilanz-RL an nationalen, unionsbasierten oder internationalen **Rahmenwerken orientieren**. Die CSR-Richtlinie zählt hierbei Beispiele für geeignete Rahmenwerke auf und nennt dabei ua das Umweltmanagement- und -betriebsprüfungssystem (EMAS), den Global Compact der Vereinten Nationen (UN Global Compact) und die Leitlinien der Organisation für wirtschaftliche Zusammenarbeit und Entwicklung (OECD-Leitlinien).[154] Als nationales Rahmenkonzept kommt für Deutschland der **Deutsche Nachhaltigkeitskodex** in Betracht (s. dazu auch § 33 Rn. 95), wobei der Wortlaut des deutschen CSR-Richtlinie-Umsetzungsgesetzes keine konkrete Präferenz des Gesetzgebers für ein bestimmtes Rahmenwerk erkennen lässt.[155] 60

Um die betroffenen Unternehmen bei der Erstellung der nicht-finanziellen Erklärung zu unterstützen, hat die Europäische Kommission im Juni 2017 „**Leitlinien für die Berichterstattung** über nichtfinanzielle Informationen" veröffentlicht.[156] Danach müssen die entsprechenden Informationen insbesondere „kontextbezogen" und „wesentlich" für die Bewertung der CSR-Maßnahmen des Unternehmen sein.[157] Für die Bewertung der Wesentlichkeit gehören dabei vor allem einschlägige Informationen zum Geschäftsmodell, Strategie und den wesentlichen Risiken, zu den Erwartungen relevanter Interessenträger und zu politischen und regulatorischen Einflussfaktoren.[158] Ferner sollen die Angaben in der nicht-finanziellen Erklärung den tatsächlichen Verhältnissen entsprechen sowie ausgewogen und verständlich sein.[159] Weiterhin werden in den Leitlinien der Europäischen Kommission verschiedene Schlagwörter genannt, an denen sich die betroffenen Unternehmen im Allgemeinen orientieren können. Die Berichterstattung soll demnach „umfassend aber prägnant", „strategisch und zukunftsorientiert" sowie „konsistent und kohärent" sein.[160] Dies umfasst insofern jeweils ua auch Angaben zu den wesentlichen Risiken und Leistungsidikatoren für angewandten CSR-Maßnahmen.[161] 61

Die CSR-Richtlinie selbst beinhaltet keine Vorgaben für **Sanktionierungen** im Falle einer unterlassenen oder fehlerhaften Anwendung der neuen Berichtspflichten. Hier gilt jedoch auch die Grundregel der Bilanzrichtlinie, die vorsieht, dass die Mitgliedstaaten Sanktionen gegen Verstöße vorsehen müssen, die wirksam, verhältnismäßig und abschreckend sind.[162] 62

Eine inhaltliche Prüfung der nicht-finanziellen Erklärung durch den **Abschlussprüfer** ist gem Art. 19a V Bilanz-RL grundsätzlich **nicht vorgesehen**. Der Abschlussprüfer hat lediglich formell festzustellen, ob die notwendigen Angaben erfolgt sind oder nicht. Die CSR-Richtlinie eröffnet den Mitgliedstaaten jedoch die Möglichkeit, auch eine materielle Prüfung der nicht-finanziellen Erklärung vorzusehen. Insgesamt beinhaltet die CSR-Richtlinie zahlreiche **Wahlmöglichkeiten** für die Mitgliedstaaten, so zB hinsichtlich des Adressatenkreises, weshalb zu befürchten ist, dass die durch die Richtlinie angestrebte Harmonisierung nicht uneingeschränkt erreicht werden kann.[163] 63

Die Vorgaben des Art. 19a Bilanz-RL waren bis Anfang Dezember 2016 in nationales Recht umzusetzen. Etwas verspätet[164] hat der Deutsche Bundestag am 9.3.2017 das **CSR-Richtlinie-Umsetzungsgesetz**[165] beschlossen, das 64

153 *Weller/Meyer* PiR 2017, 125, 127; siehe ferner auch *Szabó/Sørensen* JCLS 17 (2017) 137 ff.

154 Kritisch dazu *Spießhofer* NZG 2014, 1284; *Gruber* ZFR 2015, 103, 107; weitere Beispiele bei *Nietsch/Munerotto* CB 2016, 177, 180; vgl. auch *Möslein/Sørensen*, Nudging for Corporate Long-termism and Sustainability. Regulatory Instruments from a Comparative and Functional Perspective, LSN Research Paper Series No. 16-24, S. 19 f.

155 *Lanfermann* BB 2017, 747, 748.

156 *Europäische Kommission*, Leitlinien für die Berichterstattung über nichtfinanzielle Informationen, 26.6.2017, C(2017) 4234 final; dazu *Scheid/Müller* DStR 2017, 2240; *Sopp/Baumüller* IRZ 2017, 377.

157 *Europäische Kommission*, Leitlinien für die Berichterstattung über nichtfinanzielle Informationen, 26.6.2017, C(2017) 4234 final, S. 11.

158 *Europäische Kommission*, Leitlinien für die Berichterstattung über nichtfinanzielle Informationen, 26.6.2017, C(2017) 4234 final, S. 11 f.

159 *Europäische Kommission*, Leitlinien für die Berichterstattung über nichtfinanzielle Informationen, 26.6.2017, C(2017) 4234 final, S. 13.

160 *Europäische Kommission*, Leitlinien für die Berichterstattung über nichtfinanzielle Informationen, 26.6.2017, C(2017) 4234 final, S. 15 ff.

161 *Europäische Kommission*, Leitlinien für die Berichterstattung über nichtfinanzielle Informationen, 26.6.2017, C(2017) 4234 final, S. 23 f.

162 *Blöink/Halbleib* DK 2017, 182, 192.

163 *Lühn* ZRFC 2015, 102, 106 f.; *Lanfermann* BB 2017, 747, 749; positiv zu den Wahlmöglichkeiten auch *Böcking/Althoff* DK 2017, 246, 254.

164 Auch in anderen Mitgliedstaaten wie zB Frankreich und Österreich erfolgte die Umsetzung nicht fristgerecht.

165 Gesetz zur Stärkung der nicht-finanziellen Berichterstattung der Unternehmen in ihren Lage- und Konzernlageberichten (CSR-Richtlinie-Umsetzungsgesetz) vom 11.4.2017, BGBl. I, 2017, 802.

am 19.4.2017 in Kraft getreten ist.[166] Entsprechend Art. 4 I CSR-Richtlinie gelten die neuen Regelungen für Geschäftsjahre, die nach dem 31.12.2016 beginnen; das Umsetzungsgesetz wirkt mithin rückwirkend zum 1.1.2017.[167] Die im Rahmen der Richtlinienumsetzung entstandenen Änderungen finden sich überwiegend in den §§ 289b bis 289e und §§ 315b bis 315d HGB.[168] Indes wurde zT auch eine Umsetzung in das materielle Gesellschaftsrecht befürwortet.[169] Dem ist der Gesetzgeber im Ergebnis jedoch nicht gefolgt. Gleichwohl hat die Umsetzung des auf der CSR-Richtlinie basierenden Art. 19a Bilanz-RL in deutsches Recht auch signifikanten **Einfluss auf das Gesellschaftsrecht**, indem vor allem das Handeln des Vorstands eines von der Berichtspflicht betroffenen Unternehmens faktisch in Richtung einer vermehrten Stakeholderorientierung gelenkt wird.[170] Die nicht-finanzielle Erklärung kann von den betroffenen Unternehmen dabei entweder im Rahmen des (Konzern-)Lageberichts erstellt werden oder mittels eines eigenständigen Nachhaltigkeitsberichts dargestellt werden.[171]

65 Der **deutsche Gesetzgeber** orientiert sich im Hinblick auf die vom Anwendungsbereich der Neuregelung betroffenen Unternehmen an den Mindestvorgaben der CSR-Richtlinie und hält den Kreis der betroffenen Unternehmen dadurch möglichst klein.[172] Nach einer Schätzung basierend auf den Pflichtveröffentlichungen im Bundesanzeiger ist von etwa **500 deutschen Unternehmen** auszugehen, die derzeit verpflichtet sind, eine nicht-finanzielle Erklärung zu erstellen. Grundsätzlich wurde die Richtlinie 1:1 in nationales Recht umgesetzt.[173] Die von der Richtlinie eröffneten Mitgliedstaatenoptionen wurden dahingehend genutzt bzw. unterlassen, die administrativen Belastungen für die betroffenen Unternehmen gering zu halten und ihnen größtmögliche Flexibilität zu gewähren. So wurde beispielsweise die Möglichkeit einer verpflichtenden materiellen Prüfung des nicht-finanziellen Berichts gem § 317 II 4 HGB nicht in Anspuch genommen. Entsprechend der Vorgabe der Richtlinie hat allerdings der **Aufsichtsrat** gem § 171 I 4 AktG zukünftig neben der finanziellen Berichterstattung auch die nicht-finanzielle Erklärung inhaltlich **zu prüfen.**[174] Dies setzt voraus, dass der Vorstand dem Aufsichtsrat den CSR-Bericht auch zugänglich zu machen hat.[175] Im Rahmen der Umsetzung der CSR-Richtlinie in deutsches Recht wurde § 111 II AktG außerdem dahingehend geändert, dass für den Aufsichtsrat die Möglichkeit besteht, eine externe inhaltliche Überprüfung des nicht-finanziellen Berichts zu beauftragen.[176]

3. Erklärung zur Unternehmensführung (Corporate Governance-Reporting)

66 Aufgrund der besonderen Bedeutung börsennotierter Gesellschaften für die Volkswirtschaften der Mitgliedstaaten,[177] sieht Art. 20 I Bilanz-RL für **kapitalmarktorientierte** Unternehmen iSd Art. 2 Nr. 1 lit. a) Bilanz-RL zudem die Pflicht zur Abgabe einer **„Erklärung zur Unternehmensführung“** (*corporate governance statement*) vor. Diese Erklärung ist ebenfalls Bestandteil des Lageberichts[178] und hat einen gesonderten Abschnitt in diesem zu bilden (Art. 20 I 2 Bilanz-RL). Möglich ist es daneben, die Angaben zur Erklärung zur Unternehmensführung

166 Zur Umsetzung der CSR-Richtlinie in deutsches Recht *Velte/Stawinoga* DK 2016, 13 ff.; *Velte* StuB 2017, 293 ff.; *ders.* IRZ 2017, 325 ff.; *Bortenlänger/von Altenbockum* BOARD 2015, 231; *Hennrichs* NZG 2017, 841 ff.; *Hennrichs/Pöschke* NZG 2017, 121 ff.; *Meeh-Bunse/Hermeling/Schomaker* DStR 2016, 2769 ff.; *dies.* DStR 2017, 1127 ff.; *Kajüter* DB 2017, 617 ff.; *ders.* IRZ 2016, 507 ff.; *Pfeifer/Wulf* ZCG 2017, 225 ff.; *Richter/Johne/König* WPg 2017, 566 ff.; *Mock* ZIP 2017, 1195 ff.; *Weller/Meyer* PiR 2017, 125 ff.; *Nietsch* NZG 2016, 1330 ff.; *Nietsch/Munerotto* CB 2016, 177 ff.; *Bortenlänger/v. Altenbockum* BOARD 2015, 213 ff.; *Böcking/Althoff* DK 2017, 246, 248 ff.; *Blöink/Halbleib* DK 2017, 182 ff.; *Boecker/Zwirner* SteuK 2016, 426 ff.

167 Vgl. nur *Weller/Meyer* PiR 2017, 125; *Rimmelspacher/Schäfer/Schönberger* KoR 2017, 225 ff.

168 Für eine Umsetzung im Rahmen des Handelsrechts auch *Schrader* in: Deinert/Schrader/Stoll (Hrsg.), Corporate Social Responsibility (CSR), 2015, S. 38, 50; *Roth-Migram* NZG 2015, 1341, 1342; wohl auch *Kreipl* ZfU 38 (2015) 98, 109 f.

169 So *Hommelhoff* in: FS Hoyningen-Huene, 2014, S. 137, 144; *ders.* NZG 2015, 1329, 1330.

170 *Schön* ZHR 180 (2016) 279, 288; *Fleischer* AG 2017, 509, 522 ff.; *Möslein/Sørensen*, Nudging for Corporate Long-termism and Sustainability?, Nordic & European Company Law Research Paper No. 16-24, S. 19, 30; ferner auch *Fleischer* in: Spindler/Stilz (Hrsg.), AktG, 3. Aufl. 2015, § 76 Rn. 42; *Kort* NZG 2012, 926, 927; wohl aA *Mock* ZIP 2017, 1195, 1196.

171 *Velte* StuB 2017, 293; *Richter/Johne/König* WPg 2017, 566, 568.

172 *Lanfermann* BB 2017, 747; *Holzmeier/Burth/Hachmeister* IZR 2017, 215, 216; *Kajüter* DB 2017, 617, 624.

173 Vgl. nur *Blöink/Halbleib* DK 2017, 182, 195; *Fleischer* AG 2017, 509, 521.

174 Vgl. dazu *Velte* IRZ 2017, 325, 326 ff.; *Mock* ZIP 2017, 1195, 1201; *Hennrichs* NZG 2017, 841, 845 f.; *Scheffler* AG 2017, R125, R126; *Lanfermann* BB 2017, 747, 749 ff. Die Anregungen des Arbeitskreises Bilanzrecht Hochschullehrer Rechtswissenschaft haben insofern keinen Niederschlag gefunden. Diese regten eine Streichung der Prüfpflicht des Aufsichtsrats sowie die Verlagerung der Vorlagepflicht an den Aufsichtsrat von § 170 I AktG zu § 90 AktG an, vgl. *Arbeitskreises Bilanzrecht Hochschullehrer Rechtswissenschaft* NZG 2016, 1337; ebenfalls kritisch zur Prüfungspflicht *Nietsch* NZG 2016, 1330, 1335.

175 *Weller/Meyer* PiR 2017, 125, 130.

176 Vgl. dazu *Velte* IRZ 2017, 325 ff.

177 Vgl. Erwägungsgrund 28 der Bilanzrichtlinie.

178 Aus deutscher Sicht vgl. *Bachmann* ZIP 2010, 1517, 1521; *Vetter* NZG 2009, 561, 562; *Lange* in: MüKo HGB, 4. Aufl. 2016, § 289a Rn. 2.

entweder in einem gesonderten Bericht aufzuführen, der zusammen mit dem Lagebericht offenzulegen ist, oder öffentlich auf der Internetpräsenz des Unternehmens zu publizieren (Art. 20 II 1 Bilanz-RL).

Die Abgabe einer Erklärung zur Unternehmensführung bezweckt in erster Linie die **Verbesserung** der Transparenz hinsichtlich der **Corporate Governance-Praxis** des Unternehmens sowie die Angleichung der Vorgaben zur Corporate Governance innerhalb der EU.[179] Die Erklärung soll damit den Abschlussadressaten Informationen über die angewandte Unternehmenspraxis und die Methoden der Unternehmensführung vermitteln und indirekt Druck auf die Unternehmen ausüben, die Vielfalt in den Unternehmensorganen zu erhöhen.[180] Die Erklärung zur Unternehmensführung muss insbesondere eine Stellungnahme über die **Einhaltung** der (ggf freiwilligen) Vorgaben des mitgliedstaatlichen **Corporate Governance Kodex** enthalten (vgl. Art. 20 I 2 lit. a) Bilanz-RL). Wird von dem entsprechenden Unternehmensführungskodex abgewichen, muss angegeben werden, in welchen Punkten und warum abgewichen wurde (*comply or explain*) (Art. 20 I 2 lit. b) Bilanz-RL). Hinzu kommt die Beschreibung ua der Art und Weise der Durchführung der Hauptversammlung und deren wesentliche Befugnisse und der Aktionärsrechte sowie der Zusammensetzung und Arbeitsweise der Verwaltungs-, Leitungs- und Aufsichtsorgane. Neu durch die CSR-Richtlinie kam eine Beschreibung des Diversitätskonzepts hinzu (Art. 20 I 2 lit. g) Bilanz-RL).[181] Diese Pflicht besteht jedoch nicht für kleine und mittlere Unternehmen (Art. 20 V Bilanz-RL). Das Diversitätskonzept wurde, genau wie die nicht-finanzielle Berichterstattung (s. Rn. 55 ff.), im Rahmen des CSR-Richtlinie-Umsetzungsgesetzes in deutsches Recht umgesetzt. Demnach müssen große börsennotierte Aktiengesellschaften ihr Diversitätskonzept gem § 289f II Nr. 6 HGB dahingehend beschreiben, welche Zusammensetzung von Vorstand und Aufsichtsrat hinsichtlich unterschiedlichster Aspekte wie beispielsweise Alter und Geschlecht angestrebt wird.[182] Zu nennen sind hierbei auch die Art und Weise der Umsetzung des Diversitätsprinzips sowie die im Geschäftsjahr erzielten Ergebnisse. 67

Im deutschen Recht hat die Erklärung zur Unternehmensführung gem **§ 289f HGB** (ex-§ 289a HGB) zu erfolgen.[183] Neu eingefügt durch das BilRUG wurden § 289f II Nr. 4, III, IV HGB sowie hinsichtlich der Darstellung des Diversitätskonzepts § 289f II Nr. 6 HGB und § 315d HGB.[184] Zudem hat die Gesellschaft seit 2016 anzugeben, ob bei der Besetzung des Aufsichtsrats die Mindest(frauen)quote eingehalten wurde (§ 289f II Nr. 5 HGB). Speziell die Erklärung zum deutschen Corporate Governance Kodex ist in **§ 161 AktG** geregelt. 68

4. Ertragsteuerinformationsbericht

Im Zuge eines **Richtlinienvorschlags** der Europäischen Kommision vom **April 2016** über die Offenlegung von Ertragssteuerinformationen durch bestimmte Unternehmen und Zweigniederlassungen (Rn. 9)[185] haben „oberste Mutterunternehmen" (Art. 48a Nr. 1 RL-Vorschlag) und ggf mittlere und große Tochterunternehmen iS von Art. 3 III, IV Bilanz-RL einen alljährlichen **Ertragsteuerinformationsbericht** zu erstellen und zu veröffentlichen (Art. 48b I, III RL-Vorschlag). Im Juli 2017 veröffentlichte das Europäische Parlament seine Änderungsvorschläge zum Richtlienvorschlag der Europäischen Kommission.[186] Ziel einer entsprechenden Berichtspflicht ist die Bekämpfung von Steuerumgehung und von Steuervermeidungsstrategien großer (multinationaler) Unternehmen und damit eine verbesserte Transparenz im Bereich der Unternehmensbesteuerung.[187] Adressat der Berichterstattung sind zunächst Mutterunternehmen einer Unternehmensgruppe, die einen (weltweiten) **konsolidierten Nettoumsatzerlös** von **mindestens EUR 750 Mio.** aufweisen sowie nicht-konzernverbundene Unternehmen, die einen Nettoumsatzerlös von über EUR 750 Mio. aufweisen (Art. 48b I RL-Vorschlag). Zudem werden mittlere und große Tochterunternehmen zur Veröffentlichung des Ertragsteuerinformationsberichts der Konzernmutter 69

179 *Bischof/Selch* WPg 2008, 1021, 1026; *Kleindiek* in: MüKo Bilanzrecht, 2013, § 289a Rn. 2.

180 Vgl. Erwägungsgrund 18 zur CSR-Richtlinie; *Gruber* ZFR 2015, 103, 107; *Habersack/Verse*, Europäisches Gesellschaftsrecht, 2011, § 9 Rn. 28; *Thomas* in: Heidel/Schall (Hrsg.), HGB, 2. Aufl. 2015, § 289a Rn. 1; *Böcking/Gros/Worret* in: Ebenroth ua (Hrsg.), HGB, 3. Aufl. 2014, § 289a Rn. 2; *Lange* in: MüKo HGB, 4. Aufl. 2016, § 289a Rn. 1.

181 *Spießhofer* NZG 2014, 1281, 1286; *Roth-Mingram* NZG 2015, 1341, 1342; *Glaser* IRZ 2015, 55, 57; *Schubert/Senger* in: Beck'sches IFRS-Handbuch, 5. Aufl. 2016, § 38 Rn. 103; *Scheffler* AG 2014, R354.

182 Vgl. Erwägungsgründe 18, 19 zur CSR-Richtlinie.

183 Dazu *Bachmann* ZIP 2010, 1517 ff.; *Baetge/Hippel* in: FS Hommelhoff, 2012, S. 45 ff.; *Böcking/Eibelshäuser* DK 2009, 563 ff.; *Kocher* DStR 2010, 1034 ff.; *Kruchen* ZIP 2012, 62 ff.; *Kuthe/Geiser* NZG 2008, 172 ff.; *Weber/Velte* DB 2012, 1824 ff.; *Velte* KoR 2011, 121 ff.

184 Zu Letzterem vgl. *Velte* StuB 2017, 293, 296 ff.; *Weller/Meyer* PiR 2017, 125, 130.

185 Vorschlag für eine Richtlinie des Europäischen Parlaments und des Rates zur Änderung der Richtlinie 2013/34/EU im Hinblick auf die Offenlegung von Ertragssteuerinformationen durch bestimmte Unternehmen und Zweigniederlassungen v. 12.4.2016, COM(2016) 198 final; dazu ua *Kleinmanns* StuB 2016, 547.

186 *Europäisches Parlament*, Abänderungen des Europäischen Parlaments vom 4. Juli 2017 zu dem Vorschlag für eine Richtlinie des Europäischen Parlaments und des Rates zur Änderung der Richtlinie 2013/34/EU im Hinblick auf die Offenlegung von Ertragssteuerinformationen durch bestimmte Unternehmen und Zweigniederlassungen (COM(2016)0198 C8-0146/2016 – 2016/0107(COD)), P8_TA-PROV(2017)0284; dazu *Kirchdörfer* EuZW 2017, 705.

187 Vgl. Erwägungsgrund 1, 2, 12 zum Richtlinienvorschlag.

verpflichtet, deren oberstes Mutterunternehmen einen konsolidierten Nettoumsatzerlös von über EUR 750 Mio. aufweist und nicht den Rechtsvorschriften eines Mitgliedstaates unterliegt (Art. 48b III RL-Vorschlag). Weiterhin werden uU mitgliedstaatliche Zweigniederlassungen eines ausländischen Unternehmens verpflichtet, deren Ertragsteuerinformationsbericht zu publizieren (Art. 48b IV, V RL-Vorschlag). Insofern ist eine diesbezügliche Erweiterung des Anwendungsbereichs der Bilanzrichtlinie auf Zweigniederlassungen beabsichtigt (vgl. Art. 1 Ia RL-Vorschlag). **Inhaltlich** soll der zu erstellende Ertragsteuerinformationsbericht Angaben über „sämtliche Tätigkeiten des Unternehmens und des obersten Mutterunternehmens" (Art. 48c I RL-Vorschlag). Erfasst sind insbesondere der Betrag der Nettoumsatzerlöse, der Betrag des Vorsteuergewinns bzw. -verlustes, der Betrag der für das laufende Geschäftsjahr noch zu zahlenden Ertragssteuer, der Betrag der gezahlten Ertragssteuer sowie des einbehaltenen Gewinns. Der Betrag der gezahlten und noch zu zahlenden Ertragssteuer ist dabei iS einer länderspezifischen Berichterstattung (***country by country-reporting***) grundsätzlich nach den Unternehmen der einzelnen Mitgliedstaaten aufzuschlüsseln.[188] Der Ertragsteuerinformationsbericht soll zusammen mit den Unterlagen der Rechnungslegung gemäß den Vorgaben der ehemaligen Publizitätsrichtlinie (= Art. 14 ff. Kodifizierungs-RL) veröffentlicht werden und mindestens **fünf Jahre** auf der Internetpräsenz des betroffenen Unternehmens zugänglich sein (Art. 48d I, II RL-Vorschlag). Insofern wird die Finanzberichterstattung entsprechend durch einen Ertragsteuerinformationsbericht ergänzt. Der Bericht ist dabei ebenfalls durch ein oder mehrere Abschlussprüfer bzw. Prüfungsgesellschaften zu prüfen (Art. 48f RL-Vorschlag). Ob der bestehende Richtlinienvorschlag mit der Pflicht zur Erstellung und Offenlegung eines solchen Ertragsteuerinformationsberichts demnächst verabschiedet werden wird, ist indes offen, da bereits mehrere nationale wie europäische Wirtschaftsverbände diesen umfassend kritisiert haben.[189] Hieran mögen wohl auch die Änderungsvorschläge des Europäischen Parlaments nur wenig ändern.

G. Konsolidierte Abschlüsse und Berichte (Konzernbilanzrecht)

70 In der Unternehmenswirklichkeit sind (Kapital-) Gesellschaften überwiegend in Konzerne eingebunden.[190] Das **Konzernbilanzrecht** spielt daher eine erhebliche Rolle in der heutigen Rechnungslegungspraxis.[191] Obgleich bei der Rechnungslegung eines Unternehmens dessen Verflechtung mit anderen Unternehmen durchaus schon berücksichtigt wird, vermittelt der Einzelabschluss noch keinen zutreffenden Einblick in die Lage des Konzerns und der einzelnen Konzerngesellschaften.[192] Es waren daher besondere Vorgaben für die Rechnungslegung im Konzern notwendig. Auf europäischer Ebene geschah dies mit Verabschiedung der 7. Richtlinie (s. Rn. 1). Die speziellen Regelungen zum Konzernbilanzrecht finden sich heute in **Art. 21-29a Bilanz-RL.**[193] Der Schlüsselbegriff des Konzernbilanzrechts ist dabei der der **Konsolidierung**, also eine Zusammenfassung bzw. Vereinigung der Einzelabschlüsse aller Konzernunternehmen als Einheit (vgl. Art. 24 VII 1 Bilanz-RL: wie „ein einziges Unternehmen").[194] Der konsolidierten Rechnungslegung im Konzern kommt aufgrund der Maßgeblichkeit des rechtlich selbstständigen Einzelunternehmens – im Gegensatz zum Jahresabschluss – indes keine materiellrechtliche Wirkung zu.[195] Der konsolidierten Rechnungslegung kommt insofern ausschließlich eine **Informationsfunktion** zu.[196] Gleichwohl wird im nationalen, europäischen wie internationalen Kontext die Konzernberichterstattung faktisch immer umfangreicher.[197]

---

188 Wortlaut des Änderungsvorschlags des Europäischen Parlaments: „Informationen werden nach einem gemeinsamen Muster vorgelegt und umfassen nach Steuergebieten aufgeschlüsselt Folgendes:" (Art. 48c II EP-Vorschlag).

189 Vgl. nur *WPK*, Stellungnahme: Vorschlag der EU-Kommission zur Offenlegung von Ertragssteuerinformationen durch bestimmte multinationale Unternehmen, 18. Mai 2016.

190 *Grundmann*, Europäisches Gesellschaftsrecht, 2011, Rn. 563, 1006; *Lutter* in: FS K. Schmidt, 2007, S. 1065, 1066; *Nobel*, Internationales und Transnationales Aktienrecht, Bd. 1, 2012, S. 17; vgl. auch *Dorresteijn et al.*, European Corporate Law, 2. Aufl. 2011, Rn. 3.69.

191 *Forum Europaeum Konzernrecht* ZGR 1998, 672, 675; *Grundmann*, Europäisches Gesellschaftsrecht, 2011, Rn. 563; *Hahn* DStR 2001, 1267, 1271; *Pollmann* DStR 2014, 1732; siehe auch *Großfeld* in: Grundmann (Hrsg.), Systembildung und Systemlücken, 2000, S. 289, 294; *Müller* in: Hopt (Hrsg.), Groups of Companies in European Laws, 1982, S. 175 f.

192 *K. Schmidt*, Handelsrecht, 6. Aufl. 2014, § 15 Rn. 108; *Grottel/Kreher* in: BeckBilKo, 10. Aufl. 2016, § 290 Rn. 1; *Claussen* ZGR 2000, 604; vgl. auch *Schwarz*, Europäisches Gesellschaftsrecht, 2000, Rn. 473; *Müller* in: Hopt (Hrsg.), Groups of Companies in European Laws, 1982, S. 175, 176.

193 Zur Änderung der Regelungen zur Konzernrechnungslegung in §§ 290 ff. HGB durch das BilRUG *Lüdenbach/Freiberg* StuB 2015, 619 ff.; *Zwirner* BC 2015, 444 ff.; *Theile* BBK 2015, 702 ff.; *Deubert/Lewe* DB Beilage Nr. 5 v. 4.9.2015, S. 49 ff.; *Schütte* StB 2014, 439, 440 ff.

194 Vgl. auch Erwägungsgrund 31 S. 1: „einzigen wirtschaftlichen Einheit".

195 *Habersack/Verse*, Europäisches Gesellschaftsrecht, 2011, § 9 Rn. 40; *Kalss/Klampfl*, Europäisches Gesellschaftsrecht, 2015, Rn. 279; *Grundmann*, Europäisches Gesellschaftsrecht, 2011, Rn. 499; *Baetge/Brembt* WPg 2011, 572, 579.

196 *Habersack/Verse*, Europäisches Gesellschaftsrecht, 2011, § 9 Rn. 40; *Kalss/Klampfl*, Europäisches Gesellschaftsrecht, 2015, Rn. 279; *Grundmann*, Europäisches Gesellschaftsrecht, 2011, Rn. 499; *Grohmann*, Das Informationsmodell im Europäischen Gesellschaftsrecht, 2006, S. 197.

197 *Großfeld* ZVglRWiss 116 (2017) 1, 15.

I. Anwendungsbereich der konsolidierten Rechnungslegung

Voraussetzung für die Pflicht zur konsolidierten Rechnungslegung ist das Bestehen einer (Unternehmens-) „**Gruppe**". Eine Gruppe iS der Richtlinie besteht gem Art. 2 Nr. 11 Bilanz-RL aus einem Mutterunternehmen und einem (unmittelbar oder mittelbar) von diesem kontrollierten Tochterunternehmen (s. Rn. 26). Als Tochterunternehmen zählen aufgrund der mittelbaren Kontrollmöglichkeit auch Enkelunternehmen und darunterliegende Gruppenstrukturen.[198] Der Anwendungsbereich für die konsolidierte Rechnungslegung ist eröffnet, wenn das **Mutterunternehmen** eine Gesellschaft iSd **Art. 1 I Bilanz-RL** ist (Art. 21 Bilanz-RL), dh wenn es entweder eine in Anhang I aufgezählte Kapitalgesellschaft eines Mitgliedstaates oder eine in Anhang II aufgezählte Personenhandelsgesellschaft ist, bei der keine natürliche Person unbeschränkt für die Verbindlichkeiten der Gesellschaft haftet (zum Anwendungsbereich s. Rn. 19 ff.). Im Vergleich zur früheren Rechtslage ist der unmittelbare **Anwendungsbereich** der konsolidierten Rechnungslegung **kleiner geworden.**[199] Wurde nach Art. 4 I der 7. Richtlinie noch sowohl auf das Mutter- als auch das Tochterunternehmen abgestellt, ist nach Art. 21 Bilanz-RL allein der Charakter des Mutterunternehmens ausschlaggebend. 71

In Abhängigkeit von der Größe der Gruppe bestehen **Erleichterungen** für die konsolidierte Rechnungslegung von kleinen und mittleren Gruppen (s. Rn. 35 f.). Sofern keines der verbundenen Unternehmen ein Unternehmen von öffentlichem Interesse iSd Art. 2 Nr. 1 Bilanz-RL ist, sind kleine Gruppen von der Verpflichtung zur Erstellung eines konsolidierten Abschlusses und eines konsolidierten Lageberichts ausgenommen (Art. 23 I Bilanz-RL). Für mittlere Gruppen haben die Mitgliedstaaten die **Wahl**, ob sie diese von der Pflicht zur konsolidierten Rechnungslegung befreien, wenn keines der verbundenen Unternehmen ein Unternehmen von öffentlichem Interesse ist (Art. 23 II Bilanz-RL). 72

Der materielle Anwendungsbereich der Konsolidierungspflicht bestimmt sich nach Art. 22 Bilanz-RL. Die Pflicht des Mutterunternehmens zur Aufstellung eines konsolidierten Abschlusses und eines konsolidierten Lageberichts knüpft dabei an die **enumerativ** in Abs. 1 **aufgezählten Kontrolltatbestände** an und verwirklicht damit das aus dem anglo-amerikanischen Bilanzrecht stammende Kontrollkonzept.[200] Beim Kontrollkonzept genügt es, wenn die Möglichkeit für ein Unternehmen besteht, Kontrolle über ein anderes Unternehmen auszuüben, zB durch eine Stimmenmehrheit (Art. 22 I 1 lit. a) Bilanz-RL) oder ein Besetzungsrecht (Art. 22 I 1 lit. b) Bilanz-RL). Als Zugeständnis insbesondere an das frühere deutsche Recht sah bzw. sieht die damalige 4. Richtlinie und die heutige Bilanzrichtlinie die Möglichkeit der Konsolidierungspflicht zusätzlich im Fall eines beherrschenden Einflusses auf oder die Kontrolle über die Tochtergesellschaft oder der einheitlichen Leitung durch das Mutterunternehmen vor (sog **Beherrschungskonzept**) (Art. 22 II Bilanz-RL). Art. 22 VII Bilanz-RL gestattet zudem die Einbeziehung des Gleichordnungskonzerns in die konsolidierte Rechnungslegung.[201] 73

Für die Einbeziehung von Tochtergesellschaften kommt es nicht auf deren Nationalität (bzw. Gesellschaftsstatut) an. Das Mutterunternehmen sowie alle seine Tochterunternehmen sind ohne Rücksicht auf deren Sitz zu konsolidieren (Art. 22 VI Bilanz-RL) (sog „**Weltabschluss**").[202] Für die Konsolidierungspflicht ist damit allein auf die Nationalität des Mutterunternehmens abzustellen. Ist dieses vom persönlichen Anwendungsbereich der Richtlinie und den Regelungen zur Konzernrechnungslegung erfasst, hat sie einen konsolidierten Abschluss und einen konsolidierten Lagebericht zu erstellen. Auch Tochtergesellschaften, die ihren „Sitz" außerhalb der EU bzw. des EWR haben, sind mit zu konsolidieren. Als Sitz iSd Art. 22 VI Bilanz-RL ist dabei der für die Bestimmung des Gesellschafts- bzw. Personalstatuts des Unternehmens nach nationalem Recht maßgebliche Sitz (Satzungs- oder Verwaltungssitz) zu verstehen. 74

II. Konsolidierungspflicht

Die Pflicht zur konsolidierten Rechnungslegung betrifft das jeweilige **Mutterunternehmen** der Gruppe (Art. 22 I 1 Bilanz-RL). Es kommen die nationalen Umsetzungsvorschriften zu Art. 21 ff. Bilanz-RL zur Anwendung, des- 75

198 *Kalss/Klampfl*, Europäisches Gesellschaftsrecht, 2015, Rn. 280; *Habersack/Verse*, Europäisches Gesellschaftsrecht, 2011, § 9 Rn. 50.

199 *Kalss/Klampfl*, Europäisches Gesellschaftsrecht, 2015, Rn. 283; vgl. auch Erwägungsgrund 30.

200 *Bayer/Schmidt* in: Lutter/Bayer (Hrsg.), Holding-Handbuch, 5. Aufl. 2015, Rn. 19.20; *Lutter/Bayer/Schmidt*, Europäisches Unternehmens- und Kapitalmarktrecht, 2017, Rn. 23.44; *Kalss/Klampfl*, Europäisches Gesellschaftsrecht, 2015, Rn. 284; *Habersack/Verse*, Europäisches Gesellschaftsrecht, 2011, § 9 Rn. 43; *Busse von Colbe* in: MüKo HGB, 4. Aufl. 2016, § 290 Rn. 1; ausführlich mit Gegenüberstellung zum „Beherrschungskonzept" *Grundmann*, Europäisches Gesellschaftsrecht, 2011, Rn. 569 ff.; *Edwards*, EC Company Law, 1999, S. 161 ff.

201 *Bayer/Schmidt* in: Lutter/Bayer (Hrsg.), Holding-Handbuch, 5. Aufl. 2015, Rn. 19.20; *Kalss/Klampfl*, Europäisches Gesellschaftsrecht, 2015, Rn. 284; zur alten Rechtslage *Lutter/Bayer/Schmidt*, Europäisches Unternehmens- und Kapitalmarktrecht, 2017, Rn. 23.45; *Habersack/Verse*, Europäisches Gesellschaftsrecht, 2011, § 9 Rn. 44; *Grundmann*, Europäisches Gesellschaftsrecht, 2011, Rn. 571.

202 *Habersack/Verse*, Europäisches Gesellschaftsrecht, 2011, § 9 Rn. 45; *Lutter/Bayer/Schmidt*, Europäisches Unternehmens- und Kapitalmarktrecht, 2017, Rn. 23.46; *Kalss/Klampf*, Europäisches Gesellschaftsrecht, 2015, Rn. 285; vgl. auch *Tiedje* in: von der Groeben/Schwarze/Hatje (Hrsg.), Europäisches Unionsrecht, 7. Aufl. 2015, Art. 50 AEUV Rn. 42.

sen mitgliedstaatlichem Recht das Mutterunternehmen unterliegt. Das Gesellschafts- bzw. Personalstatut der Tochtergesellschaften ist irrelevant (s. Rn. 74). Es sind sämtliche Tochtergesellschaften des konsolidierenden Mutterunternehmens in den Konzernabschluss und den Konzernlagebericht einzubeziehen.[203] In Deutschland bestimmt **§ 290 I 1 HGB**, dass Mutterunternehmen mit Sitz im Inland[204] einen Konzernabschluss und einen Konzernlagebericht aufzustellen haben, sofern sie auf ein anderes Unternehmen unmittelbar oder mittelbar einen **beherrschenden Einfluss** ausüben können.

76 Aufgrund der Mehrstufigkeit von Konzernstrukturen sind in der Praxis viele Gesellschaften gleichzeitig Mutter- und Tochterunternehmen iS der Richtlinie.[205] Bei Erfüllung eines der Kontrolltatbestände des Art. 22 I oder ggf II Bilanz-RL hätte dies zur Folge, dass auf jeder Gruppenstufe eine konsolidierte Rechnungslegung mit zahlreichen **Teilkonzernabschlüssen** durchzuführen wäre. Um dies zu verhindern, sehen Art. 23 III-VIII Bilanz-RL **Befreiungsmöglichkeiten** für entsprechende Tochtergesellschaften vor („befreiende Konzernabschlüsse").[206] Die Regelungen sind als zwingende Befreiungstatbestände oder als Mitgliedstaatenoptionen ausgestaltet. Sie verlangen jedoch stets eine konsolidierte Rechnungslegung des übergeordneten Mutterunternehmens, die im Einklang mit der Bilanzrichtlinie oder den übernommenen IFRS steht und das befreite Tochterunternehmen einbezieht.[207]

III. Art und Weise der Konzernrechnungslegung

77 Bestandteile der Konzernrechnungslegung sind – wie bei der Rechnungslegung im Einzelunternehmen – die Aufstellung einer **konsolidierten Bilanz** (Art. 24-27 Bilanz-RL) zzgl. des Anhangs zum Abschluss (Art. 28 Bilanz-RL), die Erstellung eines **konsolidierten Lageberichts** (Art. 29 Bilanz-RL) sowie für Mutterunternehmen von öffentlichem Interesse einer großen Gruppe mit durchschnittlich mehr als 500 Mitarbeitern die Abfassung einer **konsolidierten nicht-finanziellen Erklärung** (Art. 29a Bilanz-RL). Für die Aufstellung des konsolidierten Abschlusses gelten die Regelungen für die Rechnungslegung von Einzelunternehmen entsprechend (Art. 24 I Bilanz-RL). Dies gilt auch für die allgemeinen Bestimmungen und Grundsätze der Rechnungslegung (s. Rn. 37 ff.), wie beispielsweise der *true and fair view*-Grundsatz und das Prinzip der Stetigkeit.[208] Abgesehen von wenigen Sonderregelungen entspricht auch die Gliederung der Bilanz und der Gewinn- und Verlustrechnung weitgehend den Regelungen für die Rechnungslegung von Einzelunternehmen (s. Rn. 45 ff.).[209]

78 Die konsolidierte Rechnungslegung ist von dem Grundsatz der **Vollkonsolidierung** geprägt.[210] Nach Art. 24 VII Bilanz-RL sind im konsolidierten Abschluss die Vermögens-, Finanz- und Ertragslage der in die Konsolidierung einbezogenen Unternehmen so auszuweisen, als ob sie ein einziges Unternehmen wären. Ausnahmen vom Grundsatz der Vollkonsolidierung bestehen in Art. 26 f. Bilanz-RL. Für „Gemeinschaftsunternehmen" können die Mitgliedstaaten gestatten oder vorsehen, dass diese im Konzernabschluss nur anteilsmäßig erfasst werden (Art. 26 I Bilanz-RL). Bei der anteilsmäßigen Konsolidierung (**Quotenkonsolidierung**)[211] werden die Vermögenswerte und Verbindlichkeiten nur in Höhe des Anteils des konzernrechnungspflichtigen Unternehmens über-

---

203 *Habersack/Verse*, Europäisches Gesellschaftsrecht, 2011, § 9 Rn. 50.

204 Dadurch, dass über § 264a HGB ggf auch Personenhandelsgesellschaften der Pflicht zur Konzernrechnungslegung gem §§ 290 ff. HGB unterliegen, ist unter dem „Sitz" des Unternehmens der für die Bestimmung des nationalen Gesellschaftsstatuts maßgebliche Anknüpfungspunkt zu verstehen; für Kapitalgesellschaften also der Satzungssitz und für Personengesellschaft nach (noch) hM der Verwaltungssitz.

205 *Kalss/Klampf*, Europäisches Gesellschaftsrecht, 2015, Rn. 286; *Lutter/Bayer/Schmidt*, Europäisches Unternehmens- und Kapitalmarktrecht, 2017, Rn. 23.50.

206 *Kalss/Klampfl*, Europäisches Gesellschaftsrecht, 2015, Rn. 286; zur alten Rechtslage *Lutter/Bayer/Schmidt*, Europäisches Unternehmens- und Kapitalmarktrecht, 2017, Rn. 23.50; *Habersack/Verse*, Europäisches Gesellschaftsrecht, 2011, § 9 Rn. 49; *Grundmann*, Europäisches Gesellschaftsrecht, 2011, Rn. 572; ferner insbesondere zur Umsetzung des Art. 23 VIII Bilanz-RL in deutsches Recht *Deubert/Lewe* DB Beilage Nr. 5 v. 4.9.2015, S. 49, 50 f.

207 *Kalss/Klampfl*, Europäisches Gesellschaftsrecht, 2015, Rn. 286; *Grundmann*, Europäisches Gesellschaftsrecht, 2011, Rn. 572.

208 *Habersack/Verse*, Europäisches Gesellschaftsrecht, 2011, § 9 Rn. 53; *Grundmann*, Europäisches Gesellschaftsrecht, 2011, Rn. 573; *Kalss/Klampfl*, Europäisches Gesellschaftsrecht, 2015, Rn. 288.

209 *Lutter/Bayer/Schmidt*, Europäisches Unternehmens- und Kapitalmarktrecht, 2017, Rn. 23.50; *Grundmann*, Europäisches Gesellschaftsrecht, 2011, Rn. 573; *Dorresteijn et al.*, European Corporate Law, 2. Aufl. 2011, Rn. 3.76.

210 *Lutter/Bayer/Schmidt*, Europäisches Unternehmens- und Kapitalmarktrecht, 2017, Rn. 23.51; *Kalss/Klampfl*, Europäischen Gesellschafsrecht, 2015, Rn. 289; ausführlich dazu sowie zu den einzelnen Ausprägungen *Grundmann*, Europäisches Gesellschaftsrecht, 2011, Rn. 575 ff.; *Habersack/Verse, Europäisches Gesellschaftsrecht, 2011*, § 9 Rn. 55 ff.; *Schwarz*, Europäisches Gesellschaftsrecht, 2000, Rn. 485 ff.; aus deutsche Perspektive zur Regelung des § 300 HGB ua *Senger* in: MüKo Bilanzrecht, 2013, § 300 Rn. 9 ff.; *Elprana/Keßler* in: Heidel/Schall (Hrsg.), HGB, 2. Aufl. 2015, § 300 Rn. 3 ff.

211 *Kalss/Klampfl*, Europäisches Gesellschaftsrecht, 2015, Rn. 289; *Habersack/Verse*, Europäisches Gesellschaftsrecht, 2011, § 9 Rn. 58; *Grundmann*, Europäisches Gesellschaftsrecht, 2011, Rn. 579; *Zwirner* DStR 2014, 439, 444.

nommen.[212] Für **assoziierte Unternehmen** (vgl. Art. 2 Nr. 13 Bilanz-RL) hat die Rechnungslegung in der konsolidierten Bilanz nach der **Equity-Methode** zu erfolgen (Art. 27 Bilanz-RL). Die Beteiligung einer Konzerngesellschaft an einem assoziierten Unternehmen ist daher mit dem anteiligen Eigenkapital an diesem anzusetzen.[213] Die Beteiligung an einem assoziierten Unternehmen ist in der Konzernbilanz unter einem besonderen Posten mit entsprechender Bezeichnung auszuweisen (Art. 27 I Bilanz-RL). Die Vorgaben betreffend assoziierten Unternehmen finden sich im deutschen Recht in §§ 311 f. HGB.

H. Prüfung des Jahres- bzw. konsolidierten Abschlusses

Sowohl der Jahresabschluss als auch der konsolidierte Abschluss unterliegen einer **obligatorischen Abschlussprüfung**. Die Abschlüsse von Unternehmen von öffentlichem Interesse, **mittleren und großen Unternehmen** sind von einem oder mehreren unabhängigen Abschlussprüfern oder Prüfungsgesellschaften zu kontrollieren (Art. 34 I Bilanz-RL). Die Prüfung als solche hat dabei nach der mitgliedstaatlichen Umsetzung zur Abschlussprüferrichtlinie (dazu § 26) zu erfolgen. Auch die Anforderung an die Fähigkeiten und die Unabhängigkeit des bzw. der Prüfer ergibt sich aus der Abschlussprüferrichtlinie.[214] 79

Durch die Pflichtprüfung soll sichergestellt werden, dass die Rechnungslegung den Vorgaben der nationalen Umsetzungsvorschriften zur Bilanzrichtlinie entspricht und damit den Anlegern und Gläubigern ein verlässliches Bild über die Lage der Gesellschaft vermittelt wird.[215] Dem Wortlaut nach unterliegen nur Unternehmen von öffentlichem Interesse sowie mittlere und große Unternehmen der Prüfungspflicht des Abschlusses. Art. 51 II der 4. Richtlinie sah noch ausdrücklich vor, dass die Mitgliedstaaten kleine Unternehmen von der Prüfungspflicht freistellen können.[216] Da eine Pflicht zur Prüfung des Jahresabschlusses für Kleinst- und **kleine Unternehmen** mit einem „erheblichen Verwaltungsaufwand" verbunden sein kann,[217] sollte für diese keine Prüfungspflicht bestehen. Aus Erwägungsgrund 43 S. 4 der Bilanzrichtlinie wird gleichwohl erkennbar, dass die Mitgliedstaaten auch nicht daran gehindert sind, unter Berücksichtigung der „besonderen Gegebenheiten und Bedürfnisse" kleiner Unternehmen eine Abschlussprüfung für diese vorzuschreiben.[218] Die Anforderungen an die Pflichtprüfung gem Art. 34 I Bilanz-RL gelten darüber hinaus entsprechend für die konsolidierten Abschlüsse von Konzernmutterunternehmen (Art. 34 II Bilanz-RL). 80

Gegenstand der Pflichtprüfung ist der Jahres- bzw. konsolidierte Abschluss und der (konsolidierte) Lagebericht. Nicht Prüfungsinhalt ist die (konsolidierte) nicht-finanzielle Erklärung gem Art. 19a bzw. 29 Bilanz-RL (Art. 34 III Bilanz-RL). Zu prüfen ist insbesondere, ob der Jahresabschluss bzw. der konsolidierte Abschluss im Einklang mit den einschlägigen Rechnungslegungsgrundsätzen ein den tatsächlichen Verhältnissen entsprechendes Bild vermittelt.[219] Ferner ist zu prüfen, ob der Lagebericht mit dem Jahres- bzw. konsolidierten Abschluss in Einklang steht und der Lagebericht nach den geltenden rechtlichen Anforderungen aufgestellt wurde (Art. 34 I Uabs. 2 lit. a) Bilanz-RL). Das Prüfungsurteil des Abschlussprüfers bzw. der Prüfungsgesellschaft resultiert in einem **Bestätigungsvermerk** (vgl. Art. 32 I Bilanz-RL).[220] Die formellen und materiellen Anforderungen an den Bestätigungsvermerk ergeben sich aus Art. 28 AP-RL. Diese wurde aufgrund § 35 Bilanz-RL umfassend geändert. Die Umsetzung der Regelungen zur Abschlussprüfung in der damaligen 4. bzw. 7. Richtlinie und der heutigen Bilanzrichtlinie erfolgte in Deutschland durch §§ 317 f. HGB. 81

I. Offenlegung und Haftung

Die Offenlegung der Rechnungslegungsunterlagen ist bereits in Art. 14 I lit. f) Kodifizierungs-RL (ex-Art. 2 I lit. f) Publizitäts-RL) (dazu § 20) vorgesehen. Die Regelungen in Kapitel 7 der Bilanzrichtlinie (Art. 30-33) spe- 82

212 *Habersack/Verse*, Europäisches Gesellschaftsrecht, 2011, § 9 Rn. 58; aus deutscher Sicht auch *Senger* in: MüKo Bilanzrecht, 2013, § 310 Rn. 35; *Morck* in: Koller ua (Hrsg.), HGB, 8. Aufl. 2015, § 310 Rn. 1; *Elprana/Pfender/Schubert* in: Heidel/Schall (Hrsg.), HGB, 2. Aufl. 2015, § 310 Rn. 17.

213 Zur Equity-Methode vgl. *Senger* in: MüKo Bilanzrecht, 2013, § 312 Rn. 1; *Elprana/Pfender/Schubert* in: Heidel/Schall (Hrsg.), HGB, 2. Aufl. 2015, § 312 Rn. 2; *Dicken/Henssler*, Bilanzrecht, 2015, Rn. 856 ff.; *Busch/Zwirner* IRZ 2014, 327 f.; *Oser/Orth/Wirtz* DB 2015, 197, 202; siehe auch *Küting* in: Herzig (Hrsg.), Europäisierung des Bilanzrechts, 1997, S. 51, 56.

214 *Grundmann*, Europäisches Gesellschaftsrecht, 2011, Rn. 559; *Lutter/Bayer/Schmidt*, Europäisches Unternehmens- und Kapitalmarktrecht, 2017, Rn. 23.53.

215 *Habersack/Verse*, Europäisches Gesellschaftsrecht, 2011, § 9 Rn. 38; *Grundmann*, Europäisches Gesellschaftsrecht, 2011, Rn. 559; vgl. auch *Böcking/Gros/Rabenhorst* in: Ebenroth ua (Hrsg.), HGB, 3. Aufl. 2014, § 316 Rn. 4; *Hopt/Merkt* in: Baumbach/Hopt (Hrsg.), HGB, 37. Aufl. 2016, § 316 Rn. 1.

216 Vgl. dazu *Lutter/Bayer/Schmidt*, Europäisches Unternehmens- und Kapitalmarktrecht, 2017, Rn. 23.53; *Grundmann*, Europäisches Gesellschaftsrecht, 2011, Rn. 559.

217 Vgl. Erwägungsgrund 43 S. 3.

218 Vgl. auch *Blöink* KSzW 2013, 318, 322.

219 Vgl. Erwägungsgrund 43 S. 2.

220 Dazu aus deutscher Perspektive *Morck* in: Koller ua (Hrsg.), HGB, 8. Aufl. 2015, § 322 Rn. 2; *Schüppen* in: Heidel/Schall (Hrsg.), HGB, 2. Aufl. 2015, § 322 Rn. 1; *Schmidt/Küster* in: BeckBilKo, 10. Aufl. 2016, § 322 Rn. 6; *Bormann* in: MüKo Bilanzrecht, 2013, § 322 Rn. 1.

zifizieren diese Offenlegungspflicht und sehen verschiedene Befreiungen bzw. Erleichterungen vor. **Gegenstand der Offenlegungspflicht** ist der Jahresabschluss, der Lagebericht und der Bestätigungsvermerk (Prüfungsbericht) des Abschlussprüfers. Diese Dokumente sind innerhalb einer angemessenen Frist, die **12 Monate** nach dem Bilanzstichtag nicht überschreiten darf, zu publizieren (Art. 30 I Uabs. 1 Bilanz-RL).[221] Die Offenlegungsmodalitäten bestimmten sich dabei insbesondere nach Art. 16 Kodifizierungs-RL (ex-Art. 3 Publizitäts-RL).[222] Die Mitgliedstaaten sind dabei „dringend aufgefordert", auch für die Rechnungslegungsunterlagen ein elektronisches System zur Offenlegung zu entwickeln.[223]

83 Die Offenlegungspflicht gilt in gleicher Weise für die **konsolidierten Rechnungslegungsunterlagen** von Konzernunternehmen (Art. 30 III Bilanz-RL). Auch der konsolidierte Abschluss, der konsolidierte Lagebericht sowie der Prüfungsbericht des Abschlussprüfers über den konsolidierten Abschluss und Lagebericht sind offenzulegen.

84 Die Mitgliedstaaten können Unternehmen von der **Pflicht zur Offenlegung des Lageberichts freistellen**, wenn es für Dritte auch anderweitig möglich ist, den (konsolidierten) Lagebericht auf Antrag in vollständiger oder teilweiser Ausfertigung zu erhalten (Art. 30 I Uabs. 2 Bilanz-RL). Daneben bestehen in Abhängigkeit des Unternehmenstyps bzw. -größe verschiedene Erleichterungen von der Offenlegungspflicht. Auch wenn die Offenlegungspflichten in gleicher Weise auch **Kapitalgesellschaften & Co.** iSd Anhangs II erfassen,[224] können die Mitgliedstaaten diese von der Pflicht zur Offenlegung des Jahresabschlusses **befreien** (Art. 30 II 1 Bilanz-RL). Weiterhin können die Mitgliedstaaten **kleine Unternehmen** von der Pflicht zur Offenlegung ihrer Gewinn- und Verlustrechnung sowie ihrer Lageberichte ausnehmen (Art. 31 I Bilanz-RL) (s. Rn. 32). Für **mittlere Unternehmen** können die Mitgliedstaaten vorsehen, dass diese nur eine verkürzte Bilanz und einen verkürzten Anhang zum Jahresabschluss offenzulegen haben (Art. 31 II 1 Bilanz-RL). Die Richtlinie stellt ausdrücklich klar, dass die Publizitätspflicht der Gewinn- und Verlustrechnung, des Lageberichts und des Bestätigungsvermerks davon jedoch unberührt bleibt (Art. 31 II 2 Bilanz-RL). Kleine und mittlere Gruppen sind von den Erleichterungen des Art. 31 Bilanz-RL nicht erfasst.[225] Die Entsprechungsklausel des Art. 30 III Bilanz-RL bezieht sich allein auf Art. 30 I Bilanz-RL. Im deutschen Recht sind die Offenlegungspflichten und die entsprechenden Erleichterungen für kleine und mittelgroße Gesellschaften in den §§ 325 ff. HGB geregelt.

85 Zur Sicherstellung einer tatsächlichen und sorgfältigen Rechnungslegung[226] bestimmt die Richtlinie, dass für die Erstellung und Offenlegung der Rechnungslegungsunterlagen die Mitglieder der Verwaltungs- bzw. Leitungs- und Aufsichtsorgane des Unternehmens **verantwortlich** sind (Art. 33 I Bilanz-RL).[227] Dies gilt sowohl für Jahresabschluss und Lagebericht von Einzelunternehmen als auch für den konsolidierten Abschluss und konsolidierten Lagebericht von Konzernmutterunternehmen iS der Richtlinie. Zur Absicherung sieht Art. 33 II Bilanz-RL die kollektive **Haftung** aller Verwaltungs- bzw. Leitungsorganmitglieder gegenüber der Gesellschaft vor.[228] Die Ausgestaltung der Haftung obliegt den mitgliedstaatlichen Rechtsvorschriften.

86 Ferner obliegen auch die **Sanktionsmechanismen** bei Verstößen gegen die Umsetzungsvorschriften (insbes. zur Offenlegung innerhalb eines Jahres) dem nationalen Recht. Die Richtlinie schreibt lediglich vor, dass die Sanktionen wirksam, verhältnismäßig und abschreckend sein müssen (Art. 51 S. 2 Bilanz-RL). Dabei ist es grundsätzlich Sache der mitgliedstaatlichen Gerichte zu beurteilen, ob die verhängte Sanktion wirksam, verhältnismäßig und hinreichend abschreckend ist.[229] Die Härte der Sanktionen hat jedoch der Schwere der mit diesen geahndeten Verstößen zu entsprechen.[230] Hinsichtlich der Offenlegung der Rechnungslegungsunterlagen sind die Sanktionsmechanismen in den Mitgliedstaaten indes sehr **unterschiedlich**. Ist Deutschland auch was die Höhe

---

221 Zur grundsätzlichen Offenlegungspflicht auch für mittelständige Unternehmen vgl. EuGH, Rs. C-435/02 und C-103/03 (Zeitungsverlag Niederrhein), ECLI:EU:C:2004:552 = EuZW 2004, 764, Rn. 28 ff.; vgl. auch EuG, Rs. T-47/92 (Danzer), ECLI:EU:T:2006:167 = IStR 2006, 489, Rn. 42 f.

222 *Lutter/Bayer/Schmidt*, Europäisches Unternehmens- und Kapitalmarktrecht, 2017, Rn. 23.57, § 25 Rn. 23; *Grundmann*, Europäisches Gesellschaftsrecht, 2011, Rn. 560.

223 Erwägungsgrund 39 S. 1; dazu auch *Luttermann* NZG 2013, 1128, 1132.

224 Zur alten Rechtslage vgl. *Habersack/Verse*, Europäisches Gesellschaftsrecht, 2011, § 9 Rn. 39; *Grundmann*, Europäisches Gesellschaftsrecht, 2011, Rn. 560; ferner zur Umsetzung in Deutschland *Lutter/Bayer/Schmidt*, Europäisches Unternehmens- und Kapitalmarktrecht, 2017, Rn. 23.58.

225 Zur alten Rechtslage vgl. *Lutter/Bayer/Schmidt*, Europäisches Unternehmens- und Kapitalmarktrecht, 2012, § 25 Rn. 23.

226 *Kalss/Klampfl*, Europäisches Gesellschaftsrecht, 2015, Rn. 277.

227 Vgl. im deutschen Kapitalgesellschaftsrecht § 91 I AktG, § 41 GmbHG.

228 *Grundmann*, Europäisches Gesellschaftsrecht, 2011, Rn. 559; *Kalss/Klampfl*, Europäisches Gesellschaftsrecht, 2015, Rn. 277; *Fleischer* in: MüKo GmbHG, 2. Aufl. 2016, § 41 Rn. 16; siehe auch *Lanfermann/Maul* BB 2006, 2011, 2014; *Lenfter/Weber* DB 2006, 2357, 2358; *Niemeier* WPg 2006, 173, 183 f.; gleichsam kritisch zum Grundsatz der Gesamtverantwortung im deutschen Aktienrecht *Fleischer* WM 2006, 2021, 2024.

229 Vgl. EuGH, Rs.C-418/11 (Texdata), ECLI:EU:C:2013:588 = IStR 2013, 922, Rn. 55, 61.

230 Vgl. EuGH, Rs.C-418/11 (Texdata), ECLI:EU:C:2013:588 = IStR 2013, 922, Rn. 51; EuGH, Rs. C-81/12 (Asociaţia Accept), ECLI:EU:C:2013:275 = EuZW 2013, 469, Rn. 63.

des Bußgeldes anbelangt eher zurückhaltend,[231] sieht das englische Recht zT scharfe Sanktionen vor, die bis zur Zwangsauflösung der Gesellschaft führen können.

231 Im Zusammenhang mit einer nicht wirksamen Sanktionierung siehe auch EuGH, Rs. C-191/95 (Kommission/Deutschland), ECLI:EU:C:1998:441 = EuZW 1998, 758.

§ 26 Abschlussprüferrichtlinie

Literatur (Auswahl): *Arbeitskreis Bilanzrecht Hochschullehrer Rechtswissenschaft*, Stellungsnahme zu den Vorschlägen der Europäischen Kommission zur Reform des Rechts der Abschlussprüfung, NZG 2012, 294; *Arbeitskreis Bilanzrecht Hochschullehrer Rechtswissenschaft*, Für eine mehrjährige Bestellperiode des Abschlussprüfers, BB 2015, 555; *Arbeitskreis Externe und Interne Überwachung der Unternehmung der Schmalenbach-Gesellschaft für Betriebswirtschaft eV*, Der Prüfungsausschuss nach der 8. EU-Richtlinie: These zur Umsetzung in deutsches Recht, DB 2007, 2129; *Arbeitskreis Externe und Interne Überwachung der Unternehmung der Schmalenbach-Gesellschaft für Betriebswirtschaft eV*, Zur künftigen Entwicklung der Abschlussprüfung, DB 2014, 1149; *Ballwieser*, EU-Abschlussprüferreform: Turbulenzen am Markt für Wirtschaftsprüfer in Sicht, BB 2014, Heft 30, 1; *Behme/Zickgraf*, Anforderungen and die Qualifikation von Aufsichtsratsmitgliedern nach dem Abschlussprüferreformgesetz (AReG), AG 2016, R132; *Buhleier/Niehues/Splinter*, Praktischer Herausforderungen bei der Umsetzung der neuen Anforderungen an den Prüfungsausschuss des Aufsichtsrates, DB 2016, 1885; *Bydlinski, S.*, Das Abschlussprüfungsrechts-Änderungsgesetz 2016, RdW 2016, 659; *Dammann*, Die neue Wirtschaftsprüferrichtlinie im Lichte des französischen Rechts, GPR 2006, 138; *Erchinger/Melcher*, Zum Referentenentwurf des Bilanzrechtsmodernisierungsgesetzes (BilMoG): Neuerungen im Hinblick auf die Abschlussprüfung und die Errichtung eines Prüfungsausschusses, DB 2008, 56; *Farr/Niemann*, Änderungsbedarf für das Qualitätssicherungssystem von WP/vBP-Praxen aufgrund der WPO-Novelle (APAReG), DStR 2016, 1231; *Foged-Ladefoged/Werlauff*, Limitation of Auditors' Liability, ECL 11 (2014) 271; *Grundmann*, Europäisches Gesellschaftsrecht, 2. Aufl. 2011, § 16; *Habersack/Verse*, Europäisches Gesellschaftsrecht, 4. Aufl. 2011, § 9 V; *Haller/Reitbauer*, Obligatorische externe Rotation des Abschlussprüfers – Felix Austria?, DB 2002, 2229; *Handelsrechtsaussschuss des Deutschen Anwaltsvereins*, Stellungnahme zum Grünbuch der EU-Kommission vom 13.10.2010: Weiteres Vorgehen im Bereich der Abschlussprüfung: Lehren aus der Krise [KOM(2010) 561], NZG 2011, 16; *Hennrichs*, Abschlussprüferreform im Unionsrecht, ZGR 2015, 248; *Hoffmann*, Europarechtliche Umsetzungsdefizite bei der fakultativen Ausgestaltung des Prüfungsausschusses nach § 107 III 2 AktG, NZG 2016, 441; *Hommelhoff/Lanfermann*, Für eine mehrjährige Bestellperiode des Abschlussprüfers, in: Festschrift für Wilhelm Haarmann, 2015, S. 73; *Hopt*, Abschlussprüfung in Deutschland und Europa nach der europäischen Reform von 2014, ZGR 2015, 186; *Kalss/Klampfl*, Europäisches Gesellschaftsrecht, 2015, Rn. 302 ff.; *Kandemir*, The EU law on auditing and the role of auditors in the global financial crisis of 2008, JDG 10 (2013) 213; *Kerstin*, Die Haftung des Wirtschaftsprüfers für die Prüfung nach § 53 HGrG – keine Anwendbarkeit von § 323 Abs. 2 HGB, ZIP 2014, 2420; *Kirsch/Ewelt-Knauer/Gallasch*, Stärkung der wahrgenommenen Unabhängigkeit des Abschlussprüfers durch Angaben zu den Honoraren im Konzernanhang?, ZGR 2013, 647; *Lanfermann*, Einfluss französischer Unabhängigkeitsregeln auf deutsche Abschlussprüfer und Unternehmen, DB 2006, 737; *Lanfermann*, Prüferauswahl nach der EU-Abschlussprüferreform, BB 2014, 2348; *Lanfermann*, Zur Zulässigkeit von Nicht-Prüfungsleistungen nach der EU-Abschlussprüferverordnung, BB 2014, 1771; *Lanfermann/Maul*, Audit Committees im Fokus des EU-Verordnungsvorschlags zur Abschlussprüfung, BB 2012, 627; *Lanfermann/Maul*, Gründe für die Nichtigkeit des Jahresabschlusses nach § 256 AktG im Lichte der Abschlussprüferreform, BB 2015, 1003; *Lanfermann/Maul*, Sanktionierung von Verstößen gegen prüfungsbezogene Aufsichtsratspflichten nach dem AReG-RegE, BB 2016, 363; *Lenz*, Abschlussprüfungsaufsichtsreformgesetz: Die Prüfung der Prüfer, DB 2016, 875; *Lutter/Bayer/Schmidt*, Europäisches Unternehmens- und Kapitalmarktrecht, 6. Aufl. 2017, § 25; *Maccari-Peukert/Ratzinger-Sakel*, Prüfungsqualität – Eine aktuelle Bestandsaufnahme vor dem Hintergrund internationaler Entwicklungen, WPg 2014, 249; *Marsch-Barner*, Zur Rolle des Prüfungsausschusses nach der EU-Reform zur Abschlussprüfung, in: Privatrecht, Wirtschaftsrecht, Verfasungsrecht. Festschrift für Peter-Christian Müller-Graff, 2015, S. 282; *Marten*, Qualitätssicherung in der Wirtschaftsprüferpraxis (IDW EQS 1), WPg 2017, 610; *Marx*, Die Unabhängigkeit des Abschlussprüfers, ZGR 2002, 292; *Meixner/Schröder*,Wirtschaftsprüferhaftung, 2013; *Merkt*, Die Bedeutung der International Standards of Auditing (ISA) für die Abschlussprüfung in Europa und Deutschland, ZGR 2015, 215; *Merkt*, Die Zusammenarbeit von Aufsichtsrat und Abschlussprüfer nach der EU-Reform: Mut zur Erwartungslücke?, ZHR 179 (2015) 601; *Michel*, Die Unabhängigkeit des Abschlussprüfers, 2014; *Mouthaan*, The Audit Committee from a European Perspective, ECL 4 (2007) 10; *Naumann*, Europaweite Regulierung für die Abschlussprüfung – die EU-Kommission hat ihre Chance vertan, IRZ 2012, 5; *Naumann/Herkendell*, Regulierung der Abschlussprüfung – Update zum aktuellen Stand der Diskussion in Brüssel, WPg 2014, 177; *Nodoushani*, Das neue Anforderungsprofil für Aufsichtsräte von Unternehmen von öffentlichen Interesse, AG 2016, 381; *Nonnenmacher/Pohle/v. Werder*, Aktuelle Anforderungen an Prüfungsausschüsse, DB 2009, 1447; *Öppinger/Rebhan*, Grünbuch: „Weiteres Vorgehen im Bereich der Abschlussprüfung: Lehren aus der Krise" – Stellungnahme des IDW und des IWP/KWT im Vergleich, IRZ 2011, 447; *Petersen/Zwirner/Boecker*, Das AReG wurde verabschiedet. Umsetzung der prüfungsbezogenen EU-Vorgaben – ein Überblick über zentrale Neuerungen im HGB, DStR 2016, 984; *Poll*, Funktionsbedingungen des Wirtschaftsprüfermarktes in der EU, ZGR 2015, 234; *Quick*, Abschlussprüferreformgesetz (AReG) – Kritische Würdigung zentraler Neuregelungen, DB 2016, 1205; *Ruhnke*, Abschlussprüfung – nutzloses Ritual oder unabdingbare Voraussetzung für die Funktionsfähigkeit der Märkte?, DB 2014, 2483; *Schattka*, Europa, auf unterschiedlichen Pfanden zum gleichen Ziel? Anmerkungen zur Kommissionsempfehlung über die Haftung der gesetzlichen Abschlussprüfer, GPR 2008, 193; *Scheffler*, Aufgaben und Zusammensetzung von Prüfungsausschüssen (Audit Committees), ZGR 2003, 236; *Schmidt*, EU-Verordnung zur Abschlussprüfung und Abschlussprüfungsreformgesetz (AReG), DB 2016, 1945; *Schüppen*, Abschlussprüfung, 2017; *Schürnbrand*, Rechtsfolgen von Verstößen gegen die EU-Verordnung zur Abschlussprüfung, AG 2016, 70; *Schwarz*, Europäisches Gesellschaftsrecht, 2000, Rn. 414 ff.; *Van der Elst*, The European legislative framework for audit committees, ECL 12 (2015) 26; *Velte*, Qualitätsbeurteilung der externen Abschlussprüfung durch publizierte Prüferhonorare, DStR 2011, 2164; *Velte*, Reform der Abschlussprüfung nach der Richtlinie 2014/56/EU und der Verordnung (EU) Nr. 537/2014, DStR 2014, 1688; *Velte*, Zukunft der europäischen Abschlussprüfung nach dem EU-Verordnungsentwurf vom 30.11.2011, EWS 2012, 220; *Velte*, Der Regierungsentwurf für ein Abschlussprüfungsreformgesetz (AReG). Künftiges Zusammenspiel von Aufsichtsrat und Abschlussprüfer, WPg 2016, 125; *Weis*, Abschlussprüfer-Regulierung in Deutschland, WPg 2016, 4; *Weißenborn*, Europäische Initiativen und deren Auswirkungen auf das Berufsrecht, DStR 2014, 612; *Wüst/Oser/Martischiok*, EU-Reform der Abschlussprüfung, Der Aufsichtsrat 2014, 170.

A. Entwicklung des europäischen Abschlussprüferrechts

I. Entwicklung der Abschlussprüferrichtlinie

1 Die ehemalige Jahresabschluss- (4. Richtlinie)[1] und Konzernabschlussrichtlinie (7. Richtlinie)[2] und jetzt Art. 34 Bilanz-RL[3] (dazu § 25) schreiben die **Prüfung des Jahresabschlusses** bzw. Konzernabschlusses von einem oder mehreren Abschlussprüfer(n) oder einer oder mehreren Prüfungsgesellschaft(en) vor.[4] In diesem Zusammenhang wurde bereits im Jahr 1984 die **8. Richtlinie** (sog Prüferbefähigungsrichtlinie)[5] erlassen. Nicht (umfassend) geregelt waren in dieser allerdings das Verfahren der Prüfung, Bestimmungen über die Intensität der öffentlichen Aufsicht und der externen Qualitätssicherung sowie Fragen der Unabhängigkeit des Prüfers vom zu prüfenden Unternehmen.[6] Unter anderem zu diesem Zwecke wurde im Jahr 2006 die **Richtlinie 2006/43/EG** (Abschlussprüferrichtlinie) erlassen.[7] Mit dieser wurde die bis dahin bestehende Prüferbefähigungsrichtlinie vollständig ersetzt. Diese ging in inhaltlicher und konzeptioneller Sicht deutlich über die bis dahin geltende 8. Richtlinie hinaus.[8] Angestoßen wurde diese Modernisierung des Abschlussprüferrechts auf europäischer Ebene durch den Aktionsplan Abschlussprüfung der Europäischen Kommission aus dem Jahr 2003.[9][10]

II. EU-Abschlussprüferreform

2 In einem Grünbuch zur Abschlussprüfung aus dem Jahr 2010[11] erwog die Europäische Kommission in Reaktion auf die Finanzkrise weitere Schritte, um die Qualität der Abschlussprüfung zu verbessern. Diese Vorhaben

1 Vierte Richtlinie 78/660/EWG des Rates vom 25. Juli 1978 aufgrund von Artikel 54 Absatz 3 Buchstabe g) des Vertrages über den Jahresabschluss von Gesellschaften bestimmter Rechtsformen, ABl. EWG v. 14.8.1978, L 222/11.

2 Siebente Richtlinie 83/349/EWG des Rates vom 13. Juni 1983 aufgrund von Artikel 54 Absatz 3 Buchstabe g) des Vertrages über den konsolidierten Abschluss, ABl. EWG v. 18.7.1983, L 193/1.

3 Richtlinie 2013/34/EU des Europäischen Parlaments und des Rates vom 26. Juni 2013 über den Jahresabschluss, den konsolidierten Abschluss und damit verbundene Berichte von Unternehmen bestimmter Rechtsformen und zur Änderung der Richtlinie 2006/43/EG des Europäischen Parlaments und des Rates und zur Aufhebung der Richtlinien 78/660/EWG und 83/349/EWG des Rates, ABl. EU v. 29.6.2013, L 182/19.

4 Nach einem Richtlinienvorschlag der Europäischen Kommission zur Änderung der Bilanzrichtlinie (2013/34/EU) vom April 2016 (COM(2016) 198 final) soll es zudem der Prüfung eines sog Ertragssteuerinformationsberichts bedürfen (Art. 48f RL-Vorschlag); siehe dazu auch § 25 Rn. 69 ff.

5 Achte Richtlinie 84/253/EWG des Rates vom 10. April 1984 aufgrund von Artikel 54 Absatz 3 Buchstabe g) des Vertrages über die Zulassung der mit der Pflichtprüfung der Rechnungslegungsunterlagen beauftragten Personen, ABl. EWG v. 12.5.1984, L 126/20.

6 *Habersack/Verse*, Europäisches Gesellschaftsrecht, 2011, § 9 Rn. 69.

7 Zum Gesetzgebungsverfahren der Richtlinie 2006/43/EG *Michel*, Die Unabhängigkeit des Abschlussprüfers, 2014, S. 98.

8 *Habersack/Verse*, Europäisches Gesellschaftsrecht, 2011, § 9 Rn. 71; *Kalss/Klampfl*, Europäisches Gesellschaftsrecht, 2015, Rn. 302; *Naumann/Feld* WPg 2006, 873, 874.

9 Mitteilung der Kommission an den Rat und das Europäische Parlament – Stärkung der Abschlussprüfung in der EU, 21.5.2003, KOM (2003) 286 endg.

10 *Lutter/Bayer/Schmidt*, Europäisches Unternehmens- und Kapitalmarktrecht, 2017, Rn. 25.2.

11 *Europäische Kommission*, Grünbuch, Weiteres Vorgehen im Bereich der Abschlussprüfung: Lehren aus der Krise, 13.10.2010, KOM(2010) 561.

flossen im Ergebnis in die **Änderungsrichtlinie 2014/56/EU** vom April 2014 ein.[12] Mit dieser kam es zu zahlreichen Änderungen der bestehenden Abschlussprüferrichtlinie, zB betreffend der Unabhängigkeit und Unparteilichkeit der Prüfer, dem Umfang der Abschlussprüfung, dem Qualitätssicherungssystem, dem die Prüfer unterliegen sowie den zur Verfügung stehenden Sanktionsbefugnissen im Falle eines Verstoßes gegen die mitgliedstaatlichen Umsetzungsvorschriften. Im Zuge dessen wurden darüber hinaus die Anforderungen für die Abschlussprüfung bei Unternehmen von öffentlichem Interesse in einer **eigenständigen EU-Verordnung** (Verordnung (EU) Nr. 537/2014)[13] geregelt (s. Rn. 82 ff.).

III. Umsetzung der EU-Abschlussprüferreform in deutsches Recht

3 Die Richtlinienänderungen waren bis Juni 2016 in nationales Recht umzusetzen. In Deutschland erfolgte die Umsetzung der Änderungsrichtlinie 2014/56/EU und der neuen EU-Verordnung für Unternehmen von öffentlichem Interesse durch das am 16.3.2016 vom Bundestag verabschiedete[14] und am 10.5.2016 in Kraft getretene **Abschlussprüferreformgesetz (AReG)**.[15] Die berufs- und aufsichtsrechtlichen Aspekte der EU-Abschlussprüferreform wurden separat durch das **Abschlussprüferaufsichtsreformgesetz (APAReG)** in deutsches Recht, insbesondere durch Änderungen und Ergänzungen der WPO, umgesetzt.[16] Hinsichtlich der Verordnung (EU) Nr. 537/2014 bedurfte es aufgrund der unmittelbaren Geltung grundsätzlich keiner Umsetzung in nationales Recht. Erforderlich war jedoch die stückweise Einbettung der Neuregelungen in das nationale Regelungsgefüge sowie die Fixierung der Nutzung einzelner Mitgliedstaatenwahlrechte in der Verordnung.

1. Abschlussprüferreformgesetz (AReG)

4 Im Fokus der Reform stand die Verantwortung der geprüften Unternehmen bzw. des **Aufsichtsrats** (bzw. **Prüfungsausschusses**), die Qualität der Abschlussprüfung zu gewährleisten und zu verbessern.[17] Kennzeichnend dafür sind die Regelungen zur Auswahl und Überwachung des Abschlussprüfers sowie der entsprechenden Sanktionsregelungen bei Pflichtverletzungen.[18] Durch eine **intensivere Überwachung** der Abschlussprüfung soll dem Aufsichtsrat bzw. dem Prüfungsausschuss die Möglichkeit eingeräumt werden, seiner Überwachungsaufgabe bezogen auf die Finanzberichterstattung noch besser nachkommen zu können.[19]

5 Bezogen auf den **Prüfungsausschuss** bzw. – soweit kein solcher besteht – den Aufsichtsrat ergeben sich im Zuge des AReG verschiedene Neuerungen.[20] Bei kapitalmarktorientierten Aktiengesellschaften muss gem **§ 100 V, § 107 IV AktG nF** mindestens ein Mitglied des Prüfungsausschusses (bzw. Aufsichtsrates) über besonderen Sachverstand auf den Gebieten der Rechnungslegung und Abschlussprüfung verfügen (sog *„Financial Expert"*).[21] Das bisherige Erfordernis der Unabhängigkeit entfällt nunmehr unter Ausübung des Mitgliedstaaten-

12 Richtlinie 2014/56/EU des Europäischen Parlaments und des Rates vom 16. April 2014 zur Änderung der Richtlinie 2006/43/EG über Abschlussprüfungen von Jahresabschlüssen und konsolidierten Abschlüssen, ABl. EU v. 27.5.2014, L 158/196.

13 Verordnung (EU) Nr. 537/2014 des Europäischen Parlaments und des Rates vom 16. April 2014 über spezifische Anforderungen an die Abschlussprüfung bei Unternehmen von öffentlichem Interesse und zur Aufhebung des Beschlusses 2005/909/EG der Kommission, ABl. EU v. 27.5.2014, L 158/77.

14 BT-Drs. 18/7902 v. 16.3.2016.

15 Gesetz zur Umsetzung der prüfungsbezogenen Regelungen der Richtlinie 2014/56/EU sowie zur Ausführung der entsprechenden Vorgaben der Verordnung (EU) Nr. 537/2014 im Hinblick auf die Abschlussprüfung bei Unternehmen von öffentlichem Interesse (Abschlussprüfungsreformgesetz – AReG), BGBl. I, 2016, 1429; ferner zur Umsetzung der Richtlinie 2014/56/EU und Verordnung (EU) Nr. 537/2014 in englisches Recht *Perrin* Accountancy 2016, 156 (1469) 68 ff.; *Barnes* Accountancy 2016, 156 (1470) 68 ff.; *Griggs/Barnes* P.L.C. 2015, 26 (11); *Bailey* Co. L.N. 2015 (377) 1 ff.

16 Gesetz zur Umsetzung der aufsichts- und berufsrechtlichen Regelungen der Richtlinie 2014/56/EU sowie zur Ausführung der entsprechenden Vorgaben der Verordnung (EU) Nr. 537/2014 im Hinblick auf die Abschlussprüfung bei Unternehmen von öffentlichem Interesse (Abschlussprüferaufsichtsreformgesetz – APAReG), BGBl. I, 2016, 518.

17 Vgl. *Meyer/Mattheus* DB 2016, 695; *Schüppen* NZG 2016, 247, 248; *Velte* DStR 2016, 1944; *Frieden/Ziesenіß* WPg 2017, 618.

18 Vgl. insbesondere § 107 III 2, 3 AktG nF; §§ 318 Ia f. HGB nF; §§ 319, 319a HGB nF sowie §§ 404a, 405 IIIb-IIId AktG nF.

19 Rechtsvergleichend zur Überwachung von Abschlussprüfern durch den Prüfungsausschuss (*audit committee*) vgl. auch *International Organization of Securities Commissions* (IOSCO), Survey Report on Audit Committee Oversight of Auditors, FR04/2016, May 2016.

20 Vgl. dazu *Schüppen*, Abschlussprüfung, 2017, Anhang zu § 318 Rn. 15 ff.

21 *Merkt* ZHR 179 (2015) 601, 617 f.; *Scheffler* AG 2012, R7, R9; *Meyer/Mattheus* DB 2016, 695, 695; kritisch *Hakelmacher* WPg 2012, 177, 184.

wahlrechts gem Art. 39 I Richtlinie 2014/56/EU.[22] Fraglich erscheint jedoch, ob der Verzicht auf das Unabhängigkeitserfordernis praktisch vorteilhaft ist.[23] In börsennotierten Unternehmen ist der *Financial Expert* regelmäßig zugleich der Prüfungsausschussvorsitzende. In dieser Funktion hat er **unabhängig** zu sein und **besondere Kenntnisse** und Erfahrungen in der Anwendung von Rechnungslegungsgrundsätzen und internen Kontrollverfahren mitzubringen.[24]

Neu ist auch das Erfordernis der **Sektorkompetenz** in §§ 100 V, 107 IV AktG. Danach müssen die Mitglieder des Aufsichtsrats und des Prüfungsausschusses mit dem Sektor, in dem die Gesellschaft tätig ist, vertraut sein. Dieses Erfordernis bezieht sich auf das **Gremium als Ganzes** und nicht auf einzelne Mitglieder.[25] Unklar ist jedoch noch, wie weit der Sachverstand **einzelner Mitglieder** ins Gewicht fällt und wie er die Handlungen des Kollektivs beeinflussen kann. Der Begriff **„Sektor"** wird gemäß der Gesetzesbegründung synonym mit dem Begriff „Geschäftsfeld" verwendet und beschreibt damit eine eher grobe Zuordnung des geschäftlichen Tätigkeitsfeldes der Gesellschaft zu einer bestimmten Branche.[26] Die Gesetzesbegründung beschreibt insofern die Sektorkenntnis als Vertrautheit des Aufsichtsratsmitglieds mit der Branche, in der die Gesellschaft tätig ist.[27] Einer entsprechenden **Branchenkenntnis** kann angenommen werden, wenn sich das Aufsichtsratsmitglied in dieser Branche zB bereits praktische (nachweisbare) Erfahrungen gesammelt hat.[28] 6

Nach § 12 V EGAktG nF müssen die §§ 100 V, 107 IV AktG nF erst bei der **nächsten Nachbestellung** und damit regelmäßig erst beim nächsten turnusmäßigen Wechsel eines Mitglieds des Aufsichtsrates bzw. Prüfungsausschusses zwingend angewendet werden. 7

Darüber hinaus wurde iS von Art. 39 VI der Änderungsrichtlinie 2014/56/EU der **Aufgabenbereich** des Aufsichtsrates bzw. Prüfungsausschusses **erweitert.**[29] Der im Rahmen des BilMoG formulierte § 107 III 2 AktG wurde durch das AReG dahin gehend erweitert, dass sich der Prüfungsausschuss neben der Unabhängigkeit des Abschlussprüfers nun auch mit dessen **Auswahl** zu befassen hat. Zummindest im deutschen Recht besteht indes neben der Ausnahme für kapitalmarktorientierte Unternehmen iS von § 264d HGB, die keinen Aufsichts- oder Verwaltungsrat besitzen, grundsätzlich keine Pflicht, einen Prüfungsausschuss zu errichten. Im Falle des Bestehens eines Prüfungsausschusses räumt § 107 III 3 AktG nF dem Prüfungsausschuss die Kompetenz ein, **Empfehlungen** oder **Vorschläge** zur Gewährleistung der Integrität des Rechnungslegungsprozesses zu unterbreiten. Die Gestaltung des Rechnungslegungsprozesses sowie die Verantwortung für dessen ordnungsgemäßen Ablauf obliegen jedoch der Geschäftsführung. Aufgrund des dennoch erweiterten Aufgabenspektrums des Prüfungsausschusses ist insofern teilweise von einer gewissen **„Verselbstständigung"** des Prüfungsausschusses die Rede.[30] Wie jedoch in Art. 39 VI Richtlinie 2014/56/EU zum Ausdruck kommt, hält der Richtliniengeber zumindest formal weiterhin an den bestehenden Systemmodellen fest. 8

Aus deutscher Sicht ebenfalls neu ist die **behördliche Sanktionierung** für Mitglieder des Aufsichtsrates bzw. Prüfungsausschusses bei Verletzungen im Zusammenhang mit der Auswahl und Überwachung des Abschlussprüfers.[31] Der deutsche Gesetzgeber entschied sich dabei für eine **enge Auslegung** des zugrundeliegenden Art. 30a I Richtlinie 2014/56/EU, so dass eine Sanktionierung auch der Mitglieder des Vorstandes bzw. der Geschäftsführung nicht im AReG verankert wurde. Zudem werden lediglich Pflichtverletzungen des Prüfungsausschusses im Zusammenhang mit der **Auswahl** und **Überwachung** des Abschlussprüfers sanktioniert. Auch aus der Ab- 9

22 BT-Drs. 18/7219 v. 11.1.2016, S. 56; *Meyer/Mattheus* DB 2016, 695; *Fromholzer/Hauser* DB 2016, 401; *Schilha* ZIP 2016, 1316, 1318; *Verse* in: Fleischer ua (Hrsg.), 50 Jahre AktG, S. 304, 314; *AKEIÜ der Schmalenbach-Gesellschaft für Betriebswirtschaft eV* DB 2017, 47; *Nodoushani* AG 2016, 381, 382.

23 Kritisch auch *Redenius-Hövermann* WPg 2017, 349, 351; *Nodoushani* AG 2016, 381, 383 f.

24 Vgl. Ziff. 5.3.2 Abs. 3 S. 1 DCGK 2017.

25 BT-Drs. 18/7219 v. 11.1.2016, S. 56; *Meyer/Mattheus* DB 2016, 695; *Fromholzer/Hauser* DB 2016, 401 f.; *Blöink/Wolter* BB 2016, 107, 109; *Schilha* ZIP 2016, 1316, 1320; *AKEIÜ der Schmalenbach-Gesellschaft für Betriebswirtschaft eV* DB 2017, 47, 48; *Quick* DB 2016, 1205, 1212; *Nodoushani* AG 2016, 381, 384 ff.; *Marsch-Barner* in: FS Müller-Graff, 2015, S. 282, 286.

26 Vgl. BT-Drs. 18/7219 v. 11.1.2016, S. 56, 67; *Behme/Zickgraf* AG 2016, R132; *Schilha* ZIP 2016, 1316, 1320 ff.; *Nodoushani* AG 2016, 381, 386.

27 BT-Drs. 18/7719 v. 11.1.2016, S. 56.

28 *Nodoushani* AG 2016, 381, 386; *Redenius-Hövermann* WPg 2017, 349, 350.

29 Dazu *Merkt* ZHR 179 (2015) 601, 613 ff.; *Scheffler* AG 2014, R304; *Hommelhoff* NZG 2015, 1329, 1331; *Meyer/Mattheus* DB 2016, 695, 696; *Schilha* ZIP 2016, 1316, 1324 ff.; *Redenius-Hövermann* WPg 2017, 349, 350; *Marsch-Barner* in: FS Müller-Graff,2015, S. 282, 285; kritisch auch *Hakelmacher* WPg 2012, 177, 184; *Van der Elst*, Audit Committees of Public Interest Entities in Europe, ECGI Law Working Paper 276/2014, S. 9 ff.

30 So *Hommelhoff* NZG 2015, 1329, 1331; ferner *Merkt* ZHR 179 (2015) 601, 632 ff.; *Marsch-Barner* in: FS Müller-Graff, 2015, S. 282, 288 f.; *Nonnenmacher/Wemmer/v. Werder* DB 2016, 2826 ff.

31 *Fromholzer/Hauser* DB 2016, 401, 402; *Meyer/Mattheus* DB 2016, 695, 698; *Blöink/Wolter* BB 2016, 107, 109; *Schüppen* NZG 2016, 247, 254; *Schilha* ZIP 2016, 1316, 1327 f.; *AKEIÜ der Schmalenbach-Gesellschaft für Betriebswirtschaft eV* DB 2017, 47; *Quick* DB 2016, 1205, 1213; *Schürnbrand* AG 2016, 70, 71.

schlussprüfer-Richtlinie sowie der neuen Verordnung ergibt sich keine umfassende Sanktionierung aller Pflichtverstöße des Prüfungsausschusses (s. Rn. 70 ff.).[32]

10 Im Zuge der Reform wurden weiterhin verschiedene Normen des Handelsgesetzbuches geändert bzw. ergänzt. Hervorzuheben sind insbesondere die Regelungen zur sog **Pflichtrotation** (§ 318 Ia HGB nF),[33] zur **Erbringung von Nichtprüfungsleistungen** (§ 319a I HGB nF),[34] zum **Prüfungsbericht** (§ 321 HGB nF),[35] der fortan sowohl dem Prüfungsausschuss als auch dem Aufsichtsrat vorzulegen ist (§ 321 V 2 HGB nF), und zum **Bestätigungsvermerk**[36] (§ 322 HGB nF). Im Rahmen der Verordnung (EU) Nr. 537/2014 wird erstmals eine sog **externe Pflichtrotation** auf europäischer Ebene zum Wechsel des Abschlussprüfers vorgesehen (s. dazu Rn. 89 ff.). Die Umsetzung des durch Art. 17 IV VO (EU) 537/2014 eingeräumten Mitgliedstaatenwahlrechts, die Höchstlaufzeiten des Prüfungsmandats unter bestimmten Voraussetzungen zu verlängern, wurde mit § 318 Ia HGB genutzt.

11 Der Grund für die entsprechende **Ausschöpfung der Maximalfristen** in Deutschland wird in der Gefahr eines erheblichen Verlustes an Informationen über das geprüfte Unternehmen gesehen, die jede externe Rotation mit sich bringt und die sich auch negativ auf die Prüfungsqualität auswirken kann.[37] Für **Banken und Versicherungen** soll eine solche Verlängerung der Rotationsfrist jedoch nicht gelten, so dass für diese nach zehn Jahren ein Prüferwechsel erzwungen wird. Hierbei dient die Begrenzung der Höchstlaufzeit dazu, die Unabhängigkeit des Abschlussprüfers weiter zu stärken.[38] Insofern stellt sich die Frage nach dem Verhältnis von Prüfungsqualität und Unabhängigkeit und ob insbesondere bei Kreditinstituten und Versicherungen das Erfordernis einer hohen Prüfungsqualität zugunsten der Unabhängigkeit zurücktreten sollte.[39] Die ehemalige Regelung zur **internen Rotation** in § 319a I 1 Nr. 4 HGB wurde durch das AReG **aufgehoben**. Diese ergibt sich nunmehr unmittelbar aus Art. 17 VII VO (EU) 537/2014 (s. Rn. 90), der gegenüber dieser jedoch zwei Verschärfungen beinhaltet. Die **„*cooling-off*-Periode“** der verantwortlichen Prüfungspartner wird von zwei auf drei Jahre erhöht (Art. 17 VII UAbs. 1 VO (EU) 537/2014). Zudem muss neben der Rotation des verantwortlichen Prüfungspartners die Prüfungsgesellschaft ein angemessenes **graduelles Rotationssystem** für das beteiligte Führungspersonal einführen, das mindestens die bei der Prüfung beschäftigten Abschlussprüfer erfasst und eine gestaffelte Rotation dieser Personen vorsieht (Art. 17 VII UAbs. 3 VO (EU) 537/2014).

12 Der deutsche Gesetzgeber hat hinsichtlich des **Verbots der Erbringung von Nichtprüfungsleistungen** gem Art. 4 II, 5 VO (EU) 537/2014 (s. Rn. 95) von der dortigen Mitgliedstaatenoption durch Änderung des § 319a HGB Gebrauch gemacht. Gemäß § 319a I 1 Nr. 2 HGB nF bleibt die Erbringung bestimmter **Steuerberatungsleistungen** durch einen Abschlussprüfer weiterhin möglich und wird lediglich dann verboten, wenn sie sich einzeln oder zusammen auf den zu prüfenden Jahresabschluss unmittelbar und **nicht nur unwesentlich** auswirken. Eine nicht nur unwesentliche Auswirkung ist eine erhebliche Reduzierung des steuerlichen Gewinns oder dessen Verlagerung ins Ausland. Ziel ist die Sanktionierung einer aggressiven Steuerplanung.[40] Die Auswirkungen der erbrachten Steuerberatungs- oder Bewertungsleistungen auf den zu prüfenden Jahressabschluss müssen durch den Abschlussprüfer im Prüfungsbericht dargelegt und erläutert werden (§ 319a I 1 Nr. 3 HGB nF). Quantitativ werden die Gesamthonorare für Nichtprüfungsleistungen auf **maximal 70%** des durchschnittlichen Abschlussprüferhonorars der letzten drei Jahre begrenzt (Art. 4 II UAbs. 1 VO (EU) 537/2014). Eine Ausnahme ergibt sich aus § 319a Ia HGB nF, wonach die Abschlussprüferaufsichtsstelle (**APAS**) ausnahmsweise gestatten darf, dass der Abschlussprüfer für einen Zeitraum von maximal einem Jahr von dieser quantitativen Begrenzung ausgenommen wird. Die 70%- Grenze darf jedoch nur bis zu 140% des durchschnittlichen Abschlussprüferhonorars der letzten drei Jahre überschritten werden (§ 319a Ia HGB nF).

2. Abschlussprüferaufsichtsreformgesetz (APAReG)

13 Neben dem AReG wurde das Abschlussprüferaufsichtsreformgesetz (APAReG) im Zuge der Umsetzung der EU-Abschlussprüferreform erlassen. Das APAReG erhält das Prinzip der beruflichen Selbstverwaltung größtenteils

32 Vgl. auch *Meyer/Mattheus* DB 2016, 695, 698 f.

33 Ferner zur Regelung des Art. 16 VO (EU) 537/2014 für Unternehmen von öffentlichem Interesse *Schüppen*, Abschlussprüfung, 2017, Anhang zu § 318 Rn. 1 ff.

34 Siehe speziell dazu *IDW*, Positionspapier zu Nichtprüfungsleistungen des Abschlussprüfers (Stand: 12.5.2017); für Unternehmen von öffentlichem Interesse *Schüppen*, Abschlussprüfung, 2017, Anhang zu § 319a Rn. 2 ff.

35 Ferner zur Regelung des Art. 16 VO (EU) 537/2014 für Unternehmen von öffentlichem Interesse *Schüppen*, Abschlussprüfung, 2017, Anhang zu § 321 Rn. 1 ff.

36 Näher dazu BT-Drs. 18/7219 v. 11.1.2016, S. 44 f.; *Scheffler* AG 2012, R7, R8; *ders.* AG 2014, R196, R198 f.; *Schüppen* NZG 2016, 247, 250; *Schilha* ZIP 2016, 1316, 1325; *Schmidt* WPg-Sh 2015, 38 ff.; *Nonnenmacher* in: Marsch-Barner/Schäfer (Hrsg.), Handbuch börsennotierte AG, 4. Aufl. 2018, § 58.76 ff.; *Muraz* BB 2017, 2542 ff.

37 BT-Drs. 18/7219 v. 11.1.2016, S. 39; vgl. auch die Argumente für eine mehrjährige Bestellperiode des Abschlussprüfers von *Hommelhoff/Lanfermann* in: FS Haarmann, 2015, S. 77, 81 ff.

38 BT-Drs. 18/7219 v. 11.1.2016, S. 39.

39 Vgl. *Schüppen* NZG 2016, 247, 250 f.

40 BT-Drs. 18/7219 v. 11.1.2016, S. 41; *Blöink/Wolter* BB 2016, 107 f.; *Schüppen* NZG 2016, 247, 252.

aufrecht und setzt die **berufs- und aufsichtsrechtlichen Vorgaben** der EU-Abschlussprüferreform um.[41] Kernpunkt ist die Neujustierung der Berufsaufsicht, die durch die Schaffung einer berufsunabhängigen Behörde gewährleistet werden soll. Zu diesem Zweck wird beim Bundesamt für Wirtschaft und Ausfuhrkontrolle die sog **Abschlussprüferaufsichtsstelle** (APAS) eingerichtet (Art. 2 APAReG).[42] Diese ersetzt die bisherige Abschlussprüfungskommission. Die APAS wird dabei von Nichtberufsausübenden geleitet.[43]

Bisher bestand die Pflicht zu einer **externen Qualitätskontrolle für Berufsangehörige** in eigener Praxis und WP-Gesellschaften, wenn sie beabsichtigten, gesetzliche Abschlussprüfungen nach § 316 HGB durchzuführen. Diese Pflicht besteht auch nach Neufassung des § 57a I WPO, allerdings wurde die notwendige Teilnahmebescheinigung durch ein **Anzeigeverfahren** bei der Wirtschaftsprüferkammer ersetzt.[44] Die Wirtschaftsprüfer und Wirtschaftsprüfungsgesellschaften werden im Berufsregister der Wirtschaftsprüferkammer eingetragen. In diesem Zusammenhang wurde auch § 319 HGB entsprechend geändert, so dass keine gesetzlichen Abschlussprüfungen mehr durchgeführt werden dürfen, wenn keine solche Anzeige vorliegt und keine Eintragung in das Berufsregister stattgefunden hat. 14

Bisher bestand für die Ergebnisse der Qualitätskontrolle ein **Verwertungsverbot** (sog „*Firewall*") (§ 57e V WPO aF). Dieses wurde **aufgehoben**, so dass festgestellte Berufspflichtverstöße ggf zu berufsaufsichtlichen Verfahren und Sanktionen führen (§ 57e V 1 WPO nF). Darüber hinaus können nach §§ 27 ff. WPO auch Gesellschaften, die nach dem Recht eines EU/EWR-Staates gegründet wurden, als Wirtschaftsprüfungsgesellschaften in Deutschland anerkannt werden. Bisher bestand eine solche Möglichkeit für ausländische Wirtschaftsprüfungsgesellschaften lediglich dann, wenn sie in der Rechtsform einer SE firmiert waren. Zudem werden im Rahmen von § 43 WPO die **Unabhängigkeitsanforderungen** an Abschlussprüfer sowie deren „kritischen Grundhaltung" (§ 43 IV WPO) erstmals gesetzlich festgehalten.[45] Berufsangehörige haben danach während der gesamten Prüfung eine **kritische Grundhaltung** zu wahren, wozu auch gehört, Angaben zu hinterfragen, auf Gegebenheiten zu achten und Prüfungsnachweise kritisch zu beurteilen. Ferner haben sie nach § 43 V WPO nF bei der Durchführung von Abschlussprüfungen ausreichend Zeit für den Auftrag aufzuwenden und die zur Wahrnehmung der Aufgaben erforderlichen Mittel einzusetzen. Weiterhin wurde § 55b WPO zum internen Qualitätssicherungssystem durch das APAReG spürbar modifiziert.[46] Die Umsetzung erfolgte basierend auf den Neuregelungen in Art. 24a f. AP-RL. Mit der Neufassung von § 55b WPO wurde das Anforderungsprofil an das interne Qualitätssicherungssystem detaillierter ausgestaltet. Berufsangehörige haben nunmehr für ihre Praxis Regelungen zu schaffen, die die Einhaltung ihrer Berufspflichten gewährleisten, deren Anwendung zu überwachen und durchzusetzen (§§ 55b I WPO nF). 15

B. Zweck und Konzeption der Abschlussprüferrichtlinie

Zweck der Abschlussprüferrichtlinie ist ausweislich des 5. Erwägungsgrundes eine **Harmonisierung** der Anforderungen an die Abschlussprüfung[47] **auf hohem Niveau.** Eine gute Prüfungsqualität trägt zum ordnungsgemäßen Funktionieren der Märkte bei, indem die Integrität und Wirksamkeit der Abschlüsse erhöht wird. Abschlussprüfer erfüllen damit eine besonders wichtige gesellschaftliche Funktion.[48] Hierbei gehört die Richtlinie zu den zentralen Maßnahmen, die zur **Stärkung des Investorenvertrauens** und als Reaktion auf die Bilanzskandale in den USA und Europa durch die Europäische Kommission ergriffen wurden.[49] In diesem Zusammenhang sah es die Europäische Kommission als notwendig an, das mittels der Richtlinie 2006/43/EG bestehende Abschlussprüferrecht weiter auf Unionsebene zu harmonisieren, um so die Anforderungen an die betreffenden Prüfer klarer und vorhersehbarer zu gestalten.[50] Im Interesse des Anlegerschutzes ist es hierbei ferner wichtig, die öffentliche Aufsicht über die Abschlussprüfer und Prüfungsgesellschaften zu stärken. 16

Regelungsziel der Richtlinie ist es in diesem Zusammenhang auch die bestehende Bilanzrichtlinie sowie die IFRS-Verordnung (s. dazu auch § 24 Rn. 10 ff.) zu ergänzen, indem sie die **Voraussetzungen für die Prüfer** fest- 17

---

41 BT-Drs. 18/6282 v. 8.10.2015, S. 1; *Farr* WPg 2016, 188; *Farr/Niemann* DStR 2016, 1231; *Lenz* DB 2016, 875.

42 *Scheffler* AG 2016, R28, R29; *Velte/Stawinoga* DB 2016, M5; *Boecker/Zwirner* DStR 2016, 90; *Lenz* DB 2016, 875.

43 *Boecker/Zwirner* DStR 2016, 90; *Farr* WPg 2016, 188; *Lenz* DB 2016, 875, 878.

44 BT-Drs. 18/6282 v. 8.10.2015, S. 58, 64; *Boecker/Zwirner* DStR 2016, 90, 91; *Farr* WPg 2016, 188 f.

45 *Boecker/Zwirner* DStR 2016, 90, 93; *Schüppen* NZG 2016, 247, 249; vgl. auch *Scheffler* AG 2012, R7, R8; *ders.*, AG 2014, R196; *Farr/Niemann* DStR 2016, 1231 f.

46 Dazu *Farr/Niemann* DStR 2016, 1231 ff.

47 Allgemein zu Funktion und Nutzen der Abschlussprüfung siehe *Ruhnke* DB 2014, 2483 ff.; *AEIÜ der Schmalenbach-Gesellschaft für Betriebswirtschaft eV* DB 2014, 1149 ff.; *Michel*, Die Unabhängigkeit des Abschlussprüfers, 2014, S. 40 ff.

48 Vgl. Erwägungsgrund 1 zur VO (EU) 537/2014.

49 *Grundmann*, Europäisches Gesellschaftsrecht, 2011, Rn. 581.

50 Vgl. Erwägungsgrund 1 zur RL 2014/56/EU.

legt, welche die **Pflichtprüfung** der Rechnungslegungsunterlagen durchzuführen haben.[51] Hierbei soll vor allem sichergestellt werden, dass die zur Pflichtprüfung befugten Personen ausreichend qualifiziert sowie unabhängig sind und einen guten Leumund besitzen.[52]

18 Konzeptionell sieht die Abschlussprüferrichtlinie nicht nur eine Harmonisierung von Einzelfragen des Abschlussprüferrechts (zB Berufszugangsregeln und Berufsgrundsätze) vor, sondern zielt auf eine **Harmonisierung aller wesentlichen Bereiche** der Abschlussprüfung ab.[53] Indes strebt die Richtlinie in Bezug auf den materiellen Gehalt einzelner Regelungen nach eigener Aussage keine vollständige, sondern überwiegend nur eine **Mindestharmonisierung** an (ausdrücklich Art. 52 AP-RL, vgl. auch Erwägungsgrund 5).[54] Die Mitgliedstaaten können daher – sofern die Richtlinie nichts Abweichendes vorsieht – auch strengere Anforderungen an die Eigenschaft des Abschlussprüfers stellen.

19 Im Hinblick auf den inhaltlichen Aufbau der Richtlinie kann grundsätzlich zwischen zwei Regelungsbereichen betreffend die Voraussetzungen für den Abschlussprüfer oder die Prüfungsgesellschaft unterschieden werden: Zum einen die **Sicherstellung der Professionalität** des Prüfers (zB hinsichtlich theoretischer und praktischer Ausbildung, Art. 6 ff. AP-RL).[55] Zum anderen **Verhaltenspflichten** und **Glaubwürdigkeitsvoraussetzungen** (insbes berufliche Sorgfalt und Unabhängigkeit des Prüfers).[56] Komplettiert werden diese Voraussetzungen durch eine Vielzahl mit der Abschlussprüfung in Verbindung stehenden Regelungen, wie beispielsweise die Anerkennung internationaler Prüfungsstandards (Art. 26 AP-RL) oder die Grundsätze der öffentlichen Aufsicht (Art. 34 f. AP-RL).

C. Anwendungsbereich der Abschlussprüferrichtlinie

20 Allgemein regelt die Richtlinie nach Art. 1 S. 1 AP-RL die Abschlussprüfung des Jahresabschlusses und des konsolidierten Jahresabschlusses. Die Regelung über Qualitätssicherungssysteme (Art. 29 AP-RL) findet jedoch auf die Abschlussprüfung von Jahresabschlüssen und konsolidierten Jahresabschlüssen von Unternehmen von öffentlichem Interesse grundsätzlich keine Anwendung (Art. 1 S. 2 AP-RL). Insofern sieht die im Zuge der Änderung der Abschlussprüferrichtlinie erlassene **Verordnung (EU) 537/2014** über spezielle Anforderungen an die Abschlussprüfung bei Unternehmen von öffentlichem Interesse besondere Regelungen vor.

21 Die durch die Mitgliedstaaten umzusetzenden inhaltlichen Vorgaben der Abschlussprüferrichtlinie betreffen grundsätzlich drei **Adressaten:** (1) die Abschlussprüfer und Prüfungsgesellschaften, (2) die geprüften Unternehmen sowie (3) die Mitgliedstaaten selbst und die dortigen Berufsorganisationen.

22 Voraussetzung für die Anwendung der Richtlinie ist damit, dass es sich um eine **„Abschlussprüfung“** iSd Art. 2 Nr. 1 AP-RL handelt. Eine Abschlussprüfung ist danach eine Prüfung des Jahresabschlusses und des konsolidierten Abschlusses, die entweder

- nach Unionsrecht vorgeschrieben ist (lit. a);
- nach nationalem Recht bezüglich kleiner Unternehmen vorgeschrieben ist (lit. b); oder
- freiwillig von kleinen Unternehmen durchgeführt wird und mitgliedstaatliche Anforderungen erfüllt, die für eine Prüfung nach lit. b) geltenden Anforderungen gleichwertig ist, sofern es sich hierbei um eine gesetzliche Abschlussprüfung handelt (lit. c).

23 Für alle anderen Arten von Prüfungen entfaltet die Abschlussprüferrichtlinie **keine** (unmittelbare) Wirkung.[57]

24 Um ein **„kleines Unternehmen“** handelt es sich nach Art. 2 Nr. 18 AP-RL iVm Art. 3 II Bilanz-RL dann, wenn am Bilanzstichtag die Grenzen von mindestens zwei der drei folgenden Größenmerkmale nicht überschritten werden: Bilanzsumme von EUR 4.000.000; Nettoumsatzerlöse von EUR 8.000.000 EUR; durchschnittlich 50 Beschäftigte während des Geschäftsjahres.

25 Insbesondere die Vorgaben für die Zulassung und Befähigung von Abschlussprüfern der Richtlinie gelten daher nicht für Jahres- bzw. konsolidierte Abschlüsse, die europäisch nicht vorgegeben sind und es sich nach den og Kriterien auch nicht um ein kleines Unternehmen handelt.

51 *Schwarz*, Europäisches Gesellschaftsrecht, 2000, Rn. 414; *Grundmann*, Europäisches Gesellschaftsrecht, 2011, Rn. 581.
52 Erwägungsgrund 3 zur 8. Richtlinie.
53 *Grundmann*, Europäisches Gesellschaftsrecht, 2011, Rn. 582; *Lanfermann* DB 2005, 2645; *Tiedje* WPg 2006, 593.
54 Vgl. auch *Dorresteijn et al.*, European Corporate Law, 2. Aufl. 2009, Rn. 3.81; *Michel*, Die Unabhängigkeit des Abschlussprüfers, 2014, S. 98 f.
55 Vgl. zur Vorgängerrichtlinie (Prüferbefähigungsrichtlinie – 8. Richtlinie) *Dorresteijn et al.*, European Corporate Law, 2. Aufl. 2009, Rn. 3.79.
56 Vgl. zur Vorgängerrichtlinie (Prüferbefähigungsrichtlinie – 8. Richtlinie) *Habersack/Verse*, Europäisches Gesellschaftsrecht, 2011, § 9 Rn. 70.
57 *Michel*, Die Unabhängigkeit des Abschlussprüfers, 2014, S. 100.

Die Richtlinie knüpft für die Bestimmung, was unter einem **Abschlussprüfer** zu verstehen ist, nicht an den Berufsstand des Abschlussprüfers an, verwendet also **keine** berufsspezifische Anknüpfung.[58] Vielmehr wird bei der Definition eines Abschlussprüfers in Art. 2 Nr. 2 AP-RL ein funktionaler Ansatz[59] gewählt, indem auf die Tätigkeit dieser Person abgestellt wird („für die Durchführung von Abschlussprüfungen zugelassen wurde“). 26

Darüber hinaus enthält die Richtlinie in Art. 2 AP-RL zahlreiche **Begriffsbestimmungen**, die zur Ermittlung des Anwendungsbereichs einzelner Regelungen innerhalb der Richtlinie und allgemein zur **Auslegung** von Vorschriften der Richtlinie sowie den darauf basierenden Umsetzungsnormen im nationalen Recht heranzuziehen sind. Durch die Änderungsrichtlinie 2014/56/EU wurde ua der **Begriff der Abschlussprüfung** nach Nr. 1 geändert und damit der sachliche Anwendungsbereich der Richtlinie erweitert. Zudem wurde die Definition der Internationalen Prüfungsstandards gestrichen (Nr. 11) und die Bestimmung der Begriffe „mittlere Unternehmen“ (Nr. 17), „kleine Unternehmen“ (Nr. 18), „Herkunftsmitgliedstaat“ (Nr. 19) und „Aufnahmemitgliedstaat“ (Nr. 20) neu eingefügt. Diese Ergänzungen des Art. 2 AP-RL waren aufgrund der Abänderung bzw. Neuregelung der verschiedenen Regelungspunkte der Richtlinie notwendig geworden. 27

D. Zulassung und Befähigung von Abschlussprüfern

Bei der Abschlussprüfung eines Unternehmens soll der Abschlussprüfer ein hinreichend sicheres Prüfungsurteil treffen.[60] Dafür muss er sachkundig im Sinne einer Urteilsfähigkeit sein und die Abschlussprüfung auf höchstem fachlichem Niveau durchführen.[61] Ein Hauptteil der Richtlinie befasst sich mit den **Zulassungsregelungen für Abschlussprüfer**, die von den mitgliedstaatlichen Rechten vorgesehen werden müssen (siehe Art. 3-14 AP-RL). Diesbezüglich statuiert die Richtlinie überwiegend **Mindeststandards**, so dass die Mitgliedstaaten auch strengere Vorgaben für die Zulassung und Befähigung der Pflichtprüfer vorsehen können.[62] 28

I. Zulassung von Abschlussprüfern und Prüfungsgesellschaften

Zunächst stellt Art. 3 I AP-RL klar, dass die Abschlussprüfung iSd Art. 2 Nr. 1 AP-RL ausschließlich von den nach mitgliedstaatlichem Recht **zugelassenen Abschlussprüfern oder Prüfungsgesellschaften** durchzuführen ist. Insofern unterscheidet die Richtlinie zwischen natürlichen Personen als Prüfer und Prüfungsgesellschaften. Die Zulassung von natürlichen Personen als Prüfer bestimmt sich gem Art. 3 III AP-RL nach den in der Richtlinie hierfür vorgesehenen Zulassungsvoraussetzungen. Für die Zulassung von Prüfungsgesellschaften sieht Art. 3 IV AP-RL spezielle, davon abzugrenzende Voraussetzungen vor. Die dort aufgezählten Bedingungen haben dabei **kumulativ** vorzuliegen. 29

Voraussetzung um als Gesellschaft Abschlussprüfungen vorzunehmen, ist demnach, dass 30

- die natürlichen Personen, welche die Abschlussprüfung im Namen der Prüfungsgesellschaft vornehmen, die **Zulassungsvoraussetzungen der Richtlinie** erfüllen (lit. a);
- die **Mehrheit der Stimmrechte** in der betreffenden Gesellschaft von zugelassenen Prüfungsgesellschaften und/oder von natürlichen Personen, die die Voraussetzung als Abschlussprüfer iS der Richtlinie erfüllen, gehalten werden (lit. b);[63]
- sich das Leitungs- oder Verwaltungsorgan der betreffenden Gesellschaft mit einer **Mehrheit von bis zu 75%** aus natürlichen Personen als Abschlussprüfern oder wiederum aus Prüfungsgesellschaften zusammensetzt (lit. c) S. 1);
- die Gesellschaft einen **guten Leumund** (Engl.: *good repute*; Franz.: *honorabilité*) iSd Art. 4 AP-RL besitzt (lit. d).

Auf die Regelung des Art. 3 IV lit. c) AP-RL ist noch genauer einzugehen. Aus dem Vergleich mit anderen Sprachfassungen (Engl.: *a majority – up to a maximum*; Franz.: *une majorité – d'un maximum*) wird ersichtlich, dass sich die Regelung zum einen auf die Mehrheit (dh mehr als 50%) und zum anderen auf eine **prozentuale Höchstzahl der Organmitglieder** (maximal 75%) bezieht.[64] Der Zweck des Mehrheitserfordernisses liegt darin, dass innerhalb der Prüfungsgesellschaft die Entscheidungen durch das Leitungs- oder Verwaltungsorgan mehrheitlich innerhalb des Organs von Abschlussprüfern getroffen werden sollen, um so auch die Geschäftslei- 31

58 Vgl. zur 8. Richtlinie *Schwarz*, Europäisches Gesellschaftsrecht, 2000, Rn. 417.

59 *Schwarz*, Europäisches Gesellschaftsrecht, 2000, Rn. 417; *Schatzmann* RIW 1984, 614, 615 (zur 8. Richtlinie).

60 Vgl. *Marten/Quick/Ruhnke*, Wirtschaftsprüfung, 4. Aufl. 2011, S. 207; *Kirsch/Ewelt-Knauer/Gallasch* ZGR 2013, 648, 650.

61 Vgl. *Kirsch/Ewelt-Knauer/Gallasch* ZGR 2013, 648, 650.

62 *Grundmann*, Europäisches Gesellschaftsrecht, 2011, Rn. 583.

63 Nach Art. 4 lit. b) S. 3 AP-RL können die Mitgliedstaaten ua für Genossenschaften und Sparkassen abweichende Bestimmungen im Zusammenhang mit den Stimmrechten erlassen.

64 Auch eine Vielzahl von im Vorfeld vor der Verabschiedung der Richtlinie 2006/43/EG zugänglichen Ratsdokumente zum Vorschlag einer Abschlussprüferrichtlinie enthielten in der deutschen Sprachfassung die ausdrückliche Bezeichnung „mehrheitlich – allerdings höchstens zu 75% […]“, vgl. Dok. 14590/04 v. 22.11.2004, S. 15; Dok. 15500/04 v. 1.12.2004, S. 15; Dok. 12771/05 v. 30.9.2005, S. 21.

tung von entsprechend qualifizierten Personen bestimmen zu lassen. Die unabhängige Berufsausübung wäre insofern gefährdet, wenn die Prüfungsgesellschaft nicht mehr durch Angehörige des Prüferberufes verantwortlich geleitet würde.[65]

32 Der Zweck der Maximalbestimmung von 75% ergibt sich jedoch nicht ohne Weiteres.[66] Diese Ergänzung des lit. c) war indes im Kommissionvorschlag zur Richtlinie 2006/43/EG aus dem Jahr 2004 noch nicht aufgeführt und erst im endgültigen Richtlinientext enthalten.[67] Es ist daher davon auszugehen, dass diese Regelung auf Anregung eines bestimmten Mitgliedstaates oder einer (europäischen oder nationalen) Interessengruppe eingefügt wurde. Hat das entsprechende Organ jedoch nur **zwei Mitglieder**, muss nach lit. c) S. 3 eins davon ein Abschlussprüfer oder eine Prüfungsgesellschaft sein. Fraglich ist indes, ob damit gleichzeitig gemeint ist („so muss eines von ihnen"), dass mit Blick auf lit. c) S. 1 das zweite Organmitglied nicht Abschlussprüfer bzw. Prüfungsgesellschaft sein darf. Dies ist zu verneinen, da die hinter der 75%-Klausel stehende Bewandtnis tendenziell dazu dienen soll, dass bei größeren Prüfungsunternehmen aus organisatorischen Gründen nicht das gesamte Geschäftsführungsorgan ausschließlich mit Abschlussprüfern besetzt ist. Bei kleineren Prüfungsgesellschaften mit lediglich zwei Mitgliedern im Leitungs- oder Verwaltungsorgan besteht diese „Gefahr" in diesem Maße jedoch nicht. Grundsätzlich kann in diesem Fall daher auch das zweite Organmitglied Abschlussprüfer bzw. Prüfungsgesellschaft sein.[68] Auch § 28 I 3 WPO ist wohl in diesem Sinne zu verstehen.

33 Im deutschen Recht enthält § 28 I 1 WPO jedoch lediglich die Regelung, dass die Mehrheit der Mitglieder des Geschäftsführungsorgans (zB Vorstand oder Geschäftsführung) zugelassene Abschlussprüfer bzw. Wirtschaftsprüfungsgesellschaften sein müssen. Eine Begrenzung auf 75% der Mitglieder besteht nicht. Insofern wäre an eine **richtlinienkonforme Auslegung** dieser Norm zu denken. Gleichwohl steht den Mitgliedstaaten nach Art. 3 Uabs. 2 S. 1 AP-RL bezüglich lit. c) die Möglichkeit zu, zusätzliche Bedingungen aufzustellen. Die „zusätzliche Bedingung" bezieht sich mit Blick auf den Regelungszweck des Art. 3 AP-RL als Ganzes indes auf strengere Regelungen, die die berufliche Qualifikationsgewähr von Abschlussprüfern und Prüfungsgesellschaften über die Vorgaben der Richtlinie hinaus sicherstellen sollen. Die über die 75%-Hürde hinausgehende Verpflichtung zur Besetzung des Leitungs- oder Verwaltungsorgans mit Abschlussprüfern oder Prüfungsgesellschaften steht mit Erreichung dieses Ziels allerdings nicht unmittelbar in Verbindung. Insofern bleibt die – zumal ausdrücklich so vorgesehene – 75%-Grenze bestehen und kann nicht durch mitgliedstaatliches Recht abbedungen werden.[69] Gleichwohl bleibt die tatsächliche Frage der Sinnhaftigkeit dieser Regelung zumindest aus deutscher Sicht bestehen und kann wohl bezweifelt werden.

34 In Ergänzung zu Art. 3 I AP-RL sieht der durch die Änderungsrichtlinie 2014/56/EU neu eingefügte Art. 3a I AP-RL vor, dass eine **Prüfungsgesellschaft mit Zulassung in einem Mitgliedstaat** auch dazu berechtigt ist, Abschlussprüfungen in einem anderen Mitgliedstaat durchzuführen. Voraussetzung hierfür ist, dass der verantwortliche Abschlussprüfer, der die Abschlussprüfung im Namen der Prüfungsgesellschaft durchführt, die Zulassungsvoraussetzungen der Richtlinie (Art. 4, 6-10 AP-RL) im Mitgliedstaat, in dem die Prüfung stattfindet, erfüllt.

35 Die erteilte Zulassung zur Abschlussprüfung wird entzogen, wenn der Ruf eines Abschlussprüfers bzw. einer Prüfungsgesellschaft **„ernsthaft beschädigt"** ist (Art. 5 I 1 AP-RL). Im Sinne von Erwägungsgrund 5 soll damit insbesondere die **Vertraulichkeit des Rechtsverkehrs** in die hohe Qualität und Verlässlichkeit der zur Abschlussprüfung befugten natürlichen oder juristischen Personen gewährleistet werden. Mit Blick auf Art. 5 I 2 AP-RL ergibt sich, dass der Ruf eines Abschlussprüfers bzw. einer Prüfungsgesellschaft dann ernsthaft beschädigt ist, wenn es diesem bzw. dieser an gutem Leumund iSd Art. 4 AP-RL fehlt. In diesem Fall ist dem Abschlussprüfer bzw. der Prüfungsgesellschaft zwingend die Zulassung zu entziehen. Art. 5 I AP-RL eröffnet den Mitgliedstaaten insofern keinen Spielraum. Allerdings können die Mitgliedstaaten einen angemessenen Zeitraum be-

65 *Michel*, Die Unabhängigkeit des Abschlussprüfers, 2014, S. 105.

66 Sowohl die Erwägungsgründe als auch die jeweiligen Begründungen zu den einzelnen Richtlinienentwürfen bzw. Stellungnahmen schweigen zum Zweck dieser Regelung.

67 Auch die Stellungnahme des Europäischen Wirtschafts- und Sozialausschusses v. 15.12.2004 enthielt noch keine entsprechende Ergänzung des Art. 3 IV lit. c) S. 1 AP-RL; erstmals taucht die Begrenzung auf 75% in der konsolidierten Fassung des Rates v. 22.11.2004 auf, vgl. Dok. 14590/04 v. 22.11.2004, S. 15. Die deutsche Sprachfassung änderte sich nach erster Lesung des Europäischen Parlaments dahingehend, dass nun (wie auch in der verabschiedeten deutschen Richtlinienfassung) von einer „Mehrheit von bis zu 75%" anstelle „mehrheitlich – allerdings höchstens 75% […]" gesprochen wird, vgl. Dok. 12617/05 v. 30.9.2005, S. 27; eine solche sprachliche Abweichung ist in der englischen und französischen Fassung allerdings nicht vorzufinden.

68 Dies zeigt sich auch mit Blick auf den Wortlaut der deutschen Sprachfassung des Art. 3 IV lit. c) AP-RL in verschiedenen Ratsdokumenten zum Vorschlag einer Abschlussprüferrichtlinie, in denen durchgängig noch explizit davon die Rede ist, dass **„mindestens** eines von ihnen" Abschlussprüfer iS der Richtlinie sein muss, vgl. Dok. 12742 v. 30.9.2004, S. 6; Dok. 14590/04 v. 22.11.2004, S. 15; Dok. 15500/04 v. 1.12.2004, S. 15; Dok. 12771/05 v. 30.9.2005, S. 21; in der englischen und französischen Sprachfassung besteht indes keine sprachliche Abweichung bei den genannten Ratsdokumenten und der verabschiedeten Fassung der Richtlinie v. 9.6.2006.

69 Wohl auch *Michel*, Die Unabhängigkeit des Abschlussprüfers, 2014, S. 105; abweichend hingegen *Weißenborn* DStR 2014, 612, 616, die die Aufstellung zusätzlicher Anforderungen auf Seiten der Mitgliedstaaten als auch die 75%-Grenze ausweitet und damit § 28 WPO als richtlinienkonform betrachtet.

stimmen, innerhalb dessen die Gesellschaft diese Anforderungen erfüllen kann (Art. 5 I 2 AP-RL). Nach dem Wortlaut bezieht sich die Einräumung dieser Frist ausdrücklich **nur** auf Prüfungsgesellschaften. Dies ist auch kein Redaktionsversehen. Ist der Ruf eines einzelnen Abschlussprüfers erst einmal ernsthaft beschädigt, würde es wohl kaum möglich sein diesen innerhalb eines bestimmten Zeitraums ggü dem Rechtsverkehr wieder herzustellen.

Die Zulassung einer Prüfungsgesellschaft ist nach Art. 5 II 1 AP-RL ebenfalls dann zu entziehen, sobald eine der in Art. 3 IV lit. c) und b) AP-RL aufgeführten **Anforderungen nicht mehr erfüllt** ist. Ist der Zweck dieser Vorschrift auch die Sicherstellung der Qualität und des Vertrauens des Rechtsverkehrs in die Prüfungsgesellschaft, ist es allerdings nur wenig ersichtlich, dass auch dann die Zulassung zu entziehen ist, wenn die og 75%-Grenze des Art. 3 IV lit. c) AP-RL überschritten ist. Denn diese hat keinen unmittelbaren Einfluss auf den guten Leumund der Prüfungsgesellschaft. Art. 5 II 1 AR-RL ist insofern teleologisch zu reduzieren. Gleichwohl ändert dies nichts an der mangelnden Richtlinienkonformität des § 28 I 1 WPO. 36

II. Ausbildung zum Abschlussprüfer

Voraussetzung für die Zulassung natürlicher Personen zur Abschlussprüfung ist eine **professionelle Ausbildung.** Die Grundzüge dieser sind in den Art. 6 ff. AP-RL geregelt. Um europaweit schon von Beginn an eine **hohe Qualität der Abschlussprüfung** sicherzustellen, sah sich der europäische Gesetzgeber veranlasst, die Ausbildung zum Abschlussprüfer ausdrücklich zu regeln und bereits auf dieser Ebene eine Harmonisierung vorzunehmen. 37

Generalklauselartig legt Art. 6 I AP-RL fest, dass eine natürliche Person nur zur Durchführung von Abschlussprüfungen zugelassen werden kann, wenn sie nach Erlangung der Hochschulreife oder einer entsprechenden Ausbildungsstufe eine **theoretische und eine praktische Ausbildung** absolviert und sich mit Erfolg einer staatlichen oder staatlich anerkannten beruflichen **Eignungsprüfung** unterzogen hat. Die reguläre Ausbildung hat somit zunächst aus einer theoretischen und einer praktischen Komponente zu bestehen. Ziel der Ausbildung ist also die Vermittlung der für die Pflichtprüfung notwendigen **theoretischen wirtschafts- und rechtswissenschaftlichen Kenntnisse** sowie die Fähigkeit, diese in der **Praxis** umzusetzen.[70] Mit Blick auf Erwägungsgrund 7 bedarf es aus rechtlicher Sicht insbesondere angemessener Kenntnisse im Gesellschafts-, Steuer- und Sozialrecht. Infolge dieser theoretischen und praktischen Ausbildung ist eine berufliche Eignungsprüfung abzulegen.[71] Diese Prüfung muss zumindest teilweise schriftlich erfolgen (Art. 7 S. 2 AP-RL). 38

Der **Umfang der theoretischen Eignungsprüfung** ist in Art. 8 AP-RL festgelegt. So hat die Prüfung beispielsweise gesetzliche Vorschriften und Grundsätze für die Aufstellung des Jahresabschlusses und des konsolidierten Abschlusses (Abs. 1 lit. b) oder gesetzliche und standesrechtliche Vorschriften für Abschlussprüfung und Abschlussprüfer (Abs. 1 lit. h) zu umfassen. Art. 8 AP-RL sieht nur **Mindestregelungen** vor, so dass die Mitgliedstaaten den Umfang der im Rahmen der Eignungsprüfung abzulegenden theoretischen Prüfung erweitern können. Um die Anwendung der durch die bestandene Eignungsprüfung nachgewiesenen theoretischen Kenntnisse im praktischen Berufsleben umsetzen zu können, schreibt Art. 10 I 1 AP-RL vor, dass eine **mindestens 3-jährige praktische Ausbildung** durchzuführen ist. Obwohl die theoretische Eignungsprüfung bereits zT die Umsetzung der theoretischen Kenntnisse in die Praxis zum Gegenstand hat, bedarf es sowohl der theoretischen Ausbildung nach Art. 6 f. AP-RL als auch der praktischen Ausbildung nach Art. 10 AP-RL.[72] 39

Neben der Ausbildung der Abschlussprüfer befasst sich die Richtlinie auch mit der **Fortbildung der Abschlussprüfer.**[73] Art. 13 AP-RL bestimmt, dass die Mitgliedstaaten sicherzustellen haben, dass sich die Abschlussprüfer im Rahmen **angemessener** (Fortbildungs-) **Programme** weiterbilden. Dadurch sollen die erworbenen theoretischen Kenntnisse und das berufliche **Können sowie die beruflichen Wertmaßstäbe** auf einem ausreichend hohen Stand gehalten werden. Art. 13 AP-RL wurde durch die Änderungsrichtlinie 2014/56/EU sprachlich leicht modifiziert. Im Unterschied zur Vorgängernorm ist nun vom beruflichen *Können*, anstelle von beruflichen Fertigkeiten, die Rede. Der Begriff des Könnens ist insofern der weitere Begriff, da er inhaltlich neben der Fertigkeit auch die Fähigkeit als Voraussetzung für die Realisierung dieser Fertigkeit umfasst. Aus praktischer Sicht ergeben sich daraus allerdings wohl kaum immanente Unterschiede. 40

Im Sinne der Niederlassungsfreiheit für Berufsträger hat ein Mitgliedstaat unter bestimmten Voraussetzungen auch Abschlussprüfer zuzulassen, die in einem anderen Mitgliedstaat nach den dortigen – durch die Richtlinie harmonisierten – Rechtsvorschriften als Prüfer zugelassen sind (Art. 14 I 1 AP-RL). Bei **Gleichwertigkeit der beruflichen Qualifikation** ist der Mitgliedstaat primärrechtlich ohnehin dazu verpflichtet.[74] Die zuständigen Behörden legen jedoch das Verfahren für die Zulassung von aus dem Ausland stammenden Abschlussprüfern fest. 41

---

70 *Grundmann*, Europäisches Gesellschaftsrecht, 2011, Rn. 585.

71 Zur Eignungsprüfung *Edwards*, EC Company Law, 1999, S. 203; *Schatzmann* RIW 1984, 614, 616 f.

72 *Grundmann*, Europäisches Gesellschaftsrecht, 2011, Rn. 585; *Edwards*, EC Company Law, 1999, S. 203.

73 Dazu *Lanfermann* DB 2005, 2645; *Tiedje* WPg 2006, 593, 594.

74 Vgl. EuGH, Rs. C-285/01 (Burbaud), ECLI:EU:C:2003:432 = BeckEuRS 2003, 277874, Rn. 57; siehe auch *Grundmann*, Europäisches Gesellschaftsrecht, 2011, Rn. 585.

Zwar kann der Mitgliedstaat über die Gleichwertigkeit des Ausbildungsverfahren grundsätzlich selbst entscheiden, jedoch darf das durch die Abschlussprüferrichtlinie angestrebte Niveau dabei nicht unterschritten werden.[75] Mit den Wertungen der Richtlinie vereinbar ist aus deutscher Sicht daher, dass auch ein bereits in einem anderen Mitgliedstaat tätiger Abschlussprüfer eine Eignungsprüfung abzulegen hat.[76] Die diesbezügliche Eignungsprüfung hat dabei in der **Sprache des Aufnahmestaates** zu erfolgen (Art. 14 II Uabs. 2 S. 1 AP-RL). Sie erstreckt sich weiterhin ausschließlich darauf, ob der Abschlussprüfer über angemessene Kenntnisse der Rechtsvorschriften des Aufnahmemitgliedstaats verfügt, soweit diese Kenntnisse für Abschlussprüfungen relevant sind (Art. 14 II Uabs. 2 S. 2 AP-RL). Das Verfahren der Anerkennung ausländischer Abschlussprüfer ist darüber hinaus durch die Art. 44 ff. AP-RL weitestgehend einheitlich geregelt.

E. Registrierung von Abschlussprüfern und Prüfungsgesellschaften

42 Alle zugelassenen Abschlussprüfer und Prüfungsgesellschaften sollten **zum Schutz Dritter in ein Register** eingetragen werden, das **öffentlich zugänglich** ist und grundlegende **Informationen über Abschlussprüfer und Prüfungsgesellschaften** enthält (Erwägungsgrund 8). In diesem Sinne haben die Mitgliedstaaten nach Art. 15 I 1 AP-RL sicherzustellen, dass Abschlussprüfer und Prüfungsgesellschaften gem den Art. 16 f. AP-RL in ein öffentliches Register eingetragen sind.

43 Art. 16 I AP-RL beschreibt den **Mindestinhalt der erforderlichen Angaben** im öffentlichen Register für Abschlussprüfer. Die Mitgliedstaaten können grundsätzlich weitere Angaben fordern. Anzugeben ist insbesondere der Name, die Anschrift und Registrierungsnummer des Abschlussprüfers (lit. a) sowie ggf der Name, die Anschrift, Internetadresse und Registrierungsnummer der Prüfungsgesellschaft, bei welcher der Abschlussprüfer angestellt ist bzw. der er angehört oder in sonstiger Weise verbunden ist. Für die Registrierung von Prüfungsgesellschaften bestehen nach Art. 17 I AP-RL vergleichbare Pflichtangaben wie für Abschlussprüfer in Art. 16 I AP-RL. Anzugeben sind darüberhinausgehend insbesondere die Rechtsform der Prüfungsgesellschaft (lit. b), die Anschrift jedes Büros im entsprechenden Mitgliedstaat (lit. d), Name und Geschäftsadressen aller Eigentümer und Anteilsinhaber (lit. f) sowie Mitglieder des Leitungs- oder Verwaltungsorgans (lit. g). Durch die Änderungsrichtlinie 2014/56/EG neu eingefügt wurde außerdem, dass gegebenenfalls anzugeben ist, ob die Prüfungsgesellschaft iSd Art. 3a III AP-RL registriert ist.

44 **Prüfer** bzw. **Prüfungsunternehmen**, die aus **Drittländern** (Nicht-EU-Mitgliedstaat) stammen, dh im Falle von Gesellschaften ihren Satzungs- bzw. Registersitz nicht in der Europäischen Union haben, und nach Art. 45 AP-RL in einem mitgliedstaatlichen Register registriert sind, werden nicht als Abschlussprüfer bzw. Prüfungsgesellschaften im Sinne der Richtlinienbestimmung im öffentlichen Register, sondern als Prüfer bzw. Prüfungsgesellschaften aus dem entsprechendem Drittstaat geführt (Art. 16 II, 17 II AP-RL).

F. Berufsgrundsätze von Abschlussprüfern

45 Die Mitgliedstaaten haben nach Art. 21 I 1 AP-RL sicherzustellen, dass alle Abschlussprüfer und Prüfungsgesellschaften an bestimmte **Berufsgrundsätze** gebunden sind. Diese Berufsgrundsätze haben die Funktion der Abschlussprüfer und Prüfungsgesellschaften für das öffentliche Interesse, ihre **Integrität** und **Unparteilichkeit** sowie ihre **Fachkompetenz** und **Sorgfalt** zum Gegenstand (Art. 21 I 2 AP-RL). Die Funktion eines Abschlussprüfers für das öffentliche Interesse erwächst aus der Tatsache, dass ein breiter Kreis von Personen und Einrichtungen sich auf die Qualität seiner Arbeit verlässt. Eine gute Prüfungsqualität trägt dabei zum **ordnungsgemäßen Funktionieren** der Märkte bei, indem die Integrität und Effizienz der Abschlüsse erhöht wird (Erwägungsgrund 9).

46 In diesem Sinne haben die Mitgliedstaaten dafür zu sorgen, dass bei der Durchführung einer Abschlussprüfung während der gesamten Prüfung die agierenden Abschlussprüfer ihre kritische Grundhaltung beibehalten (Art. 21 II AP-RL). Trotz der Aufführung sowohl von Abschlussprüfern als auch Prüfungsgesellschaften bezieht sich die so gebotene **professionelle Sorgfalt** in erster Linie auf die Abschlussprüfer als natürliche Personen.[77] Um einer unterschiedlichen Begriffsbestimmung der **„kritischen Grundhaltung“** innerhalb der Mitgliedstaaten vorzubeugen und damit auch insgesamt ein überwiegend einheitliches Verständnis der Berufsgrundsätze des Art. 21 AP-RL zu gewährleisten, definiert die Richtlinie diesen Begriff selbst. Eine Konkretisierung und Erweiterung der Berufsgrundsätze erschien insofern als Notwendig. Das Kriterium der kritischen Grundhaltung ist dabei vielmehr als Bestandteil der Berufsgrundsätze anzusehen und nicht, wie sich aus der Änderungsrichtlinie 2014/56/EU vermuten lässt, als eigenständiger Teil, der isoliert von den Ausführungen zu den Berufsgrundsätzen in Art. 21 I AP-RL zu betrachten ist.

47 Unter der „kritischen Grundhaltung“ ist nach Art. 21 II Uabs. 2 AP-RL die grundsätzliche Einstellung zu verstehen, Dinge kritisch zu hinterfragen, auf Gegebenheiten zu achten, die auf eine mögliche, durch Betrug oder Irrtümer bedingte wesentliche falsche Darstellung hindeuten können, und die Prüfungsnachweise kritisch zu be-

75 *Grundmann*, Europäisches Gesellschaftsrecht, 2011, Rn. 585.
76 Vgl. OVG Berlin-Brandenburg NVwZ-RR 2011, 479.
77 *Grundmann*, Europäisches Gesellschaftsrecht, 2011, Rn. 588.

urteilen. Ihre kritische Grundhaltung behalten Abschlussprüfer insbesondere bei der Beurteilung der **Schätzungen** des Managements in Bezug auf **Zeitwertangaben**, die Wertminderung von Vermögenswerten, **Rückstellungen** und künftige **Cashflows**, die für die Beurteilung der Fähigkeit des Unternehmens zur Fortführung der Unternehmenstätigkeit von Bedeutung sind, bei (Art. 21 II Uabs. 1 AP-RL).[78]

Im Zusammenhang mit den Berufsgrundsätzen des Art. 21 AP-RL haben die Abschlussprüfer und Prüfungsgesellschaften in Bezug auf alle Unterlagen und Informationen, die sie im Zuge der Abschlussprüfung erhalten, **Stillschweigen zu bewahren** (Art. 23 I AP-RL). Die Mitgliedstaaten haben daher sicherzustellen, dass die Abschlussprüfer und Prüfungsgesellschaften strengen Regeln über die **Verschwiegenheit** und das **Berufsgeheimnis** unterliegen (Erwägungsgrund 10 S. 2). Die diesbezüglichen Vorschriften zur Verschwiegenheitspflicht und zum Berufsgeheimnis der Mitgliedstaaten dürfen jedoch die ordnungsgemäße Durchsetzung der Bestimmungen der Richtlinie und der Verordnung (EU) 537/2014 nicht erschweren (Art. 23 II AP-RL). Dies gilt nach ausdrücklicher Aussage des Art. 23 III AP-RL insbesondere für den Zugang zu allen relevanten Informationen des/der neuen Abschlussprüfers bzw. Prüfungsgesellschaft ggü des/der alten Abschlussprüfers bzw. Prüfungsgesellschaft. 48

Die Regelungen über die Verschwiegenheit gelten auch für Abschlussprüfer und Prüfungsgesellschaften, die an einem bestimmten Auftrag zur Prüfung eines Jahresabschlusses oder eines konsolidierten Abschlusses **nicht mehr beteiligt** sind (Art. 23 IV AP-RL). 49

G. Unabhängigkeit und Unparteilichkeit

Ein **Kernelement** der Richtlinie ist die Harmonisierung der Anforderungen an die Unabhängigkeit der Abschlussprüfer und der Prüfungsgesellschaften.[79] Die Begriffsbestimmung der „**Unabhängigkeit**" erfolgt dabei ausschließlich durch die Richtlinie selbst und ist nicht – wie teilweise früher noch behauptet – der Auslegung durch die Mitgliedstaaten zugänglich.[80] Insofern wurden die Bestimmungen der Unabhängigkeit im Zuge der Änderung durch die Richtlinie 2014/56/EU nochmals konkretisiert und erweitert. 50

Trotz der **Konkretisierung** der **Unabhängigkeitsvoraussetzungen** durch die Änderungsrichtlinie 2014/56/EU werden in Art. 22 AP-RL weitestgehend nur **Grundprinzipien** der Unabhängigkeit beschrieben.[81] Im Hinblick auf den grundsätzlichen Mindestnormcharakter der Richtlinie (vgl. Art. 52 AP-RL) sind die Mitgliedstaaten daher nicht nur befugt die Anforderungen an die Unabhängigkeit im Rahmen des Art. 22 AP-RL ausführlich auszugestalten, sondern ggf auch **strengere Bestimmungen** betreffend die Unabhängigkeit und Unparteilichkeit von Abschlussprüfern und Prüfungsgesellschaften aufzustellen. 51

Gleichwohl ist die Europäische Kommission bemüht überwiegend **einheitliche Regelungen über die Unabhängigkeit von Abschlussprüfern** herbeizuführen. Nach Art. 22 I AP-RL müssen der Abschlussprüfer oder die Prüfungsgesellschaft bei der Durchführung der Abschlussprüfung von dem geprüften Unternehmen **unabhängig** sein und dürfen nicht in dessen Entscheidungsfindung eingebunden sein. Im Gegensatz zur Regelung über das Mehrheitserfordernis nach Art. 3 IV AP-RL beziehen sich die Vorgaben nach Art. 22 AP-RL auf den konkreten Prüfungsauftrag. 52

Die Alternativstellung (**„oder"**) zwischen der Unabhängigkeit des Abschlussprüfers und der Prüfungsgesellschaft in Art. 22 I AP-RL ist dabei sprachlich jedoch unglücklich. Hält man sich vor Augen, dass die Prüfungsgesellschaft nicht eigenständig, sondern durch die ihr zuzurechnenden Abschlussprüfer tätig wird, erfolgt die tatsächliche Durchführung der Abschlussprüfung durch einen oder mehrere Abschlussprüfer als natürliche Person(en) (bzw. durch ein zur konkreten Prüfung erstelltes Team unter Leitung eines Abschlussprüfers).[82] Art. 22 I AP-RL bezieht sich vielmehr auf die **Beauftragung zur Durchführung der Abschlussprüfung** eines Unternehmens. Hierbei wird entweder eine einzelne natürliche Person als Abschlussprüfer beauftragt oder eine Prüfungsgesellschaft als solche. Beide haben insofern von dem zu prüfenden Unternehmen unabhängig iSd Art. 22 AP-RL zu sein.[83] 53

78 Siehe im Internationalen Kontext auch die Leitlinien des *International Ethics Standards Board of Accountants* (IESBA) zur kritischen Grundhaltung und zum pflichtgemäßen Ermessen des Abschlussprüfers.

79 *Lutter/Bayer/Schmidt*, Europäisches Unternehmens- und Kapitalmarktrecht, 2017, Rn. 25.24 f.; allgemein zur Unabhängigkeit des Abschlussprüfers aus deutscher Sicht *Marx* ZGR 2002, 292 ff.; *Kirsch/Ewelt-Knauer/Gallasch* ZGR 2013, 648, 650 ff.; ausführlich auch *Michel*, Die Unabhängigkeit des Abschlussprüfers, 2014, S. 44 ff.; *Weber* AG 2005, 877 ff. (jeweils vor der EU-Abschlussprüferreform 2014).

80 *Grundmann*, Europäisches Gesellschaftsrecht, 2011, Rn. 589; zur 8. Richtlinie bereits *Schatzmann* RIW 1984, 614, 619.

81 Vgl. *Michel*, Die Unabhängigkeit des Abschlussprüfers, 2014, S. 67; siehe auch *Klein/Tielmann* WPg 2004, 501, 504; *Tiedje* WPg 2006, 593, 595; empirisch zur Unabhängigkeit der Abschlussprüfer *Church et al.* Accounting Horizons 29 (2015) 217 ff.

82 Insofern ist auch die Begriffsdefinition einer „Prüfungsgesellschaft" nach Art. 2 Nr. 3 AP-RL zT ungenau.

83 So wohl auch *Lutter/Bayer/Schmidt*, Europäisches Unternehmens- und Kapitalmarktrecht, 2017, Rn. 25.24 f.; anscheinend abweichend *Grundmann*, Europäisches Gesellschaftsrecht, 2011, Rn. 598, wonach (lediglich) die prüfende natürliche Person unabhängig sein muss.

54 Innerhalb der beauftragten Prüfungsgesellschaft müssen jedoch wiederum die zur tatsächlichen Prüfung berufenen Abschlussprüfer ebenfalls unabhängig sein. Dies gilt nach Neufassung des Art. 22 I AP-RL ausdrücklich auch für alle sonstigen, an der konkreten Prüfung beteiligten, Personen. Die Richtlinie stellt insofern klar, dass jede **natürliche Person**, die in der Lage ist, das Ergebnis der Abschlussprüfung **direkt oder indirekt zu beeinflussen**, ebenfalls unabhängig zu sein hat. In der deutschen Prüfungspraxis ist es indes seit jeher üblich, dass alle in irgendeiner Weise an der Durchführung der jeweiligen Prüfung beteiligten natürlichen Personen (neben dem Wirtschaftsprüfer zB der Prüfungsleiter, Sachbearbeiter und ggf auch Praktikanten) vor Beginn der Prüfung eine Unabhängigkeitserklärung abgegeben (vgl. auch Art. 22 II, Art. 22b AP-RL).[84] Dies entspricht auch dem hinter Art. 22 AP-RL stehenden Zweck der Gewährleistung einer umfassenden Unabhängigkeit aller Beteiligten.

55 Das zu prüfende Unternehmen soll durch seine rechtliche oder wirtschaftliche Beteiligung an der Prüfungsgesellschaft keinen Einfluss auf den Prüfungsablauf oder das Prüfungsergebnis nehmen können. Die **Unabhängigkeit der Prüfungsgesellschaft** selbst ist dabei nicht als Gegenstück zur Abhängigkeit zwischen Gesellschaften zB im Sinne des deutschen Konzernrechts zu sehen (vgl. § 17 AktG).[85] Die Abhängigkeit als Korrelat zum Unabhängigkeitsbegriff des Art. 22 AP-RL umfasst vielmehr noch weitergehend jede tatsächliche Abhängigkeit im Sinne jeglicher potenziellen Einflussnahme auf die Prüfungsgesellschaft durch das zu prüfende Unternehmen, die deren objektive Beurteilung tangieren könnte. Dies zeigt sich auch mit Blick auf Art. 22 I Uabs. 2 AP-RL, wonach auch alle **tatsächlichen** und **potenziellen Interessenkonflikte** oder sonstige direkte oder indirekte (Geschäfts-) Beziehungen nicht mit einer Unabhängigkeit des Abschlussprüfers oder der Prüfungsgesellschaft vereinbar sind. In diesem Sinne dürfen weder die Eigentümer noch die Anteilseigner einer Prüfungsgesellschaft noch die Mitglieder der Verwaltungs-, Leitungs- und Aufsichtsorgane dieser oder eines verbundenen Unternehmens in einer Weise in eine Abschlussprüfung eingreifen, die die Unabhängigkeit und Unparteilichkeit des Abschlussprüfers, der die Abschlussprüfung für die Prüfungsgesellschaft durchführt, gefährdet (Art. 24 AP-RL). Insofern wird eine die Unabhängigkeit **störende Einflussnahme** seitens der Anteilsinhaber oder der Vorstands- und Aufsichtsratsmitglieder bzw. der Mitglieder des Verwaltungsorgans in Prüfungsgesellschaften untersagt. Damit soll vor allem auch erreicht werden, dass Nicht-Abschlussprüfer auf als solche qualifizierte Prüfer keinen Einfluss bezüglich der inhaltlichen Durchführung der Prüfung haben.[86]

56 Der Abschlussprüfer oder die zur Prüfung beauftragte Prüfungsgesellschaft darf die Prüfung ferner dann nicht vornehmen, wenn eine Gefahr der **Selbstüberprüfung**, des **Eigeninteresses**, der **Interessenvertretung**, der **Vertrautheit** oder der **Einschüchterung** vorliegt. Dies ist der Fall, wenn aufgrund einer Beziehung finanzieller, persönlicher oder geschäftlicher Art, eines Beschäftigungsverhältnisses oder anderer Beziehungen zwischen dem zu prüfenden Unternehmen und dem Abschlussprüfer, der Prüfungsgesellschaft oder dem **Netzwerk**,[87] welchem der Abschlussprüfer bzw. die Prüfungsgesellschaft sowie jede natürliche Person, die in der Lage ist, das Ergebnis der Abschlussprüfung zu beeinflussen, angehört, besteht, wodurch ein **objektiv-sachkundiger Dritter**[88] zu dem Schluss kommen würde, dass die Unabhängigkeit des Abschlussprüfers und/oder der Prüfungsgesellschaft (ernsthaft) gefährdet ist (Art. 22 I Uabs. 3 AP-RL).

57 Art. 22 II AP-RL betrifft die Konstellation, dass nicht das zu prüfende Unternehmen an der Prüfungsgesellschaft beteiligt ist, sondern der Abschlussprüfer, die Prüfungsgesellschaft oder die an der jeweiligen Prüfung beteiligten Mitarbeiten, die dem Abschlussprüfer bzw. der Prüfungsgesellschaft zuzurechnen sind, **„wesentliches** oder direktes **wirtschaftlichen Eigentum"**, insbesondere an Geschäftsanteilen bzw. Aktien, die von dem zu prüfenden Unternehmen ausgegeben, garantiert oder in anderer Weise abgesichert werden, hält bzw. halten. In diesem Fall ist – mit gewissen Ausnahmen – die Unabhängigkeit der beteiligten Personen iSd Art. 22 AP-RL nicht gewahrt. Diese natürliche Person bzw. Prüfungsgesellschaft darf die Prüfung des in Frage stehenden Unternehmens daher nicht durchführen.

58 Zur weiteren Konkretisierung der Unabhängigkeit und Unparteilichkeit und den Facetten, wann solche nicht mehr bestehen, führt der durch die Änderungsrichtlinie 2014/56/EU eingefügte Art. 22 V AP-RL ein durchaus praxisrelevantes Bespiel an. So dürfen die an der Prüfung beteiligten Abschlussprüfer und sonstige Mitarbeiter sowie die beauftragte Prüfungsgesellschaft keine **Geld- oder Sachgeschenke** oder **Gefälligkeiten** von dem zu prü-

---

84 Aus deutscher Perspektive siehe dazu die Gemeinsame Stellungnahme der WPK und des IDW, Anforderungen an die Qualitätssicherung in der Wirtschaftsprüferpraxis, S. 13, Punkt (42).

85 Zur Abhängigkeit von Unternehmen iSd Konzernrechts siehe nur *Emmerich* in: Emmerich/Habersack (Hrsg.), Aktien- und GmbH-Konzernrecht, 8. Aufl. 2016, § 17 Rn. 5 ff.; *Bayer* in: MüKo AktG, 4. Aufl. 2016, § 17 Rn. 4, 11 ff.

86 *Grundmann*, Europäisches Gesellschaftsrecht, 2011, Rn. 589; *Lück* DB 1979, 317, 318; *Schwandtner* DStR 2002, 323, 325.

87 Zum Begriff des Netzwerkes siehe die Legaldefinition des Art. 2 Nr. 7 AP-RL; zum Begriff des Netzwerkes nach dem deutschen HGB vgl. nur *Ebke* in: MüKo HGB, 3. Aufl. 2013, § 319b Rn. 3; *Petersen/Zwirner/Boecker* WpG 2010, 464; zur Unabhängigkeitserfordernis bei einer Netzwerkbeteiligung *Inwinkl/Kortenbusch/Schneider* DK 2008, 2645, 2646; *Naumann/Feld* WPg 2006, 873, 881 f.; *Lanfermann* DB 2005, 2645, 2646; *Klein/Klaas* WPg 2006, 885, 886; *Tiedje* WPg 2006, 593, 596; *Fölsing* ZCG 2009, 76 ff.

88 Zur Betrachtung aus objektiver Sicht eines Dritten *Michel*, Die Unabhängigkeit des Abschlussprüfers, 2014, S. 103 f.; *Tiedje* WPg 2006, 593, 595.

fenden Unternehmen bzw. einem mit diesem verbundenen anderen Unternehmen **annehmen**. Solche **prüfungsfremden Leistungen**, die ihre Unabhängigkeit in Frage stellen, sind grundsätzlich **abzulehnen** (Erwägungsgrund 11 S. 6). Eine Ausnahme besteht lediglich insofern, wie es sich aus objektiver Sicht um eine **geringfügige** oder **unbedeutende Leistung** handelt. Hiervon erfasst sind grundsätzlich auch alle Mitarbeiter des zu prüfenden Unternehmens bzw. des mit diesem verbundenen Unternehmens. Dies kann jedoch wiederum nur soweit zum Tragen kommen, wie aus objektiver Sicht ein berufsbezogener Einfluss auf das Ergebnis der Abschlussprüfung in diesem Zusammenhang erkennbar ist. Ferner kann auch die Höhe des von einem geprüften Unternehmen gezahlten Prüfungshonorars und/oder die Zusammensetzung der Honorare die Unabhängigkeit eines Abschlussprüfers oder einer Prüfungsgesellschaft gefährden (Erwägungsgrund 11 S. 4).

Art. 22 VI AP-RL erfasst darüber hinaus die Unabhängigkeit und Unparteilichkeit des Abschlussprüfers bzw. 59
der Prüfungsgesellschaft im Falle von während des Zeitraums des zu prüfenden Jahresabschlusses bzw. konsolidierten Abschlusses vorgenommenen **Verschmelzungs- oder Übernahmevorgängen** des zu prüfenden Unternehmens. Auch insofern ist die Unabhängigkeit und Unparteilichkeit ggü dem ansonsten an der Strukturmaßnahme beteiligten Unternehmen sicherzustellen.

Zur Vorbereitung auf die Abschlussprüfung haben der/die Abschlussprüfer bzw. die Prüfungsgesellschaft nach 60
Art. 22b AP-RL ua zu **dokumentieren**, dass die Anforderungen an die Unabhängigkeit und Unparteilichkeit iSd Art. 22 AP-RL **erfüllt** sind, ob die Unabhängigkeit der beteiligten Personen ggf gefährdet ist sowie etwaige Schutzmaßnahmen, die in diesem Zusammenhang zur Verminderung der Gefahr der Abhängigkeit ergriffen wurden.

H. Prüfungsstandards

Eine bedeutsame Vereinheitlichung erfolgte auch hinsichtlich der **Standards der Prüfung** des Jahresabschlusses 61
bzw. konsolidierten Abschlusses. Die von dem/den Abschlussprüfer(n) bzw. Prüfungsgesellschaften durchzuführende Abschlussprüfung hat nach den von der Europäischen Kommission angenommenen internationalen Prüfungsstandards zu erfolgen (Art. 21 I AP-RL). **Internationale Prüfungsstandards** sind nach Art. 26 II AP-RL die International Standards on Auditing (ISA), die International Standard on Quality Control 1 und andere damit zusammenhängende Standards, die vom Internationalen Wirtschaftsprüferverband (IFAC) über das International Auditing and Assurance Standards Board (**IAASB**) herausgegeben wurden, soweit sie für die Abschlussprüfung relevant sind. Die Annahme solcher Prüfungsstandards durch die Europäische Kommission (bzw. durch eine andere Stelle infolge delegierten Rechtsaktes gem Art. 26 III AP-RL iVm Art. 48a AP-RL) darf nur unter bestimmten Voraussetzungen erfolgen (siehe Art. 26 III Uabs. 2 lit. a) bis lit. d) AP-RL). Die Einführung internationaler Prüfungsstandards in der Union setzt dabei generell voraus, dass die Standards **international allgemein anerkannt** sind und unter vollständiger Einbeziehung aller interessierten Kreise in einem offenen und transparenten Verfahren erstellt wurden, dass dadurch die **Glaubwürdigkeit** des Jahresabschlusses und des konsolidierten Abschlusses **erhöht** wird und dass die Annahme dem Wohl der Union dient (Erwägungsgrund 14 S. 1).

Solange die Europäische Kommission für einen bestimmten Bereich (zB Prüfungsverfahren, Unabhängigkeit, in- 62
terne Qualitätssicherung von Abschlussprüfern bzw. Prüfungsgesellschaften) keine internationalen Prüfungsstandards angenommen hat, haben die Mitgliedstaaten die **Befugnis**, die eigenen, nationalen Prüfungsstandards, Prüfverfahren oder Prüfungsanforderungen **anzuwenden** (Art. 26 I Uabs. 2 AP-RL). Unbeschadet dessen, dürfen die Mitgliedstaaten nach Art. 26 IV AP-RL neben den von der Europäischen Kommission angenommenen internationalen Prüfungsstandards zusätzlich eigene Prüfverfahren und Prüfungsanforderungen **nur dann** vorschreiben, wenn diese erforderlich sind, um den nationalen Anforderungen in Bezug auf den Umfang der Abschlussprüfungen Wirkung zu verleihen (lit. a) oder nur in dem Maße vorschreiben, wie es erforderlich ist, um die Glaubwürdigkeit und Qualität von Abschlüssen zu erhöhen (lit. b).

Gewisse Erleichterungen der Anwendung der angenommenen Prüfungsstandards werden den Mitgliedstaaten 63
für **kleine Unternehmen**[89] eingeräumt. Verlangt ein Mitgliedstaat eine Abschlussprüfung auch für kleine Unternehmen, so kann er vorsehen, dass die Anwendung der internationalen Prüfungsstandards dem Umfang und der Komplexität der Tätigkeiten entsprechend **verhältnismäßig**, dh angemessen sein muss (Art. 26 V 1 AP-RL). Um kleine Unternehmen nicht übermäßig durch die durchzuführende Abschlussprüfung zu belasten, können die Mitgliedstaaten daher vorsehen, dass nicht alle Aspekte der diesbezüglich angenommenen internationalen Prüfungsstandards für diese umgesetzt werden. Dies gilt allerdings nur soweit, wie dadurch die Qualität der Abschlussprüfung nicht in spürbarem Maße beeinträchtigt wird und damit zum Nachteil für den Rechtsverkehr gereicht.

Um die Vergleichbarkeit von Unternehmen, die die gleichen Prüfungsstandards anwenden, zu erhöhen und das 64
Vertrauen der Öffentlichkeit in die Abschlussprüfung zu stärken (vgl. Erwägungsgrund 16), sind die Ergebnisse der Prüfung in einem **Bestätigungsvermerk darzulegen** (Art. 28 I AP-RL).[90] Dieser Bestätigungsvermerk ist in **schriftlicher Form** abzufassen. (Art. 28 II AP-RL) und hat nach den Anforderungen des diesbezüglich anzuwen-

89 Legaldefinition gem Art. 2 Nr. 18 AP-RL iVm Art. 1 I, Art. 3 II Bilanz-RL.
90 Zum Bestätigungsvermerk nach Art. 28 AP-RL *Velte* DStR 2014, 1688, 1694.

denden internationalen Prüfungsstandards zu erfolgen (Art. 28 I 2 AP-RL). Da der Bestätigungsvermerk vom Abschlussprüfer **eigenhändig zu unterzeichnen** ist (Art. 28 IV 1 AP-RL), genügt eine Textform iSd § 126b BGB **nicht** aus.[91] Der **Mindestinhalt** des Bestätigungsvermerks ergibt sich aus Art. 28 II lit. a) bis lit. g) AP-RL. Er enthält insbesondere eine Beschreibung des Umfangs der Abschlussprüfung (lit. b), ein Prüfungsurteil (lit. e) und eine Erklärung zu etwaigen wesentlichen Unsicherheiten, die Zweifel an der Fähigkeit des Unternehmens zur Fortführung der Unternehmenstätigkeit aufwerfen können (lit. f).

65 Für die **Abschlussprüfung von konsolidierten Abschlüssen** (siehe Art. 27 AP-RL) und dem diesbezüglich zu erstellenden Bestätigungsvermerk (siehe Art. 28 V AP-RL) bestehen abweichende bzw. ergänzende Besonderheiten.

I. Qualitätssicherung

66 Zur Gewährleistung einer **gleichbleibend hohen Qualität** der Abschlussprüfung bedarf es regelmäßiger Kontrollen durch ein externes Kontrollorgan (vgl. Erwägungsgrund 17 S. 1). Hierzu sieht Art. 29 I AP-RL vor, dass alle Abschlussprüfer und Prüfungsgesellschaften einem **externen Qualitätssicherungssystems** unterliegen. Die Qualitätssicherung für Abschlussprüfer und Prüfungsgesellschaften, die Unternehmen von öffentlichem Interesse[92] prüfen, ist seit dem Jahr 2014 in einer eigenständigen Verordnung (VO (EU) 537/2014) und nicht mehr in der Richtlinie selbst (Art. 43 AP-RL aF) geregelt.

67 Für die Anwendung des Art. 29 AP-RL können die Mitgliedstaaten fordern, dass **lediglich** die **Anforderungen an Prüfungsgesellschaften** berücksichtigt werden müssen, wenn einzelne Prüfer, die eine solche Qualitätssicherungsprüfung durchführen, eine gemeinsame Qualitätssicherungsmethode verfolgen (Erwägungsgrund 17 S. 3).

68 Art. 29 I AP-RL schreibt in einem Katalog verschiedene Mindestkriterien für das von den Mitgliedstaaten zu errichtende Qualitätssicherungssystem vor. So muss das Qualitätssicherungssystem ua von den zu überprüfenden Abschlussprüfern und Prüfungsgesellschaften **unabhängig** sein und einer **öffentlichen Aufsicht** des jeweiligen Mitgliedstaates unterliegen (lit. a). Die Personen, die mit der Qualitätssicherungsprüfung betraut werden, sind nach einem **objektiven Verfahren** auszuwählen, das darauf angelegt ist etwaige Interessenkonflikte mit dem/der zu überprüfenden Abschlussprüfer bzw. Prüfungsgesellschaft zu vermeiden (lit. e). Die Auswahl der Qualitätssicherungsprüfer wird dabei nach Art. 29 II AP-RL noch konkretisiert.

69 Die Qualitätssicherungsprüfung schließt mit einem **Bericht** ab, der die wichtigsten Schlussfolgerungen dieser zusammenfasst (Art. 29 I lit. g) AP-RL). Diese Prüfung hat dabei in der Regel **mindestens alle sechs Jahre** stattzufinden (Art. 29 I lit. h) AP-RL), wobei die Gesamtergebnisse des Qualitätssicherungssystems **jährlich** zu veröffentlichen sind (Art. 29 I lit. i) AP-RL).

J. Untersuchungen und Sanktionen

70 Das Kapitel über etwaige **Sanktionsbefugnisse** der mitgliedstaatlichen Behörden bei nicht sachgemäßer bzw. unzureichender Durchführung von Abschlussprüfungen wurde im Rahmen der Änderungsrichtlinie 2014/56/EU umfassend geändert und erweitert. So ist Art. 31 AP-RL aF, der die Verpflichtung der Europäischen Kommission begründete einen Bericht und ggf eine Empfehlung[93] über die zivilrechtliche Haftung von Abschlussprüfern[94] vorzulegen, gestrichen worden.

71 Im Zusammenhang mit dem ehemaligen Art. 31 AP-RL wurde im Jahr 2008 von der Europäischen Kommission eine Empfehlung zur Beschränkung der **zivilrechtlichen Haftung** von Abschlussprüfern und Prüfungsgesellschaften herausgegeben.[95] Darin wird ua empfohlen, dass die Haftung, außer bei vorsätzlich pflichtwidrigem Handeln, beschränkt sein sollte und die Haftungsbegrenzung sowohl gegenüber dem geprüften Unternehmen als auch gegenüber Dritten gelten sollte. Eine generelle Pflicht zum Abschluss einer **Berufshaftpflichtversicherung** sieht die Richtlinie ferner nicht vor. Vielmehr kann dies davon abhängig sein, ob der jeweils die Prüfung

91 Gleichwohl das Erfordernis der Schriftform auf europäischer Ebene grundsätzlich nicht mit der des deutschen § 126 BGB übereinstimmt, besteht aufgrund der Besonderheit des Art. 26 IV 1 AP-RL diesbezüglich überwiegend Kongruenz. Anders bei anderen Sekundärrechtsakten, bei denen für das Schriftformerfordernis idR auch die nach deutschem Recht bekannte Textform des § 126b BGB ausreichend ist (zB bei der ehemaligen Verschmelzungsrichtlinie (s. dazu § 22 Rn. 21), dazu *Lutter/Bayer/Schmidt*, Europäisches Unternehmens- und Kapitalmarktrecht, 2017, Rn. 20.32, Fn. 85.

92 Legaldefinition in Art. 2 Nr. 13 AP-RL; siehe auch die Regelungen der Verordnung (EU) 537/2014; *Kalss/Klampfl*, Europäisches Gesellschaftsrecht, 2015, Rn. 304, Fn. 885; aus deutscher Sicht *Nodoushani* AG 2016, 381, 382.

93 Zu Funktion, Bedeutung und Wirkung von Empfehlungen der Europäischen Kommission siehe § 2 Rn. 66 ff.

94 Siehe zur Haftung des Abschlussprüfers (Wirtschaftsprüfers) für die Prüfung nach § 53 HGrG *Kersting* ZIP 2014, 2420 ff.; aus französischer Sicht *Dammann* GPR 2006, 138 ff.; aus europäischer Sicht auch *Schattka* GPR 2008, 193 ff.

95 *Europäische Kommission*, Empfehlung 2008/473/EG v. 5.6.2008 zur Beschränkung der zivilrechtlichen Haftung von Abschlussprüfern und Prüfungsgesellschaften, ABl. EU v. 21.6.2008, L 162/39, dazu *Schattka* GPR 2008, 193 ff.; *Ferran* in: FS Westermann, 2010, S. 645, 646 ff.

durchführende Abschlussprüfer einer unbeschränkten Haftung unterliegt (vgl. Erwägungsgrund 19 S. 2). Bisweilen überlässt die Richtlinie das zwingende Erfordernis einer Berufshaftpflichtversicherung daher den Mitgliedstaaten.

Neu eingefügt wurden umfangreiche Bestimmungen über die Befugnisse der mitgliedstaatlichen Behörden **verwaltungsrechtliche Sanktionen und Maßnahmen** zu verhängen bzw. zu ergreifen, um Verstöße der Abschlussprüfer und Prüfungsgesellschaften gegen Richtlinienbestimmungen (insbes. Art. 22 AP-RL) zu ahnden (vgl. Art. 30a bis Art. 30f AP-RL). 72

Zweck der Art. 30 ff. AP-RL ist es, die **unzulängliche Durchführung** von Abschlussprüfungen zu **verhindern** und zu **berichtigen** (Erwägungsgrund 18). Darüber hinaus kommt der Sanktionierung des/der betreffenden Abschlussprüfers bzw. Prüfungsgesellschaft und die öffentliche Bekanntmachung dieser auch eine gewisse **Abschreckungswirkung** (sog *naming and shaming*) zu (vgl. Art. 30 II AP-RL). Zu diesem Zweck haben die Mitgliedstaaten zunächst für wirksame und effektive Untersuchungen und Sanktionsmechanismen zu sorgen (Art. 30 I AP-RL). Es sind effektive und abschreckende Sanktionen für Abschlussprüfer und Prüfungsgesellschaften vorzusehen. 73

Bei Verstößen gegen Richtlinienbestimmungen und ggf gegen die Verordnung (EU) 537/2014 besteht ein **bis zu dreijähriges Berufsverbot** des betroffenen Abschlussprüfers, der betroffenen Prüfungsgesellschaft oder dem für die Durchführung einer Abschlussprüfung verantwortlichen Prüfungspartner (Art. 30a I lit. c) AP-RL). Ferner ist die mitgliedstaatliche Behörde verpflichtet **finanzielle Sanktionen** gegen die betroffene(n) natürliche(n) oder juristische Person(en) zu verhängen (Art. 30a I lit. f) AP-RL). Die in Art. 30 I AP-RL weiterhin aufgezählten Sanktionsbefugnisse sind dabei **nicht** abschließend. Die Mitgliedstaaten können darüber hinaus weitere und ggf strengere Sanktionierungen vorsehen (Art. 30a III AP-RL). Bei Festlegung der Art und Höhe der zu verhängenden Sanktion sind jedoch alle relevanten Umstände des betreffenden Verstoßen einzubeziehen (Art. 30b S. 1 AP-RL) Ferner muss die Sanktionierung stets angemessen iS von verhältnismäßig ausgestaltet sein. 74

Um der mit der Sanktionierung verbundenen Abschreckungswirkung nachzukommen, hat die entsprechende nationale Behörde, die die Sanktion verhängt hat, diese zu **veröffentlichen** (Art. 30c I AP-RL). Hierbei sind auch Angaben zur Art des Verstoßes und zur **Identität des Abschlussprüfers** bzw. der **Prüfungsgesellschaft**, gegen die die Sanktion verhängt wurde, anzugeben. Dies gilt jedoch unter Berücksichtigung datenschutzrechtlicher Bestimmung (vgl. Art. 30c III Uabs. 2 S. 1 AP-RL). 75

K. Öffentliche Aufsicht

Als weiteres Mittel, um die Qualität der Abschlussprüfung auf einem gleichbleibend hohen Niveau sicherzustellen, sieht die Richtlinie eine unabhängige Qualitätssicherung der Abschlussprüfer und Prüfungsgesellschaft durch eine öffentliche Aufsicht vor. Von den Mitgliedstaaten ist ein wirksames **öffentliches Aufsichtssystem** für Abschlussprüfer und Prüfungsgesellschaften zu errichten (Art. 32 I AP-RL, Erwägungsgrund 20 S. 1). Aufgrund zT divergierender mitgliedstaatlicher Ansätze bei der öffentlichen Aufsicht von Abschlussprüfern und Prüfungsgesellschaften statuieren die Art. 32 ff. AP-RL bewusst kein vollumfängliches Modell für die Ausgestaltung einer solchen Aufsicht.[96] Art. 32 AP-RL statuiert aber zumindest verschiedene **Grundprinzipien**.[97] 76

Zunächst müssen **alle** Abschlussprüfer und Prüfungsgesellschaften der öffentlichen Aufsicht unterliegen (Art. 32 II AP-RL). Insbesondere eine Einschränkung für kleine oder mittlere Unternehmen oder als Einzelperson agierende Abschlussprüfer besteht nicht. Damit soll gewährleistet werden, dass tatsächlich jede natürliche oder juristische Person, die mit einer Abschlussprüfung befasst ist bzw. die Gewähr für deren Richtigkeit trägt, einer gewissen **öffentlichen Kontrolle** unterliegt. Andernfalls bestände die Gefahr faktisch unterschiedlicher Qualitätsstandards im Rahmen der gesetzlichen Vorschriften zur Abschlussprüfung. Dem soll durch **ausnahmslose Beaufsichtigung** aller Abschlussprüfer und Prüfungsgesellschaften vorgebeugt werden. 77

Die mitgliedstaatliche Behörde, welche die öffentliche Aufsicht übernimmt, hat von Nicht-Abschlussprüfern geleitet zu werden, die in den für Abschlussprüfungen relevanten Bereichen über entsprechende Sachkenntnis verfügen (Art. 32 III 1 AP-RL). Bei solchen **Nichtberufsausübenden Personen** handelt es sich idR um ehemalige Wirtschaftsprüfer, die ihren Beruf nicht mehr ausüben oder um Experten auf diesem Gebiet außerhalb der Wirtschaftsprüfungsbranche (vgl. Erwägungsgrund 20 S. 4). Die Mitgliedstaaten können jedoch vorsehen, dass eine Minderheit praktizierender Abschlussprüfer führende Positionen in dem öffentlichen Aufsichtssystem begleitet. Die entscheidungsfindende Mehrheit muss aber weiterhin aus Nichtberufsausübenden bestehen. Dies soll insbesondere Interessenkonflikten zwischen der praktischen Arbeit als Abschlussprüfer und der Entscheidungsfindung innerhalb des diese überwachenden Kontrollorgans sicherstellen. 78

96 *Lutter/Bayer/Schmidt*, Europäisches Unternehmens- und Kapitalmarktrecht, 2017, Rn. 25.66.
97 *Lutter/Bayer/Schmidt*, Europäisches Unternehmens- und Kapitalmarktrecht, 2017, Rn. 25.66; dazu auch *Heiniger* WPg 2008, 535 f.; *Tiedje* WPg 2006, 593, 600; *Lanfermann* DB 2005, 2645, 2649.

79 Nach Art. 34 AP-RL gilt für die territoriale **Zuständigkeit der öffentlichen Aufsichtsbehörde** das sog **Herkunftslandprinzip**.[98] Für die öffentliche Aufsicht gelten daher die Rechtsvorschriften und Aufsichtsregeln des Mitgliedstaates, in dem der Abschlussprüfer oder die Prüfungsgesellschaft iS von Art. 3 AP-RL zugelassen ist **und** das geprüfte Unternehmen seinen eingetragen Sitz hat (Art. 31 I AP-RL). Der „eingetragene Sitz" (Engl.: *registered office*; Franz.: *siège statutaire*) ist dabei bei Kapitalgesellschaften der Satzungs- bzw. Registersitz und bei Personengesellschaften als Prüfungsgesellschaften deren Vertrags- und zumeist Verwaltungssitz.[99] Vorbehaltlich des Art. 34 I Uabs. 1, IV AP-RL haben nach dem eindeutigen Wortlaut des Art. 31 I AP-RL sowohl der die konkrete Prüfung durchführende Abschlussprüfer bzw. die Prüfungsgesellschaft als auch das zu prüfende Unternehmen im selben Staat zugelassen bzw. registriert zu sein, damit iSd Herkunftslandprinzips die Zuständigkeit der mitgliedstaatlichen Aufsichtsbehörde bejaht werden kann.

L. Bestellung und Abberufung von Abschlussprüfern

80 Art. 37 f. AP-RL regeln die Modalitäten der Bestellung und Abberufung von Abschlussprüfern bzw. Prüfungsgesellschaften. Der Abschlussprüfer bzw. die Prüfungsgesellschaft, welche(r) die Abschlussprüfung durchführt, wird nach Art. 37 I AP-RL von der **Anteilsinhaber-** bzw. **Mitgliederversammlung des zu prüfenden Unternehmens** bestellt. Schon hierdurch soll die Unabhängigkeit des Abschlussprüfers bzw. der Prüfungsgesellschaft gegenüber dem Leitungs- oder Verwaltungsorgan des zu prüfenden Unternehmens gewährleistet werden. Zum Wohle des Unternehmens haben die Eigentümer bzw. entscheidungsbefugten Mitglieder des Unternehmens die Wahl über die die Abschlussprüfung durchführende natürliche oder juristische Person zu treffen und damit deren Befähigung in gewisser Weise zu legitimieren. So beschreibt auch Art. 37 II AP-RL, dass bei der Auswahl des Abschlussprüfers bzw. der Prüfungsgesellschaft insbesondere sichergestellt werden muss, dass die **Unabhängigkeit** dieser von den an der **Geschäftsführung** beteiligten Mitgliedern des Leitungs- oder Verwaltungsorgan sichergestellt ist.

81 Art. 37 III AP-RL stellt darüber hinaus ausdrücklich klar, dass **jede gesellschaftsvertragliche Regelung**, die die Auswahlmöglichkeit der Anteilsinhaberversammlung bezüglich der Ernennung des Abschlussprüfers bzw. der Prüfungsgesellschaft zur Durchführung der Abschlussprüfung auf bestimmte Kategorien oder eine Liste von Abschlussprüfern und Prüfungsgesellschaften beschränkt, **nichtig** ist und damit nicht zum Tragen kommt. Damit soll diesbezüglich eine umfassende Entscheidungsfreiheit der Anteilsinhaberversammlung gewährleistet und die Auswahl des tatsächlich aus Sicht der Anteilsinhaber geeignetsten Abschlussprüfers bzw. Prüfungsgesellschaft gefördert, werden ohne sich auf bestimmte Prüfungsbefugte, ggf dem Leitungs- oder Verwaltungsorgan nahestehende, natürliche oder juristische zu beschränken. In der Praxis kommt der Vorschlag für die Bestellung eines bestimmten Abschlussprüfers jedoch in aller Regel von der Geschäftsleitung des Unternehmens, welchem von den Gesellschaftern/Aktionären auch häufig vorbehaltslos zugestimmt wird. Eine tatsächliche Auseinandersetzung der Anteilseigner mit verschiedenen Abschlussprüfern bzw. Prüfgesellschaften erfolgt daher grundsätzlich nicht. Bezüglich der **Abberufung eines Abschlussprüfers** bzw. einer **Prüfungsgesellschaft** haben die Mitgliedstaaten ferner sicherzustellen, dass eine Abberufung ausschließlich bei Vorliegen eines triftigen Grundes ausgesprochen werden kann (Art. 38 I 1 AP-RL).[100] Ein triftiger Grund liegt insbesondere dann vor, wenn dadurch die Qualität und Ordnungsmäßigkeit der Abschlussprüfung aus Sicht eines objektiven Dritten nicht mehr sichergestellt ist. Dies kann ua bei begründeten Zweifeln an der Unabhängigkeit oder Vertrauensbereitschaft des zur Durchführung betrauten Abschlussprüfers oder bei sonstigen missbrauchsbegründeten Verhaltensweisen in der Person des Abschlussprüfers bestehen. Kein triftiger Grund für eine Abberufung stellen Meinungsverschiedenheiten über Bilanzierungsmethoden oder das Prüfungsverfahren dar (Art. 38 I 2 AP-RL).

M. Abschlussprüfung bei Unternehmen von öffentlichem Interesse

82 Der europäische Gesetzgeber sah sich berufen für Unternehmen von öffentlichem Interesse **besondere Vorgaben** für die Abschlussprüfung sowie für die diese durchführenden Abschlussprüfer bzw. Prüfungsgesellschaften aufzustellen. Hierzu sind bereits an verschiedenen Stellen innerhalb der Abschlussprüferrichtlinie spezielle Bestimmungen enthalten. Beispielsweise der Zeitraum der Unabhängigkeit eines Abschlussprüfers nach Beendigung der Abschlussprüfung gegenüber dem geprüften Unternehmen (vgl. Art. 22a I AP-RL), bezüglich der Abberufung des Abschlussprüfers bzw. der Prüfungsgesellschaft (Art. 38 III AP-RL) oder betreffend des Erfordernisses eines zu bildenden Prüfungsausschusses bei Unternehmen von öffentlichem Interesse (Art. 39 AP-RL).

98 *Heiniger* WPg 2008, 536; *Tiedje* WPg 2006, 593, 600; *Lutter/Bayer/Schmidt*, Europäisches Unternehmens- und Kapitalmarktrecht, 2017, Rn. 25.66.

99 Zur Unterscheidung zwischen dem Vertrags- und Verwaltungssitz bei Personengesellschaften im deutschen Recht und deren Bedeutung siehe § 10 Rn. 121.

100 Zur Kündigung des Auftrags zur Abschlussprüfung aus wichtigem Grund aus deutscher Sicht *Dißars* BB 2005, 2231 ff. (vor der EU-Abschlussprüferreform); zur englischen Umsetzungnorm (sec. 994 (1a) CA 2006) im Rahmen einer Unfair Prejudice (dazu § 12 Rn. 360 ff.) *Ringe* in: Schall (Hrsg.), Companies Act, 2014, sec. 994 Rn. 51.

Die bereits angesprochene **Verordnung (EU) 537/2014** statuiert darüber hinaus umfassende spezifische Anforderungen an die Abschlussprüfung bei Unternehmen von öffentlichem Interesse. Deren Vorgaben gelangten (mit verschiedenen Ausnahmen) ab Juni 2016 Geltung. Die Bestimmung eines **„Unternehmens von öffentlichem Interesse"** (*public interest entity* – PIE) ergibt sich dabei aus der in der Abschlussprüferrichtlinie aufgeführten Legaldefinition (vgl. Art. 3 VO (EU) 537/2014). 83

Nach Art. 2 Nr. 13 AP-RL sind Unternehmen von öffentlichem Interesse:[101] 84

- Unternehmen eines Mitgliedstaates deren **übertragbare Wertpapiere zum Handel auf einem geregelten Markt** eines Mitgliedstaates iS der Finanzinstrumente-RL[102] (lit. a) – wobei der Verweis auf Art. 4 I Nr. 13 MiFiD nunmehr als Verweis auf Art. 4 I Nr. 21 MiFiD II zu verstehen ist; oder
- **Kreditinstitute** iSd Art. 3 I Nr. 1 CRD IV-Richtlinie[103] (mit Ausnahme des Art. 2 CRD IV-Richtlinie) (lit. b); oder
- **Versicherungsunternehmen** iS der Versicherungsunternehmen-Bilanzrichtlinie[104] (lit. c); oder
- Unternehmen, die von den Mitgliedstaaten selbst als Unternehmen von öffentlichem Interesse bestimmt werden (lit. d).

Bei diesen Unternehmen von öffentlichem Interesse besteht grundsätzlich ein größeres Bedürfnis nach einem **hohen Maß an Verbraucher- und Anlegerschutz** (vgl. Erwägungsgrund 5 S. 2 sowie Erwägungsgrund 22 VO (EU) 537/2014). Unternehmen von öffentlichem Interesse stehen stärker im Blickpunkt der Öffentlichkeit und sind wirtschaftlich grundsätzlich von größerer Bedeutung, weshalb an die Abschlussprüfung dieser strengere Anforderungen zu stellen sind.[105] Um dieses Schutzziel zu verwirklichen, sieht der europäische Gesetzgeber einen **volleinheitlichen Regelungsrahmen** mit detaillierten Vorschriften mittels des Regelungsinstruments einer Verordnung und nicht wie bei der Abschlussprüfung „normaler" Unternehmen, einer Richtlinie vor. Die Vorgaben für die Abschlussprüfung von Unternehmen von öffentlichem Interesse gelten somit unmittelbar in gleicher Weise in den Mitgliedstaaten. Ein gewisser Umsetzungsspielraum wie bei der Abschlussprüfung – die zudem nach Aussage des Art. 52 AP-RL grundsätzlich nur eine Mindestharmonisierung vorsieht – besteht für die Mitgliedstaaten daher nicht. In Abhängigkeit von der Intensität der Rechtsangleichung haben EU-Gesetzgebungsorgane grundsätzlich nach Art. 296 AEUV die Wahl, für welche Handlungsform sie sich entscheiden.[106] Der Unionsgesetzgeber misst der Abschlussprüfung von Unternehmen von öffentlichem Interesse folglich eine übergeordnete Bedeutung bei. 85

Sind Aspekte nicht in der Verordnung geregelt, kommen die nationalen Umsetzungsnormen der Abschlussprüferrichtlinie zur Geltung (Art. 2 II VO (EU) 537/2014). Handelt es sich hingegen um die Abschlussprüfung bei einem Unternehmen von öffentlichem Interesse iS der Verordnung und ist der in Frage stehende Aspekt von dieser abschließend geregelt, kommt nur diese als **lex specialis** gegenüber den nationalen Umsetzungsnormen der Abschlussprüferrichtlinie zur Geltung. 86

Materielle Unterschiede bzw. Ergänzungen der Verordnung zu den Regelungen der Abschlussprüferrichtlinie bestehen insbesondere bezüglich eines von dem Abschlussprüfer bzw. der Prüfungsgesellschaft zu erstellenden **Transparenzberichts** (Art. 13 VO (EU) 537/2014),[107] die Reichweite von **Nicht-Prüfungsleistungen**,[108] eines zusätzlich zu erstellenden Berichts (*„additional report"*) an den Prüfungsausschuss (Art. 11 VO (EU) 87

101 Dazu auch *Schüppen*, Abschlussprüfung, 2017, Anhang zu Vor §§ 316-324a Rn. 1 ff.

102 Richtlinie 2004/39/EG des Europäischen Parlaments und des Rates vom 21. April 2004 über Märkte für Finanzinstrumente, zur Änderung der Richtlinien 85/611/EWG und 93/6/EWG des Rates und der Richtlinie 2000/12/EG des Europäischen Parlaments und des Rates und zur Aufhebung der Richtlinie 93/22/EWG des Rates, ABl. EG v. 30.4.2004, L 145/1.

103 Richtlinie 2013/36/EU des Europäischen Parlaments und des Rates vom 26. Juni 2013 über den Zugang zur Tätigkeit von Kreditinstituten und die Beaufsichtigung von Kreditinstituten und Wertpapierfirmen, zur Änderung der Richtlinie 2002/87/EG und zur Aufhebung der Richtlinien 2006/48/EG und 2006/49/EG, ABl. EU v. 27.6.2013, L 176/338.

104 Richtlinie des Rates vom 19. Dezember 1991 über den Jahresabschluss und den konsolidierten Abschluss von Versicherungsunternehmen (91/674/EWG), ABl. EG v. 31.12.1991, L 374/7.

105 Vgl. KOM(2004) 77, S. 8; *Michel*, Die Unabhängigkeit des Abschlussprüfers, 2014, S. 98; *Klein/Klaas* WPg 2006, 885, 887.

106 Allgemein zur Wahl der Handlungsform nach Art. 296 AEUV *Wunderlich/Pickartz* EuR 2014, 659 ff.; *Sladič* ZfRV 2005, 123 ff.; siehe auch *Calliess* in: Calliess/Ruffert (Hrsg.), EUV/AEUV, 5. Aufl. 2016, Art. 296 AEUV Rn. 5 f.

107 *Kalss/Klampfl*, Europäisches Gesellschaftsrecht, 2015, Rn. 305, Fn. 888; zum Transparenzbericht nach der Vorgängerregelung in Art. 40 AP-RL *Tiedje* WPg 2006, 593, 601; *Michel*, Die Unabhängigkeit des Abschlussprüfers, 2014, S. 124 f.

108 *Kalss/Klampfl*, Europäisches Gesellschaftsrecht, 2015, Rn. 305, Fn. 888; *Lanfermann* BB 2014, 1771 ff.; *ders.* BB 2014, 2348, 2351; *Naumann/Herkendell* WPg 2014, 177, 178 f.; *Velte* DStR 2014, 1688, 1690 f.; *Naumann* IRZ 2012, 5, 6.

537/2014),[109] bezüglich der Laufzeit des Prüfungsmandats (Art. 17 VO (EU) 537/2014),[110] der Überwachung der Qualität und des Wettbewerbs auf dem Markt (Art. 27 VO (EU) 537/2014) sowie abweichender Regelungen im Vergleich zu Art. 25 AP-RL betreffend das **Prüfungshonorar** des beauftragten Abschlussprüfers bzw. der beauftragten Prüfungsgesellschaft (Art. 4 VO (EU) 537/2014).

88 Im Folgenden wird überblicksartig auf die **relevantesten Neuerungen**[111] im Rahmen der Verordnung[112] eingegangen:

89 Seit langem wird die **interne** und **externe Rotation** der Abschlussprüfer als Regulierungsinstrument zur Stärkung der Qualität der Abschlussprüfung bei Unternehmen von öffentlichem Interesse diskutiert.[113] Es besteht dabei die Kontroverse, inwiefern eine längere Mandatsdauer die Prüfungsqualität verbessert oder verschlechtert.[114] Vor allem die Verpflichtung zur externen Rotation (vollständiger Austausch der Prüfungsgesellschaft und nicht nur – wie bei der internen Rotation – zum Austausch des verantwortlichen Abschlussprüfers iS von Prüfungsleiters) wurde im Rahmen des Verordnungsvorschlag heftig diskutiert.[115]

90 Die interne sowie externe Rotation ist in Art. 17 VO (EU) 537/2014 geregelt. Zur **externen Rotation** sieht Art. 17 I S. 3 VO (EU) 537/2014 die Regelung vor, dass bei Unternehmen von öffentlichem Interesse grundsätzlich **nach 10 Jahren** die Prüfungsgesellschaft ausgetauscht werden muss. Die Prüfungsgesellschaft muss das entsprechende Mandat gem Art. 17 III VO (EU) 537/2014 nun für **mindestens 4 Jahre ruhen lassen** (*cooling off*-Periode). Die Mitgliedstaaten können den Rotationszyklus von 10 Jahren auch verkürzen (Art. 17 II lit. b) VO (EU) 537/2014).[116] Zur Abmilderung der Effekte, die mit einer externen Rotation in Verbindung stehen,[117] sieht die Verordnung auch zur Verlängerung der Höchstlaufzeiten des Prüfungsauftrags ein **Mitgliedstaatenwahlrecht** vor: Zur Verlängerung der Grundrotationsperiode kann im Falle einer öffentlichen Ausschreibung der Prüfungsvergabe[118] das Prüfungsmandat um weitere 10 Jahre, also insgesamt 20 Jahre, vereinbart werden (Art. 17 IV lit. a) VO (EU) 537/2014). Bei der (freiwilligen) Durchführung von Gemeinschaftsprüfungen (*Joint Audits*)[119] sogar auf 24 Jahre (Art. 17 IV lit. b) VO (EU) 537/2014). Im Ausnahmefall kann der Mandant überdies eine **zweijährige Verlängerung** des Prüfungsmandats bei Überschreitung der vorstehend genannten Höchstlaufzeiten beantragen (Art. 17 VI VO (EU) 537/2014). Weitere Voraussetzung für die Verlängerung ist, dass das Aufsichts- oder Verwaltungsorgan des zu prüfenden Unternehmens auf Grundlage einer **Empfehlung der Hauptversammlung** vorschlägt, das Prüfungsmandat zu verlängern, und die Hauptversammlung diesem Vor-

109 *Kalss/Klampfl*, Europäisches Gesellschaftsrecht, 2015, Rn. 305, Fn. 888; dazu auch *Velte* DStR 2014, 1688, 1692 f.; *ders.* EWS 2012, 220, 224; *Naumann/Herkendell* WPg 2014, 177, 180; zum Prüfungsausschuss (audit committee) *Lanfermann/Maul* BB 2012, 627 ff.; *Lanfermann* BB 2014, 2348 f.; *Naumann* IRZ 2012, 5, 6 f.; *Mouthaan* ECL 4 (2007) 10 ff.; zur ehemaligen Regelung des Art. 41 AP-RL aF *AEIÜ der Schmalenbach-Gesellschaft für Betriebswirtschaft eV* DB 2007, 2129 ff.; siehe auch *Inwinkl/Kortenbusch/Schneider* DK 2008, 215, 219; ausführlich auch *Michel*, Die Unabhängigkeit des Abschlussprüfers, 2014, S. 125 ff.; zu den Anforderungen an Prüfungsausschüsse vor der Abschlussprüferreform aus deutscher Sicht *Scheffler* ZGR 2003, 236 ff.; *Nonnenmacher/Pohle/v. Werder* DB 2009, 1447 ff.; *Erchinger/Melcher* DB 2008, 56, 58 ff.

110 Dazu *Velte* DStR 2014, 1688, 1689 f.; *ders.* EWS 2012, 220, 221 f.; *Lanfermann* BB 2014, 2348, 2349 f.; *Schmidt* DB 2016, 1945; *Schüppen*, Abschlussprüfung, 2017, Anhang zu § 319a Rn. 40 ff.; zur externen Rotation des Abschlussprüfers vor der Reform des EU-Abschlussprüferrechts *Haller/Reitbauer* DB 2002, 2229 ff.

111 Die weitreichenden (neuen) Regulierungsmaßnahmen innerhalb der Verordnung leiten dabei einen gewissen Paradigmenwechsel der europäischen Abschlussprüfung ein, *Velte* EWS 2012, 220, 225.

112 Kritisch (zu einzelnen Aspekten) bei der Reform der Abschlussprüfung im Rahmen der neuen Verordnung *Naumann* IRZ 2012, 5 ff.; *Arbeitskreis Bilanzrecht Hochschullehrer Rechtswissenschaft* NZG 2012, 294, 295 ff.; in Teilen auch *Velte* EWS 2012, 220, 225 f.

113 *Velte* DStR 2014, 1688, 1689; *ders.* STuB 2014, 325; *ders.* WPg 2012, 317 ff.; *Velte/Freidank* Eur J Law Econ 2015, 246 ff.; speziell zur internen Rotation *Klein/Klaas* WPg 2006, 885, 891; *Sipple/Glemser* WPg 2012, 875 f.

114 Vgl. *Quick* DBW 2004, 487 f.; *Velte* DStR 2014, 1688, 1689; speziell zur externen Rotation auch *Klein/Tielmann* WPg 2004, 501, 505; *Michel*, Die Unabhängigkeit des Abschlussprüfers, 2014, S. 123; siehe auch die *IDW-Stellungnahme* WPg 2004, 650, 657; *Velte* DStR 2016, 1944, 1945; *Marten* WPg 2017, 610, 611 f.

115 Zu den einzelnen Positionen *Naumann/Herkendell* WPg 2013, 1181, 1184; siehe auch KOM(2010) 561, S. 13; das Europäische Parlament hat in seiner Entschließung vom 13.9.2011 noch gegen die Einführung einer Regelung zur externen Rotation bei allen vom Anwendungsbereich der Abschlussprüferrichtlinie erfassten Unternehmen abgelehnt, vgl. P7_TA(2001)0359, Ziff. 26.

116 Derzeit besteht zB in Italien eine Rotationsperiode von 9 Jahren und in den Niederlanden von 8 Jahren, vgl. *Lanfermann* BB 2014, 2348, 2349, Fn. 12; *Kalss/Klampfl*, Europäisches Gesellschaftsrecht, 2015, Rn. 306, Fn. 892; *Velte* DStR 2016, 1944.

117 *Velte* DStR 2014, 1688, 1690; *Kalss/Klampfl*, Europäisches Gesellschaftsrecht, 2015, Rn. 306, Fn. 892.

118 Im rein privatwirtschaftlichen Bereich eine öffentliche Ausschreibung (zur Erlangung einer Ausnahmeregelung) vorzunehmen, stellt im europäischen Unternehmensrecht dabei grundsätzlich ein Novum dar. Inwieweit diese methodische Herangehensweise auch bei anderen, künftige europäische Regelungsvorhaben ins Auge zu fassen wäre, bleibt abzuwarten. Ein Anstoß wäre mit der Regelung des Art. 17 IV lit. a) VO (EU) 537/2014 indes gegeben.

119 Innerhalb der EU sind solche Joint Audits derzeit nur in Frankreich gesetzliche Pflicht, vgl. *Lanfermann* BB 2014, 2348, 2349, Fn. 13; *Velte* DStR 2016, 1944, 1947; *Quick* DB 2016, 1205, 1207.

schlag **zustimmt** (Art. 17 V VO (EU) 537/2014). Gegenüber den Plänen der Europäischen Kommission, die eine externe Rotation nach grundsätzlich sechs Jahren bzw. einen Wechsel der Prüfungsgesellschaften bei Joint Audits nach neun Jahren vorsahen, ist es bewusst zu einer Schwächung der Wirkungsweise der externen Rotation gekommen. Durch dieses Vorgehen können aus Sicht des prüfungspflichtigen Unternehmens ggf **Kostennachteile** durch häufige Wechsel der Prüfungsgesellschaften und mögliche **Qualitätseinbußen** durch längere Einarbeitungszeiten vermieden werden.[120]

Die **Auswahl einer neuen Prüfungsgesellschaft**[121] soll durch Ausschreibungsverfahren begleitet werden, wobei zur Unterstützung mittelständischer Gesellschaften keine sog „*Big Four only*"-Klauseln bzw. Exklusivverträge zulässig sind.[122] Um die Einarbeitungskosten des Folgeprüfers bei einer externen Rotation zu reduzieren, sieht ferner Art. 18 S. 1 VO (EU) 537/2014 iVm Art. 23 III AP-RL vor, dass die frühere Prüfungsgesellschaft der neuen Prüfungsgesellschaft bzw. einzelnen Abschlussprüfern **Zugang zu allen relevanten Informationen** über das geprüfte Unternehmen und über die zuletzt durchgeführte Abschlussprüfung dieses Unternehmens erteilt. 91

Komplex und in Teilen **problematisch** könnte die neue Rotationsregelung **für transnationale Konzerne** werden, in dem sich mehrere Unternehmen von öffentlichem Interesse in verschiedenen Mitgliedstaaten befinden.[123] In derartigen Konstellationen wird die Komplexität der Prüferauswahl entscheidend davon abhängen, wie einzelne Mitgliedstaaten ihr Wahlrecht bezüglich der Rotationsdauer nutzen. Divergierende Rotationsperioden müssen bei der Planung der Auswahl der zu beauftragenden Prüfungsgesellschaft im Konzern berücksichtigt werden. Damit würde es ggf erschwert werden, in einem transnationalen Konzern sämtliche Abschlüsse durch eine Prüfungsgesellschaft bzw. einen Abschlussprüfer eines einzigen Prüfungsnetzwerkes prüfen zu lassen.[124] 92

Insgesamt ist wohl davon auszugehen, dass – wie von der Europäischen Kommission beabsichtigt – kleinere Prüfungsgesellschaften **nur bedingt** von der Rotationsregelung der Verordnung profitieren werden.[125] Wahrscheinlicher ist es, dass das Prüfungsmandat zwischen den Big Four wechseln wird,[126] oder ggf auch ganze Prüfungsteams zwischen diesen – im Rahmen der Vorgaben für die interne Rotation – wechseln werden. 93

Für die Praxis der Abschlussprüfung zudem relevant ist im Zusammenhang mit der Pflicht zur externen Rotation die erstmalige **Notwendigkeit des Wechsels des Prüfungsmandats.**[127] Hierzu beinhaltet Art. 41 VO (EU) 537/2014 besondere Übergangsbestimmungen: Für Unternehmen von öffentlichem Interesse, die zum Zeitpunkt des Inkrafttretens der Verordnung (16.6.2014), bereits mehr als 20 Jahre ununterbrochen von derselben Prüfungsgesellschaft geprüft worden, beträgt die **Übergangsfrist 6 Jahre**. Die Prüfungsgesellschaft kann somit bis zum 17.6.2020 letztmalig bestellt werden (Art. 41 I VO (EU) 537/2014). Unternehmen von öffentlichem Interesse, die zum Zeitpunkt des Inkrafttretens der Verordnung zwischen 11 und 20 Jahren dieselbe Prüfungsgesellschaft hatten, beträgt die Übergangsfrist 9 Jahre, also bis zum 17.6.2023.[128] 94

Ein wesentliches Risiko für die Unabhängigkeit des Abschlussprüfers ist die parallele Durchführung der Abschlussprüfung und die Erbringung weiterer Beratungs- bzw. Dienstleistungen für das zu prüfende Unternehmen.[129] Besonderer Bedeutung innerhalb der Verordnung kommt daher der **Reichweite von Nicht-Prüfungsleistungen** des Mandatsinhabers gem Art. 5 VO (EU) 537/2014 zu.[130] Art. 5 I VO (EU) 537/2014 enthält hierzu eine **Liste „verbotener Nichtprüfungsleistungen"** (*black list*).[131] Erfasst sind danach ua die gleichzeitig mit der Abschlussprüfung angebotenen Steuerberatungsleistungen, Lohn- und Gehaltsabrechnungen, Bewertungsleis- 95

120 *Velte* DStR 2014, 1688, 1690; relativierend jedoch auch *ders.* DStR 2016, 1944, 1948.

121 Zur Prüferauswahl nach der EU-Abschlussprüferreform *Lanfermann* BB 2014, 2348 ff.

122 Siehe aus deutscher Sicht zur Auschreibung nach der EU-Verordnung *IDW*, Ausschreibung der Abschlussprüfung für Unternehmen von öffentlichem Interesse (Stand: 30.5.2016).

123 Vgl. *Lanfermann* BB 2014, 2348, 2350; *Naumann/Herkendell* WPg 2014, 177, 179.

124 *Lanfermann* BB 2014, 2348, 2350; *Buhleier/Nihues/Splinter* DB 2016, 1885, 1886.

125 *Ballwieser* BB 2014, Heft 30, 1; *Velte* DStR 2016, 1944, 1945.

126 Vgl. *IDW-Stellungnahme* WPg 2004, 650, 647; in diese Richtung auch *Ballwieser* BB 2014, Heft 30, 1; *Quick* DB 2016, 1205, 1206.

127 Ausführlich dazu *Lanfermann* BB 2014, 2348, 2350; siehe auch *Petersen/Zwirner/Boecker* DStR 2016, 984, 989.

128 Ferner zur Behandlung von Unternehmen von öffentlichem Interesse, die weniger als 11 Jahre ununterbrochen dieselbe Prüfungsgesellschaft hatten *Lanfermann* BB 2014, 2348, 2350; siehe auch *FEE*, The appointment of the auditor and the duration of the audit engagement, Briefing Paper, August 2014.

129 Vgl. Erwägungsgrund 7 und 8 zur VO (EU) 537/2014.

130 Dazu *Lanfermann* BB 2014, 1771 ff.; *Velte* DStR 2014, 1688, 1690 f.; *Naumann/Herkendell* WPg 2014, 177, 178 f.; *Schmidt* DB 2016, 1945, 1946; *Buhleier/Nihues/Splinter* DB 2016, 1885, 1890; *Velte* DStR 2016, 1944, 1946; *Kelm/Schmitz-Herkendell* DB 2016, 2365, 2369; *Hennrichs/Bode* NZG 2016, 1281 ff.; *Schürnbrand* AG 2016, 70 ff.

131 In Abgrenzung dazu stellt das US-amerikanische Recht nach dem Sarbanes-Oxley Act aus dem Jahr 2002 (dazu § 33 Rn. 126 ff.) Nicht-Prüfungsleistungen generell unter einen Genehmigungsvorbehalt des audit committee. Ohne dessen Zustimmung darf der Abschlussprüfer bzw. die Prüfungsgesellschaft nicht mit weiteren Beratungs- bzw. Dienstleistungen betraut werden. Unter Zustimmung des audit committee ist die Erbringung von Nicht-Prüfungsleistungen mithin grundsätzlich gestattet; vgl. *Kalss/Klampfl*, Europäisches Gesellschaftsrecht, 2015, Rn. 306, Fn. 894.

tungen oder Leistungen im Zusammenhang mit der Internen Revision. Neben diesen explizit genannten Nichtprüfungsleistungen besteht ein **Wahlrecht der Mitgliedstaaten**, weitere Ausschlussleistungen vorzuschreiben, sofern eine Gefährdung der Unabhängigkeit bestehen sollte (Art. 5 II 1 VO (EU) 537/2014).[132] Unter bestimmten Anforderungen können die Mitgliedstaaten gem Art. 5 III VO (EU) 537/2014 vorsehen, dass Steuerberatungs- und Bewertungsleistungen parallel zur Abschlussprüfung von derselben Prüfungsgesellschaft durchgeführt werden können.

96 Für die nicht ausdrücklich ausgeschlossenen Nichtprüfungsleistungen nach der Black List muss der **Prüfungsausschuss** bzw. **Aufsichtsrat** seine **Zustimmung erteilen** (Art. 5 IV VO (EU) 537/2014). Die Pläne der Europäischen Kommission aus dem Jahre 2011, Nichtprüfungsleistungen bei großen Prüfungsgesellschaften generell zu verbieten, sofern bestimmte Schwellenwerte überschritten werden, wurden dagegen nicht umgesetzt.[133] In diesem Zusammenhang hatten insbesondere die „Big Four"-Prüfungsgesellschaften massive Kritik an diesem Reformvorschlag geäußert.[134]

97 Zusätzlich zur inhaltlichen Begrenzung der Nichtprüfungsleistungen müssen die in Art. 4 VO (EU) 537/2014 implementierten **Honorarregelungen** beachtet werden. Sofern Nichtprüfungsleistungen für einen Zeitraum von mindestens drei aufeinanderfolgenden Geschäftsjahren bei einem Mandanten durchgeführt werden, darf das **Gesamthonorar** für diese Leistungen **maximal 70%** im Verhältnis zum Durchschnitt der in den letzten drei aufeinanderfolgenden Geschäftsjahren entrichteten Prüfungshonoraren umfassen (Art. 4 II VO (EU) 537/2014). In diesem Kontext wurde wiederum zur Abmilderung der Effekte ein Mitgliedstaatenwahlrecht implementiert, wonach der Abschlussprüfer für einen Zeitraum von maximal zwei Geschäftsjahren ausnahmsweise auf Antrag bei der zuständigen Behörde die Honorarhöchstgrenze überschreiten darf.[135]

98 Art. 10 VO (EU) 537/2014 enthält außerdem neue Anforderungen an den Inhalt des Bestätigungsvermerks bei Unternehmen von öffentlichem Interesse. So sind in Zukunft ua die bedeutensten Prüfrisiken (sog *Key Audit Matters*) sowie eine Beschreibung des Umgangs mit diesen Risiken im Rahmen der Prüfung darzulegen.[136] Durch die Aufnahme dieses unternehmensindividuellen Aspekts soll der Aussagegehalt des Bestätigungsvermerks verbessert werden. Insbesondere für externe Adressaten ist dies von erheblicher Bedeutung, da sie, anders als die Mitglieder des Prüfungsausschusses bzw. Aufsichtsrats, keinen Zugang zu einem detaillierten Prüfbericht erhalten.[137] Es bleibt jedoch abzuwarten, welche *Key Audit Matters* in der Praxis in die Bestätigungsvermerke aufgenommen und welche Formulierungen hiefür von den Abschlussprüfern gewählt werden.[138]

132 Vgl. nur *Schüppen*, Abschlussprüfung, 2017, Anhang zu § 319a Rn. 7 f.
133 *Velte* DStR 2014, 1688, 1691; *Lanfermann* BB 2014, 1771 f.; *Hennrichs/Bode* NZG 2016, 1281; *Quick* DB 2016, 1205, 1208.
134 *Velte* DStR 2014, 1688, 1691; siehe auch *Böcking* ua WPg 2011, 1159.
135 *Kalss/Klampfl*, Europäisches Gesellschaftsrecht, 2015, Rn. 306, Fn. 898; *Velte* DStR 2014, 1688, 1691; *Lanfermann* BB 2014, 1771, 1774; *Kelm/Schmitz-Herkendell* DB 2016, 2365, 2373; *Quick* DB 2016, 1205, 1206.
136 Vgl. *AKEIÜ der Schmalenbach-Gesellschaft für Betriebswirtschaftslehre eV* BB 2017, 107; *Schmidt* WPg-Sh 2015, 38, 39 ff.; *Quick* DB 2016, 1205, 1210; *Schüppen*, Abschlussprüfung, 2017, Anhang zu § 322 Rn. 4.
137 Vgl. *AKEIÜ der Schmalenbach-Gesellschaft für Betriebswirtschaftslehre eV* BB 2017, 107, 112.
138 Vgl. *AKEIÜ der Schmalenbach-Gesellschaft für Betriebswirtschaftslehre eV* BB 2017, 107, 113; *Schmidt* WPg-Sh 2015, 38, 41; *Schüppen*, Abschlussprüfung, 2017, Anhang zu § 322 Rn. 6.

§ 27 Zweigniederlassungen

Literatur (Auswahl): *Becht/Enriques/Korom*, Centros and the Cost of Branching, JCLS 9 (2009) 171; *Blasche*, Zweigniederlassungen in- und ausländischer Kapitalgesellschaften, GWR 2012, 169; *Bönner*, Zweigniederlassungen ausländischer Gesellschaften in der notariellen Praxis, RNotZ 2015, 253; *Eidenmüller/Rehberg*, Umgehung von Gewerbeverboten mittels Auslandsgesellschaften, NJW 2008, 28; *Eidenmüller/Rehberg*, Rechnungslegung von Auslandsgesellschaften, ZVglRWiss 105 (2006) 427; *García*, Rechnungslegungspflichten der Zweigniederlassungen von ausländischen Gesellschaften, RIW 2000, 590; *Grundmann*, Europäisches Gesellschaftsrecht, 2. Aufl. 2011, § 23; *Habersack/Verse*, Europäisches Gesellschaftsrecht, 4. Aufl. 2011, § 5 II; *Hahnefeld*, Neue Regelungen zur Offenlegung bei Zweigniederlassungen – Inkrafttreten des Gesetzes zur Umsetzung der Elften gesellschaftsrechtlichen EG–Richtlinie, DStR 1993, 1596; *Heidinger*, Der „ständige Vertreter" der Zweigniederlassung einer ausländischen Kapitalgesellschaft, MittBayNot 1998, 72; *Heinze*, Einreichungs- und Nachweispflichten bei nachträglichen Handelsregisteranmeldungen betreffend Zweigniederlassungen ausländischer Kapitalgesellschaften, RNotZ 2009, 586; *Henselmann/Kaya/Meichelbeck*, Vermeidung der Jahresabschlusspublizität durch Auslandsgeselschaften. Das Zweigniederlassungsmodell als strategischer Handlungsansatz, ZCG 2010, 100; *Kalss*, Die Bedeutung der Publizitäts-, Zweigniederlassungs- und Einpersonengesellschaftsrichtlinie der Europäischen Union für das Österreichische Gesellschaftsrecht, in: Koppensteiner (Hrsg.), Österreichisches und Europäisches Wirtschaftsrecht, Teil 1: Gesellschaftsrecht, 2. Aufl. 1998; *Kalss/Klampfl*, Europäisches Gesellschaftsrecht, 2015, Rn. 232 ff.; *Kaya/Zenk*, Rechnungslegung von (Schein-) Auslandsgesellschaften, IWB 2010, 569; *Kettler*, Die Offenlegungspflichten für Zweigniederlassungen ausländischer Unternehmen, 2002; *Kienle* in: Münchener Handbuch des Gesellschaftsrechts, Band 6 (Internationales Gesellschaftsrecht, Grenzüberschreitende Umwandlungen), 4. Aufl. 2013, § 21; *Kindler*, Neue Offenlegungspflichten für Zweigniederlassungen ausländischer Kapitalgesellschaften. Zur Umsetzung der Elften gesellschaftsrechtlichen Richtlinie der EG in deutsches Recht, NJW 1993, 3301; *Krafka/Kühn*, Registerrecht, 10. Aufl. 2017, Rn. 311 ff.; *Kuntz*, Zweigniederlassungsfreiheit und Begriff der Zweigniederlassung von EU-Auslandsgesellschaften im Handels- und Gesellschaftsrecht, Bank- und Versicherungsaufsichtsrecht, ZBB 2006, 412; *Liese*, Die Handelsregistereintragung Europäischer Auslandsgesellschaften in Deutschland – oder: Ceci n'est pas une pipe?, NZG 2006, 201; *Lutter/Bayer/Schmidt*, Europäisches Unternehmens- und Kapitalmarktrecht, 6. Aufl. 2017, § 26; *Mankowski*, Die deutsche Ltd.-Zweigniederlassung im Spannungsverhältnis von Gewerbe- und Registerrecht, BB 2006, 1173; *Mankowski/Knöfel* in: Hirte/Bücker (Hrsg.), Grenzüberschreitende Gesellschaften, 2. Aufl. 2006, § 13; *Nobel*, Internationales und Transnationales Aktienrecht, Band 2: Europarecht, 2. Aufl. 2012, Kapitel 4, V; *Plesse*, Neuregelung des Rechts der Offenlegung von Zweigniederlassungen. Gesetzentwurf zur Umsetzung der Elften gesellschaftsrechtlichen EG–Richtlinie in deutsches Recht, DStR 1993, 133; *Schmidt*, Innovation durch „Innoventif"? Die EuGH-Entscheidung „innoventif" und die Eintragung der Zweigniederlassung einer englischen Limited ins deutsche Handelsregister, NZG 2006, 899; *Schwarz*, Europäisches Gesellschaftsrecht, 2000, S. 229 ff.; *Seibert*, Die Umsetzung der Zweigniederlassungs-Richtlinie der EG in deutsches Recht, GmbHR 1992, 738; *Seibert*, Neuordnung des Rechts der Zweigniederlassung im HGB, DB 1993, 1705; *Sørensen*, Branches of Companies in the EU: Balancing the Eleventh Company Law Directive, National Company Law and the Right of Establishment, ECFR 2014, 53; *Teichmann* in: Gebauer/Teichmann (Hrsg.), Europäisches Privat- und Unternehmensrecht, 2016, § 6 Rn. 137 ff. *Voigt*, Das Handelsrecht der Zweigniederlassung, 2010; *Wachter*, Der Entwurf des „MoMiG" und die Auswirkungen auf inländische Zweigniederlassungen von Auslandsgesellschaften, GmbHR 2006, 793; *Wachter*, Handelsregisteranmeldung der inländischen Zweigniederlassung einer englischen Private Limited Company, MDR 2004, 611; *Wachter* in: Süß/Wachter (Hrsg.), Handbuch des internationalen GmbH-Rechts, 3. Aufl. 2016, § 2; *Wernicke*, Die Niederlassung der ausländischen Gesellschaft als Hauptniederlassung: Zwangsweise Durchsetzung ihrer Eintragung als „Zweigniederlassung" widerspricht der Rechtsfähigkeit, BB 2006, 843; *Wiesner*, Neue EG-Richtlinie über die Offenlegung von Zweigniederlassungen, GmbHR 1987, 103.

A. Entwicklung des europäischen Zweigniederlassungsrechts

Zur Koordinierung der Publizitäts- bzw. Offenlegungspflichten von (Kapital-) Gesellschaften bestanden bereits die (damalige) Publizitätsrichtlinie (= Art. 14 ff. Kodifizierungs-RL) (dazu § 20) sowie die Bilanzrichtlinie (ehemals 4. und 7. Richtlinie) (dazu § 25). Für Zweigniederlassungen ausländischer Kapitalgesellschaften[1] fehlte jedoch eine entsprechende europäische Regelung. Indes gewährleistet das europäische Primärrecht auch die Gründung dieser (vgl. Art. 49 I 2 AEUV) (s. dazu auch § 10 Rn. 16). Zur diesbezüglichen Verwirklichung der 1

1 Zu den Beweggründen für die Gründung einer ausländischen Zweigniederlassung siehe ua *Sørensen* ECFR 2014, 53, 60 f.; aus Kostenaspekten auch *Becht/Enriques/Korom* JCLS 9 (2009) 171 ff.

Niederlassungsfreiheit sah sich die Europäische Kommission daher berufen, im Bereich der Offenlegung eine **Harmonisierung für Zweigniederlassungen** vorzunehmen (vgl. Erwägungsgrund 15 (ex-Erwägungsgrund 4)).

2 In diesem Sinne wurde im Jahr 1986 von der Europäischen Kommission erstmalig ein **Entwurf** für eine Zweigniederlassungsrichtlinie präsentiert.[2] Aufgrund einer Reihe von Änderungswünschen des Europäischen Parlaments und des Europäischen Wirtschafts- und Sozialausschusses (EWSA) legte die Europäische Kommission im März 1988 einen geänderten[3] und im November 1989 einen nochmals überprüften Richtlinienentwurf[4] vor. Am 21.12.1989 wurde schließlich die Zweigniederlassungsrichtlinie als **11. gesellschaftsrechtliche Richtlinie** erlassen.[5]

3 Anfang des neuen Jahrtausends wurde im Rahmen eines Vorschlags der SLIM-Initiative erwogen, die damalige **Zweigniederlassungsrichtlinie gänzlich abzuschaffen.**[6] Ein entsprechendes Vorhaben konnte sich indes nicht durchsetzen. Im Rahmen der Initiative zur Vereinfachung des Unternehmensumfelds für Gesellschaften hat die Europäische Kommission im Jahr 2008 einen Änderungsvorschlag zur Zweigniederlassungsrichtlinie vorgebracht, der auf die Senkung der Kosten für die Übersetzung von Unterlagen bzw. deren Beglaubigungen abzielte.[7] Bislang ist es jedoch bei einem Vorschlag geblieben und auch im Zuge der Kodifizierung des Europäischen Gesellschaftsrechts (dazu § 19) kam es zu keiner materiellen Änderung.[8] Auch die von der *Reflection Group on the Future of Company Law* ins Auge gefasste Verringerung der Offenlegungspflichten in der damaligen Zweigniederlassungsrichtlinie, sofern die damals noch geplante Verknüpfung der Unternehmensregister (s. Rn. 42 ff.) eine tatsächliche Transparenzverbessung mit sich bringt,[9] wurde bislang weder vom Europäischen Parlament noch der Europäischen Kommission vorangetrieben.

4 Obgleich wurde die damalige Zweigniederlassungsrichtlinie im Jahr 2012 durch die Richtlinie 2012/17/EU über die Verknüpfung von Unternehmensregistern[10] (s. dazu auch § 20 Rn. 45 ff.) an das **europäische System der Registervernetzung** angepasst. Hierzu wurde dem damaligen Art. 1 Zweigniederlassungs-RL (= Art. 29 Kodifizierungs-RL) ein dritter und vierter Absatz angefügt sowie der damalige Art. 5a Zweigniederlassungs-RL (= Art. 20, 33 f. Kodifizierungs-RL) neu aufgenommen (Rn. 50 ff.).

5 Wie auch die Publizitäts-, Kapital- und die bis dahin bestehenden Umwandlungsrichtlinien wurde die Zweigniederlassungsrichtlinie im Juni 2017 **aufgehoben** und durch die Richtlinie „über bestimmte Aspekte des Gesellschaftsrechts" (dazu § 19)[11] ersetzt. Die (europäischen) Vorgaben für die Behandlung von ausländischen Zweigniederlassungen sind nunmehr in **Art. 29 ff. der Kodifizierungs-Richtlinie** geregelt. Inhaltliche Änderungen sowie ein Umsetzungsbedarf für den mitgliedstaatlichen Gesetzgeber ist damit jedoch nicht verbunden. Zur Verständlichkeit werden im Folgenden die ehemaligen („alten") Normen der Zweigniederlassungssrichtlinie hinter die einschlägigen Regelungen der neuen Kodifizierungs-Richtlinie in Klammern genannt.

6 Die Vorgaben der (damaligen) Zweigniederlassungsrichtlinie wurden in erster Linie durch Einfügung der **§§ 13d-13g HGB** ins deutsche Recht umgesetzt.[12] Die Vorschriften betreffend die Offenlegung der Rechnungs-

2 Vorschlag für eine Elfte Richtlinie des Rates aufgrund Art. 54 Absatz 3 Buchstabe g) des Vertrages über die Offenlegung von Zweigniederlassungen, die in einem Mitgliedstaat von Gesellschaften bestimmter Rechtsformen gegründet werden, die dem Recht eines anderen Staates unterliegen vom 23.7.1986, KOM(86) 397.

3 Geänderter Vorschlag für eine Elfte Richtlinie des Rates aufgrund von Art. 54 Absatz 3 Buchstabe g) des Vertrags über die Offenlegung von Zweigniederlassungen, die in einem Mitgliedstaat von Gesellschaften bestimmter Rechtsformen gegründet werden, die dem Recht eines anderen Staates unterliegen vom 28.3.1988, KOM(88) 153.

4 Überprüfter Vorschlag für eine Elfte Richtlinie des Rates aufgrund von Art. 54 Absatz 3 Buchstabe g) des Vertrags über die Offenlegung von Zweigniederlassungen, die in einem Mitgliedstaat von Gesellschaften bestimmter Rechtsformen gegründet werden, die dem Recht eines anderen Staates unterliegen vom 16.11.1989, KOM(89) 528, ABl. EG v. 8.12.1989, C 309/9.

5 Elfte Richtlinie 89/666/EG des Rates vom 21.12.1989 über die Offenlegung von Zweigniederlassungen, die in einem Mitgliedstaat von Gesellschaften bestimmter Rechtsformen errichtet wurden, die dem Recht eines anderen Staates unterliegen, ABl. EG v. 30.12.1989, L 395/36.

6 Vgl. Simpler Legislation for the Internal Market (SLIM) Initiative, SEK(98), 1944 endg., KOM(2000) 56, S. 13; dazu *Drygala* AG 2001, 291, 292; *Gernoth*, Pseudo Foreign Companies – Who Are Thou?, 2005, S. 352 ff.; siehe auch *Grundmann*, Europäisches Gesellschaftsrecht, 2011, Rn. 817.

7 Vorschlag einer Richtlinie des Europäischen Parlaments und des Rates zur Änderung der Richtlinie 68/151/EWG und 89/666/EG des Rates im Hinblick auf die Veröffentlichungs- und Übersetzungspflichten von Gesellschaften bestimmter Rechtsformen, KOM(2008) 194.

8 Indes wurde der Vorschlag im Jahr 2012 offiziell zurückgezogen, siehe ABl. EU v. 2.6.2012, C156/06.

9 Siehe Report of the *Reflection Group on the Future of Company Law*, April 2011, S. 34.

10 Richtlinie 2012/17/EU des Europäischen Parlaments und des Rates vom 13. Juni 2012 zur Änderung der Richtlinie 89/666/EWG des Rates sowie der Richtlinien 2005/56/EG und 2009/101/EG des Europäischen Parlaments und des Rates in Bezug auf die Verknüpfung von Zentral-, Handels- und Gesellschaftsregistern, ABl. EU v. 16.6.2012, L 156/1.

11 Richtlinie (EU) 2017/1132 des Europäischen Parlaments und des Rates vom 14. Juni 2017 über bestimmte Aspekte des Gesellschaftsrechts, ABl. EU v. 30.6.2017, L 169/46.

12 Insofern zur richtlinienkonformen Auslegung *Riehm* in: Langenbucher (Hrsg.), Europäisches Privat- und Wirtschaftsrecht, 4. Aufl. 2017, § 4 Rn. 15; *Schmidt-Kessel* GPR 2006, 6, 9.

legungsunterlagen wurden durch **§§ 325a, 335 HGB** und die Bestimmungen betreffend den Angaben auf Geschäftsdokumenten durch § 80 IV AktG und § 35a IV GmbHG umgesetzt. Die Vorgaben bezüglich des europäischen Systems der Registervernetzung betreffend Zweigniederlassungen EU-bzw. EWR-ausländischer Kapitalgesellschaften wurden durch die Neuregelung des § 9b HGB und einen entsprechenden Verweis des **§ 13e VI HGB** hierauf umgesetzt.[13]

B. Zweck und Bedeutung der Richtlinienbestimmungen

I. Zweck der Regelungen für Zweigniederlassungen

Die Regelungen in der Kodifizierungs-Richtlinie über die handelsrechtliche Behandlung von Zweigniederlassungen ist eng mit den entsprechenden Vorgaben der **Publizitäts-** und **Bilanzrichtlinie verbunden** und soll die zur damaligen Zeit bereits bestehenden Offenlegungspflichten von Unternehmen bezüglich Zweigniederlassungen abrunden (Erwägungsgrund 14 (ex-Erwägungsgrund 3).[14] Die Regelungen erweitern insofern den Anwendungsbereich der Richtlinienbestimmungen auf Zweigniederlassungen.[15] 7

Häufig werden von Unternehmen Zweigniederlassungen eingesetzt, um die gewünschte Geschäftstätigkeit im Ausland auszuüben. Vor allem international agierende (Groß-) Konzerne unterhalten heutzutage in zahlreichen Ländern Zweigniederlassungen.[16] Die Regelungen in der Kodifizierungs-Richtlinie über die handelsrechtliche Behandlung von Zweigniederlassungen sollen hierfür bestimmte **Offenlegungspflichten** für diese festlegen (Erwägungsgrund 16 (ex-Erwägungsgrund 5)). Die Errichtung von Zweigniederlassungen ist dabei neben der Gründung von Tochtergesellschaften eine der tragenden Möglichkeiten, die **Ausübung der sekundären Niederlassungsfreiheit** innerhalb der EU zu gewährleisten.[17] Im Sinne des Art. 50 AEUV dienen die Regelungen in der Kodifizierungs-Richtlinie über die handelsrechtliche Behandlung von Zweigniederlassungen der Verwirklichung der europäischen Niederlassungsfreiheit (s. dazu auch § 10 Rn. 17). Gesellschaften, die in einem anderen Mitgliedstaat eine Zweigniederlassung errichten wollen, müssen davon ausgehen können, dass in dem Mitgliedstaat, wo die Zweigniederlassung gegründet werden soll, gleiche bzw. ähnliche Offenlegungspflichten bestehen. 8

Die Regelungen in der Kodifizierungs-Richtlinie über die handelsrechtliche Behandlung von Zweigniederlassungen verfolgen dabei ein **doppeltes Schutzziel.**[18] Zum einen sollen Gläubiger in ihrem Vertrauen geschützt werden, wenn sie über eine Zweigniederlassung mit einer ausländischen Gesellschaft in Kontakt treten.[19] Regelungsziel ist damit einerseits die **publizitätsrechtliche Gleichstellung** zwischen selbstständigen (Tochter-) Gesellschaften und unselbstständigen Zweigniederlassungen zum Schutz Dritter. Dieser Schutzzweck ergibt sich daraus, dass Zweigniederlassungen keine eigene Rechtspersönlichkeit besitzen und sie gesellschaftsrechtlich dem Recht der Hauptniederlassung unterfallen.[20] Die Gläubiger der Zweigniederlassung sehen sich somit faktisch einer ausländischen Gesellschaftsform ausgesetzt. Hierbei besteht ein Bedürfnis der Gläubiger **zuverlässige** und **umfangreiche Informationen** zu erhalten.[21] Durch die in nationales Recht umzusetzenden Vorgaben der damaligen Zweigniederlassungsrichtlinie sollte es dem Rechtsverkehr somit ermöglicht werden, sich über die verkehrsrelevanten Rechtsverhältnisse eines ausländischen Unternehmens mit einer Zweigniederlassung im Inland sowie der Zweigniederlassung selbst anhand der Informationen im entsprechenden mitgliedstaatlichen Register Klarheit zu verschaffen. 9

Zum anderen sollen die **Unterschiede** bei der Behandlung von Tochtergesellschaften und Zweigniederlassung im Bereich der Offenlegung beseitigt und damit die diesbezüglichen Gründungsanforderungen zwischen beiden 10

13 Dazu *Stiegler* NotBZ 2015, 329 ff.; *Terbrack* DStR 2015, 236 f.

14 Vgl. *Schwarz*, Europäisches Gesellschaftsrecht, 2000, Rn. 370; *Sørensen* ECFR 2014, 53, 55; *Nobel*, Internationales und Transnationales Aktienrecht, Band 2: Teil Europarecht, 2012, S. 276 Rn. 92; *Kaya/Zenk* IWB 2010, 569, 572.

15 *Schwarz*, Europäisches Gesellschaftsrecht, 2000, Rn. 370; vgl. auch *Grundmann*, Europäisches Gesellschaftsrecht, 2011, Rn. 815; *Lutter/Bayer/Schmidt*, Europäisches Unternehmens- und Kapitalmarktrecht, 2017, Rn. 26.1.

16 *Eidenmüller/Rehberg* ZVglRWiss 105 (2006) 427, 450.

17 *Habersack/Verse*, Europäisches Gesellschaftsrecht, 2011, § 5 Rn. 47; *Riehm* in: Langenbucher (Hrsg.), Europäisches Privat- und Wirtschaftsrecht, 4. Aufl. 2017, § 4 Rn. 17; siehe ferner EuGH, Rs. C-167/01 (Inspire Art), ECLI:EU:C:2003:512 = NJW 2003, Rn. 68.

18 *Lutter/Bayer/Schmidt*, Europäisches Unternehmens- und Kapitalmarktrecht, 2017, Rn. 26.3; *Habersack/Verse*, Europäisches Gesellschaftsrecht, 2011, § 5 Rn. 48; *Grundmann*, Europäisches Gesellschaftsrecht, 2011, Rn. 816; *Kalss/Klampfl*, Europäisches Gesellschaftsrecht, 2015, Rn. 232; *Kaya/Zenk* IWB 2010, 569, 572; ähnlich *Schwarz*, Europäisches Gesellschaftsrecht, 2000, Rn. 370; vgl. auch *Leible/Hoffmann* EuZW 2003, 677, 678.

19 *Lutter/Bayer/Schmidt*, Europäisches Unternehmens- und Kapitalmarktrecht, 2017, Rn. 26.3; *Grundmann*, Europäisches Gesellschaftsrecht, 2011, Rn. 816; *Nobel*, Internationales und Transnationales Aktienrecht, Band 2: Teil Europarecht, 2012, S. 276 Rn. 92; *Kalss/Klampfl*, Europäisches Gesellschaftsrecht, 2015, Rn. 232; vgl. auch *Sørensen* ECFR 2014, 53, 55 f.

20 Vgl. nur *Krafka* in: MüKo HGB, 4. Aufl. 2016, § 13 Rn. 15; *Preuß* in: Oetker (Hrsg.), HGB, 4. Aufl. 2017, § 13 Rn. 23.

21 Vgl. *Mélon* ESJ 2015, 170, 186; *Kaya/Zenk* IWB 2010, 569, 572.

Niederlassungsvarianten angeglichen werden.[22] In diesem Sinne stellen die Regelungen in der Kodifizierungs-Richtlinie über die handelsrechtliche Behandlung von Zweigniederlassungen überwiegend **abschließende Regelungen** dar.[23] Die Mitgliedstaaten können daher nur in engen Grenzen über die Vorgaben der Richtlinienbestimmungen hinaus gehen. Dies gilt jedoch grundsätzlich, wo die entsprechende Regelung ausdrücklich nur einen Mindeststandard vorgibt (s. dazu Rn. 60).

II. Bedeutung der Richtlinienbestimmungen

11 In den Jahren nach dem Erlass der damaligen Zweigniederlassungsrichtlinie und deren Umsetzung in nationales Recht erlangte das internationale Zweigniederlassungsrecht **praktisch nur eine geringfügige Bedeutung.**[24] Ausländische Gesellschaften, die wirtschaftlich in Deutschland tätig werden wollten, gründeten vielmehr eine rechtlich selbstständige Tochtergesellschaft deutschen Rechts. Inländische Zweigniederlassungen ausländischer Gesellschaften wurden demgegenüber nur **selten errichtet.**[25] Dies lag aus deutscher Sicht in erster Linie daran, dass die entsprechende Registereintragung ins deutsche Handelsregister als kompliziert sowie zeit- und kostenaufwändig angesehen wurde.[26] Gleichwohl hat aufgrund der mangelnden Selbstständigkeit einer Zweigniederlassung diese vor allem für KMU den Charme, dass man im Gegensatz zur Gründung einer ausländischen Tochtergesellschaft weiterhin grundsätzlich nur mit einem Gesellschaftsrecht konfrontiert ist.[27]

12 Zu einer **„Renaissance" des europäischen Zweigniederlassungsrechts** und damit der Bedeutung der Zweigniederlassungsrichtlinie kam es Anfang des neuen Jahrtausends jedoch durch die liberale Rechtsprechung des EuGH zur Niederlassungsfreiheit von Gesellschaften (dazu § 10 Rn. 32 ff.). Durch die Entscheidungstrias **Centros – Überseering – Inspire Art**[28] machte der EuGH für Gesellschaftsneugründungen den Weg zu einer europäischen Rechtswahlfreiheit der Gesellschaftsgründer frei. Dies galt auch für sog Scheinauslandsgesellschaften, dh solche Gesellschaften, die in einem Mitgliedstaat gegründet wurden, ihre gesamte wirtschaftliche Betätigung jedoch in einem anderen Mitgliedstaat (idR dem Wohnsitzstaat der Gründer) ausübten (s. dazu auch § 10 Rn. 96 ff.). Für solche Scheinauslandsgesellschaften wäre es indes wenig sinnvoll, für die Tätigkeit im Zuzugsstaat eine rechtlich selbstständige Tochtergesellschaft zu gründen.[29] Die zugezogene Auslandsgesellschaft ist im deutschen Handelsregister **nicht eintragungsfähig.**[30] Vielmehr muss aus deutscher Sicht gem § 13e II 1 HGB eine inländische Zweigniederlassung eingetragen werden.[31] Art. 29 I Kodifizierungs-RL (ex-Art. 1 I Zweigniederlassungs-RL) bestätigt in dem Zusammenhang, dass die Urkunden und Angaben über die Zweigniederlassung nach Maßgabe des Art. 16 Kodifizierungs-RL (ex-Art. 3 Publizitäts-RL) offenzulegen sind (s. Rn. 23).

13 In der Praxis ist gleichwohl festzustellen, dass aus deutscher Sicht vor allem inländische Zweigniederlassungen englischer *private limited companies* (Ltd.) (dazu § 12 Rn. 254 ff.) vielfach **nicht** zur Eintragung in das Handelsregister angemeldet werden.[32] Auf diese Weise vermeiden die Beteiligten nicht nur den mit der Eintragung verbundenen Zeit- und Kostenaufwand,[33] sondern entziehen sich zugleich den europarechtlich durch die ehemalige Zweigniederlassungsrichtlinie und heutigen Art. 29 ff. Kodifizierungs-RL vorgesehenen Offenlegungspflichten.

22 *Schwarz*, Europäisches Gesellschaftsrecht, 2000, Rn. 370; *Grundmann*, Europäisches Gesellschaftsrecht, 2011, Rn. 816; *Nobel*, Internationales und Transnationales Aktienrecht, Band 2: Teil Europarecht, 2012, S. 276 Rn. 92.

23 EuGH, Rs. C-167/01 (Inspire Art), ECLI:EU:C:2003:512 = NJW 2003, 3331, Rn. 69 f.; *Habersack/Verse*, Europäisches Gesellschaftsrecht, 2011, § 5 Rn. 51; *Lutter/Bayer/Schmidt*, Europäisches Unternehmens- und Kapitalmarktrecht, 2017, Rn. 26.13; *Edwards*, EC Company Law, 1999, S. 214; *Eidenmüller/Rehberg* ZVglRWiss 105 (2006) 427, 432; ferner aus deutscher Sicht OLG Hamm NZG 2005, 930, 931; OLG Frankfurt ZIP 2006, 333, 334.

24 *Wachter* in: Süß/Wachter (Hrsg.), Handbuch des internationalen GmbH-Rechts, 2016, § 2 Rn. 1.

25 *Wachter* in: Süß/Wachter (Hrsg.), Handbuch des internationalen GmbH-Rechts, 2016, § 2 Rn. 1.

26 Vgl. *Wachter* in: Süß/Wachter (Hrsg.), Handbuch des internationalen GmbH-Rechts, 2016, § 2 Rn. 1; *Süß* DNotZ 2005, 180, 181; siehe auch *Kindler* NJW 1993, 3301, 3302; *Mankowski/Knöfel* in: Hirte/Bücker (Hrsg.), Grenzüberschreitende Gesellschaften, 2006, § 13 Rn. 1.

27 Vgl. *Kögel* DB 2004, 1763, 1764.

28 EuGH, Rs. C-212/97 (Centros), ECLI:EU:C:1999:126 = NZG 1999, 298; EuGH, Rs. C-208/00 (Überseering), ECLI:EU:C:2002:632 = NZG 2002, 1164; EuGH, Rs. C-167/01 (Inspire Art), ECLI:EU:C:2003:512 = NJW 2003, 3331.

29 *Wachter* in: Süß/Wachter (Hrsg.), Handbuch des internationalen GmbH-Rechts, 2016, § 2 Rn. 2.

30 Vgl. *Mayer* in: MüKo GmbHG, 2. Aufl. 2015, § 4a Rn. 63; *Wachter* in: Süß/Wachter (Hrsg.), Handbuch des internationalen GmbH-Rechts, 2016, § 2 Rn. 34; *Kindler* in: MüKo BGB, IntGesR, 6. Aufl. 2015, Rn. 898; *Kaya/Zenk* IWB 2010, 569, 571; siehe auch LG Köln DB 1979, 984.

31 Vgl. etwa AG Duisburg NZG 2003, 1073; LG Wiesbaden GmbHR 2008, 364; *Eidenmüller/Rehberg* ZVglRWiss 105 (2006) 427, 436.

32 *Wachter* in: Süß/Wachter (Hrsg.), Handbuch des internationalen GmbH-Rechts, 2016, § 2 Rn. 35; *Eidenmüller/Rehberg* NJW 2008, 28 f.; vgl. auch *Habersack/Verse*, Europäisches Gesellschaftsrecht, 2011, § 5 Rn. 62; *Sørensen* ECFR 2014, 53, 62.

33 Rechtsvergleichend zu den Kosten der Gründung einer ausländischen Zweigniederlassung *Becht/Enriques/Korom* JCLS 9 (2009) 171 ff.

Da die diesbezügliche Eintragung einer Zweigniederlassung nur **deklaratorische Wirkung** hat,[34] ist diese im Rechtsverkehr gleichwohl existent. Die Zweigniederlassung kann daher grundsätzlich auch ohne Eintragung ins Handelsregister am Rechtsverkehr teilnehmen. Eine darüber hinausgehende **faktische Anmeldeverpflichtung** besteht jedoch insofern, als viele Behörden (zB Gewerbe- und Finanzämter) in der Regel einen Auszug aus dem deutschen Handelsregister verlangen.[35] Für die diesbezügliche Teilnahme am deutschen Geschäftsverkehr bedarf es somit faktisch einer Eintragung der inländischen Zweigniederlassung einer ausländischen Gesellschaft.

Aus den genannten Gründen erlangen die Regelungen in der Kodifizierungs-Richtlinie über die handelsrechtliche Behandlung von Zweigniederlassungen sowie die darauf basierenden Umsetzungsnormen des mitgliedstaatlichen Rechts zumindest aus deutscher Sicht überwiegend für **zuziehende Scheinauslandsgesellschaften** praktische Bedeutung. Die §§ 13d ff. HGB unterscheiden indes nicht, ob es sich um eine ausländische Gesellschaft aus einem anderen EU/EWR-Mitgliedstaat oder einen Drittstaat handelt. Auch für Gesellschaften außerhalb der EU bzw. des Europäischen Wirtschaftsraums (EWR) können diese daher zur Geltung kommen. Die Wertungen der Regelungen in der Kodifizierungs-Richtlinie über die handelsrechtliche Behandlung von Zweigniederlassungen kommen in diesem Fall jedoch grundsätzlich nicht zur Geltung. 14

C. Begriff einer Zweigniederlassung

Für die Reichweite der Regelungen in der Kodifizierungs-Richtlinie über die handelsrechtliche Behandlung von Zweigniederlassungen ist es von **zentraler Bedeutung**, was unter einer „Zweigniederlassung" (Engl.: *branch*; Franz.: *succursale*) einer Gesellschaft zu verstehen ist. Der Begriff der Zweigniederlassung wurde in der ehemaligen Zweigniederlassungsrichtlinie **nicht** definiert.[36] Auch in den neuen Regelungen der Art. 29 ff. Kodifizierungs-RL findet sich keine Definition. Die Begriffsbestimmung hat gleichwohl aus der Richtlinie heraus zu erfolgen und bestimmt sich damit nach europäischem Recht.[37] Eine abweichende Charakterisierung nach mitgliedstaatlichem Recht hat sich dieser – auch wenn nicht ausdrücklich in den Richtlinienbestimmungen aufgeführt – iS einer **richtlinienkonformen Auslegung** unterzuordnen. 15

Im Hinblick auf eine systematisch-einheitliche Begriffsauslegung[38] ist für die Bestimmung des **Begriffs einer Zweigniederlassung** die Auslegung zu anderen Sekundärrechtsakten heranzuziehen. Hierbei vor allem die Aussagen des EuGH zum Begriff einer Zweigniederlassung nach Art. 7 Nr. 5 Brüssel Ia-VO[39] (ehemals Art. 5 Nr. 5 EuGVVO, ehemals Art. 5 Nr. 5 EuGVÜ). In seiner Somafer-Entscheidung beschrieb der EuGH eine Zweigniederlassung dabei als eine rechtlich unselbstständige, jedoch in sachlicher und personeller Hinsicht organisatorisch selbstständige Einheit, die dauerhaft als Außenstelle ihrer Primärniederlassung am Geschäftsverkehr teilnimmt.[40] Erforderlich ist insbesondere eine Geschäftsleitung, die befugt ist, im Namen der Gesellschaft Rechtsgeschäfte vorzunehmen.[41] Im Gegensatz zu einer Tochtergesellschaft besitzt eine Zweigniederlassung damit **keine eigene Rechtspersönlichkeit.**[42] 16

---

34 Vgl. OLG Frankfurt FGPrax 2008, 165; OLG München NZG 2006, 513; KG FGPrax 2004, 45; *Krafka/Kühn*, Registerrecht, 2017, Rn. 290, 313; *Kindler* in: MüKo BGB, IntGesR, 6. Aufl. 2015, Rn. 941; *Pentz* in: Ebenroth ua (Hrsg.), HGB, 3. Aufl. 2014, § 13 Rn. 5; *ders.* in: MüKo AktG, 4. Aufl. 2016, § 13d HGB Rn. 2; *Koch* in: Staub, HGB, 5. Aufl. 2009, § 13 Rn. 55; *Bönner* RNotZ 2015, 253, 254.

35 Vgl. *Heckschen* NotBZ 2005, 24; *Wachter* in: Süß/Wachter (Hrsg.), Handbuch des internationalen GmbH-Rechts, 2016, § 2 Rn. 42.

36 OLG München ZIP 2016, 468, 469; *Habersack/Verse*, Europäisches Gesellschaftsrecht, 2011, § 5 Rn. 56; *Lutter/Bayer/Schmidt*, Europäisches Unternehmens- und Kapitalmarktrecht, 2017, Rn. 26.10; *Kalss/Klampfl*, Europäisches Gesellschaftsrecht, 2015, Rn. 234; *Davies/Worthington* in: Gower&Davies, Principles of Mondern Company Law, 10. Aufl. 2016, Rn. 6-4; *Rehm* in: Eidenmüller (Hrsg.), Ausländische Kapitalgesellschaften im deutschen Recht, 2004, § 5 Rn. 17; *Kindler* in: MüKo BGB, IntGesR, 6. Aufl. 2015, Rn. 46; *Kaya/Zenk* IWB 2010, 569, 571; *Kuntz* ZBB 2005, 412, 414; ferner kritischer zur fehlenden Begriffsdefinition einer Zweigniederlassung *Edwards*, EC Company Law, 1999, S. 213; *Sørensen* ECFR 2014, 53, 72.

37 *Habersack/Verse*, Europäisches Gesellschaftsrecht, 2011, § 5 Rn. 56; *Kalss/Klampfl*, Europäisches Gesellschaftsrecht, 2015, Rn. 234; *Kuntz* ZBB 2005, 412, 414; vgl. auch *Nobel*, Internationales und Transnationales Aktienrecht, Band 2, Europarecht, 2012, Kap. 4 Rn. 94; *Pentz* in: MüKo AktG, 4. Aufl. 2016, § 13e HGB Rn. 7 (indes auch für einen Rückgriff auf das deutsche Verständnis).

38 Vgl. *Grundmann*, Europäisches Gesellschaftsrecht, 2011, Rn. 825; aus deutscher Sicht auch *Hoger* NZG 2015, 1219, 1221.

39 Verordnung (EU) Nr. 1215/2012 des Europäischen Parlaments und des Rates vom 12. Dezember 2012 über die gerichtliche Zuständigkeit und die Anerkennung und Vollstreckung von Entscheidungen in Zivil- und Handelssachen, ABl. EU v. 20.12.2012, L 351/1; zum 10.1.2015 löste die „Brüssel Ia-VO" die bis dahin bestehende EuGVVO ab.

40 Vgl. EuGH, Rs. 33/78 (Somafer), ECLI:EU:C:1978:205 = BeckRS 2004, 70835, Rn. 12.

41 Vgl. EuGH Rs. 33/78 (Somafer), ECLI:EU:C:1978:205 = BeckRS 2004, 70835, Rn. 12.

42 *Lutter/Bayer/Schmidt*, Europäisches Unternehmens- und Kapitalmarktrecht, 2017, Rn. 26.10; *Schwarz*, Europäisches Gesellschaftsrecht, 2000, Rn. 375; *Habersack/Verse*, Europäisches Gesellschaftsrecht, 2011, § 5 Rn. 56; *Kalss/Klampfl*, Europäisches Gesellschaftsrecht, 2015, Rn. 234; aus deutscher Sicht OLG München ZIP 2016, 468, 469; KG DB 2013, 1600, 1601; OLG Bremen ZIP 2013, 268, 269; *Pentz* in: MüKo AktG, 4. Aufl. 2016,

17 In den Rechtssachen Segers, Centros (dazu § 10 Rn. 57 ff.) und Inspire Art (dazu § 10 Rn. 68 ff.) hat der EuGH zudem klargestellt, dass eine Zweigniederlassung iS der Niederlassungsfreiheit bzw. der (ehemaligen) Zweigniederlassungsrichtlinie auch dann vorliegt, wenn die EU/EWR-Auslandsgesellschaft **keinerlei wirtschaftliche Tätigkeit** in ihrem Gründungsstaat ausübt.[43] Es wird daher allein auf die Gesellschaftsgründung abgestellt. Für die Zwecke der Richtlinienbestimmungen ist damit von einem **formellen Zweigniederlassungsbegriff** auszugehen.[44] Insofern ist es unerheblich, ob es sich bei der Zweigniederlassung faktisch um die Hauptniederlassung des Unternehmens handelt. In praktisch allen Fällen der wirtschaftlichen Betätigung einer Scheinauslandsgesellschaft in einem anderen Mitgliedstaat handelt sich es daher um eine Zweigniederlassung, auf die die Vorgaben der Regelungen in der Kodifizierungs-Richtlinie über die handelsrechtliche Behandlung von Zweigniederlassungen zur Geltung kommen.[45] Dies jedoch nur insoweit, wie die Merkmale einer Zweigniederlassung nach der **Somafer-Entscheidung** vorliegen.

18 Für die Bestimmung des Begriffs einer Zweigniederlassung iS der Richtlinienbestimmungen ist damit ein grundsätzlich **weites Begriffsverständnis** zugrunde zu legen.[46] Auf diese Weise soll gewährleistet werden, dass die in den entsprechenden Richtlinienbestimmungen vorgesehenen Offenlegungspflichten für **alle Niederlassungen** iSd Art. 49 I AEUV einheitlich gelten. Auf eine Abgrenzung zwischen Haupt- und Zweigniederlassung kommt es insoweit nicht mehr an (s. bereits Rn. 17). Diese Begriffsbildung ist auch im Rahmen der nationalen Umsetzungsnormen (zB §§ 13d ff. HGB) zumindest für Kapitalgesellschaften aus EU/EWR-Mitgliedstaaten maßgeblich.[47]

D. Anwendungsbereich

19 Vom Anwendungsbereich Regelungen in der Kodifizierungs-Richtlinie über die handelsrechtliche Behandlung von Zweigniederlassungen sind nach Art. 29 I Kodifizierungs-RL (ex-Art. 1 I Zweigniederlassungs-RL) zunächst solche Zweigniederlassungen erfasst, die in einem Mitgliedstaat von einer Gesellschaft gegründet wurden, die dem Recht eines anderen Mitgliedstaates unterliegt. Voraussetzung für die Anwendbarkeit der Richtlinienbestimmungen ist daher, dass es sich um eine **ausländische Zweigniederlassung** handelt, dh dass sich die Gesellschaft und die von dieser errichteten Zweigniederlassung nicht im gleichen Mitgliedstaat befinden.[48] Das Vorhandensein einer ausländischen Gesellschaft bemisst sich dabei nach nationalem Gesellschaftskollisionsrecht. Wie bereits angesprochen (Rn. 12), gelten insofern auch sog Briefkastengesellschaften (Scheinauslansgesellschaften) eines anderen Mitgliedstaates als ausländische Gesellschaften. Zweigniederlassungen **inländischer Gesellschaften** werden von den Richtlinienbestimmungen hingegen **nicht** erfasst. Die Offenlegungspflichten ergeben sich in diesem Fall ausschließlich nach dem nationalen Recht der einzelnen Mitgliedstaaten.

20 Bei der ausländischen Gesellschaft muss es sich aufgrund des Verweises in Art. 29 I Kodifizierungs-RL (ex-Art. 1 I Zweigniederlassungs-RL) auf die Regelungen der Art. 14 ff. Kodifizierungs-RL (ehemals **Publizitätsrichtlinie**) um eine der dort aufgeführten Gesellschaftsformen handeln. Der Anwendungsbereich der Richtlinienbestimmungen beschränkt sich somit auf Zweigniederlassungen ausländischer **EU/EWR-Kapitalgesellschaften.** Dabei betrifft sie sowohl neue als auch bereits errichtete Zweigniederlassungen ausländischer Kapitalgesellschaften.[49]

21 Damit die Ziele der Richtlinienbestimmungen (s. Rn. 7 ff.) umfassend erreicht werden können und eine **Diskriminierung** in Abhängigkeit von der Herkunft der ausländischen Gesellschaften vermieden wird (Erwägungsgrund 21 S. 1 (ex-Erwägungsgrund 11 S. 1)), erfassen die Regelungen in der Kodifizierungs-Richtlinie über die

§ 13d HGB Rn. 20; ausführlich zum Begriff einer Zweigniederlassung nach deutschem Recht *K. Schmidt*, Handelsrecht, 6. Aufl. 2014, § 3 Rn. 30 ff.; *Krafka/Kühn*, Registerrecht, 2017, Rn. 290 ff.; *Schünemann*, Die Firma im internationalen Rechtsverkehr, 2016, S. 98 ff.

43 EuGH, Rs. 79/85 (Segers), ECLI:EU:C:1986:308 = NJW 1987, 571, Rn. 16; EuGH, Rs. C-212/97 (Centros), ECLI:EU:C:1999:126 = NZG 1999, 298, Rn. 29; EuGH, Rs. C-167/01 (Inspire Art), ECLI:EU:C:2003:512 = NJW 2003, 3331, Rn. 96; aus deutscher Sicht vgl. auch KG FGPrax 2004, 45; OLG Zweibrücken FGPrax 2003, 135.

44 *Grundmann*, Europäisches Gesellschaftsrecht, 2011, Rn. 825; *Rehm* in: Eidenmüller (Hrsg.), Ausländische Kapitalgesellschaften im deutschen Recht, 2004, § 5 Rn. 18; *Eidenmüller/Rehberg* ZVglRWiss 105 (2006) 427, 431; *Kuntz* ZBB 2005, 412, 414; *Schünemann*, Die Firma im internationalen Rechtsverkehr, 2016, S. 101 f.

45 Vgl. *Wachter* in: Süß/Wachter (Hrsg.), Handbuch des internationalen GmbH-Rechts, 2016, § 2 Rn. 33; *Grundmann*, Europäisches Gesellschaftsrecht, 2011, Rn. 825; *Eidenmüller/Rehberg* ZVglRWiss 105 (2006) 427, 431; ferner *Davies/Worthington* in: Gower&Davies, Principles of Mondern Company Law, 10. Aufl. 2016, Rn. 6-4.

46 Vgl. *Sørensen* ECFR 2014, 53, 65; ferner *Lutter* in: Lutter (Hrsg.), Europäische Auslandsgesellschaften in Deutschland, 2005, S. 4 f.

47 *Habersack/Verse*, Europäisches Gesellschaftsrecht, 2011, § 5 Rn. 56; generell auch *Sørensen* ECFR 2014, 53, 72; im Hinblick auf den Zuzug einer britischen Kapitalgesellschaft nach Deutschland gilt dies neben der Ltd. auch für eine *private company limited guarantee*, vgl. OLG Dresden GmbHR 2016, 484, 485.

48 *Lutter/Bayer/Schmidt*, Europäisches Unternehmens- und Kapitalmarktrecht, 2017, Rn. 26.8; *Habersack/Verse*, Europäisches Gesellschaftsrecht, 2011, § 5 Rn. 52; *Grundmann*, Europäisches Gesellschaftsrecht, 2011, Rn. 823; *Kalss/Klampfl*, Europäisches Gesellschaftsrecht, 2015, Rn. 233.

49 Vgl. *Schwarz*, Europäisches Gesellschaftsrecht, 2000, Rn. 374.

handelsrechtliche Behandlung von Zweigniederlassungen nicht nur ausländische Zweigniederlassungen von EU/EWR-Gesellschaften, sondern auch solche von **Gesellschaften aus Drittstaaten**. Aufgrund dessen, dass letztere jedoch nicht in den og Anwendungsbereich der Richtlinienbestimmungen fallen (Erwägunggrund 21 S. 2 (ex-Erwägungsgrund 11 S. 2)), gelten für diese **Sonderregelungen** (vgl. Art. 36 ff. Kodifizierungs-RL (ex-Art. 7 ff. Zweigniederlassungs-RL)) (dazu Rn. 58 ff.).[50] Die Offenlegungsmodalitäten für Zweigniederlassungen von Nicht-EU/EWR-Gesellschaften kommen allerdings nur dann zur Anwendung, sofern die Gesellschaftsform des entsprechenden Drittstaates mit Kapitalgesellschaften iSd Anhang II der Kodifizierungs-RL vergleichbar ist (Art. 36 I Kodifizierungs-RL (ex-Art. 7 I Zweigniederlassungs-RL)). Maßgeblich für die Vergleichbarkeit dürfte insofern sein, dass die Gesellschaftsform des Drittstaates Rechtspersönlichkeit besitzt und über ein gesondertes Gesellschaftskapital verfügt, das für die Verbindlichkeiten der Gesellschaft haftet.[51]

Eine **Einschränkung des Anwendungsbereichs** besteht im Hinblick auf die Offenlegungspflicht der Rechnungslegungsunterlagen (Art. 31 iVm Art. 30 lit. g) Kodifizierungs-RL (ex-Art. 3 iVm Art. 2 lit. g) Zweigniederlassungs-RL) (für EU/EWR-Gesellschaften); Art. 38 iVm Art. 37 lit. j) Kodifizierungs-RL (ex-Art. 9 iVm Art. 8 lit. j) Zweigniederlassungs-RL) (für Gesellschaften aus Drittstaaten)) bei **Kredit- und Finanzinstituten** sowie **Versicherungsgesellschaften.** Nach Art. 42 I, II Kodifizierungs-RL (ex-Art. 14 I, II Zweigniederlassungs-RL) sind diese von der Pflicht zur Offenlegung der Rechnungslegungsunterlagen nach Maßgabe der Richtlinienbestimmungen ausgenommen. Für Kredit- und Finanzinstitute gelten ausschließlich die diesbezüglichen Offenlegungsvorschriften der Bankbilanzrichtlinie[52] und der Zweigniederlassungsbilanzrichtlinie.[53] Für Versicherungsgesellschaften ausschließlich die Vorgaben der Versicherungsbilanzrichtlinie.[54] 22

E. Zweigniederlassungen von Gesellschaften aus EU/EWR-Mitgliedstaaten

I. Pflicht zu Offenlegung

Für Zweigniederlassungen von Gesellschaften aus EU/EWR-Mitgliedstaaten schreibt Art. 30 Kodifizierungs-RL (ex-Art. 2 Zweigniederlassungs-RL) eine Pflicht zur Offenlegung vor. Art. 30 Kodifizierungs-RL (ex-Art. 2 Zweigniederlassungs-RL) differenziert dabei zwischen solchen Publizitätsobjekten, die **obligatorisch offen gelegt** werden müssen (Art. 30 I Kodifizierungs-RL (ex-Art. 2 I Zweigniederlassungs-RL)) und solchen, hinsichtlich derer es dem Mitgliedstaat, in dem sich die Zweigniederlassung befindet, **freisteht**, ob er eine Offenlegung dieser Aspekte vorschreibt (Art. 30 II Kodifizierungs-RL (ex-Art. 2 II Zweigniederlassungs-RL)). 23

Für das registerrechtliche Verfahren der **Eintragung** der Zweigniederlassung findet als ***lex fori*** das **mitgliedstaatliche Registerrecht** Anwendung, in dem sich die inländische Zweigniederlassung der ausländischen Gesellschaft befindet.[55] Dies gilt unabhängig davon, ob es sich bei der ausländischen Gesellschaft um eine EU/EWR-Kapitalgesellschaft oder eine Gesellschaft aus einem Drittstaat handelt, die iSd Art. 37 Kodifizierungs-RL (ex-Art. 8 Zweigniederlassungs-RL) mit einer Kapitalgesellschaft nach Maßgabe der Art. 14 ff. Kodifizierungs-RL (ehemals Publizitätsrichtlinie) vergleichbar ist.[56] 24

Der Katalog der offenlegungspflichten Tatsachen ist dabei **abschließend.**[57] Dies statuierte der EuGH ausdrücklich in der **Inspire Art-Entscheidung** (dazu § 10 Rn. 68 ff.). Ferner ergibt sich der abschließende Charakter aus dem Wortlaut des Art. 30 I Kodifizierungs-RL (ex-Art. 2 I Zweigniederlassungs-RL), wo sich die Pflicht zur Of- 25

---

50 *Lutter/Bayer/Schmidt*, Europäisches Unternehmens- und Kapitalmarktrecht, 2017, Rn. 26.8; *Kalss/Klampfl*, Europäisches Gesellschaftsrecht, 2015, Rn. 233.

51 *Lutter/Bayer/Schmidt*, Europäisches Unternehmens- und Kapitalmarktrecht, 2017, Rn. 26.9; *Kalss/Klampfl*, Europäisches Gesellschaftsrecht, 2015, Rn. 233.

52 Richtlinie 86/635/EWG des Rates vom 8. Dezember 1986 über den Jahresabschluss und den konsolidierten Abschluss von Banken und anderen Finanzinstituten, ABl. EG v. 31.12.1986, L 372/1.

53 Richtlinie 89/117 EWG des Rates vom 13. Februar 1989 über die Pflichten der in einem Mitgliedstaat eingerichteten Zweigniederlassungen von Kreditinstituten und Finanzinstituten mit Sitz außerhalb dieses Mitgliedstaats zur Offenlegung von Jahresabschlußunterlagen, ABl. EG v. 16.2.1989, L 44/40.

54 Richtlinie des Rates vom 19. Dezember 1991 über den Jahresbeschluß und den konsolidierten Abschluß von Versicherungsunternehmen, ABl. EG v. 31.12.1991, L 374/7.

55 Aus deutscher Perspektive vgl. OLG Hamm FGPrax 2008, 167; OLG Jena NZG 2006, 434; KG FGPrax 2004, 45; *Krafka/Kühn*, Registerrecht, 2017, Rn. 312; *Pentz* in: Ebenroth ua (Hrsg.), HGB, 3. Aufl. 2014, § 13d Rn. 16; *Mayer* in: MüKo GmbHG, 2. Aufl. 2015, § 4a Rn. 33; *Heckschen/Strnad* GmbHR 2016, 469, 472.

56 Aus deutscher Perspektive steht der die Zweigniederlassung einer ausländischen juristischen Person eintragenden Registerbehörde dabei ein grundsätzlich weitreichendes Prüfungsrecht zu. Dies jedoch stets im Rahmen der Vorgaben der Niederlassungsfreiheit.

57 EuGH, Rs. C-167/01 (Inspire Art), ECLI:EU:C:2003:512 = NJW 2003, 3331, Rn. 67 ff.; vgl. auch *Lutter/Bayer/Schmidt*, Europäisches Unternehmens- und Kapitalmarktrecht, 2017, Rn. 26.13; *Kalss/Klampfl*, Europäisches Gesellschaftsrecht, 2015, Rn. 238, Fn. 674; *Eidenmüller/Rehberg* ZVglRWiss 105 (2006) 427, 432; *Leible/Hoffmann* EuZW 2003, 677, 678; *Edwards*, EC Company Law, 1999, S. 214; *Westhoff* in: Hirte/Bücker (Hrsg.), Grenzüberschreitende Gesellschaften, 2. Aufl. 2006, § 18 Rn. 46; *Bönner* RNotZ 2015, 253, 254; ferner aus deutscher Sicht OLG Hamm NZG 2005, 930, 931; OLG Frankfurt ZIP 2006, 333, 334.

fenlegung „lediglich“[58] auf die dort aufgeführten Urkunden und Angaben erstreckt.[59] Der abschließende Charakter des Art. 30 Kodifizierungs-RL (ex-Art. 2 Zweigniederlassungs-RL) bezieht sich dabei allerdings nur auf die Angaben, deren Offenlegung den Zweigniederlassungen von den jeweiligen Mitgliedstaaten vorgeschrieben wird. Weitergehende nationale Regelungen, die es einer Zweigniederlassung gestatten, im eigenen und/oder **Interessen der Gläubiger** freiwillig weitere Angaben offen zu legen, stehen dem Zweck der Richtlinienbestimmungen grundsätzlich nicht entgegen.[60]

II. Gegenstand der Offenlegungspflicht

26 Art. 30 Kodifizierungs-RL (ex-Art. 2 Zweigniederlassungs-RL) differenziert zwischen den **Publizitätsobjekten,** die nach europäischem Recht obligatorisch offen zu legen sind (vgl. Art. 30 I Kodifizierungs-RL (ex-Art. 2 I Zweigniederlassungs-RL)) und denen, wo die Mitgliedstaaten selbst entscheiden können, ob sie eine Offenlegungspflicht nach Maßgabe des Art. 29 Kodifizierungs-RL (ex-Art. 1 Zweigniederlassungs-RL) vorschreiben. Mit Blick auf Art. 29 Kodifizierungs-RL (ex-Art. 1 Zweigniederlasungs-RL) erfolgt die Offenlegung dabei durch die **Eintragung der Zweigniederlassung** in das jeweils hierfür zuständige Register des Mitgliedstaates, in dem sich die Zweigniederlassung befindet und nach der Bekanntmachung der entsprechenden Informationen nach Maßgabe der Vorgaben des Art. 16 Kodifizierungs-RL (ex-Art. 3 Publizitäts-RL). Im Sinne der Niederlassungsfreiheit zur Gründung ausländischer Zweigniederlassungen (Art. 49 I 2 AEUV) (s. dazu § 10 Rn. 17) dürfen die Eintragungskosten dabei nicht generell prohibitiv wirken, dh die Ausübung des zu gewährenden Niederlassungsrechts nicht unzulässig beschränken oder weitestgehend unattraktiv machen.[61] Anderenfalls würde auch die mit den Regelungen in der Kodifizierungs-Richtlinie über die handelsrechtliche Behandlung von Zweigniederlassungen bezweckte Fördung der Etablierung ausländischer Zweigniederlassungen durch mitgliedstaatliche Kapitalgesellschaften beeinträchtigt werden.

1. Obligatorische Publizitätsobjekte

27 Die obligatorischen Publizitätsobjekte sind in Art. 30 I Kodifizierungs-RL (ex-Art. 2 I Zweigniederlassungs-RL) geregelt. Die dort niedergelegten Angaben sind **zwingend** offen zu legen. Innerhalb des Art. 30 I Kodifizierungs-RL (ex-Art. 2 I Zweigniederlassungs-RL) lassen sich **zwei Kategorien** unterscheiden:[62] Diejenigen, die die Gesellschaft selbst und diejenigen, die die ausländische Zweigniederlassung dieser Gesellschaft betreffen.

28 Die die **Gesellschaft selbst betreffenden Publikationsobjekte** beschränken sich dabei auf die wesentlichsten Grunddaten und Unterlagen.[63] Die Publizität der die Gesellschaft betreffenden Angaben und Dokumente ist bereits durch die Vorgaben der Art. 14 ff. Kodifizierungs-RL (ex-Art. 2 ff. Publizitäts-RL) gewährleistet. Im Rahmen der Regelungen in der Kodifizierungs-Richtlinie über die handelsrechtliche Behandlung von Zweigniederlassungen ist insofern nur die Offenlegung der die Gesellschaft betreffenden Grundinformationen erforderlich. Durch das im Rahmen des europäischen Systems der Registervernetzung (s. Rn. 42 ff.) geschaffene Europäische Justizportal (dazu auch § 20 Rn. 46) wurde für den Rechtsverkehr ferner der Zugang zu den Informationen über die ausländische Kapitalgesellschaft mit inländischer Zweigniederlassung verbessert.

29 Bezüglich der die **Gesellschaft** selbst betreffenden obligatorischen Publizitätsobjekte sind gem Art. 30 I Kodifizierungs-RL (ex-Art. 2 I Zweigniederlassungs-RL) offen zu legen:

- das **Register,** bei dem nach Maßgabe der Publizitätsrichtlinie die Akte der Gesellschaft hinterlegt ist sowie die **Registernummer** der Gesellschaft (lit. c);
- die **Firma** und die **Rechtsform** der Gesellschaft (lit. d) Hs. 1);

58 Noch deutlicher in der englischen Sprachfassung: *„particulars only“*.
59 Vgl. *Habersack/Verse*, Europäisches Gesellschaftsrecht, 2011, § 5 Rn. 51, Fn. 128.
60 *Lutter/Bayer/Schmidt*, Europäisches Unternehmens- und Kapitalmarktrecht, 2017, Rn. 26.14; *Kalss/Klampfl*, Europäisches Gesellschaftsrecht, 2015, Rn. 238.
61 Vgl. *Sørensen* ECFR 2014, 53, 73; im Umkehrschluss vgl. auch EuGH, Rs. C-453/04 (Innoventif), ECLI:EU:C:2006:361 = NJW 2006, 3195, Rn. 38; rechtsvergleichend zu den Kosten der Gründung einer ausländischen Zweigniederlassung *Becht/Enriques/Korom* JCLS 9 (2009) 171 ff.
62 *Grundmann*, Europäisches Gesellschaftsrecht, 2011, Rn. 829; *Lutter/Bayer/Schmidt*, Europäisches Unternehmens- und Kapitalmarktrecht, 2017, Rn. 26.15; *Kalss/Klampfl*, Europäisches Gesellschaftsrecht, 2015, Rn. 239; vgl. auch *Nobel*, Internationales und Transnationales Aktienrecht, Band 2: Teil Europarecht, 2012, S. 278 Rn. 99.
63 *Lutter/Bayer/Schmidt*, Europäisches Unternehmens- und Kapitalmarktrecht, 2017, Rn. 26.16.

- die **Bestellung**, das **Ausscheiden** und die Personalien derjenigen, die befugt sind, die Gesellschaft als gesetzlich vorgeschriebenes Vertretungsorgan oder als Mitglied eines solchen Organs zu vertreten[64] (lit. e) Spiegelstrich 1);[65]
- die **Auflösung** der Gesellschaft, die Bestellung, die Personalien und die Befugnisse der Liquidatoren sowie den Abschluss der **Liquidation** (lit. f) Spiegelstrich 1);
- ein die Gesellschaft betreffendes **Konkurs**-, Vergleichs- oder ähnliches Verfahren (lit. f) Spiegelstrich 2);[66]
- die Unterlagen der **Rechnungslegung** (lit. g) iVm Art. 31 Kodifizierungs-RL (ex-Art. 3 Zweigniederlassungs-RL).

Besondere Bedeutung kommt der **Pflicht zur Offenlegung der Rechnungslegungsunterlagen** zu. Dies wird schon dadurch erkennbar, dass der Richtliniengeber mit Art. 31 Kodifizierungs-RL (ex-Art. 3 Zweigniederlassungs-RL) diesem Punkt eine eigenständige Regelung zukommen lässt. Vor allem für Gläubiger, die über die Zweigniederlassung mit der Gesellschaft in Kontakt treten, stellen bilanzielle Informationen des Schuldners einen zentralen Aspekt dar.[67] Die bloße Nennung der Pflicht zur Offenlegung der Rechnungslegungsunterlagen erschien insoweit nicht ausreichend. Die Offenlegungspflicht gem Art. 31 Kodifizierungs-RL (ex-Art. 3 Zweigniederlassungs-RL) bezieht sich dabei auf die Rechnungslegungsunterlagen der Gesellschaft. Eine gesonderte Rechnungslegung der Zweigniederlassung und einer Offenlegung dieser bedarf es grundsätzlich nicht.[68] Die Offenlegungspflicht der Rechnungslegungsunterlagen der Gesellschaft auch im Register der ausländischen Zweigniederlassung beschränkt sich allerdings darauf, dass eine solche nur in den Fällen besteht, in denen die Rechnungslegung für die entsprechende Gesellschaft nach Maßgabe der **Bilanzrichtlinie** (Richtlinie 2013/34/EU) (dazu § 25) und der **Abschlussprüferrichtlinie** (Richtlinie 2006/43/EG) (dazu § 26) zu erstellen, prüfen und offen zu legen ist. Bei kleinen und mittleren Kapitalgesellschaften, die eine Zweigniederlassung in einem anderen Mitgliedstaat unterhalten, besteht daher ggf nur eine eingeschränkte Pflicht zur Offenlegung der Rechnungslegungsunterlagen am Ort der ausländischen Zweigstelle.[69] Davon grundsätzlich unbenommen bleibt jedoch die ggf bestehende Pflicht der Zweigniederlassung, eine Steuerbilanz über ihre unternehmerischen Aktivitäten nach dem Recht des Mitgliedstaates, wo sie errichtet worden ist, zu erstellen.[70] 30

Daneben sind folgende, die **Zweigniederlassung betreffende**, obligatorische Publizitätsobjekte nach Art. 30 I Kodifizierungs-RL (ex-Art. 2 I Zweigniederlassungs-RL) offen zu legen: 31

- die **Anschrift** der Zweigniederlassung (lit. a);[71]
- die **Tätigkeit** der Zweigniederlassung (lit. b);

---

64 Insbesondere Fragen der Bestellung und der Reichweite der organschaftlichen Vertretungsmacht richten sich dabei allein nach dem ausländischen Gesellschaftsstatut der Kapitalgesellschaft. Etwaige Disqualifikationstatbestände in der Person des Geschäftsführers der Auslandsgesellschaft, der als Manager der inländischen Zweigniederlassung fungieren soll (im deutschen Recht siehe zB § 13g II 2, V HGB iVm § 8 III GmbHG iVm § 6 II 2 Nr. 2, 3 GmbHG), können indes vom Recht des Mitgliedstaates, in dem sich die Zweigniederlassung befindet, aufgestellt werden. Hierin liegt kein Richtlinienverstoß, vgl. *Lutter/Bayer/Schmidt*, Europäisches Unternehmens- und Kapitalmarktrecht, 2017, Rn. 26.21; *Sørensen* ECFR 2014, 53, 83; *Belegorodski/Friske* WM 2011, 251, 253.

65 Durch den Verweis auf Art. 14 I lit. d) Kodifizierungs-RL (ex-Art. Art. 2 I lit. d) Publizitäts-RL) ist auch anzugeben, ob eine Einzel- oder Gesamtvertretungsbefugnis besteht; siehe auch *Lutter/Bayer/Schmidt*, Europäisches Unternehmens- und Kapitalmarktrecht, 2017, Rn. 26.19; *Habersack/Verse*, Europäisches Gesellschaftsrecht, 2011, § 5 Rn. 59; *Edwards*, EC Company Law, 1999, S. 215, Fn. 31.

66 Die Regelung bezieht sich somit auf die Insolvenz der Gesellschaft. In diesem Zusammenhang ist auch die Regelung des Art. 20 I Kodifizierungs-RL (ex-Art. 5a I Zweigniederlassungs-RL) zu sehen. Damit soll sichergestellt werden, dass im Falle eines Insolvenzverfahrens die über die ausländische Zweigniederlassung in Kontakt mit der Gesellschaft stehenden Gläubiger informiert werden. Ein entsprechender Schutz der Gläubiger läuft indes dann ins Leere, wenn die Zweigniederlassung der ausländischen Gesellschaft überhaupt nicht eingetragen wurde, vgl. dazu *Stiegler* NotBZ 2015, 329, 336 f.

67 Vgl. *Lutter/Bayer/Schmidt*, Europäisches Unternehmens- und Kapitalmarktrecht, 2017, Rn. 26.25; *Kalss/Klampfl*, Europäisches Gesellschaftsrecht, 2015, Rn. 239; vgl. auch EuGH, Rs. C-418/11 (Texdata), ECLI:EU:C:2013:588 = IStR 2013, 922, Rn. 54.

68 *Grundmann*, Europäisches Gesellschaftsrecht, 2011, Rn. 830; *Lutter/Bayer/Schmidt*, Europäisches Unternehmens- und Kapitalmarktrecht, 2017, Rn. 26.25; *Habersack/Verse*, Europäisches Gesellschaftsrecht, 2011, § 5 Rn. 60; *Kalss/Klampfl*, Europäisches Gesellschaftsrecht, 2015, Rn. 239; *Sørensen* ECFR 2014, 53, 85; vgl. auch *Westhoff* in: Hirte/Bücker (Hrsg.), Grenzüberschreitende Gesellschaften, 2. Aufl. 2006, § 18 Rn. 47.

69 Vgl. *Grundmann*, Europäisches Gesellschaftsrecht, 2011, Rn. 831.

70 *Sørensen* ECFR 2014, 53, 85; siehe auch EuGH, Rs. C-250/95 (Futura Participations), ECLI:EU:C:1997:239 = BB 1997, 610, Rn. 34 ff.

71 Zur Richtlinienkonformität des Tatbestandsmerkmals der „inländischen Geschäftsanschrift“ in der deutschen Umsetzungsnorm des § 13e II 3 Alt. 1 HGB *Lutter/Bayer/Schmidt*, Europäisches Unternehmens- und Kapitalmarktrecht, 2017, Rn. 26.29; *Kalss/Klampfl*, Europäisches Gesellschaftsrecht, 2015, Rn. 239; *Wachter* GmbHR 2006, 793, 300.

- die **Firma der Zweigniederlassung,**[72] **sofern** diese nicht mit der Firma der Gesellschaft übereinstimmt[73] (lit. d) Hs. 2);[74]
- die Bestellung, das Ausscheiden und die Personalien derjenigen, die befugt sind, innerhalb der Gesellschaft als **ständige Vertreter der Zweigniederlassung** zu agieren sowie **deren Befugnisse** (lit. e) Spiegelstrich 2);
- die **Aufhebung** der Zweigniederlassung (lit. h).

32 Besondere Betrachtung verdient bei den die Zweigniederlassung betreffenden obligatorischen Publizitätsobjekten die Regelung des Art. 30 I lit. e) Spiegelstrich 2 Kodifizierungs-RL (ex-Art. 2 I lit. e) Spiegelstrich 2 Zweigniederlassungs-RL). Diese schreibt die Offenlegung bestimmter Angaben zu **ständigen Vertretern der Zweigniederlassung** vor. Unter ständigen Vertretern (Engl.: *permanent representatives*; Franz.: *représentants permanents*) der Gesellschaft sind dabei grundsätzlich Personen zu verstehen, die aufgrund rechtsgeschäftlicher Vertretungsmacht nicht nur vorübergehend zur Vertretung der Zweigniederlassung berechtigt sind.[75]

33 Die Norm bezieht sich dabei auf die bevollmächtigten Personen, die nicht zugleich Organe der Gesellschaft sind. Die Offenlegungspflicht des Art. 30 I lit. e) Spiegelstrich 2 Kodifizierungs-RL (ex-Art. 2 I lit. e) Spiegelstrich 2 Zweigniederlassungs-RL) meint daher nur die Vertretung der Gesellschaft, die auf **rechtsgeschäftlich erteilter Vertretungsmacht** beruht.[76] Aufgrund fehlender Rechtspersönlichkeit der Zweigniederlassung (s. Rn. 16), kann diese selbst keine (gesetzlichen) Vertreter haben.

34 In diesem Zusammenhang ist auch die Offenlegungspflicht der den Bevollmächtigten zustehenden **Befugnisse** zu verstehen. Da es sich gerade nicht um eine Frage der gesetzlichen Vertretungsmacht der Gesellschaft, sondern vielmehr um eine – nach deutschem Verständnis – handelsrechtliche Vollmacht handelt, muss die erteilte Vertretungsmacht **nicht zwingend unbeschränkt** sein.[77] Eine über Art. 9 Kodifizierungs-RL (ex-Art. 10 Publizitäts-RL) hinausgehende Harmonisierung des Vertretungsrechts besteht auf europäischer Ebene insoweit nicht. Eine etwaige Offenlegung des ständigen Vertreters der Zweigniederlassung im Rahmen des lit. e) Spiegelstrich 2 impliziert somit nicht die umfassende iS einer grundsätzlich unbeschränkten Vertretungsmacht. Die Mitgliedstaaten dürfen die Eintragung einer nicht umfassend bevollmächtigten Person daher **nicht ablehnen.**[78] Voraussetzung ist nach dem Wortlaut des Art. 30 I lit. e) Kodifizierungs-RL (ex-Art. 2 I lit. e) Zweigniederlassungs-RL) allerdings, dass die entsprechende bevollmächtigte Person die Gesellschaft „gerichtlich und außergerichtlich" vertreten darf. Die Vorschrift bezieht sich somit nur auf solche Handlungsbevollmächtigte, denen neben ihrer generellen Vertretungsmacht eine ständige Prozessführungsbefugnis zusteht. Aus deutscher Perspektive kommen als bevollmächtigte Personen daher in erster Linie Prokuristen in Betracht.[79] Für Handlungsbevollmächtigte iSd § 54 HGB bedarf es nach § 54 II HGB der besonderen Erteilung einer gerichtlichen Vertretungsbefugnis.

---

72 Hinsichtlich der Firmierung der Zweigniederlassung gilt dabei grundsätzlich das Recht des Mitgliedstaates, in dem sich die Zweigniederlassung befindet, vgl. *Kindler* in: MüKo BGB, IntGesR, 6. Aufl. 2015, Rn. 235 ff.; *Preuß* in: Oetker (Hrsg.), HGB, 4. Aufl. 2017, § 13d Rn. 32; *Pentz* in: MüKo AktG, 4. Aufl. 2016, § 13d HGB Rn. 21. Zu beachten ist jedoch, dass das nationale Firmenrecht die Gründung einer Zweigniederlassung nicht unzulässig beschränken darf, dh es muss sich an der Niederlassungsfreiheit messen lassen und ist ggf europarechtskonform auszulegen, vgl. *Preuß* in: Oetker (Hrsg.), HGB, 4. Aufl. 2017, § 13d Rn. 34 f.; *Bönner* RNotZ 2015, 253, 261, Fn. 131; aus deutscher Sicht auch LG Aachen NZG 2007, 600; ferner *Kindler* in: MüKo BGB, IntGesR, 6. Aufl. 2015, Rn. 237.

73 Aufgrund des diesbezüglich abschließenden Charakters der Regelungen in der Kodifizierungs-Richtlinie über die handelsrechtliche Behandlung von Zweigniederlassungen kann durch den Mitgliedstaat, in dem sich die Zweigniederlassung befindet, grundsätzlich kein auf die ausländische Gesellschaft verweisender Zusatz verlangt werden, vgl. OLG Düsseldorf NZG 2017, 624, 625; *Wachter* BB 2005, 1289, 1290; *Bönner* RNotZ 2015, 253, 261.

74 Zur Firmierung einer deutschen Zweigniederlassung ausländischer Gesellschaften vgl. KG NZG 2008, 80; OLG München NJW-RR 2007, 1677; siehe auch *Bokelmann* DB 1990, 1021; *Bönner* RNotZ 2015, 253, 261.

75 Zur deutschen Umsetzungsnorm des § 13e II Nr. 3 HGB *Wachter* ZNotP 2005, 122, 134; *Bönner* RNotZ 2015, 253, 259; *Pentz* in: MüKo AktG, 4. Aufl. 2016, § 13e Rn. 31; vgl. auch *Hoger* NZG 2015, 1219, 1221 f.; *Kalss/Klampfl*, Europäisches Gesellschaftsrecht, 2015, Rn. 239, Fn. 681-684.

76 Vgl. *Lutter/Bayer/Schmidt*, Europäisches Unternehmens- und Kapitalmarktrecht, 2017, Rn. 26.32; *Grundmann*, Europäisches Gesellschaftsrecht, 2011, Rn. 829, Fn. 28; *Habersack/Verse*, Europäisches Gesellschaftsrecht, 2011, § 5 Rn. 59; *Kindler* in: MüKo BGB, IntGesR, 6. Aufl. 2015, Rn. 969.

77 *Habersack/Verse*, Europäisches Gesellschaftsrecht, 2011, § 5 Rn. 59; *Kalss/Klampfl*, Europäisches Gesellschaftsrecht, 2015, Rn. 239, Fn. 683; *Sørensen* ECFR 2014, 53, 83 f.; *Lutter/Bayer/Schmidt*, Europäisches Unternehmens- und Kapitalmarktrecht, 2017, Rn. 26.32; *Grundmann*, Europäisches Gesellschaftsrecht, 2011, Rn. 829, Fn. 28; aA *Schwarz*, Europäisches Gesellschaftsrecht, 2000, Rn. 377, Fn. 175.

78 *Habersack/Verse*, Europäisches Gesellschaftsrecht, 2011, § 5 Rn. 59.

79 *Kindler* NJW 1993, 3301, 3304; *ders.* in: MüKo BGB, IntGesR, 6. Aufl. 2015, Rn. 966; *Seibert* GmbHR 1992, 738, 740; *Hoger* NZG 2015, 1219, 1222; andeutend auch *Lutter/Bayer/Schmidt*, Europäisches Unternehmens- und Kapitalmarktrecht, 2017, Rn. 26.32; ferner *Bönner* RNotZ 2015, 253, 259 f.

Eine Pflicht zur **Bestellung eines ständigen Vertreters** iSd Art. 30 I lit. e) Spiegelstrich 2 Kodifizierungs-RL (ex-Art. 2 I lit. e) Spiegelstrich 2 Zweigniederlassungs-RL) statuieren die Richtlinienbestimmungen nicht.[80] Sie gebietet nur dann eine Offenlegung, wenn überhaupt ein „ständiger Vertreter" bestellt worden ist. Die Gesellschaft kann es daher zum Zwecke der Leitung der Zweigniederlassung grundsätzlich auch bei der organschaftlichen Vertretungsmacht des gesetzlichen Vertreters der Gesellschaft belassen.[81] Im Rechtsverkehr bringt die Bestellung eines (besonderen) ständigen Vertreters für die ausländische Zweigniederlassung jedoch gewisse **Erleichterungen** mit sich, da für die Bevollmächtigung im Unterschied zur organschaftlichen Vertretungsmacht nunmehr mit Art. 8 I EGBGB ausdrücklich eine Rechtswahl Vorrang hat[82] und ferner auch vorher schon das sog Wirkungslandprinzip galt. Im Falle einer in Deutschland ansässigen Zweigniederlassung ist die Vertretungsbefugnis mithin nach deutschem Recht zu beurteilen, sofern nicht privatautonom Abweichendes regelt wurde.[83] In der Praxis empfiehlt sich daher regelmäßig die Bestellung eines ständigen Vertreters für die Zweigniederlassung mit Wahl des deutschen Rechts auf die Stellvertretung. 35

2. Optionale Publizitätsobjekte

Die optionalen Publizitätsobjekte sind in Art. 30 II Kodifizierungs-RL (ex-Art. 2 II Zweigniederlassungs-RL) geregelt. Den **Mitgliedstaaten steht es dabei frei**, ob die entsprechenden Informationen (lit. a bis lit. d) nach nationalem Recht offenzulegen sind. Die Option des Art. 30 II Kodifizierungs-RL (ex-Art. 2 II Zweigniederlassungs-RL) bezieht sich dabei auf den jeweiligen Mitgliedstaat, in dem sich die Zweigniederlassung der ausländischen Gesellschaft befindet. Der Katalog der nach Maßgabe des nationalen Rechts ggf offenzulegenden Angaben und Dokumenten ist dabei **abschließend**.[84] Weitere, zusätzlich zu den in Art. 30 II lit. a) bis d) Kodifizierungs-RL (ex-Art. 2 II lit. a) bis d) Zweigniederlassungs-RL) aufgeführten Offenlegungspflichten können die Mitgliedstaaten grundsätzlich nicht vorschreiben. 36

Auch bezüglich der optionalen Publizitätsobjekte kann wiederum zwischen denen, die die Gesellschaft selbst betreffen und denen, die die Zweigniederlassung dieser betreffen unterschieden werden.[85] 37

Bezüglich der die **Gesellschaft selbst betreffenden optionalen Publizitätsobjekte** kann der Mitgliedstaat, in dem sich die Zweigniederlassung befindet, die Offenlegung nach Maßgabe des Art. 29 Kodifizierungs-RL (ex-Art. 1 Zweigniederlassungs-RL) fordern von 38

- einer **Unterschrift** der Vertretungsorgane und/oder Liquidatoren der Gesellschaft (lit. a);
- dem **Errichtungsakt** und ggf der Satzung der Gesellschaft sowie **Änderungen** dieser (lit. b);[86]
- einer **Registerbescheinigung** in Bezug auf das **Bestehen der Gesellschaft** (lit. c);
- **Angaben über Sicherheiten**, bei denen Vermögenswerte der Gesellschaft, die sich in diesem Mitgliedstaat befinden, belastet werden, sofern sich diese Offenlegung auf die Gültigkeit solcher Sicherheiten bezieht (lit. d).

Die **Offenlegung** des Errichtungsaktes sowie ggf separat der Satzung hat dabei entsprechend Art. 14 lit. a) bis c) Kodifizierungs-RL (ex-Art. 2 lit. a) bis c) Publizitäts-RL) zu erfolgen. Der Mitgliedstaat der Zweigniederlassung kann daher auch verlangen, dass gem Art. 14 lit. c) Kodifizierungs-RL (ex-Art. 2 lit. c) Publizitäts-RL) nach jeder Änderung des Errichtungsaktes oder der Satzung dessen bzw. deren **vollständiger Wortlaut offenzulegen** ist.[87] Die Mitgliedstaaten sind in diesem Zusammenhang ebenfalls berechtigt, die Offenlegung von **nur bestimmten Inhalten** zu verlangen.[88] 39

---

80 *Habersack/Verse*, Europäisches Gesellschaftsrecht, 2011, § 5 Rn. 59, Fn. 139; *Lutter/Bayer/Schmidt*, Europäisches Unternehmens- und Kapitalmarktrecht, 2017, Rn. 26.33; *Kalss/Klampfl*, Europäisches Gesellschaftsrecht, 2015, Rn. 239; *Wachter* MDR 2004 611, 613 vgl. auch OLG München NZG 2008, 342; zur deutschen Umsetzung des § 13e II 5 Nr. 3 HGB *Krafka* in: MüKo HGB, 4. Aufl. 2016, § 13e Rn. 14; *Pentz* in: Ebenroth ua (Hrsg.), HGB, 3. Aufl. 2014, § 13e Rn. 31; *Hoger* NZG 2015, 1219, 1222.

81 *Habersack/Verse*, Europäisches Gesellschaftsrecht, 2011, § 5 Rn. 59, Fn. 139.

82 Vgl. dazu *Rademacher* IPRax 2017, 56; *Spickhoff* RabelsZ 80 (2016) 481; *Thöne* IHR 2017, 141.

83 *Süß* DNotZ 2005, 180, 186; *Habersack/Verse*, Europäisches Gesellschaftsrecht, 2011, § 5 Rn. 59, Fn. 139; *Sailer-Coceani* in: MüHdB Gesellschaftsrecht, Bd. 4, 4. Aufl. 2015, § 10 Rn. 16; in diesem Zusammenhang zum Wirkungslandprinzip OLG München NJW-RR 2006, 1042 f.; *Pentz* in: Ebenroth ua (Hrsg.), HGB, 3. Aufl. 2014, § 13e Rn. 31; *ders.* in: MüKo AktG, 4. Aufl. 2016, § 13e HGB Rn. 31; *Willer/Krafka* NZG 2006, 495, 496; *Bönner* RNotZ 2015, 253, 260.

84 *Lutter/Bayer/Schmidt*, Europäisches Unternehmens- und Kapitalmarktrecht, 2017, Rn. 26.14.

85 *Lutter/Bayer/Schmidt*, Europäisches Unternehmens- und Kapitalmarktrecht, 2017, Rn. 26.39.

86 Vgl. auch EuGH, Rs. C-453/04 (Innoventif), ECLI:EU:C:2006:361 = NJW 2006, 3195, Rn. 34; *Kalss/Klampfl*, Europäisches Gesellschaftsrecht, 2015, Rn. 240, Fn. 689.

87 *Lutter/Bayer/Schmidt*, Europäisches Unternehmens- und Kapitalmarktrecht, 2017, Rn. 26.42; *Sørensen* ECFR 2014, 53, 75 f.; vgl. aus deutscher Perspektive auch KG NZG 2012, 353.

88 Vgl. EuGH, Rs. C-453/04 (Innoventif), ECLI:EU:C:2006:361 = NJW 2006, 3195, Rn. 33 ff. (zur Offenlegungspflicht nur des Unternehmensgegenstandes), dazu *Schmidt* NZG 2006, 899, 900 f.; *Streinz* JuS 2007, 471 f.

40 Der Mitgliedstaat, in dem sich die Zweigniederlassung befindet, darf dabei jedoch **nicht zwingend verlangen**, dass es sich bei der „Bescheinigung" um einen Registerauszug bzw. eine Kopie des Registerinhalts handeln muss.[89] Nach deutschem Recht ist in diesem Zusammenhang bei der Anmeldung zur Eintragung einer Zweigniederlassung gem **§ 13e II 2 HGB** das Bestehen der ausländischen Gesellschaft als solche nachzuweisen. Dabei genügt in der Regel die Vorlage einer Gründungsbescheinigung (zB ein ***Certificate of Incorporation***) der Gesellschaft.[90] Da zumindest EU/EWR-Gesellschaften grundsätzlich nicht die Anerkennung und damit das Recht zur Errichtung einer Zweigniederlassung in Deutschland versagt werden darf, wird diese Vorgabe in der Regel auch unproblematisch sein.[91] Dies gilt umso mehr, seit nach Maßgabe der damaligen Richtlinie 2012/17/EU entsprechende Informationen über die Gesellschaft, die Einfluss auf deren Existenz haben, im Rahmen des **Systems der Registervernetzung** (vgl. Art. 22 Kodifizierungs-RL (ex-Art. 4a II Publizitäts-RL) dazu § 20 Rn. 45 ff.) unverzüglich an die zentrale Europäische Plattform zu übermitteln sind (Art. 20 I, II Kodifizierungs-RL (ex-Art. 5a I, II Zweigniederlassungs-RL)).

41 Bezüglich der die **Zweigniederlassung betreffenden optionalen Publizitätsobjekte** besteht nur eine Mitgliedstaatenoption. Aus dem Verweis des Art. 30 II lit. a) Kodifizierungs-RL (ex-Art. 2 II lit. a) Zweigniederlassungs-RL) auch auf die Offenlegungspflicht des Art. 30 I lit. e) Spiegelstrich 2 Kodifizierungs-RL (ex-Art. 2 I lit. e) Spiegelstrich 2 Zweigniederlassungs-RL) ergibt sich, dass der Mitgliedstaat, in dem sich die Zweigniederlassung befindet, **zusätzlich oder alternativ** zur Unterschrift der Vertretungsorgane der Gesellschaft verlangen kann, dass eine Unterschrift etwaiger ständiger Vertreter der Zweigniederlassung nach Maßgabe des Art. 29 Kodifizierungs-RL (ex-Art. 1 Zweigniederlassungs-RL) offenzulegen ist.

III. System der Registervernetzung

42 Aufgrund der **Richtlinie 2012/17/EU** über die Verknüpfung von Zentral-, Handels- und Gesellschaftsregistern wurden auch bei der damaligen Zweigniederlassungsrichtlinie verschiedene **Neuerungen** gefasst. Der ehemalige Art. 1 Zweigniederlassungs-RL (= Art. 29 Kodifizierungs-RL) wurde um die Absätze 3 und 4 erweitert, der ehemalige Art. 5a Zweigniederlassungs-RL (= Art. 20, 33 f. Kodifizierungs-RL) neu eingefügt sowie mit dem ehemaligen Art. 11a Zweigniederlassungs-RL (= Art. 161 Kodifizierungs-RL) eine Regelung zur Verarbeitung personenbezogener Daten geschaffen.

43 Nach Art. 29 III 1 Kodifizierungs-RL (ex-Art. 1 III 1 Zweigniederlassungs-RL) sind die obligatorischen Publizitätsobjekte des Art. 30 I Kodifizierungs-RL (ex-Art. 2 I Zweigniederlassungs-RL) **über das System der Registervernetzung** gem Art. 22 II Kodifizierungs-RL (ex-Art. 4a II Publizitäts-RL) öffentlich zugänglich zu machen. Die optionalen Publizitätsobjekte des Art. 30 II Publizitäts-RL (ex-Art. 2 II Zweigniederlassungs-RL) sind von dieser Verpflichtung nicht erfasst. Der Richtliniengeber beschränkt sich insofern auf die Urkunden und Angaben, die zwingend offenzulegen sind. Im Sinne einer weitreichenden Verbesserung des **Informationszugangs des Rechtsverkehrs**[92] steht es den Mitgliedstaaten jedoch offen, auch die Aspekte über das System der Registervernetzung zugänglich zu machen, die sie nach Maßgabe des Art. 30 II Kodifizierungs-RL (ex-Art. 2 II Zweigniederlassungs-RL) zusätzlich verlangen. Art. 29 III 1 Kodifizierungs-RL (ex-Art. 1 III 1 Zweigniederlassungs-RL) beschreibt insofern nur ein Mindestmaß an Informationen, die über das System der Registervernetzung öffentlich zugänglich zu machen sind.

44 Der Verweis auf Art. 22 II Kodifizierungs-RL (ex-Art. 4a II Publizitäts-RL) ist in diesem Zusammenhang allerdings etwas **unpräzise.**[93] Das System der Registervernetzung besteht nach Art. 22 II Kodifizierungs-RL (ex-Art. 4a II Publizitäts-RL) sowohl aus den mitgliedstaatlichen Registern, der zentralen Europäischen Plattform als auch dem Europäischen Justizportal. Sowohl aus der funktionalen Bedeutung als auch dem Verweis auf die entsprechende Geltung der Art. 18, 19 I Kodifizierungs-RL (ex-Art. 3b, 3c I Publizitäts-RL) gem Art. 29 III 2 Kodifizierungs-RL (ex-Art. 1 III 2 Zweigniederlassungs-RL) ergibt sich jedoch, dass die **Zugänglichmachung** der entsprechenden Urkunden und Angaben nur über das **E-Justiz-Portal** zu erfolgen hat. Die Kommunikation zwischen den mitgliedstaatlichen Registern ist in Abgrenzung dazu von Art. 20, 33 f. Kodifizierungs-RL (ex-Art. 5a Zweigniederlassungs-RL) erfasst. Die Zugänglichmachung der in Art. 30 I Kodifizierungs-RL (ex-Art. 2

89 *Lutter/Bayer/Schmidt*, Europäisches Unternehmens- und Kapitalmarktrecht, 2017, Rn. 26.44.

90 OLG Zweibrücken DNotZ 2008, 795; BayOblGZ 1985, 272, 276.

91 KG NZG 2004, 49; OLG Zweibrücken NZG 2003, 537; OLG Celle GmbHR 2003, 532; gleiches gilt idR bei einer Anerkennungspflicht aufgrund staatsvertraglicher Bestimmungen (zB mit den USA). Im Zusammenhang mit der Anmeldung einer deutschen KG mit einer US-amerikanischen Gesellschaft als Kommanditist ins Handelsregister, sah das OLG Köln jedoch die Vorlage der Gründungsurkunde als nicht ausreichenden Nachweis für die Existenz der Gesellschaft an. Erforderlich sei vielmehr die Vorlage eines *certificate of good standing* des Secretary of State des jeweiligen US-Bundesstaates, vgl. OLG Köln NZG 2013, 754; siehe ferner OLG Hamm IPRax 1998, 358, 360.

92 Vgl. *Pentz* in: MüKo AktG, 4. Aufl. 2016, § 13e HGB Rn. 51; *Krafka* in: MüKo HGB, 4. Aufl. 2016, § 13e Rn. 2a; *Lutter/Bayer/Schmidt*, Europäisches Unternehmens- und Kapitalmarktrecht, 2017, Rn. 26.95.

93 Ähnlich der vergleichbare Verweis in Art. 130 II 1 Kodifizierungs-RL (ex-Art. 13 II 1 IntVersch-RL) auf Art. 22 II Kodifizierungs-RL (ex-Art. 4a II Publizitäts-RL), dazu § 24 Rn. 121 f.

I Zweigniederlassungs-RL) genannten Publizitätsobjekte bemisst sich somit vielmehr nach der **„Veröffentlichung“ im Europäischen Justizportal** iS von Art. 17 Kodifizierungs-RL (ex-Art. 3a Publizitäts-RL).

Die öffentliche Zugänglichmachung nach Art. 29 III 1 Kodifizierungs-RL (ex-Art. 1 III 1 Zweigniederlassungs-RL) ersetzt dabei **nicht** die Offenlegung der entsprechenden Unterlagen und Angaben über das jeweils nationale Register des Mitgliedstaates, in dem sich die Zweigniederlassung befindet. Dem Rechtsverkehr soll durch die Zugänglichmachung über das E-Justiz-Portal vielmehr eine **weitere Möglichkeit zur Informationsbeschaffung** eröffnet werden. Dies zeigt auch der weiterhin bestehende Bezug der Offenlegungspflicht nach Art. 29 I Kodifizierungs-RL (ex-Art. 1 I Zweigniederlassungs-RL) auf Art. 16 Kodifizierungs-RL (ex-Art. 3 Publizitäts-RL), wonach die Publizität gem des dortigen Absatz 3 über das jeweils nationale Register zu erfolgen hat. 45

Die Neuregelung des Art. 29 IV Kodifizierungs-RL (ex-Art. 1 IV Zweigniederlassungs-RL) sieht vor, dass der Zweigniederlassungen eine **„einheitliche Kennung“** zu geben ist. Im Hinblick auf den Anwendungsbereich der Richtlinienbestimmungen sind davon jedoch ausschließlich Zweigniederlassungen EU/EWR-ausländischer Kapitalgesellschaften erfasst. Für Zweigniederlassungen inländischer Gesellschaften bedarf es folglich keiner solchen Kennung. 46

Durch eine einheitliche Kennung jeder der vom Anwendungsbereich der Richtlinienbestimmungen erfassten Zweigniederlassung soll die betroffene Zweigniederlassung bei der **Kommunikation** der nationalen Register über **das System der Registervernetzung** eindeutig ermittelt werden können (Art. 29 IV 1 Hs. 2 Kodifizierungs-RL (ex-Art. 1 IV 1 Hs. 2 Zweigniederlassungs-RL)). Die Vergabe einer europaweit einheitlichen Kennung dient daher dem **Informationsaustausch** zwischen den Registern der Mitgliedstaaten.[94] Hierdurch soll gewährleistet werden, dass die offenlegungspflichtigen Angaben über die Zweigniederlassung in grenzüberschreitenden Fällen zuverlässig zugeordnet werden können. Art. 29 IV Kodifizierungs-RL (ex-Art. 1 IV Zweigniederlassungs-RL) wurde mit § 9b II 2 HGB ins deutsche Recht umgesetzt.[95] 47

Die einheitliche europäische Kennung gilt dabei allein für die interne Kommunikation zwischen den nationalen Registern und der Europäischen Plattform. Sie dient **nicht dem Gebrauch im Rechtsverkehr** der Zweigniederlassung (zB Angaben auf Geschäftsbriefen oder Bestellscheinen).[96] Die europäische Kennung ersetzt außerdem nicht die nationale Registernummer der Zweigniederlassung. Diese bleibt neben der europäischen Kennung bestehen.[97] 48

Die einheitliche Kennung hat dabei zumindest **aus solchen Elementen zu bestehen**, die es ermöglichen, den Mitgliedstaat des Registers, das inländische Herkunftsregister und die Registernummer der Gesellschaft in diesem Register zu ermitteln sowie ggf aus Kennzeichen, um Fehler bei der Identifizierung zu vermeiden (Art. 29 IV 2 Kodifizierungs-RL (ex-Art. 1 IV 2 Zweigniederlassungs-RL)). Die genauen EU-einheitlichen Merkmale dieser Kennung werden erst in den Durchführungsrechtsakten der Europäischen Kommission konkretisiert. Es bietet sich eine Kennung ähnlich den REID (***Register Entity Identifier***) an, die für das RMS (*Registry Messaging System*) entwickelt wurde. Sie enthält einen Ländercode (zB für Deutschland „DE“), einen Registercode (Postleitzahl) und die Registernummer.[98] 49

Die Neuregelung des Art. 20, 33 f. Kodifizierungs-RL (ex-Art. 5a Zweigniederlassungs-RL) befasst sich mit der Kommunikation zwischen den mitgliedstaatlichen Registern über das neu geschaffene **System der Registervernetzung** gem Art. 22 II Kodifizierungs-RL (ex-Art. 4a II Publizitäts-RL). Die insoweit ggf bestehende Pflicht zur Übermittlung entsprechender Informationen über die Gesellschaft erfolgt dabei an die **Europäische Plattform.** 50

Art. 20 I Kodifizierungs-RL (ex-Art. 5a I Zweigniederlassungs-RL) bezieht sich dabei auf das mitgliedstaatliche Register, in dem die Gesellschaft eingetragen ist. Dieses hat **Informationen über** die Eröffnung und Beendigung eines Insolvenz- bzw. Abwicklungsverfahrens der Gesellschaft sowie über die Löschung dieser aus dem zuständigen Register an die Europäische Plattform mitzuteilen. Die Übermittlung der entsprechenden Informationen hat jedoch nur dann zu erfolgen, sofern diese Tatsachen nach Maßgabe des nationalen Rechts Rechtsfolgen in dem jeweiligen Mitgliedstaat des Registers der Gesellschaft auslösen. Die Übermittlung der entsprechenden Information hat nach Maßgabe der Richtlinienbestimmungen dabei **unverzüglich** zu erfolgen. Im Sinne einer richtlinienkonformen Auslegung hat ein entsprechendes Merkmal auch in die – insofern hinter die Vorgaben der Regelungen in der Kodifizierungs-Richtlinie über die handelsrechtliche Behandlung von Zweigniederlassungen zurückbleibende – Umsetzungsnorm des § 9b II 3 HGB hereingelesen zu werden. 51

Art. 20 II Kodifizierungs-RL (ex-Art. 5a II Zweigniederlassungs-RL) bezieht sich in Abgrenzung dazu auf das zuständige Register der Zweigniederlassung der ausländischen Gesellschaft. Das zuständige Register des Mitgliedstaates, in dem sich die Zweigniederlassung befindet, hat **unverzüglich den Eingang** der nach Art. 20 I Ko- 52

94 *Kalss/Klampfl*, Europäisches Gesellschaftsrecht, 2015, Rn. 242; *Stiegler* NotBZ 2015, 329, 332; *Krafka* in: MüKo HGB, 4. Aufl. 2016, § 9b Rn. 12.

95 Dazu *Stiegler* NotBZ 2015, 329, 335 f.; *Terbrack* DStR 2015, 236.

96 Vgl. Erwägungsgrund 14 der Richtlinie 2012/17/EU; *Kalss/Klampfl*, Europäisches Gesellschaftsrecht, 2015, Rn. 242.

97 Vgl. *Ries* ZIP 2013, 866, 868; *Verse* EuZW 2013, 336, 338; *Kilian* notar 2013, 10, 15.

98 *Ries* ZIP 2013, 866, 868.

difizierungs-RL (ex-Art. 5a I Zweigniederlassungs-RL) über die Europäische Plattform im Rahmen des Systems der Registervernetzung übermittelten Informationen über die betreffende Gesellschaft **zu gewährleisten.** „Gewährleisten" bedeutet in diesem Sinne, dass die technischen Möglichkeiten zu schaffen sind, damit ein entsprechender Informationsaustausch zwischen den nationalen Registern über die Europäische Plattform sichergestellt ist. Der Informationsaustausch ist dabei nach Art. 20 III Kodifizierungs-RL (ex-Art. 5a III Zweigniederlassungs-RL) sowohl für das Register der Gesellschaft als auch für das Register der Zweigniederlassung **kostenlos.**

53 Die diesbezügliche Umsetzung des damaligen Art. 5a Zweigniederlassungs-RL erfolgt durch Erweiterung des § 13e HGB um einen sechsten Absatz. **§ 13e VI HGB** bezieht sich dabei auf das System der Registervernetzung nach § 9b HGB und umfasst daher trotz der weiten Bezeichnung („Kapitalgesellschaften mit Sitz im Ausland") nur **Zweigniederlassungen** von **EU/EWR-Kapitalgesellschaften.**[99]

54 Bedeutung erlangt das nach Art. 20, 33 f. Kodifizierungs-RL (ex-Art. 5a Zweigniederlassungs-RL) vorgegebene Informationsaustauschsystem vor allem bei der **Löschung der Gesellschaft** aus dem für sie zuständigen Register. In diesem Fall ist zu gewährleisten, dass auch die **Zweigniederlassung** dieser (ehemaligen) Gesellschaft ohne größere Verzögerungen aus dem Register des Mitgliedstaates, in dem diese eingetragen ist, **gelöscht wird.**[100] Mangels diesbezüglich hinreichender Kommunikation zwischen den jeweils beteiligten Registern war es nicht selten der Fall, dass die Zweigniederlassung nach dem öffentlichen Glauben ihres zuständigen Registers über einen gewissen Zeitraum fortbestand, obwohl die Gesellschaft insofern bereits inexistent war. Aufgrund fehlender Selbstständigkeit der Zweigniederlassung war dies insbesondere aus haftungstechnischen Gründen ein praktisch immanenter Missstand für die Gläubiger, die über die Zweigniederlassung in Kontakt mit der Gesellschaft standen.

55 Mit Art. 34 III Kodifizierungs-RL (ex.-Art. 5a V Zweigniederlassung-RL) bestehen allerdings verschiedene **Ausnahmen** von der Pflicht zur Löschung der Zweigniederlassung bei Löschung der Gesellschaft in dem für diese zuständigen Register nach Art. 34 II 2 Kodifizierungs-RL (ex-Art. 5a IV 2 Zweigniederlassungs-RL). Die Zweigniederlassung der betroffenen Gesellschaft ist danach nicht zu löscht, wenn die Gesellschaft infolge eines **Formwechsels,** einer **Verschmelzung** oder **Spaltung** oder einer **grenzüberschreitenden** (Satzungs-) **Sitzverlegung** aus dem Register gelöscht worden ist. Erfolgt die Löschung der (bestehenden) Gesellschaft aufgrund einer (grenzüberschreitenden) Umwandlung, ist das Bestehen der Zweigniederlassung davon nicht tangiert. Die Bezugnahme auf die grenzüberschreitende Verlegung des Satzungs- bzw. Registersitzes der Gesellschaft[101] hat für nationale Gesellschaftsformen dabei lediglich klarstellende Funktion, da eine entsprechende grenzüberschreitende Sitzverlegung in allen Mitgliedstaaten zu einem Wechsel der Rechtsform der Gesellschaft führt. Ihr kommt insofern zurzeit nur für die grenzüberschreitende Sitzverlegung einer Europäischen Aktiengesellschaft (SE) gem Art. 8 SE-VO (dazu § 4 Rn. 222 ff.) Bedeutung zu.

56 **Zweck der Ausnahmebestimmung** des Art. 34 III Kodifizierungs-RL (ex-Art. 5a V Zweigniederlassungs-RL) ist, dass es keiner Löschung der betreffenden Zweigniederlassung bedarf, wenn der Rechtsträger als solcher infolge der Umwandlung fortbesteht oder auf einen anderen, bestehenden oder neu gegründeten Rechtsträger übergeht. Insbesondere eine mit dem identitätswahrenden Wechsel der Rechtsform der Gesellschaft verbundene Löschung der Gesellschaftsform führt daher nicht zur Löschung der Zweigniederlassung.

57 In den Fällen der **Löschung der Gesellschaft** nach Art. 34 III Kodifizierungs-RL (ex-Art. 5a V Zweigniederlassungs-RL) bestehen die Offenlegungspflichten nach Art. 30 I, II Kodifizierungs-RL (ex-Art. 2 I, II Zweigniederlassungs-RL) fort. Insbesondere sind daher die ggf geänderte Firma und Rechtsform der Gesellschaft sowie das ggf neu zuständige Register des Rechtsträgers zur Eintragung und damit Offenlegung von der Gesellschaft beim Register der Zweigniederlassung einzureichen.

F. Zweigniederlassungen von Gesellschaften aus Drittstaaten

58 Neben Zweigniederlassungen von EU/EWR-Kapitalgesellschaften aus anderen Mitgliedstaaten befassen sich die Regelungen in der Kodifizierungs-Richtlinie über die handelsrechtliche Behandlung von Zweigniederlassungen auch mit der Offenlegung bestimmter Unterlagen und Angaben von sich in den Mitgliedstaaten befindlichen **Zweigniederlassungen aus Drittstaaten.** Voraussetzung für die Anwendbarkeit der Art. 37 f. Kodifizierungs-RL (ex-Art. 8 f. Zweigniederlassungs-RL) ist jedoch, dass es sich bei der Drittstaatengesellschaft um eine mit einer **Kapitalgesellschaft** nach Maßgabe des Anhang II der Kodifizierungs-Richtlinie **vergleichbaren** Gesellschaft handelt (s. Rn. 21) (Art. 36 I Kodifizierungs-RL (ex-Art. 7 I Zweigniederlassungs-RL)).

99 Vgl. auch *Pentz* in: MüKo AktG, 4. Aufl. 2016, § 13e HGB Rn. 52; *Krafka* in: MüKo HGB, 4. Aufl. 2016, § 13e Rn. 2a.

100 Vgl. *Krafka/Kühn*, Registerrecht, 2017, Rn. 337c; *Kalss/Klampfl*, Europäisches Gesellschaftsrecht, 2015, Rn. 242.

101 Aus dem Kontext und der Verbindung zur Löschung aus dem Register ist erkennbar, dass es sich dabei um den Satzungs- und nicht um den Verwaltungssitz der Gesellschaft handelt. In Abhängigkeit von der von dem betreffenden Mitgliedstaat verfolgten Anknüpfungstheorie (Gründungs- oder Sitztheorie) (dazu § 11 Rn. 33 ff. sowie § 10 Rn. 10 ff.) hat die Verlegung des Verwaltungssitzes entweder keinen Einfluss auf die Existenz der Gesellschaft oder führt zwingend zur Löschung des Rechtsträgers.

59 Die Vorgaben zur Interaktion der beteiligten Register über das **System der Registervernetzung** finden auf Zweigniederlassungen von Gesellschaften aus Drittstaaten **keine Anwendung**. Dies zeigt bereits der Verweis in Art. 36 II Kodifizierungs-RL (ex-Art. 7 II Zweigniederlassungs-RL) lediglich auf Art. 29 II Kodifizierungs-RL (ex-Art. 1 II Zweigniederlassungs-RL). Die Regelung der Art. 29 III, IV Kodifizierungs-RL (ex-Art. 1 III, IV Zweigniederlassungs-RL) sind hiervon nicht erfasst. Dies ist auch kein Redaktionsversehen, da das System der Registervernetzung und damit die Übermittlungspflicht an die Europäische Plattform schon kompetenzrechtlich nur die Kommunikation zwischen den mitgliedstaatlichen Registerbehörden umfasst. Bei Zweigniederlassung von Drittstaatengesellschaften bedarf es daher weder einer Übermittlung der Urkunden und Angaben gem Art. 37 Kodifizierungs-RL (ex.-Art. 8 Zweigniederlassungs-RL) durch das ggfzuständige Register der Gesellschaft, noch einer einheitlichen Kennung der entsprechenden Zweigniederlassung. Auch die die Gesellschaft betreffenden Vorgaben des Art. 20, 33 f. Kodifizierungs-RL (ex-Art. 5a Zweigniederlassungs-RL) beziehen sich in diesem Sinne dem Wortlaut nach allein auf Gesellschaften aus den **„Mitgliedstaaten"**. Eine Beteiligung von Registerbehörden aus Drittstaaten an einem System der Registervernetzung ist daher – wenngleich aus praktischer Sicht durchaus (vorbehaltlich kompetenzrechtlicher Aspekte) zu befürworten – nicht vorgesehen.

I. Pflicht zur Offenlegung

60 Abweichend von den Vorgaben für Zweigniederlassungen aus EU/EWR-Mitgliedstaaten, beschränken sich die Richtlinienbestimmungen für Zweigniederlassungen von Gesellschaften aus Drittstaaten lediglich auf die Etablierung von **Mindestoffenlegungspflichten** („mindestens").[102] Die Offenlegungspflichten sind daher **nicht abschließend**, dh den Mitgliedstaaten steht es grundsätzlich frei, weitergehende Angaben zu fordern.[103] Hintergrund hierfür ist, dass die Etablierung einheitlicher Offenlegungsstandards für Zweigniederlassungen aus EU/EWR-Mitgliedstaaten auf der diesbezüglichen Verwirklichung der Niederlassungsfreiheit (s. Rn. 8) beruht.[104] Im Verhältnis zu Drittstaaten kommen die Vorgaben der Niederlassungsfreiheit indes **nicht** zur Geltung. Die Kompetenz zur Regelung von Offenlegungspflichten bei Zweigniederlassungen von Kapitalgesellschaften aus Drittstaaten ergibt sich in diesem Zusammenhang vielmehr daraus, dass eine mangelnde Transparenz bei Zweigniederlassung von Drittstaatengesellschaften potenziell geeignet ist, das Vertrauen in Zweigniederlassungen von EU/EWR-Kapitalgesellschaften negativ zu beeinträchtigen. Zum anderen soll eine **Benachteiligung von Zweigniederlassungen** von EU/EWR-Kapitalgesellschaften gegenüber Zweigniederlassungen von Gesellschaften aus Drittstaaten aufgrund spürbar geringerer Offenlegungsstandards für diese **vermieden werden**.[105]

61 Aus unternehmerischer Sicht kann es aufgrund der insofern auf europäischer Ebene statuierten Offenlegungspflicht bei Zweigniederlassungen von Gesellschaften aus Drittstaaten ggfauch dazu kommen, dass die betreffende Gesellschaft – wegen mangelnder Anwendung der Publizitätsrichtlinie – **erstmals** verschiedene, in Art. 37 Kodifizierungs-RL (ex-Art. 8 Zweigniederlassungs-RL) aufgeführte Unterlagen und/oder Angaben offenzulegen hat.[106]

II. Gegenstand der Offenlegungspflicht

62 Die nach Art. 37 Kodifizierungs-RL (ex-Art. 8 Zweigniederlassungs-RL) geforderten Publizitätsgegenstände **entsprechen inhaltlich** weitestgehend denen des Art. 30 I Kodifizierungs-RL (ex-Art. 2 I Zweigniederlassungs-RL) für Zweigniederlassungen von EU/EWR-Kapitalgesellschaften.[107] Vor dem Hintergrund, dass Gesellschaften aus Drittstaaten nicht den Harmonisierungsmaßnahmen des Unionsrechts unterliegen, sieht Art. 37 Kodifizierungs-RL (ex-Art. 8 Zweigniederlassungs-RL) indes nur **in modifizierter Form** eine entsprechende Offenlegungspflicht vor.[108]

---

102 *Lutter/Bayer/Schmidt*, Europäisches Unternehmens- und Kapitalmarktrecht, 2017, Rn. 26.51; *Grundmann*, Europäisches Gesellschaftsrecht, 2012, Rn. 832; *Habersack/Verse*, Europäisches Gesellschaftsrecht, 2011, § 5 Rn. 61; *Kalss/Klampfl*, Europäisches Gesellschaftsrecht, 2015, Rn. 241; ähnlich *Edwards*, EC Company Law, 1999, S. 216.

103 *Lutter/Bayer/Schmidt*, Europäisches Unternehmens- und Kapitalmarktrecht, 2017, Rn. 26.51; *Grundmann*, Europäisches Gesellschaftsrecht, 2011, Rn. 832; *Kalss/Klampfl*, Europäisches Gesellschaftsrecht, 2015, Rn. 241.

104 *Lutter/Bayer/Schmidt*, Europäisches Unternehmens- und Kapitalmarktrecht, 2017, Rn. 26.51.

105 *Grundmann*, Europäisches Gesellschaftsrecht, 2011, Rn. 832; *Nobel*, Internationales und Transnationales Aktienrecht, Band 2: Teil Europarecht, 2012, S. 281 Rn. 104.

106 *Grundmann*, Europäisches Gesellschaftsrecht, 2011, Rn. 832; in diesem Zusammenhang zur Pflichtpublizität im US-amerikanischen Gesellschaftsrecht *Pfisterer*, Unternehmensprivatsphäre, 2014, S. 77 ff.; *Merkt*, US-amerikanisches Gesellschaftsrecht, 3. Aufl. 2013, Rn. 793 ff.

107 *Lutter/Bayer/Schmidt*, Europäisches Unternehmens- und Kapitalmarktrecht, 2017, Rn. 26.52; *Grundmann*, Europäisches Gesellschaftsrecht, 2011, Rn. 832 f.; vgl. auch *Habersack/Verse*, Europäisches Gesellschaftsrecht, 2011, § 5 Rn. 61.

108 *Lutter/Bayer/Schmidt*, Europäisches Unternehmens- und Kapitalmarktrecht, 2017, Rn. 26.52.

63 Die Pflicht zur Offenlegung bezieht sich dabei wie Art. 30 I Kodifizierungs-RL (ex-Art. 2 I Zweigniederlassungs-RL (s. Rn. 23 ff.) auf Publizitätsobjekte, die sowohl die **Gesellschaft** als auch die **Zweigniederlassung der Gesellschaft** betreffen. Eine formale Unterscheidung zwischen obligatorischen und optionalen Publizitätsobjekten sieht Art. 37 Kodifizierungs-RL (ex-Art. 8 Zweigniederlassungs-RL) indes nicht vor.[109]

64 Die Pflicht zur Offenlegung von Urkunden und Angaben über eine Zweigniederlassung, die in einem Mitgliedstaat von einer Kapitalgesellschaft aus einem Nicht-EU/EWR-Mitgliedstaat errichtet worden ist, erstreckt sich nach Art. 37 Kodifizierungs-RL (ex-Art. 8 Zweigniederlassungs-RL) auf:

- die **Anschrift** (lit. a) und **Tätigkeit** (lit. b) der Zweigniederlassung;
- das Recht, dem die Drittstaatengesellschaft unterliegt (**Gesellschaftsstatut**) (lit. c);
- ggf[110] das **Register** und die **Registernummer** der Gesellschaft (lit. d);
- den **Errichtungsakt** und ggf die Satzung der Gesellschaft sowie jede **Änderung** dieser[111] (lit. e);
- die **Rechtsform**, den (Satzungs-) **Sitz** und den **Gegenstand** der Gesellschaft sowie ggf mindestens jährlich den Betrag des gezeichneten Kapitals (lit. f);
- die **Firma** der Gesellschaft sowie ggf die Firma der Zweigniederlassung (lit. g);
- bestimmte Angaben zu den **Vertretungsorganen** der Gesellschaft und zu etwaigen **ständigen Vertretern** der Zweigniederlassung (lit. h);
- bestimmte Angaben bei **Liquidation** oder **Insolvenz** der Gesellschaft[112] (lit. i);
- die Unterlagen der **Rechnungslegung** der Gesellschaft (lit. j) iVm Art. 38 Kodifizierungs-RL (ex-Art. 9 Zweigniederlassungs-RL);
- die **Aufhebung** der Zweigniederlassung (lit. k).

65 Wie bei Art. 30 I lit. g) iVm Art. 31 Kodifizierungs-RL (ex-Art. 2 I lit. g) iVm ex-Art. 3 Zweigniederlassungs-RL) (s. Rn. 31) besteht hierbei eine **Pflicht zur Offenlegung der Rechnungslegungsunterlagen** der Gesellschaft.[113] Die Offenlegungspflicht umfasst dabei jedoch grundsätzlich **nur** die Rechnungslegungsunterlagen, die nach dem Recht des Drittstaates, dem die Gesellschaft unterliegt, erstellt, geprüft und offengelegt worden sind (Art. 38 I 1 Kodifizierungs-RL (ex-Art. 9 I 1 Zweigniederlassungs-RL)).[114] In Abweichung zur Offenlegungspflicht der Rechnungslegungsunterlagen nach Art. 31 Kodifizierungs-RL (ex-Art. 3 Zweigniederlassungs-RL) ist der Mitgliedstaat, in dem sich die Zweigniederlassung der Drittstaatengesellschaft befindet, nach Art. 38 I 2 Kodifizierungs-RL (ex-Art. 9 I 2 Zweigniederlassungs-RL) ausdrücklich befugt (**zusätzlich**), eine gesonderte **Zweigniederlassungsbilanz** zu verlangen.[115] Dies jedoch nur, sofern in dem Drittstaat, dessen Recht die Gesellschaft unterliegt, **keine** mit den europäischen Rechnungslegungsstandards **gleichwertigen Bilanzierungsbestimmungen**[116] für die entsprechende Gesellschaft bestehen.

G. Publizitätsinstrumente

66 Wie bei den Regelungen in der Kodfizierungs-Richtlinie über die handelsrechtliche Publizität (dazu § 20) erfolgt die Offenlegung sowohl über primäre als auch sekundäre Publizitätsinstrumente. Insofern wird bei Form und

109 Dies ist insofern dem Mindestnormcharakter des Art. 37 Kodifizierungs-RL (ex-Art. 8 Zweigniederlassungs-RL) geschuldet, vgl. *Lutter/Bayer/Schmidt*, Europäisches Unternehmens- und Kapitalmarktrecht, 2017, Rn. 26.51.

110 Da Gesellschaften aus Nicht EU/EWR-Mitgliedstaaten nicht den Regelungen der Art. 14 ff. Kodifizierungs-RL unterliegen und daher nicht zwingend in ein nationales Register eingetragen sein müssen, steht die Offenlegung des Registers und der Registernummer der Gesellschaft unter dem Vorbehalt einer entsprechenden Registereintragung der betreffenden Gesellschaft, vgl. *Lutter/Bayer/Schmidt*, Europäisches Unternehmens- und Kapitalmarktrecht, 2017, Rn. 26.55.

111 In Abgrenzung zur Regelung für Zweigniederlassungen von EU/EWR-Kapitalgesellschaften (s. dazu Rn. 23 ff.), ist die Offenlegung des Errichtungsaktes bzw. der Satzung der Gesellschaft nicht als Mitgliedstaatenoption ausgestaltet. Der Errichtungsakt bzw. die Satzung der Drittstaatengesellschaft ist daher zwingend offenzulegen, vgl. *Lutter/Bayer/Schmidt*, Europäisches Unternehmens- und Kapitalmarktrecht, 2017, Rn. 26.64.

112 Mangels eigenständiger Rechtspersönlichkeit ist die Zweigniederlassung selbst nicht separat insolvenzfähig, vgl. aus österreichischer Sicht OLG Wien 28 R 127/16a, ZIK 2016, 186.

113 Vgl. *Lutter/Bayer/Schmidt*, Europäisches Unternehmens- und Kapitalmarktrecht, 2017, Rn. 26.59; *Kalss/Klampfl*, Europäisches Gesellschaftsrecht, 2015, Rn. 241, Fn. 692; aA *Hahnefeld* DStR 1993, 1596, 1597; *Seibert* DB 1993, 1705, 1706.

114 Dazu auch *Merkt* ZGR 2017, 460, 470 f.

115 Vgl. *Habersack/Verse*, Europäisches Gesellschaftsrecht, 2011, § 5 Rn. 61; *Lutter/Bayer/Schmidt*, Europäisches Unternehmens- und Kapitalmarktrecht, 2017, Rn. 26.59; *Kalss/Klampfl*, Europäisches Gesellschaftsrecht, 2015, Rn. 241, Fn. 692; *Eidenmüller/Rehberg* ZVglRWiss 105 (2006) 427, 449; im Ergebnis auch *Grundmann*, Europäisches Gesellschaftsrecht, 2011, Rn. 833.

116 Was genau unter „gleichwertiger Form" iSd Art. 38 I 2 Kodifizierungs-RL (ex-Art. 9 I 2 Zweigniederlassungs-RL) zu verstehen ist, obliegt letztverbindlich dem EuGH. Mangels klärender Aussage des Gerichtshofs besteht faktisch jedoch ein gewisser Gestaltungsspielraum, der in der Tendenz durchaus weit zu fassen ist, vgl. *Eidenmüller/Rehberg* ZVglRWiss 105 (2006) 427, 449 f.

Modalitäten der Publizitätsinstrumente weitestgehend auf das bestehenden **System bei der ehemaligen Publizitätsrichtlinie** zurückgegriffen.

Bezüglich der **primären Publizitätsinstrumente** besteht grundsätzlich keine Unterscheidung, ob es sich um eine Zweigniederlassung aus einem anderen Mitgliedstaat oder einem Drittstaat handelt. Die Publizität erfolgt durch die **Eintragung** der Zweigniederlassung in das zuständige Register des Mitgliedstaates, in dem sich die Zweigniederlassung befindet, und der **Bekanntmachung** der jeweils gemäß dem nationalen Rechts nach Maßgabe der Regelungen in der Kodifizierungs-Richtlinie über die handelsrechtliche Behandlung von Zweigniederlassungen geforderten Urkunden und Angaben. Im Sinne der Art. 13 ff. Kodifizierungs-RL ist dabei für jede Zweigniederlassung in dem entsprechenden Mitgliedstaat eine eigene **Registerakte anzulegen.**[117] Alle offenlegungspflichtigen Informationen sind dabei in elektronischer Form in der Registerakte zu hinterlegen oder in das Register einzutragen. Zweigniederlassungen von Gesellschaften aus EU/EWR-Mitgliedstaaten sind zudem nach Maßgabe des Art. 29 IV Kodifizierungs-RL (ex-Art. 1 IV Zweigniederlassung-RL) eine einheitliche europäische Kennung zu geben, die ihre zweifelsfreie Zuordnung zur Gesellschaft ermöglicht (s. Rn. 46 ff.). 67

Die **sekundären Publizitätsinstrumente** bestehen wiederum im Einklang mit den Regelungen in der Kodifizierungs-Richtlinie über die handelsrechtliche Publizität von Kapitalgesellschaften (s. dazu § 20 Rn. 22 ff.) aus einen Recht auf „Abschriften" sowie Angaben auf Geschäftsdokumenten. Nach Art. 29 bzw. Art. 36 I iVm Art. 31 IV Kondifizierungs-RL (ex-Art. 1 I bzw. ex-Art. 7 I Zweigniederlassungs-RL iVm ex-Art. 3 IV Publizitäts-RL) kann jede Person auf Antrag eine vollständige oder auszugsweise, beglaubigte oder unbeglaubigte Kopie der offenlegungspflichtigen Urkunden und Angaben in Papier- oder elektronischer Form verlangen. 68

Zudem sind bei den von der Zweigniederlassung verwendeten **Geschäftsbriefen** und **Bestellscheinen** bestimmte Angaben erforderlich. Diesbezüglich weichen die Vorgaben für Zweigniederlassungen von EU/EWR-Gesellschaften und Zweigniederlassungen von Gesellschaften aus Drittstaaten jedoch voneinander ab. Bei Zweigniederlassungen von Gesellschaften aus **EU/EWR-Mitgliedstaaten** müssen nach Art. 35 Kodifizierungs-RL (ex-Art. 6 Zweigniederlassungs-RL) sowohl Angaben über die Gesellschaft gem Art. 26 Kodifizierungs-RL (ex-Art. 5 Publizitäts-RL) (dazu § 20 Rn. 25 ff.) (zB Register und Registernummer der Gesellschaft; Rechtsform und (Satzungs-) Sitz der Gesellschaft) auf der Geschäftskorrespondenz der Zweigniederlassung angegeben werden. **Zusätzlich** müssen aber auch das für die Zweigniederlassung zuständige **Register** sowie die **Registernummer** der Zweigniederlassung angegeben werden. Der Angabe der einheitlichen europäischen Kennung bedarf es hingegen nicht. Diese dient allein der internen Kommunikation zwischen den Registern (s. Rn. 48). 69

Die Richtlinie selbst beschreibt nicht, was genau unter den Geschäftsbriefen und Bestellscheinen (Engl.: *letters and order forms*; Franz.: *lettres et notes de commande*) der Zweigniederlassung zu verstehen ist. Aus einer funktionalen Auslegung und dem Verweis auf Art. 26 Kodifizierungs-RL (ex-Art. 5 Publizitäts-RL) ergibt sich jedoch, dass von Art. 35 Kodifizierungs-RL (ex-Art. 6 Zweigniederlassungs-RL) gleichsam Geschäftsbriefe und Bestellscheine als **Fax** und in **elektronischer Form** erfasst sind.[118] Insbesondere auf **E-Mails**, die die inhaltliche Funktion von Geschäftsbriefen und Bestellscheinen wahrnehmen, sind daher die og Angaben ebenfalls aufzuführen.[119] Aufgrund der Bezugnahme des Art. 26 Kodifizierungs-RL (ex-Art. 5 Publizitäts-RL) durch Art. 35 Kodifizierungs-RL (ex-Art. 6 Zweigniederlassungs-RL) gilt ferner die Pflicht zur Angabe der entsprechenden Informationen auf der **Website der Zweigniederlassung** (vgl. Art. 26 III Kodifizierungs-RL (ex-Art. 5 III Publizitäts-RL)). Dies jedoch nur, sofern die Zweigniederlassung auch eine eigene Website unterhält. Eine zwingende Internetpräsenz der Zweigniederlassung oder der Gesellschaft selbst schreibt die Richtlinie indes nicht vor.[120] 70

Bei Zweigniederlassungen von Gesellschaften aus Drittstaaten beurteilt sich der Umfang der Angaben auf Geschäftsbriefen und Bestellscheinen nach Art. 39 Kodifizierungs-RL (ex-Art. 10 Zweigniederlassungs-RL). Mangels Anknüpfung an die Regelungen zur handelsrechtliche Publizität von Kapitalgesellschaften in diesem Fall besteht hierbei zunächst **nur** die Pflicht, das für die Zweigniederlassung zuständige Register des Mitgliedstaates und die Registernummer der Zweigniederlassung auf ihrer Geschäftskorrespondenz anzugeben (vgl. Art. 39 S. 1 Kodifizierungs-RL (ex-Art. 10 S. 1 Zweigniederlassungs-RL)).[121] **Sofern** jedoch das Recht des Staates, dem die Gesellschaft unterliegt, eine Eintragung dieser in ein Register vorsieht, ist nach Art. 39 S. 2 Kodifizierungs-RL (ex-Art. 10 S. 2 Zweigniederlassungs-RL) ebenfalls das für die Gesellschaft zuständige Register des Drittstaates sowie – sofern vorhanden – die Registernummer der Drittstaatengesellschaft anzugeben. Eine darüberhinausgehende Verpflichtung zur Angabe weiterer Aspekte nach dem Vorbild des Art. 26 Kodifzierungs-RL (ex- 71

117 *Lutter/Bayer/Schmidt*, Europäisches Unternehmens- und Kapitalmarktrecht, 2017, Rn. 26.73.

118 Entsprechend zur ehemaligen Publizitätsrichtlinie *Habersack/Verse*, Europäisches Gesellschaftsrecht, 2011, § 5 Rn. 13; *Grundmann*, Europäisches Gesellschaftsrecht, 2011, Rn. 269.

119 Vgl. *Sørensen* ECFR 2014, 53, 78.

120 Zur ehemaligen Publizitätsrichtlinie vgl. *Lutter/Bayer/Schmidt*, Europäisches Unternehmens- und Kapitalmarktrecht, 2012, § 19 Rn. 24; *Schemmann* GPR 2004, 92, 93.

121 *Lutter/Bayer/Schmidt*, Europäisches Unternehmens- und Kapitalmarktrecht, 2017, Rn. 26.85; *Kalss/Klampfl*, Europäisches Gesellschaftsrecht, 2015, Rn. 237.

Art. 5 Publizitäts-RL) besteht nicht. Dem Mitgliedstaat, in dem sich die Zweigniederlassung befindet, steht es jedoch grundsätzlich frei, weitere Pflichtangaben vorzuschreiben.[122]

H. Sanktionen bei Verstößen gegen die Offenlegungspflichten

72 Spezielle Sanktionsregelungen (insbesondere zur Höhe einer etwaigen) sieht die Richtlinie **nicht** vor. Art. 40 Kodifizierungs-RL (ex-Art. 12 Zweigniederlassungs-RL) verpflichtet die Mitgliedstaaten jedoch dazu, bei Verstößen gegen die Offenlegungspflichten **„geeignete Maßregeln"** vorzunehmen.[123] Dies betrifft sowohl die gänzliche Missachtung der Anmeldung der Zweigniederlassung zur Eintragung ins Register, das Unterbleiben nur bestimmter Offenlegungspflichten gem Art. 30 f. bzw. Art. 37 f. Kodifizierungs-RL (ex-Art. 2 f. bzw. ex-Art. 8 f. Zweigniederlassungs-RL) als auch die nicht fristgerechte Einreichung offenzulegender Unterlagen oder Angaben.

73 Die Wahl des konkreten Sanktionsinstrumentariums sowie die Höhe der Sanktion obliegen grundsätzlich den Mitgliedstaaten.[124] Um den Vorgaben der Richtlinienbestimmungen zu entsprechen, müssen diese jedoch **„wirksam, verhältnismäßig** und **abschreckend"** sein.[125] Dabei ist es wiederum Sache des sich mit dem Verstoß gegen die Offenlegungspflicht befassenden Gerichts des Mitgliedstaates, zu beurteilen, ob eine verhängte Sanktion wirksam, verhältnismäßig und hinreichend abschreckend ist.[126] Die Härte der Sanktionen hat jedoch der Schwere der mit diesen geahndeten Verstößen zu entsprechen.[127] Wie sich insbesondere aus der Inspire Art-Entscheidung (s. dazu § 10 Rn. 68 ff.) zeigt, müssen die auf ausländische Zweigniederlassungen angewandten Sanktionen zudem mit den Sanktionsmechanismen für Verstöße bei der Gründung von inländischen Zweigniederlassungen im Einklang stehen.[128] Andernfalls würde sich der jeweilige Mitgliedstaat dem Vorwurf einer unzulässigen Ungleichbehandlung aussetzen. Aus deutscher Sicht kann demnach insbesondere die unterlassene Anmeldung zur Eintragung einer ausländischen Zweigniederlassung nicht zur persönlichen Haftung des Geschäftsführers (gem § 11 II GmbHG analog) der Kapitalgesellschaft aus einem anderen Mitgliedstaat führen.[129]

74 Nach dem deutschem Recht kann zur Erzwingung der erforderlichen Anmeldungen zum Handelsregister der Zweigniederlassung gem § 14 HGB iVm §§ 388 ff. FamFG ein **Zwangsgeld** festgesetzt werden. Dieses beträgt maximal EUR 5.000. Im Hinblick auf die in der Praxis weiterhin zu beobachtende Nicht-Anmeldung einer neu errichteten Zweigniederlassung einer ausländischen Gesellschaft in Deutschland, stellt dies offensichtlich jedoch **keine hinreichend effektive Sanktion** dar.[130] Unmittelbar in Bezug auf Zweigniederlassungen von EU/EWR-Gesellschaften hat der Gerichtshof in der **Texdata-Entscheidung** gleichwohl angeführt, dass die verhängte Sanktion eine „wirklich abschreckende Wirkung" haben muss.[131] Demnach kann zumindest bei gänzlicher Nicht-Anmeldung der Zweigniederlassung bezweifelt werden, dass das diesbezüglich bestehende deutsche Sanktionsregime den Vorgaben des EuGH entspricht.

---

122 *Lutter/Bayer/Schmidt*, Europäisches Unternehmens- und Kapitalmarktrecht, 2017, Rn. 26.85; *Kalss/Klampfl*, Europäisches Gesellschaftsrecht, 2015, Rn. 237.

123 Zwischen der Vornahme einer Sanktion und – wie nach dem Wortlaut des Art. 40 Kodifizierungs-RL (ex-Art. 12 Zweigniederlassungs-RL) – dem lediglichen Androhen („Die Mitgliedstaaten drohen […] an"), besteht nach Sichtweise des Gerichtshofs (vgl. EuGH, Rs. C-418/11 (Texdata), ECLI:EU:C:2013:588 = IStR 2013, 922, Rn. 83 ff.) tendenziell kein tatsächlicher Unterschied bei der Regelungsbefugnis der Mitgliedstaaten. Im deutschen Recht ist nach § 14 HGB grundsätzlich eine vorherige Androhung eines Zwangsgeldes (§ 388 I FamFG) vor dessen Festsetzung (§ 389 I FamFG) notwendig; *Kalss/Klampfl*, Europäisches Gesellschaftsrecht, 2015, Rn. 236.

124 Vgl. EuGH, Rs. C-418/11 (Texdata), ECLI:EU:C:2013:588 = IStR 2013, 922, Rn. 49; dazu *Stiegler* DB 2014, 525 f.; *Kalss/Klampfl*, Europäisches Gesellschaftsrecht, 2015, Rn. 236; *F. Koppensteiner* RdW 2013, 253 ff.

125 Vgl. EuGH, Rs. C-387/02, C-391/02, C-403/02 (Berlusconi), ECLI:EU:C:2005:270 = EuZW 2005, 369, Rn. 65; EuGH, Rs. C-167/01 (Inspire Art), ECLI:EU:C:2003:512 = NJW 2003, 3331, Rn. 62; EuGH, Rs. C-418/11 (Texdata), ECLI:EU:C:2013:588 = IStR 2013, 922, Rn. 50.

126 Vgl. EuGH, Rs. C-418/11 (Texdata), ECLI:EU:C:2013:588 = IStR 2013, 922, Rn. 55, 61.

127 Vgl. EuGH, Rs. C-418/11 (Texdata), ECLI:EU:C:2013:588 = IStR 2013, 922, Rn. 51; mit Verweis auf EuGH, Rs. C-81/12 (Asociaţia Accept), ECLI:EU:C:2013:275 = EuZW 2013, 469, Rn. 63.

128 *Sørensen* ECFR 2014, 53, 74; nach deutschem Recht vgl. BGH NJW 2005, 1648, 1649.

129 BGH NJW 2005, 1648, 49; OLG Jena ZIP 2006, 708, 711; *Lieder* DZWiR 2005, 399, 400 ff.; *Eidenmüller/Rehberg* ZVglRWiss 105 (2006) 427, 435.

130 *Habersack/Verse*, Europäisches Gesellschaftsrecht, 2011, § 5 Rn. 62; vgl. auch *Krafka* in: MüKo ZPO, 2. Aufl. 2013, § 388 FamFG, Rn. 2; *Wachter* GmbHR 2005, 1131, 1133; *Teichmann* ZGR 2017, 543, 568 f.; *Lutter/Bayer/Schmidt*, Europäisches Unternehmens- und Kapitalmarktrecht, 2017, Rn. 26.98; *Kalss/Klampfl*, Europäisches Gesellschaftsrecht, 2015, Rn. 236, Fn. 667; rechtsvergleichend *Gerner-Beuerle et al.*, Why do Businesses Incorporate in other EU Member Staes?, ECGI Law Working Paper 361/2017, S. 6.

131 EuGH, Rs. C-418/11 (Texdata), ECLI:EU:C:2013:588 = IStR 2013, 922, Rn. 51, vgl. auch *F. Koppensteiner* RdW 2013, 253, 255; *Teichmann* ZGR 2017, 543, 569.

§ 28 Einpersonengesellschafts-Richtlinie

Literatur (Auswahl): *Driesen*, Neues Recht für die Einpersonen-GmbH, MDR 1992, 324; *Drygala*, Konzernhaftung und Einmann-Richtlinie, ZIP 1992, 1528; *Dunn*, Single Member Private Limited Liability Companies: 12th Company Law Directive, EBLR 1990, 6; *Eckert*, Die Harmonisierung des Rechts der Einpersonen-GmbH, EuZW 1990, 54; *Edwards*, The EU Twelfth Company Law Directive, Co. Lawyer 19 (1998) 211; *Engert*, in: Langenbucher (Hrsg.), Europäisches Privat- und Wirtschaftsrecht, 4. Aufl. 2017, § 5 Rn. 44 ff.; *Freudling*, Die Umsetzung der zwölften Richtlinie des Rates der Europäischen Union auf dem Gebiet des Gesellschaftsrechts in den Rechtsordnungen Deutschlands und Italien, 2002; *Grundmann*, Europäisches Gesellschaftsrecht, 2. Aufl. 2011, § 9; *Habersack/Verse*, Europäisches Gesellschaftsrecht, 4. Aufl. 2011, § 10; *Hirte*, Die Zwölfte EG-Richtlinie als Baustein eines Europäischen Konzernrechts?, ZIP 1992, 1122; *Hommelhoff*, Die vereinfachte Einmann-Gesellschaft (SMC): Eine Alternative zur SPE?, AG 2013, 211; *Jung*, Societas Unius Personae (SUP), Der neue Konzernbaustein, GmbHR 2014, 579; *dies.*, Societas Unius Personae (SUP) – The new corporate element in company groups, EBRL 2015, 645, 647; *Junge*, Die Zukunft der GmbH in der Europäischen Gemeinschaft, GmbHR 1992, 225; *Kalss*, Die Bedeutung der Publizitäts-, Zweigniederlassungs- und Einpersonengesellschaftsrichtlinie der Europäischen Union für das Österreichische Gesellschaftsrecht, in: Koppensteiner (Hrsg.), Österreichisches und Europäisches Wirtschaftsrecht, Teil 1: Gesellschaftsrecht, 2. Aufl. 1998, S. 119; *Kalss/Klampfl*, Europäisches Gesellschaftsrecht, 2015, Rn. 461 ff.; *Kindler*, Gemeinschaftsrechtliche Grenzen der Konzernhaftung in der Einmann-GmbH, ZHR 157 (1993) 1; *Koppensteiner*, Einpersonengesellschaften. Eine Skizze, GeS 2015, 5; *Lutter*, Mißglückte Rechtsangleichung: das Chaos der Ein-Personen-Gesellschaft in Europa, in: Festschrift für Hans Erich Brandner, 1996, S. 81; *Lutter/Bayer/Schmidt*, Europäisches Unternehmens- und Kapitalmarktrecht, 6. Aufl. 2017, § 27; *Nägel*, Einpersonengesellschaften im deutschen und europäischen Recht, 2004; *Ochs*, Die Einpersonengesellschaft in Europa – eine rechtsvergleichende Studie zum Recht der Einpersonen-GmbH in Deutschland, Frankreich, Italien und England, 1997; *Paternot*, Haftungsbeschränkungen für Einzelunternehmer in Deutschland und Frankreich, 2011; *Roth*, „Video"-Nachlese oder das (immer noch) vergessene Gemeinschaftsrecht, ZIP 1992, 1054; *Schimmelpfennig/Hauschka*, Die Zulassung der Ein-Personen-GmbH in Europa und die Änderung des deutschen GmbH-Rechts, NJW 1992, 942; *Schüppen*, Haftung im qualifizierten faktischen GmbH-Konzern und 12. EG-Richtlinie, DB 1993, 969; *Schwarz*, Europäisches Gesellschaftsrecht, 2000, Rn. 507 ff.; *Schwarz, H.-D.*, Das Gesetz zur Durchführung der zwölften gesellschaftsrechtlichen EG-Richtlinie – Neuerungen für die Einpersonen-GmbH, DStR 1992, 221; *Teichmann*, in: Gebauer/Teichmann (Hrsg.), Europäisches Privat- und Unternehmensrecht, 2016, § 6 Rn. 200 ff.; *Ulmer*, Einpersonengesellschaften in der Europäischen Union – Die Umsetzung der zwölften gesellschaftsrechtlichen Richtlinie in nationales Recht, ZEuP 1997, 182; *Velasco*, in: Rojo/Campuzano (Coord.), Estudios Jurídicos en Memoria del Profesor Emilio Beltrán, 2015, S. 909; *Weller/Bauer*, Europäisches Konzernrecht: vom Gläubigerschutz zur Konzernleitungsbefugnis via Societas Unius Personae, ZEuP 2015, 6; *Wilhelm*, Haftung im qualifiziert faktischen Konzern und Europarecht, EuZW 1993, 729; *Wooldridge*, The draft Twelfth Directive on Single-Member Companies, J.B.L. 1989, 86.
Zur *Societas Unius Personae* (SUP) siehe die Literaturnachweise bei § 9.

A. Entwicklung der Einpersonengesellschafts-Richtlinie

1 Ausgangspunkt für die Entwicklung einer europäischen Richtlinie betreffend Gesellschaften mit beschränkter Haftung mit nur einem Gesellschafter war ein Aktionsprogramm der damaligen Europäischen Gemeinschaft (heute Europäische Union) zur **Förderung von kleinen und mittleren Unternehmen** (KMU).[1] Zu diesem Zweck sollte Einzelunternehmern in der gesamten damaligen EG (also der heutigen EU) bzw. dem EWR-Raum die Möglichkeit einer Gesellschaft mit beschränkter Haftung angeboten werden (Erwägungsgrund 4 EPG-RL).[2] Sowohl die **Gründung** als auch das **nachträgliche Entstehen** einer entsprechenden Einpersonengesellschaft waren

1 Entwurf einer Entscheidung des Rates über das Aktionsprogramm für KMU, 26.8.1986, KOM(86) 445; vgl. auch Entschließung des Rates zum Aktionsprogramm für die kleinen und mittleren Unternehmen, ABl. EWG v. 14.11.1986, C 287/1.

2 Vgl. auch Europäische Kommission, Vorschlag für die 12. Gesellschaftsrechtliche Richtlinie des Rates betreffend Gesellschaften mit beschränkter Haftung mit nur einem einzigen Gesellschafter, 18.5.1988, KOM(88) 101, abgedruckt in BT-Drs. 11/2767, S. 2; *Lutter/Bayer/Schmidt*, Europäisches Unternehmens- und Kapitalmarktrecht, 2017, Rn. 27.1.

bis dahin nur in einzelnen Mitgliedstaaten möglich bzw. gestattet.[3] Vor allem in den romanisch geprägten Rechtsordnungen warf das Modell einer Gesellschaft mit nur einem einzigen Anteilseigner konzeptionelle Probleme auf.[4] Denn die Vorstellung einer Gesellschaft war in diesem Rechtskreis fest mit der Idee des Gesellschaftsvertrages und dem Zusammenschluss Mehrerer verbunden. So sieht zB das französische Recht die Einpersonengesellschaft bis heute als regulatorische Ausnahme zum Prinzip des Vertrags an (vgl. Art. 1832 C. civ.; näher dazu § 13 Rn. 3 f.). Jedoch nicht nur in den romanischen Ländern, sondern überhaupt seit es Gesellschaften gibt (also seit gut 4.000 Jahren), gehört es zum Selbstverständnis, dass eine Gesellschaft aus **mehr als einer Person** besteht. Das drückt nicht nur der Begriff Gesellschaftsvertrag, sondern auch die Bezeichnung „Gesellschaft" als solche aus. Auch gesellschaftsinterne Beschlüsse basieren im Grundsatz auf der Vorstellung von mehr als einem Anteilseigner. Erst durch die moderne Haftungsbeschränkung entstand die Idee, die Haftungsbegrenzung auch als individuelle Einzelperson nutzen zu wollen, während die für mehrere Gesellschafter typische Kapitalsammelfunktion nicht benötigt wurde. Insbesondere die 1892 eingeführte deutsche GmbH wandte sich explizit an mittelständische Unternehmen. Zunächst war die Nutzung einer Einpersonengesellschaft mit beschränkter Haftung allerdings nur in wenigen Rechtsordnungen und dann auch nur bei Ausscheiden der restlichen Mitgesellschafter möglich, also nicht bereits bei Gründung der Gesellschaft. Mit der immer höheren **Akzeptanz** des Wunsches nach Haftungsbeschränkung für Unternehmer wurde mit der Zeit jedoch auch die Haftungsbeschränkung eines Einzelnen legitim. Die Strukturbedenken aus dem Begriff und dem gewachsenen Verständnis zur Gesellschaft konnten aufgegeben und eine Einpersonengesellschaft zugelassen werden.

2 Basierend auf dem Aktionsprogramm aus dem Jahr 1986 wurde von der Europäischen Kommission im Mai 1988 erstmals ein Vorschlag für eine Richtlinie betreffend Einpersonengesellschaften mit beschränkter Haftung vorgelegt (im Folgenden: EPG-RL-KOM).[5] Dieser Richtlinienvorschlag stieß jedoch bei den Mitgliedstaaten (insbesondere Deutschland,[6] aber zB auch Großbritannien) auf Kritik.[7] Grund hierfür waren vor allem die Regelungen des damaligen Art. 2 II, III EPG-RL-KOM. Art. 2 II EPG-RL-KOM enthielt ein sog **Enkelverbot**, wonach es Einpersonengesellschaften, deren Alleingesellschafter eine juristische Person ist, untersagt werden sollte, ihrerseits Alleingesellschafterin einer anderen GmbH oder AG zu sein (dazu Rn. 22).[8] Art. 2 III EPG-RL-KOM sah zudem eine **Durchgriffshaftung zulasten des Alleingesellschafters** einer Einpersonengesellschaft vor, sofern es sich hierbei um eine juristische Person handelt. Auf Drängen vor allem Deutschlands wurden daher in einem geänderten Richtlinienvorschlag vom Mai 1989 sowohl das Enkelverbot als auch die Konzerndurchgriffshaftung gestrichen.[9] Darauf folgten weitere Debatten im Europäischen Parlament und im Rat.[10] Anfang Dezember 1989 legte die Kommission dann einen nochmals geänderten Richtlinienvorschlag vor.[11] Auf Grundlage dieses Vorschlags wurde die **Zwölfte Richtlinie** betreffend Gesellschaften mit beschränkter Haftung mit einem einzigen Gesellschafter (Einpersonengesellschafts-Richtlinie – EPG-RL) daraufhin am **21.12.1989** verabschiedet[12] und später auf die EWR-Staaten ausgedehnt.[13]

---

3 Zulässigkeit der Gründung in Dänemark seit 1973, in Deutschland seit 1980, in Frankreich seit 1985, in den Niederlanden seit 1986 und in Belgien seit 1987; vgl. *Lutter* in: FS Brandner, 1996, S. 81 ff.; zum damaligen Stand siehe auch den Kommissionsentwurf von 1988 (Europäische Kommission, Vorschlag für die 12. Gesellschaftsrechtliche Richtlinie des Rates betreffend Gesellschaften mit beschränkter Haftung mit nur einem einzigen Gesellschafter, 18.5.1988, KOM(88) 101, abgedruckt in BT-Drs. 11/2767, S. 2); vgl. auch *Lutter/Bayer/Schmidt*, Europäisches Unternehmens- und Kapitalmarktrecht, 2017, Rn. 27.1.

4 *Lutter/Bayer/Schmidt*, Europäisches Unternehmens- und Kapitalmarktrecht, 2017, Rn. 27.1.

5 Europäische Kommission, Vorschlag für die 12. Gesellschaftsrechtliche Richtlinie des Rates betreffend Gesellschaften mit beschränkter Haftung mit nur einem einzigen Gesellschafter, 18.5.1988, KOM(88) 101, abgedruckt in BT-Drs. 11/2767, S. 5 ff.

6 Vgl. etwa den Beschluss des Bundesrates v. 4.11.1988, BR-Drs. 303/88 und die Beschlussempfehlung des Rechtsausschusses v. 13.4.1989, BR-Drs. 11/4346.

7 *Schwarz*, Europäisches Gesellschaftsrecht, 2000, Rn. 511; *Lutter/Bayer/Schmidt*, Europäisches Unternehmens- und Kapitalmarktrecht, 2017, Rn. 27.2, 27.18.

8 *Lutter/Bayer/Schmidt*, Europäisches Unternehmens- und Kapitalmarktrecht, 2017, Rn. 27.18; *Schwarz*, Europäisches Gesellschaftsrecht, 2000, Rn. 511.

9 Europäische Kommission, Geänderter Vorschlag für die 12. Gesellschaftsrechtliche Richtlinie des Rates betreffend Gesellschaften mit beschränkter Haftung mit nur einem einzigen Gesellschafter, 24.5.1989, KOM(89) 193.

10 Siehe Beschluss v. 11.10.1989 betreffend den Gemeinsamen Standpunkt des Rates im Hinblick auf die Aufnahme einer zwölften Richtlinie auf dem Gebiet des Gesellschaftsrechts betreffend Gesellschaften mit beschränkter Haftung mit einem einzigen Gesellschafter, ABl. EG v. 20.11.1989, C 291/53.

11 Europäische Kommission, Nochmals geprüfter Vorschlag für die 12. Gesellschaftsrechtliche Richtlinie des Rates betreffend Gesellschaften mit beschränkter Haftung mit nur einem einzigen Gesellschafter, 29.11.1989, KOM(89) 591.

12 Zwölfte Richtlinie 89/667/EWG des Rates vom 21. Dezember 1989 auf dem Gebiet des Gesellschaftsrechts betreffend Gesellschaften mit beschränkter Haftung mit einem einzigen Gesellschafter, ABl. EWG v. 30.12.1989, L 395/40.

13 Abkommen über den Europäischen Wirtschaftsraum – Anhang XXII, Nr. 9, ABl. EG v. 3.1.1994, L 1/3.

Im Jahr 2009 wurde die Einpersonengesellschafts-Richtlinie – unter Aufhebung der Richtlinie 89/667/EWG – als **Richtlinie 2009/102/EG** (im Folgenden: EPG-RL)[14] kodifiziert.[15] Auslöser der Neufassung war das Projekt zur Kodifizierung des *acquis communautaire*.[16] Bedingt durch die Kodifizierung der Richtlinie kam es an verschiedenen Stellen zu einer neuen Nummerierung der Artikel.[17] Inhaltlich blieben die Vorgaben dagegen weitgehend unberührt.[18] 3

Aus deutscher Sicht ergaben sich aus der Umsetzung der Richtlinie nur geringfügige Änderungen für das nationale Recht,[19] denn die Gründung einer Einpersonen-GmbH war bereits seit der **GmbH-Novelle von 1980** ausdrücklich zulässig (vgl. § 1 GmbHG: „durch eine oder mehrere Personen errichtet werden"). Auch das nachträgliche Entstehen einer GmbH mit nur einem Gesellschafter war von der Rechtsprechung seit langer Zeit anerkannt.[20] Die Gründung einer **Einpersonen-AG** wurde hingegen erst mit der Neufassung des § 2 AktG durch das Gesetz für kleine Aktiengesellschaften von 1994 gesetzlich ermöglicht.[21] 4

Ab 2014 wurde dann eine **Neuausrichtung** der Einpersonengesellschafts-RL diskutiert. Am 9.4.2014 stellte die Europäische Kommission insofern die ***Societas Unius Personae*** (SUP)[22] als neue Regelungsoption (harmonisierte Einpersonengesellschaft mit Online-Gründungsoption) für Gesellschaftsgründer vor.[23] Die Kommission entschied sich allerdings dafür, keine gesonderte Richtlinie vorzuschlagen, sondern die bestehende Einpersonengesellschafts-Richtlinie stattdessen zu erweitern (im Folgenden SUP-RL-KOM).[24] Siehe zu diesem Vorschlag näher unter Rn. 48 ff. sowie in diesem Werk auch unter § 9. Das Projekt ist allerdings mittlerweile gescheitert.[25] 5

B. Zweck und Bedeutung der Richtlinie

Im Sinne der bereits angesprochenen europaweiten Förderung von KMU (s. Rn. 1) ist das wesentliche Ziel der Richtlinie, die **Zulässigkeit von Einpersonen-GmbH** in allen Mitgliedstaaten sicherzustellen (vgl. auch Erwägungsgrund 4 EPG-RL).[26] Die Richtlinie zielt damit in erster Linie auf eine **Förderung des Mittelstandes** in den Mitgliedstaaten ab. Dies verwirklicht sie vor allem durch die Möglichkeit der Gründung einer Kapitalgesellschaft mit nur einem einzigen Anteilseigner in jedem Mitgliedstaat.[27] Hierzu soll Einzelunternehmern (insbes. natürlichen Personen) in der gesamten EU das rechtliche Instrument einer haftungsbeschränkten Gesellschaft bereitgestellt werden, mit derer sie sich ohne die Gefahr einer unmittelbaren persönlichen Haftung am – nationalen sowie ggf. europäischen – Markt betätigen können.[28] Entsprechend führt die nachträgliche Vereinigung aller Geschäftsanteile in der Hand eines einzigen Gesellschafters **nicht mehr zur Zwangsliquidation** der Kapital- 6

14 Die Abkürzung „EPG" steht hier für „Einpersonengesellschaft" und nicht für die in Deutschland in Bezug auf die SPE gebrauchte Abkürzung der Europäischen Privatgesellschaft.

15 Richtlinie 2009/102/EG des Europäischen Parlaments und des Rates vom 16. September 2009 auf dem Gebiet des Gesellschaftsrechts betreffend Gesellschaften mit beschränkter Haftung mit einem einzigen Gesellschafter, ABl. EG v. 1.10.2009, L 258/20.

16 Mitteilung der Kommission an das Europäische Parlament und den Rat, Kodifizierung des *acquis communautaire*, KOM(2001) 645.

17 *Lutter/Bayer/Schmidt*, Europäisches Unternehmens- und Kapitalmarktrecht, 2017, Rn. 27.4.

18 *Habersack/Verse*, Europäisches Gesellschaftsrecht, 2011, § 10 Rn. 1.

19 Siehe Gesetz zur Durchführung der Zwölften Richtlinie des Rates der EG auf dem Gebiet des Gesellschaftsrechts betreffend Gesellschaften mit beschränkter Haftung mit einem einzigen Gesellschafter v. 18.12.1991, BGBl. I, 2206; dazu *Schimmelpfennig/Hauschka* NJW 1992, 942 ff.; *Driesen* MDR 1992, 324 f.; *H.-D. Schwarz* DStR 1992, 221 f.

20 Vgl. nur RGZ 129, 50, 53; BGH NJW 1957, 19 f.; BGH NJW 2002, 3167, 3168.

21 Siehe Gesetz für kleine Aktiengesellschaften und zur Deregulierung des Aktienrechts v. 2.8.1994, BGBl. I, 1961; dazu *Priester* BB 1996, 333 ff.; *Claussen* WM 1996, 609 ff.; *Dehmer* WiB 1994, 753 ff.

22 Europäische Kommission, Vorschlag für eine Richtlinie des Europäischen Parlaments und des Rates über Gesellschaften mit beschränkter Haftung mit einem einzigen Gesellschafter, KOM(2014) 212 final.

23 Europäische Kommission, Vorschlag für eine Richtlinie des Europäischen Parlaments und des Rates über Gesellschaften mit beschränkter Haftung mit einem einzigen Gesellschafter, KOM(2014) 212 final, S. 2 f.; dort erklärt die Europäische Kommission, dass die SUP eine Alternative zur SPE darstellen soll.

24 *Jung* GmbHR 2014, 579, 580; *dies.* EBLR 2015, 645, 647.

25 Im Herbst 2017 kündigte die Europäische Kommission an, den Vorschlag zurückzuziehen. European Commission, Annex to the Communication from the Commission the the European Parliament, the Council, the European Economic and Social Committee and the Committee of the Regions – Commission Work Programme 2018, Annex IV, COM(2017) 650 final, 24.10.2017, Punkt 10.

26 *Schwarz*, Europäisches Gesellschaftsrecht, 2000, Rn. 510; *Habersack/Verse*, Europäisches Gesellschaftsrecht, 2011, § 10 Rn. 2; *Kalss/Klampfl*, Europäisches Gesellschaftsrecht, 2015, Rn. 462; *Teichmann* in: Gebauer/Teichmann (Hrsg.), Europäisches Privat- und Unternehmensrecht, 2016, § 6 Rn. 202.

27 *Habersack/Verse*, Europäisches Gesellschaftsrecht, 2011, § 10 Rn. 3; *Lutter/Bayer/Schmidt*, Europäisches Unternehmens- und Kapitalmarktrecht, 2017, Rn. 27.1; vgl. auch *Mélon* ESJ 2015, 170, 186.

28 Vgl. Erwägungsgrund 4 EPG-RL; siehe auch *Lutter/Bayer/Schmidt*, Europäisches Unternehmens- und Kapitalmarktrecht, 2017, Rn. 27.1; *Schwarz*, Europäisches Gesellschaftsrecht, 2000, Rn. 510.

gesellschaft.[29] Eine entsprechende Rechtsangleichung der nationalen Bestimmungen war zum Zeitpunkt der Verabschiedung der Richtlinie erforderlich, da die Mitgliedstaaten sowohl bei der Gründung als auch dem nachträglichen Entstehen einer Einpersonengesellschaft teilweise erhebliche Beschränkungen aufwiesen, unterschiedliche Herangehensweisen verfolgten und unterschiedliche Rechtsfolgen damit verbanden.[30] Die erlassene Einpersonengesellschafts-Richtlinie ermöglicht im Hinblick auf die Niederlassungsfreiheit (dazu § 10) darüber hinaus die Gründung einer nationalen Kapitalgesellschaft mit nur einem Anteilseigner durch eine Gesellschaft aus einem anderen Mitgliedstaat und verwirklicht in diesem Sinne die Gründung einer ausländischen (Konzern-) Tochtergesellschaft gem. Art. 49 I 2, 54 AEUV.[31]

7 Im Zusammenhang mit der Verwirklichung der Niederlassungsfreiheit und bezogen auf ihre Kompetenzgrundlage (Art. 50 II lit. g) AEUV) gewährleistet die Einpersonengesellschafts-Richtlinie zudem einen Schutz des Rechtsverkehrs, indem für die von der Richtlinie erfassten Kapitalgesellschaften mit nur einem Anteilseigner verschiedene **Publizitäts-** (vgl. Art. 3 EPG-RL, s. Rn. 32 ff.) und **Transparenzvorgaben** (vgl. Art. 4 II EPG-RL, s. Rn. 40 und Art. 5 EPG-RL, s. Rn. 42 ff.) vorgeschrieben werden.[32] Damit soll insbesondere den mit einer Einpersonengesellschaft ggf. einhergehenden Risiken für die Gläubiger begegnet werden.[33] Weitere Schutzvorschriften enthält die Richtlinie jedoch nicht.

8 Im Sinne der Zielsetzung erlangt die Richtlinie zunächst für KMU Bedeutung (s. bereits Rn. 1). Sie ist darüber hinaus vor allem auch aus **konzernrechtlicher Sicht** relevant. Unternehmen ist es – vorbehaltlich der Verwendung der Mitgliedstaatenoption gem. Art. 2 II lit. b) EPG-RL – durch sie im Grundsatz möglich, als Gründungsgesellschaft sowohl im Inland als auch – aufgrund Art. 49 I 2, II AEUV – im EU/EWR-Ausland eine **100%-ige Tochter-GmbH** zu wählen.

9 Die Änderungsrichtlinie (SUP-RL-KOM bzw. SUP-RL-GA) hätte die Bedeutung der Richtlinie stark verändert. Denn Ziel der Änderungsrichtlinie ist die Einführung der SUP, wodurch in der EU die **grenzüberschreitende Gründung** und Führung von Gesellschaften erleichtert werden soll. Gleichzeitig soll die grenzüberschreitende Tätigkeit von KMU gefördert werden (näher zur Zielsetzung § 9 Rn. 6 ff.).

C. Anwendungsbereich

10 Die Richtlinie gilt nach Art. 1 EPG-RL zunächst für die in Anhang I im Einzelnen aufgezählten **mitgliedstaatlichen Formen der GmbH**. Dadurch werden die Mitgliedstaaten verpflichtet, für die jeweilige erfasste Gesellschaftsform des nationalen Rechts sowohl die Gründung als auch die nachträgliche Entstehung einer Einpersonengesellschaft zu gewährleisten (s. Rn. 14 ff.) oder gem. Art. 7 EPG-RL die Gründung von Einpersonen-Unternehmen mit beschränkter Haftung zuzulassen (s. Rn. 17 ff.).[34] Dies entspricht der Zielsetzung der Richtlinie, vor allem KMU – die sich zumeist einer GmbH als haftungsbeschränkte Rechtsform bedienen – in Europa zu fördern.[35] In Spanien ist somit die S. R. L. erfasst (dazu § 15 Rn. 467 ff.), in Frankreich die SARL (dazu § 13 Rn. 246 ff.), in Italien die s.r.l. (dazu § 14 Rn. 399 ff.), in Polen die sp. z.o.o (§ 17 Rn. 140 ff.), in den Niederlanden die B.V. (§ 16 Rn. 264 ff.) und in England die Limited (§ 12 Rn. 254 ff.). Auch wenn bei den in Anhang I zur Richtlinie aufgelisteten GmbH die deutsche UG (**haftungsbeschränkt**) nicht ausdrücklich erwähnt ist, ist sie gleichwohl ebenfalls vom Anwendungsbereich der Richtlinie erfasst, da sie lediglich eine Variante der GmbH

29 *Lutter* in: FS Brandner, 1996, S. 81, 83 ff.

30 *Lutter/Bayer/Schmidt*, Europäisches Unternehmens- und Kapitalmarktrecht, 2017, Rn. 27.1; *Schwarz*, Europäisches Gesellschaftsrecht, 2000, Rn. 510. Die nachträgliche Entstehung einer Einpersonen-GmbH wurde zT mit der persönlichen Haftung des Alleingesellschafters (zB in Italien) oder der Zwangsliquidation der Gesellschaft (zB in Frankreich oder England) sanktioniert; vgl. dazu *Lutter* in: FS Brandner, 1996, S. 81, 83 ff.; vgl. auch Europäische Kommission, Vorschlag für die 12. Gesellschaftsrechtliche Richtlinie des Rates betreffend Gesellschaften mit beschränkter Haftung mit nur einem einzigen Gesellschafter, 18.5.1988, KOM(88) 101, abgedruckt in BT-Drs. 11/2767, S. 2.

31 *Lutter/Bayer/Schmidt*, Europäisches Unternehmens- und Kapitalmarktrecht, 2017, Rn. 27.1; *Grundmann*, Europäisches Gesellschaftsrecht, 2011, Rn. 294; vgl. auch *Habersack/Verse*, Europäisches Gesellschaftsrecht, 2011, § 10 Rn. 3.

32 *Habersack/Verse*, Europäisches Gesellschaftsrecht, 2011, § 10 Rn. 2; *Grundmann*, Europäisches Gesellschaftsrecht, 2011, Rn. 294.

33 Vgl. Erwägungsgrund 2 EPG-RL; *Habersack/Verse*, Europäisches Gesellschaftsrecht, 2011, § 10 Rn. 2; insofern auch zur „Ambivalenz von Schutzrecht und […] Gestaltungsmöglichkeiten" durch die Richtlinie *Teichmann* in: Gebauer/Teichmann (Hrsg.), Europäisches Privat- und Unternehmensrecht, 2016, § 6 Rn. 200. Zur besonderen Gefahr von Ein-Personen-GmbH für Gläubiger auch *Engert* in: Langenbucher (Hrsg.), Europäisches Privat- und Wirtschaftsrecht, 2017, § 5 Rn. 53a.

34 *Lutter/Bayer/Schmidt*, Europäisches Unternehmens- und Kapitalmarktrecht, 2017, Rn. 27.7.

35 Dabei kann es allerdings nationale Unterschiede geben. So wird in Italien beispielsweise auch die s.p.a. (die italienische AG) häufiger von KMU genutzt; s. dazu § 14 Rn. 165.

und insofern keine eigenständige Rechtsform ist.[36] Gleiches gilt für die spanische S. L. N. E., die 2003 eingeführt wurde und auch lediglich eine Sonderform der *Sociedad de Responsabilidad Limitada* darstellt (dazu § 15 Rn. 518 ff.). Auch die italienische vereinfachte Gesellschaft mit beschränkter Haftung (s.r.l.s.) stellt eine **Unterform** der s.r.l. dar[37] und ist damit ebenfalls erfasst. Zudem ist die **französische EURL** (*entreprise unipersonnelle à responsabilité limitée*, die französische Einpersonen-GmbH) (dazu § 13 Rn. 458 ff.) vom Anwendungsbereich der Richtlinie erfasst.[38] Denn sie ist keine gesonderte Rechtsform (s. dazu § 13 Rn. 458).

Die französische SAS ist aufgrund der Nichtaufnahme in Anhang I EPG-RL dagegen zunächst nicht unmittelbar erfasst (zur von der Änderungsrichtlinie geplanten Dynamik des Anhangs I s. Rn. 52). Eine analoge Anwendung des Art. 1 iVm Anhang I EPG-RL und damit im Ergebnis eine Erweiterung des Anwendungsbereichs wäre zwar denkbar, jedoch wird die SAS, obgleich sie häufig auch von Einzelunternehmern genutzt wird (in diesem Fall als „SASU" bezeichnet) (s. § 13 Rn. 709 ff.), als „kleine" Aktiengesellschaft bezeichnet und hat eine größere regulatorische Nähe zur französischen SA als zur SARL.[39] Außerdem zeigt auch die EuGH-Entscheidung *Gaz de France*,[40] dass eine Erweiterung des Anhang I abzulehnen ist. Insoweit ist vielmehr eine analoge Anwendung von Art. 6 EPG-RL vorstellbar als eine entsprechende Ausdehnung des Anwendungsbereichs gemäß Anhang I EPG-RL. Art. 6 EPG-RL schreibt vor, dass Mitgliedstaaten, die eine Einpersonen-AG zulassen, auch die Regelungen der Richtlinie beachten müssen (dazu näher Rn. 13). Für die Gründung einer SA bedarf es nach französischem Recht jedoch mindestens zweier Gründer (vgl. Art. Art. L. 225-1 II 1 C. com., dazu § 13 Rn. 474). Der französische Gesetzgeber hat für die SA somit keinen Gebrauch von der Erweiterungsoption gemacht. Art. 6 EPG-RL könnte allerdings analog auf zwischen der Gesellschaft mbH und Aktiengesellschaften, also Formen wie die SAS, angewandt werden. Dies entspricht dem Sinn und Zweck der Richtlinie, die im Fall einer Einpersonen-Kapitalgesellschaft bestimmte Schutzstandards gewähren möchte. Im Zeitpunkt der Verabschiedung (1989) gab es die französische SAS zudem noch nicht. Die klassischen Kapitalgesellschaften stellten in diesem Zeitpunkt die GmbH und die Aktiengesellschaft sowie die KGaA dar.[41] Bei der Überarbeitung und Kodifizierung der Richtlinie wurden außerdem praktisch keine inhaltlichen Änderungen vorgenommen. Die Nichtbeachtung der SAS stellt daher eine planwidrige Unvollständigkeit (Lücke) dar. Die Lage bei der SAS unterscheidet sich auch nicht von der bei der SA, sodass eine analoge Anwendung geboten scheint. Da der französische Gesetzgeber eine Einpersonen-SAS (genannt SASU) zulässt, finden die Vorgaben über die analoge Anwendung des Art. 6 EPG-RL somit Anwendung (vgl. dazu auch § 13 Rn. 711). 11

Durch die Einführung der **Europäischen Aktiengesellschaft** (SE) (dazu § 4) und dem damit verbundenen Erlass der SE-Verordnung im Jahr 2001 wurde der persönliche Anwendungsbereich der Einpersonengesellschafts-Richtlinie unmittelbar auf die SE erweitert.[42] Die Mitgliedstaaten müssen gem. Art. 3 II SE-VO die Gründung einer Tochter-SE durch eine SE als Alleingesellschafter zulassen.[43] Für die Tochter-SE gelten dann die jeweiligen mitgliedstaatlichen Umsetzungsvorschriften zur Einpersonengesellschafts-Richtlinie, die für die Einpersonen-SE sinngemäß anzuwenden sind (Art. 3 II 3 SE-VO). Aber auch ansonsten unterfällt die SE, aufgrund der grundsätzlichen Geltung des nationalen Aktienrechts (Art. 9 lit. c) (ii) SE-VO) für sie, den nationalen Vorgaben für Einpersonen-Aktiengesellschaften. Das heißt, wenn ein Mitgliedstaat eine Aktiengesellschaft mit nur einem Aktionär vorsieht, finden die Bestimmungen der Einpersonengesellschafts-Richtlinie auch auf SE mit Sitz in diesem Mitgliedstaat Anwendung. 12

Mit Art. 6 EPG-RL besteht darüber hinaus eine (richtlinieninterne) **Erweiterungsoption** des Anwendungsbereichs der Richtlinie auf die **nationale Aktiengesellschaft**. Die Richtlinie statuiert zunächst **keine Pflicht**, eine Einpersonen-AG zuzulassen. Sie lässt vielmehr den Mitgliedstaaten die Freiheit, zu entscheiden, ob sie die Gründung und/oder das nachträgliche Entstehen einer Einpersonen-AG durch Vereinigung aller Geschäftsanteile in der Hand eines Aktionärs ermöglichen.[44] Insofern gewährt sie den Mitgliedstaaten eine entsprechende Op- 13

36 Vgl. nur *Rieder* in: MüKo GmbHG, Bd. 1, 3. Aufl. 2018, § 5a Rn. 1; *Lutter/Kleindiek* in: Lutter/Hommelhoff (Hrsg.), GmbHG, 19. Aufl. 2016, § 5a Rn. 7; *Westermann* in: Scholz (Hrsg.), GmbHG, Bd. 1, 12. Aufl. 2018, § 5a Rn. 7.

37 Vgl. *Kindler*, Italienisches Handels- und Wirtschaftsrecht, 2. Aufl. 2013, § 4 Rn. 232 f.; *Cian* ZVglRWiss 114 (2015) 288, 291.

38 Wie sich aus Art. 1 EPG-RL iVm Anhang I ergibt, ist neben der englischen Ltd. ausdrücklich auch die Private Company Limited by Guarantee erfasst; klarstellend aus deutscher Sicht auch OLG Dresden GmbHR 2016, 484, 485; dazu auch *Heckschen/Strnad* GmbHR 2016, 469, 472.

39 Neben den speziellen Regeln für die SAS kommen die Vorschriften der SA zur Anwendung (Art. L. 227-1 III C. civ.), vgl. dazu § 13 Rn. 634.

40 EuGH, Rs. C-247/08 (Gaz de France), ECLI:EU:C:2009:600 = DStRE 2010, 367.

41 Die KGaA braucht in diesem Zusammenhang nicht diskutiert werden, da eine Ausgestaltung als Einpersonen-Gesellschaft nicht möglich ist.

42 *Lutter/Bayer/Schmidt*, Europäisches Unternehmens- und Kapitalmarktrecht, 2017, Rn. 27.8; *Grundmann*, Europäisches Gesellschaftsrecht, 2011, Rn. 305; *Kalss/Klampfl*, Europäisches Gesellschaftsrecht, 2015, Rn. 464.

43 Vgl. nur *Kalss/Klampfl*, Europäisches Gesellschaftsrecht, 2015, Rn. 464; *Teichmann* in: Gebauer/Teichmann (Hrsg.), Europäisches Privat- und Unternehmensrecht, 2016, § 6 Rn. 203.

44 *Lutter/Bayer/Schmidt*, Europäisches Unternehmens- und Kapitalmarktrecht, 2017, Rn. 27.9.

tion im Sinne einer Regelungsmöglichkeit. Gestattet ein Mitgliedstaat allerdings die Gründung und/oder[45] die nachträgliche Entstehung einer Einpersonen-AG, so hat dieser auch die – insofern passenden[46] – Bestimmungen der Einpersonengesellschafts-Richtlinie zu berücksichtigen und entsprechende nationale Umsetzungsbestimmungen zur Anwendung zu bringen.[47] Bezüglich der Anwendung der Richtlinie besteht in diesem Fall daher kein Regelungsspielraum. Dadurch wird gewährleistet, dass für Einpersonen-AG – sofern sie nach nationalem Recht zulässig sind – grundsätzlich dieselben Schutzstandards gelten wie für Einpersonen-GmbH. Die Regelung des Art. 6 EPG-RL beugt insoweit Umgehungsmöglichkeiten durch die Mitgliedstaaten vor, da durch die Sicherstellung des einheitlichen Schutzstandards ein Ausweichen auf die Rechtsform der AG vermieden wird.[48] Die Vorgaben der Richtlinie kommen somit nicht nur zur Anwendung, wenn ein Mitgliedstaat sowohl die originäre Gründung als auch das nachträgliche Entstehen einer Einpersonen-AG gestattet, sondern auch dann, wenn dieser lediglich eine der beiden Optionen zulässt, dh entweder die originäre Gründung oder das nachträgliche Entstehen.[49] Im Grunde regelt die Einpersonengesellschafts-RL damit explizit einen Fall der überschießenden Richtlinienumsetzung (s. dazu § 2 Rn. 199 ff.) und erklärt dafür die Vorschriften der Richtlinie für anwendbar.

D. Zulässigkeit der Einpersonengesellschaft

I. Gründung einer Einpersonengesellschaft

14 Art. 2 I Var. 1 EPG-RL verpflichtet zunächst alle Mitgliedstaaten, die **Gründung** einer Einpersonen-GmbH nach nationalem Recht **zuzulassen**. Vorbehaltlich der Mitgliedstaatenoption des Art. 2 II EPG-RL für Konzernsachverhalte (s. Rn. 22 und in Bezug auf die Änderungsrichtlinie Rn. 55 f.), dürfen die Mitgliedstaaten die Gründung einer Einpersonengesellschaft, dh deren originäres Entstehen, weder verbieten noch mit spezifischen Sanktionen belegen. Die Richtlinie enthält allerdings **keine** Anforderungen an das Verfahren der Gründung einer Einpersonengesellschaft.[50] Sie statuiert lediglich die Pflicht, dass eine vom Anwendungsbereich der Richtlinie erfasste Gesellschaftsform nur durch einen Gründungsgesellschafter errichtet werden kann. Insoweit kommen im Hinblick auf die Gründung einer Einpersonengesellschaft die autonom-nationalen Bestimmungen des jeweiligen Mitgliedstaats zur Geltung.[51] Aus europäischer Sicht sind in diesem Rahmen allerdings wiederum die allgemein für Kapitalgesellschaften geltenden Regelungen der ehemaligen Publizitätsrichtlinie (= Art. 14 ff. Kodifizierungs-RL, s. dazu § 20) zu beachten.[52] Für eine nach mitgliedstaatlichem Recht zugelassene Einpersonen-AG gelten zudem die einschlägigen Vorgaben der ehemaligen Kapitalrichtlinie und heutigen Bestimmungen der Kodifizierungsrichtlinie für das Kapital von Aktiengesellschaften, wie zB die Aufbringung eines bestimmten Mindestkapitals (Art. 45 I Kodifizierungs-RL (ex-Art. 6 I Kapital-RL), dazu § 21 Rn. 33 ff.). Darüber hinaus ist es den Mitgliedstaaten jedoch erlaubt, nationale Regelungen zu schaffen, um den mit dem Vorhandensein nur eines Gesellschafters ggf. verbundenen **Risiken** Rechnung zu tragen.[53] Die Mitgliedstaaten können hierzu beispielsweise spezielle Vorgaben im Hinblick auf die **Einzahlung des gezeichneten Kapitals** erlassen. Von dieser Regelungsmöglichkeit hat Italien Gebrauch gemacht, indem Art. 2464 IV 1 c.c. fordert, dass Bareinlagen im Fall einer Einpersonen-s.r.l. sofort vollständig zu leisten sind (dazu § 14 Rn. 486), während dies bei der Mehrpersonen-s.r.l. nicht der Fall ist (dazu § 14 Rn. 446, 486). In diesem Zusammenhang ist jedoch zu beachten, dass die mitgliedstaatlichen Vorgaben für die Gründung einer Einpersonengesellschaft keinen generellen Verbotscharakter haben und damit die praktische Möglichkeit der Errichtung einer Gesellschaft mit nur einem Anteilseigner

45 Für die Anwendbarkeit der Richtlinienbestimmung ist damit eine der beiden Möglichkeiten ausreichend, vgl. *Kalss/Klampfl*, Europäisches Gesellschaftsrecht, 2015, Rn. 462; *Lutter/Bayer/Schmidt*, Europäisches Unternehmens- und Kapitalmarktrecht, 2017, Rn. 27.9; aA *Eckert* EuZW 1990, 54, 55 f.; *Kalss* in: Koppensteiner (Hrsg.), Österreichisches und Europäisches Wirtschaftsprivatrecht, Teil 1: Gesellschaftsrecht, 1994, S. 119, 293.

46 Zur Geltung kommen Art. 3-5 EPG-RL und Art. 8-11 EPG-RL; vgl. *Lutter/Bayer/Schmidt*, Europäisches Unternehmens- und Kapitalmarktrecht, 2017, Rn. 27.9; *Grundmann*, Europäisches Gesellschaftsrecht, 2011, Rn. 301.

47 *Habersack/Verse*, Europäisches Gesellschaftsrecht, 2011, § 10 Rn. 4; *Lutter/Bayer/Schmidt*, Europäisches Unternehmens- und Kapitalmarktrecht, 2017, Rn. 27.9.

48 *Lutter/Bayer/Schmidt*, Europäisches Unternehmens- und Kapitalmarktrecht, 2017, Rn. 27.9.

49 *Lutter/Bayer/Schmidt*, Europäisches Unternehmens- und Kapitalmarktrecht, 2017, Rn. 27.9; *Habersack/Verse*, Europäisches Gesellschaftsrecht, 2011, § 10 Rn. 4, Fn. 14; *Grundmann*, Europäisches Gesellschaftsrecht, 2011, Rn. 301; *Schwarz*, Europäisches Gesellschaftsrecht, 2000, Rn. 513, Fn. 408; aA *Eckert* EuZW 1990, 54, 55; *Kalss* in: Koppensteiner (Hrsg.), Österreichisches und Europäisches Wirtschaftsprivatrecht, Teil 1: Gesellschaftsrecht, 1994, S. 119, 293.

50 *Habersack/Verse*, Europäisches Gesellschaftsrecht, 2011, § 10 Rn. 6; *Lutter/Bayer/Schmidt*, Europäisches Unternehmens- und Kapitalmarktrecht, 2017, Rn. 27.13.

51 *Habersack/Verse*, Europäisches Gesellschaftsrecht, 2011, § 10 Rn. 6; *Lutter/Bayer/Schmidt*, Europäisches Unternehmens- und Kapitalmarktrecht, 2017, Rn. 27.13; *Schwarz*, Europäisches Gesellschaftsrecht, 2000, Rn. 514.

52 *Habersack/Verse*, Europäisches Gesellschaftsrecht, 2011, § 10 Rn. 6; *Lutter/Bayer/Schmidt*, Europäisches Unternehmens- und Kapitalmarktrecht, 2017, Rn. 27.13; *Schwarz*, Europäisches Gesellschaftsrecht, 2000, Rn. 514.

53 Erwägungsgrund 5 S. 5 EPG-RL.

nicht beschneiden dürfen.[54] Wo genau die Grenze zwischen zulässiger Regulierung von Gefahren bei einer Einpersonengesellschaft und der unzulässigen Sanktionierung der Gründung einer solchen Gesellschaft liegt, kann jedoch im Einzelfall schwer zu bestimmen sein. Jedenfalls zulässig sind Vorgaben, die einen spezifischen Firmenzusatz für eine Gesellschaft mit nur einem Anteileigner vorschreiben (bei der SUP ist dies der Fall, dazu § 9 Rn. 64 ff., die EURL in Frankreich wird dagegen nur im Sprachgebrauch so genannt. Es bleibt jedoch beim Rechtsformzusatz „SARL", dazu § 13 Rn. 459).

„Strohmann"-Gründungen, dh die Verwendung einer zweiten Person, die die Gesellschaft mit gründet und Gesellschafter wird, ihre Anteile jedoch für den eigentlichen Alleingesellschafter hält, wie sie vor Erlass der Richtlinie in vielen Mitgliedstaaten üblich waren, werden von der Richtlinie nicht angesprochen.[55] Der Richtlinie lässt sich an keiner Stelle entnehmen, dass eine Strohmann-Gründung unzulässig sei oder ebenfalls zur Anwendung der Schutzbestimmungen führen sollte.[56] 15

II. Nachträgliches Entstehen einer Einpersonengesellschaft

Neben der originären Gründung einer Einpersonengesellschaft gewährleistet die Richtlinie zudem die Zulässigkeit des **nachträglichen Entstehens** einer Einpersonengesellschaft durch Vereinigung aller Geschäftsanteile in der Hand eines Gesellschafters (Art. 2 I Var. 2 EPG-RL). Die Mitgliedstaaten müssen in Bezug auf das nachträgliche Entstehen das Weiterbestehen des Rechtsträgers als haftungsbeschränkte Kapitalgesellschaft **gewährleisten.**[57] Die Regelung des Art. 2 I Var. 2 EPG-RL geht insofern für GmbH zwingend und für AG im Rahmen der Mitgliedstaatenoption des Art. 6 EPG-RL dem Nichtigkeitsgrund des Art. 11 S. 1 lit. b.) vi) Kodifizierungs-RL (ex-Art. 12 S. 1 lit. b), vi) Publizitäts-RL, dazu § 20 Rn. 88 f.) als *lex specialis* vor.[58] Wie bei der Gründung einer Einpersonengesellschaft dürfen auch bei deren nachträglicher Entstehung die Mitgliedstaaten grundsätzlich **keine gesonderten Sanktionen** vorsehen, die die Ausübung des durch die Richtlinie gewährten Rechts auf Nutzung einer Einpersonengesellschaft unmöglich machen oder im Vergleich zur Gesellschaft mit mehreren Anteilseignern übermäßig erschweren.[59] Dies gilt insbesondere für die Anordnung der unbeschränkten, persönlichen Haftung des Alleingesellschafters oder dem Zwang zur Liquidation der Kapitalgesellschaft im Falle des nachträglichen Entstehens einer Einpersonengesellschaft.[60] Wie bei der originären Entstehung einer Einpersonen-GmbH können die Mitgliedstaaten allerdings Regeln schaffen, um der besonderen Gefahrenlage einer solchen Gesellschaft mit nur einem Anteilseigner zu begegnen. 16

III. Einpersonen-Unternehmen mit beschränkter Haftung

Art. 7 EPG-RL statuiert eine **Ausnahme** von der Verpflichtung, Einpersonen-GmbH nach nationalem Recht zuzulassen: Kannte das nationale Recht eines Mitgliedstaates zum Zeitpunkt der Umsetzung der Richtlinie ein Einpersonen-Unternehmen mit beschränkter Haftung, bestand für diesen Mitgliedstaat daher **keine** Pflicht, auch die Einpersonen-GmbH zuzulassen.[61] Die Geltung der Richtlinie ist jedoch nicht durch deren Umsetzung in nationales Recht begrenzt, sodass Art. 7 EPG-RL auch weiterhin als Ausnahmebestimmung anwendbar ist. Zumindest theoretisch denkbar wäre in diesem Sinne somit, dass ein Mitgliedstaat die Rechtsform eines Einpersonen-Unternehmens mbH einführt und die Möglichkeit einer Einpersonen-Kapitalgesellschaft nachträglich (dh trotz der ehemaligen Verpflichtung bei Erlass der Richtlinie) revidiert. In der Praxis hat jedoch kein Mitgliedstaat von dieser (theoretischen) Option Gebrauch gemacht. 17

Art. 7 EPG-RL beruht auf der damaligen Rechtslage in Portugal, wo bereits im Jahr 1986 ein **Einpersonen-Unternehmen mit beschränkter Haftung** (*estabelecimento individual de responsabilidade limitada* – EIRL) einge- 18

54 *Lutter/Bayer/Schmidt*, Europäisches Unternehmens- und Kapitalmarktrecht, 2017, Rn. 27.13.

55 *Habersack/Verse*, Europäisches Gesellschaftsrecht, 2011, § 10 Rn. 9; *Schwarz*, Europäisches Gesellschaftsrecht, 2000, Rn. 517; *Lutter/Bayer/Schmidt*, Europäisches Unternehmens- und Kapitalmarktrecht, 2017, Rn. 27.15; vgl. auch *Lutter* in: FS Brandner, 1996, S. 81, 85.

56 *Habersack/Verse*, Europäisches Gesellschaftsrecht, 2011, § 10 Rn. 9; *Lutter/Bayer/Schmidt*, Europäisches Unternehmens- und Kapitalmarktrecht, 2017, Rn. 27.15; *Kalss/Klampfl*, Europäisches Gesellschaftsrecht, 2015, Rn. 465, Fn. 1404.

57 *Lutter/Bayer/Schmidt*, Europäisches Unternehmens- und Kapitalmarktrecht, 2017, Rn. 27.14.

58 *Habersack/Verse*, Europäisches Gesellschaftsrecht, 2011, § 10 Rn. 2; *Lutter/Bayer/Schmidt*, Europäisches Unternehmens- und Kapitalmarktrecht, 2017, Rn. 27.14.

59 *Habersack/Verse*, Europäisches Gesellschaftsrecht, 2011, § 10 Rn. 6; *Lutter/Bayer/Schmidt*, Europäisches Unternehmens- und Kapitalmarktrecht, 2017, Rn. 27.14; *Kalss/Klampfl*, Europäisches Gesellschaftsrecht, 2015, Rn. 465.

60 *Lutter/Bayer/Schmidt*, Europäisches Unternehmens- und Kapitalmarktrecht, 2017, Rn. 27.14.

61 Vgl. nur *Lutter/Bayer/Schmidt*, Europäisches Unternehmens- und Kapitalmarktrecht, 2017, Rn. 27.17.

führt wurde.[62] Neben Portugal gibt es seit 2011 in Frankreich den Einzelunternehmer mit beschränkter Haftung (*L'entrepreneur individuel à responsabilité limitée* – EIRL) (dazu § 13 Rn. 207 ff.).[63] Die französische EIRL wird als **Mischform** zwischen einem Einzelunternehmen (*entreprise individuelle*) und der EURL als „echter" Gesellschaft angesehen. Auch sie tritt, wie die EIRL in Portugal, neben die Einpersonen-GmbH (*Entreprise Unipersonnelle à Responsabilité Limitée* – EURL). Insofern steht es Frankreich und Portugal theoretisch frei, von der Option des Art. 7 EPG-RL (auch nachträglich) Gebrauch zu machen (zur geplanten Änderung durch die Änderungsrichtlinie s. Rn. 54).[64] Tatsächlich kennen beide Länder jedoch die Einpersonen-GmbH (zur EU-RL in Frankreich s. § 13 Rn. 458 ff.).

19 Die Ausnahmeregelung des Art. 7 EPG-RL gilt sowohl für die **originäre Gründung** als auch das **nachträgliche Entstehen** einer Einpersonen-Kapitalgesellschaft.[65] Aus praktischer Sicht scheint die Möglichkeit des Einpersonen-Unternehmens mit beschränkter Haftung jedoch keine gleichwertige Alternative – insbesondere zum nachträglichen Entstehen einer Einpersonen-GmbH – zu sein. Vor allem aus gesellschaftsorganisationsrechtlichen Gründen ist es in aller Regel nicht vorzugswürdig, bei Wegfall des letzten Anteilseigners die Kapitalgesellschaft ggf. in ein Einpersonen-Unternehmen mbH „umzuwandeln". Hinzu kommt, dass die Richtlinie – auch wenn sie auf dem Gedanken der Förderung von KMU gründet (s. Rn. 1) – faktisch auch eine **konzernrechtliche Relevanz** besitzt.[66] Ein Einzelunternehmen eignet sich jedoch nicht als Konzernbaustein. Das zeigt sich auch am Beispiel der französischen EIRL, die beispielsweise kein der Einpersonen-GmbH gleichwertiges Instrument darstellt, da die EIRL keine Rechtspersönlichkeit besitzt (s. § 13 Rn. 210). Außerdem ist es grundsätzlich nur natürlichen Personen erlaubt, eine EIRL zu gründen (s. § 13 Rn. 212). Lediglich durch die Einführung eines Einzelunternehmers mbH würden die Ziele der Richtlinie daher wohl nicht erreicht.

20 Voraussetzung dafür, dass ein Mitgliedstaat eine Einpersonen-GmbH nach Art. 7 EPG-RL nicht zuzulassen braucht, ist neben der beschränkten Haftung des Einzelunternehmers auf ein bestimmtes **„Zweckvermögen"**, dass in Bezug auf das Einpersonen-Unternehmen mbH Schutzbestimmungen vorgesehen sind, die mit denen der Einpersonengesellschafts-Richtlinie sowie den übrigen, auf mitgliedstaatliche GmbH anwendbaren Unionsrechtsvorschriften (insbes. die einschlägigen Regelungen der ehemaligen Publizitätsrichtlinie (= Art. 14 ff. Kodifizierungs-RL) (dazu § 20) und der Bilanzrichtlinie (dazu § 25)) gleichwertig sind.[67] Entsprechende Schutzvorschriften müssen von dem jeweiligen Mitgliedstaat jedoch nur dann erlassen werden, wenn die Möglichkeit der Einpersonen-GmbH parallel zum Einzelunternehmer mbH nicht besteht. Existiert dagegen, wie zB in Portugal und Frankreich die Rechtsform des Einpersonen-Unternehmens mbH neben einer Einpersonen-GmbH, steht es dem Mitgliedstaat grundsätzlich frei, das Maß und den Umfang der auf das Einpersonen-Unternehmen mbH anzuwendenden Schutzvorschriften zu bestimmen.

21 Da mittlerweile alle Mitgliedstaaten eine Einpersonen-GmbH zulassen, hat Art. 7 EPG-RL aus heutiger Sicht **keine praktische Bedeutung** mehr (weshalb wohl auch die Änderungsrichtlinie die Streichung der Vorschrift vorsieht; s. Rn. 54).

IV. Mitgliedstaatenoption des Art. 2 II EPG-RL

22 Nach Art. 2 II EPG-RL können die Mitgliedstaaten „bis zur Koordinierung der einzelstaatlichen Vorschriften für das Konzernrecht"[68] **„besondere Bestimmungen oder Sanktionen"**[69] für Einpersonengesellschaften erlassen,[70] sofern „eine natürliche Person einziger Gesellschafter von mehreren Gesellschaften ist" (lit. a) oder „eine

62 Decreto-Lei No. 248/96 v. 25.8.1986; dazu *Driesen* GmbHR 1991, 49, 50; *Eckert* EuZW 1990, 54, 56; seit 1996 wurde indes auch in Portugal landesweit die Einpersonen-GmbH eingeführt und in Art. 270-A ff. CSC geregelt, dazu *Stieb* GmbHR 1994, R81. Die portugiesische EIRL besteht jedoch weiterhin fort, wird aber in der Praxis nur wenig angenommen vgl. *Stieb* in: Süß/Wachter (Hrsg.), Handbuch des internationalen GmbH-Rechts, 3. Aufl. 2016, Portugal, Rn. 5; *Roth/Kindler*, The Spirit of Corporate Law, 2013, S. 28; vgl. auch *Schwarz*, Europäisches Gesellschaftsrecht, 2000, Rn. 516.

63 Monographisch zur französischen EIRL *Terré*, EIRL, 2011; *Dubuisson*, L'entrepreneur individuel à responsabilité limitée, 2010; vgl. auch *Peifer* GmbHR 2010, 972 ff.; *Wedemann* RabelsZ 75 (2011) 541, 545 ff.

64 *Habersack/Verse*, Europäisches Gesellschaftsrecht, 2011, § 10 Rn. 10.

65 *Lutter/Bayer/Schmidt*, Europäisches Unternehmens- und Kapitalmarktrecht, 2017, Rn. 27.17, Fn. 57.

66 Dies gilt indes nicht nur für Großunternehmen, sondern auch in Teilen für mittelständige Unternehmen, die sich ggf. auch (noch) als KMU charakterisieren lassen sowie für größere mittelständige Unternehmen (GMU), vgl. zu diesen *Krebs/Jung* DB 2013, Heft 51/52, M 1.

67 *Lutter/Bayer/Schmidt*, Europäisches Unternehmens- und Kapitalmarktrecht, 2017, Rn. 27.17.

68 Bisher blieb es bei einem Richtlinienvorschlag über Regelungen zum Konzern aus dem Jahr 1984; mittlerweile tendiert die Europäische Kommission eher zu verschiedenen soft law-Ansätzen; zum Stand und zu Entwicklungen eines „Europäischen Konzernrechts" s. § 35.

69 Trotz des „oder" besteht kein zwingendes Alternativverhältnis zwischen beiden; „besondere Bestimmungen" und „Sanktion" können auch kumuliert werden, da es sich um ein kumulatives und nicht ein alternatives „oder" handelt; *Lutter/Bayer/Schmidt*, Europäisches Unternehmens- und Kapitalmarktrecht, 2017, Rn. 27.18, Fn. 71.

70 Anders als die Formulierung in Art. 7 EPG-RL (s. Rn. 17 ff.) ist der Wortlaut des Art. 2 II EPG-RL explizit auch auf die Zukunft ausgerichtet.

Einpersonengesellschaft oder eine andere juristische Person einziger Gesellschafter einer Gesellschaft ist" (lit. b). Mit der Regelung des Art. 2 II EPG-RL sollen **Besonderheiten** berücksichtigt werden können, die in einzelnen mitgliedstaatlichen Rechtsordnungen für Einpersonengesellschaften in diesen speziellen Konstellationen bestehen.[71] Der Vorentwurf zur Richtlinie sah in Art. 2 II EPG-RL-KOM[72] noch ein striktes Enkelverbot vor und in Art. 2 III EPG-RL-KOM eine Durchgriffshaftung des Alleingesellschafters, sofern es sich dabei um eine juristische Person handelte (s. bereits Rn. 2). Beide Regelungen entfielen allerdings im Laufe des Richtliniengebungsprozesses.[73] Damit den zur damaligen Zeit bestehenden Eigenheiten in den mitgliedstaatlichen Rechten für Einpersonengesellschaften dennoch stückweise Rechnung getragen werden konnte, entschied sich der Richtliniengeber unter den genannten Bedingungen einzelne Sonderregelungen für Kapitalgesellschaften mit nur einem Anteilseigner zuzulassen[74] (zur geplanten Streichung dieser Vorschrift in der Änderungsrichtlinie s. Rn. 55).

Nach Art. 2 II lit. a) EPG-RL können die Mitgliedstaaten Sonderbestimmungen für die Einpersonengesellschaft vorsehen, wenn eine natürliche Person einziger Gesellschafter von mehreren Kapitalgesellschaften ist (sog Mehrfach-Alleingesellschafter).[75] Diesbezüglich gestattet die Richtlinie den Mitgliedstaaten, bestimmte Sonderregelungen beizubehalten und/oder Sanktionen für diese Konstellation vorzusehen. Idee der Vorschrift ist es, mögliche Vorgaben zur Verhinderung von missbräuchlichen Vermögensaufspaltungen durch natürliche Personen zu gestatten.[76] Weiterhin können die Mitgliedstaaten gem. Art. 2 II lit. b) EPG-RL besondere Bestimmungen oder Sanktionen vorsehen, wenn der einzige Anteilseigner einer Gesellschaft entweder ebenfalls eine **Einpersonengesellschaft** oder eine **juristische Person** ist (sog „Gesellschaftsketten").[77] Die Regelung bezieht sich explizit auch auf die Fälle einer 100%igen Konzerntochter. Auch hier gestattet die Richtlinie, spezifische Sonderregelungen vorzusehen. 23

Art. 2 II EPG-RL enthält **keine konkreten Vorgaben** zu genannten Regelungsmöglichkeiten der Mitgliedstaaten. Diese können daher grundsätzlich darüber entscheiden, ob sie Vorschriften in diesem Zusammenhang erlassen wollen und wenn ja, wie sie diese ausgestalten wollen.[78] Entscheiden sich Mitgliedstaaten für Sanktionen, so ist es ihnen unter den Voraussetzungen des Art. 2 II EPG-RL gestattet, sowohl die Gründung einer Einpersonengesellschaft zu verbieten als auch die Auflösung einer nachträglich entstandenen Einpersonengesellschaft anzuordnen.[79] Darüber hinaus steht es den Mitgliedstaaten grundsätzlich zu, in den genannten Fällen die **persönlich-unbeschränkte Haftung** des (verbliebenen) Alleingesellschafters anzuordnen.[80] Im Zusammenhang mit der Haftungsbeschränkung bei Kapitalgesellschaften in Europa hat der EuGH – wenngleich auch nicht im Hinblick auf Einpersonengesellschaften – in der *Idryma Typou*-Entscheidung festgestellt, dass sich dem europäischen Gesellschaftsrecht kein allgemeiner Grundsatz der beschränkten Haftung von Kapitalgesellschaften entnehmen lässt.[81] Insofern steht die etwaige Anordnung einer unbeschränkten Haftung des Alleingesellschafters im Rahmen des Art. 2 II EPG-RL beim nachträglichen Entstehen einer Einpersonen-Kapitalgesellschaft damit im Einklang.[82] 24

Umstritten ist allerdings, ob Mitgliedstaaten in Anlehnung an den deutschen Wortlaut des Art. 2 II EPG-RL nur mithilfe von **Gesetzesrecht** („können die Gesetze der Mitgliedstaaten") von der Regelungsmöglichkeit des Art. 2 II EPG-RL Gebrauch machen dürfen **oder** ob auch **nationales Richterrecht** von der Mitgliedstaatenoption des 25

71 Vgl. Erwägungsgrund 5 S. 3 EPG-RL; *Teichmann* in: Gebauer/Teichmann (Hrsg.), Europäisches Privat- und Unternehmensrecht, 2016, § 6 Rn. 206.

72 Europäische Kommission, Vorschlag für die 12. Gesellschaftsrechtliche Richtlinie des Rates betreffend Gesellschaften mit beschränkter Haftung mit einem einzigen Gesellschafter, KOM(88) 101 endg., abgedruckt in BT-Drs. 11/2766, S. 5 ff.

73 Bereits im Entwurf vom 24.5.1989 waren diese Bestimmungen nicht mehr enthalten; vgl. Europäische Kommission, Geänderter Vorschlag für die 12. Gesellschaftsrechtliche Richtlinie des Rates betreffend Gesellschaften mit beschränkter Haftung mit nur einem einzigen Gesellschafter, 24.5.1989, KOM(89) 193.

74 *Lutter/Bayer/Schmidt*, Europäisches Unternehmens- und Kapitalmarktrecht, 2017, Rn. 27.18.

75 *Lutter/Bayer/Schmidt*, Europäisches Unternehmens- und Kapitalmarktrecht, 2017, Rn. 27.19.

76 *Lutter/Bayer/Schmidt*, Europäisches Unternehmens- und Kapitalmarktrecht, 2017, Rn. 27.19.

77 *Bayer/Schmidt* in: Lutter/Bayer (Hrsg.), Holding-Handbuch, 2015, Rn. 19.22; *Lutter/Bayer/Schmidt*, Europäisches Unternehmens- und Kapitalmarktrecht, 2017, Rn. 27.18; so beispielsweise in Belgien eine unbeschränkte Haftung der Muttergesellschaft für die Schulden der Tochter, wenn sowohl die Mutter- als auch die Tochtergesellschaft Einpersonengesellschaften sind (Art. 213 § 2 Code des sociétés), vgl. *Teichmann* in: Gebauer/Teichmann (Hrsg.), Europäisches Privat- und Unternehmensrecht, 2016, § 6 Rn. 203, Fn. 497.

78 *Lutter/Bayer/Schmidt*, Europäisches Unternehmens- und Kapitalmarktrecht, 2017, Rn. 27.21.

79 Bis 2014 durften französische Einmann-Unternehmen mit beschränkter Haftung (EURL) aufgrund des Art. L. 223-5 I C. com. nicht ausschließlich von einer anderen EURL gehalten werden. Seit 2014 sind solche Konstellationen jedoch erlaubt (s. dazu § 13 Rn. 459).

80 *Habersack/Verse*, Europäisches Gesellschaftsrecht, 2011, § 10 Rn. 11; *Kalss/Klampfl*, Europäisches Gesellschaftsrecht, 2015, Rn. 466; wohl auch *Lutter/Bayer/Schmidt*, Europäisches Unternehmens- und Kapitalmarktrecht, 2017, Rn. 27.21.

81 EuGH, Rs. C-81/09 (Idryma Typou), ECLI:EU:C:2010:622 = NZG 2010, 183, Rn. 42.

82 *Habersack/Verse*, Europäisches Gesellschaftsrecht, 2011, § 10 Rn. 11 ff.

Art. 2 II EPG-RL erfasst ist.[83] Aus Sicht der Praxis ist diese Frage nicht unerheblich. Vor allem bei der Gründung von EU/EWR-ausländischen Tochtergesellschaften durch ein Unternehmen aus einem anderen Mitgliedstaat als Alleingesellschafter (Art. 2 II (b) EPG-RL), ist es entscheidend zu wissen, unter welchen Bedingungen ggf. ein Haftungsdurchgriff oder anderweitige Sanktionen drohen. Hierbei ist es wiederum von Bedeutung, ob sich die maßgeblichen Regelungen bereits aus dem Gesetz oder (zusätzlich) im Wege einer richterlichen Rechtsfortbildung der nationalen Gerichte ergeben. Dies kann auch im Hinblick auf die Beratungspraxis maßgeblich für die Beurteilung sein, ob das Mutterunternehmen überhaupt beabsichtigt, mittels einer 100%igen Tochtergesellschaft in dem entsprechenden Mitgliedstaat tätig zu werden.

26 Zu klären ist damit, ob unter den Begriff **„Gesetze der Mitgliedstaaten"** des Art. 2 II EPG-RL auch die mitgliedstaatliche (höchstrichterliche) Rechtsprechung fällt. Die **Auslegung** des entsprechenden europäischen Rechtsbegriffs obliegt dem EuGH und ist europäisch-autonom vorzunehmen (vgl. dazu § 2 Rn. 80 ff.).[84] Die französische („*les législations*"), spanische („*las legislaciones*") und italienische („*le legislazioni*") Sprachfassung des Art. 2 II EPG-EL sprechen vergleichbar der deutschen Fassung von „Gesetzen" bzw. „Rechtsvorschriften". Gleiches gilt für die niederländische Fassung („*wetgevingen*"). Die englische Version verwendet dagegen nicht die Formulierung „können die *Gesetze* der Mitgliedstaaten besondere Bestimmungen oder Sanktionen vorsehen", sondern bezieht sich allein auf Bestimmungen und Sanktionen: „*Member States may* (…) *lay down special provisions or penalties*".[85] „*Lay down*" ist dabei tendenziell eher als normatives Recht zu verstehen. Der Wortlaut ist somit zwar nicht ganz eindeutig, spricht aber im Ergebnis eher gegen die Einbeziehung von Richterrecht. Da auch sonst für die Umsetzung grundsätzlich Gesetzesrecht erforderlich ist und Richterrecht allein nicht genügt,[86] sollte auch hier Gesetzesrecht verlangt werden. Für eine tatsächliche Begrenzung auf Gesetze iSv legislativen Normen spricht zudem die von der Richtlinie angestrebte Rechtssicherheit. Die Rechtssicherheit iSd Transparenz nationalen Rechts für ausländische Gesellschaftsgründer[87] würde geschmälert, wenn verschiedene Bestimmungen und Sanktionen, betreffend die von Art. 2 II EPG-RL erfassten Konstellationen von Einpersonengesellschaften, primär auf richterlicher – und insofern nicht kodifizierter – Rechtsfortbildung basieren würden.[88]

27 Andererseits ist auch Gesetzesrecht auslegungsbedürftig. Die normspezifische Auslegung entsprechender Rechtsvorschriften muss daher erfasst sein. Im Ergebnis müssen Sanktionen daher zwar eine gesetzliche Anbindung haben, bezüglich dieser gesetzlichen Vorgaben ist dann allerdings die Rechtsprechung zu beachten. Letztlich müssen die „besonderen Bestimmungen oder Sanktionen" in ihrer grundsätzlichen Wirkung **für den Rechtsanwender** (inländisch wie ausländisch) hinreichend **erkennbar** sein, um von der Ausnahmemöglichkeit des Art. 2 II EPG-RL erfasst zu sein.

28 Auch wenn die in Art. 2 II EPG-RL normierte Mitgliedstaatenoption ursprünglich durch Besonderheiten des damaligen französischen und belgischen Rechts angeregt wurde,[89] lässt sich weder dem Wortlaut noch dem Telos eine Geltungsbeschränkung auf diese beiden Mitgliedstaaten entnehmen. Es können somit alle Mitgliedstaaten von der Ausnahmebestimmung des Art. 2 II EPG-RL Gebrauch machen.[90] Dabei können die Mitgliedstaaten

---

83 Für die grundsätzliche Erfassung auch von Richterrecht BGH NJW 1993, 1200, 1204; *Kindler* ZHR 157 (1993) 1, 8 f.; *Lutter/Bayer/Schmidt*, Europäisches Unternehmens- und Kapitalmarktrecht, 2017, Rn. 27.21; *Habersack/Verse*, Europäisches Gesellschaftsrecht, 2011, § 10 Rn. 12, Fn. 38; *Habersack* in: Emmerich/Habersack (Hrsg.), Aktien- und GmbH-Konzernrecht, 8. Aufl. 2016, § 317 Anh. Rn. 6; wohl auch *Grundmann*, Europäisches Gesellschaftsrecht, 2011, Rn. 310, Fn. 38; gegen eine solche *Roth* ZIP 1992, 1054, 1055 f.; *Meilicke* DB 1992, 1867, 1870; *Knobbe-Keuk* DB 1992, 1461, 1464 f.; *Schüppen* DB 1993, 969, 970 f.; zweifelnd auch *Hirte* ZIP 1992, 1122, 1123.

84 Aufgrund der umstrittenen Problematik wäre insofern in der BGH-Entscheidung „TBB" (NJW 1993, 1200) eine Vorlage an den EuGH geboten gewesen, vgl. *Schüppen* DB 1993, 969, 972; zweifelnd auch *Schwarz*, Europäisches Gesellschaftsrecht, 2000, Rn. 519.

85 Ähnlich die polnische Version: „*Państwa członkowskie mogą* […] *ustanawiać szczególne przepisy lub sankcje*".

86 *Nettesheim* in: Grabitz/Hilf/Nettesheim (Hrsg.), Das Recht der Europäischen Union, 63. EL 2017, Art. 288 AEUV Rn. 125; *Ruffert* in: Callies/Ruffert (Hrsg.), EUV/AEUV, 5. Aufl. 2016, Art. 288 AEUV Rn. 35; im Hinblick auf eine hinreichende Publizität, Klarheit und Bestimmtheit für den Rechtsanwender auch EuGH, Rs. C-96/95 (Kommission/Deutschland), ECLI:EU:C:1997:165 = BB 1997, 432, Rn. 39.

87 Allgemein zur entsprechenden Herstellung von Transparenz im Zusammenhang mit der Erkennbarkeit nationaler Maßnahmen im Europäischen Gesellschaftsrecht *Krolop* in: Riesenhuber (Hrsg.), Europäische Methodenlehre, 3. Aufl. 2015, § 19 Rn. 45.

88 In diesem Zusammenhang sind aus deutscher Perspektive zudem allgemein die Grenzen einer richterlichen Rechtsfortbildung bei einer entsprechenden Verschlechterung der rechtlichen Situation enger gesteckt, vgl. BVerfG NJW 2015, 1506, 1508; BVerfG NJW 1986, 2242.

89 *Lutter/Bayer/Schmidt*, Europäisches Unternehmens- und Kapitalmarktrecht, 2017, Rn. 27.22; *Habersack/Verse*, Europäisches Gesellschaftsrecht, 2011, § 10 Rn. 11; vgl. auch *H.-D. Schwarz* IStR 1993, 23, 26 f.; *Kindler* ZHR 157 (1993) 1, 10, Fn. 36.

90 *Habersack/Verse*, Europäisches Gesellschaftsrecht, 2011, § 10 Rn. 11; *Lutter/Bayer/Schmidt*, Europäisches Unternehmens- und Kapitalmarktrecht, 2017, Rn. 27.22; im Grundsatz wohl auch *Kindler* ZHR 157 (1993) 1, 9 f.; hingegen für eine Beschränkung nur auf Frankreich und Belgien *Knobbe-Keuk* DB 1992, 1461, 1465; wohl auch *Hirte* ZIP 1992, 1122, 1123.

sowohl die beim **Erlass** der Richtlinie bereits diesbezüglich bestehenden Rechtsvorschriften iSv Gesetzen beibehalten als auch im Zuge der **Umsetzung der Richtlinie** bzw. im Nachhinein entsprechende Bestimmungen und/oder Sanktionen iSd Art. 2 II EPG-RL vorsehen.[91] Denn eine ***Standstill*-Verpflichtung** in der Form, dass nur bereits bestehende Sonderregelungen beibehalten, jedoch keine neuen Zugangsbeschränkungen geschaffen werden dürfen, lässt sich der Regelung nicht entnehmen.[92] Dies ergibt sich mittelbar bereits aus dem Wortlaut des Art. 2 II EPG-RL, der darauf abstellt, dass besondere Bestimmungen und/oder Sanktionen „bis zur Koordinierung der einzelstaatlichen Vorschriften für das Konzernrecht" per Gesetz vorgesehen sein können. Maßgeblich ist insofern die Angleichung des mitgliedstaatlichen Konzernrechts auf europäischer Ebene. Zudem sind Standstill-Verpflichtungen als solche zumeist nicht über einen entsprechend langen Zeitraum angelegt. Auch in Hinblick auf die Neu-Kodifizierung der 12. Richtlinie im Jahr 2009 kann es der Kommission nicht unterstellt werden, einen entsprechenden *Standstill*-Zustand in dem Wissen der bis dahin seit Erlass der Richtlinie erfolgten Maßnahmen in den Mitgliedstaaten fortzuführen und damit entsprechende Richtlinienverstöße ungeahndet zu lassen.

Noch einschneidender wäre die Regelung des Art. 2 II EPG-RL, wenn sie keinen abschließenden Charakter hätte. Denn die Reichweite der in Art. 2 II EPG-RL aufgeführten Ausnahmefälle ist aus praktischer Sicht von erheblicher Bedeutung. Sind doch insbesondere Haftungsfragen bei der Gründung und vor allem im laufenden Unternehmensgeschäft mitprägend im grenzüberschreitenden Verkehr. Sowohl aus dem Wortlaut der Norm als auch der Zielsetzung der Richtlinie lässt sich indes entnehmen, dass die beiden in Art. 2 II EPG-RL normierten Mitgliedstaatenoptionen einen **abschließenden Charakter** haben, dh keine weiteren Zugangsbeschränkungen für die von der Richtlinie erfassten Einpersonengesellschaften von den Mitgliedstaaten aufgestellt werden dürfen.[93] Nur so kann der vorgesehene Ausnahmecharakter der Vorschrift verwirklicht werden. Beispielsweise wäre die Verweigerung der Haftungsbeschränkung für eine natürliche Person als einziger Gesellschafter einer von der Richtlinie erfassten Kapitalgesellschaft, die gleichzeitig eine Mehrheitsbeteiligung an einer anderen Gesellschaft hält, nicht von der Mitgliedstaatenoption des Art. 2 II lit. a) EPG-RL erfasst und würde damit gegen die Richtlinie verstoßen.[94] Für Einpersonengesellschaften dürfen daher **nur** gemäß den in Art. 2 II lit. a) EPG-RL oder Art. 2 II lit. b) EPG-RL normierten Konstellationen besondere Bestimmungen und/oder Sanktionen von Mitgliedstaaten statuiert werden.[95] Dies gilt auch für den praktisch besonders wichtigen Aspekt des Konzernrechts.[96] 29

Art. 2 II EPG-RL kommt jedoch nur insoweit ein abschließender Charakter zu, wie es sich um **allgemeine Zugangsbeschränkungen** zu Einpersonengesellschaften als solchen handelt.[97] Art. 2 II EPG-RL erfasst also Sonderregelungen, die an die originäre Gründung einer Einpersonengesellschaft bzw. das nachträgliche Entstehen einer solchen durch Vereinigung aller Geschäftsanteile in einer Hand anknüpfen. Darüberhinausgehende Sanktionen (insbes. Haftungsregelungen), die im Einzelfall an ein bestimmtes Verhalten des Alleingesellschafters anknüpfen (zB Durchgriffshaftung bei missbräuchlicher Vermögensvermischung,[98] existenzvernichtende Eingriffe[99] oder die allgemeinen Vorschriften der Geschäftsführerhaftung),[100] sind insofern zulässig und im Grundsatz mit der Richtlinie vereinbar.[101] Für die Zulässigkeit entsprechender Haftungsregeln spricht insofern auch Erwägungs- 30

91 *Habersack/Verse*, Europäisches Gesellschaftsrecht, 2011, § 10 Rn. 11; *Lutter/Bayer/Schmidt*, Europäisches Unternehmens- und Kapitalmarktrecht, 2017, Rn. 27.22.

92 Für eine Interpretation als Standstill-Regelung jedoch *Grundmann*, Europäisches Gesellschaftsrecht, 2011, Rn. 304; *Kindler* ZHR 157 (1993) 1, 11.

93 *Bayer/Schmidt* in: Lutter/Bayer (Hrsg.), Holding-Handbuch, 5. Aufl. 2015, Rn. 19-23; *Habersack/Verse*, Europäisches Gesellschaftsrecht, 2011, § 10 Rn. 12; *Lutter/Bayer/Schmidt*, Europäisches Unternehmens- und Kapitalmarktrecht, 2017, Rn. 27.23; *Grundmann*, Europäisches Gesellschaftsrecht, 2011, Rn. 302; *Kindler* ZHR 157 (1993) 1, 11 f.; *Meilicke* DB 1992, 1867 f.

94 *Habersack/Verse*, Europäisches Gesellschaftsrecht, 2011, § 10 Rn. 12; *Grundmann*, Europäisches Gesellschaftsrecht, 2011, Rn. 305.

95 *Lutter/Bayer/Schmidt*, Europäisches Unternehmens- und Kapitalmarktrecht, 2017, Rn. 27.23; vgl. auch *Habersack* in: Emmerich/Habersack (Hrsg.), Aktien- und GmbH-Konzernrecht, 8. Aufl. 2016, § 317 Anh. Rn. 6.

96 *Lutter/Bayer/Schmidt*, Europäisches Unternehmens- und Kapitalmarktrecht, 2017, Rn. 27.23.

97 *Habersack/Verse*, Europäisches Gesellschaftsrecht, 2011, § 10 Rn. 12; *Lutter/Bayer/Schmidt*, Europäisches Unternehmens- und Kapitalmarktrecht, 2017, Rn. 27.24.

98 *Grundmann*, Europäisches Gesellschaftsrecht, 2011, Rn. 307; *Lutter/Bayer/Schmidt*, Europäisches Unternehmens- und Kapitalmarktrecht, 2017, Rn. 27.24; *Drygala* ZIP 1992, 1528, 1531; *Habersack/Verse*, Europäisches Gesellschaftsrecht, 2011, § 10 Rn. 14.

99 *Habersack/Verse*, Europäisches Gesellschaftsrecht, 2011, § 10 Rn. 14; hierzu aus deutscher Sicht BGH NJW 2007, 2689 („Trihotel") (Schadensersatzhaftung aus § 826 BGB beim existenzvernichtenden Eingriff); ferner BGH NJW 2001, 3622 („Bremer Vulkan"); BGH NJW 2002, 1803 („KBV").

100 *Drygala* ZIP 1992, 1528, 1531; *Lutter/Bayer/Schmidt*, Europäisches Unternehmens- und Kapitalmarktrecht, 2017, Rn. 27.24.

101 *Habersack/Verse*, Europäisches Gesellschaftsrecht, 2011, § 10 Rn. 14; *Lutter/Bayer/Schmidt*, Europäisches Unternehmens- und Kapitalmarktrecht, 2017, Rn. 27.24; vgl. auch *Grundmann*, Europäisches Gesellschaftsrecht, 2011, Rn. 307; *Kalss/Klampfl*, Europäisches Gesellschaftsrecht, 2015, Rn. 462.

grund 4 EPG-RL. Danach dürfen die Mitgliedstaaten „in Ausnahmefällen" die Haftung des Alleingesellschafters für die Verbindlichkeiten der Gesellschaft vorsehen. Durch die Bezugnahme des Erwägungsgrunds 4 EPG-RL auf Ausnahmefälle wird deutlich, dass die Inanspruchnahme des Alleingesellschafters nicht zur Regel werden darf. Die nationalen Vorgaben müssen sich also im Rahmen des von der Richtlinie Erlaubten halten.[102]

E. Schutzbestimmungen

31 In Einpersonengesellschaften fehlt es in aller Regel[103] an gesellschaftsinternen Kontrollmöglichkeiten, dh an einer innergesellschaftlichen Überwachung durch die jeweils anderen Organe,[104] da der Alleingesellschafter nicht durch andere Gesellschafter kontrolliert wird und häufig auch Gesellschafter-Geschäftsführer ist und somit auch die Verantwortung für die Geschäftsführung trägt. Dadurch steigt die Gefahr der Vermögensvermischung und des daraus folgenden Entzugs des Haftungssubstrats.[105] Gerade aus Gläubigersicht birgt die Einpersonengesellschaft daher Risiken. Um diesen Gefahren zu begegnen, sehen Art. 3 bis 5 EPG-RL **spezielle Schutzvorschriften** bei Einpersonengesellschaften vor. Damit soll ein unionsweit harmonisierter **Mindestschutz** Dritter gewährleistet werden.[106] In diesem Sinne beziehen sich die Schutzvorschriften der Art. 3 bis 5 EPG-RL auf Fragen der **Publizität** der Einpersonengesellschaft, der **Beschlussfassung** in der Einpersonengesellschaft und der Problematik von **In-sich-Geschäften** zwischen dem Alleingesellschafter und der Gesellschaft. Die Bestimmungen der Art. 3 bis 5 EPG-RL besitzen nur einen Mindestnormcharakter, mit dem zumindest ein gewisser Schutz vor dem mit der Nutzung einer Einpersonengesellschaft potenziell verbundener Gefahren für den Rechtsverkehr sichergestellt werden soll.[107] In den Grenzen des *effet utile* steht es den Mitgliedstaaten daher grundsätzlich offen, weitere Schutzbestimmungen zu erlassen.

I. Publizitätsanforderungen

32 Art. 3 EPG-RL befasst sich mit den Publizitätsanforderungen einer **nachträglich entstehenden Einpersonengesellschaft.** Wird die Gesellschaft durch Vereinigung aller Geschäftsanteile in der Hand eines Gesellschafters zu einer von der Richtlinie erfassten Einpersonengesellschaft, sind diese Tatsache und die Identität des Alleingesellschafters offenzulegen. Art. 3 EPG-RL bezieht sich **nicht** auf die Gründung einer Einpersonengesellschaft. Dort gelten bereits die allgemeinen Offenlegungsvorschriften der ehemaligen Publizitätsrichtlinie (Art. 14 lit. a) Kodifizierungs-RL (ex-Art. 2 lit. a) Publizitäts-RL) (dazu § 20 Rn. 28 f.).[108] Daher bedurfte es im Rahmen der Schaffung der Richtlinie nur noch einer Angleichung der Publizitätsanforderungen bei der nachträglichen Entstehung einer Einpersonengesellschaft durch Wegfall des vorletzten Anteilseigners.

33 Offenzulegen sind nach Art. 3 EPG-RL zum einen die Tatsache, dass eine Einpersonengesellschaft **entstanden ist**; zum anderen die **Identität des Alleingesellschafters.** Die Richtlinienregelung bezieht sich dabei jedoch nur auf das rechtliche Vorhandensein nur eines Anteilseigners („Vereinigung aller Anteile in einer Hand"). Den praktischen Fall, dass zB ein zweiter Gesellschafter seine Geschäftsanteile **treuhänderisch** für den Mitgesellschafter als wirtschaftlich Berechtigten hält und damit faktisch nur ein Gesellschafter vorhanden ist, umfasst der Wortlaut von Art. 3 EPG-RL hingegen nicht. Aufgrund der ebenfalls (bewusst) fehlenden Regelung von Strohmanngründungen (s. Rn. 15) sowie der Tatsache des Verweises in Art. 3 EPG-RL auf die Bestimmungen der ehemaligen Publizitätsrichtlinie (jetzt Teil der Kodifizierungs-RL), wo aus der Gesellschafterliste ebenfalls nur der/die rechtliche Eigentümer für den Rechtsverkehr ersichtlich wird/werden, fehlt es insofern wohl auch an einer Analogiegrundlage für diesen Fall. Die Richtlinie gewährleistet daher diesbezüglich keinen vollständigen Umgehungsschutz.

34 Unter der Identität des Alleingesellschafters wird man solche Angaben zu verstehen haben, mit der eine eindeutige Identifizierung des verbliebenen Anteilseigners für den Rechtsverkehr möglich ist. Für natürliche Personen

102 *Engert* in: Langenbucher (Hrsg.), Europäisches Privat- und Wirtschaftsrecht, 2017, § 5 Rn. 54.

103 Vor allem bei KMU ist eine etwaige Fremdorganschaft unwahrscheinlich; der Alleingesellschafter ist daher meist gleichzeitig auch einziger Geschäftsführer der Einpersonen-Gesellschaft.

104 *Schwarz*, Europäisches Gesellschaftsrecht, 2000, Rn. 520; *Lutter/Bayer/Schmidt*, Europäisches Unternehmens- und Kapitalmarktrecht, 2017, Rn. 27.25; *Grundmann*, Europäisches Gesellschaftsrecht, 2011, Rn. 296.

105 *Grohmann*, Das Informationsmodell im Europäischen Gesellschaftsrecht, 2006, S. 304; *Grundmann*, Europäisches Gesellschaftsrecht, 2011, Rn. 296; *Lutter/Bayer/Schmidt*, Europäisches Unternehmens- und Kapitalmarktrecht, 2017, Rn. 27.28; *Schwarz*, Europäisches Gesellschaftsrecht, 2000, Rn. 520.

106 *Lutter/Bayer/Schmidt*, Europäisches Unternehmens- und Kapitalmarktrecht, 2017, Rn. 27.28; *Kalss/Klampfl*, Europäisches Gesellschaftsrecht, 2015, Rn. 469; siehe auch *Schwarz*, Europäisches Gesellschaftsrecht, 2000, Rn. 520.

107 *Grundmann*, Europäisches Gesellschaftsrecht, 2011, Rn. 296; speziell für die Publizitätsanforderungen nach Art. 3 EPG-RL *Habersack/Verse*, Europäisches Gesellschaftsrecht, 2011, § 10 Rn. 15.

108 *Habersack/Verse*, Europäisches Gesellschaftsrecht, 2011, § 10 Rn. 15; *Schwarz*, Europäisches Gesellschaftsrecht, 2000, Rn. 520; *Lutter/Bayer/Schmidt*, Europäisches Unternehmens- und Kapitalmarktrecht, 2017, Rn. 27.30; *Grundmann*, Europäisches Gesellschaftsrecht, 2011, Rn. 297, Fn. 22.

sind daher zumindest die Angabe des Vor- und Zunamens, das Geburtsdatum sowie der Wohnort erforderlich.[109] Für juristische Personen bzw. verselbstständigte Personenvereinigungen als Alleingesellschafter bedarf es zumindest der Angabe der Firma der Gesellschaft inklusive Rechtsformzusatz, deren – sofern vorhanden – (Handels-) Registernummer und das zuständige Registergericht. Zudem ist für eine genaue Identifizierung wohl auch die Geschäftsadresse erforderlich. Hinsichtlich der konkreten **Modalitäten der Offenlegung** lässt Art. 3 EPG-RL den Mitgliedstaaten die Wahl, ob sie die Publizität über die Eintragung in das zuständige Register iSd Art. 16 I, III Kodifizierungs-RL (ex-Art. 3 I, III Publizitäts-RL) (dazu § 20 Rn. 15 ff.) gewährleisten[110] oder ob sie die Tatsache der Einpersonengesellschaft sowie die Identität des Alleingesellschafters in einem Register vermerken, das bei der Gesellschaft geführt wird und der Öffentlichkeit zugänglich ist.[111] Maßgeblich ist insofern allein die Offenlegung in einem **für jedermann zugänglichen Register.**[112] Die entsprechenden Informationen müssen dagegen nicht auch auf den Geschäftskorrespondenzen der Einpersonengesellschaft iSd Art. 26 Kodifizierungs-RL (ex-Art. 5 Publizitäts-RL) (dazu § 20 Rn. 25 ff.) aufgenommen werden.[113]

Im Hinblick auf die **Sanktionierung** von Verstößen gegen die genannten Offenlegungspflichten enthält die Richtlinie selbst **keine** ausdrücklichen Vorgaben. Es obliegt daher den Mitgliedstaaten, angemessene Sanktionen bei der Missachtung der Anmeldeverpflichtungen festzusetzen.[114] Dabei müssen sie allerdings den *effet utile*-Grundsatz berücksichtigen. Um den Vorgaben des Art. 3 EPG-RL effektive Wirksamkeit im jeweils nationalen Recht zu verleihen, müssen die anzuordnenden Sanktionsmittel des jeweiligen Mitgliedstaats daher wirksam, verhältnismäßig und abschreckend sein (zum *effet utile* s. § 2 Rn. 127 ff., zu Sanktionen im Allgemeinen auch Rn. 48).[115] 35

Das deutsche GmbH-Recht kommt der Verpflichtung aus Art. 3 EPG-RL durch die Regelung in **§ 40 I 1 GmbHG** nach.[116] Hiernach haben der bzw. die Geschäftsführer der Gesellschaft unverzüglich nach Wirksamwerden jeder Veränderung in den Personen der Gesellschafter oder des Umfangs ihrer Beteiligung eine von ihnen unterschriebene Liste der Gesellschafter zum Handelsregister einzureichen, aus welcher ua Name, Vorname, Geburtsdatum und Wohnort zu entnehmen sind. Bei Verletzung dieser Einreichungspflicht trifft den Geschäftsführer – im Falle der nachträglich entstehenden Einpersonengesellschaft zumeist der verbliebene Gesellschafter – die spezielle Haftungsregelung des **§ 40 III GmbHG.**[117] Diese gilt unbeschadet der Verhängung eines Zwangsgeldes gem. § 14 HGB iVm §§ 388 ff. FamFG.[118] Für die deutsche AG besteht mit **§ 42 AktG** eine spezielle Regelung für die Mitteilungspflicht betreffend der nachträglichen Entstehung einer Einpersonen-AG. Gehören alle Aktien allein oder neben der Gesellschaft einem Aktionär, so ist unverzüglich eine entsprechende Mitteilung unter Angabe von Name, Vorname, Geburtsdatum und Wohnort des alleinigen Aktionärs zum Handelsregister einzureichen. Die Regelung wurde im Zuge der Zulässigkeit einer Einpersonen-AG und damit in Umsetzung von Art. 3 iVm Art. 6 EPG-RL ins deutsche Aktiengesetz eingefügt.[119] § 42 AktG geht dabei – richtlinienkonform – insoweit über die Anforderungen des Art. 3 EPG-RL hinaus, als zum einen auch das Halten eigener Aktien für die Mitteilungspflicht unbeachtlich bleibt und zum anderen alle Entstehungsformen einer Einpersonen-AG erfasst werden.[120] Auch hier kommt bei Verstößen zumindest die Verhängung eines Zwangsgeldes (§ 14 HGB iVm §§ 388 ff. FamFG) als Sanktion in Betracht.[121] 36

109 *Lutter/Bayer/Schmidt*, Europäisches Unternehmens- und Kapitalmarktrecht, 2017, Rn. 27.30; *Kalss/Klampfl*, Europäisches Gesellschaftsrecht, 2015, Rn. 470.

110 Einer Bekanntmachung iSd Art. 16 V Kodifizierungs-RL (ex-Art. 3 V Publizitäts-RL) bedarf es hingegen nicht, vgl. *Lutter/Bayer/Schmidt*, Europäisches Unternehmens- und Kapitalmarktrecht, 2017, Rn. 27.31.

111 Die zweite Möglichkeit wurde aufgrund der nationalen Besonderheiten in einigen Mitgliedstaaten eingeführt; *Lutter/Bayer/Schmidt*, Europäisches Unternehmens- und Kapitalmarktrecht, 2017, Rn. 27.31.

112 Vgl. Erwägungsgrund 6 EPG-RL.

113 Dazu mit Begründung *Lutter/Bayer/Schmidt*, Europäisches Unternehmens- und Kapitalmarktrecht, 2017, Rn. 27.31.

114 *Habersack/Verse*, Europäisches Gesellschaftsrecht, 2011, § 10 Rn. 16; *Lutter/Bayer/Schmidt*, Europäisches Unternehmens- und Kapitalmarktrecht, 2017, Rn. 27.32; *Grohmann*, Das Informationsmodell im Europäischen Gesellschaftsrecht, 2006, S. 307.

115 *Habersack/Verse*, Europäisches Gesellschaftsrecht, 2011, § 10 Rn. 16; *Lutter/Bayer/Schmidt*, Europäisches Unternehmens- und Kapitalmarktrecht, 2017, Rn. 27.32; *Grohmann*, Das Informationsmodell im Europäischen Gesellschaftsrecht, 2006, S. 307.

116 *Lutter/Bayer/Schmidt*, Europäisches Unternehmens- und Kapitalmarktrecht, 2017, Rn. 27.33; *Habersack/Verse*, Europäisches Gesellschaftsrecht, 2011, § 10 Rn. 16; *Schwarz*, Europäisches Gesellschaftsrecht, 2000, Rn. 521.

117 Eine Haftung kommt allerdings nur in den (wohl seltenen) Fällen in Betracht, in denen ein Gläubiger direkt oder indirekt auf den ausgeschiedenen Gesellschafter hätte zugreifen können.

118 Vgl. *Lutter/Bayer/Schmidt*, Europäisches Unternehmens- und Kapitalmarktrecht, 2017, Rn. 27.33.

119 *Arnold* in: KK-AktG, Bd. 1, 3. Aufl. 2012, § 42 Rn. 1; *Hüffer/Koch*, AktG, 13. Aufl. 2018, § 42 Rn. 1; *Pentz* in: MüKo AktG, Bd. 1, 4. Aufl. 2016, § 42 Rn. 2.

120 *Pentz* in: MüKo AktG, Bd. 1, 4. Aufl. 2016, § 42 Rn. 3.

121 Darüber hinaus ggf. eine Haftung aus § 823 II BGB, so *Lutter* AG 1994, 429, 435; *Lutter/Bayer/Schmidt*, Europäisches Unternehmens- und Kapitalmarktrecht, 2017, Rn. 27.33; *Pentz* in: MüKo AktG, Bd. 1, 4. Aufl. 2016,

II. Beschlussfassung in der Einpersonengesellschaft

37 Nach Art. 4 I EPG-RL übt der einzige Gesellschafter „die Befugnisse der Gesellschafterversammlung aus". Auch die Einpersonengesellschaft besitzt damit ein **eigenständiges Willensbildungsorgan.**[122] Wie bei mehrgliedrigen Gesellschaften besteht somit eine eindeutige Trennung zwischen dem geschäftsführenden Organ der Gesellschaft und der Versammlung der Anteilseigner der Gesellschaft (in diesem Fall des Alleingesellschafters). Zumindest formal ist daher auch bei einer Einpersonengesellschaft das Leitungsorgan (Geschäftsführung) vom Willensbildungsorgan (Gesellschafterversammlung) zu unterscheiden.[123] Zumindest in kleinen und mittleren GmbH ist in aller Regel der Alleingesellschafter allerdings gleichzeitig der einzige Geschäftsführer der Einpersonengesellschaft. Dennoch ist auch in diesen Situationen zwischen der Eigenschaft des Alleingesellschafters als geschäftsführendes Verwaltungsorgan und der des einzigen Anteilseigners der Gesellschaft zu trennen. Sofern der jeweilige Mitgliedstaat auch die Gründung bzw. das nachträgliche Entstehen einer Einpersonen-AG nach nationalem Recht zulässt (s. Rn. 16), bleiben – sofern ein dualistisches System besteht bzw. gewählt wurde – die nationalen Modalitäten für die Bildung eines Aufsichtsrates von den Vorgaben unberührt.[124] Auch bei einer deutschen Einpersonen-AG ist daher ein Aufsichtsrat nach den Vorgaben der §§ 95 ff. AktG zu bilden.

38 Das **Stimmrecht** des Alleingesellschafters kann nicht nur durch ihn selbst, sondern grundsätzlich auch durch Bevollmächtigte ausgeübt werden.[125] Denn auf ein noch im Richtlinien-Entwurf statuiertes Vertretungsverbot (vgl. Art. 4 I EPG-RL-KOM) wurde in der endgültigen Fassung verzichtet.[126] Die Mitgliedstaaten können somit entscheiden, ob sie eine Delegation zulassen oder unterbinden möchten (zum Delegationsverbot des französischen Gesetzgebers mit Blick auf die EURL, vgl. Art. L. 223-31 III 1 C. com., dazu § 13 Rn. 461).

39 Die **Befugnisse** der (Einpersonen-) **Gesellschafterversammlung** sind von der Richtlinie nicht geregelt.[127] Einzelne Zustimmungserfordernisse ergeben sich indes aus anderen europäischen Sekundärrechtsakten. So bedarf es insbesondere bei (grenzüberschreitenden) Strukturmaßnahmen idR der Zustimmung der Anteilseignerversammlung per Beschluss. Hierbei statuieren die jeweiligen Richtlinien selbst jedoch zT Ausnahmen bei 100%igen Beteiligungen (zB Art. 25 S. 1 lit. a) Verschmelzungs-RL (dazu § 22 Rn. 87); Art. 20 Spaltungs-RL (dazu § 23 Rn. 55)). In nicht auf europäischer Ebene geregelten Bereichen bemisst sich die Kompetenzzuordnung der Gesellschafterversammlung sowohl bei Gesellschaften mit mehreren Gesellschaftern als auch bei Einpersonengesellschaften nach dem autonomen Recht der Mitgliedstaaten. Eine die Zuständigkeiten der Hauptversammlung von Aktiengesellschaften regelnde Strukturrichtlinie ist über das Stadium eines Richtlinienvorschlags[128] nicht hinaus gekommen und wird derzeit auch nicht weiter verfolgt (dazu § 18 Rn. 17).

40 Gemäß Art. 4 II EPG-RL müssen die vom Alleingesellschafter gefassten Gesellschafterbeschlüsse in eine **Niederschrift** (dh ein „Versammlungsprotokoll")[129] **aufgenommen** oder **schriftlich** iS einer textlichen Fixierung[130] **abgefasst** werden. Damit soll im Rahmen einer diesbezüglichen Mindestharmonisierung eine nach außen gerichtete, nachvollziehbare Entscheidungsdokumentation gewährleistet und letztlich das Maß an Rechtssicherheit für Dritte gegenüber der Einpersonengesellschaft erhöht werden (zum Aufbewahrungserfordernis nach der Änderungsrichtlinie s. Rn. 57 f.).[131] Die Folgen eines Verstoßes gegen die Formvorschriften des Art. 4 II EPG-RL bestimmt die Richtlinie selbst jedoch nicht.[132] Vielmehr obliegt die Festlegung von Sanktionen autonom den Mit-

---

§ 42 Rn. 17; in § 42 AktG hingegen kein Schutzgesetz iSd § 823 II BGB sehend *Hoffmann-Becking* ZIP 1995, 1, 4.

122 *Schwarz*, Europäisches Gesellschaftsrecht, 2000, Rn. 522; *Habersack/Verse*, Europäisches Gesellschaftsrecht, 2011, § 10 Rn. 17; *Lutter/Bayer/Schmidt*, Europäisches Unternehmens- und Kapitalmarktrecht, 2017, Rn. 27.34; *Grundmann*, Europäisches Gesellschaftsrecht, 2011, Rn. 298; aus deutscher Perspektive siehe auch *Gerber* in: Spindler/Stilz (Hrsg.), AktG, Bd. 1, 3. Aufl. 2015, § 42 Rn. 12.

123 *Habersack/Verse*, Europäisches Gesellschaftsrecht, 2011, § 10 Rn. 17.

124 Aus deutscher Sicht vgl. *Pentz* in: MüKo AktG, Bd. 1, 4. Aufl. 2016, § 42 Rn. 14; *Hüffer/Koch*, AktG, 13. Aufl. 2018, § 42 Rn. 2.

125 *Schwarz*, Europäisches Gesellschaftsrecht, 2000, Rn. 522, Fn. 436; *Habersack/Verse*, Europäisches Gesellschaftsrecht, 2011, § 10 Rn. 17; *Lutter/Bayer/Schmidt*, Europäisches Unternehmens- und Kapitalmarktrecht, 2017, Rn. 27.34.

126 *Lutter/Bayer/Schmidt*, Europäisches Unternehmens- und Kapitalmarktrecht, 2017, Rn. 27.34.

127 *Lutter/Bayer/Schmidt*, Europäisches Unternehmens- und Kapitalmarktrecht, 2017, Rn. 27.34.

128 Vorschlag einer fünften Richtlinie zur Koordinierung der Schutzbestimmungen hinsichtlich der Struktur der Aktiengesellschaft sowie der Befugnisse und Verpflichtungen ihrer Organe, KOM(72) 887.

129 *Lutter/Bayer/Schmidt*, Europäisches Unternehmens- und Kapitalmarktrecht, 2017, Rn. 27.35.

130 Zum Ausreichen einer textlichen Fixierung *Lutter/Bayer/Schmidt*, Europäisches Unternehmens- und Kapitalmarktrecht, 2017, Rn. 27.34.

131 *Lutter/Bayer/Schmidt*, Europäisches Unternehmens- und Kapitalmarktrecht, 2017, Rn. 27.35; *Grundmann*, Europäisches Gesellschaftsrecht, 2011, Rn. 298; *Habersack/Verse*, Europäisches Gesellschaftsrecht, 2011, § 10 Rn. 18.

132 *Lutter/Bayer/Schmidt*, Europäisches Unternehmens- und Kapitalmarktrecht, 2017, Rn. 27.36.

gliedstaaten,[133] wobei die bestimmten Rechtsfolgen effektive Wirksamkeit entfalten müssen (zu Sanktionen im Allgemeinen auch Rn. 48).[134]

41 Befinden sich alle Geschäftsanteile der Gesellschaft in der Hand eines Gesellschafters, ist im deutschen GmbH-Recht nach **§ 48 III GmbHG** unverzüglich eine unterschriebene Niederschrift der Beschlussfassung aufzunehmen. Für die deutsche AG schreibt **§ 130 I 2 AktG** generell zumindest eine vom Aufsichtsrat unterschriebene Niederschrift vor.[135] Dies gilt vorbehaltslos auch für die Einpersonen-AG. Verstöße gegen die formellen Anforderungen des § 130 I, II 1, IV AktG führen gem. § 241 Nr. 2 AktG zur Nichtigkeit des Beschlusses. Verstöße gegen § 48 III GmbHG führen bei der Einpersonen-GmbH davon abweichend nicht zur Nichtigkeit des Beschlusses,[136] sondern lassen dessen Gültigkeit vielmehr unberührt.[137] Indes bleibt der Verstoß in beweisrechtlicher Hinsicht nicht sanktionslos[138] und führt ggf. zu Schadensersatzansprüchen.[139]

III. In-sich-Geschäfte

42 In der überwiegenden Zahl – zumindest kleiner bis mittlerer – GmbH ist der Alleingesellschafter gleichzeitig auch alleiniger Geschäftsführer der Gesellschaft. In diesem Fall besteht in besonderem Maße die **Gefahr der Vermögensvermischung** und damit letztlich des Konflikts zwischen den Interessen des Alleingesellschafters und denen der Gesellschaft als eigenständiges Rechtssubjekt bzw. der Gläubiger.[140] Mit der Regelung des Art. 5 EPG-RL soll zur vorbeugenden Eindämmung dieser Gefahr für ein **Mindestmaß an Transparenz** im Hinblick auf Geschäfte zwischen dem Alleingesellschafter und der von ihm vertretenen Gesellschaft sichergestellt werden.[141] Aus praktischer Sicht soll damit vor allem auch im Hinblick auf eine spätere potenzielle Insolvenz der Einpersonengesellschaft der Insolvenzverwalter die Möglichkeit haben, Transaktionen zwischen der Gesellschaft und dem Geschäftsführer als gleichzeitigem Alleingesellschafter sowie etwaige (unzulässige) Vermögensverschiebungen nachzuvollziehen und zu überprüfen.[142]

43 Die Einpersonengesellschafts-Richtlinie **verbietet** entsprechende In-sich-Geschäfte zwischen dem Alleingesellschafter und der von ihm als Geschäftsführer vertretenen Gesellschaft allerdings **nicht** und überlässt die Frage der Zulässigkeit damit im Grundsatz den Mitgliedstaaten.[143] Auch verzichtet die Richtlinie darauf, die Aufnahme der Befugnis zur Vornahme von In-sich-Geschäften im Gesellschaftsvertrag bzw. der Satzung der Einpersonen-Gesellschaft vorzusehen.[144] Vielmehr schreibt Art. 5 I EPG-RL vor, dass Verträge, die zwischen dem einzigen Gesellschafter und der von ihm vertretenen Gesellschaft abgeschlossen werden, in eine **Niederschrift** aufzunehmen oder **schriftlich** abzufassen sind. Ziel der Vorschrift ist es, solche Transaktionen zumindest nachvollziehbar zu machen.[145] Im Hinblick auf die Vermeidung von Interessenkonflikten gilt das entsprechende Formerfordernis dabei sowohl für die Konstellation, dass der Alleingesellschafter einziger oder zumindest einzelvertre-

133 *Lutter/Bayer/Schmidt*, Europäisches Unternehmens- und Kapitalmarktrecht, 2017, Rn. 27.36; *Habersack/Verse*, Europäisches Gesellschaftsrecht, 2011, § 10 Rn. 18.

134 *Lutter/Bayer/Schmidt*, Europäisches Unternehmens- und Kapitalmarktrecht, 2017, Rn. 27.36; *Habersack/Verse*, Europäisches Gesellschaftsrecht, 2011, § 10 Rn. 18.

135 Im Fall einer Börsengesellschaft oder Beschlüssen mit qualifizierter Mehrheit bedarf es einer notariell aufgenommenen Niederschrift (§ 130 I 1 AktG).

136 Vgl. BGH, NJW 1995, 1750, 1752; OLG Hamm NZG 2006, 430, 431; *Römermann* in: Michalski ua (Hrsg.) GmbHG, 3. Aufl. 2017, § 48 Rn. 320; *Seibt* in: Scholz (Hrsg.), GmbHG, Bd. 2, 11. Aufl. 2012, § 48 Rn. 73; anders noch *Lutter* DB 1980, 1322.

137 *Roth* in: Roth/Altmeppen (Hrsg.), GmbHG, 8. Aufl. 2015, § 48 Rn. 23; *Liebscher* in: MüKo GmbHG, Bd. 2, 2. Aufl. 2016, § 48 Rn. 192; *Habersack/Verse*, Europäisches Gesellschaftsrecht, 2011, § 10 Rn. 18.

138 Zum Beweis seiner gefassten Beschlüsse kann sich der Alleingesellschafter grundsätzlich nur auf die Niederschrift berufen, vgl. OLG Hamm NZG 2006, 430, 432; OLG Köln GmbHR 1993, 734, 737; *Bayer* in: Lutter/Hommelhoff (Hrsg.), GmbHG, 19. Aufl. 2016, § 48 Rn. 37.

139 Vgl. *Bayer* in: Lutter/Hommelhoff (Hrsg.), GmbHG, 19. Aufl. 2016, § 48 Rn. 36; *Roth* in: Roth/Altmeppen (Hrsg.), GmbHG, 8. Aufl. 2015, § 48 Rn. 44; *Liebscher* in: MüKo GmbHG, Bd. 2, 2. Aufl. 2016, § 48 Rn. 195; *Habersack/Verse*, Europäisches Gesellschaftsrecht, 2011, § 10 Rn. 18.

140 Vgl. *Lutter/Bayer/Schmidt*, Europäisches Unternehmens- und Kapitalmarktrecht, 2017, Rn. 27.38; *Edwards*, EC Company Law, 1999, S. 227; *Kalss* in: Koppensteiner (Hrsg.), Österreichisches und Europäisches Wirtschaftsprivatrecht, Teil 1: Gesellschaftsrecht, 1994, S. 119, 302; *Kalss/Klampfl*, Europäisches Gesellschaftsrecht, 2015, Rn. 472.

141 *Habersack/Verse*, Europäisches Gesellschaftsrecht, 2011, § 10 Rn. 20; *Lutter/Bayer/Schmidt*, Europäisches Unternehmens- und Kapitalmarktrecht, 2017, Rn. 27.38.

142 *Habersack/Verse*, Europäisches Gesellschaftsrecht, 2011, § 10 Rn. 20.

143 *Habersack/Verse*, Europäisches Gesellschaftsrecht, 2011, § 10 Rn. 20; *Lutter/Bayer/Schmidt*, Europäisches Unternehmens- und Kapitalmarktrecht, 2017, Rn. 27.38; *Kalss/Klampfl*, Europäisches Gesellschaftsrecht, 2015, Rn. 472.

144 *Habersack/Verse*, Europäisches Gesellschaftsrecht, 2011, § 10 Rn. 20; *Lutter/Bayer/Schmidt*, Europäisches Unternehmens- und Kapitalmarktrecht, 2017, Rn. 27.38.

145 *Engert* in: Langenbucher (Hrsg.), Europäisches Privat- und Wirtschaftsrecht, 2017, § 5 Rn. 47.

tungsbefugter Geschäftsführer der Gesellschaft ist, als auch in Fällen, in denen er im Wege einer Gesamtvertretung gemeinsam mit einem Fremdgeschäftsführer tätig wird.[146] Aus Art. 5 I EPG-RL lässt sich nicht entnehmen, dass die Niederschrift eine Wirksamkeitsvoraussetzung für solche In-sich-Geschäfte ist.[147] Vielmehr soll durch die Norm die (nachträgliche) Beweiskraft entsprechender Vereinbarungen sichergestellt werden. Die Richtlinie schreibt jedoch keine Sanktionen für etwaige Verstöße vor (s. Rn. 48), weshalb auch an dieser Stelle die nationalen Gesetzgeber gefordert sind.[148]

44 Von der Verpflichtung, geschlossene In-sich-Geschäfte in eine Niederschrift aufzunehmen oder schriftlich abzufassen, sieht Art. 5 II EPG-RL eine mögliche **Ausnahme** vor. Danach brauchen die Mitgliedstaaten das Formerfordernis des Art. 5 I EPG-RL nicht auf **unter normalen Bedingungen** abgeschlossene laufende Geschäfte anzuwenden. Die Mitgliedstaaten haben insoweit die Wahl, ob sie für diese Art von Geschäften entsprechende Formalitäten für eine Einpersonen-Gesellschaft vorschreiben. Dadurch soll es den Mitgliedstaaten ermöglicht werden, sowohl den Interessen der Einpersonengesellschaft nach einem möglichst geringen Bürokratieaufwand als auch den Interessen der Gläubiger gerecht zu werden. Rechtfertigen lässt sich die mögliche Ausnahme zudem mit einer in der Regel niedrigeren Gefahr für den Rechtsverkehr.[149]

45 Indes gibt weder Art. 5 EPG-RL noch der entsprechende Erwägungsgrund 8 der Richtlinie Aufschluss darüber, was unter dem Begriff der **„laufenden Geschäfte"** zu verstehen ist. Im Hinblick auf den Normzweck des Art. 5 EPG-RL wird man unter laufenden Geschäften der Gesellschaft zumindest solche zu verstehen haben, die zur alltäglichen Funktionsfähigkeit des Unternehmens beitragen[150] und aus objektiver Sicht die Vermögenslage der Gesellschaft nicht spürbar beeinträchtigen. Daher ist bei der Beurteilung des jeweiligen In-sich-Geschäfts auf die Besonderheit im Vergleich zu gewöhnlichen Tagesgeschäften, die die Führung der konkreten Einpersonengesellschaft mit sich bringt, abzustellen. Hierbei sind ua der Umfang des Geschäfts, dessen finanzielle Tragweite für die Gesellschaft sowie die damit (ggf.) einhergehenden Konsequenzen zu berücksichtigen. In diesem Sinne ist auch der ebenfalls nicht näher konkretisierte Begriff der **„normalen Bedingungen"** zu bestimmen, der sich grundsätzlich nach den vereinbarten Bedingungen des jeweiligen Geschäfts bemisst.[151] Diese müssen dem entsprechen, was im Austauschgeschäft mit einem gesellschaftsfremden Dritten vereinbart worden wäre (sog „Drittvergleich" – *„arm's length principle"*).[152] Die Änderungsrichtlinie spricht daher auch präziser von „Marktbedingungen" (s. Rn. 59).

46 Im deutschen Recht bestimmt **§ 35 III 1 GmbHG** zunächst, dass **§ 181 BGB** Anwendung findet, wenn der Alleingesellschafter gleichzeitig einziger Geschäftsführer der Gesellschaft ist. Dies ist mit den Vorgaben der Richtlinie vereinbar. Denn die Vorschrift überlässt die Frage der Zulässigkeit von In-sich-Geschäften bei Einpersonengesellschaften gerade den Mitgliedstaaten (s. Rn. 43). Zudem sieht § 35 III 1 GmbHG mittels des Verweises auf § 181 BGB kein generelles Verbot entsprechender In-sich-Geschäfte vor, sondern nach dem Wortlaut des § 181 BGB nur, soweit nicht ein anderes gestattet ist[153] und das Rechtsgeschäft ausschließlich in der Erfüllung einer Verbindlichkeit besteht. Dies zeigt sich auch im Hinblick auf **§ 35 III 2 GmbHG**. In Umsetzung des Art. 5

146 *Lutter/Bayer/Schmidt*, Europäisches Unternehmens- und Kapitalmarktrecht, 2017, Rn. 27.38; *Kalss* in: Koppensteiner (Hrsg.), Österreichisches und Europäisches Wirtschaftsprivatrecht, Teil 1: Gesellschaftsrecht, 1994, S. 119, 302.

147 *Engert* in: Langenbucher (Hrsg.), Europäisches Privat- und Wirtschaftsrecht, 2017, § 5 Rn. 47; aA *Kalss* in: Koppensteiner (Hrsg.), Österreichisches und Europäisches Wirtschaftsprivatrecht, Teil 1: Gesellschaftsrecht, 1994, S. 119, 303.

148 Zu möglichen Sanktionen aus deutscher Perspektive *Engert* in: Langenbucher (Hrsg.), Europäisches Privat- und Wirtschaftsrecht, 2017, § 5 Rn. 47.

149 *Lutter/Bayer/Schmidt*, Europäisches Unternehmens- und Kapitalmarktrecht, 2017, Rn. 27.39.

150 So wohl auch *Lutter/Bayer/Schmidt*, Europäisches Unternehmens- und Kapitalmarktrecht, 2017, Rn. 27.39; für eine Heranziehung des gewöhnlichen Betriebs eines Handelsgewerbes iSd §§ 116, 164 HGB *Grundmann*, Europäisches Gesellschaftsrecht, 2011, Rn. 299, Fn. 24; siehe auch *Brändel* in: FS Kellermann, 1991, S. 15, 21; *Kalss* in: Koppensteiner (Hrsg.), Österreichisches und Europäisches Wirtschaftsprivatrecht, Teil 1: Gesellschaftsrecht, 1994, S. 119, 303.

151 *Grundmann*, Europäisches Gesellschaftsrecht, 2011, Rn. 299; vgl. auch *Brändel* in: FS Kellermann, 1991, S. 15, 21.

152 Englisch: *„arm's length principle"*; vgl. auch *Lutter/Bayer/Schmidt*, Europäisches Unternehmens- und Kapitalmarktrecht, 2017, Rn. 27.39; *Grundmann*, Europäisches Gesellschaftsrecht, 2011, Rn. 299.

153 Befreiungen vom Verbot des Selbstkontrahierens des Alleingesellschafter-Geschäftsführers erfolgen dabei überwiegend durch eine entsprechende Satzungsregelung. Dabei ist es jedoch nicht zwingend notwendig, dass die konkrete Befreiung in der Satzung erfolgt, vielmehr genügt es auch, dass in der Satzung die Möglichkeit der Befreiung vorgesehen ist und der Alleingesellschafter-Geschäftsführer sich im Rahmen eines notariell beurkundeten Gesellschafterbeschlusses von den Beschränkungen des § 181 BGB befreit, vgl. OLG Düsseldorf MittBayNot 2015, 125; *Goette* DStR 2000, 696, 697; siehe auch BGH WM 2004, 1284 f. Zu beachten ist jedoch, dass § 181 BGB zwei Verbote beinhaltet, nämlich das Verbot des In-sich-Geschäfts und das Verbot der Mehrfachvertretung, vgl. OLG Nürnberg ZIP 2015, 522, 522; *Maier-Reimer* in: Erman (Hrsg.), BGB, Bd. 1, 15. Aufl. 2017, § 181 Rn. 1; *Baetzgen* RNotZ 2005, 193; *Rawert/Endres* ZIP 2015, 2197, 2199 f. In der Praxis sollte sich eine (satzungsmäßige) Befreiung von § 181 BGB daher unmissverständlich auf eine der beiden Alternativen beziehen bzw. explizit beide Regelungen erfassen, vgl. *Reichard* GWR 2015, 165.

II EPG-RL sieht dieser vor, dass Rechtsgeschäfte zwischen dem Alleingesellschafter und der von ihm vertretenen Gesellschaft, auch wenn er nicht alleiniger Geschäftsführer ist, unverzüglich nach ihrer Vornahme in eine Niederschrift aufzunehmen sind. Die Regelung des § 35 III 2 GmbHG geht dabei in mehrfacher Sicht – in zulässiger Weise – über die Vorgaben der Richtlinie hinaus. Zum einen gilt das dort statuierte Niederschrifterfordernis nicht nur für Verträge, sondern auch für **einseitige Rechtsgeschäfte.**[154] Zum anderen muss die Aufnahme der Niederschrift **unverzüglich** erfolgen.[155] Demgemäß sind bei Einpersonen-Gesellschaften an den Nachweis des In-sich-Geschäfts besonders strenge Anforderungen zu stellen, sofern es den Alleingesellschafter begünstigt.[156]

Von der Mitgliedstaatenoption des Art. 5 II EPG-RL hat der deutsche Gesetzgeber keinen Gebrauch gemacht, da man mit Einführung eines entsprechend unbestimmten Rechtsbegriffs Probleme bei dessen konkreter Bestimmung verband.[157] Für die deutsche Einpersonen-AG bestand **keine Notwendigkeit** die Regelungen zum In-sich-Geschäft gem. Art. 5 EPG-RL unmittelbar ins deutsche Aktiengesetz umzusetzen.[158] Nach **§ 112 S. 1 AktG** vertritt gegenüber Mitgliedern des Vorstands ohnehin bereits der Aufsichtsrat die Gesellschaft, dessen Mitglieder im Grundsatz nicht gleichzeitig Mitglied des Vorstands der Gesellschaft sein können (§ 105 I AktG). Hiervon kann – anders als im GmbH-Recht – auch nicht dergestalt abgewichen werden, dass in der Satzung der Aktiengesellschaft oder per Aufsichtsratsbeschluss von der entsprechenden Beschränkung des § 181 Alt. 1 BGB befreit wird. 47

F. Sanktionen

Die Richtlinie enthält in ihrer jetzigen Form **keine** Sanktionen für die Nichtbeachtung der nationalen Umsetzungsbestimmungen. Sie erteilt den Mitgliedstaaten auch keinen ausdrücklichen Regelungsauftrag. Dennoch bleibt es den Mitgliedstaaten überlassen, angemessene Sanktionen für Verstöße festzulegen.[159] Beachtet werden müssen dabei die allgemeinen Grundsätze des **Effektivitätsgebots** (*effet utile*-Grundsatz). Die anzuordnenden Sanktionsmittel des jeweiligen Mitgliedstaats müssen daher wirksam, verhältnismäßig und abschreckend sein (zum *effet utile* s. § 2 Rn. 127 ff.). Die Änderungsrichtlinie enthält im dritten Teil diesbezüglich hingegen eine eigenständige Regelung (vgl. Art. 28 SUP-RL-KOM/SUP-RL-GA). Die Vorschrift trägt den Mitgliedstaaten auf, entsprechende Sanktionen zu erlassen und auch durchzusetzen. Im Sinn des *effet utile* müssen diese ebenfalls wirksam, verhältnismäßig und abschreckend sein. Die Änderungsrichtlinie gibt somit lediglich vor, was schon bisher gilt. 48

G. Die geplante Richtlinienänderung von 2014[160]

I. Entwicklung

2014 begann die Diskussion um eine grundlegende **Neuausrichtung** der Einpersonengesellschafts-Richtlinie. Nach dem endgültigen Scheitern des Projekts „Societas Privata Europaea" (SPE) als Alternative zu den nationalen GmbH Ende 2013 (dazu § 5),[161] erfolgte am 9.4.2014 die Vorstellung der ***Societas Unius Personae*** (SUP)[162] als neue Regelungsoption für Gesellschaftsgründer.[163] Als Regelungsinstrument wählte die Kommission statt 49

154 Vgl. Begr. RegE, BR-Drs. 184/91, S. 9 f.; *Lutter/Bayer/Schmidt*, Europäisches Unternehmens- und Kapitalmarktrecht, 2017, Rn. 27.42; *Habersack/Verse*, Europäisches Gesellschaftsrecht, 2011, § 10 Rn. 21; *Altmeppen* in: Roth/Altmeppen (Hrsg.), GmbHG, 8. Aufl. 2015, § 35 Rn. 91; *Schimmelpfennig/Hauschka* NJW 1992, 942, 944.

155 Vgl. Begr. RegE, BR-Drs. 184/91, S. 10; *Lutter/Bayer/Schmidt*, Europäisches Unternehmens- und Kapitalmarktrecht, 2017, Rn. 27.42; *Habersack/Verse*, Europäisches Gesellschaftsrecht, 2011, § 10 Rn. 21; *Altmeppen* in: Roth/Altmeppen (Hrsg.), GmbHG, 8. Aufl. 2015, § 35 Rn. 107; *Schimmelpfennig/Hauschka* NJW 1992, 942, 944.

156 OLG Rostock NZG 2016, 382 f.

157 Vgl. Begr. RegE, BR-Drs. 184/91, S. 10 f.; *Lutter/Bayer/Schmidt*, Europäisches Unternehmens- und Kapitalmarktrecht, 2017, Rn. 27.42.

158 *Habersack/Verse*, Europäisches Gesellschaftsrecht, 2011, § 10 Rn. 21; *Lutter/Bayer/Schmidt*, Europäisches Unternehmens- und Kapitalmarktrecht, 2017, Rn. 27.42.

159 Bezogen auf In-sich-Geschäfte *Habersack/Verse*, Europäisches Gesellschaftsrecht, 2011, § 10 Rn. 21; *Lutter/Bayer/Schmidt*, Europäisches Unternehmens- und Kapitalmarktrecht, 2017, Rn. 27.41; hingegen als Wirksamkeitserfordernis erachtend *Kalss* in: Koppensteiner (Hrsg.), Österreichisches und Europäisches Wirtschaftsprivatrecht, Teil 1: Gesellschaftsrecht, 1994, S. 119, 303.

160 Der folgende Abschnitt wurde aus *Jung* GmbHR 2014, 579 sowie *dies.* EBLR 2015, 645 entwickelt.

161 Europäische Kommission, Effizienz und Leistungsfähigkeit der Rechtsetzung (REFIT): Ergebnisse und Ausblick – Anhang, KOM(2013) 685 final, S. 10.

162 Europäische Kommission, Vorschlag für eine Richtlinie des Europäischen Parlaments und des Rates über Gesellschaften mit beschränkter Haftung mit einem einzigen Gesellschafter, KOM (2014) 212 final.

163 Europäische Kommission, Vorschlag für eine Richtlinie des Europäischen Parlaments und des Rates über Gesellschaften mit beschränkter Haftung mit einem einzigen Gesellschafter, KOM(2014) 212 final, S. 2 f.; dort erklärt die Europäische Kommission, dass die SUP eine Alternative zur SPE darstellen soll.

einer Verordnung wie für die anderen europäischen Rechtsformen eine Richtlinie (Rechtsgrundlage: Art. 50 II lit. f) AEUV).[164] Die Europäische Kommission entschied sich allerdings dafür, keine gesonderte Richtlinie vorzuschlagen, sondern die bestehende Einpersonengesellschafts-Richtlinie zu erweitern (im Folgenden SUP-RL-KOM).[165] Die Wahl des Rechtsinstruments, dh die Nutzung einer Richtlinie, war vor allem politisch motiviert und sollte die Verabschiedung im Rat erleichtern. Der Vorschlag wurde im Rat mehrfach geändert, bis dann im Mai 2015 eine Einigung auf eine allgemeine Ausrichtung (*general approach*) gelang (im Folgenden: SUP-RL-GA).[166] Der Gesetzgebungsprozess geriet dann jedoch im Europäischen Parlament ins Stocken. Im Herbst 2017 sah die Kommssion dann keine Erfolgschancen mehr für das Projekt und kündigte an, den Vorschlag zur SUP innerhalb von sechs Monaten zurückzuziehen.[167] Das Projekt ist damit gescheitert.[168] Die folgenden Ausführungen beziehen sich allein auf die Auswirkungen der vorgeschlagenen Änderungen auf die ursprüngliche Einpersonengesellschafts-Richtlinie. Der Vorschlag zur SUP wird in diesem Werk ausführlich unter § 9 erörtert.

II. Struktur des Vorschlags

50 Die Erweiterung der bestehenden Einpersonengesellschafts-RL sollte primär die **Einführung der SUP** unterstützen.[169] Der Entwurf besteht daher aus drei Teilen. Im ersten Teil (Art. 1 bis 5 SUP-RL-KOM/SUP-RL-GA) ist der Großteil der Vorschriften der „alten" Richtlinie 2009/102/EG (EPG-RL) enthalten.[170] Diese Vorschriften gelten für alle in Anhang I aufgeführten Gesellschaften, dh für GmbH sowie für die SUP.[171] Teil 2 der SUP-RL-KOM/SUP-RL-GA umfasst die speziellen Vorschriften zur SUP (Art. 6 ff. SUP-RL-KOM/SUP-RL-GA). Im Unterschied zu den Bestimmungen des ersten Teils gelten diese ausschließlich für die SUP und nicht auch für die in Anhang I genannten Gesellschaften.[172] Teil 3 enthält Schlussbestimmungen (zB Regelungen zu Sanktionen (s. auch Rn. 48), zur Umsetzung, zur Aufhebung der Richtlinie 2009/102/EG und zur Ausübung übertragener Befugnisse). Der Kommissionsentwurf umfasste im Gegensatz zum *general approach* noch keine Entsprechungstabelle (s. Anhang II SUP-RL-GA) und auch keine Auflistung der Rechtsformen iSd Art. 1 EPG-RL.[173]

III. Inhaltliche Aspekte

51 Eine inhaltliche Änderung der bereits bestehenden Regelungen zur Einpersonengesellschaft, die größtenteils im ersten Teil der Änderungsrichtlinie enthalten sind, wird mit der Neufassung grundsätzlich **nicht angestrebt**. Das ergibt sich aus dem Wortlaut des Erwägungsgrunds 2 SUP-RL-KOM/SUP-RL-GA, der davon spricht, dass die alten Vorschriften „übernommen"[174] werden sollen.

---

164 Vgl. Europäische Kommission, Vorschlag für eine Richtlinie des Europäischen Parlaments und des Rates über Gesellschaften mit beschränkter Haftung mit einem einzigen Gesellschafter, KOM (2014) 212 final, S. 5 f.; *Heckschen* in: Widmann/Mayer (Hrsg.), Umwandlungsrecht, 169. EL 2018, § 1 UmwG Rn. 392.15; *Omlor* GPR 2015, 158; kritisch Europäischer Wirtschafts- und Sozialausschuss, Stellungnahme zu dem Vorschlag für eine Richtlinie über Gesellschaften mit beschränkter Haftung mit einem einzigen Gesellschafter, 19.12.2014, 2014/C 458/04, C 458/22; DAV, Stellungnahme zu dem Vorschlag für eine Richtlinie über Gesellschaften mit beschränkter Haftung mit einem einzigen Gesellschafter, 11/2014, 58/2014, S. 4; Bundesarbeitskammer Österreich, Stellungnahme zu dem Vorschlag für eine Richtlinie über Gesellschaften mit beschränkter Haftung mit einem einzigen Gesellschafter, 06/2014, S. 3; Rechtsausschuss, Empfehlung an den Bundesrat zum Vorschlag für eine Richtlinie über Gesellschaften mit beschränkter Haftung mit einem einzigen Gesellschafter, 12.5.2014, 165/1/14; *Beurskens* GmbHR 2014, 738 f.

165 *Jung* GmbHR 2014, 579, 580; *dies.* EBRL 2015, 645, 647.

166 Rat der Europäischen Union, Outcome of the proceedings: Proposal for a Directive of the European Parliament and the Council on single-member private limited liability companies – general approach, 9050/15, DRS 41, CODEC 751.

167 European Commission, Annex to the Communication from the Commission the the European Parliament, the Council, the European Economic and Social Committee and the Committee of the Regions – Commission Work Programme 2018, Annex IV, COM(2017) 650 final, 24.10.2017, Punkt 10.

168 Am 25. April 2018 bestätigte die Kommission noch einmal, dass sie den Entwurf über die SUP zurückziehen wird. European Commission - Fact Sheet, IP/18/3508.

169 Europäische Kommission, Vorschlag für eine Richtlinie des Europäischen Parlaments und des Rates über Gesellschaften mit einem einzigen Gesellschafter vom 9.4.2014, KOM(2014) 212 final.

170 Vgl. Europäische Kommission, Vorschlag für eine Richtlinie des Europäischen Parlaments und des Rates über Gesellschaften mit einem einzigen Gesellschafter vom 9.4.2014, KOM(2014) 212 final, Erwägungsgrund 2 SUP-RL-KOM; dazu auch *Jung* GmbHR 2014, 579, 580; *dies.* EBRL 2015, 645, 647.

171 *Velasco* in: Rojo/Campuzano (Coord.), Estudios Jurídicos en Memoria del Profesor Emilio Beltrán, 2015, S. 909, 922.

172 Europäische Kommission, Vorschlag für eine Richtlinie des Europäischen Parlaments und des Rates über Gesellschaften mit einem einzigen Gesellschafter vom 9.4.2014, KOM(2014) 212 final, S. 7; vgl. auch die Überschrift zu Teil 2 der Richtlinie („Societas Unius Personae").

173 Eine Entsprechungstabelle zeigt auf, ob und wenn ja wo die „alten" Vorschriften im neuen Vorschlag zu finden sind.

174 Englisch: „*takes over*"; Französisch: „*reprend*".

Beim Vergleich der bestehenden Art. 1 bis 7 EPG-RL mit den entsprechenden Regeln im Kommissionsentwurf (Art. 1 bis 5 SUP-RL-KOM) sowie mit der allgemeinen Ausrichtung des Rates (Art. 1 bis 5 SUP-RL-GA) ergeben sich allerdings einige **Neuerungen**, denn die Regeln der „alten" Richtlinie (2009/102/EG) werden teilweise einer Revision unterzogen.[175] So erweitert der neu einzufügende Art. 1 I (b) SUP-RL-KOM/SUP-RL-GA den Anwendungsbereich der Richtlinie auf die SUP (zum Anwendungsbereich s. auch Rn. 10 ff.). Diese Ausweitung des Anwendungsbereichs ist notwendig, um mit Blick auf alle Einpersonen-GmbH einen **einheitlichen europäischen Standard** zu gewährleisten. Die Liste der von der Richtlinie erfassten nationalen Rechtsformen wird durch Art. 1 II SUP-RL-KOM/SUP-RL-GA zudem im Gegensatz zur „alten" Richtlinie dynamisch ausgestaltet. Danach darf die Kommission bei Bedarf Anhang I durch einen delegierten Rechtsakt gem. Art. 26 SUP-RL-KOM/SUP-RL-GA anpassen, wenn ihr ein Mitgliedstaat eine Änderung bezüglich des Anhang I mitteilt. 52

Der derzeitige Art. 6 EPG-RL spiegelt sich in Art. 1 III SUP-RL-KOM/SUP-RL-GA und ist ein gutes Beispiel dafür, dass die Änderungsrichtlinie die Vorschriften der bestehenden „alten" Richtlinie zwar übernimmt; jedoch in modifizierter Form. Art. 6 EPG-RL erweitert den Anwendungsbereich der Richtlinie auf **nationale Aktiengesellschaften**, sofern ein Mitgliedstaat auch diesbezüglich eine originäre oder nachträgliche Entstehung einer Einpersonengesellschaft zulässt (s. Rn. 13). Art. 1 III SUP-RL-KOM/SUP-RL-GA ist dagegen seinem Wortlaut nach nicht mehr auf die Erweiterung auf Aktiengesellschaften beschränkt. Der *general approach* spricht lediglich davon, neben GmbH insbesondere auf Aktiengesellschaften abzuzielen.[176] Erfasst werden durch den general approach damit – direkt (ohne analoge Anwendung) – auch **andere Kapitalgesellschaften**, wie beispielsweise explizit nun auch die französische SAS (bzw. als Einpersonengesellschaft SASU) (zur bisherigen Erfassung s. bereits Rn. 11) in Frankreich (dazu § 13 Rn. 711). Abgesehen von dieser Erweiterung ist Art. 6 EPG-RL leicht umformuliert worden. Die deutsche Fassung ist insoweit gänzlich missglückt.[177] Im Ergebnis drückt die Vorschrift aus, dass Teil 1 der Richtlinie auch für andere Einpersonengesellschaften gilt, sofern ein Mitgliedstaat die Gründung oder nachträgliche Entstehung einer solchen zulässt. 53

Art. 2 EPG-RL ist in der Änderungsrichtlinie nicht enthalten. Art. 2 I EPG-RL (s. Rn. 14 f.) sollte anscheinend in eine andere Vorschrift integriert werden (vgl. Entsprechungstabelle SUP-RL-GA), lässt sich jedoch im alten Wortlaut in der Änderungsrichtlinie nicht finden. Aus der Gesamtschau der Normen (sowie der Entsprechungstabelle) ergibt sich allerdings, dass die Änderungsrichtlinie weiterhin die Mitgliedstaaten verpflichten will, sowohl die Gründung als auch das nachträgliche Entstehen einer Einpersonen-GmbH zuzulassen. Art. 7 EPG-RL, der eine **Ausnahme von der Verpflichtung** der Mitgliedstaaten Einpersonen-GmbH nach nationalem Recht zuzulassen, statuiert (s. Rn. 17), ist allerdings in SUP-RL-KOM/SUP-RL-GA nicht mehr enthalten. 54

Die Entsprechungstabelle zeigt, dass Art. 2 II EPG-RL dagegen bewusst gestrichen wurde (vgl. Entsprechungstabelle SUP-RL-GA). Nach Art. 2 II EPG-RL können die Mitgliedstaaten „bis zur Koordinierung der einzelstaatlichen Vorschriften für das Konzernrecht"[178] „**besondere Bestimmungen oder Sanktionen**"[179] für Einpersonengesellschaften vorsehen, sofern eine natürliche Person einziger Gesellschafter von mehreren Gesellschaften ist (lit. a)) oder eine Einpersonengesellschaft bzw. eine andere juristische Person einziger Gesellschafter einer Gesellschaft ist (lit. b) (näher dazu Rn. 23). Die Streichung könnte darauf hindeuten, dass solche nationalen Bestimmungen nach der Änderungsrichtlinie nicht mehr zulässig sein sollen oder man auch aufgrund der aktuellen Gesetzeslage in den Mitgliedstaaten keine zwingende Notwendigkeit mehr für die Regelung sieht.[180] Diese Entscheidung könnte vor dem Hintergrund gefallen sein, dass die meisten Mitgliedstaaten keine entsprechenden besonderen Bestimmungen mehr vorsehen. So wurde beispielsweise im Jahre 2014[181] in Frankreich eine Regelung abgeschafft, nach der französische Einmann-Unternehmen mit beschränkter Haftung (EURL) nicht ausschließlich von einer anderen EURL gehalten werden durften (dazu § 13 Rn. 251). Daher könnte die Ausnahme als nicht mehr erforderlich eingestuft worden sein. 55

175 Darauf ebenfalls hinweisend *Velasco* in: Rojo/Campuzano (Coord.), Estudios Jurídicos en Memoria del Profesor Emilio Beltrán, 2015, S. 909, 922.

176 Vgl. auch *Kalss/Klampfl*, Europäisches Gesellschaftsrecht, 2015, Rn. 468.

177 Art. 1 III SUP-RL-GA: „Erlaubt ein Mitgliedstaat, dass andere als die in Anhang I aufgeführten Rechtsformen von Gesellschaften, insbesondere Aktiengesellschaften, als Gesellschaften gegründet oder in Gesellschaften umgewandelt werden, deren Anteil oder Anteile von einer einzigen Person gehalten werden (Einpersonengesellschaften), so gilt Teil 1 dieser Richtlinie auch für sie." Die deutsche Fassung erfasst scheinbar nur den Fall der Gründung einer Einpersonengesellschaft durch eine andere Gesellschaft, nicht jedoch die Gründung durch eine natürliche Person. Im Gegensatz zur Art. 6 EPG-RL, der durch Verweis auf Art. 2 I EPG-RL klar auf die Gründung und nachträgliche Entstehung einer Einpersonengesellschaft verwies, spricht die deutsche Fassung zudem von Gründung oder „Umwandlung" in eine Einpersonengesellschaft.

178 Bisher blieb es bei einem Richtlinienvorschlag über Regelungen zum Konzern aus dem Jahr 1984. Mittlerweile tendiert die Europäische Kommission eher zu verschiedenen soft law-Ansätzen; zum Stand und zu Entwicklungen eines „Europäischen Konzernrechts" siehe § 35.

179 Trotz des „oder" besteht kein zwingendes Alternativverhältnis zwischen beiden; „besondere Bestimmungen" und „Sanktion" können auch kumuliert werden; *Lutter/Bayer/Schmidt*, Europäisches Unternehmens- und Kapitalmarktrecht, 2017, Rn. 27.18, Fn. 71.

180 Für Ersteres wohl *Kalss/Klampfl*, Europäisches Gesellschaftsrecht, 2015, Rn. 468.

181 Ordonnance Nr. 2014-863.

56 Art. 2 SUP-RL-KOM beinhaltete stattdessen Begriffsdefinitionen, die sich jedoch, bis auf die Definition der Einpersonengesellschaft selbst (vgl. Art. 2 I SUP-RL-KOM), auf den zweiten Teil der Richtlinie bezogen (Art. 2 II bis V SUP-RL-KOM). Im Rahmen des *general approach* wurde der Artikel mit dem Vermerk gestrichen, dass die Definitionen in die entsprechenden, relevanten Artikel integriert wurden.[182] Bei genauerer Durchsicht der Artikel zur SUP zeigt sich allerdings, dass diese keine entsprechenden Definitionen enthalten, sodass die Definitionen wohl eher gänzlich gestrichen als lediglich verschoben wurden.[183]

57 Art. 3 EPG-RL beschäftigt sich mit den Offenlegungspflichten einer **nachträglich entstehenden Einpersonengesellschaft** (s. auch Rn. 32). Dasselbe gilt für Art. 3 SUP-RL-KOM/SUP-RL-GA. Aktualisiert werden soll lediglich der Verweis auf die ehemalige Publizitätsrichtlinie (= Art. 14 ff. Kodifizierungs-RL) (dazu § 20). Ebenfalls übernommen wurde Art. 4 EPG-RL. Nach Art. 4 I EPG-RL übt der einzige Gesellschafter die Befugnisse der Gesellschafterversammlung aus (s. Rn. 37). Diese Regelung findet sich mit demselben Wortlaut in Art. 4 SUP-RL-KOM/SUP-RL-GA. Art. 4 II EPG-RL gibt vor, dass die Beschlüsse in eine Niederschrift aufzunehmen oder schriftlich abzufassen sind (s. Rn. 40). Auch diese Vorgabe wurde von der Änderungsrichtlinie übernommen. Art. 4 II SUP-RL-KOM sprach allerdings allein von „schriftlich" iS einer textlichen Fixierung. Art. 4 II SUP-RL-GA orientiert sich dagegen wieder am Wortlaut des Art. 4 II EPG-RL, ergänzt allerdings, dass die Beschlüsse mindestens fünf Jahre lang aufzubewahren sind. Die Mitgliedstaaten können eine längere Aufbewahrung vorschreiben. Die Änderungsrichtlinie setzt insofern einen Mindeststandard. Art. 4 II SUP-RL-GA ergänzt, dass die Mitgliedstaaten auch die elektronische Aufbewahrung gestatten können.

58 Auch Art. 5 I EPG-RL (2009/102/EG), der festhält, dass **In-sich-Geschäfte** zwischen dem Alleingesellschafter und der von ihm als Geschäftsführer vertretenen Gesellschaft in eine Niederschrift aufzunehmen bzw. schriftlich abzufassen sind, ist im Kommissionsentwurf bzw. dem *general approach* enthalten. Der Kommissionsentwurf spricht auch hier lediglich von „schriftlich". Der *general approach* übernimmt wiederum den ursprünglichen Wortlaut und schreibt hier ebenso wie im Rahmen des Art. 4 II SUP-RL-GA eine Aufbewahrungsfrist von fünf Jahren vor, wobei die Mitgliedstaaten eine längere Frist vorsehen können. Es wäre den Mitgliedstaaten daher auch hier gestattet, die elektronische Aufbewahrung zuzulassen.

59 Art. 5 II EPG-RL sieht eine **Ausnahme für laufende Geschäfte** vor, die unter normalen Bedingungen abgeschlossen wurden (s. Rn. 44). Auch diese Vorgabe wird von Art. 5 II SUP-RL-KOM/SUP-RL-GA übernommen. Sprachlich präzisiert wird in diesem Zusammenhang, dass es sich um normale „Marktbedingungen" handeln muss. Der Begriff ist europäisch-autonom auszulegen (zur europäisch-autonomen Auslegung näher unter § 2 Rn. 80 ff.).

182 Rat der Europäischen Union, Beratungsergebnisse: Vorschlag für eine Richtlinie des Europäischen Parlaments und des Rates über Gesellschaften mit einem einzigen Gesellschafter – Allgemeine Ausrichtung vom 29.5.2015, S. 19, Fn. 7.

183 *Jung* EBRL 2015, 645, 648, Fn. 17; *Rammeloo* DQ 2015, 54, 56, Fn. 18. Für eine „Verschiebung" des Art. 2 SUP-RL-KOM in Teil 2 der SUP-Richtlinie vgl. *Jung* GmbHR 2014, 579, 580; ebenso *DAV*, Stellungnahme zur SUP, November 2014, S. 8. *Velasco* in: Rojo/Campuzano (Coord.), Estudios Jurídicos en Memoria del Profesor Emilio Beltrán, 2015, S. 909, 923 hielt Art. 2 SUP-RL-KOM für missglückt (*„no parece un articulo muy feliz"*).

§ 29 Übernahmerichtlinie

Literatur (Auswahl): *Alcalde/Pérez-Soba*, Has the EU Takeover Directive Improved Minority Shareholder Protection? The Spanish Evidence, EBOR 17 (2016) 261; *Arnold*, Mehrstimmrechte und stimmrechtslose Vorzugsaktien in der Übernahmerichtlinie, DK 2003, 173; *Bartman*, Analysis and consequences of the EC Directive on takeover bids, ECL 1 (2004) 5; *Baums*, Low Balling, Creeping in und deutsches Übernahmerecht, ZIP 2010, 2374; *Baums/Cahn* (Hrsg.), Die Umsetzung der Übernahmerichtlinie in Europa, 2006; *Benocci*, Purposes and Tools of the Market for Corporate Control, ECFR 2016, 55; *Berglöf/Burkart*, European takeover regulation, Economic Policy 2003, 171; *Clarke*, Articles 9 and 11 of the Takeover Directive (2004/25) and the market for corporate control, J.B.L. 2006, 355; *Clarke*, The Takeover Directive – A Meaningful Contribution to Stakeholders Rights in Europe?, ICCLJ 10 (2013) 80; *Clerc et al.*, A Legal and Economic Assessment of European Takeover Regulation, 2012; *Dauner-Lieb/Lamandini*, Der neue Kommissionsvorschlag einer Übernahmerichtlinie und das Europäische Parlament, DK 2003, 168; *Davies*, The Transnational Scope of Takeover Law in Comparative Perspective, ECGI Law Working Paper 313/2016; *Davies et al.*, The Takeover Directive as a Protectionist Tool?, in: Bernitz/Ringe (Eds.), Company Law and Economic Protectionism, 2010, S. 105; *Diekmann*, Änderungen im Wertpapiererwerbs- und Übernahmegesetz anlässlich der Umsetzung der EU-Übernahmerichtlinie in das deutsche Recht, NJW 2007, 17; *Edwards*, The Directive on Takeover Bids – Not Worth the Paper It's Written On?, ECFR 2004, 416; *Enriques*, European Takeover Law: The Case for a Neutral Approach, EBLR 2011, 623; *Enriques*, European Takeover Law: Designing a Neutral Approach, in: Festschrift für Klaus J. Hopt, 2010, S. 1789; *Enriques*, The Mandatory Bid Rule in the Takeover Directive: Harmonization Without Foundation?, ECFR 2004, 440; *Enriques/Gatti*, Creeping Acquisitions in Europe: Enabling Companies to be Better Safe than Sorry, JCLS 15 (2015) 55; *Enriques/Gilson/Pacces*, The Case for an Unbiased Takeover Law (with an Application to the European Union), HBLR 4 (2014) 85; *European Company Law Experts*, Response to the European Commission's Report on the Application of the Takeover Bids Directive, Cambridge LSR Paper No. 5/2014; *Fedderke/Ventoruzzo*, The Biases of an "Unbiased" Optional Takeovers Regime: The Mandatory Bid Threshold as a Reverse Drawbridge, ECGI Law Working Paper 304/2016; *Glade/Haak/Hellich*, Die Umsetzung der Übernahmerichtlinie in das deutsche Recht – Teil I, II, DK 2004, 455, 515; *Grundmann*, Die rechtliche Verfassung des Marktes für Unternehmenskontrolle nach Verabschiedung der Übernahme-Richtlinie, NZG 2005, 122; *Grundmann*, Europäisches Gesellschaftsrecht, 2. Aufl. 2011, § 27; *Grunewald*, Die Vereinbarkeit der Angessenheitsvermutung von § 39a III 3 WpÜG mit höherrangigem Recht, NZG 2009, 332; *Habersack*, Verhinderungsverbot und Pflichtangebotsregel – Eckpfeiler des europäischen Übernahmerechts?, ZHR 181 (2017) 603 = The Non-Frustration Rule and the Mandatory Bid Rule – Cornerstones of European Takeover Law?, LSE Working Paper No. 9/2017; *Habersack/Verse*, Europäisches Gesellschaftsrecht, 4. Aufl. 2011, § 11; *Hadding/Hopt/Schimansky* (Hrsg.), Vermögensverwaltung – Übernahmerecht im Gefolge der EU-Übernahmerichtlinie, 2007; *Hansen*, The Directive on Takeover Bids: Unwanted Harmonisation of Corporate Law, in: Birkmose/Neville/Sørensen (Eds.), The European Financial Market in Transition, 2012, S. 29; *Harbarth*, Europäische Durchbrechungsregeln im deutschen Übernahmerecht, ZGR 2007, 37; *Hariri*, Übernahmerecht und Aufsicht, 2015; *Hasselbach*, Das Andienungsrecht von Minderheitsaktionären nach der EU-Übernahmerichtlinie, ZGR 2005, 387; *Hirte*, The Takeover Directive – a Mini-Directive on the Structure of the Corporation: Is it a Trojan Horse?, ECFR 2005, 1; *Holzborn/Peschke*, Europäische Neutralitätspflicht und Übernahme Squeeze-Out, BKR 2007, 101; *Hopt*, Europäisches Übernahmerecht, 2013; *Hopt*, European Takeover Reform of 2012/2013 – Time to Re-examine the Mandatory Bid, EBOR 15 (2014) 143; *Hopt/Mülbert/Kumpan*, Reformbedarf im Übernahmerecht, AG 2005, 109; *Ipekel*, Defensive measures under the Directive on Takeover Bids and their effect on UK an French takeover regimes, EBLR 2005, 341; *Kalss/Klampfl*, Europäisches Gesellschaftsrecht, 2015, Rn. 502 ff.; *Kemperink/Stuyck*, The thirteenth company law directive and competing bids, CMLR 45 (2008) 93; *Kershaw*, Principles of Takeover Regulation, 2016; *Kiesewetter*, Internationales Übernahmerecht: Eine Untersuchung der kollisionsrechtlichen Behandlung von Übernahmeregeln, 2006; *Kindler/Horstmann*, Die EU-Übernahmerichtlinie – Ein „europäischer" Kompromiss, DStR 2004, 866; *Kraupe-Tuskany*, Verhaltenspflichten des Vorstands des Zielunternehmens während öffentlicher Übernahmeverfahren, 2013; *Krause*, Die Übernahmerichtlinie: Anpassungsbedarf im Wertpapiererwerbs- und Übernahmegesetz, BB 2004, 113; *Liekefett*, Die EU-Übernahmerichtlinie aus ökonomischer Perspektive, RIW 2004, 824; *Lutter/Bayer/Schmidt*, Europäisches Unternehmens- und Kapitalmarktrecht, 6. Aufl. 2017, § 28; *Maul*, Die EU-Übernahmerichtlinie – Ausgewählte Fragen, NZG

2005, 151; *Maul/Kouloridas*, The Takeover Bids Directive, GLJ 5 (2004) 355; *Maul/Muffat-Jeandet*, Die Übernahmerichtlinie – Inhalt und Umsetzung in nationales Recht, AG 2004, 221, 306; *Maul/Muffat-Jeandet/Simon*, Takeover bids in Europe: The takeover directive and ist implementation in the Member States, 2008; *McCahery/Vermeulen*, Does the Takeover Bids Directive Need Revision?, in: Festschrift für Klaus J. Hopt, 2010, S. 2189; *Menjucq*, The European Regime on Takeovers, ECFR 2006, 222; *Meyer*, Die Übernahme börsennotierter Aktiengesellschaften nach der EU-Übernahmerichtlinie, 2006; *Momtaz*, The Evolution of the European M&A Market, CF 2015, 284; *Mukwiri*, Takeovers and European legal framework: A British perspective, 2009; *Mukwiri*, Takeovers and Incidental Protection of Minority Shareholders, ECFR 2013, 432; *Nobel*, Internationales und Transnationales Aktienrecht, Bd. 2: Europarecht, 2. Aufl. 2012, Kapitel 2, Rn. 89 ff.; *Papadopoulos*, EU law and the harmonization of takeovers in the internal market, 2010; *Paschos/Fleischer* (Hrsg.), Handbuch Übernahmerecht nach dem WpÜG, 2017; *Psaroudakis*, The Mandatory Bid and Company Law in Europe, ECFR 2010, 550; *Rogerson*, A Perspective from the Market for Corporate Control of the Post-Cadbury Takeover Reform, BLR 38 (2017) 21; *Rowoldt/Starke*, Abwehrmaßnahmen, Erfolgswahrscheinlichkeit und Übernahmeprämien – Eine vergleichende Analyse feindlicher Übernahmeangebote in Europa und den USA, CF 2014, 209; *Ryngaert*, Cross-Border Takeover Regulation: a Transatlantic Perspective, ECFR 2007, 434; *Seibt*, Reform der EU-Übernahmerichtlinie und das deutsche Übernahmerecht: Ergebnisse einer Experten-Umfrage, ZIP 2012, 1; *Seibt/Heiser*, Analyse der EU-Übernahmerichtlinie und Hinweise für eine Reform des deutschen Übernahmerechts, ZGR 2005, 200; *Siems*, The Rule of Conflict of Laws in the European Takeover Directive, ECFR 2004, 458; *Skog/Sjöman*, No Rule, Just Exemptions? Mandatory Bids in Sweden and the EU, ECFR 2014, 393; *Tountopoulos*, Anlegerschutz bei unterlassenem Pflichtangebot nach europäischem Kapitalmarktrecht, WM 2014, 337; *Van Hooghten*, The European takeover directive and its implementation, 2009; *Veil*, Acting in Concert in Capital Markets and Takeover Law – Need for a Further Harmonisation?, RTDF 2013, 33; *Venturozzo*, Europe's Thirteenth Directive and U.S. Takeover Regulation: Regulatory Means and Political and Economic Ends, Tex. Int'l L. J. 41 (2006) 171; *von Hein*, Zur Kodifikation des europäischen Übernahmekollisionsrechts, ZGR 2005, 528; *von Lackum/Meyer/Witt*, The Offering of Shares in a Cross-Border Takeover, ECFR 2008, 101; *Wiesner*, Die neue Übernahmerichtlinie und ihre Folgen, ZIP 2004, 343; *Winner*, Active Shareholders and European Takeover Regulation, ECFR 2014, 364; *Wymeersch*, A New look at the Debate about the Takeover Directive, in: Festschrift für Peter Hommelhoff, 2012, S. 1375; *Wymeersch*, The Takeover Bid Directive, light and darkness, Financial Law Institute, WP 2008-01; *Zetzsche* in: Gebauer/Teichmann (Hrsg.), Europäisches Privat- und Unternehmensrecht, 2016, § 7 C Rn. 180 ff.; *Zwecker*, The EU Takeover Directive: Eight Years Later, Implementation But Still No Harmonization Among Member States on Acceptable Takeover Defences, Tul. J. Int'l & Comp. Law 21 (2012) 233.

A. Entwicklung der Übernahmerichtlinie

I. Bisherige Entwicklung

1 Mit der Übernahmerichtlinie unternahm die Europäische Kommission erstmals den Versuch, mit europäischen Harmonisierungsbestimmungen gegen nationale Übernahmehindernisse vorzugehen und einheitliche Rahmenbedingungen (***level playing field***) für Unternehmensübernahmen zu schaffen.[1] Die im Jahr 2004 verabschiedete Übernahmerichtlinie[2] blickt auf eine lange und **kontroverse Entwicklungsgeschichte** zurück.[3] Die Verhandlungen um einen endgültigen Richtlinientext waren sowohl auf materieller als auch auf politischer Ebene heftig umstritten.[4] Infrage stand zunächst das allgemeine Maß an Regulierung.[5] Gegenüber standen sich die Befürworter eines regulatorischen Minimalismus, wonach über Unternehmenskontrolle allein der Markt entscheiden sollte, und die Vertreter einer umfassenden Regulierung auf supranationaler Ebene. Dieser Streit verwirklichte sich insbesondere bei den Regelungen über eine Neutralitätspflicht der Gesellschaftsorgane (Rn. 69 ff.) und deren Verhältnis zur Durchbrechung von Übertragungshindernissen bei der Zielgesellschaft (Rn. 81 ff.).[6]

2 Die ersten Ideen für ein gemeinsames Übernahmerecht stammen bereits von Anfang der 1970er Jahre.[7] Basierend auf den Vorarbeiten des Briten *R. Pennington* (sog ***Pennington*-Bericht**) wurde 1974 ein erster Richtlinien-

1 *Nobel*, Internationales und Transnationales Aktienrecht, Bd. 2, 2012, Kap. 2 Rn. 89; *Armour/Ringe* CMLR 48 (2011) 125, 167; *Maul* NZG 2005, 151; *Diekmann* NJW 2007, 17; vgl. auch *Cox/Clausen* Duke J. Com. & Int'l L. 29 (1992) 29, 52 ff.; dies wurde indes nicht umfassend erreicht, vgl. *Clift* JCMS 47 (2009) 55, 73; dazu auch *Menjucq* ECFR 2006, 222, 227 f.; *Benocci* ECFR 2016, 55, 72.

2 Richtlinie 2004/25/EG des Europäischen Parlaments und des Rates betreffend Übernahmeangebote v. 21.4.2004, ABl. EG v. 30.4.2004, L142/12.

3 *Hirte* ECFR 2005, 1 f.; *Siems* ECFR 2004, 458; vgl. auch die treffende Bezeichnung von *Grundmann*: „Odyssee der Übernahme-Richtlinie", *Grundmann*, Europäisches Gesellschaftsrecht, 2011, Rn. 952.

4 Überblicksartig dazu ua *Lutter/Bayer/Schmidt*, Europäisches Unternehmens- und Kapitalmarktrecht, 2017, Rn. 28.1 ff.; in Bezug auf die einzelnen Richtlinienvorschläge auch *Edwards* ECFR 2004, 416, 418 ff. Anfangs waren Mitgliedstaaten wie Deutschland, die Niederlande und Dänemark generell der Auffassung, dass ein europäisches Übernahmerecht unnötig sei, vgl. *Hopt* ZGR 1992, 265, 282.

5 Allgemein zur Ökonomie von Unternehmensübernahmen im Rahmen eines (regulierten) Übernahmerechts *Enriques/Gilson/Pacces* HBLR 4 (2014) 85, 91 ff.; *Ventoruzzo et al.*, Comparative Corporate Law, 2015, S. 519 ff.

6 *Maul* NZG 2005, 151; vgl. auch *Grundmann*, Europäisches Gesellschaftsrecht, 2011, Rn. 954.

7 *Fleischer* in: Paschos/Fleischer (Hrsg.), Handbuch Übernahmerecht nach dem WpÜG, 2017, § 1 Rn. 55; *Lutter/Bayer/Schmidt*, Europäisches Unternehmens- und Kapitalmarktrecht, 2017, Rn. 28.1; *Habersack/Verse*, Europäisches Gesellschaftsrecht, 2011, § 11 Rn. 1; *Wendt* in: Spahlinger/Wegen (Hrsg.), Internationales Gesellschaftsrecht, 2005, Rn. 834; *Schuster* MLR 76 (2013) 529, 532.

entwurf vorgelegt.[8] Dieser blieb jedoch erfolglos und die Arbeiten an einer Übernahmerichtlinie wurden vorerst eingestellt. Im Jahr 1989 erfolgte ein erneuerter Richtlinienvorschlag[9] und ein Jahr später ein nochmals geänderter Vorschlag für eine Richtlinie über Übernahmeangebote.[10] Auch dieser wurde jedoch aufgrund zahlreicher Kritikpunkte nicht weiter verfolgt.[11] Zu Beginn des Jahres 1996 unternahm die Europäische Kommission einen nächsten Anlauf und veröffentlichte einen grundlegend **überarbeiteten Richtlinienvorschlag,**[12] der im Jahr 1997 in nochmals geänderter Fassung[13] vorgelegt wurde. Die auf diesem Vorschlag basierende Zustimmung des Rates wurde durch die Ablehnung im Parlament (273:273 Stimmen)[14] indes obsolet. Im Hinblick auf die zwischenzeitlich ergangene EuGH-Rechtsprechung zu sog ***golden shares***,[15] wonach nationale Übernahmehindernisse in Form von „Goldenen Aktien" nur dann mit der Kapitalverkehrsfreiheit vereinbar sind, wenn sie durch zwingende Gründe des Allgemeinwohls gerechtfertigt werden können,[16] beauftragte die Europäische Kommission im September 2001 eine High Level Group of Company Experts (sog **Winter-Gruppe**), die sich ua mit der Ausarbeitung eines neuen Vorschlags für eine Übernahmerichtlinie befassen sollte. In dem im Januar 2002 vorgelegten Bericht[17] waren ua eine Neuregelung zum Verhinderungsverbot und zur Durchbrechungsregel enthalten.[18]

Basierend auf diesem Bericht veröffentlichte die Europäische Kommission im Oktober 2003 einen erneuten Richtlinienvorschlag.[19] Nach verschiedenen Änderungen und Ergänzungen dieses Vorschlags konnte Ende 2003 sowohl im Rat als auch im Parlament eine Einigung erzielt werden.[20] Im **April 2004** wurde die Übernahmerichtlinie als **13. gesellschaftsrechtliche Richtlinie** endgültig erlassen und das Projekt eines einheitlichen europäischen Regelungskonzepts für öffentliche Übernahmeangebote (vorläufig) zu Ende gebracht. 3

Aufgrund ihrer kontroversen Historie hat die Übernahmerichtlinie einen überwiegenden **Kompromisscharakter.**[21] Sie umfasst verschiedene Aspekte sowohl des Gesellschafts- und Konzernrechts als auch des Kapitalmarktrechts.[22] **Hauptregelungspunkte** der **Übernahmerichtlinie** sind die Bestimmungen zur Aufsichtsstelle und zur Beaufsichtigung des Angebotsvorgangs (Rn. 21 ff.), zum Pflichtangebot (Rn. 39 ff.), zu den Verfahrens- und Transparenzvorschriften bei Übernahmeangeboten (Rn. 61 ff.), zu den Abwehrmaßnahmen und Verhinderungsverboten in der Zielgesellschaft (Rn. 72 ff.), zum Ausschluss von Minderheitsaktionären sowie zum Andie- 4

8 Report on Takeover and Other Bids by Prof. Robert R. Pennington, Dok. XI/56/74 – E.

9 Vorschlag für eine dreizehnte Richtlinie des Rates auf dem Gebiet des Gesellschaftsrechts über Übernahmeangebote v. 16.2.1989, KOM(88) 823.

10 Geänderter Vorschlag für eine dreizehnte Richtlinie des Rates auf dem Gebiet des Gesellschaftsrechts über Übernahmeangebote v. 10.9.1990, KOM(90) 416.

11 *Fleischer* in: Paschos/Fleischer (Hrsg.), Handbuch Übernahmerecht nach dem WpÜG, 2017, § 1 Rn. 60.

12 Vorschlag für eine dreizehnte Richtlinie des Europäischen Parlaments und des Rates auf dem Gebiet des Gesellschaftsrechts über Übernahmeangebote v. 7.2.1996, KOM(95) 655; ausführlich dazu *Hopt* ZHR 161 (1997) 368, 374 ff.; *Edwards* ECFR 2004, 416, 420 ff.; *Habersack/Mayer* ZIP 1997, 2141 ff.; *Neye* DB 1996, 1121 ff.

13 Geänderter Vorschlag für eine dreizehnte Richtlinie des Europäischen Parlaments und des Rates auf dem Gebiet des Gesellschaftsrechts über Übernahmeangebote v. 10.11.1997, KOM(97) 565.

14 Legislative Entschließung des Europäischen Parlaments v. 4.7.2001 […], ABl. EG v. 14.3.2002, C 65 E/112.

15 Siehe vor allem EuGH, Rs. C-503/99 (Kommission/Belgien), ECLI:EU:C:2002:328 = NJW 2002, 2303; EuGH, Rs. C-483/99 (Kommission/Frankreich), ECLI:EU:C:2002:327 = NJW 2002, 2305; EuGH, Rs. C-367/98 (Kommission/Portugal), ECLI:EU:C:2002:326 = NZG 2002, 632.

16 Im Zusammenhang mit der Übernahmerichtlinie vgl. *Grundmann*, Europäisches Gesellschaftsrecht, 2011, Rn. 954; *ders.* NZG 2005, 122, 125; *Wendt* in: Spahlinger/Wegen (Hrsg.), Internationales Gesellschaftsrecht, 2005, Rn. 837; *Habersack/Verse*, Europäisches Gesellschaftsrecht, 2011, § 11 Rn. 3.

17 Bericht der Hochrangigen Gruppe von Experten auf dem Gebiet des Gesellschaftsrechts über die Abwicklung von Übernahmeangeboten v. 10.1.2002.

18 Vgl. *Zirngibl* in: Angerer/Geibel/Süßmann (Hrsg.), WpÜG, 3. Aufl. 2017, Einführung, Rn. 2; *Edwards* ECFR 2004, 416, 427 f.; *Fleischer* in: Paschos/Fleischer (Hrsg.), Handbuch Übernahmerecht nach dem WpÜG, 2017, § 1 Rn. 67; *Meyer* WM 2006, 1135; *Steinmeyer*, WpÜG, 3. Aufl. 2013, Einl. Rn. 8; *Wendt* in: Spahlinger/Wegen (Hrsg.), Internationales Gesellschaftsrecht, 2005, Rn. 836.

19 Vorschlag für eine Richtlinie des Europäischen Parlaments und des Rates betreffend Übernahmeangebote v. 2.10.2002, KOM(2002) 534.

20 Vgl. Legislative Entschließung des Europäischen Parlaments v. 16.12.2003 […], ABl. EG v. 15.4.2004, C 91 E/109; Dok. 16140/03, S. XVII.

21 *Habersack/Verse*, Europäisches Gesellschaftsrecht, 2011, § 11 Rn. 4; *Grundmann*, Europäisches Gesellschaftsrecht, 2011, Rn. 954; *Hopt*, Europäisches Übernahmerecht, 2013, S. 6; *Kindler/Horstmann* DStR 2004, 866; *Armour/Ringe* CMLR 48 (2011) 125, 168; *Edwards* ECFR 2004, 416, 439; *Ventoruzzo* Duquesne Law Review 52 (2014) 151, 169; *Papadopoulos*, EU Law and the Harmonization of Takeovers in the Internal Market, 2010, S. 40.

22 *Zetzsche/Wachter* in: Gebauer/Teichmann (Hrsg.), Europäisches Privat- und Unternehmensrecht, 2016, § 7 Rn. 182 ff.; *Kindler/Horstmann* DStR 2004, 866; *Grundmann*, Europäisches Gesellschaftsrecht, 2011, Rn. 948; *Siems* ECFR 2004, 458, 463; zum WpÜG auch *Fleischer* NZG 2002, 545 ff.

nungsrecht (Rn. 98 ff.). Konzeptionell lehnt sich die Übernahmerichtlinie damit weitgehend an die damaligen Bestimmungen des britischen Übernahmerechts an.[23]

5 Die **Umsetzung der Übernahmerichtlinie** in nationales Recht hatte bis zum 20. Mai 2006 zu erfolgen. Annähernd die Hälfte der Mitgliedstaaten ist einer fristgerechten Umsetzung nicht nachgekommen. Estland und die Tschechische Republik haben die Vorgaben der Richtlinie sogar erst im Jahr 2008 endgültig umgesetzt.[24] Nach Aussage eines Berichts der Europäischen Kommission vom Februar 2007 haben zudem zahlreiche Mitgliedstaaten die Richtlinie in **protektionistischer Weise** umgesetzt.[25] In Deutschland erfolgte die Umsetzung im Rahmen des WpÜG durch das Übernahmerichtlinie-Umsetzungsgesetz (ÜbUG).[26] Die Umsetzung erfolgte überwiegend nur soweit, wie es die Richtlinie forderte, eine überschießende Umsetzung (*gold planting*) erfolgte grundsätzlich nicht.[27]

II. Revision der Übernahmerichtlinie

6 Art. 20 Übernahme-RL sieht eine **Revisionsklausel** vor, wonach die Europäische Kommission die Übernahmerichtlinie bis zum Mai 2011 hätte überprüfen und erforderlichenfalls Änderungen derselben vorschlagen sollen.[28] Darauf basierend wurde im Auftrag der Europäischen Kommission im Jahr 2012 eine externe Studie über die Anwendbarkeit der Übernahmerichtlinie veröffentlicht, die im Juni 2012 in einen entsprechenden **Bericht der Europäischen Kommission** mündete.[29] In Bezugnahme auf die ergangene Studie sieht die Europäische Kommission nur einen begrenzten Handlungsbedarf für eine Reform der Übernahmerichtlinie. Die künftigen Pläne beschränken sich daher auf **einzelne Vorhaben**: Der Begriff der gemeinsam handelnden Personen (*acting in concert*) (s. dazu Rn. 53 ff.) soll zur Verbesserung der Rechtssicherheit weiter konkretisiert werden; Befreiungen der nationalen Aufsichtsbehörden vom Pflichtangebot sollen näher untersucht werden. Ferner sollen sog *low balling-* und *creeping in*-Übernahmen[30] (s. dazu Rn. 50 f.) unterbunden werden.[31] Zudem will die Europäische Kommission prüfen, wie sich die Rechtsstellung der Arbeitnehmer im Rahmen von Übernahmen verbessern

23 *Hopt*, Europäisches Übernahmerecht, 2013, S. 13; *ders.* ZGR 2000, 779, 789; *Grundmann*, Europäisches Gesellschaftsrecht, 2011, Rn. 1168; *Ventoruzzo* Duquesne Law Review 52 (2014) 151, 169; *Verse* in: Fleischer ua (Hrsg.), 50 Jahre AktG, S. 304, 313; bezüglich der „Allgemeinen Grundsätze" in Art. 3 Übernahme-RL auch *Edwards* ECFR 2004, 416, 439.

24 Vgl. *The Takeover Bid Directive Assessment Report*, 2012, S. 25, abrufbar unter: http://ec.europa.eu/internal_market/company/docs/takeoverbids/study/study_en.pdf.

25 *Europäische Kommission*, Report on the implementation of the Directive on Takeover Bids, 21.2.2007, SEC(2007), 268; *Ventoruzzo* Penn Journal of Business Law 11 (2008) 135, 151; siehe auch *Hopt* in: FS von Rosen, 2008, S. 537, 541 ff.; generell zur Umsetzung der Richtlinie *Baums/Cahn* (Hrsg.), Die Umsetzung der Übernahmerichtlinie in Europa, 2006.

26 Gesetz zur Umsetzung der Richtlinie 2004/25/EG des Europäischen Parlaments und des Rates vom 21. April 2004 betreffend Übernahmeangebote (Übernahmerichtlinie-Umsetzungsgesetz) v. 8.7.2006, BGBl. I, 1426; dazu *Dieckmann* NJW 2007, 17 ff.; *Harbarth* ZGR 2007, 37 ff.; *Paefgen* WM 2007, 765 ff.; *Holzborn/Peschke* BKR 2007, 101 ff.; *Erbach*, Das WpÜG im europarechtlichen Kontext, 2012, S. 60 ff.; siehe auch *Seibt/Heiser* ZGR 2005, 200 ff.; *Pötzsch* in: Assmann/Pötzsch/Schneider (Hrsg.), WpÜG, 2. Aufl. 2013, Einl. Rn. 133 ff.; *Boucsein/Schmiady* AG 2016, 597 ff.

27 *Meyer* WM 2006, 1135; zur Zulässigkeit eines solchen gold plating *Fleischer* in: Paschos/Fleischer (Hrsg.), Handbuch Übernahmerecht nach dem WpÜG, 2017, § 1 Rn. 70.

28 Zur Revision der Übernahmerichtlinie *Hopt*, Europäisches Übernahmerecht, 2013, S. 1 ff.; *ders.* EuZW 2014, 401 f.; *ders.* EBOR 15 (2014) 143 ff.; *Enriques/Gilson/Pacces* HBLR 4 (2014) 85, 120 ff.; *Enriques* in: FS Hopt, 2010, S. 1789 ff.; *McCahery/Vermeulen* in: FS Hopt, 2010, S. 2189 ff.; *Seibt* ZIP 2012, 1 ff.; *ders.* EBLR 2011, 541 ff.

29 Report from the Commission to the European Parliament, the Council, the European Economic and Social Committee and the Committee of the Regions, 28.6.2012, COM(2012) 347; dazu bzw. zur Studie *European Company Law Experts*, Response to the European Commission's Report on the Application of the Takeover Bids Directive, Cambridge LSR Paper No. 5/2014; *Fleischer* in: Paschos/Fleischer (Hrsg.), Handbuch Übernahmerecht nach dem WpÜG, 2017, § 1 Rn. 86 ff.; *Habersack* ZHR 181 (2017) 603, 607 ff.; *Hopt*, Europäisches Übernahmerecht, 2013, S. 16 ff.; *Verse* EuZW 2013, 336, 340; *Kalss/Klampfl*, Europäisches Gesellschaftsrecht, 2015, Rn. 505; *Zetzsche/Wachter* in: Gebauer/Teichmann (Hrsg.), Europäisches Privat- und Unternehmensrecht, 2016, § 7 Rn. 190; siehe auch die darauf folgende Entschließung des Europäischen Parlaments v. 21.5.2013 über die Anwendung der Richtlinie 2004/25/EG betreffend Übernahmeangebote (2012/2262(INI)).

30 Dazu *Baums* ZIP 2010, 2374 ff.; *Hitzer/Düchting* ZIP 2011, 1084; *Kalss* in: Kämmerer/Veil (Hrsg.), Übernahme- und Kapitalmarktrecht in der Reformdiskussion, 2013, S. 139 ff.; *Strehle* in: Beck'sches M&A-Handbuch, 2017, § 56 Rn. 24; zum „low balling" *Ekkenga* ZGR 2015, 485, 488 f.; *Habersack* ZHR 181 (2017) 603, 637 ff.; speziell zum „creeping in" *Enriques/Gatti* JCLS 15 (2015) 55 ff.; *Merkt* NZG 2011, 561 ff.; *ders.* in: FS Schwark, 2009, S. 529, 542 ff.; *Süßmann* in: Assmann/Schütze (Hrsg.), HdB Kapitalanlagerecht, 4. Aufl. 2015, § 15 Rn. 26 ff.; zu einem entsprechenden „Anschleichen" auch *Fleischer/Schmolke* NZG 2009, 401 ff.; aus österreichischer Sicht *Kusznier* RdW 2011, 330.

31 In diesem Zusammenhang auch *Habersack* ZHR 181 (2017) 603, 608 f.

lässt.[32] Im **Aktionsplan** Europäisches Gesellschaftsrecht und Corporate Governance aus dem Jahr 2012 (dazu § 18 Rn. 21) sprach die Europäische Kommission jedoch nur noch davon, „Leitlinien“ zum Begriff der gemeinsam handelnden Personen zu erstellen.[33] Tiefgreifende materielle Änderungen der Übernahmerichtlinie stehen daher auch zukünftig wohl eher nicht auf der Prioritätenliste der Europäischen Kommission.

Gleichwohl wird eine **Reform** der Übernahmerichtlinie schon seit deren Umsetzung ins nationale Recht und besonders im Zuge deren angedachten Revision gefordert.[34] Zudem kam es in mehreren Mitgliedstaaten in den vergangenen Jahren zu erheblichen **Änderungen** des nationalen Übernahmerechts.[35] Auch in einer im Jahr 2011 angelegten Umfrage zur Reform des Übernahmerechts sprach sich eine 55%ige Mehrheit für eine weitere Harmonisierung des europäischen Übernahmerechts aus.[36] Ohne an dieser Stelle auf Details einzugehen,[37] beziehen sich die Reformvorschläge vor allem auf die Regelungen zum Pflichtangebot und den damit verbundenen Fragen,[38] zum Verhinderungsverbot mit den Durchbrechungs- und Optionsregelungen[39] und zum Übernahmeverfahren einschließlich der Beaufsichtigung des Angebotsvorgangs.[40] Aufgrund der rechtspolitischen sowie ökonomischen Kritikpunkte an einzelnen Aspekten der Übernahmerichtlinie wird auch in Zukunft die Diskussion über eine (umfassende) Reform des europäischen Übernahmerechts nicht abklingen.[41] 7

B. Ziele und Bedeutung

Das Übernahmerecht stellt einen der zentralen Aspekte des **kapitalmarktorientierten Gesellschaftsrechts** in der EU und den Mitgliedstaaten dar. Unternehmensübernahmen gehören neben Verschmelzungen zu den bedeutenden Maßnahmen für das externe Wachstum von Gesellschaften.[42] Das (europäische) Übernahmerecht hängt dabei eng mit dem **Markt für Unternehmenskontrolle** zusammen.[43] Durch ein öffentliches Kauf- oder Übernahmeangebot eines Bieters an die Aktionäre eines Unternehmens (Zielgesellschaft) kommt eine Unternehmensübernahme im Rahmen der Richtlinie zustande, wenn die Aktionäre der Zielgesellschaft sich entscheiden, das Angebot anzunehmen. Öffentliche Übernahmeangebote spielen traditionell im anglo-amerikanischen Rechtskreis eine überwiegende Rolle. Obgleich in den meisten kontinentaleuropäischen Staaten die (grenzüberschreitende) Verschmelzung als M&A-Maßnahme überwiegt, erlangen zunehmend auch Unternehmensübernahmen 8

32 Vgl. Bericht v. 28.6.2012, COM(2012) 347, Rn. 16 ff.; siehe auch *Verse* EuZW 2013, 336, 340; ferner zur Arbeitnehmerzufriedenheit mit der Übernahmerichtlinie *The Takeover Bid Directive Assessment Report*, 2012, S. 116; *Clarke* ICCLJ 10 (2013) 80, 91 f.

33 *Europäische Kommission*, Aktionsplan: Europäisches Gesellschaftsrecht und Corporate Governance – ein moderner Rechtsrahmen für engagiertere Aktionäre und besser überlebensfähige Unternehmen, 12.12.2012, COM(2012) 740, S. 13.

34 *Enriques* in: FS Hopt, 2010, S. 1789 ff.; *Davies/van de Walle de Ghelcke*, The Takeover Directive as a Protectionist Tool?, ECGI Law Working Paper 141/2010; *Wymeersch* in: FS Hommelhoff, 2012, S. 1375 ff.; siehe auch *Habersack/Verse*, Europäisches Gesellschaftsrecht, 2011, § 11 Rn. 5; ferner die entsprechenden Beiträge in *Ferrari et al.* (Eds.), Reforming Company and Takeover Law in Europe, 2004.

35 Vgl. *Seibt* ZIP 2012, 1, 2.

36 *Freshfields Bruckhaus Deringer*, Reform of the EU Takeover Directive and of German Takeover Law, Survey Report, November 2011; dazu *Seibt* ZIP 2012, 1, 4 f.; *Hopt*, Europäisches Übernahmerecht, 2013, S. 23 f.

37 Ausführlich zum Ganzen *Hopt*, Europäisches Übernahmerecht, 2013, S. 31 ff. (zusammenfassend auch S. 118 ff.); *Enriques* in: FS Hopt, 2010, S. 1790 ff.

38 Vgl. dazu *Wymeersch* in: FS Hommelhoff, 2012, S. 1375, 1378 ff.; *Hopt*, Europäisches Übernahmerecht, 2013, S. 40 ff.; *Merkt* in: FS Schwark, 2009, S. 529 ff.; *Edwards* ECFR 2004, 416, 434.

39 Vgl. dazu *Wymeersch* in: FS Hommelhoff, 2012, S. 1375, 1394 ff.; *Hopt*, Europäisches Übernahmerecht, 2013, S. 89 ff.; *Hansen* in: Birkmose/Neville/Sørensen (Eds.), The European Financial Market in Transition, 2012, S. 29, 45; *Enriques/Gilson/Pacces* HBLR 4 (2014) 85, 122 ff.; aus deutscher Sicht speziell zum Verhinderungsverbot *Wolf* ZIP 2008, 300, 301 f.

40 Vgl. dazu *Seibt* CFL 2011, 213 ff.; *Hopt*, Europäisches Übernahmerecht, 2013, S. 106 ff.; siehe auch *Enriques* in: Birkmose/Neville/Sørensen (Eds.), The European Financial Market in Transition, 2012, S. 11, 17 ff.

41 Vgl. zum Pflichtangebot und zur Verhinderungsregelung nur *Habersack* ZHR 181 (2017) 603 ff.; *Hopt* Columbia Journal of European Law 20 (2014) 249 ff.; allgemein zu den ökonomischen Grundlagen des Übernahmerechts *Fleischer/Bueren* in: Paschos/Fleischer (Hrsg.), Handbuch Übernahmerecht nach dem WpÜG, 2017, § 3 Rn. 1 ff.

42 *Kalss/Klampfl*, Europäisches Gesellschaftsrecht, 2015, Rn. 502; *Grundmann*, Europäisches Gesellschaftsrecht, 2011, Rn. 945; *Hopt*, Europäisches Übernahmerecht, 2013, S. 2 f.; vgl. auch *Teichmann* ECFR 2016, 277, 285; zum Nebeneinander beider Rechtsgebiete *Fleischer* in: Paschos/Fleischer (Hrsg.), Handbuch Übernahmerecht nach dem WpÜG, 2017, § 2 Rn. 45.

43 *Grundmann*, Europäisches Gesellschaftsrecht, 2011, Rn. 948; *Hopt*, Europäisches Übernahmerecht, 2013, S. 5; *Habersack* ZHR 181 (2017) 603, 614; *Habersack/Verse*, Europäisches Gesellschaftsrecht, 2011, § 11 Rn. 6; *Fleischer/Bueren* in: Paschos/Fleischer (Hrsg.), Handbuch Übernahmerecht nach dem WpÜG, 2017, § 3 Rn. 41 ff.; *Veil* in: Veil (Hrsg.), Europäisches Kapitalmarktrecht, 2. Aufl. 2014, § 24 Rn. 61; *Merkt/Binder* BB 2006, 1285, 1286; *Clift* JCMS 47 (2009) 55, 56; *Heyers* DK 2017, 231; grundlegend zum „market for corporate control“ *Manne* 73 J. Pol. Econ. 110 (1965); siehe auch *Benocci* ECFR 2016, 55 ff.; aus britischer Perspektive *Rogerson* BLR 38 (2017) 21 ff.; ferner zum europäischen M&A-Markt *Momtaz* CF 2015, 284 ff.; *Fleischer/Bueren* in: Paschos/Fleischer (Hrsg.), Handbuch Übernahmerecht nach dem WpÜG, 2017, § 3 Rn. 3.

eine praktische hervorgehobene Bedeutung.[44] Aus Unternehmersicht sind mit einer Übernahme (*Takeover*) **Wertsteigerungen** des Unternehmens, verschiedene **Synergiegewinne**, die Auswechslung des Managements in der Zielgesellschaft oder auch eine verbesserte Wettbewerbsstellung am Markt beabsichtigt.[45] Sowohl aufgrund der volkswirtschaftlichen Effekte von Unternehmensübernahmen als auch aus Sicht der einzeln betroffenen Unternehmen besteht damit ein immanentes Interesse an einem **funktionierenden Übernahmemarkt in Europa**, der durch eine effektive Übernahmerichtlinie gewährleistet werden soll.

9 Die mit der Übernahmerichtlinie zu verwirklichenden Ziele sind vielfaltig. Versteht man das europäische Übernahmerecht als das Recht eines Marktes für Unternehmenskontrolle, besteht das Ziel der Richtlinie zunächst im **Abbau nationaler Übernahmehindernisse,**[46] um europäische Unternehmen im Hinblick auf mögliche Übernahmen gleichzustellen (*level playing field*) und damit insbesondere grenzüberschreitende Übernahmen[47] zu vereinfachen.[48] Damit soll mehr Rechtssicherheit bei öffentlichen Übernahmeangeboten im Rahmen eines **effizienten** und **transparenten Angebotsverfahrens** geschaffen werden.[49]

10 Öffentliche Unternehmensübernahmen werfen eine Reihe von Verfahrens- und Schutzproblemen auf. Ziel der Übernahmerichtlinie ist somit auch, ein unionsweit **angemessenes Schutzniveau** für die Aktionäre, Arbeitnehmer und sonstigen Stakeholder zu gewährleisten.[50] Im Vordergrund steht vor allem der Schutz von (Minderheits-) Aktionären.[51] Auch im Sinne eines „präventiven Konzerneingangsschutzes"[52] sollen die Mitgliedstaaten notwendige Schritte unternehmen, um diese bei einer wechselnden Kontrolle innerhalb der Gesellschaft zu schützen.[53] Dieser Schutz soll insbesondere dadurch gewährleistet werden, dass der die Kontrolle erwerbende Großaktionär den **Minderheitsaktionären der Zielgesellschaft** ein Pflichtangebot zur Übernahme ihrer Aktien unterbreiten muss (s. Rn. 42) und damit „Klarheit und Transparenz in Bezug auf die Bestimmungen für Übernahmeangebote zu schaffen".[54] Dadurch wird es den Minderheitsaktionären ermöglicht, gegen eine angemessene Abfindung aus der Gesellschaft auszuscheiden. In diesem Zusammenhang ist auch die **Gleichbehandlung aller Aktionäre** der Zielgesellschaft durch den übernehmenden Bieter sicherzustellen (vgl. Art. 3 I lit. a) Übernahme-RL).

44 *Martynova/Renneberg* European Financial Management 17 (2011) 208 ff.; *Hopt*, Europäisches Übernahmerecht, 2013, S. 3; *ders.* ZHR 161 (1997) 368, 369 f.; *Ebke* ZVglRWiss 111 (2012) 1, 14 ff.; gleichwohl wurden in Deutschland im Jahr 2015 weniger als 20 öffentliche Übernahmen erfolgreich durchgeführt, vgl. *Leyendecker-Langner* NZG 2016, 1213, 1214.

45 Zu den Motiven für Unternehmensübernahmen siehe auch *Pötzsch* in: Assmann/Pötzsch/Schneider (Hrsg.), WpÜG, 2. Aufl. 2013, Einl. Rn. 66 ff.; *Grundmann*, Europäisches Gesellschaftsrecht, 2011, Rn. 945 ff.; *Hopt*, Europäisches Übernahmerecht, 2013, S. 6 ff.; *ders.* ZHR 161 (1997) 368, 370 ff.; *Kalss/Klampfl*, Europäisches Gesellschaftsrecht, 2015, Rn. 503.

46 Überblicksartig zu den verschiedenen Übernahmehindernissen siehe den Bericht der *High Level Group*, 2002, Annex 4; *The Takeover Bid Directive Assessment Report*, 2012, S. 305 ff.

47 Empirisch zu grenzüberschreitenden Übernahmen in der EU *Momtaz* CF 2015, 284, 286 ff.

48 *Diekmann* NJW 2007, 17; *Kainer* ZHR 168 (2004) 542, 551; *Dauner-Lieb* DStR 2003, 555; *Enriques* in: Birkmose/Neville/Sørensen (Eds.), The European Financial Market in Transition, 2012, S. 11, 12; zum Entwurf von 1996 auch *Hopt* ZHR 161 (1997) 368, 374 f.

49 Vgl. Erwägungsgrund 3, 25; *Kindler/Horstmann* DStR 2004, 866; *Wouters/Van Hooghten/Bruyneel* in: Van Hooghten (Ed.), The European Takeover Directive and its Implementation, 2009, S. 7; *Habersack/Verse*, Europäisches Gesellschaftsrecht, 2011, § 11 Rn. 7; *Pötzsch* in: Assmann/Pötzsch/Schneider (Hrsg.), WpÜG, 2. Aufl. 2013, Einl. Rn. 102; *Wymeersch* in: FS Hommelhoff, 2012, S. 1375, 1378; *Hoffmann* in: MüHdB GesR, IntGesR, 4. Aufl. 2013, § 63 Rn. 5; *Graßl* in: FS Pöllath + Partners, 2008, S. 177.

50 *Habersack* ZHR 181 (2017) 603, 611 f.; *Habersack/Verse*, Europäisches Gesellschaftsrecht, 2011, § 11 Rn. 6; *Kalss/Klampfl*, Europäisches Gesellschafsrecht, 2015, Rn. 504; *Mukwiri* ECFR 2013, 432, 436; *Mélon* ESJ 2015, 170, 187; *Lehmann* in: MüKo BGB, Internationales Finazmarktrecht, 7. Aufl. 2018, Rn. 420.

51 *Kainer* ZHR 168 (2004) 542, 551; *Kalss/Klampfl*, Europäisches Gesellschaftsrecht, 2015, Rn. 504; *Habersack/Verse*, Europäisches Gesellschaftsrecht, 2011, § 11 Rn. 6 f.; *Veil* in: Veil (Hrsg.), Europäisches Kapitalmarktrecht, 2. Aufl. 2014, § 24 Rn. 62; ausführlich dazu auch *Mukwiri* ECFR 2013, 432 ff.; *Benocci* ECFR 2016, 55, 61 ff.

52 *Kalss/Klampfl*, Europäisches Gesellschaftsrecht, 2015, Rn. 504, 511; *Habersack* ZHR 181 (2017) 603, 633; *Habersack/Verse*, Europäisches Gesellschaftsrecht, 2011, § 11 Rn. 7; *Hopt* ZHR 161 (1997) 368, 387; *ders.*, Europäisches Übernahmerecht, 2013, S. 37; *Zetzsche/Wachter* in: Gebauer/Teichmann (Hrsg.), Europäisches Privat- und Unternehmensrecht, 2016, § 7 Rn. 185; vgl. auch *Mülbert* ZIP 2001, 1221, 1226 f.; *Merkt* in: FS Schwark, 2009, S. 529, 530; *Altmeppen* ZIP 2001, 1073, 1082 f.; *Fleischer* NZG 2002, 545, 547; *Harbarth* ZIP 2002, 321, 322; ferner im Rahmen des britischen Takeover Codes *Ringe* in: Schall (Hrsg.), Companies Act, 2014, Anh. sec. 943 Rn. 3; vielmehr für einen „kapitalmarktrechtlichen Funktionsschutz" *Krause/Pötzsch* in: Assmann/Pötzsch/Schneider (Hrsg.), WpÜG, 2. Aufl. 2013, § 35 Rn. 8, 32; *Ekkenga/Schulz* in: Ehricke/Ekkenga/Oechsler (Hrsg.), WpÜG, 2003, § 35 Rn. 5.

53 Vgl. Erwägungsgrund 9.

54 EuGH, Rs. C-206/16 (Marco Tronchetti Provera), ECLI:EU:C:2017:572 = NZG 2017, 1063, Rn. 24.

C. Harmonisierungsgrad

Um ein gemeinsames *level playing field* für Unternehmensübernahmen zu erreichen, verfolgte die Europäische Kommission **ursprünglich** ein umfassendes, für alle Mitgliedstaaten einheitliches Regelungskonzept.[55] So sah der Richtlinienvorschlag aus dem Jahr 1989 noch eine weitgehende Vollharmonisierung des europäischen Übernahmerechts vor. Bei der verabschiedeten Richtlinie hat man sich auf Drängen der Mitgliedstaaten im Ergebnis jedoch für eine **Mindestharmonisierung** entschieden.[56] Insbesondere für Übernahmeangebote und den Schutz der Aktionäre werden nur Mindeststandards statuiert.[57] Den Mitgliedstaaten bleibt es somit vorbehalten auch strengere Regelungen festzulegen (für Übernahmeangebote vgl. Art. 3 II lit. b) Übernahme-RL). Insoweit handelt es sich bei der Übernahmerichtlinie um eine „**Rahmenrichtlinie**".[58] Für die Umsetzung in nationales Recht besteht mithin ein weiter Spielraum. In einzelnen Abschnitten sieht die Richtlinie iS einer Maximalharmonisierung hingegen auch **Höchststandards** vor.[59] Dadurch soll verhindert werden, dass durch einzelstaatliche Vorgaben die Abgabe eines Übernahmeangebots verhindert bzw. unnötig erschwert wird; mithin dienen sie dem Interesse eines funktionierenden Marktes für Übernahmekontrolle.[60] Obgleich die Übernahmerichtlinie weitgehend nur einen Rahmen für öffentliche Übernahmeangebote und das Übernahmeverfahren vorgibt, sind mitgliedstaatliche, ggf protektionistische Maßnahmen an der **Niederlassungs-** und **Kapitalverkehrsfreiheit** zu messen.[61] 11

D. Anwendungsbereich

Der Anwendungsbereich der Übernahmerichtlinie ergibt sich aus Art. 1 Übernahme-RL iVm den Begriffsbestimmungen des Art. 2 Übernahme-RL. Die Richtlinie betrifft **öffentliche Übernahmeangebote** für **Wertpapiere** von dem Recht eines Mitgliedstaates unterfallenden Gesellschaften, sofern diese Wertpapiere ganz oder zum Teil zum Handel auf einem geregelten Markt iS der (noch geltenden) Finanzmarktrichtlinie[62] (MiFID)[63] zugelassen sind (Art. 1 I Übernahme-RL). Der sachliche Anwendungsbereich ist also nur bei einer Zulassung der Wertpapiere zu einem staatlich geregelten Markt eröffnet. Erfasst sind allgemein „Gesellschaften". Anknüpfungspunkt für den persönlichen Anwendungsbereich ist damit nicht die Rechtsform eines Unternehmens, sondern die Zulassung der Wertpapiere zum Handel auf einem staatlich regulierten Markt (zB einer Börse).[64] Insofern liegt der Richtlinie ein **rechtsformunabhängiger Ansatz** zugrunde.[65] In Deutschland und den meisten anderen Mitgliedstaaten sind jedoch grundsätzlich nur die Anteile von Aktiengesellschaften an einer Börse frei han- 12

55 *Seibt/Heisler* ZGR 2005, 200, 201; *Diekmann* NJW 2007, 17.

56 *Lutter/Bayer/Schmidt*, Europäisches Unternehmens- und Kapitalmarktrecht, 2017, Rn. 28.19; *Habersack/Verse*, Europäisches Gesellschaftsrecht, 2011, § 11 Rn. 8; *Kalss/Klampfl*, Europäisches Gesellschaftsrecht, 2015, Rn. 504; *Hoffmann* in: MüHdB GesR, IntGesR, § 63 Rn. 5; *Wouters/Van Hooghten/Bruyneel* in: Van Hooghten (Ed.), The European Takeover Directive and its Implementation, 2009, S. 5 f.; *Diekmann* NJW 2007, 17; *Mülbert* NZG 2004, 633, 636; *Seibt/Heisler* ZGR 2005, 200, 201; vgl. auch Art. 3 II lit. a) Übernahme-RL („die in dieser Richtlinie vorgeschriebenen Mindestanforderungen").

57 EuGH, Rs. C-206/16 (Marco Tronchetti Provera), ECLI:EU:C:2017:572 = NZG 2017, 1063, Rn. 27.

58 *Veil* in: Veil (Hrsg.), Europäisches Kapitalmarktrecht, 2. Aufl. 2014, § 24 Rn. 2; *Kindler/Horstmann* DStR 2004, 866; *Kalss/Klampfl*, Europäisches Gesellschaftsrecht, 2015, Rn. 504; *Wouters/Van Hooghten/Bruyneel* in: Van Hooghten (Ed.), The European Takeover Directive and its Implementation, 2009, S. 5 f.; *Pötzsch* in: Assmann/Pötzsch/Schneider (Hrsg.), WpÜG, 2. Aufl. 2013, Einl. Rn. 82, 102; *Seibt/Heisler* ZGR 2005, 200, 201; *Merkt/Binder* BB 2006, 1285, 1287; *Diekmann* NJW 2007, 17; *Papadopoulos*, EU Law and the Harmonization of Takeovers in the Internal Market, 2010, S. 38; zum Richtlinienvorschlag von 1996 bereits *Hopt* ZHR 161 (1997) 368, 380 f.; *Stöwe*, Der übernahmerechtliche Squeeze-out, 2007, S. 12.

59 So insbesondere in Art. 6 II Uabs. 2 Übernahme-RL und Art. 15 II 3 Übernahme-RL, vgl. *Habersack/Verse*, Europäisches Gesellschaftsrecht, 2011, § 11 Rn. 8; *Lutter/Bayer/Schmidt*, Europäisches Unternehmens- und Kapitalmarktrecht, 2017, Rn. 28.19.

60 *Lutter/Bayer/Schmidt*, Europäisches Unternehmens- und Kapitalmarktrecht, 2017, Rn. 28.19; *Habersack/Verse*, Europäisches Gesellschaftsrecht, 2011, § 11 Rn. 8; *Kalss/Klampfl*, Europäisches Gesellschaftsrecht, 2015, Rn. 504.

61 Ausführlich dazu *Kainer* ZHR 168 (2004) 542, 553 ff.

62 Richtlinie 2004/39/EG über Märkte für Finanzinstrumente […] v. 21.4.2004, ABl. EG v. 30.4.2004, L 145/1.

63 Der Verweis auf die ehemalige Richtlinie 93/22/EWG (Wertpapierdienstleistungsrichtlinie) ist gem Art. 69 MiFID als Verweis auf diese zu verstehen, vgl. *Lutter/Bayer/Schmidt*, Europäisches Unternehmens- und Kapitalmarktrecht, 2017, Rn. 28.12; *Habersack/Verse*, Europäisches Gesellschaftsrecht, 2011, § 11 Rn. 9; *Kalss/Klampfl*, Europäisches Gesellschaftsrecht, 2015, Rn. 506, Fn. 1548.

64 *Lutter/Bayer/Schmidt*, Europäisches Unternehmens- und Kapitalmarktrecht, 2017, Rn. 28.11; *Grundmann*, Europäisches Gesellschaftsrecht, 2011, Rn. 955.

65 *Habersack/Verse*, Europäisches Gesellschaftsrecht, 2011, § 11 Rn. 9; *Lutter/Bayer/Schmidt*, Europäisches Unternehmens- und Kapitalmarktrecht, 2017, Rn. 28.11.

delbar.[66] Faktisch werden von der Übernahmerichtlinie daher nur (börsennotierte) Aktiengesellschaften (AG, KGaA, SE)[67] erfasst.

13 Materiell sind **„Wertpapiere"** nach der Legaldefinition in Art. 2 I lit. e) Übernahme-RL nur übertragbare Wertpapiere, die **Stimmrechte** in einer Gesellschaft verleihen. Die auf einem geregelten Markt gehandelten Aktien müssen daher mit einem Stimmrecht versehen sein. Nicht erfasst sind damit solche Wertpapiere, die zum Erwerb übertragbarer Wertpapiere mit Stimmrechten berechtigen, in Deutschland zB Wandelschuldverschreibungen oder Optionsanleihen.[68] Auch Vorzugsaktien iS der §§ 139 ff. AktG ohne Stimmrecht werden grundsätzlich nicht von der Richtlinie geregelt.[69] Aufgrund des Mindestnormcharakters und der ausdrücklichen Aussage in Erwägungsgrund 11 können die Mitgliedstaaten die Pflicht zur Abgabe eines Übernahmeangebots indes auch für Wertpapiere vorschreiben, die nur unter bestimmten Umständen Stimmrechte verleihen oder überhaupt nicht mit Stimmrechten ausgestattet sind. Über Art. 2 I lit. e) Übernahme-RL hinausgehend sind nach **§ 2 II WpÜG** zB auch **stimmrechtslose Wertpapiere umfasst.**[70]

14 Von der Richtlinie sind weiterhin nur solche (Übernahme-) Angebote erfasst, die nicht von der Zielgesellschaft selbst als **öffentliches Pflicht-** oder **freiwilliges Angebot** stammen und dem **Erwerb der Kontrolle** der Zielgesellschaft folgen oder diesen Erwerb zum Ziel haben (Art. 2 I lit. a) Übernahme-RL). Das Pflichtangebot muss gem Art. 5 I 2 Übernahme-RL (s. Rn. 56) stets ein **Vollangebot** sein, dh an alle Wertpapierinhaber für all ihre Aktien gerichtet sein. Bei einem freiwilligen Übernahmeangebot sind hingegen auch **Teilangebote** zulässig.[71] Richtlinienkonform lässt das deutsche Übernahmerecht mit § 32 WpÜG keine Teilangebote zu.[72]

15 Was genau unter dem **Kontrollerwerb** iSd Art. 2 I lit. a) Übernahme-RL zu verstehen ist, definiert die Richtlinie nicht. Nach Art. 5 III Übernahme-RL wird zum Zwecke der Angebotspflicht des Bieters jedoch bestimmt, dass sich die Festlegung des erforderlichen Stimmrechtsanteils für den Kontrollerwerb und dessen Berechnung nach dem auf die Zielgesellschaft anwendbaren Gesellschaftsrechts bestimmt. Der Mitgliedstaat, in dem sich der für die Anknüpfung zum Gesellschaftsstatut maßgebende **„Sitz" der Zielgesellschaft**[73] befindet, kann die notwendige Kontrollschwelle daher selbst festlegen (s. dazu Rn. 45).[74] Die Mitgliedstaaten haben hiervon in unterschiedlicher Weise Gebrauch gemacht.[75] In Deutschland ist ab dem Halten von 30% der Stimmrechte an der Zielgesellschaft aus dem Bieter gehörenden Aktien oder dem Bieter zugerechneten Stimmrechten eine Kontrolle iSd Übernahmerechts zu bejahen (Art. 29 II 1 WpÜG).

E. Allgemeine Grundsätze des Übernahmeverfahrens

16 Art. 3 Übernahme-RL statuiert **„allgemeine Grundsätze"**, die bei der Durchführung des Übernahmeverfahrens zu beachten sind. Um die Beachtung der in Art. 3 I Übernahme-RL aufgeführten Grundsätze sicherzustellen, haben die Mitgliedstaaten dafür Sorge zu tragen, dass die in der Richtlinie vorgeschriebenen Mindestanforderun-

---

66 In Abgrenzung dazu zum Begriff der „geschlossenen Kapitalgesellschaft" *Bachmann ua*, Rechtsregeln für die geschlossene Kapitalgesellschaft, 2012, S. 4 ff.; *Fleischer* ZGR 2016, 36, 38 ff.

67 Zur Erfassung auch der Societas Europaea von der deutschen Regelung des § 2 III Nr. 1 WpÜG *Pötzsch/Favoccia* in: Assmann/Pötzsch/Schneider (Hrsg.), WpÜG, 2. Aufl. 2013, § 2 Rn. 66; *Versteegen* in: KK-WpÜG, 2. Aufl. 2010, § 2 Rn. 111; *Schulz* in: Göthel (Hrsg.), Grenzüberschreitende M&A-Transaktionen, 4. Aufl. 2015, § 13 Rn. 82.

68 *Habersack/Verse*, Europäisches Gesellschaftsrecht, 2011, § 11 Rn. 9.

69 *Maul/Muffat-Jeandet* AG 2004, 221, 225 f.; *Habersack/Verse*, Europäisches Gesellschaftsrecht, 2011, § 11 Rn. 9; *Kalss/Klampfl*, Europäisches Gesellschaftsrecht, 2015, Rn. 506, Fn. 1549; *Arnold* DK 2003, 173, 176.

70 *Pötzsch ua* in: Assmann/Pötzsch/Schneider (Hrsg.), WpÜG, 2. Aufl. 2013, § 2 Rn. 47; *Versteegen* in: KK-WpÜG, 2. Aufl. 2010, § 2 Rn. 82; *Lutter/Bayer/Schmidt*, Europäisches Unternehmens- und Kapitalmarktrecht, 2017, Rn. 28.15; *Habersack/Verse*, Europäisches Gesellschaftsrecht, 2011, § 11 Rn. 9, Fn. 38; vgl. auch *Maul/Muffat-Jeandet* AG 2004, 221, 226; *Oppenhoff* in: Beck'sches Handbuch der AG, 2. Aufl. 2009, § 27 Rn. 11; zur Problematik stimmrechtsloser Vorzugsaktien im österreichischen Übernahmerecht auch *Barth/Durstberger* ÖBA 2016, 409 ff.

71 *Habersack/Verse*, Europäisches Gesellschaftsrecht, 2011, § 11 Rn. 9; *Maul/Muffat-Jeandet* AG 2004, 221, 225; *Kalss/Klampfl*, Europäisches Gesellschaftsrecht, 2015, Rn. 506; *Lutter/Bayer/Schmidt*, Europäisches Unternehmens- und Kapitalmarktrecht, 2017, Rn. 28.13.

72 Zur Richtlinienkonformität *Noack* in: Schwark/Zimmer (Hrsg.), Kapitalmarktrechts-Kommentar, 4. Aufl. 2010, § 32 WpÜG Rn. 3; *Wackerbarth* in: MüKo AktG, 4 Aufl. 2017, § 32 WpÜG Rn. 6; *Maul/Muffat-Jeandet* AG 2004, 221, 225.

73 Aus der englischen (*registered office*) und französischen (*siège statutaire*) Sprachfassung ist darunter der Satzungssitz der Gesellschaft zu verstehen. Richtigerweise ist jedoch der für die Bestimmung des nationalen Gesellschaftsstatus (kollisionsrechtlich) maßgebliche „Sitz" relevant; aA *Wackerbarth* in: MüKo AktG, 4. Aufl. 2017, § 1 WpÜG Rn. 16, 18.

74 *Kalss/Klampfl*, Europäisches Gesellschaftsrecht, 2015, Rn. 507.

75 Siehe *Europäische Kommission*, Report on the implementation of the Directive on Takeover Bids, 21.2.2007, SEC(2007), 268, S. 13; *Lutter/Bayer/Schmidt*, Europäisches Unternehmens- und Kapitalmarktrecht, 2017, Rn. 28.35; *Hopt*, Europäisches Übernahmerecht, 2013, S. 41.

gen tatsächlich eingehalten werden (Art. 3 II lit. a) Übernahme-RL).[76] Die allgemeinen Grundsätze fungieren zum einen als **Auslegungshilfe** einzelner Regelungen der Richtlinie sowie der nationalen Umsetzungsvorschriften.[77] Zum anderen geben sie bei der **Interpretation strengerer Bestimmungen** in den Mitgliedstaaten und etwaigen Ausnahmevorschriften einen einzuhaltenden Rahmen vor und dienen damit bei Auslegungsfragen als Richtschnur.[78]

Von zentraler Bedeutung ist der **Grundsatz der Gleichbehandlung** der Aktionäre der Zielgesellschaft.[79] Danach sind alle Inhaber von Wertpapieren einer Zielgesellschaft, die der gleichen Gattung angehören, gleich zu behandeln (Art. 3 I lit. a) Übernahme-RL).[80] Der Gleichbehandlungsgrundsatz (im deutschen Recht vgl. § 3 I WpÜG) bezieht sich nur auf das Verhältnis des **Bieters** zu den **Aktionären der Zielgesellschaft**. Eine Gleichbehandlungspflicht der Bieter- oder Zielgesellschaft gegenüber ihren jeweils eigenen Aktionären ergibt sich daraus nicht.[81] Diese ergibt sich themenspezifisch aus anderen Normen des Sekundärrechts (zB Art. 81 Kodifizierungs-RL (ex-Art. 42 Kapital-RL (dazu § 21 Rn. 140 f.); Art. 4 AR-RL (dazu § 30 Rn. 86 f.). Nach Aussage des EuGH lässt sich gleichwohl weder aus diesen Bestimmungen noch aus Art. 3 I lit. a) Übernahme-RL ein allgemeiner Rechtsgrundsatz des Europäischen Gesellschaftsrechts bezüglich der Gleichbehandlung aller Aktionäre ableiten.[82] Der Gleichbehandlungsgrundsatz gilt ferner nur innerhalb der jeweiligen Wertpapiergattung („die **der gleichen Gattung** angehören"). Die Gleichbehandlung durch den Bieter umfasst daher nicht auch die Inhaber anderer Aktiengattungen.[83] Das Prinzip der Gleichbehandlung der Aktionäre der Zielgesellschaft verwirklicht sich innerhalb der Übernahmerichtlinie insbesondere in der Abgabe eines **Pflichtangebots** (Rn. 42 ff.) und den diesbezüglichen **Preisvorschriften** (Rn. 57) sowie dem **sell-out-Recht** der Minderheitsaktionäre (Rn. 105 ff.).[84] 17

Von Bedeutung ist weiterhin die **Sicherstellung informierter Entscheidungen** der Aktionäre der Zielgesellschaft (Art. 3 I lit. b) Übernahme-RL). Die Angebotsadressaten müssen über **genügend Zeit** und **ausreichend Informationen** verfügen, um in hinreichender Kenntnis der Sachlage über das Angebot des Bieters entscheiden zu können. Das bereits in anderen Sekundärrechtsakten statuierte **Informationsmodell**[85] (dazu § 18 Rn. 73 f.) bezweckt somit den Schutz der Inhaber von Wertpapieren einer Zielgesellschaft vor übereilten und auf Basis unzureichender Informationen getroffenen Entscheidungen (in Deutschland vgl. § 3 II WpÜG). Hierzu sehen Art. 6-8 Übernahme-RL vor, dass die Angebotsunterlagen des Bieters einen bestimmten Mindestinhalt haben und bekanntgemacht werden müssen sowie dass die Annahmefrist zwischen zwei und zehn Wochen zu liegen hat (s. Rn. 68). In diesem Zusammenhang steht auch Art. 3 I lit. f) Übernahme-RL, wonach die **Zielgesellschaft** durch das/die Übernahmeangebot(e) **nicht unangemessen** in ihrer Geschäftstätigkeit **behindert** werden darf. Nach § 3 IV WpÜG haben die Bieter- und die Zielgesellschaft das Übernahmeverfahren „rasch" durchzuführen und die Zielgesellschaft darf nicht über einen angemessenen Zeitraum hinaus in ihrer Geschäftstätigkeit behindert werden. 18

Nach Art. 3 I lit. c) Übernahme-RL muss das Management der Zielgesellschaft während des Übernahmeverfahrens stets die **Interessen der Gesellschaft wahren.** Insofern muss das Leitungs- bzw. Verwaltungsorgan der Ziel- 19

76 Vgl. auch EuGH, Rs. C-206/16 (Marco Tronchetti Provera), ECLI:EU:C:2017:572 = NZG 2017, 1063, Rn. 26 f.

77 *Grundmann*, Europäisches Gesellschaftsrecht, 2011, Rn. 956; *Habersack/Verse*, Europäisches Gesellschaftsrecht, 2011, § 11 Rn. 11; *Kalss/Klampfl*, Europäisches Gesellschaftsrecht, 2015, Rn. 508; *Grohmann*, Das Informationsmodell im Europäischen Gesellschaftsrecht, 2006, S. 333.

78 Vgl. Erwägungsgrund 6 S. 2; *Grundmann*, Europäisches Gesellschaftsrecht, 2011, Rn. 956; *Lutter/Bayer/Schmidt*, Europäisches Unternehmens- und Kapitalmarktrecht, 2017, Rn. 28.16; *Kalss/Klampfl*, Europäisches Gesellschaftsrecht, 2015, Rn. 508; *Sjåfjell*, Towards a Sustainable European Company Law, 2009, S. 297.

79 *Lutter/Bayer/Schmidt*, Europäisches Unternehmens- und Kapitalmarktrecht, 2017, Rn. 28.17; *Habersack/Verse*, Europäisches Gesellschaftsrecht, 2011, § 11 Rn. 12; *Kalss/Klampfl*, Europäisches Gesellschaftsrecht, 2015, Rn. 508; *Wouters/Van Hooghten/Bruyneel* in: Van Hooghten (Ed.), The European Takeover Directive and its Implementation, 2009, S. 14; generell zur Gleichbehandlung im Kapitalmarktrecht *Bachmann* ZHR 170 (2006) 113 ff.; im übernahmerechtlichen Kontext siehe auch BGH ZIP 2008, 219.

80 Zur Umsetzung im Vereinigten Königreich *Schmolke* in: Paschos/Fleischer (Hrsg.), Handbuch Übernahmerecht nach dem WpÜG, 2017, § 6 Rn. 30.

81 *Habersack/Tröger* NZG 2010, 1, 6; *Kalss/Klampfl*, Europäisches Gesellschaftsrecht, 2015, Rn. 508; *Lutter/Bayer/Schmidt*, Europäisches Unternehmens- und Kapitalmarktrecht, 2017, Rn. 28.17; zu § 3 I WpÜG auch *Liekefett* AG 2005, 802, 803.

82 EuGH, Rs. 101/08 (Audiolux), ECLI:EU:C:2009:626 = ZIP 2009, 2241, Rn. 62 ff.; In diesem Zusammenhang auch *Lutter/Bayer/Schmidt*, Europäisches Unternehmens- und Kapitalmarktrecht, 2017, Rn. 28.17; *Habersack/Verse*, Europäisches Gesellschaftsrecht, 2011, § 11 Rn. 12; *Habersack/Tröger* NZG 2010, 1, 5 f.; *Clarke* ICCLJ 10 (2013) 80, 85; *Mukwiri* ECFR 2013, 432, 449; ferner zu allgemeinen Rechtsgrundsätzen im Europäischen Gesellschaftsrecht *Schön* in: FS Hopt, 2010, S. 1343 ff.

83 *Habersack/Verse*, Europäisches Gesellschaftsrecht, 2011, § 11 Rn. 12; *Sjåfjell*, Towards a Sustainable European Company Law, 2009, S. 298.

84 *Lutter/Bayer/Schmidt*, Europäisches Unternehmens- und Kapitalmarktrecht, 2017, Rn. 28.17; *Kalss/Klampfl*, Europäisches Gesellschaftsrecht, 2015, Rn. 508; *Sjåfjell*, Towards a Sustainable European Company Law, 2009, S. 298.

85 *Grundmann*, Europäisches Gesellschaftsrecht, 2011, Rn. 957; *Lutter/Bayer/Schmidt*, Europäisches Unternehmens- und Kapitalmarktrecht, 2017, Rn. 28.18; *Kalss/Klampfl*, Europäisches Gesellschaftsrecht, 2015, Rn. 508.

gesellschaft im Interesse der gesamten Gesellschaft handeln und darf Aktionären nicht die Möglichkeit vorenthalten, das Angebot des Bieters selbst zu beurteilen. Eine entsprechende Bindung an die Unternehmensinteressen war in den einzelnen Richtlinienvorschlägen noch nicht enthalten. Vielmehr war darin noch von den Interessen der Gesellschafter die Rede.[86] Der Grundsatz der Interessenwahrung der Gesellschaft verwirklicht sich insbesondere im **Verhinderungsverbot** des Art. 9 Übernahme-RL (s. Rn. 72 ff.). Im deutschen Recht müssen nach § 3 III WpÜG der Vorstand und der Aufsichtsrat der Zielgesellschaft in deren Interesse handeln.[87]

20 Schließlich sieht Art. 3 I lit. d) Übernahme-RL eine **Vermeidung von Marktverzerrungen** vor.[88] Beim Handel mit Wertpapieren der Zielgesellschaft, der Bietergesellschaft oder anderer durch das Übernahmeangebot betroffener Gesellschaften dürfen keine Marktverzerrungen geschaffen werden. Dadurch soll eine Störung des Marktes durch Ausschaltung von Marktmechanismen verhindert werden.[89] Diesem Ziel dient ua die **Bekanntmachungspflicht** gem Art. 8 Übernahme-RL (s. Rn. 62 ff.). Art. 3 I lit. d) Übernahme-RL wurde durch § 3 V WpÜG in deutsches Recht umgesetzt.

F. Aufsichtsstelle zur Überwachung des Angebotsvorgangs

21 Art. 4 Übernahme-RL befasst sich mit dem Aufsichtsorgan zur **Überwachung** des Übernahmeangebots und dessen Zuständigkeit sowie dem anwendbaren Recht in grenzüberschreitendenden Fällen. Insbesondere die Frage der internationalen Zuständigkeit der nationalen Aufsichtsstellen war im Rahmen der Verhandlungen zur Übernahmerichtlinie lange umstritten.[90]

I. Nationale Aufsichtsstelle

22 Zur Einhaltung der Richtlinienbestimmungen hat jeder Mitgliedstaat eine oder mehrere Stellen zu benennen, die den **Angebotsvorgang überwachen** (Art. 4 I 1 Übernahme-RL). Eine solche Aufsichtsstelle muss entweder eine Behörde, Vereinigung oder private Einrichtung des jeweiligen Mitgliedstaates sein (Art. 4 I 2 Übernahme-RL). In Deutschland ist die Bundesanstalt für Finanzdienstleistungsaufsicht (BaFin) als öffentliche Behörde für die Beaufsichtigung des Angebotsvorgangs zuständig. In England beispielsweise das *Takeover Panel* als private Einrichtung. Die Richtlinie hat sich letztlich gegen eine zentrale europäische Aufsichtsstelle entschieden.[91] Vor allem im Zuge der im Jahr 2011 errichteten *European Securities and Markets Authority* (ESMA) (dazu § 34 Rn. 19 ff.) wurde jedoch der Ruf nach einer europäischen Aufsichtsbehörde zur Überwachung von Übernahmeangeboten immer lauter.[92] Bei der bereits erwähnten Expertenumfrage (Rn. 7) hat sich jedoch eine 2/3-Mehrheit für das Fortbestehen der Zuständigkeit auf nationaler Ebene entschieden.[93] Obgleich eine **zentrale Aufsichtsbehörde auf europäischer Ebene** faktisch eine weiterreichende Vereinheitlichung der Angebotsbeaufsichtigung mit sich brächte, sind die Widerstände der Mitgliedstaaten gegen eine entsprechende Reform des Art. 4 Übernahme-RL zumindest derzeit noch zu groß.[94]

23 Die nationale Aufsichtsstelle der Mitgliedstaaten hat alle zur Erfüllung ihrer Aufgaben notwendigen Befugnisse übertragen zu bekommen (Art. 4 V 1 Übernahme-RL). Neben der **Überwachung des Angebotsvorgangs** hat die Aufsichtsstelle zudem dafür Sorge zu tragen, dass von der Bieter- und Zielgesellschaft die auf der Richtlinie be-

86 *Maul/Muffat-Jeandet* AG 2004, 221, 227; *Wouters/Van Hooghten/Bruyneel* in: Van Hooghten (Ed.), The European Takeover Directive and its Implementation, 2009, S. 14 f.

87 Dazu *Stephan* in: Assmann/Pötzsch/Schneider (Hrsg.), WpÜG, 2. Aufl. 2013, § 3 Rn. 29; *Wackerbarth* in: MüKo AktG, 4. Aufl. 2017, § 3 WpÜG Rn. 18 ff.; *Louven* in: Angerer/Geibel/Süßmann (Hrsg.), WpÜG, 3. Aufl. 2017, § 3 Rn. 22 ff.; siehe auch *Liekefett* AG 2005, 802, 806 ff.

88 *Lutter/Bayer/Schmidt*, Europäisches Unternehmens- und Kapitalmarktrecht, 2017, Rn. 28.18; *Habersack/Verse*, Europäisches Gesellschaftsrecht, 2011, § 11 Rn. 14.

89 *Maul/Muffat-Jeandet* AG 2004, 221, 227; *Wouters/Van Hooghten/Bruyneel* in: Van Hooghten (Ed.), The European Takeover Directive and its Implementation, 2009, S. 15; zu § 3 V WpÜG auch *Stephan* in: Assmann/Pötzsch/Schneider (Hrsg.), WpÜG, 2. Aufl. 2013, § 3 Rn. 64; *Boucsein/Schmiady* AG 2016, 597, 598.

90 *Hopt*, Europäisches Übernahmerecht, 2013, S. 110; *Lutter/Bayer/Schmidt*, Europäisches Unternehmens- und Kapitalmarktrecht, 2017, Rn. 28.26; *Maul/Muffat-Jeandet* AG 2004, 221, 227 f.; siehe auch *Wymeersch* in: FS Hommelhoff, 2012, S. 1375, 1386 f.

91 *Lutter/Bayer/Schmidt*, Europäisches Unternehmens- und Kapitalmarktrecht, 2017, Rn. 28.20.

92 Siehe *Europäisches Parlament*, Entschließung v. 21.5.2013 über die Anwendung der Richtlinie 2004/25/EG betreffend Übernahmeangebote, Punkt 9; *Wymeersch* in: FS Hommelhoff, 2012, S. 1375, 1389; *ders.*, The Takeover Bid Directive, light and darkness, Financial Law Institute Working Paper 2008-01, S. 6 f.; vgl. auch *Veil* in: Kämmerer/Veil (Hrsg.), Übernahme- und Kapitalmarktrecht in der Reformdiskussion, 2013, S. 27, 38 ff.; eine europäische Aufsicht jedoch nicht als notwendig erachtend *Rechtsausschuss des Europäischen Parlaments*, Bericht v. 25.3.2013, A7-0089/2013, Punkt 9; zum Streitgegenstand auch *Hopt*, Europäisches Übernahmerecht, 2013, S. 108 f.; *Hariri*, Übernahmerecht und Aufsicht, 2015, S. 440 ff.

93 Vgl. *Freshfields Bruckhaus Deringer*, Reform of the EU Takeover Directive and of German Takeover Law, Survey Report, November 2011, S. 16; siehe auch *Seibt* ZIP 2012, 1, 5; *Hopt*, Europäisches Übernahmerecht, 2013, S. 108.

94 *Hopt*, Europäisches Übernahmerecht, 2013, S. 109.

ruhenden Bestimmungen des nationalen Übernahmerechts eingehalten werden (Art. 4 V 2 Übernahme-RL). In diesem Sinne hat die BaFin gem § 4 I 2 WpÜG Missständen entgegenzuwirken, welche die ordnungsgemäße Durchführung des Verfahrens beeinträchtigen oder erhebliche Nachteile für den Wertpapiermarkt bewirken können. Nach § 4 II WpÜG nimmt die BaFin ihre Aufgaben und Befugnisse nur im öffentlichen Interesse des Kapitalmarktes wahr. Einen Drittschutz von Individualinteressen der Aktionäre gewährt die BaFin nicht.[95]

Die nationalen Aufsichtsstellen sind zur **Unabhängigkeit** und **Neutralität** gegenüber den Parteien des Übernahmeverfahrens verpflichtet (Art. 4 I 4 Übernahme-RL). In diesem Zusammenhang und zum Schutz vor Verfälschungen des Kapitalmarktes besteht zudem eine **Verschwiegenheitspflicht** der (ehemaligen) Mitarbeiter bei der nationalen Aufsichtsstelle. Unter das Berufsgeheimnis dieser fallende Informationen dürfen nicht an andere Personen oder Behörden weitergegeben werden, es sei denn, dies geschieht aufgrund einer gesetzlichen Bestimmung (Art. 4 III 2 Übernahme-RL). **§ 9 I WpÜG** erweitert den Adressatenkreis der Verschwiegenheitspflichtigen auf andere in unmittelbarem Kontakt mit der BaFin stehende Personen.[96] 24

Art. 4 IV Übernahme-RL verpflichtet die mitgliedstaatlichen Aufsichtsstellen zur **gegenseitigen Kooperation** und **Auskunftserteilung**. Dies gilt sowohl zwischen den verschiedenen Aufsichtsstellen selbst als auch mit anderen Behörden zur Beaufsichtigung von Kapitalmärkten.[97] Die Kooperation hat insbesondere mit den zuständigen Stellen der MiFID (II),[98] (dazu § 34 Rn. 33 ff.) der Wertpapier-Richtlinie[99] und der Prospektrichtlinie[100] (zukünftig Prospekt-Verordnung)[101] (dazu § 34 Rn. 41 ff.) zu erfolgen. Zum Zwecke der Zusammenarbeit wurde zudem die Arbeitsgruppe *Takeover Bids Network* bei der ESMA eingerichtet, im Rahmen dieser sich Vertreter der nationalen Aufsichtsstellen regelmäßig treffen und Fragen des Übernahmerechts erörtern. 25

II. Internationale Zuständigkeitsverteilung

Die Fragen der internationalen Zuständigkeit der Aufsichtsstelle und des anwendbaren Rechts sind in Art. 4 II Übernahme-RL geregelt. Die Vorschrift ist hochkomplex und in der Praxis regelmäßig mit Rechtsunsicherheit behaftet.[102] Dies nicht zuletzt, weil Art. 4 II Übernahme-RL nach hM auch ein **kollisionsrechtlicher Regelungsgehalt** beigemessen wird und damit zur Schaffung eines richtlinienkonformen Übernahmekollisionsrechts verpflichtet.[103] 26

Für die Zuständigkeitsbestimmung der Aufsichtsstelle unterscheidet Art. 4 II Übernahme-RL **verschiedene Situationen.** 27

Art. 4 II lit. a) Übernahme-RL: Die von einem Mitgliedstaat bestimmte Aufsichtsstelle ist zuständig für Gesellschaften, die ihren Sitz im gleichen Mitgliedstaat haben und deren Wertpapiere auf diesem Markt gehandelt werden. 28

95 Vgl. OLG Frankfurt ZIP 2003, 1392; OLG Frankfurt NZG 2003, 729; OLG Frankfurt ZIP 2003, 2254; OLG Frankfurt NZG 2012, 302; aus jüngerer Zeit auch OLG Frankfurt AG 2015, 125; für einen Drittschutz der Aktionäre hingegen *Berding* DK 2004, 771, 780; *Süßmann* in: Assmann/Schütze (Hrsg.), HdB Kapitalanlagerecht, 4. Aufl. 2015, § 15 Rn. 72; *Wagner* NZG 2003, 718, 719; siehe rechtsvergleichend auch *Tountopoulos* WM 2014, 337, 338 f.; *Hopt*, Europäisches Übernahmerecht, 2013, S. 115 f.; dies ist auch mit der Richtlinie vereinbar, vgl. *Habersack/Verse*, Europäisches Gesellschaftsrecht, 2011, § 11 Rn. 26.

96 Dazu *Döhmel* in: Assmann/Pötzsch/Schneider (Hrsg.), WpÜG, 2. Aufl. 2013, § 9 Rn. 5; *Kreße* in: MüKo AktG, 4. Aufl. 2017, § 9 WpÜG Rn. 4 ff.

97 *Lutter/Bayer/Schmidt*, Europäisches Unternehmens- und Kapitalmarktrecht, 2017, Rn. 28.21; vgl. auch *Kalss/Klampfl*, Europäisches Gesellschaftsrecht, 2015, Rn. 509, Fn. 1560.

98 Richtlinie 2014/65/EU des Europäischen Parlaments und des Rates vom 15. Mai 2014 über Märkte für Finanzinstrumente sowie zur Änderung der Richtlinien 2002/92/EG und 2011/61/EU, ABl. EU v. 12.6.2014, L 173/349.

99 Richtlinie des Europäischen Parlaments und des Rates über die Zulassung von Wertpapieren zur amtlichen Börsennotierung und über die hinsichtlich dieser Wertpapiere zu veröffentlichenden Informationen, ABl. EG v. 6.7.2001, L 184/1.

100 Richtlinie 2003/71/EG des Europäischen Parlaments und des Rates vom 4. November 2003 betreffend den Prospekt, der beim öffentlichen Angebot von Wertpapieren oder bei deren Zulassung zum Handel zu veröffentlichen ist, und zur Änderung der Richtlinie 2001/34/EG, ABl. EG v. 31.12.2003, L 345/64.

101 Verordnung (EU) 2017/1129 des Europäischen Parlaments und des Ratesvom 14.6.2017 über den Prospekt, der beim öffentlichen Angebot von Wertpapieren oder bei deren Zulassung zum Handel an einem geregelten Markt zu veröffentlichen ist und zur Aufhebung der Richtlinie 2003/71/EG, ABl. EU v. 30.6.2017, L 168/12.

102 *Siems* ECFR 2004, 458, 475; *Hopt*, Europäisches Übernahmerecht, 2013, S. 110; *Lutter/Bayer/Schmidt*, Europäisches Unternehmens- und Kapitalmarktrecht, 2017, Rn. 28.26; vgl. auch *v. Hein* ZGR 2005, 528, 533 ff.; zur Kritik siehe auch *Hariri*, Übernahmerecht und Aufsicht, 2015, S. 75 ff.

103 Vgl. *v. Hein* ZGR 2005, 528, 540 f.; *Siems* ECFR 2004, 458, 469; *Kindler/Horstmann* DStR 2004, 866, 871; *Hoffmann* in: MüHdB GesR, IntGesR, 4. Aufl. 2013, § 63 Rn. 5; *Ekkenga/Kuntz* WM 2004, 2427, 2435; *Josenhans* ZBB 2006, 269, 271; aA *Mülbert* NZG 2004, 633, 637.

29 Der „Sitz“ der Zielgesellschaft und der Ort, an dem deren Wertpapiere auf einem geregelten Markt gehandelt werden („**Marktsitz**“),[104] befinden sich in demselben Mitgliedstaat. Aus praktischer Sicht fällt der Großteil der Unternehmensübernahmen in Europa hierunter. Es ist die nationale Aufsichtsstelle zuständig, wo sich der **Sitz der Zielgesellschaft** befindet. Dabei ist unerheblich, ob die Aktien der Zielgesellschaft vorher an einer Börse eines anderen Mitgliedstaates zugelassen wurden.[105] Die gem Art. 4 II lit. a) Übernahme-RL zuständige Aufsichtsstelle hat dabei stets ihr nationales Recht anzuwenden.[106]

30 Art. 4 II lit. a) Übernahme-RL spricht vom „**Sitz**“ der Zielgesellschaft, ohne dies näher zu präzisieren. In der deutschen Terminologie lässt sich unter dem Sitz einer Gesellschaft grundsätzlich sowohl der Satzungs- als auch der Verwaltungssitz verstehen (vgl. auch § 10 Rn. 14). Klarer ist hingegen die englische Sprachfassung, die vom *registered office* spricht, das im Prinzip mit dem Satzungssitz einer deutschen Kapitalgesellschaft gleichzusetzen ist. Auf den ersten Blick mag man den „Sitz“ iS von Art. 4 II Übernahme-RL daher als Satzungssitz verstehen.[107] Bezogen auf alle (gleichsam gültigen) Sprachfassungen ist jedoch vielmehr der Sitz gemeint, der für die Anknüpfung der Zielgesellschaft zum **nationalen Gesellschaftsstatut maßgeblich** ist.[108] Je nach dem Gesellschaftskollisionsrecht eines Mitgliedstaates der Satzungssitz (Gründungstheorie) oder der Verwaltungssitz (Sitztheorie).[109] Aufgrund der EuGH-Rechtsprechung zur Niederlassungsfreiheit (s. § 10 Rn. 32 ff.) ist dies unproblematisch. Auch wenn sich der Verwaltungssitz der (börsennotierten) Gesellschaft nicht in deren Gründungsstaat befindet, hat der Zuzugsstaat die Auslandsgesellschaft als solche anzuerkennen (sog europäische Gründungstheorie). Obgleich es weiterhin grundsätzlich keine primärrechtliche Wegzugsfreiheit gibt (s. dazu § 10 Rn. 93), stellt Art. 4 II Übernahme-RL auf die Existenz der Zielgesellschaft ab. Führt eine Sitzverlegung daher zur Auflösung der Gesellschaft, stellt sich die Frage der Zuständigkeit der Aufsichtsstelle schon gar nicht. Zudem ist auch unter Geltung der Sitztheorie ein inländischer Satzungssitz konstitutives Merkmal aller mitgliedstaatlichen Kapitalgesellschaften.[110] Insofern ist ein Auseinanderfallen nicht möglich und hat keinen Einfluss auf die Beurteilung des auf die Überwachung des Übernahmeverfahrens anwendbaren Rechts.[111]

31 **Art. 4 II lit. b) Übernahme-RL**: Wenn die Wertpapiere nicht im Sitzmitgliedstaat gehandelt werden, ist die Aufsichtsstelle des Mitgliedsstaates zuständig, wo die Wertpapiere am Markt öffentlich angeboten werden. Werden die Aktien an mehreren Märkten in verschiedenen Mitgliedstaaten gehandelt, ist die Aufsichtsstelle des Mitgliedstaates zuständig, auf dessen Markt die Wertpapiere zuerst angeboten wurden.

32 Art. 4 II lit. b) S. 1 Übernahme-RL betrifft die Fälle des **Auseinanderfalles** vom **Marktsitz**, wo die Wertpapiere der Zielgesellschaft an einem geregelten Markt angeboten werden, und dem für die Qualifizierung als nationale Gesellschaftsform maßgebenden **Sitz der Zielgesellschaft**. Die Aktien der Zielgesellschaft werden also nicht an der Börse des Sitzmitgliedstaates gehandelt. In diesem Fall ist die nationale Aufsichtsstelle zuständig, in deren Mitgliedstaat sich die Börse befindet, an der die Aktien der Zielgesellschaft gehandelt wer-

104 Bei einem vorherigen Rückzug der Zielgesellschaft von der Börse (*Delisting*) ist die Übernahmerichtlinie nicht anwendbar, sodass auch Art. 4 II Übernahme-RL unerheblich ist. Gleiches gilt für ein zeitlich nachgelagertes *Going Private* nach der Unternehmensübernahme. Generell lassen sich dem Europäischen Kapitalmarktrecht bislang keine Regelungen zum Börsenrückzug entnehmen, vgl. *Zetzsche/Wachter* in: Gebauer/Teichmann (Hrsg.), Europäisches Privat- und Unternehmensrecht, 2016, § 7 Rn. 193.

105 *V. Hein* ZGR 2005, 528, 537; *Lutter/Bayer/Schmidt*, Europäisches Unternehmens- und Kapitalmarktrecht, 2017, Rn. 28.27; *Josenhans* ZBB 2006, 269, 271.

106 *V. Hein* ZGR 2005, 528, 537; *ders.* AG 2001, 213, 214; *Lutter/Bayer/Schmidt*, Europäisches Unternehmens- und Kapitalmarktrecht, 2017, Rn. 28.27; *Zimmer* ZGR 2002, 731, 740; *Kindler/Horstmann* DStR 2004, 866, 867; vgl. auch *Hoffmann* in: MüHdB GesR, IntGesR, 4. Aufl. 2013, § 63 Rn. 5.

107 So *v. Hein* ZGR 2005, 528, 553 f.; *Siems* ECFR 2004, 458, 470; *Mülbert* NZG 2004, 633, 638; *Lutter/Bayer/Schmidt*, Europäisches Unternehmens- und Kapitalmarktrecht, 2017, Rn. 28.27, Fn. 96; *Seibt/Heiser* ZGR 2005, 200, 210 f.; *Habersack/Verse*, Europäisches Gesellschaftsrecht, 2011, § 11 Rn. 16; *Kalss/Klampfl*, Europäisches Gesellschaftsrecht, 2015, Rn. 509 (gleichwohl für eine Präzisierung, dass auf das „jeweils auf die Zielgesellschaft anwendbare Gesellschaftsstatut“ abgestellt werden sollte); aA *Wackerbarth* in: MüKo AktG, 4. Aufl. 2017, § 1 WpÜG Rn. 18 (Maßgeblichkeit des Verwaltungssitzes).

108 Wohl auch *Nobel*, Internationales und Transnationales Aktienrecht, Bd. 2, 2012, Kap. 2 Rn. 107; *Josenhans* ZBB 2006, 269, 273; aA *Wackerbarth* in: MüKo AktG, 4. Aufl. 2017, § 1 WpÜG Rn. 16.

109 Bei der deutschen (börsennotierten) Aktiengesellschaft ist nach Streichung des § 5 II AktG allein der Satzungssitz der Gesellschaft maßgebend. Eine Verwaltungssitzverlegung ins Ausland hat für die Zuständigkeit der BaFin iS von Art. 4 II lit. a) Übernahme-RL bei einer AG als Zielgesellschaft daher grundsätzlich keine Bedeutung.

110 *Hoffmann* ZVglRWiss 101 (2002) 283, 306; *Weller* in: FS Blaurock, 2013, S. 497, 510; *Thölke* in: MüHdB GesR, IntGesR, 4. Aufl. 2013, § 1 Rn. 90.

111 In diesem Sinne auch *Hoffmann* in: MüHdB GesR, IntGesR, 4. Aufl. § 63 Rn. 7; auch das kapitalmarktrechtliche (Übernahme-) Kollisionsrecht iS von Art. 4 II lit. e) S. 1 Übernahme-RL ist davon grundsätzlich unabhängig, da dort nur auf ein Auseinanderfallen von Markt- und Sitzstaat bzw. Mehrfachzulassungen abgestellt wird.

den.[112] Deutsche Gesellschaften, deren Aktien ausschließlich in einem anderen Mitgliedstaat zum Börsenhandel zugelassen sind, existieren – soweit ersichtlich – jedoch nicht.[113]

Art. 4 II lit. b) S. 2 Übernahme-RL betrifft **Mehrfachzulassungen** von Wertpapieren der Zielgesellschaft an Börsen verschiedener Mitgliedstaaten (*cross-listing*). Sind die Wertpapiere der Zielgesellschaft auf geregelten Märkten in mehr als einem Mitgliedstaat zum Handel zugelassen, ist für die Beaufsichtigung des Angebotsvorgangs die Aufsichtsstelle des Mitgliedstaates zuständig, auf dessen Markt die Wertpapiere zuerst zum Handel zugelassen wurden. Bei sukzessiver Mehrfachzulassung gilt somit das **Prioritätsprinzip**, dh für die Zuständigkeitsbegründung der Aufsichtsstelle ist die Erstzulassung entscheidend.[114] 33

Art. 4 II lit. c) Übernahme-RL: Werden die Wertpapiere an mehreren Märkten in verschiedenen Mitgliedstaaten gehandelt und wurden diese zudem gleichzeitig auf den Markt gebracht, darf die Zielgesellschaft entscheiden, welche Aufsichtsstelle im Falle einer Übernahme den Vorgang beaufsichtigen soll. 34

Art. 4 II lit. c) Übernahme-RL betrifft ebenfalls Mehrfachzulassungen. Im Falle einer **gleichzeitigen Mehrfacherstzulassung** in verschiedenen Mitgliedstaaten nach Ablauf der Umsetzungsfrist hat die Zielgesellschaft selbst die Wahl, welche der in Betracht kommenden Aufsichtsstellen für die Überwachung des Übernahmeangebots zuständig sein soll. Dieses **Wahlrecht** ist bis zum ersten Handelstag durch Mitteilung gegenüber den betroffenen Börsen und nationalen Aufsichtsstellen auszuüben. Die Möglichkeit sich die zuständige Aufsichtsstelle „auszusuchen“, steht jedoch unter dem Vorbehalt, dass Art. 4 II lit. a) Übernahme-RL nicht eingreift, dh keine Zulassung zur Börse im Sitzmitgliedstaat besteht. Das Wahlrecht der Zielgesellschaft kann nur einmal und unwiderruflich ausgeübt werden.[115] Im Falle eines Delisting von einer der betroffenen Börsen wird die getroffene Wahl im Zweifel gegenstandslos, da ggf die Zuständigkeitsbestimmung des Art. 4 II lit. b) S. 1 Übernahme-RL nun einschlägig ist. 35

Art. 4 II lit. e) Übernahme-RL: In den in Art. 4 II lit. b) und c) Übernahme-RL genannten Fällen werden Fragen, die wesensmäßig kapitalmarktrechtlicher Natur sind,[116] gemäß den Vorschriften des Mitgliedstaates der zuständigen Aufsichtsstelle geregelt. Für Fragen, die die Unterrichtung der Arbeitnehmer der Zielgesellschaft betreffen, und für gesellschaftsrechtliche Fragen ist das Recht des Sitzmitgliedstaates der Zielgesellschaft maßgebend und die dortige Aufsichtsstelle zuständig. 36

Im **Gegensatz** zu Art. 4 II lit. a) – d) Übernahme-RL bezieht sich Art. 4 II lit. e) Übernahme-RL nicht allein auf die Zuständigkeit zur Beaufsichtigung des Angebotsvorgangs. Umfasst werden vielmehr die sonstigen Aspekte im Zusammenhang mit Unternehmensübernahmen. Für diese bestimmt Art. 4 II lit. e) Übernahme-RL das **anwendbare Recht** und regelt insofern das Übernahmekollisionsrecht.[117] Geltung erlangen die Regelungen zum anwendbaren Recht **nur** in den Konstellationen des Auseinanderfallens von Markt- und Sitzstaat und bei Mehrfachzulassungen der Wertpapiere der Zielgesellschaft. 37

Für die Fragen betreffend die Gegenleistung (insbesondere der **Aktienkaufpreis**) und das Angebotsverfahren (zB Unterrichtung über die **Bieterentscheidung**, Inhalt der Angebotsunterlage und Bekanntmachung des Angebots) gilt das Recht des Mitgliedstaates, in dem sich die nach Art. 4 II lit. b) bzw. c) Übernahme-RL für die Überwachung des Angebotsvorgangs zuständige Aufsichtsstelle befindet (Art. 4 II lit. e) S. 1 Übernahme-RL). Insbesondere für „gesellschaftsrechtliche Fragen“, wie die Höhe der Stimmrechtsanteile, die eine Kontrolle über die Zielgesellschaft begründen (s. Rn. 45), sowie Abweichungen von der Angebotspflicht und zulässige Abwehrmaßnahmen, gilt hingegen das (Gesellschafts-) **Recht des Sitzmitgliedstaates der Zielgesellschaft.** Welche Aspekte darüber hinaus als gesellschaftsrechtliche Fragen zu qualifizieren sind, nennt die Richtlinie nicht. Dies hat daher unter Berücksichtigung der Ratio der Richtlinienbestimmung **europäisch-autonom** zu erfolgen.[118] Insbesondere Fragen zum squeeze-out und sell-out (s. Rn. 98 ff.) sind gesellschafts- 38

---

112 Zu den dadurch notwendigen Änderungen des damaligen deutschen Übernahmerechts *Krause* BB 2004, 113, 117; *Seibt/Heiser* ZGR 2005, 200, 204; *Maul/Muffat-Jeandet* AG 2004, 221, 229.

113 *Pötzsch/Favoccia* in: Assmann/Pötzsch/Schneider (Hrsg.), WpÜG, 2. Aufl. 2013, § 1 Rn. 10, Fn. 12; *Geibel/Süßmann* BKR 2002, 52, Fn. 4.

114 *Lutter/Bayer/Schmidt*, Europäisches Unternehmens- und Kapitalmarktrecht, 2017, Rn. 28.29; *v. Hein* ZGR 2005, 528, 538; *Josenhans* ZBB 2006, 269, 272; *Lehmann* in: MüKo BGB, Internationales Finanzmarktrecht, 7. Aufl. 2018, Rn. 433; kritisch dazu *Siems* ECFR 2004, 458, 474.

115 *V. Hein* ZGR 2005, 528, 539; wohl auch *Wouters/Van Hooghten/Bruyneel* in: Van Hooghten (Ed.), The European Takeover Directive and its Implementation, 2009, S. 19.

116 *Lutter/Bayer/Schmidt*, Europäisches Unternehmens- und Kapitalmarktrecht, 2017, Rn. 28.28; *Nobel*, Internationales und Transnationales Aktienrecht, Bd. 2, 2012, Kap. 2 Rn. 111.

117 Zum kollisionsrechtlichen Gehalt des Art. 4 II Übernahme-RL *v. Hein* ZGR 2005, 528, 540 f.; *Siems* ECFR 2004, 458, 469; *Kindler/Horstmann* DStR 2004, 866, 871; *Ekkenga/Kuntz* WM 2004, 2427, 2435; *Wouters/Van Hooghten/Bruyneel* in: Van Hooghten (Ed.), The European Takeover Directive and its Implementation, 2009, S. 18 f.

118 *Lutter/Bayer/Schmidt*, Europäisches Unternehmens- und Kapitalmarktrecht, 2017, Rn. 28.28; *v. Hein* ZGR 2005, 528, 555.

rechtlich zu qualifizieren und unterfallen dem Recht des Sitzmitgliedstaates der Zielgesellschaft.[119] Ansonsten ist eine eindeutige Qualifizierung als gesellschaftsrechtliche oder kapitalmarktrechtliche Frage im Einzelfall ggf **schwierig** und in den Mitgliedstaaten unterschiedlich.[120] Für den Rechtsanwender wird damit ein nicht unerhebliches Maß an **Rechtsunsicherheit** hervorgerufen.[121]

G. Pflichtangebot

I. Grundüberlegungen

39 Seit jeher ist auf europäischer[122] und nationaler Ebene[123] das Erfordernis eines Pflichtangebots (*mandatory bid*) des Bieters an die Aktionäre der Zielgesellschaft **umstritten.**[124] In Diskussion steht neben dem rechtspolitischen auch der ökonomische Zweck eines Pflichtangebots ab einer bestimmten Beteiligungshöhe.[125] So sind die Regelungen des **Art. 5 Übernahme-RL** stets Gegenstand von Reformüberlegungen der Richtlinie.[126] Für Deutschland war die Regelung zum Pflichtangebot Anfang der 1990er Jahre noch einer der Hauptgründe den damaligen Richtlinienentwurf abzulehnen. Historisch geht das Erfordernis eines Pflichtangebots auf den britischen *City Code on Takeovers and Mergers* zurück.[127] Art. 5 Übernahme-RL ist maßgeblich vom Übernahmerecht des Vereinigten Königreichs geprägt.[128] Rechtstatsächlich sind in der gesamteuropäischen Praxis Pflichtangebote **eher selten.**[129] Vor allem im Vereinigten Königreich wird nur ein Bruchteil der Übernahmeverfahren aufgrund eines Pflichtangebots abgeschlossen. Hingegen erfolgt in Deutschland etwa die Hälfte der erfolgreichen Unternehmensübernahmen durch ein vorheriges Pflichtangebot.[130]

40 Die ökonomische und rechtliche Notwendigkeit eines Pflichtangebots bei Unternehmensübernahmen ist umstritten. **Kritikpunkt** an dem Erfordernis eines Pflichtangebots ist, dass dadurch die unternehmerische Handlungsfreiheit eingeschränkt werde,[131] wodurch Übernahmen erheblich **aufwendiger** und **teurer** würden.[132] Da-

119 *Habersack/Verse*, Europäisches Gesellschaftsrecht, 2011, § 11 Rn. 16; *Lutter/Bayer/Schmidt*, Europäisches Unternehmens- und Kapitalmarktrecht, 2017, Rn. 28.28; *v. Hein* ZGR 2005, 528, 555 f.; *Mülbert* NZG 2004, 633, 638.

120 *Wouters/Van Hooghten/Bruyneel* in: Van Hooghten (Ed.), The European Takeover Directive and its Implementation, 2009, S. 21 f.

121 Im Rahmen einer Reform der Übernahmerichtlinie wäre eine eindeutigere und/oder einfachere Bestimmung bzw. Regelung daher anzuraten.

122 Siehe *Wymeersch* in: FS Hommelhoff, 2012, S. 1375, 1383 ff.; *Hansen* CJEL 9 (2003) 275, 289 ff.; *ders.* in: Birkmose/Neville/Sørensen (Eds.), The European Financial Market in Transition, 2012, S. 29, 30 ff., 45 ff.; *Enriques/Gatti* JCLS 15 (2015) 55, 76 ff.

123 Zum deutschen Recht der §§ 35 ff. WpÜG *Merkt* in: FS Schwark, 2009, S. 529 ff.; *Altmeppen* ZIP 2001, 1073, 1082.

124 *Lutter/Bayer/Schmidt*, Europäisches Unternehmens- und Kapitalmarktrecht, 2017, Rn. 28.31; *Fleischer/Kalss*, Wertpapiererwerbs- und Übernahmegesetz, 2002, S. 38; *Fleischer/Bueren* in: Paschos/Fleischer (Hrsg.), Handbuch Übernahmerecht nach dem WpÜG, 2017, § 3 Rn. 113 ff.; *Krause/Pötzsch* in: Assmann/Pötzsch/Schneider (Hrsg.), WpÜG, 2. Aufl. 2013, § 35 Rn. 34; *European Company Law Experts*, Response to the European Commission's Report on the Application of the Takeover Bids Directive, Cambridge LSR Paper No. 5/2014, S. 2 f.; *Habersack* ZHR 181 (2017) 603, 629 ff.; *Schuster* MLR 76 (2013) 529 ff.

125 Ausführlich zu den ökonomischen Aspekten für und gegen ein Pflichtangebot *Wymeersch* ZGR 2002, 520, 539 ff.; *Hopt*, Europäisches Übernahmerecht, 2013, S. 33 ff.; *Grundmann*, Europäisches Gesellschaftsrecht, 2011, Rn. 962 ff.; *Liekefett* RIW 2004, 824, 830 ff.

126 Ausführlich zur Reform des Pflichtangebots *Hopt*, Europäisches Übernahmerecht, 2013, S. 40 ff.; *ders.* EBOR 15 (2014) 143, 166 ff.; siehe auch *von Falkenhausen* ZHR 174 (2010) 293 ff.

127 Vgl. *Merkt* in: FS Schwark, 2009, S. 529, 530; *Mukwiri* ECFR 2013, 432, 443 f.

128 *Hopt*, Europäisches Übernahmerecht, 2013, S. 31; *Habersack/Verse*, Europäisches Gesellschaftsrecht, 2011, § 11 Rn. 17; *Grundmann*, Europäisches Gesellschaftsrecht, 2011, Rn. 963; *Liekefett* RIW 2004, 824, 830.

129 *Merkt* in: FS Schwark, 2009, S. 529, 533; *Hopt*, Europäisches Übernahmerecht, 2013, S. 32.

130 *Drinkuth* in: Marsch-Barner/Schäfer (Hrsg.), Handbuch börsennotierte AG, 4. Aufl. 2018, Rn. 60.2, 60.15a; *Merkt* in: FS Schwark, 2009, S. 529, 533; *Hopt*, Europäisches Übernahmerecht, 2013, S. 32; siehe jedoch auch *Karl* CF 2014, 187.

131 *Altmeppen* ZIP 2001, 1073, 1083; *Pluskat* WM 2001, 1937, 1940 f.; *Mertens* AG 1990, 252, 257; vgl. auch *Kallmeyer* ZHR 161 (1997) 435, 436; *Fedderke/Ventoruzzo*, The Biases of an "Unbiased" Optional Takeovers Regime: The Mandatory Bid Threshold as a Reverse Drawbridge, ECGI Law Working Paper 304/2016, S. 32 f.

132 *Enriques* in: FS Hopt, 2010, S. 1789, 1796; *McCahery/Vermeulen* in: FS Hopt, 2010, S. 2189, 2195; *Hopt*, Europäisches Übernahmerecht, 2013, S. 36; *Hansen* in: Birkmose/Neville/Sørensen (Eds.), The European Financial Market in Transition, 2012, S. 29, 30; *Fedderke/Ventoruzzo*, The Biases of an "Unbiased" Optional Takeovers Regime: The Mandatory Bid Threshold as a Reverse Drawbridge, ECGI Law Working Paper 304/2016, S. 4; *Assmann* AG 1995, 563, 570; *Baums* ZIP 1989, 1376, 1381; *Lutter* ZHR 153 (1989) 446, 460; *Hommelhoff/Kleindiek* AG 1990, 106, 108.

durch würde die Gefahr erhöht, dass effizienzsteigernde Übernahmen blockiert werden.[133] Ein entsprechend künstlicher Eingriff in den Markt für Unternehmenskontrolle könne die mit einem Pflichtangebot ggf einhergehenden Vorteile nicht rechtfertigen.[134] Weiterhin werde durch die Abgabe eines Pflichtangebots an alle Aktionäre der Zielgesellschaft die **Machtkonzentration großer Unternehmen** verstärkt, da kleinere Bieter oftmals nicht die umfassende Möglichkeit haben, ein Pflichtangebot als Vollangebot (s. Rn. 56) zu finanzieren.[135] Zudem ließe sich der mit dem Pflichtangebot zu verwirklichende Schutzzweck ebenso effektiv durch einen nachgelagerten (Konzern-) Minderheitenschutz gewährleisten; auch insofern sei die Abgabe eines Pflichtangebots an alle Aktionäre der Zielgesellschaft nicht zwingend erforderlich.

Obgleich dieser Kritikpunkte am Pflichtangebot, gilt dieses als eine der **Haupterrungenschaften** der Übernahmerichtlinie[136] und auch in der Praxis erachtet die Mehrheit die Regelung des Art. 5 Übernahme-RL als hilfreich.[137] Für ein Pflichtangebot spreche nach mehrheitlicher Ansicht das Bedürfnis nach einem **„präventiven Konzerneingangsschutz"**.[138] Jeder (Minderheits-) Aktionär soll die Möglichkeit haben, gegen Verkauf seiner Aktien aus der Zielgesellschaft auszuscheiden und einer Kontrolle durch einen beherrschenden Mehrheitsaktionär zu entgehen. Das Pflichtangebot sei somit für einen angemessenen **Schutz der Minderheitsaktionäre** notwendig.[139] Durch die Abgabe des Pflichtangebots an alle Anteilsinhaber werde auch die Gleichbehandlung von Minderheitsaktionären und institutionellen Investoren der Zielgesellschaft sichergestellt.[140] Dies stärke wiederum das Vertrauen von (Klein-) Anlegern in die Kapitalmärkte.[141] Dadurch werde letztlich die Investitionsbereitschaft der (potenziellen) Anleger gefördert und damit die Attraktivität der (europäischen) Kapitalmärkte gestärkt.[142] 41

II. Angebotspflicht

1. Allgemein

Die Mitgliedstaaten haben sicherzustellen, dass eine (natürliche oder juristische) Person aufgrund des **Kontrollerwerbs** zur **Abgabe eines Angebots** an die übrigen Aktionäre der Gesellschaft verpflichtet ist.[143] Hintergrund des Pflichtangebots ist die potenzielle Gefahr, dass der Bieter im Rahmen seiner Kontrolle über die Zielgesell- 42

133 *Papadopoulos* Law and Financial Markets Review 7 (2013) 97, 100; *Liekefett* RIW 2004, 824, 831; *Momtaz* CF 2015, 284; *Enriques* in: Birkmose/Neville/Sørensen (Eds.), The European Financial Market in Transition, 2012, S. 11, 15; vgl. auch *Wouters/Van Hooghten/Bruyneel* in: Van Hooghten (Ed.) The European Takeover Directive and its Implementation, 2009, S. 25.

134 *Baums* RIW 2003, 421, 432; *Hahn* ZBB 1990, 10, 18; *Liekefett* RIW 2004, 824, 831.

135 *Liekefett* RIW 2004, 824, 831; *Wymeersch* in: FS Hommelhoff, 2012, S. 1375, 1381.

136 *Wouters/Van Hooghten/Bruyneel* in: Van Hooghten (Ed.), The European Takeover Directive and its Implementation, 2009, S. 75.

137 Vgl. *The Takeover Bid Directive Assessment Report*, 2012, S. 117; *Hopt*, Europäisches Übernahmerecht, 2013, S. 33.

138 *Kalss/Klampfl*, Europäisches Gesellschaftsrecht, 2015, Rn. 512; *Veil* in: Veil (Hrsg.), Europäisches Kapitalmarktrecht, 2. Aufl. 2014, § 24 Rn. 37; *Hopt* ZHR 166 (2002) 383, 386; *Mülbert* ZIP 2001, 1221, 1226 f.; *Fleischer* in: Paschos/Fleischer (Hrsg.), Handbuch Übernahmerecht nach dem WpÜG, 2017, § 2 Rn. 24; *Altmeppen* ZIP 2001, 1073, 1082 f.; *Scheibenpflug/Tönningsen* BKR 2015, 140, 141; vgl. auch *Habersack* ZHR 181 (2017) 603, 633 f.

139 Zum Pflichtangebot als Minderheitenschutzinstrument EuGH, Rs. C-206/16 (Marco Tronchetti Provera), ECLI:EU:C:2017:572 = NZG 2017, 1063, Rn. 28, 45; *European Company Law Experts*, Response to the European Commission's Report on the Application of the Takeover Bids Directive, Cambridge LSR Paper No. 5/2014, S. 2; *Lutter/Bayer/Schmidt*, Europäisches Unternehmens- und Kapitalmarktrecht, 2017, Rn. 28.32; *Fleischer* in: Paschos/Fleischer (Hrsg.), Handbuch Übernahmerecht nach dem WpÜG, 2017, § 1 Rn. 71; *Habersack/Verse*, Europäisches Gesellschaftsrecht, 2011, § 11 Rn. 17; *Veil* in: Veil (Hrsg.), Europäisches Kapitalmarktrecht, 2. Aufl. 2014, § 24 Rn. 37; *Nobel*, Internationales und Transnationales Aktienrecht, Bd. 2, 2012, Kap. 2 Rn. 117; *Mukwiri* ECFR 2013, 432, 441 ff.; *Menjucq* ECFR 2006, 222, 226 f.; *Johnston* Co. Lawyer 25 (2004) 270, 274; *Papadopoulos* Law and Financial Markets Review 7 (2013) 97, 98; *Tiedje* in: von der Groeben/Schwarze/Hatje (Hrsg.), Europäisches Unionsrecht, 7. Aufl. 2015, Art. 50 AEUV Rn. 86.

140 *McCahery/Vermeulen* in: FS Hopt, 2010, S. 2189, 2195; *Lutter/Bayer/Schmidt*, Europäisches Unternehmens- und Kapitalmarktrecht, 2017, Rn. 28.32; *Davies/Worthington*, Gower&Davies Principles of Modern Company Law, 10. Aufl. 2016, Rn. 28-46; kritisch *Habersack* ZHR 181 (2017) 603, 634.

141 *Grundmann*, Europäisches Gesellschaftsrecht, 2011, Rn. 964; *Hopt*, Europäisches Übernahmerecht, 2013, S. 38; *Wymeersch* in: Hopt/Wymeersch (Eds.), European Takeovers – Law and Pracise, 1992, S. 351, 357; *Veil* in: Veil (Hrsg.), Europäisches Kapitalmarktrecht, 2. Aufl. 2014, § 24 Rn. 37; vgl. auch *Moloney* JCLS 4 (2004) 1 ff.

142 *Maul/Muffat-Jeandet* AG 2004, 221, 230; *Lutter/Bayer/Schmidt*, Europäisches Unternehmens- und Kapitalmarktrecht, 2017, Rn. 28.32; *Psaroudakis* ECFR 2010, 550, 559; vgl. auch *Krause/Pötzsch* in: Assmann/Pötzsch/Schneider (Hrsg.), WpÜG, 2. Aufl. 2013, § 35 Rn. 32; *Tountopoulos* WM 2014, 337, 339.

143 De lege ferenda für eine optionales Pflichtangebot hingegen *Enriques/Gilson/Pacces* HBLR 4 (2014) 85, 90; *Habersack* ZHR 181 (2017) 603, 635; *Kershaw*, Principles of Takeover Regulation, 2016, S. 194 f.; aA *Hopt*, Europäisches Übernahmerecht, 2013, S. 43 ff.

schaft nachteiligen Einfluss auf diese nimmt und damit die Minderheitsaktionäre (mittelbar) geschädigt werden.[144] Durch das Erfordernis eines Pflichtangebots können die restlichen Anteilsinhaber entscheiden, ob sie gegen eine **angemessene Gegenleistung** (s. Rn. 57 ff.) aus der Gesellschaft ausscheiden oder als Minderheitsaktionär in dieser verbleiben. Hinsichtlich der Angebotspflicht spielt es keine Rolle, ob es sich um eine feindliche Übernahme (*hostile takeover*)[145] oder freundliche Übernahme (*friendly takeover*), dh ohne oder mit Zustimmung des Managements der Zielgesellschaft, handelt.[146] Das Pflichtangebot ist **unverzüglich allen Aktionären** für all ihre ein Stimmrecht verleihenden Wertpapiere zu unterbreiten (Art. 5 I 2 Übernahme-RL).

43 Für einen über die Abgabe eines Pflichtangebots hinausgehenden Schutz der Aktionäre können die Mitgliedstaaten **weitere Schutzinstrumente** etablieren (Art. 5 VI Übernahme-RL). Das Angebotsverfahren darf dadurch jedoch nicht behindert werden. In diesem Zusammenhang stellt sich die Frage, inwieweit die Mitgliedstaaten **Ausnahmen vom Pflichtangebot** vorsehen können. Hierzu sieht Art. 5 II Übernahme-RL zunächst vor, dass keine Angebotspflicht besteht, wenn die Kontrolle bereits aufgrund eines freiwilligen (Übernahme-) Angebots erlangt wurde, das im Einklang mit der Richtlinie allen Aktionären für alle ihre Aktien unterbreitet worden ist. Hintergrund ist, dass die Minderheitsaktionäre in diesem Fall bereits die Möglichkeit hatten, ihre Anteile zu einem angemessenen Preis zu veräußern und daher weniger schutzwürdig sind.[147] Darüber hinaus sieht die Richtlinie keine expliziten **Befreiungsmöglichkeiten** vom Pflichtangebot vor.

44 Aufgrund der Regelung des Art. 4 V 2 Übernahme-RL sind die Mitgliedstaaten jedoch ermächtigt, bei Einhaltung der in Art. 3 I Übernahme-RL genannten Grundsätze (s. Rn. 16 ff.) Ausnahmen vom Pflichtangebot zu erlassen.[148] Insofern können die **Mitgliedstaaten** im Grundsatz **eigenverantwortlich** darüber entscheiden, ob und unter welchen Voraussetzungen ein Bieter von der Angebotspflicht befreit werden kann. Dies hat dazu geführt, dass die Mitgliedstaaten **zahlreiche** und in der Art und Weise verschiedene Ausnahmen vom Pflichtangebot vorsehen.[149] In der Praxis spielen entsprechende Ausnahmetatbestände und Befreiungsverfahren eine **herausragende Rolle.**[150] Aufgrund der in den Mitgliedstaaten bezüglich Umfang und Ausgestaltung unterschiedlichen Befreiungsmöglichkeiten vom Pflichtangebot, ist vor allem bei grenzüberschreitenden Übernahmeverfahren eine besondere Berücksichtigung etwaiger Ausnahmetatbestände des nationalen Übernahmerechts angebracht. Dies gilt nicht zuletzt im Hinblick auf die unterschiedlichen Kontrollschwellen für eine Angebotspflicht (s. dazu Rn. 46).

2. Erwerb von Kontrolle

45 Es stellt sich die Frage, unter welchen Voraussetzungen ein Pflichtangebot abzugeben ist. Maßgeblich ist der **Erwerb von Kontrolle** über die Zielgesellschaft. Das Pflichtangebot an alle Aktionäre (s. Rn. 42) knüpft insofern nicht an ein vorheriges Angebot einzelner Aktionäre an, sondern bezieht sich auf den Kontrollerwerb durch den potenziellen Bieter. Nach Art. 5 III Übernahme-RL bestimmt sich die Kontrollschwelle für ein Pflichtangebot anhand den Vorschriften des Mitgliedstaates, in dem die **Zielgesellschaft ihren Sitz** hat. Die zur Höhe der erfor-

144 *Habersack/Verse*, Europäisches Gesellschaftsrecht, 2011, § 11 Rn. 17; *Schlitt* in: MüKo AktG, 4. Aufl. 2017, § 35 WpÜG Rn. 5; *Sohbi* in: Heidel (Hrsg.), Aktienrecht, 4. Aufl. 2014, § 35 WpÜG Rn. 1; *Harbarth* ZIP 2002, 321, 322.

145 Bei einer feindlichen Übernahme ist die geplante Transaktion nicht zwischen dem Bieter und der Zielgesellschaft abgestimmt und widerspricht idR dem Willen des Vorstands der Zielgesellschaft; zu feindlichen Übernahmen im Rahmen der Übernahmerichtlinie vgl. *Rowoldt/Starke* CF 2014, 209 ff.; *McCahery/Vermeulen* in: FS Hopt, 2010, S. 2189, 2202 ff.; *Mucciarelli*, Società per azioni e offerta pubblica d'acquisto. Le difese successive contro offerte pubbliche d'acquisto di azioni quotate, 2004; nach deutschem Recht *Schanz* NZG 2007, 927 ff.; *Drinkuth* in: Marsch-Barner/Schäfer (Hrsg.), Handbuch börsennotierte AG, 4. Aufl. 2018, Rn. 60.283 ff.; ferner aus US-amerikanischer und britischer Sicht *Armour/Skeel* Georgetown L. J. 95 (2007) 1727 ff.; *Armour/Jacobs/Milhaupt*, A Comparative Analysis of Hostile Takeover Regimes in the US, UK and Japan, Columbia Law and Economics Working Paper 377/2010; *Hirshleifer/Titman* Journal of Political Economy 98 (1990) 295 ff.; *Armour/Cheffins*, Stock Market Prices and the Market for Corporate Control, ECGI Working Paper 298/3015, S. 24 ff.; *Deakin/Slinger* Journal of Law and Society 24 (1997) 124 ff.; *Niblett* Seattle Univ. L. Rev. 38 (2015) 595 ff.; *Rowoldt/Starke* IRLC 47 (2016) 1 ff.; *Benocci* ECFR 2016, 55, 59 ff.

146 Vgl. *Grundmann*, Europäisches Gesellschaftsrecht, 2011, Rn. 965.

147 *Habersack* ZHR 181 (2017) 603, 634; *Lutter/Bayer/Schmidt*, Europäisches Unternehmens- und Kapitalmarktrecht, 2017, Rn. 28.44; zu § 35 III WpÜG auch *Schlitt* in: MüKo AktG, 4. Aufl. 2017, § 35 WpÜG Rn. 251; *Meyer* in: Angerer/Geibel/Süßmann (Hrsg.), WpÜG, 3. Aufl. 2017, § 35 Rn. 77; zu Recht kritisch *Grundmann*, Europäisches Gesellschaftsrecht, 2011, Rn. 967; *Kalss/Klampfl*, Europäisches Gesellschaftsrecht, 2015, Rn. 513.

148 *Habersack/Verse*, Europäisches Gesellschaftsrecht, 2011, § 11 Rn. 25; *Veil* in: Veil (Hrsg.), Europäisches Kapitalmarktrecht, 2. Aufl. 2014, § 24 Rn. 43; *Hopt*, Europäisches Übernahmerecht, 2013, S. 54.

149 Vgl. *The Takeover Bid Directive Assessment Report*, 2012, S. 10, 122; *Hopt*, Europäisches Übernahmerecht, 2013, S. 54; *Veil* in: Veil (Hrsg.), Europäisches Kapitalmarktrecht, 2. Aufl. 2014, § 24 Rn. 43; *Enriques/Gatti* JCLS 15 (2015) 55, 77.

150 *Hopt*, Europäisches Übernahmerecht, 2013, S. 55; *Veil* in: Veil (Hrsg.), Europäisches Kapitalmarktrecht, 2. Aufl. 2014, § 24 Rn. 43; aus deutscher Sicht auch *Seibt* CFL 2011, 212, 233; *Klepsch/Schmiady/v. Buchwaldt* in: Kämmerer/Veil (Hrg.), Übernahme- und Kapitalmarktrecht in der Reformdiskussion, 2013, S. 3, 23 f.; *Merkt* in: FS Schwark, 2009, S. 529, 536.

derlichen Stimmrechtsanteile und deren Berechnung zugrundeliegenden Bestimmungen ergeben sich daher aus dem Recht des Mitgliedstaates, dem das Unternehmen aus gesellschaftsrechtlicher Sicht unterliegt (zum Sitzbegriff s. Rn. 30). Die Richtlinie legt **nicht** selbst fest, ab wann und unter Anwendung welcher Berechnungsmethoden ein das Pflichtangebot auslösender Kontrollerwerb besteht, sondern **überlässt dies den Mitgliedstaaten.**[151] In verschiedenen Richtlinienentwürfen war noch ein Schwellenwert von 1/3 der Stimmrechte festgelegt. Mangels Einigkeit in den Mitgliedstaaten ließ die Europäische Kommission letztendlich von einer konkreten Kontrollschwelle in der Übernahmerichtlinie ab.

Die meisten Mitgliedstaaten haben sich für einen **formalen Kontrollbegriff** bei der Ermittlung der maßgeblichen Erwerbsschwelle entschieden.[152] Für den Kontrollerwerb kommt es nicht darauf an, ob der Stimmrechtsanteil tatsächlich einen kontrollierenden Einfluss (materieller Kontrollbegriff) vermittelt. Vor dem Hintergrund einer rechtssicheren Ermittlung der Kontrolle und den weitreichenden Befreiungsmöglichkeiten vom Pflichtangebot im Recht der Mitgliedstaaten erscheint die Zugrundelegung eines formalen Kontrollbegriffs idR sachgerecht.[153] Auch das deutsche Übernahmerecht legt mit der **30%-Schwelle** des **§ 29 II 1 WpÜG** einen formalen Kontrollbegriff zugrunde.[154] Obgleich in der Gesamtschau durchschnittlich eine Kontrollschwelle von etwa 1/3 der Stimmrechte besteht,[155] divergieren die Schwellenwerte in den Mitgliedstaaten doch erheblich voneinander. Sie reichen von 25% beispielsweise in Ungarn und Slowenien von bis zu 66% in Polen.[156] Trotz der mitgliedstaatlichen Befugnis zur Bestimmung der Kontrollschwelle (vgl. Art. 5 III Übernahme-RL), ergibt sich aus der Ratio des Pflichtangebots und einer faktisch **geringen Stimmrechtspräsenz** in den **Hauptversammlungen**, dass nationale Kontrollschwellen, die oberhalb der Hälfte der berechtigten Stimmrechtsanteile (50+) liegen, nicht mit den Wertungen des Art. 5 Übernahme-RL in Einklang zu bringen sind.[157] 46

Aufgrund europaweit niedriger Hauptversammlungspräsenzen in Aktiengesellschaften[158] ist eine Kontrollschwelle von 30% regelmäßig ausreichend, um eine faktische Kontrolle im Rahmen der Hauptversammlung zu erreichen.[159] Hat der entsprechende Bieter trotz der Überschreitung des Schwellenwertes nicht die tatsächliche Kontrolle, kann nach deutschem Übernahmerecht in diesem Fall die BaFin eine Befreiung vom Pflichtangebot aussprechen (**§ 9 S. 2 WpÜG-AngV**). Aufgrund Art. 4 V 2 (ii) Übernahme-RL ist eine solche Vorgehensweise auch richtlinienkonform. 47

Insgesamt besteht durch die **unterschiedlichen Kontrollschwellen** in den Mitgliedstaaten sowie den umfassenden und zT divergierenden Befreiungsmöglichkeiten vom Pflichtangebot insbesondere bei grenzüberschreitenden Übernahmeverfahren ein nicht unerhebliches Maß an **Rechtsunsicherheit**. Die Reformbedürftigkeit iS einer Erweiterung bzw. Konkretisierung des Art. 5 III Übernahme-RL ist daher kaum von der Hand zu weisen. Auch 48

151 *Lutter/Bayer/Schmidt*, Europäisches Unternehmens- und Kapitalmarktrecht, 2017, Rn. 28.34; *Veil* in: Veil (Hrsg.), Europäisches Kapitalmarktrecht, 2. Aufl. 2014, § 24 Rn. 62; *Hopt*, Europäisches Übernahmerecht, 2013, S. 41; *Habersack/Verse*, Europäisches Gesellschaftsrecht, 2011, § 11 Rn. 18; *Kalss/Klampfl*, Europäisches Gesellschaftsrecht, 2015, Rn. 513; *Merkt* NZG 2011, 561, 562; *Assmann* in: Assmann/Pötzsch/Schneider (Hrsg.), WpÜG, 2. Aufl. 2013, § 29 Rn. 9.

152 *Veil* in: Veil (Hrsg.), Europäisches Kapitalmarktrecht, 2. Aufl. 2014, § 24 Rn. 41; insofern bleibt die Definition des Kontrollbegriffs grundsätzlich den Mitgliedstaaten überlassen, vgl. *Noack/Zetzsche* in: Schwark/Zimmer (Hrsg.), Kapitalmarktrechts-Kommentar, 4. Aufl. 2010; § 30 WpÜG Rn. 33; *Steinmeyer*, WpÜG, 3. Aufl. 2013, § 35 Rn. 3; *Drinkuth* in: Marsch-Barner/Schäfer (Hrsg.), Handbuch börsennotierte AG, 4. Aufl. 2018, Rn. 60.190; aA *Wackerbarth* in: MüKo AktG, 4. Aufl. 2017, § 30 WpÜG Rn. 29, Fn. 84.

153 In diesem Sinne auch *Hopt*, Europäisches Übernahmerecht, 2013, S. 43; *Veil* in: Veil (Hrsg.), Europäisches Kapitalmarktrecht, 2. Aufl. 2014, § 24 Rn. 41; *Assmann* in: Assmann/Pötzsch/Schneider (Hrsg.), WpÜG, 2. Aufl. 2013, § 29 Rn. 9; *Fleischer/Kalss*, Wertpapiererwerbs- und Übernahmegesetz, 2002, S. 111 f.; hingegen kritisch zum formalen Kontrollbegriff *Cahn* in: Mülbert/Kiem/Wittig (Hrsg.), 10 Jahre WpÜG, 2011, S. 77, 97 ff.; *Benner-Heinacher* DB 1997, 2521, 2522.

154 Vgl. BGH NZG 2012, 1033, 1035; *Assmann* in: Assmann/Pötzsch/Schneider (Hrsg.), WpÜG, 2. Aufl. 2013, § 29 Rn. 10; *Brellochs* NZG 2012, 1010, *von Falkenhausen* ZHR 174 (2010) 293, 300; *Wackerbarth* in: MüKo AktG, 4, Aufl. 2017, § 30 WpÜG Rn. 29.

155 Vgl. *Fedderke/Ventoruzzo*, The Biases of an "Unbiased" Optional Takeovers Regime: The Mandatory Bid Threshold as a Reverse Drawbridge, ECGI Law Working Paper 304/2016, S. 3, 7; *European Company Law Experts*, Response to the European Commission's Report on the Application of the Takeover Bids Directive, Cambridge LSR Paper No. 5/2014, S. 9 f.

156 Siehe *Europäische Kommission*, Report on the implementation of the Directive on Takeover Bids, 21.2.2007, SEC(2007), 268, S. 13; *Veil* in: Veil (Hrsg.), Europäisches Kapitalmarktrecht, 2. Aufl. 2014, § 24 Rn. 39; *Hopt*, Europäisches Übernahmerecht, 2013, S. 41.

157 So auch *Grundmann*, Europäisches Gesellschaftsrecht, 2011, Rn. 964.

158 Zu Deutschland vgl. nur *Harnos/Piroth* ZIP 2015, 456; *Dauner-Lieb* WM 2007, 9; *Vetter* AG 2006, 32, 33; im Zusammenhang mit dem Pflichtangebot auch *Krause* AG 2015, 553, 554 ff.

159 Vgl. nur *Strehle* in: Beck'sches M&A-Handbuch, 2017, § 56 Rn. 26. Dies ist jedoch dann nicht der Fall, wenn die Gesellschaft einen weiteren Großaktionär hat, der mehr Aktien hält, und sich die restlichen Aktien in Streubesitz befinden. In diesem Fall zu Recht für eine Befreiung von der Angebotspflicht *Veil* in: Veil (Hrsg.), Europäisches Kapitalmarktrecht, 2. Aufl. 2014, § 24 Rn. 42; ferner *Grant/Kirchmaier/Kirshner* EBOR 10 (2009) 234 ff.; *Fleischer/Schmolke* NZG 2009, 401, 404.

die Europäische Kommission erkannte in ihrem Bericht vom Juni 2012 die diesbezüglichen Probleme.[160] Im Aktionsplan von 2012 war von einer etwaigen **Reform** indes keine Rede mehr. Eine solche würde wohl auch auf erheblichen Widerstand in den Mitgliedstaaten stoßen.[161]

49 Die **Art der Kontrollerlangung**, also die Weise, wie die mitgliedstaatlich festgelegte Kontrollschwelle überschritten wird, ist **irrelevant** für das Eingreifen der Angebotspflicht.[162] Erfasst sind daher im Grundsatz auch ein passiver Kontrollerwerb und der Erwerb mittelbarer Kontrolle.[163] Die Übernahmerichtlinie spezifiziert gerade nicht, ob die Kontrolle in formaler oder materieller Hinsicht zu erwerben ist (Rn. 45). Auch ein **Kontrollwechsel** kann zu einem Kontrollerwerb iSd Art. 5 I 1 Übernahme-RL führen und damit ein Pflichtangebot des unmittelbar oder mittelbar „kontrollierenden" Aktionärs auslösen.[164] Für das Pflichtangebot entscheidend ist, dass die Kontrollerlangung auf einen **Erwerbstatbestand** zurückgeht.[165] Eine **Ausnahme** besteht nach Art. 5 II Übernahme-RL jedoch dann, wenn die Kontrolle aufgrund eines **freiwilligen Angebots** erlangt wurde, das im Einklang mit der Richtlinie allen Wertpapierinhabern für alle ihre Wertpapiere unterbreitet worden ist (Rn. 43).

50 Aus praktischer Sicht von hoher Bedeutung und im Rahmen der Art der Kontrollerlangung heftig diskutiert sind die Methoden des ***low balling*** und ***creeping in*** als Taktik zur kostengünstigen Aktienübernahme. Hierbei findet zunächst ein Aktienerwerb bis knapp unter die ein Pflichtangebot auslösende Kontrollschwelle statt. Der übernahmewillige Bieter wartet sodann bis der angemessene Preis (vgl. Art. 5 IV Übernahme-RL) als Gegenleistung für den Aktienkauf (idR im Rahmen eines niedrigen Börsenkurses) gering ist. Dann unterbreitet er den Aktionären entweder ein freiwilliges Übernahmeangebot, um sich vom Pflichtangebot zu befreien (vgl. Art. 5 II Übernahme-RL), oder erwirbt nur wenige Aktien hinzu, um knapp die mitgliedstaatliche Kontrollschwelle für ein Pflichtangebot (zB 30%) zu durchbrechen und ein kostengünstiges Pflichtangebot an die restlichen Aktionäre abzugeben. Für den Erwerb der tatsächlichen, beherrschenden Mehrheit in der Zielgesellschaft bedarf es dann keines erneuten (teuren) Pflichtangebots. Die **Übernahmerichtlinie schweigt** zu entsprechenden Methoden.[166]

51 Um die Vermeidung bzw. Umgehung der minderheitsschützenden Regelungen zum Pflichtangebot zu verhindern, haben zahlreiche Mitgliedstaaten **spezielle „*creeping in*-Regelungen"** geschaffen.[167] Konkret begegnen die Mitgliedstaaten der Problematik jedoch auf unterschiedlicher Weise. Am häufigsten sind Regelung, wonach eine zusätzliche Kontrollschwelle statuiert wird, bei deren Überschreitung ein (erneutes) Pflichtangebot abzugeben ist (so. zB in Frankreich, Österreich, Italien) und die Einführung eines Mindestprozentsatzes an Aktien, die ein Bieter für die Unternehmensübernahme erreichen muss (so zB in Großbritannien und den Niederlanden).[168] In Deutschland hat man sich mit Einfügung des **§ 25a WpHG** versucht, der Thematik zu nähern, indem auch bei einem (faktischen) Beteiligungsaufbau (*stakebuilding*) und der damit verbundenen Übernahmeabsicht des „Bieters" eine Mitteilungspflicht iSd § 21 WpHG besteht. Aufgrund des Schweigens der Richtlinie und der unterschiedlichen Behandlung von *low balling*- und *creeping* in-Übernahmen fasste auch die Europäische Kommission eine diesbezügliche **Reform** des Art. 5 Übernahme-RL ins Auge.[169] Wegen der divergierenden Regelungen in den Mitgliedstaaten ist in nächster Zeit jedoch nicht mit einer europäischen Lösung zu rechnen.[170] Gleichwohl mindert dies nicht die Notwendigkeit einer entsprechenden Reform der Übernahmerichtlinie.

---

160 Vgl. *Europäische Kommission*, Bericht v. 28.6.2012, COM(2012) 347, Rn. 24.

161 Vgl. auch *Hopt*, Europäisches Übernahmerecht, S. 42 f.

162 *Habersack/Verse*, Europäisches Gesellschaftsrecht, 2011, § 11 Rn. 17; *Lutter/Bayer/Schmidt*, Europäisches Unternehmens- und Kapitalmarktrecht, 2017, Rn. 28.42; *Kalss/Klampfl*, Europäisches Gesellschaftsrecht, 2015, Rn. 513; *Grundmann*, Europäisches Gesellschaftsrecht, 2011, Rn. 966.

163 *Lutter/Bayer/Schmidt*, Europäisches Unternehmens- und Kapitalmarktrecht, 2017, Rn. 28.42; ferner aus deutscher Perspektive *R. Koch* ZIP 2008, 1260 ff.

164 Vgl. *Lutter/Bayer/Schmidt*, Europäisches Unternehmens- und Kapitalmarktrecht, 2017, Rn. 28.42; *Habersack/Verse*, Europäisches Gesellschaftsrecht, 2011, § 11 Rn. 17; *Kalss/Klampfl*, Europäisches Gesellschaftsrecht, 2015, Rn. 513.

165 *Habersack/Verse*, Europäisches Gesellschaftsrecht, 2011, § 11 Rn. 17; *Kalss/Klampfl*, Europäisches Gesellschaftsrecht, 2015, Rn. 513; vgl. auch *Grundmann*, Europäisches Gesellschaftsrecht, 2011, Rn. 966.

166 *Habersack* ZHR 181 (2017) 603, 638.

167 Vgl. *Veil* in: Veil (Hrsg.), Europäisches Kapitalmarktrecht, 2. Aufl. 2014, § 24 Rn. 40; *Hopt*, Europäisches Übernahmerecht, 2013, S. 46 f.; *European Company Law Experts*, Response to the European Commission's Report on the Application of the Takeover Bids Directive, Cambridge LSR Paper No. 5/2014, S. 9 f.; *Kalss* in: Kämmerer/Veil (Hrsg.), Übernahme- und Kapitalmarktrecht in der Reformdiskussion, 2013, S. 139, 153 f.; siehe jedoch auch *Enriques/Gatti* JCLS 15 (2015) 55, 87 f.

168 Vgl. *The Takeover Bid Directive Assessment Report*, 2012, S. 129 f.; *Hopt*, Europäisches Übernahmerecht, 2013, S. 46 f.; siehe auch *Merkt* NZG 2011, 561, 563 ff.

169 Vgl. *Europäische Kommission*, Bericht v. 28.6.2012, COM(2012) 347, Rn. 25.

170 *Veil* in: Veil (Hrsg.), Europäisches Kapitalmarktrecht, 2. Aufl. 2014, § 24 Rn. 62.

3. Normadressat des Pflichtangebots und acting in concert

52 Nach Art. 5 I 1 Übernahme-RL sind Normadressat des Pflichtangebots **natürliche oder juristische Personen**, die infolge ihres alleinigen Erwerbs oder des Erwerbs durch gemeinsam mit ihr handelnden Personen von Aktien einer von der Richtlinie erfassten Gesellschaft die Kontrolle über diese (s. Rn. 45 ff.) begründet. Nach europäisch-autonomer Auslegung sind vom Begriff der juristischen Person auch **Personengesellschaften** erfasst.[171] Insofern spielt es für das Erfordernis eines Pflichtangebots keine Rolle, ob der Bieter eine natürliche Person ist oder welche Rechtsform er hat. Für Altfälle, bei denen die Kontrollbeteiligung an der Zielgesellschaft bereits vor Umsetzung des Art. 5 Übernahme-RL vorlag, besteht **keine (nachträgliche) Angebotspflicht** (vgl. Erwägungsgrund 10). Dies hat der EuGH in seiner Audiolux-Entscheidung ausdrücklich bestätigt.[172]

53 Von besonderer Bedeutung ist der Kontrollerwerb durch gemeinsam mit dem Bieter handelnde Personen (***acting in concert***). Gemäß Art. 5 I 1 Übernahme-RL ist es irrelevant, ob die natürliche oder juristische Person die zur Kontrollerlangung führenden Aktien allein oder durch Zusammenwirken mit anderen Personen erworben hat. Art. 2 I lit. d) Übernahme-RL[173] definiert, was „gemeinsam handelnde Personen" iS der Richtlinie sind: „**Gemeinsam handelnde Personen** sind natürliche oder juristische Personen, die mit dem Bieter oder der Zielgesellschaft auf der Grundlage einer ausdrücklichen oder stillschweigenden, mündlich oder schriftlich getroffenen Vereinbarung zusammenarbeiten, um die Kontrolle über die Zielgesellschaft zu erhalten bzw. den Erfolg des Übernahmeangebots zu vereiteln." Nach Art. 2 II Übernahme-RL gelten die von einer anderen Person kontrollierten Personen iS von Art. 87 Wertpapier-RL als Personen, die gemeinsam miteinander und mit der sie kontrollierenden Person handeln. Obgleich dieser **Legaldefinition**, statuiert die Richtlinie bezüglich des *acting in concert* nur Mindeststandards,[174] dh die Mitgliedstaaten können auch ein „Zusammenwirken" von der Angebotspflicht umfassen, das nicht unter Art. 2 I lit. d) Übernahme-RL fällt.[175] Die **Reichweite** des übernahmerechtlichen *acting in concert* **divergiert** dadurch **in den Mitgliedstaaten**.[176] Auch innerhalb des nationalen Rechts ist die genaue Interpretation, welche Handlung einem Erwerb durch gemeinsam handelnde Personen zuzurechnen sind, nicht unumstritten.[177]

54 Die **Grenze**, wann lediglich ein unschädlicher Informationsaustausch zwischen den Aktionären vorliegt und wann es sich um ein abgestimmtes Verhalten im Rahmen eines *acting in concert* handelt, ist oftmals **unklar** und **kann leicht überschritten** werden.[178] Dies führt zu finanzieller Unsicherheit beim Bieter, der aufgrund der Angebotspflicht an alle Aktionäre die Zahlung einer ggf seine Mittel übersteigende Gegenleistung zu erbringen hat. Um diese auf der unklaren Begriffsdefinition des *acting in concert* basierenden Problem zu minimieren, kündigte die Europäische Kommission im Aktionsplan 2012 den Erlass von **Leitlinien** zum Begriff des ***acting in concert*** an, um dessen Verständlichkeit zu verbessern.[179] Die Reichweite des *acting in concert* wurde mithin in den im Juni 2014 letztmalig aktualisierten **ESMA-Leitlinien** präzisiert.[180] Auch wenn diese Leitlinien im Grundsatz

---

171 *Lutter/Bayer/Schmidt*, Europäisches Unternehmens- und Kapitalmarktrecht, 2017, Rn. 28.36, Fn. 146; *Kalss/Klampfl*, Europäisches Gesellschaftsrecht, 2015, Rn. 514, Fn. 1580.

172 Vgl. EuGH, Rs. C-101/08 (Audiolux), ECLI:EU:C:2009:626 = ZIP 2009, 2241, Rn. 58 ff.

173 Dazu *Verse* in: Fleischer/Hansen/Ringe (Eds.), German and Nordic Perspectives on Company and Capital Markets Law, 2015, S. 215, 217 f.; zur Bedeutung auch *Ekkenga* ZGR 2015, 485, 498.

174 Zur Frage der Maximalharmonisierung des acting in concert-Bergriffs in der Übernahmerichtlinie *European Company Law Experts*, Response to the European Commission's Report on the Application of the Takeover Bids Directive, Cambridge LSR Paper No. 5/2014, S. 6 ff.

175 *Lutter/Bayer/Schmidt*, Europäisches Unternehmens- und Kapitalmarktrecht, 2017, Rn. 28.37; *Veil* in: Veil (Hrsg.), Europäisches Kapitalmarktrecht, 2. Aufl. 2014, § 24 Rn. 49; *Hitzer/Hauser* NZG 2016, 1365, 1370.

176 Vgl. *European Company Law Experts*, Response to the European Commission's Report on the Application of the Takeover Bids Directive, Cambridge LSR Paper No. 5/2014, S. 4; *Hopt*, Europäisches Übernahmerecht, 2013, S. 60; *Lutter/Bayer/Schmidt*, Europäisches Unternehmens- und Kapitalmarktrecht, 2017, Rn. 28.37; *Psaroudakis* ECFR 2010, 550, 575 ff.; mit Fallbeispielen auch *Veil* in: Veil (Hrsg.), Europäisches Kapitalmarktrecht, 2. Aufl. 2014, § 24 Rn. 49 ff.

177 Zur Regelung des § 30 II WpÜG im deutschen Recht *Oechsler* ZIP 2011, 449 ff.; *Schockenhoff/Schumann* ZGR 2005, 568 ff.; *v. Bülow/Bücker* ZGR 2004, 669, 695 ff.; *Wecker/Pluskat* in: GS Gruson, 2009, S. 421 ff.; *Borges* ZIP 2007, 357 ff.; *Seibt* ZIP 2004, 1829 ff.; *Schneider* WM 2006, 1321 ff.; *Berger/Filgut* AG 2004, 592 ff.; *Krause* in: FS Schneider, 2011, S. 669, 688 ff.; *Scheibenpflug/Tönningsen* BKR 2015, 140, 141 f.; siehe auch BGH NZG 2006, 945; BGH NZG 2014, 985, 990 f.; rechtsvergleichend *Psaroudakis*, Acting in concert in börsennotierten Gesellschaften, 2009, S. 221 ff.; *ders.* ECFR 2010, 550, 575 ff.; aus österreichischer Sicht *Köppl* wbl. 2012, 1 ff.

178 *Hopt*, Europäisches Übernahmerecht, 2013, S. 64 f.

179 Vgl. *Europäische Kommission*, Aktionsplan: Europäisches Gesellschaftsrecht und Corporate Governance – ein moderner Rechtsrahmen für engagierte Aktionäre und besser überlebensfähige Unternehmen, KOM(2012) 740 final, S. 13; zu einer diesbezüglichen Reform der Übernahmerichtlinie auch *Ghetti* ECFR 2014, 595 ff.; *Hopt*, Europäisches Übernahmerecht, 2013, S. 60 ff.; *Winner* ECFR 2014, 364 ff.

180 Siehe *ESMA*, Public statement on shareholder cooperation and acting in concert under the Takeover Bids Directive, 2013/1642 v. 12.11.2013, First Update 2014/677 v. 23.6.2014; vgl. auch *Kalss/Klampfl*, Europäisches Gesellschaftsrecht, 2015, Rn. 514; *Ladler* ZFR 2014, 48; aus jüngerer Zeit zur Konkretisierung nach britischem

unverbindlich sind, zeigen sie doch, was aus Sicht der ESMA zumindest nicht unter den Begriff der gemeinsam handelnden Personen fällt.[181] Kein *acting in concert* stellt demnach zB die gemeinsame Ausübung von Aktionärs- und Stimmrechten dar. In der Tendenz orientieren sich auch die nationalen Aufsichtsstellen weitgehend an den von der ESMA formulierten Leitlinien zum *acting in concert*, so dass zumindest ein gewisses Maß an Rechtssicherheit für die Aktionäre damit verbunden ist. Eine umfassende – wenngleich rechtspolitisch schwer durchzusetzende – positiv- wie negativ-Abgrenzung der gemeinsam handelnden Personen iSd Art. 5 I 1 Übernahme-RL wäre gleichwohl wünschenswert.

55 Vorgaben zum *acting in concert* sind im deutschen Übernahmerecht in **§ 30 II WpÜG** geregelt.[182] Danach werden dem Bieter grundsätzlich auch Stimmrechte eines Dritten aus Aktien der Zielgesellschaft in voller Höhe zugerechnet, mit dem der Bieter oder sein Tochterunternehmen sein Verhalten in Bezug auf die Zielgesellschaft aufgrund einer Vereinbarung oder in sonstiger Weise abstimmt. Ein abgestimmtes Verhalten setzt voraus, dass der Bieter oder sein Tochterunternehmen und der Dritte sich über die Ausübung von Stimmrechten verständigen oder mit dem Ziel einer dauerhaften und erheblichen Änderung der unternehmerischen Ausrichtung der Zielgesellschaft in sonstiger Weise zusammenwirken. Dem Wortlaut nach nicht erfasst ist ein **abgestimmter Parallelerwerb** von Aktien.[183] Umstritten ist jedoch, ob die Definition des Art. 2 I lit. d) Übernahme-RL den abgestimmten Parallelerwerb umfasst und damit auch im nationalen Recht (§ 30 II WpÜG) der Begriff des *acting in concert* entsprechend **richtlinienkonform auszulegen** ist.[184] Entscheidend ist dabei eine (mündliche) Vereinbarung mit dem Ziel und der Absicht der Kontrollerlangung. Der Wortlaut des Art. 2 I lit. d) Übernahme-RL ist unter Berücksichtigung der Ratio des Art. 5 I 1 Übernahme-RL dabei weit auszulegen; mithin ist § 30 II WpÜG insofern **europarechtskonform zu interpretieren**. In anderen Mitgliedstaaten wie zB Großbritannien und Frankreich ist ein abgestimmter Parallelerwerb von Aktien vom *acting in concert* erfasst.

III. Inhalt des Pflichtangebots

56 Aus Art. 5 I 2 Übernahme-RL ergibt sich, dass das Pflichtangebot als **Vollangebot** anzubieten ist („allen Wertpapierinhabern für alle ihre Wertpapiere").[185] Dadurch soll jedem Aktionär die Möglichkeit gegeben werden, gegen eine entsprechende Gegenleistung (s. Rn. 57 ff.) **aus der Gesellschaft auszuscheiden** und einer (konzernrechtlichen) Beherrschung durch einen Mehrheitsgesellschafter zu entgehen. Den Mitgliedstaaten steht es frei, unter bestimmten Bedingungen **zusätzlich** eine Teilangebotspflicht vorzuschreiben.[186] Nach deutschem Recht ist das Pflichtangebot stets als Vollangebot allen Aktionären anzubieten (vgl. § 39 WpÜG iVm § 32 WpÜG). In jedem Fall ist das Pflichtangebot **unverzüglich** nach dem Kontrollerwerb abzugeben. Auch wenn der Begriff der Unverzüglichkeit europäisch-autonom auszulegen ist, ergeben sich keine maßgebenden Abweichungen zu § 121 I 1 BGB, der für das Pflichtangebot des § 35 II WpÜG heranzuziehen ist.[187] Nach § 35 II 1 WpÜG iVm § 14 II 1 WpÜG sind die Angebotsunterlagen unverzüglich nach der ausdrücklichen Gestattung der BaFin oder dem Verstreichen der Prüfungsfrist zu veröffentlichen.

57 Das Pflichtangebot muss den restlichen Aktionären zu einem **„angemessenen Preis"** unterbreitet werden (Art. 5 I 2 Übernahme-RL). Welcher der angemessene Preis ist, wird in Art. 5 IV Übernahme-RL konkretisiert. Die dortigen Preisbemessungsvorgaben sind im Ergebnis eine Kompromisslösung. Die Umsetzung erfolgte in den Mitgliedstaaten auf unterschiedliche Weise, weshalb die Regelungen zur Preisbemessung des Pflichtangebots zT

Recht ferner *Code Committee of the Panel*, Additional Presumptions to the Definition of Acting in Concert, 23.10.2015, RS 2015/3.

181 „In its White List ESMA identifies a number of activities in which shareholders may cooperate without being presumed to act in concert."; vgl. auch *Ladler* ZFR 2014, 48 ff.

182 Ausführlich dazu *Verse* in: Fleischer/Hansen/Ringe (Eds.), German and Nordic Perspectives on Company and Capital Markets Law, 2015, S. 215 ff.; vgl. auch *Strehle* in: Beck'sches M&A-Handbuch, 2017, § 56 Rn. 34 ff.

183 Vgl. Bericht Finanzausschuss zum Risikobegrenzungsgesetz, BT-Drs. 16/9821, S. 11.

184 So *Lutter/Bayer/Schmidt*, Europäisches Unternehmens- und Kapitalmarktrecht, 2017, Rn. 28.41; *Engert* ZIP 2006, 2105, 2111; *Fleischer* ZGR 2008, 185, 198; *Mülbert* NZG 2004, 633, 637; *Berger/Filgut* AG 2004, 592 ff.; *Nobel*, Internationales und Transnationales Aktienrecht, Bd. 2, 2012, Kap. 2 Rn. 126; wohl auch *Veil* in: Veil (Hrsg.), Europäisches Kapitalmarktrecht, 2. Aufl. 2014, § 24 Rn. 48; hingegen für eine diesbezüglich enge Auslegung des acting in concert *Habersack/Verse*, Europäisches Gesellschaftsrecht, 2011, § 11 Rn. 19; *Seibt/Heiser* ZGR 2005, 200, 216; *Noack/Zetzsche* in: Schwark/Zimmer (Hrsg.), Kapitalmarktrechts-Kommentar, 4. Aufl. 2010, § 30 WpÜG Rn. 33; *Schmidtbleicher* AG 2008, 73, 75.

185 *Habersack/Verse*, Europäisches Gesellschaftsrecht, 2011, § 11 Rn. 21; *Lutter/Bayer/Schmidt*, Europäisches Unternehmens- und Kapitalmarktrecht, 2017, Rn. 28.49; *Veil* in: Veil (Hrsg.), Europäisches Kapitalmarktrecht, 2. Aufl. 2014, § 24 Rn. 35; *Maul/Muffat-Jeandet* AG 2004, 221, 230; *Tiedje* in: von der Groeben/Schwarze/Hatje (Hrsg.), Europäisches Unionsrecht, 7. Aufl. 2015, Art. 50 AEUV Rn. 86.

186 *Lutter/Bayer/Schmidt*, Europäisches Unternehmens- und Kapitalmarktrecht, 2017, Rn. 28.50.

187 Zum Rückgriff auf § 121 I 1 BGB hinsichtlich der Unverzüglichkeit *Krause/Pötzsch* in: Assmann/Pötzsch/Schneider (Hrsg.), WpÜG, 2. Aufl. 2013, § 35 Rn. 214; *Hasselbach* in: KK-WpÜG, 2 Aufl. 2010, § 35 Rn. 219; *Schlitt* in: MüKo AktG, 4. Aufl. 2017, § 35 WpÜG Rn. 189.

stark divergieren.[188] Nach Art. 5 IV UAbs. 1 S. 1 Übernahme-RL knüpft die Preisbemessung zunächst an den **Vorerwerb** an. Danach gilt als angemessener Preis der **höchste Preis**, der vom Bieter oder einer mit ihm gemeinsam handelnden Person in einem von den Mitgliedstaaten festzulegenden Zeitraum von mindestens sechs und höchstens zwölf Monaten vor dem Pflichtangebot für die gleichen Wertpapiere gezahlt worden ist. Alternativ knüpft Art. 5 IV UAbs. 1 S. 2 Übernahme-RL an den **Parallelerwerb** an: Erwirbt der Bieter oder eine mit ihm gemeinsam handelnde Person nach Bekanntmachung des Angebots und vor Ablauf der Annahmefrist Aktien zu einem höheren als dem Angebotspreis, muss der Bieter sein Angebot **mindestens** auf den höchsten Preis erhöhen, der für die erworbenen Aktien gezahlt wurde.

Aufgrund der Festlegung lediglich von Mindeststandards können die Mitgliedstaaten auch **strengere Regelungen** für die Preisbemessung vorsehen.[189] Zudem können sie ihre nationale Aufsichtsstelle ermächtigen, unter bestimmten Voraussetzungen von den Preisbemessungsregelungen des Art. 5 IV UAbs. 1 Übernahme-RL abzuweichen (Art. 5 IV UAbs. 2 S. 1 Übernahme-RL).[190] Jede Entscheidung der Aufsichtsstelle zur Änderung des angemessenen Preises muss jedoch begründet und bekannt gemacht werden (Art. 5 IV UAbs. 3 Übernahme-RL). Die **Kriterien**, nach denen die nationalen Aufsichtsstellen Änderungen vom angemessen Preis des Pflichtangebots vornehmen können, sind indes streng.[191] Nicht mit Art. 5 IV UAbs. 2 Übernahme-RL vereinbar ist beispielsweise eine Regelung, die lediglich einen den Vorerwerbspreis übersteigenden „Marktpreis" für maßgeblich erachtet, ohne dessen Berechnungsmodalitäten zu spezifizieren.[192] Dennoch steht den nationalen Aufsichtsstellen bei der Ermittlung des angemessenen Preises ein gewisses Ermessen zu.[193] Insbesondere müssen sie bei einer Erhöhung des angemessenen Preises nach gesetzlich festgelegten Vorgaben nicht zwingend die „einzelnen Verhaltensweisen" angeben, sondern nur die, unter denen eine Preisanpassung gerechtfertigt ist.[194] 58

In Deutschland erfolgt die **Preisbildung** gem § 31 WpÜG, §§ 3 ff. WpÜG-AngV basierend auf dem Börsenkurs und dem Vorerwerbspreis.[195] Sind die Aktien der Zielgesellschaft zum Handel an einer deutschen Börse zugelassen, muss die Gegenleistung mindestens dem gewichteten durchschnittlichen inländischen Börsenkurs der Aktien während der letzten drei Monate vor deren Veröffentlichung entsprechen (§ 5 I WpÜG-AngV).[196] Sind die Aktien ausschließlich an einer Börse eines anderen EU/EWR-Staates zugelassen, muss die Gegenleistung mindestens dem durchschnittlichen Börsenkurs während der letzten drei Monate vor der Veröffentlichung mit den höchsten Umsätzen in den Aktien der Zielgesellschaft entsprechen (§ 6 I WpÜG-AngV). Die Preisbemessung ist dabei **für jede Aktiengattung gesondert** zu ermitteln. Praktisch wirkt sich dies insbesondere dann aus, wenn die Zielgesellschaft neben Stamm- auch Vorzugsaktien ausgegeben hat.[197] 59

Art. 5 V Übernahme-RL regelt die **Art der Gegenleistung**, die der Bieter für den Erwerb der Aktien infolge des Pflichtangebots anbieten muss. Grundsätzlich besteht ein **Wahlrecht** für den Bieter, ob er als Gegenleistung Wertpapiere, eine Geldleistung oder eine Kombination aus Beiden anbietet (vgl. Art. 5 V 1 Übernahme-RL).[198] Hierbei gilt jedoch der Gleichbehandlungsgrundsatz, dh der Bieter kann nicht manchen Aktionären nur eine Geldleistung anbieten und anderen nur Wertpapiere.[199] Ferner ist zu berücksichtigen, dass bei der Art der Gegenleistung vor allem die Interessen der Aktionäre an Liquidität zu berücksichtigen sind. Wertpapiere stellen daher nur dann ein Äquivalent zu einer Geldleistung dar, wenn sie liquide und zum Handel auf einen geregelten 60

188 *Hopt*, Europäisches Übernahmerecht, 2013, S. 57.

189 *Kalss/Klampfl*, Europäisches Gesellschaftsrecht, 2015, Rn. 515; *Lutter/Bayer/Schmidt*, Europäisches Unternehmens- und Kapitalmarktrecht, 2017, Rn. 28.57; vgl. auch EuGH, Rs. C-206/16 (Marco Tronchetti Provera), ECLI:EU:C:2017:572 = NZG 2017, 1063, Rn. 37 ff.; *Hopt*, Europäisches Übernahmerecht, 2013, S. 57.

190 Vgl. auch EuGH, Rs. C-206/16 (Marco Tronchetti Provera), ECLI:EU:C:2017:572 = NZG 2017, 1063, Rn. 37.

191 *Habersack/Verse*, Europäisches Gesellschaftsrecht, 2011, § 11 Rn. 23; *Lutter/Bayer/Schmidt*, Europäisches Unternehmens- und Kapitalmarktrecht, 2017, Rn. 28.54; *Kalss/Klampfl*, Europäisches Gesellschafsrecht, 2015, Rn. 515, Fn. 1588.

192 EFTA-Gerichtshof, Rs. E-1/10 (Periscopus), ZIP 2011, 332, 334; dazu *Papadopoulos* Law and Financial Markets Review 7 (2013) 97 ff.; *Krause* ECFR 2011, 70 ff.; *Hirte* EWiR 2011, 133 f.; *Bayer/Schmidt* BB 2012, 3, 10.

193 EuGH, Rs. C-206/16 (Marco Tronchetti Provera), ECLI:EU:C:2017:572 = NZG 2017, 1063, Rn. 37.

194 EuGH, Rs. C-206/16 (Marco Tronchetti Provera), ECLI:EU:C:2017:572 = NZG 2017, 1063, Rn. 43, 48; vgl. auch die anhängigen Vorabentscheidungsersuchen in den Rs. C-654/16, C-655/16, C-656/16, C-657/16, C-658/16.

195 Zum Preis des Pflichtangebots nach österreichischem Übernahmerecht siehe *Eigner* ÖBA 2013, 623 ff.

196 Zur Richtlinienkonformität des § 5 I WpÜG-AngV vgl. *Habersack/Verse*, Europäisches Gesellschaftsrecht, 2011, § 11 Rn. 24; *Glade/Haak/Hellich* DK 2004, 455, 458; *Krause* in: Assmann/Pötzsch/Schneider (Hrsg.), WpÜG, 2. Aufl. 2013, § 31 Rn. 22; de lege ferenda für die Nichtheranziehung des Börsenkurses bei einem „erheblichen Vorerwerb" *von Falkenhausen* NZG 2013, 409, 411.

197 *Drinkuth* in: Marsch-Barner/Schäfer (Hrsg.), Handbuch börsennotierte AG, 4. Aufl. 2018, Rn. 60.253.

198 *Lutter/Bayer/Schmidt*, Europäisches Unternehmens- und Kapitalmarktrecht, 2017, Rn. 28.56; ferner zum deutschen Recht *Wirbel* in: Beck'sches M&A-Handbuch, 2017, § 57 Rn. 74 ff.

199 *Grundmann*, Europäisches Gesellschaftsrecht, 2011, Rn. 969; *Lutter/Bayer/Schmidt*, Europäisches Unternehmens- und Kapitalmarktrecht, 2017, Rn. 28.56.

Markt zugelassen sind.[200] Ist dies nicht der Fall, muss das Pflichtangebot wahlweise eine Geldleistung umfassen (Art. 5 V 2 Übernahme-RL). Eine Geldleistung muss zudem **wahlweise** angeboten werden, wenn der Bieter oder eine mit ihm gemeinsam handelnde Person innerhalb eines bestimmten Zeitraums Aktien gegen Geldleistung erworben hat, die mindestens 5% der Stimmrechte an der Zielgesellschaft verleihen (Art. 5 V 3 Übernahme-RL). Darüber hinaus können die Mitgliedstaaten vorsehen, dass in allen Fällen zumindest wahlweise eine Geldleistung angeboten werden muss (Art. 5 V 4 Übernahme-RL).

H. Verfahrens- und Transparenzvorschriften

I. Transparenz des Angebots

61 Zur Gewährleitung eines transparenten Angebotsverfahrens sind bestimmte Informationen über das Angebot des Bieters an die Aktionäre der Zielgesellschaft **bekanntzumachen.** Die Richtlinie beschränkt sich in Art. 6-8 Übernahme-RL auf die Regelung der Kernelemente eines **angemessenen Transparenzregimes** bei Übernahmen.[201] Die Verfahrens- und Transparenzvorschriften gelten gleichermaßen für Pflicht- und freiwillige Übernahmeangebote.

1. Bekanntmachungspflicht

62 Die Bekanntmachungspflichten der Art. 6 ff. Übernahme-RL umfassen sowohl die Angebotsunterlagen des Bieters als auch das (Pflicht-) Angebot selbst. Dadurch soll ein umfassender **Schutz der Aktionäre** der Zielgesellschaft durch **Informationsbereitstellung** gewährleistet werden.[202] Nach Art. 6 I 1 Übernahme-RL haben die Mitgliedstaaten sicherzustellen, dass die Entscheidung zur Abgabe eines Angebots unverzüglich bekannt gemacht und die Aufsichtsstelle über das Angebot unterrichtet wird. Grund für diese Regelung ist es, die Möglichkeit von Insidergeschäften zu verringern.[203] Unklar ist, wann und wie genau die **„Entscheidung" zur Abgabe des Angebots** getroffen wird, die die Bekanntmachungspflicht auslöst.[204] Die Richtlinie äußert sich hierzu nicht. In den Grenzen der Ratio des Art. 6 Übernahme-RL obliegt die Begriffsklärung daher nationalem Recht. Der „Beschluss [des Leitungsorgans] ein Angebot zu unterbreiten",[205] muss aus dessen Sicht jedoch zumindest endgültig getroffen sein.[206] Die Entscheidung über die Angebotsabgabe kann grundsätzlich auch vor Festlegung des konkreten Angebotspreises liegen und damit die Bekanntmachungspflicht gem Art. 6 I 1 Übernahme-RL auslösen. Eine Pflicht zur Veröffentlichung der Entschließung des Vorstands über die Angebotsabgabe noch vor einer (erforderlichen) Zustimmung des Aufsichtsrates wird man daraus indes nicht ableiten können.[207] Hinreichend konkret – auch für die Zielgesellschaft – wird die Entscheidung grundsätzlich erst mit Absegnung durch den Aufsichtsrat. Um Unklarheiten vorzubeugen, ist aus praktischer Sicht eine lückenlose **Dokumentation** des Entscheidungsverlaufs zu empfehlen.

63 Nach Art. 6 I 2 Übernahme-RL können die Mitgliedstaaten vorschreiben, dass **vor** Bekanntmachung der Angebotsentscheidung des Bieters die zuständige **Aufsichtsstelle** (s. Rn. 22 ff.) über die Entscheidung **zu unterrichten** ist. Im deutschen Recht ist gem § 35 I 4 WpÜG iVm § 10 II WpÜG eine Vorabmitteilung an die BaFin vorgesehen. Sobald das Angebot bekannt gemacht ist, haben die jeweiligen Leitungs- bzw. Verwaltungsorgane der Zielgesellschaft und der Bietergesellschaft ihre Arbeitnehmervertreter bzw. die Arbeitnehmer selbst hiervon zu unterrichten (Art. 6 I 3 Übernahme-RL).

---

200 *Grundmann*, Europäisches Gesellschaftsrecht, 2011, Rn. 969; *Lutter/Bayer/Schmidt*, Europäisches Unternehmens- und Kapitalmarktrecht, 2017, Rn. 28.56.

201 *Lutter/Bayer/Schmidt*, Europäisches Unternehmens- und Kapitalmarktrecht, 2017, Rn. 28.58; vgl. auch *Grundmann*, Europäisches Gesellschaftsrecht, 2011, Rn. 972 ff.; *Kalss/Klampfl*, Europäisches Gesellschaftsrecht, 2011, Rn. 516; *Pötzsch* in: Assmann/Pötzsch/Schneider (Hrsg.), WpÜG, 2. Aufl. 2013, Einl. Rn. 109.

202 Vgl. *Grundmann*, Europäisches Gesellschaftsrecht, 2011, Rn. 974; *Grohmann*, Das Informationsmodell im Europäischen Gesellschaftsrecht, 2006, S. 337.

203 Vgl. Erwägungsgrund 12; *Veil* in: Veil (Hrsg.), Europäisches Kapitalmarktrecht, 2. Aufl. 2014, § 24 Rn. 29; *Lutter/Bayer/Schmidt*, Europäisches Unternehmens- und Kapitalmarktrecht, 2017, Rn. 28.59; *Kalss/Klampfl*, Europäisches Gesellschaftsrecht, 2015, Rn. 516; *Grundmann*, Europäisches Gesellschaftsrecht, 2011, Rn. 974.

204 Ausführlich dazu *Veil* in: Veil (Hrsg.), Europäisches Kapitalmarktrecht, 2. Aufl. 2014, § 24 Rn. 30 ff.; aus deutscher Sicht auch *Hirte* in: KK-WpÜG, 2. Aufl. 2010, § 10 Rn. 26 ff.; *Assmann* in: Assmann/Pötzsch/Schneider (Hrsg.), WpÜG, 2. Aufl. 2013, § 10 Rn. 11 ff.; *Hippeli* NZG 2016, 1207 ff.

205 Erwägungsgrund 12.

206 *Grundmann*, Europäisches Gesellschaftsrecht, 2011, Rn. 974.

207 Entsprechend aus deutscher Perspektive *Hirte* in: KK-WpÜG, 2. Aufl. 2010, § 10 Rn. 35; *Geibel* in: Angerer/Geibel/Süßmann (Hrsg.), WpÜG, 3. Aufl. 2017, § 10 Rn. 16 f.; *Assmann* in: Assmann/Pötzsch/Schneider (Hrsg.), WpÜG, 2. Aufl. 2013, § 10 Rn. 15; aA *Veil* in: Veil (Hrsg.), Europäisches Kapitalmarktrecht, 2. Aufl. 2014, § 24 Rn. 31 (bereits hinreichende Wahrscheinlichkeit der Zustimmung ausreichend).

Neben der Entscheidung zur Abgabe eines Angebots sind die zu erstellenden Angebotsunterlagen **bekanntzumachen** (Art. 6 II UAbs. 1 S. 1 Übernahme-RL).[208] Dadurch soll den Aktionären der Zielgesellschaft in ausreichender Kenntnis der Sachlage eine **informierte Entscheidung** über das Angebot ermöglicht werden.[209] Vor der Bekanntmachung muss der Bieter die Angebotsunterlagen an die zuständige Aufsichtsstelle übermitteln (Art. 6 II UAbs. 1 S. 2 Übernahme-RL). Eine Prüfungsbefugnis der Aufsichtsstelle sieht die Richtlinie hingegen nicht vor. Den Mitgliedstaaten steht es jedoch frei, ob die Angebotsunterlagen vor deren Bekanntmachung der Billigung durch die nationale Aufsichtsstelle bedürfen.[210] Nach deutschem Recht bedarf es gem § 35 II 1, 2 WpÜG iVm § 14 II 1, 2 WpÜG der vorherigen Zustimmung der Angebotsunterlagen durch die BaFin. 64

Die **Art und Weise der Bekanntmachung** des Angebots ist in Art. 8 Übernahme-RL geregelt. Art. 8 Übernahme-RL statuiert die allgemeinen Grundsätze hinsichtlich der Ausgestaltung der Bekanntmachung durch die Mitgliedstaaten.[211] Die Mitgliedstaaten haben sicherzustellen, dass das Angebot in der Weise bekannt gemacht wird, dass für die Aktien der Ziel-, der Bieter- oder jeglicher anderer vom Angebot betroffenen Gesellschaft die **Markttransparenz** und **-integrität** gewahrt bleibt und die Veröffentlichung oder Verbreitung falscher oder irreführender Angaben ausgeschlossen wird (Art. 8 I Übernahme-RL). Ferner sind alle erforderlichen Angebotsinformationen und -unterlagen (Rn. 66 f.) so bekanntzumachen, dass zumindest in dem Mitgliedstaat, in dem die Aktien der Zielgesellschaft an der Börse zugelassen sind, und den Arbeitnehmervertretern bzw. den Arbeitnehmern der Zielgesellschaft oder des Bieters ohne Weiteres **umgehend zur Verfügung stehen** (Art. 8 II Übernahme-RL).[212] Nach deutschem Recht hat die Veröffentlichung des Kontrollerwerbs gem § 35 I 1 WpÜG iVm § 10 III WpÜG unverzüglich, spätestens innerhalb von sieben Kalendertagen, durch Bekanntgabe im Internet und über ein elektronisch betriebenes Informationsverbreitungssystem (zB elektronischer Bundesanzeiger) zu erfolgen. 65

2. Inhalt der Angebotsunterlagen

Die Bekanntmachungspflichten hinsichtlich des Inhalts der Angebotsunterlagen stellen das zentrale Regelungsinstrument dar, um die **Betroffenen**, insbesondere die Aktionäre der Zielgesellschaft, **vor dem Kontrollwechsel zu schützen**.[213] Pflichtadressaten der Angebotsunterlagen sind nur die Aktionäre der Zielgesellschaft; nicht hingegen die Aktionäre der Bietergesellschaft oder sonstige mit dem Bieter in Verbindung stehende Personen.[214] 66

Hinsichtlich der inhaltlichen Anforderungen an das Angebot gibt Art. 6 III Übernahme-RL einen **Katalog von Mindestangaben** vor. Dieser kann von den Mitgliedstaaten als auch von dem Bieter selbst um zusätzliche Angaben erweitert werden.[215] Art. 6 III lit. a) – n) Übernahme-RL beinhalten allgemeine Pflichtangaben zu den Konditionen des Angebots, zum Bieter, zum Angebot selbst, zu den Gegenleistungen sowie zu einer etwaigen Entschädigung aufgrund Durchbrechungsregelungen.[216] Insbesondere muss sich der Bieter zu seinen Absichten bezüglich der Übernahme der Zielgesellschaft äußern, zB in Bezug auf die künftige Geschäftstätigkeit der Zielgesellschaft (vgl. Art. 6 III lit. i) Übernahme-RL).[217] 67

II. Frist zur Annahme des Angebots

Art. 7 Übernahme-RL regelt die Frist zur Annahme des Übernahmeangebots durch die Aktionäre der Zielgesellschaft. Danach darf der Zeitraum zur Annahme des Angebots nicht weniger als **zwei Wochen** und nicht mehr als **zehn Wochen** ab der Bekanntmachung der Angebotsunterlagen betragen. Innerhalb dieser Grenzen ist es den Mitgliedstaaten überlassen, eine **angemessene Annahmefrist** zu bestimmen. In Deutschland ist das Übernahme- 68

208 Zur Problematik sog *virtual bids* vor der Bekanntmachung der vollständigen Angebotsunterlagen *Hopt*, Europäisches Übernahmerecht, 2013, S. 106 f.; *Seibt* CFL 2011, 213, 217.

209 *Lutter/Bayer/Schmidt*, Europäisches Unternehmens- und Kapitalmarktrecht, 2017, Rn. 28.61; *Kalss/Klampfl*, Europäisches Gesellschaftsrecht, 2015, Rn. 516.

210 *Lutter/Bayer/Schmidt*, Europäisches Unternehmens- und Kapitalmarktrecht, 2017, Rn. 28.65, *Kalss/Klampfl*, Europäisches Gesellschaftsrecht, 2015, Rn. 516; vgl. auch *Grundmann*, Europäisches Gesellschafsrecht, 2011, Rn. 975.

211 *Kalss/Klampfl*, Europäisches Gesellschaftsrecht, 2015, Rn. 516; *Grohmann*, Das Informationsmodell im Europäischen Gesellschaftsrecht, 2006, S. 340; *Maul/Muffat-Jeandet* AG 2004, 221, 224; *Lutter/Bayer/Schmidt*, Europäisches Unternehmens- und Kapitalmarktrecht, 2017, Rn. 28.71.

212 Dazu *Grohmann*, Das Informationsmodell im Europäischen Gesellschaftsrecht, 2006, S. 340 f.

213 *Veil* in: Veil (Hrsg.), Europäisches Kapitalmarktrecht, 2. Aufl. 2014, § 24 Rn. 34.

214 Vgl. *Grundmann*, Europäisches Gesellschaftsrecht, 2011, Rn. 976 (zum mangelnden Aktionärsschutz auf der Bieterseite kritisch auch Rn. 981); ebenso *Hansen* in: Birkmose/Neville/Sørensen (Eds.), The European Financial Market in Transition, 2012, S. 29, 36.

215 *Lutter/Bayer/Schmidt*, Europäisches Unternehmens- und Kapitalmarktrecht, 2017, Rn. 28.62.

216 Zu einer entsprechenden Kategorisierung *Maul/Muffat-Jeandet* in: Maul/Muffat-Jeandet/Simon (Eds.), Takeover bids in Europe, 2008, Rn. 145; *Lutter/Bayer/Schmidt*, Europäisches Unternehmens- und Kapitalmarktrecht, 2017, Rn. 28.63.

217 Ausführlich zu den Angebotsunterlagen gem § 11 II WpÜG siehe *Hamann* ZIP 2001, 2249 ff.; *Seydel* in: KK-WpÜG, 2. Aufl. 2010, § 11 Rn. 46 ff.; vgl. auch *Stephan* AG 2003, 551 ff.

angebot gem § 16 I 1 WpÜG grundsätzlich innerhalb von vier bis zehn Wochen anzunehmen.[218] Statistisch sah dabei die Mehrheit der Übernahmeangebote eine Annahmefrist von vier Wochen vor.[219] Vorbehaltlich des Behinderungsverbots gem Art. 3 I lit. f) Übernahme-RL (s. Rn. 18) kann die maximale Annahmefrist von zehn Wochen von den Mitgliedstaaten dann verlängert werden, wenn der Bieter seine Absicht zur Schließung des Angebots mindestens zwei Wochen zuvor bekannt gibt (Art. 7 I 2 Übernahme-RL). Zudem können die Mitgliedstaaten in bestimmten Fällen Vorschriften zur **Änderung der Annahmefrist** vorsehen (Art. 7 II 1 Übernahme-RL). Ferner kann auch die nationale Aufsichtsstelle ermächtigt werden, eine abweichende Frist zu gestatten, damit die Zielgesellschaft die Möglichkeit zur Einberufung der Hauptversammlung hat, um das abgegebene Angebot zu überprüfen (Art. 7 II 2 Übernahme-RL).

I. Neutralitätspflicht

I. Überblick

69 Die Frage nach der Einführung von Verhinderungsverboten und der Zulässigkeit von Abwehr- und Verteidigungsmaßnahmen insbesondere gegen feindliche Übernahmen war einer der **Hauptstreitpunkte** beim Erlass der Übernahmerichtlinie.[220] Eine Einigung brachten erst die Vorschläge der High Level Group (s. Rn. 2) zur Neutralitätspflicht und den Durchbrechungsregelungen mit den jeweiligen Mitgliedstaatenoptionen. Die Regelungen zu den Abwehr- und Verteidigungsmaßnahmen in der Zielgesellschaft und zum Optionsmodell basieren weitgehend auf den Regelungen des britischen Takeover Code.[221] Sie sind geprägt von einem Wechselspiel zwischen dem **Verhinderungsverbot** und den **Durchbrechungsregeln** sowie den mitgliedstaatlichen opt out- bzw. opt in-Möglichkeiten.

70 Infolge der Umsetzung der Art. 9 ff. Übernahme-RL in nationales Recht werden vor allem die Regelungen über die Abwehr- und Verteidigungsmaßnahmen in der Zielgesellschaft als entscheidender Faktor eines ***level playing field*** **im Übernahmerecht** der Mitgliedstaaten gesehen.[222] Die Grenzen, die diesbezüglich die Übernahmerichtlinie für Verteidigungsmaßnahmen setzt, stellen einen wichtigen Beitrag für einen offenen **Markt für Unternehmenskontrolle** in der EU dar.[223] Inwieweit die Regelungen der Art. 9 ff. Übernahme-RL aus ökonomischer Sicht zu befürworten sind und welche Auswirkungen sie zeitigen, soll hier nicht vertieft werden.[224] Festzustellen ist jedoch, dass Verteidigungsmaßnahmen in der (potenziellen) Zielgesellschaft ein statistisch überaus geeignetes Mittel zur Abwehr von feindlichen Unternehmensübernahmen sind.[225] Zudem ist europaweit die Anzahl feindlicher Übernahmeangebote im Zuge der Richtlinienumsetzung gesunken.[226] Auch wird ohnehin im Laufe der Angebotsphase eine als feindlich vom Bieter gestartete Übernahme häufig im Ergebnis zu einer freundlichen.

71 Strukturell statuiert die Übernahmerichtlinie mit Art. 9 Übernahme-RL zunächst eine **Neutralitätspflicht** des Leitungs- bzw. Verwaltungsorgan der Zielgesellschaft. Art. 11 Übernahme-RL sieht umfassende **Durchbre-**

---

218 Zur Fristberechnung siehe *Hasselbach* in: KK-WpÜG, 2. Aufl. 2010, § 16 Rn. 33 ff.; *Seiler* in: Assmann/Pötzsch/Schneider (Hrsg.), WpÜG, 2. Aufl. 2013, § 16 Rn. 22 f.; *Sohbi* in: Heidel (Hrsg.), Aktienrecht, 4. Aufl. 2014, § 16 WpÜG Rn. 2.

219 *Drinkuth* in: Marsch-Barner/Schäfer (Hrsg.), Handbuch börsennotierte AG, 4. Aufl. 2018, Rn. 60.11.

220 Vgl. *Hopt*, Europäisches Übernahmerecht, 2013, S. 69; *Wymeersch* in: FS Hommelhoff, 2012, S. 1375, 1393 f.; *Lutter/Bayer/Schmidt*, Europäisches Unternehmens- und Kapitalmarktrecht, 2017, Rn. 28.76; *Zetzsche/Wachter* in: Gebauer/Teichmann (Hrsg.), Europäisches Privat- und Unternehmensrecht, 2016, § 7 Rn. 188; *Maul* NZG 2005, 151; *Buck-Heeb*, Kapitalmarktrecht, 8. Aufl. 2016, Rn. 884; *Krause/Pötzsch/Stephan* in: Assmann/Pötzsch/Schneider (Hrsg.), WpÜG, 2. Aufl. 2013, § 33 Rn. 25, 32; *Wolf* ZIP 2008, 300, 302; *Graßl* in: FS Pöllath + Partners, 2008, S. 177 ff.

221 *Grundmann*, Europäisches Gesellschaftsrecht, 2011, Rn. 987, 993; *Hopt*, Europäisches Übernahmerecht, 2013, S. 74; *Rowoldt/Starke* CF 2014, 209, 210; *Kindler/Horstmann* DStR 2004, 868; ferner zum Verhinderungsverbot nach englischem Recht *Kershaw* ICLQ 56 (2007) 267 ff.; ausführlich zum englischen Übernahmerecht *Kershaw*, Principles of Takeover Regulation, 2016; *Wynne*, A Practitioner's Guide to the City Code on Takeovers and Mergers 2012/13, 2012; deutschsprachig auch *Ringe* in: Schall (Hrsg.), Companies Act, 2014, Part 28; *Baum* RIW 2003, 421.

222 *Kalss/Klampfl*, Europäisches Gesellschaftsrecht, 2015, Rn. 519; *Habersack/Verse*, Europäisches Gesellschaftsrecht, 2011, § 11 Rn. 27; vgl. auch *Zetzsche/Wachter* in: Gebauer/Teichmann (Hrsg.), Europäisches Privat- und Unternehmensrecht, 2016, § 7 Rn. 188.

223 *The Takeover Bid Directive Assessment Report*, 2012, S. 209; teilweise kritisch *Habersack* ZHR 181 (2017) 603, 616 f.

224 Ausführlich dazu *Grundmann*, Europäisches Gesellschaftsrecht, 2011, Rn. 984 ff.; *Hopt*, Europäisches Übernahmerecht, 2013, S. 77 ff.; siehe auch *Davies/Worthington*, Gower&Davies Principles of Modern Company Law, 10. Aufl. 2016, Rn. 28-19 ff.; *Fleischer/Bueren* in: Paschos/Fleischer (Hrsg.), Handbuch Übernahmerecht nach dem WpÜG, 2017, § 3 Rn. 120 ff.; *Krause/Pötzsch/Stephan* in: Assmann/Pötzsch/Schneider (Hrsg.), WpÜG, 2. Aufl. 2013, § 33 Rn. 43 ff.; speziell zum Verhinderungsverbot auch *R. Koch* WM 2010, 1155 ff.

225 Vgl. *Rowoldt/Starke* CF 2014, 215 f.

226 *Momtaz* CF 2015, 284, 294; *Hopt* Journal of Applied Corporate Finance 27 (2015) 8; *Rowoldt/Starke* CF 2014, 209, 218 f.; auch in Deutschland hat es unter Geltung des WpÜG nur wenige feindliche Übernahmen gegeben, vgl. *Drinkuth* in: Marsch-Barner/Schäfer (Hrsg.), Handbuch börsennotierte AG, 4. Aufl. 2018, Rn. 60.14.

chungsregelungen vor, dh dass (statutarische) Bestimmungen in der Zielgesellschaft nicht bzw. nicht in vollem Umfang zur Geltung kommen, um die Übernahme nicht von vornherein abzuwehren. Das **Optionsmodell** des Art. 12 Übernahme-RL gestattet es den Mitgliedstaaten, das Verhinderungsverbot sowie die Durchbrechungsregelungen für die ihrem Recht unterliegenden Zielgesellschaften nicht vorzuschreiben (s. Rn. 88). Mit Art. 10 Übernahme-RL soll eine hinreichende **Transparenz** der dadurch ggf bestehenden Abwehrmechanismen und -strukturen in der Zielgesellschaft gewährleistet werden.[227]

II. Verhinderungsverbot

Eines der Herzstücke der Übernahmerichtlinie ist die Regelung zum Verhinderungsverbot.[228] Sobald der Bieter 72
seine Entscheidung zur Abgabe eines Übernahmeangebots bekannt gemacht hat (Rn. 62), darf das Leitungs- bzw. Verwaltungsorgan der Zielgesellschaft **keine Maßnahmen ergreifen**, durch die das Angebot vereitelt werden könnte (Art. 9 II UAbs. 1 Übernahme-RL). Die Verwaltung der Zielgesellschaft muss hinsichtlich des Bieters neutral agieren (**Neutralitätspflicht**) und das Übernahmeangebot nicht ohne die Zustimmung der Hauptversammlung verhindern. Im Grundsatz ist für die Entscheidung über die Übernahme daher die Hauptversammlung zuständig. Die Beurteilung des Übernahmeangebots liegt bei den Aktionären als Eigentümer der Gesellschaft und nicht bei den Mitgliedern des Leitungs- bzw. Verwaltungsorgans.[229] Dadurch sollen **Interessenkonflikte** vermieden und die Überlagerung der individuellen Aktionärsvorstellung durch die Eigeninteressen der Mitglieder des Leitungs- bzw. Verwaltungsorgans minimiert werden.[230] Davon unbenommen bleibt eine (faktische) Beeinflussung der Aktionäre durch das Leitungsorgan. So kann das Leitungs- bzw. Verwaltungsorgan durch die gem Art. 9 V Übernahme-RL zu verfassende **Stellungnahme** die Entscheidung der Aktionäre über das Übernahmeangebot indirekt beeinflussen.[231] Die Stellungnahme beinhaltet in der Regel auch eine Empfehlung des Leitungs- bzw. Verwaltungsorgans, ob die Aktionäre das Angebot annehmen sollten.[232] Eine zwingend neutrale Stellungnahme sieht die Richtlinie insofern nicht vor.[233]

Adressat des Verhinderungsverbots ist das Leitungs- bzw. Verwaltungsorgan der Zielgesellschaft. Bei einer Ge- 73
sellschaft mit dualistischer Organisationsstruktur umfasst der Begriff des Leitungs- bzw. Verwaltungsorgans sowohl den **Vorstand** als auch den **Aufsichtsrat** (Art. 9 VI Übernahme-RL). Im deutschen Recht wird – richtlinienkonform – nach überwiegender Auffassung danach differenziert, ob im konkreten Fall der Aufsichtsrat als Kontrollorgan oder Verwaltungsorgan agiert.[234] Zeitlich beginnt das Verhinderungsverbot mit der **Bekanntmachung** der Bieterentscheidung über die Abgabe eines Übernahmeangebots. Nach Art. 9 II UAbs. 2 S. 2 Übernahme-RL können die Mitgliedstaaten jedoch auch einen früheren Zeitpunkt für das Eingreifen der Neutralitätspflicht bestimmen, zB bei Kenntnis des unmittelbaren Bevorstehens der Angebotsabgabe. Das Verhinderungsverbot endet, wenn das Ergebnis des Angebots bekannt gemacht oder das Angebot hinfällig wird (Art. 9 II UAbs. 2 S. 1 Übernahme-RL).

Gegenstand des Verhinderungsverbots sind alle Maßnahmen des Leitungs- bzw. Verwaltungsorgans, durch die 74
das Übernahmeangebot vereitelt werden könnte (Art. 9 II UAbs. 1 Übernahme-RL). Insofern bezieht sich die Neutralitätspflicht auf Verteidigungsmittel, die während des Übernahmeverfahrens, dh bezogen auf ein konkre-

227 Ausführlich zur Publizität von Übernahmehindernissen gem Art. 10 Übernahme-RL *Sørensen* in: Birkmose/Neville/Sørensen (Eds.), The European Financial Market in Transition, 2012, S. 69 ff.; *Veil* in: Veil (Hrsg.), Europäisches Kapitalmarktrecht, 2. Aufl. 2014, § 24 Rn. 7 ff.; *Grundmann*, Europäisches Gesellschaftsrecht, 2011, Rn. 995 ff.; *Hirte* ECFR 2005, 1, 3 ff.; *Grohmann*, Das Informationsmodell im Europäischen Gesellschaftsrecht, 2006, S. 334 ff.

228 *Holzborn/Peschke* BKR 2007, 101, 103; vgl. auch *Mukwiri* ECFR 2013, 432, 438; *Wymeersch*, The Takeover Bid Directive, light and darkness, Financial Law Institute Working Paper 2008-01, S. 5.

229 *Lutter/Bayer/Schmidt*, Europäisches Unternehmens- und Kapitalmarktrecht, 2017, Rn. 28.78; *Kalss/Klampfl*, Europäisches Gesellschaftsrecht, 2015, Rn. 520; *Grundmann*, Europäisches Gesellschaftsrecht, 2011, Rn. 990; kritisch zur darauf basierenden (umfassenden) Neutralitätspflicht hingegen *Dean* ICCLR 14 (2003) 370 ff.; *Kirchner* WM 2000, 1821 ff.; *Kirchner/Painter* EBOR 1 (2000) 353 ff.; vgl. auch *Enriques/Gilson/Pacces* HBLR 4 (2014) 85, 117 ff.

230 *Grundmann*, Europäisches Gesellschaftsrecht, 2011, Rn. 985, 990; *Kalss/Klampfl*, Europäisches Gesellschaftsrecht, 2015, Rn. 520; *Hopt*, Europäisches Übernahmerecht, 2013, S. 87; vgl. auch *Clarke* ICCLJ 10 (2013) 80, 87 f.; *Habersack* ZHR 181 (2017) 603, 618.

231 *Clarke* EBLR 2011, 517, 529; *Hopt*, Europäisches Übernahmerecht, 2013, S. 92; *Vetter* in: FS Hopt, 2010, S. 2657, 2660 f.; ferner *Hirte* in: KK-WpÜG, 2. Aufl. 2010, § 27 Rn. 1.

232 Indes hält in Deutschland circa ein Viertel der Stellungnahmen keine eigene Bewertung der Übernahme durch den Vorstand, vgl. *Kiesewetter/Kreymborg* CFL 2013, 105; *Seyfarth*, Vorstandsrecht, 2016, § 16 Rn. 110, Fn. 156.

233 *Grundmann*, Europäisches Gesellschaftsrecht, 2011, Rn. 992.

234 *Hirte* in: KK-WpÜG, 2. Aufl. 2010, § 33 Rn. 49 ff.; *Krause/Pötzsch/Stephan* in: Assmann/Pötzsch/Schneider (Hrsg.), WpÜG, 2. Aufl. 2013, § 33 Rn. 77 ff.; *Schlitt* in: MüKo AktG, 4. Aufl. 2017, § 33 WpÜG Rn. 61 f.; *Winter/Harbarth* ZIP 2002, 1, 11; *Seyfarth*, Vorstandsrecht, 2016, § 16 Rn. 142. Beim (deutschen) Verhinderungsverbot gem § 33 I WpÜG ist der Aufsichtsrat allerdings nicht erfasst; es bedarf jedoch ggf seiner Zustimmung, vgl. dazu *Heyers* DK 2017, 231, 232 ff.

tes Übernahmeangebot, beabsichtigt sind.[235] Ausreichend ist bereits die **objektive Eignung zur Vereitelung** des Übernahmeangebots.[236] Einer subjektiven Vereitelungsabsicht oder eines tatsächlichen Vereitelungserfolges bedarf es nicht.[237] Als Beispiel für eine ohne die Zustimmung der Hauptversammlung unzulässige Verhinderungsmaßnahme nennt Art. 9 II UAbs. 1 HS. 2 Übernahme-RL die Ausgabe von Wertpapieren, durch die der Bieter auf Dauer an der Erlangung der Kontrolle über die Zielgesellschaft gehindert werden könnte. Eine entsprechende ***poison pill*** (idR unter Ausschluss des Bezugsrechts bzgl. der neuen Aktien) führt zu einer Verwässerung der Anteile des Bieters und behindert damit die Durchführung des Übernahmeverfahrens.[238] Erfasst sind daneben auch Maßnahmen wie die Veräußerung von Vermögensgegenständen und Beteiligungen (*crown jewel defence*), der Erwerb eigener Aktien, die Vereinbarung von *change of control*-Klauseln, hohe Abfindungszahlungen an Organmitglieder (***golden parachute***), Gegenangebote auf den Bieter (*pacman defence*) oder die Staffelung der Amtszeit von Organmitgliedern (***staggered boards***).[239]

75 Das Verhinderungsverbot gilt nicht absolut. Vielmehr lassen sich Art. 9 Übernahme-RL unmittelbar und mittelbar **Ausnahmen** von einer strengen Neutralitätspflicht entnehmen:

76 ■ Zulässig ist zunächst die **Suche** des Leitungs- bzw. Verwaltungsorgans **nach konkurrierenden Angeboten** (***white knight***) (Art. 9 II UAbs. 1 HS. 1 Übernahme-RL).[240] In der Praxis ist eine solche Suche durchaus häufig.[241] Die Suche nach einem konkurrierenden Angebot liegt zumeist auch im Interesse der Aktionäre der Zielgesellschaft, ein noch besseres Übernahmeangebot zu erhalten.[242] Dies jedoch nur, wenn das Leitungs- bzw. Verwaltungsorgan auch zur Gleichbehandlung konkurrierender Angebote mit dem Übernahmeangebot des derzeitigen Bieters verpflichtet ist.[243]

77 ■ Im Umkehrschluss aus Art. 9 II UAbs. 2 S. 2 Übernahme-RL ergibt sich ferner, dass bei sog ***pre-bids*** das Verhinderungsverbot grundsätzlich noch nicht eingreift.[244] Erst wenn die Abgabe des Angebots „unmittelbar bevorsteht", könnten die Mitgliedstaaten – vorbehaltlich des Optionsmodells gem Art. 12 Übernahme-RL – das Verhinderungsverbot vorverlagern. Bei vorheriger Kenntniserlangung von dem geplanten Übernahmeangebot wäre Art. 9 II UAbs. 2 S. 2 Übernahme-RL nicht einschlägig. Indes können die Mitgliedstaaten aufgrund des **Mindestnormcharakters** zum Schutz der Aktionäre die Neutralitätspflicht auch auf diesen Zeitpunkt erstrecken. Insofern handelt es sich nur in Abhängigkeit von dem jeweils nationalen Übernahmerecht um eine Ausnahme vom Verhinderungsverbot.

78 ■ Zulässig sind **Maßnahmen innerhalb des normalen Geschäftsverlaufs**.[245] Nach Art. 9 III Übernahme-RL bedürfen etwaige Abwehrmaßnahmen des Managements nur dann der Zustimmung oder Bestätigung durch

235 *Grundmann*, Europäisches Gesellschaftsrecht, 2011, Rn. 990; *Kalss/Klampfl*, Europäisches Gesellschaftsrecht, 2015, Rn. 519.

236 *Lutter/Bayer/Schmidt*, Europäisches Unternehmens- und Kapitalmarktrecht, 2017, Rn. 28.80; *Kalss/Klampfl*, Europäisches Gesellschaftsrecht, 2015, Rn. 520.

237 *Lutter/Bayer/Schmidt*, Europäisches Unternehmens- und Kapitalmarktrecht, 2017, Rn. 28.80; *Grundmann*, Europäisches Gesellschaftsrecht, 2011, Rn. 990; *Glade/Haak/Hellich* DK 2004, 515, 517; vgl. auch *Hopt* in: FS Lutter, 2000, S. 1361, 1387.

238 *Hopt*, Europäisches Übernahmerecht, 2013, S. 71; vgl. auch *v. Falkenhausen/v. Klitzing* ZIP 2006, 1513. In den USA ist eine solche *poison pill* jedoch gängige Praxis zur Verhinderung feindlicher Übernahmen, vgl. dazu *Bebchuk/Jackson* Columbia L. Rev. 114 (2014) 1549, 1551 ff.; *Delahaye* RIW 2011, 750 ff.; *Laurer* ZVglRWiss 103 (2004) 316, 323 f.; *Schaefer/Eichner* NZG 2003, 150, 152.

239 Zum Ganzen *Lutter/Bayer/Schmidt*, Europäisches Unternehmens- und Kapitalmarktrecht, 2017, Rn. 28.80; *Hirte* in: KK-WpÜG, 2. Aufl. 2010, § 33 Rn. 59; *Kalss/Klampfl*, Europäisches Gesellschaftsrecht, 2015, Rn. 520; *Rowoldt/Starke* CF 2014, 209, 212; im Einzelnen auch *Krause/Pötzsch/Stephan* in: Assmann/Pötzsch/Schneider (Hrsg.), WpÜG, 2. Aufl. 2013, § 33 Rn. 88 ff.; *Paschos* in: Paschos/Fleischer (Hrsg.), Handbuch Übernahmerecht nach dem WpÜG, 2017, § 24 Rn. 11 ff.; *Schlitt/Ries* in: MüKo AktG, 4. Aufl. 2017, § 33 WpÜG Rn. 82 ff.; *Strehle* in: Beck'sches M&A-Handbuch, 2017, § 58 Rn. 10 ff.; vor allem staggered boards finden sich in der (US-amerikanischen) Praxis jedoch immer weniger, vgl. *Coffee/Palia* Annals of Corporate Governance 1 (2016) 1, 16; ferner *Daines/Li/Wang*, Can Staggered Boards Improve Value?, ECGI Finance Working Paper 499/2017.

240 Ausführlich dazu *Kemperink/Stuyck* CMLR 45 (2008) 93 ff.; *Mucciarelli* ECFR 2006, 408 ff.; zum Begriff eines konkurrierenden Bieters aus deutscher Sicht siehe *Martin*, Der konkurrierende Bieter bei öffentlichen Übernahmeangeboten, 2015, S. 45 ff.

241 Vgl. *The Takeover Bid Directive Assessment Report*, 2012, S. 213.

242 *Lutter/Bayer/Schmidt*, Europäisches Unternehmens- und Kapitalmarktrecht, 2017, Rn. 28.82; *Grundmann*, Europäisches Gesellschaftsrecht, 2011, Rn. 989; *Hopt*, Europäisches Übernahmerecht, 2013, S. 92; *Clarke* EBLR 2011, 517, 523; *Kemperink/Stuyck* CMLR 45 (2008) 93, 122; *Hirte* in: KK-WpÜG, 2. Aufl. 2010, § 33 Rn. 75.

243 Für eine entsprechende Gleichbehandlungspflicht *Grundmann*, Europäisches Gesellschaftsrecht, 2011, Rn. 989; *Fleischer* ZIP 2002, 651; *Kemperink/Stuyck* CMLR 45 (2008) 93, 125.

244 *Hopt*, Europäisches Übernahmerecht, 2013, S. 90.

245 *Lutter/Bayer/Schmidt*, Europäisches Unternehmens- und Kapitalmarktrecht, 2017, Rn. 28.83; *Hopt*, Europäisches Übernahmerecht, 2013, S. 91; *Grundmann*, Europäisches Gesellschaftsrecht, 2011, Rn. 991; *Stephan* in: Assmann/Pötzsch/Schneider (Hrsg.), WpÜG, 2. Aufl. 2013, § 33a Rn. 9; *Kalss/Klampfl*, Europäisches Gesellschafsrecht, 2015, Rn. 520.

die Hauptversammlung, wenn die Maßnahmen außerhalb des normalen Geschäftsverlaufs gefasst wurden. Zudem darf die Zielgesellschaft gem Art. 3 I lit. f) Übernahme-RL nicht in ihrer (normalen) Geschäftstätigkeit behindert werden.

- Gestattet sind weiterhin **Maßnahmen**, die zwar außerhalb des normalen Geschäftsverlaufs liegen, jedoch der Umsetzung von Entscheidungen dienen, die vor Beginn des Verhinderungsverbots gefasst und zumindest teilweise umgesetzt wurden.[246] Dies ergibt sich ebenfalls im Umkehrschluss zu Art. 9 III Übernahme-RL, der für die Zustimmung oder Bestätigung der Hauptversammlung darauf abstellt, dass die gefasste Entscheidung „weder teilweise noch vollständig umgesetzt" wurde. 79

Zulässig sind schließlich Maßnahmen aufgrund einer vorherige **Ermächtigung, Zustimmung** oder **Bestätigung** durch die Aktionäre der Zielgesellschaft. Die Entscheidung der Hauptversammlung muss sich jedoch explizit auf die in Rede stehende Abwehr- bzw. Verhinderungsmaßnahme beziehen. Generalermächtigungen im Vorfeld der Abgabe eines Übernahmeangebots sind nicht erfasst.[247] Um den Aktionären der Zielgesellschaft eine angemessen schnelle Reaktion auf das abgegebene Übernahmeangebot zu ermöglichen,[248] können die Mitgliedstaaten gem Art. 9 IV Übernahme-RL Vorschriften erlassen, wonach eine **Hauptversammlung kurzfristig einberufen** werden kann. Eine Verpflichtung hierzu besteht indes nicht; die Mitgliedstaaten haben lediglich die Wahl von ihrer Regelfrist für die Einberufung der Hauptversammlung abzuweichen.[249] Machen die Mitgliedstaaten von dieser Möglichkeit Gebrauch, muss die Einberufungsfrist mindestens **zwei Wochen** betragen. 80

III. Durchbrechungsregel

Zur Verhinderung von Abwehrmaßnahmen sieht Art. 11 Übernahme-RL verschiedene Durchbrechungsregelungen (*breakthrough rules*) vor. Dadurch soll die **Wirkung** bestimmter, besonders gravierender **Übernahmebeschränkungen reduziert** werden,[250] um ein *level playing field* bei den nationalen Übernahmerechten der Mitgliedstaaten zu schaffen.[251] Aufgrund der nur äußerst zurückhaltenden Umsetzung der Durchbrechungsregelung in den Mitgliedstaaten (s. dazu sogleich) konnte ein solches jedoch nicht erreicht werden.[252] Im Ergebnis soll es dem übernehmenden Bieter ermöglicht werden, strukturelle Übernahmehindernisse zu vermeiden, um leichter eine Mehrheitsbeteiligung in der Gesellschaft zu erreichen bzw. aufzustocken und damit die Kontrolle über diese auszuüben.[253] In Abgrenzung zum Verhinderungsgebot (s. Rn. 72 ff.) stellen die Durchbrechungsregelungen des Art. 11 II-IV Übernahme-RL eine Beschränkung für **präventive Übernahmehindernisse** (dh vor einem konkreten Übernahmeangebot) dar.[254] Gleichwohl habe die meisten Mitgliedstaaten von der Optionsmöglichkeit des Art. 12 I Übernahme-RL (s. Rn. 88 ff.) keinen Gebrauch gemacht und wenden die Durchbrechungsregelungen nicht bzw. nur in (wenigen) Teilen an.[255] In der Praxis haben die Bestimmungen des Art. 11 Übernahme-RL daher **nur** eine **begrenzte Bedeutung.**[256] 81

---

246 *Lutter/Bayer/Schmidt*, Europäisches Unternehmens- und Kapitalmarktrecht, 2017, Rn. 28.84; *Kalss/Klampfl*, Europäisches Gesellschaftsrecht, 2015, Rn. 520.

247 *Lutter/Bayer/Schmidt*, Europäisches Unternehmens- und Kapitalmarktrecht, 2017, Rn. 28.85; *Grundmann*, Europäisches Gesellschaftsrecht, 2011, Rn. 990; *Kalss/Klampfl*, Europäisches Gesellschaftsrecht, 2015, Rn. 520; *Glade/Haak/Hellich* DK 2004, 515, 519.

248 *Grundmann* NZG 2005, 122, 124, *ders.*, Europäisches Gesellschaftsrecht, 2011, Rn. 990; *Lutter/Bayer/Schmidt*, Europäisches Unternehmens- und Kapitalmarktrecht, 2017, Rn. 28.86.

249 Kritisch dazu *Grundmann*, Europäisches Gesellschaftsrecht, 2011, Rn. 990.

250 *Hopt*, Europäisches Übernahmerecht, 2013, S. 96; *Lutter/Bayer/Schmidt*, Europäisches Unternehmens- und Kapitalmarktrecht, 2017, Rn. 28.87; vgl. auch *Zetzsche/Wachter* in: Gebauer/Teichmann (Hrsg.), Europäisches Privat- und Unternehmensrecht, 2016, § 7 Rn. 181.

251 *Lutter/Bayer/Schmidt*, Europäisches Unternehmens- und Kapitalmarktrecht, 2017, Rn. 28.87; *Habersack/Verse*, Europäisches Gesellschaftsrecht, 2011, § 11 Rn. 27; *Meyer* in: Assmann/Pötzsch/Schneider (Hrsg.), WpÜG, 2. Aufl. 2013, § 33b Rn. 2; kritisch zur Erreichung eines entsprechenden level playing fields *Schlitt* in: MüKo AktG, 4. Aufl. 2017, § 33b WpÜG Rn. 7; *Rowoldt/Starke* CF 2014, 209, 210.

252 *Habersack* ZHR 181 (2017) 603, 609.

253 *Lutter/Bayer/Schmidt*, Europäisches Unternehmens- und Kapitalmarktrecht, 2017, Rn. 28.87; *Habersack/Verse*, Europäisches Gesellschaftsrecht, 2011, § 11 Rn. 27; *Kalss/Klampfl*, Europäisches Gesellschaftsrecht, 2015, Rn. 521; vgl. auch *Zetzsche/Wachter* in: Gebauer/Teichmann (Hrsg.), Europäisches Privat- und Unternehmensrecht, 2016, § 7 Rn. 189.

254 *Kalss/Klampfl*, Europäisches Gesellschaftsrecht, 2015, Rn. 519; *Lutter/Bayer/Schmidt*, Europäisches Unternehmens- und Kapitalmarktrecht, 2017, Rn. 28.87; *Nobel*, Internationales und Transnationales Aktienrecht, Bd. 2, 2012, Kap. 2 Rn. 137.

255 Vgl. *Europäische Kommission*, Report on the implementation of the Directive on Takeover Bids, 21.2.2007, SEC(2007), 268, S. 7; *The Takeover Bid Directive Assessment Report*, 2012, S. 195; *Hopt*, Europäisches Übernahmerecht, 2013, S. 95; *Grundmann*, Europäisches Gesellschaftsrecht, 2011, Rn. 998; *Habersack* ZHR 181 (2017) 603, 608.

256 Ferner aus ökonomischer Sicht kritisch zur Durchbrechungsregelung *Berglöf/Burkart* Economic Policy 36 (2003) 173, 198 ff.; *Hertig/McCahery* EBOR 4 (2003) 179 ff.

82 Art. 11 Übernahme-RL sieht einzelne **Durchbrechungsregelungen** vor, mit deren Hilfe verschiedene Übernahmehindernisse beseitigt werden sollen. Art. 11 II-IV Übernahme-RL statuiert insgesamt drei solcher Durchbrechungsregelungen:

83 Art. 11 II Übernahme-RL: In der Satzung der Zielgesellschaft niedergelegte Beschränkungen in Bezug auf die **Übertragung von Wertpapieren** gelten gegenüber dem Bieter während der Angebotsphase nicht. Erfasst ist die Übertragung insbesondere von Aktien aufgrund statutarischer Klauseln und anderen Vertragsbestimmungen. Nicht erfasst sind gem Art. 11 VII Var. 2 Übernahme-RL gesetzliche Übertragungsbeschränkungen. Von Art. 11 II Übernahme-RL sind typischerweise **Vinkulierungsklauseln** in der Satzung der Zielgesellschaft[257] oder sonstige vertragliche **Vorkaufs- und Vorerwerbsrechte** erfasst.[258] Die Anwendung der Durchbrechungsregel gilt ferner nur während der Annahmefrist des Angebots gem Art. 7 I Übernahme-RL. Im Zeitraum vor der Bekanntmachung der Angebotsunterlagen durch den Bieter (Rn. 62) behalten etwaige Übernahmebeschränkungen ihre Wirkung.

84 Art. 11 III Übernahme-RL: Satzungsmäßige **Stimmrechtsbeschränkungen** bei der Zielgesellschaft entfalten in der über die Abwehrmaßnahme beschließenden Hauptversammlung **keine Wirkung**. Wertpapierinhaber mit **Mehrfachstimmrechten**[259] haben in dieser Hauptversammlung lediglich ein einfaches Stimmrecht. Hinsichtlich von Abwehr- und Verteidigungsmaßnahmen der Hauptversammlung statuiert die Richtlinie damit das ***one share, one vote***-Prinzip.[260] Eine Ausnahme von der Durchbrechungsregel besteht gem Art. 11 VI Übernahme-RL: Art. 11 III Übernahme-RL gilt nicht für Wertpapiere, bei denen die Stimmrechtsbeschränkungen durch besondere finanzielle Vorteile ausgeglichen werden.

85 Art. 11 IV Übernahme-RL: Hält der Bieter nach Abschluss der Angebotsphase mehr als **75%** der stimmberechtigten Wertpapiere, gelten auf der ersten von dem erfolgreichen Bieter einberufenen Hauptversammlung der Zielgesellschaft weder Übertragungs- und Stimmrechtsbeschränkungen noch Mehrfachstimmrechte und Rechte zur Bestellung/Abberufung[261] von Organmitgliedern. Dadurch soll dem Bieter die Möglichkeit verschafft werden, die übernommene Zielgesellschaft durch Satzungsänderungen und dem Austausch des Managements ohne größere Verzögerungen nach seinen Vorstellungen zu gestalten.[262] Zu diesem Zweck muss der Bieter das Recht haben, die Hauptversammlung kurzfristig einzuberufen (Art. 11 IV UAbs. 2 Übernahme-RL). Wie beim Verhinderungsverbot gilt auch hier eine zweiwöchige Mindesteinberufungsfrist. Die entsprechenden Durchbrechungsregelungen gelten nur für die **erste Hauptversammlung nach Angebotsabschluss.** Nicht zwingend ist dies jedoch die erste ordentliche Hauptversammlung nach dem Übernahmeverfahren, denn diese wird im Sinne des Art. 11 IV UAbs. 1 Übernahme-RL gerade nicht auf Verlangen des Bieters einberufen.[263]

86 Die Durchbrechungsregelungen gelten nicht absolut. Art. 11 VII Übernahme-RL sieht – neben dem Optionsmodell des Art. 12 Übernahme-RL – drei **Ausnahmen** vom „Durchbruch" satzungsmäßiger oder vertraglicher Übernahmebeschränkungen vor. Die Durchbrechungsregelungen gelten nicht, wenn ein **Mitgliedstaat selbst Wertpapiere** an der Zielgesellschaft **hält**, die ihm bestimmte Sonderrechte einräumen (sog *golden shares*). Die Statuierung entsprechend goldener Aktien muss sich gleichwohl den Regelungen des europäischen Primärrechts, insbesondere der Kapitalverkehrsfreiheit,[264] unterwerfen.[265] Weiterhin gelten die Durchbrechungsregelungen nicht für mit dem AEUV zu vereinbarende Sonderrechte, die nach nationalem Recht gewährt werden. Eine Aus-

257 *Lutter/Bayer/Schmidt*, Europäisches Unternehmens- und Kapitalmarktrecht, 2017, Rn. 28.89; *Grundmann*, Europäisches Gesellschaftsrecht, 2011, Rn. 998; *Kalss/Klampfl*, Europäisches Gesellschaftsrecht, 2015, Rn. 521; *Diekmann* NJW 2007, 17, 18; *Maul* NZG 2005, 151, 153; *Nobel*, Internationales und Transnationales Aktienrecht, Bd. 2, 2012, Kap. 2 Rn. 147.

258 *Lutter/Bayer/Schmidt*, Europäisches Unternehmens- und Kapitalmarktrecht, 2017, Rn. 28.87; *Grundmann*, Europäisches Gesellschaftsrecht, 2011, Rn. 998; *Kalss/Klampfl*, Europäisches Gesellschaftsrecht, 2015, Rn. 521; *Seibt/Heiser* ZIP 2002, 2193, 2000; *Diekmann* NJW 2007, 17, 18; *Maul* NZG 2005, 151, 153.

259 Zur Legaldefinition von „Wertpapieren mit Mehrfachstimmrecht" siehe Art. 2 I lit. g) Übernahme-RL.

260 *Lutter/Bayer/Schmidt*, Europäisches Unternehmens- und Kapitalmarktrecht, 2017, Rn. 28.90; *Kalss/Klampfl*, Europäisches Gesellschaftsrecht, 2015, Rn. 521; *Nobel*, Internationales und Transnationales Aktienrecht, Bd. 2, 2012, Kap. 2 Rn. 136; vgl. auch *Hopt*, Europäisches Übernahmerecht, 2013, S. 96; *Meyer* in: Assmann/Pötzsch/Schneider (Hrsg.), WpÜG, 2. Aufl. 2013, § 33b Rn. 2; *Enriques/Gatti* JCLS 15 (2015) 55, 81; *Enriques/Gilson/Pacces* HBLR 4 (2014) 85, 119.

261 Entsprechend Art. 9 VI Übernahme-RL gilt dies im dualistischen System neben dem Vorstand grundsätzlich auch für den Aufsichtsrat in der Zielgesellschaft, vgl. *Lutter/Bayer/Schmidt*, Europäisches Unternehmens- und Kapitalmarktrecht, 2017, Rn. 28.94; *Kalss/Klampfl*, Europäisches Gesellschaftsrecht, 2015, Rn. 521, Fn. 1628; *Maul/Muffat-Jeandet* AG 2004, 306, 312, aus deutscher Sicht auch *Meyer* in: Assmann/Pötzsch/Schneider (Hrsg.), WpÜG, 2. Aufl. 2013, § 33b Rn. 34.

262 *Lutter/Bayer/Schmidt*, Europäisches Unternehmens- und Kapitalmarktrecht, 2017, Rn. 28.92; *Maul* NZG 2005, 151, 154.

263 *Simon* DK 2006, 12, 13; *Meyer* WM 2006, 1135, 1141; *ders.* in: Assmann/Pötzsch/Schneider (Hrsg.), WpÜG, 2. Aufl. 2013, § 33b Rn. 33.

264 Siehe nur EuGH, Rs. 95/12 (Kommission/Deutschland), ECLI:EU:C:2013:676 = EuZW 2013, 946.

265 Vgl. *Lutter/Bayer/Schmidt*, Europäisches Unternehmens- und Kapitalmarktrecht, 2017, Rn. 28.97; *Kalss/Klampfl*, Europäisches Gesellschaftsrecht, 2015, Rn. 521.

nahme besteht mithin für **gesetzliche Sonderrechte** in den Mitgliedstaaten bzgl. einzelner Übernahmebeschränkungen. Auch diese müssen jedoch mit den Grundfreiheiten vereinbar sein. Schließlich brauchen die Mitgliedstaaten Art. 11 II-IV Übernahme-RL nicht auf die vom Anwendungsbereich der Richtlinie (s. Rn. 12 ff.) erfassten **Genossenschaften** anzuwenden.

Wertpapierinhaber, denen durch den (teilweisen) Entzug ihrer Rechte aufgrund der nationalen Umsetzungsvorschriften zu Art. 11 II-IV Übernahme-RL ein Verlust entsteht, müssen **angemessen entschädigt** werden (Art. 11 V 1 Übernahme-RL). Die Modalitäten der Entschädigung und in welcher Form diese zu zahlen ist, werden durch die **Mitgliedstaaten** bestimmt (Art. 11 V 2 Übernahme-RL).[266] Das nationale Recht muss jedoch zumindest die Kriterien für die Angemessenheit der Entschädigung bestimmen.[267] Die Richtlinie bestimmt nicht, wer zur Zahlung einer angemessenen Entschädigung verpflichtet ist. Maßgeblich ist aus europäischer Sicht, dass überhaupt eine Verpflichtung zur Entschädigungszahlung besteht. Nach **§ 33b V WpÜG** ist der erfolgreiche Bieter eines Übernahmeangebots verpflichtet Entschädigung zu zahlen.[268] 87

IV. Optionsmodell

Das Optionsmodell des **Art. 12 Übernahme-RL** („Freiwillige Regelungen") steht in unmittelbarem Zusammenhang mit dem Verhinderungsverbot des Art. 9 Übernahme-RL und den Durchbrechungsregelungen des Art. 11 Übernahme-RL. Die Mitgliedstaaten haben den Regelungen zum Verhinderungsverbot und zu den Durchbrechungsregelungen letztlich nur zugestimmt, wenn ihnen die Möglichkeit eingeräumt wird, diese für die ihrem Recht unterliegenden Gesellschaften unangewendet zu lassen.[269] Auch die Regelungen des Art. 12 Übernahme-RL stellen überwiegend einen **Kompromiss** dar.[270] Die Mitgliedstaaten haben in **großem Umfang** und in zT unterschiedlicher Weise vom Optionsmodell Gebrauch gemacht.[271] Das Optionsmodell hat insofern zu erheblichen Unterschieden in den nationalen Übernahmerechten geführt bzw. diese beibehalten.[272] Fast alle Mitgliedstaaten haben entweder im Hinblick auf die Neutralitätspflicht und/oder die Durchbrechungsregelungen die ***opt out*-Möglichkeit** des Art. 12 I Übernahme-RL (s. Rn. 89) genutzt.[273] Der deutsche Gesetzgeber hat mit **§ 33a WpÜG** (Europäisches Verhinderungsverbot) und **§ 33b WpÜG** (Europäische Durchbrechungsregel) von der Möglichkeit eines vollständigen Mitgliedstaaten-*opt out* Gebrauch gemacht und das jeweilige ***opt in*-Wahlrecht** der Gesellschaften (s. Rn. 90) bestimmt.[274] Insgesamt hat das Optionsmodell des Art. 12 Übernahme-RL dazu geführt, dass die Mitgliedstaaten ihre Haltung vor allem zum Verhinderungsverbot des Leitungs- bzw. Verwal- 88

266 Rechtsvergleichend zu den Kriterien einer angemessenen Entschädigung in den Mitgliedstaaten *The Takeover Bid Directive Assessment Report*, 2012, S. 42 f.

267 Vgl. *Meyer* in: Assmann/Pötzsch/Schneider (Hrsg.), WpÜG, 2. Aufl. 2013, § 33b Rn. 51; *Schlitt* in: MüKo AktG, 4. Aufl. 2017, § 33b WpÜG Rn. 100; *Glade* in: Heidel (Hrsg.), Aktienrecht, 4. Aufl. 2014, § 33b WpÜG Rn. 18; *Noack/Zetzsche* in: Schwark/Zimmer (Hrsg.), Kapitalmarktrechts-Kommentar, 4. Aufl. 2010, § 33b WpÜG Rn. 36 f.; *Holzborn/Peschke* BKR 2007, 101, 105 (jeweils auch zur diesbezüglichen Richtlinienwidrigkeit des deutschen Rechts).

268 Dazu kritisch *Hirte* in: KK-WpÜG, 2. Aufl. 2010, § 33b Rn. 15; positiv hingegen *Meyer* in: Assmann/Pötzsch/Schneider (Hrsg.), WpÜG, 2. Aufl. 2013, § 33b Rn. 45; *Seibt/Heiser* ZGR 2005, 200, 228; *Glade* in: Heidel (Hrsg.), Aktienrecht, 4. Aufl. 2014, § 33b WpÜG Rn. 15.

269 Zu den Vor- und Nachteilen eines solchen Optionsmodells vgl. *Hertig/McCahery*, Optional Rather than Mandatory EU Company Law: Framework and Specific Proposals, ECGI Law Working Paper 78/2007; *Hopt*, Europäisches Übernahmerecht, 2013, S. 99 ff.; allgemein auch *Fleischer* RabelsZ 76 (2012) 235 ff.

270 *Wymeersch* in: FS Hommelhoff, 2012, S. 1375, 1393; *Grundmann*, Europäisches Gesellschaftsrecht, 2011, Rn. 999; *Habersack/Verse*, Europäisches Gesellschaftsrecht, 2011, § 11 Rn. 29; *Schlitt* in: MüKo AktG, 4. Aufl. 2017, § 33a WpÜG Rn. 5; *Noack/Zetzsche* in: Schwark/Zimmer (Hrsg.), Kapitalmarktrechts-Kommentar, 4. Aufl. 2010, Vor §§ 33 Rn. 7; *Habersack* in: MüKo AktG, 4. Aufl. 2016, Einl. Rn. 141.

271 Vgl. *Europäische Kommission*, Report on the implementation of the Directive on Takeover Bids, 21.2.2007, SEC(2007), 268, S. 5 ff.; *Habersack* ZHR 181 (2017) 603, 608; *Lutter/Bayer/Schmidt*, Europäisches Unternehmens- und Kapitalmarktrecht, 2017, Rn. 28.120.

272 Vgl. *Kalss/Klampfl*, Europäisches Gesellschaftsrecht, 2015, Rn. 519; *European Company Law Experts*, Response to the European Commission's Report on the Application of the Takeover Bids Directive, Cambridge LSR Paper No. 5/2014, S. 12 f.; *Holzborn/Peschke* BKR 2007, 101, 105; dazu auch *Grundmann*, Europäisches Gesellschaftsrecht, 2011, Rn. 954; *Lutter/Bayer/Schmidt*, Europäisches Unternehmens- und Kapitalmarktrecht, 2017, Rn. 28.120; ferner zu einer darauf beruhenden Reform des Optionsmodells *Hopt*, Europäisches Übernahmerecht, 2013, S. 103 ff.; *Davies/Schuster/van de Walle de Ghelcke*, The Takeover Directive as a Protectionist Tool?, ECGI Law Working Paper 141/2010; *Wymeersch* in: FS Hommelhoff, 2012, S. 1375, 1396.

273 Vgl. *Europäische Kommission*, Report on the implementation of the Directive on Takeover Bids, 21.2.2007, SEC(2007), 268, S. 6 f.; *Clerc et al.*, A Legal and Economic Assessment of European Takeover Regulation, 2012, S. 80; *Noack/Zetzsche* in: Schwark/Zimmer (Hrsg.), Kapitalmarktrechts-Kommentar, 4. Aufl. 2010, Einl. Rn. 16; *Fischer zu Cramburg* NZG 2007, 298; *Rowoldt/Starke* CF 2014, 209, 210 f.

274 Vgl. dazu nur *Paschos* in: Paschos/Fleischer (Hrsg.), Handbuch Übernahmerecht nach dem WpÜG, 2017, § 24 Rn. 227 ff.

tungsorgans im Zuge der Richtlinienumsetzung kaum geändert haben.[275] Mitgliedstaaten, die schon vorher einer Neutralitätspflicht eher kritisch gegenüber standen, haben auch die Möglichkeit deren Ausschlusses umfassend genutzt.

89 Nach Art. 12 I Übernahme-RL haben die **Mitgliedstaaten die Möglichkeit**, ihre von der Richtlinie erfassten inländischen Gesellschaften von den Regelungen zum Verhinderungsverbot und zur Durchbrechungsregel auszunehmen.[276] Jeder Mitgliedstaat hat damit das Recht, sich von den Verpflichtungen des Art. 9 Übernahme-RL und/oder des Art. 11 Übernahme-RL zu befreien und die Option deren Nicht-Anwendung (***opt out***) zu wählen. Sie können entweder nur das Verhinderungsverbot, nur die Durchbrechungsregelungen oder beide Bestimmungen unangewendet lassen. Die Mitgliedstaaten können von der opt out-Möglichkeit jedoch **nur im Ganzen** hinsichtlich des Verhinderungsverbots und/oder der Durchbrechungsregelungen Gebrauch machen. Die Nicht-Anwendung nur einzelner Regelungen des Art. 9 und/oder Art. 11 Übernahme-RL ist nicht möglich.[277] Zudem sind im Falle eines (jeweiligen) *opt out* die ggf (fort-) bestehenden **gesetzlichen** Übernahmehindernisse weiterhin an den Grundfreiheiten zu messen.[278]

90 Machen die Mitgliedstaaten vom Optionsmodell des Art. 12 I Übernahme-RL Gebrauch, muss für die ihrem Recht unterfallenden Gesellschaften die (widerrufliche) **Möglichkeit** bestehen, das Verhinderungsverbot und/oder die Durchbrechungsregelungen individuell anzuwenden (Art. 12 II UAbs. 1 Übernahme-RL). Die **(Ziel-) Gesellschaft** kann selbst entscheiden, ob sie das Verhinderungsverbot und/oder die Durchbrechungsregelungen zur Geltung bringen will.[279] Ein *opt out* der Mitgliedstaaten ist mithin nur dann zulässig, wenn der betreffende Mitgliedstaat seinen Gesellschaften die Möglichkeit eines ***opt in*** gewährt.[280] Die *opt in*-Möglichkeit einer Gesellschaft ist insofern von der Nutzung der *opt out*-Möglichkeit durch den Mitgliedstaat, dessen Recht die Gesellschaft unterliegt, abhängig. Nur wenn der Mitgliedstaat hiervon jeweils Gebrauch gemacht hat, stellt sich überhaupt die Frage eines *opt in* durch die Gesellschaft, da sonst das Verhinderungsverbot und/oder die Durchbrechungsregelungen in Umsetzung der Art. 9, 11 Übernahme-RL zu Anwendung kommen.

91 Wie bei der *opt out*-Möglichkeit der Mitgliedstaaten können nach hM auch die Gesellschaften von ihrem *opt in*-Recht **nur im Ganzen** Gebrauch machen.[281] Indes wird aus der Ratio der *opt in*-Möglichkeit nicht abschließend erkennbar, ob die Mitgliedstaaten nicht auch eine nur teilweise Übernahme des Verhinderungsverbots und/oder der Durchbrechungsregelungen zulassen können; mithin die Gesellschaften in ihrer Satzung nur einzelne Bestimmungen dieser für anwendbar erklären.[282]

92 Ob die Gesellschaft von ihrer *opt in*-Möglichkeit Gebrauch macht und das Verhinderungsverbot und/oder die Durchbrechungsregelungen anwendet, ist **von der Hauptversammlung** der potenziellen Zielgesellschaft **zu entscheiden** (Art. 12 II UAbs. 2 S. 1 Übernahme-RL). Der entsprechende Hauptversammlungsbeschluss hat mit den nach nationalem Recht geltenden Bestimmungen für eine Änderung der Satzung, dh mit einer **satzungsändernden Mehrheit**, zu erfolgen. Die Richtlinie fordert nur einen Zustimmungsbeschluss mit satzungsändernder Mehrheit, nicht jedoch eine tatsächliche Änderung der Satzung zur Anwendbarkeit des Verhinderungsverbots

275 *Grundmann*, Europäisches Gesellschaftsrecht, 2011, Rn. 994; *Nobel*, Internationales und Transnationales Aktienrecht, Bd. 2, 2012, Kap. 2 Rn. 100; *Ventoruzzo* Penn Journal of Business Law 11 (2008) 135, 152 f.; *Diekmann* NJW 2007, 17, 20; *Glade/Haak/Hellich* DK 2004, 515, 525.

276 Kritisch in Bezug auf das Verhinderungsverbot *Davies/Schuster/de Ghelcke*, The Takeover Directive as a Protectionist Tool?, ECGI Law Working Paper 141/2010, S. 48 ff.; *Habersack* ZHR 181 (2017) 603, 622 ff.; *Payne*, Time to make the Board Neutrality Rule Mandatory in the EU, OBLB v. 7.6.2016.

277 *Lutter/Bayer/Schmidt*, Europäisches Unternehmens- und Kapitalmarktrecht, 2017, Rn. 28.101; *Gatti* EBOR 6 (2005) 553, 560; *Glade/Haak/Hellich* DK 2004, 515, 517; *Schüppen* BB 2006, 165, 167.

278 *Grundmann*, Europäisches Gesellschaftsrecht, 2011, Rn. 999, Fn. 109; *Kainer* ZHR 168 (2004) 542, 574.

279 Zu den Motiven für ein opt in durch eine Gesellschaft *Hirte* in: KK-WpÜG, 2. Aufl. 2010, § 33a Rn. 8; *Kiem* in: Baums/Thoma (Hrsg.), WpÜG, 11. EL 2016, § 33a Rn. 8; *Glade* in: Heidel (Hrsg.), Aktienrecht, 4. Aufl. 2014, § 33a WpÜG Rn. 5; *Habersack/Verse*, Europäisches Gesellschaftsrecht, 2011, § 11 Rn. 30; *Lutter/Bayer/Schmidt*, Europäisches Unternehmens- und Kapitalmarktrecht, 2017, Rn. 28.106; *Harbarth* ZGR 2007, 37, 42 f.; *Maul* NZG 2005, 151, 153; *Seibt/Heiser* AG 2006, 301, 312; praktisch haben europaweit zumindest im Hinblick auf das Verhinderungsverbot nur wenige Gesellschaften von ihrem opt-in-Recht Gebrauch gemacht, vgl. *Enriques/Gilson/Pacces* HBLR 4 (2014) 85, 118.

280 *Habersack/Verse*, Europäisches Gesellschaftsrecht, 2011, § 11 Rn. 29; *Lutter/Bayer/Schmidt*, Europäisches Unternehmens- und Kapitalmarktrecht, 2017, Rn. 28.102; *Kalss/Klampfl*, Europäisches Gesellschaftsrecht, 2015, Rn. 522; vgl. auch *Schlitt* in: MüKo AktG, 4. Aufl. 2017, § 33 WpÜG Rn. 19; *Graßl* in: FS Pöllath + Partners, 2008, S. 177, 178.

281 *Lutter/Bayer/Schmidt*, Europäisches Unternehmens- und Kapitalmarktrecht, 2017, Rn. 28.102; *Gatti* EBOR 6 (2005) 553, 560 f.; *Glade/Haak/Hellich* DK 2004, 515, 517; *Harbarth* ZGR 2007, 37, 41; *Meyer* WM 2006, 1135, 1140; *Kiem* in: Baums/Thoma (Hrsg.), WpÜG, 11. EL 2016, § 33a Rn. 8; *Süßmann* in: Angerer/Geibel/Süßmann (Hrsg.), WpÜG, 3. Aufl. 2017, § 33a Rn. 2.

282 Zum deutschen Recht vgl. auch *Hirte* in: KK-WpÜG, 2. Aufl. 2010, § 33a Rn. 12.

und/oder der Durchbrechungsregelungen.[283] Gleichwohl können die Mitgliedstaaten für die ihrem Recht unterfallenden Gesellschaften eine entsprechende Satzungsbestimmung und damit eine Änderung der Satzung festschreiben.[284]

Die Entscheidung der Hauptversammlung über die Anwendung des Verhinderungsverbots und/oder der Durchbrechungsregelungen im Rahmen ihrer *opt in*-Möglichkeit hat sowohl der zuständigen **Aufsichtsstelle** des nationalen Rechts (s. Rn. 22) als auch den Aufsichtsstellen anderer Mitgliedstaaten, in denen die Aktien der Gesellschaft an der Börse zugelassen sind, **mitgeteilt zu werden** (Art. 12 II UAbs. 2 S. 2 Übernahme-RL). Nach der Ratio der Norm umfasst die Mitteilung nicht nur die *opt in*-Entscheidung der Gesellschaft als solche, sondern auch deren Widerruf aufgrund eines entsprechenden Hauptversammlungsbeschlusses.[285] 93

Von praktischer Bedeutung ist die sog **Reziprozitätsregel** des Art. 12 III Übernahme-RL.[286] Danach können Mitgliedstaaten, deren Gesellschaften das Verhinderungsverbot und/oder die Durchbrechungsregeln anwenden, sie von diesen **befreien, wenn** der **Bieter** der betreffenden Zielgesellschaft ebenfalls das Verhinderungsverbot und/oder die Durchbrechungsregelungen **nicht anwendet** oder dieser seinerseits von einer solchen Gesellschaft kontrolliert[287] wird. Unter diesen Voraussetzungen wird es der Zielgesellschaft erlaubt, auf die Anwendung von übernahmeerleichternden Regeln zu verzichten, die ihre Verteidigungsmöglichkeiten gegen unerwünschte Übernahmeangebote einschränken. Durch diesen in Art. 12 III Übernahme-RL statuierten **Vorbehalt der Gegenseitigkeit** soll insbesondere den Gesellschaften ein Anreiz gegeben werden, von der *opt in*-Möglichkeit des Art. 12 II Übernahme-RL Gebrauch zu machen.[288] Bezweckt ist damit auch eine gewisse „Waffengleichheit“ zwischen dem Bieter und der Zielgesellschaft.[289] Obgleich ist festzustellen, dass die Reziprozitätsregel zu erheblichen **Auslegungsunterschieden in den Mitgliedstaaten** geführt hat, wodurch eine europaweit einheitliche Rechtsanwendung leidet.[290] 94

Für die Anwendung der Reziprozitätsregel ist es ohne Belang, ob das Verhinderungsverbot des Art. 9 Übernahme-RL und/oder die Durchbrechungsregelungen des Art. 11 Übernahme-RL aufgrund der gesetzlichen Vorgaben des Mitgliedstaates oder eines ***opt in* der Gesellschaft** zum Tragen kommt.[291] Art. 12 III Übernahme-RL gilt sowohl dann, wenn sich der Mitgliedstaat nicht für ein *opt out* entschieden hat, als auch wenn sich die betreffende Gesellschaft für ein *opt in* entschieden hat. Ob die Reziprozitätsregel anwendbar ist, ist hinsichtlich des Verhinderungsverbots und der Durchbrechungsregelungen **jeweils separat** zu bestimmen.[292] 95

Nach mehrheitlicher, aber **streitiger** Auffassung im Schrifttum gilt die Reziprozitätsregel des Art. 12 III Übernahme-RL auch für Bieter bzw. die Konzernmutter des Bieters aus **Nicht-EU/EWR-Staaten.**[293] Der Vorbehalt der Gegenseitigkeit erstreckt sich somit nicht nur auf Bietergesellschaften aus der EU bzw. dem EWR, sondern 96

283 *Habersack/Verse*, Europäisches Gesellschaftsrecht, 2011, § 11 Rn. 29, Fn. 89; *Lutter/Bayer/Schmidt*, Europäisches Unternehmens- und Kapitalmarktrecht, 2017, Rn. 28.103; *Kalss/Klampfl*, Europäisches Gesellschaftsrecht, 2015, Rn. 522, Fn. 1634.

284 So im deutschen Recht mit § 33a I 1 WpÜG und § 33b I 1 WpÜG.

285 *Stephan* in: Assmann/Pötzsch/Schneider (Hrsg.), WpÜG, 2. Aufl. 2013, § 33a Rn. 12; *Noack/Zetzsche* in: Schwark/Zimmer (Hrsg.), Kapitalmarktrechts-Kommentar, 4. Aufl. 2010, § 33a Rn. 9; *Lutter/Bayer/Schmidt*, Europäisches Unternehmens- und Kapitalmarktrecht, 2017, Rn. 28.105.

286 Vgl. nur *Fleischer* in: Paschos/Fleischer (Hrsg.), Handbuch Übernahmerecht nach dem WpÜG, 2017, § 1 Rn. 74.

287 Ob die Zielgesellschaft entsprechend kontrolliert wird, bemisst sich nach Art. 22 I Bilanz-RL (dazu § 25 Rn. 73), der die ehemalige Konzerndefinition des Art. 1 I Richtlinie 83/349/EWG übernommen hat.

288 *Habersack/Verse*, Europäisches Gesellschaftsrecht, 2011, § 11 Rn. 30; *Lutter/Bayer/Schmidt*, Europäisches Unternehmens- und Kapitalmarktrecht, 2017, Rn. 28.108; ausführlich zur Reziprozität auch *Becht*, Reciprocity in Takeovers, ECGI Law Working Paper 14/2003; *Mucciarelli* Giurisprudenza Commerciale 2005, 830 ff.; kritisch auch *Enriques/Gilson/Pacces* HBLR 4 (2014) 85, 118.

289 *Lutter/Bayer/Schmidt*, Europäisches Unternehmens- und Kapitalmarktrecht, 2017, Rn. 28.108; *Kalss/Klampfl*, Europäisches Gesellschaftsrecht, 2015, Rn. 522; *Bouchon/Müller-Michaels* in: Hölters (Hrsg.), Handbuch Unternehmenskauf, 8. Aufl. 2015, Rn. 11.177; *Diekmann* NJW 2007, 17, 18; *Grohmann*, Das Informationsmodell im Europäischen Gesellschaftsrecht, 2006, S. 345.

290 *Wouters/Van Hooghten/Bruyneel* in: Van Hooghten (Ed.), The European Takeover Directive and its Implementation, 2009, S. 63 f.; *Lutter/Bayer/Schmidt*, Europäisches Unternehmens- und Kapitalmarktrecht, 2017, Rn. 28.120; *Hopt*, Europäisches Übernahmerecht, 2013, S. 102; siehe auch *The Takeover Bid Directive Assessment Report*, 2012, S. 304.

291 *Lutter/Bayer/Schmidt*, Europäisches Unternehmens- und Kapitalmarktrecht, 2017, Rn. 28.109; *Kalss/Klampfl*, Europäisches Gesellschaftsrecht, 2015, Rn. 522, 1638; *Habersack/Verse*, Europäisches Gesellschaftsrecht, 2011, § 11 Rn. 30, Fn. 90.

292 *Lutter/Bayer/Schmidt*, Europäisches Unternehmens- und Kapitalmarktrecht, 2017, Rn. 28.111; *Gatti* EBOR 6 (2005) 553, 559.

293 Vgl. nur *Edwards* ECFR 2004, 416, 430; *Glade/Haak/Hellich* DK 2004, 515, 516; *Hirte* in: KK-WpÜG, 2. Aufl. 2010, § 33c Rn. 12; *Kalss/Klampfl*, Europäisches Gesellschaftsrecht, 2015, Rn. 522; *Kersting* EuZW 2007, 528, 533; *Kiem* in: Baums/Thoma (Hrsg.), WpÜG, 11. EL 2016, § 33c Rn. 10; *Lutter/Bayer/Schmidt*, Europäisches Unternehmens- und Kapitalmarktrecht, 2017, Rn. 28.110; *Meyer* WM 2006, 1135, 1142; wohl auch *The Takeover Bid Directive Assessment Report*, 2012, S. 303; aA *Kemperink/Stuyck* CMLR 45 (2008) 93, 111; *Richford* EBLR 2004, 1379, 1404 f.; *Seibt/Heiser* ZGR 2005, 200, 235.

auch auf Bietergesellschaften bzw. die Konzernmutter des Bieters aus Drittstaaten. Im deutschen Recht geht die Gesetzesbegründung zu § 33c WpÜG ausdrücklich davon aus, dass das Gegenseitigkeitsprinzip unabhängig von der Herkunft des Bieters eingreift.[294]

97 Die Anwendung der Reziprozitätsregel durch die Zielgesellschaft bedarf der **Ermächtigung durch die Hauptversammlung** (Art. 12 V Übernahme-RL). Die Einrede der fehlenden Gegenseitigkeit kann daher nur auf Grundlage eines entsprechenden Aktionärsentscheids erhoben werden.[295] Die Ermächtigung der Hauptversammlung darf **frühestens 18 Monate** vor der Bekanntmachung des Übernahmeangebots durch den Bieter ergehen. Sie hat sich auf alle Übernahmeangebote während eines bestimmten Zeitraums zu beziehen und nicht nur auf ein einzelnes, spezifisches Angebot eines künftigen, sich anbahnenden Bieters.[296] Eine spezielle Mehrheit für den Ermächtigungsbeschluss der Hauptversammlung sieht die Richtlinie nicht vor. Im Umkehrschluss zu Art. 12 II UAbs. 2 S. 1 Übernahme-RL können die Mitgliedstaaten daher auch eine einfache Mehrheit genügen lassen. Auch eine Mitteilung an die nationale und ggf ausländische Aufsichtsstelle(n) ist nicht explizit vorgesehen.[297] Im deutschen Recht sieht § 33c III 3 WpÜG ausdrücklich eine Unterrichtung der BaFin und den nationalen Aufsichtsstellen der EU/EWR-Staaten, in denen Aktien der Zielgesellschaft an der Börse zugelassen sind, vor.

J. Ausschluss von Minderheitsaktionären und Andienungsrecht

I. Überblick

98 Art. 15 f. Übernahme-RL regeln den Ausschluss von Minderheitsaktionären (**squeeze-out**) und deren Andienungsrecht (**sell-out**) bei der Zielgesellschaft in Folge einer Unternehmensübernahme. Die Möglichkeit eines squeeze-out gewährt dem erfolgreichen Bieter das Recht, unter bestimmten Voraussetzungen die übrigen Aktionäre aus der übernommenen Gesellschaft heraus zu drängen. Das sell-out-Recht ermöglicht den verbliebenen Minderheitsaktionären, sich ihre Wertpapiere aufkaufen zu lassen, um so auf eigenen Wunsch aus der Gesellschaft auszuscheiden. Insofern ist das Andienungsrecht als **„Gegenstück"** zum squeeze-out konzipiert.[298] Voraussetzung sowohl für das squeeze-out als auch das sell-out ist zunächst, dass der Bieter ein **erfolgreiches Angebot** an alle Aktionäre aller Aktiengattungen abgegeben hat (vgl. Art. 15 I, 16 I Übernahme-RL). Dabei spielt es keine Rolle, ob es sich um ein freiwilliges oder ein Pflichtangebot handelt.[299] Weiterhin beschränken sich die Vorgaben der Art. 15 f. Übernahme-RL nur auf das **übernahmerechtliche squeeze-out** und **sell-out.**[300] Ein konzern- oder verschmelzungsrechtliches Ausschluss- und Andienungsrecht (dazu § 22 Rn. 89) ist nicht erfasst. Diesbezüglich können auch divergierende Bestimmungen im nationalen Recht der Mitgliedstaaten bestehen; in Deutschland zB mit § 327a ff. AktG, § 62 V UmwG und §§ 39a ff. WpÜG.[301] Zudem sind sowohl das Ausschlussverfahren beim squeeze-out als auch die Verfahrensmodalitäten für die Ausübung des sell-out-Rechts der Minderheitsaktionäre weitgehend den Mitgliedstaaten überlassen.[302]

II. Ausschluss von Minderheitsaktionären

99 Nach Art. 15 II 1 Übernahme-RL haben die Mitgliedstaaten dafür zu sorgen, dass der erfolgreiche Bieter eines Übernahmeangebots von den verbleibenden Aktionären verlangen kann, dass diese ihm ihre Aktien **zu einem angemessenen Preis** verkaufen und damit aus der übernommenen Gesellschaft ausscheiden. Der dahinterstehende Zweck eines solchen **squeeze-out** ist, dass durch das Vorhandensein von Minderheitsaktionären Kosten und Risiken für den Bieter verursacht werden, die eine effektive Konzernunternehmensführung erheblich erschweren

294 Vgl. Begr. RegE BT-Drs. 16/1003, S. 21; *Glade* in: Heidel (Hrsg.), Aktienrecht, 4. Aufl. 2014, § 33c WpÜG Rn. 3.
295 *Habersack/Verse*, Europäisches Gesellschaftsrecht, 2011, § 11 Rn. 30.
296 Vgl. *The Takeover Bid Directive Assessment Report*, 2012, S. 303.
297 Für eine analoge Anwendung des Art. 12 II 2 jedoch *Lutter/Bayer/Schmidt*, Europäisches Unternehmens- und Kapitalmarktrecht, 2017, Rn. 28.113; für eine Mitteilungspflicht bereits nach europäischem Recht wohl auch *Hirte* in: KK-WpÜG, 2. Aufl. 2010, § 33c Rn. 20.
298 *Lutter/Bayer/Schmidt*, Europäisches Unternehmens- und Kapitalmarktrecht, 2017, Rn. 28.140; *Nobel*, Internationales und Transnationales Aktienrecht, Bd. 2, 2012, Kap. 2 Rn. 100; *Noack/Zetzsche* in: Schwark/Zimmer (Hrsg.), Kapitalmarktrechts-Kommentar, 4. Aufl. 2010, WpÜG, §§ 39a bis 39c Rn. 2; *Hasselbach* in: KK-WpÜG, 2. Aufl. 2010, § 39c Rn. 1; *Müller-Michaels* in: Hölters (Hrsg.), AktG, 3. Aufl. 2017, § 39c WpÜG Rn. 1.
299 *Habersack/Verse*, Europäisches Gesellschaftsrecht, 2011, § 11 Rn. 33; *Kalss/Klampfl*, Europäisches Gesellschaftsrecht, 2015, Rn. 524, Fn. 1648.
300 Vgl. Erwägungsgrund 24 S. 3; *Grundmann*, Europäisches Gesellschaftsrecht, 2011, Rn. 1001; *Lutter/Bayer/Schmidt*, Europäisches Unternehmens- und Kapitalmarktrecht, 2017, Rn. 28.137; *Habersack/Verse*, Europäisches Gesellschaftsrecht, 2011, § 11 Rn. 32; *Kalss/Klampfl*, Europäisches Gesellschaftsrecht, 2015, Rn. 524.
301 Rechtsvergleichend auch *Grundmann*, Europäisches Gesellschaftsrecht, 2011, Rn. 1003.
302 *Lutter/Bayer/Schmidt*, Europäisches Unternehmens- und Kapitalmarktrecht, 2017, Rn. 28.160, 152; *Habersack/Verse*, Europäisches Gesellschaftsrecht, 2011, § 11 Rn. 36; rechtsvergleichend zur Umsetzung der Art. 15 f. *van der Elst/van den Steen* ECFR 2009, 391 ff.

oder verhindern können.[303] Im Zusammenhang mit einem Pflichtangebot (s. Rn. 39 ff.) wird zudem der Bieter ein solches eher in Kauf nehmen, wenn er anschließend ggf die Möglichkeit besitzt, alle Aktien der Zielgesellschaft zu erwerben, um die vollständige Kontrolle über diese zu erlangen.[304] In der Praxis hat zumindest in Deutschland das übernahmerechtliche squeeze-out (§ 39a WpÜG) indes nur eine sehr **geringe Bedeutung**.[305]

Das Recht zum Ausschluss von Minderheitsaktionären ist an das Erreichen eines bestimmten **Schwellenwertes** der Anteile des Bieters geknüpft. Für die maßgeblichen Schwellen sieht Art. 15 II 2 Übernahme-RL **zwei Alternativen** vor.[306] Die Mitgliedstaaten haben die Wahl, ob sie ein squeeze-out-Recht vorsehen, wenn der Bieter Aktien hält, die mindestens **90%** des stimmberechtigten Kapitals und der Stimmrechte der Zielgesellschaft entsprechen (lit. a), oder wenn der Bieter durch Annahme des Angebots Aktien erworben hat oder sich vertraglich verpflichtet, solche Aktien zu erwerben, die mindestens 90% des stimmberechtigten Kapitals der Zielgesellschaft und 90% der vom Angebot betroffenen Stimmrechte entsprechen (lit. b). Für den übernahmeneutralen Schwellenwert des Art. 15 II 2 lit. a) Übernahme-RL[307] wird es den Mitgliedstaaten gestattet, auch einen höheren Schwellenwert als 90% festzulegen. Dieser darf jedoch **maximal 95%** des stimmberechtigten Kapitals und der Stimmrechte der Zielgesellschaft betragen. Für die Alternative des Art. 15 II 2 lit. b) Übernahme-RL besteht eine entsprechende Ermächtigung nicht. Art. 15 II 2 lit. b) Übernahme-RL ist allein auf die im Rahmen des Übernahmeangebots erworbenen Aktien gerichtet, weshalb der Schwellenwert im Vergleich zur ersten Alternative faktisch schwerer zu erreichen ist. 100

Darüber hinaus macht die Richtlinie **keine Vorgaben** für die konkrete **Berechnung der Schwellenwerte**, so dass sich diese nach autonom nationalem Recht bestimmen. Zudem können die Mitgliedstaaten gem Art. 15 III UAbs. 2 Übernahme-RL vorsehen, dass der Ausschluss bei Zielgesellschaften mit mehreren Aktiengattungen jeweils nur in der/den Gattung(en) ausgeübt werden kann, in der/denen der im nationalen Recht maßgebliche Schwellenwert erreicht ist („gattungsdimensionaler squeeze-out").[308] Im deutschen Recht hat man sich mit **§ 39a I 1 WpÜG** für einen übernahmeneutralen Schwellenwert iHv 95% des stimmberechtigten Grundkapitals entschieden.[309] Für die Feststellung der erforderlichen Beteiligungshöhe stellt § 39a II WpÜG auf § 16 II, IV AktG ab. Von der Möglichkeit eines gattungsdimensionalen squeeze-out wurde im deutschen Recht kein Gebrauch gemacht. 101

Sind die Voraussetzungen eines übernahmerechtlichen squeeze-out erfüllt, hat der Bieter sein Ausschlussrecht innerhalb von **drei Monaten nach Ablauf der Annahmefrist** für das (freiwillige oder Pflicht-) Angebot gem Art. 7 Übernahme-RL (s. Rn. 68) auszuüben (Art. 15 IV Übernahme-RL).[310] Nach Ablauf der dreimonatigen Frist hat der Bieter aus übernahmerechtlicher Sicht grundsätzlich keine Möglichkeit mehr, die verbleibenden Minderheitsaktionäre aus der Zielgesellschaft auszuschließen. Andere Ausschlussmöglichkeiten wie ein konzernrechtliches squeeze-out bleiben hiervon unberührt. Nach **§ 39 IV 1 WpÜG** muss ein Antrag des erfolgreichen Bieters auf Übertragung der Aktien innerhalb von drei Monaten nach Ablauf der Annahmefrist gestellt werden. 102

303 *Seiler* in: Assmann/Pötzsch/Schneider (Hrsg.), WpÜG, 2. Aufl. 2013, § 39a Rn. 5, 23; *Grunewald* in: MüKo AktG, 4. Aufl. 2017, § 39a WpÜG Rn. 2; *Hasselbach* in: KK-WpÜG, 2. Aufl. 2010, § 39a Rn. 8; *Lutter/Bayer/Schmidt*, Europäisches Unternehmens- und Kapitalmarktrecht, 2017, Rn. 28.139; *Habersack/Verse*, Europäisches Gesellschaftsrecht, 2011, § 11 Rn. 32.

304 *Hopt*, Europäisches Übernahmerecht, 2013, S. 66; *Gräfe*, Squeeze-outs nach deutschem, französischem und spanischem Gesellschaftsrecht, 2011, S. 374.

305 *Seibt* CFL 2011, 213, 238; *Hasselbach* in: KK-WpÜG, 2. Aufl. 2010, § 39a Rn. 3; *Drinkuth* in: Marsch-Barner/Schäfer (Hrsg.), Handbuch börsennotierte AG, 4. Aufl. 2018, Rn. 60.340; nach *Schilling/Kaspar* wurden bis Oktober 2013 nur zwei übernahmerechtliche squeeze-outs in Deutschland durchgeführt, *Schilling/Kaspar* CF 2015, 68, 71.

306 *Lutter/Bayer/Schmidt*, Europäisches Unternehmens- und Kapitalmarktrecht, 2017, Rn. 28.141; *Grundmann*, Europäisches Gesellschaftsrecht, 2011, Rn. 1001; *Kalss/Klampfl*, Europäisches Gesellschaftsrecht, 2015, Rn. 525; *Gräfe*, Squeeze-outs nach deutschem, französischem und spanischem Gesellschaftsrecht, 2011, S. 373; vgl. auch *Kaisanlahti* EBOR 8 (2007) 497, 499 f.

307 *Lutter/Bayer/Schmidt*, Europäisches Unternehmens- und Kapitalmarktrecht, 2017, Rn. 28.142; *Kalss/Klampfl*, Europäisches Gesellschaftsrecht, 2015, Rn. 525.

308 *Lutter/Bayer/Schmidt*, Europäisches Unternehmens- und Kapitalmarktrecht, 2017, Rn. 28.146; *Kalss/Klampfl*, Europäisches Gesellschaftsrecht, 2015, Rn. 525; vgl. auch *Grundmann*, Europäisches Gesellschaftsrecht, 2011, Rn. 1001.

309 Zur richtlinienkonformen Anknüpfung an das stimmberechtigte Grundkapital gem § 39 I 1 WpÜG *Hasselbach* in: KK-WpÜG, 2. Aufl. 2010, § 39a Rn. 36 f.; *Lutter/Bayer/Schmidt*, Europäisches Unternehmens- und Kapitalmarktrecht, 2017, Rn. 28.145, Fn. 577; wohl auch *Seiler* in: Assmann/Pötzsch/Schneider (Hrsg.), WpÜG, 2. Aufl. 2013, § 39a Rn. 40.

310 Art. 15 IV Übernahme-RL geht dabei nur allgemein von einer Annahmefrist aus und nimmt grundsätzlich keine Differenzierung zwischen einer verlängerten und einer weiteren Annahmefrist vor, vgl. OLG Frankfurt AG 2014, 410, 411.

103 Ein Ausschluss von Minderheitsaktionären ist nur gerechtfertigt, wenn diese eine **angemessene Abfindung** für ihren zwangsweisen Austritt aus der Gesellschaft erhalten.[311] Art. 15 V UAbs. 1 S. 1 Übernahme-RL verpflichtet daher die Mitgliedstaaten sicherzustellen, dass den in Folge des squeeze-out ausscheidenden Aktionären eine angemessene Abfindung zusteht. Die Abfindung muss grundsätzlich dieselbe Form aufweisen wie die Gegenleistung des vorangegangenen Übernahmeangebots oder in einer Geldleistung bestehen (Art. 15 V UAbs. 1 S. 2 Übernahme-RL). Die Mitgliedstaaten können jedoch vorsehen, dass wahlweise eine Geldleistung anzubieten ist, die verbliebenden Minderheitsaktionäre also stets auch eine Geldleistung verlangen können (Art. 15 V UAbs. 1 S. 3 Übernahme-RL).[312] Wie beim angemessenen Preis hinsichtlich des Pflichtangebots (s. Rn. 57) sieht die Richtlinie bei der **Berechnung der Höhe** einer Abfindung von konkreten Vorgaben ab. Jedoch werden in Art. 15 V UAbs. 2, 3 Übernahme-RL zwei Vermutungen aufgestellt, wann die angebotene Abfindung angemessen ist.[313] Nach Art. 15 V UAbs. 2 Übernahme-RL gilt die Abfindung als angemessen, wenn der Bieter bei einem **freiwilligen Angebot** durch dessen Annahme Aktien erworben hat, die mindestens 90% des vom Angebot betroffenen stimmberechtigten Kapitals entsprechen. Bei einem **Pflichtangebot** gilt hingegen die Gegenleistung des Angebots als angemessen hinsichtlich der Abfindung beim squeeze-out (Art. 15 V UAbs. 3 Übernahme-RL).

104 Äußerst **umstritten** ist, ob die beiden Angemessenheitsvermutungen widerleglich[314] oder unwiderleglich[315] sind oder ob die Mitgliedsstaaten hierüber entscheiden können.[316][317] Der Richtlinie lässt sich eine eindeutige Aussage hierzu nicht entnehmen bzw. sprechen verschiedene Aspekte sowohl für als auch gegen eine Widerlegbarkeit der Vermutungen. Klarheit kann insofern nur der EuGH bringen. Bis dahin wird man es im Zweifel den Mitgliedstaaten zu überlassen haben, ob sie die Umsetzungsbestimmungen zur Angemessenheitsvermutung des Art. 15 V UAbs. 2, 3 Übernahme-RL als widerleglich oder unwiderleglich charakterisieren. Hierfür spricht auch die grundsätzliche **Minderharmonisierung** des Art. 15 V Übernahme-RL.[318] Auf jeden Fall haben die Unklarheiten hinsichtlich der Widerlegbarkeit der Angemessenheitsvermutung dazu geführt, dass sich die mitgliedstaatlichen Regelungen in dieser Frage **stark unterscheiden.**[319] Im deutschen Recht tendiert beim squeeze-out-Recht gem § 39a WpÜG die hM zu einer unwiderleglichen Angemessenheitsvermutung bzw. kommt eine Widerlegung nur in eng begrenzten Ausnahmefällen in Betracht.[320]

III. Andienungsrecht

105 Spiegelbildlich zum squeeze-out regelt Art. 16 Übernahme-RL das Andienungsrecht der Minderheitsaktionäre (**sell-out**). Das sell-out-Recht ermöglicht es den Minderheitsaktionären der übernommenen Gesellschaft, ab einer bestimmten Beteiligungshöhe den ehemaligen **Bieter zum Erwerb ihrer Anteile zu verpflichten.** Die Mitgliedstaaten haben sicherzustellen, dass die verbliebenen Aktionäre von dem Bieter verlangen können, dass er ihre Aktien zu einem angemessenen Preis erwirbt (Art. 16 II Übernahme-RL). Minderheitsaktionäre sollen dadurch die Möglichkeit erhalten, auch nach einer Ablehnung eines freiwilligen oder Pflichtangebots aus der Gesellschaft gegen Leistung einer angemessen Gegenleistung **auszutreten.**[321] Zudem wird durch das Andienungs-

---

311 Allgemein zur Angemessenheit der Abfindung siehe *Kaisanlahti* EBOR 8 (2007) 497 ff.

312 Vgl. auch *Lutter/Bayer/Schmidt*, Europäisches Unternehmens- und Kapitalmarktrecht, 2017, Rn. 28.149.

313 *Grundmann*, Europäisches Gesellschaftsrecht, 2011, Rn. 1002; *Lutter/Bayer/Schmidt*, Europäisches Unternehmens- und Kapitalmarktrecht, 2017, Rn. 28.151; *Kalss/Klampfl*, Europäisches Gesellschaftsrecht, 2015, Rn. 525.

314 So ua *Heidel/Lochner* in: Heidel (Hrsg.), Aktienrecht, 4. Aufl. 2014, § 39a WpÜG, Rn. 65; *dies.* DK 2006, 653, 656; *Maul* NZG 2005, 151, 157; *Mülbert* NZG 2004, 633, 634; *Paefgen* WM 2007, 765, 767.

315 So ua *Hasselbach* in: KK-WpÜG, 2. Aufl. 2010, § 39a Rn. 69; *ders.* ZGR 2005, 387, 396; *Fischer zu Cramburg* NZG 2008, 700, 701; *Meyer* WM 2006, 1135, 1142; *Müller-Michaels* in: Hölters (Hrsg.), AktG, 3. Aufl. 2017, § 39a WpÜG Rn. 11a; aus deutscher Sicht auch OLG Stuttgart ZIP 2009, 1059, 1061; zur Verfassungsmäßigkeit der Angemessenheitsvermutung des § 39a III 1 WpÜG BVerfG NZG 2012, 907.

316 So ua *Grunewald* in: MüKo AktG, 4. Aufl. 2017, § 39a WpÜG Rn. 8; *dies.* NZG 2009, 332, 333; *Posdziech* WM 2010, 787, 791; *Noack/Zetzsche* in: Schwark/Zimmer (Hrsg.), Kapitalmarktrechts-Kommentar, 4. Aufl. 2010, § 39a WpÜG Rn. 29.

317 Ausführlich zum Streitgegenstand *Lutter/Bayer/Schmidt*, Europäisches Unternehmens- und Kapitalmarktrecht, 2017, Rn. 28.154 ff.; aus deutscher Sicht auch *Hasselbach* in: KK-WpÜG, 2. Aufl. 2010, § 39a Rn. 68 ff.; *Noack/Zetzsche* in: Schwark/Zimmer (Hrsg.), Kapitalmarktrechts-Kommentar, 4. Aufl. 2010, § 39a WpÜG Rn. 20 ff.; *Seiler* in: Assmann/Pötzsch/Schneider (Hrsg.), WpÜG, 2. Aufl. 2013, § 39a Rn. 84 ff.; ausdrücklich offen lassend OLG Frankfurt NZG 2014, 543, 544; OLG Frankfurt ZIP 2012, 1602, 1608.

318 Zur diesbezüglichen Mindestharmonisierung *Habersack/Verse*, Europäisches Gesellschaftsrecht, 2011, § 11 Rn. 35; *Noack/Zetzsche* in: Schwark/Zimmer (Hrsg.), Kapitalmarktrechts-Kommentar, 4. Aufl. 2010, § 39a WpÜG Rn. 21; *Merkt/Binder* BB 2006, 1285, 1290.

319 *Lutter/Bayer/Schmidt*, Europäisches Unternehmens- und Kapitalmarktrecht, 2017, Rn. 28.154; *Kalss/Klampfl*, Europäisches Gesellschaftsrecht, 2015, Rn. 525.

320 Vgl. OLG Frankfurt NZG 2014, 543, 545; *Hentzen/Rieckers* DB 2013, 1159, 1163; *Nikoleyczik* GWR 2014, 207; 210.

321 *Seiler* in: Assmann/Pötzsch/Schneider (Hrsg.), WpÜG, 2. Aufl. 2013, § 39c Rn. 2; *Noack/Zetzsche* in: Schwark/Zimmer (Hrsg.), Kapitalmarktrechts-Kommentar, 4. Aufl. 2010, § 39c WpÜG Rn. 1; *Grundmann*, Europäisches

recht der Druck auf die Minderheitsaktionäre verringert, das Übernahmeangebot des Bieters während einer ggf aus deren Sicht eng bemessenen Annahmefrist (s. Rn. 68) anzunehmen.[322] Gleichwohl spielt das Andienungsrecht in der Übernahmepraxis eine eher geringe Rolle. Dies gilt weitestgehend auch für die Umsetzung ins deutsche Recht mit § 39c WpÜG.

106 Die Regelungen zum Andienungsrecht verweisen in weiten Teilen auf die Vorgaben zum Ausschluss der Minderheitsaktionäre gem Art. 15 II-V Übernahme-RL. Die Vorgaben zum squeeze-out gelten damit überwiegend entsprechend für das sell-out-Recht. Aufgrund des Verweises in Art. 16 II Übernahme-RL gelten hinsichtlich der **Schwellenwerte** für das Eingreifen des Andienungsrechts die Vorgaben des Art. 15 II Übernahme-RL. Die Mitgliedstaaten haben also die Wahl, ob sie ein sell-out-Recht vorsehen, wenn der Bieter Aktien hält, die mindestens 90% des stimmberechtigten Kapitals und der Stimmrechte der Zielgesellschaft entsprechen, oder wenn der Bieter durch Annahme des Angebots Aktien erworben hat oder sich vertraglich verpflichtet, solche Aktien zu erwerben, die mindestens 90% des stimmberechtigten Kapitals der Zielgesellschaft und 90% der vom Angebot betroffenen Stimmrechte entsprechen. Die Mitgliedstaaten müssen ihr Wahlrecht hinsichtlich der Schwellenwerte des Art. 15 II 2 Übernahme-RL jedoch **einheitlich** für squeeze-out und sell-out ausüben.[323] Gleiches gilt für die Berechnung der Schwellenwerte.[324] Aufgrund § 16 III Übernahme-RL können die Mitgliedstaaten auch einen „**gattungsdimensionalen** sell-out" vorsehen. Ferner hat wie beim squeeze-out die Ausübung des (Andienungs-) Rechts innerhalb von drei Monaten nach Ablauf der Annahmefrist des Angebots zu erfolgen. Zudem kommen für die Modalitäten eines **angemessenen Preises** für den Verkauf der Aktien die Vorgaben des Art. 15 V Übernahme-RL entsprechend für das sell-out-Recht der Minderheitsaktionäre zur Anwendung.

Gesellschaftsrecht, 2011, Rn. 1000; *Habersack/Verse*, Europäisches Gesellschaftsrecht, 2011, § 11 Rn. 32; vgl. auch *Hasselbach* in: KK-WpÜG, 2. Aufl. 2010, § 39c Rn. 4; BGH NZG 2013, 223 f.

322 *Lutter/Bayer/Schmidt*, Europäisches Unternehmens- und Kapitalmarktrecht, 2017, Rn. 28.140; *Hasselbach* ZGR 2005, 387, 390; *Liekefett* RIW 2004, 825, 827.

323 *Seibt/Heiser* ZGR 2005, 200, 249; *Lutter/Bayer/Schmidt*, Europäisches Unternehmens- und Kapitalmarktrecht, 2017, Rn. 28.164; *Kalss/Klampfl*, Europäisches Gesellschaftsrecht, 2015, Rn. 526.

324 *Lutter/Bayer/Schmidt*, Europäisches Unternehmens- und Kapitalmarktrecht, 2017, Rn. 28.164.

§ 30 Aktionärsrechte-Richtlinie

Literatur (Auswahl): *Arnold*, Aktionärsrechte und Hauptversammlung nach dem ARUG, DK 2009, 88; *Asplund*, Who Should Say on Pay and for the Sake of Whom in a Listed Company, ECL 12 (2015) 286; *Augustin*, (Selbst-) Regulierung von institutionellen Stimmrechtsberatern auf europäischer Ebene, ÖBA 2014, 583; *Bachner*, Grenzüberschreitende Ausübung von Aktionärsrechten, in: Festschrift Doralt, 2004, S. 33; *Bachner/Dokalik*, Die neue EU-Richtlinie über Aktionärsrechte und ihre Auswirkungen auf das österreichische Aktienrecht, GesRZ 2007, 104; *Balp*, Regulating Proxy Advisors Through Transparency: Pros and Cons of the EU Approach, ECFR 2017, 1; *Bayer/Selentin*, Related Party Transactions: Der neueste EU-Vorschlag im Kontext des deutschen Aktien- und Konzernrechts, NZG 2015, 7; *Bayer/Schmidt*, BB-Gesetzgebungs- und Rechtsprechungsreport Europäisches Unternehmensrecht 2016/2017, BB 2017, 2114; *Bebchuk/Cohen/Hirst*, The Agency Problems of Institutional Investors, J. Econ. Persp. 31 (2017) 89; *Behnke*, Die Stimmrechtsvertretung in Deutschland, Frankreich und England, NZG 2000, 665; *Behrmann/Sassen*, Internationaler Vergleich von SoP-Regelungen, ZCG 2015, 22; *Birkmose*, European Challenges for Institutional Investor Engagement – Is Mandatory Disclosure the Way Forward, ECFR 2014, 214; *Bruno*, Legal Rules, Shareholder and Corporate Governance. The European Shareholder Rights Directive and its Impact on Corporate Governance of Italian Listed Companies, Corporate Ownership & Control 12 (2015) 401; *Bungert/de Raet*, Die Aktionärsrechterichtlinie im EU-Parlament: Die Auswirkungen der geplanten Regelungen zu Related Party Transactions auf das deutsche Konzernrecht, DK 2015, 289; *Bungert/Wansleben*, Umsetzung der überarbeiteten Aktionärsrechterichtlinie in das deutsche Recht: Say on Pay und Related Party Transactions, DB 2017, 1190; *Chiu*, Learning from the UK in the Proposed Shareholders' Rights Directive 2014? European Corporate Governance Regulation from a UK Perspective, ZVglRWiss 114 (2015) 121; *dies.*, European Commission proposal on Shareholders' Rights Directive 2014, Co. Lawyer 36 (2015) 161; *Córcoles*, Proxy Advisors in the Voting Process: Some Considerations for Future Regulation in Europe, ECFR 2016, 106; *DAV-Handelsrechtsausschuss*, Stellungnahme zum Vorschlag der Europäischen Kommission einer Richtlinie zur Änderung der RL 2007/36/EG („Aktionärsrechte-Richtlinie") – COM(2014) 213, NZG 2015, 54; *Diekmann*, „Say on Pay" – Wesentliche Änderungen bei der Vergütung von Vorständen und Aufsichtsräten aufgrund der geänderten Aktionärsrechterichtlinie, WM 2018, 796; *Dijkhuizen*, Report from Europe, The Proposal for a Directive Amending the Shareholders Rights Directive, ECL 12 (2015) 45; *Dobrowolski*, Say on Pay: Quo vadis, Hauptversammlung?, GesRZ 2015, 295; *Drinhausen/Keinath*, Auswirkungen des ARUG auf die künftige Hauptversammlungspraxis, BB 2009, 2322; *Eggers/de Raet*, Das Recht börsennotierter Gesellschaften zur Identifikation ihrer Aktionäre gemäß der EU-Aktionärsrechterichtlinie. Neue Rechte für Gesellschaften, neue Pflichten für Kreditinstitute, AG 2017, 464; *Enriques*, Related Party Transactions: Policy Options and Real-World Challenges (with a Critique of the European Commission Proposal), EBOR 16 (2015) 1; *Enriques/Romano*, Institutional Investor Voting Behavior: A Network Theory Perspective, ECGI Law Working Paper No. 393/2018; *European Company Law Experts*, Shareholder engagement and identification, 2015; *Fleischer* ua (Hrsg.), 50 Jahre Aktiengesetz, 2016; *ders.*, Related Party Transactions bei börsennotierten Gesellschaften: Deutsches Aktien(konzern)recht und Europäische Reformvorschläge, BB 2014, 2691; *Freitag*, Neue Publizitätspflichten für institutionelle Anleger? Kritische Anmerkungen zum Vorschlag der Kommission für eine Neufassung der Aktionärsrechterichtlinie, AG 2014, 647; *Gaul*, Das Vergütungsvotum der Hauptversammlung nach § 120 Abs. 4 AktG im Lichte der Reform der Aktionärsrechte-Richtlinie, AG 2017, 178; *Gruber*, Proxy advisors, RdW 2013, 587; *Grundmann*, Das neue Depotstimmrecht nach der Fassung im Regierungsentwurf zum ARUG, BKR 2009, 31; *ders.*, Europäisches Gesellschaftsrecht, 2. Aufl. 2011, § 12; *ders.*, The Renaissance of Organized Shareholder Representation in Europe, in: Festschrift für Wymeersch, 2009, S. 183; *Grundmann/Winkler*, Das Aktionärsstimmrecht in Europa und der Kommissionsvorschlag zur Stimmrechtsausübung in börsennotierten Gesellschaften, ZIP 2006, 1421; *Habersack*, Vorstands- und Aufsichtsratsvergütung – Grundsatz- und Anwendungsfragen im Lichte der Aktionärsrechterichtlinie, NZG 2018, 127; *Habersack/Verse*, Europäisches Gesellschaftsrecht, 4. Aufl. 2011, § 7; *Hainsworth*, The Shareholder Rights Directive and the challenge of re-enfranchising beneficial shareholders, Law and Financial Markets Review 1 (2007) 11; *Heldt*, Aktionärsrechterichtlinie: Jetzt wird es langsam ernst, AG 2018, R153; *Herrler/Reymann*, Die Neuerungen im Aktienrecht durch das ARUG – Unter besonderer Berücksichtigung der Neuregelung zur Hauptversammlung und zur Kapitalaufbringung bei der AG, DNotZ 2009, 815; *Hommelhoff*, Aktuelle Impulse aus dem europäischen Unternehmensrecht: Eine Herausforderung für Deutschland, NZG 2015, 1329; *Hong*, Protection of shareholders' rights at EU level: how far does it go?, ECL 6 (2009) 124; *Hopt*, Directors' Duties and Shareholders' Rights in the European Union: Mandatory and/or Default Rules?, ECGI Law Working Paper No. 312/2016 = Rivista delle Società 2016, 13; *Hössl/Torggler*, Stimmrechtsberater, institutionelle Investoren und die Änderung der Aktionärsrechte-Richtlinie, GesRZ 2016, 185; *Inci*, Diskussionsbericht zum Berliner Kreis für Gesellschaftsrecht: Die reformierte Aktionärsrechte-Richtlinie und ihre Umsetzbarkeit ins deutsche Recht, NZG 2017, 579; *Ivanova*, Institutional investors as stewards of the corporation: Exploring the challenge to the monitoring hypothesis, Business Ethics: A Eur. Rev. 26 (2017) 175; *Johnston/Morrow*, Commentary on the Shareholder Rights Directive, Nordic & European Company Law, LSN Research Paper No. 15-13; *Jung*, Transaktionen mit nahestehenden Unternehmen und Personen (Related Party Transactions), WM 2014, 2351; *Kalss/Klampfl*, Europäisches Gesellschaftsrecht, 2015, Rn. 389 ff.; *Kersting*, Ausweitung des Fragerechts durch die Aktionärsrichtlinie, AG 2009, 153; *Kersting*, Das Auskunftsrecht des Aktionärs bei elektronischer Teilnahme an der Hauptversammlung (§§ 18, 130 AktG), NZG 2010, 130; *Kleinert/Mayer*, Geschäfte der Aktiengesellschaft mit nahestehenden Personen und Unternehmen Bestandsaufnahme und anstehende Neuerungen durch die Umsetzung der EU Aktionärsrechterichtlinie II, EuZW 2018, 314; *Klene*, Related Party Transactions – Handlungsbedarf in Deutschland, GWR 2018, 210; *Kubis*, Auskunft ohne Grenzen? – Europarechtliche Einflüsse auf den Informationsanspruch nach § 131 AktG, ZGR 2014, 608; *Kyriakou*, Harmonizing Corporate Actions for the Achievement of a Capital Markets Union: An analysis of the Shareholders' Rights Directive, the Green Paper Building a Capital Markets Union and TARGET2-Securities, ECL 14 (2017) 121; *Lanfermann/Maul*, Überarbeitete EU-Aktionärsrechterichtlinie – gesetzgeberischer Handlungsbedarf bei der Vorstandsvergütung, BB 2017, 1218; *dies.*, Maßnahmenpaket der Europäischen Kommission zum Gesellschaftsrecht und Corporate Governance, BB 2014, 1283; *Leuering*, Vorstands- und Aufsichtsratsvergütung in der geänderten Aktionärsrechterichtlinie, NZG 2017, 646; *Lutter/Bayer/Schmidt*, Europäisches Unternehmens- und Kapitalmarktrecht, 6. Aufl. 2017, § 29; *Mukwiri/Siems*, The Financial Crisis: A Reason to Improve Shareholder Protection in the EU?, Journal of Law and Society 41 (2014) 51; *Nietsch*, Die Stellung des Aktionärs im europäischen Gesellschaftsrecht – vom Mitglied zum Anleger und wieder zurück?, ZVglRWiss 112 (2013) 45; *Nijland/Dijkhuien*, Say on Pay and the Focus on Sustainability of Companies: A Revised Shareholders' Rights Directive, ECL 14 (2017) 188; *Noack*, Der Vorschlag für eine Richtlinie über Rechte von Aktionären börsenorientierter Gesellschaften, NZG 2006, 321; *ders.*, Die Aktionärsrechte-RL, in: Festschrift für Westermann, 2008, S. 1203; *ders.*, Identifikation der Aktionäre, neue Rolle der Intermediäre – zur Umsetzung der Aktionärsrechte-Richtlinie II, NZG 2017, 561; *Noack/Beurskens*, Einheitliche „Europa Hauptversammlung"? – Vorschlag für eine Richtlinie über die (Stimm-) rechte von Aktionären, GPR 2006, 88; *Ochmann*, Die Aktionärsrechte-Richtlinie, 2009; *Osterloh*, EU-Kommission schlägt Änderung der Aktionärsrechterichtlinie vor, GmbHR 2014, R145; *Pacces*, Hedge Fund Activism and the Revision of the Shareholder Rights Directive, ECGI Law Working Paper No. 353/2017; *ders.*, Procedural and Substantive Review of Related Party Transactions (RPTs): The Case for Non-Controlling Shareholder-Depentent (NCS-Depentent) Directors, ECGI Law Working Paper No. 399/2018; *Pinto*, the European Union's Shareholder Voting Rights Directive From an American Perspective: Some Comparisons and Observations, Fordham Int. L. J. 32 (2009) 587; *Pickert/Nau*, Proxy Advisors – Einflussfaktoren auf das Abstimmungsergebnis österreichischer Hauptversammlungen, Aufsichtsrat aktuell 2012, 11; *Pluskat*, Auswirkungen der Aktionärsrechterichtlinie auf das deutsche Aktienrecht, WM 2007, 2135; *Pöschke*, Auskunft ohne Grenzen? Die Bedeutung der Aktionärsrichtlinien für die Auslegung des § 131 Abs. 1 Satz 1 AktG, ZIP 2010, 1221; *Ratschow*, Die Aktionärsrechte-Richtlinie – neue Regeln für börsennotierte Gesellschaften, DStR 2007, 1402; *Renner*, Hauptversammlungszuständigkeit und Organadäquanz, AG 2015, 513; *Reul*, Die virtuelle Hauptversammlung im Aktienrecht, notar 2012, 76; *Reynisson*, Related Party Transactions: Analysis of Proposed Article 9c of Shareholders' Rights Directive, ECL 13 (2016) 175; *Rose*, The New European Shareholder Rights Directive: Removing Barriers and Creating Opportunities for More Shareholder Activism and Democracy, J. Manag. Gov. 16 (2012) 269; *Schmidt*, Die geplante Richtlinie über Aktionärsrechte und ihre Bedeutung für das deutsche Aktienrecht, BB 2006, 1641; *Schneider*, Europarechtlicher Schutz vor nachteiligen Transaktionen mit nahe stehenden Unternehmen und Personen?, EuZW 2014, 641; *Schouten*, The political economy of cross-border voting in Europe, Colum. J. Eur. L. 16 (2009) 1; *Seibt*, Richtlinienvorschlag zur Weiterentwicklung des europäischen Corporate Governance-Rahmens, DB 2014, 1910; *Seidel*, Konzerninterne Related Party Transactions nach der Aktionärsrechte-Richtlinie II, AG 2018, 423; *Selzner*, Related Party Transactions – Fortschritt oder Bedrohung?, ZIP 2015, 735; *Spindler/Seidel*, Die Zustimmungspflicht bei Related Party Transactions in der konzernrechtlichen Diskussion. Ein Plädoyer für die Zuständigkeit des Aufsichtsrates, AG 2017, 169; *Stöber*, Das Auskunftsrecht der Aktionäre und seine Beschränkungen im Lichte des Europarechts, DStR 2014, 1680; *Suchan/Gerdes*, Änderung der Aktionärsrechterichtlinie – Vergütung der Unternehmensleitung und Related- Party Transactions, WPg 2017, 1034; *Tarde*, Die verschleierte Konzernrichtlinie: Zu den neuen EU-Vorgaben für related party transactions und ihren Auswirkungen auf das deutsche Recht, ZGR 2017, 360; *ders.*, Related Party Transactions, 2018; *Teichmann*, in: Gebauer/Teichmann (Hrsg.), Europäisches Privat- und Unternehmensrecht, 2016, § 6 Rn. 218 ff.; *ders.*, Fragerecht und Aktionärsrechterichtlinie, NZG 2014, 401; *Tröger*, Related Party Transactions mit Blockaktionären im europäischen Gesellschaftsrecht, AG 2015, 53; *Ufland/Nicholds*, EU Shareholder Rights Directive: First Major Amendment of Companies Act 2006, Journal of Banking & Financial Law 24 (2009) 140; *van der Elst*, Are Shareholder Rights Appealing to Foreign Shareholders? in: Festschrift Hopt, 2010, S. 629; *ders.*, Shareholders Holding the Reins on Renumeration: The European Say on Pay, ECL 14 (2017) 114; *van der Elst/Lafarre*, Bringing the AGM to the 21st Century: Blockchain and Smart Contracting Tech for the Shareholder Involvement, ECGI Law Working Paper No. 358/2017; *Veil*, Transaktionen mit Related Parties im deutschen Aktien- und Konzernrecht, NZG 2017, 521; *Vetter*, Reglungsbedarf für Related Party Transactions?, ZHR 179 (2015) 273; *Wachter*, Transaktionen mit nahestehenden Unternehmen und Personen (Related Party Transactions) bei börsennotierten Gesellschaften: Die Vorschläge im Entwurf der Kommission zur Änderung der Aktionärsrechterichtlinie aus österreichischer Sicht, ZFR 2015, 309; *Velte*, Say on Pay-Regulierung nach der Neufassung der

Richtlinien 2007/36/EU und 2013/34/EU, NZG 2017, 368; *Wand/Tillmann*, EU-Richtlinienvorschlag zur Erleichterung der Ausübung von Aktionärsrechten, AG 2006, 443; *Wettich*, Aktuelle Entwicklungen und Trends in der Hauptversammlungssaison 2014 und Ausblick auf 2015, AG 2014, 534; *Wiersch*, Der Richtlinienentwurf zu Transaktionen mit nahestehenden Unternehmen und Personen – Sinnvolle Verstärkung des Minderheitenschutzes, NZG 2014, 1131; *Wünschmann*, Die Haftung und die Regulierung von institutionellen Stimmrechtsberatern, 2015 *Zetzsche*, Die neue Aktionärsrechte-Richtlinie: Auf dem Weg zur Virtuellen Hauptversammlung, NZG 2007, 686; *ders.*, Shareholder Passivity, Cross-Border Voting and the Shareholder Rights Directive, JCLS 8 (2008) 289; *ders.*, Langfristigkeit im Aktienrecht? – Der Vorschlag der Europäischen Kommission zur Reform der Aktionärsrechterichtlinie, NZG 2014, 1121; *ders.*, Nachbemerkung zu § 135 AktG – Stimmrechtsberater, in: KK-AktG, 3. Aufl. 2017; *ders.*, Pflichten institutioneller Anleger bei der Stimmrechtsausübung, in: Festschrift für Baums, Bd. II, 2017, S. 1505; *Zollner*, Related Party Transactions – Überlegungen zur geplanten Reform der Aktionärsrechterichtlinie, in: Festschrift für Nowotny, 2015, S. 500; *Zollner/Dollenz*, Related Party Transactions – alte und neue Anforderungen an den Aufsichtsrat (Teil II), Aufsichtsrat aktuell 2016, 6.

A. Entwicklung der Aktionärsrechte-Richtlinie

I. Entwicklung der ursprünglichen Richtlinie und darauffolgende Änderungen

Basierend auf der Internationalisierung der Aktionärsstruktur vieler Gesellschaften und der ursprünglich zT stark divergierenden (faktischen) Möglichkeiten der (grenzüberschreitenden) Ausübung von Aktionärsrechten in den Mitgliedstaaten,[1] wird die **europäische Harmonisierung von Aktionärsrechten** im Ansatz bereits seit Beginn der 1970er Jahre diskutiert.[2] Die ursprüngliche Idee einer umfassenden Regelung der Hauptversammlung und der damit verbundenen Aktionärsrechte im Rahmen einer Strukturrichtlinie[3] galt jedoch spätestens seit Mitte der 1990er Jahre als endgültig gescheitert.[4] 1

Anfang des Jahrtausends rückte die Debatte um die **Harmonisierung der Aktionsrechte** jedoch wieder in den Fokus des Europäischen Gesellschaftsrechts. Insbesondere mit Blick auf die Einberufung und die Teilnahme an der Hauptversammlung börsennotierter Unternehmen sowie die Stimmrechtsausübung im Rahmen von Hauptversammlungen, wurden verstärkt einheitlichere Regelungen auf europäischer Ebene gefordert.[5] Zurückgehend auf eine Empfehlung der *High Level Group* aus dem Jahr 2002[6] stellte die Europäische Kommission daher in ihrem **Aktionsplan aus dem Jahr 2003** zur „Modernisierung des Gesellschaftsrechts und Verbesserung der Corporate Governance" ein entsprechendes Harmonisierungsvorhaben zur Ausübung von Aktionärsrechten in diesem Bereich in Aussicht.[7] Den Worten folgten auch sogleich Taten, denn bereits in den beiden Folgejahren führte die Europäische Kommission entsprechende Konsultationen durch.[8] 2

Im Jahr 2006 legte die Europäische Kommission dann einen ersten Richtlinienvorschlag über die Ausübung von Aktionärsstimmrechten in börsennotierten Gesellschaften vor.[9] Die Verhandlungen konnten daraufhin zeitnah abgeschlossen werden, so dass die Aktionärsrechterichtlinie (***Shareholder Rights Directive***) bereits am **11.7.2007** offiziell verabschiedet wurde und noch im selben Jahr als Richtlinie 2007/36/EG in Kraft trat (im 3

1 *Habersack/Verse*, Europäisches Gesellschaftsrecht, 2011, § 7 Rn. 1; *Grundmann*, Europäisches Gesellschaftsrecht, 2011, Rn. 406; *Lutter/Bayer/Schmidt*, Europäisches Unternehmens- und Kapitalmarktrecht, 2017, Rn. 29.1; *Grundmann/Winkler* ZIP 2006, 1421, 1422; siehe auch *Ochmann*, Aktionärsrechte-Richtlinie, 2009, S. 9 ff.; *Van der Elst* in: FS Hopt, 2010, S. 629, 633 ff.

2 Vgl. auch *Lutter/Bayer/Schmidt*, Europäisches Unternehmens- und Kapitalmarktrecht, 2017, Rn. 29.1.

3 Europäische Kommission, Vorschlag einer fünften Richtlinie zur Koordinierung der Schutzbestimmungen, die in den Mitgliedstaaten den Gesellschaften im Sinne des Art. 58 Abs. 2 des Vertrages im Interesse der Gesellschafter sowie Dritter hinsichtlich der Struktur der Aktiengesellschaft sowie der Befugnisse und Verpflichtungen ihrer Organe vorgeschrieben sind, COM(72) 887 final, ABl. EG v. 13.12.1972, C 131/49.

4 *Grundmann*, Europäisches Gesellschaftsrecht, 2011, Rn. 403; *Lutter/Bayer/Schmidt*, Europäisches Unternehmens- und Kapitalmarktrecht, 2017, Rn. 29.1; *Engert* in: Langenbucher (Hrsg.), Europäisches Privat- und Wirtschaftsrecht, 2017, § 5 Rn. 90; insofern zum beschränkten Regelungsumfang der Aktionärsrechte-Richtlinie *Latella* ECFR 2009, 307, 321; *Mukwiri/Siems* JLS 41 (2014) 51, 68 f.

5 *Habersack/Verse*, Europäisches Gesellschaftsrecht, 2011, § 7 Rn. 1.

6 Bericht der hochrangigen Expertengruppe auf dem Gebiet des Gesellschaftsrechts über moderne gesellschaftsrechtliche Rahmenbedingungen in Europa, 4.11.2002, S. 50 ff.

7 Europäische Kommission, Mitteilung der Kommission an den Rat und das Europäische Parlament – Modernisierung des Gesellschaftsrechts und Verbesserung der Corporate Governance in der Europäischen Union, COM(2003) 284 final, S. 16 f.

8 Die erste Konsultation erfolgte im Jahr 2004, die zweite im Jahr 2005; s. European Commission, Fostering an Appropriate Regime for Shareholders' Rights, MARKT/ 16.9.2004 (erste Konsultation) und European Commission, Fostering an Appropriate Regime for Shareholders' Rights – Second Consultation, MARKT/ 13.5.2005.

9 Europäische Kommission, Vorschlag für eine Richtlinie des Europäischen Parlaments und des Rates über die Ausübung der Stimmrechte durch Aktionäre von Gesellschaften, die ihren eingetragenen Sitz in einem Mitgliedstaat haben und deren Aktien zum Handel auf einem geregelten Markt zugelassen sind, sowie zur Änderung der Richtlinie 2004/109/EG, COM(2005), 685 final, ABl. EG v. 5.1.2006.

Folgenden **AR-RL**).[10] Rechtsgrundlage der Richtlinie sind Art. 50 und 114 AEUV.[11] Die Umsetzung in nationales Recht hatte bis Anfang August 2009 zu erfolgen. Mit Wirkung vom 26.4.2008 wurde zudem der räumliche Anwendungsbereich der Richtlinie auf erfasste Gesellschaften der EWR-Staaten erweitert.[12] Im Rahmen der sog **Bankabwicklungsrichtlinie** aus dem Jahr 2014 (BRRD)[13] erfolgte dann eine inhaltliche Änderung mit Blick auf den Anwendungsbereichs der Richtlinie (vgl. Art. 1 IV AR-RL) (s. Rn. 22). Außerdem wurde insbesondere eine verkürzte Einberufungsfrist der Hauptversammlung bei einer Kapitalerhöhung im Sanierungsfall statuiert (vgl. Art. 5 V, VI AR-RL) (s. Rn. 96 ff.) sowie die Geltung des sog *record date* (s. dazu Rn. 117) eingeschränkt.[14]

4 Die ursprüngliche Aktionärsrechterichtlinie regelte börsennotierte Gesellschaften (s. Rn. 18, zur Änderung durch die BRRD Rn. 22) und befasste sich inhaltlich insbesondere mit der **Einberufung** der Hauptversammlung (s. Rn. 88 ff.), der **Teilnahme** an der Hauptversammlung (s. Rn. 115 ff.), dem **Auskunftsrecht** der Aktionäre (s. Rn. 131 ff.) sowie der **Stellvertretung** in der Hauptversammlung (s. Rn. 333 ff.). Nicht geregelt ist hingegen zB ein proportionales Stimmengleichgewicht in der Hauptversammlung.[15] Insofern sind allerdings die primärrechtlichen Vorgaben (insbes. der Kapitalverkehrsfreiheit) zu beachten.

5 Die Umsetzung der Regelungen der im Jahr 2007 verabschiedeten Aktionärsrechterichtlinie erfolgte in Deutschland durch das Aktionärsrechterichtlinie-Umsetzungsgesetz (**ARUG**).[16] Mit Blick auf die wesentlichen Aspekte der Richtlinie erfüllte das deutsche Aktienrecht jedoch bereits vor deren Verabschiedung weitgehend die Anforderungen der Richtlinienbestimmungen.[17] **Änderungsbedarf** ergab sich allerdings insbesondere bei der Einberufungsfrist und dem entsprechenden Informationsgehalt (§§ 124a, 125 AktG) sowie der gesetzlichen Ermöglichung einer Briefwahl und der elektronischen Teilnahme an der Hauptversammlung (§ 118 AktG). Über die richtlinienkonforme Umsetzung einzelner Aspekte herrscht jedoch bisweilen weiterhin Uneinigkeit (s. zB Rn. 344). Die bereits vorher bestehenden Regelungen zum Informationsanspruch und dessen Beschränkung gem § 131 I 1 AktG wurden vom BGH allerdings ausdrücklich als richtlinienkonform und damit vereinbar mit dem Auskunftsrecht gem Art. 9 AR-RL eingestuft (dazu Rn. 141 f.).[18]

6 In anderen Mitgliedstaaten führte die Aktionärsrechterichtlinie hingegen zu zT deutlich weiterreichenden Neuerungen des bestehenden Rechts. Zum Beispiel erfolgte im britischen Recht durch die ***Companies (Shareholders' Rights) Regulations 2009*** eine umfassende Änderung vor allem der Teilnahme- und Abstimmungsrechte in börsennotierten Gesellschaften (vgl. ssec. 336 ff. CA 2006) (s. dazu auch § 12 Rn. 578).[19]

II. Jüngste Reform der Aktionärsrechterichtlinie

1. Entwicklung bis zur Verabschiedung der neuen Aktionärsrechterichtlinie 2017

7 Trotz der noch jungen Aktionärsrechterichtlinie stellte die Europäische Kommission in ihrem **Aktionsplan von Dezember 2012**[20] ein starkes Bedürfnis fest, die Rechte der Aktionäre (börsennotierter) Gesellschaften weiter

10 Richtlinie 2007/36/EG des Europäischen Parlaments und des Rates vom 11. Juli 2007 über die Ausübung bestimmter Rechte von Aktionären in börsennotierten Gesellschaften, ABl. EG v. 14.7.2007, L 184/17.

11 Kritisch zur Rechtsgrundlage mit Blick auf die Änderungsrichtlinie 2017 sowie zum Subsidiaritätsgrundsatz *DAV-Handelsrechtsausschuss* NZG 2015, 54 Rn. 43 ff.

12 Beschluss des gemeinsamen EWR-Ausschusses Nr. 59/2008 v. 25.4. 2008 zur Änderung von Anhang XXII des EWR-Abkommens, ABl. EU v. 21.8.2008, L 223/60.

13 Richtlinie 2014/59/EU des Europäischen Parlaments und des Rates vom 15. Mai 2014 zur Festlegung eines Rahmens für die Sanierung und Abwicklung von Kreditinstituten und Wertpapierfirmen und zur Änderung der Richtlinie 82/891/EWG des Rates, der Richtlinien 2001/24/EG, 2002/47/EG, 2004/25/EG, 2005/56/EG, 2007/36/EG, 2011/35/EU, 2012/30/EU und 2013/36/EU sowie der Verordnungen (EU) Nr. 1093/2010 und (EU) Nr. 648/2012 des Europäischen Parlaments und des Rates, ABl. EU v. 12.6.2014, L 173/190; dazu bzw. zum deutschen BRRD-UmsetzungsG *Engelbach/Friedrich* WM 2015, 662; *Hübner/Leunert* ZIP 2015, 2259; *Wojcik/Ceyssens* EuZW 2014, 893 ff.; *Grundmann* ZHR 179 (2015) 563, 587 ff.; ausführlich zu seinen Einzelaspekten auch *Jahn/Schmitt/Geier* (Hrsg.), HdB Bankensanierung und -abwicklung, 2016.

14 *Lutter/Bayer/Schmidt*, Europäisches Unternehmens- und Kapitalmarktrecht, 2017, Rn. 29.4.

15 Vgl. *Grundmann* in: Hopt/Wiedemann (Hrsg.), AktG, 2008, § 134 Rn. 21; *Tröger* in: KK-AktG, Bd. 3/1 Teil 7, 2016, § 134 Rn. 15.

16 Gesetz zur Umsetzung der Aktionärsrechterichtlinie (ARUG) v. 30.7.2009, BGBl. I, 2479.

17 *Lutter/Bayer/Schmidt*, Europäisches Unternehmens- und Kapitalmarktrecht, 2017, Rn. 29.6; *Habersack/Verse*, Europäisches Gesellschaftsrecht, 2011, § 7 Rn. 6.

18 BGH NZG 2014, 27; dazu *Kubis* ZGR 2014, 608; *Teichmann* NZG 2014, 401; *Stöber* DStR 2014, 1680; *Wachter* NJW 2013, 547; *Kocher/Lönner* AG 2014, 81 f.; *Wagner* BB 2013, 337.

19 Dazu auch *Schmidt* NZG 2006, 487 ff.; zur Stimmrechtsvertretung auch *Grundmann*, Europäisches Gesellschaftsrecht, 2011, Rn. 429.

20 Europäische Kommission, Aktionsplan: Europäisches Gesellschaftsrecht und Corporate Governance – ein moderner Rechtsrahmen für engagiertere Aktionäre und besser überlebensfähige Unternehmen, 12.12.2012, COM(2012) 740 final; dazu ua *Verse* EuZW 2013, 336; *Behrens* EuZW 2013, 121; *Kalss* EuZW 2013, 361; *Hopt* EuZW 2013, 481; *ders.* ZGR 2013, 165; *Former Reflection Group on the Future of EU Company Law* ECFR 2013, 304; *Schmidt* GmbHR 2013, R33; *Bayer/Schmidt* BB 2013, 3, 12 ff.

auszubauen und zu konkretisieren.[21] So sah die Europäische Kommission darin zahlreiche Initiativen zur Verbesserung der Aktionärsstellung und zu künftig geplanten Erweiterungen der bestehenden Richtlinie vor. Im April 2014 veröffentlichte die Europäische Kommission sodann einen Richtlinienvorschlag zur Änderung der Aktionärsrechterichtlinie (im Folgenden **AR-RL-KOM**).[22] Im Sinne eines wirksamen Corporate-Governance-Rahmens bezweckte der Richtlinienvorschlag eine Stärkung der **Einbeziehung der Aktionäre** in die Unternehmenspolitik, eine Erleichterung der Ausübung bestimmter Aktionärsrechte sowie eine Verbesserung der **Transparenz** und der **Überwachung** hinsichtlich der Vergütungspolitik und Transaktionen mit nahestehenden Unternehmen und Personen.[23] Hierzu sollte die Aktionärsrechterichtlinie zukünftig konkrete Anforderungen festlegen, die darauf ausgerichtet sind, die langfristige Einbeziehung und **Identifizierung** der Aktionäre zu erleichtern und insbesondere die Arbeit von institutionellen Anlegern und sog *proxy advisor* transparenter auszugestalten.

Der Richtlinienvorschlag der Europäischen Kommission vom April 2014 erfuhr im Gesetzgebungsprozess dann allerdings wesentliche Änderungen. Im Rahmen der italienischen Ratspräsidentschaft wurden im November 2014 zwei **Kompromissvorschläge** erarbeitet (im Folgenden **AR-RL-IT-1** und **AR-RL-IT-2**), die insbesondere Änderungen bei der Regelung von Transaktionen mit nahestehenden Unternehmen (s. dazu Rn. 256 ff.) betrafen.[24] Hinzu kamen Kompromissvorschläge unter der lettischen[25] (im Folgenden **AR-RL-LV**) sowie niederländischen Ratspräsidentschaft (im Folgenden **AR-RL-NL**).[26] Erhebliche Änderungswünsche äußerte auch das Europäische Parlament in einem im Juli 2015 angenommenen Entwurf (im Folgenden **AR-RL-EP**).[27] Vor allem fügte das Europäische Parlament eine neue Regelung über die Offenlegungspflichten von Unternehmen zu nach Mit- 8

21 Vgl. Europäische Kommission, Aktionsplan: Europäisches Gesellschaftsrecht und Corporate Governance – ein moderner Rechtsrahmen für engagiertere Aktionäre und besser überlebensfähige Unternehmen, 12.12.2012, COM(2012) 740 final, S. 8 ff.

22 Europäische Kommission, Vorschlag für eine Richtlinie des Europäischen Parlaments und des Rates zur Änderung der Richtlinie 2007/36/EG im Hinblick auf die Förderung der langfristigen Einbeziehung der Aktionäre sowie der Richtlinie 2013/34/EU in Bezug auf bestimmte Elemente der Erklärung zur Unternehmensführung, COM(2014) 213 final; generell dazu *Kalss/Klampfl*, Europäisches Gesellschaftsrecht, 2015, Rn. 415 ff.; *European Company Law Experts*, Shareholder engagement and identification (February 2015); *Lanfermann* BB 2014, 1283 ff.; *Seibt* DB 2014, 1910 ff.; *Hopt* NYU J. L&B 12 (2015) 139, 153 ff.; *Zetzsche* NZG 2014, 1121; *Bayer/Schmidt* BB 2015, 1731 ff.; *dies.* BB 2014, 1219, 1220 ff.; *Chiu* ZVglRWiss 114 (2015) 121 ff.; *DAV-Handelsrechtsausschuss* NZG 2015, 54 ff.; *Langenbucher* in: FS Müller-Graff, 2015, S. 312 ff.; *Hommelhoff* NZG 2015, 1329, 1332 f.

23 Eine von der *Reflection Group on the Future of EU Company Law* angedachte Bestimmung des *acting in concert*-Begriffs (vgl. Report of the Reflection Group on the Future of EU Company Law, 2011, S. 46 f.) wurde im Rahmen des Richtlinienvorschlags nicht weiterverfolgt und mündete vielmehr in einer Leitlinie der ESMA (vgl. ESMA, Public statement on shareholder cooperation and acting in concert under the Takeover Bids Directive, 2013/1642); s. dazu auch § 29 Rn. 53 f.

24 Council of the European Union, Proposal for a Directive of the European Parliament and of the Council amending Directive 2007/36/EC as regards the encouragement of long-term shareholder engagement and Directive 2013/34/EU as regards certain elements of the corporate governance statement – Presidency compromise text, 10.11.2014, Doc. 13758/14, DRS 119, CODEC 1923; Council of the European Union, Proposal for a Directive of the European Parliament and of the Council amending Directive 2007/36/EC as regards the encouragement of long-term shareholder engagement and Directive 2013/34/EU as regards certain elements of the corporate governance statement, Presidency compromise text, 5.12.2014, Doc. 15647/14, DRS 152, CODEC 2274; speziell dazu *Jung* WM 2014, 2351 ff.

25 Die lettische Ratspräsidentschaft legte nacheinander zwei Kompromissvorschläge vor, vgl. Council of the European Union, Proposal for a Directive of the European Parliament and of the Council amending Directive 2007/36/EC as regards the encouragement of long-term shareholder engagement and Directive 2013/34/EU as regards certain elements of the corporate governance statement – Presidency compromise text, 14.1.2015, Doc. 5215/15, DRS 3, CODEC 38 und Council of the European Union, Proposal for a Directive of the European Parliament and of the Council amending Directive 2007/36/EC as regards the encouragement of long-term shareholder engagement and Directive 2013/34/EU as regards certain elements of the corporate governance statement – Preparation of an informal trilogue, 20.3.2015, Doc. 7315/15, DRS 26, CODEC 366.

26 Council of the European Union, Proposal for a Directive of the European Parliament and of the Council on amending Directive 2007/36/EC as regards the encouragement of long-term shareholder engagement and Directive 2013/34/EU as regards certain elements of the corporate governance statement – Preparation for an informal trilogue, 20.5.2016, Doc. 9029/16, DRS 18, CODEC 682; Council of the European Union, Proposal for a Directive of the European Parliament and of the Council on amending Directive 2007/36/EC as regards the encouragement of long-term shareholder engagement and Directive 2013/34/EU as regards certain elements of the corporate governance statement – Preparation for an informal trilogue, 22.6.2016, Doc. 10261/16, DRS 27, CODEC 889.

27 Europäisches Parlament, Langfristige Einbeziehung der Aktionäre und Erklärung zur Unternehmensführung. Abänderungen des Europäischen Parlaments vom 8. Juli 2015 zu dem Vorschlag für eine Richtlinie des Europäischen Parlaments und des Rates zur Änderung der Richtlinie 2007/36/EG […], P8_TA(2015)0257; vgl. auch den Bericht den Rechtsausschusses über den Vorschlag für eine Richtlinie des Europäischen Parlaments und des Rates zur Änderung der Richtlinie 2007/36/EG […], 12.5.2015, A8-0158/2015; eine Gegenüberstellung der Kommissions-, Ministerrats- und Parlamentsvorschläge findet sich bei Council of the European Union, Proposal for a Directive of the European Parliament and of the Council amending Directive 2007/36/EC as regards the encouragement of long-term shareholder engagement and Directive 2013/34/EU as regards certain elements of the corporate governance statement – 4 column-table, 28.7.2015, Doc. 11243/15, DRS 50, CODEC 1084.

gliedstaaten aufgeschlüsselten Ertragssteuerinformationen (sog *Country by Country-Reporting*) (s. zu einem entsprechenden Ertragssteuerinformationsbericht auch § 25 Rn. 69) ein. Dieses politische Manöver ließ daraufhin den Gesetzgebungsprozess ins Stocken geraten. Um dem entsprechenden Vorhaben Abhilfe zu schaffen, entschied sich die Europäische Kommission deshalb – richtigerweise – für eine Ausgliederung dieses Aspekts aus dem bestehenden Richtlinienvorschlag und veröffentlichte dafür im April 2016 einen neuen Richtlinienvorschlag zur **Änderung der Bilanzrichtlinie** im Hinblick auf die Erstellung und Veröffentlichung eines Ertragssteuerinformationsberichts (dazu § 25 Rn. 69).[28] Doch der Aspekt blockierte trotz dieses Vorschlags die Verhandlungen zunächst weiter.[29]

9 Unter der slowakischen Ratspräsidentschaft gelang dann im Dezember 2016 jedoch der Durchbruch, da bei den Trilogverhandlungen ein Kompromiss gefunden werden konnte (im Folgenden **AR-RL-SVK**). Am 31. Januar 2017 nahm der Rechtsausschuss des Europäischen Parlaments (JURI) den Vorschlag an.[30] Die Zustimmung des Parlaments folgte im März 2017 mit 646 Stimmen bei 39 Gegenstimmen und 13 Enthaltungen.[31] Am 3. April 2017 gab dann auch der Rat formell seine Zustimmung zur zuvor gefundenen Trilogeinigung.[32] Der Beschluss wurde einstimmig gefasst.[33] Die reformierte Richtlinie wurde am 17.5.2017 offiziell verabschiedet und daraufhin am 20.5.2017 im Amtsblatt der EU verkündet.[34] Annähernd zehn Jahre nach dem Entstehen der Aktionärsrechterichtlinie (vgl. Rn. 3) wurde diese damit spürbar erweitert und durch neue Aspekte ergänzt.

2. Überblick über die reformierte Aktionärsrechterichtlinie

10 Übergeordnetes Regelungsvorhaben der reformierten Aktionärsrechterichtlinie ist eine **verbesserte Transparenz.** Insofern spielt zunächst die Identitätsfeststellung der Aktionäre eine bedeutende Rolle (ausführlich dazu Rn. 27 ff.).[35] Hierzu befasst sich zunächst Art. 3a AR-RL mit der **Identifizierung der Aktionäre.** Danach haben die Mitgliedstaaten sicherzustellen, dass Finanzintermediäre der betreffenden Gesellschaft die Möglichkeit der eindeutigen Identifizierung der Aktionäre anbieten. Für Fälle, in denen die Gesellschaft nicht direkt mit ihren Aktionären kommuniziert, sieht Art. 3b AR-RL vor, dass die Mitgliedstaaten sicherzustellen haben, dass der Finanzintermediär den Aktionären **Informationen** insbesondere zur Ausübung der Aktionärsrechte unverzüglich über die Website der Gesellschaft **zur Verfügung stellt.** Art. 3c AR-RL befasst sich in diesem Zusammenhang mit der Erleichterung der Ausübung der Aktionärsrechte (ausführlich dazu Rn. 73 ff.). Hierzu haben Finanzintermediäre zunächst allgemein die Ausübung der Aktionärsrechte durch den Aktionär, einschließlich des Rechts auf Teilnahme an der Hauptversammlung und der Stimmabgabe bei dieser, zu erleichtern. Des Weiteren befasst sich die Änderungsrichtlinie mit der **Förderung von langfristigen Aktionärsbeteiligungen** sowie der Transparenz bei institutionellen Anlegern, Vermögensverwaltern und Beratern für die Stimmrechtsvertretung (*proxy advisor*) (ausführlich dazu Rn. 347 ff.).[36] Ein weiterer Hauptregelungspunkt der reformierten Richtlinie sind zudem die Regelungen über das Recht der Aktionäre auf **Abstimmung über die Vergütungspolitik** („*say on pay*"/SoP) in

28 Europäische Kommission, Vorschlag für eine Richtlinie des Europäischen Parlaments und des Rates zur Änderung der Richtlinie 2013/34/EU im Hinblick auf die Offenlegung von Ertragssteuerinformationen durch bestimmte Unternehmen und Zweigniederlassungen v. 12.4.2016, COM(2016) 198 final; siehe auch die Änderungsvorschläge des Europäischen Parlaments, Abänderungen des Europäischen Parlaments vom 4. Juli 2017 zu dem Vorschlag für eine Richtlinie des Europäischen Parlaments und des Rates zur Änderung der Richtlinie 2013/34/EU im Hinblick auf die Offenlegung von Ertragssteuerinformationen durch bestimmte Unternehmen und Zweigniederlassungen (COM(2016)0198 C8-0146/2016 – 2016/0107(COD)), P8_TA-PROV(2017)0284.

29 Vgl. *Bremer* NZG 2016, 1020, 1021.

30 Europäisches Parlament, Protokoll JURI_PV(2017)0130_1, Punkt 16, abrubar unter: http://www.europarl.europa.eu/sides/getDoc.do?pubRef=-%2f%2fEP%2f%2fNONSGML%2bCOMPARL%2bPE-599.688%2b01%2bDOC%2bPDF%2bV0%2f%2fDE.

31 Europäisches Parlament, Protokoll zur Sitzung vom 14. März 2017, Anlage – Abstimmungsergebnisse, Punkt 3, abrufbar unter: http://www.europarl.europa.eu/sides/getDoc.do?pubRef=-//EP//NONSGML+PV+20170314+RES-VOT+DOC+PDF+V0//DE&language=DE.

32 Siehe https://video.consilium.europa.eu/en/webcast/5896b06e-22ce-4462-9891-90f8459ac58a.

33 Siehe http://video.consilium.europa.eu/en/webcast/5896b06e-22ce-4462-9891-90f8459ac58a.

34 Richtlinie (EU) 2017/828 des Europäischen Parlaments und des Rates vom 17. Mai 2017 zur Änderung der Richtlinie 2007/36/EG im Hinblick auf die Förderung der langfristigen Mitwirkung der Aktionäre, ABl. EU v. 20.5.2017, L 132/1.

35 Speziell dazu *Lanfermann/Maul* BB 2014, 1283, 1288; *DAV-Handelsrechtsausschuss* NZG 2015, 54 ff.; *Kalss/Klampfl*, Europäisches Gesellschaftsrecht, 2015, Rn. 417; *Seibt* DB 2014, 1910, 1916 f.; *Zetzsche* NZG 2014, 1121, 1122 f.; für eine europäische Regelung zur Identifizierung der Aktionäre auch schon *ders.* JCLS 8 (2008) 289, 332.

36 Speziell dazu *Córcoles* ECFR 2016, 106 ff.; *Hössl/Torggler* GesRZ 2016, 185 ff.; *Kalss/Klampfl*, Europäisches Gesellschaftsrecht, 2015, Rn. 419 f.; *Wünschmann*, Die Haftung und die Regulierung von institutionellen Stimmrechtsberatern, 2015, S. 334 ff.; ferner zur Thematik *Kalss* EuZW 2014, 441 f.; *Fleischer* ZGR 2011, 155, 162 ff.

Bezug auf die Mitglieder der Unternehmensleitung (Art. 9a f. AR-RL) (ausführlich dazu Rn. 144 ff.).[37] Die Mitgliedstaaten haben danach sicherzustellen, dass die betreffenden, vom Anwendungsbereich der Richtlinie erfassten, Gesellschaften eine Vergütungspolitik erarbeiten und über diese auf der Hauptversammlung abstimmen lassen. Darüber hinaus ist ein **Vergütungsbericht** zu erstellen, über den in der Regel ebenfalls abgestimmt wird (s. Rn. 206 ff.). Die bisher am meisten diskutierte Änderung der Aktionärsrechterichtlinie betrifft allerdings die Regelung zu Transaktionen mit nahestehenden Unternehmen und Personen (sog ***related party transactions/ RPT***) (ausführlich Rn. 256).[38] Mit der Regelung zu *related party transactions* (Art. 9c AR-RL) soll primär der Schutz von Minderheitsaktionären der Gesellschaft gegen Vermögensverschiebungen mit nahestehenden (juristischen oder natürlichen) Personen gewährleistet werden (s. Rn. 258 ff.).

Im Rahmen einer nachvollziehbaren und effektiven **Corporate Governance** bei börsennotierten Unternehmen[39] 11
zielt die Änderungsrichtlinie darüber hinaus darauf ab, den Aktionären größeren Einfluss auf verschiedene Maßnahmen der Unternehmensführung und damit (faktisch) zusammenhängender Aspekte zuzugestehen. Im Sinne eines verstärkten ***shareholder activism***[40] ist die Änderungsrichtlinie auf einen zunehmenden Einfluss und eine stärkere Überwachung der Unternehmensführung durch – vor allem institutionelle – Anleger bzw. Investoren (s. auch § 33 Rn. 71) und damit in gewisser Weise auf eine gesteigerte Aktionärsdemokratie ausgerichtet.[41] Vor allem in Deutschland stieß diese Zielrichtung jedoch auf Kritik,[42] insbesondere unter Hinweis auf die dadurch hervorgerufenen Systemverwerfungen beim dualistischen System. Aus den Ergebnissen einer empirisch angelegten Studie wurde sogar geschlussfolgert, dass eine gesteigerte Aktionärsdemokratie nicht per se im Interesse aller Aktionäre sei.[43] Aufgrund der Kritik an der stärkeren Einbindung der Aktionäre wurde diese im Laufe des Gesetzgebungsprozesses dann auch abgeschwächt.

III. Zukünftige Entwicklung der Aktionärsrechterichtlinie

Eine zukünftige Überarbeitung der Aktionärsrechterichtlinie könnte die fortschreitende **Digitalisierung** des 12
(europäischen) Gesellschaftsrechts (s. dazu § 18 Rn. 81) mit sich bringen.[44] In diesem Zusammenhang erstellte die *Informal Company Law Expert Group* im Auftrag der Europäischen Kommission einen im März 2016 veröffentlichten Bericht über die Digitalisierung im Gesellschaftsrecht,[45] der ebenfalls Empfehlungen zur Änderung der Aktionärsrechterichtlinie vorsieht. Die Expertengruppe schlägt ua vor, den Aktionären die Option zu gewähren, mittels Mehrheitsbeschluss auf die physische Präsenz in der Hauptversammlung zu verzichten.[46] Ein weiterer Vorschlag zielt darauf ab, den Aktionären die Bestellung eines dauerhaften Vertreters zu ermöglichen, der die Rechte des Aktionärs ausübt.[47] Im Rahmen der Reform aus dem Jahr 2017 wurden diese beiden Aspekte jedoch noch nicht verwirklicht. Insbesondere die Möglichkeit einer rein virtuellen Hauptversammlung wäre

37 Speziell dazu *Dobrowolski* GesRZ 2015, 295 ff.; *Kalss/Klampfl*, Europäisches Gesellschaftsrecht, 2015, Rn. 421 ff.; *Mense/Klie* GWR 2014, 232, 234 f.; *DAV-Handelsrechtsausschuss* NZG 2015, 54, 60 ff.; ferner *Behrmann/Sassen* ZCG 2015, 22 ff.; *Velte/Winkler* ZCG 2016, 67 ff.

38 Speziell dazu *Fleischer* BB 2014, 2691 ff.; *Bayer/Selentin* NZG 2015, 7 ff.; *Enriques* EBOR 16 (2015) 1 ff.; *Vetter* ZHR 179 (2015) 273 ff.; *Jung* WM 2014, 2351 ff.; *Bungert/de Raet* DK 2015, 289 ff.; *Tröger* AG 2015, 53 ff.; *Selzner* ZIP 2015, 753 ff.; *Wiersch* NZG 2014, 1131 ff.; *Zollner* in: FS Nowotny, 2015, S. 499 ff.; *DAV-Handelsrechtsausschuss* NZG 2015, 54, 62 ff.; *van der Elst*, The Duties of Large Shareholders in Transactions with the Company, ECGI Law Working Paper No. 318/2016, S. 18 ff.

39 Zur „europäischen" Corporate Governance siehe § 33; in diesem Kontext vgl. auch *OECD*, OECD Corporate Governance Factbook, 2017, S. 51 ff.; *Córcoles* ECFR 2016, 106, 138.

40 Vgl. *Rose* J. Manag. Gov. 16 (2012) 269; *Birkmose* ECFR 2014, 214, 218; *Habersack* ZHR 181 (2017) 603, 611; zum zunehmenden *shareholder activism* in Deutschland vgl. *Schockenhoff/Culmann* ZIP 2015, 297 ff.; *Graßl/Nikoleyczik* AG 2017, 49 ff.; *Bunz* NZG 2014, 1049 ff.; *Kleinmanns* IRZ 2016, 341 ff.; *Thaeter/Guski* AG 2007, 301 ff.; *Schaefer* NZG 2007, 900 ff.; rechtsvergleichend auch *CMS Corporate/M&A*, Shareholder Activism: A European Perspective, 2016; im Hinblick auf Vergütungsentscheidungen *Stathopoulos/Voulgaris* Corp. Gov. (Int. Rev.) 24 (2016) 359 ff.; kritisch zu einem Shareholder Aktivismus *Asplund* ECL 12 (2015) 286, 290.

41 In diesem Sinne im Rahmen des Gesetzgebungsprozesses *Hommelhoff* NZG 2015, 1329, 1332; *Chiu* ZVglRWiss 114 (2015) 121, 152; im vergleichbaren Zusammenhang jedoch zT kritisch *Strenger/Zetzsche* AG 2013, 397, 399 ff.; *Hüffer/Koch*, AktG, 13. Aufl. 2018, § 118 Rn. 5.

42 Vgl. *Renner* AG 2015, 513, 520 f., wonach verkannt wird, dass das dualistische System einer „repräsentativen Demokratie" folgt und die Rolle des Aufsichtsrats unberücksichtigt bleibt.

43 *Wagner/Wenk*, Agency versus Hold-up: Benefits and Costs of Shareholder Rights, ECGI Finance Working Paper No. 500/2017, S. 33.

44 Vgl. dazu auch die entsprechenden Ausführungen im Grünbuch zur Schaffung einer Kapitalmarktunion (COM(2015) 63) und im Digital Single Market Act (COM(2015) 192).

45 *Informal Company Law Expert Group*, Report on digitalisation in company law (March 2016); abrufbar unter: http://ec.europa.eu/justice/civil/files/company-law/icleg-report-on-digitalisation-24-march-2016_en.pdf.

46 *Informal Company Law Expert Group*, Report on digitalisation in company law, Empfehlung 26; vgl. auch *Bayer/Schmidt* BB 2016, 1923, 1928.

47 *Informal Company Law Expert Group*, Report on digitalisation in company law, Empfehlung 29; vgl. auch *Bayer/Schmidt* BB 2016, 1923, 1928.

insofern ein innovativer Schritt, die Teilnahme zukünftig auch ohne Einschaltung eines Stellvertreters (s. dazu Rn. 123, 128) weiter zu vereinfachen.[48] Inwiefern diesbezüglich in nächster Zeit eine entsprechende (erneute) Änderung der Aktionärsrechterichtlinie ins Auge gefasst werden wird, ist bislang unklar.

13 Das Thema Digitalisierung und der Einsatz IT-basierter Anwendungen stehen bei der Europäischen Kommission in jedem Fall weit oben auf der Agenda. Im Oktober 2016 startete sie eine Initiative zum „Einsatz digitaler Technologien während des Lebenszyklus eines Unternehmens"[49] und auch in der öffentlichen Konsultation zur „Modernisierung des europäischen Gesellschaftsrechts" vom Frühjahr/Sommer 2017 wurden Fragen der Verwendung von digitalen Instrumenten im Rahmen der Hauptversammlung angesprochen.[50] Vor allem im Zusammenhang mit den neuen Regelungen zur Identifizierung von Aktionären (s. dazu Rn. 27 ff.) und zur digitalen Aktionärsabstimmung könnte in Zukunft zB der Verwendung von *Blockchain*-Technologie[51] Bedeutung zukommen.[52] Die Einschaltung von Intermediären (s. dazu Rn. 65 ff.) könnte dadurch potenziell spürbar beeinflusst werden.[53] Auch die Online-Stimmrechtsausübung durch Anwendung der *Blockchain*-Technologie wurde durch die Europäische Kommission erst im Mai 2017[54] und kurz darauf auch im Juni 2017[55] unmittelbar erneut angesprochen.

B. Zweck und Bedeutung

14 Aufgrund der zunehmenden Internationalisierung der Aktionärsstruktur größerer Unternehmen,[56] sah sich der europäische Gesetzgeber dazu berufen, durch die Verabschiedung der Aktionärsrechterichtlinie insbesondere die **grenzüberschreitende Ausübung** der **Aktionärsstimmrechte** in der Hauptversammlung börsennotierter Gesellschaften zu fördern.[57] Ziel der Richtlinie ist in diesem Zusammenhang die stärkere Überwachung der Verwaltungsorgane durch die Aktionäre, dh eine verbesserte Corporate Governance (ausführlich zur EU Corporate Governance § 33).[58] Dafür sind vor allem ein barrierefreier Zugang zu Informationen über die Hauptversammlung entscheidend sowie Maßnahmen zur Vereinfachung der Teilnahme und Stimmausübung an bzw. in der Hauptversammlung.[59] Für den europäischen Gesetzgeber ist eine „wirksame Kontrolle durch die Aktionäre eine Grundvoraussetzung für eine **solide Unternehmensführung** und sollte daher durch die Richtlinie erleichtert und gefördert werden".[60]

48 Im Hinblick auf den zukünftigen Einsatz der Blockchain auch *Mutter/Otto* AG 2017, R244, R245; *Spindler* ZGR 2018, 17, 50.

49 Europäische Kommission, Mitteilung der Kommission an das Europäische Parlament, an den Rat, den Europäischen Wirtschafts- und Sozialausschuss und den Ausschuss der Regionen, Arbeitsprogramm der Kommission 2017, Für ein Europa, das schützt, stärkt und verteidigt, 25.10.2016, COM(2016) 710 final, S. 9; im Hinblick auf den Einsatz digitaler Technologien (zB der *Blockchain*) EWSA, Stellungnahme zum Thema „Digitalisierung und innovative Geschäftsmodelle im europäischen Finanzsektor – Auswirkungen auf Beschäftigung und Kunden", 201/C 246/02, ABl. EU v. 28.7.2017, C 246/8, Ziff. 3.2.

50 http://ec.europa.eu/newsroom/just/item-detail.cfm?item_id=58190.

51 Bei der Blockchain-Technologie handelt es sich um eine Netzwerktechnologie, die eine Art dezentrales elektronisches Register für Transaktionen, Datensätze und Ereignisse darstellt. Das Register wird von den Teilnehmern dieses Netzwerks verwaltet. Sämtliche Aktivitäten werden gleichlautend bei allen Teilnehmern protokolliert, sodass die Richtigkeit des Registers sichergestellt wird. Vgl. näher zum Begriff der *Blockchain* und der dahinterstehenden Technologie *Breidenbach/Glatz* in: Breidenbach/Glatz (Hrsg.), Rechtshandbuch Legal Tech, 2018, Kap. 1.1. Rn. 14 ff.; *Kaulartz* CR 2016, 474 ff.

52 Vgl. dazu *van der Elst/Lafarre*, Bringing the AGM to the 21st Century: Blockchain and Smart Contracting Tech for Shareholder Involvement, ECGI Law Working Paper No. 358/2017; *dies.* ECL 14 (2017) 167 ff.; *Mutter/Otto* AG 2017, R244; *Spindler* ZGR 2018, 17, 50; zu den Risiken auch *Zetzsche/Buckley/Arner*, The Distributed Liability of Distributed Ledgers: Legal Risks of Blockchain, [2017] UNSW Research Series 52.

53 *Noack* NZG 2017, 561, 566.

54 Europäische Kommission, Mitteilung der Kommission an das Europäische Parlament, den Rat, den Europäischen Wirtschafts- und Sozialausschuss und den Ausschuss der Regionen über die Halbzeitüberprüfung der Strategie für einen digitalen Binnenmarkt. Ein vernetzter Binnenmarkt für alle, COM(2017) 228 final, S. 21.

55 Europäische Kommission, Mitteilung der Kommission an das Europäische Parlament, den Rat, den Europäischen Wirtschafts- und Sozialausschuss und den Ausschuss der Regionen über die Halbzeitbilanz des Aktionsplans zur Kapitalmarktunion, COM(2017) 292 final, S. 9.

56 Vgl. Erwägungsgrund 5 S. 1 AR-RL.

57 Insofern zur Förderung der Kapitalverkehrsfreiheit durch die Richtlinie *Teichmann* in: Gebauer/Teichmann (Hrsg.), Europäisches Privat- und Unternehmensrecht, 2016, § 6 Rn. 219; *Grundmann/Winkler* ZIP 2006, 1421, 1424.

58 *Kort* in: Hirte/Mülbert/Roth (Hrsg.), AktG, 2015, Vor § 76 Rn. 77; *Bruno*, Corporate Ownership & Control 12 (2015) 401, 402.

59 Vgl. Erwägungsgrund 3, 5 AR-RL; *Kalss/Klampfl*, Europäisches Gesellschaftsrecht, 2015, Rn. 389; *Lutter/Bayer/Schmidt*, Europäisches Unternehmens- und Kapitalmarktrecht, 2017, Rn. 29.2; *Habersack/Verse*, Europäisches Gesellschaftsrecht, 2011, § 7 Rn. 1; *Noack* in: Fleischer ua (Hrsg.), 50 Jahre Aktiengesetz, 2016, S. 163, 195; *Birkmose* ECFR 2014, 214, 217.

60 Erwägungsgrund 3 S. 2 AR-RL.

15 Die Aktionärsrechterichtlinie zielt damit in erster Linie darauf ab, die grenzüberschreitende Ausübung der Aktionärsrechte zu erleichtern. Durch die Richtlinie sollen insbesondere Hindernisse, die die Aktionäre von der Stimmabgabe in der Hauptversammlung abhalten, beseitigt werden. Zu diesem Zweck sieht die Aktionärsrechterichtlinie **Mindeststandards** (s. Rn. 17) zur Einberufung und Teilnahme (an) der Hauptversammlung börsennotierter Gesellschaften, zur Ausübung von Aktionärsrechten in der Hauptversammlung und zur Regulierung von Stimmrechtsberatern und -vertretern vor. Die Harmonisierungsbestimmungen gelten dabei trotz des genannten Hintergrunds unabhängig von der räumlichen Ansässigkeit und Nationalität der betroffenen Aktionäre. Die Richtlinie kommt mithin grundsätzlich in gleicher Weise für **grenzüberschreitende** wie **innerstaatliche Sachverhalte** zum Tragen, so dass auch Aktionäre, bei denen kein grenzüberschreitender Sachverhalt vorliegt, uneingeschränkt von den nationalen Umsetzungsvorschriften der Richtlinie profitieren.[61] Insofern sorgt die Richtlinie für eine generelle Angleichung wichtiger Themen mit Blick auf die Hauptversammlung in börsennotierten Gesellschaften[62] und bewirkt damit faktisch auch eine Verwirklichung der Kapitalverkehrsfreiheit. Dieser Effekt wird zusätzlich dadurch verstärkt, dass zahlreiche Mitgliedstaaten die Regelungen der Richtlinie **überschießend** auch auf die ihrem Recht unterfallenden nicht-börsennotierten Gesellschaften umgesetzt haben. Zu diesen Ländern zählen beispielsweise Deutschland sowie im Ansatz Großbritannien.

16 Durch die im Jahr 2017 verabschiedete Änderungsrichtlinie wurden **Zweck** und **Bedeutung** der Aktionärsrechterichtlinie **erweitert** (überblickartig zu den Änderungen bereits Rn. 10). Zusammenfassend lässt sich festhalten, dass die Änderungsrichtlinie vor allem darauf abzielt, die **Corporate Governance** der von der Richtlinie erfassten Gesellschaften, dh eine gute Unternehmensführung und -kontrolle zu stärken, indem die langfristige Einbindung von Aktionären sowie Transparenz **gefördert** wird. Dabei lässt die Änderungsrichtlinie 2017 die Regelungen der bestehenden Richtlinie praktisch unberührt. Sie zielt im Gegensatz zu ihrem Namen nicht darauf ab, Vorgaben der Richtlinie zu modifizieren, sondern bezweckt vielmehr die Ergänzung der „alten" Richtlinie um neue Aspekte.

C. Harmonisierungsgrad

17 Gem Art. 3 AR-RL ist die Richtlinie ausdrücklich nur auf eine **Mindestharmonisierung** der einzelstaatlichen Vorschriften ausgerichtet.[63] Im Vergleich zu anderen gesellschaftsrechtlichen Richtlinien ist insofern positiv zu vermerken, dass die Richtlinie sich mit dieser Frage explizit beschäftigt. Die Aktionärsrechterichtlinie gewährt den Mitgliedstaaten daher die Möglichkeit, weitere Vorgaben zu schaffen, um den Aktionären die Ausübung ihrer Rechte zu erleichtern. So können beispielsweise die Anforderungen an eine wirksame Einberufung durch den nationalen Gesetzgeber auch strenger ausgestaltet werden. Auch eine überschießende Umsetzung der Richtlinienvorgaben ist möglich (s. dazu auch Rn. 15). Der Harmonisierungsgrad wurde durch die jüngste Reform der Aktionärsrechterichtlinie nicht geändert. Erwägungsgrund 55 der Änderungsrichtlinie stellt diesbezüglich allerdings klar, dass weitergehende Anforderungen durch die Mitgliedstaaten „nicht die wirksame Anwendung dieser Richtlinie oder die Erreichung ihrer Ziele behindern" dürfen.

D. Anwendungsbereich

18 Vom Anwendungsbereich der Aktionärsrechterichtlinie sind Gesellschaften erfasst, die ihren Sitz in einem Mitgliedstaat bzw. einem EWR-Staat haben und deren Aktien an einem geregelten Markt in diesen Staaten angeboten werden (Art. 1 I AR-RL). Auch wenn Art. 1 I AR-RL durch die Änderungsrichtlinie von 2017 neu gefasst wurde, ändert dies nichts am persönlichen Anwendungsbereich der Vorschrift (vgl. Art. 1 I AR-RL). Mit „Sitz" im Sinne der Richtlinie ist der **Satzungssitz** der Gesellschaft gemeint. Dies ergibt sich aus den anderen Sprachfassungen. So verwendet zB die englische Fassung der Richtlinie die Bezeichnung *„registered office"*.[64] Mit Blick auf den Begriff des geregelten Marktes nahm Art. 2 lit. a) AR-RL aF noch auf die Definition im ehemaligen Art. 4 I Nr. 14 der Finanzmarktrichtlinie[65] Bezug. Die überarbeitete Richtlinie von 2017verweist diesbezüg-

61 Vgl. Erwägungsgrund 5 S. 3 AR-RL.

62 *Lutter/Bayer/Schmidt*, Europäisches Unternehmens- und Kapitalmarktrecht, 2017, Rn. 29.2; *Kalss/Klampfl*, Europäisches Gesellschaftsrecht, 2015, Rn. 389; *Habersack/Verse*, Europäisches Gesellschaftsrecht, 2011, § 7 Rn. 2.

63 *Lutter/Bayer/Schmidt*, Europäisches Unternehmens- und Kapitalmarktrecht, 2017, Rn. 29.20; *Teichmann* in: Gebauer/Teichmann (Hrsg.), Europäisches Privat- und Unternehmensrecht, 2016, § 6 Rn. 219; *Kalss/Klampfl*, Europäisches Gesellschaftsrecht, 2015, Rn. 393; *Gelter*, EU Company Law Harmonization Between Convergence and Varieties of Capitalism, ECGI Law Working Paper No. 355/2017, S. 31; *Habersack/Verse*, Europäisches Gesellschaftsrecht, 2011, § 7 Rn. 4; *Grundmann*, Europäisches Gesellschaftsrecht, 2011, Rn. 407; ferner Erwägungsgrund 4 S. 3 AR-RL: „gewisse Mindestnormen zum Schutz der Anleger und zur Förderung einer reibungslosen und wirksamen Ausübung der mit Stimmrechtsaktien verbundenen Rechte".

64 *Habersack/Verse*, Europäisches Gesellschaftsrecht, 2011, § 7 Rn. 3 (Fn. 6). Französischer Wortlaut: „siège social". Spanischer Wortlaut: „domicilio social". Italienischer Wortlaut: „sede legale". Niederländischer Wortlaut: „statutaire zetel". Polnischer Wortlaut: „statutową siedzibę".

65 Richtlinie 2004/39/EG des Europäischen Parlaments und des Rates vom 21. April 2004 über Märkte für Finanzinstrumente, zur Änderung der Richtlinien 85/611/EWG und 93/6/EWG des Rates und der Richtlinie 2000/12/EG

lich nun auf Art. 4 I Nr. 21 MiFiD II (dazu § 34 Rn. 34 ff.). Danach sind nur solche Gesellschaften von der Aktionärsrechterichtlinie betroffen, deren **Anteile im Freiverkehr an einer Börse** einbezogen sind. Der Anwendungsbereich der Richtlinie erstreckt sich somit nur auf **börsennotierte Gesellschaften.** Dies sind typischerweise – jedoch nicht ausschließlich[66] – Aktiengesellschaften. In Deutschland fallen darunter beispielsweise die **AG**, die **SE** (s. dazu § 4), die **KGaA** sowie Investmentaktiengesellschaften.

19 Nicht erfasst sind solche Gesellschaften, die zwar börsenfähig sind, jedoch ihre Aktien (bislang) nur im Freiverkehr und damit nicht am geregelten Markt anbieten.[67] Der Grund für die Beschränkung auf börsennotierte Gesellschaften wird darin gesehen, dass solche Gesellschaften ein besonderes öffentliches Interesse erzeugen und mit Blick auf sie ein stärkeres Bedürfnis nach einheitlichen Vorgaben besteht.[68] Die Mitgliedstaaten können sich allerdings auch dazu entscheiden, die Anwendbarkeit der Richtlinie vollständig oder teilweise auch auf **nichtbörsennotierte Gesellschaften** zu erweitern (zum Mindestharmonisierungsgrad Rn. 17).[69] Deutschland und teilweise auch Großbritannien haben sich zB für eine entsprechende überschießende Umsetzung (siehe zur Entscheidungszuständigkeit des EuGH § 2 Rn. 202 f.) entschieden.

20 Eingeschränkt wird der Anwendungsbereich allerdings insofern, als dass grundsätzlich lediglich die Aktionäre erfasst sind, deren Aktien **mit einem Stimmrecht verbunden** sind (Art. 1 I AR-RL). Aufgrund des Mindestnormcharakters der Richtlinie (s. bereits Rn. 17) können die Mitgliedstaaten, die eigentlich nur für die mit einem Stimmrecht verbundenen Aktien geltenden Bestimmungen, jedoch auch für **stimmrechtslose Aktien** für anwendbar zu erklären.[70]

21 Nach Art. 2 lit. b) AR-RL ist ein **„Aktionär“** eine natürliche oder juristische Person, die nach dem anwendbaren Recht eines Mitgliedstaates als Aktionär anerkannt ist. Die Richtlinie legt damit kein europäisch-autonomes Verständnis des Aktionärsbegriffs fest, sondern nimmt diesbezüglich Rückgriff auf das anzuwendende mitgliedstaatliche Recht.[71] Ursache ist, dass es verschiedenste Definitionen der Aktionärseigenschaft innerhalb der EU gibt und man die Etablierung der Richtlinie nicht bereits an einem Definitionsproblem scheitern lassen wollte.[72] Dies gilt im Grundsatz auch weiterhin. Denn die verabschiedete Änderungsrichtlinie aus dem Jahr 2017 lässt Art. 2 lit. b) AR-RL unberührt.

22 Nach Art. 1 III lit. a) bis c) AR-RL haben die Mitgliedstaaten die Möglichkeit, zum einen Organismen für gemeinsame Anlagen in Wertpapieren (**OGAW**) sowie **AIF** (Alternative Investment Funds) und zum anderen **Genossenschaften** vom persönlichen Anwendungsbereich der Richtlinie **auszunehmen.**[73] Der durch die Reform neu eingefügte Art. 1 IIIa AR-RL nimmt allerdings eine Einschränkung der Ausnahmemöglichkeit des Art. 1 III AR-RL vor, indem er vorgibt, dass auch für diese Gesellschaften die Vorschriften des Kapitel Ib („Transparenz bei institutionellen Anlegern, bei Vermögenverwaltern und bei Stimmrechtsberatern“) gelten.[74] Zudem dürfen die Mitgliedstaaten im Zuge der Verabschiedung der sog **Bankabwicklungsrichtlinie** (BRRD) aus dem Jahr 2014 für die Sanierung und Abwicklung von Kreditinstituten und Wertpapierfirmen[75] die nationalen Umsetzungsbestimmungen zur Aktionärsrechterichtlinie nicht anwenden, sofern es sich um eine Abwicklung der entsprechenden Gesellschaft gem Art. 31 ff. BRRD handelt (Art. 1 IV AR-RL). Die diesbezüglichen Regelungen der Bankabwicklungsrichtlinie sind insofern als *lex specialis* vorrangig.

---

des Europäischen Parlaments und des Rates und zur Aufhebung der Richtlinie 93/22/EWG des Rates, ABl. EG v. 30.4.2004, L 145/1.

66 Vgl. *Lutter/Bayer/Schmidt,* Europäisches Unternehmens- und Kapitalmarktrecht, 2017, Rn. 29.9; *Kalss/Klampfl,* Europäisches Gesellschaftsrecht, 2015, Rn. 391, Fn. 1127; *Ochmann,* Aktionärsrechte-Richtlinie, 2009, S. 18.

67 Vgl. für Deutschland OLG Frankfurt ZIP 2017, 1714, 1715.

68 *Lutter/Bayer/Schmidt,* Europäisches Unternehmens- und Kapitalmarktrecht, 2017, Rn. 29.9, mit Verweis auf SEC, 2006, 181, S. 21.

69 *Habersack/Verse,* Europäisches Gesellschaftsrecht, 2011, § 7 Rn. 4; *Lutter/Bayer/Schmidt,* Europäisches Unternehmens- und Kapitalmarktrecht, 2017, Rn. 29.10; *Noack* NZG 2006, 321, 322; *Kalss/Klampfl,* Europäisches Gesellschaftsrecht, 2015, Rn. 393.

70 Erwägungsgrund 4 S. 5 AR-RL; vgl. auch *Lutter/Bayer/Schmidt,* Europäisches Unternehmens- und Kapitalmarktrecht, 2017, Rn. 29.10; *Kalss/Klampfl,* Europäisches Gesellschaftsrecht, 2015, Rn. 393; *Ratschow* DStR 2007, 1402, 1403.

71 *Grundmann,* Europäisches Gesellschaftsrecht, 2011, Rn. 416; *Lutter/Bayer/Schmidt,* Europäisches Unternehmens- und Kapitalmarktrecht, 2017, Rn. 29.13; kritisch dazu auch *Noack* in: FS Westermann, 2008, S. 1203, 1208; ferner zur Stellung des Aktionärs im europäischen Gesellschaftsrecht *Nietsch* ZVglRWiss 112 (2013) 45 ff.

72 *Lutter/Bayer/Schmidt,* Europäisches Unternehmens- und Kapitalmarktrecht, 2017, Rn. 29.13; *Bachner/Dokalik* GesRZ 2007, 104 f.

73 Die entsprechenden *opt-out*-Möglichkeiten der Mitgliedstaaten wurden auch im Zuge der Reform der Aktionärsrichtlinie im Jahr 2017 materiell nicht geändert.

74 Gem. *Lutter/Bayer/Schmidt,* Europäisches Unternehmens- und Kapitalmarktrecht, 2017, Rn. 29.14 sind die Vorschriften des Kapitel Ib auf OGAW und AIF zugeschnitten.

75 Dazu *Bauer/Hildner* DZWiR 2015, 251 ff.; *Binder* ZHR 179 (2015) 83 ff.; *Katzengruber* ÖBA 2014, 513 ff.; *Gstädtner* RdF 2013, 180 ff.

Durch die Änderungsrichtlinie 2017 wurden zudem die Absätze 5 bis 6 neu in Art. 1 AR-RL eingefügt und konkretisieren den Anwendungsbereich weiter. Art. 1 V AR-RL stellt insofern klar, dass Kapitel Ia, das sich mit der Aktionärsidentifizierung und Übermittlung entsprechender Informationen befasst, auch mit Blick auf Intermediäre in gewissem Umfang Geltung entfaltet (s. dazu näher unter Rn. 27 ff.). Da sich Kapitel Ib mit der „Transparenz bei institutionellen Anlegern, bei Vermögenverwaltern und bei Stimmrechtsberatern" gilt die Richtlinie zudem insofern auch für genannten Gruppen (Art. 1 VI AR-RL). 23

E. Verhältnis zu anderen Rechtsakten

Art. 1 VII AR-RL wurde ebenfalls durch die Änderungsrichtlinie 2017 neu aufgenommen und befasst sich mit dem Verhältnis der Aktionärsrechterichtlinie zu anderen, **sektorspezifischen Rechtsakten.** Die explizite Beschäftigung mit dem Thema ist nicht selbstverständlich und findet sich bei anderen gesellschaftsrechtlichen Richtlinien in dieser Form grundsätzlich nicht. Erwägungsgrund 54 der Änderungsrichtlinie 2017 stellt klar, dass vor allem das Verhältnis zu Vorgaben für spezielle Einrichtungen wie „Kreditinstitute(n), Wertpapierfirmen, Vermögensverwalter(n), Versicherungsunternehmen und Pensionsfonds" geregelt werden soll. Es geht somit um das Verhältnis zu Rechtsakten, wie der OGAW V-Richtlinie, der AIFM-Richtlinie (s. dazu § 31), CRD IV und MiFID II (s. dazu § 34 Rn. 34 ff.).[76] Art. 1 VII 1 AR-RL erläutert, dass die Vorgaben der Richtlinie „unbeschadet der Bestimmungen sektorspezifischer Rechtsakte" gelten. Die deutsche Fassung ist jedoch missverständlich formuliert. Die anderen Sprachfassungen sowie Erwägungsgrund 54 Änderungsrichtlinie 2017 zeigen, dass die Aktionärsrechterichtlinie vielmehr die sektorspezifischen Rechtsakte unberührt lassen soll. Erwägungsgrund 54 Änderungsrichtlinie 2017 führt weiter aus, dass die sektorspezifischen Regelungen grundsätzlich als ***lex specialis*** (dazu auch § 2 Rn. 73 f.) gelten. Daraus ergibt sich, dass die sektorspezifischen Regeln im Überschneidungsfall der Richtlinie vorgehen (vgl. auch Erwägungsgrund 54 Änderungsrichtlinie 2017). Gleichzeitig soll bei der Auslegung der spezielleren Vorschriften darauf geachtet werden, eine Interpretation zu wählen, die die wirksame Anwendung der Aktionärsrechterichtlinie nicht gefährdet (Erwägungsgrund 54 Änderungsrichtlinie 2017). Der entsprechende Erwägungsgrund stellt insofern klar, dass allein die Existenz einer sektorspezifischen Regelung, die Anwendbarkeit der Aktionärsrechterichtlinie nicht ausschließt. Art. 1 VII 1 AR-RL gibt damit eine Auslegungsvorgabe für die sektorspezifischen Regelungen vor, die theoretisch dazu führen kann, dass sich die Interpretation der dortigen Vorschriften nun ändern. 24

Art. 1 VII 2 AR-RL befasst sich zudem mit dem Fall, dass die Aktionärsrechterichtlinie ausnahmsweise speziellere Regeln enthält als der sektorspezifische Rechtsakt. Geht die Aktionärsrechterichtlinie über die Anforderungen der sektorspezifischen Rechtsakte hinaus, so sind die Voraussetzungen des jeweiligen sektorspezifischen Rechtsakts und die weiterreichenden der Aktionärsrechterichtlinie kumulativ anzuwenden (Art. 1 VII 2 AR-RL).[77] Enthält die Aktionärsrechterichtlinie zudem im Überschneidungsbereich speziellere Regeln, sollen nach dem Wortlaut der Norm kumulativ der sektorspezifische Rechtsakt und die Aktionärsrechterichtlinie anwendbar sein. Die Vorschrift zielt somit darauf ab, dass beide Vorschriften herangezogen werden. Allerdings wirft diese Konsequenz Fragen bei sich widersprechenden Vorgaben auf. Eine vollumfängliche Anwendung beider Vorschriften gleichzeitig ist in dem Fall nicht möglich. Hier müsste dann der Grundsatz gelten, dass die speziellere Regel (ausnahmsweise die der Aktionärsrechterichtlinie) der allgemeineren Vorschrift im Überschneidungsbereich vorgeht. Nach hier vertretener Auffassung behandelt die Vorschrift Fälle einer echten Spezialität. Die Aktionärsrechterichtlinie hat daher insofern nicht allein aufgrund der lex posteriori Regel Vorrang. 25

F. Informationsgewinnung und -übermittlung sowie Erleichterung der Ausübung von Aktionärsrechten

Die Änderung der Aktionärsrechterichtlinie im Jahr 2017 hat zur Einführung eines neuen Kapitels (Ia) in die Richtlinie geführt. In diesem werden insbesondere die Identifizierung von Aktionären (Art. 3a AR-RL, dazu Rn. 27 ff.), die Informationsübermittlung von der Gesellschaft zum Aktionär (Art. 3b AR-RL, dazu Rn. 65 ff.) sowie die Erleichterung der Ausübung von Aktionärsrechten (Art. 3c AR-RL, dazu Rn. 73 ff.) geregelt. 26

I. Identifizierung von Aktionären

1. Hintergrund und Zweck der Regelungen

Eines der Kernthemen der im Jahr 2017 reformierten Aktionärsrechtsrichtlinie ist eine verbesserte **Transparenz** und Identitätsfeststellung der Aktionäre eines börsennotierten Unternehmens.[78] Hierfür bestimmt Art. 3a I 1 AR-RL als eine Art Generalnorm, dass die betroffenen Gesellschaften „das Recht haben, ihre Aktionäre zu 27

76 *Lutter/Bayer/Schmidt*, Europäisches Unternehmens- und Kapitalmarktrecht, 2017, Rn. 29.19.
77 Vgl. auch Erwägungsgrund 54 Änderungs-RL.
78 Für eine europäische Regelung zur Identifizierung von Aktionären bereits *Zetzsche* JCLS 8 (2008) 289, 292.

identifizieren". Eine entsprechende Regelung zur Aktionärsidentifizierung wurde bereits im Aktionsplan der Europäischen Kommission aus dem Jahr 2012 thematisiert.[79] Im Zuge des Kompromissvorschlags des Europäischen Rats zur Änderungsrichtlinie vom März 2015 wurde die Möglichkeit der Identitätsfeststellung dann auch ausdrücklich als Recht der Gesellschaft ausgestaltet.[80] Im zu diesem Zeitpunkt bestehenden Recht der Mitgliedstaaten wurden insbesondere Defizite dahin gehend ermittelt, dass Gesellschaften oft nicht hinreichend in der Lage sind, ihre Aktionäre problemlos zu ermitteln. Dies kann zu einer mangelnden **Kommunikation** zwischen beiden führen.[81] In diesem Zusammenhang kommt der Mitwirkung von Intermediären (zum Begriff vgl. Art. 2 lit. d) AR-RL, dazu Rn. 45) entscheidende Bedeutung zu, da Aktien von Börsenunternehmen häufig von depotführenden Kreditinstituten als Finanzintermediäre gehalten werden.[82] Auch diese sollen durch die Neuregelung in Art. 3a f. AR-RL in die Pflicht genommen werden. Dies gilt grundsätzlich auch bei Verwahrketten (dazu Rn. 49 ff.).

28 Das **Ziel** der Europäischen Kommission ist es, durch das Recht der Gesellschaft zur Identifikation ihrer Aktionäre, die **Kommunikation** zwischen Aktionären und der Gesellschaft **zu verbessern**. Der bessere Informationsfluss soll dann wiederum dazu beitragen, dass die Aktionäre sich stärker in der Gesellschafterversammlung engagieren (Erwägungsgrund 4 Änderungs-RL). Potential sieht die Kommission insofern vor allem auch im grenzüberschreitenden Bereich und mit Blick auf die elektronische Kommunikation (Erwägungsgrund 4 Änderungs-RL). Die Möglichkeit der verstärkten Aktivität der Aktionäre in der Gesellschafterversammlung, soll allerdings nicht nur Vorteile für die einzelnen Anteilsinhaber bringen. Vielmehr soll das **Engagement der Aktionäre** zu einer besseren Kontrolle der Organe führen und damit zu einer guten Unternehmensführung (dh einer guten **Corporate Governance**) beitragen (vgl. Erwägungsgrund 14 Änderungs-RL). Der europäische Gesetzgeber erhofft sich dadurch bessere finanzielle und nicht-finanzielle Leistungen der Unternehmen (Erwägungsgrund 14 Änderungs-RL). Es wurde daher der Anwendungsbereich (s. dazu auch Rn. 23) der Aktionärsrechterichtlinie entsprechend erweitert. Er umfasst jetzt auch „besondere Anforderungen" für die Identifikation von Aktionären und der Informationsübermittlung (Art. 1 I 3 AR-RL). **Kritikpunkte** an den Regelungen zur Aktionärsidentifikation bestehen vor allem hinsichtlich der mangelnden Differenzierung zwischen Inhaber- und Namensaktionären[83] sowie mit Blick auf die Offenlegung geheimhaltungswürdiger Informationen.[84]

2. Recht auf Aktionärsidentifizierung

a) Allgemeines

29 Gemäß Art. 3a I 1 AR-RL müssen die von der Richtlinie erfassten Gesellschaften „das Recht haben, ihre **Aktionäre zu identifizieren**". Die Mitgliedstaaten dürfen daher grundsätzlich keine nationalen Maßnahmen und Rechtsvorschriften vorsehen oder beibehalten, die diesen Auskunftsanspruch der Gesellschaft unmittelbar oder mittelbar einschränken. Im Sinne der Verleihung praktischer Wirksamkeit der Regelung müssen die Mitgliedstaaten vielmehr den ihrem Recht unterfallenden Börsengesellschaften nicht nur eine gesetzliche Grundlage für das Recht auf Aktionärsidentifizierung bereitstellen, sondern auch die mögliche Ausübung dieses Rechts gewährleisten. Eine – abgesehen von der Mitgliedstaatenoption des Art. 3a I 2 AR-RL (s. dazu Rn. 38 ff.) – allein bedingungsbezogene Geltendmachung des Rechts auf Identifikation der eigenen Aktionäre, zB allein für bestimmte Aktiengattungen[85] oder nur anlassbezogen, ist daher nicht mit der Richtlinie vereinbar.

30 Eine **Einschränkung** könnte sich jedoch Art. 3a IV AR-RL entnehmen lassen (s. dazu auch Rn. 60). Danach dürfen die auf der Aktionärsidentifikation basierenden Daten (nur) zur Kommunikation und Zusammenarbeit zwischen der Gesellschaft und den Aktionären verarbeitet werden. Hintergrund dieser Regelung ist der Datenschutz. Die Vorschrift bezieht sich allerdings nicht auf die Informationseinholung durch die Gesellschaft als Vorstadium zu deren gesellschaftsinternen Verwendung, sondern auf die Verwendung als darauffolgenden

79 Siehe Europäische Kommission, Aktionsplan: Europäisches Gesellschaftsrecht und Corporate Governance – ein moderner Rechtsrahmen für engagiertere Aktionäre und besser überlebensfähige Unternehmen, S. 8, http://ec.europa.eu/internal_market/company/docs/modern/121212_company-law-corporate-governance-action-plan_de.pdf. Zur bereits zuvor geführten Diskussion zu diesem Thema vgl. *Lutter/Bayer/Schmidt*, Europäisches Unternehmens- und Kapitalmarktrecht, 2017, Rn. 29.24.

80 Vgl. Kompromissvorschlag der lettischen Ratspräsidentschaft v. 25.3.2015 (Council of the European Union, Proposal for a Directive of the European Parliament and of the Council amending Directive 2007/36/EC as regards the encouragement of long-term shareholder engagement and Directive 2013/34/EU as regards certain elements of the corporate governance statement – Preparation of an informal trilogue, 20.3.2015, Doc. 7315/15, DRS 26, CODEC 366.

81 Vgl. Erwägungsgrund 4 Änderungs-RL; *Bayer/Schmidt* BB 2017, 2114, 2115; *Johnston/Morrow*, Commentary on the Shareholder Rights Directive, Nordic & European Company Law, LSN Research Paper No. 15-13, S. 5.

82 Vgl. nur *Noack* NZG 2017, 561, 562.

83 Thematisierend auch *Kalss/Klampfl*, Europäisches Gesellschaftsrecht, 2015, Rn. 417; vgl. auch *DAV-Handelsrechtsausschuss* NZG 2015, 54, 54.

84 Vgl. *European Company Law Experts*, Shareholder engagement and identification, 2015, S. 8; *Zetzsche* NZG 2014, 1121, 1122 f.

85 S. dazu *Kalss/Klampfl*, Europäisches Gesellschaftsrecht, 2015, Rn. 417.

Schritt. Das Recht der Gesellschaft auf Aktionärsidentifizierung darf daher grundsätzlich auch nicht im Vorhinein auf die in Art. 3a IV AR-RL beschriebenen Maßnahmen beschränkt werden. Es gilt insofern umfassend, was auch dem oben beschriebenen Regelungszweck (s. Rn. 27) entspricht. Eine Einschränkung des Informationsrechts ist nur im Rahmen des von Art. 3a I 2 AR-RL gewährten Spielraums möglich (s. Rn. 38 ff.), wonach Mitgliedstaaten einen bestimmten Schwellenwert für die Aktionärsidentifizierung festlegen können.

Das Recht einer Gesellschaft, ihre Aktionäre zu identifizieren („***know your shareholder***")[86] wird teilweise als „Deanonymisierung des Aktionariats" verstanden.[87] Richtig daran ist, dass die Aktionärsidentifizierung unabhängig von der Art der gehaltenen Aktien durch Art. 3a I 1 AR-RL ermöglicht wird. Sie gilt daher gleichermaßen für Namensaktien und für Inhaberaktien.[88] Vor allem ausländische Aktionäre werden insbesondere bei mehrstufigen Verwahrketten bisher meist anonymisiert über Nominees im Aktienregister eingetragen. Eine begriffsgetreue „*société anonyme*", wie die Aktiengesellschaft in Frankreich (dazu § 13 Rn. 466 ff.),[89] Luxemburg oder zT in Belgien bezeichnet wird, oder eine „*Sociedad Anónima*" nach spanischem (dazu § 15 Rn. 145 ff.) bzw. eine „*Sociedades Anónimas*" nach portugiesischem Recht, wird es zumindest aus materieller Sicht insofern so nicht mehr geben.[90] Allerdings sind der Deanonymisierung sowohl durch den beschränkten Anwendungsbereich der Aktionärsrechterichtlinie auf Börsengesellschaften (s. dazu Rn. 18) als auch durch die Mitgliedstaatenoption des Art. 3a I 2 AR-RL (s. dazu Rn. 38 ff.) – aus europäischer Sicht – gewisse Grenzen gesetzt. Beschränken die Mitgliedstaaten das Recht auf Aktionärsidentifizierung jedoch nicht auf einen bestimmten Schwellenwert (Art. 3a I 2 AR-RL) und setzen sie die Regelung des Art. 3a I AR-RL überschießend auch für nicht-börsennotierte Aktiengesellschaften um,[91] haben die nationalen Aktiengesellschaften tatsächlich umfassende Kenntnis von ihrem Aktionärsstamm. Insofern ließe sich dann mit Blick auf die Aktiengesellschaft tatsächlich von einer umfänglichen Deanonymisierung sprechen. Allerdings knüpfen die Regelungen des Art. 3a AR-RL an die **tatsächliche Aktionärsstellung** an, so dass auch weiterhin der wirtschaftliche Eigentümer (*beneficial owner*) der Aktien, vorbehaltlich geldwäschegesetzlicher Regelungen (s. in diesem Zusammenhang zum Transparenzregister § 20 Rn. 30), im Verborgenen bleiben kann. Für den Regelungszweck der Norm ist dies allerdings nicht misslich, da es in erster Linie darauf ankommt, mit dem Aktionär zu kommunizieren und dadurch die Ausübung von dessen Rechten zu stärken. 31

Vor allem aus deutscher Sicht werden die Auswirkungen des Rechts auf Aktionärsidentifizierung insbesondere darin gesehen, dass die **Funktion von Inhaberaktien** damit weitgehend an Bedeutung verliert und praktisch kaum mehr verwendet werden wird.[92] Denn Inhaberaktien sind in gleicher Weise wie Namensaktien von Art. 3a AR-RL erfasst. Die Richtlinie differenziert insofern zu Recht nicht.[93] Im Zuge der **Aktienrechtsnovelle 2016** hat der deutsche Gesetzgeber den Anwendungsbereich von Inhaberaktien allerdings bereits eingeschränkt (vgl. § 10 I 2 AktG) und auch international werden sog *bearer shares* vor allem aus Geldwäschegesichtspunkten immer kritischer gesehen, weshalb deren Ausgabe zB in Großbritannien seit 2016 nicht mehr zulässig ist (s. dazu § 12 Rn. 611 ff.).[94] Auch in Deutschland bestehen Tendenzen im Hinblick darauf, Inhaberaktien im Zuge der Umsetzung der neuen Aktionärsrechtrichtlinie abschaffen zu wollen.[95] 32

b) Pflicht zur Aktionärsidentifizierung?

Die Regelung des Art. 3a I 1 AR-RL betrifft das Recht der Gesellschaft auf Identifikation ihrer Aktionäre. Verpflichtet werden dabei die Mitgliedstaaten dieses entsprechende Recht zu gewähren (s. Rn. 29). **Die Gesellschaft** selbst trifft nach dem Wortlaut der Norm allerdings keine Pflicht, ihre Aktionäre zu identifizieren. Hierfür spricht auch die Formulierung in Art. 3a I 2 AR-RL („einholen dürfen"),[96] die impliziert, dass Gesellschaften die Informationen zur Identifizierung ihre Aktionäre grundsätzlich nicht beschaffen müssen. Art. 3a I 1 AR- 33

86 *Noack* NZG 2017, 561, 561; *Lutter/Bayer/Schmidt*, Europäisches Unternehmens- und Kapitalmarktrecht, 2017, Rn. 29.25; *Bayer/Schmidt* BB 2017, 2114, 2115.

87 *Eggers/de Raet* AG 2017, 464, 466; *Lutter/Bayer/Schmidt*, Europäisches Unternehmens- und Kapitalmarktrecht, 2017, Rn. 29.25. *Noack* NZG 2017, 561, 567 bezeichnet dies als „tiefsten Eingriff" (der Richtlinie).

88 *DAV-Handelsrechtsausschuss* NZG 2015, 54 (kritisch); *Kalss/Klampfl*, Europäisches Gesellschaftsrecht, 2015, Rn. 417.

89 Kritisch zum diesbezüglichen Begriffsvergleich *Lutter/Bayer/Schmidt*, Europäisches Unternehmens- und Kapitalmarktrecht, 2017, Rn. 29.25, Fn. 71.

90 Sprachlich impliziert auch die niederländische „*naamloze vennootschap*" (dazu § 16 Rn. 128 ff.) eine Anonymität des Aktionärskreises.

91 Dies für die deutsche Umsetzung empfehlend *Eggers/de Raet* AG 2017, 464, 469; *Noack* NZG 2017, 561, 562.

92 *Eggers/de Raet* AG 2017, 464, 469, *Noack* NZG 2017, 561, 567.

93 *DAV-Handelsrechtsausschuss* NZG 2015, 54 (kritisch).

94 Vgl. dazu *Stiegler* ZIP 2016, 1808, 1813 f.; s. auch § 12 Rn. 611 ff.

95 *Eggers/de Raet* AG 2017, 464, 469, *Noack* NZG 2017, 561, 567; den „Trend zur Namensaktie" ebenfalls erwähnend *Gätsch* in: Marsch-Barner/Schäfer, Handbuch börsennotierte AG, 2018, Rn. 5.37.

96 Englischer Wortlaut: „allowed to request". Französischer Wortlaut: „autorisées à exiger". Spanischer Wortlaut: „autorizadas a solicitar". Italienischer Wortlaut: „autorizzate a richiedere". Polnischer Wortlaut: „mają prawo żądać".

RL stellt für die erfassten Gesellschaften daher eine Ermöglichungs- und keine Verpflichtungsnorm dar. Aus europäischer Sicht kann sich die Gesellschaft daher trotz des ihr eingeräumten Rechts auf Aktionärsidentifizierung gegen dessen Inanspruchnahme entscheiden. Fraglich ist jedoch, ob die Mitgliedstaaten im Rahmen der Umsetzung in nationales Recht den Anspruch auf Aktionärsidentifizierung auch als Verpflichtung für die Gesellschaften ausgestalten können. Der Wortlaut des Art. 3a I 1 AR-RL steht dem nicht grundsätzlich entgegen, da zumindest faktisch eine entsprechende Verpflichtung das korrespondierende Recht der Gesellschaft impliziert. Auch im Hinblick auf den Zweck der Richtlinie bezogen auf Art. 3a AR-RL, die Ausübung von Aktionärsrechten und die Mitwirkung der Aktionäre zu fördern,[97] scheint aus Aktionärssicht eine Verpflichtung der Gesellschaft durchaus vertretbar. Eine **Verpflichtung der Gesellschaft zur Identifizierung** ihrer Aktionäre wäre demnach wohl richtlinienkonform. Diese Interpretation entspricht auch Art. 3 AR-RL, der vorgibt, dass die Richtlinie lediglich einen Mindeststandard setzt, über den die Mitgliedstaaten hinausgehen dürfen (dazu bereits Rn. 17). Ob dies jedoch aus nationaler Perspektive auch rechtspolitisch und tatsächlich sinnvoll ist, muss jeder Mitgliedstaat für sich entscheiden. Zum einen könnte vor allem bei sich in Streubesitz befindlichen Börsengesellschaften – insbesondere, wenn gleichzeitig nicht von der Mitgliedstaatenoption des Art. 3a I 2 AR-RL Gebrauch gemacht wird – der Aufwand zur Aktionärsidentifikation für die Gesellschaft dann dessen Nutzen zT übersteigen. Zum anderen wäre die Gesellschaft diesbezüglich in nicht unerheblichen Maß abhängig von der Informationsbereitstellung jedes Aktionärs, damit sie ihre insofern bestehende gesetzliche Pflicht erfüllen kann. Mitgliedstaaten könnten daher umgekehrt überlegen, über den Mindeststandard der Vorschrift hinauszugehen, indem sie den Intermediären (zu Aktionären s. Rn. 34 f.) nicht nur die Pflicht zur Übermittlung von Informationen auf Antrag hin vorschreiben, sondern sie dazu verpflichten, der Gesellschaft in bestimmten Abständen unabhängig von einem Antrag, aktualisierte Daten zu übermitteln.

c) Informationspflicht für die Aktionäre?

34 Mit dem Informationsrecht bzw. der Identifizierungspflicht zusammenhängend stellt sich ferner die Frage, ob das Recht (bzw. ggf die Pflicht) der Gesellschaft zur Identifikation ihrer Aktionäre nicht zumindest faktisch auch eine **Pflicht der Aktionäre** zur Informationsübermittlung impliziert. Eine explizite Pflicht der Aktionäre sieht Art. 3a AR-RL diesbezüglich nicht vor,[98] sondern lediglich ein Identifizierungsrecht der Gesellschaft. Im Rahmen der Einschaltung von Intermediären wird eine entsprechende Pflicht der Aktionäre allerdings aus Art. 3a II AR-RL ersichtlich (s. dazu auch Rn. 46 ff.). Da die Zielrichtung von Absatz 1 und 2 des Art. 3a AR-RL grundsätzlich die gleiche ist, sprechen zunächst gute Gründe dafür, dann auch eine Verpflichtung der Aktionäre zur **Informationsübermittlung** an die Gesellschaft zu befürworten, wenn der jeweilige Aktionär explizit ein entsprechendes Ersuchen von der Gesellschaft bzw. einem Intermediär erhalten hat. Erwägungsgrund 5 Änderungs-RL, wonach der Gesellschaft „in einem bestimmten Umfang Informationen“ übermittelt werden müssen, könnte ebenfalls dafürsprechen. Allerdings bezieht er sich, wie sich aus dem Zusammenhang ergibt, auf die Informationspflicht von Intermediären. In Deutschland besteht beispielsweise gem § 67 I 2 AktG bei Namensaktien eine Pflicht der Aktionäre, die entsprechenden Informationen der Gesellschaft mitzuteilen. Allerdings könnte man auch argumentieren, dass die Verwirklichung der Aktionärsrechte bezogen auf Art. 3a I 1 AR-RL grundsätzlich den Aktionären selbst obliegt und sie sich daher auch gegen eine diese fördernde Maßnahme entscheiden können. Dies berücksichtigt jedoch nicht, dass die Verbesserung der Aktionärsrechte erst potenzielle Konsequenz des Identifikationsrechts der Gesellschaft ist und sich ein Aktionär damit weniger für ein *opt-out* von seinen Rechten, als für die Beschneidung der mit der Identifizierung verbundenen Interessen der Gesellschaft entscheiden würde. Dies ist jedoch nicht sachgerecht und wird dem Bedeutungsgehalt des Art. 3a I 1 AR-RL nicht gerecht. Allerdings ist zu bedenken, dass die Intermediäre die Daten nur auf Aufforderung hin mitteilen müssen. Gleiches muss dann auch für Aktionäre gelten. Die Aktionäre können ansonsten selbstverständlich auch von sich aus in Kontakt zur Gesellschaft treten.

35 Die Gesellschaft kann die Aktionäre jedoch nicht nach ihren Daten fragen, wenn ihre Daten nicht einem Finanzintermediär bekannt sind oder die Aktionäre der Gesellschaft zuvor freiwillig Kontaktdaten mitteilen. Im Ergebnis mag das Recht der Gesellschaft auf Aktionärsidentifizierung daher auch die **korrespondierende Pflicht des einzelnen Aktionärs** zur Informationsübermittlung auf Anfrage implizieren.[99] Praktisch käme sie jedoch nur zum Tragen, wenn ein Mitgliedstaat statt einer Pflicht auf Anfrage hin, eine generelle Pflicht ohne vorherige Anfrage etablieren würde. Um die Identifizierung durchzusetzen konzentriert sich die Richtlinie daher auf die Auskunftspflicht der Intermediäre.

97 Erwägungsgrund 7 S. 1 Änderungs-RL.
98 Zu Art. 3a II AR-RL s. *Eggers/de Raet* AG 2017, 464, 472.
99 Aus deutscher Sicht würde sich aufgrund § 67 I 2 AktG dieses Problem gleichwohl nur bei, sofern nicht im Zuge der Richtlinienumsetzung abzuschaffenden, Inhaberaktien stellen.

d) Zu übermittelnde Informationen

Welche **Informationen** an die Gesellschaft zu übermitteln sind, lässt sich Art. 3a I AR-RL selbst noch nicht unmittelbar entnehmen, sondern ist in Art. 3a II iVm Art. 2 lit. j) AR-RL bestimmt. Auch Erwägungsgrund 5 Änderungs-RL nennt diese zu übermittelnden Angaben noch einmal. Für die Gesellschaft bereitzustellen sind: 36

(1) der Name/Firma und die Kontaktdaten (Wohnsitz bzw. Geschäftsanschrift und ggf eine E-Mail-Adresse) des Aktionärs;
(2) im Falle einer juristischen Person als Aktionär die Registernummer bzw. die Rechtsträgerkennung (*Legal Entity Identifier* – LEI);[100]
(3) die Anzahl der gehaltenen Aktien;
(4) ggf die gehaltenen Aktiengattungen; sowie
(5) ggf das Erwerbsdatum der Aktien, sofern dies von der Gesellschaft gefordert wird.

Bei diesen Angaben (1) bis (3) handelt es sich um Mindestangaben („zumindest"),[101] die der Gesellschaft in jedem Fall übermittelt werden müssen. Die Mitgliedstaaten können allerdings auch **weitere bzw. umfangreichere Angaben** fordern, sofern diese zur Identifikation des Aktionärs erforderlich sind.[102] Denkbar ist bei natürlichen Personen zB die Angabe des Geburtsdatums und bei juristischen Personen zusätzlich die Angabe des (Register-)Sitzes. Die Übermittlung von weniger Informationen wäre nach Ansicht des europäischen Gesetzgebers hingegen „nicht ausreichend, um die Gesellschaft in die Lage zu versetzten, ihre Aktionäre zu identifizieren".[103] Die Angaben unter (4) und (5) sind hingegen nur dann zu übermitteln, wenn die Gesellschaft sie ausdrücklich nachfragt. Eine andere Frage ist, ob die Gesellschaft selbst noch weitere, über Art. 2 lit. j) AR-RL, hinausgehende Angaben von den Aktionären verlangen darf. Es könnte überlegt werden, dies zu gestatten, sofern die geforderten Informationen tatsächlich der Identifikation des Aktionärs dienen und zur Kommunikationsaufnahme notwendig sind. Dies wäre vom Einzelfall und vor allem bei nicht-natürlichen Personen von der Organisationsform des Aktionärs abhängig. So könnten beispielsweise bei einem nicht-registrierungspflichtigen Investmentfond aus einem Karibikstaat andere Identifikationsnachweise erforderlich sein als bei einer deutschen GmbH als Aktionär. Im Ergebnis ist dies jedoch abzulehnen. Das Recht der Gesellschaft beschränkt sich auf die in Art. 2 lit. j) AR-RL genannten Angaben, sofern der Mitgliedstaat nicht darüber hinausgeht. Faktisch könnte die Gesellschaft entsprechend weitergehende Informationen natürlich trotzdem abfragen, eine Weiterleitung/Übermittlung durch den Intermediär bzw. den Aktionär selbst wäre dann jedoch freiwillig. 37

3. Mitgliedstaatenoption zur Beschränkung des Identifikationsrechts

Nach Art. 3a I 2 AR-RL können die Mitgliedstaaten nach nationalem Recht festlegen, dass das Recht der Gesellschaft auf Aktionärsidentifikation gem Art. 3a I 1 AR-RL nur bei einem gewissen **Mindestprozentsatz an Aktien oder Stimmrechten** eines Aktionärs an der Gesellschaft ausgeübt werden darf. Dieser „Prozentsatz darf 0,5% nicht überschreiten" (Art. 3a I 3 AR-RL). Diese Mitgliedstaatenoption zur Beschränkung des Identifikationsrechts der Gesellschaft ist im Rahmen der Trilogverhandlungen zwischen Europäischer Kommission, Rat und Parlament eingefügt worden und stellt insofern einen Kompromiss zwischen dem umfassenden Recht der Gesellschaft auf Kenntnis ihrer Anteilseigner und dem Interesse von Kleinstaktionären an Anonymität dar. Bei voller Ausnutzung des Schwellenwertes von 0,5% könnte damit vor allem bei Gesellschaften mit im Streubesitz befindlichen Inhaberaktien zu einem nicht unerheblichen Teil nicht in Erfahrung gebracht werden, wer Aktionär der Gesellschaft ist. 38

Die Mitgliedstaatenoption beschränkt sich auf Gesellschaften, die ihren „**Sitz**" in dem entsprechenden Mitgliedstaat haben. Gemeint ist damit der Registersitz als Anknüpfungspunkt einer (Kapital-) Gesellschaft zum Recht eines Mitgliedstaates.[104] Das ergibt sich aus dem Gesamtzusammenhang, denn in der Richtlinie wird durchgehend zwischen „Sitz" und Hauptverwaltung unterschieden (vgl. Art. 1 II b), 3e und 3j IV AR-RL). Eine extraterritoriale Geltungserstreckung auf Börsengesellschaften aus anderen Mitgliedstaaten ist mit Art. 3a I 2 AR-RL nicht verbunden. Dies gilt auch, wenn eine EU-Auslandsgesellschaft an einer inländischen Börse notiert ist. 39

Sofern die Mitgliedstaaten von dieser Möglichkeit Gebrauch machen, dürfen sie den in Art. 3a I 3 AR-RL statuierten **Schwellenwert nicht überschreiten**. Andernfalls würde nach Ansicht des europäischen Gesetzgebers die Bedeutung und Reichweite des Identifikationsrechts der Gesellschaft zu weit eingeschränkt und eine Kommunikation mit grundsätzlich allen bzw. einem Großteil der Aktionäre nicht wesentlich im Rahmen der Neuregelung 40

---

100 Der Legal Entity Identifier (Rechtsträger-Kennung) ist eine globale Kennung für Rechtsträger im Finanzmarkt. Seit dem 3. Januar 2018 ist für meldepflichtige Wertpapierdienstleistungsunternehmen das Führen einer LEI Pflicht (vgl. Art. 26 VI MiFID).

101 Englischer Wortlaut: „at least". Französischer Wortlaut: „au minimum". Spanischer Wortlaut: „como mínimo". Italienischer Wortlaut: „almeno". Niederländischer Wortlaut: „ten minste". Polnischer Wortlaut: „co najmniej".

102 Im Zusammenhang mit § 67 I 1 AktG vgl. auch *Gätsch* in: Marsch-Barner/Schäfer (Hrsg.), Handbuch börsennotierte AG, 2018, Rn. 5.37a.

103 Erwägungsgrund 5 S. 3 Änderungs-RL.

104 *Lutter/Bayer/Schmidt*, Europäisches Unternehmens- und Kapitalmarktrecht, 2017, Rn. 29.26.

des Art. 3a AR-RL verbessert. Ansonsten sind die Mitgliedstaaten jedoch frei und können zB keinen Gebrauch von der Option des Art. 3a I 2 AR-RL machen oder einen (beliebigen) Schwellenwert einführen, der unter 0,5% liegt (zB 0,1%). Art. 3a I 2 AR-RL stellt insofern nur eine **Mindestregelung** dar (zum generellen Mindeststandard der Richtlinie s. Rn. 17). Vor allem bei den Mitgliedstaaten, die in den letzten Jahren Inhaberaktien abgeschafft, deren Anwendungsbereich verringert haben oder planen diese abzuschaffen, ist es wahrscheinlich, dass diese Mitgliedstaaten im Rahmen der anstehenden Umsetzung in nationales Recht keinen Gebrauch von der Option des Art. 3a I 2 AR-RL machen oder nur eine sehr geringen Schwellenwert einführen werden. Andererseits könnten sich manche Mitgliedstaaten jedoch auch bewusst dafür entscheiden, den Maximalschwellenwert von 0,5% auszuschöpfen, um im Vergleich zu anderen Mitgliedstaaten die Attraktivität ihrer nationalen Gesellschaften für ausländische Investoren aufrecht zu erhalten bzw. zu erhöhen, die kein Interesse an einer Offenlegung ihrer Aktionärseigenschaft haben.[105]

41 Stimmen aus Deutschland sprechen sich bisher überwiegend gegen die Einführung eines Schwellenwertes aus,[106] da zum einen das Bedürfnis der Gesellschaft nach Identifikation von und damit letztlich Kommunikation mit ihren Aktionären auch bei Kleinstbeteiligungen bestehen kann[107] und da zum anderen ein „Aktionär" seine Identitätsfeststellung dann einfach vermeiden könnte, indem er seine Aktien bei verschiedenen Depots hält.[108] Tatsächlich erscheint eine gesetzliche Differenzierung nicht geboten, da auch die Erforderlichkeit und der Mehrwert zur Identifizierung aller Aktionäre für die Gesellschaft von deren Organisations- und Aktionärsstruktur sowie dem tatsächlichen Identifikationsaufwand im Einzelfall abhängen. Vielmehr sollte daher die Gesellschaft unabhängig von einem gesetzlich normierten Schwellenwert selbst entscheiden dürfen, ob sie bei Aktionären unter einer bestimmten Beteiligungs- oder Stimmrechtshöhe von sich aus auf die Identifizierung verzichtet. Dies wäre auch richtlinienkonform,[109] da sich Art. 3a I AR-RL nur auf das Identifikationsrecht der Gesellschaft bezieht und nicht auf eine entsprechende Pflicht (s. Rn. 33). Sofern auch der Mitgliedstaat Art. 3a I 1 AR-RL „nur" **als Recht der Gesellschaft ausgestaltet**, spielt es dabei ebenfalls keine Rolle, ob die Gesellschaft einen etwaigen national-gesetzlichen als auch den 0,5%-Schwellenwert des Art. 3a I 3 AR-RL überschreitet.[110] Insofern werden durch die Richtlinie nur die Mitgliedstaaten verpflichtet und nicht die Gesellschaft selbst. Gestaltet der Mitgliedstaat Art. 3a I 1 AR-RL jedoch – richtlinienkonform – als Pflicht der Gesellschaft zur Aktionärsidentifikation aus (mit oder ohne Festsetzung eines Schwellenwertes), hat sich die Gesellschaft hieran zu halten.

42 Art. 3a I 2 AR-RL bezieht die Beschränkung der Aktionärsidentifikation der Gesellschaft auf einen „Prozentsatz an **Aktien oder Stimmrechten**".[111] Diese Alternativstellung lässt zunächst die Frage aufkommen, ob ein Mitgliedstaat, der einen Prozentsatz vorsehen möchte, diesen dann auch auf Aktien und Stimmrechte beziehen muss oder ob es dem Mitgliedstaat überlassen bleibt eine oder beide Optionen als Bezugspunkt zu wählen. Obgleich die Beantwortung dieser Frage nicht eindeutig ist und durchaus auch ein entsprechendes Mitgliedstaatenwahlrecht denkbar wäre, spricht im Sinne eines besseren Schutzes wohl mehr dafür, dass die Mitgliedstaaten sowohl Aktien als auch Stimmrechte erfassen müssen.[112] Der europäische Gesetzgeber wollte damit wohl eine Umgehung des Maximalschwellenwertes bei von der prozentualen Beteiligung am Grundkapital abweichenden Stimmrechten unterbinden. Liegt der prozentuale Anteil an gehaltenen Aktien zB unter dem Schwellenwert von 0,5%, kommen den insofern gehaltenen Aktien jedoch in der Gesellschaft Stimmrechte zu, die mehr als 0,5% aller Stimmrechte ausmachen, wäre trotz des höheren Einflusses des Aktionärs auf die Willensbildung in der Gesellschaft andernfalls keine Identifizierung möglich.[113] Im Prinzip ist dies jedoch nur bei einer Abweichung von Aktienbesitz und korrespondierenden **Stimmrechten** der Fall. Eine mögliche Unterscheidung zwischen verschiedenen Aktiengattungen (Stammaktien und stimmrechtlosen Aktien) ist damit nicht angesprochen.[114] Dies zeigt schon die Anwendungsbeschränkung der Richtlinie gem Art. 1 I 1 AR-RL (s. Rn. 20), wonach nur „mit

105 Dies gilt dabei nicht nur für Kleinstinvestoren, sondern ggf. auch für institutionelle Investoren (zB Hedgefonds), wo auch eine Beteiligungshöhe von 0,5 % durchaus schon signifikant sein kann.

106 *Eggers/de Raet* AG 2017, 464, 467 f.; *DAV-Handelsrechtsausschuss* NZG 2015, 54; *Noack* NZG 2017, 561, 563.

107 *Eggers/de Raet* AG 2017, 464, 467 f.

108 *Noack* NZG 2017, 561, 563.

109 *Noack* NZG 2017, 561, 563.

110 AA *Noack* NZG 2017, 561, 563.

111 Die anderen Sprachfassungen sind entsprechend formuliert. Englischer Wortlaut: „percentage of shares or voting rights". Französischer Wortlaut: „pourcentage d'actions ou de droits de vote". Spanischer Wortlaut: „porcentaje de acciones o de derechos de voto". Italienischer Wortlaut: „percentuale di azioni o diritti di voto". Niederländischer Wortlaut: „percentage van de aandelen of stemrechten". Polnischer Wortlaut: „odsetek akcji lub praw głosu".

112 *Noack* NZG 2017, 561, 563 geht von einer Wahlmöglichkeit für die Mitgliedstaaten aus und führt an, dass die Bezugnahme zur Stimmrechtsquote mit unverhältnismäßigem Aufwand bezogen auf die Ermittlung verbunden wäre.

113 Dem Stimmrechtsanteil jedoch grundsätzlich keine Bedeutung zumessend *Noack* NZG 2017, 561, 563; aA auch *Eggers/de Raet* AG 2017, 464, 468.

114 Dies jedoch in Betracht ziehend *Eggers/de Raet* AG 2017, 464, 468.

Stimmrechtsaktien verbundene(r) Rechte von Aktionären" erfasst sind. Stimmrechtslose Aktien müssen daher bei der Schwelle nicht mitberechnet werden. In der Praxis wird daher wohl in aller Regel der prozentual am Grundkapital gehaltene Anteil an Aktien maßgebend sein.

Weiterhin bezieht sich Art. 3a I 2 AR-RL auf das „Halten" von Aktien oder Stimmrechten an der Gesellschaft. 43 Damit wird ein **unmittelbarer Aktienbesitz** impliziert. Mittelbare Beteiligungen an der Gesellschaft sind somit nicht erfasst und daher auch nicht zwingend bei dem ggf von einem Mitgliedstaat in den Grenzen des Art. 3a I 3 AR-RL vorgeschriebenen Schwellenwert zu berücksichtigen. Dies ist praktisch vor allem bei Fondsgesellschaften von Bedeutung, die an einer Vielzahl von Unternehmen beteiligt sind, welche wiederum Anteile an börsennotierten Gesellschaften halten.

4. Plichten von Intermediären im Rahmen der Aktionärsidentifikation

In der Praxis werden Aktien an einer Börsengesellschaft häufig von sog Intermediären verwaltet. Die Gesell- 44 schaft hat daher meist keinen unmittelbaren Kontakt zu ihrem Aktionär, wodurch ein Anspruch gegen diesen auf Identifikation (vgl. Art. 3a I 1 AR-RL) nicht ohne Weiteres umzusetzen ist (so bereits Rn. 34). Dies erkannte auch der Richtliniengeber und schaffte deshalb ausführliche Regelungen zur **Einbeziehung und Verpflichtung von Intermediären**, um das Recht der Gesellschaft auf Aktionärsidentifikation nicht nur formal, sondern auch tatsächlich zu gewährleisten. Den Regelungen des Art. 3a II, III AR-RL kommt insofern nur Bedeutung zu, wenn es einen oder mehrere (zu Verwahrketten s. Rn. 49 ff.) Intermediäre gibt. Ein ggf von einem Mitgliedstaat eingeführter Schwellenwert (s. Rn. 38 ff.) gilt jedoch auch gegenüber der Kommunikation mit einem Intermediär, dh, dass insbesondere ein Informationsübermittlungsanspruch nur dann besteht, wenn der ggf national festgelegte Schwellenwert (max. 0,5 %) eingehalten wird.

Der **Begriff des Intermediärs** wird in Art. 2 lit. d) AR-RL legal definiert. Ein Intermediär ist eine juristische Per- 45 son, wie zB eine Wertpapierfirma gemäß der MiFID II (dazu § 34 Rn. 34 ff.),[115] ein Kreditinstitut gemäß der Capital Requirements Regulation (CRR)[116] oder ein Zentralverwahrer gemäß der Zentralverwahrerverordnung,[117] die „Dienstleistungen der Verwahrung von Wertpapieren, der Verwaltung von Wertpapieren oder der Führung von Depotkonten im Namen von Aktionären oder anderen Personen erbringt" (Art. 2 lit. d) AR-RL). Territorial sind ferner nur solche Intermediäre erfasst, die ihre entsprechenden Dienstleistungen bezogen auf EU-Gesellschaften (mit „Sitz in einem Mitgliedstaat"), welche ihre Aktien an einem geregelten Markt in einem Mitgliedstaat anbieten, erbringen (Art. 1 V AR-RL). Eine Börsennotierung der betreffenden Gesellschaft nur in einem Drittstaat (zB an der New York Stock Exchange (NYSE)oder im Zuge des Brexit ggf an der London Stock Exchange) reicht für die Verpflichtung eines Intermediärs gem Art. 3a II, III AR-RL daher noch nicht aus. Nicht zwingend muss die **Börsennotierung** jedoch im gleichen Mitgliedstaat sein, dessen Recht die betreffende Gesellschaft unterliegt. Auch spielt es keine Rolle, ob der Intermediär selbst eine Gesellschaft aus einem EU-Mitgliedstaat ist. Auf den Register- bzw. Verwaltungssitz des Intermediärs kommt es daher nicht an.[118] Art. 3e AR-RL erfasst somit auch Intermediäre **aus Drittstaaten**, solange sie eine Dienstleistung gem Art. 1 V AR-RL für die zuvor definierten Gesellschaften erbringen. Der Anwendungsbereich des Art. 3 II, III AR-RL ist daher – bewusst – weit gewählt worden, damit die Aktionärsidentifikation der Gesellschaft insbesondere nicht an der Eigenschaft des Intermediärs scheitert. Der Informationsfluss entlang der Kette soll dadurch nicht gestoppt werden (Erwägungsgrund 12 Änderungs-RL).

Damit die Gesellschaft ihre Aktionäre identifizieren kann, werden die erfassten Intermediäre verpflichtet, der 46 Gesellschaft „unverzüglich die Informationen über die Identität der Aktionäre" zu übermitteln (Art. 3a II AR-RL). Die **Informationsübermittlung** erfolgt dabei entweder auf Antrag der Gesellschaft selbst oder auf Antrag eines von der Gesellschaft diesbezüglich beauftragten Dritten (Art. 3a II AR-RL). Der **Antrag** der Gesellschaft bzw. des beauftragten Dritten ist dabei sowohl situations- als auch stichtagsunabhängig, so dass grundsätzlich jederzeit die entsprechenden Informationen vom Intermediär verlangt werden können. Eine pauschal-periodische Pflicht zur Informationsübermittlung (zB stets alle drei Monate) für den Intermediär (oder den Aktionär) statuiert die Richtlinie hingegen nicht. Sie verbietet es den Mitgliedstaaten allerdings auch nicht Entsprechendes vorzuschreiben. Die Übermittlung der Identitätsinformationen des Aktionärs vom Intermediär an die Gesell-

115 Richtlinie 2014/65/EU des Europäischen Parlaments und des Rates vom 15. Mai 2014 über Märkte für Finanzinstrumente sowie zur Änderung der Richtlinien 2002/92/EG und 2011/61/EU, ABl. EU v. 12.6.2014, L 173/349.

116 Verordnung (EU) Nr. 575/2013 des Europäischen Parlaments und des Rates vom 26. Juni 2013 über Aufsichtsanforderungen an Kreditinstitute und Wertpapierfirmen und zur Änderung der Verordnung (EU) Nr. 646/2012, ABl. EU v. 27.6.2013, L 176/1.

117 Verordnung (EU) Nr. 909/2014 des Europäischen Parlaments und des Rates vom 23. Juli 2014 zur Verbesserung der Wertpapierlieferungen und -abrechnungen in der Europäischen Union und über Zentralverwahrer sowie zur Änderung der Richtlinien 98/26/EG und 2014/65/EU und der Verordnung (EU) Nr. 236/2012, ABl. EU v. 28.8.2014, L 257/1.

118 *Lutter/Bayer/Schmidt*, Europäisches Unternehmens- und Kapitalmarktrecht, 2017, Rn. 29.17.

schaft hat „**unverzüglich**“[119] zu erfolgen. Obgleich der Begriff europäisch-autonom auszulegen ist (vgl. § 2 Rn. 80 ff.), könnte darunter auch aus europäischer Sicht materiell grundsätzlich eine Reaktion ohne schuldhaftes Zögern oder eine vergleichbare Beschreibung zu verstehen sein. In Art. 3 VIII 1 AR-RL wird der Europäischen Kommission allerdings die Befugnis übertragen, den Begriff durch das Setzen von Fristen im Rahmen eines Durchführungsrechtsaktes zu konkretisieren. Sind die entsprechenden Informationen nur über einen weiteren Intermediär ermittelbar, gilt ebenfalls die unverzügliche Weiterleitung.

47 Trotz des rechtlichen Anspruchs der Gesellschaft auf Aktionärsidentifizierung im Rahmen von Intermediärsketten besteht vor allem bei Verwahrketten, die über einen ausländischen „Oasenstaat“ laufen das faktische Problem, dass die Durchsetzung dieses Anspruchs gegen den betreffenden Intermediär der Kette **nicht immer tatsächlich durchgesetzt** werden kann. Eine vollumfängliche Gewähr, dass die Gesellschaft die Identität des Aktionärs in Erfahrung bringen kann, besteht daher dennoch – weiterhin – nicht.

48 Der Intermediär hat der Gesellschaft bzw. einem von dieser benannten Dritten nach Art. 3a II AR-RL die „Informationen über die Identität von Aktionären“ **zu übermitteln**. Was hierunter zu verstehen ist, wird in Art. 2 lit. j) AR-RL beschrieben (dazu bereits Rn. 36). Da die Datenübermittlung des Intermediärs an die Gesellschaft in aller Regel auf elektronischem Weg stattfinden wird, wird die Europäische Kommission zudem ermächtigt, bis zum 10. September 2018 einen Durchführungsrechtsakt in Bezug auf das Format, die Interoperabilität und Sicherheit sowie bezüglich der einzuhaltenden Übermittlungsfristen zu erlassen (Art. 3a VIII AR-RL). Die ESMA (s. dazu auch § 34 Rn. 19 ff.) hat in diesem Zusammenhang bereits im April 2017 einen Bericht über die Informationsübermittlung im Rahmen der Aktionärsidentifikation gem Art. 3a AR-RL herausgegeben.[120] Im April 2018 veröffentlichte sodann die Europäische Kommission ihren ersten Entwurf einer entsprechenden Durchführungsverordnung.[121] Hierin wird insbesondere die Informationsübermittlung zwischen den Intermediären thematisiert.[122]

5. Ketten von Intermediären

49 Ausweislich des Erwägungsgrundes 4 der geänderten Aktionärsrechterichtlinie werden Aktien von Börsengesellschaften „oft über komplexe Ketten von Intermediären gehalten“.[123] Nach Ansicht des europäischen Gesetzgebers kann dies die Ausübung der Aktionärsrechte „erschweren und ein Hindernis für die Mitwirkung [dieser] darstellen“ (Erwägungsgrund 4 Änderungs-RL). Es ist daher nur konsequent, dass mit Art. 3a III AR-RL auch auf die Situation bei Intermediärsketten, dh der **Beteiligung von mehreren Intermediären** zwischen der Gesellschaft und dem Aktionär, ausführlich eingegangen wird (zur Behandlung von Verwahrketten s. auch Rn. 49 ff.). Zudem werden die in der Praxis häufig beteiligten **Zentralverwahrer** (Wertpapiersammelbanken) als Intermediäre – obgleich lediglich im Rahmen einer Mitgliedstaatenoption (s. Rn. 57) – in Art. 3a III Uabs. 2 AR-RL angesprochen.

50 Damit die Gesellschaft ihre Aktionäre anhand der og Prämisse (Rn. 29 ff.) identifizieren kann, bedarf es bei Verwahrketten weitreichender **Pflichten** sowohl des ersten Intermediärs in der Kette (aus Sicht der Gesellschaft) als auch der übrigen beteiligen Intermediäre. Hierzu sieht zunächst Art. 3a III Uabs. 1 AR-RL im Grundsatz **drei Umsetzungsverpflichtungen** für die Mitgliedstaaten vor:

- Übermittlung des Informationsantrags der Gesellschaft zwischen den Intermediären;
- Übermittlung der Aktionärsinformationen direkt an die Gesellschaft und
- Sicherstellung des Informationserhalts durch die Gesellschaft von jedem Intermediär, der die Informationen vorliegen hat.

119 Englischer Wortlaut: „without delay“. Französischer Wortlaut: „sans retard“. Spanischer Wortlaut: „sin demora“. Italienischer Wortlaut: „tempestivamente“. Niederländischer Wortlaut: „onverwijld“. Polnischer Wortlaut: „bezzwłocznie“.

120 Siehe ESMA, Report on shareholder identification and communication systems, April 2017, ESMA31-54-435.

121 Europäische Kommission, Draft Implementation Regulation laying down minimum requirements implementing the provisions of Directive 2007/36/EC of the European Parliament and of the Council as regards shareholder identification, the transmission of information and the facilitation of the exercise of shareholders rights, Ref. Ares(2018)1944240, April 2018; s. dazu auch *DAV*, Stellungnahme zum Entwurf einer Durchführungsverordnung zur Festlegung von Mindestanforderungen für die Umsetzung der Richtlinie 2007/36/EG vom 11. Juli 2007 über die Ausübung bestimmter Rechte von Aktionären in börsennotierten Gesellschaften (Aktionärsrechte-Richtlinie), Stellungnahme Nr. 18/2018.

122 Insofern kritisch und auch eine Erweiterung auf die direkte Kommunikation zwischen Gesellschaft und Aktionär wünschend *DAV*, Stellungnahme zum Entwurf einer Durchführungsverordnung zur Festlegung von Mindestanforderungen für die Umsetzung der Richtlinie 2007/36/EG vom 11. Juli 2007 über die Ausübung bestimmter Rechte von Aktionären in börsennotierten Gesellschaften (Aktionärsrechte-Richtlinie), Stellungnahme Nr. 18/2018, S. 4.

123 Vgl. auch *Noack* in: Fleischer ua (Hrsg.), 50 Jahre Aktiengesetz, 2016, S. 163, 195; *Birkmose* ECFR 2014, 214, 238; ferner *Strenger/Zetzsche* AG 2013, 397 ff.; zu den mit komplexen Verwahrketten bestehenden Problem vgl. *Birkmose* EBLR 2009, 729, 738 ff.; *Micheler* EBOR 14 (2013) 39.

Auf Antrag der Gesellschaft oder eines von ihr benannten Dritten werden alle beteiligten Intermediäre verpflichtet, diesen unverzüglich **an das nächste Glied** der Verwahrketten **weiterzuleiten.** Die Übermittlungspflicht hat dabei nur auf Antrag der Gesellschaft zu erfolgen. Der erste Intermediär in der Kette ist daher nach Art. 3a III Uabs. 1 AR-RL nicht verpflichtet, von sich aus die Informationen über den betreffenden Aktionär vom nächsten Kettenglied zu verlangen (zur entsprechenden Mitgliedstaatenoption s. Rn. 57). Erreicht den Intermediär jedoch ein solcher Antrag, hat er diesen „unverzüglich" (dh ohne schuldhaftes Zögern, s. insofern auch Rn. 46) an das nächste Kettenglied zu übermitteln. Die **Antragsübermittlung** hat dabei solange innerhalb der Verwahrkette zu erfolgen, bis der Antrag einen Intermediär erreicht, der die verlangten Aktionärsinformationen besitzt.[124] Die Pflicht der Übermittlung der entsprechenden Informationen an die Gesellschaft trifft daher prinzipiell jeden Intermediär. Dadurch wird, wie nach Art. 3a II AR-RL, der (letzte) Intermediär in der Kette faktisch verpflichtet, die Informationen beim Aktionär einzuholen, sofern er diese nicht bereits besitzt. In Art. 3a III Uabs. 1 AR-RL zwar nicht explizit angesprochen, jedoch gemäß dem Zweck der Regelung (Aktionärsidentifikation durch die Gesellschaft) auch nicht widersprechend, kann auch ein Intermediär innerhalb der Verwahrkette bei der Antragsübermittlung übersprungen werden, solange der übermittelnde Intermediär sicherstellen kann, dass dadurch die Antragsweiterleitung an den Intermediär, der die von der Gesellschaft angefragten Informationen besitzt, nicht gefährdet wird. Auch der Richtlinientext spricht insofern lediglich von Übermittlung „zwischen den Intermediären"[125] und setzt nicht zwingend voraus, dass die Weiterleitung entlang der Verwahrkette zu erfolgen hat. Praktisch wird dies jedoch der Regelfall sein. Weitergedacht bedeutet dies allerdings auch, dass den ggf **„ausgelassenen" Intermediär** dann auch keine Weiterleitungspflicht trifft. Denn allgemein kann eine solche nur bestehen, wenn der betroffene Intermediär selbst erst ordnungsgemäß den Antrag übermittelt bekommen hat. Eine Pflicht zur Weiterleitung an den nächsten Intermediär wird man daher nur bei nachweisbar positiver Kenntnis des Intermediärs von dem Antrag der Gesellschaft zu bejahen haben. 51

Wie die Antragsübermittlung zwischen den Intermediären (technisch) **zu erfolgen hat,** beschreibt die Richtlinie gleichwohl nicht. Da jedoch Art. 3a VIII AR-RL sowohl auf das Format der zu übermittelnden Informationen als auch das Format des Antrags im Hinblick auf den Erlass eines Durchführungsrechtsakts abstellt, ist es wahrscheinlich, dass die Europäische Kommission auch diesen Aspekt in ihrer entsprechenden Verordnung zumindest ansprechen wird.[126] Art. 3a VIII AR-RL bezieht sich jedoch nur auf das **„Format des Antrags"**[127] und die zu übermittelnden Informationen, nicht hingegen auf die materielle Ausgestaltung als solche.[128] Die Mitgliedstaaten könnten daher diesbezügliche eigene Anforderungen aufstellen. Dies ist jedoch vor allem dann nicht wahrscheinlich, wenn der entsprechende Mitgliedstaat das Identifikationsrecht der Gesellschaft gem Art. 3a I 1 AR-RL auch tatsächlich nur als solches ausgestaltet und keine Pflicht zur Aktionärsidentifikation vorsieht (s. dazu Rn. 33). Aus praktischer Sicht sollte der Antrag aber zumindest das **Verlangen auf Mitteilung** der in Art. 2 lit. j) AR-RL genannten Informationen enthalten, wobei aus dem Antrag deutlich werden muss, ob die Gesellschaft auch die Informationen aus Art. 2 lit. j) (iii) AR-RL anfordert. Außerdem sollte der Antrag die Weiterleitungsverpflichtung des Intermediärs gem der nationalen Umsetzungsnorm zu Art. 3a III Uabs. 1 AR-RL enthalten. 52

Sobald im Zuge der Übermittlung des Antrags durch die Gesellschaft bzw. eines von ihr beauftragten Dritten der die Aktionärsinformation besitzende Intermediär Kenntnis vom Ersuchen der Gesellschaft erlangt hat, hat dieser **unverzüglich** (dazu Rn. 46) die entsprechen angefragten Information an die Gesellschaft bzw. eines von ihr beauftragten Dritten zu übermitteln (Art. 3a III Uabs. 1 AR-RL). Die Informationen werden somit nicht durch die mögliche Intermediärskette zurückgeleitet, sondern direkt an die Gesellschaft übermittelt. Bei dem die Information besitzenden Intermediär muss es sich dabei **nicht zwingend um den letzten Intermediär in der Verwahrkette** handeln. Die Richtlinie stellt vielmehr ausdrücklich darauf ab, dass derjenige Intermediär die Informationen unverzüglich zu übermitteln hat, „der über die angeforderten Informationen verfügt". Hierbei stellt sich die Frage, ob dieser Intermediär, der nicht das letzte Kettenglied vor dem Aktionär ist, in diesem Fall dennoch den Antrag an den nächsten Intermediär weiterzuleiten hat. Obgleich dem Wortlaut des Art. 3a III Uabs. 1 AR-RL nach auch in diesem Fall eine Weiterleitungspflicht besteht, spricht der Zweck, dass im Ergebnis die Ge- 53

124 *Noack* NZG 2017, 561, 563.

125 Englischer Wortlaut: „between intermediaries". Französischer Wortlaut: „entre les intermédiaires". Spanischer Wortlaut: „los intermediarios se trasmitirán entre sí". Niederländischer Wortlaut: „tussen de tussenpersonen". Polnischer Wortlaut: „między pośrednikami". Der italienische Wortlaut („un intermediario all'altro") spricht eher von „von einem Intermediär zu anderen".

126 Eine entsprechende Durchführungsverordnung ist derzeit (April 2018) bereits im Konsultationsstadium, siehe Public consultation on minimum requirements in the transmission of information for the exercise of shareholders rights, Ares(2018)1944240.

127 Englischer Wortlaut: „format of the request". Französischer Wortlaut: „format de la demande". Spanischer Wortlaut: „formato de la solicitud". Niederländischer Wortlaut: „vorm van het verzoek". Italienischer Wortlaut: „formato della richiesta". Polnischer Wortlaut: „formatu wniosku".

128 Die ESMA hat ua in diesem Zusammenhang bereits im April 2017 einen Bericht über die Informationsübermittlung im Rahmen der Aktionärsidentifikation gem. Art. 3a AR-RL, s. ESMA, Report on shareholder identification and communication systems, April 2017, ESMA31-54-435.

sellschaft schnellstmöglich die angeforderten Aktionärsinformationen erhält, eher dafür, keine zusätzliche Pflicht des betroffenen Intermediärs zu bejahen. Faktisch besteht hierfür auch kein Bedürfnis seitens der Gesellschaft.

54 Die folgende Graphik soll die Weiterleitung des Antrags und die Informationsübermittlung an die Gesellschaft verdeutlichen:

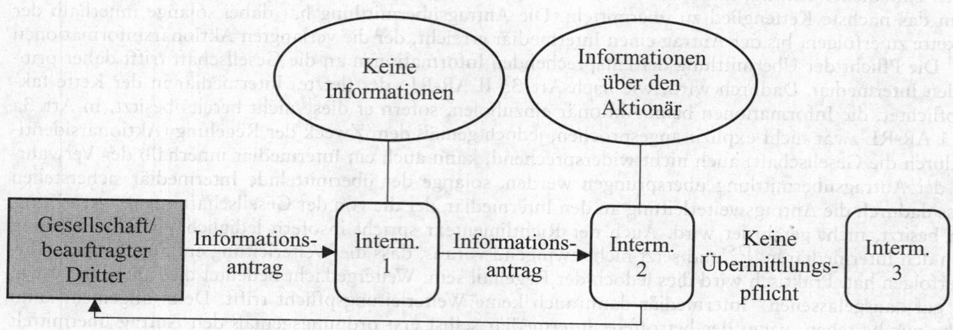

Abb. 1: Beispiel für die Weiterleitung des Informationsantrags und die Informationsübermittlung an die Gesellschaft

55 Die Übermittlungspflicht des die Aktionärsinformationen besitzenden Intermediärs darf von den Mitgliedstaaten dabei auch nicht aufgrund von anderen nationalen Vorschriften beschränkt werden. So sieht Art. 3a VI AR-RL vor, dass die entsprechende Offenlegung der Informationen über den Aktionär kein Verstoß gegen mitgliedstaatliches Recht darstellen darf. Damit ist insbesondere das **Bankgeheimnis** angesprochen.[129] Aber auch vertragliche Vertraulichkeitsvereinbarungen zwischen dem Intermediär und dem Aktionär (in der Regel Depotkunden) dürfen betreffend der Weitergabe der Informationen zur Identität des Aktionärs nicht als Einwand geltend gemacht werden. Die Richtlinienregelung bezieht sich insofern zugunsten des Intermediärs ausdrücklich auch auf **privatautonome Geheimhaltungspflichten**. Ein Optionsrecht besteht für die Aktionäre in diesem Zusammenhang ebenfalls nicht. Das Interesse des Aktionärs unbekannt zu bleiben, tritt in diesem Sinne hinter dem Bedürfnis der Gesellschaft an seinen Angaben zurück. Bedenkt man, dass die Neuregelungen der Aktionärsrechtrichtlinie nach den Erwägungen des europäischen Gesetzgebers vor allem den Aktionären zugutekommen sollen, damit diese insbesondere ihr Stimmrecht umfassend ausüben können, mag die Herangehensweise auf den ersten Blick kritisiert werden. Letztlich zeigt diese Regelung allerdings nur den stückweise neuen Fokus der Richtlinie auf eine generelle Verbesserung der Corporate Governance verstanden als Einbeziehung der Anteilseigner in das Unternehmensgeschehen (s. dazu auch § 33 Rn. 71).[130] Dies zeigt zudem explizit Art. 3g AR-RL (s. dazu Rn. 363 ff.).

56 Weiterhin haben die Mitgliedstaaten nach Art. 3a III Uabs. 1 S. 2 AR-RL im Rahmen der Umsetzung in nationales Recht sicherzustellen, dass die Gesellschaft die Aktionärsinformationen von Intermediären, die diese besitzen, auch **tatsächlich erhalten kann**. Dies dient insofern als Korrelat zur Übermittlungspflicht des entsprechenden Intermediärs. Unklar ist hingegen der konkrete Bezugspunkt, auf den sich das Recht der Gesellschaft auf Erhalt der Informationen („erhalten kann") bezieht. Vom Wortlaut her ist dabei sowohl die technische Möglichkeit zum Erhalt der zu übermittelnden Daten als auch die rechtliche Möglichkeit, dass der Datenübermittlung nichts im Weg steht, denkbar. Im Zweifel wird man die Norm daher **weit zu verstehen** haben, so dass die Mitgliedstaaten sowohl die technischen (IT-basierten) Voraussetzungen für einen entsprechenden Datenaustausch (zB über eine geeignete elektronische Plattform) zwischen der Gesellschaft und dem betroffenen Intermediär innerhalb der Verwahrkette zu gewährleisten haben, als auch de facto keine rechtlichen Hindernisse bestehen dürfen, die dem Erhalt der zu übermittelnden Daten entgegenstehen könnten. Für Letzteres spricht vor allem auch der Blick auf den Wegfall des Bankengeheimnisses bei der Datenübermittlung seitens des Intermediärs. Wenn der Intermediär verpflichtet ist, die Aktionärsinformationen offenzulegen, muss spiegelbildlich somit auch für die Gesellschaft die Möglichkeit bestehen, die so übermittelten Daten erhalten zu dürfen. Wie Art. 3a III Uabs. 1 S. 2 AR-RL klarstellt, gilt dies auch, wenn die Gesellschaft keinen direkten Kontakt bzw. keine sons-

129 *Eggers/de Raet* AG 2017, 464, 469, *Noack* NZG 2017, 561, 562.
130 Vgl. auch Erwägungsgrund 14 Änderungs-RL.

tige unmittelbare Beziehung zu dem die Aktionärsinformation besitzenden Intermediär hat. Sprachlich wäre ein Erhalten *dürfen* der Information daher wohl passender in diesem Zusammenhang.

Neben den Verpflichtungen nach Art. 3a III Uabs. 1 AR-RL enthält die Norm **zwei Mitgliedstaatenoptionen.** Zum einen können es die Mitgliedstaaten der betroffenen Gesellschaft zugestehen, dass diese von dem Zentralverwahrer (sofern vorhanden), einem Intermediär oder einem anderen Dienstleistungserbringer verlangen kann, dass dieser die Informationen über den Aktionär bei dem diese besitzenden Intermediär *einholt* und an die Gesellschaft *übermittelt* (Art. 3a III Uabs. 2 AR-RL). Der Unterschied zur Regelung des Art. 3a III Uabs. 1 AR-RL besteht also darin, dass sich die Pflicht jedes Intermediärs innerhalb der Verwahrkette dann nicht zur auf die Weiterleitung des Antrags der Gesellschaft beschränkt (s. Rn. 51), sondern diese auf Verlangen der Gesellschaft diese selbst **bei einem anderen Intermediär einzuholen** und an die Gesellschaft zu übermitteln haben. Die Pflichten des betroffenen Intermediärs/Zentralverwahrers/Dienstleistungserbringers sind daher spürbar weiter als bei der bloßen Weiterleitungspflicht gem Art. 3a III Uabs. 1 AR-RL. Dies ist wohl auch der Grund, warum diese Regelung nur als Mitgliedstaatenoption ausgestaltet ist und insofern keine Umsetzungspflicht für die Mitgliedstaaten besteht. Dennoch wird die Regelung kritisiert, da die Anforderungen vor allem an den betroffenen Intermediär das Maß an Erforderlichkeit im Hinblick auf die Interessen der Aktionärsidentifizierung durch die Gesellschaft übersteigen. Aus deutscher Sicht sollte daher von der Option des Art. 3a III Uabs. 2 AR-RL kein Gebrauch gemacht werden.[131] 57

Nutzt ein Mitgliedstaat die Option des Art. 3a III Uabs. 2 AR-RL, werden dadurch sowohl die Umsetzungsverpflichtungen des Mitgliedstaates als auch die Pflichten der Intermediäre nach Art. 3a III Uabs. 1 AR-RL nicht tangiert. Die Regelung stellt insofern **keine optionale Ausnahmebestimmung** für die Mitgliedstaaten dar. Bezogen auf den Zweck der Aktionärsidentifikation durch die Gesellschaft ist es jedoch möglich, dass sich der entsprechende Intermediär dadurch (faktisch) von seiner eigenständigen Weiterleitungspflicht an einen anderen Intermediär befreien kann, sofern dieser den Nachweis erbringt, dass er die Informationen selbst eingeholt und an die Gesellschaft weitergeleitet hat. In diesem Fall wäre die zusätzliche isolierte Weiterleitungspflicht an einen weiteren Intermediär ein bloßer Formalismus. Die Mitgliedstaaten könnten daher, sofern sie von der Mitgliedstaatenoption des Art. 3a III Uabs. 2 AR-RL Gebrauch machen, richtlinienkonform beispielsweise eine wie im vorherigen Satz beschriebene Zusatzregelung im Zuge der Umsetzung in nationales Recht vorsehen. Gleichwohl muss auf jeden Fall der Informationserhalt an die Gesellschaft sichergestellt sein. denn wie eingangs dargestellt, wird ein Mitgliedstaat von der Umsetzung des Art. 3a III Uabs. 1 AR-RL nicht befreit. Die Möglichkeit für die Intermediäre insofern von der Weiterleitungspflicht an einen anderen Intermediär „befreit" zu sein, besteht daher nur dann, wenn zum einen der Mitgliedstaat für die seinem Recht unterliegenden Gesellschaften von dieser und der Option des Art. 3a III Uabs. 2 AR-RL Gebrauch macht und zum anderen die Gesellschaft die Möglichkeit auch nutzt. Die Gesellschaft selbst hat dann jedoch grundsätzlich **die Wahl, ob** sie „nur" einen Antrag an den ersten Intermediär der Verwahrkette bzw. den Zentralverwahrer stellt (s. Rn. 51) oder ob sie einen von diesen oder einen entsprechenden Dienstleistungserbringer auffordert, die Aktionärsinformationen einzuholen und an sie zu übermitteln. Das praktische Ergebnis ist für die Gesellschaft das gleiche. Denkbar ist dabei auch, dass die Gesellschaft von beiden Möglichkeiten **parallel Gebrauch** machen wird, um so möglichst effizient und schnell die benötigten Informationen über den betreffenden Aktionär zu erhalten (indes dann ggf doppelt). Eine solche Methode lässt im Grundsatz wohl auch die Richtlinie zu und der Mitgliedstaat, der sich für die Umsetzungsoption von Art. 3a III Uabs. 2 AR-RL entscheidet, dürfte diesbezüglich dann wohl auch kein zwingendes Alternativverhältnis nach seinem Recht vorschreiben. Wie bereits zu Beginn dieses Absatzes beschrieben, wäre eine nationale Regelung, wonach die Gesellschaft einen Antrag gegenüber dem Intermediär stellen und diesen zur Weiterleitung verpflichten darf „oder" von diesem die Einholung und Übermittlung der entsprechenden Aktionärsinformationen verlangen kann, somit – auch wenn der Wortlaut des Art. 3a III Uabs. 2 AR-RL dies nicht explizit ausdrückt und auch eine etwaige Doppelbelastung für die betroffenen Intermediäre damit verbunden sein könnte – grundsätzlich nicht mit der Richtlinie vereinbar. Der Wortlaut des Art. 3a III Uabs. 1 AR-RL und die umfassende Möglichkeit der Gesellschaft auf Aktionärsidentifikation (über Intermediäre) ist insofern entscheidend und auch das beschriebene Verhältnis zur Option des Unterabsatzes 2 der Norm ist in diesem Sinne zu verstehen. 58

Eine zweite Mitgliedstaatenoption eröffnet der Richtliniengeber mit Art. 3a III Uabs. 3 AR-RL. Danach kann ein Intermediär in der Verwahrkette auf Verlangen der Gesellschaft oder eines von ihr benannten Dritten ebenfalls dazu verpflichtet werden, der Gesellschaft den **nächsten Intermediär als Kettenmitglied mitzuteilen.** Diese Bekanntgabe des nächsten Intermediärs hat dabei unverzüglich zu erfolgen, nachdem die Gesellschaft bzw. ein von ihr benannter Dritte ihr entsprechendes Anliegen geäußert hat. Für das Verhältnis zwischen dieser Mitgliedstaatenoption und den Verpflichtungen nach Art. 3a III Uabs. 1 AR-RL gilt das zur Option des Art. 3a III Uabs. 2 AR-RL Gesagte entsprechend (s. Rn. 58). Die Pflicht des betroffenen Intermediärs zur **Offenlegung des nächsten Mitglieds** der Verwahrkette gegenüber der Gesellschaft bzw. eines von ihr benannten Dritten lässt daher nicht eine etwaige Weiterleitungspflicht des Antrags auf die Aktionärsinformationen entfallen. Obgleich der Mehrfachbelastung des Intermediärs, wenn die Gesellschaften von beiden ihr eingeräumten Möglichkeiten Ge- 59

131 *Noack* NZG 2017, 561, 563; wohl auch *Eggers/de Raet* AG 2017, 464, 470.

brauch macht (Antragsweiterleitung und Intermediärbekanntgabe), wird eine Umsetzung dieser Option in nationales Recht (aus deutscher Sicht) weniger kritisch gesehen als die Nutzung der Mitgliedstaatenoption des Art. 3a III Uabs. 2 AR-RL.[132] Grund ist der deutlich geringe Aufwand der für den Intermediär damit verbunden ist. Auch ist der eher ergänzende Zweck der Vorschrift besser nachvollziehbar. Vor allem in den Fällen, in denen die Gesellschaft Zweifel an der unverzüglichen Weiterleitung zwischen den Intermediären hat oder ihr Antragsersuchen zunächst erfolglos bliebt, kann sie mittels des auf Art. 3a III Uabs. 3 AR-RL basierenden Rechts die weiteren Intermediäre der Verwahrkette in Erfahrung bringen und diese ggf direkt kontaktieren und zur Übermittlung der Aktionärsinformationen auffordern. Die Verpflichtung des die Aktionärsinformationen besitzenden Intermediärs zur Datenübermittlung ergibt sich dabei aus Art. 3a III Uabs. 1 AR-RL.[133] In diesem Fall ist nicht ein weitervermittelter Antrag der Gesellschaft Voraussetzung für die Übermittlungspflicht, sondern vielmehr das durch den Direktkontakt durch die Gesellschaft bzw. eines von ihr benannten Dritten übermittelten Informationsverlangens. Alles andere würde die Reichweite und Wirksamkeit der Mitgliedstaatenoption aus Sicht der Gesellschaft beschränken.

6. Verwendung personenbezogener Aktionärsdaten

60 Im Rahmen der Aktionärsidentifizierung gem Art. 3a AR-RL werden zwangsläufig die persönlichen Daten einzelner Aktionäre der Gesellschaft – ggf über die Zuleitung der entsprechenden Informationen durch die Intermediäre (vgl. Rn. 46) – zur Verfügung gestellt. Vor allem wenn der betreffende Aktionär eine natürliche Person ist, stellt sich dabei die **Frage des Datenschutzes.**[134] In diesem Zusammenhang bestimmt Art. 3a IV Uabs. 1 AR-RL zunächst allgemein, dass zur Verbesserung der Aktionärsrechte und zur Erleichterung der Zusammenarbeit zwischen der Gesellschaft und ihren Aktionären die erlangten „personenbezogene Daten der Aktionäre“ verarbeitet werden, „um die Gesellschaft in die Lage zu versetzen, ihre derzeitigen Aktionäre zu identifizieren, um direkt mit diesen zu kommunizieren“. Adressat dieser Regelung sind dabei die Mitgliedstaaten. Diese haben sicherzustellen, dass im Hinblick auf Art. 3a I-III AR-RL die Gesellschaft auch tatsächliche die Möglichkeit hat, die notwendigen (personenbezogenen) Daten ihrer Aktionäre zu erhalten. Insbesondere die datenschutzrechtlichen Bestimmungen der Mitgliedstaaten dürfen dieser Möglichkeit daher nicht entgegenstehen bzw. sie – im Sinne des *effet utile* –nicht faktisch übermäßig erschweren.

61 Art. 3a IV Uabs. 2 AR-RL sieht hingegen im Rahmen der Umsetzung der Bestimmung in nationales Recht eine **Verpflichtung der Gesellschaft** und der Intermediäre vor, dass diese die personenbezogenen Daten der Aktionäre grundsätzlich nicht länger als ein Jahr speichern dürfen, „nachdem sie erfahren haben, dass die betreffende Person nicht mehr Aktionär ist“. Daraus ergibt sich zunächst im Umkehrschluss, dass die Gesellschaft die personenbezogenen Daten über den gesamten Zeitraum der Aktionärsstellung speichern darf (vgl. auch Erwägungsgrund 6 Änderungs-RL). Art. 3a V AR-RL gibt vor, dass juristische Personen eine Korrektur falscher Angaben bzw. die Vervollständigung unvollständiger Angaben mit Blick auf ihre Aktionärsstellung verlangen können. Seinem Wortlaut nach greift die Vorschrift nur für juristische, nicht jedoch für natürliche Personen. Bezogen auf Art. 17 I lit. e) der Datenschutz-Grundverordnung (DS-GVO) steht jedem betroffenen Aktionär bei Verstoß gegen Art. 3a IV Uabs. 2 AR-RL ein Recht auf Löschung seiner Daten gegenüber der Gesellschaft bzw. dem Intermediär zu. Art. 3a IV Uabs. 2 AR-RL stellt bezogen auf die Jahresfrist zudem klar, dass es nicht unbedingt auf den Zeitpunkt des Verlustes der Aktionärsstellung ankommt, sondern darauf, wann die Gesellschaft bzw. der Intermediär davon Kenntnis erlangt, dass der betreffende Aktionär kein solcher mehr ist (vgl. auch Erwägungsgrund 6 Änderungs-RL). Grund für die Regelung ist, dass der Richtliniengeber davon ausgeht, dass die Gesellschaft in vielen Fällen nicht erfährt, dass der Aktionär ausgeschieden ist. Kenntnis darüber wird die Gesellschaft regelmäßig erst bei der nächsten Identifizierung der Aktionäre oder ggf durch eine Mitteilung des Aktionärs selbst erlangen (vgl. Erwägungsgrund 6 Änderungs-RL). Der Wortlaut der Vorschrift ist eng gefasst. Fraglich ist daher ob die Jahresfrist im Zweifel bereits dann zu laufen beginnt, sobald die Gesellschaft bzw. der Intermediär nachweislich von der fehlenden Aktionärsstellung der entsprechenden Person **hätte wissen müssen.** Der Wortlaut der Vorschrift umfasst das Kennenmüssen nicht. Im Ergebnis kann der Schutzzweck der Regelung jedoch wohl nur vollumfänglich gewährleistet werden, wenn auch ein Kennenmüssen genügt. Es könnte insofern an eine analoge Anwendung (dazu § 2 Rn. 167 ff.) der Vorschrift gedacht werden. Folgte man dieser Ansicht, begänne aus deutscher Sicht die Frist daher zum Beispiel ggf schon vor der Mitteilung des Aktionärs gem § 67 III iVm II 1 AktG zu laufen.[135]

62 Obgleich der problembezogene Schwerpunkt dieser Regelung auf der Datenspeicherung von natürlichen Personen als Aktionären liegt, ist dem Wortlaut der Norm **keine Einschränkung hinsichtlich juristischer Personen** und

132 Vgl. *Noack* NZG 2017, 561, 564.

133 Sie ergibt sich nicht aus Art. 3a II AR-RL, da sich dieser auf die „Intermediäre der Gesellschaft“ und damit nicht auf dahinterstehende Kettenmitglieder bezieht.

134 Vgl. auch *Lutter/Bayer/Schmidt*, Europäisches Unternehmens- und Kapitalmarktrecht, 2017, Rn. 29.28.

135 Auch Art. 17 I lit. a) der Datenschutz-Grundverordnung wäre hier einschlägig, da, wie auch Art. 3a IV Uabs. 2 AR-RL selbst bedingt, die Datenspeicherung zweckbezogen auf die Aktionärsidentifizierung nicht mehr erforderlich ist.

anderer Personenvereinigungen zu entnehmen. Auch zweckbezogen ist eine entsprechende Beschränkung des Anwendungsbereichs der Regelung weder ersichtlich noch angebracht. Vor allem bei juristischen Personen können die meisten der identifizierungsbezogenen Daten eines Aktionärs jedoch ohnehin überwiegend aus dem jeweiligen nationalen Register und/oder dem Internet ermittelt werden.

Die zwölfmonatige Speicherfrist des Art. 3a IV Uabs. 2 AR-RL gilt allerdings **nicht ausnahmslos**. Zum einen gelten daneben weiterhin etwaige auf europäischem Recht basierende längere Speicherfristen. Entsprechende sektorspezifische Fristen gehen als *lex specialis* vor (Art. 3a IV Uabs. 2 AR-RL, zum Verhältnis der Aktionärsrechterichtlinie zu anderen Rechtsakten s. auch Rn. 24 f.). Sofern die Mitgliedstaaten oder die betroffenen Gesellschaften bzw. Intermediäre also aufgrund europäischer Regelungen verpflichtet sind, in bestimmten Fällen oder aufgrund besonderer Gegebenheiten die personenbezogenen Daten der ehemaligen Aktionäre länger zu speichern, besteht darin kein Verstoß gegen Art. 3a IV Uabs. 2 AR-RL. Rein national-autonome Regelungen der Mitgliedstaaten sind hiervon jedoch nicht erfasst, da sich der Wortlaut der Regelung ausdrücklich auf „sektorspezifische[n] Rechtsakt[e] der Union" bezieht. Weiterhin umfasst die Jahresfrist für die Datenspeicherung explizit nur die personenbezogenen Daten, die der Gesellschaft bzw. dem Intermediär in Bezug auf die Aktionärsidentifikation gemäß Art. 3a AR-RL und **für diese „Zwecke übermittelt wurden"** (Art. 3a IV Uabs. 2 AR-RL). Insbesondere handelt es sich daher um keine generalklauselartige Regelung zur beschränkten Datenaufbewahrung von Unternehmen, welche die Gesellschaft bzw. den Intermediär verpflichtet, alle personenbezogenen Daten eines Aktionärs, die auch in einem anderen Zusammenhang erlangt wurden, nur zwölf Monate aufzubewahren. Hierbei gelten vielmehr die allgemeinen (europäischen) Bestimmungen, vor allem die der neuen Datenschutz-Grundverordnung (DS-GVO). 63

Die Mitgliedstaaten können allerdings „eine **Verarbeitung** der [im Rahmen des Art. 3a I bis III AR-RL erhaltenen] personenbezogenen Daten der Aktionäre **zu anderen Zwecken** vorsehen" (Art. 3a IV Uabs. 3 AR-RL). Voraussetzung hierfür ist jedoch der Erlass entsprechend legitimierender Rechtsvorschriften nach nationalem Recht, die wiederum mit den anderen Datenschutzbestimmungen des europäischen Rechts im Einklang zu stehen haben. Ferner steht die in Art. 3a IV Uabs. 3 AR-RL statuierte Mitgliedstaatenoption („die Mitgliedstaaten können") weiterhin unter dem Vorbehalt des Art. 3a IV Uabs. 2 AR-RL, dh nach zwölf Monaten sowie wenn der Zweck verarbeitungsbezogenen Datenweitenweiterleitung erreicht ist, sind die personenbezogenen Daten zu löschen. Privatautonome Vereinbarungen mit dem betreffenden Aktionär stehen der Richtlinienbestimmung gleichwohl jedoch nicht entgegen. 64

II. Informationsübermittlung

Die Identifizierung der Aktionäre (Art. 3a AR-RL) dient der Kommunikation zwischen der Gesellschaft und den Aktionären. Letztere bedürfen Informationen, um ihre Aktionärsrechte ausüben zu können. Art. 3b AR-RL möchte sicherstellen, dass die Aktionäre diese Informationen auch erhalten, wenn die Gesellschaft nicht direkt mit ihnen kommuniziert (vgl. auch Umkehrschluss aus Art. 3b III AR-RL, dazu Rn. 68). Im Fall der Zwischenschaltung von einem oder mehreren Intermediären sind diese daher ebenfalls bezüglich der Kommunikation in die Pflicht zu nehmen, um die **Ausübung der Aktionärsrechte** so **zu verbessern**.[136] Hierzu statuiert Art. 3b AR-RL im Fall der Kommunikation über Intermediäre sowohl eine Weiterleitungs- bzw. Übermittlungspflicht in Richtung des Aktionärs (s. Rn. 66) als auch eine Weiterleitungs- bzw. Übermittlungspflicht in Richtung der Gesellschaft.[137] 65

1. Informationsübermittlung an die Aktionäre

Art. 3b I AR-RL beschreibt die **Verpflichtung für Intermediäre**, die von der Gesellschaft erhaltenen Informationen unverzüglich an den Aktionär oder einen von ihm benannten Dritten zu übermitteln. „**Informationen**" sind dabei solche, die die Gesellschaft dem Aktionär mitteilen muss, damit dieser seine ihm zustehenden Aktionärsrechte wahrnehmen kann (Art. 3b I lit. a) AR-RL). Welche Informationen dies konkret sind, benennt die Richtlinie zwar nicht,[138] jedoch ergibt sich aus dem Kontext („erteilen muss, damit"),[139] dass damit insbesondere die Informationen betreffend der Einberufung (s. dazu Rn. 88 ff.), Teilnahme (s. dazu Rn. 115 ff.) und Durchführung der Hauptversammlung gemeint sind. Die Informationen, die von der Gesellschaft über den Intermediär 66

136 Vgl. Erwägungsgrund 8 Änderungs-RL; *Lutter/Bayer/Schmidt*, Europäisches Unternehmens- und Kapitalmarktrecht, 2017, Rn. 29.30; *Bayer/Schmidt* BB 2017, 2114, 2115; s. auch *DAV*, Stellungnahme zum Entwurf einer Durchführungsverordnung zur Festlegung von Mindestanforderungen für die Umsetzung der Richtlinie 2007/36/EG vom 11. Juli 2007 über die Ausübung bestimmter Rechte von Aktionären in börsennotierten Gesellschaften (Aktionärsrechte-Richtlinie), Stellungnahme Nr. 18/2018, S. 4.

137 *Lutter/Bayer/Schmidt*, Europäisches Unternehmens- und Kapitalmarktrecht, 2017, Rn. 29.30.

138 *Noack* NZG 2017, 561, 565.

139 Englischer Wortlaut: „is required to provide (…) to". Französischer Wortlaut: „est tenue de fournir (…), pour". Spanischer Wortlaut: „debe facilitar (…) para". Italienischer Wortlaut: „è tenuta a fornire (…) per". Niederländischer Wortlaut: „moet verstrekken om". Polnischer Wortlaut: „jest zobowiązana przekazywać (…), w celu".

an den Aktionär zu übermitteln sind, beschränken sich dabei jedoch nicht auf die in der Richtlinie niedergelegten Informationsrechte. Vielmehr werden im Grundsatz auch die weiteren, nach autonom-nationalem Recht bestehenden Aktionärsrechte umfasst.[140] Denn man mag argumentieren, dass generell auf die Informationserteilungspflicht der Gesellschaft gegenüber ihren Aktionären abgestellt wird. Daneben gibt Art. 3b I AR-RL allerdings auch vor, dass wohl nur die in lit. a) angesprochenen Informationen (bzw. die Mitteilung gem lit. b)) und nicht auch weitere Informationen von den Mitgliedstaaten in diesem Zusammenhang der Übermittlungspflicht der Intermediäre unterliegen dürfen.[141] Insbesondere besteht daher kein allgemeiner Anspruch der Gesellschaft gegenüber Intermediären zur Informationsübermittlung. Voraussetzung ist nach Art. 3b I lit. a) AR-RL weiterhin („und"), dass die erfassten Informationen für alle Aktien einer entsprechenden Gattung bestimmt sind. Insofern wird auf den **Gleichbehandlungsgrundsatz** (s. dazu Rn. 86) Bezug genommen. Sind die von Art. 3b I lit. a) AR-RL erfassten Informationen auf der Website der Gesellschaft für die Aktionäre verfügbar, müssen die Intermediäre die Informationen nicht erneut an den Aktionär übermitteln, sondern es genügt vielmehr eine entsprechende Mitteilung, aus der ersichtlich wird, wo die entsprechenden Informationen auf der Website gefunden werden können (Art. 3b lit. b) AR-RL). Entgegen der Vermutung auf den ersten Blick, dass der Intermediär die Mitteilung selbst verfassen muss, wird mit Bezugnahme auf Art. 3b II AR-RL klar, dass auch hier lediglich eine Übermittlungs- iS einer Weiterleitungspflicht des Intermediärs besteht.

67 Denn als Korrelat zu Art. 3b I AR-RL bestimmt Art. 3b II AR-RL, dass, damit der Intermediär überhaupt seine Pflicht zur Informations- bzw. Mitteilungsübermittlung erfüllen kann, die Gesellschaft ihrerseits die Informationen oder die Mitteilung **„rechtzeitig und in standardisierter Form"** an den Intermediär zu übermitteln hat. Verpflichteter ist diesbezüglich also die Gesellschaft. Die Rechtzeitigkeit der Informationsübermittlung der Gesellschaft an den Intermediär bezieht sich gemäß der Ratio der Norm dabei darauf, dass der Aktionär die ihm zustehenden und damit verbundenen Rechte ausüben kann. Dabei ist ebenfalls der Weiterleitungszeitraum vom Intermediär an den Aktionär bzw. einen weiteren Intermediär zu berücksichtigen. Aus Perspektive der Gesellschaft dürfte es jedoch ausreichend sein, wenn die Informationsübermittlung aus objektiver Sicht insofern rechtszeitig dem Intermediär zugegangen ist, dass unter normalen Umständen der betreffende Aktionär in angemessener Weise im Vorfeld der in Rede stehenden Rechteausübung die Informationen bzw. die Mitteilung erhalten kann. Anders als bei Art. 3b I AR-RL wird gerade nicht eine unverzügliche Informationsübermittlung gefordert. Bezüglich der Übermittlung der Informationen **„in standardisierter Form"** wird faktisch auf die von der Europäischen Kommission zu erlassende Durchführungsverordnung gem Art. 3b VI 1 AR-RL (s. Rn. 72) verwiesen, in der das entsprechende Format zu bestimmen ist. In Art. 3b VI 2 AR-RL kündigt die Vorschrift an, dass die Europäische Kommission bis Mitte September 2018 entsprechende Durchführungsrechtsakte erlassen wird. Im April 2018 veröffentlichte die Europäische Kommission ihren ersten Entwurf einer entsprechenden Durchführungsverordnung.[142] Hierin wird insbesondere die Informationsübermittlung zwischen den Intermediären thematisiert.[143] Am 3. September 2018 und damit fristgerecht wurde dann die Durchführungsverordnung (EU) 2018/1212 von der Europäischen Kommission erlassen.

68 Art. 3b III AR-RL enthält eine **Verbotsnorm** für die Mitgliedstaaten. Diese dürfen weder die Gesellschaft noch die Intermediäre verpflichten, die Informationen bzw. die Mitteilung gem Art. 3b I AR-RL zu übermitteln bzw. weiterzuleiten, wenn die Gesellschaft den entsprechenden Inhalt **direkt an den betroffenen Aktionär übermittelt**. Dadurch soll eine unnötige Belastung der Intermediäre verhindert werden. Das bedeutet jedoch nicht, dass die Mitgliedstaaten die Übermittlung gem Art. 3b I AR-RL der Gesellschaft bzw. den Intermediären verbieten müssen, sondern nur, dass sie selbst keine entsprechende Verpflichtung nach nationalem Recht vorsehen dürfen. Vorsorglich könnte die Gesellschaft bzw. der Intermediär daher trotzdem die Informationen übermitteln bzw. weiterleiten. Außerdem spricht die Norm von einer direkten Übermittlung, dh eine bloße Bekanntgabe auf der Website der Gesellschaft *ad insertas personas* wäre nicht ausreichend. Art. 3b III AR-RL greift hingegen, wenn die Gesellschaft den Aktionären im Sinn von Art. 3b I lit. b) AR-RL mitteilt, wo die entsprechenden Informationen auf der Website zu finden sind.

140 In diesem Sinne wohl auch *Noack* NZG 2017, 561, 565 f.

141 Insbesondere als solche Informationen, die vollkommen freiwillig und ohne Bezug zur unmittelbaren Ausübung von Aktionärsrechten den Aktionären mitgeteilt werden sollen.

142 Europäische Kommission, Draft Implementation Regulation laying down minimum requirements implementing the provisions of Directive 2007/36/EC of the European Parliament and of the Council as regards shareholder identification, the transmission of information and the facilitation of the exercise of shareholders rights, Ref. Ares(2018)1944240, April 2018; s. dazu auch *DAV*, Stellungnahme zum Entwurf einer Durchführungsverordnung zur Festlegung von Mindestanforderungen für die Umsetzung der Richtlinie 2007/36/EG vom 11. Juli 2007 über die Ausübung bestimmter Rechte von Aktionären in börsennotierten Gesellschaften (Aktionärsrechte-Richtlinie), Stellungnahme Nr. 18/2018.

143 Insofern kritisch und auch eine Erweiterung auf die direkte Kommunikation zwischen Gesellschaft und Aktionär wünschend *DAV*, Stellungnahme zum Entwurf einer Durchführungsverordnung zur Festlegung von Mindestanforderungen für die Umsetzung der Richtlinie 2007/36/EG vom 11. Juli 2007 über die Ausübung bestimmter Rechte von Aktionären in börsennotierten Gesellschaften (Aktionärsrechte-Richtlinie), Stellungnahme Nr. 18/2018, S. 4.

2. Informationsübermittlung an die Gesellschaft

Art. 3b AR-RL beschäftigt sich daneben auch mit der Informationsübermittlung durch den Aktionär an die Gesellschaft für den Fall der fehlenden Direktkommunikation. Damit die Aktionäre zur Ausübung ihrer Rechte nicht nur Informationen von der Gesellschaft erhalten, sondern sich ebenfalls gewiss sein können, dass die Informationen und Angaben, die sie ihrerseits zur Ausübung ihrer Rechte an die Gesellschaft übermitteln wollen, auch zugehen, verpflichtet die Richtlinie wiederum die beteiligten Intermediäre. In diesem Zusammenhang haben die Mitgliedstaaten gem Art. 3b IV AR-RL sicherzustellen, dass die Intermediäre die Informationen, die sie von dem Aktionär zur Ausübung seiner Rechte erhalten haben, unverzüglich **an die Gesellschaft zu übermitteln haben.** Im Rahmen dieser Übermittlung haben sie stets die diesbezüglichen Anweisungen des Aktionärs zu beachten. Insbesondere dürfen die Intermediäre daher nicht unaufgefordert oder über einen bestimmten Zeitraum hinaus Informationen oder Angaben an die Gesellschaft weiterleiten. Zudem beschränkt sich Art. 3b IV AR-RL darauf, dass nur insofern eine Übermittlungspflicht an die Gesellschaft besteht, als die vom Aktionär an den Intermediär zugesandten Informationen/Angaben **„im Zusammenhang mit der Ausübung der mit den Aktien verbundenen Rechte"** stehen.[144] Diese Voraussetzung wird man jedoch zum einen weit und zum anderen objektiv zu verstehen haben, dh auch Angaben, die nur potenziell der Wahrung der Aktionärsrechte und der Ausübung dienlich sein können, sind hiervon wohl erfasst. Aus praktischer Sicht bedeutet dies für die Intermediäre, dass sie sich eher zurückhaltend hierauf im Rahmen einer Ausnahme der Übermittlungspflicht berufen sollten. Ferner bleibt die Weisungsgebundenheit des Intermediärs davon unberührt. 69

3. Kette von Intermediären

Wie bereits im Rahmen der Erläuterungen zur Aktionärsidentifizierung gem Art. 3a AR-RL (s. Rn. 29 ff.) deutlich wurde, spielen in der Praxis Ketten von Intermediären eine bedeutende Rolle.[145] Dies erkannte auch der europäische Gesetzgeber und sieht deshalb im Rahmen der Informationsübermittlung vor, dass die gem Art. 3b AR-RL zu übermittelnden Informationen beim Vorhandensein mehrerer Intermediäre **der Kette entlang** unverzüglich dem nächsten Intermediär weiterzuleiten sind (Art. 3b V AR-RL).[146] Wie im Rahmen der Identifizierung der Aktionäre (s. Rn. 29 ff.) stellt sich auch hier die Frage, ob die Übermittlung tatsächlich entlang der Kette erfolgen muss oder ob auch ein Intermediär „übersprungen" werden kann, so lange sichergestellt ist, dass die Informationen ordnungsgemäß weitergeleitet werden. Die deutsche Fassung spricht im Gegensatz zu Art. 3a III Uabs. 1 AR-RL in Art. 3b V AR-RL nicht von „zwischen den Intermediären", sondern von „von einem Intermediär zum nächsten", was für eine Weitergabe entlang der Kette sprechen könnte. Ein Blick in die anderen Sprachfassungen zeigt jedoch, dass auch hier lediglich eine Übermittlung „zwischen den Intermediären"[147] gemeint ist und damit ein „Überspringen" eines Intermediärs grundsätzlich möglich erscheint. 70

Von der Vorschrift erfasst sind die jeweils die Intermediäre verpflichtenden Regelungen des Art. 3b AR-RL, dh zum einen die Informationsübermittlung von der Gesellschaft an den Aktionär („*bottom up*")[148] gem Art. 3b I AR-RL und zum anderen die Informationsübermittlung vom Aktionär an die Gesellschaft („*top down*")[149] gem Art. 3b IV AR-RL. Die Pflicht zur Informationsweiterleitung an den nächsten Intermediär entlang der Kette besteht jedoch dann nicht, wenn die entsprechenden Informationen auch **direkt** von dem Intermediär an die Gesellschaft bzw. den Aktionär **weitergeleitet werden können** (Art. 3b V AR-RL). Dem Wortlaut der Norm nach wird danach allerdings nicht darauf abgestellt, dass der betreffende Intermediär die Informationen auch weitergeleitet hat. Maßgebend ist insofern jedoch, dass die Gesellschaft bzw. der Aktionär die Informationen tatsächlich (und rechtzeitig) erhält. Geschieht dies, ist der Intermediär nicht mehr zur zusätzlichen Weiterleitung verpflichtet. 71

4. Erlass von Durchführungsrechtsakten

Die Europäische Kommission hatte bis zum **10. September 2018** einen **Durchführungsrechtsakt zur Konkretisierung** der in Art. 3b I-V AR-RL statuierten Anforderungen zu erlassen (Art. 3b VI 2 AR-RL). Art. 3b VI 1 AR- 72

144 Beispielsweise also die Anzahl der gehaltenen Aktien oder die konkreten Identifikationsmerkmale eines Aktionärs (zB Name bzw. Firma).

145 Vgl. auch Erwägungsgrund 4, 8 Änderungs-RL.

146 Wodurch wiederum die Ausübung der Aktionärsrechte verbessert werden soll, Erwägungsgrund 8 Änderungs-RL.

147 Englischer Wortlaut: „between intermediaries". Französischer Wortlaut: „entre les intermédiaires". Spanischer Wortlaut: „los intermediarios se trasmitirán entre sí". Niederländischer Wortlaut: „tussen de tussenpersonen". Der polnische Wortlaut spricht von einer Übertragung zwischen den Indermediären, ohne dabei eine Übertragung von einem Intermediär zum anderen anzusprechen: „pośrednicy bezzwłocznie przekazują sobie informacje". Der italienische Wortlaut („un intermediario all'altro") spricht eher von „von einem Intermediär zu anderen".

148 *Lutter/Bayer/Schmidt*, Europäisches Unternehmens- und Kapitalmarktrecht, 2017, Rn. 29.31.

149 *Lutter/Bayer/Schmidt*, Europäisches Unternehmens- und Kapitalmarktrecht, 2017, Rn. 29.32.

RL regelt insofern die entsprechende Befugnisübertragung an die Europäische Kommission. Die zu erlassenden Durchführungsrechtsakte haben sich auf die „Präzisierung der Mindestanforderungen" gemäß den vorstehenden Bestimmungen und auf die Art und das Format der zu übermittelnden Informationen zu beziehen (Art. 3b VI 1 AR-RL).[150] Die Aspekte hinsichtlich der Art und des „Formats"[151] der zu übermittelnden Informationen sind dabei jeweils auch mit Blick auf ihre Sicherheit, Interoperabilität und die einzuhaltenden Fristen zu präzisieren.[152] Im April 2018 veröffentlichte die Europäische Kommission den ersten Entwurf einer entsprechenden Durchführungsverordnung (s. bereits Rn. 67).[153] Am 3. September 2018 wurde sodann die Durchführungsverordnung (EU) 2018/1212 erlassen und am darauffolgenden Tag im Amtsblatt der EU veröffentlicht.

III. Erleichterung der Ausübung von Aktionärsrechten

1. Maßnahmen zur Verbesserung von Aktionärsrechten

73 Gemäß der erweiterten Zielbestimmung der Aktionärsrechterichtlinie (vgl. Art. 1 I 2 AR-RL) zur Verbesserung der Mitwirkung der Aktionäre (s. Rn. 16), beabsichtigt der durch die Änderungsrichtlinie 2017 neu eingefügte Art. 3c AR-RL eine „Erleichterung der Ausübung von Aktionärsrechten". Dazu werden die in der Praxis immer wichtigeren **Intermediäre in die Pflicht genommen.** Die betroffenen Intermediäre, dh beispielsweise Wertpapierunternehmen, Kreditinstitute oder ein Zentralverwahrer, die im Sinne von Art. 2 lit. d) AR-RL Wertpapiere für Aktionäre verwalten, verwahren oder ein Depot für diese führen, müssen Maßnahmen vorsehen, um die Ausübung der Rechte der Aktionäre zu erleichtern (Art. 3c I AR-RL). Die Norm stellt insofern klar, dass diese Verpflichtung insbesondere, jedoch nicht abschließend, das Teilnahmerecht an der Hauptversammlung (s. dazu Rn. 115 ff.) und die dortige Stimmabgabe (s. dazu Rn. 129 ff.) betrifft. Um eine Art Generalklausel handelt es sich bei Art. 3c I AR-RL allerdings nicht, denn konkretisierend sieht die Regelung vor, dass die Erleichterung der Aktionärsrechte durch die Intermediäre zumindest durch eine der in Art. 3c I lit. a), b) AR-RL genannten Maßnahmen zu erfolgen hat. Gleichwohl handelt es sich dabei um einen **Mindeststandard,**[154] dh die Mitgliedstaaten können darüber hinausgehende Anforderungen stellen (das ergibt sich allgemein aus Art. 3 AR-RL). Der betroffene Intermediär hat demnach zumindest **entweder**

- die erforderlichen Vorkehrungen zu treffen, damit der Aktionär selbst oder ein von diesem benannter Stellvertreter seine Aktionärsrechte (insbesondere im Rahmen der Hauptversammlung der Gesellschaft) wahrnehmen kann (lit. a) **oder**
- er muss die Aktionärsrechte für den Aktionär mit dessen expliziter Genehmigung und gemäß dessen Weisungen und zugunsten des Aktionärs ausüben (lit. b).

74 Die Richtlinie fordert lediglich, dass die Mitgliedstaaten Regeln schaffen müssen, nach der der Intermediär eine der beiden in Art. 3c I AR-RL genannten Aspekte erfüllen muss („**mindestens eine der folgenden Maßnahmen**"). Im Hinblick auf eine möglichst weitgehende Verbesserung der Ausübung der Aktionärsrechte steht es den Mitgliedstaaten allerdings frei, beide Maßnahmen verpflichtend vorzuschreiben oder nur eine – lit. a) oder lit. b) – der genannten Maßnahmen und zusätzlich zB noch weitere Verpflichtungen zu statuieren. Aufgrund der Konzeption der Norm ist es den Mitgliedstaaten dabei grundsätzlich auch erlaubt, dass sie den Intermediären eine entsprechende Wahl lassen. Sie haben lediglich sicherzustellen, dass eine der Maßnahmen zur Erleichterung der Ausübung der Aktionärsrechte verpflichtend ist. Wirklich konsequent scheint der europäische Gesetzgeber insofern und bezogen auf eine umfassende Verbesserung der Ausübung von Aktionärsrechten allerdings nicht vorzugehen. Dies ist vor allem deshalb festzuhalten, weil es sich bei den in Art. 3c I lit. a) und lit. b) AR-RL genannten Maßnahmen im Grundsatz um zwei Alternativen für den Aktionär selbst handelt; entweder er will trotz der Nutzung eines Intermediärs seine Aktionärsrechte selbst oder durch einen anderen Stellvertreter ausüben oder er will den Intermediär hierfür beauftragen. Entscheidet sich der betreffende Aktionär beispielsweise dafür, selbst seine Rechte in der Hauptversammlung auszuüben, hat der Mitgliedstaat, dem die Gesellschaft unterfällt aber, in zulässiger Weise, lediglich von der Intermediärsverpflichtung des Art. 3c I lit. b) AR-RL Gebrauch gemacht, geht die eigentlich mit der Norm intendierte Verbesserung der Ausübung der Aktionärsrechte faktisch ins Leere. **Nachvollziehbarer** wäre es daher gewesen, wenn beide Maßnahmen in Art. 3c I AR-RL verpflichtend umzusetzen wären und sich der Mindeststandard nur auf die Befugnis der Mitgliedstaaten zur Schaffung darüberhinausgehender Maßnahmen beziehen würde. Dies mag man der Lesart her auch Erwägungs-

150 Die Präzisierung der Mindestanforderungen bezieht sich dabei lediglich auf die Informationsübermittlung und nicht auf den Inhalt der Information, *Noack* NZG 2017, 561, 565.

151 Zu Begriff und Reichweite des „Formats" s. bereits Rn. 52.

152 Vgl. auch *Lutter/Bayer/Schmidt*, Europäisches Unternehmens- und Kapitalmarktrecht, 2017, Rn. 29.37.

153 Siehe dazu auch *DAV*, Stellungnahme zum Entwurf einer Durchführungsverordnung zur Festlegung von Mindestanforderungen für die Umsetzung der Richtlinie 2007/36/EG vom 11. Juli 2007 über die Ausübung bestimmter Rechte von Aktionären in börsennotierten Gesellschaften (Aktionärsrechte-Richtlinie), Stellungnahme Nr. 18/2018.

154 *Lutter/Bayer/Schmidt*, Europäisches Unternehmens- und Kapitalmarktrecht, 2017, Rn. 29.35; *Bayer/Schmidt* BB 2017, 2114, 2115.

grund 9 Änderungs-RL entnehmen, der sich auf die entsprechende Problematik bezieht. Der Wortlaut des Art. 3c I AR-RL lässt allerdings keine entsprechende Auslegung zu.

Art. 3c I lit. a) AR-RL sieht vor, sofern der Mitgliedstaat hiervon Gebrauch macht, dass der Intermediär „die **erforderlichen Vorkehrungen**" zu treffen hat, um die Ausübung der Rechte durch den Aktionär selbst zu erleichtern. Welche Vorkehrungen dies sind oder wie diese ausgestaltet sein können, sagt die Richtlinie nicht. Klar ist insofern nur, dass insbesondere die Erforderlichkeit der Maßnahme nach europäisch-autonomen Verständnis zu beurteilen ist. Aufgrund des unbestimmten Rechtsbegriffs wird den Mitgliedstaaten gleichwohl ein gewisser Gestaltungsspielraum gewährt, insbesondere ob sie konkrete Vorkehrungen statuieren oder im Rahmen der Umsetzung des Art. 3c I lit. a) AR-RL in nationales Recht einige solcher beispielhaft aufzählen. Denkbar und mit der Richtlinienregelung grundsätzlich in Einklang zu bringen ist auch, dass der Intermediär selbst diesbezüglich eine gewisse Wahl hat. Notwendig und nach europäischem Recht zu bestimmen ist jedoch auch in diesem Zusammenhang, dass die entsprechende Vorkehrung dazu dient, dass der Aktionär seine Rechte selbst ausüben kann, dh aufgrund der Vorkehrung muss der Aktionär oder sein Stellvertreter seine Rechte selbst ausüben können. Dem Wortlaut nach nicht zwingend erforderlich ist hingegen –obgleich die Überschrift des Art. 3c AR-RL dies suggerieren mag –, dass es dadurch zu einer tatsächlichen Erleichterung iS einer Verbesserung der bestehenden Situation für den betroffenen Aktionär kommt, solange die entsprechende Vorkehrung erforderlich ist. Die Vorschrift geht davon aus, dass Vorkehrungen, die notwendig sind, damit der Aktionär seine Rechte ausüben kann, allgemein zu einer Erleichterung für die Aktionäre führen. 75

Art. 3c I lit. b) AR-RL sieht vor, sofern der Mitgliedstaat hiervon Gebrauch macht, dass im Fall, dass der Intermediär die Rechte für den Aktionär (insbes. das Stimmrecht in der Hauptversammlung) ausüben soll, der Intermediär die Aktionärsrechte nur (i) mit expliziter **Genehmigung** durch den Aktionär, (ii) **weisungsgebunden** und (iii) **zugunsten** des Aktionärs wahrnehmen darf. In einem ersten Schritt entscheidet also der Aktionär, ob er selbst oder ein Vertreter an der Hauptversammlung teilnehmen soll.[155] Entscheidet er sich für einen Vertreter, so muss gem Art. 3c I lit. b) AR-RL der Intermediär für einen entsprechenden Dienst bereitstehen. Damit der Intermediär die Aktionärsrechte ausüben kann, bedarf es dann der Genehmigung, welche in aller Regelung im Rahmen einer entsprechenden Vollmacht erteilt wird. Wie ein Stimmrechtsvertreter hat der Intermediär zudem gemäß den Anweisungen des Aktionärs zu handeln. Dies gilt selbstverständlich nur, sofern in diesem Zusammenhang überhaupt Weisungen erfolgt sind. Fraglich ist insofern allerdings, ob der Intermediär verpflichtet ist, sich um die Einholung von Weisungen zu bemühen. Aus dem Wortlaut der Vorschrift geht dies zumindest nicht hervor und auch darüber hinaus erscheint eine entsprechende Pflicht nicht zwingend erforderlich. Etwas unbestimmt ist hingegen, was unter dem Merkmal „zu dessen [des Aktionärs] Gunsten"[156] zu verstehen ist. Auch dieser Begriff ist europäisch-autonom auszulegen. Er könnte ein **subjektives Element** besitzen. Ob beispielsweise die Stimmabgabe in der Hauptversammlung durch einen Intermediär zugunsten des jeweiligen Aktionärs ist, hätte dieser dann im Ergebnis und ggf mit Blick auf seine vorherigen Abstimmungsanweisungen gegenüber dem Intermediär grundsätzlich selbst zu beurteilen. Eine gewisse Objektivierung wäre jedoch auch in diesem Fall angebracht, da andernfalls eine diesbezügliche Pflichtverletzung auf Seiten des Intermediärs überwiegenden in den Händen des Aktionärs liegen würde. Die Beurteilung, ob eine Maßnahme zugunsten des Aktionärs ist, hat daher zumindest auch das vorherige Verhalten dieses zu berücksichtigen, dh ob es beispielsweise mit den vorherigen Anweisungen im Einklang steht. Zu dessen Gunsten ließe sich jedoch auch so verstehen, dass die Handlung des Intermediärs aus Sicht eines vergleichbaren **Durchschnittaktionärs** in der entsprechenden zugrundeliegenden Situation vorteilhaft sein muss. Fraglich wäre dann, inwieweit der Intermediär auf die konkrete Situation des Aktionärs abstellen müsste, dh beispielsweise auf die Höhe der Beteiligung. Eine Stimmabgabe ist jedenfalls immer dann im Interesse des Aktionärs, wenn sie dessen Weisungen entspricht, auch wenn sie aus objektiver Sicht nicht vorteilhaft sein mag. 76

2. Bestätigung des Stimmeneingangs sowie der Stimmenaufzeichnung und -zählung

Damit sich ein Aktionär seiner (elektronischen) Stimmabgabe im Rahmen der Hauptversammlung gewiss sein kann (vgl. Erwägungsgrund 10 S. 1 Änderungs-RL),[157] sieht Art. 3c II Uabs. 1 AR-RL vor, dass bei einer elektronischen Stimmabgabe eine **elektronische Eingangsbestätigung** von der Gesellschaft an die die Stimme abgebende Person zu übermitteln ist. Verpflichteter ist also die Gesellschaft. Die Regelung gilt dabei nur für die elektronische Stimmabgabe (s. dazu Rn. 81). Bei der physischen Stimmabgabe im Rahmen der Hauptversammlung selbst bedarf es einer entsprechenden Eingangsbestätigung nicht, da sich der betreffende Aktionär bzw. sein Vertreter allein durch seine Anwesenheit und Abstimmung dem Eingang seiner Stimme gewiss sein kann. Art. 3c II 77

155 *Zetzsche* in: KK-AktG, Bd. 3/1, 2016, § 135 Rn. 44.

156 Die anderen Sprachfassungen könnten auch mit „zu dessen Wohle" bzw. „zu dessen Vorteil" oder „in dessen Interesse" übersetzt werden. Englischer Wortlaut: „for the shareholder's benefit". Französischer Wortlaut: „dans l'intérêt de l'actionnaire". Spanischer Wortlaut: „en beneficio de este". Italienischer Wortlaut: „nell'interesse di quest'ultimo". Niederländischer Wortlaut: „ten behoeve van de aandeelhouder uit". Polnischer Wortlaut: „na jego [akcjonariusza] rzecz".

157 Vgl. auch *Lutter/Bayer/Schmidt*, Europäisches Unternehmens- und Kapitalmarktrecht, 2017, Rn. 29.36.

Uabs. 1 AR-RL schreibt dabei weiterhin vor, dass die Bestätigung des Stimmeingangs durch die Gesellschaft an die Person (elektronisch) mitzuteilen ist, **„die die Stimme abgegeben hat"**. Das bedeutet, dass nicht zwingend der Aktionär, der die stimmberechtigenden Aktien hält, zu informieren ist, sondern vielmehr die Person, die tatsächlich die Stimmabgabe vollzogen hat. Das kann also auch der Stimmrechtsvertreter sein.[158] Dies zeigt auch Art. 3c II Uabs. 3 S. 1 AR-RL (s. dazu Rn. 81), der eine Weiterleitungspflicht des die Bestätigung erhaltenen Intermediärs an den Aktionär vorsieht. Insbesondere besteht also keine mehrfache Pflicht der Gesellschaft (an den Intermediär und den Aktionär) zum Versand einer Eingangsbestätigung.

78 Die Eingangsbestätigung durch die Gesellschaft hat zwingend **in elektronischer Form** zu erfolgen. Der Wortlaut des Art. 3c II Uabs. 1 AR-RL ist insofern eindeutig. Zweck dieser Vorgabe ist zum einen, dass so eine schnellere Informationserlangung der die Stimme abgebenden Person als über den Postweg möglich ist. Zum anderen sind bei einer entsprechend elektronischen Bestätigung sowohl die Fehleranfälligkeit als auch die Kosten idR geringer als bei einer Briefsendung. Die Richtlinie schreibt jedoch nicht vor, dass zwingend das gleiche elektronische Medium für die Eingangsbestätigung zu verwenden ist wie für die elektronische Stimmabgabe selbst (zu den möglichen Formen der elektronischen Teilnahme an der Hauptversammlung s. auch Rn. 122 ff.). Bei der elektronischen Bestätigung hat es sich aber auf jeden Fall zumindest um ein **elektronisches Dokument** mit entsprechend elektronischen Daten zu handeln, die in einem Schriftträger verkörpert sind; typischerweise also um eine E-Mail.

79 Als Korrelat zur Eingangsbestätigung sieht Art. 3c II Uabs. 2 S. 1 AR-RL weiterhin vor, dass die Gesellschaft dem Aktionär oder einem von ihm benannten Stellvertreter auf Anforderung eine **Bestätigung** auszustellen hat, dass seine Stimmen in der stattgefundenen Hauptversammlung **„aufgezeichnet** und **gezählt wurden"**. In Abgrenzung zur elektronischen Eingangsbestätigung ist diese Bestätigung (i) erst nach der einschlägigen Hauptversammlung, (ii) nur auf Anforderung, (iii) nicht zwingend in elektronischer Form und (iv) zudem dem Aktionär bzw. einem ihm benannten Stellvertreter auszustellen. Die Vorschrift nimmt keine Einschränkung bezüglich der Abstimmungsform vor. Grundsätzlich können daher sowohl Aktionäre, die online abgestimmt haben, als auch solche, die in der Hauptversammlung selbst ihre Stimme abgegeben haben, eine solche Bestätigung verlangen. Außerdem bedarf es der Bestätigung nur, sofern der Aktionär bzw. sein Stellvertreter die Information über die wirksame Stimmenaufzeichnung und -zählung **nicht bereits hat**. Wann bzw. unter welchen Bedingungen dem Aktionär bzw. seinem Stellvertreter die diesbezüglichen Informationen jedoch „zur Verfügung [stehen]", beschreibt die Richtlinie nicht. Zu verstehen ist darunter aber zumindest, dass der Aktionär bzw. sein Stellvertreter die Wirksamkeit der Stimmabgabe individualisiert erkennen kann. Bei der physischen Teilnahme an der Hauptversammlung wäre es daher beispielsweise ausreichend, wenn aufgrund der Stimmenauszählung und der Verkündung des Abstimmungsergebnisses sich der Aktionär bzw. sein Stellvertreter gewiss sein kann, dass die Stimmen wirksam mitgezählt wurden. Hingegen kann man bei einer elektronischen Stimmabgabe, aus deutscher Sicht zB im Rahmen der Veröffentlichung gem § 130 VI AktG, eine individualisierte Informationskenntnis über die persönliche Stimmabgabe bezweifeln. In diesem Fall hätte die Gesellschaft auf Anforderung eine Bestätigung über die wirksame Aufzeichnung und Zählung der Stimmen auszustellen.

80 Wie bereits angesprochen (s. Rn. 79), muss die Bestätigung der Gesellschaft über die wirksame Stimmenaufzeichnung und -zählung nur **auf Anforderung** erfolgen.[159] Diese Einschränkung wurde erst im Rahmen des Vorschlags der italienischen Ratspräsidentschaft eingeführt. Sie ist allerdings nachvollziehbar. Andernfalls wäre vor allen bei Börsengesellschaften mit einem hohen Maß an Streubesitz der Aufwand zu groß. Zugunsten der Gesellschaft können die Mitgliedstaaten dabei eine Höchstfrist für das Vorbringen einer solchen Anforderung bestimmen (Art. 3c II Uabs. 2 S. 2 AR-RL). Diese Frist darf allerdings **nicht länger als drei Monate** ab dem Tag der Abstimmung des Aktionärs bzw. seines Stellvertreters betragen (Art. 3c II Uabs. 2 S. 3 AR-RL). Eine Mindestfrist setzt die Richtlinie hingegen nicht. Damit die Vorschrift aber ihre Wirkung entfalten kann, muss die Frist so gestaltet werden, dass der Aktionär ausreichend Zeit hat, seinen Antrag zu stellen. Entscheidend für den Fristbeginn ist zudem nicht die Hauptversammlung, für die die Stimme abgegeben wurde, sondern der konkrete Tag der Abstimmung (Art. 3c II Uabs. 2 S. 3 AR-RL). Bei physischer Teilnahme des Aktionärs an der Hauptversammlung ist dieser Unterschied freilich ohne Bedeutung.

81 Art. 3c II Uabs. 3 AR-RL befasst sich wiederum mit den aus praktischer Sicht wichtigen (vgl. Erwägungsgrund 9 Änderungs-RL) Intermediären. Es geht um Fälle, in denen nicht der Aktionär bzw. ein von ihm benannter Stellvertreter, sondern **ein Intermediär** die Bestätigung(en) erhält. Diese Situation entsteht, wenn der Intermediär das Stimmrecht ausübt (Art. 3c II Uabs. 1 und Uabs. 2 AR-RL). Die an den Intermediär übermittelten Bestätigungen hat dieser dann unverzüglich an den Aktionär bzw. seinen Stellvertreter **weiterzuleiten** (Art. 3c II Uabs. 3 S. 1 AR-RL). Es entsteht so eine Weiterleitungspflicht für die Intermediäre. Wie bei der Aktionärsidentifizierung nach Art. 3a AR-RL (s. Rn. 27 ff.) ist auch hier bei Ketten von Intermediären die Information (also die Bestätigung(en)) über den Stimmeneingang und über die Stimmenaufzeichnung und -zählung unverzüglich die Kette entlang bis zum Aktionär weiterzuleiten (Art. 3c II Uabs. 3 S. 2 AR-RL). Auch hier ist ein „Überspringen" eines Mitglieds der Kette grundsätzlich möglich (s. dazu bereits unter Rn. 70). Die Weiterleitung entlang der In-

158 Vgl. auch *Lutter/Bayer/Schmidt*, Europäisches Unternehmens- und Kapitalmarktrecht, 2017, Rn. 29.36.
159 Dies befürwortend *DAV-Handelsrechtsausschuss* NZG 2015, 54, 56.

termediärskette gilt jedoch wiederum nur, wenn die Informationsübermittlung nicht auch direkt an den Aktionär bzw. einen von ihm benannten Dritten übermittelt werden kann. Eine mehrfache Weiteleitungspflicht besteht in diesem Fall nicht. Etwas unglücklich drückt die Norm allerdings aus, dass eine Weiterleitungspflicht an einen anderen Intermediär nicht besteht, wenn die Bestätigung direkt an den Aktionär übermittelt werden „*kann*".[160] Es geht jedoch vielmehr darum, dass der Intermediär die Bestätigung(en) auch direkt **übermittelt hat.** Andernfalls bestünde die Gefahr, dass der Aktionär im Ergebnis die Bestätigung(en) entgegen dem Zweck der Bestimmung nicht erhält. Der Intermediär wird daher nur dann von seiner Weiterleitungspflicht an das nächste Kettenmitglied befreit, wenn er die Informationen direkt an den Aktionär übermittelt hat.

3. Erlass von Durchführungsrechtsakten

Wie bereits angesprochen (s. insbes. Rn. 75 f.) sind in den Bestimmungen des Art. 3c AR-RL an verschiedenen Stellen unbestimmte oder zumindest auslegungsbedürftige Rechtsbegriffe enthalten. Damit wird zwar ein gewisses Maß an Flexibilität für die von den Regelungen Betroffenen gewährleistet, jedoch wird vor allem im grenzüberschreitenden Verkehr auch das Maß an Rechtsangleichung in Teilen potenziell eingeschränkt. Dies erkannte der europäische Gesetzgeber auch selbst und verpflichtet die Europäische Kommission bis zum **10. September 2018 Durchführungsrechtsakte zur Konkretisierung** der in Art. 3c I, II AR-RL statuierten Mindestanforderungen zu erlassen (Art. 3c III 2 AR-RL). Art. 3c III 1 AR-RL regelt dabei die entsprechende Befugnisübertragung an die Europäische Kommission. Die zu erlassenden Durchführungsrechtsakte haben sich dabei zu beziehen auf: (i) konkrete Arten der Erleichterung der Ausübung von Aktionärsrechten,[161] (ii) das Format der elektronischen Eingangsbestätigung der Stimmen[162] und (iii) das Format der Übermittlungsbestätigung über die wirksame Stimmenaufzeichnung und -zählung.[163] Die Aspekte hinsichtlich des „Formats"[164] der Bestätigungen sind dabei jeweils auch im Hinblick auf ihre Sicherheit und Interoperabilität zu präzisieren.[165] Eine entsprechende Durchführungsverordnung ((EU) 2018/1212) wurde am 3. September 2018 von der Europäischen Kommission erlassen. 82

IV. Kostentragung und Offenlegung

Der ebenfalls durch die Änderungs-Richtlinie 2017 eingefügte Art. 3d AR-RL regelt die **Erhebung von Entgelten** und deren **Offenlegung** sowie Kosten, die den Intermediären im Rahmen ihrer Verpflichtungen nach Art. 3a ff. AR-RL entstanden sind. Im Sinne der Transparenz (vgl. Erwägungsgrund 11 S. 1 Änderungs-RL) werden die Intermediäre dabei zunächst verpflichtet, die im Zusammenhang mit den von ihnen gem Art. 3a ff. AR-RL erbrachten Dienstleistungen erhobenen Entgelte offenzulegen (Art. 3d I AR-RL). Die Offenlegung hat dabei **für jede einzelne Dienstleistung** zu erfolgen, dh es hat eine Aufsplittung nach Dienstleistung zu erfolgen und eine Gesamtdarstellung der erhobenen Entgelte ist nicht ausreichend. Art. 3d I AR-RL sieht jedoch auch vor, dass lediglich die Entgelte zu publizieren sind, die sich auf „gemäß diesem Kapitel erbrachte[n] Dienstleistungen" beziehen. Offenzulegen sind daher nur die erhobenen Entgelte bezüglich (i) der Informationsübermittlung betreffend die Identität eines Aktionärs gem Art. 3a II, III AR-RL (s. dazu Rn. 44 ff.), (ii) der Informationsübermittlung zur Ausübung der Aktionärsrechte gem Art. 3b I, IV, V AR-RL (s. dazu Rn. 66 ff.) und (iii) den Maßnahmen zur Erleichterung der Ausübung von Aktionärsrechten gem Art. 3c I, II Uabs. 3 AR-RL (s. dazu Rn. 73 ff.). 83

Eine konkrete Höhe der für die genannten Dienstleistungen zu erhebenden Entgelte gibt die Richtlinie nicht vor.[166] Art. 3d II 1 AR-RL bestimmt jedoch, dass die Entgelte im Verhältnis zu den tatsächlich auf Seiten des Intermediärs entstandenen Kosten **angemessen** sein müssen. Obgleich damit zwar kein zwingender Gleichlauf zwischen den entstandenen Kosten und den zu verlangenden Entgelten statuiert wird, ist wohl nur eine Annäherung beider mit dem Angemessenheitsbegriff des Art. 3d II 1 AR-RL in Einklang zu bringen. Geringfügige – zusätzliche – Gebühren sind, sofern der Mitgliedstaat dies zulässt, jedoch nicht gänzlich ausgeschlossen. Weiterhin bestimmt die Richtlinie, dass die erhobenen Entgelte stets **diskriminierungsfrei** gegenüber der Gesellschaft, dem Aktionär und anderen Intermediären zu sein haben.[167] Dies gilt im Grundsatz auch in Bezug auf das Verhältnis 84

---

160 Die anderen Sprachenfassungen enthalten einen vergleichbaren Wortlaut. Englischer Wortlaut: „can". Französischer Wortlaut: „puisse". Spanischer Wortlaut: „pueda". Italienienischer Wortlaut: „possa" (wobei die italienische Fassung im Gegensatz zu den anderen Sprachfassungen negativ formuliert ist). Niederländischer Wortlaut: „kan". Polnischer Wortlaut: „może".
161 Bezogen auf die Maßnahmen gem. Art. 3c I lit. a) und lit. b) AR-RL (s. dazu Rn. 73 ff.).
162 Bezogen auf die Bestätigung gem. Art. 3c II Uabs. 1 AR-RL (s. dazu Rn. 77 f.).
163 Bezogen auf die Bestätigung gem. Art. 3c II Uabs. 2, 3 AR-RL (s. dazu Rn. 79 ff.).
164 Zu Begriff und Reichweite des „Formats" s. bereits Rn. 52.
165 Vgl. auch *Lutter/Bayer/Schmidt*, Europäisches Unternehmens- und Kapitalmarktrecht, 2017, Rn. 29.37.
166 Aus deutscher Sicht s. die derzeitige Regelung des § 128 III AktG iVm § 1 der Verordnung über den Ersatz von Aufwendungen der Kreditinstitute (BGBl. 2003, I, S. 885).
167 Vgl. auch *Lutter/Bayer/Schmidt*, Europäisches Unternehmens- und Kapitalmarktrecht, 2017, Rn. 29.38.

von inländischen und grenzüberschreitenden Sachverhalten.[168] Da in Auslandsfällen die Informationsübermittlung für die Intermediäre jedoch im Zweifel mit mehr Aufwand verbunden sein kann, sieht Art. 3d II 2 AR-RL ebenfalls vor, dass Unterschiede bei in- und ausländischen Fällen bezüglich des Entgelts dann aus europäischer Sicht **zulässig** sind, wenn zum einen die entsprechende Differenzierung vom Intermediär gerechtfertigt werden kann und zum anderen das Maß der Differenzierung der Höhe der tatsächlich unterschiedlichen Kosten entsprechen.[169] Die Mitgliedstaaten können darüber hinaus auch vorsehen, dass überhaupt keine monetäre Unterscheidung zwischen in- und ausländischen Fällen gemacht werden darf. Dies lässt sich vor allem Erwägungsgrund 11 S. 2 Änderungs-RL entnehmen, wonach entsprechende Differenzierungen „untersagt werden sollte[n]". Ferner können es die Mitgliedstaaten den Intermediären **generell untersagen,**[170] Entgelte für ihre erbrachten Leistungen gegenüber der Gesellschaft, dem Aktionär oder anderen Intermediären zu erheben (Art. 3d III AR-RL).[171]

V. Revisionsklausel

85 Die durch die Änderungs-Richtlinie 2017 neu eingeführten Regelungen der Art. 3a ff. AR-RL sind sowohl im (deutschen) Schrifttum als auch in der Praxis nicht unumstritten.[172] Die mit den Neuregelungen ggf einhergehenden Schwierigkeiten sind auch dem europäischen Gesetzgeber bewusst. In Art. 3f AR-RL ist daher zum einen vorgesehen, dass die in den Mitgliedstaaten zuständigen Behörden die Europäische Kommission über **„wesentliche praktische Schwierigkeiten"** bei der Durchsetzung und Einhaltung der nationalen Umsetzungsbestimmungen zu unterrichten haben (Art. 3f I AR-RL). Unter anderem darauf basierend hat die Europäische Kommission bis zum 10. Juni 2023 einen **Bericht** über die Durchführung und Umsetzung der Art. 3a ff. AR-RL sowie den damit ggf verbundenen praktischen Schwierigkeiten zu veröffentlichen (Art. 3f II 1, 4 AR-RL). In diesem Bericht ist auch auf die damit zusammenhängenden Marktentwicklungen sowie die Anwendung auf Intermediäre aus Drittstaaten einzugehen (Art. 3f II 2, 3 AR-RL). Eine entsprechende **Revisionsklausel** wie die des Art. 3f II AR-RL ist in der europäischen Gesetzgebung nicht selten (s. dazu auch § 18 Rn. 36). Sie findet sich vor allen in Bezug auf Themen, deren praktische Relevanz sowie Umsetzung im Zeitpunkt des Erlasses der Richtlinienregelung noch nicht abschließend ermittelt werden konnte. Der Bericht der Europäischen Kommission dient vor allem dazu, einen möglichen Überarbeitungsbedarf festzustellen.

G. Gleichbehandlung der Aktionäre

86 Art. 4 AR-RL enthält ein übergeordnetes **Prinzip** der Aktionärsrechterichtlinie.[173] Danach müssen die vom Anwendungsbereich der Richtlinie erfassten Gesellschaften für alle Aktionäre, die sich bei der Teilnahme an der Hauptversammlung und der Ausübung der Stimmrechte in der Hauptversammlung „in der gleichen Lage befinden, die **gleiche Behandlung sicherstellen"** (Art. 4 AR-RL). In Parallele zu Art. 85 Kodifizierungs-RL (ex-Art. 46 Kapital-RL (dazu § 21 Rn. 140 f.) und Art. 17 I Transparenz-RL statuiert die Richtlinie damit einen allgemeinen **Gleichbehandlungsgrundsatz** für die sich in gleicher Lage befindlichen Aktionäre. Wie der EuGH in seinem *Audiolux*-Urteil entschieden hat,[174] lässt sich aus dem europäischen Primärrecht kein allgemeiner Rechtsgrundsatz zur Gleichbehandlung aller Aktionäre herleiten. Die explizite Regelung in Art. 4 AR-RL ist daher notwendig. Die Änderungsrichtlinie hat die Vorschrift daher auch unverändert beibehalten.

87 Die Pflicht zur Gleichbehandlung grundsätzlich aller Aktionäre durch die Gesellschaft erstreckt sich allerdings nur auf solche Aktionäre, die sich im Vergleich zu den anderen Aktionären **in gleicher Lage befinden**. Ist die Ungleichbehandlung von Aktionären hingegen sachlich gerechtfertigt, bspw. durch die Vergabe von Mehr- oder Höchststimmrechten, liegt kein Verstoß gegen den Gleichbehandlungsgrundsatz des Art. 4 AR-RL vor.[175] Im deutschen Recht galt schon vor der Aktionärsrechterichtlinie das Gleichheitsgebot gem **§ 53a AktG** auch für

168 Erwägungsgrund 11 S. 2 Änderungs-RL.

169 Offenbar generell kritisch zu einer entsprechenden Differenzierung *DAV*, Stellungnahme zum Entwurf einer Durchführungsverordnung zur Festlegung von Mindestanforderungen für die Umsetzung der Richtlinie 2007/36/EG vom 11. Juli 2007 über die Ausübung bestimmter Rechte von Aktionären in börsennotierten Gesellschaften (Aktionärsrechte-Richtlinie), Stellungnahme Nr. 18/2018, S. 6.

170 Insofern zur Mitgliedstaatenoption des Art. 3d III AR-RL *Lutter/Bayer/Schmidt*, Europäisches Unternehmens- und Kapitalmarktrecht, 2017, Rn. 29.38.

171 Kritisch dazu *Noack* NZG 2017, 561, 564.

172 Zum Richtlinienvorschlag s. vor allem *DAV-Handelsrechtsausschuss* NZG 2017, 54, 54 ff. Ebenfalls teils kritisch *Noack* NZG 2017, 561, 561 ff.

173 *Habersack/Verse*, Europäisches Gesellschaftsrecht, 2011, § 7 Rn. 5 („Leitmaxime"); *Lutter/Bayer/Schmidt*, Europäisches Unternehmens- und Kapitalmarktrecht, 2017, Rn. 29.22 („Leitmotiv").

174 EuGH, Rs. C-101/08 (Audiolux), ECLI:EU:C:2009:626 = EuZW 2009, 894, Rn. 34 ff.; vgl. auch GA *Sharps-ton*, Schlussanträge vom 12.9.2013 zur EuGH Rs. C-174/12 (Hirmann), ECLI:EU:C:2013:555, Rn. 81; ferner zu allgemeinen Rechtsgrundsätzen im Europäischen Gesellschaftsrecht *Schön* in: FS Hopt, 2010, S. 1343 ff.

175 *Lutter/Bayer/Schmidt*, Europäisches Unternehmens- und Kapitalmarktrecht, 2017, Rn. 29.22; *Kalss/Klampfl*, Europäisches Gesellschaftsrecht, 2015, Rn. 394; *Zetzsche* NZG 2007, 686, 691.

Teilnahme- und Stimmrechte in der Hauptversammlung. Gleichwohl ist die Norm im Zweifel unionsrechtskonform iSd Art. 4 AR-RL auszulegen.[176]

H. Einberufung der Hauptversammlung

Die Aktionärsrechterichtlinie regelt detailliert die Einberufung der Hauptversammlung. Die Vorschriften blieben durch die Änderungsrichtlinie unverändert. Auch die *Informal Company Law Expert Group* erwähnte in ihrem Bericht aus dem Jahr 2016 lediglich allgemein, dass die Durchführung der Hauptversammlung bei Börsenunternehmen für technische Möglichkeiten offen stehen sollte.[177] 88

I. Informationen vor der Hauptversammlung

Art. 5 AR-RL statuiert **Mindeststandards** mit Blick auf die Einberufung der Hauptversammlung.[178] Dabei werden insbesondere **Frist**, **Form** und **Inhalt** der Einberufung geregelt.[179] Aktionäre sollen durch die Harmonisierung rechtzeitig genügend Informationen erhalten, um ihr Teilnahme- und damit auch Stimmrecht sinnvoll ausüben zu können.[180] Dadurch soll Aktionären nicht nur theoretisch, sondern auch faktisch die Möglichkeit gewährt werden, unabhängig von ihrem Wohnsitz bzw. dem Sitz ihrer Geschäftsleitung ihr Stimmrecht in der Hauptversammlung auszuüben oder anhand der Informationen bereits im Vorfeld ihr Stimmrecht wahrzunehmen.[181] 89

1. Einberufungsfrist

Die Einberufung muss **spätestens am 21. Tag** vor der geplanten Hauptversammlung erfolgen (Art. 5 I Uabs. 1 AR-RL). Die Vorschrift stellt die **Grundregel** dar,[182] von der gewisse Ausnahmen statuiert werden (s. dazu Rn. 93 f.). Die Fristberechnung richtet sich mangels diesbezüglicher Ausführungen in der Richtlinie nach nationalen Bestimmungen. 90

In Deutschland richtet sich die **Fristberechnung** nach § 121 VII AktG, wonach der Tag der Hauptversammlung selbst nicht mitzurechnen ist (§ 121 VII 1 AktG). Der durch das ARUG eingefügte § 123 I 2 AktG stellt ferner klar, dass auch der Tag der Einberufung nicht mitzurechnen ist. Der Streichung des § 25 S. 2 AktG durch die Aktienrechtsnovelle 2016 hat zudem dafür gesorgt, dass jetzt nur noch die rechtzeitige Bekanntmachung im (elektronischen) Bundesanzeiger für die Fristwahrung maßgeblich ist.[183] Hinsichtlich der **Rechtsfolgen eines Verstoßes** gegen die in Art. 5 I AR-RL statuierte Einberufungsfrist schwieg die alte Richtlinie, wodurch das autonom-nationale Recht zur Anwendung kam. Die Sanktionierung musste jedoch gemäß des *effet utile*-Grundsatzes zumindest effektiv und angemessen sein (allgemein dazu § 2 Rn. 127 ff.). Die Änderungsrichtlinie enthält allerdings ein gesondertes Kapital (IIa), wo auch eine Vorschrift zu Sanktionen enthalten ist. Art. 14b I AR-RL-2017 verpflichtet die Mitgliedstaaten Sanktionen für Verstöße gegen Vorschriften, die der Umsetzung der Richtlinie dienen, aufzunehmen. Art. 14b II AR-RL-2017 gibt diesbezüglich vor, dass die Sanktionen wirksam, verhältnismäßig und abschreckend sein müssen (s. auch Rn. 386). Nach deutschem Recht können die in der Hauptversammlung gefassten Beschlüsse angefochten werden, wenn die Frist zur Einberufung der Hauptversammlung unzulässiger Weise verkürzt wurde.[184] 91

Im Sinne von Art. 3 AR-RL (s. Rn. 17) stellt die Frist zur Einberufung der Hauptversammlung nur eine **Mindestregelung** dar. Die Frist kann daher von den Mitgliedstaaten auch verlängert werden.[185] In Deutschland muss die Hauptversammlung beispielsweise im Grundsatz gem § 123 I AktG mindestens **30 Tage** vor deren Stattfinden einberufen werden. 92

176 *Habersack/Verse*, Europäisches Gesellschaftsrecht, 2011, § 7 Rn. 5, Fn. 10.

177 *Informal Company Law Expert Group*, Report on digitalisation in company law, Empfehlung 17.

178 *Kalss/Klampfl*, Europäisches Gesellschaftsrecht, 2015, Rn. 395; *Lutter/Bayer/Schmidt*, Europäisches Unternehmens- und Kapitalmarktrecht, 2017, Rn. 29.58; *Teichmann* in: Gebauer/Teichmann (Hrsg.), Europäisches Privat- und Unternehmensrecht, 2016, § 6 Rn. 224.

179 *Kalss/Klampfl*, Europäisches Gesellschaftsrecht, 2015, Rn. 395; *Habersack/Verse*, Europäisches Gesellschaftsrecht, 2011, § 7 Rn. 7. *Grundmann*, Europäisches Gesellschaftsrecht, 2011, Rn. 414 weist zurecht darauf hin, dass die Überschrift des Art. 5 („Informationen vor der Hauptversammlung") zu eng gefasst ist.

180 Die Regelungen des Art. 5 AR-RL decken sich dabei zT mit den entsprechenden Vorgaben der Transparenzrichtlinie (dazu § 34 Rn. 58 ff.); gehen jedoch in vielen Punkten über diese hinaus und erweitern sie umfassend, vgl. *Habersack/Verse*, Europäisches Gesellschaftsrecht, 2011, § 7 Rn. 7; *Lutter/Bayer/Schmidt*, Europäisches Unternehmens- und Kapitalmarktrecht, 2017, Rn. 29.58, insbes. Fn. 119; *Zetzsche* JCLS 8 (2008) 289, 318 f.

181 Vgl. Erwägungsgrund 6 S. 1 AR-RL.

182 *Lutter/Bayer/Schmidt*, Europäisches Unternehmens- und Kapitalmarktrecht, 2017, Rn. 29.59.

183 Vgl. *Schmidt* in: Böttcher ua (Hrsg.), Die Aktienrechtsnovelle, 2016, § 6 Rn. 15; *Bungert* in: MüHdB GesR, Bd. 4, 2015, § 36 Rn. 41.

184 *Rieckers* in: Spindler/Stilz (Hrsg.), AktG, Bd. 1, 2015, § 123 Rn. 44; *Noack/Zetzsche* in: KK-AktG, Bd. 3/2, 2010, § 123 Rn. 53; *Kubis* in: MüKo AktG, Bd. 3, 4. Aufl. 2018, § 123 Rn. 49.

185 *Habersack/Verse*, Europäisches Gesellschaftsrecht, 2011, § 7 Rn. 8.

93 Von der 21-tägigen Einberufungsfrist sieht die Richtlinie verschiedene **Ausnahmen** bzw. **Mitgliedstaatenoptionen** vor. Zunächst bleiben die verkürzten Einberufungsfristen beim öffentlichen **Übernahmeverfahren** gem Art. 9 IV, Art. 11 IV Übernahme-RL (dazu § 29 Rn. 80 und Rn. 85) von Art. 5 AR-RL unberührt. Wegen der besonderen Eilbedürftigkeit einer abstimmenden Hauptversammlung bedarf es in diesem Fall entgegen der Grundregel des Art. 5 I Uabs. 1 AR-RL nur einer **14-tägigen** Einberufungsfrist.[186] Eine weitere Ausnahme besteht insofern, als es den Mitgliedstaaten bei **Folgeversammlungen**, dh einer zweiten oder weiteren Hauptversammlung, die wegen Nicht-Erreichens des erforderlichen Quorums notwendig geworden ist, gestattet ist, in Abweichung von der Regelfrist eine verkürzte Einberufung dergestalt zuzulassen, dass zwischen der (Folge-) Einberufung und dem Datum der Hauptversammlung lediglich mindestens **10 Tage** liegen müssen (Art. 5 I Uabs. 3 AR-RL). Voraussetzung hierfür ist jedoch, dass bei der Ersteinberufung die Vorgaben des Art. 5 I AR-RL beachtet wurden (Art. 5 I Uabs. 3 AR-RL). Es muss also insbesondere die 21-tägige Einberufungsfrist eingehalten worden sein. Zudem darf kein neuer Tagesordnungspunkt aufgenommen worden sein (Art. 5 I Uabs. 3 AR-RL). Die verkürzte Frist lässt sich damit rechtfertigen, dass die Aktionäre bereits durch die Ersteinberufung angemessen und rechtzeitig informiert wurden.[187] Der deutsche Gesetzgeber hat von dieser Möglichkeit keinen Gebrauch gemacht. Der französische Gesetzgeber hat den Spielraum in Bezug auf die *société anonyme* (S.A.) dagegen genutzt (s. dazu § 13 Rn. 556).

94 Weiterhin gewährt Art. 5 I Uabs. 2 AR-RL den Mitgliedstaaten die **Möglichkeit**, bei **außerordentlichen** Hauptversammlungen[188] den ihrem Recht unterfallenden, von der Richtlinie erfassten Gesellschaften, eine verkürzte Einberufungsfrist von **14 Tagen** zuzugestehen. Dadurch soll es den Aktionären in besonders dringenden Fällen ermöglicht werden, im Rahmen der Hauptversammlung kurzfristig entsprechende Maßnahmen zu treffen.[189] Von Kritikern wird bemängelt, dass dies Anreize setzen kann, bestimmte entscheidungsrelevante Aspekte in einer außerordentlichen Hauptversammlung zu klären und dass auf Aktionärsseite grundsätzlich dasselbe Schutzbedürfnis wie bei einer ordentlichen Hauptversammlung besteht.[190] Der Einwand desselben Schutzbedürfnisses ist nicht zu vernachlässigen; es ist jedoch an dieser Stelle auch das besondere Eilbedürfnis auf Unternehmensseite zu berücksichtigen, weshalb eine verkürzte Einberufungsfrist durchaus gerechtfertigt sein kann. Dem nationalen Gesetzgeber steht es frei, zu regeln, wann eine außerordentliche Hauptversammlung einberufen werden kann, so dass er dabei zum Beispiel auf die Dringlichkeit der Entscheidung abstellen kann. Zur Nutzung des Mitgliedstaatenwahlrechts müssen zudem verschiedene **Voraussetzungen** erfüllt sein.

95 Zunächst bezieht sich Art. 5 I Uabs. 2 AR-RL nur auf außerordentliche Hauptversammlungen, so dass die ordentliche Hauptversammlung (Jahreshauptversammlung) nicht von der Ausnahmeregel erfasst ist.[191] Möchte eine Gesellschaft die Frist für die Einberufung der Hauptversammlung verkürzen, muss sie zudem verpflichtet werden, ihren Aktionären die elektronische Stimmabgabe zu ermöglichen (Art. 5 I Uabs. 2 AR-RL). Die Idee dahinter ist, dass Aktionäre aus dem Ausland dann weniger Vorbereitungszeit benötigen, da sie zB ihre Anreise nicht organisieren oder Stimmrechtsvollmachten erteilen müssen.[192] Der Hauptversammlungsbeschluss, bei dem über eine verkürzte Einberufungsfrist in den entsprechenden Fällen bestimmt werden soll, bedarf weiterhin einer qualifizierten Mehrheit von mindestens 2/3 der Stimmen der vertretenen Aktien oder des vertretenen gezeichneten Kapitals und gilt auch nur für den Zeitraum bis zur nächsten Jahreshauptversammlung (Art. 5 I Uabs. 2 S. 2 AR-RL). Die verkürzte Einberufungsfrist ist im Hinblick auf die genannten Aspekte daher durchaus sachgerecht. Der deutsche Gesetzgeber hat von der Mitgliedstaatenoption allerdings keinen Gebrauch gemacht und schreibt unabhängig davon, ob es sich um die ordentliche oder eine außerordentliche Hauptversammlung handelt, gem § 123 I 1 AktG eine mindestens **30-tägige Einberufungsfrist** vor.

96 Im Zuge der Bankabwicklungsrichtlinie (**Richtlinie 2014/59/EU**) und dem dadurch neu eingeführten Art. 5 V AR-RL haben die Mitgliedstaaten es ihren, von dieser Richtlinie erfassten Gesellschaften jedoch zu ermöglichen, dass die Hauptversammlung mit einer mindestens[193] **2/3-Mehrheit** der abgegebenen Stimmen beschließen oder die Geschäftsordnung dahin gehend ändern kann, dass eine Einberufung zur Beschlussfassung über eine Kapitalerhöhung auch „kurzfristiger" als nach der Regelfrist (s. Rn. 90) erfolgen kann. Der Verweis des Art. 5

186 Da es sich bei der Mindesteinberufungsfrist nach Art. 9 IV, Art. 11 IV Übernahme-RL indes nur um eine Mitgliedstaatenoption handelt (vgl. auch § 29 Rn. 77), gilt aus mitgliedstaatlicher Sicht bei mangelndem Gebrauch machen dieses Wahlrechts unbenommen die 21-tätige Frist des Art. 5 I Uabs. 1 AR-RL.

187 *Lutter/Bayer/Schmidt*, Europäisches Unternehmens- und Kapitalmarktrecht, 2017, Rn. 29.62.

188 Die Richtlinie verwendet den Begriff „außerordentliche Hauptversammlung" bewusst nicht, da diesbezüglich kein einheitliches Verständnis in den Mitgliedstaaten vorliegt. Gemeint sind Versammlungen, bei denen es sich nicht um die Jahreshauptversammlung handelt (Art. 5 I Uabs. 2 AR-RL).

189 *Lutter/Bayer/Schmidt*, Europäisches Unternehmens- und Kapitalmarktrecht, 2017, Rn. 29.61; *Grundmann*, Europäisches Gesellschaftsrecht, 2011, Rn. 414.

190 *Ochmann*, Die Aktionärsrechte-Richtlinie, 2009, S. 45.

191 Vgl. *Ochmann*, Aktionärsrechte-Richtlinie, 2009, S. 39.

192 Vgl. *Grundmann*, Europäisches Gesellschaftsrecht, 2011, Rn. 414.

193 Zwar sind nach dem Wortlaut der Beschluss mit einer „Mehrheit von zwei Dritteln" zu fassen, aus der Ratio sowie im Hinblick auf Art. 5 I Uabs. 2 S. 2 AR-RL ergibt sich jedoch, dass damit nur eine qualifizierte Mindestmehrheit („nicht weniger als") festgesetzt werden soll.

V AR-RL auf die Fristvorgaben des Absatzes 1 bezieht sich dabei nicht nur auf die Grundregel des Art. 5 I Uabs. 1 AR-RL und damit auf die 21 Tage-Frist, sondern ebenfalls auf die verkürzte Einberufungsfrist iS von Art. 5 I Uabs. 2 AR-RL. In den entsprechenden, von der Bankabwicklungsrichtlinie erfassten Fällen einer Kapitalerhöhung wird die Mitgliedstaatenoption des Art. 5 I Uabs. 2 AR-RL insofern stückweise überformt. Was genau Art. 5 V AR-RL mit „**kurzfristiger**" meint, wird aus dem Wortlaut nicht deutlich. Entscheidend ist aber, dass die Aktionäre auch weiterhin ungehindert und in vollen Umfang die faktische Möglichkeit haben, alle ihrer Rechte im Rahmen der einberufenen Hauptversammlung wahrzunehmen und sich hinreichend vorzubereiten. Eine Frist unter einer Woche wird man daher wohl als zu kurz einzustufen haben.[194]

Voraussetzungen einer kurzfristigeren Einberufung der Hauptversammlung sind in den betreffenden Konstellationen, 97

- dass die beschließende Hauptversammlung nicht bereits innerhalb von 10 Kalendertagen nach ihrer Einberufung stattfindet,[195]
- dass die Voraussetzungen für ein „frühzeitiges Eingreifen" gem Art. 27, 29 Richtlinie 2014/59/EU (iS entsprechender Sanierungsmaßnahmen) erfüllt sind und,
- dass die geplante, zur Abstimmung stehende Kapitalerhöhung auch erforderlich ist, um eine Abwicklung des betreffenden Kreditinstituts bzw. der Wertpapierfirma iSv Art. 32 f. Richtlinie 2014/59/EU zu vermeiden.

Zur Gewährleistung einer effektiven Sanierungs- bzw. Restrukturierungsmöglichkeit der betreffenden Gesellschaften sind zudem nach Art. 5 VI AR-RL verschiedene Bestimmungen der Aktionärsrechterichtlinie in diesem Fall **nicht** anzuwenden. Dies betrifft die einheitliche Festlegung eines Stichtages (Art. 6 III AR-RL) (s. dazu Rn. 113), die rechtzeitige Verfügbarkeit einer geänderten Tagesordnung (Art. 6 IV AR-RL) (s. dazu Rn. 113) und die Festlegung eines einheitlichen Nachweisstichtages (Art. 7 III AR-RL) (s. dazu Rn. 119). 98

Die folgende Graphik gibt einen Überblick über die Einberufungsfristen und mögliche Ausnahmen: 99

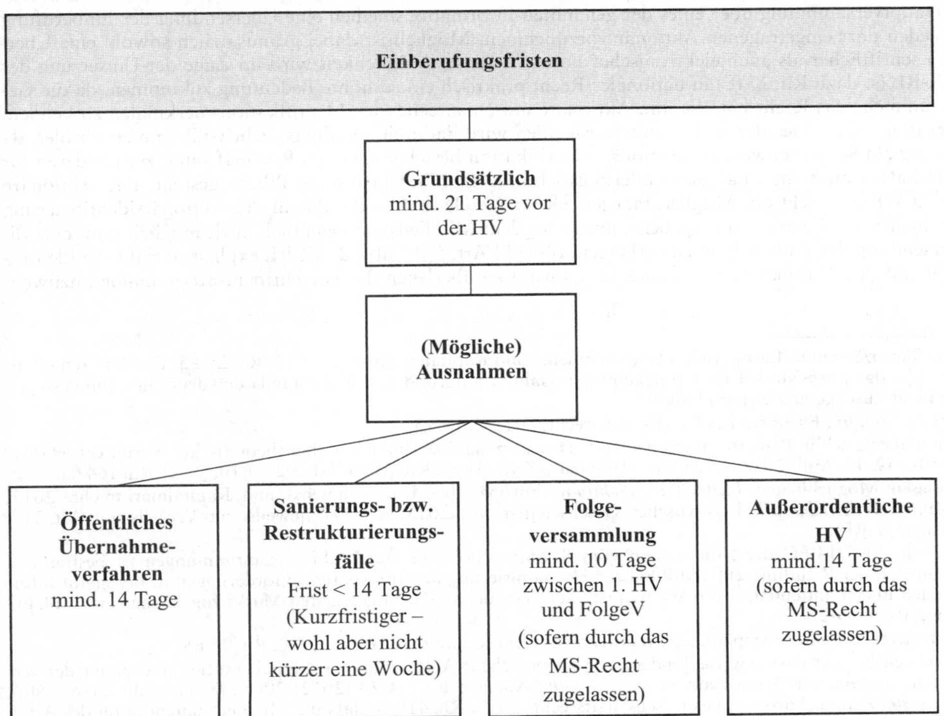

Abb. 2: Überblick zu den Einberufungsfristen und möglichen Ausnahmen

194 Die deutsche Regelung des § 36 V SAG sieht beispielsweise eine Mindesteinberufungsfrist von 10 Tagen vor.
195 Insofern wird die Einberufungsfrist auch in diesem Fällen auf mindestens 10 Tage festgesetzt.

2. Form der Einberufung

100 Bezüglich der Form der Einberufung schreibt die Aktionärsrechterichtlinie ein sog ***targeted push*-System** (System einer intermediär-basierten Verbreitung) vor.[196] Die Gesellschaft muss mit Blick auf die Form der Einberufung der Hauptversammlung sicherstellen, dass diese in einer **nicht diskriminierenden Weise** erfolgt und die Aktionäre „einen schnellen Zugang zu ihr" haben (Art. 5 II Uabs. 1 S. 1 AR-RL). Der Nutzung verschiedener Verbreitungsmethoden in Abhängigkeit von der Aktionärseigenschaft – im Rahmen des Gleichbehandlungsgrundsatzes (s. Rn. 86) – steht die Anforderung, dass die Verbreitung in nicht diskriminierender Weise zu erfolgen hat, per se nicht entgegen.[197] Der Einsatz lediglich inländischer („Betreiber, die ihren Sitz in ihrem Hoheitsgebiet haben") Medien darf bei der entsprechenden Informationsverbreitung an die Aktionäre allerdings **nicht** vorgeschrieben werden (Art. 5 II Uabs. 1 S. 3 AR-RL). Denn die Gesellschaft darf nur solche **Medien** verwenden, die dafür sorgen, dass die Informationen tatsächlich die gesamte Öffentlichkeit der EU (bzw. dem EWR) erreichen (Art. 5 II Uabs. 1 S. 2 AR-RL). Das bedeutet konkret, dass die Einberufung daher vor allem über Nachrichtenagenturen, News Provider, europaweit agierende Printmedien[198] sowie Finanzmarktseiten vorgenommen werden kann (zur problembehafteten Umsetzung der Norm in deutsches Recht s. Rn. 104).[199] Aufgrund der Nähe dieser Verbreitungsmethode zu **Art. 21 I Transparenz-RL** (s. zur Transparenz § 34 Rn. 58 ff.) können die Durchführungsbestimmungen gem Art. 12 Richtlinie 2007/14/EG[200] den betroffenen Gesellschaften bezüglich der Informationsvermittlung an die entsprechenden Medien als Orientierungshilfe dienen.[201] Vergleichbare Regeln können im europäischen Recht in verschiedenen Zusammenhängen zwar unterschiedlich ausgelegt werden. Da jedoch bereits große Fortschritte in Bezug auf die Kohärenz erzielt wurden, wären Abweichungen zumindest begründungsbedürftig (vgl. dazu § 2 Rn. 82). Im Ergebnis stellt die Vorschrift auf den Schutz europäischer Anleger ab. EU-Ausländer werden nicht gesondert berücksichtigt.

101 Bei **Namensaktien**,[202] wo die Gesellschaft den Namen und die Anschrift der entsprechenden Aktionäre in der Regel bereits aus einem (aktuellen) **Aktionärsregister**[203] ermitteln kann (zur Aktionärsidentifikation s. auch Rn. 27 ff.), besteht für die Mitgliedstaaten gem Art. 5 II Uabs. 2 AR-RL die Möglichkeit, anstatt einer Einberufung der Hauptversammlung über eines der genannten Informationsmedien eine Übersendung der Einberufung **direkt** an jeden dort eingetragenen Aktionär vorzunehmen. Möglich ist dabei grundsätzlich sowohl eine Übersendung in schriftlicher als auch elektronischer Form.[204] Dieser Möglichkeit wird im Zuge der Umsetzung des Art. 3a AR-RL (s. dazu Rn. 27 ff.) in nationales Recht praktisch eine erhöhte Bedeutung zukommen, da die Gesellschaft nunmehr das Recht hat alle ihre Aktionäre mit entsprechenden Identifikationsmerkmalen zu kennen. Die Einberufung über eines der og Informationsmedien wird dadurch allerdings nicht vollkommen obsolet, da zum einen ggf ein Schwellenwert zur Aktionärsidentifikation bestehen kann (s. Rn. 38 ff.) und zum anderen für die Gesellschaften auch im Zuge der Änderungsrichtlinie grundsätzlich keine Pflicht besteht, ihre Aktionäre zwingend zu kennen. Sieht ein Mitgliedstaat jedoch für Gesellschaften die Pflicht der Aktionärsidentifizierung vor ohne einen Schwellenwert vorzugeben , müsste es dem Mitgliedstaat eigentlich auch möglich sein, eine direkte Übersendung der Einberufung zu verlangen, obwohl Art. 5 II Uabs. 2 AR-RL explizit nur auf die Identifizierung anhand des Aktionärsregisters eingeht. Es wäre zu überlegen die Vorschrift insofern analog anzuwenden.

196 *Lutter/Bayer/Schmidt*, Europäisches Unternehmens- und Kapitalmarktrecht, 2017, Rn. 29.65. Die Autoren erläutern, dass das *push*-Modell im Gesetzgebungsverfahren aufgrund des Widerstands der deutschen Bundesregierung nicht durchgesetzt werden konnte.

197 Vgl. *Grundmann*, Europäisches Gesellschaftsrecht, 2011, Rn. 414.

198 Gesamteuropäisch in Papierform erscheinende Druckerzeugnisse sind indes eher theoretischer Natur, vgl. *Hüffer/Koch*, AktG, 13. Aufl. 2018, § 121 Rn. 11i; *Noack/Zetzsche* in: KK-AktG, Bd. 3/2, 2010, § 121 Rn. 164 f.

199 Zu diesen Möglichkeiten *Lutter/Bayer/Schmidt*, Europäisches Unternehmens- und Kapitalmarktrecht, 2017, Rn. 29.65; *Kalss/Klampfl*, Europäisches Gesellschaftsrecht, 2015, Rn. 397 (jeweils mit Verweis auf Art. 21 I Transparenz-RL).

200 Richtlinie 2007/14/EG der Kommission vom 8. März 2007 mit Durchführungsbestimmungen zu bestimmten Vorschriften der Richtlinie 2004/109/EG zur Harmonisierung der Transparenzanforderungen in Bezug auf Informationen über Emittenten, deren Wertpapiere zum Handel an einem geregelten Markt zugelassen sind, ABl. EG v. 9.3.2007, L 69/27.

201 *Lutter/Bayer/Schmidt*, Europäisches Unternehmens- und Kapitalmarktrecht, 2017, Rn. 29.65.

202 Europaweit besteht eine gewisse Tendenz zur (gesetzlichen) Abschaffung von Inhaberaktien und damit der vermehrten Ausgabe von Namensaktien, vgl. *Lezcano Navarro* ICCLR 23 (2012) 206 f.; *Stiegler* ZIP 2016, 1808, 1813; *Grundmann*, Europäisches Gesellschaftsrecht, 2011, Rn. 419, sodass die Mitgliedstaatenoption des Art. 5 II Uabs. 2 AR-RL künftig eine verstärkte Bedeutung einnehmen könnte.

203 Dabei muss es sich nicht zwingend um ein Aktienregister in Form zB des § 67 AktG handeln. Die Ermittlung kann auch aus einem anderen „Mitgliederverzeichnis", das die Aktionärseigenschaft einzelner Anteilsinhaber widerspiegelt, erfolgen. So ist von „einem aktuellen Aktionärsregister" iS von Art. 5 II UAbs. 2 AR-RL grundsätzlich zB auch das neu im britischen Recht eingeführten *register of people with significant control* (dazu § 12 Rn. 337 ff.) erfasst.

204 Vgl. *Noack* in: FS Westermann, 2008, S. 1203, 1210; *Lutter/Bayer/Schmidt*, Europäisches Unternehmens- und Kapitalmarktrecht, 2017, Rn. 29.66.

Die **Kosten für die Einberufung** der Hauptversammlung muss die Gesellschaft übernehmen (Art. 5 II Uabs. 3 AR-RL). Dies gilt auch – vor allem bei einer schriftlichen Übersendung im Zuge der Ermittlung aus einem etwaigen Aktionärsregister – bei Aktionären, die ihren Wohnsitz bzw. Geschäftssitz im europäischen Ausland haben.[205] Insbesondere ist eine Gebührenerhebung bei der Einberufung zur Hauptversammlung unzulässig (Art. 5 II Uabs. 3 AR-RL). Der – ggf missverständliche – Wortlaut „besondere Gebühren" ist dabei nicht iSd Zulässigkeit anderer Gebühren im Rahmen der Einberufung zu verstehen. Dies wird aus anderen Sprachfassungen erkennbar, die vielmehr von „spezifischen" Kosten, dh **damit verbundenen Gebühren**, sprechen.[206] 102

Zuzüglich der Form und des Mediums der Einberufung sind gem Art. 5 IV lit. a) bis e) AR-RL die Einberufung sowie weitere **wesentliche Informationen**, insbesondere über die Gesamtzahl der Aktien und Stimmrechte sowie Unterlagen, zB die Beschlussvorschläge bzw. Erläuterungen zu den einzelnen Tagesordnungspunkten, innerhalb von mindestens 21 Tagen vor der Hauptversammlung auf der **Website** (Internetpräsenz) der Gesellschaft **zugänglich zu machen**. Dadurch dient die Website der Gesellschaft als „zentrales Medium des Informationsaustauschs".[207] Bei den auf der Internetseite zu publizierenden Informationen handelt es sich wiederum um Mindestangaben, so dass die Mitgliedstaaten die Veröffentlichung weiterer Angaben vorsehen können. Auch die Gesellschaft selbst kann zusätzlich zu den europäischen bzw. nationalen Bestimmungen weitere Aspekte auf ihrer Homepage publizieren. Der Zeitraum, in dem die Informationen auf der Website der Gesellschaft abrufbar/zugänglich sein müssen, spannt sich von der Einberufung der jeweiligen Hauptversammlung bis zum Versammlungstag (Art. 5 IV AR-RL). Die Richtlinie verpflichtet nicht zur Übersetzung der entsprechenden Informationen in eine andere als die Landessprache, zB auf Englisch.[208] Aufgrund der damit verbundenen Kosten für die Gesellschaften nahm der Richtliniengeber von einer entsprechenden Regelung Abstand.[209] Unter Berücksichtigung der damit verbundenen Vorteile für ausländische Investoren hätte die Abwägung allerdings durchaus auch anders ausfallen können. In der Praxis börsennotierter Unternehmen, dh Gesellschaften, die von der Richtlinie erfasst sind (s. Rn. 18), hat sich jedoch eine zumindest zweisprachige (idR die Landessprache und Englisch) Zurverfügungstellung der entsprechenden Informationen in der Praxis etabliert. 103

Die Regelungen zur Form der Einberufung wurden durch die Änderung bzw. Einfügung der §§ 121 IV, 121 IVa, 124a AktG ins **deutsche Recht** umgesetzt. Gemäß 121 IVa AktG müssen börsennotierte Gesellschaften ua die Informationen über die Einberufung der Hauptversammlung grundsätzlich solchen Medien zuleiten, von denen angenommen werden kann, dass sie diese europaweit verbreiten. Im Sinne des Richtlinienziels (s. Rn. 14 ff.) soll dadurch die Informationslage der Aktionäre verbessert und die grenzüberschreitende Ausübung von Aktionärsrechten gefördert werden.[210] Von der soeben beschriebenen Anforderung an die europaweite Verbreitung kann allerdings abgewichen werden, wenn eine der beiden in § 121 IVa AktG vorgesehenen Ausnahmen vorliegt. § 121 IVa AktG wurde durch die **Aktienrechtsnovelle 2016** geändert, da die alte Fassung der Vorschrift diesbezüglich umstritten war.[211] Aufgrund der Konjunktion „und" war diskutiert worden, ob eine europaweite Verbreitung bereits dann entbehrlich sei, wenn lediglich eine der beiden dort genannten Voraussetzungen vorlag[212] oder diese kumulativ erfüllt werden mussten, um eine Ausnahme von der Zuleitungspflicht zu begründen.[213] Der deutsche Gesetzgeber hat diesen Streit nunmehr entschieden, indem er das Wort „und" durch **„oder"** ersetzte.[214] Eine europaweite Verbreitung der Einberufung ist also bereits dann entbehrlich, wenn eine der beiden 104

205 Für Aktionäre aus dem Nicht-EU/EWR-Ausland besitzt der europäische Gesetzgeber insofern im Grundsatz keine Regelungskompetenz. Eine entsprechende Gleichbehandlung kann (und wird sich in der Regel) aus den nationalen Bestimmungen der Mitgliedstaaten ergeben.

206 Englischer Wortlaut: "specific costs". Französischer Wortlaut: „frais spécifiques". Spanischer Wortlaut: „gasto específic". Italienischer Wortlaut: „costi specifici". Niederländischer Wortlaut: „specifieke kosten". Der polnische Wortlaut entspricht hingegen eher der deutschen Fassung: „szczególnych opłat".

207 BegrRegE zum ARUG, BR-Drs. 847/08, S. 44. *Lutter/Bayer/Schmidt*, Europäisches Unternehmens- und Kapitalmarktrecht, 2017, Rn. 29.75 sprechen vom „zentralen Informationsshop".

208 *Habersack/Verse*, Europäisches Gesellschaftsrecht, 2011, § 7 Rn. 9; *Grundmann*, Europäisches Gesellschaftsrecht, 2011, Rn. 414; *Lutter/Bayer/Schmidt*, Europäisches Unternehmens- und Kapitalmarktrecht, 2017, Rn. 29.79.

209 Europäische Kommission, Dok. 10009/07 ADD 1; *Lutter/Bayer/Schmidt*, Europäisches Unternehmens- und Kapitalmarktrecht, 2017, Rn. 29.79.

210 Vgl. *Kubis* in: MüKo AktG, Bd. 3, 4. Aufl. 2018, § 121 Rn. 84; *Drinhausen* in: Hölters (Hrsg.), AktG, 3. Aufl. 2017, § 121 Rn. 2.

211 § 121 IVa AktG aF: „Bei börsennotierten Gesellschaften, die nicht ausschließlich Namensaktien ausgegeben haben *und* die Einberufung den Aktionären nicht unmittelbar nach Absatz 4 Satz 2 *und* 3 übersenden, ist die Einberufung spätestens zum Zeitpunkt der Bekanntmachung solchen Medien zur Veröffentlichung zuzuleiten, bei denen davon ausgegangen werden kann, dass sie die Information in der gesamten Europäischen Union verbreiten.".

212 So *Rieckers* in: Spindler/Stilz (Hrsg.), AktG, Bd. 1, 2015, § 121 Rn. 66; *Hüffer/Koch*, AktG, 13. Aufl. 2018, § 121 Rn. 11i; *Liebscher* in: Henssler/Strohn (Hrsg.), Gesellschaftsrecht, 2016, § 121 AktG Rn. 21.

213 So *Ziemons* in: K. Schmidt/Lutter (Hrsg.), AktG, 2015, § 121 Rn. 89; *Kubis* in: MüKo AktG, Bd. 3, 4. Aufl. 2018, § 121 Rn. 85.

214 *Hüffer/Koch*, AktG, 13. Aufl. 2018, § 121 Rn. 11i.

Ausnahmen einschlägig ist.[215] Eine andere, davon abzugrenzende Frage ist, ob die Statuierung entsprechender **Ausnahmen** überhaupt mit den Vorgaben der **Richtlinie vereinbar** ist.[216] Im Ergebnis ist dies wohl zu bejahen.[217] Die praktische Bedeutung der Problematik ist jedoch überschaubar, da selbst ein richtlinienwidriger Verzicht auf die europaweite Verbreitung der Einberufung weder zur Nichtigkeit noch zur Anfechtbarkeit führt, sondern lediglich eine **Ordnungswidrigkeit** darstellt.

3. Inhalt der Einberufung

105 Die Einberufung der Hauptversammlung börsennotierter Gesellschaften muss bestimmte **Mindestangaben** beinhalten. Diese sind in Art. 5 III lit. a) bis e) AR-RL aufgezählt. Für die von den Regelungen, insbesondere der Transparenzrichtlinie, erfassten Gesellschaften kommen zudem die **kapitalmarktrechtlichen** Pflichtangaben gem Art. 17 II 3 Transparenz-RL hinzu (s. dazu § 34 Rn. 58 ff.).[218]

106 Zum Mindestinhalt der Einberufung gehört:

- Die Nennung des **Orts** und der **Zeit** der Hauptversammlung und die zu behandelnden **Tagesordnungspunkte** (lit. a);[219]
- eine klare und genaue **Erläuterung des Verfahrens**, welches die Aktionäre beachten müssen, um ihr Teilnahme- und Stimmrecht in der Hauptversammlung ausüben zu können (lit. b); hierzu gehören Angaben über
  - das Recht gem Art. 6 AR-RL, die Tagesordnung zu ergänzen (Rn. 108 ff.);
  - das Recht gem Art. 9 AR-RL, Fragen zu Punkten der Tagesordnung zu stellen (Rn. 131 ff.);
  - das Verfahren der Stimmrechtsvertretung gem Art. 10 f. AR-RL (Rn. 333 ff.);
  - das Verfahren über die Stimmabgabe auf elektronischem Weg oder per Brief gem Art. 8, 12 AR-RL (Rn. 122 ff., 129), sofern die Gesellschaft dies vorsieht.
- die Nennung eines etwaigen **Nachweisstichtags** gem Art. 7 II AR-RL (Rn. 117) und die entsprechenden Erläuterungen (lit. c);
- Informationen darüber, wo und wie die bezeichneten Inhalte der Einberufung vollständig und ungekürzt zugänglich sind (lit. d);
- Angabe der **Website**, die die gem Art. 5 IV AR-RL notwendigen Informationen enthält.

107 Die inhaltlichen Vorgaben für die Einberufung der Hauptversammlung von börsennotierten Gesellschaften wurden durch den deutschen Gesetzgeber in **§ 121 III 3 AktG** im Rahmen des ARUG umgesetzt. Adressaten des Einberufungsinhalts sind sämtliche Aktionäre, weshalb darauf zu achten ist, dass die Einberufung inhaltlich derart ausgestaltet ist, dass ein „objektiv urteilender und juristisch nicht vorgebildeter Aktionär" diese versteht.[220] Entgegen der Richtlinienvorgaben verlangt § 121 III 3 AktG den anzugebenden Mindestinhalt jedoch nur, wenn der Vorstand oder der Aufsichtsrat die Hauptversammlung einberufen.[221] Eine entsprechende Einschränkung sieht Art. 5 III AR-RL nicht vor, so dass der Mindestinhalt der Einberufung nach § 121 III 3 AktG im Wege einer richtlinienkonformen Rechtsfortbildung (s. dazu § 2 Rn. 204 ff.) auch für andere Einberufungsberechtigte (zB eine Aktionärsminderheit) gilt.[222] Obgleich Art. 5 III lit. b) (i) AR-RL in der deutschen Sprachfassung von „ausführlichen Informationen" der entsprechenden Rechte auf der Internetseite der Gesellschaft spricht, wird man die komplementäre Regelung in § 121 III 3 Nr. 3 AktG („**weitergehende Erläuterungen**") als

215 Vgl. auch BT-Drs. 18/4349, S. 21.

216 *Dies* verneinend *Ziemons* in: K. Schmidt/Lutter (Hrsg.), AktG, 2015, § 121 Rn. 89, 123; *dies.* NZG 2012, 212, 213.

217 Vgl. *Noack/Zetzsche* in: KK-AktG, Bd. 3, Teil 2, 2010, § 121 Rn. 172; *Rieckers* in: Spindler/Stilz (Hrsg.), AktG, Bd. 1, 2015, § 121 Rn. 66; *Schmidt* in: Böttcher ua (Hrsg.), Die Aktienrechtsnovelle, 2016, § 6 Rn. 41; wohl auch *Habersack/Verse*, Europäisches Gesellschaftsrecht, 2011, § 7 Rn. 10.

218 Im deutschen Recht vgl. § 49 I Nr. 1 WpHG; zur richtlinienkonformen Auslegung der dortigen Mitteilungspflichten *Süßmann* NZG 2015, 467 ff.; siehe auch *Ochmann*, Aktionärsrechte-Richtlinie, 2009, S. 81; *Zetzsche* DK 2008, 321, 322 f.

219 Die Angaben haben dabei so präzise wie möglich zu erfolgen, sodass es den Aktionären zweifelsfrei möglich ist, den genauen Ort und die genaue Zeit zu ermitteln. Die Bedingungen für einen zulässigen Ort und eine zulässige Uhrzeit der Hauptversammlung ergeben sich ferner grundsätzlich nach nationalem Recht; im Sinne der Ratio der Richtlinie dürfen sie allerdings die Ausübung der Aktionärsrechte spürbar beeinträchtigen.

220 OLG Koblenz BeckRS 2013, 08497; *Hüffer/Koch*, AktG, 13. Aufl. 2018, § 121 Rn. 8a.

221 *Kalss/Klampfl*, Europäisches Gesellschaftsrecht, 2015, Rn. 398, Fn. 1150; *Habersack/Verse*, Europäisches Gesellschaftsrecht, 2011, § 7 Rn. 11; *Noack/Zetzsche* in: KK-AktG, Bd. 3/2, 2010, § 121 Rn. 86; *Ziemons* in: K. Schmidt/Lutter (Hrsg.), AktG, 2015, § 121 Rn. 43.

222 *Habersack/Verse*, Europäisches Gesellschaftsrecht, 2011, § 7 Rn. 11; *Habersack/Mülbert* ZGR 2014, 1, 10; *Noack/Zetzsche in:* KK-AktG, Bd. 3/2, 2010, § 121 Rn. 86; aA (jedoch ohne Bezug zur Richtlinienregelung) *Liebscher* in: Henssler/Strohn (Hrsg.), Gesellschaftsrecht, 2016, § 121 AktG Rn. 12; *Drinhausen/Keinath* BB 2009, 2322, 2323; *Drinhausen* in: Hölters (Hrsg.), AktG, 3. Aufl. 2017, § 121 Rn. 26; *Kubis* in: MüKo AktG, Bd. 3, 4. Aufl. 2018, § 121 Rn. 60.

richtlinienkonform zu erachten bzw. entsprechend auszulegen haben.[223] Dies zeigt auch ein Vergleich mit anderen Sprachfassungen, wo vielmehr von über den Einberufungsinhalt hinausgehenden, detaillierten Informationen die Rede ist.[224]

II. Ergänzungsanträge und Einbringung von Beschlussvorschlägen

Im Rahmen der Einberufung der Hauptversammlung steht der europäische Gesetzgeber zudem Minderheitsaktionären börsennotierter Gesellschaften bestimmte Rechte zu. Art. 6 AR-RL regelt dabei **Minderheitenrechte** im Zusammenhang mit der **Ergänzung der Tagesordnung** sowie dem **Einbringen von Beschlussvorlagen** (Gegenanträgen). Die Vorschrift möchte damit gewährleisten, dass Minderheitsaktionäre die Möglichkeit haben, eigene Themen zum Gegenstand der Hauptversammlung zu machen.[225] Diese Bestimmungen gelten allerdings nicht nur für Minderheitsaktionäre, sondern auch für Mehrheitsaktionäre. In der Regel werden aber vor allem Minderheitsaktionäre von ihnen profitieren. Aufgrund nationaler Traditionen gewährt der Richtliniengeber den Mitgliedstaaten allerdings bezüglich der Ergänzungsanträge und der Einbringung von Beschlussvorlagen einen relativ großen Gestaltungsspielraum.[226] 108

Ein Recht auf die **eigenständige Einberufung der Hauptversammlung** durch (Minderheits-)Aktionäre bzw. eine solche einberufen zu lassen, sieht die Richtlinie indes **nicht** vor. Ein entsprechend weitreichender Eingriff in die Organisations- und Kompetenzstruktur der nationalen Aktienrechte wäre bei den Mitgliedstaaten wohl nicht konsensfähig gewesen. Auch im Rahmen der Reform der Richtlinie im Jahr 2017 wurde dies nicht diskutiert. Rechtstatsächlich ist insbesondere das Einbringen von Beschlussvorlagen bzw. Gegenanträgen einer Aktionärsminderheit in vielen Mitgliedstaaten ein durchaus **oft gebrauchtes Mittel**, das es den Aktionären erlaubt, ihre (Individual-)Interessen gegenüber der Gesellschaft vorzubringen.[227] Minderheitsaktionären wird so die Möglichkeit eröffnet, nicht nur die Blockierung eines Vorhabens anzustreben, sondern auch proaktiv für die eigene Strategie zu werben.[228] 109

Nach Art. 6 I Uabs. 1 AR-RL haben die Mitgliedstaaten sicherzustellen, dass Aktionäre **einzeln** oder im **Kollektiv** („gemeinsam") 110

- „das Recht haben, **Punkte auf die Tagesordnung** der Hauptversammlung **zu setzen**" (lit. a);
- „das Recht haben, **Beschlussvorlagen zu Punkten einzubringen**, die bereits auf der Tagesordnung stehen oder ergänzend in sie aufgenommen werden" sollen (lit. b).

Vor allem das Ergänzungsrecht zur Tagesordnung nach Art. 6 I Uabs. 1 lit. a) AR-RL ist bzw. kann jedoch von bestimmten **Voraussetzungen** abhängig gemacht werden. Es besteht zunächst nur dann, wenn die gewünschte Ergänzung begründet wird (**Begründung**) oder eine **Vorlage** für einen entsprechenden Hauptversammlungsbeschluss beigefügt wird (Art. 6 I Uabs. 1 lit. a) AR-RL). Ferner können die Mitgliedstaaten vorschreiben, dass das Ergänzungsrecht der Tagesordnung nur mit Blick auf die **Jahreshauptversammlung** besteht. Das bedeutet im Umkehrschluss, dass außerordentliche Hauptversammlungen mithin richtlinienkonform ausgenommen werden dürfen (Art. 6 I Uabs. 2 AR-RL).[229] Grund dafür ist, dass mit Blick auf außerordentliche Hauptversammlung eine besondere Dringlichkeit bestehen kann und die Minderheitsanträge ein Verzögerungsrisiko bergen.[230] Um die Interessen der Minderheit dennoch angemessen zu berücksichtigen, gibt Art. 6 I Uabs. 2 AR-RL vor, dass außerordentliche Hauptversammlungen nur ausgenommen werden dürfen, wenn Aktionären einzeln oder gemeinsam das Recht zusteht, die Einberufung einer Hauptversammlung zu veranlassen, in deren Tagesordnung sie dann alle von ihnen gewünschten Punkte aufnehmen können. Weiterhin können die Mitgliedstaaten bestimmen, dass das Recht auf Ergänzung der Tagesordnung sowie das Recht auf Einbringung von Beschlussvorlagen jeweils **schriftlich ausgeübt** werden muss (Art. 6 I Uabs. 3 AR-RL). „Schriftlich" im Sinne der deutschen Textform (§ 126b BGB)[231] erfasst dabei die Übermittlung im Postweg oder auch auf elektronischem Weg (zB per E-Mail), nicht jedoch per Telefon.[232] 111

223 *Rieckers* in: Spindler/Stilz (Hrsg.), AktG, Bd. 1, 2015, § 121 Rn. 46.

224 Englischer Wortlaut: „more detailed information". Französischer Wortlaut: „des informations plus détaillées". Spanischer Wortlaut: „información más detallada". Italienischer Wortlaut: „informazioni più dettagliate". Niederländischer Wortlaut: „meer gedetailleerde informatie". Polnischer Wortlaut: „zczegółowych informaci".

225 *Lutter/Bayer/Schmidt*, Europäisches Unternehmens- und Kapitalmarktrecht, 2017, Rn. 29.82; *Kalss/Klampfl*, Europäisches Gesellschaftsrecht, 2015, Rn. 398.

226 *Lutter/Bayer/Schmidt*, Europäisches Unternehmens- und Kapitalmarktrecht, 2017, Rn. 29.83.

227 Vgl. aus deutscher Perspektive *Drinhausen* in: Hölters (Hrsg.), AktG, 3. Aufl. 2017, § 126 Rn. 3; *Noack* BB 2003, 1393.

228 *Noack* NZG 2006, 321, 323 f.; *Ochmann*, Aktionärsrechte-Richtlinie, 2009, S. 89.

229 Vgl. aus niederländischer Sicht hierzu jüngst auch Rechtbank Amsterdam, ECLI:NL:RBAMS:2017:5845.

230 *Ochmann*, Aktionärsrechte-Richtlinie, 2009, S. 90.

231 Vgl. *Lutter/Bayer/Schmidt*, Europäisches Unternehmens- und Kapitalmarktrecht, 2017, Rn. 29.83, sowie Fn. 161; zur Parallelproblematik siehe auch § 22 Rn. 21.

232 *Ochmann*, Aktionärsrechte-Richtlinie, 2009, S. 90.

112 Die entsprechenden – vor allem – Minderheitenrechte können von den Mitgliedstaaten vom Halten einer prozentualen **Mindestbeteiligung** an der Gesellschaft abhängig gemacht werden (vgl. Art. 6 II AR-RL). Die Bestimmung des Schwellenwertes, ab dem einzelnen oder mehreren Aktionären zusammen die Befugnis zur Ergänzung der Tagesordnung und auf Einbringung von Beschlussvorlagen eingeräumt wird, obliegt grundsätzlich dem nationalen Recht.[233] Die Richtlinie gibt allerdings eine Obergrenze vor.[234] Das nationale Recht darf danach nicht mehr **5% des Grundkapitals** verlangen (Art. 6 II AR-RL).[235] Damit soll gewährleistet werden, dass die in Art. 6 I AR-RL statuierten Minderheitenrechte nicht faktisch durch eine zu hohe Mindestbeteiligung an der Gesellschaft ausgehöhlt werden.

113 Auch im Fall von Ergänzungen der Tagesordnung muss deren endgültige Fassung einen angemessenen Zeitraum vor der Hauptversammlung vorliegen.[236] Daher haben die Mitgliedstaaten hinsichtlich des Ergänzungsrechts der Tagesordnung einen **„einheitlichen Stichtag"** für die Ausübung des entsprechenden Rechts zu bestimmen (Art. 6 III 1 AR-RL). Dieser Stichtag ist der Europäischen Kommission mitzuteilen und im Amtsblatt der EU zu veröffentlichen (Art. 15 III AR-RL). Der festzulegende Stichtag muss **einige Tage** (wohl mindestens eine Woche) vor der Hauptversammlung oder Einberufung derselben liegen, um zu gewährleisten, dass die Aktionäre noch ausreichend Zeit für notwendige Vorbereitungen haben. Optional können die Mitgliedstaaten einen entsprechenden Stichtag auch für die Ausübung des Rechts auf Einbringung von Beschlussvorlagen bestimmen (Art. 6 III 2 AR-RL), müssen dies aber in Abweichung zum Recht auf Ergänzung der Tagesordnung nicht zwingend. Die Mitgliedstaaten können daher Gegenanträge ohne zeitliche Beschränkung zulassen.[237] Sofern die antragsberechtigten Aktionäre ihr Ergänzungsverlangen der Tagesordnung ordnungsgemäß gestellt haben, haben die Mitgliedstaaten ferner sicherzustellen, dass die geänderte Tagesordnung allen Aktionären **in derselben Weise zugänglich** gemacht wird wie die bereits vorher versandte (alte) Tagesordnung (Art. 6 IV AR-RL). Dies hat grundsätzlich vor dem geltenden Nachweisstichtag gem Art. 7 II AR-RL (*record date*, s. Rn. 117) zu erfolgen[238] bzw, wenn kein entsprechendes *record date* besteht, rechtzeitig vor der Hauptversammlung, so dass die Aktionäre zumindest einen Vertreter benennen oder ggf per Brief abstimmen können.

114 Die Regelungen des Art. 6 AR-RL wurden überwiegend durch **§§ 122-126 AktG** in das deutsche Aktienrecht umgesetzt. Viele der durch die Richtlinie statuierten Vorgaben waren bereits im Vorfeld in vergleichbarer Weise formuliert bzw. gängige Rechtspraxis. An einigen Stellen geht das deutsche Recht sogar **über** den Mindeststandard der **Richtlinie hinaus**, indem beispielsweise auch eine Aktionärsminderheit von 5% die Einberufung der Hauptversammlung verlangen (§ 122 I 1 AktG)[239] oder grundsätzlich jeder Aktionär Beschlussvorlagen einbringen kann (§ 126 I 1 AktG). Im deutschen Recht finden sich jedoch auch verschiedene Einschränkungen sowohl des Rechts auf Ergänzungs- als auch Gegenanträge, deren **Richtlinienkonformität** im Einzelnen durchaus **zweifelhaft** erscheint.[240]

III. Teilnahme an der Hauptversammlung

115 Das materielle Kernstück der Aktionärsrechterichtlinie bilden die Bestimmungen über die Teilnahme der Aktionäre an der Hauptversammlung börsennotierter Gesellschaften. Geregelt werden die Voraussetzungen für den **Zugang** zur Hauptversammlung (s. Rn. 116 ff.) sowie die **Fernteilnahme** und die Stimmrechtsausübung sowohl auf elektronischem Weg (s. Rn. 122 ff.) als auch per Brief (s. Rn. 129 f.). Die Regelungen gelten dabei – im Hinblick auf das Gleichbehandlungsgebot – in gleicher Weise für in- und ausländische Aktionäre sowie unabhängig davon, ob es sich um eine natürliche oder juristische Person als Anteilsinhaber handelt. Die Richtlinie regelt hingegen nicht die Frage des **Orts der Hauptversammlung** und damit die faktische Teilnahmemöglichkeit von Präsenzaktionären. Aus deutscher Sicht steht daher auch der vom BGH bestätigten Möglichkeit eines Hauptversammlungsorts im EU-Ausland grundsätzlich keine europarechtliche Schranke entgegen, solange es sich nicht

233 *Habersack/Verse*, Europäisches Gesellschaftsrecht, 2011, § 7 Rn. 12.
234 *Ochmann*, Aktionärsrechte-Richtlinie, 2009, S. 90 hält die Obergrenze für relativ hoch.
235 Vgl. aus deutscher Sicht auch OLG Frankfurt ZIP 2017, 1714, 1716.
236 *Lutter/Bayer/Schmidt*, Europäisches Unternehmens- und Kapitalmarktrecht, 2017, Rn. 29.84.
237 *Lutter/Bayer/Schmidt*, Europäisches Unternehmens- und Kapitalmarktrecht, 2017, Rn. 29.84.
238 Insofern hat die Bekanntmachung der geänderten Tagesordnung vor dem Nachweisstichtag zu erfolgen, vgl. LG Frankfurt aM ZIP 2017, 377, 378.
239 Oder ggf. auch ein Hauptaktionär, vgl. zu § 122 II AktG LG Frankfurt aM ZIP 2017, 377; OLG Frankfurt AG 2018, 125.
240 Vgl. zu dieser Thematik *Habersack/Verse*, Europäisches Gesellschaftsrecht, 2011, § 7 Rn. 14; *Habersack* in: MüKo AktG, Bd. 1, 4. Aufl. 2016, Einl. Rn. 144; ferner *Noack/Zetzsche* in: KK-AktG, Bd. 3/2, 2010, § 126 Rn. 27 f., 33; *Rieckers* in: Spindler/Stilz (Hrsg.), AktG, Bd. 1, 2015, § 126 Rn. 3a; *Ziemons* in: K. Schmidt/Lutter (Hrsg.), AktG, 2015, § 126 Rn. 7, 13; *Habersack/Mülbert* ZGR 2014, 1, 10 f.; *Teichmann* in: Gebauer/Teichmann (Hrsg.), Europäisches Privat- und Unternehmensrecht, 2016, § 6 Rn. 226.

um einen willkürlichen Ort außerhalb Deutschlands handelt.[241] Auch darf die Wahl eines ausländischen Hauptversammlungsortes generell die Ausübung der durch die Richtlinie verbürgten Aktionärsrechte nicht unangemessen beeinträchtigt oder faktisch spürbar erschwert werden.

IV. Teilnahmevoraussetzungen an der Hauptversammlung

Art. 7 AR-RL bestimmt, unter welchen Voraussetzungen an der Hauptversammlung einer vom persönlichen Anwendungsbereich der Richtlinie erfassten Gesellschaft teilgenommen werden kann; mithin handelt sich also um Regelungen über die **Aktionärslegitimation** als Teilnahme- und Stimmausübungsvoraussetzung in der Hauptversammlung.[242] Für einen ungehinderten Zugang zur Hauptversammlung sind zunächst solche nationalen Vorschriften mit der Richtlinie unvereinbar, die die Teilnahme der Aktionäre an der Hauptversammlung davon **abhängig machen**, dass die Aktien vor der Hauptversammlung bei einer anderen natürlichen oder juristischen Person hinterlegt (sog Hinterlegungsbescheinigung),[243] an sie übertragen oder in deren Namen eingetragen wurden (Art. 7 I lit. a) AR-RL). Des Weiteren ist es den Mitgliedstaaten nach Art. 7 I lit. b) AR-RL untersagt, gesonderte Regelungen aufrecht zu erhalten bzw. zu schaffen, die Veräußerungsbeschränkungen für den Zeitraum zwischen dem Nachweisstichtag und der Hauptversammlung der Aktien darstellen (sog ***share blocking***). Das Verbot von Veräußerungssperren für diese Zeitspanne dient dazu, eine zentrale Beschränkung zu beheben, die zuvor gerade die grenzüberschreitende Ausübung der Aktionärsrechte ausländischer Investoren betraf.[244] Die Richtlinie untersagt insofern nicht nur entsprechende gesetzliche Hemmnisse, sondern auch entsprechende Satzungsbestimmungen bei den Gesellschaften.[245] 116

Das Recht eines Aktionärs an der Hauptversammlung teilzunehmen und seine Stimme abzugeben, ergibt sich nach Art. 7 II 1 AR-RL vielmehr daraus, dass ihm Aktien zu einem bestimmten Zeitpunkt gehören bzw. zustehen. Das Recht zur Teilnahme an der Hauptversammlung wird damit an einen **Nachweisstichtag** (***record date***) geknüpft, zu welchem der Aktionär Aktien der Gesellschaft halten muss.[246] Dieser Nachweisstichtag muss grundsätzlich mindestens **acht Tage** nach der Einberufung liegen[247] und darf sich nicht mehr als **30 Tage** vor der entsprechenden Hauptversammlung befinden (Art. 7 III 3, 4 AR-RL). Der Zeitraum zwischen Einberufung und Nachweisstichtag soll den Aktionären genügend Zeit lassen, um sich auf die Hauptversammlung vorzubereiten. Sie können die Zeit beispielsweise dazu nutzen, um entliehene Aktien zurückzufordern.[248] Ein genaues Datum, zu der die Aktionärseigenschaft bestehen muss, legt die Richtlinie – aufgrund divergierender Regelungen in den Mitgliedstaaten – nicht fest.[249] So sind auch die nationalen Regelungen zum Nachweisstichtag zT weiterhin sehr unterschiedlich.[250] Sehen zB das Vereinigte Königreich und Irland lediglich 48 Stunden vor der in Rede stehenden Hauptversammlung vor, sind es in Deutschland grundsätzlich 21 Tage und in den Niederlanden 28 Tage. Eine **Ausnahme** zur Festlegung eines Nachweisstichtages besteht im Hinblick auf Gesellschaften mit Namensaktien, die den Namen und die Anschrift der entsprechenden Aktionäre aus einem aktuellen Aktionärs- oder vergleichbarem Register ermitteln können (Art. 7 II Uabs. 2 AR-RL). In diesem Fall besteht für die Mitgliedstaaten ein größerer Gestaltungsspielraum. Denn sie sind dann nicht dazu verpflichtet, die Anwendung eines bestimmten *record dates* vorzuschreiben.[251] Das Recht auf Aktionärsidentifizierung (vgl. Art. 3a AR-RL, s. dazu Rn. 27 ff.) statuiert hier – formal – keine Änderung. Eine solche wäre jedoch durchaus denkbar gewesen, da auch in diesem Fall die Gesellschaft (auch bei Inhaberaktien) ihren Aktionär kennt. Denkbar ist daher eine teleologische Erweiterung der Ausnahmebestimmung des Art. 7 II Uabs. 2 AR-RL, wenn die Gesellschaft im 117

241 Vgl. BGH NZG 2015, 18; dazu *Bungert/Leyendecker-Langner* BB 2015, 268 ff.; *Goslar* DB 2015, 178 f.; *von Eiff* GWR 2015, 29; *Mohamed* NZG 2015, 1263 ff.; *Hüffer/Koch*, AktG, 13. Aufl. 2018, § 121 Rn. 14; *Bungert* in: MüHdB GesR, Bd. 4, 2015, § 36 Rn. 50 f.

242 *Lutter/Bayer/Schmidt*, Europäisches Unternehmens- und Kapitalmarktrecht, 2017, Rn. 29.88; *Kalss/Klampfl*, Europäisches Gesellschaftsrecht, 2015, Rn. 400.

243 Hierzu *Teichmann* in: Gebauer/Teichmann (Hrsg.), Europäisches Privat- und Unternehmensrecht, 2016, § 6 Rn. 227.

244 *Grundmann/Winkler* ZIP 2006, 1421, 1425; *Schmidt* BB 2006, 1641, 1642; *Habersack/Verse*, Europäisches Gesellschaftsrecht, 2011, § 7 Rn. 16; *Lutter/Bayer/Schmidt*, Europäisches Unternehmens- und Kapitalmarktrecht, 2017, Rn. 29.88; *Grundmann*, Europäisches Gesellschaftsrecht, 2011, Rn. 416.

245 *Schmidt* BB 2006, 1641, 1642; *Ochmann*, Aktionärsrechte-Richtlinie, 2009, S. 100.

246 Vgl. aus deutscher Sicht auch OLG Frankfurt ZIP 2017, 1714, 1715.

247 Bei Folgeversammlungen iS von Art. 5 I Uabs. 3 AR-RL (s. Rn. 93) können die Mitgliedstaaten auch eine mindestens sechstägige Frist zwischen der entsprechenden Einberufung und dem *record date* vorschreiben (Art. 7 III 6 AR-RL).

248 *Ochmann*, Aktionärsrechte-Richtlinie, 2009, S. 102.

249 Gleiches gilt für die Definition eines Aktionärs in diesem Zusammenhang, vgl. *Grundmann*, Europäisches Gesellschaftsrecht, 2011, Rn. 416; *Strenger/Zetzsche* AG 2013, 397, 400.

250 *Van der Elst/Lafarre*, Bringing the AGM to the 21st Century: Blockchain and Smart Contracting Tech for the Shareholder Involvement, ECGI Law Working Paper No. 358/2017, S. 6.

251 *Lutter/Bayer/Schmidt*, Europäisches Unternehmens- und Kapitalmarktrecht, 2017, Rn. 29.92.

Zuge ihres Rechts gem Art. 3a AR-RL die entsprechend erforderlichen Informationen über ihren Aktionär besitzt.

118 Anhand dieser Regelungen zum Nachweisstichtag ist es grundsätzlich ebenfalls möglich, dass eine (natürliche oder juristische) Person an der Hauptversammlung teilnimmt und abstimmt, die zum Zeitpunkt der stattfindenden Hauptversammlung **kein Aktionär der Gesellschaft mehr ist** und ihre Anteile bereits an einen Dritten oder einen anderen Aktionär weiterveräußert hat.[252] Es stellt sich jedoch die Frage, ob dies auch sachgerecht ist. In den meisten Mitgliedstaaten knüpfen das Recht zur Teilnahme an der Hauptversammlung und das Stimmrecht in dieser an die Aktionärseigenschaft zum Zeitpunkt der Hauptversammlung an. Dies ist insofern nachvollziehbar, als grundsätzlich nur Personen über die Geschicke der Gesellschaft entscheiden sollen, die auch zum Zeitpunkt der Beschlussfassung Anteilsinhaber sind. Legt man allerdings den Zweck des Art. 7 II AR-RL zugrunde, nämlich die grenzüberschreitende Ausübung der Aktionärsrechte nicht zu behindern, ist es durchaus sachgerecht diesen Spezialfall in Kauf zu nehmen. Würde man auf die Aktionärseigenschaft jedes an der Hauptversammlung Beteiligten strikt beharren, könnte dies unter Umständen auch dazu führen, dass letztlich keiner der anwesenden Personen teilnahme- und stimmberechtigt wäre. Es würde die Gefahr bestehen, dass weder der ehemalige Anteilsinhaber, der die Aktien veräußert hat, noch der „neue" Anteilsinhaber, der die Aktien von diesem erworben hat, rechtmäßig an der Hauptversammlung teilnehmen könnte. Ein gewisses **Spannungsverhältnis** bleibt damit gleichwohl bestehen. Trotzdem ist die Regelung des Art. 7 II, III AR-RL nicht in einer Weise zu reduzieren, dass neben der Einhaltung der Regelungen über den Nachweisstichtag auch zwingend jeder an der Hauptversammlung Teilnehmende zu diesem Zeitpunkt Aktionär sein muss. Der mit Art. 7 II, III AR-RL verfolgte Zweck überlagert insofern das Bedürfnis, dass jede teilnehmende Person, die innerhalb der genannten Frist Aktionär der Gesellschaft war, zwingend zum Zeitpunkt der stattfindenden Hauptversammlung Aktionär sein muss.

119 Der bestimmte Nachweisstichtag hat für grundsätzlich alle von der Richtlinie betroffenen Gesellschaften einheitlich ausgestaltet zu sein (Art. 7 III 1 AR-RL). Im Hinblick auf die vereinfachte Möglichkeit der Aktionärsfeststellung bei Inhabern von Namensaktien (s. Rn. 101 sowie ferner zur Aktionärsidentifikation gem Art. 3a AR-RL Rn. 27 ff.) können die Mitgliedstaaten auch einen **unterschiedlichen Nachweisstichtag** für Gesellschaften, die Inhaberaktien ausgeben und für Gesellschaften, die Namensaktien ausgeben, festlegen (Art. 7 III 2 AR-RL). Voraussetzung ist jedoch, dass für die von der Richtlinie betroffenen Gesellschaften, die beide Aktienarten ausgegeben haben, ein **einheitliches** *record date* vorgeschrieben wird. Aufgrund der in zahlreichen Mitgliedstaaten zu beobachtenden Tendenz zur Abschaffung bzw. Beschränkung von Inhaberaktien auch bei börsennotierten Gesellschaften, ist jedoch damit zu rechnen, dass eine unterschiedliche Nachweisstichtagsregelung in Abhängigkeit der Aktienart rückläufig sein und vermehrt ein einheitliches *record date* – sofern nicht bestehend – bestimmt werden wird.

120 Um zu garantieren, dass die Aktionäre auch tatsächlich einfach und unkompliziert an der Hauptversammlung teilnehmen können, untersagt Art. 7 IV AR-RL es den nationalen Regelungsgebern, den Nachweis der Aktionärseigenschaft zum Zeitpunkt des Nachweisstichtages **unverhältnismäßig zu erschweren.**[253] Die an den Nachweis gestellten Anforderungen müssen daher erforderlich und angemessen sein (Art. 7 IV AR-RL). Insofern ist insbesondere ein Kettenmodell, bei dem die Einberufungsmitteilung zunächst zu einem Zentralverwahrer gesandt werden muss und dann an verschiedene Zwischenverwahrer weitergeleitet wird, mit der Vorschrift nicht in Einklang zu bringen.[254]

121 Im deutschen Aktienrecht waren die Bestimmungen zum Nachweisstichtag bezüglich der Aktionärslegitimität bereits durch den damaligen **§ 123 III AktG** normiert. Nach § 123 III 3 AktG aF hatte sich bei börsennotierten Gesellschaften dabei der Nachweis auf den Beginn des 21. Tages vor der Hauptversammlung zu beziehen und musste der Gesellschaft mindestens sechs Tage vor dieser zugehen. § 123 III AktG wurde allerdings durch die **Aktienrechtsnovelle 2016** geändert und die Absätze 4, 5 neu hinzugefügt.[255] Im Vorfeld der Aktienrechtsnovelle wurde im Rahmen der Reform vorgesehen, dass ein einheitlicher Nachweisstichtag sowohl für Inhaber- als auch Namensaktien börsennotierter Gesellschaften eingeführt werden sollte (vgl. § 123 VI AktG-E).[256] Eine

---

252 *Habersack/Verse*, Europäisches Gesellschaftsrecht, 2011, § 7 Rn. 16; *Ratschow* DStR 2007, 1402, 1404; OLG Nürnberg BeckRS 2016, 01877; ferner zum Zusammenspiel von Nachweisstichtag und Rechtsverlust nach §§ 33 ff. WpHG (= §§ 21 ff. WpHG aF) *Merkner/Sustmann* AG 2013, 243 ff.

253 Vgl. *Kalss/Klampfl*, Europäisches Gesellschaftsrecht, 2015, Rn. 400; *Lutter/Bayer/Schmidt*, Europäisches Unternehmens- und Kapitalmarktrecht, 2017, Rn. 29.91; ferner zum Aktionärsnachweis nach deutschem Recht speziell bei Inhaberaktien *Grundmann*, Europäisches Gesellschaftsrecht, 2011, Rn. 416; *Noack/Zetzsche* in: KK-AktG, Bd. 3/2, 2010, § 123 Rn. 18.

254 *Strenger/Zetzsche* AG 2013, 397, 402; *Grundmann/Winkler* ZIP 2006, 1421, 1426; ähnlich auch *Ochmann*, Aktionärsrechte-Richtlinie, 2009, S. 103, der als zukünftige Lösung noch die vollelektronische Legitimation anspricht.

255 Vgl. dazu *Mohamed* ZIP 2016, 1100 ff.; *Linnerz/Hoppe* BB 2016, 1098 ff.

256 BT-Drs. 18/4349, S. 8; dazu *DAV-Handelsrechtsausschuss* NZG 2014, 863; *Götze/Nartowska* NZG 2015, 298, 301 f.; *Harnos/Piroth* ZIP 2015, 456, 459 ff.; *Schmidt* in: Böttcher ua (Hrsg.), Die Aktienrechtsnovelle, 2016, § 6 Rn. 79 ff.

entsprechende Regelung wäre im Hinblick auf Art. 7 III 2 AR-RL auch ohne Weiteres richtlinienkonform gewesen.[257] Letztlich ist der deutsche Gesetzgeber davon jedoch abgerückt. Insgesamt entsprechen die für börsennotierte Gesellschaften neu eingefügten § 123 IV, V AktG weitgehend der **bisherigen Rechtslage** im Rahmen des § 123 III AktG aF[258] Insofern hat sich grundsätzlich auch nichts an deren Vereinbarkeit mit europäischem Recht geändert. Für Namensaktien börsennotierter Gesellschaften sieht § 123 V AktG nunmehr allerdings ausdrücklich vor, dass die Teilnahme und Stimmrechtsausübung in der Hauptversammlung von der Eintragung im Aktienregister gem § 67 II AktG abhängt. Dies ist aufgrund der Mitgliedstaatenoption des Art. 7 II Uabs. 2 AR-RL auch zulässig. In Abweichung zur Rechtslage bei nicht-börsennotierten Gesellschaften dürfen jedoch keine weiteren Voraussetzungen in der Satzung der Gesellschaft aufgestellt werden.

V. Fernteilnahme und Stimmrechtsausübung

1. Teilnahme an der Hauptversammlung auf elektronischem Wege

Art. 8 AR-RL beschreibt die Möglichkeiten der Teilnahme an der Hauptversammlung auf elektronischem Weg.[259] Hierbei sieht die Richtlinie allerdings nur einen **„ermöglichenden Minimalstandard"** vor.[260] Danach müssen es die Mitgliedstaaten den ihrem Recht unterliegenden Gesellschaften erlauben, Aktionären die Teilnahme an der Hauptversammlung auf elektronischem Weg zu ermöglichen. Es obliegt jedoch im Ergebnis der **Gesellschaft selbst**, zu entscheiden, ob sie von dieser Möglichkeit Gebrauch machen möchte.[261] Damit verbleibt es Aufgabe der Gesellschaften eine Kosten-Nutzen-Analyse durchzuführen und ggf bestehende Risiken und Chancen der Teilnahme durch elektronische Mittel abzuwägen.[262] Im Hinblick auf den Anwendungsbereich der Aktionärsrechterichtlinie gilt dies nur für **börsennotierte Gesellschaften**. Aktiengesellschaften, deren Anteile nicht öffentlich an einem Markt frei zu veräußern und zu erwerben sind, sind nicht unmittelbar betroffen. Da einige Mitgliedstaaten die Richtlinie jedoch diesbezüglich auch für nicht-börsennotierte Aktiengesellschaften umgesetzt haben (s. bereits Rn. 15), gilt die Vorgabe nach deren nationalem Recht entsprechend für diese. 122

Im Ergebnis eröffnet die Richtlinie damit die Möglichkeit, die Vorteile elektronischer Kommunikation zu nutzen, schreibt dies jedoch nicht verpflichtend vor. Die Richtlinie vollzieht daher nicht den Wechsel zur „virtuellen Hauptversammlung".[263] Daran änderte auch die Richtlinienreform aus dem Jahr 2017 nichts. Zwar wurde der Aspekt in diesem Zusammenhang wieder diskutiert, letztendlich jedoch nicht aufgenommen (vgl. dazu auch Rn. 12). Neuen Schwung in die Diskussion könnte allerdings die von der Europäischen Kommission in den letzten Jahren angestrebte Digitalisierung des Europäischen Gesellschaftsrechts (s. dazu auch § 18 Rn. 81) bringen; und hier insbesondere der Einsatz der *Blockchain* für die Abstimmung im Rahmen einer virtuellen Hauptversammlung.[264] Eine entsprechende Online-Stimmrechtsausübung durch Anwendung der *Blockchain* wurde durch die Europäische Kommission erst im Juni 2017 erneut thematisiert.[265] 123

In Art. 8 I lit. a) bis c) AR-RL wird aufgeführt, in welcher Form die Mitgliedstaaten eine Teilnahme der Aktionäre auf elektronischem Weg auf jeden Fall zuzulassen haben. Darüber hinaus können sie auch weitere Möglichkeiten zur Verfügung stellen. Anzubieten ist nach Art. 8 I AR-RL vor allem 124

- die Teilnahme mittels **Direktübertragung** der Hauptversammlung (lit. a),
- die Teilnahme in Form einer **Zweiweg-Direktverbindung**, die dem Aktionär die Möglichkeit einräumt, von einem entfernten Ort auch aktiv (zB durch Redebeiträge) an der Hauptversammlung mitzuwirken (lit. b) sowie

257 Vgl. auch *Götze/Nartowska* NZG 2015, 298, 301; *Schmidt* in: Böttcher ua (Hrsg.), Die Aktienrechtsnovelle, 2016, § 6 Rn. 81.
258 BT-Drs. 18/6681, S. 12; vgl. auch *Hüffer/Koch*, AktG, 13. Aufl. 2018, § 123 Rn. 14.
259 *Lutter/Bayer/Schmidt*, Europäisches Unternehmens- und Kapitalmarktrecht, 2017, Rn. 29.95.
260 *Schmidt* BB 2006, 1641, 1643; *Habersack/Verse*, Europäisches Gesellschaftsrecht, 2011, § 7 Rn. 18; *Kalss/Klampfl*, Europäisches Gesellschaftsrecht, 2015, Rn. 401; *Lutter/Bayer/Schmidt*, Europäisches Unternehmens- und Kapitalmarktrecht, 2017, Rn. 29.95.
261 Vgl. *Kalss/Klampfl*, Europäisches Gesellschaftsrecht, 2011, Rn. 401; *Lutter/Bayer/Schmidt*, Europäisches Unternehmens- und Kapitalmarktrecht, 2017, Rn. 29.97; *Habersack/Verse*, Europäisches Gesellschaftsrecht, 2011, § 7 Rn. 18; *Zetzsche* JCLS 8 (2008) 289, 331; *Ochmann*, Aktionärsrechte-Richtlinie, 2009, S. 111; *Drinhausen* in: Hölters (Hrsg.), AktG, 3. Aufl. 2017, § 118 Rn. 16.
262 *Ochmann*, Aktionärsrechte-Richtlinie, 2009, S. 111; *Bachner/Dokalik* GesRZ 2007, 104, 111.
263 *Lutter/Bayer/Schmidt*, Europäisches Unternehmens- und Kapitalmarktrecht, 2017, Rn. 29.95. Zur Bezeichnung auch als „Cyber-Hauptversammlung" *Höreth/Pickert* in: Semler/Volhard/Reichert (Hrsg.), Arbeitshandbuch für die Hauptversammlung, 2018, § 7 Rn. 24.
264 *Van der Elst/Lafarre*, Bringing the AGM to the 21st Century: Blockchain and Smart Contracting Tech for Shareholder Involvement, ECGI Law Working Paper No. 358/2017, S. 20 f.; *Mutter/Otto* AG 2017, R244, R245; *Spindler* ZGR 2018, 17, 50.
265 Europäische Kommission, Mitteilung der Kommission an das Europäische Parlament, den Rat, den Europäischen Wirtschafts- und Sozialausschuss und den Ausschuss der Regionen über die Halbzeitbilanz des Aktionsplans zur Kapitalmarktunion, COM(2017) 292 final, S. 9.

- die Teilnahme mittels eines Verfahrens, das die **Stimmrechtsausübung** vor oder während der Hauptversammlung ermöglicht,[266] ohne dass ein persönlich bei der Versammlung anwesender Vertreter ernannt werden muss (lit. c).

125 Der Wortlaut des Art. 8 I AR-RL ist allerdings etwas zweideutig formuliert. Im ersten Halbsatz fordert die Vorschrift von den Mitgliedstaaten, den Gesellschaften zu gestatten, „ihren Aktionären ***jede* Form der Teilnahme** an der Hauptversammlung auf elektronischem Weg anzubieten". Daraus könnte geschlossen werden, dass die Mitgliedstaaten insofern keine Einschränkungen vornehmen können und die og Auflistung (s. Rn. 124) nur beispielhaft klarstellt, welche Möglichkeiten davon erfasst sind. Scheinbar im Widerspruch dazu formuliert Art. 8 I AR-RL jedoch weiter: „insbesondere ***eine oder alle*** der nachstehend aufgeführten Formen der Teilnahme". Diesem Teilsatz könnte man entnehmen, dass die Mitgliedstaaten auch die Möglichkeit haben, lediglich eine der genannten Formen der Teilnahme auf dem elektronischen Wege zu eröffnen.[267] Dieser Satz lässt sich aber auch so interpretieren, dass die Mitgliedstaaten jede Form zulassen müssen und die einzelnen Gesellschaften dann entscheiden können, ob sie eine oder alle Formen ermöglichen. Diese Interpretation entspricht eher dem Sinn und Zweck der Vorschrift, Hindernisse für die elektronische Teilnahme umfassend abzubauen (vgl. Erwägungsgrund 9 AR-RL) und wird daher präferiert.

126 Möchte eine Gesellschaft elektronische Mittel einsetzen, um den Aktionären die Teilnahme an der Hauptversammlung zu ermöglichen, darf sie nur solche **Einschränkungen** schaffen, die zur Feststellung der Identität der Aktionäre (s. dazu auch Rn. 29 ff.) und zur Gewährleistung der Sicherheit der elektronischen Kommunikation **erforderlich** sind (Art. 8 II Uabs. 1 AR-RL). Die Erforderlichkeit im Hinblick auf die Aktionärsidentifikation ist dabei durch Einführung des neuen Art. 3a AR-RL faktisch wohl engere Grenzen gesetzt, denn die Gesellschaft hat nun ein Recht die entsprechenden Informationen über ihre Aktionäre einzuholen bzw. zu erhalten und alle darüberhinausgehenden Maßnahmen im Hinblick auf Art. 8 II Uabs. 1 AR-RL sind tendenziell schwerer von der Gesellschaft auf ihre Verhältnismäßigkeit hin zu begründen. Die entsprechenden Beschränkungen der Teilnahme an der Hauptversammlung auf elektronischem Weg müssen dabei stets geeignet und **angemessen** sein (Art. 8 II Uabs. 1 AR-RL). Die Vorschrift fordert somit im Ergebnis die Verhältnismäßigkeit der Einschränkungen. Die Verhältnismäßigkeit aufgestellter Anforderungen und Beschränkungen bezieht sich gleichwohl nur auf die elektronische Teilnahme und Stimmrechtsausübung. Sonstige Rechtsvorschriften der Mitgliedstaaten über den **Entscheidungsprozess** in der Gesellschaft zur Einführung oder Anwendung einer Form der Teilnahme auf elektronischem Weg bleiben hiervon **unberührt** (Art. 8 II Uabs. 2 AR-RL).[268]

127 Zudem müssen den Aktionären, die nur in elektronischer Form an der Hauptversammlung teilnehmen, in Abweichung zu den tatsächlich erschienenen Aktionären, **nicht sämtliche Teilnahmerechte** in gleicher Weise zugestanden werden (Umkehrschluss aus Art. 8 I AR-RL). Es besteht daher zB grundsätzlich die Möglichkeit, den Online-Teilnehmer das Rede- und Auskunftsrecht innerhalb der (Präsenz-) Hauptversammlung **zu verweigern.**[269] Nach der – obgleich nicht unzweifelhaften – Regelung des Art. 8 I, II AR-RL verstößt die damit verbundene (faktische) Schlechterstellung der Online-Teilnehmer nicht gegen das Gleichbehandlungsgebot des Art. 4 AR-RL (s. Rn. 86), da sie sich mit den Aktionäre, die die elektronisch partizipieren, nicht **„in der gleichen Lage"**[270] befinden.[271] Im Hinblick speziell auf die übergeordnete Intention der Aktionärsrechterichtlinie, die grenzüberschreitende Teilnahme an der Hauptversammlung und die damit verbundenen Rechte eines ausländischen Aktionärs zu vereinfachen und grundsätzlich den Rechten von inländischen Aktionären gleichzustellen, ist die Regelung nicht unproblematisch. Es wäre durchaus denkbar, das Gleichheitsgebot auch dergestalt zu betrachten, dass allen Aktionären, also auch denen, die nur auf elektronischem Wege an der Hauptversammlung teilnehmen können, die gleichen Rechte eingeräumt werden, sofern die tatsächliche Umsetzung dieser Rechte auf elektronischem Wege im Verhältnis zum dadurch für die Gesellschaft entstehenden Aufwand nicht unangemessen ist. Insbesondere bezüglich des Rede- und Auskunftsrechts der Online-Teilnehmer sollten diese – speziell sofern im Rahmen einer Zweiweg-Direktverbindung (Art. 8 I lit. b) AR-RL) die technischen Möglichkeiten gegeben sind (was technisch wohl unproblematisch der Fall ist) – nicht ungleich gegenüber tatsächlich bei der

---

266 Auch die elektronische Stimmabgabe ist insofern von Art. 8 I AR-RL erfasst, vgl. *Lutter/Bayer/Schmidt*, Europäisches Unternehmens- und Kapitalmarktrecht, 2017, Rn. 29.97; *Kalss/Klampfl*, Europäisches Gesellschaftsrecht, 2015, Rn. 402, Fn. 1164.

267 So *Spindler* in: K. Schmidt/Lutter (Hrsg.), AktG, 2015, § 134 Rn. 67.

268 Dies umfasst zB die Notwendigkeit einer Satzungsregelung oder einer (qualifizierten) Ermächtigung anderer Gesellschaftsorgane, vgl. *Lutter/Bayer/Schmidt*, Europäisches Unternehmens- und Kapitalmarktrecht, 2017, Rn. 29.98; *Kalss/Klampfl*, Europäisches Gesellschaftsrecht, 2015, Rn. 402, Fn. 1165; *Ochmann*, Aktionärsrechte-Richtlinie, 2009, S. 116.

269 *Habersack/Verse*, Europäisches Gesellschaftsrecht, 2011, § 7 Rn. 19; *Kalss/Klampfl*, Europäisches Gesellschaftsrecht, 2015, Rn. 403.

270 Art. 4 I AR-RL.

271 *Habersack/Verse*, Europäisches Gesellschaftsrecht, 2011, § 7 Rn. 19; *Kalss/Klampfl*, Europäisches Gesellschaftsrecht, 2015, Rn. 403; entsprechend zum deutschen Recht *Kersting* NZG 2010, 130, 131; *Rieckers* in: Spindler/Stilz (Hrsg.), AktG, Bd. 1, 2015, § 118 Rn. 36; *Förster* AG 2011, 362, 367 f.; *Drinhausen* in: Hölters (Hrsg.), AktG, 3. Aufl. 2017, § 118 Rn. 16; *Kubis* in: MüKo AktG, Bd. 3, 4. Aufl. 2018, § 118 Rn. 82.

Hauptversammlung anwesenden Aktionären behandelt werden. Dies kann auch mit Blick auf Art. 9 I 1 AR-RL gerechtfertigt werden, wonach **„jeder Aktionär"** (dh unabhängig, ob fern- oder präsenzteilnehmend) das Recht hat, Fragen zu den Tagesordnungspunkten der Hauptversammlung zu stellen (s. Rn. 131).[272] Der Status quo ist derzeit gleichwohl – noch – ein anderer, so dass nach wohl einhelliger Auffassung auch diesbezügliche Beschränkungen des nationalen Rechts als richtlinienkonform angesehen werden.

Rechtstatsächlich ist (auch rechtsvergleichend) die Zulässigkeit und Bereitstellung der elektronischen Teilnahme und Stimmrechtsausübung durch die Gesellschaften weiterhin eher die **Ausnahme.**[273] Die Mehrzahl der Gesellschaften hält am Grundprinzip der physischen Präsenzhauptversammlung fest. Dies mag auch mit den mit einer elektronischen Teilnahme und Ausübung der Versammlungsrechte verbundenen Anfechtungsgefahren zusammenhängen.[274] Gleichwohl werden sich aufgrund einer weiter zunehmenden Internationalisierung der Aktionärsstruktur in börsennotierten Gesellschaften vor allem satzungsmäßige Einschränkungen einer digitalen (oder auch virtuellen) Hauptversammlung künftig ggf nicht mehr halten lassen. Aus deutscher Sicht mag hierfür auch die etwaige Zulässigkeit einer Hauptversammlung im Ausland sprechen,[275] die eine diesbezüglich grenzüberschreitende Ausübung von Aktionärsrechten notwendig machen könnte. Auch die technischen Möglichkeiten für eine rein virtuelle (Online-) Hauptversammlung sind heutzutage weitgehend gegeben.[276] **De lege ferenda** ist es daher nicht fernliegend über eine entsprechende **Reform** der Aktionärsrechterichtlinie nachzudenken.[277] Entsprechendes hat im Frühjahr des Jahres 2016 auch die *Informal Company Law Expert Group* in ihrem Bericht zur Digitalisierung des Gesellschaftsrechts vorgeschlagen;[278] und auch die Europäische Kommission lässt eine entsprechende Tendenz erkennen (s. bereits Rn. 13).[279] Zukünftig könnte in der Praxis hierbei ferner der Einsatz der *Blockchain* eine immer bedeutendere Rolle spielen.[280] Es wäre daher durchaus wünschenswert, wenn der europäische Gesetzgeber dies ausdrücklich zulässt. 128

2. Abstimmung per Brief

Zusätzlich zur Teilnahme auf elektronischem Weg, haben die Mitgliedstaaten es ihren von der Richtlinie erfassten Gesellschaften zu gestatten, dass Aktionäre bereits **vor der Hauptversammlung per Brief abstimmen** können (Art. 12 S. 1 AR-RL). Die deutsche Sprachfassung könnte allerdings zu eng gefasst sein. Denn die englische Fassung spricht von *„voting by correspondence"*. Einen vergleichbaren Wortlaut enthalten die französische (*„vote par correspondance"*), die italienische (*„voto per corrispondenza"*), die polnische (*„głosowanie korespondencyjne"*) und die portugiesische Fassung (*„votação por correspondência"*). Der englische Begriff *„correspondence"* hätte auch mit „Schriftverkehr" bzw. „Korrespondenz" übersetzt werden und damit nicht allein den Brief, sondern auch andere Arten der Kommunikation erfassen können.[281] Allerdings entspricht zB die niederländische Fassung (*„stemmen per brief"*) ebenso wie der spanische Wortlaut (*„votar por correo"*) der deutschen, so dass sich kein eindeutiges Ergebnis über den Wortlaut erzielen lässt. Im Ergebnis könnten allerdings historische und systematische Argumente dafürsprechen, dass die elektronische Stimmrechtsausübung vor der Hauptversammlung bereits über Art. 8 I lit. c) AR-RL zugelassen werden muss und Art. 12 AR-RL tatsächlich nur die postalische Abstimmung im Vorfeld der Versammlung erfasst.[282] Inhaltlich ergeben sich keine Unterschiede, solange der hier bevorzugten Interpretation von Art. 8 I AR-RL gefolgt wird, nach der die Mitgliedstaaten alle der dort genannten Optionen gestatten müssen (dazu Rn. 125). 129

---

272 Vgl. auch *Nietsch* ZVglRWiss 112 (2013) 45, 59.

273 Vgl. aus jüngerer Zeit nur *Beck* RNotZ 2014, 160, 162.

274 Nach deutschen Recht ist gem. § 243 III Nr. 1 AktG eine Anfechtung wegen technischer Störungen der Online-Teilnahme nur möglich, wenn die Gesellschaft grob fahrlässig oder vorsätzlich eine entsprechende Beschränkung verursacht hat.

275 Vgl. BGH NZG 2015, 18.

276 *Spindler* ZGR 2018, 17, 25; *Höreth/Pickert* in: Semler/Volhard/Reichert (Hrsg.), Arbeitshandbuch für die Hauptversammlung, 2018, § 7 Rn. 26; de lege lata gegen die Zulässigkeit einer rein virtuellen Hauptversammlung nach deutschen Recht *Rieckers* in: Spindler/Stilz (Hrsg.), AktG, Bd. 1, 2015, § 118 Rn. 41; *Drinhausen* in: Hölters (Hrsg.), AktG, 3. Aufl. 2017, § 118 Rn. 16; siehe auch BegrRegE, BT-Drs. 16/11642, S. 26; *Reul* notar 2012, 76 ff.; nach britischen Recht wurde eine solche virtuelle (ordentliche) Hauptversammlung jedoch bereits erfolgreich durchgeführt.

277 Vgl. auch *Noack* in: Fleischer ua (Hrsg.), 50 Jahre Aktiengesetz, 2016, S. 163, 181; *Bachner* in: FS G. Roth, 2011, S. 37.

278 Informal Company Law Expert Group, Report on digitalisation in company law (March 2016), Empfehlung 26, 29; dazu auch *Bayer/Schmidt* BB 2016, 1923, 1928.

279 Europäische Kommission, Mitteilung der Kommission an das Europäische Parlament, an den Rat, den Europäischen Wirtschafts- und Sozialausschuss und den Ausschuss der Regionen, Arbeitsprogramm der Kommission 2017, Für ein Europa, das schützt, stärkt und verteidigt, 25.10.2016, COM(2016) 710 final, S. 9.

280 Vgl. *van der Elst/Lafarre*, Bringing the AGM to the 21st Century: Blockchain and Smart Contracting Tech for the Shareholder Involvement, ECGI Law Working Paper No. 358/2017, S. 20; ferner auch *Spindler* ZGR 2018, 17, 55.

281 *Lutter/Bayer/Schmidt*, Europäisches Unternehmens- und Kapitalmarktrecht, 2017, Rn. 29.99.

282 Vgl. dazu *Lutter/Bayer/Schmidt*, Europäisches Unternehmens- und Kapitalmarktrecht, 2017, Rn. 29.99.

130 Auch bei Art. 12 AR-RL handelt es sich nur um einen **ermöglichenden Mindeststandard**, dh die tatsächliche Zulässigkeit einer entsprechenden Briefwahl liegt im Ermessen der Gesellschaft.[283] Entsprechend Art. 8 II Uabs. 1 AR-RL (s. Rn. 126) darf eine etwaige Abstimmung per Brief lediglich solchen Anforderungen oder Beschränkungen unterworfen werden, die zur Feststellung der Aktionärsidentität erforderlich und zu diesem Zweck angemessen sind (Art. 12 S. 2 AR-RL) (s. in vergleichbarem Zusammenhang bereits Rn. 126). Gleichwohl können die Mitgliedstaaten nationale Vorschriften erlassen, um den nach der vorherigen Stimmabgabe per Brief **neu eingetretenen Umständen** Rechnung zu tragen.[284] Im deutschen Recht gestattet **§ 118 II AktG** idF des ARUG sowohl die schriftlich-postalische als auch die elektronische Abstimmung per Brief im Vorfeld der Hauptversammlung und geht insofern in zulässiger Weise über die Richtlinienbestimmungen hinaus. Zudem gelten die Vorgaben des § 118 AktG gleichermaßen für börsennotierte sowie nicht-börsennotierte Aktiengesellschaften.

I. Auskunftsrecht der Aktionäre

131 Nach Art. 9 I 1 AR-RL hat jeder Aktionär das Recht, „Fragen zu Punkten auf der Tagesordnung der Hauptversammlung zu stellen." Korrespondierend besteht eine **Antwortpflicht** der Gesellschaft, vertreten durch Mitglieder ihres Leitungs- bzw. Verwaltungsorgans (Art. 9 I 2 AR-RL). Das entsprechende Auskunftsrecht der Aktionäre war im Vorfeld der Richtlinie höchst unterschiedlich ausgestaltet und ist daher im Rahmen des Gesetzgebungsverfahrens durchaus kontrovers diskutiert worden.[285] Der letztlich verabschiedete Kompromiss zum **Fragerecht** der Aktionäre und zur Auskunftspflicht der Gefragten wird aufgrund seines begrenzten Regelungsumfangs dabei vielerorts kritisiert.[286] Im Hinblick auf die divergierenden Ausgestaltungen in den Mitgliedstaaten im Vorfeld der Richtlinie ist die Regelung des Art. 9 I AR-RL gleichwohl eine bedeutende Angleichungsmaßnahme.

132 Das Fragerecht steht grundsätzlich **jedem Aktionär** zu. Lässt sich ein Aktionär vertreten, so steht dem Vertreter das Fragerecht zu (vgl. Art. 10 I 2 AR-RL). Eine Beschränkung insbesondere nur auf die physisch bei der Präsenzhauptversammlung erschienenen Aktionäre lässt sich Art. 9 I AR-RL nicht entnehmen. Korrespondierend mit der Teilnahme an der Hauptversammlung auf elektronischem Weg (s. Rn. 122 ff.), steht es der Gesellschaft jedoch im Prinzip frei, inwieweit sie die Möglichkeit eines elektronischen (Fern-) Auskunftsverlangens (im Rahmen insbesondere einer Zweiweg-Direktverbindung) nachkommt. Gute Gründe sprechen auch dafür, dass die Gesellschaft fernteilnehmenden Aktionären dann ein Auskunftsrecht zugesteht, wenn sie zum einen die technischen Voraussetzungen dafür gewährt und zum anderen von keinen der in Art. 9 II 1 AR-RL normierten Ausnahmen in zulässiger Weise Gebrauch macht. Die Einzelheiten bestimmen sich sodann weitgehend nach nationalem Recht.[287]

133 Das Auskunftsrecht stellt ein **Individualrecht** jedes an der Hauptversammlung teilnehmenden Aktionärs dar und kann grundsätzlich nicht davon abhängig gemacht werden, dass eine bestimmte Beteiligungshöhe erreicht ist.[288] Es beschränkt sich allerdings ausdrücklich auf **Fragen zu Punkten auf der Tagesordnung** der Hauptversammlung (Art. 9 I AR-RL). Ein generelles Auskunfts- und Fragerecht besteht daher nicht.

134 Davon unabhängig obliegt es nach Erwägungsgrund 8 Hs. 2 AR-RL den Mitgliedstaaten zu bestimmen, wie und wann Fragen von den Aktionären gestellt werden können und wie eine entsprechende Antwort der Gesellschaft erfolgen muss. Dies betrifft ua die Fragen, ob das Auskunftsrecht sowohl in als auch im Vorfeld der stattfindenden Hauptversammlung oder in beiden Fällen zu gewähren ist,[289] oder ob es der Einhaltung von – in nicht-diskriminierender Weise angewandten – Formvorschriften bedarf. In letzterem Fall gilt entsprechendes auch für die Antwortpflicht der Gesellschaft.

135 Da verschiedene Aktionäre oftmals die gleiche Frage beantwortet haben möchten, gewährt die Richtlinie in solchen Fällen den Mitgliedstaaten die Möglichkeit, den Gesellschaften eine Gesamtantwort zu gestatten (Art. 9 II 2 AR-RL). Außerdem gewährt die Richtlinie den Mitgliedstaaten die Möglichkeit, zu bestimmen, dass Informa-

283 *Habersack/Verse*, Europäisches Gesellschaftsrecht, 2011, § 7 Rn. 21; *Lutter/Bayer/Schmidt*, Europäisches Unternehmens- und Kapitalmarktrecht, 2017, Rn. 29.95; *Kalss/Klampfl*, Europäisches Gesellschaftsrecht, 2015, Rn. 401.

284 Vgl. Erwägungsgrund 9 S. 3 AR-RL; *Lutter/Bayer/Schmidt*, Europäisches Unternehmens- und Kapitalmarktrecht, 2017, Rn. 29.101; *Kalss/Klampfl*, Europäisches Gesellschaftsrecht, 2015, Rn. 404.

285 Vgl. dazu *Lutter/Bayer/Schmidt*, Europäisches Unternehmens- und Kapitalmarktrecht, 2017, Rn. 29.105; *Kubis* ZGR 2014, 608, 614 f.; *Grundmann*, Europäisches Gesellschaftsrecht, 2011, Rn. 421 f.

286 Vgl. *Kubis* ZGR 2014, 608, 615 („schlichtweg überflüssig"); *Bachner/Dokalik* GesRZ 2007, 104, 112; *Bachner* in: Müller-Graff/Teichmann (Hrsg.), Europäisches Gesellschaftsrecht auf neuen Wegen, 2010, S. 169, 189; *Ratschow* DStR 2007, 1402, 1405; *Ochmann*, Aktionärsrechte-Richtlinie, 2009, S. 146; zum vorangegangen Richtlinienvorschlag siehe auch *Noack* NZG 2006, 321, 323.

287 Dies zeigt auch ein Blick auf Erwägungsgrund 8 Hs. 2 AR-RL, wonach die Mitgliedstaaten insbesondere über die Zulässigkeit des „wie" der zu stellenden Fragen entscheiden können.

288 *Habersack/Verse*, Europäisches Gesellschaftsrecht, 2011, § 7 Rn. 22.

289 Vgl. *Noack* in: FS Westermann, 2008, S. 1203, 1213; *Habersack/Verse*, Europäisches Gesellschaftsrecht, 2011, § 7 Rn. 22.

tionen, welche bereits als Frage und Antwort (zB in Form von ***FAQ***)[290] auf der Internetseite der Gesellschaft zur Verfügung gestellt werden (Art. 9 II Uabs. 2 AR-RL), zur Folge haben, dass eine Frage **„als beantwortet gilt"** (sog **„Antwortfiktion"**).[291] Da die mit der gestellten Frage korrespondierende Antwortpflicht jedoch nicht zwingend nur dem Individualinteresse eines einzelnen Aktionärs dienen soll,[292] sondern zugleich zur Meinungs- und Urteilsbildung der Mitaktionäre beiträgt,[293] wird man eine nicht mit allen Aktionären kommunizierte Antwort auf eine im Vorfeld der einberufenen Hauptversammlung und vor diesem formuliertes Auskunftsverlangen nur schwer mit dem mit Art. 9 I AR-RL verfolgten Zweck in Einklang bringen können.[294]

Um dem Informationsbedürfnis der Aktionäre nachzukommen und gleichzeitig die Durchführung der Haupt- 136
versammlung zu erleichtern, regelt Art. 9 II 2 AR-RL das die Gesellschaft auf Fragen gleichen Inhalts eine **Gesamtantwort** geben kann.

Umstritten ist, welche Intensität der in Art. 9 I AR-RL formulierte **Zusammenhang zwischen dem Auskunftsver-** 137
langen und der **Tagesordnung** der Hauptversammlung haben muss, um ein Fragerecht mit entsprechender Antwortpflicht der Gesellschaft zu statuieren. Vor allem im Hinblick auf das Erforderlichkeitskriterium in § 131 I 1 AktG (s. dazu Rn. 141) ist dies einer der maßgebenden Aspekte zur Beurteilung der Reichweite des Auskunftsrechts eines Aktionärs. Der bloße Wortlaut des Art. 9 I AR-RL enthält diesbezüglich kaum Hinweise.[295] Aus der Genese der Norm ergibt sich jedoch auf jeden Fall, dass zumindest ein **materieller Zusammenhang** der Frage zu einem Tagesordnungspunkt bestehen muss.[296] Darüber hinaus wird man jedoch auch einen gewissen Sinnzusammenhang zwischen Auskunftsverlangen und dem jeweiligen Tagesordnungspunkt verlangen müssen, so dass eine inhaltliche Erforderlichkeit der gestellten Frage bestehen muss.[297] Unklar ist hierbei jedoch, ob sich die entsprechende Erheblichkeit aus **objektiver** oder **individuell-subjektiver Sicht** des auskunftsbegehrenden Aktionärs ermittelt. Dazu schweigt die Richtlinie. Im Zweifel wird man daher den Mitgliedstaaten die Beantwortung dieser Frage zuzugestehen haben,[298] wobei gleichwohl weiterhin ein objektiver Sachzusammenhang zur Tagesordnung bestehen muss und grundsätzlich dem betreffenden Aktionär die Begründungslast hierfür trifft. Nachvollziehbar – jedoch nicht zwingend gefordert – wäre indes die Perspektive eines objektiven Durchschnittsaktionärs,[299] wozu zur Vermeidung missbräuchlicher und ausufernder Auskunftsbegehren einzelner Aktionäre im Ergebnis die Mehrzahl der Mitgliedstaaten tendiert.

Von diesen Wertungen im Grundsatz unabhängig können die Mitgliedstaaten gem Art. 9 II AR-RL selbst ver- 138
schiedene **Ausnahmen** bzw. **Beschränkungen** zum Auskunfts- bzw. Fragerecht vorsehen. Hierdurch soll vor allem den berechtigten Interessen der Gesellschaft bei der Durchführung der Hauptversammlung Rechnung getragen werden.[300]

In (**abschließender**)[301] Aufzählung können die Mitgliedstaaten gem Art. 9 II Uabs. 1 AR-RL den Gesellschaften 139
Vorgaben machen bzw. es ihrem Recht unterliegenden Gesellschaften erlauben, Maßnahmen vorzusehen, um

290 Vgl. *Grundmann*, Europäisches Gesellschaftsrecht, 2011, Rn. 421; *Grundmann/Winkler* ZIP 2006, 1421, 1426; *Lutter/Bayer/Schmidt*, Europäisches Unternehmens- und Kapitalmarktrecht, 2017, Rn. 29.106; *Schmidt* BB 2006, 1641, 1643.

291 *Lutter/Bayer/Schmidt*, Europäisches Unternehmens- und Kapitalmarktrecht, 2017, Rn. 29.106.

292 Aus deutscher Perspektive vgl. nur BGH ZIP 2013, 2454; BGH NJW 2005, 828, 829; *Kersting* in: KK-AktG, Bd. 3/1, 2009, § 131 Rn. 8; *Siems* in: Spindler/Stilz (Hrsg.), AktG, Bd. 1, 2015, § 131 Rn. 2; *Hoffmann-Becking* in: MüHdB GesR, Bd. 4, 2015, § 38 Rn. 2.

293 BGH NZG 2014, 27, 28.

294 Ferner in vergleichbarem Zusammenhang kritisch zu Investorengesprächen gemäß Ziff. 5.2 Satz 2 DCGK 2017 *DAV-Handelsrechtsausschuss* NZG 2017, 57, 60; *Koch* AG 2017, 129, 140 f.; *Nikoleyczik/Graßl* NZG 2017, 161, 165.

295 Vgl. *Teichmann* NZG 2014, 401, 406; *Stöber* DStR 2014, 1680, 1682 f.; offenbar aA *Kubis* ZGR 2014, 608, 617 f.

296 *Lutter/Bayer/Schmidt*, Europäisches Unternehmens- und Kapitalmarktrecht, 2017, Rn. 29.105; *Decher* in: Hirte/Mülbert/Roth (Hrsg.), AktG, 2017, § 131 Rn. 363; *Kalss/Klampfl*, Europäisches Gesellschaftsrecht, 2015, Rn. 405.

297 *Teichmann* NZG 2014, 401, 405; *Lutter/Bayer/Schmidt*, Europäisches Unternehmens- und Kapitalmarktrecht, 2017, Rn. 29.105; *Kalss/Klampfl*, Europäisches Gesellschaftsrecht, 2015, Rn. 405; ferner in diesem Sinne OLG Stuttgart ZIP 2012, 970, 973; *Pöschke* ZIP 2010, 1221, 1223; aA *Kersting* ZIP 2009, 2317, 2318 f.; *ders.* in: FS Hoffmann-Becking, 2013, S. 651, 656; *Kubis* ZGR 2014, 608, 617; *Stöber* DStR 2014, 1680, 1682.

298 In diesem Sinne BGH NZG 2014, 27, 29; *Stöber* DStR 2014, 1680, 1683; wohl auch *Kersting* in: FS Hoffmann-Becking, 2013, S. 651, 656; in der Tendenz auch *Habersack/Verse*, Europäisches Gesellschaftsrecht, 2011, § 7 Rn. 23; *Kochner/Lönner* AG 2010, 153, 156.

299 So de lege lata bereits *Lutter/Bayer/Schmidt*, Europäisches Unternehmens- und Kapitalmarktrecht, 2017, Rn. 29.105; *Kalss/Klampfl*, Europäisches Gesellschaftsrecht, 2015, Rn. 405; wohl auch *Teichmann* NZG 2014, 401, 406.

300 *Lutter/Bayer/Schmidt*, Europäisches Unternehmens- und Kapitalmarktrecht, 2017, Rn. 29.107; aus deutscher Sicht *Lieder* NZG 2014, 601, 602.

301 *Lutter/Bayer/Schmidt*, Europäisches Unternehmens- und Kapitalmarktrecht, 2017, Rn. 29.107; *Kalss/Klampfl*, Europäisches Gesellschaftsrecht, 2015, Rn. 406; *Zetzsche* NZG 2007, 686, 688.

- die **Identitätsfeststellung der Aktionäre** zu sichern;
- die **ordnungsgemäße Vorbereitung** ebenso wie einen vorschriftsmäßigen **Ablauf** von Hauptversammlungen zu gewähren und
- den **Schutz der Vertraulichkeit** und der **Geschäftsinteressen** der Gesellschaften zu wahren.

140 Die **Rechtsfolgen bei Verstößen** gegen die nationalen Umsetzungsbestimmungen des Auskunfts- bzw. Fragerechts und der Antwortpflicht werden von der Richtlinie nicht geregelt. Insofern können die Mitgliedstaaten weitgehend autonom entsprechende Sanktionen gegen die Gesellschaft (und ggf ihre handelnden Akteure) vorsehen. Die Änderungsrichtlinie 2017 verpflichtet die Mitgliedstaaten allerdings durch Art. 14b I AR-RL dazu, Sanktionen für Verstöße gegen Vorschriften, die der Umsetzung der Richtlinie dienen, zu erlassen. Art. 14b II AR-RL-2017 gibt diesbezüglich vor, dass die Sanktionen „wirksam, verhältnismäßig und abschreckend" sein müssen (s. dazu auch Rn. 386).

141 Aus deutscher Perspektive ist das Fragerecht und die korrespondierende Auskunftspflicht des Vorstands[302] in **§ 131 AktG** geregelt.[303] Eine Umsetzung der Richtlinie in Form einer Änderung des § 131 AktG durch das ARUG wurde als nicht notwendig erachtet, da nach Auffassung des deutschen Gesetzgebers die Norm bereits die europäischen Anforderungen erfüllte.[304] Dass dies vor allem im Hinblick auf die in § 131 I 1 AktG normierte **Erforderlichkeit des Auskunftsverlangens** keinesfalls mit abschließender Sicherheit behauptet werden kann, zeigt nicht zuletzt die *Deutsche Bank*-Entscheidung des BGH aus dem Jahr 2013[305] und deren Diskussion im Schrifttum.[306] Im Vorfeld dieser Entscheidung haben sich verschiedene **Standpunkte** zur Vereinbarkeit dieser Beurteilungserheblichkeit herausgebildet. Vertreten wurde insofern, dass

(1) das Erforderlichkeitskriterium des § 131 I 1 AktG bereits dem Art. 9 I AR-RL innewohnt, da nur Fragen im Zusammenhang mit der Tagesordnung schützenswert sind,[307]
(2) die Erforderlichkeit zwar nicht von Art. 9 I AR-RL, jedoch von der Ausnahmevorschrift des Art. 9 II Uabs. 1 AR-RL gedeckt ist,[308] sowie
(3) das Erforderlichkeitskriterium weder von Abs. 1 noch Abs. 2 des Art. 9 AR-RL umfasst ist und daher eine richtlinienkonforme Interpretation zum Wegfall des Tatbestandsmerkmals führen muss.[309]

142 Der BGH hat nunmehr eindeutig entschieden, dass das Merkmal der Erforderlichkeit in § 131 I 1 AktG eine von Art. 9 II Uabs. 1 AR-RL erfasste Beschränkung des Fragerechts und der Auskunftspflicht darstellt.[310] Es handelt sich iS der Richtlinienbestimmung um eine zulässige Beschränkung zur Gewährleistung des ordnungsgemäßen Ablaufs der Hauptversammlung.[311] Im Hinblick auf den Begriff der Erforderlichkeit kommt es nach gefestigter Rechtsprechung und Meinung im Schrifttum auf die Perspektive eines **objektiv urteilenden Durchschnittsaktionärs** an.[312] Aufgrund der dargestellten Problematik wäre jedoch vor allem bezogen auf die Charakterisierung und Vereinbarkeit des Erforderlichkeitskriteriums in § 131 I 1 AktG eine **Vorlage** an den EuGH notwendig gewesen.[313]

302 Zur Verantwortlichkeit des Vorstands bei Verletzung des Auskunftsrechts siehe *Moser* NZG 2017, 1419 ff.
303 Die Neufassung von § 131 I 3 AktG durch die Aktienrechtsnovelle 2016 korrigiert lediglich das damalige Redaktionsversehen beim Erlass des damaligen BiRiLiG und hat keine inhaltlichen Auswirkungen.
304 So auch *Lutter/Bayer/Schmidt*, Europäisches Unternehmens- und Kapitalmarktrecht, 2017, Rn. 29.109; *Ratschow* DStR 2007, 1402, 1405; insofern zur Überflüssigkeit des Art. 9 I AR-RL *Kubis* ZGR 2014, 608, 615.
305 BGH NZG 2014, 27.
306 Siehe *Kubis* ZGR 2014, 608; *Teichmann* NZG 2014, 401; *Stöber* DStR 2014, 1680; *Wachter* NJW 2013, 547; *Kocher/Lönner* AG 2014, 81 f.; *Wagner* BB 2013, 337; ferner *Hoffmann-Becking* in: MüHdB GesR, Bd. 4, 2015, § 38 Rn, 16 ff.; *Hüffer/Koch*, AktG, 13. Aufl. 2018, § 131 Rn. 21 f.; *Siems* in: Spindler/Stilz (Hrsg.), Bd. 1, 2015, § 131 Rn. 28 ff.; *Decher* in: Hirte/Mülbert/Roth (Hrsg.), AktG, 2017, § 131 Rn. 124 f.
307 So *Lutter/Bayer/Schmidt*, Europäisches Unternehmens- und Kapitalmarktrecht, 2017, Rn. 29.109; *Kalss/Klampfl*, Europäisches Gesellschaftsrecht, 2015, Rn. 405; *Teichmann* NZG 2014, 401, 405 f.; *Busche* in: FS Feuter, 2010, S. 939, 948; s. auch Rn. 133.
308 So vor allem *Kersting* ZIP 2009, 2317, 2319 f.; *ders.* in: FS Hoffmann-Becking, 2013, S. 651, 656 ff.; *ders.* in: KK-AktG, Bd. 3, Teil 1, 2009, § 131 Rn. 113; wohl auch *Decher* in: Hirte/Mülbert/Roth (Hrsg.), AktG, 2017, § 131 Rn. 125.
309 So *Köchner/Lönner* AG 2014, 81 f.; *dies.* AG 2010, 153, 156; *Kubis* ZGR 2014, 608, 613 ff.; *Stöber* DStR 2014, 1680, 1683; *Hüffer/Koch*, AktG, 13. Aufl. 2018, § 131 Rn. 21; *Reger* NZG 2013, 48; *Spindler* in: K. Schmidt/Lutter (Hrsg.), AktG, 2015, § 131 Rn. 29; *Habersack/Verse*, Europäisches Gesellschaftsrecht, 2011, § 7 Rn. 23.
310 BGH NZG 2014, 27, 29; in diesem Sinne auch BGH NJW 2014, 541; OLG Stuttgart ZIP 2012, 970, 973; OLG Frankfurt AG 2013, 302 f.
311 Das Ziel des Erforderlichkeitskriteriums besteht dabei vor allem darin, missbräuchliche Auskunftsverlangen zu unterbinden und auf diese Weise die Verhandlung und Beschlussfassung in der Hauptversammlung von überflüssigen, nicht relevanten Fragen zu entlasten.
312 Vgl. nur BGH NZG 2014, 27, 32; BGH NJW 2005, 828; OLG München ZIP 2015, 1680; OLG Düsseldorf NZG 2015, 1115, 1116; *Hoffmann-Becking* in: MüHdB GesR, Bd. 4, 2015, § 38 Rn, 18; *Kubis* in: MüKo AktG, Bd. 3, 4. Aufl. 2018, § 131 Rn. 41; *Decher* in: Hirte/Mülbert/Roth (Hrsg.), AktG, 2017, § 131 Rn. 363.
313 Vgl. *Teichmann* NZG 2014, 401, 406 f.; *ders.* in: Gebauer/Teichmann (Hrsg.), Europäisches Privat- und Unternehmensrecht, 2016, § 6 Rn. 229; *Kersting* ZIP 2013, 2462; *ders.* in: KK-AktG, Bd. 3, Teil 1, 2009, § 131

Problematisch ist zudem § 131 III AktG, der das Auskunftsverweigerungsrecht des Vorstands für verschiedene Fälle festlegt. Die in § 131 III 1 Nr. 2 bis 4, 6 AktG erfassten Fälle entsprechen dabei nach wohl überwiegender Auffassung nicht den Vorgaben des Art. 9 II AR-RL.[314] Die Richtlinie erfasst insofern vom Wortlaut her grundsätzlich nur Einschränkungen im Hinblick auf den „Schutz der Vertraulichkeit und der Geschäftsinteressen der Gesellschaft". Eine möglichst geringfügige diesbezügliche Beschränkungsmöglichkeit des Auskunftsrechts der Aktionäre entspricht dabei auch dem Zweck der Regelung, die Rechte der Aktionäre und deren praktische Geltendmachung weitgehend sicherzustellen.[315] Für börsennotierte Gesellschaften bedarf es insofern einer richtlinienkonformen Auslegung. 143

J. Say on pay und related party transactions

I. Say on pay

1. Überblick zur Mitentscheidung bei Vergütungsfragen

Die Änderungsrichtlinie fügt mit Art. 9a und 9b AR-RL Vorgaben ein, die sicherstellen sollen, dass die Aktionäre gewisse Mitentscheidungsrechte bei Vergütungsfragen erhalten.[316] Art. 9a AR-RL befasst sich mit der **Vergütungspolitik** (dazu Rn. 149 ff.). Die Gesellschaft muss eine solche mit Blick auf die Mitglieder der Unternehmensleitung (s. Rn. 149) erstellen und den Aktionären zur **Abstimmung** vorlegen (sog *say on pay*) (s. Rn. 151 ff.). Die Mitgliedstaaten entscheiden, ob das Abstimmungsergebnis **bindend** sein soll oder ob die Abstimmung lediglich **beratenden Charakter** für das Leitungsorgan hat (Rn. 157 ff.). Unabhängig davon, ob die Abstimmung verbindlich oder unverbindlich ausgestaltet wird, hat die Vergütung der Board-Mitglieder (s. Rn. 172) nach der geltenden Vergütungspolitik zu erfolgen. Art. 9a AR-RL regelt außerdem, welche **Informationen** in der Vergütungspolitik enthalten sein sollen (s. Rn. 175 ff.). Die Vergütungspolitik ist im Sinne der Transparenz zu veröffentlichen (s. Rn. 201 f.). 144

Ergänzt werden die Vorgaben zur Vergütungspolitik durch die Regelung des **Vergütungsberichts**, in welchem Angaben zur konkreten Vergütung der Board-Mitglieder zu machen sind. Auch dieser ist den Aktionären zur **Abstimmung** vorzulegen (s. Rn. 208 ff.), wobei das Ergebnis grundsätzlich **unverbindlich** ist (s. Rn. 210 ff.). Wie auch bzgl. der Vergütungspolitik legt die Richtlinie fest, welche **Informationen** im Vergütungsbericht enthalten sein müssen (s. Rn. 224 ff.). Die Kommission wird dazu ***guidelines*** erlassen, um eine einheitliche, standardisierte Präsentation zu gewährleisten (s. Rn. 238 ff.). **Inhaltliche Vorgaben**, wie zB konkrete Vorgaben zur Höhe der (Gesamt-)Vergütung, enthält die Richtlinie allerdings **nicht** (zu einer Ausnahme, s. Rn. 221).[317] Der Vergütungsbericht ist zu **veröffentlichen** (s. Rn. 247 ff.). 145

2. Regelungszwecke der say on pay-Regelungen

Der europäische Regelungsgeber verfolgt mit Art. 9a und 9b AR-RL mehrere Ziele. Im Ergebnis geht es dem Gesetzgeber um eine stärkere Ausrichtung der Vergütung an den **langfristigen Interessen** der Gesellschaft und um eine **nachhaltige Vergütungsgestaltung** (Erwägungsgrund 29 Änderungs-RL). Durch die ergriffenen Maßnahmen sollen vor allem eine stärkere **Verknüpfung von Leistung und Vergütung**[318] der Board-Mitglieder (zur Frage, wer zu diesem Kreis gehört s. Rn. 172 ff.) und angemessene vertragliche Modalitäten (zB bzgl. eines *golden handshakes*) erreicht werden (Erwägungsgrund 33 Änderungs-RL). Die Maßnahmen stehen in konkretem Zusammenhang mit einer besseren Corporate Governance[319] (dazu § 33 Rn. 68 f.) und sollen letztendlich zu einer langfristigen Steigerung des Unternehmenswertes beitragen. 146

Um diese Ziele zu erreichen, greift der europäische Gesetzgeber jedoch nicht auf konkrete inhaltliche Vorgaben zur Vergütung zurück.[320] Vielmehr wählt er einen Dreiklang aus Informationen, Offenlegung dieser Informationen und Einbeziehung der Aktionäre (zum *shareholder engagement* s. Rn. 363). Die **Aktionäre** sollen somit auf die Erstellung der Vergütungspolitik, dh die generellen Vorgaben zur Vergütung, Einfluss nehmen können (Erwägungsgrund 28 Änderungs-RL). Art. 9a AR-RL gibt deren Einbeziehung vor und hofft, dass diese als Korrek- 147

Rn. 79; *Stöber* DStR 2014, 1680, 1684; insofern weiterhin kritisch zur Richtlinienkonformität auch *Siems* in: Spindler/Stilz (Hrsg.), Bd. 1, AktG, 2015, § 131 Rn. 93.

314 *Kubis* in: MüKo AktG, Bd. 3, 4. Aufl. 2018, § 131 Rn. 106; *Zetzsche* NZG 2007, 686, 688 f.; *Kersting* in: KK-AktG, Bd. 3/1, 2009, § 131 Rn. 316; in Teilen aA *Fischer zu Cramburg* NZG 2007, 539; wohl auch *Pluskat* WM 2007, 2135, 2137.

315 *Kersting* in: KK-AktG, Bd. 3 Teil 1, 2009, § 131 Rn. 316.

316 Vgl. *Lanfermann/Maul* BB 2017, 1218; *Bungert/Wansleben* DB 2017, 1190.

317 Vgl. *Wettich* AG 2014, 534, 541 zum Kommissionsentwurf.

318 Die Änderungs-Richtlinie verwendet in der deutschen Fassung die Bezeichnung „Mitglieder der Unternehmensleitung" (s. dazu Rn. 172 f.). Da davon sowohl Vorstands- als auch Aufsichtsratsmitglieder erfasst sind, wird in diesem Beitrag der Begriff „Board-Mitglieder" verwendet.

319 *Leuering* NZG 2017, 646.

320 Vgl. *Bayer/Schmidt* BB 2017, 2114, 2116; *Leuering* NZG 2017, 646.

tiv gegen unverhältnismäßige Vergütungen fungieren.[321] Zusätzlich ist die Vergütungspolitik zu veröffentlichen, so dass sich Unternehmen bezüglich ihrer Vergütungspolitik einer **öffentlichen Debatte** ausgesetzt sehen werden. Der Druck der Aktionäre und der Öffentlichkeit soll sich regulierend auf die Vergütungspolitik auswirken. Die Vergütungspolitik setzt den Rahmen für die individuelle Vergütung der Board-Mitglieder.

148 Der Vergütungsbericht gem Art. 9b AR-RL schlüsselt die konkrete Vergütung der einzelnen Board-Mitglieder auf. Anhand des Vergütungsberichts kann somit geprüft werden, ob die **Vergütung in Einklang mit der Vergütungspolitik** erfolgt.[322] Die Aktionäre werden auch auf dieser Stufe eingebunden und sollen eine **Kontrollfunktion** ausüben (vgl. Erwägungsgrund 31 Änderungs-RL).[323] Darüber hinaus dient der Bericht generell der **Transparenz.** Für die Aktionäre ist dies eine Grundvoraussetzung, damit sie die Vergütung der Board-Mitglieder bewerten können (vgl. Erwägungsgrund 33 Änderungs-RL). Gerade ihr (unverbindliches) Votum soll Druck auf die zuständigen Organe ausüben, stärker auf eine bessere Verknüpfung von Vergütung und Leistung zu achten (vgl. auch Erwägungsgrund 33 Änderungs-RL). Durch die Offenlegung wird auch bezüglich der konkreten Vergütung eine öffentliche Debatte angeregt. Ob die Richtlinie die eigenen Erwartungen auch wird erfüllen können, bleibt abzuwarten. Studien legen nahe, dass eine bessere Verknüpfung von Vergütung und Leistung durch *say on pay*-Regeln gelingen mag, die Vorgaben jedoch nicht unbedingt dazu beitragen, dass die Höhe der Vergütung sinkt bzw. der Anstieg der Gehälter verlangsamt wird.[324]

3. Vergütungspolitik

a) Abstimmung über die Vergütungspolitik

aa) Abstimmung der Hauptversammlung

149 Art. 9a I AR-RL verpflichtet die Mitgliedstaaten, sicherzustellen, dass den Aktionären in der Hauptversammlung die Möglichkeit gewährt wird, über die Vergütungspolitik, die den Rahmen für die Vergütung der Board-Mitglieder (s. zum Umfang Rn. 172) setzt, abzustimmen. Die **Abstimmung** über die Vergütungspolitik ist damit **verbindlich** ausgestaltet, dh die Unternehmen können darauf nicht verzichten.[325] Insofern besteht auch keine *opt-out*-Möglichkeit für die nationalen Gesetzgeber oder gar den Satzungsgeber. Dies führt in Deutschland zu Anpassungsbedarf mit Blick auf § 120 IV AktG.[326] Es wurde insofern bereits gefordert, dass der Beschluss dann nicht anfechtbar sein sollte.[327]

150 Art. 9a AR-RL regelt ferner den Zeitpunkt, zu dem über die Vergütungspolitik abzustimmen ist. Dabei sind verschiedene Szenarien zu unterscheiden: Nicht explizit geregelt, aber aus dem Zusammenhang erkennbar ist, dass die Unternehmen, sobald die Richtlinie in den jeweiligen Mitgliedstaaten umgesetzt ist, die Aktionäre über eine Vergütungspolitik (erstmals) abstimmen lassen müssen.

151 Den darauffolgenden **Abstimmungsturnus** regelt Art. 9a V AR-RL. Danach ist grundsätzlich zumindest alle **vier Jahre** in der Hauptversammlung über die Vergütungspolitik abzustimmen. Der Kommissionsvorschlag sprach

321 Kritisch zur Einbeziehung der Aktionäre im Allgemeinen mit Blick auf den Kommissionsentwurf *Lanfermann/Maul* BB 2014, 1283, 1284; ebenso mit Blick auf das dualistische System *Gaul* AG 2017, 178, 180 f.; ebenfalls kritisch *Hommelhoff* NZG 2015, 1329, 1333; vgl. auch *DAV-Handelsrechtsausschuss* NZG 2015, 54, 60; aA *Osterloh* GmbHR 2014, R145, der allgemein langfristig positive Effekte der *say on pay*-Regeln sieht.

322 Vgl. auch Erwägungsgrund 31 Änderungs-RL; *Leuering* NZG 2017, 646, 649; *Dijkhuizen* ECL 12 (2015) 45, 48; *Behrmann/Sassen* ZCG 2015, 22, 27 zum Kommissionsentwurf.

323 Kritisch zur Einbeziehung der Aktionäre im Allgemeinen mit Blick auf den Kommissionsentwurf *Lanfermann/Maul* BB 2014, 1283, 1284.

324 Zusammenfassend *Verse* NZG 2013, 921, 924. Aus ökonomischer Sicht zu *say on pay*-Regelungen *Wagner/Wenk*, ECGI – Finance Working Paper No. 500/2017; *Kronlund/Shastri*, Does shareholder scrutiny affect executive compensation? Evidence from say-on-pay voting, Working paper; *Ferri/Maber* Review of Finance 178 (2013) 527, 527 ff.; *Brunarski/Campbell/Harman* Journal of Corporate Finance 30 (2015) 132, 132 ff.; *Burns/Minnick* The Financial Review 48 (2013) 233; *Tröger/Walz*, Does Say on Pay Matter?, SAFE Working Paper No. 125; einen empirischen Überblick und Zusammenfassung der Ergebnisse bezüglich der Regelungen des § 120 IV AktG in *Eisenschmidt* DB 2016, 2793 ff.; für einen kurzen internationalen Vergleich verschiedener *say on pay*-Regelungen s. auch *Behrmann/Sassen* ZCG 2015, 22 ff.

325 Vgl. *Bungert/Wansleben* DB 2017, 1190, 1191 zur verabschiedeten Fassung; *Gaul* AG 2017, 178, 182, 185 zum Ratsentwurf; *Hommelhoff* NZG 2015, 1329, 1332 zu den Entwürfen der Kommission, des Rats und des Parlaments; *Zetzsche* NZG 2014, 1121, 1128 zum Kommissionsentwurf; *Verse* in: Fleischer ua (Hrsg.), 50 Jahre Aktiengesetz, 2016, S. 303, 321 zum Kommissionsentwurf; *Lanfermann/Maul* BB 2014, 1283, 1284; *Asplund* ECL 12 (2015) 286 zum Kommissionsentwurf; *Renner* AG 2015, 513, 515 zum Kommissionsentwurf; *Velte* NZG 2017, 368, 369; *Leuering* NZG 2017, 646, 648 auch zum nationalen Änderungsbedarf. Etwas Anderes lässt sich auch nicht aus dem Wortlaut „haben die Aktionäre das Recht" ableiten.

326 Zum Anpassungsbedarf *Leuering* NZG 2017, 646, 648; *Bungert/Wansleben* DB 2017, 1190, 1191; *Gaul* AG 2017, 178, 184 ff.; zum bisherigen konsultativen Abstimmungscharakter: *Drinhausen* in: Hölters (Hrsg.), AktG, 3. Aufl. 2017, § 120 AktG Rn. 42; *Kubis* in: MüKo AktG, Bd. 3, 4. Aufl. 2018, § 120 AktG Rn. 45; *Hoffmann* in: Spindler/Stilz (Hrsg.), AktG, Bd. 1, 2015, § 120 AktG Rn. 55.

327 *Bungert/Wansleben* DB 2017, 1190, 1191.

sich noch für eine Abstimmung alle drei Jahre aus (Art. 9a I 3 AR-RL-KOM). Auch das Europäische Parlament befürwortete einen 3-Jahres-Rhythmus (Art. 9a I 3 AR-RL-EP). Im Rat wurde dagegen vorgeschlagen, lediglich eine Abstimmung alle fünf Jahre zu fordern (s. zB Art. 9a I 3 AR-RL-IT 2). Die verabschiedete Änderungsrichtlinie stellt insofern einen **Kompromiss** dar.[328] Aus Art. 9a V AR-RL ergibt sich allerdings **nicht** die Pflicht für die Gesellschaft, alle vier Jahre eine überarbeitete Vergütungspolitik vorzulegen. Vielmehr ist es der Gesellschaft gestattet, die vier Jahre zuvor bestätigte Vergütungspolitik beizubehalten und diese den Aktionären erneut zur Abstimmung vorzulegen. Stimmen diese der Vergütungspolitik wieder zu, so besteht kein Änderungsbedarf.

Abweichend vom Grundsatz des vierjährigen Abstimmungsturnus muss die Vergütungspolitik den Aktionären nach jeder **wesentlichen Änderung** vorgelegt werden (Art. 9a V AR-RL). Die Vorschrift konkretisiert den unbestimmten Rechtsbegriff „wesentlich“[329] nicht[330] und enthält auch keine Regelbeispiele, an denen sich der Rechtsanwender orientieren kann. Werden lediglich Details geändert, besteht in jedem Fall keine Pflicht eine Abstimmung auf der Hauptversammlung zu organisieren. Faktisch können Aktionäre jedoch eine Entscheidung herbeiführen, soweit das nationale Recht ihnen die Möglichkeit gewährt, Punkte auf die Tagesordnung zu setzen und Beschlussvorlagen einzubringen (zu den diesbezüglichen Vorgaben der Richtlinie s. Rn. 108 ff.). Schon der Begriff der „wesentlichen Änderung“ drückt allerdings die Bezugnahme auf den Status Quo aus. Damit ist die Wesentlichkeit in Relation zum Bisherigen zu bestimmen. Da die Vorgaben für die fixe und variable Vergütung eine zentrale Rolle bei der Vergütungspolitik spielen, sind diesbezügliche Änderungen in aller Regel wesentlich,[331] es sei denn die Änderung ist lediglich marginal. Marginal könnte eventuell eine Anhebung um maximal bis zu 3-5% sein. Dafür, dass die Hürde nicht zu hoch gesetzt werden sollte, könnten auch die spanische und französische Fassung sprechen, die statt „wesentlich“ lediglich von „wichtig“ sprechen.[332] Die italienische Fassung verwendet die Bezeichnung „relevant“.[333] Der Begriff „Änderungen“ bezieht sich auf die Vergütungspolitik, nicht auf die Veränderung der konkreten Vergütung von Board-Mitgliedern. Nicht ganz eindeutig ist, welche Konsequenzen es hat, wenn kleinere, unwesentliche Aspekte der Vergütungspolitik geändert werden. Im Ergebnis darf die Vergütung der Unternehmensleitung wohl nach der leicht geänderten Vergütungspolitik erfolgen. 152

Lehnen die Aktionäre auf der Hauptversammlung eine ihnen vorgelegte Vergütungspolitik ab, so muss ihnen eine **überarbeitete Vergütungspolitik** (s. zum Überarbeitungsauftrag Rn. 192 ff.) auf der nächsten Hauptversammlung (die Richtlinie unterscheidet nicht zwischen ordentlicher und außerordentlicher Hauptversammlung) präsentiert und zur Abstimmung gestellt werden (Art. 9a II Uabs. 2 und 3 bzw. III 3 AR-RL). Verweigern die Aktionäre auch die Zustimmung zur überarbeiteten Vergütungspolitik, so greifen Art. 9a II Uabs. 2 und 3 bzw. III 3 AR-RL erneut und die Vergütungspolitik ist wieder zu überarbeiten und wiederum auf der nächsten Hauptversammlung zur Abstimmung zu stellen (zur Wirkung der Abstimmung s. Rn. 156 ff.).[334] 153

Von der Abstimmung im Vier-Jahres-Rhythmus ergeben sich somit drei Ausnahmen: 154

- es liegt noch **keine Vergütungspolitik** vor (Umsetzung der Richtlinie);
- es werden **wesentliche Änderungen** an der Vergütungspolitik vorgenommen und
- die vorgelegte **Vergütungspolitik** wurde **abgelehnt.**

Liegt eine dieser Ausnahmen vor, so ist die Abstimmung über die Vergütungspolitik abweichend vom Vier-Jahres-Rhythmus früher durchzuführen. Die Regelungen zum Abstimmungsturnus gelten sowohl für Abstimmungen mit bindendem sowie konsultativem Charakter. 155

bb) Wirkung der Abstimmung

Der **Kommissionsentwurf** sah vor, dass die Abstimmung der Aktionäre über die Vergütungspolitik **bindende** Wirkung entfalten sollte.[335] Art. 9a I 2 AR-RL-KOM regelte entsprechend, dass Unternehmen ihre Board-Mitglieder nur gemäß einer angenommenen Vergütungspolitik entlohnen dürfen. In Deutschland stieß diese Vorgabe auf Kritik, da die Vorschrift zu einer Verschiebung der Kompetenz weg vom Aufsichtsrat und hin zur Haupt- 156

328 Vgl. *Gaul* AG 2017, 178, 182.

329 Englischer Wortlaut: „material“. Französischer Wortlaut: „importante“. Spanischer Wortlaut: „importantes“. Italienischer Wortlaut: „rilevante“. Niederländischer Wortlaut: „materiële“. Polnischer Wortlaut: „istotnej“.

330 *Lutter/Bayer/Schmidt*, Europäisches Unternehmens- und Kapitalmarktrecht, 2017, Rn. 29.136.

331 Vgl. auch *Lutter/Bayer/Schmidt*, Europäisches Unternehmens- und Kapitalmarktrecht, 2017, Rn. 29.136 nach denen zusätzlich auch Änderungen der Wartefristen für aktienbezogene Vergütungsbestandteile grundsätzlich wesentlich sind.

332 Französischer Wortlaut: „importante“. Spanischer Wortlaut: „importantes“.

333 Italienischer Wortlaut: „rilevante“.

334 *Lanfermann/Maul* BB 2017, 1218, 1220 gehen davon aus, dass die Richtlinie im Fall einer erneuten Ablehnung keine Regelung vorsieht.

335 *Seibt* DB 2014, 1910, 1911; *Gaul* AG 2017, 178, 181; *van der Elst* ECLJ 14 (2017) 114, 116 f.; *Osterloh* GmbHR 2014, R145.

versammlung geführt hätte.[336] Die Kommission ging hingegen davon aus, dass auch in dualistischen Systemen das Gleichgewicht zwischen Aufsichtsrat und Hauptversammlung gewahrt bliebe, da der Aufsichtsrat nach dem Kommissionsentwurf für die Entwicklung der Politik sowie die Festlegung der tatsächlichen Vergütung zuständig bliebe.[337] Ziel der Kommission war es, neben Transparenz durch die bindende Wirkung der Abstimmung zudem für eine bessere „Verknüpfung von Vergütung und Leistung"[338] zu sorgen. Dass eine bindende Abstimmung über die Vergütungspolitik zu Letzterem beitragen würde, wird allerdings auch bezweifelt.[339]

157 Die angenommene Änderungsrichtlinie geht einen anderen Weg und überlässt es den Mitgliedstaaten, die Abstimmung entweder **konsultativ oder bindend** auszugestalten (vgl. Art. 9a II 2 und III 1 AR-RL).[340] Diese Entscheidung liegt damit grundsätzlich nicht beim Satzungsgeber. Dieser kann nicht über die Bindungswirkung des Votums entscheiden. Nicht eindeutig ist allerdings, ob die Mitgliedstaaten es den Unternehmen überlassen können, zu entscheiden, ob das Votum bindend sein soll oder nicht.[341] Im Ergebnis erscheint dies möglich.

158 Gestaltet ist die Abstimmung der Aktionäre als Option für die Mitgliedstaaten in Form eines ***opt-out*** (zur Wirkung von *opt-out*-Regelungen s. § 18 Rn. 51 ff.). Art. 9a II 1 AR-RL schreibt daher ein bindendes Votum vor und Art. 9a III 1 AR-RL gewährt den Mitgliedstaaten davon abweichend die Möglichkeit, der Abstimmung lediglich konsultativen Charakter zu verleihen.[342] Die Richtlinie beschreibt zudem, welche Wirkungen eine bindende bzw. konsultative Abstimmung hat. Entscheidet sich ein Mitgliedstaat dafür, dass die Abstimmung über die Vergütungspolitik **bindend** sein soll, so darf die Vergütung nur gem der **angenommenen Vergütungspolitik** gezahlt werden (Art. 9a II 2 AR-RL). Gibt es noch keine angenommene Vergütungspolitik und lehnen die Aktionäre die vorgeschlagene Vergütungspolitik ab, so hat die Gesellschaft die Unternehmensleitung gemäß den **bestehenden Praktiken** zu vergüten. Die Ablehnung der Vergütungspolitik führt damit zum „Einfrieren" der bisherigen Praxis. Hat die Gesellschaft allerdings bis dahin keine (schriftlich fixierte) Praxis verfolgt, wird es oftmals schwerfallen, aus den individuellen Vergütungen der Board-Mitglieder eine Praxis zu ermitteln. Denn dann ist es durchaus nicht unwahrscheinlich, dass die Vergütung bisher vor allem einzelfallbezogen bestimmt wurde. Um der europäischen Vorgabe jedoch gerecht zu werden, ergeben dann die vorhandenen Vergütungen die Minimal- und Maximalwerte und damit die Bandbreite. Zudem mag das „Einfrieren" für die Aktionäre unbefriedigend sein, wenn sie mit der bisherigen Praxis unzufrieden sind. Im Fall der Ablehnung der Vergütungspolitik muss den Aktionären auf der nächsten Hauptversammlung aber in jedem Fall eine **überarbeitete Vergütungspolitik** vorgelegt werden (s. Rn. 192).

159 Gibt es eine durch die Aktionäre angenommene Vergütungspolitik, muss diese so lange angewandt werden, bis eine neue Vergütungspolitik durch die Aktionäre bestätigt wird (Art. 9a II Uabs. 3 AR-RL). Generell gilt, dass

336 Kritisch *DAV-Handelsrechtsausschuss* NZG 2015, 54, 59; *Seibt* DB 2014, 1910, 1912 und 1919; *Gaul* AG 2017, 178, 181; *Lanfermann/Maul* BB 2014, 1283, 1284; *Wettich* AG 2014, 534, 541; *Hommelhoff* NZG 2015, 1329, 1332 f.; aA *Osterloh* GmbHR 2014, R145, der ausführt, dass „diese Maßnahmen auf lange Sicht zu passgenauen Vergütungssystemen führen werden, von denen Emittenten und Aktionäre gleichermaßen profitieren (werden)".

337 AR-RL-KOM, S. 10. In der deutschen Literatur wurde diese Aussage teilweise als unzutreffend zurückgewiesen, vgl. *Gaul* AG 2017, 178, 181; *Seibt* DB 2014, 1910, 1912; *Lanfermann/Maul* BB 2014, 1283, 1284.

338 AR-RL-KOM, S. 9.

339 Vgl. *Robé*, ERA Forum, 2016, S. 52; siehe auch die Nachweise aus Fn. 319 zu ökonomischen Studien auf diesem Gebiet.

340 *Lanfermann/Maul* BB 2017, 1218, 1220 sprechen sich dafür aus, dass der deutsche Gesetzgeber die Vergütungspolitik verbindlich ausgestalten sollte; vgl. aber auch *Leuering* NZG 2017, 646, 648, der darauf hinweist, dass eine bindende Wirkung zu einer Schwächung der Arbeitnehmervertreter und einer Stärkung von Stimmrechtsberatern führen würde; zu dieser Problematik auch *Velte* NZG 2017, 368, 370; vgl. auch *Hommelhoff* NZG 2015, 1329, 1333, der ausführt, dass Deutschland zum Schutz des dualistischen Systems vermutlich die Wahlrechte wahrnehmen wird, für die Zukunft jedoch verlangt, auf europäischer Ebene das dualistische System verstärkt zu schützen; *Gaul* AG 2017, 178, 184 ist für ein fakultatives Votum, damit keine Änderung und folglich keine Machtverschiebung nach deutschem Aktienrecht eintritt; *Habersack* NZG 2018, 127, 132 plädiert ebenfalls für ein unverbindliches Votum mit Blick auf den Vorstand und für ein verbindliches Votum mit Blick auf den Aufsichtsrat; für die Vorstandsvergütung aus Gründen der Kompetenzverteilung auch eher für eine konsultative Ausgestaltung *Suchan/Gerdes* WPg 2017, 1034, 1038; ähnlich aus Gründen der Besonderheiten des dualistischen Systems *Bungert/Wansleben* DB 2017, 1190, 1191; auch *Verse* in: Fleischer ua (Hrsg.), 50 Jahre Aktiengesetz, 2016, S. 303, 322 begrüßt die beratende Abstimmung, die durch den Parlamentsentwurf eingebracht wurde; *van der Elst* ECL 14 (2017) 114, 118 weist darauf hin, dass die beratende Abstimmung gerade für Mitgliedstaaten eingeführt wurde, in denen die Kompetenz der Vergütung dem „(supervisory) board" zusteht. *Lutter/Bayer/Schmidt*, Europäisches Unternehmens- und Kapitalmarktrecht, 2017, Rn. 29.133 weisen darauf hin, dass durch die Wahlmöglichkeit für die Mitgliedstaaten keine Harmonisierung erreicht wird.

341 Diese Frage wirft der Berliner Kreis für Gesellschaftsrecht auf, bewertet eine solche Regelung davon unabhängig allerdings als nicht wünschenswert. vgl. den Diskussionsbericht von *Inci* NZG 2017, 579; gegen eine derartige Delegierung *Leuering* NZG 2017, 646, 648. Für Satzungsautonomie *Habersack* NZG 2018, 127, 132.

342 *Lutter/Bayer/Schmidt*, Europäisches Unternehmens- und Kapitalmarktrecht, 2017, Rn. 29.133 sehen darin eine Entwertung der Harmonisierung.

im Fall der Ablehnung einer vorgeschlagenen Vergütungspolitik durch die Aktionäre, die Gesellschaft verpflichtet ist, ihnen eine überarbeitete Version zur Abstimmung vorzulegen (zur Überarbeitung s. Rn. 192 ff.).

Art. 9a III AR-RL regelt die Wirkung von **konsultativen Abstimmungen**. Entgegen der nach dem Wortlaut möglichen Annahme, dass eine beratende Abstimmung keinerlei Wirkung entfaltet, bestimmt die Vorschrift zwei Konsequenzen: Zum einen schreibt Art. 9a III 3 AR-RL vor, dass den Aktionären im Fall der Ablehnung eine **überarbeitete Vergütungspolitik** (zur Überarbeitung s. Rn. 192 ff.) vorzulegen ist, über die die Aktionäre wiederum abzustimmen haben.[343] Die Gesellschaft muss so lange auf jeder folgenden Hauptversammlung (die Änderungs-RL unterscheidet bewusst nicht zwischen ordentlichen und außerordentlichen Hauptversammlungen) eine überarbeitete Fassung vorlegen, bis die Aktionäre einer Version zustimmen. Insofern ergeben sich keine Unterschiede zur bindenden Abstimmung.[344] 160

Neben der Pflicht zur Überarbeitung und Neuvorlage regelt Art. 9a III 2 AR-RL die Wirkung der vorgeschlagenen Vergütungspolitik. Danach bindet sich das für die Festsetzung der Vergütung zuständige Organ durch die von ihm den Aktionären **unterbreitete Vergütungspolitik**, denn die Regelung gibt vor, dass die Vergütung der Board-Mitglieder gemäß dieser Vergütungspolitik zu erfolgen hat (zu den Rechtsfolgen eines Verstoßes gegen die Vergütungspolitik s. Rn. 203 ff.). Damit ist zwar die Abstimmung durch die Aktionäre in ihrer Wirkung konsultativ, der **Vorschlag selbst** allerdings **bindend**.[345] Jeder neue Vorschlag, der unterbreitet wird, bindet die Gesellschaft und damit das zuständige Organ bezüglich der Festlegung konkreter Vergütungen von Board-Mitgliedern.[346] Hinzu kommt der Druck, eine abgelehnte Vergütungspolitik im Sinn der Aktionäre zu überarbeiten (s. Rn. 198). Die Änderungsrichtlinie folgt damit der Logik, dass die Gesellschaft sich an die Politik, die sie selbst erarbeitet und den Aktionären vorschlägt, auch halten muss. Entscheidet sich ein Mitgliedstaat für die Einführung eines beratenden Beschlusses, wird es für die Unternehmen wichtig werden, sorgfältig überlegte Vergütungspolitiken zu unterbreiten. Außerdem ist der Druck zu bedenken, der selbst durch ein fakultatives Votum erzeugt wird. Den von der Hauptversammlung entsandten Mitgliedern des Verwaltungs- bzw. Aufsichtsrats, die die Vergütungspolitik final festsetzen, droht beispielsweise, dass sie nicht wiedergewählt werden. 161

Im Ergebnis kann der nationale Gesetzgeber die Abstimmung über die Vergütungspolitik daher nicht wirklich „unverbindlich" ausgestalten. Die praktischen Auswirkungen einer bindend und einer konsultativ wirkenden Abstimmung über die Vergütungspolitik sind daher de facto ähnlich.[347] Der Unterschied besteht lediglich darin, dass beim bindenden Votum die Gesellschaft immer durch die zuletzt akzeptierte Praxis bzw. den letzten angenommenen Vorschlag gebunden wird, während bei einem beratenden Votum, die Gesellschaft durch den jeweils unterbreiteten Vorschlag gebunden wird, unabhängig davon, ob dieser angenommen wird. Eine Graphik mag diesen Unterschied verdeutlichen: 162

343 *Habersack* NZG 2018, 127, 132.

344 Vgl. Art. 9a III 3 AR-RL mit Art. 9a II 3 und 4 AR-RL; vgl. auch *Gaul* AG 2017, 178, 185, der darauf hinweist, dass bei Ablehnung ein neuer Vorschlag erarbeitet werden muss und folglich in der Auswirkung kaum Unterschiede bestehen; vgl. auch *Koch* BB 15/16 (2017), 1 der feststellt, dass „von einem rein empfehlenden Votum (...) keine Rede mehr sein kann".

345 Vgl. *Lanfermann/Maul* BB 2017, 1218, 1220; dazu auch *Bungert/Wansleben* DB 2017, 1190, 1192; *Leuering* NZG 2017, 646, 647 sieht in Art. 9a III 2 AR-RL einen Widerspruch zum empfehlenden Charakter des Beschlusses und plädiert für eine „teleologische Auslegung".

346 Der Wortlaut von Art. 9a III 2 AR-RL ist insofern unglücklich, als er eine Entlohnung gemäß „einer" vorgeschlagenen Vergütungspolitik verlangt und nicht gemäß der zuletzt vorgeschlagenen Vergütungspolitik. Aus dem Sinn und Zweck der Norm ergibt sich jedoch, dass Letzteres gemeint ist. Denn die zuletzt erarbeitete Vergütungspolitik ist die, die das zuständige Organ unter den aktuellen Umständen für angemessen hält und die die Gesellschaft daher auch binden sollte.

347 So bereits in Bezug auf die Überarbeitungspflicht *Gaul* AG 2017, 178, 185.

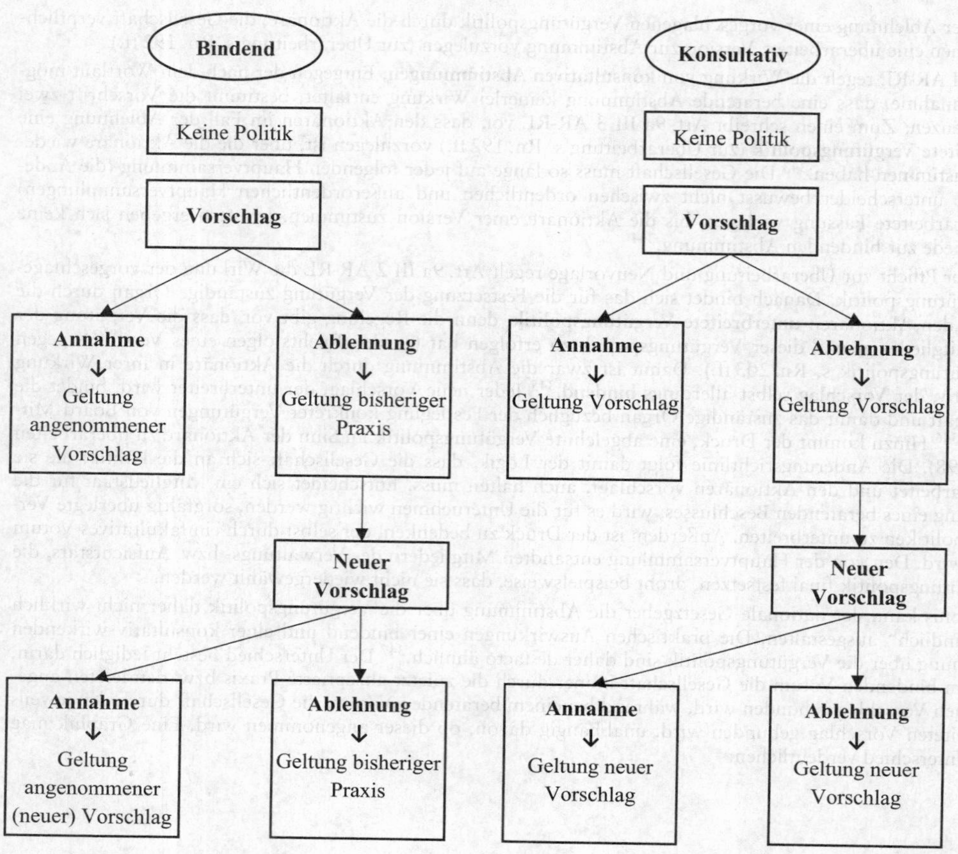

Abb. 3: Wirkung der Abstimmung

163 Unabhängig vom Verbindlichkeitsgrad der Abstimmung drückt die Annahme der Vergütungspolitik im Ergebnis aus, dass die Aktionäre die Vergütungspolitik billigen. Ein ablehnendes Votum durch die Aktionäre zeigt der Gesellschaft, dass die Vergütungspolitik in dieser Form von den Aktionären nicht unterstützt wird. Im Hinblick auf das gute Verhältnis zwischen (institutionellen) Investoren und der Leitung der Gesellschaft ist sowohl aus der Perspektive einer guten Corporate Governance als auch im Sinne eines gewissen Selbstschutzes der Board-Mitglieder für diese durchaus zu empfehlen, im Falle einer Ablehnung der Vergütungspolitik eine an die Wünsche der Aktionäre angepasste Politik vorzuschlagen. Mit Blick auf das dualistische System und die Vergütung der Aufsichtsratsmitglieder stellt sich die Frage, inwiefern das System von bindender oder nicht bindender Vergütungspolitik sinnvoll umgesetzt werden kann.[348]

cc) Ausnahme von der Vergütung gemäß der Vergütungspolitik

164 Art. 9a IV AR-RL enthält für die Mitgliedstaaten die Regelungsmöglichkeit, vom Grundsatz der Vergütung der Board-Mitglieder gemäß der Vergütungspolitik eine **Ausnahme** in den nationalen Vorschriften für „außergewöhnliche Umstände" vorzusehen.[349] Die Vorschrift ist neutral formuliert und kann daher sowohl im Fall einer verbindlichen wie auch einer unverbindlichen Abstimmung über die Vergütungspolitik angewandt werden. Macht der nationale Gesetzgeber davon keinen Gebrauch, so hat sich die Vergütung immer (auch im Fall außergewöhnlicher Umstände) nach der Vergütungspolitik gem Art. 9a II und III AR-RL zu richten.

348 Probleme bereitet in Deutschland vor allem die Festsetzung der Vergütung des Aufsichtsrats in der Satzung. Vgl. die Diskussion des Berliner Kreises für Gesellschaftsrecht, so der Diskussionsbericht *Inci* NZG 2017, 579; vgl. dazu auch *Leuering* NZG 2017, 646, 648 f.

349 Für die Wahrnehmung dieser Regelungsmöglichkeit *Bungert/Wansleben* DB 2017, 1190, 1192.

Gem Art. 9a IV Uabs. 1 AR-RL müssen verschiedene Voraussetzungen erfüllt sein, damit die Mitgliedstaaten eine Ausnahme von der Vergütung nach der Vergütungspolitik vorsehen können. Zum einen ist eine Abweichung, wie bereits erwähnt, nur unter **„außergewöhnlichen Umständen“**[350] zulässig. Art. 9a IV Uabs. 2 AR-RL erläutert, was insofern unter außergewöhnlichen Umständen zu verstehen ist. Danach ist eine Abweichung der Vergütung von der Vergütungspolitik nur gestattet, sofern dafür ein **gerechtfertigtes Bedürfnis** besteht. Ein solches ist gegeben, wenn die Abweichung den **langfristigen Interessen**[351] und der **Nachhaltigkeit**[352] des Unternehmens als Ganzem dient. Der Begriff „Nachhaltigkeit“ wird in den verschiedenen Sprachfassungen nicht einheitlich verwendet.[353] Die deutsche Fassung verwendet den Begriff „Tragfähigkeit“, die französische verwendet die Bezeichnung „langfristiger Fortbestand“. Die anderen Fassungen sprechen jedoch von Nachhaltigkeit und weisen somit darauf hin, dass es sich wohl in beiden Fällen um Übersetzungsfehler handelt. Ein außergewöhnlicher Umstand ist zudem dann gegeben, wenn die Abweichung von der Vergütungspolitik die **Weiterführung des Unternehmens** sichert. Auch hier unterscheiden sich die Sprachfassungen. Die englische, französische, spanische und niederländische Version sprechen von „Lebensfähigkeit“,[354] während die deutsche und polnische Fassung von „Rentabilität“ sprechen. Die deutsche und polnische Fassung würden eine eindeutig geringere Hürde aufstellen als die anderen Fassungen. Es handelt sich allerdings auch hier um Übersetzungsfehler. Eine Ausnahme zur Sicherung der Lebensfähigkeit stellt eine sehr hohe Hürde dar. Gerechtfertigt werden können damit primär Vergütungen, die unter dem Niveau liegen, welches durch die Vergütungspolitik festgelegt wird. In einzelnen Fällen kann allerdings gerade auch eine andere Relation von flexibler und variabler Vergütung erforderlich sein (vgl. Erwägungsgrund 30 Änderungs-RL). Die andere Voraussetzung mag leichter zu erfüllen sein. Unter Umständen können mit Bezug auf die langfristigen Interessen und die Nachhaltigkeit im Einzelfall sogar Vergütungen gerechtfertigt werden, die oberhalb der Vergütungspolitik liegen. Dies mag zB der Fall sein, wenn zentrale Board-Mitglieder, mit schwer zu ersetzenden Fähigkeiten, gehalten werden sollen.[355] 165

Neben den außergewöhnlichen Umständen, die eine Abweichung rechtfertigen müssen, muss die **Vergütungspolitik** des Unternehmens entsprechende Abweichungen zulassen (vgl. Art. 9a IV Uabs. 1 AR-RL). Ob im Einzelfall eine Bezahlung der Unternehmensleitung außerhalb des von der Vergütungspolitik vorgegebenen möglich ist, hängt somit von der **individuellen Gestaltung** der Vergütungspolitik ab. Art. 9a IV Uabs. 1 AR-RL fordert, dass die Vergütungspolitik entsprechende **prozedurale Bedingungen** enthält, nach denen eine Abweichung zulässig ist sowie konkret angibt, von welchen **Elementen der Vergütungspolitik** in einem solchen Fall abgewichen werden kann. Erwägungsgrund 30 Änderungs-RL statuiert, dass es in den genannten außergewöhnlichen Fällen insbesondere notwendig sein kann, von den Vorgaben zur fixen und variablen Vergütung abzuweichen. Aus der Formulierung der Vorschrift könnte geschlossen werden, dass die Vergütungspolitik nicht pauschal angeben darf, dass unter außergewöhnlichen Umständen von allen Elementen abgewichen werden darf. Um sicher zu gehen, sollten Unternehmen konkret auf jedes einzelne Element der Vergütungspolitik verweisen. Bezüglich der prozeduralen Bedingungen kann wohl auch angegeben werden, dass ein Organ, zB das Aufsichtsorgan, eine Einzelfallentscheidung treffen kann. 166

Art. 9a IV Uabs. 1 AR-RL spricht pauschal von der „Politik“, von der Ausnahmen zulässig sind. Der Wortlaut ist neutral und umfasst damit alle Fälle unabhängig davon, welche Vergütungspolitik gilt (zu den Unterschieden, die sich aus einer bindenden und konsultativen Abstimmung ergeben s. Rn. 158 ff.). 167

Nicht unproblematisch ist die Vorschrift mit Blick auf **nationale Regelungen**, die zB eine einseitige Herabsetzung in bestimmten Situationen vorsehen und dafür keine Verankerung in der Vergütungspolitik verlangen, ja sogar den Ausschluss einer solchen Herabsetzung durch Satzung oder Individualvereinbarung unterbinden (vgl. 168

350 Englischer Wortlaut: „exceptional cicrumstances“. Französischer Wortlaut: „circonstances exceptionnelles“. Spanischer Wortlaut: „circunstancias excepcionales“. Italienischer Wortlaut: „circostanze eccezionali “. Niederländischer Wortlaut: „uitzonderlijke omstandigheden“. Polnischer Wortlaut: „wyjątkowych okolicznościach“.

351 Englischer Wortlaut: „long-term interests“. Französischer Wortlaut: „les intérêts“. Der französische Wortlaut spricht lediglich von Interessen und bezieht den Aspekt der Langfristigkeit auf den Fortbestand. Die anderen Sprachfassungen sprechen jedoch vom langfristigen Interesse. Spanischer Wortlaut: „los intereses a largo plazo“. Italienischer Wortlaut: „interessi a lungo termine“. Niederländischer Wortlaut: „de langetermijnbelangen“. Polnischer Wortlaut: „długoterminowych interesów“.

352 Die englische Fassung spricht von „sustainability“, die deutsche dagegen von „Tragfähigkeit“. Der spanische Wortlaut („sostenibilidad“) entspricht der englischen Version ebenso wie der niederländische Begriff („duurzaamheid“). Gleiches gilt für den italienischen Wortlaut („sostenibilità“). Die französische Fassung spricht vom „langfristigen Fortbestand“ der Gesellschaft („pérennité à long terme“). Die polnische Fassung spricht von der „Stabilität“ der Gesellschaft („stabilności spółki“).

353 Auf die Unstimmigkeit mit der deutschen Fassung aufmerksam machend *Bungert/Wansleben* DB 2017, 1190, 1192.

354 Englischer Wortlaut: „viability“. Französischer Wortlaut: „viabilité“. Spanischer Wortlaut: „viabilidad“. Niederländischer Wortlaut: „levensvatbaarheid“. Die polnische Fassung („rentowności“) spricht hingegen von Rentabilität. Die italienische Fassung („la capacità di stare sul mercato“) spricht von „Fähigkeit, auf dem Markt zu bleiben“ und damit ebenfalls von der Lebensfähigkeit.

355 *Lutter/Bayer/Schmidt*, Europäisches Unternehmens- und Kapitalmarktrecht, 2017, Rn. 29.135; ähnlich *Diekmann* WM 2018, 796, 798.

§ 87 II AktG).[356] Hier stellt sich die Frage, ob solche Regelungen weiter zulässig sind. Dies wäre nur dann der Fall, wenn die nationale Vorschrift so zu lesen ist, dass sie über die Vorgaben der Richtlinie hinausgeht, denn Art. 9a AR-RL setzt einen Mindeststandard. Sinn und Zweck der Vorschrift ist zum einen, dass nur außergewöhnliche Umstände eine Abweichung von der Vergütungspolitik (unabhängig in welche Richtung) rechtfertigen können. Dies ist vom nationalen Gesetzgeber in jedem Fall zu beachten. Problematisch ist in Bezug auf die derzeitige deutsche Vorschrift, dass die Richtlinie eine Verankerung in der Vergütungspolitik fordert. Zu beachten ist dabei, dass es in § 87 II AktG um die Herabsetzung der Vergütung in einer Krisensituation geht. Der Aufsichtsrat ist in bestimmten Situationen angehalten, die Vergütung zu reduzieren. Dies könnte ein „Mehr" darstellen, da dadurch eine Herabsetzung zum Wohle der Gesellschaft auch ohne Aufnahme in der Vergütungspolitik möglich ist. Dabei ist jedoch zu berücksichtigen, dass die Richtlinie den Aktionären nicht das Recht gewährt, die Vergütungspolitik auszugestalten. Sie könnten sie allenfalls ablehnen, sollte die Vergütungspolitik die Möglichkeit der Ausnahme nicht aufnehmen (sofern der Mitgliedstaat von der Regelungsmöglichkeit Gebrauch gemacht hat) und hoffen, dass die Vergütungspolitik entsprechend ihren Wünschen überarbeitet wird. Die Herabsetzung durch den Aufsichtsrat in § 87 II AktG könnte insofern weiterreichen, da der Gesetzgeber dadurch bereits in bestimmten Fällen die Herabsetzung vorsieht. Fraglich ist, ob der deutsche Gesetzgeber in diesem Fall zusätzlich die Möglichkeit der Festlegung in der Vergütungspolitik aufnehmen muss oder ob er die von Art. 9a IV Uabs. 1 AR-RL gewährte Regelungsmöglichkeit insofern allein in Form des § 87 II AktG ausüben kann. Im Ergebnis scheint der Richtliniengeber bei der Ausgestaltung des Art. 9a IV Uabs. 1 AR-RL Vorschriften wie § 87 II AktG wohl nicht vor Augen gehabt zu haben.

b) Erstellung der Vergütungspolitik

aa) Pflicht zur Erstellung und Zuständigkeit

169 Nach Art. 9a I 1 AR-RL haben die Mitgliedstaaten zu gewährleisten, dass die von der Richtlinie erfassten Unternehmen (s. dazu Rn. 18 ff.) Vergütungspolitiken erstellen. Sanktionen für den Fall der Nichtbefolgung regelt die Richtlinie nicht, sondern begnügt sich mit einem entsprechenden Regelungsauftrag an die Mitgliedstaaten (vgl. Art. 14b I AR-RL, s. dazu Rn. 386). Allerdings macht die Richtlinie Vorgaben bezüglich der mitgliedstaatlichen Gestaltungsfreiheit. Zum einen müssen Sanktionen für Verstöße gegen die Vorschriften geschaffen werden und zum anderen müssen diese auch effektiv sein (vgl. Art. 14b II AR-RL).

170 Die Änderungsrichtlinie enthält bewusst **keine Regelung** zur **Zuständigkeit** für die Erarbeitung der Vergütungspolitik.[357] Sie unterstreicht in Erwägungsgrund 28 der Änderungs-RL lediglich, dass sie die **Diversität der Corporate Governance-Systeme** in Europa (vergleichend dazu auch § 33 Rn. 124 ff.) respektiert und erklärt damit die Mitgliedstaaten für zuständig, entsprechende Regelungen zu erlassen. Diese Aufgabe kann damit von den Mitgliedstaaten zB wahlweise dem Verwaltungsrat, dem Aufsichtsrat als Ganzem oder einem Ausschuss, beispielsweise einem Vergütungsausschuss, zugewiesen werden.

171 Art. 9a VI Uabs. 6 S. 2 AR-RL fordert allerdings im Sinn der **Transparenz**, dass die Vergütungspolitik zu erläutern hat, wie sie erstellt wird. Dazu zählen Angaben über den Entscheidungsprozess sowie Informationen über Maßnahmen zur Vermeidung von Interessenkonflikten sowie ggf Erläuterungen, in welcher Weise das Vergütungskomitee oder andere Ausschüsse in diesen Prozess einbezogen wurden (s. dazu auch Rn. 185).

bb) Umfang

172 Art. 9a I 1 AR-RL gibt vor, dass für die Vergütung der „Mitglieder der Unternehmensleitung"[358] eine Vergütungspolitik zu erstellen ist. Wer unter den Begriff „Mitglieder der Unternehmensleitung" zu subsumieren ist, regelt der neu eingefügte Art. 2 lit. i) AR-RL. Danach umfasst die Formulierung je nach Organisationsform grundsätzlich alle Mitglieder des **Verwaltungsrats** (dh geschäftsführende und nicht-geschäftsführende Mitglieder) bzw. des **Vorstands** und des **Aufsichtsrats**[359] (Art. 2 lit. i) (i) AR-RL). Aufgrund des weiten Wortlauts sind damit auch Arbeitnehmervertreter erfasst. Stellvertretende Board-Mitglieder werden nicht ausdrücklich angesprochen, sollten aber ebenfalls unter die Vorschrift fallen. Nicht umfasst von dieser Definition sind hingegen

356 Siehe zu § 87 II AktG *Spindler* in: MüKo AktG, Bd. 2, 4. Aufl. 2014, § 87 Rn. 159 ff.; *Weber* in: Hölters (Hrsg.), AktG, 3. Aufl. 2017, § 87 Rn. 47 ff.; *Fleischer* in: Spindler/Stilz (Hrsg.), AktG, Bd. 1, 2015, § 87 Rn. 59 ff.

357 *Lanfermann/Maul* BB 2017, 1218, 1219 weisen auf den Gestaltungsfreiraum hin.

358 Englischer Wortlaut: „directors". Französischer Wortlaut: „dirigeants". Spanischer Wortlaut: „administradores". Italienischer Wortlaut: „amministratori". Polnischer Wortlaut: „dyrektorów". Niederländischer Wortlaut: „bestuurders".

359 Kritisch zur Einbeziehung der Aufsichtsratsmitglieder *Koch* BB 15/16 (2017), 1; *Bungert/Wansleben* DB 2017, 1190, 1192; mit Blick auf den Kommissionsentwurf *DAV-Handelsrechtsausschuss* NZG 2015, 54, 60. Kritisch im Hinblick auf den Beschlussgegenstand *Seibt* DB 2014, 1910, 1912 zum Kommissionsentwurf. Mit Hinweis auf die Probleme für die Umsetzung in Bezug auf den Aufsichtsrat Berliner Kreis für Gesellschaftsrecht, zitiert nach *Inci* NZG 2017, 579; zweifelnd, ob die Erfassung der Aufsichtsratsmitglieder wirklich intendiert war *Suchan/Gerdes* WPg 2017, 1034, 1035.

ua Manager auf der zweiten Führungsebene wie zB Generalbevollmächtigte. Art. 2 lit. i) (iii) AR-RL gestattet es den Mitgliedstaaten darüber hinaus, **weitere Personen** in die Vergütungspolitik einzubeziehen, die ähnliche Aufgaben erfüllen, wie die Mitglieder des Verwaltungsrats bzw. des Vorstands und des Aufsichtsrats. Die Mitgliedstaaten könnten damit zB auch Mitglieder von Beiräten einbeziehen.[360] Art. 2 lit. i) AR-RL setzt somit einen **Mindeststandard**, über den die Mitgliedstaaten in dem von Art. 2 lit. i) (iii) AR-RL genannten Umfang hinausgehen können; sie können ihn jedoch nicht unterschreiten. Es ist den Mitgliedstaaten damit beispielsweise **nicht** gestattet, eine Vergütungspolitik zu verlangen, die allein auf die Vorstandsvergütung ausgerichtet ist.

Da vom Begriff „Mitglieder der Unternehmensleitung" auch Aufsichtsratsmitglieder erfasst sind sowie ggf noch Mitglieder von Beiräten, scheint der Begriff in der deutschen Fassung nicht ganz glücklich. In diesem Beitrag wird deshalb durchgehend die Bezeichnung „Board-Mitglieder" verwendet. 173

Für den soeben dargestellten Personenkreis gilt Art. 9a AR-RL **unterschiedslos**. Die Richtlinie sieht nicht vor, dass die Mitgliedstaaten die in Art. 9a AR-RL vorgesehenen Mindeststandards bezüglich einzelner Personengruppen unterschreiten dürfen. Eine Vorschrift, die Art. 9a AR-RL umsetzt, kann daher nicht lauten: „Für den Aufsichtsrat gilt Obiges entsprechend, soweit das passt."[361] Es ist ebenfalls nicht möglich, anzugeben, dass das nationale Recht die Vorgaben bezüglich einzelner Gruppen nicht umzusetzen braucht, da es anderweitige Regelungen bereithält – unabhängig davon ob diese das angestrebte Ziel ebenfalls erreichen würden. 174

cc) Inhalt

Art. 9a VI AR-RL gibt vor, über welche Aspekte die Vergütungspolitik zu informieren hat. Die Richtlinie regelt jedoch grundsätzlich **nicht**, wie die Vergütungspolitik auszugestalten ist.[362] Damit sind die Unternehmen weitgehend frei bei der Gestaltung ihrer Vergütungspolitik.[363] Es bleibt den Mitgliedstaaten unbenommen, hier konkrete Vorgaben zu machen. 175

Lediglich Art. 9a VI Uabs. 1 S. 1AR-RL macht eine (äußerst vage) **inhaltliche Vorgabe**:[364] Die Vergütungspolitik hat danach zur **Unternehmensstrategie**[365] beizutragen sowie in Einklang mit den **langfristigen Interessen** und einer **nachhaltigen Entwicklung** zu stehen. Erwägungsgrund 29 der Änderungs-RL erläutert in diesem Zusammenhang, dass sich die Vergütungspolitik nicht **vollständig** oder **hauptsächlich** an kurzfristigen Zielen orientieren darf.[366] Die Vergütungspolitik darf damit auch kurzfristige Ziele verfolgen, unterbunden werden soll durch die Vorschrift lediglich, dass die Vergütungspolitik langfristige Aspekte vollständig ausblendet.[367] Die Richtlinie lässt offen, was das konkret für Unternehmen bedeutet bzw. wie die Mitgliedstaaten dies im Einzelnen umzusetzen haben. Zu beachten ist, dass die Richtlinie hier – wie auch sonst (vgl. Art. 3 AR-RL, s. dazu Rn. 17) – einen Mindeststandard vorgibt, so dass es den Mitgliedstaaten unbenommen bleibt, höhere und konkrete Anforderungen zu stellen.[368] Auch Sanktionen für den Fall eines Verstoßes durch ein Unternehmen legt die Richtlinie nicht fest. Insofern greift der allgemeine Regelungsauftrag an die Mitgliedstaaten aus Art. 14b AR-RL. 176

Nicht ausdrücklich geregelt, aber von Art. 9a VI Uabs. 1 S. 1 AR-RL vorausgesetzt ist, dass die Gesellschaft eine **Unternehmensstrategie** erarbeitet sowie ihre **langfristigen Interessen** bestimmt und sich über eine **nachhalti-** 177

360 Deren Vergütung wird in der Praxis indes weitaus geringer ausfallen als zB von Aufsichtsratsmitgliedern, da einem Beirat zumindest im deutschen Aktienrecht eine rein beratende Funktion zukommt. *Suchan/Gerdes* WPg 2017, 1034, 1035, nennen die mögliche Erweiterung auf Generalbevollmächtigte.

361 Zu diesbezüglichen Überlegungen des Berliner Kreises für Gesellschaftsrecht gem. dem Diskussionsbericht siehe *Inci* NZG 2017, 579.

362 Vgl. *Bungert/Wansleben* DB 2017, 1190, 1191; *Lutter/Bayer/Schmidt*, Europäisches Unternehmens- und Kapitalmarktrecht, 2017, Rn. 29.121.

363 *Suchan/Gerdes* WPg 2017, 1034, 1035 führen an, dass die Richtlinie nicht klar bestimmt, was unter dem Begriff „Vergütungspolitik" zu verstehen ist. Die Autoren befürworten eine mit § 120 IV AktG („System der Vergütung") entsprechende Auslegung.

364 *Lutter/Bayer/Schmidt*, Europäisches Unternehmens- und Kapitalmarktrecht, 2017, Rn. 29.121 geben an, dass die EU durch diese „Programmsätze Steuerungsfunktion" ausüben möchte.

365 *Diekmann* WM 2018, 796, 797 schlägt daher vor, die Unternehmensstrategie und die mit den Vorständen zu treffenden Zielvereinbarungen abzugleichen.

366 Zur langfristigen Orientierung der Vergütungspolitik in diesem Zusammenhang auch *van der Elst* ECLJ 14 (2017) 114, 118.

367 *Van der Elst* ECL 14 (2017) 113, 118; kritisch zur Annahme, dass die Beteiligung von Aktionären zur Orientierung an langfristigen Zielen beitragen wird: *Asplund* ECL 12 (2015) 286, 287.

368 Der *DAV-Handelsrechtsausschuss* NZG 2015, 54, 60 spricht mit Blick auf eine ähnliche Formulierung im Kommissionsentwurf von einer „Leerformel mit nicht konkretisierbarem Inhalt". Aufgrund der Regelungsmöglichkeit für die Mitgliedstaaten muss dies allerdings nicht der Fall sein. Darauf hinweisend, dass es sich um einen Mindeststandard handelt *Lutter/Bayer/Schmidt*, Europäisches Unternehmens- und Kapitalmarktrecht, 2017, Rn. 29.117.

ge Entwicklung Gedanken macht.[369] Auch in Art. 9a VI Uabs. 3 S. 2 AR-RL wird dies vorausgesetzt. Dort werden Ziele angesprochen und in diesem Zusammenhang auf Art. 9a VI Uabs. 1 S. 1AR-RL verwiesen.[370] Die Vergütungspolitik hat folgende Aspekte zu beschreiben und zu erläutern:

178 ■ Erläuterung, wie die Vergütungspolitik zur **Unternehmensstrategie** beiträgt und wie sie in Einklang mit den **langfristigen Interessen** und einer **nachhaltigen Entwicklung**[371] steht (Art. 9a VI Uabs. 1 S. 1 AR-RL).[372]

179 ■ Die Vergütungspolitik hat klar und verständlich die Komponenten der **fixen und variablen Vergütung** zu beschreiben, inklusive **aller Boni** und **anderer Vorteile.** Die Formulierung „andere(r) Vorteile in jeglicher Form"[373] stellt ein Auffangkriterium dar, das dafür sorgen soll, jede Form von Vergütung zu erfassen (Art. 9a VI Uabs. 1 S. 2 AR-RL).[374] Um sich einen möglichst großen Spielraum bei der individuellen Vergütung zu lassen, kann das zuständige Organ beispielsweise eine große Bandbreite[375] an möglichen Vergütungskomponenten auflisten, um dann im Einzelfall aus dieser „Box" die passenden Komponenten zusammenzustellen. Es ist allerdings auch möglich, lediglich eine konkrete, fixe Vergütung, zB mit Blick auf die Aufsichtsratsmitglieder, vorzusehen.[376]

180 ■ Die Vergütungspolitik hat die **Relation der genannten Vergütungskomponenten,** insbesondere der fixen und variablen Vergütung, anzugeben (Art. 9a VI Uabs. 1 S. 2 AR-RL).[377] Dem Wortlaut nach ist nicht ganz eindeutig, ob ein konkretes Verhältnis angegeben werden muss (zB 4:1) oder ob es ausreicht, Grenzen bzw. Bandbreiten aufzuzeigen (zB „die variable Vergütung darf das x-fache der fixen Vergütung nicht überschreiten"). Erwägungsgrund 29 der Änderungs-RL schafft insofern Klarheit, indem er angibt, dass „die Bandbreite ihres jeweiligen Anteils"[378] anzugeben ist. Erwägungsgrund 29 der Änderungsrichtlinie führt dann weiter aus: "Die Politik kann als *Rahmen* ausgestaltet sein".[379] Damit wird dem für die Vergütung zuständigen Organ die Möglichkeit gelassen, im konkreten Einzelfall das Verhältnis innerhalb der vorgegebenen **Bandbreite** zu bestimmen. Die Vorschrift und Erwägungsgrund 29 Änderungs-RL weisen darauf hin, dass es dagegen nicht ausreichen würde, das Verhältnis verbal zu beschreiben (Bsp.: „Die fixe und variable Vergütung haben in einem *angemessenen* Verhältnis zu stehen."). Es bedarf also einer Quantifizierung. Sieht die Vergütungspolitik zB mit Blick auf den Aufsichtsrat ausschließlich eine fixe Vergütung vor, entfallen dementsprechend Angaben zur Relation der Vergütungskomponenten.

181 ■ Der Kommissionsentwurf forderte grundsätzlich noch eine Aussage zum Verhältnis der durchschnittlichen Vergütung der Unternehmensleitung zur durchschnittlichen Vergütung der Vollzeitbeschäftigten (sog **verti-**

369 Englischer Wortlaut: "The remuneration policy shall contribute to the company's business strategy and long-term interests and sustainability and shall explain how it does so".

370 Deutscher Wortlaut: „die Ziele nach Unterabsatz 1". Englischer Wortlaut: „objectives set out in the first subparagraph". Der Verweis scheint zu weit gefasst zu sein. Gemeint ist offenbar Art. 9a VI 1 AR-RL und nicht auch Art. 9a VI 2 AR-RL, denn diese Vorschrift beschäftigt sich nicht mit Zielen.

371 *Diekmann* WM 2018, 796, 797 nennt Vergütungselemente, die eine nachhaltigen Entwicklung fördern könnten.

372 Mit Blick auf eine ähnliche Regelung im Kommissionsentwurf kritisierte der *DAV-Handelsrechtsausschuss* NZG 2015, 54, 60 hier eine übermäßige Berichtspflicht; ebenfalls kritisch bereits zum Kommissionsentwurf *Hommelhoff* NZG 2015, 1329, 1332; auch kritisch zum Kommissionsentwurf *Seibt* DB 2014, 1910, 1912.

373 Englischer Wortlaut: „other benefits in whatever form". Französischer Wortlaut: „autres avantages, quelle que soit leur forme". Spanischer Wortlaut: „otras prestaciones en cualquiera de sus formas". Italienischer Wortlaut: „altri benefici in qualsiasi forma". Niederländischer Wortlaut: „andere voordelen in eender welke vorm". Polnischer Wortlaut: „inne świadczenia niezależnie od ich formy". Die polnische Fassung ließe sich mit „andere Leistungen unabhängig von ihrer Form" übersetzen.

374 *DAV-Handelsrechtsausschuss* NZG 2015, 54, 60 kritisierte die Vorschrift mit Blick auf den Kommissionsentwurf als zu weitreichend.

375 *Lutter/Bayer/Schmidt*, Europäisches Unternehmens- und Kapitalmarktrecht, 2017, Rn. 29.122 („Rahmen").

376 Vgl. *Inci* NZG 2017, 579.

377 Kritisch dazu mit Blick auf den Kommissionsentwurf *DAV-Handelsrechtsausschuss* NZG 2015, 54, 60; ebenso *Seibt* DB 2014, 1910, 1912 auch zum Kommissionsentwurf.

378 Englischer Wortlaut: „the range of their relative proportions". Französischer Wortlaut: „l'éventail de leurs proportions respectives". Spanischer Wortlaut: „las proporciones relativas". Italienischer Wortlaut: „e l'intervallo delle relative proporzioni". Niederländischer Wortlaut: „en de bandbreedte van hun relatieve aandeel". Polnischer Wortlaut: „zakres ich wzajemnych proporcji". Die spanische Fassung enthält einen Übersetzungsfehler, da sie lediglich von den relativen Anteilen spricht („las proporciones relativas").

379 Englischer Wortlaut: „It can be designed as a frame". Französischer Wortlaut: „Elle peut être conçue comme un cadre". Spanischer Wortlaut: „Puede concebirse como un marco". Niederländischer Wortlaut: „Het kan worden ontwikkeld als een kader" Italienischer Wortlaut: „Essa può essere inoltre concepita come struttura". Die italienische Fassung könnte auch mit "Struktur" übersetzt werden. Polnischer Wortlaut: „Może być ona pomyślana jako ramowe zasady regulujące". Die polnische Fassung spricht eher von „Rahmenbestimmung" statt schlicht von „Rahmen".

kaler Vergütungsvergleich, Art. 9a III 4 AR-RL-KOM).[380] Die Vorschrift findet sich so in der verabschiedeten Änderungsrichtlinie nicht mehr. Allerdings muss die Vergütungspolitik gem Art. 9a VI Uabs. 2 AR-RL erläutern, wie die **Bezahlung** und die **Arbeitsbedingungen** der **Arbeitnehmer** der Gesellschaft bei der Erstellung der Vergütungspolitik berücksichtigt wurden. Da es sich um einen Mindeststandard handelt, bleibt es den Mitgliedstaaten unbenommen, eine Angabe zum Verhältnis zu fordern.

- Ist laut der Vergütungspolitik eine variable Vergütung vorgesehen, so sind diesbezüglich weitere Angaben zu machen. Die Vergütung der Board-Mitglieder – diesbezüglich insbesondere die Ausgestaltung der variablen Vergütung – ist eines der Hauptinstrumente, um sicherzustellen, dass die Interessen der Unternehmensleitung mit denen der Gesellschaft übereinstimmen (zur Principal-Agent-Problematik in Zusammenhang mit Corporate Governance s. § 33 Rn. 7 f.).[381] Ziel des Richtliniengebers ist hierbei, durch **Transparenz** Anreize für eine stärkere **Verknüpfung von Vergütung und erbrachter Leistung** durch die Unternehmensleitung zu erreichen (Erwägungsgrund 33 Änderungs-RL). Art. 9a VI Uabs. 3 S. 1 AR-RL fordert daher, dass in der Vergütungspolitik **Kriterien** für die Vereinbarung einer variablen Vergütung festgelegt werden müssen. Diese Kriterien müssen „klar, umfassend und differenziert"[382] sein. Die Vorschrift definiert nicht, was unter „klar" zu verstehen ist. Da die Kriterien dazu dienen, abzustecken, wie die variable Vergütung aussehen soll, ist mit „klar" wohl gemeint, dass es sich um subsumierbare Kriterien handeln soll, die auch tatsächlich konkret angewendet werden können. Außerdem muss das zuständige Organ bei der Festsetzung der Kriterien verschiedene Aspekte berücksichtigen. Art. 9a VI Uabs. 3 S. 2 AR-RL erläutert diesbezüglich, dass sowohl **finanzielle** als auch **nicht-finanzielle Leistungskriterien** anzugeben sind. Ggf sollen auch **CSR-Kriterien** aufgeführt werden. Erwägungsgrund 29 der Änderungs-Richtlinie konkretisiert, dass damit insbesondere Kriterien gemeint sind, die sich auf Umweltaspekte, soziale Aspekte oder Corporate Governance beziehen. Es ist daher denkbar, dass Unternehmen zB auf die Einhaltung eigener *Codes of Conduct* als Kriterium verweisen möchten. Dies ist insbesondere mit Blick auf die Dynamik solcher Kodizes problematisch sowie den Einfluss, den die entsprechenden Organe auf eben diese Kodizes ausüben. Aus praktischer Sicht könnte sich auch eine stückweise Orientierung an der CSR-Berichterstattung gemäß den nationalen Umsetzungsbestimmungen zu Art. 19a Bilanz-RL (dazu § 25 Rn. 55 ff.) anbieten. Da es sich bei der Vorschrift um einen Mindeststandard handelt, können die Mitgliedstaaten die Problematik dynamischer Verweise im nationalen Recht regeln. Neben der Angabe der Kriterien ist es auch erforderlich, dass die Vergütungspolitik erläutert, wie diese Kriterien zur Erreichung der **Unternehmensziele** beitragen. Bezüglich der Unternehmensziele verweist Art. 9a VI Uabs. 3 S. 2 AR-RL auf Art. 9a VI Uabs. 1 S. 1 AR-RL. In der Vergütungspolitik ist darüber hinaus anzugeben, welche **Methoden** angewandt werden, um mit Blick auf die variable Vergütung zu bestimmen, inwieweit die Kriterien erfüllt wurden (Art. 9a VI Uabs. 3 S. 2 AR-RL). Außerdem hat die Vergütungspolitik Ausführungen zur ggf bestehenden Möglichkeit der **Rückforderung** von variablen Vergütungsanteilen (sog *claw back*-Klauseln)[383] zu machen (Art. 9a VI Uabs. 3 S. 3 AR-RL). Gleiches gilt für **Aufschubzeiten**, womit der Zeithorizont gemeint ist, um den die Auszahlung des variablen Vergütungsanteils hinausgezögert wird.[384] 182

- Weitere spezielle Informationspflichten, die der Transparenz dienen,[385] sind mit Blick auf **aktienbezogene Vergütungen** notwendig (vgl. Art. 9a VI Uabs. 4 AR-RL). Durch den relativ weit gefassten Wortlaut („aktienbezogene Vergütung") bezieht sich die Transparenzpflicht wohl nicht nur auf tatsächlich gewährte Aktien sowie Aktienoptionen, sondern auch auf virtuelle Aktien/Aktienoptionen (*phantom stocks*) und sog *stock appreciations rights*.[386] Zunächst ist auch hier erforderlich, dass die Vergütungspolitik verdeutlicht, wie die aktienbezogene Vergütung zur Erreichung der **Unternehmensziele** (*objectives*) beiträgt (Art. 9a VI 183

---

380 Kritisch dazu *Hommelhoff* NZG 2015, 1329, 1332; allgemein kritisch zur Sinnhaftigkeit der vielen inhaltlichen Angaben *Lanfermann/Maul* BB 2014, 1283, 1285; *Suchan/Gerdes* WPg 2017, 1034, 1037 verweisen jedoch darauf, dass einem derartigen Vergleich in Zukunft steigende Bedeutung zukommen wird.

381 Vgl. Erwägungsgrund 28 Änderungsrichtlinie 2017. Dies ist in einer Principal-Agent-Situation wie sie hier vorliegt, entscheidend um sicherzustellen, dass die Board-Mitglieder (Agenten) zur Verwirklichung der Ziele der Aktionäre und ggf. weiterer Stakeholder (Principals) beitragen. Zur Principal-Agent-Problematik i. R. v. *say on pay Habersack* NZG 2018, 127, 128 f.

382 Englischer Wortlaut: „clear, comprehensive and varied". Französischer Wortlaut: „clairs, détaillés et variés". Spanischer Wortlaut: „claros, completos y variados". Italienischer Wortlaut: „chiari, esaustivi e differenziati". Polnischer Wortlaut: „jasne, kompleksowe i zróżnicowane". Der niederländische Wortlaut („duidelijke, begrijpelijke en gevarieerde") spricht hingegen von "klar/deutlich, verständlich und differenziert".

383 Vgl. dazu allgemein *Schuster* in: FS Bauer, 2010, S. 973 ff.; *Wettich* AG 2013, 374 ff.; vgl. zur *claw back*-Klausel nach den niederländischen *say on pay*-Regelungen *Lafarre/Van der Elst* in: Van der Elst (Hrsg.), Executive Director's Remuneration in Comparative Corporate Perspective, 2015, S. 205, 223 f.

384 Kritisch dazu *DAV-Handelsrechtsausschuss* NZG 2015, 54, 61; vgl. dazu allgemein auch *Lutter/Bayer/Schmidt*, Europäisches Unternehmens- und Kapitalmarktrecht, 2017, Rn. 29.125.

385 *Lutter/Bayer/Schmidt*, Europäisches Unternehmens- und Kapitalmarktrecht, 2017, Rn. 29.126.

386 *Lutter/Bayer/Schmidt*, Europäisches Unternehmens- und Kapitalmarktrecht, 2017, Rn. 29.126.

Uabs. 4 AR-RL).[387] Darüber hinaus hat die Vergütungspolitik **Wartezeiten** zu spezifizieren, ebenso wie sich daran ggf anschließende **Haltezeiten** (Art. 9a VI Uabs. 4 AR-RL). Die Formulierung des Art. 9a VI Uabs. 4 AR-RL könnte darauf hindeuten, dass die Vergütungspolitik zwingend Wartezeiten vorgeben muss.[388] Denn die Vorschrift enthält diesbezüglich kein „gegebenenfalls". Ein Blick in die anderen Vorschriften zeigt jedoch, dass die Richtlinie nicht immer eine entsprechende Formulierung verwendet. So werden zB auch Angaben zu Vorruhestandsprogrammen verlangt (Art. 9a VI Uabs. 5 AR-RL), ohne dass die Europäische Kommission hier wohl entsprechende Programme zwingend vorsehen wollte. Dafür spricht, dass die Richtlinie insofern auch keine weiteren Angaben enthält, weshalb hier im Ergebnis die Annahme einer materiellen Regelung abgelehnt wird.

184 ■ Art. 9a VI Uabs. 5 AR-RL verlangt, dass in der Vergütungspolitik zudem Angaben zur **Dauer** der (Dienst-)Verträge mit den Board-Mitgliedern (dh Verwaltungsratsmitgliedern bzw. Vorstands- und Aufsichtsratsmitgliedern) gemacht werden. In diesem Zusammenhang müssen ua **Kündigungsfristen** aufgeführt werden. Zudem sind die **Bedingungen einer Beendigung** des Vertrages zu erörtern und insbesondere damit verbundene Zahlungen (Stichwort: *golden handshake/golden parachute*).[389] Der Kommissionsentwurf forderte noch allgemein, dass die „wichtigsten Bestimmungen der Verträge" aufgenommen werden müssten (Art. 9a III 7 AR-RL-KOM). Die Vorschrift stieß auf Kritik, da befürchtet wurde, dass die Anstellungsverträge dadurch „den Charakter eines Formularvertrags" erhielten.[390] Eine entsprechende Vorgabe enthält die verabschiedete Änderungsrichtlinie daher nicht mehr. Allerdings müssen noch weitere Informationen zu den Kernpunkten von **zusätzlichen Versorgungsplänen** und **Frühpensionierungssystemen** gegeben werden (Art. 9a VI Uabs. 5 AR-RL).

185 ■ Gem Art. 9a VI Uabs. 6 S. 1 AR-RL muss die Vergütungspolitik außerdem Angaben zu dem **Entscheidungsprozess** über die Vergütungspolitik machen. Das Dokument soll Informationen dazu enthalten, wie die Vergütungspolitik bestimmt, überarbeitet und implementiert wird. Dabei soll, falls relevant, auch darauf eingegangen werden, wie der **Vergütungsausschuss** oder andere Komitees/Ausschüsse einbezogen wurden. Da die Vorschrift allein auf die Rolle des Vergütungsausschusses abstellt („Rolle des Vergütungsausschusses oder anderer betroffener Ausschüsse"),[391] muss die Vergütungspolitik nicht über die Zusammensetzung dieser Ausschüsse informieren. Der Richtliniengeber hält aber Ausführungen zum Entscheidungsprozess für notwendig, da Art. 9a AR-RL keine Vorgaben dazu enthält, wer für die Vergütungspolitik zuständig ist (vgl. Rn. 170). Teilweise wurde kritisiert, dass die Vorschrift mit dieser Zielrichtung entbehrlich sei.[392] Gerade ausländische Investoren mögen allerdings die gesetzlichen Bestimmungen nicht kennen und daher nicht wissen, wer für die Erstellung der Vergütungspolitik zuständig ist. Sie müssen durch die Angabe in der Vergütungspolitik diesen Aspekt dann nicht selbständig recherchieren, sondern werden darüber durch die Vergütungspolitik informiert. Mit Blick auf den Kommissionsentwurf wurde problematisiert, ob die Vorschrift so zu verstehen sei, dass die inhaltliche Diskussion des zuständigen Organs wiederzugeben ist.[393] Nach hier vertretener Ansicht zielt Art. 9a VI Uabs. 6 S. 1 AR-RL darauf nicht ab, da der Wortlaut vom „Entscheidungsverfahren"[394] spricht und beispielsweise nicht von der konkreten „Entscheidungsfindung". Art. 9a VI Uabs. 6 S. 1 AR-RL fordert außerdem, dass die Vergütungspolitik erörtern soll, welche Maßnahmen bestehen, um **Interessenkonflikte** zu vermeiden bzw. zu händeln.[395] Die Vorschrift bezieht sich allerdings nur auf die Vergütungspolitik. Art. 9a VI Uabs. 6 S. 1 AR-RL statuiert nicht die Pflicht, entsprechende Angaben zum Vergütungsbericht zu machen.

186 ■ Hinzu kommen situativ weitere Informationen, die in der Vergütungspolitik enthalten sein müssen. So müssen im Fall einer überarbeiteten Vergütungspolitik sowohl alle **signifikanten Änderungen** beschrieben und erläutert werden als auch wie die **Abstimmungsergebnisse** und **Ansichten der Aktionäre** berücksichtigt wurden (Art. 9a VI Uabs. 6 S. 2 AR-RL, s. dazu näher unter Rn. 193).

387 Bezüglich der Unternehmensziele verweist Art. 9a VI 7 AR-RL dafür auf Art. 9a VI 1 AR-RL.
388 So *Lutter/Bayer/Schmidt*, Europäisches Unternehmens- und Kapitalmarktrecht, 2017, Rn. 29.127.
389 *Lutter/Bayer/Schmidt*, Europäisches Unternehmens- und Kapitalmarktrecht, 2017, Rn. 29.128.
390 *DAV-Handelsrechtsausschuss* NZG 2015, 54, 61.
391 Englischer Wortlaut: „the role of the remuneration committee or other committees concerned". Französischer Wortlaut: „le rôle du comité de rémunération ou d'autres comités concernés". Spanischer Wortlaut: „la función del comité de remuneraciones o de los otros comités". Italienischer Wortlaut: „ruolo del comitato per la remunerazione o di altri comitati interessati". Niederländischer Wortlaut: „de rol van het remuneratiecomité of andere bevoegde comités". Polnischer Wortlaut: „rolę komisji ds. wynagrodzeń lub innych właściwych komisji".
392 Vgl. *DAV-Handelsrechtsausschuss* NZG 2015, 54, 61.
393 Diese Frage warf *DAV-Handelsrechtsausschuss* NZG 2015, 54, 61 auf.
394 Englischer Wortlaut: „decision-making process". Französischer Wortlaut: „processus de décision". Spanischer Wortlaut: „proceso de toma de decisiones". Italienischer Wortlaut: „processo decisionale". Niederländischer Wortlaut: „besluitvormingsproces". Polnischer Wortlaut: „proces decyzyjny".
395 Zur Behandlung und Vermeidung von Interessenkonflikten im Rahmen der Corporate Governance vgl. auch § 33 Rn. 73.

- Falls ein Mitgliedstaat eine zeitweise von der Vergütungspolitik **abweichende Vergütung** gestattet (vgl. Art. 9a IV AR-RL, s. dazu Rn. 164 ff.), kann es für Unternehmen außerdem grundsätzlich interessant sein, die in Art. 9a IV AR-RL genannten Informationen aufzunehmen, um von dieser Ausnahmeregelung ggf Gebrauch machen zu können. 187

Der Kommissionsentwurf forderte noch, dass die Vergütungspolitik auch einen **Höchstbetrag** für die Gesamtvergütung festzulegen habe (Art. 9a III 3 AR-RL-KOM). Dadurch sollte eine Mäßigung bei der Vergütung ohne konkrete gesetzliche Vorgabe erreicht werden.[396] Die Gesellschaften sollten sich unter der Kontrolle der Aktionäre selbst Grenzen setzen. Diese Regelung findet sich im verabschiedeten Entwurf jedoch nicht mehr. 188

Im Ergebnis lässt sich festhalten, dass die Richtlinie **sehr umfassende Informationspflichten** statuiert. Wie generell mit Blick auf die Aktionärsrechterichtlinie wird jedoch auch hier lediglich ein Mindeststandard gesetzt (Art. 3 AR-RL), dh den Mitgliedstaaten ist es nicht untersagt, noch weitere Angaben zu verlangen.[397] Teilweise wurden diese Anforderungen allerdings bereits als zu weitgehend kritisiert.[398] Je nach Präsentation mag es gerade für die Aktionäre, die die ersten Adressaten dieser Informationen sind, schwer sein, den Überblick zu behalten. Die Richtlinie gewährt der Europäischen Kommission jedoch im Gegensatz zum Vergütungsbericht (s. dazu Rn. 238 ff.) nicht die Kompetenz, hier durch „*guidelines*" auf eine vereinheitlichte Präsentation hinzuwirken.[399] Da dieser Aspekt somit von Art. 9a AR-RL nicht geregelt wird, verbleibt den Mitgliedstaaten die Möglichkeit, Vorgaben zur Art der Präsentation der Informationen zu machen. Aufgrund der durch die Änderungsrichtlinie geschaffenen, gestiegenen Anforderungen im Vergütungsbereich, wird der Druck auf Unternehmen steigen, ein Vergütungskomitee bzw. einen Vergütungsausschuss einzurichten, um diesen Anforderungen in angemessener Form nachkommen zu können. In manchen Mitgliedstaaten (zB Großbritannien und Deutschland) bestehen bereits seit einiger Zeit entsprechende Empfehlungen in dem jeweils nationalen Corporate Governance Code (s. rechtsvergleichend auch § 33 Rn. 124 ff.), so dass die Etablierung eines solchen Vergütungsausschusses zumindest nicht vollkommen fremd sein dürfte. 189

Inwieweit die Vergütungspolitik die Ausgestaltung der tatsächlichen Vereinbarung der Vergütung mit einzelnen Board-Mitgliedern beeinflusst, hängt von der **individuell erarbeiteten Vergütungspolitik** ab. Die Richtlinie fordert keine konkreten Angaben, sondern lässt Unternehmen die Möglichkeit **Bandbreiten** festzulegen, innerhalb derer sich dann die konkrete Vergütung zu bewegen hat (s. zB Rn. 180). Das zuständige Organ kann sich daher durch die Ausgestaltung der Vergütungspolitik selbst mehr oder weniger einschränken. In Mitgliedstaaten, in denen die Hauptversammlung traditionell wenig Einfluss auf Vergütungsfragen hat, mögen Unternehmen im Einzelfall versuchen, diesen Zustand durch besonders große Bandbreitenregelungen beizubehalten. Grenzen ergeben sich nach der Richtlinie nur aus Art. 9a VI Uabs. 1 S. 1 AR-RL (s. dazu Rn. 176). Unabhängig davon können die Mitgliedstaaten allerdings konkrete inhaltliche Anforderungen an die Vergütung stellen bzw. auch ergänzende Empfehlungen in ihrem nationalen Corporate Governance Code vorsehen. 190

Die Vergütungspolitik hat im dualistischen System auch die Mitglieder des Aufsichtsrats zu umfassen. Den Vorgaben der Richtlinie kann nicht durch eine Satzungsbestimmung Genüge getan werden, da die oben genannten Angaben und Erläuterungen in Bezug auf die Aufsichtsratsmitglieder enthalten sein müssen.[400] Dies hat der nationale Gesetzgeber bei der Umsetzung zu berücksichtigen. 191

dd) Überarbeitung

Art. 9a VI AR-RL beschäftigt sich mit dem Inhalt der Vergütungspolitik (s. Rn. 175 ff.). Etwas versteckt in Satz 10[401] befasst sich dieser Absatz allerdings auch mit der **Überarbeitung** der Vergütungspolitik. Eine Überarbeitung der Vergütungspolitik kann aus verschiedenen Gründen erfolgen: 192

- Die den Aktionären vorgeschlagene Vergütungspolitik wurde von diesen **abgelehnt** (unabhängig davon ob der Abstimmung bindende oder konsultative Wirkung zukommt, vgl. Art. 9a II und III AR-RL), was eine Überarbeitung zwingend notwendig macht.
- Das für die Erstellung der Vergütungspolitik **zuständige Organ** entscheidet sich aus eigenem Antrieb für eine Überarbeitung. Die Änderung der Vergütungspolitik kann dabei aus Anlass der vierjährigen Abstimmung über die Vergütungspolitik erfolgen (wobei eine Überarbeitung zu diesem Zeitpunkt nicht zwingend notwendig ist, s. Rn. 151) oder auch ohne konkreten rechtlichen Anlass. So kann das zuständige Organ bei-

396 *DAV-Handelsrechtsausschuss* NZG 2015, 54, 61.

397 *Lutter/Bayer/Schmidt*, Europäisches Unternehmens- und Kapitalmarktrecht, 2017, Rn. 29.117.

398 *Koch* BB 2017, 1; kritisch zur Sinnhaftigkeit der vielen Elemente auch *Lanfermann/Maul* BB 2014, 1283, 1285. Ebenfalls sehr kritisch zum Kommissionsentwurf *DAV-Handelsrechtsausschuss* NZG 2015, 54, 60 f.

399 Leitlinien (Guidelines) der Europäischen Kommission richten sich idR an die Mitgliedstaaten. Denkbar sind darüber hinaus Guidelines der ESMA als „Europäische Aufsichtsbehörde" (s. dazu auch § 34 Rn. 20 ff.) für Börsenunternehmen.

400 AA *Bungert/Wansleben* DB 2017, 1190, 1192.

401 Aus systematischer Sicht passt die Regelung nicht in Absatz 6.

spielsweise eine Überarbeitung anstreben, wenn sich die wirtschaftliche Situation des Unternehmens geändert hat oder absehbar ändern wird.

- Je nach Ausgestaltung des nationalen Rechts erscheint es auch möglich, dass die **Aktionäre** diesen Aspekt auf die Tagesordnung setzen und eine Überarbeitung der Vergütungspolitik durch das zuständige Organ beschließen.

193 Art. 9a VI Uabs. 6 S. 2 AR-RL ist neutral formuliert und gilt damit auch für Überarbeitungen, die das zuständige Organ aus eigenem Antrieb durchführt. Wird die Vergütungspolitik geändert, so muss die neue Version alle **wesentlichen Änderungen** beschreiben und erläutern (Art. 9a VI Uabs. 6 S. 2 AR-RL). Dies dient der **Transparenz** gegenüber den Aktionären. Diese sollen über Veränderungen und deren Auswirkungen informiert werden und dadurch eine informierte Entscheidung über den neuen Vorschlag treffen können. Deshalb sollte das Wort „wesentlich“[402] (oder in den anderen Sprachfassungen teils „signifikant“) auch nicht zu einer zu starken Einschränkung dieser Pflicht für die Gesellschaft führen. Inhaltliche Änderungen bezogen auf die Vergütung sind wohl in aller Regel „signifikant“. Eine pauschalierte Aussage darüber, was eine wesentliche bzw. signifikante Änderung darstellt, kann jedoch nicht getroffen werden und ist nicht zuletzt auch einzelfallabhängig.

194 Darüber hinaus hat der neue Vorschlag auch zu beschreiben und zu erörtern, wie die **Abstimmungsergebnisse** und **Ansichten der Aktionäre** sowohl bezogen auf die Vergütungspolitik als auch den Vergütungsbericht (s. dazu Rn. 206 ff.) berücksichtigt wurden.[403] Abzustellen hat die Gesellschaft dabei aus zeitlicher Sicht auf die Abstimmungsergebnisse seit der letzten Abstimmung über die Vergütungspolitik auf der Hauptversammlung. Gerade wenn die Abstimmung über die Vergütungspolitik etwas zurückliegt (zum Vierjahresturnus s. Rn. 151), muss der neue Vorschlag daher **alle** in der Zwischenzeit vorgenommenen Abstimmungen über die Vergütungsberichte berücksichtigen.

195 Für die Gesellschaft mag es uU nicht ganz eindeutig sein, wie die Abstimmungsergebnisse zu interpretieren bzw. zu berücksichtigen sind. Dennoch lässt sich wohl Folgendes festhalten: Wurden beispielsweise sowohl die letzte Vergütungspolitik als auch die Vergütungsberichte mit **hohen Zustimmungswerten** von der Hauptversammlung gebilligt, kann die Gesellschaft diese Ergebnisse nicht heranziehen um Änderungen der Vergütungspolitik zu rechtfertigen. Eine Änderung geht in diesem Fall auf die Initiative des zuständigen Organs zurück und spiegelt sich nicht in den Abstimmungsergebnissen wider.

196 Die **Ablehnung der Vergütungspolitik** signalisiert zwar eine gewisse Unzufriedenheit mit der Ausgestaltung der Vergütungspolitik. Dadurch weiß das zuständige Organ allerdings grundsätzlich noch nicht bezüglich welcher Aspekte sich die Aktionäre eine Änderung wünschen. Neben den Abstimmungsergebnissen soll die Gesellschaft bei der Überarbeitung der Vergütungspolitik daher wohl auch die **„Ansichten der Aktionäre“**[404] berücksichtigen.[405] Art. 9a AR-RL enthält jedoch keine Vorgabe, dass die Gesellschaft sich darum bemühen muss, die Ansichten der Aktionäre zu erlangen. Es ist den Mitgliedstaaten jedoch zu empfehlen, eine solche Pflicht festzulegen. Zu berücksichtigen sind aber wohl in jedem Fall **Fragen** von Aktionären, die auf der Hauptversammlung gestellt wurden (zum Fragerecht s. Rn. 131 ff.) und aus denen sich eine Ansicht zu dieser Thematik herauslesen lässt. Sinnvoll wäre es wohl auch, eine **Diskussion** über dieses Thema auf der Hauptversammlung anzuregen bzw. den Aktionären zB auf der Website des Unternehmens eine Möglichkeit zu gewähren, ihre Ansichten mitzuteilen. Ansonsten besteht die Gefahr, dass die Gesellschaft nur die Ansichten einiger weniger Aktionäre (zB des Hauptaktionärs) berücksichtigt. In jedem Fall darf der Gleichbehandlungsgrundsatz nicht verletzt werden (s. dazu Rn. 86 ff.).

197 Problematisch ist auch die **Interpretation der Abstimmungsergebnisse** über die Vergütungsberichte. Denn die Richtlinie legt nicht eindeutig fest, was mit dem konsultativen Votum ausgedrückt wird (s. dazu näher unter Rn. 214).

198 Die Gesellschaft muss beschreiben und erklären, wie sie die Abstimmungsergebnisse und Ansichten der Aktionäre berücksichtigt (zur Problematik der Interpretation s. Rn. 195 f.). Daraus lässt sich jedoch **keine Pflicht** ableiten, eine Änderung iSd Aktionäre anzustreben. Vielmehr würde die Gesellschaft auch ihrer Pflicht nachkommen, wenn sie die Änderungen erklären würde und zum Ausdruck brächte, dass diese nicht dem ausgedrückten

402 Die polnische Sprachfassung spricht ebenfalls von „wesentlich“ („istotnej“)., die anderen Sprachfassungen verwenden „signifikant“. Siehe Englischer Wortlaut: „significant“. Französischer Wortlaut: „significatives“. Spanischer Wortlaut: „significativos“. Italienischer Wortlaut: „significative“.

403 Zur vergleichbaren Regelung im Kommissionsentwurf kritisierte der *DAV-Handelsrechtsausschuss* NZG 2015, 54, 60, dass dies eine übertriebene Berichtspflicht darstelle und die Aufsichtsratskompetenz zu sehr einschränken würde. Allerdings entsteht durch die Regelung keine Pflicht, eine Änderung iS der Aktionäre anzustreben. Es wird lediglich ein faktischer Druck auf das zuständige Organ erzeugt (s. dazu näher unter Rn. 148).

404 Die anderen Fassungen sprechen auch von Ansichten bzw. Meinungen. Englischer Wortlaut: „views of shareholders“. Französischer Wortlaut: „les avis des actionnaires“. Spanischer Wortlaut: „vista de los accionistas“. Polnischer Wortlaut: „opinie akcjonariuszy“. Niederländischer Wortlaut: „standpunten van de aandeelhouders“. Der italienische Wortlaut spricht von „Bewertungen der Aktionäre“ („valutazioni degli azionisti“).

405 *DAV-Handelsrechtsausschuss* NZG 2015, 54, 60 kritisiert, dass unklar bleibt, wie diese Ansichten zu ermitteln sind; ähnlich *Seibt* DB 2014, 1910, 1912.

Willen der Aktionäre entsprechen. Dies gilt für alle Änderungen der Vergütungspolitik, auch für solche, die durchgeführt werden müssen, weil die Aktionäre die letzte Vergütungspolitik abgelehnt haben. Selbst wenn das Abstimmungsergebnis bindend ist, schreibt die Richtlinie nicht vor, dass die Änderung den Willen der im Abstimmungsergebnis zum Ausdruck kommt, widerspiegeln *muss*. Die Richtlinie erzeugt jedoch einen eindeutigen **Druck** in diese Richtung, indem sie in bestimmten Fällen eine Überarbeitung der Politik verlangt und gleichzeitig **Transparenz** bezüglich der vorgenommenen Änderungen schafft. Zudem gibt die Richtlinie insofern lediglich einen Mindeststandard vor (s. Rn. 17).

Wird die geänderte Vergütungspolitik angenommen, so entfaltet sie ihre bindende bzw. konsultative Wirkung 199 (s. dazu Rn. 158 ff.). Die konkrete Vergütung ist immer an der aktuellen Vergütungspolitik auszurichten. Ändert eine Gesellschaft ihre Vergütungspolitik, muss sie auf jeden Fall auf nach diesem Zeitpunkt verhandelte Vergütungen angewandt werden.[406] Die Richtlinie äußert sich jedoch nicht explizit zu den Altverträgen, die auf Grundlage der vorangegangenen Vergütungspolitik ausgehandelt wurden. Diesen sollte Bestandsschutz gegeben werden.[407] Die Vergütungspolitik ist damit allein **zukunftsorientiert**. Unternehmen könnten sich jedoch in der Praxis dazu entscheiden, Flexibilitätsklauseln in die Verträge mit den Board-Mitgliedern aufzunehmen, um diese im Falle einer Veränderung der Vergütungspolitik ggf anpassen zu können. In jedem Fall sollte die veränderte Vergütungspolitik jedoch zu beachten sein, wenn und soweit der Anstellungsvertrag aufgrund der Wiederbestellung verlängert wird.

Teilweise wird vertreten, dass auch eine **Ad-hoc-Überarbeitung** der Vergütungspolitik in der Hauptversamm- 200 lung erfolgen könnte, die eine Politik ablehnt.[408] Dieser Ansicht wird an dieser Stelle nicht gefolgt. Die Richtlinie gibt in Art. 9a II AR-RL den Abstimmungsturnus vor (dazu Rn. 153) und spricht insofern konsequent von „darauffolgender Hauptversammlung".[409] Zudem müssen alle wesentlichen Änderungen beschrieben und erläutert (Art. 9a VI Uabs. 6 S. 2 AR-RL) sowie Erklärungen abgegeben werden, wie das Abstimmungsergebnis und die Ansichten der Aktionäre berücksichtigt wurden. Diesen Informationsanforderungen kann wohl innerhalb derselben Hauptversammlung nicht nachgekommen werden.

c) Veröffentlichung der Vergütungspolitik

Art. 9a VII AR-RL verlangt die **Veröffentlichung der Vergütungspolitik** auf der Website (Internetpräsenz) der 201 Gesellschaft zusammen mit den **Abstimmungsergebnissen**. Die Regelung gewährt den Mitgliedstaaten mit Blick auf den Veröffentlichungsort (Website des Unternehmens) keinen Spielraum. Unternehmen müssen daher eine entsprechende **Website** haben und eine solche in Zusammenhang auch pflegen. Die Vorschrift scheint im Ergebnis zu fordern, dass jede vorgeschlagene Vergütungspolitik zu veröffentlichen ist, unabhängig davon, ob sie angenommen wurde oder nicht. So ließe sich zumindest der umfassende Wortlaut der Vorschrift deuten.[410] Auf dem Dokument muss das Datum angegeben werden. Die (vorgeschlagene) Vergütungspolitik ist **unverzüglich** nach der Abstimmung auf der Website zugänglich zu machen (Art. 9a VII AR-RL). Dort muss die Vergütungspolitik für **jedermann** einsehbar sein, nicht lediglich für die Aktionäre (Art. 9a VII AR-RL). Denn die Vergütungspolitik ist beispielsweise auch für potenzielle Investoren (mit Blick auf eine Investitionsentscheidung) und andere Stakeholder von Interesse. So wird zudem eine öffentliche Debatte über die Vergütungspolitik ermöglicht. Die Gesellschaft muss dafür sorgen, dass die Vergütungspolitik abgerufen werden kann, **ohne** dass dies **Kosten** für die Person hervorruft, die die Vergütungspolitik einsehen möchte (Art. 9a VII AR-RL).

Auf der Website veröffentlichte Vergütungspolitiken müssen dort zumindest so lange abrufbar sein, wie sie **an-** 202 **gewandt** werden. Diese Vorgabe bezieht sich allein auf **angenommene Vergütungspolitiken** im Fall verbindlicher Abstimmungen. Denn abgelehnte Vorschläge erlangen keine Geltung, sofern die Abstimmung verbindlichen Charakter hat. Diese Vorschläge müssen nach hier vertretener Ansicht so lange auf der Website verfügbar sein, bis ein neuer Vorschlag unterbreitet wurde. Im Ergebnis kann es daher sein, dass die Gesellschaft zwei Vergütungspolitiken zugänglich machen muss: Im Fall eines bindenden Votums der Aktionäre muss die Gesellschaft beispielsweise immer die zuletzt gebilligte Vergütungspolitik auf der Website veröffentlichen. Hinzu kommt gem Art. 9a VII AR-RL die zuletzt vorgeschlagene, aber abgelehnte Vergütungspolitik. Die Gesellschaft sollte dabei kenntlich machen, um welche Vergütungspolitik es sich jeweils handelt. Hat die Abstimmung hingegen lediglich **konsultativen Charakter**, ist immer die **zuletzt vorgeschlagene Vergütungspolitik** zu veröffentlichen, da diese angewandt wird, unabhängig vom Abstimmungsergebnis in der Hauptversammlung.

---

406 *Bungert/Wansleben* DB 2017, 1190, 1192.

407 Vgl. *Bungert/Wansleben* DB 2017, 1190, 1192; s. auch *Diekmann* WM 2018, 796, 798.

408 *Bungert/Wansleben* DB 2017, 1190, 1191.

409 Englischer Wortlaut: „following general meeting". Französischer Wortlaut: „prochaine assemblée générale". Spanischer Wortlaut: „siguiente junta general". Italienischer Wortlaut: „successiva assemblea". Niederländischer Wortlaut: „volgende algemene vergadering". Polnischer Wortlaut: „kolejnym walnym zgromadzeniu".

410 Deutscher Wortlaut: „Die Mitgliedstaaten stellen sicher, dass die Vergütungspolitik nach der Abstimmung über sie in der Hauptversammlung (…) unverzüglich auf der Website der Gesellschaft veröffentlicht wird".

d) Sanktionen

203 Art. 9a AR-RL enthält keine **Sanktionen**, um die dort gemachten Vorgaben wirksam durchzusetzen. Die Festlegung von Sanktionen obliegt vielmehr den Mitgliedstaaten. Art. 14b I AR-RL verpflichtet die Mitgliedstaaten dazu, Maßnahmen und Sanktionen für den Fall festzulegen, dass nationale Vorgaben, die in Umsetzung der Richtlinie geschaffen wurden, verletzt werden (Art. 14b I AR-RL, vgl. dazu auch Rn. 368). Der Europäischen Kommission muss mitgeteilt werden, welche Sanktionsmechanismen geschaffen wurden (Art. 14b II AR-RL).

204 Die nationalen Gesetzgeber müssen daher mit Blick auf die Regeln zu *say on pay* vor allem durch Sanktionsmechanismen sicherstellen, dass

- eine Vergütungspolitik gem den entsprechenden Vorgaben erstellt bzw. überarbeitet wird;
- die Vergütungspolitik alle verlangten Informationen erhält;
- die Vergütungspolitik den Aktionären zu dem durch die Richtlinie vorgegebenen Zeitpunkt zur Abstimmung gestellt wird;
- die Vergütungspolitik ihre verbindliche bzw. unverbindliche Wirkung entfaltet;
- die tatsächliche Vergütung gem der geltenden Vergütungspolitik erfolgt;[411] und
- die Vergütungspolitik veröffentlicht wird.

205 Die Nichterstellung der Vergütungspolitik könnte beispielsweise zu einer **Ordnungswidrigkeit** für das zuständige Organ führen. Verstößt die tatsächliche Vergütung gegen die geltende Vergütungspolitik, könnten die dafür verantwortlichen Organmitglieder in Höhe der zu viel gezahlten Vergütung aufgrund eines Sorgfaltspflichtverstoßes gegenüber der Gesellschaft haften, außerdem wären auch hier Bußgelder denkbar.

4. Vergütungsbericht

206 Art. 9b AR-RL regelt, dass die von der Aktionärsrechterichtlinie erfassten Unternehmen neben der Vergütungspolitik **jährlich** einen **Vergütungsbericht** erstellen müssen, der Angaben zur konkreten Vergütung der einzelnen Board-Mitglieder enthalten muss (Art. 9b I AR-RL, s. näher unter Rn. 271 ff.). Über den Vergütungsbericht stimmen die Aktionäre in der Jahreshauptversammlung ab, wobei das Abstimmungsergebnis allerdings grundsätzlich **keine verbindliche Wirkung** entfaltet (Art. 9b IV AR-RL, s. Rn. 210).

207 Der Richtliniengeber verfolgt mit diesem Grundkonzept mehrere **Ziele** (vgl. Erwägungsgrund 31 und 33 Änderungsrichtlinie, dazu auch bereits unter Rn. 16): Zunächst dienen der Vergütungsbericht und dessen Veröffentlichung der Transparenz. Durch den Bericht über die tatsächliche Vergütung zeigt sich, ob die Vergütung in Einklang mit der Vergütungspolitik erfolgt. Durch das Erstellen des Vergütungsberichts kommt das zuständige Organ damit seiner Rechenschaftspflicht nach. Die Aktionäre werden dadurch in die Lage versetzt eine Kontrollfunktion auszuüben.[412] Sie üben diese, wenn auch durch eine grundsätzlich konsultative Abstimmung, aus. Die Transparenz ist eine Grundvoraussetzung, um die Aktionäre in die Lage zu versetzen, die Vergütung der einzelnen Board-Mitglieder zu bewerten. Sie können nur so bewerten, ob deren Leistung mit deren Vergütung in einem angemessenen Verhältnis steht.[413] Druck das Abstimmungsergebnis der Aktionäre ernst zu nehmen, baut die Änderungsrichtlinie durch entsprechende **Berichtspflichten** im nächsten Vergütungsbericht auf. Im Ergebnis zielt die Europäische Kommission durch die Regeln darauf ab, dass das Verhältnis von Vergütung und Leistung stärker überwacht wird und zwar nicht nur für die Leitungsorgane als Kollektiv, sondern für jedes einzelne Board-Mitglied.

a) Abstimmung über den Vergütungsbericht

aa) Abstimmung der Hauptversammlung

208 Art. 9b IV Uabs. 1 S. 1 AR-RL sieht vor, dass die Aktionäre das Recht haben, in der **jährlichen Hauptversammlung** über den Vergütungsbericht des letzten Geschäftsjahres abzustimmen. Art. 9b IV Uabs. 2 S. 1 AR-RL enthält diesbezüglich allerdings eine **opt-out Regelung** für die Mitgliedstaaten. Diese dürfen **kleine und mittlere Unternehmen** (nach der Definition Art. 2 II bzw. III der Bilanzrichtlinie (dazu § 25 Rn. 24 ff.)) von der Pflicht zur Abhaltung einer Abstimmung über den Vergütungsbericht befreien.[414] Das bedeutet allerdings nicht, dass sie KMU auch von der Erstellung des Berichts entbinden können. Vielmehr müssen diese Unternehmen den Bericht auch bei Ausübung des Gestaltungsspielraums durch den nationalen Gesetzgeber erstellen. Statt einer Abstimmung über den Bericht muss der Mitgliedstaat dann eine **Diskussion** über diesen in der Jahreshauptver-

411 Kommissionsentwurf *DAV-Handelsrechtsausschuss* NZG 2015, 54, 60 fordert, dass die Bindung nur Wirkung im Innenverhältnis entfalten und im Fall einer neuen Vergütungspolitik keine Rückwirkung eintreten sollte.

412 *Suchan/Gerdes* WPg 2017, 1034, 1038; zur Kontrollfunktion der Aktionäre auch *Leuering* NZG 2017, 646, 649; vgl. auch *Dijkhuizen* ECL 12 (2015) 45, 48 zum Kommissionsentwurf; *Gaul* AG 2017, 178, 184, der in der Abstimmung über den Vergütungsbericht eine Transparenz- und Darstellungskontrolle sieht.

413 *Lutter/Bayer/Schmidt*, Europäisches Unternehmens- und Kapitalmarktrecht, 2017, Rn. 29.139.

414 Für eine Wahrnehmung der entsprechenden Regelungsoption durch den deutschen Gesetzgeber *Bungert/Wansleben* DB 2017, 1190, 1193.

sammlung vorschreiben. An dieser Stelle bleibt unklar, inwiefern dies eine signifikante Erleichterung für KMU darstellen soll. Es scheint vielmehr den Aktionären die Möglichkeit zu nehmen, durch eine Abstimmung ihre Meinung auszudrücken, während es gleichzeitig für KMU zu keiner signifikanten Erleichterung beispielsweise in Form von Kostenersparnissen kommt, da die Erstellung des Berichts nicht entfällt. In der Praxis wird dies aber zumindest in Deutschland keine nennenswerte Rolle spielen, da die von der Richtlinie betroffenen Börsenunternehmen selten unter den KMU-Begriff fallen werden.

Die Abstimmung über den Vergütungsbericht hat **jährlich** auf der Hauptversammlung zu erfolgen (Art. 9a IV Uabs. 1 S. 1 AR-RL).[415] Ausnahmen von diesem Abstimmungsturnus sind nicht vorgesehen. Macht ein Mitgliedstaat von der Regelungsmöglichkeit in Art. 9a IV Uabs. 2 S. 1 AR-RL für KMU Gebrauch, so hat die Diskussion über den Vergütungsbericht auf jeder Jahreshauptversammlung zu erfolgen. 209

bb) Wirkung der Abstimmung und Bedeutung des Abstimmungsergebnisses

Art. 9b IV Uabs. 1 S. 1 AR-RL gibt vor, dass die Abstimmung über den Vergütungsbericht **keine bindende Wirkung** entfaltet. Da die Aktionärsrechterichtlinie allerdings grundsätzlich nur einen Mindeststandard regelt (s. Rn. 17), können die nationalen Gesetzgeber darüber auch hinausgehen und die Abstimmung verbindlich ausgestalten. 210

Im Gegensatz zur Vergütungspolitik wird bezüglich des Vergütungsberichts nicht geregelt, was **konsultativ** („mit empfehlendem Charakter")[416] in diesem Fall bedeutet.[417] Der Begriff ist damit europäisch-autonom auszulegen (dazu § 2 Rn. 80 ff.).[418] Im Ergebnis lässt sich aus Art. 9b IV Uabs. 1 S. 1 und Uabs. 1 S. 2 AR-RL schließen, dass das Abstimmungsergebnis in jedem Fall gezahlte Vergütungen unberührt lässt.[419] Aus einer Ablehnung des Vergütungsberichts folgt auch nicht, dass das zuständige Organ die Vergütung der Board-Mitglieder ändern *muss*. Es wird durch entsprechende Berichtspflichten lediglich ein Druck in diese Richtung erzeugt. Mit Bezug zum deutschen Recht wurde bereits gefordert, sicherzustellen, dass der Beschluss nicht anfechtbar ist.[420] 211

Gänzlich ohne Wirkung ist die Abstimmung allerdings dennoch nicht. Denn Art. 9b IV Uabs. 1 S. 2 AR-RL gibt vor, dass das Unternehmen im nächsten **Vergütungsbericht** zu erläutern hat, wie das **Abstimmungsergebnis berücksichtigt** wurde.[421] Wie auch bezogen auf die Vergütungspolitik (s. Rn. 198) lässt sich daraus keine Verpflichtung ableiten, eine Veränderung entsprechend des Votums vorzunehmen. Das zuständige Organ käme seiner Pflicht aus Art. 9b IV Uabs. 1 S. 2 AR-RL also auch dann nach, wenn es die Änderungen lediglich erklären würde und zum Ausdruck brächte, dass diese nicht dem ausgedrückten Willen der Aktionäre entsprechen. 212

Im Gegensatz zur Vergütungspolitik verlangt Art. 9b IV Uabs. 1 S. 2 AR-RL nur, dass das **Abstimmungsergebnis** zu berücksichtigen ist, die **„Ansichten der Aktionäre"** werden in diesem Fall nicht genannt. Auch hier setzt die Richtlinie einen Mindeststandard. Allerdings hätte auch daran gedacht werden können, bereits in der Richtlinie beide Berichts- und Erläuterungspflichten parallel auszugestalten (also in beiden Fällen die Berücksichtigung des 213

415 Kritisch zum jährlichen Turnus mit Blick auf den Kommissionsentwurf *DAV-Handelsrechtsausschuss* NZG 2015, 54, 62; ebenso kritisch *Gaul* AG 2017, 178, 186.

416 Englischer Wortlaut: „advisory". Französischer Wortlaut: „consultatif". Spanischer Wortlaut: „consultiva". Italienischer Wortlaut: „consultiva". Niederländischer Wortlaut: „adviserende". Polnischer Wortlaut: „konsultacyjny".

417 *Suchan/Gerdes* WPg 2017, 1034, 1038 sehen insofern Klärungsbedarf.

418 Es ist grundsätzlich von einer europäisch autonomen Auslegung auszugehen, vgl. EuGH, Rs. C-128/11 (UsedSoft), ECLI:EU:C:2012:407 = NJW 2012, 2565, Rn. 39; EuGH, Rs. C-467/08 (Padawan), ECLI:EU:2010:620 = EuZW 2010, 951, Rn. 32; EuGH, Rs. C-34/10 (Brüstle), ECLI:EU:C:2011:669 = EuZW 2011, 908, Rn. 25; *Riesenhuber* in: Riesenhuber (Hrsg.), Europäische Methodenlehre, 2015, § 10 Rn. 6; *Martens*, Methodenlehre des Unionsrechts, 2013, S. 335 f.

419 *Verse* in: Fleischer ua (Hrsg.), 50 Jahre Aktiengesetz, 2016, S. 303, 321, Fn. 116 zum Kommissionsentwurf sowie *Gaul* AG 2017, 178, 184.

420 *DAV-Handelsrechtsausschuss* NZG 2015, 54, 62.

421 *DAV-Handelsrechtsausschuss* NZG 2015, 54, 62 hält diese Vorgabe mit Blick auf den Kommissionsentwurf für überflüssig, da die Unternehmen dies von sich aus täten. Damit schadet die Regelung dann aber auch nicht und greift zumindest in den Ausnahmefällen, in denen ein Unternehmen eine entsprechende Vorgehensweise nicht von sich aus wählt. *Bayer/Schmidt* BB 2014, 1219, 1220 zum Kommissionsentwurf sprechen mit Bezug auf diese Regelungstechnik von einem *comply-or-explain*-Ansatz. Nach hier zugrunde gelegtem Verständnis unterscheiden sich beide Regelungstechniken. Beim *comply-or-explain*-Ansatz gibt es eine Empfehlung und Unternehmen geben an, ob sie dieser (freiwillig) folgen oder nicht. In letzterem Fall ist eine Erklärung abzugeben. Hier muss jedoch die konkrete Vergütung nach der Vergütungspolitik erfolgen. Auf ein negatives Votum muss das zuständige Organ im nächsten Bericht (also zeitverzögert) reagieren. Eine Erklärung ist hier in jedem Fall notwendig. *Lanfermann/Maul* BB 2014, 1283, 1285 sprechen davon, dass die Berichtspflicht in Verbindung mit der Offenlegungspflicht einen „faktischen Zwang zur Berücksichtigung von Abstimmungsergebnissen" kreiert; einen „faktischen Zwang" hält *Gaul* AG 2017, 178, 184 für zu weitgehend und sieht hierin eher eine „Transparenz- und Darstellungskontrolle".

Abstimmungsergebnisses und der Ansichten bzw. in beiden Fällen lediglich die Bezugnahme auf die Abstimmungsergebnisse).

214 Um das Abstimmungsergebnis im nächsten Bericht berücksichtigen zu können, ist es für die Gesellschaft entscheidend zu wissen, wie eine Annahme bzw. eine Ablehnung zu verstehen sind. Dies ist nicht so eindeutig, wie es auf den ersten Blick erscheinen mag. Da der Vergütungsbericht die konkrete Vergütung der einzelnen Board-Mitglieder enthält, erscheint es stimmig, die Abstimmung als Billigung bzw. Missbilligung der tatsächlich geleisteten Vergütungen anzusehen. Im Fall eines ablehnenden Votums ist dann allerdings nicht klar, welche Aspekte die Aktionäre ganz konkret ablehnen. Erwägungsgrund 31 der Änderungsrichtlinie bringt zudem zum Ausdruck, dass die Aktionäre durch die Abstimmung eine **Kontrollfunktion** erfüllen sollen. Durch ihr Votum sollen sie dazu beitragen, dass die tatsächliche Vergütung der Board-Mitglieder in Einklang mit der Vergütungspolitik steht. Eine Ablehnung des Vergütungsberichts könnte danach also auch ausdrücken, dass die Aktionäre der Auffassung sind, dass die **konkrete Vergütung gegen die Vergütungspolitik verstößt**. Dass bei der Änderung der Vergütungspolitik auch die Abstimmungsergebnisse über die Vergütungsberichte zu berücksichtigen sind (vgl. Art. 9a VI Uabs. 6 S. 2 AR-RL), zeigt zudem, dass die Aktionäre durch die Abstimmung über die Vergütungsberichte auch ihre Zufrieden- bzw. Unzufriedenheit mit der **Vergütungspolitik** zum Ausdruck bringen können. Die Mitgliedstaaten könnten ihren Umsetzungsspielraum nutzen und ein differenziertes Votum vorschreiben. Tun sie das jedoch nicht, so obliegt es der Gesellschaft, das Abstimmungsergebnis zu interpretieren.

215 Macht ein Mitgliedstaat von der ***opt-out*-Möglichkeit** in Art. 9b IV Uabs. 1 S. 1 AR-RL Gebrauch (s. Rn. 208), so hat das KMU in seinem nächsten Vergütungsbericht die **Diskussion** zu berücksichtigen, die auf der Jahreshauptversammlung geführt wurde. Eine Diskussion lässt im Gegensatz zur Abstimmung mehr Raum, Kritik präzise zu fassen. Allerdings werden gleichzeitig auch nur einzelne Stimmen gehört, da idR nur ein Bruchteil der Aktionäre an einer Diskussion aktiv teilnimmt bzw. überhaupt anwesend ist.

216 Nicht unproblematisch ist, wie Unternehmen ein negatives Votum in der Praxis überhaupt unverzüglich berücksichtigen können. Denn die Verträge mit den Board-Mitgliedern werden in der Regel keine Anpassungsoption haben. Zukünftig könnten daher **Flexibilitätsklauseln** aufgenommen werden. Nur im Fall von neuen Verträgen könnte auf das Abstimmungsergebnis unproblematisch Rücksicht genommen werden. Drückt ein negatives Votum dagegen Unzufriedenheit mit der Vergütungspolitik aus, könnte diese überarbeitet werden.

b) Erstellung des Vergütungsberichts

aa) Pflicht zur Erstellung und Zuständigkeit

217 Art. 9b I Uabs. 1 AR-RL trägt den Mitgliedstaaten auf, zu gewährleisten, dass die von der Richtlinie erfassten Unternehmen (dazu Rn. 18 ff.) Vergütungsberichte verfassen. Die Richtlinie enthält grundsätzlich keine **Sanktionen** für den Fall der Nichtbefolgung, sondern begnügt sich mit einem entsprechenden Regelungsauftrag an die Mitgliedstaaten (vgl. Art. 14b AR-RL, s. dazu Rn. 386). In diesem besonderen Fall enthält Art. 9b V Uabs. 2 S. 1 und Uabs. 2 S. 2 AR-RL allerdings gewisse Vorgaben. Art. 9b V Uabs. 2 S. 1 AR-RL regelt, dass die Mitgliedstaaten sicherstellen müssen, dass die Board-Mitglieder, denen die Aufgabe zufällt, den Vergütungsbericht zu erstellen, auch **kollektiv** die Verantwortung dafür zu übernehmen haben. Art. 9b V Uabs. 2 S. 2 AR-RL führt weiter aus, dass die Mitgliedstaaten dafür Sorge zu tragen haben, dass die Board-Mitglieder (gemeinsam) für die Verletzung ihrer Pflicht zur Erstellung des Berichts gem den nationalen Vorschriften haften. Diese **Haftung** muss zumindest gegenüber der Gesellschaft bestehen.

218 Fraglich ist, ob Art. 9b AR-RL die **Zuständigkeit** für die Erstellung des Vergütungsberichts regelt. Erwägungsgrund 28 der Änderungsrichtlinie unterstreicht, dass die Richtlinie die Diversität der Corporate Governance-Systeme in Europa respektieren möchte (s. bereits Rn. 170), bezieht sich allerdings auf die Vergütungspolitik und nicht explizit auch auf den Vergütungsbericht. Art. 9b V Uabs. 2 AR-RL gibt vor, dass „die *Mitglieder der Unternehmensleitung* im Rahmen der ihnen durch einzelstaatliche Rechtsvorschriften übertragenen Zuständigkeiten die gemeinsame Aufgabe haben sicherzustellen, dass der Vergütungsbericht entsprechend den Anforderungen dieser Richtlinie erstellt und veröffentlicht wird". Der Begriff „Mitglieder der Unternehmensleitung" wird in Art. 2 lit. i) (i) AR-RL definiert (dazu Rn. 172) und umfasst im dualistischen System grundsätzlich die Vorstands- und Aufsichtsratsmitglieder, so dass von einer gemeinsamen Erstellungspflicht ausgegangen werden könnte.[422] Allerdings verweist die Vorschrift für die Zuständigkeit gleichzeitig explizit auf nationales Recht. Fraglich ist, ob die nationalen Gesetzgeber lediglich die doppelte Zuständigkeit ausgestalten können oder ob sie auch festlegen können, dass nur ein Organ dafür zuständig ist. Aus der Formulierung, dass die „Gesellschaft" einen entsprechenden Bericht zu erstellen hat (Art. 9b I Uabs. 1 AR-RL), lässt sich umgekehrt auch nicht ableiten, dass zwangsläufig der Vorstand bzw. der Verwaltungsrat zuständig ist. Im Ergebnis ist aufgrund der vom europäischen Regelungsgeber vorgesehenen Flexibilität mit Blick auf die Corporate Governance zu befürworten, dass die Mitgliedstaaten entscheiden können, welchem Organ sie die Zuständigkeit für die Berichterstellung übertragen.

422 *Leuering* NZG 2017, 646, 649; so auch *Suchan/Gerdes* WPg 2017, 1034, 1039.

bb) Umfang

Art. 9b I Uabs. 1 AR-RL regelt, dass der Vergütungsbericht Angaben zur Vergütung der „**einzelnen Mitglieder der Unternehmensleitung**“[423] zu enthalten hat.[424] Wer unter den Begriff „Mitglied der Unternehmensleitung“ zu subsumieren ist, regelt der neu eingefügte Art. 2 lit. i) AR-RL (s. dazu bereits Rn. 172). Danach umfasst die Formulierung je nach Organisationsform grundsätzlich. alle Mitglieder des **Verwaltungsrats** (dh geschäftsführende und nicht-geschäftsführende Mitglieder) bzw. des **Vorstands** und des **Aufsichtsrats**[425] (Art. 2 lit. i) (i) AR-RL). Art. 2 lit. i) (iii) AR-RL ermöglicht es den Mitgliedstaaten, darüberhinausgehend Angaben zu **weiteren Personen** im Vergütungsbericht zu verlangen, die ähnliche Aufgaben erfüllen wie die Mitglieder des Verwaltungsrats bzw. des Vorstands und des Aufsichtsrats. Art. 2 lit. i) AR-RL setzt somit einen Mindeststandard. Es ist den Mitgliedstaaten allerdings **nicht** gestattet, die Berichterstattung beispielsweise auf den Vorstand zu beschränken. 219

Die Berichterstattung hat **für jedes Board-Mitglied einzeln** zu erfolgen (Art. 9b I Uabs. 1 AR-RL). Die Angaben dürfen also nicht mit Blick auf mehrere Board-Mitglieder kumuliert werden. Die Berichtspflicht umfasst zunächst alle im Zeitpunkt der Berichterstattung tätigen Board-Mitglieder. Art. 9b I Uabs. 1 AR-RL präzisiert, dass die Vorschrift auch neue Board-Mitglieder erfasst. Da sich die Berichtspflicht auf Vergütungen bezieht, die die Board-Mitglieder im letzten Geschäftsjahr erhalten haben, müssen neue Board-Mitglieder also insofern ebenfalls berücksichtigt werden, als sie in dieser Periode irgendwelche Zahlungen erhalten haben. Art. 9b I Uabs. 1 AR-RL nennt darüber hinaus ehemalige Board-Mitglieder. Auch deren im letzten Geschäftsjahr bezogene Leistungen müssen im Bericht aufgeführt werden. Da die Zahlungen an ehemalige Board-Mitglieder durchaus signifikant sein können, ist auch die entsprechende Angabe für Stakeholder von Interesse.[426] Im Ergebnis müssen somit Informationen zu **allen Board-Mitgliedern** (ob gegenwärtig, neu eingestellt oder ehemalig) gegeben werden, die im vergangenen Geschäftsjahr Vergütungen erhalten haben oder, sofern das Geschäftsjahr noch nicht abgelaufen ist, erhalten werden. 220

cc) Inhalt

Art. 9b I AR-RL regelt, worüber der Vergütungsbericht zu informieren hat. Die Vorschrift macht jedoch keine inhaltlichen Vorgaben dazu, wie die Vergütung der Board-Mitglieder (im dualistischen System der Vorstands- und Aufsichtsratsmitglieder) auszusehen hat. Gewisse Grenzen bei der Ausgestaltung ergeben sich jedoch durch die geltende Vergütungspolitik. 221

Ganz allgemein gibt Art. 9b I Uabs. 1 AR-RL vor, dass die Gesellschaft verpflichtet ist, einen klaren und **verständlichen Vergütungsbericht** zu erstellen, der den Aktionären einen umfassenden Überblick über die Vergütung jedes einzelnen Board-Mitglieds liefert. Berücksichtigt werden müssen alle Vorteile unabhängig davon, in welcher Form sie gewährt werden. Die Vorschrift wurde teilweise als zu weitgehend kritisiert.[427] Beanstandet wird vor allem die Komplexität des Vergütungsberichts und der Aufwand für Unternehmen.[428] Der Regelungsgeber betont jedoch die Bedeutung einer umfassenden Berichterstattung und rechtfertigt diese damit, dass die Aktionäre nur dadurch ein umfassendes Bild von der Vergütung enthalten und darauf dann entsprechend reagieren können (vgl. Erwägungsgrund 34 Änderungs-RL). 222

Art. 9b I Uabs. 1 AR-RL ist etwas missverständlich formuliert, da die Vorschrift dem Wortlaut nach nur fordert, solche Vorteile zu nennen, die „gemäß der in Artikel 9a genannten Vergütungspolitik“[429] geleistet wurden. Sinn und Zweck legen jedoch nahe, dass **alle Vergütungskomponenten zu nennen** sind, unabhängig von der Übereinstimmung mit der Vergütungspolitik. Für diese Interpretation spricht auch Art. 9b I Uabs. 2 lit. f) AR-RL, nach dem Informationen zur Abweichung gegenüber der Vergütungspolitik gegeben werden müssen. 223

---

423 Die anderen Sprachfassungen sprechen zT auch von „jedes Mitglied der Unternehmensleitung“. Englischer Wortlaut: „individual directors“. Französischer Wortlaut: „chaque administrateur“. Spanischer Wortlaut: „cada administrador“. Italienischer Wortlaut: „singoli amministratori“. Niederländischer Wortlaut: „individuele bestuurders“. Polnischer Wortlaut: „poszczególnym dyrektorom“.

424 Die Vorschrift wurde insgesamt mit Blick auf ihren begrenzten Informationswert für Aktionäre kritisiert. *DAV-Handelsrechtsausschuss* NZG 2015, 54, 61.

425 Kritisch zur Einbeziehung der Aufsichtsratsmitglieder *Koch* BB 15/16 (2017), 1; mit Blick auf den Kommissionsentwurf *DAV-Handelsrechtsausschuss* NZG 2015, 54, 60.

426 *Lutter/Bayer/Schmidt*, Europäisches Unternehmens- und Kapitalmarktrecht, 2017, Rn. 29.141.

427 *Bungert/Wansleben* DB 2017, 1190, 1193; so auch bereits *DAV-Handelsrechtsausschuss* NZG 2015, 54, 61 f. mit Blick auf den Kommissionsentwurf, verbunden mit der Forderung offensichtlich unwesentliche Vergütungselemente von der Berichtspflicht auszunehmen.

428 *Bungert/Wansleben* DB 2017, 1190, 1193. *Gaul* AG 2017, 178, 186 hält den Mehraufwand dagegen für (noch) akzeptabel.

429 Englischer Wortlaut: „in accordance with the remuneration policy referred to in Article 9a“. Französischer Wortlaut: „conformément à la politique de rémunération visée à l'article 9 bis“. Spanischer Wortlaut: „con arreglo a la política de remuneración a que se refiere el artículo 9 bis“. Italienischer Wortlaut: „conformemente alla politica di remunerazione di cui all'articolo 9 bis“. Niederländischer Wortlaut: „overeenkomstig het in artikel 9 bis bedoelde bezoldigingsbeleid“. Polnischer Wortlaut: „zgodnie z polityką wynagrodzeń o której mowa w art. 9a“.

224 Art. 9b I Uabs. 2 lit. a) bis f) AR-RL konkretisiert, welche **Informationen im Vergütungsbericht** gegeben werden müssen. Die Einschränkung „gegebenenfalls" bzw. „falls zutreffend"[430] gewährt weder den Mitgliedstaaten noch den Gesellschaften die Möglichkeit, die Berichtspflicht einzuschränken.[431] Vielmehr nimmt die Vorschrift damit nur darauf Rücksicht, dass je nach Ausgestaltung der Vergütung nicht zu allen Aspekten Angaben gemacht werden können.[432] Im Folgenden werden die einzelnen zu machenden Angaben genannt:

225 ■ Art. 9b I Uabs. 2 lit. a) AR-RL fordert die **Angabe der Gesamtvergütung** jedes Board-Mitglieds, unterteilt in die verschiedenen Vergütungskomponenten. Hier sind auch Vergütungsteile anzugeben, die dem Board-Mitglied aufgrund seiner Familiensituation gewährt werden. Allerdings ist insofern nur der Betrag zu nennen und nicht der Grund der Vergütung, da familienbezogene Daten nicht im Bericht aufgenommen werden dürfen (Art. 9b II AR-RL, vgl. auch Erwägungsgrund 36 Änderungs-RL, zum Umgang mit personenbezogenen Daten s. Rn. 233 ff.). Bezüglich der fixen und variablen Vergütung muss angegeben werden, in welchem Verhältnis die Komponenten zueinanderstehen (Angabe in Prozent oder Bruchteilen).[433] Mit Blick auf die variable Vergütung ist dann noch zu erläutern, wie die Leistungskriterien, die gem Art. 9a VI Uabs. 3 S. 1 und Uabs. 3 S. 2 AR-RL in der Vergütungspolitik festgelegt werden müssen (s. Rn. 182), auf den konkreten Fall angewandt wurden. Das zuständige Organ muss dann erläutern, wie die Gesamtvergütung in Einklang mit der Vergütungspolitik steht und wie sie zur **langfristigen Performance des Unternehmens beiträgt** (Art. 9b VI Uabs. 1 S. 1 AR-RL). Interessanterweise verwendet die Vorschrift hier nicht den mit Blick auf die Vergütungspolitik entwickelten Trias von Unternehmensstrategie, langfristigen Interessen und Nachhaltigkeit (vgl. Art. 9a VI Uabs. 1 S. 1 AR-RL). Art. 9b I Uabs. 2 lit. a) AR-RL stellt vielmehr lediglich auf die langfristige Perspektive ab und lässt damit die kurz- und mittelfristige Perspektive ganz außer Betracht. Die Vorschrift hat zudem den Nebeneffekt, dass aus den Berichten erkennbar wäre, wenn ein Unternehmen weibliche und männliche Board-Mitglieder unterschiedlich vergütet. Die Transparenz könnte dann eine entsprechende Debatte unter den Aktionären und in der Öffentlichkeit befördern. In einigen Fällen könnte sich dann sogar die Frage der Diskriminierung stellen.[434]

226 ■ Art. 9b I Uabs. 2 lit. b) AR-RL verlangt, dass der Vergütungsbericht darüber aufklärt, wie sich verschiedene Aspekte **entwickelt haben**. Zunächst ist in diesem Zusammenhang die Veränderung bei der Vergütung der Board-Mitglieder anzugeben. Darüber hinaus hat der Bericht aufzuführen, wie sich die Gesellschaft im selben Zeitraum entwickelt hat. Die englische Fassung spricht von „*performance*", die deutsche von „Leistung".[435] Es ist damit nicht ganz eindeutig, auf welche Kennziffern hier abzustellen ist. Mit Bezug auf die deutsche Fassung des Kommissionsentwurfs wurde befürwortet, auf den Börsenkurs Bezug zu nehmen.[436] Dort wurde aber auch von „Wertentwicklung" gesprochen (Art. 9b I Uabs. 2 lit. b) AR-RL-KOM).[437] Hier erfolgte im Gesetzgebungsverfahren also eine sprachliche Änderung (zur methodischen Bedeutung § 2 Rn. 125). Es kämen nach dem Begriff „*performance*" verschiedene Kennzahlen in Betracht (zB Umsatz, Gewinn vor Steuern, EBITDA, bereinigter Jahresüberschuss etc). Der Begriff ist somit sehr weit und lässt im Ergebnis wohl den Unternehmen den Spielraum, zu entscheiden, welche Leistungskriterien sie heranziehen möchten (sofern der Mitgliedstaat keine konkreten Vorgaben macht). Zuletzt muss der Vergütungsbericht auch die **Entwicklung der durchschnittlichen Vergütung** von Vollzeitbeschäftigten angeben (Ermöglichung eines Vertikalvergleichs).[438] Art. 9b I Uabs. 2 lit. b) AR-RL stellt seinem Wortlaut nach auf die Beschäftig-

---

430 Englischer Wortlaut: „where applicable". Französischer Wortlaut: „S'il y a lieu". Spanischer Wortlaut: „Cuando sea de aplicación". Italienischer Wortlaut: „Se del caso". Niederländischer Wortlaut: „Voor zover van toepassing". Polnischer Wortlaut: „w stosownych przypadkach".

431 Zur Interpretation des „gegebenenfalls" siehe auch *Lanfermann/Maul* BB 2017, 1218, 1220. Der hier gezogene Schluss lässt sich auch mit Blick auf die Formulierung des Kommissionsentwurfs rechtfertigen. Dort wird der Begriff „sofern einschlägig" verwendet und in der englischen Fassung wird derselbe Begriff wie in der angenommenen Fassung verwendet („where applicable").

432 Vgl. auch *Bayer/Schmidt* BB 2017, 2114, 2116; *Lutter/Bayer/Schmidt*, Europäisches Unternehmens- und Kapitalmarktrecht, 2017, Rn. 29.142.

433 *Lutter/Bayer/Schmidt*, Europäisches Unternehmens- und Kapitalmarktrecht, 2017, Rn. 29.143.

434 In Deutschland soll dieser Thematik allgemein durch das Entgelttransparenzgesetz begegnet werden. Für einen Überblick siehe *Oberthür* NJW 2017, 2228 ff.; s. zur Thematik auch unter § 33 Rn. 54.

435 Französischer Wortlaut: „performances". Spanischer Wortlaut: „evolución del rendimiento". Die spanische Fassung spricht von der Entwicklung der Leistung. Polnischer Wortlaut: „wyników". Der polnische Wortlaut spricht von Ergebnissen. Ebenso der italienische Wortlaut: „risultati".

436 *DAV-Handelsrechtsausschuss* NZG 2015, 54, 62 zum Kommissionsentwurf.

437 Englischer Wortlaut: „development of the value". Französischer Wortlaut: „l'évolution de la valeur". Spanischer Wortlaut: „evolución del valor". Italienischer Wortlaut: „l'andamento del valore". Niederländischer Wortlaut: „ontwikkeling van de waarde". Polnischer Wortlaut: „wyników uzyskiwanych".

438 *Lutter/Bayer/Schmidt*, Europäisches Unternehmens- und Kapitalmarktrecht, 2017, Rn. 29.144 sowie *Bayer/Schmidt* BB 2017, 2114, 2116 sprechen davon, dass diese Information rechtspolitisch heikel bzw. politisch brisant ist.

ten der Gesellschaft, nicht auf den gesamten Konzern ab.[439] Es kommt nach der Vorschrift allerdings nicht darauf an, wo die Beschäftigten tätig sind (Mitgliedstaat, EU, außerhalb der EU).[440] Da es sich um einen Mindeststandard handelt, verbleibt den Mitgliedstaaten die Möglichkeit, eine Einbeziehung aller Beschäftigten des Konzerns zu fordern.[441] Die Angaben ermöglichen die Veränderung der Vergütung von Board-Mitgliedern und Vollzeitbeschäftigten in Verhältnis zur Entwicklung der Gesellschaft zu sehen. Gleichzeitig zeigen sie auch, ob zB die Vergütung von Board-Mitgliedern im Vergleich zur Vergütung der Vollzeitbeschäftigten stärker gestiegen ist.[442]

- Die Entwicklung für die drei unterschiedlichen Aspekte (Entwicklung des Unternehmens sowie der Vergütung der Board-Mitglieder und der Beschäftigten) ist für die **letzten fünf Jahre** zu veranschaulichen (Art. 9b I Uabs. 2 lit. b) AR-RL). Die Vorschrift unterstreicht, dass die Daten so zu präsentieren sind, dass ein **Vergleich** der Entwicklungen durchgeführt werden kann.[443] Das bedeutet, dass die Daten jeweils nach dem gleichen Schema präsentiert werden müssen. Ziel des Gesetzgebers ist es hier, den Aktionären zu ermöglichen, festzustellen, ob die Entwicklung der Board-Mitgliedervergütung in Einklang mit der Entwicklung des Unternehmens und der Situation der Arbeitnehmer steht (vgl. auch Erwägungsgrund 38 der Änderungsrichtlinie). Hierdurch soll den Aktionären die dem Gesetzgeber besonders wichtige Analyse der Verlinkung von Vergütung und Leistung erleichtert werden. Der Richtliniengeber stellt fest, dass Board-Mitglieder im Durchschnitt sechs Jahre im Amt bleiben (vgl. Erwägungsgrund 39 der Änderungs-RL). Mit dem fünfjährigen Vergleichszeitraum umfasst die Richtlinie damit im Durchschnitt den Großteil der Betätigungszeit. 227
- Art. 9b I Uabs. 2 lit. d) AR-RL verlangt Angaben zu den einzelnen Board-Mitgliedern gewährten bzw. angebotenen **Aktien und Aktienoptionen**. Der Wortlaut ist hier enger gefasst als in Art. 9a VI Uabs. 4 AR-RL. Beide Vorschriften sollten jedoch aus systematischen Gründen ähnlich interpretiert werden. Nimmt man an, dass von Art. 9a VI Uabs. 4 AR-RL zB auch virtuelle Aktien/Aktienoptionen erfasst sind, sollte eine entsprechende Interpretation auch im Rahmen des Art. 9b I Uabs. 2 lit. d) AR-RL gewählt werden. Ergänzt werden müssen diese Information zu Aktien und Aktienoptionen um Ausführungen zu den Bedingungen, unter denen die Rechte ausgeübt werden dürfen sowie ggf diesbezügliche Änderungen. Insbesondere müssen Ausübungspreise und Ausübungsdaten genannt werden. Die Auflistung ist beispielhaft. Für die Vergütungspolitik gibt Art. 9a VI Uabs. 4 S. 1 AR-RL vor, welche Angaben die Gesellschaft zu machen hat. Diese geben den Rahmen für die individuelle Vergütung vor. Gemäß Art. 9b I Uabs. 2 lit. d) AR-RL sind diese Angaben für den konkreten Fall zu konkretisieren, damit die Aktionäre ihrer Kontrollfunktion nachkommen können. 228
- Art. 9b I Uabs. 2 lit. c) AR-RL enthält einen konkreten **Umgehungsschutz** (vgl. Erwägungsgrund 35 Änderungs-RL). Die Regelung gibt daher vor, dass auch solche Vergütungen aufgeführt werden müssen, die die Board-Mitglieder von Gesellschaften erhalten, die zur gleichen Gruppe gehören. Was unter „Gruppe" (englisch: „*group*")[444] zu verstehen ist, wird nicht dem nationalen Verständnis überlassen, vielmehr verweist Art. 9b I Uabs. 2 lit. c) AR-RL auf die Definition in Art. 2 Nr. 11 Bilanz-RL (dazu § 25 Rn. 71). Danach sind Mutter- und Tochterunternehmen erfasst. Vergütungen von Enkelunternehmen und einzelnen Aktionären an die Board-Mitglieder fallen dem Wortlaut nach dagegen nicht unter den von der Richtlinie gewährten Umgehungsschutz. Die Regelung möchte allerdings sicherstellen, dass die Aktionäre in jedem Fall ein umfassendes Gesamtbild über die Vergütung erhalten, welches nicht durch die Verschiebung der Leistung der Vergütung auf ein anderes Unternehmen verschleiert werden soll (vgl. Erwägungsgrund 35 Änderungs-RL), woraus eventuell auch ein noch weitergehender Umgehungsschutz hergeleitet werden kann. Bereits die Berichtspflicht über Vergütungsleistungen von Konzernunternehmen an die Board-Mitglieder soll derartige Konstruktionen wohl reduzieren und damit Interessenkonflikte und Loyalitätsprobleme verhindern (Erwägungsgrund 35 Änderungs-RL). Im Fall, dass derartige Konstruktionen dennoch gewählt werden, greifen zudem die Vorgaben zu *related party transactions* (Art. 9c AR-RL, s. dazu Rn. 256 ff.). 229
- Art. 9b I Uabs. 2 lit. e) AR-RL schreibt vor, dass der Vergütungsbericht Informationen zur Nutzung der Möglichkeit der **Rückforderung variabler Vergütungsanteile** geben muss. In der Vergütungspolitik ist anzu- 230

439 *Lutter/Bayer/Schmidt*, Europäisches Unternehmens- und Kapitalmarktrecht, 2017, Rn. 29.145.
440 *Lutter/Bayer/Schmidt*, Europäisches Unternehmens- und Kapitalmarktrecht, 2017, Rn. 29.145.
441 *Lutter/Bayer/Schmidt*, Europäisches Unternehmens- und Kapitalmarktrecht, 2017, Rn. 29.145. Der Berliner Arbeitskreis für Gesellschaftsrecht geht davon aus, dass der Begriff noch zu konkretisieren ist; *Inci* NZG 2017, 579.
442 *Lutter/Bayer/Schmidt*, Europäisches Unternehmens- und Kapitalmarktrecht, 2017, Rn. 29.144.
443 Die Europäische Kommission wird *guidelines* zur einheitlichen Präsentation erlassen (vgl. Art. 9b VI AR-RL, s. dazu näher unter Rn. 238 ff.). *Lanfermann/Maul* BB 2014, 1283, 1286 kritisieren mit Blick auf den Kommissionsentwurf, dass die Richtlinie nicht verdeutlicht, „warum dieser Angabe eine Bedeutung für den nachhaltigen Erfolg des Unternehmens zukommen soll".
444 Französischer Wortlaut: „groupe". Spanischer Wortlaut: „grupo". Italienischer Wortlaut: „gruppo". Niederländischer Wortlaut: „groep". Polnischer Wortlaut: „grupy".

geben, unter welchen Umständen die variable Vergütung zurückverlangt werden kann (dh zu *claw-back*-Klauseln). Allerdings setzt die Vergütungspolitik dafür nur einen Rahmen. Art. 9b I Uabs. 2 lit. e) AR-RL fordert allerdings nicht explizit, dass die konkreten vertraglich festgelegten Rückforderungsmöglichkeiten genannt werden müssen. Er regelt vielmehr lediglich, dass angegeben werden muss, ob die Gesellschaft von entsprechenden Möglichkeiten Gebrauch gemacht hat. Da die Aktionäre allerdings durch den Vergütungsbericht in die Lage versetzt werden sollen, zu überprüfen, ob die konkrete Vergütung sich im Rahmen der Vergütungspolitik bewegt, kann die Vorschrift auch weit verstanden werden und die Gesellschaft daher zudem dazu verpflichten, Angaben zu den vertraglich festgelegten Rückforderungsmöglichkeiten zu machen.

231 ■ Der Kommissionsentwurf regelte in Art. 9b I Uabs. 2 lit. f) AR-RL-KOM spiegelbildlich zu Art. 9a VI Uabs. 6 S. 1 AR-RL, dass der Vergütungsbericht darüber zu informieren hat, in welchem Prozess die konkrete Vergütung der Board-Mitglieder festgelegt wird und welche Rolle dabei der **Vergütungsausschuss** spielt. Eine entsprechende Vorschrift findet sich in der verabschiedeten Änderungsrichtlinie nicht mehr. Die spiegelbildliche Vorschrift bei der Vergütungspolitik dient insbesondere der Information ausländischer Investoren (s. Rn. 185). Warum die Thematik nicht bezüglich der Politik und der konkreten Vergütung gleichbehandelt wird, lassen auch die Erwägungsgründe offen. Die Änderungsrichtlinie gibt nunmehr in Art. 9b I Uabs. 2 lit. f) AR-RL vor, dass der Vergütungsbericht jede Abweichung von der Vergütungspolitik angeben muss, die in Ausnutzung der Ausnahmereglung in Art. 9a IV AR-RL erfolgt (sofern der Mitgliedstaat von dieser Regelungsoption Gebrauch gemacht hat, s. dazu Rn. 164). Zum einen muss somit erläutert werden, von welchen Vorgaben konkret abgewichen wurde. Darüber hinaus muss der Vergütungsbericht darüber informieren, welche **außergewöhnlichen Umstände diese Abweichung rechtfertigen.** In Übereinstimmung mit Art. 9a IV AR-RL muss der Bericht dabei wohl auch darauf eingehen, inwiefern diese Abweichung mit Blick auf die langfristigen Interessen und die Nachhaltigkeit bzw. das Weiterführen der Gesellschaft notwendig sind. Darüber hinaus fordert die Vorschrift, dass etwaige „Abweichungen von dem Verfahren zur Umsetzung der Vergütungspolitik nach Artikel 9a Absatz 6“[445] AR-RL anzugeben sind. Etwas überraschend ist, dass der Wortlaut auf „Verfahren“ abstellt. Durch den Verweis auf Art. 9a VI AR-RL kann allerdings davon ausgegangen werden, dass die Vorschrift darauf abzielt, dass im Bericht anzugeben ist, ob es neben den Abweichungen gem Art. 9a IV AR-RL zu weiteren Abweichungen gekommen ist. Denn Art. 9a VI AR-RL legt in seiner Gesamtheit fest, welche Punkte die Vergütungspolitik zu regeln hat. Allerdings sind Abweichungen außerhalb des Art. 9a IV AR-RL nicht gestattet, weshalb gerade im Fall von wirksamen Sanktionen für die Gesellschaft kein Anreiz besteht, solche Abweichungen freiwillig aufzudecken.

232 Die Informationen, die im Vergütungsbericht zu geben sind, stimmen im Ergebnis zwar größtenteils, aber nicht 100%ig mit den in der Vergütungspolitik zu machenden Vorgaben überein. So sind im Vergütungsbericht beispielsweise keine Angaben zur konkreten Vertragsdauer, den Kündigungsfristen, zusätzlichen **Versorgungsplänen** und **Frühpensionierungssystemen** zu machen. Auch Angaben zu Zahlungen im Rahmen der Beendigung des Vertrags müssen nicht aufgeführt werden, sofern nicht in diesem Zusammenhang im Berichtszeitraum Zahlungen erfolgten. Das ist insofern problematisch, als die Aktionäre mithilfe des Vergütungsberichts überprüfen sollen, ob sich die Vergütung im von der Politik vorgegebenen Rahmen bewegt (Erwägungsgrund 31 Änderungs-RL). Die Vorschrift ist allerdings als Mindestvorgabe zu qualifizieren, so dass die Mitgliedstaaten höhere Anforderungen stellen können.[446]

dd) Personenbezogene Daten

233 Da der Vergütungsbericht Informationen zu den einzelnen Board-Mitgliedern enthält, muss auch der Umgang mit diesen personenbezogenen Daten geklärt werden. Mit Blick auf die Veröffentlichung des Berichts hält Art. 9b V Uabs. 1 S. 1 AR-RL fest, dass Personenbezüge **nach zehn Jahren zu entfernen** sind, sofern sich die Gesellschaft dazu entscheidet, die Berichte länger als zehn Jahre auf ihrer Website zugänglich zu lassen. Art. 9b V Uabs. 1 S. 1 AR-RL verlangt folglich eine Anonymisierung der Daten. Problematisch für eine anonyme Weiterverarbeitung der Daten über die zehn Jahre hinaus ist das weite Verständnis des personenbezogenen Datums,

---

445 Englischer Wortlaut: „any deviations from the procedure for the implementation of the remuneration policy referred to in Article 9a (6)“. Französischer Wortlaut: „tout écart par rapport à la procédure de mise en œuvre de la politique de rémunération visée à l'article 9 bis, paragraphe 6“. Spanischer Wortlaut: „toda desviación del procedimiento para la aplicación de la política de remuneración a que se refiere el artículo 9 bis, apartado 6“. Italienischer Wortlaut: „qualsiasi deviazione dalla procedura per l'attuazione della politica di remunerazione di cui all'articolo 9 bis, paragrafo“. Niederländischer Wortlaut: „eventuele afwijkingen van de procedure voor de uitvoering van het bezoldigingsbeleid als bedoeld in artikel 9 bis, lid 6“. Der niederländische Wortlaut spricht von “etwaigen” Abweichungen. Polnischer Wortlaut: „odstępstw od procedury wdrażania polityki wynagrodzeń, októrej mowa w art. 9a ust. 6“.

446 *Seibt* DB 2014, 1910, 1912 kritisiert mit Blick auf den Kommissionsentwurf die weitreichenden Berichtspflichten und die damit verbundenen Bürokratiekosten.

das auch Informationen Dritter einbezieht, durch die ein Personenbezug wiederhergestellt werden kann.[447] Mit Blick auf Vorstands- und Aufsichtsratsmitglieder ist zu bedenken, dass Informationen über deren Beschäftigungszeit der Öffentlichkeit bekannt sind und herangezogen werden können, um die vermeintlich anonymen Daten zu ergänzen und je nach Ausgestaltung des Berichts einen Personenbezug auch nach den zehn Jahren wiederherzustellen. Die Vorschrift behandelt jedoch nur die öffentliche Zugänglichkeit der genannten Daten. Aus der Vorschrift ergibt sich für die Gesellschaft keine Pflicht, diese Daten auch in ihren internen Systemen zu löschen.[448]

Außerdem haben die Mitgliedstaaten gem Art. 9b II AR-RL sicherzustellen, dass die berichtspflichtigen Gesellschaften **keine** der in Art. 9 I 2016/679/EU[449] genannten, besonderen Kategorien **personenbezogener Daten in ihre Berichte aufnehmen.** Dazu gehören zB Informationen über die ethnische Herkunft, Gesundheitsdaten, Gewerkschaftszugehörigkeit und religiöse sowie weltanschauliche Überzeugungen. Auch Daten zur Familiensituation gehören nicht in den Bericht. Vergütungen, die aufgrund der Familiensituation geleistet werden, sind trotzdem aufzunehmen, der Grund ist dann jedoch nicht zu benennen (vgl. Erwägungsgrund 36 Änderungs-RL). Da dies der einzige Vergütungsbestandteil ist, für den kein Grund genannt wird, lässt sich daraus allerdings bereits schließen, dass es sich um eine solche familienbezogene Leistung handelt. Allerdings lässt sich die genaue Situation daraus nicht ablesen. 234

Art. 9b III AR-RL regelt zudem die datenschutzrechtliche **Zulässigkeit der Verarbeitung personenbezogener Daten** der Board-Mitglieder. Die im Vergütungsbericht aufzunehmenden Angaben zu den einzelnen Board-Mitgliedern stellen dabei personenbezogene Daten nach der Datenschutz-Grundverordnung (DS-GVO) dar (vgl. Art. 4 Nr. 1 DS-GVO). Daher unterliegt eine Verarbeitung dieser Daten den besonderen Bestimmungen des Datenschutzes. Eine rechtmäßige Verarbeitung muss einen der datenschutzrechtlichen Erlaubnistatbestände nach Art. 6 I DS-GVO erfüllen.[450] Nach Art. 6 I lit. c) DS-GVO kann eine Verarbeitung personenbezogener Daten erfolgen, wenn diese zur Erfüllung einer rechtlichen Verpflichtung erforderlich ist. Obwohl Art. 9b AR-RL mit dem Vergütungsbericht zwar eine Verarbeitung personenbezogener Daten statuiert, liegt in der Richtlinie selbst noch keine rechtliche Verpflichtung für die Verarbeitung personenbezogener Daten.[451] Denn die Richtlinie entfaltet, selbst wenn die Umsetzungsfrist abgelaufen ist, keine Verpflichtung für den Einzelnen.[452] Vielmehr muss der nationale Gesetzgeber bei der Umsetzung der Richtlinie darauf achten, die Bestimmungen für die datenschutzrechtliche Verarbeitung mit in das nationale Gesetz aufzunehmen. Erst das nationale Gesetz, obwohl europäisch harmonisiert, entfaltet dann eine rechtliche Verpflichtung zur Verarbeitung der personenbezogenen Daten. 235

Für die **Rechtmäßigkeit der Verarbeitung** bedarf es jedoch über eine rechtliche Pflicht hinaus noch inhaltlicher Vorgaben (vgl. Art. 6 III DS-GVO). Durch die inhaltlichen Vorgaben soll insbesondere die Zweckbindung, die ein Grundprinzip des Datenschutzrechts darstellt (vgl. Art. 5 I (b) DS-GVO), gewährleistet werden.[453] Die Festlegung des Zwecks in der rechtlichen Verpflichtung ist zudem aus dem Grund von Bedeutung, dass die Erforderlichkeit der Zweckverwirklichung die Grenze der Verarbeitung darstellt.[454] Daher ist die Angabe des Zwecks der Verarbeitung zwingender Inhalt der rechtlichen Verpflichtung (vgl. Art. 6 III 2 DS-GVO). 236

Die weiteren inhaltlichen Angaben des Art. 6 III 3 DS-GVO scheinen zwar fakultativ zu sein,[455] jedoch verlangt der **allgemeine Transparenzgrundsatz** nach Art. 5 I lit. a) DS-GVO, dass konkrete Angaben vorgenommen wer- 237

447 *Klabunde* in: Ehmann/Selmayr (Hrsg.), DS-GVO, 2017, Art. 4 DS-GVO Rn. 13; *Klar/Kühling* in: Kühling/Buchner (Hrsg.), DS-GVO BDSG, 2. Aufl. 2018, Art. 4 Nr. 1 DS-GVO Rn. 20 f., 32; *Ernst* in: Paal/Pauly (Hrsg.), DS-GVO BDSG, 2. Aufl., 2018, Art. 4 DS-GVO Rn. 10.

448 *Lutter/Bayer/Schmidt*, Europäisches Unternehmens- und Kapitalmarktrecht, 2017, Rn. 29.153.

449 Verordnung 2016/679 des Europäischen Parlaments und des Rates vom 27. April 2016 zum Schutz natürlicher Personen bei der Verarbeitung personenbezogener Daten, zum freien Datenverkehr und zur Aufhebung der Richtlinie 95/46/EG (Datenschutz-Grundverordnung), ABl. EU v. 4.5.2016, L 119/1 (DS-GVO).

450 *Ernst* in: Paal/Pauly (Hrsg.), DS-GVO BDSG, 2. Aufl. 2018, Art. 6 DS-GVO Rn. 7; *Heberlein* in: Ehmann/Selmayr (Hrsg.), DS-GVO, 2017, Art. 6 DS-GVO Rn. 4.

451 Vgl. *Ernst* in: Paal/Pauly (Hrsg.), DS-GVO BDSG, 2. Aufl. 2018, Art. 6 DS-GVO Rn. 35; aA *Wolff* in: Schantz/Wolff (Hrsg.), Das neue Datenschutzrecht, 2017, Rn. 598.

452 EuGH, Rs. C-152/84 (Marshall), ECLI:EU:C:1986:84 = BeckEuRS 1986, 126638, Rn. 48; EuGH, Rs. C-201/02 (Wells), ECLI:EU:C:2004:12 = NVwZ 2004, 593, Rn. 56 *Ruffert* in: Calliess/Ruffert (Hrsg.), EUV/AEUV, 2016, Art. 288 AEUV Rn. 57; *Langenbucher* in: Langenbucher (Hrsg.), Europäisches Privat- und Wirtschaftsrecht, 2017, § 1 Rn. 64 ff.; *Hofmann* in: Riesenhuber (Hrsg.), Europäische Methodenlehre, 2015, § 15 Rn. 5.

453 *Heberlein* in: Ehmann/Selmayr (Hrsg.), DS-GVO, 2017, Art. 6 DS-GVO Rn. 37; vgl. *Buchner/Petri* in: Kühling/Buchner (Hrsg.), DS-GVO BDSG, 2. Aufl. 2018, Art. 6 DS-GVO Rn. 91.

454 *Heberlein* in: Ehmann/Selmayr (Hrsg.), DS-GVO, 2017, Art. 6 DS-GVO Rn. 16; *Buchner/Petri* in: Kühling/Buchner (Hrsg.), DS-GVO BDSG, 2. Aufl. 2018, Art. 6 DS-GVO Rn. 81 f.

455 *Heberlein* in: Ehmann/Selmayr (Hrsg.), DS-GVO, 2017, Art. 6 DS-GVO Rn. 39; *Buchner/Petri* in: Kühling/Buchner (Hrsg.), DS-GVO BDSG, 2. Aufl. 2018, Art. 6 DS-GVO Rn. 94, sehen diese Regelbeispiele nicht als verpflichtend an, messen ihnen jedoch rechtliche Bedeutung zu.

den müssen, damit der Einzelne über seine genaue Verpflichtung informiert ist.[456] Daher nennt Art. 9b III AR-RL die „Transparenz der Gesellschaften hinsichtlich der Vergütung der Mitglieder der Unternehmensleitung" als den Zweck der Verarbeitung. Der Inhalt des Vergütungsberichts konkretisiert die erfassten Daten, zudem wird die Speicherfrist in personenbezogener Form auf zehn Jahre begrenzt, es sei denn eine andere Rechtsgrundlage erlaubt eine längere Speicherung. Darüber hinaus können die Mitgliedstaaten eine Verarbeitung zu einem anderen Zweck zulassen.

ee) Einheitliche Präsentation

238 Art. 9b I AR-RL listet die Aspekte auf, die im Vergütungsbericht enthalten sein müssen (s. Rn. 221 ff.), er enthält jedoch keine Angaben zur Art der Präsentation dieser Informationen, wobei klar ist, dass er in jedem Fall zumindest in Textform vorliegen muss. Bezüglich der Vergütungspolitik werden ebenfalls keine Vorgaben zur Art der Präsentation gemacht. Wie bereits erörtert haben die Mitgliedstaaten somit bzgl. der Vergütungspolitik die Möglichkeit, entsprechende Vorschriften einzuführen (s. Rn. 189). Mit Blick auf den Vergütungsbericht hält Art. 9b VI AR-RL hingegen fest, dass die Europäische Kommission *„guidelines"*[457] zur einheitlichen Präsentation der notwendigen Angaben schaffen wird.

239 Die ***guidelines*** dienen dazu, sicherzustellen, dass die Informationen europaweit einheitlich im Vergütungsbericht dargestellt werden (Erwägungsgrund 49 Änderungs-RL). Dadurch soll es den Aktionären gerade auch im grenzüberschreitenden Kontext erleichtert werden, die Informationen auszuwerten. Die einheitliche Präsentation dient hier dazu, durch ein europaweit einheitlich hohes Transparenzniveau Kosten zu senken (Erwägungsgrund 49 Änderungs-RL). Im weiteren Sinn soll die Standardisierung gemäß Erwägungsgrund 49 Änderungs-RL daher auch dazu beitragen, den Aktionären ihre Überwachungs- und Kontrollfunktion (dazu auch Rn. 207) zu erleichtern. Die Europäische Kommission hält die Entwicklung entsprechender Vorgaben auf europäischer Ebene für notwendig, da sich ihrer Ansicht nach die in den Ländern geübten Praktiken signifikant unterscheiden (vgl. Erwägungsgrund 49 Änderungs-RL).

240 Erwägungsgrund 49 Änderungs-RL empfiehlt, dass die Europäische Kommission die Mitgliedstaaten in angemessenem Umfang bezüglich der Gestaltung der *guidelines* konsultieren sollte.[458] Diese Aussage findet allerdings keine Entsprechung in der Richtlinie. Insbesondere verweist Art. 9b VI AR-RL nicht auf Art. 14a AR-RL (s. dazu Rn. 386), weshalb es im Ergebnis der Europäischen Kommission überlassen bleibt, ob und wenn ja, wie stark die Mitgliedstaaten in diesen Prozess einbezogen werden. Der fehlende Verweis auf Art. 14a AR-RL stellt eine Änderung gegenüber dem Kommissionsentwurf dar (vgl. 9b IV AR-RL-KOM). Dort wurde noch eine Umsetzung mithilfe eines Durchführungsrechtsakts (*implementing act*) vorgesehen und nicht von „Leitlinien" gesprochen.

241 Art. 9b VI AR-RL enthält keine explizite Aussage zur Wirkung der „Leitlinien". Theoretisch wären mehrere Möglichkeiten denkbar:

- Die *guidelines* könnten als unverbindliche Richtschnur für die Mitgliedstaaten bei der Ausgestaltung ihrer Vorgaben dienen.
- Die Leitlinien könnten als Richtschnur für die Mitgliedstaaten bei der Ausgestaltung ihrer Vorgaben dienen. Erließe ein Mitgliedstaat jedoch keine entsprechenden Regelungen, könnten die *guidelines* greifen (im Sinn einer subsidiär anwendbaren Richtschnur).
- Die *guidelines* könnten die Präsentation verbindlich regeln. Sie könnten aber wie die Richtlinie als Mindeststandard ausgestaltet werden und den Mitgliedstaaten somit Anpassungsmöglichkeiten lassen.
- Die Leitlinien könnten die Präsentation verbindlich regeln und den Mitgliedstaaten keinerlei Spielraum lassen.
- Die Leitlinien könnten einen Regelungsspielraum für die Mitgliedstaaten ausschließen, aber gleichzeitig als unverbindliche Richtschnur für die Unternehmen dienen.
- Die *guidelines* könnten einen Regelungsspielraum für die Mitgliedstaaten ausschließen und einen Mindeststandard für die Unternehmen darstellen. In diesem Fall würde den Unternehmen ein gewisser Spielraum bei der Präsentation verbleiben.
- Die Leitlinien könnten die Präsentation verbindlich regeln und weder den Mitgliedstaaten noch den Unternehmen Spielraum bei der Darstellung der Informationen lassen.

242 Die verschiedenen Ansätze weisen jeweils **Vor- und Nachteile** auf. Ein möglichst geringer Gestaltungsspielraum für Mitgliedstaaten und Unternehmen würde zu größerer Einheitlichkeit führen und damit zu Erleichterungen

456 *Heberlein* in: Ehmann/Selmayr (Hrsg.), DS-GVO, 2017, Art. 6 DS-GVO Rn. 39; *Buchner/Petri* in: Kühling/Buchner (Hrsg.), DS-GVO BDSG, 2. Aufl. 2018, Art. 6 DS-GVO Rn. 94 argumentieren über den Grundrechtseingriff und sehen die Bedeutung der Regelbeispiele bei dem Verhältnismäßigkeitsprinzip.

457 Deutscher Wortlaut: „Leitlinien". Französischer Wortlaut: „lignes directrices". Spanischer Wortlaut: „directrices". Italienischer Wortlaut: „orientamenti". Niederländischer Wortlaut: „richtsnoeren". Polnischer Wortlaut: „wytyczne".

458 Einschränkend ist insofern allerdings die Formulierung „gegebenenfalls".

für die Aktionäre. Andererseits besteht zumindest ein gewisser Bedarf an Flexibilität, da Art. 9b AR-RL einen Mindeststandard darstellt, über den die Mitgliedstaaten hinausgehen dürfen. Verlangen sie mehr Informationen, müssen diese auch im Vergütungsbericht aufgeführt werden. Für die Europäische Kommission wird es schwer sein, diese nationalen Besonderheiten zu berücksichtigen. Gleichzeitig sollte es auch den Gesellschaften möglich sein, zu entscheiden, weitere Informationen aufzunehmen. Auch hier stellt sich die Frage, wie dies mit strikten Vorgaben durch die Europäische Kommission zu vereinbaren ist.

Erwägungsgrund 49 Änderungs-RL spricht für eine gewisse **Verbindlichkeit der *guidelines***. Denn die Europäische Kommission möchte gerade die derzeitigen nationalen Unterschiede damit überwinden. Andererseits wählt Art. 9b VI AR-RL den Begriff „Leitlinien". *Guidelines* sind per se nicht verbindlich, sondern stellen eine Richtschnur dar. Im Ergebnis möchte die Europäische Kommission wohl Leitlinien erstellen, die sich an die Mitgliedstaaten richten. Diese sollen dann entsprechende Vorgaben, ggf unter Berücksichtigung einzelner nationaler Besonderheiten, erlassen. Die nationalen Vorschriften richten sich dann an die betroffenen Gesellschaften. Es bleibt zu hoffen, dass diese dann den Gesellschaften ausreichend Flexibilität gewähren, damit diese zum Beispiel weitere Informationen aufnehmen können. 243

Diese Interpretation ist keinesfalls zwingend. Die Vorschrift ließe sich auch in einem anderen Sinn interpretieren. Klarheit kann an dieser Stelle wohl nur der EuGH schaffen. Bis zu einer entsprechenden Vorlage nach Umsetzung der Neuregelung in nationales Recht und dem Erlass entsprechender Leitlinien durch die Europäische Kommission können allerdings durchaus noch mehrere Jahre vergehen. 244

c) Prüfung des Vergütungsberichts

Art. 9b V Uabs. 1 S. 1 AR-RL befasst sich mit der **Veröffentlichung des Vergütungsberichts** (s. Rn. 247 ff.), Art. 9b V 3 und 4 AR-RL mit der Verantwortung der Board-Mitglieder und Art. 9b V Uabs. 1 S. 2 AR-RL mit der Prüfung des Vergütungsberichts. Die Vorschrift stellt somit ein „Sammelsurium" aus ganz unterschiedlichen Aspekten dar und wirkt daher eher unsystematisch. 245

Art. 9b V Uabs. 1 S. 2 AR-RL regelt, dass der Abschlussprüfer oder die Prüfungsgesellschaft **zu prüfen hat, ob die notwendigen Angaben im Vergütungsbericht enthalten** sind. Für die Vergütungspolitik besteht keine vergleichbare Regelung. Inhalt der Prüfung ist dem Wortlaut nach ausschließlich das Vorhandensein der geforderten Informationen.[459] Der Abschlussprüfer bzw. die Prüfungsgesellschaft hat nicht zu prüfen, ob der Vergütungsbericht im Einklang mit der Vergütungspolitik steht.[460] 246

d) Veröffentlichung des Vergütungsberichts

Nicht nur die Vergütungspolitik ist zu veröffentlichen (s. Rn. 201), sondern auch die Vergütungsberichte (Art. 9b V Uabs. 1 S. 1 AR-RL). Gemäß Art. 9b V Uabs. 1 S. 1 AR-RL ist jeder Vergütungsbericht auf der **Website** der Gesellschaft zu publizieren. Im Gegensatz zur Vergütungspolitik schreibt die Vorschrift allerdings nicht vor, dass auch **Abstimmungsergebnisse** zu veröffentlichen sind. Auch hier gibt die Richtlinie jedoch einen Mindeststandard vor, so dass sich der nationale Gesetzgeber dafür entscheiden kann, die Pflicht zu statuieren, auch die Abstimmungsergebnisse auf der Website zugänglich zu machen. 247

Die Vergütungsberichte sind **unverzüglich** nach der Abstimmung auf der Website zu veröffentlichen (Art. 9b V Uabs. 1 S. 1 AR-RL) und dort für **jedermann** einsehbar zu halten; nicht lediglich für die Aktionäre (Art. 9a VII AR-RL) (s. hierzu bereits Rn. 201). Denn der Vergütungsbericht könnte beispielsweise auch für potenzielle Investoren und andere Stakeholder interessant sein (vgl. Erwägungsgrund 32 Änderungsrichtlinie). Die Gesellschaft muss dafür sorgen, dass die Vergütungsberichte abgerufen werden können, **ohne** dass dies **Kosten** für die Person hervorruft, die die Vergütungspolitik einsehen möchte (Art. 9b V Uabs. 1 S. 1 AR-RL). 248

Die Vergütungsberichte müssen für **zehn Jahre** auf der Website des Unternehmens zugänglich bleiben (Art. 9b V Uabs. 1 S. 1 AR-RL). Die Gesellschaft kann sich entscheiden, die Berichte auch darüber hinaus auf der Website abrufbar zu halten. Allerdings dürfen die Berichte nach zehn Jahren keine personenbezogenen Daten der Board-Mitglieder mehr enthalten (zum Umgang mit personenbezogenen Daten s. Rn. 233 ff.). Für die zehnjährige Periode sind die Berichte jedoch unter Angabe der personenbezogenen Informationen der Board-Mitglieder **zu veröffentlichen**. Die Europäische Kommission geht davon aus, dass nur so die aus der erhöhten Transparenz resultierenden Vorteile erzielt werden können (Erwägungsgrund 33 Änderungs-RL). Die Europäische Kommission hat den Zeitraum von zehn Jahren in Anlehnung an die Veröffentlichung des Jahresfinanzberichts (Art. 4 I Transparenz-RL (s. dazu § 34 Rn. 62)) gewählt. Sie möchte durch den langen Zeitraum sicherstellen, dass die Aktionäre, potenzielle Investoren und andere Stakeholder die Entwicklung der Vergütung über einen längeren 249

459 Vgl. auch *Lanfermann/Maul* BB 2017, 1218, 1221; *Bayer/Schmidt* BB 2017, 2114, 2116; *Velte* NZG 2017, 368, 369; *Lutter/Bayer/Schmidt*, Europäisches Unternehmens- und Kapitalmarktrecht, 2017, Rn. 29.159.

460 *Bayer/Schmidt* BB 2017, 2114, 2117; *Lutter/Bayer/Schmidt*, Europäisches Unternehmens- und Kapitalmarktrecht, 2017, Rn. 29.159; *Velte* NZG 2017, 368, 369 geben an, dass eine materielle Prüfung nicht vorgenommen wird.

Zeitraum beobachten und bewerten können. Dies erscheint ihr insbesondere daher wichtig, da sich meist erst nach einigen Jahren zeigt, ob die Vergütung in Einklang mit mittel- bzw. langfristigen Unternehmenszielen steht.[461] Außerdem kann so regelmäßig die Vergütungsentwicklung der einzelnen Mitglieder während ihrer gesamten Amtszeit betrachtet werden (die im Durchschnitt sechs, in einigen Ländern auch durchschnittlich acht Jahre beträgt) (Erwägungsgrund 39 Änderungs-RL).

250 Erwägungsgrund 32 Änderungs-RL unterstreicht, dass es sich bei Art. 9b V Uabs. 1 S. 1 AR-RL um einen **Mindeststandard** handelt. Die Mitgliedstaaten dürfen daher neben der Veröffentlichung auf der Website weitere Publikationsanforderungen stellen und zB die Veröffentlichung in einem Publikationsorgan wie dem Bundesanzeiger fordern. Der Erwägungsgrund nennt zudem beispielhaft die Möglichkeit den, Vergütungsbericht in den Corporate Governance-Bericht zu integrieren. Auch eine Publikation im Lagebericht kann festgelegt werden.[462] Außerdem stellt Art. 9b V Uabs. 1 S. 1 AR-RL klar, dass die Vorschrift weitere Veröffentlichungspflichten nach Art. 5 IV AR-RL unberührt lässt.

251 Art. 9b V Uabs. 2 S. 1 und Uabs. 2 S. 2 AR-RL statuieren Vorgaben für die **Verantwortlichkeit der Board-Mitglieder**. Die Regeln sind für einen Verstoß gegen die Erstellung des Berichts und gegen die Veröffentlichungspflicht parallel ausgestaltet (s. daher auch Rn. 217). Zusammenfassend gibt Art. 9b V Uabs. 2 S. 1 AR-RL vor, dass eine gemeinsame Verantwortung der verantwortlichen Board-Mitglieder besteht. Art. 9 V Uabs. 2 S. 2 AR-RL ergänzt, dass die Haftungsregeln der Mitgliedstaaten, zumindest gegenüber der Gesellschaft, greifen müssen (s. Rn. 217).

5. Zusammenspiel von Vergütungspolitik und Vergütungsbericht

252 Art. 9a und 9b AR-RL sind darauf ausgerichtet, die Aktionäre stärker bei Vergütungsfragen einzubeziehen. Sie sollen als Kontrollinstanz fungieren. Hintergrund ist, dass auf europäischer Ebene eine **stärkere Verknüpfung von Leistung und Vergütung** und die Ausrichtung auf langfristige Interessen und Nachhaltigkeit für wünschenswert gehalten werden.[463] Durch die Veröffentlichung äußerst detaillierter Informationen zur Vergütung soll darüber hinaus auch die Öffentlichkeit Druck in diese Richtung ausüben.

253 Grundsätzlich soll durch die Vergütungspolitik der **Rahmen für die konkrete Vergütung** festgelegt werden. Vergütungen für die einzelnen Board-Mitglieder müssen sich innerhalb der von der Politik festgelegten Vorgaben bewegen. Welche Vorgaben zu treffen sind, regelt die Richtlinie; inhaltliche Vorgaben macht sie jedoch keine. Der Rahmen kann daher weiter oder enger gefasst werden. Die Aktionäre werden in die Entscheidung über die Vergütungspolitik einbezogen. Ob die Abstimmung über die Politik verbindlichen oder konsultativen Charakter hat, bleibt jedoch dem nationalen Gesetzgeber überlassen. Über die konkrete Vergütung ist dann im Vergütungsbericht zu berichten. Über den Bericht stimmen die Aktionäre grundsätzlich unverbindlich ab. Ziel ist hier, dass die Aktionäre überwachen können, ob die Vergütungspolitik auch konkret umgesetzt wurde und ob die Vergütung angemessen ist.

254 Aus regelungstechnischer Sicht ergeben sich einige **Auslegungsschwierigkeiten**, die zumindest zT wohl der schwierigen Kompromissfindung im Gesetzgebungsprozess geschuldet sind. Auch Unterschiede zwischen der Vergütungspolitik und dem Vergütungsbericht, die nicht ganz systemstimmig wirken, fallen auf.

255 Im Ergebnis lässt die Richtlinie sowohl den Mitgliedstaaten als auch den Unternehmen einen **signifikanten Spielraum**. Wie wirkungsvoll diese Maßnahmen sind, hängt damit zentral von der Umsetzung ins nationale Recht und der konkreten Anwendung durch die Unternehmen ab. Die Maßnahmen bedeuten für Unternehmen einen gewissen Aufwand. Im Ergebnis ist entscheidend, ob die positiven Auswirkungen diesen Aufwand rechtfertigen.[464]

---

461 Vgl. auch *Lutter/Bayer/Schmidt*, Europäisches Unternehmens- und Kapitalmarktrecht, 2017, Rn. 29.157.

462 *Lanfermann/Maul* BB 2017, 1218, 1220.

463 Vgl. Europäische Kommission, Mitteilung der Kommission zur Begleitung der Empfehlung der Kommission zur Ergänzung der Empfehlungen 2004/913/EG und 2005/162/EG zur Regelung der Vergütung von Mitgliedern der Unternehmensleitung börsennotierter Gesellschaften und der Empfehlung der Kommission zur Vergütungspolitik im Finanzdienstleistungssektor, 30.4.2009, COM(2009) 211 final, S. 3; zu dieser Intention auch *Behrmann/Sassen* ZCG 2015, 22, 27; *Chiu* ZVglRWiss 114 (2015) 121, 140.

464 *Osterloh* GmbHR 2014, R145 geht mit Blick auf den Kommissionsentwurf davon aus, dass die Maßnahmen langfristig „zu passgenaueren Vergütungssystemen führen werden".

II. Transaktionen mit nahestehenden Personen und Unternehmen (related party transactions)

1. Überblick über die Regelungen

Art. 9c AR-RL beschäftigt sich mit Geschäften zwischen der Gesellschaft und ihr **nahestehenden Unternehmen und Personen**. Im englischsprachigen Raum wird insofern von ***related party transactions*** gesprochen,[465] woraus sich die oft verwendete Abkürzung „RPT" herleitet. Das Regelungskonzept, das Art. 9c AR-RL entwickelt, ist allein auf **„wesentliche Transaktionen"** ausgelegt. Die Richtlinie definiert diesen Begriff allerdings nicht selbst, sondern überlässt dies gemäß den Vorgaben des Art. 9c I AR-RL den Mitgliedstaaten (dazu Rn. 262). Selbst wenn ein wesentliches Geschäft vorliegt, greift der Mechanismus allerdings nicht, sofern es sich um **gewöhnliche Geschäfte** zu marktüblichen Konditionen handelt. Dafür enthält die Vorschrift mit Art. 9c V AR-RL gesonderte Vorgaben (dazu Rn. 284 ff.). Zusätzlich sieht Art. 9c VI AR-RL **Ausnahmeregeln** vor, so dass die Mitgliedstaaten weitere Transaktionen aus dem Anwendungsbereich der Vorschrift ausnehmen können (dazu Rn. 293 ff.). Liegt eine wesentliche Transaktion vor, bezüglich derer die Vorschriften des Art. 9c greifen, so sind gewisse Informationen über dieses Geschäft **offenzulegen** (Art. 9c II AR-RL, dazu Rn. 309 ff.). Den Mitgliedstaaten steht es frei, zu entscheiden, ob den offenzulegenden Informationen auch ein **Bericht** beizufügen ist, der das Geschäft mit der nahestehenden Person bzw. dem nahestehenden Unternehmen bewertet (sog ***fairness opinion***) (Art. 9c III AR-RL, dazu Rn. 316 ff.). *Related party transactions* bedürfen darüber hinaus der **Zustimmung**, wobei die Richtlinie allerdings nicht zwingend vorgibt, wer die Zustimmung zu erteilen hat (Art. 9c IV AR-RL, dazu Rn. 322 ff.). 256

2. Entwicklung des Entwurfs

Die Vorschrift zu Transaktionen mit nahestehenden Personen und Unternehmen war von Anfang an höchst **umstritten** und wurde daher im Gesetzgebungsprozess mehrfach erheblich angepasst.[466] Die **Europäische Kommission**, die den ersten Vorschlag für eine Änderungsrichtlinie unterbreitete (AR-RL-KOM), sah relativ hohe Mindeststandards vor, die zu einer spürbaren Harmonisierung der nationalen Rechtsordnungen in diesem Bereich geführt hätten.[467] Die italienische Ratspräsidentschaft senkte die Anforderungen dann in ihrem ersten Entwurf erheblich (AR-RL-IT-1) und versuchte daran anschließend mit ihrem zweiten Kompromissentwurf (AR-RL-IT-2) einen Mittelweg zwischen dem hohen Mindeststandard des Kommissionsentwurfs und einer geringen Harmonisierung zu finden (AR-RL-IT-2). Es folgten weitere Ratsentwürfe[468] sowie der Vorschlag des Europäischen Parlaments (AR-RL-EP). Die endgültig verabschiedete Änderungsrichtlinie unterbietet die vorangegangenen Entwürfe mit Blick auf den angestrebten Harmonisierungsgrad und erreicht daher im Verhältnis zum ursprünglichen Kommissionsentwurf lediglich eine **geringe Rechtsangleichung**.[469] 257

3. Regelungszwecke

Mit der Regelung von *related party transactions* verfolgt der europäische Gesetzgeber verschiedene Ziele. Ausgangspunkt der Überlegungen ist, dass Geschäfte mit nahestehenden Personen und Unternehmen in besonderem Maße ein **Risiko** mit Blick auf **Vermögensverschiebungen** zugunsten Einzelner darstellen (vgl. Erwägungsgrund 42 Änderungs-RL, sog *„tunneling"*).[470] Dies stellt vor allem eine Gefahr für das Unternehmen selbst sowie die Aktionäre, insbesondere Minderheitsaktionäre, dar (vgl. Erwägungsgrund 42 Änderungs-RL). Daraus leitet der europäische Gesetzgeber einen Bedarf für **Schutzmechanismen** für die Gesellschaft und die Aktionäre ab (Erwägungsgrund 42 Änderungs-RL). 258

Ergänzend zur Offenlegungspflicht für Geschäfte mit nahestehenden Unternehmen und Personen im Anhang zum Jahresabschluss gem Art. 17 I lit. r) Bilanz-RL (Richtlinie 2013/34/EU, dazu § 25) schreibt Art. 9c II AR-RL die **Offenlegung** im Zeitpunkt des Abschlusses der Transaktion vor. So möchte der europäische Gesetzgeber eine höhere **Transparenz** erreichen, was sich auch in der Überschrift der Regelung widerspiegelt. Dabei zielt die 259

465 Französischer Wortlaut: „transactions avec des parties liées". Spanischer Wortlaut: „operaciones con partes vinculadas". Italienischer Wortlaut: „operazioni con parti correlate". Niederländischer Wortlaut: „transacties met verbonden partijen". Polnischer Wortlaut: „ podmiotami powiązanymi".

466 Vgl. *Tarde* ZGR 2017, 360, 362.

467 Vgl. *Jung* WM 2014, 2351, 2357.

468 Mit Blick auf den lettischen Ratspräsidentschaftsentwurf formulierte *Enriques* ICLQ 2017, 763, 771 "It is only slightly unfair to summarize the Council's proposal on RPTs as requiring Member States to provide at least for some disclosure and some kind of approval procedure for some related party transactions. That contrasts quite sharply with the idea of uniformity." Ebenfalls zum lettischen Kompromissvorschlag *Bungert/de Raet* DK 2015, 289, 291. Die Autoren befassen sich ebendort auch mit den Änderungsvorschlägen des Rechtsausschusses und des Plenums des Europäischen Parlaments.

469 *Bungert/de Raet* DK 2015, 289, 297 begrüßen den im Vergleich zum Kommissionsentwurf geringeren Harmonisierungsgrad.

470 *Lutter/Bayer/Schmidt*, Europäisches Unternehmens- und Kapitalmarktrecht, 2017, Rn. 29.163.

Richtlinie nicht auf eine ex post-Information der Aktionäre, sondern auch außerhalb von ad-hoc-Publizitätsvorschriften (dazu im Rahmen des Marktmissbrauchsrechts § 34 Rn. 91 ff.) auf Transparenz zum Zeitpunkt des Abschlusses der Transaktion.[471] Stakeholder iwS erlangen so in einem ersten Schritt zeitnah entsprechende, relevante Informationen und sollen dadurch in einem zweiten Schritt Risiken und potenzielle Auswirkungen entsprechender Transaktionen besser abschätzen können (vgl. Erwägungsgrund 44 Änderungs-RL). Diese Zielrichtung verfolgt auch die ***fairness opinion***, die in der verabschiedeten Fassung allerdings nicht verpflichtend vorgeschrieben ist (vgl. Art. 9c III AR-RL, dazu Rn. 316). Durch die Information sollen die Stakeholder nicht nur Risiken besser abschätzen können, sondern auch in die Lage versetzt werden, ggf gegen solche Transaktionen vorzugehen (vgl. Erwägungsgrund 44 Änderungs-RL). Die Richtlinie zielt damit auf eine **Vorabkontrolle** bzw. Information im Zeitpunkt des Abschlusses der Transaktion.

260 Ursprünglich wollte die Europäische Kommission auch eine **Einbindung der Aktionäre** erreichen.[472] Mit dieser Vorstellung konnte sie sich jedoch im Gesetzgebungsprozess nicht durchsetzen. Die Zustimmung zu solchen Transaktionen kann jetzt auch von anderen Organen, zB dem Aufsichtsrat, erteilt werden. Der Kommissionsentwurf sah die Zustimmung auch als weiteres **präventives Schutzinstrument** an, dass damit vor dem Abschluss der Transaktion eingriff. Die verabschiedete Änderungsrichtlinie überlässt die Festlegung des Zeitpunkts jedoch den Mitgliedstaaten, so dass das Zustimmungserfordernis nicht zwingend ein Instrument der Vorabkontrolle ist.

261 Ex-post-Schutzmechanismen, dh solche, die eingreifen, wenn eine Vermögensverschiebung zugunsten einer nahestehenden Person bereits stattgefunden hat, legt die Richtlinie allerdings im Grundsatz nicht fest. Die Richtlinie lässt solche nationalen bzw. auf EU-Vorgaben beruhende Schutzmechanismen vielmehr unberührt (s. dazu auch Rn. 330 f.).

4. Der Transaktionsbegriff sowie die Definition von verbundenen Personen und Unternehmen

262 Die Richtlinie definiert den Begriff „**Geschäft**"[473] nicht in Art. 2a AR-RL.[474] Der Verweis in Art. 2a lit. h) AR-RL auf IAS 24.9 bezieht sich ausschließlich auf „*related parties*" („nahestehende Unternehmen und Personen"), wodurch der internationale Rechnungslegungsstandard nicht zur Definition der Bezeichnung „*transactions*" („Geschäfte") heranzuziehen ist. Die Bezugnahme auf IAS 24.9 mit Blick auf nahestehende Unternehmen und Personen zeigt allerdings eine mögliche Interpretation auch bezüglich der Definition des Begriffs „Geschäfte" auf.[475] Aus dem Fehlen der Definition lässt sich hingegen nicht sogleich auf einen diesbezüglichen Gestaltungsspielraum für die Mitgliedstaaten schließen.[476] Insbesondere bezieht sich der Regelungsauftrag in Art. 9c I AR-RL allein auf die Wesentlichkeit der Transaktion (dazu Rn. 284).[477] Im Ergebnis ist daher vielmehr von einer **europäisch-autonomen Auslegung** (dazu § 2 Rn. 80 ff.) auszugehen.[478] Erfasst sind in jedem Fall **entgeltliche sowie unentgeltliche Geschäfte**.[479] Fraglich ist, ob nur Rechtsgeschäfte unter die Vorschrift fallen oder auch korporative Akte, die erst in einem zweiten Schritt in einen rechtsgeschäftlichen Austausch münden.[480] Ein eindeutiges Ergebnis lässt sich aus Art. 9c AR-RL nicht erzielen. Bei der Argumentation kann allerdings nicht auf die Listing-Rules des Vereinigten Königreichs (s. dazu auch § 12 Rn. 608) als Vorbildrecht verwiesen werden,[481] da vielmehr eine wahrhaft europäische Auslegung zu finden ist. Die dortigen Regelungen können jedoch ebenso

471 Für Zurückhaltung bzgl. Publizitätspflichten plädierend *Bungert/de Raet* DK 2015, 289, 294.
472 Siehe zur Zustimmungspflicht der Hauptversammlung im Kommissionsentwurf und der anschließenden Änderung Rn. 322.
473 Englischer Wortlaut: „transaction". Französischer Wortlaut: „transaction". Spanischer Wortlaut: „operaciones". Italienischer Wortlaut: „operazioni". Niederländischer Wortlaut: „transacties". Polnischer Wortlaut: „transakcja"; kritisch zur deutschen Übersetzung *Bungert/Wansleben* DB 2017, 1190, 1194.
474 Vgl. *Lanfermann/Maul* BB 2017, 1218, 1221; *dies.* BB 2014, 1283, 1287; *Tarde* ZGR 2017, 360, 364; *Veil* NZG 2017, 521, 522; *Bayer/Schmidt* BB 2017, 2114, 2117; *Vetter* ZHR 179 (2015) 273, 284; *Wiersch* NZG 2014, 1131, 1133; *Bungert/de Raet* DK 2015, 289, 292.
475 *Lanfermann/Maul* BB 2017, 1218, 1221, insbes. Fn. 20 befürworten ein entsprechendes Verständnis; *dies.* BB 2014, 1283, 1287; ebenso *Bayer/Schmidt* BB 2017, 2114, 2117; *Tarde* ZGR 2017, 360, 364 (hält dies für naheliegend); *Vetter* ZHR 179 (2015) 273, 284 f.; vgl. auch *Wiersch* NZG 2014, 1131, 1133 zum Kommissionsentwurf, der dies für naheliegend hält, sich jedoch eine Präzisierung wünscht; vgl. auch *Zetzsche* NZG 2014, 1121, 1128 und *Bungert/de Raet* DK 2015, 289, 292 hielten einen Verweis auf IAS 24.9 für konsequent.
476 *Lutter/Bayer/Schmidt*, Europäisches Unternehmens- und Kapitalmarktrecht, 2017, Rn. 29.177; so wohl (indirekt) auch *Bungert/Wansleben* DB 2017, 1190, 1194.
477 *Tarde* ZGR 2017, 360, 364; *Lutter/Bayer/Schmidt*, Europäisches Unternehmens- und Kapitalmarktrecht, 2017, Rn. 29.177.
478 Vgl. auch *Tarde* ZGR 2017, 360, 364; *Bayer/Schmidt* BB 2017, 2114, 2117.
479 *Bungert/de Raet* DK 2015, 289, 292; auch *Lutter/Bayer/Schmidt*, Europäisches Unternehmens- und Kapitalmarktrecht, 2017, Rn. 29.178 unter Bezugnahme auf IAS 24.9.
480 Für ein weites Verständnis *Bayer/Selentin* NZG 2015, 7, 12. Für die Begrenzung auf Rechtsgeschäfte *Bungert/Wansleben* DB 2017, 1190, 1194.
481 So *Bayer/Selentin* NZG 2015, 7, 12.

wie IAS 24.9 eine Denkmöglichkeit aufzeigen. Der Wortlaut wird teilweise als Argument für eine Begrenzung auf Rechtsgeschäfte („*conclusion of the transaction*", „*transactions entered into*") herangezogen.[482] In der Tat scheint der Wortlaut stellenweise eher auf Rechtsgeschäfte zu passen, was wohl der Tatsache geschuldet ist, dass diese in jedem Fall den Hauptanwendungsbereich der Norm darstellen. Eine Begrenzung auf Rechtsgeschäfte lässt sich aus dem Wortlaut allerdings nicht zwingend schließen.[483] Insbesondere die Ausnahmeregelung in Art. 9c VI lit. e) AR-RL (s. dazu unter Rn. 305) weist eher darauf hin, dass auch korporative Akte, an die sich ein Rechtsgeschäft anschließt, wie **Kapitalerhöhungen**, unter die Vorschrift fallen.[484] Denn ansonsten müssten Ausnahmeregelungen diesen Fall nicht erfassen. Neben diesen Vorgängen erfasst Art. 9c AR-RL durch seinen Bezug auf alle Rechtsgeschäfte daher aus praktischer Sicht insbesondere auch Cash-Pool-Zahlungen sowie Leistungen und Lieferungen innerhalb der Unternehmensgruppe.[485] Im Grundsatz sind zudem beispielsweise Gewinnabführungsverträge mit Tochtergesellschaften erfasst. Auch Beschlüsse über Gewinnausschüttungen könnten potenziell unter die Bestimmungen fallen.[486] Allerdings ist zu bedenken, dass Mitgliedstaaten von den Ausnahmeoptionen in Art. 9c VI AR-RL Richtlinie Gebrauch machen können und damit viele Transaktionen von den Bestimmungen ausnehmen können. Gleiches gilt im Grundsatz für Umwandlungsmaßnahmen. Bei diesen sowie bei anderen der genannten Beispiele bedarf es allerdings ohnehin einer Zustimmung der Hauptversammlung, so dass es vor allem um die Offenlegungspflichten geht. Zudem kann in diesen Fällen ggf die optionale Ausnahmebestimmung des Art. 9c VI lit. b) AR-RL zum Tragen kommen, weshalb der praktische Anwendungsbereich mit Blick auf die genannten Beispiele wohl eher gering sein dürfte.

Den Begriff „nahestehende Unternehmen und Personen" definiert die Richtlinie in Art. 2a lit. h) AR-RL ebenfalls nicht eigenständig für die Richtlinie, sondern verweist dafür, wie bereits erwähnt (s. Rn. 262), umfassend auf den **IAS Standard 24.9**, der im „*endorsement* Verfahren"[487] (Anerkennungsverfahren) von der EU übernommen wurde.[488] IAS-Standard 24.9 definiert „*related parties*" *en detail*. Der Verweis, der sich bereits im Kommissionsentwurf fand, wird in der Literatur vor allem mit Blick auf die weite Definition des IAS-Standards sowie der vollständigen Übernahme ohne ggf notwendige Anpassungen kritisiert.[489] Personen und deren nahe Familienangehörige[490] gehören danach beispielsweise zum Kreis nahestehender Personen, wenn sie das Unternehmen beherrschen oder maßgeblichen Einfluss auf dieses haben (IAS 24.9 lit. a) (i) und (ii)). Gleiches gilt, wenn sie eine zentrale Position im Management dieses Unternehmens einnehmen (IAS 24.9 lit. a) (iii)). Unternehmen werden zB als nahestehend qualifiziert, wenn sie zum selben Konzern gehören oder das eine Unternehmen ein assoziiertes Unternehmen des anderen darstellt (IAS 24.9 lit. b) (i) und (ii)).[491] 263

5. Ausdehnung auf entsprechende Transaktionen mit Tochtergesellschaften

Art. 9c VII 1 AR-RL stellt ausdrücklich klar, dass eine Transaktion mit einer verbundenen Person bzw. einem verbundenen Unternehmen nicht nur vorliegt, wenn die Gesellschaft diese selbst vornimmt, sondern auch, wenn eine **Tochtergesellschaft** ein entsprechendes Geschäft tätigt.[492] Die Vorschrift dient der Verhinderung von **Um-** 264

482 So *Bungert/Wansleben* DB 2017, 1190, 1194.

483 *Vetter* ZHR 179 (2015) 273, 286 weist auf den weiten Wortlaut hin.

484 Dafür trotz Bedenken *Tarde* ZGR 2017, 360, 364. Gegen die Erfassung solcher Vorgänge *Vetter* ZHR 179 (2015) 273, 286 ff. mit ausführlicher Begründung.

485 *Tarde* ZGR 2017, 360, 364.

486 Dazu sehr kritisch *Vetter* ZHR 179 (2015) 273, 287.

487 *Höfer/Verhuven* in: Höfer/Veit/Verhuven (Hrsg.), Betriebsrentenrecht, Bd. 2, 2016, Kap. 49 Rn. 172 f.; *Driesch* in: Driesch ua (Hrsg.), Beck'sches IFRS-Handbuch, 2016, § 1 Rn. 71 ff.; vgl. zum Ablauf des Anerkennungsverfahrens *Lanfermann/Röhricht* BB 2008, 826 ff.

488 *Tarde* ZGR 2017, 360, 363; *Lanfermann/Maul* BB 2017, 1218, 1221; *Reynisson* ECL 13 (2016) 175, 178; vgl. auch *Vetter* ZHR 179 (2015) 273, 284 der darauf aufmerksam macht, dass der Begriff durch den Verweis sehr weit gefasst ist. In diesem Sinne ebenfalls kritisch *Bungert/de Raet* DK 2015, 289, 292. Die Autoren merken allerdings auch an, dass durch den Verweis auf die Definition Rechtssicherheit geschaffen werden soll.

489 Kritisch *Lutter* EuZW 2014, 687 f. aufgrund des weiten Begriffsverständnisses und der nicht vergleichbaren Regelungsbereiche; ebenso *Tarde* ZGR 2017, 360, 373 f. und *Lutter/Bayer/Schmidt*, Europäisches Unternehmens- und Kapitalmarktrecht, 2017, Rn. 29.172; vgl. auch *Bungert/de Raet* DK 2015, 289, 292; auch kritisch zum weiten Begriff *Selzner* ZIP 2015, 753, 761; *Wiersch* NZG 2014, 1131, 1133, 1135; *Bayer/Schmidt* BB 2017, 2114, 2117; kritisch zu diesem Verweis aus Gründen der Unübersichtlichkeit durch die Weiterverweisungen *Bungert/Wansleben* DB 2017, 1190, 1193 f.; *Bayer/Seletin* NZG 2015, 7, 10 kritisieren das sehr weite Begriffsverständnis und weisen auf unterschiedliche und nicht vergleichbare Regelungsbereiche hin.

490 Besonders kritisch zur Erfassung der Familienangehörigen *Lutter* EuZW 2014, 687 f.

491 Näher zu IAS 24.9 ua *Senger/Prengel* in: Driesch ua (Hrsg.), Beck'sches IFRS-HdB, 2016, § 20 Rn. 8; *Hennrichs/Schubert* in: MüKo Bilanzrecht, Bd. 1, 2014, IAS 24 B. Rn. 32 ff.; s. auch im Rahmen der Erörterung der Aktionärsrechterichtlinie *Lutter/Bayer/Schmidt*, Europäisches Unternehmens- und Kapitalmarktrecht, 2017, Rn. 29.169 ff.

492 Der Kommissionsentwurf enthielt noch keine entsprechende Klarstellung. Eine solche bereits mit Blick auf den Kommissionsentwurf fordernd *Wiersch* NZG 2014, 1131, 1135; zur diesbezüglichen Entwicklung der Vorschrift

gehungen des Schutzmechanismus.[493] Die Richtlinie definiert nicht selbst, was unter dem Begriff „Tochtergesellschaften" zu verstehen ist. Auch hier ist eine europäisch-autonome Begriffsbestimmung notwendig. Die Richtlinie nimmt an dieser Stelle keinen Verweis auf die IFRS vor. Dennoch liefert IFRS 10 Anhang A (vormals IAS 27.4) zumindest einen Interpretationsansatz. Danach ist ein Tochterunternehmen „ein Unternehmen, das von einem anderen Unternehmen beherrscht wird".

265 Eine wesentliche Transaktion muss auch in diesem Fall zunächst ermittelt werden. Die Subsumtion unter die Definition der **Wesentlichkeit** erfolgt mit Blick auf die Kennzahlen für die Muttergesellschaft.[494] Liegt eine wesentliche Transaktion vor, so muss diese offengelegt und ggf eine *fairness opinion* erstellt werden (Art. 9c VII 1 und 2 AR-RL). Da die Vorschrift dem Schutz der Muttergesellschaft und ihrer Aktionäre dient, geht es bei der *fairness opinion* um eine Bewertung aus deren Perspektive. Allerdings greifen auch hier die Ausnahmen gem Art. 9c V und VI AR-RL (dazu Rn. 286 ff. und Rn. 293 ff.).[495] Nicht ausdrücklich genannt ist, dass auch die Aggregation von mehreren Transaktionen mit derselben Partei gem Art. 9c VIII AR-RL vorgesehen ist (dazu Rn. 289). Die Vorschrift könnte jedoch entsprechend angewandt werden, da hier ebenfalls das Risiko der Umgehung besteht. Art. 9c VII 1 und 2 AR-RL bezieht sich nur auf die Offenlegung und den ggf zu erstellenden Bericht. Eine Genehmigung durch die Aktionäre oder den Aufsichtsrat der Muttergesellschaft ist nicht vorgesehen.[496]

266 Eine Graphik mag die Situation verdeutlichen. Die Verbindungen zeigen, welche wesentlichen Geschäfte dem **Schutzmechanismus des Art. 9c AR-RL** unterfallen:

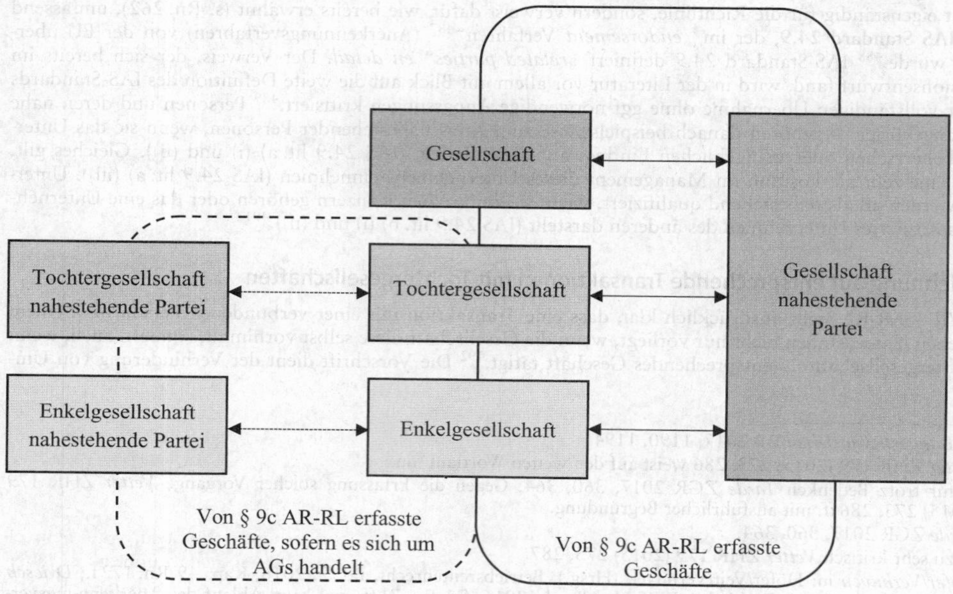

Abb. 4: Schutzmechanismus des Art. 9c AR-RL

267 Transaktionen zwischen zwei Tochtergesellschaften (also **Schwestergesellschaften**) fallen ebenfalls in den Anwendungsbereich des Art. 9c AR-RL, da beide Tochtergesellschaften gleichzeitig der Gesellschaft nahestehende Parteien sind. Die Transaktion einer Tochtergesellschaft mit einer ihr nahestehenden Partei fällt dagegen nur in den Anwendungsbereich des Art. 9c AR-RL, wenn die Tochtergesellschaft selbst eine von der Richtlinie erfasste Gesellschaft, also eine börsennotierte Gesellschaft, ist. Fraglich ist, ob auch Transaktionen von der Gesellschaft verbundenen Parteien mit Enkelgesellschaften erfasst sind oder ob Art. 9c VII AR-RL tatsächlich nur Tochterge-

Tröger AG 2015, 53, 62 f.; siehe zu dem Verständnis, dass Tochtergesellschaften im Kommissionsentwurf ausgenommen wurden auch *Enriques* EBOR 16 (2015) 1, 28.

493 *Tarde* ZGR 2017, 360, 370; siehe zur Möglichkeit der Umgehung nach dem Kommissionsentwurf, in dem diese Klarstellung fehlt *Tröger* AG 2015, 53, 62; *Enriques* EBOR 16 (2015) 1, 28.

494 *Tarde* ZGR 2017, 360, 370.

495 *Lutter/Bayer/Schmidt*, Europäisches Unternehmens- und Kapitalmarktrecht, 2017, Rn. 29.202.

496 *Lutter/Bayer/Schmidt*, Europäisches Unternehmens- und Kapitalmarktrecht, 2017, Rn. 29.201.

sellschaften zu erfassen beabsichtigt. Die englische Fassung verwendet den Begriff „*subsidiary*", der uU auch weiter verstanden werden könnte. Gleiches gilt für den französischen Begriff „*filiale*". Eine Definition des Begriffs nimmt die Richtlinie nicht vor. Sie verweist auch nicht auf die Definition der IFRS 10 Anhang A (vormals IAS 27.4), wo ein Tochterunternehmen als „ein Unternehmen, das von einem anderen Unternehmen beherrscht wird" definiert wird. Auch Art. 2 Nr. 10 der Bilanz-RL (dazu § 25 Rn. 26) definiert den Begriff „Tochterunternehmen" und erstreckt sich auch auf Enkelgesellschaften.[497] Es ließe sich daher vertreten, dass auch Enkelgesellschaften unter den Begriff „Tochtergesellschaft" zu verstehen sind. Untermauert werden kann eine entsprechende Auslegung mit dem Sinn und Zweck der Vorschrift, der gerade darin besteht, Umgehungen zu verhindern und einen umfassenden Schutzstandard zu gewähren.

6. Differenzierung von Transaktionen mit nahestehenden Personen und Unternehmen

a) Wesentliche Transaktionen

Das Schutzkonzept des Art. 9c AR-RL greift, sofern es sich um eine *related party transaction* handelt, die als „wesentlich"[498] zu qualifizieren ist. Die **Wesentlichkeitsschwelle** ist damit zentral für die Frage, wie weit der Anwendungsbereich der Vorschrift reicht. Aus diesem Grund machte der **Kommissionsentwurf** konkrete Vorgaben für die Wesentlichkeitsschwelle in Abhängigkeit vom Schutzinstrument. Als Bezugspunkt wählte die Europäische Kommission das Vermögen der Gesellschaft und sah ab 1% eine Offenlegung und eine *fairness opinion* vor. Die Schwelle für die Genehmigung durch die Hauptversammlung lag bei 5% (Art. 9c I und II AR-RL-KOM).[499] 268

Die Europäische Kommission konnte sich jedoch mit ihrer Vorstellung von europaweit einheitlichen Schwellenwerten im Richtliniengesetzgebungsprozess nicht durchsetzen. Vielmehr verlangten die Mitgliedstaaten insofern **Flexibilität**.[500] Es hätte sich angeboten, zumindest eine Höchstgrenze festzulegen, dh eine Schwelle, ab der eine Transaktion in jedem Fall wesentlich ist. Die Mitgliedstaaten hätten die Schwelle dann in Umsetzung der Richtlinie absenken können. Art. 9c I AR-RL schlägt jedoch einen anderen Weg ein. Er erteilt den Mitgliedstaaten den **Regelungsauftrag** (nicht lediglich die Regelungsmöglichkeit)[501] zu definieren, wann ein wesentliches Geschäft vorliegt. Die Mitgliedstaaten sind allerdings nicht vollkommen frei bei der Ausgestaltung, sondern müssen vielmehr die Vorgaben des Art. 9c I AR-RL beachten. Trotzdem wird im Gegensatz zum Kommissionsentwurf dadurch der Ansatz einer spürbaren Harmonisierung aufgegeben.[502] 269

aa) Zu berücksichtigende Faktoren

Art. 9c I Uabs. 1 lit. a) und Uabs. 1 lit. b) AR-RL legen fest, welche Aspekte der nationale Gesetzgeber bei der Festlegung der Schwellenwerte zu beachten hat.[503] Zum einen müssen die Mitgliedstaaten daher den **Einfluss** berücksichtigen, „den Informationen über das Geschäft auf die **wirtschaftlichen Entscheidungen** der **Aktionäre** der Gesellschaft haben können".[504] Diese Vorgabe legt nahe, dass der Schwellenwert nicht zu hoch angesetzt werden darf, denn Märkte reagieren generell sensibel auf Informationen.[505] Art. 9c I Uabs. 1 lit. a) AR-RL bezieht sich allerdings allein auf „wirtschaftliche Entscheidungen".[506] Damit wird in erster Linie die Entscheidung des (weiteren) Haltens oder Veräußerns der Aktien gemeint sein. Es scheint nicht darauf anzukommen, ob Aktionäre aufgrund dieser Informationen wohl zB ihr Stimmverhalten in der Hauptversammlung beispielsweise bezüglich der Bestellung und Abberufung von Organmitgliedern ändern würden. 270

Zum anderen gibt Art. 9c I Uabs. 1 lit. b) AR-RL vor, dass die Mitgliedstaaten bei der Festlegung der Schwellenwerte, das **Risiko** im Blick behalten müssen, das durch die Transaktion für die **Gesellschaft** und die **Aktionä-** 271

497 In diesem Kontext *Veil* NZG 2017, 521, 528.

498 Englischer Wortlaut: „material". Französischer Wortlaut: „importantes". Spanischer Wortlaut: „importantes". Italienischer Wortlaut: „rilevanti". Niederländischer Wortlaut: „materiële". Polnischer Wortlaut: „istotne". Die anderen Sprachfassungen könnten teilweise auch mit „wichtig" oder „bedeutsam" übersetzt werden.

499 *Vetter* ZHR 179 (2015) 273, 319 hält die Aufgreifschwellen für nicht unangemessen.

500 *Bungert/de Raet* DK 2015, 289, 293 bewerten das Fehlen konkreter Schwellenwerte als positiv.

501 So bereits *Jung* WM 2014, 2351 mit Blick auf den zweiten italienischen Kompromissentwurf. Zur verabschiedeten Fassung *Bungert/Wansleben* DB 2017, 1190, 1194. *Bungert/de Raet* DK 2015, 289, 293 begrüßen den Konkretisierungsspielraum beim Wesentlichkeitsbegriff für die Mitgliedstaaten.

502 *Enriques* ICLQ 2017, 763, 770 spricht mit Blick auf diese Entwicklung von einer Verwässerung des Kommissionsvorschlags; *Veil* NZG 2017, 521, 522 f. sieht durch die verschiedenen Regelungsmöglichkeiten der Mitgliedstaaten das Ziel einer Harmonisierung gefährdet.

503 *Lutter/Bayer/Schmidt*, Europäisches Unternehmens- und Kapitalmarktrecht, 2017, Rn. 29.174 geben an, dass die Vorschrift den Telos der Regulierung von nahestehenden Personen und Unternehmen widerspiegelt.

504 Art. 9c I 1 lit. a) AR-RL.

505 So bereits *Jung* WM 2014, 2351 mit Blick auf den zweiten italienischen Kompromissentwurf.

506 Englischer Wortlaut: „economic decisions". Französischer Wortlaut: „décisions économiques". Spanischer Wortlaut: „decisiones económicas". Italienischer Wortlaut: „decisioni economiche". Niederländischer Wortlaut: „economische beslissingen". Polnischer Wortlaut: „decyzje gospodarcze".

re entsteht. Die Vorschrift nimmt insofern explizit Bezug auf die Minderheitsaktionäre der Gesellschaft. Die Schwellenwerte sollen daher so gewählt werden, dass Transaktionen, bei denen ein erhöhtes Risiko besteht, dass es zu einer nicht unerheblichen Vermögensverschiebung zugunsten des verbundenen Unternehmens bzw. der verbundenen Person kommt, in den Anwendungsbereich von Art. 9c AR-RL fallen. Es wird vertreten, dass bei der Bewertung des Risikos das Schutzsystem zu berücksichtigen ist, das bereits in dem Mitgliedstaat mit Blick auf solche Geschäfte besteht.[507] Darauf scheint die Richtlinie jedoch nicht abzuzielen. Art. 9c AR-RL beabsichtigt vielmehr ein **spezifisches Schutzsystem** für *related party transactions* zu entwickeln. Es wird nämlich den Mitgliedstaaten nicht pauschal die Möglichkeit gewährt, im Fall andersartiger Schutzmechanismen die von der Richtlinie vorgegebenen Aspekte auszublenden (zur Ausnahmemöglichkeit besonderer Transaktionen s. Rn. 293 ff.). Weitere Schutzmechanismen können daher erlassen werden, ändern jedoch nichts an der Pflicht, Art. 9c AR-RL umzusetzen. Daher sollte der existierende Schutzstandard nicht bei der Bewertung des Risikos der Transaktion berücksichtigt werden.

272 Wo der **Spielraum** der Mitgliedstaaten durch den in Art. 9c I Uabs. 1 lit. a) und Uabs. 1 lit. b) AR-RL gesetzten Rahmen genau endet, lässt sich nicht vorhersagen,[508] zumal auch die Erwägungsgründe nicht bei der Konkretisierung helfen. Die Tatsache, dass die im Kommissionsentwurf genannten Schwellenwerte keinen tragfähigen Kompromiss boten, lässt sich schließen, dass die Grenze in jedem Fall darüber liegt. Der Schwellenwert bei der Nachgründung (Art. 52 Kodifizierungs-RL (ex-Art. 13 Kapital-RL), s. dazu § 21 Rn. 64 ff.) lässt dagegen keine Rückschlüsse zu, da der dortige Regelungszweck sich von den Zielen der Aktionärsrechterichtlinie unterscheidet.[509] Zur Differenzierung gemäß den verschiedenen Schutzinstrumenten s. Rn. 277 ff.

bb) Qualitative und quantitative Schwellen

273 Art. 9c I Uabs. 2 AR-RL geht darauf ein, wie der Mitgliedstaat die Schwellen für wesentliche Geschäfte auszugestalten hat. Die Vorschrift befasst sich sowohl mit **quantitativen Kennzahlen** als auch mit einer Differenzierung nach **Art des Geschäfts**[510] und der **Position der verbundenen Partei**. Dabei ist nicht eindeutig, ob die Definition eines wesentlichen Geschäfts allein auf die Art des Geschäfts und die Position der verbundenen Partei abstellen kann oder ob in jedem Fall vom nationalen Gesetzgeber die Ausgestaltung in Form von quantitativen Kennzahlen gefordert wird. Der Wortlaut („oder")[511] legt nahe, dass die quantitativen Kennzahlen in einem Alternativverhältnis zur Art des Geschäfts und der Position der verbundenen Partei stehen.[512] Nach dem Wortlaut müsste der nationale Gesetzgeber, sollte er eine quantitative Bestimmung ablehnen, eine Definition schaffen, die nach der Art des Geschäfts als auch nach der Position der verbundenen Partei differenziert („und").[513] Die Erwägungsgründe äußern sich nicht explizit zur Definition der Wesentlichkeit einer Transaktion. Aus ihnen lässt sich jedoch der Sinn und Zweck herauslesen, dass der europäische Regelungsgeber Schutzmechanismen schaffen möchte, die dazu dienen, das Risiko von Vermögensverschiebungen zugunsten verbundener Parteien zu minimieren.

274 Wer eine „*related party*" ist, regelt die Vorschrift bereits selbst (s. dazu Rn. 262). Eine Differenzierung allein nach der Position der verbundenen Partei kann daher nicht dazu dienen, festzustellen, ob eine wesentliche Transaktion vorliegt. Die Art des Geschäfts (auch in Verbindung mit der Position der verbundenen Partei) kann ebenfalls nicht allein sicherstellen, dass ein Mitgliedstaat die Wesentlichkeit bestimmt. Der Begriff „wesentlich" zeigt, dass es darum geht, besonders wichtige, dh Transaktionen von entscheidender Bedeutung im Sinne der Norm, zu erfassen. Eine Differenzierung allein nach Art des Geschäfts kann insofern nicht weiterhelfen. Das zeigt auch ein systematischer Blick auf Art. 9c I Uabs. 1 lit. a) und b) AR-RL (dazu bereits Rn. 270 ff.). Gleiches

507 *Bungert/Wansleben* DB 2017, 1190, 1195.

508 So bereits *Jung* WM 2014, 2351, 2352; *Lutter/Bayer/Schmidt*, Europäisches Unternehmens- und Kapitalmarktrecht, 2017, Rn. 29.175 erwähnen mit Blick auf den *effet utile*-Grundsatz, dass eine Schwelle von 95% des Bruttovermögens zu hoch wäre.

509 Für eine Schwelle, die sich an den Vorgaben der ehemaligen Kapitalrichtlinie orientiert bzw. sogar für Schwellenwerte, die 10% übersteigen *Bungert/Wansleben* DB 2017, 1190, 1195; *Suchan/Gerdes* WPg 2017, 1034, 1039 plädieren ebenfalls dafür, dass der nationale Gesetzgeber sich an den Vorgaben des § 52 I AktG zur Nachgründung orientieren sollte.

510 *Tarde* ZGR 2017, 360, 364 sieht hier die Möglichkeit für die nationalen Gesetzgeber Transaktionen, die nach Ansicht des Mitgliedstaats nicht in den Anwendungsbereich fallen sollten, zumindest durch eine entsprechende Ausgestaltung der Definition aus dem Anwendungsbereich auszunehmen.

511 In der deutschen Fassung ist der Wortlaut missglückt. Zwar wird auch dort von „oder" gesprochen, aufgrund der Satzkonstruktion fordert Art. 9c I 2 AR-RL jedoch im Ergebnis eine quantitative Kennzahl, die entweder typische Aspekte wie den Umsatz berücksichtigt „oder" die Art des Geschäfts. In den anderen Fassungen stehen quantitative Kennzahlen sprachlich klarer in einem Alternativverhältnis zur Art des Geschäfts. Englischer Wortlaut: „or". Französischer Wortlaut: „ou". Spanischer Wortlaut: „o". Italienischer Wortlaut: „ovvero". Niederländischer Wortlaut: „of". Polnischer Wortlaut: „lub".

512 Deshalb für eine entsprechende Interpretation *Tarde* ZGR 2017, 360, 365 f.

513 Englischer Wortlaut: „and". Französischer Wortlaut: „et". Spanischer Wortlaut: „y". Italienischer Wortlaut: „e". Niederländischer Wortlaut: „en". Polnischer Wortlaut: „i".

gilt für die Aggregation von Transaktionen gem Art. 9c VIII AR-RL, welche ohne quantitative Kennzahlen nicht möglich wäre.[514] Auch die Entwicklung der Vorschrift zeigt, dass der Gesetzgeber eine Definition mit Blick auf bestimmte Bezugsgrößen im Blick hatte (vgl. Art. 9c I 1 und II 1 AR-RL-KOM). Hier wird daher vertreten, dass die Mitgliedstaaten zwingend **eine** oder **mehrere quantitative Kennzahlen** zu bestimmen haben (Art. 9c I Uabs. 2 AR-RL). Allein qualitative Vorgaben bzw. unbestimmte Rechtsbegriffe (wie „wesentliches Geschäft") genügen daher den Anforderungen der Regelung nicht.[515] Darüber hinaus kann nach der Art des Geschäfts und der Position der verbundenen Partei differenziert werden (Art. 9c I Uabs. 2 AR-RL). Letztere Kriterien können nur neben eine oder mehrere quantitative Kennzahlen treten.[516] Es wäre danach beispielsweise möglich, Immobiliengeschäfte besonderen Kennziffern zu unterwerfen. Außerdem können die Mitgliedstaaten beispielsweise danach differenzieren, ob ein Geschäft mit einem Aufsichtsrats- bzw. einem Vorstandsmitglied oder einem Mehrheitsaktionär abgeschlossen wird.

Art. 9c I Uabs. 2 AR-RL enthält eine **abschließende**[517] Liste von **Bezugsgrößen** für die quantitativen Kennzahlen. Die Schwellenwerte müssen daher entweder 275

- dem Einfluss auf die Finanzlage,
- den Einnahmen,
- dem Vermögen,[518]
- der Kapitalisierung (einschließlich Eigenkapital) oder
- dem Umsatz

Rechnung tragen (Art. 9c I Uabs. 2 AR-RL).

Eine weitere Differenzierungsmöglichkeit bezüglich der Schwellenwerte für die unterschiedlichen Schutzmechanismen gewährt Art. 9c I Uabs. 3 AR-RL, indem er den Mitgliedstaaten gestattet, die **Größe** der Gesellschaft zu berücksichtigen. Hier kämen unterschiedliche Schwellenwerte für KMU, GMU (große mittelständische Unternehmen)[519] und Großunternehmen in Betracht.[520] Da die Richtlinie allein börsennotierte Unternehmen erfasst, erscheint höchstens eine Differenzierung zwischen Großunternehmen und GMU relevant. Setzt ein Mitgliedstaat die Richtlinie jedoch überschießend um, kann sich je nach Ausgestaltung auch eine Differenzierung mit Blick auf KMU anbieten. 276

cc) Differenzierung der Schwellenwerte

Neben den genannten Differenzierungen erlaubt es Art. 9c I Uabs. 3 AR-RL den Mitgliedstaaten, **unterschiedliche Schwellenwerte** für die einzelnen Schutzinstrumente (Offenlegung, *fairness opinion*, Genehmigung) festzulegen (Art. 9c I Uabs. 3 AR-RL). Bereits der Kommissionsentwurf sah eine niedrigere Schwelle für die Offenlegung (1%) und die *fairness opinion* (1%) vor als für die Genehmigung durch die Hauptversammlung (5%) (vgl. Art. 9c I und II AR-RL-KOM). Eine Differenzierung ist hier aufgrund der unterschiedlichen Zielrichtungen der Schutzinstrumente und dem mit ihr verbundenen Aufwand für die Unternehmen gerechtfertigt. 277

Art. 9c I Uabs. 3 AR-RL eröffnet den nationalen Gesetzgebern den Spielraum, für die Genehmigungspflicht durch ein zuständiges Organ eine **„andere"**[521] Definition festzulegen als für die Offenlegung und die ggf notwendige *fairness opinion*. Im Gegensatz zum zweiten italienischen Kompromissentwurf gestattet die Änderungsrichtlinie daher nicht nur die Festlegung einer niedrigeren Schwelle für die Offenlegung und die Genehmigung (Art. 9c VI 3 AR-RL-IT 2). Vielmehr kann der Mitgliedstaat generell eine anders geartete Definition für die Schwelle bezüglich der Genehmigungspflicht entwerfen. 278

Zu erörtern bleibt, ob die nationalen Gesetzgeber auch unterschiedliche Schwellenwerte für die **Offenlegung** (Abs. 2) und den ggf notwendigen **Bericht** (Abs. 3) festlegen dürfen.[522] Der Wortlaut der Vorschrift spricht eher dafür, dass hier keine Differenzierung möglich ist. Die Regelungstechnik unterstützt diese Interpretation, da die Vorschrift den Umsetzungsspielraum für die Mitgliedstaaten sonst grundsätzlich zum Ausdruck bringt.[523] Auch die Systematik spricht für den Ausschluss einer Differenzierungsmöglichkeit, denn sofern ein Bericht erstellt werden muss, ist er der öffentlichen Bekanntmachung beizufügen (Art. 9c III AR-RL).[524] 279

514 Vgl. *Tarde* ZGR 2017, 360, 366, insbes. Fn. 22 und 375, der sich zwar rechtspolitisch für quantitative Kennzahlen ausspricht, jedoch keine entsprechende Pflicht aus der Richtlinie herleitet, sondern vielmehr eine Alternative.

515 So bereits *Jung* WM 2014, 2351, 2352 zum zweiten italienischen Ratsentwurf.

516 AA *Tarde* ZGR 2017, 360, 365 f.

517 So bereits *Jung* WM 2014, 2351, 2352 zum zweiten italienischen Ratsentwurf.

518 *Vetter* ZHR 179 (2015) 273, 319 hält „das Vermögen" als Anknüpfungspunkt für zu unbestimmt.

519 Für die Einführung dieser Größenklasse *Krebs/Jung* DB 2013, Heft 51/52, 1 f.

520 *Lutter/Bayer/Schmidt*, Europäisches Unternehmens- und Kapitalmarktrecht, 2017, Rn. 29.176.

521 Englischer Wortlaut: „different". Französischer Wortlaut: „différentes". Spanischer Wortlaut: „distintas". Italienischer Wortlaut: „diverse". Niederländischer Wortlaut: „andere". Polnischer Wortlaut: „inne".

522 Zu dieser Problematik mit Blick auf den zweiten italienischen Ratsentwurf *Jung* WM 2014, 2351, 2352.

523 So zum zweiten italienischen Ratsentwurf *Jung* WM 2014, 2351, 2352.

524 *Jung* WM 2014, 2351, 2352 zum zweiten italienischen Ratsentwurf.

280 Gegen die Interpretation, den Gestaltungsspielraum für die Mitgliedstaaten einzuschränken, könnte allerdings sprechen, dass es den nationalen Gesetzgebern offensteht, keinen Bericht gem Art. 9c III AR-RL zu fordern. Im Sinne eines **Erst-Recht-Schlusses** (dazu auch § 2 Rn. 143) könnte dann argumentiert werden, dass sie erst recht die Möglichkeit haben müssen, dafür auch die Schwellenwerte ganz frei gestalten zu können. Diese Argumentation ist allerdings nicht zwingend. Denn der europäische Gesetzgeber gestattet auch die Zulassung von *opt-out*. Entscheidet sich ein Mitgliedstaat nicht für das *opt-out*, so sind dann jedoch gewisse Vorgaben zu beachten. Diese Auslegungsmöglichkeit erscheint nach hier vertretener Ansicht stimmiger, so dass der nationale Gesetzgeber im Ergebnis **keine unterschiedlichen Schwellen** für die Offenlegung und den Bericht festlegen kann.

dd) Überblick

281 Zusammenfassend regelt Art. 9c I AR-RL Folgendes: Zunächst enthält die Vorschrift eine unspezifische Pflicht zur Berücksichtigung zweier Aspekte, was im Ergebnis dazu führt, dass die Schwellen nicht zu hoch angesetzt werden dürfen, wobei sich diese Grenze nicht exakt bestimmen lässt.

282 Bezüglich der Definition von „**wesentlichen Geschäften**" lässt die Richtlinie den Mitgliedstaaten ansonsten einen größtmöglichen[525] Gestaltungsspielraum:

- Die Definition darf aus **quantitativen** und **qualitativen Bezugsgrößen** bestehen.
- Es ist eine Differenzierung gem den **Schutzinstrumenten** möglich.
- Darüber hinaus ist eine Differenzierung nach der **Größe** des Unternehmens gestattet.
- Daneben ist eine Differenzierung gem der **Art des Geschäfts** und der **Position der verbundenen Partei** erlaubt.

283 Aufgrund der unzähligen Gestaltungsmöglichkeiten für die Mitgliedstaaten lässt sich hier, wenn überhaupt, lediglich von einer **marginalen Harmonisierung** sprechen. Für die nationalen Gesetzgeber wird es entscheidend sein, handhabbare Definitionen zu gestalten, die rechtssicher und nicht zu kompliziert sind.[526]

b) Gewöhnliche Transaktionen

284 Die Mitgliedstaaten können nicht nur über die Definition der Wesentlichkeit die Reichweite der von Art. 9c AR-RL vorgegebenen Schutzinstrumente bestimmen. Daneben gewährt die Richtlinie ihnen bezüglich gewöhnlicher Geschäfte einen **Gestaltungsspielraum** (Art. 9c V AR-RL).

285 Im Kommissionsentwurf fand sich noch keine entsprechende Regelung. Im Laufe des Richtliniengesetzgebungsprozesses wurden dann verschiedene Varianten diskutiert. Der erste italienische Kompromissentwurf sah eine *opt-out*-Möglichkeit für die Mitgliedstaaten vor. Auch gewöhnliche Transaktionen waren demnach von der Richtlinie erfasst, die Mitgliedstaaten konnten jedoch etwas anderes vorsehen (Art. 9c IV AR-RL-IT-1).[527] Der zweite italienische Ratsentwurf nahm entsprechende Transaktionen dann vom Anwendungsbereich aus und ließ den Mitgliedstaaten diesbezüglich keine Regelungsmöglichkeit (Art. 9c IIa AR-RL-IT-2).[528] Die verabschiedete Richtlinie entscheidet sich für eine dritte Regelungsoption: Nach Art. 9c V Uabs. 1 S. 1 AR-RL sind die Absätze 2, 3 und 4 auf „Geschäfte, die im ordentlichen Geschäftsgang und zu marktüblichen Bedingungen getätigt" wurden, nicht anzuwenden. Den Mitgliedstaaten wird mit Art. 9c V Uabs. 2 AR-RL allerdings ein ***opt-in*** gestattet,[529] dh sie können auch solche Geschäfte der Offenlegung, ggf der Berichtspflicht und der Zustimmung unterwerfen. Nicht ganz eindeutig ist, welche Konsequenz es hat, wenn ein Mitgliedstaat von dieser Regelungsmöglichkeit Gebrauch macht. Es könnte vertreten werden, dass der Mitgliedstaat dann kein Compliance-System gem Art. 9c V Uabs. 1 S. 2 AR-RL (s. dazu Rn. 288) einzuführen braucht. Allerdings ist zu bedenken, dass es auch dann wichtig wäre, festzustellen, ob Transaktionen zutreffend als wesentlich bzw. unwesentlich eingestuft wurden. Darauf stellt das Compliance System allerdings dem Wortlaut der Vorschrift nach grundsätzlich nicht ab (s. dazu Rn. 287), weshalb es dann wohl auch nicht eingerichtet werden muss, wenn ein Mitgliedstaat von der *opt-in*-Möglichkeit Gebrauch macht. Vertritt man jedoch die Ansicht, dass das Compliance-System auch ermitteln soll, ob Transaktionen zutreffend als wesentlich bzw. unwesentlich eingestuft wurden, so muss es auch eingerichtet werden, wenn der nationale Gesetzgeber die *opt-in*-Möglichkeit wählt.

525 *Tarde* ZGR 2017, 360, 366 spricht von einem weiten Ermessen.

526 Umgekehrt zu den Gefahren dieser Gestaltungsmöglichkeiten *Jung* WM 2014, 2351, 2352. Eine klar bestimmbare Materialitätsschwelle fordernd *Vetter* ZHR 179 (2015) 273, 319; *Tröger* AG 2015, 53, 60 fordert „möglichst präzise und kontextspezifische, quantitative Schwellenwerte". *Bungert/Wansleben* DB 2017, 1190, 1194 verlangen rechtssichere und einfach bestimmbare Schwellenwerte.

527 *Jung* WM 2014, 2351, 2355; auch auf die Regelungsmöglichkeit hinweisend *Veil* NZG 2017, 521, 528.

528 *Jung* WM 2014, 2351, 2355.

529 Gegen eine Ausübung der *opt-in*-Möglichkeit mit Blick auf den deutschen Gesetzgeber *Veil* NZG 2017, 521, 528; *Bungert/Wansleben* DB 2017, 1190, 1197.

aa) Ordentlicher Geschäftsgang und marktübliche Bedingungen

Die Ausnahme des Art. 9c V Uabs. 1 S. 1 AR-RL bezieht sich ausschließlich auf gewöhnliche Geschäfte zu **marktüblichen Konditionen**. Beide Begriffe werden in der Richtlinie nicht definiert. Unter Transaktionen „im ordentlichen Geschäftsgang“[530] fallen wohl insbesondere ständige Liefer- und Leistungsbeziehungen aus langfristigen Vereinbarungen.[531] Die diesbezügliche Rahmenvereinbarung fällt allerdings grundsätzlich nicht in den Bereich des ordentlichen Geschäftsgangs.[532] Zunächst könnte daran gedacht werden, dass es nur wenige wesentliche Geschäfte geben kann, die gleichzeitig als Transaktionen im ordentlichen Geschäftsgang zu klassifizieren sind[533] und die Ausnahme daher nur eine geringe Bedeutung hat. Allerdings müssen Transaktionen zusammengerechnet werden (s. dazu Rn. 289) und können so die Wesentlichkeitsschwelle überschreiten. Diesbezüglich ist die Differenzierung zwischen Geschäften im ordentlichen Geschäftsgang und außerordentlichen Transaktionen besonders entscheidend (s. dazu auch Rn. 293). Marktübliche Bedingungen sind wohl gegeben, wenn die Transaktion einem Drittvergleich standhält. Auch wenn es sich um eine außerordentliche Transaktion zu marktunüblichen Bedingungen handelt, greifen allerdings nicht automatisch die Absätze 2, 3 und 4. Vielmehr kommen sie auch dann nur zum Tragen, sofern es sich um ein wesentliches Geschäft handelt. 286

bb) Compliance-System

Für gewöhnliche Geschäfte gilt – unabhängig davon, ob sie wesentlich sind oder nicht –, dass das Verwaltungsorgan bzw. der Aufsichtsrat ein Compliance-System einzurichten hat,[534] welches überprüft, ob die Geschäfte die genannten Bedingungen erfüllen. Das **Kontrollsystem** hat somit zu erfassen, ob es sich tatsächlich um gewöhnliche Geschäfte zu marktüblichen Bedingungen handelt. Insofern wäre eine stichprobenartige Überprüfung notwendig.[535] Der Wortlaut der Vorschrift gibt nicht vor, dass das Compliance-System zu ermitteln hat, ob es sich um eine wesentliche oder unwesentliche Transaktion handelt. Zu bedenken ist jedoch, dass die Richtlinie hier eine Ausnahme von der Anwendung des Schutzkonzeptes vorsieht. Die Schutzmechanismen des Art. 9c AR-RL greifen jedoch allein mit Blick auf wesentliche Geschäfte. Ausgenommen werden durch Art. 9c V Uabs. 1 S. 1 AR-RL also wesentliche Geschäfte, bei denen es sich aber gleichzeitig um gewöhnliche Geschäfte zu marktüblichen Konditionen handelt. Das Compliance-System muss daher nach hier vertretener Ansicht auch ermitteln, ob es sich um wesentliche oder unwesentliche Transaktionen handelt. 287

Im dualistischen System trägt der **Aufsichtsrat die Verantwortung** für das Compliance-System (Art. 9c V Uabs. 1 S. 2 AR-RL). Nicht eindeutig ist, ob der Compliance-Abteilung die Aufgabe zugewiesen werden darf. Denn diese untersteht dem Vorstand. Mit Blick auf Deutschland ist allerdings zu bedenken, dass Compliance-Beauftragte aufgrund ihrer Garantenstellung weitgehend unabhängig sind.[536] Art. 9c V Uabs. 1 S. 3 AR-RL stellt sicher, dass verbundene Parteien nicht in den Bewertungsprozess eingebunden werden. 288

c) Mehrfache Transaktionen

Art. 9c VIII AR-RL regelt die Behandlung mehrfacher Transaktionen mit derselben verbundenen Partei. Die Regelung zielt auf einen **Umgehungsschutz** ab.[537] Sie möchte möglichst unterbinden, dass Geschäfte mit einer verbundenen Partei, die zu einer Anwendung der Schutzvorschriften führen würden, künstlich aufgespalten werden, um so die Anforderungen zu umgehen.[538] Außerdem erfasst sie damit auch dauerhafte bzw. sich im Laufe der Zeit verstärkende Geschäfte,[539] die aufgrund ihres Bedeutungszuwachses im Zeitverlauf die Wesentlichkeitsschwelle überschreiten. Diesbezüglich mag im Einzelfall die Abgrenzung zu gewöhnlichen Geschäften zu marktüblichen Konditionen (s. dazu Rn. 286) schwerfallen, die gerade auch langfristige Beziehungen erfassen können. 289

530 Englischer Wortlaut: „in the ordinary course of business“. Französischer Wortlaut: „dans le cadre de l'activité ordinaire de la société“. Spanischer Wortlaut: „en el curso ordinario de la actividad empresarial“. Italienischer Wortlaut: „nell'ordinaria attività“. Niederländischer Wortlaut: „in het kader van de normale bedrijfsvoering“. Polnischer Wortlaut: „w ramach normalnej działalności“.

531 So *Jung* WM 2014, 2351, 2355 zum zweiten italienischen Kompromissentwurf; ebenso *Veil* NZG 2017, 521, 528.

532 Vgl. *Tarde* ZGR 2017, 360, 366 mit Blick auf die Rahmenvereinbarung zu Cash-Pooling-Systemen.

533 Zu dieser Frage *Veil* NZG 2017, 521, 528.

534 So bereits *Jung* WM 2014, 2351, 2356 zum zweiten italienischen Kompromissentwurf. Ebenso zur verabschiedeten Fassung *Bungert/Wansleben* DB 2017, 1190, 1198.

535 *Jung* WM 2014, 2351, 2356.

536 Dieser Abschnitt beruht auf *Jung* WM 2014, 2351, 2356.

537 Kritisch zu den entsprechenden Vorschriften in den Regelungsentwürfen *Bungert/de Raet* DK 2015, 289, 293 („weder praktikabel noch sinnvoll“). Sie halten das Instrument des Rechtsmissbrauchs für ausreichend. *Vetter* ZHR 179 (2015) 273, 322 bezeichnet die Aggregationsregel als „ein Beispiel für Überregulierung“. Er hält die Grundsätze zur Vermeidung von Gesetzesumgehungen für ausreichend.

538 *Lutter/Bayer/Schmidt*, Europäisches Unternehmens- und Kapitalmarktrecht, 2017, Rn. 29.203.

539 *Tarde* ZGR 2017, 360, 365.

290 Art. 9c VIII AR-RL sieht vor, dass **Geschäfte mit derselben verbundenen Partei**, die nicht den Schutzvorschriften der Absätze 2, 3 und 4 unterfallen und innerhalb eines Geschäftsjahres bzw. innerhalb von 12 Monaten getätigt werden, **zusammengerechnet werden müssen**. Es müssen also unwesentliche Transaktionen mit nahestehenden Unternehmen und Personen aggregiert werden. Gewöhnliche Geschäfte zu marktüblichen Bedingungen sowie Geschäfte, die aufgrund von Art. 9c VI AR-RL (s. dazu Rn. 293 ff.) vom Anwendungsbereich ausgenommen sind, brauchen dagegen nicht aggregiert zu werden, da auch die Erreichung der Wesentlichkeitsschwelle in diesen Fällen keine Konsequenzen nach sich zieht. Dennoch wird die Erfüllung der Vorgaben, dh die Aggregation unwesentlicher Transkationen, einen gewissen Aufwand für die Unternehmen bedeuten.[540] Dieser dürfte allerdings aufgrund der Fokussierung allein auf durch Aggregation möglicher, wesentlicher Transaktionen nicht prohibitiv sein.

291 Eine konkrete **Rechtsfolge** nennt die Vorschrift nicht.[541] Sie drückt lediglich aus, dass die Transaktionen zum „Zwecke dieser Absätze"[542] zusammengerechnet werden sollen. Sinn und Zweck der Vorschrift ist, dass durch die Erreichung der Wesentlichkeitsschwellen die Schutzmechanismen greifen.[543] Unklar ist jedoch, welche Geschäfte dann den entsprechenden Bestimmungen unterfallen. Vermutlich dürfen dies die Mitgliedstaaten konkretisieren, eine Lückenschließung innerhalb der Richtlinie scheint insofern nicht möglich.[544] Dafür spricht die Entwicklung der Richtlinie. Denn der Kommissionsentwurf sah die Konsequenzen noch vor (vgl. Art. 9c III AR-RL-KOM). Die verabschiedete Änderungsrichtlinie hat sich daher scheinbar bewusst für eine **Nichtregelung dieses Aspekts** entschieden und die Festlegung damit den Mitgliedstaaten überlassen. Es bestehen ua folgende Regelungsmöglichkeiten:

292 Es könnte lediglich das Geschäft, welches die Schwelle überschreitet, den Anforderungen der Absätze 2, ggf 3 und 4 unterfallen. Dies ist jedoch mit Blick auf die Anreizwirkung problematisch, da dann dafür extra ein unproblematisches Geschäft abgeschlossen werden könnte. Es könnten aber auch alle Transaktionen, die nach dem Erreichen der Schwelle getätigt werden, zumindest den Offenlegungsvorschriften und ggf auch der *fairness opinion* unterfallen. Eine Zustimmung zu den bereits in der Vergangenheit getätigten Geschäften mit den damit verbundenen Problemen der Festlegung der Konsequenz der Ablehnung scheint dagegen grundsätzlich unpraktisch. Bezüglich der Offenlegungspflichten besteht allerdings die Möglichkeit, die bereits getätigten Geschäfte im Nachhinein, dh im Zeitpunkt des Erreichens der Wesentlichkeitsschwelle durch Aggregation, öffentlich bekannt zu machen. Mit Blick auf die Offenlegung würde dies wohl den effektivsten Schutz bieten.[545] Gleiches könnte ggf auch für die *fairness opinion* gelten.[546]

d) Besondere Transaktionen

293 Art. 9c VI AR-RL listet **fünf besondere Arten von Transaktionen** auf, die die Mitgliedstaaten von der Anwendung der Schutzmechanismen, dh der Offenlegung, der *fairness opinion* und der Genehmigung, generell ausnehmen können. Es besteht auch die Möglichkeit, dass der Mitgliedstaat die Geschäfte zwar nicht generell von der Anwendung des Schutzkonzeptes des Art. 9c AR-RL ausnimmt, es jedoch den Unternehmen überlässt, ob sie die Schutzmechanismen anwenden möchten oder nicht.[547] Die Vorschrift möchte den Mitgliedstaaten einen größtmöglichen **Gestaltungsspielraum** eröffnen, so dass sie diese speziellen Transaktionen auch lediglich einzelnen Schutzinstrumenten, zB ausschließlich der Offenlegung, aber nicht der Genehmigung, unterwerfen können.[548]

294 Nicht von der Vorschrift erfasst ist Art. 9c V AR-RL, der ein **Compliance-System** für gewöhnliche Transaktionen vorschreibt. Daraus lässt sich schließen, dass das System entsprechende Transaktionen berücksichtigen muss, auch wenn ein Mitgliedstaat von einer Ausnahmeregelung gem Art. 9c VI AR-RL Gebrauch macht. Sinn davon könnte sein, dass die Compliance-Vorgaben mit den nationalen Schutzvorschriften, die Art. 9c VI lit. a), b) und in gewissem Maße auch lit. e) AR-RL fordert, zusammen ein Schutzsystem bilden sollen.

540 Daher kritisch zur Vorschrift *Tarde* ZGR 2017, 360, 377; vgl. auch *Vetter* ZHR 179 (2015) 273, 322; *Bungert/de Raet* DK 2015, 289, 293; *Wiersch* NZG 2014, 1131, 1132 hielt den Kommissionsentwurf für zu weitreichend.

541 So bereits der zweite italienische Kompromissentwurf, vgl. *Jung* WM 2014, 2351, 2355.

542 Englischer Wortlaut: „for the purposes of those paragraphs". Französischer Wortlaut: „aux fins de ces paragraphes". Spanischer Wortlaut: „a efectos de la aplicación de dichos apartados". Der spanische Wortlaut spricht im Gegensatz zu den anderen Fassungen von „zum Zwecke der Anwendung der genannten Absätze". Italienischer Wortlaut: „ai fini di detti paragrafi". Niederländischer Wortlaut: „voor de toepassing van deze leden". Polnischer Wortlaut: „celów tych ustępów".

543 *Bungert/de Raet* DK 2015, 289, 293 kritisieren die nachträgliche Messung der Transaktionen an den Vorgaben.

544 *Tarde* ZGR 2017, 360, 376 scheint von einer Regelung der Folgen durch die Richtlinie auszugehen. Unklarheiten dürfen jedoch wohl die nationalen Gesetzgeber beseitigen.

545 Ausführungen basieren auf *Jung* WM 2014, 2351, 2355 zum zweiten italienischen Kompromissentwurf.

546 Vgl. *Tarde* ZGR 2017, 360, 376.

547 Vgl. auch *Tarde* ZGR 2017, 360, 370.

548 Vgl. *Jung* WM 2014, 2351, 2356 zum zweiten italienischen Kompromissentwurf; ebenso *Lutter/Bayer/Schmidt*, Europäisches Unternehmens- und Kapitalmarktrecht, 2017, Rn. 29.180.

aa) Konzernsachverhalte

295 Die wohl bedeutendste mögliche Ausnahme findet sich in Art. 9c VI lit. a) AR-RL. Danach dürfen die Mitgliedstaaten **Transaktionen in Konzernstrukturen** von der Anwendung der Schutzinstrumente ausnehmen. Art. 9c VI lit. a) AR-RL bezieht sich seinem Wortlaut nach lediglich auf Transaktionen der börsennotierten und von der Richtlinie erfassten Muttergesellschaft mit einer Tochtergesellschaft. Aus dem Zusammenhang mit Art. 9c VII AR-RL, der einen expliziten Verweis auf Art. 9c VI AR-RL enthält, ergibt sich jedoch, dass auch Geschäfte einer Tochtergesellschaft mit einer anderen Tochtergesellschaft ausgenommen werden können. Nicht erfasst sind hingegen Fälle, in denen eine börsennotierte Gesellschaft, die von der Richtlinie erfasst ist, Geschäfte mit ihrer Muttergesellschaft (Holding) vornimmt, dh der umgekehrte Fall.[549] Darauf deutet nicht nur der Wortlaut der Vorschrift hin, sondern auch der Gesetzgebungsprozess, in dem vor allem die deutsche Bundesregierung diesen Aspekt ansprach, jedoch keine Änderung der Vorschrift erreichen konnte.[550] Eine Ausnahme davon sollte allerdings gelten, wenn die Holding selbst wiederum in den Anwendungsbereich der Richtlinie fällt, dh wenn sie eine börsennotierte Gesellschaft ist, denn dann sind Geschäfte zwischen den beiden Gesellschaften zumindest aus Sicht der Holding von Art. 9c VI lit. a) AR-RL erfasst.

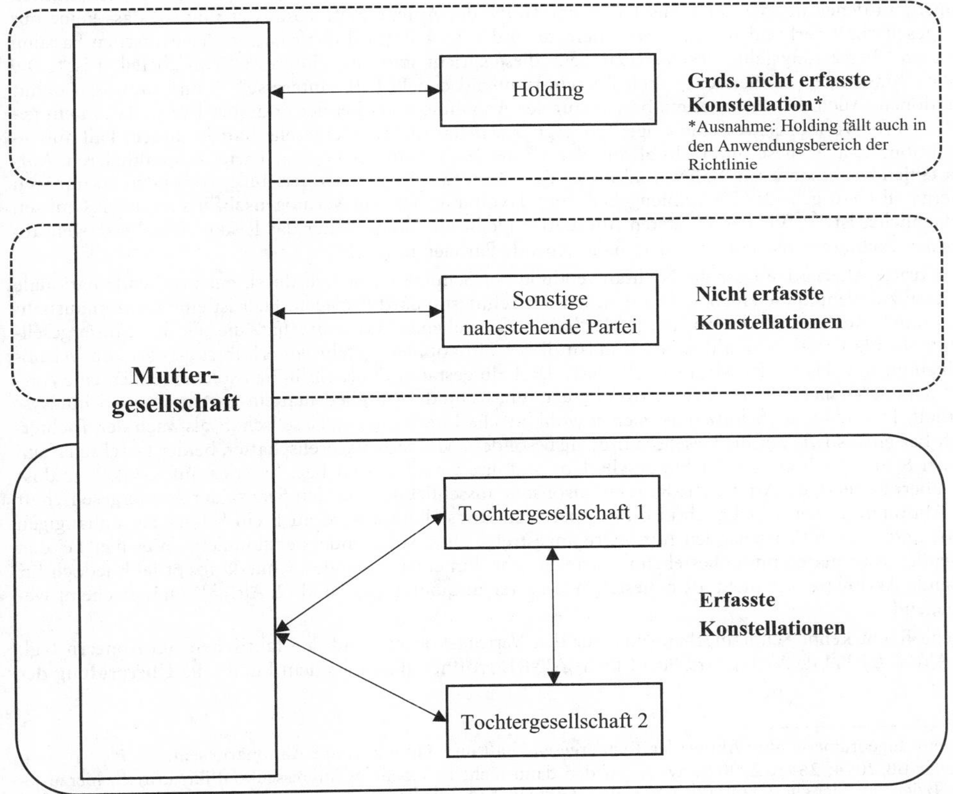

Abb. 5: Erfasste sowie nicht erfasste Konstellationen

296 Damit Geschäfte in den beschriebenen Konzernstrukturen allerdings von der Anwendung der Schutzmechanismen ausgenommen werden können, muss eine der folgenden **Bedingungen** vorliegen (**Alternativen** („oder") vgl. Art. 9c VI lit. a) AR-RL):

549 *Lutter/Bayer/Schmidt*, Europäisches Unternehmens- und Kapitalmarktrecht, 2017, Rn. 29.195; *Bungert/Wansleben* DB 2017, 1190, 1196; *Tarde* ZGR 2017, 360, 384; *Veil* NZG 2017, 521, 528.

550 So *Lutter/Bayer/Schmidt*, Europäisches Unternehmens- und Kapitalmarktrecht, 2017, Rn. 29.195.

(1) Die Tochtergesellschaft muss zu **100%** der Muttergesellschaft gehören (1. Alt.);[551]
(2) keine andere verbundene Partei darf ein Interesse an der Tochtergesellschaft haben (2. Alt.) und
(3) das nationale Recht muss einen **„angemessenen Schutz der Interessen** der Gesellschaft, der Tochtergesellschaft und ihrer Aktionäre, die weder ein nahestehendes Unternehmen noch eine nahestehende Person sind, einschließlich der Minderheitsaktionäre, bei derartigen Geschäften" vorsehen (3. Alt.).

297 **Zu (1):** Transaktionen zwischen der Gesellschaft und der 100%igen Tochtergesellschaft müssen nicht den Schutzvorschriften unterfallen, da die Tochtergesellschaft dann keine außenstehenden Gesellschafter hat.[552] Eine Ausnahme ist hier möglich, da der Richtliniengeber insofern **kein erhöhtes Risiko von Vermögenverschiebungen** zulasten von Minderheitsaktionären der Muttergesellschaft fürchtet. Eine Vermögensverschiebung zulasten der Muttergesellschaft wird hier zumindest als weniger gravierend eingestuft, denn aufgrund fehlender außenstehender Gesellschafter bei der Tochtergesellschaft steht nicht zu befürchten, dass ein Vermögensabfluss zu deren Gunsten erreicht werden soll. Aus diesem Grund wird dem nationalen Gesetzgeber insofern ein Regelungsspielraum eröffnet.[553] Allerdings ist im Fall einer Vermögenverschiebung zulasten der Mutter ein Abfluss der Mittel aus der Tochter an andere nahestehende Parteien möglich.

298 **Zu (2):** Die zweite Alternative gestattet es den Mitgliedstaaten auch Transaktionen mit Tochtergesellschaften auszunehmen, an denen die Muttergesellschaft nicht 100% der Anteile hält. Voraussetzung ist, dass keine mit der Muttergesellschaft verbundene Partei ein Interesse an der Tochtergesellschaft hat. In der deutschen Fassung ist insofern ein Übersetzungsfehler festzustellen, denn diese spricht statt von „Interesse" von „beteiligt ist". Die anderen Sprachfassungen verwenden jedoch übereinstimmend den Begriff „**Interesse**"[554] und umfassen damit mehr Situationen. Auch diese Ausnahme basiert auf der Annahme, dass bei der erfassten Konstellation ein geringeres Risiko für Vermögensverschiebungen vorliegt. Zwar hat die Tochtergesellschaft in diesem Fall außenstehende Aktionäre, aber diese sind nicht als mit der Muttergesellschaft verbundene Partei zu qualifizieren. Aufgrund des fehlenden besonderen Näheverhältnisses der Muttergesellschaft zu den außenstehenden Aktionären der Tochtergesellschaft geht der Richtliniengeber wohl davon aus, dass ein **Vermögensabfluss** zu deren Gunsten **unwahrscheinlicher ist.**[555] Wie bei der ersten Alternative bleibt allerdings weiter das Risiko eines Vermögensabflusses aus der Tochtergesellschaft an andere nahestehende Parteien möglich.

299 **Zu (3):** Die dritte Alternative lässt die Nichtanwendung der Schutzvorschriften durch entsprechende nationale Bestimmungen zu, wenn diese einen „angemessenen"[556] Schutzstandard festlegen. Hier ist eine **Konzernausnahme** also gestattet, auch wenn die Tochtergesellschaft außenstehende Aktionäre hat, die als der Muttergesellschaft nahestehende Partei zu qualifizieren sind. In diesen Situationen besteht ein erhöhtes Risiko von Vermögensverschiebungen zulasten der Muttergesellschaft. Deshalb gestattet die Richtlinie in solchen Fällen eine Ausnahme aus dem Schutzbereich des Art. 9c AR-RL auch nur, wenn der Mitgliedstaat ein angemessenes Schutzsystem bereithält. Der **adäquate Schutz** muss sich sowohl auf die Interessen der Gesellschaft als auch der Tochtergesellschaft beziehen sowie auf die Gesellschafter, insbesondere Minderheitsgesellschafter, beider Gesellschaften. Dass sich der Schutz auch auf die Tochtergesellschaft und ihre Gesellschafter bezieht, stieß auf Kritik[557] und ist in der Tat überraschend, da Art. 9c AR-RL sich ansonsten ausschließlich auf den Schutz der Muttergesellschaft und ihrer Aktionäre bezieht. Lediglich in dieser speziellen Konstellation wird auch ein Schutz der abhängigen Gesellschaft und ihrer außenstehenden Aktionäre angestrebt. Dies ist besonders erstaunlich, da es hier bei den außenstehenden Aktionären um nahestehende Parteien geht. Ein entsprechendes Schutzkonzept fehlt jedoch für außenstehende Aktionäre, die nicht als nahestehende Partei zu qualifizieren sind (2. Alt.).[558] Dies erscheint wenig überzeugend.

300 Das deutsche Recht kennt Schutzmechanismen für den Vertragskonzern und den faktischen AG-Konzern (vgl. §§ 300 ff. AktG, §§ 311 ff. AktG). Art. 9c VI lit. a) AR-RL eröffnet allerdings dem EuGH die **Überprüfung der**

551 Das heißt Eigentümerin aller Aktien der Tochtergesellschaft und damit alleinige Aktionärin sein.

552 *Fleischer* BB 2014, 2691, 2700 verweist auf den dann nicht bestehenden Interessenkonflikt; kritisch hierzu jedoch *Tröger* in: Fleischer/Hansen/Ringe (Eds.), German and Nordic Perspective on Company Law and Capital Markets Law, 2015, S. 157, 184 f.; vgl. auch *ders.* AG 2015, 53, 62 f.; ebenfalls kritisch aus Umgehungsschutzgründen *Enriques* EBOR 16 (2015) 1, 28.

553 Transaktionen einer nahestehenden Partei mit der Tochtergesellschaft sind von Art. 9c AR-RL erfasst (Rn. 264) und sind nicht Gegenstand der hier besprochenen Konzernausnahme.

554 Englischer Wortlaut: „interest". Französischer Wortlaut: „d'intérêt". Spanischer Wortlaut: „intereses". Italienischer Wortlaut: „interesse". Niederländischer Wortlaut: „belang". Polnischer Wortlaut: „interesów".

555 Vgl. mit Blick auf die Vorschläge der italienischen Ratspräsidentschaft *Tröger* AG 2015, 53, 64 zu kritischen Konstellationen mit Blick auf Familienmitglieder.

556 Englischer Wortlaut: „adequate". Französischer Wortlaut: „adéquate". Spanischer Wortlaut: „adecuada". Italienischer Wortlaut: „adeguata". Niederländischer Wortlaut: „adequate". Polnischer Wortlaut: „odpowiednią".

557 *Tarde* ZGR 2017, 360, 370; *Tröger* AG 2015, 53, 64; anscheinend aA *Bungert/Wansleben* DB 2017, 1190, 1196, die das Risiko für Minderheitsaktionäre beider Gesellschaften sehen.

558 *Tröger* AG 2015, 53, 64 formuliert mit Blick auf die italienischen Ratsentwürfe umgekehrt, dass die Vorschrift dem Schutz der Obergesellschaft dient.

Angemessenheit der deutschen Vorschriften, soweit es um die 3. Alternative geht.[559] Denn nur, wenn diese die Anforderung der Angemessenheit erfüllen, kann der deutsche Gesetzgeber von der Ausnahmemöglichkeit des Art. 9c VI lit. a) 3. Alt. AR-RL Gebrauch machen. Zwar spricht die Vorschrift von einem „angemessenen" Schutz und nicht von einem den Vorschriften des Art. 9c AR-RL „vergleichbaren" Schutz. Aber die Ausgestaltung des Art. 9c AR-RL zeigt, welche Aspekte dem europäischen Gesetzgeber für einen „angemessenen" Schutz wichtig erscheinen. Zum einen ist dies Transparenz und zwar im zeitlichen Zusammenhang mit der Transaktion, dh ein informationeller Schutz. Zum anderen ist für den europäischen Gesetzgeber die Einbeziehung der Aktionäre bzw. des Aufsichtsrats in den Entscheidungsprozess bezüglich wesentlicher Transaktionen (Genehmigung) entscheidend. In diesem Zusammenhang erscheint es dem europäischen Gesetzgeber von Bedeutung zu sein, dass die verbundene Partei ihre Position im Entscheidungsprozess nicht ausnutzen können soll. Das Schutzkonzept des deutschen Konzernrechts wird vom EuGH wohl anhand dieser Kriterien gemessen werden, wenn der deutsche Gesetzgeber – wie zu erwarten[560] – von dieser Ausnahme Gebrauch machen wird.

bb) Zustimmungsbedürftige Geschäfte

Art. 9c VI lit. b) AR-RL enthält eine weitere mögliche **Ausnahme**. Bestimmt das nationale Recht, dass gewisse Geschäfte der Zustimmung durch die Hauptversammlung bedürfen, so kann der nationale Gesetzgeber solche Geschäfte von der Anwendung des Art. 9c AR-RL ausnehmen. Dies gilt allerdings nur, sofern das nationale Recht die Interessen der Gesellschaft und der Aktionäre, insbesondere der Minderheitsaktionäre, angemessen schützt[561] und dieser Schutz explizit geregelt, dh nicht allein durch die Rechtsprechung etabliert ist. Im Grunde handelt es sich hierbei nicht um eine vollständige Ausnahme. In solchen Fällen entfällt gegenüber einer wesentlichen Transaktion gem Art. 9c AR-RL nur die ansonsten zwingend vorgeschriebene Offenlegung im Zeitpunkt des Abschlusses der Transaktion.[562] Der europäische Gesetzgeber sah hier wohl einen **ausreichenden Schutzstandard** durch die Abstimmung der Aktionäre als gegeben an. 301

Die Ausnahme bezieht sich ausschließlich auf Geschäfte, die der **Zustimmung durch die Hauptversammlung** bedürfen. Sieht der nationale Gesetzgeber dagegen eine Zustimmung durch ein anderes Organ vor, zB den Aufsichtsrat, genügt dies nicht, um von der Regelungsmöglichkeit des Art. 9c VI lit. b) AR-RL Gebrauch machen zu können.[563] 302

cc) Vergütung der Unternehmensleitung

Art. 9c VI lit. c) AR-RL lässt eine Ausnahme bezüglich Geschäften mit Mitgliedern der Unternehmensleitung, die die Vergütung betreffen, zu. Mitglieder der Unternehmensleitung sind **als nahestehende Personen zu qualifizieren**. Ihre Vergütung dürfte allerdings regelmäßig nicht die vom nationalen Recht festgelegte Wesentlichkeitsschwelle überschreiten, so dass sie auch ohne die Ausnahmeregelung regelmäßig nicht dem Schutzkonzept unterfallen dürften. Für den Fall, dass dies doch einmal der Fall sein sollte, kann der Mitgliedstaat hier eine **Ausnahme** vorsehen. Art. 9c VI lit. c) AR-RL präzisiert, dass es sich um Vergütungen handelt, die entsprechend der Vergütungspolitik gem Art. 9a AR-RL geleistet werden (s. dazu Rn. 149 ff.). 303

dd) Geschäfte von Kreditinstituten

Gemäß Art. 9c VI lit. d) AR-RL wird den Mitgliedstaaten auch ein **Gestaltungsspielraum** mit Blick auf Geschäfte von Kreditinstituten gewährt, die diese „auf der Grundlage von Maßnahmen, durch die ihre Stabilität geschützt werden soll und die von der zuständigen Behörde angenommen wurden", vornimmt. In diesem Fall überwiegt nach Einschätzung des europäischen Gesetzgebers das Interesse an der Stabilität des Instituts ggü. möglichen Bedenken mit Blick auf das Risiko für Minderheitsaktionäre. Durch die Begrenzung auf solche Geschäfte, die die zuständige Behörde genehmigt hat, wird der Anwendungsbereich eingegrenzt. 304

ee) Die Gleichbehandlung der Aktionäre sicherstellende Geschäfte

Als Letztes sieht Art. 9c VI lit. e) AR-RL eine mögliche Ausnahme für Geschäfte vor, „die **allen Aktionären unter den gleichen Bedingungen** angeboten werden und bei denen die Gleichbehandlung aller Aktionäre und der 305

559 Vgl. *Jung* WM 2014, 2351, 2356 zum zweiten italienischen Kompromissentwurf. *Lutter/Bayer/Schmidt*, Europäisches Unternehmens- und Kapitalmarktrecht, 2017, Rn. 29.194 hält die deutschen Vorschriften in diesem Sinn für angemessen.

560 Zur wahrscheinlichen Ausnutzung des Art. 9c VI lit. a) AR-RL im Allgemeinen *Bungert/de Raet* DK 2015, 289, 297; *Bayer/Selentin* NZG 2015, 7, 12; vgl. auch *Veil* NZG 2017, 521, 529 zur Frage, ob das deutsche Recht einen „angemessenen Schutz" gewährt.

561 *Lutter/Bayer/Schmidt*, Europäisches Unternehmens- und Kapitalmarktrecht, 2017, Rn. 29.197 nennen insofern den Abschluss eines Beherrschungs- und Gewinnabführungsvertrages.

562 Die Erstellung einer *fairness opinion* ist generell nur als Option für die Mitgliedstaaten ausgestaltet (s. dazu Rn. 316).

563 *Tarde* ZGR 2017, 360, 371.

Schutz der Interessen der Gesellschaft gewährleistet sind“. Hierunter können zum Beispiel Kapitalerhöhungen mit Bezugsrecht für die Aktionäre fallen. Gleiches gilt für Ausschüttungen an die Aktionäre (sie können allerdings gleichzeitig auch von einer anderen Ausnahme erfasst sein).[564] In solchen Fällen sieht der europäische Gesetzgeber kein erhöhtes Risiko insbesondere für Minderheitsgesellschafter, da diesen das Geschäft zu den gleichen Bedingungen angeboten wird und sie somit entscheiden können, ob sie es annehmen möchten oder nicht.[565]

e) Zusammenspiel der Elemente

306 Ob eine Transaktion mit einem nahestehenden Unternehmen bzw. einer nahestehenden Person dem Schutzkonzept des Art. 9c II bis IV AR-RL unterfällt, dh der Offenlegung, ggf der *fairness opinion* und der Zustimmung durch das zuständige Organ, ergibt sich aus dem Zusammenspiel der soeben erörterten Elemente. Es kommt somit darauf an, ob es sich um eine wesentliche oder unwesentliche Transaktion handelt (s. Rn. 286 f.) sowie ob es ein gewöhnliches Geschäft ist, das unter marktüblichen Bedingungen durchgeführt wurde oder nicht (s. Rn. 293 ff.), ob es eine bestimmte Transaktion darstellt (s. Rn. 293 ff.) und ob die Zusammenrechnung mehrerer Geschäfte an der Bewertung etwas ändert (s. Rn. 289).

307 Die folgende **Graphik** verdeutlicht das Zusammenwirken der Elemente unter der Annahme, dass der Mitgliedstaat von der Regelungsmöglichkeit in Art. 9c V Uabs. 2 AR-RL keinen Gebrauch und von der Regelungsmöglichkeit des Art. 9c VI AR-RL Gebrauch macht:

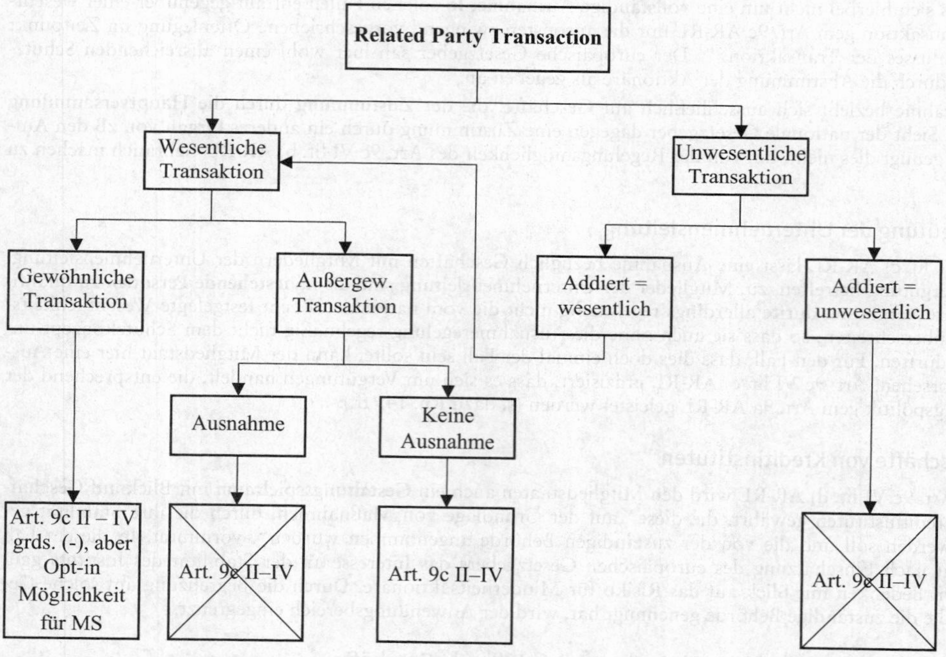

Abb. 6: Zusammenspiel der Elemente

308 Die Graphik zeigt, dass es je nach Ausgestaltung des nationalen Rechts, die Ermittlung, ob die Schutzmechanismen greifen, **relativ komplex** sein kann. Es liegt an den nationalen Gesetzgebern, sich um eine rechtssichere und funktionale Ausgestaltung zu bemühen.

---

564 *Tarde* ZGR 2017, 360, 371, der darauf hinweist, dass eine Ausnahme auch über Art. 9c VI lit. b) AR-RL erreicht werden kann.

565 *Lutter/Bayer/Schmidt*, Europäisches Unternehmens- und Kapitalmarktrecht, 2017, Rn. 29.200.

7. Offenlegung

Art. 9c II AR-RL beschäftigt sich mit der Offenlegung von wesentlichen Transaktionen mit verbundenen Parteien. Die Mitgliedstaaten müssen durch entsprechende nationale Gesetze sicherstellen, dass die Bekanntmachung spätestens zum **Zeitpunkt des Abschlusses der Transaktion** erfolgt (Art. 9c II 1 AR-RL). Die Mitgliedstaaten können daher auch einen früheren Zeitpunkt vorsehen. 309

Die Bekanntmachung muss gem Art. 9c II 2 AR-RL verschiedene Informationen enthalten. Die Vorschrift enthält Mindestangaben. Die Mitgliedstaaten können darüber hinaus weitere Angaben verlangen.[566] Zu den **Mindestangaben** zählen: 310

- Die Art des Verhältnisses zur verbundenen Partei,
- Angaben zur Identifizierung der verbundenen Partei, dh den Namen,
- Datum des Geschäfts,
- Wert des Geschäfts,
- Weitere Informationen, „die erforderlich sind, um zu bewerten, ob das Geschäft aus Sicht der Gesellschaft und der Aktionäre, (…), einschließlich der Minderheitsaktionäre, angemessen und vernünftig ist".

Zu den Mindestangaben gehören daher auch **weitere „erforderliche"[567] Angaben**, die die Bewertung entsprechender Transaktionen ermöglichen. Welche das sind, präzisiert die Vorschrift nicht.[568] Die Konkretisierung der bekanntzumachenden Informationen obliegt vielmehr den Mitgliedstaaten. Die Richtlinie setzt dafür jedoch den Rahmen (der erforderlich ist, „um zu bewerten, ob das Geschäft aus Sicht der Gesellschaft und der Aktionäre, (…), einschließlich der Minderheitsaktionäre, angemessen und vernünftig ist", Art. 9c II 2 AR-RL). Es könnten danach zB Preis und Leistung (nicht nur der Wert) sowie weitere zentrale Bedingungen konkret anzugeben sein, damit eine Einschätzung der Transaktion ermöglicht wird.[569] Um eine ernsthafte Bewertung zu ermöglichen, müssten sehr viele Details preisgegeben werden. Hier stößt das Informationsbedürfnis der Gesellschafter auf das Geheimhaltungsbedürfnis der Gesellschaft.[570] Insofern bedarf es einer **Interessenabwägung.** 311

Zudem sind entsprechende Transaktionen häufig äußerst komplex, so dass es einfachen Aktionären selbst mithilfe detaillierter Informationen regelmäßig schwerfallen dürfte, die **Angemessenheit zu bewerten.** Lediglich institutionelle Anleger dürften insbesondere unter Zuhilfenahme von Beratern dazu in der Lage sein. Aus Sicht der Minderheitsgesellschafter könnte daher vor allem ergänzend die *fairness opinion* von Interesse sein (dazu sogleich unter Rn. 316 ff.). 312

Art. 9c II AR-RL berücksichtigt nicht, wer für die Zustimmung zu Geschäften mit verbundenen Parteien zuständig ist. Die Offenlegungspflichten dürfen nicht reduziert werden, auch wenn der Mitgliedstaat eine Zustimmung durch den Aufsichtsrat vorsieht,[571] denn das Informationsbedürfnis besteht nicht nur für den Fall der Zustimmung durch die Hauptversammlung. Durch die Information sollen die Stakeholder ganz grundsätzlich in die Lage versetzt werden, ggf gegen solche Transaktionen vorzugehen (vgl. Erwägungsgrund 44 Änderungs-RL). Außerdem verbleibt ihnen immer die Möglichkeit, durch die Veräußerung ihrer Anteile aus der Gesellschaft auszuscheiden.[572] 313

Art. 9c II AR-RL gestattet es den Mitgliedstaaten scheinbar nicht, nach der **Größe der *related party transaction*** zu unterscheiden. Die Mitgliedstaaten dürfen zwar bei der Definition der Wesentlichkeit stark differenzieren. Ist jedoch danach eine bestimmte Transaktion als wesentliches Geschäft mit einer verbundenen Partei einzuordnen, greifen die Schutzmechanismen des Art. 9c AR-RL in vollem Umfang. Eine Differenzierung ist auf dieser Stufe wohl nicht mehr zulässig.[573] Bezüglich der Offenlegung bedeutet dies allerdings wohl „nur", dass unabhängig von der Größe der Transaktion, die in Art. 9c II AR-RL genannten Mindestangaben gemacht werden müssen. Bezüglich darüberhinausgehender Informationen könnte nach hier vertretener Ansicht der Mitgliedstaat auch eine Differenzierung nach der Größe der Transaktion vornehmen. 314

---

566 Generell vor einer Überschüttung der Aktionäre mit Informationen warnend *Bungert/de Raet* DK 2015, 289, 294.

567 Die anderen Fassungen ließen sich auch mit „notwendig" übersetzen. Englischer Wortlaut: „necessary". Französischer Wortlaut: „nécessaire". Spanischer Wortlaut: „necesaria". Italienischer Wortlaut: „necessarie". Niederländischer Wortlaut: „noodzakelijk". Polnischer Wortlaut: „niezbędne".

568 *Lutter/Bayer/Schmidt*, Europäisches Unternehmens- und Kapitalmarktrecht, 2017, Rn. 29.180 plädieren daher für eine Einzelfallbetrachtung.

569 Anhaltspunkte für mögliche wichtige Angaben können zB dem FCA Handbook LR 11.1.7 iVm LR 10.4.1 entnommen werden. Darauf hinweisend *Tarde* ZGR 2017, 360, 378. *Bungert/Wansleben* DB 2017, 1190, 1198 sind der Ansicht, dass es lediglich um finanzielle Kennzahlen geht.

570 *Bungert/Wansleben* DB 2017, 1190, 1198 weisen darauf hin, dass die Richtlinie das Geheimhaltungsinteresse der Gesellschaft nicht ausdrücklich benennt.

571 *Tarde* ZGR 2017, 360, 377.

572 *Tarde* ZGR 2017, 360, 377 f.

573 Wohl aA *Bungert/Wansleben* DB 2017, 1190, 1198 die dafür plädieren, die Informationsdichte von den Schwellenwerten abhängig zu machen.

315 In welcher **Form** die Bekanntmachung zu erfolgen hat, gibt die Richtlinie nicht vor.[574] Dieser Aspekt wird damit der Regelung durch die Mitgliedstaaten überlassen. Erwägungsgrund 44 S. 2 Änderungs-RL benennt die Veröffentlichung auf der Website des Unternehmens aber als eine mögliche Form der Bekanntmachung. Der Mitgliedstaat kann jedoch auch eine andere Form vorsehen, solange diese einen **problemlosen Zugang zu den Informationen gewährleistet** (Erwägungsgrund 44 S. 2 Änderungs-RL).[575] Ebenfalls nicht durch die Richtlinie geregelt ist, wie lange die Informationen zugänglich bleiben müssen. Auch insofern greift nationales Recht, welches einen angemessenen Zeitraum festzulegen hat. Der Zeitraum darf nicht zu kurz bemessen sein, damit den Aktionären tatsächlich die Möglichkeit gegeben wird, die Informationen wahrzunehmen und zu analysieren sowie daraufhin eine angemessene Entscheidung zu treffen.

8. Fairness opinion

316 Die *fairness opinion* gehörte von Anfang an zu den umstrittenen Aspekten des Art. 9c AR-RL. Der Bericht soll dazu dienen, die Aktionäre über die **Angemessenheit** bzw. Unangemessenheit der Transaktion mit der verbundenen Partei zu informieren. Der Kommissionsentwurf sah einen solchen Bericht verpflichtend vor (Art. 9c I 1 AR-RL-KOM). Auch die folgenden Entwürfe hielten an einer zwingend vorgegebenen *fairness opinion* fest (vgl. Art. 9c Ia AR-RL-IT-1/-IT-2). Die verabschiedete Änderungsrichtlinie rückt von diesem Konzept ab und überlässt es nun den Mitgliedstaaten zu entscheiden, ob sie die Erstellung eines entsprechenden Berichts vorschreiben oder nicht (deutscher Wortlaut: „können vorsehen",[576] Art. 9c III AR-RL).

317 Mit der *fairness opinion* ist der Gedanke verbunden, die **Transparenz** und Möglichkeit der Beurteilung der Transaktion für die Aktionäre weiter zu erhöhen. Sie sollen dadurch die Risiken des Geschäfts mit der nahestehenden Person bzw. dem nahestehenden Unternehmen besser einschätzen können. Die Europäische Kommission erachtete einen entsprechenden Bericht offenbar für notwendig, da entsprechende Transaktionen häufig sehr komplex sind und Aktionäre auch im Fall guter Informationen über dieses Geschäft regelmäßig Schwierigkeiten hätten, die Angemessenheit der Transaktion einzuschätzen (s. bereits Rn. 312). Gerade aus Deutschland stieß die Idee einer *fairness opinion* jedoch auf starke Kritik. Diese richtete sich sowohl auf konzeptionelle Aspekte als auch auf die Sinnhaftigkeit an sich.[577] Teilweise wird angeführt, dass eine *fairness opinion* keinen zusätzlichen Nutzen bringen würde, da bereits der Abhängigkeitsbericht gem § 313 AktG zu prüfen ist.[578] Insofern ließe sich aus Aktionärssicht höchstens ein zeitlicher Vorteil anführen, sofern – wie zu erwarten – der Aufsichtsrat für die Zustimmung verantwortlich sein wird.[579] In diesem Szenario **obliegt es dann allerdings dem Aufsichtsrat**, die Transaktion zu bewerten und dementsprechend die möglicherweise notwendige Zustimmung zu geben bzw. zu verweigern. Er kann dabei dann nicht auf die *fairness opinion* zurückgreifen, die – sofern von einem Dritten erstellt – ihm Ansatzpunkte zur Reflektion liefern könnte. Außerdem mag auch der zeitliche Aspekt der Information für Aktionäre nicht unerheblich sein, da der Bericht ihre wirtschaftliche Entscheidung beeinflussen mag (Kauf oder Verkauf). Im Zusammenhang mit der *fairness opinion* wird zudem auf die zusätzlichen Kosten verwiesen, die durch die Erstellung anfallen würden.[580] Die Höhe der Kosten hängt allerdings stark davon ab, wer die *fairness opinion* erstellt (dazu sogleich unter Rn. 318).

318 Ob sich ein Mitgliedstaat **für einen solchen Bericht entscheiden** wird, mag also auch davon abhängen, welchem Organ dieser Mitgliedstaat die Zustimmung übertragen wird. Obliegt die Zustimmung den Aktionären, erscheint ein entsprechender Bericht in jedem Fall sinnvoll zu sein, um ihren Entscheidungsprozess zu unterstützen. Entscheidet sich ein Mitgliedstaat dagegen dafür, die Zustimmung dem Aufsichtsrat zu überlassen, so mag er den Mehrwert einer *fairness opinion* anzweifeln, obwohl Informationen über die Angemessenheit von Transaktionen zum einen auch für die Aufsichtsratsmitglieder wichtig sein können (zu möglichen Interessenkonflikten s. Rn. 321) und zum anderen auch außerhalb des Zustimmungserfordernisses für die Aktionäre von Interesse sein können (mit Blick auf ihre wirtschaftlichen Entscheidungen). Daneben wird diese Entscheidung sicherlich auch maßgeblich vom daneben bestehenden, nationalen regulatorischen Rahmen abhängen.

319 Entscheidet sich ein Mitgliedstaat für die Regelung einer *fairness opinion*, so enthält Art. 9c III AR-RL dafür einige Vorgaben: Der Bericht ist dann der öffentlichen Bekanntmachung beizufügen (Art. 9c III Uabs. 1 S. 1 AR-

574 *Bungert/Wansleben* DB 2017, 1190, 1198; *Lutter/Bayer/Schmidt*, Europäisches Unternehmens- und Kapitalmarktrecht, 2017, Rn. 29.179.

575 *Lutter/Bayer/Schmidt*, Europäisches Unternehmens- und Kapitalmarktrecht, 2017, Rn. 29.179 nennen beispielhaft die Website der Börse der Emittentin bzw. das Unternehmensregister.

576 Englischer Wortlaut: „may provide". Französischer Wortlaut: „peuvent prévoir". Spanischer Wortlaut: „podrán disponer". Italienischer Wortlaut: „possono disporre". Niederländischer Wortlaut: „kunnen bepalen". Polnischer Wortlaut: „mogą postanowić".

577 Gegen die Einführung in Deutschland *Tarde* ZGR 2017, 360, 378; vgl. auch *Bungert/de Raet* DK 2015, 289, 295 sowie *Bungert/Wansleben* DB 2017, 1190, 1198. Positiv mit Blick auf den Kommissionsentwurf dagegen Wiersch NZG 2014, 1131, 1136.

578 *Tarde* ZGR 2017, 360, 378.

579 *Tarde* ZGR 2017, 360, 378.

580 *Tarde* ZGR 2017, 360, 378.

RL). Er ist somit **vor Abschluss der Transaktion** zu erstellen.[581] Bericht und öffentliche Bekanntmachung sind damit zeitlich gekoppelt. Insofern besteht kein Gestaltungsspielraum für die Mitgliedstaaten. Der Bericht hat festzustellen, „ob das Geschäft aus Sicht der Gesellschaft und der Aktionäre, die weder ein nahestehendes Unternehmen noch eine nahestehende Person sind, einschließlich Minderheitsaktionäre, angemessen und vernünftig ist".[582] Meist ist eine Transaktion wohl dann angemessen und vernünftig, wenn das Geschäft zu marktüblichen oder sogar im Verhältnis dazu günstigeren Konditionen durchgeführt wurde.[583] Außerdem sind auch Aspekte wie die Liquidität des Unternehmens zu berücksichtigen. Die Formulierung **„angemessen und vernünftig"**[584] zeigt, dass ein gewisser Vertretbarkeitsspielraum besteht. Daneben hat die *fairness opinion* Annahmen und Bewertungsmethoden offenzulegen (Art. 9c III Uabs. 1 S. 1 AR-RL).

Der Kommissionsentwurf sah ursprünglich die Erstellung des Berichts durch einen unabhängigen Dritten vor (Art. 9c I 1 AR-RL-KOM), konnte sich mit dieser Vorstellung jedoch im Gesetzgebungsverfahren nicht durchsetzen. Im Laufe der Verhandlungen wurde daher vorgesehen, den Mitgliedstaaten einen **Spielraum** zu eröffnen. Art. 9c III 2 AR-RL sieht entsprechend vor, dass die *fairness opinion* von 320

- einem **unabhängigen Dritten** (Art. 9c III Uabs. 2 lit. a) AR-RL),
- dem **Verwaltungs-** oder **Aufsichtsrat** (Art. 9c III Uabs. 2 lit. b) AR-RL) oder
- dem **Prüfungsausschuss** oder einem **anderen Ausschuss**, der mehrheitlich mit unabhängigen Mitgliedern der Unternehmensleitung (Aufsichtsrat oder Verwaltungsrat) besetzt sein muss (Art. 9c III Uabs. 2 lit. c) AR-RL)

erstellt werden kann. Die Kosten für die *fairness opinion* variieren damit je nach gewählter Option. Gleichzeitig lässt Art. 9c AR-RL damit zu, dass Mitgliedstaaten vorschreiben, dass für *related party transactions* der Aufsichtsrat sowohl einen Bericht zu erstellen als auch die Transaktion zu genehmigen hat. Eine entsprechende Regelung erscheint jedoch aufgrund der damit verbundenen Interessenkonflikte gerade nicht sinnvoll.[585]

Um **Interessenkonflikte** zumindest zu einem gewissen Grad zu vermeiden, schreibt Art. 9c III Uabs. 3 AR-RL vor, dass die Mitgliedstaaten dafür Sorge tragen müssen, dass nahestehende Parteien nicht an der Erstellung des Berichts mitwirken dürfen. Im Gegensatz zum zweiten italienischen Kompromissentwurf sieht die Vorschrift nicht mehr vor, dass der nahestehenden Partei wiederum nahestehende Personen oder Unternehmen ebenfalls nicht an der Erarbeitung beteiligt werden dürfen (Art. 9c Ia 2 AR-RL-IT2).[586] Die Schutzwirkung der Vorschrift wurde damit reduziert, da es verbundenen Parteien somit möglich bleibt, indirekt Einfluss auf den Bericht zu nehmen. 321

9. Zustimmung zu related party transactions

Der Kommissionsentwurf gab ursprünglich vor, dass bestimmte Transaktionen mit verbundenen Parteien die Zustimmung der Hauptversammlung voraussetzen (Art. 9c II AR-RL-KOM). Dieser Vorschlag stieß jedoch auf Kritik.[587] Zwar ist auch nach der verabschiedeten Änderungsrichtlinie weiterhin eine Zustimmung zu wesentlichen RPT notwendig (vgl. Art. 9c IV AR-RL), aber die zwingende Zuständigkeit der Hauptversammlung wurde aufgegeben. Gem Art. 9c IV Uabs. 1 AR-RL können die Mitgliedstaaten entscheiden, ob die **Hauptversammlung** oder der **Verwaltungs-** bzw. **Aufsichtsrat** für die Genehmigung zuständig sein soll. Allein der Vorstand kommt damit als Genehmigungsorgan nicht in Betracht. Dieser **Umsetzungsspielraum** wurde geschaffen, um den Mitgliedstaaten die Integration der Vorgaben in das jeweilige nationale gesellschaftsrechtliche System zu erleichtern. Umgekehrt führt diese Flexibilität für die Mitgliedstaaten jedoch auch dazu, dass in diesem Punkt keine Harmonisierung erreicht wird.[588] Da die Aktionäre nicht mehr zwingend über RPT entscheiden, wurde auch die Überschrift der Regelung angepasst.[589] Die Änderung führt zudem dazu, dass die ursprüngliche Zielsetzung der Europäischen Kommission, namentlich die stärkere Einbindung der Aktionäre (s. dazu Rn. 258 f.), nun 322

581 Vgl. *Jung* WM 2014, 2351, 2353 zum zweiten italienischen Kompromissentwurf.
582 Art. 9c II 1 AR-RL.
583 Vgl. *Jung* WM 2014, 2351, 2353 zum zweiten italienischen Kompromissentwurf.
584 Englischer Wortlaut: „fair and reasonable". Französischer Wortlaut: „équitable et raisonnable". Spanischer Wortlaut: „justa y razonable". Niederländischer Wortlaut: „redelijk en billijk". Polnischer Wortlaut: „uczciwa i uzasadniona". Der italienische Wortlaut formuliert leicht abweichend (substantiviert): „la correttezza e la convenienza".
585 So bereits *Jung* WM 2014, 2351, 2353 zum zweiten italienischen Kompromissentwurf.
586 Dazu ausführlich *Jung* WM 2014, 2351, 2353.
587 Vgl. dazu *Fleischer* BB 2014, 2691, 2699; *Spindler/Seidel* AG 2017, 169, 171 ff.; *Vetter* ZHR 179 (2015) 273, 304 ff.; *Verse* in: Fleischer ua (Hrsg.), 50 Jahre Aktiengesetz, 2016, S. 303, 320 f.; *Bayer/Selentin* NZG 2015, 7, 8; *Wiersch* NZG 2014, 1131, 1136 f.; *Schneider* EuZW 2014, 641, 642; *Hopt* EuZW 2014, 401.
588 Vgl. bereits *Jung* WM 2014, 2351, 2353 zum zweiten italienischen Kompromissentwurf.
589 Das forderte *Jung* WM 2014, 2351, 2353 mit Blick auf den zweiten italienischen Kompromissentwurf. Ursprünglich lautete der Titel: „Recht auf Abstimmung über Transaktionen mit nahestehenden Unternehmen und Personen" (Art. 9c AR-RL-KOM). Nun lautet der Titel: „Transparenz von und Zustimmung zu Geschäften mit nahestehenden Unternehmen oder Personen".

nicht mehr zwingend erreicht wird. Für die Umsetzung in Deutschland wird einhellig erwartet, dass der Gesetzgeber sich für eine Zustimmung durch den Aufsichtsrat entscheiden wird.[590]

323 In der Literatur wurde die Frage aufgeworfen, ob auch ein besonderer **Ausschuss** (*special committee*) des Aufsichtsrats bzw. des Verwaltungsrats die Aufgabe der Erteilung bzw. Verweigerung der Zustimmung übernehmen kann.[591] Bezüglich der *fairness opinion* gestattet Art. 9c III Uabs. 2 lit. c) AR-RL dies explizit dem Prüfungsausschuss bzw. jedem anderen Ausschuss, der mehrheitlich aus unabhängigen Mitgliedern besteht. Die Vorschrift macht damit deutlich, dass dort mit „Aufsichtsorgan" (bzw. „Verwaltungsorgan") allein das gesamte Organ gemeint ist. Die Systematik spricht für eine entsprechende Auslegung im Rahmen des Art. 9c IV Uabs. 1 AR-RL, wonach dort dann ebenfalls nur das Aufsichtsorgan (bzw. Verwaltungsorgan) als Gesamtorgan gemeint wäre. Aufgrund der in Art. 9c III Uabs. 2 lit. c) AR-RL verwendeten Regelungstechnik fällt es auch schwerer, das Fehlen eines expliziten Verbots als Hinweis zu interpretieren. Für die Möglichkeit der Übertragung auf einen Ausschuss wird angeführt, dass dieser in Deutschland „kein eigenes Gesellschaftsorgan, sondern nur besondere Erscheinungsform des Aufsichtsrats"[592] darstellt. Dies klärt jedoch nicht die Frage, ob Art. 9c IV Uabs. 1 AR-RL mit der Formulierung „Aufsichtsorgan" auf das Gesamtorgan abzielt oder damit auch lediglich Ausschüsse gemeint sein können. Im Ergebnis lassen sich beide Auffassungen vertreten, wobei hier davon ausgegangen wird, dass die etwas besseren Argumente für die Annahme der Verweisung an den Gesamtaufsichtsrat sprechen.

324 Art. 9c IV Uabs. 2 AR-RL eröffnet den Mitgliedstaaten die Möglichkeit, die Zustimmung durch den **Verwaltungs- bzw. Aufsichtsrat** und daran anschließend eine Abstimmung durch die **Hauptversammlung** vorzusehen. In diesem Fall wären zwei Organe in die Entscheidung einbezogen. Dies würde den Aufwand für die Unternehmen erhöhen. Die Regelung äußert sich nicht explizit zur Wirkung, die eine entsprechende Abstimmung durch die Hauptversammlung dann entfalten sollte. Da die Vorschrift allerdings zwischen „Zustimmung"[593] und „Abstimmung"[594] unterscheidet, könnte angenommen werden, dass die *related party transaction* allein durch den Verwaltungs- bzw. Aufsichtsrat genehmigt wird. Die **Abstimmung in der Hauptversammlung**, die zeitlich nachgelagert sein soll, würde dann lediglich ein Stimmungsbild der Aktionäre widerspiegeln. Ein Gesamtblick auf Art. 9c IV AR-RL zeigt jedoch, dass mit Abstimmung auch der Prozess zur Zustimmung gemeint sein kann. Die besseren Argumente sprechen damit im Ergebnis dafür, anzunehmen, dass die Mitgliedstaaten frei über die Wirkung entscheiden könnten.

325 Art. 9c IV Uabs. 1 AR-RL befasst sich auch mit **Interessenkonflikten** und möchte den Einfluss von nahestehenden Parteien auf die Entscheidung beschränken. Die Regelung gibt vor, dass die Verfahren in den Mitgliedstaaten sicherzustellen haben, dass die nahestehende Partei ihre Position nicht im Rahmen der Abstimmung ausnutzt. Die Vorschrift führt weiter aus, dass der nationale Gesetzgeber darauf zu achten hat, dass die nationalen Vorschriften den Aktionären, einschließlich Minderheitsaktionären, sowie der Gesellschaft selbst einen angemessenen Schutz gewähren. Art. 9c IV Uabs. 1 AR-RL gibt damit die allgemeine Zielrichtung für die Handhabung von Interessenkonflikten bzgl. der Zustimmung vor. Art. 9c IV Uabs. 3 und Uabs. 4 AR-RL werden diesbezüglich etwas konkreter. Art. 9c IV Uabs. 3 AR-RL postuliert den Grundsatz, wonach Mitglieder der Unternehmensleitung bzw. Aktionäre grundsätzlich einem **Stimmrechtsverbot** (im Verwaltungs- oder Aufsichtsorgan bzw. in der Hauptversammlung) unterliegen, sofern sie als nahestehende Person bzw. als nahestehendes Unternehmen an der Transaktion beteiligt sind. Art. 9c IV Uabs. 4 AR-RL weicht dieses Konzept dann wieder auf, indem es den Mitgliedstaaten einen **Regelungsspielraum** gewährt: Diese können es auch solchen Personen bzw.

590 So *Tarde* ZGR 2017, 360, 379; *Habersack* AG 2016, 691, 696; *Veil* NZG 2017, 521, 526; ebenso für eine Zustimmung durch den Aufsichtsrat *Bungert/Wansleben* DB 2017, 1190, 1199; kritisch zur Hauptversammlungszuständigkeit, da mit dem deutschen dualistischen System systemwidrig *Renner* AG 2015, 513, 514 f.; auch *Bayer/Selentin* NZG 2015, 7, 8 ff., die daher die Aufhebung der zwingenden Hauptversammlungszuständigkeit im Richtliniengesetzgebungsverfahren begrüßen; vgl. auch *Selzner* ZIP 2015, 753, 758, 761; ebenso *DAV-Handelsrechtsausschuss* NZG 2015, 54, 62, Rn. 75 bereits zum Kommissionsentwurf; *Fleischer* BB 2014, 2691, 2698 f. äußert sich im Rahmen des Kommissionsentwurfs bedenklich zur Zustimmung(spflicht) der Hauptversammlung und hält aus Gründen der Sachkunde den Aufsichtsrat für besser geeignet; s. auch *Tröger* AG 2015, 53, 68 f.; *Enriques* EBOR 16 (2015) 1, 30; *Vetter* ZHR 179 (2015) 273, 304 ff.; *Schmidt* DK 2017, 1, 10 begrüßt für das dualistische System die Möglichkeit der Zustimmung durch den Aufsichtsrat, während eine Hauptversammlungszuständigkeit ein „Fremdkörper" im dualistischen System darstellen würde. *Bungert/de Raet* DK 2015, 289, 296 erwarten relative hohe Anforderungen an die Wesentlichkeit, um die Zuständigkeit des Aufsichtsrats besser ins derzeit bestehende System eingliedern zu können.

591 So *Tarde* ZGR 2017, 360, 380; ebenso *Habersack* AG 2016, 691, 696; *Vetter* ZHR 179 (2015) 273, 323; bereits zum Kommissionsentwurf als bessere Alternative zur Hauptversammlung *Fleischer* BB 2014, 2691, 2699; zu dieser Möglichkeit auch *Veil* NZG 2017, 521, 527.

592 *Tarde* ZGR 2017, 360, 380; vgl. auch *Spindler/Seidel* AG 2017, 169, 174, die auf die Problematik der Bildung eines Zwangsausschusses eingehen.

593 Englischer Wortlaut: „approved". Französischer Wortlaut: „approuvées". Spanischer Wortlaut: „aprobadas". Italienischer Wortlaut: „approvate". Niederländischer Wortlaut: „goedgekeurd". Polnischer Wortlaut: „zatwierdzeniu".

594 Englischer Wortlaut: „vote". Französischer Wortlaut: „voter". Spanischer Wortlaut: „votar". Italienischer Wortlaut: „votare". Niederländischer Wortlaut: „stemmen". Polnischer Wortlaut: „głosowaniu".

Unternehmen gestatten, an der Abstimmung teilzunehmen, sie müssen dann aber ein angemessenes Schutzsystem für alle anderen Aktionäre, insbesondere Minderheitsaktionäre, sowie die Gesellschaft selbst vorsehen. Im Gegensatz zur allgemeinen Vorgabe in Art. 9c IV Uabs. 1 AR-RL führt Art. 9c IV Uabs. 4 AR-RL weiter aus, dass das Schutzsystem vorsehen muss, dass die nahestehende Person bzw. das nahestehende Unternehmen sich bei der Abstimmung nicht gegen die Mehrheit der Aktionäre bzw. die Mehrheit der unabhängigen Mitglieder der Unternehmensleitung, die keine *related party* sind, durchsetzen kann. Erwägungsgrund 43 Änderungs-RL erläutert, dass dies zB durch **höhere Mehrheitsanforderungen** sichergestellt werden kann. Kompliziert ist bezüglich dieses Vorschlags, dass auch durch eine qualifizierte Mehrheit von zB 2/3 bzw. 3/4 nicht pauschal sichergestellt werden kann, dass sich nicht der Mehrheitsaktionär in der Hauptversammlung gegenüber der Mehrheit der anderen Aktionäre durchsetzen würde.[595] Bezüglich der Abstimmung im Verwaltungs- bzw. Aufsichtsrat ergibt sich das Problem, dass dort nicht zwangsläufig unabhängige Mitglieder sitzen müssen. So ist im deutschen Recht gem § 100 AktG die Unabhängigkeit keine Voraussetzung für die Bestellung von Aufsichtsratsmitgliedern.[596] Da die Vorschrift jedoch auf unabhängige Mitglieder abstellt, kann ein Mitgliedstaat von der in Art. 9c IV Uabs. 4 AR-RL gewährten Ausnahmemöglichkeit daher wohl keinen Gebrauch machen, wenn er dem Aufsichtsrat die Zustimmung überträgt, aber gleichzeitig für den Aufsichtsrat keine unabhängigen Mitglieder vorgeschrieben sind. Denn die Vorschrift gibt nicht vor, dass ein angemessener Schutz auf andere Weise erreicht werden kann. In diesem Fall müsste ein Mitgliedstaat dann ein generelles Stimmrechtsverbot vorsehen.

Das Schutzkonzept des Art. 9c IV Uabs. 1 AR-RL reicht im Ergebnis zudem weniger weit als das des zweiten italienischen Ratsentwurfs. Art. 9c II 2 AR-RL-IT-2 sah diesbezüglich noch vor, dass auch **mit der nahestehenden Partei wiederum verbundene Parteien** keinen bzw. keinen entscheidenden Einfluss auf die Entscheidung haben sollten.[597] Die verabschiedete Fassung enthält keine entsprechende Regelung mehr. Damit können zB insbesondere vom Mehrheitsaktionär berufene Aufsichtsratsmitglieder im Aufsichtsrat über die Zustimmung abstimmen, wenn es sich um ein Geschäft mit dem Mehrheitsaktionär handelt.[598] Darauf deutet zumindest die Entwicklung des Entwurfs hin. Aus der Vorgabe, dass die verbundene Partei ihre Position nicht ausnutzen darf (Art. 9c IV Uabs. 1 AR-RL) lässt sich wohl nicht direkt auf eine Erfassung der ihr wiederum nahestehenden Personen schließen. Dagegen spricht auch, dass selbst für die nahestehende Partei selbst keine sehr hohen Anforderungen gestellt werden, denn diese darf sogar mit abstimmen, sofern die Anforderungen des Art. 9c IV Uabs. 4 AR-RL gewahrt werden. Hinzu kommt, dass das Gesamtkonzept des Art. 9c AR-RL zeigt, dass die Vorschrift gerade keine hohen Anforderungen stellt, um Interessenkonflikte zu vermeiden. Das lässt sich bereits daran ablesen, dass der Aufsichtsrat sowohl für die Erstellung der *fairness opinion* als auch die Zustimmung zuständig sein kann. Im Ergebnis wird hier daher davon ausgegangen, dass der nahestehenden Partei verbundene Personen nicht von Art. 9c IV AR-RL erfasst sind. Die Vorschrift stellt allerdings eine Mindestvorgabe dar, so dass die Mitgliedstaaten auch mit der *related party* verbundene Personen erfassen können. Es steht ihnen damit frei, einen höheren Schutzstandard zu gewähren. 326

Der zweite italienische Kompromissentwurf gab noch explizit den **Zeitpunkt** vor, zu dem die Zustimmung zur *related party transaction* vorliegen musste (spätestens im Zeitpunkt des Abschlusses) und auch der Kommissionsentwurf schrieb (indirekt) Entsprechendes vor.[599] Der erste italienische Kompromissentwurf enthielt dagegen keine konkrete Zeitvorgabe und auch die verabschiedete Änderungsrichtlinie macht dazu keine expliziten Vorgaben mehr. Art. 9c AR-RL gibt auch die rechtlichen Konsequenzen der Zustimmung bzw. Ablehnung nicht ausdrücklich vor. Der Kommissionsentwurf regelte dagegen noch ausdrücklich, dass der Abschluss des Geschäfts erst nach gegebener Zustimmung erfolgen durfte (Art. 9c II 3 AR-RL-KOM). 327

Die Verwendung des Begriffs „**Zustimmung**" anstelle von „Genehmigung" in der deutschen Fassung könnte jedoch darauf schließen lassen, dass diese (auch ohne ausdrückliche Vorgabe) **vor Abschluss des Geschäfts** zu erfolgen hat. Dass bezüglich eines so zentralen Aspektes eine explizite Regelung fehlt sowie die Tatsache, dass entsprechende Vorgaben aus den Vorentwürfen gestrichen wurden, spricht allerdings eindeutig dafür, dass die Richtlinie insofern einen Gestaltungsspielraum für die Mitgliedstaaten schaffen wollte. Zudem ergibt sich aus dem Wortlaut der anderen Fassungen gerade nicht unbedingt, dass es sich um eine (vorherige) Zustimmung handeln muss.[600] Eine ähnliche Situation besteht zudem bei den Nachgründungsvorschriften (Art. 52 Kodifizierungs-RL (ex-Art. 13 Kapital-RL)) und auch dort wird im Ergebnis kein Zeitpunkt vorgegeben (s. § 21 328

595 Besitzt der Mehrheitsaktionär 60% der Anteile und ist er bezüglich einer Transaktion die *related party*, so würde sich die Mehrheit der Aktionäre, die keine *related party* sind, auch bei einer 2/3- bzw. 3/4- Schwelle nicht unbedingt durchsetzen. Denn die Mehrheit wäre jeder Wert über 20%. 23% oder 24% würden aber beispielsweise nicht genügen, um die Zustimmung, für die eine 2/3- bzw. 3/4- Mehrheit notwendig ist, zu blockieren.

596 In Ziff. 5.4.2 des Deutschen Corporate Governance Kodex wird für Börsengesellschaften gleichwohl empfohlen, dass dem Aufsichtsrat eine „angemessene Anzahl unabhängiger Mitglieder angehören" soll.

597 Dazu näher *Jung* WM 2014, 2351, 2354.

598 Zu dieser Befürchtung in Bezug auf die Richtlinienentwürfe *Bungert/de Raet* DK 2015, 289, 296.

599 Dazu näher *Jung* WM 2014, 2351, 2354.

600 Englischer Wortlaut: „approval". Französischer Wortlaut: „approbation". Spanischer Wortlaut: „aprobación". Italienischer Wortlaut: „approvazione". Niederländischer Wortlaut: „goedkeuring". Polnischer Wortlaut: „zatwierdzeniu".

Rn. 64 ff.). Es obliegt daher den Mitgliedstaaten den Zeitpunkt der „Zustimmung" festzulegen. Ihr Handlungsspielraum findet seine Grenzen, wo der Sinn und Zweck der Vorschrift (dazu Rn. 258 ff.) durch die nationale Regelung unterlaufen würde.

10. Zusammenspiel der Elemente

329 Aufgrund des **sehr geringen Harmonisierungsgrads** der Vorschrift können die Offenlegungspflicht, die *fairness opinion* und die Zustimmung in ganz unterschiedlicher Weise zusammenspielen. Wie sie zusammenwirken, hängt damit ganz maßgeblich von der Ausgestaltung des nationalen Rechts ab. Art. 9c AR-RL enthält im Ergebnis eine Art „Baukastensystem", nach dem sich die Mitgliedstaaten ihr Schutzsystem zusammenstellen können. Hinzu kommt, dass die Vorschrift einen Mindeststandard darstellt.

11. Zusammenspiel mit weiteren Schutzmechanismen

330 Wie bereits erörtert, ist Art. 9c AR-RL prinzipiell auf einen präventiven Schutz mit Blick auf *related party transactions* ausgerichtet (auch wenn der Zeitpunkt der Zustimmung von den Mitgliedstaaten festgelegt wird). Diesbezüglich besteht für die Mitgliedstaaten die Möglichkeit, **über die gesetzten Mindestanforderungen hinauszugehen** und einen weitreichenderen Schutz festzulegen. Art. 9c IX AR-RL statuiert zudem explizit, dass die Vorgaben der Aktionärsrechterichtlinie nicht auf die Regeln zur ad hoc Publizität gem Art. 17 MAR (s. dazu § 34 Rn. 91 ff.) einwirken. Auch ex post eingreifende Schutzinstrumente bleiben von der Richtlinie unberührt.

331 Auch wenn Art. 9c AR-RL andere Maßnahmen somit unberührt lässt, so sollten die Schutzkonzepte doch **aufeinander abgestimmt** sein. So enthält Art. 52 Kodifizierungs-RL (ex-Art. 13 Kapital-RL, s. dazu § 21 Rn. 64 ff.) beispielsweise die Regeln für die Nachgründung. Diese dürfen durch Art. 9c AR-RL nicht ausgehebelt werden. Liegt damit eine wesentliche Transaktion vor, auf die gleichzeitig auch die Vorgaben des Art. 52 Kodifizierungs-RL (ex-Art. 13 Kapital-RL) Anwendung finden (und auch insofern keine Ausnahme greift), so sind im Sinne des Art. 52 Kodifizierungs-RL (ex-Art. 13 Kapital-RL) ein Sachverständigengutachten (dazu § 21 Rn. 64) und die Genehmigung durch die Hauptversammlung (s. § 21 Rn. 64) notwendig. Gleichzeitig ist aber auch die Offenlegungspflicht gem Art. 9c II AR-RL zu beachten. Es bleibt dabei den Mitgliedstaaten überlassen, dafür zu sorgen, dass durch die Überlappung der Schutzvorschriften die Unternehmen nicht übermäßig belastet werden. Hier wäre es zB zu empfehlen, dass neben dem Sachverständigengutachten nicht noch eine *fairness opinion* durch beispielsweise den Aufsichtsrat anzufertigen ist. Art. 9c IV Uabs. 2 AR-RL eröffnet den Mitgliedstaaten die Möglichkeit sowohl eine Zustimmung durch den Aufsichtsrat als auch eine Abstimmung der Hauptversammlung vorzusehen. Es ist also nicht auszuschließen, dass zB ein Mitgliedstaat in diesem speziellen Fall beides vorschreibt.

12. Sanktionen

332 Die Richtlinie schreibt **keine Sanktionen** für den Fall vor, dass die Unternehmen gegen eine ihnen mit Blick auf *related party transactions* auferlegte Pflicht verstoßen.[601] Insofern greift nationales Recht. Art. 14b I AR-RL verpflichtet die Mitgliedstaaten insofern geeignete Maßnahmen zu ergreifen. Art. 14b I AR-RL schreibt vor, dass die Sanktionen „wirksam, verhältnismäßig und abschreckend" sein müssen (dazu näher unter Rn. 386). Abgesehen von den sich daraus ergebenden Anforderungen besteht damit für die Mitgliedstaaten ein großer Gestaltungsspielraum bei den Sanktionen.[602]

K. Stimmrechtsvertretung und -beratung

I. Stimmrechtsvertretung

333 Eines der wichtigsten Elemente zur Förderung der (grenzüberschreitenden) Aktionärsbeteiligung ist gemäß der Aktionärsrechterichtlinie die Zulässigkeit sowie faktische Möglichkeit einer **unmittelbaren** und **mittelbaren Stellvertretung** im Rahmen der Hauptversammlung.[603] Vor allem bei Kleinanlegern hatte sich im Vorfeld der Richtlinie im nationalen sowie transnationalen Kontext eine zunehmende „Aktionärsapathie" gezeigt (s. auch § 18 Rn. 79).[604] Dadurch verstärkt sich die Gefahr, dass Hauptversammlungen von wenigen Großaktionären dominiert werden und Minderheitsaktionäre auf ihren, ihnen zugestandenen Einfluss in der Gesellschaft ver-

601 *Bungert/de Raet* DK 2015, 289, 297 halten das Fehlen von Rechtsfolgen für erstaunlich. *Vetter* ZHR 179 (2015) 273, 323 begrüßt den Spielraum für die Mitgliedstaaten.

602 *Bungert/de Raet* DK 2015, 289, 297.

603 *Lutter/Bayer/Schmidt*, Europäisches Unternehmens- und Kapitalmarktrecht, 2017, Rn. 29.209 sprechen insofern von einem „Grundrecht jedes Aktionärs".

604 Vgl. *Grundmann* BKR 2009, 31, 33; *Zetzsche* JCLS 8 (2008) 289, 298 ff.; aus deutscher Sicht auch *Hüffer/Koch*, AktG, 13. Aufl. 2018, § 118 Rn. 5, § 134 Rn. 21; *Rieckers* in: Spindler/Stilz (Hrsg.), AktG, Bd. 1, 2015, § 134 Rn. 48; *Schneider/Anzinger* NZG 2007, 88, 95; *Zetzsche* in: KK-AktG, Bd. 3/1, 2016, § 135 Rn. 11 ff.

zichten, was letztlich zu einer stückweisen Schwächung von Corporate Governance-Strukturen führen kann.[605] Zudem unterscheiden sich die mitgliedstaatlichen Rechtsvorschriften zT beträchtlich bei Fragen der Stimmrechtsvertretung und Stellvertretung durch Intermediäre.[606] Zum Abbau der damit verbundenen Hindernisse sieht die Aktionärsrechterichtlinie in Art. 10 f., Art. 13 AR-RL **Mindeststandards**[607] für die materiellen und formellen Aspekte der Stimmrechtsvertretung sowie zur Beseitigung von Beschränkungen bezüglich der Einschaltung (professioneller) Intermediäre vor. Dadurch soll die **effektive Ausübung des Stimmrechts** vor allem für ausländische Aktionäre verbessert[608] und damit auch die Präsenz in den Hauptversammlungen wieder erhöht werden. Aufgrund der verschiedenen Mitgliedstaatenoptionen, des zT fragmentarischen Charakters der Vorschriften[609] und der Beschränkung auf Mindeststandards bleibt allerdings auch im Zuge der Aktionärsrechterichtlinie eine umfassende Rechtsangleichung auf dem Gebiet der Stellvertretung aus. Vielmehr bestehen trotz der Aktionärsrechterichtlinie weiterhin zahlreiche Unterschiede im Recht der Mitgliedstaaten. Die Änderungsrichtlinie lässt die Art. 10 f., Art. 13 AR-RL grundsätzlich unberührt und hat daher auch nicht zu einem höheren Harmonisierungsgrad beigetragen.

1. Unmittelbare Stimmrechtsvertretung

Der europäische Gesetzgeber hat erkannt, dass eine gute Unternehmensführung ein „reibungslose[s] und wirksame[s] Verfahren für die Stimmrechtsvertretung"[610] erfordert (Erwägungsgrund 10 S. 1 AR-RL).[611] **Hindernisse**, die dazu führen, dass eine Stimmrechtsvertretung – insbesondere im grenzüberschreitenden Kontext – teuer wird, sollen daher **abgebaut werden** (Erwägungsgrund 10 S. 2 AR-RL).[612] Um dies sicherzustellen, sieht Art. 10 AR-RL zunächst materielle Vorgaben für die Zulässigkeit und Möglichkeiten der Stimmrechtsvertretung in der Hauptversammlung vor. Die Grundmaxime lautet, dass **jeder Aktionär das Recht hat**, „eine andere natürliche oder juristische Person zum Vertreter zu bestellen, damit diese Person in seinem Namen an der Hauptversammlung teilnimmt und sein Stimmrecht ausübt" (Art. 10 I Uabs. 1 S. 1 AR-RL). Der Vertreter ist dabei verpflichtet, gemäß den Instruktionen des Aktionärs, der ihn bestellt hat, abzustimmen (Art. 10 IV Uabs. 1 AR-RL). Insofern besteht ein Vorrang der ausdrücklichen Weisungsbefolgung vor einer eigenmächtigen Abstimmung des Vertreters.[613] Die Vorschrift gibt allerdings nicht vor, dass der Aktionär auch dazu verpflichtet ist, entsprechende Weisungen zu geben. Es bleibt ihm vielmehr unbenommen, dem Vertreter die Entscheidung zu überlassen.[614] Macht ein Mitgliedstaat allerdings von seinem Gestaltungsspielraum Gebrauch und wählt eine Regelung entsprechend Art. 3c I lit. b) AR-RL, so muss, wenn es sich beim Stellvertreter um einen Intermediär handelt, dieser zusätzlich „zugunsten" des vertretenen Aktionärs abstimmen (s. oben Rn. 76). 334

Das Recht eines Aktionärs zur Bestellung eines Stellvertreters beschränkt sich jedoch nicht nur auf die Ausübung des Stimmrechts, sondern erfasst ebenso das Recht auf **Wortmeldung** und **Fragestellung** in der Hauptversammlung (Art. 10 I Uabs. 1 S. 2 AR-RL). Der Vertreter wird diesbezüglich so gestellt wie der Aktionär, den er vertritt. Das Auskunftsrecht nach Art. 9 AR-RL (s. Rn. 131 ff.) steht insofern entsprechend auch jedem wirksam bestellten Stellvertreter zu. Auch wenn sich Art. 10 IV AR-RL seinem Wortlaut nach nur auf die Ausübung des Stimmrechts bezieht, ist der Vertreter auch bei Wortmeldungen und Fragen an die Weisungen des Aktionärs gebunden. Diese Interpretation wird von Erwägungsgrund 10 S. 3 AR-RL gestützt, der allgemein die Befolgung von Anweisungen anspricht. 335

Art. 10 IV Uabs. 2 AR-RL eröffnet den Mitgliedstaaten zudem die **Option**, es dem Aktionär zu ermöglichen das Verhalten des Stellvertreters zu kontrollieren, indem ihm gestattet wird, vom Vertreter eine **Bestätigung** für das weisungskonforme Verhalten zu verlangen. Zudem kann der Vertreter dazu verpflichtet werden, die Unterlagen über die Weisungen bezüglich des Abstimmungsverhaltens für einen bestimmten Zeitraum aufzubewahren. Die Richtlinie verpflichtet die Gesellschaften allerdings nicht dazu, zu kontrollieren, ob die Vertreter weisungskon- 336

605 Vgl. *Noack* NZG 2006, 321; *Schmidt* BB 2006, 1641; im Umkehrschluss auch Erwägungsgrund 10 AR-RL; ausführlich zur europäischen Corporate Governance siehe § 33.

606 *Grundmann*, Europäisches Gesellschaftsrecht, 2011, Rn. 429; *Habersack/Verse*, Europäisches Gesellschaftsrecht, 2011, § 7 Rn. 25; *Lutter/Bayer/Schmidt*, Europäisches Unternehmens- und Kapitalmarktrecht, 2017, Rn. 29.209.

607 Im Hinblick auf die Regelungen in Art. 10 f. AR-RL vgl. *Lutter/Bayer/Schmidt*, Europäisches Unternehmens- und Kapitalmarktrecht, 2017, Rn. 29.209; *Kalss/Klampfl*, Europäisches Gesellschaftsrecht, 2015, Rn. 408.

608 *Kalss/Klampfl*, Europäisches Gesellschaftsrecht, 2015, Rn. 408.

609 Vgl. *Lutter/Bayer/Schmidt*, Europäisches Unternehmens- und Kapitalmarktrecht, 2017, Rn. 29.210 ff. (zu Intermediären).

610 Erwägungsgrund 10 S. 1 AR-RL.

611 Vgl. auch *Lutter/Bayer/Schmidt*, Europäisches Unternehmens- und Kapitalmarktrecht, 2017, Rn. 29.209; *Kalss/Klampfl*, Europäisches Gesellschaftsrecht, 2015, Rn. 408.

612 Erwägungsgrund 10 S. 2 AR-RL; ferner zum Rechtszustand vor der Richtlinie vgl. auch *Becker*, Institutionelle Stimmrechtsvertretung in Europa, 2000; *Behnke* NZG 2000, 665 ff.

613 Die meisten Mitgliedstaaten kennen zudem eine schuldrechtliche Bindung des Vertreters gegenüber dem Aktionär gemäß dessen Anweisungen tätig zu werden; zu den rechtsvergleichenden Nachweisen siehe *Zetzsche* in: KK-AktG, Bd. 3/1, 2016, § 135 Rn. 69, Fn. 90.

614 Dazu ausführlich *Lutter/Bayer/Schmidt*, Europäisches Unternehmens- und Kapitalmarktrecht, 2017, Rn. 29.213.

form gehandelt haben (Erwägungsgrund 10 AR-RL). Gegen eine entsprechende Pflicht nach autonom-nationalem Recht spricht jedoch grundsätzlich ebenfalls nichts, da die Richtlinie auch insofern lediglich einen Mindeststandard vorgibt (s. dazu auch Rn. 17). Nach dem neu eingefügten Art. 3c II Uabs. 2 S. 1 AR-RL-2017 (s. dazu Rn. 79) haben die Aktionäre zudem eine weitere Kontrollmöglichkeit, denn auf Anforderung muss die Gesellschaft dem Aktionär eine **Bestätigung** ausstellen, aus der hervorgeht, dass seine Stimmen in der stattgefundenen Hauptversammlung **„aufgezeichnet** und **gezählt wurden"**. Sanktionen für die betrügerische Ausübung von Stimmrechten sieht die Richtlinie selbst insofern nicht vor. Sie überlässt die Regelung entsprechender Sanktionen den Mitgliedstaaten (Erwägungsgrund 10 AR-RL). Die Änderungsrichtlinie verpflichtet die Mitgliedstaaten nun durch Art. 14b I AR-RL dazu, angemessene Sanktionen für Verstöße gegen Vorschriften, die der Umsetzung der Richtlinie dienen, aufzunehmen. Art. 14b II AR-RL-2017 gibt diesbezüglich vor, dass die Sanktionen wirksam, verhältnismäßig und abschreckend sein müssen (s. dazu Rn. 386).

337 Vorbehaltlich der Geschäftsfähigkeit des Stellvertreters[615] dürfen weder die Mitgliedstaaten noch die von der Richtlinie erfassten Gesellschaften selbst Beschränkungen in Bezug auf die Personen vorsehen, die als Vertreter bestellt werden können (Art. 10 I Uabs. 2 AR-RL). Insbesondere darf die Gesellschaft daher **keine satzungsmäßigen Einschränkungen** bzw. zusätzliche, an die Person des Stellvertreters anknüpfende, Voraussetzungen aufstellen.[616] Damit kann – zumindest aus europäischer Perspektive – grundsätzlich jede natürliche oder juristische Person als Stellvertreter agieren.

338 Die Richtlinie gestattet den Mitgliedstaaten jedoch, verschiedene materielle **Beschränkungen** der unmittelbaren Stellvertretung vorzusehen bzw. zu ermöglichen. So haben die Mitgliedstaaten gem Art. 10 II Uabs. 1 AR-RL die Option, die Bestellung eines Stimmrechtsvertreters auf eine einzige oder auf innerhalb eines bestimmten Zeitraums stattfindende Hauptversammlungen zu beschränken.[617] Sie können somit die **Bestelldauer** regeln.

339 Die Richtlinie selbst enthält keine Obergrenze für die **Mehrfachvertretung,**[618] wodurch es dem Aktionär daher in der Theorie möglich wäre, pro Aktie einen Vertreter zu benennen (Stichwort „Vertreterschwarm").[619] Die Richtlinie gewährt den Mitgliedstaaten allerdings die Möglichkeit, die Zahl der (natürlichen oder juristischen) Personen zu begrenzen, die ein Aktionär je Hauptversammlung als Stellvertreter bestellen darf (Art. 10 II Uabs. 2 S. 1 AR-RL). Von dieser Mitgliedstaatenoption bestehen jedoch wiederum dergestalt Ausnahmen, dass sie zum einen nicht für Intermediäre gilt, die für jeden ihrer Klienten einen Stellvertreter bestellen können (s. Rn. 346) und zum anderen für Aktionäre, die ihre Anteile in mehreren Wertpapierdepots halten. Davon unbenommen können die Mitgliedstaaten jedoch weiterhin die Möglichkeit einer gespaltenen Abstimmung (***split voting***) durch den betreffenden Aktionär bzw. seinen Stimmrechtsvertreter vorsehen (Art. 10 II Uabs. 2 S. 3 AR-RL).[620]

340 Schließlich können die Mitgliedstaaten Beschränkungen zur **Vermeidung** (potenzieller) **Interessenkonflikte** zwischen dem Aktionär und seinem Stellvertreter aufstellen bzw. den ihrem Recht unterliegenden Gesellschaften gestatten (Art. 10 III Uabs. 1 AR-RL). Ein Interessenkonflikt kann dabei zB auftreten, wenn der Stellvertreter gleichzeitig kontrollierender Aktionär, Mitglied des Leitungs- oder Verwaltungsorgans, Arbeitnehmer oder Abschlussprüfer der Gesellschaft ist (Art. 10 III Uabs. 2 AR-RL).[621]

341 Art. 10 III Uabs. 2 AR-RL erweitert die Möglichkeiten eines Interessenkonflikts darüber hinaus auf Situationen, in denen ein Vertreter bestellt wird, der in **einem familiären Verhältnis** zu den genannten Personen steht sowie auf die von diesen Personen kontrollierten Gesellschaften. Damit beabsichtigt die Richtlinie Konstruktionen zu erfassen, in denen die Familienangehörigen bzw. kontrollierten Gesellschaften als **„Strohpersonen"** genutzt werden sollen.[622] Der Wortlaut der Vorschrift („insbesondere") weist darauf hin, dass es neben den genannten Situationen weitere geben kann, in denen ein Interessenkonflikt besteht. Erwägungsgrund 10 zur AR-RL[623] begründet dies damit, dass es keine Rolle spielt, aus welchem Grund ein Interessenkonflikt besteht. Im Hinblick auf beschränkende Maßnahmen bei Interessenkonflikten dürfen die Mitgliedstaaten jedoch ausschließlich die in Art. 10 III Uabs. 1 Hs. 2 AR-RL normierten Anforderungen stellen (lit. a) bis c)). Während die Auflistung der

615 Die Anforderungen für die Geschäftsfähigkeit bestimmen sich dabei nach nationalem Recht, dürfen jedoch nicht (faktisch) prohibitiv wirken.

616 OLG Braunschweig BeckRS 2014, 20218, Rn. 22; *Habersack/Verse*, Europäisches Gesellschaftsrecht, 2011, § 7 Rn. 28; *Lutter/Bayer/Schmidt*, Europäisches Unternehmens- und Kapitalmarktrecht, 2017, Rn. 29.217; *Kalss/Klampfl*, Europäisches Gesellschaftsrecht, 2015, Rn. 409, Fn. 1189; *Hüffer/Koch*, AktG, 13. Aufl. 2018, § 134 Rn. 25; *Noack* in: FS Westermann, 2008, S. 1203, 1211; *Pluskat* WM 2007, 2135, 2138; ferner würde eine statutarische Beschränkung nach ganz hM einen Verstoß gegen § 25 V AktG darstellen.

617 Deutschland hat beispielsweise von dieser Option jedoch keinen Gebrauch gemacht.

618 *Lutter/Bayer/Schmidt*, Europäisches Unternehmens- und Kapitalmarktrecht, 2017, Rn. 29.221.

619 *Lutter/Bayer/Schmidt*, Europäisches Unternehmens- und Kapitalmarktrecht, 2017, Rn. 29.221.

620 Dazu auch *Lutter/Bayer/Schmidt*, Europäisches Unternehmens- und Kapitalmarktrecht, 2017, Rn. 29.222.

621 Zu den jeweiligen (nicht abschließenden) Einzelaspekten siehe *Lutter/Bayer/Schmidt*, Europäisches Unternehmens- und Kapitalmarktrecht, 2017, Rn. 29.232 ff.; *Zetzsche* in: KK-AktG, Bd. 3/1, 2016, § 135 Rn. 65 ff.

622 *Lutter/Bayer/Schmidt*, Europäisches Unternehmens- und Kapitalmarktrecht, 2017, Rn. 29.235.

623 „unabhängig davon, aus welchen Gründen der Interessenkonflikt zustande kam".

Interessenkonflikte beispielhaft ist, ist die Auflistung der Gegenmaßnahmen somit abschließend.[624] In zulässiger Weise dürfen die Mitgliedstaaten danach nur **Transparenzanforderungen** zur Offenlegung bestimmter Umstände gegenüber dem Aktionär aufstellen, für jeden Beschluss eine **konkrete Weisung** des Aktionärs an den Vertreter verlangen sowie die Übertragung der Vollmacht an einen Dritten (**Untervertretung**) beschränken oder ausschließen.

Die Richtlinie gewährleistet in Art. 10 V AR-RL die **Zulässigkeit einer Gruppenvertretung**, dh eine Vertretung von mehreren Aktionären gleichzeitig durch einen einzigen Vertreter. Die Mitgliedstaaten dürfen die Zahl der durch einen Vertreter vertretenen Aktionäre nicht beschränken (Art. 10 V 1 AR-RL). Aus praktischer Sicht ist dies insbesondere für professionelle Stimmrechtsvertreter und Intermediäre von Relevanz.[625] Nimmt ein Vertreter die Vertretung mehrerer Aktionäre wahr, so muss das anwendbare Recht es ihm ermöglichen, für die von ihm vertretenen Aktionäre jeweils unterschiedlich abzustimmen (Art. 10 V 2 AR-RL). Damit stellt die Richtlinie das sog *split voting* im Fall der Gruppenvertretung sicher. 342

Die materiellen Vorgaben für die Stimmrechtsvertretung werden durch **formelle Voraussetzungen** einer unmittelbaren Stellvertretung ergänzt. Im Zusammenhang mit dem Recht zur Vertreterbestellung gem Art. 10 V AR-RL (s. Rn. 342) soll damit ua auch dessen Gehalt abgesichert werden.[626] Hierzu sieht Art. 11 I AR-RL vor, dass die Mitgliedstaaten es den Aktionären gestatten müssen, einen Stellvertreter auf **elektronischem Wege** zu bestellen. Darüber hinaus müssen sie es den Gesellschaften auch ermöglichen, die Benachrichtigung über die Bestellung auf elektronischem Wege entgegenzunehmen. Die Mitgliedstaaten sind dafür verantwortlich, sicherzustellen, dass jede Gesellschaft ihren Aktionären mindestens eine wirksame Methode für die Benachrichtigung auf elektronischem Wege anbietet. Unter einer „Benachrichtigung" ist dabei die Mitteilung der erteilten Innenvollmacht an den Stellvertreter zu verstehen.[627] Entsprechendes gilt jeweils für den **Widerruf** der Bestellung eines Stellvertreters (Art. 11 III AR-RL). Die Mitgliedstaaten müssen zudem dafür Sorge tragen, dass die Bestellung sowie die Benachrichtigung der Gesellschaft über das Bestehen einer Stellvertretung bzw. deren Widerruf schriftlich zu erfolgen hat (Art. 11 II 1 AR-RL). Im Sinne der Richtlinie gilt als „**schriftlich**" jedoch ebenfalls die elektronische Form.[628] Die „europäische" Schriftform ist insofern nicht mit dem deutschen Schriftformerfordernis nach § 126 BGB gleichzusetzen. Weitere (formelle) **Beschränkungen** der Stimmrechtsvertretung dürfen die Mitgliedstaaten nur zur Identitätsfeststellung der Aktionäre und deren Stellvertretern sowie zur Überprüfung des Inhalts der Abstimmungsweisung vorsehen. Entsprechende Anforderungen müssen zudem erforderlich und angemessen sein (Art. 11 II 2 AR-RL). 343

Im **deutschen Recht** erfolgte die Umsetzung der Regelungen zur unmittelbaren Stell- und Stimmrechtsvertretung in §§ 134 f. AktG. Vor allem die Bestimmungen in **§ 134 III AktG** zur Ausübung des Stimmrechts durch Dritte wurden durch das ARUG umfassend geändert und dem Richtlinienstandard angepasst. Gleichwohl bleibt bei verschiedenen Einzelaspekten die Richtlinienkonformität zweifelhaft.[629] Auch § 135 AktG ist (nachträglich) aufgrund der europäischen Vorgaben der Richtlinie europarechtskonform auszulegen, sofern ein inhaltlicher Bezugspunkt zu einer Richtlinienbestimmung besteht.[630] 344

2. Mittelbare Stellvertretung durch Intermediäre

Ergänzend zu den Regelungen über die unmittelbare Stellvertretung in Art. 10 f. AR-RL sollen durch Art. 13 AR-RL weitere Hemmnisse beseitigt werden, die einer tatsächlichen Ausübung des Stimmrechts im Wege stehen können. Art. 13 II bis V AR-RL finden auf solche Fälle Anwendung, in denen eine natürliche oder juristische Person, die gemäß dem anwendbaren nationalen Recht als Aktionär der Gesellschaft anerkannt ist und insofern 345

624 Insofern zum abschließenden Charakter der Aufzählung *Lutter/Bayer/Schmidt*, Europäisches Unternehmens- und Kapitalmarktrecht, 2017, Rn. 29.227; *Grundmann*, Europäisches Gesellschaftsrecht, 2011, Rn. 428; *Kalss/Klampfl*, Europäisches Gesellschaftsrecht, 2015, Rn. 409; *Schmidt* WM 2009, 2350, 2356; *Ochmann*, Aktionärsrechte-Richtlinie, 2009, S. 154; siehe auch *Grundmann* in: FS Wymeersch, 2009, S. 183, 197 f.; *Bachner/Dokalik* GesRZ 2007, 104, 114.

625 Vgl. *Noack* NZG 2006, 321, 324; *Lutter/Bayer/Schmidt*, Europäisches Unternehmens- und Kapitalmarktrecht, 2017, Rn. 29.224 *Schmidt* BB 2006, 1641, 1645; *Zetzsche* in: KK-AktG, Bd. 3/1, 2016, § 135 Rn. 53.

626 Vgl. *Zetzsche* in: KK-AktG, Bd. 3/1, 2016, § 135 Rn. 60.

627 *Habersack/Verse*, Europäisches Gesellschaftsrecht, 2011, § 7 Rn. 30.

628 Vgl. *Noack* in: FS Westermann, 2008, S. 1203, 1212; *Habersack/Verse*, Europäisches Gesellschaftsrecht, 2011, § 7 Rn. 30; *Lutter/Bayer/Schmidt*, Europäisches Unternehmens- und Kapitalmarktrecht, 2017, Rn. 29.240; *Kalss/Klampfl*, Europäisches Gesellschaftsrecht, 2015, Rn. 411; *Grundmann* BKR 2009, 31, 37; *Hüffer/Koch*, AktG, 13. Aufl. 2018, § 134 Rn. 23; *Tröger* in: KK-AktG, Bd. 3/1, 2016, § 134 Rn. 176; aA *Pluskat* WM 2007, 2135, 2138.

629 Vgl. zum Ganzen auch *Habersack/Verse*, Europäisches Gesellschaftsrecht, 2011, § 7 Rn. 28 f., 31; *Lutter/Bayer/Schmidt*, Europäisches Unternehmens- und Kapitalmarktrecht, 2017, Rn. 29.243 ff.; *Habersack* in: MüKo AktG, Bd. 1, 4. Aufl. 2016, Einl. Rn. 147; rechtsvergleichend auch *Grundmann*, Europäisches Gesellschaftsrecht, 2011, Rn. 429; *Schmidt* NZG 2006, 487 ff.

630 Hierzu auch *Zetzsche* in: KK-AktG, Bd. 3/1, 2016, § 135 Rn. 57 ff.; *Tröger* in: KK-AktG, Bd. 3/1, 2016, § 134 Rn. 15.

als Intermediär dienen kann, im Rahmen einer beruflichen Tätigkeit für eine andere natürliche oder juristische Person („**Klient**") Aktien als mittelbarer Stellvertreter hält (Art. 13 I AR-RL). Auch wenn von der Richtlinie so nicht explizit bezeichnet, fallen darunter in erster Linie (**professionelle**) **Intermediäre**.[631] So spricht auch Erwägungsgrund 11 AR-RL ausdrücklich von (Finanz-)Intermediären (zB Kreditinstitute, Depotbanken). Dies ist insofern auch mit der neuen Definition von Intermediären gem Art. 2 lit. d) AR-RL (s. dazu auch Rn. 45) stimmig. Solche Intermediäre nehmen vor allem im grenzüberschreitenden Verkehr eine wichtige Position ein. Ausländischen (institutionellen) Investoren ist es ohne die Zwischenschaltung eines Intermediärs oftmals kaum möglich, sich effizient an einer Gesellschaft zu beteiligen.[632] Grenzüberschreitende Aktien werden daher regelmäßig nicht nur über einen Intermediär, sondern vielmehr über eine Intermediärskette verwaltet (dazu ausführlich Rn. 49 ff.).[633] Intermediäre zeichnen sich dabei insbesondere dadurch aus, dass sie Sonder- bzw. Sammelverwahrer von Aktien sind und ihnen im Zusammenhang mit ihrer Position als solcher auch die Aufgabe eines institutionellen Stimmrechtsvertreters zufällt. Intermediäre sind dabei mittelbare Stellvertreter, da sie zwar für fremde Rechnung handeln, dh für den Klienten (als „*beneficial owner*"), jedoch gegenüber der Gesellschaft in der Hauptversammlung im eigenen Namen, dh als Aktionär (als „*legal owner*") auftreten. Art. 13 AR-RL umfasst zudem **Treuhandverhältnisse**, bei denen Treuhänder- und Eigentümerstellung zusammenfallen. Schuldrechtlich gesehen gehören die Aktien jedoch einem Hintermann.[634] In diesen Fällen ist es das Ziel der Richtlinie, sicherzustellen, dass der „wahre Aktionär" letztendlich auch über die Stimmrechtsausübung befindet.[635]

346 Die Mitgliedstaaten dürfen die Stimmrechtsausübung eines Intermediärs nur von der Bedingung abhängig machen, dass die Identität der hinter dem Intermediär stehenden Person **offengelegt** werden muss (Art. 13 II AR-RL). Insbesondere darf die Stimmabgabe nicht mit der Begründung abgelehnt werden, dass der Intermediär Anteile lediglich für fremde Rechnung hält.[636] Die formellen Anforderungen an die Ermächtigung des Intermediäres sind insofern dieselben wie bei der unmittelbaren Stellvertretung nach Art. 11 II 2 AR-RL (s. Rn. 343) (vgl. Art. 13 III AR-RL).[637] Auch dass die Bevollmächtigung „schriftlich" iS der Richtlinie erteilt werden muss, kann wohl zulässigerweise vorgeschrieben werden.[638] Wird der Intermediär für mehrere Hintermänner tätig, muss es diesem nach Art. 13 IV AR-RL gestattet sein, für seine verschiedenen Aktien auch grundsätzlich unterschiedlich abzustimmen (***split voting***). Art. 10 V AR-RL stellt zudem sicher, dass es dem Intermediär – unabhängig von einer eventuell durch das nationale Recht vorgegebenen Beschränkung der Zahl der Stimmrechtsvertreter – möglich ist, für jeden seiner Klienten einen eigenen Stimmrechtsvertreter zu bestellen.

II. Regulierung von Stimmrechtsberatern

1. Hintergrund und Ausgangslage der Regulierung von Stimmrechtsberatern

347 Zur informierten Ausübung ihrer Stimmrechte lagern institutionelle Investoren (zum Begriff s. Rn. 45) ihre Mitwirkungsentscheidungen an der Gesellschaft immer häufiger auf professionelle Stimmrechtsberater – sog *proxy advisor*[639] – aus.[640] In der Regel werden dabei die entsprechenden **Empfehlungen** der Stimmrechtsberater un-

631 Vgl. *Kalss/Klampfl*, Europäisches Gesellschaftsrecht, 2015, Rn. 412; *Lutter/Bayer/Schmidt*, Europäisches Unternehmens- und Kapitalmarktrecht, 2017, Rn. 29.244 f.; *Habersack/Verse*, Europäisches Gesellschaftsrecht, 2011, § 7 Rn. 32; ferner *Wymeersch* in: FS Hopt, 2010, S. 1565, 1567 ff.

632 *Ochmann*, Aktionärsrechte-Richtlinie, 2009, S. 174; *Grundmann/Winkler* ZIP 2006, 1421, 1427.

633 *Lutter/Bayer/Schmidt*, Europäisches Unternehmens- und Kapitalmarktrecht, 2017, Rn. 29.24.

634 *Habersack/Verse*, Europäisches Gesellschaftsrecht, 2011, § 7 Rn. 32; *Zetzsche* NZG 2007, 686, 687; *Kalss/Klampfl*, Europäisches Gesellschaftsrecht, 2015, Rn. 412, Fn. 1199.

635 *Lutter/Bayer/Schmidt*, Europäisches Unternehmens- und Kapitalmarktrecht, 2017, Rn. 29.245.

636 *Noack* NZG 2006, 321, 324.

637 *Lutter/Bayer/Schmidt*, Europäisches Unternehmens- und Kapitalmarktrecht, 2017, Rn. 29.249; *Kalss/Klampfl*, Europäisches Gesellschaftsrecht, 2015, Rn. 413.

638 *Lutter/Bayer/Schmidt*, Europäisches Unternehmens- und Kapitalmarktrecht, 2017, Rn. 29.249.

639 Die europaweit wichtigsten Beratungsgesellschaften sind Glass, Lewis & Co., Institutional Shareholder Service Inc. (ISS), IVOX GmbH, Manifest Information Services Ltd. und Proxinvest.

640 Vgl. *Mukwiri/Siems* Journal of Law and Society 41 (2014) 51, 63; *Balp* ECFR 2017, 1, 2; *Fleischer* ZGR 2011, 155, 169; *Schockenhoff* NZG 2015, 657; *Winter*, Shareholder Engagement and Stewardship: The Realities and Illusion of Institutional Share Ownership, 2011, ssrn. 1867564, S. 5; *Lutter/Bayer/Schmidt*, Europäisches Unternehmens- und Kapitalmarktrecht, 2017, Rn. 29.53; *Zetzsche/Peiner* in: Gebauer/Teichmann (Hrsg.), Europäisches Privat- und Unternehmensrecht, 2016, § 7 B Rn. 205; *Brouwer* NZG 2014, 201, 205; *Rock*, Institutional Investors in Corporate Governance, Penn ILE Research Paper No. 14-37, S. 8; s. auch ESMA, Final Report, Feedback Statement on the consultation regarding the role of the proxy advisory industry, 2013, ESMA/2013/84, S. 7, Ziff. 20; empirisch abweichend jedoch in Bezug auf bedeutende (große) institutionelle Investoren *Enriques/Romano*, Institutional Investor Voting Behavior: A Network Theory Perspective, ECGI Law Working Paper No. 393/2018, S. 14 f., 17.

mittelbar von den abstimmenden Investoren übernommen[641] oder die Beratungsfirmen votieren im Rahmen einer korrespondierenden Stimmrechtsvertretung[642] selbst.[643] Damit einhergehend wird die **Gefahr** einer zunehmenden Divergenz zwischen aktionärsrechtlicher Meinungsbildung und finanziellem Entscheidungsrisiko sowie einem potenziellem Interessenkonflikt ausgemacht.[644] Davon unbenommen, können *proxy advisor* auch eine durchaus positive Rolle bei der Förderung guter **Corporate Governance** (zur Corporate Governance § 33) spielen.[645] Ein aktives *shareholder engagement* (zur Mitwirkungspolitik s. auch Rn. 363 ff.) bzw. durch Stimmrechtsberater kann im Vergleich zur oftmals passiven Haltung „normaler" Aktionäre in der Hauptversammlung einem verstärkten Einfluss auf die Unternehmensführung und -überwachung dienen.[646] Einige der größten Stimmrechtsberater-Unternehmen (ua *ISS*) veröffentlichen zudem regelmäßig Corporate Governance-Ratings über zahlreiche Börsengesellschaften, die die Qualität der Unternehmensführung für Investoren erkennbar machen sollen.[647] Aus Sicht der institutionellen Investoren bieten Stimmrechtsberater wiederum die Möglichkeit, die Kosten für die Analyse im Vorfeld einer anstehenden Entscheidung zu senken und dennoch eine informierte Entscheidung zu treffen.[648]

Bis zum Erlass der Änderungsrichtlinie 2017 und der Schaffung des neuen Art. 3j AR-RL[649] bestanden jedoch keine (verbindlichen) spezifischen Regelungen für Stimmrechtsberater auf europäischer Ebene.[650] Im März des Jahres 2014 wurde allerdings zum einen ein von der *Best Practice Principle Group*, einer Vereinigung von Stimmrechtsberatern, herausgegebener **Verhaltenskodex** mit ***Best Practice Principles*** für professionelle Stimmrechtsberater veröffentlicht,[651] an den sich Stimmrechtsberater auf freiwilliger Basis halten können.[652] Zudem hat die **ESMA** (zur Funktion der ESMA s. auch § 34 Rn. 20 ff.) im Februar 2013 einen Bericht über die Bedeutung und Regulierung von Stimmrechtsberatern publiziert.[653] Darin hat sie sich aufgrund fehlender Nachweise über eine mangelnde Funktionsfähigkeit des Stimmrechtsberatermarktes gegen eine zwingende Regulierung auf europäischer Ebene ausgesprochen.[654] Auf gesetzgeberischer Ebene schlug die Europäische Kommission – basie- 348

641 Vgl. Erwägungsgrund 25 S. 1 Änderungsrichtlinie 2017; *Choi/Fisch/Kahan* 59 Emory L. J. (2010) 869, 879 ff.; *Balp* ECFR 2017, 1, 3; *Córcoles* ECFR 2016, 106, 119; *Enriques/Romano*, Institutional Investor Voting Behavior: A Network Theory Perspective, ECGI Law Working Paper No. 393/2018, S. 16; *Hössl/Torggler* GesRZ 2016, 185, 190; siehe auch *Schouten*, Do Institutional Investors Follow Proxy Advice Blindly?, 2012, ssrn. 1978343; aus US-amerikanischer Sicht jedoch stückweise noch abweichend die Erhebungen bei *Choi/Fisch/Kahan* 59 Emory L. J. (2010) 869, 906; *dies.* Harv. Bus. L. Rev. 3 (2013) 35, 61.

642 *Hössl/Torggler* GesRZ 2016, 185, 188 f.; *Kalss* EuZW 2014, 441; *Klöhn/Schwarz* ZIP 2012, 149, 150 f.; aA *Schockenhoff* NZG 2015, 657.

643 Vgl. Erwägungsgrund 25 S. 2 Änderungs-RL 2017; *Córcoles* ECFR 2016, 106, 107 f.; aus US-amerikanischer Sicht auch *Bebchuk/Cohen/Hirst* J. Econ. Persp. 31 (2017) 89, 109.

644 Vgl. *Belinfanti* Stan. J.L. Bus. & Fin. 14 (2009) 384, 393; *Kalss* EuZW 2014, 441; *Fleischer* AG 2012, 2; *Schneider* EuZW 2006, 289; *Schneider/Anzinger* NZG 2007, 88; *Schockenhoff* NZG 2015, 657; *Strine* Harv. L. Rev. 119 (2006) 1759, 1765; speziell zum Interessenkonflikt *Córcoles* ECFR 2016, 106, 146 ff.; *Edelman* 62 Emory L. J. (2013) 1369, 1383 f.

645 Zum Einfluss von Stimmrechtsberater auf die Unternehmensführung vgl. *Cziraki/Renneberg/Szilagyi* Europ. Fin. Management 16 (2010) 738; *Hopt* EuZW 2014, 401; *Hössl/Torggler* GesRZ 2016, 185, 190; *Córcoles* ECFR 2016, 106, 119 f.; *Fleischer* ZGR 2011, 155, 169 („neue Corporate-Governance-Macht"); *Schneider/Anzinger* NZG 2007, 88; *Lutter/Bayer/Schmidt*, Europäisches Unternehmens- und Kapitalmarktrecht, 2017, Rn. 29.53.

646 Ob dies im Hinblick auf einen sog *Hedge Fund Activism* stets wünschenswert ist, kann zunächst dahingestellt bleiben, dazu auch § 18 Rn. 78.

647 Vgl. *Belinfanti* 14 Stan. J. L. Bus. Fin. 384, 391 (2009); *Dent* 2014 Mich. St. L. Rev. 1287, 1290 f.

648 Erwägungsgrund 25 Änderungsrichtlinie 2017; *Enriques/Romano*, Institutional Investor Voting Behavior: A Network Theory Perspective, ECGI Law Working Paper No. 393/2018, S. 15; vgl. auch *Lutter/Bayer/Schmidt*, Europäisches Unternehmens- und Kapitalmarktrecht, 2017, Rn. 29.53.

649 Speziell dazu *Balp* ECFR 2017, 1 ff.; *Córcoles* ECFR 2016, 106 ff.; *DAV-Handelsrechtsausschuss* NZG 2015, 54, 58; *Hössl/Torggler* GesRZ 2016, 185 ff.; *Kalss/Klampfl*, Europäisches Gesellschaftsrecht, 2015, Rn. 419 f.; *Lutter/Bayer/Schmidt*, Europäisches Unternehmens- und Kapitalmarktrecht, 2017, Rn. 29.53 ff.

650 Insofern zu einem „regulatorischem Vakuum" *Fleischer* AG 2012, 2, 4; *Kalss/Klampfl*, Europäisches Gesellschaftsrecht, 2015, Rn. 419; *Masouros* ECL 7 (2010) 195, 199; vgl. auch *Córcoles* ECFR 2016, 106, 108, 128.

651 *BPPG*, Best practice principles for providers of shareholder voting research & analysis, 2014; dazu auch *Córcoles* ECFR 2016, 106, 134 ff.

652 Zum entsprechenden „Branchenkodex" *Zetzsche/Peiner* in: Gebauer/Teichmann (Hrsg.), Europäisches Privat- und Unternehmensrecht, 2016, § 7 B Rn. 207 ff.; *dies.* AG 2014, 685 ff.; *Augustin* ÖBA 2014, 583, 587 f.; *Córcoles* ECFR 2016, 106, 134 ff.; *Kalss/Klampfl*, Europäisches Gesellschaftsrecht, 2015, Rn. 419; *Brouwer* NZG 2014, 201, 205; *Wünschmann*, Die Haftung und die Regulierung von institutionellen Stimmrechtsberatern, 2015, S. 141 ff.

653 ESMA, Final Report, Feedback Statement on the consultation regarding the role of the proxy advisory industry, 2013, ESMA/2013/84; s. dazu auch Córcoles ECFR 2016, 106, 134 ff.; ansprechend Balp ECFR 2017, 1, 14.

654 ESMA, Final Report, Feedback Statement on the consultation regarding the role of the proxy advisory industry, 2013, ESMA/2013/84, S. 3, 27; ebenso zumindest für eine „weiche" (vorsichtige) Regulierung *DAV-Handelsrechtsausschuss* NZG 2015, 54, 58; *Wünschmann*, Die Haftung und die Regulierung von institutionellen Stimmrechtsberatern, 2015, S. 336; entgegen einer Überregulierung auch *Edelman* 62 Emory L. J. (2013) 1369, 1402 ff.

rend auf ihrem Aktionsplan aus dem Jahr 2012 – in ihrem Richtlinienänderungsvorschlag aus dem Jahr 2014 (Kommissionsentwurf) dennoch eine weitgehend verbindliche Regulierung von Stimmrechtsberatern vor und bezog sich dabei – mittelbar – zT auch auf den Verhaltenskodex der *Best Practice Principle Group*.[655] Schließlich wurde im Rahmen der Änderungsrichtlinie 2017 **Art. 3j AR-RL** in die bestehende Aktionärsrechterichtlinie unter der Bezeichnung „Transparenz bei Stimmrechtsberatern" eingefügt, der im Gegensatz zum Kommissionsentwurf allerdings keine verbindliche Regulierung mehr vorsieht. Ferner wird zB auch im US-amerikanischen Recht seit einiger Zeit eine Regulierung von *proxy advisors* diskutiert.[656] Hierzu hat bereits Ende 2017 der sog „Corporate Governance Reform and Transparency Act" das US-amerikanische Repräsentantenhaus passiert.[657] Ähnlich der europäischen Regelungen (s. Rn. 352 ff.) sollen Stimmrechtsberater demnach das Verfahren und die Methoden der Entwicklung ihrer Stimmrechtsempfehlungen beschreiben sowie etwaige Interessenkonflikte offenlegen.

2. Begriff des Stimmrechtsberaters

349 Der **Begriff des Stimmrechtsberaters** wird in der Richtlinie legaldefiniert. Art. 2 lit. g) AR-RL beschreibt einen Stimmrechtsberater (*proxy advisor*) dabei als „eine juristische Person, die gewerbsmäßig und entgeltlich Offenlegungen durch Gesellschaften und gegebenenfalls andere Informationen börsennotierter Gesellschaften analysiert, um Anleger für ihre Abstimmungsentscheidungen zu informieren, indem sie Recherchen, Beratungen oder Stimmempfehlungen in Bezug auf die Ausübung von Stimmrechten erteilt". Aufgrund dieser durchaus weiten Definition sind grundsätzlich alle relevanten Berater in dem entsprechenden Umfeld von den Regelungen des Art. 3j AR-RL erfasst.

3. Ziel des Art. 3j AR-RL

350 Die Bestimmungen in Art. 3j AR-RL für Stimmrechtsberater zielen insbesondere auf eine Sicherstellung der **Empfehlungsqualität** sowie eine verbesserte **Transparenz** bezüglich der Stimmenempfehlungen und in diesem Zusammenhang auf die Offenlegung von **Interessenkonflikten** ab. Da vor allem institutionelle Anleger auf *proxy advisor* zurückgreifen, stehen die Vorgaben für (professionelle) Stimmrechtsberater auch in einem regulatorischen Zusammenhang zu den Regelungen für institutionelle Anleger, insbesondere gem Art. 3g ff. AR-RL (s. dazu Rn. 361 ff.). Praktisch ebenfalls bedeutsame Fragen wie das Problem des *empty voting*, der konkrete Umgang mit Interessenkonflikten sowie die Verantwortlichkeit bzw. Haftung von Stimmrechtsberatern spricht die Richtlinienregelung jedoch nicht an.[658]

351 Insgesamt sind daher auch Zweifel an der **tatsächlichen Wirksamkeit** der Neuregelungen zur Regulierung von Stimmrechtsberatern in Art. 3j AR-RL nicht gänzlich von der Hand zu weisen.[659] Vor allem große, institutionelle Investoren scheinen in der Praxis derzeit nicht unbedingt in großem Maße unzufrieden mit der Informationspolitik ihrer Stimmrechtsberater zu sein.[660] Zudem steht es diesen Investoren grundsätzlich offen sowohl der gemachten Empfehlung zu folgen bzw. nicht zu folgen als auch – sofern sie mit der Informations- und Ermittlungsbereitstellung nicht zufrieden sein sollten – den Anbieter schlicht zu wechseln.

4. Anwendung eines Verhaltenskodex

352 Bereits nach dem Kommissionsentwurf sollten Stimmrechtsberater (zum Begriff s. Rn. 349) einen alljährlichen **Bericht** sowohl über die Anwendung des Verhaltenskodex als auch verschiedene Informationen im Zusammenhang mit der Vorbereitung ihrer Untersuchungen und Stimmempfehlungen veröffentlichen (Art. 3i II AR-RL-KOM).[661] Das Europäische Parlament ergänzte den entsprechenden Vorschlag zudem um Art. 3i Ia AR-RL-EP,

655 Bereits im Vorfeld zur Regulierung institutioneller Stimmrechtsberater *Fleischer* AG 2012, 2 ff.; *ders.* ZGR 2011, 155, 172 ff.; *Klöhn/Schwarz* ZIP 2012, 149 ff.; vgl. auch *Edelman* 62 Emory L. J. (2013) 1369 ff.; *Wünschmann*, Die Haftung und Regulierung von institutionellen Stimmrechtsberatern, 2015, S. 117 ff.; *Zetzsche* in: KK-AktG, Bd. 3/1, 2016, Nach § 135 Rn. 77 ff.

656 Vgl. Examining the Market Power and Impact of Proxy Advisory Firms: Hearing Before the Subcomm. on Capital Mkts. & Gov't Sponsored Enters. of the H. Comm. on Fin. Servs., 113th Cong. 2 (2013).

657 Siehe H.R.4015 – Corporate Governance Reform and Transparency Act of 2017, 115th Congress (2017-2018).

658 Insofern zum empty voting *Balp* ECFR 2017, 1, 5; *Kalss* EuZW 2014, 441, 442; *Kalss/Klampfl*, Europäisches Gesellschaftsrecht, 2015, 420; dazu auch *Ringe* Seattle Univ. L. Rev. 36 (2013) 1027 ff.; zur Haftung der Stimmrechtsberater *Hössl/Torggler* GesRZ 2016, 185, 194; dazu auch *Vaupel* AG 2011, 63 ff.; ferner zur Überwachung von Stimmrechtsberatern zB durch die ESMA *Córcoles* ECFR 2016, 106, 143 ff.; *Masouros* ECL 7 (2010) 195, 203; dies ebenfalls ansprechend *Fleischer* ZGR 2011, 155, 173.

659 Vgl. *DAV-Handelsrechtsausschuss* NZG 2015, 54, 58; *Balp* ECFR 2017, 1, 35 f.; aus US-amerikanischer Sicht insofern auch zu einer „expectation gap" *Eckstein* 40 Del. J. Corp. L. 77, 160 f. (2015).

660 Aus US-amerikanischer Sicht *Dent* 2014 Mich. St. L. Rev. 1287, 1312.

661 Zum Anwendungsbereich der Neuregelung im Rahmen des § 135 AktG *Zetzsche* in: KK-AktG, Bd. 3/1, 2016, § 135 Rn. 51.

wonach bei einer Abweichung von dem **angewandten Verhaltens-** bzw. **Branchenkodex** ferner eine begründete Erklärung hiervon erstellt und veröffentlicht werden sollte. Das Europäische Parlament fügt damit eine „weiche" Regulierung (*soft law*)[662] in Form eines ***comply or explain*-Ansatzes** ein,[663] statt einer zwingenden Vorgabe. Beide Ansätze finden sich auch im verabschiedeten Art. 3j I AR-RL.

Zunächst bleibt festzuhalten, dass die Richtlinie keine Pflicht für Stimmrechtsberater zur Anwendung eines Verhaltenskodex seitens der Stimmrechtsberater vorschreibt (Schluss aus Art. 3j I Uabs. 2 AR-RL).[664] Die Anwendung gar eines bestimmten Verhaltenskodex sieht die Richtlinie entsprechend ebenfalls nicht vor. Da Stimmrechtsberater nicht zwingend einen Verhaltenskodex anwenden müssen, haben sie konsequenterweise auch nicht zwingend auf einen öffentlichen Kodex Bezug zu nehmen. Art. 3j I Uabs. 2 S. 1 AR-RL regelt allerdings, dass die Stimmrechtsberater in einem solchen Fall eine „unmissverständliche und mit Gründen versehene Erklärung" abzugeben und zu veröffentlichen haben, warum sie keinen Verhaltenskodex anwenden. Der Rechtfertigungszwang soll wohl Anreize für die Stimmrechtsberater setzen, einen Verhaltenskodex anzuwenden. Wenden Stimmrechtsberater dann einen Verhaltenskodex (freiwillig oder aufgrund nationaler Vorgaben) an, müssen sie im Sinne einer verbesserten Transparenz (vgl. Erwägungsgrund 26 S. 1 Änderungsrichtlinie 2017) auf diesen Verhaltenskodex[665] öffentlich Bezug nehmen und einen entsprechenden **Bericht** über die Anwendung dieses Kodex erstellen (Art. 3j I Uabs. 1 AR-RL). Wie schon im Parlamentsentwurf vorgesehen, statuiert die Richtlinie insofern einen ***comply or explain*-Vorbehalt.**[666] Folgt ein Stimmrechtsberater zwar im Allgemeinen einem Verhaltenskodex, hält er jedoch einzelne Regeln dieses Kodex bewusst nicht ein bzw. weicht er davon ab, so wird er dazu verpflichtet, die Abweichung offenzulegen, die Gründe für die Abweichung zu nennen und zu erläutern sowie, sofern einschlägig, die getroffenen Alternativen zur nicht angewandten Bestimmung des Verhaltenskodex darzustellen (Art. 3j I Uabs. 2 S. 2 AR-RL). 353

Unabhängig davon, welche Informationen ein Stimmrechtsberater gem Art. 3j I Uabs. 1 und 2 AR-RL bereitstellen muss (Bericht über Nichtanwendung eines Kodex, Bericht über Anwendung, Bericht über Anwendung mit Abweichungen), muss er den entsprechenden Bericht auf seiner Website für jedermann kostenfrei zugänglich machen. Der Bericht ist zudem mindestens jährlich zu aktualisieren (Art. 3j I Uabs. 3 AR-RL). 354

5. Veröffentlichung von Tätigkeiten der Stimmrechtsberater

Nach dem **Kommissionentwurf** hatten Stimmrechtsberater gem Art. 3i AR-RL-KOM bei der Ausübung ihrer Tätigkeit „angemessene Maßnahmen" zu ergreifen und zu implementieren, um eine korrekte und zuverlässige Stimmempfehlung zu gewährleisten. Der Entwurf des Europäischen Parlaments ergänzte, dass sich die Stimmrechtsempfehlungen allein am Interesse des Klienten ausrichten durften. Eine wie im Kommissionsentwurf angedachte materielle Verpflichtung der Stimmrechtsberater im Rahmen ihrer Tätigkeit sieht die verabschiedete Richtlinienregelung jedoch grundsätzlich nicht mehr vor. Im Sinne einer verbesserten Transparenz (vgl. Erwägungsgrund 26 S. 1 Änderungsrichtlinie 2017; s. auch Rn. 10)[667] beschränkt sich der europäische Gesetzgeber vielmehr darauf, vorzuschreiben, dass die betroffenen Stimmrechtsberater verschiedenste Informationen vor allem im Zusammenhang mit ihrer Beratung und ihren Empfehlungen auf ihrer Website[668] **kostenlos publizieren** müssen (Art. 3j II Uabs. 1 AR-RL). 355

Sowohl an die Informationen selbst als auch an deren Veröffentlichung werden dabei verschiedene Anforderungen gestellt. Zum einen muss die Veröffentlichung **mindestens jährlich** erfolgen und die entsprechenden Informationen müssen daraufhin mindestens drei Jahre kostenfrei zur Verfügung stehen (Art. 3j II Uabs. 2 S. 1 AR-RL). Außerdem müssen die Informationen öffentlich zugänglich sein. Auch wenn Art. 3j II Uabs. 1 AR-RL vorgibt, dass die Angaben **„zur angemessenen Information der Kunden"** des Stimmrechtsberaters beitragen sollen, sind sie doch jedermann zugänglich zu machen. Das ergibt sich aus dem Wortlaut des Art. 3j II Uabs. 1 und Uabs. 2 S. 1 AR-RL („öffentlich bekannt machen"/„öffentlich zugänglich").[669] Die Interpretation wird auch durch Erwägungsgrund 26 Änderungsrichtlinie 2017 gestützt. Was genau in diesem Zusammenhang unter „an- 356

662 *Balp* ECFR 2017, 1, 30.

663 Vgl. auch *Balp* ECFR 2017, 1, 20 f. (teilweise kritisch); *Hössl/Torggler* GesRZ 2016, 185, 194; *Zetzsche* in: KK-AktG, Bd. 3/1, 2016, Nach § 135 Rn. 79; *Bayer/Schmidt* BB 2015, 1731, 1733; *Hopt* NYU J. L&B 12 (2015) 139, 158; ferner im Hinblick auf die die damit verbundene rechtspolitische Diskussion *Noack* in: 50 Jahre Aktiengesetz, 2016, S. 163, 187.

664 Auf nationaler Ebene ist eine entsprechende Verpflichtung gleichwohl möglich. Sprachlich lässt sich dies aus Erwägungsgrund 26 S. 2 Änderungsrichtlinie 2017 herleiten („für die ein Verhaltenskodex gilt").

665 Zum Beispiel den britischen Stewardship Code 2012.

666 *Lutter/Bayer/Schmidt*, Europäisches Unternehmens- und Kapitalmarktrecht, 2017, Rn. 29.54.

667 Vgl. auch *Balp* ECFR 2017, 1, 25.

668 Art. 3j II Uabs. 2 S. 1 AR-RL.

669 Art. 3j II Uabs. 2 S. 1 AR-RL: Englischer Wortlaut: „ publicly available". Französischer Wortlaut: „sont mises (...) à la disposition du public". Spanischer Wortlaut: „se pondrá a disposición del público". Italienischer Wortlaut: „sono rese pubbliche". Niederländischer Wortlaut: „wordt voor het publiek beschikbaar gesteld". Polnischer Wortlaut: „udostępniane publicznie".

gemessen“ zu verstehen ist, ist unbestimmt und muss aus der Richtlinie heraus europäisch-autonom (zur europäisch-autonomen Auslegung s. § 2 Rn. 80 ff.) bestimmt zu werden. Bezugspunkt ist allerdings die hinreichende Bewertung der „Richtigkeit und Zuverlässigkeit“ (Art. 3j II Uabs. 1 S. 1 AR-RL) der zu veröffentlichenden Informationen aus Sicht eines Durchschnittskunden des Stimmrechtsberaters. Weiterhin müssen die Informationen dabei im Zusammenhang mit der Recherche, Stimmrechtsberatung und -empfehlung stehen. Dies umfasst die Veröffentlichung von Informationen **aller** (dh kumulativ) in Art. 3j II Uabs. 1 lit. a) bis lit. g) AR-RL genannten Aspekte. Ferner handelt es sich dabei um eine Mindestregelung,[670] so dass die Mitgliedstaaten auch weitere Aspekte im Rahmen der Umsetzung in nationales Recht ergänzen können. Einer gesonderten Veröffentlichung der jeweiligen Informationen auf der Website des Stimmrechtsberaters bedarf es allerdings nicht, wenn diese bereits im Rahmen der Veröffentlichungspflicht in Bezug auf die Anwendung bzw. Nicht-Befolgung eines Verhaltenskodex publiziert wurde (Art. 3j II Uabs. 2 S. 2 AR-RL).

357 Die **veröffentlichungspflichtigen Mindestinformationen** betreffen dabei ua die verwendeten Hauptinformationsquellen (lit. b) und Methoden sowie Modelle (lit. a),[671] die Politik im Hinblick auf die Vermeidung potenzieller Interessenkonflikte (lit. g) sowie die angewandten Qualitätssicherungsmaßnahmen (lit. c). Insofern geht die Richtlinie grundsätzlich nicht bzw. nur marginal über die bereits bestehenden *Best Practice Principles* (s. dazu Rn. 348) hinaus.[672] Im Hinblick auf die Veröffentlichung der Ermittlungsmethoden für ihre Beratung (vgl. Art. 3j II Uabs. 1 lit. a) AR-RL), kann durch eine entsprechend umfassende Publizitätspflicht jedoch auch der Geschäftszweig der (institutionellen) Stimmrechtsberatung als solche in Mitleidenschaft gezogen werden.[673] Denn für *proxy advisor firms* ist es gerade das Geschäftsmodell, eine Empfehlung an ihre Kunden zu geben, die sich von denen der Mitwettbewerber abhebt. Wenn die Herleitung der darauf beruhenden Methode jedoch der interessierten Öffentlichkeit zugänglich ist, würde der diesbezügliche Vorteil schnell entfallen.[674]

358 Bezogen auf mögliche **Interessenkonflikte** des Stimmrechtsberaters bei der Abgabe seiner Empfehlung (oder auch anderweitig damit zusammenhängender Dienstleistungen), haben die Mitgliedstaaten zudem sicherzustellen, dass Stimmrechtsberater ihre tatsächlichen oder potenziellen Interessenkonflikte **identifizieren** und unverzüglich (dh spätestens zusammen mit der Stimmempfehlung)[675] dem betroffenen Aktionär **mitteilen** (Art. 3j III AR-RL).[676] Hierbei geht es primär darum, den Anlegern potenzielle Konflikte offenzulegen, die von Bedeutung für den Stimmrechtsberater bei seiner Empfehlung sein können.[677] Gleichzeitig sollen die Anleger darüber informiert werden, welche Gegenmaßnahmen der Stimmrechtsberater diesbezüglich getroffen hat (Art. 3j III AR-RL). Auch hier hofft der Richtliniengeber wohl, durch die Offenlegung Anreize zu setzen, dass Gegenmaßnahmen auch tatsächlich ergriffen werden. Ob eine entsprechende Hinweispflicht jedoch ausreichend ist, um sämtliche, potenziell auftretende Interessenkonflikte zu bewältigen, kann indes bezweifelt werden.[678] Zudem verzichtet die Richtlinienregelung auf konkrete Durchsetzungsbestimmungen, so dass im Rahmen einer wirksamen und effektiven Rechtsdurchsetzung diesbezüglich nationales Recht zur Geltung kommt (zu Art. 14b I AR-RL näher unter Rn. 386).

6. Stimmrechtsberater aus Drittstaaten

359 Aus praktischer Sicht nicht zu unterschätzen für die Bedeutung der Regelungen des Art. 3j AR-RL ist die **Erweiterung des Anwendungsbereichs** gem Art. 3j IV AR-RL. Danach gelten die vorstehenden Absätze des Art. 3j AR-RL, also die Regelungen zur Berichterstattung in Bezug auf die Anwendung eines Verhaltenskodex (s. dazu Rn. 352), die Bekanntmachung von kundenrelevanten Informationen (s. dazu Rn. 356) und die Behandlung von Interessenkonflikten (s. dazu Rn. 358), in gleicher Weise für Stimmrechtsberater aus Drittstaaten, die im Rahmen einer europäischen Niederlassung in der EU tätig werden. Nach Art. 3j IV AR-RL handelt es sich um einen Stimmrechtsberater **aus einem Drittstaat,** wenn dieser weder seinen (Register-)Sitz noch seine Hauptverwaltung (zur entsprechenden Anknüpfung im Rahmen des Art. 54 I AEUV s. auch § 10 Rn. 21) in der EU hat, dh es sich insofern nicht um eine Gesellschaftsform eines Mitgliedstaates handelt. Voraussetzung ist nach dem Wortlaut

670 Zum Parlamentsentwurf noch aA *Zetzsche* in: KK-AktG, Bd. 3/1, 2016, Nach § 135 Rn. 80 („abschließenden Katalog, nicht um Regelbeispiele“).

671 Dazu auch *DAV-Handelsrechtsausschuss* NZG 2015, 54, 58.

672 *Hössl/Torggler* GesRZ 2016, 185, 194; vgl. auch *Zetzsche* in: KK-AktG, Bd. 3/1, 2016, Nach § 135 Rn. 92 f.

673 In diesem Sinne *Balp* ECFR 2017, 1, 24 f.

674 *Balp* ECFR 2017, 1, 26.

675 *Zetzsche* in: KK-AktG, Bd. 3/1, 2016, Nach § 135 Rn. 83.

676 Eine entsprechende Hinweispflicht im Ergebnis ebenfalls befürwortend *DAV-Handelsrechtsausschuss* NZG 2015, 54, 58; *Córcoles* ECFR 2016, 106, 152; *Kalss/Klampfl*, Europäisches Gesellschaftsrecht, 2015, Rn. 420; *Hössl/Torggler* GesRZ 2016, 185, 190; vgl. auch *Hopt* ZGR 2013, 165, 186 f.

677 Vgl. auch *Balp* ECFR 2017, 1, 7, 35; *Lutter/Bayer/Schmidt*, Europäisches Unternehmens- und Kapitalmarktrecht, 2017, Rn. 29.56; sowie ansprechend bereits ESMA, Final Report, Feedback Statement on the consultation regarding the role of the proxy advisory industry, 2013, ESMA/2013/84, S. 8 f.

678 Vgl. *Freitag* AG 2014, 647, 654; *Wünschmann*, Die Haftung und die Regulierung von institutionellen Stimmrechtsberatern, 2015, S. 341.

jedoch, dass der entsprechende ausländische Stimmrechtsberater seine Tätigkeiten zumindest über eine (Zweig-)Niederlassung in der EU ausübt.[679] Hintergrund dieser Erweiterung des Anwendungsbereichs ist es, „**gleiche Wettbewerbsbedingungen** zwischen Stimmrechtsberatern“ aus der EU und aus Drittstaaten herzustellen (Erwägungsgrund 27 S. 2 Änderungsrichtlinie 2017). Dies ist insofern von Bedeutung, als eine Vielzahl der anerkannten Stimmrechtsberater ihren Sitz außerhalb der EU (vor allem der USA) hat.[680] Ohne die Regelung des Art. 3j IV AR-RL wäre die praktische Relevanz der Neuregelungen daher spürbar geringer.[681]

7. Revisionsklausel

Die Problematik und Schwierigkeiten bei der Regulierung von Stimmrechtsberatern erkannte auch der europäische Gesetzgeber und schaffte, wie bei der Regulierung von institutionellen Investoren und Vermögensverwaltern (s. dazu Rn. 361 ff.) sowie im Rahmen der Aktionärsidentifikation und Informationsübermittlung (s. dazu Rn. 26 ff.), mit Art. 3k II AR-RL eine **Überprüfungspflicht** der Europäischen Kommission. Diese hat in Zusammenarbeit mit der ESMA, dem Europäischen Parlament und dem Rat einen „**Bericht über die Durchführung**“ der Regelungen bis zum 10. Juni 2023 zu veröffentlichen und etwaige Änderungsvorschläge zu präsentieren (Art. 3k II 1, 3 AR-RL). Dabei ist insbesondere, jedoch nicht abschließend, darauf einzugehen, ob überhaupt entsprechende Regelungen für Stimmrechtsberater zwingend erforderlich sind und ob die mit Art. 3j AR-RL bestehenden Vorschriften als solche im Hinblick auf ihren Anwendungsbereich und ihre Wirksamkeit angemessen sind (Art. 3k II 1 AR-RL). 360

L. Regulierung von institutionellen Investoren und Vermögensverwaltern

Vermögensverwalter (*asset manager*) und vor allem institutionelle Investoren sind bei börsennotierten Gesellschaften oft die **dominierende Aktionärsgruppe**.[682] Insbesondere im anglo-amerikanischen Rechtskreis sind institutionelle Investoren wie zB **Hedgefonds**[683] fast schon der Regelfall und nehmen oftmals einen spürbaren **Einfluss** auf die Unternehmenspolitik und -führung (s. auch § 33 Rn. 72 f.).[684] Aufgrund dieser Bedeutung von institutionellen Investoren hat die Europäische Kommission insbesondere diesen vorgehalten, dass sie in der Finanzkrise ihrer Aufgabe als „**verantwortliche Anleger**“ nicht hinreichend nachgekommen sind.[685] Insofern setzt der europäische Gesetzgeber in den Bestimmungen der Art. 3g ff. AR-RL verstärkt auf eine (kontrollierte) Einbeziehung professioneller Anleger und Vermögensverwalter bei der Förderung einer nachhaltigen (langfristigen) Unternehmensführung.[686] 361

Insgesamt ist jedoch unklar, ob die Regelungen in Art. 3g ff. AR-RL aus praktischer Sicht den gewünschten Erfolg bringen werden.[687] Rechtspolitisch hängt zudem vieles davon ab, inwieweit man eine umfassende Regulierung vor allem institutioneller Investoren tatsächlich auch in Zukunft für geboten hält.[688] 362

679 Bei konzerngebundenen Tochtergesellschaften in der EU ist der Anwendungsbereich ohnehin bereist eröffnet.

680 *Balp* ECFR 2017, 1, 22.

681 Vgl. auch *Balp* ECFR 2017, 1, 22.

682 Vgl. nur *Birkmose* ECFR 2014, 214, 237 f.; *Gillan/Starks* in: Bratton/McCahery (Eds.), Institutional Investor Activism, 2015, S. 39, 42 f.; *Hössle/Torggler* GesRZ 2016, 185, 186; *Fleischer/Strothotte* AG 2011, 221; *Rock*, Institutional Investors in Corporate Governance, Penn ILE Research Paper No. 14-37, S. 5 f.; ferner *Ferreira/Matos* JFE 88 (2008) 499 ff.; *Aggarwal/Saffi/Sturgess* Journal of Finance 70 (2015) 2309 ff.; nach *Bebchuk/Cohen/Hirst* J. Econ. Persp. 31 (2017) 89, 92 besitzen instutionelle Investoren ca. 33% der Anteile an den 20 größten US-Unternehmen.

683 Jüngst zum Begriff aus US-amerikanischer sowie europäischer Sicht *Nabilou* ECFR 2017, 149 ff.; s. auch *Langenbucher* in: FS Baums, Bd. I, 2017, S. 743 ff.

684 Zur Bedeutung von institutionellen Investoren im Rahmen der Corporate Governance vgl. *Enriques/Romano*, Institutional Investor Voting Behavior: A Network Theory Perspective, ECGI Law Working Paper No. 393/2018, S. 2, 51.

685 Europäische Kommission, Grünbuch Corporate Governance in Finanzinstituten und Vergütungspolitik, KOM(2010) 284, S. 8 f.; vgl. auch *Fleischer* ZGR 2011, 155, 162.

686 Vgl. Erwägungsgrund 14 Änderungs-RL 2017; *Kalss/Klampfl*, Europäisches Gesellschaftsrecht, 2015, Rn. 418; *Seibt* DB 2014, 1910, 1917; siehe auch *Birkmose* ECFR 2014, 214, 224; aus US-amerikanischer Sicht auch *Bebchuk/Cohen/Hirst* J. Econ. Persp. 31 (2017) 89, 93.

687 Kritisch auch *Lutter/Bayer/Schmidt*, Europäisches Unternehmens- und Kapitalmarktrecht, 2017, Rn. 29.41; *Bayer/Schmidt* BB 2017, 2114, 2115; *Freitag* AG 2014, 647, 654.

688 Siehe generell zur Problematik auch *Hill* in: Hill/Thomas (Eds.), Research Handbook on Shareholder Power, 2015, S. 53, 54, 64 ff.; ferner *Cumming/Dai/Johan* in: Bratton/McCahery (Eds.), Institutional Investor Activism, 2015, S. 549 ff.; *Bratton/Wachter* in: Bratton/McCahery (Eds.), Institutional Investor Activism, 2015, S. 707 ff.

I. Mitwirkungspolitik institutioneller Anleger und Vermögensverwalter

363 Um der entsprechenden Bedeutung und dem Einfluss von institutionellen Investoren und *asset managern* zu entsprechen, bedarf es aus Sicht des europäischen Gesetzgebers vor allem Regelungen im Hinblick auf die Offenlegung der verfolgten **Einbeziehungspolitik** (s. dazu Rn. 368) und der **Anlagestrategie** (s. dazu sogleich bei Rn. 372).[689] Zwar gibt es auf europäischer Ebene bereits ansatzweise Offenlegungsbestimmungen für verschiedene Investorengruppen,[690] ein einheitlicher regulatorischer Rahmen für institutionelle Anleger sowie Vermögensverwalter fehlte jedoch bislang.[691] Um dies zu kompensieren, wurden die neuen Art. 3g bis Art. 3i AR-RL eingeführt.[692] Bereits der entsprechende Richtlinienvorschlag der Kommission bzw. die daraufhin entwickelten Kompromissentwürfe betonten diesbezüglich die **Verantwortlichkeit** institutioneller Anleger und Vermögensverwalter gegenüber den Endbegünstigten sowie der Öffentlichkeit[693] und erhofften sich durch entsprechende Maßnahmen gesamtwirtschaftlich positive Effekte.[694] Eine entsprechende Regulierung wurde jedoch teilweise grundsätzlich in Frage gestellt und die beabsichtigten Neuregelungen für verfehlt erachtet.[695] Kritisiert wurde vor allem, dass dies einen „unzulässigen Eingriff in die Geschäftsgeheimnisse" der Betroffenen darstellen würde[696] und zudem für diese mit den Vorgaben ein spürbarer Mehraufwand verbunden wäre.[697] Andererseits finden sich vergleichbare Regulierungsansätze bereits in einzelnen Mitgliedstaaten. Als Vorreiter – auch auf europäischer Ebene – wird hierbei vor allem der britische **Stewardship Code 2012**[698] (dazu auch § 33 Rn. 118) betrachtet.[699] Dieser enthält als Verhaltenskodex für institutionelle Anleger verschiedene *„principles"*, wie diese ihr *„engagement"* sowohl gegenüber dem Unternehmen als auch gegenüber den hinter ihnen stehenden Investoren ausüben sollen. Hierzu gehören insbesondere Transparenzempfehlungen zB bezüglich ihrer Aktionärsverantwortung, Stimmrechtsausübung und ihrer potenziellen Interessenkonflikte. Eine weitgehend ähnliche Herangehensweise findet sich nunmehr auch in Art. 3g AR-RL betreffend die Ausarbeitung und Offenlegung der Mitwirkungspolitik institutioneller Anleger und Vermögensverwalter. Auch die deutsche Regierungskommission DCGK hat sich bei ihren Kodexänderungen 2017 bereits für eine verantwortungsvolle, nachhaltige und transparente Ausübung des Einflusses institutioneller Anleger ausgesprochen (vgl. Präambel Absatz 3 DCGK 2017).[700]

364 Unter der Kapitalüberschrift „**Transparenz** bei institutionellen Anlegern [und] bei Vermögensverwaltern" werden in Art. 3g ff. AR-RL Fragen der Mitwirkungspolitik dieser, der Anlagestrategie institutioneller Investoren sowie der Transparenz bei Vermögensverwaltern thematisiert.[701] Die Begriffe des „institutionellen Anlegers"

689 Vgl. Erwägungsgrund 16 S. 1 und 2 Änderungs-RL 2017; *Kalss/Klampfl*, Europäisches Gesellschaftsrecht, 2015, Rn. 418; *Lutter/Bayer/Schmidt*, Europäisches Unternehmens- und Kapitalmarktrecht, 2017, Rn. 29.41.

690 Siehe zB Art. 22 ff. AIFM-RL oder Art. 24 ff. MiFiD II; vgl. auch *Lutter/Bayer/Schmidt*, Europäisches Unternehmens- und Kapitalmarktrecht, 2017, Rn. 29.41.

691 Auf internationaler Ebene gelangte hingegen die OECD bereits im Jahr 2004 zu der Erkenntnis, dass institutionelle Investoren stärker in die Pflicht zu nehmen seinen und insbesondere ihre „allgemeine Corporate Governance und Abstimmungspolitik" offenlegen sollten, vgl. OECD, Principles of Corporate Governance, 2004, Punkt II, F.

692 Speziell dazu *Chiu* ZVglRWiss 114 (2015) 121, 151 ff.; *dies.* Co. Lawyer 36 (2015) 161 f.; *DAV-Handelsrechtsausschuss* NZG 2015, 54, 56 ff.; *European Company Law Experts*, Shareholder engagement and identification, 2015; *Hössle/Torggler* GesRZ 2016, 185, 193; *Kalss/Klampfl*, Europäisches Gesellschaftsrecht, 2015, Rn. 418; vgl. auch *Birkmose* ECFR 2014, 214 ff.; *Awrey* in: Bratton/McCahery (Eds.), Institutional Investor Activism, 2015, S. 582 ff.; *Micheler* EBOR 14 (2013) 39 ff.

693 Vgl. Erwägungsgrund 16 Änderungs-RL 2017.

694 *Hössle/Torggler* GesRZ 2016, 185, 193.

695 So *DAV-Handelsrechtsausschuss* NZG 2015, 54, 56; speziell zu den Offenlegungspflichten *Freitag* AG 2014, 647 ff.; vielmehr für eine Empfehlung als verpflichtende Regelungen im Rahmen einer Richtlinie auch *European Company Law Experts*, Shareholder engagement and identification, 2015, S. 4.

696 *DAV-Handelsrechtsausschuss* NZG 2015, 54, 56.

697 *Lutter/Bayer/Schmidt*, Europäisches Unternehmens- und Kapitalmarktrecht, 2017, Rn. 29.41; *Bayer/Schmidt* BB 2017, 2114, 2115.

698 Dazu *Hannigan* in: FS Baums, Bd. I, 2017, S. 561 ff.; *Reisberg* JCLS 15 (2015) 217 ff.; *Roach* JCLS 11 (2011) 463 ff.; *Arsalidou* ECFR 2012, 342 ff.; *Chiu* ZVglRWiss 114 (2015) 121, 147 ff.; *dies.* ECL 9 (2012) 5 ff.; *Cheffins* MLR 73 (2010) 1004 ff.; *Wong* Butterworth's JIBFL 25 (2010) 406 ff.; in diesem Zusammenhang auch *Lutter/Bayer/Schmidt*, Europäisches Unternehmens- und Kapitalmarktrecht, 2017, Rn. 29.41.

699 Zur Verbindung zwischen *investor stewardship* und Aktionärseinbeziehung bzw. den Regelungen in Art. 3g ff. RL-Vorschlag vgl. *Chiu* ZVglRWiss 114 (2015) 121, 149 ff.; *Strenger/Zetzsche* AG 2013, 397, 398 f.; kritisch hingegen zur Übernahme der dortigen Prinzipien in europäisches Recht *Fleischer* ZGR 2011, 155, 166 f.; *Fleischer/Strothotte* AG 2011, 221; in Teilen aus US-amerikanischer Sicht auch *Bebchuk/Cohen/Hirst* J. Econ. Persp. 31 (2017) 89, 108.

700 Dazu jedoch kritisch *DAV-Handelsrechtsausschuss* NZG 2017, 57 f.; s. auch *Nikoleyczik/Graßl* NZG 2017, 161, 162; *Kremer* in: Kremer/Bachmann/Lutter/v. Werder (Hrsg.), Deutscher Corporate Governance Kodex, 2018, Rn. 113e.

701 Zur Transparenz bei Stimmrechtsberatern s. ferner Rn. 346 ff.

und des „Vermögensverwalters“ definiert die Richtlinie dabei selbst. **Institutionelle Anleger** (*institutional investor*)[702] sind nach Art. 2 lit. e) AR-RL Lebensversicherer iSd Solvabilität II-Richtlinie[703] und Pensionsfonds iSd EbAV-Richtlinie.[704] **Vermögensverwalter** (*asset manager*) sind gem Art. 2 lit. f) AR-RL Portfolioverwalter iSd MiFID II[705] (s. dazu § 34 Rn. 34 ff.), Fondsmanager iSd AIFM-Richtlinie[706] (s. dazu § 31) oder Investmentfonds iSd OGAW V-Richtlinie.[707]

Aufgrund des Ziels einer verbesserten Transparenz bei institutionellen Anlegern und Vermögensverwaltern,[708] müssen die Betroffenen – **kumulativ**[709] – die Anforderungen mit Blick auf die Mitwirkungspolitik gemäß Art. 3g I lit. a) und lit. b) AR-RL erfüllen, sofern sie nicht von dem „***explain*-Vorbehalt**“ Gebrauch machen (dazu näher unter Rn. 370 f.).[710] Institutionelle Anleger bzw. Vermögensverwalter haben daher insbesondere 365

- eine **Mitwirkungspolitik**/Einbeziehungspolitik[711] auszuarbeiten und öffentlich bekannt zu machen (lit. a)[712] **und**
- die **Umsetzung dieser Mitwirkungspolitik** jährlich bekanntzumachen (lit. b).[713]

Nach Art. 3g I lit. a) AR-RL haben die Mitgliedstaaten – unter Berücksichtigung eines *comply or explain*-Vorbehalts für die Akteure[714] – somit sicherzustellen, dass institutionelle Anleger sowie Vermögensverwalter eine Politik zur Einbeziehung der Aktionäre (***engagement policy***) formulieren.[715] In einer solchen **Einbeziehungspolitik** (bzw. Mitwirkungspolitik) soll ua gem Art. 3g I lit. a) AR-RL Folgendes bestimmt werden: 366

- Wie institutionelle Anleger und Vermögensverwalter die Aktionäre in ihre Anlagestrategie einbinden;
- wie sie die Gesellschaften, in die sie investieren, kontrollieren. Die Vorschrift nennt beispielhaft („auch in Bezug auf“)[716] wichtige Aspekte, bezüglich derer die institutionellen Anleger und Vermögensverwalter ihre Überwachungspolitik erläutern sollen. Dazu zählen die Strategie des Unternehmens, die finanzielle und nicht-finanzielle Performance des Unternehmens, das Risiko, die „Kapitalstruktur, soziale und ökologische Auswirkungen und Corporate Governance“. Allgemein gibt die Vorschrift vor, dass institutionelle Anleger und Vermögensverwalter ihre Überwachungspolitik mit Blick auf alle „wichtigen Angelegenheiten“ beschreiben sollen. Hier zielt die Vorschrift darauf ab, dass die Transparenzpflicht gleichzeitig zu einer verstärkten Einbringung der institutionellen Anleger und Vermögensverwalter führt;
- wie sie mit Gesellschaften, in die sie investieren, in Dialog treten;
- wie sie ihr Stimmrecht und andere Rechte (zB Frage- und Auskunftsrechte) wahrnehmen;
- wie sie mit anderen Aktionären kooperieren;[717]

---

702 Zum Begriff auch *Rock*, Institutional Investors in Corporate Governance, Penn ILE Research Paper No. 14-37, S. 3 ff.; zur weiteren Begriffsbestimmung nach Präambel Absatz DCGK 2017 *Kremer* in: Kremer/Bachmann/Lutter/v. Werder (Hrsg.), Deutscher Corporate Governance Kodex, 2018, Rn. 113c.

703 Richtlinie 2009/138/EG des Europäischen Parlaments und des Rates vom 25. November 2009 betreffend die Aufnahme und Ausübung der Versicherungs- und der Rückversicherungstätigkeit, ABl. EG v. 17.12.2009, L 335/1.

704 Richtlinie 2003/41/EG des Europäischen Parlaments und des Rates vom 3. Juni 2003 über die Tätigkeiten und die Beaufsichtigung von Einrichtungen der betrieblichen Altersversorgung, ABl. EG v. 23.9.2003, L 235/10.

705 Richtlinie 2014/65/EU des Europäischen Parlaments und des Rates vom 15. Mai 2014 über Märkte für Finanzinstrumente und zur Änderung der Richtlinien 2002/92/EG und 2011/61/EU, ABl. EU v. 12.6.2014, L 173/349.

706 Richtlinie 2011/61/EU des Europäischen Parlaments und des Rates vom 8. Juni 2011 über die Verwalter alternativer Investmentfonds […], ABl. EU v. 1.7.2011, L 174/1.

707 Richtlinie 2009/65/EG des Europäischen Parlaments und des Rates vom 13. Juli 2009 zur Koordinierung der Rechts- und Verwaltungsvorschriften betreffend bestimmte Organismen für gemeinsame Anlagen in Wertpapiere, ABl. EG v. 17.11.2009, L 302/32.

708 Vgl. Erwägungsgrund 16 f. Änderungs-RL 2017.

709 Wohl auch *Lutter/Bayer/Schmidt*, Europäisches Unternehmens- und Kapitalmarktrecht, 2017, Rn. 29.42.

710 *Dijkhuizen* ECL 12 (2015) 45, 47; *Kalss/Klampfl*, Europäisches Gesellschaftsrecht, 2015, Rn. 418; *Lutter/Bayer/Schmidt*, Europäisches Unternehmens- und Kapitalmarktrecht, 2017, Rn. 29.42.

711 Beide Begriffe werden im Folgenden synonym verwendet.

712 Inklusive ua hinsichtlich der Überwachung der und Kommunikation mit Gesellschaft sowie der Integration der Aktionäre in ihre Anlagestrategie.

713 Inklusive der „allgemeinen Beschreibung ihres Abstimmungsverhaltens, einer Erläuterung der wichtigsten Abstimmungen und ihres Rückgriffs auf die Dienste von Stimmrechtsberatern“.

714 Art. 3g I AR-RL („oder eine […] Erklärung öffentlich bekannt geben“); vgl. auch *Kalss/Klampfl*, Europäisches Gesellschaftsrecht, 2015, Rn. 418; *Hössle/Torggler* GesRZ 2016, 185, 193; *Rock*, Institutional Investors in Corporate Governance, Penn ILE Research Paper No. 14-37, S. 17.

715 Kritisch zur deutschen Übersetzung als „Einbeziehungspolitik“ *DAV-Handelsrechtsausschuss* NZG 2015, 54, 57; s. auch *Birkmose* ECFR 2014, 214, 222 f.

716 Die anderen Sprachfassungen weisen ebenfalls auf eine beispielhafte Auflistung hin. Englischer Wortlaut: „including“. Französischer Wortlaut: „y compris“. Spanischer Wortlaut: „incluidos“. Italienischer Wortlaut: „compresi“. Niederländischer Wortlaut: „waaronder“. Polnischer Wortlaut: „w tym“.

717 Die Begriffsbestimmung eines etwaigen (aktienrechtlichen) *acting in concert* in vergleichbaren Zusammenhang wurde zwar von der *Reflection Group* angedacht (vgl. Report of the Reflection Group on the Future of EU Com-

- wie sie mit relevanten Stakeholdern der Gesellschaften, in die sie investieren, Dialoge führen sowie
- wie sie tatsächliche und potenzielle Interessenkonflikte, die mit Blick auf ihre Tätigkeit bestehen können, händeln. Die Vorschrift hat dabei vor allem Interessenkonflikte vor Augen, die dadurch entstehen, dass die institutionellen Anleger und Vermögensverwalter in einer Geschäftsbeziehung von nicht unerheblichem Umfang mit der Gesellschaft, in die sie investiert haben, stehen (Erwägungsgrund 17 S. 2 Änderungs-RL).[718] Im Parlamentsentwurf wurden diesbezüglich noch im Rahmen eines Mindeststandards[719] verschiedene Situationen aufgezählt, die eine besondere Gefahr von Interessenkonflikten begründen können. In der verabschiedeten Fassung begnügt sich der europäische Gesetzgeber jedoch damit, die anderweitig geltenden Bestimmungen für institutionelle Anleger und Vermögensverwalter bezüglich der Behandlung und Offenlegung von Interessenkonflikten[720] auch im Rahmen ihrer Mitwirkungstätigkeit für anwendbar zu erklären (Art. 3g III AR-RL).

367 Art. 3g I lit. b) AR-RL beschreibt daraufhin, welche Angaben notwendig sind, um der Pflicht nachzukommen, die Umsetzung der Mitwirkungspolitik öffentlich bekannt zu machen (hier **„Umsetzungsbericht zur Mitwirkungspolitik“** genannt). Dazu gehören:

- Eine Analyse des allgemeinen Abstimmungsverhaltens bezogen auf den Berichtszeitraum. Diese Analyse bezieht sich auf alle vorgenommenen Abstimmungen;
- zentrale Abstimmungen sind einzeln zu erläutern;
- Angaben, ob sie die Dienste von Stimmrechtsberatern (s. dazu Rn. 347 ff.) nutzen (Art. 3g I lit. b) AR-RL) und
- sie müssen ihre konkreten Stimmabgaben bekannt machen (ohne einzelne Erläuterungen). Von dieser Bekanntmachungspflicht können „unbedeutende“ Abstimmungen ausgenommen werden. Die Vorschrift erläutert, dass sich eine geringe Bedeutung sowohl aus dem Abstimmungsgegenstand als auch aus dem Umfang der Beteiligung ergeben kann. Erwägungsgrund 18 S. 3 Änderungs-RL erklärt beispielhaft Abstimmungen über verfahrensrechtliche Fragen als generell unbedeutend. Um eine willkürliche Einordnung als bedeutend bzw. unbedeutend zu vermeiden, fordert Erwägungsgrund 18 S. 4 Änderungs-RL, dass die institutionellen Anleger und Vermögensverwalter Kriterien zur entsprechenden Klassifizierung entwickeln und diese dann „konsequent anwenden“ sollen. Problematisch ist insofern, dass die Vorgabe des Erwägungsgrundes keine konkrete Entsprechung im verfügenden Teil der Richtlinie enthält (zu weiterreichenden Erwägungsgründen allg. unter § 2 Rn. 107 ff.). Es stellt sich insofern die Frage, inwieweit diese vom Gesetzgeber gewünschte Vorgehensweise in Art. 3g I Uabs. 1 lit. b) AR-RL hineingelesen werden kann. Nicht eindeutig ist zudem, wer unbedeutende Abstimmungen vom Berichtsumfang ausnehmen kann. Fraglich ist insofern, ob hier den Mitgliedstaaten oder den institutionellen Anlegern und Vermögensverwaltern ein Spielraum eröffnet werden soll. Ein Blick in Erwägungsgrund 18 S. 2 Änderungs-RL zeigt, dass die Entscheidung grundsätzlich den institutionellen Anlegern und Vermögensverwaltern überlassen bleiben soll. Sinn und Zweck der Vorschrift ist, dass diese so ihren Aufwand reduzieren können sollen. Insofern bliebe zu erörtern, ob die Mitgliedstaaten darüber hinaus auch die Anwendung der Art. 3g I Uabs. 1 lit. a) und b) AR-RL verpflichtend vorschreiben können (ohne *explain*-Möglichkeit). Da die Richtlinie generell einen Mindeststandard vorgibt und die nationalen Gesetzgeber daher grundsätzlich höhere Standards setzen dürfen, müsste dies auch an dieser Stelle möglich sein.

368 Institutionelle Anleger und Vermögensverwalter haben die so erstellte Einbeziehungspolitik **offenzulegen** (Art. 3g I lit. a) AR-RL). Gleiches gilt für den **Umsetzungsbericht zur Mitwirkungspolitik**, der **jährlich** bekannt zu machen ist (Art. 3g I lit. b) AR-RL). Im Gegensatz zu den Vorgaben zu Vereinbarungen mit Vermögensverwaltern (s. Rn. 376) äußerst sich Art. 3g AR-RL nicht zur Aktualisierungspflicht bezüglich der Einbeziehungspolitik. Aus dem Telos der Norm ergibt sich jedoch, dass immer die aktuelle Einbeziehungspolitik bekannt zu machen ist. Die entsprechenden Details kann wohl der nationale Gesetzgeber regeln.

369 Die in Art. 3g I AR-RL genannten Aspekte sind auf den Websites[721] der institutionellen Anleger und Vermögensverwalter zur Verfügung zu stellen (Art. 3g II Uabs. 1 S. 1 AR-RL). Dabei dürfen keine Gebühren o. dgl. erhoben werden. Alternativ zur Veröffentlichung über die Website des institutionellen Anlegers bzw. Vermö-

---

pany Law, 2011, S. 46 f.), im Richtlinienvorschlag vom April 2014 und auch im späteren Gesetzgebungsverfahren jedoch nicht mehr thematisiert; problematisierend vgl. auch *Fleischer* ZGR 2011, 155, 165; hinsichtlich letzterem auch *European Company Law Experts*, Shareholder engagement and identification, 2015, S. 3.

718 Ferner in vergleichbarem Zusammenhang aus US-amerikanischer Sicht *Bebchuk/Cohen/Hirst* J. Econ. Persp. 31 (2017) 89, 108; s. auch *Enriques/Romano*, Institutional Investor Voting Behavior: A Network Theory Perspective, ECGI Law Working Paper No. 393/2018, S. 51.

719 *Chiu* ZVglRWiss 114 (2015) 121, 152.

720 Nicht enumerativ aufgezählt wird in Art. 3g AR-RL dabei Art. 14 AIFM-RL, Art. 12 I lit. b), Art. 14 I lit. d) OGAW V-Richtlinie und Art. 23 MiFiD II.

721 Also die Website des institutionellen Anlegers bzw. Vermögensverwalters, vgl. *DAV-Handelsrechtsausschuss* NZG 2015, 54, 57; *Lutter/Bayer/Schmidt*, Europäisches Unternehmens- und Kapitalmarktrecht, 2017, Rn. 29.45 („Website des institutionellen Anlegers oder Vermögensverwalters“).

gensverwalters können die Mitgliedstaaten auch vorschreiben, dass stattdessen eine Veröffentlichung über ein anderes, online frei zugängliches Medium ausreichend ist (Art. 3g II Uabs. 1 S. 2 AR-RL). Diese Option besteht jedoch nur für die Mitgliedstaaten im Rahmen der Umsetzung in nationales Recht und nicht (sofern der Mitgliedstaat dies nicht ausdrücklich zulässt) für die institutionellen Anleger bzw. Vermögensverwalter selbst. Art. 3g II Uabs. 2 AR-RL bestimmt, dass, sofern ein Vermögensverwalter die Mitwirkungspolitik inklusive deren Stimmabgabe im Namen eines institutionellen Anlegers umsetzt, letzterer nicht dazu verpflichtet ist, die konkrete Stimmabgabe im Rahmen des Umsetzungsberichts zur Mitwirkungspolitik bekannt zu machen. Vielmehr kann er auf die entsprechende Veröffentlichung des Vermögensverwalters hinweisen.

Insgesamt stehen die Regelungen zur Einbeziehungspolitik und deren Offenlegung jedoch ausdrücklich unter einem ***comply or explain*-Vorbehalt**,[722] so dass sich die betroffenen institutionellen Anleger und Vermögensverwalter auch gegen die Anwendung der entsprechenden Vorgaben entscheiden können (vgl. auch Erwägungsgrund 17 S. 2 AR-RL). Die Möglichkeit die Art. 3g I lit. a) und b) AR-RL nicht anzuwenden und stattdessen den *explain*-Ansatz zu nutzen, liegt damit grundsätzlich bei den institutionellen Anlegern bzw. Vermögensverwaltern. Nutzen die institutionellen Anleger bzw. Vermögensverwalter die ihnen gewährte Freiheit, müssen sie „eine unmissverständliche und mit Gründen versehene Erklärung“ abgeben, „warum sie sich dafür entschieden haben, eine oder mehrere dieser Anforderungen nicht zu erfüllen“. Insofern ist nicht ganz eindeutig, ob die Betroffenen im Fall der Nichtanwendung von Art. 3g I lit. a) und b) AR-RL für jede Anforderung einzeln eine Erklärung abgeben müssen oder eine Gesamterklärung ausreicht. Vorbehaltlich anderslautender nationaler Regelungen dürfte wohl letzteres genügen. Wenden die Adressaten der Vorschrift Art. 3g I lit. a) und b) AR-RL allerdings grundsätzlich an, so ist jede Abweichung davon einzeln zu erörtern. Statt der Mitwirkungspolitik und der Berichterstattung über die Umsetzung, ist dann die Erklärung gem Art. 3g II AR-RL auf der Website zu veröffentlichen. Auch insofern dürfen keine Gebühren erhoben werden (s. zur Veröffentlichungspflicht bereits Rn. 369). 370

Aufgrund des *comply or explain*-Ansatzes ist der potenziell praktische Mehrwert der Neuregelungen in Art. 3g AR-RL relativ gering, denn den Rechtsanwendern wird die Option gewährt, die Vorgaben vollständig nicht anzuwenden (sofern sie dafür eine Erklärung abgeben). Andere „weichere“ Rechtssetzungsmethoden hätten damit im Ergebnis einen vergleichbaren Effekt bewirkt.[723] In diesem Zusammenhang kommt auch der Revisionsklausel des Art. 3k I AR-RL (s. dazu Rn. 382) Bedeutung zu. 371

II. Bekanntmachung der Anlagestrategie und Vereinbarungen mit Vermögensverwaltern

Im Zusammenhang mit Art. 3g AR-RL[724] haben speziell institutionelle Investoren gem Art. 3h I AR-RL gegenüber der Öffentlichkeit (dem Rechtsverkehr) darzulegen, wie ihre verfolgte **Anlagestrategie** mit „dem Profil und der Laufzeit ihrer Verbindlichkeiten“ zusammenpasst und wie sie zur mittel- bis langfristigen **Vermögenswertentwicklung beisteuert.**[725] Ziel ist damit auch hier, die Abkehr von einer zu starken kurzfristigen Orientierung hin zu einem Fokus auf die mittel- und langfristige Perspektive. Nur so soll nach dem europäischen Gesetzgeber eine „verantwortungsbewusste Vermögensverwaltung“ sichergestellt werden können (Erwägungsgrund 19 S. 1 Änderungs-RL). 372

Investiert zudem ein Vermögensverwalter im Namen eines institutionellen Anlegers, hat letzterer alljährlich verschiedenste Aspekte über die **Abrede mit dem Vermögensverwalter** offenzulegen (Art. 3h II Uabs. 1 lit. a) bis e) AR-RL): 373

- Der institutionelle Anleger informiert über Anreizsysteme der Abrede. Insofern werden Informationen verlangt, die darüber Auskunft geben, welche Anreize für den Vermögensverwalter bestehen, seine Entscheidungen auf die spezifischen Charakteristiken des institutionellen Anlegers abzustimmen (lit. a)).
- Der institutionelle Anleger informiert zudem über Anreizsysteme, die dazu beitragen sollen, dass der Vermögensverwalter Entscheidungen nicht mit Blick auf kurzfristige Profite trifft, sondern auf die mittel- und langfristige Entwicklung des Unternehmens abstellt. Zudem soll erörtert werden, welche Anreize für den Vermögenverwalter bestehen, sich aktiv an der Governance des Unternehmens zu beteiligen und insofern eine mittel- bis langfristige Perspektive einzunehmen (lit. b)).
- Der institutionelle Anleger macht bekannt, wie er die Performance des Vermögensverwalters einschätzt. Dies beinhaltet auch die Methode der Bewertung. Außerdem informiert der institutionelle Anleger darüber,

722 *Lutter/Bayer/Schmidt*, Europäisches Unternehmens- und Kapitalmarktrecht, 2017, Rn. 29.42; *Kalss/Klampfl*, Europäisches Gesellschaftsrecht, 2015, Rn. 418; vgl. auch *DAV-Handelsrechtsausschuss* NZG 2015, 54, 56.

723 Insofern ebenso vielmehr für eine Empfehlung der Europäischen Kommission als eine Richtlinienregelung *European Company Law Experts*, Shareholder engagement and identification, 2015, S. 4; *Birkmose* ECFR 2014, 214, 256 f.

724 Zur Verbindung zwischen Art. 3g und Art. 3h AR-RL vgl. *Chiu* ZVglRWiss 114 (2015) 121, 152; *Hössle/Torggler* GesRZ 2016, 185, 193.

725 Vgl. auch *Lutter/Bayer/Schmidt*, Europäisches Unternehmens- und Kapitalmarktrecht, 2017, Rn. 29.47 f.; *Kalss/Klampfl*, Europäisches Gesellschaftsrecht, 2015, Rn. 418.

wie die Vergütung des Vermögensverwalters mit den spezifischen Charakteristiken des institutionellen Anlegers vereinbar ist. Dabei muss auch die langfristige Gesamtleistung berücksichtigt werden (lit. c)).

- Der institutionelle Anleger informiert darüber, wie er „die dem Vermögensverwalter entstandenen Portfolioumsatzkosten überwacht". Darüber hinaus gibt der institutionelle Anleger Informationen darüber, wie er die angestrebte Portfolioumsatzbandbreite bestimmt und die entsprechende Umsetzung durch den Vermögensverwalter kontrolliert (lit. d)).
- Der institutionelle Anleger gibt die Vertragslaufzeit der Vereinbarung mit dem Vermögensverwalter bekannt (lit. e)).

374 Die Regelung des Art. 3h II Uabs. 1 lit. a) bis e) AR-RL dient nicht allein der Transparenz, sie soll vielmehr Anreize dafür setzen, dass der institutionelle Anleger die entsprechenden Elemente in Vereinbarungen mit Vermögensverwaltern integriert. Das soll dadurch erreicht werden, dass es nicht allein genügt, dass der institutionelle Anleger angibt, dass der Vertrag einen bestimmten Aspekt nicht enthält (zB keine Anreize setzt). Vielmehr muss der institutionelle Anleger die Gründe für das Fehlen eines entsprechenden Elements angeben (Art. 3h II Uabs. 2 AR-RL). Art. 3h II Uabs. 2 AR-RL gewährt dem institutionellen Anleger hingegen **nicht** das Recht, über die Aspekte des Art. 3h II Uabs. 1 lit. a) bis e) AR-R nicht zu berichten und lediglich zu erläutern, warum er dies nicht tut. Die Regelung ist in dieser Form überwiegend kritisiert worden.[726] Beanstandet wird vor allem, dass dadurch eine gewisse Ungleichbehandlung zwischen verschiedenen Investoren etabliert wird.[727]

375 Die nach Art. 3h I, II AR-RL von dem betroffenen institutionellen Anleger offenzulegenden Informationen (s. Rn. 372 ff.) sind – wie schon die Aspekte der Mitwirkungspolitik (s. Rn. 363 ff.) – auf der Internetpräsenz des institutionellen Anlegers **kostenfrei zur Verfügung zu stellen** (Art. 3h III 1 AR-RL). Alternativ zur Veröffentlichung über die Website des institutionellen Anlegers können die Mitgliedstaaten auch vorsehen, dass stattdessen eine Veröffentlichung über ein anderes, online frei zugängliches Medium ausreichend ist (Art. 3h III 2 AR-RL). Die entsprechende Offenlegung der Informationen ist dabei **mindestens jährlich** zu aktualisieren. Dies gilt jedoch dann nicht, wenn keine „wesentlichen Änderung[en]" innerhalb eines Jahres bei den entsprechenden Informationen eingetreten sind (Art. 3h III 1 AR-RL). Was unter solchen „wesentlichen Änderung[en]" zu verstehen ist, sagt die Richtlinie nicht explizit. Rein formale Änderungen sind hiervon jedenfalls nicht erfasst und materielle Änderungen wohl nur dann, wenn diese im Sinne des Telos des Art. 3h I, II AR-RL Einfluss auf die dort zu machenden Angaben haben. Anhand dieses Telos ist der Vorschrift wohl auch zu entnehmen, dass die Mitgliedstaaten erweiternd bestimmen können, dass der betroffene institutionelle Anleger nicht nur mindestens jährlich, sondern auch anlassbezogen, zB unverzüglich nach einer wesentlichen Änderung, eine geänderte Informationsbereitstellung auf seiner Website zur Verfügung zu stellen hat.

III. Transparenz bei Vermögensverwaltern

376 Im Gegensatz zu den Transparenzanforderungen für institutionelle Anleger (s. Rn. 372 ff.) werden von dem ebenfalls durch die Änderungsrichtlinie 2017 neu eingefügten Art. 3i AR-RL die Vermögensverwalter selbst verpflichtet. Korrespondierend zur Veröffentlichungspflicht nach Art. 3h II AR-RL haben die betroffenen Vermögensverwalter danach ihre institutionellen Anleger[728] **jährlich** ua darüber zu **informieren**, wie ihre Anlagestrategie ausgestaltet ist, wie sie ihre Anlageentscheidungen treffen, wie ihr Portfolio zusammengesetzt ist und hinsichtlich ihrer Politik in Bezug auf Wertpapieranleihen (Art. 3i I AR-RL).[729] Der europäische Gesetzgeber sieht eine entsprechende Regelung ua deswegen als erforderlich an, da in der Praxis immer mehr (institutionelle) Anleger ihr *investment* von *asset managern* betreuen und verwalten lassen und damit auch deren Bedeutung im Rahmen einer guten Corporate Governance wächst.[730] Voraussetzung für die jährliche Offenlegung der Anlagestrategie gegenüber institutionellen Anlegern gem Art. 3i I 1 AR-RL ist jedoch, dass ein entsprechendes Mandatsverhältnis zwischen Vermögensverwalter und institutionellen Anlegern besteht („Vereinbarung gemäß Artikel 3h geschlossen haben"). Davon sind sowohl Einzelkundenmandate als auch Organismen für gemeinsame Anlagen umfasst (Art. 3h II Uabs. 1 AR-RL). Beanstandet wird mit Blick auf die Regelung, dass nur bedingt ein tatsächlicher **Zusammenhang zu Aktionärsrechten** als solchen besteht.[731] Der Regelungsbefugnis des europäischen Gesetzgebers steht dies gleichwohl im Grundsatz nicht entgegen.

726 Vgl. *DAV-Handelsrechtsausschuss* NZG 2015, 54, 57; *Freitag* AG 2014, 647, 652.
727 Vgl. *European Company Law Experts*, Shareholder engagement and identification, 2015, S. 4; *DAV-Handelsrechtsausschuss* NZG 2015, 54, 57; kritisch wohl auch *Chiu* ZVglRWiss 114 (2015) 121, 153; *Freitag* AG 2014, 647, 652.
728 Anders als bei Art. 3h AR-RL besteht nur eine Veröffentlichungspflicht gegenüber dem institutionellen Anleger und nicht der Öffentlichkeit als solcher (zB über die Website des Vermögensverwalters).
729 Eine vergleichbare Publizitätspflicht auch für *investment manager* nach US-Recht fordernd *Bebchuk/Cohen/Hirst* J. Econ. Persp. 31 (2017) 89, 108.
730 Vgl. Erwägungsgrund 15 Änderungsrichtlinie 2017.
731 So *DAV-Handelsrechtsausschuss* NZG 2015, 54, 58; dies ansprechend auch *Chiu* ZVglRWiss 114 (2015) 121, 153.

Art. 3i I 1 AR-RL beschreibt zunächst allgemein, welche Offenlegungspflichten der Vermögensverwalter gegenüber dem institutionellen Anleger hat: 377

- Angabe darüber, wie die Anlagestrategie und deren tatsächliche Umsetzung mit der Abrede mit dem institutionellen Anleger vereinbar ist;
- Angabe darüber, wie die Anlagestrategie und deren tatsächliche Umsetzung „zur mittel- bis langfristigen Wertentwicklung der Vermögenswerte des institutionellen Anlegers" beisteuert.

Art. 3i I 2, 3 AR-RL enthält dann eine nicht abschließende Auflistung darüber, welche Aspekte entsprechend im Bericht an den institutionellen Anleger enthalten sein müssen: 378

- Mittel- bis langfristige wesentliche Risiken im Zusammenhang mit der entsprechenden Investition in die Börsengesellschaft;
- die Zusammensetzung des Portfolios;
- Portfolioumsätze und -umsatzkosten;
- der Einsatz von Stimmrechtsberatern im Rahmen der Mitwirkung in der Gesellschaft;
- die Politik in Bezug auf Wertpapieranleihen;
- die Anwendung der Mitwirkungspolitik;
- Informationen über die Anlageentscheidungen bei der Gesellschaft bezogen auf die mittel- bis langfristige Leistungsentwicklung;
- das etwaige Bestehen von Interessenkonflikten im Zusammenhang mit den Mitwirkungstätigkeiten und
- der Umgang mit Interessenkonflikten auf Seiten des Vermögensverwalters.

Nach dem Kommissionsentwurf konnten die Mitgliedstaaten noch vorsehen, dass ein Vermögensverwalter von der Offenlegungspflicht stückweise befreit wird, wenn sich der entsprechende Aspekt auf laufende Entwicklungen oder Angelegenheiten bezieht, über die Verhandlungen geführt werden und seine Offenlegung der Wettbewerbsposition des Vermögensverwalters schwer schaden würde. Diese Möglichkeit besteht nach der verabschiedeten Richtlinie nicht mehr. Die aufgeführten Informationen sind vielmehr zwingend zu geben. Art. 3i II Uabs. 2 AR-RL sieht lediglich vor, dass die Mitgliedstaaten eine unmittelbare Zurverfügungstellung, dh Übersendung, an den betroffenen institutionellen Anleger nicht mehr zwingend vorschreiben müssen, wenn die gemäß Art. 3i AR-RL offengelegten Informationen **bereits öffentlich**, dh auch dem institutionellen Anleger, **zugänglich** sind. Als gewisse Erleichterung für die betroffenen Vermögensverwalter können die Mitgliedstaaten zudem ermöglichen, dass die og Informationen gemeinsam mit dem Jahresbericht gemäß der OGAW V-Richtlinie bzw. gemäß der AIFM-Richtlinie (s. dazu § 31) oder den Mitteilungspflichten nach MiFiD II (s. dazu § 34 Rn. 34 ff.) veröffentlicht werden (Art. 3i II Uabs. 1 AR-RL). 379

Des Weiteren wird den Mitgliedstaaten gemäß Art. 3i III AR-RL die Möglichkeit eingeräumt, die nach Art. 3i I AR-RL (s. Rn. 377 f.) gegenüber dem institutionellen Anleger publizierten Informationen auch anderen **Anlegern desselben Fonds** (Vermögensverwalters) zur Verfügung zu stellen. Diese Mitgliedstaatenoption steht allerdings zum einen unter der Bedingung, dass der Vermögensverwalter generalisiert und ohne Ermessenspielraum verwaltet. Zum anderen ist Voraussetzung, dass der andere Anleger des Fonds eine entsprechende Anfrage (*request*) an den Vermögensverwalter stellt. Letztere Beschränkung dient dazu, die Aufwands- und Kostenbelastung für den Vermögensverwalter nicht unangemessen ansteigen zu lassen. Gleichzeitig soll die Vorschrift den Interessen der anderen Fondsanleger gerecht werden. Deren Interessenlage verläuft im Grundsatz weitgehend parallel, weshalb eine zusätzliche Veröffentlichung diesen gegenüber gerechtfertigt erscheint.[732] 380

IV. Zusammenspiel der Transparenzinstrumente

Das Kapitel Ib der Aktionärsrechterichtlinie enthält ein ganzes Bündel an Transparenzinstrumenten, die an dieser Stelle noch im Zusammenspiel kurz dargestellt werden sollen. Die weitreichendsten Transparenzpflichten treten auf, wenn ein Vermögensverwalter im Namen eines institutionellen Anlegers investiert. Daher wird diese Situation betrachtet. Die folgende Graphik zeigt die Transparenzpflichten: 381

732 Vgl. Erwägungsgrund 24 Änderungsrichtlinie 2017; *Lutter/Bayer/Schmidt*, Europäisches Unternehmens- und Kapitalmarktrecht, 2017, Rn. 29.51.

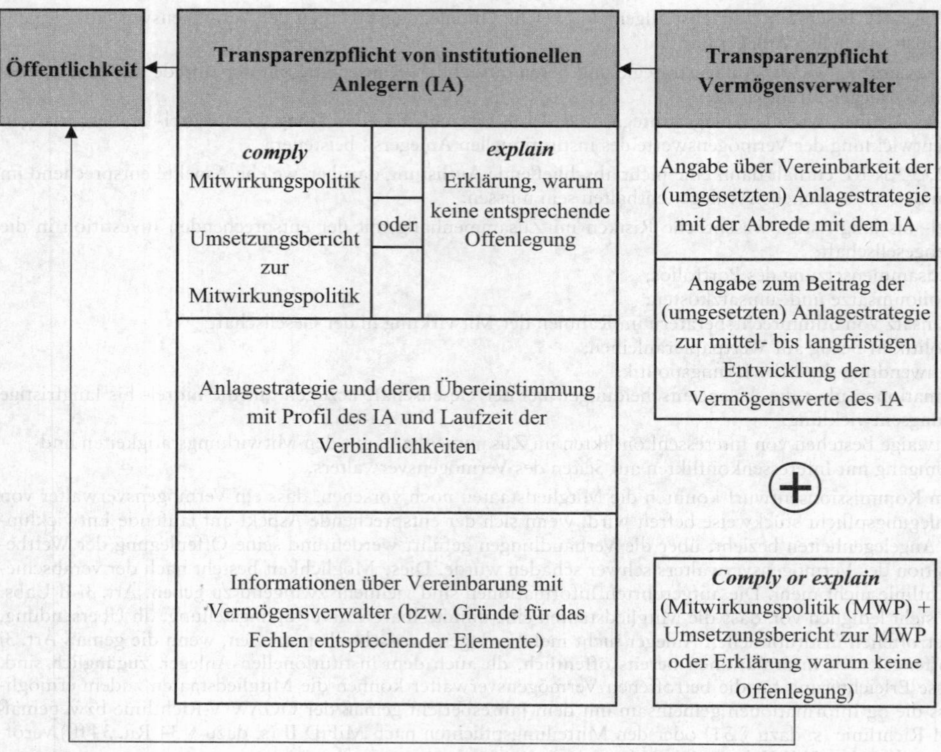

Abb. 7: Zusammenspiel der Transparenzinstrumente

V. Revisionsklausel

382 Diese Problematik und die ggf damit verbundenen Umsetzungsschwierigkeiten erkannte – ua auch aufgrund des langwierigen und zT konfliktträchtigen Gesetzgebungsverfahrens – auch der europäische Gesetzgeber und schaffte, wie schon beim Kapitel zur Aktionärsidentifikation und Informationsübermittlung (s. dazu Rn. 27 ff.), mit Art. 3k I AR-RL eine **Überprüfungspflicht** gegenüber der Europäischen Kommission.[733] Diese hat in Zusammenarbeit mit der ESMA, dem Europäischen Parlament und dem Rat die „Notwendigkeit" der Pflicht der Vermögensverwalter zur Informationsoffenlegung zu evaluieren (Art. 3k I 1 AR-RL). Bis zum 10. Juni 2022 hat die Europäische Kommission hierauf beruhend einen entsprechenden Bericht zu veröffentlichen.

M. Abstimmungsergebnisse

383 Abschließend enthält Art. 14 AR-RL Mindestvoraussetzungen für die **Feststellung** und **Bekanntmachung** der in der Hauptversammlung im Rahmen der Beschlussfassung erzielten Abstimmungsergebnisse. Damit soll allen Aktionären unabhängig von der Art ihrer Teilnahme (direkt (physisch/auf elektronischem Weg) oder mittelbar durch Stellvertretung) die Erlangung der entsprechenden Informationen ermöglicht werden.[734] Hierzu legt Art. 14 I Uabs. 1 AR-RL zunächst den **mindestens notwendigen Inhalt** der Beschlussfeststellung fest. Das umfasst folgende Aspekte:

733 Im Zusammenhang mit der Kritik an den Art. 3g ff. AR-RL auch *Lutter/Bayer/Schmidt*, Europäisches Unternehmens- und Kapitalmarktrecht, 2017, Rn. 29.41.

734 Vgl. *Grundmann*, Europäisches Gesellschaftsrecht, 2011, Rn. 430; *Lutter/Bayer/Schmidt*, Europäisches Unternehmens- und Kapitalmarktrecht, 2017, Rn. 29.255; *Kalss/Klampfl*, Europäisches Gesellschaftsrecht, 2015, Rn. 414.

- „Die **Zahl der Aktien**, für die gültige Stimmen abgegeben wurden";
- „den Anteil des durch diese Stimmen **vertretenen Aktienkapitals**" der Gesellschaft;[735]
- „die **Gesamtzahl** der abgegebenen gültigen Stimmen" sowie
- die Zahl der mit Blick auf einen konkreten Beschluss **abgegebenen positiven Stimmen** sowie ggf die Gegenstimmen und Enthaltungen.

Ungeregelt lässt die Richtlinie die Art und Weise der Stimmauszählung.[736] Optional können die Mitgliedstaaten vorsehen bzw. es den Gesellschaften ermöglichen, dass sich die Feststellung der Abstimmungsergebnisse darauf **beschränkt**, dass die erforderliche Mehrheit erreicht wurde, sofern kein Aktionär die Angabe der umfassenden Abstimmungsergebnisse verlangt (Art. 14 I Uabs. 2 AR-RL). Mit dem in Art. 14 I AR-RL vorgeschriebenen Mindestinhalt müssen die Abstimmungsergebnisse nach der Hauptversammlung innerhalb einer nach dem anwendbaren Recht zu bestimmenden Frist, die allerdings 15 Tage nicht überschreiten darf, auf der Internetseite der Gesellschaft **veröffentlicht** werden (Art. 14 II AR-RL). 384

Die Bestimmung der **Rechtsfolgen** bei einem Verstoß gegen diese Anforderungen an das Abstimmungsergebnis wird den Mitgliedstaaten überlassen. Dies gilt auch für Fragen der Beschlusswirksamkeit und Anfechtung eines gefassten Hauptversammlungsbeschlusses. Eine Harmonisierung insbesondere des **Anfechtungsrechts** war (und ist) aufgrund der unterschiedlichen Regelungen in den Mitgliedstaaten sowie deren Verzahnung mit dem nationalen Prozessrecht – derzeit – nicht durchführbar.[737] Der neu eingefügte Art. 14b II AR-RL gibt daher diesbezüglich lediglich vor, dass die Sanktionen wirksam, verhältnismäßig und abschreckend sein müssen. 385

N. Sanktionen

Die Richtlinie enthält **keine Sanktionen**, um ihre Vorgaben wirksam durchzusetzen. Vielmehr überlässt die Richtlinie es den **Mitgliedstaaten**, entsprechende Sanktionen festzulegen. Die alte Fassung der (alten) Aktionärsrechterichtlinie enthielt daher noch keine explizite Regelung zu Sanktionen. Die Änderungsrichtlinie führt dafür Art. 14b AR-RL ein, der die Mitgliedstaaten dazu verpflichtet, **Maßnahmen und Sanktionen** für den Fall festzulegen, dass nationale Vorgaben, die in Umsetzung der Richtlinie geschaffen wurden, verletzt werden (Art. 14b I AR-RL). Erwägungsgrund 50 der Änderungsrichtlinie 2017 macht deutlich, dass der europäische Gesetzgeber sicherstellen möchte, dass die Vorgaben der Richtlinie in der Praxis beachtet werden, weshalb er Sanktionen für jegliche Verstöße fordert. Wie diese Sanktionen aussehen, überlässt der europäische Gesetzgeber jedoch der Ausgestaltung durch die Mitgliedstaaten. Art. 14b II AR-RL schreibt allerdings vor, dass die Sanktionen **wirksam, verhältnismäßig und abschreckend** sein müssen. Der Europäischen Kommission muss **mitgeteilt** werden, welche Sanktionsmechanismen geschaffen wurden (Art. 14b II AR-RL). Die Mitteilung der entsprechenden Durchführungsmaßnahmen der Mitgliedstaaten hat spätestens bis zum 10. Juni 2019 zu erfolgen. 386

735 Hierunter ist das gesamte Grundkapital zu verstehen, vgl. *Noack* DB 2010, 2657, 2660; *Lutter/Bayer/Schmidt*, Europäisches Unternehmens- und Kapitalmarktrecht, 2017, Rn. 29.257; *Schmidt* in: Böttcher ua (Hrsg.), Die Aktienrechtsnovelle, § 6 Rn. 94; *Scholz/Wenzel* AG 2010, 443, 444. Im deutschen Recht wurde dem durch die Aktienrechtsnovelle 2016 geänderten § 130 II 2 Nr. 2 AktG nF („am eingetragenen Grundkapital") die Diskussion über die Richtlinienkonformität des Bezugs lediglich auf das vertretene Kapital zwar weitgehend entschärft, eine expliziter Bezug auf das gesamte Grundkapital wäre indes ebenfalls wünschenswert gewesen, vgl. auch *Ziemons* NZG 2012, 212, 214; *Deutsches Aktieninstitut*, Anmerkung v. 10.2.2015 zur Aktienrechtsnovelle 2015, S. 8.

736 *Lutter/Bayer/Schmidt*, Europäisches Unternehmens- und Kapitalmarktrecht, 2017, Rn. 29.257.

737 *Lutter/Bayer/Schmidt*, Europäisches Unternehmens- und Kapitalmarktrecht, 2017, Rn. 29.256; vgl. auch *Grundmann*, Europäisches Gesellschaftsrecht, 2011, Rn. 432 ff.; *Nietsch* ZVglRWiss 112 (2013) 45, 62.

§ 31 Alternative Investment Fund Manager-Richtlinie

Literatur (Auswahl): *Achleitner*, Finanzmarktkrise – Schafft die neue EU-Richtlinie mehr Stabilität. Folgewirkungen der AIFM-Richtlinie für Private-Equity-Gesellschaften und den Wirtschaftsstandort Europa, DB Standpunkte 2010, 83; *Athanassiou*, The AIFM Directive: an overview of the final rules, J.I.B.L.R. 26 (2011) 237; *Awrey*, The Limits of EU Hedge Fund Regulation, in: Bratton/McCahery (Eds.), Institutional Investor Activism, 2015, S. 582; *Bodellini*, The Marketing of Hedge Funds in the United Kingdom: Did the System Maintain Its Attractiveness After the Transposition of the Alternative Investment Fund Managers Directive?, BLR 37 (2016) 162; *Bodellini*, The European Union Regulation on Marketing of Alternative Investment Funds: Another Step Towards Integration of the European Union Financial Market, BLR 37 (2016) 208; *Boxberger/Klebeck*, Anforderungen an die Vergütungssysteme von AIF-Kapitalverwaltungsgesellschaften, BKR 2013, 441; *Boxberger/Klebeck*, Anforderungen an die Vergütungssysteme von AIF-Kapitalverwaltungsgesellschaften, BKR 2013, 441; *Brass*, Hedgefonds als aktive Investoren, Frankfurt a.M., 2009; *Buchberger*, AIFM – Neue Regeln für Hedgefonds-Manager, ZFR 2011, 16; *Bullock*, Joint ventures: regulation under the AIFM Directive, P.L.C. 2014, 25 (11) 16; *Bußbalb/Unzicker*, Auswirkungen der AIFM-Richtlinie auf geschlossene Fonds, BKR 2012, 309; *Bußian/Kille*, Rechnungslegung und Prüfung geschlossener alternativer Investmentfonds nach KAGB, WPg 2014, 837; *Casper*, Die Investmentkommanditgesellschaft: große Schwester der Publikums-AG oder Kuckuckskind? ZHR 179 (2015) 44; *Cruccolini*, Die Umsetzung der AIFM-Richtlinie und noch mehr, BetrAV 2013, 567; *De Manuel Aramendía/Valiante*, Where does Europe stand on the regulation of alternative investments? Dispelling Myths and Challenging Realities, ECMI Commentary No. 26/27, 2010; *Dornseifer ua* (Hrsg.), AIFM-Richtlinie, 2013; *Dornseifer/Pütz*, EU-Richtlinienentwurf für Alternative-Investment-Fondsmanager, Absolutreport 2009, 54; *Duncan/Curtin/Crosignani*, Alternative regulation: the directive on alternative investment fund managers, CMLJ 6 (2011) 326; *Eckert*, Ist ein AIFM-regulierter Fonds ein besserer Fonds? – Ansichten eines Praktikers, RdF 2012, 73; *Elicker/Rech*, Luxemburgisches AIFMG: Kann das kleine Großherzogtum an seine Erfolge mit dem OGAW-Label anknüpfen?, RdF 2014, 106; *Elser/Stadler*, Entschärfter Kabinettsentwurfs zur Anpassung des Investmentsteuergesetzes an das AIFM-Umsetzungsgesetz verabschiedet, DStR 2013, 225; *Görke/Ruhl*, Immobilienfonds – Verfehlte Regulierung durch den Diskussionsentwurf des BMF zur Umsetzung der AIFM-RL, RdF 2012, 289; *Grabbe/Simonis/Behrens*, Draft legislation amending Germany's investment tax law in the line with the AIFM Directive, D.F.I. 15 (2013) 89; *Haisch/Helios*, InvSt-Rechtsreform aufgrund AIFMD und KAGB, BB 2013, 23; *Heil/Groß/Gaber*, Anpassung des § 290 HGB durch das AIFM-UmsG, BB 2013, 2667; *Herbet/Bordeleau*, AIFM Directive: an update on current developments, I.B.L.J. 5 (2010) 528; *Herring/Krause*, Auswirkungen der AIFM-Richtlinie auf institutionelle Investoren, Absolutreport 2/2010, 54; *Herring/Loff*, Die Verwaltung alternativer Investmentvermögen nach dem KAGB-E, DB 2012, 2029; *Hesse/Lamsa*, Die Richtlinie über die Verwalter alternativer Investmentfonds (AIFM-Richtlinie), CFlaw 2011, 39; *Jaskolski/Grüber*, Regulierungsaspekte des Private-Equity-Marktes und der Richtlinienentwurf der Europäischen Union zur Regulierung alternativer Investmentfonds, CFlaw 2010, 188; *Jesch/Geyer*, Die Übergangsbestimmungen der AIFM-Richtlinie, BKR 2012, 359; *Kammel*, Alternative Investment Fonds Manager Richtlinie – „Another European Mess"?, ÖBA 2011, 18; *Kammel*, AIFMD, AIFMG – leider mehr als (nur) „another European Mess", ÖBA 2016, 271; *Kamptner*, Auswirkungen der AIFM-Richtlinie auf Spezialfonds, ÖBA 2013, 127; *Kayser/Hartrott*, UCITS V mit Blick auf die Umsetzung der AIFMD, RdF 2012, 294; *Kind/Haag*, Der Begriff des Alternativen Investmentfonds nach der AIFM-Richtlinie – geschlossene Fonds und private Vermögensanlagegesellschaften im Anwendungsbereich?, DStR 2010, 1526; *Klebeck*, Neue Richtlinie für Verwalter alternativer Investmentfonds?, DStR 2009, 2154; *Klebeck/Eichorn*, OGAW-Konformität von AIF, RdF 2014, 16; *Klebeck/Meyer*, Drittstaatenregulierung der AIFM-Richtlinie, RdF 2012, 95; *Klebeck/Zollinger*, Compliance-Funktion nach der AIFM-Richtlinie, BB 2013, 458; *Kobbach/Anders*, Umsetzung der AIFM-Richtlinie aus Sicht der Verwahrstellen, NZG 2012, 1170; *Kolbe*, Arbeitnehmerbeteiligung nach der geplanten Richtlinie über die Verwalter alternativer Investmentfonds, DB 2009, 1874; *Kramer/Recknagel*, Die AIFM-Richtlinie – Neuer Rechtsrahmen für die Verwaltung alternativer Investmentfonds, DB 2011, 2077; *Krause/Gölz*, Herausforderungen beim Vertrieb drittausländischer Alternativer Investment Fonds in Deutschland, RdF 2015, 15; *Krause/Klebeck*, Family Office und AIFM-Richtlinie, BB 2012, 2063; *Krause/Klebeck*, Fonds(anteils)begriff nach der AIFM-Richtlinie und dem Entwurf des KAGB, RdF 2013, 4; *Landyut*, Toepassingsgebied van het wetgevend kader voor de fondsensector in België na de AIFMD, Finanz Law Institute Law Working Paper 2016-1; *Lehne*, Finanzmarktkrise – Schafft die neue EU-Richtlinie mehr Stabilität? Die AIFM-Richtlinie aus Sicht des europäischen Gesetzgebers, DB Standpunkte 2010, 81; *Leitgeb/Strimitzer*, Alternative Investmentfonds Manager-Gesetz – ausgewählte aufsichts- und steuerrechtliche Aspekte, RdW 2013, 522; *Loff/Klebeck*, Fundraising nach der AIFM-Richtlinie und Umsetzung in Deutschland durch das KAGB, BKR 2012, 353; *Loritz/Uffmann*, Der Geltungsbereich des Kapitalanlagengesetzbuches (KAGB) und Investmentformen außerhalb desselben, WM 2013, 2193; *Majcen*, Die nationale Umsetzung der AIFM-Richtlinie im AIFMG und speziell Auswirkungen auf die Fondsbranche in Österreich, ZFR 2013, 252; *Mantegazza/Brambilla*, Implementation of the AIFM Directive in Italy – overview of the tax implications, European Taxation 55 (2015) 293; *Merkt*, Fallen REIT-Aktiengesellschaften unter das KAGB?, BB 2013, 1986; *Möllers/Hailer*, Management- und Vertriebsvergütungen bei Alternativen Investmentfonds – Überlegungen zur Umsetzung der Vergütungsvorgaben der AIFM-RL in das deutsche

Recht, ZBB 2012, 178; *Möllers/Harrer/Krüger*, Die Regelung von Hedgefonds und Private Equity durch die neue AIFM-Richtlinie, WM 2011, 1537; *Möllers/Kloyer* (Hrsg.), Das neue Kapitalanlagengesetzbuch, 2013; *Nelle/Klebeck*, Der kleine AIFM – Chancen und Risiken der neuen Regulierung für deutsche Fondmanager, BB 2013, 2499; *Neugebauer/Fort*, Die Kommanditgesellschaft und die Umsetzung der AIFM-Richtlinie in Luxemburg, IStR 2014, 247; *Nietsch/Graef*, Aufsicht über Hedgefonds nach dem AIFM-Richtlinienvorschlag, ZBB 2010, 12; *Niewerth/Rybarz*, Änderungen der Rahmenbedingungen für Immobilienfonds – das AIFM-Umsetzungsgesetz und seine Folgen, WM 2013, 1154; *Onions*, AIFM Directive: unfair targeting private euity?, P.L.C. 2014, 25 (2) 18; *Otruba/Hustak*, Proposal of the AIFM Directive – balancing an over-reaction, I.F.L. Rev. 28 (2009) 13; *Patzer/Wiese*, Neuordnung der Investmentbesteuerung bei der Umsetzung der AIFM-Richtlinie durch das AIFM-Steueranpassungsgesetz, IStR 2013, 73; *Polivanova-Rosenauer*, Umsetzung der AIFM-Richtlinie und neuer steuerlicher Fondsbegriff in Österreich, RdF 2014, 38; *Pretorius/Hoene*, AIFM regulation progresses by inches, C.M. 2010, 26; *Riassetto*, La délégation de fonctions dans la directive AIFM, RTDF 2013, 60; *Schmitt*, Die Rolle einer Verwahrstelle nach der AIFM-Richtlinie, ZfGK 2011, 246; *Scholz/Appelbaum*, Bedeutung der AIFM-Umsetzung für Family Offices und Reichweite des Holding-Privilegs, RdF 2013, 268; *Seibt/Jander-McAlister*, Club Deals mit Family Offices nach der AIFM-Regulierung (Teil 1), DB 2013, 2374, (Teil 2), DB 2013, 2433; *Servatius*, Verbesserter Anlegerschutz bei geschlossenen Fonds nach dem KAGB, ZfIR 2014, 134; *Smith Freehills*, Good News for AIFMs: helpful guidance from the FCA on the AIFMD renumeration rules, L. & F.M.R. 7 (2014) 328; *Spindler/Tancredi*, Die Richtlinie über Alternative Investmentfonds (AIFM-RL) – Teil I, WM 2011, 1393, – Teil II, WM 2011, 1441; *Teichmann/Brunner*, Private Equity-Fonds im Sog der AIFM-Richtlinie, CFlaw 2011, 321; *Timmerbeil/Spachmüller*, Anforderungen an das Risikomanagement nach der AIFM-Richtlinie, DB 2012, 1425; *Voigt/Busse*, Die Übergangsvorschriften für geschlossene Fonds nach dem Regierungsentwurf zum AIFM-Umsetzungsgesetz, BKR 2013, 184; *Volhard/Kruschke*, Die Regulierung von Private Equity Fonds-Manager durch den Europäischen Gesetzgeber – Ausgewählte Aspekte der AIFM-Richtlinie und der VC-Verordnung im Überblick, EWS 2012, 21; *Volhard/Kruschke*, Zur geplanten Regulierung der Vergütungsstrukturen bei Private Equity Fonds durch die AIFM-RL, DB 2011, 2645; *von Livonius/Schatz*, Die AIFM-Richtlinie – Handlungsbedarf für Fondsmanager, Absolutreport 6/2010, 54; *Wallach*, Alternative Investment Fonds Manager Directive – ein neues Kapitel des europäischen Investmentrechts, RdF 2011, 80; *Wallach*, Umsetzung der AIFM-Richtlinie in deutsches Recht – erste umfassende Regulierung des deutschen Investmentrechts, RdF 2013, 92; *Wallach*, The Alternative Investment Fund Managers Directive – European Regulation of Alternative Investment Funds, ZBB 2013, 210; *Wallach*, Die Regulierung von Personengesellschaften im Kapitalanlagengesetzbuch, ZGR 2014, 289; *Wagner*, Geschlossene Fongs gemäß dem KAGB, ZfBR 2015, 113; *Wegman*, EU Alternative Fund Regulation Proposal: Pros and Cons, ECL 4 (2009) 150; *Weiser/Hüwel*, Verwaltung alternativer Investmentfonds und Auslagerung nach dem KAGB-E, BB 2013, 1091; *Weiser/Jang*, Die nationale Umsetzung der AIFM-Richtlinie und ihre Auswirkungen auf die Fondsbranche in Deutschland, BB 2011, 1219; *Weitnauer*, Die AIFM-Richtlinie und ihre Umsetzung, BKR 2011, 143; *Weiser*, Die AIFM-Richtlinie erschafft die Fondsbranche neu, BB 2011, 321; *Weiser/Hüwel*, Verwaltung alternativer Investmentfonds und Auslagerung nach dem KAGB-E, BB 2013, 1091; *Wolkenhaupt/Beck*, Das neue Kapitalanlagengesetzbuch (KAGB), DB 2013, 1950; *Wymeersch* (Ed.), Alternative Investment Fund Regulation, 2012; *Zeppenfeld/Jacobs*, Die neue EU-Richtlinie für Alternative Investmentfondmanager – Erstmalige Regulierung von Private Equity und Hedgefonds, JurisPR-HaGesR 12/2010 Anm. 2; *Zetzsche* (Ed.), The Alternative Investment Fund Manager Directive. European Regulation of Alternative Investment Funds, 2012; *Zetzsche*, Anteils- und Kontrollerwerb an Zielgesellschaften durch Verwaltung alternativer Investmentfonds, NZG 2012, 1164; *Boxberger*, Regulierung „light“ unter dem KAGB-Regime, GWR 2013, 415; *Zetzsche*, Das Gesellschaftsrecht des Kapitalanlagengesetzbuches, AG 2013, 613; *Zetzsche*, Die Fondsregulierung im Umbruch – ein rechtsvergleichender Rundblick zur Umsetzung der AIFM-Richtlinie, ZBB 2014, 22; *Zetzsche/Preiner*, Das liechtensteinische AIFM-Gesetz, RIW 2013, 265; *Zetzsche/Preiner*, Was ist ein AIF, WM 2013, 2101; *Zetzsche/Preiner* in: Gebauer/Teichmann (Hrsg.), Europäisches Privat- und Unternehmensrecht, 2016, § 7 Rn. 150 ff.

A. Entwicklung der AIFM-Richtlinie

Vor dem Hintergrund der **weltweiten Finanzmarktkrise**[1] veröffentlichte die Europäische Kommission im April 2009 einen Vorschlag für eine Richtlinie über die Verwalter alternativer Investmentfonds.[2] Hierunter fallen insbesondere Hedgefonds und Private Equity.[3] Der vorgelegte Richtlinienvorschlag war Teil eines Kommissionsprogramms, das darauf abzielte, alle Akteure und Tätigkeiten, die erheblichen Risiken unterliegen, einer **angemessenen Regulierung und Aufsicht** zu unterwerfen.[4] Die vorgeschlagene Richtlinie sollte dabei für die mit Verwaltung und Administration alternativer Investmentfonds betrauten juristischen Personen harmonisierte Anforderungen festlegen.[5] Die Notwendigkeit einer stärkeren Regulierung dieses Sektors wurde bereits in einem Bericht der Expertengruppe **„Finanzaufsicht in der EU“** aus dem Jahr 2009 angesprochen.[6] 1

1 Allgemein kritisch zur Bezugnahme auf die Finanzmarktkrise („*argumentum a crise*“) bei den jüngern Gesetzgebungsprojekten im europäischen Unternehmens- und Kapitalmarktrecht *Bengtzen/Enriques* ECL 13 (2016) 120 ff.

2 Vorschlag für eine Richtlinie des Europäischen Parlaments und des Rates über die Verwalter alternativer Investmentfonds und zur Änderung der Richtlinien 2004/39/EG und 2009/EG, KOM/2009/207 endg.

3 Vgl. nur *Lutter/Bayer/Schmidt*, Europäisches Unternehmens- und Kapitalmarktrecht, 2017, Rn. 38.29.

4 Vgl. KOM(2009) 207, S. 4.

5 Vgl. Richtlinienvorschlag, Begründung, Ziff. 1.1.

6 Vgl. Bericht der hochrangigen Gruppe „Finanzaufsicht in der EU“ vom 25.2.2009, S. 25.

2 Nach verschiedenen Änderungen des Richtlinienvorschlags stimmt das Europäische Parlament diesem im November 2010 zu.[7] Der Rat erteilt seine Zustimmung zum Richtlinienvorschlag im Mai 2011.[8] Im Juli 2011 trat die **Richtlinie 2011/61/EU** über die **Verwaltung alternativer Investmentfonds** in Kraft.[9] Sie war bis zum 22.7.2013 in nationales Recht umzusetzen. In den folgenden Jahren erließ die Europäische Kommission mithilfe der Europäischen Wertpapier- und Marktaufsichtsbehörde (ESMA) verschiedene Durchführungsverordnungen,[10] wozu sie aufgrund einzelner Richtlinienregelungen ermächtigt war, sowie delegierte Verordnungen zur Ergänzung der Richtlinie.[11] Konkretisiert wird die AIFM-Richtlinie dabei im Lamfalussy-Verfahren auf Stufe 2 durch die Level 2-Maßnahmen und auf Stufe 3 durch Regularien der ESMA.[12] Die Durchführungsbestimmungen betrafen überwiegend die praktische Umsetzung der AIFM-Richtlinie.

3 Die Umsetzung der AIFM-Richtlinie in deutsches Recht erfolgte durch das **AIFM-Umsetzungsgesetz.**[13] Durch das AIFM-Umsetzungsgesetz wurde das **Kapitalanlagengesetzbuch** (KAGB) als ein in sich geschlossenes Regelwerk für Investmentfonds und die Verwalter dieser. Das KAGB stellt dabei einen Ansatz dar, der zT weit über die AIFM-Richtlinie hinaus geht, da auch die bisherigen Regelungen des Investmentgesetzes (InvG) zur Umsetzung der OGAW-Richtlinie[14] integriert wurden.[15] Das Investmentgesetz selbst wurde durch das AIFM-Umsetzungsgesetz aufgehoben. Folglich reguliert das KAGB abschließend und in sich geschlossen das gesamte deutsche Investmentrecht.

B. Zweck der AIFM-Richtlinie

4 Der Erlass der Richtlinie steht in unmittelbarem Zusammenhang mit der weltweiten Finanzmarktkrise. Die Verwalter alternativer Investmentfonds (*alternative investment fund managers* – AIFM) können die Finanzmärkte in der EU erheblich beeinflussen und ggf. dazu beitragen bestehende Risiken des Finanzsystems zu verbreiten oder zu verstärken (vgl. Erwägungsgrund 1 und 2). Aus diesem, durch die Finanzmarktkrise verstärkten Umstand hat die EU Konsequenzen gezogen und versucht, mit Hilfe angemessener **Vorschriften** und **Überwachungssysteme für alle relevanten Akteure** (zB AIFM) ein **stabileres Finanzmarktsystem** zu schaffen.[16] In diesem Sinne zielt die AIFM-Richtlinie darauf ab, überwiegend **einheitliche Anforderungen** für die Zulassung von und Aufsicht über die Verwalter alternativer Investmentfonds zu bestimmen, um für die damit zusammenhängenden Risiken und deren Folgen für Anleger und Finanzmärkte in der Union ein kohärentes Vorgehen zu gewährleisten (vgl. Erwägungsgründe 2, 94).

5 Der Zweck der Richtlinie besteht folglich in der Schaffung eines Rahmens, durch den die Bewältigung der potenziellen Risiken ermöglicht wird, die sich aus der Tätigkeit der AIFM ergeben können, sowie die Gewährleistung der wirksamen Überwachung dieser Risiken durch die zuständigen Behörden in der EU. Um diesem

7 Legislative Entschließung des Europäischen Parlaments vom 11. November 2010 zu dem Vorschlag für eine Richtlinie des Europäischen Parlaments und des Rates über die Verwalter alternativer Investmentfonds und zur Änderung der Richtlinien 2004/39/EG und 2009/EG, KOM(2009) 207, ABl. EU C 74E v. 13.3.2012, S. 51.

8 Beschluss des Rates vom 27.5.2011, Dok. 10569/11.

9 Richtlinie 2011/61/EU des Europäischen Parlaments und des Rates vom 8. Juni 2011 über die Verwalter alternativer Investmentfonds und zur Änderung der Richtlinien 2003/41/EG und 2009/65/EG und der Verordnungen (EG) Nr. 1060/2009 und (EU) Nr. 1095/2010, ABl. EU v. 1.7.2011, L 174/1.

10 Siehe Durchführungsverordnung (EU) Nr. 448/2013 der Kommission v. 15.5.2013 zur Festlegung eines Verfahrens für die Bestimmung des Referenzmitgliedstaats eines Nicht-EU-AIFM gemäß der Richtlinie 2011/61/EU des Europäischen Parlaments und des Rates, ABl. EU v. 16.5.2013, L 132/3; Durchführungsverordnung (EU) Nr. 447/2013 der Kommission vom 15. Mai 2013 zur Festlegung des Verfahrens für AIFM, die beschließen, sich der Richtlinie 2011/61/EU des Europäischen Parlaments und des Rates zu unterwerfen, ABl. EU v. 16.5.2013, L 132/1.

11 Siehe Delegierte Verordnung (EU) Nr. 231/2013 der Kommission vom 19. Dezember 2012 zur Ergänzung der Richtlinie 2011/61/EU des Europäischen Parlaments und des Rates im Hinblick auf Ausnahmen, die Bedingungen für die Ausübung der Tätigkeit, Verwahrstellen, Hebelfinanzierung, Transparenz und Beaufsichtigung, ABl. EU v. 22.3.2013, L 83/1; Delegierte Verordnung (EU) Nr. 694/2014 der Kommission vom 17. Dezember 2013 zur Ergänzung der Richtlinie 2011/61/EU des Europäischen Parlaments und des Rates im Hinblick auf technische Regulierungsstandards zur Bestimmung der Arten von Verwaltern alternativer Investmentfonds, ABl. EU v. 24.6.2014, L 183/18.

12 *Dorenkamp* in: Baur/Tappen (Hrsg.), Investmentgesetze, 3. Aufl. 2014, § 268 Rn. 1; *Lindemann* GesKR 2013, 58; *Athanassiou* J.I.B.L.R. 26 (2011) 237, 240; *Jesch/Alten* RdF 2013, 191, 192.

13 Gesetz zur Umsetzung der Richtlinie 2011/61/EU über die Verwaltung alternativer Investmentfonds, BGBl. 2013, Teil I Nr. 35, S. 1981.

14 Richtlinie 2009/65/EG des Europäischen Parlaments und des Rates vom 13. Juli 2009 zur Koordinierung der Rechts- und Verwaltungsvorschriften betreffend bestimmte Organismen für gemeinsame Anlagen in Wertpapieren (OGAW), ABl. EG v. 17.11.2009, L 302/32.

15 Kritisch dazu *Wallach* RdF 2013, 92, 103; *ders.* ZGR 2014, 289, 291; *Jesch/Alten* RdF 2013, 191, 193.

16 Vgl. *Weitnauer* BKR 2011, 143; *Casper* ZHR 179 (2015) 44, 46; *Wegman* ECL 4 (2009) 150; *De Manuel Aramendia/Valiante*, ECMI Commentary No. 26/27 September 2010, S. 1; Press release, Directive on Alternative Investment Fund Managers („AIFMD“): Frequently Asked Questions, MEMO/10/572, 11. November 2010; *Rehahn* ECFR 2016, 517, 526.

Zweck nachzukommen ist es nach Ansicht der Kommission erforderlich, einen strengen **Regulierungs-** und **Aufsichtsrahmen** einzurichten, der keine Lücken in der Finanzregulierung lässt (Erwägungsgrund 92). Insofern sieht sich die AIFM-RL als komplementär zur OGAW-Richtlinie.[17]

6 Im Ergebnis zielt die Richtlinie darauf ab, einen **umfassenden** und **einheitlichen Rechtsrahmen** zur **Überwachung** und **Überprüfung** von AIFM zu erarbeiten.[18] Dabei bestehen bei der Richtlinie sowohl Anhaltspunkte für eine Mindest- als auch für eine Vollharmonisierung. Für eine Vollharmonisierung sprechen der geringe Umsetzungsspielraum, die die AIFM-RL bietet, und das Lamfalussy-Verfahren, welches bei der Umsetzung verwendet wird.[19] Die bestehenden und bewusst geschaffenen **Spielräume** können jedoch auch weitergehende Regulierungen der Mitgliedstaaten ermöglichen. Es kann daher im Grundsatz auch ein **stärkerer Anlegerschutz** als in der AIFM-Richtlinie statuiert werden.[20]

7 Durch die Richtlinie sollen die systemischen Risiken der Finanzmärkte gesenkt werden, während den **institutionellen Investoren** gleichzeitig ein bestmöglicher **Schutz** gewährt werden soll.[21] Eine weitere Folge der Aufsicht stellt die Standardisierung der Vermögensverwaltungsqualität auf europäischer Ebene dar.[22] Die steuerliche Behandlung wird von der AIFM-Richtlinie hingegen nicht erfasst. Gleichwohl machte die Umsetzung der Richtlinienvorgaben faktisch auch eine steuerliche Anpassung in den Mitgliedstaaten notwendig.[23]

8 Neben der Regulierung von Managern alternativer Investmentfonds durch die AIFM-Richtlinie bestehen derzeit drei weitere eigenständige EU-Verordnungen für spezielle Fondsverhikel:[24] Die Verordnung über Europäische Risikokapitalfonds (EuVECA-VO),[25] die Verordnung Europäische Fonds für soziales Unternehmertum (EuSEF)[26] und die Verordnung Europäische Langfrist-Investmentfonds (ELTIF-VO).[27]

C. Bedeutung der AIFM-Richtlinie für das Gesellschaftsrecht

9 Beschließen die Gründer bei der Errichtung einer Gesellschaft bzw. das Leitungs- oder Verwaltungsorgan der bestehenden Gesellschaft als AIFM im Sinne der AIFM-Richtlinie tätig zu werden, sind zusätzlich zu den (europarechtlich harmonisierten) gesellschaftsrechtlichen Bestimmungen des jeweiligen Mitgliedstaates eine Reihe von hiermit verbundenen **Sonderregelungen zu beachten**. Vor allem für **kapitalmarktorientierte Gesellschaften** ist eine isolierte Betrachtung des gesellschaftsrechtlichen Regelungswerkes daher keinesfalls ausreichend. Es sind stets auch die spezialgesetzlichen Vorgaben anderer Rechtsmaterien zu beachten. In diesem Sinne erlangen für Gesellschaften als Verwalter alternativer Investmentfonds die europäischen Regelungen der AIFM-Richtlinie sowie deren nationalen Umsetzungsnormen aus praktischer Sicht ggf. ebenso große Bedeutung wie das allgemein-gesellschaftsrechtliche Instrumentarium.[28]

10 Insofern bestehen im Hinblick auf die gesellschaftsrechtlichen Aspekte der auf der AIFM-RL beruhenden nationalen Vorschriften zT signifikante **Unterschiede zum generellen Kapitalgesellschaftsrecht** des jeweiligen Mitgliedstaates. Hervorzuheben sind in diesem Zusammenhang insbesondere die Vorgaben der AIFM-RL zur Zulassung einer Gesellschaft als AIFM (Art. 6 ff. AIFM-RL) (s. dazu Rn. 52) und hierbei vor allem die Regelungen

17 *Winterhalder* in: Weitnauer/Boxberger/Anders (Hrsg.), KAGB, 2. Aufl. 2017, § 20 Rn. 1; *Jesch/Alten* RdF 2013, 191, 192.

18 Press release, Directive on Alternative Investment Fund Managers („AIFMD"): Frequently Asked Questions, MEMO/10/572, 11. November 2010; *Jutzi* ZVglRWiss 112 (2013) 226, 227; *Jakovou* in: Langenbucher/Bliesener/Spindler (Hrsg.), Bankrechts-Kommentar, 2. Aufl. 2016, 39. Kapitel, Rn. 40; *Wallach* RdF 2012, 92.

19 *Möllers/Harrer/Krüger* WM 2011, 1537, 1543.

20 *Möllers/Hailer* ZBB 2012, 178, 191; *Follak* in: Dauses/Ludwigs (Hrsg.), EU-Wirtschaftsrecht, 43. EL 2017, F III Rn. 113.

21 *Zeppenfeld/von Jacobs* jurisPR-HaGesR 12/2010 Anm. 2, A. Einleitung; *Weitnauer* BKR 2011, 143; *De Manuel Aramendía/Valiante*, ECMI Commentary No. 26/27 September 2010, S. 5; *Jakovou* in: Langenbucher/Bliesener/Spindler (Hrsg.), Bankrechts-Kommentar, 39. Kapitel, Rn. 40; *Jesch/Alten* RdF 2013, 191; *Krause/Klebeck* RdF 2013, 4.

22 *Jutzi* ZVglRWiss 112 (2013) 226, 227.

23 Zum deutschen AIFM-Steuer-Anpassungsgesetz (AIFM-StAnpG) *Patzner/Wiese* IStR 2013, 73; *Geißler/Kleutgens* IStR 2014, 280; *Stadler/Elsner* DStR 2014, 233; *dies.* DStR 2012, 2561; *Neumann* BB 2013, 669; *Haisch/Helios* BB 2013, 1687; *Jansen/Lübbehüsen* RdF 2013, 41; *dies.* RdF 2014, 28; *Schulz/Debnar* BB 2014, 107; *Veit/Hainz* BB 2014, 1323; *Ebner/Lütke-Uhlenbrock* RdF 2014, 292; *Bärenz/Steinmüller* RdF 2014, 323.

24 *Köndgen/Smies* in: Schimansky/Bunte/Lwowski (Hrsg.), Bankrechts-Handbuch, 5. Aufl. 2017, § 113 Rn. 44.

25 Verordnung (EU) Nr. 345/2013 des Europäischen Parlaments und des Rates vom 17. April 2013 über Europäische Risikokapitalfonds, ABl. EU v. 25.4.2013, L 115/1.

26 Verordnung (EU) Nr. 346/2013 des Europäischen Parlaments und des Rates vom 17. April 2013 über Europäische Fonds für soziales Unternehmertum, ABl. EU v. 25.4.2013, L 115/18.

27 Verordnung (EU) 2015/760 des Europäischen Parlaments und des Rates vom 29. April 2015 über europäische langfristige Investmentfonds, ABl. EU v. 19.5.2015, L 123/98.

28 Siehe in diesem Zusammenhang zu den Modifikationen des „allgemeinen" Gesellschaftsrechts durch das KAGB *Zetzsche* AG 2013, 613 ff.; betreffend die Investmentkommanditgesellschaft auch *Casper* ZHR 179 (2015) 44 ff.; aus luxemburgischer Sicht zur Umsetzung der AIFM-Richtlinie ferner *Neugebauer/Fort* IStR 2014, 247 ff.

zu **Anfangskapital und Eigenmitteln** (Art. 9 AIFM-RL). In Abgrenzung zu Art. 45 I Kodifizierungs-RL (ex-Art. 6 I Kapital-RL) (dazu § 21 Rn. 33) hat die (Aktien-) Gesellschaft als AIFM ein Mindestanfangskapital von **EUR 300.000** (intern verwalteter AIF) bzw. **EUR 125.000** (extern verwalteter AIF) aufzubringen.[29] Grund für dieses deutlich höhere Mindestkapital auf europäischer Ebene für AIFM ist deren Bedeutung für den Finanzmarkt. Sofern das AIF-Portfolio, das durch einen AIFM verwaltet wird, EUR 250 Mio. übersteigt, müssen überdies Eigenmittel eingebracht werden.

11 Weitere gesellschaftsrechtliche Besonderheiten der AIFM-RL ergeben sich mit den **organisatorischen Anforderungen** einer Gesellschaft als AIFM. Hierunter fallen insbesondere die Vorgaben für das Risiko- und Liquiditätsmanagement der Kapitalverwaltungsgesellschaft (Art. 15 f. AIFM-RL) (s. dazu Rn. 63) sowie die Regelung zum **Vergütungssystem** von Führungskräften, Risikoträgern und bestimmten Mitarbeitern der Gesellschaft (Art. 13 AIFM-RL; vgl. im deutschen Recht § 37 KAGB). Hinzu kommen zusätzliche Anforderungen an die Transparenz der Tätigkeit als Kapitalverwaltungsgesellschaft iS eines AIFM nach Maßgabe der Richtlinie (Art. 22 ff. AIFM-RL; s. dazu Rn. 68 ff.). Hierbei vor allem die ergänzenden **Informationspflichten der Gesellschaft** gegenüber den Anlegern (Art. 23 AIFM-RL) und der zuständigen Behörde (Art. 24 AIFM-RL). Auch hier kommt es zu einer teilweisen Modifikation des auf europäischen Regelungen bestehenden nationalen Gesellschaftsrechts.

D. Gegenstand und Anwendungsbereich der AIFM-Richtlinie

I. Gegenstand der Richtlinie

12 Art. 1 AIFM-RL beschreibt den materiellen Gegenstand der Richtlinie. Es werden Regelungen über (1) die **Zulassung** der Verwalter alternativer Investmentfonds (Art. 6 ff. AIFM-RL), (2) deren **laufende Tätigkeit** (Art. 12 ff., 25 ff. AIFM-RL) sowie (3) Anforderungen an deren **Transparenz** (Art. 22 ff.) vorgegeben, die alternative Investmentfonds (AIF) in der EU verwalten und/oder vertreiben. Wird der betreffende AIF weder in der EU verwaltet noch vertrieben, kommt die Richtlinie somit nicht zur Geltung.

13 Die Richtlinie reguliert nur die Verwalter von alternativen Investmentfonds (**AIFM**). Für die **AIF selbst enthält sie keine materiellen Regelungen.**[30] Während die europäische Regulierung im Bereich der UCITS primär am Produkt selbst ansetzt, folgt die AIFM-Richtlinie vielmehr den Empfehlungen der *International Organization of Securities Commissions* (IOSCO) und knüpft die Regulierung am Manager an.[31] Anders als die Empfehlungen der IOSCO beschränkt sich die Richtlinie jedoch nicht auf eine Regulierung von Hedgefonds (zur Regulierung von Hedgefonds als institutionelle Investoren vgl. auch § 30 Rn. 361 ff.), sondern erfasst sämtliche **Manager kollektiver Kapitalanlagen,** die nicht als UCITS gemäß der Richtlinie für Organismen für gemeinsame Anlagen in Wertpapieren zu qualifizieren sind (s. dazu Rn. 15).[32] Die **Regelung von AIF** sowie ihre behördliche Beaufsichtigung erfolgt somit autonom nach mitgliedstaatlichem Recht. Nach Ansicht des Richtliniengebers sei es angesichts der „äußerst unterschiedlichen Arten" der von AIFM verwalteten alternativen Investmentfonds schwierig, zu einer umfassenden Harmonisierung auch der AIF zu gelangen (Erwägungsgrund 10). Gleichwohl bestimmt der Richtliniengeber in Art. 4 I lit. a) AIFM-RL, was für die Zwecke der Richtlinie unter einem „AIF" zu verstehen ist (s. dazu Rn. 31).

II. Anwendungsbereich der Richtlinie

14 Der sachliche **Anwendungsbereich der Richtlinie** wird von Art. 2 f. AIFM-RL ausführlich beschrieben. Die Richtlinie bedient sich dabei einer Regel-Ausnahme-Konstellation. Art. 2 AIFM-RL bestimmt, welche AIFM von den Vorgaben der Richtlinie erfasst sind und für welche Unternehmen bzw. Organisationen die Richtlinie ausdrücklich nicht gilt. Art. 3 AIFM-RL beschreibt, unter welchen Voraussetzungen (einzelne) Bestimmungen der Richtlinie für die vom Anwendungsbereich nach Art. 2 I, II AIFM-RL erfassten AIFM nicht zur Geltung gelangen. Dabei erstreckt sich der Anwendungsbereich nicht nur auf europäische, sondern auch auf internationale Handlungen (Art. 2 II AIFM-RL iVm Erwägungsgrund 11).[33]

---

29 *Kramer/Recknagel* DB 2011, 2077, 2081; *Weitnauer* BKR 2011, 143, 145; *Lindemann* GesKR 2013, 58, 64; in Bezug auf das deutsche Recht *Jesch/Alten* RdF 2013, 191, 197; *Wallach* RdF 2011, 80, 81.

30 *Casper* ZHR 179 (2015) 44, 46; *Jakovou* in: Langenbucher/Bliesener/Spindler (Hrsg.), Bankrechts-Kommentar, 2. Aufl. 2016, 39. Kapitel, Rn. 38; *Görke/Ruhl* RdF 2012, 289, 290; *Weitnauer* in: Weitnauer (Hrsg.), HdB Venture Capital, 5. Aufl. 2016, Teil A Rn. 111; *Buchberger* ZFR 2011, 16.

31 Siehe *IOSCO*, Hedge Funds Oversight, June 2009, S. 21 ff.; vgl. auch *Athanassiou* J.I.B.L.R. 26 (2011) 237, 242; *Wegman* ECL 4 (2009) 150 f.

32 *Jutzi* ZVglRWiss 112 (2013) 226, 228; *Jakovou* in: Langenbucher/Bliesener/Spindler (Hrsg.), Bankrechts-Kommentar, 2. Aufl. 2016, 39. Kapitel, Rn. 41.

33 *Spindler/Tancredi* WM 2011, 1393, 1397; *Lutter/Bayer/Schmidt*, Europäisches Unternehmens- und Kapitalmarktrecht, 2017, Rn. 38.32.

Der Anwendungsbereich der AIFM-Richtlinie erstreckt sich vor allem auf **offene**[34] und **geschlossene**[35] Investmentfonds (Art. 2 II lit. a) AIFM-RL), die **nicht** von der OGAW-Richtlinie erfasst sind (vgl. Erwägungsgrund 3).[36] Darunter fallen insbesondere **Hedgefonds**, (Private) **Equity-Fonds**, **Immobilienfonds**, Rohstofffonds sowie Infrastrukturfonds.[37] Die AIFM-Richtlinie reguliert somit nicht nur – wie Anfangs noch vorgesehen – den sog „Schattenbanksektor", sondern grundsätzliche alle, nicht von der OGAW-Richtlinie umfassten Fondsgestaltungen.[38] Offene Fonds sind durch die Möglichkeit des laufenden Austauschs ihrer Anteilseigner (Möglichkeit der regelmäßigen Ausgabe und Rücknahme von Anteilsscheinen) geprägt, wohingegen **geschlossene Fonds** typischerweise durch die für eine meist längere Laufzeit unveränderliche Gemeinschaft der Anleger und der damit einhergehenden Kapitalbindung auszeichnen.[39] Durch die **delegierte Verordnung** vom 24.6.2014 wird eine Abgrenzung der offenen und geschlossenen Fonds vorgenommen. Eine Änderung besteht in der Hinsicht, dass es nicht mehr auf die Rückgabemöglichkeit innerhalb eines Jahres ankommt, sondern nur noch darauf, dass der Anleger vor Beginn der Liquidations- oder Auslaufphase die Rückgabe oder den Rückkauf verlangen kann.[40] 15

Ein gewisser **Bestandsschutz** besteht für geschlossene Fonds, die vor dem Ende der Umsetzungsfrist, also **vor 2013** aufgelegt und voll investiert sind. Sie können ohne Zulassung nach der AIFM-Richtlinie weiter verwaltet werden.[41] 16

Der deutsche Gesetzgeber hat neben den aufgeführten Fondsarten in § 1 VI KAGB eine weitere aufgenommen. Der sog **Spezial-AIF** unterscheidet sich in der Hinsicht von den offenen und geschlossenen AIF, dass lediglich **professionelle** und **semi-professionelle Anleger** Anleger Anteile halten dürfen.[42] Die anderen AIF stellen sodann Publikums-AIF dar.[43] Aufgrund des weit gefassten Anwendungsbereichs, der zum einen den Schutz der Anleger und die Finanzmarktstabilität erfasst,[44] werden viele unterschiedliche Adressaten miteinbezogen, was für den Gesetzgeber, durch die aufgrund dessen benötigten besonderen Vorschriften, eine **Herausforderung** darstellt.[45] 17

Voraussetzung für die Anwendung der Richtlinie ist generell, dass ein räumlicher Bezug zum Rechtsraum der Union besteht. Dieser kann allerdings in unterschiedlicher Weise zum Ausdruck kommen. In diesem Sinne ist es für die Anwendbarkeit der Richtlinie **nicht zwingend erforderlich**, dass der Verwalter alternativer Investmentfonds dem Recht eines Mitgliedstaates unterliegt, sofern es sich um die **Verwaltung von EU-AIF** iS der Definition des Art. 4 I lit. w) AIFM-RL handelt (Art. 2 I lit. b) AIFM-RL). Der AIFM unterliegt dem Recht eines Mitgliedstaates (EU-AIFM), wenn die als Verwalter alternativer Investmentfonds tätig werdende juristische Person (vgl. Art. 4 I lit. b) AIFM-RL) ihren Satzungssitz in einem Mitgliedstaat hat (Art. 4 I lit. l) AIFM-RL). Auf die Belegenheit der Hauptverwaltung (Verwaltungssitz) oder Hauptniederlassung kommt es nicht an. 18

Die Richtlinie gilt ferner für solche **Nicht-EU-AIFM** (dh juristische Personen, die ihren Satzungssitz außerhalb der Union haben und damit keine Rechtsform eines Mitgliedstaates darstellen), die mindestens einen AIF in der Union vertreiben (Art. 2 I lit. c) AIFM-RL). Ob es sich dabei um einen AIF aus einem Mitgliedstaat (vgl. Art. 4 I lit. k) AIFM-RL) oder einen Nicht-EU-AIF handelt, ist unerheblich. Was unter dem **Vertrieb eines AIF** zu verstehen ist, bestimmt sich nach der Definitionsnorm des Art. 4 I lit. x) AIFM-RL. Der Vertrieb eines AIF ist somit das direkte oder indirekte, auf Initiative des AIFM oder in dessen Auftrag erfolgende, Anbieten oder Platzieren von Anteilen an einem vom AIFM verwalteten AIF an Anleger oder bei Anlegern mit Wohnsitz oder Sitz in der EU. 19

---

34 Der AIFM eines offenen AIF ist in diesem Zusammenhang nach Maßgabe des Art. 1 II der Delegierten Verordnung (EU) Nr. 694/2014 ein AIFM, der einen AIF verwaltet, dessen Anteile vor Beginn der Liquidations- oder Auslaufphase auf Ersuchen eines Anteilseigners direkt oder indirekt aus den Vermögenswerten des AIF und nach den Verfahren und mit der Häufigkeit, die in den Vertragsbedingungen oder der Satzung, dem Prospekt oder den Emissionsunterlagen festgelegt sind, zurückgekauft oder zurückgenommen werden.

35 Der AIFM eines geschlossenen AIF ist in diesem Zusammenhang nach Maßgabe des Art. 3 der Delegierten Verordnung (EU) Nr. 694/2014 ein AIFM, der kein AIFM eines offenen AIF ist.

36 Vgl. *Zeppenfeld/von Jacobs* jurisPR-HaGesR 12/2010 Anm. 2, B. Regelungen I. Anwendungsbereich; *Kind/Haag* DStR 2010, 1526, 1527; *Weitnauer* BKR 2011, 143, 144; *ders.* in: Weitnauer (Hrsg.), HdB Venture Capital, 5. Aufl. 2016, Teil A Rn. 110; *Spindler/Tancredi* WM 2011, 1393, 1397; *Rehahn* ECFR 2016, 517, 526.

37 *Kind/Haag* DStR 2010, 1526, 1527; *Weitnauer* BKR 2011, 143, 144; *De Manuel Aramendía/Valiante*, ECMI Commentary No. 26/27 September 2010, S. 1; *Rehahn* ECFR 2016, 517, 526.

38 *Buchberger* ZFR 2011, 16, 17; *Weitnauer* in: Weitnauer (Hrsg.), HdB Venture Capital, 5. Aufl. 2016, Teil A Rn. 109.

39 *Kramer/Recknagel* DB 2011, 2077.

40 *Wallach* ZGR 2014, 289, 297.

41 *Weitnauer* ZBB 2011, 143, 144.

42 *Boxberger* GWR 2013, 415; *Jesch* in: Baur/Tappen (Hrsg.), Investmentgesetze, 3. Aufl. 2014, § 1 KAGB Rn. 54; *Moritz/Klebeck/Jesch* in: Moritz/Klebeck/Jesch (Hrsg.), Frankfurter Kommentar zum Kapitalanlagerecht, Bd. 1, 2016, § 1 KAGB Rn. 147; dazu auch *Paul* ZIP 2016, 1009, 1010 ff.

43 *Jesch* in: Baur/Tappen (Hrsg.), Investmentgesetze, 3. Aufl. 2014, § 1 Rn. 54.

44 *Klebeck* DStR 2009, 2154; *Möllers/Harrer/Krüger* WM 2011, 1537.

45 *Möllers/Harrer/Krüger* WM 2011, 1537; *Jakovou* in: Langenbucher/Bliesener/Spindler (Hrsg.), Bankrechts-Kommentar, 2. Aufl. 2016, 39. Kapitel, Rn. 39.

20 In erster Linie sind vom **Anwendungsbereich der Richtlinie** die Verwalter alternativer Investmentfonds erfasst, die ihren Satzungssitz in der Union haben und ein oder mehrere EU- oder Nicht-EU-AIF verwalten (Art. 2 I lit. a) AIFM-RL).

21 Ausdrücklich **vom Anwendungsbereich der Richtlinie ausgenommen** sind nach Art. 2 III AIFM-RL zB:

- **Holdinggesellschaften** (lit. a);[46]
- Einrichtungen der betrieblichen Altersvorsorge, die von der BetriebsaltersversorgungAufsichts-Richtlinie[47] erfasst sind (lit. b);
- supranationale Institutionen (zB die **Europäische Zentralbank**, die **Europäische Investitionsbank**, den **Europäischen Investmentfonds**, die Weltbank oder den IWF) (lit. c);
- **nationale Zentralbanken** (lit. d);
- **Verbriefungsgesellschaften** (lit. g).

22 Darüber hinaus sieht Art. 3 AIFM-RL verschiedene Ausnahmen von der Anwendung (einzelner) Bestimmungen der Richtlinie vor. So gilt die Richtlinie **nicht für solche AIFM**, die einen oder mehrere AIF verwalten, deren **einziger Anleger der AIFM selbst** oder eine konzernverbundene Gesellschaft des betreffenden AIFM (**Konzernprivileg**)[48] ist, sofern keiner dieser Anleger wiederum selbst ein alternativer Investmentfonds ist (Art. 3 I AIFM-RL).

23 Weiterhin gilt für kleine (und risikoarme)[49] AIFM eine Sonderbestimmung iS einer De-Minimis-Regelung. „Klein" iS der AIFM-RL meint solche AIFM, die mit einem Verwaltungsvermögen **EUR unter 100 Mio.** (Art. 3 II lit. a) AIFM-RL) oder einem Verwaltungsvermögen **EUR unter 500 Mio.** ausgestattet sind, wenn die Portfolios dieser AIF aus nicht-hebelfinanzierten AIF bestehen, die für einen Zeitraum von fünf Jahren nach der Tätigung der ersten Anlage in jeden dieser AIF keine Rücknahmerechte ausüben dürfen (Art. 3 II lit. b) AIFM-RL). Dabei bestimmt sich der Hebeleffekt nach Art. 4 I lit. v.) AIFM-RL. Die besonderen Regelungen bei „kleinen" AIFM betreffen dabei auch die Zulassungspflicht, der sie in ihrem Herkunftsstaat unterliegen. Diesem steht es überdies frei, strengere Regelungen, als die von der AIFM-Richtlinie vorgesehenen, anzuwenden.[50]

24 Grundsätzlich sind solche „kleinen" AIFM **nicht** vom Anwendungsbereich der Richtlinie erfasst, müssen jedoch **gewisse Anforderungen** erfüllen, so nach Art. 3 III AIFM-RL zB

- **Registrierung** bei der zuständigen Behörde, dessen mitgliedstaatlichem Recht der AIFM unterliegt (lit. a);
- **Ausweis der von ihnen verwalteten AIF** zum Zeitpunkt der Registrierung (lit. b);
- **Ausweis der gehandelten Instrumente und der Risiken** und Risikokonzentration der verwalteten AIF (lit. d);
- **Mitteilung** an die zuständige Behörde, wenn die **Schwellenwerte** des Art. 3 II AIFM-RL überschritten werden.

25 Bei den genannten Anforderungen handelt es sich sowohl von der Anzahl als auch der inhaltlichen Reichweite her um **Mindestanforderungen**. Die Mitgliedstaaten können somit nicht nur weitere, sondern auch strengere Anforderungen an die unter Art. 3 II AIFM-RL fallenden AIFM stellen.

26 Obgleich die in Art. 3 II AIFM-RL genannten Verwalter alternativer Investmentfonds nicht in den Genuss der von der Richtlinie eingeräumten Rechte kommen, können sie sich **freiwillig den Bestimmungen dieser unterwerfen.** In diesem Fall findet die Richtlinie in ihrer Gesamtheit Anwendung (Art. 4 S. 2 AIFM-RL). Der jeweilige AIFM muss jedoch (ausdrücklich) **„beschließen"**, sich den Bestimmungen zu unterwerfen. Obgleich unter anderen Vorzeichen, wird man diese Voraussetzung als **Beschluss der Anteilsinhaberversammlung** des betreffenden AIFM zu verstehen haben. Für die Entscheidung des Leitungs- oder Verwaltungsorgans, die in nationales Recht umgesetzten Bestimmungen der Richtlinie für die Gesellschaft zur Geltung zu bringen, bedarf es folglich der Zustimmung der Eigentümer. Schon aufgrund der speziellen Kapitalvorschriften (vgl. Art. 9 AIFM-RL), wird für den betreffenden AIFM eine Kapitalerhöhung, welche als Grundlagengeschäft der Zustimmung der Anteilsinhaber bedarf, notwendig sein. Auch wenn zB der Aspekt des § 119 I AktG direkt angesprochen ist, wird man aufgrund der weitreichenden rechtlichen Bedeutung der Unterwerfung unter das Richtlinienregime davon auszugehen haben, dass die Eigentümer dieser Maßnahme zuzustimmen haben.

27 Im Zusammenhang mit der Möglichkeit der freiwilligen Unterwerfung unter die umgesetzten Richtlinienbestimmungen bei der Voraussetzung, dass es sich um einen AIFM iSd Art. 3 II AIFM-RL handelt, erließ die Europäi-

46 Dazu *Bayer/Schmidt* in: Lutter/Bayer (Hrsg.), Holding-Handbuch, 5. Aufl. 2015, Rn. 19.27f.

47 Richtlinie 2003/41/EG des Europäischen Parlaments und des Rates vom 3. Juni 2003 über die Tätigkeiten und die Beaufsichtigung von Einrichtungen der betrieblichen Altersversorgung, ABl. EG v. 23.9.2003, L 235/10.

48 *Weitnauer* BKR 2011, 143, 144; *Lindemann* GesKR 2013, 58, 65; *Jesch/Alten* RdF 2013, 191, 192; *Wallach* RdF 2011, 80, 81.

49 *Spindler/Tancredi* WM 2011, 1393, 1398; *Bödecker* in: BeckOK InvStG, 7. Ed. 2017, Rn. 3.13; insofern zu einem „reduzierten Aufsichtsregime" *Majcen* ZFR 2013, 252, 254.

50 *Weitnauer* BKR 2011, 143, 144.

sche Kommission im Mai 2013 eine Durchführungsverordnung[51] (hierzu war sie gem. Art. 3 V AIFM-RL ermächtigt) **zur Konkretisierung des Verfahrens für AIFM**, die beschlossen haben, eine freiwillige Unterwerfung in Anspruch zu nehmen. Hierin ist vorgesehen, dass auf die Zulassung dieser AIFM grundsätzlich das gleiche Verfahren wie für AIFM, die kraft Art. 2 I, II AIFM-RL vom Anwendungsbereich der Richtlinie erfasst sind, zur Geltung kommt (Erwägungsgrund 2 der Durchführungs-VO). Der betreffende, sich künftig den in nationales Recht umgesetzten Bestimmungen der Richtlinie unterwerfende AIFM hat bei der zuständigen Behörde des Mitgliedstaates, dessen Recht er unterliegt, hierfür einen **Zulassungsantrag** zu stellen (Art. 1 Durchführungs-VO). Die Behörde erteilt die Zulassung nach Maßgabe der Bestimmungen für das Zulassungsverfahren (Art. 8 I-V AIFM-RL), wobei dafür durch den AIFM bestimmte Voraussetzungen fachlicher Art und bezüglich des Mindestkapitals erfüllt werden müssen. Die Zulassung gilt als sog **„EU-Pass"** für die gesamte EU.[52] Eine dieser Voraussetzungen ist die Anforderung an mindestens zwei erfahrene und zuverlässige Mitarbeiter, die bei dem AIFM angestellt sind.[53]

Am 30.7.2015 veröffentlichte die **ESMA** eine **Empfehlung** bezüglich der Anwendung des **AIF(M)-Passes** auf **Nicht-EU-AIF(M)** und ihre Optionen zum Funktionieren des Passes für EU-AIFM und der *Nationalen Private Placement Regimes*.[54] Es bedarf jedoch bestimmter Voraussetzungen, damit ein AIFM, mit Sitz außerhalb der EU, durch Zuhilfenahme des EU-Passes ein AIF in der EU verwalten und/oder vertreiben darf.[55] Dabei sind die Regelungen der Art. 37 ff. AIFM-RL hinreichend zu beachten. Ein wesentliches Merkmal des **EU-Passes** bildet dabei nach Art. 45 I AIFM-RL die **Kontrolle** durch die Behörden des Herkunftsmitgliedsstaates. Eine Ausnahme hiervon ist lediglich dann möglich, wenn dies von der AIFM-Richtlinie selbst angeordnet wird (Art. 45 I Hs. 2 AIFM-RL).[56] 28

Eine **Umsetzung** unter Bezugnahme von Art. 37 ff. AIFM-RL (speziell von Art. 37 III, Art. 40 II und Art. 43 I AIFM-RL) erfolgte durch den deutschen Gesetzgeber in § 317 KAGB. Die weitgehenden **Mindestanforderungen** der Art. 37 ff. AIFM-RL werden in § 317 KAGB einheitlich zusammengefasst.[57] Praktisch bedeutsam könnten die Regelungen der Art. 34 ff. AIFM-RL für die Behandlung von Nicht-EU-AIF(M) von der Richtlinie für britische (Fonds-) Gesellschaften sein. Diese wäre im Zuge des **EU-Austritts Großbritanniens** („Brexit") grundsätzlich nicht mehr an die Richtlinienvorgaben der AIFM-Richtlinie gebunden; würden jedoch ebenso – vermeintlich – nicht in den Genuss eines AIF(M)-Passes (Rn. 28) kommen. Gleichwohl müssten entsprechende Nicht-AIFM aus dem Vereinigten Königreich, die beabsichtigen EU-AIF zu verwalten oder vertreiben zu lassen, gem. Art. 37 I AIFM-RL verpflichtet, eine vorherige **Genehmigung** der zuständigen Behörden des beabsichtigten Zielmitgliedstaates einzuholen. Ein britischer Nicht-EU-AIFM, der beabsichtigt solch eine vorherige Genehmigung einzuholen, ist weitgehend verpflichtet, die Vorgaben der AIFM-Richtlinie einzuhalten. Sofern Großbritannien seine Umsetzungsvorschriften nicht spürbar im Zuge des EU-Austritts abändert, wird dies grundsätzlich auch der Fall sein. 29

E. Begriff und Bestimmung des AIFM

I. Bestimmung einzelner Begriffe

Die Richtlinie enthält in Art. 4 AIFM-RL eine Reihe von **Definitionen** der wichtigen Begriffe, die in der Richtlinie verwendet werden. Eine Vielzahl dieser Definitionen findet sich bereits inhaltsgleich oder ähnlich in Art. 2 OGAW-RL.[58] Die grundlegenden Definitionen der Begriffe des „AIF" und des „AIFM" sollen im Folgen erläutert werden. 30

1. Alternative Investment Fund (AIF)

Art. 4 I lit. a) AIFM-RL definiert den Begriff des Alternativen Investmentfonds (AIF). Der AIF stellt einen der **zentralen Begriffe der Richtlinie** dar. Auch der Begriff des Verwalters alternativer Investmentfonds (AIFM) baut insofern auf der Definition des AIF auf. Nach Art. 4 I lit. a) AIFM-RL ist ein AIF **jeder Organismus für gemeinsame Anlagen** (einschließlich Teilfonds), der von einer Anzahl von Anlegern Kapital einsammelt, um es gemäß einer festgelegten Anlagestrategie zum Nutzen dieser Anleger zu investieren, und der 31

51 Durchführungsverordnung (EU) Nr. 447/2013 der Kommission vom 15. Mai 2013 zur Festlegung des Verfahrens für AIFM, die beschließen, sich der Richtlinie 2011/61/EU des Europäischen Parlaments und des Rates zu unterwerfen, ABl. EU v. 16.5.2013, L 132/1.

52 *Nobel*, Internationales und Transnationales Aktienrecht, Bd. 2, 2012, Kapitel 2, Rn. 197; *Wallach* RdF 2011, 80, 86.

53 *Weitnauer* BKR 2011, 143, 145.

54 *ESMA* 2015/1236 v. 30.7.2015.

55 *Jutzi* ZVglRWiss 112 (2013) 226, 232.

56 *Schneider* in: Baur/Tappen (Hrsg.), Investmentgesetze, 3. Aufl. 2014, § 11 Rn. 3.

57 *Behme* in: Baur/Tappen (Hrsg.), Investmentgesetze, 3. Aufl. 2014, § 317 Rn. 4; *Keunecke/Schwack* in: Moritz/Klebeck/Jesch (Hrsg.), Frankfurter Kommentar zum Kapitalanlagerecht, Bd. 1, 2016, § 317 Rn. 1 ff.

58 *Tollmann* in: Dornseifer ua (Hrsg.), AIFM-Richtlinie, 2013, Art. 4 Rn. 1.

keine Genehmigung iS von Art. 5 OGAW-Richtlinie benötigt. Tatbestandsmerkmale eines AIF sind demnach:

32 ■ **Organismus für gemeinsame Anlagen** (OGA)

Der **Begriff des OGA** ist aus Art. 3 OGAW-Richtlinie übernommen worden.[59] Er ist der Oberbegriff für alle Investmentfonds.[60] Unerheblich ist, welche Rechtsform die Investmentfonds haben und ob es sich um offene oder geschlossene Fonds handelt.[61] Dabei kann ein OGA nach Art. 4 I lit. a) AIFM-RL ein AIF sein, sofern die Kriterien „Anlage, Vermögen, Kollektiv und Fremdverwaltung“[62] und die in dem Absatz genannten vier Zusatzmerkmale erfüllt sind.[63]

33 ■ **einer Anzahl von Anlegern**

In Abgrenzung zu Art. 1 II lit. a) OGAW-Richtlinie ist damit **kein** Einsammeln von Kapital beim Publikum, dh durch öffentlichen Vertrieb notwendig. Aus der Systematik und dem Zweck der Begriffsbestimmung des Art. 4 I lit. a) (i) AIFM-RL ergibt sich, dass unter „einer Anzahl von Anlegern“ **mindestens zwei** zu verstehen sind.[64] Das Einsammeln von lediglich einem Anleger ist für das Bestehen eines AIF insofern nicht ausreichend.[65]

Ein-Anleger-Fonds können jedoch dann AIF sein, wenn bei Hinwegdenken des einen Anlegers eine Mehrzahl an Anlegern beteiligt wäre. Der eine Anleger repräsentiert dann die hinter ihm stehende Vielzahl.[66]

34 ■ **Einsammlung von Kapital**

Von den Anlegern ist Kapital einzusammeln, damit es sich um einen AIF handelt. Aus der Bezeichnung „Kapital“ ergibt sich, dass für den Erwerb von Anteilen eines AIF nicht nur **Geldzahlungen (Bareinlagen), sondern auch Sacheinlagen** oder Sachübernahmen in Betracht kommen können.[67] Das Kapital hat dabei extern zu sein. Dies bedeutet, dass es das Kapital des Verwalters übersteigen muss.[68]

35 ■ **gemäß einer festgelegten Anlagestrategie**

Der OGA muss das eingesammelte Kapital der Anleger auf Grundlage einer festgelegten Anlagestrategie investieren. Die Anlagestrategie muss „festgelegt“ sein, dh dass sie **den Anlegern** vor ihrer Anlage **mitgeteilt** wird bzw. **zugänglich** ist. In der Regel werden die Anlagestrategien in den Vertragsbedingungen für das Investment oder der Satzung des AIF festgelegt.[69]

36 ■ **zum Nutzen dieser Anleger zu investieren**

Die Anlage in den Investmentfonds muss ferner zum Nutzen der Anleger erfolgen. Zweck der Anlage muss daher grundsätzlich die **Erzielung eines Vermögenszuwachses** sein. Der Nutzen für die Anleger kann allerdings auch darin bestehen, dass das angelegte Kapital durch das Investment in seinem Wert erhalten bleibt, also zB vor Inflations- oder Währungsrisiken abgesichert wird.[70]

37 ■ **keine OGAW-Genehmigung**

Benötigt der OGA eine Zulassung gem. Art. 5 OGAW-Richtlinie, handelt es sich nicht um einen Alternativen Investmentfond. AIF sind damit diejenigen Investmentfonds, die keine OGAW sind. Dieses Merkmal dient damit der Abgrenzung zwischen beiden Formen eines OGA.

2. Alternative Investment Fund Manager (AIFM)

38 Art. 4 I lit. b) AIFM-RL definiert den Begriff des Alternativen Investment Fund Managers (AIFM). Die Begriffsbestimmung des AIFM ist von wesentlicher Bedeutung für das Verständnis der Richtlinie, da der AIFM Adres-

59 Die Abkürzung „OGAW“ bzw. „UCITS“ gilt heute als Qualitätsmarke, vgl. *Zetzsche/Preiner* in: Gebauer/Teichmann (Hrsg.), Europäisches Privat- und Unternehmensrecht, 2016, § 7 Rn. 152.
60 Kritisch jedoch zur Übernahme der Begrifflichkeit aus der OGAW-Richtlinie *Krause/Klebeck* RdF 2013, 4, 5.
61 *Tollmann* in: Dornseifer ua (Hrsg.), AIFM-Richtlinie, 2013, Art. 4 Rn. 7; *Wallach* RdF 2011, 80, 81.
62 *Zetzsche/Preiner* WM 2013, 2101, 2103, 2110.
63 *Zetzsche/Preiner* WM 2013, 2101, 2104, 2110.
64 Vgl. *Tollmann* in: Dornseifer ua (Hrsg.), AIFM-Richtlinie, 2013, Art. 4 Rn. 16 ff.; *Zetzsche/Preiner* WM 2013, 2101, 2104; insofern zur Richtlinienwidrigkeit von § 1 I 2 KAGB, der dies den Fondsstatuten überlässt *Köndgen/Smies* in: Schimansky/Bunte/Lwowski (Hrsg.), Bankrechts-Handbuch, 5. Aufl. 2017, § 113 Rn. 68.
65 *Kramer/Recknagel* DB 2011, 2077, 2080; aA *Wallach* RdF 2012, 92, 93, der vielmehr auf potentielle Anleger abstellt. Der Wortlaut des Art. 4 I lit. a) (i) AIFM-RL gibt dies jedoch nicht her; siehe jedoch auch *ESMA* 2013/600, Rn. 84.
66 *Zetzsche/Preiner* WM 2013, 2101, 2104; *Tollmann* in: Dornseifer ua (Hrsg.), AIFM-Richtlinie, 2013, Art. 2 Rn. 48; siehe auch *ESMA* 2013/611, S. 7; *ESMA* 2012/117, S. 10.
67 *Tollmann* in: Dornseifer ua (Hrsg.), AIFM-Richtlinie, 2013, Art. 4 Rn. 8.
68 *Zetzsche/Preiner* WM 2013, 2101, 2104.
69 *Tollmann* in: Dornseifer ua (Hrsg.), AIFM-Richtlinie, 2013, Art. 4 Rn. 28; *Wallach* RdF 2012, 92, 93.
70 *Tollmann* in: Dornseifer ua (Hrsg.), AIFM-Richtlinie, 2013, Art. 4 Rn. 25.

sat nahezu aller Rechte und Pflichten der Richtlinie ist.[71] Der formelle AIFM-Begriff bestimmt sich nach Art. 4 I lit. b) AIFM-RL und ist **jede juristische Person**, deren **reguläre Geschäftstätigkeit** darin besteht, einen oder mehrere AIF zu **verwalten**.

Nur juristische Personen sind befugt, als AIFM tätig zu werden. Der AIFM muss daher **eigene Rechtspersönlichkeit** besitzen, dh selbstständiger Träger von Rechten und Pflichten sein. Die Zulassung einer Organisationsform als AIFM, die keine juristische Person ist, ist abzulehnen. In Deutschland sind vor allem **Kapitalgesellschaften** erfasst. Aber auch andere juristische Personen, wie rechtsfähige Vereine oder Stiftungen, können grundsätzlich als AIFM tätig werden. Gleiches gilt für juristische Personen des öffentlichen Rechts. Eine Beschränkung auf juristische Personen des Privatrechts lässt sich aus Art. 4 I lit. b) AIFM-RL nicht herauslesen.[72] Hiervon abweichend **beschränkt § 18 I KAGB** die wählbaren Rechtsformen auf **inländische** Kapitalverwaltungsgesellschaften.[73] In überschießender Umsetzung der AIFM-Richtlinie hat der deutsche Gesetzgeber mit der Schaffung der Investment-Kommanditgesellschaft (vgl. §§ 124 ff., §§ 149 ff. KAGB) eine Personengesellschaft als Vehikel für die Verwaltung eines AIF geschaffen (dazu Rn. 40 f.). Ebenfalls von der deutschen Regelung des § 18 I KAGB erfasst ist die Europäische Aktiengesellschaft (SE), die, auch wenn nicht explizit aufgeführt, insofern als „Aktiengesellschaft" zu verstehen ist.[74] 39

Die **Umsetzung** von Art. 5 I 2 lit. a) und b) AIFM-RL erfolgte mit § 17 II Nr. 1, 2 KAGB, wobei der deutsche Gesetzgeber zwischen **externen** und **internen Kapitalverwaltungsgesellschaften** (KVG) unterscheidet.[75] Bei der externen KVG handelt es sich um eine rechtsfähige Gesellschaft, die im Vergleich zu der offenen KVG, neben das Investmentvermögen tritt und nicht dieses selber darstellt.[76] Grundsätzlich wurde die **Investment-Kommanditgesellschaft** als „Unterart der regulären Kommanditgesellschaft konzipiert."[77] Die Regelungen des HGB sind grundsätzlich auf die Investment-Kommanditgesellschaft anwendbar, wenn nicht durch das KAGB etwas Gegensätzliches bestimmt wird.[78] Bezüglich der Geeignetheit von Investment-Kommanditgesellschaften als interne Kapitalverwaltungsstellen bestehen **gegensätzliche Auffassungen im Schrifttum.**[79] Nach *Freitag* erscheint dies unvereinbar mit dem Unionsrecht, da die Kommanditgesellschaft, als eine Gesellschaft ohne eigene Rechtspersönlichkeit, gegen Art. 4 I lit. b) AIFM-RL, und damit gegen die zwingende Pflicht einer juristischen Person als AIFM, verstoße.[80] Eine weitere Auffassung betrifft die zu eng geratende deutsche Übersetzung des Begriffs „juristische Person", wenn man dies mit dem englischen Begriff *„legal person"* oder dem französischen Begriff *„personne morale"* vergleicht. Dieser, in Art. 4 I lit. b) AIFM-RL, verwendete Begriff erscheint mit der Übersetzung rechtsfähige Person als zutreffender, was sich ebenfalls aus Art. 5 I lit. a), b) AIFM-RL ergibt. Aufgrund der anerkannten (Teil-) Rechtsfähigkeit von Kommanditgesellschaften im deutschen Recht ist diese als interne AIFM zulässig.[81] Weder aus der AIFM-RL noch aus einer Analyse der Verwendung des Begriffs einer juristischen Person in anderen Richtlinien ist abzuleiten, dass dieser Begriff deutsche Personengesellschaften zwingend ausschließe.[82] 40

Auch anhand der Verwendung des Begriffs **„juristische Person"** im GATS- und WTO-Abkommen kann geschlossen werden, dass eine Personengesellschaft als eine juristische Person qualifiziert werden kann.[83] Die Ansicht, dass die interne Investment-Kommanditgesellschaft nicht mit dem EU-Recht zu vereinen wäre, wird von *Casper* als zu weit über das Ziel hinausgeschossen angesehen. Außerdem sei Art. 4 I lit. b) AIFM-RL zu entnehmen, dass die Investment-Kommanditgesellschaft lediglich als **GmbH & Co. InvKG** verwendet werden dürfe.[84] 41

---

71 *Tollmann* in: Dornseifer ua (Hrsg.), AIFM-Richtlinie, 2013, Art. 4 Rn. 47.

72 Andernfalls wäre der Ausschluss von supranationalen Institutionen und nationalen Zentralbanken vom Anwendungsbereich der Richtlinie (vgl. Art. 2 III lit. c), d) AIFM-RL) überflüssig.

73 *Tollmann* in: Dornseifer ua (Hrsg.), AIFM-Richtlinie, 2013, Art. 4 Rn. 49; *Winterhalder* in: Weitnauer/Boxberger/Anders (Hrsg.), KAGB, 2. Aufl. 2017, § 18 Rn. 5.

74 *Schücking* in: Moritz/Klebeck/Jesch (Hrsg.), Frankfurter Kommentar zum Kapitalanlagerecht, Bd. 1, 2016, § 18 KAGB Rn. 16; in der Konsequenz wohl auch *Bentele* in: Baur/Tappen (Hrsg.), Investmentgesetze, 3. Aufl. 2014, § 18 KAGB Rn. 3; aA *Winterhalder* in: Weitnauer/Boxberger/Anders (Hrsg.), KAGB, 2. Aufl. 2017, § 18 Rn. 5.

75 *Wallach* ZGR 2014, 289, 298; *Fischer/Friedrich* ZBB 2013, 153, 155.

76 *Schultheiß* WM 2015, 603.

77 *Casper* ZHR 179 (2015) 44, 80; siehe auch *Wiedemann* NZG 2013, 1041 ff.

78 *Fischer/Friedrich* ZBB 2013, 153, 160.

79 *Hüwel* in: Baur/Tappen (Hrsg.), Investmentgesetze, 3. Aufl. 2014, Vor §§ 124 bis 138, Rn. 26.

80 *Freitag* NZG 2013, 329, 332; vgl. auch *Niewerth/Rybarz* WM 2013, 1154, 1158.

81 *Wallach* ZGR 2014, 289, 299; *Moritz/Klebeck/Jesch* in: Moritz/Klebeck/Jesch (Hrsg.), Frankfurter Kommentar zum Kapitalanlagerecht, Bd. 1, 2016, § 1 KAGB Rn. 22.

82 *Hüwel* in: Baur/Tappen (Hrsg.), Investmentgesetze, 3. Aufl. 2014, Vor §§ 124 bis 138, Rn. 33; *Moritz/Klebeck/Jesch* in: Moritz/Klebeck/Jesch (Hrsg.), Frankfurter Kommentar zum Kapitalanlagerecht, Bd. 1, 2016, § 1 KAGB Rn. 22; *Wallach* ZGR 2014, 289, 294; wohl auch *Winterhalder* in: Weitnauer/Boxberger/Anders (Hrsg.), KAGB, 2. Aufl. 2017, § 18 Rn. 5.

83 *Hüwel* in: Baur/Tappen (Hrsg.), Investmentgesetze, 3. Aufl. 2014, Vor §§ 124 bis 138, Rn. 34.

84 *Casper* ZHR 179 (2015) 44, 81; vgl. auch *Reiner* GWR 2016, 136.

42 Schließlich ist zu berücksichtigen, dass eine KG zwar keine juristische Person im engeren Sinne darstellt, aus Gründen der **Praktikabilität** jedoch weitgehend einer juristischen Person angenähert sein kann. Auch wird man davon ausgehen müssen, dass jede intern verwaltete Investment-KG, die eine Zulassung als AIFM seitens der Bundesanstalt für Finanzdienstleistungsaufsicht (BaFin) beantragt, ihren Gesellschaftsvertrag so ausgestalten muss, dass erkennbare Risiken ausgeschlossen sind.[85]

43 Wie nach Art. 2 I lit. b) OGAW-Richtlinie muss die **reguläre Geschäftstätigkeit** der juristischen Person in der Verwaltung von AIF liegen. Damit ist jedoch nicht gemeint, dass juristische Personen, die AIF lediglich als Nebentätigkeit verwalten, keine AIFM sein dürfen.[86] Vielmehr soll damit eine Spezialisierung der Tätigkeit der juristischen Person ausgedrückt werden. Insofern wird sich auf die Beschränkungen des Tätigkeitsbereichs gem. Art. 6 II-IV AIFM bezogen. Durch diesen eingeschränkten Tätigkeitsbereich soll erreicht werden, dass sich der AIFM auf bestimmte Tätigkeiten fokussiert und das für die Tätigkeit als AIFM **erforderliche Spezialwissen aufbaut**, welches wiederum den Anlegern zugutekommen soll.[87]

44 Maßgebliches Element der Begriffsdefinition eines AIFM nach Art. 4 I lit. b) AIFM-RL ist die Verwaltung eines oder mehrerer AIF. Eine Verwaltung kann dabei von einem geschlossenen oder offenen AIF oder auch von beiden erfolgen (Art. 1 I Delegierte Verordnung Nr. 694/2014). Was unter der „**Verwaltung von AIF**" zu verstehen ist, ergibt sich aus Art. 4 I lit. w) AIFM-RL. Die Definition aus lit. w) verweist auf Nr. 1 des Anhangs I der Richtlinie. Der AIFM muss daher die **Portfolioverwaltung** (also das Management des Portfolios) „oder" das **Risikomanagement** übernehmen. Aus Art. 15 I AIFM-RL ergibt sich jedoch, dass ein AIFM sowohl („und") für die Portfolioverwaltung als auch das Risikomanagement verantwortlich ist. Insofern handelt es sich bei der Alternativstellung in Art. 4 I lit. w) AIFM-RL wohl um ein Redaktionsversehen.[88] Die Verwaltung von AIF umfasst daher **sowohl** die Portfolioverwaltung **als auch** das Risikomanagement. Diese Anforderungen bestehen nach dem materiellen AIFM-Begriff der Richtlinie, die von einem AIFM erfüllt werden müssen, der „genehmigungsfähig" nach der Richtlinie ist.[89] Demnach müssen die genannten Bereiche zwar funktional und hierarchisch getrennt werden (vgl. Art. 15 AIFM-RL). Allerdings müssen die Funktionen in der Person des AIFM vereint sein.[90] Daneben kann der AIFM weitere, mit der Verwaltung des AIF verbundene Tätigkeiten (zB administrativer Art oder der Vertrieb von AIF) übernehmen, muss dies für die Charakterisierung als AIFM iSd Art. 4 I lit. b) AIFM jedoch nicht.

II. Bestimmung des AIFM

45 Aufgrund der mit der Verwaltung eines AIF für AIFM nach der Richtlinie verbundenen Anforderungen ist es von essentieller Bedeutung, dass zweifelsfrei ermittelt werden kann, wer als AIFM mit der Verwaltung eines AIF betraut ist. In diesem Zusammenhang sieht Art. 5 I AIFM-RL vor, dass **jeder AIF von nur einem AIFM verwaltet werden darf.** Dies würde beispielsweise bedeuten, dass eine Vermögensverwaltung eines AIF von einem AIFM beauftragten Kreditinstituts erfolgen kann. Allerdings darf das Kreditinstitut damit nicht über die Zulassung des AIFM verfügen, um Fonds neu aufzulegen.[91] Der Kommissionsentwurf zur Richtlinie enthielt indes noch keine Regelung darüber, wer als AIFM zu bestimmen ist.

46 Jeder vom Geltungsbereich der Richtlinie erfasste AIF darf nur einen AIFM haben. Diese Regelung des Art. 5 I AIFM-RL wurde durch **§ 17 III KAGB** ins deutsche Recht umgesetzt. „Kleine AIFM" iSd Art. 3 II AIFM-RL sind hiervon nur dann erfasst, wenn sie sich gem. Art. 3 IV AIFM-RL der Richtlinien unterworfen haben. Gleichwohl für diese nur in geringem Maße die mit der Verwaltung durch mehrere AIFM einhergehenden Gefahren bzw. Risiken bestehen, ist der grundsätzliche Ausschluss kleiner AIFM von den Bestimmungen der Richtlinie diesbezüglich abschließend.[92] Die Beschränkung auf einen AIFM je AIF hat zur Folge, dass die, insbesondere in der angelsächsischen Fondsbranche anzutreffenden, ***Multi-Manager-Funds*** für die von der Richtlinie erfassten AIF **nicht mehr zulässig** sind.[93] Grund hierfür ist, dass es einen zentralen Akteur geben soll, der die

85 *Hüwel* in: Baur/Tappen (Hrsg.), Investmentgesetze, 3. Aufl. 2014, Vor §§ 124 bis 138, Rn. 35.
86 *Tollmann* in: Dornseifer ua (Hrsg.), AIFM-Richtlinie, 2013, Art. 4 Rn. 53.
87 *Steck/Gringel* in: Berger/Steck/Lübbehüsen (Hrsg.), InvG, InvStG, 2010, § 6 Rn. 5; *Tollmann* in: Dornseifer ua (Hrsg.), AIFM-Richtlinie, 2013, Art. 4 Rn. 53.
88 *Tollmann* in: Dornseifer ua (Hrsg.), AIFM-Richtlinie, 2013, Art. 4 Rn. 175; vgl. auch *Zetzsche* in: ders. (Hrsg.), The Alternative Investment Funds Managers Directive, 2012, Ch. 9, 2.1.1; dies zeigt auch ein Blick auf Erwägungsgrund 21 S. 2: „Ein einzelner AIFM […] solle keinesfalls ermächtigt werden, die Portfolioverwaltung bereitzustellen, wenn er nicht auch das Risikomanagement anbietet […]".
89 *Kramer/Recknagel* DB 2011, 2077, 2079.
90 *Kramer/Recknagel* DB 2011, 2077, 2081.
91 *Zetzsche* ZBB 2014, 22, 23.
92 Offenlassend *Tollmann* in: Dornseifer ua (Hrsg.), AIFM-Richtlinie, 2013, Art. 5 Rn. 7.
93 *Tollmann* in: Dornseifer ua (Hrsg.), AIFM-Richtlinie, 2013, Art. 5 Rn. 8; *Winterhalder* in: Weitnauer/Boxberger/Anders (Hrsg.), KAGB, 2. Aufl. 2017, § 17 Rn. 59.

tatsächliche Verwaltung eines AIF innehat. Die AIFM-RL stärkt damit den tatsächlichen Verwalter des AIF und schränkt die Möglichkeit der Auslagerung und vergleichbarer Strukturen ein.[94]

Nach Maßgabe des Art. 5 I AIFM-RL weiterhin nicht mehr zulässig sind demnach **Master-KAG-Modell**,[95] die vor Umsetzung der AIFM-RL in deutsches Recht durch das KAGB häufig vorzufinden waren, sowie das ***White*** oder ***Private Labeling*-Modell**[96] in seiner derzeitigen Form.[97] Die Möglichkeit der Auslagerungen nicht mit der Verwaltung des AIF nach Art. 4 I lit. w) AIFM-RL verbundenen Tätigkeiten (zB administrative Tätigkeiten und Vertrieb des AIF) ist jedoch weiterhin zulässig.[98] 47

AIF können grundsätzlich **eigen- oder fremdverwaltet** werden. Selbst verwaltet werden können allerdings nur solche AIF, die über eigene Rechtspersönlichkeit verfügen, dh im Sinne der Richtlinie eine juristische Person sind. In diesem Zusammenhang unterscheidet Art. 5 I 2 AIFM-RL zwischen der externen Verwaltung des AIF (externer AIFM) (lit. a) und der internen Verwaltung des AIF, wenn der AIFM selbst der zu verwaltende AIF ist (lit. b). Die **externe Verwaltung** setzt voraus, dass der AIF selbst eine juristische Person ist oder im Namen des AIF eine juristische Person zum AIFM bestellt wurde. Bei der **internen Verwaltung** ist der AIFM der AIF selbst unter der Voraussetzung, dass die Organisationsform des AIF eine interne Verwaltung zulässt und das Leitungsorgan des AIF sich dazu entschieden hat, keinen externen AIFM iS von lit. a) zu bestellen. 48

Für den Fall, dass ein **externer AIFM nicht in der Lage** ist, die Einhaltungen der zur Umsetzung der Richtlinienbestimmungen erlassenen Vorschriften sicherzustellen, für die der AIF oder zB der Fondinitiator verantwortlich ist, sieht Art. 5 II AIFM-RL vor, dass der AIFM **unverzüglich die zuständige Behörde** seines Herkunftsmitgliedstaates und ggf. die zuständige Behörde des betreffenden EU-AIF davon **zu unterrichten** hat. Mit dieser Regelung wird dem Umstand Rechnung getragen, dass ein externer AIFM nicht in allen Fällen selbst in der Hand hat, die Einhaltung der sich aus der Richtlinie ergebenden Verpflichtungen zu gewährleisten (vgl. Erwägungsgrund 11).[99] Dies gilt vor allem in den Fällen, in denen der AIFM selbst Pflichtadressat ist, die tatsächliche Handlung jedoch von einem Dritten vollzogen wird. In diesen Fällen stehen der zuständigen Behörde des AIFM nach Art. 5 II 2, III AIFM-RL verschiedene Befugnisse zu, um die Einhaltung der auf der Richtlinie basierenden Anforderungen des nationalen Rechts einzuhalten. Art. 5 II, III AIFM-RL wurden mit § 18 VII, VIII KAGB ins deutsche Recht umgesetzt.[100] 49

Die zuständige **Aufsichtsbehörde** ist darüber hinaus auch in solchen Fällen in Kenntnis zu setzen, wenn die vom AIF gehaltenen Anteile an Stimmrechten eines nicht-börsennotierten Unternehmens festgelegte **Schwellenwerte** überschreitet oder unterschreitet. Bei Kauf von Stimmrechten in einer Höhe von 50% kommen dem Verwalter bestimmte Pflichten zur Offenlegung zu. Diese umfassen unter anderem sowohl die Bekanntmachung seiner Identität, als auch die Handhabung bei **Interessenkonflikten** zwischen dem Unternehmen, dem Verwalter und dem AIF.[101] Außerdem haben nach Art. 28 IV AIFM-RL die Absichten bezüglich der **künftigen Geschäftsentwicklung**, die den Erwerb begründeten, offengelegt zu werden. Die Mitteilung ist von dem AIFM durchzuführen, der den betreffenden AIF verwaltet, wenn Anteile solcher Unternehmen gekauft, verkauft oder gehalten werden (Art. 27 I AIFM-RL). Die Umsetzung von Art. 27 AIFM-RL erfolgte durch § 289 KAGB.[102] Dabei hat eine **Unterrichtung** unter anderem gegenüber der BaFin zu erfolgen und gegenüber Unternehmen, welche nicht börsennotiert sind, sowie deren Anteilseignern. 50

F. Kernpunkte der AIFM-Richtlinie

Im Folgenden werden die maßgeblichen Aspekte der Richtlinie betreffend der Verwaltung Alternativer Investmentfonds überblicksartig dargestellt. Dies betrifft insbesondere die **Zulassung** von AIFM gem. Art. 6 ff. AIFM-RL sowie die **Tätigkeits-** (Art. 12 ff. AIFM-RL) und **Transparenzanforderungen** (Art. 22 ff. AIFM-RL) an AIFM. 51

94 *Tollmann* in: Dornseifer ua (Hrsg.), AIFM-Richtlinie, 2013, Art. 5 Rn. 7.

95 Dazu *Steck* in: Berger/Steck/Lübbehüsen (Hrsg.), InvG, InvStG, 2010, § 16 Rn. 24; *Baur* in: Assmann/Schütze (Hrsg.), Handbuch des Kapitalanlagenrechts, 4. Aufl. 2015, § 20 Rn. 250.

96 Dazu *Fischer/Steck* in: Berger/Steck/Lübbehüsen (Hrsg.), InvG, InvStG, 2010, § 96 Rn. 32.

97 *Tollmann* in: Dornseifer ua (Hrsg.), AIFM-Richtlinie, 2013, Art. 5 Rn. 11 f.; *Winterhalder* in: Weitnauer/Boxberger/Anders (Hrsg.), KAGB, 2. Aufl. 2017, § 17 Rn. 59.

98 *Tollmann* in: Dornseifer ua (Hrsg.), AIFM-Richtlinie, 2013, Art. 5 Rn. 11; *Winterhalder* in: Weitnauer/Boxberger/Anders (Hrsg.), KAGB, 2. Aufl. 2017, § 17 Rn. 59.

99 *Tollmann* in: Dornseifer ua (Hrsg.), AIFM-Richtlinie, 2013, Art. 5 Rn. 20.

100 Dazu *Schücking* in: Moritz/Klebeck/Jesch (Hrsg.), Frankfurter Kommentar zum Kapitalanlagerecht, Bd. 1, 2016, § 18 KAGB Rn. 139 ff.; *Winterhalder* in: Weitnauer/Boxberger/Anders (Hrsg.), KAGB, 2. Aufl. 2017, § 18 Rn. 30 ff.; *Bentele* in: Baur/Tappen (Hrsg.), Investmentgesetze, 3. Aufl. 2014, § 18 KAGB Rn. 32 f.

101 *Zetzsche/Preiner* in: Gebauer/Teichmann (Hrsg.), Europäisches Privat- und Unternehmensrecht, 2016, § 7 Rn. 164.

102 *Behme* in: Baur/Tappen (Hrsg.), Investmentgesetze, 3. Aufl. 2014, § 289 KAGB Rn. 3; *Keunecke/Schwack* in: Moritz/Klebeck/Jesch (Hrsg.), Frankfurter Kommentar zum Kapitalanlagerecht, Bd. 1, 2016, § 289 Rn. 1.

I. Zulassung von AIFM

52 Zum Zwecke des **Anlegerschutzes** sowie der **Finanzmarktstabilität** müssen bestimmte Bedingungen für die Aufnahme der Tätigkeit als AIFM erfüllt werden (vgl. Erwägungsgrund 2). Insofern fungiert die Zulassung als eine Art „Europäischer Pass“.[103] In diesem Zusammenhang verpflichtet Art. 6 I AIFM-RL einen AIFM dazu, vor Aufnahme seiner Tätigkeit eine Zulassung von der zuständigen nationalen Behörde einzuholen. Es handelt sich insofern um ein **präventives Tätigkeitsverbot mit Erlaubnisvorbehalt.**[104] Durch diesen **EU-Pass** bestehen insofern Erleichterungen für den grenzüberschreitenden Vertrieb von AIF, dass ein in einem Mitgliedstaat zugelassener AIFM berechtigt ist, die von ihm verwalteten AIF an professionelle Investoren[105] in einen anderen Mitgliedstaat zu vertreiben und die in einem anderen Mitgliedstaat bestehenden AIF grenzüberschreitend zu verwalten. Die Europäische Kommission hat für das Jahr 2018 in diesem Zusammenhang eine weitere Erleichterung des grenzüberschreitenden Vertriebs von AIF in Aussicht gestellt.[106]

53 Das Erfordernis der **Zulassung für den Vertrieb und die Verwaltung** von Fonds stellt einen Kernbestandteil der AIFM-Richtlinie dar. [107] Für die Zulassung bedarf es dabei auch **qualitativer Voraussetzungen,** die die persönlichen Eignungen des Verwalters erfassen.[108] Dazu gehören die redliche und ehrliche Ausübung von Tätigkeiten, Sachkenntnisse, Sorgfalt, Gewissenhaftigkeit und die Handlung im Sinne der Interessen des verwalteten AIF bzw. dessen Anlegern und der Marktintegrität (Art. 12 I lit. a), b) AIFM-RL). Darüber hinaus sind für das Verfahren der Zulassung Angaben zu den Fonds an sich notwendig.[109] Nach der Zulassung unterliegt der AIFM einer ständigen Aufsicht durch die nationale Aufsichtsbehörde.[110] **„Kleine“ AIFM** iS von Art. 3 II AIFM-RL sind nicht zulassungsbedürftig, sondern **lediglich registrierungspflichtig.** Die Zulassungspflicht nach Art. 6 I AIFM-RL wurde mit § 20 I KAGB ins deutsche Recht umgesetzt.

54 Art. 6 II-VAIFM-RL listet die zulässigen bzw. unzulässigen **Tätigkeiten eines AIFM** abschließend auf, wobei hinsichtlich der Tätigkeiten zwischen externen und internen AIFM differenziert wird.[111] Zur Gewährleistung, dass die Tätigkeitsbedingung von den AIFM eingehalten werden, sieht Art. 6 VII AIFM-RL ferner vor, dass die AIFM den zuständigen nationalen Behörden die erforderlichen **Angaben über die Tätigkeitsbeschreibung** vorlegen müssen, damit diese die Einhaltung der in der Richtlinie festgeschriebenen Voraussetzungen für die Zulassung als AIFM überwachen können.

55 Die Zulassung für die Ausübung der Tätigkeit als AIFM erfolgt **auf Antrag des AIFM** (Art. 7 I AIFM-RL). Hierzu sieht die Richtlinie vor, dass verschiedenste Angaben betreffend des AIFM bei der zuständigen Behörde zu machen sind. Anzugeben ist/sind ua: Auskünfte über die Person, die tatsächlich die Geschäfte des AIFM führt (Abs. 2 lit. a) sowie über die Identität aller Anteilseigner des AIFM, die eine qualifizierte Beteiligung an diesem halten (Abs. 2 lit. b), Angaben über die **Vergütungspolitik**[112] und -praxis (Abs. 2 lit. d), Angaben zu den **Anlagestrategien** (Abs. 3 lit. a) sowie die **Vertragsbedingungen** oder **Satzungen** aller AIF, die der AIFM zu verwalten beabsichtigt (Abs. 3 lit. c).

56 Der Zulassungsantrag ist von dem AIFM bei den zuständigen Behörden ihres **Herkunftsmitgliedstaats** zu beantragen. Der Herkunftsmitgliedstaat bestimmt sich dabei gemäß Art. 4 I lit. q) AIFM-RL danach, wo der AIFM seinen **Satzungssitz** hat. Insoweit Deutschland daher die Zulässigkeit eines entsprechenden Zulassungsantrags iS von § 17 I KAGB vom „satzungsmäßigen Sitz und Hauptverwaltung“ des AIFM im Inland abhängig macht, wird gegen die Richtlinie verstoßen.[113] Im Rahmen einer richtlinienkonformen **teleologischen Reduktionen** der

103 Vgl. nur *Lutter/Bayer/Schmidt*, Europäisches Unternehmens- und Kapitalmarktrecht, 2017, Rn. 38.36; aus britscher Sicht im Hinblick auf den bevorstehenden „Brexit“ auch *Ferran*, The UK as a Third Country Actor in EU Financial Services Regulation, Cambridge LSR Paper No. 47/2016, S. 16 ff.

104 *Kramer/Recknagel* DB 2011, 2077, 2080; *Weitnauer* BKR 2011, 143, 145; *ders.* in: Weitnauer (Hrsg.), HdB Venture Capital, 5. Aufl. 2016, Teil A Rn. 112; *Volhard/Jang* in: Dornseifer ua (Hrsg.), AIFM-Richtlinie, 2013, Art. 6 Rn. 3.

105 Nicht jedoch an Privatkunden, vgl. *Majcen* ZFR 2013, 252, 255.

106 *Europäische Kommission*, Mitteilung der Kommission an das Europäische Parlament, den Rat, den Europäischen Wirtschafts- und Sozialausschuss und den Ausschuss der Regionen über die Halbzeitbilanz des Aktionsplans zur Kapitalmarktunion, COM(2017) 292 final, S. 18.

107 *Jesch/Geyer* BKR 2012, 359.

108 *Nietsch/Graef* ZBB 2010, 12, 14.

109 *Nietsch/Graef* ZBB 2010, 12, 15; *Jakovou* in: Langenbucher/Bliesener/Spindler (Hrsg.), Bankrechts-Kommentar, 2. Aufl. 2016, 39. Kapitel, Rn. 43.

110 *Müller/Staub* GesKR 2010, 216, 222; *Jutzi* ZVglRWiss 112 (2013) 226, 230.

111 Näher zu den zulässigen bzw. unzulässigen Tätigkeiten nach Art. 6 II-V AIFM-RL *Volhard/Jang* in: Dornseifer ua (Hrsg.), AIFM-Richtlinie, 2013, Art. 6 Rn. 8 ff.; *Zetzsche* in: ders. (Hrsg.), The Alternative Investment Funds Managers Directive, 2012, Ch. 9, 2.2.2. ff.

112 Zu den Angaben zur Vergütungspolitik siehe auch die Empfehlung 2009/384/EG der Kommission v. 30.4.2009 zur Vergütungspolitik im Finanzdienstleistungssektor. Diese ergänzen gemäß Erwägungsgrund 26 die diesbezüglichen Grundsätze der Richtlinie.

113 *Lehmann* in: MüKo BGB, 6. Aufl. 2015, Internationales Finanzmarktrecht, Rn. 392.

Norm (dazu § 2 Rn. 174 f.) können daher auch deutsche Kapitalverwaltungsgesellschaften mit Verwaltungssitz im Ausland einen Antrag auf Zulassung für die Tätitgkeitsausübung als AIFM beantragen.

Die zuständige Behörde des Herkunftsstaates des AIFM darf die Zulassung, als AIFM tätig zu werden, allerdings nur **unter bestimmten Voraussetzungen** erteilen (Art. 8 AIFM-RL). Insbesondere die Genehmigungsvoraussetzung des Art. 8 I lit. a) AIFM-RL kann dabei als eine Art Generalklausel betrachtet werden, die der Behörde eine umfassende Prüfung aller organisatorischen und technischen Vorkehrungen des AIFM gestattet.[114] Die Erfüllung dieser Voraussetzungen ist (zuzüglich zu den Angaben nach Art. 7 AIFM-RL) ebenfalls beim Antrag auf Zulassung nachzuweisen, sofern es sich nicht bereits aus anderen, einzureichenden Unterlagen ergibt. Nachzuweisen ist insbesondere, dass der AIFM über ein **ausreichendes Anfangskapital** gem. Art. 9 AIFM-RL verfügt (mindestens EUR 300.000, wenn der AIFM ein intern verwalteter AIF ist; EUR 125.000, bei einem externen AIFM) (Abs. 1 lit. b), die **Personen der Geschäftsführung** des AIFM ausreichend **zuverlässig** sind und über ausreichend **Erfahrung** in Bezug auf die AIF-Verwaltung besitzen (Abs. 1 lit. c) und dass sich der Satzungssitz und die Hauptverwaltung des AIFM in demselben Mitgliedstaaten befinden (Abs. 1 lit. e).[115] 57

II. Tätigkeitsanforderungen an AIFM

Aufgrund der auch auf ein fehlerhaftes bzw. fahrlässiges Management von AIF durch AIFM zurückzuführenden Finanzmarktkrise sah sich der Richtliniengeber veranlasst, ausführliche Regelungen für die **Ausübung der Tätigkeit von AIFM** aufzustellen. In den Art. 12 ff. AIFM-RL werden dabei zunächst allgemeine sowie organisatorische Anforderungen an die Tätigkeit als AIFM gestellt. 58

Zu Beginn statuiert Art. 12 I AIFM-RL **allgemeine Grundsätze**, die ein AIFM bei der Ausübung seiner Tätigkeit einzuhalten hat. Demnach hat der AIFM zB 59

- seiner Tätigkeit **ehrlich, mit der gebotenen Sachkenntnis, Sorgfalt** und **Gewissenhaftigkeit** und **redlich** nachzugehen (lit. a);
- im **besten Interesse** der von ihnen verwalteten AIF oder der Anleger dieser AIF und der Integrität des Marktes zu handeln (lit. b);
- alle angemessenen Maßnahmen zur **Vermeidung von Interessenkonflikten** zu treffen (lit. d);
- alle Anleger der AIF **fair zu behandeln** (lit. f).

Die „**Wohlverhaltenspflichten**"[116] des Art. 12 AIFM-RL wurden mit § 26 KAGB in deutsches Recht umgesetzt. 60

Die allgemeinen Grundsätze des Art. 12 AIFM-RL werden durch die Art. 13 f. AIFM-RL weiter **konkretisiert**. Art. 13 AIFM-RL iVm Anhang II führt für die Asset Management Branche **erstmals verbindliche Vorgaben für die Vergütung** der Geschäftsführung und leitenden Angestellten von AIFM ein. Im Rahmen von Art. 13 II 1 AIFM-RL veröffentlichte die ESMA ausführliche Leitlinien zur Vergütungspolitik hinsichtlich AIFM.[117] Die Richtlinie zieht damit Lehren aus der Finanzmarktkrise, deren Ausbruch nicht zuletzt durch fehlerhafte Anreize im Vergütungssystem begünstigt worden ist.[118] Die **Vergütungsregelungen des Art. 13 AIFM-RL** sollen dabei vor allem verhindern, dass AIFM übermäßige Risiken auf Rechnung der von ihnen verwalteten AIF eingehen. Ausgelöst wurde dies zuvor durch verschiedene Vergütungssysteme und Verhaltensfehlanreize,[119] wobei Mitarbeiter hohe Risiken eingegangen sind, um kurzfristig höhere Gewinne zu erzielen.[120] Die Vergütungsregelungen müssen überwiegend an den langfristigen Erfolg des AIF anknüpfen (vgl. Art. 13 I AIFM-RL) und im Verhältnis zur Größe und Komplexität des Fonds angemessen sein.[121] Darüber hinaus soll in Zukunft eine gänzliche Trennung von Funktionen der Vermögenswahrung und -verwaltung der Vermögenswerte von Anlegern und deren Verwaltern erfolgen (Erwägungsgrund 32). Die Leitlinien für eine „**solide Vergütungspolitik**" haben dabei die Größe des AIFM sowie der von ihnen verwalteten AIF, ihre interne Organisation und die Art, den Umfang und die Komplexität ihrer Geschäftstätigkeit zu berücksichtigen (Art. 13 II AIFM-RL). Art. 13 AIFM-RL wurde durch § 37 I, II KAGB in deutsches Recht umgesetzt. 61

Art. 14 AIFM-RL ergänzt die Regelung des Art. 12 I lit. d) AIFM-RL betreffend **Interessenkonflikte**. Die Leitung und Organisation eines AIFM hat darauf ausgerichtet zu sein, (potentielle) Interessenkonflikte so gering wie möglich zu halten (Erwägungsgrund 22 S. 2). AIFM müssen daher geeignete Maßnahmen ergreifen, um 62

---

114 *Spindler/Tancredi* WM 2011, 1393, 1399.

115 Die Regelung des Art. 8 I lit. e) AIFM-RL ist insofern auch mit der Niederlassungsfreiheit gem. Art. 49, 54 AEUV vereinbar. Diese schreibt gerade nicht zwingend vor, dass der Herkunftsmitgliedstaat eine Sitztrennung zu gestatten hat (s. dazu § 10 Rn. 93).

116 *Swoboda* in: Weitnauer/Boxberger/Anders (Hrsg.), KAGB, 2. Aufl. 2017, § 26 Rn. 1; *Tollmann* in: Dornseifer ua (Hrsg.), AIFM-Richtlinie, 2013, Vor. Kap. III Rn. 2 *Jakovou* in: Langenbucher/Bliesener/Spindler (Hrsg.), Bankrechts-Kommentar, 39. Kapitel, Rn. 44.

117 *ESMA* 2016/411 v. 31.3.2016.

118 *Tollmann* in: Dornseifer ua (Hrsg.), AIFM-Richtlinie, 2013, Vor. Kap. III Rn. 3.

119 *Spindler/Tancredi* WM 2011, 1393, 1396.

120 Vgl. Empfehlung 2009/384/EG Erwägungsgrund 3; *Möllers/Hailer* ZBB 2012, 178, 179.

121 *Zeppenfeld/von Jacobs* jurisPR-HaGesR 12/2010 Anm. 2, VI.1. Vergütung.

(potentielle) Interessenkonflikte auf verschiedensten Ebenen (siehe Art. 14 I lit. a) bis e) AIFM-RL) **frühzeitig zu erkennen** und diese zu **vermeiden bzw. Einhalt zu gebieten**. Die Interessenkonflikte müssen für den Fall, dass die Maßnahmen nicht ausreichend sind bzw. diese nicht gelöst werden konnten,[122] den Anlegern offengelegt werden, um im nächsten Schritt Verfahrensweisen und Methoden zu entwickeln.[123] Nur wenn dies nicht oder nur mit unverhältnismäßig großem Aufwand möglich ist, dürfen Interessenkonflikte hingenommen werden.[124] Art. 14 AIFM-RL wurde durch § 27 KAGB und (bezüglich Primebroker) § 31 KAGB in deutsches Recht umgesetzt.

63 Als weitere Lehre aus der Finanzmarktkrise sieht die Richtlinie in Art. 15 f. AIFM-RL umfassende Regelungen zum **Risiko- und Liquiditätsmanagement** vor. Die Bestimmungen zum Risikomanagement sind sowohl für den Anlegerschutz als auch zur Sicherung der Finanzmarktstabilität von zentraler Bedeutung.[125] Insofern gehören die Vorgaben des Art. 15 AIFM-RL zu den Kernelementen der Richtlinie. Da Portfolioverwaltung und das Risikomanagement zT gegenläufige Interessen verfolgen, ist (auch im Hinblick auf die Vermeidung von internen Interessenkonflikten) nach Art. 15 I AIFM-RL eine **funktionale** sowie **hierarchische Trennung** zwischen beiden Verwalterfunktionen vorgeschrieben (vgl. auch Erwägungsgrund 32). Die Vorgaben zum Risikomanagement gem. Art. 15 AIFM-RL werden durch § 26 KAGB in deutsches Recht umgesetzt.

64 Bezüglich des Liquiditätsmanagements hat der AIFM für jeden (mit Ausnahme vom geschlossenen, nicht hebelfinanzierten) von ihm verwalteten AIF über ein **angemessenes Liquiditätsmanagementsystem** zu verfügen und ein Verfahren zur Überwachung von Liquiditätsrisiken festzulegen (Art. 16 I AIFM-RL). Diesbezüglich haben die AIFM zur Überwachung und Bewertung von Liquiditätsrisiken **regelmäßige Stresstests** der von ihnen verwalteten AIF durchzuführen (Art. 16 I Uabs. 1 AIFM-RL). Regelmäßig bedeutet in diesem Zusammenhang mindestens einmal jährlich.[126] Art. 16 AIFM-RL wurde durch § 30 KAGB ins deutsche Recht umgesetzt.

65 Art. 18 f. AIFM-RL befassen sich mit den **organisatorischen Anforderungen** an die Ausübung der Tätigkeit der AIFM. Hierzu gehören vor allem die Anforderungen an ausreichende und geeignete personelle und technische Ressourcen sowie an eine angemessene Verwaltung und Buchhaltung. Art. 19 AIFM-RL führt erstmals auf europäischer Ebene eine umfassende Regelung zur Bewertung von Vermögensgegenständen von Fonds ein. Dadurch soll insbesondere dem Umstand Rechnung getragen werden, dass eine Vielzahl von AIF in Vermögensgegenstände investieren, welche über keine oder einen nicht ohne weiteres zu ermittelnden Verkehrswert verfügen.[127] Insofern soll Art. 19 AIFM-RL zum Schutz der Anleger eine verlässliche und objektive **Bewertung von Vermögensgegenständen** als Anlagen sicherstellen (Erwägungsgrund 19). In diesem Sinne schreibt Art. 19 I AIFM-RL vor, dass die von der Richtlinie erfassten AIFM für jeden der von ihnen verwalteten AIF ein **geeignetes und kohärentes Verfahren** festzulegen haben, sodass eine ordnungsgemäße und unabhängige Bewertung der Vermögenswerte des AIF vorgenommen werden kann. Art. 19 AIFM-RL wurde insbesondere durch §§ 169 f., 216 f., 272, 279 KAGB in deutsches Recht umgesetzt.

66 Die **Aufgaben eines AIFM** werden in Anhang I zur AIFM-RL konkretisiert. Bei der Verwaltung eines AIF muss ein AIFM danach mindestens die Portfolioverwaltung und das Risikomanagement übernehmen. Daneben „kann" ein AIFM im Rahmen der kollektiven Verwaltung eines AIF verschiedene administrative Tätigkeiten (zB Bewertung von Preisfestsetzungen, Führung des Anlegerregisters, Ausgabe und Rücknahme von Anteilen) und vertriebstechnische Aufgaben übernehmen.

67 Die **Auslagerung von Aufgaben an Dritte** ist der Aufsichtsbehörde vorab anzuzeigen und muss einer Reihe an Bedingungen folgen (Art. 20 AIFM-RL). Sie darf jedoch nicht dazu führen, dass der AIFM als „funktionslose Hülse" verbleibt.[128] Der AIFM kann sich durch Delegation von Aufgaben an Dritte **nicht enthaften**.

III. Transparenzanforderungen

68 Neben den Tätigkeitsanforderungen an AIFM ist die Etablierung von umfangreichen **Informations- und Offenlegungspflichten** für AIFM bzw. AIF ein zentraler Regelungsbereich der Richtlinie. In der Vergangenheit wurde an verschiedenen Stellen die mangelnde Transparenz von alternativen Investmentfonds kritisiert.[129] Ziel der Richtlinie ist es damit auch, eine **erhöhte und verbesserte Transparenz** im Hinblick auf die Tätigkeiten von AIFM und AIF zu erreichen (vgl. Erwägungsgrund 53). Zu diesem Zweck geben die Art. 22 ff. AIFM-RL detaillierte Vorgaben zur Gewährleistung der Transparenz.

69 Art. 22 AIFM-RL bestimmt zunächst, dass ein AIFM für jeden von ihm verwalteten EU-AIF und für jeden von ihm in der EU vertriebenen AIF für jedes Geschäftsjahr **spätestens sechs Monate nach Ende des Geschäftsjahres**

122 *Zeppenfeld/von Jacobs* jurisPR-HaGesR 12/2010 Anm. 2, VI. 2. Interessenkonflikte.
123 *Möllers/Hailer* ZBB 2012, 178, 190.
124 *Tollmann* in: Dornseifer ua (Hrsg.), AIFM-Richtlinie, 2013, Vor. Kap. III Rn. 4.
125 *Josek* in: Dornseifer ua (Hrsg.), AIFM-Richtlinie, 2013, Art. 15 Rn. 7.
126 Dies ergibt sich aus Art. 48 II lit. e) der Delegierten Verordnung (EU) Nr. 231/2013.
127 *Tollmann* in: Dornseifer ua (Hrsg.), AIFM-Richtlinie, 2013, Vor. Kap. III Rn. 4.
128 *Kramer/Recknagel* DB 2011, 2077, 2081; vgl. auch *Wallach* RdF 2011, 80, 82.
129 *Dornseifer* in: Dornseifer ua (Hrsg.), AIFM-Richtlinie, 2013, Vor. Kap. IV Rn. 5.

einen Jahresbericht zu erstellen hat (Art. 22 I 1 AIFM-RL). Dieser ist sowohl den zuständigen Behörden des Herkunftsmitgliedstaates des AIFM bzw. des AIF als auch (auf Anfrage) den Anlegern zur Verfügung zu stellen. Die sechs-Monats-Frist stellt dabei eine **Mindestfrist** dar. Die Mitgliedstaaten können daher auch einen kürzeren Berichtsturnus vorschreiben (Erwägungsgrund 48). Auch der Inhalt des zu erstellenden Jahresberichts (Art. 22 II lit. a) bis f.) AIFM-RL) statuiert nur Mindestangaben. Anhand des **Mindestinhalt des Jahresberichts** ergibt sich, dass dieser auf der einen Seite den Anlegern als Hilfestellung bei der Anlageentscheidung und der periodischen Kontrolle des AIF dienen soll, und auf der anderen Seite der zuständigen Behörde als Ausgangspunkt für die Prüfung der Anlagetätigkeit und der Einhaltung der gesetzlichen Bestimmungen dient.[130] Ergänzend zu Art. 22 AIFM-RL konkretisieren die Art. 103 f. der **Delegierten Verordnung (EU) Nr. 231/2013** die inhaltliche und formelle Ausgestaltung des zu erstellenden Jahresberichts. Die Regelungen zum Jahresbericht werden durch die §§ 67, 101 III, 102, 308 I-III KAGB in deutsches Recht umgesetzt.

Art. 23 f. AIFM-RL statuieren über die Berichtspflicht hinaus weitere, **spezifische Informationspflichten des AIFM**. Art. 23 AIFM befasst sich dabei mit zusätzlichen Informationspflichten gegenüber Anlegern. Art. 24 AIFM-RL mit solchen gegenüber den zuständigen Behörden. Bezüglich der Informationspflichten gegenüber Anlegern handelt es sich zum einen um Informationen, die vor einer entsprechenden Anlage zur Verfügung zu stellen sind (zB zu Anlagestrategien und den Zielen des AIF und bezüglich Risiken und Hebelfinanzierungen (Art. 23 I lit. a) AIFM-RL),[131] zur Identität des AIFM und der Verwahrstelle des AIF (Art. 23 I lit. d) AIFM-RL) oder zum Bewertungsverfahren des AIF (Art. 23 I lit. g) AIFM-RL)) und zum anderen um regelmäßige Informationspflichten (zB den letzten Jahresbericht (Art. 23 I lit. k) AIFM-RL)).[132] Die Anforderungen nach Art. 23 AIFM-RL werden durch Art. 108 f. der Delegierten Verordnung (EU) Nr. 231/2013 konkretisiert. Art. 23 AIFM-RL wurde durch §§ 307 f. KAGB in deutsches Recht umgesetzt. 70

Bezüglich der **Informationspflichten** gegenüber den zuständigen Behörden handelt es sich um regelmäßig zu machende Angaben, die zB Regelungen der Liquiditätssteuerung (Art. 24 II lit. b) AIFM-RL) oder die wichtigsten Märkte und Instrumente und das Risikoprofil des AIF und das verwendete Risikosteuerungssystem durch den AIFM (Art. 24 II lit. c) AIFM-RL) betreffen, auf bzw. mit denen der AIFM handelt (Art. 24 I AIFM-RL). Die Anforderungen nach Art. 24 AIFM-RL werden durch Art. 110 der Delegierten Verordnung (EU) Nr. 231/2013 iVm dessen Anhang IV konkretisiert. Art. 24 AIFM-RL wurde durch § 35 KAGB in deutsches Recht umgesetzt. Eine Meldepflicht besteht daneben auch für die nationalen Aufsichtsbehörden gem. Art. 25 II AIFM-RL, die die erhobenen Informationen nach Art. 24 AIFM-RL der ESMA, ESRB und in anderen Mitgliedsstaaten zuständigen Stellen[133] zur Verfügung stellen müssen. 71

Nach Art. 46 II lit. h), m) AIFM-RL sind die Behörden dazu befugt, **Auskünfte** von zugelassenen AIFM, Verwahrstellen oder auch Wirtschaftsprüfern **zu verlangen** bzw. Überprüfungen oder Ermittlungen von Wirtschaftsprüfern oder Sachverständigen zu veranlassen. 72

Der AIFM hat nach Art. 28 I AIFM-RL die Pflicht, bei der Kontrollübernahme eines nicht-börsennotierten Unternehmens oder eines Emittenten nach Art. 26 I AIFM-RL iVm Art. 26 V AIFM-RL durch den vom AIFM verwalteten AIF die **Erlangung der Kontrolle offenzulegen**. Die betreffenden Informationen gem. Art. 28 II AIFM-RL müssen den in Art. 28 I lit. a) bis c) AIFM-RL genannten Institutionen **vorgelegt** werden. Diese Vorgaben wurden durch den deutschen Gesetzgeber in § 290 KAGB zwar unverändert umgesetzt; allerdings erfolgt keine Anwendung des Art. 28 I Uabs. 2 AIFM-RL, und Art. 28 IV AIFM-RL wurde verkürzt umgesetzt.[134] Ebenfalls wurde eine doppelte Ausführung bezüglich der Anwendbarkeit auf nicht-börsennotierte Unternehmen vermieden.[135] 73

IV. Bestellung einer Verwahrstelle

Eine Verwahrstelle iS einer **Depotbank** spielt sowohl im europäischen als auch im nationalen Recht eine zentrale Rolle (im Rahmen der Aktionärsrechterichtlinie s. auch § 30 Rn. 345). Sie ist zum **Schutz der Anleger** von essentieller Bedeutung.[136] Durch die Verwahrstelle kann eine weitgehend unabhängige Kontrolle und Überwachung des AIF gewährleistet werden. Kernaufgabe der Verwahrstelle ist damit nicht nur die Verwahrung der Vermögensgegenstände von Investmentvermögen, sondern darüber hinaus eine **eigenständige Überwachungs-** 74

130 *Dornseifer* in: Dornseifer ua (Hrsg.), AIFM-Richtlinie, 2013, Art. 20 Rn. 3 f.
131 *Söhner* WM 2011, 2121, 2124; *Wallach* RdF 2011, 80, 84.
132 *Dornseifer* in: Dornseifer ua (Hrsg.), AIFM-Richtlinie, 2013, Vor. Kap. IV Rn. 3; *Wallach* RdF 2011, 80, 84.
133 *Josek/Steffen* in: Baur/Tappen (Hrsg.), Investmentgesetze, 3. Aufl. 2014, § 35 Rn. 7.
134 *Behme* in: Baur/Tappen (Hrsg.), Investmentgesetze, 3. Aufl. 2014, § 290 Rn. 4.
135 *Behme* in: Baur/Tappen (Hrsg.), Investmentgesetze, 3. Aufl. 2014, § 290 Rn. 26.
136 *Tollmann* in: Dornseifer ua (Hrsg.), AIFM-Richtlinie, 2013, Art. 21 Rn. 1; *Klusak* in: Weitnauer/Boxberger/Anders (Hrsg.), KAGB, 2. Aufl. 2017, § 68 Rn. 2, 20.

pflicht.[137] Um eine effiziente Kontrollfunktion zu gewährleisten, stehen der Verwahrstelle weitere Rechte zu. Unter anderem wird dem Verwalter das Zugreifen auf Vermögensgegenstände des Fonds untersagt.[138]

75 Die **Verwahrstelle** existiert neben dem Verwalter, der für die Anlageentscheidungen zuständig ist.[139] Dabei darf nach Art. 21 IV lit. a) AIFM-RL ein Verwalter **nicht** die Aufgaben der Verwahrstelle wahrnehmen.[140] Grundsätzlich müssen die übernommenen Aufgaben durch die Verwahrstelle als auch durch den Verwalter **„redlich, professionell, unabhängig** und im Interesse des AIF und seiner Anleger" (Art. 21 X AIFM-RL) erfolgen. Aufgrund der Trennung dieser beiden Stellen und gleichzeitig ihrer Funktionen wird das Risiko einer Kollusion gemindert.[141]

76 Neben **Depotbanken** können Mitgliedsstaaten auch **andere Verwahrstellen** etablieren. Voraussetzung dafür ist, dass es sich um geschlossene AIF handelt, die eine Kapitalbindung für Anleger von mindestens **fünf Jahre** ermöglichen und die in andere Vermögenswerte als Finanzinstrumente investiert sind.[142]

77 Mit Art. 21 AIFM-RL wurde erstmals eine unionsweit einheitliche Depotbankregelung für AIF geschaffen. Im Bereich der offenen Fonds werden überwiegend die bereits in anderen Sekundärrechtsakten bestehenden Regelungen zu Verwahrstellen vereinheitlicht.[143] Für **geschlossene Fonds** betritt die Richtlinie hingegen Neuland.

78 Art. 21 I AIFM-RL schreibt zunächst vor, dass für jeden AIF **nur eine einzige Verwahrstelle** bestellt werden darf. Die Bestellung zur Verwahrstelle hat dabei zwischen dieser und dem AIFM, der den jeweiligen AIF verwaltet, **schriftlich per Vertrag** zu erfolgen (Art. 21 II AIFM-RL).

79 Damit die Verwahrstelle ihrer Funktion als unabhängiger Treuhänder der Anleger gerecht werden kann, dürfen **keine Zweifel an deren Integrität** bestehen und sie muss einer gewissen **staatlichen Aufsicht** unterliegen.[144] Zu diesem Zweck können nur bestimmte Stellen eine Verwahrstelle iS der Richtlinie sein. Eine Verwahrstelle kann nach **Art. 21 III AIFM-RL** sein:

- ein **Kreditinstitut** mit Sitz in der Union, das gemäß der Richtlinie 2013/36/EU[145] zugelassen ist (lit. a);
- eine **Wertpapierfirma** mit satzungsmäßigem Sitz in der Union iS der Richtlinie 2013/36/EU (lit. b);
- eine **andere Kategorie von Einrichtungen**, die einer Beaufsichtigung und ständigen Überwachung unterliegen und unter eine der von den Mitgliedstaaten gemäß Art. 23 III OGAW-RL iVm Art. 23 II OGAW-RL festgelegten Kategorien von Einrichtungen fallen, aus denen eine Verwahrstelle gewählt werden kann (lit. c);
- spezielle **Verwahrstellen für typisch geschlossene Fonds** (Art. 21 III UA 3 AIFM-RL).

80 **Keine Verwahrstelle** ist hingegen nach Art. 21 IV AIFM-RL:

- ein **AIFM** (lit. a),[146]
- ein **Primebroker**, der als Geschäftspartner eines AIF auftritt (lit. b).

81 Art. 21 V AIFM-RL befasst sich des Weiteren damit, wo die **Verwahrstellen ihren** (Satzungs-) **Sitz** haben muss; Art. 21 VII-IXAIFM-RL mit den Aufgaben der Verwahrstelle; Art. 21 X AIFM-RL mit dem Verhältnis zwischen der Verwahrstelle und dem AIFM; Art. 21 XI AIFM-RL mit der **Auslagerung** von Funktionen der Verwahrstelle; Art. 21 XII-XIV AIFM-RL mit der Haftung der Verwahrstelle sowie Art. 21 XVI AIFM-RL mit den **Auskunftspflichten** der Verwahrstelle gegenüber den Aufsichtsbehörden. Die Vorgaben des Art. 21 AIFM-RL zur Verwahrstelle wurden durch die entsprechenden Regelungen des Kapitel 1, Abschnitt 3 (§§ 68 ff.) KAGB ins deutsche Recht umgesetzt.

---

137 *Klusak* in: Weitnauer/Boxberger/Anders (Hrsg.), KAGB, 2. Aufl. 2017, § 68 Rn. 2; *Koch* in: Moritz/Klebeck/Jesch (Hrsg.), Frankfurter Kommentar zum Kapitalanlagerecht, Bd. 1, 2016, § 68 KAGB Rn. 4; *Kramer/Recknagel* DB 2011, 2077, 2081.

138 *Zetzsche/Preiner* in: Gebauer/Teichmann (Hrsg.), Europäisches Privat- und Unternehmensrecht, 2016, § 7 Rn. 156.

139 *Zetzsche/Preiner* in: Gebauer/Teichmann (Hrsg.), Europäisches Privat- und Unternehmensrecht, 2016, § 7 Rn. 155.

140 Vgl. auch *Follak* in: Dauses/Ludwigs (Hrsg.), EU-Wirtschaftsrecht, 42. EL 2017, F III Rn. 121.

141 *Zetzsche/Preiner* in: Gebauer/Teichmann (Hrsg.), Europäisches Privat- und Unternehmensrecht, 2016, § 7 Rn. 158.

142 *Kramer/Recknagel* DB 2011, 2077, 2081.

143 *Tollmann* in: Dornseifer ua (Hrsg.), AIFM-Richtlinie, 2013, Art. 21 Rn. 4.

144 *Tollmann* in: Dornseifer ua (Hrsg.), AIFM-Richtlinie, 2013, Art. 21 Rn. 32.

145 Richtlinie 2013/36/EU des Europäischen Parlaments und des Rates vom 26. Juni 2013 über den Zugang zur Tätigkeit von Kreditinstituten und die Beaufsichtigung von Kreditinstituten und Wertpapierfirmen, zur Änderung der Richtlinie 2002/87/EG und zur Aufhebung der Richtlinien 2006/48/EG und 2006/49/EG (CRD IV), ABl. EU v. 27.6.2013, L 176/338; die in lit. a) genannte Richtlinie 2006/48/EG wurde mit Wirkung zum 1.1.2014 aufgehoben.

146 Nach dem Wortlaut kann ein AIFM allgemein keine Verwahrstelle sein und nicht nur der jeweils mit der Verwaltung des AIF betraute AIFM, vgl. *Tollmann* in: Dornseifer ua (Hrsg.), AIFM-Richtlinie, 2013, Art. 21 Rn. 84.

§ 32 Projekt einer Sitzverlegungsrichtlinie

Literatur (Auswahl): *Arbeitskreis Europäisches Unternehmensrecht*, Thesen zum Erlass einer europäischen Sitzverlegungsrichtlinie, NZG 2011, 98; *Bayer/Schmidt*, Grenzüberschreitende Mobilität von Gesellschaften: Formwechsel durch isolierte Satzungssitzverlegung, ZIP 2017, 2225; *Behme*, Sitzverlegung und Formwechsel von Gesellschaften über die Grenze, 2015; *Bellingwout*, Die internationale Sitzverlegung juristischer Personen in Bewegung – Der KPMG-Bericht 1993, RIW 1997, 550; *Di Marco*, Der Vorschlag der Kommission für eine 14. Richtlinie, ZGR 1999, 3; *Frowein*, Grenzüberschreitende Sitzverlegung von Kapitalgesellschaften, 2001; *Grohmann/Gruschinske*, Die identitätswahrende Satzungssitzverlegung in Europa – Schein oder Realität, GmbHR 2008, 27; *Grundmann*, Europäisches Gesellschaftsrecht, 2. Aufl. 2011, § 24; *Hansen*, Cross-Border Restructuring – Company Law between Treaty Freedom and State Protectionism, in: Bernitz/Ringe (Eds.), Company Law and Economic Protectionism, 2010, S. 176 ff.; *Heinze*, Arbeitsrechtliche Probleme bei der grenzüberschreitenden Sitzverlegung in der Europäischen Gemeinschaft, ZGR 1999, 54; *Hoffmann*, Neue Möglichkeiten zur identitätswahrenden Sitzverlegung in Europa, ZHR 164 (2000) 43; *Hügel*, Steuerrechtliche Hindernisse bei der internationalen Sitzverlegung, ZGR 1999, 71; *Janisch*, Die grenzüberschreitende Sitzverlegung von Kapitalgesellschaften in der Europäischen Union, 2015; *Johnson*, Does Europe still need a Fourteenth Company Law Directive?, HLR 3 (2005) 18; *Kallmeyer*, Die Mobilität der Gesellschaften in der Europäischen Union, AG 1998, 88; *Kersting*, Rechtswahlfreiheit im Europäischen Gesellschaftsrecht nach Überseering. Ein Richtlinienvorschlag, NZG 2003, 9; *Kiem*, Erwartungen der Praxis an eine künftige EU-Sitzverlegungsrichtlinie, ZHR 180 (2016) 289; *Kieninger*, Niederlassungsfreiheit als Freiheit der nachträglichen Rechtswahl, NJW 2017, 3624; *Koppensteiner*, Die Sitzverlegungsrichtlinie nach Centros, in: Festschrift für Marcus Lutter, 2000, S. 141; *Koppensteiner*, Grenzüberschreitende Sitzverlegung von Kapitalgesellschaften in der EU samt einem Ausblick in die Schweiz, in: Law & Economics. Festschrift für Peter Nobel, 2015, S. 235; *Krarup*, VALE: Determining the Need for Amended Regulation Regarding Free Movement of Companies within the EU, EBLR 2013, 691; *Kronke*, Deutsches Gesellschaftsrecht und grenzüberschreitende Strukturänderungen, ZGR 1994, 26; *Kruse*, Sitzverlegung von Kapitalgesellschaften innerhalb der EG, 1997; *Leible*, Niederlassungsfreiheit und Sitzverlegungsrichtlinie, ZGR 2004, 531; *Leible*, Warten auf die Sitzverlegungsrichtlinie, in: Festschrift für G. Roth, 2011, S. 447; *Leible* in: Michalski ua (Hrsg.), GmbHG, 3. Aufl. 2017, Syst. Darst. 2, Rn. 61 ff.; *Lutter*, The Cross-Border Transfer of a Company's Seat in Europa, ERT 2000, 60; *Lutter/Bayer/Schmidt*, Europäisches Unternehmens- und Kapitalmarktrecht, 6. Aufl. 2017, § 30; *Meilicke*, Die Auswirkungen der Centros-Entscheidung auf die 14. EU-Sitzverlegungsrichtlinie, GmbHR 1999, 896; *Meilicke*, Zum Vorschlag der Europäischen Kommission für die 14. EU-Richtlinie zur Koordinierung des Gesellschaftsrechts – Sitzverlegungs-Richtlinie, GmbHR 1998, 1053; *Menjucq*, Réflecion critique sur la proposition de 14 directive relative au transfert intra-communautaire de siége social, Bull. Joly 2000, 137; *Neye*, Die Regelung der grenzüberschreitenden Sitzverlegung – eine ungelöste Aufgabe des europäischen Gesetzgebers, in: Unternehmensrecht zu Beginn des 21. Jahrhunderts. Festschrift für Eberhard Schwark, 2009, S. 231; *Neye*, Die Vorstellungen der Bundesregierung zum Vorschlag einer 14. Richtlinie, ZGR 1999, 13; *Neye*, Größere Mobilität für Unternehmen in Europa – 14. EU-Richtlinie zur Sitzverlegung geplant, GmbHR 1997, R181; *Priester*, EU-Sitzverlegung – Verfahrensablauf, ZGR 1999, 36; *Rajak*, Britisches Recht und der Vorschlag einer 14. Richtlinie, ZGR 1999, 111; *Rajak*, Proposal for a Fourteenth European Council Directive on the Transfer of the Registered Office or de facto Head Office o a Company from one Member State to Another With a Change in Applicable Law, EBLR 2000, 43; *Rammeloo*, The 14th EC Company Law Directive on the Cross-Border Transfer of the Registered Office of Limited Liability Companies – Now or Never, MJ 2008, 359; *Rammeloo*, A French-German Company Conversion (KG Berlin 21 March 2016): Another Call for Harmonizing the Laws on Cross-Border Company Migrations in Europe, ECL 14 (2017) 177; *Rohde*, Europäische Integration und Sitzverlegung von Kapitalgesellschaften von und nach Deutschland, 2002; *Schmidt*, Study on Cross-border mergers and divisions, transfers of seat: Is there a need to legislate?, 2016; *Schmidt, K.*, Sitzverlegungsrichtlinie, Freizügigkeit und Gesellschaftsrechtspraxis – Grundlagen, ZGR 1999, 20; *Schön*, Das System der gesellschaftsrechtlichen Niederlassungsfreiheit nach VALE, ZGR 2013, 333; *Schwarz*, Europäisches Gesellschaftsrecht, 2000, S. 494 ff.; *Sørensen/Neville*, Corporate Migration in the European Union, Colum. J. Eur. L. 6 (2000) 181; *Stiegler*, Grenzüberschreitende Sitzverlegungen nach deutschem und europäischem Recht, 2017; *Stiegler*, Grenzüberschreitender Formwechsel: Zulässigkeit eines Herausformwechsels, AG 2017, 846; *Straube*, Was bleibt von der „14. Gesellschaftsrechtlichen Richtlinie"?, in: Festschrift für Peter Doralt, 2004, S. 637; *Szabó/Sørensen*, Cross-Border Conversion of Companies in the EU: The Impact of the VALE Judgement, ICCLJ 10 (2013) 43; *Teichmann* in: Gebauer/Teichmann (Hrsg.), Europäisches Privat- und Unternehmensrecht, 2016, § 6 Rn. 269 ff.; *Teichmann/Knaier*, Grenzüberschreitender Formwechsel nach „Polbud". Die neue Umwandlungsfreiheit im Binnenmarkt, GmbHR 2017, 1314; *Timmerman*, Sitzverlegung von Kapitalgesellschaften nach niederländischem Recht und die 14. EU-Richtlinie, ZGR 1999, 147; *von Bismarck*, Grenzüberschreitende Sitzverlegung von Kapitalgesellschaften in Europa, 2005; *Vossestein*, Transfer of the registered office. The European Commission's decision not to submit a proposal for a Directive, Utrecht Law Review 4 (2008) 53; *Wicke*, Mobilität europäischer Kapitalgesellschaften am Vorabend der 14. gesellschaftsrechtlichen Richtlinie über die grenzüberschreitende Sitzverlegung, GPR 2010, 238; *Wymeersch*, Die Sitzverlegung nach belgischem Recht, ZGR 1999, 126; *Wymeersch*, Is a Directive on Corporate Mobility Needed?, EBOR 8 (2007) 161; *Zimmer*, Ein Internationales Gesellschaftsrecht für Europa, RabelsZ 67 (2003) 298.

A. Bisherige Entwicklung einer Sitzverlegungsrichtlinie

1 Seit fast zwei Jahrzehnten beschäftigen sich die Europäische Kommission und das Europäische Parlament mit dem Projekt einer Richtlinie betreffend die Angleichung der mitgliedstaatlichen Regelungen zur **grenzüberschreitenden Sitzverlegung von Gesellschaften.** Dabei wurde sich in den einzelnen Jahren mit unterschiedlicher Intensität mit der konkreten Ausgestaltung und dem Erlass einer entsprechenden Richtlinie befasst. Einfluss hierauf hatten insbesondere die Aussagen des EuGH zur Niederlassungsfreiheit betreffend grenzüberschreitende Sitzverlegungen.[1] Im Hinblick hierauf wird im wissenschaftlichen Schrifttum **seit langem gefordert**, die Arbeiten an einer Sitzverlegungsrichtlinie wieder stärker in den Blickpunkt des europäischen Gesellschaftsrechts zu stellen und einen neuen Richtlinienvorschlag zu unterbreiten.[2]

2 Bereits im Jahr 1968 wurde mittels eines Abkommens zwischen den Mitgliedstaaten versucht, die Problematik der grenzüberschreitenden Sitzverlegung und der Anerkennung von Gesellschaften aus einem anderen Mitgliedstaat zu erfassen.[3] Das geplante Abkommen wurde jedoch nicht verabschiedet.[4] Die spätere Hoffnung der Europäischen Kommission, das bestehende Problem der Sitzverlegung innerhalb der Gemeinschaft könne durch die Rechtsprechung des EuGH zur Niederlassungsfreiheit geklärt werden, wurde jedoch durch die Entscheidung in der **Rs. Daily Mail aus dem Jahr 1988** zerschlagen.[5] Danach hat der Gründungsstaat der Gesellschaft, die beabsichtigt, ihren Verwaltungs- oder Satzungssitz in einen anderen Mitgliedstaat zu verlegen, die Befugnis, diesen Vorgang zu beschränken oder gar ganz zu unterbinden, indem er die Auflösung der nach seinem Recht gegründeten Gesellschaft in Folge der grenzüberschreitenden Sitzverlegung anordnet.[6]

3 Die Daily Mail-Entscheidung (dazu § 10 Rn. 32 ff.) bildet insofern den Ausgangspunkt für die Anfang der 1990er Jahre erstmals aufkommende Idee einer Sitzverlegungsrichtlinie. Ende des Jahres 1996 führte die Europäische Kommission erstmals eine öffentliche Konsultation durch, um das tatsächliche Bedürfnis von Unternehmen nach einer entsprechenden Regelung zu ermitteln.[7] Im April des selben Jahres veröffentlichte die Europäische Kommission schließlich den Vorentwurf eines Richtlinienvorschlags zur Verlegung des Gesellschaftssitzes innerhalb der EU.[8] Dieser Vorentwurf einer Sitzverlegungsrichtlinie als **14. gesellschaftsrechtliche Richtlinie** beschäftigte sich erstmals mit der verfahrensmäßigen Ausgestaltung einer grenzüberschreitenden Sitzverlegung.[9] Aufgrund einiger Kritikpunkte zur veröffentlichten Fassung, legte die Europäische Kommission im November 1997 einen abgeänderter Vorentwurf vor.[10] Der Unterschied zur Fassung vom April war dabei insbesondere, dass der Anwendungsbereich der Richtlinie nun **auf Kapitalgesellschaften beschränkt** werden sollte.

1 Siehe die besprochenen Entscheidungen bei § 10 Rn. 32 ff.

2 Infolge der Centros-, Überseering- und Inspire Art-Entscheidung ua *Johnson* HLJ 3 (2005) 18, 42; *Grundmann* ZGR 2001, 783, 828; *Leible* ZGR 2004, 531, 535; *Wymeersch* EBOR 8 (2007) 161, 168 f.; infolge der Vale-Entscheidung *Schön* ZGR 2013, 333, 364; *Bayer/Schmidt* ZIP 2012, 1481, 1491; *Ringe* ECFR 2013, 230, 231 f.; *Behrens* EuZW 2013, 121, 122; *Kiem* ZHR 180 (2016) 289, 295; *Marsch-Barner* in: FS Haarmann, 2015, S. 118, 140; *Koppensteiner* in: FS Nobel, 2015, S. 235, 245; *Zimmer/Naendrup* NZG 2012, 545, 550; *Behme* NZG 2012, 936, 939; *Stiegler* NZG 2014, 351, 352; *Rammeloo* ECL 14 (2017) 177; infolge der Polbud-Entscheidung *Bayer/Schmidt* ZIP 2017, 2225, 2233 f.; *Kieninger* ZEuP 2018, 309, 317 ff.; *Stiegler* AG 2017, 846, 852.

3 Siehe Gesetz zu dem Übereinkommen vom 29. Februar 1968 über die gegenseitige Anerkennung von Gesellschaften und juristischen Personen v. 18.5.1972, BGBl. 1968, Teil II, S. 369; dazu *Drobnig* ZHR 129 (1967) 93, 119; *Gessler* DB 1967, 324 ff.; *Stein* Mich. L. Rev. 68 (1970) 1327, 1362.

4 Ausführlich dazu *Lutter/Bayer/Schmidt*, Europäisches Unternehmens- und Kapitalmarktrecht, 2017, Rn. 7.8 ff.

5 *Lutter/Bayer/Schmidt*, Europäisches Unternehmens- und Kapitalmarktrecht, 2017, Rn. 30.1.

6 Vgl. EuGH, Rs. 81/87 (Daily Mail), ECLI:EU:C:1988:456 = NJW 1989, 2186, Rn. 23 f.

7 Vgl. *Europäische Kommission*, consultation paper on company law, 17.12.1996, Dok. XV/D2/6016/96.

8 Vorentwurf für eine 14. Richtlinie über die Verlegung des Sitzes einer Gesellschaft in einen anderen Mitgliedstaat unter Wechsel des maßgebenden Rechts v. 20.4.1997, KOM XV/6002/97 endg.; abgedruckt in ZIP 1997, 1721 ff. und ZGR 1999, 157 ff.

9 Hierzu ua *Di Marco* ZGR 1999, 3 ff.; *Priester* ZGR 1999, 36 ff.; *K. Schmidt* ZGR 1999, 20 ff.; *Neye* ZGR 1999, 13 ff.; *Hoffmann* ZHR 164 (2000) 43 ff.; *Menjucq* Bull. Joly 2000, 137 ff.; *Meilicke* GmbHR 1999, 896 ff.; *Rajak* EBLR 2000, 43 ff.

10 Proposal for a Fourteenth European Parliament and Council Directive on the Transfer of the Registered Office of a Company from one Member State to another with Change of Applicable Law, Dok. XV/D2/6002/97-EN REV.2. Vorausgehend war ein Meinungsaustausch zwischen den Regierungsexperten zum ersten Vorentwurf im Juni 1997. Hierbei sprach sich die Mehrheit der Sachverständigen für eine Beschränkung des Anwendungsbereichs auf Kapitalgesellschaften aus. Diesbezügliches Argument war insbesondere, dass nur für diese Gesellschaftsformen eine überwiegende Typengleichheit in den Mitgliedstaaten zu diesem Zeitpunkt besteht.

In den Folgejahren wurde das Projekt einer Sitzverlegungsrichtlinie nicht weiter lanciert. Dies lag zum einen an den noch bestehenden Vorbehalten verschiedener Mitgliedstaaten zu einzelnen Regelungsinhalten, die einer Verabschiedung im Rat entgegenstanden. Zum anderen wollte man den nun zum Abschluss kommenden Erlass einer Verordnung über eine Europäische Aktiengesellschaft (SE) (dazu § 4) abwarten.[11] Nach **Verabschiedung der SE-VO** und damit einem Konsens bei der auch für eine geplante Sitzverlegungsrichtlinie relevanten Frage der Arbeitnehmermitbestimmung[12] und insbesondere der jüngst ergangenen EuGH-Entscheidungen Centros und Überseering betreffend die Verlegung des Verwaltungssitzes in einen anderen Mitgliedstaat[13] setzte im Jahr 2002 zunächst die ***High Lever Group of Company Experts*** (sog Winter-Gruppe) die Thematik der Verlegung des Gesellschaftssitzes in einen anderen Mitgliedstaat und damit die Schaffung einer europaweit einheitlichen Regelungen in Form einer Sitzverlegungsrichtlinie auf ihre Agenda.[14] 4

Daraufhin nahm die Europäische Kommission das Projekt einer Sitzverlegungsrichtlinie als kurzfristige Maßnahme in ihren **Aktionsplan** „Modernisierung des Gesellschaftsrechts und Verbesserung der Corporate Governance in der Europäischen Union" aus dem Jahr 2003 auf.[15] Anschließend wurde im Jahr 2004 – wie im Aktionsplan vorgesehen – eine weitere öffentliche **Konsultation** über das Bedürfnis nach einer entsprechenden Richtlinie durchgeführt.[16] Wie schon im Rahmen des Vorentwurfs von 1997 gefordert, sollte sich die Richtlinie ausdrücklich auf Kapitalgesellschaften iS der Art. 14 ff. Kodifizierungs-RL (ehemalige Publizitätsrichtlinie) beschränken.[17] Weiterhin sollte jetzt aber **nur die Verlegung des Satzungssitzes** in einen anderen Mitgliedstaat geregelt werden, da es einer Angleichung der nationalen Regelungen über die Möglichkeit einer grenzüberschreitenden Verwaltungssitzverlegung in Folge der dazu ergangenen EuGH-Entscheidungen nach Ansicht der Europäischen Kommission nicht mehr zwingend bedürfe.[18] Außerdem beschäftigte sich das Konsultationspapier erstmalig mit steuer- und mitbestimmungsrechtlichen Fragen im Rahmen einer entsprechenden Richtlinie. Zur steuerneutralen Ausgestaltung einer grenzüberschreitenden Sitzverlegung sollte die Fusionssteuerrichtlinie[19] herangezogen werden. Die Mitbestimmung sollte sich grundsätzlich nach dem Recht des Aufnahmestaates und ggf nach den Regelungen der SE-Richtlinie bestimmen.[20] 5

Trotz der Befürwortung zum Erlass einer Sitzverlegungsrichtlinie wurde es in der Folgezeit wieder ruhiger um diese. Schließlich **forderte das Europäische Parlament** die Europäische Kommission Mitte des Jahres 2006 in einer Entschließung auf, die Arbeiten an einer Sitzverlegungsrichtlinie voranzutreiben.[21] Hierauf kündigte die Europäische Kommission zwar zunächst an, einen weiteren Richtlinienvorschlag anzubringen, jedoch erklärte der damalige Kommissar der Generaldirektion Binnenmarkt *McCreevy*, dass die Schaffung einer 14. gesellschaftsrechtlichen Richtlinie über die Sitzverlegung von Gesellschaften **nicht weiter verfolgt** wird.[22] Als Begründung führte er an, dass kein hinreichender ökonomischer Mehrwert für eine entsprechende Richtlinie bestünde und Unternehmen durch alternative Gestaltungsmöglichkeiten, wie der Gründung einer Europäischen Aktienge- 6

---

11 *Lutter/Bayer/Schmidt*, Europäisches Unternehmens- und Kapitalmarktrecht, 2017, Rn. 30.19; *Grundmann*, Europäisches Gesellschaftsrecht, 2011, Rn. 836.

12 Zur Kritik am Vorentwurf wegen Fehlens von Arbeitnehmermitbestimmungsregelungen *Neye* ZGR 1999, 13, 17; *Meilicke* GmbHR 1998, 1053, 1057 f.; *Hoffmann* ZHR 164 (2000) 43, 62; siehe auch *Johnson* HLJ 3 (2005) 18, 37 f.; *Kahnert*, Rechtsetzung im Europäischen Gesellschaftsrecht, 2012, S. 199; *Grundmann*, Europäisches Gesellschaftsrecht, 2011, Rn. 862; *Leible* ZGR 2004, 531, 552 f. Im Kommissionsentwurf vom April 2018 sind entsprechende Regelungen – angelehnt an das Mitbtstimmungsverfahren bei einer grenzüberschreitenden Verschmelzung – jedoch enthalten (vgl. Art. 86l RL-Vorschlag).

13 EuGH, Rs. C-212/97 (Centros), ECLI:EU:C:1999:126 = NZG 1999, 298; EuGH, Rs. C-208/00 (Überseering), ECLI:EU:C:2002:632 = NJW 2002, 3614.

14 Vgl. Report of the High Level Group of Company Experts on a modern regulatory framework for company law in Europe v. 4.11.2002, S. 138; siehe aus deutscher Sicht auch *Group of German Experts on Corporate Law* ZIP 2002, 1310, 1320.

15 Vgl. *Europäische Kommission*, Mitteilung der Kommission an den Rat und das Europäische Parlament – Modernisierung des Gesellschaftsrechts und Verbesserung der Corporate Governance in der Europäischen Union – Aktionsplan, 21.5.2003, KOM(2003) 284 endg., S. 24.

16 Öffentliche Konsultation betreffend die Grundzüge der geplanten 14. Gesellschaftsrechtsrichtlinie über die grenzüberschreitende Verlegung des Satzungssitzes von Kapitalgesellschaften, IP/04/270.

17 *Lutter/Bayer/Schmidt*, Europäisches Unternehmens- und Kapitalmarktrecht, 2017, Rn. 30.20; zur Beschränkung auf Kapitalgesellschaften auch *Habersack/Verse*, Europäisches Gesellschaftsrecht, 2011, § 5 Rn. 9; *Kalss* EuZW 2015, 252, 253.

18 Vgl. http://ec.europa.eu/internal_market/company/seat-transfer/2004-consult_de.htm#text11.

19 Richtlinie 2009/133/EG des Europäischen Parlaments und des Rates vom 19. Oktober 2009 über das gemeinsame Steuersystem für Fusionen, Spaltungen, Abspaltungen, die Einbringung von Unternehmensteilen und den Austausch von Anteilen, die Gesellschaften verschiedener Mitgliedstaaten betreffen, sowie für die Verlegung des Sitzes einer Europäischen Gesellschaft oder einer Europäischen Genossenschaft von einem Mitgliedstaat in einen anderen Mitgliedstaat, ABl. EG v. 25.11.2009, L 310/34.

20 Vgl. http://ec.europa.eu/internal_market/company/seat-transfer/2004-consult_de.htm#text11.

21 Entschließung des Europäischen Parlaments v. 4.7.2006 zu den jüngsten Entwicklungen und den Perspektiven des Gesellschaftsrechts, ABl. EU C 303 E/114, Punkt 33.

22 *McCreevy*, Speech at the European Parliament's Legal Affairs Committee, 3.10.2007, S. 3.

sellschaft, einer ausländischen Tochtergesellschaft oder der Durchführung einer grenzüberschreitenden Verschmelzung nach der bereits erlassenen Richtlinie 2005/56/EG (dazu § 24), bereits ausreichend Möglichkeiten zu Verfügung stünden, um den mit einer Sitzverlegungsrichtlinie verfolgten Zweck zu erreichen. Außerdem wolle man die Aussagen des Gerichtshofs in der anhängigen Rs. Cartesio abwarten, bevor man weitere Schritte unternimmt.[23] Davon sichtlich enttäuscht,[24] behielt es sich das Europäische Parlament vor, eine Untätigkeitsklage gem Art. 265 I 1 AEUV gegen die Europäische Kommission anzustrengen.[25] Davon unbeeindruckt, veröffentlichte die Europäische Kommission eine Folgeabschätzung (***Impact Assessment***), in der man wiederum zu dem Schluss gelangte, dass es vorzugswürdig sei, die Arbeit an einer Sitzverlegungsrichtlinie zurzeit nicht weiterzuführen.[26]

7 Weitere Klarheit bezüglich der grenzüberschreitenden Sitzverlegung in Europa brachte die angesprochene **Cartesio-Entscheidung** aus dem Jahr 2008 (dazu § 10 Rn. 36 ff.).[27] Zur Verwunderung Vieler bestätigte der Gerichtshof hierin jedoch im Grundsatz die Aussagen der Daily Mail-Entscheidung.[28] In einem obiter dictum führte er jedoch aus, dass die formwechselnde Verlegung des Satzungssitzes in einen anderen Mitgliedstaat grundsätzlich von der Niederlassungsfreiheit erfasst sei. Insbesondere diese Aussage nahm das Europäische Parlament zum Anlass, um im März 2009 eine weitere **Empfehlung zum Erlass einer Sitzverlegungsrichtlinie** zu unterbreiten.[29] Insbesondere empfahl das Parlament, dass das Verfahren der Arbeitnehmermitbestimmung sich an der Richtlinie 2005/56/EG über die grenzüberschreitende Verschmelzung von Kapitalgesellschaften[30] orientieren und auf diese verweisen sollte.[31] Wiederum blieb die Europäische Kommission jedoch einer konkreten Antwort in Form eines neuen Richtlinienvorschlags schuldig.

8 Sie beauftrage allerdings eine Expertengruppe, die sich mit der Zukunft des europäischen Gesellschaftsrechts auseinandersetzen sollte.[32] Diese äußerte sich in ihrem im Mai des Jahres 2011 veröffentlichten Arbeitspapier auch zum Projekt einer Sitzverlegungsrichtlinie. Die ***Reflection Group on the Future of Company Law*** sprach sich dabei ausdrücklich für die Schaffung von europaweit einheitlichen Regelungen betreffend grenzüberschreitende Sitzverlegungen aus. Sie ließ dabei jedoch offen, ob dies in Form einer separaten Sitzverlegungsrichtlinie oder mittels einer Erweiterung der Richtlinie 2005/56/EG zu einer Art **„allgemeiner Mobilitätsrichtlinie"** geschehen solle.[33] Weiterhin solle der Anwendungsbereich zunächst auf Kapitalgesellschaften beschränkt werden; nach hinreichenden Erfahrungen mit den in nationales Recht umgesetzten Richtlinienregelungen könne er jedoch auch auf andere Gesellschaftsformen iSd Art. 54 AEUV erweitert werden.[34]

9 Nach den mehrmaligen Forderungen des Europäischen Parlaments und der *Reflection Group on the Future of Company Law* beschäftigte sich nun auch eine Großzahl deutscher Wissenschaftler mit der künftigen Ausgestaltung einer Sitzverlegungsrichtlinie. Ebenfalls 2011 veröffentlichte der deutsche ***Arbeitskreis Europäisches Unternehmensrecht*** dreizehn Thesen zum Erlass einer europäischen Sitzverlegungsrichtlinie.[35] Diese beschäftig-

23 Vgl. *McCreevy*, Company Law and corporate governance today, 5th European Corporate Governance and Company Law Conference, Berlin 28.6.2007, SPEECH/07/441.

24 Vgl. Entschließung des Europäischen Parlaments v. 25.10.2007 zur Europäischen Privatgesellschaft und zur Vierzehnten gesellschaftsrechtlichen Richtlinie über die grenzüberschreitende Verlegung des Gesellschaftssitzes, ABl. EU C 263 E/671, Punkt 5; siehe auch *Dorresteijn et al.*, European Corporate Law, 2. Aufl. 2011, S. 88 Rn. 3.102; *Rammeloo* MJ 2008, 359, 372 f.; *Neye* in: FS Schwark, 2009, S. 231, 234 f.

25 Vgl. *Lehne*, Plenardebatte im Europäischen Parlament v. 4.9.2007; siehe auch *Schmidt-Gerdts* SR 2007, 254 f.; *Leible* in: FS G. Roth, 2011, S. 447, 449. Gemäß Art. 225 S. 2 AEUV hat nach Aufforderung des Europäischen Parlaments die Europäische Kommission entweder einen (neuen) Vorschlag einzubringen oder zu begründen, warum sie davon absieht, dazu *Kluth* in: Callies/Ruffert (Hrsg.), EUV/AEUV, 4. Aufl. 2017, Art. 225 AEUV Rn. 4; *Hölscheidt* in: Grabitz/Hilf/Nettesheim (Hrsg.), Das Recht der Europäischen Union, 63. EL 2017, Art. 225 AEUV Rn. 13.

26 Vgl. Impact Assessment on the Directive on the cross border transfer of registered office v. 12.12.2007, SEC(2007) 1707, S. 6.

27 EuGH, Rs. C-210/06 (Cartesio), ECLI:EU:C:2008:723 = NJW 2009, 569.

28 EuGH, Rs. 81/87 (Daily Mail), ECLI:EU:C:1988:456 = NJW 1989, 2186.

29 Entschließung des Europäischen Parlaments v. 10.3.2009 mit Empfehlungen an die Kommission zur grenzüberschreitenden Verlegung von eingetragenen Gesellschaftssitzen, ABl. EU C87 E/5.

30 Richtlinie 2005/56/EG des Europäischen Parlaments und des Rates vom 26. Oktober 2005 über die Verschmelzung von Kapitalgesellschaften aus verschiedenen Mitgliedstaaten, ABl. EG v. 25.11.2005, L 310/1.

31 Vgl. Entschließung des Europäischen Parlaments v. 10.3.2009 mit Empfehlungen an die Kommission zur grenzüberschreitenden Verlegung von eingetragenen Gesellschaftssitzen, ABl. EU C87 E/5, Punkt 5.

32 Siehe Report of the *Reflection Group on the Future of European Company Law*, 2011, abrufbar unter: http://ec.europa.eu/internal_market/company/docs/modern/reflectiongroup_report_en.pdf.

33 Zur Idee einer allgemeinen Mobilitätsrichtlinie *Schmidt* GmbHR 2013, R33, R34; *dies.* GmbHR 2011, R177; *Stiegler* DB 2014, 525, 529 f.; ähnlich zu einer solchen Idee schon im Rahmen des Vorentwurfs zur Sitzverlegungsrichtlinie *Priester* ZGR 1999, 36, 39.

34 Report of the *Reflection Group on the Future of European Company Law*, 2011, S. 20; vgl. auch *Lutter/Bayer/Schmidt*, Europäisches Unternehmens- und Kapitalmarktrecht, 2017, Rn. 30.26.

35 *Arbeitskreis Europäisches Unternehmensrecht* NZG 2011, 98.

ten sich insbesondere mit dem Bedürfnis und der Grundkonzeption einer Sitzverlegungsrichtlinie sowie deren Regelungen zur verfahrensmäßigen Durchführung einer Sitzverlegung ins Ausland. Der *Arbeitskreis Europäisches Unternehmensrecht* stellt dabei klar, dass es sich bei der von der Richtlinie betroffenen Satzungssitzverlegung um einen **grenzüberschreitenden Formwechsel** in die Gesellschaftsform eines anderen Mitgliedstaates handelt.[36] Auch sei in Folge der Cartesio-Entscheidung die Rechtslage für Unternehmen höchst unübersichtlich, womit ein hohes Maß an Rechtsunsicherheit bei der Durchführung einer formwechselnden Satzungssitzverlegung in einen anderen Mitgliedstaat bestünde.[37]

Im Februar des Jahres 2012 erfolgte eine erneute Entschließung des Europäischen Parlaments mit Empfehlungen an die Europäische Kommission.[38] Auch hier wurde die Europäische Kommission wieder unmissverständlich **aufgefordert, „umgehend" einen Vorschlag** für eine Richtlinie über die grenzüberschreitende Verlegung des Unternehmenssitzes zu unterbreiten.[39] In Anbetracht des diesbezüglichen Rechtsvakuums und des damit verbunden Beschäftigungsrisikos, der verwaltungstechnischen Kosten sowie der mangelnden Rechtsklarheit könne die Schaffung einer Sitzverlegungsrichtlinie nicht noch länger auf sich warten lassen.[40] Inhaltlich sprach das Parlament in seiner Entschließung erstmals explizit an, dass in einer künftigen Richtlinie auch eine Regelung enthalten sein sollte, die den Missbrauch einer grenzüberschreitenden Sitzverlegung durch Gründung von **„Briefkastenfirmen"** (*pseudo foreign companies*) und „Mantelgesellschaften" (*shelf companies*) **verhindert.**[41] In einer weiteren Entschließung vom Juni 2012 über die Zukunft des europäischen Gesellschaftsrechts wiederholte das Parlament seine Forderung an die Europäische Kommission, einen Gesetzgebungsvorschlag vorzulegen, in dem Maßnahmen festgelegt werden, durch die die grenzüberschreitende Mobilität von Gesellschaften innerhalb der EU erleichtert wird.[42] 10

Neuen Schwung bei dem Projekt einer Sitzverlegungsrichtlinie brachte das **Vale-Urteil** des EuGH vom Juli 2012.[43] Hiernach ist der Hereinformwechsel in einen anderen Mitgliedstaat grundsätzlich vom Schutzbereich der Niederlassungsfreiheit erfasst. Wie bereits dargestellt, handelt es sich bei einem grenzüberschreitenden Formwechsel um eine identitätswahrende, statusändernde Satzungssitzverlegung ins Ausland.[44] In Folge dieser Bestätigung der grenzüberschreitenden Satzungssitzverlegung wurde auch der **Ruf** nach einer europäischen Richtlinie **wieder lauter.**[45] Dies wurde durch die im Jahr 2017 ergangene Polbud-Entscheidung des EuGH (dazu § 10 Rn. 46 ff.) zu einem Herausformwechsel weiter bestärkt. 11

Dies nahm die Europäische Kommission zur Geltung und fügte in ihrem **Aktionsplan Europäisches Gesellschaftsrecht und Corporate Governance** vom Dezember 2012 einen Abschnitt über die Sitzverlegung in Europa ein.[46] Hierin erkennt sie zwar das dringende Bedürfnis nach einer entsprechenden europäischen Regelung an, 12

36 Vgl. *Arbeitskreis Europäisches Unternehmensrecht* NZG 2011, 98 (These 1-3).

37 Vgl. *Arbeitskreis Europäisches Unternehmensrecht* NZG 2011, 98 (These 3); *Lutter/Bayer/Schmidt*, Europäisches Unternehmens- und Kapitalmarktrecht, 2017, Rn. 7.3.

38 Entschließung des Europäischen Parlaments v. 2.2.2012 mit Empfehlungen an die Kommission zu einer 14. Gesellschaftsrechtlichen Richtlinie zur grenzüberschreitenden Verlegung von Unternehmenssitzen, ABl. EU C 239 E/18; dazu *Lutter/Bayer/Schmidt*, Europäisches Unternehmens- und Kapitalmarktrecht, 2017, Rn. 30.27; *Stiegler*, grenzüberschreitende Sitzverlegungen nach deutschem und europäischem Recht, 2017, S. 424 f.

39 Vgl. Entschließung des Europäischen Parlaments v. 2.2.2012 mit Empfehlungen an die Kommission zu einer 14. Gesellschaftsrechtlichen Richtlinie zur grenzüberschreitenden Verlegung von Unternehmenssitzen, ABl. EU C 239 E/18, Punkt 1.

40 Vgl. Entschließung des Europäischen Parlaments v. 2.2.2012 mit Empfehlungen an die Kommission zu einer 14. Gesellschaftsrechtlichen Richtlinie zur grenzüberschreitenden Verlegung von Unternehmenssitzen, ABl. EU C 239 E/18, Punkt A, F.

41 Vgl. Entschließung des Europäischen Parlaments v. 2.2.2012 mit Empfehlungen an die Kommission zu einer 14. Gesellschaftsrechtlichen Richtlinie zur grenzüberschreitenden Verlegung von Unternehmenssitzen, ABl. EU C 239 E/18, Punkt H; zur Bekämpfung von Briefkastengesellschaften (*letter box companies*) im europäischen Binnenmarkt siehe auch *Monti*, A New Strategy for the Single Market, Mai 2010, S. 70 („it is also of key importance that the fight against „letter box companies" is intensified").

42 Vgl. Entschließung des Europäischen Parlaments v. 14.6.2012 zur Zukunft des Europäischen Gesellschaftsrechts, ABl. EU C 332 E/78, Punkt 7; siehe auch das Feedback Statement on the Summary to the Public Consultation on the Future of European Company Law, Juli 2012, S. 9 f.

43 EuGH, Rs. C-378/10 (Vale), ECLI:EU:C:2012:440 = NJW 2012, 2715.

44 *Hoffmann* in: MüHdB GesR, IntGesR, 4. Aufl. 2013, § 54 Rn. 1, 5; *Bayer/Schmidt* ZHR 173 (2009) 735, 752; *Thiermann* EuZW 2012, 209, 211; *Jaensch* in: Keßler/Kühnberger (Hrsg.), UmwG, 2009, Vor §§ 190 ff. Rn. 12; *Weller* in: FS Blaurock, 2013, S. 497, 500; *Böttcher/Kraft* NJW 2012, 2701, 2703; *Mansel/Thorn/Wagner* IPRax 2013, 1, 3; *Piehler* in: Kölner Handbuch Gesellschaftsrecht, 2. Aufl. 2014, Kapitel 5, Rn. 479.

45 Vgl. *Schön* ZGR 2013, 333, 337, 364; *Bayer/Schmidt* ZIP 2012, 1481, 1491; *Zimmer/Naendrup* NZG 2012, 545, 550; *Behme* NZG 2012, 936, 939; *Behrens* EuZW 2013, 121, 122; *Schönhaus/Müller* IStR 2013, 174, 179; *Ringe* ECFR 2013, 230, 231 f.; *Kiem* ZHR 180 (2016) 289, 295.

46 *Europäische Kommission*, Aktionsplan Europäisches Gesellschaftsrecht und Corporate Governance v. 12.12.2012 (IP 12/1340), S. 14; dazu *Hopt* EuZW 2013, 481 f.; *ders.* ZGR 2013, 165 ff.; *Verse* EuZW 2013, 336, 342 f.; *Behrens* EuZW 2013, 121 ff.; ehemalige *Reflection Group on the Future of European Company Law* ECFR 2013, 304 ff.

eine künftige Initiative auf diesem Gebiet müsse aber durch „robuste Wirtschaftsdaten und eine sorgfältige Bewertung eines praktischen und echten Nutzens [...] untermauert werden".[47] Zu diesem Zweck beabsichtigte die Europäische Kommission eine weitere öffentliche **Konsultation über das Bedürfnis einer Sitzverlegungsrichtlinie** durchzuführen. Zu Beginn des Jahres 2013 wurde eine entsprechende Konsultation auf den Weg gebracht.[48] Aufgrund der verhältnismäßig wenigen eingegangenen Beiträge konnten jedoch keine offensichtlichen Mehrheiten für das Erfordernis einer Sitzverlegungsrichtlinie ausgemacht werden.[49]

13 Aussagekräftiger ist dagegen die vom Europäischen Parlament in Auftrag gegebene und im Frühjahr des Jahres 2013 veröffentlichte **Studie zur Bewertung des europäischen Mehrwerts** einer Sitzverlegungsrichtlinie.[50] Hierin kam man aufgrund zahlreicher empirischer Daten zu dem Schluss, dass eine Sitzverlegungsrichtlinie insbesondere aus ökonomischen Gesichtspunkten eine effiziente Möglichkeit darstelle, die Mobilität für Unternehmen im Binnenmarkt zu fördern und weitere Zusatzkosten im Vergleich zu alternativen Gestaltungsvarianten zu verringern.[51] Durch die Ergebnisse der Studie versuchte das Parlament nochmals auf die Europäische Kommission einzuwirken und aufzuzeigen, dass es keine haltbaren politischen sowie wirtschaftlichen Erwägungen mehr gäbe, die gegen die Schaffung einer Sitzverlegungsrichtlinie sprächen.

14 Beruhend auf einer Ausschreibung der Europäische Kommission im August des Jahres 2014 wurde weiterhin eine Studie über das Gesellschaftskollisionsrecht in den Mitgliedstaaten[52] mit dem Ziel einer etwaigen Harmonisierung des Internationalen Gesellschaftsrechts ausgeschrieben. Die Ergebnisse der Studie wurden im Jahr 2016 veröffentlicht (s. dazu auch § 11 Rn. 172).[53] Dabei wurde ua herausgestellt, dass das mitgliedstaatliche Recht im Hinblick sowohl auf grenzüberschreitende Sitzverlegungen als auch das Internationale Gesellschaftsrecht als solches weiterhin signifikante Unterschiede aufweisen.[54] Auch die bisherige EuGH-Rechtsprechung auf diesem Gebiet konnte dem bislang nicht Abhilfe schaffen und es besteht weiterhin ein hohes praktisches Bedürfnis nach europäischen Harmonisierungsbestimmungen.[55] Inwiefern jedoch neben einer künftigen Sitzverlegungsrichtlinie zudem eine das Gesellschaftskollisionsrecht der Mitgliedstaaten regelnde „Rom-VO"[56] treten könnte, ist – trotz dieses Befundes in der Studie – zurzeit weiterhin unklar.[57] Einen ersten Ansatz stellte die *Groupe européen de droit international privé* (GEDIP) ebenfalls im Jahr 2016 vor und unterbreitete einen Vorschlag zu einer Kodifikation des Internationalen Privatrechts im Gesellschaftsrecht (s. dazu auch § 11 Rn. 174 ff.).[58]

15 Wie gezeigt, beschäftigt man sich schon seit geraumer Zeit teils mehr, teils weniger intensiv mit der Ausgestaltung und Schaffung einer europäischen Sitzverlegungsrichtlinie. Dabei wird vor allem vom Europäischen Parlament **seit längerem nachhaltig gefordert**, einen entsprechenden Legislativvorschlag vorzulegen. Die Europäische Kommission hat sich bisher jedoch nicht durchringen können, einen aktualisierten Richtlinienvorschlag zu erarbeiten,[59] so dass es beim **Vorentwurf von 1997 als maßgebliche Fassung** einer Sitzverlegungsrichtlinie bisweilen bleibt. In Folge der zu beobachtenden Entwicklungen bei der Ausformung der europäischen Niederlassungsfreiheit hierzu und den damit verbundenen Forderungen sowie Anregungen der wissenschaftlichen Literatur zur Schaffung einer Sitzverlegungsrichtlinie, wird auch in nächster Zeit die Aktualität dieser Thematik nicht abreißen.[60] Auch im Zuge der Polbud-Entscheidung des EuGH wurde insofern die Problematik des Fehlens europäischer Harmonisierungsbestimmungen erneut offenkundig. Im April 2018 veröffentlichte die Europäische Kommission im Rahmen eines Änderungsvorschlags der Kodifizierungs-Richtlinie (dazu § 19) nun endlich einen Entwurf für die Regulierung eines grenzüberschreitenden Formwechsels (Art. 86a ff. RL-Vorschlag) (s. dazu

47 *Europäische Kommission*, Aktionsplan Europäisches Gesellschaftsrecht und Corporate Governance v. 12.12.2012 (IP 12/1340), S. 14.
48 Konsultation zur grenzüberschreitenden Verlegung des Firmensitzes v. 14. 1. 2013.
49 Vgl. *Stiegler* DB 2014, 525, 529.
50 European Added Value Assessment on the cross-border transfer of a company's registered office 3/2012 (14th company law Directive).
51 Vgl. European Added Value Assessment on the cross-border transfer of a company's registered office 3/2012 (14th company law Directive), S. 8.
52 Vgl. Study on the law applicable to companies with the aim of a possible harmonization of conflict of law rules on the matter, 2014/S 149-267126; dazu *Bayer* in: Bergmann ua (Hrsg.), 10 Jahre SE, 2015, S. 230, 251.
53 Siehe *Gerner-Beuerle et al.*, Study on the Law Applicable to Companies – Final Report, 2016.
54 *Gerner-Beuerle et al.*, Study on the Law Applicable to Companies – Final Report, 2016, S. 14.
55 *Gerner-Beuerle et al.*, Study on the Law Applicable to Companies – Final Report, 2016, S. 14.
56 Vgl. *Bayer/Schmidt* ZIP 2012, 1481, 1492; *Schmidt* GPR 2015, 129, 134.
57 Hierfür auch *Kieninger* RabelsZ 73 (2009) 607, 621 ff.; *Behme*, Rechtsformwahrende Sitzverlegung und Formwechsel, 2015, S. 284 f.; entsprechend im Rahmen einer Richtlinie bereits *Kersting* NZG 2003, 9, 11 f. Ob eine umfassend kollisionsrechtliche Regelung im Rahmen einer potentiellen Richtlinie auch kompetenzrechtlich zulässig ist, kann jedoch bezweifelt werden.
58 *GEDIP*, Draft rules on the law applicable to companies and other bodies, September 2016.
59 Vgl. auch *Koppensteiner* in: FS Nobel, 2015, S. 235, 245 („vor sich herschiebt").
60 Einen baldigen (neuen) Richtlinienvorschlag prognostizierte bereits *Kiem* ZHR 180 (2016) 289.

Rn. 77). Derzeit (Juli 2018) befindet sich dieser noch im Gesetzgebungsverfahren und wird aufgrund seiner Ausgestaltung wohl auch nicht frei von Kritik bleiben.

B. Bedeutung und Erfordernis einer Sitzverlegungsrichtlinie

Im Hinblick auf die dargestellte – bisherige – Entwicklungsgeschichte einer Sitzverlegungsrichtlinie stellt sich die Frage, inwieweit bei der aktuellen Konzeption des europäischen Gesellschaftsrechts eine legislative Maßnahme auf europäischer Ebene notwendig ist. Dies ist anhand **verschiedener Bezugspunkte** aufzuzeigen. Hierunter fallen die mit einer Richtlinie einhergehende Verwirklichung des Binnenmarktes, das praktische Bedürfnis des Rechtsverkehrs nach einem entsprechenden Sekundärrechtsakt, das Verhältnis zum Status quo der diesbezüglichen Niederlassungsfreiheit von Gesellschaften sowie vergleichbaren Gestaltungsvarianten, die eine vermeintliche Alternative zum Erlass einer Sitzverlegungsrichtlinie darstellen. Hiervon unbenommen, geht es beim Erlass eines entsprechenden Sekundärrechtsaktes generell um eine **Abwägung** zwischen der Verwirklichung des politisch Machbaren, dem rechtlich sowie ökonomisch Wünschenswerten und sozial Vertretbaren, um eine legislative Maßnahme auf europäischer Ebene durchzusetzen.[61] 16

I. Verwirklichung des Binnenmarktes für Gesellschaften

Ob eine Rechtsangleichung auf europäischer Ebene mittels einer Sitzverlegungsrichtlinie geboten ist, lässt sich zunächst mit Blick auf die damit **zu verwirklichende Zielstellung des Binnenmarktes** zeigen.[62] Die Regulierung einzelner Fragen des Gesellschaftsrechts auf europäischer Ebene ist vor dem Hintergrund zu sehen, ua die **Mobilität von Unternehmen in Europa zu gewährleisten** und in diesem Kontext die grenzüberschreitende Tätigkeit von Gesellschaften in Form einer entsprechenden Sitzverlegung innerhalb des Binnenmarktes zu erleichtern bzw. überhaupt erst (faktisch) zu ermöglichen.[63] Die Errichtung und Verwirklichung eines Binnenmarktes umfasst hierbei einen Raum ohne Binnengrenzen, in dem auch die Niederlassungsfreiheit von Gesellschaften sicherzustellen ist (vgl. § 26 II AEUV). In diesem Zusammenhang ist für Gesellschaften die Verwirklichung des Binnenmarktes eng mit einer Verwirklichung der für diese statuierten Niederlassungsfreiheit verknüpft. Zur Verwirklichung der Niederlassungsfreiheit hat der europäische Gesetzgeber nach Art. 50 I AEUV Richtlinien zu erlassen, um einen gleichwertigen Schutz von Gesellschaftern und Gläubigern (vgl. Art. 50 II lit. g) AEUV) zu gewährleisten.[64] 17

Ein **formales Recht** von Gesellschaften – sei es durch formwechselnde Sitzverlegung oder identitäts- und rechtsformwahrenden Zuzug (dazu § 10 Rn. 95 ff.) – **auf Niederlassung** ist für das tatsächliche Funktionieren eines Raumes ohne Binnengrenzen und damit für die Verwirklichung des Binnenmarktes jedoch grundsätzlich noch **nicht ausreichend**. Im Sinne einer diesbezüglichen Mobilitätgarantie für Gesellschaften ist vielmehr eine wirklich bestehende Freiheit zur Sitzverlegung notwendig. Insofern sind Vorgaben für grenzüberschreitende Sitzverlegungen einer der **Kernbestandteile der Vollendung des Binnenmarktes**.[65] Gerade weil vor allem bei einer formwechselnden Satzungssitzverlegung und damit der Änderung des Gesellschaftsstatuts die schützenswerten Interessen von Gesellschaftern, Gläubigern und Arbeitnehmern tendenziell in einem hohen Maße betroffen sind, bedarf es zur Verwirklichung der durch Art. 49, 54 AEUV verbürgten Niederlassungsfreiheit eines harmonisierten Regelungsrahmens zum Schutz dieser Personengruppen.[66] Ein solcher kann indes nur durch eine hierfür konzipierte Richtlinie geschaffen werden.[67] Im Hinblick auf grenzüberschreitende Sitzverlegungen gehört zur Verwirklichung des Binnenmarktes damit auch der **Schutz von Drittinteressen**.[68] Durch einen bloßen Wettbewerb 18

61 Generell im Hinblick auf die Europäisierung des Gesellschaftsrechts *Ebke* RabelsZ 62 (1988) 195, 200.

62 Siehe allgemein auch *Teichmann*, Binnenmarktkonformes Gesellschaftsrecht, 2006, S. 191.

63 Vgl. *Grundmann*, Europäisches Gesellschaftsrecht, 2011, Rn. 31; *Kahnert*, Rechtssetzung im Europäischen Gesellschaftsrecht, 2012, S. 43.

64 Speziell im Zusammenhang mit einer Sitzverlegungsrichtlinie vgl. auch *Behme*, Rechtsformwahrende Sitzverlegung und Formwechsel, 2015, S. 267 f.

65 Entschließung des Europäischen Parlaments mit Empfehlungen an die Kommission zu einer 14. gesellschaftsrechtlichen Richtlinie zur grenzüberschreitenden Verlegung von Unternehmenssitzen v. 2.2.2012, P7_TA(2012)0019, Punkt A; siehe auch *Oplustil*, Grenzüberschreitende Umwandlungen, Donau-Institut Working Papers 27/2014, S. 5; *Behme* ECFR 2016, 31, 50.

66 In diesem Sinne *Mitterecker*, Grenzüberschreitende Sitzverlegungen, 2015, S. 22; *v. Bismarck*, Grenzüberschreitende Sitzverlegung, 2005, S. 114; *Rammeloo* MJ 2008, 359, 377 f.; vgl. auch *Cerioni*, EU Corporate Law, 2007, S. 162; generell zur Rechtsangleichung im Europäischen Gesellschaftsrecht als Interessenausgleich *Teichmann*, Binnenmarktkonformes Gesellschaftsrecht, 2006, S. 196 ff.

67 In diesem Sinne zur Verhinderung eines *race to the bottom* durch Angleichung des mitgliedstaatlichen Gesellschaftsrechts siehe GA *Trstenjak*, Schlussanträge v. 2.6.2010, Rs. C-81/09 (Idryma Typou), ECLI:EU:C:2010:304 = BeckEuRS 2010, 516849, Rn. 30; auch *Armour/Ringe* CMLR 48 (2011) 125, 128; ferner im Zusammenhang mit der Polbud-Entscheidung *Kieninger* ZEuP 2018, 309, 316.

68 In diesem Sinne *Grundmann*, Europäisches Gesellschaftsrecht, 2011, Rn. 149; vgl. auch *Bachmann ua*, Rechtsregeln für die geschlossene Kapitalgesellschaft, 2012, S. 202.

der Rechtordnungen aufgrund umfassender Mobilität von Unternehmen in Europa kann diesen Schutzbelangen jedoch nur bedingt Rechnung getragen werden. Ziel einer Vollendung des Binnenmarktes kann dabei nicht ein reiner Wettbewerb der Rechtsordnungen innerhalb Europas sein, sondern vielmehr eine **gesteuerte Angleichung des Rechts** der grenzüberschreitenden Sitzverlegung, bei der durch harmonisierte Rechtsvorschriften auch die schützenswerten Interessen Dritter angemessen berücksichtigt werden.[69]

II. Bedürfnis nach einer Sitzverlegungsrichtlinie

19 Das **praktische Bedürfnis von Unternehmen** nach einer Richtlinie, die das Verfahren einer Sitzverlegung in einen anderen Mitgliedstaat regelt, ist eng mit dem **rechtlichen und ökonomischen Mehrwert** einer solchen legislativen Maßnahme verbunden. Zu den wirtschaftlichen Folgen einer grenzüberschreitenden Sitzverlegung im Rahmen einer entsprechenden Richtlinie stehen empirische Daten indes nur in begrenztem Maße zur Verfügung. Welche ökonomischen Vorteile eine Sitzverlegungsrichtlinie für Unternehmen mit sich bringen wird, hängt insofern maßgeblich von der konkreten Ausgestaltung einer solchen ab. Auch die Ermittlung tatsächlicher Kostenvorteile insbesondere gegenüber alternativen Gestaltungsvarianten (dazu Rn. 24 ff.) hängt nicht zuletzt von der verfahrensmäßigen Ausgestaltung der Sitzverlegung innerhalb der Richtlinie selbst ab.[70]

20 Die mit den Motiven für eine grenzüberschreitende Sitzverlegung verknüpfte rechtliche Vorteilhaftigkeit kommt nur dann vollends zum Tragen, wenn nicht nur die allgemeine Zulässigkeit einer solchen besteht, sondern auch ein **rechtssicheres Verfahren** für deren Durchführung vorhanden ist. Dieses bedarf allerdings europäisch-harmonisierter Vorgaben, da andernfalls nicht nur die oben beschriebenen Schutzstandards zurückzubleiben drohen, sondern auch die Strukturmaßnahme als Ganze an nicht-angeglichenen, autonom-nationalen Beschränkungen scheitern könnte.[71] Generell besteht ein Bedürfnis nach **zentraler Rechtsetzung auf europäischer Ebene** damit gerade in solchen Fällen, in denen ein angeglichenes Recht der Mitgliedstaaten die grenzüberschreitende Mobilität von Gesellschaften im Sinne einer Verwirklichung des Binnenmarktes fördert und **Effizienzeffekte** hervorruft.[72] Insofern hängt der Mehrwert einer Sitzverlegungsrichtlinie inhaltlich auch davon ab, in welchem Ausmaß es zu Verbesserungen gegenüber dem bisherigen Rechtsrahmen für eine solche Strukturmaßnahme kommt. In diesem Zusammenhang haben sich in den verschiedenen Konsultationen zum Erlass einer Sitzverlegungsrichtlinie vor allem Unternehmen in großer Mehrheit für eine entsprechende europäische Initiative ausgesprochen.[73]

21 Im Hinblick auf einen **grenzüberschreitenden Formwechsel als Satzungssitzverlegung** einer Kapitalgesellschaft ins Ausland führt der zurzeit noch bestehende Mangel an harmonisierten Verfahrensregelungen dazu, dass Unternehmen einen grenzüberschreitenden Formwechsel zurzeit nur bedingt als transnationale Gestaltungsvariante in Betracht ziehen. Zudem sind die Niederlassungsrelevanz und damit die grundsätzliche Zulässigkeit einer solchen Strukturmaßnahme erst seit wenigen Jahren ausdrücklich durch den EuGH bestätigt (dazu § 10 Rn. 123 ff.). Der Erlass einer Sitzverlegungsrichtlinie würde insofern erst den **Anstoß dazu geben**, dass Unternehmen eine grenzüberschreitende Satzungssitzverlegung tatsächlich in Betracht ziehen und durchzuführen beabsichtigen.[74]

III. Verhältnis zur EuGH-Rechtsprechung

22 Die praktische Bedeutung einer Sitzverlegungsrichtlinie hängt zudem davon ab, wie weitreichend bereits die Niederlassungsfreiheit ein Recht auf formwechselnde Sitzverlegung verbürgt.[75] Bezogen auf eine identitätswahrende statusändernde Satzungssitzverlegung als grenzüberschreitenden Formwechsel mag man indes einwenden,

69 In diese Richtung auch European Added Value Assessment on the cross-border transfer of a company's registered office 3/2012 (14th company law Directive), S. 19, wonach eine Nichtharmonisierung von Schutzstandards „eine Bedrohung für die Vollendung des Binnenmarktes" darstellt.

70 Vgl. *Grundmann*, Europäisches Gesellschaftsrecht, 2011, Rn. 838; generell auch *Rammeloo* MJ 2008, 359, 361 f.

71 Generell zur sekundärrechtlichen Rechtsangleichung im Gesellschaftsrecht GA *Trstenjak*, Schlussanträge v. 2.6.2010, Rs. C-81/09 (Idryma Typou), ECLI:EU:C:2010:304 = BeckEuRS 2010, 516849, Rn. 30 („Gerade für Gesellschaften gilt aber, dass sie von ihrem Recht auf freie Niederlassung faktisch nur bei harmonisierten rechtlichen Rahmenbedingungen Gebrauch machen können und werden.").

72 *Kahnert*, Rechtsetzung im Europäischen Gesellschaftsrecht, 2012, S. 96; im Hinblick auf eine Sitzverlegungsrichtlinie auch *Hansen* ECFR 2013, 1, 15.

73 Siehe die Konsultation von 2004, http://ec.europa.eu/yourvoice/results/transfer/index_de.htm; Konsultation über die Zukunft des europäischen Gesellschaftsrechts von 2012, S. 9 f. http://ec.europa.eu/internal_market/consultations/2012/companylaw/feedback_statement:en.pdf.

74 Vgl. *Sattler* ZfRV 2010, 52, 66; *Johnson* HLJ 3 (2005) 18, 42 f.; vergleichbares lässt sich auch für die grenzüberschreitende Verschmelzung infolge der Verabschiedung der Richtlinie 2005/56/EG beobachten, siehe dazu Study on the Application of the Cross-border Mergers Directive, 2012, S. 40 ff.

75 *Grundmann*, Europäisches Gesellschaftsrecht, 2011, Rn. 867; vgl. auch *Ehricke* in: Hirte/Mülbert/Roth (Hrsg.), 5. Aufl. 2015, AktG, § 45 Rn. 62; *Schmidt*, Study on Cross-border mergers and divisions, transfers of seat: Is there a need to legislate?, 2016, S. 12 f.

dass in Anbetracht der durch die **Cartesio-**, **Vale-** und **Polbud-Entscheidung** eröffneten Freizügigkeit für Gesellschaften, sich formwechselnd in eine Gesellschaftsform eines anderen Mitgliedstaates umzuwandeln (dazu § 10 Rn. 123 ff.), eine sekundärrechtliche Regelung nur bedingt notwendig sei.[76] Ohne Zweifel hat der Europäische Gerichtshof in den letzten Jahren eine entscheidende Rolle bei der Zulässigkeit und Durchführung sowohl der grenzüberschreitenden Satzungs- als auch Verwaltungssitzverlegung gespielt. Indes beschränken sich die Aussagen des Gerichtshofs zumeist auf den konkret zu entscheidenden **Einzelfall**. Die Ausführungen des EuGH zur grenzüberschreitenden Sitzverlegung sind daher primär im Lichte des zu entscheidenden Sachverhalts zu sehen, obwohl damit eine bestimmte Rechtsprechungslinie in ähnlich gelagerten Fällen angestoßen wird. Aufgrund dieser Einzelfallbetrachtung ist es dem EuGH **nur bedingt möglich, einen ganzeinheitlichen Rahmen** für die Behandlung einer grenzüberschreitenden Sitzverlegung **vorzugeben**. Die Entscheidungen des Gerichtshofs haben daher zT nur begrenzte Auswirkungen, da sie sich nur auf bestimmte Situationen beziehen und Raum für unterschiedliche Auslegungen durch die Gerichte und Gesetzgeber der Mitgliedstaaten lassen (infolgedessen abweichende Lösungen auf innerstaatlicher Ebene gefunden werden).[77] Solche Einzelfallurteile können jedoch **kein adäquater Ersatz** für materiell- und verfahrensrechtliche Vorschriften für transnationale Vorgänge wie eine grenzüberschreitende Sitzverlegung sein.[78]

Zudem legt der EuGH in seinen Entscheidungen in der Regel **nur Grundprinzipien** fest, ohne dabei harmonisierte Regelungen und Verfahren für ihre Anwendung in der Praxis vorzugeben.[79] So hat sich der Gerichtshof selbst gewisse Schwierigkeiten bei der Schaffung eines ganzeinheitlichen Rahmens eingeräumt. In diesem Zusammenhang ist es vielmehr Aufgabe des (europäischen) Gesetzgebers, einen solchen Rahmen zu schaffen, und nicht die des Gerichtshofs.[80] In diesem Sinne können die primärrechtlichen Vorgaben der Niederlassungsfreiheit grundsätzlich nur die beschränkenden Maßnahmen mitgliedstaatlicher Regelungen beseitigen, nicht aber durch neue Normen ersetzen.[81] Entsprechende **Ungleichheiten zu beseitigen**, die sich aus der Unterschiedlichkeit der mitgliedstaatlichen Rechtsordnungen ergeben, obliegt zuvörderst der sekundärrechtlichen Rechtssetzung. Für die rechtssichere Durchführung ist es folglich unerlässlich, dass entsprechende, konkret auf diesen grenzüberschreitenden Vorgang zugeschnittene Durchführungsbestimmungen vorhanden sind.[82] Andernfalls droht die durch den EuGH vorgegebene Zulässigkeit **ins Leere zu laufen**.[83] Die Harmonisierung eines solchen Verlegungsverfahrens sowie die Koordinierung der hieran beteiligten Rechtsordnungen kann jedoch nur auf europäischer Ebene durch eine entsprechende Richtlinie geleistet werden.[84] Die bereits primärrechtlich garantierte Freiheit für Unternehmen, formwechselnd ihren Satzungssitz in einen anderen Mitgliedstaat zu verlegen, macht eine sekundärrechtliche Regelung daher keinesfalls überflüssig.[85] Indes wird die Notwendigkeit einer entsprechenden Richtlinie dadurch **noch verstärkt**. In diesem Zusammenhang ist es daher auch nachdrücklich zu befürworten, dass die Europäische Kommission im April 2018 einen umfassenden Richtlinienvorschlag für die Regulierung eines grenzüberschreitenden Formwechsels vorgebracht hat (vgl. Art. 86a ff. RL-Vorschlag) (s. dazu Rn. 77). 23

76 So *Hushahn* RNotZ 2014, 137, 155 („ist damit der Ruf nach einer Sitzverlegungsrichtlinie *de lege ferenda* weniger drängend geworden"); siehe auch *Mitterecker*, Grenzüberschreitende Sitzverlegungen, 2015, S. 444 („Damit scheint das legislative Vorhaben […] einer Sitzverlegungsrichtlinie weitgehend obsolet geworden zu sein."); *Cerioni*, EU Corporate Law, 2007, S. 161 („the […] Directive would risk becoming obsolete before entering into force."). Der von der Europäischen Kommission im April 2018 veröffentlichte Richtlinienvorschlag beweist jedoch das Gegenteil.

77 Vgl. European Added Value Assessment on the cross-border transfer of a company's registered office 3/2012 (14th company law Directive), S. 20.

78 In diesem Sinne auch *Brasseur/Vermeylen* in: Vermeylen/Vande Velde (Eds.), European Cross-Border Mergers and Reorganization, 2012, S. 59 Rn. 2.129; *Schmidt*, Study on Cross-border mergers and divisions, transfers of seat: Is there a need to legislate?, 2016, S. 13; *Szydło* ECFR 2010, 414, 443; *Behme* ECFR 2016, 31, 52 f.

79 In Bezug auf grenzüberschreitende Sitzverlegungen auch *Brasseur/Vermeylen* in: Vermeylen/Vande Velde (Eds.), European Cross-Border Mergers and Reorganization, 2012, S. 59 Rn. 2.128.

80 Siehe EuGH, Rs. C-208/00 (Überseering), ECLI:EU:C:2002:632 = NJW 2002, 3614, Rn. 69; EuGH, Rs. C-210/06 (Cartesio), ECLI:EU:C:2008:723 = NJW 2009, 569, Rn. 108; in diesem Sinne auch das Impact Assessment on the Directive on the cross border transfer of registered office v. 12.12.2007, SEC(2007) 1707, S. 13; vgl. auch *Mitterecker*, Grenzüberschreitende Sitzverlegungen, 2015, S. 449.

81 *Teichmann*, Binnenmarktkonformes Gesellschaftsrecht, 2006, S. 194.

82 *Neye* in: FS Schwark, 2009, S. 231, 239; *Lombardo* EBOR 10 (2009) 627, 648; *Kiem* ZHR 180 (2016) 289, 292 f.

83 *Stiegler* KSzW 2014, 107, 116; *Hansen* ECFR 2013, 1, 15; *Habersack/Verse*, Europäisches Gesellschaftsrecht, 4. Aufl. 2011, § 4 Rn. 30; vgl. auch *Grundmann*, Europäisches Gesellschaftsrecht, 2011, Rn. 867; *Frobenius* DStR 2009, 487, 491.

84 Vgl. *Leible* in: FS G. Roth, 2011, S. 447, 454; *Neye* in: FS Schwark, 2009, S. 231, 240; *Prelič/Prostor* ZfRV 2014, 27, 35; siehe auch *Forsthoff* EuZW 2015, 248, 252; *Nagy* IPRax 2013, 582, 583; *Heckschen* in: Heckschen/Heidinger (Hrsg.), GmbH in der Gestaltungs- und Beratungspraxis, 3. Aufl. 2014, § 1 Rn. 49; *Sibony* RTD eur. 2013, 181, 185 f.

85 *V. Bismarck*, Grenzüberschreitende Sitzverlegung, 2005, S. 118; *Mörsdorf* CMLR 49 (2012) 629, 658.

IV. Alternative Gestaltungsvarianten

24 Als Argument gegen die Notwendigkeit einer eigenständigen Sitzverlegungsrichtlinie brachte die Europäische Kommission immer wieder vor, dass auf europäischer Ebene bereits alternative Gestaltungsvarianten bestünden, die für Unternehmen das gleiche Ergebnis ermöglichen.[86]

25 Für die **Europäische Aktiengesellschaft** (SE) (dazu § 4) besteht die Möglichkeit, identitätswahrend ihren Satzungssitz in einen anderen Mitgliedstaat zu verlegen. **Art. 8 SE-VO** sieht hierfür ein ausführliches Verfahren vor. Betreffend die Europäische Aktiengesellschaft besteht insofern ein überwiegend einheitliches Verlegungsverfahren auf gleicher (europäischer) Rechtsgrundlage, womit ein gewisses Maß an **Rechtssicherheit** einhergeht.[87] In diesem Zusammenhang stellt die Möglichkeit der identitätswahrenden Sitzverlegung einer SE einen nicht zu vernachlässigenden Beweggrund für die Wahl dieser Rechtsform dar.[88] Voraussetzung für die Anwendbarkeit des Sitzverlegungsverfahrens nach Art. 8 SE-VO ist jedoch das Bestehen einer Europäischen Aktiengesellschaft. Es muss daher eine SE gegründet werden, auch wenn andere Gesellschaftsformen möglicherweise besser zur Umsetzung der individuellen Unternehmenstätigkeit geeignet wären. Die Gründung einer SE ist jedoch durchaus kostenintensiv.[89] So besteht beispielsweise ein Mindestgrundkapital von EUR 120.000. Hinzu kommt, dass die formwechselnde Umwandlung in eine SE nur von einer nationalen Aktiengesellschaft vorgenommen werden kann (vgl. Art. 37 I SE-VO iVm Art. 2 IV SE-VO). Insbesondere für **kleine und mittlere Unternehmen** in der Rechtsform einer GmbH ist ein direkter Formwechsel in eine SE daher nicht möglich. Für KMU ist dieses Verfahren in hohem Maße **aufwendig und praxisfern**.[90] Selbst wenn der Ausgangsrechtsträger bereits eine nationale Aktiengesellschaft ist, darf nach Vorgabe des Art. 37 III SE-VO der Sitz der Gesellschaft nicht anlässlich der Umwandlung in eine SE in einen anderen Mitgliedstaat verlegt werden. Auch in diesem Fall ist somit zwingend ein zweistufiges Verfahren notwendig.[91] Zudem ist Art. 66 I 2 SE-VO zu beachten, wonach ein Umwandlungsbeschluss erst zwei Jahre nach Eintragung der SE oder nach Genehmigung der ersten beiden Jahresabschlüsse gefasst werden kann.

26 Ein weiterer Nachteil des SE-Sitzverlegungsverfahrens in seiner jetzigen Ausgestaltung ist, dass nach Art. 7 S. 1 SE-VO zwingend **auch der Verwaltungssitz** in den Zielmitgliedstaat **verlegt werden muss** (s. dazu § 4 Rn. 115 f.). Dies erscheint im Hinblick darauf, dass mittlerweile eine Vielzahl der Mitgliedstaaten eine Trennung zwischen Satzungs- und Verwaltungssitz nationaler Kapitalgesellschaften gestatten, nicht mobilitätsfreundlich und kann in diesem Zusammenhang durchaus als Ausschlussgrund für die Gründung einer SE mit anschließender Sitzverlegung betrachtet werden. Für die betreffende Gesellschaft gilt dies zudem aus Kostengesichtspunkten. Muss bei einer Sitzverlegung nach Art. 8 SE-VO aufgrund des Sitzkopplungsgebots auch der Verwaltungssitz der SE in den beabsichtigten Zuzugsstaat verlegt werden, führt dies zu einer ggf nicht unerheblichen **Kostensteigerung der Sitzverlegung**.[92]

27 Im Ergebnis stellt die Möglichkeit der Sitzverlegung einer SE **keine tatsächliche Alternative** zum Erlass einer eigenständigen Sitzverlegungsrichtlinie dar. Dies gilt umso mehr, wenn von dieser – wie angedacht – nicht nur Aktien- sondern generell Kapitalgesellschaften erfasst werden. Das überwiegend rechtssichere und einheitliche Verfahren nach Art. 8 SE-VO vermag die mit der SE-Gründung und -Sitzverlegung einhergehenden Nachteile ggü. einem direkten grenzüberschreitenden Formwechsel zwischen mitgliedstaatlichen Gesellschaftsformen nicht auszugleichen.

28 Eine weitere ggf in Betracht zu ziehende Alternative zu einer grenzüberschreitenden Sitzverlegung ist die einer **grenzüberschreitenden Verschmelzung**. Seit Umsetzung der damaligen Richtlinie 2005/56/EG (IntVersch-RL) (dazu § 24) besteht auch für Gesellschaften in der Rechtsform einer GmbH die Möglichkeit, eine grenzüberschreitende Sitzverlegung mit Statutenwechsel verfahrenssicher mittels einer grenzüberschreitenden Verschmel-

86 Vgl. nur Impact Assessment on the Directive on the cross border transfer of registered office v. 12.12.2007, SEC(2007) 1707, S. 24 f.; *McCreevy*, Company Law and corporate governance today, 5th European Corporate Governance and Company Law Conference, Berlin 28.6.2007, SPEECH/07/441.

87 *Diekmann* in: Habersack/Drinhausen (Hrsg.), SE-Recht, 2. Aufl. 2016, Art. 8 Rn. 6; *Casper* in: Spindler/Stilz (Hrsg.), AktG, 3. Aufl. 2015, Art. 8 SE-VO, Rn. 4; *P. Jung* in: Bruylant (Ed.), La société européenne, 2005, S. 49, 59.

88 Vgl. *Reichert* in: MüHdB GesR, IntGesR, 4. Aufl. 2013, § 61 Rn. 12.

89 In Bezug auf das Mindestgrundkapital von EUR 120.000 im Hinblick auf die Alternativität zur Sitzverlegungsrichtlinie *Rammeloo* MJ 2008, 359, 373.

90 Vgl. *Sibony* RTD eur. 2013, 181, 182; *Schmidt*, Study on Cross-border mergers and divisions, transfers of seat: Is there a need to legislate?, 2016, S. 33; in diesem Sinne auch *Koppensteiner* in: FS Nobel, 2015, S. 235, 245; *Mitterecker*, Grenzüberschreitende Sitzverlegungen, 2015, S. 450; *Pellé* ECL 5 (2008) 284, 285.

91 *Grundmann*, Europäisches Gesellschaftsrecht, 2011, Rn. 838; vgl. auch *Rammeloo* MJ 2008, 359, 373; zum notwendigen Zeitraum zwischen der Umwandlung in eine SE und der Sitzverlegung dieser in einen anderen Mitgliedstaat siehe *Oechsler/Mihaylova* in: MüKo AktG, 4. Aufl. 2017, Art. 8 SE-VO Rn. 30; *Bücker* in: Habersack/Drinhausen (Hrsg.), SE-Recht, 2. Aufl. 2016, Art. 37 Rn. 5; *Schwarz*, SE-VO, 2005, Art. 37 Rn. 9.

92 *Armour/Ringe* CMLR 48 (2011) 125, 159.

zung innerhalb Europas durchzuführen.[93] Das Konzept der grenzüberschreitenden Verschmelzung als **Alternative zur identitätswahrenden Satzungssitzverlegung** innerhalb einer Sitzverlegungsrichtlinie ist, dass von dem bestehenden Rechtsträger eine ausländische Tochtergesellschaft im beabsichtigten Zuzugsstaat gegründet wird[94] und sich anschließend der inländische Ausgangsrechtsträger auf diese verschmilzt.[95] Im Ergebnis besteht eine ausländische Kapitalgesellschaft mit Satzungs- bzw. Registersitz in einem anderen Mitgliedstaat als der ehemalige Rechtsträger des Herkunftsstaates. Diese **Vorgehensweise** ist beispielsweise in den USA die **gebräuchliche Methode**, um den Satzungssitz von einem Bundesstaat in einen anderen zu verlegen.[96]

Wie bei der Sitzverlegung einer SE bedarf es jedoch im Grundsatz auch hier eines **zweistufigen Verfahrens**, sofern nicht bereits eine ausländische Tochtergesellschaft des wegzugswilligen Ausgangsrechtsträgers vorhanden ist.[97] Es muss zuerst eine Tochtergesellschaft in einem anderen Mitgliedstaat gegründet und in einem zweiten Schritt der Ausgangsrechtsträger als Gründungsgesellschafter auf diese verschmolzen werden. Aufgrund dieses zweistufigen Verfahrens ist diese Form der grenzüberschreitenden Verschmelzung mit **höherem Aufwand** und tendenziell **höheren Kosten** verbunden.[98] Diese Kosten können jedoch gerade für KMU eine entscheidende Rolle bei der Planung einer im Ergebnis angestrebten formwechselnden Satzungssitzverlegung in einen anderen Mitgliedstaat spielen.[99] Die Möglichkeit einer Satzungssitzverlegung aufgrund einer eigenständigen Richtlinie würde es im Gegensatz ermöglichen, auf direktem Wege einen statuswechselnden Formwechsel in eine Gesellschaftsform eines anderen Mitgliedstaates vorzunehmen. Die dadurch entstehenden, tatsächlich anfallenden Kosten der Strukturmaßnahme sind dabei tendenziell **geringer** als bei einer **grenzüberschreitenden Verschmelzung** zur Aufnahme.[100] 29

Abschließend ist zu betrachten, inwieweit auch eine **grenzüberschreitende Spaltung** (dazu § 10 Rn. 159 ff.) eines Unternehmensträgers als rechtssichere Alternative zum Erlass einer Sitzverlegungsrichtlinie dienen kann. Wie bei einem grenzüberschreitenden Formwechsel ist auch bei einer grenzüberschreitenden **Spaltung zur Neugründung** zunächst nur ein Rechtsträger involviert.[101] Bei einer grenzüberschreitenden Auf- bzw. Abspaltung oder Ausgliederung zur Neugründung kommt es im Zielmitgliedstaat zur Gründung einer neuen Gesellschaft nach Maßgabe des dortigen Rechts. Insofern ist das Ergebnis beider Strukturmaßnahmen das Gleiche:[102] Die Entstehung eines ausländischen Rechtsträgers ohne Auflösung und Liquidation des Ausgangs- bzw. übertragenden Rechtsträgers. 30

93 *Grundmann*, Europäisches Gesellschaftsrecht, 2011, Rn. 838; *Kiem* ZHR 180 (2016) 289, 293; siehe auch Impact Assessment on the Directive on the cross border transfer of registered office v. 12.12.2007, SEC(2007) 1707, S. 24.

94 Die Gründung einer ausländischen Tochtergesellschaft ist aufgrund Art. 49 I 2 AEUV europaweit problemlos möglich.

95 Vgl. *Wicke* in: Grigoleit (Hrsg.), AktG, 2013, § 5 Rn. 11; *Bachmann ua*, Rechtsregeln für die geschlossene Kapitalgesellschaft, 2012, S. 189; *Weller* ZGR 2008, 835, 862; *Müller* NZG 2006, 286, 287; European Added Value Assessment on the cross-border transfer of a company's registered office 3/2012 (14th company law Directive), S. 32; *Armour/Ringe* CMLR 48 (2011) 125, 161; *Paefgen* in: Westermann/Wertenbruch (Hrsg.), HdB Personengesellschaften, 70. EL 2018, § 60 Rn. 4209; *von Rummel* in: Kraft/Redenius-Hövermann (Hrsg.), Umwandlungsrecht, 2015, Kapitel 6 Rn. 117; in diesem Sinne auch *Holzborn/Mayston* ZIP 2012, 2380; *Brasseur/Vermeylen* in: Vermeylen/Vande Velde (Eds.), European Cross-Border Mergers and Reorganization, 2012, S. 36 Rn. 2.06; zur Herausverschmelzung als „verdeckte[r] Systemwechsel" *Reichert* in: MüHdB GesR, IntGesR, 4. Aufl. 2013, § 62 Rn. 78.

96 Vgl. *Rock et al.* in: Kraakman et al. (Eds.), The Anatomy of Corporate Law, 3. Aufl. 2017, S. 196; *Dammann* Yale J. int. L. 29 (2004) 477, 487; *Wymeersch* EBOR 8 (2007) 161, 164; *v. Hein*, Die Rezeption des US-amerikanischen Gesellschaftsrechts in Deutschland, 2008, S. 476; *Armour/Ringe* CMLR 48 (2011) 125, 162; siehe auch Impact Assessment on the Directive on the cross border transfer of registered office v. 12.12.2007, SEC 2007) 1707, S. 25; dieser Gesichtspunkt hat nach der Folgeabschätzung auch bei der Frage der Notwendigkeit einer eigenständigen Legislativmaßnahme zur grenzüberschreitenden Satzungssitzverlegung Berücksichtigung zu finden.

97 *Grundmann*, Europäisches Gesellschaftsrecht, 2011, Rn. 838.

98 *Grohmann/Gruschinske* GmbHR 2008, 27, 31; *Armour/Ringe* CMLR 48 (2011) 125, 164; *Benrath/König* DK 2012, 377, 378; *Mörsdorf* CMLR 49 (2012) 629, 658; vgl. auch *Varro/Würrer* RdW 2014, 533 f.; zur mangelnden tatsächlichen Äquivalenz der grenzüberschreitenden Verschmelzung zur Sitzverlegung auch *Waclawik* ZEV 2006, 429, 432.

99 European Added Value Assessment on the cross-border transfer of a company's registered office 3/2012 (14th company law Directive), S. 32; *Hansen* ECFR 2013, 1, 15; *Benrath/König* DK 2012, 377, 378; *Schmidt*, Study on Cross-border mergers and divisions, transfers of seat: Is there a need to legislate?, 2016, S. 32 f.

100 *Wymeersch* EBOR 8 (2007) 161, 166; *Vossestein* Utrecht Law Review 4 (2008) 53, 60; in diesem Sinne auch *Varro/Würrer* RdW 2014, 533, 557.

101 Zur innerstaatlichen Spaltung zur Neugründung *Wardenbach* in: Henssler/Strohn (Hrsg.), Gesellschaftsrecht, 3. Aufl. 2016, § 135 UmwG Rn. 4; *Teichmann* in: Lutter (Hrsg.), UmwG, 5. Aufl. 2014, § 135 Rn. 2; *Sagasser* in: Sagasser/Bula/Brünger (Hrsg.), Umwandlungen, 5. Aufl. 2017, § 18 Rn. 36; zur grenzüberschreitenden Spaltung *Hoffmann* in: MüHdB GesR, IntGesR, 4. Aufl. 2013, § 56 Rn. 39.

102 Vgl. *Hoffmann* in: MüHdB GesR, IntGesR, 4. Aufl. 2013, § 56 Rn. 5, 20.

31 Neben den zT unterschiedlichen Wirkungen beider Umwandlungsarten besteht der maßgebende Unterschied darin, dass bei der grenzüberschreitenden Spaltung nach Durchführung der Strukturmaßnahme **zwei Rechtsträger mit Sitz in unterschiedlichen Mitgliedstaaten** und unterschiedlicher Rechtsform vorhanden sind. Dies kann in Abhängigkeit von dem mit der Strukturmaßnahme verfolgten Zweck auch wünschenswert bzw. explizit gewollt sein.[103] Beim grenzüberschreitenden Formwechsel besteht infolge der Sitzverlegung auch weiterhin nur ein Rechtsträger. Um diesen „Nachteil" der Wirkung einer grenzüberschreitenden Spaltung zur Neugründung ggü. einem grenzüberschreitenden Formwechsel langfristig zu vermeiden, erscheint es – vor allem auch aus praktischer Sicht – nicht unwahrscheinlich, dass durch die Spaltung annähernd das ganze Vermögen des übertragenden Rechtsträgers auf die neu zu gründende Auslandsgesellschaft übertragen und nach Abschluss der Spaltung die übertragende Ursprungsgesellschaft aufgrund des Willens der Gesellschafter nach nationalem Recht aufgelöst und liquidiert wird.[104] Im Ergebnis **bleibt die neue Auslandsgesellschaft übrig.** Unter dieser Bedingung kann die grenzüberschreitende Spaltung zur Neugründung eine nicht unbeachtliche Alternative zum grenzüberschreitenden Formwechsel innerhalb einer Sitzverlegungsrichtlinie darstellen.

32 Voraussetzung dieser potenziellen Konkurrenz beider Regelungsinstrumente ist allerdings, dass ein harmonisiertes sowie rechtssicheres Verfahren auf europäischer Ebene für eine grenzüberschreitende Spaltung besteht. Ohne einen harmonisierten, abgestimmten Regelungsrahmen für grenzüberschreitende Spaltungen ist deren praktische Handhabung überaus problematisch und mit zahlreichen Gefahren für Gläubiger und Minderheitsgesellschaftern verbunden.[105] Obwohl nach überwiegender Auffassung auch die grenzüberschreitende Spaltung in den Schutzbereich der Niederlassungsfreiheit fällt (s. dazu § 10 Rn. 160 ff.),[106] bestehen zum jetzigen Zeitpunkt keine europäischen Vorgaben für deren Durchführung (zur Durchführung einer grenzüberschreitenden Spaltung aus deutscher Sicht s. § 10 Rn. 167 ff.). Zwar wurde – basierend ua auf einer öffentlichen Konsultation zu grenzüberschreitenden Verschmelzungen und Spaltungen[107] – Anfang 2015 eine informelle Expertengruppe (*Informell Company Law Expert Group*) gebildet,[108] die sich auch mit der Schaffung eines europäischen Rechtsrahmens für grenzüberschreitende Spaltungen befassen soll. Ein Vorschlag seitens der Europäischen Kommission für die Änderung damaligen IntVersch-RL (dazu § 24) bzw. der entsprechenden Erweiterungen der heutigen Regelungen der Kodifizierungs-Richtlinie, der erstmals auch Regelungen für grenzüberschreitende Spaltungen beinhaltet, wurde bislang (November 2017) jedoch nicht vorgebracht. Die Verabschiedung einer entsprechenden Richtlinienergänzung erscheint in naher Zukunft jedoch durchaus wahrscheinlich. Europäisch harmonisierte Vorgaben für grenzüberschreitende Spaltungen würden damit bestehen und insofern als Alternative zur Sitzverlegungsrichtlinie herangezogen werden können. Auch bei der oben beschriebenen, anschließenden Auflösung des übertragenden Rechtsträgers handelt es sich indes um ein – im Gegensatz zum grenzüberschreitenden Formwechsel – zweistufiges Verfahren. Zudem können mit der Liquidation der ehemals übertragenden Gesellschaft unerwünschte Nebeneffekte eintreten, die so nicht beabsichtigt sind.

C. Gegenstand einer Sitzverlegungsrichtlinie

33 Wie im Hinblick auf die Beurteilung der Mobilität von Gesellschaften anhand der Niederlassungsfreiheit (dazu § 10), ist auch im Rahmen der konzeptionellen **Ausgestaltung einer Sitzverlegungsrichtlinie** grundsätzlich zwischen einer status- (also rechtsform-) wahrenden und rechtsformwechselnden Sitzverlegung sowie einer Verlegung des **Satzungs**- iS von Registersitz und des **Verwaltungssitzes** der Gesellschaft zu differenzieren. Nach Art. 1 SV-RL-E regelt der Richtlinienentwurf allgemein zunächst die Verlegung des satzungsmäßigen *oder* des tatsächlichen Sitzes der Gesellschaft. In diesem Zusammenhang bestimmt Art. 3 S. 2 SV-RL-E, dass die entsprechende Sitzverlegung weder die Auflösung der Gesellschaft noch die Gründung einer neuen juristischen Person zur Folge hat. Indes bewirkt die grenzüberschreitende Sitzverlegung einen Wechsel des auf die Gesellschaft anwendbaren Rechts. In Folge einer vom Richtlinienentwurf erfassten Sitzverlegung kommt es daher zu einem Statuten-

103 Allgemein zu den Gründen für eine (grenzüberschreitende) Spaltung *Stengel* in: Semler/Stengel (Hrsg.), UmwG, 4. Aufl. 2017, § 123 Rn. 7; *Teichmann* in: Lutter (Hrsg.), UmwG, 5. Aufl. 2014, § 123 Rn. 33 ff.; *Sagasser* in: Sagasser/Bula/Brünger (Hrsg.), Umwandlungen, 5. Aufl. 2017, § 17 Rn. 4 f.; *Kraft/Redenius-Hövermann* in: MüHdb GesR, Bd. 8 (Umwandlungsrecht), 5. Aufl. 2018, § 30 Rn. 3.

104 Zwar wird allgemein bei einer Aufspaltung der übertragende Rechtsträger aufgelöst (§ 123 I UmwG iVm § 131 I Nr. 2 UmwG), jedoch existieren in Folge der Spaltung mindestens zwei (neue) Rechtsträger, denn unter einer Spaltung versteht man gerade den Vorgang, dass das Vermögen einer Gesellschaft auf mindestens zwei Rechtsträger aufgeteilt wird.

105 *Hoffmann* in: MüHdB GesR, IntGesR, 4. Aufl. 2013, § 56 Rn. 9.

106 Vgl. *Lutter/Bayer/Schmidt*, Europäisches Unternehmens- und Kapitalmarktrecht, 2017, Rn. 7.105; *Drygala* in: Lutter (Hrsg.), UmwG, 5. Aufl. 2014, § 1 Rn. 20; *Krause/Kulpa* ZHR 171 (2007) 38, 46 f.; *Hoffmann* in: MüHdB GesR, IntGesR, 4. Aufl. 2013, § 56 Rn. 14; *Bayer* in: Bergmann ua (Hrsg.), 10 Jahre SE, 2015, S. 230, 240; *Sagasser* in: Sagasser/Bula/Brünger (Hrsg.), Umwandlungen, 5. Aufl. 2017, § 18 Rn. 196 ff.

107 Konsultation zu grenzüberschreitenden Verschmelzungen und Spaltungen v. 8.9.2014, abrufbar unter: http://ec.europa.eu/internal_market/consultations/2014/cross-border-mergers-divisions/docs/consultation-document_de.pdf.

108 Siehe http://ec.europa.eu/internal_market/company/docs/expert-group/members-list_en.pdf.

wechsel, also zu einem **grenzüberschreitenden Formwechsel** des Rechtsträgers (s. dazu § 10 Rn. 123 ff.).[109] Der sachliche Anwendungsbereich des Richtlinienentwurfs umfasst somit insbesondere nicht die sowohl damals als auch in Folge der Cartesio- und National Grid Indus-Entscheidung umstrittene Frage der isolierten Herausverlegung des Verwaltungssitzes in einen anderen Mitgliedstaat unter Beibehaltung der Rechtsform der Gesellschaft.

Art. 2 SV-RL-E beschreibt sodann, was jeweils unter dem satzungsmäßigen Sitz und dem tatsächlichen Sitz zu verstehen ist. Unter dem **satzungsmäßigen Sitz** ist demnach der Ort zu verstehen, an dem die Gesellschaft eingetragen ist. Beim Satzungssitz handelt es sich insofern um den Registersitz der (Kapital-) Gesellschaft. Unter dem tatsächlichen Sitz ist daneben der Ort zu verstehen, an dem die Gesellschaft ihre Hauptverwaltung hat und an dem sie eingetragen ist. Sowohl beim Satzungssitz als auch beim tatsächlichen Sitz als Hauptverwaltung wird demnach auf den beim Register einzutragenden Sitz abgestellt. Für eine Verlegung des Verwaltungssitzes bedeutet dies im Ergebnis, dass eine **isolierte Verlegung des Verwaltungssitzes** unter Wechsel der Rechtsform der Gesellschaft nicht vom Richtlinienentwurf erfasst ist.[110] Um in den Schutzbereich des Vorentwurfs zu fallen, muss in diesem Fall daher auch der Satzungssitz verlegt werden,[111] denn sowohl zum damaligen Zeitpunkt als auch heute noch ist in allen Mitgliedstaaten – obgleich sie auch der Gründungstheorie folgen – ein im Gründungsdokument bzw. in der Satzung anzugebender Registersitz konstitutives Merkmal für die Verwendung einer nationalen Gesellschaftsform. Da nach Art. 2 lit. b) SV-RL-E für den tatsächlichen Sitz der Gesellschaft lediglich das Element des Sitzes der Hauptverwaltung hinzukommt, kann dieser daher auch als ein bloßer Unterfall des satzungsmäßigen Sitzes nach der Konzeption des Richtlinienvorentwurfs verstanden werden.[112] 34

Im gewissen Widerspruch zum Wortlaut des Art. 1 SV-RL-E[113] kann demnach lediglich der Satzungssitz der Gesellschaft nach den Vorgaben des Richtlinienentwurfs grenzüberschreitend in einen anderen Mitgliedstaat isoliert verlegt werden. Insbesondere in Folge der Vale-Entscheidung ist eine sog **isolierte Satzungssitzverlegung** nach überwiegender Meinung im Schrifttum jedoch sowohl aus Sicht des Wegzugsstaates[114] als auch des Zuzugsstaates[115] nicht von der Niederlassungsfreiheit erfasst. Zwar wird im Hinblick auf einen Herausformwechsel der **Polbud-Entscheidung** aus dem Jahr 2017 zT die Zulässigkeit einer isolierten Satzungssitzverlegung entnommen,[116] jedoch sprach sich der EuGH strenggenommen lediglich für eine fehlende Verpflichtung zur gleichzeitigen Verlegung auch des Verwaltungssitzes aus und nicht für eine wie hier verstandene isolierte Satzungssitzverlegung, also eine mangelnde Verlagerung jeglicher wirtschaftlicher Aktivität in einen anderen Mitgliedstaat.[117] Obgleich der Anwendungsbereich der Niederlassungsfreiheit in diesem Fall also (weiterhin) nicht eröffnet ist (streitig),[118] besteht auch hierbei grundsätzlich eine entsprechende Regelungsbefugnis nach Art. 50 II AEUV.[119] Dies lässt sich mit Blick auf Art. 50 II lit. g) AEUV vor allem daran festmachen, dass bei einer isolierten Satzungssitzverlegung, bei der **keine wirtschaftlichen Aktivitäten im Zuzugsstaat** begründet werden sollen bzw. beabsichtigt sind, in gleicher Weise die Schutzinteressen der von einer grenzüberschreitenden Sitzverlegung betroffenen Personenkreise tangiert sein können.[120] Das der Richtlinienvorschlag der Europäischen Kommission vom April 2018 (s. dazu Rn. 77) allgemein auf Art. 50 I, II AEUV gestützt ist, spielt in der praktischen Kon- 35

109 Vgl. auch *Schmidt*, Study on Cross-border mergers and divisions, transfers of seat: Is there a need to legislate?, 2016, S. 35.

110 *Hoffmann* ZHR 164 (2000) 43, 53; *Lutter/Bayer/Schmidt*, Europäisches Unternehmens- und Kapitalmarktrecht, 2017, Rn. 30.9; *Di Marco* ZGR 1999, 3, 5; *Koppensteiner* in: FS Lutter, 2000, S. 141; *Wymeersch* ZGR 1999, 126, 144.

111 Vgl. *Kiem* ZHR 180 (2016) 289, 296; *Schmidt*, Study on Cross-border mergers and divisions, transfers of seat: Is there a need to legislate?, 2016, S. 34.

112 *Hoffmann* ZHR 164 (2000) 43, 52.

113 Vgl. auch *Lutter/Bayer/Schmidt*, Europäisches Unternehmens- und Kapitalmarktrecht, 2017, Rn. 30.9.

114 Vgl. *Mörsdorf* CMLR 49 (2012) 629, 668; *Mörsdorf/Jopen* ZIP 2012, 1398; *W.H. Roth* in: FS Hoffmann-Becking, 2013, S. 965, 992; *Wicke* DStR 2012, 1756, 1758; *Böttcher/Kraft* NJW 2012, 2701, 2703; *Wohlrab* GPR 2012, 316, 317; *Hushahn* RNotZ 2014, 137, 147; *Eckert* GesRZ 2009, 139, 147; *Mitterecker*, Grenzüberschreitende Sitzverlegungen, 2015, S. 205; den Schutzbereich der Niederlassungsfreiheit jedoch bejahend *Bayer/Schmidt* ZHR 173 (2009) 735, 753 f.; *dies.* ZIP 2012, 1481, 1486 f.; *Drygala* EuZW 2013, 569, 570 f.

115 Vgl. *Verse* ZEuP 2013, 458, 478; *W.-H. Roth* in: FS Hoffmann-Becking, 2013, S. 965, 977; *Teichmann* DB 2012, 2085, 2087; *Wohlrab* GPR 2012, 316, 317; *Mitterecker*, Grenzüberschreitende Sitzverlegungen, 2015, S. 244 f.

116 So ua *Bayer/Schmidt* ZIP 2017, 2225; *Kieninger* ZEuP 2018, 309, 313 f.; *Wachter* NZG 2017, 1312, 1313; *Nentwig* GWR 2017, 432; wohl auch *Feldhaus* BB 2017, 2819, 2822 f.

117 *Stiegler* AG 2017, 846, 849.

118 AA *Bayer/Schmidt* ZHR 173 (2009) 735, 753 f.; *dies.* ZIP 2012, 1481, 1486 f.; zustimmend *Drygala* EuZW 2013, 569, 570 f.

119 *Leible* ZGR 2004, 531, 546; in der Konsequenz auch *Schmidt*, Study on Cross-border mergers and divisions, transfers of seat: Is there a need to legislate?, 2016, S. 13; *Behme*, Rechtsformwahrende Sitzverlegung und Formwechsel, 2015, S. 274 f.; aA *Biermeyer* CMLR 50 (2013) 571, 588; *Roth/Kindler*, The Spirit of Corporate Law, 2013, S. 184; wohl auch *Mörsdorf/Jopen* ZIP 2012, 1398, 1399; *Mörsdorf* CMLR 49 (2012) 629, 660 ff.

120 In diesem Sinne *Bayer/Schmidt* ZIP 2017, 2225, 2233; *Kieninger* ZEuP 2018, 309, 317; aA *Mörsdorf* ZIP 2017, 2381, 2387; s. auch *Stelmaszczyk* EuZW 2017, 890, 894.

sequenz dabei keine Rolle. Auch wenn eine wie hier verstandene isolierte Satzungssitzverlegung nicht vom Schutzbereich des Art. 49 I, 54 AEUV erfasst ist, steht es den Mitgliedstaaten zu, eine solche zuzulassen und zu ermöglichen. Es bedarf folglich trotzdem harmonisierter Schutzmechanismen im Rahmen eines europäischen Sekundärrechtsaktes.[121] Zudem sprachen sich im Rahmen der im Jahr 2013 von der Europäischen Kommission durchgeführten Konsultation ca. 60% der Teilnehmer dafür aus, dass eine Registersitzverlegung nur bei gleichzeitiger Verwaltungssitzverlegung zulässig sein sollte.[122]

36 Davon im Grundsatz unbenommen und vom Richtlinienvorentwurf auch nicht angesprochen bleibt die aus praktischer Sicht nicht unerhebliche Frage, wie mit den Fällen in einer künftigen – so ausgestalteten – Sitzverlegungsrichtlinie bzw. den Regelungen zum grenzüberschreitenden Formwechsel in der Kodifizierungs-Richtlinie zu verfahren ist, bei denen zwar neben dem Satzungssitz nicht auch die Hauptverwaltung der Gesellschaft verlegt werden soll, jedoch zumindest eine **Niederlassung** iS einer auf Dauer angelegten tatsächlichen wirtschaftlichen Betätigung.[123] Der Begriff der primärrechtlichen Niederlassungsfreiheit und der Hauptverwaltung sind hierbei **nicht** identisch.[124] Aufgrund der beschriebenen Schutzbelange der von der Sitzverlegung betroffenen Personengruppen (s. Rn. 18) sollte de lege ferenda auch ein solcher Fall des grenzüberschreitenden Formwechsels von einer sekundärrechtlichen Regulierung erfasst sein.[125] Andernfalls bestünde die Gefahr der Umgehung der durch die Richtlinie harmonisierten Schutzstandards, indem nicht der tatsächliche Sitz als Hauptverwaltung verlegt wird, sondern nur eine – niedrigeren Anforderungen unterliegende – (faktische) (Zweig-) Niederlassung. Diese Problematik führt vor Augen, dass in einem künftigen Richtlinienvorschlag zudem nicht versäumt werden sollte, ebenfalls zu definieren oder zumindest zu beschreiben, was unter der „Hauptverwaltung" der Gesellschaft zu verstehen ist. Auch wenn sich rechtvergleichend hierbei zumindest funktional bereits ein überwiegend vergleichbares Bild zeigt,[126] bestehen im Detail doch Unterschiede, die eine diesbezügliche Rechtsangleichung keinesfalls obsolet machen. Entsprechendes gilt auch für den (mitgliedstaatlichen) Begriff einer Niederlassung. Hierbei würde sich insbesondere ein schlichter Verweis auf die ständige Rechtsprechung des EuGH zum Niederlassungsbegriff des Art. 49 AEUV anbieten.

37 Aus **Sicht des Wegzugsstaates** lässt sich damit festhalten, dass dieser nach der Konzeption des Richtlinienentwurfs die identitätswahrende statuswechselnde Verlegung des Eintragungssitzes zuzulassen hat. Im Sinne der grundsätzlichen kollisionsrechtlichen Neutralität des Vorentwurfs kann er von der formwechselnden Gesellschaft jedoch verlangen, dass diese **auch ihre Hauptverwaltung** verlegt.[127] Insofern reicht die Ermöglichungsfunktion einer grenzüberschreitenden Sitzverlegung durch den Richtlinienentwurf auch nur bis hierin. Aus **Sicht des Zuzugsstaates** sieht Art. 11 II SV-RL-E als weiteres Zugeständnis an die Sitztheorie vor,[128] dass die Mitgliedstaaten die Eintragung der formwechselnden Sitzverlegung der zuziehenden Gesellschaft von der Hereinverlegung auch der Hauptverwaltung abhängig machen können.[129] Vor allem in Folge der Centros-Entscheidung (dazu § 10 Rn. 57 ff.) wurde diese Mitgliedstaatenoption von Teilen des Schrifttums als unvereinbar mit der Niederlassungsfreiheit gesehen.[130] Dem ist jedoch nicht zuzustimmen.[131] In Abgrenzung zu den Fällen **Centros, Überseering** und **Inspire Art** handelt es sich bei der Konzeption des Richtlinienvorschlags nämlich eindeutig nur um Fälle der statuswechselnden Sitzverlegung. In Sinne der Cartesio-Entscheidung steht es den Mitgliedstaaten jedoch grundsätzlich frei, die Verwendung einer inländischen Gesellschaftsform von einem sich im Inland befindlichen Verwaltungssitz abhängig zu machen.[132] Im Hinblick auf Art. 49 II AEUV gilt dies bei einem

121 *Bayer/Schmidt* ZIP 2017, 2225; *Stiegler* AG 2017, 846, 848.

122 Vgl. *Europäische Kommission*, Feedback Statement Summary of responses of the public consultation of Cross-border transfer of registered offices of companies, September 2013.

123 Zum primärrechtlichen Begriff einer Niederlassung nach Art. 49 AEUV EuGH, Rs. C-378/10 (Vale), ECLI:EU:C:2012:440 = NJW 2012, 2715, Rn. 34; EuGH, Rs. C-196/04 (Cadbury-Schweppes) ECLI:EU:C:2006:544 = EuZW 2006, 633, Rn. 54 und EuGH, Rs. C-221/89 (Factortame II), ECLI:EU:C:1991:320 = BeckEuRS 1991, 176652, Rn. 20.

124 Vgl. *Verse* ZEuP 2013, 458, 479; *G. Roth*, Vorgaben der Niederlassungsfreiheit für das Kapitalgesellschaftsrecht, 2010, S. 20; *W.-H. Roth* in: FS Hoffmann-Becking, 2013, S. 965, 990; *ders.* ZGR 2014, 168, 208.

125 Abweichend *Koppensteiner* in: FS Nobel, 2015, S. 235, 246.

126 Vgl. *Stiegler*, Grenzüberschreitende Sitzverlegungen nach deutschem und europäischem Recht, 2017, S. 18 ff.

127 Vgl. *Hoffmann* ZHR 164 (2000) 43, 52; siehe auch *Hansen* EBLR 2007, 181, 201; zur kollisionsrechtlichen Neutralität des Vorentwurfs *Kindler* in: MüKo BGB, IntGesR, 6. Aufl. 2015, Rn. 61; *Behrens* EuZW 1998, 353; *Ehricke* in: Hirte/Mülbert/Roth (Hrsg.), AktG, 5. Aufl. 2015, § 45 Rn. 62; *Leible* in: Michalski ua (Hrsg.), GmbHG, 2017, Syst. Darst. 2, Rn. 62.

128 Vgl. *Leible* in: Michalski ua (Hrsg.), GmbHG, 2017, Syst. Darst. 2, Rn. 63.

129 Bei einer künftigen Sitzverlegungsrichtlinie gegen diese Option *Kiem* ZHR 180 (2016) 289, 301 f.; *Schmidt*, Study on Cross-border mergers and divisions, transfers of seat: Is there a need to legislate?, 2016, S. 35.

130 So *Leible* ZGR 2004, 531, 538; *Eidenmüller* JZ 2004, 24, 32; *Koppensteiner* in: FS Lutter, 2000, S. 141, 155; *ders.* in: FS Nobel, 2015, S. 235, 247; *Behrens* JBl. 2001, 341, 350.

131 Vgl. *Lutter/Bayer/Schmidt*, Europäisches Unternehmens- und Kapitalmarktrecht, 2017, Rn. 30.24; prima facie auch *Arbeitskreis Europäisches Unternehmensrecht* NZG 2011, 98 (These 4).

132 In diesem Zusammenhang auch *Lutter/Bayer/Schmidt*, Europäisches Unternehmens- und Kapitalmarktrecht, 2017, Rn. 30.24.

Hereinformwechsel jedoch unter der Prämisse der Gleichbehandlung von einer nach inländischem Recht gegründeten Gesellschaft und einem formwechselnd zuziehenden Rechtsträger aus einem anderen Mitgliedstaat.[133] Dem Richtlinienvorschlag der Europäischen Kommission vom April 2018 lässt sich nunmehr durchaus an verschiedenen Stellen entnehmen, dass es – trotz der Aussagen der Polbud-Entscheidung – den Mitgliedstaaten auch weiterhin ermöglicht werden soll, ebenfalls die Verlegung des Verwaltungssitzes oder zumindest einer wirtschaftlichen Tätigkeit zu verlangen.

Auch wenn nicht ausdrücklich vom Richtlinienentwurf angesprochen, umfasst dieser sowohl die rechtsforminkongruente als auch die **rechtsformkongruente Sitzverlegung.**[134] Abgestellt wird insofern allein auf den faktischen Wechsel der Rechtsform von einer Gesellschaftsform des Wegzugsstaates in die Gesellschaftsform des Zuzugsstaates. Eine differenzierte Betrachtung würde sich im Hinblick auf den angesprochenen Schutzzweck einer Sitzverlegungsrichtlinie auch kaum vertreten lassen. Gleiches gilt für einen künftigen (neuen) Richtlinienvorschlag.[135] Da sich insbesondere aus der **Vale-Entscheidung** auch die Zulässigkeit einer rechtsformkongruenten formwechselnden Sitzverlegung, dh zwischen Rechtsformen desselben Typus (zB von einer deutschen GmbH in einen englischen Limited oder einer französischen SARL in eine polnische sp. z.o.o.) ergibt,[136] würde dies schon eine primärrechtskonforme Ausgestaltung europäischen Sekundärrechts (s. dazu § 2 Rn. 131 ff.) gebieten. 38

D. Anwendungsbereich

Nach Art. 1 des ursprünglichen Vorentwurfs sollten alle nach mitgliedstaatlichem Recht „gegründeten **Gesellschaften**, die ihren satzungsmäßigen Sitz oder ihre Hauptverwaltung innerhalb der Gemeinschaft haben", vom persönlichen Anwendungsbereich der Richtlinie erfasst sein. Dem Wortlaut nach also nicht nur alle juristischen Personen des privaten und öffentlichen Rechts, sondern auch Personengesellschaften und Genossenschaften, auch wenn sie nach jeweils nationalem Recht keine juristischen Personen sind.[137] Insofern orientierte man sich offensichtlich an den vom heutigen **Art. 54 AEUV erfassten Organisationsformen.**[138] 39

Im Rahmen eines abgeänderten Richtlinienentwurfs vom November 1997[139] wurde sich indes einhellig dafür ausgesprochen, den Anwendungsbereich auf **Kapitalgesellschaften** zu beschränken.[140] Für Personengesellschaften bestanden zum damaligen Zeitpunkt – und wohl auch heute noch[141] – keine wie für Kapitalgesellschaften harmonisierten und im Grundsatz homogenen Rechtsvorschriften in den Mitgliedstaaten.[142] Eine entsprechend weitgehende Typengleichheit lässt sich für europäische Personengesellschaften nur bedingt ausmachen.[143] Auch aus rechtspraktischer Sicht sind Personengesellschaften bislang weniger grenzüberschreitend tätig, so dass Regelungsunterschiede weniger hinderlich erscheinen.[144] Um die Erweiterung des Anwendungsbereichs auf Perso- 40

---

133 Vgl. *Teichmann* DB 2012, 2085, 2088; *Heckschen* in: Widmann/Mayer (Hrsg.), Umwandlungsrecht, 169. EL 2018, § 1 UmwG Rn. 186; siehe auch *Drygala* in: Lutter (Hrsg.), UmwG, 5. Aufl. 2014, § 1 Rn. 14; *Schaper* ZIP 2014, 810, 813; im Hinblick auf einen Hereinformwechsel nach Deutschland aA *Melchior* GmbHR 2014, R311, R312; *Drinhausen/Keinath* in: Henssler/Strohn (Hrsg.), Gesellschaftsrecht, 3. Aufl. 2016, § 190 UmwG Rn. 18.

134 *Schwarz*, Europäisches Gesellschaftsrecht, 2000, Rn. 821; *Lutter/Bayer/Schmidt*, Europäisches Unternehmens- und Kapitalmarktrecht, 2017, Rn. 30.11.

135 So auch *Kiem* ZHR 180 (2016) 289, 304.

136 Vgl. *Bayer/Schmidt* ZHR 173 (2009) 735, 760; *dies.* ZIP 2012, 1481, 1489; *Schön* ZGR 2013, 333, 345; *Drygala* in: Lutter, (Hrsg.) UmwG, 5. Aufl. 2014, § 1 Rn. 23; *Eckert*, Internationales Gesellschaftsrecht, 2010, S. 653; *Schopper/Skarics* NZ 2012, 321, 328; *Vossius* in: Widmann/Mayer (Hrsg.), Umwandungsrecht, 169. EL 2018, § 191 UmwG Rn. 58; *Szabó/Sørensen* ICCLJ 10 (2013) 43, 52.

137 *Grundmann*, Europäisches Gesellschaftsrecht, 2011, Rn. 840; *Hoffmann* ZHR 164 (2000) 43, 59; *Menjucq*, droit européen des sociétés, 2001, Rn. 309.

138 *Lutter/Bayer/Schmidt*, Europäisches Unternehmens- und Kapitalmarktrecht, 2017, Rn. 30.7; *Schwarz*, Europäisches Gesellschaftsrecht, 2000, Rn. 815; *Grundmann*, Europäisches Gesellschaftsrecht, 2011, Rn. 840; hierzu bereits kritisch *Hoffmann* ZHR 164 (2000) 43, 59; *de lege ferenda* jedoch ebenso für solch einen weiten Anwendungsbereich *Kiem* ZHR 180 (2016) 289, 303; *Schmidt*, Study on Cross-border mergers and divisions, transfers of seat: Is there a need to legislate?, 2016, S. 33. Der Richtlinienvorschlag der Europäischen Kommission vom April 2018 beschränkt sich jedoch wie erwartend auf Kapitalgesellschaften.

139 Proposal for a Fourteenth European Parliament an d Council Directive on the Transfer of the Registered Office of a Company from one Member State to another with Change of Applicable Law, Dok. XV/D2/6002/97-EN REV.2.

140 Vgl. *Neye* GmbHR 1997, R181, R182; *ders.* ZGR 1999, 13, 14; *Di Marco* ZGR 1999, 3, 7; *Lutter/Bayer/Schmidt*, Europäisches Unternehmens- und Kapitalmarktrecht, 2017, Rn. 30.7.

141 Vgl. *Kalss* EuZW 2015, 252, 253; siehe auch *Windbichler* ZGR 2014, 110 ff.

142 *Di Marco* ZGR 1999, 3, 7; *Schwarz*, Europäisches Gesellschaftsrecht, 2000, Rn. 815; *Priester* ZGR 1999, 36, 37; vgl. auch *Lutter/Bayer/Schmidt*, Europäisches Unternehmens- und Kapitalmarktrecht, 2017, Rn. 30.7; *Sørensen/Neville* 6 Colum. J. Eur. L. 181, 188.

143 *Neye* GmbHR 1997, R181, R182; *ders.* ZGR 1999, 13, 14; *Schwarz*, Europäisches Gesellschaftsrecht, 2000, Rn. 815; *Wiesner* EuZW 1998, 619, 621.

144 *Kalss* EuZW 2015, 252, 253; *Grundmann/Möslein* in: Bayer/Habersack (Hrsg.), Aktienrecht im Wandel, Bd. II, 2007, Rn. 2/90; abweichend hingegen *Trautrims*, Das Kollisionsrecht der Personengesellschaften, 2009, S. 189.

nengesellschaften zu begründen, bedürfte es daher zumindest empirischer Nachweise in Form zB einer Studie, dass auch diese in vergleichbarer Form grenzüberschreitend tätig werden und damit eine Rechtsangleichung gerechtfertigt wäre. Obgleich Personengesellschaften grundsätzlich in gleichem Maße von der europäischen Niederlassungsfreiheit bezüglich grenzüberschreitender Sitzverlegungen profitieren (s. dazu § 10 Rn. 117 ff.), entspricht die Beschränkung des Anwendungsbereichs einer Sitzverlegungsrichtlinie auf Kapitalgesellschaften zudem der konzeptionellen Ausrichtung der derzeit bestehenden Richtlinien im Europäischen Gesellschaftsrecht (s. dazu § 18 Rn. 60 ff.) und auch der neuen Kodifizierungs-Richtlinie. Auch wenn insbesondere bei größeren und zT kapitalistisch organisierten Personengesellschaften die Schutzinteressen der Beteiligten (zB Gläubiger und Minderheitsgesellschafter) bei einer grenzüberschreitenden Sitzverlegung in überwiegend entsprechender Weise betroffen sein können,[145] ist davon auszugehen, dass auch bei einer künftigen Richtlinienregelung der persönlichen Anwendungsbereich auf Kapitalgesellschaften iSd Anhang II der Kodifizierungs-RL (ex-Art. 1 Publizitäts-RL) (dazu § 20) beschränkt sein wird.[146]

41 **Nicht** vom persönlichen Anwendungsbereich des Richtlinienentwurfs erfasst sind nach Art. 13 SV-RL-E zudem Gesellschaften, gegen die ein Verfahren wegen Zahlungsunfähigkeit oder -einstellung (**Insolvenz**) eröffnet wurde oder Gesellschaften, die sich in **Auflösung** oder **Liquidation** befinden.[147]

42 Würde sich ein künftiger neuer Richtlinienvorschlag in Anlehnung an den abgeänderten Vorentwurf vom November 1997 vom Wortlaut her nicht auf Kapitalgesellschaften iS der Art. 14 ff. Kodifizierungs-RL (ehemalige Publizitätsrichtlinie), sondern vielmehr auf Gesellschaften beziehen, die Rechtspersönlichkeit besitzen und über ein gesondertes Gesellschaftskapital verfügen, das allein für die Verbindlichkeiten haftet,[148] erscheint es nicht unwahrscheinlich, dass den Mitgliedstaaten zudem die Möglichkeit einräumt wird, **Genossenschaften** vom Anwendungsbereich der Richtlinienbestimmungen auszuschließen.[149] Denn auch Genossenschaften können nach der jeweiligen Konzeption des nationalen Rechts juristische Personen mit Haftungsbeschränkung sein.[150] In Anlehnung an Art. 120 II Kodifizierungs-RL (ex-Art. 3 II IntVersch-RL) (dazu § 24 Rn. 21) könnte für die Mitgliedstaaten demnach die **Option** bestehen, bei der Beteiligung einer Genossenschaft die nationalen Vorschriften zur Umsetzung der Richtlinien nicht zur Anwendung zu bringen. Wie bei Personengesellschaften wäre der Hintergrund hierfür, dass das mitgliedstaatliche Genossenschaftsrecht nicht hinreichend harmonisiert ist.[151]

E. Verlegungsverfahren

I. Europäisches Modell für Strukturmaßnahmen

43 Die Vorgaben für die verfahrensrechtliche Ausgestaltung einer grenzüberschreitenden Sitzverlegung sind in den Art. 4-12 des Vorentwurfs geregelt. Dieses Verfahren orientiert sich in weiten Teilen an dem bereits etablierten **europäischen Modell für Strukturmaßnahmen** (dazu bereits § 18 Rn. 75).[152] Damit sich eine künftige Sitzverlegungsrichtlinie in das bestehende System des europäischen Gesellschafts- und Umwandlungsrechts einfügen kann, ist auch bei einem geplanten Neuentwurf einer entsprechenden Richtlinie dieses **verfahrensmäßige Grundmodell** beizubehalten.[153] In diesem Sinne ist gerade für ambitionierte Zukunftsprojekte, wie das einer Sitzverlegungsrichtlinie, ein gewisses Maß an Systembildung insofern unerlässlich.[154] Systembildung kann dabei als Leitschnur für europäische Gesetzgebung dienen und damit stückweise Kohärenz in Teilgebieten des

145 *Grundmann*, Europäisches Gesellschaftsrecht, 2011, Rn. 841.

146 Siehe auch *Arbeitskreis Europäisches Unternehmensrecht* NZG 2011, 98 (These 7); *Priester* ZGR 1999, 36, 37; *Hoffmann* ZHR 164 (2000) 43, 59; *Neye* ZGR 1999, 13, 14; *Di Marco* ZGR 1999, 3, 7; *Schwarz*, Europäisches Gesellschaftsrecht, 2000, Rn. 815; hingegen für eine Erfassung auch von Personengesellschaften *Grundmann*, Europäisches Gesellschaftsrecht, 2011, Rn. 841; *Kiem* ZHR 180 (2016) 289, 303; wohl auch *Leible* in: FS G. Roth, 2011, S. 447, 457, Fn. 77.

147 Dazu und zur Frage, ob neben dem Wegzugs- auch dem Zuzugsstaat eine entsprechende Prüfungskompetenz zusteht *v. Bismarck*, Grenzüberschreitende Sitzverlegung, 2005, S. 275; *Priester* ZGR 1999, 36, 49; *Rajak* EBLR 11 (2000) 43, 47 f.; *Grundmann*, Europäisches Gesellschaftsrecht, 2011, Rn. 842.

148 Siehe Art. 1 II des modifizierten Vorentwurfs.

149 So auch *Arbeitskreis Europäisches Unternehmensrecht* NZG 2011, 98 (These 7).

150 Entsprechend zur ehemaligen IntVersch-RL *Lutter/Bayer/Schmidt*, Europäisches Unternehmens- und Kapitalmarktrecht, 2017, Rn. 22.20; *Neye* ZIP 2005, 1893, 1895.

151 Zur Regelung des Art. 120 II Kodifizierungs-RL (ex-Art. 3 II IntVersch-RL) *Lutter/Bayer/Schmidt*, Europäisches Unternehmens- und Kapitalmarktrecht, 2017, Rn. 22.20; *Drinhausen/Keinath* RIW 2006, 81, 82; *Klein* RNotZ 2007, 565, 576.

152 *Lutter/Bayer/Schmidt*, Europäisches Unternehmens- und Kapitalmarktrecht, 2017, Rn. 30.12; siehe auch *Grundmann*, Europäisches Gesellschaftsrecht, 2011, Rn. 849; *Schmidt*, Study on Cross-border mergers and divisions, transfers of seat: Is there a need to legislate?, 2016, S. 35.

153 In diesem Sinne *Kiem* ZHR 180 (2016) 289, 298 f.; in Bezug auf die Verfahrensbestimmung der ehemaligen IntVersch-RL (= Art. 118 ff. Kodifizierungs-RL) vgl. *Borg-Barthet*, The Governing Law of Companies in EU Law, 2012, S. 165.

154 Allgemein *Grundmann* in: ders. (Hrsg.), Systembildung und Systemlücken in Kerngebieten des Europäischen Privatrechts, 2000, S. 1, 11.

Europäischen Gesellschaftsrechts fördern. Im Rahmen der neuen Kodifizierungs-Richtlinie wäre damit eine Ergänzung des Titels II, Kapital II der Richtlinie vorzugswürdig.

Anhand verschiedenster europäischer Regelungsakte hat sich bei (**grenzüberschreitenden**) **Strukturmaßnahmen** im Laufe der Zeit ein entsprechendes „europäisches Modell für Strukturmaßnahmen" herausgebildet. Dieses findet sich sowohl in den heutigen europäischen Bestimmungen für Umwandlung in der Kodifizierungs-Richtlinie (ehemaligen Umwandlungsrichtlinien) als auch in den Umwandlungen bzw. Sitzverlegungen betreffenden Vorschriften für bestehende und geplante supranationale Rechtsformen wieder. Das Verfahren einer Sitzverlegung nach Vorgaben des Richtlinienentwurfs orientiert sich dabei vor allem an der Regelung des **Art. 8** des damaligen Verordnungsentwurfs für eine Europäische Aktiengesellschaft (SE).[155] Auch das Sitzverlegungsverfahren einer Europäischen Genossenschaft gem **Art. 7 SCE-VO** (dazu § 6 Rn. 148 ff.), einer künftigen Europäischen Personengesellschaft gem **Art. 36 ff. SPE-VOE-U** (dazu § 5 Rn. 91 ff.) sowie die Durchführung einer grenzüberschreitenden Verschmelzung nach **Art. 122 ff.** Kodifizierungs-RL (ex-Art. 5 ff. IntVersch-RL) (dazu § 24) sind entsprechend ausgestaltet. 44

Die ebenso für eine Sitzverlegungsrichtlinie Geltung beanspruchenden Grundbausteine des europäischen Modells für Strukturmaßnahmen sind hierbei die Erstellung eines Umwandlungs- bzw. **Verlegungsplans** sowie dessen **Offenlegung**; die Abfassung eines **Berichts**, in dem die rechtlichen und wirtschaftlichen Auswirkungen der Strukturmaßnahme erläutert und begründet werden; die **Beschlussfassung** der Anteilseigner über die geplante Strukturmaßnahme sowie eine **zweistufige Rechtmäßigkeitskontrolle** durch den Herkunfts- bzw. Wegzugs- sowie Aufnahme- bzw. Zuzugsstaat. 45

II. Verlegungsplan und Verlegungsbericht

1. Verlegungsplan

Das Verfahren der Sitzverlegung wird mit der Aufstellung des Verlegungsplans durch das Leitungs- oder Verwaltungsorgan der formwechselnden Gesellschaft eingeleitet. Die Erstellung eines solchen Plans bildet dabei das erste **zentrale Element** des soeben beschriebenen europäischen Modells für Strukturmaßnahmen. Insofern stellt der Verlegungsplan die **maßgebliche Grundlage** des gesamten Verlegungsverfahrens und damit der beabsichtigten Strukturmaßnahme dar.[156] 46

Die Pflicht zur **Erstellung des Verlegungsplans** ist in Art. 4 SV-RL-E statuiert. Das Leitungs- oder Verwaltungsorgan des Ausgangsrechtsträgers hat einen Verlegungsplan zu erstellen, der offenzulegen ist. Die **Offenlegung** hat dabei nach Maßgabe der Rechtsvorschriften des Herkunftsmitgliedstaates (Wegzugsstaat der formwechselnden Gesellschaft) im Einklang mit Art. 14 ff. Kodifizierungs-RL (ehemalige Publizitätsrichtlinie)[157] zu erfolgen (vgl. Art. 4 II SV-RL-E). Art. 4 I 2 SV-RL-E bestimmt die im Verlegungsplan aufzuführenden Pflichtangaben. Hierbei handelt es sich indes nur um einen **Mindestkatalog.**[158] Im Rahmen der Verhältnismäßigkeit und des *effet utile* steht es den Mitgliedstaaten daher frei, weitergehende Angaben im Verlegungsplan vorzusehen. Nach Art. 4 I 2 SV-RL-E sind im Verlegungsplan der für die Gesellschaft vorgesehene neue Sitz (lit. a), die vorgeschlagene neue Satzung sowie ggf die neue Firma (lit. b), die Form der Arbeitnehmermitbestimmung, sofern bereits eine unternehmerische Mitbestimmung im Ausgangsrechtsträger bestand (lit. c), und der für die Sitzverlegung vorgesehene Zeitplan (lit. d) anzugeben.[159] 47

Auch wenn in Art. 4 I 2 SV-RL-E nicht vorgesehen, ist in einem **künftigen Richtlinienvorschlag** zu bestimmen, dass der Verlegungsplan – in Anlehnung an die entsprechenden Regelungen zum Verlegungs- bzw. Verschmelzungsplan bei grenzüberschreitenden Strukturmaßnahmen – zudem die bisherige Firma (bzw. den Namen) der Gesellschaft den bisherigen Satzungs- bzw. Registersitz sowie die bisherige Registernummer der Gesellschaft enthalten muss.[160] Da der Verlegungsplan nicht nur beim Register des Wegzugsstaates, sondern auch bei dem des Zuzugsstaates als Anlage zur Anmeldung der Sitzverlegung beizufügen ist, muss durch diesen ersichtlich werden, um welche vormals aus Sicht des Zuzugsstaates ausländische Gesellschaft es sich konkret handelt. Das 48

155 Vgl. Begründung VII, 3 des Vorentwurfs; *Lutter/Bayer/Schmidt*, Europäisches Unternehmens- und Kapitalmarktrecht, 2017, Rn. 30.12.

156 Vgl. *Kiem* ZHR 180 (2016) 289, 304 f.; entsprechend zum Verlegungsplan bei der Sitzverlegung einer SE nach Art. 8 II SE-VO *Casper* in: Spindler/Stilz (Hrsg.), AktG, 3. Aufl. 2015, Art. 8 SE-VO Rn. 7; zum Verschmelzungsplan bei einer grenzüberschreitenden Verschmelzung *Lutter/Bayer/Schmidt*, Europäisches Unternehmens- und Kapitalmarktrecht, 2017, Rn. 22.35.

157 In einem künftigen Richtlinienvorschlag hat sich der Verweis auf die Art. 14 ff. Kodifizierungs-RL und weder auf die Richtlinie 2009/101/EG noch die Richtlinie 68/151/EWG als „alte" Publizitätsrichtlinie zu beziehen; siehe auch *Kiem* ZHR 180 (2016) 289, 307.

158 *Schwarz*, Europäisches Gesellschaftsrecht, 2000, Rn. 821; *Priester* ZGR 1999, 36, 40; *Frowein*, Grenzüberschreitende Sitzverlegungen, 2001, S. 209; *v. Bismarck*, Grenzüberschreitende Sitzverlegung, 2005, S. 263.

159 Im Rahmen eines künftigen Richtlinienvorschlags siehe auch *Kiem* ZHR 180 (2016) 289, 308 f. Eine entsprechende Regelung ist mit Art. 86l des Richtlinienvorschlags vom April 2018 nunmehr auch enthalten.

160 Vgl. auch *Arbeitskreis Europäisches Unternehmensrecht* NZG 2011, 98 (These 8); *v. Bismarck*, Grenzüberschreitende Sitzverlegung, 2005, S. 311.

Erfordernis, die bisherige Firma und den bisherigen Sitz der wegzugswilligen Gesellschaft im Verlegungsplan anzugeben, erscheint schon aus dem Gesichtspunkt der Rechtssicherheit der Sitzverlegung notwendig.

49 In den Mindestkatalog aufzunehmen ist ferner eine Angabe über die (voraussichtlichen) **Folgen** der Sitzverlegung **auf die Beschäftigung der Arbeitnehmer** im Unternehmen.[161] Eine vergleichbare Regelung besteht nach Art. 122 S. 2 lit. d) Kodifizierungs-RL (ex-Art. 5 S. 2 lit. d) IntVersch-RL) für den Verschmelzungsplan bei einer grenzüberschreitenden Verschmelzung (dazu § 24 Rn. 44). Mit den „Folgen der Sitzverlegung" sind dabei in Anlehnung an die Regelung des Art. 122 S. 2 lit. d) Kodifizierungs-RL (ex-Art. 5 S. 2 lit. d) IntVersch-RL) die Auswirkungen der Sitzverlegung für die Arbeitnehmer gemeint. Hierfür spricht auch, dass die entsprechende Regelung in Art. 118 ff. Kodifizierungs-RL auf Forderung des Europäischen Parlaments[162] in den endgültigen Richtlinientext aufgenommen wurde; entsprechendes ist daher ebenfalls für eine künftige Sitzverlegungsrichtlinie wahrscheinlich. Zudem spricht Art. 37 I lit. e) des ungarischen Verordnungsentwurfs zur SPE (dazu § 5) insofern von den „Folgen der Verlegung für die Arbeitnehmer".

50 Eine weitere Ergänzung der Pflichtangaben im Verlegungsplan sollte dergestalt gefordert werden, dass das Leitungs- oder Verwaltungsorgan der formwechselnden Gesellschaft zu den Rechten, die den **Gesellschaftern** und **Gläubigern** aufgrund der Sitzverlegung eingeräumt werden, Stellung zu nehmen hat.[163] Eine entsprechende Regelung beinhaltet auch der Verlegungsplan bei der SE-Sitzverlegung (vgl. Art. 8 II 2 lit. e) SE-VO), der SCE-Sitzverlegung (Art. 7 II 2 lit. e) SCE-VO) sowie der SPE-Sitzverlegung nach dem ungarischen Ratspräsidentschaftsentwurf (Art. 37 Abs. 1 lit. fa) SPE-VOE). Hierbei geht es in erster Linie um das Recht einzelner Gesellschafter auf **Barabfindung gegen Ausscheiden** aus der Gesellschaft.[164] Bezüglich der Gläubiger geht es um die Rechte, die aufgrund der Sitzverlegung im nationalen Recht zu deren Schutz erlassen wurden, also um die Angabe, welche Gläubigerschutzmaßnahmen vorgesehen sind.[165]

2. Verlegungsbericht

51 Zweites, zentrales Element des europäischen Modells für Strukturmaßnahmen ist auch im Rahmen einer Sitzverlegungsrichtlinie die **Erstellung eines Verlegungsberichts**. In Abgrenzung zum Verlegungsplan, der im Grundsatz dazu dient, den Vorgang der Sitzverlegung und dessen Folgen zu beschreiben, ist es primäre Aufgabe des Verlegungsberichts, den Vorgang der Sitzverlegung und die daran anknüpfenden Auswirkungen zu bewerten.[166] Ziel der Berichtspflicht ist dabei eine Verstärkung des **a-priori-Schutzes** bei der Sitzverlegung.[167] Der Verlegungsbericht ermöglicht es den von der grenzüberschreitenden Sitzverlegung betroffenen Personengruppen, sich auf den Vorgang frühzeitig vorzubereiten und zur Wahrung der eigenen Interessen die hierfür vorgesehenen Rechte adäquat wahrzunehmen.[168] Die Berichterstattung bezweckt insofern einen vorgelagerten Schutz der Betroffenen durch **Informationsbereitstellung.**[169]

52 Nach Art. 5 I SV-RL-E hat das Leitungs- oder Verwaltungsorgan der Gesellschaft einen Bericht zu erstellen, in dem die **rechtlichen und wirtschaftlichen** Aspekte der Sitzverlegung **erläutert** und **begründet** sowie die Auswirkungen der Strukturmaßnahme für die Gesellschafter und Arbeitnehmer dargelegt werden. Mit Blick auf die Regelungen zum Verlegungsbericht nach Art. 8 III SE-VO, Art. 7 III SCE-VO sowie Art. 37 III 1 SPE-VOE-Un-

161 Im Rahmen eines künftigen Richtlinienvorschlags gegen ein entsprechendes Erfordernis *Kiem* ZHR 180 (2016) 289, 309 f.

162 Vgl. Art. 3 I lit. d) des Richtlinienentwurfs in der Fassung des Europäischen Parlaments, siehe Legislative Entschließung des Europäischen Parlaments v. 10.5.2005 zu dem Vorschlag für eine Richtlinie des Europäischen Parlaments und des Rates über die Verschmelzung von Kapitalgesellschaften aus verschiedenen Mitgliedstaaten, ABl. EU v. 20.4.2006, C 9 E/80.

163 So auch *v. Bismarck*, Grenzüberschreitende Sitzverlegung, 2005, S. 311; *Arbeitskreis Europäisches Unternehmensrecht* NZG 2011, 98 (These 8).

164 Zum Verlegungsplan nach Art. 8 II SE-VO *Schwarz*, SE-VO, 2005, Art. 8 Rn. 12; *Hunger* in: Jannot/Frodermann (Hrsg.), Europäische Aktiengesellschaft, 2. Aufl. 2014, Kapitel 9 Rn. 51; *Casper* in: Spindler/Stilz (Hrsg.), AktG, 3. Aufl. 2015, Art. 8 SE-VO Rn. 9; *Schröder* in: Manz/Mayer/Schröder (Hrsg.), Europäische Aktiengesellschaft, 2. Aufl. 2010, Art. 8 Rn. 33; *Diekmann* in: Habersack/Drinhausen (Hrsg.), SE-Recht, 2. Aufl. 2016, Art. 8 Rn. 25; *Veil* in: KK-AktG, 3. Aufl. 2012, Art. 8 SE-VO Rn. 34.

165 Zum Verlegungsplan nach Art. 8 II SE-VO *Schwarz*, SE-VO, 2005, Art. 8 Rn. 13; *Zang*, Sitz und Verlegung des Sitzes einer Europäischen Aktiengesellschaft, 2005, S. 124; *Hunger* in: Jannot/Frodermann (Hrsg.), Europäische Aktiengesellschaft, 2. Aufl. 2014, Kapitel 9 Rn. 51.

166 Zum Verlegungsbericht nach Art. 8 III SE-VO *Zang*, Sitz und Verlegung des Sitzes einer Europäischen Aktiengesellschaft, 2005, S. 109 f.

167 Vgl. *Priester* ZGR 1999, 36, 41; *Grundmann*, Europäisches Gesellschaftsrecht, 2011, Rn. 850; *Kiem* ZHR 180 (2016) 289, 310 f.

168 Zum Verlegungsbericht nach Art. 8 III SE-VO *Veil* in: KK-AktG, 3. Aufl. 2012, Art. 8 SE-VO Rn. 42; *Ringe* in: Lutter/Hommelhoff/Teichmann (Hrsg.), SE-Kommentar, 2. Aufl. 2015, Art. 8 Rn. 26.

169 Zum Verlegungsbericht nach Art. 8 III SE-VO vgl. *Oechsler/Mihaylova* in: MüKo AktG, 4. Aufl. 2017, Art. 8 SE-VO Rn. 19; *Kalss* in: Kalss/Hügel (Hrsg.), SE-Kommentar, 2004, § 6 SEG Rn. 18; *Grundmann* in: v. Rosen (Hrsg.), Die Europa AG, 2003, S. 47, 53.

garn und zum Verschmelzungsbericht nach Art. 124 S. 1 Kodifizierungs-RL (ex-Art. 7 S. 1 IntVersch-RL) (dazu § 24 Rn. 56 ff.) sollten in einem künftigen Regelungsvorschlag im Bericht zudem die Auswirkungen der Sitzverlegung für die **Gläubiger** der Gesellschaft dargelegt werden.[170] Im entsprechenden Art. 86e des Richtlinienvorschlags der Europäischen Kommission vom April 2018 ist ein solcher Passus allerdings nicht enthalten. Die Berichterstattung durch das Leitungs- oder Verwaltungsorgan sollte als umfassendes Informationsinstrument auch für die Gläubiger der formwechselnden Gesellschaft ausgestaltet sein. Hinzu kommt, dass die Beschreibung der Auswirkungen der Sitzverlegung auf die Gläubiger nicht nur für diese relevant ist und damit deren Informationsbedürfnis gerecht wird. Die Erläuterungen der Auswirkungen der Sitzverlegung auf die Gläubiger sind zudem für die Gesellschafter, die über die geplante Sitzverlegung zu beschließen, haben ggf von Bedeutung. Aufgrund der Sitzverlegung ggf an die Gesellschaftsgläubiger zu zahlenden Sicherheitsleistungen kann die finanzielle Situation der Gesellschaft erheblich beeinträchtigen sowie die Kosten und damit die wirtschaftliche Rentabilität der grenzüberschreitenden Sitzverlegung beeinflussen. Insofern können auch die Auswirkungen der Sitzverlegung auf die Gläubiger für die Anteilseigner von Bedeutung sein.

In Anlehnung an Art. 124 III Kodifizierungs-RL (ex-Art. 7 III IntVersch-RL) (dazu § 24 Rn. 59) sowie Art. 9 V 53
3 Übernahme-RL (dazu § 29 Rn. 72) ist in einem künftigen Richtlinienvorschlag zudem eine Regelung aufzunehmen, wonach – im Rahmen eines Mitgliedstaatenwahlrechts – dem Verlegungsbericht eine **Stellungnahme der Arbeitnehmervertreter** oder, sofern solche nicht vorhanden sind, der Arbeitnehmer direkt beizufügen ist, wenn das Leitungs- oder Verwaltungsorgan der formwechselnden Gesellschaft rechtzeitig eine entsprechende Stellungnahme erhalten hat.[171] Der hinter einer solchen Regelung stehende Zweck besteht darin, dass die Gesellschafter bei ihrer Beschlussfassung über die Strukturmaßnahme auch etwaige Vorbehalte oder Bedenken der Arbeitnehmer in ihre Entscheidung mit einfließen lassen können. Sofern ein Mitgliedstaat eine solche Stellungnahme vorsieht, werden damit also die bereits von der Berichtspflicht umfassten Auswirkungen der Sitzverlegung auf die Arbeitnehmer ergänzt, um dem Informationsbedürfnis der Gesellschafter bezüglich der Bedeutung der Sitzverlegung für die Arbeitnehmer noch mehr Ausdruck zu verleihen. Im Richtlinienvorschlag der Europäischen Kommission vom April 2018 findet sich eine solche wie hier angedachte Regelung allerdings nicht.

Nach Art. 5 II SV-RL-E haben die Gesellschafter, die Gläubiger und die Arbeitnehmer (bzw. die Arbeitnehmer- 54
vertreter) bis zur über die Sitzverlegung beschließenden Anteilseignerversammlung mindestens einen Monat lang das Recht, am (Satzungs- bzw. Register-) Sitz der Gesellschaft den **Verlegungsbericht einzusehen** und **kostenlose Abschriften** von diesem zu verlangen. Das entsprechende Einsichtsrecht bezweckt iSd Informationsmodells einen Schutz durch Vorabinformation. Die einsichtsberechtigten Personenkreise sollen im Vorfeld der Strukturmaßnahme umfassend über die Sitzverlegung informiert werden und damit ein umfangreiches Bild über diese erlangen können. Ziel des Einsichtsrechts ist somit die Gewährleistung einer **angemessenen Informationsbeschaffung**. Hierdurch wird sichergestellt, dass die einzusehenden Dokumente einer individuellen Prüfung bzw. Kontrolle durch die zur Einsicht berechtigten Personen unterzogen werden. Das durch die Einsicht gewährte Informationsrecht dient dabei vor allem den Anteilseignern der formwechselnden Gesellschaft zur Vorbereitung auf die Beschlussfassung über die Sitzverlegung.[172]

III. Beschlussfassung über die Sitzverlegung

Die Zustimmung der Gesellschafter bzw. Aktionäre der formwechselnden Gesellschaft ist ein Kernelement des 55
Anteilseignerschutzes.[173] Die Entscheidungsmacht, über die Strukturmaßnahme bei den Anteilseignern zu konzentrieren, ist durchgängiges Merkmal aller Umstrukturierungs- sowie Kapitalmaßnahmen auf unionaler Ebene.[174] Das Recht der Anteilseigner auf Zustimmung erlaubt einen Diskurs dieser in der Gesellschafter- bzw. Hauptversammlung und soll auf diese Weise eine gemeinsame Meinungsbildung sicherstellen.

Der Beschluss der Anteilseigner hat die Verlegung des Satzungssitzes und – sofern vom jeweiligen Mitgliedstaat 56
gefordert – die Verlegung der Hauptverwaltung in den entsprechenden Zuzugsstaat zum Inhalt.[175] Der Beschluss hat dabei **satzungsändernden Charakter**.[176] Für Aktiengesellschaften ergibt sich dies schon aus den Vorgaben des Art. 3 lit. a) und ggf Art. 4 lit. a) Kodifizierungs-RL (ex-Art. 2 lit. a) und ggf ex-Art. 3 lit. a) der Kapi-

170 So auch *v. Bismarck*, Grenzüberschreitende Sitzverlegung, 2005, S. 311; aA *Kiem* ZHR 180 (2016) 289, 312.

171 AA *Kiem* ZHR 180 (2016) 289, 311.

172 Zum Einsichtsrecht nach Art. 8 IV SE-VO vgl. *Zang*, Sitz und Verlegung des Sitzes einer Europäischen Aktiengesellschaft, 2005, S. 171; zum Einsichtsrechts nach Art. 128 Kodifizierungs-RL (ex-Art. 11 IntVersch-RL) *Lutter/Bayer/Schmidt*, Europäisches Unternehmens- und Kapitalmarktrecht, 2017, Rn. 22.73.

173 *Lutter/Bayer/Schmidt*, Europäisches Unternehmens- und Kapitalmarktrecht, 2017, Rn. 20.81; *Habersack/Verse*, Europäisches Gesellschaftsrecht, 2011, § 8 Rn. 16 (jeweils zur ehemaligen Verschmelzungsrichtlinie).

174 *Hommelhoff/Riesenhuber* in: Grundmann (Hrsg.), Systembildung und Systemlücken, 2000, S, 259, 277; *Grundmann*, Europäisches Gesellschaftsrecht, 2011, Rn. 853, Fn. 51; *Ringe*, Sitzverlegung der Europäischen Aktiengesellschaft, 2006, S. 107.

175 *Schwarz*, Europäisches Gesellschaftsrecht, 2000, Rn. 824.

176 *Priester* ZGR 1999, 36, 42; *Kiem* ZHR 180 (2016) 289, 312.

talrichtlinie) (hierzu § 21 Rn. 22). Für GmbH ergibt sich der satzungsändernde Charakter der Beschlussfassung daraus, dass mit der Sitzverlegung ein Eingriff in die organisationale Struktur der Gesellschaft durch die Anwendbarkeit einer neuen Rechtsordnung einhergeht.[177] Die Sitzverlegung macht damit die Anpassung der Satzung bzw. des Gesellschafsvertrags an das Recht des Zielrechtsträgers notwendig.[178] Der im Zuge der Sitzverlegung **zu ändernden Satzung** kommt insofern eine „Scharnierfunktion" zwischen dem alten und dem neuen Recht zu.[179]

57 In diesem Sinne sieht auch Art. 6 II SV-RL-E vor, dass der Beschluss über die Sitzverlegung mit einer **qualifizierten Mehrheit** von mindestens zwei Dritteln der abgegeben Stimmen zu fassen ist, sofern nicht das auf die formwechselnde Gesellschaft anwendbare Recht des Herkunftsmitgliedstaates eine größere Mehrheit vorschreibt oder zulässt.[180] Auch der Richtlinienvorschlag der Europäischen Kommission vom April 2018 sieht in Art. 86i III RL-Vorschlag vor, dass eine „Mehrheit von nicht weniger als zwei Dritteln, aber nicht mehr als 90% der Stimmen der vertretenen Anteile oder des vertretenen gezeichneten Kapitals erforderlich ist". Entsprechend dem satzungsändernden Charakter bedarf es aus deutscher Sicht demnach sowohl nach allgemeinem Gesellschaftsrecht (vgl. § 53 II 1 GmbHG; § 179 II 1 AktG) als auch nach den Regelungen zum Formwechselrecht (vgl. § 240 I 1 Hs. 1 UmwG) einer drei Viertel-Mehrheit der abgegebenen Stimmen bzw. des vertretenen Grundkapitals.[181] Bezweifelt werden kann jedoch sowohl die Niederlassungs- als auch **Richtlinienkonformität eines Einstimmigkeitserfordernisses** insbesondere bei Publikumsgesellschaften, wie es zurzeit zB nach luxemburgischem Recht (vgl. Art. 67-1 LSC) und wohl auch mit Art. 225-97 c.com nach französischem Recht für eine identitätswahrende, statuswechselnde Sitzverlegung besteht. Bei **Publikumsgesellschaften** ist eine einstimmige Beschlussfassung praktisch nicht zu erreichen.[182] Bei Aktiengesellschaften ist die Zustimmung aller Aktionäre daher weitestgehend illusorisch.[183] Faktisch würde die Möglichkeit der formwechselnden Sitzverlegung in einen anderen Mitgliedstaat damit weitestgehend unmöglich gemacht.

58 In den neueren (geplanten) europäischen Rechtsakten betreffend grenzüberschreitende Strukturmaßnahmen ist weiterhin eine Regelung enthalten, die sich mit einem **Zustimmungsvorbehalt der Anteilseigner** über die Arbeitnehmermitbestimmungsregelungen in der Ziel- bzw. hervorgehenden Gesellschaft befasst. Art. 126 II Kodifizierungs-RL (ex-Art. 9 II IntVersch-RL) sowie Art. 37 IV SPE-VOE-U legen fest, dass die Gesellschafterversammlung die Verschmelzungs- bzw. Sitzverlegung von der Bestätigung der vereinbarten Mitbestimmungsmodalitäten abhängig machen kann. Zweck dieses Zustimmungsvorbehalts hinsichtlich der Arbeitnehmermitbestimmung ist eine weitergehende Gewährleistung der **Mitentscheidungsrechte der Anteilseigner** über die Strukturmaßnahme.[184] Die Anteilseigner selbst sind am Verfahren über die künftige Arbeitnehmermitbestimmung nicht beteiligt. Die diesbezüglichen Verhandlungen werden auf der einen Seite von dem Leitungs- bzw. Verwaltungsorgan der Gesellschaft und dem besonderen Verhandlungsgremium der Arbeitnehmer auf der anderen Seite geführt. Diese Zweckrichtung erlangt grundsätzlich auch für eine grenzüberschreitende Sitzverlegung Geltung. Im Rahmen einer künftigen Sitzverlegungsrichtlinie sollte daher zusätzlich eine Regelung enthalten sein, wonach die Anteilseignerversammlung die Sitzverlegung davon abhängig machen kann, dass die **Modalitäten für die Mitbestimmung** der Arbeitnehmer in der Zielgesellschaft ausdrücklich von ihr bestätigt wird.

IV. Rechtmäßigkeitskontrolle der Sitzverlegung

59 Den Abschluss des Sitzverlegungsverfahrens bildet die **Kontrolle der grenzüberschreitenden Sitzverlegung** durch unabhängige Stellen in den beteiligten Mitgliedstaaten. Eine entsprechende Rechtmäßigkeitskontrolle ist insofern von Bedeutung, dass dadurch eine formelle wie materielle Überprüfung der Sitzverlegung etabliert und damit die Ordnungsmäßigkeit des Verlegungsverfahrens sichergestellt wird.[185] Dies ist vor allem bei grenzüber-

177 *Priester* ZGR 1999, 36, 42.

178 *Grundmann*, Europäisches Gesellschaftsrecht, 2011, Rn. 854; *Hoffmann* ZHR 164 (2000) 43, 56; *Kruse*, Sitzverlegung von Kapitalgesellschaften, 1997, S. 132.

179 *Priester* ZGR 1999, 36, 38 f.; *Grundmann*, Europäisches Gesellschaftsrecht, 2011, Rn. 854.

180 Siehe hierzu auch *Koppensteiner* in: FS Lutter, 2000, S. 141, 155 f., der jedoch eine Regelung für ausreichend erachtet, in der lediglich die Pflicht zur Beschlussfassung in der Richtlinie statuiert wird, ohne auf die materiellen Anforderungen an diese (insbes. Mehrheitserfordernisse) einzugehen. Dies ist jedoch abzulehnen.

181 Vgl. *Schwarz*, Europäisches Gesellschaftsrecht, 2000, Rn. 825; *Priester* ZGR 1999, 36, 42; *Grundmann*, Europäisches Gesellschaftsrecht, 2011, Rn. 853; auch *Arbeitskreis Europäisches Unternehmensrecht* NZG 2011, 98 (These 9).

182 *Kruse*, Sitzverlegung von Kapitalgesellschaften, 1997, S. 180; *Priester* ZGR 1999, 36, 42, Fn. 26; *Grundmann*, Europäisches Gesellschafsrecht, 2011, Rn. 853, Fn. 52.

183 *Grundmann*, Europäisches Gesellschafsrecht, 2011, Rn. 853, Fn. 52.

184 Zu Art. 23 II 2 SE-VO *Schäfer* in: MüKo AktG, 4. Aufl. 2017, Art. 23 SE-VO Rn. 2; zu Art. 126 II Kodifizierungs-RL (ex-Art. 9 II IntVersch-RL) *Lutter/Bayer/Schmidt*, Europäisches Unternehmens- und Kapitalmarktrecht, 2017, Rn. 22.93.

185 Zur SE-Sitzverlegung vgl. *Diekmann* in: Habersack/Drinhausen (Hrsg.), SE-Recht, 2. Aufl. 2016, Art. 8 Rn. 76; *Ringe* in: Lutter/Hommelhoff/Teichmann (Hrsg.), SE-Kommentar, 2. Aufl. 2015, Art. 8 Rn. 55.

schreitenden Strukturmaßnahmen von entscheidender Wichtigkeit, da hierbei mindestens zwei Mitgliedstaaten und damit unterschiedliche Rechtsordnungen beteiligt sind.[186] Für eine **funktionierende verfahrensrechtliche Koordination** des Verlegungsverfahrens bedarf es daher sowohl der Beachtung der Rechtsordnung des Wegzugsstaates als auch der des Zuzugsstaates, in den der Sitz der Gesellschaft formwechselnd verlegt werden soll.[187] Durch eine Rechtmäßigkeitskontrolle soll in diesem Sinne gewährleistet werden, dass die identitätswahrende, statuswechselnde Sitzverlegung von Gesellschaften innerhalb Europas nach einem überwiegend einheitlichen Verfahren abläuft, welches in seiner Ausgestaltung von den beteiligten Mitgliedstaaten entsprechend überwacht werden kann.[188] Eine besondere Bedeutung kommt dabei einer von der zuständigen Behörde des Wegzugsstaates auszustellenden **Wegzugsbescheinigung** zu.[189] Diese Bescheinigung fungiert dabei als Bindeglied zwischen den zuständigen Behörden, der an der Sitzverlegung betroffenen Rechtsordnungen.[190] So sieht auch der Richtlinienvorschlag der Europäischen Kommission vom April 2018 richtigerweise sowohl eine entsprechende zweistufige Rechtmäßigkeitskontrolle als auch die Ausstellung einer „Vorabbescheinigung" (vgl. Art. 86m RL-Vorschlag) vor.

Nach Art. 9 SV-RL-E hat das zuständige Gericht, ein Notar oder eine andere zuständige Stelle des Wegzugsstaates eine **Bescheinigung** auszustellen, aus der zweifelsfrei hervorgeht, dass die der Sitzverlegung vorangegangenen Rechtshandlungen und Formalitäten **ordnungsgemäß abgeschlossen** sind. In diesem Sinne muss aus der für die formwechselnde Gesellschaft auszustellenden Wegzugsbescheinigung hervorgehen, dass die nach mitgliedstaatlichem Recht zuständige Stelle die Prüfung des Sitzverlegungsverfahrens auf Einhaltung der einschlägigen Rechtsvorschriften des Wegzugsstaates überprüft hat und sich dabei keine Beanstandungen ihrerseits ergeben haben.[191] 60

Nach Abschluss des Kontrollverfahrens durch den Wegzugsstaat und Ausstellung der Wegzugsbescheinigung erfolgt im Sinne des europäischen Modells für (grenzüberschreitende) Strukturmaßnahmen auf der zweiten Stufe der Rechtmäßigkeitskontrolle eine **Prüfung durch den Zuzugsstaat.** Die Rechtmäßigkeitskontrolle der Sitzverlegung durch den Zuzugsstaat steht dabei aus verfahrenstechnischer Sicht in engem Zusammenhang mit der Eintragung der Sitzverlegung im Register des Zielrechtsträgers. Der positive Abschluss der Rechtmäßigkeitskontrolle bildet dabei die Voraussetzung für die Eintragung der Sitzverlegung. Insofern sieht Art. 10 SV-RL-E vor, dass „der neue Sitz" (also die Sitzverlegung) erst **nach** Vorlage der Wegzugsbescheinigung beim zuständigen Register des Zuzugsstaates eingetragen werden kann. Zudem müssen von der Gesellschaft die **Eintragungsformalitäten im neuen Sitzstaat** erfüllt sein. Mit Blick auf die Vale- und die Polbud-Entscheidung des EuGH kann im Rahmen eines grenzüberschreitenden Formwechsels der Aufnahmemitgliedstaat insbesondere die Gründungsvoraussetzungen für die Eintragung einer nationalen Kapitalgesellschaft verlangen.[192] 61

Obgleich eine materielle Überprüfung des bisherigen Sitzverlegungsverfahrens im Wegzugsstaat durch die zuständige Behörde im Zuzugsstaat nicht zu erfolgen hat, muss diese dennoch davon ausgehen können, dass die durch die Wegzugsbescheinigung verbürgte **Ordnungsmäßigkeit der vorangegangenen Rechtshandlungen** zum Zeitpunkt des Abschlusses des Sitzverlegungsverfahrens auch tatsächlich in dieser Form besteht. Dies kann jedoch nur dann umfassend gewährleistet werden, wenn die vorzulegende Wegzugsbescheinigung hinreichend aktuell ist. In Anlehnung an Art. 128 II Kodifizierungs-RL (ex-Art. 11 II IntVersch-RL) (dazu § 24 Rn. 114) sollte in einem künftigen Richtlinienvorschlag daher zudem eine Regelung enthalten sein, die bestimmt, dass der Zeitraum zwischen der Ausstellung der Wegzugsbescheinigung und deren Vorlage mittels Anmeldung zur Eintragung der Sitzverlegung im Zuzugsstaat nicht länger als **sechs Monate** beträgt. Die Wegzugsbescheinigung ist daher innerhalb von sechs Monaten nach ihrer Erteilung von der Gesellschaft vorzulegen. 62

Mit Blick auf Art. 128 I 2 Hs. 2 Kodifizierungs-RL (ex-Art. 11 I 2 Hs. 2 IntVersch-RL) wäre der Regelung des Art. 10 SV-RL-E zudem eine Vorschrift anzufügen, die bestimmt, dass die zuständige Behörde des Zuzugsstaates im Rahmen einer Rechtmäßigkeitskontrolle insbesondere sicherzustellen hat, dass eine **Vereinbarung über die Mitbestimmung der Arbeitnehmer** gemäß der entsprechenden Regelung der Richtlinie geschlossen wurde. Das Fehlen einer entsprechenden Vorschrift im Vorentwurf einer Sitzverlegungsrichtlinie aus dem Jahr 1997 ist darauf zurückzuführen, dass die Europäische Kommission zum Zeitpunkt der Erstellung des Vorschlags darauf 63

186 Vgl. EuGH, Rs. C-378/10 (Vale), ECLI:EU:C:2012:440 = NJW 2012, 2715, Rn. 37, 44 („sukzessive Anwendung von zwei nationalen Rechtsordnungen").

187 *Leible* in: FS G. Roth, 2011, S. 447, 459; *Kiem* ZHR 180 (2016) 289, 313; *de lege lata* bereits EuGH, Rs. C-378/10 (Vale), ECLI:EU:C:2012:440 = NJW 2012, 2715, Rn. 43.

188 *Von Bismarck*, Grenzüberschreitende Sitzverlegung, 2005, S. 270.

189 Vgl. auch *Kiem* ZHR 180 (2016) 289, 314.

190 Zur SE-Sitzverlegung *Casper* in: Spindler/Stilz (Hrsg.), AktG, 3. Aufl. 2015, Art. 8 SE-VO Rn. 17.

191 Entsprechend zur Verschmelzungsbescheinigung nach Art. 25 II SE-VO *Schröder* in: Manz/Mayer/Schröder (Hrsg.), Europäische Aktiengesellschaft, 2. Aufl. 2010, Art. 25 Rn. 16; zur grenzüberschreitenden Verschmelzung siehe auch *Lutter/Bayer/Schmidt*, Europäisches Unternehmens- und Kapitalmarktrecht, 2017, Rn. 22.104.

192 Vgl. EuGH, Rs. C-378/10 (Vale), ECLI:EU:C:2012:440 = NJW 2012, 2715, Rn. 52; EuGH, Rs. C-106/16 (Polbud), ECLI:EU:C:2017:804 = BeckRS 2017, 128964, Rn. 43; siehe auch *Kiem* ZHR 180 (2016) 289, 313.

hoffte, dass im Rahmen einer derzeit geplanten SE-Verordnung eine diesbezügliche Einigung erzielt würde, welche in entsprechender Form in der Endfassung einer Sitzverlegungsrichtlinie aufgenommen werden kann.[193]

64 Nach Art. 11 SV-RL-E wird die Sitzverlegung und die sich daraus ergebende Satzungsänderung zu dem Zeitpunkt wirksam, zu dem die Gesellschaft in das Register des Zuzugsstaates, in dem sich der neue Sitz befindet, eingetragen wird. Die **Eintragung** ist somit entscheidend für das **Wirksamwerden der Sitzverlegung** und die daran anknüpfenden Rechtsfolgen. Für die Wirksamkeit der Sitzverlegung ist die Eintragung im Register des Zuzugsstaates damit konstitutiv.[194] Ab diesem Zeitpunkt hat die Gesellschaft – zumindest im Innenverhältnis – ihren Satzungs- bzw. Registersitz wirksam in den Zuzugsstaat verlegt und unterliegt gesellschaftsrechtlich dem Recht des neuen Sitzstaates. Bis dahin besteht der Ausgangsrechtsträger fort und das Recht des Wegzugsstaates kommt zur Anwendung.[195] In diesem Zusammenhang bestimmt Art. 11 III SV-RL-E, dass die Löschung der Eintragung des Ausgangsrechtsträgers im Register des Wegzugsstaates erst dann zu erfolgen hat, wenn nachgewiesen wird, dass der Zielrechtsträger im Register des Zuzugsstaates eingetragen ist.[196] In Anlehnung an die durch die Richtlinie 2012/17/EU[197] (dazu § 20 Rn. 45 ff.) neu geformte Regelung des Art. 130 II Kodifizierungs-RL (ex-Art. 13 II IntVersch-RL) ist in einem künftigen Richtlinienvorschlag weiterhin aufzunehmen, dass das Register des neuen Sitzes dem Register des früheren Sitzes unverzüglich über die **zentrale Europäische Plattform** gemäß Art. 22 I Kodifizierungs-RL (ex-Art. 4a I Publizitäts-RL) (dazu § 20 Rn. 47) zu melden hat, dass die Eintragung vorgenommen und die Sitzverlegung wirksam geworden ist.[198]

65 Im **Außenverhältnis** – dh gegenüber gesellschaftsfremden Dritten – wird die Sitzverlegung und damit der Formwechsel des Rechtsträgers **grundsätzlich mit der Bekanntmachung** der Eintragung im Zuzugsstaat wirksam (Art. 12 S. 1 SV-RL-E). Nach Art. 12 S. 2 SV-RL-E besteht jedoch dergestalt eine **Sitzfiktion zugunsten Dritter,** dass sich diese dann weiterhin auf den alten Sitz der Gesellschaft berufen können, solange die Löschung des Ausgangsrechtsträgers im Register des ehemaligen Wegzugsstaates noch nicht bekannt gemacht worden ist. Dies gilt jedoch nicht, sofern die Gesellschaft nachweisen kann, dass dem in Rede stehenden Dritten der neue Sitz und damit die vollzogene Sitzverlegung sowie der grenzüberschreitende Formwechsel anderweitig bekannt waren.

F. Schutzinstrumente

I. Gläubigerschutz

66 Von zentraler Bedeutung bei der Durchführung einer grenzüberschreitenden Sitzverlegung ist die **Ausgestaltung eines angemessenen Gläubigerschutzes.**[199] Die Gläubiger der formwechselnden Gesellschaft verlieren das nationale Zurechnungsobjekt für die Geltendmachung ihrer Forderungen und sind uU angehalten, diese gegen den ausländischen Zielrechtsträger geltend zu machen.[200]

67 Nach Art. 8 I SV-RL-E können Gläubiger und sonstige Forderungsberechtigte, deren Forderungen gegenüber der Gesellschaft, die eine grenzüberschreitende Sitzverlegung beabsichtigt (dh der Ausgangsrechtsträger), vor der Bekanntmachung des Verlegungsplans (s. Rn. 47 ff.) entstanden sind, angemessene **Sicherheitsleistungen verlangen.**[201] Art. 8 II SV-RL ermächtigt die Mitgliedstaaten weiterhin, einen entsprechenden Schutz für entstandene Schulden der Gesellschaft gegenüber öffentlichen Einrichtungen vorzusehen. Mit Blick auf die bestehende Diskussion bei grenzüberschreitenden Verschmelzungen betreffend die Vereinbarkeit eines vorgelagerten Gläubigerschutzes (dh Leistung etwaiger Sicherheitsleistungen im Vorfeld der Anmeldung zur Eintragung im Herkunftsmitgliedstaat), obwohl bei einem entsprechenden innerstaatlichen Sachverhalt ein solches Erfordernis

193 *Hoffmann* ZHR 164 (2000) 43, 61; *Di Marco* ZGR 1999, 3, 10 f.

194 *Schwarz*, Europäisches Gesellschaftsrecht, 2000, Rn. 832; *Grundmann*, Europäisches Gesellschaftsrecht, 2011, Rn. 856; *Hoffmann* ZHR 164 (2000) 43, 54.

195 *Hoffmann* ZHR 164 (2000) 43, 54; *Meilicke* GmbHR 1998, 1053, 1056; vgl. auch *Arbeitskreis Europäisches Unternehmensrecht* NZG 2011, 98, 99 (These 10).

196 So *de lege ferenda* im Hinblick auf Art. 130 II 2 Kodifizierungs-RL (ex-Art. 13 II 2 IntVersch-RL) auch *Koppensteiner* in: FS Nobel, 2015, S. 235, 248 f.

197 Richtlinie 2012/17/EU zur Änderung der Richtlinie 89/666/EWG des Rates sowie der Richtlinien 2005/56/EG und 2009/101/EG des Europäischen Parlaments und des Rates in Bezug auf die Verknüpfung von Zentral-, Handels- und Gesellschaftsregistern, ABl. EU v. 16.6.2012, L 156/1.

198 In diesem Sinne *de lege lata* für eine analoge Anwendung der deutschen Umsetzungsnorm des § 9b II 3 Nr. 4 HGB *Stiegler* NotBZ 2015, 329, 339; wohl auch *Lutter/Bayer/Schmidt*, Europäisches Unternehmens- und Kapitalmarktrecht, 2017, Rn. 26.95.

199 Mit Verweis auf die Vale-Entscheidung in diesem Sinne auch *Roth/Kindler*, The Spirit of Corporate Law, 2013, S. 72; ferner *Koppensteiner* in: FS Nobel, 2015, S. 235, 248.

200 Vgl. allgemein *Bachmann ua*, Rechtsregeln für die geschlossene Kapitalgesellschaft, 2012, S. 190; siehe auch *Kiem* ZHR 180 (2016) 289, 316 f.

201 Siehe hierzu *v. Bismarck*, Grenzüberschreitende Sitzverlegung, 2005, S. 268 f.; *Di Marco* ZGR 1999, 3, 10; *Priester* ZGR 1999, 36, 44; *Behme*, Rechtsformwahrende Sitzverlegung und Formwechsel, 2015, S. 189; in diesem Zusammenhang für einen weiten Ausgestaltungsspielraum der Mitgliedstaaten *Kiem* ZHR 180 (2016) 289, 317.

nicht besteht (s. dazu § 24 Rn. 82 ff.), wäre es wünschenswert, dass in einem künftigen Richtlinienvorschlag eine klarstellende Aussage zu dieser Problematik im Rahmen einer grenzüberschreitenden Sitzverlegung getroffen werden würde.[202]

II. Schutz von Minderheitsgesellschaftern

Dem Schutz der Anteilseigner kann auf verschiedene Arten Ausdruck verliehen werden. Ein Schutz durch Informationen über die Sitzverlegung wird beispielsweise durch die angesprochenen Instrumente des **Verlegungsplans** und **-berichts** sichergestellt. Durch die **Beschlussfassung** der Haupt- bzw. Gesellschafterversammlung über die Strukturmaßnahme kann die Sitzverlegung nur durch die Zustimmung der Anteilseigner vollzogen werden. Der Schutz der Minderheitsgesellschafter wird somit in erster Linie durch die verfahrensmäßigen Informations- und Mitentscheidungsrechte gewährleistet.[203] Zudem sieht Art. 7 SV-RL-E speziell für Minderheitsgesellschafter vor, dass die Mitgliedstaaten **angemessene Schutzvorvorschriften** für solche Minderheitsgesellschafter erlassen dürfen, die sich gegen die Sitzverlegung ausgesprochen haben. Hierbei ist aus Sicht Deutschlands sowie der Mehrzahl der anderen Mitgliedstaaten insbesondere an ein Recht dieser an einer angemessen **Barabfindung** gegen **Austritt aus der Gesellschaft** zu denken.[204] 68

III. Arbeitnehmermitbestimmung

Die Frage der **unternehmerischen Mitbestimmung** der Arbeitnehmer ist bei grenzüberschreitenden Strukturmaßnahmen seit jeher einer der **zentralen Problempunkte.**[205] Sowohl bei Verabschiedung der SE-Verordnung als auch der damaligen IntVersch-RL war die Ausgestaltung und Sicherstellung der Arbeitnehmermitbestimmung einer der Hauptstreitpunkte (im Rahmen der Corporate Governance vgl. auch § 33 Rn. 99 ff.). Die Beurteilung der Mitbestimmung der Arbeitnehmer im ausländischen Zielrechtsträger ist daher auch bei einer formwechselnden Sitzverlegung in einen anderen Mitgliedstaat von zentraler Bedeutung.[206] Dies wird dadurch bestärkt, dass insbesondere durch die mit einem grenzüberschreitenden Formwechsel einhergehende Satzungssitzverlegung ins Ausland nationales Mitbestimmungsrecht in der Regel endet und hierin eines der Hauptmotive für die Durchführung einer entsprechenden Sitzverlegung in einen anderen Mitgliedstaat mit geringerem Mitbestimmungsniveau gesehen wird.[207] 69

Der Richtlinienvorentwurf aus dem Jahr 1997 enthielt **keine Vorgaben** über die unternehmermische Mitbestimmung der Arbeitnehmer infolge der Sitzverlegung. Das Fehlen einer Regelung der Mitbestimmungsfrage ist darauf zurückzuführen, dass die Europäische Kommission zum damaligen Zeitpunkt die Entwicklungen bei der Europäischen Aktiengesellschaft (SE) hinsichtlich der Arbeitnehmermitbestimmung abwarten und die sodann dort erzielte Einigung – ggf in modifizierter Form – für eine künftige Sitzverlegungsrichtlinie übernehmen wollte.[208] Mittlerweile konnte sowohl für die Europäische Aktiengesellschaft mit der SE-Richtlinie[209] (dazu § 4) als auch für die grenzüberschreitende Verschmelzung (dazu § 24) ein tragfähiger Kompromiss hinsichtlich der Mitbestimmung der Arbeitnehmer gefunden werden. Einer Regelung auch in einem künftigen Richtlinienvorschlag für eine geplante Sitzverlegungsrichtlinie steht also grundsätzlich nichts mehr im Wege. Inhaltlich sollte sich eine entsprechende Vorschrift weitestgehend an dem etablierten **Modell für grenzüberschreitende Verschmelzun-** 70

202 Zur Problematik im Hinblick auf die grenzüberschreitende Sitzverlegung siehe *Eckert*, Internationales Gesellschaftsrecht, 2010, S. 616 ff.; *Mitterecker*, Grenzüberschreitende Sitzverlegungen, 2015, S. 359; *Frowein*, Grenzüberschreitende Sitzverlegung, 2011, S. 142; allgemein zur Ausgestaltung des Gläubigerschutzsystems innerhalb der Richtlinie ferner *Arbeitskreis Europäisches Unternehmensrecht* NZG 2011, 98, 99 (These 11); *Schmidt*, Study on Cross-border mergers and divisions, transfers of seat: Is there a need to legislate?, 2016, S. 36.

203 *Lutter/Bayer/Schmidt*, Europäisches Unternehmens- und Kapitalmarktrecht, 2017, Rn. 30.14.

204 Vgl. *Di Marco* ZGR 1999, 3, 10; *Hoffmann* ZHR 164 (2000) 43, 57; *Lutter/Bayer/Schmidt*, Europäisches Unternehmens- und Kapitalmarktrecht, 2017, Rn. 30.14; *Schmidt*, Study on Cross-border mergers and divisions, transfers of seat: Is there a need to legislate?, 2016, S. 36; *Priester* ZGR 1999, 36, 43; siehe auch *Grundmann*, Europäisches Gesellschaftsrecht, 2011, Rn. 858; kritisch dazu jedoch *Kiem* ZHR 180 (2016) 289, 315.

205 Im Hinblick auf die grenzüberschreitende Sitzverlegung *Grundmann*, Europäisches Gesellschaftsrecht, 2011, Rn. 862; *Johnson* HLJ 3 (2005) 18, 37 f.; *Kiem* ZHR 180 (2016) 289, 318; *Frowein*, Grenzüberschreitende Sitzverlegung, 2011, S. 156 ff.; *Krebs* GWR 2014, 144, 147; vgl. auch *Hoffmann* ZHR 164 (2000) 43, 57; *Edwards*, EC Company Law, 1999, S. 383; *Neye* ZGR 1999, 13, 17.

206 Generell zu grenzüberschreitenden Umstrukturierungen bereits *Grundmann* ZGR 2001, 783, 828 f.

207 *Teichmann* DB 2012, 2085, 2091; *Däubler/Heuschmid* NZG 2009, 493, 494; ferner auch *Kindler* in: MüKo BGB, IntGesR, 6. Aufl. 2015, Rn. 587; *Rehberg* in: Eidenmüller (Hrsg.), Ausländische Kapitalgesellschaften, 2004, § 6 Rn. 147; *W.-H. Roth* in: FS Hoffmann-Becking, 2013, S. 965, 978.

208 *Hoffmann* ZHR 164 (2000) 43, 61; *Di Marco* ZGR 1999, 3, 11; *Lutter/Bayer/Schmidt*, Europäisches Unternehmens- und Kapitalmarktrecht, 2017, Rn. 30.16; *Grundmann*, Europäisches Gesellschaftsrecht, 2011, Rn. 862; *Heinze* ZGR 1999, 54, 62.

209 Richtlinie 2001/86/EG des Rates vom 8. Oktober 2001 zur Ergänzung des Statuts der Europäischen Gesellschaft hinsichtlich der Beteiligung der Arbeitnehmer, ABl. EG v. 10.11.2001, L 294/22.

gen nach Art. 133 Kodifizierungs-RL (ex-Art. 16 IntVersch-RL) orientieren.[210] Insbesondere sollte daher zunächst im Grundsatz das sog **Sitzstaatprinzip** gelten, dh dass sich Fragen der Notwendigkeit und des Ausmaßes der unternehmerischen Mitbestimmung nach dem Gesellschaftsstatut richten, dem die Gesellschaft nach der Sitzverlegung unterliegt, also dem Recht des Aufnahmemitgliedstaates.[211] Damit die bestehenden Mitbestimmungsrechte der Arbeitnehmer nicht durch die grenzüberschreitende Sitzverlegung verwässert werden, hat insofern das sog **Vorher-Nachher-Prinzip** Anwendung zu finden.[212] Auch kann das entwickelte **Verhandlungsmodell** mit einer ggf zur Geltung kommenden **Auffanglösung** weitestgehend entsprechend auf eine grenzüberschreitende Sitzverlegung im Rahmen einer künftigen Sitzverlegungsrichtlinie übertragen werden.[213]

G. Steuerrechtliche Rahmenbedingungen

71 Damit eine formwechselnde Sitzverlegung nicht nur rechtlich durchführbar, sondern auch unter ökonomischen Gesichtspunkten für Unternehmen interessant ist, muss eine entsprechende grenzüberschreitende Sitzverlegung auch **steuerlich neutral** ausgestaltet sein.[214] Andernfalls oder ohne eine eindeutige gesetzliche Regelung auf europäischer Ebene wird eine grenzüberschreitende Sitzverlegungen legitimierende Richtlinie (bzw. Bestimmungen im Rahmen der neuen Kodifizierungs-Richtlinie (dazu § 19)) nur schwer vermittelbar sein.[215] Insbesondere darf es daher nicht zur **Aufdeckung der stillen Reserven** des Ausgangsrechtsträgers und damit zu einer Schlussbesteuerung kommen.[216] Der Vorentwurf aus dem 1997 sieht hierzu allerdings keine Regelungen vor und auch der Richtlinienvorschlag der Europäischen Kommission vom April 2018 äußert sich nicht explizit dazu. Die steuerlichen Aspekte einer Sitzverlegung sollten vielmehr durch die für das Steuerrecht zuständigen Dienststellen der Europäischen Kommission in Zusammenarbeit mit den Mitgliedstaaten geklärt werden.[217] In diesem Zusammenhang sowie im Hinblick auf die aktuelle EuGH-Rechtsprechung (s. insbesondere zur Polbud-Entscheidung § 10 Rn. 46 ff.) steht auch beim aktuellen Deutschen Bundestag die Gefahr der Steuervermeidung durch einen grenzüberschreitenden Formwechsel auf der Agenda.[218] Aus europäischer Sicht zeigt sich bisher auch der EuGH bei der steuerneutralen Ausgestaltung grenzüberschreitender Sitzverlegungen eher zurückhaltend und erklärt die Besteuerung stiller Reserven im Zuge der Sitzverlegung als mit der Niederlassungsfreiheit weitgehend vereinbar. Da eine formwechselnde Sitzverlegung ähnliche Folgen wie eine grenzüberschreitende Verschmelzung sowie eine SE-Sitzverlegung hat, empfiehlt es sich gleichwohl im Zuge des Erlasses einer künftigen Sitzverlegungsrichtlinie auch die bestehende **Fusionssteuerrichtlinie**[219] entsprechend für eine formwechselnde Sitzverlegung anzupassen.[220]

H. Ausblick

72 Trotz des zum Teil stagnierenden Verlaufs bei der Schaffung einer Sitzverlegungsrichtlinie in den letzten Jahren sollte das Projekt keinesfalls abgeschrieben werden. Das zeigt nicht nur deren fortdauernde **rechtliche sowie ökonomische Notwendigkeit**, sondern auch die jüngsten Tendenzen der Europäischen Kommission, sowohl Fra-

210 Vgl. *Arbeitskreis Europäisches Unternehmensrecht* NZG 2011, 98, 99 (These 12); *Schmidt*, Study on Cross-border mergers and divisions, transfers of seat: Is there a need to legislate?, 2016, S. 36; differenzierend *Kiem* ZHR 180 (2016) 289, 320 f.

211 Vgl. *Arbeitskreis Europäisches Unternehmensrecht* NZG 2011, 98, 99 (These 12).

212 Vgl. *Arbeitskreis Europäisches Unternehmensrecht* NZG 2011, 98, 99 (These 12); *Grundmann*, Europäisches Gesellschaftsrecht, 2011, Rn. 862.

213 Vgl. *Arbeitskreis Europäisches Unternehmensrecht* NZG 2011, 98, 99 (These 12, 13); *Habersack/Verse*, Europäisches Gesellschaftsrecht, 2011, § 4 Rn. 31.

214 *Leible* in: FS G. Roth, 2011, S. 447, 459; *Schmidt*, Study on Cross-border mergers and divisions, transfers of seat: Is there a need to legislate?, 2016, S. 36; vgl. auch *Arbeitskreis Europäisches Unternehmensrecht* NZG 2011, 98, 99 (These 11).

215 Vgl. *Gelter*, EU Company Law Harmonization Between Convergence and Varieties of Capitalism, ECGI Law Working Paper 355/2017, S. 29; aus französischer Sicht *Conac* ZVglRWiss 114 (2015) 215, 224.

216 So führt zB auch aus deutscher Perspektive nach Ansicht einiger Finanzbehörden ein grenzüberschreitender Formwechsel aus Deutschland ggf zu einer Liquidationsbesteuerung.

217 *Di Marco* ZGR 1999, 3, 10; *Lutter/Bayer/Schmidt*, Europäisches Unternehmens- und Kapitalmarktrecht, 2017, Rn. 30.17; *Drury* ELR 24 (1999) 354, 370.

218 Siehe BT-Drucks. 19/1346 v. 21.3.2018.

219 Richtlinie 2009/133/EG des Rates vom 19. Oktober 2009 über das gemeinsame Steuersystem für Fusionen, Spaltungen, Abspaltungen, die Einbringung von Unternehmensteilen und den Austausch von Anteilen, die Gesellschaften verschiedener Mitgliedstaaten betreffen, sowie für die Verlegung des Sitzes einer Europäischen Gesellschaft oder einer Europäischen Genossenschaft von einem Mitgliedstaat in einen anderen Mitgliedstaat, ABl. EG v. 25.11.2009, L 310/34.

220 Dafür ua auch *Leible* in: FS G. Roth, 2011, S. 447, 459 f.; *Hoffmann* ZHR 164 (2000) 43, 60 f.; *Grundmann*, Europäisches Gesellschaftsrecht, 2011, Rn. 865.

gen betreffend grenzüberschreitende Umwandlungen[221] als auch des Gesellschaftskollisionsrechts wieder mehr in den Blickpunkt der Harmonisierungsbestrebungen zu rücken. Dies macht durchaus Hoffnung, dass in einem absehbaren Zeitraum zumindest ein aktualisierter Richtlinienentwurf bezüglich grenzüberschreitender Sitzverlegungen von der Europäischen Kommission unterbreitet werden wird. Nicht unwahrscheinlich ist hierbei auch, dass man sich nicht einer eigenständigen Richtlinie für eine entsprechende Harmonisierung bedient, sondern vielmehr den Ausbau der Regelungen für grenzüberschreitende Verschmelzungen im Rahmen der Kodifizierungs-Richtlinie im Sinne allgemeiner Bestimmungen für grenzüberschreitende Umwandlungen in Erwägung zieht.[222] Dies hätte den Vorteil, dass ähnlich gelagerte Strukturmaßnahmen in konsistenter Weise auf europäischer Ebene in einem Regelungswerk behandelt werden könnten.[223]

Die **Problematik** im Hinblick auf den tatsächlichen Erlass einer künftigen Sitzverlegungsrichtlinie liegt indes in dem Ausmaß ihres Regelungsumfangs und ihrer inhaltlichen Ausgestaltung. Vor allem die Festschreibung einer kollisionsrechtlichen Regelungen wie beispielsweise das oft propagierte Herkunftslandprinzip innerhalb einer Sitzverlegungsrichtlinie lässt sich rechtspolitisch wohl nur dann rechtfertigen, wenn der Schutz der von der grenzüberschreitenden Sitzverlegung betroffenen Personengruppen (Anteilseigner, Gläubiger, Arbeitnehmer) in angemessener Weise sowohl bei als auch im Nachgang der Strukturmaßnahme gewährleistet ist.[224] In diesem Zusammenhang lässt sich der Erlass einer künftigen Sitzverlegungsrichtlinie als Spiegelbild der gesamten Harmonisierung des Gesellschaftsrechts in Europa sehen. Solange eine Angleichung der Gesellschaftsrechte der Mitgliedstaaten in verschiedenen, bedeutenden Fragen nicht oder nur punktuell vorhanden ist, besteht weiterhin die Gefahr, dass eine entsprechende Sitzverlegung zur Umgehung bzw. Vermeidung nationaler Schutzstandards (aus-) genutzt wird. Einen rechtspolitischen Konsens für eine Sitzverlegungsrichtlinie insbesondere in liberaler Ausgestaltung, wie sie zB von einer von der Europäischen Kommission in Auftrag gegebenen Folgeabschätzung aus dem Jahr 2007[225] angedacht ist, wird sich – obgleich der mobilitätsfreundlichen Rechtsprechung des EuGH zur formwechselnden Sitzverlegung – nur schwer finden lassen. Denn dies setzt zumindest die annähernde **Gleichwertigkeit nationaler Schutzbestimmungen** voraus, von denen man auch zum jetzigen Zeitpunkt wohl noch weit entfernt ist. Vorzugswürdig scheint daher auch weiterhin eine wie im Vorentwurf aus dem Jahr 1997 bereits zum Ausdruck kommende **kollisionsrechtliche Neutralität** des Harmonisierungsvorhabens mit einer weitgehenden Beschränkung auf die Angleichung materiellrechtlicher Bestimmungen.[226] Insofern finden sich auch im Richtlinienvorschlag der Europäischen Kommission vom April 2018 keine (unmittelbaren) kollisionsrechtlichen Aussagen. 73

Gleiwohl zeigen sich basierend auf einer von der Europoäischen Kommission beauftragten **Studie** zum kollisionsrechtlich **auf Gesellschaften anwendbaren Recht** Tendenzen zur Regelung des Gesellschaftskollisionsrechts auf europäischer Ebene (s. dazu bereits Rn. 14).[227] Auch die *Groupe européen de droit international privé* (GEDIP) veröffentlichte einen Regelungsvorschlag für eine europäische Vereinheitlichung des Gesellschaftskollisionsrechts.[228] Sowohl dieser als auch die genannte Studie zielen im Ergebnis jedoch auf eine **Verordnung** über das auf Gesellschaften anwendbare Recht ab. Hierzu könnte demnächst wohl zunächst ein Grünbuch der Europäischen Kommission veröffentlicht werden, um die weiteren regulatorischen Vorhaben auf diesem Gebiet darzustellen. Eine materiellrechtliche Regelung im Rahmen einer Sitzverlegungsrichtlinie ist nicht unmittelbar intendiert. Gleichwohl könnte sowohl im anstehenden Diskurs um eine entsprechende Verordnung als auch im Zuge des etwaigen Erlasses einer solchen der Ruf auch nach materiellrechtlichen Harmonisierungsbestimmungen wieder lauter werden. 74

221 Bereits im Aktionsplan der Europäischen Kommission aus dem Jahr 2012 wurde die Überarbeitung der damaligen IntVersch-RL sowie die Schaffung eines Rechtsrahmens für grenzüberschreitende Spaltungen angekündigt. In der Folge wurde eine öffentliche Konsultation abgehalten sowie eine Expertengruppe gebildet, vgl. hierzu *Bayer* in: Bergmann ua (Hrsg.), 10 Jahre SE, 2015, S. 230, 250 f.; *Bayer/Schmidt* BB 2015, 1731, 1735.

222 Insofern auch zu einer „allgemeinen Mobilitätsrichtlinie" *Schmidt* GmbHR 2013, R33, R34; *dies.*, Study on Cross-border mergers and divisions, transfers of seat: Is there a need to legislate?, 2016, S. 37; *dies.* in: Michalski ua (Hrsg.), GmbHG, 2017, § 4a Rn. 27; *Bayer/ Schmidt* BB 2015, 1731, 1735; *Stiegler* DB 2014, 525, 529 f.

223 *Bayer/Schmidt* BB 2015, 1731, 1735.

224 *Leible* ZGR 2004, 531, 557.

225 Impact Assessment on the Directive on the cross border transfer of registered office v. 12.12.2007, SEC(2007) 1707.

226 So auch *Baert* EBLR 2015, 581, 610; ferner *Kreuzer* EuZW 1994, 73, 76; *Johnson* HLJ 3 (2005) 18, 34; aA *Kiem* ZHR 180 (2016) 289, 301; eine kollisionsrechtliche Regelung iS der Gründungstheorie bevorzugend auch *Schmidt*, Study on Cross-border mergers and divisions, transfers of seat: Is there a need to legislate?, 2016, S. 34.

227 Vgl. auch *Borg-Barthet* Journal of Private International Law 6 (2010) 589, 600 ff.; *Kieninger* RabelsZ 73 (2009) 607 ff.; ferner bereits die Study on Directors' Duties and Liability, 2013, S. 225 ff.

228 Siehe *European Group for Private International Law*, Draft rules on the law applicable to companies and other bodies, September 2016, abrubar unter: http://www.gedip-egpil.eu/documents/Milan%202016/GEDIPs%20Proposal%20on%20Companies.pdf.; dazu *Kohler* IPRax 2017, 323 ff.; *Garcimartín Alférez* Riv. dir. int. priv. proc. 2016, 949 ff.; *Lutter/Bayer/Schmidt*, Europäisches Unternehmens- und Kapitalmarktrecht, 2017, Rn. 7.113.

75 Insofern bleibt weiterhin dringend **zu fordern**, dass die Europäische Kommission einen erneuten Richtlinienvorschlag unterbreitet.[229] Durch das obiter dictum in der Cartesio-Entscheidung sowie die Ausführungen des EuGH in den Urteilen Vale und Polbud steht fest, dass zumindest die gemeinsame identitätswahrende Verlegung von Satzungs- und Verwaltungssitz unter dem Wechsel der Rechtsform der Gesellschaft von der Niederlassungsfreiheit erfasst ist (dazu § 10 Rn. 123 ff.). Um diese primärrechtlich verbürgte Möglichkeit eines grenzüberschreitenden Formwechsels auch tatsächlich für die **Praxis handhabbar** zu machen, bedarf es jedoch harmonisierter Rechtsvorschriften mittels legislativer Maßnahmen auf europäischer Ebene für dessen **rechtssichere Durchführung.**[230] Andernfalls droht sowohl auf der einen Seite die durch die Niederlassungsfreiheit erzielte Zulässigkeit faktisch überwiegend ins Leere zu laufen sowie auf der anderen Seiten der effektive Schutz der von der Sitzverlegung betroffenen Personenkreise nicht hinreichend oder höchst unterschiedlich gewährleistet zu werden. Dies kann nicht das Anliegen der Europäischen Kommission in einem freien Binnenmarkt im Hinblick auf die Verwirklichung der Niederlassungsfreiheit iSd Art. 50 II (insbes. lit. g) AEUV sein.

76 Sowohl die jüngeren Entwicklungen bei dem Projekt einer Sitzverlegungsrichtlinie als auch die Tendenzen der letzten EuGH-Entscheidungen mit Bezug zur Problematik einer identitätswahrenden Sitzverlegung machen jedoch deutlich, dass sich ein künftiger, aktualisierter Richtlinienvorschlag auf die Frage der **formwechselnden Satzungssitzverlegung** von Kapitalgesellschaften beschränken wird. Andernfalls droht eine Verabschiedung wohl schon im Ansatz zu scheitern. Auch im Hinblick auf die zwischenzeitlich eingetretenen Änderungen hinsichtlich des Erlasses der damaligen IntVersch-RL und der SE-Verordnung wird die verfahrensmäßige Ausgestaltung einer künftigen Sitzverlegungsrichtlinie **an die bestehenden Bedingungen anzupassen** sein.[231]

77 Am 25. April 2018 legte die Europäische Kommission im Rahmen ihres „Company Law Package"[232] schließlich einen Richtlinienvorschlag zur Ergänzung der Richtlinie über bestimmte Aspekte des Gesellschaftsrechts (s. dazu § 19) vor, der seit dem letzten Vorentwurf einer Sitzverlegungsrichtlinie aus dem Jahr 1997 erstmals auch explizite Durchführungsbestimmungen für einen grenzüberschreitenden Formwechsel („*cross-border conversion*") beinhaltet.[233] In den einzufügenden Art. 86a ff. Kodifizierungs-RL sollen demnach Regelungen betreffend das Verfahren eines grenzüberschreitenden Formwechsels und der damit verbundene Schutz von Share- und Stakeholder geschaffen werden. Der Richtlinienvorschlag betrifft dabei die Verlegung des Registersitzes einer Kapitalgesellschaft als grenzüberschreitenden Formwechsel. Eine wie insbesondere in Folge der Vale-Entscheidung (dazu § 10 Rn. 81 ff.) diskutierte Pflicht zur gleichzeitigen Verwaltungssitzverlegung (s. aus deutscher Sicht auch § 10 Rn. 143), statuiert der Richtlinienvorschlag allerdings nicht ausdrücklich; setzt aber an verschiedenen Stellen (vgl. zB Art. 86f II lit. c), Art. 86n I RL-Vorschlag) zumindest die Begründung einer Niederlassung im Zuzugsstaat faktisch voraus. Außerdem wird ein Missbrauchsvorbehalt und eine entsprechende Prüfung („*in-depth assessment*") durch die nationalen Behörden eröffnet. Materielle Kernpunkte des Richtlinienvorschlags in Bezug auf einen grenzüberschreitenden Formwechsel sind weiterhin die Erstellung eines Umwandlungsplans (Art. 86d RL-Vorschlag), eines Umwandlungsberichts (Art. 86e RL-Vorschlag), einer Berichterstattung der Geschäftsführung gegenüber den Arbeitnehmer(-vertretern) (Art. 86 f. RL-Vorschlag), einer zweistufigen Rechtmäßigkeitskontrolle (Art. 86m ff. RL-Vorschlag), sowie Regelungen zum Gesellschafter- (Art. 86j RL-Vorschlag), Gläubiger- (Art. 86k RL-Vorschlag) und Arbeitnehmerschutz (Art. 86l RL-Vorschlag). Mit diesen Aspekten wird auf europäischer Ebene Neuland betreten und auch deren Ausgestaltung ist durchaus nicht frei von Kritik, sodass sich im Zuge des Gesetzgebungsprozesses einige Regelungen noch ändern könnten.

78 Derzeit (Juli 2018) befindet sich der Richtlinienvorschlag der Europäischen Kommission noch im Entwurfsstadium; Anmerkungen, Ergänzungen und Kritik der Mitgliedstaaten, des Europäischen Parlaments und des Rates sind bislang nicht veröffentlicht. Bis eine entsprechende Änderung der Kodifizierungs-Richtlinie verabschiedet wird, kann es daher durchaus noch 1-2 Jahre dauern. Dies auch zumal noch erstmals Regelungen betreffend eine grenzüberschreitende Spaltung (s. dazu § 10 Rn. 180 ff.) ebenfalls im Rahmen der Änderungsrichtlinie geregelt werden und auch gewichtige Aspekte der bisherigen Art. 118 ff. Kodifizierungs-RL für grenzüberschreitende Verschmelzungen (s. dazu § 24 Rn. 138 f.) ergänzt werden sollen.

229 Vgl. nur *Schmidt* in: Michalski ua (Hrsg.), GmbHG, 2017, § 4a Rn. 26; *Hopt* EuZW-Sonderheft 2017, 1, 2.

230 Vgl. nur *Leible* in: Michalski ua (Hrsg.), GmbHG, 2017, Syst. Darst. 2, Rn. 64; *Rammeloo* ECL 14 (2017) 177.

231 Im diesem Sinne auch *Hansen* EBLR 2007, 181, 201.

232 Siehe auch *Europäische Kommission*, Pressemitteilung v. 25. April 2018, Gesellschaftsrecht: Neue Regeln sollen Unternehmen den Schritt ins Ausland erleichtern und mehr Online-Kontakte mit Verwaltungen ermöglichen, IP/18/3508.

233 *Europäische Kommission*, Vorschlag für eine Richtlinie des Europäischen Parlaments und des Rates zur Änderung der Richtlinie (EU) 2017/1132 in Bezug auf grenzüberschreitende Umwandlungen, Verschmelzungen und Spaltungen, COM(2018) 241 final.

Stichwortverzeichnis Teil 5: Gesellschaftsrechtliche Richtlinien

Fette Zahlen bezeichnen die Paragraphen, magere die Randnummern.

Teil 6
Unternehmensrecht und angrenzende Rechtsfragen

§ 33 Europäische Corporate Governance

Literatur (Auswahl): *Adams/Hermalin/Weisbach*, The Role of Boards of Directors in Corporate Governance. A Conceptual Framework & Survey, J. Econ. Lit. 48 (2010) 58; *Ahmad/Omar*, Basic corporate governance models: a systematic review, Int. J.L.M. 58 (2016) 73; *Arbeitskreis Corporate Governance Reporting der Schmalenbach-Gesellschaft für Betriebswirtschaft eV*, Weiterentwicklung der Unternehmensberichterstattung, DB 2016, 2130; *Arlt ua*, Die europäische Corporate-Governance-Bewegung, GesRZ 2002, 64; *Armour et al.*, The Anatomy of Corporate Law, 3. Aufl. 2017; *Avgouleas/Cullen*, Market Discipline and EU Corporate Governance Reform in the Banking Sector: Merits, Fallacies and Cognitive Boundaries, JLS 41 (2014) 28; *Bachmann*, Der Europäische Corporate Governance-Rahmen, WM 2011, 1301; *Basedow*, Corporate Governance als Sozialpolitik oder von der Beliebigkeit der Rechtsgrundlagen der EU-Gesetzgebung, EuZW 2013, 41; *Baums*, Zur monistischen Verfassung der deutschen Aktiengesellschaft – Überlegungen de lege ferenda, ILF Working Paper Series No. 88/2008; *Bayer*, Die Erosion der deutschen Mitbestimmung, NJW 2016, 1930; *Bayer*, Grundsatzfragen der Regulierung der aktienrechtlichen Corporate Governance, NZG 2013, 1; *Bayer/Schmidt*, BB-Gesetzgebungs- und Rechtsprechungsreport Europäisches Unternehmensrecht 2012, BB 2013, 3; *Becht/Bolton/Röell*, Corporate Governance and Control, ECGI Finance Working Paper No. 2/2002; *Becker/v. Werder*, Der Deutsche Corporate Governance Kodex im internationalen Vergleich, AG 2016, 761; *Belcredi/Ferrarini*, The European Corporate Governance Framework: Issues and Perspectives, ECGI Law Working Paper No. 214/2013; *Berglöf*, Reforming Corporate Governance: Redirecting the European Agenda, Economic Policy 24 (1997) 93; *Bruner*, Corporate Governance in the Common Law World, 2013; *Cerioni/Keay*, Corporate Governance and the Corporate Objectives in the European Community: Proposing a Re-Definition in Light of EC-Law, EBLR 2008, 405; *Cernat*, The Emerging European Corporate Governance Model: Anglo-Saxon Continental or Still the Century of Diversity?, Journal of European Public Policy 11 (2004) 147; *CFA Institute*, Corporate Governance Policy in the European Union, 2016; *Cheffins*, The History of Corporate Governance, ECGI Law Working Paper No. 184/2012; *Chiappetta/Tombari*, Perspectives on Group Corporate Governance and European Company Law, ECFR 2012, 261; *Chiu*, Learning from the UK in the Proposed Shareholders' Rights Directive 2014? European Corporate Governance Regulation from a UK Perspective, ZVglRWiss 114 (2015) 121; *Choudhury/Petrin* (Eds.), Understanding the Company. Corporate Governance and Theory, 2017; *Cicon et al.*, European Corporate Governance: A Thematic Analysis of National Codes of Governance, European Financial Management 18 (2012) 620; *Clarke*, International Corporate Governance. A Comparative Approach, 2. Aufl. 2017; *Clarke*, Nothing But Wind? The Past and Future of Comparative Corporate Governance, Am. J.

Comp. L. 59 (2011) 75; *Coffee*, The Future as History: The Prospects for Global Convergence in Corporate Governance and Its Implications, Columbia Law School Center for Law and Economic Studies Working Paper No. 144/1999; *Collier*, Corporate Governance in the European Context: Evolving and Adapting, Business & Society Rev. 112 (2007) 271; *D'arcy*, Das EU-Grünbuch „Europäischer Corporate Governance-Rahmen", CFO aktuell 2011, 189; *Davies et al.* (Eds.), Corporate Boards in Law and Practice, 2013; *Dignam/Galanis* (Eds.), Exploring Post-Crisis Trajectories of European Corporate Governance, 2014; *Doyle*, The EU Corporate Governance Legislative Environment, in: Cardale (Ed.), A Practical Guide to Corporate Governance, 5. Aufl. 2014, S. 81 ff.; *du Plessis*, Key Corporate Governance Themes and Issues in a Globalised and Internationalised World, EBLR 2015, 1; *du Plessis et al.*, German Corporate Governance in International and European Context, 2012; *Eder*, Stand der Corporate Governance in Österreich, ZVglRWiss 113 (2014) 239; *Elson et al.*, FMA Roundtable on New Developments in European Corporate Governance, Journal of Applied Corporate Finance 29 (2017) 50; *Enriques*, Corporate Governance Reforms in Italy: What Has Been Done and What Is Left to Do, EBOR 10 (2009), 477; *Enriques/Volpin*, Corporate Governance Reforms in Continental Europe, Journal of Economic Perspectives 21 (2007) 117; *Ferrarini/Ungureanu*, Executive Remuneration. A Comparative Overview, ECGI Law Working Paper No. 268/2014; *Ferrero/Ackrill*, Europeanization and Soft Law Process of EU Corporate Governance: How has the 2003 Action Plan Impacted on National Corporate Governance Codes?, JCMS 54 (2016) 878; *Fleckner/Hopt* (Eds.); Comparative Corporate Governance, 2013; *Fleischer*, Corporate Governance in Europa als Mehrebenensystem, ZGR 2012, 160; *ders.*, Vergleichende Corporate Governance in geschlossenen Kapitalgesellschaften, ZHR 179 (2015) 404; *Förster*, Europäische Corporate Governance – Tatsächliche Konvergenz der neuen Kodizes?, ZIP 2006, 162; *Forum Europaeum on Company Groups*, Proposal to Facilitate the Management of Cross-Border company Groups in Europe, ECFR 2015, 299; *Gelter*, Comparative Corporate Governance: Old and New, ECGI Law Working Paper No. 321/2016; *Gilson*, From Corporate Law to Corporate Governance, in: Gordon/Ringe (Eds.), The Oxford Handbook of Corporate Law and Governance, 2018 (forthcoming); *Gordon*, Behavioural Approaches to Corporate Governance, 2016; *Gordon/Ringe* (Eds.) The Oxford Handbook of Corporate Law and Governance, 2018; *Goshen/Squire*, Principal Costs: A New Theory for Corporate Law and Governance, Columbia L. Rev. 117 (2017) 767; *Hamborg/Jung*, Der deutsche Nachhaltigkeitskodex (DNK), in: Bungenberg ua (Hrsg.), Corporate Compliance und Corporate Social Responsibility, 2014, S. 146; *Hausmann/Bechtold-Orth*, Corporate Governance in Europa: Quo vadis?, GesKR 2011, 359; *Hellwig*, The US Concept of Corporate Governance under the Sarbanes-Oxley Act of 2002 and Its Effects in Europe, ECFR 2007, 417; *Hermes/Postma/Zivkov*, Corporate governance codes in the European Union: Are they driven by external or domestic forces?, International Journal of Managerial Finance 2 (2006) 280; *Ho*, Corporate governance and corporate competitiveness: an international analysis, Corp. Gov. (Int. Rev.) 13 (2005) 211; *Hommelhoff*, Einige Bemerkungen zur Organisationsverfassung der Europäischen Aktiengesellschaft, AG 2001, 279; *Hommelhoff/Hopt/v. Werder* (Hrsg.), Handbuch Corporate Governance, 2. Aufl. 2010; *Hommelhoff/Lutter/Teichmann* (Hrsg.), Corporate Governance im grenzüberschreitenden Konzern, 2017; *Honoré et al.*, Corporate governance practices and companies' R&D intensity: Evidence from European countries, Research Policy 44 (2015) 533; *Hooghiemstra/van Ees*, Regulation and Governance, 2011; *Hopt*, Vergleichende Corporate Governance, ZHR 175 (2011) 444; *ders.*, Comparative Corporate Governance: The State of the Art and International Regulation, ECGI Law Working Paper No. 170/2011; *ders.*, Corporate Governance in Europe: A Critical Review of the European Commissions' Initiatives on Corporate Law and Corporate Governance, NYU J. L. & Bus. 12 (2015) 139; *ders.*, Modern Company and Capital Market Problems: Improving European Corporate Governance after Enron, JCLS 2003, 221; *ders.*, Gemeinsame Grundsätze der Corporate Governance in Europa?, ZGR 2000, 779; *ders.*, Corporate Governance von Finanzinstituten, ZGR 2017, 438; *ders.*, The Dialogue between the Chairman of the Board and Investors, ECGI Law Working Paper No. 365/2017; *Hopt/Wohlmannstetter* (Hrsg.), Handbuch Corporate Governance von Banken, 2011; *Horn*, Regulating Corporate Governance in the EU, 2012; *dies.*, Corporate Governance in Crisis? The Politics of EU Corporate Governance Regulation, ELJ 18 (2012) 83; *Ivaschenko/Brooks*, Corporate governance reforms in the EU: Do they matter and how?, IMF Working Paper WP/08/91; *Jaspers*, Voraussetzungen und Rechtsfolgen der Unabhängigkeit eines Aufsichtsratsmitgliedes nach dem BilMoG, AG 2009, 607; *Johnston*, EC Regulation of Corporate Governance, 2010; *Jung*, Das Grünbuch der Kommission zu einem europäischen Corporate Governance-Rahmen und die Weiterentwicklung des Europäischen Gesellschaftsrechts, BB 2011, 1987; *dies.*, Tendenzen der Corporate Governance: Diskussion um die fachliche Qualifikation von Aufsichtsratsmitgliedern, WM 2013, 2110; *dies.*, Eine Frauenquote für die EU?, BB 2013, 387; *Jungmann*, The Effectiveness of Corporate Governance in One-Tier and Two-Tier Board Systems, ECFR 2006, 426; *Junker*, Grundfreiheiten, Gesellschaftsrecht und Mitbestimmung – Bleibt die europäische Entwicklung Treiber des Reformbedarfs?, EuZA 2013, 223; *Kalss*, Corporate Governance in Austria under the influence of the European Union, ZVglRWiss 114 (2015) 157; *Kalss/Klampfl*, Europäisches Gesellschaftsrecht, 2015, Rn. 430 ff.; *Klein*, Die Änderungen des Deutschen Corporate Governance Kodex 2012 aus Sicht der Unternehmenspraxis, AG 2012, 805; *Klettner*, Corporate Governance Regulation: The Changing Roles and Responsibilities of Boards of Directors, 2017; *Kohler-Koch/Larat* (Eds.), European Multi-Level Governance, 2009; *Kremer/v. Werder*, Unabhängigkeit von Aufsichtsratsmitgliedern: Konzept, Kriterien und Kandidateninformation, AG 2013, 340; *Lannoo*, A European Perspective on Corporate Governance, JCMS 37 (1999) 269; *Lang/Schuch/Staringer* (Hrsg.), Soft Law in der Praxis, 2005; *Lannoo/Khachaturyan*, Reform of Corporate Governance in the EU, EBOR 5 (2004) 37; *Leyens*, Comply or Explain im Europäischen Privatrecht – Erfahrungen im Europäischen Gesellschaftsrecht und Entwicklungschancen des Regelungsansatzes, ZEuP 2016, 388; *ders.*, Corporate governance in Europe: foundations, developments and perspectives in: Eger/Schäfer (Hrsg.), Research Handbook on the Economics of European Union Law, 2012, S. 183; *ders.*, Corporate Governance: Grundsatzfragen und Forschungsperspektiven in: Allmendinger ua (Hrsg.), Corporate Governance nach der Finanz- und Wirtschaftskrise, 2011, S. 3; *ders.*, Deutscher Aufsichtsrat und U.S.-Board: ein- oder zweistufiges Verwaltungssystem? Zum Stand der rechtsvergleichenden Corporate Governance Debatte, RabelsZ 67 (2003), 47; *Lorch*, Understanding Boards of Directors: A Systems Perspective, Annals of Corporate Governance 2 (2017) 1, 1; *Luciano*, Organisationsrecht und Corporate Governance in der italienischen Aktiengesellschaft, RIW 2017, 351; *Lutter*, Die Empfehlungen der Kommission vom 14.12.2004 und vom 15.2.2005 und ihre Umsetzung in Deutschland, EuZW 2009, 799; *Lutter/Bayer/Schmidt*, Europäisches Unternehmens- und Kapitalmarktrecht, 6. Aufl. 2017, § 13; *Magnier*, Harmonization Process for Effective Corporate Governance in the European Union: From a Historical Perspective to Future Prospects, Journal of Law and

Society 41 (2014) 95; *ders.*, Comparative Corporate Governance. Legal Perspectives, 2017; *Mallin* (Ed.), Handbook on International Corporate Governance: Country Analyses, 2. Aufl. 2011; *Marks*, Structural Policy and Multilevel Governance in the EC, in: Cafruny/Rosenthal (Eds.), The State of the European Community, 1993, S. 391; *Marsch-Barner* in: Marsch-Barner/Schäfer (Hrsg.), Handbuch börsennotierte Aktiengesellschaft, 4. Aufl. 2018, § 2 (Corporate Governance); *Mavrommati/Papathanassiou*, A Modified Open Method of Coordination in Corporate Governance, EBLR 2006, 1637; *Mehrotra/Morck*, Governance and Stakeholder, ECGI Finance Working Paper No. 507/2017, *Merkt/Klausmann*, Die europäische und internationale Corporate Governance-Diskussion im Spiegel der ECGI-Research Paper aus der Zeit von Januar 2012 bis März 2016, EWS 2016, 253; *Mouthaan*, Corporate Governance Reform in the US and EU – Time for a Change, ECL 5 (2008) 123; *Möslein/Sørensen*, Nudging for Corporate Long-termism and Sustainability?, Nordic & European Company Law Research Paper No. 16-24; *Mueller*, The Economics and Politics of Corporate Governance in the European Union, ECGI Law Working Paper No. 37/2005; *Mülbert*, Corporate Governance in der Krise, ZHR 174 (2010) 375; *ders.*, Corporate Governance von Banken: Ein europäisches Konzept?, ZVglRWiss 113 (2014) 520; *OECD*, OECD Corporate Governance Factbook, 2017; *Pannier/Rickford*, Corporate Governance Disclosures in Europe, EBLR 2007, 975; *Papadima*, Recent Developments regarding Gender Balance on EU Corporate Boards, ECL 12 (2015) 245; *Patel et al.*, Is stakeholder orientation relevant for European firms?, European Management Journal 34 (2016) 650; *Peltzer*, Das Grünbuch der EU Kommission vom 5.4.2011 und die Deutsche Corporate Governance, NZG 2011, 961; *Pierce*, Corporate Governance in the European Union, 2010; *Reichert*, Reformbedarf im Aktienrecht, AG 2016, 677; *Rieder/Holzmann*, Brennpunkte der Aufsichtsratsregulierung in Deutschland und den USA, AG 2010, 570; *Ringleb ua*, Die Kodex-Änderungen vom Mai 2012, NZG 2012, 1081; *Roe/Vatiero*, Corporate Governance and its Political Economy in: Gordon/Ringe (Eds.), The Oxford Handbook of Corporate Law and Governance, 2018 (forthcoming); *Roleder ua*, Nationale Corporate Governance Kodizes im Vergleich, ZCG 2016, 158; *Rose*, Firm performance and comply or explain disclosure in corporate governance, European Management Journal 34 (2016) 202; *Salacuse*, Corporate governance, culture and convergence: Corporations American style or with a European touch?, EBLR 2003, 471; *Schaub*, Corporate Governance in Europe: An Address, RabelsZ 69 (2005) 619; *Sergakis*, EU Corporate Governance: A New Supervisory Mechanism for the Comply or Explain Principle?, ECFR 2013, 394; *Schiehll/Castro Martins*, Cross-National Governance Research: A Systematic Review and Assessment, Corp. Gov. (Int. Rev.) 24 (2016) 181; *Scholderer*, Unabhängigkeit und Interessenkonflikte der Aufsichtsratsmitglieder – Systematik, Kodexänderungen, Konsequenzen, NZG 2012, 168; *Schulte-Wrede*, Arbeitnehmerbeteiligung in Europa, 2014; *Seibert*, Corporate Governance: The Next Phase, in: Festschrift für Michael Hoffmann-Becking, 2013, S. 1101; *Siems/Alvarez-Macotela*, The G20/OECD Principles of Corporate Governance 2015: A Critical Assessment of their Operation and Impact, J.B.L. 2017, 310; *Soltani/Maupetit*, Importance of core values of ethics, integrity and accountability in the European corporate governance codes, JMG 19 (2015) 259; *Sørensen*, Disclosure in EU Corporate Governance – A Remedy in Need of Adjustment?, EBOR 10 (2009) 255; *Speeckaert*, Corporate Governance in Europe, Fordham Journal of Corporate & Financial Law 2 (1997) 31; *Staake*, Arbeitnehmervertreter als unabhängige Aufsichtsratsmitglieder?, NZG 2016, 853; *Strine*, The Soviet Constitution Problem in Comparative Corporate Law: Testing the Proposition that European Corporate Law is More Stockholder Focused than U.S. Corporate Law, S. Cal. L. Rev. 89 (2016) 1243; *Teichmann*, Gestaltungsfreiheit in Mitbestimmungsvereinbarungen, AG 2008, 797; *ders.*, Corporate Governance in Europa, ZGR 2001, 645; *Thomson*, The Convergence of Corporate Governance Systems to European and Anglo-American Standards, EBOR 4 (2003) 31; *Thüsing*, Gerechtigkeit à la européenne: Diskriminierungsschutz in einer pluralistischen Gesellschaft, ZESAR 2014, 364; *Tömmel* (Hrsg.), Die Europäische Union. Governance und Policy-Making, 2008; *Velte/Weber/Stiglbauer*, Reform der europäischen Corporate Governance, 2013; *Vossestein*, Modernization of European Company Law and Corporate Governance. Some Considerations on its Legal Limits, 2010; *Wansleben*, Deutsche Unternehmensmitbestimmung und Unionsrecht – Ausgangs- und Folgefragen, WM 2017, 785; *Watson* (Ed.), Innovations in Corporate Governance. Global Perspectives, 2017; *Weber-Rey*, Corporate Governance in Europa: Die Initiativen der EU-Kommission, ZEW-Bericht Nr. 193, 2012; *dies.*, Effects of the Better Regulation Approach on European Company Law and Corporate Governance, ECFR 2007, 370; *Welge/Eulerich*, Corporate-Governance-Management, 2. Aufl. 2014; *Weller*, Corporate Governance in geschlossenen Gesellschaften, ZGR 2012, 386; *Weller/Harms*, Corporate Governance Regulation via soft law, RTDF 2014, 14; *Witt*, Corporate Governance-Systeme im Wettbewerb, 2003; *Wymeersch*, Enforcement of Corporate Governance Codes, ECGI Law Working Paper No. 46/2005; *ders.*, European corporate governance codes and their effectiveness, in: Belcredi/Ferrarini (Eds.), Boards and Shareholders in European Listed Companies, 2013, S. 67; *Ziegler/Gey*, Arbeitnehmermitbestimmung im Aufsichtsrat der Europäischen Gesellschaft (SE) im Vergleich zum Mitbestimmungsgesetz, BB 2009, 1751; *Zumbansen*, New Governance in European Corporate Law Regulation as Transnational Legal Pluralism, Eur. L.J. 14 (2008) 246.

A. Grundlagen

I. Corporate Governance-Begriff

Der Begriff der Corporate Governance entstammt ursprünglich dem anglo-amerikanischen Rechtskreis und erlangte **Anfang der 1990er-Jahre** zunehmend auch in Europa Bedeutung.[1] Auf europäischer Ebene sind Corpor- 1

1 *Hopt*, Comparative Corporate Governance: The State of the Art and International Regulation, ECGI Law Working Paper No. 170/2011, S. 5 f.; *ders.* ZHR 175 (2011) 444, 446; *Marsch-Barner* in: Marsch-Barner/Schäfer (Hrsg.), Handbuch börsennotierte AG, 2018, Rn. 2.1; *Mallin*, Corporate Governance, 2015, S. 15; *Leyens*, Corporate Governance: Grundsatzfragen und Forschungsperspektiven in: Allmendinger ua (Hrsg.), Corporate Governance nach der Finanz- und Wirtschaftskrise, 2011, S. 6 weist auf den sprunghaften Anstieg an Publikationen ab diesem Zeitpunkt hin; ferner *Cheffins* in: The Oxford Handbook of Corporate Governance, 2013, S. 43 ff.; *ders.*, The History of Corporate Governance, ECGI Law Working Paper No. 184/2012, wonach der Ausgangspunkt in den 1970er-Jahren in den USA liegt.

ate Governance-Bestrebungen daher sowohl vom US-amerikanischen als auch vom britischen Unternehmensrecht geprägt.[2] Ausgangspunkt in England war der Bericht der ***Cadbury Commission*** aus dem Jahr 1992 (s. Rn. 142). Corporate Governance wurde dort definiert als System, unter dem Gesellschaften geführt und kontrolliert werden.[3] Der Begriff Corporate Governance beschreibt mithin die rechtlichen und faktischen Grundsätze **verantwortungsvoller Unternehmensleitung** und **Unternehmensüberwachung.**[4] Corporate Governance umfasst somit insbesondere die unternehmensbezogenen Aspekte, die für die Organe (insbesondere die Gesellschafter- bzw. Hauptversammlung, die Geschäftsführung und ggf das Aufsichtsorgan) bei der Organisation und Leitung einer Gesellschaft im weitesten Sinne Bedeutung erlangen.[5] Dabei geht es im Ergebnis darum, einen gewissen Ausgleich zwischen den Interessen der Unternehmensführung, der Anteilseigner sowie anderer Stakeholder im Hinblick auf den Gesamterfolg des Unternehmens zu erzielen.[6] Um dies zu gewährleisten, ist die Reichweite der Corporate Governance-Regulierung, wie sie von den meisten Ländern und auch von der EU (dazu auch Rn. 5 f.) verstanden wird, durchaus hoch und vielschichtig und betrifft ua sowohl Aspekte der Unternehmensführung und Unternehmenskontrolle ieS als auch iwS und umfasst damit zB auch die Rechnungslegung,[7] Publizitäts- und Transparenzaspekte sowie die Unternehmensethik (zu Elementen eines weiten Corporate Governance-Begriffs s. Rn. 95 ff.).[8] Insofern und vor allem auch im Hinblick auf die steigende Bedeutung von Corporate Social Responsibility als **Element guter Unternehmensführung und -kontrolle** (s. dazu Rn. 97 ff.), lässt sich dieses weite Corporate Governance-Verständnis auch in gewisser Weise als Reaktion auf eine „strenge" shareholder value-Konzentration bei der Leitung einer Gesellschaft verstehen.

2 Eine konkrete Legaldefinition für Corporate Goverance existiert auf europäischer Ebene bislang **nicht**, was dazu beiträgt, dass in der unternehmerischen Praxis vielfältige Maßnahmen und Aktivitäten unter den Corporate Governance-Begriff gefasst werden.[9] 2011 hat die Europäische Kommission in ihrem Grünbuch jedoch zu verstehen gegeben, dass sie unter dem Begriff der Corporate Governance neben einer angemessenen Führung, Organisation und Kontrolle von Unternehmen, auch die Beziehung der Gesellschaft zu den Anteilseignern und anderen Stakeholdern versteht.[10] Dieses **weite Begriffsverständnis** lässt sich damit begründen, dass auch die letztgenannten Bedingungen geeignet sind, den Erfolg von Unternehmen zu beeinflussen.[11]

3 Auch international gibt es bisher keine allgemein anerkannte Definition von Corporate Governance. Zwar beschäftigen sich die **G20/OECD-Grundsätze der Corporate Governance**[12] damit, wie der gesetzliche, regulatorische und institutionelle Rahmen der Corporate Governance international aussehen sollte. Aber auch diese Grundsätze definieren Corporate Governance nicht. Allerdings wird dort zumindest deren Zielrichtung beschrieben:

2 Vgl. *Chiu* ZVglRWiss 114 (2015) 121, 135, 156; *Cheffins*, The History of Corporate Governance, ECGI Law Working Paper No. 184/2012, S. 19; *Böcking/Althoff* DK 2017, 246, 247; *Stiegler* in: Kramme/Baldus/Schmidt-Kessel (Hrsg.), Brexit und die juristischen Folgen, 2017, S. 129, 149; *Tiedje* in: von der Groeben/Schwarze/Hatje (Hrsg.), Europäisches Unionsrecht, Bd. 1, 7. Aufl. 2015, Art. 50 AEUV Rn. 100.

3 Cadbury Commission, Report of the Committee on the Financial Aspects of Corporate Governance, 1.12.1992, para 2.5.

4 Vgl. auch *Carl* in: Spahlinger/Wegen (Hrsg.), Internationales Gesellschaftsrecht, 2005, Rn. 1495; *Stephan/Tieves* in: MüKo GmbHG, Bd. 2, 2. Aufl. 2016, § 37 Rn. 36; *Kalss/Klampfl*, Europäisches Gesellschaftsrecht, 2015, Rn. 430; aus (offizieller) britischer Sicht BEIS, Corporate Governance Reform. The Government response to the green paper consultation, August 2017, S. 2.

5 *Hüffer/Koch*, AktG, 13. Aufl. 2018, § 76 Rn. 37; *Marsch-Barner* in: Marsch-Barner/Schäfer (Hrsg.), Handbuch börsennotierte AG, 2018, Rn. 2.1; vgl. auch *Möllers* in: Schulze/Zuleeg/Kadelbach (Hrsg.), Europarecht, 3. Aufl. 2015, § 18 Rn. 78; *Mukwiri/Siems* JLS 41 (2014) 51, 59.

6 Vgl. *du Plessis/McConvill/Bagaric*, Principles of Contemporary Corporate Governance, 2005, S. 6 f.; *du Plessis* Co. Lawyer 30 (2009) 43, 44; *Hopt* ZGR 2000, 779, 782; *Bourne* BLR 2007, 292; im Umkehrschluss auch *Lichner* EBLR 2009, 889, 898 f.; indes die positive Wirkung „guter" Unternehmensführung auf den wirtschaftlichen Erfolg eines Unternehmens bezweifelnd *Heracleous* Corp. Gov. (Int. Rev.) 9 (2001) 165, 169 f.

7 Zur Rolle der Rechnungslegung im Corporate Governance-System *Böcking/Gros* in: FS Hopt, 2010, S. 413, 414 ff.; *Armstrong et al.* Economic Policy Review 22 (2016) 107 ff.; vgl. auch *du Plessis et al.*, Principles of Contemporary Corporate Governance, 2015, S. 237; *Großfeld* ZVglRWiss 116 (2017) 1, 9.

8 *Ahmad/Omar* IJLM 58 (2016) 73, 74; *Page/Spira* JMG 20 (2016) 213, 221 f.

9 *Carl* in: Spahlinger/Wegen (Hrsg.), Internationales Gesellschaftsrecht, 2005, Rn. 1495; *Krivogorsky/Dick* in: Krivogorsky (Hrsg.), Law, Corporate Governance and Accounting, 2011, S. 33, 37 f., mit einer Übersicht zu den verschiedenen Corporate Governance-Definitionen in den jeweiligen Mitgliedstaaten *Hopt* in: Fleckner/Hopt (Hrsg.), Comparative Corporate Governance, 2013, S. 3, 10; vgl. auch *Ahmad/Omar* Int'l J. L.M. 58 (2016) 1 f., die darauf verweisen, dass wegen der facettenreichen Ausrichtung der Corporate Governance eine einheitliche Definition bisher nicht existiert.

10 Europäische Kommission, Grünbuch Europäischer Corporate Governance-Rahmen, KOM(2011) 164 endg., S. 2 f.

11 *Jung* BB 2011, 1987.

12 OECD, G20/OECD-Grundsätze der Corporate Governance, 2015; abrufbar unter: http://www.keepeek.com/Digital-Asset-Management/oecd/governance/g20-oecd-grundsatze-der-corporate-governance_9789264250130-de#.WDK3oH2Dl8E#page1 (abgerufen am: 1.6.2018); dazu *Siems/Alvarez-Macotela* J.B.L. 2017, 310 ff.

„Gegenstand der Corporate Governance ist das Geflecht der Beziehungen zwischen der Geschäftsführung eines Unternehmens, seinem Aufsichtsorgan (Board), seinen Aktionären und den anderen Unternehmensbeteiligten (Stakeholdern). Die Corporate Governance liefert zudem den strukturellen Rahmen für die Festlegung der Unternehmensziele, die Identifizierung der Mittel und Wege zu ihrer Umsetzung und die Modalitäten der Erfolgskontrolle"[13]

Die Europäische Kommission hat sich daher bei ihrem weiten Begriffsverständnis von Corporate Governance weitgehend an diesen G20/OECD-Grundsätzen orientiert.[14]

Corporate Governance, also gute Unternehmensführung, lässt sich zudem aus den unterschiedlichsten Perspektiven untersuchen und zum Regelungsgegenstand machen. Ein umfassendes Verständnis der Thematik kann nur eine **interdisziplinäre Analyse** schaffen.[15] Insofern greifen „Neue Institutionenökonomik, Rechtswissenschaft, Rechnungswesen, Management, organizational behavior, Soziologie, Politikwissenschaften und auch Philosophie"[16] ineinander. Dieser Abschnitt fokussiert sich indes auf die rechtliche Perspektive und insbesondere auf die Reflektion der Corporate Governance aus europarechtlicher Perspektive. 4

II. Interne und externe Corporate Governance

Bei der Corporate Governance kann im Grundsatz zwischen einer internen und einer externen Dimension unterschieden werden.[17] Die interne Corporate Governance erfüllt vor allem eine gesellschaftsrechtliche Ordnungsfunktion.[18] Hierzu zählen zB **unternehmensinterne Systeme**, wie etwa Steuerungsmechanismen der Organisationsverfassung. Insbesondere Informations-, Überwachungs- und Entscheidungsrechte der verschiedenen Beteiligten können hier ebenfalls hinzugerechnet werden.[19] Im deutschen Recht werden unter der **Unternehmensverwaltung** typischerweise der Vorstand sowie der Aufsichtsrat verstanden und auch der Abschlussprüfer wird – aufgrund seiner Unterstützungsfunktion gegenüber dem Aufsichtsrat – in die Unternehmensverwaltung und damit auch die interne Corporate Governance einbezogen.[20] Wie das reformierte EU-Abschlussprüferrecht zeigt (dazu § 26), kommt auch auf europäischer Ebene den Abschlussprüfern und in diesem Zusammenhang einem ggf zu bildenden Prüfungsausschuss[21] eine zunehmende Bedeutung bei der Unternehmensverwaltung zu.[22] 5

Darüber hinaus wirken **externe Einflüsse**, dh Marktkräfte, auf die Organisationsstrukturen im Unternehmen, weshalb auch von **externer Corporate Governance** gesprochen werden kann.[23] So wird beispielsweise den Reaktionen der Marktteilnehmer, die sich im Börsenkurs widerspiegeln, und dem „Markt für Unternehmenskontrollen" eine disziplinierende Wirkung auf das Management zugeschrieben.[24] Denn potenzielle Akquisitionen 6

---

13 OECD, G20/OECD-Grundsätze der Corporate Governance, 2015, S. 9; ferner zu den verschiedenen Regelungsinstrumenten zur Regulierung von Corporate Governance-Fragen OECD, OECD Corporate Governance Factbook, 2017, S. 19 ff.

14 Vgl. Europäische Kommission, Grünbuch Europäischer Corporate Governance-Rahmen, KOM(2011) 164 endg., S. 2 f., wo die Europäische Kommission in der Fußnote auf die OECD-Grundsätze (allerdings in der Fassung von 2004) verweist; *Cerioni/Keay* EBLR 2008, 405, 409.

15 Vgl. *Leyens*, Corporate Governance: Grundsatzfragen und Forschungsperspektiven in: Allmendinger ua (Hrsg.), Corporate Governance nach der Finanz- und Wirtschaftskrise, 2011, S. 3 f.

16 *Welge/Eulerich*, Corporate-Governance-Management, 2014, S. 9.

17 *Velte/Weber/Stiglbauer*, Reform der europäischen Corporate Governance, 2013, S. 1; *Marsch-Barner* in: Marsch-Barner/Schäfer (Hrsg.), Handbuch börsennotierte AG, 2018, Rn. 2.1 ff.; *Möllers* in: Schulze/Zuleeg/Kadelbach (Hrsg.), Europarecht, 3. Aufl. 2015, § 18 Rn. 77, 100 ff.; *Hopt*, Comparative Corporate Governance: The State of the Art and International Regulation, ECGI Law Working Paper No. 170/2011, S. 7.

18 *Eder* ZVglRWiss 113 (2014) 239; vgl. auch *Kalss/Klampfl*, Europäisches Gesellschaftsrecht, 2015, Rn. 101; *Hopt* ZGR 2000, 779, 782 ff.

19 *Kalss/Klampfl*, Europäisches Gesellschaftsrecht, 2015, Rn. 431.

20 *Velte/Weber/Stiglbauer*, Reform der europäischen Corporate Governance, 2013, S. 1; vgl. auch *Hüffer/Koch*, AktG, 13. Aufl. 2018, § 76 Rn. 37; *Schneider/Stenger* AG 2000, 106, 110.

21 Zumindest in Deutschland besteht bei nicht-kapitalmarktorientierten Unternehmen jedoch keine Pflicht zur Errichtung eines Prüfungsausschusses. Die Bildung eines solchen wird allerdings bereits durch die Empfehlung 2005/162/EG der Europäischen Kommission angeraten.

22 Vgl. *Hommelhoff* NZG 2015, 1329, 1331; *Merkt* ZHR 179 (2015) 601, 632 ff.; *Marsch-Barner* in: FS Müller-Graff, 2015, S. 282, 288 f.; *v. Werder* DB 2017, 977.

23 *Grundmann*, Europäisches Gesellschaftsrecht, 2. Aufl. 2011, Rn. 476; *Kalss/Klampfl*, Europäisches Gesellschaftsrecht, 2015, Rn. 431 f.; *Hopt* in: Hopt/Wohlmannstetter (Hrsg.), HdB Corporate Governance von Banken, 2011, S. 3, 7; *v. Werder* in: Hommelhoff/Hopt/v. Werder (Hrsg.), Handbuch Corporate Governance, 2010, S. 16 f.; siehe dazu auch *Hopt* ZGR 2000, 779, 787 ff.; *Teichmann* ZGR 2001, 645, 647, 659 ff.

24 *Grundmann*, Europäisches Gesellschaftsrecht, 2. Aufl. 2011, Rn. 476; *Kalss/Klampfl*, Europäisches Gesellschaftsrecht, 2015, Rn. 431 f.; *Leyens*, Corporate Governance: Grundsatzfragen und Forschungsperspektiven in: Allmendinger ua (Hrsg.), Corporate Governance nach der Finanz- und Wirtschaftskrise, 2011, S. 23; relativierend zum deutschen Recht *Habersack* ZHR 181 (2017) 603, 616.

und (feindliche) Übernahmen können in der Regel zugleich den Austausch des nicht effizient agierenden Managements bedeuten.[25] Die Gefahr einer Unternehmensübernahme übt somit auf die Unternehmensleitung Druck aus, die Führung der Gesellschaft derart auszugestalten, dass die Differenz zwischen Aktienkurs und tatsächlichem Marktwert möglichst gering ausfällt.[26] In besonderen Konstellationen, in denen das Management im Gegenteil von der Übernahme sogar persönlich profitieren würde (zB im Rahmen eines sog *golden handshake* oder *golden parachute*), greift dieser Mechanismus jedoch ausnahmsweise nicht bzw. nicht in dieser Form. Die Drucksituation für das Management, die Differenz zwischen Aktienkurs und tatsächlichem Marktwert zu verringern, kann andererseits jedoch auch dazu führen, dass sich die Unternehmensleitung zu sehr an den (kurzfristigen) Unternehmenserfolg, bemessen am Börsenkurs, orientiert und eine gewisse Spannung zu einer nachhaltigen (längerfristigen) und stakeholderorientierten „guten" Corporate Governance (s. dazu Rn. 119) entstehen kann.[27]

III. Corporate Governance und Principal-Agent Theorie

7 Letztlich spiegelt sich bei Fragen der Corporate Governance immer auch die **Principal-Agent-Problematik** im Rahmen unternehmerischen Handelns wider.[28] Durch die typischerweise vorliegende Trennung zwischen Eigentum (Aktienbesitz) und Unternehmensführung[29] sowie Entscheidungsfindung und Kontrolle entsteht eine (doppelstufige) Principal-Agenten-Situation. Die Eigentümer (Aktionäre) sind in shareholderorientierten Corporate Governance-Systemen als Prinzipale einzustufen,[30] während die Geschäftsleitung der Agent ist. Hinzu kommt noch der Aufsichtsrat (dualistisches System) bzw. die nicht-geschäftsführenden Direktoren (monistisches System), welche wiederum die Geschäftsleitung kontrollieren. Auch sie sind Agenten der Eigentümer (Aktionäre) und agieren als Überwacher (Supervisor) der Geschäftsführung.[31] Wie auch sonst in Principal-Agent-Situationen lassen sich im Rahmen der Corporate Governance ebenfalls die typischen Probleme, wie zB *hidden actions, hidden intentions, hidden characteristics* beobachten.[32] Denn es bestehen in der Aktiengesellschaft **Informationsasymmetrien** zwischen den Agenten und den Prinzipalen (Aktionären). Diese sind bei börsennotierten Unternehmen sogar in der Regel stärker ausgeprägt als bei anderen Unternehmen, da die Aktionäre häufig lediglich als kapitalgebende Anleger mit beschränkterem Zugang zu Unternehmensinformationen und Einfluss auf die Führung und Kontrolle der Gesellschaft agieren.[33] Es kann daher zu einem opportunistischen Verhalten von Agenten (Geschäftsführung/Aufsichtsrat) kommen, bei dem diese von den Vorstellungen der Anteilseigner (Prinzipale) abweichen.[34] Entsprechende Probleme können zudem im Vorstand-Aufsichtsrat-Verhältnis bzw. hinsichtlich geschäftsführenden und non-executive directors bestehen. Die jeweils entstehenden **Agency-Kosten** (dh Kosten, die durch die Principal-Agent-Situation entstehen, wie zB für Kontrolle)[35] können sich negativ auf die Unternehmensbewertung und den -erfolg auswirken.[36] Corporate Governance-Bestimmungen können daher sowohl proaktiv zur Verhinderung bzw. Minimierung diesbezüglicher Probleme beitragen als auch nachträglich-sanktionierende Wirkung entfalten.[37] Aus Investorensicht dienen (interne) Regelungen für eine gute Unter-

25 Vgl. auch *Goergen/Martynova/Renneboog* Oxf. Rev. Econ. Policy 21 (2005) 243 ff.; *Merkt*, US-amerikanisches Gesellschaftsrecht, 3. Aufl. 2013, Rn. 140; *Fleischer/Bueren* in: Paschos/Fleischer (Hrsg.), Handbuch Übernahmerecht nach dem WpÜG, 2017, § 3 Rn. 42.

26 *Welge/Eulerich*, Corporate-Governance-Management, 2014, S. 74; *Grothe*, Unternehmensüberwachung durch den Aufsichtsrat, 2006, S. 35 f.

27 *Habersack* ZHR 181 (2017) 603, 616; vgl. auch *Fleischer/Bueren* in: Paschos/Fleischer (Hrsg.), Handbuch Übernahmerecht nach dem WpÜG, 2017, § 3 Rn. 44 ff.

28 Vgl. auch *Jensen/Meckling* Journal of Financial Economics 3 (1976) 305; *Becht/Bolton/Röell*, Corporate Governance and Control, ECGI Finance Working Paper No. 2/2002, S. 8; *Goshen/Squire* Columbia L. Rev. 117 (2017) 767, 769; *Kalss/Klampfl*, Europäisches Gesellschaftsrecht, 2015, Rn. 430; *Windbichler* NJW 2012, 2625, 2630; ferner *Gilson/Gordon* 113 Columbia L. Rev. (2013) 863 ff.; *Moore* Current Legal Problems 68 (2015) 431 ff.; *Velte/Weber/Stiglbauer*, Reform der europäischen Corporate Governance, 2013, S. 33.

29 *Schäfer/Ott*, Lehrbuch der ökonomischen Analyse des Zivilrechts, 5. Aufl. 2012, S. 700.

30 Vgl. nur *Armour et al.* in: Kraakman et al. (Eds.), The Anatomy of Corporate Law, 2017, S. 29 f.; *Marsch-Barner* in: Marsch-Barner/Schäfer (Hrsg.), Handbuch börsennotierte AG, 2018, Rn. 2.5.

31 *Velte/Weber/Stiglbauer*, Reform der europäischen Corporate Governance, 2013, S. 33 ff.

32 *Velte/Weber/Stiglbauer*, Reform der europäischen Corporate Governance, 2013, S. 34.

33 Das (Europäische) Kapitalmarktrecht versucht daher primär dieses Informationsgefälle durch entsprechende Transparenz- und Offenlegungsbestimmungen einzudämmen. Siehe insofern zum Zweck des Europäischen Kapitalmarktrechts § 34 Rn. 15.

34 Zum Beispiel bei der nicht primär nutzenmaximierenden Investitionspolitik des Managements oder einer überwiegenden Fokussierung auf kurzfristige Erfolge (*short-termism*).

35 Zu agency costs im Gesellschaftsrecht auch *Grundmann*, Europäisches Gesellschaftsrecht, 2. Aufl. 2011, Rn. 84.

36 Speziell im Hinblick auf die Managementvergütung vgl. *Ferrarini/Moloney* Oxf. Rev. Econ. Policy 21 (2005) 304.

37 Vgl. aus jüngerer Zeit nur *El-Mahdy* J. Accounting, Ethics & Public Policy 17 (2016) 899, 904 f.

nehmensführung daher auch einem gewissen Schutz[38] vor eigenmächtigen Handlungen der Leitungsebene (und auch der Kontrollebene) einer Gesellschaft.[39] In diesem Sinne sind Investoren auch durchaus bereit, für eine gute Corporate Governance einen angemessenen „Preis" zu zahlen.[40]

Die Principal-Agent-Theorie ist nicht das einzige Konzept, das helfen kann, die Problemlagen mit Blick auf die Corporate Governance zu begreifen. Ebenso kann zB die **Property-Rights-Theory** herangezogen werden.[41] Danach ergibt „sich der Wert eines Gutes nicht allein aus den physischen Eigenschaften, sondern auch aus den Verfügungsrechten (*property rights*) (…), die mit einem Gut verbunden sind".[42] Mit Blick auf die Corporate Governance lassen sich beispielsweise Regeln zur Gewinn- und Verlusttragung sowie zur Führung, Kontrolle und zum Eigentum als Verfügungsrechte ansehen sowie das Unternehmen selbst als das entsprechende Gut. Die Verteilung dieser „Verfügungsrechte", die durch Corporate Governance-Regeln vorgenommen wird, hat damit Auswirkungen auf den Nettonutzen des Unternehmens. Nach der Property-Rights-Theory ist dieser Nutzen positiv mit den Verfügungsrechten am Gut verbunden.[43] Die Aufteilung von Führung, Kontrolle und Eigentum führt beispielsweise zu Transaktionskosten. 8

Die **Stewardship-Theorie** wurde zudem als Reaktion auf die Principal-Agent-Theorie entwickelt.[44] Idee dahinter ist, dass weniger das etwaige Informationsgefälle zwischen Unternehmensleitung und Anteilseigner in den Blick genommen wird, sondern auf die verantwortungsvolle Mitwirkung von Investoren sowie Mitgliedern des Aufsichtsrates bzw. nicht-geschäftsführender Verwaltungsratsmitglieder als Corporate Governance-Element abgestellt wird.[45] Die Stewardship-Theorie unterscheidet sich dabei von der Principal-Agent Theorie auch dergestalt, dass psychologische Aspekte bei mit einbezogen werden.[46] Insofern sollen auch „Stewardship Codes" (s. dazu Rn. 118) durch die Förderung der Einbeziehung und des Engagements insbesondere von institutionellen Investoren etwaigen Informationsasymmetrien zwischen der Geschäftsleitung bzw. dem Management des Unternehmens und den wirtschaftlich Berechtigten von Unternehmensanteilen vorbeugen. 9

IV. Bedarf und Rechtfertigung für Corporate Goverance-Regulierung

Corporate Governance-Regeln beschränken Freiheitsgrade in der Organisation des Unternehmens und verursachen häufig auch Kosten. Damit stellt sich ganz generell die Frage nach der Rechtfertigung von Corporate Governance und damit verbundener Einzelmaßnahmen. Nur wenn auch ein tatsächlicher Bedarf an einer gesetzlichen oder zumindest einer *soft law*-Regulierung (s. dazu auch Rn. 41) besteht, kann eine solche auf längere Sicht auch gerechtfertigt und damit gegenüber den betroffenen Unternehmen überzeugend sein. Neben der allgemeinen Frage, ob für Corporate Governance bezüglich bestimmter Aspekte überhaupt ein Regelungsbedarf besteht, ist mit Blick auf die Corporate Governance in der EU auch zu klären, ob **einheitliche europäische Regelungen** erforderlich sind oder ob es genügt, dass verschiedene nationale Regelungen nebeneinander bestehen.[47] Bei der Erörterung der Thematik geht es nicht allein um die Praktikabilität und die Präferenzen der EU sowie sonstige politische Überlegungen, sondern stets auch um ökonomische Erwägungen (ferner zur Kompetenzfrage für europäische Corporate Governance-Regulierung Rn. 25 ff.). 10

Zunächst lässt sich diesbezüglich festhalten, dass der konkrete Bedarf an (europäischer oder nationalstaatlicher) Corporate Governance-Regulierung bislang **nicht abschließend geklärt** ist. Die Regulierung von Corporate Governance-Aspekten steht zumeist in einem **Spannungsverhältnis** zwischen unternehmerischer Freiheit bezüglich der Wahl der individuell passenden Unternehmensführung und Unternehmenskontrolle auf der einen Seite und dem Erfordernis des Regelgebers, durch eine übergeordnete Normsetzung staatliche, volkswirtschaftliche und ggf soziale Interessen verschiedener Stakeholder zu gewährleisten oder auch zu fördern. Damit einhergehend stellt sich insbesondere die Frage des „richtigen" Maßes an Regulierung und, sofern es sich um Vorgaben auf europäischer Ebene handelt, auch um den „richtigen" Harmonisierungsgrad (s. dazu Rn. 39 f.). Denn einerseits kann eine mangelnde (ordnungspolitische) Regulierung zu einer negativ zu bewertenden Missachtung von 11

38 Rechtsvergleichend zum diesbezüglichen Grad des Investorenschutzes bereits *La Porta et al.* J. Pol. Econ. 107 (1998) 1113; dazu auch *Spamann* Rev. Fin. Stud. 23 (2010) 467.

39 Vgl. *Deniz* Duquesne Bus. L. J. 14 (2012) 219 f.

40 *Cain et al.* Univ. Penn. L. Rev. 164 (2016) 649, 656; *European Confederation of Directors Associations,* A Guide to Corporate Governance Practices in the European Union, 2015, S. 10.

41 Zur Anwendung der Property-Rights-Theory auf Corporate Governance *Welge/Eulerich*, Corporate Governance Management, 2014, S. 11.

42 *Welge/Eulerich*, Corporate-Governance-Management, 2014, S. 10.

43 *Welge/Eulerich*, Corporate-Governance-Management, 2014, S. 10 f.

44 *Velte/Weber/Stiglbauer*, Reform der europäischen Corporate Governance, 2013, S. 40; *Welge/Eulerich*, Corporate-Governance-Management, 2014, S. 24; *Donaldson/Davis* Australian Journal of Management 1991, 49; *Velte* ZP 2009, 285 f.

45 Vgl. nur *Velte* WM 2012, 537, 539.

46 *Davis/Schoorman/Donaldson* Academic Management Rev. 22 (1997) 20, 27 f.

47 Zu den unterschiedlichen Corporate Governance-Strukturen in den Mitgliedstaaten vgl. auch *Clarke*, International Corporate Governance, 2017, S. 256 ff.

Stakeholderinteressen führen, andererseits kann ein Überregulierung bzw. ein zu starres Regelgeflecht die unternehmensindividuelle Gestaltung beeinträchtigen und insofern negative, ökonomische (volkswirtschaftliche) Konsequenzen nach sich ziehen. Die Frage nach der „**angemessenen**" Corporate Governance-Regulierung ist damit stets auch von gesamtwirtschaftlichen Überlegungen geprägt, was die vor allem aus den USA stammende (s. dazu auch Rn. 128) Verknüpfung von rechtlicher Normsetzung auf dem Gebiet der Corporate Governance und deren Verbindung zu ökonomischen Werten zu Beginn der Corporate Governance-Forschung zeigt.

12 In diesem Zusammenhang rechtfertigt vor allem ein **Marktversagen** das Eingreifen des Staates. Ein solches Marktversagen ist vor allem im Fall von Informationsasymmetrien, Externalitäten und Monopolen zu befürchten. Externalitäten sind beispielsweise ein Grund dafür, dass sich Aktionäre nicht in die Gesellschaft einbringen. Aus der Principal-Agent-Problematik (dazu Rn. 7) wiederum entstehen im gesellschaftsrechtlichen Bereich Informationsasymmetrien.[48] In solchen Fällen kann Regulierung gerechtfertigt sein. Im Fall von Informationsasymmetrien bieten sich insbesondere Informations- bzw. Publikationspflichten an, um ein Marktversagen zu verhindern (insofern auch zum kapitalmarktrechtlichen Publikationsregime § 34 Rn. 40 ff.). Für börsennotierte Aktiengesellschaften mit internationalem Aktionärskreis ließe sich dann auch am ehesten ein Regulierungsbedarf auf europäischer Ebene rechtfertigen. Bedarf und Rechtfertigung einer (supranationalen) Corporate Governance-Regulierung sind damit **einzelfallabhängig** und stets im Hinblick auf den zu regelnden Aspekt zu untersuchen. Eine generalisierte Aussage, ob eine europäische, mitgliedstaatliche oder privatwirtschaftlich institutionelle Regelsetzung erforderlich und gerechtfertigt ist, kann daher schon bezogen auf das hier zugrunde gelegte weite Verständnis von Corporate Governance (s. Rn. 1 ff.) nicht getroffen werden.

13 Eine „harte" Regulierung (s. dazu Rn. 41 ff.) wird bislang in erster Linie dort als notwendig angesehen, wo das **Finanzsystem** aufgrund unternehmensindividueller „schlechter" Unternehmensführung und Unternehmenskontrolle beeinträchtigt werden kann, da einzelne Akteure gerade im Finanzbereich Systemrelevanz besitzen können und damit bei fehlender Regulierung negative **volkswirtschaftliche Konsequenzen** drohen. Exemplarisch ist dies bei Fragen im Zusammenhang mit der Abschlussprüfung der Fall (s. dazu Rn. 77 ff.). Zwingende (europäische) Regelungen werden hier als erforderlich betrachtet, um weiteren Finanzmarktkrisen präventiv entgegenzutreten (vgl. auch § 26 Rn. 2).[49] Im Kontext dieser Überwachungs- und Kontrollfunktion ist auch die Unabhängigkeit von Mitgliedern des Verwaltungs- bzw. Aufsichtsrats zu sehen (s. dazu Rn. 58 ff.). Da es sich hierbei jedoch wiederum primär um eine rein unternehmensinterne Governancefrage handelt, hat der europäische Gesetzgeber bislang kein Bedürfnis für eine *hard law*-Regulierung gesehen, sondern sich bisher mit *soft law*-Ansätzen begnügt.[50] Zu bedenken ist allerdings, dass die Corporate Governance-Regeln auf EU-Ebene (aber auch auf nationaler Ebene) oftmals gerade nicht vornehmlich durch ökonomische Erkenntnisse gerechtfertigt werden. Selbst in Bereichen, wo sich ein ökonomischer Bedarf begründen lässt, ist die Ausgestaltung der konkreten Regelung generell nicht allein durch diese Ergebnisse beeinflusst, sondern vor allem durch die mitgliedstaatlichen Überzeugungen, die ihrerseits oftmals nicht auf ökonomischen Erkenntnissen, sondern politischen Erwägungen beruhen.

14 In jüngerer Zeit spielt zudem sowohl auf europäischer als auch nationaler Ebene insbesondere die **gesellschaftspolitische Relevanz** eines Corporate Governance-Aspekts eine verstärkte Rolle als Rechtfertigung für Regulierungen. Dies zeigt sich vor allem bei den Themen Corporate Social Responsibility (CSR) (s. dazu Rn. 97 ff.), Geschlechterdiversität (s. dazu Rn. 52 ff.) und Vergütung geschäftsführender Organmitglieder (s. dazu Rn. 67 ff.). Die entsprechenden Regulierungsansätze sollen die sozialen Wertvorstellungen der EU bzw. des jeweiligen Mitgliedstaates auch auf unternehmerischer Ebene umsetzen. Entsprechend sozial- und gesellschaftspolitisch aufgeladene Aspekte sind jedoch traditionell selten gemeineuropäisch homogen. Hier spielen kulturelle und politische Unterschiede eine große Rolle. Daher ist dieser inhaltliche Bereich bislang von einem geringeren europäischen Einfluss geprägt. Sofern europäische Regelungen vorliegen, sind diese zudem nur in einem geringeren Maße zwingend ausgestaltet. So scheiterten denn beispielsweise bislang alle Versuche, eine sog „Frauenquote" für den Aufsichtsrat durch eine Richtlinie auf europäischer Ebene einzuführen (dazu Rn. 54). Europäische Regulierung zielt daher in diesem Zusammenhang bislang überwiegend durch **Berichtspflichten**, ohne verbindliche Vorgaben für die Governance in diesem Bereich, auf eine Verbesserung ab. Teilweise begnügt sich die Europäische Kommission auch mit reinen *soft law*-Ansätzen, wie Empfehlungen.[51]

---

48 Vgl. dazu auch *Grundmann*, Europäisches Gesellschaftsrecht, 2. Aufl. 2011, Rn. 90.

49 Die Finanzmarktkrise als Argumentationsbasis für eine (zwingende) Regulierung des europäischen Unternehmensrecht wird dabei zT auch negativ gesehen, so *Bengtzen/Enriques* ECL 13 (2016) 120 ff.

50 Durch die teilweise „Quasi-Befolgungspflicht" in den nationalen Corporate Governance Kodizes im Hinblick auf diesen Unabhängigkeitsaspekt sowie dem Nachweis von unabhängigen Aufsichtsrats- bzw. Verwaltungsratsmitgliedern als Bedingung für eine Börsennotierung in manchen Staaten, hat sich das Erfordernis einer gewissen Anzahl an unabhängigen Boardmitgliedern in den letzten jedoch zu einer fast schon zwingenden Regelung durchgesetzt.

51 Vgl. auch *Davies/Worthington*, Gower&Davies Principles of Modern Company Law, 10. Aufl. 2016, Rn. 6-15.

V. Verankerung der Corporate Governance im Europäischen Gesellschaftsrecht

Die Corporate Governance ist überwiegend **Bestandteil des (materiellen) Gesellschaftsrechts** und des angrenzenden, damit verbundenen Unternehmensrechts. Aufgrund der intensiven Diskussion, die auf nationaler, europäischer und internationaler Ebene geführt wird, wird die Corporate Governance teilweise als „das bestimmende gesellschaftsrechtliche Thema in jüngerer Vergangenheit“[52] bezeichnet. Im Folgenden wird die **Verankerung** der Corporate Governance im Europäischen Gesellschaftsrecht beleuchtet. Hierbei werden die verschiedenen Maßnahmen angesprochen, die auf europäischer Ebene Corporate Governance-Aspekte etablieren sollen. 15

1. Gesellschaftsrechtliche Richtlinien

Einzelne Corporate Governance-Ansätze finden sich teilweise in den von der EU zur Harmonisierung des Europäischen **Gesellschaftsrechts** erlassenen **Richtlinien**. Ein umfassender Regelungsrahmen zur Corporate Governance wurde dadurch allerdings bislang nicht geschaffen. Gerade bei neueren Richtlinienvorhaben und der Überarbeitung bestehender Richtlinien treten Corporate Governance-Themen jedoch zunehmend in den Vordergrund. 16

So wird die Corporate Governance-Thematik beispielsweise in Erwägungsgrund 3 der Richtlinie zur Änderung der **Aktionärsrechterichtlinie** (dazu § 30) im Zusammenhang mit dem Aktionsplan der Kommission von 2003[53] explizit genannt. Die Änderungsrichtlinie befasst sich dabei vor allem mit Fragen der verstärkten Einbindung der Aktionäre in Unternehmensentscheidungen und unternehmensrelevante Maßnahmen in börsennotierten Gesellschaften.[54] Die Änderungsrichtlinie zielt damit auch auf einen zunehmenden ***shareholder activism***[55] sowie auf die Regulierung institutioneller Anleger und *proxy advisor* ab. Corporate Governance kann insofern als (Regelungs-) Mechanismus zum Schutz von Investoren vor eigenmächtigen und einseitig interessengesteuerten Maßnahmen des Managements oder auch von kontrollierenden Anteilseignern gesehen werden.[56] In diesem Zusammenhang und im Hinblick darauf, dass vor allem institutionelle Investoren nicht unerheblich von den Empfehlungen (führender) Stimmrechtsberater (zB *ISS* oder *Glass Lewis*) Gebrauch machen,[57] zeigt sich ebenfalls die Relevanz, dass *proxy advisor* ihre Empfehlungen basierend auf einer Evaluierung der Corporate Governance vornehmen sollten.[58] Die großen (international agierenden) Stimmrechtsberater tun dies zwar bereits insofern partiell, als sie regelmäßig eigene Corporate Governance-Empfehlungen herausgeben und ihre inhaltliche Stimmrechtsberatung nach deren Befolgung ausrichten.[59] Eine detaillierte und umfassende Evaluierung der Corporate Governance jedes betroffenen Unternehmens ist jedoch aufwendig und vor allem kleineren Stimmrechtsberatern könnten dazu auch die entsprechenden Kapazitäten fehlen. ***Proxy advisor*** beeinflussen die Corporate Governance allerdings nicht nur durch ihre Empfehlungen. Sie reduzieren für institutionelle Anleger mit einem breiten Portfolio erheblich die Kosten der für die Ausübung ihrer Rechte notwendigen Analyse der Unternehmensinformationen. *Proxy advisor* versetzen institutionelle Anleger damit relativ kostengünstig in die Lage, informierte Entscheidungen zu treffen (vgl. auch Erwägungsgrund 25 AR-RL).[60] Aus Sicht der Principal-Agent-Theorie führt die Einbeziehung von proxy advisor allerdings zu einer weiteren Principal-Agent-Situation, 17

52 *Merkt/Klausmann* EWS 2016, 253. *Leyens* in: Eger/Schäfer (Eds.), Research Handbook on the Economics of European Union Law, 2012, S. 183 f. bezeichnet es sogar als „key issue of European integration“.

53 Europäische Kommission, Aktionsplan Modernisierung des Gesellschaftsrechts und Verbesserung der Corporate Governance in der Europäischen Union, 21.5.2003, KOM(2003) 284; dazu *Habersack* NZG 2004, 1 ff.; *Habersack/Verse*, Europäisches Gesellschaftsrecht, 4. Aufl. 2011, § 4 Rn. 17 ff.; *Lutter/Bayer/Schmidt*, Europäisches Unternehmens- und Kapitalmarktrecht, 2017, Rn. 29.2 ff.; *Haberer* GesRZ 2003, 211 ff.; *Hopt* in: FS Röhricht, 2005, S. 235 ff.; *Maul/Lanfermann/Eggenhofer* BB 2003, 1289 ff.; *Merkt* RIW 2004, 1; *van Hulle/Maul* ZGR 2004, 484 ff.

54 Prägend sind hier insbesondere die Neuregelungen zur Abstimmung über die Vergütungspolitik (*say on pay*) (Art. 9a f. AR-RL, s. dazu § 30 Rn. 144 ff.) und zu Transaktionen mit nahestehenden Personen und Unternehmen (*related party transactions*) (Art. 9c AR-RL, s. dazu § 30 Rn. 256 ff.).

55 Dazu *Rose* J. Manag. Gov. 16 (2012) 269; *Birkmose* ECFR 2014, 214, 218; *Habersack* ZHR 181 (2017) 603, 611; zum zunehmenden shareholder activism aus deutscher Sicht vgl. *Schockenhoff/Culmann* ZIP 2015, 297 ff.; *Graßl/Nikoleyczik* AG 2017, 49 ff.; *Bunz* NZG 2014, 1049 ff.; *Kleinmanns* IRZ 2016, 341 ff.; *Thaeter/Guski* AG 2007, 301 ff.; *Schaefer* NZG 2007, 900 ff.; rechtsvergleichend auch *CMS Corporate/M&A*, Shareholder Activism: A European Perspective, 2016.

56 Vgl. *La Porta et al.* Journal of Financial Economics 58 (2000) 3, 4; *Rizwan et al.* IJMBR 5 (2016) 11.

57 Dies gilt jedoch seit jüngerer Zeit in geringerem Maße für Fragen der Vergütungspolitik von Mitgliedern des Leitungsorgans, vgl. *Ferrarini/Ungureanu*, Executive Remuneration. A Comparative Overview, ECGI Law Working Paper No. 268/2014, S. 30.

58 Vgl. *Cain et al.* Univ. Penn. L. Rev. 164 (2016) 649, 672.

59 Siehe zB ISS, Europe Summary Proxy Voting Guidelines. 2017 Benchmark Policy Recommendations, 2017.

60 Richtlinie (EU) 2017/828 des Europäischen Parlaments und des Rates vom 17. Mai 2017 zur Änderung der Richtlinie 2007/36/EG im Hinblick auf die Förderung der langfristigen Mitwirkung der Aktionäre, ABl. EU v. 20.5.2017, L132/1, vgl. auch *Plagemann/Rahlmeyer* NZG 2015, 895, 897; *Coffee/Palia* The Impact of Hedge Fund Activism: Evidence and Implications, ECGI Law Working Paper No. 266/2014, S. 15 ff.

mit den ihr eigenen möglichen Problemstellungen (s. dazu auch § 30 Rn. 347 ff.). Die Änderungsrichtlinie umfasst daneben auch Regelungen zur Verbesserung der Transparenz zwischen Unternehmen und ihren Aktionären.[61]

18 Als weiteres Beispiel für die verstärkte Fokussierung auf Corporate Governance-Aspekte im Rahmen von Richtlinien kann die **Abschlussprüferrichtlinie** (dazu § 26) herangezogen werden. Diese befasst sich zB in Art. 8 AP-RL speziell mit Fragestellungen, die mit der Unternehmensführung zusammenhängen. Danach hat die im Rahmen der Eignungsprüfung durchgeführte theoretische Prüfung, die ein Anwärter für den Posten als Abschlussprüfer abzulegen hat, zumindest auch das Gebiet der Corporate Governance zu umfassen, soweit dieses für die Abschlussprüfung relevant ist (Art. 8 II lit. a) AP-RL). Zudem kommt bei „Unternehmen von öffentlichem Interesse“[62] dem zu bildenden Prüfungsausschuss eine immer bedeutendere Funktion hinsichtlich der Unternehmensüberwachung zu (s. dazu § 26 Rn. 4 ff.).[63] Insoweit haben Börsengesellschaften grundsätzlich einen **Prüfungsausschuss** einzusetzen (Art. 39 I AP-RL), um die hohe Qualität der Abschlussprüfung zu gewährleisten.

2. Supranationale Rechtsformen

19 Nicht nur im Rahmen der einzelnen (gesellschaftsrechtlichen) Richtlinien implementiert die EU ihre Vorstellungen von Corporate Governance. Auch in den die **supranationalen Rechtsformen** regelnden Verordnungen werden Corporate Governance-Aspekte aufgegriffen. Die EU versucht durch die dortige Durchsetzung ihrer Vorstellungen, Impulse für die Entwicklung nationalen Rechts zu entwickeln. Als grundlegend kann hier beispielsweise die Entscheidung angesehen werden, es den Gesellschaftern einer SE bzw. den Mitgliedern einer SCE selbst zu überlassen, entweder eine monistische oder dualistische Organisationsstruktur zu wählen (näher dazu Rn. 47 ff.). Auch die Pflicht zur mindestens vierteljährlichen Berichterstattung (Art. 41 I SE-VO) bzw. der Beratung (Art. 44 I SE-VO) über den Geschäftsgang einer Europäischen Aktiengesellschaft kann in diesem Zusammenhang angeführt werden.[64]

3. Empfehlungen

20 Im Bereich der europäischen Corporate Governance spielen zudem Empfehlungen seitens der Europäischen Kommission eine tragende Rolle. Als ***soft law*-Instrument** dienen Empfehlungen oftmals als Wegbereiter für künftige Maßnahmen im Rahmen von Richtlinien oder Verordnungen auf dem Gebiet des europäischen Gesellschaftsrechts.[65] Es bestehen bereits mehrere – formal unverbindliche – **Empfehlungen**[66] der Europäischen Kommission im Bereich der Corporate Governance und angrenzender Regelungsgebiete. Die Empfehlungen im Bereich der Corporate Governance beschäftigen sich insbesondere mit Fragen zur Vergütungspolitik geschäftsführender Mitglieder der Unternehmensleitung und zur Unabhängigkeit vor allem nicht-geschäftsführender (*non-executive*) Mitglieder der Leitungs- bzw. Kontrollorgane (näher dazu Rn. 58 ff.).

21 Trotz des grundsätzlich unverbindlichen Charakters von (Corporate Governance-) Empfehlungen können sie schon aufgrund ihrer faktischen Existenz Bedeutung erlangen. So verlangt der EuGH in ständiger Rechtsprechung, dass nationale Gerichte Empfehlungen berücksichtigen müssen, wenn diese Aufschluss über die Auslegung der entsprechenden nationalen, auf diesbezüglichem Unionsrecht basierenden Bestimmungen, geben (sog **empfehlungskonforme Auslegung**).[67] Da die Empfehlungen jedoch nicht verbindlich sind, zeigen sie nur eine Möglichkeit der Auslegung der in der Empfehlung angesprochenen Richtlinie oder Verordnung. Eine Abweichung von der Empfehlung bedarf allerdings einer Begründung.[68] Im Regelfall beziehen sich die Empfehlungen jedoch nicht auf europäisches Recht, so dass sie in der Praxis nur selten zur Interpretation herangezogen werden. Empfehlungen können aber durchaus auch bei der Ausgestaltung autonom nationalen Rechts faktische Bedeutung erlangen. Um eine gewisse Kohärenz des nationalen Rechts mit europäischen „Ideen“ bzw. „Vorschlägen“ zu erreichen, können vor allem – europäisch motivierte – nationale Richter gewillt sein, bei Zweifelsfragen

61 Insofern konzentriert sich die Änderungsrichtlinie auf die Regelung der Identifizierung von Aktionären (Art. 3a AR-RL, s. dazu § 30 Rn. 27 ff.) und einen verbesserten Informationsfluss zwischen der Gesellschaft und ihren Aktionären (Art. 3b AR-RL, s. dazu § 30 Rn. 65 ff.).

62 Zum Begriff des „Unternehmens von öffentlichem Interesse“ (*public interest entity*) siehe Art. 2 Nr. 13 Abschlussprüfer-RL (Richtlinie 2006/43/EG); dazu § 26 Rn. 83 f.

63 Vgl. *Hommelhoff* NZG 2015, 1329, 1333 f. (auch zu einer „Verselbstständigung des Prüfungsausschusses“); *Arbeitskreis Bilanzrecht Hochschullehrer Rechtswissenschaft*, NZG 2012, 294, 296; *v. Werder* DB 2017, 977.

64 In den nationalen Aktiengesellschaften der Mitgliedstaaten kann – anders als in Deutschland (vgl. § 90 AktG) – nicht zwingend von einer entsprechenden Berichts- bzw. Beratungspflicht ausgegangen werden.

65 Allgemein auch *Terpan* ELJl 21 (2015) 68, 91 („The Hardening of Soft Law“).

66 Zur grundsätzlichen Unverbindlichkeit von Kommissionsempfehlungen gem. Art. 288 V AEUV s. auch § 2 Rn. 68.

67 Vgl. EuGH, Rs. C-322/88 (Grimaldi), ECLI:EU:C:1989:646 = NZA 1991, 283, Rn. 18; EuGH, Rs. C-188/91 (Deutsche Shell AG), ECLI:EU:C:1993:24 = BeckEuRS 1993, 197856, Rn. 18; *Fleischer* ZGR 2012, 160, 176; vgl. auch *v. Bogdandy/Bast/Arndt* ZaöRV 2002, 77, 116.

68 EuGH v. 13.12.1989, Rs. C-322/88 (Grimaldi), ECLI:EU:C:1989:646 = NZA 1991, 283, Rn. 17.

des inländischen Rechts, europäische Empfehlungen zu diesem Themenbereich heranzuziehen. Auch der EuGH berücksichtigt in seinen Entscheidungsgründen gelegentlich Empfehlungen der Europäischen Kommission.

4. Grünbücher und Aktionspläne

Weiterhin bemüht sich die Europäische Kommission, beispielsweise durch **Grünbücher**, die Diskussion in verschiedenen Corporate Governance-Bereichen immer wieder anzustoßen.[69] Daneben gibt sie zB **Studien** zu bestimmten Aspekten in Auftrag,[70] äußert sich in **Berichten,**[71] startet **Initiativen,** zB zur Selbstverpflichtung eines höheren Frauenanteils in Führungsgremien,[72] und erarbeitet **Mehrjahrespläne** für bestimmte Themen.[73] All diese Aktivitäten sollen langfristig zu einem umfassenderen europäischen Corporate Governance-Rahmen für Aktiengesellschaften in der EU beitragen. Dieses Vorhaben gilt zwar im Grundsatz auch für Privatgesellschaften (insbes. Gesellschaften mbH), jedoch stellen sich bei diesen in der Regel individualisiertere Corporate Governance-Probleme, und auch die Kernbereichsharmonisierung auf europäischer Ebene (s. zu den materiellen Kernregelungszielen § 18 Rn. 69 ff.) ist mit Blick auf (geschlossene) Privatgesellschaften deutlich weniger weit fortgeschritten, so dass die genannten Maßnahmen der Europäischen Kommission bei diesen wohl weniger weitreichend sein würden.[74] 22

Ausgangspunkt der neueren Entwicklungen im Bereich der Corporate Governance in Europa war der **Aktionsplan** „Modernisierung des Gesellschaftsrechts und Verbesserung der Corporate Governance in der Europäischen Union" aus dem Jahr 2003.[75] In der Folge veröffentlichte die Europäische Kommission im Jahr 2010 ihr Grünbuch **„Corporate Governance in Finanzinstituten und Vergütungspolitik"**[76] und befasste sich speziell mit Fragen der Corporate Governance in **Finanzinstituten** und der Unternehmenspolitik bezüglich der **Vergütung** geschäftsführender Akteure in diesen (dazu näher Rn. 67 ff.). Ferner kündigte die Europäische Kommission bereits im Jahr 2010 an, „breitere Überlegungen zur Corporate Governance börsennotierter Gesellschaften allgemein und insbesondere zur Stellung und Rolle der Aktionäre, zur Aufteilung der Aufgaben zwischen Aktionären und Verwaltungsräten im Hinblick auf die Beaufsichtigung der Geschäftsführung sowie zur sozialen Verantwortung von Unternehmen"[77] anzustellen. Im folgenden Jahr (2011) veröffentlichte die Europäische Kommission dann ein weiteres Grünbuch im Hinblick auf geplante Corporate Governance-Vorhaben auf europäischer Ebene (s. dazu insb. Rn. 70).[78] Dieses Grünbuch **„Europäischer Corporate Governance-Rahmen"** umfasste da- 23

---

69 Siehe Europäische Kommission, Gründbuch Corporate Governance in Finanzinstituten und Vergütungspolitik, KOM(2010) 284 endg.; Europäische Kommission, Grünbuch Europäischer Corporate Governance-Rahmen, KOM(2011) 164 endg.

70 So etwa die Studie der RiskMetrics Group über die Praktiken bei der Überwachung und rechtlichen Durchsetzung der Corporate Governance in den Mitgliedstaaten, 2009, abrufbar unter: http://ec.europa.eu/internal_market/com pany/docs/ecgforum/studies/comply-or-explain-090923_en.pdf (abgerufen am 1.6.2018); European Confederation of Directors Asssociations (ecoDa), Corporate Governance Compliance and Monitoring Systems across the EU, 2015, abrufbar unter: http://ecoda.org/uploads/media/31719_EcoDa_CGC_report_v 2.pdf; (abgerufen am 1.6.2018), European Confederation of Directors Asssociations (ecoDa), A Guide to Corporate Governance Practices in the European Union, 2015, abrufbar unter: http://ecoda.org/uploads/media/A_Guide_to_Corporate_Gover nance_Practices_of_the_European_Union_-_IFC_ecoDa_02.pdf (abgerufen am 1.6.2018).

71 So beispielsweise Europäische Kommission, Bericht zur Anwendung der Empfehlungen hinsichtlich der Vorstandsvergütung durch die Mitgliedstaaten, SEK(2007) 1022; vgl. auch Europäische Kommission, Bericht zur Umsetzung der Empfehlung 2009/385/EG zur Ergänzung der Empfehlungen 2004/913/EG und 2005/162/EG zur Regelung der Vergütung von Mitgliedern der Unternehmensleitung börsennotierter Gesellschaften durch die EU-Mitgliedstaaten, KOM(2010) 285 endg., Europäische Kommission, Bericht zur Anwendung der Richtlinie 2004/109/EG zur Harmonisierung der Transparenzanforderungen in Bezug auf Informationen über Emittenten, deren Wertpapiere zum Handel auf einem geregelten Markt zugelassen sind, KOM(2010) 243 endg.

72 Vgl. MEMO/11/124, abrufbar unter: http://europa.eu/rapid/press-release_MEMO-11-124_de.htm?locale=en; sowie IP/11/242.

73 So etwa Europäische Kommission, Aktionsplan zur Modernisierung des Gesellschaftsrecht und Verbesserung der Corporate Governance in der Europäischen Union, KOM(2003) 284 endg., Europäische Kommission, Aktionsplan: Europäisches Gesellschaftsrecht und Corporate Governance – ein moderner Rechtsrahmen für engagierte Aktionäre und besser überlebensfähige Unternehmen, KOM(2012) 740 final.

74 Rechtsvergleichend zur Corporate Governance in geschlossenen Kapitalgesellschaften *Fleischer* ZHR 179 (2015) 404 ff.

75 Europäische Kommission, Gründbuch Corporate Governance in Finanzinstituten und Vergütungspolitik, KOM(2010) 284 endg.

76 Europäische Kommission, Gründbuch Corporate Governance in Finanzinstituten und Vergütungspolitik KOM(2010) 284 endg.; dazu *Mülbert* ZVglRWiss 113 (2014) 520; *Wittig* WM 2010, 2337; *Köster/Habbe* BB 2011, 265.

77 Europäische Kommission, Gründbuch Corporate Governance in Finanzinstituten und Vergütungspolitik KOM(2010) 284 endg., S. 3.

78 Europäische Kommission, Grünbuch Europäischer Corporate Governance-Rahmen, KOM(2011) 164 endg.

bei inhaltlich im Grundsatz die Schwerpunkte Verwaltungsrat,[79] Aktionäre und den sog *„comply or explain“*-Grundsatz (dazu Rn. 79 ff.), wobei diesen verschiedene Einzelthemen untergeordnet sind.[80]

24 Zeitgleich, jedoch inhaltlich nicht aufeinander abgestimmt, veröffentlichte die von der Europäischen Kommission eingesetzte ***Reflection Group** on the Future of European Company Law* einen umfassenden Bericht, der auch maßgebende Aspekte einer zukünftigen Corporate Governance-Regulierung auf europäischer Ebene beinhaltete, wie zB den Beitrag der Unternehmensführung zur langfristigen Geschäftsentwicklung, die Unabhängigkeit (nicht-) geschäftsführender Direktoren sowie Fragen der unternehmerischen Arbeitnehmermitbestimmung.[81] Im darauffolgenden Jahr (2012) veröffentlichte die Europäische Kommission ihren auf diesem Bericht basierenden **Aktionsplan** „Europäisches Gesellschaftsrecht und Corporate Governance“.[82] Hinsichtlich der Corporate Governance wurden hierin Vorhaben ua zur Transparenz über die Vergütungspolitik von Leitungspersonen, zur verbesserten Beziehung und Zusammenarbeit von Anlegern in Corporate Governance-Fragen sowie zur Kontrolle der Transaktionen mit nahestehenden Unternehmen und Personen durch die Aktionäre präsentiert. Zudem beabsichtigte die Kommission eine Empfehlung über die verbesserte Qualität von Corporate Governance-Berichten vorzulegen. Die entsprechende Empfehlung wurde sodann im Jahr 2014 veröffentlicht (s. dazu Rn. 85 ff.).

B. Europäisches Regelungskonzept

I. Regelungskompetenz

1. Allgemeines

25 Die Frage der Regelungskompetenz der EU auf dem Gebiet der Corporate Governance wurde von der Europäischen Kommission lange Zeit nicht näher erörtert. Es handelt sich jedoch um eine essentielle und damit zu klärende Frage. Zu beachten sind in diesem Zusammenhang Art. 50 II lit. g) AEUV als primäre Rechtsangleichungsnorm im Europäischen Gesellschaftsrecht (s. auch § 18 Rn. 3) sowie Art. 5 EUV, die zusammen den supranationalen Corporate Governance-Regeln innerhalb des **unionsrechtlichen Kompetenzrahmens** ggf Grenzen setzen.[83] Art. 352 AEUV ist dagegen die richtige Rechtsgrundlage für supranationale Rechtsformen und in diesem Rahmen geregelte Governance-Aspekte.[84] Gemäß Art. 50 II lit. g) AEUV können Parlament und Rat, soweit erforderlich, die Schutzbestimmungen koordinieren, die in den Mitgliedstaaten den Gesellschaften im Interesse der Gesellschafter und Dritter vorgeschrieben sind. Für die Abgrenzung der Unionszuständigkeiten gilt gemäß Art. 5 I 1 EUV der Grundsatz der **begrenzten Einzelermächtigung**. Gemäß Art. 5 II 1 EUV darf die Union mithin nur innerhalb der Grenzen der Zuständigkeiten tätig werden, die ihr von den Mitgliedstaaten in den Verträgen zur Verwirklichung der darin niedergelegten Ziele übertragen wurden. Alle der Union nicht durch die Verträge übertragenen Zuständigkeiten verbleiben mithin bei den Mitgliedstaaten (vgl. Art. 5 II 2 EUV).

2. Subsidiaritätsprinzip

26 Art. 5 III EUV regelt ferner das **Subsidiaritätsprinzip**. Dieses wird insbesondere angeführt, um gegen allzu weitreichende Maßnahmen der EU vorzugehen.[85] Hinsichtlich von Corporate Governance-Fragen ist der Bundestags-Rechtsausschuss in einer Beschlussempfehlung zum Corporate Governance-Grünbuch von 2011 beispielsweise der Ansicht gewesen, dass eine Entwicklung von Maßnahmen auf europäischer Ebene stets unter Wahrung des Subsidiaritätsprinzips vorzunehmen sei.[86] Sobald eine Corporate Governance-Maßnahme ebenso einfach wie effektiv durch die Mitgliedstaaten eingeführt werden kann, sollte diesen auch die Regelungskompetenz

79 Wie im Grünbuch von 2010 spricht die Kommission nicht vom „Aufsichtsrat“, sondern „Verwaltungsrat“, um damit auch die Aufsichtsfunktion der Geschäftsleitung in monistisch strukturierten Unternehmen zu erfassen, vgl. Europäische Kommission, Grünbuch Europäischer Corporate Governance-Rahmen KOM(2011) 164, endg., S. 5.

80 Vgl. *Weber-Rey*, Corporate Governance in Europa: Die Initiativen der EU-Kommission 2012, ZEW-Bericht Nr. 193.

81 Report of the *Reflection Group on the Future of European Company Law*, 2011.

82 Europäische Kommission, Aktionsplan: Europäisches Gesellschaftsrecht und Corporate Governance – ein moderner Rechtsrahmen für engagiertere Aktionäre und besser überlebensfähige Unternehmen, 12.12.2012, KOM(2012) 740; dazu *Hopt* ZGR 2013, 165 ff.; *ders.* NYU J. L&B 12 (2015) 139 ff.; *Verse* EuZW 2013, 336, 342 f.; *Behrens* EuZW 2013, 121 f.; *Roesener* NZG 2013, 241 ff.; ehemalige *Reflection Group on the Future of European Company Law* ECFR 2013, 304 ff.; *Schmidt* GmbHR 2013, R33; *Bayer/Schmidt* BB 2013, 3, 12 ff.

83 *Fleischer* ZGR 2012, 160, 168 f.

84 Vgl. EuGH, Rs. C-436/03 (Parlament/Kommission und Rat), ECLI:EU:C:2006: 277 = EuZW 2006, 380, Rn. 44 f.

85 Vgl. *Calliess* in: Calliess/Ruffert (Hrsg.), EUV/AEUV, 5. Aufl. 2016, Art. 5 EUV Rn. 20; *Kadelbach* in: von der Groeben/Schwarze/Hatje (Hrsg.), Europäisches Unionsrecht, Bd. 1, 7. Aufl. 2015, Art. 5 EUV Rn. 2, 25; siehe jüngst dazu auch Europäische Kommission, Beschluss des Präsidenten der Europäischen Kommission über die Einsetzung einer Task-Force für Subsidiarität, Proportionalität und „Weniger, aber effizienteres Handeln“, C(2017) 7810.

86 Beschlussempfehlung und Bericht des Rechtsausschusses, BT-Drs. 17/6506 v. 6.7.2011, S. 3.

hierfür obliegen.[87] Die *Reflection Group* äußerte sich ähnlich, indem sie das Subsidiaritäts- und das Verhältnismäßigkeitsprinzip des Art. 5 EUV als **Ausgangspunkt** eines ausgewogenen Ansatzes definiert, der notwendig sei, um die Frage zu beantworten, welche Regelungen am besten funktionieren und auf welcher Ebene (europäisch oder national) diese Maßnahmen erlassen werden sollten.[88]

Materiell gesehen kombiniert Art. 5 III 1 EUV im Grundsatz zwei Kriterien, die kumulativ vorliegen müssen. 27
Zunächst dürfen Regelungsziele eines Rechtsaktes von den Mitgliedstaaten nicht ausreichend verwirklicht werden (sog Negativkriterium).[89] Darüber hinaus ist darzulegen, warum diese Ziele wegen ihres Umfangs oder ihrer Wirkungen auf Unionsebene besser zu verwirklichen sind (sog Positivkriterium).[90] Letztlich ergibt sich daraus, dass Rechtsakte von vornherein einer Subsidiaritätsprüfung zu unterziehen sind, um die **Zuständigkeiten zu klären.**[91] Das Negativkriterium des Art. 5 III 1 EUV könnte theoretisch nicht selten problematisch sein. Der EuGH stellt bei seiner (grundsätzlich zweistufigen) Prüfung allerdings meist primär auf das Positivkriterium ab, und folgert aus dessen Bejahung die Einhaltung des Negativkriteriums.[92] Lediglich der Hinweis auf **Rechtsunterschiede** in den nationalen Rechten genügt nach Ansicht des EuGH allerdings grundsätzlich **nicht**, um eine EU-Kompetenz zu begründen.[93] Auch wenn etwaige Kompetenzüberschreitungen in diesem wie in anderen Bereichen des europäischen Unternehmensrechts immer wieder diskutiert werden, ist der EuGH bei der Annahme einer Kompetenzüberschreitung bzw. eines Verstoßes gegen das Subsidiaritätsprinzip **zurückhaltend**. Zwar würden Rechtsunterschiede bei den Corporate Governance-Regelungen in den Mitgliedstaaten noch nicht per se für eine ausreichende Kompetenzbegründung auf europäischer Ebene reichen. Eine Rechtsangleichung oder auch nur Rechtsannäherung ist jedoch in der Regel immer effektiver und – aus europäischer Sicht – „besser" **auf supranationaler Ebene** durchzuführen. Dies gilt grundsätzlich auch trotz eines gesteigerten Wettbewerbsdrucks der mitgliedstaatlichen Gesellschafts- bzw. Unternehmensrechtsordnungen (durch die Rechtsprechung des EuGH zur Niederlassungsfreiheit, dazu § 10), da hierbei zum einen Schutzgedanken oftmals nachrangig sind und zum anderen primär individualstaatliche Ziele mit einer autonom-staatlichen Regulierung verfolgt werden.[94]

3. Zentrale vs. dezentrale Regulierung

Wenn es um die Frage der Unionskompetenz geht, ist auch immer zu erörtern, wie sinnvoll eine zentrale oder 28
dezentrale Regelung aus ökonomischer Sicht ist. Das **Subsidiaritätsprinzip** ist insofern ein „heuristisches Prinzip" bei der Suche nach der effizientesten Regulierungsebene.[95] Es hilft bei der Entscheidung zwischen **„dezentraler"** und **„zentraler" Regelsetzung.**[96] Grundsätzlich haben sowohl dezentrale als auch zentrale Regelungen jeweils Vor- und Nachteile.[97] Die Präferenzunterschiede in den Mitgliedstaaten bezüglich verschiedener Corporate Governance-Aspekte sprechen eher für eine dezentrale Rechtssetzung.[98] In diesem Zusammenhang ist bislang auch unklar, ob es nennenswerte Skalen- oder Verbundeffekte für eine zentrale Regelsetzung im Corporate Governance-Bereich gibt und ihnen zudem keine marktöffnende oder systemstabilisierende Wirkung zukommt. **Zentrale Regelungen** sind jedoch vor allem bei aktionärsbezogenen Vorschriften oftmals zweckdienlich.[99] Hier

87 Beschlussempfehlung und Bericht des Rechtsausschusses, BT-Drs. 17/6506 v. 6.7.2011, S. 4.

88 Report of the *Reflection Group on the Future of European Company Law*, 2011, S. 7 f.

89 *Bast* in: Grabitz/Hilf/Nettesheim (Hrsg.), Das Recht der Europäischen Union, Bd. 1, 63. EL 2017, Art. 5 EUV Rn. 54; *Kadelbach* in: von der Groeben/Schwarze/Hatje (Hrsg.), Europäisches Unionsrecht, Bd. 1, 3. Aufl. 2015, Art. 5 EUV Rn. 35; *Fleischer* ZGR 2012, 160, 170.

90 *Bast* in: Grabitz/Hilf/Nettesheim (Hrsg.), Das Recht der Europäischen Union, Bd. 1, 63. EL 2017, Art. 5 EUV Rn. 57; *Kadelbach* in: von der Groeben/Schwarze/Hatje (Hrsg.), Europäisches Unionsrecht, Bd. 1, 3. Aufl. 2015, Art. 5 EUV Rn. 39; *Fleischer* ZGR 2012, 160, 170.

91 Generell im Hinblick auf das Europäische Gesellschaftsrecht *Hopt* ICCLJ 1 (1999) 41.

92 EuGH, Rs. C-58/08 (Vodafone), ECLI:EU:C:2010:321 = MMR 2010, 561, Rn. 78; EuGH, Rs. C-491/01 (British American Tobacco), ECLI:EU:C:2002:741 = BB 2003, 220, Rn. 180; EuGH, Rs. C-1997/232 (Deutschland/Europäisches Parlament und Rat), ECLI:EU:C:1997:231 = ZIP 1997, 1016, Rn. 26.

93 EuGH, Rs. C-376/98 (Deutschland/Parlament), ECLI:EU:C:2000:544 = NJW 2000, 3701, Rn. 84; EuGH, Rs. C-58/08 (Vodafone), ECLI:EU:C:2010:321 = MMR 2010, 561, Rn. 32.

94 Insofern zur Problematik beider Regelungsmethoden *Armour*, Who Should Make Corporate Law? EC Legislation versus Regulatory Competition, ECGI Law Working Paper No. 54/2005; *Deakin* in: Esty/Geradin (Eds.), Regulatory Competition and Economic Integration, 2001, S. 190.

95 *Homann/Kirchner* in: Gerken (Hrsg.), Europa zwischen Ordnungspolitik und Harmonisierung: Europäische Ordnungspolitik im Zeichen der Subsidiarität, 1995, S. 45, 51 ff.

96 *Fleischer* ZGR 2012, 160, 174.

97 Vgl. zum Folgenden *Fleischer* ZGR 2012, 160, 174 ff.; vgl. mit Blick auf das Grünbuch der Europäischen Kommission von 2011 *Jung* BB 2011, 1986 f.

98 Vgl. Report of the *Reflection Group On the Future of European Company Law*, 2011, S. 11 wonach die Differenzen zwischen den Mitgliedstaaten ein Bedürfnis nach Flexibiltität zum Ausdruck bringen.

99 Vgl. beispielsweise Europäische Kommission, Grünbuch Europäischer Corporate Governance-Rahmen KOM(2011) 164 endg., S. 16 f.

ist angesichts der internationalen Aktionärsstruktur in börsennotierten Gesellschaften vieler Mitgliedstaaten und auch – trotz der Aktionärsrechterichtlinie – bestehender Mühen bei der grenzüberschreitenden Stimmrechtsausübung, eine Harmonisierung ua zur Förderung der Kapitalverkehrsfreiheit durchaus sinnvoll.[100]

29 Eine vollumfassende Verneinung der Kernkompetenz des europäischen Gesetzgebers ist in jedem Fall nicht angezeigt. Wie bereits erwähnt, sollten sich die supranationalen Regelungen zur Corporate Governance durch den europäischen Gesetzgeber jedoch überwiegend auf **wesentliche Aspekte** beschränken, die geeignet sind, einen Rahmen für eine gute Unternehmensführung und -kontrolle innerhalb der EU zu gewährleisten. Zudem wird empfohlen, dass die EU eine Koordinierungsfunktion im Rahmen eines *„policy learnings"* einnehmen sollte.[101] Das heißt, dass die Maßnahmen und Projekte auf europäischer Ebene vor allem auch dazu dienen sollen, dass die ggf unterschiedlichen Herangehensweisen und Regulierungsbestimmungen im Corporate Governance-Bereich besser miteinander verglichen und ggf aus Erfahrungen von anderen Mitgliedstaaten Konsequenzen für die eigene Regulierung abgeleitet werden können.

30 Der Erlass **dezentraler Vorschriften** könnte insbesondere im Bereich der Unternehmenszielbestimmung (*shareholder value* vs. *stakeholder value*)[102] und bezüglich der Regelung der Arbeitnehmermitbestimmung zweckmäßig sein,[103] da insbesondere dort eine Kompromissfindung für zentrale Vorschriften auf europäischer Ebene schwer zu erreichen ist. Es wird auch vertreten, dass Bestimmungen zur Diversität (zB im Hinblick auf Präsenz von Frauen in Aufsichtsräten, berufliche Vielfalt) und zur Vergütung Regelungsbereiche der Mitgliedstaaten sein sollten,[104] da sie gesellschaftspolitisch motiviert sind (dazu Rn. 14). Die Europäische Kommission sieht dies anders und strebt in beiden Bereichen Regelungen an (dazu Rn. 54, 67). Regelungen hinsichtlich eines ausreichenden zeitlichen Budgets der Verwaltungsratsmitglieder für ihre Tätigkeit bedürfen nach Ansicht der Europäischen Kommission (bislang) keiner europäischen Regelung.[105] Auch verbindliche Vorgaben hinsichtlich der Qualifikation von Verwaltungsrats- bzw. Aufsichtsratsmitgliedern bleiben wohl auf absehbare Zeit weitgehend Sache der Mitgliedstaaten (dazu Rn. 57). **Transparenzfragen** wiederum könnten (falls erforderlich) weitgehend auf europäischer Ebene geregelt werden.[106] Zu denken ist hier vor allem an die Regulierung von *proxy advisor* und institutionellen Investoren. Entsprechende Regelungen enthält die **reformierte Aktionärsrechterichtlinie** mit den diesbezüglichen Transparenzbestimmungen (s. dazu § 30 Rn. 347 ff.). Auch wenn es um den Schutz der Minderheitsaktionäre geht, können europaweite Regelungen nützlich sein,[107] obwohl eine Kompromissfindung aufgrund der zT unterschiedlichen Herangehensweisen der Mitgliedstaaten auf diesem Gebiet schwer fallen dürfte.

II. Anwenderkreis europäischer Corporate Governance-Regulierung

31 Die existierenden europäischen Corporate Governance-Vorschriften gelten derzeit nur für **börsennotierte Unternehmen.**[108] Die Beschränkung auf börsennotierte Gesellschaften ist neben dem besonders hohen öffentlichen Interesse ua auch der regelmäßig vor allem dort auftretenden Negativkonsequenzen mangelnder „guter" Unternehmensführung und der besonderen Distanz zwischen Leitung der Gesellschaft und Aktionärseigentum geschuldet (dazu auch Rn. 7). Eine „gute" Unternehmensführung kann zudem Kapitalgeber anregen, in die Gesellschaft zu investieren (s. insofern zum Einfluss des Kapitalmarkts auf Corporate Governance Rn. 96) und ist somit gerade auch mit Blick auf börsennotierte Unternehmen relevant. Die Ausarbeitung von Corporate

100 Europäische Kommission, Aktionsplan Modernisierung des Gesellschaftsrechts und Verbesserung der Corporate Governance in der Europäischen Union, 21.5.2003, KOM(2003) 284, S. 14; *Lutter/Bayer/Schmidt*, Europäisches Unternehmens- und Kapitalmarktrecht, 2017, Rn. 13.4.

101 So *Fleischer* ZGR 2012, 160, 176.

102 *Fleischer* in: Hommelhoff/Hopt/v. Werder (Hrsg.), Handbuch Corporate Governance, 2010, S. 186; ob ein wie im Englischen Recht mit sec. 172 CA 2006 statuierter *„enlightened shareholder value"* (dazu § 12 Rn. 443 ff.) auch auf europäischer Ebene bzw. in anderen Mitgliedstaaten vorzugswürdig wäre, ist bislang nicht belegt.

103 *Fleischer* RIW 2010, 497 ff.; *ders.* ZGR 2012, 160, 176.

104 *Fleischer* RIW 2010, 497 ff.; *ders.* ZGR 2012, 160, 176.

105 Europäische Kommission, Grünbuch Europäischer Corporate Governance-Rahmen, KOM(2011) 164 endg., S. 9; *Jung* BB 2011, 1987, 1989; vgl. auch *Bachmann* WM 2011, 1301, 1303 mit Verweis auf die bereits vorhandene Regelung in Ziff. 5.4.5 des Deutschen Corporate Governance Kodex.

106 Vgl. Europäische Kommission, Grünbuch Europäischer Corporate Governance-Rahmen, KOM(2011) 164 endg., S. 17; vgl. auch *Hausmann/Bechtold-Orth* GesKR 2011, 359, 367; *dies.* GesKR 2013, 234, 242. Für Transparenzregelungen statt inhaltlicher Vorgaben *Lutter/Bayer/Schmidt*, Europäisches Unternehmens- und Kapitalmarktrecht, 2017, Rn. 13.4.

107 Vgl. Europäische Kommission, Grünbuch Europäischer Corporate Governance-Rahmen, KOM(2011), 164, S. 19; gegen zusätzliche Rechte für Minderheitsaktionäre vgl. Stellungnahme des *Instituts für Gesellschaftsrecht Köln* NZG 2011, 975, 980; *Peltzer* NZG 2011, 961, 966, die den Schutz der Minderheitsaktionäre für ausreichend erachten (zumindest nach deutschem Recht).

108 *Carl* in: Spahlinger/Wegen (Hrsg.), Internationales Gesellschaftsrecht, 2005, Rn. 1495; *Jung* BB 2011, 1987, 1988. Anhang 2 des Grünbuchs 2011 enthält zudem eine „Aufstellung der EU-Maßnahmen auf dem Gebiet der Corporate Governance".

Governance-Regelungen für nicht-börsennotierte Unternehmen erscheint jedoch ebenfalls nicht unwichtig, da „gute Corporate Governance auch für Aktionäre nicht-börsennotierter Unternehmen von Bedeutung" sein kann.[109] Spezielle Regelungen bestehen – außerhalb des SE/SCE-Regelungsgefüges – derzeit auf europäischer Ebene allerdings (noch) nicht. Einzelne Kodexempfehlungen speziell für **kapitalmarktferne Gesellschaften** gibt es jedoch in einigen Mitgliedstaaten (die unterschiedlich ausgestaltet sind).[110] Von einem vollständigen Konzept lässt sich aber auch auf nationaler Ebene noch nicht sprechen. Die empirische Erfassung der Thematik ist oftmals ebenfalls noch wenig ausgeprägt.[111] Diskutiert wird auf europäischer Ebene allerdings, ob neben börsennotierten Unternehmen auch kapitalmarktferne Unternehmen erfasst werden sollten und wenn ja, ob innerhalb dieser großen Gruppe eine Ausdifferenzierung vorgenommen werden sollte.[112]

Die entsprechende Anwendung der Vorgaben für börsennotierte Unternehmen auf KMU (*one size fits all*) ist nach hier vertretener Auffassung abzulehnen, da eine gleichzeitige und angemessene Anwendung von Corporate Governance-Maßnahmen für börsennotierte (mithin große) Unternehmen und KMU nicht denkbar ist.[113] Es wird daher eine Differenzierung hinsichtlich Unternehmensgröße oder Unternehmenstyp diskutiert.[114] Davon ausgehend, dass es in verschiedenen Mitgliedstaaten derartige **Differenzierungen** gibt,[115] stellte die Europäische Kommission in ihrem Grünbuch 2011 zur Diskussion, ob die europäischen Corporate Governance-Maßnahmen die Größe börsennotierter Unternehmen berücksichtigen bzw. ob auch Regeln für nicht-börsennotierte Unternehmen geschaffen werden sollten.[116] Die Debatte dreht sich somit einerseits um Differenzierungen innerhalb der Gruppe der börsennotierten Unternehmen und andererseits um Abstufungen in Bezug auf nicht-börsennotierte Unternehmen. Vorgeschlagen wurde beispielsweise eine Differenzierung bezüglich kleiner Unternehmen, mittelgroßer **Familienunternehmen**[117] und **geschlossener Kapitalgesellschaften.**[118] Nach hier vertretener Ansicht wäre vor allem eine Unterscheidung nach Größenklassen sinnvoll. Dabei sollte allerdings zwischen KMU und Großunternehmen eine weitere Kategorie eingeführt werden, die sogenannten **„großen mittelständischen Unternehmen"** (GMU).[119] In Frankreich existierte eine solche Kategorie bereits seit 2008. Sie wird dort als *„Entreprises de taille intermédiaire* (ETI)" bezeichnet. [120] In diese Kategorie fallen Unternehmen mit (i) mehr als 250 und weniger als 5.000 Arbeitnehmern, (ii) einem Umsatz von mehr als EUR 50 Mio. und weniger als EUR 1,5 Mrd. sowie (iii) einer Bilanzsumme von mehr als EUR 43 Mio. und weniger als EUR 2 Mrd. Zusätzlich könnte dann untersucht werden, ob zusätzlich noch eine Unterscheidung zwischen börsennotierten und nicht-börsennotierten Unternehmen sinnvoll erscheint. 32

---

109 Europäische Kommission, Grünbuch Europäischer Corporate Governance-Rahmen, KOM(2011) 164 endg., S. 4 f.

110 In der Präambel des Deutschen Corporate Governance Kodexes wird die Beachtung desselbigen auch den nicht kapitalmarktorientierten Gesellschaften empfohlen; vgl. auch *Vetter* in: Henssler/Strohn (Hrsg.), Gesellschaftsrecht, 2016, § 161 AktG Rn. 6; *v. Werder* in: Kremer ua (Hrsg.), Deutscher Corporate Governance Kodex, 2018, Präambel, Rn. 167 ff. sowie Fn. 162; für Belgien vgl. Code Buysse II (2009); für Finnland vgl. Central Chamber of Commerce of Finland, Improving Corporate Governance for Unlisted Companies (2006); für Spanien vgl. Instituto de Consejeros-Administradores, Principles of Good Corporate Governance for Unlisted Companies (2008).

111 Vgl. jedoch auch *Buck-Heeb* in: FS Westermann, 2008, S. 845; *Fleischer* ZHR 179 (2015) 404; *Ilter*, Corporate Governance in der GmbH, 2015; *Konnertz-Häusler* GmbHR 2012, 68; *McCahery/Vermeulen*, Corporate Governance of Non-Listed Companies, 2008; *Weller* ZGR 2012, 386.

112 Europäische Kommission, Grünbuch Europäischer Corporate Governance-Rahmen, KOM(2011) 164 endg., S. 4 f.; Report of the *Reflection Group on the Future of European Company Law*, 2011, S. 11 f.; vgl. dazu auch Jung BB 2011, 1986, 1987, 1988.

113 So auch Europäische Kommission, Grünbuch Europäischer Corporate Governance-Rahmen, KOM(2011) 164 endg., S. 5; Report of the *Reflection Group on the Future of European Company Law*, 2011, S. 11.

114 In einigen Mitgliedstaaten besteht jedoch eine derartige Unterscheidung, vgl. Europäische Kommission, Grünbuch Europäischer Corporate Governance-Rahmen, KOM(2011) 164 endg., S. 4.

115 Siehe zB den Code de gouvernement d'entreprise pour les valeurs moyennes et petites, Dezember 2009, den aktuellen UK Corporate Governance Code, vgl. auch die Ausführungen der Europäische Kommission, Grünbuch Europäischer Corporate Governance-Rahmen, KOM(2011) 164 endg., S. 4.

116 Europäische Kommission, Grünbuch Europäischer Corporate Governance-Rahmen, KOM(2011) 164 endg., S. 5, Fragen 1 und 2.

117 Vgl. dazu *Krause* BB 2012, 714; *Lange* BB 2005, 2585; *Koeberle-Schmid/Schween/May* BB 2011, 2499; *Bartholomeusz/Tanewski* Journal of Small Business Management 44 (2006) 245; *Ulrich* ZCG 2017, 197; *Enriques/Volpin* Journal of Economic Perspectives 21 (2007) 117, 122 f.; *Koeberle-Schmid/Witt/Fahrion* ZCC 2010, 161; *dies.* (Hrsg.), Family Business Governance, 2012.

118 Vgl. dazu *Fleischer* ZHR 179 (2015) 404; *Waschbusch/Druckenmüller/Kreis* StB 2010, 184; *Campos Nave/Zeller* BB 2012, 131.

119 Für die Einführung dieser Kategorie plädierend *Krebs/Jung* DB 51/52 (2013), M. 1. Das IfM Bonn verwendet stellenweise in diesem Sinn den Begriff „mittelgroße Unternehmen". Im englischsprachigen Raum wird für diese Gruppe von Unternehmen öfter der Begriff *„midcaps"* gebraucht.

120 Vgl. Décret n° 2008-1354 du 18 décembre 2008 relatif aux critères permettant de déterminer la catégorie d'appartenance d'une entreprise pour les besoins de l'analyse statistique et économique.

33 Neben bzw. statt einer Unterscheidung zwischen börsennotierten und nicht-börsennotierten Unternehmen sowie verschiedenen Größenklassen wird auch eine **Ausdifferenzierung** vorhandener Regelwerke und Einzelempfehlungen in Richtung von Branchenbesonderheiten, Anteilseignerstrukturen und Rechtsformen gefordert,[121] wobei innerhalb der einzelnen Kategorien teilweise eine weitere Binnendifferenzierung für sinnvoll gehalten wird. Insbesondere eine Branchendifferenzierung zeigt sich schon jetzt insoweit, als verschiedene Regelwerke speziell auf Unternehmen der Finanzdienstleistungsbranche zugeschnitten sind.[122] Gleichwohl sollte beachtet werden, dass entsprechende Untergliederungen nicht zu differenziert ausgestaltet werden. Werden für sämtliche Kategorien und Fallkonstellationen eigene Kodizes geschaffen, besteht die Gefahr, dass kein ganzheitlicher Ansatz erreicht werden kann.[123] Auch verlieren alle Regelungen, die informieren wollen, bei zu großer Komplexität an Wirksamkeit. Hinsichtlich spezifischer **Branchenbesonderheiten** zu differenzieren ist jedoch stückweise geboten, weshalb insbesondere für den Bankensektor und öffentliche Unternehmen[124] ein Kodex, der auf die Besonderheiten dieser Unternehmen abstellt,[125] sinnvoll sein kann.

III. Harmonisierungskonzept und Harmonisierungsprobleme

1. Regelungsumfang

34 Unter Berücksichtigung der Harmonisierungsbestrebungen zur Corporate Governance auf europäischer Ebene sind die sich im Einzelnen ergebenden Probleme zu betrachten. Beispielsweise hat sich der Deutsche Bundestag in Reaktion auf die Ausführungen des Grünbuchs 2011 – unter Verweis auf das Subsidiaritätsprinzip – gegen entsprechende europäische Regelungen ausgesprochen.[126] Ein umfassender **„Europäischer Corporate Governance Kodex"** wird überdies für nicht durchführbar erklärt (zu den Gründen sogleich im Folgenden, Rn. 36 ff.).[127] Im Aktionsplan der Europäischen Kommission aus dem Jahr 2003 wurde dann auch die Erstellung eines umfassenden **European Corporate Governance Code** abgelehnt.[128] Eine einschlägige Expertengruppe hatte zuvor befunden, dass die EU weder Zeit noch Mühe auf die Erstellung eines einheitlichen europäischen Kodex verwenden sollte, da ein solcher nicht erforderlich sei.[129] Allerdings beruhte diese Feststellung auf der Annahme, dass sich die nationalen Corporate Governance-Kodizes in der EU sehr ähnlich seien. Eine Studie aus dem Jahr 2012 bestätigt diese Einschätzung allerdings nicht (dazu näher Rn. 126 ff.).[130] Dementsprechend gibt es auch Befürworter für ein weitreichendes Regelungskonzept, das vor allem auch kapitalmarktrechtliche Aspekte umfasst.[131] Durchführbar erscheint insofern zumindest die Variante, **wesentliche**, für die „Vervollkommnung des Binnenmarktes elementare Governance-Vorgaben" zu entwickeln und die übrigen Regelungen dem „Wettbewerb der nationalen Rechtsordnungen" zu überlassen.[132]

121 Vgl. dazu *Fleischer* ZGR 2012, 160, 185 f.
122 Siehe nur die Kommissionsempfehlung 2009/384/EG zur Vergütungspolitik im Finanzdienstleistungssektor; in diesem Rahmen spielt insbesondere eine aufsichtsrechtliche Regulierung eine maßgebende Rolle, vgl. *Chiu* ZVglRWiss 114 (2015) 121, 125; *Avgouleas/Cullen* J. L. & Soc. 41 (2014) 28.
123 In diesem Sinne *Wiesner* BB 2003, 213, 214; *Bayer* BB 2004, 1, 6; *Hausmann/Bechtold-Orth* GesKR 2011, 359, 369.
124 Speziell zum (deutschen) Public Corporate Governance Kodex *Caruso* NZG 2009, 1419; *Weber-Rey/Buckel* ZHR 177 (2013) 13; *Preussner* NZG 2005, 575; *Kirschbaum* BKR 2006, 139.
125 Vgl. hierzu *Fleischer* ZGR 2012, 160, 186 ff.
126 Vgl. BT-Drs. 17/6506, S. 4; ebenso *DAV-Handelsrechtsausschuss* NZG 2011, 936, 937; *Bachmann* WM 2011, 1301, 1310; *Institut für Gesellschaftsrecht der Universität Köln* NZG 2011, 975 f.
127 Europäische Kommission, Aktionsplan Modernisierung des Gesellschaftsrechts und Verbesserung der Corporate Governance in der Europäischen Union, 21.5.2003, KOM(2003) 284 endg., S. 13 mit Verweis auf das Untersuchungsergebnis der *High Level Group* aus dem Jahre 2002, die einen EU-Corporate-Governance-Kodex für nicht erforderlich hält; vgl. auch *Fleischer* ZGR 2012, 160, 182; *Bachmann* WM 2011, 1301, 1310; *Lutter/Bayer/Schmidt*, Europäisches Unternehmens- und Kapitalmarktrecht, 2017, Rn. 13.4; *Kalss/Klampfl*, Europäisches Gesellschaftsrecht, 2015, Rn. 438.
128 Europäische Kommission, Aktionsplan Modernisierung des Gesellschaftsrechts und Verbesserung der Corporate Governance in der Europäischen Union, 21.5.2003, KOM(2003) 284 endg., S. 13 f.
129 WGM/EASD/ECGN, Comparative Study of Corporate Governance Codes Relevant to the European Union and Its Member States, 2002, S. 81; siehe auch Europäische Kommission, Aktionsplan Modernisierung des Gesellschaftsrechts und Verbesserung der Corporate Governance in der Europäischen Union, 21.5.2003, KOM(2003) 284 endg., S. 13.
130 Autorité des marchés financiers (AMF), Comparative Study: Corporate Governance Codes in 10 European countries, S. 1, 19 ff., 31 ff., 37; bezüglich Charakteristika und Struktur des Aufsichtsrats vgl. *Roleder ua* ZCG 2016, 158, 166.
131 *Chiu* ZVglRWiss 114 (2015) 121, 126.
132 *Hopt* in: Hopt/Hommelhoff/von Werder (Hrsg.), Handbuch Corporate Governance, 2010, S. 49; vgl. auch Europäische Kommission, Aktionsplan Modernisierung des Gesellschaftsrechts und Verbesserung der Corporate Governance in der Europäischen Union, 21.5.2003, KOM(2003) 284 endg., S. 10 f., Ziff. 2.2.; *Bachmann* WM 2011, 1301, 1310.

Eine neue Denkrichtung im Europäischen Gesellschaftsrecht kann in vergleichbarem Zusammenhang jedoch auch der ***European Model Company Act*** (EMCA) bieten.[133] Zum Konzept, der Ausgestaltung sowie der Wirkungsweise des EMCA aus dem Jahr 2017 wird hier auf die Ausführungen in § 38 verwiesen.[134] 35

2. (Weitere) Materielle Probleme eines European Corporate Governance Codes

Die mangelnde Regulierungsmöglichkeit mittels eines einheitlichen European Corporate Governance Code wird zunächst mit den erheblichen **Unterschieden** der nationalen Aktienrechte und **Board-Verfassungen** begründet.[135] Es stehen sich insbesondere das monistische und das dualistische Organisationssystem gegenüber. In Deutschland ist das dualistische System verpflichtend, welches als Organe neben der Gesellschafterversammlung einen Vorstand und einen davon getrennten Aufsichtsrat vorsieht. Demgegenüber kennt Großbritannien grundsätzlich nur den Verwaltungsrat (*Board of Directors*) (s. § 12 Rn. 576), in dem die Geschäftsführer sowohl geschäftsführende als auch überwachende Tätigkeiten wahrnehmen. In Frankreich (s. § 13 Rn. 484), in Italien (s. § 14 Rn. 190), in den Niederlanden (s. § 16 Rn. 150), der Tschechischen Republik, Finnland, Ungarn, Slowakei, Dänemark, Luxemburg, Portugal und Slowenien wird den Unternehmen dagegen die Wahl der Verwaltungsstruktur überlassen.[136] Das italienische Gesellschaftsrecht sieht grundsätzlich, soweit die Satzung nichts Anderes bestimmt, das sog traditionelle System vor, das neben Verwaltungs- und Überwachungsrat die Gesellschafterversammlung als Beschlussfassungsorgan einschließt (s. § 14 Rn. 191). Darüber hinaus können Unternehmer in der Satzung aber auch bestimmen, dass sie das monistische bzw. dualistische System wählen. Folglich besteht hier die Wahlmöglichkeit zwischen mehr als zwei Modellen.[137] In Deutschland hat sich ein entsprechendes Wahlrecht für die AG bislang nicht durchsetzen können. Festzustellen ist insofern auch, dass bis heute weder ein theoretischer noch ein empirischer Beweis für die Überlegenheit eines der beiden Systeme hervorgebracht werden konnte.[138] Durch die Rechtsprechung des EuGH zur Mobilität von Gesellschaften (dazu § 10) sowie der Möglichkeit zur Gründung einer Europäischen Aktiengesellschaft (SE) (dazu § 4) können Unternehmen jedoch schon jetzt von den (individuellen) Vorteilen einer der beiden Organisationssysteme im Grundsatz Gebrauch machen. Dies gilt insbesondere für die **Ausgestaltung** und **Zusammensetzung** des **Aufsichtsrates** bzw. des **Verwaltungsorgans.** 36

Hinzu kommen mögliche Unterschiede in der Anleger- bzw. **Eigentümer-** sowie **Kapitalstruktur** insbesondere von Aktiengesellschaften in den Mitgliedstaaten. Ist in manchen Mitgliedstaaten ein überwiegender Streubesitz bei Börsenunternehmen („*dispersed ownership*") üblich, ist in den meisten Mitgliedstaaten doch eine eher konzernähnliche Aktionärsstruktur mit nur wenigen Anteilseignern der Regelfall.[139] Diese Spezifika im Rahmen einer europaweiten Corporate Governance-Regulierung hinreichend zu berücksichtigen, ist bislang nicht möglich gewesen.[140] In Deutschland zeigt sich der praktische Unterschied zwischen beiden Eigentümerstrukturen zB 37

133 EMCA Group, European Model Company Act (EMCA), finaler Fassung aus 2017 abrufbar unter: https://papers.ssrn.com/sol3/papers.cfm?abstract_id=2929348; dazu bzw. zu Teilaspekten *Andersen* in: Bernitz/Ringe (Hrsg.), Company Law and Economic Protectionism – New Challenges to European Integration, 2010, S. 303; *Baums/Anderson* in: FS Wymeersch, 2009, S. 5 = ECGI Law Working Paper No. 97/2008; *Cleff* International Journal of Private Law 4 (2011) 156; *Schmidt* ZHR 181 (2017) 43; *Conac* ECFR 2016, 301; *Engrácia Antunes/Fuentes Naharro* ECFR 269; *Gilson* ECFR 2016, 351; *Hommelhoff* ECFR 2016, 254; *Kalss* ECFR 2009, 324; *Klausner* ECFR 2016, 363; *Patakyova/Gramblickova* ECFR 2016, 322; *Perakis* ECFR 2016, 200; *Teichmann* ECFR 2016, 277; *ders.* KSzW 2014, 77; *de Wulf* ECFR 2016, 215; im Zusammenhang mit Corporate Governance auch *Kort* in: Hirte/Mülbert/Roth, AktG, 5. Aufl. 2015, Vor § 76 Rn. 91.

134 Inwiefern der EMCA jedoch im Hinblick auf einen gewissen Wettbewerbsdruck zwischen den mitgliedstaatlichen Gesellschaftsrechtsordnungen zu einer stückweise faktischen Verbindlichkeit führen könnte, ist zwar nicht ausgeschlossen, jedoch nach derzeitigem Stand unwahrscheinlich. Davon unbenommen bleibt gleichvoll eine mögliche Ausstrahlwirkung auf den europäischen Gesetzgeber.

135 *Fleischer* ZGR 2012, 160, 183; *Möllers* in: Schulze/Zuleeg/Kadelbach (Hrsg.), Europarecht, 3. Aufl. 2015, § 18 Rn. 79; vgl. auch *Bachmann* WM 2011, 1301, 1303; zu den verschiedenen Board-Verfassungen in den jeweiligen Mitgliedstaaten *Hopt* EuZW 2016, 201 f.; *Belcredi/Ferrarini*, The European Corporate Governance Framework: Issues and Perspectives, ECGI Law Working Paper No. 214/2013, S. 50; vgl. zu den beiden unterschiedlichen Systemen auch *Hopt*, Comparative Corporate Governance: The State of the Art and International Regulation, ECGI Law Working Paper No. 170/2011, S. 20 ff.

136 OECD, OECD Corporate Governance Factbook, 2017, S. 93; *Hopt* ZHR 75 (2011) 444, 469.

137 *Hopt* ZHR 75 (2011) 444, 469.

138 *Hommelhoff/Mattheus* AG 1998, 249, 250 f.; *Jungmann* ECFR 2006, 426, 426, 430 f., 448; vgl. auch *Rose*, Corp. Gov (Int. Rev.) 13 (2005) 691; *Jeanjean/Stolowy*, The International Journal of Accounting 44 (2009) 378.

139 Vgl. European Confederation of Directors Associations, A Guide to Corporate Governance Practices in the European Union, 2015, S. 28 ff.; *OECD*, OECD Corporate Governance Factbook, 2017, S. 11; *Clarke*, International Corporate Governance, 2017, S. 255 f.; *Leyens* in: Eger/Schäfer (Eds.), Research Handbook on the Economics of European Union Law, 2012, S. 189 f.

140 Vgl. *Sergakis* ECFR 2013, 394, 398; aus US-amerikanisch-europäischer Sicht auch *Enriques/Volpin* Journal of Economic Perspectives 21 (2007) 117 ff.

darin, dass Börsengesellschaften in Streubesitz empirisch einen höheren Entsprechensgrad im Hinblick auf die Erklärung zum Deutschen Corporate Governance Kodex (DCGK) gem § 161 AktG aufweisen.[141]

38 Des Weiteren übernehmen die einzelnen Corporate Governance Kodizes in den jeweiligen Mitgliedstaaten zT **unterschiedliche Aufgaben** bzw. haben eine abweichende **Intensität**.[142] Probleme ergeben sich auch aufgrund der teils deutlichen inhaltlichen Unterschiede der nationalen Kodizes. Gemäß einer Untersuchung, die 23 europäische Corporate Governance Kodizes verglich, ergab sich, dass Themen und Schwerpunkte wesentlich vom jeweiligen Verfasser des nationalen Corporate Governance Kodex abhängen.[143] Eine ältere, von der Kommission in Auftrag gegebene Studie aus dem Jahr 2002 war dagegen noch zu dem Ergebnis gekommen, dass in Bezug auf die Kodizes eher ein Trend der Annäherung als ein Auseinanderdriften zu erkennen sei. In dieser Studie wurden Unterschiede vor allem auf unterschiedliche rechtliche Regeln zurückgeführt.[144] Auch wenn das exakte Ausmaß der Unterschiede nicht eindeutig sein mag, so müsste ein Europäischer Kodex in Anbetracht der in jedem Fall existierenden verschiedenen Schwerpunktsetzungen der mitgliedstaatlichen Kodizes und der unterschiedlichen national-gesellschaftsrechtlichen Vorschriften entweder viele **Optionen** zulassen oder sich auf **abstrakte Grundsätze** beschränken (zum Umfang s. auch Rn. 34).[145] Unwahrscheinlich ist hingegen, dass die Mitgliedstaaten sich bzgl. der meisten Aspekte auf konkrete Kompromisse einigen und dadurch ihre eigenen Vorstellungen ein stückweit aufgeben würden. Daher bestünde die Gefahr, dass ein europäischer Corporate Governance Kodex weder eine tatsächliche Verbesserung der Unternehmensleitung und -kontrolle, noch eine umfassende Information der Anleger gewährleisten könnte.[146] Letztlich bedürfte es daher in einem ersten Schritt einer vergleichenden Kodex-Forschung, die bisher jedoch nur rudimentär entwickelt ist.[147] Es wurde zudem in der Literatur befürchtet, dass parallel bestehende Vorgaben zu Verwirrung führen könnten.[148]

3. Harmonisierungsgrad

39 Die weiterhin bestehenden Unterschiede im Bereich der Corporate Governance werden grundsätzlich auch nicht zwingend als Hindernis für einen einheitlichen Binnenmarkt gesehen, sondern vielmehr als Ausdruck **notwendiger Flexibilität** sowie gegebener Komplexität der Unternehmertätigkeit.[149] Dies gilt allerdings eher für kleinere und mittlere Unternehmen. In Bezug auf große Unternehmen, insbesondere börsennotierte Unternehmen oder auch für bestimmte Branchen, lässt sich dagegen leichter die Notwendigkeit eines umfassenderen europäischen Corporate Governance Rahmens rechtfertigen. So kann es für Unternehmen, die an mehreren europäischen Börsen notiert sind, ggf aufwendiger und mit höheren Kosten verbunden sein, mehrere sich inhaltlich unterscheidende Corporate Governance Kodizes umfassend zu **befolgen** (*comply*) bzw. Abweichungen mit hinreichender Aussagekraft zu **begründen** (*explain*). Durch die bereits angesprochenen Kommissionsempfehlungen und durch einzelne Bestimmungen in den gesellschaftsrechtlichen Richtlinien und Verordnungen wird dann auch genau für diese Gruppen eine (nicht unerhebliche) Teilharmonisierung relevanter Corporate Governance-Aspekte erreicht. Mit einer weitergehenden – wenngleich zT auch branchenspezifischen – **Angleichung** der Corporate Governance europäischer (Groß-) Unternehmen ist auch in Zukunft weiter zu rechnen. In diesem Sinne wird für gewisse Bereiche eine Harmonisierung sogar ausdrücklich befürwortet, so dass keine generell negative Haltung gegenüber einheitlichen Maßnahmen festgestellt werden kann.[150]

141 Vgl. *Rapp/Strenger/Wolff*, Kodexakzeptanz 2017, 2017, S. 2.

142 *Fleischer* ZGR 2012, 160, 183; so übernimmt der Deutsche Corporate Governance Kodex eine wichtige Erläuterungsfunktion für ausländische Investoren, siehe BT-Drs. 14/8769, S. 21; *Peltzer/von Werder* AG 2001, 1, 14; *Schneider/Stenger* AG 2000, 106, 109 f., während dem UK Corporate Governance Code größtenteils eine Gesetzesergänzungsfunktion innewohnt, vgl. *Davies* ZGR 2001, 268, 276 f.

143 *Cicon et al.*, European Corporate Governance: A Thematic Analysis of National Codes of Governance, European Financial Management 18 (2012) 620, 645; vgl. auch *Fleischer* ZGR 2012, 160, 184.

144 WGM/EASD/ECGN, Comparative Study of Corporate Governance Codes Relevant to the European Union and Its Member States, 2002.

145 *Lutter/Bayer/Schmidt*, Europäisches Unternehmens- und Kapitalmarktrecht, 2017, Rn. 13.4; *Kalss/Klampfl*, Europäisches Gesellschaftsrecht, 2015, Rn. 438; *van Hulle/Maul* ZGR 2004, 484, 497; *Hopt* in: Hommelhoff/Hopt/v. Werder (Hrsg.), Handbuch Corporate Governance, 2010, S. 48; gegen einen einheitlichen Kodex insofern auch *Kort* in: Hirte/Mülbert/Roth, AktG, 5. Aufl. 2015, Vor § 76 Rn. 95.

146 Europäische Kommission, Aktionsplan Modernisierung des Gesellschaftsrechts und Verbesserung der Corporate Governance in der Europäischen Union, 21.5.2003, KOM(2003) 284 endg. S. 14; *Lutter/Bayer/Schmidt*, Europäisches Unternehmens- und Kapitalmarktrecht, 2017, Rn. 13.4; *Bachmann* WM 2011, 1301, 1310; *Merkt* RIW 2004, 1, 5; *van Hulle/Maul* ZGR 2004, 484, 497; vgl. auch *German Experts on Corporate Law* ZIP 2002, 1310, 1314; *Kort* in: Hirte/Mülbert/Roth, AktG, 5. Aufl. 2015, Vor § 76 Rn. 95.

147 *Fleischer* ZGR 2011, 155, 158; *ders.* ZGR 2012, 160, 183.

148 *Lutter/Bayer/Schmidt*, Europäisches Unternehmens- und Kapitalmarktrecht, 2017, Rn. 13.4.

149 Report of the *Reflection Group on the Future of European Company Law*, 2011, S. 11.

150 Report of the *Reflection Group on the Future of European Company Law*, 2011, S. 52; *Bachmann* WM 2011, 1301, 1310; *Jung* BB 2011, 1987, 1987; vgl. auch *Hopt* in: Hommelhoff/Hopt/v. Werder (Hrsg.), Handbuch Corporate Governance, 2010, S. 49.

Aus Unternehmenssicht ist entscheidend, dass durch die Harmonisierungsbestrebungen Regeln geschaffen werden, die tatsächlich die Unternehmensführung verbessern und gleichzeitig die Kosten und den **Aufwand** für gute Unternehmensführung, insbesondere für Überwachung und Offenlegung, **reduzieren** und nicht etwa erhöhen. Letzteres könnte der Fall sein, wenn europäische und nationale Maßnahmen nicht gut aufeinander abgestimmt sind oder auf EU-Ebene im Verhältnis übermäßig hohe und aufwendige Standards gesetzt würden. In ähnlichem Zusammenhang ist aus Unternehmersicht auch die Schaffung eines (europäischen) ***level playing field***[151] von Bedeutung. Durch angeglichene Corporate Governance-Regelungen in den Mitgliedstaaten und eine Annäherung insbesondere der nationalen Kodizes kann für Gesellschaften, die grenzüberschreitend tätig (und ggf an mehreren Börsen notiert (insofern bereits Rn. 29)) sind, der Verwaltungs- und Organisationsaufwand verringert werden, da die länderübergreifenden Regularien vergleichbarer sind. 40

4. Weiche oder harte Regulierung?

Neben der Frage, inwieweit harmonisierte Corporate Governance-Regelungen auf europäischer Ebene geschaffen werden sollten, stellt sich die Frage, ob diese regulatorisch zwingend („hart") oder vielmehr im Grundsatz unverbindlich („weich") sein sollen. Der „***comply or explain***"-Grundsatz (s. Rn. 79 ff.) stellt insoweit eine sanfte Regulierung dar und lässt den betroffenen Unternehmen formal vollen Handlungsspielraum bezüglich der inhaltlichen Entscheidungen.[152] Verbunden wird der *comply or explain*-Ansatz allerdings mit Publikationspflichten, um eine Kontrolle durch den Markt zu ermöglichen. Im Bereich der Corporate Governance werden damit regelmäßig Informationspflichten zwingend vorgegeben, während materiell weiterhin Flexibilität für die Unternehmen besteht. Dahinter steht der Gedanke, dass die Marktkräfte wirken können, sofern der dafür notwendige Informationsfluss gesichert wird. Die nationalen Corporate Governance Kodizes folgen generell diesem Ansatz.[153] Auf europäischer Ebene kommen zudem noch Empfehlungen hinzu, die ebenfalls als „***soft law***" erachtet werden. Diese wenden sich allerdings nicht an die Unternehmer, sondern an die Mitgliedstaaten. Zu den „weichen" Regulierungsformen gehören ferner auch Selbstverpflichtungen. Corporate Governance-Regeln (zB zur monistischen und dualistischen Struktur) finden sich aber auch in Gesetzen und sind dort zudem nicht immer dispositiv, sondern in vielen Fällen zwingend. Insofern lässt sich vor allem auch auf europäischer Ebene der Wunsch hin zu gesetzlichen Regelungen („***hard law***") im Verhältnis zu *soft law*-Ansätzen verzeichnen (zu den Problemen der politischen Durchsetzbarkeit Rn. 44).[154] Die Gestaltungsspielräume für kapitalmarktorientierte Gesellschaften werden dadurch erheblich eingeschränkt.[155] Bei ihnen ist jedoch auch die Zweckerfüllung in Bezug auf die oben bei Rn. 1 benannten Zwecke am größten. Im Rahmen von *hard law* ist zudem zwischen materiellen Vorgaben und reinen Publizitätspflichten zu unterscheiden. Letztere zielen in der Regel auf eine **Information** und damit auch Kontrolle durch den Markt ab, während materielle Regeln konkrete Vorgaben durch den Gesetzgeber enthalten.[156] Zwar führen beide Regelungsformen grundsätzlich zu Kosten, jedoch sind Publizitätspflichten zunächst weniger einschneidend, da sie den Betroffenen meist einen höheren Freiheitsgrad lassen. Die bisherigen Ausführungen zeigen, dass es somit auch nicht nur eindeutig „harte" und „weiche" Regulierung gibt, sondern dass die beiden Formen auch kombiniert werden und einige Regelungsformen eher auf der Grenze liegen. 41

Auf europäischer Ebene werden die gesetzlichen Vorgaben meist **in Richtlinien verankert**, welche dann einer Umsetzung in nationales Recht bedürfen. In der Regel wird somit eine Regulierung gewählt, die aus einem Corporate Governance Kodex mit *comply or explain*-Ansatz besteht, ergänzt um dispositive bzw. zwingende gesetzliche Vorschriften sowie Empfehlungen. Insofern lässt sich auch von einer „**Multi-Instrument-Governance**" sprechen. Hinzu kommt, dass diese Vorgaben sowohl auf europäischer als auch nationaler Ebene angesiedelt sein können (Multi-level-Governance). 42

Die Europäische Kommission steht dem ***comply or explain*-Ansatz** für Kodizes grundsätzlich positiv gegenüber. Verankert ist er auf europäischer Ebene in der Richtlinie 2013/34/EU „über den Jahresabschluss, den konsolidierten Abschluss und damit verbundene Berichte von Unternehmen bestimmter Rechtsformen und zur Änderung der Richtlinie 2006/43/EG des Europäischen Parlaments und des Rates und zur Aufhebung der Richtlinien 43

151 Vgl. GA *Trstenjak*, Schlussanträge v. 2.6.2010 zur Rs. C-81/09 (Idryma Typou), ECLI:EU:C:2010:304, Rn. 30.

152 Vgl. zum *soft law*-Ansatz *Ferrero/Ackrill* JCMS 54 (2016) 878; *Weller/Harms* RTDF 2014, 14; zum Begriff auch *Krejci* in: Lang/Schuch/Staringer (Hrsg.), Soft Law in der Praxis, 2005, S. 53, 63 ff.

153 So beispielsweise die Corporate Governance Kodizes von Deutschland („*DCGK*" (2017)), Großbritannien („*The UK Corporate Governance Code* (2016)), Frankreich („*Code de gouvernement d'entreprise des sociétés cotées*" (2015)), Niederlande („*The Dutch Corporate Governance Code* (2016)), Schweden („*The Swedish Corporate Governance Code* (2015)), Italien („*Codice di autodisciplina („Codice")* (2015)).

154 Aus US-amerikanischer Sicht auch *Hansmann/Kraakman* in: Gordon/Roe (Eds.), Convergence and Persistence in Corporate Governance, 2004, S. 33, 36; aus britischer Sicht dies im Rahmen vor allem der Unabhängigkeit von Verwaltungsratsmitgliedern befürwortend *Chiu* J.B.L. 2009, 697, 725.

155 Allgemein zum Verhältnis zwischen „soft law" und „hard law" vgl. *Terpan* European Law Journal 21 (2015) 68, 72 ff.

156 Vgl. dazu *Leyens*, Corporate Governance: Grundsatzfragen und Forschungsperspektiven in: Allmendinger ua (Hrsg.), Corporate Governance nach der Finanz- und Wirtschaftskrise, 2011, S. 10 f.

78/660/EWG und 83/349/EWG des Rates" in Art. 20 dieser Bilanzrichtlinie. Die Europäische Kommission sieht jedoch beim Einsatz **Optimierungspotenzial**, das seinen Niederschlag in der Empfehlung zur Qualität der Berichterstattung über die Unternehmensführung gefunden hat (zum *comply or explain*-Ansatz s. Rn. 79 ff.).[157] Ein solches Corporate Governance-Reporting zielt dabei vor allem auf dem Abbau von Informationsasymmetrien ab und dient damit den Bedürfnissen sowohl der Share- als auch Stakeholder nach hinreichender Kenntnis der Unternehmensführung und-kontrolle im Rahmen der Corporate Governance.[158]

44 Trotz dem teilweise bestehenden Wunsch nach harter Regulierung verwendet die EU oftmals *soft law*, zB in Form von Empfehlungen. Grund dafür könnten die Governance-Probleme der EU sein.[159] **Verbindliche Maßnahmen** auf europäischer Ebene durchzusetzen gestaltet sich zunehmend schwieriger. In Bezug auf Richtlinien und Verordnungen fällt es den Mitgliedstaaten oftmals schwer, die notwendige Mehrheit für Richtlinien bzw. die Einstimmigkeit für Verordnungen im Rat zu erzielen. Hard law ist daher regelmäßig politisch nicht durchsetzbar bzw. kann nur durch weitreichende **Mitgliedstaaten**- oder **Unternehmenswahlrechte** geschaffen werden. Hier wird die Durchsetzbarkeit mit einem weniger an Harmonisierung erkauft.[160] Je stärker solche Tendenzen sind, desto schwächer die Vorteile, die durch die Regulierung erzielt werden können. ***Soft law*** ist bei den Mitgliedstaaten dagegen grundsätzlich eher durchsetzbar als zwingende Regelungen.

IV. Zusammenfassende Betrachtung

45 Anhand der dargestellten Aspekte zeigt sich im Ergebnis, dass eine (einfache) eindimensionale Lösung nicht zweckmäßig ist. Gerade im Bereich der Corporate Governance stellt sich das Problem der „Multi-level-Governance" sowie der „Multi-Instrument-Governance". Zu klären ist insofern zunächst, ob es einer **supranationalen** oder einer **nationalen Regelung** bedarf (vgl. Rn. 10 ff.). Ferner ist zu überlegen, wen die entsprechende Vorschrift erfassen soll (Anwenderkreis, vgl. Rn. 31 ff.) und welches Instrument geeignet und politisch durchsetzbar ist (vgl. Rn. 41 ff.). Letzteres ist auch eng an die Frage geknüpft, ob *soft law* oder *hard law* angestrebt wird und ob eine Harmonisierung erreicht werden soll oder ein zusätzliches Instrument angeboten wird. Sodann sind Regelungsumfang und Regelungsinhalt zu diskutieren, wobei auf ein gutes Zusammenspiel mit anderen Vorschriften (sei es auf europäischer oder nationaler Ebene) zu achten ist. Bei einer europäischen Regelung ist daher der Harmonisierungsgrad zu bestimmen (vgl. Rn. 39 ff.). Aus ökonomischer Sicht sollte zudem die **Gefahr** einer **potenziellen Überregulierung** bedacht werden. Letztlich sollten Corporate Governance-Maßnahmen – ob auf europäischer oder nationaler Ebene – dazu dienen, dass effektive Regularien entstehen, die Hindernisse, etwa im Zusammenspiel der Aktionäre, beseitigen bzw. reduzieren können.

C. Ausgewählte Elemente europäischer Corporate Governance-Regulierung

46 Anhand der bisher vorgestellten **Grünbücher** sowie den erlassenen Kommissionsempfehlungen, Richtlinien und Verordnungen lassen sich verschiedene Bereiche ermitteln, mit denen sich die Kommission im Rahmen ihrer europäischen Corporate Governance-Regulierung befasst. Im Folgenden werden dabei vor allem die in den bisherigen Grünbüchern und Empfehlungen aufgeführten Regulierungsaspekte analysiert.

I. Organisationsverfassung in supranationalen und nationalen Gesellschaftsformen

47 Sowohl bei der SE (Europäische Aktiengesellschaft, dazu § 4) als auch bei der SCE (Europäische Genossenschaft, dazu § 6) besteht eine Besonderheit in Form eines **Wahlrechts** hinsichtlich der Leitungsverfassung, da sowohl das monistische als auch das dualistische System bestimmt werden kann (vgl. dazu auch § 3 Rn. 159).[161] Eine vergleichbare Wahlmöglichkeit lässt sich auch im Aktienrecht verschiedener Mitgliedstaaten beobachten. So besteht zB in Frankreich (§ 13 Rn. 484), in Italien (§ 14 Rn. 190), in den Niederlanden (§ 16 Rn. 150), der Tschechischen Republik, Finnland, Ungarn, Slowakei, Dänemark, Luxemburg, Portugal und Slowenien die Option entweder das monistische oder das dualistische System zu wählen.[162] In Italien können die Gesellschafter sogar zwischen drei Organisationsformen wählen, da dort noch das sog „traditionelle System" existiert (§ 14

157 Europäische Kommission, Empfehlung vom 9. April 2014 zur Qualität der Berichterstattung über die Unternehmensführung („*Comply or Explain*"), 2014/208/EU. Der Empfehlung ging eine Studie voraus, die Handlungsbedarf aufzeigte: Risk Metrics Group, Study on Monitoring and Enforcement Practices in Corporate Governance in the Member States, 23.9.2009.

158 Vgl. nur *Arbeitskreis Corporate Governance Reporting der Schmalenbach-Gesellschaft für Betriebswirtschaft* DB 2016, 2130 f.; *v. Werder* in: Kremer ua (Hrsg.) Deutscher Corporate Governance Kodex, 2018, Rn. 700.

159 *Jung* BB 2011, 1987, 1988.

160 Insofern auch zu den „Schwächen" eines „soft law"-Ansatzes *Sergakis* ECFR 2013, 394, 403 ff.

161 *Tiedje* in: von der Groeben/Schwarze/Hatje (Hrsg.), Europäisches Unionsrecht, Bd. 1, 7. Aufl. 2015, Art. 50 AEUV Rn. 62; *Wendt* in: Wegen/Spahlinger/Barth (Hrsg.), Gesellschaftsrecht des Auslands, Europäische Union, 2016, Rn. 71 (Stand: 2012); *Kalss/Klampfl*, Europäisches Gesellschaftsrecht, 2015, Rn. 574.

162 Siehe überblicksartig auch OECD, OECD Corporate Governance Factbook, 2017, S. 93.

Rn. 190 ff.). Trotz gelegentlicher Forderungen im wissenschaftlichen Schrifttum nach einem Wahlrecht auch für Deutschland,[163] hält der deutsche Gesetzgeber weiterhin zwingend am **dualistischen System** mit Vorstand und Aufsichtsrat fest. Auch in Mitgliedstaaten wie Österreich, Polen, Lettland und Estland ist das dualistische System zwingend.[164] In anderen Mitgliedstaaten ist die Gesetzgebung so ausgerichtet, dass (faktisch) nur ein ***one tier*-board** in Betracht kommt (zB in Großbritannien, Irland, Belgien, Spanien und Griechenland).[165] Im nordischen Rechtskreis ist zudem das sog Hybridsystem bekannt.[166] Die Idee ein Wahlrecht auf europäischer Ebene für alle börsennotierten und ggf nicht-börsennotierten Gesellschaften einzuführen, wurde bislang nicht ernsthaft verfolgt.[167] Vielmehr ist stückweise festzustellen, dass sich vor allem bei Börsengesellschaften beide Leitungssysteme annähern.[168] Dies insbesondere dergestalt, dass im monistischen System unabhängigen, nicht-geschäftsführenden Direktoren eine wachsende Bedeutung zukommt und die geschäftsführenden Mitglieder des Verwaltungsrates die Geschäfte der Gesellschaft im Grundsatz eigenständig führen, womit eine vergleichbare Stellung wie zwischen Vorstand und Aufsichtsrat im dualistischen System stückweise hervorgerufen wird.

Das **Wahlrecht** bezüglich der Organisationsverfassung einer SE steht der Gesellschaft zu, nicht dem Sitzstaat, 48
und wird durch Satzungsbestimmung ausgeübt.[169] Art. 39 V, Art. 43 IV SE-VO ermächtigen diejenigen Mitgliedstaaten, deren nationales Recht nur eines der beiden Systeme vorsieht, dazu, für die SE entsprechende Vorschriften für das im nationalen Recht nicht vorgesehene System zu schaffen. Da aus deutscher Sicht das nationale **Aktienrecht** zwingend ein dualistische System aus einem formal getrennten Vorstand und Aufsichtsrat vorsieht, musste der deutsche Gesetzgeber gemäß Art. 43 IV SE-VO die für die SE erforderlichen Vorschriften zum monistischen System gänzlich neu konzipieren.[170] Für die nach der SE auf europäischer Ebene eingeführte SCE gilt Vergleichbares. Auch dort obliegt die Wahl allein den Gründern und nicht dem Mitgliedstaat.[171]

Statistisch haben europaweit die Mehrzahl bestehender SE das dualistische System gewählt.[172] Das gleiche gilt 49
für die SCE.[173] In Deutschland sind etwa **ein Drittel** der operativen SE **monistisch** verfasst.[174] Diese sind jedoch überwiegend Tochter-SE oder wollen aufgrund eines überwiegend anglo-amerikanisch geprägten Aktionärskreises eine (formale) Nähe insbesondere zum US-amerikanischen Board-System schaffen. Dies hat ua den Grund, dass vor allem für die etwaigen geschäftsführenden Direktoren einer monistischen SE mit Sitz in Deutschland zwar umfassend die Sorgfaltspflichten und -anforderungen wie für Vorstandsmitglieder einer AG gelten (vgl. § 40 VIII SEAG), jedoch andererseits ein umfassendes **Weisungsrecht des Verwaltungsrates** gegen den/die geschäftsführenden Direktoren besteht. Eine deutsche SE mit monistischem System wird insofern überwiegend im Rahmen einer (macht-) zentrierten Leitungsstruktur, zB innerhalb eines Konzerns, genutzt.[175]

Eine die Organisationsstruktur von nationalen Aktiengesellschaften regelnde (monistisches (*one tier-*) oder dua- 50
listisches (*two tier-*) System) **Strukturrichtlinie**[176] wurde bisher nicht verabschiedet und wird auch nicht weiter

163 Vgl. *Hommelhoff* AG 2001, 279, 282 f.; *Baums*, Zur monistischen Verfassung der deutschen Aktiengesellschaft, ILF Working Paper 07/2008, S. 5 ff., 44; vgl. dazu schon *Hopt* ZGR 2000, 779, 815.

164 Siehe überblicksartig European Confederation of Directors Associations, A Guide to Corporate Governance Practices in the European Union (2015), S. 39 f.; OECD, OECD Corporate Governance Factbook, 2017, S. 93.

165 OECD, OECD Corporate Governance Factbook (2017), S. 93.

166 *Lutter/Bayer/Schmidt*, Europäisches Unternehmens- und Kapitalmarktrecht, 2017, Rn. 13.25.

167 Vgl. *Lutter/Bayer/Schmidt*, Europäisches Unternehmens- und Kapitalmarktrecht, 2017, Rn. 13.28 f. Die Autoren bedauern dies und hoffen zukünftig auf die Schaffung eines generellen Wahlrechts.

168 *Becker/v. Werder* AG 2016, 761, 763; *Hopt/Leyens*, Board Models in Europe, ECGI Law Working Paper No. 18/2004, S. 23.

169 *Eberspächer* in: Spindler/Stilz (Hrsg.), AktG, Bd. 1, 3. Aufl. 2015, Art. 38 Rn. 7; *Lutter/Bayer/Schmidt*, Europäisches Unternehmens- und Kapitalmarktrecht, 2017, Rn. 45.95; *Nagel* NZG 2004, 833, 834.

170 Vgl. *Lutter/Bayer/Schmidt*, Europäisches Unternehmens- und Kapitalmarktrecht, 2017, Rn. 45.96; *Götze* in: Wegen/Spahlinger/Barth (Hrsg.), Gesellschaftsrecht des Auslands, Deutschland, 2018, Rn. 148, 217 ff. (Stand: 2012); *Teichmann* in: Lutter/Hommelhoff/Teichmann (Hrsg.), SE-Kommentar, 2. Aufl. 2015, Art. 38 Rn. 15, 19 f., der insofern auch von einem „SE-spezifischen Leitungssystem" spricht (Rn. 2).

171 *Heß*, Die Europäische Genossenschaft und die Reform des Genossenschaftsrechts in Deutschland, 2008, S. 103.

172 Hans-Böckler-Stiftung, SE-Datenblatt – Fakten zur Europäischen Aktiengesellschaft (Stand: 31.12.2016), demnach existieren in der EU 451 operativ tätige SE, von denen allein 230 auf Deutschland entfallen. 150 dieser SE unterliegen dem dualistischen System; *CMS*, Veröffentlichung zur Societas Europaea, 2016, S. 5. Besonders beliebt ist das dualistische Modell, wenn eine Arbeitnehmermitbestimmung vorgesehen ist. *Leyens* in: Eger/Schäfer (Eds.), Research Handbook on the Economics of European Union Law, 2012, S. 186 weist daraufhin, dass die Wahl des Organisationsmodells zumindest teilweise von Pfadabhängigkeit bestimmt ist.

173 *Lutter/Bayer/Schmidt*, Europäisches Unternehmens- und Kapitalmarktrecht, 2017, Rn. 46.56 ff.; *Wendt* in: Wegen/Spahlinger/Barth (Hrsg.), Gesellschaftsrecht des Auslands, Europäische Union, 2018, Rn. 180 f. (Stand: 2012); *Schulze* NZG 2004, 792, 795.

174 *Verse* in: Fleischer ua (Hrsg.), 50 Jahre AktG, 2016, S. 304, 315.

175 Vgl. *Bachmann* ZGR 2008, 779, 782 f.

176 Europäische Kommission, Dritte Änderung des Vorschlags für eine fünfte Richtlinie des Rates nach Art. 54 EWG-Vertrag über die Struktur der Aktiengesellschaft sowie die Befugnisse und Verpflichtungen ihrer Organe vom 20.11.1991, KOM(91) 372 endg.

verfolgt.[177] Stattdessen verfolgt die EU vielmehr den soeben beschriebenen Ansatz des Wahlrechts.[178] Bezogen auf die Leitungsstruktur börsennotierter Gesellschaften lässt sich bei der jüngeren (und geplanten) Gesetzgebung im europäischen Unternehmens- und Kapitalmarktrecht allerdings eine gewisse **Ausrichtung am monistischen System** feststellen.[179] Verschiedene Richtlinien (-projekte) sind im Grundmodell zunehmend auf einen einheitlichen Verwaltungsrat an Stelle eines dualistischen Systems mit Vorstand und Aufsichtsrat ausgerichtet.[180] Aus unternehmerischer Sicht lässt sich gleichwohl keine pauschale Vorzugswürdigkeit eines der beiden Leitungssysteme im Rahmen einer besseren Corporate Governance ausmachen.[181] Vielmehr hängt die Entscheidung für das **„richtige" Leitungssystems** überwiegend vom Einzelfall und den konkreten Umständen ab.[182] Dabei spielen vor allem die Aktionärsstruktur und die ggf obligatorische (unternehmerische) Mitbestimmung eine entscheidende Rolle.[183] Das monistische System soll idR eine schlanke Führungsstruktur sowie eine verstärkte Kompetenz- und Machtkonzentration auf einzelne Verwaltungsratsmitglieder ermöglichen.[184] Auch die Tatsache, dass im monistischen System alle Mitglieder in einem Board sitzen, wird mit Blick auf den Informationsfluss als vorteilhaft angesehen.[185] Das dualistische System soll im Gegenzug grundsätzlich eine bessere Überwachungsmöglichkeit durch einen separierten Aufsichtsrat als Kontrollorgan erlauben.[186] Gerade letzteres ist jedoch nicht unumstritten.[187] Probleme können vor allem daraus entstehen, dass der Aufsichtsrat seine Informationen vom Vorstand erhält.[188] Es kommt im Ergebnis daher immer auf die konkrete Ausgestaltung an. Eine bessere Kontrolle des Managements durch den Aufsichtsrat als Vorteil des dualistischen Systems könnte man zudem in dessen korporativer Stellung als eigenständiges Gesellschaftsorgan und die regelmäßig damit verbundenen gesetzlichen Überwachungs- und Kontrollpflichten sehen. Der mögliche Vorteil der besseren Kooperation in nur einem Organ beim monistischen System könnte daher durch einen geringeren Pflichtenmaßstab der nicht-geschäftsführenden Verwaltungsratsmitglieder im Hinblick auf ihre Kontroll- und Überwachungstätigkeit abgefedert werden.

II. Verwaltungsrat bzw. Aufsichtsrat

51 Die Aufgaben und die Verantwortung insbesondere von nicht-geschäftsführenden Mitgliedern des Verwaltungsrates bzw. von Aufsichtsratsmitgliedern haben in den letzten Jahren zugenommen (zB durch eine etwaige Überprüfung der **nicht-finanziellen Erklärung** vom Vorstand bzw. der Leitung der Gesellschaft (zur CSR-Berichterstattung s. § 25 Rn. 55 ff.) oder im Rahmen der Tätigkeiten des Prüfungsausschusses (s. dazu § 26 Rn. 4 ff.).[189] Vorgaben für den Verwaltungsrat einer monistisch strukturierten Gesellschaft bzw. den Aufsichtsrat einer dualistisch strukturierten Gesellschaft sind dabei auch ein Herzstück der (europäischen) Corporate Governance-Debatte iS von guter Unternehmensführung und der vor allem gesellschaftsinternen Unternehmenskontrolle. Hierbei spielt vor allem die Frage der **Professionalisierung** des entsprechenden Gesellschaftsorgans eine prägende Rolle, die in einem weiteren Sinne neben Aspekten der Qualifikation von nicht-geschäftsführenden Verwal-

177 Vgl. dazu Europäische Kommission, Vorschläge die von der Kommission zurückgezogen werden, KOM(2001) 763 endgültig/2, S. 22; *Teichmann* in: Lutter/Hommelhoff/Teichmann (Hrsg.), SE-Kommentar, 2. Aufl. 2015, Art. 38 Rn. 8 ff.

178 *Leyens* in: Eger/Schäfer (Eds.), Research Handbook on the Economics of European Union Law, 2012, S. 186.

179 *Hommelhoff* NZG 2015, 1329, 1335; *Habersack* NJW-Beil. 2012, 94, 95.

180 Dies gilt insbesondere für die reformierte Abschlussprüferrichtlinie, vgl. *Merkt* ZHR 179 (2015) 601 632 f.; *AKEU Schmalenbach Gesellschaft für Betriebswirtschaft* DB 2014, 1149, 1155; aber auch im Hinblick auf den ersten Kommissionsvorschlag zur Regelung von related party transactions, vgl. *Hommelhoff* NZG 2015, 1329, 1335.

181 Vgl. *Teichmann* in: Gebauer/Teichmann (Hrsg.), Europäisches Privat- und Unternehmensrecht, 2016, § 6 Rn. 210 f.; *Fleischer* AcP 204 (2004) 502, 527; *Schmidt* ZHR 181 (2017) 43, 62; *Leyens* RabelsZ 67 (2003) 57, 95; *Jungmann* ECFR 2006, 426, 473; *Reichert* AG 2016, 677, 680.

182 *Schmidt* ZHR 181 (2017) 43, 62 f.; *Lutter/Bayer/Schmidt*, Europäisches Unternehmens- und Kapitalmarktrecht, 2017, Rn. 13.28 ff.

183 Vgl. nur *Scholz* in: Habersack/Drinhausen (Hrsg.), SE-Recht, 2. Aufl. 2016, Art. 38 Rn. 27.

184 Vgl. *Eder* NZG 2004, 544, 545 f.; *Frodermann* in: Jannott/Frodermann (Hrsg.), Handbuch der Europäischen Aktiengesellschaft, 2. Aufl. 2014, Kap. 5 Rn. 4; *Scholz* in: Habersack/Drinhausen (Hrsg.), SE-Recht, 2. Aufl. 2016, Art. 38 Rn. 27.

185 *Leyens*, Corporate Governance: Grundsatzfragen und Forschungsperspektiven in: Allmendinger ua (Hrsg.), Corporate Governance nach der Finanz- und Wirtschaftskrise, 2011, S. 16.

186 Zur komplementären Problematik beim monistischen System vgl. *Fleischer* AcP 204 (2004) 503, 527; *Merkt* ZGR 2003, 650, 666.

187 Vgl. *Schiessl* ZHR 167 (2003) 235, 241 f.; *Davies* ZGR 2001, 268, 284 f.

188 Vgl. *Leyens*, Corporate Governance: Grundsatzfragen und Forschungsperspektiven in: Allmendinger ua (Hrsg.), Corporate Governance nach der Finanz- und Wirtschaftskrise, 2011, S. 16.

189 Aus deutscher Sicht vgl. nur *v. Werder* DB 2017, 977; *Laue/Havers* Der Aufsichtsrat 2017, 104.

tungsrats- bzw. Aufsichtsratsmitgliedern (dazu Rn. 62 ff.) auch deren Unabhängigkeit (dazu Rn. 58 ff.) umfasst.[190] Daneben ist Diversität in den entsprechenden Gesellschaftsorganen ein zentrales Thema (Rn. 52 ff.).

1. Zusammensetzung (insbes. Diversität)

Besonderes Augenmerk widmete die Kommission der Tätigkeit und (personellen) Zusammensetzung des **Verwaltungs-** bzw. **Aufsichtsrates** börsennotierter Unternehmen. In diesem Zusammenhang stellte sie im Vorfeld der Finanzmarktkrise ein mangelndes Risikobewusstsein der Akteure fest.[191] Die Europäische Kommission konstatierte damit zusammenhängend sowohl ein **Qualitäts-** als auch **Diversitätsproblem** in den entsprechenden Gremien.[192] Den Aufsichts- bzw. Verwaltungsräten der betroffenen Unternehmen wurde insbesondere „kein ausreichend diversifizierter Hintergrund" attestiert, um eine angemessene „Einschätzung von Risiken" zu besitzen.[193] Damit rückten die rechtspolitisch diskutierten Corporate Governance-Themen einer Geschlechterquote und der Qualifizierung[194] sowie der Unabhängigkeit von Verwaltungs- bzw. Aufsichtsratsmitgliedern (dazu Rn. 58 ff.) in den Vordergrund.[195] 52

Im Grünbuch 2011 spricht sich die Europäische Kommission hinsichtlich der Zusammensetzung des Aufsichtsrats klar für mehr **Diversität** („Vielfalt") aus.[196] Sie fordert eine berufliche Vielfalt bei der Auswahl der Mitglieder („Ein breites Spektrum an Sachverstand scheint der Schlüssel zu einer wirksamen Arbeit des Verwaltungsrats zu sein").[197] Außerdem steht die Förderung der internationalen und geschlechterspezifischen Diversität im Mittelpunkt der Diskussion.[198] Diversität bezieht sich darüber hinaus auch auf eine Vielfalt im Hinblick auf soziale, kulturelle und sonstige persönliche Aspekte der Mitglieder des Verwaltungs- bzw. Aufsichtsrats.[199] Die Europäische Kommission versteht Diversität daher in einem durchaus weiten Sinne und bezieht sich insofern nicht nur auf die ökonomische, sondern auch auf die gesellschaftliche Dimension einer vielfältigen Zusammensetzung des Aufsichts- bzw. Verwaltungsrates. 53

Besonders intensiv wird allerdings schon seit längerem die **Geschlechterquote** („*gender diversity*")[200] auf europäischer Ebene diskutiert.[201] Mit der Debatte um eine solche Quote wird auch immer die Frage nach den Effekten eines ausgeglicheneren Verhältnisses von Männern und Frauen verbunden. Die dazu durchgeführten Studien können weder eindeutig belegen noch widerlegen, dass eine Geschlechterquote in Gesellschaftsorganen zu einer „besseren" Corporate Governance führt.[202] Unabhängig davon ist die Geschlechterquote vor allem ein rechtspolitisches Thema. 1984[203] und 1996[204] sprach der Rat Empfehlungen an die Privatwirtschaft aus, um so Impulse für eine verstärkte Präsenz von Frauen in Führungspositionen zu geben. 2010 folgte dann die von der 54

---

190 Insofern zu den „Erfolgsfaktoren" guter Aufsichtsratstätigkeit *v. Werder* DB 2017, 977, 979 ff.

191 Europäische Kommission, Gründbuch Corporate Governance in Finanzinstituten und Vergütungspolitik, KOM(2010) 284 endg., S. 2.

192 Europäische Kommission, Gründbuch Corporate Governance in Finanzinstituten und Vergütungspolitik, KOM(2010) 284 endg., S. 7.

193 Europäische Kommission, Grünbuch Europäischer Corporate Governance-Rahmen, KOM(2011), 164 endg., S. 7. Dieser so von der Europäischen Kommission formulierte Zusammenhang ist gleichwohl nicht zwingend.

194 Speziell zur deutschen Qualifikations- bzw. Professionalisierungsdebatte von Aufsichtsratsmitgliedern *Lutter* NJW 1995, 1133; *Roth* ZHR 175 (2011) 605; *Jung* WM 2013, 2110; *Rubner/Fischer* NZG 2015, 782; aus österreichischer Sicht *Krejci* GeS 2012, 319.

195 Aus (US-amerikanischer) Investorensicht vgl. auch Investor Stewardship Group, Corporate Governance Principles for US Listed Companies, 2017, Principle 5.1.

196 Europäische Kommission, Grünbuch Europäischer Corporate Governance-Rahmen, KOM(2011), 164 endg., S. 6 ff.; vgl. dazu *Jung* BB 2011, 1987, 1989.

197 Europäische Kommission, Grünbuch Europäischer Corporate Governance-Rahmen, KOM(2011), 164 endg., S. 6 unter Punkt 1.1.1.

198 Siehe rechtsvergleichend auch European Confederation of Directors Associations, A Guide to Corporate Governance Practices in the European Union, 2015, S. 48 f.

199 Aus deutscher Sicht vgl. nur *Becker* in: Fereidooni/Zeoli (Eds.), Managing Diversity, 2016, S. 291 ff.

200 Aus US-amerikanischer Sicht vgl. auch *Tinsley/Wade/Main* ILR Review 70 (2017) 160.

201 Dazu *Jung* BB 2013, 387. Der folgende Abschnitt zu den europäischen Maßnahmen basiert auf den dortigen Ausführungen; siehe zur Thematik auch *Lutter/Bayer/Schmidt*, Europäisches Unternehmens- und Kapitalmarktrecht, 2017, 13.58 ff.

202 Differenzierend *Adams/Ferreira*, Gender Diversity in the Boardroom, ECGI Law Working Paper No. 57/2004, S. 18 ff.; *dies.* J. Fin. Econ. 94 (2009) 291, 297 f.; *Hinnerich/Jansson*, Gender Quotas in the Board Room and Firm Performance: Evidence from a Credible Threat in Sweden, IFN Working Paper No. 1165/2017, S. 21 f.; zurückhaltend *Ulrich* ZCG 2017, 109, 113; keine positiven Effekte ermittelnd *Campbell/Minguez-Vera* Journal of Business Ethics 50 (2008) 435 ff.

203 Rat der Europäischen Union, 84/635/EWG, Empfehlung des Rates vom 13.12.1984 zur Förderung positiver Maßnahmen für Frauen, ABl. EWG v. 19.12.1984, L 331/34.

204 Rat der Europäischen Union, 96/694/EG: Empfehlung des Rates vom 2.12.1996 über die ausgewogene Mitwirkung von Frauen und Männern am Entscheidungsprozess, ABl. EG v. 10.12.1996, L 319/11.

Kommission veröffentlichte Frauen-Charta[205] und im selben Jahr die „Strategie für die Gleichstellung von Frauen und Männern“[206] für den Zeitraum von 2010-2015. Im Jahr 2011 erfolgte dann ein Aufruf zu einer **Selbstverpflichtung** durch die damalige Kommissarin *Reding*,[207] der jedoch bis 2012 lediglich 24 Unternehmen nachkamen.[208] Hinzu kamen zahlreiche Berichte, die den nur langsamen Fortschritt auf diesem Gebiet verdeutlichten.[209] 2011[210] und 2012[211] forderte das Europäische Parlament die Kommission daher auf, in diesem Bereich aktiv zu werden. Die Kommission legte daraufhin Ende 2012 einen Entwurf für eine **Richtlinie zur Geschlechterbalance**[212] für den Aufsichtsrat bzw. die nicht geschäftsführenden Direktoren vor, die jedoch bald im Rat auf Widerstand stieß. Das europäische Parlament unterstützte den Richtlinienvorschlag zwar Ende 2013,[213] im Rat konnte bislang jedoch keine Einigung erzielt werden, obwohl das Thema 2015 mehrfach im Vermittlungsausschuss diskutiert wurde.[214] Danach wurde es zunächst „auf Eis“ gelegt und erst im Frühjahr 2017 wieder auf die Agenda gesetzt. Doch auch der Vorstoß der maltesischen Ratspräsidentschaft[215] endete nicht mit einer Verabschiedung der Richtlinie. Die Chancen auf eine Einigung im Rat stehen daher derzeit **schlecht**.

55 Auf nationaler Ebene lässt sich in den letzten Jahren jedoch eine zunehmende Tendenz beobachten, gesetzliche Vorgaben für Diversität einzuführen.[216] So haben beispielsweise Frankreich (s. § 13 Rn. 491) und Italien (s. § 14 Rn. 230) bereits zu Beginn des Jahrtausends verbindliche Quoten eingeführt und auch Länder wie Spanien, Belgien und die Niederlande (dazu Rn. 185) sehen entsprechende Quotenregelungen vor.[217] In **Deutschland** führte die Diskussion um eine sog „Frauenquote“ auf europäischer Ebene zu einer verstärkten Debatte auf nationaler Ebene. Im Ergebnis führte die Debatte auf nationaler Ebene letztendlich zur Einführung einer entsprechenden Quote für den Aufsichtsrat, insbesondere da führende weibliche konservative Abgeordnete damit drohten, gegen ihre eigene Partei zu stimmen.[218] Seit Mai 2015 gilt danach für börsennotierte Gesellschaften in Deutschland, die einer gesetzlichen Arbeitnehmermitbestimmung unterliegen, dass sich der Aufsichtsrat zu mindestens jeweils 30% aus Frauen und Männern zusammenzusetzen hat (§ 96 II 1 AktG).[219] Im Vergleich dazu ist der Frauenanteil in den Vorständen deutscher Unternehmen hingegen mit nur ca. 7% (bei den DAX-Unternehmen ca. 13%) spürbar geringer.[220] Eine weibliche Vorstandsvorsitzende eines DAX-Unternehmens hat es in

205 Europäische Kommission, Mitteilung der Kommission – Ein verstärktes Engagement für die Gleichstellung von Frauen und Männern – Eine Frauen-Charta, KOM(2010)78 endg.

206 Europäische Kommission, Mitteilung der Kommission an das Europäische Parlament, den Rat, den Europäischen Wirtschafts- und Sozialausschuss und den Ausschuss der Regionen, Strategie für die Gleichstellung von Frauen und Männern – 2010 – 2015, KOM(2010) 491 endg.

207 Europa, Press Releases RAPID, EU-Justizkommissarin *Reding* fordert von Unternehmen höheren Frauenanteil in den Chefetagen, MEMO/11/124, 2011.

208 Europa, Press Releases RAPID, Mehr Frauen in Chefetagen: Europäische Kommission prüft Optionen, IP/12/213, 2012.

209 Europäische Kommission, Frauen in wirtschaftlichen Entscheidungspositionen in der EU: Fortschrittsbericht, 2012; Europäische Kommission, Commission Staff Working Dokument, Progress on equality between women and men in 2011, SWD(2012) 85 final, 2012; Europäische Kommission, Commission Staff Working Paper, The Gender Balance in Business Leadership, SEC(2011) 246 final; Europäische Kommission, Mehr Frauen in Führungspositionen, 2010.

210 Europäisches Parlament, Entschließung vom 6.7.2011 zu Frauen in wirtschaftlichen Führungspositionen (2010/2115(INI)).

211 Europäisches Parlament, Entschließung vom 13.3.2012 zur Gleichstellung von Frauen und Männern in der Europäischen Union – 2011 (2011/2244(INI)).

212 Vorschlag für eine Richtlinie des Europäischen Parlaments und des Rates zur Gewährleistung einer ausgewogeneren Vertretung von Frauen und Männern unter den nicht geschäftsführenden Direktoren/Aufsichtsratsmitgliedern börsennotierter Gesellschaften, KOM(2012) 614 endg., dazu *Jung* BB 2013, 387 ff.; *Verse* EuZW 2013, 336, 341; *Bayer* NZG 2013, 1, 7 ff.; *Bayer/Schmidt* BB 2013, 3, 7 f.; *dies*. BB 2014, 1219, 1225; *Basedow* EuZW 2013, 41, 41 ff.; *Reding* GmbHR 2013, R49 f.

213 Europäisches Parlament, Legislative Entschließung vom 20. November 2013 zu dem Vorschlag für eine Richtlinie des Europäischen Parlaments und des Rates zur Gewährleistung einer ausgewogenen Vertretung von Frauen und Männern unter den nicht geschäftsführenden Direktoren/Aufsichtsratsmitgliedern börsennotierter Gesellschaften, 2016/C 436/43.

214 Der Gesetzgebungsprozess lässt sich unter http://eur-lex.europa.eu/procedure/EN/2012_299 verfolgen.

215 Council of the European Union, Proposal for a Directive of the European Parliament and of the Council on improving the gender balance among directors of companies listed on stock exchanges and related measures – Progress Report, 9496/17.

216 Einen knappen, aktuellen Überblick über nationale Maßnahmen gibt Europäische Kommission, Gender balance on corporate boards – fact sheet, Juli 2016, S. 6 f.

217 Vgl. nur *Hinnerich/Jansson*, Gender Quotas in the Board Room and Firm Performance: Evidence from a Credible Threat in Sweden, IFN Working Paper No. 1165/2017, S. 2.

218 Gesetz für die gleichberechtigte Teilhabe von Frauen und Männern an Führungspositionen in der Privatwirtschaft und im öffentlichen Dienst vom 24. April 2015, BGBl. I 2015, Nr. 17, S. 642.

219 Zum internationalen Anwendungsbereich der Geschlechterquote *Weller ua* ZGR 2015, 361 ff.

220 *EY* BB 2017, 1898, 1898.

Deutschland zB bislang noch nicht gegeben, während dies in den USA nicht ungewöhnlich ist. Zuletzt führte Österreich (wiederum inspiriert von der deutschen Regelung) eine Geschlechterquote ein (dazu Rn. 157).

Der Europäischen Kommission geht es allerdings nicht nur um eine verstärkte Teilhabe von Frauen im Aufsichtsrat, sondern in einem nächsten Schritt auch um eine **erhöhte Präsenz im Vorstand**. Konkrete Pläne zur Umsetzung dieses Ziels bestehen derzeit jedoch nicht. In ihrem Arbeitsprogramm für 2017 erwähnt die Europäische Kommission die Thematik nicht.[221] Neben Quotenregelungen strebt die Kommission zudem ua bessere Arbeitsbedingungen an, um die Vereinbarkeit von Arbeits- und Privatleben zu erhöhen und damit zur verstärkten Präsenz von Frauen in Führungspositionen beizutragen. Unter dem Stichwort „***gender equality***" werden auf europäischer Ebene viele weitere Aspekte angesprochen,[222] die sich mehr oder weniger direkt auf Unternehmen auswirken. Vor allem der sog „*gender pay gap*", also die geringere Bezahlung der Arbeit von Frauen, wird intensiv diskutiert.[223] Der Bezug zur (weit verstandenen) Corporate Governance lässt sich dabei insofern herstellen, als sich eine gleiche oder ähnliche Bezahlung von Männern und Frauen positiv auf die Unternehmenskultur auswirken und daher auch positiv für die damit verbundene Entwicklung des Unternehmens sein kann. Zudem wird durch eine entsprechende Berichterstattung der Geschäftsführung faktisch auch der Druck erhöht, sowohl für ein angemessenes Geschlechterverhältnis als auch Entgeltgleichgewicht zu sorgen. In diesem Sinne lassen sich Vorhaben zur Verringerung des gender pay gap auch als Frage der Diversität als Aspekt „guter" Unternehmensführung und -kontrolle verstehen. So hat die Europäische Kommission beispielsweise eine Empfehlung zum gleichen Entgelt für Frauen und Männer erarbeitet.[224] Aus mitgliedstaatlicher Perspektive hat in diesem Zusammenhang zB Großbritannien mit dem Equity Act 2010 (Gender Pay Gap Information) Regulations 2017 jüngst eine Gesetzesänderung erlassen, die Unternehmen mit mehr als 250 Arbeitnehmern verpflichtet, jährliche Informationen über die unterschiedliche Bezahlung von Männern und Frauen darzulegen. Auch in Deutschland besteht mit dem Gesetz zur „Förderung der Transparenz von Entgeltstrukturen"[225] (EGTG) seit Juli 2017 eine gesetzliche Regelung.[226] Ziel des Entgelttransparenzgesetzes ist es, die „Entgeltdiskriminierung wegen des Geschlechts zu beseitigen".[227] Dies soll durch Entgelttransparenz erreicht werden.[228] Eine Berichtspflicht wie in Großbritannien soll allerdings erst für größere Unternehmen mit mindestens 500 Beschäftigten, die nach den Maßgaben des HGB zur Erstellung eines Lageberichts verpflichtet sind, gelten (vgl. Art. 21 I EGTG).[229] In Unternehmen mit mindestens 200 Beschäftigen soll ein individueller Auskunftsanspruch gewährt werden (vgl. Art. 10 I iVm Art. 12 I EGTG). 56

Obwohl in der Diskussion der Begriff „**Diversität**" häufig bezogen auf Geschlechterfragen verwendet wird, versteht die Kommission Diversität weiter (s. bereits Rn. 52 ff.). Das Grünbuch lässt erkennen, dass es ihr auch um berufliche Vielfalt (und Qualifikation, s. dazu Rn. 53) und internationale Diversität geht.[230] Konkrete Maßnahmen in Bezug auf die Berufsqualifikation gibt es auf europäischer Ebene allerdings bisher nur bezogen auf Abschlussprüfer, was in diesem Zusammenhang jedoch kein unmittelbarer Governance-Aspekt ist. Weitergehende berufliche Vielfalt und internationale Diversität wird bislang nicht geregelt und das Arbeitsprogramm sieht auch kein neues Engagement in diesem Bereich vor.[231] Obgleich man unter dem Begriff der Diversität im weiteren Sinne durchaus auch die Beteiligung der Arbeitnehmer(-vertreter) im Verwaltungs- bzw. Aufsichtsrat verstehen kann,[232] werden Fragen der unternehmerischen Mitbestimmung aufgrund ihrer besonderen Stellung im Corporate Governance-Rahmen generell getrennt behandelt (so auch hier, s. dazu Rn. 102 ff.). 57

221 Europäische Kommission, Commission Work Programme 2017, KOM(2016) 710 final.

222 Vgl. http://ec.europa.eu/justice/gender-equality/.

223 Die Aktivitäten der EU auf diesem Gebiet darstellend: http://ec.europa.eu/justice/gender-equality/gender-pay-gap/eu-action/index_en.htm.

224 Europäische Kommission, Empfehlung vom 7.3.2014 zur Stärkung des Grundsatzes des gleichen Entgelts für Frauen und Männer durch Transparenz, KOM(2014) 1405 final.

225 Gesetz zur Förderung der Transparenz von Entgeltstrukturen vom 30. Juni 2017, Ambl. Nr. 44 vom 5.7.2017, S. 2152 ff.

226 Dazu *Langemann/Wilking* BB 2017, 501 ff.; *Thüsing* BB 2017, 565 ff.; *Bauer/Romero* NZA 2017, 409 ff.; *Steinheimer/Cloppenburg* NWB 2017, 294 ff.; *Göpfert/Pfister* ZIP 2017, 1401 ff.; *Häferer/Köhler* CB 2017, 284 ff.; *Bauer/Krieger/Günther*, Allgemeines Gleichbehandlungsgesetz und Entgelttransparenzgesetz, 2018; *Schlachter* in: ErfKo ArbR, 290. Gesetz zur Förderung der Entgelttransparenz zwischen Frauen und Männern (Entgelttransparenzgesetz – EntgTranspG), 18 Aufl. 2018.

227 BT-Drs. 18/11133, S. 1.

228 Zum Referentenentwurf eines vormaligen „Entgeltgleichheitsgesetzes" noch *Schulz* ArbRAktuell 2016, 467; *Steinau-Steinbrück* NJW-S 2016, 242.

229 Kritisch insofern zum Gesetzesentwurf *Thüsing* BB 2017, 565, 568.

230 Europäische Kommission, Grünbuch Europäischer Corporate Governance-Rahmen, KOM(2011), 164 endg., S. 6 f.; siehe dazu *Jung* BB 2011, 1987, 1989.

231 Europäische Kommission, Commission Work Program 2017, KOM(2016) 710 final.

232 Vgl. *du Plessis* EBLR 2015, 1, 9.

2. Unabhängigkeit von Aufsichtsrats- bzw. nicht-geschäftsführenden Verwaltungsratsmitgliedern

58 Die Unabhängigkeit von überwachenden Organmitgliedern ist seit Jahren eine der besonders heiß diskutierten Fragen im Bereich der (internationalen) Corporate Governance.[233] Selbst institutionelle Investoren und professionelle Stimmrechtsberater fordern seit längerem eine zunehmende Anzahl unabhängiger Aufsichtsrats- bzw. nicht-geschäftsführender Verwaltungsratsmitglieder.[234] Grund hierfür ist insbesondere, dass nicht unabhängige Aufsichts- bzw. Verwaltungsratsmitglieder wegen eigener Interessenbindungen schlechter ihre Überwachungs- und Kontrollfunktion gegenüber dem Management ausüben können. Die Europäische Kommission befasste sich in einer Empfehlung vom 15.2.2005[235] mit der **Auswahl** und **Unabhängigkeit** nicht-geschäftsführender Verwaltungsratsmitglieder bzw. Mitgliedern im Aufsichtsrat und der Bildung von Ausschüssen.[236] Die Empfehlung 2005/162/EG ist dabei vor allem vom damaligen britischen Recht geprägt.[237] In Abschnitt II, Ziff. 4 empfahl die Europäische Kommission, dass dem Verwaltungs- bzw. Aufsichtsrat eine ausreichende Zahl an unabhängigen, nicht-geschäftsführenden Mitgliedern zur Verfügung stehen sollten, so dass mit **Interessenkonflikten,**[238] in die Mitglieder der Unternehmensleitung oder ein Großaktionär involviert sind, ordnungsgemäß verfahren werden kann. Zu diesem Zweck wurde die Einrichtung von Nominierungs-, Vergütungs- und Prüfungsausschüssen empfohlen.[239] Ziff. 13 der Kommissionsempfehlung aus dem Jahr 2005 enthält eine Definition darüber, wann ein Mitglied der Unternehmensleitung als **„unabhängig"** gilt. Dies ist demnach der Fall, wenn das Mitglied in keiner geschäftlichen, familiären oder sonstigen Beziehung zur Gesellschaft, ihrem Mehrheitsaktionär oder deren Geschäftsführung steht, die einen Interessenkonflikt begründet, der sein Urteilsvermögen beeinflussen könnte. Auch die im Aufsichtsrat- bzw. Verwaltungsrat sitzenden Arbeitnehmer der Gesellschaften gelten nach der Kommissionsempfehlung als nicht unabhängig, wenn sie seit drei Jahren bei der Gesellschaft beschäftigt sind. Eine Ausnahme besteht jedoch bei einer – vor allem wie in Deutschland – bestehenden gesetzlichen Arbeitnehmermitbestimmung.[240] Ob diese Ausnahme tatsächlich eine mögliche fehlende Unabhängigkeit ausschließt, ist indes umstritten.[241] Rechtsvergleichend besitzen nach einem **Bericht der Europäischen Kommission** über die Anwendung der Empfehlung alle Mitgliedstaaten mittlerweile bestimmte Vorgaben über die Unabhängigkeit von nicht-geschäftsführenden Direktoren bzw. Aufsichtsratsmitgliedern.[242]

59 Unterschiede bestehen jedoch weiterhin bzgl. der konkreten Definition der Unabhängigkeit,[243] insbesondere auch im Hinblick auf die Beziehungen zum Mehrheitsaktionär der Gesellschaft.[244] Denn faktisch werden die

233 Siehe ua *Kremer/v. Werder* AG 2013, 340 ff.; *Ringleb ua* NZG 2012, 1081, 1085 ff.; *Klein* AG 2012, 805 ff.; *Scholderer* NZG 2012, 168 ff.; *Jaspers* AG 2009, 607 f.; *Hopt* JCLS 2003, 221, 237 ff.; *Tan* 9 J. Bus. & Tech. L. (2014) 169, 190 ff.; *Leyens*, Corporate Governance: Grundsatzfragen und Forschungsperspektiven in: Allmendinger ua (Hrsg.), Corporate Governance nach der Finanz- und Wirtschaftskrise, 2011, S. 15 mahnt eine weitere Bewusstseinsbildung für die Unabhängigkeit an; *ders.* in: Eger/Schäfer (Eds.), Research Handbook on the Economics of European Union Law, 2012, S. 187 nennt die Unabhängigkeit das "new paradigm in the debate".

234 Siehe nur ISS, Europe, Summary Proxy Voting Guidelines, 2016 Benchmark Policy Recommendations, 2016, S. 7 f.; Glass Lewis, 2017 Proxy Paper Guidelines, United States, 2017, S. 4: aus Investorensicht Investor Stewardship Group, Corporate Governance Principles for US Listed Companies, 2017, Principle 4, Principle 5.2.

235 Europäische Kommission, Empfehlung 2005/162/EG zu den Aufgaben von nicht geschäftsführenden Direktoren/Aufsichtsratsmitgliedern/börsennotierter Gesellschaften sowie zu den Ausschüssen des Verwaltungs-/Aufsichtsrats.

236 Nicht unmittelbar angesprochen wird jedoch die Kontroll- und Überwachungstätigkeit nicht-geschäftsführender Personen, kritisch insofern *Sweeney-Baird* Co. Lawyer 27 (2006) 67, 78.

237 *Roth* ZHR 175 (2011) 605, 616; *Verse* in: Fleischer ua (Hrsg.), 50 Jahre AktG, 2016, S. 304, 313, Fn. 65. *Leyens* in: Eger/Schäfer (Eds.), Research Handbook on the Economics of European Union Law, 2012, S. 187.

238 Eingehend zum Begriff des Interessenkonflikts aus deutscher Sicht *Koch* ZGR 2014, 697 ff.

239 Europäische Kommission, Empfehlung 2005/162/EG zu den Aufgaben von nicht geschäftsführenden Direktoren/Aufsichtsratsmitgliedern/börsennotierter Gesellschaften sowie zu den Ausschüssen des Verwaltungs-/Aufsichtsrats, Ziff. 5.

240 Dazu *Staake* NZG 2016, 853, 855 ff.

241 Gegen eine Unabhängigkeit (aus deutscher Sicht) *Habersack* in: MüKoAktG, 4. Aufl. 2014, § 100 Rn. 79; *Hüffer* ZIP 2006, 637, 639; *Spindler* in: Spindler/Stilz (Hrsg.), AktG, 3. Aufl. 2015, § 100 Rn. 54; *Roth* ZHR 175 (2011) 605, 630; *Staake* NZG 2016, 853, 857; für eine Unabhängigkeit *Drygala* in: Schmidt/Lutter (Krsg.), AktG, 3. Aufl. 2015, § 100 Rn. 51; *Mertens/Cahn* in: KK-AktG, Bd. 2/2, 3. Aufl. 2012, § 100 Rn. 58; *Ringleb ua* NZG 2012, 1081, 1088; *Forst* in: Gaul/Ludwig/Forst (Hrsg.), Europäisches Mitbestimmungsrecht, 2015, § 1 Rn. 216.

242 Europäische Kommission, Report on the application by the Member States of the EU of the Commission Recommendation on the role of non-executive or supervisory directors of listed companies and on the committees of the (supervisory) board, SEC(2007) 1021, S. 3.

243 Vgl. OECD, OECD Corporate Governance Factbook, 2017, S. 98; ferner bereits *Pannier/Rickford* EBLR 2005, 975, 996 f.

244 Europäische Kommission, Report on the application by the Member States of the EU of the Commission Recommendation on the role of non-executive or supervisory directors of listed companies and on the committees of the (supervisory) board, SEC(2007) 1021, S. 3; aus deutscher Sicht vgl. auch *Wind/Klie* NZG 2010, 1413; *Bayer* NZG 2013, 1, 10 f.; *Baums* ZHR 180 (2016) 697, 699 ff.; *Hoffmann-Becking* NZG 2014, 801, 804 ff.

entsprechenden Mitglieder des Verwaltungs- bzw. Aufsichtsrates grundsätzlich von der Hauptversammlung und damit gerade prägend vom Mehrheitsaktionär des Unternehmens bestimmt. Auf nationaler Ebene gibt es allerdings teilweise Bestrebungen auch Minderheitsaktionären durch einen Vertreter im Aufsichts- bzw. Verwaltungsrat mehr Einfluss zu gewähren. So wird beispielsweise in **börsennotierten Gesellschaften** in **Italien** seit Ende 2005 mindestens ein Mitglied des Verwaltungsrats durch die Minderheitsaktionäre gewählt (Art. 147ter D.lgs 58/1998) (s. § 14 Rn. 230).

Das Erfordernis der **ausreichenden Anzahl unabhängiger Aufsichtsratsmitglieder** bzw. nicht-geschäftsführender Mitglieder des Verwaltungsrates im monistischen System veränderte sich im Laufe der Jahre.[245] Im Aktionsplan 2003 verlangte die Europäische Kommission noch, dass die Mehrheit der Mitglieder unabhängig sein muss.[246] In ihrer Empfehlung aus 2005 hieß es jedoch nur noch, dass eine „**ausreichende Anzahl** unabhängiger nicht-geschäftsführender Mitglieder" vorhanden sein sollte.[247] Diese verringerte Anforderung ist offenbar dem dualistischem Leitungssystem geschuldet, wo bereits eine korporative Trennung in zwei Gesellschaftsorgane besteht und die Unabhängigkeitsproblematik damit weniger zum Tragen kommt.[248] In Deutschland spricht Ziff. 5.4.2 DCGK ebenfalls von einer „**angemessenen**" Anzahl an unabhängigen Aufsichtsratsmitgliedern, wobei die Mitglieder sowohl vom Vorstand als auch von „kontrollierenden Aktionären" unabhängig sein sollen.[249] Auch aus (US-amerikanischer) Investorensicht ist eine hinreichende Unabhängigkeit von Board-Mitgliedern essentiell für eine gute Corporate Governance.[250] 60

3. Funktionsfähigkeit des Verwaltungsrates bzw. Aufsichtsrates

Unabhängig davon, ob das monistische oder dualistische System gewählt wird (s. Rn. 7), betrachtet die Europäische Kommission den Verwaltungsrat bzw. Aufsichtsrat als entscheidendes Gremium zur Durchsetzung einer guten Unternehmensführung.[251] Aufgrund dessen wurden insbesondere im Grünbuch von 2011 mehrere Maßnahmen zur **Sicherstellung der Funktionsfähigkeit** und **Effektivität** dieser Organe diskutiert. Diese basieren ua auf der zuvor gegebenen Empfehlung[252] der Kommission in diesem Bereich. 61

Zunächst werden von den Mitgliedern des entsprechenden Gremiums eine hinreichende Befähigung (**Qualifikation**)[253] sowie ein ausreichendes **zeitliches Budget** verlangt.[254] In Bezug auf Letzteres erkennt die Europäische Kommission an, dass die Mitgliedstaaten grundsätzlich vorsehen, dass die Mitglieder eine angemessene Zeit auf diese Aufgabe verwenden müssen.[255] Darüber hinaus dachte die Europäische Kommission in ihrem Grünbuch eine zahlenmäßige Begrenzung der Mandate, die ein Mitglied des Verwaltungs- bzw. Aufsichtsrats halten darf, an.[256] Teilweise enthalten nationale Vorschriften schon entsprechende Vorgaben. So sieht beispielsweise § 100 II Nr. 1 AktG eine Beschränkung auf maximal zehn Mandate vor. 62

245 Zur Debatte bzw. Problematik sog independent directors vgl. *Ringe* in: Birkmose/Neville/Sørensen (Hrsg.), Boards of Directors in European Companies, 2013, S. 221 ff.; *Ferrarini/Filippelli* Independent Directors and Controlling Shareholders Around the World, ECGI Law Working Paper No. 258/2014; *Fogel/Ma/Morck*, Powerful Independent Directors, ECGI Law Working Paper No. 404/2014; *Cohen/Frazzini/Malloy* Management Science 58 (2012) 1039 ff.; *Bertoni/Meoli/Vismara* C.G. 22 (2014) 116 ff.

246 Europäische Kommission, Aktionsplan Modernisierung des Gesellschaftsrechts und Verbesserung der Corporate Governance in der Europäischen Union, 21.5.2003, KOM(2003) 284, S. 17, Ziff. 3.1.3.

247 Europäische Kommission, Empfehlung 2005/162/EG zu den Aufgaben von nicht geschäftsführenden Direktoren/Aufsichtsratsmitgliedern/börsennotierter Gesellschaften sowie zu den Ausschüssen des Verwaltungs-/Aufsichtsrats, Ziff. 4; vgl. auch *Baums* ZHR 180 (2016) 697, 698; *Kalss* EuZW 2017, 201 f.; rechtsvergleichend *Becker/v. Werder* AG 2016, 761, 771.

248 *Lieder* NZG 2005, 569, 572.

249 Zur Unabhängigkeit des Aufsichtsrates aus deutscher Sicht vgl. *Baums* ZHR 180 (2016) 697 ff.; *Hoffmann-Becking* NZG 2014, 801 ff.; *M. Roth* ZHR 175 (2011) 605 ff.; *Hüffer* ZIP 2006, 637 ff.

250 Vgl. Investor Stewardship Group, Corporate Governance Principles for US Listed Companies, 2017, Principle 4.

251 Europäische Kommission, Grünbuch Europäischer Corporate Governance-Rahmen, KOM(2011), 164 endg., S. 3, 5 f.; *Jung* BB 2011, 1987, 1988.

252 Europäische Kommission, Empfehlung 2005/162/EG zu den Aufgaben von nicht geschäftsführenden Direktoren/Aufsichtsratsmitgliedern/börsennotierter Gesellschaften sowie zu den Ausschüssen des Verwaltungs-/Aufsichtsrats.

253 Europäische Kommission, Grünbuch Europäischer Corporate Governance-Rahmen, KOM(2011), 164 endg., S. 6 f.

254 Europäische Kommission, Grünbuch Europäischer Corporate Governance-Rahmen, KOM(2011), 164 endg., S. 9; vgl. dazu *Jung* BB 2011, 1987, 1989.

255 Europäische Kommission, Grünbuch Europäischer Corporate Governance-Rahmen, KOM(2011), 164 endg., S. 9.

256 Europäische Kommission, Grünbuch Europäischer Corporate Governance-Rahmen, KOM(2011), 164 endg., S. 9.

63 Daneben geht das Grünbuch insbesondere auf Qualifikationsanforderungen ein.[257] Der Aspekt wird unter dem Stichwort „**berufliche Vielfalt**" diskutiert. Dabei geht es der Europäischen Kommission nicht um eine Bestenauswahl, sondern um die Erhöhung der Qualität durch Anforderungsprofile.[258] Die Europäische Kommission argumentiert, dass unterschiedliche berufliche Profile erforderlich sind, damit ein Aufsichtsrat als Ganzes die Kompetenz besitzt, die Geschäftsführung zu kontrollieren.[259] Sie beanstandet, dass einige Kompetenzen, wie zB bezüglich Vertrieb und Marketing, häufig nicht im Kontrollorgan vertreten sind.[260] Im Ergebnis plädiert die Europäische Kommission damit für die Aufnahme von mehr **Spezialisten im Aufsichtsrat**.[261] Dem Grünbuch lässt sich allerdings nicht eindeutig entnehmen, ob es bezüglich der Sachkenntnis, die die Anforderungsprofile widerspiegeln, auf die Kollektiv- oder die Individualperspektive ankommt.[262] Auch rechtsvergleichend bestehen hierbei dergestalt Unterschiede, dass manche Mitgliedstaaten auf die Qualifikation, Erfahrung usw des gesamten Organs abstellen und andere die einzelnen Organmitglieder im Blick haben.[263] Konkrete Regelungsaktivitäten in diesem Bereich folgten dem Grünbuch bislang nicht. Aus deutscher Sicht wird im vergleichbaren Zusammenhang bezüglich der „**Sektorkompetenz**" des Prüfungsausschusses im Aufsichtsrat (vgl. §§ 100 V, 107 IV AktG) im Zuge des reformierten EU-Abschlussprüferrechts grundsätzlich auf das Gremium als Ganzes und nicht auf einzelne Mitglieder abgestellt.[264]

64 Besondere (strengere) Anforderungen an die Sachkunde von nicht-geschäftsführenden Direktoren bzw. Aufsichtsratsmitgliedern bestehen schon heute bei **Kredit- und Finanzinstituten** und bei Versicherungsunternehmen. Die entsprechenden Personen müssen hierbei häufig erhöhte persönliche Qualifikationsvoraussetzungen erfüllen, um im sensiblen Finanz- bzw. Versicherungssektor ihre Überwachungs- und Kontrollfunktion hinreichend ausüben zu können. So müssen zB im deutschen Recht nach § 25d II 1 KWG die Mitglieder des Verwaltungs- oder Aufsichtsorgans Kenntnisse, Fähigkeiten und Erfahrungen aufweisen, die zur Wahrnehmung der Kontrollfunktion sowie zur Beurteilung und Überwachung der Geschäftsleitung erforderlich sind.

65 Ferner regt die Europäische Kommission eine externe **Evaluierung der Aufsichtsratsarbeit** an, die alle drei Jahre durchzuführen sei.[265] Diese soll neben der bereits bestehenden Empfehlung aus dem Jahr 2005 über die Zusammensetzung, Organisation und Arbeitsweise des Aufsichtsrats treten,[266] wo eine jährlich stattfindende Selbstevaluierung beschrieben ist. Die jährliche **Selbstevaluation** wird in Deutschland von vielen Unternehmen auf freiwilliger Basis durchgeführt.[267] Eine alle drei Jahre durchgeführte externe Evaluation könnte allerdings die Qualität verbessern, da der Dritte die Evaluation objektiver durchführen kann und dem Unternehmen zudem *best practices* aus anderen Unternehmen empfehlen kann.[268]

4. Nominierung von Organmitgliedern

66 Um die bereits angesprochenen Vorstellungen bezüglich der Zusammensetzung der Organe mit Blick auf die Diversität und ggf die Unabhängigkeit der Mitglieder durchzusetzen, empfiehlt die Europäische Kommission die **Bildung eines Nominierungsausschusses** im Aufsichtsrat bzw. Verwaltungsrat, sofern dieser in den Vorgang der Bestellung bzw. Entlassung von Organmitgliedern einbezogen ist.[269] Um die Effektivität dieses Organs sicher zu

257 Der folgende Abschnitt basiert auf *Jung* WM 2013, 2110.

258 Europäische Kommission, Grünbuch Europäischer Corporate Governance-Rahmen, KOM(2011), 164 endg., S. 6 f.

259 Europäische Kommission, Grünbuch Europäischer Corporate Governance-Rahmen, KOM(2011), 164 endg., S. 6.

260 Europäische Kommission, Grünbuch Europäischer Corporate Governance-Rahmen, KOM(2011), 164 endg., S. 6 („So haben beispielsweise 48% der europäischen Verwaltungsräte kein Mitglied mit Vertriebs- oder Marketingprofil (…)").

261 *Jung* WM 2013, 2110, 2116.

262 Für die Kollektivperspektive *Institut für Gesellschaftsrecht der Universität zu Köln* NZG 2011, 975, 977; Regierungskommission Deutscher Corporate Governance Kodex, Stellungnahme zum Grünbuch „Europäischer Corporate Governance Rahmen", 2011, S. 6. Dafür, dass das Grünbuch in beide Richtungen verstanden werden kann *Jung* WM 2013, 2110, 2116.

263 Vgl. OECD, OECD Corporate Governance Factbook, 2017, S. 123.

264 Vgl. BT-Drs. 18/7219 v. 11.1.2016, S. 56; *Meyer/Mattheus* DB 2016, 695; *Fromholzer/Hauser* DB 2016, 401 f.; *Blöink/Wolter* BB 2016, 107, 109.

265 Europäische Kommission, Grünbuch Europäischer Corporate Governance-Rahmen, KOM(2011), 164 endg., S. 9 f.

266 Europäische Kommission, Empfehlung 2005/162/EG zu den Aufgaben von nicht geschäftsführenden Direktoren/Aufsichtsratsmitgliedern/börsennotierter Gesellschaften sowie zu den Ausschüssen des Verwaltungs-/Aufsichtsrats.

267 Vgl. *Wollmert/Oser/Orth* DB 2011, 1432, 1437.

268 *Jung* BB 2011, 1987, 1989.

269 Europäische Kommission, Empfehlung 2005/162/EG zu den Aufgaben von nicht geschäftsführenden Direktoren/Aufsichtsratsmitgliedern/börsennotierter Gesellschaften sowie zu den Ausschüssen des Verwaltungs-/Aufsichtsrats, Anhang I, Punkt 2.1.

stellen, rät die Europäische Kommission, eine mehrheitliche Besetzung dieses Organs durch unabhängige Mitglieder vornehmen zu lassen (zur Unabhängigkeit bereits Rn. 58).[270] Der Nominierungsausschuss sollte dann nach Vorstellung der Europäischen Kommission Aspekte der **Diversität**, insbes. die Qualifikation der vorgeschlagenen Mitglieder, im Blick haben.[271] Um dem Nominierungsausschuss aber auch darüber hinausgehend einen Funktionsbereich im Rahmen der Corporate Governance zukommen zu lassen, ist es ebenfalls denkbar, dass dieser die **Unabhängigkeit** neu zu bestellender Aufsichts- bzw. Verwaltungsratsmitglieder prüft und im Hinblick auf eine potenzielle Wiederbestellung evaluiert. Gleiches kann auch bezogen auf anderweitige Bestellungshindernisse zum Tragen kommen, wie zB bei gesetzlichen Beschränkungen von schuldrechtlichen Entsendungsrechten einzelner Investoren. Denkbar ist insofern auch, dass der Normierungsausschuss gleichsam als Corporate Governance-Ausschuss fungiert (sofern es keinen eigens hierfür gebildeten Ausschuss gibt).

III. Vergütung und Vergütungspolitik

Die Vergütung und die Vergütungspolitik werden schon seit längerem auf europäischer Ebene diskutiert.[272] 67
Dies gilt sowohl für den **Vorstand** bzw. die geschäftsführenden Verwaltungsratsmitglieder als auch für den **Aufsichtsrat** bzw. die nicht-geschäftsführenden Verwaltungsratsmitglieder. Die Vergütung dieser Personen wird als integrativer Bestandteil einer anlegerbezogenen Corporate Governance verstanden.[273] Die Debatte wurde speziell auch bezogen auf den Finanzsektor geführt. Dem ist ein gesonderter Abschnitt gewidmet (dazu Rn. 87 ff.). Zudem geht es dort häufig im Rahmen der Vergütungshöhe nicht (nur) primär um eine Frage des Anlegerschutzes, sondern es wird eine gesellschaftliche Diskussion um „überhöhte" Managergehälter geführt. Aber auch bei den anderen (Börsen-) Gesellschaften hat die öffentliche Debatte um eine angemessene Vorstands- und Aufsichtsrats- bzw. Board-Vergütung in den letzten Jahren spürbar zugenommen.[274] Der folgende Abschnitt konzentriert sich primär auf die Initiativen außerhalb des Finanzsektors.

Die Europäische Kommission hat bereits mehrere Versuche unternommen, Fragen der Vergütung und Vergü- 68
tungspolitik von Mitgliedern des Leitungs- bzw. Überwachungsorgans insbesondere börsennotierter Gesellschaften zu harmonisieren. Regulatorischer Ausgangspunkt der entsprechenden Überlegungen auf europäischer Ebene ist eine erste Kommissionsempfehlung vom Dezember 2004.[275] In dieser befasste sich die Europäische Kommission mit der **Vergütungspolitik** für die Mitglieder der Unternehmensleitung börsennotierter Gesellschaften, mit der Offenlegung der konkreten Vergütungen einzelner Personen sowie insbesondere auch mit der aktienbezogenen Vergütung. Die Empfehlung 2004/913/EG ist dabei vor allem von den damaligen Rechtsentwicklungen in Großbritannien geprägt.[276] Nach der Empfehlung sollte zB jedes börsennotierte Unternehmen jährlich einen **Vergütungsbericht veröffentlichen**, der Aufschluss über das Konzept der Vergütung in der betreffenden Gesellschaft und die individuelle jährliche Vergütung jedes Mitglieds der Unternehmensleitung geben sollte.[277] Zudem sollte jede aktienbezogene Vergütung der Genehmigung der Hauptversammlung bedürfen.[278] Darüber hinaus wurde für börsennotierte Aktiengesellschaften die Einrichtung eines Aufsichtsrats-**Vergütungsausschusses** (*remuneration committee*) empfohlen.[279] Des Weiteren empfahl die Europäische Kommission bereits damals, dass die Vergütungspolitik (und erhebliche Änderungen daran) Gegenstand eines eigenen Tagesordnungspunktes der Jahreshauptversammlung sein sollten.[280] In der praktischen Umsetzung zeigten sich insgesamt je-

---

270 Europäische Kommission, Empfehlung 2005/162/EG zu den Aufgaben von nicht geschäftsführenden Direktoren/Aufsichtsratsmitgliedern/börsennotierter Gesellschaften sowie zu den Ausschüssen des Verwaltungs-/Aufsichtsrats, Anhang I, Punkt 2.2.

271 Europäische Kommission, Empfehlung 2005/162/EG zu den Aufgaben von nicht geschäftsführenden Direktoren/Aufsichtsratsmitgliedern/börsennotierter Gesellschaften sowie zu den Ausschüssen des Verwaltungs-/Aufsichtsrats, Anhang I, Punkt 2.3.

272 Vgl. *Moloney* in: Randall/Hill (Eds.), Research Handbook on Executive Pay, 2012, S. 466; rechtsvergleichend auch *Ferrarini/Ungureanu*, Executive Remuneration. A Comparative Overview, ECGI Law Working Paper No. 268/2014.

273 Aus britischer Sicht auch *Petrin* Co. Lawyer 36 (2015) 196; ferner rechtsvergleichend Autorité des marchés financiers, Comparative study: corporate governance codes in 10 European countries, 2016, S. 26 ff.

274 Aus deutscher Sicht vgl. nur *Böcking et al.* DK 2017, 549.

275 Europäische Kommission, Empfehlung 2004/913/EG zur Einführung einer angemessenen Vergütung von Mitgliedern der Unternehmensleitung börsennotierter Gesellschaften.

276 *Habersack* ZIP 2006, 445, 448 f.

277 Europäische Kommission, Empfehlung 2004/913/EG zur Einführung einer angemessenen Vergütung von Mitgliedern der Unternehmensleitung börsennotierter Gesellschaften, Ziff. 3.1.

278 Europäische Kommission, Empfehlung 2004/913/EG zur Einführung einer angemessenen Vergütung von Mitgliedern der Unternehmensleitung börsennotierter Gesellschaften, Ziff. 6.1, 6.2; zur Prägung der Empfehlung durch britisches Recht *Habersack* ZIP 2006, 445, 448 f.

279 Ein entsprechender Hinweis findet sich auch in der Empfehlung 2005/162/EG.

280 Europäische Kommission, Empfehlung 2004/913/EG zur Einführung einer angemessenen Vergütung von Mitgliedern der Unternehmensleitung börsennotierter Gesellschaften, Ziff. 4.1.

doch Schwierigkeiten; größtenteils wurde die Empfehlung nicht entsprechend in mitgliedstaatliches Recht umgesetzt.[281]

69 In einer weiteren Empfehlung[282] aus dem Jahr 2009 befasste sich die Europäische Kommission mit der **Sicherung der Vergütung** von Vorstandsmitgliedern bzw. geschäftsführenden Direktoren. Danach sollte die Vergütung vor allem auf eine langfristige Wertschöpfung ausgelegt sein und der Verhinderung einer kurzfristig ausgelegten Unternehmenspolitik dienen.[283] Hervorzuheben ist insbesondere Ziff. 3.4 der Empfehlung, wonach Verträge mit Vorstandsmitgliedern bzw. geschäftsführenden Direktoren so ausgestaltet werden sollten, dass die Gesellschaft **variable Komponenten** der Vergütung **zurückfordern** kann, wenn diese auf der Grundlage von Daten ausgezahlt wurden, die sich im Nachhinein als offenkundig falsch herausgestellt haben. Eine entsprechende Regelung kennt das deutsche Recht bisher nicht.[284] In einem Bericht der Europäischen Kommission über die Umsetzung der Empfehlung 2009/385/EG wurde ersichtlich, dass nicht nur Deutschland der Empfehlung nicht gefolgt ist, sondern bislang insgesamt nur wenige Mitgliedstaaten einen Aufschub der Auszahlung variabler Vergütungskomponenten bzw. deren Rückforderungsmöglichkeit vorgeschrieben oder empfohlen haben. Jedoch wurden in mehr als der Hälfte der Mitgliedstaaten Obergrenzen für Abfindungszahlungen eingeführt.[285]

70 Zentral für die gesetzgeberische Entwicklung der Vergütungspolitik von Mitgliedern der Gesellschaftsorgane und insbesondere für die **Vergütung der Aufsichtsratsmitglieder** ist weiterhin das Grünbuch „Corporate Governance" aus dem Jahr 2011.[286] Hier verweist die Europäische Kommission auf die von ihr bereits erarbeiteten Empfehlungen (s. Rn. 20 ff.), die aus ihrer Sicht jedoch nicht den gewünschten Erfolg brachten bzw. nur von wenigen Mitgliedstaaten beachtet und durch gesetzliche Regelungen umgesetzt wurden. Eine fortschreitende Regulierung auf dem Gebiet der Vergütung und Vergütungspolitik, insbesondere von börsennotierten Gesellschaften, wurde daher von der Europäischen Kommission weiterhin für notwendig erachtet. Hinsichtlich der Vergütungspolitik speziell im Banken- und Finanzdienstleistungssektor wurden ferner bereits im entsprechenden Grünbuch aus dem Jahr 2010 Fragen der **Vergütung** geschäftsführender Verwaltungsrats- bzw. Vorstandsmitglieder angesprochen (dazu Rn. 89).[287] Im Corporate Governance-Grünbuch 2011 erwog die Europäische Kommission bzgl. der Vergütungsbestimmungen nunmehr weitgehend zwingendes Recht und damit eine grundsätzliche Abkehr des ansonsten oftmals bevorzugten *comply or explain*-Grundsatzes (dazu Rn. 79 ff.).[288] Zudem griff die Europäische Kommission in ihrem Governance-Grünbuch 2011 erneut die Einführung einer obligatorischen Aktionärsabstimmung über die Vergütungspolitik und den **Vergütungsbericht** auf.[289] Erstmals thematisiert wurde eine entsprechende Abstimmung der Aktionäre über die Vergütung des Managements bereits in der Empfehlung von 2004 (s. Rn. 68). Dem sog *say on pay*-Ansatz wurde hier jedoch noch nur eine Beratungsfunktion zugeschrieben; zudem sollte seine Durchführung nicht verpflichtend sein.[290] Von diesem Ansatz wich die Europäische Kommission im Grünbuch 2011 ab und zielte nunmehr auf verbindliche Regulierungsstandards durch europäisches Recht. Im Anschluss an das Grünbuch 2011 wurde der Ansatz zudem im Aktionsplan von 2012 explizit thematisiert[291] und mündete schließlich in eine Änderung der Aktionärsrechterichtlinie und Einfügung der Artikel über das „Recht auf Abstimmung über die Vergütungspolitik" (Art. 9a AR-RL, dazu § 30

281 Vgl. Europäische Kommission, Kommissionsberichte SEK(2007) 1022 und 2010/285/EG.

282 Europäische Kommission, Empfehlung 2009/385/EG zur Ergänzung der Empfehlungen 2004/913/EG und 2005/162/EG zur Regelung der Vergütung von Mitgliedern der Unternehmensleitung börsennotierter Gesellschaften.

283 Vgl. Europäische Kommission, Empfehlung 2009/385/EG zur Ergänzung der Empfehlungen 2004/913/EG und 2005/162/EG zur Regelung der Vergütung von Mitgliedern der Unternehmensleitung börsennotierter Gesellschaften, Erwägungsgründe 2 und 8.

284 *Lutter* EuZW 2009, 799, 804; ferner statistisch zum deutschen Recht *Böcking et al.* DK 2017, 549, 556 f.

285 Europäische Kommission, Bericht über die Umsetzung der Empfehlung 2009/385/EG der Kommission […], KOM(2010) 285 endg., S. 3 f.

286 Europäische Kommission, Grünbuch Europäischer Corporate Governance-Rahmen, KOM(2011), 164 endg., insbesondere S. 10 f. sowie die Fragen 9 und 10.

287 Europäische Kommission, Gründbuch Corporate Governance in Finanzinstituten und Vergütungspolitik, KOM(2010) 284 endg.

288 Vgl. Europäische Kommission, Grünbuch Europäischer Corporate Governance-Rahmen, KOM(2011), 164 endg., S. 11; *Jung* BB 2011, 1987, 1990.

289 Europäische Kommission, Grünbuch Europäischer Corporate Governance-Rahmen, KOM(2011), 164 endg., S. 10 f.

290 Pläne, das Vergütungsvotum vom unverbindlichen Say on Pay-Ansatz zum verbindlichen „Decide on Pay" zu verstärken (BT-Drs. 17/14214, S. 17 f.) sind gescheitert; dafür jedoch wohl *Pannier/Rickford* EBLR 2005, 975, 995.

291 Europäische Kommission, Aktionsplan: Europäisches Gesellschaftsrecht und Corporate Governance – ein moderner Rechtsrahmen für engagiertere Aktionäre und besser überlebensfähige Unternehmen, 12.12.2012, KOM(2012) 740, S. 10.

Rn. 149 ff.) und „Im Vergütungsbericht anzugebende Informationen und Recht auf Abstimmung über den Vergütungsbericht“ (Art. 9b AR-RL, dazu § 30 Rn. 206 ff.).[292]

Hinsichtlich eines entsprechenden *say on pay*-Ansatzes zeigte sich bereits vor Verabschiedung der neuen Aktionärsrechterichtlinie und deren anstehenden Umsetzung in mitgliedstaatliches Recht im **europäischen Vergleich**[293] erneut eine Vorreiterrolle Großbritanniens, das bereits seit dem Jahr 2002 eine verpflichtende Regelung ins Auge gefasst hatte. Großbritannien sieht entsprechend für börsennotierte Gesellschaften vor, dass die Gesellschaft mindestens einmal alle drei Jahre verpflichtet ist, eine verbindliche Aktionärsabstimmung über die (generelle) Vergütungspolitik durchzuführen (sec. 439 CA 2006) (dazu § 12 Rn. 590). In Frankreich enthält der überarbeitete *Code de gouvernement d'entreprise des sociétés cotées* in der Fassung ab 2014 eine konsultative, mithin nicht rechtlich durchsetzbare, Abstimmung der Aktionäre über die individualisierte Vergütung jedes geschäftsführenden Direktors. Die Möglichkeit einer beratenden **Abstimmung** von Aktionären börsennotierter Gesellschaften über das System der **Vorstandsbezüge** wurde in Deutschland im Zuge des VorstAG in § 120 IV AktG als Wahlrecht normiert.[294] Das Votum hat allerdings lediglich konsultativen Charakter und bezieht sich nur auf das System der Vergütung, nicht dagegen auf die konkrete Vergütung der Vorstandsmitglieder.[295] Es impliziert nach § 120 IV 2 AktG weder Rechte noch Pflichten. Obwohl nur als Wahlrecht ausgestaltet, wurde das Vergütungsvotum rechtstatsächlich jedoch von vielen börsennotierten Unternehmen durchgeführt. Eine Untersuchung aus dem Jahr 2010 zeigt, dass bei etwa einem Drittel der deutschen, im *Prime Standard* notierten Unternehmen, ein *say on pay* freiwillig durchgeführt wurde.[296] Die Durchführungsquote bei den DAX30-Unternehmen lag bei 82%.[297] Eine weitere Erhebung zeigte, dass bei allen DAX-Unternehmen mit durchgeführtem Vergütungsvotum die durchschnittliche Zustimmung zum Vergütungssystem durch die Hauptversammlung bei über 90% lag.[298] Die Mitgliedstaaten müssen ihre nationalen Vorgaben nun gem den Vorgaben der neuen Aktionärsrechterichtlinie (Art. 9a und 9b AR-RL) anpassen. 71

IV. Verantwortung und Einbeziehung von Aktionären

Die Europäische Kommission hat sich intensiv mit der **Rolle der Aktionäre** beschäftigt und diesbezüglich verschiedene Themenbereiche ausgemacht, in denen Handlungsbedarf bestand bzw. besteht. Viele der Aspekte wurden insbesondere in der Reform der Aktionärsrechterichtlinie (dazu § 30 Rn. 10 f.) aufgegriffen. Zuvor hatte die Europäische Kommission die Thematik vor allem in ihrem Grünbuch von 2011 zur Diskussion gestellt. Auch im internationalen Vergleich kommt der Rolle von (institutionellen) Aktionären eine immer bedeutendere Rolle bei der Ausgestaltung der Corporate Governance zu.[299] Dies liegt unter anderem daran, dass die Anzahl **institutioneller Anleger** insbesondere bei börsennotierten Unternehmen in den letzten Jahren international stetig zugenommen hat.[300] 72

Im Grünbuch 2011 ging es der Europäischen Kommission vor allem iwS um die **Einbeziehung der Aktionäre** bei Corporate Governance-Fragen. Insbesondere sollte das Engagement der Aktionäre zur Verbesserung der Corporate Governance und ihr Interesse für eine langfristige Entwicklung des Unternehmens gefördert werden.[301] Bislang billigen die Aktionäre häufig das Eingehen überhöhter Risiken im Hinblick auf zu erwartende Renditen und setzen auf kurzfristige Erträge, welche mittel- und **langfristig** dem Unternehmensinteresse schaden könnten.[302] Dies kann faktisch aber auch damit zusammenhängen, dass sich die Aktionäre dieser Risiken zT nicht wirklich bewusst sind und die tatsächlichen Chancen einer insofern mitbestimmten Corporate Governance nicht vollumfänglich erkennen. Diese Gefahr besteht zwar grundsätzlich weniger bei institutionel- 73

292 Richtlinie 2007/36/EG des Europäischen Parlaments und des Rates vom 11. Juli 2007 über die Ausübung bestimmter Rechte von Aktionären in börsennotierten Gesellschaften.

293 Aus internationaler Sicht vgl. auch OECD, OECD Corporate Governance Factbook, 2017, S. 131 ff.

294 Vgl. *Fleischer* NZG 2009, 801, 805; *Kubis* in: MüKo AktG, Bd. 3, 4. Aufl. 2018, § 120 Rn. 45; *Drinhausen* in: Hölters (Hrsg.), AktG, 3. Aufl. 2017, § 120 Rn. 42.

295 *Kubis* in: MüKo AktG, Bd. 3, 4. Aufl. 2018, § 120 Rn. 47 f.; *Hoffmann* in: Spindler/Stilz (Hrsg.), AktG, Bd. 1, 3. Aufl. 2015, § 120 Rn. 53; *Liebscher* in: Henssler/Strohn (Hrsg.), Gesellschaftsrecht, 3. Aufl. 2016, § 120 AktG Rn. 13; *Fleischer* NZG 2009, 801, 804 f.

296 *Eulerich/Rapp/Wolff* ZCG 2012, 69 f.

297 *Eulerich/Rapp/Wolff* ZCG 2012, 69, 70.

298 *Köstler/Pütz*, Say-on-Pay, 2010, unveröffentlichtes Arbeitspapier; zit. im Böckler Impuls 18/2010, abrufbar unter: http://www.boeckler.de/pdf/impuls_2010_18_6.pdf.

299 Vgl. *Coffee/Palia* Annals of Corporate Governance 1 (2016) 1, 88 ("shareholder-centric system"); *Gong* Co Lawyer 33 (2012) 171, 172 f.; aus deutscher Sicht im Rahmen des DCGK 2017 auch *Mense/Klie* BB 2017, 771.

300 Vgl. nur OECD, OECD Corporate Governance Factbook, 2017, S. 83.

301 Europäische Kommission, Grünbuch Europäischer Corporate Governance-Rahmen, KOM(2011) 164 endg., S. 12 ff.; vgl. dazu *Jung* BB 2011, 1987, 1990 f.

302 Europäische Kommission, Grünbuch Europäischer Corporate Governance-Rahmen, KOM(2011) 164 endg., S. 3, 12; Report of the *Reflection Group on the Future of European Company Law*, 2011, S. 36; *Jung* BB 2011, 1987, 1990.

len Investoren (insbes. Hedgefonds), jedoch steht bei diesen primär das Problem der Ausrichtung auf kurzfristige Gewinnerwartungen im Vordergrund.[303] Diese Ausrichtung auf kurzfristige Gewinnerwartungen wird häufig als nachteilig für eine nachhaltige und am langfristigen Unternehmensinteresse ausgerichtete Governance betrachtet. Um diesen Risiken zu begegnen, tendiert die Europäische Kommission im Ergebnis immer mehr zu einem gesteigerten ***shareholder activism*** im Rahmen der Corporate Governance europäischer (Groß-) Unternehmen (dazu auch § 30 Rn. 11). Eine effektive und aktive „Kontrolle“ und Beteiligung von Aktionären gegenüber der Unternehmensführung wird dabei als Voraussetzung für eine gute Corporate Governance erachtet.[304] Dazu muss allerdings die „Kontrollapathie“ der Aktionäre überwunden werden. Gerade bei Gesellschaften mit Aktien im Streubesitz besteht das Trittbrettfahrerproblem, das durch die Tatsache entsteht, dass die Kontrollausübung des Aktionärs auch den anderen zugute kommt.[305] Bei institutionellen Investoren ist das Problem dagegen geringer.[306]

74 Wesentlich hervorgehoben wird im Grünbuch von 2011 auch die Thematik der **Transparenz.**[307] Die Wahrnehmung treuhänderischer Verpflichtungen durch sog Vermögensverwalter, derer sich institutionelle Anleger zunehmend bedienen, soll transparenter werden.[308] Diesbezüglich ist eine **aktivere Überwachung** der Vermögenverwalter durch die institutionellen Anleger gewünscht. Daneben bedienen sich institutionelle Anleger immer häufiger sog *proxy advisor* (Stimmrechtsberater). Da die Abstimmungspolitik der Anleger maßgeblich durch diese Berater beeinflusst wird (s. dazu auch § 30 Rn. 347 ff.),[309] fordert die Europäische Kommission auch hier mehr Transparenz, so dass die zugrunde gelegten analytischen Methoden und mögliche Interessenkonflikte ersichtlich werden.[310] Der Bereich der **Anlegeridentifikation** ist ebenfalls transparenter zu gestalten, so dass es den Emittenten möglich ist, in Kontakt mit den Aktionären zu treten, da dies insbesondere im Bereich der Corporate Governance von großer Bedeutung sei (s. dazu auch § 30 Rn. 27 ff.).[311] Schließlich wird zur Stärkung der **Zusammenarbeit** zwischen den Aktionären die Entwicklung von Aktionärsplattformen zum Informationsaustausch diskutiert.[312] Einzug haben die entsprechenden Regelungsvorhaben zunächst umfangreich im Aktionsplan aus dem Jahr 2012 gehalten und wurden dann in der Reform der Aktionärsrechterichtlinie wieder aufgegriffen. Im Sinne eines wirksamen Corporate-Governance-Rahmens bezweckt die Aktionärsrechterichtlinie insbesondere eine bessere Identifizierung der Aktionäre (vgl. Art. 3a AR-RL). Vor allem Finanzintermediäre der betreffenden Gesellschaft sollen die Möglichkeit der eindeutigen Identifizierung ihrer Aktionäre anbieten. Darüber hinaus soll die Tätigkeit von institutionellen Anlegern und Stimmrechtsberatern regulatorisch transparenter ausgestaltet werden (dazu § 30 Rn. 347 ff., 361 ff.).

75 Ein Ebenen-übergreifendes Ziel ist nach Auffassung der Europäischen Kommission im Zusammenhang mit der Regulierung von proxy advisorn die **Bekämpfung von Interessenkonflikten**, um das Engagement der Aktionäre zu fördern[313] sowie bestehende Hindernisse bei ihrer Zusammenarbeit abzubauen.[314] Eine solche Barriere stellt die derzeitige Gestaltung der im europäischen Raum geltenden Regelungen für ein abgestimmtes Verhalten (***acting in concert***) dar.[315] Durch (geheime) Vereinbarungen zwischen einzelnen Aktionären soll dabei faktische Kontrolle über ein Unternehmen ausgeübt werden können. Zwar regelt die Übernahmerichtlinie solch ein Verhalten (s. dazu § 29 Rn. 53 ff.), jedoch nur als Mindeststandard. Aufgrund der mangelnden Eindeutigkeit in der

303 *Kahan/Rock* in: Bratton/McCahery (Eds.), Institutional Investor Activism, 2015, S. 151, 188 f.

304 Vgl. *Houben/Straetmans* EBLR 2016, 615, 623.

305 *Schäfer/Ott*, Lehrbuch der ökonomischen Analyse des Zivilrechts, 5. Aufl. 2012, S. 700 f.; *Grundmann*, Europäisches Gesellschaftsrecht, 2. Aufl. 2011, Rn. 91.

306 *Leyens* in: Eger/Schäfer (Eds.), Research Handbook on the Economics of European Union Law, 2012, S. 190.

307 Europäische Kommission, Grünbuch Europäischer Corporate Governance-Rahmen, KOM(2011) 164 endg., S. 14 ff.

308 Europäische Kommission, Grünbuch Europäischer Corporate Governance-Rahmen, KOM(2011) 164 endg., S. 15.

309 Vgl. nur *Coffee/Palia* Annals of Corporate Governance 1 (2016) 1, 17 ff.; die bedeutendsten Stimmrechtsberater sind Glass, Lewis & Co., Institutional Shareholder Service Inc. (ISS), IVOX GmbH, Manifest Information Services Ltd. und Proxinvest.

310 Europäische Kommission, Grünbuch Europäischer Corporate Governance-Rahmen, KOM(2011) 164 endg., S. 17; vgl. auch die Ausführungen bei *Jung* BB 2011, 1987, 1991.

311 Europäische Kommission, Grünbuch Europäischer Corporate Governance-Rahmen, KOM(2011) 164 endg., S. 18.

312 Europäische Kommission, Grünbuch Europäischer Corporate Governance-Rahmen, KOM(2011) 164 endg., S. 16.

313 Die Ratio besteht dabei im Grundsatz darin, dass, wenn keine bzw. geringere Interessenkonflike bestehen und der Investor die auch weiß, er sich dann bei seinem Engagement weniger über etwaige Interessenkollisionen gedanken machen muss und sich „unbesorgter“ einbringen kann.

314 Europäische Kommission, Grünbuch Europäischer Corporate Governance-Rahmen, KOM(2011) 164 endg., S. 16.

315 *Weber-Rey*, Corporate Governance in Europa: Die Initiativen der EU-Kommission 2012, ZEW-Bericht Nr. 193, S. 23; dazu auch *dies.* WM 2009, 2255, 2262 f.; *Institut für Gesellschaftsrecht der Universität zu Köln* NZG 2011, 975, 980 f.

Richtlinie zur Reichweite des übernahmerechtlichen *acting in concert*, divergieren die Bestimmungen in den Mitgliedstaaten weiterhin stark.[316] Im Aktionsplan 2012 wurde sodann eine Konkretisierung des *acting in concert*-Begriffs ins Auge gefasst.[317] Bislang wurde jedoch lediglich die Reichweite des *acting in concert* in den im Juni 2014 letztmalig aktualisierten (unverbindlichen) ESMA-Leitlinien zum *acting in concert* unter der Übernahmerichtlinie präzisiert.[318] Aus praktischer Sicht bestehen daher weiterhin spürbare Hindernisse für die Beteiligten aufgrund der divergierenden Regelungen in den Mitgliedstaaten, weshalb an eine Überarbeitung der Richtlinie gedacht werden könnte.

Schließlich wird der **Schutz von Minderheitsaktionären** thematisiert.[319] In diesem Bereich rückt die Europäische Kommission nunmehr vollständig von ihrem *comply or explain*-Grundsatz ab.[320] Sehen sich die Minderheitsaktionäre einem starken Mehrheitsaktionär gegenüber, so ist es ihnen oft nicht möglich, sich im Verwaltungsrat bzw. Aufsichtsrat zu engagieren. Diese Aufgabe wird in der Praxis überwiegend durch den Mehrheitsaktionär bzw. seine Vertreter wahrgenommen. Für den Fall des, soweit gesetzlich zulässigen, Zusammenwirkens des Mehrheitsgesellschafters mit den geschäftsführenden Direktoren des Verwaltungsrats bzw. dem Vorstand entfällt somit die vorgesehene Kontrolle bzw. ist weniger effektiv. Hier liegt auch der Grund dafür, dass der *comply or explain*-Grundsatz in dieser Konstellation nicht angemessen funktioniert. Minderheitsaktionäre sind in der Regel nicht in der Lage, sich effektiv gegen den Mehrheitsaktionär durchzusetzen, weshalb es diesbezüglich verbindlicher Regelungen bedarf. Die Europäische Kommission erwägt daher ua, den **Minderheitsaktionären** zwingend **Sitze** im **Verwaltungs**- bzw. **Aufsichtsrat** zuzugestehen.[321] Bisher wurde der europäische Gesetzgeber in dieser Hinsicht jedoch nicht tätig. Ein derartiger Eingriff in die Unternehmensstruktur ist zudem aus rechtspolitischer Sicht nicht unproblematisch. Auf mitgliedstaatlicher Ebene sind solche Regelungen hingegen nicht gänzlich unbekannt. So können beispielsweise die Minderheitsaktionäre von börsennotierten Gesellschaften in Italien seit 2005 ein Verwaltungsratsmitglied stellen (Art. 147ter D.lgs 58/1998, vgl. § 14 Rn. 230). Weiterhin sind auf mitgliedstaatlicher Ebene auch Regeln bekannt, die Minderheitsaktionären die Möglichkeit geben, über Haftungsklagen zu entscheiden und Untersuchungen zu veranlassen (mit Blick auf Italien s. § 14 Rn. 261, 279). 76

V. Abschlussprüfung

Die fortschreitende Bedeutung von Abschlussprüfern (**externe Revisoren**) wurde ebenfalls als ein wichtiger Baustein verlässlicher Corporate Governance ausgemacht.[322] Abschlussprüfern kommt im Rahmen der Corporate Governance-Debatte insofern eine besondere Bedeutung zu, als sie zum einen unternehmensintern mit Prüfungsaufträgen betraut werden und damit Teil der internen Corporate Governance sind, und zum anderen deren Prüfungsergebnisse vielfach Ausgangspunkt insbesondere für kapitalmarktbezogene Anlageentscheidungen sind und sie insofern auch Einfluss auf die externe Corporate Governance eines Unternehmens (zur Unterscheidung bereits Rn. 5 f.) haben.[323] Im Rahmen der Finanzkrise ab 2007 wurde auch den Abschlussprüfern bzw. Prüfungsgesellschaften eine Mitverantwortung an fehlenden Kontrollmechanismen und Frühwarnsystemen in Unternehmen (insbes. des Finanzmarksektors) zugewiesen. Kritisiert wurde im Nachhinein vor allem eine mangelnde Unabhängigkeit und zT mangelnde Genauigkeit bei Prüfungsaufträgen. Diese Kritik mündete neben den entsprechenden Ausführungen im Grünbuch zur Corporate Governance in Finanzinstituten aus dem Jahr 2010 in einem Grünbuch speziell zur Abschlussprüfung ebenfalls aus dem Jahr 2010.[324] In diesem Grünbuch kündigte die Europäische Kommission weitere Schritte an, um die **Qualität der Abschlussprüfung** zu verbessern. Umgesetzt wurde das Grünbuch 2014 im umfassend reformierten EU-Abschlussprüferrecht (dazu § 26). Mit der 77

316 Vgl. zuletzt *European Company Law Experts*, Response to the European Commission's Report on the Application of the Takeover Bids Directive, Cambridge LSR Paper 5/2014, S. 4; *Hopt*, Europäisches Übernahmerecht, 2013, S. 60; *Veil* in: Veil (Hrsg.), Europäisches Kapitalmarktrecht, 2. Aufl. 2014, § 24 Rn. 49 ff.

317 Vgl. Europäische Kommission, Aktionsplan: Europäisches Gesellschaftsrecht und Corporate Governance – ein moderner Rechtsrahmen für engagiertere Aktionäre und besser überlebensfähige Unternehmen, 12.12.2012, KOM(2012) 740, S. 13.

318 Siehe ESMA, Public statement on shareholder cooperation and acting in concert under the Takeover Bids Directive, 2013/1642 v. 12.11.2013, First Update 2014/677 v. 23.6.2014.

319 Siehe zur Thematik des Schutzes von Minderheitsaktionären bereits *Enriques/Volpin* Journal of Economic Perspectives 21 (2007) 117, 126 ff.

320 *Jung* BB 2011, 1987, 1992; vgl. auch die Ausführungen bei Europäische Kommission, Grünbuch Europäischer Corporate Governance-Rahmen, KOM(2011) 164 endg., S. 19.

321 Europäische Kommission, Grünbuch Europäischer Corporate Governance-Rahmen, KOM(2011) 164 endg., S. 19.

322 Europäische Kommission, Gründbuch Corporate Governance in Finanzinstituten und Vergütungspolitik, KOM(2010) 284 endg., S. 16 sowie Frage 3 (Punkt 3.1. bis 3.3.); *Kämpfer/Kayser/Schmidt* DB 2010, 2457; *Sergakis* ECFR 2013, 394, 419; *Eisenhardt/Wader* DStR 2010, 2532, 2534 sowie Fn. 32; *Fischer zu Cramburg* NZG 2010, 699.

323 *Grundmann* in: Staub (Hrsg.), HGB, Band 11/1, 5. Aufl. 2017, 5. Teil Rn. 51.

324 Bereits vorher haben jedoch einige Mitgliedstaaten schon damit begonnen, Abschlussprüfer intensiver in ihr System der Corporate Governance zu integrieren, vgl. *Hopt* ZGR 2000, 779, 795.

Änderungsrichtlinie 2014/56/EU vom April 2014[325] wurde die bestehende Abschlussprüferrichtlinie (Richtlinie 2006/43/EG) weitreichend modifiziert und mit einer separaten Verordnung für **Unternehmen von öffentlichem Interessen** (VO (EU) 537/2014) wurden spezifische Anforderungen an die Abschlussprüfung bei entsprechenden Gesellschaften aufgestellt.

78 Im Fokus der **EU-Abschlussprüferreform** stand im Zusammenhang mit der Corporate Governance die Verantwortung der geprüften Unternehmen bzw. speziell des Verwaltungs- oder Aufsichtsrats, die Qualität der Abschlussprüfung angemessen zu gewährleisten und insofern stetig zu verbessern. Vor allem um erneute Bilanzskandale und Bilanzverfälschungen grundlegend zu unterbinden sah es der europäische Gesetzgeber als erforderlich an, die Unabhängigkeits- und Qualitätsanforderungen an Abschlussprüfer zu regulieren. Kennzeichnend dafür sind insbesondere die Neuregelungen zur **Auswahl** und **Überwachung** des Abschlussprüfers sowie der entsprechenden Sanktionsregelungen bei Pflichtverletzungen (vgl. Art. 3 ff. AP-RL). Durch eine intensive Überwachung der Abschlussprüfung soll dem Aufsichtsrat bzw. dem Prüfungsausschuss die Möglichkeit eingeräumt werden, seiner Überwachungsaufgabe bezogen auf die Finanzberichterstattung besser nachkommen zu können.[326] Darüber hinaus wurde iS von Art. 39 VI der Änderungsrichtlinie 2014/56/EU der Aufgabenbereich des Aufsichtsrates bzw. Prüfungsausschusses erweitert.[327] Aufgrund des **erweiterten Aufgabenspektrums** des Prüfungsausschusses war in der Literatur teilweise sogar von einer gewissen „Verselbstständigung" des Prüfungsausschusses die Rede.[328] Zumindest formal hält der Richtliniengeber jedoch an den bestehenden Systemmodellen in Form eines einzigen Verwaltungsrates oder eines dualistischen Modells mit Vorstand und Aufsichtsrat fest. Insgesamt kommt vor allem bei börsennotierten Gesellschaften von öffentlichem Interesse dem zu bildenden Prüfungsausschuss jedoch eine faktisch immer bedeutendere Funktion hinsichtlich der Unternehmensüberwachung und damit stückweise auch im Rahmen der Corporate Governance zu.

VI. Qualität der Governance-Berichterstattung und comply or explain-Grundsatz

79 Der *comply or explain*-Grundsatz bezieht sich im Bereich der Corporate Governance in erster Linie auf sog Corporate Governance Kodizes. Diese enthalten verschiedene Empfehlungen für eine gute Unternehmensführung. Börsennotierte Unternehmen müssen in den meisten Mitgliedstaaten eine Entsprechenserklärung abgeben, ob sie den Empfehlungen des Kodexes folgen (*comply*) oder nicht. Abweichungen müssen erklärt werden (*explain*). Eine solche Entsprechenserklärung soll dabei sowohl den Anteilseignern als auch anderen Marktakteuren bei der Beurteilung der Unternehmensführung der betreffenden Gesellschaft helfen.[329] Die Berichterstattung erfüllt damit zunächst eine **Informationsfunktion.** Die Kodizes selbst haben dagegen eine Kommunikations- und Qualitätssicherungsfunktion. Zum einen kommunizieren die Kodizes den (potenziellen) Investoren die jeweiligen Vorstellungen von guter Unternehmensführung. Zum anderen haben sie eine **Qualitätssicherungsfunktion,** denn sie sollen Unternehmen dazu veranlassen, die Empfehlungen für gute und verantwortungsvolle Unternehmensführung umzusetzen.[330] Insofern ließe sich auch von einem „nudging" sprechen. Denn Kodizes möchten Unternehmen in eine gewisse Richtung lenken. Der Druck, tatsächlich die Empfehlungen des Kodex zu beachten, entsteht durch die Zugänglichmachung der Informationen für ein breites Publikum. Die offengelegten Informationen können wirtschaftlich relevant sein und so die Entscheidung von Marktteilnehmern beeinflussen (im Rahmen des Kapitalmarkts vgl. Rn. 96). Durch die Erörterung ua in der Presse, beeinflussen sie darüber hinaus auch die Reputation des Unternehmens. Insofern liegt dem *comply or explain*-Grundsatz das Prinzip *„naming and shaming"* zu Grunde.[331] Eine von der Europäischen Kommission in Auftrag gegebene Studie kam 2009 zu dem Ergebnis, dass sowohl Unternehmen als auch Investoren die Regulierung von Corporate Governance-Aspekten durch Kodizes verbunden mit einem *comply or explain*-Ansatz unterstützen.[332]

80 Entscheidet sich ein Unternehmen für ein Abweichen von einer Corporate Governance-Empfehlung im Rahmen des jeweils anwendbaren Kodex, muss es nach dem Prinzip des *comply or explain*-Ansatzes „detaillierte, spezi-

325 Richtlinie 2014/56/EU des Europäischen Parlaments und des Rates vom 16. April 2014 zur Änderung der Richtlinie 2006/43/EG über Abschlussprüfungen von Jahresabschlüssen und konsolidierten Abschlüssen, ABl. EU, L 158/196.

326 Rechtsvergleichend zur Überwachung von Abschlussprüfern durch den Prüfungsausschuss (*audit committee*) vgl. International Organization of Securities Commissions (IOSCO), Survey Report on Audit Committee Oversight of Auditors, FR04/2016, May 2016.

327 Dazu *Merkt* ZHR 179 (2015) 601, 613 ff.; *Meyer/Mattheus* DB 2016, 695, 696.

328 So *Hommelhoff* NZG 2015, 1329, 1331; vgl. auch *Merkt* ZHR 179 (2015) 601, 632 ff.; *Marsch-Barner* in: FS Müller-Graff, 2015, S. 282, 288 f.

329 *Sergakis* ECFR 2013, 394, 395; aus deutscher Sicht *Goette* in: MüKo AktG, Bd. 3, 4. Aufl. 2018, § 161 Rn. 1; *Bayer/Scholz* in: Spindler/Stilz (Hrsg.), AktG, Bd. 2, 3. Aufl. 2015, § 161 Rn. 1; *Hölters* in: ders. (Hrsg.), AktG, 3. Aufl. 2017, § 161 Rn. 2; *v. Werder* in: FS Hopt, 2010, S. 1471, 1488.

330 *Velte/Weber/Stiglbauer*, Reform der europäischen Corporate Governance, 2013, S. 27.

331 Vgl. *Bachmann* AG 2001, 635, 642; *Langenbucher* ZGR 2012, 314, 341; *Sergakis* ECFR 2013, 394, 418 f.; bezogen auf das Kapitalmarktrecht auch *Hopt* ZHR 175 (2011) 444, 517.

332 Study on Monitoring and Enforcement Practices in Corporate Governance in the Member States, 2009.

fische und konkrete Gründe“[333] für die entsprechende Nichtbefolgung nennen (*explain*). Der Vorteil eines solchen *comply or explain*-Ansatzes besteht vor allem in seiner **Flexibilität;**[334] er stellt eine sanfte Form der Regulierung (*soft law*)[335] dar und lässt den Unternehmen einen gewissen Handlungsspielraum für eine individualisierte Unternehmensführung.[336] Entsprechende Eingriffe basieren im Zusammenhang mit einer Corporate-Governance-**Berichterstattung** im Ergebnis somit auf einer gewissen Akzeptanz der Empfehlungen und möglichen (Kapital-) Marktreaktionen der potenziell Betroffenen.[337] Gleichwohl behalten sich die mitgliedstaatlichen und auch der europäische Gesetzgeber häufig zwingende und zT sogar weitergehende Regelungen vor, sofern die Empfehlungen nicht im gewünschten Umfang respektiert werden. Deshalb birgt ein breites Abweichen von den Sollregelungen des Corporate Governance Codes ein gewisses Risiko, dass der Gesetzgeber zukünftig zu *hard law* greifen wird.

Zwar kann die Einhaltung des nationalen Corporate Governance Kodex eine **positive Botschaft an den Markt** 81
sein,[338] es mag für eine angemessene Unternehmensführung jedoch ggf bezüglich einzelner Aspekte zielführender und effektiver sein, bewusst von einzelnen Kodexvorgaben abzuweichen.[339] Deswegen bestehen gegen eine „Abweichungskultur“ zumindest keine grundsätzlichen Bedenken.[340] Oftmals werden die Empfehlungen jedoch zu einem hohen Grad befolgt (zu Großbritannien s. Rn. 142, zu Italien s. Rn. 177). Das gilt zumindest für die deutschen DAX- und MDAX-Unternehmen,[341] in denen Vorstand und Aufsichtsrat gesetzlich verpflichtet sind eine jährliche **Entsprechenserklärung** abzugeben, inwieweit sie den Vorgaben des DCGK nachgekommen sind und Abweichungen bzw. Nicht-Anwendung entsprechend zu begründen (§ 161 I 1 AktG).[342] Statistisch betrachtet erfüllen in Deutschland die DAX- und MDAX-Unternehmen zu mehr als 95% die „Soll-Empfehlungen“ des DCGK.[343] Abweichungen von den Empfehlungen des DCGK finden sich dabei am häufigsten bei der Zusammensetzung des Aufsichtsrats (vgl. Ziff. 5.4.1 DCGK 2017) und der Struktur der Vorstandsvergütung (vgl. Ziff. 4.2.3 DCGK 2017).[344]

Rechtstatsächlich kommt dem DCGK daher aus unternehmerischer Sicht eine **quasi-faktische Bindungswirkung** 82
zu.[345] Ähnliches lässt sich auch in anderen Ländern, zB den Niederlanden, beobachten (näher dazu Rn. 186). Die betroffenen Unternehmen sehen sich dabei gegenüber Marktakteuren (insbesondere (potenziellen) Investoren) sowie der Öffentlichkeit im Allgemeinen und gegenüber dem Gesetzgeber nicht selten einem erheblichen Druck ausgesetzt, die Empfehlungen bzw. Vorgaben des nationalen Corporate Governance Kodex umfassend zu befolgen, da die dortigen Regelungen aus objektiver Sicht als „gute“ Unternehmensführung und Kontrolle angesehen werden.[346] Eine bewusste **„Abweichungskultur“** hat sich in diesem Zusammenhang daher nicht

333 Europäische Kommission, Grünbuch Europäischer Corporate Governance-Rahmen, KOM(2011) 164 endg., S. 21.

334 Vgl. nur *Chiu* J.B.L. 2009, 697, 698 f.; *Keay* J.B.L. 2015, 551; *Sergakis* ECFR 2013, 394, 399; CFA Institute, Corporate Governance Policy in the European Union, 2016, S. 1; insofern zur Diskussion um einen „weichen“ oder „harten“ Ansatz auch *Aguilera/Goyer/Kabbach-Castro* in: Wright et al. (Eds.), Handbook of Corporate Governance, 2013, Chapter 2, Rn. 22 ff.

335 *Davies/Worthington*, Gower&Davies Principles of Modern Company Law, 10. Aufl. 2016, Rn. 14-77; vgl. hierzu auch *Ferrero/Ackrill* JCMS 54 (2016) 878 ff.; *Weller/Harms* RTDF 2014, 14 ff.; *Sergakis* ECFR 2013, 394, 401 ff.

336 Insofern zum Zusammenhang zwischen den unverbindlichen Empfehlungen des DCGK und der verbindlichen Entsprechenserklärung gem. § 161 AktG *Lutter* in: FS Hopt, 2010, S. 1025, 1026 ff.

337 Vgl. *Windbichler* NJW 2012, 2625, 2627; zum Einfluss der *comply or explain*-Berichterstattung auf den Unternehmenserfolg auch *Rose* European Management Journal 34 (2016) 202 ff.

338 Insofern zur „Signalstärke“ der deutschen Entsprechenserklärung *v. Werder* in: FS Hopt, 2010, S. 1471 ff.

339 Europäische Kommission, Empfehlung vom 9. April 2014 zur Qualität der Berichterstattung über die Unternehmensführung („Comply or Explain“), 2014/208/EU, Erwägungsgrund 7; siehe ferner *Rose* European Management Journal 34 (2016) 202 ff.

340 Aus europäischer Sicht vgl. Europäische Kommission, Empfehlung vom 9. April 2014 zur Qualität der Berichterstattung über die Unternehmensführung („Comply or Explain“), 2014/208/EU, Erwägungsgrund 7; aus deutscher Sicht vgl. *Bachmann* AG 2011, 181, 192; *Goette* in: FS Hommelhoff, 2012, S. 257, 265.

341 Vgl. *Beyenbach/Rapp/Wolff* Der Aufsichtsrat 2017, 102, 103; *v. Werder/Turkali* DB 2015, 1357, 1358; *Bayer/Scholz* in: Spindler/Stilz (Hrsg.), AktG, Bd. 2, 3. Aufl. 2015, § 161 Rn. 21; *Bayer/Hoffmann*, Aktienrecht in Zahlen, 2015, S. 31 f.; *Müller* ÖBA 2011, 3, 4.

342 Die Verpflichtung gilt für alle börsennotierten Gesellschaften.

343 Vgl. *Rapp/Strenger/Wolff*, Kodexakzeptanz 2017, 2017, S. 1.

344 Vgl. *Rapp/Strenger/Wolff*, Kodexakzeptanz 2017, 2017, S. 2; *Beyenbach/Rapp/Wolff* Der Aufsichtsrat 2017, 102, 103.

345 Vgl. *du Plessis et al.*, German Corporate Governance in International and European Context, 2012, S. 31 f.; *v. Werder* in: Kremer ua (Hrsg.), Deutscher Corporate Governance Kodex, 2018, 3. Teil Präambel Rn. 146; *Goette* in: MüKo AktG, Bd. 3, 4. Aufl. 2018, § 161 Rn. 35 f.; *Vetter* in: Henssler/Strohn (Hrsg.), Gesellschaftsrecht, 3. Aufl. 2016, § 161 AktG Rn. 11 ff.

346 *Mertin* DK 2015, 112, 113; *Veh* ZCG 2017, 159, 161.

spürbar durchsetzen können. Offenbar werden die potenziellen Gefahren einer solchen noch als zu hoch eingeschätzt.[347]

83 Grundsätzlich wird das Prinzip des ***comply or explain*** („Einhalten oder Abweichung begründen") auch von der EU für ein geeignetes Mittel der Regulierung von Corporate Governance-Aspekten gehalten (s. bereits Rn. 43).[348] Entscheidend ist aus Sicht der Europäischen Kommission dabei die Qualität der Berichterstattung.[349] Denn der *comply or explain*-Grundsatz kann im Ergebnis die mit ihm verbundenen Vorteile (s. Rn. 85) nur entfalten, wenn auch die Qualität der Berichterstattung gewährleistet wird.[350] Bereits in mehreren Grünbüchern, einer Empfehlung, Gesetzesinitiativen und Gesetzesvorhaben sowie bestehenden gesetzlichen Regelungen hat die Europäische Kommission deutlich gemacht, dass der *comply or explain*-Grundsatz ein zentraler Bestandteil der europäischen Corporate Governance ist.[351] Auch das Europäische Parlament ist grundsätzlich der Auffassung, dass eine Pflicht zur Begründung einer **Abweichung** von nationalen Corporate Governance-Vorgaben ein „nützliches Instrument" sein kann.[352]

84 Bereits in ihrem Aktionsplan aus dem Jahr 2003 hat die Europäische Kommission basierend auf dem Bericht der High Level Group einen Vorschlag zur Einführung des *comply or explain*-Grundsatzes im Hinblick auf Corporate Governance-Regelungen unterbreitet.[353] Im Rahmen ihres Grünbuchs von 2011[354] stellte die Europäische Kommission weitergehende Optimierungen an einen *comply or explain*-Mechanismus zur Diskussion, da die **abgegebenen Erklärungen** durch den Verwaltungsrat bzw. Vorstand und ggf Aufsichtsrat bei Abweichungen von Empfehlungen der nationalen Governance-Kodizes **häufig mangelhaft** seien.[355] Grund dafür ist auch die Tatsache, dass einige Kodizes gänzlich offen lassen, was unter dem Terminus „explain" zu verstehen ist.[356] Die Europäische Kommission erwog daher im Grünbuch beispielsweise konkrete Anforderungen im Fall von Abweichungen aufzustellen, wie etwa eine Erläuterung der von den Unternehmen „stattdessen gewählten Lösung".[357] Auf diese Weise könnte die **Qualität** der Erläuterungen **gesteigert** und eine bessere Überwachung hinsichtlich der gelieferten Informationen und Erläuterungen gewährleistet werden. Auch im Aktionsplan der Europäischen Kommission aus dem Jahr 2012[358] wurde das Konzept des „Mittragen oder Begründen" im Europäischen Unternehmensrecht angesprochen. Dort kündigte die Europäische Kommission eine Initiative in Form einer Empfehlung zur Verbesserung der Qualität der Begründungen im Fall von Abweichungen vom jeweiligen Kodex an.[359]

85 Im Jahr 2014 verfasste die Europäische Kommission dann eine Empfehlung mit Leitlinien zur **Qualität der Berichterstattung** über die Unternehmensführung.[360] Neben der Steigerung der Qualität der Erklärungen zur Unternehmensführung sollen die Aktionäre darüber hinaus durch eine verbesserte Berichterstattung in die Lage versetzt werden, fundierte Entscheidungen im Hinblick auf das Unternehmen treffen zu können.[361] Empfohlen

347 *Hooghiemstra/van Ees*, Regulation and Governance, 2011, S. 480.

348 Vgl. auch *Davies/Worthington*, Gower&Davies Principles of Modern Company Law, 10. Aufl. 2016, Rn. 6-15.

349 Vgl. Europäische Kommission, Grünbuch Europäischer Corporate Governance-Rahmen, KOM(2011) 164 endg., S. 21 f.

350 Aus Investorensicht vgl. *CFA Institute*, Corporate Governance Policy in the European Union, 2016, S. 25.

351 Vgl. auch *Bayer/Scholz* in: Spindler/Stilz (Hrsg.), AktG, Bd. 2, 3. Aufl. 2015, § 161 Rn. 13 ff.; *Möslein/Sørensen*, Nudging for Corporate Long-termism and Sustainability. Regulatory Instruments from a Comparative and Functional Perspective, LSN Research Paper Series No. 16-24, S. 21 f.

352 Entschließung des Europäischen Parlaments vom 29. März 2012 zu einem Corporate Governance-Rahmen für europäische Unternehmen, 2011/2181(INI), Ziff. 45.

353 Europäische Kommission, Aktionsplan Modernisierung des Gesellschaftsrechts und Verbesserung der Corporate Governance in der Europäischen Union, 21.5.2003, KOM(2003) 284, S. 14 f.

354 Europäische Kommission, Grünbuch Europäischer Corporate Governance-Rahmen, KOM(2011) 164 endg.

355 Vgl. dazu die zugrundeliegende Studie der Risk Metrics Group, Study on Monitoring and Enforcement Practices in Corporate Governance in the Member States, 23.9.2009, S. 126; ferner *Belcredi/Ferrarini*, The European Corporate Governance Framework: Issues and Perspectives, ECGI Law Working Paper No. 214/2013, S. 54 f.

356 Vgl. *Hopt* ZHR 75 (2011) 444, 459.

357 Europäische Kommission, Grünbuch Europäischer Corporate Governance-Rahmen, KOM(2011) 164 endg., S. 22.

358 Europäische Kommission, Aktionsplan: Europäisches Gesellschaftsrecht und Corporate Governance – ein moderner Rechtsrahmen für engagiertere Aktionäre und besser überlebensfähige Unternehmen, 12.12.2012, KOM(2012) 740.

359 Europäische Kommission, Aktionsplan: Europäisches Gesellschaftsrecht und Corporate Governance – ein moderner Rechtsrahmen für engagiertere Aktionäre und besser überlebensfähige Unternehmen, 12.12.2012, KOM(2012) 740, S. 8.

360 Europäische Kommission, Empfehlung vom 9. April 2014 zur Qualität der Berichterstattung über die Unternehmensführung („Comply or Explain"), 2014/208/EU; dazu *Mense/Klie* GWR 2014, 232; *Leyens* ZEuP 2016, 388, 408 ff.; *v. Werder* DB 2015, 847; *Bayer/Scholz* in: Spindler/Stilz (Hrsg.), AktG, Bd. 2, 3. Aufl. 2015, § 161 Rn. 15.

361 Europäische Kommission, Empfehlung vom 9. April 2014 zur Qualität der Berichterstattung über die Unternehmensführung („Comply or Explain"), 2014/208/EU, Ziff. 1, Erwägungsgrund 17.

wird insofern zunächst, dass in den nationalen Corporate Governance Kodizes klar danach unterschieden werden soll, in welchen Punkten nicht vom Kodex abgewichen werden kann, bei welchen Aspekten der *comply or explain*-Grundsatz gilt und welche Empfehlungen allein auf deren freiwilliger Anwendung basieren.[362] Hinsichtlich der Qualität der Erklärung zur Unternehmensführung (Art. 20 I Bilanz-RL) sollen die betroffenen Unternehmen zudem beschreiben, wie sie die Vorgaben des auf sie anwendbaren nationalen Corporate Governance Kodex in den für die Aktionäre wichtigsten Bereichen angewandt haben.[363] Die entsprechenden Angaben sollten dabei **„hinreichend klar, präzise und umfassend"** sowie über die Website der Gesellschaft verfügbar sein.[364] Betreffend die Qualität der Begründung bei Abweichungen vom nationalen Corporate Governance Kodex sollen die Unternehmen explizit angeben, von welchen Einzelempfehlungen sie abgewichen sind sowie erläutern warum und wie sie dies taten.[365] Zum Erfolg der Kommissionsempfehlung zur Qualität der Berichterstattung über die Unternehmensführung und insbesondere von begründeten Abweichungen liegen aus rechtsvergleichender Sicht bislang noch keine empirischen Ergebnisse vor. Es ist jedoch damit zu rechnen, dass die Europäische Kommission auch diesbezüglich – wie bei vorangegangenen Empfehlungen – einen entsprechenden Bericht über deren Umsetzung veröffentlichen wird.

Gesetzgeberischen Einzug hat der *comply or explain*-Gedanke bisher vor allem in der **Erklärung der Unternehmensführung** im Lagebericht kapitalmarktorientierter Unternehmen gem Art. 20 Bilanz-RL (dazu § 25 Rn. 66 ff.) gehalten. Auch in anderen (gesellschaftsrechtlichen) Richtlinien scheint sich ein stückweiser Trend in Richtung eines unternehmerischen *comply or explain*-Modells zu entwickeln.[366] So sehen die Vorschriften zur Regulierung von Stimmrechtsberatern und institutionellen Investoren in der reformierten Aktionärsrechterichtlinie einen Vorbehalt zugunsten einer begründeten Nichteinhaltung der entsprechenden Umsetzungsbestimmungen vor (s. dazu § 30 Rn. 353, 370).[367] Kritisiert wird indes, dass die verschiedenen Berichtspflichten in verschiedenen Dokumenten dazu führen, dass es Stakeholdern zunehmend schwerer fällt, die relevanten Informationen zu überblicken.[368] Gefordert wird deshalb ein einheitliches Corporate Governance Reporting.[369] 86

VII. Exkurs: Corporate Governance im Banken- und Finanzdienstleistungssektor

Der europäische Gesetzgeber und speziell die Kommission widmen der Corporate Governance von Banken und im Finanzdienstleistungssektor besonderes Augenmerk. Aufgrund der **Systemrelevanz** entsprechender Unternehmen (*too big to fail*) und den damit zusammenhängenden Erfahrungen aus der **Finanzkrise** hält der europäische Gesetzgeber ein Tätigwerden in diesem Gebiet auf europäischer Ebene für notwendig.[370] Insofern hat sich im Laufe der letzten Jahre ein gewisses **Sonderrecht** für die Unternehmensführung und -kontrolle von Banken und Finanzdienstleistungsunternehmen der Mitgliedstaaten herausgebildet.[371] Gute Corporate Governance, insbesondere von (Groß-) Banken, liegt dabei nicht nur im Interesse der Anteilseigner, sondern kann auch zu einem besseren Funktionieren des Finanzsystems beitragen.[372] Insofern ist die Corporate Governance von Banken und anderen Finanzdienstleistungsunternehmen neben den aktienrechtlichen Bestimmungen auch wesentlich vom Aufsichtsrecht und Bank- und Versicherungsrecht geprägt, was zu einer höheren Regulierungsdichte als in anderen Bereichen führt.[373] 87

362 Europäische Kommission, Empfehlung vom 9. April 2014 zur Qualität der Berichterstattung über die Unternehmensführung („Comply or Explain"), 2014/208/EU, Ziff. 2.

363 Europäische Kommission, Empfehlung vom 9. April 2014 zur Qualität der Berichterstattung über die Unternehmensführung („Comply or Explain"), 2014/208/EU, Ziff. 4.

364 Europäische Kommission, Empfehlung vom 9. April 2014 zur Qualität der Berichterstattung über die Unternehmensführung („Comply or Explain"), 2014/208/EU, Ziff. 5, 6.

365 Europäische Kommission, Empfehlung vom 9. April 2014 zur Qualität der Berichterstattung über die Unternehmensführung („Comply or Explain"), 2014/208/EU, Ziff. 8.

366 Vgl. auch *Bayer/Scholz* in: Spindler/Stilz (Hrsg.), AktG, Bd. 2, 3. Aufl. 2015, § 161 Rn. 13; *Hüffer/Koch*, AktG, 13. Aufl. 2018, § 161 Rn. 5a; ferner *Weber-Rey* ECFR 2007, 370, 382 f.

367 In diesem Zusammenhang vgl. auch *Leyens* ZEuP 2016, 388, 419 ff.; *Hössl/Torggler* GesRZ 2016, 185, 193 f.; *Sergakis* ECFR 2013, 394, 424 ff.

368 *Arbeitskreis Corporate Governance Reporting der Schmalenbach-Gesellschaft für Betriebswirtschaft* DB 2016, 2130, 2131 mit Blick auf die Berichterstattung in Deutschland.

369 *Arbeitskreis Corporate Governance Reporting der Schmalenbach-Gesellschaft für Betriebswirtschaft* DB 2016, 2130, 2132 mit Blick auf die Berichterstattung in Deutschland.

370 Vgl. auch *Hopt* in: Hopt/Wohlmannstetter (Hrsg.), HdB Corporate Governance von Banken, 2011, S. 3, 23 f.; *ders.* ZGR 2017, 438, 439; *Mülbert* EBOR 10 (2009) 411; *Becht* in: FS Hopt, 2010, S. 1615; *Wittig* WM 2010, 2337; *Attenborough* EBLR 2010, 559, 560; *Sauerzopf* ÖBA 2009, 609.

371 *Hopt* ZGR 2017, 438, 442, 445; aus deutscher Sicht auch *Kotz/Schmidt* ZBB 2016, 427; aus internationaler Sicht *Yasui*, Corporate Governance of Financial Groups, OECD Corporate Governance Working Papers 20/2016, S. 8.

372 So bereits *Hopt* ZGR 2000, 779, 816.

373 *Hopt* ZGR 2017, 438, 445, 453.

88 Die Europäische Kommission beschäftigt sich schon seit mehreren Jahren vor allem mit der Vergütungspolitik in Banken und Finanzdienstleistungsunternehmen. So veröffentlichte sie beispielsweise 2009 eine gesonderte Empfehlung zu den allgemeinen Grundsätzen für Vergütungspraktiken in der Finanzdienstleistungsbranche, die das Eingehen übermäßiger Risiken verhindern soll.[374] Themenschwerpunkte der Empfehlung waren die **Vergütungspolitik** sowie deren **Offenlegung** und **Beaufsichtigung**. Demnach soll sich die Vergütungspolitik an der Geschäftsstrategie, den Zielen und Werten sowie den langfristigen Interessen des Finanzinstitutes ausrichten.[375] Die Struktur der Vergütungspolitik ist regelmäßig zu aktualisieren, damit sie sich an die Entwicklungen des Instituts anpassen kann.[376] Das Verfahren zur Vergütung soll klar strukturiert und intern transparent sein.[377] An der Konzeption der Vergütungspolitik sollten neben Verwaltungs-/Aufsichtsrat auch die Kontroll- und Personalabteilung sowie externe Experten beteiligt werden.[378] Zudem wurde empfohlen, gewisse Informationen zur Vergütungspolitik, wie etwa Informationen über den Beschlussfassungsprozess, auf den sich die gewählte Vergütungspolitik stützt, sowie Informationen zum Verhältnis zwischen Vergütung und Leistung und Kriterien für die Leistungsbemessung **offenzulegen.**[379] Die zuständigen Behörden sollen darüber hinaus die Überwachung übernehmen und bei der Ausübung ihrer Tätigkeit ua folgende Parameter berücksichtigen: Größe des Finanzinstituts sowie Art und Komplexität der Tätigkeiten.[380] Die Finanzinstitute sollen den zuständigen Behörden außerdem mitteilen, dass sie die Grundsätze zur Vergütungspolitik einhalten.[381]

89 In ihrem Grünbuch vom Juni 2010 befasste sich die Europäische Kommission speziell mit Fragen der Corporate Governance in **Finanzinstituten** und griff dort wieder die Unternehmenspolitik bezüglich der **Vergütung** geschäftsführender Akteure auf. Im Zuge der Finanzkrise sah die Europäische Kommission vor allem auf diesem Gebiet Handlungsbedarf.[382] Im Zusammenhang mit anderen Regulierungsvorhaben betrachtet sie eine Stärkung des Corporate-Governance-Rahmens insbesondere für systemrelevante Banken als essentiell für die Vertrauensbildung bei Anlegern und Investoren sowie zur präventiven Krisenverhinderung.[383] Speziell im Hinblick auf eine sachgerechte Vergütungspolitik veröffentlichten sowohl das Europäische Überwachungskommittee (CEBS) Ende 2010[384] als auch die Europäische Bankenaufsichtsbehörde (EBA) im Jahr 2015 jeweils **Leitlinien zur Regulierung** und Offenlegung von Vergütungssystemen.[385] Die finalen Leitlinien der EBA vom 21.12.2015 sollen die entsprechenden Bestimmungen der Eigenkapitalanforderungs-Richtlinie (CRD IV)[386] konkretisieren

374 Europäische Kommission, Empfehlung v. 30. April 2009 zur Vergütungspolitik im Finanzdienstleistungssektor, 2009/384/EG endg.

375 Europäische Kommission, Empfehlung v. 30. April 2009 zur Vergütungspolitik im Finanzdienstleistungssektor, 2009/384/EG endg., Ziff. 3.2.

376 Europäische Kommission, Empfehlung v. 30. April 2009 zur Vergütungspolitik im Finanzdienstleistungssektor, 2009/384/EG endg., Ziff. 4.7.

377 Europäische Kommission, Empfehlung v. 30. April 2009 zur Vergütungspolitik im Finanzdienstleistungssektor, 2009/384/EG endg., Ziff. 6.1.

378 Europäische Kommission, Empfehlung v. 30. April 2009 zur Vergütungspolitik im Finanzdienstleistungssektor, 2009/384/EG endg., Ziff. 6.3.

379 Europäische Kommission, Empfehlung v. 30. April 2009 zur Vergütungspolitik im Finanzdienstleistungssektor, 2009/384/EG endg., insbesondere Ziff. 8.

380 Europäische Kommission, Empfehlung v. 30. April 2009 zur Vergütungspolitik im Finanzdienstleistungssektor, 2009/384/EG endg., Ziff. 10.

381 Europäische Kommission, Empfehlung v. 30. April 2009 zur Vergütungspolitik im Finanzdienstleistungssektor, 2009/384/EG endg., Ziff. 11.

382 Vgl. auch *Hopt* in: Hopt/Wohlmannstetter (Hrsg.), HdB Corporate Governance von Banken, 2011, S. 3, 25.

383 Vgl. Europäische Kommission, Gründbuch Corporate Governance in Finanzinstituten und Vergütungspolitik, KOM(2010) 284 endg., S. 2.

384 Committee of European Banking Supervisors, Guidelines on Remuneration Policies and Practices, 2010, abrufbar unter: https://www.eba.europa.eu/documents/10180/106961/Guidelines.pdf.

385 European Banking Authority, Guidelines on sound remuneration policies under Article 74(3) and 75(2) of Directive 2013/36/EU and disclosures under Article 450 of Regulation (EU) No 575/2013, 2015, abrufbar unter: https://www.eba.europa.eu/documents/10180/1314839/EBA-GL-2015-22+Guidelines+on+Sound+Remuneration+Policies.pdf/1b0f3f99-f913-461a-b3e9-fa0064b1946b.

386 Richtlinie 2013/36/EU des Europäischen Parlaments und des Rates vom 26.6.2013 über den Zugang zur Tätigkeit von Kreditinstituten und die Beaufsichtigung von Kreditinstituten und Wertpapierfirmen, zur Änderung der Richtlinie 2002/87/EG und zur Aufhebung der Richtlinien 2006/48/EG und 2006/49/EG; zu den dortigen Vergütungsbestimmungen (Art. 92 CRD IV) *Ferrarini* in: FS Baums, 2017, S. 401 ff.; *Ferrarini/Ungureanu*, Executive Remuneration. A Comparative Overview, ECGI Law Working Paper No. 268/2014, S. 41 ff.; *Lunk/Besenthal* NZG 2013, 1010, 1011; *Lowitzsch/Kocsis/Koch* ZESAR 2013, 389 ff.; generell zu den Corporate Governance-Vorgaben der CRD IV *Mülbert* ZVglRWiss 113 (2014) 520, 523 ff.; siehe auch *Kort* in: Hirte/Mülbert/Roth (Hrsg.), AktG, 5. Aufl. 2015, Vor § 76 Rn. 93; zur geplanten Änderung der CRD IV siehe Europäische Kommission, Vorschlag für eine Richtlinie des Europäischen Parlaments und des Rates zur Änderung der Richtlinie 2013/36/EU im Hinblick auf von der Anwendung ausgenommene Unternehmen, Finanzholdinggesellschaften, gemischte Finanzholdinggesellschaften, Vergütung, Aufsichtsmaßnahmen und -befugnisse und Kapitalerhaltungsmaßnahmen, 23.11.2016, KOM(2016) 854 final.

und dazu beitragen, eine Vereinheitlichung der Vergütungssysteme der Institute und der Instituts- bzw. Finanzholdinggruppen innerhalb der EU-Mitgliedstaaten zu erreichen.[387] Zugleich sollen dadurch die bis dahin gültigen „*Guidelines on Remuneration Policies and Practices*" des CEBS abgelöst werden. Zudem hat die Europäische Kommission in einem Bericht über die **Bewertung der Vergütungsbestimmung** der CRD IV vom Juli 2016 festgestellt,[388] dass verschiedene Mitgliedstaaten entgegen der Richtlinie Grenzwerte oder Kriterien erlassen haben, die es erlauben, bestimmte Vergütungsbestimmungen nicht anzuwenden.[389] Weiterhin wurden Unterschiede vor allem beim Anwendungsumfang der Vergütungsbestimmungen in der CRD IV ausgemacht.

Aus praktischer Sicht wird erkennbar, dass sich die betroffenen Finanzinstitute – zzgl. der ebenfalls auf sie anwendbaren gesellschaftsrechtlichen Vergütungsbestimmungen – einer **Fülle von europäisch geprägten Normen** im Zusammenhang mit der Vergütung ihrer Vorstands- bzw. Verwaltungsratsmitglieder ausgesetzt sehen. Es ist daher für Finanzdienstleistungsunternehmen notwendig, bei der Implementierung neuer bzw. der Anpassung bestehender Vorstandsvergütungssysteme sorgfältig alle in Betracht kommenden Vorschriften zu ermitteln und regelkonform anzuwenden sowie sich ggf entsprechend beraten zu lassen.[390] 90

Neben der Vergütungspolitik widmete sich die Kommission ferner der Tätigkeit und Zusammensetzung des **Verwaltungsrates** bzw. **Aufsichtsrates** börsennotierter Finanzunternehmen. Mitglieder des Aufsichtsrates bzw. nicht-geschäftsführende Mitglieder des Verwaltungsrates wären nach Ansicht der Kommission im Vorfeld der Finanzkrise nicht in der Lage gewesen, die Geschäftsführung wirksam zu überwachen.[391] Das Problem führte die Europäische Kommission sowohl auf ein **Qualitätsproblem** als auch ein **Diversitätsproblem** in den entsprechenden Gremien zurück.[392] Aus finanzmarktrechtlicher Sicht folgte daraus in diesem Zusammenhang insbesondere die Neuregelung zu Interessenkonflikten zwischen Wertpapierfirmen, ihren Geschäftsleitern und Beschäftigen gem Art. 23 f. MiFID II (Richtlinie 2014/65/EU)[393] (dazu § 34 Rn. 75).[394] Bereits im Vorfeld sah die Europäische Kommission hierbei hinsichtlich von **Interessenkonflikten** ein besonderes Gefährdungspotenzial.[395] Zudem stellte die Europäische Kommission in den Mitgliedstaaten einen Mangel an Kohärenz in Bezug auf den Inhalt und die Einzelheiten der nationalen Vorschriften zu Interessenkonflikten fest. Um diesen zu begegnen, sollten noch klarere gesetzliche Vorschriften auf europäischer Ebene geschaffen werden. 91

Für notwendig wurde weiterhin eine (branchenübergreifende) Regulierung der Finanzmarktaufsicht erachtet.[396] Diesbezüglich wurde mit der Schaffung einer Europäischen Wertpapier- und Marktaufsichtsbehörde (**ESMA**)[397] im Jahr 2010 bereits ein bedeutender Schritt unternommen (dazu auch § 34 Rn. 19 ff.).[398] Die Aufgaben der ESMA sind vor allem die Mitwirkung bei der Durchführungsgesetzgebung im Europäischen Finanz- und Kapitalmarktrecht, die Überwachung und Unterstützung der mitgliedstaatlichen Aufsichtsbehörden und die Erarbeitung und Veröffentlichung von **Handlungsempfehlungen** sowie anderen **Leitlinien** sowohl für die Mitgliedstaaten als auch die Finanz- und Kapitalmarktakteure.[399] Eine entsprechende Beaufsichtigung von Finanzmarktinstitutionen wird als essentiell betrachtet, um tiefgreifende Corporate Governance-Mängel frühzeitig zu erkennen und zu verhindern.[400] Im (europäischen) Recht von Bank- und Finanzdienstleistungsunternehmen kommt neben der speziell gesellschafts- und kapitalmarktrechtlichen Regulierung somit auch dem Aufsichtsrecht eine zunehmende Bedeutung zu. 92

387 Dazu *Löw/Glück* BKR 2016, 265 ff.

388 Vgl. auch die vorangegangene Study on the remuneration provisions applicable to credit institutions and investment firms, Final Report, January 2016.

389 Europäische Kommission, Bewertung der Vergütungsbestimmungen der Richtlinie 2013/36/EU und der Verordnung (EU) Nr. 575/2013, KOM(2016) 510 endg., S. 5.

390 Aus deutscher Sicht *Bauerfeind* GWR 2016, 89, 92.

391 Europäische Kommission, Grünbuch Corporate Governance in Finanzinstituten und Vergütungspolitik, KOM(2010) 284 endg., S. 7.

392 Europäische Kommission, Grünbuch Corporate Governance in Finanzinstituten und Vergütungspolitik, KOM(2010) 284 endg., S. 7.

393 Richtlinie 2014/65/EU des Europäischen Parlaments und des Rates vom 15. Mai 2014 über Märkte für Finanzinstrumente sowie zur Änderung der Richtlinien 2002/92/EG und 2011/61/EU, ABl. EU v. 12.6.2014, L 173/349.

394 Dazu *Möllers* ZEuP 2016, 325, 341 ff.; *Balzer* ZBB 2016, 226, 230 f.

395 Europäische Kommission, Grünbuch Corporate Governance in Finanzinstituten und Vergütungspolitik, KOM(2010) 284 endg., S. 5 f., 12 f., 21.

396 Vgl. Europäische Kommission, Gründbuch Corporate Governance in Finanzinstituten und Vergütungspolitik, KOM(2010) 284 endg., S. 19 f.

397 Verordnung (EU) Nr. 1095/2010 des Europäischen Parlaments und des Rates vom 24. November 2010 zur Errichtung einer Europäischen Aufsichtsbehörde (Europäische Wertpapier- und Marktaufsichtsbehörde), ABl. EU v. 15.12.2010, L 331/84.

398 Allgemein zur ESMA *Hitzer/Hauser* BKR 2015, 52; *Walla* BKR 2012, 265; *ders.* in: Veil (Hrsg.), Europäisches Kapitalmarktrecht, 2. Aufl. 2014, § 11 Rn. 40 ff.; *Weber-Rey* AG 2011, 259.

399 Vgl. *Grundmann* in: Staub, HGB, Band 11/1, 5. Aufl. 2017, 5. Teil Rn. 96; *Walla* in: Veil (Hrsg.), Europäisches Kapitalmarktrecht, 2. Aufl. 2014, § 11 Rn. 55 ff.

400 So bereits *Schaub* RabelsZ 69 (2005) 619, 621.

93 Was die ebenfalls im Grünbuch aus dem Jahr 2010 angesprochene Verbesserung des **Risikomanagements** bei Finanzinstituten anbelangt,[401] finden sich nunmehr in der Eigenkapitalanforderungs-Richtlinie (CRD IV) ausführliche Bestimmungen für die Organisation und Behandlung von Risiken (Art. 76 ff. CRD IV).[402] Bezogen speziell auf Unternehmen der Versicherungs- und Rückversicherungsbranche sind im Rahmen der Governance-Anforderungen der **Solvabilität II-Richtlinie** zudem die von der *European Insurance and Occupational Pensions Authority* (EIOPA) herausgegebenen **Leitlinien zum Governance-System** von Versicherungs- und Rückversicherungsunternehmen zu beachten. Die aktuellen Leitlinien datieren vom September 2015 und gelten für die betroffenen Unternehmen seit Januar 2016.[403] Inhaltlich stützen sich die Leitlinien insbesondere auf die Regelungen zum Governance-System in der Solvabilität II-Richtlinie (Art. 41 ff. Solvabilität II-RL) und enthalten vor allem Orientierungshilfen zu den allgemeinen Governance-Anforderungen in Versicherungsunternehmen, insbesondere zur angemessenen Interaktion des Managements mit den eingesetzten Ausschüssen, zur Aufbau- und Ablauforganisation des Strategiemanagements, zur internen Überprüfung des Governance-Systems, zur **Vergütung** und dem Vergütungsausschuss, zur fachlichen **Qualifikation** und persönlichen Zuverlässigkeit von Führungskräften, zum **Risiko-**, **Kapital-** und **Anlagemanagement** in Versicherungsunternehmen sowie zur internen Überwachung und Revision in diesen.

94 Im Kontext der **fachlichen Qualifikation** und **Zuverlässigkeit** von Mitgliedern der Verwaltung von Kredit- und Finanzinstituten gemäß der CRD IV haben die ESMA und die EBA Ende 2016 gemeinsame Leitlinien „zur Prüfung der Eignung von Mitgliedern der Geschäftsleitung und Inhabern von Schlüsselfunktionen" veröffentlicht.[404] Darin werden vor allem auch Fragen der Unabhängigkeit, insbesondere von Verwaltungsratsmitgliedern, diskutiert und entsprechende Kriterien festgelegt.[405] Ferner hat die Europäische Zentralbank im Mai 2017 Leitlinien für die mitgliedstaatliche Bewertung des Managements der betroffenen Finanzinstitute veröffentlicht.[406]

D. Weitere Corporate Governance-Elemente und Einflussfaktoren

95 Neben Elementen, die Corporate Governance im engeren Sinn ausmachen, erlangen auf mitgliedstaatlicher sowie europäischer Ebene zunehmend weitere Einflussfaktoren auf die Unternehmensführung und Unternehmenskontrolle iS einer weit verstandenen Corporate Governance Bedeutung. Verschiedenen Aspekten hat sich die Europäische Kommission dabei bereits genähert und zeigt diesbezüglich eine fortschreitende Bereitschaft, einen **umfassenden Corporate Governance-Rahmen** in Europa zu schaffen. Im Folgenden werden einige wichtige Einflussfaktoren und weitere Bestandteile der weit verstandenen Corporate Governance und deren Regulierung angesprochen.

I. Kapitalmarktrechtlicher Einfluss auf Corporate Governance

96 Die Wirkungen des **Kapitalmarktes** und des (Europäischen) Kapitalmarktrechts (dazu § 34) hatten in den letzten Jahren einen spürbaren Einfluss auf die Ausgestaltung der Corporate Governance in börsennotierten Unternehmen.[407] Die Steuerungsmechanismen des Kapitalmarktes zB im Hinblick auf die Struktur des Anteilsbesitzes und der (externen) Unternehmensfinanzierung können sich in erheblichem Maße auf die Unternehmensführung auswirken.[408] In diesem Zusammenhang kann auch eine bewusste Nicht-Einhaltung grundsätzlich unverbindlicher Corporate Governance Kodizes für ein Unternehmen negative Effekte auf dem Kapitalmarkt bewirken (dazu bereits Rn. 31).[409] Für kapitalgebende Anleger kann es zB ein Entscheidungskriterium für ihre Investition sein, inwieweit standardisierte Corporate Governance-Bestimmungen beachtet werden. Dies gilt vor allem für

---

401 Vgl. Europäische Kommission, Gründbuch Corporate Governance in Finanzinstituten und Vergütungspolitik, KOM(2010) 284 endg., S. 15; siehe in diesem Zusammenhang auch *Enriques/Zetzsche* ECFR 2013, 271, 295 ff.; ferner bereits *Rosen* Connecticut L. Rev. 35 (2003) 1157 ff.

402 Ferner bestehen für Versicherungsunternehmen durch Art. 41 III, Art. 44 Solvabilität II-Richtlinie bereits seit 2009 entsprechende Vorgaben.

403 EIOPA, Leitlinien zum Governance-System v. 14.9.2015, EIOPA-Bos-14/253, abrufbar unter: https://eiopa.europa.eu/GuidelinesSII/EIOPA_Guidelines_on_System_of_Governance_DE.pdf.

404 ESMA/EBA, Consultation Paper: Joint ESMA and EBA Guidelines on the assessment of the suitability of members of the management body and key function holders under Directive 2013/36/EU and Directive 2014/65/EU, EBA/CP/2016/17 (28.10.2016).

405 Vgl. auch *Kalss* EuZW 2017, 201 f.

406 European Central Bank, Guide to fit and proper assessments, May 2017.

407 Aus umgekehrter Perspektive wird auch die Relevanz von Corporate Governance-Fehlverhalten der Geschäftsleitung auf kapitalmarktrechtliche Haftungsinstitute (zB Ad hoc-Mitteilungspflicht) diskutiert, vgl. dazu *Klöhn* ZIP 2015, 1145 ff.; *ders.* ZHR 176 (2014) 55, 84 ff.; ferner *Cox* NYU L. Rev. 47 (1972) 674 ff.

408 *Kalss/Klampfl*, Europäisches Gesellschaftsrecht, 2015, Rn. 431; *Grundmann*, Europäisches Gesellschaftsrecht, 2. Aufl. 2011, Rn. 476; in diesem Sinne auch *ders.* in: Staub (Hrsg.), HGB, Band 11/1, 5. Aufl. 2017, 5. Teil Rn. 8, 41.

409 Vgl. *Klöhn* ZIP 2015, 1145; *Nowak/Rott/Mahr* ZGR 2005, 252 ff.

Empfehlungen, die den Schutz außenstehender, dh rein geldgebender Investoren gewährleisten sollen (zB hinsichtlich der Einbeziehung in Entscheidungen der Unternehmenspolitik oder Transparenz- und Informationsvorgaben). Vor allem auch ausländische Investoren, die über Kapitalmärkte investieren, haben ein Interesse daran, dass standardisierte Verhaltensempfehlungen (iS eines Corporate Governance Kodizes) eingehalten werden. Für kapitalmarktorientierte Unternehmen kann es daher durchaus ein Attraktivitätsmerkmal sein, eine unternehmerische Struktur und Organisation gemäß den – unverbindlichen – Vorgaben eines nationalen Corporate Governance Kodizes aufzuweisen.[410] Insofern kann eine effiziente und zielgerichtete Corporate Governance das Vertrauen des Kapitals und seiner Beteiligten in das betroffene Unternehmen stärken und dessen Finanzierung vereinfachen.[411] Zudem können die zT europäisch geprägten Vorgaben zur **Finanzberichterstattung** und Transparenz Einfluss auf die Unternehmensführung haben, da dadurch bei gewissenhafter Einhaltung die Finanzierungs- und Transaktionskosten für die Kapitalbeschaffung reduziert werden können.[412] Regulierungstechnisch führt das sich immer mehr verdichtende Europäische Kapitalmarktrecht zu **gesteigerten Anforderungen** an die Unternehmensführung kapitalmarktorientierter Gesellschaften,[413] so dass auch ein unternehmensinternes *law screening* zunehmend geboten ist.[414] Im Hinblick auf die Regulierung speziell von Finanzdienstleistungsunternehmen (insbes. Banken) verfolgt die Kommission ferner ein noch weitergehendes Regelungsregime betreffend Corporate Governance-Fragen (s. dazu Rn. 87 ff.).

II. Corporate Social Responsibility

Corporate Governance-Aspekte finden sich zunehmend auch in anderen Bereichen der Unternehmensorganisation. Dies zeigt sich ua in der fortschreitenden Debatte um eine nachhaltige Unternehmensführung.[415] Dies hat auch die Mitteilung der Europäischen Kommission im Juni des Jahres 2017, in der es auch um nachhaltige Investitionen von Unternehmen auf dem EU-Binnenmarkt ging, noch einmal explizit bestätigt.[416] **Corporate Social Responsibility (CSR)** wird insofern immer bedeutender bei der Beurteilung „guter" Corporate Governance.[417] In einigen der nationalen Corporate Governance Kodizes in Europa sind CSR-Bestimmungen daher auch bereits ein integraler Bestandteile einer umfassend verstandenen „guten Unternehmensführung".[418] Gute Unternehmensführung wird dabei oftmals mit ökologischem und sozialem Handeln verbunden und nachhaltiges Wirtschaften sowie unternehmerisch-gemeinschaftliche Verantwortung als essentieller Indikator hierfür gesehen.[419] Dabei rücken vor allem Stakeholder iwS (wie zB das lokale Umfeld, Arbeitnehmer, Zulieferer, Kunden) in den Blickpunkt, die zT nicht in einem vertraglichen Verhältnis zu der betreffenden Gesellschaft stehen und sich daher auf privatrechtlicher Ebene im Prinzip auf keine leitungsbezogenen Verpflichtungen des Unternehmens stützen können.[420] 97

410 Vgl. *Krejci* in: Lang/Schuch/Staringer (Hrsg.), Soft Law in der Praxis, 2005, S. 53, 56.

411 Vgl. *Deniz* Duquesne Bus. L. J. 14 (2012) 219, 221; *Young* Co. Lawyer 29 (2008) 168, 174; *Schaub* RabelsZ 69 (2005) 619 f.

412 Vgl. dazu *Armstrong et al.* Economic Policy Review 22 (2016) 107 ff.; *Witt*, Corporate Governance-Systeme im Wettbewerb, 2003, S. 28; *Sørensen* EBOR 10 (2009) 255, 261 ff.

413 Insofern kritisch *Kalss* EuZW 2015, 569 f.; zur zunehmenden Regelungskomplexität *Veil* ZGR 2014, 544, 602.

414 Zum Prinzip des *law screening Krebs/Jung* BB 2014, 3081 ff.

415 Vgl. dazu *Sjåfjell/Richardson*, Company Law and Sustainability, 2015; *Sjåfjell/Mähönen* ECL 11 (2014) 58; *Halfmeier* AcP 216 (2016) 717, 752 ff.; *Ahern* ECFR 2016, 599, 617; *Möslein/Sørensen*, Nudging for Corporate Long-termism and Sustainability. Regulatory Instruments from a Comparative and Functional Perspective, LSN Research Paper Series No. 16-24.

416 Europäische Kommission, Mitteilung der Kommission an das Europäische Parlament, den Rat, den Europäischen Wirtschafts- und Sozialausschuss und den Ausschuss der Regionen über die Halbzeitbilanz des Aktionsplans zur Kapitalmarktunion, KOM(2017) 292 final, S. 17.

417 Zum Verhältnis von CSR und Corporate Governance vgl. *Jamali/Safieddine* Corp. Gov. (Int. Rev.) 16 (2008) 443; *Money/Schepers* J. Gen. Mgmt. 33 (2007) 1; *Schwerk* in: Backhaus-Maul ua (Hrsg.), Corporate Citizenship in Deutschland, 2008, S. 121; *Brammer/Pavelin* in: Wright et al. (Hrsg.), Handbook of Corporate Governance, 2013, Chapter 32; *Spießhofer* in: Hauschka/Moosmayer/Lösler (Hrsg.), Corporate Compliance, 2016, § 11 Rn. 9; European Confederation of Directors Associations, A Guide to Corporate Governance Practices in the European Union (2015), S. 69 ff.; ausführlich in diesem Zusammenhang auch *Clarke*, International Corporate Governance, 2017, S. 411 ff.

418 So zB gemäß Punkt 1.1.1 lit. vi) des Niederländischen Corporate Governance Code 2016; in der Tendenz wohl auch Absatz 2 S. 2 der Präambel des geänderten DCGK 2017 („Diese Prinzipien verlangen […] auch ethisch fundiertes, eigenverantwortliches Verhalten").

419 Vgl. *Hesse*, Corporate Governance und Sustainability, 2006, S. 4 ff.; *Lichner* EBLR 2009, 889, 902; *Fleischer* AG 2017, 509; *Soltani/Maupetit* JMG 19 (2015) 259 ff.; *de Roo* ECL 12 (2015) 278, 285; ferner *Gelter*, Employee Participation in Corporate Governance and Corporate Social Responsibility, ECGI Law Working Paper No. 322/2016; *Houben/Straetmans* EBLR 2016, 615.

420 In diesem Sinne *Enriques et al.* in: Kraakman et al. (Eds.) The Anatomy of Corporate Law, 2017, S. 79, 93.

98 Auf europäischer Ebene entwickelte die Europäische Kommission zunächst „*A renewed EU strategy 2011-14 for Corporate Social Responsibility*".[421] Die CSR-Strategie der Europäischen Kommission berücksichtigte dabei internationale Entwicklungen in diesem Bereich wie die *UN Guiding Principles on Business and Human Rights*.[422] Konkrete Maßnahmen wurden auf europäischer Ebene dann mit dem Erlass der **CSR-Richtlinien** im Jahr 2014 ergriffen (dazu § 25 Rn. 8).[423] Im Rahmen einer Änderung der Bilanzrichtlinie müssen nunmehr von großen Unternehmen bzw. Gruppen auch nichtfinanzielle Aspekte wie Umwelt-, Sozial-, und Arbeitnehmerbelange in den Lagebericht aufgenommen werden (Art. 19a I Bilanz-RL).[424] Mitte 2017 hat die Europäische Kommission diesbezüglich zudem Leitlinien für die Berichterstattung aufgestellt (näher dazu § 25 Rn. 61).[425] Auch in der Praxis forderten Investoren und andere Stakeholder seit einigen Jahren eine gewisse Darlegung nicht nur der klassischen Finanzkennzahlen des Unternehmens, sondern auch einzelner CSR-Aspekte sowie der Verbesserung der Sichtbarkeit von CSR-Maßnahmen.[426] Die CSR-Richtlinien waren darauf eine Antwort. Mit der Berichterstattung ist zumindest indirekt auch eine gewisse Implementierung **nichtfinanzieller Ziele in die Unternehmenspolitik** als Ganzes verbunden.[427] Damit in der Praxis eine stärkere Fokussierung auf diese Aspekte erfolgt, fordern Stakeholder allerdings weitere Maßnahmen, vor allem mit Blick auf *supply chains*.[428] Faktisch lässt sich aus Corporate Governance-Sicht damit sowohl aus europäischer als auch aus mitgliedstaatlicher Perspektive ein gewisser Trend hin zu einer vermehrten Stakeholder-Orientierung von Unternehmen feststellen.[429] Die Unternehmen werden verpflichtet, stakeholderrelevante Aspekte wie zB Umwelt-, Sozial oder Arbeitnehmerbelange in dem offenzulegenden Lagebericht darzustellen (vgl. Art. 19a I Bilanz-RL) und dadurch „angestoßen" (Engl.: „***nudging***"),[430] entsprechende Maßnahmen auch durchzuführen.

99 Neben dem Ziel der Offenlegung entsprechender Informationen möchte die Europäische Kommission auch den **Austausch über *best practices*** sowie Selbstregulierung mit Blick auf CSR-Belange fördern.[431] Die Europäische Kommission sieht bei dieser Herangehensweise Vorteile darin, dass Selbstregulierung den Unternehmen die notwendige Flexibilität lässt, gleichzeitig aber eine größere Verantwortung und Glaubwürdigkeit schafft. Sie beabsichtigt in diesem Zusammenhang mit ihrer Initiative „*Community of Practice for better self- and co-regulation*" eine Plattform für entsprechende Diskussionen zu schaffen. In regelmäßigen Abständen finden dazu Plenarsitzungen statt, bei denen die Mitglieder verschiedene Themen diskutieren.[432] In vergleichbarem Zusammenhang will aus deutscher Sicht zB auch die Deutsche Börse die Nachhaltigkeitsinitiative „*Sustainable Finance*" etablieren.[433] Ziel dieser Initiative ist es, fachübergreifende Strukturen für nachhaltiges Unternehmertum zu fördern.

100 Weiterhin hat die Europäische Kommission bereits in ihrem Grünbuch „Europäische Rahmenbedingungen für die soziale Verantwortung der Unternehmen" einen Trend in Richtung der **sozialen Verantwortung** (europäi-

---

421 Europäische Kommission, Eine neue EU-Strategie (2011-14) für die soziale Verantwortung der Unternehmen (CSR), KOM(2011) 681 endg. Die Strategie wurde im Nachgang evaluiert, vgl. Europäische Kommission, Results of the Public Consultation on the EU Corporate Social Responsibility Strategy, 2014.

422 United Nations Human Rights, Office of the High Commissioner, UN Guiding Principles on Business and Human Rights: Implementing the United Nations "Protect, Respect and Remedy" Framework, 2011, abrufbar unter: http://www.ohchr.org/Documents/Publications/GuidingPrinciplesBusinessHR_EN.pdf (abgerufen am 1.6.2018).

423 Richtlinie 2014/95/EU des Europäischen Parlaments und des Rates vom 22. Oktober 2014 zur Änderung der Richtlinie 2013/34/EU im Hinblick auf die Angabe nichtfinanzieller und die Diversität betreffender Informationen durch bestimmte große Unternehmen und Gruppen, ABl. EU v. 15.11.2014, L 330/1.

424 In Deutschland stellte der „Deutsche Nachhaltigkeitskodex (DNK)" seit 2011 einen Rahmen für die freiwillige Berichterstattung über nichtfinanzielle Aspekte bereit; dazu *Hamborg/Jung* in: Bungenberg ua (Hrsg.), Corporate Compliance und Corporate Social Responsibility, 2014, S. 146 ff.; vgl. auch *Jehmlich/Thießen/Koch* ÖBA 2016, 418 ff.; *Axjonow/Pott/Square* KoR 2017, 26 ff.

425 Europäische Kommission, Mitteilung – Leitlinien für die Berichterstattung über nichtfinanzielle Informationen, 2017/C 215/01.

426 Vgl. zB die Antworten auf die Konsultation der Kommission, Europäische Kommission, Results of the Public Consultation on the EU Corporate Social Responsibility Strategy, 2014.

427 *Hommelhoff* in: FS Hoyningen-Huene, 2014, S. 137, 144; *ders.* NZG 2015, 1329, 1330; vgl. auch *Chiu* ECL 14 (2017) 193 ff.

428 Europäische Kommission, Results of the Public Consultation on the EU Corporate Social Responsibility Strategy, 2014, S. 27 f.

429 Vgl. auch *Patel et al.* European Management Journal 34 (2016) 650 ff.

430 Zum „*nudging*" in diesem Zusammenhang *Möslein/Sørensen*, Nudging for Corporate Long-termism and Sustainability?, Nordic & European Company Law Research Paper No. 16-24, S. 19 ff.

431 Zu den entsprechenden Maßnahmen siehe https://ec.europa.eu/digital-single-market/communities/better-self-and-co-regulation.

432 Für mehr Informationen zu dieser Initiative siehe https://ec.europa.eu/digital-single-market/en/community-practice-better-self-and-co-regulation-0; vgl. aus österreichischer Sicht auch *Jehmlich/Thießen/Koch* ÖBA 2016, 418.

433 Siehe http://deutsche-boerse.com/dbg-de/presse/pressemitteilungen/Deutsche-Boerse-startet-Sustainable-Finance-Initiative/2955804.

scher) Unternehmen aufgezeigt.[434] Corporate Social Responsibility wird darin als ein Konzept definiert, das den Unternehmen als Grundlage dient, auf freiwilliger Basis[435] soziale Aspekte und Umweltbelange in ihre Unternehmenstätigkeit sowie in die Wechselbeziehung mit Stakeholdern zu integrieren.[436] Die EU sieht Corporate Social Responsibility nicht nur als Thema für große Unternehmen an, sondern auch für KMU. Aus diesem Grund hat die Europäische Kommission 2015 ein Handbuch („*Guidebook*") veröffentlicht, das speziell Beratern von **KMU** helfen soll, CSR-Maßnahmen zu implementieren.[437] Neben den Dokumentationspflichten im Rahmen der CSR-Richtlinie fehlen bislang jedoch gesetzlich verbindliche Harmonisierungsbestimmungen auf europäischer Ebene, zB in Form von materiellen Zielvorgaben für mitgliedstaatliche Unternehmen im Hinblick auf soziale, menschenrechtliche und ökologische Verhaltensmaßstäbe.[438] Auch eine Regelung wie sie zB in Indien besteht (vgl. Art. 135 Companies Act 2013), wo Unternehmen mit einem bestimmten Jahresüberschuss einen geringen Prozentsatz (2%) davon zur Förderung ihrer CSR-Politik aufwenden müssen, scheint auf absehbare Zeit wohl nicht kompromissfähig.

Rechtsvergleichend lässt sich die Tendenz beobachten, dass die Unternehmensleitungen nicht mehr nur einem reinen shareholder-value verpflichtet sein sollen, sondern verschiedene **Stakeholderinteressen** bei der Entscheidungsfindung zu berücksichtigen sind. Bisher geschieht dies jedoch auf rein mitgliedstaatlicher Ebene und ist – zumindest unmittelbar – nicht europäisch intendiert.[439] Gesetzlich fixiert zeigt sich dies prägnant am durch den Companies Act 2006 eingeführten ***enlightened shareholder value***-Ansatz (sec. 172 CA 2006) (dazu § 12 Rn. 443 ff.).[440] Die dahinterstehende Idee ist, dass Direktoren einer englischen Gesellschaft ihre Handlungen mehr am langfristigen Unternehmenserfolg ausrichten, wenn sich die von ihnen geleitete Gesellschaft ua auch sozial verantwortungsvoll verhält.[441] Auch in Österreich ist ein vergleichbarer Ansatz zu einem gewissen Grad gesetzlich verankert. So fordert § 70 öAktG ausdrücklich, dass der Vorstand im Rahmen der Unternehmensleitung nicht nur die Interessen der Aktionäre, sondern auch die Interessen der Arbeitnehmer und das öffentliche Interesse berücksichtigt.[442] Auch in Deutschland spielt CSR für die Vorstandstätigkeit sowie Leitungsentscheidungen und damit auch für die Unternehmensführung eine gewisse Rolle.[443] Bereits jetzt hat nach Ziff. 4.1.1. DCGK der Vorstand das Unternehmen auch unter Berücksichtigung der Belange seiner Arbeitnehmer und anderer Stakeholder mit dem Ziel **nachhaltiger Wertschöpfung** zu leiten. Dies ist allerdings keine gesetzlich zwingende Vorgabe. Die Interessen der Arbeitnehmer werden in Deutschland ferner durch die unternehmerische Mitbestimmung im Aufsichtsrat gewahrt. 101

III. Einbeziehung von Arbeitnehmern, insbes. durch unternehmerische Mitbestimmung

Die Mitbestimmung der Arbeitnehmer bei Unternehmensangelegenheiten mittels Repräsentation im Leitungs- und/oder Überwachungsorgan der Gesellschaft ist ebenfalls ein Bestandteil zumindest der Corporate Governance im weiteren Sinne.[444] Die unternehmerische Mitbestimmung ist auf europäischer Ebene indes ein äußerst **kontrovers diskutiertes Thema.**[445] Dies liegt vor allem daran, dass die einzelnen Mitgliedstaaten diesen 102

434 Vgl. Europäische Kommission, Grünbuch: Europäische Rahmenbedingungen für die soziale Verantwortung der Unternehmen, KOM(2001) 366 endg.

435 Kritisch zur tatsächlichen Erreichung von Nachhaltigkeitszielen bei lediglich freiwilliger Anwendung *Halfmeier* AcP 216 (2016) 717, 752 f.

436 Hierzu auch *Fleischer* in: Spindler/Stilz (Hrsg.), AktG, Bd. 1, 3. Aufl. 2015, § 76 Rn. 42; *Spindler* in: MüKo AktG, Bd. 2, 3. Aufl. 2014, § 76 Rn. 80.

437 Europäische Kommission, Tips and Tricks for Advisors – Corporate Social Responsibility for Small and Medium-Sized Enterprises, Ref. Ares (2015) 2099471, 2015.

438 *Schön* ZHR 180 (2016) 279, 281 f.

439 Jedoch zur Frage, ob nicht die Umsetzung der CSR-Richtlinie eine Anpassung auch des unternehmerischen Pflichtenmaßstabes für Geschäftsleiter erforderlich macht *Hommelhoff* in: FS Hoyningen-Huene, 2014, S. 137, 144; *Schön* ZHR 180 (2016) 279, 287 f.; ablehnend auch *Mock* ZIP 2017, 1195, 1196.

440 Zur entsprechenden Verbindung zwischen sec. 172 CA 2006 und CSR vgl. *Shan Ho* Co. Lawyer 31 (2010) 207 ff.

441 *Lichner* EBLR 2009, 889, 906; *Nakajima* Co. Lawyer 28 (2007) 353.

442 Vgl. in Bezug zur Corporate Governance *Eder* ZVglRWiss 113 (2014) 239, 244; *Rahim* ICCLR 25 (2014) 409 ff.

443 Vgl. *Mülbert* AG 2009, 766, 767; *Hüffer/Koch*, AktG, 13. Aufl. 2018, § 76 Rn. 35; *Fleischer* in: Spindler/Stilz (Hrsg.), AktG, Bd. 1, 3. Aufl. 2015, § 76 Rn. 42; ferner *Kort* in: Hirte/Mülbert/Roth (Hrsg.), AktG, Bd. 4/1, 5. Aufl. 2015, § 76 Rn. 88 ff.

444 Vgl. nur *Leca* EBLR 2007, 403, 438; *Conchon*, Die Mitsprache der Arbeitnehmer in der Corporate Governance, ETUI-Bericht 135, 2015; *Hopt* in: Hopt/Wohlmannstetter (Hrsg.), Handbuch Corporate Governance von Banken, 2011, S. 12; *Seifert* in: Schlachter/Heinig (Hrsg.), Europäisches Arbeits- und Sozialrecht, 2016, § 20 Rn. 33; ferner auch *Enriques et al.* in: Kraakman et al. (Eds.), The Anatomy of Corporate Law, 2017, S. 79, 89 ff.

445 *Forst* in: Gaul/Ludwig/Forst (Hrsg.), Europäisches Mitbestimmungsrecht, 2015, § 1 Rn. 170; *Reichert* AG 2016, 677, 681 f.; *Stolzenberg* DB 2017, 1077; *Wansleben* WM 2017, 785; *Schanze* AG 2017, 573.

Aspekt bisher sehr unterschiedlich geregelt haben.[446] Dies beginnt schon damit, was genau die einzelnen Mitgliedstaaten konkret unter (unternehmerischer) „**Mitbestimmung**“ verstehen.[447] Auf europäischer Ebene wird im Hinblick auf die Arbeitnehmerbeteiligung bei einer Europäischen Aktiengesellschaft (SE) (s. dazu § 4 Rn. 230 ff.) gem Art. 2 lit. k) SE-Richtlinie Mitbestimmung verstanden als: „die Einflussnahme des Organs zur Vertretung der Arbeitnehmer und/oder der Arbeitnehmervertreter auf die Angelegenheiten einer Gesellschaft durch die Wahrnehmung des Rechts, einen Teil der Mitglieder des Aufsichts- oder des Verwaltungsorgans der Gesellschaft zu wählen oder zu bestellen, oder die Wahrnehmung des Rechts, die Bestellung eines Teils der oder aller Mitglieder des Aufsichts- oder des Verwaltungsorgans der Gesellschaft zu empfehlen und/oder abzulehnen.“ Nach Art. 133 II lit. a) Kodifizierungs-RL (ex-Art. 16 II lit. a) IntVersch-RL kommen zudem etwaige Ausschüsse im Verwaltungs- bzw. Aufsichtsorgan des betroffenen Unternehmens hinzu.

103 Einige wenige Mitgliedstaaten wie Deutschland, Österreich, Dänemark, Finnland oder Schweden kennen eine stark ausgeprägte Mitbestimmung im Aufsichtsrat bzw. Verwaltungsrat,[448] während der Großteil der Mitgliedstaaten eine solche nicht zwingend vorschreiben.[449] Diese fundamentalen Differenzen bzgl. der unternehmerischen Mitbestimmung erschweren dabei auch die Verabschiedung von gesellschaftsrechtlichen Regelungen auf europäischer Ebene. Besonders deutlich lässt sich dies in Bezug auf die supranationalen Gesellschaftsformen (dazu § 3 Rn. 9, 169 ff.), einige Richtlinien und die Diskussion um die sog „Sitzaufspaltung“ (Trennung von Register- und Verwaltungssitz) erkennen.

104 Inwiefern eine verpflichtende unternehmerische Mitbestimmung im Verwaltungs- bzw. Aufsichtsrat einer Gesellschaft tatsächlich einen positiven Effekt auf die Unternehmensführung und damit ggf auf den ökonomischen Erfolg des Unternehmens hat, ist empirisch bislang nicht eindeutig belegt.[450] Auch insofern fällt es daher **schwer, einen Kompromiss** bei den Mitgliedstaaten bzgl. Fragen der unternehmerischen Mitbestimmung **zu erzielen.**[451] Allerdings hat die Einbeziehung der Arbeitnehmer bzw. deren Vertreter (ob freiwillig oder obligatorisch) in der Regel Auswirkungen auf die Corporate Governance von Unternehmen, da die Vertreter zT von anderen Prämissen im Hinblick auf eine gute Unternehmensführung geleitet werden als beispielsweise ein extern bestellter Geschäftsleiter bzw. ein Aufsichtsratsmitglied, das vom Mehrheitsaktionär bestellt wurde. So wird beispielsweise davon ausgegangen, dass Arbeitnehmer besonders an der langfristigen Entwicklung des Unternehmens interessiert sind, sofern sie selbst langfristig im Unternehmen arbeiten wollen und ihre Vergütung ihnen keine kurzfristigen Anreize setzt. Aus unternehmerischer Sicht zeigen Studien jedoch auch, dass (vor allem die deutsche) Mitbestimmung oftmals keinen positiven Einfluss auf den Unternehmenswert der Gesellschaft hat.[452] Dies ist jedoch auch nicht die Primärintention des deutschen Mitbestimmungsregimes, die vielmehr sozialpolitisch und gesellschaftlich motiviert ist.[453]

105 Um die Diskussion um die unternehmerische Mitbestimmung zumindest aus deutscher Sicht zu vermeiden, ist beispielsweise der Anwendungsbereich der ersten supranationalen Rechtsform, der **Europäischen Wirtschaftlichen Interessenvereinigung** (EWIV), eingeschränkt worden. Gemäß Art. 3 II lit. c) EWIV-VO darf die EWIV nicht mehr als 500 Arbeitnehmer haben. Auch das Konzernleitungsverbot für die EWIV (vgl. Art. 3 II lit. a) EWIV-VO) wurde auf Drängen aus Deutschland eingeführt, um die deutsche Mitbestimmung in der EWIV nicht zu gefährden (dazu § 7 Rn. 53).[454]

---

446 Siehe rechtsvergleichend *Baums/Ulmer* (Hrsg.), Unternehmensmitbestimmung im Recht der EU-Mitgliedstaaten, 2004; *Conchon*, Board-level employee representation rights in Europe, ETUI-Report 121, 2011.

447 *Forst* in: Gaul/Ludwig/Forst (Hrsg.), Europäisches Mitbestimmungsrecht, 2015, § 1 Rn. 172.

448 Die Tschechische Republik hat indes vor wenigen Jahren ihr Modell der unternehmerischen Mitbestimmung abgeschafft, vgl. *Schulte-Wrede*, Arbeitnehmerbeteiligung in Europa, 2014, S. 113 f. Fn. 609. Zu der Mitbestimmung in Deutschland, Österreich, Ungarn, Kroatien, Niederlande, Dänemark, Schweden und Finnland siehe *Schulte-Wrede*, Die Beteiligung der Arbeitnehmer in der Europäischen Privatgesellschaft – SPE, 2015, S. 67, 336.

449 Siehe überblicksartig European Confederation of Directors Associations, A Guide to Corporate Governance Practices in the European Union, 2015, S. 43.

450 Tendenziell gegen eine Verbesserung *Fauver/Fürst* Journal of Financial Economics 82 (2006) 673, 698; offenlassend *Conchon*, Board-level employee representation rights in Europe, ETUI-Report 121, 2011, S. 16 f.; *Forst* in: Gaul/Ludwig/Forst, Europäisches Mitbestimmungsrecht, 2015, § 1 Rn. 214, 220; positiver hingegen *Vitols/Kluge*, The Sustainable Company: a new approach to corporate governance, ETUI, 2011, S. 15 ff. *Leyens*, Corporate Governance: Grundsatzfragen und Forschungsperspektiven in: Allmendinger et al. (Hrsg.), Corporate Governance nach der Finanz- und Wirtschaftskrise, 2011, S. 18 fordert eine „offene Diskussion“ über die Auswirkungen der Arbeitnehmermitbestimmung auf die Corporate Governance.

451 In vergleichbarem Zusammenhang vgl. auch *Forst* in: Gaul/Ludwig/Forst (Hrsg.), Europäisches Mitbestimmungsrecht, 2015, § 1 Rn. 214.

452 Siehe *Fauver/Fürst* Journal of Financial Economics 82 (2006) 673, 698 ff.; *Gorton/Schmid* JEEA 2 (2004) 863.

453 Vgl. nur *Ulmer/Habersack* in: Ulmer/Habersack/Henssler (Hrsg.), Mitbestimmungsrecht, 3. Aufl. 2012, Einl. Rn. 2 f.

454 *Ganske* DB 1985, Beilage 20, S. 1, 3; *Lutter/Bayer/Schmidt*, Europäisches Unternehmens- und Kapitalmarktrecht, 2017, Rn. 44.14.

Für die später eingeführte **Europäische Aktiengesellschaft** (SE) kam eine Beschränkung der Arbeitnehmeranzahl nicht infrage, so dass ein Kompromiss bezüglich der unternehmerischen Mitbestimmung gefunden werden musste. Die Verhandlungen zogen sich vor allem auch deswegen über mehr als 30 Jahre hin.[455] Letztendlich konnten die Mitgliedstaaten dann insofern eine Lösung finden, als die unternehmerische Mitbestimmung nicht in der SE-Verordnung selbst, sondern durch eine gesonderte Richtlinie[456] geregelt wurde. Aufgrund der Differenzen bei den nationalen Arbeitnehmermitbestimmungsmodellen verzichtet die Richtlinie jedoch auf eine konkrete, inhaltlich verbindliche Regelung hinsichtlich der **Konzeption** und des **Ausmaßes** der Mitbestimmung.[457] Vielmehr sollen die Parteien (Arbeitnehmer/Unternehmensleitung) zunächst versuchen, eine individuelle Einigung herbeizuführen.[458] Nur wenn auf diesem Wege kein Kompromiss erzielt werden kann, sollen die gesetzlichen **Auffangregeln** herangezogen werden.[459] Diese sollen einen Mindeststandard garantieren und aufgrund der Anwendung des Vorher-Nachher-Prinzips verhindern, dass die Arbeitnehmer bestehende Rechte verlieren (näher dazu § 4 Rn. 230 ff.).[460] Abgesehen von der Gründung einer SE durch formwechselnde Umwandlung steht auch das Vorher-Nachher-Prinzip jedoch grundsätzlich unter dem Vorbehalt, dass keine Verhandlungslösung zwischen dem Leitungsorgan der Gesellschaft und den Arbeitnehmern bzw. deren Vertretern gefunden wurde. Für deutsche Unternehmen ist die Gründung einer SE in diesem Zusammenhang deswegen so attraktiv, da mittels einer Verhandlungslösung das bestehenden Mitbestimmungsregime „**eingefroren**" werden kann und damit auch bei einer späteren Überschreitung deutscher mitbestimmungsrelevanter Schwellenwerte der Arbeitnehmeranzahl das nationale Mitbestimmungsrecht keine Anwendung findet.[461] Auch kann im Rahmen des Arbeitnehmerbeteiligungsverfahrens eine Verkleinerung des Aufsichtsrates erreicht werden oder sogar – sofern sich die Arbeitnehmer bzw. deren Vertreter damit einverstanden erklären – eine Verringerung der bestehenden (betrieblichen und unternehmerischen) Mitbestimmungsrechte vereinbart werden (s. dazu § 4 Rn. 246 ff.).[462] 106

Der für die SE gefundene Kompromiss wurde sodann auf die **Europäische Genossenschaft** (SCE) übertragen (dazu § 6 Rn. 1).[463] Auch im Rahmen der (ehemaligen) Richtlinie über **Internationale Verschmelzungen** (dazu § 24) wurde im Ergebnis ein vergleichbares System der Arbeitnehmermitbestimmung in der aus der Verschmelzung hervorgehenden Gesellschaft etabliert (vgl. ex-Art. 16 IntVersch-RL). In der Diskussion um die **Europäische Privatgesellschaft** (SPE) (dazu § 5) wollte die Kommission die Lösung in ähnlicher Form ebenfalls beibehalten (dieses Mal als Bestandteil der Verordnung).[464] Die Verordnung scheiterte jedoch im Gesetzgebungsprozess, was vor allem daran lag, dass die Mitgliedstaaten, insbesondere die deutsche Bundesregierung, den Kompromiss zur Arbeitnehmermitbestimmung als nicht ausreichend ansahen.[465] Auch über die Sitzaufspaltung, die ebenfalls mit der unternehmerischen Mitbestimmung zusammenhängt, konnte keine Einigung erzielt werden (näher dazu § 5 Rn. 1, 88 ff.).[466] In Bezug auf die europäische **Einpersonen-Gesellschaft** (SUP) (dazu § 9) kam die Debatte wieder auf, obwohl der Kommissionsvorschlag keine Regelungen zur Arbeitnehmermitbestimmung 107

455 Vgl. *Grundmann*, Europäisches Gesellschaftsrecht, 2. Aufl. 2011, Rn. 1081; *Lutter/Bayer/Schmidt*, Europäisches Unternehmens- und Kapitalmarktrecht, 2017, Rn. 45.2 ff.; *Habersack/Verse*, Europäisches Gesellschaftsrecht, 4. Aufl. 2011, § 13 Rn. 1; *Tiedje* in: von der Groeben/Schwarze/Hatje (Hrsg.), Europäisches Unionsrecht, Bd. 1, 7. Aufl. 2015, Art. 50 AEUV Rn. 57; *Fleischer* AcP 204 (2004) 502, 533 f.; *Reichert/Brandes* ZGR 2003, 767 ff.

456 Richtlinie 2001/86/EG des Rates vom 8. Oktober 2001 zur Ergänzung des Statuts der Europäischen Gesellschaft hinsichtlich der Beteiligung der Arbeitnehmer, ABl. EG v. 10.11.2001, L 294/22. In Deutschland wurde aufgrund der Richtlinie an 22.12.2004 das SEBG (Gesetz über die Beteiligung der Arbeitnehmer in einer Europäischen Gesellschaft) erlassen.

457 *Kleinmann/Kujath* in: Manz/Mayer/Schröder (Hrsg.), Europäische Aktiengesellschaft, 2. Aufl. 2010, Teil C, Begriffsbestimmungen, Rn. 9; *Kienast* in: Jannott/Frodermann (Hrsg.), Handbuch der Europäischen Aktiengesellschaft, 2. Aufl. 2014, Kapitel 13, Rn. 16, 29.

458 *Oetker* in: Lutter/Hommelhoff/Teichmann (Hrsg.), SE-Kommentar, 2. Aufl. 2015, § 21 Rn. 51; *Feuerborn* in: KK-AktG, Bd. 8, 3. Aufl. 2012, § 21 SEBG Rn. 42.

459 *Oetker* in: Lutter/Hommelhoff/Teichmann (Hrsg.), SE-Kommentar, 2. Aufl. 2015, § 21 SEBG Rn. 51; *Feuerborn* in: KK-AktG, Bd. 8, 3. Aufl. 2012, § 21 SEBG Rn. 43.

460 *Jacobs* in: MüKo AktG, Bd. 7, 4. Aufl. 2017, § 21 SEBG Rn. 21 f.; *Oetker* in: Lutter/Hommelhoff/Teichmann (Hrsg.), SE-Kommentar, 2. Aufl. 2015, § 21 SEBG Rn. 59; *Kalss/Klampfl*, Europäisches Gesellschaftsrecht, 2015, Rn. 584; *Teichmann* ZIP 2014, 1049 ff.

461 Vgl. *Bayer* NJW 2016, 1930, 1933; *Junker* EuZA 2013, 223, 237 f.; *Teichmann* AG 2008, 797 ff.

462 Vgl. *Bayer* NJW 2016, 1930, 1932 f.; *Ziegler/Gey* BB 2009, 1750, 1755 f.

463 *Kalss/Klampfl*, Europäisches Gesellschaftsrecht, 2015, Rn. 606; *Lutter/Bayer/Schmidt*, Europäisches Unternehmens- und Kapitalmarktrecht, 2017, Rn. 46.113; *Kindler* in: MüKo BGB, IntGesR, Bd. 11, 6. Aufl. 2015, Rn. 90 f.; *Fandrich* in: Pöhlmann/Fandrich/Bloehs (Hrsg.), GenG, 4. Aufl. 2012, Einführung, Rn. 17 f., 25.

464 Europäische Kommission, Vorschlag für eine Verordnung des Rates über das Statut der Europäischen Privatgesellschaft, KOM(2008) 396; vgl. auch *Lutter/Bayer/Schmidt*, Europäisches Unternehmens- und Kapitalmarktrecht, 2017, Rn. 47.83 ff.

465 *Kalss/Klampfl*, Europäisches Gesellschaftsrecht, 2015, Rn. 618; *Kindler* in: MüKo BGB, IntGesR, Bd. 11, 6. Aufl. 2015, Rn. 97; *Fleischer* in: MüKo GmbHG, Bd. 1, 3. Aufl. 2018, Einl. Rn. 271.

466 *Lutter/Bayer/Schmidt*, Europäisches Unternehmens- und Kapitalmarktrecht, 2017, Rn. 47.26; *Habersack/Verse*, Europäisches Gesellschaftsrecht, 4. Aufl. 2011, § 15 Rn. 10; *Teichmann* in: MüHdB GesR, IntGesR, 4. Aufl. 2013, § 50 Rn. 3; *Kalss/Klampfl*, Europäisches Gesellschaftsrecht, 2015, Rn. 619.

aufgrund des „nationalen“ Charakters enthielt (näher dazu § 9 Rn. 31). Die unternehmerische Mitbestimmung hat sich damit gerade für supranationale Rechtsformen in letzter Zeit als unüberwindliches Hindernis dargestellt.

108 Durchaus im Zusammenhang mit Corporate Governance und unternehmerischer Mitbestimmung lässt sich vor allem im grenzüberschreitenden Kontext die ***Erzberger*-Entscheidung** des EuGH vom Juli 2017[467] sehen. Dabei ging es um die Vereinbarkeit der Beschränkung des aktiven und passiven Wahlrechts auf im Inland (Deutschland) beschäftigte Arbeitnehmer mit Art. 18 AEUV (Diskriminierungsverbot) und Art. 45 AEUV (Freizügigkeit der Arbeitnehmer). Der EuGH entschied, dass eine entsprechende Beschränkung des **Wahlrechts** von einem in einem anderen Mitgliedstaat befindlichen Arbeitnehmer mit europäischem Recht im Einklang steht. Mangels einschlägiger Harmonisierungsmaßnahmen auf europäischer Ebene in diesem Bereich bleibe es den Mitgliedstaaten im Bereich der unternehmerischen Mitbestimmung daher grundsätzlich unbenommen, den diesbezüglichen Anwendungsbereich ihrer nationalen Vorschriften zu bestimmen, sofern dies objektiv und in nicht-diskriminierender Weise geschehe.[468] Der EuGH nahm hier eine realfolgenorientierte Auslegung vor (dazu näher unter § 2 Rn. 141 f.). Die aus unternehmerischer Sicht brisantere Frage, ob dennoch die im Ausland, insbesondere bei Tochtergesellschaften, angestellten Arbeitnehmer bei der Bestimmung der mitbestimmungsrechtlichen **Schwellenwerte mitzuzählen sind**, entschied der EuGH jedoch nicht ausdrücklich.[469] Hätte der EuGH dies bejaht, wäre dies eine spürbare Veränderung für die grenzüberschreitend in Europa tätigen Unternehmen deutschen Rechts gewesen, da zahlreiche Unternehmen dann der unternehmerischen Mitbestimmung unterliegen würden. Dies würde zwangsläufig auch zu einer Änderung der Corporate Governance bei nur großen mittelständischen Unternehmen (GMU) mit mehr als 500 Arbeitnehmern führen. Konsequenz davon könnte sein, dass, unter der Prämisse der Geltung des Gesellschaftsstatuts für die unternehmerische Mitbestimmung (s. dazu Rn. 102 ff. sowie § 10 Rn. 4),[470] wieder vermehrt ausländische Rechtsformen mit unternehmerischem Schwerpunkt in Deutschland gewählt würden (s. dazu Rn. 109). Vor allem einem mittlerweile zulässigen grenzüberschreitenden Formwechsel (s. dazu § 10 Rn. 123 ff.) könnte dabei vermehrt Bedeutung zukommen.

109 Im Zusammenhang mit der unternehmerischen Mitbestimmung im Leitungs- oder Überwachungsorgan einer Gesellschaft wird vor allem die Möglichkeit einer **Sitzaufspaltung** von Unternehmen im Rahmen grenzüberschreitender Strukturmaßnahmen diskutiert. Dies gilt insbesondere in Mitgliedstaaten, wo eine verpflichtende Mitbestimmung der Arbeitnehmermitbestimmung stark ausgeprägt ist, also beispielsweise in Deutschland.[471] Im Zuge der liberalen Rechtsprechung des EuGH zur Niederlassungsfreiheit von Gesellschaften (s. dazu § 10 Rn. 32 ff.) haben sich in der Praxis verschiedene **Mitbestimmungsvermeidungsstrategien** herausgebildet.[472] Ausgangspunkt ist dabei neben der im Grundsatz bestehenden europarechtlichen Zulässigkeit einer Sitzaufspaltung (Trennung von Register- und Verwaltungssitz), die zumindest in Deutschland nach hM vorliegende Anknüpfung des Mitbestimmungsstatuts an die Rechtsform der Gesellschaft.[473] Die Regelungen über die unternehmerische Mitbestimmung knüpfen somit an das Gesellschaftsstatut an. Fragen der unternehmerischen Mitbestimmung richten sich daher nach dem Recht der Auslandsgesellschaft.[474] Für die Gesellschaftsgründer besteht damit die Möglichkeit, sich eines ausländischen Rechtsträgers zu bedienen und einem etwaigen Erfordernis zur Implementierung der unternehmerischen **Mitbestimmung** nach dem Recht des Sitzstaates der Hauptverwaltung **zu entgehen.**[475] Aus deutscher Sicht bedient man sich hierfür zumeist einer inländischen Kommanditgesellschaft als Unternehmensträger, deren einzige Komplementärin eine geschlossene Kapitalgesellschaft ausländischen Rechts ist.[476] In Bezug auf die supranationalen Gesellschaftsformen wird daher nicht nur die konkrete Mitbe-

467 EuGH, Rs. C-566/15 (Erzberger), ECLI:EU:C:2017:562 = ZIP 2017, 1413.
468 EuGH, Rs. C-566/15 (Erzberger), ECLI:EU:C:2017:562 = ZIP 2017, 1413, Rn. 36.
469 Siehe hierzu OLG Frankfurt NZG 2016, 1186; OLG München NZG 2017, 476.
470 Zur gegenteiligen Auffassung s. § 11 Rn. 62 ff.
471 Vgl. dazu *Bayer* NJW 2016, 1930, 1932 f.; *Franzen* RdA 2004, 257 ff.; *Kindler* in: MüKo BGB, IntGesR, Bd. 11, 6. Aufl. 2015, Rn. 568 ff.; *Morgenroth/Salzmann* NZA-RR 2013, 449 ff.; *Weller* in: FS Hommelhoff, 2012, S. 1275 ff.; *ders.* in: MüKo GmbHG, Bd. 1, 3. Aufl. 2018, Einl. Rn. 474 ff.
472 Vgl. *Ebke* SMU Law Review 68 (2015) 1021, 1030 f.; *Teichmann* ZIP 2016, 899; *Looijestijn-Clearie* ICLQ 49 (2000) 621, 635; in diesem Zusammenhang auch zu einer „SUP & Co. KG“ *Kindler* ZHR 179 (2015) 330, 374.
473 Vgl. *Behrens/Hoffmann* in: Ulmer/Habersack/Löbbe (Hrsg.), GmbHG, Bd. 1, 2. Aufl. 2013, Einl. B Rn. 121; *Mayer* in: MüKo GmbHG, Bd. 1, 2. Aufl. 2015, § 4a Rn. 70; *Teichmann* ZIP 2016, 899; *Großfeld* in: Staudinger, BGB, IntGesR, 14. Aufl. 1998, Rn. 510; *Weller* in: FS Hommelhoff, 2012, S. 1275, 1285; *Schanze* AG 2017, 573, 576.
474 Vgl. *Rehberg* in: Eidenmüller (Hrsg.), Ausländische Kapitalgesellschaften, 2004, § 6 Rn. 103; *Weller* in: MüKo GmbHG, Bd. 1, 3. Aufl. 2018, Einl. Rn. 374; auch eine analoge Anwendung der deutschen Mitbestimmungsregelungen auf ausländische Gesellschaften mit Verwaltungssitz in Deutschland wird nach hM abgelehnt, vgl. *Merkt* ZIP 2011, 1237, 1239; *Zimmer* NJW 2003, 3585, 3590; *Thüsing* ZIP 2004, 381, 382; aA *Kindler* in: Bork/Schäfer (Hrsg.), GmbHG, 3. Aufl. 2015, § 4a Rn. 37; *Franzen* RdA 2004, 257, 260.
475 Vgl. *Kindler* in: MüKo BGB, IntGesR, Bd. 11, 6. Aufl. 2015, Rn. 369; *Franzen* RdA 2004, 257, 258; *Behme* ECFR 2016, 31, 40 f.
476 *Klöhn/Schaper* ZIP 2013, 49; *Nentwig* GmbHR 2015, 1145; statistisch dazu auch *Sick/Pütz*, WSI-Mitteilungen 2011, S. 34, 35 ff.

stimmung diskutiert, sondern zentraler Streitpunkt ist auch immer die Möglichkeit der Sitzaufspaltung (dazu auch § 3 Rn. 154 ff.).

Entsprechende Möglichkeiten zur Vermeidung der Arbeitnehmermitbestimmung auf den überwiegend im Inland tätig werdenden Rechtsträger können auch im Rahmen grenzüberschreitender **Umwandlungen** innerhalb der EU Bedeutung erlangen.[477] Durch die Überführung des bestehenden Rechtsträgers nationalen Rechts in eine ausländische Gesellschaftsform kann aufgrund der erwähnten Anknüpfung des Mitbestimmungs- an das Gesellschaftsstatut grundsätzlich auch eine Änderung des Mitbestimmungsregimes erwirkt werden. Im Rahmen einer **grenzüberschreitenden Verschmelzung** sieht jedoch Art. 133 Kodifizierungs-RL (ex-Art. 16 IntVersch-RL) ein System zur weitgehenden Gewährleistung des in den sich verschmelzenden Gesellschaften bestehenden Mitbestimmungsmodells vor (näher dazu § 24 Rn. 89 ff.). Zwar gilt zunächst das sog Sitzstaatsprinzip,[478] dh auf die aus der Verschmelzung hervorgehende Gesellschaft gilt das Recht des Staates, in dem sie ihren Registersitz hat. Jedoch findet das Sitzstaatsprinzip keine Anwendung, wenn ua in einer der beteiligten Gesellschaften im Vorfeld mehr als 500 Arbeitnehmer beschäftigt sind und ein System der Arbeitnehmermitbestimmung besteht; oder das für die aus der grenzüberschreitenden Verschmelzung hervorgehende Gesellschaft maßgebliche nationale Recht nicht mindestens den gleichen Umfang an der Mitbestimmung der Arbeitnehmer vorsieht, wie er in den jeweiligen an der Verschmelzung beteiligten Gesellschaft bestand (vgl. Art. 133 II Kodifizierungs-RL (ex-Art. 16 II IntVersch-RL)). In diesen Fällen kommt dann grundsätzlich ähnlich wie bei der Gründung einer SE (s. Rn. 106) das **Verhandlungsmodell** und das **Vorher-Nachher-Prinzip** zum Tragen. 110

Im Hinblick auf einen **grenzüberschreitenden Formwechsel**, also eine Registersitzverlegung des Ausgangsrechtsträgers in einen anderen EU-Mitgliedstaat (s. dazu § 10 Rn. 123 ff.), besteht ein entsprechend gesetzlich normiertes Mitbestimmungssicherungsverfahren auf europäischer Ebene bislang jedoch **nicht**. Auch das deutsche Recht sieht hierfür bisher keine speziell hierauf zugeschnittenen Regelungen vor.[479] Gleichwohl ist aufgrund der Rechtsprechung des EuGH ein identitätswahrender Formwechsel in einen ausländischen Rechtsträger im Grundsatz von der Niederlassungsfreiheit geschützt[480] und kann aus praktischer Sicht daher prinzipiell auch zur Verringerung bzw. Vermeidung von nationalen Regelungen zur Arbeitnehmermitbestimmung genutzt werden.[481] Eine entsprechende Mitbestimmungsvermeidungsstrategie wird aus sekundärrechtlicher Perspektive mangels einer Sitzverlegungs- bzw. allgemeinen Mobilitätsrichtlinie für einen grenzüberschreitenden Formwechsel nicht eingedämmt. Der Richtlinienentwurf für eine **Sitzverlegungsrichtlinie** aus dem Jahr 1997 (dazu § 32) enthielt bewusst noch keine Bestimmungen zur Arbeitnehmermitbestimmung. In einem zukünftigen Gesetzgebungsakt (wohl im Rahmen der neuen Kodifizierungs-Richtlinie (dazu § 19) ist jedoch aufgrund der mittlerweile erzielten Fortschritte auf diesem Gebiet mit einer entsprechenden Regelung zu rechnen.[482] 111

Aktivitäten auf EU-Ebene bezüglich der Mitbestimmung werden ferner unter dem Stichwort „**Einbeziehung der Arbeitnehmer**" diskutiert und beziehen sich nicht allein auf die unternehmerische Mitbestimmung im deutschen Sinn. Neben den bereits genannten Verordnungen und Richtlinien beschäftigt sich die Kommission vor allem mit Konsultations- und Informationspflichten,[483] mit der Einbeziehung von Arbeitnehmern im Rahmen von 112

477 Speziell dazu *Morgenroth/Salzmann* NZA-RR 2013, 449 ff.

478 *Lutter/Bayer/Schmidt*, Europäisches Unternehmens- und Kapitalmarktrecht, 2017, Rn. 22.161, Fn. 468; *Forst* in: Gaul/Ludwig/Forst (Hrsg.), Europäisches Mitbestimmungsrecht, 2015, § 5 Rn. 32; *Marsch-Barner* in: FS Haarmann, 2015, S. 118, 132; *Stiegler* DB 2014, 525, 526.

479 Zur Problematik vgl. *Drygala* in: Lutter (Hrsg.), UmwG, 5. Aufl. 2014, § 1 Rn. 39; *Stiegler*, Grenzüberschreitende Sitzverlegungen nach deutschem und europäischem Recht, 2017, S. 324; *Verse* ZEuP 2013, 458, 485.

480 Vgl. EuGH, Rs. C-210/06 (Cartesio), ECLI:EU:C:2008:723 = NZG 2009, 61, Rn. 112 f.; EuGH, Rs. C-378/10 (Vale), ECLI:EU:C:2012:440 = NJW 2012, 2715, Rn. 32 ff.

481 Vgl. *Szydło* ECFR 2010, 414, 416; *Weller* in: FS Blaurock, 2013, S. 497, 511; *Eidenmüller* ZGR 2007, 168, 175; zur Mitbestimmungsvermeidung als Motiv für eine grenzüberschreitende Satzungssitzverlegung auch *Teichmann* DB 2012, 2085, 2091; *Däubler/Heuschmid* NZG 2009, 493, 494; *W.-H. Roth* in: FS Hoffmann-Becking, 2013, S. 965, 978; dennoch gegen eine entsprechende Schutzbestimmung für Arbeitnehmer in einer zukünftigen Richtlinie DAV, Position Paper on the EU-Survey „EU Company law upgrade: Rulkes on digital solutions and efficient cross-border operations", Position Paper No. 46/2017, August 2017, S. 14.

482 In diesem Sinne *Habersack/Verse*, Europäisches Gesellschaftsrecht, 4. Aufl. 2011, § 4 Rn. 31; *Kiem* ZHR 180 (2016) 289, 319 ff.

483 Richtlinie 2002/14/EG des Europäischen Parlaments und des Rates vom 11. März 2002 zur Festlegung eines allgemeinen Rahmens für die Unterrichtung und Anhörung der Arbeitnehmer in der Europäischen Gemeinschaft. Zur Implementierung vgl. eine Studie der Kommission Ales, Directive 2002/14/EC establishing a general framework for informing and consulting employees in the European Community, Synthesis Report, 2007, sowie Europäische Kommission, Mitteilung der Kommission an den Rat, das Europäische Parlament, den Europäischen Wirtschafts- und Sozialausschuss und den Ausschuss der Regionen über die Überprüfung der Anwendung der Richtlinie 2002/14/EG in der EU, KOM/2008/0146 endg.

Massenentlassungen[484] und Veräußerungen von Unternehmen[485] sowie mit länderübergreifenden Unternehmenstarifverträgen.[486] Außerdem hat sich die EU bereits mit der betrieblichen Mitbestimmung auseinandergesetzt. Eine entsprechende Richtlinie stammt aus dem Jahr 1994[487] und wurde 2009[488] überarbeitet. Die Richtlinie verpflichtet die Mitgliedstaaten, dass in großen Unternehmen, die in mehreren europäischen Mitgliedstaaten präsent sind, europäische Betriebsräte eingesetzt werden können.

IV. Corporate Compliance

113 In den letzten Jahren ist weiterhin die Verbindung von **Compliance-Anforderungen** mit Corporate Governance diskutiert worden.[489] Die Abkürzung GRC steht dabei für die Verbindung von Governance, Risk Management und Compliance. Corporate Compliance nach heutigem Verständnis bezeichnet das Ausrichten der unternehmerischen Aktivität am geltenden Recht[490] und an zusätzlichen selbstgesetzten Standards mithilfe eines Managementsystems, mit dem Ziel, Kosten durch Rechtsverletzung zu vermeiden oder zu minimieren.[491] **Compliance Management Systeme (CMS)** dienen dazu, dies durch entsprechende Maßnahmen sicherzustellen. Compliance im heutigen Sinne entstand Anfang der sechziger Jahre in den USA als Managementmodell, mit dem die damals neuen hohen Kartellbußen in Folge von Kartellverstößen verhindert werden sollten.[492] Seit den 1980er Jahren wurde der Begriff dann in den USA unabhängig von bestimmten Rechtsgebieten verwendet.[493]

114 Aktien- und aufsichtsrechtliche Compliance, die mit Corporate Governance in Zusammenhang steht, rückt vor allem bei börsennotierten Gesellschaften immer mehr in den Blickpunkt unternehmerischer Organisations- und Leitungsentscheidungen. Compliance bildet mittlerweile einen **zentralen Aspekt der Unternehmensführung** durch das Leitungs- bzw. Verwaltungsorgan von Aktiengesellschaften.[494] In Deutschland zeigt sich dies nicht zuletzt durch die aufgestellten Anforderungen an ein Compliance-Management-System (CMS) durch die *Siemens/Neubürger*-Entscheidung.[495] Ein Vorstandsmitglied hat demnach im Rahmen seiner Legalitätspflicht dafür Sorge zu tragen, dass das Unternehmen so organisiert und beaufsichtigt wird, dass keine (strafrechtsrelevanten) Gesetzesverstöße erfolgen. Die Einrichtung eines funktionierenden CMS gehört mithin als **aktienrechtliche Organisationspflicht** zum Kernbereich der Unternehmensführung iS guter Corporate Governance.[496]

115 Auf europäischer Ebene gibt es bislang kaum Aktivitäten auf dem Gebiet der Corporate Compliance. Lediglich in Bezug auf **Kartellrechts-Compliance** hat die Kommission ein kurzes Paper veröffentlicht, das ua auf Maßnahmen eingeht, die Unternehmen ergreifen können, um die Einhaltung der rechtlichen Vorgaben sicherzustellen.[497] Der Vorschlag der Kommission zur **Europäischen Stiftung** (Fundatio Europaea – FE) (dazu § 8) enthielt insofern eine bemerkenswerte Regelung, als aus Art. 29 I (b) FE-VO eventuell eine Pflicht des Vorstandes zur

484 Richtlinie 98/59/EG des Rates vom 20. Juli 1998 zur Angleichung der Rechtsvorschriften der Mitgliedstaaten über Massenentlassungen.

485 Richtlinie 2001/23/EG des Rates vom 12. März 2001 zur Angleichung der Rechtsvorschriften der Mitgliedstaaten über die Wahrung von Ansprüchen der Arbeitnehmer beim Übergang von Unternehmen, Betrieben oder Unternehmens- oder Betriebsteilen.

486 Vgl. Europäische Kommission, Beschäftigung, Soziales und Integration, Berichte sowie Protokolle der Expertengruppe zu länderübergreifenden Betriebsvereinbarungen, abrufbar unter; http://ec.europa.eu/social/main.jsp?catId=707&langId=de&intPageId=214.

487 Richtlinie 94/45/EG des Rates vom 22. September 1994 über die Einsetzung eines Europäischen Betriebsrats oder die Schaffung eines Verfahrens zur Unterrichtung und Anhörung der Arbeitnehmer in gemeinschaftsweit operierenden Unternehmen und Unternehmensgruppen (EBR-Richtlinie).

488 Richtlinie 2009/38/EG des Europäischen Parlaments und des Rates vom 06. Mai 2009 über die Einsetzung eines Europäischen Betriebsrats oder die Schaffung eines Verfahrens zur Unterrichtung und Anhörung der Arbeitnehmer in gemeinschaftsweit operierenden Unternehmen und Unternehmensgruppen (Neufassung).

489 Siehe nur *Griffith* 57 William & Mary L. Rev. (2016) 2075 ff.; *Griffith/Thel/Baer et al.* 21 Fordham J. Corporate & Financial L. (2016) 1 ff.; *Bürkle* BB 2007, 1797 ff.; *Feltl/Pucher* wbl. 2010, 265, 267 f.; ferner *Fleischer* in: Spindler/Stilz (Hrsg.), AktG, Bd. 1, 3. Aufl. 2015, § 91 Rn. 61.

490 Vgl. nur *Eufinger* CCZ 2012, 21, 21; *Lösler* NZG 2005, 104.

491 Vgl. *Eufinger* CCZ 2012, 21, 22.

492 Vgl. *Eufinger* CCZ 2012, 21, 22.

493 Zu den historischen Ursprüngen der Compliance *Eufinger* CCZ 2012, 21, 21 f.

494 *Fleischer* in: Fleischer (Hrsg.), Handbuch des Vorstandsrechts, 2006, § 8 Rn. 40; *Harbarth/Brechtel* ZIP 2016, 241, 246; vgl. auch *Griffith* 57 William & Mary L. Rev. (2016) 2075 („Compliance is the new corporate governance"); *Tödtmann/Winstel* in: Semler/Peltzer/Kubis (Hrsg.), Arbeitshandbuch für Vorstandsmitglieder, 2015, § 13 Rn. 11 ff.; *Williams*, Corporate Social Responsibility and Corporate Governance, in: Gordon/Ringe (Eds.), The Oxford Handbook of Corporate Law and Governance, 2018, Part 24.

495 LG München I NZG 2014, 345.

496 Vgl. auch *Harbarth* ZHR 179 (2015) 136, 145 ff.; *Schirmer/Uitz* RdW 2010, 200, 201; aus Stakeholder-Perspektive ferner *Enriques et al.* in: Kraakman et al. (Eds.) The Anatomy of Corporate Law, 2017, S. 79, 99; entgegen einer generellen Verpflichtung zur Einrichtung einer Compliance-Organisation *Paefgen/Napokoj* RdW 2015, 769, 774.

497 Europäische Kommission, Compliance Matters, 2012.

Implementierung eines angemessenen Compliance-Systems hätte hergeleitet werden können.[498] Dies hätte ein absolutes Novum für die supranationalen Gesellschaftsformen dargestellt. Das Projekt einer Europäischen Stiftung scheiterte jedoch im Ergebnis.[499] Abgesehen von Unternehmen der Finanzmarktbranche bestehen auf europäischer Ebene darüber hinaus keine unmittelbaren Pflichten, ein Compliance-System einzurichten. Aus kapitalmarktrechtlicher Sicht besteht jedoch insbesondere aufgrund der Regelungen der CRD IV (s. dazu Rn. 89, 93 f.) und der neuen MiFID II (s. dazu § 34 Rn. 34 ff.) die Pflicht, ein wirksames CMS im Unternehmen zu implementieren.[500]

V. Konzerndimensionale Unternehmensführung

Ebenfalls wieder vermehrt diskutiert wird die Verbesserung einer **konzerndimensionalen Unternehmensführung** in (grenzüberschreitenden) Unternehmensgruppen (zum Europäischen Konzernrecht s. § 35).[501] Im Hinblick auf die Corporate Governance steht dabei insbesondere die Einführung eines sog **Konzerninteresses** im Mittelpunkt.[502] Die Konzernleitung bzw. -organisation soll demnach ggf auch zum Nachteil einzelner Gruppenmitglieder (dh Tochtergesellschaften) ausgeübt werden können, wenn dies im Interesse des Gesamtkonzerns erfolgt. Obgleich sich bei Befolgung eines Konzerninteresses weniger governancebezogene Principal-Agent-Probleme (s. dazu Rn. 7 ff.) stellen werden, sofern es nur die Konzernmutter als Anteilseignerin gibt, hat die Ausrichtung von unternehmerischen Handlungen, ggf abweichend vom Einzelinteresse der Tochtergesellschaft selbst, durchaus Einfluss auf die Unternehmensführung als Corporate Governance-Element. Dies gilt vor allem, wenn die Tochtergesellschaft ebenfalls kapitalmarkrechtlichen Governance-Bestimmungen unterliegt. Noch schärfer treten entsprechende Fragen in den Vordergrund, wenn die Tochter „außenstehende Aktionäre" hat, dh es sich beispielsweise nur um eine 90%ige Tochtergesellschaft handelt. Im grenzüberschreitenden Kontext kommt aus praktischer Sicht dann noch die Beachtung der nationalen Konzernrechtsbestimmungen und deren Reichweite hinzu. 116

Im Hinblick auf die Einführung eines Konzerninteresses wird eine Regulierung des Konzernrechts auf europäischer Ebene immer mehr in Richtung einer Ermöglichungsfunktion (***enabling law***) für grenzüberschreitende Unternehmensgruppen betrachtet.[503] Auch die im Frühjahr 2017 offiziell vorgestellte Fassung eines European Model Company Act (EMCA) sieht ein entsprechendes Weisungsrecht der Konzernmutter an Tochtergesellschaften vor (vgl. Chapter 15, sec. 9 EMCA 2017).[504] Bereits im Jahr 2011 schlug die *Reflection Group on the Future of European Company Law* vor, dass die Kommission zumindest eine Empfehlung zum Gruppeninteresse entwickeln sollte.[505] In ihrem Aktionsplan von 2012 kündigte die Europäische Kommission sodann an, im Jahr 2014 eine Initiative zum Gruppeninteresse zu starten.[506] Obgleich dies (bisher) nicht geschah, entbrannte die Debatte im Rahmen des Vorschlags für eine Ein-Mann-GmbH (SUP) (dazu § 9) jedoch erneut.[507] Eine Kompromissfindung wird sich auf europäischer Ebene wohl schwierig gestalten, da insofern rechtsvergleichend noch spürbare Unterschiede bei der konzerndimensionalen Unternehmensführung bestehen.[508] 117

498 *Jung* BB 2012, 1744; *dies.* PSR 2014, 59; zweifelnd zu der Herleitung einer entsprechenden Pflicht *Weitemeyer* NZG 2012, 1005.

499 Europäische Kommission, Arbeitsprogramm der Kommission 2015. Ein neuer Start, KOM(2014) 910 final, Annex 2, S. 12 Nr. 61 (Demnach bestehen für eine Verordnung über das Statut einer Europäischen Stiftung keine Aussichten darauf, dass eine Einigung erzielt wird, da insofern Einstimmigkeit erforderlich ist).

500 Vgl. dazu *Kindermann/Bast* CB 2013, 337 ff.; *Röh/Zingel* CB 2014, 429 ff.

501 Siehe *Chiappetta/Tombari* ECFR 2012, 261; *Forum Europaeum on Company Groups* ECFR 2015, 299; *Drygala* AG 2013, 198; *Embid Irujo* RabelsZ 69 (2005) 723; *Hommelhoff* in: FS Stilz, 2014, S. 287; *ders.* KSzW 2014, 63; *Kalss* EuZW 2013, 361; *Mülbert* ZHR 179 (2015) 645; *Teichmann* ECFR 2015, 202.

502 Speziell dazu *Conac* ECFR 2013, 194; *Ekkenga* AG 2013, 181, 182 f.; *Schubel* in: FS Müller-Graff, 2015, S. 305; *Weller/Bauer* ZEuP 2015, 6, 20 ff.

503 Vgl. *Teichmann* AG 2013, 184; *ders.* ZGR 2014, 45, 64 ff.; siehe auch *Bayer/Schmidt* in: Lutter/Bayer (Hrsg.), Holding-Handbuch, 5. Aufl. 2015, Rn. 19.72 ff.

504 Dazu *Conac* ECFR 2016, 301, 308 ff.; *Schmidt* ZHR 181 (2017) 43, 83 f.

505 Report of the *Reflection Group on the Future of European Company Law*, 2011, S. 60 ff.

506 Europäische Kommission, Aktionsplan: Europäisches Gesellschaftsrecht und Corporate Governance – ein moderner Rechtsrahmen für engagiertere Aktionäre und besser überlebensfähige Unternehmen, 12.12.2012, KOM(2012) 740, S. 17, 20.

507 Vgl. beispielsweise *Kalss/Klampfl*, Europäisches Gesellschaftsrecht, 2015, Rn. 459 f., 478, 497; *Drygala* EuZW 2014, 491, 495; *Hommelhoff* GmbHR 2014, 1065, 1070 ff.; *Teichmann/Fröhlich* MJ 2014, 536, 541 *Teichmann* NJW 2014, 3561, 3562 ff.; *Verse/Wiersch* EuZW 2016, 330, 337 f.

508 Vgl. zu den Unterschieden *Yasui*, Corporate Governance of Financial Groups, OECD Corporate Governance Working Papers 20/2016, S. 10 f.; siehe auch die Beiträge in *Hommelhoff/Lutter/Teichmann* (Hrsg.), Corporate Governance im grenzüberschreitenden Konzern, 2017.

VI. Stewardship Konzept

118 Eine neue „Denkrichtung" hinsichtlich der Corporate Governance-Regulierung wird weiterhin im investorenbasierten **Stewardship-Konzept** gesehen.[509] Vor allem institutionellen Anlegern kommt dabei eine hervorgehobene Rolle beim Einfluss auf die Unternehmensführung und der Unternehmenskontrolle zu.[510] Investoren sollen sich demnach im Anlegerinteresse aktiv an der Ausgestaltung und Umsetzung unternehmensbezogener Maßnahmen zusammen im Diskurs mit dem Management und/oder Aufsichtsrat beteiligen,[511] um so eine Ausrichtung auf einen langfristigen Unternehmenserfolg sicherzustellen.[512] Unter dem Stichwort des „*shareholder engagement*" werden (freiwillige) Verhaltensvorgaben für institutionelle Anleger diskutiert, die diese sowohl gegenüber dem Unternehmen als auch den hinter ihnen stehenden Investoren ausüben sollen. Eine Vorreiterrolle nimmt hierbei der erstmals im Jahr 2010 erstellte **Stewardship Code** Großbritanniens ein.[513] Hierin werden vor allem Transparenzempfehlungen bezüglich der Aktionärsverantwortung, Stimmrechtsausübung und potenziellen Interessenkonflikten für Investoren börsennotierter Gesellschaften unterbreitet. Entsprechende, hierauf basierende Verhaltenskodizes wurden auch in anderen Staaten eingeführt bzw. sind in Aussicht gestellt.[514] Eine im Grundsatz vergleichbare Herangehensweise findet sich auf europäischer Ebene nunmehr auch bei der Regelung des Art. 3g der neuen **Aktionärsrechterichtlinie** betreffend die Ausarbeitung und Offenlegung der Einbeziehungspolitik institutioneller Anleger und Vermögensverwalter (dazu § 30 Rn. 365 ff.).[515] Gleichwohl ist der britische Stewardship Code nicht frei von **Kritik**,[516] und auch aus europäischer Sicht wird die Übernahme der dortigen Prinzipien zT abgelehnt.[517] Richtig daran ist zum einen, dass nicht sichergestellt werden kann, dass freiwillige, einem *comply or explain*-Vorbehalt unterfallende Regelungen in diesem Bereich tatsächlich einen langfristig positiven Effekt auf die Unternehmensführung haben. Zum anderen ist zu erörtern, ob eine Förderung verstärkten Investoreneinflusses vor allem im Hinblick auf die üblichen Hedgefonds-Aktivitäten in Börsengesellschaften wünschenswert ist.

VII. Langfristige und nachhaltige Investitionen

119 Der Aspekt der langfristigen und nachhaltigen Investitionen ist eng mit den vorangegangenen Punkten zur Corporate Social Responsibility (s. Rn. 97 ff.) und zum *shareholder engagement* (s. Rn. 118) verbunden. Ende 2015 eröffnete die Europäische Kommission zu diesem Thema eine öffentliche Konsultation[518] und hat damit die Diskussion um diesen Aspekt in Gang gesetzt. Im Oktober 2016 veröffentlichte sie die dazu vorliegenden Ergebnisse.[519] Die Konsultation verfolgte den Zweck, herauszufinden, inwiefern institutionelle Investoren und andere professionelle Investoren wie *asset manager* Information und Performance von Unternehmen in den Bereichen Umwelt, Soziales und Governance in ihre Anlageentscheidungen einfließen lassen. Die Kommission möchte mit der Konsultation ergründen, ob und wenn ja, welche Hindernisse für langfristige und nachhaltige Investi-

---

509 Vgl. *Hill* in: Hill/Thomas (Eds.), Research Handbook on Shareholder Power, 2015, S. 53, 65; *Tan* 9 J. Bus. & Tech. L. (2014) 169, 201 f.; zur Relevanz der Stewardship-Theory für Corporate Governance *Welge/Eulerich*, Corporate-Governance-Management, 2014, S. 26 f.; *El-Mahdy* J. Accounting, Ethics & Public Policy 17 (2016) 899, 906 f.

510 Vgl. auch Investor Stewardship Group, Stewardship Framework for Institutional Investors, 2017, Principle B; OECD, OECD Corporate Governance Factbook, 2017, S. 17; *Nulty/Nordberg* Corp. Gov. (Int. Rev.) 24 (2016) 346 f.

511 Im deutschen dualistischen Leitungssystem drückt sich dieser Gedanke iwS beispielsweise dadurch aus, dass in der 2017 geänderten Fassung des DCGK der Aufsichtsratsvorsitzende bereits sein soll, mit Investoren „aufsichtsratsspezifische Themen" zu besprechen (Ziff. 5.2 S. 2 DCGK); dazu auch *Koch* AG 2017, 129; *E. Vetter* AG 2016, 873; *Nikoleyczik/Graßl* NZG 2017, 161, 164 f.; sowie bereits *Fleischer/Bauer/Wansleben* DB 2015, 360.

512 Aus Investorensicht vgl. auch *Investor Stewardship Group*, Corporate Governance Principles for US Listed Companies, 2017, Principle 3.3.

513 Ein vergleichbarer Kodex besteht seit kurzem zB auch in Dänemark mit den *Anbefalinger for Aktivit Ejerskab*; ferner aus privatinstitutioneller Perspektive *Eumedions' Best Practices for Engaged Share Ownership* (Niederlande) und *Principi italiani di Stewardship* der italienischen Vereinigung für Asset Manager (Italien).

514 Vgl. *Chiu* ZVglRWiss 114 (2015) 121, 150; *Hill* in: Hill/Thomas (Eds.), Research Handbook on Shareholder Power, 2015, S. 53, 66.

515 In diesem Kontext auch *Chiu* ZVglRWiss 114 (2015) 121, 151 ff.; *Strenger/Zetzsche* AG 2013, 397, 398 f.

516 Vgl. *Cheffins* MLR 73 (2010) 1004; *Wong* Butterworth's JIBFL 25 (2010) 406; *Micheler* EBOR 14 (2013) 39.

517 Vgl. *Fleischer* ZGR 2011, 155, 166 f.; *Fleischer/Strothotte* AG 2011, 221; kritisch auch *Leyens* ZEuP 2016, 388, 421; positiver zumindest aus deutscher Sicht *Hirte* ZGR 2012, 280, 290.

518 Europäische Kommission, Öffentliche Konsultation zu langfristigen und nachhaltigen Investitionen (18.12.2015-31.3.2016), Zusammenfassung der erhaltenen Stellungnahmen abrufbar unter: http://ec.europa.eu/information_society/newsroom/image/document/2016-44/feedback_final_pc_30068_en_19173.pdf.

519 Europäische Kommission, Summary of the responses to the public consultation on long-term and sustainable investment, 2016.

tionen bestehen.[520] Den Dreiklang aus Umwelt, Sozialem und Governance betitelt die Kommission entsprechend der englischen Bezeichnung („*environmental, social and governance*") mit „**ESG**". Die Antworten zeigen nach Ansicht der Kommission verschiedene, weiterhin bestehende Problembereiche auf (zB die Wahrnehmung von ESG-Risiken als Externalitäten, die Unschärfen bei Treuepflichten, die dann als Rechtfertigung dienen, ESG-Themen nicht zu berücksichtigen, kurzfristige Investitionsanreize), so dass in Zukunft mit entsprechenden (Regulierungs-) Vorschlägen auf diesem Gebiet zu rechnen sein dürfte.

VIII. Finanzielle Beteiligung von Arbeitnehmern

Hinsichtlich der Arbeitnehmerinteressen diskutiert die Kommission die Neubelebung der **Förderung der Kapitalbeteiligung der Arbeitnehmer** (*employee share ownership*), die ein besonderes Interesse an der langfristigen Unternehmensentwicklung haben. Kurzfristig denkende Anleger sollen zugunsten langfristig interessierter Arbeitnehmer „verdrängt" werden,[521] um zum einen das Wohlergehen des Unternehmens langfristig zu sichern und zum anderen das Engagement der Arbeitnehmer (Kontrollfunktion gegenüber dem Aufsichts- bzw. Verwaltungsrat, Stimmrechtsausübung) zu fördern und damit zu einer guten Unternehmensführung beizutragen.[522] Dieses Ziel kann allerdings nur mit Anteilen erreicht werden, die entsprechende Beteiligungsrechte umfassen. Rein finanzielle Beteiligungen am Unternehmenserfolg leisten keinen nennenswerten Beitrag zur Erfüllung der Kontrollfunktion. 120

Die finanzielle Beteiligung von Arbeitnehmern (sowie freier Mitarbeiter und auch anderen mit dem Unternehmen unmittelbar in Verbindung stehenden Personen) entspricht vor allem auch bei **Start Up**-Unternehmen der Praxis. Insbesondere bei technologie- und IT-orientierten (Klein-) Unternehmen sollen Mitarbeiter häufig durch ein von der Gesellschaft beschlossenes ***employee stock ownership program*** (ESOP)[523] längerfristig faktisch an das Unternehmen gebunden und damit das fachspezifische Know-How der Arbeitnehmer im Unternehmen gesichert werden.[524] Hier ist die Beteiligung darüber hinaus auch oftmals Ausgleich für eine unterdurchschnittliche Bezahlung und dem gleichzeitigen Wunsch nach überdurchschnittlichem Engagement der Arbeitnehmer sowie hoher fachlicher Qualifikation.[525] Den Arbeitnehmern wird von der Gesellschaft dabei heute meist allerdings nur ein Angebot zum Erhalt von stimmrechtslosen Stammgeschäftsanteilen unter bestimmten Bedingungen unterbreitet (Stichwort: virtuelle Anteile/*phantom stocks*),[526] wodurch die Auswirkungen auf die Corporate Governance gering sind. Früher waren hingegen echte Beteiligungen üblich. 121

Die finanzielle Beteiligung von Arbeitnehmern am Unternehmensgewinn wird darüber hinaus auch unter dem Begriff ***employee financial participation*** (EFP) diskutiert. Die finanzielle Beteiligung kann verschiedene Formen annehmen, wie:[527] 122

- **Individuelle Arbeitnehmeranteile.** Hierbei werden Arbeitnehmer in Form von Aktien oder *stock options* beteiligt (sog *employee share ownership*);[528]
- **Gewinnbeteiligung** (in bar oder in Anteilen, sofort oder aufgeschoben etc);
- **Pläne zur Mitarbeiterbeteiligung.** Hierbei erhalten nicht die individuellen Arbeitnehmer Aktien, sondern ein Intermediär erwirbt und hält die Anteile. Finanziert wird der Erwerb durch einen Anteil am Gewinn, der auf die Arbeitnehmer entfällt.

---

520 Europäische Kommission, Summary of the responses to the public consultation on long-term and sustainable investment, 2016, S. 2.

521 *Jung* BB 2011, 1987, 1992.

522 Europäische Kommission, Grünbuch Europäischer Corporate Governance-Rahmen, KOM(2011) 164 endg., S. 13.

523 Zur Ausgestaltung eines solchen ESOPs zB im Venture Capital-Bereich *Bank/Möllmann* in: Bank/Möllmann (Hrsg.), Venture Capital Agreements in Germany, 2017, Teil 3, Article 8.

524 Im Falle eines (vorzeitigen) Verlassenes des betreffenden Mitarbeiters („*leaver event*") werden in der Praxis häufig neben Vesting-Klauseln Regelungen zum Verlust der Anteilsoptionen vereinbart.

525 *Weitnauer/Dunkmann* GWR 2013, 371.

526 Dazu beispielsweise zuletzt *Schönhaar* GWR 2017, 293 ff.

527 Vgl. Europäische Kommission, The Promotion of Employee Ownership and Participation, Study 2014, zu den verschiedenen Formen der Arbeitnehmerbeteiligung vgl. S. 7, ferner S. 15 Abbildung 1 mit einer Übersicht der Initiativen zur finanziellen Beteiligung von Arbeitnehmern auf EU-Ebene; Europäische Kommission, Mitteilung zu den Rahmenbedingungen für die Förderung der finanziellen Beteiligung der Arbeitnehmer, KOM(2002) 364 endg., S. 5 ff.; siehe zur gesamten Thematik der Employee Financial Participation Europäische Kommission, „PEPPER" (*Promotion of employee participation in profits and enterprise results*) – Reports I – IV, abrufbar unter: http://www.eurofound.europa.eu/areas/participationatwork/pepperreports.

528 Teilweise kritisch zum Einfluss auf die Corporate Governance auch als Minderheitenschutzinstrument *Enriques et al.* in: Kraakman et al. (Eds.), The Anatomy of Corporate Law, 2017, S. 79, 92. Denkbar sind darüber hinaus auch sog *virtual stock options*, bei denen Mitarbeiter im Falle eines Exits aus dem Unternehmen eine (vorher vertraglich vereinbarte) wirtschaftlich gesehen wie Gesellschafter behandelt werden und ihre „virtuelle" Stammkapitalbeteiligung monetär ausgezahlt bekommen, sodass er auch insofern an der Unternehmenswertentwicklung beteiligt ist.

123 Die Europäische Kommission befürwortet die finanzielle Beteiligung von Arbeitnehmern und versucht bereits seit längerem, sie zu fördern.[529] Bereits im Jahr 1992 formulierte sie eine entsprechende Empfehlung.[530] In 2002 rief sie sodann eine **Expertengruppe** ins Leben.[531] 2014 nahm das Europäische Parlament eine Entschließung an, in der es die Europäische Kommission und die Mitgliedstaaten aufforderte, „angemessene Maßnahmen in Erwägung zu ziehen".[532] Die Europäische Kommission stellte noch im selben Jahr die Ergebnisse einer Studie zu der Thematik vor.[533] Die Studie ermittelte und analysierte nicht nur bestehende Probleme bei der finanziellen Beteiligung von Arbeitnehmern, sondern entwickelte auch mögliche politische Maßnahmen.[534] Die Europäische Kommission sieht die finanzielle Beteiligung als wichtiges Thema nicht nur für große Unternehmen, sondern auch für KMU an.[535] Insbesondere wird ein positiver Effekt in der Förderung von ***employee share ownership*** und der Arbeitnehmerbeteiligung bei der Unternehmensführung ausgemacht. Gleichwohl sehen ca. 2/3 der studienrelevanten Unternehmen in Europa bisher keine entsprechende Art der finanziellen Beteiligung der Arbeitnehmer in ihrer Gesellschaft vor.[536] Zur Verbesserung wird dabei insbesondere eine (optionale) Rahmenrichtlinie in diesem Bereich vorgeschlagen.[537] Konkrete Schritte in diese Richtung sind bisher jedoch nicht erfolgt.

E. Vergleichende Corporate Governance

124 Im Folgenden erfolgt ein **rechtsvergleichender Überblick** zur Corporate Governance in ausgewählten EU-Mitgliedstaaten sowie in den USA als einem der Ideen- und Impulsgeber für nationale und europäische Corporate Governance-Regulierung.[538] Im Rahmen der fortschreitenden Internationalisierung des Wirtschaftsverkehrs ist Corporate Governance länderübergreifend zu einem Maßstab guter Unternehmensführung und Unternehmenspolitik geworden.[539] Inzwischen finden sich in **nahezu jeder** europäischen Rechtsordnung eigene Corporate Governance Kodizes.[540] Zudem kam es in den letzten Jahren in vielen EU Staaten zu umfassenden Reformen der nationalen Regelungen zur Corporate Governance und der entsprechenden Kodizes.[541]

125 Die Befolgung von Corporate Governance-Grundsätzen ist den Gesellschaften dabei **oftmals freigestellt**,[542] da es sich lediglich um unverbindliche Empfehlungen handelt. Für börsennotierte Unternehmen schreibt die Bilanzrichtlinie allerdings den comply or explain-Ansatz vor (s. dazu Rn. 79).

529 Für einen Überblick zu den verschiedenen Maßnahmen siehe Europäische Kommission, Promotion of Employee Ownership and Participation, Study (2014), S. 12 ff.

530 Empfehlung 92/443/EWG des Rates vom 27. Juli 1992 zur Förderung der Beteiligung der Arbeitnehmer an den Betriebserträgen (einschließlich Kapitalbeteiligung).

531 Europäische Kommission, Mitteilung zu den Rahmenbedingungen für die Förderung der finanziellen Beteiligung der Arbeitnehmer, KOM(2002) 364 endg.; siehe auch Europäische Kommission, Bericht zur Förderung der Gewinn- und Betriebsergebnisbeteiligung (einschließlich Kapitalbeteiligung) der Arbeitnehmer in den Mitgliedstaaten, KOM(1996) 697 endg.; Europäische Kommission, Bericht der High Level Group zu den grenzüberschreitenden Hindernissen bei der finanziellen Beteiligung von Arbeitnehmern in Unternehmen mit transnationaler Dimension.

532 Europäisches Parlament, Entschließung des Europäischen Parlaments vom 14. Januar 2014 zur finanziellen Beteiligung der Arbeitnehmer an den Unternehmensgewinnen (2013/2127(INI)).

533 Europäische Kommission, Promotion of Employee Ownership and Participation, Study, 2014.

534 Europäische Kommission, Promotion of Employee Ownership and Participation, Study, 2014, S. 1.

535 Europäische Kommission, Promotion of Employee Ownership and Participation, Study, 2014, S. 1, 6.

536 Vgl. Europäische Kommission, Promotion of Employee Ownership and Participation, Study, 2014, S. 18.

537 Vgl. Europäische Kommission, Promotion of Employee Ownership and Participation, Study, 2014, S. 19.

538 Rechtsvergleichend (zu Teilaspekten) siehe auch *Enriques/Volpin* Journal of Economic Perspectives 21 (2007) 117 ff.; *Becker/v. Werder* AG 2016, 761 ff.; *Hopt/Leyens*, Board Models in Europe, ECGI Law Working Paper No. 18/2004, S. 1 ff.; sowie ua die Studien Autorité des marchés financiers, Comparative study: corporate governance codes in 10 European countries, 2016; European Confederation of Directors Associations, A Guide to Corporate Governance Practices in the European Union, 2015.

539 Vgl. dazu *Clarke/dela Rama* (Hrsg.), Corporate Governance and Globalization, Vol. I, 2006; *Gordon/Roe* in: dies. (Eds.), Convergence and Persistence in Corporate Governance, 2004, S. 1 f.; *Marsch-Barner* in: Marsch-Barner/Schäfer (Hrsg.), Handbuch börsennotierte AG, 2018, Rn. 2.23 ff.

540 Vgl. nur *Lutter* in: KK-AktG, Bd. 3, 3. Aufl. 2011, § 161 Rn. 15; OECD, OECD Corporate Governance Factbook, 2017, S. 15; überblicksartig auch *Clarke*, International Corporate Governance, 2017, S. 261 ff.

541 Vgl. *Enriques/Volpin* Journal of Economic Perspectives 21 (2007) 117, 127; European Confederation of Directors Associations, A Guide to Corporate Governance Practices in the European Union, 2015, S. 16; *Gelter*, Comparative Corporate Governance: Old and New, ECGI Law Working Paper No. 321/2016, S. 20 f.; hier sind insbesondere die Kodizes aus Deutschland und Österreich anzuführen, die seit ihrer Einführung die meisten Änderungen erfahren haben, vgl. *Eder* ZVglRWiss 113 (2014) 239, 246.

542 Dies gilt beispielsweise für die jeweiligen Kodizes in Frankreich, Italien, Österreich oder der Schweiz.

126 Die bestehenden Corporate Governance Kodizes in den Mitgliedstaaten **unterscheiden sich** zum Teil erheblich in ihrem Umfang, ihrer Ausgestaltung und vor allem der Schwerpunktsetzung.[543] In manchen Kodizes wird beispielsweise auch die (aktuelle) Rechtslage für die betroffenen Unternehmen in Teilen dargestellt (zB in den US-amerikanischen *Principles of Corporate Governance* oder im Österreichischen Corporate Governance Kodex (s. Rn. 152)).[544] Idee dieses Ansatzes ist es, den Investoren die Information über Corporate Governance-Aspekte auf einen Blick zu ermöglichen. Sie müssen dann nicht zwingend parallel in die entsprechenden Gesetze schauen. Um den Investoren die Handhabung der Kodizes zu erleichtern, werden diese zudem oftmals in eine weitere Sprache (v. a. Englisch) übersetzt.[545] In anderen Kodizes (zB im italienischen *Codice Di Autodisciplina* und dem niederländischen Corporate Governance Code) finden sich neben den eigentlichen Empfehlungen zT auch umfassende Erläuterungen zu einzelnen Punkten (vgl. zu Italien s. Rn. 174 ff., zu den Niederlanden s. Rn. 181 ff.).[546] So ist der italienische Kodex vom reinen Umfang her (43 Seiten) fast drei Mal so lang wie der deutsche Corporate Governance Kodex (15 Seiten ohne Anhang) und auch deutlich länger als der UK Corporate Governance Code.[547] Gleiches gilt für den niederländischen Kodex, der – allerdings bei großzügiger Formatierung – 48 Seiten lang ist. Der österreichische Corporate Governance Kodex umfasst ebenfalls 48 Seiten (mit Anhängen 76 Seiten). Aufgrund des Gesagten und speziell der Länge lässt sich allerdings noch nicht unmittelbar auf den materiellen Wirkungsgehalt der einzelnen Corporate Governance Kodizes schließen.

127 Trotzdem ist der **europäische Einfluss** bei Kernfragen der Corporate Governance bislang – wenn auch immer größer werdend – noch vergleichsweise gering. Erkennbar ist in den letzten Jahren allerdings eine Beeinflussung und daraus resultierende Konvergenz der EU-Corporate Governance-Vorhaben mit den entsprechenden Tendenzen im **US-amerikanischen Unternehmensrecht** (zur Corporate Governance in den USA daher Rn. 128 ff.).[548] Corporate Governance-bezogene Regelungen in den USA sind somit oftmals Treiber der nationalen Vorhaben in den EU-Mitgliedstaaten. Dies wird beispielsweise bei der zunehmenden Regulierung des Abschlussprüferrechts (dazu § 26; im Rahmen der Corporate Governance auch Rn. 77 f.) und institutioneller Investoren deutlich. Wie sich insbesondere bei der Debatte um die neue Aktionärsrechterichtlinie (dazu § 30 Rn. 7 ff.) zeigte, ist allerdings aufgrund der zT unterschiedlich ausgestalteten Corporate Governance-Systeme in den EU-Mitgliedstaaten eine Übernahme US-amerikanischer Regelungen und Prinzipien (iS eines sog „*legal transplants*") nicht immer angemessen.[549] Entscheidende Unterschiede bestehen beispielsweise im Hinblick auf die verschiedenen Leitungssysteme bei Aktiengesellschaften in Europa (dazu Rn. 47 ff.). Die Konzeption eines formal getrennten Aufsichtsorgans lässt sich faktisch nicht immer unmittelbar in Corporate Governance-Ideen nach dem US-amerikanischen *one tier-board*-System einbetten. Entsprechendes gilt zB auch für die unterschiedliche Eigentümerstruktur von Aktiengesellschaften im anglo-amerikanischen und kontinentaleuropäischen Rechtskreis. Aufgrund der Bedeutung der Corporate Governance in den USA für die Entwicklungen in Europa wird im Folgenden zunächst ein entsprechender Überblick gegeben, bevor die einzelnen Abschnitte zu mitgliedstaatlichen Vorgaben folgen.

543 So eine neuere Studie *Cicon et al.*, European Corporate Governance: A Thematic Analysis of National Codes of Governance, European Financial Management 18 (2012) 620, 645. Eine ältere Studie hatte dagegen noch einen Trend zur Annäherung festgestellt, vgl. WGM/EASD/ECGN, Comparative Study of Corporate Governance Codes Relevant to the European Union and Its Member States, 2002; eine weitgehend Konvergenz erkennend jedoch *Kort* in: Hirte/Mülbert/Roth (Hrsg.), AktG, 5. Aufl. 2015, Vor § 76 Rn. 74b, 107.

544 Hintergrund hierfür ist zumeist, dass es insbesondere ausländischen Investoren nicht zugemutet werden soll, die oft umfangreichen und komplexen gesetzlichen Regelungen zu studieren. Investoren sollen vielmehr im Corporate Governance Code neben den Empfehlungen eine kurze und kompakte Einführung in die Grundaussagen und wesentlichsten Aspekte der gesetzlich bestehenden Bestimmungen zur Unternehmensführung und -kontrolle erhalten.

545 So liegen beispielsweise der italienische, der französische und der niederländische Corporate Governance Kodex auch auf Englisch vor. Der französische AFEP-MEDEF Kodex ist abrufbar unter: http://www.afep.com/contenu/focus/code-de-gouvernement-d-entreprise-des-societes-cotees. Der italienische Corporate Governance Code ist abrufbar unter: http://www.borsaitaliana.it/borsaitaliana/regolamenti/corporategovernance/corporategovernance.en.htm. Der niederländische Corporate Governance Code ist abrufbar unter: http://www.mccg.nl/?page=3779.

546 Rechtsvergleichend zur Konzeption auch Autorité des marchés financiers, Comparative study: corporate governance codes in 10 European countries, 2016, S. 19 f.; *Becker/v. Werder* AG 2016, 761, 766 f.

547 Übersicht bei *Becker/v. Werder* AG 2016, 761, 766.

548 *Thomsen* EBOR 4 (2003) 31, 38; vgl. auch *van den Berghe*, Corporate Governance in a Globalising World: Convergence or Divergence?, 2002, S. 89 f.

549 In einem allgemeineren Sinne zu den Unterschiedenen vgl. auch *Coffee* Oxford Review of Economic Policy 21 (2005) 198.

I. USA

128 Die Diskussion um Corporate Governance begann in den USA bereits zu Beginn der 1980er-Jahre und wurde dabei vor allem auch von **ökonomischen Einflüssen dominiert.**[550] Aus rechtlicher Sicht grundlegend war hier vor allem der erste Entwurf der Corporate Governance Principles des American Law Institutes.[551] Anfänglich spielte der *shareholder value*-Ansatz eine zentrale Rolle und in diesem Zusammenhang auch die *„seperation of ownership and control"*.[552] Die zweite, tendenziell gegenläufige Idee, die die Corporate Governance speiste, war die Verhinderung und der Umgang mit Krisensituationen.[553] So gehen viele der bundesstaatenübergreifenden Corporate Governance-Bestimmungen iwS vor allem auf Finanzmarktkrisen zurück. Insofern wurden insbesondere **kapitalmarkbezogene Regulierungsvorhaben,** die auch Bedeutung für die Corporate Governance von Börsenunternehmen haben (zum Zusammenhang s. auch Rn. 96), schon zu Beginn der 1930er-Jahre umgesetzt. Hieraus resultiert faktisch auch die Vorreiterrolle sowohl für die europäische als auch die mitgliedstaatliche Corporate Governance-Regulierung.[554] Hintergrund ist, dass der weltweite Kapital- und Finanzmarkt überwiegend anglo-amerikanisch bestimmt ist und volkswirtschaftlich sowie monetär bedeutende Unternehmen international vor allem auch in Europa agieren. Dies gilt immer mehr auch für (institutionelle) Investoren (s. dazu Rn. 134) und Abschlussprüfer (s. dazu Rn. 77 ff.) als Corporate Governance-Akteure. Um für diese ein global (westlich) überwiegend vergleichbares Regelungsgefüge zu schaffen, dienten US-amerikanische Corporate Governance-Regularien nicht selten als **Vorläufer** bzw. Referenzpunkte für Corporate Governance-Entwicklungen in Europa. Wie angesprochen betraf/betrifft dies insbesondere den Bezug zur finanzmarkt- und aufsichtsrechtsbezogenen Regulierung. Die Betrachtung der Corporate Governance in den USA ist ferner deshalb von Bedeutung, weil diese die intensivste Forschung zu den ökonomischen Auswirkungen von einzelnen Governance Regeln haben. Zu Beginn der rechtsvergleichenden Ausführungen in ausgewählten Mitgliedstaaten ist ein Blick auf das US-amerikanische Corporate Governance-System daher angebracht.

129 Anders als in den europäischen Ländern existiert in den USA bis heute kein landesweit einheitlicher Kodex. Regelungen betreffend der gesellschaftsrechtlichen Corporate Governance sind vielmehr weitgehend den **einzelnen Bundesstaaten** überlassen, wobei insbesondere Delaware und jüngst Nevada eine hervorgehobene Rolle einnehmen.[555] Börsennotierte Unternehmen müssen allerdings erklären, ob sich ihre geschäftsführenden Board-Mitglieder an einen sog ***Code of Ethics*** halten. Dessen Inhalt wird jedoch nur rudimentär durch das staatliche Recht vorgegeben.[556] Insofern obliegen Corporate Governance-Fragen und deren Regulierung im US-amerikanischen Gesellschafts- und Unternehmensrecht grundsätzlichem dem einzelstaatlichen Recht der Bundesstaaten.[557] Die Listing Rules und Governance-Bestimmungen der großen US-Börsen (zB NYSE) sind jedoch staaten- und länderübergreifend anwendbar und sorgen so bei den börsennotierten Unternehmen für einheitliche Standards. Im Zuge der Bilanzskandale großer US-amerikanischer Unternehmen wie *Enron* oder *Worldcom* und dem damit verbundenen Vertrauensverlust der Anleger hat der US-Gesetzgeber jedoch mit dem **Sarbanes-Oxley Act** (SOX) aus dem Jahr 2002[558] erstmals auch bundeseinheitliche Regelungen zu Corporate Governance-Fragen geschaffen.[559] Ziel dieses Regelungswerkes ist es, mehr Transparenz, Kontrolle und Unabhängigkeit der

550 *Merkt*, US-amerikanisches Gesellschaftsrecht, 2013, Rn. 136; vgl. ferner auch *Bebchuk/Weisbach* Rev.Fin.Stud. 23 (2010) 939 ff.

551 Vgl. dazu *Perkins* Cardozo L. Rev. 8 (1987) 661; *Bainbridge* George Washington L. Rev. 61 (1993) 1034.

552 Grundlegend dazu *Berle/Means*, The Modern Corporation and Private Property, 1932, S. 90.

553 Vgl. dazu aus jüngerer Zeit *Bruner* Journal of Corporation Law 36 (2011) 309.

554 *Clarke*, International Corporate Governance, 2017, S. 186 f.

555 Zur aufsteigenden Rolle des Bundesstaates Nevada im Gesellschaftsrecht der USA vgl. *Barzuza* Virginia L. Rev. 98 (2012) 935; *Beck/Redman* Deal Lawyers 5 (2011) 1; *Dammann* Virginia L. Rev. 99 (2013) 1; *Halen* Journal of Business & Securities Law 16 (2016) 139; *Kobayashi/Ribstein* Seattle Univ. L. Rev. 35 (2012) 1165; *Roberts/Pivnick* Baylor L. Rev. 52 (2000) 45; aus steuerlicher Sicht auch *Kahan/Kamar* Stanford L. Rev. 55 (2002) 679, 693.

556 Code of Ethics, Reg. § 229.406. Item 406, S. 65; vgl. auch *Bachmann* in: Kremer ua (Hrsg.), Deutscher Corporate Governance Kodex, 2018, 2. Teil Vorbemerkung Rn. 64, Fn. 148.

557 Insofern hat sich auch ein gewisser Wettbewerb der Corporate Governance-Systeme mit vor allem dem Bundesstaat Delaware als Vorreiter herausgebildet, vgl. hierzu auch *Cain/Davidoff* Journal of Empirical Legal Studies 9 (2012) 92 ff.; *Cheffins* 40 Del. J. Corp. L. (2015) 1 ff.; *Easterbrook* Virginia L. Rev. 95 (2009) 685 ff.; zunehmend kommt jedoch auch dem Bundesstaat Neveada eine solche Rolle zu, vgl. *Barzuza* Virginia L. Rev. 98 (2012) 935 ff.; *Dammann* Virginia L. Rev. 99 (2013) 1 ff.; *Kobayashi/Ribstein* Seattle Univ. L. Rev. 35 (2012) 1165 ff.; *Beck/Redmann* Deal Lawyers 5 (2011) 1 ff.

558 Sarbanes-Oxley Act of 2002, 15 U.S.C. 7201 (2002). Zum Verhältnis des Skandals und der darauffolgenden Regulierung *Leyens*, Corporate Governance: Grundsatzfragen und Forschungsperspektiven in: Allmendinger ua (Hrsg.), Corporate Governance nach der Finanz- und Wirtschaftskrise, 2011, S. 8.

559 Deutschsprachig zum Sarbanes-Oxley Act *Atkins* DK 2003, 260; *Block* BKR 2003, 774; *Carl* in: Spahlinger/Wegen (Hrsg.), Internationales Gesellschaftsrecht, 2005, Rn. 1623 ff.; *Donald* WM 2006, 705; *Gruson/Kubicek* AG 2006, 337; *Kersting* ZIP 2003, 233; *Köher/Marten* WPg 2003, 10; *Lanfermann/Maul* DB 2002, 1725; *Lenz* BB 2002, 2270; *Regelin/Fisher* IStR 2003, 276; *Schwarz/Holland* ZIP 2002, 1661; *Strauch* NZG 2003, 952; *van Hulle/Lanfermann* WPg 2003, 102; ferner *Hellwig* ECFR 2007, 417; *Coates/Srinivasan* Accounting Horizons 28

Unternehmensführung zu schaffen und damit das Vertrauen der Anleger in die Integrität des US-Kapitalmarktes und die Verlässlichkeit insbesondere der Berichterstattung börsennotierter Gesellschaften wiederherzustellen.[560] Ein Nebeneffekt des Sarbanes-Oxley Act war, dass die Compliance-Diskussion (s. Rn. 113 ff.) in Europa auf die Agenda gelangte.

Zum Schutz der Anleger wurden durch den Sarbanes-Oxley Act verschärfte **Publizitätspflichten** und **Haftungsregelungen** für CEO und CFO eingeführt, die Koordination der Ausschüsse (zB des Prüfungsausschusses (*audit committee*) und des Vergütungsausschusses (*remuneration committee*)) verbessert, die Unabhängigkeit der Board-Mitglieder und Abschlussprüfer erhöht sowie deren Überwachungsaufgaben weiter präzisiert. Das Leitungssystem US-amerikanischer Unternehmen ist dabei monistisch strukturiert, dh es besteht ein einheitliches Board und somit keine (formale) Trennung zwischen Vorstand und Aufsichtsrat wie zB bei deutschen und österreichischen Aktiengesellschaften. Die im SOX enthaltenen Vorschriften werden weitgehend in den von der ***Security Exchange Commision*** (SEC) veröffentlichten Verordnungen konkretisiert.[561] Diese sog *Final Rules* haben rechtsverbindlichen Charakter und sind vom Anwendungsbereich der von SOX erfassten Gesellschaften grundsätzlich zwingend einzuhalten. Teilweise abweichend zum Regelungskonzept auf europäischer Ebene, setzt das US-amerikanische Recht daher weniger auf eine (freiwillige und prinzipienbasierte) Selbstregulierung, sondern auf **zwingende Vorgaben**[562] zur Erreichung der beabsichtigten Ziele.[563] 130

Der Sarbanes-Oxley Act gilt seinem **Anwendungsbereich** nach grundsätzlich für alle börsennotierte Gesellschaften, die bei der SEC registrierungspflichtig sind, dh entweder ihre Aktien an einer US-amerikanischen Wertpapierbörse (zB NYSE, NASDAQ) oder anderweitig öffentlich in den USA anbieten.[564] Dabei ist es zunächst unerheblich, ob es sich bei den entsprechenden Emittenten (*Issuer*) um in- oder ausländische Unternehmen handelt.[565] Jedoch werden durch die SEC verschiedene **Erleichterungen** und Ausnahmebestimmungen für ausländische Gesellschaften mit US-Börsennotierung (sog ***Foreign Private Issuer***) gestattet.[566] Darüber hinaus können einzelne Vorgaben des Sarbanes-Oxley Act und dessen Umsetzungsbestimmungen auch auf ausländische Tochtergesellschaften von US-Unternehmen, die dem SOX unterfallen, Anwendung finden.[567] 131

Personell richtet sich der Sarbanes-Oxley Act vor allem an die geschäftsführenden sowie nicht-geschäftsführenden Mitglieder des Boards sowie die beauftragten Abschlussprüfer. Er ist in **elf Abschnitte** gegliedert, wobei sich die letzten Kapitel überwiegend mit der strafrechtlichen Verantwortung bei Zuwiderhandlungen befassen und daher keinen unmittelbaren Bezug auf die Corporate Governance-Ausgestaltung haben. Von Bedeutung für die Corporate Governance ist insbesondere der Abschnitt zur **Unternehmensverantwortung** (*Corporate Responsibility*). Hierin wird zunächst dargelegt, welche Aufgaben dem Prüfungsausschuss zukommen und wie dessen Zusammensetzung zu erfolgen hat. Sodann schreibt Section 302 vor, dass die betroffenen Unternehmen eine vollständige und korrekte Veröffentlichung aller erforderlichen Informationen zu gewährleisten und der CEO und CFO dies **eidesstattlich zu bestätigen** haben.[568] Damit zusammenhängend müssen die Unternehmen gem Section 402 verbindlich erklären, dass die Wirksamkeit eines internen Kontrollsystems für die Finanzberichterstattung gegeben ist. Zudem dienen Erklärungspflichten allgemein in den USA meist dazu, durch Sanktionen, die an die Falscherklärung anknüpfen, die materielle Regelung durchzusetzen. Dadurch sollen mögliche Fehler im **internen Finanzkontrollsystem** frühzeitig aufgedeckt und behoben werden. Ferner statuiert der Sarbanes-Oxley Act insgesamt eine gesteigerte Verantwortlichkeit der Unternehmensführung und Abschlussprüfer werden verpflichtet, den Prüfungsausschuss über kritische Vorgänge im Rahmen der Rechnungslegung zu informieren.[569] Zudem besteht ein verstärktes Haftungsregime für **Abschlussprüfer** und diese dürfen neben der eigentlichen Prüfung der Rechnungslegung grundsätzlich keine prüfungsnahen Dienstleistungen bzw. Nicht-Prüfungsleistungen durchführen (dazu aus europäischer Sicht § 26 Rn. 95 f.). Zudem wurden die Anforderungen für die Unabhängigkeit der Mitglieder des Prüfungsausschusses erhöht.[570] Insgesamt hatten die Verabschiedung des Sarbanes- 132

(2014) 627 ff.; *Coates* Journal of Economic Perspectives 21 (2007) 91 ff.; *Banerjee et al.* Review of Financial Studies 28 (2015) 2812 ff.

560 Vgl. dazu *Banerjee et al.* Review of Financial Studies 28 (2015) 2812 ff.

561 *Marsch-Barner* in: Marsch-Barner/Schäfer (Hrsg.), Handbuch börsennotierte AG, 2018, Rn. 2.100.

562 Zum Beispiel im Hinblick auf zentrale Elemente der internen Corporate Governance, vgl. Section 301 SOX 2002, Pub. L. 107-204, 116 Stat. 745; Section 10A(m) Securities Exchange Act of 1934, 15 U. S. C. 78j-1(m).

563 Vgl. *Carl* in: Spahlinger/Wegen (Hrsg.), Internationales Gesellschaftsrecht, 2005, Rn. 1624; *Moore* JCLS 9 (2009) 95, 104 f.; *Leyens* ZEuP 2016, 388, 394; *Mouthaan* ECL 5 (2008) 123; zum mangelnden *comply or explain*-Ansatz auch OECD, OECD Corporate Governance Factbook, 2017, S. 15.

564 Zum Anwendungsbereich auch *Block* BKR 2003, 774 f.; *Carl* in: Spahlinger/Wegen (Hrsg.), Internationales Gesellschaftsrecht, 2005, Rn. 1625 ff.

565 Vgl. auch *Marsch-Barner* in: Marsch-Barner/Schäfer (Hrsg.), Handbuch börsennotierte AG, 2018, Rn. 2.101.

566 Dazu auch *Perino* EBOR 4 (2003) 213 ff.

567 Dazu *Lanfermann/Maul* DB 2002, 1725, 1729.

568 Vgl. *Fleischer* in: MüKo GmbHG, Bd. 2, 2. Aufl. 2016, § 41 Rn. 16; *Block* BKR 2003, 774, 775 f.; *Strauch* NZG 2003, 952, 953.

569 Vgl. auch *Marsch-Barner* in: Marsch-Barner/Schäfer (Hrsg.), Handbuch börsennotierte AG, 2018, Rn. 2.2, 2.99.

570 Hierzu rechtsvergleichend auch OECD, OECD Corporate Governance Factbook, 2017, S. 114 ff.

Oxley Act und die entsprechenden SEC-Bestimmungen erheblichen **Einfluss** auf die **praktische Unternehmensführung** US-börsennotierter Gesellschaften.[571] Entsprechende Corporate Governance-Aspekte finden sich nunmehr markant auch im europäischen Unternehmensrecht wieder, vor allem was das reformierte Bilanz- und Abschlussprüferrecht in Europa anbelangt.[572]

133 Ein weiteres US-amerikanisches Bundesgesetz, das zT auch Corporate Governance-Aspekte betrifft und potenziellen Einfluss auf europäische Gesetzgebungsvorhaben hat bzw. haben kann, sind die primär für Börsengesellschaften bestehenden Vorgaben des **Dodd-Frank Act** aus dem Jahr 2010.[573] Das Gesetz verfolgt das Ziel einer Förderung der Finanzmarktstabilität und soll eine verbesserte Verantwortlichkeit und Transparenz im Finanzsystem erreichen. US-Präsident Trump kündigte nach seiner Amtseinführung allerdings medienwirksam an, den Dodd-Frank Act **aufzuheben**. Mit dem „Financial CHOICE Act 2017" wurde dann auch ein entsprechendes Gesetzgebungsprojekt auf den Weg gebracht. Nach derzeitigem Stand (Mai 2018) steht jedoch noch die Zustimmung durch den US-Senat aus. Sollte der Financial CHOICE Act 2017 in dieser Form verabschiedet werden, würden, angeblich zugunsten der unternehmerischen Freiheit, einige Regelungen des Dodd-Frank Act aufgehoben. Zudem würden das sog „Chapter 11"-Verfahren und der „Financial Stability Act of 2010" umfassend geändert werden.

134 Aus (europäischer) Corporate Governance-Sicht sind im Dodd-Frank Act insbesondere die Regelungen zur Regulierung von **Hedgefonds** als institutionelle Investoren[574] und deren Vermögensverwaltern sowie zum **Aktionärsvotum** der **Managervergütung** interessant.[575] Beide Aspekte finden sich in der im Frühjahr 2017 verabschiedeten Änderungsrichtlinie zur Aktionärsrechterichtlinie (§ 30 Rn. 149 ff., 361 ff.) wieder. Hinsichtlich eines *„say on pay"* (Aktionärsvotum zu Vergütungsfragen) sieht der Dodd-Frank Act vor (sec. 951), dass Aktiengesellschaften die letztjährige Vergütung der (geschäftsführenden) Board-Mitglieder den Anteilsinhabern vorzulegen haben.[576] Diese können dann hierzu ihre Zustimmung oder Ablehnung äußern. Jedoch hat – wie beispielsweise (derzeit) auch in Großbritannien – ein entsprechender Beschluss der Aktionäre nur eine beratende Funktion; ihm kommt also kein verbindlicher Charakter zu. Faktisch entfaltet eine Ablehnung der Vergütungspolitik jedoch zumindest für das darauffolgende Jahr eine gewisse Wirkung, da eine Nichtbeachtung den Anteilseignern und etwaigen Stimmrechtsberatern missfallen und eventuell (personelle) Konsequenzen nach sich ziehen würde.

135 Im Gegensatz zur Entwicklung in der EU (dazu bei den einzelnen Länderberichten), kennt das US-amerikanische Recht **keine Vorgaben zur angemessenen Repräsentation von Frauen** und Männern im Board (Stichwort: „Frauenquote").[577] Diesbezügliche Entwicklungen in der EU haben also nicht das US-Recht als Vorbild (dazu im Rahmen der *Principles of Corporate Governance* Rn. 136 ff.). Gerade auf der Ebene der CEO und sonstiger geschäftsführender Boardmitglieder ist der Frauenanteil allerdings auch deutlich höher als in Europa.

136 Auf informeller Ebene kommt weiterhin den ***Principles of Corporate Governance*** des *Business Roundtable*, einer Vereinigung von (ehemaligen) Geschäftsleitern einiger führender US-Unternehmen, gewisse Bedeutung zu.[578] Die Principles of Corporate Governance als ein **unverbindlicher** Corporate Governance Kodex wurden zuletzt im Jahr 2016 aktualisiert. Die Anwendung bzw. Einhaltung der *Principles* ist freiwillig und sie beabsichtigen lediglich, insbesondere dem Board US-amerikanischer Aktiengesellschaften, **Leitlinien** für die Implementierung einer angemessenen und effektiven Unternehmensführung an die Hand zu geben.[579] Die *Principles* ge-

---

571 Vgl. nur *Romano* Yale L. J. 114 (2005) 1521 ff.; *Abbott et al.* Accounting Review 82 (2007) 803 ff.; *Zhang* Journal of Accounting and Economics 44 (2007) 74 ff.

572 So in § 107 III 2 AktG, wonach der Prüfungsausschuss – vergleichbar dem unabhängigen Finanzexperten – gegenüber dem Abschlussprüfer und der internen Revision als institutionalisierter Gesprächspartner fungiert. Weiterhin muss mindestens ein unabhängiger Finanzexperte ein Mitglied des Prüfungsausschusses sein, wenn der Aufsichtsrat einer kapitalmarktorientierten AG einen solchen Ausschuss eingesetzt hat (§ 107 IV AktG); Auch die Einführung des sog *„Bilanzeides"* erfolgte in ausdrücklicher Anlehnung an den Sarbanes-Oxley Act, vgl. dazu *Heldt/Ziemann* NZG 2006, 652, 652 ff.

573 Dodd-Frank Wall Street Reform and Consumer Protection Act, H.R. 4173, 2010; deutschsprachig dazu bzw. zu Teilaspekten *Heppe/Tielmann* WM 2011, 1883; *Müller* RIW 2011, 620; *Schmidt-Bendun/Prusko* NZG 2010, 1128; *Schürrle/Fleck* CCZ 2011, 218; siehe auch *Bainbridge* Minnesota L. Rev. 95 (2011) 1779 ff.

574 Zum Begriff aus europäischer Sicht vgl. *Nabilou* ECFR 2017, 149, 165 ff.

575 Vgl. zu Letzterem auch *Marsch-Barner* in: Marsch-Barner/Schäfer (Hrsg.), Handbuch börsennotierte AG, 2018, Rn. 2.107.

576 Dazu (empirisch) *Randall/Palmiter/Cotter* Cornell L. Rev. 97 (2013) 1213; vgl. auch *Core/Guay/Larcker* Econ.Pol.Rev. 9 (2003) 2003 ff.; *Fisch/Palia/Davidoff Solomon*, Is Say on Pay All About Pay? The Impact of Firm Performance, Univ. Penn ILE Research Paper No. 17-39.

577 *Rieder/Holzmann* AG 2010, 570, 573; *Thüsing* ZESAR 2014, 364, 371; vgl. dazu aber auch *Securities and* Exchange Commission, SEC Final Rule 33-9089, insbesondere S. 38, 80 ff., demnach die SEC mit Wirkung ab März 2010 neue Offenlegungspflichten erlassen hat, wonach börsennotierte Unternehmen erklären müssen, ob sie eine „diversity policy" haben oder nicht. Dies ist auch entsprechend zu begründen. Die SEC geht davon aus, dass „diverse boards" sich positiv auf das Unternehmensergebnis auswirken.

578 Abrufbar unter: http://businessroundtable.org/corporate-governance; vgl. dazu auch *Seligman* George Washington L. Rev. 55 (1987) 325.

579 Principles of Corporate Governance 2016, S. 4.

ben dabei neben Empfehlungen für „gute" Unternehmensführung zT auch die geltende (bundestaatliche) Gesetzgebung mit Bezug zur Corporate Governance wieder. Eine Berichterstattung über die Unternehmensführung wie in der EU (vgl. Art. 20 Bilanz-RL, s. dazu § 25 Rn. 66 ff.), sehen die *Principles* zwar nicht explizit vor, jedoch werden die betroffenen Unternehmen angehalten, die angewandten Corporate Governance-Praktiken und deren zugrundeliegende Beweggründe offenzulegen.

Inhaltlich befassen sich die *Principles* mit den **Aufgaben** und der **Funktion** des Board of Directors und des Managements von Aktiengesellschaften, der Zusammensetzung und Organisation des Boards, der Bildung und Funktion einzelner Ausschüsse im Board sowie dem Verhältnis zu Investoren und Stakeholdern der Gesellschaft. An vielen Stellen sind die *Principles* dabei eher allgemein gehalten und geben grundsätzliche Aspekte der Corporate Governance wieder (zB im Hinblick auf die Funktion und Aufgaben des Boards).[580] Das Board soll sich dabei ua mit der Auswahl der geschäftsführenden Direktoren sowie mit der Bestätigung der Unternehmensstrategie und -planung befassen. Auf der anderen Seite sollen das Management und der gewählte CEO des Unternehmens im **langfristigen** und **nachhaltigen Interesse** die Geschäfte der Gesellschaft führen.[581] 137

Wie in Europa (s. Rn. 52 ff.) ist auch aus US-amerikanischer Sicht im Rahmen der *Principles* die **Zusammensetzung** und **Professionalität des Board of Directors** (iS eines Verwaltungsrates) ein Kernbestandteil der Corporate Governance. Hierbei stehen insbesondere Diversität und Unabhängigkeit zunehmend im Fokus. Danach soll das Board bei der Auswahl seiner Mitglieder ua auch soziale Hintergründe und die Gleichstellung der Geschlechter berücksichtigen.[582] Konkrete Empfehlungen hinsichtlich der Zusammensetzung (zB eine spezifische Geschlechterquote) werden jedoch nicht gemacht. Auch eine (gesetzliche) Mitbestimmung der Arbeitnehmer im Board des Unternehmens wie dies beispielsweise in Deutschland oder Österreich der Fall ist, ist dem US-amerikanischen Recht grundsätzlich fremd.[583] Im Hinblick auf die **Unabhängigkeit** von Board-Mitgliedern wird empfohlen, dass eine wesentliche Mehrheit (*substantial majority*)[584] der Direktoren unabhängig sein soll.[585] Generell besteht dabei keine Unabhängigkeit, wenn die entsprechende Person Verbindungen zu unternehmensfremden Personen hat,[586] die deren Fähigkeit zur unabhängigen Entscheidungsfindung (potenziell) beeinträchtigen.[587] Bezogen auf die Unabhängigkeit wird auch die Personenidentität vom CEO und dem Verwaltungsratsvorsitzenden (*chairman of the board*) diskutiert.[588] Grundsätzlich stellen die *Principles* es den Unternehmen frei, ob sie eine solche Personenidentität zulassen. Tun sie dies oder ist der Verwaltungsratsvorsitzende nicht unabhängig, wird jedoch empfohlen, zusätzlich einen leitenden Direktor (*leading director*) von den so in den *Principles* definierten unabhängigen Board-Mitgliedern bestellen zu lassen.[589] In der Praxis zeigt sich jedoch, ähnlich wie in den meisten europäischen Staaten, dass Unternehmen sich in der Regel gegen die Personenidentität von CEO und *chairman* entscheiden. Gerade diese Trennung führt zu einer gewissen Annäherung an die dualistische Verfassung deutscher Prägung. 138

Im Hinblick auf die Organisation des Boards einer US-amerikanischen Aktiengesellschaft sehen die *Principles* ferner die Bildung **verschiedener Ausschüsse** innerhalb des Boards vor.[590] Empfohlen wird speziell die Bildung je eines Prüfungs-, Vergütungs- und Corporate Governance-Ausschusses. Für kapitalmarktorientierte Aktiengesellschaften ist die Bildung darüber hinaus ggf verpflichtend, wenn die *Listing Rules* der jeweiligen US-Börse dies voraussetzen (zu den NYSE Listing Rules s. Rn. 137). Alle der genannten Ausschüsse sollen aus mindestens drei Mitgliedern bestehen, die jeweils **unabhängig** sein sollen. 139

Die in Deutschland vor allem seit einer entsprechenden Empfehlung im DCGK 2017 (Ziff. 5.2 S. 3) diskutierte Frage der **Kommunikation** zwischen Aktionären und dem Aufsichts- bzw. Verwaltungsrat der Gesellschaft wird auch in den *Principles* thematisiert.[591] Gemäß den *Principles* wird in diesem Zusammenhang empfohlen, dass einzelne Board-Mitglieder nach **Absprache mit dem CEO** der Gesellschaft bereit sein sollen, sich mit Investoren 140

580 Principles of Corporate Governance 2016, S. 7 f.
581 Principles of Corporate Governance 2016, S. 9 f.
582 Principles of Corporate Governance 2016, S. 11.
583 Vgl. nur *Enriques et al.* in: Kraakman et al. (Eds.), The Anatomy of Corporate Law, 2017, S. 79, 90.
584 Wie hoch genau eine solche „wesentliche Mehrheit" sein soll, beschreiben die Principles hingegen nicht. Man wird wohl mindestens von einer 2/3-Mehrheit auszugehen haben.
585 Principles of Corporate Governance 2016, S. 12; vgl. zur Problematik auch *Gordon* Stan. L. Rev. 59 (2007) 1465 ff.
586 „Unternehmensfremde Personen" sind dabei insbesondere Stakeholder, die keine korporative Verbindung zur Gesellschaft haben.
587 Principles of Corporate Governance 2016, S. 12.
588 Eine ähnliche Diskussion findet sich aus deutscher Sicht zB im Rahmen einer auf eine Leitungsperson ausgerichteten monistischen Societas Europaea (SE).
589 Principles of Corporate Governance 2016, S. 13.
590 Principles of Corporate Governance 2016, S. 15 ff.
591 Zur Diskussion und den Streitpunkten im deutschen Recht vgl. nur *Schirmer* in: Gesellschaftsrechtliche Vereinigung (Hrsg.), Gesellschaftsrecht in der Diskussion 2016, 2017, S. 181 ff.

über die langfristige Entwicklung und die Corporate Governance des Unternehmens zu unterhalten.[592] Eine Diskussion über eine ggf damit zusammenhängende Ungleichbehandlung einzelner Investoren, mit denen keine solche Gespräche geführt werden, besteht dabei anders als in Deutschland[593] grundsätzlich nicht bzw. nicht in diesem Maße. Solange eine diesbezügliche Unterscheidung nach Größe oder Aktivitätslevel des Investors vertretbar ist, scheint eine entsprechende Ungleichbehandlung nicht als Problem gese.hen zu werden. Zudem sind die *Principles* auch im Grundsatz unverbindlich für die Unternehmen. Hierbei sind gleichwohl die gesetzlichen und internen Vorgaben für eine entsprechende Kommunikation (wie Verschwiegenheit, Offenlegung des Dialogs) zu beachten. Ein entsprechender Dialog soll indes nur in Kenntnis des und Absprache mit dem Verwaltungsratsvorsitzenden und – sofern vorhanden – dem *leading director* und dem Corporate Governance-Ausschuss stattfinden.

141 Für die beim NYSE notierten Unternehmen sind darüber hinaus die Vorgaben zur Corporate Governance des ***New York Stock Exchange Listed Company Manual*** zu beachten.[594] Die Übernahme der Verpflichtung zur Einhaltung der dortigen Bestimmungen ist Voraussetzung für die Notierung an der NYSE.[595] Dieses ist ein umfassendes Regelwerk und beschreibt neben den Voraussetzungen für eine Börsennotierung auch Grundsätze der Corporate Governance als Bedingungen für ein dortiges *listing*.[596] So müssen bei börsennotierten Unternehmen ua die Mehrheit der Direktoren **unabhängig** sein (sec. 303A.01 NYSE Listed Company Manual).[597] Entsprechende Personen gelten dabei ua dann nicht als unabhängig, wenn sie oder ein Familienmitglied innerhalb der letzten drei Jahre eine Führungsposition in dem Unternehmen bekleideten (sec. 303A.02 NYSE Listed Company Manual). Ferner muss die Gesellschaft sowohl einen speziellen **Corporate Governance-** als auch einen **Vergütungsausschuss** errichten, der vollständig aus unabhängigen Direktoren besteht (sec. 303A.04 f. NYSE Listed Company Manual). Weiterhin werden die beim NYSE gelisteten **ausländischen Unternehmen** verpflichtet, ihre Corporate Governance-Praktiken zu publizieren, sofern diese spürbar von den für inländische US-Gesellschaften bestehenden Listingvoraussetzungen (vgl. sec. 102.00 NYSE Listed Company Manual) abweichen (vgl. sec. 303A.11 NYSE Listed Company Manual). Erwartet wird diesbezüglich zumindest eine kurze, zusammenfassende Darstellung der maßgebenden Unterschiede.[598]

II. Großbritannien

142 Hervorzuheben ist aus europäischer Perspektive an dieser Stelle die **Vorreiterrolle Großbritanniens** im Bereich der Corporate Governance.[599] Der britische *Combined Code on Principles of Good Governance and Code of Best Practice*,[600] dessen erste Fassung bereits 1992 veröffentlicht wurde, bildet den Ausgangspunkt europäischer Kodizes (s. Rn. 1).[601] Der Combined Code on Principles of Good Governance und der Code of Best Practice haben sich dabei im Laufe der Zeit zum derzeit bestehenden UK Corporate Governance Code 2016 (im Folgenden UK CGC 2016) weiterentwickelt. Im Juli 2018 veröffentlichte die britische Aufsichtsbehörde (Financial Reporting Council – FRC) mit dem UK Corporate Governance Code 2018 eine aktualisierte Fassung des Kodex. In Ergänzung zum bisherhigen Kodex aus dem Jahr 2016 sieht der neue Kodex insbesondere eine noch stärkere Fokussierung auf die Unabhängigkeit der Direktoren, die Diversität des Boards als solches sowie eine gesteigerte Berichtspflicht in Bezug auf die Einhaltung der Bestimmungen des Kodex vor. Die Details des UK Corporate Governance Code 2018 konnten im Folgenden nicht mehr umfassend berücksichtigt werden. Dem britischen Kodex folgten inhaltlich in fast allen Ländern Europas ähnliche Bestrebungen, um verschiedene As-

592 Principles of Corporate Governance 2016, S. 25.

593 Vgl. dazu *Koch* AG 2017, 129; *Hirt/Hopt/Mattheus* AG 2016, 725; *Henning* BOARD 2017, 41; *Vetter* AG 2016, 873.

594 Abrufbar unter: http://nysemanual.nyse.com/LCM/Sections/.

595 Vgl. sec. 303A.00 NYSE Listed Company Manual: „Companies listed on the Exchange must comply with certain standards regarding corporate governance as codified in this Section 303A".

596 Darüber hinaus empfiehl es sich den NYSE: Corporate Governance Guide zu berücksichtigen, der zusammenfassende Informationen über Corporate Governance relevanten Aspekte beinhaltet. Der den NYSE: Corporate Governance Guide ist abrufbar unter: https://www.nyse.com/publicdocs/nyse/listing/NYSE_Corporate_Governance_Guide.pdf.

597 Die Definition der Unabhämngigkeit muss hierbei nicht zwingend im Sinne der og *Principles* (s. Rn. 134) zu verstehen sein, da sich um ein anderes Regelwerk handelt und auch der Bezugspunkt (Börsenrecht) durchaus Abweichungen zulässt.

598 Vgl. auch OECD, OECD Corporate Governance Factbook, 2017, S. 30.

599 *Bachmann* in: Kremer ua (Hrsg.), Deutscher Corporate Governance Kodex, 2018, 2. Teil Vorbemerkung, Rn. 63; *Mukwiri/Siems* JLS 41 (2014) 51, 67; *Chiu* J.B.L. 2009, 697, 698; *Keay* J.B.L. 2015, 551; *Marsch-Barner* in: Marsch-Barner/Schäfer (Hrsg.), Handbuch börsennotierte AG, 2018, Rn. 2.26; *Pannier/Rickford* EBLR 2005, 975, 994, 999, im Hinblick auf Offenlegungsbestimmungen jedoch gleichsam kritisch.

600 Deutschsprachig dazu *Just* RIW 2004, 199, 200 ff.

601 Aus deutscher Sicht vgl. nur *Lutter* in: KK-AktG, Bd. 3, 3. Aufl. 2011, § 161 Rn. 8; ferner auch *Gelter*, EU Company Law Harmonization Between Convergence and Varieties of Capitalism, ECGI Law Working Paper No. 355/2017, S. 12.

pekte der Unternehmensleitung börsennotierter Gesellschaften zu regulieren. Dementsprechend verfügen mittlerweile fast alle Mitgliedstaaten über einen oder mehrere Corporate Governance Kodizes oder verwandte Regelwerke.[602] Dabei ließ sich in der Vergangenheit zT eine stückweise **Orientierung** der Corporate Governance Kodizes anderer Mitgliedstaaten am Kodex Großbritanniens feststellen.[603] Diese Orientierung könnte auch nach dem EU-Austritt Großbritanniens weiter bestehen bleiben. Um die fortdauernde Weiterentwicklung des der britischen Corporate Governance – auch nach dem Brexit – zu gewährleisten, hat, basierend auf einem Grünbuch des britischen Wirtschaftsministeriums (*BEIS*) vom November 2016 das Financial Reporting Council im Dezember 2017 eine Konsultation zur Änderung des bestehenden UK CGC 2016 veröffentlicht.[604] Im Juli 2018 wurde sodann der neue UK Corporate Governance Code 2018 offiziell verabschiedet. Anders als die meisten kontinentaleuropäischen Staaten befindet sich die deutliche Mehrheit (ca. 90%) der gelisteten britischen Börsenunternehmen im Streubesitz („*dispersed ownership*") und Mehrheitsbeteiligungen über 25% der Kapitalanteile sind eher die Seltenheit.[605] Dies ist bei der Übernahme von Ideen (iSv *legal transplants*) aus Großbritannien zu bedenken und kann eine anderweitige Regelung notwendig machen.

Wie in den anderen Mitgliedstaaten auch, werden Corporate Governance Aspekte sowohl durch gesetzliche Bestimmungen determiniert (im Rahmen des Companies Act 2006) als auch durch Kodizes. Das britische Recht schreibt für Aktiengesellschaften (Public Company Limited by Shares (**plc**)) ein *one tier board,* dh einen Verwaltungsrat (mittelbar) vor (s. dazu § 12 Rn. 576). Der englische Gesetzgeber sieht dieses System als vorteilhafter gegenüber dem (deutschen) dualistischen System mit einer strengen Trennung zwischen Vorstand und Aufsichtsrat an. Dies bedeutet gleichwohl nicht, dass dem englischen Gesellschaftsrecht eine Differenzierung zwischen geschäftsführenden (*managing*) und überwachenden (*monitoring*) Organmitgliedern fremd ist. In aller Regel wird vielmehr zwischen sog ***executive*** und ***non-executive directors*** unterschieden.[606] Mit executive directors bezeichnet man die geschäftsführenden Direktoren. Den *non-executive directors* kommt dagegen die Überwachung und „Kontrolle" der geschäftsführenden Direktoren zu,[607] womit insofern eine gewisse Ähnlichkeit zum deutschen Aufsichtsratsmitglied besteht. Jedoch ist die genaue Rolle solcher nicht-geschäftsführenden Direktoren gesetzlich nicht explizit festgelegt, so dass – vorbehaltlich der (unverbindlichen) Vorgaben des UK CGC 2016 (dazu Rn. 147) – die Gesellschaften deren Funktionen weitgehend selbst bestimmen können.[608] 143

Die Regelungen des UK CGC 2016 und das englische Gesellschaftsrecht im Ganzen kennen keine verpflichtenden Regelungen zur unternehmerischen **Arbeitnehmermitbestimmung**[609] wie beispielsweise Deutschland – und dies, obwohl die Idee zur unternehmerischen Mitbestimmung nach 1945 von England nach Deutschland exportiert wurde (zum Bezug der Mitbestimmung zu Corporate Governance s. Rn. 102 ff.). Anders als nach **deutschem** Recht besteht daher auch für Börsenunternehmen keine Pflicht Arbeitnehmervertreter in den Verwaltungsrat zu integrieren. Dies bleibt den Gesellschaften **selbst überlassen**. Gleichwohl stellte die aktuelle Premierministerin *May* heraus, dass eine Repräsentation von Arbeitnehmern im Verwaltungsrat einer Gesellschaft durchaus vorteilhaft sein kann. Jedoch wurde in dem von der britischen Regierung Ende November 2016 herausgegebenen Grünbuch zur zukünftigen Corporate Governance[610] keine Pflicht für Gesellschaften, Arbeitnehmervertreter in den Verwaltungsrat zu berufen, angesprochen. Auch in diesbezüglichen Reformvorschlägen der britischen Regierung ist hiervon nicht die Rede, sondern es ist vielmehr eine Berichtspflicht über die arbeitnehmerbezogene Anwendung von sec. 172 CA 2006 (s. dazu § 12 Rn. 450) angedacht.[611] 144

602 Ua Deutschland („*Deutscher Corporate Governance Kodex*" von 2002; aktuelle Fassung von 2017), Österreich („*Österreichischer Corporate Governance Kodex*" von 2002; aktuell in der Fassung aus dem Jahre 2015); Frankreich (angefangen beim sog „*Vienot I Report*" von 1995; mittlerweile als „*Code de gouvernement d'entreprise des sociétés cotées*" von 2015), Niederlande („*De Corporate Governance Code*" von 2003 ("*de Code Tabaksblat*"); überarbeitet im Jahr 2008 und 2016), Italien („*Il Codice di Autodisciplina delle società quotate rivisitato*" von 2002; aktuell als „*Codice di autodisciplina*" von 2015); Belgien („*The 2009 Belgian Code on Corporate Governance*"); Spanien („*Código de buen gobierno de las sociedades cotizadas*" von 2015).

603 Vgl. *Hopt* ZHR 175 (2011) 444, 455; *Marsch-Barner* in: Marsch-Barner/Schäfer (Hrsg.), Handbuch börsennotierte AG, 2018, Rn. 2.27; *Spindler* in: Schmidt/Lutter (Hrsg.), AktG, 3. Aufl. 2015, § 161 Rn. 3.

604 Financial Reporting Council, Proposed Revision to the UK Corporate Governance Code, December 2017.

605 Vgl. BEIS, Corporate Governance, Third Report of Session 2016-17, April 5, 2017, Ziff. 13, 15; *OECD*, OECD Corporate Governance Factbook, 2017, S. 14.

606 Die gesetzlichen Geschäftsleiterpflichten treffen dabei im Grundsatz gleichermaßen auch die nicht-geschäftsführenden Direktoren, vgl. *Re Sherborne Associates Ltd.* [1995] BCC 40; an non-executive directors werden indes geringe Sorgfaltsanforderungen gestellt, vgl. *Re Hawkes Hill Publishing Co. Ltd.* [2007] BCC 937, 950; für Letzteres auch aus europäischer Perspektive *Wymeersch* RabelsZ 69 (2005) 787, 793.

607 Vgl. nur National Association of Pension Funds, "Independent Directors – What Investors Expect", 2002.

608 Vgl. *Sweeney-Baird* Co. Lawyer 27 (2006) 67, 69; *Kiarie* ICCLR 18 (2007) 17; ferner auch *Davies/Worthington*, Gowers&Davies Principles of Modern Company Law, 10. Aufl. 2016, Rn. 14-69.

609 Vgl. nur *Davies* in: Davies et al. (Hrsg.), Corporate Boards in Law and Practice, 2013, S. 713, 761.

610 BEIS, Corporate Governance Reform. Green Paper, BEIS/16/56, November 2016; dazu *Stiegler* AG 2017, R4 ff.

611 Vgl. BEIS, Corporate Governance Reform. The Government response to the green paper consultation, August 2017, S. 4.

145 Im Zuge des „Brexit" werden nur geringfügige Änderungen am derzeit geltenden **UK Corporate Governance Code 2016** für börsennotierte Aktiengesellschaften erwartet.[612] Die Grundsätze des UK Corporate Governance Code sind zwar nicht verpflichtend, werden jedoch allen britischen Gesellschaften empfohlen, deren Aktien an der Londoner Börse gehandelt werden.[613] Eine gewisse Bindung ergibt sich jedoch daraus, dass die Gesellschaften ihrem Jahresabschluss eine Erklärung beifügen müssen, aus der sich ergibt, wie sie die Grundsätze des Kodexes anwenden. Dabei gilt in Anlehnung an Art. 20 I lit. b) Bilanz-RL (dazu § 25 Rn. 67) der *comply or explain*-Grundsatz.[614] Insofern stellt der UK CGC 2016 den maßgebenden Rahmen für die Unternehmensführung von britischen börsennotierten Gesellschaften dar.[615] Die absolute Mehrheit (ca. 90%) der FTSE 350-Unternehmen befolgt dabei auch umfassend die Empfehlungen des UK CGC 2016.[616]

146 Der britische Corporate Governance Kodex (UK CGC) wird vom ***Financial Reporting Council*** (FRC) herausgegeben und aktualisiert, der als eine Art „halbstaatliche Standardisierungsbehörde" fungiert.[617] Gemäß seinen Statuten hat das FRC insbesondere die Aufgabe, die Ordnungsmäßigkeit der Finanzberichterstattung zu fördern und deren qualitative Weiterentwicklungen zu unterstützen.[618] Der britische Corporate Governance Kodex in seiner aktuellen Fassung (2016) unterscheidet dem Grunde nach zwischen Hauptbestimmungen und unterstützenden Nebenbestimmungen. Die **Hauptbestimmungen** („*main principles*") sind allgemein formuliert und werden durch die **Nebenbestimmungen** („*supporting principles*") konkretisiert und ergänzt. Über beide ist im Sinne des *comply or explain*-Prinzips im Jahresabschluss über deren Anwendung und etwaige Nichtbeachtung zu berichten.[619]

147 Im Vergleich zum deutschen Recht sind inhaltlich verschiedene Aspekte des aktuellen UK Corporate Governance Code (**UK CGC 2016**) zur Unternehmensführung nennenswert. Obgleich im UK CGC 2016 nicht explizit bestimmt, ist der Kodex funktional dem **monistischen Modell** mit nur einem Verwaltungsrat angepasst und bezieht sich an keiner Stelle auf die Organisation im Rahmen eines dualistischen Systems wie im deutschem Recht. Mit Blick auf den Verwaltungsrat spielt vor allem die **Unabhängigkeit** der Überwachung der *non-executive directors* (nicht-geschäftsführenden Direktoren) eine bedeutende Rolle in der britischen Corporate Governance.[620] Insofern sieht der UK CGC 2016 – mit Ausnahme in Bezug auf „kleinere Gesellschaften" (*smaller companies*)[621] – im Grundsatz vor, dass der Verwaltungsrat (*Board*) mindestens zur Hälfte aus *independent non-executive directors* bestehen sollte (Provision B.1.2. UK CGC 2016).[622] Wie auch in den USA (s. Rn. 130) wird Unabhängigkeit dabei durchaus eng verstanden und beschreibt bezogen auf die nicht-geschäftsführenden Mitglieder des Boards allgemein die Unabhängigkeit vom Management der Gesellschaft.[623] Für Börsengesellschaften beschreibt der UK CGC 2016 darüber hinaus selbst ausführlich, wann ein Boardmitglied im Zweifel als nicht unabhängig zu erachten ist. Nach Provision B.1.1. UK CGC 2016 gilt grundsätzlich nicht als unabhängig, wer ua mehr als fünf Jahre Arbeitnehmer der Gesellschaft bzw. des Konzerns ist, wer enge familiäre Beziehungen (*close family ties*) zu einem Berater, Geschäftsführer oder leitenden Angestellten der Gesellschaft besitzt, wer über seine Vergütung als Boardmitglied weitere Zuzahlungen von der Gesellschaft erhält oder Aktienoptionen besitzt und wer bereits seit mehr als neun Jahren Mitglied des Boards ist.

148 Hinsichtlich der **Vergütung** geschäftsführender Direktoren (*executive remuneration*) und der zugrundeliegenden Vergütungspolitik gilt in Großbritannien schon seit Oktober 2013, dass bei börsennotierten Gesellschaften mindestens einmal alle drei Jahre die Gesellschaft verpflichtet ist, eine verbindliche Aktionärsabstimmung über die (generelle) Vergütungspolitik abzuhalten (*say on pay*) (sec. 439A (1) (b) CA 2006).[624] Zudem wurde im Ende

---

612 Vgl. *Stiegler* in: Kramme/Baldus/Schmidt-Kessel (Hrsg.), Brexit und die juristischen Folgen, 2017, S. 129, 149 f.

613 *Marsch-Barner* in: Marsch-Barner/Schäfer (Hrsg.), Handbuch börsennotierte AG, 2018, Rn. 2.27; mittlerweile überarbeitet und veröffentlicht als „The UK Corporate Governance Code", 2014.

614 Vgl. UK CGC 2016, S. 4.

615 *Keay* J.B.L. 2015, 551; vgl. auch *Davies/Worthington*, Gower&Davies Principles of Modern Company Law, 10. Aufl. 2016, Rn. 14-81.

616 Vgl. BEIS, Corporate Governance, Third Report of Session 2016-17, April 2017, Ziff. 17; FRC, Developments in Corporate Governance and Stewardship 2016, January 2017, S. 6.

617 *Becker/v. Werder* AG 2016, 761, 764.

618 Der Financial Reporting Council plant derzeit eine umfassende Überprüfung des geltenden UK CGC 2016 und auch im Hinblick auf das Grünbuch zur UK Corporate Governance von 2016 kann – Stand Juni 2018 – mit einer baldigen Reform der britischen Corporate Governance gerechnet werden.

619 *Davies/Worthington*, Gower&Davies Principles of Modern Company Law, 10. Aufl. 2016, Rn. 14-77.

620 Insofern auch zur Orientierung der europäischen Unabhängigkeits-Empfehlungen an den damaligen britischen Bestimmungen *Roth* ZHR 175 (2011) 605, 615 ff.; *Verse* in: Fleischer ua (Hrsg.), 50 Jahre AktG, 2016, S. 304, 313, Fn. 65.

621 Gesellschaften, die im Vorberichtsjahr durchgehend unter der FTSE 350-Indexgrenze waren.

622 Ferner rechtsvergleichend OECD, OECD Corporate Governance Factbook, 2017, S. 95.

623 *Davies/Worthington*, Gower&Davies Principles of Modern Company Law, 10. Aufl. 2016, Rn. 14-75; *Boyle/Birds*, Company Law, 9. Aufl. 2014, Rn. 11.5.6.

624 Dazu *Wells* IJLM 57 (2015) 300 ff.; *Petrin* Co Lawyer 36 (2015) 195 ff.; *Ndzi* IJLM 58 (2016) 337 ff.; ferner *Chiu* ZVglRWiss 114 (2015) 121, 136 ff.; *Gordon* Harvard J. Legis. 46 (2009) 323 ff.

November 2016 veröffentlichten Grünbuch zur Corporate Governance eine verpflichtende **Veröffentlichung** des Vergütungsverhältnisses zwischen dem leitenden Geschäftsführer (CEO) und dem Durchschnitt der Arbeitnehmer der Gesellschaft thematisiert.[625] Darüber hinaus können Gesellschafter ggf auch im Rahmen der Geltendmachung einer *unfair prejudice* (ausführlich dazu § 12 Rn. 360 ff.) eine Überprüfung der Vergütungshöhe des Geschäftsleiters der Gesellschaft erreichen, insbesondere wenn ein Mehrheitsgesellschafter-Geschäftsführer eine unverhältnismäßig hohe Vergütung durchsetzt.[626]

Ferner sind in der britischen Corporate Governance-Diskussion ebenso wie im deutschen Recht und auf europäischer Ebene (s. Rn. 52 ff.) Fragen der **Diversität** im Verwaltungsrat im Aufwind. Derzeit gibt es jedoch **keine gesetzliche Quote** und eine verbindliche Regelung ist momentan auch nicht in Aussicht. Der UK CGC 2016 spricht ebenfalls nur allgemein davon, dass bei der Auswahl neuer Boardmitglieder auf die Geschlechtervielfalt geachtet werden soll (vgl. B.2 Supporting Principles S. 1). Es werden lediglich Empfehlungen (ua von Politikern) für eine entsprechende Diversität ausgesprochen.[627] Angedacht ist jedoch, dass mindestens die Hälfte der neu zu wählenden *executive directors* aller börsennotierten und FTSE350-Unternehmen bis zum Mai 2020 Frauen sein sollten („*at least half […] should be women*").[628] Derzeit wird dabei wohl eine gesetzliche Regelung mit entsprechendem Soll-Charakter ins Auge gefasst, wobei die betroffenen Unternehmen zu begründen haben, wenn sie die Quote nicht erreichen. Denkbar ist zudem eine zukünftige Regelung im UK CGC 2016. Zurzeit liegt die Quote zumindest bei den FTSE 100-Unternehmen jedoch nur bei ca. 10% (bei nicht-geschäftsführenden Direktoren hingegen bei ca. 30%).[629] Im Jahr 2017 war dieser prozentuale Anteil sogar jeweils leicht rückläufig.[630] Bereits jetzt haben die Direktoren einer börsennotierten Gesellschaft allerdings im **Strategiebericht** (*strategic report*) Angaben zur geschlechterspezifischen Zusammensetzung des Boards zu machen (sec. 414C (8) (c) (i) CA 2006). 149

III. Österreich

Der österreichische Corporate Governance Kodex (ÖCGK) wurde **2002** geschaffen[631] und seit dem kontinuierlich weiterentwickelt. Insgesamt erfuhr der ÖCGK über die Jahre hinweg sieben **Überarbeitungen**. Die erste wesentliche Änderung erfolgte 2006 und hatte vor allem das Ziel, die Empfehlungen der Europäischen Kommission zu den Aufgaben der Aufsichtsratsmitglieder und der Vergütung der Unternehmensleitung zu berücksichtigen.[632] Im Jahr 2009 wurde dann eine Anpassung aufgrund des Unternehmensrechts-Änderungsgesetzes von 2008 durchgeführt.[633] Einfluss auf die Entwicklung des ÖCGK hatte zu diesem Zeitpunkt auch die Finanzkrise, so dass Aspekte wie Transparenz, Nachhaltigkeit, Langfristigkeit und eine effektive Unternehmenskontrolle in den Vordergrund rückten.[634] Nicht zuletzt wurde bei der Angleichung des ÖCGK 2009 auch der Diversität im Aufsichtsrat Rechnung getragen.[635] 2010 wurde schließlich der Schwerpunkt auf die Vergütung der Unternehmensleitung gelegt[636] und 2012 auf die Fortentwicklung der Diversitätsregelung.[637] Im Januar **2015** erfolgte 150

625 Vgl. BEIS, Corporate Governance Reform – Green Paper, November 2016, S. 29 f.; vgl. dazu auch *Wagner/Wenk*, Agency versus Hold-up: Benefits and Costs of Shareholder Rights, ECGI Finance Working Paper No. 500/2017, S. 2 f.

626 Vgl. *Maidment v. Attwood & Ors.* [2012] EWCA Civ. 998.

627 Vgl. *Lord Davies of Abersoch*, Women on Boards, February 2011, URN 11/745; ferner FRC, Consultation Document: Gender Diversity on Boards, May 2011.

628 Vgl. BEIS, Corporate Governance, Third Report of Session 2016-17, April 5, 2017, Ziff. 127.

629 Vgl. BEIS, Corporate Governance, Third Report of Session 2016-17, April 5, 2017, Ziff. 122; siehe auch SpencerStuart, UK Board Index 2016, S. 3.

630 Vgl. *Green Park*, Leadership 10,000 Report, 4. Aufl. 2017, Key Findings No. 3.

631 ÖCGK September 2002. Abrufbar unter: http://www.corporate-governance.at/kodex/.

632 *Schenz/Eberhartinger* in: Schenz/Eberhartinger (Hrsg.), Corporate Governance in Österreich, 2012, S. 32 ff.; *Kittel*, Handbuch für Aufsichtsratsmitglieder, 2006, S. 65; Europäische Kommission, Empfehlung 2005/162/EG zu den Aufgaben von nicht geschäftsführenden Direktoren/Aufsichtsratsmitgliedern/börsennotierter Gesellschaften sowie zu den Ausschüssen des Verwaltungs-/Aufsichtsrats; Europäische Kommission, Empfehlung 2004/913/EG zur Einführung einer angemessenen Vergütung von Mitgliedern der Unternehmensleitung börsennotierter Gesellschaften.

633 *Schenz/Eberhartinger* in: Schenz/Eberhartinger (Hrsg.), Corporate Governance in Österreich, 2012, S. 36.

634 *Schenz/Eberhartinger* in: Schenz/Eberhartinger (Hrsg.), Corporate Governance in Österreich, 2012, S. 36 f.; vgl. zur Nachhaltigkeit auch *Jehmlich/Thießen/Koch* ÖBA 2016, 418.

635 *Schenz/Eberhartinger* in: Schenz/Eberhartinger (Hrsg.), Corporate Governance in Österreich, 2012, S. 39.

636 *Schenz/Eberhartinger* in: Schenz/Eberhartinger (Hrsg.), Corporate Governance in Österreich, 2012, S. 40. Berücksichtigt wurde die Empfehlung der EU-Kommission vom 30.4.2009 zur Ergänzung der Empfehlungen 2004/913/EG und 2005/162/EG zur Regelung der Vergütung von Mitgliedern der Unternehmensleitung börsennotierter Gesellschaften (2009/385/EG); zur Vergütung *Schima* in: Schenz/Eberhartinger (Hrsg.), Corporate Governance in Österreich, 2012, S. 254 f.

637 *Schenz/Eberhartinger* in: Schenz/Eberhartinger (Hrsg.), Corporate Governance in Österreich, 2012, S. 40 ff.; zur Vergütung *Schima* in: Schenz/Eberhartinger (Hrsg.), Corporate Governance in Österreich, 2012, S. 255 ff.

dann eine weitere Anpassung des ÖCGK.[638] Änderungen wurden insofern vor allem mit Blick auf die Empfehlung der Kommission zur Qualität der Berichterstattung sowie bezüglich des Corporate Governance-Berichts gemäß § 243c UGB vorgenommen.[639] Die bislang letzte Überarbeitung erfolgte im Januar 2018.[640] Ausweislich des Vorworts wurden insofern vor allem Anpassungen in Hinblick auf geänderte, zwingende gesetzliche Vorgaben durchgeführt.[641]

151 Verantwortlich für die Weiterentwicklung des ÖCGK ist der **Arbeitskreis für Corporate Governance**, der sich aus Mitgliedern aus der Wirtschaft, Emittenten, Anlegern, Finanzanalysten, Arbeitnehmer- und Arbeitsgeberrepräsentanten und Vertretern aus der Wissenschaft zusammengesetzt.[642] Hinzu kommen unterstützende Institutionen.[643]

152 Der ÖCGK umfasst drei verschiedene **„Regelkategorien"**:[644]

- ***Legal Requirements*** (L) beruhen auf zwingenden Gesetzesvorschriften und müssen daher befolgt werden. Sie sollen vor allem ausländischen Investoren einen Überblick über die österreichische Rechtslage vermitteln.
- ***comply or explain***-Bestimmungen (C) ergänzen die gesetzlichen Regelungen. Folgen Unternehmen diesen Bestimmungen nicht, müssen sie die Abweichungen entsprechend begründen. Dafür enthält der ÖCGK in Anhang 2b Leitlinien.[645]
- ***Recommandations*** (R) haben dagegen einen reinen Empfehlungscharakter und eine Nichteinhaltung dieser ist weder zu veröffentlichen noch zu begründen.

153 Damit ergibt sich für den ÖCGK eine **„L-C-R-Kategorisierung"**. Dadurch entspricht der Kodex der Empfehlung der Europäischen Kommission,[646] kenntlich zu machen, bei welchen Regeln es sich um gesetzliche Vorgaben handelt, von welchen abgewichen werden kann und welche Aspekte dem *comply or explain*-Grundsatz unterliegen (dazu Rn. 83).[647] Allerdings enthielt der ÖCGK diese Unterscheidung schon vor der Empfehlung durch die Kommission in der ersten Kodexfassung von 2002.[648] Wohl auch aufgrund der Wiederholung der gesetzlichen Bestimmungen sowie der Ergänzung um Recommendations (R) bringt der ÖCGK es auf einen beachtlichen Umfang von 48 Seiten (76 Seiten mit Anhang).

154 Der ÖCGK gliedert sich in **sechs Abschnitte** sowie **fünf Anhänge**. Abschnitt II beschäftigt sich mit den Aktionären und der Hauptversammlung während Abschnitt III auf das Zusammenwirken von Vorstand und Aufsichtsrat eingeht. Die Abschnitte IV und V widmen sich dann jeweils dem Vorstand und dem Aufsichtsrat. In Abschnitt VI geht es um Transparenz und Prüfung.[649] Insgesamt erfährt der ÖCGK eine hohe Akzeptanz. Dies spiegelt sich ua in der hohen Befolgungsquote wider. Seit 2009 liegt diese **im Prime Market** für die C-Regeln stets bei über 90%.[650]

155 Der ÖCGK richtet sich unmittelbar an börsennotierte Aktiengesellschaften und börsennotierte Europäische Aktiengesellschaften.[651] Allerdings empfiehlt sich der Kodex selbst auch zur Orientierung für nicht-börsennotierte Aktiengesellschaften.[652] Grundsätzlich sind die Regeln auf Unternehmen mit einem **dualistischen System** ausgerichtet, da dies die für die österreichische Aktiengesellschaft vorgegebene Struktur ist. Eine entsprechende Anwendung ist daher notwendig, wenn eine börsennotierte Europäische Aktiengesellschaft (SE) (dazu § 4) eine monistische Struktur gewählt hat.[653]

---

638 ÖCGK, Januar 2015, abrufbar unter: http://www.corporate-governance.at/uploads/u/corpgov/files/kodex/corporate-governance-kodex-012015.pdf.
639 ÖCGK, Januar 2018, S. 6, abrufbar unter: http://www.corporate-governance.at/uploads/u/corpgov/files/kodex/corporate-governance-kodex-012018.pdf.
640 ÖCGK, Januar 2018, abrufbar unter: http://www.corporate-governance.at/uploads/u/corpgov/files/kodex/corporate-governance-kodex-012018.pdf.
641 ÖCGK, Januar 2018, S. 7.
642 Vgl. *Kalss* ZVglRWiss 114 (2015) 157, 160. Eine Übersicht über die Mitglieder des Arbeitskreises findet sich auf der Internetseite des ÖCGK, abrufbar unter: http://www.corporate-governance.at/arbeitskreis/.
643 Hierunter fallen ua das Aktienforum, das Bundesministerium für Finanzen, das Bundesministerium für Wissenschaft, Forschung und Wirtschaft und die Finanzmarktaufsicht.
644 Vgl. ÖCGK, Fassung Januar 2018, S. 14; dazu *Müller* ÖBA 2011, 2, 3 f.; *Kalss* ZVlgRWiss 114 (2015) 157, 161.
645 ÖCGK, Januar 2018, S. 57.
646 Europäische Kommission, Empfehlung vom 9. April 2014 zur Qualität der Berichterstattung über die Unternehmensführung („Comply or Explain"), 2014/208/EU, Empfehlung 2.
647 *Eberhartinger/Nolz* in: FS Nowotny, 2015, S. 269.
648 ÖCGK, September 2002, S. 11.
649 Zu den inhaltlichen Vorgaben vgl. *Eder* ZVglRWiss 113 (2014) 239, 248 ff.
650 *Haidenthaller* in: Schenz/Eberhartinger (Hrsg.), Corporate Governance in Österreich, 2012, 62 f.; im Rahmen der Berichterstattung vgl. auch *Aust/Ritsch* RWZ 2016, 135; *Mitter/Schnekenleitner* RWZ 2014, 344.
651 ÖCGK, Januar 2018, Präambel S. 11.
652 ÖCGK, Januar 2018, Präambel S. 12.
653 ÖCGK, Januar 2018, S. 11.

Börsennotierte Gesellschaften in Österreich sind seit 2008[654] gemäß § 243c UGB verpflichtet, einen Bericht über die Einhaltung der Bestimmungen des **Österreichischen Corporate Governance Kodex** (ÖCGK) oder eines anderen Kodex abzugeben oder zu erklären und zu begründen, dass sie keinem Kodex folgen.[655] Für Gesellschaften, die an der Wiener Börse im Prime Market gelistet werden wollen, ist es erforderlich, dass sie sich vorher zur Befolgung des ÖCGK verpflichten.[656] Eine gesetzliche Rückbindung erfährt die Erklärungs- und Berichtspflicht durch § 243c UGB.[657] Es handelt sich dabei um einen eigenständigen Bericht, der vom Lagebericht unabhängig ist.[658] Der Corporate Governance-Bericht nach § 243c UGB ist nicht unmittelbar mit der Entsprechenserklärung gem § 161 AktG zu vergleichen.[659] Der Bericht nach österreichischem Recht wird gesetzlich auch in den einschlägigen Veröffentlichungspflichten für die Hauptversammlung (§ 108 III Nr. 2 öAktG), Verschmelzung (§ 221a II Nr. 2 öAktG) und Spaltung (§ 7 II Nr. 2 SpaltG) genannt. Vergleichbar ist er am ehesten mit der Erklärung zur Unternehmensführung (§§ 289f, 315 I HGB).[660] Der Corporate Governance-Bericht ist sodann gemeinsam mit dem Jahresabschluss und dem Lagebericht spätestens neun Monate nach dem Bilanzstichtag mit dem Bestätigungsvermerk beim Firmenbuchgericht **einzureichen** und zu hinterlegen (§ 277 I UGB). § 243c UGB enthält neben der Bestimmung über die Anfertigung eines **Corporate Governance-Berichtes** zugleich eine Auflistung von Angaben, über die der Bericht mindestens informieren muss. Eine Musterstruktur für den Aufbau des Corporate Governance-Berichts führt der ÖCGK in Anhang 2a auf, welche auf der Stellungnahme des Austrian Financial Reporting and Auditing Committee (AFRAC)[661] aus dem Jahr 2014 beruht.[662] 156

Eine gesetzliche „**Frauenquote**" gab es in Österreich bis vor kurzem nicht. Für staatsnahe Betriebe wurde allerdings schon seit längerem aktiv versucht, den Anteil weiblicher Führungskräfte zu erhöhen. So hatte sich die österreichische Bundesregierung im März 2011 verpflichtet, eine Frauenquote in Aufsichtsräten der Bundesunternehmen einzuhalten[663] und auch im Public Corporate Governance Kodex wurde eine Quotenregelung niedergeschrieben. So beträgt der Frauenanteil in staatsnahen Betrieben 25% im Aufsichtsrat und soll bis Ende 2018 35% betragen. Im ÖCGK selbst wurde dagegen noch in der Fassung von 2015 keine konkrete Empfehlung (C) gegeben. Nach § 243c II Nr. 2 UGB war jedoch bereits im Bericht anzugeben, welche Maßnahmen zur Förderung von Frauen im Vorstand, Aufsichtsrat und in leitenden Stellungen der Gesellschaft unternommen wurden. Indirekt mag dies zur Förderung von Frauen in leitenden Positionen geführt haben.[664] Am 26.7.2017 wurde dann allerdings das „Bundesgesetz, mit dem das Aktiengesetz, das GmbH-Gesetz, das SE-Gesetz, das Genossenschaftsgesetz und das Arbeitsverfassungsgesetz zur Erreichung einer gleichberechtigten Vertretung von Frauen und Männern im Aufsichtsrat geändert werden (**Gleichstellungsgesetz** von Frauen und Männern im Aufsichtsrat – GFMA-G)" im österreichischen Amtsblatt veröffentlicht. Danach gilt seit dem 1. Januar 2018 auch in Österreich eine sog „**Frauenquote**" für den Aufsichtsrat für börsennotierte und große Gesellschaften. Das Gesetz ist inspiriert von der entsprechenden deutschen Regelung. Dementsprechend ist auch in Österreich eine Geschlechterequote von 30% im Aufsichtsrat vorgesehen. Anwendungsbereich dieser Regelung sind börsennotierte Unternehmen und solche, die „dauernd mehr als 1000 Arbeitnehmer" beschäftigen (Art. 1 Ände- 157

---

654 Die Wiener Börse AG verlangt eine Entsprechenserklärung seit dem Jahr 2004, vgl. *Eder* ZVglRWiss 113 (2014), 239, 255.

655 Vgl. *Eder* ZVglRWiss 113 (2014) 239, 256 f.; *Mitter/Schnekenleitner* RWZ 11/75 (2014) 344; *Köll/Milla* in: Zib/Dellinger (Hrsg.) Unternehmensgesetzbuch, 2015, § 243b UGB Rn. 16; *van Bakel-Auer* in: Bertl/Mandl (Hrsg.); Handbuch zum Rechnungslegungsgesetz, 2014, § 243b UGB, Rn. 16, 25; *Eberhartinger/Nolz* in: FS Nowotny, 2015, 265, 266; *Kalss* ZVlgRWiss 114 (2015) 157, 158; *Wenzl* in: Schenz/Eberhartinger (Hrsg.), Corporate Governance in Österreich, 2012, S. 110; *Nowotny* in: Schenz/Eberhartinger (Hrsg.), Corporate Governance in Österreich, 2012, S. 91 f.

656 *Kittel* in: Althuber/Schopper (Hrsg.), Handbuch Unternehmenskauf und Due Diligence, 2 Aufl. 2014, Corporate Governance, Rn. 9; *Schenz/Eberhartinger* ÖBA 2009, 333; *Sauerzopf* ÖBA 2009, 609, 612; *van Bakel-Auer* in: Bertl/Mandl (Hrsg.), Handbuch zum Rechnungslegungsgesetz, 2014 § 243b UGB, Rn. 16; *Wenzl* in: Schenz/Eberhartinger (Hrsg.), Corporate Governance in Österreich, 2012, S. 111 ff.; *Nowotny* in: Schenz/Eberhartinger (Hrsg.), Corporate Governance in Österreich, 2012, S. 91 f.; *Kittel*, Handbuch für Aufsichtsratsmitglieder, 2006, S. 66; *Schenz/Eberhartinger* in: Schenz/Eberhartinger (Hrsg.), Corporate Governance in Österreich, 2012, S. 53.

657 *Kalss* in: MüKo AktG, Bd. 3, 4. Aufl. 2018, § 161 Rn. 129 f.; *Nowotny* in: Schenz/Eberhartinger (Hrsg.), Corporate Governance in Österreich, 2012, S. 94; *Haberer* in: Schenz/Eberhartinger (Hrsg.), Corporate Governance in Österreich, 2012, S. 127.

658 *Eder* ZVglRWiss 113 (2014) 239, 255.

659 *Kalss* in: MüKo AktG, Bd. 3, 4. Aufl. 2018, § 161 Rn. 129; *Bayer/Scholz* in: Spindler/Stilz (Hrsg.), AktG, Bd. 2, 3. Aufl. 2015, § 161 Rn. 30; *Anzinger* NZG 2015, 969, 970; *Kittel*, Handbuch für Aufsichtsratsmitglieder, 2006, S. 66.

660 *Kalss* in: MüKo AktG, Bd. 3, 4. Aufl. 2018, § 161 Rn. 129; *Bayer/Scholz* in: Spindler/Stilz (Hrsg.), AktG, Bd. 2, 3. Aufl. 2015, § 161 Rn. 30; *Hüffer/Koch*, AktG, 13. Aufl. 2018, § 161 Rn. 24a; *Kalss/Klampfl*, Europäisches Gesellschaftsrecht, 2015, Rn. 434.

661 AFRAC, Stellungnahme zur Aufstellung und Prüfung eines Corporate Governance-Berichts gemäß § 243b UGB, März 2014.

662 ÖCGK, Januar 2018, S. 51.

663 Vgl. Bundesministerium für Bildung und Frauen, 2015.

664 *Kalss* in: MüKo AktG, Bd. 3, 4. Aufl. 2018, § 161 Rn. 135.

rung des AktG). Die Vorschrift enthält allerdings eine Einschränkung, denn die Quote gilt danach nur für Aufsichtsräte mit mindestens sechs Kapitalvertretern. Kleine Aufsichtsräte müssen die Quote also nicht erfüllen. Besteht die Belegschaft zu weniger als 20% aus Frauen, so braucht die Geschlechterquote ebenfalls nicht erfüllt zu werden. Ein Verstoß gegen die Vorschrift führt wie in Deutschland auch zu einem „leeren Stuhl", dh die Wahl ist nichtig. Da es sich um eine zwingende gesetzliche Vorschrift handelt, ist eine entsprechende L-Vorgabe auch im ÖCGK 2018 enthalten (L-Regel Nr. 52 ÖCGK).

158 Diversität bezieht sich allerdings nicht allein auf das Geschlecht, sondern auch auf das Alter, die Nationalität und die **Qualifikation** (L-Regel Nr. 52 ÖCGK).[665] Eine Abweichung ist aufgrund der Klassifizierung als L-Regel nicht möglich.[666]

159 Der ÖCGK beschäftigt sich auch mit der **Unabhängigkeit der Aufsichtsratsmitglieder.** C-Empfehlung Nr. 53 ÖCGK fordert, dass die Mehrheit der Aufsichtsratsmitglieder vom Vorstand unabhängig sein sollte. Im Umkehrschluss bedeutet dies, dass weniger als die Hälfte der Aufsichtsratsmitglieder abhängig sein darf.[667] Die C-Empfehlung definiert die Unabhängigkeit auch. Ein Aufsichtsratsmitglied ist danach unabhängig, „wenn es in keiner geschäftlichen oder persönlichen Beziehung zu der Gesellschaft oder deren Vorstand steht, die einen materiellen Interessenkonflikt begründet und daher geeignet ist, das Verhalten des Mitglieds zu beeinflussen". Anhang I ÖCGK enthält Leitlinien bezüglich der Unabhängigkeit, die der Orientierung dienen sollen. C-Empfehlung Nr. 54 ÖCGK empfiehlt, dass bei Gesellschaften mit einem Streubesitz von mehr als 20% mindestens ein Aufsichtsratsmitglied entsandt wird, welches weder selbst eine nicht unerhebliche Aktienbeteiligung hält noch Kernaktionäre vertritt.

160 Zur Unabhängigkeit im weiteren Sinn gehört auch die für die Praxis wesentliche Regelung bezüglich der **Aufsichtsratsmandate.** Nach der L-Regel Nr. 55 ÖCGK (Wiedergabe der gesetzlichen Vorgabe aus § 86 IV Z. 2 öAktG) ist in der Regel ein sofortiger Wechsel eines Vorstandsmitglieds in den Aufsichtsrat nicht möglich. Vielmehr wird eine zweijährige Pause (sog ***cooling-off*-Periode**) zwischen den beiden Mandaten verlangt. Davon wird nur eine Ausnahme gemacht, wenn die Wahl auf Vorschlag von Aktionären erfolgt, die mehr als 25% der Stimmrechte halten (L-Regel Nr. 55 ÖCGK bzw. § 86 IV Z. 2 öAktG). Allerdings darf nur höchstens ein Mitglied des Aufsichtsrats unter diese Ausnahme fallen und dieses Mitglied darf dann nicht den Vorsitz des Aufsichtsrates übernehmen (L-Regel Nr. 55 ÖCGK). Dadurch soll bereits in einem frühen Stadium die Unabhängigkeit der Aufsichtsratsmitglieder gefördert werden.[668] Neben der *cooling-off*-Periode ist es den Aufsichtsräten untersagt, mehr als acht Aufsichtsratsmandate gleichzeitig innezuhaben, wobei die Übernahme des Vorsitzes doppelt zählt (L-Regel Nr. 56 ÖCGK; spiegelt § 86 IV Z. 1 öAktG). Für börsennotierte Unternehmen empfiehlt der ÖCGK, dass die Aufsichtsräte nicht mehr als vier Mandate in konzernexternen Aktiengesellschaften wahrnehmen (C-Regel Nr. 57 ÖCGK). Im Corporate Governance Bericht sind dann Angaben zu anderen Mandaten zu machen (C-Regel Nr. 58 ÖCGK).

161 Einen weiteren wichtigen Aspekt der Corporate Governance in Österreich stellt das **Vergütungssystem** der Vorstands- und Aufsichtsratsmitglieder dar. Gesetzlich geregelt wird der Aspekt in § 78 öAktG, wonach die Gesamtbezüge des Vorstands „in einem angemessenen Verhältnis zu den Aufgaben und Leistungen des einzelnen Vorstandsmitglieds, zur Lage der Gesellschaft und zu der üblichen Vergütung" stehen müssen. Auf eine absolute Beschränkung der Höhe nach verzichtete der Gesetzgeber damit.[669] § 98 öAktG regelt die Vergütung dann für die Aufsichtsratsmitglieder. Der ÖCGK beschäftigt sich in Nr. 26a bis 31 mit der Vorstandsvergütung (wobei Nr. 28a empfiehlt, Nr. 27 und 28 auch auf leitende Angestellte entsprechend anzuwenden) und in Nr. 50 und 51 mit der Vergütung der Aufsichtsratsmitglieder. Sowohl für jedes Vorstandsmitglied (C-Regel 31) als auch für jedes Aufsichtsratsmitglied (C-Regel 51) ist eine individuelle Offenlegung der Jahresbezüge im Corporate Governance-Bericht vorgesehen. Aufgrund der geänderten Aktionärsrechterichtlinie werden im österreichischen Recht Änderungen aufgrund der Vorgaben zu *say on pay* (dazu § 30 Rn. 144 ff.) notwendig werden.

162 Gem § 222 I UGB ist der **Vorstand** dafür verantwortlich, innerhalb der ersten fünf Monate des neuen Geschäftsjahres für das vorangegangene Geschäftsjahr einen **Corporate Governance Bericht** zu erstellen. Abschnitt VI ÖCGK befasst sich mit der Transparenz für den Corporate Governance-Bericht. Die Mindestangaben, die der Bericht enthalten muss, nennt L-Regel Nr. 60 ÖCGK (spiegelt § 243c II UGB). Die **Prüfung** erfolgt sodann

665 Zur Qualifikation und Zusammensetzung des Aufsichtsrats vgl. auch *Krejci* GeS 2012, 319.

666 ÖCGK, Januar 2015, S. 34; *Roleder ua* ZGC 2016, 158, 163; *Schenz/Eberhartinger* ÖBA 2012, 207, 208; vgl. *van Bakel-Auer* in: Bertl/Mandl (Hrsg.), Handbuch zum Rechnungslegungsgesetz, 2014, § 243b UGB, Rn. 20; *Haberer* in: Schenz/Eberhartinger (Hrsg.), Corporate Governance in Österreich, 2012, S. 126 f.; *Hochhauser* in: Schenz/Eberhartinger (Hrsg.), Corporate Governance in Österreich, 2012, S. 296.

667 Ähnlich *Schenz/Eberhartinger* in: Schenz/Eberhartinger (Hrsg.), Corporate Governance in Österreich, 2012, S. 35.

668 *Gregory* in: Schenz/Eberhartinger (Hrsg.), Corporate Governance in Österreich, 2012, S. 282 zum ÖCGK in der Fassung von 2012.

669 Dazu *Schima* in: Schenz/Eberhartinger (Hrsg.), Corporate Governance in Österreich, 2012, S. 262.

durch den **Aufsichtsrat** gem § 96 I öAktG und durch die **Wiener Börse** auf Grundlage des Prime-Market-Regelwerks.[670]

IV. Frankreich

Anders als im deutschen wird im französischen Recht nicht gesetzlich auf einen konkreten Kodex Bezug genommen. Stattdessen bleibt es den Unternehmen überlassen, zu entscheiden, zu welchem der mehreren bestehenden Kodizes sie (falls überhaupt) eine Erklärung abgeben.[671] Börsennotierte Unternehmen sind gem Art. L. 225-37 VII 3 C. com. und Art. L. 225-68 C. com. allerdings dazu verpflichtet, in ihrem Lagebericht über die Berücksichtigung von Corporate Governance in ihrer Gesellschaft zu informieren. Ob sie dies in Anlehnung an einen Kodex oder mit Bezug auf eigene unternehmensinterne Regelungen machen, bleibt jedoch ihnen überlassen.[672] Wird nicht Bezug auf einen Kodex genommen, muss die Gesellschaft allerdings ihre Beweggründe gemäß Art. L. 225-37 VII und Art. L. 225-68 VIII C. com in einem Bericht des Präsidenten des Verwaltungsrats offenlegen, unter Angabe derjenigen Regeln zur Corporate Governance, die stattdessen Anwendung finden.[673] Nimmt ein Unternehmen im Rahmen der verpflichtenden Berichterstattung zu Corporate Governance (freiwillig) Bezug auf einen Kodex, so muss es sich entweder an dessen Vorgaben halten oder Abweichungen erklären (***comply or explain/appliquer ou expliquer***) (Art. L. 225-37 VII 1 C. com.).[674] 163

Seit den 1990er-Jahren entstanden in Frankreich mehrere Texte zur Corporate Governance. Der erste stammt aus dem Jahr 1995 und trug die Bezeichnung „Rapport Viénot I". 1999 folgte der „Rapport Viénot II" und 2002 der „Rapport Bouton".[675] Diese Kodizes wurden 2003 von den französischen Arbeitgeberverbänden Afep[676] und MEDEF[677] zu einem einzigen Kodex, dem ***Code de governement d'entreprise des sociétés cotées*** (auch **AFEP-MEDEF Kodex** genannt) zusammengefügt. Neben dem insbesondere von den 100 größten börsennotierten Aktiengesellschaften verwendeten AFEP-MEDEF Kodex[678] ist in der Praxis daneben noch der 2009 herausgegebene **MiddleNext Kodex**[679] (insbesondere bei weniger großen börsennotierten Aktiengesellschaften) verbreitet.[680] 164

Der **AFEP-MEDEF Kodex** wurde nach 2003 bereits mehrmals überarbeitet: In den Jahren 2007 und 2008 kamen insbesondere Regelungen zur Vergütung von Führungskräften hinzu, 2010 wurde eine Regelung zur Präsenz von Frauen in Aufsichtsräten aufgenommen und die Reform in 2013 beinhaltete insbesondere die Aufnahme des „say on pay"-Prinzips, nach dem Aktionäre zur Vergütung der Verwalter (*dirigeants mandataires sociaux*)[681] befragt werden sollen. Weitere Regelungen, insbesondere zur Vermögensveräußerung und zur Vergütung der Verwalter wurden im November 2015 und im November 2016 aufgenommen.[682] Aktuell gilt die Fassung vom November 2016.[683] 165

670 *Schenz/Eberhartinger* ÖBA 2012, 207.

671 Art. L. 225-37 VII C. com.: „Si une société ne se réfère pas à un tel code de gouvernement d'entreprise, ce rapport indique les règles retenues en complément des exigences requises par la loi et explique les raisons pour lesquelles la société a décidé de n'appliquer aucune disposition de ce code de gouvernement d'entreprise." Zur Problematik der Vergleichbarkeit von Entsprechenserklärung.

672 *Leyens* ZEuP 2016, 388, 401.

673 *Mestre/Velardocchio/Mestre-Chami*, Le Lamy Sociétés commerciales, 2016, Rn. 3389; *Donzel-Taboucou*, Le principe « appliquer ou expliquer » en France ou le droit à l'auto-édiction normative, Revue des sociétés, 2015, S. 347, Rn. 21; *Fages*, Rôle, valeur et bon usage des codes de gouvernement d'entreprise, Bulletin Joly Sociétés, 1.4.2009, Nr. 4, S. 428.

674 Art. 25.1 des Corporate Governance Kodex AFEP-MEDEF; *Dondero*, Le code AFEP-MEDEF revisité: un nouveau départ, Revue des sociétés, 2014, S. 7, Rn. 5-7; *Merle/Fauchon*, Sociétés commerciales, 19. Aufl. 2016, Rn. 293. Zur Anwendung des *comply or explain*-Ansatzes in der Praxis siehe Haut Comité de Gouvernement d'Entreprise, Rapport, Oktober 2017, S. 69.

675 Annexe 1 des Corporate Governance Kodex AFEP-MEDEF; deutschsprachig dazu auch *Arlt/Bervoets/Grechenig/Kalss* GesRZ 2002, 64, 75.

676 *Association française des entreprises privées.*

677 *Mouvement des entreprises de France.*

678 AFEP/MEDEF, Code du gouvernement d'entreprise des sociétés cotées, 2013, englische Fassung abrufbar unter: http://www.afep.com/uploads/medias/documents/Code_gouvernement_entreprise_societes_cotees_Juin_2013_en.pdf.

679 MiddleNext, Code de gouvernement d'entreprise pour les valeurs moyennes et petites (2009), französische Fassung abrufbar unter: http://www.middlenext.com/IMG/pdf/Code_de_gouvernance_site.pdf.

680 Vgl. Europäische Kommission, Grünbuch Europäischer Corporate Governance-Rahmen, KOM(2011), 164 endg., S. 4 sowie Fn. 13.

681 Welcher Personenkreis unter *dirigeants mandataires sociaux* fällt, erläutert Annex II.

682 Annex 1 des Corporate Governance Kodex AFEP-MEDEF.

683 Abrufbar unter: http://www.afep.com/wp-content/uploads/2016/11/Code_de_gouvernement_d_entreprise_des_societes_cotees_novembre_2016.pdf.

166 Der AFEP-MEDEF Kodex wendet sich in erster Linie an **börsennotierte Gesellschaften**, was jedoch nicht ausschließt, dass nicht-börsennotierte Gesellschaften ihn mit den notwendigen Änderungen ebenfalls anwenden.[684] Außerdem ist er auf das monistische System („*La direction à la française*") mit einem **Verwaltungsrat** (*Conseil d'administration*) ausgerichtet (zum monistischen System näher unter § 13 Rn. 485 ff.), dem die Mehrheit der französischen Aktiengesellschaften folgt.[685] Unternehmen, die das dualistische System („*La direction à l'allemande*") mit Vorstand und Aufsichtsrat wählen, können den Kodex mit Anpassungen an dieses System anwenden.[686]

167 Empfehlung 6 des AFEP-MEDEF Kodex beschäftigt sich mit der **Zusammensetzung des Verwaltungsrats**. Bei der Zusammensetzung sollte auf Kompetenz und Ethik geachtet werden (Empfehlung 6.1.). Die Mitglieder sollten ein gutes Urteilsvermögen sowie Antizipationsfähigkeit besitzen, integer, präsent und aktiv sein und sich in den Verwaltungsrat einbringen (Empfehlung 6.1.). Der Verwaltungsrat wird dazu aufgefordert, sich über Fragen der **Diversität** Gedanken zu machen (Expertise, Internationalität (Erfahrung und Nationalität), Männer-/Frauenanteil).[687] Ziele, Modalitäten und erzielte Ergebnisse sollen offengelegt werden. Gesetzlich ist ebenfalls vorgegeben, dass auf ein angemessenes Verhältnis von Frauen und Männern im Verwaltungsrat zu achten ist (Art. L. 225-17 II C. com.). Diese Vorschrift ist allerdings nicht sanktionsbewährt. 2011 wurde jedoch ein Gesetz für eine **Frauenquote** erlassen.[688] Seit Januar 2017 müssen daher 40% der Positionen an Frauen vergeben werden (zu den gesetzlichen Bestimmungen zur sog „Frauenquote" s. näher unter § 13 Rn. 491). Dies gilt nicht nur für börsennotierte SA, sondern auch für SA mit durchschnittlich mindestens 500 Arbeitnehmern und einem Nettoumsatz oder einer Bilanzsumme von mindestens EUR 50 Mio. (Art. L. 225-18-1 I C. com.).[689] Ab Januar 2020 werden die Anforderungen dann noch einmal verschärft und gelten dann auch für Unternehmen mit mindestens 250 Arbeitnehmern.[690] Wird die Quote bei der Bestellung eines Verwaltungsratsmitglieds nicht beachtet, so ist die **Bestellung** dieses Mitglieds **nichtig** (Art. 5 II 4 Gesetz Nr. 2011-103). Der Bericht des *Haut Comité de Gouvernement d'Entreprise* zeigt, dass diese Quote eingehalten wird. Der Frauenanteil beträgt für die Unternehmen des SBF 120 43,6% und die Unternehmen des CAC 40 44,1%.[691]

168 Empfehlungen 7 und 8 beschäftigen sich dann mit der Vertretung der Arbeitnehmer und der **Unabhängigkeit von Direktoren**. Für den Prüfungsausschuss ist bereits gesetzlich vorgegeben, dass dieser zumindest ein unabhängiges Mitglied haben muss (Art. L. 823-19 II S. 3 C. com.). Empfehlung 8.3. AFEP-MEDEF-Kodex unterscheidet mit Blick auf den erforderlichen Anteil an unabhängigen Mitgliedern zwischen Gesellschaften mit Aktien im Streubesitz und solchen mit einem kontrollierenden Aktionär (iSd Art. L. 233-3 C. com.). Im ersteren Fall sollten mehr als die Hälfte der Verwaltungsratsmitglieder unabhängig sein, im letzteren Fall zumindest ein Drittel. Empfehlung 7, die sich auf die **Arbeitnehmervertretung** bezieht, schlägt allerdings keinen konkreten Umfang für die Repräsentation der Arbeitnehmer vor (zur gesetzlichen Vorgabe für bestimmte Unternehmen s. Rn. 173).

169 Da der MiddleNext Kodex sich vor allem an kleine und mittelständische Unternehmen richtet, empfiehlt er die Gründung von speziellen Ausschüssen nach dem individuellen situationsabhängigen Bedarf.[692] Der AFEP-MEDEF-Kodex empfiehlt dagegen die Gründung von mehreren dauerhaft angelegten Ausschüssen: Ein Prüfungsausschuss ist für bestimmte Unternehmen bereits gesetzlich vorgeschrieben (näher dazu § 13 Rn. 526, Empfehlung 15 enthält dazu Vorschläge). Darüber hinaus empfiehlt der Kodex die Gründung eines Nominierungsausschusses, der mit dem Vergütungsausschuss zusammengelegt, aber auch getrennt etabliert werden kann (Empfehlung 16). Empfehlung 17 beschäftigt sich mit dem Vergütungsausschuss. Aufgrund der Änderung der Aktionärsrechterichtlinie (s. dazu § 30 Rn. 144 ff.) wird es bezüglich der Regelungen zum sog „say on pay" allerdings bereits zu entsprechenden gesetzlichen Änderungen für börsennotierte Gesellschaften kommen.

---

684 Preambel des Corporate Governance Kodex AFEP-MEDEF.

685 Preambel des Corporate Governance Kodex AFEP-MEDEF. Zum 1.1.2014 hatten 35.198 von insgesamt 38.740 SA diese Organisationsform gewählt, während die Zahl der SA mit dualistischer Verfassung bei nur 3.542 lag (*Germain/Périn*, SAS – La société par actions simplifiée, 6. Aufl., 2016, S. 599).

686 Präambel des Corporate Governance Kodex AFEP-MEDEF.

687 Für börsennotierte Gesellschaften gilt seit dem 13. Januar 2011 eine sog „Frauenquote" für den Verwaltungsrat. Solche Unternehmen müssen auch gem. Art. L. 225-37 VI 1 C. com. über die Zusammensetzung des Verwaltungsrats und insbesondere über die Partizipation von Frauen und Männern berichten.

688 Loi n° 2011-103 du 27 janvier 2011 relative à la représentation équilibrée des femmes et des hommes au sein des conseils d'administration et de surveillance et à l'égalité professionnelle.

689 *Monnet/Gallois-Cochet*, in: JurisClasseur Commercial, 2015, Fasc. 1377, Rn. 15; BRDA 20/16, La mixité dans les conseils de toutes les sociétés non cotées de grande taille à partir de 2017?, Rn. 1 ff.; laut einem Bericht des Haut Conseil à l'Egalité entre les femmes et les hommes und des Conseil Supérieur de l'Egalité professionnelle entre les femmes et les hommes (Bericht Nr. 2016-01-15-PAR-019 vom 10.2.2016) waren hiervon im Jahr 2015 917 Unternehmen betroffen.

690 *Lefebvre*, Mémento Sociétés commerciales, 48. Aufl. 2017, Rn. 39158; *François-Poncet/Deilmann/Otte* NZG 2011, 452.

691 Haut Comité de Gouvernement d'Entreprise, Rapport, Oktober 2017, S. 45.

692 R 6 des MiddleNext Kodex.

Empfehlung 19 Spiegelstrich 2 AFEP-MEDEF Kodex spiegelt eine Besonderheit des französischen Gesellschaftsrechts wider. Bis **2008** mussten die **Verwaltungsratsmitglieder** auch **gleichzeitig Aktionäre** der Gesellschaft sein. Die Regel diente damit der Bekämpfung von Principal-Agent-Problemen (dazu Rn. 7 ff.). Gedanke der Vorschrift war, durch das Halten der Anteile eine parallele Ausrichtung der Interessen von Principal (Anteilseigner) und Agent (Verwaltungsrat) zu erreichen. Seit 2008 ist dies nun nicht mehr notwendig (dazu und zur Satzungsgestaltungsmöglichkeit s. § 13 Rn. 488).[693] Der Corporate Goverance Kodex von AFEP-MEDEF für börsennotierte Unternehmen empfiehlt jedoch weiterhin, dass die Verwaltungsratsmitglieder in substanziellem Umfang selbst Aktien halten sollten (Empfehlung 19 Spiegelstrich 2 AFEP-MEDEF Kodex). 170

Eine weitere Empfehlung des AFEP-MEDEF Kodex (24.5.) befasst sich mit den sogenannten „golden parachutes" und soll insofern die bereits bestehenden gesetzlichen Regeln ergänzen. Dieser Aspekt unterliegt allerdings auch gesetzlichen Vorgaben, dh den Regeln zu *conventions réglementées* (dazu näher unter § 13 Rn. 548). Aus Art. L. 225-42 I bzw. L. 225-90 I C. com ergibt sich, dass alle Vereinbarungen, die Organmitgliedern börsennotierter Aktiengesellschaften eine zusätzliche Vergütung im Falle der Beendigung ihrer Anstellung zusprechen, vom Verwaltungsrat gebilligt werden müssen. Alle Zahlungen, die an Vorstandsmitglieder nach Beendigung der Tätigkeit geleistet werden, müssen an deren Leistungen während ihrer Tätigkeit als Organmitglied geknüpft sein.[694] Zu großzügige Abfindungen sind nach französischem Recht zudem unzulässig. Jede Vereinbarung, die dem Geschäftsführer für den Fall der Abberufung eine Abfindung gewährt, ist **nichtig**, wenn die Aktionäre aufgrund der Höhe dieser Abfindung davon abgehalten werden, die Abberufung des Organmitglieds zu beschließen.[695] Eine Grenze für die Abfindung lässt sich nicht pauschal bestimmen, sondern hängt vom Einzelfall ab. Entscheidend ist das Verhältnis der Abfindungshöhe zur finanziellen Lage der Gesellschaft.[696] Art. 24.5 des AFEP-MEDEF Kodex ergänzt diese Regelungen durch mehrere Empfehlungen: Zum einen sollen Abfindungen bei Entlassungen von leitenden Führungskräften nur gezahlt werden, wenn sie im Zusammenhang mit einem Eigentümer- oder Strategiewechsel stehen. Sie sollen zudem nicht das Zweifache der jährlichen Vergütung (fix und variabel) überschreiten. Der MiddleNext Kodex beschränkt die Empfehlung auf eine Deckelung der Abfindung in derselben Höhe.[697] 171

Insbesondere der AFEP-MEDEF Kodex erfreut sich einer **hohen Akzeptanz**, was sich daran zeigt, dass sich die Mehrheit der großen börsennotierten Aktiengesellschaften an ihn gebunden hat.[698] Informationen über den tatsächlichen Stand der Corporate Governance in Großunternehmen in Frankreich liefern die Berichte des *Haut Comité de Gouvernement d'Entreprise*[699] und die des AMF (Autorité des marchés financiers).[700] 172

Neben den Kodizes spielen vor allem **gesetzliche Bestimmungen** in Bezug auf die Corporate Governance in Frankreich eine große Rolle. Wie mehrere andere Länder auch gewährt Frankreich Unternehmern, die eine Aktiengesellschaft (SA) gründen, die Möglichkeit, zwischen einem monistischen und einem dualistischen System zu wählen (vgl. dazu § 13 Rn. 484). Frankreich kennt auch eine sog gesetzliche „**Frauenquote**" für den Verwaltungs- bzw. Aufsichtsrat (vgl. dazu bereits Rn. 167). Hinzu kommen beispielsweise gesetzlichen Vorgaben zu den sog *conventions réglementées*, dh Rechtsgeschäften mit nahestehenden Personen und Unternehmen. In Bezug auf solche Geschäfte drohen Interessenskonflikte, weshalb der französische Gesetzgeber insofern gewisse Kontrollmechanismen (zB Genehmigungen) vorsieht (vgl. § 13 Rn. 548). Seit dem Jahr 2013 kennt Frankreich auch eine **Arbeitnehmermitbestimmung** für große französische Unternehmen (Art. L. 225-27-1 C. com. und Art. L. 225-79-2 C. com. eingeführt durch *loi n° 2013-504 14 June 2013 relative à la sécurisation de l'emploi* und geändert durch *loi Rebsamen*). Unternehmen, die in Frankreich ihren Sitz und mindestens 1000 ständige Beschäftigte haben, müssen einen bzw. zwei Arbeitnehmervertreter in den Verwaltungsrat wählen (Art. L. 225-27-1 I und II C. com. und Art. L. 225-79-2 I und II C. com.). Davon sind in Frankreich 48 der 104 SBF 120 Unternehmen betroffen sowie 25 der 34 CAC 40 Unternehmen.[701] In börsennotierten Gesellschaften, in de- 173

693 *Merle/Fauchon*, Droit commercial, 2016. Rn. 423; *Le Cannu/Dondero*, Droit des sociétés, 6. Aufl. 2015, Rn. 701; *Lefebvre*, Mémento sociétés commerciales, 2017, Rn. 39100; *Mestre/Velardocchio/Mestre-Chami*, Le Lamy Sociétés commerciales, 2017, Rn. 3483; *Cozian/Viandier/Deboissy*, Droit des sociétés, 2016, Rn. 676; *Le Cannu/Dondero*, Droit des sociétés, 2015, Rn. 701.

694 *Thüsig*, RdA 2008, 307, 311.

695 *Merle/Fauchon*, Sociétés commerciales, 2016, Rn. 225.

696 *Lefebvre* Revue de Jurisprudence de Droit des Affaires, 2015, Rn. 746.

697 R3 des MiddleNext Kodex.

698 Haut Comité de Gouvernement d'Entreprise, Rapport, Oktober 2017, S. 27; *Moulin*, in: Mélanges en l'honneur du Professeur Michel Germain, LGDJ, 2015, La force normative du code AFEP-MEDEF, S. 603; *Magnier/Paclot* in: Mélanges en l'honneur du Professeur Michel Germain, LGDJ, 2015, Le gouvernement d'entreprise en France, vingt ans après…, S. 496; *Donzel-Taboucou*, Le principe „appliquer ou expliquer" en France ou le droit à l'autoédiction normative, Revue des sociétés, 2015, S. 347 Rn. 27; *Mestre/Velardocchio/Mestre-Chami*, Le Lamy Sociétés commerciales, 2016, Rn. 3389.

699 Rapports annuels. Der letzte vorliegende Bericht stammt vom Oktober 2017; abrufbar unter: https://www.afep.com/uploads/medias/documents/Rapport_annuel_du_HCGE_Octobre_2017.pdf.

700 Rapports sur le gouvernement d'entreprise et la rémunération des dirigeants.

701 Haut Comité de Gouvernement d'Entreprise, Rapport, Oktober 2017, S. 46.

nen die Arbeitnehmer mehr als 3% des Grundkapitals halten, besteht zudem eine gesetzliche Pflicht, einen oder mehrere Verwaltungsratsmitglieder aus der Mitte der Arbeitnehmer zu bestimmen. Die ausgewählten Arbeitnehmer müssen entweder direkt Aktien an der Gesellschaft halten oder Aufsichtsratsmitglied eines ggf bestehenden unternehmenseigenen Investmentfonds (*fonds commun de placement d'entreprise*) sein, über den die Arbeitnehmer indirekt beteiligt sind (Art. L. 225-23 I C. com.). Gesetzlich ist auch vorgeschrieben, dass die Verwaltungsratsmitglieder grundsätzlich keine Vergütung erhalten; zugelassen sind in der Regel nur Sitzungsgelder (Art. L. 225-45 I C. com., s. dazu näher unter § 13 Rn. 504 ff.).

V. Italien

174 Bereits in den 1990er-Jahren wurden in Italien Reformüberlegungen angestellt, die gerade auch die Corporate Governance umfassten.[702] Zur bis dahin bedeutendsten Reform auf diesem Gebiet kam es dann 1998.[703] Diese sog ***Draghi-Reformen***[704] waren ausschließlich auf börsennotierte Unternehmen ausgerichtet. Ziel der Reformen war die Modernisierung des Corporate Governance-Rahmens, insbesondere sollte dadurch eine gesteigerte Transparenz sowie eine Stärkung der Rechte von Minderheitsaktionären (und somit mehr Streubesitz)[705] erreicht werden, um so den Aktienmarkt zu beleben.[706] Im Gefolge der *Draghi-Reformen* wurde 1999 der sog *Preda-Kodex*[707] vom „*Comitato per la Corporate Governance delle Società quotate*" erstellt, dem sowohl Wissenschaftler als auch Unternehmensvertreter und Regierungsbeamte angehörten.[708] Der Kodex ist der Vorläufer des gegenwärtig in der Fassung von 2015 geltenden ***„Codice di autodisciplina"*** (im Folgenden abgekürzt mit CDA).[709] Im Jahr 2011 wurde das für den Kodex verantwortliche Komitee umstrukturiert und besteht seit dem aus bis zu 24 Mitgliedern. Es setzt sich zusammen aus Vertretern der Emittenten- und Investorenverbände ABI (*Associazione bancaria italiana* – italienischer Bankenverband), ANIA (*Associazione Nazionale fra le Imprese Assicuratrici* – Verband italienischer Versicherer), Assonime (*Associazione fra le Società Italiane per Azioni* – Verband italienischer Aktiengesellschaften), Confindustria (Verband der Fertigungs- und Dienstleistungsunternehmen) und Assogestioni (*Associazione del Risparmio gestito* – Vermögensverwaltung) sowie der italienischen Börse (*Borsa Italiana S.p.A.*).[710] Jedem Mitglied wird eine dreijährige Amtszeit gewährt. Das **Komitee** ernennt aus seiner Mitte einen Vorsitzenden sowie einen stellvertretenden Vorsitzenden. Ferner wählt es ein sog technisches Sekretariat. Optional kann es einen Schriftführer sowie bis zu drei Experten, die ihre Meinung hinsichtlich der Aktualisierung des Kodexes abgeben sollen, ernennen.[711] Das Komitee ist sowohl für die Überarbeitung des Kodex als auch den jährlichen Bericht zur Corporate Governance verantwortlich.[712]

175 Vorgaben zu **guter Unternehmensführung** ergeben sich teilweise aus dem Gesetz, teilweise werden sie vom Corporate Governance Kodex erfasst. So hatte auch die großangelegte Reform des gesamten Kapitalgesellschaftsrechts (zusammen mit dem Genossenschaftsrecht), die am 1.1.2004 in Kraft trat (Gesetzesverordnung 17.1.2003, N. 6),[713] Einfluss auf zentrale Aspekte der Corporate Governance (s. zur Reform auch § 14

702 *Furch*, Marktwirtschaften unter dem Druck globalisierter Finanzmärkte, 2012, S. 177; vgl. *Rangone* Economia Aziendale Online Working Paper 4/2013, S. 311, 313. Zu den Überlegungen zur Finanzmarktregulierung, die bereits in den 1980er Jahren getätigt wurden *Enriques* EBOR 10 (2009), 477, 480.

703 *Enriques* EBOR 10 (2009), 477, 484 f. bezeichnet die Draghi-Reformen als „tipping point for corporate governance reform efforts in Italy".

704 Die Draghi-Reformen beruhen auf dem „Testo Unico delle disposizioni in materia di intermediazione finanziaria" (Decreto Legislativo no. 58 vom 24.2.1998), der zum 1.7.1998 in Kraft trat, abrufbar unter: http://www.ecgi.org/codes/documents/testo_unico_eng.pdf.

705 Italienische Aktiengesellschaften zeichneten sich zu diesem Zeitpunkt durch eine besonders starke Struktur von kontrollierenden Mehrheitsgesellschaftern aus, vgl. *Bianchi/Bianco/Enriques*, European Corporate Governance Network, 1997, 1, 17 ff., 72 f.; *Melis*, Corp Gov. (Int. Rev.) 2000, 347, 348; *Enriques/Volpin* Journal of Economic Perspectives 21 (2007) 117, 131 ff.; näher zu den Reformen auch *Enriques* EBOR 10 (2009), 477, 483 f.

706 *Furch*, Marktwirtschaften unter dem Druck globalisierter Finanzmärkte, 2012, S. 187; *Melis* in: Mallin (Ed.), Handbook on International Corporate Governance, 2006, 45, 50 f.; *ders.* Corp Gov. (Int. Rev.) 2000, 347, 348.

707 Die englische Fassung des Preda-Kodex ist abrufbar unter: http://www.ecgi.org/codes/documents/code_of_conduct.pdf.

708 *Furch*, Marktwirtschaften unter dem Druck globalisierter Finanzmärkte, 2012, S. 187; *Becker/v. Werder* AG 2016, 761, 764.

709 Die englische Version ist abrufbar unter: http://www.borsaitaliana.it/comitato-corporate-governance/codice/2015engclean.en.pdf.

710 Hinsichtlich der Komposition des Corporate Governance Komitees vgl. http://www.borsaitaliana.it/comitato-corporate-governance/comitato/comitato.en.htm.

711 Vgl. http://www.borsaitaliana.it/comitato-corporate-governance/comitato/comitato.en.htm.

712 Die Berichte sind unter http://www.borsaitaliana.it/comitato-corporate-governance/documenti/documentidelcomitato.en.htm auch auf Englisch abrufbar.

713 Vgl. *Ghezzi/Malberti* ECFR 2008, 1 ff.; ür einen Überblick zur Reform vgl. *Angelici*, La riforma delle società di capitali. Lezioni di diritto commerciale, 2006; tiefere Beiträge sind in *Abbadessa/Portale* (Hrsg.), Il nuovo diritto societario. Liber Amicorum Gian Franco Campobasso, 2006/2007, zu finden; eine praxisnahe Analyse befindet sich in *Cottino/Bonfante/Cagnasso/Montalenti* (Hrsg.), Il nuovo diritto societario nella dottrina e nella giurispru-

Rn. 162).[714] In diesem Zusammenhang wurde insbesondere für italienische Aktiengesellschaften die Möglichkeit eingeführt, statt der **traditionellen Organisationsstruktur**, eine dualistische oder monistische Organisationsstruktur zu wählen (zu diesen Organisationsstrukturen s. § 14 Rn. 190 ff.).[715] In der Praxis bleibt das traditionelle System jedoch das meistgewählte in Italien. Den beiden anderen Systemen kommt hingegen praktisch keine Bedeutung zu. Sie werden nur von weniger als 1% der Aktiengesellschaften gewählt.[716] In börsennotierten Gesellschaften wird zudem seit Ende des Jahres 2005 mindestens ein Mitglied des Verwaltungsrats durch die Minderheitsaktionäre gewählt (Art. 147ter D.lgs 58/1998).[717] Seit 2012 ist außerdem eine **Frauenquote** von mindestens einem Drittel für den Verwaltungsrat börsennotierter Gesellschaften Pflicht.[718] Als Konsequenz dieser neuen Regelung stieg der Anteil weiblicher Verwaltungsratsmitglieder entsprechend an.[719] Das neueste Gesetz vom 19. Oktober 2017[720] hat ebenfalls Auswirkungen auf die Corporate Governance, auch wenn es sich in erster Linie mit Unternehmenskrisen befasst. Nach dem Gesetz sollen Gesellschaften mit beschränkter Haftung, die bestimmte Schwellenwerte überschreiten, ein Kontrollorgan einrichten bzw. einen Abschlussprüfer benennen.

Der gegenwärtig gültige Corporate Governance Kodex (*Codice di autodisciplina* – CDA) richtet sich an **börsennotierte Unternehmen** und ist grundsätzlich **nicht verpflichtend** ausgestaltet (Präambel, Absatz 1 CDA),[721] sondern folgt vielmehr einem *comply or explain*-Ansatz (Präambel, Absätze 3 und 4 CDA).[722] Börsennotierte Unternehmen sind gem Art. 123bis Tuf verpflichtet, einen Bericht zu erstellen, der dem *comply or explain*-Ansatz gerecht wird. Jeder Artikel des Kodexes gliedert sich in drei Abschnitte: Prinzipien (P), Kriterien (C) und Kommentare (*Commento*) (Präambel, Absatz 2 CDA).[723] 176

Die Artikel 1-6 CDA enthalten ua Bestimmungen zur Rolle, Zusammensetzung, Bestellung und Vergütung des **Verwaltungsrates**. Die Empfehlungen sind auf das traditionelle Organisationssystem ausgerichtet. Mit den Besonderheiten des dualistischen und des monistischen Systems befasst sich daher Art. 10 CDA. Der Codice di autodisciplina beschäftigt sich in diesem Zusammenhang unter anderem mit der Qualifikation der Verwaltungsratsmitglieder. Kriterium 1.C.1 g) hält den Verwaltungsrat dazu an, jährlich eine Evaluation der Boardarbeit durchzuführen, wobei auch die fachlichen Kompetenzen und die Berufserfahrung der Mitglieder Gegenstand der Beurteilung sein soll. Kriterium 1.C.1. h) fordert diesbezüglich, dass die daraus gezogenen Erkenntnisse auch berücksichtigt werden sollten. Kriterium 2.C.2. ergänzt diesen Aspekt, in dem er empfiehlt, dass der Vorsitzende des Verwaltungsrats die Mitglieder in die Lage versetzt, angemessene Kenntnis zu verschiedenen Aspekten zu verlangen. Das Corporate Governance-Komitee sieht in Bezug auf diesen Aspekt noch Verbesserungs- 177

denza: 2003-2009. Commentario, 2009; in deutscher Sprache siehe *Hilpold/Brunner* in: Hilpold/Perathoner/Steinmair (Hrsg.), Die Reform des italienischen Gesellschaftsrechts, 2006, S. 5 ff.; *Fasciani* in: Süß/Wachter (Hrsg.), Handbuch des internationalen GmbH Rechts, 3. Aufl. 2016, Italien, Rn. 22 ff.

714 Zur Entwicklung verschiedener Aspekte der Corporate Governance in Italien (im Vergleich zu Frankreich und Deutschland) siehe *Enriques/Volpin* Journal of Economic Perspectives 21 (2007), 117, 127 ff.; vgl. auch *Hopt* The American Journal of Comparative Law 59 (2011), 1, 3 ff.; *Becker/v. Werder* AG 2016, 761, 762 ff. sowie *Enriques* EBOR 10 (2009), 477, 484 f.

715 *Ghezzi/Malberti* ECFR 2008, 1, 3 ff.; *Hopt* The American Journal of Comparative Law 59 (2011) 1, 23, Fn. 111; *Steinhauer* EuZW 2004, 364 f.; *Hartl* NZG 2003, 667 f.; *Luciano* RIW 2017, 351, 352; *D'Onza/Greco/Ferramosca,* Corporate Governance in Italian, 2014, S. 81, 84 sowie Fn. 3 mit dem Hinweis, dass das traditionelle System zuvor als „*dualistic horizontal model*" bezeichnet wurde.

716 So die entsprechende Statistik vom 31.12.2016 (abrufbar unter: http://www.mi.camcom.it/database-societario). Unter den börsennotierten Gesellschaften haben im Jahr 2016 von 230 Unternehmen 225 das traditionelle System gewählt, drei das dualistische System und zwei das monistische System. Vgl. CONSOB, Report on corporate governance of Italian listed companies, 2017, S. 18. Abrufbar unter:www.consob.it/documents/46180/46181/rcg2017.pdf/7846a42b-1688-4f45-8437-40aceaa2b0e3.

717 *Ventoruzzo* Rivista delle società 2007, 249; Trib. Trieste, 8.6.2011, Società 2011, 953; *Sangiovanni* RIW 2005, 112 f., 117 ff.; *Hopt* The American Journal of Comparative Law 59 (2011) 1, 24, Fn. 118; *D'Onza/Greco/Ferramosca,* Corporate Governance in Italian, 2014, S. 81, 83; *Luciano* RIW 2017, 351, 353 f.; *Enriques* EBOR 10 (2009), 477, 497.

718 Law 120/2011 oder auch "*Golfo Mosca Law*" genannt; vgl. dazu *Bianco/Ciavarella/Signoretti* Corporate Governance: An International Review 23 (2015), 129, 131; *Luciano* RIW 2017, 351, 354.

719 CONSOB, Report on corporate governance of Italien listed companies 2017, S. 23, abrufbar unter:www.consob.it/documents/46180/46181/rcg2017.pdf/7846a42b-1688-4f45-8437-40aceaa2b0e3 generell zu weiblichen Organmitgliedern.

720 Legge 19 ottobre 2017, n. 155, Delega al Governo per la riforma delle discipline della crisi di impresa e dell'insolvenza.

721 Für bestimmte Marktsegmente ist die Befolgung der Bestimmungen jedoch verpflichtend. So etwa für den 2001 eingeführten Index STAR („*Segmento Titoli ad Alti Requisiti*"), welcher nun aufgrund der Fusion der Borsa Italiana und London Stock Exchange FTSE Italia STAR heißt; vgl. *Melis* in: Mallin (Ed.), Handbook on International Corporate Governance, 2006, S. 45, 55; *Furch*, Marktwirtschaften unter dem Druck globalisierter Finanzmärkte, 2012, S. 191.

722 Dabei berücksichtigte der Kodex die entsprechende Empfehlung der Europäischen Kommission (2014/208/EU).

723 Vgl. hierzu Ausführungen bei *Becker/v. Werder* AG 2016, 761, 765.

potenzial bei den börsennotierten Unternehmen.[724] Prinzip 3.P.1. gibt vor, dass eine angemessene Anzahl der nicht-geschäftsführenden Direktoren **unabhängig** sein soll. Prinzip 3.C.1. enthält eine detaillierte (nicht abschließende, sondern vielmehr beispielhafte) Auflistung, in welchen Situationen die Unabhängigkeit grundsätzlich wohl nicht gegeben ist.

178 Prinzip 5.P.1. fordert von börsennotierten Unternehmen einen **Nominierungsausschuss** einzurichten und ergänzt in Prinzip 6.P.3., dass auch ein Vergütungsausschuss etabliert werden sollte. In der Praxis werden die beiden Ausschüsse, sofern sie bestehen, häufig zusammengelegt.[725] 57,3% der Unternehmen folgten 2016 der Empfehlung des Prinzips 5.P.1. und richteten einen Nominierungsausschuss ein.[726] 90,9% etablierten einen Vergütungsausschuss.[727]

179 Artikel 7 CDA reguliert die **interne Kontrolle und das Risikomanagement**. Empfehlungen zum Abschlussprüfer sind in Artikel 8 CDA niedergeschrieben. Artikel 9 CDA enthält Bestimmungen über die Beziehungen zu den Aktionären. So fordert Prinzip 9.P.1. CDA, dass der Verwaltungsrat aktiv werden und die größtmögliche Beteiligung der Aktionäre in der Hauptversammlung fördern soll. Zudem soll er die Wahrnehmung der Aktionärsrechte erleichtern. Darüber hinaus wird der Verwaltungsrat angehalten, sich um einen fortwährenden Dialog mit den Aktionären zu bemühen (Prinzip 9.P.2. CDA).

180 Fast alle börsennotierten Unternehmen (93%) geben an, den CDA **grundsätzlich zu befolgen**. Lediglich einige wenige Unternehmen (7%) erklären explizit, dies nicht zu tun und unterbreiten dann entsprechende Informationen zu ihrem spezifischen Corporate Governance-System (vgl. Art. 123bis Tuf).[728]

VI. Niederlande

181 Die Corporate Governance-Diskussion wird in den Niederlanden seit Mitte der 1990er-Jahre geführt und basiert im Wesentlichen auf der zunehmenden Internationalisierung der niederländischen Wirtschaft sowie dem steigenden Einfluss externer Kapitalgeber.[729] Den Ausgangspunkt für den heutigen ***Dutch Corporate Governance Code*** (im Folgenden DCGC) bildet der sog *Peters Report* aus dem Jahr 1997. Dieser beinhaltete die ersten 40 Empfehlungen zur Verbesserung der Corporate Governance in börsennotierten Gesellschaften.[730] Im Jahr 2003 wurde dann der ***Tabaksblat Code*** auf Anraten der Regierung durch Interessensvertreter aus der Wirtschaft[731] erarbeitet. Dieser gründet auf einer grundlegenden Überprüfung des niederländischen Gesellschaftsrechts und erfuhr durch die Corporate Governance Skandale in 2003[732] eine erhöhte Akzeptanz.[733] In 2008 nahm das Corporate Governance Code Monitoring Committee auf Forderungen der DCGC-Unterstützer und verschiedener Interessengruppen[734] hin dann weitere Veränderungen des DCGC, ua in Bezug auf das Risi-

724 Italian Corporate Governance Committee, Annual Report 2015, S. 16.

725 Italian Corporate Governance Committee, Annual Report 2015, S. 17.

726 Vgl. CONSOB, Report on corporate governance of Italian listed companies, 2017, S. 20, abrufbar unter:www.consob.it/documents/46180/46181/rcg2017.pdf/7846a42b-1688-4f45-8437-40aceaa2b0e3.

727 Vgl. CONSOB, Report on corporate governance of Italian listed companies, 2017, S. 20, abrufbar unter:www.consob.it/documents/46180/46181/rcg2017.pdf/7846a42b-1688-4f45-8437-40aceaa2b0e3.

728 Italian Corporate Governance Committee, Annual Report 2015, S. 10.

729 Vgl. *Arlt/Bervoets/Grechenig/Kalss* GesRZ 2002, 64, 78.

730 Die Einführung wurde von Vermittlungs- und Investitionsgruppen sowie Unternehmensvorständen zusammen mit der Amsterdamer Börse unter dem Vorsitz von Jaap Peters initiiert; *Haskovec*, Codes of Corporate Governance, Millstein Center Working Papers, 2012, S. 13; *Bekkum et al.* EJCL 14 (2010) 1; *de Jong et al.* The Business History Review 84 (2010) 773, 790; *de Jong et al.* Journal of Corporate Finance 11 (2005) 474; *van der Heijden/van der Grinten*, Handboek voor de naamloze en de besloten vennootschap, 2013, S. 372; *Calkoen*, The One-Tier Board in the Changing and Converging World of Corporate Governance, 2012, S. 327.

731 Hierbei handelt es sich wie zuvor um Vermittlungs- und Investitionsgruppen sowie Corporate Managements, die nun von Akademiemitgliedern, Rechtsanwälten und einer großen Gruppe von Investoren unterstützt wurden; *Haskovec*, Codes of Corporate Governance, Millstein Center Working Papers, 2012, S. 13.

732 Die prominentesten Fälle sind "Royal Dutch Ahold" und "Royal Dutch Shell"; *Bekkum et al.* EJCL 14 (2010) 1, 2; *Calkoen*, The One-Tier Board in the Changing and Converging World of Corporate Governance, 2012, S. 306 f., 376 f.; ausführlich zum "Royal Dutch Ahold"-Skandal: *de Jong ua* ECGI Finance Working Paper No. 67/2005; *de Jong et al.* The Business History Review 84 (2010) 773, 794 ff.; *Clark et al.*, Corporate governance, cross-listing, and managerial response to stock price discounting: Royal Ahold and market arbitrage, 2004, S. 7 ff.; ausführlich zum „Royal Dutch Shell"-Skandal: *Taylor* Corp. Gov (Int. Rev.) 14 (2004) 181 ff.

733 *Bekkum et al.* EJCL 14 (2010) 1, 2; *de Jong et al.* The Business History Review 84 (2010) 773, 774 f.; *van der Heijden/van der Grinten*, Handboek voor de naamloze en de besloten vennootschap, 2013, S. 372; *Clark et al.*, Corporate governance, cross-listing, and managerial response to stock price discounting: Royal Ahold and market arbitrage, 2004, S. 20; vgl. *Calkoen*, The One-Tier Board in the Changing and Converging World of Corporate Governance, 2012, S. 327 f.

734 Dazu gehörten die "National Federation of Christian Trade Unions in the Netherlands (CNV)", "Eumedion", die "Federation of Dutch Trade Unions (FNV)", die "Netherlands Centre of Executive and Supervisory Directors (NCD)", die "NYSE Euronext", die "Association of Stockholders (VEB)", die "Association of Securities-Issuing Companies (VEUO)", und die "Confederation of Netherlands Industry and Employers (VNO-NCW)"; Dutch

komanagement, die Corporate Social Responsibility und die Zusammensetzung des Aufsichtsrats vor.[735] Aufgrund von Überschneidungen mit geltendem Recht und fortlaufenden Entwicklungen wurde letztlich auf Nachfrage verschiedener Interessengruppen[736] eine komplette **Überarbeitung** und Neustrukturierung unternommen, die zum 01. Januar 2017 in Kraft trat.[737] Das niederländische Wirtschaftsministerium beurteilt die Änderungen des Corporate Governance Codes positiv.[738]

Die Verantwortlichkeit für den DCGC und dessen Veröffentlichung liegt beim ***Corporate Governance Code Monitoring Committee***, das sich vor allem aus Vertretern der Wirtschaft zusammensetzt.[739] Anwendung findet der DCGC auf alle börsennotierten Unternehmen, die ihren Sitz in den Niederlanden haben, sowie auf alle Unternehmen, die ihren Sitz in den Niederlanden haben und eine Bilanzsumme von mehr als EUR 500 Mio. aufweisen und deren Aktien in einem multilateralen Handelssystem gehandelt werden.[740] Diese Unternehmen sind gem Art. 2:391 V des niederländischen Bürgerlichen Gesetzbuches (*Burgerlijk Wetboek* – BW) iVm dem entsprechenden Erlass aus dem Jahr 2004[741] dazu verpflichtet, in ihren Jahresabschlüssen mit Bezug auf den DCGC **zu berichten.**[742] Die gesetzliche Anbindung erfuhr der DCGC nach den Skandalen[743] von 2003.[744] 182

Inhaltlich umfasst der DCGC Grundsätze und ***best practice*-Regelungen**, die sich mit dem Verhältnis von Vorstand, Aufsichtsrat und Aktionären zueinander beschäftigen.[745] Der DCGC ist damit prinzipiell auf ein dualistisches Organisationsmodell ausgerichtet.[746] Für niederländische Börsenunternehmen mit einer monistischen Leitungsstruktur (dazu § 16 Rn. 150 ff.) enthält der DCGC in Kapitel 5 einige wenige spezielle Vorgaben. Für die Gestaltung von Kodizes ist neben dem Organisationsmodell auch die **Aktionärsstruktur** zentral. In den Niederlanden ist der Aktienbesitz an Aktiengesellschaften überwiegend gestreut und im Vergleich zu anderen EU-Mitgliedstaaten gibt es nur wenige im Mehrheitsbesitz stehende Unternehmen.[747] Neben den Empfehlungen enthält der DCGC auch einen Abschnitt, in dem die einzelnen Empfehlungen erläutert werden.[748] 183

Wie bei anderen Kodizes auch, versucht der DCGC zwar die Überschneidungen zu gesetzlichen Bestimmungen relativ gering zu halten; dennoch gibt es Überlappungen.[749] Die Fassung des DCGC von 2008 umfasst noch eine Entsprechenstabelle, die auflistete, welche Empfehlungen mit gesetzlichen Vorgaben übereinstimmten.[750] Eine entsprechende Auflistung wurde der neuen Fassung des DCGC bislang nicht beigefügt. Auch in den Niederlanden steht der Corporate Governance Kodex in einer **Wechselwirkung mit gesetzlichen Bestimmungen.** Die N.V. (niederländische Aktiengesellschaft) ist im Buch 2 BW geregelt. Für börsennotierte Gesellschaften 184

corporate governance code – Principles of good corporate governance and best practice provisions, S. 5, abrufbar unter: http://www.mccg.nl/download/?id=606.

735 *Schuit* in: Muller (Hrsg.), Corporate Law in the Netherlands, 2013, S. 3; Dutch corporate governance code – Principles of good corporate governance and best practice provisions, 2008, abrufbar unter: http://www.mccg.nl/download/?id=606; *Van der Elst/Lafarre* EBOR 18 (2017) 51, 56.

736 Die Aufforderung zur Überarbeitung erfolgte durch die Interessengruppen „Confederation of Netherlands Industry and Employers (VNO-NCW)", „Association of Securities-Issuing Companies (VEUO)", „Eumedion", „Association of Stockholders (VEB)", „Federation of Dutch Trade Unions (FNV), „National Federation of Christian Trade Unions in the Netherlands (CNV)" und „Euronext"; Press Release (2016), abrufbar unter: http://www.mccg.nl/download/?id=3826.

737 The Dutch Corporate Governance Code, 2016, abrufbar unter: http://www.mccg.nl/download/?id=3367.

738 https://www.rijksoverheid.nl/ministeries/ministerie-van-economische-zaken/nieuws/2017/03/24/herziene-corporate-governance-code-wordt-wettelijk-verankerd.

739 Eine Übersicht über die Kommissionsmitglieder und deren Stellung in der Wirtschaft ist abrufbar unter: http://www.commissiecorporategovernance.nl/monitoring-committee. In der aktuellen Zusammensetzung ist auch ein Wissenschaftler Mitglied des Komitees (Prof. mr. H.M. Vletter-van Dort); *Becker/v. Werder* AG 2016, 761, 764.

740 The Dutch Corporate Governance Code, 2016, S. 7; *Bekkum et al.* EJCL 14 (2010) 1, 2; *Schuit* in: Muller (Ed.), Corporate Law in the Netherlands, 2013, S. 3.

741 Royal Decree of 23 December 2004, Bulletin of Acts and Decrees 2004/747.

742 Monitoring Report on the 2015 Financial Year, S. 43, abrufbar unter: http://www.mccg.nl/download/?id=5476.

743 Gemeint sind damit insbesondere die irreführenden Jahresabschlüsse der Royal Dutch Ahold und der Royal Dutch Shell; vgl. *Bekkum et al.* EJCL 14 (2010) 1, 2.

744 *Bekkum et al.* EJCL 14 (2010) 1, 2; *Schuit* in: Muller (Hrsg.), Corporate Law in the Netherlands, 2013, S. 3; *Haskovec*, Codes of Corporate Governance, Millstein Center Working Papers, 2012, S. 13; *Van der Elst/Lafarre* EBOR 18 (2017) 51, 56.

745 The Dutch Corporate Governance Code, 2016, S. 7; Monitoring Report on the 2015 Financial Year, S. 43; *Becker/v. Werder* AG 2016, 761, 765.

746 The Dutch Corporate Governance Code, 2016, S. 8; *Becker/v. Werder* AG 2016, 761, 764; vgl. *Bekkum et al.* EJCL 14 (2010) 1, 3; *Becker/v. Werder* AG 2016, 761, 764; *Calkoen*, The One-Tier Board in the Changing and Converging World of Corporate Governance, 2012, S. 354.

747 Vgl. OECD, OECD Corporate Governance Factbook, 2017, S. 13.

748 The Dutch Corporate Governance Code, 2016, S. 43 ff.

749 The Dutch Corporate Governance Code, 2016, S. 8.

750 The Dutch Corporate Governance Code, 2008, Stand: August 2015, abrufbar unter: http://www.mccg.nl/download/?id=2718.

kommen Regeln nach dem *Wet op het financieel toezicht*" (Wft)[751] und *Wet giraal effectenverkeer* (Wge) hinzu (s. dazu § 16 Rn. 131). Aufgrund sich ändernder gesetzlicher Bestimmungen werden daher regelmäßig auch Änderungen des DCGC notwendig.[752] Umgekehrt beeinflussen Veränderungen und tatsächliches Verhalten von Unternehmen die Gesetzgebung.

185 Der niederländische Gesetzgeber lässt den Satzungsgebern grundsätzlich die Möglichkeit, für die niederländische Aktiengesellschaft (N.V.) **sowohl ein monistisches** als auch ein **dualistisches Organisationsmodell** vorzusehen (s. dazu näher § 16 Rn. 149 ff.). Für sog Strukturgesellschaften ist ein Aufsichtsrat allerdings zwingend vorgeschrieben (Artikel 2:158 I BW). Diese Unternehmen unterliegen dann auch den Vorgaben zur unternehmerischen Mitbestimmung. Gesetzlich war vor dem 1.1.2016 geregelt, dass im Aufsichtsrat mindestens 30% Männer und **30% Frauen** vertreten sein müssen.[753] Diese Regelung entfiel allerdings nach dem 1.1.2016. Insofern bestanden dann diesbezüglich nur die unverbindlichen Empfehlungen des DCGC (dazu gleich im Folgenden). Im Februar 2017 nahm die *Eerste Kamer* dann jedoch eine Verlängerung dieser Regelung bis Ende 2019 vor. Das Gesetz trat daraufhin am 13. April 2017 in Kraft und wird am 1.1.2020 automatisch entfallen.[754]

186 Der DCGC folgt dem ***comply or explain*-Grundsatz** (dazu bereits Rn. 81).[755] Unternehmen müssen daher angeben, ob sie den Empfehlungen des Kodex folgen oder nicht. Weichen sie in einem Punkt von den Prinzipien oder *best practice*-Standards ab, so müssen sie erläutern, in welchem Umfang und warum sie von diesen Empfehlungen abweichen.[756] Die Befolgungsquote liegt mit 95% sehr hoch,[757] womit dem DCGC **quasi-faktische Bindungswirkung** zukommt.[758] Zu den *best practice*-Vorschlägen, von denen am häufigsten abgewichen wurde, gehört Empfehlung II.1.1 DCGC (2008),[759] die eine Bestellung der Geschäftsführer für maximal vier Jahre sowie auch eine erneute Bestellung für maximal vier Jahre vorsieht.

187 Inhaltlich befassen sich die ersten vier Kapitel des DCGC mit **langfristiger Wertschöpfung** (Kap. 1 DCGC), der **effektiven** Geschäftsführung und Kontrolle (Kap. 2 DCGC), der Vergütung (Kap. 3 DCGC) und der Hauptversammlung (Kap. 4 DCGC). Mit Fragen der Diversität im Aufsichtsrat beschäftigt sich Punkt 2.1.5. DCGC. Danach sollte der Aufsichtsrat eine **Diversitätspolitik** für sich selbst und für die Geschäftsführung entwickeln, die konkrete Zielvorgaben enthalten sollte. Als wichtige Aspekte in diesem Zusammenhang listet Punkt 2.1.5 DCGC Nationalität, Alter, Geschlecht, Ausbildung und beruflichen Hintergrund auf.

188 Zu den wichtigsten Neuerungen des DCGC in seiner Fassung von 2016 zählt die Fokussierung auf die langfristige Wertschöpfung und Stakeholderinteressen (Kapitel 1 DCGC). Der DCGC wird insofern von der Überzeugung getragen, dass eine **langfristige Orientierung** Fehlverhalten wie Korruption, Bilanzbetrug und Kartellverstößen vorbeugen wird.[760] Dies liegt zugleich im Interesse von Stakeholdern wie Arbeitnehmern, da dadurch auch die mit der Aufdeckung des Fehlverhaltens verbundenen negativen Konsequenzen, zB auf die Beschäftigung, verhindert werden können.[761]

189 Verbunden mit dem Thema langfristige Wertschöpfung ist die Betonung der **Unternehmenskultur**. Vorstand und Aufsichtsrat haben eine Kultur zu etablieren und vorzuleben, die die Mitarbeiter dazu anhält, sich integer zu verhalten, um somit ua die langfristige Ausrichtung des Unternehmens zu fördern.[762] Punkt 2.5 DCGC be-

751 Gesetz von 28. September 2006, Stb. 2006, 569.

752 Vgl. The Dutch Corporate Governance Code, 2016, S. 8.

753 *Schuit* in: Muller (Ed.), Corporate Law in the Netherlands, 2013, S. 138; *Mateos de Cabo et al.* J Bus Ethics, 2012, 145; *Bekkum et al.* EJCL 14 (2010) 1, 4.

754 Besluit van 16 maart 2017 tot vaststelling van het tijdstip van inwerkingtreding van de Wet van 10 februari 2017, houdende wijziging van boek 2 van het Burgerlijk Wetboek in verband met het voortzetten van het streefcijfer voor een evenwichtige verdeling van de zetels van het bestuur en de raad van commissarissen van grote naamloze en besloten vennootschappen (Stb. 2017, 68.).

755 *Haskovec*, Codes of Corporate Governance, Millstein Center Working Papers, 2012, S. 13; *Bekkum et al.* EJCL 14 (2010) 1, 2; *Schuit* in: Muller (Ed.), Corporate Law in the Netherlands, 2013, S. 3; *van der Heijden/van der Grinten*, Handboek voor de naamloze en de besloten vennootschap, 2013, S. 372; Monitoring Report on the 2015 Financial Year, S. 43; *Becker/v. Werder* AG 2016, 761, 766.

756 Wahrscheinlich in Umsetzung der Empfehlung der Europäischen Kommission zur Verbesserung der Berichterstattung (2014/208/EU) enthält der DCGC eine Erläuterung wie im Fall von Abweichungen zu berichten ist. The Dutch Corporate Governance Code, 2016, S. 11; *Becker/v. Werder* AG 2016, 761, 766; *Calkoen*, The One-Tier Board in the Changing and Converging World of Corporate Governance, 2012, S. 377; *Van der Elst/Lafarre* EBOR 18 (2017) 51, 54.

757 Monitoring Report on the 2015 Financial Year, S. 10.

758 Vgl. *Becker/v. Werder* AG 2016, 761, 765.

759 Monitoring Report on the 2015 Financial Year, S. 23.

760 Revision of the Dutch Corporate Governance Code – An Overview of the Most Important Changes, S. 2; abrufbar unter: http://www.mccg.nl/download/?id=3376.

761 Revision of the Dutch Corporate Governance Code – An Overview of the Most Important Changes, S. 2.

762 Revision of the Dutch Corporate Governance Code – An Overview of the Most Important Changes, S. 3; hierzu vertiefend: The Dutch Corporate Governance Code, 2016, S. 25 f.; *Becker/v. Werder* AG 2016, 761, 773.

schäftigt sich mit dieser Thematik und fordert ua von der Geschäftsführung einen **Code of Conduct** zu entwickeln (Punkt 2.5.2 DCGC).

In Zusammenhang damit steht auch das **Risikomanagement**, mit dem sich die Punkte 1.2 und 1.4. beschäftigen. 190
Die Geschäftsführung ist nach dem Kodex für die Risikoanalyse verantwortlich und bestimmt auch die Risikoneigung des Unternehmens (Punkt 1.2.1 DCGC). Die Geschäftsführung muss nun nach dem neuen Kodex vor allem auch über solche Risiken berichten, die den Fortbestand des Unternehmens gefährden (Punkt 1.4.3 IV DCGC).[763] Der Vorstand nimmt zudem nicht nur isoliert Stellung zum Finanzbericht, sondern auch zu generell identifizierten Risiken.[764] Zudem wird der Aufsichtsrat als weitere Kontrollebene in das Internal Auditing integriert.[765]

Weitere Änderungen betreffen vor allem die Funktion und **Organisation des Aufsichtsrats.** Die zeitliche Begren- 191
zung der Amtszeit wurde in Punkt 2.2.2 DCGC neu reguliert. Mit dem DCGC 2016 ist die Ernennung auf zweimal vier Jahre und darüber hinaus auf zweimal zwei Jahre begrenzt. Im Fall einer Wiederbestellung nach achtjähriger Aufsichtsratstätigkeit bedarf es einer Begründung.

Ferner sind die **Vergütungsregelungen** für den Vorstand und Aufsichtsrat übersichtlicher geworden.[766] Es wer- 192
den keine konkreten Anforderungen an die Höhe der Vergütung gestellt. Aber bei der Berichterstattung ist auf die in Kapitel 3 DCGC festlegten Aspekte einzugehen. Bei der Festlegung der Höhe und der Struktur der Vergütung ist daher stets Stellung zu nehmen, inwiefern die Vergütung mit der langfristigen Wertsteigerung und dem sozialen Kontext in Einklang steht.[767] Schließlich ist durch die transparentere Formulierung der *best practice*-Regelungen die Anwendung des DCGC auf Unternehmen mit einem *one-tier-board* erleichtert worden.[768]

VII. Ergebnis der rechtsvergleichenden Betrachtung

Trotz der durchaus erkennbaren **Konvergenzen,**[769] ist eine darauf basierende Herausbildung eines optimalen 193
Corporate Governance-Systems sowie entsprechender Regelungen nur eingeschränkt möglich.[770] Dies gilt grundsätzlich sowohl für die nationale wie auch die europäische Ebene (s. bereits Rn. 34, 36 ff.). Dies hat verschiedene Gründe: Der kurze rechtsvergleichende Blick zeigt zwar, dass bestimmte Corporate Governance-Themen in allen Mitgliedstaaten diskutiert werden. Dazu zählt zB die **Besetzung der Organe** (insbes. hinsichtlich Fragen der Diversität) oder die **Unabhängigkeit** von Aufsichtsrats- bzw. nicht-geschäftsführenden Boardmitgliedern. Gleichzeitig werden in diesem Bereich aber auch Differenzen, die bereits aus der unterschiedlichen Organisationsstruktur resultieren, deutlich. Des Weiteren ist die Corporate Governance vom Gesamtregelungsgefüge national-gesellschaftsrechtlicher Bestimmungen abhängig. Die Corporate Governance Kodizes stehen in einer **Wechselwirkung** mit den nationalen gesetzlichen Bestimmungen. Die Unterschiede im nationalen Gesamtregelungsgefüge erschweren die Erarbeitung von Vorgaben auf europäischer Ebene. An dieser Stelle kommen zudem die unterschiedlichen tatsächlichen Gegebenheiten hinzu (Größe der Unternehmen, Anteilstruktur etc). Denn gute Unternehmensführung hängt auch stark von der individuellen Unternehmensstruktur und -kultur der einzelnen Gesellschaft ab.[771] Gerade aufgrund der individuellen Komponente fokussieren sich die meisten mitgliedstaatlichen und europäischen Regelungen weitgehend auf unverbindliche Vorgaben insbesondere im Rahmen eines *comply or explain*-Vorbehalts. Wer diesen Kodex erstellt, ob es einen oder mehrere gibt und ob ein bestehender Kodex gewählt werden muss, wird dagegen in den Mitgliedstaaten unterschiedlich gehandhabt.

F. Zukünftige Entwicklung der europäischen Corporate Governance

Die Regulierung von Corporate Governance-Aspekten auf europäischer Ebene wird mit hoher Wahrscheinlich- 194
keit auch in Zukunft nicht spürbar abnehmen, sondern eher **zunehmen.** Dies gilt, obwohl in den letzten Jahren bereits **sichtbare Erfolge** bei der Harmonisierung von Corporate Governance-Bestimmungen in den Mitgliedstaaten aus Sicht der EU erzielt werden konnten (zuletzt zB die Einigung auf eine reformierte Aktionärsrechte-

763 Revision of the Dutch Corporate Governance Code – An Overview of the Most Important Changes, S. 3; The Dutch Corporate Governance Code, 2016, S. 14.

764 Press Release, 2016, Revision of the Dutch Corporate Governance Code – An Overview of the Most Important Changes, S. 3.

765 Revision of the Dutch Corporate Governance Code – An Overview of the Most Important Changes, S. 3; hierzu vertiefend: The Dutch Corporate Governance Code, 2016, S. 14 ff.

766 Revision of the Dutch Corporate Governance Code – An Overview of the Most Important Changes, S. 4.

767 Revision of the Dutch Corporate Governance Code – An Overview of the Most Important Changes, S. 4 f.; The Dutch Corporate Governance Code, 2016, S. 31 ff.

768 Revision of the Dutch Corporate Governance Code – An Overview of the Most Important Changes, S. 5.

769 Vgl. auch *Becker/v. Werder* AG 2016, 761, 774 f.

770 Vgl. *Krolop* in: Riesenhuber (Hrsg.), Europäische Methodenlehre, 3. Aufl. 2015, § 19 Rn. 22; ferner *Teichmann* in: Gebauer/Teichmann (Hrsg.), Europäisches Privat- und Unternehmensrecht, 2016, § 6 Rn. 210 ff.; siehe auch die Beiträge in: *Gordon/Roe* (Eds.), Convergence and Persistence in Corporate Governance, 2004.

771 Zu Letzterem vgl. nur *Cain et al.* Univ. Penn. L. Rev. 164 (2016) 649, 651.

richtlinie).[772] Weitere Regulierung wird aus der Besetzung neuer Themen entstehen, wobei im Einzelfall genau geprüft werden sollte, ob dafür aus ökonomischer oder auch gesellschaftspolitischer Sicht wirklich Bedarf besteht (dazu Rn. 14, 195). Insgesamt wird es bei der Regulierung von Corporate Governance-Themen auf europäischer Ebene auch in Zukunft somit entscheidend darauf ankommen, wie zum einen das Verhältnis zwischen europäischer Regelsetzung und mitgliedstaatlicher Regelsetzung ausgestaltet ist und welches Maß an supranationaler Regulierung (zB Empfehlungen oder Richtlinienregelungen mit *comply or explain*-Vorbehalt) bei den Mitgliedstaaten am ehesten **kompromissfähig** sein wird. Zum anderen muss damit zusammenhängend auch für die betroffenen Gesellschaften ein angemessener Grad an unternehmerischer Freiheit beibehalten werden. Die Frage nach der zukünftigen Entwicklung der europäischen Corporate Governance ist insofern keine rein rechtliche, sondern von verschiedenen Parametern, wie ökonomischen Konsequenzen, geprägt.

195 Materiell wird ein Anpassungsbedarf vermutlich vor allem durch **sich verändernde externe Rahmenbedingungen** (wie zB Finanzmarktkrisen[773] und Veränderungen der politischen und sozio-ökonomischen Verhältnisse) und deren Einfluss auf eine „gute" Unternehmensführung entstehen.[774] Dies haben die Entwicklungen der letzten Jahre gezeigt. Aspekte der nachhaltigen und **sozialverträglichen Unternehmensführung**, der Diversität und Vergütungspolitik sind als gesellschaftspolitisch geprägte Themen vermehrt auf die Agenda auch der europäischen Corporate Governance-Regulierung gerückt. Damit ist auch in Zukunft zu rechnen. Es kann davon ausgegangen werden, dass der europäische Gesetzgeber seine Anstrengungen auf diesem Gebiet noch intensivieren und sich selbst eine immer weitere Regelungsbefugnis zugestehen wird. Nach einem ersten „*nudging*" (s. dazu auch Rn. 79, 98) in verschiedenen Bereichen (wie zB CSR) ist davon auszugehen, dass – bei positiver Evaluation des bestehenden Regelungsrahmens – darauf aufbauend weitere Vorstöße auf den entsprechenden Gebieten gewagt werden oder eine zukünftige **Verdichtung zu *hard law*-Regulierungen** in Aussicht gestellt wird. Denkbar ist beispielsweise über eine bloße CSR-Berichterstattung hinaus, dass eine nachweisbar an Stakeholderinteressen ausgerichtete Geschäftsführung gefordert wird, dass man sich auf eine verbindliche Geschlechterquote einigt oder dass die Mitwirkungspolitik einzelner Investoren bei der Unternehmensführung nicht mehr unter einen *comply or explain*-Vorbehalt gestellt wird. Von Bedeutung ist dabei jeweils auch, wie sich entsprechende Regelungen bereits autonom in mehreren Mitgliedstaaten entwickelt haben.

196 Mit Blick auf andere Themenbereiche ist im Gegenzug dazu jedoch mit einer fortwährenden **Stagnation der europäischen Bemühungen** zu rechnen, da ein Kompromiss zwischen den Mitgliedstaaten zu unwahrscheinlich ist. Dies sind in erster Linie solche Aspekte, die stark von der traditionellen Grundhaltung einiger (großer) Mitgliedstaaten geprägt sind. Paradebeispiel ist hierbei eine europaweit einheitliche Regelung zur unternehmerischen Mitbestimmung, die aus derzeitiger Sicht wohl auch in Zukunft nicht bzw. nur mit umfassenden Ausnahmebestimmungen erreicht werden kann. Auch mit der Einführung einer europaweit verbindlichen Wahlmöglichkeit für Aktiengesellschaften zwischen dem dualistischen und dem monistischen Leitungssystem ist zumindest in nächster Zeit eher nicht zu rechnen (gleichwohl im Rahmen des EMCA angedacht und von einigen Mitgliedstaaten bereits praktiziert, vgl. dazu § 38 Rn. 54 ff.).

197 Auch die **technische Entwicklung** wird zur Veränderung der Corporate Governance und ggf dessen Verständnis sowie Ausgestaltung beitragen und dies nicht nur mit Blick auf die Corporate Compliance und zB virtuelle Hauptversammlungen. Themen wie Datenschutz, blockchainbasierte Anwendungen,[775] Robo-Advise oder IT-basierte Ratings, Risiko- und Verhaltensanalysen oder Monitoringmodelle können einen spürbaren Einfluss auf die Unternehmensführung und -kontrolle haben und neue Akzente setzen mit Blick auf das, was zukünftig unter „guter" Corporate Governance zu subsumieren sein wird. Dies wird vermutlich wiederum den Regulierungsanspruch des europäischen Gesetzgebers auf diesen Gebieten verstärken.

772 Im Hinblick hierauf ein jedoch einen Rückgang der europäischen Corporate Governance-Ambitionen erwartend *CFA Institute*, Corporate Governance Policy in the European Union, 2016, S. 28.

773 Zu Unternehmenszusammenbrüchen und Marktblasen als Auslöser gesetzgeberischer Tätigkeit *Leyens*, Corporate Governance: Grundsatzfragen und Forschungsperspektiven in: Allmendinger ua (Hrsg.), Corporate Governance nach der Finanz- und Wirtschaftskrise, 2011, S. 8; ebenso *ders.* in: Eger/Schäfer (Eds.), Research Handbook on the Economics of European Union Law, 2012, S. 184.

774 In diesem Sinne *Attenborough* EBLR 2010, 559, 561 f.; *Gelter*, Comparative Corporate Governance: Old and New, ECGI Law Working Paper No. 321/2016, S. 24; historisch aus US-amerikanischer Sicht vgl. auch *O'Kelly* (2013) Univ. Ill. L. Rev. 1001.

775 Zum potenziellen Einfluss von blockchains auf die Corporate Governance vgl. *Schalkowski/Ortiz* ZCG 2017, 211.

§ 34 Europäisches Kapitalmarktrecht

Literatur (Auswahl): *Alexander/Maly*, The new EU market abuse regime and the derivatives markets, Law&Financial Markets Rev. 9 (2015) 243; *Andenas/Chiu*, The Foundation and Future of Financial Regulation, 2012; *Assmann/Buck*, Europäisches Kapitalmarktrecht, EWS 1990, 110, 190, 220; *Bachmann*, Das Europäische Insiderhandelsverbot, 2015; *Balzer*, Umsetzung der MiFID, ZBB 2007, 333; *Balzer*, Umsetzung von MiFID II: Auswirkungen auf die Anlageberatung und Vermögensverwaltung, ZBB 2016, 226; *Bamford*, Principles of International Financial Law, 2015; *Baur/Boegl*, Die neue europäische Finanzmarktaufsicht – Der Grundstein ist gelegt, BKR 2011, 177; *Begner/Neusüß*, Überblick über die MiFID II, RdF 2012, 76; *Bengtzen*, EU and UK investment disclosure liability: at cross purposes?, CMLJ 11 (2016) 429; *Binder*, Verbesserte Krisenprävention durch durch paneuropäische Aufsicht?, GPR 2011, 34; *Binder*, Vom offenen zum regulierten Markt: Finanzintermediation, EU-Wirtschaftsverfassung und der Individualschutz der Kapitalanbieter, ZEuP 2017, 569; *Binder/Broichhausen*, Entwicklungslinien und Perspektiven des Europäischen Kapitalmarkttrechts, ZBB 2006, 85; *Bingel*, Die „Insiderinformation" in zeitlich gestreckten Sachverhalten und die Folgen der jüngsten EuGH-Rechtsprechung für M&A-Transaktionen, AG 2012, 685; *Brandl*, MiFID II und Telefonaufzeichnungen, ÖBA 2016, 564; *Bronger/Scherer*, Das neue europäische Prospektrecht – (geplante) Änderungen und ihre Auswirkungen, WM 2017, 460; *Buck-Heeb*, Anlageberatung nach der MIFID II, ZBB 2014, 221; *Burn*, Capital Markets Union and regulation of the EU's capital markets, CMLJ 11 (2016) 352; *Busch*, MiFID II: regulating high frequency trading, other forms of algorithmic trading and direct electronic market access, Law & Financial Markets Rev. 10 (2016) 72; *Castellano/Helleringer*, Shedding Light on EU Financial Regulators: A Sociological and Psychological Pespective, Hastings Int'l & Com. L. Rev. 40 (2017) 69; *Cahn/Müchler*, Produktinterventionen nach MiFID II. Eingriffsvoraussetzungen und Auswirkungen auf die Pflichten des Vorstands von Wertpapierdienstleistungsunternehmen, BKR 2013, 45; *Crüwell*, Die europäische Prospektrichtlinie. Auf dem Weg zu einem europäischen Kapitalmarktrecht, AG 2003, 243; *Deckert/von Rüden*, Anlegerschutz durch Europäisches Kapitalmarktrecht, EWS 1998, 46; *Dombret/Kenadjian* (Eds.), The European Capital Markets Union, 2015; *Dorn*, Capital cohabitation: EU Capital Markets Union as public and private co-regulation, CMLJ 11 (2016) 84; *Eichhorn/Klebeck*, Drittstaatenregulierung der MiFID II und MiFIR, RdF 2014, 189; *Elsen/Jäger*, Revision der Prospektrichtlinie – Überblick wesentlicher Neuerungen, BKR 2010, 97; *Elster*, Europäisches Kapitalmarktrecht. Recht des Sekundärmarktes, 2002; *Enriques/Gatti*, Is There a Uniform EU Securities Law After the Financial Services Action Plan?, Stan. J. L. Bus. & Fin. 14 (2008) 43; *Ferran*, Cross-Border Offers of Securities in the EU, ECFR 2007, 461; *Ferrarini/Moloney*, Reshaping Order Execution in the EU and the Role of Interest Groups: From MiFID I to MiFID II, EBOR 13 (2012) 557; *Fleischer*, Die Richtlinie über Märkte für Finanzinstrumente und das Finanzmarkt-Richtlinie-Umsetzungsgesetz, BKR 2006, 389; *Fleischer/Schmolke*, Die Reform der Transparenzrichtlinie, NZG 2010, 1241; *Funke*, Reaktion auf die Finanzmarktkrise. Teil 2: MiFID und MiFIR machen das Frühwarnsystem perfekt!, CCZ 2012, 54; *Gebauer/Teichmann* (Hrsg.), Europäisches Privat- und Unternehmensrecht, 2016, § 7 (Europäisches Kapitalmarktrecht); *Giering*, Das neue Kapitalmarktmissbrauchsrecht für Emittenten, CCZ 2016, 214; *Götze/Carl*, Konzernrechtliche Aspekte der Transparenzpflichten nach der neuen EU-Marktmissbrauchsverordnung, DK 2016, 529; *Grieser/Juhnke*, MiFID II – Auswirkungen auf die Emission und den Vertrieb von Anleihen und strukturierten Produkten, RdF 2012, 156; *Grigoleit*, Anlegerschutz – Produktinformationen und Produktverbote, ZHR 177 (2013) 264; *Gruber*, Marktsondierung und Insiderverbot, RdW 2016, 460; *Gruber*, EU-Prospektrecht, 2016; *Grundmann*, Investment Banking, in: Staub, HGB, Band 11/1, 5. Aufl. 2017; *Gstädtner*, Regulierung der Märkte für OTC-Derivate – ein Überblick über die Regelungen in MiFID II, EMIR und CRD IV, RdF 2012, 145; *Hemeling*, Europäische Finanz- und Kapitalmarktregulierung auf dem Prüfstand, ZHR 181 (2017) 595; *Hoffmann/Detzen*, ESMA – Praktische Implikationen und kritische Würdigung der neuen Europäischen Wertpapier- und Marktaufsichtsbehörde, DB 2011, 1261; *Holzborn/Schwarz-Gondek*, Die neue EU-Prospektrichtlinie, BKR 2003, 927; *Hopt*,

50 Jahre Anlegerschutz und Kapitalmarktrecht: Rückblick und Ausblick, WM 2009, 1873; *Hopt*, Auf dem Weg zu einer neuen europäischen und internationalen Finanzmarktarchitektur, NZG 2009, 1401; *Hopt*, Die Schaffung einer Kapitalmarktunion in Europa – langwierig und schwierig, aber notwendig, EuZW 2015, 289; *Hopt/Kumpan*, in: Schimansky/Bunte/Lwowski (Hrsg.), Bankrechts-Handbuch, 5. Aufl. 2017, § 107 (Insider- und Ad-hoc-Publizitätsprobleme); *Hopt/Voigt*, Prospekt- und Kapitalmarktinformationshaftung, WM 2004, 1801; *Howell*, The evolution of ESMA and direct supervision: Are there implications for EU supervisory governance?, CMLR 54 (2017) 1027; *Ihrig*, Wissenszurechnung im Kapitalmarktrecht – untersucht anhand der Pflicht zur Ad-hoc-Publizität gemäß Art. 17 MAR, ZHR 181 (2017) 381; *Jung/Bischof*, Europäisches Finanzmarktrecht, 2015; *Kalss*, Kapitalmarktrecht – bis es implodiert, EuZW 2015, 569; *Kalss*, Kapitalmarktrecht, in: Riesenhuber (Hrsg.), Europäische Methodenlehre, 3. Aufl. 2015, § 20; *Kindermann/Bast*, Compliance 2.0 – Ein Ausblick auf CRD IV und MiFID 2, CB 2013, 337; *Klöhn*, Ad-hoc-Publizität und Insiderverbot im neuen Marktmissbrauchsrecht, AG 2016, 423; *Klöhn*, Ad-hoc-Publizität und Insiderverbot nach „Lafonta“, NZG 2015, 809; *Klöhn*, Kapitalmarktrecht, in: Langenbucher (Hrsg.), Europäisches Privat- und Wirtschaftsrecht, 4. Aufl. 2017, § 6; *Klöhn*, Die Regelung legitimer Handlungen im neuen Insiderrecht (Art. 9 MAR), ZBB 2017, 261; *Klöhn* (Hrsg.), Marktmissbrauchsverordnung, 2018; *Klöhn/Büttner*, Generalamnestie im Kapitalmarktrecht?, ZIP 2016, 1801; *Klöhn/Schmolke*, Der Aufschub der Ad-hoc-Publizität nach Art. 17 Abs. 4 MAR zum Schutz der Unternehmensreputation, ZGR 2016, 866; *Knuts*, The Optimal Scope of Disclosure by Association Regime under MAR, ECFR 2016, 495; *Krämer/Kiefner*, Ad-hoc-Publizität nach dem Final Report der ESMA. Praxisfragen und weiterer Korrekturbedarf, AG 2016, 621; *Krimphove*, Gesetzgebung im europäischen Bank- und Kapitalmarktrecht – eine ökonomisch-historische Betrachtung, EuR 2007, 597; *Kudlich*, MADness Takes Its Toll – Ein Zeitsprung im Europäischen Strafrecht?, AG 2016, 459; *Kumpan*, Die Europäische Kapitalmarktunion und ihr Fokus auf kleinere und mittlere Unternehmen, ZGR 2016, 2; *Kumpan*, Die neuen Regelungen zu Directors' Dealings in der Marktmissbrauchsverordnung, AG 2016, 446; *Kumpan*, Market-based financing in the Capital Markets Union: The European Commission's Proposals to Foster Financial Innovation in the EU, ECFR 2017, 336; *Kumpan/Leyens*, Conflict of Interest of Financial Intermediaries, ECFR 2008, 72; *Kunold/Schlitt*, Die neue EU-Prospektrichtlinie. Inhalt und Auswirkungen auf das deutsche Kapitalmarktrecht, BB 2004, 501; *Kyriakou*, Harmonizing Corporate Actions for the Achievement of a Capital Markets Union: An analysis of the Shareholders' Rights Directive, the Green Paper Building a Capital Marktes Union and TARGET2-Securities, ECL 14 (2017) 121; *Langenbucher*, Über die allmähliche Verfertigung des Gesetzes beim Regulieren, ÖBA 2014, 656; *Langenbucher*, In Brüssel nichts Neues? – Der „verständige Anleger“ in der Marktmissbrauchsverordnung, AG 2016, 417; *Lehmann*, Internationales Finanzmarktrecht, in: MüKo BGB, Bd. 12, 7. Aufl. 2018, Teil 12; *Lehmann/Manger-Nestler*, Das neue Europäische Finanzaufsichtssystem, ZBB 2011, 2; *Lutter/Bayer/Schmidt*, Europäisches Unternehmens- und Kapitalmarktrecht, 6. Aufl. 2017, §§ 14, 31 ff.; *Majcen*, Die Entwicklung des europäischen Kapitalmarktrechts – Vom Segré-Bericht zu MiFID II, ÖBA 2015, 424; *Maume*, Staatliche Rechtsdurchsetzung im deutschen Kapitalmarktrecht: eine kritische Bestandsaufnahme, ZHR 180 (2016) 358; *Merkner/Sustmann*, Reform des Marktmissbrauchsrechts: Die Vorschläge der Europäischen Kommission zur Verschärfung des Insiderrechts, AG 2012, 315; *Meyer/Veil/Rönnau* (Hrsg.), Handbuch zum Marktmissbrauchsrecht, 2018 *Möllers*, Europäische Gesetzgebungslehre 2.0: Die dynamische Rechtsharmonisierung im Kapitalmarktrecht am Beispiel von MiFID II und PRIIP, ZEuP 2016, 325; *Möllers*, Europäische Methoden- und Gesetzgebungslehre im Kapitalmarktrecht, ZEuP 2008, 480; *Möllers/Steinberger*, Die BGH-Entscheidung zum Telekom-Prozess und das europäische Anlegerleitbild, NZG 2015, 329; *Moloney*, EU Financial Markets Regulation after the Global Financial Crisis: „More Europe“ or more risk?, CMLR 47 (2010) 1317; *Moloney*, Institutional Governance and Capital Markets Union: Incrementalism or a “Big Bang”?, ECFR 2016, 376; *Mülbert*, Konzeption des europäischen Kapitalmarktrechts für Wertpapierdienstleistungen, WM 2001, 2085; *Müller/Oulds*, Transparenz im europäischen Fremdkapitalmarkt, WM 2007, 573; *Nartowska/Walla*, Das Sanktionsregime für Verstöße gegen die Beteiligungstransparanz nach der Transparanzrichtlinie 2013, AG 2014, 891; *Pachinger/Mayr-Riedler*, Verschärfungen im europäischen Kapitalmarktrechtm GesRZ 2015, 230; *Parmentier*, Die Entwicklung des europäischen Kapitalmarktrechts 2014-2015, EuZW 2016, 45; *Parmentier*, Die Revision der EU-Transparenzrichtlinie für börsennotierte Unternehmen, AG 2014, 15; *Partmentier*, Capital Markets Union – One Year On From the Action Plan, ECFR 2017, 242; *Pellegrini*, Critical Analysis of the Prospectus Directive, EBLR 2006, 1679; *Poelzig*, Die Neuregelung der Offenlegungsvorschriften durch die Marktmissbrauchsverordnung, NZG 2016, 761; *Poelzig*, Durchsetzung und Sanktionierung des neuen Marktmissbrauchsrechts, NZG 2016, 492; *Poelzig*, Private enforcement im deutschen und europäischen Kapitalmarktrecht, ZGR 2015, 801; *Poelzig*, Private enforcement im deutschen und europäischen Kapitalmarktrecht, ZGR 2015, 801; *Rathammer*, Ad-hoc- und Directors' Dealings-Verpflichtungen im MAR Regime, ÖBA 2016, 436; *Reichert*, Die Kausalität von Insiderinformationen – Entwicklungsstufen eines europäischen Tatbestandsmerkmals, in: Festschrift für Peter-Christian Müller-Graff, 2015, S. 319; *Röh/Zingel*, Compliance nach der MiFID II, CB 2014, 429; *Roth*, Das Gesetz zur Umsetzung der Transparenzrichtlinie-Änderungsrichtlinie, GWR 2015, 485; *Rothenfußer/Jäger*, Generalamnestie im Kapitalmarktrecht durch das Erste Finanzmarktnovellierungsgesetz, NJW 2016, 2689; *Sandberger*, Die EU-Prospektrichtlinie – Europäischer Pass für Emittenten, EWS 2004, 297; *Schammo*, The Prospectus Approval System, EBOR 7 (2006) 501; *Schammo*, Market Building and the Capital Markets Union: Addressing Information Barriers in the SME Funding Market, ECFR 2017, 271; *Schelling*, Die systematische Internalisierung in Nichteigenkapitalinstrumenten nach MiFID II und MiFIR, BKR 2015, 221; *Schilha*, Umsetzung der EU-Transparenzrichtlinie 2013, DB 2015, 1821; *Schmidt*, Das Grünbuch zur Schaffung einer Kapitalmarktunion – EU-Kapitalmarkt 4.0?, GPR 2015, 129; *Schmolke*, Das Verbot der Marktmanipulation nach dem neuen Marktmissbrauchsregime, AG 2016, 434; *Schmolke*, Der Lamfalussy-Prozess im Europäischen Kapitalmarktrecht – eine Zwischenbilanz, NZG 2005, 912; *Schneider*, Auf dem Weg in die europäische Kapitalmarktunion, AG 2012, 823; *Schneider*, Internationales Kapitalmarktrecht, AG 2001, 269; *Schön*, Free Movement of Capital and Freedom of Establishment, EBOR 17 (2016) 229; *Seibt*, 20 Thesen zur Binnenverantwortung im Unternehmen im Lichte des reformierten Kapitalmarktsanktionsrechts, NZG 2015, 1097; *Seibt/Wollenschläger*, Revision des Marktmissbrauchsrechts durch Marktmissbrauchsverordnung und Richtlinie über strafrechtliche Sanktionen für Marktmanipulation, AG 2014, 593; *Simons*, Gesetzgebungskunst. Ein Hilferuf aus dem Maschinenraum des Kapitalmarkrechts, AG 2016, 651; *Sindelar*, Quo vadis MiFID II – Welche Neuerungen und Herausforderungen bringt die neue Finanzmarktrichtlinie?, ÖBA 2014, 478; *Sørensen/Neville*, Suspension of the Exercise of Voting Rights: A Step Towards Deterrent and Consistent Sanctioning of EU Transparency Requirements?, ECL 14 (2017) 150; *Staikouras*,

Four Years of MADness?, EBLR 2008, 775; *Stiegler*, Aktionsplan zur Schaffung einer europäischen Kapitalmarktunion, AG 2015, R311; *Stüber*, Directors' Dealings nach der Marktmissbrauchsverordnung, DStR 2016, 1221; *Veil* (Hrsg.), Europäisches Kapitalmarktrecht, 2. Aufl. 2014; *Veil*, Aufsicht über die Kapitalmärkte in Europa, in: Festschrift für Klaus J. Hopt, 2010, S. 2641; *Veil*, Europäische Kapitalmarktunion, ZGR 2014, 544; *Veil/Koch*, Auf dem Weg zu einem Europäischen Kapitalmarktrecht: die Vorschläge der Kommission zur Neuregelung des Marktmissbrauchs, WM 2011, 2297; *Véron/Wolff*, Capital Markets Union: A Vision for the Long Term, Journal of Financial Regulation 2 (2016) 130; *Vester*, MiFID II/MiFIR: Überblick über die Auswirkungen auf den Derivatehandel, RdF 2015, 92; *Weber*, Die Entwicklungen des Kapitalmarktrechts in 2016/2017, NJW 2017, 991; *Weber-Rey*, Errichtung des Europäischen Finanzmarkaufsichtssystems – Einbindung der nationalen Aufseher in die neue EU-Aufsichtsstrukturen, AG 2011, R259; *Wendt/Read*, Die Kapitalmarktunion: Erste Maßnahmen zu Kreditverbriefungen und Infrastrukturprojekten, ZFR 2016, 419; *Wilfling*, Auswirkungen der Marktmissbrauchsverordnung auf Wertpapieremissionen, ÖBA 2016, 353; *Wundenberg*, Perspektiven der privaten Rechtsdurchsetzung im europäischen Rechtsdurchsetzung im europäischen Kapitalmarktrecht, ZGR 2015, 124; *Wymeersch*, The reforms of the European Financial Supervisory System. An Overview, ECFR 2010, 240; *Wymmersch/Hopt/Ferrarini* (Eds.), Financial Regulation and Supervision, 2012; *Zetzsche*, Die Marktsondierung nach Art. 11 MAR. Pflichten der Sondierenden und der Marktgegenseite, AG 2016, 610; *Zetzsche*, Insider-Information beim verdeckten Beteiligungsaufbau („Anschleichen") mittels Total Return Swaps?, AG 2015, 381.

A. Grundlagen und Konzeption

I. Gegenstand und Ziele des europäischen Kapitalmarktrechts

Das Kapitalmarktrecht ist eines der vielschichtigsten Regelungsgebiete des europäischen Gesetzgebers. Es zeichnet sich insbesondere durch seine umfangreiche Regelungsdichte und **Komplexität** aus.[1] Aus gesellschaftsrechtlicher Sicht lässt sich das Europäische Kapitalmarktrecht auch als Bestandteil eines **Sonderrechts für Börsengesellschaften**[2] begreifen und ist für kapitalmarktorientierte Börsenunternehmen in mindestens gleicher Weise zu beachten wie das Europäische Gesellschaftsrecht in seiner bestehenden Ausprägung. Aber auch mit anderen Rechtsgebieten bestehen spürbare Überschneidungen („Kapitalmarktrecht als **Querschnittsmaterie**"),[3] wie dem Bank- und Börsenrecht, dem Finanzmarktrecht,[4] dem Investmentrecht oder auch dem Deliktsrecht. 1

Aufgrund der hohen Komplexität und Regelungsdichte des europäisches Kapitalmarktrechts als gesonderte Spezialmaterie des Unternehmensrechts in der EU sind Fragen mit Kapitalmarktbezug oder beispielsweise eines Börsenganges zwingend mit entsprechenden Spezialisten in der **rechtlichen Beratung** abzuklären. Aufgrund des primär gesellschaftsrechtlichen Schwerpunktes des vorliegenden Handbuches sollen insofern die folgenden Ausführungen auch lediglich einen **Überblick** über die Rechtsmaterie vermitteln und die wichtigsten Aspekte und Regelungsstrukturen aufzeigen. Im Zweifel ersetzen sie keinesfalls eine weitergehende Lektüre zu einzelnen Sachthemen bzw. Problemfällen. 2

In den letzten Jahren zeigt sich eine immer weitreichendere Bedeutung des europäischen Gesetzgebers im Bereich des Kapitalmarktrechts.[5] Dies spiegelt sich ua in einem zunehmend vollharmonisierenden Regelungsansatz in jüngeren Sekundärrechtsakten im Europäischen Kapitalmarktrecht (s. Rn. 6) als auch im Hinblick auf die Schaffung eines **„Single Rulebook"** sowie einer Europäischen Kapitalmarktunion (s. Rn. 8 ff.). Neben dieser qualitativen Bedeutung des Europäischen Kapitalmarktrechts wird zudem in quantitativer Sicht das mitgliedstaatliche Kapitalmarktrecht zu einem großen Teil (mehr als 80%)[6] auf Maßnahmen des europäischen Gesetzgebers zurückgehen.[7] 3

---

1 Vgl. nur *Hemeling* ZHR 181 (2017) 595.

2 *Lutter/Bayer/Schmidt*, Europäisches Unternehmens- und Kapitalmarktrecht, 2017, Rn. 14.58; *Kalss/Klampfl*, Europäisches Gesellschaftsrecht, 2015, Rn. 11, 19; *Verse* in: Fleischer ua (Hrsg.), 50 Jahre AktG, 2015, S. 304, 310; aus deutscher Sicht zur Verknüpfung beider auch *Assmann* AG 2015, 597; *Merkt* ZGR 2007, 532, 539 f.; *Richter* ZHR 172 (2008) 419, 429.

3 *U. H. Schneider* AG 2001, 269, 271; *Kalss* in: Riesenhuber (Hrsg.), Europäische Methodenlehre, 2015, § 20 Rn. 1; *Lutter/Bayer/Schmidt*, Europäisches Unternehmens- und Kapitalmarktrecht, 2017, Rn. 14.58; *Zetzsche/Eckner* in: Gebauer/Teichmann (Hrsg.) (Hrsg.), Europäisches Privat- und Unternehmensrecht, 2016, § 7 A Rn. 5.

4 Speziell zum Europäischen Finanzmarktrecht *Horn*, Europäisches Finanzmarktrecht, 2003; *Jung/Bischof*, Europäisches Finanzmarktrecht, 2015; *Singh* EBOR 16 (2015) 439; *Zimmer* BKR 2004, 421.

5 *Veil* ZGR 2014, 544, 546 f.; *Habersack* ZHR 181 (2017) 603, 611; *Weidemann* NZG 2016, 605, 606; *Walla* BB 2012, 1358, 1361; kritisch auch *Kalss* EuZW 2015, 569 f.

6 Vgl. bereits *Hopt* in: Festgabe 50 Jahre BGH, 2000, S. 497, 501; *Bundesregierung*, Finanzmarktaktionsplan 2006; *Klöhn* in: Langenbucher (Hrsg.), Europäisches Privat- und Wirtschaftsrecht, 2017, § 6 Rn. 15 („Normen-Tsunami").

7 Vgl. auch *Veil* ZGR 2014, 544, 546 („Die mitgliedstaatliche Gesetzgebung wird keine nennenswerte Rolle mehr spielen."); *Klöhn* in: Langenbucher (Hrsg.), Europäisches Privat- und Wirtschaftsrecht, 2017, § 6 Rn. 1 („Deutsches Kapitalmarktrecht ohne europarechtlichen Hintergrund muss man mit der Lupe suchen.").

4 Die Ziele des Europäischen Kapitalmarktrechts liegen sowohl im **Anlegerschutz** als auch in der institutionellen **Sicherung der Funktionsfähigkeit** der Kapitalmärkte.[8] Im Zuge der Finanzmarktkrise wurde ferner auch der Systemschutz in verschiedenen dem Kapitalmarktrecht zuzurechnenden Rechtsakten betont.[9] Die entsprechende Harmonisierung des Kapitalmarktrechts in Europa bezweckt in diesem Zusammenhang zudem die Integration der Kapitalmärkte in die Gesamtheit der europäischen Märkte.[10] Mit einer diesbezüglichen Realisierung des Binnenmarkts soll zudem der **freie Kapitalverkehr** (Art. 63 AEUV) verwirklicht werden. Wie auch im Gesellschaftsrecht (s. § 18 Rn. 5) erfolgt daher sowohl eine „positive" Harmonisierung bzw. Rechtsangleichung mittels europäischen Sekundärrechts in Form von Richtlinien und Verordnungen,[11] als auch eine „negative" Harmonisierung" durch die Rechtsprechung des EuGH zur Kapitalverkehrsfreiheit.

II. Harmonisierungsansatz

5 Wie in anderen Bereichen des Europäischen Privat- und Unternehmensrechts kann auch bei der Regulierung des mitgliedstaatlichen Kapitalmarktrechts durch europäische Vorgaben im Grundsatz zwischen einer **mindest-** und einer **vollharmonisierenden Wirkung** eines Sekundärrechtsaktes bzw. einer einzelnen Vorschrift in einem solchen unterschieden werden. Führt – vereinfacht – eine Mindestharmonisierung grundsätzlich nur zu einer Angleichung des nationalen Rechts und lässt diesem gewisse Gestaltungsspielräume, bezweckt eine Vollharmonisierung eine weitgehende Rechtsvereinheitlichung und verbietet abweichende Regelungen in den Mitgliedstaaten sowohl nach unten als auch nach oben. Davon zwar im Prinzip unbenommen, jedoch faktisch gleichwohl zumeist damit zusammenhängend, ist die Wahl des europäischen Gesetzgebers für eine bestimmte Handlungsform, dh entweder dem Instrument einer **Richtlinie** oder dem einer **Verordnung**. Die Wahl einer der beiden Sekundärrechtsakte sagt dabei grundsätzlich noch nichts über den Harmonisierungsgrad aus und ob mit einer Regelung eine Mindest- oder Vollharmonisierung beabsichtigt ist. Jedoch ist auch im Kapitalmarktrecht die Wahl einer unmittelbar geltenden Verordnung regelmäßig ein Zeichen für eine Vollharmonisierung, wo hingegen Richtlinien häufiger auch „nur" Mindeststandards setzten.[12] In der Praxis ist dies gleichwohl einzelfallabhängig und muss stets im Hinblick auf den konkreten Regelungsgehalt einer Norm beurteilt werden.[13]

6 Im Europäischen Kapitalmarktrecht ist in den letzten Jahren eine spürbare Tendenz zu einer **vollharmonisierenden Regulierung** zu beobachten.[14] Im Zuge der Finanzmarktkrise sah es der europäische Gesetzgeber als nicht mehr ausreichend an, den Mitgliedstaaten bei der nationalen Rechtssetzung im Kapital- und Finanzmarktrecht einen weiten Ermessensspielraum zuzugestehen. Dies äußerste sich zum einen durch eine Vielzahl neuer Vereinheitlichungsprojekte sowie zum anderen durch grundlegende Reformen der bestehenden Rechtsakte.[15] Bei Letzteren ist im Zusammenhang mit dem Maß an Harmonisierung auch ein Übergang zur **Verordnung** als **primäres Regelungsinstrument** zu erkennen.[16] So werden zB das Marktmissbrauchsrecht (s. Rn. 76 ff.) und das Prospektrecht (s. Rn. 41 ff.) nunmehr in einer (weitgehend vollharmonisierenden) Verordnung geregelt. Auch die Transparenzrichtlinie (s. Rn. 58 ff.) wurde im Zuge ihrer Reform im Jahr 2013 vermehrt vollharmonisierend ausgestaltet. Eine entsprechende Harmonierungs- und Vereinheitlichungstendenz wird – auch im Hinblick auf die Schaffung einer umfassenden Europäischen Kapitalmarktunion (s. Rn. 8 ff.) – wohl auch in Zukunft weiter fortschreiten und sich immer mehr das zumindest von der ESMA (s. Rn. 19 ff.) in Aussicht gestellte **Single Rulebook** verwirklicht werden.[17]

8 *Zetzsche/Eckner* in: Gebauer/Teichmann (Hrsg.) (Hrsg.), Europäisches Privat- und Unternehmensrecht, 2016, § 7 A Rn. 12; *Follak* in: Dauses/Ludwigs (Hrsg.), EU-Wirtschaftsrecht, 43. EL 2017, F III Rn. 6; *Klöhn* in: Langenbucher (Hrsg.), Europäisches Privat- und Wirtschaftsrecht, 2017, § 6 Rn. 17; *Veil* in: Veil (Hrsg.), Europäisches Kapitalmarktrecht, 2014, § 2 Rn. 3; speziell zum Insiderrecht *Hopt/Kumpan* in: Schimasnky/Bunte/Lwowski (Hrsg.), Bankrechts-Handbuch, 2017, § 107 Rn. 4.

9 Siehe zB Erwägungsgrund 8 OGAW-Richtlinie, Erwägungsgrund 2 AIFM-Richtlinie (dazu § 31), Erwägungsgrund 13 MiFID II (s. dazu Rn. 33 ff.).

10 *Zetzsche/Eckner* in: Gebauer/Teichmann (Hrsg.), Europäisches Privat- und Unternehmensrecht, 2016, § 7 A Rn. 11; *Follak* in: Dauses/Ludwigs (Hrsg.), EU-Wirtschaftsrecht, 43. EL 2017; F III Rn. 2.

11 Auch den Empfehlungen und Leitlinien zB der ESMA (s. dazu Rn. 22) kommt im Kapitalmarktrecht eine nicht unerhebliche Bedeutung zu.

12 Vgl. auch *Walla* in: Veil (Hrsg.), Europäisches Kapitalmarktrecht, 2014, § 4 Rn. 30; *Zetzsche/Eckner* in: Gebauer/Teichmann (Hrsg.), Europäisches Privat- und Unternehmensrecht, 2016, § 7 A Rn. 19.

13 Im Rahmen des Kapitalmarktrechts vgl. nur *Gerner-Beulen* CMLJ 7 (2012) 317, 330; *Klöhn* WM 2010, 1869, 1879.

14 *Walla* in: Veil (Hrsg.), Europäisches Kapitalmarktrecht, 2014, § 4 Rn. 38; *Fleischer/Schmolke* NZG 2010, 1241, 1243; *Möllers* ZEuP 2008, 480, 499 ff.; *Schmidt* GPR 2015, 129, 133; *Kalss/Klampfl*, Europäisches Gesellschaftsrecht, 2015, Rn. 4; *Veil* ZGR 2014, 544, 549; *ders.* in: FS Hommelhoff, 2012, S. 1263, 1266 f.

15 Vgl. auch *Castellano/Helleringer* Hastings Int'l & Comp. L. Rev. 40 (2017) 69.

16 *U. H. Schneider* AG 2012, 823; *Walla* in: Veil (Hrsg.), Europäisches Kapitalmarktrecht, 2014, § 4 Rn. 38; *Veil* in: ders. (Hrsg.), Europäisches Kapitalmarktrecht, 2. Aufl. 2014, § 3 Rn. 14; *Zetzsche/Eckner* in: Gebauer/Teichmann (Hrsg.), Europäisches Privat- und Unternehmensrecht, 2016, § 7 A Rn. 23.

17 Kritisch dazu *Kalss* EuZW 2015, 569 f.; wohl auch *U. H. Schneider* AG 2012, 823 ff.

In der Konsequenz werden damit der Regulierungsspielraum für die Mitgliedstaaten und damit auch die Rechtsunterschiede in den nationalen Kapitalmarktrechtsordnungen immer kleiner. Dies mag aus Sicht des Rechtsanwenders im grenzüberschreitenden Kontext vorteilhaft sein, da er sich vermehrt gewiss sein kann, dass auch in anderen Mitgliedstaaten als seiner Heimatrechtsordnung die **weitgehend gleichen Regelungen bestehen** (sollten). Inwiefern sich die Mitgliedstaaten in einem konkreten Fall an europäische Vorgaben halten bzw. Abweichungen im nationalen Zusammenhang (ggf europarechtswidrig) statuieren, steht dabei faktisch freilich auf einem anderen Blatt. Andererseits besteht aufgrund der zunehmenden Regelungsdichte in einem weitgehend europäisch geprägten Kapitalmarktrecht für den Rechtsanwender die Gefahr, den **Überblick** über die ihn betreffenden Regularien **zu verlieren.**[18] Neben dem nationalen Recht treten immer mehr die unmittelbar geltenden EU-Verordnungen sowie dazu begleitende Richtlinien, Durchführungsrechtsakte, Ausführungsgesetze, Verwaltungs- und Durchführungsempfehlungen der ESMA und/oder nationalen Aufsichtsbehörden und sonstige Branchenstandards.[19] Vor allem für Börsengesellschaften ist eine umfassende und laufende Beratung durch eine kapitalmarktrechtlich spezialisierte Anwaltskanzlei daher unumgänglich. Sowohl für diese als auch die Unternehmen selbst kann in diesem Zusammenhang die Implementierung eines **Law Screenings**[20] vorteilhaft sein, um einen besseren Umgang mit der umfassenden und sich insbesondere im Kapitalmarktrecht stetig im Wandel befindenden Gesetzgebung hinreichend überblicken zu können und sich die Handhabung einer angemessenen Kapitalmarkt-Compliance[21] im Unternehmen zu erleichtern. 7

III. Europäische Kapitalmarktunion

Verbunden mit der zunehmenden Rechtsvereinheitlichungstendenz im Europäischen Kapitalmarktrecht (s. Rn. 6 f.) sowie der Tatsache, dass auch trotz der bestehenden Regelungsdichte die europäischen Finanz- und Kapitalmärkte **weiterhin fragmentiert** und überwiegend national ausgerichtet sind,[22] sprach sich die Europäische Kommission für die Schaffung einer Europäischen Kapitalmarktunion (**Capital Markets Union**) aus.[23] Die Kapitalmarktunion soll dabei insbesondere als Gegenstück zur geschaffenen Bankenunion[24] etabliert werden.[25] Durch diese werden insbesondere ein europäisches Bankenaufsichtssystem sowie eine europäische Einlagensicherung geschaffen. 8

Ziel einer Europäischen Kapitalmarktunion ist die Stärkung der europäischen Kapitalmärkte mittels einer **langfristigen Steigerung des Investitionsniveaus.**[26] Hierzu sollen insbesondere das Finanzsystem stabiler gemacht und eine Vertiefung der Finanzintegration erreicht werden. Dafür bedarf es vor allem in Hinblick auf einen **verbesserten Zugang für KMU** zu den Finanzmärkten einer Effektivierung des Binnenmarktes für Beteiligungs- und Anleihekapital sowie weiterer Finanzinstrumente.[27] Insofern soll eine „echte Kapitalmarktunion" geschaf- 9

18 In diesem Sinne *Hemeling* ZHR 181 (2017) 595 f.

19 Zur Problematik auch *U. H. Schneider* AG 2012, 823, 825; *Hemeling* ZHR 181 (2017) 595, 596 (speziell zur MAR).

20 Allgemein dazu *Krebs/Jung* BB 2014, 3081 ff.

21 Zum steigenden Aufwand hieran *Söhner* BB 2017, 259, 266.

22 Vgl. *Europäische Kommission*, Grünbuch zur Schaffung einer Kapitalmarktunion, COM(2015) 63 final, S. 4; *Hopt* EuZW 2015, 289; *Heuer/Schütt* BKR 2016, 45, 46.

23 Zur Europäischen Kapitalmarktunion *Busch/Ferrarini/Avgouleas* (Eds.), Capital Markets Union in Europe, 2018; *Demary et al.*, A capital markets union for Europe: The relevance of banks and markets, IW policy paper 18/2015; *Dombret/Kenadjian* (Hrsg.), The European Capital Market Union, 2015; *Dorn* LFMR 9 (2015) 187; *Ertürk* LFMR 9 (2015) 196; *Heuer/Schütt* BKR 2016, 45; *Hopt* EuZW 2015, 289; *Huertas/Schaffelhuber* RdF 2016, 269; *Kern* LFMR 9 (2015) 191; *Kumpan* ECFR 2017, 336; *Lutter/Bayer/Schmidt*, Europäisches Unternehmens- und Kapitalmarktrecht, 2017, Rn. 14.176 ff.; *Micheler* EBOR 17 (2016) 481; *Moloney* ECFR 2016, 376; *Parmentier* ECFR 2017, 242; *dies.* EuZW 2018, 393; *Ringe* LFMR 9 (2015) 5; *Schammo* ECFR 2017, 271; *U. H. Schneider* AG 2012, 823; *Veil* ZGR 2014, 544; *Wendt/Read* ZFR 2016, 419.

24 Zur Bankenunion *Assmann* in: Assmann/Schütze (Hrsg.), Handbuch des Kapitalanlagerechts, 4. Aufl. 2015, § 1 Rn. 66 ff.; *Baber* Co. Lawyer 37 (2016) 82; *Beck* (Hrsg.), Banking Union for Europe – Risks and Challenges, 2012; *Binder* ZBB 2015, 297; *ders.* EBOR 16 (2015) 467; *Cappiello* EBOR 16 (2015) 421; *Gerke* RdF 2014, 85; *Gros/Schoenmaker* JCMS 52 (2014) 529; *Grundmann* ZHR 179 (2015) 563; *ders.* EBOR 16 (2015) 357; *Hadjiemmanuil* EBOR 16 (2015) 383; *Howarth/Quaglia* JCMS 51 (2013) 103; *Lackhoff/Grünewald* GesKR 2015, 191; *Möslein* EBOR 16 (2015) 547; *Tuominen* CMLR 54 (2017) 1359; vgl. auch *Europäisches Parlament*, Bericht über die Bankenunion – Jahresbericht 2016 (2016/2247/INI)); im Hinblick auf Digitalisierung auch *EWSA*, Stellungnahme zum Thema „Digitalisierung und innovative Geschäftsmodelle im europäischen Finanzsektor – Auswirkungen auf Beschäftigung und Kunden", 201/C 246/02, ABl. EU v. 28.7.2017, C 246/8, Ziff. 1.3.

25 *Hopt* EuZW 2015, 289; *Wendt/Read* ZFR 2016, 419.

26 Vgl. *Europäische Kommission*, Mitteilung der Kommission an das Europäische Parlament, den Rat, den Europäischen Wirtschafts- und Sozialausschuss und den Ausschuss der Regionen über die Halbzeitbilanz des Aktionsplans zur Kapitalmarktunion, COM(2017) 292 final, S. 19.

27 Speziell in diesem Zusammenhang *Schammo* ECFR 2017, 271 ff.

fen werden.[28] Diese soll sodann einen Beitrag zu Wachstum, Arbeitsplätzen sowie Investitionen leisten. In diesem Zusammenhang wird im Aktionsplan zur Schaffung einer Kapitalmarktunion (dazu sogleich bei Rn. 10 ff.) eine Vielzahl von Maßnahmen in Aussicht gestellt, die auch über primär kapitalmarktrechtliche Aspekte hinausgehen (zB eine Richtlinie über vorinsolvenzliche Sanierungsmaßnahmen (dazu § 36 Rn. 7 ff.)). Auch dadurch soll die Realwirtschaft im Ergebnis **unabhängiger von Kreditinstituten** agieren können und insofern die Finanzierung am Kapitalmarkt – auch für KMU – als attraktive und effektive Alternative zur traditionellen Finanzierung durch Banken geschaffen werden.[29]

10 Im Rahmen der Schaffung einer Europäischen Kapitalmarktunion hat die Europäische Kommission – basierend auf einem vorherigen Grünbuch[30] – Ende September 2015 einen entsprechenden **Aktionsplan** vorgestellt.[31] Begleitend legte sie eine mehr als hundertseitige ökonomische Analyse über das Funktionieren der europäischen Finanzmärkte vor.[32] Der Aktionsplan beinhaltet sechs Maßnahmenpakete und insgesamt 33 Einzelregelungsvorhaben, die weitgehend bis zum Jahr 2019 umgesetzt werden sollen.[33]

11 Zur Schaffung einer Kapitalmarktunion plant die Europäische Kommission **inhaltlich**

- verbesserte Finanzierungsmöglichkeiten für Innovationen, Start-ups und nicht-börsennotierte Unternehmen;
- eine Erleichterung des Gangs an öffentliche Märkte für kapitalsuchende Unternehmen;
- die Förderung langfristiger, insbesondere nachhaltiger Investitionen;
- die Förderung der Anlagetätigkeit von Kleinanlegern und institutionellen Anlegern;
- die Erschließung von Bankenkapazität zur Unterstützung der Gesamtwirtschaft;
- Erleichterung grenzüberschreitender Investitionen.

12 Konkrete **Kernpunkte des Aktionsplans** sind dabei eine Änderung der bestehenden Verordnung über Europäische Risikokapitalfonds (EuVECA-VO)[34] und der Verordnung über Europäische Fonds für soziales Unternehmertum (EuSEF-VO);[35] eine Modernisierung des Prospektrechts;[36] ein Vorschlag für eine gemeinsame konsolidierte Körperschaftsteuer-Bemessungsgrundlage;[37] eine Neuausrichtung der Solvabilität II-Richtlinie;[38] der Ausbau eines europäischen Verbriefungsmarktes sowie ein Legislativvorschlag über vorinsolvenzliche Restrukturierungsmaßnahmen (dazu § 36 Rn. 7 ff.).[39] Anhand dieser beabsichtigen – und mittlerweile überwiegend auch vorgebrachten – Initiativen wird erkennbar, dass die Europäische Kommission einen grundsätzlich **weiten Kapitalmarktbegriff** zugrunde legt, da zB auch Fragen des materiellen Steuer-, Insolvenz- und Sozialrechts als notwendige Regulierungspunkte zur Schaffung einer einheitlichen Kapitalmarktunion betrachtet werden. Etwas

28 *Rat*, Empfehlung (EU) 2015/1184 über die Grundzüge der Wirtschaftspolitik der Mitgliedstaaten und der Europäischen Union, ABl. EU v. 18.7.2015, L 192/27, Leitlinie 3.

29 Vgl. auch *Kumpan* ZGR 2016, 2, 11 ff.; *Heuer/Schütt* BKR 2016, 45, 46.

30 *Europäische Kommission*, Grünbuch zur Schaffung einer Kapitalmarktunion, COM(2015) 63 final; dazu *Hopt* EuZW 2015, 289; *Schmidt* GPR 2015, 129; *Bremer* NZG 2015, 475; *Cruccolini* BetrAV 2015, 230; *Moser/v. Schrader* ecolex 2015, 356; *Gemkow* EuZW 2015, 203; *Landler* ZFR 2015, 98.

31 *Europäische Kommission*, Aktionsplan zur Schaffung einer Kapitalmarktunion, 30.9.2015, COM(2015) 468; dazu *Burn* CMLJ 11 (2016) 352; *Graf-Schlicker* ZIP 2016, Sonderheft, S. 21; *Kumpan* ZGR 2016, 2; *Stiegler* AG 2015, R311; *Véron/Wolf* J. Financ. Regul. 2 (2016) 130.

32 *Europäische Kommission*, Economic Analysis Accompanying the document Action Plan on Building a Capital Markets Union, 30.9.2016, SWD(2015) 183.

33 *Europäische Kommission*, Capital Markets Union: First Status Report, 25.4.2016, SWD(2016) 147 final.

34 Verordnung (EU) 345/2013 des Europäischen Parlaments und des Rates vom 17. April 2013 über Europäische Risikokapitalfonds, ABl. EU v. 25.4.2013, L 115/1.

35 Verordnung (EU) 346/2013 des Europäischen Parlaments und des Rates vom 17. April 2013 über Europäische Fonds für soziales Unternehmertum, ABl. EU v. 25.4.2013, L 115/18.

36 Siehe Verordnung (EU) 1129/2017 des Europäischen Parlaments und des Rates vom 14. Juni 2017 über den Prospekt, der beim öffentlichen Angebot von Wertpapieren oder bei deren Zulassung zum Handel an einem geregelten Markt zu veröffentlichen ist und zur Aufhebung der Richtlinie 2003/71/EG, ABl. EU v. 30.6.2017, L 168/12.

37 Vorschlag für eine Richtlinie des Rates über eine Gemeinsame Körperschaftsteuer-Bemessungsgrundlage, 25.10.2016, COM(2016) 685 final; dazu *Krauß* IStR 2017, 479 ff.; *Kraft/Hentschel/Apler* RIW 2017, 473 ff.; *Velte/Mock* StuW 2017, 126 ff.

38 Richtlinie 2009/138/EG des Europäischen Parlaments und des Rates vom 25. November 2009 betreffend die Aufnahme und Ausübung der Versicherungs- und der Rückversicherungstätigkeit (Solvabilität II), ABl. EU v. 17.12.2009, L 335/1.

39 *Europäische Kommission*, Vorschlag für eine Richtlinie über präventive Restrukturierungsrahmen, die zweite Chance und Maßnahmen zur Steigerung der Effizienz von Restrukturierungs-, Insolvenz- und Entschuldungsverfahren und zur Änderung der Richtlinie 2012/30/EU, COM(2016) 723 final; dazu *Fritz* BB 2017, 131; *Graf-Schlicker* ZIP 2017, Beilage Heft 1, S. 3; *Gravenbrucher Kreis* ZIP 2017, 203; *Hübler* NZI 2016, 990; *Klupsch/Schulz* EuZW 2017, 85; *Maudaus*, DB-Gastkommentar (Heft 1-2), 2017, M5; *Müller* GmbHR 2017, R 42; *Mock* NZI 2016, 977; *Sax/Ponseck/Swierczok* BB 2017, 323; *Schluck-Amend* KSI 2017, 21; *dies.* ZRP 2017, 6; *Stiegler* EuZW 2016, 921, 922; *Thole* ZIP 2017, 101.

überraschend erscheint es in diesem Zusammenhang, dass keine spezifischen Vorhaben zu einer Verbesserung der Corporate Governance in kapitalmarktorientierten Unternehmen unmittelbar angesprochen wurden.[40]

Insgesamt wurden schon verschiedene im Aktionsplan angesprochene Projekt lanciert bzw. bereits umgesetzt.[41] Gleichwohl scheint der von der Europäischen Kommission sich selbst gesetzten Zeitplan bis zur Erreichung einer Kapitalmarktunion (**bis 2019**) doch recht knapp bemessen. Sie betont jedoch, die geplanten Reformen zügig voranzubringen.[42] Dies faktisch vor allem auch im Hinblick auf den bevorstehenden EU-Austritt Großbritanniens und dessen finanzwirtschaftlichen Folgen. Gleichwohl wurde diese Zielsetzung im Juli 2017 nochmals auch vom Europäischen Rat bestätigt und die Prioritäten des Aktionsplans zur Erreichung einer Kapitalmarktunion insbesondere in der weiteren Stärkung der Kapitalmärkte und der Verbesserung des Zugangs zu Finanzmitteln bestimmt.[43] Dies wurde auch in der „Halbzeitbilanz" der Europäischen Kommission des Aktionsplans zur Kapitalmarktunion vom Juni 2017 bestärkt.[44] Im Mai 2018 veröffentlichte die Europäische Kommission nun ein umfassendes Maßnahmenpaket mit verschiedenen Gesetzgebungsvorschlägen zur weiteren Verwirklichung einer Europäischen Kapitalmarktunion. Zur weiteren Förderung von KMU-Wachstumsmärkten ist dabei insbesondere eine Verordnung zur Änderung der bestehenden Marktmissbrauchsverordnung (dazu Rn. 76 ff.) und der neuen Prospektverordnung (dazu Rn. 51 ff.) vorgesehen.[45] Materielle Kernpunkte des Verordnungsvorschlags sind (i) Erleichterung im Hinblick auf die Führung von Insiderlisten, (2) Prospektverkleinerung im Falle des Wechsels von einem KMU-Wachstumsmarkt an einen geregelten Markt, (3) Einführung einer neuen Emittentenkategorie, um auf die Emission von Schuldtiteln spezialisierten Handelsplätzen die Registrierung als KMU-Wachstumsmarkt zu erleichtern, und (4) ein gemeinsames Regelwerk für Liquiditätsverträge an KMU-Wachstumsmärkten. Weiterhin fasste die Europäische Kommission im Rahmen der Förderung eines nachhaltigen Finanzwesens verschiedene Maßnahmen ins Auge wie (1) einen Verordnungsvorschlag zur Schaffung eines Regelwerks zur Erleichterung nachhaltigen Investments,[46] (2) einen Verordnungsvorschlag im Hinblick auf die Offenlegung nachhaltiger Investments und Nachhaltigkeitsrisiken[47] und (3) einen Vorschlag zur Änderung der Benchmark-Verordnung[48]. 13

IV. Regelungsinhalte und -konzepte des europäischen Kapitalmarktrechts

Ähnlich dem gesellschaftsrechtlichen Richtlinienrecht (dazu § 18 Rn. 69 ff.) lassen sich auch im Europäischen Kapitalmarktrecht und damit bei der Regulierung des mitgliedstaatlichen Finanz- und Kapitalmarktrechts iwS verschiedene Regelungskonzepte und **Rechtsaktübergreifende Regelungsinhalte** erkennen.[49] Im Folgenden sollen überblickartig die wichtigsten materiellen Regelungsinhalte in der Kapitalmarktgesetzgebung auf europäischer Ebene aufgezeigt werden. Im Hinblick auf die Ziele des Europäischen Kapitalmarktrechts sowie dessen Harmonisierungsansatz kann auf die bereits an obiger Stelle gemachten Ausführungen verwiesen werden (s. Rn. 4 ff.). 14

Das zentrale Regelungskonzept in der kapitalmarktrechtlichen Gesetzgebung auf europäischer Ebene ist die **Regulierung mittels Transparenzbestimmungen.**[50] Durch die Offenlegung relevanter Information soll vor allem das Informationsbedürfnis der (künftigen) Anleger befriedigt werden. Die öffentliche Bekanntgabe von Infor- 15

40 Insofern kritisch auch *CFA Institute*, Corporate Governance Policy in the European Union, 2016, S. 26.

41 Vgl. auch *Europäische Kommission*, Commission Staff Working Document, Capital Markets Union: First Status Report, SWD(2016) 147 final.

42 *Europäische Kommission*, Mitteilung der Kommission zur Kapitalmartkunion – die Reform rasch voranbringen, COM(2016) 601 final.

43 *Europäischer Rat/Rat der Europäischen Union*, Pressemitteilung v. 11.7.2017 – 457/17.

44 *Europäische Kommission*, Mitteilung der Kommission an das Europäische Parlament, den Rat, den Europäischen Wirtschafts- und Sozialausschuss und den Ausschuss der Regionen über die Halbzeitbilanz des Aktionsplans zur Kapitalmarktunion, COM(2017) 292 final.

45 *Europäische Kommission*, Vorschlag einer Verordnung des Europäischen Parlamants und des Rates zur Änderung der Verordnung (EU) Nr. 596/2014 und (EU) 2017/1129 zur Förderung von KMU-Wachstumsmärkten, COM(2018) 331 final.

46 *Europäische Kommission*, Vorschlag einer Verordnung des Europäischen Parlamants und des Rates zur Schaffung eines Regelwerks zur Erleichterung nachhaltigen Investments, COM(2018) 353 final.

47 *Europäische Kommission*, Vorschlag einer Verordnung des Europäischen Parlamants und des Rates betreffend die Offenlegung von nachhaltigen Investments und Nachhaltigkeitsrisiken, COM(2018) 354 final.

48 *Europäische Kommission*, Vorschlag einer Verordnung des Europäischen Parlamants und des Rates zur Änderung der Benchmark-VO (BMR), COM(2018) 355.

49 Zu den Regelungskonzepten bzw. -instrumente vgl. *Grundmann* in: Staub, HGB, Bd. 11/1, 2017, 5. Teil Rn. 97 ff.; *Hopt* NZG 2009, 1401 ff.; *Hopt/Veil/Kämmerer* (Hrsg.), Kapitalmarkgesetzgebung im europäischen Binnenmarkt, 2008; *Kern* EBOR 10 (2009) 169 ff.; *Lutter/Bayer/Schmidt*, Europäisches Unternehmens- und Kapitalmarktrecht, 2017, Rn. 14.10 ff.; *Veil* in: ders. (Hrsg.), Europäisches Kapitalmarktrecht, 2. Aufl. 2014, § 2 Rn. 12 ff.; *Zetzsche/Eckner* in: Gebauer/Teichmann (Hrsg.), Europäisches Privat- und Unternehmensrecht, 2016, § 7 A Rn. 49 ff.

50 *Zetzsche/Eckner* in: Gebauer/Teichmann (Hrsg.), Europäisches Privat- und Unternehmensrecht, 2016, § 7 A Rn. 49; vgl. auch *Veil* in: ders. (Hrsg.), Europäisches Kapitalmarktrecht, 2. Aufl. 2014, § 2 Rn. 12.

mationen fördert fundierte Anlageentscheidungen und trägt damit auch zur Funktionalität der europäischen Kapitalmärkte bei. In diesem Sinne finden sich in zahlreichen Richtlinien und Verordnungen des Kapitalmarktrechts Bestimmungen zur Offenlegung und Übermittlung von unternehmensrelevanten Informationen. So sehen zB die Transparenzrichtlinie (s. Rn. 58 ff.) und Marktmissbrauchsverordnung (s. Rn. 76 ff.) umfassende Bekanntmachungspflichten für Unternehmen vor.

16 Eine weitere Regelungskonzeption besteht in der **Regulierung des Marktverhaltens** von den betroffenen Kapitalmarktakteuren.[51] Durch ein entsprechendes Marktverhaltensrecht werden insbesondere die erfassten Emittenten durch verschiedene Maßnahmen verpflichtet, Handlungen nicht zum Nachteile der Anlegergesamtheit und/oder des Finanz- und Kapitalmarktes als solches vorzunehmen. Beispielhaft hierfür sind die Marktmanipulationsverbote, das grundsätzliche Verbot ungedeckter Leerverkäufe[52] oder die Vorgaben der Vierten Geldwäsche-Richtlinie.[53]

17 Ein letztes hier darzustellendes Regelungsinstrument ist die **Regulierung durch Marktkontrolle.**[54] Konzeptionell überschneiden sich marktkontrollierende Vorgaben von ihrer Zielrichtung her teilweise mit denen des Marktverhaltensrechts. Eine entsprechende Kontrolle zeigt sich beispielsweise durch die Neuregelungen zum Private Enforcement in der CRIM-MAD (s. Rn. 100 ff.) und auf aufsichtsrechtlicher Ebene durch die Kontrolle durch die mitgliedstaatlichen Verwaltungsbehörden und die ESMA (s. Rn. 19 ff.).

V. Kapitalmarktaufsicht

18 Die Aufsicht über das Funktionieren der Kapitalmärkte und der kommt im Wesentlichen den mitgliedstaatlichen Aufsichtsbehörden, in Deutschland also der **BaFin.**[55] Vor allem im Zuge der Finanzmarktkrise wurde aus europäischer Sicht jedoch erkennbar, dass eine isolierte nationalstaatliche Aufsicht nicht mehr ausreichend ist, um die von (europaweiten) Systemrisiken ausgehenden Gefahren für das Funktionieren der Finanz- und Kapitalmärkte in Europa zu bewältigen.[56] In diesem Zusammenhang wurde im Jahr 2011 von der EU das **Europäische Finanzaufsichtssystem** (*European System of Financial Supervision*) geschaffen, welches einen Verbund aus den europäischen und den nationalen Aufsichtsbehörden darstellt. Neben den Aufsichtsbehörden der Mitgliedstaaten wurden im Zuge dessen drei europäische Aufsichtsbehörden für jeweils einzelne Bereiche des Finanzmarktrechts geschaffen. Dies sind die:

- Europäische Aufsichtsbehörde für das Versicherungswesen und die betriebliche Altersvorsorge (*European Insurance and Occupational Pensions Authority* – **EIOPA**);
- Europäische Bankenaufsichtsbehörde (*European Banking Authority* – **EBA**);
- Europäische Wertpapier- und Marktaufsichtsbehörde (*European Securities and Markets Authority* – **ESMA**).

19 Da sich die EIOPA und die EBA mit speziellen Unternehmenstypen (Versicherungen bzw. Banken) und deren gesonderten Anforderungen befassen, ist aus generell kapitalmarkrechtlicher Perspektive vor allem die ESMA als **europäische Aufsichtsbehörde** von Interesse. Rechtsgrundlage für die Handlungen du Befugnisse der ESMA ist die am 24.11.2010 verabschiedete ESMA-Verordnung.[57] Die ESMA-Verordnung[58] regelt dabei Errichtung und Rechtstellung der Aufsichtsbehörde, die Aufgaben und Befugnisse der ESMA, deren Organisation sowie die Zusammenarbeit mit den anderen europäischen Aufsichtsbehörden.

20 Die generelle **Hauptaufgabe** der ESMA besteht in der Verbesserung des funktionierenden Kapital- und damit Binnenmarktes. Unter der Berücksichtigung der Interessen der Mitgliedstaaten sowie der Kapitalmarktteilneh-

---

51 *Lutter/Bayer/Schmidt*, Europäisches Unternehmens- und Kapitalmarktrecht, 2017, Rn. 14.11; *Zetzsche/Eckner* in: Gebauer/Teichmann (Hrsg.), Europäisches Privat- und Unternehmensrecht, 2016, § 7 A Rn. 51.

52 Verordnung (EU) 236/2012 des Europäischen Parlaments und des Rates vom 14. März 2012 über Leerverkäufe und bestimmte Aspekte von Credit Default Swaps, ABl. EU v. 24.3.2012, L 86/1.

53 Richtlinie 849/2015 des Europäischen Parlaments und des Rates vom 20. Mai 2015 zur Verhinderung der Nutzung des Finanzsystems zum Zwecke der Geldwäsche und der Terrorismusfinanzierung, zur Änderung der Verordnung (EU) Nr. 648/2012 des Europäischen Parlaments und des Rates und zur Aufhebung der Richtlinie 2005/60/EG des Europäischen Parlaments und des Rates und der Richtlinie 2006/70/EG der Kommission, ABl. EU v. 5.6.2015, L 141/73.

54 *Veil* in: ders. (Hrsg.), Europäisches Kapitalmarktrecht, 2. Aufl. 2014, § 2 Rn. 14.

55 *Walla* in: Veil (Hrsg.), Europäisches Kapitalmarktrecht, 2014, § 11 Rn. 28; *Poelzig* NZG 2016, 491, 493.

56 *Lutter/Bayer/Schmidt*, Europäisches Unternehmens- und Kapitalmarktrecht, 2017, Rn. 14.92.

57 Verordnung (EU) Nr. 1095/2010 des Europäischen Parlaments und des Rates vom 24. November 2010 zur Errichtung einer Europäischen Aufsichtsbehörde (Europäische Wertpapier- und Marktaufsichtsbehörde), zur Änderung des Beschlusses Nr. 716/2009/EG und zur Aufhebung des Beschlusses 2009/77/EG der Kommission, ABl. EU v. 15.12.2010, L 331/84; speziell dazu *Lutter/Bayer/Schmidt*, Europäisches Unternehmens- und Kapitalmarktrecht, 2017, § 31.

58 Zu Art. 114 AEUV als legitime Rechtsgrundlage der ESMA-VO vgl. EuGH, Rs. C-270/12 (Vereinigtes Königreich/Parlament und Rat), ECLI:EU:C:2014:18.

mer soll ein hohes Maß an Regulierung und Beaufsichtigung gewährleistet werden.[59] Die ESMA soll dabei insbesondere die Integrität und **Stabilität des Finanzsystems** und die Transparenz der Märkte und Finanzprodukte schützen und den Anlegerschutz gewährleisten. Sie soll ferner **Aufsichtsarbitrage verhindern** und gleiche Wettbewerbsbedingungen gewährleisten und die internationale Koordinierung der Aufsicht sicherstellen.[60] Darüber hinausgehende, insbesondere verwaltungsrechtliche Befugnisse liegen jedoch weiterhin bei den Mitgliedstaaten und deren nationalen Aufsichtsbehörde.[61]

Die ESMA agiert weisungsunabhängig von den europäischen und mitgliedstaatlichen Organen.[62] Sie besitzt jedoch **grundsätzlich keine** bzw. nur in Ausnahmenfällen **Eingriffsbefugnisse** gegenüber den nationalen Aufsichtsbehörden sowie den Marktteilnehmern.[63] Vielmehr soll sie neben ihren Rechtssetzungskompetenzen die Tätigkeiten der nationalen Aufsichtsbehörden überwachen („*Watch the Watchers*"). Ferner soll die ESMA die Tätigkeiten der nationalen Aufsichtsbehörden koordinieren und insoweit für eine unionsweit kohärente Aufsichtspraxis sorgen.[64] 21

Daneben – und aus vor allem aus praktischer Sicht von besonderer Bedeutung – stehen der ESMA auch verschiedene **Rechtssetzungskompetenzen** zu. Sie ist befugt, technische Regulierungs- und Durchführungsbestimmungen zu erlassen (vgl. Art. 10, 15 ESMA-VO), die im Rahmen einer Durchführungs- oder Delegierten Verordnung unmittelbar geltendes Recht in den Mitgliedstaaten und damit für die Marktteilnehmer darstellen. Zudem kann die ESMA Leitlinien und Empfehlungen für die nationalen Aufsichtsbehörden erlassen (Art. 16 ESMA-VO), die zwar im Grundsatz unverbindlich sind, eine Nicht-Anwendung jedoch im Rahmen eines comply or explain-Prinzips hinreichend zu begründen ist. Rechtstatsächlich kommt zumindest aus deutscher Sicht hinzu, dass die BaFin vor allem Leitlinie häufig eins-zu-eins übernimmt, sodass diese auch gegenüber den Marktteilnehmern Geltung erlangen und unmittelbar zu beachten sind. Darüber hinaus kommt der ESMA auch eine faktische Mitwirkung bei der kapitalmarktrechtlichen Gesetzgebung auf europäischer Ebene zu.[65] Insbesondere berät sie die Europäische Kommission und den Rat bei der Rechtssetzung. 22

In der **Praxis** kommt der ESMA daher trotz seiner eigentlichen Funktion als europäische Aufsichts- und Überwachungsbehörde im Bereich des Kapitalmarktes daher für den Rechtsanwender eine bedeutende Rolle zu. Neben den primär gesetzgeberischen Tätigkeiten der EU-Organe mittels Verordnungen und umgesetzten Richtlinienrechts sind zusätzlich die Durchführungs- und Delegierten Verordnungen sowie Leitlinien der ESMA in **gleicher Weise zu beachten.** Dies führt dazu, dass sich Marktteilnehmer häufig einer Fülle von anwendbaren und aufeinander Bezug nehmenden Normen aus unterschiedlichen Rechtstexten ausgesetzt sehen.[66] Für börsennotierte Unternehmen bzw. deren Leitungsperson ist insofern eine ständige Rechtsberatung bzw. Konsultation mit der (fachkundigen) Rechtsabteilung der Gesellschaft nahezu unabdingbar. Für Letztere könnte insbesondere ein internes Law Screening-System (dazu bereits Rn. 7) Erleichterungen schaffen. 23

B. Zusammenspiel und Abgrenzung von Gesellschafts- und Kapitalmarktrecht

In der praktischen Anwendung sind gesellschafts- und kapitalmarktrechtliche Fragen häufig eng **miteinander verknüpft.**[67] Dies gilt für verschiedenste Aspekte wie beispielsweise übernahmerechtliche Bestimmungen oder Mitteilungs- und Informationspflichten. Die Überschneidung beider Rechtsgebiete kann dabei auch schlimmstenfalls auch soweit gehen, dass beispielsweise kapitalmarktrechtliche Verhaltensregelungen mit gesellschaftsrechtlichen Bestimmungen im Konflikt stehen.[68] Anschaulich zeigte sich dies in der Rechtssache *Hirmann*,[69] wo ua zur Diskussion stand, ob europäisch geprägte Bestimmungen zur Emittentenhaftung mit der damaligen Kapitalrichtlinie (= Art. 2 ff., Art. 43 ff. Kodifizierungs-RL) vereinbar seien (s. dazu auch § 21 Rn. 77). Eine kon- 24

59 Erwägungsgrund 11 zur ESMA-VO.

60 Erwägungsgrund 11 zur ESMA-VO; siehe auch *Europäische Kommission*, Mitteilung der Kommission an das Europäische Parlament, den Rat, den Europäischen Wirtschafts- und Sozialausschuss und den Ausschuss der Regionen über die Halbzeitbilanz des Aktionsplans zur Kapitalmarktunion, COM(2017) 292 final, S. 11.

61 Vgl. *Grundmann* in: Staub, HGB, Bd. 11/1, 2017, 5. Teil Rn. 94.

62 Vgl. dazu auch *Howell* CMLR 54 (2017) 1027 ff.

63 Vgl. dazu *Walla* in: Veil (Hrsg.), Europäisches Kapitalmarktrecht, 2014, § 11 Rn. 46 ff.; *Grundmann* in: Staub, HGB, Bd. 11/1, 2017, 5. Teil Rn. 96.

64 Erwägungsgrund 41 zur ESMA-VO.

65 Vgl. *Walla* in: Veil (Hrsg.), Europäisches Kapitalmarktrecht, 2014, § 11 Rn. 59.

66 Kritisch insofern *Kalss* EuZW 2016, 321; *dies.* EuZW 2015, 569 f.

67 Aus deutscher Sicht vgl. nur *Lutter* in: FS Zöllner, 1999, S. 363; *Assmann* AG 2015, 597; *Lenenbach*, Kapitalmarktrecht, 2. Aufl. 2010, Rn. 1.116; *Kindler* in: MüKo BGB, 6. Aufl. 2015, IntGesR, Rn. 22; aus österreichischer Sicht *Rüffler* ÖBA 2011, 699.

68 *Veil* in: Veil (Hrsg.), Europäisches Kapitalmarktrecht, 2014, § 6 Rn. 16.

69 EuGH, Rs. 174/12 (Hirmann), ECLI:EU:C:2013:856 = NZG 2014, 215, Rn. 27 ff.; dazu *Bayer* in: MüKo AktG, Bd. 1, 4. Aufl. 2016, § 57 Rn. 22 ff.; *Bayer/Schmidt* BB 2014, 1219, 1228 f. = KSzW 2014, 69, 72 f.; *Haar* GPR 2015, 238, 242; *Kalss* EuZW 2014, 227 f.; *Kalss/Klampfl*, Europäisches Gesellschaftsrecht, 2015, Rn. 337; *Krolop* in: Riesenhuber (Hrsg.), Europäische Methodenlehre, 3. Aufl. 2015, § 19 Rn. 28 ff.; *Stiegler* DB 2014, 525, 526 f.; *Verse/Wiersch* EuZW 2014, 375, 376 f.; *Vos* GWR 2014, 58.

krete Aussage zu einem etwaigen **Rangverhältnis** zwischen sich ggf widersprechenden Sekundärrechtsakten traf der EuGH jedoch nicht. Im Grundsatz wird man indes davon ausgehen können, dass Sekundärrechtsakte – gleicher sowie unterschiedlicher Rechtsgebiete – prinzipiell gleichrangig sind.

25 Im Gegensatz zum gesellschaftsrechtlichen Richtlinienrecht (dazu §§ 18 ff.) knüpfen die sekundärrechtlichen Regelungen des Kapitalmarktrechts häufig nicht an die konkrete Gesellschaftsform eines Unternehmens an, sondern vielmehr **rechtsformübergreifend** an eine bestimmte Marktätigkeit, also ob und welche Instrumente vor allem an einem öffentlich regulierten Kapitalmarkt genutzt werden. Dieser Unterschied wird faktisch jedoch dadurch relativiert, dass diesbezüglich zumeist nur Aktiengesellschaften auftreten und sich insofern auch die Schnittmengen zwischen Gesellschaftsrecht und Kapitalmarktrecht idR auf das Aktienrecht auswirken, insbesondere auf das **börsennotierter AG.** Konzeptionell zeigt sich indes auch hier der funktionale Unterschied dergestalt, dass das Europäische Kapitalmarktrecht zumeist **verpflichtenden Regelungen** für Unternehmen vorsieht, während im Bereich der gesellschaftsrechtlichen Harmonisierung zT – neben mitgliedstaatlichen Optionsrechten – auch den Unternehmen selbst Wahlmöglichkeiten eingeräumt werden. Insofern ist das Gesellschaftsrecht auch auf europäischer Ebene mehr von Dispositivität geprägt als das Kapitalmarktrecht. Aus Sicht des Rechtsanwenders zeigt dies jedoch wiederum, dass beide Rechtsgebiete mit der gleichen Sorgfalt zu betrachten sind und zB gesellschaftsrechtlich zulässige Maßnahmen kapitalmarktrechtlich sanktioniert bzw. verboten sein können.

26 In diesem Zusammenhang zeigt sich der Einfluss des Kapitalmarktrechts auf das europäische Gesellschaftsrecht ferner dergestalt, dass sich hier ein zunehmend stärker ausgeprägtes Börsengesellschaftsrecht iS eines **Sonderrechts für kapitalmarktorientierte Unternehmen** herausgebildet hat (s. dazu auch § 18 Rn. 63).[70] Ein diesbezüglicher Kapitalmarktbezug – und damit auch Ergänzung oder ggf Überschneidung mit kapital- und finanzmarktrechtlichen Regelungen – zeigt sich insofern in einer Beschränkung des Anwendungsbereichs bei gesellschaftsrechtlichen Richtlinien speziell auf börsennotierte Gesellschaften (zB Aktionärsrechterichtlinie (dazu § 30), Übernahmerichtlinie (dazu § 29)).

27 Das Zusammenspiel von Gesellschaftsrecht und Kapitalmarktrecht zeigt sich insbesondere auch im Rahmen der **Kapitalverkehrsfreiheit** (Art. 63 AEUV) und deren Bedeutung (sowie Abgrenzung) zum/für das Europäische Gesellschaftsrecht. Spürbar zeigt sich der entsprechende Zusammenhang vor allem bei der Behandlung sog **Golden Shares.**[71] Solche „goldenen Anteile" zeichnen sich dadurch aus, dass mit ihnen ungewöhnlich weitreichende Befugnisse und Rechte des diese haltenden Anteileigners/Aktionärs verbunden sind. Im Laufe der Zeit hat sich eine umfangreiche EuGH-Rechtsprechung zur Vereinbarkeit von Golden Shares mit der Kapitalverkehrsfreiheit herausgebildet.[72] Regelmäßig stellen diese eine Beschränkung der Kapitalverkehrsfreiheit dar, die jedoch grundsätzlich einer Rechtfertigung durch den entsprechenden Mitgliedstaat zugänglich ist.

28 Von Bedeutung ist in diesem Kontext auch die **Abgrenzung** der Kapitalverkehrsfreiheit von der **Niederlassungsfreiheit.**[73] Funktional schützt die Kapitalverkehrsfreiheit dabei vielmehr Kapitalbewegungen und Investitionen, weshalb sich anders als bei der Niederlassungsfreiheit auch Gesellschaften aus Drittstaaten (Nicht-EU/EWR-Staaten) auf die Kapitalverkehrsfreiheit berufen können.[74] Die dennoch bestehenden Überschneidungen zwischen der Kapitalverkehrs- und Niederlassungsfreiheit finden sich insbesondere in Bezug auf die (grenzüberschreitende) Beteiligung an Unternehmen und dem Erwerb von gewerblich genutzten Immobilien.[75] Bei Ersterem spielt im Rahmen der Abgrenzung zur Niederlassungsfreiheit vor allem die Unterscheidung zwischen einer **Direktinvestition** und einer **Portfolioinvestition** eine prägende Rolle. Als Portfolioinvestitionen anzusehen sind dabei „der Erwerb von Wertpapieren auf dem Kapitalmarkt allein in der Absicht einer Geldanlage, ohne auf die Verwaltung und Kontrolle des Unternehmens Einfluss nehmen zu wollen".[76] Direktinvestitionen sind im Unterschied dazu überwiegend auf die Einflussnahme auf die Verwaltung und Geschäftstätigkeit der Gesellschaft ausgerichtet.[77] Beide Investitionsformen unterfallen im Grundsatz der Kapitalverkehrsfreiheit. Darüber hinaus können sie jedoch auch der Niederlassungsfreiheit unterfallen,[78] wenn ein Angehöriger eines Mitgliedstaats am Kapital einer Gesellschaft mit Sitz in einem anderen Mitgliedstaat eine Beteiligung eingeht oder hält, die es ihm

70 Vgl. nur *Lutter/Bayer/Schmidt*, Europäisches Unternehmens- und Kapitalmarktrecht, 2017, Rn. 14.61.

71 *Kalss/Klampfl*, Europäisches Gesellschaftsrecht, 2015, Rn. 67; vgl. auch *van Bekkum* EBLR 2014, 811 ff.

72 Ausführlich dazu *Bröhmer* in: Calliess/Ruffert (Hrsg.), EUV/AEUV, 5. Aufl. 2016, Art. 65 AEUV Rn. 35 ff.; *Lutter/Bayer/Schmidt*, Europäisches Unternehmens- und Kapitalmarktrecht, 2017, § 15; *Wojcik* in: von der Groeben/Schwarze/Hatje (Hrsg.), Europäisches Unionsrecht, Bd. 1, 7. Aufl. 2015, Art. 63 AEUV Rn. 30 ff.

73 Ausführlich dazu *Schön* EBOR 17 (2016) 229 ff.

74 In diesem Zusammenhang *Kalss/Klampfl*, Europäisches Gesellschaftsrecht, 2015, Rn. 64.

75 *Sedlaczek/Züger* in: Streinz (Hrsg.), EUV/AEUV, 2. Aufl. 2012, Art. 63 AEUV Rn. 34 ff.; *Wojcik* in: von der Groeben/Schwarze/Hatje, Europäisches Unionsrecht, Bd. 1, 7. Aufl. 2015, Art. 63 AEUV Rn. 62 ff.

76 EuGH, Rs. C-81/09 (Idryma Typou), ECLI:EU:C:2010:622 = NZG 2011, 183, Rn. 48.

77 Vgl. nur EuGH, Rs. C-157/05 (Holböck), ECLI:EU:C:2007:297 = EuZW 2007, 405, Rn. 34.

78 Bezüglich des materiellen Verbotscharakters sind beide Grundfreiheiten indes ähnlich, sodass eine Differenzierung insofern zunächst ohne größere Bedeutung ist, vgl. *Schön* EBOR 17 (2016) 229, 234; *Kalss/Klampfl*, Europäisches Gesellschaftsrecht, 2015, Rn. 65.

ermöglicht, einen bestimmenden bzw. sicheren Einfluss auf die Entscheidungen dieser Gesellschaft auszuüben.[79] In der jüngeren EuGH-Rechtsprechung wird in diesem Zusammenhang vermehrt auf ein gewisses **Exklusivitätsverhältnis** zwischen beiden Grundfreiheiten abgestellt,[80] so dass beide grundsätzlich nicht mehr nebeneinander anwendbar, sondern anhand einer Schwerpunktprüfung unter Berücksichtigung der im konkreten Fall in Rede stehenden Vorschrift des nationalen Rechts voneinander abzugrenzen sind.[81]

C. Regelungsgebiete des Europäisches Kapitalmarktrechts (Überblick)

I. Rechtsgrundlage und Rechtssetzung

Wie im Europäischen Gesellschaftsrecht bedarf auch die Regulierung des (Europäischen) Kapital- und Finanzmarktrechts stets einer rechtlichen Grundlage in Form von einschlägigen **Kompetenznormen** in den europäischen Verträgen (EUV, AEUV). Die Integration der nationalen Kapitalmärkte als eines der Ziele des Europäischen Kapitalmarktrechts (s. Rn. 4) ist dabei bereits in der Konzeption des EU-Binnenmarktes verankert.[82] Darauf basierend zieht der europäische Gesetzgeber seine Regulierungskompetenz des Kapitalmarktes und damit verbundener Regelungsaspekte aus verschiedenen Normen des AEUV.[83] Vor allem die (allgemeine) Kompetenz zur **Verwirklichung des Binnenmarktes** (Art. 114 AEUV) wird hierbei häufig herangezogen, um mittels Rechtsangleichung und -vereinheitlichung das Funktionieren eines kohärenten gemeinsamen Marktes zu erreichen. Obgleich der großzügige Gebrauch von Art. 114 AEUV als Kompetenzgrundlage im Kapitalmarktrecht nicht frei von Kritik ist,[84] lässt der EuGH ebenso wie im Europäischen Gesellschaftsrecht bislang keine Tendenz erkennen, die Heranziehung der Norm in Frage zu stellen.[85] 29

Weitere Kompetenznormen im Europäischen Kapitalmarktrecht finden sich in Bezug auf die **Verwirklichung der Grundfreiheiten.** Eine Regulierung des mitgliedstaatlichen Kapitalmarktrechts kann insofern grundsätzlich auch einer Verwirklichung insbesondere der Niederlassungsfreiheit (Art. 50 II lit. g) AEUV) (im Rahmen gesellschaftsrechtlicher Harmonisierung s. auch § 18 Rn. 4 ff.), der Kapitalverkehrsfreiheit (Art. 63 I AEUV) und – vor allem im Finanzmarkrecht – der Dienstleistungsfreiheit (Art. 53 I AEUV) dienen. Zumindest die Verwirklichung der Niederlassungs- und Dienstleistungsfreiheit ist dabei jedoch ausdrücklich auf das Instrument der Richtlinie als Harmonisierungsmaßnahme beschränkt. 30

Darüber hinaus lässt sich in den letzten Jahren im Hinblick auf die angestrebte Vollharmonisierung des Europäischen Kapitalmarktrechts (s. Rn. 6) eine deutliche Tendenz hin zur **Verordnung** als **primäres Regelungsinstrument** erkennen. So ist beispielsweise das Prospektrecht nunmehr in einer rechtsvereinheitlichenden Verordnung und nicht mehr in einer „lediglich" rechtsharmonisierenden Richtlinie geregelt (s. Rn. 43). Gleiches gilt weitestgehend auch für das Marktmissbrauchsrecht (s. Rn. 76) im Rahmen der neuen Marktmissbrauchsverordnung (MAD). Gleichwohl wird weiterhin – noch – die Mehrzahl des Europäischen Sekundärkapitalmarktrechts mittels Richtlinien geregelt. Aber auch hier werden zunehmend Durchführungsermächtigungen an die Europäische Kommission erteilt, die mittels sog **Durchführungsverordnungen** rechtsvereinheitlichend tätig wird.[86] 31

Im Rahmen insbesondere des sog ***Lamfalussy* II-Verfahrens** besteht im Bereich der europäischen Kapitalmarktharmonisierung zudem ein spezielles Rechtssetzungsverfahren, das im Rahmen eines viergliedrigen Prozesses (Rahmenrechtsakt, Umsetzungsrechtsakt, Aufsichtskonvergenz, Monitoring) ein effektives und zügiges Regulierungsverfahren gewährleisten soll.[87] 32

79 Ständige Rechtsprechung, vgl. nur EuGH, Rs. C-81/09 (Idryma Typou), ECLI:EU:C:2010:622 = NZG 2011, 183, Rn. 47; EuGH, Rs. C-35/11 (Test Claimants in the FII Group Litigation), ECLI:EU:C:2012:707 = IStR 2012, 924, Rn. 91.

80 Zur Problematik auch *Schön* EBOR 17 (2016) 229, 237 ff.

81 Vgl. EuGH, Rs. C-31/11 (Scheunemann), ECLI:EU:C:2012:481 = NZG 2012, 1117, Rn. 35; *Sedlaczek/Züger* in: Streinz (Hrsg.), EUV/AEUV, 2. Aufl. 2012, Art. 63 AEUV Rn. 33; *Wojcik* in: von der Groeben/Schwarze/Hatje (Hrsg.), Europäisches Unionsrecht, Bd. 1, 7. Aufl. 2015, Art. 63 AEUV Rn. 65 f.

82 *Follak* in: Dauses/Ludwigs (Hrsg.), EU-Wirtschaftsrecht, 43. EL 2017, F III Rn. 8.

83 *Zetzsche/Eckner* in: Gebauer/Teichmann (Hrsg.), Europäisches Privat- und Unternehmensrecht, 2016, § 7 A Rn. 25.

84 Vgl. nur *Zetzsche/Eckner* in: Gebauer/Teichmann (Hrsg.), Europäisches Privat- und Unternehmensrecht, 2016, § 7 A Rn. 29 f.

85 Siehe auch EuGH, Rs. C-270/12 (Vereinigtes Königreich/Parlament), ECLI:EU:C:2014:18 = NJW 2014, 1359.

86 *Follak* in: Dauses/Ludwigs (Hrsg.), EU-Wirtschaftsrecht, 43. EL 2017, F III Rn. 10.

87 Weiterführend zum europäischen Rechtssetzungsverfahren im Kapitalmarktrecht *Walla* in: Veil (Hrsg.), Europäisches Kapitalmarktrecht, 2014, § 4 Rn. 4 ff.; *Zetzsche/Eckner* in: Gebauer/Teichmann (Hrsg.), Europäisches Privat- und Kapitalmarktrecht, 2016, § 7 A Rn. 24 ff.; *Lutter/Bayer/Schmidt*, Europäisches Unternehmens- und Kapitalmarktrecht, 2017, Rn. 14.42 ff.; *Schmolke* NZG 2005, 912; *Kalss* in: Riesenhuber (Hrsg.), Europäische Methodenlehre, 2015, § 20 Rn. 5 f.; vgl. auch *Krimphove* EuR 2007, 597; *Parmentier* BKR 2013, 133; *Ferran* in: FS Wymeersch, 2009, S. 427; *Möllers* ZEuP 2008, 480; *Veil* in: FS Hommelhoff, 2012, S. 1263, 1264 ff.

II. Marktverhaltensregulierung

33 Vor allem im Bereich des **Wertpapierhandels** sah sich der europäische Gesetzgeber berufen, regulierend bei der Zulassung und Tätigkeit von Wertpapierdienstleistungsunternehmen („Wertpapierfirmen")[88] einzugreifen. Für die betroffenen Unternehmen wurden insbesondere durch die Richtlinie über Märkte für Finanzinstrumente (Market in Financial Instruments Directive – **MiFID**)[89] Verhaltenspflichten auf dem Kapitalmarkt und gegenüber Anlegern statuiert. Hierdurch wird der Wertpapierhandel in den Mitgliedstaaten umfassend geprägt.[90]

34 Die Finanzmarktrichtlinie aus dem Jahr 2004 ist mit Wirkung vom 3. Januar 2018 durch die neue EU-Finanzinstrumente-Richtlinie (**MiFID II**)[91] sowie die ergänzenden Verordnung über Märkte für Finanzinstrumente (**MiFIR**)[92] ersetzt wurden.[93] Ziel ist es insbesondere durch einen erweiterten Anwendungsbereich der neuen Bestimmungen sowie punktuell verschärfter Regelungen einen noch weiterreichenden **Kapitalmarkt- und Anlegerschutz** zu erreichen sowie eine bessere Verzahnung zu den sonstigen (neuen) Rechtakten des Europäischen Kapitalmarktrechts zu gewährleisten.[94] In diesem Zusammenhang werden weitergehende Transparenzanforderungen aufgestellt bzw. die bestehenden Transparenzausnahmen eingeschränkt sowie mit dem Organised Trading Facilities (OTF)[95] eine neue Form von Handelsplätzen eingeführt.[96] Die neue Richtlinie (MiFID II) und die Verordnung (MiFIR) sollen dabei den Rechtsrahmen für die Festlegung der Anforderungen bilden, denen Wertpapierfirmen, geregelte Märkte und Datenübermittlungsdienstleister zu genügen haben.[97] Die MiFID II regelt dabei materiell zu einem großen Teil die bereits in der MiFID I von 2004 angesprochenen Aspekte. Die MiFIR als unmittelbar geltende Verordnung soll die durch divergierende nationale Rechtsvorschriften bedingten **Wettbewerbsverzerrungen beseitigen** und der Entstehung etwaiger Handelshindernisse und einer Aufsichtsarbitrage vorbeugen.[98] Die Umsetzung der neuen Richtlinie in deutsches Recht erfolgte durch das 1. Finanzmarktnovellierungsgesetz vom 30. Juni 2016.[99]

35 Vom sachlichen Anwendungsbereich des entsprechenden europäischen Marktverhaltensrechts erfasst sind **Finanzinstrumente von Wertpapierfirmen** wie übertragbare Wertpapiere, Geldmarktinstrumente und Finanzderivate (vgl. Anhang I, C der MiFID II). Bezogen auf diese Finanzinstrumente werden sowohl Wertpapierdienstleistungen[100] und Anlagetätigkeiten sowie -beratung auch verschiedene Nebendienstleistungen erfasst. Im Zuge der neuen Richtlinie und Verordnung wurde der Anwendungsbereich im Vergleich zur MiFID I vor allem im

---

88 Zum Begriff vgl. Art. 4 I Nr. 1 MiFID II sowie der entsprechende Verweis in Art. 2 I Nr. 1 MiFIR.

89 Richtlinie 2004/39/EG des Europäischen Parlaments und des Rates vom 21. April 2004 über Märkte für Finanzinstrumente, zur Änderung der Richtlinien 85/611/EWG und 93/6/EWG des Rates und der Richtlinie 2000/12/EG des Europäischen Parlaments und des Rates und zur Aufhebung der Richtlinie 93/22/EWG des Rates, ABl. EG v. 30.4.2004, L 145/1.

90 Insofern zur MiFID (I) als europäisches „Grundgesetz" des Wertpapierhandels *Fleischer* BKR 2006, 389; *Grundmann*, Europäisches Gesellschaftsrecht, 2. Aufl. 2011, Rn. 737; *Lutter/Bayer/Schmidt*, Europäisches Unternehmens- und Kapitalmarktrecht, 2017, Rn. 32.2.

91 Richtlinie 2014/65/EU des Europäischen Parlaments und des Rates vom 15. Mai 2014 über Märkte für Finanzinstrumente sowie zur Änderung der Richtlinien 2002/92/EG und 2011/61/EU, ABl. EU v. 12.6.2014, L 173/349; dazu bzw. zu Einzelaspekten *Begner/Neusüß* RdF 2012, 76; *Buck-Heeb* ZBB 2014, 221; *Busch* WM 2017, 409; *ders.* ERCL 2017, 70; *ders.* European Review of Private Law 25 (2017) 337; *Cahn/Müchler* BKR 2013, 45; *Ferrarini/Moloney* EBOR 13 (2012) 557; *Geier/Schmitt* WM 2013, 915; *Gomber/Jäger* ZBB 2014, 40; *Gomber/Nassauer* ZBB 2014, 250; *Grigoleit* ZHR 177 (2013) 264, 269 ff.; *Güllner* WM 2017, 938; *Hoops* WM 2017, 319; *Grieser/Juhnke* RdF 2012, 156; *Kindermann/Bast* CB 2013, 337; *Lutter/Bayer/Schmidt*, Europäisches Unternehmens- und Kapitalmarktrecht, 2017, § 32; *Mellenbergh* ECL 13 (2016) 217; *Möllers* ZEuP 2016, 325; *Papaconstantinou* ERCL 2016, 356; *Pfisterer*, Die neuen Regelungen der MiFID II zum Anlegerschutz, 2016; *Röh/Zingel* CB 2014, 429; *Roth/Blessing* CCZ 2016, 258; *dies.* WM 2016, 1157M *Schelling* BKR 2015, 221; *Vester* RdF 2015, 92; zur Umsetzung in deutsches Recht vgl. auch *Balzer* ZBB 2016, 226; *Hoops* ZBB 2016, 47; *Lange* DB 2014, 1723.

92 Verordnung (EU) Nr. 600/2014 des Europäischen Parlaments und des Rates vom 15. Mai 2014 über Märkte für Finanzinstrumente und zur Änderung der Verordnung (EU) Nr. 648/2012, ABl. EU v. 12.6.2014, L 173/84; dazu *Busch* WM 2017, 409; *Eichhorn/Klebeck* RdF 2014, 189; *Funke* CCZ 2012, 54; *Geier/Schmitt* WM 2013, 915; *Gomber/Nassauer* ZBB 2014, 250; *Schelling* BKR 2015, 221; *Vester* RdF 2015, 92.

93 Vgl. Art. 94 S. 1 MiFID II.

94 Vgl. Erwägungsgrund 3 f., 12 zur MiFID II; *Funke* CCZ 2012, 54; *Vester* RdF 2015, 92.

95 Zum Begriff einer OTF vgl. Art. 20 MiFID II.

96 Speziell dazu *Güllner* WM 2017, 938, 943 ff.; *Klöhn* in: Langenbucher (Hrsg.), Europäisches Privat- und Wirtschaftsrecht, 2017, § 6 Rn. 42 ff.

97 Erwägungsgrund 3 zur MiFIR; Erwägungsgrund 7 zur MiFID II.

98 Erwägungsgrund 3 zur MiFIR.

99 Erstes Gesetz zur Novellierung von Finanzmarktvorschriften auf Grund europäischer Rechtsakte (1. FiMaNoG), BGBl. 2016, I, 1514.

100 Zum Begriff nach Art. 4 I Nr. 2 MiFID EuGH, Rs. C-678/15 (Khorassani/Pflanz), ECLI:EU:C:2017:451 = ZIP 2017, 1362, Rn. 28 ff., 37, wonach ua „Werpapierdienstleistungen" grundsätzlich nicht die Vermittlung des Abschlusses eines Portfolioverwaltungsvertrags umfasst.

Hinblick auf Nicht-Eigenkapitalinstrumente wie Emissionszertifikate, strukturierte Einlagen und Derivate erweitert.[101]

Sowohl die alte als auch die neue MiFID regeln materiell zunächst das **Zulassungsverfahren** und die **Voraussetzungen** für die Zulassung von Wertpapierfirmen (vgl. Art. 5 ff. MiFID II). Die Mitgliedstaaten haben vorzuschreiben, dass die Erbringung von Wertpapierdienstleistungen und/oder die Ausübung von Anlagetätigkeiten der vorherigen Zulassung durch die zuständige Behörde des Herkunftsmitgliedstaates der Gesellschaft bedürfen. Die Zulassung ist unionsweit gültig und gestattet einer Wertpapierfirma, Wertpapierdienstleistungen oder Anlagetätigkeiten, für die eine Zulassung erteilt wurde, in der gesamten EU zu erbringen bzw. auszuüben (sog **Europäischer Pass**).[102] Die zuständige Behörde erteilt eine Zulassung erst dann, wenn ihr hinreichend nachgewiesen wurde, dass der Antragsteller sämtliche Anforderungen der nationalen Umsetzungsbestimmungen zur Richtlinie erfüllt hat (Art. 7 I MiFID II). Von besonderer Bedeutung sind dabei die **organisatorischen Anforderungen** an eine entsprechende Wertpapierfirma (vgl. Art. 16 MiFID II).[103] 36

Zur Gewährleistung des Anlegerschutzes statuiert sowohl die alte als auch die neue Richtlinie bzw. die MiFIR einen umfassenden Katalog von **Wohlverhaltenspflichten** für die von der Richtlinie/Verordnung erfassten Wertpapierfirmen. Abgesehen von den unmittelbar geltenden Bestimmungen der MiFIR werden im deutschen Recht die entsprechenden Verhaltensbestimmungen nunmehr im Rahmen des 2. Finanzmarktnovellierungsgesetzes[104] überwiegend in den **§§ 63 ff. WpHG** geregelt.[105] 37

Wohlverhaltenspflichten von Wertpapierfirmen sind ua: 38

- Vermeidung von Interessenkonflikten (Art. 23, 27 f. MiFID II);
- Informationspflichten gegenüber den Kunden (Art. 24 MiFID II);
- Informationseinholungspflichten gegenüber den Kunden (Art. 25 MiFID II);
- Gewährleistung von Markttransparenz und -integrität (Art. 25 f. MiFIR).

Neben den aufgeführten Pflichten werden aber auch **Rechte der Wertpapierfirmen** statuiert (vgl. Art. 34 ff. MiFID II). Diese bestehen insbesondere darin Wertpapierdienstleistungen und Anlagetätigkeiten[106] anzubieten sowie dem Zugang zu geregelten Märkten[107] und zentralen Gegenparteien.[108] 39

III. Kapitalmarktbezogenes Transparenz- und Publizitätsregime

Eines der zentralen (rechtsaktübergreifenden) Regelungsinstrumente des Europäischen Kapitalmarktrechts ist die Regulierung mittels **Offenlegungs-** und **Transparenzpflichten.**[109] Die zu veröffentlichenden Informationen erleichtern sowohl Anlegern passende Investitionsobjekte zu finden als auch Unternehmen die Suche nach Finanzierungsquellen. Wie auch bei der gesellschaftsrechtlichen Rechtsangleichung steht dabei im Grundsatz der Informationsgewährleistungsgedanke im Vordergrund. Im stückweisen Gegensatz zum Informationsmodell im Europäischen Gesellschaftsrecht (s. dazu § 18 Rn. 72), dient die **Informationsbereitstellung** im kapitalmarktrechtlichen Kontext in erster Linie den Interessen der (potenziellen) Anleger.[110] Diese sollen sowohl im Vorfeld als auch im Rahmen ihrer Investition in kapitalmarktorientierte Unternehmen die Möglichkeit haben, stets über aktuelle und hinreichend umfassende Informationen zu verfügen, um auf deren Basis ihre Anlageentscheidung treffen zu können. 40

101 *Geier/Schmitt* WM 2013, 915, 916.

102 *Eichhorn/Klebeck* RdF 2014, 189 f.; *Lutter/Bayer/Schmidt*, Europäisches Unternehmens- und Kapitalmarktrecht, 2017, Rn. 32.14; *Klöhn* in: Langenbucher (Hrsg.), Europäisches Privat- und Wirtschaftsrecht, 2017, § 6 Rn. 182; *Baltzer* ZBB 2003, 177, 189 f.; ferner im Hinblick auf die Auswirkungen für Großbritannien nach dem „Brexit" *Nemeczek/Pitz* WM 2017, 120, 129 f.

103 Ausführlich zur weitgehend entsprechenden Vorgängerregelungen des Art. 13 MiFID I *Wunderberg* in: Veil (Hrsg.), Europäisches Kapitalmarktrecht, 2014, § 29 Rn. 1 ff.; ferner auch *Röh/Zingel* CB 2014, 429 ff.

104 Zweites Gesetz zur Novellierung von Finanzmarktvorschriften auf Grund europäischer Rechtsakte (Zweites Finanzmarktnovellierungsgesetz – 2. FiMaNoG), BGBl. 2017, I, 1693.

105 Zu den Auswirkungen der MiFID II auf das bestehende Recht vgl. nur *Balzer* ZBB 2016, 226 ff.

106 Zum Begriff vgl. Art. 4 I Nr. 2 MiFID II.

107 Zum Begriff vgl. Art. 4 I Nr. 21 MiFID II.

108 Zum Begriff vgl. Art. 4 I Nr. 51 MiFID II iVm der Verordnung (EU) 648/2012.

109 *Zetzsche/Eckner* in: Gebauer/Teichmann (Hrsg.), Europäisches Privat- und Unternehmensrecht, 2016, § 7 A Rn. 49; *Kumpan* ZGR 2016, 2, 16; *Klöhn* in: Langenbucher (Hrsg.), Europäisches Privat- und Wirtschaftsrecht, 2017, § 6 Rn. 123.

110 Zum Anlegerbezug vgl. Erwägungsgrund 2 zur Transparenzrichtlinie (Richtlinie 2004/109/EG) und Erwägungsgrund 10 zur (damaligen) Prospektrichtlinie (Richtlinie 2003/71/EG).

1. Erstellung, Billigung und Veröffentlichung von Wertpapierprospekten

a) Zielrichtung und Reform des europäischen Prospektrechts

41 Sowohl für inländische als auch ausländische (Kapital-) Anleger ist es von essentieller Bedeutung, ihre Anlageentscheidung auf **fundierten Informationen** über das Aktien ausgebende Unternehmen (Emittent) zu treffen. Zur Förderung des europäischen Kapitalverkehrs hat sich der europäische Gesetzgeber unter diesem Gesichtspunkt vermehrt mit einer Harmonisierung des mitgliedstaatlichen Prospektregimes beschäftigt. Primärer Ausgangspunkt bildet dabei die **Prospektrichtlinie** aus dem Jahr 2003,[111] die die Mitgliedstaaten grundsätzlich dazu verpflichtet, für die betroffenen (Börsen-) Unternehmen die **Erstellung** sowie **Veröffentlichung** von Prospekten sowohl für die erstmalige Emission als auch für bereits zum Handel zugelassene Wertpapiere vorzusehen.[112] Eine entsprechende Prospektpublizität soll im Sinne der genannten Ausgangslage für die (potenziellen) Anleger ein fundiertes Urteil über die Vermögenswerte und Verbindlichkeiten, die Finanzlage, die Gewinne und Verluste, die Zukunftsaussichten des Emittenten und jedes Garantiegebers sowie über die mit diesen Wertpapieren verbundenen Rechte ermöglichen (Art. 5 I 1 Prospekt-RL). Zum anderen soll durch die europäische Prospektpflicht eine hinreichende **Markteffizienz** gewährleistet werden,[113] denn werden aufgrund fehlender oder unvollständiger Prospekte nachteilige Anlageentscheidungen getroffen, kann dies einen negativen Effekt auf das Vertrauen der Anleger und in diesem Zusammenhang auf die Kapitalmarktfunktionen haben.[114]

42 Im Hinblick auf die Billigung eines Prospekts wurde durch die damalige Prospektrichtlinie zudem ein **„Europäischer Pass"** für Emittenten eingeführt (s. auch Rn. 48).[115] Danach muss ein zu erstellendes Wertpapierprospekt grundsätzlich nur einmal von der zuständigen Stelle eines Mitgliedstaates gebilligt werden (Herkunftsstaatskontrolle) und ist dann von allen anderen EU- bzw. EWR-Mitgliedstaaten ohne weitere Überprüfung anzuerkennen. Dadurch soll ein größtmöglicher Zugang zu Anlagekapital auf unionsweiter Ebene sichergestellt werden.[116]

43 In jüngerer Zeit kam es zu einer umfassenden **Reform des europäischen Prospektrechts**. Zunächst wurden durch die Änderungsrichtlinie 2010/73/EU[117] verschiedene materielle Aspekte der bestehenden Prospektrichtlinie modifiziert.[118] Im Juni 2012 erließ die Europäische Kommission eine delegierte Verordnung,[119] die insbesondere die im Prospekt erforderlichen Angaben zur Zustimmung der Prospektnutzung konkretisiert.[120] Eine umfassende Änderung erfolgte auch durch die Richtlinie 2014/51/EU.[121] Sodann wurde im Aktionsplan zur Schaffung einer Kapitalmarktunion (s. Rn. 10 ff.) eine weitere Reform des Prospektrechts in Aussicht gestellt,[122] die nunmehr im Juni 2017 verabschiedeten **Prospektverordnung** gemündet ist (s. Rn. 51 ff.).[123]

---

111 Richtlinie 2003/71/EG des Europäischen Parlaments und des Rates vom 4. November 2003 betreffend den Prospekt, der beim öffentlichen Angebot von Wertpapieren oder bei deren Zulassung zum Handel zu veröffentlichen ist, und zur Änderung der Richtlinie 2001/34/EG, ABl. EU v. 31.12.2003, L 345/64.

112 Die Pflicht zur Veröffentlichung eines Prospekts wurde indes schon im Jahr 1979 im Rahmen der Börsenzulassungsrichtlinie (RL 79/279/EWG) erstmalig auf europäischer Ebene eingeführt.

113 Vgl. Erwägungsgrund 10 zur Prospektrichtlinie.

114 *Zetzsche/Wachter* in: Gebauer/Teichmann (Hrsg.), Europäische Privat- und Unternehmensrecht, 2016, § 7 D Rn. 9; *Klöhn* in: Langenbucher (Hrsg.), Europäisches Privat- und Wirtschaftsrecht, 2017, § 6 Rn. 67 f.

115 Vgl. dazu *Sandberger* EWS 2004, 297; *Kullmann/Sester* WM 2005, 1068, 1069 ff.; *Holzborn/Schwarz-Gondek* BKR 2003, 927, 931 ff.

116 *Vokuhl* in: Veil (Hrsg.), Europäisches Kapitalmarktrecht, 2014, § 17 Rn. 13.

117 Richtlinie 2010/73/EU des Europäischen Parlaments und des Rates vom 24. November 2010 zur Änderung der Richtlinie 2003/71/EG betreffend den Prospekt, der beim öffentlichen Angebot von Wertpapieren oder bei deren Zulassung zum Handel zu veröffentlichen ist, und der Richtlinie 2004/109/EG zur Harmonisierung der Transparenzanforderungen in Bezug auf Informationen über Emittenten, deren Wertpapiere zum Handel auf einem geregelten Markt zugelassen sind, ABl. EU v. 11.12.2010, L 327/1.

118 Dazu *Assmann* in: Assmann/Schlitt/von Kopp-Colomb (Hrsg.), WpPG, VermAnlG, 3. Aufl. 2017, Einl. Rn. 21 f.; *Elsen/Jäger* BKR 2010, 97; *Maerker/Biedermann* RdF 2011, 90; *Heidelbach/Preuße* BKR 2012, 397; *Oulds* WM 2011, 1452; *Voß* ZPP 2010, 194.

119 Delegierte Verordnung (EU) Nr. 862/2012 v. 4.6.2012, ABl. EU v. 22.9.2012, L 256/4.

120 Dazu *Rothmund/Seitz* RdF 2013, 27; *Seitz/v. Kopp-Colomb* WM 2012, 1220.

121 Richtlinie 2014/51/EU des Europäischen Parlaments und des Rates vom 16. April 2014 zur Änderung der Richtlinien 2003/71/EG und 2009/138/EG und der Verordnungen (EG) Nr. 1060/2009, (EU) Nr. 1094/2010 und (EU) Nr. 1095/2010 im Hinblick auf die Befugnisse der Europäischen Aufsichtsbehörde, ABl. EU v. 22.5.2014, L 153/1.

122 Zur Reform des Prospektrechts im Rahmen des Aktionsplans *Kumpan* ZGR 2016, 2, 17 ff.; *Heuer/Schütt* BKR 2016, 45, 48; *Stiegler* AG 2015, R311, R312.

123 Verordnung (EU) 2017/1129 des Europäischen Parlaments und des Ratesvom 14.6.2017 über den Prospekt, der beim öffentlichen Angebot von Wertpapieren oder bei deren Zulassung zum Handel an einem geregelten Markt zu veröffentlichen ist und zur Aufhebung der Richtlinie 2003/71/EG, ABl. EU v. 30.6.2017, L 168/12; dazu *Bronger/Scherer* WM 2017, 460; bereits zum Verordnungsvorschlag *Assmann* in: Assmann/Schlitt/von Kopp-Colomb (Hrsg.), WpPG, 3. Aufl. 2017, Einl. Rn. 23 ff.; *Härkönen* ECFR 2017, 121, 123 ff.; *Kumpan* ZGR 2016, 2,

b) Kernpunkte des geltenden Prospektrechts

Die derzeit (noch) bestehende **Prospektrichtlinie** (Richtlinie 2003/71/EG) regelt verschiedene Aspekte im Zusammenhang mit der Erstellung eines Prospekts durch ein emittierendes Unternehmen. Geregelt werden insbesondere Fragen der Pflicht zur Veröffentlichung eines Prospekts, der inhaltlichen Anforderungen an ein Prospekt, dessen Billigung durch eine Aufsichtsbörde sowie die Gültigkeit und Anerkennung eines einmal veröffentlichten Prospekts. Die Richtlinie gilt dabei im Grundsatz sowohl für Prospekte beim **öffentlichen Angebot** von Wertpapieren[124] als auch für Prospekte bei der **Zulassung** von Wertpapieren zum Handel an einem geregelten Markt[125] in der EU bzw. im EWR.[126] Für bestimmte Angebotsformen sowie für bestimmte Arten von Wertpapieren bestehen jedoch Ausnahmen von der Prospektpflicht (vgl. Art. 3 II, Art. 4 Prospekt-RL). 44

aa) Anforderungen an den Prospekt

Die Richtlinie statuiert verschiedene (formale und materielle) **Anforderungen** an den zu erstellenden Prospekt. Inhaltlich muss der Prospekt Angaben zum Emittenten und zu den Wertpapieren, die öffentlich angeboten oder zum Handel an einem geregelten Markt zugelassen werden sollen, enthalten. Er beinhaltet zudem eine **Zusammenfassung**, die in knapper Form und in allgemein verständlicher Sprache alle notwendigen Schlüsselinformationen enthält (Art. 5 II Prospekt-RL). Der Prospekt muss also alle **erforderlichen Angaben** enthalten, damit die Anleger sich ein fundiertes Urteil über die Vermögenswerte, die Finanzlage und die künftige Entwicklung des Unternehmens bilden können.[127] Die konkreten Mindestangaben im Prospekt sind per delegierte Rechtssetzung an die Europäische Kommission in einer separaten **Durchführungsverordnung** bestimmt.[128] Anzugeben sind demnach ua verschiedene Finanzmarktinformationen des Emittenten, Angaben über dessen Beteiligungen und Risikofaktoren.[129] In der Prospekt-Durchführungsverordnung finden sich zudem inhaltliche Vorgaben für die ebenfalls zu erstellende Zusammenfassung zu dem zu veröffentlichenden Prospekt (vgl. Art. 5 II 2 Prospekt-RL). 45

bb) Billigung und Veröffentlichung des Prospekts

Der vom Emittenten zu erstellende Prospekt muss durch die zuständige (Aufsichts-)Behörde des Herkunftsmitgliedstaates[130] der Gesellschaft vorab **gebilligt** werden (Art. 13 I Prospekt-RL). Erst nach einer entsprechenden Genehmigung kann der Prospekt veröffentlicht und damit die durch die Richtlinie vorgegebene Prospektpflicht erfüllt werden.[131] Die den Prospekt zu billigende Behörde muss eine zentrale sowie unabhängige Verwaltungsbehörde eines Mitgliedstaates sein und ist mit den zur Erfüllung ihrer Funktionen notwendigen Befugnissen auszustatten (Art. 21 I Prospekt-RL). Die Billigung des Prospekts durch die entsprechende Behörde ist definiert als die positive Handlung bei Abschluss der **Vollständigkeitsprüfung** des Prospekts einschließlich der **Kohärenz** und Verständlichkeit der vorgelegten Informationen (Art. 2 I lit. q) Prospekt-RL). Die Billigung des Prospektentwurfs bedeutet insofern jedoch nicht, dass auch die im veröffentlichten Prospekt enthaltenen Angaben inhaltlich richtig sind.[132] Die Rechtsfolgen eines materiell fehlerhaften Prospekts beurteilen sich vielmehr nach den europäischen (s. Rn. 49 f.) und nationalen Vorgaben zur Prospekthaftung. 46

Nach seiner Billigung ist der Prospekt bei der zuständigen Behörde des Herkunftsmitgliedstaats **zu hinterlegen** sowie der Öffentlichkeit durch den Emittenten, den Anbieter oder die die Zulassung zum Handel an einem ge- 47

17 ff.; *Schulz* WM 2016, 1417 ff.; *Rath* ecolex 2016, 172; *Zivny* ZFR 2016, 148 ff.; *Scherer/Bronger* AG 2017, R10 ff.

124 Legaldefiniert in Art. 2 I lit. d) Prospekt-RL.

125 Legaldefiniert in Art. 2 I lit. j) Prospekt-RL.

126 *Zetzsche/Wachter* in: Gebauer/Teichmann (Hrsg.), Europäisches Privat- und Unternehmensrecht, 2016, § 7 D Rn. 18.

127 *Zetzsche/Wachter* in: Gebauer/Teichmann (Hrsg.), Europäisches Privat- und Unternehmensrecht, 2016, § 7 D Rn. 24; *Vokuhl* in: Veil (Hrsg.), Europäisches Kapitalmarktrecht, 2014, § 17 Rn. 32.

128 Delegierte Verordnung (EU) 2016/301 der Kommission vom 30. November 2015 zur Ergänzung der Richtlinie 2003/71/EG des Europäischen Parlaments und des Rates durch technische Regulierungsstandards für die Billigung und Veröffentlichung des Prospekts und die Verbreitung von Werbung und zur Änderung der Verordnung (EG) Nr. 809/2004 der Kommission, ABl. EU v. 4.3.2016, L 58/13.

129 Möglich sind dabei grundsätzlich auch Angaben in Form von Verweise („*incorporation by references*") auf inhaltlich gleichbedeutende bereits veröffentlichte Dokumente (Art. 11 I Prospekt-RL).

130 Legaldefiniert in Art. 2 I lit. m) Prospekt-RL. Die Billigung kann jedoch uU auch durch eine entsprechende Behörde eines anderen Mitgliedstaates erfolgen (vgl. Art. 13 V Prospekt-RL).

131 Die Entscheidung über die Billigung ist dem betroffenen Unternehmen dabei grundsätzlich innerhalb von zehn Werktagen nach Einreichung des Prospektentwurfs mitzuteilen (Art. 13 II Prospekt-RL). Die Frist beträgt zwanzig Werktage, wenn das öffentliche Angebot Wertpapiere eines Emittenten betrifft, dessen Wertpapiere noch nicht zum Handel an einem geregelten Markt zugelassen sind und der zuvor keine Wertpapiere öffentlich angeboten hat (Art. 13 III Prospekt-RL).

132 *Zetzsche/Wachter* in: Gebauer/Teichmann (Hrsg.), Europäisches Privat- und Unternehmensrecht, 2016, § 7 D Rn. 37; zum deutschen Recht (§ 13 I 2 WpPG) *von Kopp-Colomb* in: Assmann/Schlitt/von Kopp-Colomb

regelten Markt beantragende Person so bald wie möglich zur Verfügung zu stellen, auf jeden Fall aber rechtzeitig vor und spätestens mit Beginn des öffentlichen Angebots bzw. der Zulassung der betreffenden Wertpapiere zum Handel (Art. 14 I 1 Prospekt-RL). Die **Veröffentlichung des Prospekts** kann sowohl in Zeitungen, durch kostenlose physische Bereitstellung am Handelsplatz oder in elektronischer Form auf der Internetseite des Emittenten, des platzierenden bzw. verkaufenden Finanzintermediärs, des geregelten Marktes oder der zuständigen Aufsichtsbehörde erfolgen (Art. 14 II Prospekt-RL). Die Aufsichtsbehörde kann zudem eine Hinweisbekanntmachung verlangen, aus der sich ergibt, wie und wo der Prospekt veröffentlicht wurde (Art. 14 III Prospekt-RL).

cc) Gültigkeit und Anerkennung des Prospekts

48 Ein weiterer Kernpunkt der Prospektrichtlinie sind die Vorgaben zur **Gültigkeit des Prospekts** und in diesem Zusammenhang auch dessen Anerkennung durch andere Mitgliedstaaten als denen, in dem der Prospekt gebilligt und veröffentlicht wurde. Aus Rechtssicherheitsgründen ist der Prospekt nach seiner Genehmigung 12 Monate gültig, sofern er um etwaige erforderliche Nachträge ergänzt wurde (Art. 9 I Prospekt-RL). Maßgebend für den Beginn dieser Geltungsdauer ist die Billigung des Prospekts durch die zuständige Aufsichtsbörde und nicht die Veröffentlichung des Prospekts. Im grenzüberschreitenden Verkehr von besonderer Bedeutung ist die **unionsweite Geltung** eines einmal gebilligten und gültigen Prospekts. Ein von der zuständigen Aufsichtsbehörde genehmigter Prospekt ist einschließlich etwaiger Nachträge in beliebig vielen Aufnahmestaaten für ein öffentliches Angebot oder für die Zulassung zum Handel gültig, sofern die ESMA und die zuständige Behörde jedes Aufnahmemitgliedstaats entsprechend hierüber unterrichtet werden (Art. 17 I 1 Prospekt-RL). Solch ein **„Europäischer Pass"** kann dabei grundsätzlich von Emittenten aus Drittstaaten (dh Nicht-EU/EWR-Staaten) erlangt werden (vgl. Art. 20 Prospekt-RL). Dies mag vor allem aus Sicht britischer Unternehmen im Zuge des bevorstehenden „Brexit" von praktischer Relevanz sein.[133] Die zuständige Behörde eines EU-Mitgliedstaates kann ein nach dem Recht eines Drittstaates (zB zukünftig Großbritannien) erstelltes Prospekt jedoch nur dann im Sinne eines Europäischen Passes anerkennen, wenn die Erstellung nach internationalen Standards erfolgte und die Informationspflichten denjenigen der Prospektrichtlinie gleichwertig sind. Aus britischer Sicht sollte dies grundsätzlich unproblematisch sein.

dd) Sanktionen und Haftung

49 Die Haftung für unrichtige und/oder unvollständige Angaben im erstellten und gebilligten Prospekt werden in der Prospektrichtlinie zwar angesprochen, beschränken sich jedoch darauf, den Mitgliedstaaten vorzuschreiben, dass diese **nationale Regelungen** aufzustellen haben, nach denen ua der Emittent oder dessen Verwaltungs- oder Managementorgan für die im Prospekt enthaltenen Angaben haftet (Art. 6 I 1 Prospekt-RL). Ferner haben die Mitgliedstaaten sicherzustellen, dass ihre Rechts- und Verwaltungsvorschriften im Bereich der Haftung für die Personen gelten, die für die in einem Prospekt enthaltenen Angaben verantwortlich sind. Eine materielle Harmonisierung der Haftungsbestimmung erfolgte darüber hinausgehend nicht,[134] so dass die diesbezüglich mitgliedstaatlichen Regelungen (und damit zusammenhängend die Rechtsprechung)[135] **unterschiedlich ausgestaltet** sind.[136]

50 Auch in Bezug auf **verwaltungsrechtliche Sanktionen** bestehen zT gravierende Unterschiede in den Mitgliedstaaten.[137] Die Richtlinie sieht diesbezüglich lediglich vor, dass die Mitgliedstaaten im Einklang mit ihrem inner-

---

(Hrsg.), WpPG, 3. Aufl. 2017, § 13 Rn. 10 f.; *Heidelbach* in: Schwark/Zimmer (Hrsg.), Kapitalmarktrechts-Kommentar, 4. Aufl. 2010, § 13 WpPG Rn. 14.

133 Zu den Folgen des EU-Austritts Großbritanniens aus finanzmarkrechtlicher Sicht *Armour* Oxf. Rev. Econ. Pol. 33 (2017) (suppl. 1), S. 54 ff.; *Poelzig/Bärnreuther* in: Kramme/Baldus/Schmidt-Kessel, Brexit und die juristischen Folgen (2017), S. 153 ff.; *Ferran*, The UK as a Third Country Actor in EU Financial Services Regulation, Cambridge LSR Paper No. 47/2016; *Moloney* CMLR 55 (2018) 175 ff.; *Mugarura* IJLMA 58 (2016) 468 ff.; *Ringe*, The Irrelevance of Brexit for the European Financial Market, Oxford Legal Research Paper No. 10/2017; *Schoenmaker* in: Campos/Coricelli, The Economics of the UK-EU Relationship: From the Treaty of Rome to the Brexit Vote (2017), Chapter 5; *Zetsche/Lehmann* AG 2017, 651 ff.; siehe auch *ESMA*, Opinion, General principals to support supervisory convergence in the context oft he United Kingdom withdrawing from the European Union, ESMA42-110-433.

134 Vgl. *Holzborn/Schwarz-Gondek* BKR 2003, 927, 934; *Weber* NZG 2004, 360, 366; *Zetzsche/Wachter* in: Gebauer/Teichmann (Hrsg.), Europäisches Privat- und Unternehmensrecht, 2016, § 7 D Rn. 46.

135 Aus deutscher Sicht vgl. nur *Assmann* in: Assmann/Schlitt/von Kopp-Colomb, WpPG, 3. Aufl. 2017, Vor §§ 21-25 WpPG, §§ 21-23 WpPG; aus österreichischer Sicht vgl. *Gruber/Zahradnik* RdW 2010, 619; *Nowotny* RdW 2011, 453; *Sindelar* RdW 2011, 450.

136 Vgl. *ESMA*, Report: Comparison of liability regimes in Member States in relation to the Prospectus Directive (2013), S. 12 ff.; *Vokuhl* in: Veil (Hrsg.), Europäisches Kapitalmarktrecht, 2014, § 15 Rn. 55 ff.

137 Vgl. *ESMA*, Report: Comparison of liability regimes in Member States in relation to the Prospectus Directive (2013), S. 17 ff.; *Vokuhl* in: Veil (Hrsg.), Europäisches Kapitalmarktrecht, 2014, § 15 Rn. 52 f.; *Zetzsche/Wachter* in: Gebauer/Teichmann (Hrsg.), Europäisches Privat- und Unternehmensrecht, 2016, § 7 D Rn. 45.

staatlichen Recht sicherzustellen haben, dass gegen Personen, die eine Missachtung der zur Durchführung der Richtlinie erlassenen Bestimmungen zu verantworten haben, angemessene Verwaltungsmaßnahmen getroffen oder Verwaltungssanktionen verhängt werden können sowie dass die Mitgliedstaaten gewährleisten müssen, dass diese Maßnahmen wirksam, verhältnismäßig und abschreckend sind (Art. 25 I Prospekt-RL). Zulässig sind darüber hinaus strafrechtliche Sanktionen der Mitgliedstaaten.[138]

c) Die neue EU-Prospektverordnung

Bereits im November 2015 veröffentlichte die Europäische Kommission einen ersten Vorschlag für eine Prospektverordnung.[139] Dieser Vorschlag wurde jedoch überwiegend kritisch betrachtet und im Zuge der Trilog-Verhandlungen wurde im Dezember 2016 ein neuer Verordnungsentwurf veröffentlicht. Die neue EU-Prospektverordnung wurde sodann Anfang April 2017 vom Europäischen Parlament gebilligt und am **14. Juni 2017** offiziell **verabschiedet.**[140] Die Verordnung trat am 20. Juli 2017 in Kraft und wird ab deren weitgehenden offiziellen Geltung (**21. Juli 2019**) die bis dahin geltende Prospektrichtlinie (s. Rn. 41 ff.) ersetzen (Art. 46 Prospekt-VO) und insofern die bisher bestehenden Regelungshemmnisse für Emittenten beim öffentlichen Angebot von Wertpapieren beseitigen.[141] Anders als eine Richtlinie wird die Prospektverordnung **unmittelbar** in den Mitgliedstaaten **anwendbar** sein und bedarf grundsätzlich keiner Umsetzung in nationales Recht. Einzelne Mitgliedstaatenoptionen (zB hinsichtlich weiterer Ausnahmen von der Prospektpflicht für bestimmte Unternehmen (Art. 3 II Prospekt-VO)) bedürfen indes, sofern davon Gebrauch gemacht werden soll, einer Umsetzung in nationales Recht; in Deutschland also in das Wertpapierprospektgesetz (WpPG) und das Börsengesetz (BörsG). Im Mai 2018 veröffentlichte die Europäsche Kommission bereits einen Verordnungsvorschlag, der sich ua mit einer Änderung der neuen Prospektverordnung befasst (s. dazu bereits Rn. 13).[142] 51

Das **Ziel** der neuen Prospektverordnung ist in erster Linie, den betroffenen Unternehmen als Emittenten die Finanzierung über die Kapitalmärkte zu erleichtern.[143] Insbesondere soll für kleine und mittlere Unternehmen der bürokratische Aufwand und die Kosten für die (ggf laufende) Erstellung eines Wertpapierprospekts und damit die Finanzierung am Kapitalmarkt verringert werden.[144] Insgesamt sollen durch das neue Prospektregime für alle hiervon betroffenen Unternehmen „**maßgeschneiderte Offenlegungspflichten** ausgearbeitet und der Prospekt zu einer wesentlichen Informationsquelle für potenzielle Anleger gemacht werden".[145] Darüber hinaus führt die Verordnung zu einer weitreichenden Rechtsangleichung in den Mitgliedstaaten und damit zumindest aus Vereinheitlichungsperspektive auch zu einer Verbesserung des **Anlegerschutzes** im grenzüberschreitenden Kontext.[146] Andererseits könnten zB die nunmehr ausgeweiteten Ausnahmen von der Prospektpflicht auch konträr zu einem umfassenden Anlegerschutz sein.[147] 52

Die neue Prospektverordnung wird verschiedene Neuerungen und Änderungen im Vergleich zur bisher geltenden Prospektrichtlinie in der Form ihrer letzten (umfassenden) Änderung aus dem Jahr 2014 mit sich bringen. Die Wichtigsten betreffen dabei in erster Linie zahlreiche **Erleichterung für kleinere** (kapitalmarktorientierte) **Unternehmen** und sehen insofern Ausnahmen von der Pflicht zur Erstellung und Veröffentlichung eines Prospekts dar.[148] Nicht weitergehend als bisher (vgl. Art. 6 Prospekt-RL) vereinheitlicht wurden jedoch die in Schrifttum und in der Praxis häufig diskutierten Fragen im Zusammenhang mit der Prospekthaftung.[149] Die wichtigsten Neuregelungen in der Prospekt-Verordnung sind:[150] 53

---

138 So zB vorhanden in Österreich mit § 15 KMG.

139 *Europäische Kommission*, Vorschlag für eine Verordnung des Europäisches Parlaments und des Rates über den Prospekt, der beim öffentlichen Angebot von Wertpapieren oder bei deren Zulassung zum Handel zu veröffentlichen ist, COM(2015) 583 final.

140 Verordnung (EU) 2017/1129 des Europäischen Parlaments und des Ratesvom 14.6.2017 über den Prospekt, der beim öffentlichen Angebot von Wertpapieren oder bei deren Zulassung zum Handel an einem geregelten Markt zu veröffentlichen ist und zur Aufhebung der Richtlinie 2003/71/EG, ABl. EU v. 30.6.2017, L 168/12.

141 Vgl. Erwägungsgrund 5, 7 zur Prospekt-VO.

142 Vgl. *Europäische Kommission*, Vorschlag einer Verordnung des Europäischen Parlamants und des Rates zur Änderung der Verordnung (EU) Nr. 596/2014 und (EU) 2017/1129 zur Förderung von KMU-Wachstumsmärkten, COM(2018) 331 final.

143 *Bronger/Scherer* WM 2017, 460, 461.

144 Erwägungsgrund 17 zur Prospekt-VO; Kommissionsvorschlag, COM(2015) 583 final, S. 2.

145 Kommissionsvorschlag, COM(2015) 583 final, S. 3.

146 Materiell zB auch im Hinblick auf eine kompaktere und adressatengerechtere Zusammenfassung des Prospekts (vgl. Art. 7 Prospekt-VO); vgl. auch *Schulz* WM 2016, 1417 f.

147 Vgl. auch *Kumpan* ZGR 2016, 2, 15 f.

148 Vgl. auch *Bronger/Scherer* WM 2017, 460, 461.

149 *Assmann* in: Assmann/Schlitt/von Kopp-Colomb, WpPG, 3. Aufl. 2017, Vor §§ 21-25 WpPG Rn. 32; insofern kritisch auch *Zivny* ZFR 2016, 148, 152.

150 Überblicksartig zu den Neuregelungen auch *Assmann* in: Assmann/Schlitt/von Kopp-Colomb, WpPG, 3. Aufl. 2017, Einl. Rn. 25; *Müller* GmbHR 2017, R43 f. = AG 2017, R36; *Lutter/Bayer/Schmidt*, Europäisches Unternehmens- und Kapitalmarktrecht, 2017, § 34.

54 ■ **Ausnahmen für geringe Kapitalbeschaffung**: Spürbar erhöht wird der Schwellenwert, ab dem Unternehmen ein Prospekt ausgeben müssen. Es ist kein Prospekt mehr zu erstellen und zu veröffentlichen, wenn das zu beschaffende Kapital der Gesellschaft als Emittent oder bei Crowd Funding-Projekten unter einer Höhe von EUR 1 Mio. bleibt (Art. 1 III Prospekt-VO).[151] Nach Art. 3 II lit. e) Prospekt-RL lag dieser Wert noch bei EUR 100.000 und auch der Kommissionsvorschlag begrenzte ihn auf EUR 500.000. Ferner können die Mitgliedstaaten die Schwellenwerte für ihren Inlandsmarkt weiter anheben und zwar bis auf EUR 10 Mio. (bisher noch EUR 5 Mio.). Im Sinne weitreichender Kapitalmarktzugangserleichterungen für KMU gilt nun jedoch ein deutlich erhöhter Wert. Gleichwohl liegen in der Praxis schon jetzt die Volumina der entsprechenden Kapitalbeschaffung auch bei kleineren Unternehmen regelmäßig im Millionenbereich, so dass die faktische Bedeutung der Neuregelung weniger gering ist als vorerst vermutet.[152] Auch eine mögliche Aufsplitterung in Emissionstranchen ist für kleine Unternehmen in der Regel zu umständlich und zu zeitintensiv.[153] Dennoch lässt sich in dieser nunmehrigen Verzehnfachung des befreienden Schwellenwertes eine gewisse Abwägung zwischen dem Anlegerschutz und der Kosten- und Aufwandsbelastung für kleinere Emittenten zugunsten Letzterer erkennen.[154]

55 ■ Beibehaltung der **Prospektausnahme bei Mindeststückelung**: Nach Art. 3 II lit. d) Prospekt-RL bedarf es keiner Veröffentlichung eines Prospekts, wenn es sich um Wertpapierangebote mit einer Mindeststückelung von EUR 100.000 handelt. Wegen einer möglichen Verzerrung auf den europäischen Kapitalmärkten hatte die Europäische Kommission in ihrem Verordnungsentwurf noch die Abschaffung dieser Ausnahme vorgeschlagen. Die verabschiedete Fassung behält die Regelung jedoch bei (vgl. Art. 1 IV lit. c) Prospekt-VO). Bereits im Rahmen der Revision der Prospektrichtlinie im Jahr 2010 wurde die erforderliche Mindeststückelung von EUR 50.000 auf EUR 100.000 erhöht. Hauptanwendungsfall der Ausnahmebestimmung wird daher auch weiterhin primär die Platzierung von Schuldverschreibungen an institutionelle Investoren sein.[155]

56 ■ **Vereinfachter Prospekt für kleinere Unternehmen**: Für kleine und mittlere Unternehmen werden im Zuge der neuen Prospektverordnung Regelungen statuiert, die für diese eine einfachere Erstellung eines Prospekts ermöglicht. Dadurch soll ein angemessenes Verhältnis zwischen den Kosten und dem Aufwand zur Erstellung eines Prospekts und dem Umfang der Finanzierungsmittel im Hinblick auf die Bedürfnisse des Emittenten geschaffen werden. In diesem Zusammenhang werden ua die bisherigen Schwellenwerte für Unternehmen angehoben, die von den entsprechenden Vereinfachungen Gebrauch machen können (ua Marktkapitalisierung von vormals EUR 100 Mio. auf EUR 500 Mio.). Zudem wird die Zusammenfassung zu einem Prospekt auf sieben DIN-A4-Seiten begrenzt. Bisher war der Umfang der Zusammenfassung auf 7% des Prospekts bzw. 15 Seiten begrenzt. Eine Erhöhung der Seitenzahl ist jedoch in verschiedenen Fällen möglich.[156] Die Zusammenfassung ist mit einer Erläuterung zu versehen, die maximal 15 Risikofaktoren enthält (Art. 7 X Prospekt-VO).[157] Sie darf keine Querverweise auf andere Teile des Prospekts oder Angaben in Form eines Verweises enthalten.

57 ■ **Erleichterungen für Sekundäremissionen**: Auch für Sekundäremission, dh das Anbieten von Wertpapieren von Unternehmen, die bereits auf öffentlichen Märkten notieren, steht den entsprechenden Börsenunternehmen die Erstellung eines vereinfachten Prospekts zu (Art. 14 Prospekt-VO). Dadurch soll die Flexibilität erhöht und die Verwaltungskosten für Gesellschaften verringert werden, die mehrmals im Jahr sich über den Kapitalmarkt finanzieren möchten. In der Praxis sind solche Sekundäremissionen auch häufiger vorzufinden, so dass die entsprechenden Neuregelungen durch die Prospektverordnung durchaus eine spürbare Erleichterung für die betroffenen Unternehmen darstellen. Die vereinfachten Offenlegungsbestimmungen gelten dabei für solche Sekundäremissionen, bei denen das betroffene Unternehmen seit mindestens 18 Monaten durchgehend Wertpapiere an einem geregelten Markt oder KMU-Wachstumsmarkt zugelassen hat (Art. 14 I lit. a) Prospekt-VO). Erleichterungen sollen in diesem Zusammenhang zudem im Rahmen der Förderung von KMU-Wachstumsmärkten geschaffen werden.[158]

151 Speziell dazu *Härkönen* ECFR 2017, 121 ff. (auch rechtsvergleichend mit dem US-amerikanischen Prospektrecht).
152 *Schulz* WM 2016, 1417; *Zivny* ZFR 2016, 148, 149; vgl. auch *Härkönen* ECFR 2017, 121, 126.
153 *Brocker/Wohlfarter* BB 2013, 393, 395.
154 Zur (noch) geltenden Regelung in § 3 II 1 Nr. 5 WpPG vgl. *von Kopp-Colomb/Mollner* in: Assmann/Schlitt/von Kopp-Colomb, WpPG, 3. Aufl. 2017, § 3 Rn. 41.
155 Zur (noch) geltenden Regelung in § 3 II 1 Nr. 4 WpPG vgl. *von Kopp-Colomb/Mollner* in: Assmann/Schlitt/von Kopp-Colomb, WpPG, 3. Aufl. 2017, § 3 Rn. 41.
156 Insofern kritisch zum Kommissionsentwurf *DAI*, Stellungnahme zum ProspektVO-Entwurf, 2016, S. 17; *Schulz* WM 2016, 1417, 1421.
157 Kritisch dazu *Zivny* ZFR 2016, 148, 150.
158 Vgl. *Europäische Kommission*, Vorschlag einer Verordnung des Europäischen Parlamants und des Rates zur Änderung der Verordnung (EU) Nr. 596/2014 und (EU) 2017/1129 zur Förderung von KMU-Wachstumsmärkten, COM(2018) 331 final, Art. 2.

2. Kapitalmarktbezogene Transparenzanforderungen

a) Grundstruktur und Reform

Neben der Prospektpublizität wird die **periodische Publizität** iS der Veröffentlichung regelmäßiger und laufender Informationen über Emittenten (vgl. Art. 1 I Transparenz-RL) als ein maßgebendes Kriterium bei der Erreichung eines hinreichendes **Anlegerschutzes** gesehen. Für betroffene Börsenunternehmen überschneiden sich dabei zT die primär gesellschaftsrechtlichen und kapitalmarkrechtlichen Regelungen des europäischen Sekundärrechts,[159] so dass in der Praxis beide, sich ggf auch von ihrer Intensität unterschiedliche, Aspekte beachtet werden müssen. Exemplarisch gilt dies für die Veröffentlichung von Beteiligungsverhältnissen oder beim acting in concert (zum übernahmerechtlichen acting in concert s. § 29 Rn. 53 ff.).[160] 58

Grundlage der kapitalmarktrechtlichen Offenlegungspflichten ist im Wesentlichen die **Transparenzrichtlinie** aus dem Jahr 2004 in ihrer sowohl im Jahr 2011 als vor allem im Jahr 2013 (umfassend) geänderten Fassung.[161] Die Transparenzrichtlinie stellt ein Kernelement des kapitalmarktrechtlichen Publizitätsregimes von Gesellschaften dar und dient im Hinblick auf eine angemessene Informationsbereitstellung insbesondere dem Schutz (künftiger) Anleger.[162] Im Zusammenhang mit der Tendenz zur Vollharmonisierung des Europäischen Kapitalmarktrechts (s. Rn. 6) wurde auch im Zuge der Reform der Transparenzrichtlinie ein zunehmend **vollharmonisierender Harmonisierungsansatz** gewählt.[163] Vor allem im Bereich der Beteiligungstransparenz verbleibt den Mitgliedstaaten daher nur ein sehr geringer Spielraum, strengere nationale Regelungen aufzustellen.[164] 59

Die Transparenzrichtlinie gilt für die **Veröffentlichung** regelmäßiger und laufender Informationen über Unternehmen als Emittenten, deren Wertpapiere bereits zum Handel an einem in einem Mitgliedstaat gelegenen oder dort betriebenen geregelten Markt zugelassen sind (Art. 1 I Transparenz-RL). „**Emittent**" kann dabei sowohl eine natürliche als juristische Person des privaten oder öffentlichen Rechts sein (Art. 2 I lit. d) Transparenz-RL). Hierzu zählen auch mitgliedstaatliche Personengesellschaften – unabhängig davon, ob ihnen nach nationalem Recht (Teil-) Rechtsfähigkeit zugestanden wird – sowie Investmentfonds (Art. 2 IIa Transparenz-RL). Das anwendbare nationale Umsetzungsrecht wird vom „**Herkunftsstaat**" des jeweiligen Emittenten bestimmt, welcher sich grundsätzlich nach dem Registersitz der Gesellschaft[165] bestimmt.[166] Für Emittenten mit Sitz in einem Drittstaat ist der Herkunftsmitgliedstaat der Mitgliedstaat, den der Emittent unter den Mitgliedstaaten auswählt, in denen seine Wertpapiere zum Handel an einem geregelten Markt zugelassen sind. 60

Die insofern erfassten (kapitalmarkorientierten) Unternehmen haben sodann die in der Richtlinie statuierten Veröffentlichungspflichten einzuhalten. Konzeptionell bestehen stehen diese aus zwei Regelungsaspekten: Der Veröffentlichung **regelmäßiger Informationen** (periodische Publizität) und der Veröffentlichung von laufenden Informationen über bedeutende Beteiligungen (**Beteiligungspublizität**). 61

b) Periodische Publizität

Im Hinblick auf eine (kapitalmarktbezogene) periodische Publizität soll durch Rechnungslegungsinformationen im Rahmen einer turnusmäßigen Finanzberichterstattung das Informationsbedürfnis des Kapitalmarktes und 62

159 Vgl. allgemein auch *Lutter/Bayer/Schmidt*, Europäisches Unternehmens- und Kapitalmarktrecht, 2017, Rn. 14.58 ff.

160 Zu den insofern unterschiedlichen Offenlegungspflichten vgl. auch *Weber-Rey/Benzler* in: Habersack/Mülbert/Schlitt (Hrsg.), Handbuch der Kapitalmarktinformation, 2. Aufl. 2013, § 20 Rn. 5 ff.

161 Zur Reform der Transparenzrichtlinie *Fleischer/Schmolke* EBOR 12 (2011) 121; *dies.* NZG 2010, 1241; *Parmentier* AG 2014, 15; *Seibt* ZIP 2012, 797; *Veil* BB 2012, 1374; Zur Umsetzung (von Einzelaspekten) in deutsches Recht vgl. *Bosse* BB 2015, 746; *Brellochs* AG 2016, 157; *Burgard* WM 2015, 1445; *Hitzer/Hauser* NZG 2016, 1365; *Kumm/Blöink* BB 2015, 1515; *Oser/Staß* DB 2015, 2825; *Roth* GWR 2015, 485; *Schilha* DB 2015, 1821; *Schmidt/Ulbrich/Buchheim* WPg 2016, 102; *Söhner* ZIP 2015, 2451; *Weidemann* NZG 2016, 605; zur Umsetzung in österreichisches Recht ua *Spatz* GesRZ 2016, 38.

162 Vgl. nur *Kalss/Klampfl*, Europäisches Gesellschaftsrecht, 2015, Rn. 527; *Lutter/Bayer/Schmidt*, Europäisches Unternehmens- und Kapitalmarktrecht, 2017, Rn. 36.1.

163 *Burgard/Heimann* in: FS Dauses, 2014, S. 47, 51; *Schürnbrandt* in: Emmerich/Habersack (Hrsg.), Aktien- und GmbH-Konzernrecht, 8. Aufl. 2016; Vor §§ 21 ff. WpHG, Rn. 10; *Tautges* WM 2017, 512; *Veil* ECFR 2013, 18, 23; *ders.* WM 2011, 52, 56; *Brellochs* AG 2016, 157; *Hitzer/Hauser* NZG 2016, 1365, 1366; *Kalss/Klampfl*, Europäisches Gesellschaftsrecht, 2015, Rn. 528; *Roth* GWR 2015, 485; *Klöhn* in: Langenbucher (Hrsg.), Europäisches Privat- und Wirtschaftsrecht, 2017, § 6 Rn. 27; dazu auch *Fleischer/Schmolke* EBOR 12 (2011) 121.

164 Insofern zur teilweisen Richtlinienwidrigkeit des deutschen § 33 WpHG *Hitzer/Hauser* NZG 2016, 1365, 1366.

165 Vor allem aufgrund der etwaigen Erfassung auch von Personengesellschaften ist dies nicht zwingend auch der gesellschaftsvertraglich vereinbarte (Satzungs-) Sitz; problematisierend zur alten Fassung der Richtlinie auch *Ringe* AG 2007, 810 f.

166 Im Detail ist die zugrundeliegende und durch die Reform umfassend geänderte Regelung des Art. 2 I lit. i) Transparenz-RL jedoch komplex, vgl. dazu *Veil* in: Veil (Hrsg.), Europäisches Kapitalmarktrecht, 2014, § 20 Rn. 11 ff.

seiner Teilnehmer befriedigt werden.[167] Neben der „gesellschaftsrechtlichen" Bilanzierungspflicht (dazu § 25) tritt insofern für die von der Transparenzrichtlinie erfassten Unternehmen eine **kapitalmarktrechtliche Rechnungslegungspublizität.**[168] Der Emittent hat hierbei im Grundsatz sowohl einen Jahresfinanzbericht (Art. 4 Transparenz-RL)[169] als auch einen Halbjahresfinanzbericht (Art. 5 Transparenz-RL)[170] zu veröffentlichen. Der **Jahresfinanzbericht** ist spätestens vier Monate nach dem Ende des Geschäftsjahres zu publizieren und mindestens zehn Jahre öffentlich zugänglich zu bleiben. Der Halbjahresfinanzbericht ist „so schnell wie möglich", spätestens aber drei Monate nach der Hälfte des Geschäftsjahres zu publizieren und ebenfalls mindestens zehn Jahre öffentlich zugänglich zu bleiben. Ab Januar 2020 sollen ferner alle Jahresfinanzberichte in einem einheitlichen Berichtsformat erstellt werden (Art. 4 VII Transparenz-RL).[171] Im Rahmen der Reform der Transparenzrichtlinie wurde zudem die Notwendigkeit einer zusätzlichen Zwischenmitteilung gestrichen und die Mitgliedstaaten dürfen über den Jahres- und Halbjahresfinanzbericht hinausgehende Veröffentlichungspflichten nur noch unter engen Voraussetzungen vorsehen.[172]

c) Beteiligungspublizität

63 Den zweiten Kernpunkt der Transparenzrichtlinie bilden die Regelungen zur Beteiligungstransparenz, dh die Bestimmungen insbesondere über die Mitteilung und Veröffentlichung des Erwerbs oder der Veräußerung von „bedeutenden" **Beteiligungen** bzw. **Stimmrechtsanteilen** (Art. 9 ff. Transparenz-RL). Aufgrund der durch die Reform im Jahr 2013 eingeführten Vollharmonisierung im Bereich der Beteiligungstransparenz (vgl. Art. 3 Ia UAbs. 4 Transparenz-RL) ist es den Mitgliedstaaten grundsätzlich untersagt, strengere nationale Regelungen aufzustellen.[173] Dies gilt – sofern im Einzelfall keine Ausnahmebestimmung einschlägig ist – insbesondere für die Einführung abweichender Schwellenwerte, Zurechnungstatbestände sowie zusätzliche Mitteilungspflichten für Finanzinstrumente.[174]

64 Nach Art. 9 I Transparenz-RL unterliegen Aktionäre einer dann **Mitteilungspflicht** gegenüber der Gesellschaft, wenn sie stimmberechtigte Aktien erwerben oder veräußern und durch den entsprechenden Vorgang eine bestimmte Beteiligungsschwelle (5%, 10%, 15%, 20%, 25%, 30%, 50% oder 75%) an der Gesellschaft dadurch erreicht, über- oder unterschritten wird. Dadurch soll eine hinreichende Transparenz über alle wesentlichen Veränderungen im Hinblick auf bedeutende Stimmrechtsanteile gewährleistet werden.[175] Der Anteil der Stimmrechte ist dabei ausgehend von der Gesamtzahl der mit diesen versehenen Aktien zu berechnen. Die Mitteilung besteht dergestalt, dass der betroffene Aktionär die Gesellschaft über die neuen Stimmrechtsanteile informiert, die er an ihr nunmehr hält. Die Mitteilung hat dabei in Form einer „Anzeige" zu erfolgen, aus der die Stimmrechtsanzahl nach der Transaktion, das Datum der Schwellenwertberührung und der Name des Aktionärs ersichtlich werden (Art. 12 I Transparenz-RL).[176] Im Fall einer **Beteiligungskette** sind auch alle in die Kontrollkette eingebundenen Unternehmen, über die die Stimmrechte tatsächlich gehalten werden, anzugeben.[177] Nicht anzugeben sind natürliche Personen. Die Mitteilung des Aktionärs an den Emittenten hat spätestens nach **vier Handelstagen** zu erfolgen (Art. 12 II Transparenz-RL).

167 Insofern zur europäisch geprägten kapitalmarktrechtlichen Regelpublizität *Hutter/Kaulamo* NJW 2007, 550; *Hebestreit/Rahe* IRZ 2007, 111; *Kumm* BB 2009, 1118.

168 Vgl. *Brinckmann* in: Veil (Hrsg.), Europäisches Kapitalmarktrecht, 2014, § 18 Rn. 7 ff.; *Kalss/Klampfl*, Europäisches Gesellschaftsrecht, 2015, Rn. 527; *Zetzsche/Wachter* in: Gebauer/Teichmann (Hrsg.), Europäisches Privat- und Unternehmensrecht, 2016, § 7 D Rn. 83 ff.

169 Dieser besteht aus dem geprüften Abschluss, dem Lagebericht sowie einem „Bilanzeid" (Art. 4 II Transparenz-RL).

170 Zu Zweck und Bedeutung einer entsprechenden unterjährigen Finanzberichterstattung *Nonnenmacher* in: Marsch-Barner/Schäfer (Hrsg.), Handbuch börsennotierte AG, 4. Aufl. 2018, § 57 Rn. 1 ff.

171 Siehe dazu auch *ESMA*, Feedback Statement on the Consultation Paper on the Regulatory Technical Standard on the European Single Electronic Format, 21 December 2016, ESMA/2016/1668; zur Neuregelung auch *Blöink/Kumm* BB 2013, 1963, 1964.

172 Vgl. dazu *Zetzsche/Wachter* in: Gebauer/Teichmann (Hrsg.), Europäisches Privat- und Unternehmensrecht, 2016, § 7 D Rn. 89; *Blöink/Kumm* BB 2013, 1963, 1964 f.; *Permentier* AG 2014, 15, 16.

173 *Hitzer/Hauser* NZG 2016, 1365, 1366; *Seibt/Wollenschläger* ZIP 2014, 545; 547; *Kalss/Klampfl*, Europäisches Gesellschaftsrecht, 2015, Rn. 535; *Kraack* AG 2017, 677.

174 Vgl. *Veil* in: Veil (Hrsg.), Europäisches Kapitalmarktrecht, 2014, § 20 Rn. 20 ff.; *Kalss/Klampfl*, Europäisches Gesellschaftsrecht, 2015, Rn. 535.

175 *Zetzsche/Wachter* in: Gebauer/Teichmann (Hrsg.), Europäisches Privat- und Unternehmensrecht, 2016, § 7 D Rn. 113; *Veil* in: Veil (Hrsg.), Europäisches Kapitalmarktrecht, 2014,§ 20 Rn. 15.

176 Rechtsvergleichend zu den diesbezüglichen Umsetzungsbestimmungen in den Mitgliedstaaten *ESMA*, Practical Guide, National rules on notification of major holdings under the Transparency Directive, February 2017, ESMA 31-67-535.

177 *Zetzsche/Wachter* in: Gebauer/Teichmann (Hrsg.), Europäisches Privat- und Unternehmensrecht, 2016, § 7 D Rn. 126.

Die auf Art. 9 Transparenz-RL basierende Mitteilungspflicht nach nationalem Recht (in Deutschland vgl. § 21 WpHG (= § 38 WpHG nF) tritt neben **weitere gesetzliche Mitteilungspflichten**, die ggf in einem Mitgliedstaat bestehen.[178] Dies gilt insbesondere für etwaige aktien- bzw. speziell konzernrechtliche Mitteilungspflichten (in Deutschland zB gem §§ 20 f. AktG). 65

Die Mitteilungspflicht gem Art. 9 I, II Transparenz-RL gilt auch für natürliche oder juristische Personen, die in verschiedenen Fälle zum Erwerb, zur Veräußerung oder zur Ausübung von Stimmrechten in der Hauptversammlung der Gesellschaft **berechtigt sind** (Art. 10 Transparenz-RL). Insofern besteht eine Erweiterung der Mitteilungspflichten, wenn die Stimmrechte aus den Aktien an der Gesellschaft nicht unmittelbar dem Aktionär, sondern einem **Dritten** (ggf Mitaktionär) **zuzurechnen** sind.[179] Auch bei den in Art. 10 Transparenz-RL aufgeführten Konstellationen handelt es sich um vollharmonisierte und damit auch abschließende Bestimmungen, so dass die Mitgliedstaaten im Rahmen der Umsetzung in nationales Recht hiervon nicht abweichen dürfen.[180] Von praktisch besonderer (und oftmals auch problembehafteter) Bedeutung ist zum einen der Zurechnungstatbestand im Fall eines sog **acting in concert** (Art. 10 lit. a) Transparenz-RL)[181] (aus übernahmerechtlicher Sicht s. auch § 29 Rn. 53 ff.). Danach wird eine Mitteilungspflicht auch dann ausgelöst, wenn Stimmrechte von einem Dritten gehalten werden, mit dem der Mitteilungspflichtige eine Vereinbarung getroffen hat, die beide verpflichtet, langfristig eine gemeinsame Geschäftsführungspolitik beim betreffenden Emittenten zu verfolgen, indem sie die von ihnen gehaltenen Stimmrechte einvernehmlich ausüben. Diese durchaus enge Begriffsbestimmung wird vor allem im Hinblick auf deren vollharmonisierenden Charakter dabei zT auch kritisch betrachtet.[182] 66

Praktisch bedeutend ist zudem die **Zurechnung in Konzernkonstellationen**. Zugerechnet werden dabei nach Art. 10 lit. e) Transparenz-RL auch Stimmrechte, die von einem den mitteilungspflichten Aktionär kontrollierten Unternehmen gehalten oder gemäß den vorherigen Fällen in Art. 10 Transparenz-RL ausgeübt werden können. Weiterhin unklar ist hierbei vor allem, ob auch durch eine **Minderheitsbeteiligung** ein beherrschender Einfluss auf oder die Kontrolle über ein Unternehmen ausgeübt werden kann (Art. 2 lit. f) (iv) Transparenz-RL).[183] Im deutschen Recht wurde im diesem Zusammenhang § 22a WpHG aF eingeführt, der die für die Stimmenzurechnung relevante Eigenschaft als Tochtergesellschaft definiert.[184] 67

Weiterhin werden die Mitteilungspflichten gem Art. 9 Transparenz-RL auf den Erwerb und die Veräußerung von (direkten oder indirekten) **Finanzinstrumenten**, sofern durch die die entsprechenden Stimmrechte beim Emittenten erreicht, über- oder unterschritten werden (Art. 13 Transparenz-RL). Vor der Reform aus dem Jahr 2013 beschränkte sich die Vorschrift noch auf solche Finanzinstrumente, die dem Inhaber das Recht einräumen, von sich aus mit Stimmrechten verbundene und bereits ausgegebene Aktien eines Emittenten zu erwerben.[185] Mit der Neuregelung will man nun insbesondere das „**Anschleichen**" an eine börsennotierte Gesellschaft (sog Hidden Ownership) vor allem mithilfe eines Cash Settled Equity Swap[186] eindämmen.[187] 68

Die durch Art. 9 f., 13 Transparenz-RL zur Beteiligungspublizität festgelegten Mitteilungspflichten gelten auch für einen Aktionär des Emittenten, wenn die Anzahl der von ihm direkt oder indirekt gehaltenen Stimmrechte **zusammengerechnet** mit der Anzahl der Stimmrechte in Bezug auf direkt oder indirekt gehaltene Finanzinstrumente die in Art. 9 I Transparenz-RL festgelegten Schwellen (s. Rn. 64) erreicht, überschreitet oder unterschreitet (Art. 13a I Transparenz-RL). 69

178 Insofern zur europäisch geprägten kapitalmarktrechtlichen Beteiligungstransparenz *Fleischer/Schmolke* NZG 2010, 1241; *Teichmann/Epe* WM 2010, 1477; *Nodoushani* WM 2008, 1671; *Schnabel/Korff* ZBB 2007, 179.

179 *Lutter/Bayer/Schmidt*, Europäisches Unternehmens- und Kapitalmarktrecht, 2017, Rn. 36.20; *Kalss/Klampfl*, Europäisches Gesellschaftsrecht, 2015, Rn. 532; *Zetzsche/Wachter* in: Gebauer/Teichmann (Hrsg.), Europäisches Privat- und Unternehmensrecht, 2016, § 7 D Rn. 116; *Klöhn* in: Langenbucher (Hrsg.), Europäisches Privat- und Wirtschaftsrecht, 2017, § 6 Rn. 154 ff.

180 Insofern zur Richtlinienwidrigkeit der teilweise überschießenden Umsetzung in § 33 WpHG *Hitzer/Hauser* NZG 2016, 1365, 1366 ff.; aA *Parmentier* AG 2014, 15, 18.

181 Zum Verhältnis zur deutschen Umsetzungsnorm vgl. *Kraack* AG 2017, 677 f.

182 So *Kalss/Klampfl*, Europäisches Gesellschaftsrecht, 2015, Rn. 532.

183 Vgl. *Seibt/Wollenschläger* ZIP 2014, 545, 548 f.; *Veil* in: Veil (Hrsg.), Europäisches Kapitalmarktrecht, 2014, § 20 Rn. 76 ff.

184 Dazu *Brellochs* AG 2016, 157, 164 f.; *Schürnbrand* in: Emmerich/Habersack (Hrsg.), Aktien- und GmbH-Konzernrecht, 8. Aufl. 2016, § 22 WpHG Rn. 1 ff.; *Dietrich* ZIP 2016, 1612, 1615.

185 *Kalss/Klampfl*, Europäisches Gesellschaftsrecht, 2015, Rn. 533; vgl. auch *Veil* in: K. Schmidt/Lutter (Hrsg.), AktG, 3. Aufl. 2015, § 25 WpHG Rn. 2b; *Schürnbrand* in: Emmerich/Habersack (Hrsg.), Aktien- und GmbH-Konzernrecht, 8. Aufl. 2016, § 25 WpHG Rn. 2.

186 Zu Begriff und Bedeutung im Rahmen der Zurechnung von Stimmrechten vgl. *Bayer* in: MüKo AktG, 4. Aufl. 2016, § 22 WpHG Rn. 26; *Veil* in: K. Schmidt/Lutter (Hrsg.), AktG, 3. Aufl. 2015, § 22 WpHG Rn. 19.

187 *Veil* RdF 2012, Editorial (Heft 1); *Weidemann* NZG 2016, 605, 606 f.; ferner auch *Fleischer/Schmolke* NZG 2009, 401; *Tautges* WM 2017, 512 ff.

3. Weitere Publizitäts- und Mitteilungsbestimmungen

70 Neben der Prospektpublizität (s. Rn. 41 ff.) und den kapitalmarktrechtlichen Veröffentlichungs- und Mitteilungspflichten der Transparenzrichtlinie (s. Rn. 58 ff.) bestehen für Unternehmen als Wertpapieremittenten oder auch für deren Anleger noch verschiedene weitere Publizitätsbestimmungen im Europäischen Kapitalmarktrecht.[188] Die aus praktischer Sicht wichtigsten sollen hier überblicksartig aufgeführt werden:

71 ■ Offenlegung von Insiderinformationen (**Ad-hoc-Publizität**)
Nach Art. 17 MAR (s. Rn. 87), der die vorherige Regelung in der Marktmissbrauchsrichtlinie (MAD) im Jahr 2016 ersetzt hat, wurde die **Offenlegung von Insiderinformationen** beim Emittenten (insbes. bei deren Leitungsorganen) vollharmonisiert. Art. 17 MAR tritt somit an die Stelle der nationalen Umsetzungsbestimmungen der MAD. Die Mitgliedstaaten dürfen diesbezüglich daher keine strengeren Regelungen vorsehen. Die hiervon erfassten Emittenten (also vor allem börsennotierte Gesellschaften) müssen der Öffentlichkeit gesellschaftsinterne Informationen, die das Unternehmen unmittelbar bestreffen, **unverzüglich bekannt geben.** Die entsprechende Insiderinformation muss dabei so veröffentlich werden, dass die Öffentlichkeit schnell, problemlos und unverzüglich auf diese zugreifen kann. Die Veröffentlichung kann unter bestimmten Voraussetzungen im Einzelfall auch aufgeschoben werden (Art. 17 IV MAR).[189]

72 ■ Offenlegung von Eigengeschäften von Führungskräften (**Directors' Dealing**)
Nach Art. 19 MAR (s. Rn. 95 ff.), der ebenfalls die vorherige Regelung in der Marktmissbrauchsrichtlinie (MAD) im Jahr 2016 ersetzt hat, wurde die **Offenlegung** von **Eigengeschäften von Führungskräften** vollharmonisiert. Die Veröffentlichungspflicht gilt dabei für Emittenten, die für ihre Finanzinstrumente eine Zulassung zum Handel an einem geregelten Markt, MTF oder OTF beantragt oder erhalten haben. Führungskräfte und in enger Beziehung zu ihnen stehende Personen müssen gem Art. 19 I MAR dem Emittenten und der zuständigen Behörde jedes Eigengeschäft mit Anteilen oder Schuldtiteln dieses Emittenten oder damit verbundenen Derivaten oder Finanzinstrumenten melden.

73 ■ Übermittlung von **Insiderlisten**
Nach Art. 18 MAR sind die von der Verordnung erfassten Emittenten oder alle in ihrem Auftrag bzw. auf ihre Rechnung handelnden Personen verpflichtet, eine Liste aller Personen aufzustellen, die **Zugang zu Insiderinformationen** haben, eine entsprechende Insiderliste stetig zu aktualisieren sowie der zuständigen Behörde die Insiderliste auf deren Ersuchen unverzüglich zur Verfügung zu stellen. Insofern besteht eine entsprechende Übermittlungspflicht einer „Insiderliste" nur auf Verlangen und muss nicht ungefragt der zuständigen Behörde zugesandt werden.

74 ■ Mitteilung eines beabsichtigten **Beteiligungserwerbs**
Nach Art. 11 MiFID haben potenzielle Anleger („**interessierte Erwerber**") eines Wertpapierunternehmens, die beschlossen haben, eine qualifizierte Beteiligung direkt oder indirekt zu erwerben bzw. eine solche direkt oder indirekt zu erhöhen, dies (zuerst) der für das entsprechende Unternehmen **zuständigen Behörde** schriftlich unter Angabe der Beteiligungshöhe mitzuteilen. Dies jedoch nur, wenn durch die beabsichtigte Beteiligung bzw. deren Erhöhung der Anteil an den Stimmrechten oder am Kapital 20%, 30% oder 50% erreichen oder überschreiten würde oder das betreffende Unternehmen ihre Tochtergesellschaft werden würde.

75 ■ Offenlegung von **Interessenkonflikten** (Art. 23 II, III MiFID)
Nach Art. 23 II, III MiFID haben die von der Richtlinie erfassten Wertpapierunternehmen ihren (Finanzdienstleitungs-) Kunden die allgemeine Art und/oder die Quellen von Interessenkonflikten sowie die zur Begrenzung dieser Risiken ergriffenen Maßnahmen eindeutig **darzulegen.** Die entsprechende Offenlegung dieser Informationen hat dabei mittels eines dauerhaften Datenträgers sowie unter Berücksichtigung des Empfängerhorizontes des jeweiligen Kunden zu erfolgen. Dies gilt jedoch nur, wenn die anderweitig nach der MiFID zu treffenden Maßnahmen nicht ausreichen, um zu verhindern, dass etwaige Interessenkonflikte den Kunden schaden könnten.

188 Vgl. ausführlich zum Ganzen auch *Veil* (Hrsg.), Europäisches Kapitalmarktrecht, 2014, §§ 16 ff.; *Zetzsche/Wachter* in: Gebauer/Teichmann (Hrsg.), Europäisches Privat- und Unternehmensrecht, 2016, § 7 D Rn. 77 ff.
189 Siehe auch EuGH, Rs. C-19/11 (Geltl), ECLI:EU:C:2012:397 = NJW 2012, 2787.

IV. Verhinderung von Marktmissbrauch

1. Entwicklung und Zielsetzung des europäischen Marktmissbrauchsregimes

Das europäische Marktmissbrauchsrecht hat seinen regulatorischen Ausgangspunkt in der Insider-Richtlinie aus 76
dem Jahr 1989.[190] Eine Erweiterung der Harmonisierung auf Marktmanipulationen erfolgt im Jahr 2003 durch die **Marktmissbrauchsrichtlinie** (Market Abuse Directive – MAD).[191] Diese regelt nunmehr sowohl das Verbot von Insider-Geschäften als auch das Verbot von Marktmanipulationen. Regelungsgegenstände der Richtlinie waren dabei insofern ua das Insiderhandelsverbot, das Verbot von Marktmanipulation, die Ad-hoc-Publizität und die Veröffentlichung von Eigengeschäften (Directors' Dealing). Die Umsetzung der Marktmissbrauchsrichtlinie erfolgte in Deutschland überwiegend im Rahmen des Wertpapierhandelsgesetzes (**WpHG**).[192] Eine umfassende Europäisierung des Marktmissbrauchsrechts erfolgte im Jahr 2014 durch die neu geschaffene Marktmissbrauchsverordnung[193] (**Marktet Abuse Regulation – MAR**).[194] Dieser ersetzt die bis dahin geltende Marktmissbrauchsrichtlinie und gilt unmittelbar in den Mitgliedstaaten seit dem 3. Juli 2016.[195] Die Konkretisierung der Bestimmungen der MAR wird daneben durch zahlreiche, vor allem von der ESMA erlassenen (s. Rn. 19 ff.) technischen Regulierungs- und Durchführungsbestimmungen gewährleistet, zB hinsichtlich der Bekanntgabe von Insiderinformationen,[196] zur Führung und Aktualisierung von Insiderlisten[197] oder zum Directors' Dealing).[198] Ferner wurde eine gesonderte Richtlinie über strafrechtliche Sanktionen bei Marktmanipulationen[199] erlassen (CRIM-MAD) (s. Rn. 100 ff.). Im Mai 2018 veröffentlichte die Europäische Kommission zudem einen Verordnungsvorschlag (s. dazu bereits Rn. 13), der sich bezogen auf das Ziel der Förderung von KMU-Wachstumsmärkten auch mit einer Änderung der bestehenden Marktmissbrauchsverordnung befasst und einzelne Artikel dieser (Art. 11, 13, 18, 19 MAR) ergänzt bzw. erweitert.

Im deutschen Recht erfolgten die erforderlichen Anpassungen an das neue Marktmissbrauchsregime durch das 77
1. Finanzmarktnovellierungsgesetz (FiMaNoG). Ein Problem hierbei bestand jedoch dergestalt, dass das FiMaNoG bereits einen Tag vor der unmittelbaren Geltung der MAR in Kraft getreten ist (2.7.2016) und insofern

---

190 Richtlinie 89/592/EWG des Rates v. 13.11.1989 zur Koordinierung der Vorschriften betreffend Insider-Geschäften, ABl. EG v. 18.11.1989, L 334/30; ferner zur Entwicklung auch *Bachmann*, Das Europäische Insiderhandelsverbot, 2015, S. 10 ff.; *Grundmann* in: Staub, HGB, Bd. 11/1, 2017, 6. Teil Rn. 262 ff.; *Reichert* in: FS Müller-Graff, 2015, S. 319 ff.

191 Richtlinie 2003/6/EG des Europäischen Parlaments und des Rates v. 28.1.2003 über Insider-Geschäfte und Marktmanipulation (Marktmissbrauch), ABl. EG v. 12.4.2003, L 96/16.

192 Zum Einfluss des europäischen Rechts auf das WpHG vgl. nur *Hirte/Heinrich* in: KK-WpHG, 2. Aufl. 2014, Einl. Rn. 37 ff.

193 Verordnung (EU) Nr. 596/2014 des Europäischen Parlaments und des Rates vom 16. April 2014 über Marktmissbrauch (Marktmissbrauchsverordnung) und zur Aufhebung der Richtlinie 2003/6/EG des Europäischen Parlaments und des Rates und der Richtlinien 2003/124/EG, 2003/125/EG und 2004/72/EG, ABl. EU v. 12.6.2014, L 173/1.

194 Zur neuen Marktmissbrauchsverordnung bzw. zu Einzelaspekten *Giering* CCZ 2016, 214; *Götze/Carl* DK 2016, 529; *Knuts* ECFR 2016, 495; *Klöhn* (Hrsg.), Marktmissbrauchsverordnung, 2018; *Klöhn* ZHR 180 (2016) 707; *Klöhn/Büttner* WM 2016, 2241; *dies.* ZIP 2016, 1801; *Klöhn/Schmolke* ZGR 2016, 866; *Kumpan* DB 2016, 2039; *ders.* AG 2016, 446; *Langenbucher* AG 2016, 417; *Mülbert/Sajnovits* WM 2017, 2001; *Pachinger/Mayr-Riedler* GesRZ 2015, 230; *Poelzig* NZG 2016, 761; *dies.* NZG 2016, 528; *Reichert* in: FS Müller-Graff, 2015, S. 319; *Retsch* NZG 2016, 1201; *Scholz* NZG 2016, 1286; *Seibt/Wollenschläger* AG 2014, 593; *Simons* AG 2016, 651; *Söhner* BB 2017, 259; *Stüber* DStR 2016, 1221; *Veil* ZBB 2014, 85; *Veil/Koch* WM 2011, 2297, 2299 ff.; *Viciano-Gofferje/Cascante* NZG 2012, 968; *Zetzsche* AG 2016, 610.

195 Insofern zur Vollharmonisierung des neuen Marktmissbrauchsrechts *Veil/Koch* WM 2011, 2297; *Merkner/Sustmann* AG 2012, 315; *Walla* in: Veil (Hrsg.), Europäisches Kapitalmarktrecht, 2014, § 4 Rn. 33; *Pachinger/Mayr-Riedler* GesRZ 2015, 230; differenzierend *Klöhn* in: Langenbucher (Hrsg.), Europäisches Privat- und Wirtschaftsrecht, 2017, § 6 Rn. 27; *Hopt/Kumpan*, in: Schimansky/Bunte/Lwowski (Hrsg.), Bankrechts-Handbuch, 2017, § 107 Rn. 20.

196 Durchführungsverordnung (EU) 2016/1055 der Kommission vom 29. Juni 2016 zur Festlegung technischer Durchführungsstandards hinsichtlich der technischen Mittel für die angemessene Bekanntgabe von Insiderinformationen und für den Aufschub der Bekanntgabe von Insiderinformationen gemäß Verordnung (EU) Nr. 596/2014 des Europäischen Parlaments und des Rates, ABl. EU v. 30.6.2016, L 173/47.

197 Durchführungsverordnung (EU) 2016/347 der Kommission vom 10. März 2016 zur Festlegung technischer Durchführungsstandards im Hinblick auf das genaue Format der Insiderlisten und für die Aktualisierung von Insiderlisten gemäß der Verordnung (EU) Nr. 596/2014 des Europäischen Parlaments und des Rates, ABl. EU v. 11.3.2016, L 65/49.

198 Durchführungsverordnung (EU) 2016/523 der Kommission vom 10. März 2016 zur Festlegung technischer Durchführungsstandards im Hinblick auf das Format und die Vorlage für die Meldung und öffentliche Bekanntgabe der Eigengeschäfte von Führungskräften gemäß Verordnung (EU) Nr. 596/2014 des Europäischen Parlaments und des Rates, ABl. EU v. 5.4.2016, L 88/19.

199 Richtlinie 2014/57/EU des Europäischen Parlaments und des Rates vom 16. April 2014 über strafrechtliche Sanktionen bei Marktmanipulation (Marktmissbrauchsrichtlinie), ABl. EU v. 12.6.2014, L 173/179.

von einer „Generalamnestie im Kapitalmarktrecht die Rede war.[200] Der BGH beschloss jedoch, dass **keine Strafbarkeitslücke** und insofern keine Lücke in der Ahndung von Insiderhandel besteht.[201] Im Mai 2018 kam dann auch das Bundesverfassungsgericht zu der Auffassung, dass keine entsprechende Ahndungslücke bestandt und der Beschluss des BGH insofern verfassungsrechtlich unbedenklich sei.[202]

78 Das **Primärziel** der neuen Verordnung und damit des europäischen Marktmissbrauchsregimes ist in Art. 1 MAR festgehalten: „Mit dieser Verordnung wird ein gemeinsamer Rechtsrahmen für Insidergeschäfte, die unrechtmäßige Offenlegung von Insiderinformationen und Marktmanipulation (Marktmissbrauch) sowie für Maßnahmen zur Verhinderung von Marktmissbrauch geschaffen, um die **Integrität der Finanzmärkte** in der Union sicherzustellen und den Anlegerschutz und das Vertrauen der Anleger in diese Märkte zu stärken".[203] Faktisch werden mit der MAR aber auch die Interessen derjenigen geschützt, die die Kapitalmarkfunktionen professionell unterstützen sowie die Emittenten selbst.[204]

2. Anwendungsbereich

79 Die Marktmissbrauchsverordnung gilt nach Art. 2 I lit. a) – c) MAR für **Finanzinstrumente,**[205] die für den Handel an geregelten Märkten, an multilateralen Handelssystemen und an organisierten Handelssystemen zugelassen sind oder für die ein Antrag auf Zulassung zum Handel gestellt wurde. Anders als bisher (vgl. §§ 14, 20a WpHG aF) werden zudem **Freiverkehrsemittenten** umfassend vom Anwendungsbereich der Verordnung erfasst. Begibt daher eine Gesellschaft im Rahmen einer Unternehmensfinanzierung zB eine Anleihe und beantragt deren Einbeziehung in den Freiverkehr, greift ggf die Ad-hoc-Publizitätspflicht (s. Rn. 91 ff.).[206] Auch gelten die Vorgaben für die Mitteilung von Eigengeschäften von Führungskräften und zum Führen eines Insiderverzeichnisses umfassend für Freiverkehrsemittenten, soweit die Finanzinstrumente auf Initiative des Emittenten im Freiverkehrt gehandelt werden. Für KMU bestehen ab 3. Januar 2018 verschiedene Sonderregelungen iS von Ausnahmebestimmungen vom Anwendungsbereich.

3. Marktmanipulation

80 Marktmanipulation und der Versuch hierzu sind **verboten** (Art. 15 MAR). Was unter dem Begriff der **Marktmanipulation** zu verstehen ist, wird in Art. 12 MAR näher beschrieben. Unterschieden wird dabei zwischen handelsgestützten, handlungsgestützten, informationsgestützten Markmanipulationen sowie solche von Referenzwerten (Art. 12 I MAR). Bei der Feststellung von handels- und handlungsgestützter Marktmanipulationen sind zudem die in Anhang I zur MAR nicht abschließend aufgezählten Indikatoren zu berücksichtigen sowie etwaige hierzu konkretisierende delegierte Verordnungen. Informationsgestützte Marktmanipulationen und solche von Referenzwerten setzen voraus, dass die betreffende Person die Unrichtigkeit oder den irreführenden Charakter der Information kannte oder hätte kennen müssen.

81 In Art. 12 II MAR werden sodann einige – nicht abschließende – **Regelbeispiele für verbotene Marktmanipulationen** aufgezählt, zum Beispiel:

- Sicherung einer **marktbeherrschenden Stellung** in Bezug auf das Angebot eines Finanzinstruments;
- Kauf oder Verkauf von Finanzinstrumenten an einem Handelsplatz mit der tatsächlichen oder wahrscheinlichen Folge, dass die daraufhin tätig werdenden Anleger **irregeführt** werden;
- **Ausnutzung** eines gelegentlichen oder regelmäßigen Zugangs zu traditionellen oder elektronischen Medien durch Abgabe einer Stellungnahme zu einem Finanzinstrument.

82 Für handelsgestützte Markmanipulationen besteht eine **Verbotsausnahme**, wenn es sich um eine „zulässige Marktpraxis" handelt (Art. 13 MAR). Was eine zulässige Marktpraxis ist, richtet sich dabei im Grundsatz nach den konkreten Bedingungen der mitgliedstaatlichen Märkte und Aufsichtsbehörden, jedoch unter Beachtung der Kriterien des Art. 13 II MAR und einer vorherigen Mitteilung an die ESMA. Einen „Europäischen Pass" gibt es in diesem Zusammenhang jedoch nicht, so dass selbst wenn eine Praxis von einer nationalen Aufsichtsbehörde zugelassen wurde, sie nicht auch in einem anderen Mitgliedstaat unmittelbar legitim ist.

200 *Klöhn/Büttner* ZIP 2016, 1801; *Bülte/Müller* NZG 2017, 205; *Rothenfuß/Jäger* NJW 2016, 2689; *Gaede* wistra 2017, 41; *Kudlich* ZBB 2017, 72.

201 BGH NZG 2017, 236; so auch *Brand/Hotz* ZIP 2017, 1450, 1459; aA *Bülte/Müller* NZG 2017, 205, 214; *Rothenfußer* AG 2017, 149, 152; *Rothenfuß/Jäger* NJW 2016, 2689, 2694; *Szesny* BB 2017, 515, 518.

202 BVerfG BeckRS 2018, 9553, Rn. 17.

203 Zur Richtlinie 2003/6/EG (MAD); vgl. auch EuGH, Rs. C-628/13 (Lafonta), ECLI:EU:C:2015:162 = NJW 2015, 1663, Rn. 21; EuGH, Rs. C-45/08 (Spector Photo Group), ECLI:EU:C:2009:806 = NZG 2010, 107, Rn. 47.

204 *Grundmann* in: Staub, HGB, Bd. 11/1, 2017, 6. Teil Rn. 272.

205 Ausführlich zum Begriff gem Art. 2 I MAR iVm Art. 3 I Nr. 1 MAR *Grundmann* in: Staub, HGB, Bd. 11/1, 2017, 6. Teil Rn. 276 ff.

206 *Söhner* BB 2017, 259.

4. Insiderhandel

Zu den Kernpunkten des europäischen Marktmissbrauchsregimes gehören die Bestimmungen zum Verbot von Insidergeschäften sowie zur unrechtmäßigen Offenlegung von Insiderinformationen (Art. 14 MAR).[207] **Verboten ist** insofern (1) das Tätigen von Insidergeschäften und der Versuch hierzu, (2) Dritten zu empfehlen, Insidergeschäfte zu tätigen, oder Dritte dazu zu verleiten, Insidergeschäfte zu tätigen und (3) die unrechtmäßige Offenlegung von Insiderinformationen. 83

Was in diesem Zusammenhang unter einer „**Insiderinformation**" zu verstehen ist, wird in Art. 7 MAR näher beschrieben.[208] Eine Insiderinformation ist dabei insbesondere die „nicht öffentlich bekannten präzisen Informationen, die direkt oder indirekt einen oder mehrere Emittenten oder ein oder mehrere Finanzinstrumente betreffen und die, wenn sie öffentlich bekannt würden, geeignet wären, den Kurs dieser Finanzinstrumente oder den Kurs damit verbundener derivativer Finanzinstrumente **erheblich zu beeinflussen**" (Art. 7 I lit. a) MAR). Mithin handelt es sich insbesondere dann nicht um eine – veröffentlichungspflichtige – Insiderinformation, wenn die entsprechende Information öffentlich bekannt ist. Nach bisherigem deutschem Recht war eine Information nach hM dann öffentlich bekannt, wenn sie der Bereichsöffentlichkeit bekannt war.[209] Im Sinne des gleichwertigen Schutzes aller Anleger als (Teil-) Regelungsziel der MAR (s. Rn. 78) wird man eine öffentliche Bekanntheit jedoch nur dann anzunehmen haben, wenn die Information vielmehr einem breiten Anlegerpublikum und nicht nur einem „Bereich" zugänglich ist.[210] Hinsichtlich der Voraussetzung als „**präzise Information**" ist es nach der *Lafonta*-Entscheidung des EuGH ausreichend, dass die Information hinreichend konkret oder spezifisch ist, um als Grundlage für die Beurteilung dienen zu können, ob die Reihe von Umständen oder das Ereignis, die/das Gegenstand der Information sind, eine Auswirkung auf die Kurse der Finanzinstrumente haben kann.[211] Daher schließt werden nur vage oder allgemeine Informationen ausgeschlossen, die keine Schlussfolgerung hinsichtlich ihrer möglichen Auswirkung auf den Kurs der betreffenden Finanzinstrumente zulassen.[212] 84

Hinsichtlich **zeitlich gestreckter Vorgänge** wurden in Art. 7 II 2, III MAR weitgehend die entsprechenden Vorgaben der *Geltl*-Entscheidung des EuGH umgesetzt.[213] Als „präzise" Informationen bei zeitlich gestreckten Vorgängen kommen neben dem voraussichtlichen Ausgang des Vorgangs auch einzelne Zwischenschritte innerhalb des Vorgangs als Insiderinformation in Betracht. Diese Zwischenschritte werden jedoch nur dann als Insiderinformation betrachtet, wenn sie ihrerseits die entsprechenden Voraussetzungen hierfür erfüllen (Art. 7 III MAR). Die **Eintrittswahrscheinlichkeit** des Ausgangs des Gesamtvorgangs ist dabei unabhängig von einer etwaigen Kursrelevanz durch eine Gesamtschau der Einzelumstände zu ermitteln. 85

Für die Zwecke der Verbotsnorm des Art. 14 MAR liegt ferner ein „**Insidergeschäft**" vor, wenn eine Person über Insiderinformationen verfügt und unter Nutzung derselben für eigene oder fremde Rechnung direkt oder indirekt Finanzinstrumente, auf die sich die Informationen beziehen, erwirbt oder veräußert (Art. 8 I 1 MAR). Dabei gilt grundsätzlich die **widerlegbare Vermutung**, dass eine Person, die Insiderinformationen (s. Rn. 84) kennt, diese auch für Insidergeschäfte genutzt hat.[214] Darüber hinaus ist das Empfehlen oder Verleiten von Dritten zu Insiderinformationen verboten sowie korrespondierend der Befolgung einer entsprechenden Empfehlung bzw. Verleitung (Art. 8 II, III MAR). 86

Insiderinformationen sind von dem betroffenen Emittenten **zu veröffentlichen** (Art. 17 MAR) (dazu bereits Rn. 71).[215] Die entsprechenden Informationen, die das Unternehmen unmittelbar betreffen, müssen unverzüglich bekanntgegeben werden. Die Insiderinformation muss dabei so veröffentlich werden, dass die Öffentlichkeit schnell, problemlos und unverzüglich auf diese zugreifen kann. Die vom Emittenten veröffentlichten Insi- 87

---

207 *Klöhn* in: Langenbucher (Hrsg.), Europäisches Privat- und Wirtschaftsrecht, 2017, § 6 Rn. 85 („wohl wichtigste Norm jedes hochentwickelten Kapitalmarktrechts").

208 Zum Tatbestand der Definition im Rahmen des bedeutungsgleichen Art. 1 Nr. 1 MAD (aF) vgl. auch EuGH, Rs. C-19/11 (Geltl/Daimler), ECLI:EU:C:2012:397 = NJW 2012, 2787, Rn. 25; EuGH, Rs. C-628/13 (Lafonta), ECLI:EU:C:2015:162 = NJW 2015, 1663, Rn. 23 f.; *Veil* ZBB 2014, 85, 89 ff.

209 Vgl. nur *Assmann* in: Assmann/Schneider (Hrsg.), WpHG, 6. Aufl. 2012, § 13 Rn. 34; *Klöhn* in: KK-WpHG, 2. Aufl. 2014, § 13 Rn. 128; *Mennicke/Jakovou* in: Fuchs (Hrsg.), WpHG, 2. Aufl. 2016, § 13 Rn. 81.

210 So auch und im Detail *Grundmann* in: Staub, HGB, Bd. 11/1, 2017, 6. Teil Rn. 348; *Klöhn* ZHR 180 (2016) 707, 731 f.

211 Vgl. dazu *Klöhn* in: Langenbucher (Hrsg.), Europäisches Privat- und Wirtschaftsrecht, 2017, § 6 Rn. 94.

212 EuGH, Rs. C-628/13 (Lafonta), ECLI:EU:C:2015:162 = NJW 2015, 1663, Rn. 31; zur Übertragung auf die neue Marktmissbrauchsverordnung vgl. *Buck-Heeb* LMK 2015, 373922; *Zetzsche* AG 2015, 381, 386; *Kumpan* EuZW 2015, 390; *Klöhn* NZG 2015, 809, 810.

213 EuGH, Rs. C-19/11 (Geltl/Daimler), ECLI:EU:C:2012:397 = NJW 2012, 2787; dazu auch *Mock* ZBB 2012, 286 ff.

214 EuGH, Rs. C-45/08 (Spector Photo Group), ECLI:EU:C:2009:806 = NZG 2010, 107, Rn. 30 ff.; kritisch dazu *Klöhn* ECFR 2010, 347, 356 ff.; *Nietsch* ZHR 174 (2010) 556, 564.

215 Speziell dazu ua *Kumpan* DB 2016, 2039 ff.; im Rahmen von M&A-Transaktionen auch *Bühren* NZG 2017, 1172 ff. sowie bereits *Bank* NZG 2012, 1337 ff.

derinformationen müssen mindestens fünf Jahre auf dessen Internetseite abrufbar sein (Art. 17 I Uabs. 2 S. 3 MAR).

88 Die Marktmissbrauchsverordnung sieht **verschiedene Ausnahmen** von den entsprechenden Regelungen zum Insiderhandelsverbot und der Offenlegung von Insiderinformationen vor. Die grundsätzliche Vermutung, dass man bei Kenntnis von Insiderinformationen diese auch nutzt, gilt zB nicht, wenn ein Emittent wirksame organisatorische Vorkehrungen getroffen hat, damit die für ihn handelnden natürlichen Personen keine Kenntnis von der Insiderinformation haben (Art. 9 I MAR).[216] Ferner werden allgemein **Aktienrückkaufprogramme** und Stabilisierungsmaßnahmen vom Insiderverbot ausgenommen (Art. 5 MAR).[217] Weiterhin liegt eine unrechtmäßige Offenlegung von Insiderinformationen (vgl. Art. 14 lit. c) MAR) dann nicht vor, wenn die Offenlegung im Zuge der normalen Ausübung der Beschäftigung oder der normalen Erfüllung von Aufgaben erfolgt (Art. 10 MAR). Die entsprechende Offenlegung muss hierfür jedoch im engen Zusammenhang mit der Ausübung der Beschäftigung bzw. der Erfüllung einer Aufgabe stehen und hierfür unerlässlich sowie verhältnismäßig sein.[218]

5. Insiderlisten

89 Emittenten und die im Auftrag oder für Rechnung des Emittenten handelnden Personen müssen eine **Liste aller Personen aufstellen**, die bestimmungsgemäßen Zugang zu Insiderinformationen haben (Art. 18 I lit. a) MAR).[219] Eine solche Insiderliste muss aufgestellt, aktualisiert und auf Verlangen der nationalen Aufsichtsbehörde an diese übermittelt werden. Freiverkehrsemittenten bzw. die von diesem beauftragen Dienstleister trifft diese Pflicht nur, wenn sie die Einbeziehung ihrer Finanzinstrumente in den Freiverkehr erhalten oder beantragt haben (Art. 18 VII MAR). In diesem Zusammenhang gilt die Verpflichtung zur Führung einer Insiderliste für Emittenten, die eine Zulassung zum Handel an einer MTF (*Multilateral Trading Facility*) oder einer OFT (*Organised Trading Facility*) erhalten oder beantragt haben. Auch Emittenten, deren Finanzierungsmittel zum Handel an einem KMU-Wachstumsmarkt zugelassen sind, müssen eine Insiderliste erst dann auf- und bereitstellen, wenn die zuständige Aufsichtsbehörde dies verlangt (Art. 18 VI MAR).[220]

90 Der **Inhalt** und das **Format** der zu erstellenden Insiderliste bestimmen sich nach der Durchführungsverordnung (EU) 2016/347.[221] Danach muss die Insiderliste ua in einem elektronischen Format erstellt werden und ist informationsspezifisch in Abschnitte zu untergliedern. Wie detailliert eine entsprechende Aufteilung zu erfolgen hat, bestimmt die Durchführungsverordnung jedoch nicht. Eine fakultative Aufstellung nach Funktions- und Vertraulichkeitsbereichen ist jedoch nicht mehr möglich. Die Insiderlisten müssen weiterhin mindestens **fünf Jahre** vom Emittenten aufbewahrt werden (Art. 18 V MAR).

6. Ad-hoc-Publizität

91 Eine in der Praxis börsennotierter Unternehmen und deren Leitungsorgan besonders bedeutsamere Regelung ist die Pflicht zur **unverzüglichen Veröffentlichung von Insiderinformationen** (sog Ad-hoc-Publizität). Nach Art. 17 MAR gibt ein Emittent der Öffentlichkeit Insiderinformationen, die unmittelbar diesen Emittenten betreffen,[222] unverzüglich bekannt. Es besteht daher eine entsprechende Pflicht des Emittenten, die bei Verletzung zu Schadensersatzansprüchen führen kann.[223] Anders als noch nach § 15 WpHG aF erstreckt sich die Veröffentlichungspflicht dabei auch auf Freiverkehrsemittenten, die die Einbeziehung ihrer Finanzinstrumente im Freiverkehr erhalten oder beantragt haben. Zudem gilt die Ad-hoc-Publizität auch bei einer berechtigten Weitergabe an Dritte (Art. 17 VIII MAR). Die Veröffentlichungspflicht des Emittenten beginnt dabei grundsätzlich mit dessen Kenntnis von der relevanten Information.[224] Die Kenntnis zumindest des Gesamtvorstandes bzw. aller geschäftsführenden Board-Mitglieder wird dabei der betreffenden Gesellschaft als Emittenten zugerechnet.[225]

92 In Deutschland muss die **Mitteilung** der Insiderinformation vor ihrer Veröffentlichung an die BaFin und an die Geschäftsführungen der Handelsplätze erfolgen, an denen die Finanzinstrumente des Emittenten zum Handel

216 Näher dazu *Klöhn* ZBB 2017, 261 ff.

217 Speziell zu Letzterem *Weitzell* NZG 2017, 411 ff.

218 EuGH, Rs. C-284/02 (Grøngaard & Bang), ECLI:EU:C:2005:708 = NJW 2006, 133, Rn. 34; vgl. auch *Zetzsche* NZG 2015, 817, 818 ff.

219 Zur Insiderliste nach neuem Recht vgl. nur *Simons* CCZ 2017, 182 ff.

220 Dazu *Zetzsche* in: Gebauer/Teichmann (Hrsg.), Europäisches Privat- und Unternehmensrecht, 2016, § 7 C Rn. 245 ff.

221 Durchführungsverordnung (EU) 2016/347 der Kommission vom 10. März 2016 zur Festlegung technischer Durchführungsstandards im Hinblick auf das genaue Format der Insiderlisten und für die Aktualisierung von Insiderlisten gemäß der Verordnung (EU) Nr. 596/2014 des Europäischen Parlaments und des Rates, ABl. EU v. 11.3.2016, L 65/49.

222 Eine konzernweite Ad-hoc-Publizitätspflicht besteht daher nicht, vgl. *Götze/Carl* DK 2016, 529, 532.

223 *Ihrig* ZHR 181 (2017) 381, 383.

224 *Frowein* in: Habersack/Mülbert/Schlitt (Hrsg.), Handbuch der Kapitalmarktinformation, 3. Aufl. 2013, § 10 Rn. 24; *Ihrig* ZHR 181 (2017) 381, 385 f.; *Sajnovits* WM 2016, 765, 766.

225 *Ihrig* ZHR 181 (2017) 381, 395; *Fleischer* in: Spindler/Stilz (Hrsg.), AktG, 3. Aufl. 2015, § 78 Rn. 53.

zugelassen oder in den Handel einbezogen sind. Sodann ist die Insiderinformation unverzüglich über geeignete Medien (zB Bloomberg, Reuters, dpa-AFX) zu **veröffentlichen** (Art. 17 I Uabs. 1 MAR). Nach Veröffentlichung muss die Insiderinformationen weiterhin unverzüglich an das Unternehmensregister (§ 8b HGB) übermittelt werden. Zudem besteht die Publizitätspflicht der Insiderinformation auf der Interseite des Emittenten für mindestens fünf Jahre (Art. 17 I Uabs. 2 S. 3 MAR).

Die unverzügliche Veröffentlichungspflicht von Insiderinformationen kann uU auch **aufgeschoben** werden. Anders als noch nach früherem Recht kann die Offenlegung zunächst dann auf eigene Verantwortung des Emittenten aufgeschoben werden, wenn dies zur Wahrung der Stabilität des Finanzsystems erforderlich erscheint (Art. 17 V MAR).[226] Die Offenlegung kann ferner dann auf eigene Verantwortung aufgeschoben werden, wenn – **kumulativ** – (Art. 17 IV MAR)[227] 93

- die unverzügliche Offenlegung geeignet wäre die berechtigten Interessen des Emittenten oder Marktteilnehmer zu beeinträchtigen;
- die Aufschiebung der Offenlegung nicht geeignet wäre, die Öffentlichkeit irrezuführen;
- der Emittent oder Marktteilnehmer die Geheimhaltung der Information sicherstellen kann.

Die aufgeschobene Veröffentlichungspflicht der Insiderinformation muss jedoch **schnellstmöglich nachgeholt werden**, wenn die Vertraulichkeit nicht mehr gewährleistet werden kann (Art. 17 VII MAR). Die Selbstbefreiung von der Ad-hoc-Publizität bedarf einer bewussten Entscheidung des aufschiebenden Emittenten und tritt nicht kraft Gesetzes ein. Nach der ESMA muss die Entscheidung für eine Aufschiebung jedoch nicht zwingend unter Beteiligung eines Vorstandsmitgliedes getroffen werden, sondern kann auch auf Ebene der ersten darunterliegenden Leitungsebene erfolgen. Gemäß der BaFin soll jedoch mindestens ein Vorstandsmitglied beteiligt sein. Die Dokumentationspflichten für die Selbstbefreiung von der Ad-hoc-Publizität werden durch die Durchführungsverordnung (EU) 2016/1055 spezifiziert.[228] 94

7. Directors' Dealing

Vor allem auch aus Corporate Governance-Sicht (zur europäischen Corporate Governance s. § 33) sind **Eigengeschäfte von Führungspersonen** und mit ihn nahestehenden Personen sowohl für das Unternehmen als auch die Marktteilnehmer idR problematisch.[229] Insofern sieht Art. 19 MAR zumindest Melde- und Veröffentlichungspflichten solcher Geschäfte (Directors' Dealing) vor.[230] **Mitteilungspflichtig** ist dabei die Führungskraft, **veröffentlichungspflichtig** der betroffene Emittent.[231] Die Mitteilung unverzüglich, jedoch nicht später als drei Tage nach Vornahme des Geschäfts zu erfolgen. Die Meldung der Führungsperson muss dabei in der Form des Art. 19 VI MAR erfolgen und es muss das Muster das Anhangs der Durchführungsverordnung (EU) 2016/523 verwendet werden. Persönlich erfasst werden Führungspersonen aufgrund formaler Organstellung oder kraft regelmäßigen Zuganges zu Insiderinformationen und kraft ihrer Befugnisse und mit den Führungspersonen eng verbundene Personen. 95

Die Emittenten haben die erfassten Führungspersonen von ihren Mitteilungspflichten über meldepflichte Eigengeschäfte **schriftlich in Kenntnis zu setzen** (Art. 19 V Uabs. 1 S. 1 MAR). Diese haben wiederum die mit ihnen in enger Beziehung stehenden Personen schriftlich über die entsprechenden Verpflichtungen in Kenntnis zu setzten und eine Kopie dieses Dokuments aufzubewahren. 96

Meldepflichtige Eigengeschäfte der entsprechenden Personen werden in Art. 19 I, VII MAR sowie in nicht erschöpfender Aufzählung in Art. 10 der Delegierten Verordnung (EU) 2016/522 bestimmt. Nicht abschließend geklärt ist dabei jedoch ua, ob und in welchem Maße Vergütungsprogramme als Eigengeschäfte von Führungspersonen zu qualifizieren sind. 97

V. Sanktionsmechanismen im Europäischen Kapitalmarktrecht

Im Kapitalmarktrecht spielen Sanktionen eine große Rolle, Sanktionsregelung und deren Durchsetzung bei Verstößen gegen (europäische) kapitalmarktrechtliche Bestimmungen sind dabei vor allem aus praktischer Sicht 98

226 Speziell dazu *Klöhn* ZHR 181 (2017) 746 ff.

227 Dazu auch *Söhner* BB 2017, 259, 260 f.; *Grundmann* in: Staub, HGB, Bd. 11/1, 2017, 6. Teil Rn. 509 ff.; *Klöhn/Schmolke* ZGR 2016, 866 ff.; *Mülbert/Sajnovits* WM 2017, 2001 ff.; *Retsch* NZG 2016, 1201 ff.; *Götze/Carl* DK 2016, 529, 537 f.

228 Durchführungsverordnung (EU) 2016/1055 der Kommission vom 29. Juni 2016 zur Festlegung technischer Durchführungsstandards hinsichtlich der technischen Mittel für die angemessene Bekanntgabe von Insiderinformationen und für den Aufschub der Bekanntgabe von Insiderinformationen gemäß Verordnung (EU) Nr. 596/2014 des Europäischen Parlaments und des Rates, ABl. EU v. 30.6.2016, L 173/47.

229 Nicht immer jedoch schädlich.

230 Speziell dazu *Stüber* DStR 2016, 1221 ff.; *Knuts* ECFR 2016, 495 f.; *Hitzer/Wasmann* DB 2016, 1483 ff.; *Kumpan* AG 2016, 446 ff.; im konzernbezogenen Kontext auch *Götze/Carl* DK 2016, 529, 539 ff.

231 Freiverkehrsemittenten werden insofern erfasst, als sie die Einbeziehung ihrer Finanzierungsinstrumente in den Freiverkehr erhalten oder beantragt haben (Art. 19 IV MAR).

von Bedeutung. Ferner wurde eine der Ursachen der Finanzmarktkrise darin gesehen, dass keine Sanktionsmechanismen für Verstöße gegen geltendes Kapitalmarktrecht in den Mitgliedstaaten vorhanden waren bzw. solche nicht effektiv durchgesetzt wurden.[232] Dies galt vor allem für die Verbotsnormen des **Marktmissbrauchsrechts** (s. Rn. 76 ff.). Im Zuge der Reform des europäischen Marktmissbrauchsrechts wurden daher deutlich weitergehende Vorgaben für verwaltungsrechtliche und strafrechtliche Sanktionen bei entsprechendem Fehlverhalten der Akteure statuiert.[233] **Verwaltungsrechtliche** Sanktionen sind dabei in Art. 30 ff. MAR bestimmt, während hinsichtlich strafrechtlicher Regelungen mit der Richtlinie über **strafrechtliche** Sanktionen bei Marktmanipulation („**CRIM-MAD**")[234] ein eigenständiger Gesetzgebungsakt geschaffen wurde.[235] Auch das mitgliedstaatliche Kapitalmarktstrafrecht steht insofern unter einem zunehmenden Einfluss der europäischen Gesetzgebung.[236]

99 Durch die Regelungen in Art. 30 ff. MAR wurden die **verwaltungsrechtlichen Sanktionsbestimmungen** im Vergleich zur alten Marktmissbrauchsrichtlinie aus dem Jahr 2003 spürbar erweitert.[237] Damit soll insbesondere die abschreckende Wirkung der in der Verordnung niedergelegten Verbotsnormen verstärkt werden.[238] Nach Art. 30 II MAR haben die Mitgliedstaaten in diesem Zusammenhang sicherzustellen, dass die national zuständige Aufsichtsbehörde im Einklang mit geltendem Recht mit den entsprechenden Befugnissen auszustatten ist, um ein **Mindestmaß** an verwaltungsrechtlichen Sanktionen zu verhängen. Marktmanipulationsverbote umfassen dabei Unterlassungsverfügungen, Einzug des durch den Verstoß erlangten Gewinns, bzw. vermiedenen Verlusts, öffentliche Warnungen, Zulassungsentzüge und Tätigkeitsverbote sowie erheblich verschärfte Bußgelder. Hinzu tritt gem Art. 34 MAR die Veröffentlichung der verwaltungsrechtlichen Sanktion oder Maßnahme auf der Internetseite der nationalen Aufsichtsbehörde (sog „***Naming and Shaming***").[239]

100 Die **strafrechtlichen Sanktionen** sind in der **CRIM-MAD** geregelt. Danach haben die Mitgliedstaaten sicherzustellen, dass für Marktmanipulationen und Verstöße gegen das Insiderhandelsverbot wirksam, verhältnismäßig und abschreckend sanktioniert werden (Art. 7 I CRIM-MAD). Die Richtlinie sieht dabei Höchststrafen von mindestens vier bzw. zwei Jahren vor. Marktmanipulationen haben die Mitgliedstaaten allerdings nur dann als Straftaten zu charakterisieren, wenn diese vorsätzlich begangen wurden und einen schweren Fall darstellen (Art. 5 I CRIM-MAD). Ferner wird durch die Richtlinie auch nicht die Einführung eines Unternehmensstrafgesetzbuches o. ä. gefordert,[240] sondern gem Art. 8 f. CRIM-MAD lediglich bestimmt, dass die Mitgliedstaaten auch sicherzustellen haben, dass juristische Personen zur Verantwortung gezogen werden können, so dass auch Bußgeldzahlungen gegen diese im Grundsatz ausreichend sind.

101 Die neuen Sanktionsbestimmungen der MAR und CRIM-MAD wurden durch das 1. Finanzmarktnovellierungsgesetz (FiMaNoG) **in deutsches Recht umgesetzt**. Die bisherige Struktur der **§§ 38 ff. WpHG** (= §§ 119 ff. WpHG nF) wurde dabei weitgehend beibehalten, so dass § 38 WpHG die strafrechtlichen Sanktionsbestimmungen festhält und § 39 WpHG (= § 120 WpHG nF) die verwaltungsrechtlichen Regelungen. So ergibt sich zB die Strafbarkeit einer verbotenen Marktmanipulation nunmehr aus § 38 I Nr. 2 iVm § 39 IIId Nr. 2 WpHG (= § 119 I WpHG iVm § 120 XV Nr. 2 WpHG nF) iVm Art. 15 MAR. Ferner hat die BaFin als zuständige Aufsichtsbehörde im Februar 2017 überarbeitete Leitlinien zu verschärften Sanktionsmöglichkeiten veröffentlicht („**WpHG-Bußgeldleitlinien II**").[241] § 38 I-III WpHG (= § 119 I-III WpHG nF) erfasste jeden vorsätzlich begangenen Verstoß, unabhängig von seiner Schwere. Der Versuch ist dabei ebenfalls strafbar; „leichtfertiges Handeln" stellt indes nur noch eine Ordnungswidrigkeit dar.[242] Daneben hält der deutsche Gesetzgeber weiterhin an den zivilrechtlichen Sanktionsmöglichkeiten für Verstößen gegen die Ad-hoc-Publizitätspflicht (vgl. § 37b f.

232 Vgl. *High Level Group on Financial Supervision in the EU*, Bericht v. 25.2.2009, Empfehlung 6 Rn. 83; *Poelzig* NZG 2016, 492.

233 Zum neuen Sanktionsregime vgl. *Maume* ZHR 180 (2016) 358; *Kudlich* AG 2016, 459; *Poelzig* NZG 2016, 492; *dies.* ZGR 2015, 801; *Renz/Leibold* CCZ 2016, 157; *Schmolke* NZG 2016, 721; *Seibt* NZG 2015, 1097; *Seibt/Wollenschläger* AG 2014, 593; *Veil* EBOR 11 (2010) 409; ferner in einem allgemeineren Kontext *Zetzsche* ZHR 179 (2015) 490, 494 ff.

234 Richtlinie 2014/57/EU des Europäischen Parlaments und des Rates vom 16. April 2014 über strafrechtliche Sanktionen bei Marktmanipulation, ABl. EU v. 12.6.2014, L 173/179.

235 Speziell zur CRIM-MAD *Klöhn* AG 2016, 423; *Kudlich* AG 2016, 459; *Merkner/Sustmann* AG 2012, 315; *Poelzig* NZG 2016, 492; *Rothenfußer/Jäger* NJW 2016, 2689; *Veil/Koch* WM 2011, 2297, 2301 ff.; *Pachinger/Mayr-Riedler* GesRZ 2015, 230 ff.

236 Vgl. nur *Schröder*, Handbuch Kapitalmarktstrafrecht, 3. Aufl. 2015, Einl. S. LVIII.

237 *Poelzig* NZG 2016, 492, 496 f.

238 Vgl. Erwägungsgrund 71 zur MAR.

239 *Klöhn* in: Langenbucher (Hrsg.), Europäisches Privat- und Wirtschaftsrecht, 2017, § 6 Rn. 152; nach deutschem Recht vgl. § 123 WpHG.

240 *Kudlich* AG 2016, 459, 464; *Poelzig* NZG 2016, 492, 496; *Teigelack/Dolff* BB 2016, 387, 390; anders noch *Veil/Koch* WM 2011, 2297, 2305; *Walla* BB 2012, 1358, 1361.

241 *BaFin*, WpHG-Bußgeldleitlinien II. Leitlinien zur Festsetzung von Geldbußen im Bereich des Wertpapierhandelsgesetzes (WpHG), Februar 2017.

242 In diesem Zusammenhang zum Begriff der Leichtfertigkeit *Buttlar/Hammermaier* ZBB 2017, 1 ff.

WpHG (= § 97 WpHG nF)) fest. Dies ist auch europarechtskonform, da sowohl die sanktionsbezogenen Regelungen der MAR als auch der CRIM-MAD lediglich Mindestvorgaben enthalten und daher die zusätzliche Etablierung bzw. Beibehaltung einer zivilrechtlichen Haftung grundsätzlich zulässig ist.[243]

Umstritten ist jedoch, ob daneben auch eine **deliktische** (zivilrechtliche) Haftung gem **§ 823 II BGB** in Betracht kommt und damit, ob insbesondere die Vorschriften der Art. 14 f., 17 MAR eine entsprechende Schutzgesetzeigenschaft zukommt.[244] Zum alten Recht wurde dies von der deutschen Rechtsprechung verneint.[245] Dies hat sich auch im Zuge der neuen Marktmissbrauchsverordnung im Grundsatz nicht geändert.[246] Zwar ist in der MAR nun explizit der Schutz der Anleger als Ziel der Verordnung genannt (s. Rn. 78), jedoch obliegt die Einschätzungsprärogative, ob es sich bei der in Rede stehenden Norm der MAR um ein Schutzgesetz iSd § 823 II BGB handelt, weiterhin dem deutschem Rechtsverständnis, da es sich insofern um eine Auslegungsfrage des deutschen Deliktsrechts handelt.[247] Das oftmals in diesem Zusammenhang vorgebrachte Argument, dass der unionsrechtliche Effektivitätsgrundsatz zuzüglich zu den in der MAR und CRIM-MAD aufgestellten Sanktionsmechanismen auch eine private Rechtsdurchsetzung (***Private Enforcement***) fordert, führt ebenfalls zu keiner Abweichung.[248] Der Effektivitätsgrundsatz ist grundsätzlich nur dann berührt, wenn Verstöße gegen einen europäischen Rechtsakt bzw. dessen Umsetzungsbestimmungen überwiegend (faktisch) sanktionslos blieben, was im Hinblick auf die Sanktionsbestimmungen und der MAR in Verbindung mit den Umsetzungsnormen zur CRIM-MAD gerade nicht der Fall ist.[249] In diesem Kontext sieht der europäische Gesetzgeber das bestehende Sanktionsregime vielmehr auch als – bewusst – ausreichend an, da in anderen kapitalmarktrechtlichen Rechtsakten (zB der Rating-Verordnung oder der PRIIPs-Verordnung) privatrechtliche Sanktionierungen ausdrücklich geregelt sind.[250] Es obliegt also allein dem deutschen Rechtsverständnis, den Verbotsbestimmungen der MAR Schutzrechtscharakter iS von § 823 II BGB zukommen zu lassen. Im Zusammenhang mit Kapitalmarktvergehen kommt nach Meinung des BGH § 823 II BGB jedoch lediglich ein **Individualschutz** und nicht ein Anlegerschutz im Allgemeinen zu.[251] 102

Weitere Sanktionsbestimmungen im europäischen Kapitalmarktrecht bestehen insbesondere im Rahmen der (geänderten) **Transparenzrichtlinie** (s. Rn. 58 ff.).[252] Für die in Art. 28a Transparenz-RL aufgezählten Verstöße werden bestimmte Mindestrechtsfolgen vorgesehen, wie Verwaltungsgeldstrafen sowie die unverzügliche Veröffentlichung eines Verstoßes und der verantwortlichen Person (Art. 28b I Uabs. 1 Transparenz-RL).[253] Für die Verletzung von Mitteilungspflichten im Rahmen der Beteiligungspublizität wird sogar eine **Stimmrechtssuspendierung** vorgesehen (deren nähere Ausgestaltung jedoch den Mitgliedstaaten obliegt), die durch diese auf die Anwendung für „schwerwiegendste Verstöße" beschränkt werden kann (Art. 28b II Transparenz-RL). 103

243 *Poelzig* NZG 2016, 492, 501; *Seibt/Wollenschläger* AG 2014, 593, 607.

244 Ferner zur international-privatrechtlichen Anknüpfung von Verstößen gegen kapitalmarktrechtliche Normen *Einsele* RabelsZ 81 (2017) 781 ff.

245 Vgl. BGH NJW 2012, 1800; OLG Braunschweig NZG 2016, 465; OLG Stuttgart WM 2015, 875; LG Stuttgart ZIP 2014, 726, 727.

246 So auch *Wagner* in: MüKo BGB, 7. Aufl. 2017, § 823 Rn. 509; *Giering* CCZ 2016, 214, 221; aA *Rau* BKR 2017, 57, 62; *Poelzig* NZG 2016, 492, 501; *dies.* ZGR 2015, 801, 831; *Beneke/Thelen* BKR 2017, 12, 15; *Seibt/Wollenschläger* AG 2014, 593, 607; im Vorfeld bereits entgegen den Aussagen des BGH *Mock* in: KK-WpHG, 2. Aufl. 2014, § 20a Rn. 479; *Seibt* ZHR 177 (2013) 388, 425 f.

247 Gleiches gilt insofern für § 826 BGB; vgl. auch *Rau* BKR 2017, 57, 62; aA *Maume* ZHR 180 (2016) 358, 367 f.

248 So jedoch *Rau* BKR 2017, 57; *Poelzig* NZG 2016, 492; *dies.* ZGR 2015, 801, 831; *Seibt/Wollenschläger* AG 2014, 593, 607; *Maume* ZHR 180 (2016) 358, 367 f.; *Beneke/Thelen* BKR 2017, 12, 15.

249 *Buck-Heeb*, Kapitalmarktrecht, 8. Aufl. 2016, Rn. 568 f.; *Schmolke* NZG 2016, 722, 727; wohl auch *Hopt/Kumpan*, in: Schimansky/Bunte/Lwowski (Hrsg.), Bankrechts-Handbuch, 2017, § 107 Rn. 5.

250 *Schmolke* NZG 2016, 722, 723.

251 BGH NJW 2012, 1800, 1802; ferner auch *Buck-Heeb*, Kapitalmarktrecht, 8. Aufl. 2016, Rn. 368.

252 Vgl. dazu *Sørensen/Neville* ECL 14 (2017) 150 ff.; *Canzler/Hammermaier* AG 2014, 57, 72; *Kalss/Klampfl*, Europäisches Gesellschaftsrecht, 2015, Rn. 537; *Nartowska/Walla* AG 2014, 891 ff. *Seibt/Wollenschläger* ZIP 2014, 545, 551 ff.

253 Ausführlich dazu *Sørensen/Neville* ECL 14 (2017) 150 ff.

§ 35 Europäisches Konzernrecht

Literatur (Auswahl):[1] *Amstutz*, Globale Unternehmensgruppen, 2017; *Antunes*, The Management and Supervision of Corporate Groups, in: Festschrift Theodor Baums Bd. I, 2017, S. 77; *Beck*, The European Model Company Act's Approach to a European Group Law, ELR 2014, 260; *Blaurock*, Bemerkungen zu einem europäischen Recht der Unternehmensgruppe, in: Festschrift Otto Sandrock, 2000, S. 79; *Conac*, The Chapter on Group of Companies of the European Model Company Act (EMCA), ECFR 2016, 301; *Dominke*, Einheitliche Gruppenleitung über die Binnengrenzen in Europa, 2017; *Druey*, Die Zukunft des Konzernrechts, in: Festschrift Peter Hommelhoff, 2012, S. 135; *Drygala*, Europäisches Konzernrecht, Gruppeninteresse und Related Party Transactions, AG 2013, 198; *Ekkenga*, Neue Pläne der Europäischen Kommission für ein Europäisches Konzernrecht, AG 2013, 181; *Engert*, Wozu Konzerne, in: Festschrift Theodor Baums Bd. I, 2017, S. 385; *Engsig Sörensen*, Groups of Companies and the Case Law of the Court of Justice of the European Union, EBLR 2016, 393; *European Company Law Experts*[2] (ECLE), A Proposal for the Reform of Group Law in Europe, EBOR 18 (2017), 1; *European Model Act Group*,[3] European Model Company Act (EMCA), 2017; *Fleischer*, Europäisches Konzernrecht: Eine akteurszentrierte Annäherung, ZGR 2017, 1; *Fleischer/Danninger*,

1 Mit aufgenommen wurden hier die wissenschaftlichen Arbeitspapiere von Forschergruppen, die sich im Auftrag der EU oder auch ohne Auftrag (zumindest auch) mit dem europäischen Konzernrecht beschäftigt haben.

2 *Böckli, Davies, Ferran, Ferrarini, Garrido Garcia, Hopt, Opalski, Pietrancosta, M. Roth, Skog, Soltysinski, J.M. Winter, Winner, Wymeersch.*

3 *Andersson* (seit 2014), *Antunes, Baums, Clarke, Conac, Davies* (bis 2010), *Ferrarini, Fuentes Naharro, Guidici, Hanningan* (seit 2011), *Kalss, Kisfaludi, de Kluiver, Krüger Andersen* (Vorsitzender), *Opalski* (seit 2013), *Patakyova, Perakis, Porkona, Prüm, Roest, Sánches-Calero, Sillanpää, Skog* (bis 2013), *Soltysinsky* (bis 2013), *Teichmann, Urbain-Parleani, Vutt, Winner, de Wulf.*

Konzernhaftung für Menschenrechtsverletzungen, DB 2017, 2849; Forum Europaeum on Company Groups (FECG),[4] Eckpunkte für einen Rechtsrahmen zur erleichterten Führung von grenzüberschreitenden Unternehmensgruppen in Europa, ZGR 2015, 507; *Grundmeier*, Rechtspflicht zur Compliance im Konzern, 2011; *Hommelhoff*, Ein Neustart im europäischen Konzernrecht, KSzW 2014, 63; *ders.*, Struktur- und Transaktionsberichte in der grenzüberschreitenden Unternehmensgruppe, in: Festschrift Theodor Baums Bd. I, 2017, S. 597; *Hommelhoff/Lutter/Teichmann* (Hrsg.), Corporate Governance im grenzüberschreitenden Konzern, 2017; *Hopt*, Groups of Companies. A Comparative Study on the Economics, Law and Regulation of Corporate Groups, ECGI Working Paper Law, Nr. 286/2015; The Informal Company Law Expert Group (ICLEG),[5] Report on the recognition of the interest of the group, 2016; *Jung*, Societas Unius Personae (SUP) – The new corporate element in company groups, EBLR 2015, 645; *Kersting*, Haftung von Schwester- und Tochtergesellschaften im europäischen Konzernrecht, ZHR 182 (2018) 8; *Kluver*, European and Australian proposals for corporate group law: a comparative analysis, EBOR 1 (2000), 287; *Lübking*, Einheitliches Konzernrecht für Europa, 2000; *Lutter/Bayer* (Hrsg.), Holding-Handbuch, 5. Aufl. 2015; *Mülbert*, Auf dem Weg zu einem europäischen Konzernrecht?, ZHR 179 (2015) 645; *Poelzig*, Angriffe auf das konzernrechtliche Trennungsprinzip und ihre Folgen für die Konzernleitung, in: Gesellschaftsrechtliche Vereinigung (Hrsg.) Gesellschaftsrecht in den Diskussion 2017, 2018, S. 83; *Reflection Group*,[6] Report of the Reflection Group on the future of EU Company Law, 2011; *Renner*, Kollisionsrecht und Konzernwirklichkeit in der transnationalen Unternehmensgruppe, ZGR 2014, 452; *J. Schmidt*, Europäisches Konzernrecht, DK 2017, 1; *Schubel*, Die Verfolgung von Gruppeninteressen in der grenzüberschreitenden Unternehmensgruppe, in: Festschrift Peter-Christian Müller-Graff, 2015, S. 305; *Schüßler*, Europäisches Konzernrecht: Welche Wege führen nach Brüssel? Ein Vergleich der Vorschläge von FECG und ICLEG, NZG 2017, 1046; *Sotysinsky*, Arguments in Favour of Recognition of the Interests of the Group at the EU Level, in: Festschrift Theodor Baums Bd. II, 2017, S. 1193; *Tarde*, Die verschleierte Konzernrichtlinie, ZGR 2017, 360; *Teichmann*, Konzernrecht und Niederlassungsfreiheit, ZGR 2014, 45; *ders.*,Towards a European Framework for Cross-Border Group Management, ECL 5 (2016), 150; *ders.*, Die grenzüberschreitende Unternehmensgruppe im Compliance-Zeitalter, ZGR 2017, 485 ff.; *Tholen*, Europäisches Konzernrecht, 2014; *Weller/Bauer*, Europäisches Konzernrecht: vom Gläubigerschutz zur Konzernleitungsbefugnis via Societas Unius Personae, ZEUP 2015, 6.

A. Einleitung

Ein **gesellschaftsrechtliches europäisches Konzernrecht** im engeren Sinn bzw. ein Recht der Unternehmensgruppen gibt es weder für grenzüberschreitende Konzerne noch gar als allgemeines, harmonisiertes europäisches Konzernrecht.[7] Dennoch hat es immer wieder Anläufe für ein entsprechendes europäisches Konzernrecht gegeben.[8] Die **Europäische Kommission** hat sich für diesen Bereich schon 1964 und damit sogar früher als für andere Teile des Gesellschaftsrechts interessiert.[9] Die Vorentwürfe für eine Konzernrechtsrichtlinie von 1974/1975[10] und 1984[11] (geplante 9. gesellschaftsrechtliche Richtlinie) fanden jedoch keine Akzeptanz und werden schon länger nicht mehr diskutiert. Von den ursprünglichen Überlegungen im Rahmen der SE (s. zur Gesellschaftsform § 4) konzernrechtliche Regeln nach deutschem Vorbild zu integrieren,[12] wurde ebenfalls bereits früh wieder Abstand genommen.[13] Die Kommission hat aufbauend auf dem Report der Reflection Group von 2011,[14] der sich auch mit dem Konzernrecht beschäftigte, dann 2012 in ihrem Aktionsplan eine erneute Initiative auch bezüglich des europäischen Konzernrechts angekündigt.[15] Sie konnte sich dafür auch auf die Antworten zu ihrer Konsultation stützen, denn mehr als zwei Drittel der Antwortenden begrüßten generell gesetzgeberische 1

4 *Conac, Druey, Forstmoser, Habersack, Frijs Hansen, Hommelhoff, Kalss, Krieger, Lennarts, Lutter, Teichmann, von Werder, Wymeersch.*

5 *Armour, Bartkus, Clarke, Conac, de Kluiver, Fleischer, Fuentes Naharro, Hansen, Knapp, Lamandini, Radwan, Teichmann, van het Kaar, Winner.*

6 *Antunes, Baums, Clark, Conac, Enriques, Hanak, Hansen, de Kluiver, Knapp, Lenoir, Linnainmaa, Soltysinsky, Wymeersch.*

7 *Beck* ELR 2014, 260, 266; *Kalss/Klampfl*, Europäisches Gesellschaftsrecht, 2015, Rn. 453.

8 Zur Entwicklung *J. Schmidt* DK 2017, 1, 1 ff. sowie *Fleischer* ZGR 2017, 1, 5 ff.

9 Beauftragung von *van Ommeslaghe* einen Bericht zu erstellen, vgl. *van Ommeslaghe* Rev. prat. soc. 1965, 153 ff.

10 Teil I, Dok. XI/328/74-D; Teil II, Dok. XI/593/75-D, dazu *Schilling* ZGR 1978, 415, 415 ff.; *Brachvogel* ZGR 1980, 486, 507 ff.

11 Dok. III/1639/84, wiedergegeben ZGR 1985, 444, 446 ff.; dazu *Immenga* RabelsZ 48 (1984) 48, 48 ff.; *Gleichmann* AG 1988, 159, 161 ff.

12 Vgl. Vorschlag einer Verordnung (EWG) des Rates über das Statut der Europäischen Aktiengesellschaften vom 24.6.1970, ABl. EG v. 10.10.1970, C 124/1 sowie Geänderter Vorschlag einer Verordnung (EWG) über das Statut für Europäische Aktiengesellschaften vom 30.4.1975, KOM(75) 150 endg.

13 So schon Vorschlag für eine Verordnung (EWG) des Rates über das Statut der Europäischen Aktiengesellschaft vom 25.8.1989, ABl. EG v. 16.10.1989, C 263/41 sowie Geänderter Vorschlag für eine Verordnung (EWG) des Rates über das Statut der Europäischen Aktiengesellschaft vom 6.5.1991, ABl. EG v. 8.7.1991, C 176/1; näher zur Entwicklungsgeschichte *Hommelhoff/Lächler* AG 2014, 257, 260 ff.

14 Report of the Reflection Group on the future of EU Company Law, 2011, S. 59 ff.

15 Europäische Kommission, Aktionsplan: Europäisches Gesellschaftsrecht und Corporate Governance – ein moderner Rechtsrahmen für engagiertere Aktionäre und besser überlebensfähige Unternehmen, 12.12.2012, COM(2012) 740, S. 17.

Aktivitäten der EU in diesem Bereich.[16] Im Augenblick verfolgt die Kommission jedoch wohl primär die Taktik, sich die möglichen Perspektiven für das europäische Konzernrecht über die von ihr geschaffene *„The Informal Company Law Expert Group"* (ICLEG)[17] und parallel arbeitende Gruppen wie die *„European Company Law Experts"* (ECLE),[18] die EMCA-Gruppe[19] und das *„Forum Europaeum on Company Groups"* (FECG)[20] ausarbeiten zu lassen. Hintergrund für die vorsichtige Herangehensweise der Kommission dürfte auch sein, dass das europäische Konzernrecht für das europäische Gesellschaftsrecht eine Schlüsselstellung einnimmt und die Kommission gerade deshalb ein (erneutes) Scheitern einer entsprechenden Gesetzgebungsinitiative unbedingt vermeiden möchte. Zu erwähnen sind in diesem Zusammenhang auch die Vorschläge des französischen juristischen *Think Tank „le club des juristes"*,[21] der zwar eine gewisse Nähe zu den Muttergesellschaften von Konzernen in Frankreich hat, dessen Vorschläge aber insoweit sogar besonders interessant sein können, eben weil sie Interessen der Konzerne widerspiegeln. Den Aktivitäten der Expertengruppen entspricht auch ein Veröffentlichungsfeuerwerk in der Literatur.[22]

2 Auch der **EuGH** hat kein gesellschaftsrechtliches, europäisches Konzernrecht geschaffen.[23] Ihm fehlt in weiten Teilen die Kompetenz für eine echte rechtsfortbildende Schaffung europäischen Konzernrechts, da schon das „ob" der Regelung eine rechtspolitische Entscheidung ist. Auslegungsfähige Regelungen, die der EuGH in zulässiger Weise, ggf. auch rechtsfortbildend, weiterentwickeln könnte, sind jedoch rar.[24] Das Primärrecht setzt zwar die grenzüberschreitende Konzernbildung im Zusammenspiel der Artt. 49, 54 AEUV voraus,[25] gibt aber keine Hilfestellung zur Konkretisierung.

3 Allerdings gibt es ein Bedürfnis nach europäisch-konzernrechtlichen Regelungen und zudem bereits ein paar mögliche **Anknüpfungspunkte**. Zum einen existieren im weiteren Sinne durchaus Regelungen und Rechtsprechung zum europäischen Konzernrecht, insbesondere im Kartellrecht, im Finanzdienstleistungsrecht (Rn. 18), für *related party transactions* (Art. 9c Aktionärsrechterichtlinie, s. dazu ausführlich § 30 Rn. 256 ff.),[26] im Bilanzrecht (s. § 25 Rn. 70 ff.), mit Blick auf die Kapitalrichtlinie (s. dazu § 21 Rn. 142) und im Bereich Konzernverantwortung für Non-Compliance.[27] Vor allem aber ist der Konzern ein ökonomisch-organisatorisches Phänomen von großer wirtschaftlicher Bedeutung für den europäischen Binnenmarkt,[28] welches nicht allein den Marktkräften überlassen werden sollte, weshalb ein erheblicher Regelungsbedarf besteht. Allein die vorhandene Rechtsunsicherheit,[29] durch als solche schon unvollständige und unklare Regeln aus mehreren Rechtsordnungen,[30] die auf den jeweiligen Konzern einwirken, ist volkswirtschaftlich schädlich. Dies ermuntert zudem „schwarze Schafe" zu illegalem Verhalten. Denn wenn seriöse Konzerne sich nicht an alle Regeln halten (können), dient dies als Anreiz für unseriöse Unternehmen, selbst klare Unrechtsgrenzen zu missachten. Nationalstaatliche Regelungen sind somit für die adäquate Erfassung international agierender Konzerne nicht gut geeignet,[31] was für eine Erfassung der Thematik auf europäischer Ebene spricht. Die Subsidiaritätsvoraussetzung des

16 Question 19, Feedback Statement, Summary of Responses to the Public Consultation on The Future of European Company Law, July 2012. http://ec.europa.eu/internal_market/consultations/docs/2012/companylaw/feedback_statement_en.pdf. Eine nähere Analyse der Antworten wird im ICLEG, Report on the recognition of the interest of the group, 2016, S. 8-11 durchgeführt.

17 Die von dieser Gruppe verfassten „Report on Information on Groups" und „Report on the Recognition of the interest of the group" sind unter http://ec.europa.eu/justice/civil/files/company-law/icleg-recommandations zugänglich.

18 *ECLE* EBOR 18 (2017) 1, 1 ff.

19 Vgl. dazu *Conac* ECFR 2016, 301, 301 ff.; *Beck* ELR 2014, 260, 260 ff.; *Soltysinsky* in: FS Baums, 2017, Bd. II, S. 1193, 1199 ff.

20 *FECG* ZGR 2015, 507, 507 ff.

21 *Le club des juristes*, Committee on Europe (Leitung *Anne Autin-Adam* und *Didier Martin*) June 2015: Towards Recognition of the Group Interest in the European Union? (www.leclubdesjuristes.com.).

22 Vgl. oben die Literaturauswahl; *Fleischer* ZGR 2017, 1, 5 spricht von einer mächtig angeschwollenen Literatur.

23 Zu den EuGH-Urteilen, die dennoch einen Bezug zum Konzernrecht haben, *Engsing/Sörensen* EBLR 2016, 393, 393 ff.

24 *Mülbert* ZHR 179 (2015) 645, 651; *Fleischer* ZGR 2017, 1, 12.

25 *Bayer/J. Schmidt* in: Lutter/Bayer (Hrsg.), Holding-Handbuch, 2015, Rn. 19.63 ff.; *Teichmann* ZGR 2014, 45, 45 ff.

26 *Tarde* ZGR 2017, 360, 360 ff.

27 Generell hierzu *Grundmeier*, Rechtspflicht zur Compliance im Konzern, 2011; *Huber*, Die Reichweite konzernbezogener Compliance-Pflichten des Muttervorstands des AG-Konzerns, 2013; *Ibes*, Zentrale vs. dezentrale Konzerncompliance, 2016; zum Sonderfall der Konzernhaftung für Menschenrechtsverletzungen und der Vorreiterrolle Frankreichs *Fleischer/Danninger* DB 2017, 2849, 2849 ff.; aus der deutschen Rechtsprechung grundlegend LG München I ZIP 2014, 570.

28 *Lübking*, Ein einheitliches Konzernrecht für Europa, 1999, S. 18; *Tholen*, Europäisches Konzernrecht, 2014, S. 19; *Weller/Bauer* ZEUP 2015, 6, 7.

29 Vgl. *Kluver* EBOR 1 (2000) 287, 291.

30 Zum Kollisionsrecht bei grenzüberschreitenden Konzernen in der EU *Renner* ZGR 2014, 452, 452 ff.

31 *Soltysinski* in: FS Baums 2017, Bd. II, S. 1193, 1197.

europäischen Rechts ist hier somit ohne Weiteres erfüllt. Primäre Kompetenzgrundlage wäre Art. 50 II lit. f) AEUV, der Tochtergesellschaften ausdrücklich anspricht. Ein **originär europäisches Konzernrecht**, wäre daher ein zulässiger Gegenstand europäischer Gesetzgebung, für den auch ein erheblicher Bedarf besteht. Es geht daher um die Schaffung eines für die Obergesellschaft im Sinne eines *enabling law* praktikablen, Minderheitsgesellschafter und Gläubiger schützenden,[32] rechtsicheren Konzernrechts. Derzeit wird wegen der Komplexität und der Schwierigkeiten sich zu einigen, zunächst an **Kernbereichsregelungen** gedacht.[33] Es soll hier daher **Ziel** der Überlegungen sein, Lösungsmöglichkeiten für diesen Kernbereich des europäischen Konzernrechts zu erarbeiten.

Die europäische Rechtsetzungsaufgabe würde deutlich erleichtert, wenn es ein überzeugendes nationales Konzernrecht als Vorbildrecht für Europa gäbe. Nach hier vertretener Ansicht gibt es jedoch kein nationales Konzernrecht, welches als uneingeschränktes **Erfolgsmodell** eingeordnet werden kann und sich daher als Vorbild für ein etwaiges europäisches Konzernrecht aufdrängt.[34] Das immerhin recht ausgefeilte **deutsche** aktienrechtliche **Konzernrecht** von 1965 hat zB mit der Realität von Spartenkonzernen, bei denen die Weisungen innerhalb der Sparte also nicht über die Geschäftsführung der Tochtergesellschaft gehen, Probleme. Solche Weisungen sind immer rechtswidrig. Zudem ist das gesamte **System des Einzelausgleichs** im deutschen faktischen Konzern[35] nur begrenzt funktionsfähig bzw. zu aufwendig.[36] Beim faktischen Konzern, der den praktischen Regelfall darstellt, fehlt es sogar an einer eindeutigen Entscheidung des deutschen Gesetzgebers zum Weisungsrecht,[37] da bewusst nur die Folgen geregelt wurden. Dem deutschen Konzernrecht fehlt auch die heute ganz überwiegend positive Einstellung[38] zur Existenz eines **Konzerninteresses.**[39] Es duldet den Konzern mehr als das es ein *enabling law* darstellt. Dem deutschen Recht des Einzelausgleichs der §§ 311, 317 AktG, dass ein Konzerninteresse nicht anerkennt, ist daher sogar eine „*theoretical fallacy*" vorgeworfen worden.[40] Die Grundkategorie des Vertragskonzerns hat sich nicht bewährt und spielt daher heute in der Diskussion um ein europäisches Konzernrecht keine Rolle.[41] Entsprechende Schwächen gibt es auch beim portugiesischen Konzernrecht, da dieses auf dem deutschen Konzernrecht basiert.[42] In Abgrenzung dazu konzentriert sich beispielsweise das italienische Recht auf den faktischen Konzern (s. gleich Rn. 6; dazu auch überblicksartig § 14 Rn. 380 f.). 4

Die im Ausgangspunkt strafrechtliche, französische ***Rozenblum***-Doktrin[43] mit ihrer partiellen Anerkennung des Konzerninteresses ist europäisch auf große Beachtung gestoßen (zum französischen Konzernrecht s. überblicksartig § 13 Rn. 53, 322 f., 404).[44] Um ein komplettes Konzept, welches die Grundlage für ein europäisches Konzernrecht bilden könnte, handelt es sich dabei jedoch nicht. Dies ist schon deshalb so, weil die Entscheidung nur die strafrechtliche Verantwortung betraf. Vielleicht gerade weil die *Rozenblum*-Doktrin (vgl. näher Rn. 21 f.) nur eine Kernidee erfasst (Anerkennung eines **Konzerninteresses** und daraus abgeleitet Formulierung 5

32 Als Zielkonflikt sieht dies *Ekkenga* AG 2013, 181, 182.

33 *Amstutz*, Globale Unternehmensgruppen, 2017, S. 9 ff.; *Fleischer* ZGR 2017, 1, 15; erstmals für eine bloße Kernbereichsharmonisierung wohl *Forum Europaeum Konzernrecht* ZGR 1998, 672, 674 ff.

34 Rechtsvergleichender Überblick in *Hommelhoff/Lutter/Teichmann* (Hrsg.), Corporate Governance im grenzüberschreitenden Konzern, 2017.

35 Als Begründer gilt *Mestmäcker*, Verwaltung, Konzerngewalt und Recht der Aktionäre, 1958, S. 278 f. Damals war sein Ansatz durchaus ein Fortschritt, denn zum Aktiengesetz 1937 gab es die verbreitete Ansicht, dass Weisungen unbegrenzt zulässig seien (vgl. näher *Fleischer* ZGR 2017, 1, 2 f.).

36 *Hopt* ZHR 171 (2007) 199, 223 ff.; *Antunes* in: FS Baums, 2017, Bd. I, S. 77, 93 ff.; aA *Habersack/Verse*, Europäisches Gesellschaftsrecht, 4. Aufl. 2011, § 4 Rn. 34 Fn. 145, denen ein Nachweis für die fehlende Funktionsfähigkeit fehlt.

37 Gegen umfassendes Weisungsrecht im faktischen Konzern daher früher zB *Mestmäcker* in: FS Kronstein, 1967, S. 129, 139 ff.; *Emmerich* ZHR 132 (1969) 370, 373; *Reuter* ZHR 146 (1982) 1, 13 f.; aA die heute ganz hM vgl. nur *Habersack* in: Emmerich/Habersack, Aktien- und GmbH Konzernrecht, 8. Aufl. 2016, § 311 Rn. 8; *Fleischer* in: Großkomm. AktG, 4. Aufl. 2017, § 311 Rn. 20 ff.

38 Europäische Kommission, Aktionsplan: Europäisches Gesellschaftsrecht und Corporate Governance – ein moderner Rechtsrahmen für engagiertere Aktionäre und besser überlebensfähige Unternehmen, 12.12.2012, COM(2012) 740, S. 17; *Amstutz* SZW 2016, 2, 2; *Fleischer* ZGR 2017, 1, 21; *Teichmann* AG 2013, 184, 189 ff.

39 Gegen eine Übertragung des deutschen Konzernrechts auf das europäische Recht zB *Werlauf* ECL 2012, Editorial zu Heft 1, S. 4; *Soltysinski* in: FS Baums, 2017, Bd. II, S. 1193, 1199; fehlende europäische Akzeptanzfähigkeit konstatieren auch *Teichmann* ZGR 2017, 485, 487 und *Fleischer* ZGR 2017, 1, 9.

40 *Antunes* in: FS Baums, 2017, Bd. I, S. 77, 93.

41 Gegen eine Verwendung dieser Kategorie ausdrücklich *Blaurock* in: FS Sandrock, 2000, S. 79, 82; *Tholen*, Europäisches Konzernrecht, 2014, S. 214 f.; *Antunes* in: FS Baums, 2017, Bd. I, S. 77, 85.

42 Vgl. *Scheltdorf*, Der Konzern im portugiesischen Código das sociedades und seine Prallelen im deutschen Recht, 2000.

43 Cour de Cassation, chambre criminal, 4.2.1985, Rozenblum et Allouche Az. n° 84-91581, D. 1985, 478, mit Anmerkung *Ohl*, I-639, JCP 1986, II-20585, mit Anmerkung *Jeandidier*, Rev. Soc. 1985, 648; näher dazu *Conac* in: Hommelhoff/Lutter/Teichmann (Hrsg.), Corporate Governance im grenzüberschreitenden Konzern, 2017, S. 89 ff.; aus deutscher Sicht näher *Lutter* in: FS Kellermann, 1991, S. 257 ff.

44 *J. Schmidt* DK 2017, 1, 2; *Schön* RabelsZ 64 (2000) 1, 22 f.; *Mülbert* ZHR 179 (2015) 645, 657; *Fleischer* ZGR 1, 11.

eines ***safe harbour***), hat sie allerdings die wissenschaftliche Diskussion (s. näher Rn. 22 ff.) und verschiedene gesetzgeberische Aktivitäten insbesondere in Osteuropa in besonderem Maße beeinflusst.[45]

6 Das **italienische Recht** enthält seit 2003 im Codice Civile in Artt. 2497 bis 2497-sexies konzernrechtliche Regeln (s. exkursartig zur Haftung im Konzern § 14 Rn. 380 ff.).[46] Diese betreffen besondere Anforderungen an die Transparenz, ein Barabfindungsrecht für ausscheidende Minderheitsgesellschafter, sowie eine Haftung der Obergesellschaft für die Verletzung der Pflichten ordnungsgemäßer Unternehmensleitung. Ein Weisungsrecht wird nicht geregelt, aber indirekt aus der Regelung des Art. 2497 I 2 Codice Civile geschlossen, der eine vorläufige Schädigung der Tochtergesellschaft erlaubt.[47] Die Vorschriften sind auf den faktischen Konzern ausgerichtet. Auch diese Regelungen beantworten zentrale Fragen nicht. Noch unvollständiger[48] sind die nationalen Regelungen, die der *Rozenblum*-Doktrin im Ansatz folgen. Solche Regelungen gibt es in Spanien (zum spanischen Gesellschaftsrecht § 15),[49] Griechenland,[50] Estland,[51] Tschechien,[52] Ungarn[53] und Polen (zum polnischen Gesellschaftsrecht § 17).[54] Es **fehlt** daher im Ergebnis insgesamt an einem potenziellen, **nationalen Vorbild** für das europäische Konzernrecht.[55]

7 Aus der festgestellten Kombination von praktischer Bedeutung, Komplexität und fehlendem Vorbildrecht folgt auch ein **Anreiz** für die Beschäftigung mit der Problematik des europäischen Konzernrechts. Denn sollte es der Europäischen Union gelingen, ein rechtssicheres, leistungsfähiges, interessengerechtes europäisches Konzernrecht zu schaffen, würde nicht nur eine wichtige Lücke des europäischen Gesellschaftsrechts geschlossen und wichtige Anwenderinteressen befriedigt. Ein funktionierendes, interessengerechtes europäisches Konzernrecht würde auf einem wichtigen Feld ein echtes „Plus" gegenüber den nationalen Gesellschaftsrechten bieten können und damit die Leistungsfähigkeit des europäischen Gesellschaftsrechts demonstrieren und vermutlich als Inspirationsquelle für nationale Gesetzgeber dienen. Es könnte somit zu einem Reputationsgewinn für das europäische Gesellschaftsrecht führen, was sich auch positiv auf folgende Gesetzgebungsvorhaben in diesem Bereich auswirken könnte. Aus Sicht der Konzernrechtler kommt hinzu, dass in den letzten Jahren zahlreiche neue Regelungen von außerhalb des Konzernrechts auf das europäische Konzernrecht einwirken (näher Rn. 13 ff.). Die Konzernrechtler können ihre Vorstellungen nur über ein gesetzliches europäisches Konzernrecht einbringen und haben daher ein Interesse an einer europäischen Regelung.[56]

8 Angesichts der hier genannten guten Gründe für die Beschäftigung mit dem europäischen Konzernrecht kann es nicht überraschen, dass es gerade in letzter Zeit (seit 2015)[57] die verschiedensten **wissenschaftlichen Überlegungen** speziell von Wissenschaftlergruppen gab, wie ein europäisches Konzernrecht aussehen könnte. Ausschließlich dem Konzernrecht gewidmet hat sich das *Forum Europaeum on Company Groups* (FECG) und Eckpunkte für einen Rechtsrahmen zur erleichterten Führung von grenzüberschreitenden Unternehmensgruppen in Europa

---

45 *Conac* ECFR 2016, 301, 304 f.; *Cech* in: Hommelhoff/Lutter/Teichmann (Hrsg.), Corporate Governance im grenzüberschreitenden Konzern, 2016, S. 67 ff.; *Schubel* in: Hommelhoff/Lutter/Teichmann (Hrsg.), Corporate Governance im grenzüberschreitenden Konzern, 2016, S. 193, 205 ff.; *Oplustil* in: Hommelhoff/Lutter/Teichmann (Hrsg.), Corporate Governance im grenzüberschreitenden Konzern, 2016, S. 147 ff.

46 Näher hierzu *Mohn*, Die Gesellschaftsgruppe im italienischen Recht, 2012; *Ruf*, Leitung und Koordinierung im italienischen Konzernrecht, 2014; *Scognamilio* in: Hommelhoff/Lutter/Teichmann (Hrsg.), Corporate Governance im grenzüberschreitenden Konzern, 2017, S. 175 ff.; *Stein* in: FS Hommelhoff, 2012, S. 1149 ff.

47 *Mohn*, Die Gesellschaftsgruppe im italienischen Recht, 2012, S. 197; *Rock*, Leitungsmacht und Haftung im italienischen Konzernrecht, 2011, S. 106.

48 Der „Report of the Reflection Group on the future of EU Company Law", 2011, S. 59 spricht für diese Teilregelungen von "peace meal".

49 Vgl. *Conac* ECFR 2016, 301, 304 f.

50 Vgl. *Conac* ECFR 2016, 301, 304.

51 Vgl. *Conac* ECFR 2016, 301, 304 f.

52 Vgl. *Cech* in: Hommelhoff/Lutter/Teichmann (Hrsg.), Corporate Governance im grenzüberschreitenden Konzern, 2017, S. 67 ff.; *Schubel* in: Hommelhoff/Lutter/Teichmann (Hrsg.), Corporate Governance im grenzüberschreitenden Konzern, 2017, S. 193, 224 ff.

53 Vgl. *Schubel* in: Hommelhoff/Lutter/Teichmann (Hrsg.), Corporate Governance im grenzüberschreitenden Konzern, 2017, S. 193, 205 ff.

54 Vgl. *Oplustil* in: Hommelhoff/Lutter/Teichmann (Hrsg.), Corporate Governance im grenzüberschreitenden Konzern, 2017, S. 147 ff.; *Schubel* in: Hommelhoff/Lutter/Teichmann (Hrsg.), Corporate Governance im grenzüberschreitenden Konzern, 2017, S. 193, 233 ff.

55 Nicht einmal Deutsche schlagen ihr Konzernrecht heute als Vorbild für Europa vor.

56 *Poelzig* in: Gesellschaftsrecht in der Diskussion 2017, 2018, S. 83, 108 f.

57 Vgl. aber auch früher *Forum Europaeum Konzernrecht* ZGR 1998, 672, 672 ff., dazu *Kluver* EBOR 1 (2000) 287, 287 ff. und *Grundmann*, Europäisches Gesellschaftsrecht, 2. Aufl. 2011, Rn. 1007-1009; vgl. auch den Abschnitt im sog „Winter report" Final Report of the High Level Group of Company Law Experts on A Modern Regulation Framework for Company Law in Europe, S. 161 (Nov. 4, 2002) (http://ec.europa.eu/internalmarket/company/docs/modern/report_en.pdf). Besondere Bedeutung kommt dem Konzernrechtsabschnitt im "Report of the Reflection Group on the future of EU Company Law", 2011, S. 59 ff. zu, da dessen Aussagen noch immer die vorsichtige Haltung der EU-Kommission erklären (vgl. Rn. 1).

entwickelt[58] (näher Rn. 28 ff.). Ähnlich sind die Ansätze der von der EU-Kommission eingesetzten *Informal Company Law Expert Group* (**ICLEG**)[59] (näher Rn. 38 ff.) und der *European Company Law Experts* (**ECLE**)[60] (näher Rn. 32 f.). Im Rahmen des *European Model Company Act* (**EMCA**) widmet sich Kapitel 15 den Unternehmensgruppen (vgl. Rn. 34 ff., sowie § 38 Rn. 71 ff.). Auch hier soll ein entsprechender Versuch in Richtung eines europäischen Konzernrechts unternommen werden. Konkretes **Ziel** der im Folgenden anzustellenden Überlegungen ist es, ein **funktionales Anforderungsprofil** für ein europäisches Konzernrecht herzuleiten und auf dieser Basis unter Nutzung vorhandener Regelungen, der Praxis und von Vorschlägen einen groben **Rahmen** für ein **funktionales Lösungskonzept** zu entwickeln. Dafür sollen zunächst die ökonomischen Aspekte erörtert (Rn. 9 ff.) sowie der Stand der europäischen Gesetzgebung beleuchtet werden (Rn. 13 ff.). Daran schließt sich eine prägnante Beschäftigung mit einzelnen wichtigen Vorschlägen (der Expertengruppen) an (Rn. 23 ff.), die als Inspirationsquelle dienen mögen. Auf dieser Grundlage aufbauend soll dann ein eigener Lösungsvorschlag konzipiert werden (Rn. 66 ff.), wofür vorab die Interessenlagen der einzelnen Stakeholder analysiert werden (Rn. 45 ff.).

B. Grundlagen

I. Ökonomische Perspektive

Konzerne, verstanden als Unternehmensgruppen unter einheitlicher Leitung,[61] sind ein weltweit sehr verbreitetes Phänomen. Es lässt sich geradezu von einer Dominanz der **Organisationsform Konzern** sprechen.[62] So wird beispielsweise für Deutschland angenommen, dass etwa die Hälfte der GmbH und fast drei Viertel der Aktiengesellschaften Teil eines Konzerns sind.[63] Dies spricht selbst ohne spezifische, empirische Nachweise zur ökonomischen Leistungsfähigkeit von Konzernen dafür, dass mit dieser Organisationsform erhebliche **ökonomische Vorteile** verbunden sind. Dabei können Missbrauchsmöglichkeiten bezüglich entstehender Marktmacht ausgeklammert werden, da das Kartellrecht dies mit seinen Regeln zum Missbrauch von Marktmacht und der Fusionskontrolle weitgehend verhindert. Vorteile, wie sie hier für die Organisationsform Konzern vermutet werden, brauchen einen Vergleich. Hier kann sich dieser ökonomische Vergleich nur auf **alternative Organisationsformen** beziehen. Bezugsfeld für alternative Organisationsformen sind größere und ökonomisch-differenzierte unternehmerische Aktivitäten, also juristisch einheitliche Großunternehmen, Unternehmensnetzwerke,[64] Leistungsketten (Netzwerke im weiteren Sinn) und viele weitgehend individuell handelnde kleinere Unternehmen. 9

Die *„economies of scale and scope"* sorgen dafür, dass eine Vielzahl allein agierender Unternehmen den drei anderen hier genannten Organisationsformen meist unterlegen ist. Dass kleinere selbständige, isoliert agierende Unternehmen lebensfähig sind, verdanken sie insbesondere 10

- ihrer höheren Anpassungsfähigkeit an Marktgegebenheiten und Veränderungen,
- der Existenz von Nischen, die für größere Wirtschaftseinheiten nicht lohnend genug sind,
- den im Verhältnis zu anderen Organisationsformen geringeren Problemen mit der internen Organisation und
- im verbreiteten Fall des inhabergeführten Unternehmens einer deutlichen Reduzierung der Prinzipal-Agent Problematik.

Der Konzern ist ein Versuch, die **Vorteile** der **großen Einheit** in Bezug auf *„economies of scale and scope"* mit den **Vorteilen kleiner, selbständiger Unternehmen** bezüglich Marktnähe und Flexibilität zu **kombinieren**[65] und dabei auch den Vorteil der **Haftungsbegrenzung** auf die juristische Einheit zu nutzen. Viel hängt davon ab, ob man dies zumindest dem Grunde nach als legitim anerkennt. Dies ist nicht unumstritten. So wurde beispielsweise von einem Teil der *Reflection Group 2011* eine Anerkennung eines Konzerninteresses unter Verweis darauf abgelehnt, dass sich die Teilnehmer am Wirtschaftsverkehr auch in einem rechtlich einheitlichen Unternehmen 11

---

58 *FECG* ZGR 2015, 507, 507 ff.

59 Informal Company Law Expert Group (ICLEG), Report on the recognition on the interest of the group (http://ec.europa.eu/justice/civil/files/company-law/icleg-recommandations).

60 *ECLE* EBOR 18 (2017) 1, 1 ff.

61 Die genaue Definition der Unternehmensgruppe ist nicht unwichtig, weil sie den Anwendungsbereich etwaiger Regelungen bestimmt. Sie soll hier aber dennoch ausgeklammert werden, da es letztlich nur um Nuancen geht.

62 So auch schon "Report of the Reflection Group on the future of EU Company Law", 2011, S. 59 (http://ec.europa.eu/internal_market/company/docs/modern/reflectiongroupreport_en.pdf); *Grundmann*, Europäisches Gesellschaftsrecht, 2. Aufl. 2011, Rn. 1006; *Hopt*, Groups of Companies, 2015, S. 2; *Teichmann* ECL 2016, 150, 150 meint es wäre ein bisschen wie beim Märchen von des Kaisers neuen Kleidern, weil jeder wüsste, dass der Konzern der Regelfall wäre, man aber doch so tue als wäre das unabhängige Unternehmen der Regelfall.

63 *Altmeppen* in: MüKoAktG, Bd. 5, Einl. §§ 291 ff. Rn. 19; *Weller/Bauer* ZEuP 2015, 6, 7.

64 Vgl. *Jung/Krebs/Teubner* (Hrsg.), Business Networks Reloaded, 2015.

65 *Kirchner* ZGR 1985, 214, 226; *Teubner* ZGR 1991, 189, 198; *Lübking*, Ein einheitliches Konzernrecht für Europa, 2000, S. 55; *Engert* in: FS Baums, 2017, Bd. I, S. 385, 393 ff., 399; *Antunes* in: FS Baums, 2017, Bd. I, S. 77, 87.

organisieren können.[66] Die entsprechenden Mitglieder der Gruppe sahen diese von den Konzernen angestrebte Kombination daher inzident nicht als legitim an. Der besondere Vorteil der Konzerne gegenüber Unternehmensnetzwerken[67] und Leistungsketten (Netzwerke im weiteren Sinne), die als Organisationsformen beide in anderer Form die gleiche Vorteilskombination wie Konzerne anstreben, liegt in der **einheitlichen Leitung**, die jedenfalls im Grundsatz die strategische Anpassung erleichtert.[68] Gegenüber echten Unternehmensnetzwerken ergeben sich für Konzerne wohl generell auch Vorteile bei den „*economies of scale and scope*". **Synergien** sind darüber hinaus zB durch einen verstärkten Austausch von Personen, Austausch von Informationen oder der Übernahme erfolgreicher Organisationsstrukturen möglich. Konzerne haben hier zumindest theoretisch Vorteile gegenüber anderen Organisationsstrukturen.

12 Gegenüber dezentral organisierten, aber rechtlich einheitlichen (Groß-)Unternehmen besteht ein Vorteil für Konzerne darin, dass in ihrer Struktur regional oder spartenabhängig **Minderheitsgesellschafter** beteiligt werden können, die für den Erfolg in dieser Region oder der speziellen Sparte wichtig sind. Dafür kann sogar eine psychologische Wirkung relevant sein, wenn in einer nationalen Tochtergesellschaft nationale Minderheitsgesellschafter von einiger Bedeutung existieren, erleichtert dies bei partiell abgeschlossenen Wirtschaftsräumen die Akzeptanzfähigkeit dieser Gesellschaft und damit mittelbar des Konzerns. Da diese Form der Minderheitsbeteiligung förderlich für den ökonomischen Erfolg dieser Organisationsform ist und damit auch keine unmittelbar negativen ökonomischen Effekte verbunden sind, sollte das europäische Konzernrecht auch die reibungslose Beteiligung von Minderheitsgesellschaftern ermöglichen. Ein Minderheitenschutz allein durch das Recht zum Ausscheiden ist vor diesem Hintergrund nicht erstrebenswert. **Psychologisch** ist mit der Konzernorganisation im Vergleich zu rechtlich unselbständigen Profitzentren verbunden, dass die betreffenden Mitarbeiter sich eher als **eigenständige Einheit** wahrnehmen und sich stärker auf die Interessen der Einheit konzentrieren. Ein wesentlicher Vorteil der Konzerne gegenüber einheitlichen Großunternehmen, die auch ohne Trennung in rechtlich selbständige Einheiten dezentral organisiert werden können, liegt zudem in der grundsätzlichen **Haftungsbegrenzung** im Konzern auf das einzelne Unternehmen. Sieht man Konzerne daher als legitim an, so sollte die Rechtsordnung einheitliche Leitung und grundsätzliche Haftungsbeschränkung auf das einzelne Unternehmen auch akzeptieren.

II. Ausgewählte europäische Regeln mit Bedeutung für das europäische Konzernrecht[69]

13 Die Entwicklung des europäischen Konzernrechts auf normativer Grundlage findet bisher außerhalb des Konzernrechts, ja häufig sogar außerhalb des Gesellschaftsrechts statt. Die kapitalmarktrechtliche **Beteiligungstransparenz** (Art. 9 Transparenzrichtlinie) schafft weitgehend Transparenz bei der Begründung einer Konzernzugehörigkeit für ein bisher unabhängiges Unternehmen, obwohl sie schon wegen der niedrigen Schwellenwerte nicht im engeren Sinn konzernspezifisch ist. Das übernahmerechtliche Pflichtangebot (Art. 5 I Übernahmerichtlinie, s. dazu § 29) führt zu einem materiellen **Konzerneingangsschutz**. Die Europäische Insolvenzverordnung (**EuInsVO**, dazu überblicksartig § 36) hat zwar auch in der in 2017 in Kraft getretenen Neufassung den Forderungen nach einer einheitlichen, alle Aktiva und Passiva der Konzernunternehmen zusammenfassenden Insolvenz, nicht nachgegeben.[70] Immerhin wird die Unternehmensgruppe in Art. 2 Nr. 13 EuInsVO aber definiert und es werden Möglichkeiten zur besseren Koordinierung der Insolvenzverfahren geschaffen (Art. 56 ff. EUInsVO).

14 Das europäische **Bilanzrecht** war der erste europäische Rechtsbereich, der Konzerne offen als legal angesehen hat. Dies geht aus der Pflicht zum konsolidierten Abschluss (heute Art. 21 ff. Bilanzrichtlinie 2013) hervor (vgl. dazu § 25 Rn. 70 ff.). Denn die Konsolidierungspflicht setzt die praktizierte einheitliche Leitung und damit auch deren Legalität voraus. Die geplante Richtlinie zur Schaffung der **SUP** (§ 9) sollte die Konzernbildung bei fehlenden Minderheitsgesellschaftern erleichtern (§ 9 Rn. 133).[71] Zur Absicherung der Konzernierung sollte es nach der Vorstellung der Kommission ein von den Mitgliedstaaten nicht ausschließbares Weisungsrecht der herrschenden Gesellschaft an die Geschäftsführung der abhängigen SUP und damit ein Leitungsrecht geben (vgl. § 9 Rn. 106, 112 ff.). Diese Vorschrift stieß allerdings umgehend auf Kritik. Auch wenn dieses Projekt gescheitert ist, so ist diese Regelung doch für ein zukünftiges europäisches Konzernrecht beachtlich. An der Akzeptanz der Organisationsform Konzern durch die Kommission kann aufgrund dieses Entwurfs kaum ein Zweifel bestehen. Es deutet sich zugleich eine wichtige Unterscheidung an und zwar die zwischen **abhängigen Unternehmen mit und ohne Minderheitsgesellschafter**. Tochtergesellschaften ohne Minderheitsgesellschafter kennen

66 Report of the Reflection Group on the future of EU Company Law, 2011, S. 61.
67 Zum hier zugrundeliegenden Netzwerkverständnis *Krebs/Aedtner/Schultes* in: Jung/Krebs/Teubner (Hrsg.), Business Networks Reloaded, 2015, S. 75 ff.
68 Leistungsketten wie zB im Rahmen eines Franchisesystems bedürfen der Vertragsänderung und auch echte Netzwerke bedürfen der Einigung der Beteiligten über strategische Änderungen.
69 Für weitere Regeln *Bayer/J. Schmidt* in: Lutter/Bayer (Hrsg.), Holding-Handbuch, 2015, Rn. 19.3 ff.
70 Für eine solche Überwindung der unternehmerischen Selbständigkeit *Paulus* ZGR 2010, 270, 292 f.
71 Zur Beurteilung der Leistungsfähigkeit des Entwurfs der SUP-Richtlinie in dieser Hinsicht vgl. *Weller/Bauer* ZEUP 2015, 6, 6 ff.; umfassend *Jung* EBLR 2015, 645, 645 ff.

das Problem der Berücksichtigung der Minderheitsgesellschafter nicht. Weder das Bilanzrecht noch die geplante SUP-Richtlinie setzen einen Vertragskonzern voraus. Dies schließt nicht aus, dass es für Vertragskonzerne Sonderregeln geben könnte. Der primär zu regelnde Sachverhalt sind jedoch **faktische Konzerne**.

Art. 9c **Aktionärsrechterichtlinie** (vgl. näher § 30 Rn. 256 ff.), mit seiner Regelung zu den ***related party transactions*** (Transaktionen mit nahestehenden Unternehmen und Personen) ist, so wie er verabschiedet wurde,[72] keine spezifisch konzernrechtliche Regelung. Er betrifft aber ein Zentralproblem der Konzerne, namentlich die Verlagerung von Vermögen, Gewinnen und Chancen innerhalb des Konzerns (näher Rn. 69). Gerade weil diese Regelung nicht konzernspezifisch ist und damit dem Konzept des englischen Gesellschaftsrechts entspricht, Konzernprobleme allein mit allgemeinen, gesellschaftsrechtlichen Regeln zu bewältigen,[73] ist sie wichtig, denn sie erinnert daran, dass auch die Option nur allgemeiner, nicht unmittelbar konzernspezifischer Regelungen für das europäische Konzernrecht mit zu bedenken ist. 15

Das **europäische Kartellrecht** kennt das sog **Konzernprivileg.**[74] Innerhalb von unter einheitlicher Leitung stehenden Konzernen wird von der Rechtsordnung kein Wettbewerb erwartet, weshalb innerhalb eines Konzerns wettbewerbsbeschränkende Abreden zwischen den Konzernunternehmen nicht verboten sind,[75] obwohl der Wortlaut des Kartellverbots des Art. 101 I AEUV erfüllt ist. Kartellrechtlich ist daher die einheitliche Leitung und zwar im Konzerninteresse in Form des Ausschlusses des Wettbewerbs erlaubt. Dem entspricht umgekehrt die gerichtlich praktizierte **Zurechnung** von Kartellrechtsverstößen der Tochtergesellschaft zur Muttergesellschaft als **Bußgeldadressatin.** Hier wird einerseits eine tatsächliche Konzernleitung verlangt.[76] Andererseits wird die tatsächliche Konzernleitung vermutet, wenn Einflussmöglichkeiten bestehen.[77] Anders als vom EuGH[78] wird die Widerlegungsmöglichkeit in der Literatur[79] verbreitet als *probatio diabolica* und damit als praktisch unmöglich angesehen. Sieht man nicht gleich die Handlungseinheit Konzern als Haftungsgrundlage an, mit der Konsequenz, dass dann auch Schwestergesellschaften und Tochtergesellschaften der kartellrechtswidrig handelnden Gesellschaft belangt werden könnten,[80] müsste es die zumindest theoretisch mögliche fehlende Verhinderung des Kartellrechtsverstoßes sein, die das Bußgeld rechtfertigt. Dies ist insbesondere auch deshalb überzeugend, weil es sich um eine strafähnliche Sanktion handelt. Dann impliziert diese Rechtsprechung indirekt eine **Konzernleitungspflicht,**[81] weil dem herrschenden Unternehmen nur dann vorgeworfen werden kann, es habe das abhängige Unternehmen nicht intensiv genug beaufsichtigt. Zu beachten ist allerdings, dass sich die für das Bußgeld zu unterstellende Pflicht zur Verhinderung von Kartellrechtsverstößen, abstrahiert auf die Beachtung von rechtlichen Verboten und damit nur auf die Einhaltung der (kartellrechtlichen) **Legalitätspflicht** bezieht. Es besteht also eine Compliance(leitungs)pflicht. 16

Die im Mai 2018 in Kraft getretene europäische **Datenschutzgrundverordnung** definiert nicht nur Unternehmensgruppen (Art. 4 I Nr. 14 DSGVO), sondern enthält trotz der Beibehaltung der unternehmensbezogenen Sichtweise in Erwägungsgrund 48 DSGVO einen Ansatz für ein Konzernprivileg. Denn das Interesse der Unternehmensgruppe kann dem Grunde nach eine Datenverarbeitung außerhalb des betroffenen Unternehmens rechtfertigen. **Informationsmöglichkeiten der Muttergesellschaft** bei der Tochtergesellschaft ohne Verarbeitung personalisierter Daten bei der Muttergesellschaft müssten im Erst-Recht-Schluss daher datenschutzrechtlich ebenfalls in Betracht kommen. Dies ist für die Konzernleitung wichtig, weil diese häufig nicht ohne die entsprechenden personenbezogenen Informationen, zB hinsichtlich der Manager der Tochtergesellschaft, auskommen wird. Auch die diskutierte aber noch nicht endgültig entschiedene Zurechnung von **Compliance**-Verstößen durch Tochtergesellschaften im Bereich der Korruptionsverbote zur Muttergesellschaft[82] gehört in den Bereich Legalitätspflicht und bedarf des gerade aufgezeigten Konzernprivilegs im Datenschutz. Dies wird auch durch 17

---

72 Für eine Nutzung der Regelungen zu den *related party transactions* für zentrale Probleme des europäischen Konzernrechts hingegen *ECLE* EBOR 18 (2017) 1, 43 f.

73 Näher *Tholen*, Europäisches Konzernrecht, 2014, S. 78 ff.

74 Grundlegend EuGH, Rs. C-73/95 P (Viho/Kommission), ECLI:EU:C:1996:405, Rn. 16.

75 *Pohlmann*, Der Unternehmensverbund im Europäischen Kartellrecht, 1999, S. 354 ff.; *Dreher/Kulka*, Wettbewerbs- und Kartellrecht, 9. Aufl. 2016, Rn. 730; *Menz*, Wirtschaftliche Einheit und Kartellrecht, 2004; *Kogel*, Die konzernbezogenen Ausnahmen im österreichischen und europäischen Kartellrecht, 2010.

76 EuGH, Rs. C-293/13 P (Fresh Del Monte Produce), ECLI:EU:C:2015:416, Rn. 76 ff., 91 ff.

77 EuGH, Rs. C-623/15 P (Toshiba), ECLI:EU:C:2017:21, Rn. 45 ff.; EuGH, Rs. C-97/08 P (Akzo Nobel), ECLI:EU:C:2009:536, Rn. 60 ff.

78 Vgl. *Kokott/Dittert* WuW 2012, 670, 677.

79 *Klusmann* ZGR 2016, 252, 256; *Fleischer* ZGR 2017, 1, 13.

80 So in der Tat *Kersting* ZHR 182 (2018) 8, 16 ff., 30 f.; ähnlich *Brettel/Thomas*, Compliance und Unternehmensverantwortlichkeit im Kartellrecht, 2016, S. 13.

81 Für eine umfassende Konzernleitungspflicht *Hommelhoff*, Die Konzernleitungspflicht, 1982, S. 41 ff., 265 ff.

82 Vgl. LG München I ZIP 2014, 570; *Grundmeier*, Rechtspflicht zur Compliance im Konzern, 2011; *Huber*, Die Reichweite konzernbezogener Compliance-Pflichten des Muttervorstands des AG-Konzerns, 2013; *Ibes*, Zentrale vs. dezentrale Konzerncompliance, 2016; *Teichmann* ZGR 2017, 485, 500; *Dominke*, Einheitliche Gruppenleitung über die Binnengrenzen in Europa, 2017, S. 29 f.; vgl. auch *Fleischer/Danninger* DB 2017, 2849, 2849 ff. zur neuen französischen Regelung zur Verhinderung der Verletzung von Menschenrechtsverletzungen durch Tochter-

die Möglichkeit eines konzernweiten Datenschutzbeauftragten gem. Art. 37 II DSGVO unterstrichen, der die konzernweite Compliance bezüglich des Datenschutzes selbst unterstützt. Für eine weitergehende Konzernleitungspflicht außerhalb der Compliance lassen sich hingegen keine normativen Anknüpfungspunkte finden. Bemerkenswert ist schließlich Erwägungsgrund 150 DSGVO, der für den Bußgeldtatbestand den dortigen Unternehmensbegriff ausdrücklich im Sinne des Art. 101 AEUV verstanden wissen will. Deshalb wird wie im europäischen Kartellrecht (vgl. Rn. 16) befürwortet, dass der Muttergesellschaft die Tochtergesellschaft zuzurechnen ist.[83]

18 **Finanzinstitute** (Banken und Versicherungen) haben spezifische konzernrechtliche Regelungen, die weit über das sonst Übliche hinausgehen. So kennt die Bankensanierungs- und Abwicklungsrichtlinie von 2014 (BRRD) einen Gruppensanierungsplan (Artt. 7, 8 BRRD) und einen Gruppenabwicklungsplan (Artt. 12, 13, 16, 18 BRRD). Im Interesse der Stabilität der Finanzwirtschaft und der Gläubiger wird hier eine Gesamtbetrachtung vorgenommen. Vielleicht am bemerkenswertesten ist Art. 19 I iVm III BRRD, wonach die Staaten eine **gruppeninterne Unterstützung** auf freiwilliger rechtsgeschäftlicher Basis ermöglichen müssen. Hier ist zwar auch eine Gegenleistung zu vereinbaren (Art. 19 III BRRD), aber von einem vollwertigen finanziellen Ausgleich und gar noch innerhalb kurzer Zeit ist nicht die Rede. Die Bedingungen in Art. 23 BRRD, die in den *Guidelines der European Banking Authority* (EBA) konkretisiert werden,[84] führen zu Voraussetzungen, die nahe der ***Rozenblum***-Doktrin sind (zu dieser vgl. Rn. 21 f.).[85] Nationales Finanzdienstleistungsrecht und natürlich auch nationales Konzernrecht darf dem nicht entgegenstehen. In diesem besonderen Fall dürfen daher trotz Krise konzerninterne Unterstützungen vereinbart werden. Auch wenn dies ein sehr spezifischer Sonderfall ist, ist dies der erste kleine Ansatzpunkt für die Normierung einer **Konzernsolidarität** (vgl. Rn. 49), die ohnehin weitgehend der Konzernpraxis entspricht. Regelungstechnisch ist bemerkenswert, dass etwas nur ermöglicht wird. Das **Finanzaufsichtsrecht** statuiert in Art. 66 II 2 CRD IV Richtlinie (RL 2013/36/EU) eine Konzernverantwortung der Geschäftsleitung des Konzernmutterunternehmens für die Einhaltung der bankenaufsichtlichen Regeln auch durch die Tochtergesellschaften. Selbst der deutsche Gesetzgeber geht inzwischen davon aus, dass diese Vorgaben Vorrang vor nationalen gesellschaftsrechtlichen Regeln zur Begrenzung des Weisungsrechts im Konzern haben.[86]

19 Europäisch gibt es **keinen** allgemeinen **Grundsatz** der **Einheit der Rechtsordnung**, weshalb nach europäischer Rechtsmethodik auch deutlich größere Zurückhaltung bei Analogien als nach nationalem Recht geboten ist (vgl. § 2 Rn. 16). Aus den genannten Regeln folgt daher kein Automatismus für das gesellschaftsrechtliche Konzernrecht. Dennoch würde es rechtspolitisch keinen Sinn ergeben, zB kartellrechtlich die einheitliche Leitung im Konzerninteresse nicht nur zu legalisieren, sondern sogar im Bußgeldbereich de facto von einer Pflicht zur Konzernleitung auszugehen, dann aber im Gesellschaftsrecht diese Konzernleitung zu bekämpfen. Auch wenn dies rechtsmethodisch, also europarechtlich, nicht zwingend ist, sollten daher die Grundvorstellungen der bisherigen Regelungen auch **Ausgangspunkt** für die Entwicklung eines **europäischen** gesellschaftsrechtlichen **Konzernrechts** sein.[87] Diese beinhalten die Legitimität der Konzerne, die grundsätzliche Zulassung von Konzernleitung, Ansätze für eine Konzernleitungspflicht im Bereich der Legalitätspflicht (dies schließt eine Differenzierung nach Pflichten nicht aus) und die Legitimität eines Konzerninteresses. In ihrem Zusammenspiel sind dies Entwicklungen, die die klare Orientierung am Einzelunternehmen (Trennungsprinzip), wie sie zB das deutsche Konzernrecht kennt, relativieren.[88] Das kann durchaus Sinn machen, bedarf aber einer sorgfältigen Begründung. Branchenspezifische **Sonderregeln** wie die für Finanzinstitute (Rn. 18) sind hingegen kein Ausgangspunkt für ein zu schaffendes europäisches Konzernrecht, eben weil branchenspezifische Besonderheiten jedenfalls auch eine Rolle spielen. Selbst hier wäre es als ein Vorteil eines Konzeptes für ein europäisches Konzernrecht anzusehen, wenn es die Sonderregeln harmonisch bewältigen könnte.

III. Überblick über aktuelle Ideen für ein zukünftiges Europäisches Konzernrecht

20 Angesichts der sehr großen Zahl von Überlegungen zum zukünftigen europäischen Konzernrecht ist eine Auswahl geboten. Daher findet hier eine Beschränkung auf **aktuell** diskutierte Vorschläge statt, hinter denen jeweils eine Gruppe von Wissenschaftlern oder andere relevante Personengruppen stehen. Zum einen sind in den **Wissenschaftlergruppen**, die sich hier zusammengefunden haben, ein Großteil derjenigen, die sich aktiv und füh-

gesellschaften; Die US-amerikanische SEC geht für den Foreign Corrupt Practices Act (FCPA) von einer Konzernverantwortung aus vgl. *Jordan* NYU J. L&B 7 (2011) 845, 857 ff.

83 *Hohmann* in: Roßnagel (Hrsg.), europäischen Datenschutz-Grundverordnung, 2017, Rn. 321; *König* AcP 2017 (2017) 611, 650 f.

84 EBA final draft Regulatory Technical Standards: specifying the conditions for group financial support under Article 23 of Directive 2014/59/EU, 9 July 2015, EBA/RTS/2015/08.

85 Vgl. die Einschätzung bei ICLEG, Report on the recognition of the interest of the group, 2016, S. 18.

86 Begr. RegE CRD IV-Umsetzungsgesetz, BT-Drs. 17/10974, S. 86.

87 *Fleischer* ZGR 2017, 1, 1 ff., 36 f. wendet sich insgesamt gegen eine Atomisierung des europäischen Konzernrechts und fordert eine Gesamtbetrachtung; *Teichmann* ZGR 2017, 485, 497 befürwortet eine praktische Konkordanz der verschiedenen Rechtsgebiete.

88 Vgl. dazu grds. kritisch *Poelzig* in: Gesellschaftsrecht in der Diskussion 2017, 2018, S. 83 ff., 111 These 7.

rend mit dem europäischen Konzernrecht beschäftigen, bereits vereint. Zum anderen folgt allein aus der Tatsache, dass sich hier eine Gruppe von Experten geeinigt hat, dass eine solche Lösung etwas höhere Verwirklichungschancen hat. Ergänzend werden die Leitsätze der *Rozenblum*-Doktrin festgehalten, weil sie letztlich Ausgangspunkt für viele weitere Überlegungen waren und sind.[89] Obwohl nicht mehr ganz aktuell, soll auch auf die konzernrechtlichen Überlegungen der *Reflection Group* von 2011[90] eingegangen werden. Denn diese Überlegungen haben, weil es sich um eine von der EU Kommission eingesetzte Gruppe handelt, besonderes Gewicht. Sowohl das vorsichtige Herangehen der EU-Kommission als auch die aktuellen Überlegungen des ICLEG,[91] als jetziger, von der Kommission eingesetzten Gruppe, beruhen teilweise auf den Bedenken, die im Rahmen der *Reflection Group* geäußert wurden.

1. Rozenblum-Doktrin

In der *Rozenblum*-Entscheidung vom 4.2.1985[92] hat die strafrechtliche Abteilung des französischen *Cour de Cassation* entschieden, dass dann keine Untreue in einem Konzern vorliegt, wenn fünf Voraussetzungen kumulativ erfüllt sind: 21

(1) Der finanzielle Beistand muss auf Veranlassung des zuständigen Organs von einer Gesellschaft an eine Gesellschaft derselben Unternehmensgruppe geleistet worden sein.
(2) Der finanzielle Beistand muss durch gemeinsame wirtschaftliche, soziale oder finanzielle Interessen bestimmt sein.
(3) Der finanzielle Beistand muss von einer für die Unternehmensgruppe ausgearbeiteten Unternehmenspolitik getragen sein.
(4) Der finanzielle Beistand bedarf einer Gegenleistung und darf nicht das Gleichgewicht der Verpflichtungen der verschiedenen Gesellschaften zerstören.
(5) Die Gesellschaft, die die Last der Beistandsleistung zu tragen hat, darf nicht überfordert werden.

Bewertung: Die *Rozenblum*-Doktrin setzt im Vergleich zum deutschen Konzernrecht andere Prioritäten. Der **Schutz** von Gläubigern und Minderheitsgesellschaftern ist nur **gleichrangig** mit der **Ermöglichung** der funktionierenden Unternehmensgruppe (*enabling law*), während in Deutschland die Schutzfunktion des Konzernrechts prioritär ist.[93] Die 1985 weitreichendste Neuerung, die Anerkennung eines **Gruppeninteresses**, ist im zweiten Tatbestandsmerkmal nur angedeutet. Sie ergibt sich aus dem Schluss aus den gesamten Tatbestandsvoraussetzungen und der Rechtsfolge. Auf den ersten Blick überraschend ist dabei die Erwähnung eines **sozialen Interesses**. Gedacht werden könnte hier an Beistandshandlungen, die letztlich den Arbeitnehmern einer Konzerngesellschaft zu Gute kommen. In Deutschland wären solche Handlungen, wenn sie sich selbst langfristig für die Unternehmensgruppe nicht rechnen, hingegen ein Problem. Denn Deutschland fehlt eine Regelung, die zumindest eine Orientierung an einem *enlightened shareholder value* erlaubt (für das englische Gesellschaftsrecht vgl. § 12 Rn. 443 ff.). Das dritte Tatbestandsmerkmal (von Unternehmenspolitik getragen) ist nicht selbstverständlich, weshalb es zB beim EMCA (vgl. Rn. 34 ff.) nicht verlangt wird. Als weniger enthalten ist hier die **bewusste Entscheidung** zum finanziellen Beistand. Besondere Bedeutung könnte der **Unternehmenspolitik** im Zusammenhang mit der **Gegenleistung** in der vierten Voraussetzung zukommen. Denn wenn die Gegenleistung allein darin bestünde, dass auch das leistende Unternehmen in eigener Notlage auf die Hilfe des Konzerns vertrauen könnte, müsste dem wohl eine entsprechende Konzernpolitik entsprechen. Eine vollwertige Gegenleistung, wie sie auch ein Dritter als Hilfeleistender im Fremdvergleich verlangt hätte, dürfte wohl nicht gemeint sein. Denn dann wäre es keine echte auf das Gruppeninteresse gestützte Hilfeleistung. Leistungen an die Muttergesellschaft, weil man zum Konzern gehört und dessen Reputation nutzen kann, wären bei angemessener Vergütung als Lizenzverträge zulässig. Hieraus eine generelle Rechtfertigung für Verschiebungen im Sinne der *Rozenblum*-Doktrin abzuleiten erscheint problematisch. Die **Gleichgewichtsvoraussetzung** der vierten Voraussetzung ist sinnvoll, wenn man sie so versteht, dass die finanzielle Unterstützung im Sinne einer Konzernsolidarität bei zahlreichen Unternehmen der Unternehmensgruppe ausgewogen und zwar wohl primär im Sinne der Leistungsfähigkeit sein sollte. Die **Überforderungsvoraussetzung** ist ein überzeugender Ansatz, weil damit eine Leistung, die in eine Krise führt, wie die Leistung einer insolvenzreifen Tochtergesellschaft, erfasst werden kann. Die fünf Voraussetzungen unter denen nicht gehaftet wird, stellen letztlich einen *„safe harbour"* dar. Dies ist schon von der 22

89 Vgl. die nähere Analyse ICLEG, Report on the recognition of the interest of the group, 2016, S. 7 f. und darüberhinausgehend die dortigen vorsichtigen Empfehlungen, S. 47.

90 Report of the Reflection Group on the future of EU Company Law, 2011, S. 59 ff.

91 Vgl. ICLEG, Report on the recognition of the interest of the group, 2016, S. 22 ff.

92 Cour de Cassation, chambre criminal, 4.2.1985, Rozenblum et Allouche Az. n° 84-91581, D. 1985, 478, mit Anmerkung *Ohl*, I-639, JCP 1986, II-20585, mit Anmerkung *Jeandidier*, Rev. Soc. 1985, 648; näher dazu *Conac* in: Hommelhoff/Lutter/Teichmann (Hrsg.), Corporate Governance im grenzüberschreitenden Konzern, 2017, S. 89 ff.; *Lutter* in: FS Kellermann, 1990, S. 257, 261 ff.

93 Daher kritisch gegenüber der *Rozenblum*-Doktrin aus deutscher Sicht *Schön* RabelsZ 64 (2000) 1, 22 ff.; *Windbichler* EBOR 1 (2000) 265, 271 f., 276 ff.; *Habersack* NZG 2004, 1, 7 f.; *Habersack/Verse*, Europäisches Gesellschaftsrecht, 4. Aufl. 2011, § 4 Rn. 34; *Lübking*, Ein einheitliches Konzernrecht für Europa, 2000, S. 158 ff., 340.

Grundidee ein Ansatz, an dem insbesondere die Juristen großes Interesse haben, da sie im Regelfall mit ihrer Beratung Haftungsrisiken sicher ausschließen wollen.[94] Die *Rozenblum*-Doktrin enthält keine Besonderheit für Fälle, in denen die betroffene Tochtergesellschaft keine **Minderheitsgesellschafter** hat.

2. Club des Juristes

23 Die Überlegungen des „*club des juristes*" vom Juni 2015,[95] eines unternehmensnahen französischen *Think Tank*, gehen schon ausweislich der Überschrift,[96] in Richtung der Konkretisierung des im Rahmen der *Rozenblum*-Doktrin postulierten Konzerninteresses. Dieses Ziel wird im Text auch ausdrücklich statuiert. Auf Basis von sieben Erwägungsabsätzen werden sechs Empfehlungen ausgesprochen. Zunächst wird zur Erhöhung der Rechtssicherheit und Senkung der Transaktionskosten überhaupt eine **Regelung** transnational agierender Konzerne empfohlen (1). Die **Definition** der Unternehmensgruppe soll aus dem Bilanzrecht übernommen werden (2). Die Verfasser sehen vor allem drei **Entscheidungsarten** betroffen: die Entscheidung über die Verteilung von Kosten der Gruppe (zB Verwaltungskosten, IT und Logistikkosten), strategische Entscheidungen, darüber welches Konzernunternehmen sich wie strategisch ausrichtet und Transaktionen in der Unternehmensgruppe, die einem Drittvergleich nicht standhalten (3).

24 Für die **Rechtmäßigkeit** der Entscheidung im Gruppeninteresse sollen die aufgestellten Regeln für alle Beteiligten zivil- und strafrechtlich gelten. Bei einer Gesellschaft **ohne Minderheitsgesellschafter** soll ausreichen, dass die Tochtergesellschaft dadurch nicht in Existenzgefahr gebracht wird. Bei einer Tochtergesellschaft **mit Minderheitsgesellschaftern** soll zusätzlich zu beachten sein, dass es eine gemeinsame Strategie für die Unternehmensgruppe gibt, und die zu bewertende Handlung dem dient und es für die betroffene Gesellschaft eine (nicht näher konkretisierte) Kompensation gibt (4). Die Anerkennung des Gruppeninteresses soll mit Transparenzregeln und einem außerhalb der **Transparenz** nicht näher spezifizierten **Schutz** der Minderheitsgesellschafter flankiert werden (5). Mit einer **weißen Liste** an erlaubten Handlungen soll die Rechtssicherheit nochmals erhöht werden (6).

25 **Bewertung:** Im Wesentlichen soll also die *Rozenblum*-Doktrin Basis einer europäischen gesetzgeberischen Regelung für grenzüberschreitende Konzerne werden. Eigenständig ist die deutlich weitgehendere Forderung der Privilegierung bei Tochtergesellschaften ohne Minderheitsgesellschafter. Auch die allerdings sich im Wesentlichen auf die Transparenz beschränkenden (konkretisierenden) Schutzmaßnahmen sind eine Ergänzung. Die Konkretisierung geht nicht weit über die *Rozenblum*-Entscheidung hinaus. Hervorhebenswert ist die Idee einer weißen Liste.

3. Konzernrechtliche Überlegungen der Reflection Group

26 Die 2010 eingerichtete *Reflection Group* hat in ihrem umfassenden Report von 2011 zur Zukunft des europäischen Gesellschaftsrechts auch einen kurzen und bis heute einflussreichen Teil zu Unternehmensgruppen verfasst.[97] Die *Reflection Group* stellt zunächst fest, dass die Unternehmensgruppe praktisch der Regelfall ist.[98] Einige ihrer Mitglieder befürworten die Anerkennung eines Konzerninteresses nur für Tochterunternehmen ohne Minderheitsgesellschafter.[99] Andere wollen das Konzerninteresse zwar generell anerkennen, aber nicht für börsennotierte Tochtergesellschaften.[100] Es gibt auch Mitglieder dieser Gruppe, die zweifeln, ob hier überhaupt eine europäische Regelung anzustreben sei.[101] Die *Reflection Group* rät dazu, die Vorteile der Anerkennung eines Konzerninteresses zu erforschen, nimmt jedoch an, dass dadurch das Management einer Unternehmensgruppe erleichtert, die Transaktionskosten gesenkt und für mehr Klarheit für die betroffenen Geschäftsführungen gesorgt würde.[102] Es wird noch auf das Gegenargument hingewiesen, dass man bei gewünschtem Weisungsrecht statt eines Konzerns ein einheitliches Unternehmen als Organisationsform hätte wählen können.[103]

27 **Bewertung**: Die damalige, relativ weitgehende Uneinigkeit ermahnt den heutigen europäischen Gesetzgeber zur Vorsicht und erklärt, wieso die EU-Kommission und auch die von ihr aktuell eingesetzte Arbeitsgruppe ICLEG (vgl. Rn. 38 ff.) nicht zu schnellen und weitreichenden Reformversuchen neigt. Auch wenn 2011 keine Einigkeit über die regulatorische Behandlung bestand, stellte sich doch schon klar die Notwendigkeit der Unterscheidung

---

94 Das alternative Denkmodell, außerhalb des Strafrechts und existenzbedrohender Risiken das Verhalten durch ein aktives Legal Risk Management zu steuern, passt derzeit eher für Betriebswirte.

95 *Le club des juristes*, Committee on Europe (Leitung *Anne Autin-Adam* und *Didier Martin*) June 2015: Towards Recognition of the Group Interest in the European Union? (www.leclubdesjuristes.com).

96 "Towards Recognition of the Group Interest in the European Union".

97 Report of the Reflection Group on the future of EU Company Law, 2011, S. 59 ff.

98 Report of the Reflection Group on the future of EU Company Law, 2011, S. 59.

99 Report of the Reflection Group on the future of EU Company Law, 2011, S. 60.

100 Report of the Reflection Group on the future of EU Company Law, 2011, S. 60.

101 Report of the Reflection Group on the future of EU Company Law, 2011, S. 60.

102 Report of the Reflection Group on the future of EU Company Law, 2011, S. 60 f., 62.

103 Report of the Reflection Group on the future of EU Company Law, 2011, S. 61.

zwischen Tochtergesellschaften mit Minderheitsgesellschaftern und solchen ohne Minderheitsgesellschafter heraus. Für Letztere war am ehesten Konsens zu erzielen. Das Gegenargument mit der alternativen Organisationsform „Einheitsgesellschaft“, überzeugt nicht (s. bereits Rn. 12), legt jedoch den Finger in die Wunde. Es bedarf einer überzeugenden Rechtfertigung für die Organisationsform Konzern. Ist diese Organisationsform als legitim anerkannt, folgt die Anerkennung des Konzerninteresses fast zwangsläufig.

4. Forum Europaeum on Company Groups (FECG)

Hierbei handelt es sich um den 2015 veröffentlichten Vorschlag[104] einer dreizehnköpfigen Gruppe,[105] die aus sechs Deutschen, einer Österreicherin, zwei Schweizern, einem Niederländer, einem Belgier, einem Dänen und einem Franzosen besteht, wobei als Besonderheit ein deutscher Praktiker vertreten ist. Ein erheblicher Teil der Mitglieder war bereits an den Vorschlägen dieses Arbeitskreises von 1998 beteiligt.[106] Der Vorschlag möchte die verschiedenen Interessen angemessen berücksichtigen und Konzerne einerseits fördern und andererseits die Betroffenen (Gläubiger und Minderheitsgesellschafter) schützen.[107] Weiter hat sich die Gruppe vorgenommen, die Vielfalt zu erfassen, aber doch einheitliche Grundgedanken als Basis anzusehen.[108] Der Regelungsvorschlag soll sich auf grenzüberschreitende Konzerne beschränken.[109] 28

Ausgangspunkt ist die grundsätzliche Anerkennung des Gruppeninteresses.[110] Originell ist die Unterscheidung zwischen **regulären Tochtergesellschaften** und **Servicegesellschaften** als Tochtergesellschaften.[111] Die Idee dahinter ist, dass nur solche Servicegesellschaften mit bloßen Hilfsfunktionen wie Vermögensverwaltung, Vertrieb o.ä. keine schützenswerte eigene Persönlichkeit haben.[112] Diese Servicegesellschaften dürfen keine Gesellschafter von außerhalb der Unternehmensgruppe haben und dürfen mindestens zwei der drei EU-Bilanzrechtskriterien für mittelgroße Unternehmen nicht überschreiten.[113] Für diese Servicegesellschaften soll ein sehr weitgehendes Weisungsrecht der Muttergesellschaft gelten. Nicht zu befolgen sind die Weisungen, die die Tochtergesellschaft außer Stande setzen, die in den nächsten 12 Monaten fälligen Verbindlichkeiten gegenüber außenstehenden Gläubigern zu bezahlen (**Solvenztest**), soweit die Zahlungen nicht durch eine Garantie gesichert sind, wobei selbst dann existenzgefährdende Weisungen nicht befolgt werden dürfen.[114] 29

Für **reguläre Tochtergesellschaften** wird ein beschränktes Weisungsrecht angelehnt an die *Rozenblum*-Doktrin empfohlen, wobei auch die Regeln zu *related party transactions* Teil des Schutzsystems sein sollen.[115] Servicegesellschaften sollen den Status einer regulären Tochtergesellschaft wählen können.[116] Für beide Formen von Konzerntochtergesellschaften sind näher bestimmte **Offenlegungspflichten** vorgesehen.[117] Hierzu gehören auch jährlich ein Strukturbericht und ein Transaktionsbericht.[118] Zur Absicherung soll es auch **Sanktionen** und Austrittsrechte für Minderheitsgesellschafter geben, wobei diese näher von den Mitgliedstaaten geregelt werden sollen.[119] 30

Bewertung: Bemerkenswert ist, dass auch hier die *Rozenblum*-Formel als Basis für reguläre Konzerntochtergesellschaften funktionieren soll. Der Ansatz bei den Servicegesellschaften wird nach hier vertretener Ansicht allerdings aus wertungsmäßiger Sicht abgelehnt. Zudem scheint er auch nicht rechtssicher umsetzbar. Denn wo genau die Grenze zwischen Servicegesellschaften und sonstigen Tochtergesellschaften verläuft und wie der Status von außen erkennbar sein soll, könnte Schwierigkeiten hervorrufen. Die Größenklasse ist zudem nicht direkt mit einer erhöhten Schutzbedürftigkeit verknüpft und führt nur zu einer erhöhten Komplexität. Auch bei echten Tochtergesellschaften mit größeren Aktivitäten ohne außenstehende Gesellschafter geht es nur um den 31

104 *FECG* ZGR 2015, 507, 507 ff. = ECFR 2015, 299, 299 ff.
105 *Conac, Druey, Forstmoser, Habersack, Frijs Hansen, Hommelhoff, Kalss, Krieger, Lennarts, Lutter, Teichmann, von Werder, Wymeersch*.
106 *FECG* ZGR 2015, 507, 509.
107 *FECG* ZGR 2015, 507, 510.
108 *FECG* ZGR 2015, 507, 510.
109 *FECG* ZGR 2015, 507, 510.
110 *FECG* ZGR 2015, 507, 510.
111 *FECG* ZGR 2015, 507, 511, 512; den Ansatz ohne Problematisierung übernehmend *Dominke*, Einheitliche Gruppenleitung über die Binnengrenzen in Europa, 2017, S. 102 ff., 191.
112 *FECG* ZGR 2015, 507, 511.
113 *FECG* ZGR 2015, 507, 512.
114 *FECG* ZGR 2015, 507, 512; dazu *Hommelhoff* in: Hommelhoff/Lutter/Teichmann (Hrsg.), Corporate Governance im grenzüberschreitenden Konzern, 2017, S. 321, 331 ff.; *J. Schmidt* in: Hommelhoff/Lutter/Teichmann (Hrsg.), Corporate Governance im grenzüberschreitenden Konzern, 2017, S. 465, 474 ff.
115 *FECG* ZGR 2015, 507, 513; zustimmend *Dominke*, Einheitliche Gruppenleitung über die Binnengrenzen in Europa, 2017, S. 157 ff., 190.
116 *FECG* ZGR 2015, 507, 513.
117 *FECG* ZGR 2015, 507, 514.
118 *FECG* ZGR 2015, 507, 513.
119 *FECG* ZGR 2015, 507, 514.

Schutz der Gläubiger. Dies folgt schon daraus, dass, wie das FECG es selbst sieht,[120] eine Liquidation auf Veranlassung der Muttergesellschaft möglich ist. Es gibt also kein eigenständiges Existenzrecht und damit auch keine sonstigen zu schützenden Interessen der Tochtergesellschaften als solche.

5. European Company Law Experts (ECLE)

32 Auch dies ist eine privat geformte, überwiegend aus Wissenschaftlern[121] zusammengesetzte, Arbeitsgruppe.[122] Ihre 2017 veröffentlichten Ergebnisse[123] bestehen aus einer ausführlichen Analyse nationalen Rechts und einer Reihe von **Empfehlungen. Erste** Empfehlung ist, dass es keines umfassenden europäischen Konzernrechts bedarf.[124] Soweit in Nationalstaaten noch nicht existent, wird die Einführung des *wrongful trading*-Ansatzes und die Möglichkeit befürwortet, über die Gerichte einen unabhängigen Untersucher einzuschalten. Dies wären jedoch allgemeine Regeln, die nicht spezifisch für Unternehmensgruppen wären.[125] **Zweite** Empfehlung ist, die Regeln zu ***related party transactions*** als zentrales Regelwerk für Unternehmensgruppen unabhängig von der Art der Unternehmensgruppe zu nutzen.[126] Auf Basis der damals noch nicht reformierten Aktionärsrechterichtlinie war die **dritte** Empfehlung die Regelung des Konzernkonfliktes im Rahmen der *related party transactions* durch Änderung der Aktionärsrechterichtlinie mit spezifischen konzernrechtlichen Inhalten zu verwirklichen.[127] Die **vierte** Empfehlung enthält die zentralen Inhalte.[128] Der Begriff Unternehmensgruppe sollte durch Übernahme einer Definition aus einer der vorhandenen Richtlinien konkretisiert werden.[129] Danach sollten nicht nur Transaktionen im traditionellen Verständnis, sondern auch **Entscheidungen** erfasst werden, die zu finanziellen Vor- oder Nachteilen führen.[130] Die Regelungen sollten auch[131] für Tochtergesellschaften **ohne Minderheitsgesellschafter** gelten, soweit nicht die Muttergesellschaft die Gläubiger durch ausreichende Garantien absichert.[132] Nur wesentliche Vorgänge sollten diesem Verfahren unterliegen und auf Basis der Prüfung durch einen externen Experten, durch die Geschäftsführung oder in besonders schwerwiegenden Fällen durch die Gesellschafterversammlung entschieden und veröffentlicht werden.[133] Die Einhaltung des **Verfahrens** soll die Wirksamkeit der Entscheidung zur Folge haben, aber Schadensersatzansprüche von Minderheitsgesellschaftern und Gläubigern nicht ausschließen.[134] Die Interessen der Unternehmensgruppe dürfen berücksichtigt werden, ohne dass dies konkretisiert wird.[135]

33 **Bewertung:** Die ECLE-Gruppe zeichnet sich dadurch aus, dass sie wohl bisher als einzige Gruppe einen Vorschlag gemacht hat, bei dem die Regelungen technisch im vorhandenen europäischen Gesellschaftsrecht verankert werden könnten. Abgesehen davon, dass es nach Verabschiedung der modifizierten Aktionärsrechterichtlinie rechtspolitisch schwer wäre diese Richtlinie sofort wieder in einem zentralen Punkt zu ändern, ist diese Richtlinie nach hier vertretener Ansicht für die Regelung dieser Thematik jedoch generell nicht geeignet. Denn diese Richtlinie richtet sich an börsennotierte Aktiengesellschaften (dazu § 30 Rn. 18), während das Problem der Unternehmensgruppe **rechtsformunabhängig** ist. Außerdem ist der Regelungsbedarf, selbst wenn man sich auf den Kern des Konzernrechts beschränkt, umfassender. Die Erfassung auch von Gesellschaften **ohne Minderheitsgesellschafter** bei den *related party transactions* ist zudem **überschießend.** Die Ausnahme bei Konzerngarantien ist zu eng, eben weil der Normalfall, dass die Gläubigerinteressen nicht tangiert werden, da das Unternehmen gesund ist und die Rückzahlungsfähigkeit der Tochtergesellschaft nicht gefährdet wird, nicht berücksichtigt wird. **Unterschießend** ist der alleinige Ansatz über Schwellenwerte. Er ist zwar wegen des aufwändigen Verfahrens für Geschäfte mit den meisten verbundenen Personen sinnvoll, da es dort auch nur wenige Geschäfte gibt. Innerhalb der Unternehmensgruppe kann jedoch durch eine Vielzahl kleiner Geschäfte unproblematisch der gleiche Effekt wie bei großen Geschäften erreicht werden, weshalb dieser von der ECLE-Gruppe vorgeschla-

120 *FECG* ZGR 2015, 507, 512.
121 Mitglieder sind auch ein Schweizer Anwalt und ein Wissenschaftler, der jetzt beim Weltwährungsfonds bzw. ein anderer, der bei der polnischen Gesetzgebungskommission arbeitet.
122 Mitglieder sind *Böckli*, *Davies*, *Ferran*, *Ferrarini*, *Garrido Garcia*, *Hopt*, *Opalski*, *Pietrancosta*, *M. Roth*, *Skog*, *Soltysinsky*, *J.M. Winter*, *Winner* und *Wymeersch*. Letzterer wird als Kontaktperson angegeben und scheint damit so etwas wie die Federführung übernommen zu haben.
123 *ECLE* EBOR 18 (2017) 1, 1 ff.
124 *ECLE* EBOR 18 (2017) 1, 41.
125 *ECLE* EBOR 18 (2017) 1, 41 f.
126 *ECLE* EBOR 18 (2017) 1, 42 f.
127 *ECLE* EBOR 18 (2017) 1, 43 f.
128 *ECLE* EBOR 18 (2017) 1, 44 f.
129 *ECLE* EBOR 18 (2017) 1, 44.
130 *ECLE* EBOR 18 (2017) 1, 44.
131 Das „auch" wurde hier ergänzt, ergibt sich aber aus dem Zusammenhang der Empfehlungen des *ECLE*.
132 *ECLE* EBOR 18 (2017) 1, 44.
133 *ECLE* EBOR 18 (2017) 1, 45.
134 *ECLE* EBOR 18 (2017) 1, 45.
135 *ECLE* EBOR 18 (2017) 1, 45.

gene Ansatz für sich allein weder Gläubiger noch Minderheitsgesellschafter einer Tochtergesellschaft umfassend schützt. Sehr bedenkenswert ist der Vorschlag, auch Entscheidungen, also nicht nur Transaktionen ieS, zu erfassen. Die *Rozenblum*-Doktrin mit dem Konzerninteresse findet sich mittelbar wieder, doch bleibt der Vorschlag insofern noch relativ vage. Das Element der Konzernstrategie wird nicht integriert. Es fehlt eine **positive Regelung** des Konzerns im Sinne von Informationsrechten und Weisungsrechten und ggf. auch einer (eingeschränkten) Leitungspflicht. Der fehlende Unterschied zwischen transnational aktiven und nur nationalstaatlich aktiven Konzernen ist materiell durchaus überzeugend, aber im Hinblick auf die Durchsetzbarkeit des europäischen Konzernrechts vielleicht dennoch nicht zu empfehlen.

6. European Model Company Act (EMCA) 2017

Der *European Model Company Act* (EMCA) ist als Modellgesetz für alle Kapitalgesellschaften nach amerikanischem Vorbild konzipiert (näher § 38 Rn. 4 ff.). Primäres, selbst gesetztes Ziel des EMCA ist die Beeinflussung der nationalen Gesetzgeber (vgl. § 38 Rn. 15 ff.). Der europäische Gesetzgeber hat anders als der amerikanische Bundesgesetzgeber für das Konzernrecht auch eine Gesetzgebungskompetenz. Die Überlegungen der EMCA-Gruppe zum Konzernrecht[136] könnten daher also durchaus in die europäische Gesetzgebung einfließen (vgl. dazu § 38 Rn. 29). Die Regelungsvorschläge zum Konzernrecht finden sich in Kapitel 15 des EMCA. 34

Inhaltlich verbindet der EMCA die Ermöglichung einheitlicher Leitung mit dem Schutz der Gläubiger und etwaiger Minderheitsgesellschafter der Tochtergesellschaft. Der EMCA definiert zunächst Unternehmensgruppe (sec. 15.01), Mutter- und Tochtergesellschaft (sec. 15.03), Tochtergesellschaft ohne Minderheitsgesellschafter (sec. 15.04), Kontrolle (sec. 15.04), de jure Kontrolle (sec. 15.05), de facto Kontrolle (sec. 15.06) und erklärt dann die Berechnung der Beteiligung (sec. 15.07). Die Beherrschung ist gemäß sec. 15.08 gegenüber der Tochtergesellschaft **offen zu legen.** Ein erstes Herzstück der EMCA Konzernkonzeption enthält sec. 15.09 mit dem **Weisungsrecht.** Das Weisungsrecht wird für Konzerne als im Kern ökonomisch zwangsläufig angesehen.[137] Es ist in gewisser Weise personalisiert, weil es einerseits nicht nur den Vorstand als Weisungsempfänger statuiert,[138] andererseits nicht für Direktoren gilt, die die Arbeitnehmer repräsentieren, nicht für unabhängige Direktoren und nicht für solche, auf deren Berufung die Muttergesellschaft keinen Einfluss hat. Das bedeutet zugleich, dass direkte Weisungen unterhalb dieser Ebene, wie sie zB bei Spartenkonzernen allgemein üblich sind, unzulässig wären. Eine Tochtergesellschaft, die Minderheitsgesellschafter hat, muss im Handelsregister darüber informieren, dass sie Weisungen empfängt (sec. 15.09 (4)). Die materiellen Schranken des Weisungsrechts, verbunden mit der Statuierung des **Gruppeninteresses,** sind in sec. 15.16 enthalten. Nur soweit das Gruppeninteresse überwiegt, reicht das Weisungsrecht.[139] Was genau das Gruppeninteresse ist und wie das überwiegend festzustellen ist, wird nicht konkretisiert.[140] Aus dem Blickwinkel der Manager der Tochtergesellschaft wird gesagt, dass sie ihre Pflicht bei einer Tochtergesellschaft **ohne Minderheitsgesellschafter** durch Umsetzung der Weisung nicht verletzen, wenn die Entscheidung im Gruppeninteresse ist und die Existenz der Tochtergesellschaft nicht gefährdet wird.[141] Eine Verlustausgleichspflicht gibt es nicht.[142] Bei Tochtergesellschaften **mit Minderheitsgesellschaftern** erfordert eine Maßnahme, die zunächst die Interessen der Tochtergesellschaft beeinträchtigt, zusätzlich, dass ein **Nachteilsausgleich** innerhalb absehbarer Zeit zu erwarten ist. (sec. 15.16 (1) (b)). Dem entspricht, dass der Vorsitzende der EMCA-Arbeitsgruppe die *Rozenblum*-Doktrin zwar als Ausgangspunkt betrachtet, aber eine Verstärkung des Schutzes der Minderheitsgesellschafter als erforderlich ansieht.[143] Rechtstechnisch wird hier auch die **vorherige Zustimmung** eines nicht der Muttergesellschaft zuzurechnenden Direktors oder Minderheitsgesellschafters der Tochtergesellschaft verlangt (sec. 15.13). 35

Ergänzend gibt es Regelungen, die spezielle Untersuchungen der Rechtmäßigkeit der Konzernführung ermöglichen (sec. 15.12 und 15.14). Als Absicherung gegen die Mehrheitsherrschaft gibt es daneben noch eine spezielle konzernrechtliche *wrongful trading* Haftung der Muttergesellschaft (sec. 15.17).[144] Ausgangspunkt ist dabei 36

136 *Conac* ECFR 2016, 301, 302 informiert darüber, dass er der Vorsitzende der EMCA Unterarbeitsgruppe Konzernrecht und weitere Mitglieder *Urbain-Perléani* und *Antunes* waren.

137 Vgl. *Conac* ECFR 2016, 301, 309 f.; Erläuterung zu sec. 15.09 EMCA.

138 Vgl. *Conac* als Vorsitzenden des EMCA Unterausschusses ECFR 2016, 301, 310, der dadurch eine Annäherung an die ganz unterschiedlichen Weisungsketten in der Praxis erreichen wollte.

139 *Conac* ECFR 2016, 301, 313 sieht hier durch einen Verzicht auf ein Offensichtlichkeitserfordernis einen effektiven Schutz der Gläubiger bzw. der Minderheitsgesellschafter verwirklicht.

140 Wegen der Annahme müsste deshalb auf einer Fall-bei-Fall-Basis entschieden werden, kritisch *Beck* ELR 2014, 260, 266.

141 *Conac* als Vorsitzender der betreffenden EMCA Unterarbeitsgruppe verweist in soweit auf die größere Liberalität des EMCA im Verhältnis zur *Rozenblum*-Doktrin *Conac* ECFR 2016, 301, 312; ebenso *Beck* ELR 2014, 260, 266.

142 Diese Abweichung gegenüber dem deutschen Recht betonend *Beck* ELR 2014, 260, 264.

143 *Conac* ECFR 2016, 301, 303.

144 Dazu *Conac* ECFR 2016, 301, 319 ff.; vgl. auch *Lutter/Bayer/Schmidt*, Europäisches Unternehmens- und Kapitalmarktrecht, 6. Aufl. 2017, Rn. 12.40 „äußerst reizvolle Idee".

eine Verpflichtung der Muttergesellschaft zur Restrukturierung oder Liquidation der Tochtergesellschaft bei Eintritt der Krise (sec. 15.17 (1)). Im Interesse der Muttergesellschaft soll es Informationsrechte (sec. 15.10), ein *squeeze-out* Recht bei einer mehr als 90 %-Beteiligung (sec. 15.11)[145] und im Interesse der Minderheitsgesellschafter ein *sell-out* Recht zugunsten der Minderheitsgesellschafter (sec. 15.15)[146] geben.

37 **Bewertung:** Der EMCA ist der einzige Vorschlag, der vollständig durchnormiert ist.[147] Es handelt sich um einen in sich stimmigen, mit den Grunderkenntnissen vereinbaren Ansatz. Die Regelung für Tochtergesellschaften ohne Minderheitsgesellschafter schützt die bloße Existenz der Tochtergesellschaft (nur) in ihrer Eigenschaft als Schuldnerin. Hierzu wird kein vorheriger Test verlangt, weshalb es wahrscheinlich eher zur Anwendung repressiver Rechtsfolgen käme. Für Tochtergesellschaften mit Minderheitsgesellschaftern wird ein weitaus schlichterer Ansatz als nach der *Rozenblum*-Doktrin gewählt. Es gibt kein Erfordernis einer echten komplexen Abwägung nach diesem Ansatz. Eine Konzernpolitik wird nicht verlangt.[148] Konzern-Compliance und weiße Klauseln, die bestimmte Verhaltensweisen ausdrücklich erlauben, werden konsequenterweise nicht benötigt. *Squeeze out* und noch mehr *sell out* könnten Ausdruck dafür sein, dass die Verfasser Konzerntochtergesellschaften ohne Minderheitsgesellschafter wohl für ein Ideal halten. Allerdings gibt es gute ökonomische Gründe für Konzerntochtergesellschaften mit Minderheitsgesellschaftern (vgl. oben Rn. 12) und das Wirtschaftsrecht sollte grundsätzlich wirtschaftlich neutral sein, soweit es keine überzeugenden Gründe gibt, bestimmte Konstruktionen rechtlich als erwünscht bzw. als unerwünscht einzuordnen. Hinter dem *sell out* steht letztlich wohl das Gefühl, dass ohne dieses Recht der Schutz der Minderheitsgesellschafter nicht effizient wäre. Wegen der ökonomisch möglichen negativen Wirkungen eines durchgeführten *sell out* (entscheidende finanzielle Schwächung des Konzerns in kritischer Lage) sollte ein solches Recht nur als *ultima ratio* Instrument verstanden werden. Die Anknüpfung an unabhängige Direktoren passt zu börsennotierten Gesellschaften, aber häufig nicht zu nationalen *closed corporations* vom Typ deutscher GmbH. Der entsprechende Zustimmungsvorbehalt, Zustimmung der Minderheitsgesellschafter gem. sec. 15.13 macht die Mehrheitsherrschaft nur begrenzt durchsetzbar. Der bürokratische Aufwand ist relativ hoch. Dass sich Leitung außerhalb einzelner formaler Weisungen abspielt (vgl. oben Rn. 35), wird nicht berücksichtigt, da das System bei klar erkennbaren Einzelweisungen ansetzt. Es gibt dementsprechend auch keine echte Konzernsolidarität. Die Frage einer Sorgfaltshaftung der Direktoren der Obergesellschaft oder einer Leitungspflicht zumindest im Kernbereich der Compliancepflichten wird nicht gestellt.

7. The Informal Company Law Expert Group (ICLEG)

38 Die 2014 von der EU-Kommission eingesetzte "*The Informal Company Law Expert Group*" (ICLEG)[149] hat im März 2016 einen „Report on the information on groups",[150] und im Oktober 2016 einen „Report on the recognition of the interest of the group"[151] veröffentlicht. Der offizielle Auftrag der EU-Kommission räumt dieser Gruppe besondere Chancen auf Berücksichtigung in der europäischen Gesetzgebung ein, weshalb die Vorschläge dieser Gruppe hier zum Abschluss behandelt werden. Die besondere Bedeutung dieser Gruppe wird trotz ihres informellen Charakters durch den Artikel „the" zum Ausdruck gebracht, womit erkennbar sein soll, dass dies die einzige Gruppe dieser Qualität ist und alle anderen Gruppen nicht den gleichen Charakter haben.

39 Der „*Report on the **information on groups***"[152] beschäftigt sich mit der Frage, inwieweit über die **Struktur** einer Unternehmensgruppe, einschließlich mittelbarer Gesellschafter und die **tatsächliche Konzernspitze** (ultimative Muttergesellschaft) aufgeklärt werden sollte. Konzeptionell wird nach einem Informationsansatz gesucht, der für alle Unternehmensgruppen ausreicht und erst darauf aufbauend untersucht, welche Informationspflichten für kleinere Unternehmensgruppen nicht zumutbar sind.[153] Empfohlen wird die Veröffentlichung von Basisinformationen über das Funktionieren und das Management der Unternehmensgruppe in standardisierter visueller Form (Vorschlag 2.1).[154] Investoren sollen etwas weitergehende Informationen bekommen können, zB die Investoren einer Muttergesellschaft über die potenzielle Haftung der Muttergesellschaft für bestimmte Tochter-

145 Dazu *Conac* ECFR 2016, 301, 307 f.; als „sinnvoll" eingeordnet durch *Lutter/Bayer/Schmidt*, Europäisches Unternehmens- und Kapitalmarktrecht, 6. Aufl. 2017, Rn. 12.40.

146 Dazu *Conac* ECFR 2016, 301, 317 f.; als sinnvoll eingeordnet durch *Lutter/Bayer/Schmidt*, Europäisches Unternehmens- und Kapitalmarktrecht, 6. Aufl. 2017, Rn. 12.40.

147 Vgl. auch die Selbsteinschätzung durch den Vorsitzenden der EMCA Unterarbeitsgruppe *Conac* ECFR 2016, 301, 305.

148 Dies begrüßend *J. Schmidt* DK 2017, 1, 12.

149 Mitglieder *Armour, Bartkus, Clarke, Conac, de Kluiver, Fleischer, Fuentes Naharro, Hansen, Knapp, Lamandini, Radwan, Teichmann, van het Kaar, Winner.*

150 http://ec.europa.eu/justice/civil/files/companylaw/icleg_recommandation_information_groups_final_en.pdf.

151 http://ec.europa.eu/justice/civil/files/company-law/icleg_recommandation_interest_group_final_en.pdf.

152 Entwurf *Winner*, der nach Beratung durch die Gruppe verabschiedet wurde (vgl. Report S. 2); ausführlich zu diesem Entwurf *Hommelhoff* in: FS Baums, 2017, Bd. I, S. 597 ff.; *Bayer/J. Schmidt* BB 2016, 1923, 1928 f.; *Fleischer* ZGR 2017, 1, 19 f.

153 Kritisch hierzu *Hommelhoff* in: FS Baums, 2017, Bd. I, S. 597, 599, der als Ausgangspunkt umgekehrt den Informationsbedarf in der kleinen Unternehmensgruppe wählt.

154 Befürwortend *Hommelhoff* in: FS Baums, 2017, Bd. I, S. 597, 610; *Fleischer* ZGR 2017, 1, 19 f.

gesellschaften. Auch hier wird insbesondere die Visualisierung der Information befürwortet (Vorschlag 2.2). Ob diese Vorschläge europäisch zwingend oder Teil einer *comply or explain*-Regelung sein sollten oder ob die Regelung national erfolgen sollte, wird zur Diskussion gestellt (Empfehlung 2.3). Befürwortet wird die Veröffentlichung direkt und indirekt Beteiligter und mittelbarer Muttergesellschaften (Empfehlung 3.1). Diese Empfehlung soll für alle Konzerne auch ohne grenzüberschreitenden Bezug gelten und auch nicht von der Börsennotierung abhängen (Empfehlung 3.2). In diesem Zusammenhang wird angeregt, zu überlegen, ob der Begriff ultimative Muttergesellschaft definiert werden sollte (Empfehlung 3.3). Ob in diesem Zusammenhang auch Entscheidungsmechanismen innerhalb der Gruppe zu offenbaren sein sollten, wird ebenfalls zur Diskussion gestellt (Empfehlung 3.4). Die Muttergesellschaft soll verpflichtet werden, die Tochtergesellschaft über Veränderungen in der Kontrolle der Unternehmensgruppe zu informieren (Empfehlung 3.5). Hinsichtlich der Veröffentlichungsformen wird eine Diskussion angeregt (Empfehlung 3.6).

Die zentrale Frage der Anerkennung des **Gruppeninteresses** betrifft der „Report on the recognition of the interest of the group“.[155] Dieser immerhin 47-seitige Bericht nähert sich dem Thema zunächst vorsichtig. Eingehend wird auf die bisherigen europäischen Rechtsakte aber auch die kartellrechtliche Rechtsprechung zur Verantwortlichkeit der Muttergesellschaft (vgl. Rn. 16) eingegangen.[156] Gleiches gilt für den Stand der Anerkennung des Unternehmensinteresses in den Mitgliedstaaten.[157] Unter dem Stichwort „Probleme“ werden die aus Sicht dieser Gruppe zentralen Gründe für die Anerkennung eines Gruppeninteresses zusammengestellt. Rechtsklarheit (3.1.1) und Transaktionskosten für grenzüberschreitende Geschäfte (3.1.2.)[158] sind zwei Gesichtspunkte, die schon von der *Reflection Group* genannt wurden (vgl. Rn. 26). Neu und besonders ist die Betonung des Managements von Finanzinstitutionen (3.1.3), die Erleichterung der Konzernbinnenfinanzierung (3.1.4) und die Beseitigung der Unsicherheiten für ein grenzüberschreitendes *cash pooling* (3.15).[159] Als ergänzende Vorteile werden die Abschirmung gegen unberechtigte Forderungen von Gläubigern einer Tochtergesellschaft (3.2.1), die Erleichterung der Ausübung der Niederlassungsfreiheit (3.2.2.), eine mögliche Beeinflussung restriktiver nationaler Rechtsordnungen (3.2.3) und eine Übereinstimmung mit Überlegungen zur Schaffung einer einheitlichen Besteuerungsgrundlage (3.2.4) genannt.[160] 40

Diese Punkte werden im Folgenden näher erläutert[161] und daraus sodann Empfehlungen abgeleitet.[162] Etwas außerhalb der Empfehlungen werden drei Regelungsoptionen für die Berücksichtigung des Konzerninteresses bei **Tochtergesellschaften ohne Minderheitsgesellschafter** vorgestellt. Nur für diese bejaht die ICLEG aktuell Regelungen.[163] Die erste Regelungsoption[164] erlaubt die Berücksichtigung von Konzerninteressen bei Weisungen an eine Tochtergesellschaft, ohne die Grenzen klar zu benennen. Die zweite Regelungsoption schützt die Gläubiger der Tochtergesellschaft mit einem Bilanztest.[165] Die dritte Option belässt es für Privatgesellschaften bei einem Bilanztest, verlangt aber für börsenfähige Gesellschaften vom Typus Aktiengesellschaft einen Solvenztest, der die Solvenz für die nächsten sechs Monate prüft.[166] Hintergrund der Differenzierung nach Gesellschaftsformen dürfte der hohe Aufwand für einen Solvenztest sein. Für alle drei Optionen wird ergänzend eine nur im Hinblick auf die Behandlung bestimmter Vorgänge konkretisierte „weiße Liste“ erlaubter Handlungen angeregt.[167] Bei Tochtergesellschaften mit Minderheitsgesellschaftern wird überlegt, die *Rozenblum*-Doktrin den Mitgliedstaaten zur Anwendung zu empfehlen oder aber den Unternehmen zur Wahl zu stellen.[168] 41

Die der Kommission letztlich gegebenen **vier Empfehlungen**[169] gehen (vereinfacht) dahin zu überlegen, 42

- ob das fehlende Gruppeninteresse für **Finanzinstitutionen** für grenzüberschreitende Vorgänge zu unerwünschten Nachteilen führt (Empfehlung 1),
- ob ein EU-weites **Cash Pooling Regime** für Konzerne zugelassen werden sollte (Empfehlung 2),
- ob für **Tochtergesellschaften ohne Minderheitsgesellschafter** ein Weisungsrecht mit Anerkennung des Konzerninteresses und einem Test zum Schutz der Gläubiger als *safe harbour* in Anlehnung an die *Rozenblum*-Entscheidung geschaffen werden sollte (Empfehlung 3) und

155 Der Entwurf wurde für die Gruppe von *Conac* mit ergänzendem Input von *Armour* verfasst und nach Beratung verabschiedet (vgl. S. 2 des Reports).
156 ICLEG, Report on the recognition of the interest of the group, 2016, S. 12-20.
157 ICLEG, Report on the recognition of the interest of the group, 2016, S. 20-27.
158 ICLEG, Report on the recognition of the interest of the group, 2016, S. 28.
159 ICLEG, Report on the recognition of the interest of the group, 2016, S. 28.
160 ICLEG, Report on the recognition of the interest of the group, 2016, S. 28.
161 ICLEG, Report on the recognition of the interest of the group, 2016, S. 29-39.
162 ICLEG, Report on the recognition of the interest of the group, 2016, S. 40-46.
163 ICLEG, Report on the recognition of the interest of the group, 2016, S. 41.
164 ICLEG, Report on the recognition of the interest of the group, 2016, S. 41 f.
165 ICLEG, Report on the recognition of the interest of the group, 2016, S. 42 f.
166 ICLEG, Report on the recognition of the interest of the group, 2016, S. 43.
167 ICLEG, Report on the recognition of the interest of the group, 2016, S. 43 f.
168 ICLEG, Report on the recognition of the interest of the group, 2016, S. 44 f.
169 ICLEG, Report on the recognition of the interest of the group, 2016, S. 46.

- ob auch für sonstige Tochtergesellschaften die *Rozenblum*-Formel Anwendung finden könnte. Hierfür wird sogleich ein System guter Konzerngovernance angeregt (Empfehlung 4).

43 **Bewertung:** Die starke Betonung des **Finanzsektors** überzeugt nach hier vertretener Ansicht nicht ganz. Wenn es, und dafür spricht einiges, hier gerechtfertigte Sonderinteressen geben sollte, dann wären sektorspezifische Regelungen wohl der bessere Weg (vgl. oben Rn. 19). Auch wenn das *cash pooling* ein sehr bedeutender Aspekt in Konzernen ist, scheint er etwas zu stark im Vordergrund zu stehen. ***Cash pooling*** kann außerhalb der Krise in der Tat Vorteile bringen und ist im Fall angemessener Beteiligung am Erfolg auch ohne besonders anerkanntes Konzerninteresse zulässig. In krisenhaften Situationen kann das *cash pooling* hingegen sehr schnell einen Dominoeffekt erzeugen und dadurch völlig gesunde Konzerngesellschaften im schlimmsten Fall mit in die Insolvenz reißen. Die generelle Zulässigkeit des *cash pooling* ist daher nicht unkritisch. Überzeugend ist nach hier vertretener Auffassung, dass zwischen der Akzeptanz des Konzerninteresses bei Tochtergesellschaften **ohne Minderheitsgesellschafter** und denen **mit Minderheitsgesellschaftern** deutlich zu unterscheiden ist. Bei Tochtergesellschaften ohne Minderheitsgesellschafter geht es in der Tat um einen möglichst einfach strukturierten Schutz der Gläubiger bei gleichzeitiger Anerkennung des Gruppeninteresses. Etwas überraschend ist, dass das Weisungsrecht hier nicht explizit genannt wird.[170] Rein praktisch haben Muttergesellschaften selten Schwierigkeiten sich durchzusetzen.[171] Ein Weisungsrecht schafft jedoch zumindest Rechtssicherheit und kann gerade in Rechtsordnungen bzw. bei Gesellschaftsformen nützlich sein, wo an sich kein Weisungsrecht existiert.[172] Das ICLEG-Konzept geht wie alle anderen Konzepte von einzelnen isolierten Weisungen aus, die zu bewerten sind. Bei sehr vielen Einzelentscheidungen wird ein System, das auf einem Bilanz- oder Solvenztest im Rahmen jeder Einzelweisung aufbaut, schnell aufwendig. Die Erarbeitung **weißer Verhaltensweisen** als *safe harbour* ist überzeugend, wenn auch sicherlich im konkreten Fall eine Herausforderung. Die Zurückhaltung bei einer europäischen Regelung für Tochtergesellschaften mit Minderheitsgesellschaftern dürfte weniger daran liegen, dass dies den Mitgliedstaaten überlassen bleiben sollte, als dass hier noch eine konkretisierte, konsentierte Lösung fehlt.

8. Zwischenresümee

44 Eine umfassende Regelung des Konzernrechts befürwortet im Augenblick niemand.[173] Selbst der EMCA enthält hier Lücken. Dies ist ein ganz erhebliches Indiz dafür, dass die Zeit für eine umfassende Regelung des europäischen Konzernrechts zumindest noch nicht reif ist. Dem entspricht auch, dass viele Fragen noch gar nicht diskutiert werden. Es kann daher in einem ersten Schritt nur um eine **Teilregelung** gehen. Aus Sicht der gesetzlichen deutschen Regelung in den §§ 291 ff. AktG sind alle Vorschläge **liberal**[174] und gehen in Richtung eines ***enabling law*** unter gleichzeitiger **Wahrung des Schutzes** von Gläubigern und Minderheitsgesellschaftern. Insgesamt zeigt sich eine ganz deutliche Tendenz bei den verschiedenen Gruppen zur Anerkennung eines **Konzerninteresses**[175] und damit zumindest mittelbar eines **Weisungsrechtes.** Eine Neigung hin zur Unterscheidung zwischen Tochtergesellschaften mit und ohne Minderheitsgesellschafter lässt sich ebenfalls beobachten. Die Anerkennung des Konzerninteresses und des Weisungsrechts lässt sich insbesondere für **Tochtergesellschaften ohne Minderheitsgesellschafter** beobachten.[176] Hier geht es letztlich primär um eine überzeugende und einfach zu handhabende Gläubigerschutzregelung. Auch bei **Tochterunternehmen mit Minderheitsgesellschaftern** besteht eine Tendenz zur Anerkennung eines Konzerninteresses. Doch ist die Konkretisierung hier noch kaum über die ***Rozenblum*-Doktrin** hinaus weiter entwickelt worden,[177] weshalb die ICLEG hier unsicher ist, ob überhaupt eine europäische Regelung erfolgen sollte. Der EMCA-Ansatz ist insoweit eine Weiterentwicklung gegenüber den *Rozenblum*-Voraussetzungen, als diese vereinfacht und damit leichter handhabbar gemacht werden. Insgesamt ist eine starke Prägung durch die *Rozenblum*-Doktrin zu konstatieren. Vordergründig könnte man darauf verweisen, dass *Conac* bei ICLEG und EMCA Berichterstatter bzw. Vorsitzender der Arbeitsgruppe war, der *„club des juristes"* eine französische Vereinigung ist und *Conac* auch Mitglied des FECG war. Allerdings muss angesichts der großen Zahl sonstiger aktiv Beteiligter davon ausgegangen werden, dass es letztlich vielmehr die innere Überzeugungskraft der *Rozenblum*-Doktrin ist, die zu ihrer recht weitgehenden Akzeptanz führt. Nicht umsonst hat ja auch eine Reihe nationaler Gesetzgeber Regelungen erlassen, die von der *Rozenblum*-Doktrin

170 Daher kritisch *J. Schmidt* DK 2017, 1, 8.

171 Vgl. *Schüßler* NZG 2017, 1046, 1050.

172 *Schüßler* NZG 2017, 1046, 1051.

173 Vgl. *Schüßler* NZG 2017, 1046, 1048 bei Betrachtung von ICLEG und FECG.

174 Vgl. die Beurteilung des EMCA durch *Beck* ELR 2014, 260, 267 als „very liberal".

175 *Kalss/Klampfl*, Europäisches Gesellschaftsrecht, 2015, Rn. 455 meinen sogar für das zukünftige europäische Konzernrecht gäbe es nicht mehr die Frage des „ob", sondern nur noch des Ausmaßes; als „essentiell" für das europäische Konzernrecht von *Lutter/Bayer/Schmidt*, Europäisches Unternehmens- und Kapitalmarktrecht, 6. Aufl. 2017, Rn. 12.39 eingestuft.

176 Vgl. auch *Schüßler* NZG 2017, 1046, 1050.

177 Vgl. auch *FECG* ZGR 2015, 507, 515, wo eine vertiefte Erörterung für erforderlich gehalten wird; *J. Schmidt* DK 2017, 1, 11 f. bejaht eine Anknüpfung an die *Rozenblum*-Doktrin, sieht aber noch Diskussionsbedarf für die Konkretisierung; ebenso *Lutter/Bayer/Schmidt*, Europäisches Unternehmens- und Kapitalmarktrecht, 6. Aufl. 2017, Rn. 12.39.

beeinflusst sind. Technisch zukunftsweisend, aber noch nicht konkretisiert, ist die Überlegung mit **weißen Verhaltensweisen**, in besonderer Weise für Rechtssicherheit zu sorgen. Dahinter steht auch die Frage, ob es Governance Vorgaben geben oder ob das Recht nur äußerste Grenzen setzen sollte. **Publizität** wird in verschiedener Form vorgeschlagen. Eine einheitliche Konzeption hat sich hier noch nicht herausgeschält, doch besteht breite Übereinstimmung über die Bedeutung verbesserter Publizität.[178] Für Gesellschaften ohne Minderheitsgesellschafter wäre dies wohl auch nicht zwingend notwendig andererseits aber auch keine große Belastung, da ohnehin verbreitet mit der Zugehörigkeit zu einer Unternehmensgruppe geworben wird und dies nicht selten sogar schon aus der Firmierung erkennbar ist. Dies gilt allerdings nur für die allgemeine Publizität über den Konzern und seine Struktur und nicht für eine etwaige Transaktionspublizität. Letztere wäre sensibel, weil sich hier uU auf die Geschäftspolitik schließen lässt.

C. Vorüberlegungen für ein zukünftiges Europäisches Konzernrecht

I. Interessen

Das europäische Konzernrecht steht vor der Aufgabe, spezifische Konzerninteressen der Stakeholder zu erfassen, zu bewerten und auszugleichen. Zentrale Stakeholder sind die Obergesellschaft, die Minderheitsgesellschafter der Tochtergesellschaften und die Gläubiger der Tochtergesellschaften. Zu letzterer Gruppe gehören auch die Arbeitnehmer, wobei ihre Interessen nicht immer parallel zu denen anderer Gläubiger sind. Die Minderheitsgesellschafter der Muttergesellschaft werden zwar auch berührt, weil Kompetenzen und Vermögen im Konzern durch Verlagerung auf Tochtergesellschaften verwässert werden können und dann auch erleichterte Möglichkeiten bestehen, Vermögen an nahestehende Personen vergünstigt weiter zu reichen. Wenn man sich wie hier auf den Kernbereich beschränken will, kann diese Problematik des Schutzes der Minderheitsgesellschafter der Muttergesellschaft, die durch qualifizierte Zustimmungsanforderungen und Regelungen zu *related party transactions* (dazu auch § 30 Rn. 256 ff.) bewältigt werden kann, hier außer Acht bleiben. Gleiches soll auch für die Gläubiger der Muttergesellschaft gelten. Tochtergesellschaften selbst sollen hier außerhalb der Erfassung der Interessen der Gläubiger und Minderheitsgesellschafter der Tochtergesellschaft nicht separat erfasst werden. Man könnte schon bezweifeln, ob es überhaupt ein selbständiges Eigeninteresse der Tochtergesellschaft gibt. Zumindest gehören etwaige Probleme nicht zum Kern des Konzernrechts und sollen daher hier ebenfalls nicht näher erörtert werden. Von besonderer Bedeutung sind hingegen die volkswirtschaftlichen Interessen bezüglich der Konzerne, die daher zu analysieren sind. Angesprochen werden sollen auch juristische Eigenwertungen/Spezifika, da sie das Anforderungsprofil an eine zu schaffende Regelung mitbestimmen. 45

1. Interessen der Volkswirtschaft

Zunächst sollen die Interessen der Volkswirtschaft betrachtet werden. Sind, wie oben angenommen (Rn. 9 ff.), Konzerne aufgrund ihrer Wettbewerbsvorteile durch Kombination der Vorteile großer wirtschaftlicher Einheiten (*economies of scale and scope*) mit denen kleinere Einheiten (Marktnähe, größere Beweglichkeit, leichtere Organisation) eine ökonomisch effiziente Organisationsform – und dafür spricht ihr weltweiter wirtschaftlicher Erfolg –, dann hat eine Volkswirtschaft, also auch die europäische Volkswirtschaft als Ganzes ein grundsätzliches Interesse an der reibungslosen Existenz dieser Organisationsform. Dies schließt nicht aus, dass die Volkswirtschaft zugleich auch ein Interesse am Schutz der Gläubiger und der Minderheitsgesellschafter hat. Denn ein Schutz beider Interessengruppen begünstigt die Bereitschaft der Gläubiger, Kredite zu geben und von Kapitalanlegern sich an Konzerngesellschaften zu beteiligen. Volkswirtschaftlich sollte es beim europäischen Konzernrecht um ein **„*enabling law*"** gehen,[179] dass zugleich die Interessen der **Gläubiger** und **Minderheitsgesellschafter** von Konzerngesellschaften wahrt. Für eine Förderung der Organisationsform Konzern gegenüber anderen Organisationsformen (zu diesen Rn. 9 ff.) gibt es allerdings keinen Grund. Es sollte bei der grundsätzlichen wirtschaftlichen Neutralität der Rechtsordnung bleiben. Da es keine bestimmte Konzernform mit eindeutigen ökonomischen Vorteilen gibt, spricht dies aus Sicht der Volkswirtschaft im Übrigen dafür, den Konzernen eine möglichst große **Organisationsfreiheit** innerhalb der Organisationsform Konzern zu belassen. Ein wesentlicher Teil des *enabling law* sind **geringe Transaktionskosten**, weshalb etwaige Regelungen nicht zu aufwändig für die Unternehmen sein sollten. Auch die Rechtssicherheit ist wichtig für niedrige Transaktionskosten. 46

Außer Betracht bleibt hier, dass mit grenzüberschreitenden Konzernen ganz erhebliche **Steueroptimierungsmöglichkeiten** verbunden sind (zB in Europa durch Ansiedlung der Finanztochter in Irland oder durch Konzentrierung der Lizenzeinnahmen in den Niederlanden). Nationale Volkswirtschaften können durch solche internationalen Konzerne daher ganz massiv in ihren Interessen an einem angemessenen Steueraufkommen tangiert werden. Dies ist allerdings kein normativ unregelbares Problem. Es sollte jedoch Gegenstand der nationalen Steuer- 47

178 *Lutter/Bayer/Schmidt*, Europäisches Unternehmens- und Kapitalmarktrecht, 6. Aufl. 2017, Rn. 12.38 „wichtiges Desiderat"; vgl. auch *J. Schmidt* DK 2017, 1, 11; *Fleischer* ZGR 2017, 1, 19 f.

179 So zB schon *Hommelhoff* ZGR 2012, 535, 535 ff.; *Ekkenga* AG 2013, 181, 182; *Drygala* AG 2013, 198, 201; *Teichmann* AG 2013, 184, 184 ff.

rechtsordnungen und des europäischen Steuerrechts[180] und nicht Gegenstand der Erörterungen zum europäischen Konzerngesellschaftsrecht sein.

2. Interessen der Konzernmuttergesellschaften

48 Die **Konzernmuttergesellschaft** und ihre Gesellschafter haben zunächst ein Interesse daran, dass das Organisationskonstrukt Konzern wirtschaftlich funktioniert und damit an einem Verzicht auf staatliche Eingriffe bzw. umgekehrt an einem „***enabling law***". Dies bedeutet unter anderem, dass die Separierung in unterschiedliche **haftungsrechtliche Einheiten** grundsätzlich von der Rechtsordnung akzeptiert wird, da dies ein zentraler Vorteil gegenüber einer nur internen dezentralen Organisation ist. Zugleich besteht aus Sicht der Muttergesellschaft ein Interesse an einem umfassenden **Konzernweisungsrecht**. Dies schließt auch ein Interesse an Weisungen ein, die im **Konzerninteresse** aber nicht unbedingt im Interesse der Tochtergesellschaft liegen. Insgesamt ist es für die Konzernmutter vorteilhaft, wenn keine formellen Anforderungen an die Wirksamkeit der Weisung gestellt werden und keine inhaltlichen Beschränkungen aufgestellt werden. Generell sind aus Sicht der Konzernmutter geringe **Transaktionskosten** und damit wenig aufwändige Regeln wünschenswert. Scharfe Sanktionen für Pflichtverletzungen im Konzern sind ebenfalls nicht im Interesse der Obergesellschaft.[181] Voraussetzung für wirtschaftlich vernünftige Weisungen, aber auch generell die optimale Führung des Konzerns, sind genaue Kenntnisse des abhängigen Unternehmens. Daher hat die Konzernmuttergesellschaft ein Interesse an einem umfassenden **Informationsanspruch** gegenüber allen Konzerngesellschaften und zwar unabhängig von dem „ob" oder „wie" einer Weisung. Aus Sicht der Konzernmuttergesellschaft sollte es keine Weisungspflicht geben, da eine generelle Weisungspflicht die Möglichkeit einer dezentralen Führung eines Konzerns erheblich beschneidet. Diese Möglichkeit der dezentralen Führung aber gehört zur Grundidee des Konzerns. Die Muttergesellschaft hat auch kein generelles Interesse an einer **Konzernleitungspflicht** beschränkt auf die Einhaltung der Legalitätspflicht (Compliance(leitungs)pflicht), obwohl diese im Kartellrecht schon länger vorausgesetzt wird (vgl. oben Rn. 16).

49 Im individuellen Einzelfall haben Konzernmuttergesellschaften häufig kein Interesse am **Gläubigerschutz** oder am **Schutz** der **Minderheitsgesellschafter** einer Tochtergesellschaft. Bei generalisierender Betrachtung ist die Interessenlage weniger eindeutig. Zu bedenken ist, dass das unsanktionierte Verhalten einiger „schwarzer Schafe" unter den Konzernen dazu führen könnte, dass Konzerntochtergesellschaften nur unter deutlich erschwerten Bedingungen Kredite bekommen bzw. Konzerntochtergesellschaften kein Eigenkapital von Minderheitsgesellschaftern erhalten würden. Unter diesen Voraussetzungen wäre der Gläubiger- und Minderheitenschutz auch für die Konzerne wünschenswert, die keine gezielten Chancen-, Ertrags- oder Vermögensverlagerungen betreiben oder auf andere Weise die Interessen der Tochtergesellschaften missachten. Regelungen, die nur die „schwarzen Schafe" betreffen und unter größtmöglicher Wahrung der Handlungsfreiheit und Anerkennung eines Konzerninteresses das Vertrauen potenzieller Gläubiger und Investoren in die Tochtergesellschaften herstellen, könnten daher generalisierend im Interesse des ökonomischen Erfolges seriöser Konzerne sein. Konzernmuttergesellschaften versuchen in der Regel, Krisen einer Konzerngesellschaft mit den Mitteln des Gesamtkonzerns zu überwinden. An einer rechtlich verbindlichen Pflicht, zu dieser Art praktizierten **Konzernsolidarität,** besteht jedoch aus Sicht der Muttergesellschaften kein Interesse. Die Anerkennung einer solchen Konzernsolidarität könnte hingegen schon vorteilhaft für Muttergesellschaften sein.

3. Interessen der Gläubiger einer Konzerntochtergesellschaft

50 Aus Sicht der Gläubiger einer Konzerntochtergesellschaft bestehen keine generellen Bedenken gegen eine Konzernierung, wenn man wie hier (vgl. Rn. 9 ff.) der Auffassung ist, dass der Konzern eine ökonomisch sinnvolle Konstruktion ist. Die Chancen eines wirtschaftlichen Scheiterns einer Konzerntochtergesellschaft müssten daher tendenziell geringer als bei einem ansonsten, hinsichtlich Geschäftsfeldern, Größe, Kapital etc vergleichbaren, unabhängigen Unternehmen sein. Bei seriösen Konzernen dürften die für die Obergesellschaft Handelnden zudem sowohl aus intrinsischer Motivation (Vorstellung vom Konzern als Einheit) als auch aus Imagegründen im Durchschnitt größere **Anstrengungen zur Verhinderung einer Insolvenz** unternehmen, als dies die Gesellschafter einer unabhängigen Gesellschaft täten (Konzernsolidarität). Unsorgfältige, also fehlerhafte Entscheidungen, die die Bonität gefährden, sind in einer unabhängigen Gesellschaft gleichermaßen wie in einer konzernierten Gesellschaft möglich. Um keine Anreize zu riskantem Verhalten zu setzen, wäre es aus Gläubigersicht sinnvoll, wenn auch die Obergesellschaft und ihre Verantwortlichen gegenüber der Tochtergesellschaft einer Sorgfaltshaftung unterlägen. Ein wirkliches Problem stellt die Leitungskompetenz einer Muttergesellschaft vor allem in den Fällen dar, in denen die Muttergesellschaft Interessen verfolgt, die denen der Tochtergesellschaft zuwiderlaufen. Entsprechende Weisungen liegen somit nicht im Interesse der Gläubiger.

180 Vgl. dazu *Schön* ZHR 171 (2007) 409, 409 ff.

181 Man denke zB an die frühere deutsche Rechtsprechung zum qualifizierten faktischen Konzern BGHZ 95, 330 ff. – Autokran; BGHZ 107, 7 ff.; BGHZ 115, 187 ff. – Video; eingeschränkt durch BGHZ 122, 123 ff. – TBB; komplett aufgegeben und auf Existenzvernichtungshaftung umgestellt durch BGHZ 149, 10 ff. – Bremer Vulkan.

Aus Gläubigersicht bestehen hingegen keine Bedenken gegen **Informationsrechte** der Obergesellschaft. Weil mit einer **Konzernleitungspflicht** eine Verengung auf eine bestimmte Art Konzern eintreten würde, die nicht unbedingt ökonomisch situationsadäquat wäre, haben die Gläubiger der Tochtergesellschaft kein Interesse an einer generellen Konzernleitungspflicht. Eine begrenzte Konzernleitungspflicht in Bezug auf die Einhaltung der **Legalitätspflicht** und damit als Compliancepflicht, wie sie von der europäischen Kartellrechtspraxis inzident vorausgesetzt wird (vgl. Rn. 16), wäre jedenfalls in all den Fällen aus Gläubigersicht **sinnvoll**, in denen strafrechtliche, verwaltungsrechtliche und zivilrechtliche Rechtsfolgen sowie das Verhalten der Geschäftspartner zu schwerwiegenden Schäden für die Tochtergesellschaft durch Verletzung der Legalitätspflicht führen können. Nicht erfasst sind damit insbesondere Vertragsbrüche, deren Zuordnung zur Legalitätspflicht richtigerweise auch abzulehnen ist.[182] Auch Ordnungswidrigkeiten mit kleinen Sanktionen, wie generell im Verkehrsordnungsrecht, rufen nicht nach einer Konzern-Compliance. Aus Sicht der Gläubiger wäre es darüber hinaus wünschenswert, wenn die ohnehin häufig in der Krise praktizierte **Konzernsolidarität** zu einer Pflicht erstarken würde.[183] Aus Gläubigersicht sollte diese Solidarität allerdings nicht unbegrenzt sein, weil die Gläubiger einer gesunden Tochtergesellschaft sonst schnell mit in die Krise eines anderen Teils des Konzerns hineingezogen werden würden. Denn die Konzernsolidarität geht notwendigerweise zulasten der nicht in der Krise befindlichen Konzernteile. Der Gedanke der Konzernsolidarität ist wahrscheinlich im unmittelbaren Verhältnis Mutter- zu Tochtergesellschaft besonders ausgeprägt, erhebt aber Geltungsanspruch für den Konzern als Ganzes. 51

Aus Sicht der Gläubiger der Tochtergesellschaft hoch problematisch sind existenzgefährdende und andere die **Rückzahlung gefährdende Verschiebungen von Vermögen, Erträgen und Chancen** zulasten des Schuldnerunternehmens aufgrund einer Weisung der Muttergesellschaft. Ähnliches gilt allerdings auch für andere die Existenz der Tochtergesellschaft gefährdende Handlungen. Verschiebungen oder andere Schädigungen unterhalb der Gefährdungsschwelle sind für Gläubiger anders als für Minderheitsgesellschafter grds. nicht relevant, da es für die Gläubiger ausreicht, wenn das Unternehmen überhaupt seine fälligen Verpflichtungen erfüllen kann. Geschäftspartner als Gläubiger haben zwar häufig auch ein Interesse an der Fortsetzung der Geschäftsbeziehung, aber diesbezüglich sind sie dem Grunde nach nicht schutzwürdig.[184] Für die Gläubiger gefährliche Verschiebungen kann es auch zugunsten von Gesellschaftern nicht konzernierter Unternehmen geben. Fehlt es aber an einem Mehrheitsgesellschafter ist eine Einigung der Gesellschafter über eine Verschiebung oder eine Verschiebung zugunsten eines Gesellschafters ohne Entdeckung durch die anderen Gesellschafter seltener. Auch ermöglicht eine Konzernstruktur unauffälligere Verschiebungen, die von außen schwer erkennbar sind. Gefährliche Verschiebungen zulasten einer Tochtergesellschaft und damit deren Gläubigern sind somit **im Konzern leichter möglich** und **schwerer zu entdecken**, als bei einem unabhängigen Unternehmen. 52

Allerdings ist diese Gefahr des tatsächlichen Auftretens solcher Verschiebungen oder anderer Weisungen gegen das Interesse der Tochtergesellschaft auch davon abhängig, ob es auch ein **Motiv** für solche Handlungen gibt/geben kann. Existieren in einer Konzerntochtergesellschaft **Minderheitsgesellschafter** kann es selbst bei einem gesunden Tochterunternehmen in bestimmten Konstellationen aus Sicht der Muttergesellschaft lohnend sein, nicht nur Verschiebungen zulasten der Tochtergesellschaft vorzunehmen, sondern auch solche, die die Rückzahlungsfähigkeit der Tochtergesellschaft gefährden. Dies betrifft vor allem Fälle, in denen die Tochtergesellschaften im Verhältnis zur Muttergesellschaft klein sind, die Beteiligungsquote der Minderheitsgesellschafter größer ist und langfristig gewichtige Chancen verlagert werden können. Die Gefahr der Rufschädigung für den Konzern bremst zwar solche Handlungen, schließt sie aber nicht aus, da im Sinne der *behavioral economics* der kurzfristige Erfolg von den Entscheidern grundsätzlich höher als unsichere Rufschädigungen bewertet werden kann.[185] Es gibt also bei Existenz von Minderheitsgesellschaftern auch in wirtschaftlich gesunden Tochtergesellschaften eine Gefahr, dass die Rückzahlung gefährdende Verschiebungen zulasten der Tochtergesellschaft vorgenommen werden. Solche Verschiebungen können bei Konzernen auch mit steuerlich motiviert sein, zB wenn einer Tochtergesellschaft das Kapital entzogen wird, damit sie sich bei der irischen Konzernfinanztochter finanzieren muss. 53

Gerät eine Tochtergesellschaft in eine **wirtschaftliche Schieflage** hat die Muttergesellschaft nicht nur wie allgemein die Möglichkeit, sondern häufig auch ein Interesse an Verschiebungen zulasten dieser in der Krise befindlichen Tochtergesellschaft, die die Gläubiger gefährden. Hier bedürfen die Gläubiger daher aus ihrer Sicht eines besonderen Schutzes der Rechtsordnung. In diesen Fällen funktioniert auch das Moment der Rufschädigung durch Verschiebungen kaum noch. Die Vertreter der Muttergesellschaft werden meist kurzfristig denken. Sie werden oftmals annehmen, dass man die Verschiebung angesichts der ohnehin drohenden Insolvenzlage nicht entdecken wird. Vielleicht sehen sie ihr Verhalten häufig nicht einmal als unmoralisch an, weil sie es nur als ein „rette sich wer kann" interpretieren und übersehen, dass dies nur bei gleichen Chancen legitim sein kann. 54

182 Vgl. die Idee des *efficient breach of contract*; für eine Nichterfassung des Vertragsbruchs bei der Legalitätspflicht zB *Fleischer* ZIP 2005, 141, 150.

183 Vgl. auch *Fleischer* ZGR 2017, 1, 35.

184 Im Einzelfall könnte eine Insolvenz genutzt werden, um sich von bindenden belastenden Verpflichtungen zu lösen. Es ist Aufgabe des Insolvenzrechts hier Missbräuche zu verhindern.

185 Vgl. *Kahneman/Tversky* Journal of Risk and Uncertainty 5 (1992) 297, 297 ff.

55 Verschiebungen zulasten einer Tochtergesellschaft kann es auch in Fällen geben, durch die die **Bonität** der Tochtergesellschaft nur **mittelbar gefährdet** wird. Mittelbar bedeutet in diesem Zusammenhang, dass es sich um Verschiebungen handelt, die zwar die Leistungsfähigkeit der Tochtergesellschaft verringern, aber erst im Zusammenhang mit späteren Fehlern in der Geschäftsführung oder auch in Verbindung mit unerwarteten Ereignissen wie überraschenden Marktumbrüchen, Naturereignissen, Streiks, neuen Zöllen oder Embargoregelungen ein Bonitätsproblem entsteht. Zu bedenken ist in diesem Zusammenhang zudem, dass es auch ohne Konzernierung durch unterlassene Kapitalerhöhungen, Gewinnausschüttungen oder Kapitalherabsetzungen zu einer reduzierten Bonität kommen kann, die die Anfälligkeit für spätere Krisen ebenfalls erhöht. Von daher haben Gläubiger der Tochtergesellschaft hier wohl kein legitimes Interesse an der Unzulässigkeit solcher nur mittelbar die Bonität gefährdenden Verschiebungen.

56 **Arbeitnehmer** einer Tochtergesellschaft sind auch Gläubiger. Insofern gilt das soeben für Gläubiger Ausgeführte (Rn. 50 ff.). Ihre Interessen an ihrem Arbeitsplatz sind dabei aber bislang noch nicht mit abgedeckt. Denn Verschiebungen zulasten der Tochtergesellschaft bei gesunden Unternehmen, die die Gläubiger noch nicht tangieren, weil die Zahlungsfähigkeit des Tochterunternehmens nicht gefährdet wird, werden dennoch sehr häufig mit dem Verlust von Arbeitsplätzen verbunden sein. Rein faktisch gibt es vor allem bei größeren Konzernen einen Druck seitens des Betriebsrates und teilweise auch der Öffentlichkeit, den Arbeitnehmern einer Tochtergesellschaft, die ihren Arbeitsplatz verlieren, auch ohne Konzernarbeitsvertrag, freie Konzernarbeitsplätze anzubieten. Dies ist zwar zunächst nur ein tatsächliches Phänomen. Insofern könnte aber durchaus auch ein gesetzgeberisches Regelungsbedürfnis bestehen. Dies wäre aber außerhalb des europäischen Gesellschaftsrechts zu diskutieren, welches allein Gegenstand der hier anzustellenden Überlegungen ist.

4. Interessen der Minderheitsgesellschafter in Tochtergesellschaften

57 Die Minderheitsgesellschafter einer Tochtergesellschaft sind in besonderer Weise den Risiken eines Konzerns ausgesetzt. Allerdings beinhaltet eine Beteiligung an einer Tochtergesellschaft aus ihrer Sicht nicht nur Risiken. Ohne Verschiebungen zulasten der Tochtergesellschaft oder andere Entscheidungen im Konzerninteresse und gegen das Interesse der Tochtergesellschaft weist der Konzern wie oben festgestellt (Rn. 9 ff.), ökonomische Vorteile auf, an denen dann auch die Minderheitsgesellschafter partizipieren. Man kann im Übrigen davon ausgehen, dass die Muttergesellschaft einer Tochtergesellschaft im Regelfall in **vorübergehenden Krisen** eher effektive Hilfe zukommen lassen wird, als dies die Gesellschafter einer unabhängigen Gesellschaft tun würden. Im Konzern sind **Unterstützungsleistungen** etwas durchaus Natürliches. Sie fallen, solange es nicht um sehr große Summen geht, kaum auf, da die einzelnen Konzernunternehmen ohnehin schwankende Beiträge zum Gesamtergebnis des Konzerns liefern. Für die Gesellschafter einer unabhängigen Gesellschaft würde es sich hingegen um eine echte Kapitalzufuhr aus dem Privatvermögen handeln, die psychologisch häufig schwerer fällt. Im Grundsatz kann daher die Beteiligung an einer Konzerntochtergesellschaft sogar lohnender als die Beteiligung an einer vergleichbaren unabhängigen Gesellschaft sein. Minderheitsgesellschafter hätten ähnlich wie Gläubiger (vgl. Rn. 51) bis zu einem gewissen Grad sogar ein Interesse an einer Pflicht zur **Konzernsolidarität** zugunsten ihres Unternehmens. Allerdings dürfte dies nur funktionieren, wenn es eine gegenseitige Solidarität wäre, womit Minderheitsgesellschafter wie Gläubiger (vgl. Rn. 51) wiederum ein Interesse an einer Begrenzung der Konzernsolidarität hätten, um nicht als Minderheitsgesellschafter eines gesunden Unternehmens mit in die Krise eines Konzernteiles verwickelt zu werden.

58 Problematisch sind daher aus Sicht der Minderheitsgesellschafter einer Tochtergesellschaft ganz primär die Gefahr von Verschiebungen im Hinblick auf Vermögen, Erträge oder Chancen zulasten der Tochtergesellschaft und andere Leitungsentscheidungen im Konzerninteresse und gegen das Interesse der Tochtergesellschaft. Dabei ist es für die Minderheitsgesellschafter unerheblich in welcher Form auf die Tochtergesellschaft eingewirkt wurde (Weisung, andere Entscheidung, vorauseilender Gehorsam). Ein generelles **Verbot** von Entscheidungen im Konzerninteresse und gegen das Interesse der Tochtergesellschaft erfordert dies aus Sicht der Minderheitsgesellschafter jedoch nicht zwingend, denn die Verwirklichung des Konzerninteresses ist auch Teil des Erfolges des Organisationsmodelles „Konzern“. So wie die Minderheitsgesellschafter sich wünschen, dass ihre Konzerntochtergesellschaft im Krisenfall unterstützt wird, werden auch die Unterstützung einer anderen Tochtergesellschaft und entsprechende Beiträge der Tochtergesellschaft der Minderheitsgesellschafter häufig im Gesamtkonzerninteresse sein. Legt man dies zugrunde, dann ist nicht eindeutig, ob es das Interesse der Tochtergesellschaft gebietet, dass jede Verschiebung zulasten dieser Konzerntochtergesellschaft einen Ausgleichsanspruch auslösen muss oder ob die auch zugunsten dieser Konzerntochter praktizierte Konzernsolidarität eine begrenzte Verschiebung zugunsten anderer in Schwierigkeiten befindlicher Konzerntöchter rechtfertigen könnte (dazu noch näher Rn. 94).

59 Wenn man Minderheitsgesellschafter einer Konzerntochtergesellschaft fragen würde, was sie sich insgesamt hinsichtlich ihrer Beteiligung von der Rechtsordnung wünschen würden, so ist es nicht unwahrscheinlich, dass sie sich eine **Sicherstellung** eines **fairen Gewinnanteils** ihrer Tochtergesellschaft und auch eine sinnvolle und faire Investitions- und Ausschüttungspolitik wünschen würden. Bisher versucht das Recht allenfalls bestimmte Beeinträchtigungen auszuschließen oder zumindest zu begrenzen. Solange keine betriebswirtschaftlich anerkann-

ten Maßstäbe für diesen fairen Gewinnanteil bestehen, wird man diesem Wunsch der Minderheitsgesellschafter kaum auf direktem Wege durch Statuierung eines entsprechenden Anspruches nachkommen können, weshalb diese Option hier unabhängig von den damit verbundenen juristischen Problemen nicht näher verfolgt wird. Sollte eine entsprechende Berechnung jedoch möglich sein, wäre auch dies eine überdenkenswerte Regelungsoption. Vorteil dieser Option wäre, dass Tochtergesellschaften mit und ohne Minderheitsgesellschafter grundsätzlich gleichbehandelt werden könnten, da der Schutz der Minderheitsaktionäre durch den Anspruch auf den fairen Gewinnanteil verwirklicht würde. Insofern könnte die Prüfung dieser Option durchaus interessant sein.

5. Interessen der Rechtsordnung/juristische Eigenwertung

Wenn hier von Interessen der Rechtsordnung/juristischer Eigenwertung die Rede ist, so könnte man sich fragen, ob es solche wirklich gibt, oder ob sich nicht die juristische Eigenwertung/Interessen der Rechtsordnung nur als juristisch geprägte Interessen volkswirtschaftlicher oder sozialer Art darstellen. Auch wenn hier damit sympathisiert wird, dass es eine echte juristische Eigenwertung gibt, braucht dies an dieser Stelle nicht entschieden werden. Denn zumindest gibt es besondere juristische Vorstellungen, die ein europäisches Konzernrecht möglichst erfüllen sollte. Nur um diese geht es hier. 60

Da ohnehin ein Übermaß an Verrechtlichung droht, sollte sich die zu schaffende Regelung auf das **funktional Notwendige** beschränken. Das impliziert auch, dass sich die Frage stellt, ob formal nicht konzernbezogene Regeln, wie die zu den *related party transactions* (Art. 9c Aktionärsrechterichtlinie, s. § 30 Rn. 256 ff.), bereits ausreichen. Für die Rechtsordnung ist es wichtig, dass sie befolgt wird, denn ohne freiwillige oder durchgesetzte **Befolgung** schwindet die Autorität des Rechts.[186] Aus Sicht der Rechtsordnung besteht wie schon aus Sicht der Gläubiger einer Tochtergesellschaft (Rn. 51) ein Interesse an einer **Konzern-Compliance** zur Durchsetzung der **Legalitätspflicht**. Dies gilt auch deshalb, weil die Konzernstruktur auch geeignet ist, das Risiko von schwerwiegenden Compliance-Verstößen auf Konzerntöchter (zB Vertriebstöchter für korruptionsanfällige Geschäfte oder eine Tochtergesellschaft für Abfallbeseitigung für Umweltrisiken) auszulagern. Ein grundlegendes Ziel ist die **Rechtssicherheit**. Dies gilt generell, ist aber auch hier wichtig. Die bisher fehlenden Regelungen führen zu Rechtsunsicherheit und erhöhten Transaktionskosten.[187] Angesichts der sehr hohen Zahl von Konzernen ist es wichtig, dass das Recht von der großen Zahl der Konzerne eingehalten wird, denn eine nachträgliche gerichtliche oder gar hoheitliche Durchsetzung durch Verwaltungsbehörden ist ökonomisch nur für wenige Fälle sinnvoll und realistisch. Hierfür aber ist die Rechtssicherheit erste Voraussetzung. Harte Sanktionen sind nur dort sinnvoll, wo es um in jedem Fall unerwünschte und leicht zu vermeidende Handlungen geht. Da im Konzernrecht mit die besten Kautelarjuristen an einer Optimierung für ihre Auftraggeber, also im Zweifel die Muttergesellschaften, arbeiten,[188] sollte das europäische Konzernrecht **umgehungsfest** sein. Umgekehrt sollte es **keine Zufallseffekte** dadurch geben, dass sich Konzerne, insbesondere im mittelständischen Bereich (KMU und GMU),[189] nicht an bestimmte **Formalregeln** halten, bei denen keine erheblichen, wertungsmäßig relevanten Fragen betroffen sind. Wie grundsätzlich sollte an das europäische Konzernrecht auch die Forderung der wirtschaftlichen **Neutralität** gestellt werden. Dies bedeutet weder eine Bevorzugung des Konzerns noch eine Benachteiligung gegenüber anderen Organisationsformen. Dafür muss das Recht so ausgestaltet sein, dass die Regelungen keinen Druck in Richtung einer bestimmten Organisation der Konzerne ausüben. Zwischen intensiver, vollflächiger Konzernleitung, über Weisungen in wichtigen Angelegenheiten bis zu einem vollständigen Verzicht auf Leitung, wobei dieses reine Halten einer Mehrheitsbeteiligung dann auch kein Konzern mehr im engeren Sinne ist, sollte es freie **Wahlmöglichkeiten** mit angepassten Rechtsfolgen geben. Gleiches gilt für faktische Konzerne und mögliche Vertragskonzerne. 61

II. Gesamtschau und daraus abgeleitetes Anforderungsprofil

Die Interessen sind nicht völlig konfliktfrei, sind aber doch relativ weitgehend miteinander vereinbar. Aufgrund der ökonomischen Leistungsfähigkeit des Konzerns sollte das europäische Konzernrecht auch unter Berücksichtigung der grundsätzlich nicht entgegenstehenden Interessen von Gläubigern und Minderheitsgesellschaftern **funktionsfähige Konzerne** ermöglichen (*enabling law*). Dies schließt möglichst niedrige Transaktionskosten ein. Außerdem umfasst es **Informationsansprüche** gegen die Tochtergesellschaft, damit auf informierter Basis Entscheidungen über ein ob und ggf. auch ein wie von Weisungen getroffen werden können. Das **Weisungsrecht** ist für Konzerne erforderlich. Weisungsrecht und Informationsanspruch werden insbesondere im unmittelbaren Verhältnis Konzernmutter- zu Konzerntochtergesellschaft benötigt, gäben jedoch aus Sicht der Konzernmuttergesellschaft und ökonomisch auch konzernweit Sinn. Eine **Konzernleitungspflicht**, zu verstehen als umfassende 62

186 Diesbezüglich kritisch zum derzeitigen deutschen Konzernrecht *Lutter* ZGR 1987, 324, 329; *Hopt* ZHR 171 (2007) 199, 224; *Fleischer* ZGR 2017, 1, 17.

187 *Blaurock* in: FS Sandrock, 2000, S. 79, 79; *Kluver* EBOR 1 (2000) 287, 291.

188 Zur Prägung des Konzernrechts durch die Kautelarpraxis *Fleischer* ZGR 2017, 1, 16; *Nörr* ZHR 150 (1986) 155, 170; *Damler*, Konzern und Moderne, 2016, S. 27.

189 Vgl. *Krebs/Jung* DB 2013, Editorial Heft 51/52.

Pflicht zur zentralen Leitung, entspricht nicht den Interessen der Volkswirtschaft und der Beteiligten. Eine Pflicht zur **Konzern-Compliance**, wie sie jetzt schon inzident im europäischen Kartellrecht vorausgesetzt wird (vgl. oben Rn. 16), ist nicht im Interesse der Muttergesellschaft. Sie müsste aber von Gläubigern und Minderheitsgesellschaftern einer Tochtergesellschaft begrüßt werden, soweit die Compliancepflichtverletzung zu schwerwiegenden Schäden für die Tochtergesellschaft führen kann. Vor allem aber hat die Rechtsordnung an der Wahrung des Legalitätsprinzips ein erhebliches Interesse.

63 Zentrales Problem sind **Verschiebungen** von Vermögen, Erträgen und Chancen von einer Konzerntochter auf andere Konzernteile sowie sonstige Weisungen im Konzerninteresse und gegen die Interessen der Tochtergesellschaft. Soweit solche mit einem Interessenkonflikt belasteten Leitungsentscheidungen bei gesunden Tochtergesellschaften geschehen und nicht existenzgefährdend sind, ist dies nur aus Sicht der **Minderheitsgesellschafter** der Tochtergesellschaft, aber nicht aus Sicht der **Gläubiger** der Tochtergesellschaft ein Problem. Generell hoch problematisch sind allerdings Schädigungen im Konzerninteresse, die eine **Krise** der Tochtergesellschaft erzeugen, vertiefen bzw. bei nicht vermeidbarer Insolvenz die Verteilungsmasse schmälern. Hier haben sogar seriöse Konzernobergesellschaften bei abstrakter Betrachtung ein Interesse an einer Regelung, weil anderenfalls die Kreditwürdigkeit von Konzerntochtergesellschaften generell leiden würde (vgl. Rn. 49). Es gibt eine verbreitete Praxis der **Konzernsolidarität**, bei der ein in die Krise geratenes Konzernunternehmen vom Gesamtkonzern unterstützt wird. Sichtbar ist nach außen meist nur die Unterstützung durch die Muttergesellschaft, aber nicht, wer die Kosten intern im Konzern trägt,[190] soweit die Krise als überwindbar eingestuft wird. Dies macht eine Stärke des Konzerns aus und ist auch im Interesse von Gläubigern und Minderheitsgesellschaftern einer Tochtergesellschaft soweit diese in eine Krise gerät. Selbst im Falle erfolgreicher Sanierung und Rückzahlung der erhaltenen Leistungen handelt es sich in der Praxis fast immer um einen Fall der Konzernsolidarität, da für die Übernahme des Risikos keine angemessenen Risikovergütungen gezahlt werden. Die Leistung **angemessener Beiträge** zur Konzernsolidarität mögen im Ergebnis auch im generalisierten (nicht unbedingt individuellen) Interesse der Gläubiger und Minderheitsgesellschafter sein. Konsequenz wäre, dass in einem solchen Fall Verschiebungen rechtmäßig und nicht ausgleichspflichtig wären. Im Gegenzug läge es im Interesse der Tochtergesellschaft, selbst auch einen Anspruch auf Konzernsolidarität zu haben. Insofern enthält Art. 19 Banksanierungs- und Abwicklungsrichtlinie (vgl. Rn. 18) eine vielleicht verallgemeinerungsfähige Idee.

64 Konzerne als Organisationsform berühren auch die Interessen des **Fiskus**, insbesondere hinsichtlich Steuereinnahmen, da sie Steuervermeidungsstrategien gerade im internationalen Kontext erleichtern. Auch die Interessen der **Arbeitnehmer** werden durch Konzerne unter Umständen gefährdet, insbesondere soweit es um die Verlagerung oder den Abbau von Arbeitsplätzen geht. Beide Problembereiche sind lösbar, ändern also nichts an der grundsätzlichen Legitimität von Konzernen. Sie bedürfen spezieller Regelungen im Steuerrecht bzw. Arbeitsrecht und sollen daher im Folgenden nicht weiter behandelt werden. Aus Sicht der **Rechtsordnung** sollte das europäische Konzernrecht funktional, rechtssicher und umgehungsfest sein, keine Zufallseffekte auf Basis von Formalakten erzeugen und wirtschaftlich neutral ausgestaltet sein. Zu letzterem gehört auch, dass es Wahlrechte hinsichtlich unterschiedlicher Konzernausgestaltungen geben und dass die Gestaltungsform ohne Auswirkungen auf das Konzernrecht sein sollte. Konzerntochtergesellschaften mit und ohne Minderheitsgesellschafter unterscheiden sich deutlich. Das deutet auf eine unterschiedliche Regelung hin. Da aber auch die Beteiligung von Minderheitsgesellschaftern und dabei gerade die differenzierte Beteiligung in unterschiedlichen Tochtergesellschaften im Sinne des Konstruktes Konzern sein kann (vgl. Rn. 12), sollten die zugunsten der Minderheitsgesellschafter zu statuierenden Schutzregeln nicht so ausgestaltet werden, dass sie solche Konzernformen unattraktiv werden lassen.

65 Da es sich um ein Gesetzgebungsvorhaben im europäischen Gesellschaftsrecht handelt, bedarf es neben der bereits angesprochenen Kompetenz (vgl. Rn. 3) und der objektiven Sinnhaftigkeit einer Regelung gerade auf der europäischen Ebene (vgl. dazu schon Rn. 3) der Betrachtung der potenziellen **politischen Durchsetzbarkeit**. Dafür muss ein geeignetes **Regelungsinstrument** gewählt werden. Soll, was naheliegt, eine Richtlinie genutzt werden, so sind im Sinne der Durchsetzbarkeit die erforderlichen Mehrheiten im Rat und im Parlament mit zu bedenken. Ein Anhaltspunkt sind dabei die in der Diskussion geäußerten Vorstellungen (vgl. Rn. 20 ff. und insbesondere das Zwischenresümee Rn. 44). Auch vorhandene nationale Regelungen können für die Bewertung des politisch Machbaren mit herangezogen werden. Es besteht breiter Konsens, dass zunächst nur eine **Teilregelung** in Betracht kommt. Allerdings sollten auch die zukünftigen, potenziellen Weiterentwicklungen im Blick behalten werden. Zum einen gilt es Optionen für schon jetzt weitergehende Regelungen zu bedenken. Vor allem sollte eine Teilregelung so beschaffen sein, dass sie die Grundlage für harmonische spätere Weiterentwicklungen darstellen könnte. Daher lohnt auch ein Blick auf potenziell **längerfristige Perspektiven**. Schon wegen ganz unterschiedlicher dogmatischer Vorstellungen in den einzelnen Mitgliedstaaten und teilweise auch juristischen Strömungen innerhalb eines Mitgliedstaates sollte sich ein Regelungsvorschlag hier nicht positionieren. Den-

190 Opel wurde jahrzehntelang von General Motors gestützt und wird heute vom französischen PSA-Konzern am Leben erhalten. Air Berlin wäre ohne die Stützung durch Etihad weit früher insolvent gewesen. SEAT musste schon mehrfach durch den VW-Konzern unterstützt werden.

noch sind mit bestimmten Regelungen dogmatische Erklärungsmöglichkeiten verbunden, die auch weil sie wieder Auswirkungen auf Regelungen und ihr Verständnis haben können, mit zu berücksichtigen.

D. Herleitung von Regelungsvorschlägen

I. Grundlagenfragen

Bereits anfänglich (vgl. Rn. 3) wurde gezeigt, dass die Europäische Union die **Kompetenz** zum Erlass einer Richtlinie auf dem Gebiet des europäischen Konzernrechts besitzt. Art. 50 II lit. f) AEUV nimmt für Tochtergesellschaften Bezug auf die Niederlassungsfreiheit. Die Notwendigkeit, die Ermöglichung der Konzernierung mit dem Schutz von Gläubigern und Minderheitsgesellschaftern zu verbinden (vgl. Rn. 50 ff. und 57 ff.), führt zum Regelungsziel eines ausgewogenen Interessenausgleichs. Ein solcher Interessenausgleich lässt sich in der Regel nicht in jeglicher Hinsicht als Mindeststandard formulieren. Denn eine Erhöhung des Schutzstandards greift in die Funktionsfähigkeit ein. Da es auch keine europaweit geregelten Standardvorstellungen zum Konzern gibt, droht eine europäische Regelung einen erheblichen Eingriff in das jeweilige nationale Recht darzustellen. Dies bestätigt einerseits die Auffassung der Wissenschaft, die praktisch einhellig dafür plädiert, zunächst nur eine Teilregelung vorzunehmen (vgl. Rn. 44). Aber selbst eine **Teilregelung** in den am meisten diskutierten Bereichen, dh dem Konzerninteresse mit Weisungsrecht und dem Schutz von Gläubigern und Minderheitsgesellschaftern, wäre aus Sicht vieler Mitgliedstaaten schon potenziell sehr einschneidend. In Übereinstimmung mit der Kompetenzgrundlage, aber auch im Sinne einer leichteren Verabschiedung einer Regelung zum europäischen Konzernrecht, erscheint es daher sinnvoll, dass sich eine Regelung zunächst auf **grenzüberschreitend tätige Konzerne** beschränkt. Auch die meisten Vorschläge gehen in diese Richtung. 66

Inzwischen besteht nahezu Einigkeit, dass zwischen den Grundkonstellationen **ohne Minderheitsgesellschafter und mit Minderheitsgesellschaftern** zu unterscheiden ist. Dies ist überzeugend, weil ohne Minderheitsgesellschafter nur der Schutz der Gläubiger der Tochtergesellschaft zu beachten ist und für diese nicht jede Schädigung die gleiche Bedeutung hat wie für Minderheitsgesellschafter. Eine Beschränkung auf **Servicegesellschaften** bzw. der Größe nach, wie sie die FECG vorschlägt, sollte nach hier vertretener Ansicht nicht erfolgen (dazu bereits Rn. 31). 67

Inhaltlich geht es in jedem Fall um das **Konzerninteresse**, ggf. verbunden mit der Frage nach einer **Konzernsolidarität** (vgl. dazu Rn. 22, 49, 63), sowie um das **Weisungsrecht** und dessen Grenzen zum **Schutz** von Gläubigern und Minderheitsgesellschaftern. Da man die Konzernleitung ohnehin de facto nicht verhindern kann (vgl. Rn. 16) und Konzerne als solche ökonomisch sinnvoll sind (vgl. Rn. 9 ff.), kann es nicht um die Existenz des Konzernleitungsrechts, also das **ob**, sondern im Sinne eines ***enabling law***, welches zugleich schützt, nur um das **wie** gehen. Bei Weisungen mit Befolgungspflicht besteht auch die Frage nach der **Sorgfaltshaftung**. Ohne überzeugende Regelungen zur Sorgfaltshaftung erscheint ein ausgewogenes System des Ausgleichs von **Macht und Verantwortung** kaum erzielbar. Daher sollen auch die Grundzüge der Sorgfaltshaftung im Konzern mit in die Lösungsüberlegungen einbezogen werden. 68

Es stellt sich zudem die Frage, ob das Anknüpfen an isolierte **Weisungen** einerseits nicht **überschießend** und andererseits gleichzeitig unzureichend ist. Die Fokussierung auf Weisungen könnte im Ergebnis überschießend sein, weil Weisungen lediglich dann besonders problematisch sind, wenn sie zu **Vermögens-, Gewinn- oder Chancenverschiebungen** zulasten der Tochtergesellschaft führen. Für sonstige Weisungen scheint sich primär nur die Frage nach der Sorgfaltshaftung zu stellen. Es gibt allerdings **Grenzfälle**, in denen eine Handlung durch die Interessen des Konzerns motiviert ist, aber dennoch keine Verschiebung (von Vermögen, Gewinn oder Chancen) zulasten der Tochtergesellschaft vorliegt, das Interesse der Tochter aber dennoch negativ betroffen ist. So könnte zB per Weisung die komplette Betriebssoftware im Sinne der Konzernstandardisierung umzustellen sein, obwohl unmittelbar zuvor bereits die Betriebssoftware durch die Tochtergesellschaft umgestellt wurde. Auch wenn hier keine (direkte) Verlagerung stattfindet, stellt sich doch die Frage, ob dahinter nicht eine vergleichbare Konfliktlage besteht wie bei der Verschiebung von Vermögen, Gewinnen und Chancen im Konzern. Im Ergebnis ist dies zu bejahen. Es könnte sich dabei um die allgemein anerkannte Unterscheidung zwischen der ***duty of care*** (Sorgfaltspflicht) und der ***duty of loyality*** (Treuepflicht bei konkurrierenden Interessen) handeln. In den entsprechenden Interessenkonfliktfällen geht es um eine *duty of loyality*, auf die die Rechtsordnung schärfer reagieren muss, als auf ein bloß sorgfaltswidriges Handeln (zur Abgrenzung Rn. 82). 69

Anderseits wäre die Erfassung nur von Weisungen auch **unzureichend**. Wie bereits bei der Kritik an der deutschen Konzernrechtsregelung angesprochen (vgl. Rn. 4) und auch von der ECLE-Gruppe gesehen (vgl. Rn. 32), sind die problematischen Verschiebungen auch durch **Entscheidungen** auf der Ebene der Muttergesellschaft möglich. So dürfte zB schon allein die Gründung einer neuen Tochtergesellschaft, die nach dem Willen der Konzernmuttergesellschaft in Konkurrenz zu einer schon bestehenden Konzerntochtergesellschaft tritt, zu einer teilweisen Chancenverlagerung auf die neue Tochtergesellschaft führen, auch ohne das ausdrückliche Anweisungen zum Wettbewerbsverhalten gegeben werden. Gab es bisher entsprechend auch dem kartellrechtlichen Leitbild vom Konzern (vgl. Rn. 16) keine Konkurrenz, ist dies eine der problematischen Handlungen, die es beispielsweise zu erfassen gilt. Es geht daher um die Grenzen des **Leitungsrechtes** und nicht nur des Weisungsrechtes. Im 70

Folgenden wird diesbezüglich daher von **Leitungsentscheidungen** gesprochen. Der Begriff sollte entsprechend Weisungen und sonstige Entscheidungen erfassen. Hierbei geht es nicht nur um die Zulässigkeitsgrenze für entsprechende Handlungen, sondern auch um die **Rechtsfolgen** bei Überschreitung der Zulässigkeitsgrenze, da davon das Funktionieren der Regelung zur Grenze ganz wesentlich abhängen kann. Im Zusammenhang mit Leitungsentscheidungen stellt sich auch die Frage nach einer **Leitungspflicht**, wobei hier vor allem an den Kernbereich der Compliance zu denken ist (vgl. Rn. 16 und 17). Eine effektive Leitung erfordert zudem **Informationsansprüche** der Muttergesellschaft, die deshalb ebenfalls angesprochen werden sollen. Leitungspflicht und Informationsansprüche sind allerdings beides Bereiche, die auch erst Teil einer späteren Regelung sein könnten, also nicht notwendig in der ersten Teilregelung enthalten sein müssten (hier aber mit bedacht werden sollen). **Konzerneingangsregeln** und **Konzernbeendigungsregeln** gehören nicht zu diesem Kernbereich und sollen daher hier auch nicht näher thematisiert werden. Sie werden aus diesem Grund auch von den meisten Forschergruppen nicht erfasst und sind vor allem thematisch nicht mit dem Funktionieren des Konzernrechts im laufenden Betrieb verbunden, auf den sich die anderen Fragen beziehen. Da *sell out* und *squeeze out* (vgl. dazu Rn. 36 und 37) zur Beendigung des Konzerns gehören, sollen sie hier beide, als nicht zum Kernbereich gehörend, nicht näher bei den Regelungen thematisiert werden. Von allen Gruppen werden Regelungen zur **Publizität** angesprochen (vgl. Zwischenresümee Rn. 44), da sie als essentiell für die Akzeptanzfähigkeit eines *enabling law* zugunsten der Konzerne gelten. Im Folgenden ist daher darauf ebenfalls einzugehen.

71 Zu den Grundlagenfragen gehört auch, ob es um die Entwicklung eigenständigen europäischen Konzernrechts geht, oder ob nach englischem Vorbild vielleicht auch allgemeine Regelungen zu *related party transactions* (vgl. Rn. 15) und *wrongful trading* (vgl. Rn. 32, 36) bei entsprechender Ausgestaltung für sich allein ausreichen könnten, so dass es keines wirklich spezifischen Konzernrechts bedürfte. Wenn man sich die zu regelnden Fragen ansieht, wird insbesondere aus dem Bedürfnis nach konzernspezifischer Publizität und der Erfassung von Entscheidungen deutlich, dass die beiden genannten Instrumente zumindest nicht ausreichend sind, weshalb hier für die Etablierung eines **echten Konzernrechts** mit entsprechenden eigenständigen konzernrechtlichen Regeln plädiert wird.

72 Ein Regelungsmodell muss für verschiedene **Konstellationen** funktionieren. Diese sollten in ihrer Gesamtheit alle zentralen Gestaltungsmöglichkeiten erfassen. Oben wurde bereits auf die Grundunterscheidung zwischen Tochtergesellschaften ohne Minderheitsgesellschafter und solchen mit Minderheitsgesellschafter hingewiesen. Eine wahrscheinlich eher unproblematische Konstellation ist eine Leitungsentscheidung **im Interesse der Tochtergesellschaft** (1A/1B und 3A/3B). Diese gibt es in zwei Varianten und zwar im Normalfall, dass die Entscheidung auch im Interesse der Muttergesellschaft liegt (1A/1B) und im Sonderfall, des Handelns zwar im Interesse der Tochtergesellschaft aber gegen das Interesse der Muttergesellschaft (3A/3B). Besonders interessant ist die Frage, wie mit der Konstellation umzugehen ist, in der die Leitungsentscheidung **im Interesse** der **Muttergesellschaft**, aber **nicht** im **Interesse** der **Tochtergesellschaft** ist (2A/2B), da hier ein Interessenskonflikt aufzulösen ist. Letzte Konstellation sind die Fälle, in denen die Leitungsentscheidung **weder** dem Interesse der Muttergesellschaft **noch** der Tochtergesellschaft entspricht (4A/4B). Hier besteht zwar nicht der Interessenkonflikt zulasten der Tochtergesellschaft aber die Leitungsentscheidung widerspricht dennoch ihren Interessen. Diese Interessenkonstellationen sind objektiv zu verstehen. Dennoch stellt sich die Frage, wie mit Fällen umzugehen ist, in denen die Handelnden die objektive Lage, also insbesondere einen Verstoß gegen die Interessen der Tochter, nicht erkennen.

73 Im Folgenden werden die soeben angesprochenen Konstellationen getrennt voneinander diskutiert. Die folgende Tabelle gibt einen Überblick über die zu diskutierenden Konstellationen:

	TochterG ohne MinderheitsG	**TochterG mit MinderheitsG**
Leitungsentscheidung im Interesse der MutterG und der TochterG	Konstellation 1A (Rn. 75 f.)	Konstellation 1B (Rn. 72, 74, 103)
Leitungsentscheidung im Interesse der MutterG aber gg. das Interesse der TochterG	Konstellation 2A (Rn. 76 ff.)	Konstellation 2B (Rn. 72, 93 f., 103)
Leitungsentscheidung im Interesse der TochterG aber gg. das Interesse der MutterG	Konstellation 3A (Rn. 83 ff.)	Konstellation 3B (Rn. 72, 92, 103)
Leitungsentscheidung weder im Interesse der MutterG noch der TochterG	Konstellation 4A (Rn. 84 f.)	Konstellation 4B (Rn. 74, 93, 95, 103)

Abb. 1: Zu diskutierende Konstellationen

Zusammenfassend bedeutet dies, dass nur für grenzüberschreitend tätige Konzerne eine Teilregelung für die Leitung von Tochtergesellschaften ohne Beginn und Ende der Konzernierung entwickelt werden soll. Es geht um ein *enabling law* unter gleichzeitiger Wahrung des Schutzes der Gläubiger der Tochtergesellschaft und etwaiger Minderheitsgesellschafter. Dabei ist zwischen Gesellschaften mit und solchen ohne Minderheitsgesellschaftern zu unterscheiden. Innerhalb dieser Hauptkonstellationen ist zwischen Leitungsentscheidungen im Hinblick auf die verschiedenen Interessenskonstellationen (1A bis 4A und 1B bis 4B) zu unterscheiden. Inhaltlich geht es um das Recht zur einheitlichen Leitung und die Existenz eines ggf. zu berücksichtigenden Konzerninteresses und ggf. einer Gruppensolidarität. Zu den Kernfragen gehören die Rechtsfolgen bei Überschreitung der Grenzen zulässiger Leitung und die Publizitätspflichten im Konzern. Eine nicht unwichtige Nebenfrage betrifft die Konzernleitungspflicht, insbesondere im Kernbereich der Compliance, eine andere die Informationsrechte der Muttergesellschaft. Die allgemeine Sorgfaltshaftung für Konzernleitung dürfte für die Gesamtstimmigkeit des Systems so wichtig sein, dass sie zum Kernbereich gehört, auch wenn sie bisher wenig diskutiert wurde. Zu entwickeln ist insgesamt ein echtes Konzernrecht. 74

II. Basiskonstellation Tochtergesellschaft ohne Minderheitsgesellschafter

1. Leitungsentscheidungen im Interesse der Mutter- und der Tochtergesellschaft (Konstellation 1A)

Leitungsentscheidungen, die sowohl im Interesse der Muttergesellschaft als auch im Interesse der Tochtergesellschaft sind, sind nur mit dem allgemeinen Sorgfaltsrisiko belastet. Dieses Sorgfaltsrisiko ist auch aus Sicht der Gläubiger der Tochtergesellschaft nichts Besonderes, denn es besteht bei Entscheidungen, die originär in der Tochtergesellschaft getroffen werden, ebenso wie bei Entscheidungen, die von der Muttergesellschaft veranlasst werden. Ein Bedenken gegen ein Leitungsrecht der Muttergesellschaft folgt daraus nicht. Ob die Muttergesellschaft und die Mitglieder ihres Leitungsorgans bei sorgfaltswidriger Leitung der Tochtergesellschaft haften sollten, ist allerdings eine später zu klärende, wichtige Folgefrage (vgl. unten Rn. 87 ff.). Damit bestehen in diesen Fällen keine Bedenken gegen ein Leitungsrecht der Muttergesellschaft und damit auch eine Folgepflicht der Tochtergesellschaft. Um solche sinnvollen Leitungsentscheidungen treffen zu können, sollte die Muttergesellschaft auch weitreichende **Informationsansprüche** gegenüber der Tochtergesellschaft haben. Da der Muttergesellschaft das Ausmaß der Leitung hierdurch nicht vorgeschrieben wird, bleibt die Flexibilität gewahrt. Jedenfalls für diese Konstellation wäre die Rechtslage auch einfach und rechtssicher. Da die Leitungsentscheidung keine negativen Konsequenzen für die Tochter mit sich bringt, brauchen eventuelle Ausgleichspflichten oder gar eine Haftungsübernahme für den Fall einer Insolvenz hier nicht diskutiert werden. 75

2. Leitungsentscheidungen im Konzerninteresse gegen das Interesse der Tochtergesellschaft (Konstellation 2A)

Problematisch sind Entscheidungen, die **im Konzerninteresse** erfolgen, aber den Interessen der Tochtergesellschaft widersprechen. Dies betrifft einerseits solche, die zu Verschiebungen zulasten der Tochtergesellschaft (Vermögen, Gewinne, Chancen; zum Sonderfall der Konzernsolidarität siehe erst unten Rn. 98 ff.) führen sowie anderseits solche Entscheidungen, die zB für eine aufwändige Standardisierung, die aus Sicht des Konzerns lohnend, aber aus isolierter Sicht der konkreten Tochtergesellschaft nachteilig sind (vgl. zu dieser Art Entscheidungen schon Rn. 57). Nicht unproblematisch ist auch ein vorauseilender Gehorsam der Tochtergesellschaft gegen ihre eigenen Interessen. 76

Dem Grunde nach besteht eine breite Strömung für die Anerkennung eines Konzerninteresses (vgl. Rn. 19 und 27). Es ist daher nach einer Möglichkeit zu suchen, wie ein Leitungsrecht im Konzerninteresse auch in dieser Konstellation ermöglicht werden kann und die Interessen der Gläubiger gleichzeitig gewahrt werden (zu den Gesellschaften mit Minderheitsgesellschaftern siehe unten Rn. 83 ff.). Eine Option bestünde darin, einen sofortigen Interessenausgleich oder zumindest einen Ausgleich für die entstandenen Nachteile zum Ende des Geschäftsjahres zu verlangen. Beides ist in gewisser Weise überschießend, weil die Interessen der Gläubiger der Tochtergesellschaft, die hier als Einzige mit den Interessen der Muttergesellschaft in Einklang zu bringen sind, einen so weitgehenden Schutz nicht gebieten. Die *Rozenblum*-Doktrin (vgl. Rn. 21 f.), der *club des juristes* (Rn. 23 ff.), sec. 15.16 EMCA (vgl. Rn. 34 ff.) und die ICLEG (Rn. 38 ff.) stimmen aber darin überein, dass Entscheidungen im Konzerninteresse die **Tochtergesellschaft nicht überfordern** dürfen. Dies erscheint dem Grunde nach als eine notwendige zentrale Grenze für die Leitung im Konzerninteresse, aber gegen das Interesse der Tochtergesellschaft. 77

Was aber bedeutet **„überfordern"**? Eine Überforderung liegt in jedem Falle vor, wenn eine sofortige **Insolvenzgefahr** aufgrund der Leitungshandlung besteht. Allerdings ist nicht zu verkennen, dass es auch Maßnahmen gibt, die nicht sofort zur Insolvenz führen, aber das Tochterunternehmen anfällig für jegliche Risiken wie Marktschwankungen machen und daher den Interessen der Gläubiger der Tochtergesellschaft widersprechen (**bonitätsreduzierende Leitung**). Die **Konkretisierung** bereitet Mühe, weil zB ein Bilanztest wegen der Bilanzierungsspielräume wenig zuverlässig ist. Ein **Solvenztest** ist etwas weniger manipulationsanfällig, aber grundsätzlich auch deutlich aufwändiger. Das ICLEG hat wegen des Aufwandes daher eine rechtsformbezogene Differen- 78 zierung angedacht (vgl. Rn. 41). Hinsichtlich des Aufwandes ist generell zu beachten, dass jede entsprechende Handlung einen aktualisierten Solvenztest benötigen würde. Selbst für solvenztesterfahrene Unternehmen bliebe es daher eine spürbare Belastung. Auch bleibt beim Solvenztest das Problem, dass über einen längeren Zeitraum finanzielle Zu- und Abflüsse und der Umfang von Kreditlinien kaum zuverlässig geschätzt werden können. Schließlich geht es auch nicht nur um Weisungen, sondern auch um sonstige Entscheidungen (daher gemeinsam als Leitungsentscheidungen bezeichnet, vgl. oben Rn. 58). Es kann zahlreiche Entscheidungen geben, die in Wechselwirkungen stehen können, für die schon deshalb an einzelnen Handlungen anknüpfende Mechanismen nicht effektiv sind. Vor allem kann der Solvenztest nicht die Risikoanfälligkeit auf mittlere Zeit (bonitätsreduzierende Leitung) durch die Konzernleitung gegen die Interessen der Tochtergesellschaft abbilden. Zu suchen ist daher nach einer Lösung, die verhältnismäßig einfach ist und niedrige Transaktionskosten verursacht, jedoch zugleich die genannten Gläubigerinteressen effektiv schützt.

79 Es wird daher hier **vorgeschlagen,** der **Konzernmuttergesellschaft** zunächst im Sinne des *enabling law* ein großzügiges Weisungsrecht für Entscheidungen im Konzerninteresse zu geben, auch mit Blick auf solche, die dem Interesse der Tochtergesellschaft widersprechen (Konstellation 2A). Dieses Weisungsrecht sollte konsequent zur Konstellation 1A (vgl. oben Rn. 75) mit Informationsansprüchen gegen die Tochtergesellschaft und einer Folgepflicht der Tochtergesellschaft verbunden sein. Das kurzfristige Insolvenzrisiko sollte zum einen durch ein Verbot entsprechender Leitungsentscheidungen und dem Verbot der Befolgung, bei einem dadurch offenkundig bestehenden kurzfristigen Insolvenzrisiko der Tochtergesellschaft begrenzt werden (dh keine Überforderung der Gesellschaft iSd *Rozenblum*-Entscheidung). Ein offenkundiges Insolvenzrisiko ist leicht festzustellen und erfordert keine aufwändige Untersuchung und auch keine Solvenzbescheinigung. Die Transaktionskosten sind niedrig und die Rechtslage ist vergleichsweise rechtssicher. Allerdings werden die Schutzinteressen der Gläubiger damit nicht vollständig abgebildet, zumal es auch nicht selten sein könnte, dass sich die Konzernmuttergesellschaft trotz offensichtlicher Insolvenzgefahr dennoch gegenüber der Tochtergesellschaft durchsetzt. Für letzteren Fall wären der bloße Rückforderungsanspruch und selbst ein Schadensersatzanspruch möglicherweise wegen der Hoffnung nicht entdeckt zu werden, nicht ausreichend effektiv. Hierfür wird daher eine schärfere und auch präventiv wirkende Rechtsfolge vorgeschlagen. Wird die den Interessen der Tochtergesellschaft widersprechende Leitungsentscheidung trotz offenkundig dadurch verursachter Insolvenzgefahr umgesetzt, so soll bei einer Insolvenz innerhalb von drei Jahren widerleglich vermutet werden, dass die Insolvenz darauf beruht. Alle dadurch betroffenen Gläubiger sollten vollständig durch die Muttergesellschaft entschädigt werden. Damit bestünde kein Anreiz das Verbot der Umsetzung bei offensichtlicher Insolvenzgefahr für die Tochtergesellschaft zu ignorieren. Drei Jahre sind eine lange Zeit, da es aber gelegentlich Unternehmen schaffen, mehr als zwei Jahre insolvenzreif ohne Insolvenzantrag weiter zu existieren, erscheint diese Frist angemessen (zur Sorgfaltshaftung s. Rn. 68).

80 Für Leitungsentscheidungen im Konzerninteresse, aber gegen die Interessen der Tochtergesellschaft, die nur die **Bonität herabsetzen** (2. Unterfallgruppe von Konstellation 2A) wird hier zwar eine Zulässigkeit der Durchführung der Leitungsentscheidung (ohne zwingende Ausgleichspflicht) vorgeschlagen. Dies soll aber gegen Übernahme des Insolvenzrisikos der Tochtergesellschaft für die nächsten drei Jahre geschehen. Geht die Tochtergesellschaft also innerhalb der nächsten drei Jahre insolvent und war die schädigende Leitungsentscheidung mit kausal, so wäre die Muttergesellschaft den Gläubigern in vollem Umfang schadensersatzpflichtig. Für spätere Vorgänge wäre der Nachweis ausgeschlossen. Um auch effektiv zu sein, sollte der Insolvenzverwalter bei Konzernen einen Anspruch auf Finanzierung der notwendigen Prüfung dieser Ansprüche haben. Zumindest im Regelfall, in dem hinter der Tochtergesellschaft eine solvente Konzernmuttergesellschaft steht, wäre dieses System effektiv gläubigerschützend. Der Vorschlag würde auch niedrige Transaktionskosten mit sich bringen und würde präventiv wirken. Die Muttergesellschaft könnte selbst entscheiden, ob und wie sie sich gegen das Risiko absichern will. Allerdings kann zB auch nach einem Unternehmenskauf, bei einem Managementwechsel oder auch aus beliebigen sonstigen Gründen ein Bedürfnis bestehen, das Haftungsrisiko zu beseitigen, um einen *safe harbour* zu erreichen. Hierfür wird empfohlen, eine nachträgliche Herstellung der ursprünglichen Bonität zu ermöglichen. Die Herstellung der ursprünglichen Bonität dürfte bei zwischenzeitlich verschlechterter Lage in Folge der ursprünglichen Bonitätsbeeinträchtigung, einen deutlich höheren Betrag als die ursprüngliche Schädigung erfordern. Selbst bei einer verbesserten wirtschaftlichen Lage ist jedoch immer zumindest die ursprüngliche Schädigung zu erstatten. Wird die Herstellung der ursprünglichen Bonität testiert, so gibt es keine Vermutung der Insolvenzverursachung für diese Handlung mehr und auch eine Kausalität für die Insolvenz sollte normativ ausgeschlossen sein.

81 Betrachtet man das hier vorgelegte Teilkonzept für Leitungsentscheidungen im Konzerninteresse, die dem Interesse der Tochtergesellschaft widersprechen, so wird eine größtmögliche Handlungsfreiheit der Konzernmuttergesellschaft (***enabling law***) mit einem effektiven Gläubigerschutz, geringen Transaktionskosten und relativ großer Rechtssicherheit kombiniert. Die scharfe Haftung in einem Fall, in dem die Tochtergesellschaft offenkundig in Insolvenzgefahr gebracht wird, kann nicht als unzumutbar gelten. Denn es ist erkennbar unerwünscht und **ohne Weiteres** vermeidbar. Die Frist von drei Jahren ist relativ lang. Danach aber besteht auch Rechtssicherheit für den Konzern. Größerer Diskussionsbedarf könnte eher mit Blick auf die vorgeschlagene Risikoübernahme durch die Muttergesellschaft bei Bonitätsschwächung der Tochtergesellschaft bestehen. Insofern ist allerdings zu

bedenken, dass es in durchschnittlich geführten Konzernen wohl regelmäßig wenig kausal verursachte Insolvenzen gibt. Die Möglichkeit nicht nur ursprünglich, sondern auch noch nachträglich vor Eintritt einer Insolvenz, die ursprüngliche Bonität der Tochtergesellschaft wiederherzustellen, verschafft der Muttergesellschaft zudem einen flexiblen *safe harbour*.

Alle Überlegungen zur Angemessenheit haben allerdings noch nicht die Möglichkeit berücksichtigt, dass die der Muttergesellschaft zuzurechnenden Personen in einigen Fällen **nicht bewusst** Konzerninteressen gegen die Interessen der Tochtergesellschaft durchgesetzt haben. Sie können vielmehr angenommen haben, dass die Leitungshandlung auch im Interesse der Tochtergesellschaft war (oder für diese zumindest hinsichtlich der Folgen neutral ist). Hier wird aus dem **Loyalitätskonflikt** unter Umständen eine **bloße Sorgfaltswidrigkeit**. Da Vorsatz kaum nachweisbar ist, wird hier vorgeschlagen, wiederum auf das Kriterium der **Offenkundigkeit** (Kennenmüssen) abzustellen und zwar diesmal in Bezug auf das Handeln gegen die Interessen der Tochtergesellschaft. Für die verschärfte Haftung schon bei Offenkundigkeit (und nicht erst bei Vorsatz) spricht auch, dass die Konzernmuttergesellschaft sich immerhin in einen fremden Rechtskreis, dh den der Tochtergesellschafft, einschaltet. Auch wenn der Unterschied zu § 678 BGB relativ groß ist, geht die Interessenbewertung damit doch ganz grob in die gleiche Richtung. Die Muttergesellschaft ist daher für die verursachte Insolvenz der Tochtergesellschaft ((Mit-)Kausalität) nur verantwortlich, wenn sie wusste oder grob fahrlässig nicht wusste, dass die Entscheidung den Interessen der Tochtergesellschaft widersprach. Nicht notwendig ist hingegen, dass den Verantwortlichen die genaue Höhe der Schädigung bekannt war. Bei Leitungsentscheidungen, die Vermögen, Gewinne oder Chancen innerhalb des Konzerns verschieben, dürfte im Regelfall diese Offensichtlichkeit gegeben sein. Weniger offensichtlich sind negative Auswirkungen häufig, wenn es um Entscheidungen geht, die vordergründig nichts mit der Tochtergesellschaft zu tun haben, diese aber dennoch beeinflussen. Soll allerdings eine neue Tochter gegründet werden, die zur alten Tochter in Konkurrenz steht, wird auch dann regelmäßig das Offenkundigkeitserfordernis erfüllt sein. Mit dieser Modifikation, die die bloße fahrlässige Sorgfaltswidrigkeit aus dem Anwendungsbereich dieser Fallgruppe ausschließt, erscheint dieser Teil nach hier vertretener Ansicht insgesamt ausgewogen. Das hier entworfene Konzept sagt noch nichts darüber aus, wie eine mögliche Sorgfaltshaftung der Handelnden ausgestaltet sein sollte. 82

3. Leitungsentscheidung gegen das Interesse der Muttergesellschaft im Interesse der Tochtergesellschaft (Konstellation 3A)

Eine Leitungsentscheidung gegen das Interesse der Muttergesellschaft aber im Interesse der Tochtergesellschaft dürfte eher selten sein. Wenn die Geschäftsleitung der Muttergesellschaft so entscheiden möchte und es handelt sich nicht um eine Transaktion zwischen Mutter- und Tochtergesellschaft, könnte sie einfach auf eine Leitungsentscheidung verzichten und der Tochter die Entscheidung im eigenen Interesse überlassen. Konzernrechtlich ist diese Entscheidung daher zunächst unproblematisch, solange ohne Leitung von oben die Tochtergesellschaft genau so entscheidet. Leitungsentscheidungen, die allerdings Vermögen, Gewinne und Chancen von der Konzernmuttergesellschaft auf die Tochtergesellschaft verlagern, sind etwas problematischer, denn hier wird der Einfluss der Minderheitsgesellschafter der Muttergesellschaft mediatisiert. Man könnte insofern den Schutz bei *related party transactions* (dazu § 30 Rn. 256 ff.) als ausreichend ansehen. Man könnte allerdings auch einen weitreichenderen Schutz der Minderheitsgesellschafter der Muttergesellschaft andenken. Insbesondere ist zu bedenken, dass die Aktionärsrechterichtlinie nur börsennotierte Gesellschaften erfasst. Generell wird man eine Folgepflicht der Geschäftsleitung der Tochtergesellschaft annehmen müssen. Dies gilt zumindest solange kein offenkundiger Missbrauch der Leitungsmacht zulasten der Muttergesellschaft durch die Geschäftsleitung der Muttergesellschaft vorliegt. 83

4. Leitungsentscheidungen gegen das Interesse sowohl der Muttergesellschaft als auch der Tochtergesellschaft (Konstellation 4A)

Es wird hoffentlich nicht so häufig passieren, dass eine Leitungsentscheidung im Konzern sowohl gegen die Interessen der Muttergesellschaft als auch die der Tochtergesellschaft verstößt. Denn dann entsteht eine *lose-lose* Situation. Dennoch ist diese Konstellation mit zu bedenken, wenn ein in sich geschlossenes System erreicht werden soll. Sonst könnte zB eine Muttergesellschaft angesichts der gerade vorgeschlagenen Rechtsfolgen bei einer Schädigung im Konzerninteresse gezielt vortragen, dass die Handlung auch dem Konzerninteresse widersprach und dies ist möglicherweise nicht immer einfach zu widerlegen. Das Grundproblem besteht hier darin, dass einerseits der Interessengegensatz zwischen Mutter- und Tochtergesellschaft nicht besteht, der eine schärfere Sanktion wegen der erhöhten Gefahr mit rechtfertigen kann, es also hier wieder um die Grenze zum bloß sorgfaltswidrigen Verhalten geht. Andererseits ist die Wirkung für die Gläubiger tendenziell gleich. Aus Gläubigersicht kann es keine Entlastung für die Muttergesellschaft bedeuten, dass die Leitungsentscheidung auch gegen ihre eigenen Interessen verstieß. Wie bei 2A ist eine Leitungshandlung, die für die Tochtergesellschaft insolvenzgefährdend ist, rechtswidrig und sollte zum Schutz der Gläubiger der Tochtergesellschaft mit einer umfassenden Haftung der Muttergesellschaft bei einem Insolvenzfall binnen drei Jahren sanktioniert werden. Die Kausalität sollte auch hier widerleglich vermutet werden. 84

85 Ebenfalls wie bei 2A sollte mit nur bonitätsverschlechternden Leitungsentscheidungen hinsichtlich der Haftung im Insolvenzfall umgegangen werden. Allerdings ist eine solche Leitungsentscheidung, weil auch gegen die Interessen der Muttergesellschaft verstoßend, rechtswidrig. Die Geschäftsleitung der Tochtergesellschaft hat allerdings auch hier ein grundsätzliches Recht zu folgen, weil man ihr nicht das Risiko der Fehlbeurteilung hinsichtlich der Interessen der Muttergesellschaft zuweisen kann, zumal die Geschäftsleitung der Tochtergesellschaft im Regelfall nicht die Informationen haben wird, aus denen sich zweifelsfrei ergeben würde, dass eine Handlung gegen das Konzerninteresse vorliegt. Sollte allerdings eine Handlung offenkundig gegen das Konzerninteresse vorliegen, ähnelt die Situation wertungsmäßig dem Missbrauch der Vertretungsmacht. Man könnte daher von einem Missbrauch der Leitungsmacht im Konzern sprechen und dann sollte auch kein Folgerecht der Tochtergesellschaft bestehen.

5. Publizität

86 Zum Schutz der Gläubiger der Tochtergesellschaft bedarf es auch bei fehlenden Minderheitsgesellschaftern einer **Publizität** hinsichtlich des Konzernverhältnisses und des Fehlens von Minderheitsgesellschaftern.[191] Wegen der hier vorgeschlagenen *safe harbour*-Regelung (vgl. Rn. 20 ff.) bei einem durch einen Wirtschaftsprüfer testierten Ausgleich des Nachteils sollte das Ergebnis der Prüfung publiziert werden. Um überhaupt im Insolvenzfall Schädigungen entdecken zu können, sollte die Konzernmuttergesellschaft zwar nicht zur Publizität aber doch zur Dokumentation aller Leitungsentscheidungen mit Auswirkungen auf die Tochtergesellschaften, die bei einer Prüfung mit heranzuziehen wären, verpflichtet werden. Zur Vereinfachung könnte hier noch mit einem „*threshold*" für Vorgänge mit sehr geringen Auswirkungen gearbeitet werden.

6. Sorgfaltshaftung und Haftung für sorgfaltswidrige Leitung

87 Die Sorgfaltshaftung ist zwar generell eine Folgefrage, die auch von der Zulässigkeit einer Weisung abhängen kann, gehört aber doch zum Kernbereich, da die Funktionsfähigkeit des Gesamtmechanismuses hiervon abhängt. Die Mitglieder des Leitungsorgans der **Tochtergesellschaft**, die nach dem Gesagten zur Befolgung einer Weisung verpflichtet sind, handeln mit der Befolgung nicht sorgfaltswidrig. Dies schließt allerdings nicht aus, dass ihre Umsetzung selbst sorgfaltswidrig geschieht. Muss bzw. darf die Leitung der Tochtergesellschaft der Leitungsentscheidung hingegen nicht folgen, ist schon die Befolgung einer solchen als eine Sorgfaltspflichtverletzung rechtswidrig.

88 Für die **Muttergesellschaft** bzw. für die für die Muttergesellschaft Handelnden stellt sich die Situation folgendermaßen dar: In anderem Zusammenhang wurde bereits festgestellt, dass sich bezogen auf das deutsche Recht aus den §§ 309 II, 317 I, III, 323 I 2 iVm 309 II AktG im Wege der Rechtsanalogie ein Prinzip der Haftung für sorgfaltswidrige Leitung gewinnen lässt.[192] Tragender Grund, der auch als Rechtfertigung im europäischen Gesellschaftsrecht dienen könnte, wären hier die **Funktionsdefizite** der sonst allein bestehenden Haftungen der Mitglieder des Geschäftsleitungsorgans der Tochtergesellschaft.[193] Im Leitungsbereich ist das Präventionsbedürfnis besonders groß, weshalb Handelnde grundsätzlich auch persönlich einer Leitungshaftung unterfallen sollten. Wenn wie hier die Geschäftsführung der Tochtergesellschaft grundsätzlich eine Folgepflicht hat und damit nicht für Entscheidungen auf Ebene der Muttergesellschaft verantwortlich ist, würde ohne eine Haftung auf Ebene der Muttergesellschaft sogar gänzlich die Verantwortung fehlen. Es gibt mit Art. 19 II 2 EWIV-VO auch eine Regelung im europäischen Gesellschaftsrecht (Haftung der natürlichen Person, die für die juristische Person handelt, die Geschäftsführer ist, s. dazu § 7 Rn. 168), die zu dieser Haftung für die sorgfaltswidrige Leitung passt. Die Haftung wäre wie sonstige Leitungshaftungen zumutbar, solange sie zumindest bei informierten unternehmerischen Entscheidungen sehr weite Entscheidungsspielräume wahrt, wie dies zB in Deutschland durch die *business judgement rule* verwirklicht wird. Diese Haftung für sorgfaltswidrige Leitung ließe sich kaum auf eine bestimmte Konzernform beschränken, was rechtspolitisch zu einer gewissen Zurückhaltung führen kann, zumal diese Frage in den wissenschaftlichen Arbeitsgruppen bisher nicht diskutiert wurde.

89 Auch für die Handelnden der Muttergesellschaft bedarf es einer Konkretisierung mit Blick auf die Haftung: Wird im tatsächlichen und nicht nur vermeintlichen Interesse der Muttergesellschaft (des Konzerns) gehandelt und besteht für das Tochterunternehmen eine Folgepflicht, so war diese Handlung rechtmäßig. Bestand jedoch keine Folgepflicht und war die Entscheidung rechtswidrig, zB bei einer Weisung im Konzerninteresse trotz offenkundig drohender Insolvenz der Tochtergesellschaft, trifft die für die Mutter Handelnden eine Sorgfaltshaftung. Das sollte weitgehend entsprechend rechtswidrige Weisungen verhindern. Die Regelung wirkt vor allem auch in Situationen, in denen die Muttergesellschaft ebenfalls vor der Insolvenz steht und ggf. sowieso nicht

191 Insbesondere dann, wenn es zwar Mitgesellschafter gibt, die aber doch zur Unternehmensgruppe gehören, bedarf es dieser Information.

192 *Krebs*, Geschäftsführungshaftung bei der GmbH & Co. KG und das Prinzip der Haftung für sorgfaltswidrige Leitung, 1991, S. 154 ff.

193 Zu diesem funktionalen Ansatz für Direkthaftungen gegenüber Dritten vgl. *Krebs*, Sonderverbindung und außerdeliktische Schutzpflichten, 2000, S. 339 ff.

mehr zum Ersatz des Schadens bei der Tochtergesellschaft in der Lage sein wird. Denn auch in diesem Falle haften die betreffenden Manager persönlich für sorgfaltswidrige Leitungsentscheidungen. Die Sorgfaltshaftung der Organmitglieder der Tochtergesellschaft und die Haftung für die sorgfaltswidrige Leitung der Muttergesellschaft und ihrer Organmitglieder runden somit das hier vorgeschlagene Haftungsmodell ab.

7. Umfassende oder beschränkte Konzernleitungspflicht

Eine umfassende Konzernleitungspflicht könnte zwar situationsbedingt manchmal im Interesse einer Tochtergesellschaft sein, wenn in einem dezentral geführten Konzern eine andere Tochtergesellschaft plötzlich in Konkurrenz zur ersten Tochtergesellschaft tritt (ohne Weisung bzw. Einflussnahme der Muttergesellschaft). Besteht aber keine Konzernpolitik durch die sich die Muttergesellschaft hier zu einem einheitlichen Vorgehen verpflichtet, ist sie auch nicht verantwortlich. Denn zu anderen Tochtergesellschaften besteht grundsätzlich keine Sonderverbindung aus der sich eine Pflicht zur Unterlassung der Konkurrenz ergeben würde. Dieses bloß situationsbedingte Interesse rechtfertigt aber keine umfassende Leitungspflicht. Damit würde die Flexibilität der Konzernorganisation und damit ein wesentliches Erfolgselement dieser Organisationsform verloren gehen. Eine umfassende Konzernleitungspflicht wird hier daher nicht befürwortet. Es könnte jedoch eine **beschränkte Leitungspflicht** im Sinne einer Pflicht zur Verhinderung zentraler **Compliancepflichtverletzungen** geben. In einem zentralen Compliancebereich, den Verstößen gegen das Kartellverbot (vgl. oben Rn. 16), entspricht die Rechtsprechung schon jetzt im Ergebnis der Existenz einer konzernweiten Compliancepflicht, da die Verstöße der Tochtergesellschaft der Muttergesellschaft zugerechnet werden. Auch für Verletzungen des Korruptionsverbotes gibt es international eine ähnliche Tendenz (vgl. Rn. 17, 61). Der französische Gesetzgeber hat eine ähnliche Regelung für schwerwiegende Menschenrechtsverletzungen erlassen.[194] Der europäische Gesetzgeber könnte mit einer entsprechenden Regelung damit auch auf dem Feld der Compliance potenziellen Vorwürfen entgegentreten, er dulde missbräuchliche Konzernkonstruktionen. Ein wesentliches Problem einer entsprechenden Gesetzgebung wäre allerdings die Benennung der Bereiche, für die diese Pflicht zur Konzerncompliance gelten sollte. Denn Compliance umfasst neben wichtigen und schwer sanktionierten Verboten auch allerkleinste Gesetztesverletzungen. Hier macht eine Pflicht zur Konzerncompliance keinen Sinn. Auch an dieser Stelle gilt, dass die wissenschaftlichen Arbeitsgruppen sich mit diesem Aspekt im Rahmen des europäischen Konzernrechts noch nicht beschäftigt haben, weshalb insofern ein Diskussionsbedarf besteht. 90

8. Gesamtbetrachtung der Tochterunternehmen ohne Minderheitsgesellschafter

Es wurde hier versucht, eine widerspruchsfreie, alle Konstellationen umfassende Regelung zu entwerfen. Nach hier vertretener Ansicht ist das entwickelte Konzept verhältnismäßig rechtssicher und verursacht mangels Pflichtprüfungen und einem Abstellen auf Offenkundigkeit nur relativ geringe Transaktionskosten. Gerade bei wirklich unerwünschten Verhaltensweisen (unmittelbare Insolvenzgefahr) dürfte sie eine erhebliche Präventionswirkung entfalten. Sie lässt breiten Raum für ein Konzernleitungsrecht und sichert zugleich die Gläubiger der Tochtergesellschaft vor einer Überforderung und dabei insbesondere vor der Insolvenzgefahr umgehungsfest ab. Auch ein „*safe harbour*" zur nachträglichen Bereinigung ist zugunsten der Muttergesellschaft enthalten. Hinzuweisen ist allerdings darauf, dass ein Sonderaspekt, die Konzernsolidarität, noch nicht behandelt wurde (vgl. dazu Rn. 22). Soweit man diese Konzernsolidarität akzeptiert und diese reicht, würde dies die Beurteilung der Interessenlage der Tochtergesellschaft beeinflussen. Soweit man eine Konzernsolidarität akzeptiert, würde eine solche Handlung nicht rechtswidrig sein (vgl. näher Rn. 98). 91

III. Tochtergesellschaft mit Minderheitsgesellschafter

1. Übereinstimmungen mit Tochtergesellschaften ohne Minderheitsgesellschafter

Durch die Existenz der Minderheitsgesellschafter kommen zusätzliche bzw. geänderte Regelungen in Betracht, soweit sich durch die Existenz der Minderheitsgesellschafter eine veränderte Interessenlage ergibt. Das bedeutet aber auch, dass es eine Reihe von Ergebnissen gibt, die unverändert bleiben. Hierzu gehören ganz generell sowohl der Informationsanspruch der Muttergesellschaft zur Ermöglichung vernünftiger Konzernleitung (vgl. Rn. 62) als auch die Ablehnung einer generellen Konzernleitungspflicht unter Bejahung einer partiellen Konzernleitungspflicht zur Verhinderung schwerwiegender Complianceverstöße in der Tochtergesellschaft (vgl. oben Rn. 90). Es gibt auch keinen grundsätzlichen Unterschied bezüglich der Sorgfaltshaftung und der Haftung für sorgfaltswidrige Leitung. In der Konstellation einer Leitungshandlung im Interesse sowohl von Muttergesellschaft als auch Tochtergesellschaft ergeben sich ebenfalls keine Änderungen gegenüber der vergleichbaren Situation bei Tochtergesellschaften ohne Minderheitsgesellschafter (**1A**, vgl. Rn. 75). Denn die zusätzliche Existenz der Minderheitsgesellschafter führt bei einer Handlung sowohl im Interesse der Tochtergesellschaft als auch der Muttergesellschaft nicht zu einem zusätzlichen Schutzbedürfnis der Gesellschafter der Tochtergesellschaft und damit der Tochtergesellschaft. Auch bei einer Leitungshandlung **im Interesse der Tochtergesellschaft** 92

194 Dazu *Fleischer/Danninger* DB 2017, 2849, 2849 ff.

aber gegen die Interessen der Muttergesellschaft, gibt es keinen relevanten Unterschied zwischen der Konstellation mit einer Tochtergesellschaft ohne Minderheitsgesellschafter (3A, vgl. Rn. 72) zur Konstellation mit Minderheitsgesellschafter (3B). Denn auch hier wird das Interesse der Minderheitsgesellschafter der Tochtergesellschaft nicht tangiert. Da die Interessen der Minderheitsgesellschafter der Tochtergesellschaft auch im Ausgangsfall (3A) schon berücksichtigt wurden, gibt es insoweit keine Änderungen.

2. Besonderheiten für Tochtergesellschaften mit Minderheitsgesellschaftern

93 Spürbare Veränderungen sind für die **Konstellationen 2B und 4B** (siehe Tabelle Rn. 73) zu erwarten, also in Situationen in denen eine Leitungsentscheidung **nicht im Interesse der Tochtergesellschaft** liegt. Liegt sie gleichzeitig im Interesse der Muttergesellschaft, handelt es sich um Konstellation 2B. Entspricht sie weder dem Interesse der Muttergesellschaft noch der Tochtergesellschaft, ist Konstellation 4B gegeben. In beiden Fällen gilt auch hier, dass Leitungsentscheidungen, die mit einer **Insolvenzgefahr für die Tochtergesellschaft** verbunden sind, in jedem Fall rechtswidrig sind. Auch sollte die verschärfte Insolvenzhaftung aufgrund widerleglich vermutetem Zusammenhang zwischen Schädigung und Insolvenz ohne Nachweis der kausal-verursachten Insolvenz in diesen Fällen greifen, wenn die Tochtergesellschaft binnen drei Jahren insolvent wird (vgl. oben bei 2A Rn. 80). Daneben bedarf es jedoch eines weiteren Ausgleichs für die Minderheitsgesellschafter, die durch die kausal-verursachte Insolvenz finanziell geschädigt wurden. Diesbezüglich greift eine allgemeine Schadensersatzhaftung. Die Dreijahresfrist sollte insofern nicht gelten.

94 Entscheidende Veränderungen zwischen Gesellschaften mit und ohne Minderheitsgesellschafter sind insbesondere für bonitätsverschlechternde Leitungsentscheidungen zulasten der Minderheitsgesellschaften im Interesse der Muttergesellschaft (Konstellation 2B) gerechtfertigt. Denn mangels schutzwürdiger Minderheitsgesellschafter wurden solche Leitungsentscheidungen im Konzerninteresse oben nicht als rechtswidrig eingestuft (vgl. oben Rn. 90). Die Muttergesellschaft trug nur das dadurch verursachte Insolvenzrisiko in den nächsten drei Jahren. Aus Sicht der Minderheitsgesellschafter aber sind Schädigungen nicht hinnehmbar, da jede Schädigung den Wert ihrer Beteiligung senkt. Für die Rechtmäßigkeit einer Weisung mit entsprechender Folgepflicht bei Leitung im Interesse der Muttergesellschaft aber gegen das Interesse der Tochtergesellschaft bedarf es daher eines Ausgleichs. Eine Konzernpolitik ist hier entgegen der *Rozenblum*-Doktrin (vgl. oben Rn. 21) nicht unbedingt erforderlich. Denn wenn das Erfordernis nicht nur vage bliebe, könnten kurzfristige Optionen im Konzerninteresse so nicht genutzt werden. Da die Bewertung von Einzelmaßnahmen aufwändig sein kann und auch Wechselwirkungen verschiedener Leitungshandlungen zu berücksichtigen sind, könnte die Berechnung von insgesamt fälligen Ausgleichsansprüchen jährlich im Rahmen des Jahresabschlusses erfolgen. Auch wenn man zur Absicherung eine Konzernpflichtprüfung bejaht (vgl. unten Rn. 96), bliebe doch unter Umständen für die Muttergesellschaft ein gewisser Anreiz, potenziell schädigende Leitungsentscheidungen nicht als solche zu offenbaren und ihre Entdeckung zu erschweren. In Übereinstimmung mit der Lösung bei Tochtergesellschaften ohne Minderheitsgesellschafter (vgl. oben Rn. 91) aber auch mit den Leitungsentscheidungen mit Minderheitsgesellschaftern und unmittelbarer Insolvenzgefahr (vgl. oben Rn. 93), sollte die Muttergesellschaft in diesen 2B-Konstellationen neben der Ausgleichspflicht das dreijährige Insolvenzrisiko tragen (vgl. 2A Rn. 80). Die Ausgleichspflicht bzw. der Schadensersatz wird durch diese Frist nicht begrenzt.

95 In den 4B-Fällen, dh Entscheidungen gegen das Konzerninteresse und das Interesse der Tochtergesellschaft, besteht gegenüber den gerade behandelten Fällen der Leitungsentscheidungen im Konzerninteresse gegen das Interesse der Tochtergesellschaft nur die Besonderheit, dass die Handlung zusätzlich auch nicht den Konzerninteressen entspricht. Hier war schon oben bei den Gesellschaften ohne Minderheitsgesellschafter (vgl. 4A Rn. 84 ff.) die Lösung, zwar keine Folgepflicht bei nur bonitätssenkenden Entscheidungen zu bejahen, aber bei fehlender Offenkundigkeit aus Sicht des Managements der Tochtergesellschaft zu erlauben, der Leitungsentscheidung der Muttergesellschaft zu folgen. Der Schutz wird hier durch die Ausgleichspflicht und die Haftung bei Insolvenz der Tochtergesellschaft gewährleistet.

3. Prüfung und Publizität

96 Bei Tochtergesellschaften ohne Minderheitsgesellschafter wurde hier auf eine Prüfung der Konzernbeziehungen verzichtet (vgl. oben Rn. 75 ff.). Lediglich in den Fällen der Wahrnehmung des *safe harbours* durch Ausgleich der ursprünglichen Schädigung und der Folgeschäden ist eine Testierung als Nachweisinstrument vorgesehen. Das erscheint ausreichend, weil die Gläubigerinteressen durch die Insolvenzhaftung schon gesichert werden. Bei einer Tochtergesellschaft mit Minderheitsgesellschaftern stellt sich die Lage jedoch anders dar. Hier gibt es die Gefahr einer Vielzahl von Schädigungen und das Schutzinteresse der Tochtergesellschaft besteht aufgrund der Existenz von Minderheitsgesellschaftern nicht nur in der Vermeidung der Insolvenz, sondern auch in der Vermeidung jeglicher Schädigung (vgl. oben Rn. 93). Dann bedarf es einer gebündelten Erfassung der Konzernentscheidungen mit Bezug auf die Tochtergesellschaft, zumal es nicht nur um einzelne Leitungshandlungen, sondern auch um das Zusammenwirken verschiedener Leitungsentscheidungen gehen kann. Hierfür erscheint eine jährliche Pflichtprüfung der Konzernbeziehungen durch Wirtschaftsprüfer geboten. Diese sollten dafür zuständig sein, den Ausgleich zu berechnen. Da die Bestellung der Prüfer von der Konzernmuttergesellschaft entschei-

dend von der Konzernmuttergesellschaft beeinflusst wird, wäre ein erleichtertes Recht zur Sonderprüfung zugunsten der Minderheitsgesellschafter wünschenswert.

Bei Tochtergesellschaften mit Minderheitsgesellschaftern bedarf es zudem einer intensiveren **Publizität** als ohne Minderheitsgesellschafter. Publiziert werden sollten insbesondere die Berichte mit Blick auf die hier vorgeschlagenen Pflichtprüfungen. Denn zumindest eine indirekte Kontrolle der Wirtschaftsprüferberichte, kann nur über die Publizität erfolgen. 97

IV. Konzernsolidarität

Bisher wurde offengelassen, ob es eine **Konzernsolidarität** geben sollte (vgl. oben Rn. 49, 68). Eine Konzernsolidarität lässt sich in der gelebten Konzernpraxis durchaus beobachten. Die Unternehmensgruppe und dort primär die Muttergesellschaft, aber teilweise auch andere Tochtergesellschaften (zumeist allerdings indirekt), helfen nicht selten einer Tochtergesellschaft in einer schwierigen wirtschaftlichen Lage. Solange eine Gegenleistung existiert, die das wirtschaftliche Risiko einpreist, wäre dies keine Konzernsolidarität und auch noch keine Entscheidung im Konzerninteresse, weil davon nur gesprochen werden sollte, wenn die Handlung/Unterlassung nicht zugleich den Interessen der anderen Konzerneinheiten entspricht. Echte Konzernsolidarität aber liegt vor, wenn zB eine Gruppe besonders leistungsfähiger Mitarbeiter von einer Tochtergesellschaft zu einer in Schwierigkeiten geratenen Tischgesellschaft wechselt oder gar lukrative Geschäftszweige oder Produktionsstandorte verlagert werden. Auch Kredite stellen eine Leistung iSe Konzernsolidarität da, wenn sie nicht zu marktüblichen Konditionen gewährt werden. Die Konzernsolidarität stellt in Tochtergesellschaften ohne Minderheitsgesellschafter grundsätzlich kein Problem dar, da es dort vor allem um den Gläubigerschutz geht. Um Tochtergesellschaften mit Minderheitsgesellschaftern in die Pflicht nehmen zu können, müsste die Konzernsolidarität allerdings anerkannt werden. Allerdings sollte es wie bei Art. 19 Banksanierungs- und Abwicklungsrichtlinie (vgl. Rn. 18) nur um die Möglichkeit und nicht die Pflicht zur Konzernsolidarität gehen. 98

Geht man von einer Konzernsolidarität aus, könnte sich diese so auswirken, dass zwar die Anweisung an eine Tochtergesellschaft in diesem Zusammenhang eine Leistung zu erbringen für diese zunächst nachteilig ist, durch die Konzernsolidarität und die damit verbundenen Vorteile jedoch als ausgeglichen gilt. Die Festlegung einer Konzernsolidarität könnte für Tochtergesellschaften mit beschlossen werden. Dabei liegt es nahe, zur Konkretisierung auch die *Rozenblum*-Doktrin (vgl. Rn. 21) mit heranzuziehen. Im Sinne der *Rozenblum*-Doktrin könnte für die Berücksichtigungsfähigkeit der Konzernsolidarität eine **fixierte Konzernpolitik** verlangt werden (vgl. die 3. Voraussetzung der *Rozenblum*-Doktrin (Rn. 21); für die Pflicht zur Offenlegung der Konzernpolitik vgl. Rn. 30), die die Voraussetzungen und Grenzen der Konzernsolidarität (konkret) umschreibt. Die Gegenleistung, die einen besonderen Ausgleich entbehrlich macht, könnte darin bestehen, im Rahmen des längerfristigen Zeitraums für den die Konzernpolitik gilt, bei Bedarf in gleicher Weise unterstützt zu werden (eine Art Versicherung auf Gegenseitigkeit). Die Dauer der Verbindlichkeit der Konzernpolitik wäre wichtig, da zum Zeitpunkt der Einführung derselben im Regelfall absehbar ist, dass bestimmte, gut gehende Konzerntochtergesellschaften zumindest für die nächsten zwei bis drei Jahre nur Hilfe brauchen und andere nur Hilfe geben werden. Das grundsätzliche Gleichgewicht zwischen Konzerngesellschaften bliebe im Sinne der 4. Voraussetzung der *Rozenblum*-Doktrin (Rn. 21) erhalten. Die Konzernpolitik ist dabei eine unternehmerische Entscheidung, die nur grob auf Fairness überprüft werden sollte. Die Gleichgewichtsvoraussetzung sorgt auch dafür, dass nur zu der Größe und Ertragskraft der Tochtergesellschaft absolut und relativ zu den anderen Konzerngesellschaften angemessene Beiträge unter Berufung auf die Konzernsolidarität zulässig sein können. Auch die Voraussetzung der fehlenden Überforderung (vgl. Rn. 22, 78 f.) wäre zu beachten. 99

Die Anbindung an die *Rozenblum*-Doktrin in ihrer ursprünglichen Form unter Einschluss der Konzernpolitik hätte den erheblichen Vorteil, dass die Flexibilität der Konzerne gewahrt bliebe. Die Konzernmuttergesellschaft könnte sich dann im Rahmen der Konzernpolitik für oder gegen Konzernsolidarität und ggf. das Ausmaß der gewünschten Konzernsolidarität entscheiden. Man könnte ihr sogar erlauben, die Konzernpolitik vorzeitig zu ändern, allerdings nur unter Ausgleich der Nachteile für die Konzerntöchter, die sich zuvor solidarisch gezeigt haben. Um an das Beispiel des gegenseitigen Hilfeversprechens anzuknüpfen: Führt die veränderte Konzernpolitik zum Wegfall der Jahre, für die bei Einführung noch nicht absehbar war, ob dann vielleicht auch die betreffende Konzerntochter Unterstützung benötigen würde (Jahre, die als Gegenleistung zählen würden), ist diese wegfallende Zeit auszugleichen. Dies kann bis zum vollen Umfang der ursprünglichen eigenen Hilfeleistung gehen. 100

Gegen die Idee der Konzernsolidarität ließe sich möglicherweise einwenden, dass sie für Anleger, die nur kurzfristig investieren möchten, nachteilig sein kann, da sie zB bewusst in ertragsstarke Unternehmen investieren. Kurzfristig wird vor allem in börsennotierte Gesellschaften investiert. Hier handelt es sich meist um Muttergesellschaften oder zumindest Teilkonzernspitzen, hinter denen die Ertragskraft der Unternehmensgruppe steht. Bei diesen werden mögliche Effekte der Konzernsolidarität eher gering sein. Die hier bejahte Konzernsolidarität greift zudem nicht bei einer Verschiebung, die ohne Krise einer Konzerngesellschaft lediglich durch das Ziel einer Gewinnmaximierung im Konzern motiviert ist. Für die Definition von Krise kann es durchaus einen unternehmerischen Ermessensspielraum geben. Insbesondere läge sie jedenfalls vor, wenn die zu unterstützende Toch- 101 tergesellschaft aus Sicht Dritter nicht zu marktüblichen Bedingungen kreditwürdig ist. Denn dann besteht kein Problem, den gewünschten Beitrag der Konzerntochter sofort adäquat zu vergüten. Im Ergebnis vergrößert daher die Möglichkeit Konzernsolidarität entsprechend den genannten Voraussetzungen die Spielräume für ein Handeln im Konzerninteresse.

V. Übersicht über die Regelungsvorschläge zu Leitung, Folgepflicht und Ausgleich/ Schadensersatz

102

<table>
<tr><th rowspan="2"></th><th colspan="2">TochterG ohne MinderheitsG</th></tr>
<tr><th>Überforderung der TochterG</th><th>Verschlechterung Bonität der TochterG</th></tr>
<tr><td>Leitungsentscheidung im Interesse der MutterG und der TochterG</td><td colspan="2">1A:
■ Keine Überforderung der Tochtergesellschaft oder Verschlechterung der Bonität der Tochtergesellschaft möglich.
■ Kein Schutz der Gläubiger erforderlich.
■ Leitungsentscheidungen der Muttergesellschaft sind zulässig und zu befolgen.</td></tr>
<tr><td>Leitungsentscheidung im Interesse der MutterG gg. das Interesse der TochterG</td><td>2A:
■ Überforderung gefährdet unmittelbar die Existenz der Tochter und führt zur Rechtswidrigkeit der LE.
■ Es besteht keine Folgepflicht.
■ Wird LE dennoch umgesetzt, besteht umfassender Ersatzanspruch der Gläubiger bei Insolvenz der Tochter binnen drei Jahren nach Maßnahme, bei einer widerleglich vermuteten Kausalität der Insolvenz.
■ Eine Heilung vor Insolvenz bei vollständigem Ausgleich aller ursprünglichen Schäden und der Folgeschäden ist möglich (safe harbour).</td><td>2A:
■ Leitungsentscheidung nicht rechtswidrig und daher folgepflichtig.
■ Muttergesellschaft haftet, falls Tochtergesellschaft deshalb ((Mit)Kausalität) binnen drei Jahren Insolvenz anmeldet.
■ Safe harbour bei testiertem Ausgleich der Schäden und Folgeschäden vor Insolvenz.</td></tr>
<tr><td>Leitungsentscheidung im Interesse der TochterG gg. das Interesse der MutterG</td><td colspan="2">3A:
■ Keine Überforderung der Tochtergesellschaft oder Verschlechterung der Bonität der Tochtergesellschaft möglich.
■ Kein Schutz der Gläubiger erforderlich.
■ Folgepflicht, sofern nicht offenkundig gegen Interessen der MutterG verstoßend (Missbrauchsfall).</td></tr>
<tr><td>Leitungsentscheidung weder im Interesse der MutterG noch der TochterG</td><td>4A:
■ Rechtslage entspricht der Konstellation 2A.
■ Aus der Tatsache, dass die Leitungshandlung auch gegen die Interessen der Muttergesellschaft verstößt, ergibt sich kein Änderungsbedarf.</td><td>4A:
■ Rechtslage entspricht im Wesentlichen der Sachlage bei 2A.
■ Allerdings besteht aufgrund der LE gegen die Interessen der Muttergesellschaft keine Folgepflicht, aber ein Folgerecht soweit das Handeln gegen die Interessen auch der MutterG nicht offenkundig ist.</td></tr>
</table>

Abb. 2: Regelungsvorschläge für Tochtergesellschaften ohne Minderheitsgesellschafter

103

	TochterG mit MinderheitsG	
	Überforderung der TochterG	**Verschlechterung Bonität der TochterG**
Leitungsentscheidung im Interesse der MutterG und der TochterG	1B: ■ Keine besonderen Nachteile für Minderheitsgesellschafter der Tochtergesellschaft möglich. Keine relevanten Unterschiede zu 1A.	
Leitungsentscheidung im Interesse der MutterG gg. das Interesse der TochterG	2B: ■ Die Rechtslage entspricht 2A bei Überforderung der TochterG. ■ Zusätzlich besteht ein allgemeiner Schadensersatzanspruch der TochterG, der den allgemeinen Regelungen folgt, dh also nicht auf drei Jahre begrenzt ist.	2B: ■ Hier besteht Rechtmäßigkeit und Folgepflicht nur gegen einen Ausgleichsanspruch hinsichtlich der Schädigung und Folgeschäden. ■ Im Interesse einfacherer Handhabung findet eine Beurteilung der Konzernbeziehungen einmal im Jahr durch Wirtschaftsprüfer statt. ■ Diese jährliche Prüfung begründet die Fälligkeit der Ausgleichsansprüche.
Leitungsentscheidung im Interesse der TochterG gg. das Interesse der MutterG	3B: ■ Bei dieser Konstellation ergeben sich keine Änderung gegenüber 3A.	
Leitungsentscheidung weder im Interesse der MutterG noch der TochterG	4B: ■ Die Rechtslage entspricht grds. der Konstellation 2B. ■ Aus der Tatsache, dass die Leitungshandlung auch gegen die Interessen der MutterG verstößt, ergibt sich kein Änderungsbedarf.	4B: ■ Im Ausgangspunkt entspricht die Situation der Rechtslage in der Konstellation 2B. ■ Allerdings besteht aufgrund der LE gegen die Interessen der MutterG keine Folgepflicht, aber ein Folgerecht soweit das Handeln gegen die Interessen auch der MutterG nicht offenkundig ist.

Abb. 3: Regelungsvorschläge für Tochtergesellschaften ohne Minderheitsgesellschafter

E. Vorschläge in Leitsätzen

(1) Eine europäische Teilregelung hinsichtlich Leitung und Verantwortung ist für die Leitung grenzüberschreitend tätiger Konzerne anzustreben (*enabling law*). 104

(2) Für das entwickelte Konzept wird auf den Begriff Leitungsentscheidungen abgestellt, der sowohl Weisungen als auch Entscheidungen mit Auswirkungen auf die Tochtergesellschaften umfasst.

(3) Es sollte zwischen Tochtergesellschaften mit und ohne Minderheitsgesellschaftern unterschieden werden. Zu differenzieren ist weiterhin nach der Interessenlage der verschiedenen Akteure. Daraus ergeben sich im Prinzip acht Konstellationen (1A bis 4A und 1B bis 4B). Hinzu kommt eine Differenzierung danach, ob die Leitungsentscheidung offenkundig zu einer Insolvenzgefährdung der Gesellschaft führt oder lediglich ihre Bonität verschlechtert. Die einzelnen Konstellationen weisen allerdings zT Gemeinsamkeiten auf.

(4) Informationsansprüche der Muttergesellschaft gegenüber Konzernunternehmen bestehen in allen Konstellationen.

(5) Bei Handlungen sowohl im Konzerninteresse als auch im Interesse der Tochtergesellschaft besteht ein Leitungsrecht der Muttergesellschaft und eine Folgepflicht der Tochtergesellschaft. Dies gilt unabhängig davon, ob die Tochter Minderheitsgesellschafter hat oder nicht.

(6) Bei einer Leitungsentscheidung im Interesse der Tochtergesellschaft aber gegen das Interesse der Muttergesellschaft, ist diese Handlung unbegrenzt zulässig soweit die Tochtergesellschaft auch alleine hätte entsprechend handeln können. Bedarf es notwendigerweise einer Handlung der Muttergesellschaft darf die Tochtergesellschaft Folge leisten, soweit die Leitungsentscheidung nicht auch aus Sicht der geleiteten Tochter offenkundig gegen die Interessen der Muttergesellschaft verstößt und sich daher als Missbrauch darstellt. Dies gilt unabhängig davon, ob die Tochter Minderheitsgesellschafter hat oder nicht.

(7) Bei Tochtergesellschaften ohne Minderheitsgesellschafter sind Handlungen im Interesse des Konzerns gegen die Interessen der Tochtergesellschaft erlaubt, soweit diese die Tochtergesellschaft nicht offenkundig in kurzfristige Insolvenzgefahr bringen. Unter dieser Einschränkung beinhaltet dies auch eine Folgepflicht

der Tochtergesellschaft. Zum Ausgleich für die hier verursachte Schädigung der Tochtergesellschaft und die damit verschlechterte Bonität haftet die Muttergesellschaft den Gläubigern der Tochtergesellschaft auf Ersatz des Schadens, der durch eine etwaige Insolvenz der Tochtergesellschaft aufgrund dieser Schädigung entsteht, soweit die Insolvenz innerhalb von drei Jahren auftritt. Mitkausalität genügt insofern. Hierzu findet in der Insolvenz auf Kosten der Muttergesellschaft eine vom Insolvenzverwalter veranlasste Prüfung statt. Als *safe harbour* steht der Muttergesellschaft die Möglichkeit offen, die verschlechterte Bonität der Tochtergesellschaft samt Folgeschäden auszugleichen und sich dies testieren zu lassen.

(8) Wird die Tochtergesellschaft offenkundig in Insolvenzgefahr gebracht, besteht auch bei Tochtergesellschaften ohne Minderheitsgesellschafter kein Weisungsrecht und keine Folgepflicht und auch kein Folgerecht. Die Insolvenzhaftung ist insoweit verschärft, als bei einer Insolvenz innerhalb der nächsten drei Jahre widerleglich vermutet wird, dass die Insolvenz auf der gefährdenden Weisung beruhte. Im Übrigen entspricht die Rechtslage derjenigen bei einfachen Leitungshandlungen im Konzerninteresse und gegen das Interesse der Tochtergesellschaft.

(9) Handlungen, die bewusst sowohl gegen das Konzerninteresse als auch gegen das Interesse der Tochtergesellschaft ohne Minderheitsgesellschafter verstoßen, unterfallen den gleichen Regelungen wie bei einer Leitungsentscheidung im Konzerninteresse und gegen das Interesse der Tochtergesellschaft, nur, dass kein Leitungsrecht und keine Folgepflicht bestehen. Soweit das Handeln gegen die Interessen der Muttergesellschaft aber nicht offenkundig ist (Missbrauch des Leitungsrechts) besteht ein Folgerecht der Tochtergesellschaft.

(10) Bemerken die Handelnden nicht, dass sie gegen das Interesse der Tochtergesellschaft handeln, ändert dies nichts bezüglich des Leitungsrechts und der Folgepflicht im Verhältnis zu den Entscheidungen mit bewusstem Handeln gegen die Interessen der Tochtergesellschaft. Die insolvenzbezogene verschärfte Haftung tritt jedoch nur ein, wenn ein Handeln gegen die Interessen der Tochtergesellschaft offenkundig (oder vorsätzlich) war. Ohne Offenkundigkeit greifen nur allgemeine Sorgfaltshaftungen, also nicht die verschärfte insolvenzbezogene Haftung. Dies gilt für Tochtergesellschaften mit und ohne Minderheitsgesellschafter gleichermaßen.

(11) Bei Tochtergesellschaften mit Minderheitsgesellschaftern ist eine Leitung der Tochtergesellschaft im Konzerninteresse gegen das Interesse der Tochtergesellschaft nur unter besonderen Voraussetzungen zulässig. Eine entsprechende Leitungsentscheidung ist grundsätzlich nur rechtmäßig, wenn der drohende Nachteil durch eine adäquate Gegenleistung kompensiert wird. Die Aufrechnung erfolgt am Ende des Geschäftsjahres. Neben den Ausgleichsanspruch der Tochtergesellschaft im Interesse der Minderheitsgesellschafter tritt der Schutz bei einer Insolvenz innerhalb von drei Jahren von Gläubigern und hier auch der Minderheitsgesellschafter.

(12) Verschiebungen innerhalb des Konzerns zugunsten notleidender Tochtergesellschaften, die sich im Rahmen einer festgelegten Konzernpolitik bewegen, sind als Akte der Konzernsolidarität zulässig, wenn sie der leistenden Tochtergesellschaft (auch wenn diese Minderheitsgesellschafter hat) bei Bedarf in vergleichbarer Weise zugutekämen und die *Rozenblum*-Kriterien (zB keine Überforderung) gewahrt sind. Bei Erfüllung der Kriterien liegt zwar immer noch eine nachteilige Leitungsentscheidung vor. Diese gilt jedoch iSd Konzernsolidarität als ausgeglichen. Den Konzern trifft jedoch keine Pflicht zur Konzernsolidarität.

(13) In Tochtergesellschaften mit Minderheitsgesellschaftern hat eine jährliche Pflichtprüfung der Konzernbeziehungen zu erfolgen, um so den Ausgleichsanspruch zu ermitteln. Eine Sonderprüfung auf Veranlassung der Minderheitsgesellschafter ist unter vereinfachten Voraussetzungen zuzulassen.

(14) In Konzernen gibt es eine Haftung für sorgfaltswidrige Leitung der Muttergesellschaft und der verantwortlichen Organmitglieder gegenüber der geleiteten Tochtergesellschaft. Die Haftungsmaßstäbe tragen dem Risiko kaum vermeidbarer unternehmerischer Fehlentscheidungen Rechnung. Generell kommt keine Sorgfaltshaftung bei hier als rechtmäßig eingeordneten Handlungen in Betracht, es sei denn die Ausführung selbst ist sorgfaltswidrig.

(15) Es gibt keine generelle Konzernleitungspflicht. Es ist allerdings eine Konzerncompliancepflicht im Bereich der zentralen Compliancefelder anzuerkennen. Hierzu gehören insbesondere Verstöße gegen das Kartellrecht, Verstöße gegen das Korruptionsverbot, systematische oder schwerwiegende Verstöße gegen Umweltschutzbestimmungen, Produktsicherheitsregeln, Arbeitsschutzvorschriften und die Menschenwürde.

(16) Publizitätsregeln stellen die Information über die Art der Konzernstruktur, über Ergebnisse von Konzernprüfungen, über die für die Konzernsolidarität wichtigen Teile der Konzernpolitik, sowie über wesentliche Entscheidungen und Transaktionen sicher. Für die Tochtergesellschaften relevante Entscheidungen sind zu dokumentieren, aber grundsätzlich nicht zu publizieren.

§ 36 Europäisches Insolvenzrecht

Literatur (Auswahl): *Aasaru*, The desirability of centre of main interests as a mechanism for allocating jursidiction and applicable law in cross-border insolvency law, EBLR 2011, 349; *Amey*, Reform to the European Insolvency Regulation, Int. Corp. Rescue 12 (2015) 205; *Bachner*, The Battle over Jurisdiction in European Insolveny Law, ECFR 2006, 310; *Bewick*, The EU Insolvency Regulation, Revisited, IIR 24 (2015)172; *Bork*, Grenzüberschreitende Insolvenzanfechtung, in: Recht im Wandel europäischer und deutscher Rechtspolitik. Festschrift 200 Jahre Carl Heymanns Verlag, 2015, S. 263; *Bork/van Zwieten* (Eds.), Commentary on the European Insolvency Regulation, 2016; *Cranshaw*, Aktuelle Fragen zur europäischen Insolvenzverordnung vor dem Hintergrund der Rechtsprechung des EuGH, DZWiR 2009, 353; *Dieter*, Der Anwendungsbereich der Insolvenzverordnung, IPRax 2003, 505; *Dimmling*, Schuldenfrei in the UK?, ZInsO 2007, 1198; *Duursma-Kepplinger*, Checkliste zur Eröffnung eines Insolvenzverfahrens nach der Europäischen Insolvenzverordnung und zum anwendbaren Recht, NZI 2003, 87; *Eastby*, The Law of Unintended Consequences: The 2015 E.U. Insolvency Regulation and Employee Claims in Cross-Border Insolvencies, Chicago J. Int'l L. 17 (2016) 121; *Eble*, Der Gruppenkoordinator in der reformierten EuInsVO – Bestellung, Abberufung und Haftung, ZIP 2016, 1619; *Ehricke*, Die neue Europäische Insolvenzverordnung und grenzüberschreitende Konzerninsolvenzen, EWS 2002, 101; *Eidenmüller*, A New Framework for Business Restructuring in Europe: The EU Commission's Proposal for a Reform of the European Insolvency Regulation and Beyond, Masstricht Journal 2013, 150; *Eidenmüller*, Free Choice in International Insolvency Law in Europe, EBOR 6 (2005) 423; *Eidenmüller/Frobenius/Prusko*, Regulierungswettbewerb im Unternehmensinsolvenzrecht: Ergebnisse einer empirischen Untersuchung, NZI 2010, 545; *Fehrenbach*, Die Zuständigkeit für insolvenzrechtliche Annexverfahren, IPRax 2009, 492; *Fehrenbacher*, Die reformierte Europäische Insolvenzverordnung (Teil I), GPR 2016, 282; *Fehrenbacher*, Die reformierte Europäische Insolvenzverordnung (Teil II), GPR 2017, 38; *Fletcher/Wessels*, Harmonisation of Insolvency Law in Europe, 2012; *Franken*, Three Principles of Transnational Corporate Bankruptcy Law: A Review, ELJ 11 (2005), 232; *Freitag/Leible*, Justizkonflikte im Europäischen Internationalen Insolvenzrecht und (k)ein Ende?, RIW 2006, 641; *Garcimartín*, The EU Insolvency Regulation Recast: Scope, Jurisdiction and Applicable Law, ZEuP 2015, 694; *Graf-Schlicker*, Das europäische Insolvenzpaket – Aufbruch zu einem europäischen Insolvenzrecht?, in: Festschrift für Bruno M. Kübler, 2015, S. 195; *Hess/Laukemann/Seagon*, Europäisches Insolvenzrecht nach Eurofood, IPRax 2007, 89; *Huber*, Die Europäische Insolvenzverordnung, EuZW 2002, 490; *Hübner*, Kollisions- und europarechtliche Einordnung von § 64 S. 1 GmbHG, IPRax 2015, 297; *Kammel*, Die Bestimmung der zuständigen Gerichte bei grenzüberschreitenden Konzerninsolvenzen, NZI 2006, 334; *Kemper*, Die Verordnung (EG) Nr. 1346/2000 über Insolvenzverfahren, ZIP 2001, 1609; *Kindler* in: Münchener Kommentar zum BGB, Bd. 11, Internationales Insolvenzrecht, 6. Aufl. 2015; *Kindler*, Insolvenzrecht als Tätigkeitsausübungsregel, EuZW 2016, 136; *Kindler/Nachmann* (Hrsg.), Handbuch Insolvenzrecht in Europa, 4. EL 2014; *Klöhn*, Verlegung des Mittelpunkts der hauptsächlichen Interessen i. S. d. Art. 3 Abs. 1 S. 1 EuInsVO vor Stellung des Insolvenzantrags, KTS 2006, 259; *Latella*, The „COMI" Concept in the Revision of the European Insolvency Regulation, ECFR 2014, 479; *Leible/Staudinger*, Die europäische Verordnung über Insolvenzverfahren, KTS 2000, 533; *Lutter/Bayer/Schmidt*, Europäisches Unternehmens- und Kapitalmarktrecht, 5. Aufl. 2012, § 16; *Mankowski*, Bestimmung der Insolvenzmasse und Pfändungsschutz unter der EuInsVO, NZI 2009, 785; *Mankowski*, Insolvenzrecht gegen Gesellschaftsrecht 2:0 im europäischen Spiel um § 64 GmbHG, NZG 2016, 281; *Mankowski/Müller/Schmidt* (Hrsg.), EuInsVO 2015, 2016; *Mankowski/Willemer*, Die international Zuständigkeit für Insolvenzanfechtungsklagen, RIW 2009, 669; *McCormack*, Something Old, Something New: Recasting the European Insolvency Regulation, MLR 79 (2016) 102; *McCormack*, Business restructuring law in Europe: making a fresh start, JCLS 17 (2017) 167; *Menjucq*, EC-Regulation No. 1346/2000 on Insolvency Proceedings and Groups of Companies, ECFR 2008, 142; *Mevorach*, European insolvency law in a global context, J.B.L. 2011, 666; *Mock*, Steine statt Brot? – Verfahrenskonzentration bei grenzüberschreitenden Insolvenzanfechtungsklagen und fehlende örtliche Zuständigkeiten, ZInsO 2009, 470; *Mock*, Zur Qualifikation der insolvenzrechtlichen Gläubigerschutzinstrumente des Kapitalgesellschaftsrechts, IPRax 2016, 237; *Moss/Fletcher/Isaacs* (Eds.), The EU Regulation on Insolvency Proceedings, 3. Aufl. 2016; *Mucciarelli*, Not just efficiency: insolvency law in the EU and its political dimension, EBOR 14 (2013) 175; *Mucciarelli*, Private International Law Rules in the Insolvency Regulation Recast: A Reform or a Restatement of the Status Quo?, ECFR 2016, 1; *Oberhammer*, Europäisches Insolvenzrecht in praxi – „Was bisher geschah", ZInsO 2004, 761; *Oberhammer*, Von der EuInsVO zum europäischen Insolvenzrecht, KTS 2009, 27; *Pannen* (Hrsg.), Europäische Insolvenzverordnung, 2007;

Parzinger, Die neue EuInsVO auf einen Blick, NZI 2016, 63; *Paulus*, Anfechtungsklagen in grenzüberschreitenden Insolvenzverfahren, ZInsO 2006, 295; *Paulus*, Der EuGH und das moderne Insolvenzrecht, NZG 2006, 609; *Paulus*, Die EuInsVO – wo geht die Reise hin?, NZI 2008, 1; *Paulus*, Unternehmensrestrukturierung und Wettbewerb – Das Europäische Recht auf der Suche nach der richtigen Balance, WRP 2016, 1070; *Paulus*, Europäische Insolvenzverordnung: EuInsVO, 5. Aufl. 2017; *Piekenbrock*, Das Europäische Insolvenzrecht im Umbruch, KSzW 2015, 191; *Prager/Keller*, Der Entwicklungsstand des Europäischen Insolvenzrechts, WM 2015, 805; *Ringe*, Forum Shopping under the EU Insolvency Regulation, EBOR 9 (2008) 570; *Rordorf*, Cross Border Insolvency, IILR 2010, 16; *Schall*, Das Kornhaas-Urteil gibt grünes Licht für die Anwendung des § 64 GmbHG auf eine Limited mit Sitz in Deutschland – Alles klar dank EuGH!, ZIP 2016, 289; *Schmidt*, Opt-out und Opt-in in Gruppen-Koordinationsverfahren nach der EuInsVO 2015, ZVglRWiss 116 (2017) 93; *Scholz*, Neues zur Reichweite des Insolvenzstatuts, ZEuP 2016, 959; *Servatius*, Insolvenznahe Geschäftsleiterhaftung bei EU-Auslandsgesellschaften, DB 2015, 1087; *Skauradszun*, Die „tatsächlichen Annahmen" der Zusicherung nach Art. 36 Abs. 1 Satz 2 EuInsVO n. F., ZIP 2016, 1563; *Spahlinger*, Insolvenz einer Gesellschaft – insolvenzrechtliche und deliktische Anknüpfung von Haftungsansprüchen und deren Vereinbarkeit mit der EU-Niederlassungsfreiheit, in: Festschrift für Gerhard Wegen, 2015, S. 527; *Stöber*, Die Insolvenzverschleppungshaftung in Europa, ZHR 176 (2012) 326; *Thole*, Das COMI-Prinzip und andere Grundfragen des Europäischen Insolvenzrechts, ZEuP 2007, 1137; *Thole*, Die Reform der Europäischen Insolvenzverordnung, ZEuP 2014, 39; *Thole*, Die neue Europäische Insolvenzverordnung, IPRax 2017, 213; *Thole* in: Leible/Terhechte (Hrsg.), Europäisches Rechtsschutz- und Verfahrensrecht, 2014, § 24 (Insolvenzverfahren); *Thole/Dueñas*, Some Observations on the New Group Coordination Procedure of the Reformed European Insolvency Regulation, IIR 24 (2015) 214; *Thomale*, Sekundärinsolvenzverfahren mit Drittstaatenbezug bei multinationalen Unternehmensgruppeninsolvenzen, IPRax 2016, 558; *Vallender*, Gerichtliche Kommunikation und Kooperation bei grenzüberschreitenden Insolvenzverfahren im Anwendungsbereich der EuInsVO, KTS 2008, 59; *Vallender*, Europaparlament gibt den Weg frei für eine neue Europäische Insolvenzverordnung, ZIP 2015, 1513; *Vallender* (Hrsg.), EuInsVO, 2017; *van Calster*, COMIng, and Here to Stay: The Review of the European Insolvency Regulation, EBLR 27 (2016) 735; *Wansleben*, Die feine Linie zwischen Gesellschafts- und Insolvenzstatut im Unionsrecht – EuGH-Urteil „Kornhaas", EWS 2016, 72; *Weijs*, Harmonisation of European Insolvency Law and the Need to Tackle Two Common Problems: Common Pool and Anticommons, Int. Insolv. Rev. 21 (2012) 67; *Weller*, Brennpunkte des Insolvenzkollisionsrechts, in: Festschrift für Bernd von Hoffmann, 2011, S. 513; *Weller*, Die Verlegung des Center of Main Interest von Deutschland nach England, ZGR 2008, 835; *Weller*, Forum shopping im internationalen Insolvenzrecht?, IPRax 2004, 412; *Weller*, Inländische Gläubigerinteressen bei internationalen Konzerninsolvenzen, ZHR 169 (2005) 570; *Wenner*, Die Reform der EuInsVO – Ein Verriss, ZIP 2017, 1137; *Wessels*, The Ongoing Struggle of Multinational Groups of Companies under the EC Insolvency Regulation, ECL 6 (2009) 169; *Wessels*, A Glimpse into the Future: Cross-border Judicial Cooperation in Insolvency Cases in the European Union, IIR 24 (2015) 96; *Wessels*, On the future of of European Insolvency Law, IILR 2014, 310; *Wessels*, Corporate Groups: Bringing Insolvency Law and Corporate Law Together, ECL 15 (2018) 41; *Wimmer/Bornemann/Lienau* (Hrsg.), Die Neufassung der EuInsVO, 2016; *Wood*, The meaning of "economic activity" and "establishment" in cross-border insolvency proceedings: the implications of the Olympic Airlines SA case, ICCLR 26 (2015) 302.

A. Europäische Rechtsgrundlagen

I. Ausgangslage

1 Wie das Gesellschaftsrecht wird im Zuge der Internationalisierung des Wirtschaftsverkehrs das (Unternehmens-) Insolvenzrecht immer mehr auch von europäischen Regulierungsvorhaben geprägt. Grenzüberschreitende Insolvenzen haben in den letzten Jahren stark zugenommen und insbesondere Fragen des **Insolvenzkollisionsrechts** sowie der Koordinierung staatenübergreifender Insolvenzverfahren erlangen eine zunehmende Bedeutung.[1] Hinzu kam vor allem im Hinblick auf die liberale EuGH-Rechtsprechung zur Mobilität von Gesellschaften (dazu § 10 Rn. 32 ff.) ein fortschreitender **Regulierungswettbewerb** auch im Unternehmensinsolvenzrecht.[2] Damals wie heute bestehen zT immanente Unterschiede beim materiellen Insolvenz- bzw. Konkursrecht von Gesellschaften in den Mitgliedstaaten.[3] Aufgrund dieser Unterschiede konnte eine umfassende Harmonisierung des materiellen Insolvenzrechts der Mitgliedstaaten bisher nicht erreicht werden und das Europäische Insolvenzrecht versteht sich bisweilen überwiegend als eine Vereinheitlichung der **Internationalen Zuständigkeit** für Insolvenzverfahren und deren Anerkennung sowie des Insolvenzkollisionsrechts.[4]

2 In jüngerer Zeit lässt sich jedoch ein gewisser **Paradigmenwechsel** in der Regulierung des Europäischen Insolvenzrechts ausmachen. In verschiedenen Vorhaben der letzten Jahre und auch zukünftigen Projekten steht immer häufiger der Sanierungs- und Restrukturierungsaspekt von krisenbetroffenen Unternehmen im Mittel-

1 Vgl. nur *Weller* in: FS v. Hoffmann, 2011, S. 513; *van Zwieten* in: Bork/van Zwieten (Hrsg.), Commentary on the European Insolvency Regulation, 2016, Introduction, Rn. 6.

2 Dazu *Enriques/Gelter*, How the Old World Encountered the New One: Regulatory Competition and Cooperation in European Corporate and Bankruptcy Law, ECGI Law Working Paper 63/2006; *Eidenmüller* EBOR 6 (2005) 423 ff.; *Eidenmüller/Frobenius/Prusko* NZI 2010, 545 ff.; *Mucciarelli* EBOR 14 (2013) 175, 188 ff.; *Ringe* EBOR 9 (2008) 570 ff.; vgl. auch *Aasaru* EBLR 2011, 349; *Bachner* ECFR 2006, 310; *Walters/Smith* IIR 19 (2009) 181; *Weller* IPRax 2004, 412.

3 Rechtsvergleichend siehe nur die Länderberichte in *Kindler/Nachmann* (Hrsg.), Handbuch Insolvenzrecht in Europa, 2014 und in MüKo InsO, Bd. 4 (Länderberichte), 3. Aufl. 2016; aus jüngerer Zeit auch *Europäische Kommission*, Study on a new approach to business failure and insolvency, January 2016, S. 42 ff.

4 Mit Bezug zur EuInsVO vgl. *van Calster* EBLR 27 (2016) 735; *Thole* in: Leible/Terhechte (Hrsg.), Europäisches Rechtsschutz- und Verfahrensrecht, 2014, § 24 Rn. 1.

punkt. Aus europäischer Sicht wird das Insolvenzrecht insofern nicht mehr nur als vollstreckungsrechtliches Vermögensverwertungsverfahren, sondern gleichermaßen als **Sanierungsinstrument** für Gesellschaften betrachtet.[5] Dies zeigt sich ua am erweiterten Anwendungsbereich der neuen EuInsVO (s. Rn. 45) sowie dem Richtlinienvorschlag über vorinsolvenzliche Restrukturierungsverfahren (s. Rn. 7 ff.). Mit einer entsprechenden Angleichung der nationalen Sanierungs- und Insolvenzrechte werden aus unternehmerischer Sicht damit vor allem grenzüberschreitende Sanierungen und insolvenznahe Restrukturierungen erleichtert.

II. Europäische Insolvenzverordnung (2000/2015)

Hierbei ist die Europäische Insolvenzverordnung (EuInsVO) (s. Rn. 35 ff.) von maßgebender Bedeutung und stellt die primäre Rechtsgrundlage des kollisionsrechtlich geprägten Europäischen Insolvenzrechts dar. Nach verschiedenen Vorentwürfen und (geplanten) Übereinkommen über Insolvenzverfahren in Europa,[6] wurde die EG-Verordnung über Insolvenzverfahren schließlich am 29.5.2000 offiziell verabschiedet und war vollumfänglich für alle Insolvenzverfahren anzuwenden, die nach dem 31.5.2002 eröffnet wurden.[7] Die EuInsVO ist mit der **Verordnung 2015/848** vom 20.5.2015 über Insolvenzverfahren komplett neu gefasst worden (dazu Rn. 42 ff.).[8] Die mittlerweile geltende **„EuInsVO 2015"** trat weitgehend am 26.6.2017 in Kraft und ist seitdem für die Mitgliedstaaten als geltendes Recht verbindlich. Europäische Rechtsgrundlage der damaligen „EuInsVO 2000" war Art. 61 lit. c) EGV iVm Art. 67 I EGV über zulässige Maßnahmen des Rates im Bereich der justiziellen Zusammenarbeit in Zivilsachen zum Aufbau eines Raums der Freiheit, der Sicherheit und des Rechts. Entsprechend wird die reformierte EuInsVO nunmehr auf Art. 81 AEUV und dort insbesondere auf Abs. 2 lit. c) über „die Vereinbarkeit der in den Mitgliedstaaten geltenden Kollisionsnormen und Vorschriften zur Vermeidung von Kompetenzkonflikten" gestützt. 3

Aufgrund des Charakters der EuInsVO als sekundärrechtliche Verordnung sind deren Inhalte gem Art. 288 II 2 AEUV in allen Teilen verbindlich und entfalten in jedem Mitgliedstaat **unmittelbare Geltung**. In Deutschland werden die Vorgaben der EuInsVO noch durch die Durchführungsbestimmungen in Art. 102 EGInsO (§§ 1-11) sowie im Zuge der reformierten EuInsVO in Art. 102c EGInsO (§§ 1-24) ergänzt.[9] Daneben gilt im Verhältnis zu Drittstaaten grundsätzlich das autonome **deutsche Insolvenzkollisionsrecht** der §§ 335 ff. InsO. Innerhalb der EU haben die Vorgaben der EuInsVO jedoch zwingend Vorrang vor dem deutschen Internationalen Insolvenzrecht, sofern der Anwendungsbereich dieser (dazu Rn. 45 ff.) eröffnet ist.[10] 4

III. Richtlinien mit insolvenzrechtlichem Bezug

Obgleich der überwiegenden Beschränkung des Europäischen Insolvenzrechts auf kollisionsrechtliche Aspekte, wird an verschiedenen Stellen auch das **materielle Insolvenzrecht** in Teilen harmonisiert bzw. der Versuch einer Teilvereinheitlichung vorgenommen. Neben den gesellschaftsrechtlichen Richtlinien mit insolvenz- bzw. sanierungsrechtlichen Berührungspunkten (s. Rn. 17 ff.) hat der europäische Gesetzgeber auch bereits mehrere Richtlinien mit insolvenzrechtlichem Inhalt erlassen.[11] So regelt die **Richtlinie 98/26/EG** (sog Finalitätsrichtlinie)[12] Fragen im Rahmen von internationalen Zahlungs- und Abrechnungssystemen, durch die die Insolvenz eines Teilnehmers auftreten kann. Die **Richtlinie 2002/47/EG**[13] bestimmt insbesondere, dass Wertpapier- und Finanzsicherheiten auch in der Insolvenz verwertet werden können und enthält Sonderbestimmungen für die Aufrechnung in der Insolvenz. Für die nicht von der EuInsVO erfassten Unternehmen sehen ferner die **Richtlinie** 5

5 *Bornemann* in: Wimmer/Bornemann/Lienau, Die Neufassung der EuInsVO, 2016, Rn. 30 ff.; bezogen auf die Neufassung der EuInsVO auch *Fritz* DB 2015, 1882, 1883.

6 Zur Entstehungsgeschichte bzw. Entwicklung der EuInsVO 2000 vgl. *Kindler* in: MüKo BGB, 6. Aufl. 2015, IntInsR, Einl. IntInsR Rn. 13 ff.; *Lutter/Bayer/Schmidt*, Europäisches Unternehmens- und Kapitalmarktrecht, 2017, Rn. 17.1; *Reinhart* in: MüKo InsO, 3. Aufl. 2016, Vor Art. 1 EuInsVO Rn. 3 ff.; *Thole* in: Leible/Terhechte (Hrsg.), Europäisches Rechtsschutz- und Verfahrensrecht, 2014, § 24 Rn. 11.

7 Verordnung des Rates (EG) Nr. 1346/2000 vom 29.5.2000, ABl. EG v. 30.6.2000, L 160/1.

8 Verordnung (EU) 2015/848 des Europäischen Parlaments und des Rates vom 20. Mai 2015 über Insolvenzverfahren, ABl. EU v. 5.6.2015, L 141/19.

9 Zu Letzteren vgl. *Madaus* NZI 2017, 203 ff.; *Fritz* BB 2017, 131 ff.

10 Vgl. BGH NJW 2011, 1818, Rn. 11; *Kindler* in: MüKo BGB, 6. Aufl. 2015, IntInsR, Einl. IntInsR Rn. 23; *Vallender* in: K. Schmidt/Uhlenbruck (Hrsg.), Die GmbH in der Krise, 5. Aufl. 2016, Rn. 12.3.

11 Vgl. *Kolmann/Keller* in: Gottwald, Insolvenzrechts-Handbuch, 5. Aufl. 2015, § 131 Rn. 138 ff.; *Kindler* in: MüKo BGB, 6. Aufl. 2015, IntInsR, Vor EuInsVO Rn. 21 ff.

12 Richtlinie 98/26/EG des Europäischen Parlaments und des Rates vom 19. Mai 1998 über die Wirksamkeit von Abrechnungen in Zahlungs- sowie Wertpapierliefer- und -abrechnungssystemen, ABl. EG v. 11.6.1998, L 166/45.

13 Richtlinie 2002/47/EG des Europäischen Parlaments und des Rates vom 6. Juni 2002 über Finanzsicherheiten, ABl. EG v. 27.6.2002, L 168/43.

2001/17/EG[14] und die **Richtlinie 2001/24/EG**[15] spezielle Regelungen für die Sanierung und Liquidation von Versicherungsunternehmen bzw. Kreditinstituten vor. Für erstere bezwecken zudem die Art. 267 ff. Solvabilität II-Richtlinie[16] eine Angleichung der internationalprivat- und verfahrensrechtlichen Regelungen der Mitgliedstaaten für die Sanierung und Liquidation.[17] Zudem statuieren in diesem Zusammenhang auch die Bestimmungen der sog **Bankenabwicklungsrichtlinie**[18] spezielle Vorgaben für die Sanierung und Abwicklung von Kreditinstituten sowie Wertpapierfirmen.

IV. Kommissionsempfehlung zum Umgang mit Unternehmensinsolvenzen (2014)

6 Basierend auf einer öffentlichen Konsultation aus dem Jahr 2012 veröffentlichte die Kommission im März 2014 weiterhin eine Empfehlung „für einen neuen Ansatz im Umgang mit unternehmerischem Scheitern und Unternehmensinsolvenzen".[19] In dieser werden insbesondere Standards für **präventive Restrukturierungsmaßnahmen** sowie den Schuldenerlass für von einem Insolvenzverfahren betroffene Unternehmer empfohlen. Die Mitgliedstaaten sollen einen präventiven Restrukturierungsrahmen zur Verfügung stellen, der die Anwendung einer drohenden Insolvenz ermöglicht. Der Schuldner selbst soll eine Restrukturierung des Unternehmens einleiten können, ohne dass es formal einer gerichtlichen Verfahrenseröffnung bedarf. Ferner soll im Rahmen einer Insolvenz im Grundsatz eine maximale **Entschuldungsfrist** von drei Jahren aufgestellt werden. Eine im Januar 2016 veröffentlichte, von der Europäischen Kommission beauftragte, Studie zeigt jedoch, dass diesem Punkt der Empfehlung bislang nur in wenigen Mitgliedstaaten gefolgt wird und weiterhin die Mehrzahl der Mitgliedstaaten eine längere Entschuldungsfrist iS einer Restschuldbefreiung vorsieht.[20]

V. Richtlinienvorschlag über vorinsolvenzliche Restrukturierungsmaßnahmen (2016)

7 Auch die neugefasste EuInsVO harmonisiert im Grundsatz nicht das materielle Insolvenzrecht der Mitgliedstaaten.[21] Eine Anwendungsüberprüfung der Empfehlung von 2014 ergab, dass die insolvenzrechtlichen Vorschriften der Mitgliedstaaten im Bereich Sanierung und Restrukturierung immer noch unterschiedlich und zT ineffizient sind. In mehreren Mitgliedstaaten ist es nicht möglich, ein Unternehmen im Vorfeld der Insolvenz umzustrukturieren. Auch hinsichtlich der Dauer einer Restschuldenbefreiung bestehen markante Unterschiede. Unter anderem auf der genannten Kommissionsempfehlung (s. Rn. 6) sowie insbesondere auf einer entsprechenden Ankündigung im Aktionsplan zur Schaffung der Europäischen Kapitalmarktunion (dazu § 34 Rn. 8 ff.) basierend,[22] veröffentlichte die Europäische Kommission im November 2016 in diesem Zusammenhang einen **Richtlinienvorschlag** über vorinsolvenzliche Restrukturierungsmaßnahmen in den Mitgliedstaaten.[23] Durch eine ma-

14 Richtlinie 2001/17/EG des Europäischen Parlaments und des Rates vom 19. März 2001 über die Sanierung und Liquidation von Versicherungsunternehmen, ABl. EG v. 20.4.2001, L 110/28.

15 Richtlinie 2001/24/EG des Europäischen Parlaments und des Rates vom 4. April 2001 über die Sanierung und Liquidation von Kreditinstituten, ABl. EG v. 5.5.2001, L 125/15.

16 Richtlinie 2009/138/EG des Europäischen Parlaments und des Rates vom 25. November 2009 betreffend die Aufnahme und Ausübung der Versicherungs- und der Rückversicherungstätigkeit (Solvabilität II), ABl. EG v. 17.12.2009, L 335/1.

17 *Kindler* in: MüKo BGB, 6. Aufl. 2015, IntInsR, Vor EuInsVO Rn. 24.

18 Richtlinie 2014/59/EU des Europäischen Parlaments und des Rates vom 15. Mai 2014 zur Festlegung eines Rahmens für die Sanierung und Abwicklung von Kreditinstituten und Wertpapierfirmen […], ABl. EU v. 12.6.2014, L 173/190.

19 Empfehlung 2014/135/EU der Kommission v. 12.3.2014 für einen neuen Ansatz im Umgang mit unternehmerischem Scheitern und Unternehmensinsolvenzen, COM(2014) 1500, ABl. EU v. 14.3.2014, L 74/65; dazu *Bayer/Schmidt* BB 2014, 1219, 1226 f.; *Eidenmüller/van Zwieten*, Restructuring the European Business Enterprise: The EU Commission Recommendation on a New Approach to Business Failure and Insolvency, ECGI Law Working Paper 301/2015; *Paulus* WRP 2016, 1070, 1071 ff.

20 *Europäische Kommission*, Study on a new approach to business failure and insolvency, January 2016, S. 294.

21 Vgl. *Madaus* NZI 2017, 329; insofern zum materiellen Ergänzungscharakter des Richtlinienvorschlags auch *Sax/Ponseck/Swierczok* BB 2017, 323.

22 Vgl. Mitteilung der Kommission an das Europäische Parlament, den Rat, den Europäischen Wirtschafts- und Sozialausschuss und den Ausschuss der Region. Aktionsplan zur Schaffung einer Kapitalmarktunion, 30.9.2015, KOM(2015) 468, S. 28.

23 *Europäische Kommission*, Vorschlag für eine Richtlinie des Europäischen Parlaments und des Rates über präventive Restrukturierungsrahmen, die zweite Chance und Maßnahmen zur Steigerung der Effizienz von Restrukturierungs-, Insolvenz- und Entschuldungsverfahren und zur Änderung der Richtlinie 2012/30/EU, 22.11.2016, COM(2016) 723 final; dazu *Albrecht* ZInsO 2016, 2415; *Berger* ZInsO 2016, 2413; *Blankenburg* ZInsO 2017, 241; *Bork* ZIP 2017, 1441; *BRAK-Stellungnahme* ZIP 2017, 789; *DAV-Stellungnahme* Nr. 17/17; *Eidenmüller* EBOR 18 (2017) 273; *Flöther* in: FS Graf-Schlicker, 2018, S. 259; *Frind* NZI 2018, 431; *Graf-Schlicker* ZIP 2017, Beilage Heft 1, S. 3; *Gravenbrucher Kreis* ZIP 2017, 203; *Hölzle* ZIP 2017, 1307; *Hübler* NZI 2016, 990; *Jacobi* ZInsO 2017, 1; *Kayser* ZIP 2017, 1393; *Klupsch/Schulz* EuZW 2017, 85; *Madaus* NZI 2017, 329; *McCormack* JCLS 17 (2017) 167; *Mock* NZI 2016, 977; *Müller* GmbHR 2017, R42; *Naumann* NZI-Beilage 2017, 35; *Paulus* ZIP 2017, 910; *ders.* IWRZ 2017, 99; *Payne/Sarra* Oxford Legal Studies Research Paper No. 41/2017; *Rauscher*

terielle Harmonisierung des Gesellschaftsinsolvenzrechts der Mitgliedstaaten[24] soll ein wesentlicher Beitrag zur Förderung einer **„frühen Umstrukturierung** zur Unterstützung von Wachstum und Beschäftigung" sowie zur Beseitigung von Hindernissen des freien Kapitalverkehrs geleistet werden.[25]

In **Deutschland** wurde die Einführung eines solchen vorinsolvenzlichen Restrukturierungs- bzw. Sanierungsverfahrens vom Gesetzgeber bislang **bewusst abgelehnt**[26] und auch im Zuge des ESUG entschied man sich vielmehr für ein Modell innerhalb des Insolvenzverfahrens. Die Einführung eines solchen Restrukturierungsverfahrens wurde indes seit Jahren vom Schrifttum gefordert bzw. für wünschenswert erachtet.[27] Dies nicht zuletzt, da vor allem neben Großbritannien auch in **anderen Mitgliedstaaten** (zB Frankreich, Italien oder Spanien) entsprechende Verfahren bzw. die Möglichkeit einer außerinsolvenzlichen Sanierung auf Basis einer Mehrheitsentscheidung der Gesellschaftsgläubiger in den letzten Jahren zugenommen haben.[28] 8

Durch eine entsprechende Richtlinie sollen vor allem Grundsätze für einen gesetzlichen Rahmen von rechtszeitigen Unternehmensumstrukturierungen statuiert, Bestimmungen für eine vollständige Restschuldbefreiung nach drei Jahren eingefügt und damit Unternehmern eine **„zweite Chance"** gewährt, sowie gezielte Maßnahmen zur **Effizienzsteigerung** der mitgliedstaatlichen Insolvenz-, Umstrukturierungs- und Restschuldbefreiungsverfahren ermöglicht werden. Eine in dieser Form verabschiedete Richtlinie würde es Unternehmen in finanziellen Schwierigkeiten erleichtern, frühzeitig Umstrukturierungen vorzunehmen, um eine Insolvenz und/oder die Entlassung von Mitarbeitern zu vermeiden.[29] Die entsprechende Initiative der Kommission ist ferner Teil des Aktionsplans zur Schaffung einer Kapitalmarktunion und der Binnenmarktstrategie. Eine zukünftige Richtlinie über vorinsolvenzliche Restrukturierungsmöglichkeiten soll daher auch zur Beseitigung von Hindernissen für die Entwicklung der EU-Kapitalmärkte beitragen, indem Rechtssicherheit für ausländische Investoren und EU-weit tätige Unternehmen geschaffen wird. Ziel ist insofern auch der Abbau von Handels- und Investitionshemmnissen, die infolge der unterschiedlichen Gesetzeslage in den Mitgliedstaaten betreffend den Umgang mit Restruktutierungsverfahren bestehen. Der Richtlinienvorschlag verzichtet indes auf eine noch weitergehende Harmonisierung des mitgliedstaatlichen Rechts und lässt zB Fragen der Voraussetzungen für die Eröffnung eines Insolvenzverfahrens oder von Insolvenzanfechtungsklagen weiterhin unbeantwortet.[30] 9

Der Richtlinienvorschlag befasst sich mit **drei Aspekten**: (1) einem „präventiven Restrukturierungsrahmen"; (2) einer „zweiten Chance für Unternehmen" und (3) „Maßnahmen zur Steigerung der Effizienz von Restrukturierungen, Insolvenz und zweiter Chance". Kernpunkt des durch eine entsprechende Richtlinie europaweit harmonisierten Restrukturierungsrahmens ist die Möglichkeit, dass sich Schuldner im Rahmen eines **vorinsolvenzlichen Restrukturierungsplans entschulden** (vgl. Art. 8 RL-Vorschlag) können. Das von der Kommission vorgeschlagene insolvenzabwendende Restrukturierungsverfahren endet dabei idealerweise mit einem solchen Plan, der in Inhalt und Zustandekommen im Ansatz mit dem deutschen Insolvenzplan gem §§ 217 ff. InsO vergleichbar ist. Voraussetzung für ein Restrukturierungsverfahren ist lediglich, dass die Unternehmen weiterhin zahlungsfähig und damit noch nicht insolvenzantragspflichtig[31] sind. Zudem kann das Verfahren von dem betroffenen Unternehmen weitgehend eigenständig und nur unter einer ggf. geringfügigen gerichtlichen Begleitung und Kontrolle stattfinden (vgl. Art. 5 I RL-Vorschlag). Während der Durchführung des außerinsolvenzlichen Restrukturierungsverfahrens sieht der Richtlinienvorschlag die Möglichkeit der Aussetzung zB von der Insolvenzantragspflicht ab.[32] Auch eröffnet sich durch eine entsprechende Richtlinie die Möglichkeit, sich nur mit einer **qualifizierten Mehrheit der Gläubiger** verständigen zu müssen. Eine solche Beschränkung, beispielsweise auf die Finanzgläubiger eines Unternehmens, hat sich in anderen Mitgliedstaaten bereits bewährt (zB beim briti- 10

ua ZInsO 2016, 2420; *Rieser* WPg 2017, 113; *Riewe* ZRP 2017, 179; *Riggert/Seagon* NZI-Beilage 2017, 3; *Sax/Ponseck/Swierczok* BB 2017, 323; *Schluck-Amend* WPg 2017, 341; *dies.* KSI 2017, 21; *dies.* ZRP 2017, 6; *Schmidt* WM 2017, 1735; *Thole* ZIP 2017, 101; *Westpfahl* NZI-Beilage 2017, 49; *Vallender* IWRZ 2017, 51.

24 Der Richtlinienvorschlag ist dabei rechtsformneutral ausgestaltet und gilt – vorbehaltlich von Unternehmen der Finanz- und Versicherungsbranche – für alle Gesellschaftsformen, vgl. *Thole* ZIP 2017, 101, 111.

25 Vgl. *Europäische Kommission*, COM(2016) 723 final, S. 6 f.; ferner zu einen Alternativvorschlag für eine Verordnung, wo die Unternehmen selbst entscheiden können sollen, ob sie diese anwenden wollen *Eidenmüller* EBOR 18 (2017) 273, 295 ff.

26 Vgl. nur Beschlussempfehlung und Bericht des Rechtsausschusses, BT-Drs. 17/7511, S. 4.

27 So *Bork* ZIP 2011, 2035; *Beissenhirtz* ZInsO 2011, 57; *Eidenmüller* ZIP 2010, 649; *Hölzle* NZI 2010, 207; *Lürken* NZI 2015, 3; *Madaus* KSzW 2015, 183, 184; *Paulus* ZIP 2011, 1077; *Seibt/Westphahl* ZIP 2013, 2333; ablehnend hingegen *Frind* ZInsO 2010, 1426; *Hirte* ZGR 2010, 224.

28 *Sax/Ponseck/Swierczok* BB 2017, 323; *Klupsch/Schulz* EuZW 2017, 85, 86.

29 Insofern positiv zum Richtlineinvorschlag auch *EWSA*, Stellungnahme zum Thema „Digitalisierung und innovative Geschäftsmodelle im europäischen Finanzsektor – Auswirkungen auf Beschäftigung und Kunden", 201/C 246/02, ABl. EU v. 28.7.2017, C 246/8, Ziff. 1.11.

30 *Madaus* NZI 2017, 329, 330; *Müller* GmbHR 2017, R42; kritisch insofern *BRAK-Stellungnahme* ZIP 2017, 789, 791.

31 Die Voraussetzungen für die Stellung eines Insolvenzantrags bzw. die Eröffnung eines Insolvenzverfahrens beschreibt der Richtlinienvorschlag jedoch nicht.

32 Für den Fall der Zahlungsunfähigkeit können die Mitgliedstaaten hiervon jedoch Ausnahmen vorsehen.

schen *scheme of arrangement*). Bemerkenswert ist jedoch, dass nach dem Kommissionsvorschlag nicht zwingend die Zustimmung jeder beeinträchtigten Gläubigergruppe erforderlich ist.[33] Der von einer Mehrheit der Gläubiger (nicht über 75% des Betrags der Ansprüche oder Beteiligungen jeder Gläubigergruppe) angenommene Restrukturierungsplan ist sodann für alle Beteiligten verbindlich.

11 In Abschnitt III des Richtlinienvorschlags (Art. 19-23) werden die Voraussetzungen geregelt, unter denen ein redliches, jedoch überschuldetes Unternehmen oder eine entsprechende natürliche Person eine **Restschuldbefreiung** erlangen kann. Die Möglichkeit einer Restschuldbefreihung für Gesellschaften wird jedoch zT kritisch gesehen.[34] Die Dauer bis zur Erlangung einer solchen Restschuldbefreiung darf nach dem Richtlinienvorschlag dabei nicht mehr als **drei Jahre** ab dem Zeitpunkt der Verfahrenseröffnung betragen (Art. 20 Nr. 1 RL-Vorschlag). Dadurch soll den betroffenen Unternehmen eine „zweite Chance" gegeben werden weiterhin am Wirtschaftsleben teilzunehmen. Die Mitgliedstaaten können dabei auch noch günstigere Voraussetzungen für eine Restschuldbefreiung schaffen. Auch wird ihnen nach derzeitiger Ausgestaltung des Richtlinienvorschlags die detaillierte Gestaltung einer solchen Schuldbefreiung überwiegend selbst überlassen.[35]

12 Aus gesellschaftsrechtlicher Sicht von Interesse ist auch die Regelung in Art. 18 RL-Vorschlag, wonach die **Geschäftsleiter** der Schuldnergesellschaft bei einer wahrscheinlichen Insolvenz die Pflicht haben sollen, sofortige Schritte zur Minimierung der Risiken für Gläubiger, Arbeitnehmer, Gesellschafter und andere Stakeholder zu unternehmen, die Interessen der Gläubiger und Stakeholder zu beachten, angemessene Schritte zur Vermeidung der Insolvenz vorzusehen sowie Handlungen zu unterlassen, die die Überlebensfähigkeit des Unternehmens auf grob fahrlässige Weise gefährden. Die entsprechende Geschäftsleiterpflicht ist dabei **rechtsformneutral** ausgestaltet und gilt grundsätzlich für alle Gesellschaftsformen der Mitgliedstaaten.[36] Obgleich eine solche Sanierungspflicht in Deutschland – rechtsformspezifisch – sich bereits aus dem allgemeinen Pflichtenmaßstab (zB § 43 GmbHG) ergibt,[37] bedürfte es im Rahmen der Umsetzung der Richtlinie eine für alle Gesellschaftsformen geltende, explizit gesetzliche Regelung.[38] Eine Pflicht zur Stellung eines Antrags für ein Restrukturierungsverfahren ist mit Art. 18 RL-Vorschlag jedoch wohl nicht verbunden.[39]

13 Ferner ist im Rahmen einer solchen Richtlinie über vorinsolvenzliche Restrukturierungsmaßnahmen eine **Änderung** der ehemaligen **Kapitalrichtlinie** (= Art. 2 ff., Art. 43 ff. Kodifizierungs-RL) (dazu § 21) geplant (Einfügung eines Art. 84 IV Kodifizierungs-RL (ex-Art. 45 IV Kapital-RL)).[40] Die mit Art. 32 RL-Vorschlag einhergehende Änderung der Regelungen in der Kodifizierungs-Richtlinie über das Kapital von Aktiengesellschaften sieht dabei eine Abweichungsmöglichkeit der Mitgliedstaaten von verschiedenen, insbesondere aktionärsschützenden Vorschriften im sanierungsbedürftigen Krisenfall vor. Die Mitgliedstaaten hätten danach ua die Option, **keine** zwingende **Hauptversammlungszuständigkeit** mehr bei schweren Verlusten des gezeichneten Kapitals, bei Kapitalerhöhungen und -herabsetzungen sowie bei Aktieneinziehungen vorzusehen.

VI. EuGH-Rechtsprechung

14 Neben den sekundärrechtlichen Harmonisierungsmaßnahmen spielt auch die Rechtsprechung des EuGH eine wichtige Rolle im Rahmen der (faktischen) Rechtsangleichung im Europäischen Insolvenzrecht. Dies betrifft in erster Linie die **Auslegung** der Europäischen Insolvenzverordnung als verbindlichen und unmittelbar geltenden Sekundärrechtsakt.[41] Von rechtspraktischer Bedeutung ist vor allem die Bestimmung des Anwendungsbereichs der EuInsVO (dazu Rn. 45 ff.), des **COMI-Begriffs** (dazu Rn. 48 ff.) sowie die Ermittlung des **anwendbaren Rechts** (dazu Rn. 57 ff.) und die Frage nach dem Insolvenzverfahren und seinen Wirkungen.[42] Oftmals im (mittelbaren) Zusammenhang mit Fragen der Auslegung der EuInsVO stehend, kommt der Rechtsprechung des EuGH zur Niederlassungskonformität nationaler Maßnahmen Bedeutung im insolvenzrechtlichen Bezug zu. Häufig in Diskussion stehen dabei Aspekte der **Reichweite des Insolvenzstatuts** und dessen Abgrenzung zum Gesellschaftsstatut im grenzüberschreitenden Kontext. Dies steht in der Regel in einem engen Zusammenhang mit der Frage des anwendbaren Rechts gem Art. 4 EuInsVO und der Qualifizierung mitgliedstaatlicher Maßnahmen als insolvenz- oder gesellschaftsrechtliche Regelung. Insofern trägt die EuGH-Rechtsprechung auch zur

33 Die Einbeziehung auch der Anteilseigner in den Restrukturierungsplan soll optional möglich sein.
34 Für eine Beschränkung auf natürliche Personen *BRAK-Stellungnahme* ZIP 2017, 789, 792.
35 *Schluck-Amend* WPg 2017, 341, 344; *dies.* ZRP 2017, 6, 8; *Mock* NZI 2016, 977, 982.
36 *Naumann* NZI-Beilage 2017, 35; *Mock* NZI 2016, 977, 981; *Thole* ZIP 2017, 101, 111.
37 Vgl. nur *Kleindieck* in: FS U.H. Schneider, 2011, S. 617, 620.
38 *Naumann* NZI-Beilage 2017, 35; *Thole* ZIP 2017, 101, 111.
39 *Brömmekamp* ZInsO 2016, 500, 502; *Naumann* NZI-Beilage 2017, 35, 36.
40 Speziell dazu *Stiegler* EuZW 2016, 921, 922.
41 Zur Auslegung der EuInsVO vgl. *Reinhart* in: MüKo InsO, 3. Aufl. 2016, Vor Art. 1 EuInsVO Rn. 23 ff.; *Thole* in: Leible/Terhechte (Hrsg.), Europäisches Rechtsschutz- und Verfahrensrecht, 2014, § 24 Rn. 18 ff.; speziell zu einer erwägungsgrundkonformen Auslegung im Rahmen der revidierten EuInsVO *Paulus* in: FS Beck, 2016, S. 393, 394 ff.
42 *Thole* in: Leible/Terhechte (Hrsg.), Europäisches Rechtsschutz- und Verfahrensrecht, § 24 Rn. 19.

Bestimmung des territorialen und materiellen Geltungsbereichs von Normen des nationalen Unternehmensrechts mit insolvenzrechtlichem Bezug bei.

B. Gesellschaftsrechtliche Schnittstellen zum Insolvenzrecht

I. Insolvenzrecht supranationaler Rechtsformen

Die derzeitig bestehenden supranationalen Rechtsformen der EU enthalten grundsätzlich **keine materiellen Vorgaben** für die Insolvenz der betreffenden Gesellschaft. Die der supranationalen Rechtsform (SE (dazu § 4), SCE (dazu § 6), EWIV (dazu § 7)) jeweils zugrundeliegende Verordnung bestimmt lediglich, dass hinsichtlich der Auflösung, Liquidation, Zahlungsunfähigkeit, Zahlungseinstellung und ähnlicher Verfahren die Gesellschaft den Rechtsvorschriften unterliegt, die für das entsprechend nationale Pendant maßgeblich wären, in dem die supranationale Rechtsform ihren (Register-) Sitz hat (Art. 63 SE-VO; Art. 72 SCE-VO; vgl. auch Art. 36 S. 1 EWIV-VO). Im Grundsatz handelt es sich bei der entsprechenden Norm um eine **Sachnormverweisung**,[43] so dass das subsidiär auf den supranationalen Rechtsträger anwendbare Recht auch hinsichtlich der (materiellen) Vorgaben für die Auflösung, Liquidation und Insolvenz der Gesellschaft zum Tragen kommt. Eine spezielle Bezugnahme auf das Insolvenzrecht hätte es diesbezüglich jedoch nicht zwingend bedurft, da zB bereits Erwägungsgrund 20 zur SE-VO und Erwägungsgrund 16 zur SCE-VO das „Konkursrecht“ von der jeweiligen Verordnung ausnehmen und dem nationalen Recht des Sitzstaates unterstellen.[44] 15

Speziell hinsichtlich der **Insolvenz** einer supranationalen Rechtsform ist im Hinblick auf die genannten Normen in der jeweiligen Verordnung bislang jedoch noch nicht abschließend geklärt, ob diese „nur“ als Sachnormverweis auf das materielle Insolvenzrecht des Sitzstaates oder als Gesamtnormverweis auf dessen gesamtes Insolvenzrecht (inkl. des **Insolvenzkollisionsrechts**) anzusehen sind.[45] Um in Hinblick auf die Maßgeblichkeit des anwendbaren Insolvenzrechts gemäß der Europäischen Insolvenzverordnung (insbes nach Art. 3 f. EuInsVO) keine Diskrepanz und Widersprüchlichkeit herzustellen, wird man Art. 63 SE-VO und Art. 72 SCE-VO in Bezug auf Insolvenzverfahren ausnahmsweise als **Gesamtnormverweisung** zu verstehen haben.[46] Das heißt es gelten unbenommen die kollisionsrechtlichen Vorgaben der EuInsVO sowie neben dem materiellen auch das internationale Insolvenzrecht des Sitzstaates der supranationalen Rechtsform. Entsprechendes gilt insofern auch für die EWIV als „Europäische Personengesellschaft“.[47] Für diese gilt zudem, dass die Insolvenz der Gesellschaft nicht automatisch zur Insolvenz der Mitglieder führen darf (Art. 36 S. 2 EWIV-VO). 16

II. Insolvenzbezug gesellschaftsrechtlicher Richtlinie

Die bisher erlassenen gesellschaftsrechtlichen Richtlinien (dazu in Einzeldarstellung §§ 20 ff.) zeigen vereinzelt an verschiedenen Stellen auch einen Bezug zu insolvenz- bzw. abwicklungsbedingten Aspekten auf. Hierbei geht es neben Fragen, insbesondere des **Anwendungsbereichs** von Richtlinienregelungen auf sich in einem Insolvenzverfahren befindliche Gesellschaften in der Regel um partielle **Sonderbestimmungen** für die Insolvenz oder (insolvenznahe) Sanierung für die von der jeweiligen Richtlinie erfassten Unternehmen. 17

Beispielsweise hat im Rahmen des durch die Richtlinie 2012/17/EU eingeführten **Systems der Registervernetzung**[48] die Registerbehörde der Gesellschaft gem Art. 20 I Kodifizierungs-RL (ex-Art. 3d I Publizitäts-RL bzw. ex-Art. 5a Zweigniederlassungs-RL) Informationen über die Eröffnung und Beendigung von Verfahren zur Ab- 18

---

43 *Ehricke* in: Lutter/Hommelhoff/Teichmann (Hrsg.), SE-Kommentar, 2. Aufl. 2015, Art. 63 Rn. 14; *Casper* in: Spindler/Stilz (Hrsg.), AktG, 3. Aufl. 2015, Art. 63 Rn. 1; *Schwarz*, SE-VO, 2006, Art. 63 Rn. 8; aA *Schröder* in: Manz/Mayer/Schröder (Hrsg.), SE-VO, 2. Aufl. 2010, Art. 63 Rn. 1.

44 Vgl. *Casper* in: Spindler/Stilz (Hrsg.), AktG, 3. Aufl. 2015, Art. 63 Rn. 1; *Ehricke* in: Lutter/Hommelhoff/Teichmann (Hrsg.), SE-Kommentar, 2. Aufl. 2015, Art. 63 Rn. 2.

45 Zur Problematik *Bachmann* in: FS v. Hoffmann, 2011, S. 36 ff.; *ders.* in: Habersack/Drinhausen (Hrsg.), 2. Aufl. 2016, Art. 63 Rn. 63 ff.; *Kiem* in: KK-AktG, 3. Aufl. 2012, Art. 63 Rn. 8 ff.; *Lutter/Bayer/Schmidt*, Europäisches Unternehmens- und Kapitalmarktrecht, 2017, Rn. 45.184.

46 Im Hinblick auf Art. 63 SE-VO *Lutter/Bayer/Schmidt*, Europäisches Unternehmens- und Kapitalmarktrecht, 2017, Rn. 45.184; *Schwarz*, SE-VO, 2006, Art. 63 Rn. 52; *Schröder* in: Manz/Mayer/Schröder (Hrsg.), SE-VO, 2. Aufl. 2010, Art. 63 Rn. 1; differenzierend *Casper* in: Spindler/Stilz (Hrsg.), AktG, 3. Aufl. 2015, Art. 63 Rn. 5; im Hinblick auf Art. 72 SCE-VO *Lutter/Bayer/Schmidt*, Europäisches Unternehmens- und Kapitalmarktrecht, 2017, Rn. 46.112.

47 Vgl. *Ganske*, Das Recht der EWIV, 1988, S. 73; *Lutter/Bayer/Schmidt*, Europäisches Unternehmens- und Kapitalmarktrecht, 2017, Rn. 44.87; *Mercer/Quigley* ICCLR 1 (1990) 6, 7; wohl aA *Gleichmann* ZHR 149 (1985) 633, 646.

48 Richtlinie 2012/17/EU des Europäischen Parlaments und des Rates vom 13. Juni 2012 zur Änderung der Richtlinie 89/666/EWG des Rates sowie der Richtlinien 2005/56/EG und 2009/101/EG des Europäischen Parlaments und des Rates in Bezug auf die Verknüpfung von Zentral-, Handels- und Gesellschaftsregistern, ABl. EU L 156/1; dazu bzw. zu Vorentwurf und Idee *Stiegler* NotBZ 2015, 329, 330 ff.; *Ries* ZIP 2013, 866 ff.; *Kilian* FGPrax 2012, 185 ff.; *Verse* EuZW 2013, 336, 338; *Schneider* EuZW 2011, 649 ff.; *Bayer/Schmidt* BB 2015, 1731, 1735.

wicklung oder Insolvenz der Gesellschaft unverzüglich zur Verfügung zu stellen und der Europäischen Plattform mitzuteilen (dazu § 20 Rn. 50 bzw. § 27 Rn. 50 f.). Dies jedoch nur, soweit die entsprechende Information auch Rechtsfolgen im Mitgliedstaat des Registers der Gesellschaft auslöst.[49] Im Rahmen der **Einpersonengesellschafts-Richtlinie** (dazu § 28) soll im Hinblick auf die Regelung des Art. 5 EPG-RL insbesondere im Insolvenzfall der Gesellschaft der zuständige Insolvenzverwalter die Möglichkeit haben, den Alleingesellschafter wegen unzulässiger Vermögensverlagerungen in Anspruch zu nehmen.[50] Insofern sieht die entsprechende Regelung vor, dass zur Vorbeugung von Vermögensmischungen zwischen der Gesellschaft und ihrem Alleingesellschafter, die Mitgliedstaaten für eine hinreichende Transparenz bei Geschäften zwischen diesen zu sorgen haben.[51]

19 Vor allem die Regelungen in der Kodifizierungs-Richtlinie (zu dieser s. § 19) über (grenzüberschreitende) **Strukturmaßnahmen** enthalten häufig eine Mitgliedstaatenoption hinsichtlich der Anwendung der entsprechenden Umsetzungsbestimmungen auf Gesellschaften, die sich in einem Insolvenz- oder anderweitigen Konkurs- oder Abwicklungsverfahren befinden. So steht es gem Art. 87 I Kodifizierungs-RL (ex-Art. 1 III Verschmelzungs-RL) den Mitgliedstaaten offen, die Vorgaben der Richtlinie auch auf eine oder mehrere an der Verschmelzung beteiligten Gesellschaften anzuwenden, wenn diese Gegenstand insbesondere eines Insolvenzverfahrens sind. Weiterhin können die Mitgliedstaaten selbst bestimmen, dass eine Verschmelzung zur Aufnahme oder zur Neugründung auch dann erfolgen kann, wenn sich eine oder mehrere der beteiligten Gesellschaften in Abwicklung befinden, sofern diese Möglichkeit auf Gesellschaften beschränkt wird, die noch nicht mit der Verteilung ihres Vermögens an ihre Aktionäre begonnen haben (Art. 89 II, Art. 90 II Kodifizierungs-RL (ex-Art. 3 II, ex-Art. 4 II Verschmelzungs-RL) (ausführlich zur Problematik § 22 Rn. 14 ff.). Im Unterschied dazu enthält die ehemalige **Internationale Verschmelzungsrichtlinie** in diesem Zusammenhang keine Aussagen über die Verschmelzungsfähigkeit von Gesellschaften, die sich in Abwicklung bzw. einem Insolvenz- oder Konkursverfahren befinden. Aufgrund des diesbezüglichen Schweigens kommen über die Regelung des Art. 121 I lit. b) Kodifizierungs-RL (ex-Art. 4 I lit. b) IntVersch-RL) daher grundsätzlich die entsprechenden Vorschriften für innerstaatliche Verschmelzungen zum Tragen. Hingegen waren nach dem Vorentwurf einer **Sitzverlegungsrichtlinie** (dazu § 32) aus dem Jahr 1997 solche wegzugswilligen (Kapital-) Gesellschaften vom persönlichen Anwendungsbereich ausgeschlossen, gegen die ein Verfahren wegen Zahlungsunfähigkeit oder -einstellung eröffnet wurde oder wenn die Gesellschaften sich in Auflösung oder Liquidation befand (Art. 13 SV-RL-E).

20 Ein gewisses Sonderrecht wurde darüber hinaus für die von der sog **Bankenabwicklungsrichtlinie** (Richtlinie 2014/59/EU) erfassten Kredit- und Wertpapierunternehmen eingeführt. Diese brachte eine Beschränkung des Anwendungs- bzw. Geltungsbereichs verschiedener Bestimmungen in einzelnen gesellschaftsrechtlichen Richtlinien. Bezogen auf die **Aktionärsrechterichtlinie** (dazu § 30) haben die Mitgliedstaaten insofern dafür zu sorgen, dass im Geltungsbereich der Regelungen zur Abwicklung und Sanierung in der Richtlinie 2014/59/EU die Bestimmungen der Aktionärsrechterichtlinie keine Wirkung entfalten (vgl. Art. 1 IV AR-RL). Zudem haben die Mitgliedstaaten in diesem Zusammenhang den erfassten Gesellschaften zu ermöglichen, dass die Hauptversammlung mit einer mindestens 2/3-Mehrheit der abgegebenen Stimmen beschließen oder die Geschäftsordnung dahin gehend ändern kann, dass eine Einberufung zur Beschlussfassung über eine Kapitalerhöhung auch kurzfristiger als nach der Regelfrist erfolgen kann (Art. 5 V AR-RL) (näher dazu § 30 Rn. 96). Im Hinblick auf die Art. 2 ff., Art. 43 ff. Kodifizierungs-RL (ehemalige **Kapitalrichtlinie**) führt die Bankenabwicklungsrichtlinie ferner dazu, dass die Mitgliedstaaten von verschiedenen aktionärsschützenden Bestimmungen der Richtlinie (insbes zur Zuständigkeit der Hauptversammlung bei Kapitalmaßnahmen) abweichen können (Art. 84 III Kodifizierungs-RL (ex-Art. 45 III Kapital-RL).[52]

21 Darüber hinaus sieht der Kommissionsvorschlag für vorinsolvenzliche Restrukturierungsmaßnahmen und Unternehmensinsolvenzen (s. Rn. 7 ff.) die Möglichkeit der Nicht-Anwendung zahlreicher Bestimmungen zum kapitalbezogenen Aktionärsschutz vor (Art. 32 RL-Vorschlag). Durch Einfügung einer neuen Art. 84 IV Kodifizierungs-RL können die Mitgliedstaaten ua vorsehen, dass bei schweren Verlusten des gezeichneten Kapitals sowie bei Kapitalerhöhungen und -herabsetzungen die Hauptversammlung nicht mehr zustimmen muss. Dadurch soll es Unternehmen in finanziellen Schwierigkeiten ermöglicht werden, frühzeitige Umstrukturierungen effektiv vorzunehmen.

49 Zu diesem Vorbehalt *Kilian* FGPrax 2012, 185, 186; *ders.* notar 2012, 302, 303; *Ries* ZIP 2013, 866, 868.
50 *Habersack/Verse*, Europäisches Gesellschaftsrecht, 4. Aufl. 2011, § 10 Rn. 20.
51 *Lutter/Bayer/Schmidt*, Europäisches Unternehmens- und Kapitalmarktrecht, 2017, Rn. 27.38; *Habersack/Verse*, Europäisches Gesellschaftsrecht, 4. Aufl. 2011, § 10 Rn. 20.
52 Im Ansatz kritisch dazu *Stiegler* EuZW 2016, 921, 922.

III. Geschäftsleiterhaftung

1. Ausgangsproblematik

Eines der aus praktischer Sicht relevantesten Themen im (europäischen) Zusammenspiel zwischen Gesellschaftsrecht und Insolvenzrecht[53] betrifft die Haftung von Geschäftsführern im insolvenznahen Bereich. Ausgangspunkt ist dabei die Frage, ob eine jeweilige Geschäftsleiterhaftung an das **Gesellschafts-** oder das **Insolvenzstatut** des Unternehmens anknüpft, mithin als gesellschafts- oder insolvenzrechtlich zu qualifizieren ist. Diese – im Schrifttum seit langem umstrittene – Frage erlangt vor allem bei Auslandsgesellschaften Bedeutung, die ihren Verwaltungssitz in einem anderen Mitgliedstaat haben bzw. überwiegend in diesem wirtschaftlich tätig werden.[54] Durch die liberale **EuGH-Rechtsprechung** zur Niederlassungsfreiheit von Gesellschaften (dazu § 10 Rn. 32 ff.) Anfang des Jahrtausends ist die Rechts- und Parteifähigkeit von in einem anderen Mitgliedstaat gegründeten (Kapital-) Gesellschaften auch dann von dem „Zuzugsstaat" als solche anzuerkennen, wenn sich der Verwaltungssitz des Unternehmens in diesem befindet bzw. die Gesellschaft allein im Inland wirtschaftlich tätig wird. In diesem Zusammenhang kommt insbesondere die Frage auf, nach welchem nationalen Recht sich zB eine Haftung der Geschäftsführer für masseschmälernde Zahlungen (s. dazu Rn. 26 ff.) und/oder für eine Insolvenzverschleppung (s. dazu Rn. 30 ff.) beurteilt.[55] 22

Die Problematik bei diesen Fällen besteht dergestalt, dass zum einen aufgrund der Rechtsprechung des EuGH zur Zuzugsfreiheit von Gesellschaften sich das Gesellschaftsstatut und damit Fragen des internen Organisationsrechts (bzgl der Geschäftsführung und deren Pflichten) grundsätzlich nach dem **Recht des Gründungsstaates** beurteilt.[56] Hierfür maßgeblich ist insofern der Registersitz der Auslandsgesellschaft. Zum anderen bemisst sich das bei grenzüberschreitenden Sachverhalten zur Anwendung kommende Insolvenzrecht nach den Vorgaben der EuInsVO. Danach bestimmt sich das anwendbare nationale Insolvenzrecht in der Regel nach dem Recht des Verfahrenseröffnungsstaates, welches sich wiederum gem Art. 3 I EuInsVO anhand des Mittelpunktes der hauptsächlichen Schuldnerinteressen (*centre of main interests* – **COMI**) beurteilt. In der Konsequenz ist die internationale Insolvenzzuständigkeit und damit die kollisionsrechtliche Anwendbarkeit der insolvenzrechtlich zu qualifizierenden Haftungsnormen insofern von dem Ort der überwiegenden Wirtschaftstätigkeit der Gesellschaft abhängig.[57] Auch wenn der COMI-Begriff nicht gänzlich mit dem Begriff des Verwaltungssitzes gleichzusetzen ist,[58] entsprechen sich beide Orte zumindest funktional jedoch weitgehend.[59] In Abweichung zum Gesellschaftsstatut ist das Insolvenzstatut daher im Grundsatz von der Belegenheit des Verwaltungssitzes der Gesellschaft geprägt. 23

Der **Anknüpfungspunkt** an den Mittelpunkt der hauptsächlichen Interessen ist in diesem Zusammenhang insbesondere für Veränderungen der bestehenden Unternehmensstruktur zugänglich,[60] vor allem also auch für die Verlegung des Verwaltungssitzes ins Ausland.[61] Durch eine (rechtzeitige) **Verwaltungssitzverlegung** in einen anderen Mitgliedstaat lassen sich folglich die regulatorischen Unterschiede zwischen den mitgliedstaatlichen Insolvenzordnungen nutzen.[62] Speziell zur Vorbereitung eines Insolvenzverfahrens oder eines vorinsolvenzlichen Sanierungsplans kann eine identitätswahrende Sitzverlegung vorteilhaft sein, da sich dadurch die regulativen Vorteile eines ausländischen Insolvenzrechts nutzen und damit ggf. die Kosten einer geplanten Unternehmensrestrukturierung verringern lassen.[63] Aber auch im Rahmen einer beabsichtigten „Firmenbestattung" im Ausland können ein Insolvenzstatutenwechsel und damit die Vermeidung des inländischen Insolvenzsachrechts, das ggf. strenger ist als das ausländische Insolvenzrecht, angedacht sein.[64] 24

---

53 Vgl. nur *Patakyová/Gramblicková* ECFR 2016, 322, 331; *K. Schmidt* in: ders. (Hrsg.), InsO, 19. Aufl. 2016, Einl. Rn. 23.

54 Vgl. nur *Eidenmüller* RabelsZ 70 (2006) 474, 475 ff.

55 In diesem Zusammenhang speziell zur Insolvenzverschleppungshaftung *Stöber* ZHR 176 (2012) 326, 327 f.; *Weller* in: FS Ganter, 2010, S. 439, 440 f.

56 Vgl. EuGH, Rs. C-212/97 (Centros), ECLI:EU:C:1999:126 = NJW 1999, 2027, Rn. 30; EuGH, Rs. C-167/01 (Inspire Art), ECLI:EU:C:2003:512 = NJW 2003, 3331, Rn. 100 f.; EuGH, Rs. C-208/00 (Überseering), ECLI:EU:C:2002:632 = NZG 2002, 1164, Rn. 78.

57 Vgl. EuGH, Rs. C-191/10 (Rastelli), ECLI:EU:C:2011:838, NZG 2012, 150, Rn. 31 f.

58 *Weller* ZGR 2008, 835, 855; *Behme*, Rechtsformwahrende Sitzverlegung und Formwechsel, 2015, S. 281 f.

59 Vgl. *Kindler* in: MüKo BGB, 6. Aufl. 2015, IntInsR, Rn. 14; *Weller* in: FS Blaurock, 2013, S. 497, 506; *Weller/Thomale/Benz* NJW 2016, 2378, 2379; *Behrens/Hoffmann* in: Ulmer/Habersack/Löbbe (Hrsg.), GmbHG, 2. Aufl. 2013, Einl. B Rn. 125.

60 *Eidenmüller* EBOR 6 (2005) 423; *Weller* ZGR 2008, 835, 848; *Mucciarelli* ECFR 2016, 1, 14.

61 Vgl. EuGH, Rs. C-396/09 (Interedil), ECLI:EU:C:2011:671 = ZIP 2011, 2153, Rn. 53; *Eidenmüller* NJW 2004, 3455, 3457; *Hübner* IPRax 2015, 134.

62 *Weller* ZGR 2008, 835, 838 ff.; *Andres/Grund* NZI 2007, 137; *Vallender* NZI 2007, 129, 130; insofern jedoch kritisch zur Trennung des Gesellschafts- vom Insolvenzstatut *Gerner-Beuerle/Schuster* JCLS 14 (2014) 287, 328 ff.

63 *Steffek* in: MüHdB GesR, IntGesR, 4. Aufl. 2013, § 37 Rn. 1; *Vallender* in: K. Schmidt/Uhlenbruck (Hrsg.), Die GmbH in Krise, Sanierung und Insolvenz, 5. Aufl. 2016, Rn. 12.108.

64 Vgl. *Weller* in FS Ganter, 2010, S. 439, 440 f.

25 Dem zugrunde liegend hat vor allem der deutsche Gesetzgeber einzelne Haftungsnormen für Geschäftsführer vom formalen Gesellschafts- **ins Insolvenzrecht verlagert**, um damit deren Anwendbarkeit auch auf Geschäftsleiter von Auslandsgesellschaften mit Verwaltungssitz (bzw. COMI) in Deutschland sicherzustellen. Dies beantwortet gleichwohl noch nicht die Frage, ob die in Rede stehenden Vorschriften tatsächlich auch funktional dem Insolvenzrecht zuzurechnen sind und ihnen damit insofern ein extraterritorialer Anwendungsbereich zukommt. Dies gilt es im Folgenden aus europäischer Sicht für die praktisch bedeutsamen Fälle der Geschäftsleiterhaftung für masseschmälernde Zahlungen und einer Insolvenzverschleppungshaftung bzw. verwandter Rechtsprinzipien zu klären.

2. Haftung für masseschmälernde Zahlungen

26 Vor allem im deutschen Recht war die Frage nach der Geschäftsleiterhaftung für Zahlungen nach Insolvenzreife einer in Deutschland tätigen Auslandsgesellschaft lange Zeit **umstritten**. Im Mittelpunkt stand dabei die Frage, ob neben den Geschäftsführern einer deutschen GmbH insbesondere auch die Direktoren einer englischen Limited mit Verwaltungssitz in Deutschland von **§ 64 S. 1 GmbHG** (= § 64 II 1 GmbHG aF) erfasst sind und ggf für masseschmälernde Zahlungen gegenüber der Gesellschaft haften. Aufgrund der Bezugnahme auf die Insolvenzreife der Gesellschaft zum Zeitpunkt der – unrechtmäßigen – Zahlungen erfolgt die Geltendmachung eines entsprechenden Haftungsanspruchs dabei in aller Regel durch den bestellten Insolvenzverwalter. Entscheidend für die Haftung eines Direktors einer in Deutschland als Zweigniederlassung eingetragenen britischen Limited wegen masseschmälernder Zahlungen ist die Qualifikation von § 64 S. 1 GmbHG entweder als gesellschaftsrechtliche oder als insolvenzrechtliche Sachnorm des deutschen Rechts. Denn bemisst sich die Haftung für Zahlungen nach Insolvenzreife nach materiellem Insolvenzrecht, kann – kollisionsrechtlich – über Art. 7 I EuInsVO 2015 (ex-Art. 4 I EuInsVO 2000) die entsprechende Haftung auch auf Geschäftsleiter einer ausländischen Gesellschaft angewandt werden.[65] Wäre § 64 S. 1 GmbHG hingegen gesellschaftsrechtlich zu qualifizieren,[66] könnte die Haftungsnorm aufgrund des Primats des Gründungsstatuts für EU-Auslandsgesellschaften uU[67] nicht auf britische Limited mit Verwaltungssitz in Deutschland Anwendung finden.[68] Die gesetzliche Verortung der Norm ist dabei für die kollisionsrechtliche Qualifikation unerheblich.[69]

27 Klarheit brachte nunmehr die EuGH-Entscheidung in der Rs. **Kornhaas** vom Dezember 2015.[70] Auf Vorlage des BGH[71] entschied der Gerichtshof, dass eine inländische Haftungsnorm wie die des § 64 II 1 GmbHG aF (= § 64 S. 1 GmbHG nF) **insolvenzrechtlich** iS von Art. 4 I EuInsVO 2000 (= Art. 7 I EuInsVO 2015) zu qualifizieren ist und damit im Grundsatz auch für Geschäftsleiter einer ausländischen Rechtsform mit Verwaltungssitz im Inland Anwendung findet.[72] Eine solche Erstreckung inländischen Rechts auf Auslandsgesellschaften und deren Organe ist dabei auch mit der **Niederlassungsfreiheit vereinbar**.[73] Die insolvenzrechtliche Qualifikation von § 64 S. 1 GmbHG hat sich bereits im Zuge der ein Jahr zuvor ergangenen Entscheidung in der Rs. H herauskristallisiert,[74] in der der EuGH im Hinblick auf die internationale Zuständigkeit (Art. 3 I EuInsVO) (dazu

---

65 *Scholz* ZEuP 2016, 959, 963.

66 So bereits BGH NZG 2015, 101; KG ZIP 2009, 2156; *Barthel* ZInsO 2011, 211; *Kindler* IPRax 2010, 430, 431; *H.-F. Müller* in: MüKo GmbHG, 2. Aufl. 2016, § 64 Rn. 143; *Servatius* DB 2015, 1087, 1089; *Spahlinger* in: FS Wegen, 2015, S. 527, 538; *Weller/Schulz* IPRax 2014, 336, 338.

67 Auch dies mit Bezug zur Kornhaas-Entscheidung des EuGH tendenziell in Frage stellend *Schall* ZIP 2016, 289, 292; wohl auch *Kindler* EuZW 2016, 139, 139; aA *Scholz* ZEuP 2016, 959, 971 f.; *Wansleben* EWS 2016, 72, 77 f.; ferner zum Ganzen im Hinblick auf die Reichweite der Zuzugsfreiheit von Gesellschaften § 10 Rn. 95 ff.

68 So *Bork* in: Bork/Schäfer (Hrsg.), GmbHG, 3. Aufl. 2015, § 64 Rn. 3; *Mock* IPRax 2016, 237, 241; *Ringe/Willemer* NZG 2010, 56, 57 f.; *Schall*, Kapitalgesellschaftsrechtlicher Gläubigerschutz, 2009, S. 206.

69 Vgl. im Zusammenhang mit § 64 GmbHG *Weller/Hübner* NJW 2016, 225; *v. Wilcken* DB 2016, 225, 226; *Böcker* DZWiR 2016, 174, 176.

70 EuGH, Rs. C-594/14 (Kornhaas), ECLI:EU:C:2015:806 = NJW 2016, 223, dazu *Altmeppen* NZG 2016, 521, 527; *Arts* RIW 2016, 151; *Böcker* DZWiR 2016, 174; *Kindler* EuZW 2016, 136; *Mankowski* NZG 2016, 281; *Mock* IPRax 2016, 237; *Müller* LMK 2016, 376110; *Rajak* Co. L.N. 2016, 381, 1; *Römermann* GmbHR 2016, 27; *Schall* ZIP 2016, 289; *ders.* ECFR 2015, 280; *Scholz* ZEuP 2016, 959; *Stiegler* GWR 2016, 39; *Swierczok* NZI 2016, 50; *Wansleben* EWS 2016, 72; *Weller/Hübner* NJW 2016, 225; *Wessels* ECL 13 (2016) 82; *Wilcken* DB 2016, 225; vgl. auch *Gehrlein* in: Recht im Wandel europäischer und deutscher Rechtspolitik. FS 200 Jahre Carl Heymanns Verlag, 2015, S. 289; *Spahlinger* in: FS Wegen, 2015, S. 527; *Lutter/Bayer/Schmidt*, Europäisches Unternehmens- und Kapitalmarktrecht, 2017, Rn. 7.56 ff.

71 BGH NZG 2015, 101, dazu *Greulich* StBW 2015, 155; *Hoos/Köhler* ZWH 2015, 76; *Hübner* IPRax 2015, 297; *Müller* EWiR 2015, 99; *Mock* NZI 2015, 87; *Otte-Gräbener* GWR 2015, 40; *Römermann* GmbHR 2015, 79; *Servatius* DB 2015, 1087; zur Instanzentscheidung des OLG Jena (ZIP 2013, 1820) *Weller/Schulz* IPRax 2014, 336.

72 EuGH, Rs. C-594/14 (Kornhaas), ECLI:EU:C:2015:806 = NJW 2016, 223, Rn. 15 ff.; weiterhin aA *Ego* in: MüKoAktG, Europäische Niederlassungsfreiheit, 4. Aufl. 2017, Rn. 399.

73 EuGH, Rs. C-594/14 (Kornhaas), ECLI:EU:C:2015:806 = NJW 2016, 223, Rn. 28.

74 *Kindler* EuZW 2015, 143; *Mankowski* EWiR 2015, 93; *Scholz* ZEuP 2016, 959, 965.

Rn. 48 ff.) für Klagen aus § 64 S. 1 GmbHG das deutsche Insolvenzgericht als Eröffnungsgericht für zuständig erklärte.[75]

Insbesondere die Kornhaas-Entscheidung hat daher zur Folge, dass nunmehr eindeutig klargestellt ist, dass die Haftung wegen masseschmälernder Zahlungen gem § 64 S. 1 GmbHG insolvenzrechtlich zu qualifizieren ist und daher auch auf die Geschäftsleiter von Auslandsgesellschaften mit Verwaltungssitz im Inland Anwendung findet.[76] Im **Umkehrschluss** folgt aus der entsprechenden Qualifikation zum Insolvenzrecht jedoch auch, dass die Norm auf Geschäftsführer einer deutschen GmbH, die ihren Verwaltungssitz in zulässiger Weise ins Ausland verlegt bzw. von Anfang an in einem anderen (Mitglied-) Staat hat (vgl. § 4a GmbHG), grundsätzlich nicht anwendbar ist.[77] Zudem gilt entsprechendes für die Parallelnorm des § 92 II 1 AktG. 28

Nicht abschließend geklärt ist indes, ob die insolvenzrechtliche Qualifikation des § 64 S. 1 GmbHG von der **Geltendmachung** des Anspruchs durch einen **Insolvenzverwalter** abhängig ist.[78] Obgleich sich der EuGH in der Kornhaas-Entscheidung stückweise auf seine Ausführungen zur internationalen Zuständigkeit in der Rs. H bezieht,[79] wird man im Ergebnis eine materielle Qualifizierung einer Norm nicht von der zwingenden Antragstellung durch einen Insolvenzverwalter abhängig machen können.[80] Aus praktischer Sicht ist dies ohnehin von geringer Bedeutung, da eine Geltendmachung regelmäßig erst im Insolvenzverfahren durch den bestellten Verwalter erfolgt. Weiterhin ungeklärt bleibt bisweilen, ob § 64 S. 1 GmbHG auch dann auf EU-Auslandsgesellschaften Anwendung findet, wenn eine Insolvenzeröffnung mangels Masse abgelehnt wurde. Zumindest für die GmbH hat der BGH entschieden, dass in diesem Fall einzelne Gläubiger den Anspruch der Gesellschaft aus § 64 GmbHG im Wege der Einzelzwangsvollstreckung pfänden können.[81] Zwingende Gründe, warum dies nicht auch bei entsprechenden Auslandsgesellschaften möglich sein soll, sind nicht ersichtlich.[82] 29

3. Insolvenzverschleppungshaftung

Ähnlich umstritten wie eine Haftung wegen masseschmälernder Zahlungen bei Insolvenzreife (s. Rn. 26 ff.) ist die Frage nach der **Qualifikation** der Insolvenzverschleppungshaftung (bzw. verwandter Regelungsprinzipien in anderen Mitgliedstaaten)[83] von Geschäftsleitern. Ausgangspunkt ist auch hier wieder die Überlegung, ob eine entsprechende Haftung primär gesellschaftsrechtlich[84] oder insolvenzrechtlich[85] zu qualifizieren ist und damit ob eine diesbezüglich nationale Haftungsnorm (zB § 823 II BGB iVm § 15a I InsO) insbesondere auch auf Geschäftsleiter einer **EU-Auslandsgesellschaft** mit Verwaltungssitz im Inland Anwendung findet.[86] Vor allen in diesen Fällen stellt sich daher die Frage, nach welchem Recht sich ein entsprechendes Haftungsmodell richtet. Denn kennen zwar die meisten Mitgliedstaaten eine Geschäftsleiterhaftung für den Fall, dass das Vertretungsorgan trotz Insolvenzreife den Geschäftsbetrieb der Gesellschaft unverändert fortführt, ist die konkrete Ausgestaltung und praktische Anwendung einer entsprechenden Haftung in den nationalen Rechtsordnungen zT sehr unterschiedlich.[87] 30

Obgleich nicht primär streitgegenständlich, äußerte sich der EuGH in seiner **Kornhaas-Entscheidung** mittelbar auch zur Qualifikation der Insolvenzverschleppungshaftung und damit zusammenhängend auch zur Qualifikation der Insolvenzantragspflicht.[88] Bereits im Vorfeld hatte der deutsche Gesetzgeber die Pflicht zur Stellung eines **Insolvenzantrags** rechtsformneutral ins materielle Insolvenzrecht verschoben, mit dem erklärten Ziel, den 31

75 EuGH, Rs. C-295/13 (H), ECLI:EU:C:2014:2410 = EuZW 2015, 141; dazu *Czaplinski/Knodel* GWR 2015, 16; *Kindler* EuZW 2015, 143; *Poertzgen* NZI 2015, 91; *Trenker* ZIK 2015, 8; *Wedemann* IPRax 2015, 505.

76 Vgl. auch die Folgeentscheidung des BGH (NZI 2016, 461), dazu *Jäger* JM 2016, 319; *Keil* DZWiR 2016, 390; *Loszynski/Tischler* GWR 2016, 192; *Mock* NZI 2016, 462; *Seulen/Berjasevic* DB 2016, 1924.

77 *Böcker* DZWiR 2016, 174, 178; *Kolmann* in: Saenger/Inhester (Hrsg.), GmbHG, 3. Aufl. 2016, § 64 Rn. 14; *H.-F. Müller* in: MüKo GmbHG, 2. Aufl. 2016, § 64 Rn. 143; wohl auch *Ego* in: MüKo AktG, Europäische Niederlassungsfreiheit, 4. Aufl. 2017, Rn. 275.

78 So mit Bezug auf das Kornhaas-Urteil – wenngleich kritisch – *Kindler* EuZW 2016, 136, 137; *Arts* RIW 2016, 151, 152.

79 Vgl. EuGH, Rs. C-594/14 (Kornhaas), ECLI:EU:C:2015:806 = NJW 2016, 223, Rn. 15, 17.

80 So auch *Scholz* ZEuP 2016, 959, 968 f.; *Wansleben* EWS 2016, 72, 75.

81 Vgl. BGH NJW 2001, 304.

82 *Seulen/Berjasevic* DB 2016, 1924; wohl auch *Kindler* in: MüKo BGB, 6. Aufl. 2015, IntInsR, Art. 4 EuInsVO Rn. 91 f.

83 Funktional vergleichbar sind zB das englische *Wrongful Trading* oder die französische *Action en Comblement du Passif*.

84 So *Berner/Klöhn* ZIP 2007, 106, 107; *Stöber* ZHR 176 (2012) 326, 330 f.; *Hirte/Mock* ZIP 2005, 474, 475 ff.; *Mock/Schild* ZInsO 2003, 396, 399 f.; *Schumann* DB 2004, 743, 746.

85 Überwiegende Meinung, vgl. nur *Eidenmüller* RabelsZ 70 (2006) 474, 497 f.; *Spahlinger* in: FS Wegen, 2015, S. 527, 537 f.; *Weller* in: FS Ganter, 2010, S. 439, 443 f.

86 Vgl. hierzu *Altmeppen* IWRZ 2017, 107, 111.

87 *Stöber* ZHR 176 (2012) 326, 327 f.; zu den Unterschieden speziell zwischen dem deutschen und englischen Recht *Steffek*, Gläubigerschutz in der Kapitalgesellschaft, 2011, S. 440 ff.

88 Vgl. EuGH, Rs. C-594/14 (Kornhaas), ECLI:EU:C:2015:806 = NJW 2016, 223, Rn. 19.

neu eingefügten § 15a InsO auch auf ausländische Gesellschaftsformen mit Verwaltungssitz – und damit grundsätzlich auch dem Mittelpunkt der hauptsächlichen Interessen iS von Art. 3 EuInsVO – im Inland zur Anwendung zu bringen.[89] Eine entsprechende Verortung einer Norm ins Insolvenzrecht spielt aus europäischer Sicht für deren Qualifikation indes noch keine Rolle.

32 Der EuGH hat nunmehr jedoch eindeutig zum Ausdruck gebracht, dass Art. 4 II 1 EuInsVO aF (= Art. 7 II 1 EuInsVO nF) auch die „Voraussetzungen für die Eröffnung eines Insolvenzverfahrens" erfasst;[90] mithin die Antragspflicht vom Recht des Staates der Insolvenzverfahrenseröffnung bestimmt wird und damit im Ergebnis **insolvenzrechtlich zu qualifizieren** ist.[91] § 15a InsO ist daher gleichermaßen für geschäftsführende Organmitglieder einer EU-Auslandsgesellschaft mit Verwaltungssitz und COMI in Deutschland anwendbar. Dies ist insofern von Relevanz, da zB das britische Unternehmensrecht eine Insolvenzantragspflicht nach deutschem Muster als solche nicht kennt.[92] Mit der insolvenzrechtlichen Qualifikation der Antragspflicht geht zudem die Maßgeblichkeit der nach deutschem Recht bestehenden **Insolvenzgründe** (Zahlungsunfähigkeit, Überschuldung) für die betroffenen Auslandsgesellschaften einher.[93]

33 Untrennbar mit der Pflicht zur Stellung eines Insolvenzantrags durch die Geschäftsleiter hängt die **Haftung** dieser für eine nicht rechtzeitige Antragsstellung zusammen. Eine entsprechende Insolvenzverschleppungshaftung ist gerade die zivilrechtliche Folge für einen Verstoß gegen die Antragspflicht und damit die (Gläubiger-) Schutznorm des § 15a InsO.[94] In diesem Zusammenhang hat auch der EuGH die funktionale Verbindung beider erkannt und hinreichend deutlich zum Ausdruck gebracht, dass auch „Folgen eines Verstoßes gegen diese Verpflichtung [Insolvenzantragspflicht]" vom Anwendungsbereich des Art. 4 II 1 EuInsVO aF erfasst sind.[95] Auch die (deutsche) Insolvenzverschleppungshaftung ist daher **insolvenzrechtlich zu qualifizieren** und findet auf EU-Auslandsgesellschaften mit COMI im Inland Anwendung.[96] Zweckbezogen lässt sich eine entsprechende Qualifikation ferner damit begründen, dass eine Haftung wegen Insolvenzverschleppung unmittelbar mit der materiellen Insolvenzreife der Gesellschaft verbunden ist und die Bedeutung der Insolvenzverschleppungshaftung gerade der Masseanreicherung im Rahmen der Gläubigerbefriedigung dienen soll.[97] Ferner hatte der EuGH bereits in seiner **Gourdain/Nadler-Entscheidung** die funktional mit der deutschen Insolvenzverschleppungshaftung vergleichbare *Action en Comblement du Passif* des französischen Rechts insolvenzrechtlich qualifiziert.[98]

34 Die insolvenzrechtliche Qualifikation der Insolvenzverschleppungshaftung gem § 823 II iVm § 15a I InsVO und damit deren Anwendung auf eine EU-Auslandsgesellschaft mit Verwaltungssitz und COMI im Inland ist in der Konsequenz auch auf funktional **vergleichbare Haftungsbestimmungen** in anderen Mitgliedstaaten grundsätzlich übertragbar. Dies gilt insbesondere auch für eine *Wrongful Trading*-Haftung nach englischem Recht (sec. 214 IA 1986) (s. dazu § 12 Rn. 469 ff.).[99] Liegt daher Mittelpunkt der hauptsächlichen Interessen der britischen Gesellschaft nicht in Großbritannien sondern zB in Deutschland, kommt eine Direktorenhaftung wegen *Wrongful Trading* grundsätzlich nicht in Betracht.[100] Bei alleiniger Wirtschaftstätigkeit der Gesellschaft in Deutschland wird insofern die Registersitzvermutung gem Art. 3 I Uabs. 2 S. 1 EuInsVO – vorbehaltlich einer dreimonatigen Frist – durchbrochen und an das Recht des Verwaltungssitz angeknüpft. Im Umkehrschluss bedeutet dies jedoch auch, dass sowohl eine Haftung wegen *Wrongful Trading* als auch wegen der ebenfalls insolvenzrechtlich zu qualifizierenden (zivilrechtlichen) Haftung wegen ***Fraudulant Trading*** auch auf Auslandsgesellschaften mit COMI im Vereinigten Königreich (näher dazu § 12 Rn. 468) Geltung erlangen kann. Dies gilt grundsätzlich auch unabhängig von einem künftigen EU-Austritt Großbritanniens, da der Supreme Court

89 Vgl. Begr. RegE MoMiG BT-Drs. 16/6140, S. 55.

90 EuGH, Rs. C-594/14 (Kornhaas), ECLI:EU:C:2015:806 = NJW 2016, 223, Rn. 19.

91 Vgl. in Bezug auf die entsprechende Passage im Kornhaas-Urteil *Schall* ZIP 2016, 289, 293; *Scholz* ZEuP 2016, 959, 967; *Wansleben* EWS 2016, 72, 76; weiterhin aA *Ego* in: MüKo AktG, Europäische Niederlassungsfreiheit, 4. Aufl. 2017, Rn. 399; kritisch auch *Altmeppen* IWRZ 2017, 107, 111.

92 Vgl. nur *Bailey* IILR 2015, 344; *Habersack/Verse* ZHR 168 (2004) 174, 177.

93 *Spahlinger* in: FS Wegen, 2015, S. 527, 537.

94 Zur Qualifizierung von § 15a I InsO (bzw. § 64 I GmbHG aF) als Schutzgesetz iS von § 823 II BGB vgl. nur BGH NJW 1959, 623; BGH NJW 1979, 1823, 1825 f.

95 EuGH, Rs. C-594/14 (Kornhaas), ECLI:EU:C:2015:806 = NJW 2016, 223, Rn. 19; vormals noch aA *Eidenmüller* RabelsZ 70 (2006) 474, 495.

96 Vgl. in Bezug auf die entsprechende Passage im Kornhaas-Urteil *Altmeppen* NZG 2016, 521, 527; *Mankowski* NZG 2016, 281, 282 f.; *Schall* ZIP 2016, 289, 293; *Scholz* ZEuP 2016, 959, 967; *Wansleben* EWS 2016, 72, 76.

97 *Weller* in: FS Ganter, 2010, S. 439, 443.

98 Vgl. EuGH, Rs. 133/78 (Gourdain/Nadler), ECLI:EU:C:1979:49 = NJW 1979, 1771, Rn. 5.

99 *Wansleben* EWS 2016, 72, 76; bereits vorher für eine entsprechende Qualifikation *Kindler* in: MüKo BGB, 6. Aufl. 2015, IntInsR, Art. 4 EuInsVO Rn. 72, 75; *Habersack/Verse* ZHR 168 (2004) 174, 207; *Thole* in: Leible/Terhechte (Hrsg.), Europäisches Rechtsschutz- und Verfahrensrecht, 2014, § 24 Rn. 80; *Servatius* in: Henssler/Strohn (Hrsg.), Gesellschaftsrecht, 3. Aufl. 2016, IntGesR, Rn. 173.

100 So bereits *Schall* ZIP 2005, 965, 972; *Servatius* in: Henssler/Strohn (Hrsg.), Gesellschaftsrecht, 3. Aufl. 2016, IntGesR, Rn. 173; *Bicker* GPR 2006, 127, 129; *Borges* ZIP 2004, 733, 739 f.; aA *Schumann* DB 2004, 748; *Mock/Schildt* NZI 2003, 444.

jüngst bestätigte, dass insbesondere sec. 213 IA 1986 auch auf ausländische Gesellschaften Anwendung finden und damit einen extraterritorialen Anwendungsbereich haben kann.[101]

C. Europäische Insolvenzverordnung

I. Grundlagen

Die Europäische Insolvenzverordnung (EuInsVO) stellt den maßgebenden und prägenden Teil des derzeitigen europäischen Insolvenzrechts dar. Ihre **Entwicklung** bis zum Erlass ist jedoch „wechselvoll und steinig".[102] Beginnend mit einem ersten Vorentwurf eines Konkursübereinkommens im Jahr 1970[103] sowie eines zweiten EG-Entwurfs 1980[104] versprach man sich zunächst auf völkerrechtlicher Ebene einen Durchbruch durch den Entwurf eines Europäischen Übereinkommens über Insolvenzverfahren von 1995.[105] Mangels Unterzeichnung durch Großbritannien scheiterte dieses Übereinkommen im Ergebnis jedoch. Indes wurde im Mai 1999 ein inhaltlich nahezu wortgleicher Vorschlag über eine Europäische Insolvenzverordnung vorgebracht, die schließlich ein Jahr später offiziell verabschiedet wurde und im Mai 2002 für die Mitgliedstaaten in Kraft trat.[106] Im Jahr 2015 erfolgte basierend auf einem Bericht über die Anwendung der geltenden Verordnung eine Neufassung der EuInsVO (**„EuInsVO 2015"**), die überwiegend seit Juni 2017 Geltung erlangt.[107] 35

Die EuInsVO ist von der Praxis überwiegend positiv beurteilt und begrüßt worden. Mit ihr geht eine größere Rechtssicherheit in Europa bei der Abwicklung und Durchführung von Insolvenzverfahren mit grenzüberschreitendem Bezug einher.[108] Die Verordnung beschränkt sich dabei weitgehend auf die Regulierung des **Insolvenzkollisionsrechts** und behandelt nur am Rande Fragen des materiellen Insolvenzrechts der Mitgliedstaaten. Aufgrund ihres Verordnungscharakters stellt die EuInsVO **unmittelbar geltendes Recht** in den Mitgliedstaaten dar und bedarf grundsätzlich keiner Umsetzung in nationales Recht. Verschiedene Vorschriften der EuInsVO erfordern gleichwohl den Erlass nationaler Umsetzungsbestimmungen. So sieht beispielsweise das deutsche Recht einzelne Regelungen zur näheren Bestimmung der örtlichen Zuständigkeit, zu möglichen Kompetenzkonflikten sowie zu den auf Art. 28 f. EuInsVO (Art. 21 f. EuInsVO aF) basierenden Bekanntmachungs- und Eintragungspflichten vor. 36

Aufgrund des (unmittelbar geltenden) Sekundärrechtscharakters der EuInsVO sind deren Vorschriften stets **verordnungs-** iS von **europäisch-autonom auszulegen.**[109] Die Mitgliedstaaten dürfen insbesondere für die Bestimmung von Rechtsbegriffen in der Verordnung nicht das jeweils nationale Begriffsverständnis zugrunde legen. Aus praktischer Sicht gilt dies vor allem auch für die Bestimmung des COMI-Begriffs gem Art. 3 EuInsVO (dazu Rn. 48 ff.). Die Auslegung erfolgt dabei im Grundsatz durch den EuGH. Dieser ist primär für die Interpretation europäischen Rechts zuständig und entscheidet – überwiegend nach teleologischen Gesichtspunkten – über die genaue Reichweite und Bedeutung europäischer Rechtsbegriffe. Insofern sind zumindest die letztinstanzlichen Gerichte der Mitgliedstaaten zur Vorabvorlage an den EuGH verpflichtet, sofern es um die Auslegung auf europäischem Recht basierenden Vorschriften geht (Art. 267 III AEUV).[110] Dies gilt unbenommen auch im Rahmen der EuInsVO. Als Auslegungshilfe können insbesondere die **Erwägungsgründe** zur EuInsVO herangezogen werden.[111] Maßgebender Referenzpunkt der Auslegung bleibt jedoch im Ausgangspunkt der Wortlaut der in Rede stehenden Vorschrift.[112] 37

101 *Jetivia SA v. Bilta (UK) Limited (in liquidation)* [2015] UKSC 23, dazu *Lim* J.B.L. 2016, 325; *Fletcher* Insolv. Int. 29 (2016) 12; *Stiegler* ZIP 2016, 1808, 1809, 1816.

102 *Thole* in: Leible/Terhechte (Hrsg.), Europäisches Rechtsschutz- und Verfahrensrecht, 2014, § 24 Rn. 11.

103 Vorentwurf einer Verordnung über den Konkurs, Vergleich und ähnliche Verfahren v. 16.2.1970, EG-Dok.-3327/XIV/1/70.

104 Entwurf einer Verordnung über den Konkurs, Vergleiche und ähnliche Verfahren, EG-Dok.-III/D/72/80-DE.

105 Europäische Übereinkommen über Insolvenzverfahren v. 23.11.1995.

106 Verordnung des Rates (EG) Nr. 1346/2000 vom 29.5.2000, ABl. EG v. 30.6.2000, L 160/1.

107 Verordnung (EU) 2015/848 des Europäischen Parlaments und des Rates vom 20. Mai 2015 über Insolvenzverfahren, ABl. EU v. 5.6.2015, L 141/19.

108 *Reinhart* in: MüKo InsO, 3. Aufl. 2016, Vor Art. 1 EuInsVO Rn. 2.

109 Vgl. dazu *Thole* in: Leible/Terhechte (Hrsg.), Europäisches Rechtsschutz- und Verfahrensrecht, 2014, § 24 Rn. 18; *Reinhart* in: MüKo InsO, 3. Aufl. 206, Vor Art. 1 EuInsVO Rn. 23; *Kindler* in: MüKo BGB, 6. Aufl. 2015, IntInsR, Art. 4 EuInsVO Rn. 13; *Paulus*, EuInsVO, 2017, Einl. Rn. 16; *Müller* in: Mankowski/Müller/Schmidt (Hrsg.), EuInsVO 2015, 2016, Einl. Rn. 36.

110 Dazu speziell im Rahmen der EuInsVO *Leible/Staudinger* KTS 2000, 531, 571 ff.; *Vallender* KTS 2005, 283, 289.

111 *Kindler* in: MüKo BGB, 6. Aufl. 2015, IntInsR, Art. 4 EuInsVO Rn. 13; *Paulus* in: FS Beck, 2016, S. 393, 394.

112 Vgl. *Issacs/Brent* in: Moss/Fletcher/Isaacs (Eds.), the EU Regulation on Insolvency Proceedings, 2016, Rn. 2.25; *Kindler* in: MüKo BGB, 6. Aufl. 2015, IntInsR, Art. 4 EuInsVO Rn. 13.

II. Regelungsgefüge und Aufbau der EuInsVO

38 Die alte wie die neue Europäische Insolvenzverordnung (EuInsVO) regeln im Grundsatz nur das **kollisionsrechtlich** auf Insolvenzverfahren und damit verbundenen Annexverfahren anwendbare (Insolvenz-) Recht eines Mitgliedstaates.[113] Eine Harmonisierung des materiellen Insolvenzrechts erfolgte durch die EuInsVO grundsätzlich nicht.[114] Dies gilt weitgehend auch im Zuge der novellierten Fassung und deren Inkrafttreten im Juni 2017 (zur Reform s. Rn. 42 ff.). Die alte wie neue EuInsVO enthält insofern nur **wenige Sachnormen** hinsichtlich der materiellen Ausgestaltung des Insolvenzrechts.

39 Aufbautechnisch ist die neugefasste EuInsVO in sieben Kapital zuzüglich vier Anhänge untergliedert.[115] Den Kapiteln vorangestellt sind gemäß dem Aufbau europäischer Sekundärrechtsakte die zur Verordnung bzw. deren Neufassung geführten Erwägungsgründe.[116] Hierin werden ua die Ziele und Prinzipien der Verordnung dargestellt.[117] Das erste Kapitel der EuInsVO (Art. 1-18) enthält die **allgemeinen Bestimmungen** der Verordnung, zB bezüglich Anwendungsbereichs, zu Begriffsdefinitionen und zur internationalen Zuständigkeit des Hauptinsolvenzverfahrens. Kapitel 2 (Art. 19-33) enthält Regelungen zur **Anerkennung** von Insolvenzverfahren in den anderen Mitgliedsstaaten und sieht dabei ua eine automatische Wirkungserstreckung der Verfahrenseröffnung vor (dazu Rn. 62 f.). Kapitel 3 (Art. 34-52) befasst sich im Speziellen mit Vorschriften zur Durchführung eines **Sekundärinsolvenzverfahrens**. Dabei gelten für das Sekundärverfahren grundsätzlich die gleichen Kollisionsnormen wie im Hauptverfahren (dazu Rn. 67 ff.). Das vierte Kapitel (Art. 53-55) beinhaltet Vorschriften über die Unterrichtung der **Insolvenzgläubiger** und die Anmeldung ihrer Forderungen. Kapitel 5 (Art. 56-77) befasst sich mit Fragen des Insolvenzverfahrens von Mitgliedern einer Unternehmensgruppe, also des **Konzerninsolvenzrechts**. Das sechste Kapitel (Art. 78-83) regelt die im Rahmen der Neufassung der EuInsVO eingefügten Bestimmungen zum **Datenschutz**. Abschließend enthält Kapitel 7 (Art. 84-92) Übergangs- und Schlussbestimmungen, zB Inkrafttreten der Verordnung und zum zeitlichen Anwendungsbereich einzelner Vorschriften. Abgesehen von den Neuregelungen zum Konzerninsolvenzrecht und zu den Datenschutzbestimmungen lässt die revidierte EuInsVO daher die bewährte Struktur der bisher geltenden Verordnung weitgehend unangetastet.[118]

40 Leitgedanke der EuInsVO ist zunächst das Prinzip der („modifizierten" bzw. „kontrollierten") **Universalität**.[119] Über das Vermögen des Schuldners soll daher grundsätzlich nur ein Insolvenzverfahren eröffnet werden, das dessen gesamtes Vermögen erfasst. Die entsprechende Verfahrenseröffnung in einem Mitgliedstaat ist sodann im Sinne einer Wirkungserstreckung in den anderen Mitgliedstaaten weitgehend anzuerkennen.[120] Darüber hinausgehend lassen sich die im Grundsatz mit der Verordnung verfolgten Ziele und Prinzipien aus den Erwägungsgründen entnehmen. Allgemein sind daher für ein reibungsloses **Funktionieren des Binnenmarktes** sowie zur Schaffung eines Raums der Freiheit, der Sicherheit und des Rechts effiziente und wirksame grenzüberschreitende Insolvenzverfahren erforderlich.[121] Eine Koordinierung derselben kann dabei grundsätzlich nur auf europäischer Ebene angemessen erfolgen. Insbesondere müsse dabei verhindert werden, dass es für Beteiligte vorteilhafter ist, Vermögensgegenstände oder Gerichtsverfahren von einem Mitgliedstaat in einen anderen zu verlagern, um auf diese Weise eine günstigere Rechtsstellung zum Nachteil der Gesamtheit der Gläubiger zu erlangen (sog **„Forum Shopping"**) (dazu Rn. 53 ff.).[122]

41 Weitere Zielsetzung ist eine Verbesserung der **Effizienz** und Wirksamkeit der Insolvenzverfahren mit grenzüberschreitendem Bezug.[123] Dies mache insbesondere eine Harmonisierung in Bezug auf den Gerichtsstand, die Anerkennung und das anwendbare Recht notwendig. Bedeutung kommt ferner dem Grundsatz des **gegenseitigen Vertrauens** zu.[124] Dieser verwirklicht sich in erster Linie in der bereits angesprochenen Anerkennung von Ent-

113 *McCormack* MLR 79 (2016) 121, 123; *Möhlenkamp* in: FS Elsing, 2015, S. 859 f.

114 Generell zur Harmonisierung im Europäischen Insolvenzrecht *Mucciarelli* EBOR 14 (2013) 175, 196 ff.

115 Die EuInsVO 2000 war hingegen noch lediglich in fünf Kapitel und drei Anhänge unterteilt. Hinzugekommen sind im Zuge der Reform Regelungen zu Konzerninsolvenzen (Art. 56 ff.) und zum Datenschutz (Art. 78 ff.).

116 Vgl. zu einer erwägungsgrundkonformen Auslegung im Rahmen der revidierten EuInsVO *Paulus* in: FS Beck, 2016, S. 393, 394 ff.

117 *Kindler* in: MüKo BGB, 6. Aufl. 2015, IntInsR, Vor EuInsVO Rn. 3; siehe auch *Müller* in: Mankowski/Müller/Schmidt (Hrsg.), EuInsVO 2015, 2016, Einl. Rn. 26.

118 *Wimmer* in: Wimmer/Bornemann/Lienau (Hrsg.), Die Neufassung der EuInsVO, 2016, Rn. 29.

119 *Lutter/Bayer/Schmidt*, Europäisches Unternehmens- und Kapitalmarktrecht, 2017, Rn. 17.19; *Müller* in: Mankowski/Müller/Schmidt (Hrsg.), EuInsVO 2015, 2016, Einl. Rn. 25; *Leible/Staudinger* KTS 2000, 533, 537; *Reinhart* in: MüKo InsO, 3. Aufl. 2016, Vor Art. 1 EuInsVO Rn. 18; *Thole* in: Leible/Terhechte (Hrsg.), Europäisches Rechtsschutz- und Verfahrensrecht, 2014, § 24 Rn. 12.

120 Zu den Ausnahmen vgl. *Kindler* in: MüKo BGB, 6. Aufl. 2015, IntInsR, Vor EuInsVO Rn. 14.

121 Erwägungsgrund 2, 3.

122 Erwägungsgrund 5.

123 Erwägungsgrund 8; vgl. auch *Müller* in: Mankowski/Müller/Schmidt (Hrsg.), EuInsVO 2015, 2016, Einl. Rn. 12 ff.

124 Vgl. EuGH, Rs. C-341/04 (Eurofood), ECLI:EU:C:2006:281 = NZG 2006, 633, Rn. 61; EuGH, Rs. C-444/07 (Probud Gdynia), ECLI:EU:C:2010:24 = NZI 2010, 156, Rn. 27 ff.; ferner *Thole* in: Leible/Terhechte (Hrsg.),

scheidungen zur Eröffnung, Abwicklung und Beendigung von Insolvenzverfahren sowie Entscheidungen, die in unmittelbarem Zusammenhang mit damit ergehen.[125]

III. Reform der EuInsVO

Im Jahr 2015 erfolgte eine umfassende Reform der Europäischen Insolvenzverordnung.[126] Die bis dahin geltende EuInsVO wurde durch die neue Verordnung 2015/848 vom 20.5.2015 abgelöst und trat in weiten Teilen im **Juni 2017** offiziell in Kraft. Bereits die alte EuInsVO sah in ihrem damaligen Art. 46 eine Revisionsklausel vor, nach der die Europäische Kommission bis zum Juni 2012 einen Evaluationsbericht über die Anwendung der Verordnung in den Mitgliedstaaten zu erstellen hat. Hierauf beruhend veröffentlichte die Kommission im Januar 2013 eine entsprechende Studie (sog Vienna-Report), die zu dem Ergebnis kam, dass die geltende EuInsVO zwar an sich gut funktioniere, jedoch gleichwohl verbesserungswürdig sei.[127] Bereits davor veröffentlichte die Kommission zudem einen ersten Verordnungsvorschlag für die Neufassung der EuInsVO.[128] Darauf basierend, und nach verschiedenen Diskussionsrunden und Veränderungen, wurde die neugefasste **„EuInsVO 2015"** am 26. Juli 2015 offiziell verabschiedet. 42

Ziel der revidierten EuInsVO ist insbesondere die Förderung einer verbesserten **Unternehmenssanierung** und eines stetigen Wirtschaftswachstums. In diesem Zusammenhang war bereits in der Europa 2020-Strategie aus dem Jahr 2010 von einer Verbesserung der wirtschaftlichen Erholung und nachhaltigem Wachstum die Rede.[129] Konzeptionell behält die neugefasste EuInsVO jedoch weitgehend die Systematik ihrer Vorgängerverordnung bei und enthält insofern keine wirklich radikalen Neuerungen.[130] Gesetzlich (stückweise) **kodifiziert** wurde insbesondere die in den vergangenen Jahren ergangene EuGH-Rechtsprechung zu einigen Kernpunkten der Verordnungen (insbes. zum COMI-Begriff).[131] Umgesetzt wurden ferner aktuelle/jüngere Entwicklungen im europäischen Unternehmensrecht (zB hinsichtlich eines elektronischen Insolvenzregisters oder Datenschutzbestimmungen) sowie einige der vor allem aus praktischer Sicht seit langem regelungsbedürftigen Aspekte (zB von Konzerninsolvenzen und Sekundärinsolvenzverfahren). 43

Die **wesentlichsten Änderungen** bzw. Neuregelungen durch die EuInsVO 2015 betreffen die:[132] 44

- Ausdehnung des Anwendungsbereichs der Verordnung;
- Erweiterung und Präzisierung der Definitionsnormen;
- Konkretisierung des COMI-Prinzips als maßgebenden Anknüpfungspunkt;
- Überprüfung der Eröffnungsentscheidung;
- Zuständigkeit für insolvenznahe Klageverfahren (Annexverfahren);
- Vermeidung von Sekundärinsolvenzverfahren;
- Schaffung von (elektronischen) Insolvenzregistern;
- Kooperation und Kommunikation zwischen den Insolvenzgerichten;
- Abstimmung grenzüberschreitender Konzerninsolvenzen.

Europäisches Rechtsschutz- und Verfahrensrecht, 2014, § 24 Rn. 14; *Kindler* in: MüKo BGB, 6. Aufl. 2015, IntInsR, Vor EuInsVO Rn. 18.

125 Erwägungsgrund 65.

126 Dazu bzw. zur Neufassung *Amey* Int. Corp. Rescue 12 (2015) 205; *Bewick* IIR 24 (2015) 172; *Cohen/Dammann/Sax* IILR 2015, 117; *Eastby* Chicago J. Int'l L. 17 (2016) 121; *Garcimartín* ZEuP 2015, 694; *Fritz* DB 2015, 1882, 1945; *Kindler/Sakka* EuZW 2015, 460; *McCormack* MLR 79 (2016) 121; *Mucciarelli* ECFR 2016, 1; *Parzinger* NZI 2016, 63; *Vallender* ZIP 2015, 1513; *ders.* in: FS Beck, 2016, S. 537; *Weiss* IIR 24 (2015) 192; *Wessels* IIR 24 (2015) 96; *ders.* ECL 13 (2016) 129; zum Vorentwurf *Eidenmüller* MJ 20 (2013) 133; *Graf-Schlicker* in: FS Kübler, 2015, S. 195; *Kindler* KTS 2014, 25; *Liddy-Murphy* EBLR 2015, 283; *Thole* ZEuP 2014, 39.

127 External Evaluation of Regulation No. 1346/2000/EC on Insolvency Proceedings, JUST/2011/JCIV/PR/0049/A4, January 2013, S. 10; vgl. auch Erwägungsgrund 1 zur EuInsVO 2015; in diesem Zusammenhang zu den einzelnen (Haupt-) Mängeln der alten Verordnung *Tschentscher* in: Braun (Hrsg.), InsO, 7. Aufl. 2017, Einf. EuInsVO Rn. 8.

128 Vorschlag für eine Verordnung des Europäischen Parlamentes und des Rates zur Änderung der Verordnung (EG) Nr. 1346/2000 des Rates über Insolvenzverfahren, COM(2012) 744 final; dazu *Eidenmüller* MJ 20 (2013) 133; *Kindler* KTS 2014, 25; *Madaus* ZRP 2014, 192.

129 Europe 2020 – A European Strategy for Smart, Sustainable and Inclusive Growth, 2010; in diesem Zusammenhang auch *McCormack* MLR 79 (2016) 121, 144 f.

130 *McCormack* MLR 79 (2016) 121, 145; *Mucciarelli* ECFR 2016, 1, 29; *Graf-Schlicker* in: FS Kübler, 2015, S. 195, 202; *Thole* IPRax 2017, 213, 221; *Wimmer* jurisPR-InsR 7/2015, Anm. 1; *Fehrenbach* GPR 2016, 282.

131 *Parzinger* NZI 2016, 63, 68; *Mucciarelli* ECFR 2016, 1, 29.

132 Überblicksartig auch *Amey* Int. Corp. Rescue 12 (2015) 205 ff.; *Cohen/Dammann/Sax* IILR 2015, 117, 118 ff.; *Fritz* DB 2015, 1882, 1883 ff.; *Parzinger* NZI 2016, 63, 64 ff.; *Tschentscher* in: Braun (Hrsg.), InsO, 7. Aufl. 2017, Einf. EuInsVO Rn. 10; *Wimmer* in: Wimmer/Bornemann/Lienau (Hrsg.), Die Neufassung der EuInsVO, 2016, Rn. 4 ff.

IV. Anwendungsbereich

45 Der Anwendungsbereich der Europäischen Insolvenzverordnung (Art. 1 EuInsVO; Anhang A) wurde im Zuge deren Neufassung **spürbar erweitert**.[133] Aus unternehmerischer Sicht waren jedoch bereits grundsätzlich alle Gesellschaftsformen der Mitgliedstaaten vom persönlichen Anwendungsbereich umfasst. Eine **Ausnahme** gilt lediglich für Versicherungsunternehmen, Kreditinstitute, bestimmte Wertpapierfirmen und Organismen für gemeinsame Anlagen (Art. 1 II EuInsVO). Für diese bestehen spezialgesetzliche Vorgaben in anderen Sekundärrechtsakten.

46 Sachlich gilt die Verordnung für Gesamtverfahren einschließlich vorläufiger Verfahren, die auf Grundlage gesetzlicher Regelungen zur **Insolvenz** stattfinden oder in denen die Rettung, Schuldenanpassung, **Reorganisation** oder Liquidation einer Gesellschaft bezweckt ist (Art. 1 I EuInsVO). Maßgebend ist insofern der Begriff des „**Gesamtverfahrens**".[134] Nach Art. 2 Nr. 1 EuInsVO handelt es sich hierbei um ein Verfahren, an dem alle oder ein wesentlicher Teil der Gläubiger des Schuldners beteiligt sind, vorausgesetzt, dass im letzteren Fall das Verfahren nicht die Forderungen der Gläubiger berührt, die nicht daran beteiligt sind. Maßgeblich für die von der Verordnung erfassten Gesamtverfahren ist hierbei die abschließende Liste[135] der in **Anhang A** aufgezählten Insolvenzverfahren in den Mitgliedstaaten. Die Bezeichnung im Anhang ist dabei sowohl eine notwendige als auch hinreichende Bedingung für die Eröffnung des Anwendungsbereichs der Verordnung.[136] Anhang A wurde auch im Zuge der Neufassung nur unwesentlich geändert. Insbesondere ist auch weiterhin das praktisch bedeutende *scheme of arrangement* gem ssec. 895 ff. CA 2006 (s. dazu auch § 12 Rn. 552) nicht von den Vorgaben der EuInsVO erfasst.[137] Gleichwohl ist es im grenzüberschreitenden Kontext hierbei nicht erforderlich, dass sich der Mittelpunkt der hauptsächlichen Interessen der Gesellschaft im Vereinigten Königreich befindet.[138]

47 Ausdrücklich im Zuge der Neufassung der Verordnung werden nunmehr insbesondere auch **vorinsolvenzliche Restrukturierungsverfahren** und Sanierungsverfahren innerhalb der Insolvenz genannt. Letzteres war indes schon vorher anerkannt.[139] Ersteres spiegelt daneben den Trend zu einer europäischen **Sanierungskultur** (s. auch Rn. 9) wider, in dem auch solche Restrukturierungsverfahren in den Anwendungsbereich der EuInsVO einbezogen werden, wenn das Schuldnerunternehmen noch nicht insolvent ist.[140] Einbezogen sind daher auch Verfahren, die auf eine Sanierung des Schuldners in einer Situation gerichtet sind, in der lediglich die „Wahrscheinlichkeit einer Insolvenz besteht" (Art. 1 I Uabs. 1 EuInsVO; Erwägungsgrund 10 S. 2).

V. Internationale Zuständigkeit

48 Zentrales **Anknüpfungskriterium** der Europäischen Insolvenzverordnung,[141] aber auch Gegenstand umfassender Diskussion und Rechtsunsicherheit, ist der schuldnerische „**COMI**". Die Zuständigkeit der Gerichte prägt das Insolvenzverfahren zu einem hohen Maße, denn auch zahlreiche Verfahrensregelungen und materiellrechtliche Fragen einer Insolvenz werden an das Recht des zuständigen Gerichts angeknüpft.[142] Die internationale Zuständigkeit für das Hauptinsolvenzverfahren bestimmt sich gem Art. 3 I EuInsVO danach, in welchem Mitgliedstaat der Mittelpunkt der hauptsächlichen Interessen (*centre of main interests* – COMI) der Gesellschaft

133 Zum neugefassten Anwendungsbereich vgl. *Bornemann* in: Wimmer/Bornemann/Lienau (Hrsg.), Die Neufassung der EuInsVO, 2016, Rn. 30 ff.; *Garcimartín* ZEuP 2015, 694, 696 ff.; *McCormack* MLR 79 (2016) 121, 126 ff.; *Schmidt* in: Mankowski/Müller/Schmidt (Hrsg.), EuInsVO 2015, 2016, Art. 1 Rn. 6 f.; *Piekenbrock* ZIP 2014, 250 ff.; *van Zwieten* in: Bork/van Zwieten (Eds.), Commentary on the European Insolvency Regulation, 2016, Introduction, Rn. 31 ff.; kritisch auch *Ehret* in: Braun (Hrsg.), InsO, 7. Aufl. 2017, Art. 1 EuInsVO Rn. 19.

134 Dazu auch *Eidenmüller* ZIP 2016, 145, 146 f.; *Fehrenbach* GPR 2016, 282, 284 f.

135 *Lutter/Bayer/Schmidt*, Europäisches Unternehmens- und Kapitalmarktrecht, 2017, Rn. 17.13; *Thole* in: Leible/Terhechte (Hrsg.), Europäisches Rechtsschutz- und Verfahrensrecht, 2014, § 24 Rn. 39; *Parzinger* NZI 2016, 63, 64; *van Zwieten* in: Bork/van Zwieten (Eds.), Commentary on the European Insolvency Regulation, Introduction, 2016, Rn. 33; aA *Wenner* ZIP 2017, 1137, 1139.

136 *Thole* IPRax 2017, 213.

137 *Amey* Int. Corp. Rescue 12 (2015) 205; *Albrecht* ZInsO 2015, 1077, 1078; *Lürken/Plank* in: Hopt/Seibt (Hrsg.), Schuldverschreibungsrecht, 2017, Rn. 11.136; *McCormack* MLR 79 (2016) 121, 127; *Fritz* DB 2015, 1884; *Vallender* ZIP 2015, 1513, 1514; *Fehrenbach* GPR 2016, 282, 286; vgl. auch *Eidenmüller/Frobenius* WM 2011, 1214; *Hoffmann/Giancristofano* ZIP 2016, 1151; *Paulus* ZIP 2011, 1077; *Thole* ZGR 2013, 109; *ders.* IPRax 2017, 213, 215; ferner im Zuge des EU-Austritts Großbritanniens *Rinze/Lehmann* DB 2016, 2946, 2950 ff.; *Sax/Swierczok* ZIP 2017, 601 ff.

138 Vgl. *Re Van Gansewinkel BV* [2015] EWHC 2151 (Ch).

139 Vgl. EuGH, Rs. C-116/11 (Bank Handlowy vs Christianapol), ECLI:EU:C:2012:739 = NZI 2013, 106; *Thole* in: Leible/Terhechte (Hrsg.), Europäisches Rechtsschutz- und Verfahrensrecht, 2014, § 24 Rn. 39.

140 *Europäische Kommission*, Ein neuer europäischer Ansatz zur Verfahrensweise bei Firmenpleiten und Unternehmensinsolvenzen, COM(2012) 742, S. 3 f.; *Europäische Kommission*, Verordnungsvorschlag, COM(2012) 744, S. 6.

141 Die sachliche und örtliche Gerichtszuständigkeit ergibt sich hingegen autonom nach nationalem Recht.

142 *Möhlenkamp* in: FS Elsing, 2015, S. 859, 869; zur Bedeutung auch *Wenner* ZIP 2017, 1137.

liegt.[143] Dies gilt grundsätzlich gleichermaßen nach der neugefassten wie nach der alten EuInsVO. Für Sekundärinsolvenzverfahren wird hingegen an einer **Niederlassung** (Art. 2 Nr. 10 EuInsVO)[144] im entsprechenden Mitgliedstaat angeknüpft.

Bei der Ermittlung der internationalen Zuständigkeit für Hauptinsolvenzverfahren von Gesellschaften werden **konzernverbundene Unternehmen** grundsätzlich jeweils separat betrachtet. Die Bestimmung der internationalen Zuständigkeit erfolgt mithin rechtsträgerbezogen und ein spezielles „Konzern-COMI" kennt die – sowohl alte als auch neue – Verordnung nicht.[145] Dies gilt auch im Zuge des neu eingefügten Kapitals zu Konzerninsolvenzen, die lediglich eine Zusammenarbeit der beteiligten Verwalter und Gerichte sowie in diesem Zusammenhang eine Koordination der jeweils separaten Insolvenzverfahren der einzelnen Gruppenmitglieder vorsehen (dazu Rn. 74 ff.). 49

Für die internationale Gerichtszuständigkeit von Gesellschaftsinsolvenzen bestimmt sich der Mittelpunkt der hauptsächlichen Interessen (COMI) nach dem Zeitpunkt der Einleitung des Insolvenzverfahrens.[146] Maßgeblich ist damit die **Antragstellung der Verfahrenseröffnung.**[147] Wird das COMI somit zwischen Insolvenzantragstellung und der Eröffnung des Insolvenzverfahrens verlegt, bleibt es grundsätzlich bei der Zuständigkeit des zuerst mit der Sache befassten Gerichts.[148] Der Mittelpunkt der hauptsächlichen Interessen muss sich dabei durch das zuständige Insolvenzgericht hinreichend prüfen lassen (vgl. Art. 4 I EuInsVO).[149] Ist dies nicht der Fall, trägt die Gesellschaft als Insolvenzschuldner die Darlegungs- und Beweislast für die Behauptung, dass sich zum Zeitpunkt der Insolvenzantragstellung das COMI im entsprechenden Mitgliedstaat befindet.[150] Neu ist hingegen, dass anders als bisher die Verortung des COMI durch ein sich für zuständig erklärendes Gericht nicht vollständig der Kontrolle entzogen wird, sondern nunmehr ein Rechtsbehelf vorgesehen ist.[151] 50

Das COMI ist nach **objektiven** und für Dritte feststellbaren **Kriterien** zu bestimmen.[152] Dabei ist besonders zu berücksichtigen, welchen Ort die Gläubiger als denjenigen wahrnehmen, an dem der Schuldner der Verwaltung seiner Interessen nachgeht.[153] Auch wenn insofern der COMI-Begriff verordnungsautonom auszulegen ist,[154] entspricht er doch funktional weitgehend dem (deutschen) Begriffsverständnis des Verwaltungssitzes.[155] 51

Gleichwohl stellt die Verordnung selbst in Art. 3 I Uabs. 2 S. 1 EuInsVO eine **widerlegliche Vermutung** der Belegenheit des COMI am **Satzungssitz** der Gesellschaft auf.[156] Für das angerufene Gericht hat diese Vermutungsregelung zur Folge, dass es seine Entscheidung über die internationale Zuständigkeit auf Grundlage des in der 52

---

143 Zur Neufassung des Art. 3 I EuInsVO vgl. *Latella* ECFR 2014, 479 ff.; *Schulz* NZI 2015, 338, 340; *Kolmann/Keller* in: Gottwald (Hrsg.), Insolvenzrechts-Handbuch, 5. Aufl. 2015, § 131 Rn. 33.

144 In diesem Zusammenhang aus britischer Sicht zum Begriff *Re Olympic Airlines SA* [2015] UKSC 27; dazu *Wood* ICCLR 26 (2015) 302 ff.; vgl. zu Art. 2 lit. h) EuInsVO 2000 auch BGH ZIP 2011, 782; BGH ZIP 2012, 1920; OLG Wien NZI 2005, 56; ausführlich auch *Mankowski* in: Mankowski/Müller/Schmidt (Hrsg.), EuInsVO 2015, 2016, Art. 3 Rn. 138 ff.

145 Vgl. EuGH, Rs. C-191/10 (Rastelli), ECLI:EU:C:2011:838, NZG 2012, 150, Rn. 25, 29; *Wessels* ECL 3 (2006) 183, 186; *Möhlenkamp* in: FS Elsing, 2015, S. 859, 870; *van Calster* EBLR 2016, 735, 746 f.

146 EuGH, Rs. C-1/04 (Staubitz-Schreiber), ECLI:EU:C:2006:39 = ZIP 2006, 188, Rn. 25; vgl. auch *Leible* in: MüHdB GesR, IntGesR, 4. Aufl. 2013, § 35 Rn. 59; *Lüer* in: Uhlenbruck (Hrsg.), InsO, 14. Aufl. 2015, Art. 3 EuInsVO Rn. 42; zur Ermittlung des maßgeblichen Zeitpunktes im Rahmen der Ermittlung des COMI siehe *Kolmann/Keller* in: Gottwald, (Hrsg.) Insolvenzrechts-Handbuch, 5. Aufl. 2015, § 131 Rn. 39 ff.

147 Für die Anwendbarkeit der neuen EuInsVO 2015 kommt es jedoch auf die gerichtliche Eröffnungsentscheidung an, vgl. Supreme Court of Gibraltar ZIP 2017, 1772, 1773; *Bork* EWiR 2017, 571, 572.

148 *Lüer* in: Uhlenbruck (Hrsg.), InsO, 14. Aufl. 2015, Art. 3 EuInsVO Rn. 39; *Szydło* EBOR 11 (2010) 253, 266 ff.; *Mankowski* in: Mankowski/Müller/Schmidt (Hrsg.), EuInsVO 2015, 2016, Art. 3 Rn. 28.

149 Vgl. auch *Garcimartín* ZEuP 2015, 694, 709; *Pannen* in: Runkel/Schmidt (Hrsg.), Anwalts-Handbuch Insolvenzrecht, 3. Aufl. 2015, § 18 Rn. 91b; *Vallender* in: FS Beck, 2016, S. 537, 538; *Tashiro* in: Braun (Hrsg.), InsO, 7. Aufl. 2017, Art. 4 EuInsVO Rn. 10 ff.

150 Vgl. AG Köln NZI 2012, 379; *Wessels* ECL 3 (2006) 183, 185; *Mankowski* in: Mankowski/Müller/Schmidt (Hrsg.), EuInsVO 2015, 2016, Art. 3 Rn. 27.

151 *Parzinger* NZI 2016, 63; *v. Bismarck/Schulz* DB 2016, Beilage 6, S. 49; *Vallender* ZIP 2015, 1513, 1516.

152 EuGH, Rs. C-341/04 (Eurofood), ECLI:EU:C:2006:281 = NZG 2006, 633, Rn. 33; BGH NZI 2017, 320, 321.

153 Erwägungsgrund 28 S. 1.

154 BGH NZI 2017, 320, 321; *Leible* in: MüHdB GesR, IntGesR, 4. Aufl. 2013, § 35 Rn. 39; *Steffek* in: MüHdB GesR, IntGesR, 4. Aufl. 2013, § 37 Rn. 31; *Armour*, Who Should Make Corporate Law? EC Legislation versus Regulatory Competition, ECGI Law Working Paper 54/2005, S. 45; vgl. auch *Aasaru* EBLR 2011, 349, 355; *Mankowski* NZG 2016, 281.

155 *Kindler* ZHR 179 (2015) 330, 372, Fn. 229; *Weller* in: FS Blaurock, 2013, S. 497, 506; *Weller/Thomale/Benz* NJW 2016, 2378, 2379; *Behrens/Hoffmann* in: Ulmer/Habersack/Löbbe (Hrsg.), GmbHG, 2. Aufl. 2013, Einl. B Rn. 125; ferner auch *McCormack* MLR 79 (2016) 121, 129; er ist jedoch nicht gänzlich mit diesem gleichzusetzen, vgl. *Weller* ZGR 2008, 835, 855; *Behme*, Rechtsformwahrende Sitzverlegung und Formwechsel, 2015, S. 281 f.; *Mankowski* in: Mankowski/Müller/Schmidt (Hrsg.), EuInsVO 2015, 2016, Art. 3 Rn. 66 f.

156 Dies bedeutet jedoch insofern nicht, dass der Satzungssitz das COMI in diesem Fall *ist*, so jedoch *Wessels* ECL 3 (2006) 183, 184.

Satzung bzw. im Gesellschaftsvertrag bestimmten Sitzes der Gesellschaft treffen kann.[157] Die Vermutung nach Art. 3 I Uabs. 2 S. 1 EuInsVO ist zwar widerleglich, nur kann es bei einer Vielzahl aus verschiedenen Mitgliedstaaten stammenden Schuldnern, Gläubigern und sonstigen Dritten durchaus schwer fallen, einen vom Satzungssitz abweichenden Interessenmittelpunkt der Gesellschaft zu ermitteln.[158] Dies wird durch die Aussage des EuGH gestützt, nachdem für die Bestimmung des COMI eine selektive Betrachtung einzelner Faktoren nicht ausreicht, sondern eine umfassende **Gesamtbetrachtung** zu erfolgen hat.[159] Aufgrund dieser durchaus problembehafteten Bestimmung eines hauptsächlichen Interessenschwerpunktes[160] erlangt die Vermutungswirkung des in der Satzung angegebenen Sitzes somit in der Regel maßgebende Bedeutung.[161]

53 Dennoch kann vor allem bei reinen **Briefkastengesellschaften** die Vermutung zugunsten des Satzungssitzes durchbrochen werden.[162] In diesem Zusammenhang betont auch die reformierte EuInsVO, dass eine COMI-Verlagerung zu rein betrügerischen oder missbräuchlichen Zwecken im Rahmen eines **Forum Shopping** unterbunden werden sollte.[163] In Übernahme der Interedil-Entscheidung des EuGH wird hierzu zum einen bestimmt, dass die Vermutung des Art. 3 I Uabs. 2 S. 1 EuInsVO widerlegt werden kann, wenn sich die Hauptverwaltung der Gesellschaft in einem anderen Mitgliedstaat als in dem des Satzungssitzes befindet und wenn eine Gesamtbetrachtung aller relevanten Faktoren die von Dritten überprüfbare Feststellung zulässt, dass sich der tatsächliche Mittelpunkt der Verwaltung und Kontrolle der Gesellschaft in diesem Mitgliedstaat befindet.[164] Erwägungsgrund 28 der Verordnung verlangt darüber hinaus, dass der Schuldner im Falle einer Verlegung seines COMI seine Gläubiger zeitnah über den neuen Ort unterrichtet, an dem er seine Tätigkeiten ausübt.

54 Zum anderen sieht Art. 3 I Uabs. 2 S. 2 EuInsVO nunmehr ausdrücklich vor, dass die Vermutungswirkung zugunsten des Satzungssitzes dann nicht gilt, wenn der (Satzungs- bzw. Register-) Sitz[165] der Gesellschaft innerhalb einer **Übergangsperiode** von **drei Monaten** in einen anderen Mitgliedstaat verlegt wurde. Das Ziel dieser Neuregelung besteht in der Verhinderung von betrügerischem oder missbräuchlichem Forum Shopping zum Schutz der Gesellschaftsgläubiger.[166] Im Hinblick insbesondere auf eine insolvenzgebundene Sanierungsmigration mittels Verlegung des Satzungssitzes wird diese Einschränkung der Vermutungsregelung jedoch in der Regel nicht die Attraktivität einer entsprechenden Sitzverlegung mindern. Bedenkt man, dass einer solchen Strukturmaßnahme langfristige Vorüberlegungen des Managements vorangehen[167] und sich auch die wirtschaftliche Situation des Unternehmens, die eine Sanierungsmigration notwendig macht, üblicherweise schon seit einem längeren Zeitraum abzeichnet, wird es für die betreffende Gesellschaft kein tatsächliches Hindernis sein, ihren Satzungssitz bereits vor der Drei-Monats-Grenze in einen anderen Mitgliedstaat verlegt zu haben.[168] Im Zusammenhang mit der Dauer des Sitzverlegungsverfahrens ist dies ohnehin zu empfehlen. Wie angesprochen, muss der Sitzverlegungsvorgang spätestens bis zur Antragstellung zur Eröffnung des Insolvenzverfahrens abgeschlossen sein (s. Rn. 50). Die Pflicht zur Insolvenzantragsstellung ist jedoch gesetzlich geregelt und unabhängig vom Vorgang der Sitzverlegung.[169] Auf den Zeitpunkt der Antragstellung hat das Geschäftsführungsorgan – aus normativer Sicht – keinen Einfluss. Dies berücksichtigt, sollte es bei einer vorausblickenden Sanierung iS einer Restrukturierung der Gesellschaft aus praktischer Sicht machbar sein, dass die Ausnahme des Art. 3 I Uabs. 2 S. 2 EuInsVO **keine spürbare Bedeutung** erlangt.[170]

---

157 *Leible* in: MüHdB GesR, IntGesR, 4. Aufl. 2013, § 35 Rn. 59; *Vallender* in: K. Schmidt/ Uhlenbruck (Hrsg.), Die GmbH in Krise, Sanierung und Insolvenz, 5. Aufl. 2015, Rn. 12.35.

158 Exemplarisch hierzu High Court London, 2015, EWHC 121 (Ch), Rn. 13 ff.; insofern ebenfalls auf die Gesamtheit der Stakeholder abstellend *Mucciarelli* EBOR 14 (2013) 175, 185; vgl. auch *Armour*, Who Should Make Corporate Law? EC Legislation versus Regulatory Competition, ECGI Law Working Paper 54/2005, S. 46.

159 EuGH, Rs. C-396/09 (Interedil), ECLI:EU:C:2011:671 = ZIP 2011, 2153, Rn. 52 f.; vgl. auch High Court London, 2015, EWHC 121 (Ch), Rn. 28; *Re Stanford International Bank Ltd.* [2011] BCC 211, 257 f.

160 Aus jüngerer Zeit vgl. auch *Schulz* NZI 2017, 142 ff.

161 *Kindler* in: MüKo BGB, 6. Aufl. 2015, IntInsR, Art. 3 EuInsVO, Rn. 28 f.; *Reinhart* in: MüKo InsO, 3. Aufl. 2016, Art. 3 EuInsVO Rn. 5; dies bedeutet indes nicht, dass der Mittelpunkt der hauptsächlichen Interessen iSd Art. 3 Abs. 1 S. 2 EuInsVO zwangläufig mit dem Satzungssitz übereinstimmen muss, vgl. EuGH, Rs. C-327/13 (Burgo Group), ECLI:EU:C:2014:2158 = EuZW 2015, 34, Rn. 29.

162 Vgl. EuGH, Rs. C-341/04 (Eurofood), ECLI:EU:C:2006:281 = NZG 2006, 633, Rn. 35.

163 Erwägungsgrund 29; dazu bereits auch *Szydło* EBOR 11 (2010) 253, 254 ff.

164 Erwägungsgrund 30 S. 2; vgl. auch *Vallender* in: FS Beck, 2016, S. 537, 540 f.

165 Eine Verlegung des Verwaltungssitzes bleibt insofern daher unerheblich; vgl. *Fritz* DB 2015, 1882, 1885.

166 Vgl. Erwägungsgrund 5.

167 In diesem Sinne *Steffek* in: MüHdB GesR, IntGesR, 4. Aufl. 2013, § 37 Rn. 4; *R. Paulus* DZWiR 2008, 6, 7.

168 *Mucciarelli* ECFR 2016, 1, 19.

169 In diesem Sinne auch *Vallender* in: K. Schmidt/Uhlenbruck (Hrsg.), Die GmbH in Krise, Sanierung und Insolvenz, 5. Aufl. 2015, Rn. 12.124; indes besteht zB nach englischem Recht keine mit § 15a I InsO vergleichbare Vorschrift zur Insolvenzantragspflicht, vgl. *Steffek* in: MüHdB GesR, IntGesR, 4. Aufl. 2015, § 37 Rn. 4; *Stöber* ZHR 176 (2012) 326, 338.

170 Vgl. auch *Fehrenbach* GPR 2016, 282, 290; *Garcimartín* ZEuP 2015, 694, 712 („the practical effectiveness of those safeguards is unclear"); wohl auch *Thole* IPRax 2017, 213, 215; positiver hingegen *Latella* ECFR 2014, 479, 494.

Aus grenzüberschreitender Mobilitätsperspektive (ggf. im Rahmen einer sog Insolvenzrechtsarbitrage) wird aus den dargestellten Ausführungen ebenfalls erkennbar, dass eine COMI-Verlagerung ins Ausland[171] und damit einer Änderung der internationalen Zuständigkeit im Grundsatz sowohl einer **grenzüberschreitenden Verwaltungs-** als auch **Satzungssitzverlegung** zugänglich ist.[172] Dadurch dass der Mittelpunkt der hauptsächlichen Interessen zumindest mit dem Begriff des Verwaltungssitzes ähnlich ist und die Vermutungswirkung des Art. 3 I Uabs. 2 S. 1 EuInsVO prinzipiell durchbrochen werden kann, kann eine Verlegung des Verwaltungssitzes ins Ausland auch zu einer Änderung der internationalen Zuständigkeit und damit im Ergebnis auch zu einem **Wechsel des Insolvenzstatuts** führen.[173] Eine solche Sitzverlegung ist im Grundsatz auch nicht rechtsmissbräuchlich.[174] Dies ergibt sich im Umkehrschluss zu Erwägungsgrund 5, wonach im Interesse eines ordnungsgemäßen Funktionierens des Binnenmarkts lediglich verhindert werden muss, dass die Eröffnungszuständigkeit des Insolvenzgerichts beeinflussende Maßnahmen „zum Nachteil der Gesamtheit der Gläubiger" vollzogen werden. Dies gilt insofern jedoch nur bei einer innereuropäischen Sitzverlegung, so dass vor allem im Hinblick auf den bevorstehenden Austritt Grobritanniens aus der EU sich die internationale Insolvenzzuständigkeit diesbezüglich allein nach nationalem Kollisionsrecht richten würde.[175] 55

Gleiches gilt – vorbehaltlich einer dreimonatigen Übergangsperiode – auch für eine Satzungssitzverlegung in einen anderen Mitgliedstaat (ie einen **grenzüberschreitenden Rechtsformwechsel**). Dies wird schon aus der Vermutungsregel des Art. 3 I Uabs. 2 S. 1 EuInsVO ersichtlich. Eine rein isolierte Satzungssitzverlegung (s. dazu § 10 Rn. 126 ff.) ohne Verlagerung des Verwaltungssitzes oder jeglicher wirtschaftlicher Tätigkeit lässt jedoch iS der Eurofood-Entscheidung[176] eine Widerlegung der Vermutung zu und eine Änderung des COMI tritt grundsätzlich nicht ein. 56

VI. Anwendbares Recht

Neben der gerichtlichen Eröffnungszuständigkeit (s. Rn. 48 ff.) ist die Frage nach dem auf das Insolvenzverfahren anwendbare Recht ein zentraler Aspekt der EuInsVO. Im Grundsatz stellt die Verordnung dabei gem Art. 7 I EuInsVO nF (= Art. 4 I EuInsVO aF) auf die sog ***lex fori concursus*** ab, dh für das Insolvenzverfahren und seine Wirkungen gilt das Insolvenzrecht des Mitgliedstaats, in dessen Hoheitsgebiet das Verfahren eröffnet wird. Grundsätzlich gilt daher als Insolvenzstatut das Recht des Mitgliedstaates, in dem das für die Insolvenzeröffnung zuständige Gericht belegen ist. Damit wird ein weitgehender Gleichlauf von internationaler Zuständigkeit (vgl. Art. 3 EuInsVO) und anwendbarem Insolvenzrecht gewährleistet.[177] Dies wird dadurch verstärkt, dass es sich bei Art. 7 I EuInsVO um eine reine **Sachnormverweisung** handelt und damit eine Rück- oder Weiterverweisung (*renvoi*) des Kollisionsrechts eines Mitgliedstaates ausgeschlossen ist.[178] 57

Art. 7 EuInsVO ist nicht nur auf Hauptinsolvenzverfahren, sondern grundsätzlich gleichermaßen auch für unabhängige sowie sekundäre **Partikularinsolvenzverfahren** anwendbar.[179] 58

Maßgebend für die Ermittlung des anwendbaren Rechts gem Art. 7 EuInsVO ist die Bestimmung des Begriffs **„Insolvenzverfahren und seine Wirkungen"**. Ausgangspunkt ist die Frage, welche Rechtsfiguren und Sachnormen des nationalen Rechts hierunter fallen und damit insolvenzrechtlich zu qualifizieren sind sowie im Ergebnis das kollisionsrechtlich anwendbare Sachrecht eines Mitgliedstaates bestimmen.[180] Wichtig ist dabei zunächst, 59

171 Zu potentiellen Gläubigerstrategien zur Verhinderung einer COMI-Verlagerung *Mankowski* ZIP 2010, 1376 ff.; *Totty/Moss/Segal*, Insolvency, 93. EL 2018, E2-13; *Weller* in: FS v. Hoffmann, 2011, S. 513, 521 f.

172 In diesem Sinne *Eidenmüller* EBOR 6 (2005) 423; *Weller* ZGR 2008, 835, 848; *Mucciarelli* ECFR 2016, 1, 14.

173 Vgl. EuGH, Rs. C-396/09 (Interedil), ECLI:EU:C:2011:671 = ZIP 2011, 2153, Rn. 53; *Eidenmüller* NJW 2004, 3455, 3457; *Hübner* IPRax 2015, 134.

174 In Bezug auf die Vereinbarkeit mit der Niederlassungsfreiheit GA *Kokott*, Schlussanträge v. 10.3.2011, Rs. C-396/09, ECLI:EU:C:2011:132, Rn. 71; *Paschalidis*, Freedom of Establishment and Private International Law for Corporations, 2012, Rn. 7.90; vgl. auch *Aasaru* EBLR 2011, 349, 362; *McCormack* ICLQ 63 (2014) 815, 821; *Garcimartín* ZEuP 2015, 694, 711; *Undritz* in: Schmidt (Hrsg.), Hamburger Kommentar zum Insolvenzrecht, 6. Aufl. 2017, Art. 3 EuInsVO Rn. 41.

175 *Rinze/Lehmann* DB 2016, 2946, 2949.

176 EuGH, Rs. C-341/04 (Eurofood), ECLI:EU:C:2006:281 = NZG 2006, 633, Rn. 35.

177 *Weller* in: FS v. Hoffmann, 2011, S. 513, 522; *Lutter/Bayer/Schmidt*, Europäisches Unternehmens- und Kapitalmarktrecht, 2017, Rn. 17.33; *Thole* in: Leible/Terhechte (Hrsg.), Europäisches Rechtsschutz- und Verfahrensrecht, 2014, § 24 Rn. 91.

178 *Kindler* in: MüKo BGB, 6. Aufl. 2015, IntInsR, Art. 4 EuInsVO Rn. 1; *Lutter/Bayer/Schmidt*, Europäisches Unternehmens- und Kapitalmarktrecht, 2017, Rn. 17.46; *Reinhart* in: MüKo InsO, 3. Aufl. 2016, Art. 4 EuInsVO Rn. 1; *Thole* in: Leible/Terhechte (Hrsg.), Europäisches Rechtsschutz- und Verfahrensrecht, 2014, § 24 Rn. 85.

179 *Kindler* in: MüKo BGB, 6. Aufl. 2015, IntInsR, Art. 4 EuInsVO Rn. 2; *Lutter/Bayer/Schmidt*, Europäisches Unternehmens- und Kapitalmarktrecht, 2017, Rn. 17.46; *Reinhart* in: MüKo InsO, 3. Aufl. 2016, Art. 4 EuInsVO Rn. 1; *Tashiro* in: Braun, InsO, Art. 7 EuInsVO Rn. 6.

180 *Weller* in: MüKo GmbHG, 3. Aufl. 2018, Einl. Rn. 405a; ferner insofern zum kollisionsrechtlichen Charakter von Art. 4 EuInsVO aF EuGH, Rs. C-116/11 (Bank Handlowy vs Christianapol), ECLI:EU:C:2012:739 = NZI 2013, 106, Rn. 47.

dass der Begriff verordnungsautonom auszulegen und damit unabhängig vom nationalen Verständnis sowie der Qualifikation einzelner Sachnormen nach mitgliedstaatlichem Recht zu bestimmen ist.[181] Zur Erleichterung sieht Art. 7 II 2 EuInsVO jedoch einen nicht abschließenden Katalog[182] von **Regelbeispielen** vor, bei denen die *lex fori concursus* das anwendbare Insolvenzrecht bestimmt. Auch die dortigen Begriffe sind jeweils autonom auszulegen.[183] Zu beachten sind ferner die einzelnen Sonderanknüpfungen und Ausnahmen gem Art. 8-18 EuInsVO.

60 Das tatsächliche Hauptproblem bei der Ermittlung des anwendbaren Rechts, bezogen auf das „Insolvenzverfahren und seine Wirkungen", ist jedoch die darüber hinausgehende Reichweite des Insolvenzstatuts und damit die **Abgrenzung** insbesondere zum **Gesellschafts-** und **Deliktsstatut**. Ist eine Sachnorm oder ein Rechtsprinzip funktional-systematisch einem anderen Rechtsgebiet (zB Gesellschaftsrecht) – nach verordnungsautonomer Betrachtung – zuzuordnen, richtet sich die Frage nach dem anwendbaren Recht nicht nach Art. 7 EuInsVO, sondern nach den jeweiligen kollisionsrechtlichen Vorschriften des entsprechenden Statuts. Dabei gilt sodann grundsätzlich das nationale, ggf. unionsrechtlich überformte, Kollisionsrecht des betroffenen Mitgliedstaates (zB Gesellschaftskollisionsrecht, s. dazu § 11). Autonom mitgliedstaatliche Kollisionsbestimmungen haben sich jedoch jeweils an der Niederlassungsfreiheit gem Art. 49, 54 AEUV messen zu lassen. Lange Zeit und teilweise auch heute noch äußerst umstritten sind dabei insbesondere Fragen der Qualifikation von **Gesellschafterdarlehen**, Ansprüche aus **Existenzvernichtungshaftung**, Insolvenzantragspflicht, Insolvenzverschleppungshaftung (dazu Rn. 30 ff.), Haftung wegen **masseschmälernder Zahlungen** (dazu Rn. 26 ff.), konkreten Organbefugnissen oder Fragen der Kapitalerhaltung.[184]

61 Einzelne Aspekte konnten mittlerweile durch den EuGH hinreichend geklärt werden, wie die insolvenzrechtliche Qualifikation einer Haftung wegen masseschmälernder Zahlungen[185] sowie der Insolvenzantragspflicht.[186] Gleiches gilt ebenfalls im Hinblick auf die Kornhaas- und Gourdain/Nadler-Entscheidung wohl auch für die Insolvenzverschleppungshaftung sowie vergleichbare Rechtsinstitute (s. Rn. 33).[187] Hilfestellung bei den bislang ungeklärten Fragen könnte ferner die grundsätzliche Verbindung zwischen der internationalen Gerichtszuständigkeit im Rahmen des Art. 3 EuInsVO und dem anwendbaren Recht gem Art. 7 I EuInsVO geben. Vorbehaltlich expliziter Vorgaben des EuGH bleiben zahlreiche Qualifikationsfragen auf diesem Gebiet indes weiterhin ungeklärt und umstritten.

VII. Anerkennung ausländischer Insolvenzverfahren

62 Einen der tragenden Aspekte der alten sowie neuen EuInsVO bildet die **automatische Anerkennung** EU-ausländischer Insolvenzeröffnungsentscheidungen.[188] Basierend auf dem Universalitätsprinzip hat die Eröffnung eines Insolvenzverfahrens durch ein zuständiges Gericht eines Mitgliedstaates in allen übrigen Mitgliedstaaten anerkannt zu werden, sobald die Entscheidung im Mitgliedstaat der Verfahrenseröffnung wirksam ist (Art. 19 I EuInsVO). Die Eröffnungsentscheidung entfaltet dabei in jedem anderen Mitgliedstaat **ipso iure-Wirkung** (Art. 20 I EuInsVO). Insbesondere bedarf es somit keines Anerkennungsverfahrens, keiner Veröffentlichung und keiner Vollstreckung des jeweiligen Verfahrens.[189] Der automatischen Anerkennung eines ausländischen Insolvenzverfahrens steht es dabei auch nicht entgegen, dass das Verfahren in einem oder allen anderen Mitgliedstaaten nicht hätte eröffnet werden dürfen (Art. 19 I 2 EuInsVO). Die Anerkennung der Eröffnungsentscheidung ist lediglich davon abhängig, dass die Entscheidung im Staat der Verfahrenseröffnung wirksam ist. Ferner gilt der Grundsatz der automatischen Anerkennung nicht nur für das Hauptinsolvenzverfahren, sondern gem Art. 32 I EuInsVO grundsätzlich für **Neben-** und **Annexentscheidungen** (s. auch Rn. 65 ff.). Das Prinzip der ge-

181 *Ego* in: MüKo AktG, Europäische Niederlassungsfreiheit, 4. Aufl. 2017, Rn. 273; *Kindler* in: MüKo BGB, 6. Aufl. 2015, IntInsR, Art. 4 EuInsVO Rn. 4; *Lutter/Bayer/Schmidt*, Europäisches Unternehmens- und Kapitalmarktrecht, 2017, Rn. 17.47; *Reinhart* in: MüKo InsO, 3. Aufl. 2016, Art. 4 EuInsVO Rn. 1.

182 Vgl. nur EuGH, Rs. C-477/07 (MG Probud Gdynia), ECLI:EU:C:2010:24 = ZIP 2010, 187, Rn. 25; EuGH, Rs. C-212/15 (ENEFI), ECLI:EU:C:2016:841 = ZIP 2017, 26, Rn. 21.

183 *Weller* in: MüKo GmbHG, 3. Aufl. 2018, Einl. Rn. 406.

184 Ausführlich zum Ganzen *Kindler* in: MüKo BGB, 6. Aufl. 2015, IntInsR, Art. 4 EuInsVO Rn. 55 ff.; *Reinhart* in: MüKo InsO, 3. Aufl. 2016, Art. 4 EuInsVO Rn. 5 ff.

185 Vgl. EuGH, Rs. C-594/14 (Kornhaas), ECLI:EU:C:2015:806 = NJW 2016, 223, Rn. 15 ff.

186 Vgl. EuGH, Rs. C-594/14 (Kornhaas), ECLI:EU:C:2015:806 = NJW 2016, 223, Rn. 19.

187 Siehe EuGH, Rs. C-594/14 (Kornhaas), ECLI:EU:C:2015:806 = NJW 2016, 223, Rn. 19; EuGH, Rs. 133/78 (Gourdain/Nadler), ECLI:EU:C:1979:49 = NJW 1979, 1771, Rn. 5.

188 *Kindler* in: MüKo BGB, 6. Aufl. 2015, IntInsR, Art. 16 EuInsVO Rn. 1; *Leible/Staudinger* KTS 2000, 533, 560; *Lutter/Bayer/Schmidt*, Europäisches Unternehmens- und Kapitalmarktrecht, 2017, Rn. 17.59.

189 *Kindler* in: MüKo BGB, 6. Aufl. 2015, IntInsR, Art. 16 EuInsVO Rn. 2; *Leible/Staudinger* KTS 2000, 533, 560 f.; vgl. auch *Thole* in: Leible/Terhechte (Hrsg.), Europäisches Rechtsschutz- und Verfahrensrecht, 2014, § 24 Rn. 120.

genseitigen Anerkennung gilt damit denkbar weitreichend und ist auch innerhalb des Europäischen Verfahrens- und Vollstreckungsrechts eines der anerkennungsfreundlichsten.[190]

Die automatische Anerkennung und Wirkungserstreckung eines in einem anderen Mitgliedstaat wirksam eröff- 63
neten Insolvenzverfahrens gilt gleichwohl nicht allumfassend. So sieht die Verordnung selbst etwaige **Ausnahmen** von diesem Grundsatz vor.[191] Der EuGH hat darüber hinaus festgestellt, dass auch nur in diesen ausdrücklich vorgesehenen Fällen vom Prinzip der automatischen Anerkennung und Wirkungserstreckung abgewichen werden darf.[192]

Eine erste Einschränkung besteht im Hinblick auf ein ebenfalls eröffnetes **Sekundärinsolvenzverfahren** (dazu 64
Rn. 67 ff.).[193] Im Falle der Eröffnung eines solchen Verfahrens erstrecken sich gem Art. 20 II 1 EuInsVO die Wirkungen des Hauptinsolvenzverfahrens grundsätzlich nicht auf die im Mitgliedstaat des Sekundärinsolvenzverfahrens befindlichen Gegenstände. Weitere Ausnahmen bestehen in Gestaltung der in der Verordnung statuierten **Sonderanknüpfungen** (Art. 8-18 EuInsVO), soweit darin die nach der Eröffnungsentscheidung verbundenen Wirkungen gesperrt werden.[194] Sonderanknüpfungen können daher ua im Hinblick auf dingliche Rechte Dritter,[195] Eigentumsvorbehalten, Aufrechnungen sowie bestimmten Vertragstypen bestehen. Eine immanente Schranke der automatischen Anerkennung von Insolvenzeröffnungsentscheidungen ist ferner der in Art. 33 EuInsVO niedergelegte ***ordre public*-Vorbehalt**. Dieser ist indes äußerst restriktiv auszulegen und auf wenige Ausnahmefälle beschränkt.[196] Ein *ordre public*-Verstoß besteht nach Aussage des EuGH insbesondere bei Nicht-Einhaltung eines fairen Verfahrens und bei Verwehrung eines Anspruchs auf rechtliches Gehör.[197] Zumindest aus deutscher Perspektive fällt jedoch zB eine Sitzverlegung und damit die Zuständigkeitsverlagerung des Eröffnungsgerichts in einen anderen Mitgliedstaat zum Zwecke einer vereinfachten bzw. besseren Restschuldbefreiung noch nicht per se unter den *ordre public*-Vorbehalt.[198] Vor allem im Zuge der neugefassten EuInsVO sollte dies insbesondere bei einer feststellbar missbräuchlichen COMI-Verlegung jedoch nicht mehr mit abschließender Sicherheit betrachtet werden.[199]

VIII. Behandlung von Annexverfahren

Lange Zeit umstritten war die internationale Zuständigkeit für Annexverfahren, dh Verfahren, die typischer- 65
weise mit der Insolvenz und dem Insolvenzverfahren zusammenhängen. Bisher sah die EuInsVO keine Regelung für die Annexzuständigkeit solcher **insolvenznahen Klageverfahren** (*vis attractiva concursus*) vor. Lediglich Art. 25 I Uabs. 2 EuInsVO aF behandelte die Anerkennung und Vollstreckung von eng mit dem Insolvenzverfahren verknüpften Annexentscheidungen. Zudem erfasst(e) Art. 3 I EuInsVO dem Wortlaut nach nur die internationale Zuständigkeit für die Eröffnung des Insolvenzverfahrens. Um die bestehende Regelungslücke für Annexverfahren zu schließen, zieht der EuGH die Regelung über die Eröffnungszuständigkeit des (Haupt-) Insolvenzverfahrens jedoch entsprechend auch für die internationale Gerichtszuständigkeit für Annexverfahren heran, sofern diese unmittelbar aus dem Insolvenzverfahren hervorgehen und in einem engen Zusammenhang mit diesem stehen.[200] Nach der insofern maßgebenden Deko-Marty-Entscheidung gilt dies insbesondere für **Insolvenzanfechtungsklagen**.[201]

---

190 *Thole* in: MüKo InsO, 3. Aufl. 2016, Art. 16 EuInsVO Rn. 26.

191 Vgl. nur EuGH, Rs. C-195/15 (SCI Senior Home), ECLI:EU:C:2016:804 = ZIP 2016, 2175, Rn. 3.

192 EuGH, Rs. C-477/07 (MG Probud Gdynia), ECLI:EU:C:2010:24 = ZIP 2010, 187, Rn. 47.

193 *Lüer* in: Uhlenbruck (Hrsg.), InsO, 14. Aufl. 2015, Art. 17 EuInsVO Rn. 7; *Lutter/Bayer/Schmidt*, Europäisches Unternehmens- und Kapitalmarktrecht, 2017, Rn. 17.62; *Thole* in: MüKo InsO, 3. Aufl. 2016, Art. 17 EuInsVO Rn. 13.

194 *Thole* in: Leible/Terhechte (Hrsg.), Europäisches Rechtsschutz- und Verfahrensrecht, 2014, § 24 Rn. 122.

195 Dazu aus jüngerer Zeit EuGH, Rs. C-195/15 (SCI Senior Home), ECLI:EU:C:2016:804 = ZIP 2016, 2175, Rn. 16 ff.; ferner zu Art. 13 EuInsVO aF (= Art. 16 EuInsVO nF) (gläubigerbenachteiligende Rechtshandlungen) EuGH, Rs. C-557/13 (Lutz), ECLI:EU:C:2015:227 = NZI 2015, 478; EuGH, Rs. C-310/14 (Nike), ECLI:EU:C:2015:690 = NZG 2016, 306; EuGH, Rs. C-54/16 (Vinyls Italia), ECLI:EU:C:2017:433 = NZI 2017, 633; *Piekenbrock* IPRax 2016, 219 ff.; *Schneider* ZIK 2015, 126 ff.

196 Vgl. EuGH, Rs. C-341/04 (Eurofood), ECLI:EU:C:2006:281 = NZG 2006, 633, Rn. 61 f.; EuGH, Rs. C-477/07 (MG Probud Gdynia), ECLI:EU:C:2010:24 = ZIP 2010, 187, Rn. 34; dazu aus deutscher Sicht auch BGH NZI 2016, 93, Rn. 10; BAG NZA 2013, 797, Rn. 28; OLG Nürnberg NJW 2012, 862, 863.

197 EuGH, Rs. C-341/04 (Eurofood), ECLI:EU:C:2006:281 = NZG 2006, 633, Rn. 66; vgl. auch EuGH, Rs. C-394/07 (Gambazzi), ECLI:EU:C:2009:219 = EuZW 2009, 422, Rn. 28 ff.; EuGH, Rs. C-256/09 (Purrucker), ECLI:EU:C:2010:437 = NJW 2010, 2861, Rn. 95.

198 Vgl. BGH NZI 2016, 93, Rn. 12; BGH NJW 2002, 960, 961; LG Köln ZIP 2011, 2119, 2120; *Mankowski* KTS 2011, 185, 201; *Thole* in: MüKo InsO, 3. Aufl. 2016, Art. 26 EuInsVO Rn. 14; *ders.* IPRax 2016, 153, 154.

199 Tendenziell auch AG Göttingen NZI 2013, 206, 207.

200 Vgl. EuGH, Rs. C-339/07 (Deko Marty), ECLI:EU:C:2009:83 = ZIP 2009, 427, Rn. 21; EuGH, Rs. C-157/13 (Nickel&Goeldner), ECLI:EU:C:2014:2145 = ZIP 2015, 96, Rn. 23.

201 Zur grenzüberschreitenden Insolvenzanfechtung siehe auch *Bork* in: FS 200 Jahre Carl Heymanns Verlag, 2015, S. 263 ff.

66 Die EuGH-Rechtsprechung zur Annexgerichtszuständigkeit des Eröffnungsmitgliedstaates ist nunmehr im neugefassten Art. 6 I EuInsVO 2015 **kodifiziert.**[202] Danach ist das Gericht des Mitgliedstaats, in dessen Hoheitsgebiet das Insolvenzverfahren eröffnet worden ist, ebenfalls zuständig für Klagen, die unmittelbar aus dem Insolvenzverfahren hervorgehen und in **engem Zusammenhang** damit stehen. Beispielhaft gilt dies insbesondere für Anfechtungsklagen und Klagen in Bezug auf Verpflichtungen, die sich im Verlauf des Insolvenzverfahrens ergeben (zB zu Vorschüssen für Verfahrenskosten).[203] Ausdrücklich nicht von der Annexzuständigkeit gem Art. 6 I EuInsVO erfasst sind hingegen Klagen wegen der Erfüllung von Verpflichtungen aus einem Vertrag, der vom Schuldner vor der Eröffnung des Verfahrens abgeschlossen wurde.[204] Welche Klagen darüber hinaus von der Annexzuständigkeit erfasst sind, beschreibt die Verordnung nicht, weshalb davon ausgegangen werden kann, dass die **bisherige Rechtsprechung** zur alten EuInsVO weiterhin Geltung beansprucht. Ebenfalls erfasst sind danach ua Klagen auf Rückforderung von Gesellschaftsanteilen, deren Veräußerung aufgrund Vorbehalts des Insolvenzverwalters unwirksam war.[205] Auch ist davon auszugehen, dass die Annexzuständigkeit des Eröffnungsgerichts grundsätzlich weiterhin Insolvenzanfechtungsklagen gegen Anfechtungsgegner aus Drittstaaten umfasst.[206] Nicht erfasst sind hingegen Aussonderungsklagen aufgrund eines Eigentumsvorbehalts.[207]

IX. Sekundärinsolvenzverfahren

67 Sowohl die mitgliedstaatlichen Insolvenzrechte als auch der europäische Gesetzgeber gehen im Sinne der universellen Geltung von Insolvenzverfahren grundsätzlich von der Eröffnung eines einheitlichen (Haupt-) Verfahrens aus, welches das gesamte Vermögen des Schuldners einbezieht. Vor allem bei Unternehmensinsolvenzen mit grenzüberschreitendem Bezug kann eine **strikte Universalität** insbesondere für die Gläubiger jedoch auch nachteilig sein. Zum Schutz der sich in einem anderen als dem Eröffnungsmitgliedstaat des Hauptinsolvenzverfahrens befindlichen Gläubigern sowie zur Bewältigung von Insolvenzen mit komplexer und länderübergreifender Vermögensverteilung[208] kann daher auch die Eröffnung einer oder ggf. mehrerer Sekundärinsolvenzverfahren sachgerecht sein.[209]

68 Die Vorschriften zum Sekundärinsolvenzverfahren wurden im Zuge der Neufassung der Europäischen Insolvenzverordnung **umfassend geändert** (Art. 34-52 EuInsVO nF)[210] und insbesondere die Einführung eines sog virtuellen Sekundärinsolvenzverfahrens kann als durchaus innovativ erachtet werden.[211] Denn neben den beschriebenen Vorteilen eines Sekundärinsolvenzverfahrens sind mit diesem ggf auch (spürbare) **Nachteile** verbunden, die eine kohärente Verfahrensdurchführung beeinträchtigen können.[212] Um insofern die „effiziente Verwaltung der Insolvenzmasse" nicht zu behindern,[213] soll durch die neuen Regelungen die Eröffnung von Sekundärinsolvenzverfahren in einem anderen Mitgliedstaat möglichst eingeschränkt werden. Für eine vollständige Abschaffung entsprechender Verfahren sah man gleichwohl kein zwingendes Bedürfnis.[214] Vielmehr kann ein zuständiges Gericht eines anderen Mitgliedstaates als dem, wo das Hauptverfahren eröffnet wurde, ein Sekundärinsolvenzverfahren eröffnen (Art. 34 S. 1 EuInsVO). Dieses beschränkt sich jedoch auf das Schuldnervermö-

202 Vgl. *Europäische Kommission*, Verordnungsvorschlag, COM(2012) 744, S. 7; *McCormack* EBOR 15 (2014) 309, 333; *Paulus* in: FS Gottwald, 2014, S. 485, 489; *Müller* in: Mankowski/Müller/Schmidt (Hrsg.), EuInsVO 2015, 2016, Art. 6 Rn. 1.
203 Erwägungsgrund 35 S. 2.
204 Erwägungsgrund 35 S. 3.
205 Vgl. EuGH, Rs. C-111/08 (SCT Industri AB/Alpenblume AB), ECLI:EU:C:2009:419 = ZIP 2009, 1441.
206 Vgl. EuGH, Rs. C-328/12 (Schmid), ECLI:EU:C:2014:6 = NJW 2014, 610, Rn. 35 ff.; *Tashiro* in: Braun (Hrsg.), InsO, 7. Aufl. 2017, Art. 6 EuInsVO Rn. 33 f.; wohl auch *Schmidt* in: Mankowski/Müller/Schmidt (Hrsg.), EuInsVO 2015, 2016, Art. 1 Rn. 59 ff.; zweifelnd jedoch *Lineau* in: Wimmer/Bornemann/Lienau (Hrsg.), Die Neufassung der EuInsVO, 2016, Rn. 275.
207 Vgl. EuGH, Rs. C-292/08 (German Graphics), ECLI:EU:C:2009:544 = ZIP 2009, 2345, Rn. 25, 38.
208 *Dammann* in: FS Beck, 2016, S. 73; *Undritz* in: Schmidt (Hrsg.), Hamburger Kommentar zum Insolvenzrecht, 6. Aufl. 2017, Art. 3 EuInsVO Rn. 42; kritisch zu einer vereinfachten Insolvenzbewältigung aufgrund Sekundärverfahren jedoch *Brinkmann* KTS 2014, 381, 389; *Thole* ZEuP 2014, 39, 62.
209 Vgl. Erwägungsgrund 40; *Mankowski* in: Mankowski/Müller/Schmidt (Hrsg.), EuInsVO 2015, 2016, Vor Art. 34-51 Rn. 3; ferner bereits *Pogacar* NZI 2011, 46; *Kindler* in: MüKo BGB, 6. Aufl. 2015, IntInsR, Art. 27 EuInsVO Rn. 3.
210 Speziell zu Sekundärverfahren im Rahmen der Neufassung *Dammann* in: FS Beck, 2016, S. 73; *Wimmer* in: FS Beck, 2016, S. 587; *ders.* in: Wimmer/Bornemann/Lienau (Hrsg.), Die Neufassung der EuInsVO, 2016, Rn. 389 ff.; *Thole* IPRax 2017, 213, 218 ff.; ferner *Thomale* IPRax 2016, 558, 559 ff.
211 *Mucciarelli* ECFR 2016, 1, 30; vgl. auch *Parzinger* NZI 2016, 63, 68; kritisch hingegen *Fehrenbacher* GPR 2017, 38, 41 f.
212 Zu den Nachteilen vgl. *Oberhammer* in: Hess/Oberhammer/Pfeiffer (Hrsg.), Vienna Report, 2013, S. 342 ff.; *Wimmer* in: Wimmer/Bornemann/Lienau (Hrsg.), Die Neufassung der EuInsVO, 2016, Rn. 396 ff.; *Wenner* ZIP 2017, 1137, 1140 f.
213 Erwägungsgrund 41.
214 Hierfür jedoch *Eidenmüller* MJ 20 (2013) 133, 146.

gen, das im Hoheitsgebiet des Mitgliedstaats des eröffneten Sekundärinsolvenzverfahrens gelegen ist (Art. 34 S. 3 EuInsVO).

Um trotzdem die beabsichtigte Zurückdrängung von Sekundärinsolvenzverfahren zu erreichen, sieht die revidierte Verordnung verschiedene Konzepte vor. Zum einen werden zur Beschränkung störender Territorialverfahren sog **virtuelle Sekundärinsolvenzverfahren**[215] ermöglicht. Nach Art. 36 I 1 EuInsVO kann der Insolvenzverwalter des Hauptverfahrens zur Vermeidung der Eröffnung eines tatsächlichen Sekundärinsolvenzverfahrens eine Zusicherung geben, dass das Recht der lokalen Gläubiger hinsichtlich der Verteilung des Vermögens oder des bei seiner Verwertung erzielten Erlöses dergestalt gewahrt werden, als wäre ein potenzielles Sekundärinsolvenzverfahren in dem entsprechenden Mitgliedstaat eröffnet worden. In dieser Zusicherung hat der Insolvenzverwalter insbesondere zu erläutern, welchen Wert die in den betreffenden Mitgliedstaat belegenen Vermögenswerte haben und welche Möglichkeiten für deren Verwertung besteht (Art. 36 I 1 EuInsVO).[216] Liegt eine wirksame Zusicherung vor,[217] bilden die im Mitgliedstaat des virtuellen Sekundärinsolvenzverfahrens befindlichen Vermögenswerte einen **gesonderten Teil der Insolvenzmasse** im Hauptverfahren.[218] 69

Eine Vermeidung von Sekundärinsolvenzverfahren soll weiterhin dadurch erreicht werden, dass auf Antrag des Insolvenzverwalters des Hauptverfahrens die Eröffnung eines Sekundärinsolvenzverfahrens in einem anderen Mitgliedstaat **für drei Monate ausgesetzt** werden kann (Art. 38 III EuIbsVO). Voraussetzung hierfür ist jedoch, dass geeignete Maßnahmen zum Schutz des Interesses der lokalen Gläubiger bestehen. Ferner gewährt Art. 39 EuInsVO dem Hauptinsolvenzverwalter einen Rechtsbehelf, um die Eröffnung eines Sekundärinsolvenzverfahrens dahin gehend überprüfen zu lassen, ob die Eröffnungsvoraussetzung für ein entsprechendes Verfahren vorgelegen haben. Schließlich wurden im Zuge der Neufassung noch die **Kooperationspflichten** zwischen den an den Insolvenzverfahren Beteiligten ausgeweitet. Sowohl die Insolvenzverwalter der jeweiligen Verfahren (Haupt- und Sekundärinsolvenzverfahren), die beteiligten Insolvenzgerichte als auch die Verwalter und ausländischen Gerichte sind zu einer umfassenden Zusammenarbeit angehalten (Art. 41-43 EuInsVO). 70

X. Insolvenzregister

Durch die EuInsVO 2015 wurden **neue Regelungen** zu (elektronischen) Insolvenzregistern in den Mitgliedstaaten geschaffen (Art. 24-27 EuInsVO). Gleichwohl damit – vorerst – kein einheitliches europäisches Insolvenzregister geschaffen wird, lässt sich ein Bestreben des europäischen Gesetzgebers in diese Richtung erkennen. Denn neben der Pflicht der Mitgliedstaaten zur Errichtung von Insolvenzregistern ist ebenso wie bei der im Zuge der Richtlinie 2012/17/EU[219] geschaffenen **Verknüpfung** der mitgliedstaatlichen Zentral-, Handels- und Gesellschaftsregister (dazu § 20 Rn. 45 ff.) ein System der Insolvenzregistervernetzung auf europäischer Ebene beabsichtigt (vgl. Art. 25 EuInsVO). Eine entsprechende Vernetzung der nationalen Insolvenzregister war bereits im Aktionsplan 2009-2013 für die europäische E-Justiz[220] ins Auge gefasst und wurde im darauffolgenden Aktionsplan für die europäische E-Justiz aus dem Jahr 2014 nochmals bestätigt.[221] 71

Nach Art. 24 I 1 EuInsVO errichten und unterhalten die Mitgliedstaaten in ihrem Hoheitsgebiet ein oder mehrere Register, um Informationen über Insolvenzverfahren bekannt zu machen („**Insolvenzregister**"). Die entsprechenden Informationen sind dabei unverzüglich[222] nach Eröffnung eines solchen Verfahrens bekannt zu machen. Elektronische Insolvenzregister waren im Vorfeld zwar bereits in einigen, nicht aber allen Mitgliedstaaten vorhanden,[223] sodass auch im Hinblick auf eine zukünftige Vernetzung der Register eine entsprechende Verpflichtung notwendig wurde. In den zu errichtenden Insolvenzregistern sind verschiedene **Pflichtinformationen** über Insolvenzverfahren zu veröffentlichen (Art. 24 II EuInsVO). Die entsprechende Bekanntmachungspflicht beschränkt sich dabei nicht nur auf die anhängigen Hauptinsolvenzverfahren, sondern erstreckt sich auch auf Sekundär- und Partikularverfahren.[224] Den Mitgliedstaaten steht es ferner frei, ob sie nur ein oder mehrere In- 72

215 Bezeichnet auch als hybrides bzw. synthetisches Sekundärinsolvenzverfahren.

216 Zum Inhalt einer solchen Zusicherung *Mankowski* NZI 2015, 961, 964; *Wimmer* in: Wimmer/Bornemann/Lienau (Hrsg.), Die Neufassung der EuInsVO, 2016, Rn. 420; *ders.* in: FS Beck, 2016, S. 587, 590 f.

217 Zur tatsächlichen Annahme der Zusicherung gem Art. 36 I 2 EuInsVO vgl. *Skauradszun* ZIP 2016, 1563 ff.

218 Erwägungsgrund 43.

219 Richtlinie 2012/17/EU des Europäischen Parlaments und des Rates vom 13. Juni 2012 zur Änderung der Richtlinie 89/666/EWG des Rates sowie der Richtlinien 2005/56/EG und 2009/101/EG des Europäischen Parlaments und des Rates in Bezug auf die Verknüpfung von Zentral-, Handels- und Gesellschaftsregistern, ABl. EU, L 156/1.

220 *Rat*, Mehrjähriger Aktionsplan 2009-2013 für die europäische E-Justiz, ABl. EG v. 31.3.2009, C 75/1, S. 11.

221 *Rat*, Mehrjähriger Aktionsplan für die europäische E-Justiz (2014-2018), ABl. EG v. 14.6.2014, C 182/2, S. 7.

222 Die deutsche Fassung von Art. 24 I 2 EuInsVO spricht von „so bald als möglich", wonach – gemäß verordnungsautonomer Auslegung – im weitesten Sinne unverzüglich verstanden werden kann.

223 *Lineau* in: Wimmer/Bornemann/Lienau (Hrsg.), Die Neufassung der EuInsVO, 2016, Rn. 317; vgl. auch *Dugué* in: Braun (Hrsg.), InsO, 7. Aufl. 2017, Art. 24 ff. EuInsVO Rn. 6.

224 *Lineau* in: Wimmer/Bornemann/Lienau (Hrsg.), Die Neufassung der EuInsVO, 2016, Rn. 321.

solvenzregister einrichten, zB getrennt für Verbraucher- und Unternehmensinsolvenzverfahren.[225] Zwingend im Insolvenzregister bekannt zu machen sind ua Informationen über das Datum der Eröffnung des Insolvenzverfahrens, das zuständige Eröffnungsgericht oder Name, Registernummer und Sitz der insolventen Gesellschaften. Darüber hinaus können die Mitgliedstaaten gem Art. 24 III EuInsVO die Veröffentlichung weiterer Informationen vorsehen. Abweichend vom allgemeinen Inkrafttreten der EuInsVO 2015 treten die Bestimmungen zur Schaffung elektronischer Insolvenzregister erst ab dem 26.6.2018 in Kraft.

73 Aus praktischer Sicht vor allem bei Insolvenzverfahren mit grenzüberschreitendem Bezug kommt den Neuregelungen zur europäischen **Vernetzung der nationalen Insolvenzregister** Bedeutung zu. Bereits im Zuge der Richtlinie 2012/17/EU haben die zuständigen Registerbörden der Gesellschaft Informationen über die Eröffnung und Beendigung von Insolvenzverfahren von Kapitalgesellschaften unverzüglich zur Verfügung zu stellen und der Europäischen Plattform mitzuteilen.[226] Ziel der Registervernetzung ist in erster Linie die genannten Informationen (s. Rn. 72) zum Insolvenzverfahren für die betroffenen Gläubiger verfügbar zu machen.[227] Zugleich sollen andere Gerichte von der Eröffnung eines Insolvenzverfahrens schnell und einfach Kenntnis erlangen können, damit parallele Hauptverfahren vermieden werden. Wie schon bei der Vernetzung der mitgliedstaatlichen Handels- und Gesellschaftsregister soll auch die Vernetzung der Insolvenzregister über das **Europäische Justizportal** als elektronischer Zugangspunkt erfolgen (Art. 25 I 2 EuInsVO). Über das E-Justiz-Portal kann ferner ein Suchdienst in allen EU-Amtssprachen genutzt werden. Wenngleich nicht explizit in der Verordnung bezeichnet, haben in diesem Zusammenhang die Mitgliedstaaten die für die Veröffentlichung im E-Justiz-Portal erforderlichen Informationen an dieses zu übermitteln, die wiederum im E-Justiz-Portal in allen Amtssprachen veröffentlicht werden.[228] Die Bereitstellung eines entsprechenden Systems der Insolvenzregistervernetzung hat dabei durch die Kommission per Durchführungsverordnung bis zum 26.6.2019, also bis spätestens zwei Jahre nach dem Inkrafttreten der EuInsVO 2015 zu erfolgen.

XI. Konzerninsolvenzrecht

74 Konzerninsolvenzen sind aus praktischer Sicht der Hauptanwendungsfall des Unternehmensinsolvenzrechts in den meisten Mitgliedstaaten. Gleichwohl sah die bisher geltende EuInsVO 2000 **keine speziellen Regelungen** für das Insolvenzverfahren über Mitglieder einer Unternehmensgruppe vor.[229] Das Fehlen konzernspezifischer Bestimmungen wurde dabei vielerorts kritisiert.[230] Vorgeschlagen wurde insbesondere einen einheitlichen Interessenmittelpunkt für konzernverbundene Unternehmen am Ort der (tatsächlichen) Konzernleitung zu bestimmen.[231] Die Zuständigkeitsbestimmung für grenzüberschreitende Konzerninsolvenzen würde sich demnach grundsätzlich nach dem Mittelpunkt der hauptsächlichen Interessen der Muttergesellschaft bemessen. Im Vorfeld der revidierten EuInsVO war der EuGH bei der Anerkennung eines solchen **„Konzern-COMI"** jedoch zurückhaltend. Voraussetzung für eine entsprechende Anerkennung war, dass die notwendige Konzernleitungsmacht der Muttergesellschaft in einer Weise ausgeübt worden sein musste, die für außenstehende Dritte (insbesondere Gläubiger) erkennbar war.[232] Weiterhin durfte das mitgliedstaatliche (Konzern-) Insolvenzrecht die Wirkungen der Verfahrenseröffnung grundsätzlich nur dann auf andere Gruppenmitglieder erstrecken, sofern diese jeweils selbst ihr COMI iS von Art. 3 EuInsVO im Inland haben.[233]

75 Im Rahmen der Neufassung der Europäischen Insolvenzverordnung im Jahr 2015 wurde auch ein neues Kapitel (Art. 56-77) über „Insolvenzverfahren über das **Vermögen von Mitgliedern einer Unternehmensgruppe**" eingefügt.[234] Die Neuregelungen zum Konzerninsolvenzrecht im grenzüberschreitenden Unternehmensverbund be-

---

225 Vgl. Erwägungsgrund 76 S. 3.

226 Vgl. Art. 20 Kodifizierungs-RL (ex-Art. 3d I Publizitäts-RL bzw. ex-Art. 5a Zweigniederlassungs-RL).

227 Vgl. Erwägungsgrund 76.

228 Vgl. auch Art. 17 I, II Kodifizierungs-RL (ex-Art. 3a II, III Publizitäts-RL).

229 *Pannen* ZInsO 2014, 222 f.; *Reinhart* NZI 2012, 304, 311; *Vallender* ZIP 2015, 1513; *Wessels* ECL 8 (2009) 169 f.; zum Konzerninsolvenzrecht nach der alten EuInsVO *Ehricke* EWS 2002, 101; *Eidenmüller* ZHR 169 (2005) 528, 561 ff.; *Rajak* Texas Int. L. J. 44 (2009) 521, 535 ff.; *Weller* ZHR 169 (2005) 570, 578 ff.; vgl. auch *Mevorach* EBOR 8 (2007) 179 ff.; *dies.* JBL 2011, 666 ff.

230 *Asimacopoulos* IILR 2011, 248 ff.; *Hirte* ECFR 2008, 213, 214; *Paulus* RabelsZ 70 (2006) 458, 459; *Vallender* ZInsO 2015, 57 f.

231 So in der Tendenz *Collins & Aikman* [2005] EWHC 1754; *Re BRAC Rent-a-Car International Inc* [2003] 2 All ER 201; *Asimacopoulos* IILR 2011, 248, 251; wohl auch *Hirte* ECFR 2008, 213, 225 ff.; *Undritz* in: Schmidt (Hrsg.), Hamburger Kommentar zum Insolvenzrecht, 6. Aufl. 2017, Art. 3 EuInsVO Rn. 16.

232 Vgl. EuGH, Rs. C-341/04 (Eurofood), ECLI:EU:C:2006:281 = NZG 2006, 633, Rn. 32 ff.

233 Vgl. EuGH, Rs. C-191/10 (Rastelli), ECLI:EU:C:2011:838, NZG 2012, 150, Rn. 13 ff.

234 Speziell zu den Neuregelungen *Bornemann* in: Wimmer/Bornemann/Lienau (Hrsg.), Die Neufassung der EuInsVO, 2016, Rn. 520 ff.; *Eble* ZIP 2016, 1619; *Fehrenbacher* GPR 2017, 38, 44 ff.; *Fritz* DB 2015, 1945; *Schmidt*, Group insolvencies under the EIR recast, Eurofenix Autumn 2015, 17; *dies.* ZVglRWiss 116 (2017) 93; *Madaus* IILR 2015, 235; *Merlini* IILR 2016, 119; *Reumers* IIR 25 (2016) 225; *Thole/Dueñas* IIR 24 (2015) 214; vgl. ferner *Rajak* Texas Int. L. J. 44 (2009) 521; *Hermann* IILR 2015, 383; *Wessels* ECL 15 (2015) 41.

gründen indes keine umfassende Abkehr von den bestehenden Wertungen (s. Rn. 49).[235] Vielmehr sind sie in erster Linie darauf ausgerichtet, die im Grundsatz unabhängigen Insolvenzverfahren der einzelnen Gruppenmitglieder aufeinander abzustimmen und zu **koordinieren.** Es wird daher auch kein Konzern-COMI eingeführt und das Prinzip der rechtlichen Selbstständigkeit der jeweiligen Konzerngesellschaften bleibt weitgehend erhalten.[236] Ein einheitliches und zusammengefasstes Insolvenzverfahren aller Mitglieder einer (grenzüberschreitenden) Unternehmensgruppe bleibt mithin weiterhin ein Desiderat.[237] Hiermit ist wohl auch in Zukunft vorerst nicht zu rechnen, da es zum einen derzeit sowohl an einer materiellen Harmonisierung des nationalen Konzernrechts (s. auch § 35 Rn. 66 ff.) als auch des Konzerninsolvenzrechts als solches fehlt und zum anderen weder auf international-rechtlicher Ebene (UNCITRAL) noch in den meisten Mitgliedstaaten umfassende Regelungen zur inhaltlichen Zusammenfassung von Konzerninsolvenzen gibt. Gleichwohl sind auch die in der neuen EuInsVO bestehenden Vorgaben zur Koordinierung von Gruppeninsolvenzen ua für eine erfolgreiche Konzernsanierung von Bedeutung.[238]

Formal unabhängig von der entsprechenden Regulierung des Konzerninsolvenzrechts auf europäischer Ebene, wurden auch in **Deutschland** mit dem „Gesetz zur Erleichterung der Bewältigung von Konzerninsolvenzen" eine zentrale Steuerung von (innerstaatlichen) Konzerninsolvenzen lanciert.[239] Dadurch soll insbesondere die Abwicklung einzelner Gruppenmitglieder eines zahlungsunfähigen Konzerns zentralisert werden, um die Sanierungschancen der Tochtergesellschaften zu erhöhen. Sämtliche Insolvenzverfahren eines Konzerns können dabei bei einem einzigen Gericht gebündelt und koordniniert werden. Ähnlich dem europäischen Recht (s. Rn. 80) kann das zuständige Insolvenzgericht einen **„Verfahrenskoordinator"** berufen, um die jeweiligen Einzelinsolvenzverfahren besser aufeinander abzustimmen. Im grenzüberschreitenden Konztext und unter Geltung der EuInsVO haben die dortigen Regelungen zum Konzerninsolvenzrecht – sofern sie im Rahmen einer Mitgliedstaatenoption im nationalen Recht angewandt werden – gleichwohl Vorrang vor den isoliert deutschen Bestimmungen.[240] 76

Die Bestimmungen der neuen EuInsVO über Konzerninsolvenzen sind als solches **nicht abschließend** und können unter Beachtung der praktischen Wirksamkeit der entsprechenden Verordnungsbestimmungen grundsätzlich auch von den Mitgliedstaaten ergänzt oder erweitert werden. In diesem Zusammenhang bestimmt Erwägungsgrund 61, dass die Verordnung die Mitgliedstaaten nicht daran hindern soll, nationale Bestimmungen zu erlassen, mit denen die Bestimmungen über Konzerninsolvenzen ergänzt würden, vorausgesetzt, der Geltungsbereich der mitgliedstaatlichen Vorschriften beschränkt sich auf die nationale Rechtsordnung und ihre Anwendung beeinträchtigt nicht die Wirksamkeit der in dieser Verordnung enthaltenen Vorschriften. 77

Inhaltlich umfassen die Neuregelungen in der EuInsVO zum Konzerninsolvenzrecht vielmehr Regelungen über die Koordination und Kooperation der Abwicklung der in den unterschiedlichen Mitgliedstaaten eröffneten (Haupt-) Insolvenzverfahren der einzelnen Gruppenmitglieder. Geregelt werden insbesondere Fragen der **Zusammenarbeit** und **Kommunikation** zwischen den beteiligten Gerichten und Insolvenzverwaltern (Art. 56 ff. EuInsVO), der Partizipations- und Eingriffsbefugnisse der verschiedenen Insolvenzverwalter (Art. 60 EuInsVO) und zur **Verfahrenskoordination** der einzelnen Insolvenzverfahren der Gruppenmitglieder (Art. 61 ff. EuInsVO). 78

Ausgangspunkt dieser Vorschriften ist jedoch die Bestimmung deren **Anwendungsbereichs.** Der maßgebende Begriff einer **Unternehmensgruppe** ist nach Art. 2 Nr. 13 EuInsVO „ein Mutterunternehmen und alle seine Tochterunternehmen". Als Mutterunternehmen wird ein Unternehmen bezeichnet, das ein oder mehrere Tochterunternehmen „entweder unmittelbar oder mittelbar kontrolliert" (Art. 2 Nr. 14 EuInsVO).[241] Ein Unternehmen, das einen konsolidierten Abschluss gemäß der Bilanzrichtlinie[242] (dazu § 25) erstellt, wird ebenfalls als Mutter- 79

235 *Thole* in: Leible/Terhechte (Hrsg.), Europäisches Rechtsschutz- und Verfahrensrecht, 2014, § 24 Rn. 205; *Wimmer* in: Wimmer/Bornemann/Lienau (Hrsg.), Die Neufassung der EuInsVO, 2016, Rn. 29; vgl. auch *Fritz* DB 2015, 1945 f.; *Tschentscher* in: Braun (Hrsg.), InsO, 7. Aufl. 2017, Vor. Art. 56-77 EuInsVO Rn. 16; *Schmidt* in: Mankowski/Müller/Schmidt (Hrsg.), EuInsVO 2015, 2016, Art. 56 Rn. 6 f.

236 Insofern kritisch *Schmidt* KTS 2015, 19, 42; *Prager/Keller* WM 2015, 809, 811; *Thole/Swierczok* ZIP 2013, 550, 557; *Wenner* ZIP 2017, 1132, 1141.

237 Vgl. auch *Bornemann* in: Wimmer/Bornemann/Lienau (Hrsg.), Die Neufassung der EuInsVO, 2016, Rn. 521; befürwortend *Vallender* ZIP 2015, 1513, 1519 f.

238 *Schmidt* ZVglRWiss 116 (2017) 93.

239 Gesetz zur Erleichterung der Bewältigung von Konzerninsolvenzen, 21.4.2017, BGBl. I, 866; dazu *Mock* DB 2017, 951; vgl. auch *Beck* DStR 2013, 2468; *Humbeck* NZI 2013, 957; *Harder/Lojowsky* NZI 2013, 327; *Siemon* NZI 2014, 55; *Hermann* IILR 2015, 383; *Berner/Zenker* in: FS Graf-Schlicker, 2018, S. 171.

240 Vgl. zum Verhältnis auch *Thole* in: Kübler/Prütting/Bork (Hrsg.), InsO, 75. EL 2018, § 269a Rn. 5 ff., § 269b Rn. 9 ff., 269c Rn. 5 f.

241 Insofern zum Ausschluss des Gleichordnungskonzerns *Kindler/Sakka* EuZW 2015, 460, 465; *Wenner* ZIP 2017, 1137, 1141.

242 Richtlinie 2013/34/EU des Europäischen Parlaments und des Rates vom 26. Juni 2013 über den Jahresabschluss, den konsolidierten Abschluss und damit verbundene Berichte von Unternehmen bestimmter Rechtsformen und zur Änderung der Richtlinie 2006/43/EG des Europäischen Parlaments und des Rates und zur Aufhebung der Richtlinien 78/660/EWG und 83/349/EWG des Rates, ABl. EU v. 29.6.2013, L 182/19.

unternehmen angesehen. Das insofern grundsätzlich für das Vorliegen einer Unternehmensgruppe erforderliche **Kontrollkriterium** ist dabei den Kontrolltatbeständen der Bilanzrichtlinie (dazu § 25 Rn. 63) entlehnt.[243] Kontrolle über ein anderes Unternehmen besteht dabei gem Art. 22 I Bilanz-RL ua bei Stimmenmehrheit (lit. a), einem Besetzungsrecht der Mehrheit der Leitungs- bzw. Verwaltungsratsmitglieder (lit. b) oder aufgrund von Satzungsbestimmungen oder Unternehmensverträgen (lit. c).[244] Auf eine tatsächliche Beherrschung kommt es dabei jeweils nicht an. Im Hinblick auf den räumlichen Geltungsbereich ist jedoch stets ein **grenzüberschreitender Bezug** Anwendungsvoraussetzung der Art. 56 ff. EuInsVO.[245] Die Vorschriften kommen dabei nach Erwägungsgrund 62 nur dann zur Anwendung, wenn Insolvenzerfahren verschiedener Konzernmitglieder in mehr als einem Mitgliedstaat eröffnet worden sind. Daraus wird jedoch ebenfalls erkennbar, dass für die Anwendung der Art. 56 ff. EuInsVO auf die Insolvenzverfahren aller Gruppenmitglieder ausreichend ist, wenn lediglich zwei dieser Verfahren in verschiedenen Mitgliedstaaten eröffnet wurden.[246] Insofern besteht ein konzernspezifischer grenzüberschreitender Bezug bei der Ermittlung des räumlichen Anwendungsbereichs der Regelungen über Konzerninsolvenzen.[247]

80 Aus inhaltlicher Sicht regeln die Art. 56-59 EuInsVO zunächst Fragen der **Kooperation** und **Kommunikation** zwischen den beteiligten Insolvenzgerichten und Insolvenzverwaltern der Hauptverfahren der Gruppenmitglieder. Die Vorschriften sind dabei weitgehend den entsprechenden Bestimmungen zur Zusammenarbeit und Kommunikation der Verwalter und Gerichte im Rahmen von Sekundärinsolvenzverfahren (Art. 41 ff. EuInsVO) nachgebildet (dazu Rn. 70).[248] Sowohl die beteiligten Insolvenzverwalter als auch Gerichte haben bei den (Haupt-) Verfahren über das Vermögen von zwei oder mehr Gruppenmitgliedern eines grenzüberschreitenden Konzerns zusammenzuarbeiten (Art. 56 I 1, Art. 57 I 1 EuInsVO).[249] Die Pflicht zur Zusammenarbeit besteht jedoch grundsätzlich nur dann, wenn (1) durch die Zusammenarbeit eine wirksame Abwicklung der Verfahren erleichtert werden kann, (2) die Zusammenarbeit mit den für die einzelnen Verfahren geltenden Vorschriften vereinbar ist und (3) sie keine Interessenkonflikte nach sich zieht. Die entsprechenden Voraussetzungen gelten dabei auch im Rahmen der Zusammenarbeit und Kommunikation zwischen den beteiligten Insolvenzverwaltern und jedem der jeweils beteiligten Gerichte (Art. 58 EuInsVO). Die Regelungen der Verordnung statuieren darüber hinaus **keinen zwingenden Pflichtenumfang** für das Maß der Zusammenarbeit. So bestimmt die Verordnung auch, dass die Insolvenzverwalter grundsätzlich in beliebiger Form zusammenarbeiten können (Art. 56 I 2 EuInsVO). Ferner obliegt es diesen selbst, zB konzernrelevante Informationen zu kommunizieren oder sich über mögliche Sanierungsoptionen zu erkundigen und auszutauschen (Art. 56 II EuInsVO).[250] Der insofern bestehende **Ermessensspielraum** der beteiligten Insolvenzverwalter ist dabei jedoch stets im Rahmen der praktischen Wirksamkeit der Verordnungsbestimmungen auszuüben und darf die mit den Art. 56 ff. EuInsVO verfolgten Ziele nicht konterkarieren. Auch bezüglich der Zusammenarbeit der beteiligten Gerichte besteht ein gewisser Handlungsspielraum. So kann die Zusammenarbeit auf jedem von dem Gericht als „geeignet erachteten Weg" erfolgen und kann insbesondere die Koordinierung bei der Bestellung von Verwaltern, die Mitteilung von Informationen, Überwachung der Insolvenzmasse sowie eine Koordinierung der Verhandlungen beinhalten (Art. 57 III 1, 2 EuInsVO).

81 Neben der Kooperation und Kommunikation der beteiligten Insolvenzverwalter (s. Rn. 80), sieht die neugefasste EuInsVO auch **Partizipations-** und **Eingriffsbefugnisse** dieser in die jeweils anderen Verfahren der insolventen Gruppenmitglieder vor (Art. 60 EuInsVO). Zum Zweck einer verbesserten Verfahrensabstimmung bei Konzerninsolvenzen wird iS einer wechselseitig verfahrensrechtlichen Teilhabe[251] den einzelnen Insolvenzverwaltern das Recht zur Teilnahme an den jeweils anderen Insolvenzverfahren der beteiligen Konzerngesellschaften eingeräumt. Ihnen stehen dabei neben einem **Anhörungsrecht** unter gewissen Voraussetzungen auch verschiedene **Interventionsrechte** wie zB die Beantragung einer Aussetzung des jeweils anderen (Haupt-) Verfahrens zu (Art. 60 I EuInsVO). Eine Aussetzung im Zusammenhang mit der Massewertung ist jedoch nur möglich, wenn ein Sanierungsplan für die betroffenen Gruppenmitglieder vorgelegt wird, der den Insolvenzgläubigern zugutekommt und die Aussetzung notwendig ist, um die ordnungsgemäße Durchführung des Plans sicherzustellen.[252] Wie bei

243 *Bornemann* in: Wimmer/Bornemann/Lienau (Hrsg.), Die Neufassung der EuInsVO, 2016, Rn. 540; vgl. auch *Beck* DZWiR 2014, 381, 387 f.; *Fehrenbacher* GPR 2017, 38, 45.
244 Aus deutscher Sicht ist damit auch der Vertragskonzern gem § 291 AktG erfasst.
245 Vgl. nur *Thole* in: Kübler/Prütting/Bork (Hrsg.), InsO, 75. EL 2018, § 269a Rn. 7.
246 *Schmidt* in: Mankowski/Müller/Schmidt (Hrsg.), EuInsVO 2015, 2016, Art. 56 Rn. 9; *Bornemann* in: Wimmer/Bornemann/Lienau (Hrsg.), Die Neufassung der EuInsVO, 2016, Rn. 555.
247 *Brünkmanns* DK 2013, 234, 247; *ders.* ZInsO 2013, 797, 806.
248 Auch zeigen sie eine deutliche Ähnlichkeit zu den Art. 25 ff. des UNCITRAL-Modelgesetzes für grenzüberschreitende Insolvenzen auf.
249 Positiv in Bezug auf Art. 57 EuInsVO auch *Undritz* in: Flöther (Hrsg.), Handbuch Konzerninsolvenzrecht, 2015, § 8 Rn. 98; *Vallender* in: FS Beck, 2016, S. 537, 547.
250 Für diese Zwecke kann von den anderen Verwaltern auch ein Verwalter mit besonderen Befugnissen ausgestattet werden (Art. 56 II Uabs. 1 EuInsVO).
251 *Bornemann* in: Wimmer/Bornemann/Lienau (Hrsg.), Die Neufassung der EuInsVO, 2016, Rn. 524.
252 Erwägungsgrund 60 S. 3.

Fragen der Zusammenarbeit und Kommunikation der Verwalter, steht diesen dabei ein gewisser **Ermessensspielraum** („kann") zu und die Geltendmachung der genannten Partizipations- und Eingriffsbefugnisse muss eine effektive Verfahrensführung der Konzerninsolvenz erleichtern können.

Schließlich wird durch die neugefasste EuInsVO ein spezielles „**Gruppen-Koordinationsverfahren**" eingeführt 82 (Art. 61 ff. EuInsVO).[253] Dieses tritt grundsätzlich neben die Regelungen über die Zusammenarbeit und Kommunikation der beteiligten Insolvenzverwalter und Gerichte (s. Rn. 80). Bezogen auf die Verfahrensaussetzung auf Antrag eines Verwalters, wird aus Erwägungsgrund 60 jedoch erkennbar, dass bei Sanierungsmaßnahmen die Vorgaben zur Einbindung in ein Koordinierungsverfahren Vorrang vor der diesbezüglichen Eingriffsbefugnis eines Insolvenzverwalters haben.[254] Ferner wird durch das Koordinationsverfahren auch nicht das Primat selbstständiger Einzel(haupt-)Verfahren der jeweiligen Gruppenmitglieder berührt.[255] Ein Gruppen-Koordinierungsverfahren kann von jedem beteiligten Insolvenzverwalter bei jedem an der Konzerninsolvenz beteiligten Gericht beantragt werden (Art. 61 I EuInsVO).

Das **Antragsverfahren** bei dem entsprechenden Gericht ist ausführlich in den Art. 61-69 EuInsVO beschrieben. 83 Nach Beachtung der verschiedenen Antragsmodalitäten hat das als zuständig ermittelte Insolvenzgericht eine Entscheidung zur Eröffnung eines Gruppen-Koordinationsverfahrens zu treffen (Art. 68 I 1 EuInsVO). Bei einer positiven Eröffnungsentscheidung hat es insbesondere einen „**Gruppenkoordinator**" zu bestellen. Dieser Koordinator muss eine Person sein, die nach dem Recht eines Mitgliedstaats geeignet ist, als Verwalter tätig zu werden. Sofern nach nationalem Recht zulässig, kann daher auch eine juristische Person als Koordinator bestellt werden. Der Koordinator darf jedoch kein an der Insolvenz eines Gruppenmitgliedes beteiligter Insolvenzverwalter sein und es darf kein Interessenkonflikt hinsichtlich der Konzernmitglieder, ihrer Gläubiger und der bestellten Insolvenzverwalter vorliegen (Art. 71 EuInsVO). Insofern wird – wie teilweise befürwortet[256] – auch kein einheitlicher Gruppeninsolvenzverwalter eingeführt. Der Koordinator hat insbesondere Empfehlungen für die koordinierte Durchführung der Insolvenzverfahren festzulegen und einen **Gruppenkoordinierungsplan** vorzuschlagen (Art. 72 I EuInsVO). Ferner hat er ua das Recht im Insolvenzverfahren jedes Gruppenmitgliedes gehört zu werden und von jedem Verwalter Informationen in Bezug auf jedes Gruppenmitglied anzufordern (Art. 72 II EuInsVO). Hinsichtlich der Empfehlungen des Koordinators sowie dessen vorgeschlagenen Gruppenkoordinierungsplan, haben die jeweiligen Insolvenzverwalter diese(n) zwar bei der Durchführung ihrer Insolvenzverfahren zu berücksichtigen (Art. 70 I EuInsVO), jedoch sind sie nicht verpflichtet, den Empfehlungen des Koordinators oder dem Gruppenkoordinationsplan zu folgen (Art. 70 II Uabs. 1 EuInsVO). Insofern sind die Empfehlungen des Koordinators und der Gruppenkoordinationsplan unverbindlich, womit die tatsächliche Reichweite eines Koordinierungsverfahrens nicht unerheblich eingeschränkt wird.

---

253 Dazu *Thole/Dueñas* IIR 24 (2015) 214 ff.; *Schmidt* ZVglRWiss 116 (2017) 93 ff.; *van Calster* EBLR 2016, 735, 746 ff.; ferner zu den deutschen Durchführungsbestimmungen (Art. 102c § 23 f. EGInsO) *Madaus* NZI 2017, 203, 206 f.; *Fritz* BB 2017, 131, 134 f.

254 Vgl. auch *van Zwieten* in: Bork/van Zwieten (Eds.), Commentary on the European Insolvency Regulation, Introduction, 2016, Rn. 43.

255 *Schmidt* ZVglRWiss 116 (2017) 93, 94; *dies.* KTS 2015, 19, 42.

256 *Tollenaar* IILR 2011, 252, 254; *Thole* in: Leible/Terhechte (Hrsg.), Europäisches Rechtsschutz- und Verfahrensrecht, 2014, § 24 Rn. 173.

§ 37 Arbeitsrechtliche Stellung geschäftsführender Organmitglieder

Literatur (Auswahl): *Barnard*, EU Employment Law and the European Social Model: The Past, the Present and the Future, Current Legal Problems 67 (2014) 199; *Bachmann*, Die Beschränkung der Organhaftung nach den Grundsätzen des Arbeitsrechts, ZIP 2017, 841; *Borelli*, Der Arbeitnehmerbegriff im europäischen Recht, AuR 2011, 472; *Commandeur/Kleinebrink*, Der Status des Geschäftsführers als Arbeitnehmer – Geschäftsführer als Subjekt unionsrechtlicher Schutzvorschriften, NZA-RR 2017, 449; *Fischer*, Die Fremdgeschäftsführerin und andere Organvertreter auf dem Weg zur Arbeitnehmereigenschaft, NJW 2011, 2329; *Forst*, GmbH-Fremdgeschäftsführer als Arbeitnehmer im Sinne des Unionsrechts, EuZW 2015, 664; *Franzen/Gallner/Oetker* (Hrsg.), Kommentar zum europäischen Arbeitsrecht, 2016; *Fudge*, Constitutionalizing Labour Rights in Canada and Europe: Freedom of Association, Collective Bargaining, and Strikes, Current Legal Problems 68 (2015) 267; *Gaul/Ludwig/Forst* (Hrsg.), Europäisches Mitbestimmungsrecht, 2015; *Grušić*, The European Private International Law of Employment, 2015; *Hantel*, Europäisches Arbeitsrecht, 2016; *Henssler/Braun*, Arbeitsrecht in Europa, 3. Aufl. 2011; *Hildebrand*, Arbeitnehmerschutz von geschäftsführenden Gesellschaftsorganen im Lichte der Danosa-Entscheidung des EuGH, 2014; *Hübner*, Organhaftung, EuGVO und Rom I-VO, ZGR 2016, 897; *Kamanabrou*, Arbeitsrecht, 2017, 2. Teil: Das Arbeitsrecht der Europäischen Union (§§ 5-13); *Kelber/Zeißig/Birkefeld* (Hrsg.), Rechtshandbuch Führungskräfte, 2016; *Krömer/Mitschka/Niksova/Pfalz* (Hrsg.), Arbeitsrecht und Arbeitswelt im europäischen Wandel, 2016; *Mohr*, Die Auswirkungen des arbeitsrechtlichen Verbots von Altersdiskriminierungen auf Gesellschaftsorgane, ZHR 178 (2014) 326; *Preis/Sagan* (Hrsg.), Europäisches Arbeitsrecht, 2015; *Preis/Sagan*, Der GmbH-Geschäftsführer in der arbeits- und diskriminierungsrechtlichen Rechtsprechung des EuGH, BGH und BAG, ZGR 2013, 26; *Rebhahn*, Die Arbeitnehmerbegriffe des Unionsrechts in der neueren Judikatur des EuGH, EuZA 2012, 3; *Reinfelder*, Arbeitnehmer – Gesellschafter – Geschäftsführer, RdA 2016, 87; *Sagan*, Grundfragen des Arbeitsrechts in Europa, NZA 2016, 1252; *Schubert*, Arbeitnehmerschutz für GmbH-Geschäftsführer, ZESAR 2013, 5; *Seifert*, Das europäische Arbeitsrecht im Gesamtgefüge des europäischen Privatrechts, ZEuP 2015, 241; *Thüsing*, Europäisches Arbeitsrecht, 3. Aufl. 2016; *Vielmeier*, Zuständigkeit der Arbeitsgerichte für Klagen von Fremdgeschäftsführern gegen die Gesellschaft, NZA 2016, 1241; *Vogelsang* in: Schaub (Hrsg.), Arbeitsrechts-Handbuch, 17. Aufl. 2017, §§ 8, 14; *Waas*, Das Grünbuch der Kommission zur Modernisierung des Arbeitsrechts, ZESAR 2007, 197; *Wank*, Auslegung und Rechtsfortbildung im Arbeitsrecht, 2013; *Wank*, Die personellen Grenzen des Europäischen Arbeitsrechts: Arbeitsrecht für Nicht-Arbeitnehmer?, EuZA 2008, 172; *Ziegler*, Arbeitnehmerbegriffe im Europäischen Arbeitsrecht, 2011; *Ziemons*, Der Vorstand als Arbeitnehmer, KSzW 2013, 19.

A. Grundlagen des Europäischen Arbeitsrechts

1 Das Europäische Arbeitsrecht stellt die Summe aller arbeitsrechtlichen Regelungen dar, die durch den europäischen Gesetzgeber erlassen wurden. Die hauptsächlich **arbeitnehmerschützenden Vorschriften** bewirken dabei insbesondere eine Regulierung der abhängigen Arbeit.[1] Dabei spielt die Rechtsprechung des EuGH eine prägende Rolle bei der Fortentwicklung des Arbeitsrechts sowie dessen konsequente Anwendung auf mitgliedstaatlicher Ebene.[2] Vergleichbar mit der gesellschaftsrechtbezogenen Rechtsprechung zur Niederlassungsfreiheit (dazu § 10 Rn. 32 ff.) kommt dem EuGH damit auch im Arbeitsrecht ein spürbarer Integrationsfaktor zu.[3] Im Rahmen der primärrechtlichen Grundlagen wird die EU zudem auf einer Vielzahl arbeitsrechtsbezogener Gebiete **sekundärrechtlich** tätig. Maßgebende Sekundärrechtsakte des materiellen Europäischen Arbeitsrechts in Form von **Richtlinien** sind die Leiharbeitsrichtlinie,[4] die Arbeitszeitrichtlinie,[5] die Betriebsübergangs-Richtlinie,[6] die

---

1 Vgl. nur *Hantel*, Europäisches Arbeitsrecht, 2016, S. 2; *Thüsing*, European Labour Law, 2013, § 1 Rn. 3.

2 *Colneric* EuZA 2008, 212 ff.; *Rebhahn* in: Riesenhuber (Hrsg.), Europäische Methodenlehre, 3. Aufl. 2015, § 18 Rn. 1.

3 Allgemein zum EuGH als „Integrationsfaktor" *Ipsen*, Europäisches Gemeinschaftsrecht, 1972, S. 373 f.; *Franzen*, Privatrechtsangleichung durch die EG, 1999, S. 579.

4 Richtlinie 2008/104/EG des Europäischen Parlaments und des Rates vom 19. November 2008 über Leiharbeit, ABl. EG v. 5.12.2008, L 327/12; zum Begriff des Leiharbeitnehmers vgl. EuGH, Rs. C-216/15 (Ruhrlandklinik), ECLI:EU:C:2016:883 = NZA 2017, 41; *Hamann/Klengel* EuZA 2017, 485, 486 ff.; aus deutscher Sicht vgl. auch die neue Definition in § 611a BGB im Rahmen eines Dienstvertrages; dazu *Richardi* NZA 2017, 36; *Zundel* NJW 2017, 132.

5 Richtlinie 2003/88/EG des Europäischen Parlaments und des Rates vom 4. November 2003 über bestimmte Aspekte der Arbeitszeitgestaltung, ABl. EG v. 18.11.2003, L 299/9.

6 Richtlinie 2001/23/EG des Rates vom 12. März 2001 zur Angleichung der Rechtsvorschriften der Mitgliedstaaten über die Wahrung von Ansprüchen der Arbeitnehmer beim Übergang von Unternehmen, Betrieben oder Unternehmens- oder Betriebsteilen, ABl. EG v. 22.3.2001, L 82/16.

Betriebsräte-Richtlinie,[7] die Mutterschutzrichtlinie (zum dortigen Arbeitnehmerbegriff s. Rn. 10 ff.),[8] die Befristungsrichtlinie,[9] die Massenentlassungsrichtlinie (zum dortigen Arbeitnehmerbegriff s. Rn. 15 ff.),[10] die Teilzeitrichtlinie[11] und die Urlaubsrichtlinie,[12] die Insolvenzschutzrichtlinie[13] sowie die verschiedenen Anti-Diskriminierungsrichtlinien.[14]

Die folgenden Ausführungen geben einen Überblick über die **arbeitsrechtliche Stellung von Organmitgliedern** von Kapitalgesellschaften, da vor allem hier eine unmittelbare Verbindung zwischen Arbeitsrecht und Gesellschaftsrecht und eine potentielle Überschneidung beider Rechtsgebiete offenkundig ist. Bei der Darstellung des sonstigen europäischen Richtlinienarbeitsrechts ist insofern auf die einschlägige Spezialliteratur zu verweisen.[15] Obgleich spürbarer Schnittstellen zwischen dem Arbeits- und vor allem Umwandlungsrecht, insbesondere im Rahmen eines **Betriebsübergangs**, soll trotz Verweises in einzelnen gesellschaftsrechtlichen Richtlinien auf die Betriebsübergangs-Richtlinie (vgl. § 22 Rn. 64; § 23 Rn. 40) diese hier ebenfalls nicht besprochen werden. Grund dafür ist, dass es sich hierbei um eine tiefgehende Spezialmaterie handelt und die deutsche Umsetzungsnorm des § 613a BGB Gegenstand zahlreicher Einzelprobleme und Detailfragen ist, sodass die Hinzuziehung eines gesonderten Arbeitsrechtsexperten bei Berührung damit idR unumgänglich ist. 2

B. Ausgangs- und Problemlage in Deutschland

Im wissenschaftlichen Schrifttum besteht bereits seit Jahren **Uneinigkeit** darüber, ob Vorstandsmitglieder und Geschäftsführer von (Kapital-) Gesellschaften im deutschen Rechtsraum als Arbeitnehmer anzusehen sind (zum französischen Recht vgl. auch § 13 Rn. 267 ff.; zum englischen Recht[16] § 12 Rn. 427 f.).[17] Aus unternehmerischer Sicht ist die Arbeitnehmereigenschaft von Organmitgliedern dabei idR unerwünscht, da diese vor allem **sozialversicherungsrechtliche** Folgen nach sich zieht. Auch an der Anwendbarkeit arbeitnehmerschützender Vorschriften besteht seitens der Unternehmen kein Interesse. Dabei geht es nicht nur um unmittelbare ökonomische Folgen, sondern auch um die Frage, ob sich Fremdgeschäftsführer als Teil der Belegschaft fühlen, was ihr Entscheidungsverhalten zugunsten der sonstigen Belegschaft verändern könnte. Aus Sicht der betroffenen Personen kann eine Qualifizierung als Arbeitnehmer iSd Arbeitsrechts jedoch insofern vorteilhaft sein, da sie sich im Streitfall auf arbeitnehmerschützende Gesetzesregelungen berufen können. 3

---

7 Richtlinie 2009/38/EG des Europäischen Parlaments und des Rates vom 6. Mai 2009 über die Einsetzung eines Europäischen Betriebsrats oder die Schaffung eines Verfahrens zur Unterrichtung und Anhörung der Arbeitnehmer in gemeinschaftsweit operierenden Unternehmen und Unternehmensgruppen, ABl. EG v. 16.5.2009, L 122/28.

8 Richtlinie 92/85/EWG des Rates vom 19. Oktober 1992 über die Durchführung von Maßnahmen zur Verbesserung der Sicherheit und des Gesundheitsschutzes von schwangeren Arbeitnehmerinnen, Wöchnerinnen und stillenden Arbeitnehmerinnen am Arbeitsplatz, ABl. EWG v. 28.11.1992, L 348/11.

9 Richtlinie 1999/70/EG des Rates vom 28. Juni 1999 zu der EGB-UNICE-CEEP-Rahmenvereinbarung über befristete Arbeitsverträge, ABl. EG v. 10.7.1999, L 175/43.

10 Richtlinie 98/59/EG des Rates vom 20. Juli 1998 zur Angleichung der Rechtsvorschriften der Mitgliedstaaten über Massenentlassungen, ABl. EG v. 12.8.1998, L 225/16.

11 Richtlinie 97/81/EG des Rates vom 15. Dezember 1997 zu der von UNICE, CEEP und EGB geschlossenen Rahmenvereinigung über Teilzeitarbeit, ABl. EG v. 20.1.1998, L 14/9.

12 Richtlinie 2003/88/EG des Europäischen Parlaments und des Rates vom 4. November 2003 über bestimmte Aspekte der Arbeitszeitgestaltung, ABl. EG v. 18.11.2003, L 299/9.

13 Richtlinie 2008/94/EG Europäischen Parlaments und des Rates über den Schutz der Arbeitnehmer bei Zahlungsunfähigkeit des Arbeitgebers, ABl. EG v. 28.10.2008, L 283/36.

14 Richtlinie 2000/43/EG des Rates vom 29.6.2000 zur Anwendung des Gleichbehandlungsgrundsatzes ohne Unterschied der Rasse oder der ethnischen Herkunft, ABl. EG v. 19.7.2000, L 180/22; Richtlinie 2000/78/EG des Rates vom 27.11.2000 zur Festlegung eines allgemeinen Rahmens für die Verwirklichung der Gleichbehandlung in Beschäftigung und Beruf, ABl. EG v. 2.12.2000, L 303/16; Richtlinie 2002/73/EG des Rates vom 23.9.2002 der Gleichbehandlung von Männern und Frauen […] hinsichtlich des Zugangs zur Beschäftigung, zur Berufsausbildung zum beruflichen Aufstieg sowie in Bezug auf die Arbeitsbedingungen, ABl. EG v. 5.10.2002, L 269/15; Richtlinie 2004/113/EG des Rates vom 13.12.2004 der Gleichbehandlung von Männern und Frauen beim Zugang zu und bei Versorgung mit Gütern und Dienstleistungen, ABl. EG v. 21.12.2004, L 373/37.

15 Siehe nur *Franzen/Gallner/Oetker*, Kommentar zum europäischen Arbeitsrecht, 2016; *Hantel*, Europäisches Arbeitsrecht, 2016, S. 149 ff.; *Kamanabrou*, Arbeitsrecht, 2017, Rn. 533 ff.; *Preis/Sagan* (Hrsg.), Europäisches Arbeitsrecht, 2015, §§ 3 ff.; *Schlachter/Heinig* (Hrsg.), Europäisches Arbeits- und Sozialrecht, 2016, §§ 7 ff.; *Thüsing*, European Labour Law, 2013, §§ 3 ff.

16 Allgemein zum Abeitnehmerstatus im englischen Recht *Bowers*, A Practical Approach to Employment Law, 9. Aufl. 2017, Chaper 2; *Böttcher* EuZA 2017, 370 ff.; zum Einfluss des europäischen Rechts auch *Deakin/Morris*, Labour Law, 6. Aufl. 2012, S. 103 ff.

17 Ausführlich zum Arbeitnehmerbegriff nach deutschem Recht vgl. nur *Preis* in: ErfKo ArbR, 18. Aufl. 2018, § 611a BGB Rn. 8 ff.; siehe ferner die Neudefinition in § 611a BGB: „Arbeitnehmer ist, wer auf Grund eines privatrechtlichen Vertrags im Dienste eines anderen zur Leistung weisungsgebundener, fremdbestimmter Arbeit in persönlicher Abhängigkeit verpflichtet ist". Am Statuts quo der Arbeitnehmereigenschaft ändert sich dadurch indes nur wenig, da mit § 611a BGB nF überwiegend die bestehenden Rechtsprechung umgesetzt wurde.

4 Die deutsche Rechtsprechung unterscheidet im Grundsatz zwischen der **organschaftlichen Bestellung** und dem **schuldrechtlichen** Anstellungsverhältnis, die als zwei unabhängige Rechtsverhältnisse zwischen dem Vorstandsmitglied bzw. dem Geschäftsführer und der Gesellschaft bestehen.[18] Die Bestellung als Organmitglied selbst führt deshalb grundsätzlich noch nicht zur Entstehung eines Anstellungsverhältnisses,[19] weshalb Mitglieder des Leitungsorgans nach hM nicht als Arbeitnehmer angesehen werden.[20] Bei diesem Grundverständnis spielt faktisch auch die tatsächliche Leitungsfunktion eines Geschäftsführers bzw. Vorstandsmitgliedes einen prägende Rolle. Die Anwendbarkeit des deutschen Arbeitsrechts auf diese hängt daher – vorbehaltlich europarechtlicher Überlagerungen – in erster Linie davon ab, ob sie dem vom BGH oder BAG geprägten Arbeitnehmerbegriff unterfallen. Vor allem das BAG geht hierbei jedoch auch davon aus, dass der Anstellungsvertrag eines Geschäftsführers durchaus auch dessen Arbeitnehmereigenschaft begründen kann, dies jedoch einzelfallabhängig ist.[21] Der Arbeitnehmerbegriff ist jedoch auf nationaler Ebene **keinesfalls einheitlich** für das gesamte deutsche Arbeitsrecht gefasst, sondern variiert teilweise mit und aufgrund der mannigfaltigen deutschen Gesetze, die das bestehende Arbeitsrecht prägen. Grundsätzlich gilt jedoch zunächst das in Anlehnung zu § 84 HGB enwickelte Begriffsverständnis.[22] Kein Arbeitnehmer ist daher insbesondere, „wer im wesentlichen frei seine Tätigkeit gestalten und seine Arbeitszeit bestimmen kann". Ob eine Person als Arbeitnehmer einzustufen ist, kann ferner nicht allein durch die Gestaltung der Vertragsgrundlage gesteuert werden, sondern bestimmt sich nach der in der Umsetzung gelebten Praxis der Arbeitsorganisation.[23] Wegen der besonderen Stellung solcher Führungskräfte im Unternehmen gelten zudem zahlreiche Besonderheiten im arbeitsrechtlichen Kontext, weshalb die Frage nach der Arbeitnehmereigenschaft nicht für alle Rechtsfragen pauschal einheitlich beantwortet werden kann. Es überrascht daher nicht, dass Versuche **richtlinienkonformer Auslegung** von materiell-rechtlichen Bestimmungen des deutschen Arbeitsrechts, die auf europäischem Sekundärrecht beruhen, häufig zu gerichtlichen Auseinandersetzungen führen.

C. Arbeitnehmerbegriff auf europäischer Ebene

5 Auf europäischer Ebene ist die Bestimmung des Arbeitnehmerbegriffs ebenfalls zT problembehaftet. Ein einheitlicher Arbeitnehmerbegriff, vor allem innerhalb der arbeitsrechtlichen Richtlinien, hat sich noch nicht herausgebildet.[24] Zunehmend ist jedoch die Tendenz zu erkennen, den Begriff des Arbeitnehmers in den Sekundärrechtsakten – sofern nicht anders bestimmt – an das weite **Begriffsverständnis** im Rahmen der Arbeitnehmerfreizügigkeit gem. **Art. 45 AEUV** anzunähern.[25] Gleichwohl **verweisen** mehrere der Richtlinien bezüglich des Begriffsverständnisses unmittelbar auf nationales Recht,[26] sodass die Mitgliedstaaten in diesem Zusammenhang grundsätzlich selbst bestimmen können, wer als Arbeitnehmer iS der nationalen Umsetzungsbestimmungen anzusehen ist. Ansonsten ist mittels Auslegung zu ermitteln, ob ein nationales oder vielmehr unionsrechtliches Begriffsverständnis zugrunde zu legen ist.[27] Ferner sind die Mitgliedstaaten auch insofern nicht vollkommen frei, den Arbeitnehmerbegriff autonom zu bestimmen,[28] als sie sich innerhalb der sozialen Zweckrichtung der jeweiligen

18 BAG NZA 1999, 987, 988; *Mohr* ZHR 178 (2014) 326, 334; *Reiserer* in: Moll (Hrsg.), MAH Arbeitsrecht, 4. Aufl. 2017, § 6 Rn. 73; *Ziemons* KSzW 2013, 19; *Kruse/Stenslik* NZA 2013, 596, 597; *Jaeger* in: MüKo GmbHG, 2. Aufl. 2016, § 35 Rn. 248; *Altmeppen* in: Roth/Altmeppen (Hrsg.), GmbHG, 8. Aufl. 2015, § 6 Rn. 44; *Hübner* ZGR 2016, 897, 901.

19 Aus Geschäftsführersicht ist es daher zu empfehlen, auf den Abschluss eines Geschäftsführerdienstvertrags mit der Gesellschaft zu beharren.

20 BGH NJW 1954, 505, 508; BGH NJW 1978, 1435, 1437; BGH NJW 1968, 396; BGH NZA 2010, 889, 891; *Oberthür* NZA 2011, 253, 255; *Kort* NZG 2013, 601; *Kruse/Stenslik* NZA 2013, 596; *Lunk/Hildebrand* NZA 2016, 129; *Merkt* in: MüKo GmbHG, 3. Aufl. 2018, § 13 Rn. 40; *Reiserer* BB 2016, 1141, 1142; *Commandeur/Kleinebrink* NZA-RR 2017, 449 f.

21 Vgl. BAG NZA 1999, 987; sowie jüngst BAG ZIP 2017, 836, 837.

22 Vgl. BAG NZA 1996, 477, 478; BAG BeckRS 2005, 41428.

23 Vgl. auch *Zeißig* in: Kelber/Zeißig/Birkefeld (Hrsg.), Rechtshandbuch Führungskräfte, 2016, Rn. 20; *Deinert* RdA 2017, 65, 66.

24 *Sagan* in: Preis/Sagan (Hrsg.), Europäisches Arbeitsrecht, 2015, § 1 Rn. 110; *Schrader* in: Langenbucher (Hrsg.), Europäisches Privat- und Wirtschaftsrecht, 4. Aufl. 2017, § 7 Rn. 19; *Wank* EuZA 2008, 172, 183; vgl. auch OLG Düsseldorf BB 2013, 1403, 1405, *Rebhahn* EuZA 2012, 3, 4 f.; *ders.* in: Riesenhuber (Hrsg.), Europäische Methodenlehre, 3. Aufl. 2015, § 18 Rn. 54.

25 *Sagan* in: Preis/Sagan (Hrsg.), Europäisches Arbeitsrecht, 2015, § 1 Rn. 112; *Commandeur/Kleinebrink* NZA-RR 2017, 449; *Naber/Sittard* in: Preis/Sagan (Hrsg.), Europäisches Arbeitsrecht, 2015, § 10 Rn. 15; in diese Richtung auch EuGH, Rs. C-519/09 (May), ECLI:EU:C:2011:221 = BeckEuRS 2011, 573792, Rn. 22; *Borelli* AuR 2011, 472, 473; im Hinblick ferner auch auf Art. 8 Rom I-VO *Hübner* ZGR 2016, 897, 909.

26 Vgl. *Rebhahn* EuZA 2012, 3, 4; *Junker* EuZA 2016, 428, 429; *Commandeur/Kleinebrink* NZA-RR 2017, 449.

27 *Forst* EuZW 2015, 664, 665; *Schubert* ZESAR 2013, 5, 7.

28 *Junker* EuZA 2016, 428, 431.

Richtlinie bewegen müssen.[29] Wie weit eine solche Zweckrichtung jedoch konkret reicht, ist teilweise unklar und im Zweifel einzelfallabhängig, sodass den Mitgliedstaaten ein durchaus weiter Spielraum bleibt. Zudem ist bisher nicht abschließend geklärt, bei welchen **arbeitsrechtlichen Richtlinien** genau eine europäisch-autonome oder doch eine nationalstaatliche Begriffsbestimmung maßgeblich ist.[30] Mit hinreichender Gewissheit kann dies derzeit wohl nur bei der – auch im vorliegenden Kontext relevanten – Mutterschutzrichtlinie, Massenentlassungsrichtlinie[31] und Arbeitszeitrichtlinie[32] behauptet werden.[33]

Im Rahmen der **Freizügigkeit von Arbeitnehmern** in Europa sind ferner die unionsrechtlichen Vorgaben des Art. 45 AEUV zu beachten. Dies gilt auch für den dort niedergelegten, jedoch nicht definierten Begriff eines Arbeitnehmers. Der Arbeitnehmerbegriff ist dabei **europäisch-autonom** und damit unabhängig vom nationalen Verständnis auszulegen.[34] Die Mitgliedstaaten können diesbezüglich daher keine über das Unionsrecht hinausgehenden Anforderungen an die Eigenschaft einer Person als Arbeitnehmer aufstellen.[35] Nur so kann im Ergebnis eine einheitlich-kohärente Bestimmung des (europäischen) Arbeitnehmerbegriffs gewährleistet werden.[36] Generell ist der Begriff dabei **weit auszulegen** (ferner zum Arbeitnehmerbegriff s. Rn. 11).[37] 6

Bezogen auf die Arbeitnehmerfreizügigkeit geht der EuGH in mittlerweile ständiger Rechtsprechung davon aus, dass der **unionsrechtliche Arbeitnehmerbegriff** unabhängig von den Rechtsvorschriften der Mitgliedstaaten auszulegen ist (Rn. 5).[38] Nach Art. 45 AEUV liegt eine Arbeitnehmerstellung dann vor, wenn „eine Person während einer bestimmten Zeit für eine andere nach deren **Weisung** Leistungen erbringt, für die sie als Gegenleistung eine **Vergütung** erhält".[39] Ein einheitlicher, immer gleich auszulegender, unionsrechtlicher Arbeitnehmerbegriff besteht dennoch nicht, da der EuGH bei der Auslegung des Begriffs auch den jeweiligen Regelungszusammenhang berücksichtigt, sodass die Auslegung je nach Anwendungsbereich **unterschiedlich** sein kann.[40] Bei der Auslegung des (arbeitsrechtlichen) Sekundärrechts greift der EuGH jedoch grundsätzlich auf den Arbeitnehmerbegriff zurück, der im Rahmen des **Art. 45 AEUV** entwickelt wurde.[41] Nur wenn funktionale Gründe in den 7

29 EuGH, Rs. C-311/13 (Tümer), ECLI:EU:C:2014:2337 = EuZW 2015, 68, Rn. 42 f.; EuGH, Rs. C-292/14 (Stroumpoulis ua), ECLI:EU:C:2016:116 = NZA 2016, 347, Rn. 35.

30 Der EuGH hat es dabei für eine unionrechtliche Begriffsbestimmung bereits ausreichen lassen, wenn kein Hinweis auf nationales Recht erkennbar ist, vgl. EuGH, Rs. C-428/09 (Union syndicale Solidaires Isère), ECLI:EU:C:2010:612 = BeckEuRS 2009, 507670, Rn. 27 f.

31 Im Vorfeld der Balkaya-Entscheidung noch explizit anders *Hohenstatt/Naber* NZA 2014, 637; *Naber/Sittard* in: Preis/Sagan (Hrsg.), Europäisches Arbeitsrecht, 2015, § 10 Rn. 18; *Vielmeier* NJW 2014, 2678.

32 Vgl. *Henssler/Lunk* NZA 2016, 1425, 1429; *Lunk/Rodenbusch* GmbHR 2012, 188, 193; *Commandeur/Kleinebrink* NZA-RR 2017, 449, 450.

33 In diesem Sinne *Junker* EuZA 2016, 428, 429.

34 Vgl. *Rebhahn* EuZA 2012, 3, 4; *Sagan* in: Preis/Sagan (Hrsg.), Europäisches Arbeitsrecht, 2015, § 1 Rn. 109; *Steinmeyer* in: Franzen/Gallner/Oetker (Hrsg.), Kommentar zum europäischen Arbeitsrecht, 2016, Art. 45 AEUV Rn. 10; *Schrader* in: Langenbucher (Hrsg.), Europäisches Privat- und Wirtschaftsrecht, 4. Aufl. 2017, § 7 Rn. 21; *Kamanabrou*, Arbeitsrecht, 2017, Rn. 512; *Terhechte* in: Schlachter/Heinig (Hrsg.), Europäisches Arbeits- und Sozialrecht, 2016, § 1 Rn. 30; *Thüsing*, European Labour Law, 2013, § 2 Rn. 12; *Wißmann* in: ErfKo ArbR, 18. Aufl. 2018, Art. 45 AEUV Rn. 7; ferner im Rahmen des europäischen Arbeitskollisionsrechts *Junker* EuZA 2016, 428, 429.

35 EuGH, Rs. 39/86 (Lair), ECLI:EU:C:1988:322 = NJW 1988, 2165, Rn. 41; EuGH, Rs. 197/86 (Brown), ECLI:EU:C:1988:323 = BeckEuRS 1988, 142157, Rn. 22.

36 Vgl. auch *Terhechte* in: Schlachter/Heinig (Hrsg.), Europäisches Arbeits- und Sozialrecht, 2016, § 1 Rn. 30; *Hantel*, Europäisches Arbeitsrecht, 2016, S. 15.

37 Vgl. nur EuGH, Rs. 53/81 (Levin), ECLI:EU:C:1982:105 = NJW 1983, 1249, Rn. 13; EuGH, Rs. C-270/13 (Haralambidis), ECLI:EU:C:2014:2185 = EuZW 2014, 946, Rn. 27.

38 EuGH Rs. 53/81 (Levin), ECLI:EU:C:1982:105 = NJW 1983, 1249; EuGH Rs. C-357/89 (Raulin), ECLI:EU:C:1992:87 = NJW 1992, 1493; EuGH Rs. C-3/90 (Bermini), ECLI:EU:C:1992:89 = NZA 1992, 736; EuGH Rs. C-66/85 (Lawrie Blum), ECLI:EU:C:1986:284 = NVwZ 1987, 41; EuGH Rs. C-229/14 (Balkaya), ECLI:EU:C:2015:455 = NZA 2015, 861; *Commandeur/Kleinebrink* NZA-RR 2017, 449, 450; *Reinfelder* RdA 2016, 87, 89; *Wank* in: Hanau/Steinmeyer/Wank (Hrsg.), Handbuch des europäischen Arbeits- und Sozialrechts, 2002, § 14 Rn. 5; *Blanpain/Schmidt/Schweibert*, Europäisches Arbeitsrecht, 2. Aufl. 1996, BT, § 2 Rn. 258; *Schubert/Jerchel* EuZW 2017, 551, 554.

39 EuGH, Rs C-66/85 (Lawrie Blum), ECLI:EU:C:1986:284 = NVwZ 1987, 41, Rn. 16 f.; EuGH, Rs. C-256/01 (Allonby), ECLI:EU:C:2004:18 = NZA 2004, 201, Rn. 67; EuGH, Rs. C-337/10 (Neidel), ECLI:EU:C:2012:263 = NVwZ 2012, 688, Rn. 23; EuGH, Rs. C-47/14 (Holterman), ECLI:EU:C:2015:574 = NZG 2015, 1199, Rn. 41; EuGH, Rs. C-216/15 (Ruhrlandklinik), ECLI:EU:C:2016:883 = NZA 2017, 41, Rn. 27.

40 Vgl. EuGH, Rs. C-85/96 (Martínez Sala), ECLI:EU:C:1998:217 = BeckRS 2004, 77847; EuGH, Rs. C-543/03 (Dodl und Oberhollenzer), ECLI:EU:C:2005:364 = BeckRS 2005, 70418; *Oberthür* NZA 2011, 253, 254; *Lunk/Hildebrand* NZA 2016, 129, 130; *Vielmeier* NJW 2014, 2678, 2679; *Jaeger* in: MüKo GmbHG, 2. Aufl. 2016, § 35 Rn. 280; *Fischer* NJW 2011, 2329, 2330; *Rogers/Scannell/Walsh*, Free Movement of Persons in the Enlarged European Union, 2. Aufl. 2012, S. 92.

41 EuGH, Rs C-66/85 (Lawrie Blum), ECLI:EU:C:1986:284 = NVwZ 1987, 41, Rn. 16 f.; EuGH, Rs. C-256/01 (Allonby), ECLI:EU:C:2004:18 = NZA 2004, 201, Rn. 67; EuGH, Rs. C-232/09 (Danosa), ECLI:EU:C:2010:674 = NJW 2011, 2343 ff.

jeweiligen Richtlinie zwingend für eine Abweichung sprechen, ist eine (zu begründende) Abweichung vom primärrechtlichen Begriffsverständis gerechtfertigt.[42]

8 Wird ein Geschäftsführer bzw. Vorstandsmitglied einer Kapitalgesellschaft aufgrund europäischer Vorgaben oder auch nach dem maßgeblichen Recht eines Mitgliedstaates in einzelnen Aspekten und ggf. unter verschiedenen Bedingungen als Arbeitnehmer qualifiziert, hat dies grundsätzlich zur Folge, dass die betroffene Person von den nunmehr einschlägigen Arbeitnehmerschutzbestimmungen erfasst wird. Das Organmitglied kann sich daher gegenüber der Gesellschaft als ihrem „Arbeitgeber" auf die jeweiligen **Schutzvorschriften des nationalen Arbeitsrechts** berufen und muss bei der Organisation von personellen Maßnahmen nunmehr ggf. anders berücksichtigt werden. Regelungen auf nationaler Ebene, wie beispielsweise in Deutschland die des Sozialversicherungsrechts, können dabei auch teilweise finanzielle Folgen haben.[43]

9 Aus gesellschaftsrechtlicher Sicht sind weiterhin die mitgliedstaatlichen Bestimmungen zur Abberufung des Organmitglieds sowie die davon zu trennenden Regelungen zur Kündigung des Anstellungsverhältnisses zu beachten. Prozessual sind daneben Zuständigkeitsfragen des angerufenen Gerichts, insbesondere, ob eine (ausschließliche) **Zuständigkeit des Arbeits-** oder **ordentlichen Zivilgerichts** besteht, relevant. Dies gilt sowohl für Klagen eines Geschäftsführers gegen die Gesellschaft[44] als auch im Rahmen der (internationalen) Zuständigkeit von Klagen der Gesellschaft gegen ein (ehemaliges) Organmitglied.[45] Einen weiteren Aspekt bilden bilanzierungstechnische Besonderheiten im Hinblick auf die Vergütung eines insofern angestellten (Fremd-) Geschäftsführers.

I. Arbeitnehmereigenschaft von GmbH-Geschäftsführern

10 Die (europäische) Diskussion um die Arbeitnehmerstellung von GmbH-Geschäftsführern wurde aufgrund der **Danosa-Entscheidung** des EuGH aus dem Jahr 2010[46] erneut entfacht. In der Rechtssache Danosa hatte eine schwangere Fremdgeschäftsführerin einer lettischen SIA (entspricht weitgehend einer deutschen GmbH) gegen ihre Abberufung, die sie primär in ihrer Schwangerschaft begründet sah, geklagt und sich auf den Kündigungsschutz des Art. 10 der **Mutterschutzrichtlinie** (Richtlinie 92/85/EWG) berufen.[47] Die Klägerin war für drei Jahre als alleinige Geschäftsführerin der Gesellschaft bestellt worden, besaß jedoch keine Kapitalbeteiligung an ihr. Als Organmitglied war sie gleichwohl in das Unternehmen integriert und damit beauftragt die Gesellschaft zu leiten und zu vertreten.[48] Für den EuGH blieb somit zu klären, ob und wenn ja, unter welchen Voraussetzungen Organmitglieder einer geschlossenen Kapitalgesellschaft als Arbeitnehmer im Sinne der Mutterschutzrichtlinie anzusehen sind.

11 Im Danosa-Fall geht der EuGH davon aus, dass der Arbeitnehmerbegriff im Rahmen der Mutterschutzrichtlinie nicht nach dem Recht der Mitgliedstaaten zu bestimmen ist, sondern die **unionsrechtliche Begriffsbestimmung** greift.[49] Von besonderer Bedeutung ist dabei die Weisungsgebundenheit als wesentlicher Bestandteil eines Arbeitsverhältnisses, aus der sich wiederum ein Unterordnungsverhältnis ableitet, dessen Vorliegen in jedem **Einzelfall** unter Betrachtung aller Umstände ermittelt werden muss.[50] Ob der Arbeitnehmerstatus zu bejahen ist, ist somit beispielsweise abhängig von den Bestellungsbedingungen, den nationalen Regelungen zum Weisungsrecht bzw. der Intensität der Ausübung eines solchen Weisungsrechts, der Art der übertragenen Aufgaben oder den

42 EuGH, Rs C-66/85 (Lawrie Blum), ECLI:EU:C:1986:284 = NVwZ 1987, 41, Rn. 16 f.; EuGH, Rs. C-256/01 (Allonby), ECLI:EU:C:2004:18 = NZA 2004, 201, Rn. 67; EuGH, Rs. C-337/10 (Neidel), ECLI:EU:C:2012:263 = NVwZ 2012, 688, Rn. 23; EuGH, Rs. C-47/14 (Holterman), ECLI:EU:C:2015:574 = NZG 2015, 1199, Rn. 41; EuGH, Rs. C-216/15 (Ruhrlandklinik), ECLI:EU:C:2016:883 = NZA 2017, 41, Rn. 27.

43 Nach deutschem Recht knüpft eine „Beschäftigung" iSd Sozialversicherungsrechts daran an, ob die betreffende Person in den Betrieb eingegliedert ist und einem Zeit, Dauer, Ort und Art der Ausführung umfassenden Weisungsrecht des Arbeitgebers unterliegt (vgl. § 7 I 2 SGB IV). Ein Arbeitsverhältnis ist dabei grundsätzlich nicht vorausgesetzt, vgl. nur *Grimm* DB 2012, 175; *Richter/Kirchbach* ArbRAktuell 2017, 293.

44 Speziell dazu aus deutscher Sicht *Vielmeier* NZA 2016, 1241 ff.

45 Zur internationalen Zuständigkeit einer Klage gegen einen Geschäftsführer in Bezug auf einen zugrundeliegenden Arbeitsvertrag vgl. EuGH, Rs. C-47/14 (Holterman), ECLI:EU:C:2015:574 = NZG 2015, 1199; ferner auch EuGH, Rs. C-548/12 (Brogsitter), ECLI:EU:C:2014:148 = NJW 2014, 1648, Rn. 24 ff.

46 EuGH, Rs. C-232/09 (Danosa), ECLI:EU:C:2010:674 = NJW 2011, 2343; dazu *Schubert* ZIP 2013, 289; *Preis/Sagan* ZGR 2013, 26; *Hohenstatt/Naber* NZA 2014, 637; *Fischer* NJW 2011, 2329; *Ziemons* KSzW 2013, 19; *Oberthür* NZA 2011, 253; *Junker* NZA 2011, 950; *Schubert* ZESAR 2013, 5; *Kruse/Stenslik* NZA 2013, 596; *Kort* NZG 2013, 601; *Reufels/Molle* NZA-RR 2011, 281; *Reiserer* BB 2016, 1141.

47 *Preis/Sagan* ZGR 2013, 26, 33; *Krafka* in: MüKo HGB, 4. Aufl. 2016, § 13e Rn. 5; *Preuß* in: Oetker (Hrsg.), HGB, 5. Aufl. 2017, § 13e Rn. 14; *Junker* NZA 2011, 950.

48 *Ziemons* KSzW 2013, 19; *Fischer* NJW 2011, 2329, 2331; *Oberthür* NZA 2011, 253.

49 EuGH, Rs. C-232/09 (Danosa), ECLI:EU:C:2010:674 = NJW 2011, 2343; EuGH, Rs. C-116/06 (Kiiski), ECLI:EU:C:2007:536 = NZA 2007, 1274, Rn. 24; *Junker* NZA 2011, 950; *Kort* NZG 2013, 601, 602; *Preis/Sagan* ZGR 2013, 26, 33; *Reiserer* BB 2016, 1141, 1143.

50 *Reinfelder* RdA 2016, 87, 89; *Fischer* NJW 2011, 2329, 2331; *Oberthür* NZA 2011, 253, 254; *Hohenstatt/Naber* NZA 2014, 637.

Abberufungsumständen.[51] Übertragen auf ein Mitglied der Unternehmensleitung liegt die Arbeitnehmereigenschaft nach Auffassung des EuGH insbesondere dann vor, wenn die Person:

- gegen **Entgelt** Leistungen erbringt;
- in die Gesellschaft **eingegliedert** ist;
- die Tätigkeit nach **Weisung** oder unter Aufsicht eines anderen Organs der Gesellschaft ausübt und
- jederzeit ohne Einschränkung von ihrem Amt **abberufen** werden kann.[52]

Jedoch führt der EuGH ebenfalls aus, dass die genannten Voraussetzungen nur dem **„ersten Anschein nach"** eine Arbeitnehmerstellung begründen.[53] Ein entsprechend notwendiges Unterordnungsverhältnis zwischen den Beteiligten ist daher weiterhin anhand aller Umstände und Gegebenheiten des Einzelfalls zu bestimmen und für die Frage der Arbeitnehmereigenschaft entscheidend.[54] Mithin können grundsätzlich auch besondere **Satzungsbestimmungen** oder ggf. auch Regelungen im Anstellungsvertrag die Einordung eines Geschäftsführers als Arbeitnehmer beeinflussen. Auf die Rechtsnatur des Beschäftigungsverhältnisses und/oder dessen Bezeichnung (zB als Dienst- oder Anstellungsvertrag) kommt es dabei jedoch nicht an.[55] Auch die darauf beruhende Höhe der Vergütung des Geschäftsführers ist grundsätzlich ohne Bedeutung für die arbeitsrechtliche Kategorisierung als Arbeitnehmer.[56] 12

Eine Differenzierung innerhalb des nationalen Rechts zwischen der Organstellung und dem Anstellungsvertrag – wie zB im lettischen oder auch deutschen Recht[57] – ist dabei für die Arbeitnehmereigenschaft **nicht** ausschlaggebend.[58] Da die Klägerin im Fall Danosa nach lettischem Gesellschaftsrecht dem Aufsichtsrat gegenüber Rechenschaft ablegen musste und jederzeit von ihrem Amt abberufen werden konnte, hat sie der EuGH aufgrund ihrer **persönlichen Abhängigkeit** als Arbeitnehmerin im unionsrechtlichen Sinne qualifiziert und somit der geltenden Mutterschutzrichtlinie unterworfen. 13

Diese Entscheidung des EuGH hat in der deutschen Literatur eine intensive Diskussion darüber entfacht, inwiefern das europäische Arbeitsrecht Auswirkungen auf die Rechtsstellung von Organvertretern deutscher Kapitalgesellschaften, insbesondere von GmbH-Geschäftsführern, hat, da die Rahmenbedingungen des deutschen Rechts hinsichtlich Bestellung, Abberufung und Beschäftigung von Organmitgliedern mit denen des lettischen Rechts vergleichbar sind.[59] Nach überwiegender Auffassung ist die Danosa-Entscheidung zumindest auf **Fremd-** und **Minderheitsgeschäftsführer** einer deutschen **GmbH** übertragbar, sofern es sich um Vorschriften aus dem unionsrechtlichen Bereich des Arbeitnehmerschutzes handelt.[60] Zumindest für Fremdgeschäftsführerinnen wurde dies jetzt auch durch das neugefasste Mutterschutzgesetz bestätigt (vgl. § 1 II MuSchG nF).[61] Hierunter fallen neben der Mutterschutzrichtlinie wohl auch die Antidiskriminierungsrichtlinien,[62] die Befristungsrichtlinie, die Teilzeitrichtlinie, die Leiharbeitsrichtlinie[63] und die Urlaubsrichtlinie.[64] Insofern ist diesbezüglich auch eine Änderung des Geltungsbereichs der nationalen Umsetzungsbestimmungen zu diesen Richtlinien in Form einer richtlinienkonformen Auslegung geboten.[65] 14

51 *Schubert* ZESAR 2013, 5, 8; *Fischer* NJW 2011, 2329, 2331; *Ziemons* KSzW 2013, 19; *Oberthür* NZA 2011, 253, 254; *Reufels/Molle* NZA-RR 2011, 281, 282; *Hohenstatt/Naber* NZA 2014, 637.

52 EuGH, Rs. C-232/09 (Danosa), ECLI:EU:C:2010:674 = NJW 2011, 2343, Rn. 51. Dies ist jedoch insofern problematisch, weil man dann durch eine andere Kündigungsregelung (zB einen einfachen sachlichen Grund) die Arbeitnehmereigenschaft verhindern könnte.

53 EuGH, Rs. C-232/09 (Danosa), ECLI:EU:C:2010:674 = NJW 2011, 2343, Rn. 51.

54 Vgl. *Hübner* ZGR 2016, 897, 903; *Preis/Sagan* ZGR 2013, 26, 40.

55 *Commandeur/Kleinebrink* NZA-RR 2017, 449, 450.

56 Vgl. EuGH, Rs. C-229/14 (Balkaya), ECLI:EU:C:2015:455 = NZA 2015, 861, Rn. 17. Abweichendes kann sich jedoch aus sozialversicherungsrechtlicher Sicht ergeben.

57 Vgl. *Jaeger* in: MüKo GmbHG, 2. Aufl. 2016, § 35 Rn. 248 f.; *Lenz* in: Michalski/Heidinger/Leible/Schmidt (Hrsg.), GmbHG, 3. Aufl. 2017, § 35 Rn. 118; *Oetker* in: Henssler/Strohn (Hrsg.), Gesellschaftsrecht, 3. Aufl. 2016, § 35 GmbHG, Rn. 6.

58 *Forst* EuZW 2015, 664, 666; *Schubert* ZESAR 2013, 5, 9; *Junker* NZA 2011, 950, 951; *ders.* EuZA 2016, 428, 433.

59 *Fischer* NJW 2011, 2329, 2331; *Steslik* DStR 2015, 2334, 2335.

60 *Stenslik* DStR 2015, 2334, 2335; *Oberthür* NZA 2011, 253, 257; *Hohenstatt/Naber* NZA 2014, 637, 638; *Lunk* NZA 2015, 917, 918; *Preis/Sagan* ZGR 2013, 26, 58 f.; *Reiserer* in: Moll (Hrsg.), MAH Arbeitsrecht, 4. Aufl. 2017, § 6 Rn. 84; wohl auch BAG ZIP 2017, 836, 837 f.; BAG NZA 2015, 101, 102; BAG NZA 2014, 1293, 1295.

61 Vgl. *Richter/Kirchbach* ArbRAktuell 2017, 293; mit Bezug zur wirtschaftlichen Abhängigkeit in diesem Fall auch *Zeißig* in: Kelber/Zeißig/Birkefeld (Hrsg.), Rechtshandbuch Führungskräfte, 2016, Rn. 229.

62 Richtlinie 2000/43/EG; Richtlinie 2000/78/EG; Richtlinie 2002/73/EG; Richtlinie 2004/113/EG.

63 BAG ZIP 2017, 836, 838; *Hamann/Klengel* EuZA 2017, 485, 489 f.

64 *Hohenstatt/Naber* NZA 2014, 637, 638; *Preis/Sagan* ZGR 2013, 26, 47 ff.; *Lunk* NZA 2015, 917, 920; *Fischer* NJW 2011, 2329, 2332; *Lingemann/Otte* DB 2015, 1965, 1966.

65 *Lunk* NZA 2015, 917, 919; *Fischer* NJW 2011, 2329, 2332; *Preis/Sagan* ZGR 2013, 26, 47; *Oberthür* NZA 2011, 253, 258; *Wank* EWiR 2011, 27, 28; *Süßbrich/Rütz* in: Braun/Wisskirchen (Hrsg.), Konzernarbeitsrecht, 2015, Teil I, Abschnitt 3, Rn. 244; vgl. auch *Bachmann* ZIP 2017, 841, 847.

15 Eine weitere Frage ist, wie die letztlich geschäftsführerschützenden Aussagen der Danosa-Entscheidung im Verhältnis zur sachgrundlosen **Geschäftsführerabberufung gem. § 38 I GmbHG** stehen. Eine geltungsbeschränkende Auslegung des § 38 I GmbHG wird durch die etwaige Einordnung eines Geschäftsführers als Arbeitnehmer und der damit verbundenen Anwendung arbeitnehmerschützender Vorschriften (hier des Mutterschutzgesetzes) jedoch grundsätzlich nicht erforderlich.[66] Der Danosa-Entscheidung lässt sich vielmehr entnehmen, dass es aus deutscher Sichtweise in dem zugrundeliegenden Fall um den anstellungsbezogenen Schutz der Geschäftsführerin ging und nicht primär um deren korporative Stellung als Organmitglied. Geschützt wird daher primär das **Anstellungsverhältnis** (auch im Hinblick auf die damit verbundene „Existenzgrundlage" der schwangeren Frau) mit der Konsequenz, dass dieses nicht ohne weiteres aufgelöst werden kann bzw. auf dieses das nationale Arbeitsrecht zur Geltung kommt. Die Möglichkeit zur Beendigung des Geschäftsführeramtes mittels Abberufung iS von § 38 I GmbHG bleibt davon grundsätzlich unberührt. Dies führt praktisch dazu, dass zwar – vorbehaltlich anderslautender Regelungen im Gesellschaftsvertrag der Gesellschaft – die Gesellschafter den Geschäftsführer weiterhin auch ohne wichtigen Grund jederzeit abberufen können, jedoch das auf einen Dienst- oder Anstellungsvertrag beruhende Beschäftigungsverhältnis den insofern kündigungsschützenden Normen des Arbeitsrechts unterliegt und nicht ohne weiteres aufgelöst werden kann. Das bedeutet gleichwohl auch, dass eine, wie in der Praxis häufig bestehende Regelung im Dienst- oder Anstellungsvertrag, welche die Geltung des Beschäftigungsverhältnisses mit der Stellung der betreffenden Person als Organmitglied verknüpft, bei einer Abberufung iS von § 38 I GmbHG keine Geltung erlangen darf.

16 Die entsprechende Thematik wurde durch die **Balkaya-Entscheidung** des EuGH aus dem Jahr 2015 weiter konkretisiert.[67] Der dortige Ausgangsfall betraf dabei explizit deutsches Recht. Auch in der Balkaya-Entscheidung hatte der Gerichtshof zu entscheiden, ob der Fremdgeschäftsführer einer GmbH als Arbeitnehmer im unionsrechtlichen Sinn anzusehen ist. Der Kläger berief sich auf die europäische **Massenentlassungsrichtlinie** (Richtlinie 98/59/EG) und hielt seine Kündigung deshalb für unwirksam.[68] Die beklagte GmbH hatte sämtliche Arbeitsverhältnisse beendet und keine Massenentlassungsanzeige erstattet.[69] Nach der deutschen Regelung des § 17 I KSchG, die der Umsetzung der Massenentlassungsrichtlinie dient, ist eine Massenentlassungsanzeige dann notwendig, wenn in dem Betrieb mehr als 20 Arbeitnehmer beschäftigt sind und ein nach dem § 17 I Nr. 1 bis 3 KSchG definierter Anteil davon entlassen wird. Der Kläger zählte den Fremdgeschäftsführer der GmbH als Arbeitnehmer hinzu, wodurch der Schwellenwert von 20 Arbeitnehmern überschritten wurde. Nach § 17 V Nr. 1 KSchG sind Organe einer juristischen Person jedoch nicht als Arbeitnehmer im Sinne der Vorschrift anzusehen.

17 Der EuGH wendete in der Balkaya-Entscheidung die Kriterien seiner Danosa-Entscheidung konsequent an.[70] Er kommt zu dem Ergebnis, dass der Fremdgeschäftsführer im vorliegenden Fall grundsätzlich als **Arbeitnehmer im unionsrechtlichen Sinn** anzusehen und somit bei der Berechnung des Schwellenwertes zu berücksichtigen ist.[71] Dabei sah es der EuGH, wie schon in der Danosa-Entscheidung (Rn. 10 ff.), als unerheblich an, dass dem Geschäftsführer ein gewisser Ermessensspielraum bezüglich seiner Tätigkeiten zur Verfügung stand.[72] Vielmehr stellte er darauf ab, dass ein Fremdgeschäftsführer an die **Weisungen** der Gesellschafterversammlung gebunden ist (§ 37 I GmbHG) und **jederzeit abberufen** werden kann (§§ 38 I, 46 Nr. 5 GmbHG).[73] Nach Auffassung des EuGH ist dabei ebenfalls ohne Bedeutung, dass sich die Abberufungsmöglichkeit lediglich auf das Organverhältnis beschränkt und nicht automatisch auch das Dienstverhältnis beendet wird.[74] In der Folge ist § 17 V Nr. 1 KSchG zumindest im Hinblick auf Fremdgeschäftsführer einer GmbH europarechtswidrig.[75]

66 Kritischer hingegen *Commandeur/Kleinebrink* NZA-RR 2017, 449, 452 ff.

67 EuGH, Rs. C-229/14 (Balkaya), ECLI:EU:C:2015:455 = NZA 2015, 861; dazu *Forst* EuZW 2015, 664; *Hohenstatt/Naber* NZA 2014, 637; *dies.* EuZA 2016, 22; *Vielmeier* NJW 2014, 2678; *Stenslik* DStR 2015, 2334; *Junker* RIW 2016, 1, 7; *Reiserer* BB 2016, 1141; *Lunk/Hildebrand* NZA 2016, 129; *Lunk* NZA 2015, 917; *Weber* NZA 2016, 727, 731 ff.; *Weber/Zimmer* EuZA 2016, 224.

68 Richtlinie 98/59/EG des Rates vom 20. Juli 1998 zur Angleichung der Rechtsvorschriften der Mitgliedstaaten über Massenentlassungen, ABl. EG v. 12.8.1998, L 225/16.

69 EuGH, Rs. C-229/14 (Balkaya), ECLI:EU:C:2015:455 = NZA 2015, 861.

70 *Forst* EuZW 664, 665; *Stenslik* DStR 2015, 2334.

71 Dies weiterhin ablehnend *Preis* in: ErfKo ArbR, 18. Aufl. 2018, § 611a BGB Rn. 20; kritisch auch *Hohenstatt/Naber* EuZA 2016, 22, 33; *dies.* NZA 2014, 637, 639 f.; *Naber/Sittard* in: Preis/Sagan (Hrsg.), Europäisches Arbeitsrecht, 2015, § 10 Rn. 16; *Vielmeier* NJW 2014, 2678, 2680; befürwortend hingegen *Weber* in: Schlachter/Heinig (Hrsg.), Europäisches Arbeits- und Sozialrecht, 2016, § 9 Rn. 35; *Schmidt/Wilkening* NZA-RR 2017, 169, 171.

72 EuGH, Rs. C-229/14 (Balkaya), ECLI:EU:C:2015:455 = NZA 2015, 861; *Ziemons* KSzW 2013, 19, 20; *Oberthür* NZA 2011, 253, 254.

73 *Forst* EuZW 2015, 664, 666; *Stenslik* DStR 2015, 2334, 2335; *Lunk* NZA 2015, 917, 918.

74 *Stenslik* DStR 2015, 2334, 2335; zur deutschen Regelung siehe auch *Lenz* in: Michalski/Heidinger/Leible/Schmidt (Hrsg.), GmbHG, 3. Aufl. 2017, § 35 Rn. 163; *Zöllner/Noack* in: Baumbach/Hueck (Hrsg.), GmbHG, 21. Aufl. 2017, § 35 Rn. 209.

75 Vgl. *Lunk/Hildebrand* NZA 2016, 129, 131; *Lunk* NZA 2015, 917, 918; *Moll* in: Ascheid/Preis/Schmidt (Hrsg.), Kündigungsrecht, 5. Aufl. 2017, § 17 KSchG Rn. 16a; in der Konsequenz auch ArbG Verden NZA 2014, 665,

Bislang – aus deutscher Perspektive – offen ist jedoch, welche konkreten Folgen der entsprechende Richtlinienverstoß nach sich zieht. Aufgrund des eindeutigen Wortlauts von **§ 17 V Nr. 1 KSchG** („gelten nicht [...] [für] Mitglieder des Organs") scheidet eine richtlinienkonforme Auslegung ieS grundsätzlich aus.[76] Eine richtlinienkonforme Auslegung muss insofern den nationalen Auslegungsspielraum berücksichtigen und darf grundsätzlich nicht in einem direkten Widerspruch zum Wortlaut der Norm stehen.[77] Denkbar wäre gleichwohl eine **richtlinienkonforme Rechtsfortbildung** in Gestalt einer teleologischen Reduktion der Norm (allgemein dazu § 2 Rn. 174 f.).[78] Hierbei wird vertreten, dass eine Rechtsfortbildung nicht möglich wäre, da der Wortlaut und Zweck des § 17 V Nr. 1 KSchG insofern eindeutig ist.[79] Dem ist nur bedingt zuzustimmen. Zwar hat der BGH in seiner Quelle-Entscheidung zum Ausdruck gebracht, dass eine planwidrige Regelungslücke als Voraussetzung für eine richtlinienkonforme Rechtsfortbildung grundsätzlich dann vorliegt, wenn der nationale Gesetzgeber in der Gesetzesbegründung „ausdrücklich seine Absicht bekundet hat, eine richtlinienkonforme Regelung zu schaffen, die Annahme des Gesetzgebers, die Regelung sei richtlinienkonform, aber fehlerhaft ist".[80] Ferner hat auch das BAG angenommen, dass eine richtlinienkonforme Rechtsfortbildung nicht in Betracht kommt, wenn „Wortlaut, Zusammenhang, Zweck und Gesetzesgeschichte weder planwidrig lückenhaft noch unvollständig" sind.[81] Auf der anderen – vorzugswürdigen – Seite hat der BGH jedoch selbst ausgeführt, dass das Bestehen einer planwidrigen Regelungslücke nicht dadurch beeinträchtigt wird, dass sich der Gesetzgeber nicht explizit mit der Richtlinienkonformität auseinandergesetzt, „sondern diese stillschweigend vorausgesetzt hat".[82] In diesem Sinne hat jüngst auch das BVerwG klargestellt, dass die Voraussetzungen einer richtlinienkonformen Rechtsfortbildung grundsätzlich auch dann vorliegen, „wenn das ausdrücklich angestrebte Ziel einer richtlinienkonformen Umsetzung durch die Regelung nicht erreicht worden ist und ausgeschlossen werden kann, dass der Gesetzgeber die Regelung in gleicher Weise erlassen hätte, wenn ihm bekannt gewesen wäre, dass sie nicht richtlinienkonform ist".[83] Abzustellen ist damit auch auf den hypothetischen Willen des Gesetzgebers (nachträglich geprägt durch die neuere EuGH-Rechtsprechung), richtlinienkonform das nationale Recht auszugestalten. Dies gilt auch bezogen auf § 17 V Nr. 1 KSchG und dessen Verhältnis zur Auslegung der Massenentlassungsrichtlinie und grundsätzlich unbenommen davon, dass die deutsche Regelung sowohl bei Verabschiedung der Richtlinie als auch der dortigen Begriffsbestimmung eines Arbeitnehmers durch die Balkaya-Entscheidung (s. Rn. 15 ff.) bereits in dieser Form bestand.[84] Der europarechtswidrige Zustand des deutschen Rechts ist daher mittels einer richtlinienkonformen Reduktion der Norm in einer angemessenen Weise zu beseitigen. Dies führt zumindest in den von der Balkaya-Entscheidung erfassten Fällen im Ergebnis zu einer europarechtskonformen **Nicht-Anwendung** des § 17 V Nr. 1 KSchG.[85] Lediglich Schadensersatzansprüche Deutschlands wegen nicht ordnungsgemäßer Umsetzung der Massenentlassungsrichtlinie kommen daher ebenfalls nicht in Betracht.[86] 18

Die Entscheidung im Fall Balkaya lässt jedoch weiterhin einige Fragen offen, beispielsweise ob ein **Gesellschafter-Geschäftsführer** einer GmbH ebenfalls als Arbeitnehmer anzusehen ist. Für Geschäftsführer, die gleichzeitig Gesellschafter sind, wird von der überwiegenden Meinung vertreten, dass das Vorliegen der Arbeitnehmereigenschaft maßgeblich von der Ausgestaltung der Beziehung zur Gesellschaft abhängig ist.[87] Die Arbeitnehmereigenschaft im unionsrechtlichen Sinne liege demnach nur dann vor, wenn der geschäftsführende Gesellschafter keinen Einfluss auf die Gesellschafterversammlung als Willensbildungsorgan hat. Da **Mehrheitsgesellschafter** und Alleingesellschafter **nicht weisungsabhängig** sind, sind die Voraussetzungen des unionsrechtlichen Arbeit- 19

666; anders noch *Hohenstatt/Naber* NZA 2014, 637; *Naber/Sittard* in: Preis/Sagan (Hrsg.), Europäisches Arbeitsrecht, 2015, § 10 Rn. 18; *Vielmeier* NJW 2014, 2678.

76 *Forst* EuZW 2015, 664, 666; *Hohenstatt/Naber* EuZW 2016, 25, 29; *Lembke/Ludwig* FA 2015, 350, 351; *Weber/Zimmer* EuZA 2016, 224, 235.

77 Vgl. EuGH, Rs. C-212/04 (Adeneler), ECLI:EU:C:2006:443 = NZA 2006, 909, Rn. 124; *Linck* in: Schaub (Hrsg.), Arbeitsrechts-Handbuch, 2017, § 4 Rn. 15; *Sagan* in: Preis/Sagan (Hrsg.), Europäisches Arbeitsrecht, 2015, § 1 Rn. 151.

78 So *Kiel* in: ErfKo ArbR, 18. Aufl. 2018, § 17 KSchG Rn. 7.

79 Allgemein gegen eine richtlinienkonforme Rechsfortbildung in einem solchen Fall *Pötters/Christensen* JZ 2011, 387, 394; wohl auch *Mayer/Schürnbrand* JZ 2004, 545, 551.

80 BGH NJW 2009, 427.

81 BAG NZA 2010, 1020, 1023; zustimmend im Rahmen des § 17 V Nr. 1 KSchG *Moll* in: Ascheid/Preis/Schmidt (Hrsg.), Kündigungsrecht, 5. Aufl. 2017, § 17 KSchG Rn. 16a f.

82 BGH NJW 2012, 1073, 1077.

83 BVerwG BeckRS 2017, 103948; dazu *Baldus/Raff* GPR 2017, 158.

84 AA *Moll* in: Ascheid/Preis/Schmidt (Hrsg.), Kündigungsrecht, 5. Aufl. 2017, § 17 KSchG Rn. 16b.

85 Vgl. *Dzida/Klopp* ArbRB 2015, 303, 304; *Lunk* NZA 2015, 917, 918; wohl auch *Lelley* BB 2015, 2559, 2560.

86 So jedoch *Hohenstatt/Naber* NZA 2014, 637, 640; *Moll* in: Ascheid/Preis/Schmidt (Hrsg.), Kündigungsrecht, 5. Aufl. 2017, § 17 KSchG Rn. 16b; *Vielmeier* NJW 2014, 2678, 2682.

87 *Forst* EuZW 2015, 664, 666; *Lunk* NZA 2015, 917, 919; *Lunk/Hildebrand* NZA 2016, 129, 135; *Ziemons* KSzW 2013, 19, 20; *Preis/Sagan* ZGR 2013, 26, 44 f.; *Schubert* ZESAR 2013, 5, 8 f.; *Reufels/Molle* NZA-RR 2011, 281, 283; *Oberthür* NZA 2011, 253, 254; *Hohenstatt/Naber* ZIP 2012, 1989, 1990; *Stenslik* DStR 2015, 2334, 2335.

nehmerbegriffs somit nicht erfüllt.[88] Bei **Minderheitsgesellschaftern** bedarf es grundsätzlich einer Einzelfallbetrachtung. Diese können zwar prinzipiell als Arbeitnehmer im unionsrechtlichen Sinne eingestuft werden,[89] dies kann aber dadurch ausgeschlossen sein, dass es ihnen möglich ist, die Willensbildung der Gesellschafterversammlung zu kontrollieren und somit in der Folge eine Weisungsgebundenheit zu verneinen ist.[90] So hat auch der EuGH in einer Entscheidung zum Internationalen Arbeitsprozessrecht gemäß der EuGVO (neu: Brüssel Ia-Verordnung)[91] festgehalten, dass die Frage, ob ein Geschäftsführer, der zugleich Minderheitsgesellschafter ist, als Arbeitnehmer eingestuft werden muss, davon abhängt, inwieweit er als Anteilseigner in der Lage ist auf die Willensbildung des Verwaltungsorgans der Gesellschaft **Einfluss zu nehmen**.[92] Der EuGH macht die Möglichkeit der Einflussnahme dabei insbesondere daran fest, ob es möglich ist, „Weisungen zu erteilen und deren Umsetzung zu kontrollieren".

20 Aus deutscher Sicht hat die angeführte EuGH-Rechtsprechung zur Arbeitnehmereigenschaft von GmbH-Geschäftsführern zudem Auswirkungen auf die den **Diskriminierungsschutz** betreffenden Regelungen und somit auf die Frage, inwieweit die Schutzbestimmungen des Allgemeinen Gleichbehandlungsgesetzes (**AGG**) **für Organmitglieder** anwendbar sind. Diese werden gem. § 6 III AGG dann vom persönlichen Anwendungsbereich des AGG umfasst, wenn Bedingungen für den Zugang zur Erwerbstätigkeit sowie für den beruflichen Aufstieg betroffen sind, sodass in der Folge auch für Organmitglieder die Vorschriften des zweiten Abschnitts (§§ 6 ff. AGG) entsprechend gelten und ein zumindest eingeschränkter Diskriminierungsschutz gewährt wird.[93] Insofern hat der BGH im April 2012 entschieden,[94] dass sich der Anwendungsbereich des AGG nicht nur auf den Anstellungsvertrag, sondern auch auf die **organschaftliche Bestellung** erstreckt.[95]

21 In diesem Zusammenhang dient das deutsche AGG der Umsetzung der Antidiskriminierungsrichtlinien und ist demnach **unionsrechtskonform auszulegen**.[96] In seinem Urteil hat der BGH jedoch offengelassen, ob dies im Ergebnis dazu führt, dass GmbH-Geschäftsführer, die unionsrechtlich als Arbeitnehmer anzusehen sind, unter § 6 I AGG fallen und somit dem umfassenden Schutz des Gleichbehandlungsgesetzes unterliegen. Aus diesem Grund ist im Schrifttum weiterhin **umstritten**, ob GmbH-Geschäftsführer, die nicht oder nicht bestimmend an der Gesellschaft beteiligt sind, unter Berücksichtigung der Danosa-Entscheidung Arbeitnehmer im Sinne der Antidiskriminierungsrichtlinien sind und somit für sie eine uneingeschränkte Anwendung des AGG eröffnet ist. Von der herrschenden Meinung wird dies gleichwohl überzeugend **befürwortet**.[97] Für Organmitglieder, die von vornherein nicht als Arbeitnehmer im unionsrechtlichen Sinn anzusehen sind (zB Vorstandsmitglieder der AG (s. Rn. 22 ff.)), wird daher folgerichtig argumentiert, dass diese nur den eingeschränkten Schutz gem. § 6 III AGG genießen.[98]

II. Arbeitnehmereigenschaft von Vorstandsmitgliedern einer Aktiengesellschaft

22 Sowohl die Danosa- als auch Balkaya-Entscheidung betrafen im Ergebnis den Arbeitnehmerstatus eines GmbH-Geschäftsführers. Nicht abschließend geklärt ist jedoch die **arbeitsrechtliche Stellung von Vorstandsmitgliedern**

88 *Forst* EuZW 2015, 664, 666; *Lunk* NZA 2015, 917, 919; *Lunk/Hildebrand* NZA 2016, 129, 135; *Ziemons* KSzW 2013, 19, 20; *Preis/Sagan* ZGR 2013, 26, 44 f.; *Hohenstatt/Naber* ZIP 2012, 1989, 1990; *Lingemann/Otte* DB 2015, 1965, 1966; wohl auch BAG ZIP 2017, 836, 837; speziell zum geschäftsführenden Alleingesellschafter vgl. auch EuGH, Rs. C-107/94 (Asscher), ECLI:EU:C:1996:251 = NJW 1996, 2921, Rn. 26.

89 Vgl. *Moll* in: Ascheid/Preis/Schmidt (Hrsg.), Kündigungsrecht, 5. Aufl. 2017, § 17 KSchG Rn. 16a; *Reiserer* DB 2011, 263, 265; *Zwarg/Alles* DB 2014, 2287, 2289.

90 *Ziemons* KSzW 2013, 19, 20; *Forst* EuZW 2015, 664, 666; *Stenslik* DStR 2015, 2334, 2335; *Lunk* NZA 2015, 917, 918; *Preis/Sagan* ZGR 2013, 26, 59; *Oberthür* NZA 2011, 253, 254; wohl auch BAG ZIP 2017, 836, 837.

91 Die Brüssel Ia-VO (Verordnung (EU) Nr. 1215/2012) hat mit Wirkung zum 10.1.2015 die bis dahin geltende EuGVO (Verordnung (EG) Nr. 44/2001) ersetzt.

92 EuGH, Rs. C-47/14 (Holterman), ECLI:EU:C:2015:574 = NZG 2015, 1199, Rn. 47; dazu *Hübner* ZGR 2016, 897; *Junker* EuZA 2016, 428, 433; *Kindler* IPRax 2016, 115; *Knöfel* EuZA 2016, 348; *C. Krebs* GWR 2015, 450; *Lüttringhaus* EuZW 2015, 904; *Mankowski* RIW 2015, 821.

93 *Reufels/Molle* NZA-RR 2011, 281; *Thüsing* in: MüKo BGB, 7. Aufl. 2015, § 6 AGG Rn. 11; *Preis/Sagan* ZGR 2013, 26, 59; *Bauer/Arnold* NZG 2012, 921; *Commandeur/Kleinebrink* NZA-RR 2017, 449, 461.

94 BGH NZA 2012, 797, 798.

95 Vgl. auch *Hoefs/Rentsch* DB 2012, 2733; *Hohenstatt/Naber* ZIP 2012, 1989, 1993; *Bauer/Arnold* NZG 2012, 921, 922.

96 *Schubert* ZIP 2013, 289, 290 f.; *Kort* NZG 2013, 601, 606; *Reufels/Molle* NZA-RR 2011, 281, 282; *Fuchs* in: BeckOK BGB, 45. Ed. 2017, § 1 AGG Rn. 5; *Hohenstatt/Naber* ZIP 2012, 1989 ff.; *Däubler* in: Däubler/Bertzbach (Hrsg.), AGG, 3. Aufl. 2013, § 1 Rn. 78.

97 Befürwortend *Schubert* ZIP 2013, 289, 290 f.; *Hoefs/Rentsch* DB 2012, 2733; *Reufels/Molle* NZA-RR 2011, 281, 286; *Bauer/Arnold* NZG 2012, 921, 923; *Kort* NZG 2013, 601, 607; *Esser/Baluch* NZG 2007, 321, 324; *Preis/Sagan* ZGR 2013, 26, 61; *Hohenstatt/Naber* ZIP 2012, 1989, 1990; ablehnend *Jaeger* in MüKo GmbHG, 2. Aufl. 2016, § 35 Rn. 263c; *Mohr* ZHR 178 (2014) 326, 366; offen lassend *Stenslik/Zahn* DStR 2012, 1865, 1868.

98 *Kort* NZG 2013, 601, 607; *Hoefs/Rentsch* DB 2012, 2733; *Hüffer/Schäfer* in: MüKo AktG, 4. Aufl. 2016, § 241 Rn. 65; *Hohenstatt/Naber* ZIP 2012, 1989, 1990; *Mohr* ZHR 178 (2014) 326, 344; *Reufels/Molle* NZA-RR 2011, 281, 283.

einer (nationalen oder europäischen) Aktiengesellschaft. Die hM verneint sowohl im Zuge der Danosa- als auch der Balkaya-Entscheidung eine Anwendung des unionsrechtlichen Arbeitnehmerbegriffs auch auf die Mitglieder des Vorstands einer deutschen AG.[99] Begründet wird dies vor allem damit, dass Vorstandsmitglieder nach § 76 I AktG nicht weisungsgebunden sind und nach § 84 III AktG nur aus wichtigem Grund und folglich nicht jederzeit abberufen werden können.[100] Eine Mindermeinung lehnt hingegen eine Unterscheidung zwischen GmbH und Aktiengesellschaft ab und stützt sich dabei ua darauf, dass auch ein Vorstandsmitglied dem Aufsichtsrat gem. § 90 AktG Bericht erstatten muss, seine Bestellung nur befristet erfolgt und daher stets eine kontinuierliche Kontrolle ausgeübt wird.[101] Gleichwohl ist der Grad der **Unabhängigkeit** von Vorstandsmitgliedern weitreichender als bei GmbH-Geschäftsführern, sodass eine vorbehaltlose Übertragung der og EuGH-Rechtsprechung zumindest nach deutschem Verständnis nicht sachgerecht erscheint. Zumal betrafen sowohl die Danosa- als auch die Balkaya-Entscheidung eher kleinere GmbH, womit auch diesbezüglich ein Vergleich zu Vorständen von Aktiengesellschaften nicht ohne weiteres übertragbar ist. Vorstandsmitglieder einer Aktiengesellschaft sind daher grundsätzlich **nicht als Arbeitnehmer** iSd unionsrechtlichen Arbeitnehmerbegriffs anzusehen.[102]

23 Dies gilt aufgrund des Verweises auf nationales Aktienrecht (vgl. Art. 9 I lit. c) (ii) SE-VO) in gleicher Weise für eine in Deutschland registrierte **Europäische Aktiengesellschaft** (SE) (dazu § 4).[103] Der maßgebende Unabhängigkeitsgrad ist hierbei zumindest bei einer SE mit dualistischem Leitungssystem vergleichbar. Bei einer monistischen SE mit Registersitz in Deutschland bestimmt jedoch § 40 V 1 SEAG, das die geschäftsführenden Direktoren jederzeit durch Beschluss des Verwaltungsrats abberufen werden können, sofern die Satzung nichts anderes regelt. Die Wahrscheinlichkeit, dass ein Geschäftsleiter einer entsprechenden SE auch als Arbeitnehmer iSd Unionsrechts charakterisiert werden kann, ist damit potentiell höher als bei Vorstandsmitgliedern einer deutscher AG oder dualistischen SE.[104] Die vorbehaltslose Abberufungsmöglichkeit begründet für sich gleichwohl noch keine zweifelsfreie Einordnung eines geschäftsführenden Direktors als Arbeitnehmer.

24 Es besteht jedoch Uneinigkeit darüber, ob Vorstandsmitglieder zumindest in den Fällen, bei denen es sich um eine **beherrschte Aktiengesellschaft** eines Vertragskonzerns iSd deutschen Konzernrechts handelt, als Arbeitnehmer im unionsrechtlichen Sinn angesehen werden. Bei Abschluss eines Beherrschungsvertrags ist der Vorstand gem. § 308 II 1 AktG grundsätzlich den **Weisungen** des herrschenden Unternehmens unterworfen.[105] Anstatt der eigenverantwortlichen Leitung des Vorstands sind die einzelnen Vorstandsmitglieder daher (faktisch) **fremdbestimmt** von den Vorgaben des Mutterunternehmens.[106] Die Weisungsunabhängigkeit des Vorstands iSd § 76 I AktG wird insofern durch den bestehenden Beherrschungsvertrag überlagert. Bezogen auf die Unabhängigkeit des Organmitglieds wäre die Konstellation daher zumindest wertungsmäßig durchaus mit einem GmbH-(Fremd-) Geschäftsführer vergleichbar.[107] Jedoch werden insbesondere in der Danosa-Entscheidung auch weitere Indizien für eine Arbeitnehmereigenschaft im unionsrechtlichen Sinne angeführt. So bedarf es grundsätzlich auch einer **uneingeschränkten Abberufungsmöglichkeit** sowie – wenngleich sprachlich etwas eng – der Aufsicht durch ein anderes Organ „dieser Gesellschaft".[108] Trotz der Weisungsabhängigkeit des Vorstands einer vertragsbeherrschten Aktiengesellschaft und Ausrichtung von dessen Leitungsentscheidungen am Konzerninteresse (zum Europäischen Konzernrecht s. § 35) sind die Vorstandsmitglieder auch in diesem Fall **nicht** unter den unionsrechtlichen Arbeitnehmerbegriff **subsumierbar**.[109] Dies gilt ferner erst recht im faktischen Konzern, da hier der Vorstand der abhängigen Aktiengesellschaft schon weiterhin zur eigenverantwortlichen Unternehmensleitung berechtigt und verpflichtet bleibt.

99 *Reufels/Molle* NZA-RR 2011, 281, 283; *Hohenstatt/Naber* NZA 2014, 637, 638; *Lunk* NZA 2015, 917, 919; *Schubert* ZESAR 2013, 5, 9; *Lunk/Hildebrand* NZA 2016, 129, 135; *Hohenstatt/Naber* ZIP 2012, 1989, 1990.

100 *Forst* EuZW 2015, 664, 667; *Schubert* ZESAR 2013, 5, 9; *Junker* NZA 2011, 950, 951; *Kruse/Stenslik* NZA 2013, 596, 601; *Lunk* NZA 2015, 917, 919; *Lunk/Hildebrand* NZA 2016, 129, 135.

101 So *Ziemons* KSzW 2013, 19, 20 f.; *Fischer* NJW 2011, 2329, 2331.

102 Neben den Nachweisen bei Fn. 99 vgl. *Lüttringhaus* EuZW 2016, 904, 906; *Hübner* ZGR 2016, 897, 910; *Zeißig* in: Kelber/Zeißig/Birkefeld (Hrsg.), Rechtshandbuch Führungskräfte, 2016, Rn. 225.

103 *Hohenstatt/Naber* EuZA 2016, 22, 28.

104 In diesem Sinne *Forst* EuZW 2015, 664, 667; *Hübner* ZGR 2016, 897, 910; aA *Hohenstatt/Naber* EuZA 2016, 22, 28.

105 Zur Problematik *Oberthür* NZA 2011, 253, 254; *Kruse/Stenslik* NZA 2013, 596, 601; *Ziemons* KSzW 2013, 19, 20; *Lunk* NZA 2015, 917, 919; *Junker* NZA 2011, 950, 951; zum GmbH-Geschäftsführer vgl. auch BAG DB 2008, 355.

106 Vgl. *Fleischer* in: Spindler/Stilz (Hrsg.), AktG, 3. Aufl. 2015, § 76 Rn. 103; *Vetter* ZHR 171 (2007) 342, 347 f.

107 *Süßbrich/Rütz* in: Braun/Wisskirchen (Hrsg.), Konzernarbeitsrecht, 2015, Teil I, Abschnitt 3, Rn. 346.

108 EuGH, Rs. C-232/09 (Danosa), ECLI:EU:C:2010:674 = NJW 2011, 2343, Rn. 51.

109 Für eine Erfassung jedoch *Kruse/Stenslik* NZA 2013, 596, 601; *Süßbrich/Rütz* in: Braun/Wisskirchen (Hrsg.), Konzernarbeitsrecht, 2015, Teil I, Abschnitt 3, Rn. 346; wohl auch *Kindler* IPRax 2016, 115, 116; offen lassend *Junker* NZA 2011, 950, 951.

§ 38 European Model Company Act (EMCA)

Literatur (Auswahl): *Antunes/Naharro*, Director's Duties and Conflict of Interest in the EMCA, ECFR 2016, 269; *Baums*, Europäische Modellgesetze im Gesellschaftsrecht, Aktie und Kapitalmarkt, Anlegerschutz, Unternehmensfinanzierung und Finanzplatz, in: Kley/Leven/Rudolph/Schneider (Hrsg.), Festschrift von Rosen, 2008, 525; *Baums/Krüger Andersen*, The European Model Company Law Act Project, Institute for Law and Finance, Working Paper Series No. 78, 02/2008; *Beck*, The European Mode Company Act's Approach to a European Group Law, ELR 10/2014, 260; *Conac*, The Chapter on Groups of Companies of the European Model Company Act (EMCA), ECFR 2016, 301; *De Wulf*, Shares in the EMCA, The Time is Ripe for True No Par Value Shares in the EU, and the 2nd Directive is Not an Obstacle, ECFR 2016, 215; *Gilson*, A Model Company Act and a Model Company Court, ECFR 2016, 351; *Hommelhoff*, Chapter 12 "Annual Accounting and Auditing" of EMCA: A Critical Review, ECFR 2016, 254; *Kahnert*, Rechtssetzung im Europäischen Gesellschaftsrecht, Harmonisierung, Wettbewerb, Modellgesetze, 2012; *Kalss*, Shareholder Suits: Common Problems, Different Solutions and First Steps towards a Possible Harmonisation by Means of a European Model Code, ECFR 2016, 324; *Klausner*, A U.S. View of the European Model Company Act, ECFR 2016, 363; *Krüger Andersen*, The European Model Company Act (EMCA) – A New Way Forward, in: Bernitz/Ringe (Hrsg.), Company Law and Economic Protectionism, 2010, 303; *Patakyová/Gramblicková*, Bankruptcy and Liquidation: Current Legal Situation in European and International Context, Solutions und the European Model Company Act (EMCA), ECFR 2016, 322; *Payne*, The Role of European Regulation and Model Acts in Company Law, in: Bernitz/Ringe (Hrsg.), Company Law and Economic Protectionism, 2010, 326; *Perakis*, The EMCA: General Principles and Main Content, ECFR 2016, 200; *J. Schmidt*, Der European Modell Company Act (EMCA), ZHR 181,(2017) 43; *Teichmann*, European Model Companies Act in the making – Ein Werkstattbericht, KSzW 2014, 77; *ders.*, Corporate Restructuring under the EMCA, ECFR 2016, 277; *ders.*, Modellgesetze für Kapitalgesellschaften in den USA (MBCA) und Europa (EMCA), in:, Festschrift Baums, 2017, Band II, 1227.

A. Einführung

I. Idee und Arbeit der Projektgruppe

1 Angelehnt an die Idee des US- amerikanischen Model Business Corporation Act (MBCA)[1] hat sich 2007 auf Initiative von *Paul Krüger Andersen* (Aarhus, Dänemark) und *Theodor Baums* (Frankfurt, Deutschland) eine professorale Arbeitsgruppe zur Schaffung eines European Model Company Act (EMCA) für das Kapitalgesellschaftsrecht gebildet.[2] Ursprünglich dachten die Initiatoren an einen Vorschlag für das Aktienrecht, erweiterten diesen Ansatz aber schnell auf das gesamte Kapitalgesellschaftsrecht.[3] Zur gleichen Zeit (2007) wie die EMCA Idee entstand, wurde von einer Dreiergruppe unter Leitung von *Janet Dine* (London) ein fertiges Modellgesetz mit 315 Paragraphen vorgelegt, welches neben dem Kapitalgesellschaftsrecht auch Regelungen zu Personenge-

1 Zu diesem von der American Bar Association geschaffenen und fortlaufend weiterentwickelten Modellgesetz vgl. *Booth* 56 Business Lawyer (2000) 63, 63 ff.; *L. Schmidt* RIW 2016, 718 ff.; *Teichmann* in: FS Baums, Bd. II, 2017, S. 1227, 1231 ff.

2 Zur Projektidee und zur Konstituierung der Arbeitsgruppe vgl. die beiden Initiatoren *Baums/ Krüger Andersen*, The European Model Company Law Act Project, in: Institute for Law and Finance (ILF) Universität Frankfurt, Working Paper, No. 78 S. 1-13 (dieser Artikel wurde in sieben Sprachen parallel veröffentlicht vgl. Krüger Andersen in: Bernitz/Ringe (Hrsg.), 2010, S. 303, 310); vgl. auch den damals noch etwas anderen Namen und die Abkürzung EMCLA.

3 Vgl. *Baums/Krüger Andersen*, in: Festschrift Wymeersch, Perspectives in Company Law and Financial Regulation, 2009, S. 5, 14; *Baums* in: FS von Rosen, 2008, S. 525, 527.

sellschaften umfasste.[4] Dieses sollte sich an die damals frisch der EU beigetretenen osteuropäischen Mitgliedstaaten richten, die aufgrund ihrer sozialistischen Vergangenheit häufig noch kein gefestigtes modernes Gesellschaftsrecht hatten.[5] Dieses andere Modellgesetz scheint weder in der Praxis noch hinsichtlich des EMCA als späterem Modellgesetz eine größere Wirkung entfaltet zu haben. Dies ist ein erstes Indiz dafür, wie schwierig es ist, mit einem Modellgesetz Einfluss zu nehmen. Allerdings waren bei diesem anderen Modellgesetz die Umstände auch ungünstig. Es handelte sich um eine kleine Arbeitsgruppe mit nicht so bekannten Mitgliedern, der Entwurf baute auf einem früheren Gesetzesentwurf für Jugoslawien von 1997 auf und dieser Entwurf war letztlich auch stark an das deutsche Recht und damit an ein einziges nationales Recht angelehnt.[6]

Ziel der EMCA Arbeitsgruppe war und ist die Schaffung eines ausformulierten und kommentierten europäischen Kapitalgesellschaftsgesetzbuches als Modell primär für die EU-Mitgliedstaaten, um die Konvergenz und zugleich den Wettbewerb der nationalen Gesellschaftsrechte zu fördern.[7] Die formale Konstituierung der European Model Company Act Group fand im September 2007 in Aarhus, Dänemark, statt. Den Vorsitz übernahm *Paul Krüger Andersen* aus Aarhus. Dort ist auch der Sitz des Sekretariats und der beiden ständigen Projektforscherinnen. 2

1. Zusammensetzung der Gruppe

Die EMCA **Gruppe**[8] besteht aus 28 Professorinnen und Professoren aus 22 EU Mitgliedstaaten,[9] wobei drei EMCA Mitglieder zwischendurch durch Mitglieder aus dem gleichen EU-Mitgliedstaat ersetzt wurden, weshalb bisher insgesamt 31 Professoren Mitglieder der Arbeitsgruppe waren. Hinzu kommen noch 6 assoziierte Gesellschaftsrechtsexperten, bei denen es sich ebenfalls um Professoren[10] handelt.[11] Dass Vertreter aus immerhin 22 Mitgliedstaaten Mitglieder der EMCA Kommission sind,[12] deutet auf den bewusst repräsentativen Ansatz bei der Auswahl der Mitglieder,[13] auch wenn letztlich doch nicht alle Mitgliedstaaten repräsentiert sind.[14] Wieso es nicht gelang alle 28 EU Staaten zu repräsentieren, ist nicht klar. Das Fehlen von Vertretern von sechs Rechtsordnungen ist jedenfalls bedauerlich, da die Vertreter einer Rechtsordnung den Vertretern der anderen Rechtsordnungen gerade auch ihre Rechtsordnung erklärt haben,[15] weil man annahm, dass die Kenntnisse über fremde Rechtsordnungen doch keine große Tiefe erreichen,[16] womit das Fehlen von Vertretern von sechs Rechtsordnungen letztlich dazu führt, dass diese Rechtsordnungen bisher praktisch kaum berücksichtigt wurden. 3

Eine **reine Professorengruppe** hat den Vorteil, dass ihre Mitglieder persönlich unabhängig sind und Interessenkonflikte vielleicht allenfalls in der Form der Nähe zu einer oder mehreren Rechtsordnungen bestehen und gerade dies durch die Beteiligung von Forschern aus 22 Mitgliedstaaten kein so großes Problem sein dürfte.[17] Die nationale Bindung dürfte allerdings die ganz auffällige Betonung des dänischen Gesellschaftsrechts im EMCA erklären. Dass eine reine Professorengruppe unter Umständen auf Akzeptanzprobleme sowohl bei Gesetzgebungsorganen als auch bei Praktikern stoßen könnte, scheint die Gruppe antizipiert zu haben. Denn es wird 4

4 *Dine/Koutsias/Blecher*, Company Law in the New Europe. The EU Acquis, Comparative Methodology and Model Law, 2007.

5 So bekamen Bulgarien 1991, Rumänien 1990, Polen 2000, Ungarn 1997, Slowakei 1991, Slowenien 1993, Kroatien 1993 und Tschechien 1991 ihre einschlägigen Gesetze, wobei es teilweise später noch einschneidende Novellierungen gab.

6 Vgl. *Dine/Koutsias/Blecher*, Company Law in the New Europe. The EU Acquis, Comparative Methodology and Model Law, 2007, S. 147.

7 Vgl. EMCA 2017, Introductions S. 1; vgl. auch schon *Krüger Andersen*, The European Model Company Act (EMCA) – A New Way Forward, in Bernitz/Ringe (Hrsg.), Company Law and Economic Protectionism, 2010, S. 303, 304 f. (die gesamte heutige Einleitung des EMCA beruht inhaltlich und weitgehend auch wörtlich auf diesem Aufsatz von Krüger Andersen).

8 Vgl. EMCA 2017, Introduction S. 1 – 3 mit Auflistung aller Mitglieder und der Zeiträume und Länder, denen sie zugerechnet werden.

9 Doppelt vertreten waren Deutschland, Österreich, Italien, Luxemburg, Niederlande und Spanien. Bei England und Schweden gab es jeweils zwei Mitglieder, die aber aufeinander folgten.

10 *Kahnert*, Rechtsetzung im Europäischen Gesellschaftsrecht, 2012, S. 247 hatte hier noch die Hinzuziehung auch von Praktikern erwartet.

11 Hier waren die USA, Dänemark, Deutschland, Luxemburg, Polen und Schweden vertreten.

12 Siehe die Autorenliste des EMCA unter: https://papers.ssrn.com/sol3/papers.cfm?abstract_id=2929348, zuletzt abgerufen am 22.1.2018.

13 Von der Zusammenschau aller nationalen Rechtssysteme spricht *Teichmann* KSzW 2014, 77, 79 als eines der Mitglieder der EMCA Arbeitsgruppe.

14 Nicht vertreten sind bisher Kroatien, Slowenien, Lettland, Rumänien, Malta und Zypern.

15 Die Bedeutung dieses Teil der Arbeit der EMCA Gruppe betont *Teichmann* KSzW 2014, 77, 81.

16 *Teichmann* KSzW 2014, 77, 81.

17 *Kahnert*, Rechtsetzung im Europäischen Gesellschaftsrecht, 2012, S. 246 f. betont die Unabhängigkeit und Freiheit von Interessenkonflikten der EMCA Gruppe; ebenso *Teichmann* KSzW 2014, 77, 81; vgl. auch schon *Krüger Andersen* in: Bernitz/Ringe (Hrsg.), Company Law and Economic Protectionism, 2010, S. 303, 305.

betont, dass es sich um anerkannte, erfahrene Professoren handelt und die Mitglieder der Gruppe Erfahrungen mit dem Entwerfen von gesellschaftsrechtlichen Gesetzestexten auf nationaler und EU-Ebene haben.[18] Dies dürfte meist in einem weiteren Sinne zu verstehen sein, da in der EU und in den meisten Mitgliedsstaaten ein echtes „*drafting*" durch Professoren für den Gesetzgeber unüblich ist. Der unmittelbaren Erfahrung im Entwerfen entsprechender Gesetze bedarf es allerdings nicht zwingend, um einen gutes Modellgesetz zu schaffen. Eine größere Angriffsfläche bietet wahrscheinlich das Fehlen von Vertretern der Praxis.[19] Das US-amerikanische Vorbild des MBCA setzt bekanntlich auf den Entwurf durch erfahrene Anwälte.[20] Immerhin gilt es aus europäischer Sicht zu vermerken, dass europäische Professoren, die sich mit Gesellschaftsrecht beschäftigen, den praktischen Problemen des Gesellschaftsrechts in der Regel deutlich näher stehen, als dies bei den gesellschaftsrechtlichen Professoren der großen US Law Schools der Fall ist. Auch gibt es eine ganze Reihe von Ländern, in denen die Professoren häufig zugleich Rechtsanwälte sind.[21] Das US MBCA hat allerdings noch den Vorteil, dass es verschiedene Gremien durchläuft (vgl. näher unten Rn. 19) und sich daher auf die Zustimmung der Vertreter der gesamten US Anwaltschaft berufen kann. Dies kann das EMCA nicht. Es fehlt aber auch an einer entsprechenden europäischen Institution.[22]

2. Arbeitsweise der Gruppe

5 Die Europäische Kommission hat ihre ideelle Unterstützung für das Projekt signalisiert.[23] Vertreter der Kommission wurden eingeladen, als Gäste und Diskussionspartner teilzunehmen.[24] Die EMCA Gruppe arbeitete mit Arbeitsgruppen, die rechtsvergleichend Probleme analysiert haben und deren Bericht Ausgangspunkt der jeweiligen Überlegungen war.[25] Darauf aufbauend gab es spezielle **Arbeitsgruppen**, die sich auf einen Entwurf einigten und diesen Entwurf dem Plenum zur weiteren Diskussion vorlegten.[26] Das Plenum tagte etwa zwei bis drei Mal im Jahr.[27] Schon aufgrund der sehr großen Größe des Plenums, die die inhaltlich intensive Arbeit in der Gesamtgruppe erheblich erschwert und der begrenzten Zeit für die Sitzungen des Plenums dürfte den Arbeitsgruppen für die Abschnitte eine Schlüsselrolle zugefallen sein. Diese Überlegung wird auch durch den Blick auf die Inhalte des EMCA bestätigt, die nicht homogen wirken, sondern abschnittsweise deutliche Unterschiede aufweisen.

6 Der nähere **Prozess der Entwurfsentstehung** ist nur partiell dokumentiert.[28] So wird nicht klar, ob, wie dies im nationalen und europäischen Gesetzgebungsrahmen üblich ist, man zuerst große Linien diskutiert hat, die dann später durch generelle Regelungsvorschläge und noch später durch ganz konkrete Regelungsvorschläge konkretisiert wurden. Anhand der Kommentierungen liegt es näher, dass große Linien, zB die Einstellung und Herangehensweise beim Gläubigerschutz (vgl. Rn. 39), nicht generell diskutiert wurden, sondern sofort ein ganzer Abschnitt mit konkreten Regelungsvorschlägen Thema war. Die Arbeitsgruppe für den Abschnitt kann sich aber durchaus zunächst Gedanken über Grundprinzipien gemacht haben (so durch die Kommentierung erkennbar für die Arbeitsgruppe zur section 6). Auch nicht erkennbar ist, wie das Thema Verzahnungen konstruktiver und wertungsmäßiger Art und damit der in Deutschland zu Recht hoch geschätzte Gedanke innerer und äußerer Systematik bewältigt wurde. Das US-amerikanische Vorbild des MBCA räumt zumindest den direkten Verzahnungen durch Verweisnotizen einen hohen Stellenwert ein. Unklar ist auch die genaue Rolle des Vorsitzenden und des dänischen wissenschaftlichen Sekretariats. Die weit überproportionale Rolle des dänischen Gesellschaftsrechts in Begründungen und Inhalten dürfte jedoch mit der Art der Entwurfsentstehung zusammenhängen. Alleinige Arbeits- und Veröffentlichungssprache ist Englisch. Vergleicht man das EMCA mit dem MBCA oder dem englischen Company Act wurde beim EMCA weniger Wert auf die Sprache gelegt.[29]

---

18 EMCA 2017, Introduction S. 3: „The members of the Group are recognised and experienced company law professors with extensive experience in drafting company regulations at national and EU levels.".

19 Vgl. *Kahnert*, Rechtsetzung im Europäischen Gesellschaftsrecht, 2012, S. 247.

20 *Klausner* ECFR 2016, 363, 366 (parallel in FS Baums, 2017, 665 ff.); *Kahnert*, Rechtsetzung im Europäischen Gesellschaftsrecht, 2012, S. 244 f.

21 Darauf weist *Teichmann* KSzW 2014, 77, 81 zu Recht hin.

22 Das European Law Institute (ELI) will ein solches Gremium werden, hat die dafür notwendige Autorität aber noch nicht erreicht; vielleicht deshalb für eine Adoption des EMCA als Empfehlung durch die EU Kommission *Baums* in: FS von Rosen, 2008, S. 525, 533.

23 Vgl. EMCA 2017, Introduction S. 1.

24 Vgl. EMCA 2017, Introduction S. 1 f.; ob und ggf. in welchem Umfang die Kommission dieses Angebot genutzt hat, wird nicht berichtet.

25 *Krüger Andersen* in: Bernitz/Ringe (Hrsg.), Company Law and Economic Protectionism, 2010, S. 303, 311.

26 *Krüger Andersen* in: Bernitz/Ringe (Hrsg.), Company Law and Economic Protectionism, 2010, S. 303, 311.

27 Vgl. EMCA 2017, Introduction S. 6.

28 Für die ursprüngliche Planung vgl. *Krüger Andersen* in: Bernitz/Ringe (Hrsg.), 2010, S. 303, 310 f.

29 Kritisch zum EMCA 2015 insoweit *Ventoruzzi*, The New European Model Company Act in einem Harvard Blog (corpgov.law.harvard.edu/2015/10/14).

3. Entwicklung des EMCA

Ein vorläufiger Entwurf (EMCA **Draft 2015**) wurde im Juli 2015 veröffentlicht[30] und zur Diskussion gestellt.[31] Die überarbeitete Fassung wurde am 31.3.2017 in Rom vorgestellt (**EMCA 2017**) und wird als 1st Edition bezeichnet. Damit wird einerseits ein vorläufiger Abschluss des Projekts signalisiert. Andererseits wird nach dem Vorbild des US MBCA der Dynamik mit dem Ziel zukünftiger überarbeiteter Fassungen Ausdruck verliehen.[32] 7

4. Inhalt des EMCA[33]

Inhaltlich berücksichtigt wurde das vorhandene **europäische Gesellschaftsrecht**, insbesondere die gesellschaftsrechtlichen Richtlinien, ohne dass die Gruppe sich hieran gebunden fühlte.[34] Die einzelnen Arbeitsgruppen scheinen dabei ein unterschiedliches Maß der Bindung an den bisherigen Rechtsstand zum europäischen Gesellschaftsrecht gehabt zu haben. Darauf deuten einzelne Fälle hin, in denen trotz Bedenken am europäischen Rechtsstand festgehalten wird (vgl. Rn. 42). 8

Rechtsvergleichend wurde durchgängig mit Länderberichten[35] und vergleichender Analyse von Einzelfragen[36] mit Bezug auf die EU-Mitgliedstaaten gearbeitet. Einen Hinweis, wie die sechs nicht vertretenden europäischen Rechtsordnungen[37] berücksichtigt wurden, gibt es nicht. Nicht EU-Rechtsordnungen wurden wohl grundsätzlich nicht berücksichtigt.[38] Dies scheint im Wesentlichen[39] auch für das US Gesellschaftsrecht zu gelten, obwohl es hier einen US-Professor gibt, der mit der Gruppe assoziiert ist.[40] 9

Ausweislich der Einleitung zum EMCA[41] wurden Theorien der **Law and Economics** berücksichtigt. Genannt werden die Principal-Agent-Theory[42] und die Theorie „Market for Corporation Control".[43] Auch die Förderung aktiver Gesellschafter[44] und die unternehmerische Nachhaltigkeit[45] werden als Ziele in diesem Zusammenhang benannt.[46] Die Behavioral Economics wird unter den berücksichtigten ökonomischen Erkenntnissen nicht erwähnt. Die Tiefe der Beschäftigung mit ökonomischen Erkenntnissen ist aufgrund der Kürze der Kommentare letztlich unklar und dürfte wegen der großen Bedeutung der Arbeitsgruppen auch von der Zusammensetzung der jeweiligen Arbeitsgruppe abhängig gewesen sein. 10

Die **soziale** und **gesellschaftliche Dimension** des Gesellschaftsrechts wird als Thema ausdrücklich benannt. Die weitest mögliche Nutzung der **IT** wird als Prämisse von der EU übernommen.[47] Erkenntnisse der Gesetzesfolgenabschätzung (GfA) wurden wohl nicht berücksichtigt. Jedenfalls wird keine der dort üblichen Techniken angesprochen. Konstruktiv-technische Aspekte werden abgesehen von der Grundfrage der Zusammenfassung des Kapitalgesellschaftsrechts in einem Gesetz[48] nicht ausdrücklich angesprochen, sind aber notwendigerweise Thema des Entwurfs gewesen. Methodische Fragen der Gesetzesanwendung werden nicht thematisiert. 11

Nicht behandelt wird das Verhältnis des Rechts der Kapitalgesellschaften zu dem Recht der **Personengesellschaften.** Dabei kann die Ausgestaltung des Rechts der Kapitalgesellschaften erhebliche Auswirkungen auf die verbleibende Bedeutung des Personengesellschaftsrechts haben. Auch gibt es zahlreiche inhaltliche Fragen, bei denen eine inhaltliche Abstimmung zwischen Kapitalgesellschaftsrecht und Personengesellschaftsrecht sinnvoll 12

---

30 Der Entwurf von 2015 befindet sich nicht mehr auf der EMCA Seite ist aber noch unter jura.uni-wuerzburg.de/fileadmin/02130100/EMCA_FIN-AL_DRAFT_2015_for_conference_rev.pdf abrufbar.

31 Zu diesem Entwurf *Teichmann* ECFR 2016, 277, 277 ff.; *Perakis* ECFR 2016, 201, 201 ff.; *De Wulf* ECFR 2016, 216, 216 ff.; *Hommelhoff* ECFR 2016, 255, 255 ff.; *Antunes/ Naharro* ECFR 2016, 269, 269 ff.; *Patakyova/ Gramblickova* ECFR 2016, 323, 323 ff.; *Conac* ECFR 2016, 306, 306 ff.; *Gilson* ECFR 2016, 351, 351 ff.; *Klausner* ECFR 2016, 363, 363 ff.; *J. Schmidt* ZHR 181 (2017) 43, 43 ff.

32 Vgl. EMCA 2017, Introduction S. 10, wobei zumindest der Eindruck entsteht, dass anders als in den USA eher an Überarbeitungen in kürzeren Zeitabschnitten gedacht wird.

33 Für eine erste Einführung auf Basis des EMCA Draft 2015 *Perakis* ECFR 2016, 200, 200 ff.

34 Vgl. EMCA 2017, Introduction S. 2; für eine weitaus stärkere Bindung an das EU Recht noch *Baums* in: FS von Rosen, 2008, 525, 533.

35 Vgl. EMCA 2017, Introduction S. 5 („Länderbericht method").

36 Vgl. EMCA 2017, Introduction S. 6.

37 Kroatien, Lettland, Malta, Rumänien, Slowenien und Zypern.

38 Dies ergibt sich in einem Rückschluss aus der Einleitung zum EMCA und den Kommentierungen.

39 Vgl. allerdings EMCA 2017 comments zu sec. 7.02 S. 129, aus denen hervorgeht, dass sec. 7.02 wesentlich auf § 6.40 MBCA beruht.

40 Vgl. EMCA 2017, Introduction S. 3.

41 Vgl. EMCA 2017, Introduction S. 6-8.

42 Vgl. EMCA 2017, Introduction S. 7, 8.

43 Vgl. EMCA 2017, Introduction S. 7.

44 Vgl. EMCA 2017, Introduction S. 6 f.

45 Vgl. EMCA 2017, Introduction S. 7.

46 Bei diesen Zielen fehlen Hinweise auf die ökonomisch, theoretischen Grundlagen.

47 Vgl. EMCA 2017, Introduction S. 13.

48 Vgl. EMCA 2017, Introduction S. 12 f.

erscheint. Die ausschließliche Regelung des Kapitalgesellschaftsrechts dürfte nicht primär auf formalen Gründen wie bei der Trennung im englischen Recht zwischen Company Law und Partnership Law beruhen. Vielmehr dürfte die sich stetig reduzierende Bedeutung des Personengesellschaftsrechts zentrale Ursache der Nichtbehandlung sein. Für die nationalen europäischen Gesetzgeber könnte es auch daher an der Zeit sein, sich intensiv mit der zukünftigen Positionierung des Personengesellschaftsrechts zu befassen und ggf. darauf aufbauend, das Personengesellschaftsrecht zu reformieren.[49]

5. Formale Struktur

13 Betrachtet man die **formale Struktur** des EMCA 2017, so hat dieses Modellgesetz eine Einleitung und 16 Kapitel mit **331 Paragraphen.** Das EMCA folgt der ein-Gesetz-für-alle -Kapitalgesellschaften Idee.[50] Es gibt **generelle Kommentare** (general comments), unterteilt in europäisches Recht und nationales Recht zu jedem Abschnitt, sowie **Einzelkommentare** (comments) zu jeder Norm.[51] Diese Kommentare nehmen Bezug auf das EU-Recht, einzelne nationale Rechtsordnungen und die Überlegungen der EMCA-Gruppe und sind für die meisten Abschnitte insgesamt recht kurz gehalten. Das erleichtert die Lesbarkeit, führt aber naturgemäß auch dazu, dass nicht alle Aspekte genannt werden können. Daher wäre noch einmal über eine Trennung von Entwurf und dann auch deutlich umfangreicheren Kommentaren nachzudenken, wie sie beim US-Vorbild, aber zB auch beim europäischen DCFR (Draft of Common Framework of Reference) praktiziert werden. Wohl aufgrund der Kürze wird die Rechtslage meist nur hinsichtlich weniger europäischer Rechtsordnungen angesprochen. Neben dem dänischen Kapitalgesellschaftsrecht werden das englische Company Law und das deutsche Kapitalgesellschaftsrecht besonders häufig genannt. Im Übrigen könnte die jeweilige vorbereitende Arbeitsgruppe Ursache für statistisch eher unwahrscheinliche und auch nicht mit der Bedeutung der jeweiligen nationalen Gesellschaftsrechtsgesetze erklärbare Zitierverteilungen sein.

14 **Erwägungsgründe** nach europäischem Vorbild, also als Bestandteil des Rechtsaktes, gibt es **nicht**, obwohl dort gerade Normzwecke und Strukturprinzipien hätten eingebaut werden können. Die Paragraphen (sections) werden kapitelweise durchgezählt. Der Gesamtumfang des **EMCA 2017** mit Einleitung und Kommentaren beträgt 384 Seiten. Der **EMCA Draft 2015**, auf den sich der Großteil der bisherigen Literatur bezieht,[52] hatte hingegen noch einen Gesamtumfang von 431 Seiten bei ebenfalls 16 Kapiteln aber nur 265 Paragraphen. Kapitel 13 Restrukturierungen (Sanierung und Umwandlung) enthält nunmehr 79 Paragraphen statt der früheren 10 Paragraphen (2015).[53] Dies beruht auf der jetzt viel detaillierteren Regelung des Umwandlungsrechts.[54] In Kapitel 6 (Finanzierung) wurde die Zahl der Paragraphen von 2015 zu 2017 hingegen um drei reduziert. Der Großteil der Regelungen und Kommentare ist unverändert geblieben. Die deutlich verringerte Seitenzahl bei insgesamt deutlich erhöhter Paragraphenzahl beruht mithin primär auf einem veränderten Layout. Das bedeutet einerseits, dass die Literatur zum EMCA Draft 2015 weitgehend noch Geltung beansprucht. Das deutlich veränderte Layout deutet allerdings auch darauf, dass die Arbeitsgruppe sich Sorgen hinsichtlich der Akzeptanz einer zu großen Länge des EMCA machte. Vielleicht erklärt dies teilweise die noch immer relativ geringe Zahl von Paragraphen. Jedenfalls wenn man dem EMCA 2017 mit seinen 331 Paragraphen die etwa 1300 Paragraphen des Englischen Company Act 2006 gegenüberstellt, hat das EMCA wenige Paragraphen.[55] Auch in Deutschland kommen allein Aktiengesetz und Umwandlungsgesetz zusammen immerhin auf deutlich über 700 Paragraphen. Das EMCA selbst versteht die Zahl der Paragraphen als Kompromiss zwischen ausführlichen und weniger ausführlichen Gesetzen.[56]

II. (Mögliche) Ziele des EMCA und ihre Erreichbarkeit

15 Das EMCA selbst nennt als Ziel die **Übernahme** dieses Modellgesetzes durch einzelne Mitgliedstaaten ganz oder für einzelne Vorschriften.[57] Interessant ist zunächst, welche möglichen Ziele **nicht genannt** werden. Dies sind die Beeinflussung der wissenschaftlichen Diskussion, der nationalen und europäischen Rechtsprechung und

49 Zu Reformüberlegungen des deutschen Gesetzgebers für das Personengesellschaftsrecht vgl. zuletzt die Überlegungen des 71. DJT in Essen 2016 (Gutachten Band I E).

50 Zur Begründung vgl. EMCA 2017, Introduction S. 12 f.

51 Vgl. EMCA 2017, Introduction S. 8 f.

52 *Teichmann* ECFR 2016, 277, 277 ff.; *Perakis* ECFR 2016, 201, 201 ff.; *De Wulf* ECFR 2016, 216, 216 ff.; *Hommelhoff* ECFR 2016, 255, 255 ff.; *Antunes/ Naharro* ECFR 2016, 269, 269 ff.; *Patakyova/Gramblickova* ECFR 2016, 323, 323 ff.; *Conac* ECFR 2016, 306, 306 ff.; *Gilson* ECFR 2016, 351, 351 ff.; *J. Schmidt* ZHR 181 (2017) 43, 43 ff.; *Klausner* ECFR 2016, 363, 363 ff.

53 61 Seiten statt 18 Seiten.

54 Es bliebe zu untersuchen, ob die neu vorgeschlagenen Regelungen vom 25.04.2018 zum Umwandlungsrecht (COM (2018) 241 final) von diesem EMCA Abschnitt beeinflusst wurden.

55 Zum Englischen Kapitalgesellschaftsrecht vgl. näher § 12 Rn. 237.

56 Vgl. EMCA 2017, Introduction S. 5.

57 Vgl. EMCA 2017, Introduction S. 1.

der europäischen Rechtsetzung.[58] Letzteres überrascht, denn die EU-Kommission wurde ausdrücklich zur Teilnahme als Beobachter und Diskussionspartner eingeladen[59] und unterstützt das Projekt auch ideell.

Schon anhand der Reaktionen[60] auf den EMCA Draft 2015 kann abgelesen werden, dass das EMCA in besonderer Weise geeignet ist, die **wissenschaftliche Diskussion** zu beeinflussen. Sowohl aufgrund der (prominenten) professoralen Zusammensetzung, der Internationalität, dem Charakter als Gesamtentwurf, als auch aufgrund der Inhalte (Ideen und Umsetzung) und Begründungen ist das EMCA hierfür prädestiniert. Auch wenn dieses Ziel nicht explizit benannt wurde, wird es doch auf jeden Fall erreicht werden. Allein schon dieses Ziel ist lohnend, weil es eine wichtige europäische wissenschaftliche Diskussion anstößt. 16

Die nationale und die europäische **Rechtsprechung** könnten beeinflusst werden, wenn Fragen zu entscheiden sind, für die ein Konkretisierungs- oder Rechtsfortbildungsbedarf besteht und die von den Gerichten zu beachtenden gesetzlichen Vorgaben der Heranziehung nicht im Wege stehen. Dabei geht es nicht etwa um eine Sonderform einer rechtsvergleichenden Auslegung (s. dazu § 2 Rn. 135) oder rechtsvergleichenden Rechtsfortbildung in dem Sinne, dass das EMCA zu berücksichtigen ist.[61] Vielmehr geht es um die zulässige Übernahme von **Ideen** in Bereichen, in denen dem keine gesetzlichen Vorgaben entgegenstehen. Die Überzeugungskraft des EMCA, aber auch sein Konkretisierungsgrad und die Nähe zu den nationalen und europäischen Vorgaben, wird darüber entscheiden, welche Ideen des EMCA von der nationalen Rechtsprechung übernommen werden und welche Ideen zumindest auf die Rechtsprechung einwirken werden. Eine Übernahme längerer Formulierungen oder gar ganzer Paragraphen ist dabei unwahrscheinlich, schon weil die Rechtsprechung selbst im kontinentalen Civil Law Rechtskreis so nicht vorzugehen pflegt, ja auch methodisch nicht darf. Das Ausmaß der Beeinflussung der Rechtsprechung ist schwer zu prognostizieren. Denn dem steht die Bindung des Richters an das Gesetz und die eigene Rechtsordnung entgegen. Doch würde hier ein (noch) höherer Konkretisierungsgrad des EMCA, intensivere Begründungen und zumindest in einigen Rechtsordnungen die Beteiligung hoher Richter und renommierter Anwälte am Gestaltungsprozess die Chancen auf richterliche Ideenübernahme vermehren. Positiv für eine richterliche Übernahme ist, wenn bei einigen Vorschlägen auf eine praktische Bewährung in einer Rechtsordnung verwiesen wird. Gerade hier wären aber verifizierbare Angaben noch überzeugender gewesen. 17

Für die Beeinflussung der **europäischen Rechtsetzung** in Form von Verordnungen und Richtlinien könnte das EMCA geeignet sein, weil auch inhaltlich eine Anlehnung, aber auch Diskussion und Weiterentwicklung von Richtlinienregeln und des Verordnungsrechts, erfolgt. Der Vorteil aus Sicht des europäischen Gesetzgebers könnte sein, dass die Regeln des EMCA durch Professoren aus 22 Ländern gebilligt wurden. Dies könnte für eine Akzeptanzfähigkeit in verschiedenen Rechtskreisen sprechen. Allerdings handelt sich um eine Gruppe zwar führender, aber auch reformfreudiger Professoren, was bereits an den Inhalten ablesbar ist. Diese müssen also keinesfalls in der EU auch nur unter den Professoren mehrheitsfähig sein. Auch ist das EMCA nicht speziell auf die Bedürfnisse der EU ausgerichtet und zwar weder inhaltlich noch in der Technik der Regelung. Zumindest nimmt das EMCA dies nicht für sich in Anspruch und es wird auch auf typisch europäische Techniken wie Erwägungsgründe verzichtet. Die Übernahme einzelner (auch mutiger) Reformschritte durch die Kommission erscheint durchaus vorstellbar. Für die Gesamtheit des EMCA, also als (umfassendes) Modellgesetz für die EU selbst, ist eine Übernahme durch den europäischen Gesetzgeber aber schwer vorstellbar.[62] Hier dürfte es auch auf Stakeholder wie Rechtsanwälte, Unternehmen, die Mehrheitsgesellschafter, die Minderheitsgesellschafter, Gläubiger, die Gewerkschaften oder die (deutschen) Notare ankommen. Gewerkschaften bzw. Notare waren jeweils bereits in der Lage, die Verabschiedung der Societas Privata Europaea (SPE) (vgl. § 5 Rn. 7) und der Societas Unius Personae (SUP) (vgl. § 9 Rn. 5) zu verhindern. Auch wenn dies daher nicht ganz leicht sein wird, bestehen letztlich doch gute Chancen, dass (einzelne) Ideen des EMCA zukünftige europäische Regelungen beeinflussen können. Zumindest werden sie als Argumente in der europäischen Gesetzgebung eine Rolle spielen. Zumindest ursprünglich wurde seitens der Initiatoren auch daran gedacht, dass die EU Kommission das EMCA zum Gegenstand einer Empfehlung an die Mitgliedstaaten machen könnte.[63] 18

---

58 So auch *Kahnert*, Rechtsetzung im Europäischen Gesellschaftsrecht, 2012, S. 261 ff.; *Baums* in: FS von Rosen, 2008, S. 525, 531 hatte noch als Ziel die Verabschiedung als Empfehlung durch die Kommission genannt.

59 Vgl. EMCA 2017, Introduction S. 1 f.

60 *Teichmann* ECFR 2016, 277, 277 ff.; *ders.* in: FS Baums, Bd. II, 2017, S. 1227, 1227 ff., *Perakis* ECFR 2016, 201, 201 ff.; *De Wulf* ECFR 2016, 216, 216 ff.; *Hommoelhoff* ECFR 2016, 255, 255 ff.; *Antunes/ Naharro* ECFR 2016, 269, 269 ff.; *Patakyova/Gramblickova* ECFR 2016, 323, 323 ff.; *Conac* ECFR 2016, 306, 306 ff.; *Gilson* ECFR 2016, 351, 351 ff.; *J. Schmidt* ZHR 181 (2017) 43, 43 ff.; *Klausner* ECFR 2016, 363, 363 ff.

61 Zu den Bedenken gegen eine solche methodische Herangehensweise aus Sicht der europäischen Methodik § 2 Rn. 135.

62 Skeptisch auch *Kahnert*, Rechtsetzung im Europäischen Gesellschaftsrecht, 2012, S. 263 f.

63 *Baums* in: FS von Rosen, 2008, S. 525, 531.

19 Erklärtes Ziel ist die komplette oder teilweise **Übernahme** der EMCA-Regeln **in nationales Recht**. Das US-amerikanische Vorbild[64] **MBCA**[65] traf in den meisten US-Bundesstaaten ursprünglich auf ein wenig entwickeltes einzelstaatliches Gesellschaftsrecht. Die Grundvorstellungen der amerikanischen Juristen sind aufgrund der weitgehenden Grundhomogenität des Rechts und der überregionalen Ausbildung der führenden Juristen (meist an den Eliteuniversitäten) weitgehend gleich. Die Verabschiedung des MBCA in drei Stufen durch das Corporate Laws Committee der Business Law Section, dann nach öffentlicher Diskussion auch und gerade in Form von Aufsätzen durch die Business Law Section und dann durch die American Bar Association selbst, verleiht dem Ganzen die Autorität der US-amerikanischen Anwaltschaft. In der Regel können sich so nur weitgehend allgemein akzeptierte Forderungen durchsetzen. Die Tatsache, dass renommierte Anwälte mit großer Praxiserfahrung maßgeblich den Inhalt bestimmen, sorgt für ein erhebliches Vertrauen in die praktische Funktionsfähigkeit auch neuer Regelungen. Es gibt Differenzen über Wertungen und Lösungen, aber kaum Vorbehalte gegenüber der Übernahme von Recht aus anderen Bundesstaaten oder gar von Modellgesetzen. Größere einzelstaatliche Unterschiede im Kernwirtschaftsrecht, also auch im Gesellschaftsrecht, wirken in den USA eher unnatürlich, wobei Letzteres im Gesellschaftsrecht auch an der Sogwirkung des Rechts von Delaware liegen dürfte.

20 Insoweit ist die **Situation in Europa** doch (noch) gänzlich anders. Das nationalstaatliche Bewusstsein ist in Europa sehr ausgeprägt. Aus nationalstaatlicher Sicht kann es im Wettbewerb der Rechtsordnungen zwar sinnvoll sein, fremde Ideen zu übernehmen, wobei auch dies heute meist auf Fälle beschränkt ist, in denen großer wirtschaftlicher Druck (Beispiel: Mindestkapital) oder intensive Lobbyarbeit durch eine Gruppe, die von einer Reform profitieren würde, eine Reform anschiebt.[66] Aber die Übernahme eines kompletten Gesetzes, eines kompletten Regelungsbereiches oder auch nur die wörtliche Übernahme kompletter Paragraphen, widerspricht nationalem Selbstverständnis in fast allen Staaten der Europäischen Union. In Deutschland ist dieses Selbstverständnis besonders augenfällig, weil selbst Richtlinien kaum einmal eins zu eins umgesetzt werden.[67] Auch die ehemals sozialistischen osteuropäischen Mitglieder der EU hatten inzwischen genug Zeit für die Entwicklung und Praktizierung ihres Gesellschaftsrechts, so dass sich das nationale Kapitalgesellschaftsrecht auch dort fest etablieren konnte.[68]

21 Bei einem etablierten, durch die Rechtsprechung konkretisierten und halbwegs akzeptierten Recht ist eine Bereitschaft zur kompletten Ersetzung durch ein Modellgesetz wie dem EMCA kaum vorstellbar.[69] Der Austausch eines kompletten Kapitalgesellschaftsrechts durch ein neues Kapitalgesellschaftsrecht wäre auch mit sehr hohen Transaktionskosten verbunden. Hierzu gehören die Umstellungskosten bei den Unternehmen, und sonstigen Betroffenen (Rechtsanwälte, Richter, aber auch sonst alle, die an der Anwendung oder Ausbildung mitwirken) und die etwa zehn bis fünfzehnjährige Rechtsunsicherheit, bis auch nur alle wesentlichen Rechtsfragen geklärt sind.[70] Der langfristige Wechselgewinn durch ein „besseres" Gesetz müsste daher sehr hoch sein, damit sich ein solcher Wechsel ökonomisch lohnen würde. Schon insoweit ist Skepsis angebracht. Vor allem müsste der Komplettaustausch des Kapitalgesellschaftsrechts auch günstiger als Anpassungen des nationalen Rechts in Problembereichen sein und auch als günstiger wahrgenommen werden. Beides erscheint sehr schwer vorstellbar. Ein stärker vereinheitlichtes Gesellschaftsrecht dürfte auch in zahlreichen Ländern als Angriff auf die nationale Rechtskultur wahrgenommen werden und dies zu einem Zeitpunkt, in dem das Ansehen der EU und ihrer Institutionen in den meisten Staaten der Union niedrig ist. Der insoweit bestehenden rechtspolitischen Begründungslast für denjenigen, der einen Komplettaustausch wollte, wurde bisher auch nicht genügt. Auf inhaltliche oder strukturelle Hindernisse für eine Gesamtübernahme des EMCA wie zB die relative Kürze des EMCA oder die fehlende Beteiligung der Rechtsanwälte und Richter und damit die fehlende Verankerung oder Rückkopplung in der Anwendungspraxis, kommt es daher nicht einmal an. Im Ergebnis wird hier eine **Komplettübernahme** des EMCA in einem der Mitgliedstaaten als derzeit **unrealistisch** angesehen.[71] Bei zukünftigen Beitrittsstaaten könnte die Situation insoweit günstiger sein, als diese Staaten ohnehin größere Anpassungen an die europäischen Vorgaben vornehmen müssten.[72]

64 Zum Vorbildcharakter EMCA 2017, Introduction, S. 1.

65 Auf den Erfolg des amerikanischen Vorbilds verweist ausdrücklich EMCA 2017, Introduction S. 9.

66 In Deutschland ist die Partnerschaftsgesellschaft mit beschränkter Berufshaftung ein gutes Beispiel, wobei die Lobbyarbeit der Rechtsanwälte hier ein insgesamt sehr positiv zu bewertendes Resultat erzeugt hat.

67 So für Deutschland auch wegen des Einheitsmodells des EMCA auch *Teichmann* in: FS Baums, Bd. II, 2017, S. 1227, 1242.

68 Für dieses Bedenken angesichts der fest etablierten und nicht stark reformbedürftigen europäischen Gesellschaftsrechte vgl. auch *Payne* in: Bernitz/Ringe (Hrsg.), 2010, S. 326, 331.

69 Insoweit auch *Teichmann* in: FS Baums, Bd. II, 2017, S. 1227, 1242.

70 Vgl. dazu den originellen aber unrealistischen Vorschlag von *Gilson* ECFR 2016, 351, 351 ff. auch gleich noch ein spezielles EMCA Gericht zu schaffen; vgl. auch *Klausner* ECFR 2016, 363, 366 mit dem Vorschlag einer ständigen Kommission, die Anpassungen und Konkretisierungen unterstützen solle.

71 Vgl. auch *Kahnert*, Rechtsetzung im Europäischen Gesellschaftsrecht, 2012, S. 262 ff., 269 ff., der bestenfalls von einer Übernahme nach dem Baukastenprinzip ausgeht (S. 265).

72 Vgl. *Kahnert*, Rechtsetzung im Europäischen Gesellschaftsrecht, 2012, S. 265; auch in Bezug auf solche Staaten skeptisch *Payne* in: Bernitz/Ringe (Hrsg.), 2010, S. 326, 331.

Bei **Einzelregelungen** und **Teilregelungen** für ein bestimmtes, bisher nicht national befriedigend geregeltes Problem wird zwar ebenfalls verbreitet ein nationaler Vorbehalt gegenüber der wörtlichen Übernahme bestehen.[73] Aber eine (fast) wörtliche Übernahme wird bei kürzeren Regelungen vielleicht gar nicht so deutlich als solche wahrgenommen werden, da es sich für fast alle Mitgliedsländer zunächst um eine Übersetzung aus dem Englischen handeln würde. Zumindest die Ideen des EMCA für bisher nicht oder nicht befriedigend geregelte Problembereiche des nationalen Gesellschaftsrechts dürften daher eine faire Chance haben, aufgegriffen zu werden, vorausgesetzt, diese Ideen sind aus sich heraus und im Vergleich zu konkurrierenden Lösungsvorschlägen überzeugend. 22

Diese bisher **nicht oder nicht befriedigend geregelten Probleme** sind im Übrigen auch der Bereich, auf den sich auch die wissenschaftliche Diskussion konzentrieren wird, sobald sie den Bereich des bloß Einführenden verlässt. Gleiches wird auch für die Rechtsprechung gelten. Vor diesem Hintergrund soll im Folgenden das Augenmerk ebenfalls besonders auf die Regelungsvorschläge gelenkt werden, die vom bisher allgemein Üblichen abweichen oder bisher gar nicht oder nicht befriedigend gelöste Probleme betreffen. 23

Die Verfasser des EMCA sind davon überzeugt, dass das EMCA auch den **regulativen Wettbewerb** fördern kann.[74] Die Idee einer Rechtsangleichung im Gesellschaftsrecht über legislativen Wettbewerb anstelle einer aufwändigen Rechtsangleichung wurde auch früher schon diskutiert.[75] Blickt man auf das US Gesellschaftsrecht, so hat der Wettbewerb zwischen dem Corporate Law von Delaware und den ihm nachgebildeten Rechten und dem MBCA und den ihm folgenden Rechten zu einer Rechtsangleichung in konkurrierenden Systemen geführt, während die Principles of Corporate Governance des American Law Institute (ALI) bisher weniger Gefolgschaft gefunden haben.[76] Eine solche Entwicklung auch in Europa wäre im Sinne einer Harmonisierung zumindest ein Fortschritt gegenüber 28 verschiedenen Rechtsordnungen. Das EMCA ist allerdings unmittelbar keine Konkurrenz zu den nationalen gesellschaftsrechtlichen Regelungen, da es nicht einfach als Rechtsordnung gewählt werden kann. Die EMCA-Gruppe hat auch nicht das Ziel ausgegeben, dass das EMCA ein alternativ wählbares Kapitalgesellschaftsrecht sein soll, wie dies im Kernzivilrecht beim DCFR angedacht war. 24

Eine Förderung des regulativen Wettbewerbs würde sich jedoch dann einstellen, wenn die nationalen Gesetzgeber und die am Gesetzgebungsakt Beteiligten sich zur Förderung der eigenen Rechtsordnung in einem stetigen **Wettbewerb um die beste Rechtsordnung** sehen würden. Dies war im Ansatz im 19. Jahrhundert und zu Beginn des 20. Jahrhunderts der Fall und dies, obwohl unternehmerische Geschäfte im Inland kaum sinnvoll durch ausländische Rechtsformen aus dem Ausland betrieben werden konnten, es auch keine Niederlassungsfreiheit für ausländische Unternehmen gab und es zwischen einigen Staaten[77] ausgesprochene Feindschaften gab. Heute herrscht in vielen EU-Staaten eine Grundstimmung der Zufriedenheit mit dem nationalen Status quo des Gesellschaftsrechts (so auch in Deutschland), der die Suche nach interessanten Vorbildregeln außerhalb des eigenen Landes zwar nicht ausschließt, aber doch erschwert. Echter Wettbewerbsdruck, der den Wettbewerb der Gesellschaftsrechte entfacht, ist allerdings vorstellbar und ihn hat es auch in jüngerer Zeit gegeben. Er betraf den durch die Rechtsprechung des EuGH zur Niederlassungsfreiheit (vgl. § 10 Rn. 99) ausgelösten Boom der englischen Limited in Kontinentaleuropa und den dadurch verursachten Druck auf das Mindestkapital der Kapitalgesellschaften. Aber dies waren Bereiche, in denen Rechtsformwahl möglich war und es um ein entscheidendes Kriterium für die Rechtswahl ging. Dass EMCA kann man aber nicht wählen. Würden allerdings einzelne Länder Teile des EMCA übernehmen und ergäben sich dabei signifikante Vorteile für die Unternehmen, könnte sich hier über die Niederlassungsfreiheit grundsätzlich doch wieder ein Wettbewerbsdruck auf andere Länder entwickeln.[78] Einzelne vorteilhafte Regelungen sind jedoch praktisch nicht in der Lage, solche Wanderungsbewegungen der Unternehmen auszulösen. Selbst über den beschriebenen mittelbaren Weg ist daher kein spürbarer Wettbewerbsdruck zu erwarten. Damit das EMCA den regulativen Wettbewerb intensiv fördern könnte, müsste sich daher die Grundstimmung im Gesellschaftsrecht in Richtung eines Bemühens der Nationalstaaten um eine stete Verbesserung des nationalen Gesellschaftsrechts auch unter Zuhilfenahme internationaler Vorbilder wandeln. Ein diesbezüglicher Stimmungswandel ist zwar akut noch nicht absehbar, wäre aber dem europäischen Recht insgesamt, aber auch den nationalstaatlichen Rechtsordnungen, zu wünschen. 25

---

73 Vgl. *Kalss* ECFR 2016, 324, 326 mit dem Gedanken der intellektuellen Unterstützung des nationalen Gesetzgebers durch den EMCA.

74 Vgl. EMCA 2017, Introduction S. 1.

75 *Merkt* RabelsZ 59 (1995), 545, 545 ff.; *Dreher* JZ 1999, 105, 105 ff.; tendenziell skeptisch *Lutter*, Konzepte, Erfolge und Zukunftsaufgaben Europäischer Gesellschaftsrechtsharmonisierung, in: Grundmann (Hrsg.) Systembildung und Systemlücken in Kerngebieten des Europäischen Privatrechts, 2000, S. 121, 141.

76 Zu diesen drei konkurrierenden Modellgesetzen *Klausner* ECRF 2016, 363, 364.

77 ZB Deutschland und Frankreich als Folge des Krieges von 1870/71.

78 *Kahnert*, Rechtsetzung im Europäischen Gesellschaftsrecht, 2012, S. 264.

B. Innovative Regelungsvorschläge des EMCA

I. Einheitsrechtsrahmen (one law model)

26 Nicht gänzlich neu, aber doch im internationalen Vergleich innovativ und aus deutscher oder französischer Sicht geradezu einschneidend, ist der Vorschlag, das Kapitalgesellschaftsrecht als Einheit anzusehen.[79] Das drückt der Begriff „*one law model*" allerdings noch nicht ganz klar aus. Denn es geht nicht nur um die äußere Form eines Gesetzes als Alternative zu mehreren Gesetzen, sondern um die innere Struktur. Spanien zB (vgl. § 15 Rn. 13, 18) hat zwar ein einheitliches Gesetz für Kapitalgesellschaften und versucht auch nicht gebotene Differenzierungen regelungstechnisch zu verhindern, kennt aber doch klar zu unterscheidende Gesellschaftsformen. Auch der englische Company Act hat zwar viele einheitliche Regelungen, ermöglicht aber immer noch unproblematisch eine Unterscheidung nach Gesellschaftsformen. Das EMCA will hingegen in weiten Bereichen einheitliche Regelungen für alle Gesellschaftsformen im Kapitalgesellschaftsrecht und will vor allem auch keine klare Rechtsformbenennung. Damit würde grundsätzlich nicht mehr zwischen verschiedenen Kapitalgesellschaftsrechtsformen unterschieden. Dies könnte auch zu Schwierigkeiten für den Rechtsverkehr führen, wenn es letztlich noch inhaltliche Unterschiede gäbe. Es verblieben allerdings funktionale Unterschiede zwischen *private company*, *public company* und *publicly traded company*.[80] Letztere Gruppe erfährt im EMCA allerdings nur teilweise (Rn. 55) eine besondere regulatorische Behandlung. Nicht selten wird die Differenzierung dem Kapitalmarktrecht überlassen. Durch die fehlende generelle Trennung zwischen *private* und *public company* verschöben sich die Begründungslasten.[81] Wer bei einer solchen Konstruktion eine differenzierte Regelung befürworten würde, müsste diese Differenzierung rechtfertigen, während beim traditionellen System der getrennten Rechtsformen es einer Begründung für die Gleichbehandlung bedarf. Dieser Effekt wird indirekt auch von der EMCA Group adressiert, wenn gesagt wird, dass innerhalb der EMCA-Group befürchtet wurde, dass bei einem „*one law model*", die Unterschiede weniger klar sein werden.[82]

27 Die traditionelle Vorstellung, dass bestimmte **Rechtsformen** insbesondere für bestimmte **Größenklassen** von Unternehmen geeignet sind, wird vom EMCA nicht geteilt, aber auch nicht näher diskutiert. Der Entwurf nimmt hierzu nur sehr verdeckt Stellung. In der Einführung zum EMCA heißt es, dass *public companies* zwar Zugang zum Kapitalmarkt haben könnten, die meisten großen Gesellschaften jedoch nur wenige Gesellschafter hätten und sich nicht über den Markt finanzieren würden.[83] Dies ist eine vereinfachende Darstellung. Es gibt oberhalb der von der EU besonders geförderten KMU (Kleinere und Mittlere Unternehmen mit maximal 250 Arbeitnehmern und maximal 50 Millionen Jahresumsatz)[84] in der Tat viele größere Unternehmen, die keinen direkten Zugang zum Kapitalmarkt über die Gesellschafterstellung haben oder auch nur suchen. Die meisten dieser Unternehmen sind dabei allerdings Familienunternehmen und gehören zusätzlich in eine Größenklasse, die in Frankreich *entreprise de taille intermédiaire* (ETI) genannt wird. In Deutschland könnte man diese Größenklasse als Große Mittelständische Unternehmen (GMU) bezeichnen.[85] Nimmt man diese GMU, zu denen auch der ganz große Teil der sog *hidden champions* gehört, aus dem Bereich der Großunternehmen heraus, haben unter den dann verbleibenden Großunternehmen die meisten bewusst einen Zugang zum Kapitalmarkt. Damit bestände doch ein gewisser Zusammenhang von Größe und gesellschaftsrechtlichen Bedürfnissen. Aus dem Gesagten folgt nicht, dass es zwingend Rechtsformen geben muss, die besonders gut zu einer speziellen Größenklasse von Unternehmen passen. Für ein zukünftiges europäisches Gesellschaftsrecht oder ein europäisches Modellrecht handelt es sich allerdings schon um eine Frage, bei der es sich lohnen würde, ihr näher nachzugehen.

28 Das EMCA sieht den **Hauptvorteil** der Einheitslösung in der einfacheren und einheitlicheren **Auslegung.**[86] Für eine solche fundamentale Änderung, die für Länder wie Frankreich oder Deutschland mit sehr hohen Transaktionskosten verbunden wäre, ist dieser Vorteil deutlich zu wenig. Da auch nicht alle Differenzierungen wegfallen, blieben auch bei einer Einheitslösung jedenfalls partiell Auslegungsprobleme. Auch gäbe es das mildere Mittel einer Gesetzesregelung, die bei paralleler Formulierung grundsätzlich die parallele Auslegung vorgibt. Der aus Sicht von Ländern wie Deutschland oder Frankreich deutlich niedrigere Regulierungsgrad des EMCA mit der Folge unzähliger offener Rechtsfragen schafft auch keine optimalen Startbedingungen für ein Einheitsmodell. Die Einleitung zum EMCA lässt zudem erkennen, dass man sich zunächst (*in the first place*) für das Einheitsmodell entschieden hat, was darauf deutet, dass die Gruppe in der Zukunft auch (parallel?) einen Alternativansatz entwickeln könnte.

---

79 Vgl. dazu EMCA 2017, Introduction S. 12 f.
80 Vgl. EMCA 2017, Introduction S. 13.
81 Vgl. dazu im Rahmen der Rechtsanwendungsmethodik § 2 Rn. 148.
82 Vgl. EMCA 2017, Introduction S. 12.
83 Vgl. EMCA 2017, Introduction S. 12; die EU Kommission überlegt aktuell (2018) die Definition zu modernisieren.
84 Vgl. Europäische Kommission, Empfehlung der Europäischen Kommission betreffend die Definition der Kleinstunternehmen sowie der kleinen und mittleren Unternehmen, 06.05. 2003, 2003/361/EG, Abl. EG v. 20.5.2003, L 124/36, S. 36 ff.
85 Dazu *Krebs/Jung* DB 2013, Editorial Heft 51/52.
86 Vgl. EMCA 2017, Introduction S. 12.

Auch wenn das Einheitsmodell in Staaten wie Deutschland oder Frankreich derzeit keine Chance haben dürfte, regt es doch zum Nachdenken über das nationale Gesellschaftsrecht und generell die praktischen **Schwächen differenzierter Gesetze** an. So ist es zB eine Eigentümlichkeit des nationalen deutschen Gesellschaftsrechts, dass wichtige Rechtsfragen, die in einer Rechtsform geregelt sind, in der zweiten Rechtsform gesetzlich komplett ungeregelt bleiben können. Man denke nur an das Beschlussmängelrecht[87] und das Konzernrecht,[88] die beide für die GmbH gesetzlich nicht geregelt sind. Es wäre daher für das deutsche Recht schon ein großer Fortschritt, wenn sich der Gesetzgeber und die Rechtsprechung darauf verständigen würden, dass abweichende Regelungen und Interpretationen eine funktionale Begründung haben müssen und eine Nichtregelung eines praktisch relevanten Problems kein Dauerzustand sein darf. Technisch ginge dies zB durch die subsidiäre Anwendbarkeit des Rechts einer anderen Rechtsform. Wie wertvoll und attraktiv die Idee der umfassenden Kodifikation im Gesellschaftsrecht gerade für Investoren ist, zeigt das englische Gesellschaftsrecht mit seinem dem Common Law an sich widersprechenden umfassenden Kodifizierungsansatz, der weit über den Kodifizierungsgrad des deutschen Gesellschaftsrechts hinausgeht. Die Befürwortung des *„one law model"* durch das EMCA sollte daher für nationale Gesetzgeber, die differenzierte Ansätze (Gesellschaftsform bezogene Regelungsansätze) verfolgen, zumindest Grund sein, diese differenzierten Konzeptionen effektiver auszugestalten. Dann könnten auch die unterschiedlichen Konzeptionen (Einheitsgesetz gegen rechtsformspezifische Regelungen) hinsichtlich praktischer Vor- und Nachteile besser verglichen werden. 29

II. Definitionen, allgemeine Regeln und Prinzipien (General Provisions and Principles) Kapitel 1 EMCA

Von europäischen Verordnungen und Richtlinien ist man die sehr weitgehende Verwendung von Definitionen gewohnt. Auch das US-Vorbild MBCA hat bei der Abgrenzung von Begrifflichkeiten einen Schwerpunkt. Mit gerade einmal zehn Definitionen ist das EMCA in sec. 1.02 diesbezüglich sehr sparsam (weitere Definitionen folgen allerdings im Rahmen konkreter Regelungen). Für den europäischen Gesetzgeber sind Definitionen hilfreich, da sonst erst der EuGH (viele) Jahre später für begriffliche Klärung sorgen könnte. Für die nationalen Gesetzgeber wäre es interessant zu erforschen, ob und wenn ja unter welchen Umständen Definitionen auch vor dem Hintergrund des nationalen Rechts entscheidende Vorteile aufweisen, die die Nachteile überwiegen, zB die Gefahr unbeabsichtigt nicht funktionaler Definitionen, die die Erreichung angemessener rechtlicher Ergebnisse erschweren. 30

Die scheinbar harmlose Definition, wonach die **Rechtsfähigkeit mit Eintragung** erlangt wird (sec. 1.04 (1)), scheint sich bei isolierter Betrachtung gegen die Rechtsfähigkeit von Vorgesellschaften zu richten, die aufgrund der Möglichkeit der Nutzung von Vorratsgesellschaften vom EMCA auch nicht als notwendig angesehen wird.[89] In der Tat könnte überlegt werden, ob es des komplexen deutschen Rechts der **Vorgesellschaft** wirklich bedarf, oder ob hier einfachere Modelle aus anderen Rechtsordnungen nicht vorzuziehen wären. Allerdings deutet sec. 3.02 (2) mit einem Firmierungsgebot „in the process of registration" für gegründete, aber noch nicht eingetragene, Unternehmen dann doch auf eine Art **Rechtsfähigkeit** der Vorgesellschaft, deren nähere Ausgestaltung aber nicht geregelt ist. Dem entspricht auch sec. 3.02 (5). Bei nicht rechtzeitiger oder abgelehnter Eintragung und einem Vertrag, der unter der Voraussetzung steht, dass eine eingetragene Gesellschaft Vertragspartei werden soll, wird dem Vertragspartner hier ein Lösungsrecht gewährt. Das bedeutet aber auch, dass der Vertrag mit der Gesellschaft in Gründung doch wirksam sein muss, womit zumindest eine Art Teilrechtsfähigkeit vorliegt. Zugleich wird indirekt erkennbar, dass Verbindlichkeiten automatisch auf die eingetragene Gesellschaft übergehen sollen. Jedoch braucht man dann ein System zur Vorgesellschaft, welches annähernd so komplex wie in Deutschland ist. 31

Anschließend finden sich einige generelle **Prinzipen** im EMCA. Die Tatsache selbst, dass Prinzipien geregelt werden, ist innovativ und zu begrüßen, da Prinzipen, soweit man sie anerkennt, sonst häufig umständlich erschlossen werden müssen oder ausschließlicher von der Rechtsprechung aufgestellt wurden. Im Grundsatz sind die meisten dieser Prinzipien auch dem deutschen Recht vertraut. Fundamental für die meisten europäischen Rechtsordnungen wäre allerdings der Grundsatz der **freien (auch getrennten) Verlegung von Geschäftssitz und Satzungssitz** innerhalb Europas und zwar ohne Unterbrechung der Rechtsfähigkeit (sec. 1.13).[90] Die Rechtsprechung des EuGH geht zwar in diese Richtung, aber bisher doch nicht so weit (dazu § 10). Diese Freizügigkeitsregelung, wäre allerdings hinsichtlich des Grundprinzips wohl doch primär eher in das echte europäische Ge- 32

87 *Fleischer* in: MüKo GmbHG, Bd. 1, 2. Aufl. 2015, Einleitung Rn. 169 f.; *Emmerich* in: Emmerich/Habersack (Hrsg.), Aktien- und GmbH-Konzernrecht, 8. Aufl. 2016, AktG § 293 Rn. 61.

88 *Habersack* in: Emmerich/Habersack (Hrsg.), Aktien- und GmbH-Konzernrecht, 8. Aufl. 2016, Einleitung Rn. 14 f.; *Beurskens* in: Baumbach/Hueck (Hrsg.), GmbhG, 21. Auflage 2017, Anhang Die GmbH im Unternehmensverbund (GmbH-Konzernrecht) Rn. 10 ff.

89 Vgl. EMCA 2017, S. 23, dort allerdings auch mit der unglücklichen Übersetzung des deutschen Bundesgerichtshofs als „Federal High Court".

90 Diesen Ansatz begrüßend *J. Schmidt* ZHR 181 (2017) 43, 50.

sellschaftsrecht als in ein Modellgesetz für nationale europäische Gesellschaftsrechtsregelungen einzufügen. Denn ein europäisches *level playing field* besteht insoweit nur dann, wenn alle Rechtsordnungen parallel laufen.

33 Die genauen Definitionen des EMCA sollen hier nicht Gegenstand sein, obwohl scheinbar unauffällige Formulierungen durchaus **Hebelwirkungen** entfalten können. So kann eine ausdrückliche Unterscheidung einer **duty of care** von einer **duty of loyality** bei der Geschäftsführung (sec. 1.11, nähere Regelungen in sec. 9) ihre inhaltliche Auseinanderentwicklung möglicherweise begünstigen. Ob an die Möglichkeit solcher dynamischer Effekte gedacht wurde, lässt sich den kurzen Kommentaren nicht entnehmen. Gleiches gilt für die Nichtaufnahme einer **Treuepflicht** zwischen den Gesellschaftern unter den Prinzipien, die gerade dadurch betont wird, dass eine Treuepflicht der Geschäftsführer ausdrücklich genannt wird. Auch dass der Minderheitsschutz nur im Gleichbehandlungsgebot (sec. 1.09) und dort auch nur in der Überschrift genannt wird, spricht gegen eine Treuepflicht der Gesellschafter.

34 Die **Zweckbestimmung** für Unternehmen als Wertsteigerung des Unternehmens (*increase its value*) zu definieren (sec. 1.06 (1)), könnte dazu führen, dass angenommen würde, es könne ohne abweichende Satzungsregelung nicht Unternehmenszweck sein, alle Gewinne auszuschütten, weil es dann über die Zeit betrachtet, mangels stehengelassener reinvestierter Gewinne, nicht zu einer Wertsteigerung käme. Dies wäre eine Legitimation für eine nicht vollständige Gewinnausschüttung. Dabei zeigt das EMCA in sec. 7.03, dass es an dieser Stelle sogar eine bloße 10% Minderheit in Bezug auf die Gewinnausschüttung als schutzwürdig ansieht, um ihr wenigstens eine begrenzte Dividende zu sichern (vgl. näher Rn. 49). Auch hier zeigt sich also die Gefahr von generellen Definitionen.[91]

35 Die Statuierung einer **freien Übertragbarkeit**, soweit die Satzung nichts Abweichendes regelt (sec. 1.07), täuscht in gewisser Weise über das Regel-/Ausnahmeverhältnis. Denn die meisten Gesellschaften werden eine solche Satzungsregelung haben. Die konkretisierende Regelung der sec. 5.14 sieht nicht einmal Grenzen für den Ausschluss der Übertragbarkeit vor. Das EMCA steht daher im Ergebnis gerade nicht für die freie Übertragbarkeit der Anteile. Unabhängig davon, dass die unbegrenzte Zulässigkeit von Beschränkungen hätte intensiv diskutiert werden sollen (vgl. näher Rn. 46), sollten nicht eingelöste Programmsätze vermieden werden.

36 Unter dem Titel **Shareholder Democracy** (sec. 1.12) wird die Gesellschafterversammlung als das höchste Organ der Gesellschaft bezeichnet. Diese sprachliche Überhöhung in der Überschrift passt nicht so recht zu einem sonst zu Recht eher nüchternen Entwurf. Inhaltlich werden die Regelungen der Einordnung der Gesellschafterversammlung als höchstes Organ gerecht. In sec. 1.12 (2) ist eine sehr weitgehende **Satzungsfreiheit** enthalten. Dies richtet sich auch gegen die deutsche **Satzungsstrenge**, in der AG, die nicht nur international ein Solitär ist,[92] sondern in ihrer Rigidität in Deutschland häufig kritisch gesehen wird.[93] Gerade bei kapitalmarktorientierten Gesellschaften hat eine zu große Satzungsfreiheit unabhängig von Minimalgrenzen zum Schutze der Gläubiger und Minderheitsgesellschafter allerdings den negativen Effekt, dass Gesellschaftsbeteiligungen weniger gut vergleichbar werden. Dies wiederum widerspricht der **Governance**-Idee (zur Corporate Governance § 33), weshalb der Standardisierungsgedanke für kapitalmarktorientierte Gesellschaften nicht vollständig aufgegeben werden sollte. Das EMCA will allerdings scheinbar die gesellschaftsrechtlichen Besonderheiten für kapitalmarktorientierte Unternehmen nicht regeln, sondern dies dem Kapitalmarktrecht überlassen. Dieser Grundsatz scheint allerdings in der Gruppe nicht unumstritten gewesen zu sein. Denn im achten Titel wird hier durchaus differenziert (vgl. zB sec. 8.04 mit einer Spezialregelung für *traded companies* dazu Rn. 55). Die fehlende Aufnahme der Besonderheiten für börsennotierte Unternehmen im EMCA hätte auch den Nachteil, dass das Einheitsmodell des EMCA etwas von seiner Schlagkraft verlöre.

III. Gesellschaftsgründung Kapitel 2 EMCA

37 Während Simultangründung[94] und Einpersonengründung (sec. 2.02) aus deutscher Sicht (die Einpersonengründung ist allerdings nicht überall gängig vgl. für Frankreich § 13 Rn. 207) nichts Besonderes sind, ist die Trennung zwischen Satzung und ***Instrument of Incorporation*** (sec. 2.03) für deutsche Vorstellungen nicht nur in dieser Ausgestaltung neu, sondern auch rechtfertigungsbedürftig, während es anderen Rechtsordnungen vertraut ist (vgl. für Italien § 14 Rn. 191, 282, für England § 12 Rn. 284). Diese hochformalisierte Gründungsurkunde und zugleich Anmeldeerklärung gibt insbesondere dann Sinn, wenn anders als in Deutschland kein Notar die Gesellschaft auf Basis des notariell beurkundeten Gesellschaftsvertrages anmeldet, sondern die Gesellschafter selbst auf Basis des *Instrument of Incorporation* die noch nicht entstandene Gesellschaft anmelden. Hat man sich dies vor Augen, sieht man, dass auch eine scheinbar unbedeutende Formfrage Folgen für den Grad der Einschaltung von Notaren haben kann.

91 Omnis definitio pericolosa est.
92 *Fleischer* AcP 204 (2004) 502, 517.
93 Daher für Lockerung *Fleischer* AcP 204 (2004) 502, 517; *Spindler* AG 2008, 598 ff.; *Habersack* AG 2009, 1, 6 ff.
94 EMCA 2017, Chapter 2 General Comments S. 36.

Zu Recht ist auch schon hervorgehoben worden,[95] dass das EMCA in sec. 2.03 (6) eine lediglich vierwöchige **Frist** für die Beantragung der Eintragung nach Unterzeichnung des Instrument of Incorporation vorsieht. Das deutsche Gesellschaftsrecht arbeitet generell wenig mit harten oder gar kurzen und harten Fristen, an die erhebliche Rechtsfolgen geknüpft sind.[96] Isolierte Änderungen sind für einen nationalen Gesetzgeber problematisch, weil sie die Einheit der Rechtsordnung leicht sprengen. Solche Vorschläge können aber Grund sein, generell das deutsche Fristen- und Sanktionensystem zu durchdenken. Es stellt sich die Frage, ob es im nationalen Gesellschaftsrecht partiell Effizienzdefizite bei Pflichten gibt, die beseitigt werden sollten. 38

Hinsichtlich des **einzulegenden Kapitals** sollen Privatgesellschaften, anders als in Deutschland, aber entsprechend dem europäischen Trend,[97] völlig frei sein, während für Publikumsgesellschaften 25.000 EUR entsprechend den Vorgaben der ehemaligen Kapitalrichtlinie (jetzt Art. 45 Kodifizierungs-RL) vorgesehen sind. Die Abschaffung des Mindestkapitals für Privatgesellschaften ist sicherlich ein gangbarer Weg. Dennoch ist die Frage zu grundlegend, um so kurz wie bei EMCA behandelt zu werden. Vor allem wäre dies ein Punkt gewesen, sich umfassender mit dem Gläubigerschutz zu befassen. Soll der Gläubigerschutz primär der Eigenverantwortung der Gläubiger obliegen oder soll (auch) auf Transparenz hinsichtlich des ganz aktuell vorhandenen effektiven Eigenkapitals gesetzt werden, oder soll der Schutz über die Überwachung der Zahlungsfähigkeit erfolgen bzw. wie könnte eine ausgewogene Kombination von Schutzmechanismen aussehen. Das Mindestkapital für Publikumsgesellschaften folgt den Mindestanforderungen der Richtlinie. Das ist aber als solches kein inhaltliches Argument. Möglich wäre zwar im Sinne der Förderung des *aquis communautaire* so vorzugehen, dass in jedem Fall fehlender überzeugender Gegenargumente stets das bisherige europäische Gesellschaftsrecht den Vorzug verdient.[98] Doch scheint dies nicht der Ansatz der Gruppe zu sein. Hinsichtlich des Mindestkapitals gibt es entsprechend einem europäischen Trend (vgl. für die französische SA § 13 Rn. 583), keine Sonderbehandlung von börsennotierten Gesellschaften. De facto verlagert man so die Rechtsetzung auf die Börsen, die zumindest indirekt Mindeststandards festlegen. Zwar wird hier üblicher Weise kein Mindestkapital festgelegt. Über Mindestkapitalisierungsregeln in den Börsenstandards wird allerdings de facto auch ein Mindestkapital vorgegeben, welches in der Regel sogar weit über dem gesetzlichen Mindestkapital liegt. Auch das ist gut rechtspolitisch vertretbar, doch ist dies wiederum eine nicht nur hier relevante Grundsatzfrage, die genereller Klärung bedarf (vgl. oben Rn. 36). Angesichts der geringen Bedeutung des Mindesteigenkapitals in diesem Entwurf kann es nicht überraschen, dass es keine generelle Regelung zur verdeckten Sacheinlage gibt (vgl. sec. 2.11 EMCA als generelle Regelung zur Sacheinlage).[99] Aus der bisherigen Kapitalrichtlinie stammt sec. 2.13, wonach für einen Zeitraum von zwei Jahren ab Gründung, Erwerbungen von den Gesellschaftern der Genehmigung der Gesellschafterversammlung bedürfen. Dies ist vor dem bisher genannten Hintergrund als eine Spezialregelung zur verdeckten Finanzierung der Bareinlage, also einer verdeckten Sacheinlage, zu verstehen.[100] Die sich hier stellende weitreichendere Frage der generellen Regelung der *„related party transactions"*, dh Geschäften mit nahestehenden Personen und Unternehmen (vgl. dazu § 30 Rn. 19, 25 f.), wird an dieser Stelle vom EMCA nicht gestellt, obwohl substantielle Geschäfte mit Gesellschaftern immer und nicht nur im Zusammenhang mit der Gesellschaftsgründung erhebliche Risiken aufweisen. 39

IV. Registrierung und Entstehung Kapitel 3 EMCA

Aus deutscher Sicht ist das zwingend **elektronische Eintragungsverfahren** gem. sec. 3.08 in diesem Abschnitt die wichtigste Regelung.[101] Notare werden im Gesetzestext selbst nicht erwähnt und ihre Einschaltung soll nicht Voraussetzung sein.[102] Aus dem Kommentar zu sec. 3.08, aber nicht aus der Norm selbst, geht hervor, dass nationale Regelungen zur Sicherung der Personenidentität und gegen andere Formen von Missbrauch nicht abgelehnt werden.[103] Das in Deutschland gesehene Problem des Erfordernisses notarieller Beratung wird nicht angesprochen und erst recht nicht die ökonomischen Folgen für Notare, falls die Pflichtbeurkundungen im Gesellschaftsrecht (weitgehend) wegfallen würden (zum Parallelproblem der Anteilsübertragung ohne notarielle Beteiligung Rn. 46). Stattdessen wird auf die positiven mehrjährigen Erfahrungen in Dänemark mit rein elektronischen Eintragungsverfahren abgestellt.[104] Die Diskussion in diese Richtung überrascht nicht, da die Europäische Kommission selbst in diese Richtung denkt (vgl. dazu im Rahmen des SUP-Vorschlags § 9 Rn. 56, 72), sowie jetzt den Vorschlag zur Änderung der Richtlinie (EU/2017/1132) im Hinblick auf den Einsatz digitaler 40

95 *J. Schmidt* ZHR 181 (2017) 43, 51.
96 Man denke nur an den immer noch sehr großzügigen Umgang mit der Bilanzpublikation.
97 Vgl. EMCA 2017 comments to sec. 2.07 S. 44.
98 Das war der Vorschlag eines der beiden Initiatoren der EMCA Gruppe *Baums* in: FS von Rosen, 2008, S. 525, 533.
99 Zur Ablehnung innerhalb der EMCA Gruppe *Teichmann* KSzW 2014, 77, 82.
100 EMCA 2017 comments zu sec. 2.13 S. 51.
101 So schon *J. Schmidt* ZHR 181 (2017) 43, 52 f. unter Verweis auch auf die SUP (dazu § 9 Rn. 72).
102 EMCA 2017 general comments zu sec. 3 S. 55 und comments zu sec. 3.08 S. 63.
103 EMCA 2017 comments zu sec. 3.08 S. 63.
104 EMCA 2017 comments zu sec. 3.08 S. 63.

Werkzeuge und Verfahren im Gesellschaftsrecht COM/2018/239 final vom 25.4.2018 und dort insbesondere Art. 13 ff. des Entwurfs.

V. Rechtsformwechsel in eine Kapitalgesellschaft und zwischen Privatgesellschaft und Publikumsgesellschaft Kapitel 4 EMCA

41 Die entsprechenden Regelungen statuieren nur die Möglichkeit dem Grunde nach. Die Änderung einer Publikumsgesellschaft in eine Privatgesellschaft soll eine normale satzungsändernde Mehrheit erfordern. Vor dem Hintergrund, dass dann auch Übertragungsbeschränkungen in der Satzung praktisch unbeschränkt möglich wären, stellt sich die Frage nach dem Schutz der Minderheitsgesellschafter, insbesondere nach einem Anspruch auf Ausscheiden und einer angemessenen Abfindung.

VI. Anteile Kapitel 5 EMCA

42 Für einen Professorenentwurf, der nicht den Status quo festhalten, sondern ein zukunftsorientiertes Recht vorlegen will, ist es überraschend, dass die **Inhaberanteile** zwar kritisch gesehen werden, weil sie den wahren Berechtigten nicht erkennen lassen und kriminelle Verhaltensweisen erleichtern,[105] dann aber unter Berufung auf die Verbreitung und Verankerung der Inhaberaktien in zahlreichen Mitgliedsländern[106] auf eine einschränkende Regelung verzichtet wird (vgl. sec. 5.02 (1) (b)). Die europäische Regelung zur Offenlegung der tatsächlich Berechtigten hat in der EMCA Diskussion wohl noch keine Rolle gespielt. Die Argumentation für die Beibehaltung der Inhaberanteile überzeugt nicht, denn es geht ja nach der selbsterklärten Zielsetzung des EMCA nicht darum, jetzt in der EU generell konsensfähige Regelungen zu finden, sondern Regelungen, die zunächst in einzelnen Mitgliedsstaaten und dann auch realistisch nur teilweise, übernommen werden. Aber vielleicht wurde über diese strategische Ausrichtung des EMCA auch kein klarer Konsens erzielt. Solche strategischen Fragen würden alle in Erwägungsgründe passen, die im EMCA leider bisher nicht als Hilfsmittel genutzt werden.

43 Das EMCA lässt in sec. 5.05 **echte nennwertlose Anteile** zu (*true no par value shares*), die allein über die Gesamtstückzahl den Wert der Beteiligung vermitteln. Diese echten nennwertlosen Anteile funktionieren in den USA. Es gibt Argumente pro und contra einer Zulassung für diese Art Anteile.[107] Bemerkenswert ist, dass die EMCA-Gruppe[108] in nicht überzeugender Weise[109] die Rechtfertigung für diese Kategorie aus der angeblichen Vereinbarkeit mit der Kapitalrichtlinie ziehen möchte. Der bei den Inhaberaktien (vgl. Rn. 42) noch für relevant erklärte Rechtszustand in den meisten Mitgliedsstaaten wird hier als irrelevant angesehen. Dies wirft erneut die Frage nach den Generallinien (vgl. Rn. 6, 39) auf. Möchte das EMCA innovativ auch gegenüber dem bisherigen Status quo sein, dann stellt sich die Frage, ob überhaupt und unter Zugrundelegung welcher Prinzipien vom Stand der europäischen Richtlinien abgewichen werden kann/soll. Auch die grundlegenden Vorstellungen zur Kapitalverfassung wären eine Frage der Generallinien. All dies wären Gegenstände, die in Erwägungsgründen fixiert werden könnten.

44 *Priority Shares* mit aktiven Sonderrechten (zB hinsichtlich der Ernennung der Geschäftsleitung) oder passiven Sonderrechte (Vetorechten) sind gem. sec. 5.06 (5) zulässig. Nicht ausdrücklich angesprochen, aber ebenfalls zulässig sollen Mehrstimmrechte sein, wobei in der Begründung mit der früheren französischen Regelung zum Mehrstimmrecht bei länger gehaltenen Anteilen (*loyality shares*) sympathisiert wird.[110] Zugleich wird in der Begründung dafür argumentiert, dass in Unternehmen, die an der Börse gelistet werden, die Mehrfachstimmrechte begrenzt sein sollten.[111] Aber das EMCA befasse sich nicht mit Sonderregeln für gelistete Unternehmen.[112] Die gelisteten Unternehmen sind ökonomisch aufgrund ihrer Größe zentral für das Kapitalgesellschaftsrecht. Das Problem der *loyality shares* ist außerhalb gelisteter Unternehmen überhaupt schlecht vorstellbar. Daher erscheint eine Regelung im EMCA selbst vorzugswürdig. Hinsichtlich der Beschäftigung mit börsennotierten Gesellschaften sollte die EMCA-Gruppe vielleicht doch noch einmal ihre Grundhaltung überprüfen, wenn sie ihre Ziele erreichen will. Im Übrigen gibt es an späterer Stelle (Rn. 55) durchaus Sonderregeln für börsennotierte Gesellschaften im EMCA.

45 Das **Gesellschaftsregister** muss gem. sec. 5.12 (1) den Behörden für Inspektionen zur Verfügung stehen, wobei dies irgendwo im EU/EWR Raum sein darf. Gleiches gilt für die Gesellschafter und Gesellschaftsorgane (sec.

105 EMCA 2017 General Comments zu sec. 5 S. 77 f.; comments zu sec. 5.02 S. 84.
106 EMCA 2017 comments zu sec. 5.02 S. 84.
107 Vgl. *Weiß*, Aktionärs- und Gläubigerschutz im System der echten nennwertlosen (Stück-) Aktie, 2007, S. 95 ff.
108 EMCA 2017 comments zu sec. 5.05 S. 86 – 89. Die in Relation zu den meisten sonstigen Regelungen überlange Begründung erhöht nicht die Überzeugungskraft, sondern spricht für den festen Willen einzelner auch gegen Widerstand, eine solche Regelung in der Gruppe durchzusetzen.
109 Dazu näher *J. Schmidt* ZHR 181 (2017) 43, 54 – 56; den Ansatz verteidigend *De Wulf* ECFR 2016, 215, 244 ff.
110 EMCA 2017 comments zu sec. 5.06 S. 91.
111 EMCA 2017 comments zu sec. 5.06 S. 91.
112 EMCA 2017 comments zu sec. 5.06 S. 91 „But EMCA does not deal with rules specific to listed companies".

5.12 (2)). Auf einen gutgläubigen Erwerb ist diese Regelung zumindest außerhalb von Inhaberaktien nicht eingerichtet. Dies wird jedoch nicht diskutiert. Merkwürdiger ist, dass der Zugang nur zur Inspektion zulässig sein muss und daher und wegen der Führung im (EU)Ausland und des fehlenden Anspruches auf unmittelbaren elektronischem Zugang das Ganze doch sehr missbrauchsanfällig erscheint. Dass der Kommentar zum EMCA meint, dies sei mit der 4. Geldwäscherichtlinie vereinbar,[113] erstaunt.

Für die **Anteilsübertragung** ist gem. sec. 5.13 keine besondere Form vorgeschrieben, insbesondere bedarf es nicht wie in Deutschland der Beteiligung von Notaren.[114] Dies ist aus bisheriger deutscher Sicht nicht unproblematisch.[115] Das EMCA bemüht sich hinsichtlich der Wirksamkeit der Übertragung um Rechtssicherheit. Für die praktisch wichtigen Fälle des Anteilsregisters wird dies aber dadurch ausgehöhlt, dass gem. sec. 5.13 (4) auch eine Anerkennung durch die Geschäftsführung zur Wirksamkeit führen soll. In Fällen, in denen die Besetzung der Geschäftsführung streitig und ungewiss ist, führt diese Ausnahme zu unnötiger Rechtsunsicherheit. Dass die Satzung gem. Sec. 5.14 ohne erkennbare Grenze im EMCA die Anteilsübertragung für alle Kapitalgesellschaften unter allen Umständen, einschließlich Tod, ausschließen kann, überrascht. Angesichts dieser weitreichenden Beschränkung und dem tiefen Einschnitt in marktwirtschaftliche Optimierungsmechanismen hätte man zumindest erwarten können, dass eine solch einschneidende Regelung unter ökonomischen Effizienzgesichtspunkten, aber auch unter Freiheitsgesichtspunkten diskutiert wird. Den EMCA-Verfassern ist dabei bewusst, dass dies für börsennotierte Gesellschaften nicht funktionieren kann. Sie gehen jedoch davon aus, dass dies die Kapitalmarktregelungen für den dortigen Bereich gesondert festsetzen werden.[116] Abgesehen davon, dass es nicht überzeugt, und zwar insbesondere nicht für ein Einheitsgesetz, wenn zentrale gesellschaftsrechtliche Besonderheiten der größten und wichtigsten Gesellschaften sich nicht im Gesellschaftsrecht, sondern im Kapitalmarktrecht finden, drohen inhaltliche Probleme. Dem Kapitalmarktrecht würde die freie Übertragbarkeit während der Notierung an der Börse reichen. Dann könnte es aber passieren, dass Minderheitsgesellschafter nach einem Delisting gänzlich ohne freie Veräußerungsmöglichkeit dastehen würden. Eine Regelung wie in Frankreich (vgl. § 13 Rn. 703) mit einem Übertragungsverbot nur für maximal 10 Jahre und nur in begründeten Fällen, könnte vorzugswürdig sein. 46

VII. Finanzierung Kapitel 6 EMCA

Anders als in anderen Abschnitten gibt es bei der Finanzierung eine klare Leitidee. Die Gesellschaften sollen die **größtmögliche Finanzierungsfreiheit** bekommen.[117] Wiederum gilt, dass eine solche Generallinie Teil von Erwägungsgründen sein sollte. Die im Zusammenhang mit der größtmöglichen Finanzierungsfreiheit bestehenden Möglichkeiten, Minderheitsgesellschafter oder Gläubiger zu gefährden, sind nicht erkennbar Inhalt der Diskussionen gewesen. Die Bezugsrechte der Altgesellschafter sind daher konsequent und wohl auch entsprechend dem, was in Europa üblich ist, sehr schwach ausgestaltet (vgl. sec. 6.07). Sie bestehen daher nicht bei einer nichtmonetären Gegenleistung und können auch, wo sie bestehen, mit satzungsändernder Mehrheit (hier aber immerhin mindestens mit 2/3 Mehrheit) aufgehoben werden. Die Grundlinie größtmöglicher Finanzierungsfreiheit entspricht auch sec. 6.16, der gestattet, Dritten für Werk- oder Dienstleistungen, wirtschaftliche Rechte oder Verwaltungsrechte (administrativ rights) zu verleihen. Wo unter diesen Umständen die (materielle) Grenze zwischen Gesellschafterstellung und Drittbeteiligung verläuft und warum dann Werk- und Dienstleistungen nicht auch bei Gesellschaftern zulässig sind, ist nicht erkennbar. 47

VIII. Gesellschaftskapital Kapitel 7 EMCA

Für die Zulässigkeit einer Ausschüttung, die von sec. 7.01 recht aufwändig definiert wird,[118] wird kumulativ sowohl ein **Bilanztest** (sec. 7.02 (2)) als auch ein **Solvenztest** (Zahlungsfähigkeitstest) (sec. 7.02 (3)) verlangt. Das wurde zwar auch für die SPE diskutiert (vgl. § 5 Rn. 211 ff., 216 ff.), ist aber dennoch aufwändig. Ähnlich wie bei der Vorbildregelung des § 6.40 (c) (1) MBCA stellt sich die Frage, für welchen Zeitraum die präventive Solvenzvorschau gelten[119] und welcher Wahrscheinlichkeitsmaßstab angelegt werden soll. Beide Aspekte hängen zusammen, weil für wenige Wochen bis einige Monate im Regelfall zuverlässige Planrechnungen möglich sind und danach die Abschätzungen immer gröber und unzuverlässiger werden. Auch hier kann es aber sicher fällig werdende Großforderungen geben, für die eine Umschuldungsmöglichkeit unwahrscheinlich ist und die daher vorhersehbar bei normalem Geschäftsverlauf zu einer Zahlungsunfähigkeit führen. Gerade wenn eine US-Regelung übernommen werden soll, hätte es nahegelegen, sich mit der praktischen Bewährung dieser Regelung in den USA zu beschäftigen. Dazu ist in der Kommentierung zumindest nichts vermerkt. 48

113 EMCA 2017 comments zu sec. 5.12 S. 98.
114 EMCA 2017 comments zu sec. 5.13 S. 99.
115 *J. Schmidt* ZHR 181(2017) 43, 57 f.; vgl. auch oben Rn. 40.
116 EMCA 2017 comments zu sec. 5.14 S. 101.
117 EMCA 2017 General Comments zu sec. 6 S. 108.
118 Vgl. dazu EMCA 2017 Comments zu sec. 7.01 S. 126 f.
119 Kritisch hier auch *J. Schmidt* ZHR 181 (2017) 43, 59.

49 Nicht ausschüttungsfähige **Pflichtreserven** sind nicht vorgesehen. Der Begriff der ausschüttungsfähigen Reserven (*distributable reserves*) könnte, wenn er auch in das Bilanzrecht Eingang finden würde, Begehrlichkeiten wecken. Die **Dividendenberechtigung** ist einer der wenigen Bereiche, in denen nicht nur verfahrenstechnische, sondern auch materielle Minderheitenschutzrechte verankert sind. Verhindert werden soll die Dividendenaushungerung.[120] Gesellschafter, die mindestens zehn Prozent der Anteile repräsentieren, können grundsätzlich zumindest die Ausschüttung der Hälfte der ausschüttungsfähigen Gewinne des Vorjahres verlangen, soweit dieser Betrag nicht mehr als zehn Prozent der Reserven beträgt (sec. 7.03 (2)). Ob dieser Anspruch auf maximal die Hälfte der Erträge angesichts des nach dem EMCA möglichen kompletten Ausschlusses der Übertragbarkeit der Anteile und den Möglichkeiten, bilanzielle Bewertungsspielräume zu nutzen, hinreichend effektiv ist, ein Aushungern zu verhindern, ist zu bezweifeln.

50 Die Übernahme der Regelungen aus Dänemark und Schweden zu **Unternehmensspenden/Geschenken** in sec. 7.06 EMCA betrifft nicht den Kern des wirtschaftlichen Problems, da diese Verträge meist als Sponsoring und nicht als gegenleistungslose Schenkung ausgestaltet sind, wobei das Problem darin besteht, dass der Sponsoring Gegenwert für das Unternehmen häufig sehr klein ist. Für echte Schenkungen über kleine Beträge wiederum ist die Regelung zu bürokratisch, weil ein Beschluss der Gesellschafterversammlung verlangt wird.

51 Der Erwerb eigener Anteile wird vom EMCA in sec. 7.07 ff. zwar in 13 Artikeln behandelt. Diese Artikel gehen jedoch nicht wie in Deutschland (§ 71 AktG) von einem enumerativen Erlaubnistatbestand, sondern nur von einem aufgrund Risiken zu regulierenden Tatbestand aus.

52 Bei der Übernahme der Regelungen zu den ***financial assistances*** aus ex-Art. 25 f. Kapitalrichtlinie (jetzt Art. 59 f. Kodifizierungs-RL) in sec. 7.18 ff. EMCA entscheidet sich die EMCA gegen ihre Überzeugung auf Basis des **europäischen Standards.** Dies wirft wiederum die Frage nach der Generallinie in Bezug auf den Status quo auf (vgl. oben Rn. 6, 42). Wenn ein Entwurf Reformen anstoßen will, warum sollte er sich strikt an die aktuellen europäischen Normen halten? Besser wäre vielleicht, sich selbst eine erhöhte **Begründungslast**[121] für ein Abweichen von einer bisherigen europäischen Regel aufzuerlegen.

53 Die **Kapitalherabsetzung** folgt im EMCA im Wesentlichen den Regeln der Art. 34 ff. Kapitalrichtlinie. Die aus dem dänischen Recht übernommene genehmigte Kapitalherabsetzung als Vorratsbeschluss gem. sec. 7.27 bietet der Mehrheit Manipulationsmöglichkeiten, ohne dass es dafür ein generelles praktisches Bedürfnis gäbe.[122]

IX. Leitungsverfassung der Gesellschaft Kapitel 8 EMCA

54 Die Frage **dualistische** oder **monistische Leitungsverfassung** oder Mischsystem wird im Sinne einer freien Wählbarkeit beantwortet (sec. 8.01 (2)). Das entspricht dem Stand auf europäischer Ebene (dazu allgemein § 3 Rn. 160). Hinsichtlich der umstrittenen, **unabhängigen Board Mitglieder** bietet sec. 8.02 EMCA nur die bloße Zulässigkeit einer solchen Regelung in der Satzung an. Diese Zurückhaltung ist nicht mutig und für börsennotierte Unternehmen auch nicht überzeugend (zu dem Aspekt vgl. auch § 33 Rn. 60). Auch in der Frage der juristischen Personen als Board Mitglieder bleibt es bei einem „sollte nicht", mit einer Erlaubnis zur abweichenden nationalen Regelung (sec. 8.18). Diese **Regelungstechnik** der zulässigen nationalen Ausnahme mag für Richtlinien und Verordnungen notwendig sein, ist der Idee des EMCA jedoch nicht angemessen. Denn das EMCA basiert doch ohnehin nur auf der Modellidee, weshalb nationale Gesetzgeber nur etwas übernehmen werden, was ihnen gefällt. Daher wäre eine klarere Positionierung wünschenswert. Ähnlich ist der Vorschlag zur Mitbestimmung in sec. 8.31 zu bewerten, der letztlich nur darauf hinausläuft, nationales Recht anzuwenden. Man hat das Gefühl, die EMCA-Verfasser hätten doch lieber eine allgemeineuropäische Regelung mit Geltung für die EU entwerfen sollen, denn dort können Verweise ins nationale Recht genutzt werden. Bei einem Modellgesetz, dass die einzelnen Nationalstaaten ganz oder teilweise übernehmen sollen, macht ein solcher Verweis keinen Sinn.

55 Wirklich bemerkenswert sind die Regelungen in sec. 8.03 (3) und sec. 8.04, und zwar weil sie ausdrücklich **Sonderregeln** für „*traded companies*" enthalten, während das EMCA sonst dem Kapitalmarktrecht zu vertrauen scheint und auf eigene Regeln verzichtet (vgl. Rn. 44). Die an dieser Stelle gewählte Regelungstechnik der ausdrücklichen Sonderregeln für börsennotierte Gesellschaften im EMCA selbst ist vorzugswürdig. Der Inhalt (Trennung von geschäftsführenden und nicht-geschäftsführenden Board Mitgliedern und klarer Unterscheidung zwischen CEO und dem Chairman des Board) entspricht auch einem Trend, auch wenn sich Letzteres im angloamerikanischen Raum in den letzten Jahren erst langsam praktisch durchsetzt.

56 Dass sec. 8.13 (2) EMCA auch für das dualistische System die **freie Abberufbarkeit** der **Vorstandsmitglieder** vorsieht, wäre eine einschneidende Änderung gegenüber dem deutschen Recht, entspricht aber dem Kapitalgesellschaftsrecht zB in Frankreich.

57 In diesem wie in anderen Bereichen fällt der beachtliche **Spielraum** auf, den die **Satzungen** nach dem EMCA haben sollen. Anders als in Deutschland für die Aktiengesellschaft (§ 23 Abs. 5 AktG) gibt es keine Satzungs-

120 EMCA 2017 Comments zu sec. 7.03 S. 132.
121 Zu diesem methodischen Institut näher *Krebs* AcP 195 (1995) 171, 171 ff.
122 Tendenziell positive Bewertung hingegen bei *J. Schmidt* ZHR 181 (2017) 43, 62.

strenge, obwohl auch im EMCA der Satzungsspielraum häufig ausdrücklich festgelegt ist. Dieser erhöhte Spielraum passt nicht nur zur Zusammenfassung aller Formen von Kapitalgesellschaften (geschlossene und offene), sondern auch zum ausdrücklichen Bekenntnis der EMCA Einleitung zur Flexibilität.[123] Aus Sicht von Kapitalanlegern bei börsennotierten Gesellschaften stellt sich die Frage, ob die Variationsbreite so groß ist, dass er die informierte Anlegerentscheidung erschwert, oder ob diese Unterschiede für Anleger letztlich doch unerheblich sind. Sollte man Letzteres bejahen können, wäre auch in Deutschland über eine Liberalisierung der Satzungsfreiheit im Aktienrecht nachzudenken.

Im Vergütungsbereich ist zwar ein **say on pay** vorgesehen (sec. 8.22 (4)), aber letztlich bleiben die Regelungen sogar hinter den Regelungen der geänderten Aktionärsrechte-Richtlinie zurück (s. dazu § 30 Rn. 70). So fehlt zB die Pflicht für einen Vergütungsbericht. Auch das war zum Zeitpunkt der Abfassung rechtspolitisch ohne Weiteres vertretbar, doch hätte man sich in den Begründungen eine intensivere Diskussion gewünscht. Jetzt nach Änderung der Aktionärsrechte-Richtlinie bedarf das EMCA hier jedoch der Anpassung. 58

X. Pflichten der Direktoren Kapitel 9 EMCA

Die Pflichten der Direktoren[124] gelten gem. sec. 9.01 (2) auch für *de facto directors* und *shadow directors*, wobei die letztere Kategorie so eng definiert wird, dass sie dem deutschen faktischen Geschäftsführer entsprechen dürfte. Dass die Pflichten gem. sec. 9.01 (1) gegenüber der Gesellschaft bestehen, ist an sich selbstverständlich, enthält aber auch die mittelbare Aussage, dass die Pflichten nicht gegenüber Gesellschaftern oder Gläubigern bestehen. Daraus ergeben sich Konsequenzen für Konzerngestaltungen, da eben nicht das Interesse der Muttergesellschaft zu berücksichtigen ist. Obwohl auch die Haftungsregelung des sec. 10.01 nichts anderes sagt, spricht der Kommentar zur Haftungsregelung[125] von Regelungen zum Schutze der Gläubiger. Gemeint sind die Regeln zum Schutze des Eigenkapitals und die Fälle des *wrongful trading*.[126] Es erfolgt in sec. 9.02 zu sec. 9.03 eine klare Trennung zwischen Sorgfaltspflicht (*duty of care*) und Loyalitätspflicht (*duty of loyality*). Von einer Legalitätspflicht ist nicht die Rede, obwohl die Problematik nützlicher Rechtsverstöße im Interesse des Unternehmens durchaus praktisch relevant ist. Der Ausschluss der Vergütung von Dritten ohne Zustimmung der Gesellschafterversammlung oder der unabhängigen Direktoren oder bei fehlendem potenziellen Interessenkonflikt spricht die Konzernproblematik nicht an, obwohl es Fälle gibt, in denen die Muttergesellschaft die Vergütung des Direktors der Tochtergesellschaft bezahlt. Bemerkenswert ist, dass die Interessenkonflikte und der Umgang mit ihnen ausdrücklich und umfangreich in sec. 9.05 – 9.09 geregelt sind.[127] 59

XI. Haftung der Direktoren Kapitel 10 EMCA

Ein kurzer, aber für die Funktionsfähigkeit der Kapitalgesellschaften wichtiger Abschnitt, beschäftigt sich mit der Haftung der Direktoren.[128] Sec. 10.01 ordnet eine gesamtschuldnerische (sec. 10.02) Verschuldenshaftung an und bezieht sich sowohl auf objektive Sorgfaltsanforderungen als auch auf die Pflicht zum Einsatz der besonderen persönlichen Fähigkeiten (sec. 9.03 (a), (b)), die bei den Pflichten neben einander gestellt werden. Die Haftungsregelung bezieht sich nur auf die Haftung gegenüber der Gesellschaft (sec. 10.01 (1)). Dies schließt aber nicht aus, dass es Spezialregelungen zugunsten der Gläubiger gibt.[129] Die Direktoren haften nicht, wenn ihre Handlung auf einem rechtmäßigen Beschluss der Hauptversammlung beruht, während ein Aufsichtsratsbeschluss nicht entlastet (sec. 10.01 (5)). Sec. 10.01 (3) enthält eine ***Business Judgement Rule***. Die Formulierung schließt dabei Fälle eines Interessenkonflikts aus und ist auch sprachlich so eng gefasst, dass die Regelung nicht für die Einhaltung rechtlicher Vorgaben gelten dürfte. Privilegiert sind danach die informierten, im Zeitpunkt der Entscheidung vernünftig erscheinenden, rein unternehmerischen Entscheidungen. Immerhin, dieser Bereich wird auch durch eine Beweislastregel unterstützt (sec. 10.01 (4)). Schadensersatzansprüche gegen die Direktoren verjähren innerhalb von drei Jahren, wobei die Kürze der Regelung auf einen Ausschluss der Haftung auch für den Fall deutet, dass der Schaden erst später entsteht. Dies sind jedoch typische Unklarheiten, die letztlich darüber entscheiden, ob die Haftung relevant ist oder nicht. Solche Fragen legen einen deutlich höheren Detaillierungsgrad nahe als ihn das EMCA aktuell aufweist. Die *Wrongful Trading*-Regelung des sec. 10.04 ist in dieser Hinsicht ebenfalls präzisierungsbedürftig. Sie spricht nicht einmal an, dass hier an eine Haftung gegenüber den Gläubigern gedacht wird[130] oder wie weit diese gehen soll. 60

123 EMCA 2017 introduction S. 4.
124 Dazu *Antunes/Fuentes* ECFR 2016, 269, 269 ff.
125 EMCA 2017 Comments zu sec. 10.01 S. 215.
126 EMCA 2017 Comments zu sec. 10.01 S. 215.
127 Dazu *Antunes/Naharro* ECFR 2016, 269, 273 ff.
128 Näher *Kalss* ECFR 2016, 324, 324 ff.
129 EMCA 2017 Comments zu sec. 10.01 S. 215.
130 EMCA 2017 Comments zu sec. 10.01 S. 215; die Comments zu sec. 10.04 befassen sich nicht mit der inhaltlichen Konkretisierung.

XII. Gesellschafterversammlung und Minderheitenschutz Kapitel 11 EMCA

61 Das EMCA hat sich in sec. 11.01 (4) für Privatgesellschaften wie die GmbH für ein umfassendes **Weisungsrecht** der Gesellschafterversammlung wie in Deutschland entschieden. Dies ist im europäischen Vergleich keinesfalls selbstverständlich und wird auch nicht begründet. Diese Norm ist auch für das Weisungsrecht in Publikumsgesellschaften deutschrechtslastig. Deutlich wird dies auch daran, dass bei dieser Norm in den Comments ausschließlich deutsche Normen zitiert werden. Da nicht gleichzeitig begründet wird, warum das deutsche Recht an dieser Stelle den anderen Rechtsordnungen überlegen sein soll, könnte der ungünstige Eindruck entstehen, dass die Zusammensetzung der jeweiligen Unterarbeitsgruppe zentralen Einfluss auf die Inhalte der Abschnitte hat, gerade weil diese insgesamt nicht ganz homogen sind.

62 Die Verfahrensvorschriften sollen außerhalb von an der Börse gehandelten Gesellschaften dispositiv sein (sec. 11.02). Der Versammlungsort kann durch die Satzung bestimmt werden (auch international), ist sonst aber am Verwaltungssitz des Unternehmens (sec. 11.04). Das Gleiche gilt auch für die Sprache der Dokumente und der Versammlung (sec. 11.20). Letztere Regelung ist ohne Eingrenzung auf Sprachen, die vom Großteil der Aktionäre verstanden werden, missbrauchsanfällig.[131] **Stimmrechtsvertretung** ist zulässig (sec. 11.07). Proxy Advisor werden jedoch als noch nicht regelungsbedürftig/regelungsfähig angesehen (zur Thematik gem. der überarbeiteten Aktionärsrechte-RL s. § 30 Rn. 348).[132] Generell zulässig sollen bis zu zwei Berater pro Gesellschafter bzw. Vertreter sein (sec. 11.08). Diese Regelung ist nur dann praktisch, wenn sie kaum einer nutzt. Stellte man sich zB eine Privatgesellschaft mit sechs Gesellschaftern vor und jeder würde zwei Berater mitbringen, so würde aus einer gut überschaubaren Sitzung eine schon von der Gruppendynamik ganz andere Gruppe. **Elektronische Gesellschafterversammlungen** sollen entsprechend den generellen Überlegungen der EU-Kommission[133] zulässig sein (sec. 11.05). Die Satzung kann die Gesellschafterversammlung auch ausschließlich in elektronischer Form zulassen (sec. 11.05 (2)). Das ist sicherlich zukunftsgerichtet.[134] Doch hätte man überlegen können, welche Anforderungen an eine vollwertige digitale Gesellschafterversammlung zu stellen sind, denn die Praxis braucht exakte Zulässigkeitsvoraussetzungen. Die **Stimmrechtsbeschränkungen** in sec. 11.11 beziehen sich nur auf Haftungsfälle. Da es deutlich mehr Interessenkonflikte gibt, ist diese Beschränkung nicht überzeugend. Die Aufzeichnungen zur Gesellschafterversammlung betreffen primär die Beschlüsse, kann durch Satzung auf Kurzfassungen der Diskussion erweitert werden. Das bedeutet aber, dass für (falsche) Informationen durch die Geschäftsleitung kein Protokollierungsanspruch besteht.

63 Die **satzungsändernde Mehrheit** liegt bei Zweidrittel, wobei sec. 11.29 diese Mehrheit sowohl hinsichtlich des repräsentierten Kapitals als auch der abgegebenen Stimmen verlangt. Ansonsten reicht die einfache Mehrheit (sec. 11.26). Einzelheiten wie geheime Abstimmung werden zwar teilweise in den Kommentaren angesprochen,[135] jedoch nicht geregelt.

64 Das EMCA unterscheidet gem. sec. 11.28 bei **Beschlussmängeln** wie in Deutschland zwischen anfechtbar und nichtig. Die Regelungen sind knapp und unbestimmt (*serious failure* als Voraussetzung der Nichtigkeit), weshalb es eine ganze Reihe gerichtlicher Entscheidungen bedürfte, um wenigstens ein grobes Gefühl für die Handhabung zu bekommen, weshalb die Übernahme einer solchen Regelung nicht empfehlenswert erscheint. Dies ändert im Übrigen nichts daran, dass für das komplexe deutsche Beschlussmängelrecht ebenfalls ein Reformbedarf besteht.[136] Die inhaltliche Minderheitenschutzregelung des sec. 11.31 bei Beschlüssen, die offenkundig einen ungerechtfertigten Vorteil Gesellschaftern oder Dritten verschaffen, ist bei halbwegs geschickten Beschlüssen wirkungslos, weil es an der Offenkundigkeit mangeln wird.[137]

65 Die **Gesellschafterhaftung** für Vorsatz und grobe Fahrlässigkeit gem. sec. 11.36 wirkt auf den ersten Blick bedrohlich, zumal sie sogar Unterlassungen erfassen soll. Anders als bei den Direktoren, fehlt es aber für die Gesellschafterhaftungen an der Pflichtenkonkretisierung. Erst im Zusammenhang mit den Pflichten entscheidet sich die Reichweite dieser Haftung.[138] Sollte sich die Haftung auf jedes Abstimmungsverhalten beziehen, wäre sie allerdings unzumutbar und abzulehnen. Dies gilt umso mehr, als hier kein Verweis auf die *Business Judgement Rule* existiert, obwohl die Gesellschafterversammlung in Privatgesellschaften gerade hier in ökonomisch riskanten Fragen Weisungen erteilen kann.

---

131 Positiver sieht *J. Schmidt* ZHR 181 (2017) 43, 71 die Regelung.
132 EMCA 2017 Comments zu sec. 11.04 S. 231.
133 Vgl. Art. 8 der Richtlinie 2007/36/EG des Europäischen Parlaments und des Rates vom 11. Juli 2007 über die Ausübung bestimmter Rechte von Aktionären in börsennotierten Gesellschaften, Abl. EG v. 14.7.2007, L 184/17 (im Folgenden Aktionärsrechte-RL).
134 Nachdrücklich begrüßt von *J. Schmidt* ZHR 181 (2017) 43, 72.
135 EMCA 2017 Comments zu sec. 11.26 S. 246; das Beschlussmängelrecht ist daher auch Thema auf dem Deutschen Juristentag 2018.
136 *J. Schmidt* ZHR 181 (2017) 43, 73.
137 Positiver *J. Schmidt* ZHR 181 (2017) 43, 74.
138 Als etwas befremdlich findet *J. Schmidt* ZHR 181 (2017) 43, 74 diese Haftung.

Sowohl für die Gesellschafterhaftung als auch für die Direktorenhaftung ist ein Beschluss der Gesellschafterversammlung erforderlich (sec. 11.38 (1). Ein Beschluss, Ansprüche nicht geltend zu machen, bindet Folgeversammlungen nicht (sec. 11.38 (2)). Minderheitsgesellschafter mit insgesamt mindestens 10% des Kapitals können bei einem Beschluss der Gesellschafterversammlung keine Haftungsklage erheben, selbst im Namen der Gesellschaft klagen und bekommen im Erfolgsfall ihre Kosten erstattet (sec. 11.39). Da die klagenden Minderheitsgesellschafter somit das Kostenrisiko tragen, während sie am Klageerfolg nur mittelbar und anteilig entsprechend dem Umfang ihrer Gesellschafterbeteiligung partizipieren, ist das Klagerecht für Minderheitsgesellschafter nicht attraktiv ausgestaltet.[139] 66

XIII. Rechnungslegung und Abschlussprüfung Kapitel 12 EMCA[140]

Das Bilanzrecht wird auch vom EMCA als eigenständig und damit außerhalb des Kernkapitalgesellschaftsrechts stehend angesehen. Dementsprechend will das EMCA nur einige organisatorische Grundregeln mit Bezug zum (Kern-)Gesellschaftsrecht aufstellen.[141] Diese Grenze wird allerdings überschritten, wenn Sanktionen seitens des Handelsregisters wegen Nichteinreichung der Bilanz auf einer täglichen und wöchentlichen Basis angeordnet werden (sec. 12.02 (2)). Denn diese Sanktionen werden bisher dem nationalen Recht überlassen. Erfahrungen mit Staaten wie Deutschland, die zum Schutz des Mittelstandes mit Sanktionen sehr zurückhaltend sind, mögen diese Regelung veranlasst haben. Entsprechend dem Klagerecht einer qualifizierten Minderheit von mindestens 10%, gibt es auch ein Recht, die Bestellung eines ergänzenden **Minderheitsprüfers** als weiterer Prüfer im Rahmen der ohnehin durchzuführenden Prüfung zu verlangen (sec. 12.04). Nur aus den Kommentaren ergibt sich, dass der Minderheitsgesellschafter auch ein Vorschlagsrecht hinsichtlich dieser Person hat und der Registerrichter und nicht die Gesellschafterversammlung darüber entscheiden soll.[142] Dass der Prüfer innerhalb einer Unternehmensgruppe grundsätzlich der Gleiche sein soll (sec. 12.05), hat praktische Vorteile, ist aus Sicht von Minderheitsgesellschaftern aber zweischneidig, da sich der Prüfer dem Gesamtkonzern und der Konzernspitze verpflichtet fühlen wird. Ein ***Audit Committee*** ist nur für *Companies of Public Interest* (Unternehmen mit öffentlicher Bedeutung) vorgeschrieben (sec. 12.06), wobei das *Audit Committee* aber nicht verselbstständigt sein muss und damit den gesamten Board/den gesamten Aufsichtsrecht umfassen darf. Die Haftungsregelung des sec. 12.12 geht sehr weit. Sowohl die Mitglieder der Geschäftsführung als auch die sonstigen Board Mitglieder bzw. Aufsichtsratsmitglieder, aber auch das Wirtschaftsprüfungsunternehmen und der handelnde Wirtschaftsprüfer haften auf deliktischer Basis für vorsätzliche oder fahrlässige **Pflichtverletzungen** in diesem Bereich, und zwar auch gegenüber Gesellschaftern und Dritten. 67

XIV. Restrukturierung Kapitel 13 EMCA

Die Restrukturierung ist das mit 79 sections längste Kapitel des EMCA.[143] Hinsichtlich **Übernahmen**, deren Schwerpunkt kapitalmarktrechtlich ist, wird nur die Neutralität des Board vorgeschrieben (sec. 13.01). Eine Neuerung für die meisten Länder wäre die Einführung eines ***Scheme of Arrangement***, einer Art Restrukturierungsvergleich unter Mitwirkung des Richters, der sowohl mit Gläubigern zu Sanierungszwecken als auch für Zusammenschlüsse genutzt werden kann. Während andere Länder ein solches Instrument, dass der klassischen Insolvenz zeitlich vorverlagert ist, schon lange haben, wird dies für Deutschland erst diskutiert. Bemerkenswert ist nicht nur die aktive Rolle des Gerichts (sec. 13.04), sondern die in Übereinstimmung mit anderen satzungsändernden Beschlüssen verhältnismäßig niedrige Mehrheitshürde von Zweidrittel (sec. 13.03 (3)). Da dieses aus England stammende Instrument schon bisher auch von nichtenglischen Unternehmen mit einer hinreichenden Verbindung nach England genutzt werden konnte und wurde, handelt es sich aus deutscher Sicht um eine sehr interessante Idee, der aber in Deutschland bisher Minderheitsschutzaspekte entgegenstehen. 68

Im Weiteren enthält das Kapitel den Rechtsrahmen für nationale Verschmelzungen (sec. 13.05 ff.), grenzüberschreitende Verschmelzungen (sec. 13.21 ff.), für den grenzüberschreitenden Formwechsel (sec. 13.36 ff.), nationale Spaltungen (sec. 13.51 ff.) und grenzüberschreitende Spaltungen (sec. 13.65 ff.). Ob ein Modellgesetz, welches sich primär an die nationalen Gesetzgeber richten würde, für grenzüberschreitende Umwandlungen wirklich der richtige Weg wäre, ist zweifelhaft. Man merkt dem EMCA hier an, dass es sich in weiten Bereichen lieber an den europäischen Gesetzgeber richten würde oder indirekt sogar richtet und von diesem übernommen werden möchte. Vor Kurzem hat nunmehr die EU einen umfassenden Richtlinienvorschlag zur grenzüberschrei- 69

139 Für Überlegungen zur effektiven Ausgestaltung der Minderheitenklagerechte im Rahmen des EMCA *Kalss* ECFR 2016, 324, 339 ff.

140 Zu diesem Abschnitt *Hommelhoff* ECFR 2016, 254 ff.

141 EMCA 2017 General Comments zu Chapter 12 S. 258.

142 EMCA 2017 Comments zu sec. 12.04 S. 261.

143 Vgl. dazu *Patarkyová/Gramblicková* ECFR 2016, 322, 322 ff.

tenden Umwandlung in allen ihrem Formen vorgelegt.[144] Es wäre interessant dem Einfluss des EMCA neu nachzugehen.

XV. Auflösung und Liquidation Kapitel 14 EMCA

70 Das EMCA beschäftigt sich in 19 sections mit der Auflösung und der Liquidation. Die Insolvenz wird vom EMCA bewusst ausgeklammert,[145] obwohl zB das im EMCA geregelte *Scheme of Arrangement* (sec. 13.04) häufig ein Vorstadium zur Insolvenz betrifft. Vom Umfang und der Eigenständigkeit eignet sich das Insolvenzrecht als Ganzes aber nicht zur Einordnung in das Gesellschaftsrecht, weshalb der Entscheidung des EMCA zuzustimmen ist.[146] Neben den üblichen Auflösungsgründen (sec. 14.02, 14.03, 14.04) ist einerseits die Möglichkeit der Erzwingung der Auflösung der Gesellschaft bei Paralysierung der Organe (sec. 14.05 (1)) und andererseits die Auflösung wegen Betrugs gegenüber den Minderheitsgesellschaftern (sec. 11.33) zu nennen, die hier weitreichendere Folgen enthalten, als sie zB das deutsche Recht vorsieht. Als Generallinie bemüht sich das EMCA um eine schnelle effektive Liquidation (sec. 14.13 (2) von möglichst unter einem Jahr, mit entsprechenden Regeln, wenn dieses eine Jahr (sec. 14.15 (2) oder gar drei Jahre (sec. 14.16 (1) überschritten werden. Diese Betonung der Schnelligkeit ist im Prinzip überzeugend, auch wenn es Bereiche wie Banken[147] gibt, in denen die Liquidation oder die Insolvenz auch im Interesse der Gläubiger weitaus länger dauern.

XVI. Unternehmensgruppen Kapitel 15

71 Die Regelungsvorschläge zu den Unternehmensgruppen sind schon deshalb sehr interessant, weil es sich um ein inhaltlich und dogmatisch sehr bedeutendes Thema handelt, für welches trotz intensiver Überlegungen noch keine allgemein überzeugende Lösung gefunden wurde.[148] Hier bestehen daher besondere Chancen für das EMCA, Impulsgeber für die weitere Entwicklung zu werden (vgl. § 35 Rn. 3 ff.).[149]

72 Das EMCA geht von der grundsätzlichen Legitimität von Unternehmensgruppen aus. Daher wird das Management der Unternehmensgruppe zum Ausgangspunkt.[150] Der Schutz der Minderheitsgesellschafter und Gläubiger soll beachtet werden, aber die Regeln sollen die Unternehmensgruppen nicht übermäßig belasten.[151] Dies stellt eine wirtschaftlich sinnvolle Grundlinie dar. Die Herausforderung besteht darin, die widerstreitenden Interessen in einen angemessenen Ausgleich zu bringen. Die Erläuterung spricht davon, dass die *bottom up*-Betrachtung durch eine *top down*-Betrachtung ergänzt wird.[152] Ohne dass dies ausdrücklich so bezeichnet wird, ist also bezüglich der Unternehmensgruppen die Schaffung eines sog *Enabling Law* beabsichtigt.[153]

73 Dieser Abschnitt zeichnet sich anders als andere Abschnitte durch eindeutig beschriebene Grundgedanken aus.

(1) Ein Weisungsrecht soll es auch ohne Ausgleichshaftung geben.[154]
(2) Das Recht, die Unternehmensgruppe und ihre Mitglieder im Gruppeninteresse zu managen, wird anerkannt.[155]
(3) Für Unternehmensgruppen wird ein Recht zum Squeeze-out der Minderheitsgesellschafter anerkannt.[156]
(4) Die internationale Dimension der Unternehmensgruppe wird anerkannt.[157]
(5) Related party transactions (vgl. näher § 30 Rn. 256 ff.) und Geschäfte innerhalb der Unternehmensgruppe bedürfen der Zustimmung der Gesellschafterversammlung.[158]
(6) Der Schutz der Minderheitsgesellschafter wird durch das Recht zum Anteilsverkauf gesichert.[159]
(7) Der Schutz der Gläubiger erfolgt durch ein *wrongful trading instrument*.[160]

144 Vorschlag für eine Richtlinie zur Änderung der Richtlinie EU/2017/1132 in Bezug auf grenzüberschreitende Umwandlungen, Verschmelzungen und Spaltungen vom 25.4.2018 COM/2018/241.
145 EMCA 2017 General Comments zu sec. 14 S. 334.
146 *J. Schmidt* ZHR 181 (2017) 43, 81.
147 Vgl. die Abwicklung von Lehman Brothers, die zB für die deutsche Tochtergesellschaft von 2008 bis Ende 2017 gedauert hat.
148 *J. Schmidt* ZHR 181 (2017) 43, 82.
149 So schon *J. Schmidt* ZHR 181 (2017), 43, 82.
150 EMCA 2017 General Comments zu sec. 15 S. 356; *Conac* ECFR 2016, 301,305 (einer der Beteiligten).
151 EMCA 2017 General Comments zu sec. 15 S. 356.
152 EMCA 2017 General Comments zu sec. 15 S. 356; *Conac* ECFR 2016, 301, 305.
153 *Beck* ELR 2014, 260, 262.
154 EMCA 2017 General Comments zu sec. 15 S. 356.
155 EMCA 2017 General Comments zu sec. 15 S. 356.
156 EMCA 2017 General Comments zu sec. 15 S. 356.
157 EMCA 2017 General Comments zu sec. 15 S. 356.
158 EMCA 2017 General Comments zu sec. 15 S. 357.
159 EMCA 2017 General Comments zu sec. 15 S. 357.
160 EMCA 2017 General Comments zu sec. 15 S. 357.

Die ersten sieben sections (sec. 15.01 bis sec. 15.07) beschäftigen sich mit den Begriffen und einer dazugehörigen Berechnung. Das EMCA folgt dabei dem *control concept*, wie es auch in Art. 22 Bilanzrichtlinie[161] enthalten ist (zur Richtlinie § 20).[162] Allerdings wird die wichtige Definition der Kontrolle aus IAS 27 aF übernommen.[163] Sec. 15.08 enthält eine **Informationspflicht** der Muttergesellschaft über Beginn und Ende der Kontrolle (sec. 15.08 (1)) und eine umgekehrte Informationsgesellschaft über ihre Beteiligungen an der Muttergesellschaft und anderen Unternehmen (sec. 15.08 (2)). Letzteres gilt nicht bei internationalen Tochtergesellschaften, deren Heimatrechtsordnung dies nicht zulässt. Letzterer Vorbehalt zeigt die internationale Orientierung, geht aber nicht darauf ein, dass die ausländische Tochtergesellschaft im Regelfall nur ihrer Rechtsordnung unterfällt, weshalb die Regelung des sec. 15.08 im Land der Tochtergesellschaft und der Muttergesellschaft nationales Recht werden müsste. Dies spricht im Übrigen für eine gesamteuropäische Lösung für das Konzernrecht. 74

Das für das Funktionieren von Konzernen zentrale **Weisungsrecht** wird auch mit einer **Folgepflicht** verknüpft (sec. 15.09 (1) (2)). Das Weisungsrecht besteht auch bei Muttergesellschaften im Ausland.[164] Das Weisungsrecht wird außerhalb des *wrongful trading* (sec. 15.17) nicht durch Haftungen kompensiert und verlangt auch keinen Vertragskonzern oder wenigstens eine einseitige Erklärung des herrschenden Unternehmens, wie dies vom *Forum Europaeum* vorgeschlagen wurde.[165] Die Kategorie des Vertragskonzerns soll es nicht mehr geben, jedenfalls sind hierfür keine Regelungen vorgesehen.[166] Die abhängige Gesellschaft, die keine hundertprozentige Tochtergesellschaft ist, muss allerdings über die Praxis der Weisungen eine Handelsregistermitteilung machen, wobei hier Spielräume bestehen sollen.[167] **Inhaltlich** muss es dem **Gruppeninteresse** genügen (sec. 15.09 (2) iVm sec.15.16). Ausgehend von der französischen **Rozenblum Doktrin**[168] wird in sec. 15.16 für das Gruppeninteresse verlangt, dass die Weisung 75

(1) dem Interesse der Unternehmensgruppe als Ganzes dient,
(2) die Manager darauf vertrauen konnten, dass etwaige Nachteile in vernünftiger Zeit ausgeglichen würden und
(3) der Schaden durch die Weisung nicht existenzgefährdend ist.

Unter diesen Voraussetzungen ist die Weisung nicht rechtswidrig und es besteht eine Folgepflicht. Diese ist allerdings etwas überraschend nicht auf das Organ bezogen, sondern nur auf die Mitglieder des Geschäftsleitungsorgans, die das herrschende Unternehmen selbst bestellt hat. Die Idee dieser **personellen Komponente** (vgl. sec. 15.09 (3)) erschließt sich nicht so recht. Sie würde auch bei Übernahmen zum Austausch von Führungspersonal führen oder müsste durch Abberufung und sofortige Neubestellung vom herrschenden Unternehmen ausgehebelt werden. Bei Tochtergesellschaften, bei denen es Minderheitsgesellschafter gibt, muss die Möglichkeit der Konzernleitung aufgrund Kontrolle und entsprechender Managerstruktur ins Handelsregister eingetragen werden, sonst nur die hundertprozentige Beteiligung. Diese Eintragung soll aber nicht konstitutiv für das Weisungsrecht sein.[169] 76

Dieser Regelungsvorschlag zum Weisungsrecht ist an sich liberal[170] und an den Interessen der Praxis orientiert. Aber selbst hiermit könnten Spartenkonzerne, bei denen die Weisung direkt an die Spartenverantwortlichen erfolgt, nur schwer ihre Praxis legalisieren, da die Weisung an die entsprechenden Managementorgane gehen müssen, um legal zu sein (so sec. 15.09 (1) *„organ of management"*). Die Weisungskanalisierung über bestimmte Personen überzeugt nicht und verkompliziert das Weisungsrecht auch unnötig (s. dazu zum entsprechenden Vorschlag unter § 35 Rn. 35). Wichtiger wäre, dass wegen der doch relativ hohen materiellen Voraussetzungen für die Rechtmäßigkeit der Weisung, jede Einzelweisung registriert sein müsste. Denn anders könnten die materiellen Voraussetzungen nicht überprüft werden (auch dazu § 35 Rn. 35). 77

Die **Anteilseigner der Muttergesellschaft** sollen einerseits dadurch geschützt sein, dass das Recht auf einen Sonderprüfer auch konzernweit gilt (sec. 11.32).[171] Dies wird in sec. 15.12 ausdrücklich genannt, hätte sich aber auch so aus der Tatsache, dass das Prüfungsrecht sich vollumfänglich auf die Geschäfte der jeweiligen Gesellschaft, hier also der Muttergesellschaft bezieht. Dieses Prüfungsrecht ist nicht minderheitenfreundlich ausgestaltet und kann bei entsprechender Satzungsgestaltung sogar mit einer Kostensanktion versehen sein, wenn nichts 78

161 RL 2013/34/EU.
162 *Conac* ECFR 2016, 301, 306; *Beck* ELR 2014, 260, 263.
163 *Conac* ECFR 2016, 301, 306.
164 Gedacht ist hier wohl insbesondere auch an das nicht EU Ausland.
165 *Forum Europaeum Konzernrecht* ZGR 1998, 672, 712 ff.
166 *Baums* in: FS von Rosen, 2008, S. 525, 533, sah eine solche Option noch als zwingend an („wird sichergestellt werden müssen".).
167 EMCA 2017 Comments zu sec. 15.09 S. 380.
168 Cass. crim. 4.2.1985, 84-91581, JCP E, 1985.II.14614; näher und auch zur Folgerechtsprechung *Conac* in: Hommelhoff/Lutter/Teichmann(Hrsg.), Corporate Governance im grenzüberschreitenden Konzern, 2016, S. 87 ff.
169 EMCA 2017 Comments zu sec. 15.09 S. 362.
170 *Beck* ELR 2014, 260, 267.
171 *Conac* ECFR 2016, 301, 315.

gefunden wurde (sec. 11.32 (5)). Auch die Nennung des Informationsrechtes aus sec. 11.23 in sec. 15.12 ist eine Klarstellung.

79 Die **Minderheitsgesellschafter** und **Gläubiger** der **Tochtergesellschaft** stehen im Mittelpunkt der Schutzüberlegungen. Sec. 15.13 verbietet das Ausnutzen von **Geschäftschancen** nicht hundertprozentiger Tochtergesellschaften. Diese Regelung ist nicht auf das Weisungsrecht abgestimmt, denn es könnte ja zB sein, dass die Muttergesellschaft diese Chance gewinnbringender als die Tochtergesellschaft nutzen könnte und für solche Fälle bestände ein Weisungsrecht (vgl. Rn. 61). Bei der Tochtergesellschaft gibt es gem. sec. 15.14 die Möglichkeit einer **Sonderprüfung**, allerdings nur im Rahmen des sec. 15.12 und damit des sec. 11.32, womit dieses Recht nicht wirklich effektiv wäre. Eigenständiger Schutz ist das ***Sell out-Recht*** der Minderheitsgesellschafter bei einem Mehrheitsgesellschafter, der mindestens 90% der Anteile hat gem. sec. 15.15. Das *Sell out-Recht* ist nicht nur nicht in der Höhe mit minderheitsschützenden Regeln versehen und greift auch erst sehr spät. Es ist auch noch satzungsdispositiv (sec. 15.15 (3)), weshalb ein Mehrheitsgesellschafter der eine Zweidrittelmehrheit erlangt hat, es erst einmal abschaffen kann.

80 Daneben kennt das EMCA noch eine spezielle ***Wrongful Trading***-Haftung für die Konzernsituation zugunsten der Gläubiger der Tochtergesellschaft (sec. 15.17). Hier werden die englische Regelung mit Überlegungen des *Forum Europaeum* Konzernrecht (dazu § 35 Rn. 28 ff.) und Überlegungen der *Reflection Group* (dazu § 35 Rn. 26 f.) kombiniert.[172] Sec. 15.17 (1) definiert den Krisenzeitpunkt, der durch Weisungen geleiteten Konzerntochtergesellschaft. Hat diese Gesellschaft keine vernünftigen Aussichten aus eigener Kraft eine Abwicklung/Insolvenz zu vermeiden, so ist dies eine **Krisensituation**. In diesem Fall hat die Muttergesellschaft nur die Wahl zwischen Abwicklung und grundlegender Sanierung. Beachtet die Muttergesellschaft dies nicht, haftet sie für alle unbezahlten Schulden, die nach der Krise entstehen. Der Wertverlust bei Altschulden wird also nicht berücksichtigt. Wenn die Muttergesellschaft bei ihren Weisungen das Gruppeninteresse (sec. 15.16) verletzt hat, soll sie für alle unbezahlten Schulden haften, die ihre schädlichen Weisungen verursacht haben. Dies ist letztlich doch eine enge Haftung mit einem schwierig zu führenden Kausalitätsnachweis, insbesondere, weil schon die Einzelweisungen nicht dokumentiert sein müssen. Die Ansprüche stehen nicht den einzelnen Gläubigern, sondern dem Liquidator/Administrator zu (sec. 15.17 (4)). Gläubiger, die 10% der Schulden der Tochtergesellschaft repräsentieren, können allerdings ein Vorgehen erzwingen. Solange das Verhältnis der Manager der Muttergesellschaft zu den Managern der Tochtergesellschaft intakt ist und die Weisungen nicht verschriftlicht werden, läuft diese Haftung ins Leere.

81 Die konzernrechtliche Regelung ist innovativ und wird sicherlich Anlass zu weiteren Diskussionen geben. Sie ist geeignet im weiteren Ringen um eine gute Lösung als Benchmark zu dienen[173] (vgl. zum Konzernrecht auch § 35 Rn. 34 ff.).

XVII. Zweigniederlassung Kapitel 16 EMCA

82 Im letzten Kapitel des EMCA wird die Zweigniederlassung geregelt. Die Regelungen basieren auf der ehemaligen Zweigniederlassungsrichtlinie (dazu § 27; jetzt Teil der Kodifizierungs-RL). Das bedeutet aber, dass die praktischen Schwierigkeiten, die in vielen Ländern für Zweigniederlassungen ausländischer Unternehmen bestehen, nicht Gegenstand des Regelungsvorschlages waren.

C. Gesamtbewertung

83 Das EMCA Projekt ist aktuell wahrscheinlich das interessanteste und ambitionierteste[174] wissenschaftliche Projekt im europäischen Gesellschaftsrecht. Um im Sinne seiner ambitionierten Ziele zumindest teilweise erfolgreich zu sein (vgl. oben Rn. 15 ff.), wird es aber wohl noch einiger Anstrengungen bedürfen. Wenig realistisch ist derzeit das ehrgeizige Ziel, dass einzelne Länder das EMCA oder Teile übernehmen. Dies liegt weniger am EMCA als an der Aufnahmebereitschaft der nationalen Rechtsordnungen. Die EMCA-Gruppe sollte sich klar entscheiden, ob sie ein Modellgesetz für Nationalstaaten oder ein Vorbild für den europäischen Gesetzgeber schaffen will. Die EMCA-Gruppe würde die Schlagkraft des EMCA erhöhen, wenn sie Praktiker beteiligen, entsprechend der Gesetzesfolgenabschätzung (GfA) an Standardfällen ihren Entwurf überprüfen, die Grundlinien noch etwas schärfer herausarbeiten und dabei die Kohärenz (zB Regelungsgrad für börsennotierte Gesellschaften) erhöhen würde. Für den Erfolg könnten auch Erwägungsgründe und ein höherer Detaillierungsgrad förderlich sein.

172 Näher *J. Schmidt* ZHR 181(2017) 43, 85.
173 *Beck* ELR 2014, 260, 267.
174 Noch ambitionierter wäre ein europäisches Unternehmensgesetzbuch, welches bisher aber nur sehr abstrakt auf seine Sinnhaftigkeit diskutiert wird und dessen Vorläufer die Konsolidierungsrichtlinie EU/2017/1132 werden könnte; vgl. dazu im Ausblick § 39 Rn 25.

Stichwortverzeichnis Teil 6: Unternehmensrecht und angrenzende Rechtsfragen

Fette Zahlen bezeichnen die Paragraphen, magere die Randnummern.

Teil 7
Ausblick

§ 39 Ausblick

A. Einführung

Gut 60 Jahre nach Unterzeichnung der römischen Verträge ist das europäische Gesellschaftsrecht inzwischen ein wichtiger Baustein des europäischen Wirtschaftsrechts. Der Brexit, zunehmende Spannungen der Mitgliedstaaten untereinander und der Aufstieg europafeindlicher Parteien in zahlreichen Mitgliedstaaten sollten jedoch wie bei den anderen europäischen Politikfeldern auch beim europäischen Gesellschaftsrecht Anlass sein, inne zu halten. Es erscheint sinnvoll, den ***Status quo*** im Rahmen einer umfassenden **Evaluation**[1] zu analysieren und mögliche Optionen zusammenzustellen, zu bewerten und daraus abgestimmte Vorschläge zu entwickeln. Zusammen sollten diese Vorschläge einen **Masterplan** darstellen, der eine Vision für das europäische Gesellschaftsrecht entwickelt. Ziel sollte ein europäisches Gesellschaftsrecht sein, das die Bedürfnisse der Unternehmen und Gesellschafter nach einem europäischem Gesellschaftsrecht in Form eines in sich stimmigen Systems hoher Qualität befriedigt. Es geht dabei letztlich um die Zustimmung derer, die Europa indifferent gegenüberstehen und das verstärkte Engagement derer, die Europa grundsätzlich positiv sehen. Die Analyse des europäischen Gesellschaftsrechts könnte dabei durchaus ergeben, dass dieses auf einem sehr guten Weg ist und der Masterplan, daher im Wesentlichen Weiterentwicklungen betrifft. Aber eine Evaluation des *Status quo* sollte dieses mögliche Ergebnis nicht schon als Prämisse setzen. Der Unterschied zu schon vorhandenen Evaluationen einzelner Richtlinien oder Verordnungen durch die EU liegt einmal in der hier vorgeschlagenen umfassenden Gesamtschau, in der längerfristigen Perspektive und in der Offenheit für jegliche Form von Konsequenz. 1

Zu den theoretisch vorstellbaren und zu prüfenden **Optionen** für das europäische Gesellschaftsrecht gehören mit Blick auf das *Hard Law* drei Grundtypen, die – wenn sie nur für bestimmte Bereiche angewendet werden würden – trotz ihrer Gegensätzlichkeit auch kombinierbar wären: 2

- im Extremfall eine Rechtsrückbildung, also eine inhaltliche Rücknahme von Regelungen oder ein (partieller) Verzicht auf bereits vorhandene Regelungen im europäischen Gesellschaftsrecht,
- ein Einfrieren auf den Zustand des *Status quo* und
- die Weiterentwicklung des europäischen Gesellschaftsrechts.

Mit Blick auf die Weiterentwicklung und in gewissem Maße auch hinsichtlich des Einfrierens des *Status quo* lassen sich dann folgende Optionen unterscheiden: 3

- eine Beschränkung auf bloße Fehlerkorrekturen und Klarstellungen,
- eine begriffliche und konstruktive Standardisierung bis hin zur inhaltlichen Kohärenz,
- die Füllung von Lücken innerhalb vorhandener Rechtsakte,
- die Füllung von zentralen Lücken im europäischen Gesellschaftsrecht zB hinsichtlich des grenzüberschreitenden Rechtsformwechsels, der Schaffung einer europäischen Privatgesellschaft und eines europäischen Konzernrechts,
- die Füllung auch nicht zentraler Lücken (zB hinsichtlich der Rechtsform der FE),
- die Anpassung des europäischen Gesellschaftsrechts an tatsächliche (insbesondere Digitalisierung) oder gesellschaftliche (zB Gender, Corporate Social Responsibility) Veränderungen,
- eine Zurückdrängung der nationalstaatlichen Rechtsregeln im Bereich der europäischen supranationalen Gesellschaftsformen,
- eine höhere Standardisierung des Gesellschaftsrechts in Europa durch höhere Mindestharmonisierungen und Vollharmonisierungen oder
- Erarbeitung eines umfassend kodifizierten europäischen Gesellschaftsrechts zB in Form eines Gesellschaftsgesetzbuches oder noch weitergehend eines europäischen Wirtschaftsgesetzbuches.

---

1 Vgl. zum Versuch einer Evaluation (Revision) des *acquis communautaire* im Bereich des europäischen Verbrauchervertragsrechts *Eidenmüller/Faust/Grigoleit/Jansen/Wagner*, Revision des Verbraucher-*acquis*, 2011.

4 Nicht zu vergessen sind auch Optionen im Bereich *Soft Law* zB in Form von Empfehlungen an die Mitgliedstaaten ggf. verstärkt durch Berichtspflichten oder *comply or explain* Ansätze. Im Rahmen der Handlungsoptionen sind auch Möglichkeiten zur Verbesserung der (zukünftigen) Gesetzgebungsqualität im europäischen Gesellschaftsrecht mit zu durchdenken. Auch nichtregulative Handlungen wie zB spezifische Datenbanken oder andere Maßnahmen, die der Verbreitung und Akzeptanzsteigerung des europäischen Gesellschaftsrechts dienen könnten, sollten mit in die Überlegungen einbezogen werden.

B. Evaluation des europäischen Gesellschaftsrechts

5 Im Rahmen der Evaluation gilt es den Erfolg der Regulierungen und der Rechtsprechung zum europäischen Gesellschaftsrecht zu analysieren. Teilweise enthält das europäische Gesellschaftsrecht bereits Regelungen, die zu einer Evaluation verpflichten (vgl. zB Art. 79 SCE-VO für die SCE). Die EU gibt an, dass es zwischen 2003 und 2015 insgesamt 688 Evaluierungen gegeben hat. Angesichts von 975 *impact assesments*, die bei nahezu jedem neuen europäischen Rechtsakt durchgeführt werden, ist dies ein Hinweis auf eine nahezu flächendeckende Evaluierung.[2] Ziel des *better regulation* Ansatzes ist es in Zukunft jedes Regelwerk evaluieren zu können.[3] Insofern wäre das Besondere des hiesigen Vorschlags zunächst die Gesamtevaluation.

6 Eine echte Evaluation sieht die Möglichkeit vor, dass man ein komplettes Scheitern feststellt. Das scheint von der Kommission noch nicht als Option vorgesehen zu sein. Wenn beim *impact assesment* die Fragen „what is the problem …" und „why should the EU act?" lauten,[4] wird die Option, dass es gar kein Problem gibt oder die EU nicht handeln sollte, ausgeblendet. Der Wunsch Erfolge zu melden, scheint selbst im Bereich der *better regulation* noch immer eine Rolle zu spielen.[5] Das sollte sich ändern.

7 Der Erfolg einer Richtlinie oder Verordnung und erst recht einzelner Teilregelungen ist nicht einfach feststellbar. Am zuverlässigsten wären **quantitative** Analysen, was aber eine entsprechende quantitative Messbarkeit voraussetzt.[6] Quantitativ messbar hinsichtlich Zahl und Bedeutung sind zB supranationale Gesellschaftsformen. Überwiegend sind nur **qualitative** oder gemischt qualitativ quantitative Bewertungen möglich. Unabhängig von einer quantitativen oder qualitativen **Betrachtung** bemisst sich der Erfolg im Wesentlichen an den **ursprünglichen Zielen** der Gesetzgebungsakte. Aber auch **allgemeine Aspekte** wie die Rechtssicherheit, die Kohärenz, die Anwendungskosten, die (unbeabsichtigten) Realfolgen einschließlich von Umgehungsstrategien, die Bewältigung ursprünglich nicht bedachter Probleme oder technologischer und gesellschaftlicher Entwicklungen durch die Regelungen sollten evaluiert werden.[7] Bezugspunkte der Evaluierung sollten zudem die im Rahmen der Konsultation[8] geäußerten Wünsche der *Stakeholder* (Gesellschafter, Gläubiger, Arbeitnehmer) im europäischen Gesellschaftsrecht und die konkurrierenden nationalen Gesellschaftsrechtsordnungen innerhalb und außerhalb Europas sein. Wie gut hat sich also das europäische Gesellschaftsrecht im Verhältnis zu anderen Gesellschaftsrechten entwickelt und Probleme in der Anwendung bewältigt.

8 Die Evaluierung sollte durch die **Kommission** selbst, aber auch durch Befragung europäischer und nationaler **Richter,** nationaler **Rechtsanwälte** und anderer betroffener **Praktiker** als auch **wissenschaftlich Tätiger** erfolgen. Wichtig ist die Ergebnisoffenheit und ihre verfahrenstechnische Absicherung. So lässt die europäische Union im Rahmen der *better regulation* ihre Projekte nur teilweise extern evaluieren. Dies ist zwar schon mehr als in den meisten Mitgliedstaaten geschieht, aber interne Evaluierer sind nicht unabhängig. Grade bei von oben initiierten Projekten dürfte Grundsatzkritik nicht karriereförderlich sein. Allerdings werden auch externe Beratungsunternehmen eingeschaltet. Dadurch, dass die entsprechenden Unternehmen, die sich auf Evaluierungsaufträge bewerben, aber davon leben, dass sie immer wieder Aufträge von der Kommission bekommen und der Auftrag zu einem Zeitpunkt vergeben wird, indem an sich schon die positive Entscheidung für den Start des Projektes gefallen ist, besteht eine erhebliche Versuchung keine Grundsatzkritik zu üben.[9] Es gibt verschiedene Möglichkeiten, dieses Problem anzugehen. Entweder sollte die Stelle für die Vergabe der Gutachten kein ausgeprägtes Interesse am positiven Ergebnis haben. Hier wäre zB eine Vergabe der Begutachtungsaufträge durch das Parlament vorstellbar. Oder die beauftragten Gutachter dürften nicht in einem materiellen oder ähnlichen Abhängig-

2 Vgl. Better Regulation: Delivering better results for a stronger Union, 14.9.2016, COM(2016) 615 final.
3 Vgl. Better regulation for better results – An EU agenda, COM(2015) final.
4 Vgl. Better Regulation Guidelines, SWD(2017) 350 S. 17.
5 Vgl. auch Better Regulation: Delivering better results for a stronger Union, COM(2016) 615 final S. 4, wo selbst der Umgang mit den Flüchtlingen durch die EU und ihre Mitgliedstaaten als Erfolg gepriesen wird.
6 Vgl. Better Regulation Guidelines, SWD(2017) 350 S. 26.
7 Die EU will hingegen Effektivität, Effizienz, Relevanz, Kohärenz und den Mehrwert durch eine Regelung evaluieren (vgl. Better Regulation Guidelines, SWD(2017) 350 S. 52.
8 Vgl. Better Regulation Guidelines SWD(2017) 350 S. 67 ff.
9 Das ist ein universelles Problem, weshalb zB die mit der Evaluierung der geplanten neuen Stahlwerke von Thyssen-Krupp beauftragte Ingenieurfirma aufgrund der positiven Vorentscheidung des Vorstandes und des Dauermandates auch nicht zur Grundsatzkritik fähig war und dieses Projekt daher durchgewunken wurde, obwohl es schwerste Risiken enthielt, die sich dann auch realisierten.

keitsverhältnis zur Vergabestelle stehen. So wäre die Verlosung der Aufträge an eines der Unternehmen aus einem Pool geeigneter Gutachter nach Standardpreisen geeignet, den Druck zumindest zu mindern.

Zu betonen ist, dass die nationalen Gesellschaftsrechte in vielen Fällen ebenfalls eine solche umfassende Evaluation gebrauchen könnten und es eine solche dennoch nicht gibt. Zum einen aber erscheint das Bedürfnis für eine Evaluation im europäischen Gesellschaftsrecht vergleichsweise hoch. Denn es handelt sich um ein System im Werden, welches schon aufgrund der schwierigen und langwierigen Einigungsprozesse nicht nach einem Gesamtplan entstehen konnte. Ein extensives europäisches Gesellschaftsrecht ist durch den Binnenmarkt auch nicht automatisch gefordert bzw. wird nicht generell von den Mitgliedstaaten gewünscht. Das europäische Gesellschaftsrecht muss sich daher durch seine positiven Wirkungen beweisen. Dementsprechend sollte es das ambitionierte Ziel der europäischen Kommission sein, trotz schwieriger Mehrheitserfordernisse bei der Rechtsetzung im Ergebnis ein europäisches Gesellschaftsrecht zu schaffen, das den nationalen Gesellschaftsrechten tendenziell qualitativ überlegen ist. Diese schwierigen Mehrheitserfordernisse sind das zentrale Handicap der europäischen Rechtsetzung, nicht nur im europäischen Gesellschaftsrecht. 9

C. Handlungsoptionen im europäischen Gesellschaftsrecht und ihre Bewertung

I. Rechtsrückbildungen und Einfrieren auf dem Status quo

Wer wie der Verfasser dieses Abschnitts positiv zur Europäischen Union und dem europäischen Gesellschaftsrecht steht, denkt zunächst weder an **Rechtsrückbildungen** noch an ein Einfrieren auf dem *Status quo*. Rechtsrückbildungen können **Inhalte** betreffen. So wurden im deutschen Gesellschaftsrecht Entwicklungen zum Schutz von Minderheitsgesellschaftern in verschiedenen Bereichen (zB qualifizierter faktischer Konzern, ungeschriebene Hauptversammlungszuständigkeit, Bezugsrechtsausschluss, Gesellschafterdarlehen, verschleierter Sacheinlage, *cashpooling*)[10] partiell wieder zurückgenommen.[11] Aus Sicht der Verfasser ist eine solche sehr weitgehende Entwicklung für einen größeren Bereich, im Sinne eines sehr weit ausschwingenden Pendels, wie er damals in Deutschland zu beobachten war, im europäischen Gesellschaftsrecht im Augenblick nicht feststellbar. Deshalb drängt sich auch keine solche großflächige Diskussion über eine inhaltliche Rechtsrückbildung für das europäische Gesellschaftsrecht als Korrektur auf. 10

Die EU sollte sich dennoch im europäischen Gesellschaftsrecht, aber auch in anderen Rechtsgebieten grundsätzlich offen für solche Korrekturen zeigen. Zum einen sind Entwicklungen sinnvoller Weise nicht immer eine Einbahnstraße. Zum anderen würde dies die Fähigkeit zur Selbstreflektion demonstrieren und auch dem potentiellen Vorwurf, dass EU-Recht tendiere zur Versteinerung einmal beschlossener Regeln, entgegenwirken. Die EU sollte sich auch offen für die Diskussion von Rechtsrückbildungen im Sinne der **Aufgabe** einzelner Regelungen oder Regelungsbereiche zeigen, wenn die Regelungen sich nicht bewährt haben bzw. eine geschaffene Option nicht auf praktisches Interesse gestoßen ist und die Rechtsrückbildung im Ergebnis bessere Resultate als eine Verbesserung der vorhandenen Regelung verspricht. Ein Verzicht auf einzelne europäische Regelungen, die sich nicht bewährt hat, hätte auch den rechtspolitisch positiven Effekt, dass die EU damit dem potentiellen Vorwurf, sie wolle auch ohne Bedarf neue Regelungsbereiche für sich erschließen, entgegentreten könnte. Mit der Entkräftung dieses Verdachts ließe sich an anderer Stelle (hoffentlich) auch die Zustimmung zu Vorhaben gewinnen, deren Ergebnis vorab nicht gesichert erscheint, aber gute Chancen auf positive Effekte hat. Auch solche Rückbildungen unterfielen den europäischen Gesetzgebungsregeln, weshalb eine von der Kommission initiierte Rechtsrückbildung durchaus im Parlament oder Rat abgelehnt werden könnte. Letztlich bedarf es daher auch für eventuelle Rechtsrückbildungen einer breiten Mehrheit. 11

Ein generelles **Einfrieren** auf dem *Status quo* liegt im europäischen Gesellschaftsrecht als einem Bereich, der in Bewegung ist und nicht als abgeschlossen gelten kann, zunächst fern. Denn es besteht eben kein Rechtszustand, der für die nächsten Jahre in allen wesentlichen Fragen den Bedürfnissen der *Stakeholder* des europäischen Gesellschaftsrechts entspricht. Dennoch sollte für einen begrenzten Zeitraum von vielleicht **ein bis drei Jahren** die zumindest weitgehende Reduzierung der gesetzgeberischen Aktivitäten im europäischen Gesellschaftsrecht erwogen werden, um die hier angeregte Evaluation des *Status quo* und die Entwicklung eines Masterplans effektiv durchführen zu können. Denn die Normalaktivitäten der Kommission im europäischen Gesellschaftsrecht, insbesondere im Bereich der Rechtsetzung, dürften keine so umfangreichen Kapazitäten ungenutzt lassen, wie sie für eine gründliche **Evaluation** und die **Erarbeitung eines Masterplanes** erforderlich sind. 12

II. Fehlerkorrekturen und Klarstellungen

Die Evaluation wird technische und wahrscheinlich auch einige wenige inhaltliche Fehler zu Tage bringen. Hier sollte es nicht zu schwer sein, überzeugende Korrekturvorschläge zu erarbeiten, die grundsätzlich auch eine gute 13

10 Rechtsrückbildung durch das MOMIG 2008 (vgl. § 30 Abs. 1 S. 2 GmbHG).

11 Zu Rechtsrückbildungen im deutschen Gesellschaftsrecht vgl. *Wenzel*, Die Fortgeltung der Rechtsprechungsregeln zu den eigenkapitalersetzenden Gesellschafterdarlehen, 2005, S. 148 ff., der bezüglich des Eigenkapitalersatzrechts auch mit geholfen hat, eine solche Rechtsrückbildung vorzubereiten.

Chance auf Annahme im Gesetzgebungsverfahren haben. Bei den **technischen Fehlern** sind die Korrekturaussichten schon deshalb besonders gut, weil in die inhaltlichen Entscheidungen nicht oder allenfalls marginal eingegriffen wird. Hinsichtlich **offensichtlicher Fehler** zB im Rahmen der Übersetzung in eine Sprache oder hinsichtlich eines Verweises in allen Sprachfassungen kennt die EU bereits die Möglichkeit einer **Berichtigung** außerhalb des normalen Gesetzgebungsprozesses. Hierbei handelt es sich um einen Graubereich, für den keine normative Regelung vorliegt, der aber dennoch intensiv praktiziert wird.[12] Voraussetzung ist nur die Offensichtlichkeit des Fehlers und bei einem Fehler, der nicht in allen Sprachen vorliegt, sollen nur ein bis zwei Sprachen geändert werden.[13] Im europäischen Gesellschaftsrecht wurden zB bei der SCE in allen Sprachfassungen vorliegende Verweisungsfehler durch eine Berichtigung der Verordnung beseitigt.[14] Eine Berichtigung kommt auch für nachträgliche Fehler, zB durch eine dynamische Verweisung, in Betracht, bei der sich die Nummerierung der Norm, auf die verwiesen wird, geändert hat.

14 Hier sollte generell für das Europarecht über eine **klare fixierte Grundlage** des Anwendungsbereiches der **Berichtigung** nachgedacht werden, wobei für Änderungen inhaltlicher Art selbst bei Offenkundigkeit eine Berichtigung allenfalls unter qualifizierten Voraussetzungen zulässig sein sollte. Solange eine solche Grundlage nicht vorliegt, sollten inhaltliche Fehler nicht mehr Gegenstand einer einfachen Berichtigung sein. Soweit **inhaltliche Fehler** als Fehler anerkannt werden, dürfte eine Änderung, trotz des größeren Eingriffs in das vorhandene Recht durch die Korrektur, ebenfalls gute Chancen auf Akzeptanz im regulären Verfahren haben, wenn es eine Übereinstimmung hinsichtlich der Richtung der Fehlerkorrektur gibt. Bei den inhaltlichen Fehlern ist allerdings insoweit Zurückhaltung angebracht, als einige inhaltliche Entscheidungen vielleicht dem jeweiligen Grundkonzept zuwiderlaufen, aber durch inhaltliche Positionen einzelner Mitgliedstaaten begründet sind (zur Zurückdrängung nationalbedingter Besonderheiten vgl. unten Rn. 29 f.). Bei der Analyse, ob wirklich ein inhaltlicher Fehler vorliegt, kann die historische Auslegung hilfreich sein (§ 2 Rn. 123 ff.). Viele Regelungen mögen nicht überzeugend sein, sind aber nicht bloße Fehler. **Klarstellungen** sind dort zu erwägen, wo die Norm aus sich selbst nicht ein klares Auslegungsergebnis zeigt. Unproblematisch dürften die Klarstellungen sein, die nur die Rechtsprechung des EuGH nachvollziehen. Hier gibt es keine inhaltlichen Änderungen. Diese Klarstellungen erleichtern aber dennoch die Arbeit mit den europäischen Rechtsakten, da hierdurch bei der Rechtsanwendung der Bedarf für den Rückgriff auf die Rechtsprechung entfällt. Es müsste europäisch möglich sein, der Kommission für einen konkreten Regelungsakt auch Kompetenz für die eins zu eins Umsetzung von EuGH Urteilen[15] zu übertragen. Letzteres dürfte allerdings nur Präzisierungen betreffen. Hierzu könnte das Institut des delegierten Rechtsaktes benutzt werden. Dies würde einen Verzicht auf den normalen Gesetzgebungsprozess beinhalten und das Recht deutlich dynamisieren, aber auch die Kommission deutlich stärken. Vorteil wäre, dass jedenfalls solche Fehler nicht dem aufwändigen europäischen Gesetzgebungsverfahren unterlägen. Eine solche Kompetenz wäre ein Vertrauensbeweis seitens der Mitgliedstaaten, der allen Rechtsanwendern nutzen würde.

III. Begriffliche und konstruktive Standardisierungen sowie inhaltliche Kohärenz

15 Die Verwendung von wiederkehrenden **Standardbegriffen** mit immer gleicher Bedeutung erleichtert die Rechtsanwendung im erheblichen Maße. Die Normen sind in einem solchen Fall wegen der parallelen Bedeutung der Standardbegriffe in den unterschiedlichen Anwendungsbereichen viel leichter verständlich. Dadurch können auch Lücken leichter geschlossen werden und es kann Rechtsprechung aus benachbarten Gebieten herangezogen werden. Dort, wo ein abweichendes Begriffsverständnis aus funktionalen Gründen erforderlich ist, sollte der Gesetzgeber es nicht einfach beim reinen Begriff oder der Standarddefinition belassen, denn dadurch besteht die Gefahr, dass die funktional gebotene Differenzierung nicht hinreichend beachtet wird. Dieses Problem wird von den Leitlinien zur Erstellung von Rechtsakten auch bereits in diesem Sinne adressiert.[16]

16 Die **konstruktive Standardisierung im Sprachlichen**[17] knüpft unmittelbar an die begriffliche Standardisierung an. So ist es sinnvoll, dass dann, wenn eine einheitliche Aussage beabsichtigt wird, auch einheitliche sprachliche Umschreibungen (Aussagen) hierfür gesucht werden. Umgekehrt sollten gleiche sprachliche Umschreibungen auch (nur) für die gleiche inhaltliche Aussage stehen. Vorteil dieser Standardisierung wäre wiederum die leichte-

12 Vgl. *Bobek*, Corrigenda in the Official Journal of the European Union: Community Law as Quicksand, 34 ELR (2009) 950, 952 f. (mit einem Beispiel für eine tschechische Fassung, bei der in 75 Artikeln 122 Änderungen auch inhaltlicher Art durchgeführt wurden).

13 Manual of Precedents for Acts established within the Council of the European Union SN 1250/6/10 Rev 6 S. 176 A I (2) (a), (b) unter Berufung auf R/2521/75 (JUR 149).

14 Berichtigung der Verordnung (EG) Nr. 1435/2003 des Rates vom 22. Juli 2003 über das Statut der Europäischen Genossenschaft (SCE) Abl. EU v. 17.2.2007, L 49/35.

15 Nationales Recht kennt solche Möglichkeiten zumindest bei der Rechtsprechung nicht, steht aber auch nicht vor vergleichbaren Hürden bei gesetzgeberischen Änderungen.

16 Vgl. Gemeinsamer Leitfaden des Europäischen Parlamentes, des Rates und der Kommission für Personen, die an der Abfassung von rechtstexten der Europäischen Union mitwirken, 2. Aufl. 2015, Leitlinien 6.2 und 6.4.

17 Vgl. dazu auch schon *Krebs/Jung*, Optimierungspotentiale der Gesetzgebungsmethodik in: Baldus/Theisen/Vogel (Hrsg.) „Gesetzgeber" und Rechtsanwendung, 2013, S. 125, 138 ff.

re Verständlichkeit der Normen. Besondere Regelungskonstruktionen würden aufgrund ihrer dann auch erkennbaren sprachlichen Unterschiede auch auffallen und könnten mit weniger Aufwand angemessen berücksichtigt werden. Hier könnte das europäische Gesellschaftsrecht wiederum besser werden als es zB das nationale deutsche Recht ist. So gibt es im deutschen Recht zB keine klare Unterscheidung zwischen Rechtsgrundverweisung und Rechtsfolgenverweisung, dynamischer und statischer Verweisung, zwischen kumulativen und alternativen Oder-Formulierungen oder zwischen widerleglicher Vermutung, unwiderleglicher Vermutung und Fiktion. Eine wichtige europäische Neuschöpfung wäre es, wenn es Formulierungen gäbe, die Mindest- und Höchststandards, abschließende und nicht abschließende Regelungen standardisiert kennzeichnen würden. Die EU hat zwar ein Gemeinsames **Handbuch zur Abfassung von Rechtsakten** im ordentlichen Gesetzgebungsverfahren (Stand Januar 2018). Dieses enthält auch Standardregelungen für die Unterscheidung von statischer und dynamischer Verweisung.[18] Für die meisten Probleme fehlt es aber auch der EU bisher an einer standardisierten Erfassung.

Wie bei der begrifflichen Standardisierung (vgl. Rn. 3, 15 f.) kann es das Problem funktional gebotener Unterschiede geben. Wiederum ist es nicht überzeugend, dem Rechtsanwender allein die Aufgabe zu übertragen, notwendige funktionale Differenzierungen selbst zu entdecken und die notwendige Differenzierung vorzunehmen. Bei geringen Unterschieden und geringer Zahl von Anwendungsfällen liegt es näher, wiederum die sprachliche umschreibende Standardisierung im Prinzip beizubehalten und nur durch ergänzende Formulierungen auszudehnen, zu modifizieren oder einzuschränken. Insbesondere bei einer großen Zahl von deutlich zu unterscheidenden Fällen erscheint eine deutlich abweichende begriffliche Umschreibung vorzugswürdig. 17

Die **konstruktive Standardisierung** in **systematischer Hinsicht** gibt es bei den Richtlinien bereits aufbautechnisch (s. § 18). Sie sollte aber zB auch die Fragen umfassen, wie erkennbar wird, ob bei fehlender Regelung eine interne oder externe Lücke (vgl. dazu § 2 Rn. 153 ff.) vorliegt, also die Lücke europäisch oder national zu schließen ist. Auch hierdurch würden Regelungen leichter verständlich, würden atypische Inhalte und Konstruktionen hervorgehoben und auch unplanmäßige Lücken deutlicher. Solche unplanmäßigen Lücken dürften deshalb auch schon im Gesetzgebungsprozess für europäische Richtlinien und Verordnungen auffallen. Auch wenn die schwierigen Einigungsprozesse im Rahmen der europäischen Gesetzgebung noch immer dazu führen können, dass solche erkannten Lücken im Gesetzgebungsprozess ungeregelt bleiben, erhöht sich doch die Wahrscheinlichkeit der Vorabbeseitigung solcher Lücken durch ihre deutliche Erkennbarkeit. Insoweit dürfte auch die Tatsache eine Rolle spielen, dass es rechtspolitisch leichter ist, nicht ganz deutliche Lücken ungeregelt zu lassen als wenn es sich sprachlich und konstruktiv um auffällige Lücken handelt. Denn bei Offenkundigkeit drängt sich eine Regelung mehr auf. 18

Sprachliche Standardisierung von Begriffen und ganzen Regelungskonstruktionen und eine konstruktive Standardisierung in systematischer Sicht führen nicht automatisch zu inhaltlicher **Kohärenz**. Parallele Begrifflichkeiten, begriffliche Umschreibungen und parallele Konstruktionen lassen inhaltlich divergente Regelungen nicht nur offenkundiger werden, sondern lassen auch die Frage nach dem Warum der Divergenz dringlicher erscheinen. Auch ohne inhaltliche Änderungen können sprachliche und konstruktive Parallelität damit im Sinne eines *nudging* den Wunsch nach inhaltlicher Kohärenz und **Widerspruchsfreiheit** stärken. Sie könnten in entsprechenden Fällen, aber auch die Notwendigkeit einer differenzierten Behandlung aufgrund Verschiedenheit besser aufzeigen. Die Europäische Union hat sich erkennbar um mehr Kohärenz[19] im europäischen Gesellschaftsrecht bemüht, auch wenn diese Entwicklung noch nicht abgeschlossen erscheint (vgl. § 2 Rn. 18, 83). Die sprachliche und konstruktiv systematische Standardisierung im Gesamtbereich des europäischen Gesellschaftsrechts könnte daher im Interesse der Europäischen Union sein. Zugleich zeigt es aber, dass Änderungen, die formal nicht die Inhalte betreffen, doch auch Druck in Richtung der Änderung auch von Inhalten begründen können. Von daher wäre auch die sprachliche und konstruktiv systematische Standardisierung ein rechtspolitisch gewichtiger Akt. **Methodische Konsequenz** einer solchen Standardisierung dürfte im Übrigen sein, dass sich eine Analogie (vgl. § 2 Rn. 167 ff.) wegen der umfassender bejahten Kohärenz schneller bejahen ließe und selbst eine Rechtsanalogie (§ 2 Rn. 170 ff.) wäre leichter zu rechtfertigen, wenn es grundsätzlich das Ziel der Kohärenz und Widerspruchsfreiheit für das gesamte europäische Gesellschaftsrecht gäbe. 19

IV. Füllung von Lücken innerhalb europäischer Rechtsakte

Eine Lücke in einem europäischen Rechtsakt kann verschiedene Bedeutungen haben. Die Lücke kann Ausdruck dessen sein, dass eine bestimmte Regelung grade nicht gewollt ist und damit einen konkludenten Regelungsgehalt haben. Dies dürfte allerdings relativ selten nachweisbar der Fall sein. Ansonsten stellt sich die Grundfrage, ob es sich um eine interne Lücke (§ 2 Rn. 153 ff.) handelt, die europäisch zu füllen ist oder eine externe Lücke (§ 2 Rn. 153 ff.) vorliegt, für die die Lückenfüllungskompetenz bei den nationalen Rechtsordnungen liegt. Eine 20

18 Vgl. unter 6.5 S. 59 und 8. S. 70 des Gemeinsamen Handbuches.

19 Vgl. auch die allerdings nur für den jeweiligen Rechtsakt geltende Vorgabe in Leitlinie 6.2 des Gemeinsamen Leitfadens des Europäischen Parlamentes, des Rates und der Kommission für Personen, die an der Abfassung von Rechtstexten der Europäischen Union mitwirken, 2. Aufl. 2015.

Füllung von Lücken innerhalb eines europäischen Rechtsaktes betrifft die internen Lücken und tangiert damit eigentlich nicht die rechtspolitisch sensiblen Regelungsspielräume der Mitgliedstaaten. Allerdings ist häufig sehr schwierig zu ermitteln, ob eine interne oder eine externe Lücke vorliegt (vgl. § 2 Rn. 156 f. mit weiteren Nachweisen). Von daher kann wegen des unklaren Charakters auch eine solche Lücke rechtspolitisch sensibel sein. Wünschenswert erscheint eine solche (interne) Lückenfüllung insbesondere dann, wenn wichtige Rechtsfragen sonst ungeklärt bleiben bzw. mehrere methodisch vertretbare Lösungen existieren, weshalb die Lückenfüllung hier die Funktionalität und die Rechtssicherheit verbessern würde. Hat der EuGH bereits über die Lückenfüllung entschieden, würde eine entsprechende ausdrückliche Regelung nur der Klarstellung dienen (vgl. oben Rn. 14). Ein weiterer Gewinn durch die flächendeckende Lückenfüllung innerhalb europäischer Rechtsakte wäre, dass das europäische Gesellschaftsrecht hierdurch geschlossener und vollständiger und damit funktionaler wirken würde. Der rechtspolitische Aufwand ist allerdings verhältnismäßig hoch, weshalb es sich anbietet, eine solche Lückenfüllung im Regelfall nur bei Rechtsakten durchzuführen, die ohnehin einer Revision unterzogen werden sollen.

V. Die Regelung fehlender zentraler Bereiche des europäischen Gesellschaftsrechts

21 Die EU versucht schon lange die für die Funktionsfähigkeit und Geschlossenheit des europäischen Gesellschaftsrechts fehlenden Teile zu ergänzen. Solche zentralen „Lücken" existieren zB hinsichtlich der noch nicht existierenden europäischen Privatgesellschaft (vgl. hierzu § 5), des grenzüberschreitenden Rechtsformwechsels (vgl. § 32), des europäischen Konzernrechts (vgl. § 35). Für die hier befürwortete Aufstellung eines Generalplans gilt es zunächst diese zentralen Lücken zu identifizieren. Die Zentralität einer Lücke wird durch die wirtschaftliche Bedeutung einer Frage, den Regelungsbedarf allgemein und insbesondere mit Bezug auf den Binnenmarkt, aber auch durch die Bedeutung für das europäische Gesellschaftsrecht als Gesamtsystem bestimmt. Bei identifizierten zentralen Lücken gilt es verschiedene Möglichkeiten des Umfangs der Lückenfüllung und der inhaltlichen Ausrichtung zu bestimmen und die Grundpositionierungen der am Gesetzgebungsprozess Beteiligten, also insbesondere der Mitgliedstaaten, aber auch der Stakeholder in den Mitgliedstaaten, also zB der Unternehmen, der Gewerkschaften, des Fiskus oder auch der Notare zu bestimmen.

22 Der **Gewinn** einer potentiellen Regelung für das europäische Gesellschaftsrecht sollte ebenfalls versucht werden zu bestimmen. Hierzu sind positive und negative Wirkungen unter Berücksichtigung von Ausmaß und Wahrscheinlichkeit gegenüberzustellen. Es kann versucht werden, diesen Gewinn ökonomisch abzuschätzen, wobei solche Abschätzungen wegen vieler Prognoserisiken meist sehr unzuverlässig sind und wegen des Interesses der EU-Kommission als Auftraggeber entsprechender Studien von den Gutachtern auch tendenziell in Richtung einer Überschätzung ökonomischer Vorteile durch die Regelung ausfallen.

23 Neben den unmittelbaren beabsichtigten ökonomischen rechtsfolgenorientierten Wirkungen gilt es auch unbeabsichtigte **Realfolgen** sowie **Fernwirkungen** zu betrachten (vgl. auch § 2 Rn. 141 f.). Realfolgen berücksichtigen geänderte Verhaltensweisen der Rechtsanwender, die entsprechende Veränderungen des Rechts für sich ausnutzen oder den beabsichtigten Wirkungen zu entgehen zu versuchen. Fernwirkungen betreffen meist ebenfalls Realfolgen, die allerdings nicht unmittelbar an die Regelungsmaterie anknüpfen. So kann zB eine misslungene europäische Regelung nicht nur der konkreten Regelungsmaterie, sondern auch anderen Regelungsmaterien schaden, bei denen sich der Widerstand auch aus der nicht gelungenen anderen Regelung speisen kann. Umgekehrt gibt es positive Fernwirkungen, zB in der Form der Vorbildwirkung für andere Regelungen. Ein Erfolg der Europäischen Privatgesellschaft (SPE; vgl. § 5) würde vermutlich den supranationalen Rechtsformen zum endgültigen Bedeutungsdurchbruch auch aus Sicht der nationalen Gesellschaftsrechtler verhelfen. Die Möglichkeit der Nichtbeschäftigung oder Vernachlässigung dieses Bereiches trotz des Erfolges der Europäischen Aktiengesellschaft (SE; vgl. § 4) würde weitgehend verschwinden. Die erfolgreiche Einführung der SPE wäre für die supranationalen Gesellschaftsformen ein sog Dammbruch.

24 Nach einem **Szenarienmodell** wären entsprechend den Wahrscheinlichkeiten, Chancen und Risiken die Verlaufswahrscheinlichkeiten getrennt nach Szenarien zu bestimmen. Darauf aufbauend wäre zu entscheiden, ob ein solches Projekt der zentralen Lückenfüllung Teil der Gesamtstrategie sein sollte. Dabei treten nicht nur mehrere Projekte miteinander in Konkurrenz zueinander. Der Start oder die Weiterführung eines solchen Projektes sollten auch von den im Laufe der Zeit sich ändernden Verwirklichungschancen abhängen. Bei zunächst nicht durchgekommenen Projekten scheint es sinnvoll zu sein, im Regelfall erst dann einen Neustart zu wagen, wenn alle Beteiligten bereit sind, zumindest neu über das Projekt nachzudenken und nicht einfach an ihre alten Positionen anknüpfen.

25 Die einzelnen Projekte sind in ihrer Chancen- und Risikostruktur hinsichtlich ihrer möglichen Verwirklichung sehr unterschiedlich. So dürften die Chancen für die europäische Privatgesellschaft (SPE) noch immer relativ schlecht stehen, solange die Bundesrepublik Deutschland nicht ihre Haltung zur SPE überdenkt. Immerhin ist die SPE wieder Teil des Koalitionsvertrages der deutschen Bundesregierung, was auf eine Verhandlungsbereitschaft hindeutet. Ein europäisches Konzernrecht könnte einerseits auf viel Widerstand stoßen. Andererseits würde das europäische Gesellschaftsrecht sehr stark an Renommee gewinnen, wenn es in diesem Bereich, in dem auch die nationalen Regelungen nicht wirklich überzeugend sind, eine überzeugende Lösung finden würde.

Hier hinge also alles von einer überzeugenden Lösung ab (vgl. § 35). Der grenzüberschreitende Rechtsformwechsel muss, weil primärrechtlich vorgegeben, möglich sein (vgl. dazu § 10 Rn. 86). Ohne konkrete Regeln ist die Unsicherheit jedoch so groß, dass viele Unternehmen auf den Versuch eines Rechtsformwechsels verzichten werden. Hier trifft also die Vorgabe der grundsätzlichen Zulässigkeit mit einem großen praktischen Bedürfnis nach solchen Regelungen zusammen. Die Kommission hat hier am 25.4.2018 ihren Entwurf zur Regelung grenzüberschreitender Umwandlungen, Verschmelzungen und Spaltungen vorgelegt (COM (2018) 241). Gerade aus Sicht der Unternehmenspraxis ist der Kommission hier Erfolg zu wünschen. Gegen viele an sich sinnvolle Projekte dürfte es ganz erhebliche politische Widerstände geben. Auch wenn es hier also durchaus lohnende Projekte gibt, wäre im Rahmen der Aufstellung des Masterplanes zu überlegen, ob nicht zunächst die inhaltlichen Anstrengungen primär der **Konsolidierung** und Verbesserung der vorhandenen Regeln gewidmet werden sollten. Die Kommission hat für die SCE auf eine entsprechende Initiative wegen zu erwartender politischer Widerstände verzichtet (vgl. § 6 Rn. 1). In diesem Zusammenhang stellt sich auch die Frage, ob der mit der Kodifizierungsrichtlinie (RL (EU) 2017/1132) eingeschlagene Weg weiterverfolgt werden sollte. Langfristig wäre dies vielleicht eine Option. Im Augenblick wirken die Teile der Kodifizierungsrichtlinie jedoch noch divers und ist ein Mehrwert durch optische Zusammenfassung nicht ohne Weiteres erkennbar. Dem entspricht es, dass hier aber auch in anderen Werken, die einzelnen Regelungsbereiche der Konsolidierungsrichtlinie getrennt nach den früheren Richtlinien erörtert werden. Die Kommission hält hingegen an der Kodifizierungsstrategie fest. Beide am 25.4.2018 vorgestellten Richtlinienentwürfe (zur Digitalisierung (COM(2018) 239) und zu grenzüberschreitenden Umwandlungen, Verschmelzungen und Spaltungen (COM(2018) 214) sollen Teil der Kodifizierungsrichtlinie (RL (EU) 2017/1132) werden. Zumindest optisch gewinnt das Europäische Gesellschaftsrecht durch eine solche Form Gewicht. Im Rahmen der inhaltlichen Konsolidierung könnte die EU auch nachweisen, dass sie zu einer Gesetzgebungsqualität fähig ist, die ohne weiteres mit der der Nationalstaaten mithalten kann und möglichst auch darüber hinausgeht. Denn jedenfalls in Deutschland ist dies ein Dauerkritikpunkt an europäischen gesellschaftsrechtlichen Regeln, der nur dann als Pauschalkritik ausscheidet, wenn das europäische Gesellschaftsrecht anerkannt zumindest die gleiche Gesetzgebungsqualität wie das nationale Gesellschaftsrecht aufweist.

VI. Nicht zentrale Regelungsbedürfnisse

Neben den Lücken innerhalb eines Rechtsaktes und den soeben angesprochenen noch fehlenden zentralen Regelungskomplexen im europäischen Gesellschaftsrecht gibt es einen Zwischenbereich der nicht zentralen Regelungsbedürfnisse. Diese Regelungsbereiche haben in aller Regel ein geringeres politisches Profil. Daher dürften Regelungen hier wahrscheinlich politisch leichter umsetzbar sein. Andererseits ist der Gewinn für das europäische Gesellschaftsrecht oder das europäische Recht insgesamt im Regelfall auch deutlich weniger groß. Eine Konzentration auf solche noch nicht geregelte Fragen könnte auch den Eindruck erwecken, die EU wolle oder könne sich den zentralen Lücken nicht annehmen. Allerdings dürfte es einzelne nicht geregelte Bereiche geben, bei denen eine Regelung einer scheinbar nicht zentralen Lücke erhebliche Verbesserungen für die europäische Rechtsanwendung mit sich führen würde. Ein mögliches Regelungsgebiet aus dem Grenzbereich des Gesellschaftsrechtes zum Handelsrecht wäre die standardisierte Regelung der Anforderungen, die an die Gründung einer Niederlassung gestellt werden dürfen. Derzeit ist dies weder standardisiert, die Informationen schwer zu bekommen und insbesondere für ausländische Gesellschaften nicht selten sehr umständlich. Das rechtspolitische Profil einer solchen Regelung wäre niedrig, die positiven praktischen Wirkungen könnten jedoch hoch sein. Ein anderes Problem betrifft die Vertretungsmacht. Es gibt zwar Länder wie Deutschland, bei denen die Prokura mit ihrer fest umrissenen Vertretungsmacht weit verbreitet ist, die auch noch im Handelsregister einzutragen ist. Dies ist jedoch nicht allgemein üblich. Da die meisten Verträge nicht von Mitgliedern der Geschäftsführung geschlossen werden, stellt sich in der Praxis die Frage nach dem Umfang der Vertretungsmacht der tatsächlich handelnden Vertreter. Eine formale Rückfrage bei der Geschäftsleitung des Vertragspartners gilt als Misstrauensbekundung gegenüber dem Handelnden und selbst auf eine solche Anfrage kommt vielleicht keine eindeutige Antwort. Standardisierte Vertretungsmachten mit standardisierten Vertretungsmachtnachweisen wären daher ein mögliches Regelungsthema in diesem Bereich. 26

VII. Anpassung des Europäischen Gesellschaftsrechtes an grundlegende Veränderungen

Grundlegende Veränderungen gesellschaftlicher, technischer oder wirtschaftlicher Art wie die **Digitalisierung** (vgl. hierzu die EMCA-Vorschläge § 38 Rn. 11) oder auch die Veränderung des Verhältnisses der Geschlechter zueinander (**Genderproblematik**) oder auch der gesellschaftliche Wunsch nach **Corporate Social Responsibility** oder auch nach einer standardisierten **Corporate Governance** (vgl. § 33) oder nach **Corporate Compliance** können auch Auswirkungen auf das Gesellschaftsrecht haben. Diese Veränderungen erzeugen in gewisser Weise Regelungslücken, weshalb ein enger Bezug zur oben genannten Kategorie der zentralen Regelungsdefizite besteht (vgl. Rn. 21 ff.). Die EU hat diese Regelungen im Veränderungsbereich immer wieder versucht, musste jedoch feststellen, dass wegen der sehr hohen gesellschaftlichen Sensibilität, der unterschiedlichen Grundanschauungen und unterschiedlicher Entwicklungsstände häufig nicht die erforderliche qualifizierte Mehrheit für eine Richtli- 27 nie im Rat zu erreichen ist und die für Verordnungen erforderliche Einstimmigkeit erst recht nicht erreicht werden kann. Von daher sind diese grundlegenden Veränderungen Felder, in denen die EU zwar ihren politischen Regelungsanspruch anmelden sollte, sie aber nur selten sich außerhalb von Randbereichen durchsetzen wird.

28 Ein Sonderfall stellt allerdings die **Digitalisierung** dar. Hier sind befriedigende nationalstaatliche Lösungen, die den Erfordernissen des Binnenmarktes genügen, besonders schwer vorstellbar. Da die Digitalisierung auch als Maß für Fortschrittlichkeit gilt, würde eine Nichtregelung auch politisch negativ bewertet werden. Bei der Nutzung der digitalen Möglichkeiten kann es sein, dass europäische Regelungen zB wie bei der SUP (vgl. § 9 Rn. 5, 80) wegen des Widerstandes der deutschen Notare gegen Gründungs- oder Übertragungsakte ohne notarielle Beurkundung noch einige Zeit nicht europäisch verabschiedet werden können. Das dürfte allerdings nur zeitlich begrenzt so sein. Denn wenn erst die meisten nationalen europäischen Rechtsordnungen erlauben, die digitalen Möglichkeiten zu nutzen, wird sich dies auch in Ländern wie Deutschland durchsetzen. Dabei werden es nicht einmal zwingend die unmittelbaren ökonomischen Vorteile betreffend Transaktionskosten und Transaktionsgeschwindigkeit sein, die auch zweifelnde Länder überzeugen werden. Die Nichtwahrnehmung der Chancen der Digitalisierung hat vielmehr hohe Symbolkraft für Investoren. Eine Rechtsordnung, die sich nicht auf diese Möglichkeiten einlässt, disqualifiziert sich aus Sicht der Investoren als innovationsfeindlich. Der Richtlinienvorschlag vom 25.4.2018 (COM(2018) 239), der für alle Rechtsformen in Europa, die der GmbH entsprechen, die Onlinegründung ermöglichen will, kann daher nicht überraschen.[20] Die als Reaktion auf die Ablehnung der SUP-Richtlinie verbesserte Identitätsfeststellung mit Missbrauchsabwehr erhöht die Erfolgschancen des Entwurfs. Die Schaffung einer europaweiten einheitlichen Unternehmensidentifizierung (EU ID) und auch der Verzicht auf die Handelsregisterbekanntmachung in diesem Bereich, sind weiter zu begrüßende Elemente.

VIII. Zurückdrängung nationaler Gestaltungsmöglichkeiten im europäischen Gesellschaftsrecht

29 Sowohl bei supranationalen Gesellschaftsformen als auch bei europäischen Richtlinien wie zB der Kapitalrichtlinie verbleiben den nationalen Rechtsordnungen nach derzeitigem Stand sehr große Regelungsspielräume. Einer Europäisierung des europäischen Gesellschaftsrechtes würde es entsprechen, hier den Anteil des nationalen Gesellschaftsrechtes zurückzudrängen. Der Wettbewerb im Gesellschaftsrecht mag im Bereich der Harmonisierungsrichtlinien nationale Spielräume oder Regelungsbereiche als häufig sinnvoll erscheinen lassen. Dennoch sind Richtlinien, die nur geringfügige Mindeststandards setzen kein Erfolgsmodell, da sie ein Level Playing Field nicht sicherstellen können und die Mindeststandards als solche auch nur relativ selten einen nationalen Annäherungsprozess anstoßen können. Höhere Regelungsintensitäten, weniger opt outs und Regelungen, die Mindest- und Höchststandard zugleich sind und daher zu einer Vollharmonisierung führen, könnten daher in vielen Fällen aus europäischer Sicht wünschenswert sein. Gerade in Bereichen, in denen die nationalen Regelungen keine wesentliche Wettbewerbsrelevanz haben, könnte die Europäisierung sinnvoll sein. Rechtspolitisch sind Veränderungen dennoch allenfalls im Zusammenhang mit ohnehin anstehenden Neuregelungen chancenreich.

30 Bei supranationalen Rechtsformen bremsen die nationalen Regelungsbereiche den Wettbewerb der supranationalen Rechtsformen mit den nationalen Rechtsformen aus. Unter Berufung auf den Wettbewerb der Rechtsordnungen können hier also nationale Sonderregelungen nicht verteidigt werden. Hier sind es also bestandsschützende Gründe zugunsten eigener nationaler Rechtsformen oder sozialpolitische Gründe (zB beim Thema Mitbestimmung), die der Europäisierung entgegenstehen. Sozialpolitische Gründe können eine Differenzierung durchaus rechtfertigen. Anders ist dies beim wettbewerblichen Bestandsschutz zugunsten nationaler Rechtsformen. Dennoch dürfte dieser Bestandsschutz rechtspolitisch eine große Rolle spielen. Solche rechtspolitischen Widerstände, die bestandsschützend motiviert sind, könnten unter Umständen überwunden werden, wenn die Konkurrenz zu nationalen Gesellschaftsformen reduziert wird, zB weil qualifizierte Voraussetzungen an die supranationale Verwendung einer supranationalen Rechtsform gestellt werden. Höhere Anforderungen an die Supranationalität schränken den Anwenderkreis ein. Dennoch könnte der Erfolg einer solchen Gesellschaftsform unter Umständen sogar größer sein als einer mit sehr schwacher supranationaler Ausprägung, denn aus Sicht der Nationalstaaten entfällt weitestgehend das Bedürfnis eine solche Gesellschaftsform zum Schutze der eigenen Gesellschaftsformen künstlich zu beschränken oder mit Handicaps zu versehen. Dies sollte im Rahmen der Erarbeitung eines Masterplanes mit bedacht werden.

IX. Wirtschaftsgesetzbuch/Gesellschaftsrechtsgesetzbuch

31 Aus der deutschen und der französischen Rechtswissenschaft kommt aktuell die Idee ein europäisches Wirtschaftsgesetzbuch zu entwerfen, welches das Gesellschaftsrecht mit umfassen soll.[21] Die französische Initiative

20 Näher zum Entwurf *Noack* DB 2018, 1324 ff.

21 Vgl. einerseits *Lehmann* ZHR 181 (2017) 9 ff., der in sein europäisches Handelsgesetzbuch auch die europäischen Gesellschaftsformen (vgl. S. 37 f.) und das Recht gegen den unlauteren Wettbewerb, aber nicht das Kartellrecht (vgl. S. 39) aufnehmen möchte sowie eine Initiative französischer Juristen unter der Schirmherrschaft der *Associa-*

wurde sogar von Präsident Macron als positive Vision für 2024 in den Raum gestellt.[22] Es gibt gelegentlich den Effekt, dass ein großes allumfassendes Projekt auf weniger Widerstand als kleine Teilprojekte stößt, obwohl das große Projekt viele solche Teilprojekte enthält, denn das große Projekt ist aus Sicht der Protagonisten lohnender, die Bedenken an Teilprojekten können als kleinlich abgewiesen werden. Kaum einer hat auch die Zeit, ein komplexes Großprojekt näher (kritisch) zu analysieren. Auch ist die Bereitschaft eigene Bedenken zurückzustellen bei einer großen Idee wohl deutlich verbreiteter. Von daher ist es nicht völlig aussichtslos auch ein derartiges Großprojekt wie ein Wirtschaftsgesetzbuch oder Gesellschaftsgesetzbuch mit in die zu durchdenkenden Optionen aufzunehmen. Die Chancen für eine politische Durchsetzung gerade im europäischen Gesellschaftsrecht dürften aber doch zurzeit noch sehr gering sein. Der Sprung zwischen den unvollständigen, noch kein geschlossenes System bildenden, einzelnen Richtlinien und Verordnungen und einem umfassenden Gesellschaftsgesetzbuch oder gar Wirtschaftsgesetzbuch ist einfach noch zu groß. Die technische Zusammenfassung zahlreicher Richtlinien in der RL (EU) 2017/1132 entspricht noch nicht einem strukturierten Gesetzbuch. Es besteht auch noch keine klare Vorstellung, wie weit das europäische Gesellschaftsrecht in Abgrenzung zu den nationalen Gesellschaftsrechten gehen sollte. Diese (negative) Chanceneinschätzung für ein europäisches Gesellschaftsrechtsbuch oder gar Wirtschaftsgesetzbuch dürften auch die Verfasser des EMCA (vgl. § 38) teilen, die gerade deshalb als offizielle Zielrichtung die ganze oder partielle Übernahme durch nationale Gesetzgeber ausgegeben haben,[23] obwohl die EMCA Gruppe eine große europäische Lösung sicherlich noch attraktiver fände.

Besser mögen die Realisierungschancen für ein **europäisches Kapitalmarktgesetzbuch** also für einen wichtigen Teilbereich des europäischen Wirtschaftsrechts sein. Beim Kapitalmarktrecht ist die Europäisierung schon deutlich weiter fortgeschritten und die nationalstaatliche Perspektive nicht mehr so verbreitet, schon weil die Kapitalmärkte ökonomisch kaum noch nationale Besonderheiten aufweisen. Aufgrund der Kapitalverkehrsfreiheit und der Beweglichkeit des Kapitalmarktes haben national eigenständige Regelungen keine großen Erfolgschancen. Die internationale Finanzkrise ab 2008 hat die Überzeugung gestärkt, dass dieser Bereich intensiver Regelungen bedarf und dass diese international also in Bezug auf Europa europäisch sein müssen. Der Widerstand der nationalen Gesetzgeber gegen ein europäisches Kapitalmarktgesetzbuch dürfte deutlich geringer ausfallen. Die Gesamtregelungsintensität ist auch schon so hoch, dass die mit einem Gesetzbuch möglichen Systematisierungs- und Transparenzgewinne bereits ins Gewicht fallen. Allerdings ist dieses Rechtsgebiet noch recht dynamisch, weshalb selbst für das Kapitalmarktrecht die Zeit für ein europäisches Gesetzbuch vielleicht noch nicht ganz reif ist. Denn solche Gesetzbücher entstehen in Konsensgesellschaften, zu denen auch die EU gehört, eher als Teil einer Konsolidierung und nicht mehr wie beim *code de commerce* unter Napoleon als revolutionärer Schritt nach vorn. 32

Wissenschaftliche Diskussionen wie die in Frankreich geführte Diskussion über ein europäisches Wirtschaftsgesetzbuch oder die Arbeit der EMCA Gruppe sind aus europäischer Sicht unabhängig von den Realisierungschancen positiv, weil die positive Diskussion über die Zukunft des europäischen Gesellschaftsrechts als solches schon stimulierend für das europäische Gesellschaftsrecht sein dürfte, denn diese Diskussionen stellen, wenn europäisch geführt, einen wichtigen Beitrag zur Entwicklung einer europäischen Rechtskultur (vgl. dazu noch Rn. 37) auf dem Gebiet des Gesellschaftsrechts dar. 33

X. Soft Law

Soft Law zeichnet es sich dadurch aus, dass es hinsichtlich des materiell Gewünschten an einer Sanktion fehlt, aber das Gewünschte dennoch im Grundsatz geregelt ist (zu den europäischen Formen von *Soft Law* § 2 Rn. 52 ff.). Gerade weil es so schwierig ist, klassisches *Hard Law* im Bereich des europäischen Gesellschaftsrechts zu verabschieden, wird *Soft Law* hier auch von der EU genutzt (vgl. § 2 Rn. 53 ff.). Eine Intensivierung käme insbesondere für das Instrument der **Empfehlung** in Betracht. Aufbauend auf Vorarbeiten wie dem EMCA aber auch unmittelbar auf Basis der EU Kommission könnten Regelungsempfehlungen für nationale Gesetzgeber gegeben werden. Wenn auf Basis unterschiedlicher möglicher Wertentscheidungen auch noch Alternativen angeboten würden, könnte solche Empfehlungen als echte Hilfestellungen insbesondere von kleineren Mitgliedstaaten verstanden werden. Aber auch die immer speziell in Deutschland vorgebrachte Subsidiaritätsrüge ließe sich dann besser entkräften, wenn trotz Empfehlung in einem regelungsbedürftigen Gebiet nicht national geregelt wird oder nur wenige Länder regeln. Zumindest sollte diese Option in die Erwägungen für einen Generalplan zum europäischen Gesellschaftsrecht mit einbezogen werden. 34

---

tion Henry Capitant, wobei hier zunächst die Zusammenstellung des *acquis* im Vordergrund steht und ein Wirtschaftsgesetzbuch nur Fernziel ist (vgl. www.codeeuropeendesaffaires.eu sowie dazu befürwortend *Lehmann* GPR 2017, 262 ff. und kritisch *Riesenhuber* GPR 2017, 270 ff.).

22 Vgl. *Lehmann* GPR 2017, 262, 262 mit Nachweis der Internetquelle für die Rede des französischen Präsidenten.

23 Vgl. EMCA 2017, Introduction S. 1.

XI. Weitere Verbesserung der Normqualität

35 Die Europäische Union ist unter dem Stichwort *better regulation* um stetige Verbesserung der Normqualität bemüht.[24] Dies ist gerade im europäischen Gesellschaftsrecht besonders wichtig, da die Komplexität der Regelungsmaterie und dadurch auch der Regelungen es sehr schwierig macht, widerspruchsfreie, rechtssichere, transparente und gemessen an den Regelungszwecken erfolgreiche Regelungen zu schaffen. Vor allem wird die Normqualität gerade auch in Deutschland immer wieder zum Ausgangspunkt der Kritik an europäischen Normsetzungsvorschlägen gemacht.[25] Aus dem primärrechtlichen Subsidiaritätsgrundsatz folgt in gewisser Weise sogar die berechtigte Erwartung, dass die Regelungsqualität der europäischen Normen überdurchschnittlich ist. Jedenfalls könnte die Regelungsqualität mit in die Betrachtung der besseren Eignung im Rahmen des Subsidiaritätsprinzips einfließen. Ein großes Hindernis auf dem Weg zu hoher Regelungsqualität im europäischen Gesellschaftsrecht ist dabei die Art der Kompromissfindung speziell im Rat, die immer wieder zu Wertungsbrüchen führt und zumindest stark komplexitätserhöhend wirkt. Die unterschiedlichen Interessen der Nationalstaaten werden verbreitet durch Ausnahmeregelungen, Verzicht auf europäische Regelungen zugunsten der Nationalstaaten, nationale Abänderungsbefugnisse oder sogar bewusst ungeregelt bleibende Probleme oder bewusst unklare Regelungen gelöst.

36 Oben (vgl. Rn. 15 ff.) wurde bereits auf die Möglichkeiten auf begrifflicher und konstruktiver Ebene hingewiesen, durch Standardisierung die Qualität von Regelungen zu erhöhen. Eine weitere zu erwägende Option zur Verbesserung der europäischen Regelungsqualität, die insbesondere im europäischen Gesellschaftsrecht hilfreich sein könnte, ist die ***ex ante* Auslegung/Falllösung** durch **potentielle Rechtsanwender** (zB Richter, Rechtsanwälte, aber auch Professoren, da diese erste Erläuterungen zu den Normen verfassen).[26] Dafür werden zum Entwurf Fragen gesammelt, die sich einem späteren Rechtsanwender stellen würden oder einfache Standardkonstellationen zusammengestellt, die durch die europäischen Regelungen, ggf. ergänzt durch nationales Recht, als Fall gelöst werden sollen. Die potentiellen Rechtsanwender, die nichts voneinander wissen und auch nicht wissen, welche Lösung sich die Gesetzesverfasser vorgestellt haben, würden mit ihren Lösungsüberlegungen den Entwurf dem Praxistest unterziehen. In diesem Zusammenhang ist auch die Bedeutung der europäischen Rechtsanwendungsmethodik (vgl. § 2) hervorzuheben, da unterschiedliche Lösungen durch die potentiellen Rechtsanwender auch darauf beruhen können, dass diese ihre nationale Rechtsanwendungsmethodik statt der europäischen Rechtsanwendungsmethodik zu Grunde gelegt haben.

XII. Verbreiterung der wissenschaftlichen Basis und andere Umfeldverbesserungen

37 Die deutsche historische Rechtsschule hat lange vor der deutschen Reichseinigung 1871 die Entstehung einer gesamtdeutschen **Rechtskultur** erreicht.[27] Diese gesamtdeutsche Rechtskultur hat zB dazu geführt, dass das ADHGB, indem das Gesellschaftsrecht ja enthalten war, von allen deutschen Staaten verabschiedet wurde und damit 1861 in allen deutschen Staaten einschließlich Österreichs in Kraft trat. Damals lagen in Deutschland bezüglich der einheitlichen Rechtskultur zwar auch einige günstige Umstände vor, die so in der Europäischen Union (noch) nicht gegeben sind (gleiche Sprache, nationales Identitätsgefühl, gemeines Recht auf römischrechtlicher Basis als verbindende Klammer). Dennoch ist diese historische Erfahrung ein Hinweis darauf, dass es sehr lohnend sein kann, sich um eine gemeineuropäische Rechtskultur zu bemühen und zwar insbesondere auch im europäischen Gesellschaftsrecht.[28] Dies betrifft zB die **Juristenausbildung**, denn europäisches Gesellschaftsrecht hat wie Europarecht allgemein in der Juristenausbildung in Europa noch immer nur eine Randposition. Die immer noch relativ kleine Zahl der Gesellschaftsrechtler in Europa, die sich mit europäischem Gesellschaftsrecht beschäftigen, bedarf der Vergrößerung. Die **Rechtsanwender**, insbesondere Richter und Rechtsanwälte, aber auch die an der **nationalen Gesetzgebung Beteiligten** auf nationaler oder bei föderalen Strukturen wie in Deutschland auch auf föderaler Ebene sollten deutlich stärker in die Regelungsentstehung einbezogen werden. Zu erwägen wäre zB die deutsche Praxis, vor endgültiger Verabschiedung als Kommissionsentwurf, schon die Nationalstaaten, um eine Stellungnahme ihrer Rechtsanwender[29] zu bitten. Die dadurch entstehende Verzögerung ist überschaubar, jedenfalls grobe Fehler, Lücken und Probleme fallen auf. Auch wird ein als solches wichtiges Gefühl der frühzeitigen Beteiligung vermittelt. Die Rechtsanwender könnten aber auch über *ex ante* Auslegungen/Falllösungen (vgl. oben Rn. 36) einbezogen werden.

24 Vgl. nur Better Regulation Guidelines, SWD(2017) 350.

25 Ausdrücklich kritisch sogar der EuGH Richter *von Danwitz* in: Dauses/Ludwigs (Hrsg.), Handbuch des EU – Wirtschaftsrechts, Stand 2017, Band 1 B. II Rn. 82.

26 Vgl. *Krebs/Jung*, Optimierungspotentiale der Gesetzgebungsmethodik in: Baldus/Theisen/Vogel (Hrsg.) „Gesetzgeber" und Rechtsanwendung, 2013, S. 125, 144.

27 *Halpérin*, Histoire de l'état des juristes. Allemagne, XIXe- XXe siècles, 2015, S. 76 ff.

28 Vgl. auch *Riesenhuber* GPR 2017, 270, 274, zur Bedeutung gemeinsamer Rechtstradition für weitreichende Projekte.

29 Formal werden in Deutschland die Bundesländer um Stellungnahme gebeten, die aber ihrerseits die Gerichte befragen und deren Stellungnahmen bündeln.

Der Zugang zu näheren **Informationen** über die **Gesellschaftsrechte** der anderen **EU Staaten** in Standardsprachen, insbesondere den Arbeitssprachen der EU, bedarf der Verbesserung, denn europäisches Gesellschaftsrecht bedarf auch der Spiegelung und Auseinandersetzung mit den nationalen Gesellschaftsrechten, auch weil diese ineinandergreifen sollen. Zu Recht wurde von einem Teilnehmer der EMCA Gruppe darauf hingewiesen, dass nähere Kenntnisse über das Gesellschaftsrecht einer anderen europäischen Rechtsordnung doch noch wenig ausgeprägt wären.[30] Noch dringender erscheint eine Datenbank, die alle nationalen Entscheidungen im Anwendungsbereich des europäischen Gesellschaftsrechts zusammenträgt. Dadurch würde auch manche Nichtvorlage an den EuGH wegen fehlerhafter Annahme eines *acte clair* (vgl. § 2 Rn. 76) vermieden. Die Auslegungen europäischer Rechtsakte im Bereich des europäischen Gesellschaftsrechts würden vermutlich europäischer werden. 38

30 *Teichmann* KSzW 2014, 77, 81.

Gesamtstichwortverzeichnis

Detaillierte, auf spezielle Paragraphen des Werks ausgewiesene Teilstichwortverzeichnisse befinden sich zudem bei den jeweiligen Teilen des Werks (s. Inhaltsübersicht).

Fette Zahlen bezeichnen die Paragraphen, magere die Randnummern.